Biblia de América

CATHOLIC BOOK PUBLISHING CORP.
NEW JERSEY

Impreso en China 24 AM 2

Biblia de América

Traducción íntegra de los textos originales
con introducciones, notas, mapas,
cronología y vocabulario bíblico

Edición aprobada por
la Conferencia del Episcopado Mexicano,
y autorizada por
la Conferencia Episcopal de Colombia
y la Conferencia Episcopal de Chile

CATHOLIC BOOK PUBLISHING CORP.
NEW JERSEY

PRESENTACION

Desde los tiempos de la primera evangelización la Biblia ha desempeñado un papel muy importante en la vida de la Iglesia en América Latina. Recientemente, las diferentes Asambleas Generales del Episcopado Latinoamericano, comenzando por la de Medellín, han recomendado su lectura asidua como medio privilegiado para conocer la voluntad de Dios en los cambiantes signos de los tiempos.

En efecto, la Asamblea de Medellín exhortaba a hacer de la Escritura una palabra de vida para todos los hombres en sus distintas circunstancias y situaciones: "Se impone un trabajo permanente para que se haga perceptible cómo el Mensaje de Salvación contenido en la Escritura, la Liturgia, el Magisterio y el testimonio es hoy palabra de vida. No basta, pues, repetir o explicar el Mensaje, sino que hay que expresar incesantemente, de nuevas maneras, el "evangelio" en relación con las formas de existencia del hombre, teniendo en cuenta los ambientes humanos, étnicos y culturales y guardando siempre la fidelidad a la Palabra revelada". (Doc. Cat. Conclusiones 8,15).

Puebla, por su parte, situó la catequesis bíblica en el marco de la evangelización: "La Evangelización dará prioridad a la proclamación de la Buena Nueva, a la catequesis bíblica y a la celebración litúrgica, como respuesta al ansia creciente de la Palabra de Dios". (D.P. 150). Y proclamó que la Escritura debe ser el alma de dicha Evangelización: "Es criterio fundamental para la Evangelización la Palabra de Dios contenida en la Biblia y en la Tradición viva de la Iglesia, particularmente expresada en los Símbolos o proposiciones de la fe y dogmas de la Iglesia. La Escritura debe ser el alma de la Evangelización". (D.P. 372).

Finalmente, la reciente Conferencia de Santo Domingo, subrayó la importancia de la formación bíblica de los catequistas y agentes pastorales: "La nueva evangelización debe acentuar una catequesis kerygmática y misionera. Se requieren, para la vitalidad de la comunidad eclesial, más catequistas y agentes pastorales, dotados de un sólido conocimiento de la Biblia que los capacite para leerla, a la luz de la tradición y del Magisterio de la Iglesia, y para iluminar desde la Palabra de Dios su propia realidad personal, comunitaria y social. Ellos serán instrumentos especialmente eficaces de la inculturación del Evangelio". (S.D. 49). Y constató el creciente interés por la Biblia y la necesidad de una adecuada pastoral bíblica: "Crece el interés por la Biblia, lo cual exige una pastoral bíblica adecuada que dé a los fieles laicos criterios para responder a las insinuaciones de una interpretación fundamentalista o a un alejamiento de la vida en la Iglesia para refugiarse en las sectas". (S.D. 38).

Gracias al impulso de estas recomendaciones, la Biblia se ha difundido entre las comunidades cristianas y los creyentes buscan en ella luz y orientación para su vida cotidiana. Son cada vez más los católicos que leen la Biblia habitualmente y que hacen de ella el punto de referencia de su vivencia cristiana, sobre todo cuando esta lectura se hace en comunidad y en comunión con toda la Iglesia.

En este proceso de maduración en la fe las ediciones de la Biblia tienen un papel muy importante, pues de su acierto en el lenguaje utilizado para la traducción de los textos originales depende que muchos puedan acceder al mensaje contenido en ellas; y de la orientación de sus notas e introducciones depende en gran medida la interpretación que el pueblo cristiano hace de dichos textos. Recientemente han visto la luz excelentes ediciones de la Biblia, preparadas por expertos latinoamericanos y a ellas quiere sumarse la edición que ahora presentamos con la esperanza de que contribuya en esta nueva época al crecimiento de la fe en nuestras comunidades.

El proyecto que ha dado lugar a la presente edición se inició en Octubre de 1982. La Casa de la Biblia, institución católica dedicada a la difusión bíblica, convocó entonces a un grupo de 30 biblistas para que realizaran un estudio detallado de los diversos libros bíblicos con el objeto de preparar una serie de materiales para dos ediciones distintas de la Biblia: una para España y otra para América Latina. Esta primera etapa del proyecto se prolongó durante cuatro años. La segunda etapa estuvo dedicada a la tarea de coordinar y unificar todo el material remitido por cada uno de los colaboradores.

El equipo que ha preparado la edición latinoamericana está formado por cuatro biblistas procedentes de un área lingüística diferente: México y Centroamérica (P. Carlos Aguiar Retes), Países Bolivarianos (P. Mario Alvarez Gómez) y Cono Sur (P. Santiago Silva Retamales). El cuarto miembro del equipo, el P. Horacio Simian-Yofre, que es argentino y profesor del Pontificio Instituto Bíblico de Roma, participó en las sesiones en que se discutían casos difíciles de traducción y al final revisó la mayor parte de la traducción, notas e introducciones, ofreciendo sus sugerencias.

Esta nueva edición de la Biblia aparece en un momento en el que la sensibilidad de la Iglesia por la evangelización se ha hecho más viva y en la que se siente con más urgencia la necesidad de iniciar a todos los católicos en la lectura de la Biblia. Convencidos de que el mejor camino para ello es el contacto asiduo con la Escritura, ofrecemos el texto sagrado, acompañado de notas e introducciones, a los sacerdotes, a los catequistas y a todo el pueblo cristiano, sin olvidar a todos aquellos que desde otros credos y convicciones desean conocer la historia de amor que Dios ha realizado y sigue realizando con su pueblo.

La Casa de la Biblia

EQUIPO DE COLABORADORES

DIRECCION DEL PROYECTO

Santiago Guijarro Oporto y Miguel Salvador García

REVISION DE LA TRADUCCION, INTRODUCCIONES Y NOTAS

Carlos Aguiar Retes, Santiago Silva Retamales,
Mario Alvarez Gómez y Horacio Simian-Yofre

ANTIGUO TESTAMENTO

PENTATEUCO

Génesis, Juan Guillén y Joaquín Menchén
Exodo, Juan Guillén
Levítico, Andrés Ibáñez
Números, Antonio G. Lamadrid
Deuteronomio, Félix García

ESCRITOS HISTORICOS

Josué, Constantino Mielgo
Jueces, Andrés Ibáñez
1 Samuel, Jacinto Núñez
2 Samuel, Jorge Fernández
Reyes, Constantino Mielgo
Crónicas, Esd y Neh, Miguel Peinado
Rut, Antonio G. Lamadrid
Tobías y Judit, Enrique Cabezudo
Ester, Javier Colmenero
Macabeos, José Alonso y Joaquín Menchén

ESCRITOS PROFETICOS

Isaías, Emeterio Pato
Jeremías, Bar y CJr, Jose Mª Abrego
Ezequiel, Julio Lamelas
Daniel, Luis Díez y Joaquín Menchén
Profetas Menores, Gregorio Ruiz, Evaristo Martín y Pedro Jaramillo

OTROS ESCRITOS

Salmos y Cantar, Gonzalo Flor y Joaquín Menchén
Lamentaciones, José Mª Abrego
Job, Manuel Revuelta y Joaquín Menchén
Proverbios, Víctor Morla
Eclesiastés, Joaquín Menchén
Sabiduría, Gabriel Pérez
Eclesiástico, Víctor Morla

NUEVO TESTAMENTO

EVANGELIOS Y HECHOS

Mateo, Santiago Guijarro
Marcos, Francisco P. Herrero
Lucas y Hechos, Dionisio Mínguez, Luis Fernando García-Viana y Santiago Guijarro
Juan, Felipe F. Ramos

CARTAS Y APOCALIPSIS

Romanos, Corintios, Gálatas, Efesios, Filipenses, Colosenses, Tesalonicenses, Filemón, Santiago, Pedro, Judas y Apocalipsis, Miguel Salvador
Cartas Pastorales, Gabriel Pérez
Hebreos, Gaspar Mora y Luis Rubio
Cartas de San Juan, Felipe F. Ramos

Selección de Lugares Paralelos: Félix Rodríguez Bas
Vocabulario Bíblico: Antonio González Lamadrid, Miguel Salvador, Joaquín Menchén y Santiago Guijarro

CARACTERISTICAS DE ESTA EDICION

La traducción del texto bíblico es lo más importante de esta edición. No obstante, hay que destacar la importancia de las notas e introducciones, que orientan sobre la comprensión e interpretación de los textos. En las introducciones y al final de la Biblia se han incluido una serie de mapas sencillos pero pedagógicos, y como apéndices, una sinopsis cronológica de muy fácil manejo y un sencillo vocabulario bíblico.

EL TEXTO BIBLICO

La traducción del texto bíblico se ha efectuado a partir de las ediciones críticas habituales: Biblia Hebraica Stuttgartensia (texto hebreo y arameo del Antiguo Testamento), Septuaginta editada por A. Ralphs (texto griego del AT) y The Greek New Testament (texto griego del NT). Los textos que dichas ediciones colocan en el aparato crítico como menos atestiguados han pasado por lo general en nuestra traducción a las notas, acompañados de la correspondiente explicación.

En la traducción de los textos originales se ha seguido el principio de equivalencia dinámica, según el cual una traducción debe ser fiel a lo que el autor de cada libro quiso decir, siendo al mismo tiempo fiel a la situación y características del lector actual. Al traducir los textos originales se ha buscado en todo momento una cuidadosa fundamentación exegética y teológica, pero al mismo tiempo se ha puesto un decidido interés y esfuerzo en el lenguaje, tratando de hacer agradable la lectura de cualquier pasaje bíblico. Se ha buscado un lenguaje cercano al pueblo, que sea fluido y que pueda ser entendido fácilmente en los diferentes países de nuestro continente. Reconociendo las diferencias en el modo de hablar y en el uso del castellano, se ha buscado un lenguaje común, que sea directamente comprensible y que al mismo tiempo tenga en cuenta las peculiaridades de los diversos géneros literarios: la vivacidad y colorido de la narración, la belleza del lenguaje poético, la concisión del lenguaje proverbial y legal, la fuerza de la palabra profética, la cercanía de las cartas cristianas, la riqueza y vistosidad de las imágenes del lenguaje apocalíptico... En todo momento se ha procurado que cualquier lector de cultura media entienda lo que lee (o escucha) en una primera lectura, que no tenga que detenerse a cada paso por encontrar giros o conceptos ininteligibles, que la fluidez del texto lo anime a seguir leyendo.

Se ha modificado ligeramente el orden tradicional de los libros del AT. Siguiendo el orden del canon hebreo, hemos colocado los Escritos proféticos después de los históricos y antes de los Otros escritos. Dentro del grupo de los Escritos históricos, hemos colocado Rut en las historias ejemplares y no entre Jueces y el primer libro de Samuel. Finalmente, dentro del grupo de los Otros escritos hemos distinguido entre los Escritos poéticos (Salmos, Cantar y Lamentaciones) y los Escritos sapienciales. Esta división de los libros ofrece ventajas pedagógicas y de clasificación, y al mismo tiempo no modifica demasiado el orden tradicional.

Cada uno de los libros ha sido dividido en partes, secciones y párrafos, siguiendo criterios de tipo literario y teológico. Cada una de estas partes, secciones y párrafos lleva un título con diversos tipos de letra, según se trate de parte (negrita mayúscula), sección (negrita cursiva), subsección (mayúscula normal) o párrafo (negrita minúscula). Estos títulos no forman parte del texto bíblico, sino que son una ayuda para facilitar su lectura.

Finalmente, dentro de algunos libros se ha utilizado la letra cursiva para el texto bíblico en los siguientes casos:

- En los libros de las Crónicas, para transcribir los textos que el Cronista toma literalmente de Samuel y Reyes.

- En los libros con añadidos griegos (Ester y Daniel) para distinguir el texto hebreo del griego.

- En el Nuevo Testamento para señalar

los textos del Antiguo Testamento citados literalmente.

LAS INTRODUCCIONES

Las introducciones de esta Biblia forman un cuerpo unitario, que ocupa casi doscientas páginas en la presente edición. En ellas se ofrece una panorámica de los principales resultados de la investigación bíblica en un lenguaje accesible.

Dos introducciones complexivas (el mundo del AT y el mundo del NT) ofrecen una panorámica global de ambos Testamentos, desde el punto de vista histórico, literario y teológico, insistiendo en los aspectos históricos.

Otras siete introducciones pretenden proporcionar las claves para leer los diversos grupos de libros: Pentateuco, Escritos históricos, Escritos proféticos, Escritos poéticos, Escritos sapienciales, Evangelios y Cartas de San Pablo. En ellas encontrará el lector abundantes datos acerca de la formación y características propias de cada uno de estos bloques de libros.

Finalmente, cada uno de los libros posee su propia introducción, en la que se ofrecen las claves históricas, literarias y teológicas para poder abordar la lectura del libro en cuestión.

La lectura seguida de todas estas introducciones puede equivaler a la lectura de una amplia y documentada Introducción a la Biblia.

LAS NOTAS

Todos los párrafos, secciones y partes en que ha sido dividido el texto bíblico llevan una nota explicativa a pie de página, de modo que el cuerpo de notas (que en la presente edición ocupan unas cuatrocientas cincuenta páginas) constituye un comentario a toda la Biblia.

Las notas a partes, secciones y subsecciones van precedidas de una llamada gráfica (Δ para partes, ◊ para secciones y + para subsecciones) que también aparece en el título correspondiente. Estas notas, de carácter más global, ofrecen datos de tipo histórico, literario y/o teológico, que explican los motivos de dicha división y proporcionan una sencilla guía de lectura para dicha parte o sección. Es conveniente leer estas notas para situar en su contexto el texto concreto que estamos leyendo.

Las notas a cada uno de los párrafos son, obviamente, las más numerosas. Para identificarlas más fácilmente van precedidas de un punto negro (•) y la cita completa del párrafo a que corresponden en letra negrita. Generalmente ofrecen claves para comprender mejor el sentido global del texto, proporcionando en cada caso los datos y sugerencias oportunas para la lectura del mismo. No se pretende, pues, con estas notas dar una explicación completa y cerrada, sino estimular al lector para que vuelva sobre el texto y descubra en él nuevos aspectos que no había advertido en la primera lectura. En este sentido, las notas deberían de funcionar como una especie de espejo reflector, que proyecta al lector de nuevo sobre el texto para que profundice más en su sentido y descubra más fácilmente su mensaje.

CITAS DE PASAJES PARALELOS

En la presente edición no se ofrece una lista exhaustiva de pasajes paralelos, sino una selección de los más importantes. Se ha procurado ahorrar al lector el trabajo de realizar dicha selección, ofreciéndole aquellos pasajes que puedan iluminar y ayudar a comprender mejor el texto que está leyendo. Dichos pasajes paralelos van debajo del título de cada párrafo en un tipo de letra más pequeña.

Además de estos lugares paralelos más habituales, el lector encontrará:

–*Paralelos evangélicos*: corresponden a los pasajes que se encuentran en más de un evangelio. Van en un cuerpo mayor que el resto de los paralelos y encima de ellos.

–*Paralelos en letra cursiva*: son aquellos textos que se citan literalmente tomándolos de otros libros (p. e. Samuel y Reyes en Crónicas; o bien, textos del AT citados en el NT). Estas citas en cursiva corresponden al texto que también va en cursiva dentro de dicho párrafo.

CRONOLOGIA Y MAPAS

Además de los numerosos mapas que pueden encontrarse en las introducciones, el lector encontrará al final de esta edición una amplia cronología bíblica, en la que se han dispuesto en paralelo los acontecimientos de la historia universal, los de la historia bíblica y el nacimiento de los diversos libros de la Biblia.

VOCABULARIO BIBLICO

Muchas de las informaciones contenidas en las introducciones y en las notas están sintetizadas en el vocabulario que se incluye al final. Se ha hecho una selección de 180 términos básicos, distribuidos en tres grupos, que van convenientemente señalados: a) historia e instituciones; b) aspectos literarios y c) claves teológicas. Cada uno de los términos del vocabulario remite a otros, dando así la posibilidad de hacer un estudio por temas de los aspectos más importantes.

En la mayor parte de las ediciones de la Biblia este tipo de vocabularios suele estar más centrado en los términos teológicos e históricos. La novedad que ofrecemos en esta edición está en la explicación de un buen número de instituciones bíblicas y sobre todo de una abundante lista de términos literarios, tan importantes para comprender adecuadamente la Biblia.

Este vocabulario es, por tanto, el complemento ideal del cuerpo de notas e introducciones. Puede consultarse para aclarar algún término, pero también puede hacerse de él un estudio sistemático utilizando las referencias cruzadas, que vienen al final de cada entrada.

MODO DE CITAR Y ABREVIATURAS

Con el objeto de distinguir más fácilmente entre capítulos y versículos en las citas de textos bíblicos, los capítulos van en números mayores que los versículos.

Para citar cualquier texto de la Biblia basta indicar abreviadamente de qué libro se trata (ver lista de abreviaturas), y el capítulo y versículo donde comienza y termina la cita, separados por un guión.

– Cuando se citan capítulos enteros no se ponen los versículos:

Ejemplo: Mt 5-7 = Mateo, capítulos cinco, seis y siete.

– Cuando la cita es del mismo capítulo, no se repite el capítulo.

Ejemplo: Mt 5 43-48 = Mateo, capítulo cinco, versículos del cuarenta y tres al cuarenta y ocho, ambos incluidos.

– Cuando la cita corresponde a un texto contenido en capítulos distintos se indican el capítulo y versículo en el que comienza y el capítulo y versículo en el que termina, separados por un guión.

Ejemplo: Mt 6 19-7 12 = Mateo, desde el versículo diecinueve del capítulo seis, hasta el versículo doce del capítulo siete.

– Cuando se citan dos párrafos de un mismo capítulo que no van seguidos, los versículos de ambos párrafos irán separados por un punto.

Ejemplo: Mt 6 1-4. 16-18 = Mateo, capítulo seis, desde el versículo uno al cuatro y desde el dieciséis al dieciocho.

– Lo mismo ocurre si, en lugar de ser un párrafo, son versículos sueltos.

Ejemplo: Mt 6 1-4.16.24 = Mateo, capítulo seis, versículos del uno al cuatro, versículo dieciséis y versículo veinticuatro.

– Cuando se citan seguidos dos o más textos de un mismo libro, no se repite la sigla del mismo.

Ejemplo: Mt 5 43-48; 6 1-18 = Mateo, capítulo cinco, versículos del cuarenta y tres al cuarenta y ocho y Mateo, capítulo seis, versículos uno al dieciocho.

ABREVIATURAS DE LOS LIBROS BIBLICOS

Abdías	Abd
Ageo	Ag
Amós	Am
Apocalipsis	Ap
Baruc	Bar
Cantar de los Cantares	Cant
Carta de Jeremías	CJr
Colosenses	Col
1 Corintios	1 Cor
2 Corintios	2 Cor
1 Crónicas	1 Cr
2 Crónicas	2 Cr
Daniel	Dn
Deuteronomio	Dt
Eclesiastés	Ecl
Eclesiástico	Eclo
Efesios	Ef
Esdras	Esd
Ester	Est
Exodo	Ex
Ezequiel	Ez
Filemón	Flm
Filipenses	Flp
Gálatas	Gal
Génesis	Gn
Habacuc	Hab
Hebreos	Heb
Hechos de los Apóstoles	Hch
Isaías	Is
Jeremías	Jr
Job	Job
Joel	Jl
Jonás	Jon
Josué	Jos
Juan	Jn
1 Juan	1 Jn
2 Juan	2 Jn
3 Juan	3 Jn
Judas	Jds
Judit	Jdt
Jueces	Jue
Lamentaciones	Lam
Levítico	Lv
Lucas	Lc
1 Macabeos	1 Mac
2 Macabeos	2 Mac
Malaquías	Mal
Marcos	Mc
Mateo	Mt
Miqueas	Miq
Nahum	Nah
Nehemías	Neh
Números	Nm
Oseas	Os
1 Pedro	1 Pe
2 Pedro	2 Pe
Proverbios	Prov
1 Reyes	1 Re
2 Reyes	2 Re
Romanos	Rom
Rut	Rut
Sabiduría	Sab
Salmos	Sal
1 Samuel	1 Sm
2 Samuel	2 Sm
Santiago	Sant
Sofonías	Sof
1 Tesalonicenses	1 Tes
2 Tesalonicenses	2 Tes
1 Timoteo	1 Tim
2 Timoteo	2 Tim
Tito	Tit
Tobías	Tob
Zacarías	Zac

Antiguo Testamento

EL MUNDO DEL ANTIGUO TESTAMENTO

Muchas veces y de muchas maneras habló Dios antiguamente a nuestros antepasados por medio de los profetas, ahora en este momento final nos ha hablado por medio del Hijo (Heb 1 1-2). Es difícil expresar con mayor concisión y claridad la noción cristiana de la revelación divina que, en su dimensión escrita, coincide con la Biblia, unidad total formada por dos grandes partes que conocemos como Antiguo y Nuevo Testamento. Dentro de este gran conjunto, el Antiguo Testamento es la expresión de las muchas y variadas "palabras antiguas" que Dios dirigió a unos hombres, "nuestros antepasados", por medio de otros hombres, los "profetas" (y por extensión, todos los autores del Antiguo Testamento), pronunciadas en distintos momentos históricos y en lenguajes humanos variados y diversos. Aunque las "últimas palabras" pronunciadas por el Hijo (Nuevo Testamento) aclaran y completan las antiguas, no por eso las invalidan o suprimen (Mt 5 17), ni nos ahorran el esfuerzo de leerlas y comprenderlas en toda su hondura y plenitud. Y es precisamente a partir de esta exigencia cuando surgen las dificultades, porque el Antiguo Testamento aparece a nuestra mirada como un mundo distante y diferente de este mundo nuestro que se encuentra en los umbrales del siglo XXI.

Estas páginas introductorias pretenden reducir "las distancias" y ayudar a comprender "las diferencias", ofreciendo para ello unas primeras claves que nos permitan entrar en el mundo del Antiguo Testamento con las mínimas condiciones exigidas para participar activamente en ese sublime diálogo de amor que Dios establece con los hombres. Sólo así, las "antiguas" palabras serán vivas y actuales, los espacios distantes serán terreno familiar, la historia anterior formará parte de nuestra historia y los lenguajes diferentes y variados se traducirán sin traición a nuestro idioma. Y entenderemos que Dios tiene aún mucho que decirnos a través de estos textos.

I. EL MARCO HISTORICO DEL ANTIGUO TESTAMENTO

Los pueblos, como los hombres, son hijos de su tiempo y de su espacio; e Israel, el pueblo del Antiguo Testamento, no es una excepción. En consecuencia, para conocer a fondo los escritos en que este pueblo expresa sus vivencias y da respuesta a los diversos problemas y necesidades que se le plantean, hemos de aprender a situar correctamente esos escritos en el marco geográfico que los vio nacer y en los distintos momentos históricos en que fueron surgiendo; una geografía y una historia que Israel compartió con otras culturas y otros pueblos.

1. La tierra del Antiguo Testamento

La mayor parte de la historia bíblica se desarrolla en un reducido territorio del extremo oriental del mar Mediterráneo, en la larga y estrecha franja de tierra situada entre el mar y los grandes desiertos de Siria y Arabia. A pesar de su aparente insignificancia, la región es punto de encuentro de tres continentes (Asia, Africa y Europa) y a lo largo de la historia se ha visto convertida en un importante paso de civilizaciones. La parte sur de esta franja costera ha recibido diferentes nombres: país de Canaán (por sus antiguos moradores), Palestina (nombre debido a uno de los pueblos ocupantes, los filisteos o "pelistín") e Israel (sobrenombre de Jacob, heredado por sus descendientes: Gn 32 29; 35 10).

Toda esta región, a su vez, forma parte de un conjunto geográfico más amplio, denominado Creciente Fértil por su forma de arco o media luna, cuyos extremos coinciden respectivamente con el delta del río Nilo y la desembocadura de los ríos Tigris y Eufrates, y cuyo centro se sitúa a la altura del desierto de Siria y al norte del desierto de Arabia, zonas infranqueables, especialmente en la antigüedad. La región está regada por ríos importantes, como

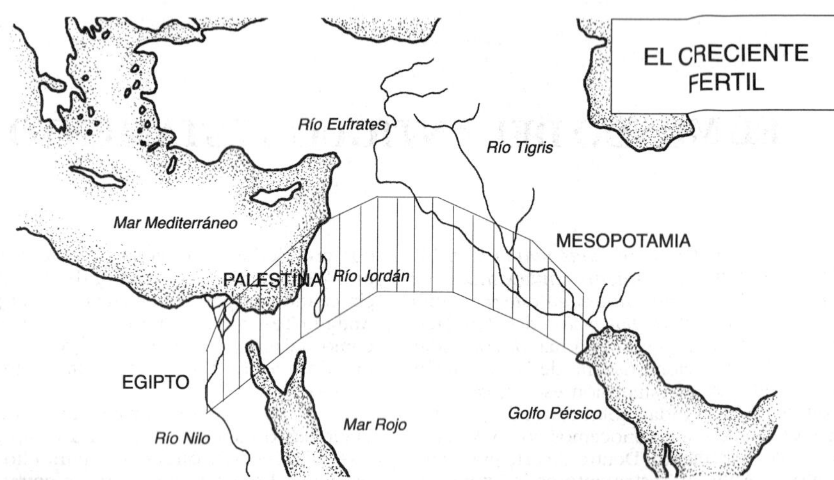

los ya mencionados, y otros menores, como el Orontes, el Litani y el Jordán. En la curva del arco del creciente fértil, Siria y Palestina forman un estrecho corredor de menos de cien kilómetros de ancho entre el Mediterráneo y el desierto.

El conjunto albergó en la antigüedad importantes núcleos de población, que estaba concentrada especialmente en los cursos inferiores del Tigris y el Eufrates y en el valle y delta del Nilo, con intensa y frecuente circulación entre ambos extremos. Esta comunicación se veía favorecida por las grandes vías de comunicación a través de las cuales transitaron ejércitos, caravanas comerciales y se propagaron ideas y religiones. La región, a su vez, comunicaba con el exterior: con la India a través de Irán; con Africa, a través de Egipto y Nubia; y con Occidente a través de los puertos fenicios relacionados con Chipre, Creta, Jonia, islas griegas y, más tarde, Grecia continental.

Este fue el escenario de la historia de Israel en el Antiguo Testamento. La mayor parte de los acontecimientos se desarrollaron en los alrededores del centro del arco, donde se incluye la tierra de Israel; pero algunos otros no menos significativos, como la opresión egipcia o el exilio babilónico, tuvieron lugar en sus extremos: el delta del Nilo y la baja Mesopotamia.

2. Los pueblos del Antiguo Testamento

El pueblo de Israel no nació ni vivió aislado o al margen de los pueblos contemporáneos que eran sus vecinos. Por eso hay que tener particularmente en cuenta tanto su relación natural con esos pueblos vecinos, como el contacto con los grandes pueblos y civilizaciones del antiguo Oriente Próximo y Medio, que condicionaron decisivamente su historia: una historia vivida casi siempre en tensión con Mesopotamia y Egipto, grandes potencias que desde los dos extremos del Creciente Fértil buscaban extender su influjo y dominio.

Mesopotamia

Es la región comprendida entre los ríos Tigris y Eufrates (Mesopotamia significa "entre ríos") y fue el primer gran foco de civilizaciones y culturas. Multitud de razas y pueblos se dieron cita en la región y los imperios se sucedieron combatiéndose entre sí. Hacia el 3000 a. C., los *sumerios* establecieron al sur de Mesopotamia la primera gran civilización que extendió su dominio sobre toda la región. Los *acadios*, pueblo de origen semita procedente del desierto siro-arábigo, terminan con la antigua civilización sumeria y fundan el imperio de Acad (2370-2230 a. C.). Después de la desaparición de los acadios y el breve renacimiento sumerio de la magnífica dinastía III de Ur (2060 a. C.), una nueva oleada de nómadas semitas, conocidos como los *amorreos*, se establece en la región, dando origen a los grandes imperios de Asiria y Babilonia. La dinastía I de Babilonia (ss. XX-XVI a. C.) conoció con su célebre rey Hammurabi un primer periodo de esplendor, llegando a dominar Mesopotamia después de haber derrotado a Asiria y Mari.

Entre los siglos XVI y X a. C. ocupan o dominan la región una amplia gama de pueblos, como casitas, hurritas, hititas y arameos, que en el s. IX a. C. dejan paso al resurgido *imperio asirio*, convertido en la nueva gran potencia del Oriente Medio. Ya en el s. IX a. C. Asiria comienza su expansión hacia el este y entre los años 735-721 a. C. acaba con los reinos de Damasco e Israel y reduce a Judá a la condición de reino vasallo (701 a. C.). Pero en la segunda mitad del s. VII a. C. el imperio asirio comienza a decaer y es definitivamente aniquilado por Babilonia: la capital, Nínive, cae el año 612 a. C. y los ejércitos asirios son totalmente derrotados el año 605 a. C. en Karkemis. De esta manera entra en la escena política mundial el nuevo *imperio babilónico* que con Nabucodonosor conquista el antiguo territorio asirio, aniquila a Judá (587 a. C.) y extiende su dominio hasta Egipto.

El tiempo del exilio babilónico coincide con los últimos años de este imperio, pues en el año 539 a. C. Ciro, rey del *imperio persa*, derrota a Nabonido y conquista Babilonia. Doscientos años más tarde (331 a. C.) también el imperio persa sucumbe ante el empuje de Alejandro Magno. Mesopotamia deja de ser el centro del poder y de la supremacía político-cultural, que ahora se desplaza al mundo mediterráneo teniendo como protagonistas primero al *imperio greco-macedónico* y, posteriormente, *al imperio romano.*

Egipto

Por su cercanía, su historia milenaria y su evolucionada civilización, Egipto fue probablemente el pueblo que irradió un mayor influjo sobre Palestina. En el año 3000 a. C. Egipto era ya un gran estado, pero sólo a partir del imperio medio (1900-1500 a. C.) se hizo efectivo su dominio sobre Palestina, convertida durante siete siglos en una especie de protectorado o provincia egipcia. Entre los años 1720-1570 a. C. el país estuvo gobernado por los *hicsos*, extranjeros semitas que, procedentes de Palestina, se infiltraron por el delta del Nilo y llegaron al poder, estableciendo lazos de sangre, cultura y religión entre los habitantes del valle del Nilo y los del Oriente Próximo asiático. Su expulsión coincide con el comienzo del imperio nuevo (1500 a. C.), caracterizado por una fuerte presión inicial sobre Palestina, un debilitamiento posterior en la época de Amarna, capital del faraón monoteísta Amenofis IV (1364-1347 a. C.), que hubo de sufrir una serie de disturbios en Palestina (de los que dan fe las "cartas de Amarna"), y un nuevo control de la situación por parte de los faraones de la dinastía XIX (1304-1184 a. C.), Seti, Ramsés II y Mernefta, probables faraones del tiempo de la opresión israelita en Egipto.

Con la invasión de los *pueblos del mar*, procedentes de las islas del mar Egeo, se inicia la decadencia de Egipto, que en adelante habrá de contentarse con un papel secundario en la política internacional. Aún así, Egipto seguirá ejerciendo un importante influjo en Palestina, durante los tiempos de la monarquía unida, y más tarde en el reino de Judá. Muchos elementos de la cultura, la administración y la religión egipcias fueron importados y asimilados en mayor o menor escala a la vida y a las instituciones del pueblo israelita.

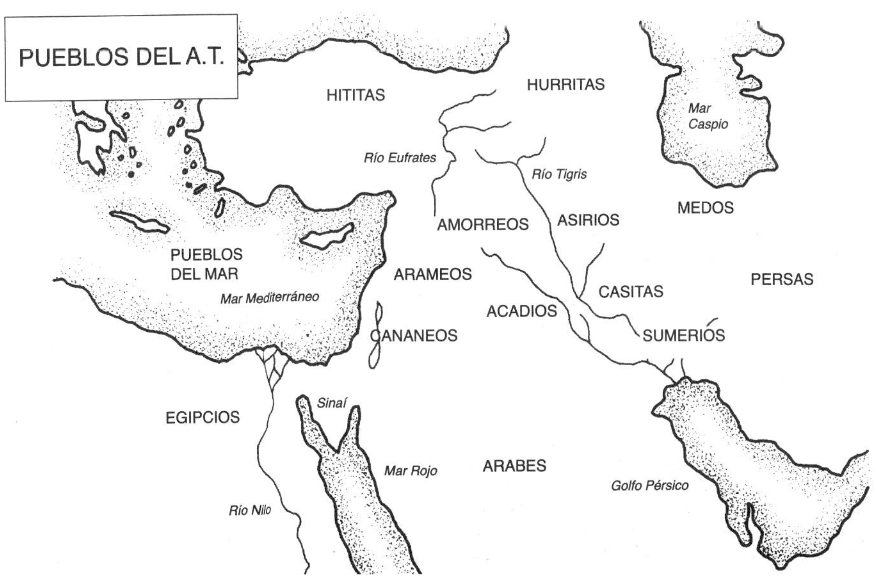

Mundo greco-romano

Desde el segundo milenio Canaán había sufrido la influencia de la civilización egea y en el s. XII a. C. se instalaron en territorio cananeo los *filisteos*, uno de los "pueblos del mar", que invadieron la región procedentes del Egeo después de un fracasado intento de instalarse en Egipto. Esta influencia egea sobre Palestina se acentuó en la época persa y alcanzó su momento más intenso a raíz de las campañas de Alejandro Magno (333-323 a. C.), fundador del gran *imperio greco-macedónico* y de los reinos helenistas que le sucedieron. Aquí tuvo su origen el *helenismo*, fenómeno socio-cultural, caracterizado por la expansión de la lengua y civilización griegas, que ejercerá una influencia decisiva tanto en la comunidad judía residente en Palestina como en la dispersa por el mundo, conocida con el nombre de "diáspora". Este influjo se mantendrá incluso cuando los romanos, mandados por Pompeyo, se apoderen de Palestina (63 a. C.) para no abandonar ya su dominio hasta el final de la nación judía en tiempos del emperador Adriano (135 d. C.).

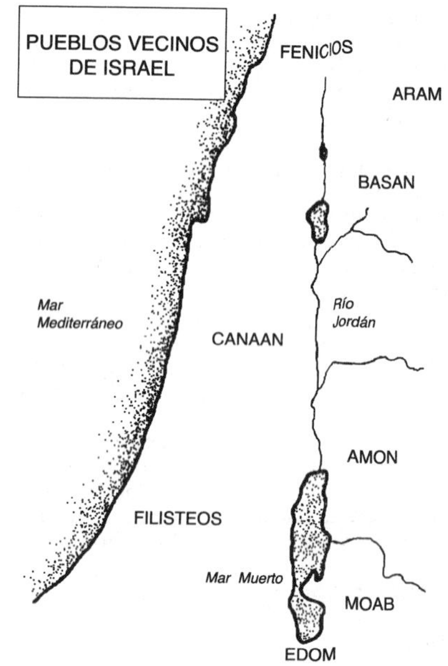

Pueblos vecinos

Tanto los antiguos pobladores de Canaán, anteriores a la ocupación de Israel, como los vecinos posteriores, fueron pueblos pequeños que tuvieron un origen similar a los israelitas y que ejercieron sobre Israel una influencia más próxima y directa. Sin embargo, a diferencia de las grandes potencias, nunca llegaron a amenazar seriamente la existencia del pueblo hebreo.

Los *cananeos* eran un conjunto de tribus organizadas en ciudades-estado. Habitaron el país antes que los israelitas e incluso después de la ocupación de éstos. A pesar de tratarse de una población muy mezclada, Canaán ofrecía, en contraste con su diversidad política, cierta unidad cultural y religiosa: se hablaba una sola lengua, el cananeo, cuya forma antigua se adivina a través de algunas glosas de las cartas de Amarna, mientras que su cultura y religión debieron ser muy parecidas a las reveladas por los documentos ugaríticos de Ras Shamra, escritos en el s. XIV a. C.

Entre los pequeños reinos limítrofes, *Edom*, al sureste, ocupaba la meseta de Seír, el valle del Arabá y la región de Petra. Al este del mar Muerto se encontraba *Moab* y más arriba *Amón* y *Basán*. Finalmente, al norte se encontraban los reinos arameos de *Damasco* y *Jamat*. A pesar de sus conflictos permanentes con estos pequeños reinos, Israel los consideraba emparentados y expresaba el parentesco por medio de genealogías: amonitas y moabitas se reconocían hijos de Amón y Moab, sobrinos de Abrahán (Gn 19 36-38), mientras que los edomitas y los arameos procedían de Esaú (Edom) y de Labán, tío y suegro respectivamente de Jacob. Al oeste estaban los *filisteos*, llegados al país casi al mismo tiempo que los israelitas. Fueron los extranjeros por excelencia y los enemigos internos más incómodos de Israel hasta los tiempos de David. Finalmente, al noroeste se encontraban los *fenicios*, marineros y comerciantes, con sus grandes ciudades costeras de Biblos, Tiro y Sidón. Sus relaciones con Israel fueron generalmente amistosas y llegaron a ejercer un notable influjo religioso en el reino del Norte, especialmente durante la dinastía de Omrí.

3. *Las grandes etapas de la historia de Israel*

La fe de Israel es fundamentalmente histórica: su único Dios, el Señor, se fue revelando en la historia, a través de sucesivas intervenciones transmitidas en los libros del Antiguo Testamento. Ello quiere decir que la historia se ha convertido en el lugar y medio privilegiados de la revelación de Dios; es también, por tanto, el ambiente vital en el que nace y se desarrolla toda su literatura.

Los orígenes

Se puede afirmar que Israel, como pueblo plenamente constituido, nace con la monarquía entre los siglos XI-X a. C.. También con la monarquía y sus nuevas instituciones (escribas, listas y archivos de corte, anales reales) nace su historia escrita. Sin embargo, este momento ha estado precedido de un largo periodo de formación, que abarca ocho o nueve siglos y que escapa casi por completo al historiador. De este largo periodo "constituyente" Israel ha conservado diversos recuerdos de acontecimientos y personajes: son recuerdos transmitidos por tradición oral que, una vez contrastados con otras fuentes de la historia del antiguo Oriente Próximo y con los descubrimientos arqueológicos, contienen información útil y pueden ofrecernos datos de importancia sobre los orígenes de Israel. En estos recuerdos destacan tres momentos especialmente significativos: la historia de los patriarcas, el tiempo de permanencia en Egipto que culmina en la salida del país, y la conquista y progresivo asentamiento en Canaán.

– *Mi padre era un arameo errante*... (Dt 26 5). Esta breve frase con la que comienza un antiguo texto litúrgico es un acertado resumen de las tradiciones patriarcales contenidas en Gn 12-50, que pretenden historizar los orígenes de Israel. Los antepasados o patriarcas de Israel están emparentados con los semitas pastores seminómadas de ovejas y cabras, que circulan en la primera mitad del segundo milenio por la franja semidesértica del Creciente Fértil. Con el tiempo, estos pastores se instalan y se hacen sedentarios, llegando incluso a dominar las regiones previamente ocupadas (como los amorreos en Mesopotamia y, más tarde, los arameos en Siria y Palestina). Las tradiciones bíblicas sitúan en este amplio periodo las figuras de Abrahán, Isaac, Jacob-Israel y los hijos de este último que dieron nombre a las doce tribus, identificados como sus antepasados más directos. Confrontando estas tradiciones con los datos de la historia y la arqueología, se puede decir que estos antepasados provenientes de Mesopotamia (Abrán de Ur; Jacob de Jarán, en el medio Eufrates) merodean por el centro y el sur de Palestina entre los ss. XVIII-XVI a. C. Estos grupos se caracterizan por su vinculación al "dios del padre" y por considerarse depositarios de importantes promesas para sus descendientes. Una parte de ellos se establece finalmente en Egipto, junto con otros grupos semitas, durante un período que oscila en torno a cuatro siglos y que tiene como fechas-marco dos importantes acontecimientos: la llegada a Egipto de los hicsos, procedentes de Siria-Palestina (hacia el 1720 a. C.) y el debilitamiento del poder egipcio en tiempos de Amenofis IV (1364-1347 a. C.).

– *El Señor nos sacó de Egipto con mano fuerte y brazo poderoso*... (Dt 26 8). La permanencia en Egipto, la opresión y, sobre todo, la liberación ocupan un lugar destacado en el libro del Exodo, que convierte este último acontecimiento en el artículo central del credo de Israel y en el punto de partida de su historia como pueblo. El proceso que dio origen a este acontecimiento, descrito como la gran epopeya de Israel, fue sin duda complejo y resulta difícil de comprobar, pues el fondo indudablemente histórico del éxodo aparece revestido de abundantes rasgos legendarios y litúrgicos. Pudo comenzar hacia el 1250 a. C., bajo Ramsés II, cuando diversos grupos de semitas establecidos en Egipto y sometidos a trabajos forzados consiguen huir guiados por Moisés. Tres hechos adquieren especial importancia: la salida de Egipto, atribuida a la intervención de Dios a través de distintos signos (Ex 7-12), el paso del mar Rojo (Ex 14-15) y el encuentro de algunos de estos grupos con su Dios en el Sinaí, encuentro en que se concluye una alianza (Ex 19-24). Las tradiciones israelitas presentan el éxodo unas veces como resultado de una huida masiva, y otras como consecuencia de una expulsión decretada por las autoridades egipcias. Esto ha sugerido la posibilidad de que el relato actual sea una fusión de dos tradiciones distintas: el éxodo-expulsión, vinculado a la expulsión de los hicsos hacia el 1570; y el éxodo-huida, protagonizado por el grupo de Moisés, que a la postre se convertiría en la tradición predominante.

– ...*nos trajo a este lugar y nos dio esta tierra* (Dt 26 9). El tercer gran momento que configura los orígenes de Israel es su entrada e instalación en Canaán, presentadas, al igual que los acontecimientos anteriores, como el resultado de nuevas intervenciones divinas. Los clanes y tribus procedentes de Egipto penetran en Palestina, unos por el sur y otros por el este. En general, se trata de infiltraciones pacíficas en regiones poco habitadas. Sólo en contadas ocasiones los recién llegados han de enfrentarse y luchar con los habitantes cananeos que les impiden el paso. En la mayoría de los casos, la instalación en la nueva tierra se produce por vía de asimilación y de pactos con los moradores cananeos. De estos hechos se han conservado dos versiones notablemente diferentes: según Jos 1-12 la conquista es producto de tres rápidas y victoriosas campañas de "todo Israel" comandado por Josué; según Jue 1, en cambio, la conquista fue un proceso lento y progresivo que en principio no afectó a los enclaves cananeos mejor fortificados. Por lo demás, la época de los jueces queda envuelta entre brumas y recuerdos épicos y legendarios, de carácter local. Van tomando forma las alianzas entre tribus vecinas, en torno a santuarios comunes, sobre todo para hacer frente a diversas amenazas. Entre las instituciones más representativas de la época, hay que mencionar a los llamados "jueces menores", el arca de la alianza y los santuarios tribales. Israel adopta algunos elementos cananeos, sobre todo religiosos y culturales, y los adapta paulatinamente, dándoles una nueva configuración.

La monarquía

El sistema tribal se reveló insuficiente para dar respuesta a las diversas amenazas que debieron afrontar las tribus: saqueadores nómadas, reinos transjordanos, ciudades cananeas y, sobre todo, la presión filistea reclamaban una unidad más sólida y permanente. Sin embargo, la primera experiencia monárquica con Saúl (1030-1010 a. C.) fracasó, quizá porque la nueva institución no difería mucho de las antiguas estructuras tribales y no contó con el apoyo y la legitimación suficientes. El mismo Saúl aparece con rasgos de los antiguos jueces israelitas, sólo aceptado por algunas tribus, sin una capital permanente ni un ejército regular.

Fue David (1010-970 a. C.), un miembro de la tribu de Judá, quien logró consolidar e institucionalizar en pocos años el modelo monárquico. Elegido rey en Hebrón por las tribus del sur, es aceptado poco después por las tribus del norte, consumando así por primera vez la unidad nacional. David fortalece el nuevo estado con sus victorias contra los reinos vecinos y la conquista de Jerusalén, ciudad jebusea que pasa a ser la capital política y religiosa de todas las tribus. Impone además su dominio sobre los reinos vecinos hasta el norte de Siria y establece las bases de una organización interna estable: ejército de mercenarios y cuerpo de funcionarios especializados que dan solidez y prestigio a la institución monárquica.

Su hijo Salomón (970-931 a. C.) perfecciona la organización del estado, creando un aparato administrativo, impulsando el comercio de tránsito como importante fuente de ingresos y promoviendo abundantes obras de construcción, entre las que destaca el templo de Jerusalén, su obra por excelencia, centro religioso de reunión de las tribus y signo de la presencia permanente de Dios en medio de su pueblo. Aunque es casi seguro que ya existían algunos poemas y ciertos relatos, puede decirse que con la monarquía, particularmente con Salomón, da comienzo y cobra impulso la actividad literaria en Israel. Es también la época en la que se consolidan el profetismo y el sacerdocio, dos instituciones especialmente influyentes en la historia del pueblo hebreo. El reinado de Salomón terminó, sin embargo, con graves problemas internos y externos que tendrán como consecuencia la división del reino.

Los reinos divididos

Roboán, el hijo de Salomón, no supo satisfacer el descontento de las tribus del norte. Indignadas por la opresión y el trato discriminatorio del nuevo rey (que ponía de manifiesto la superficialidad y debilidad de la unidad pretendida), las tribus del centro y del norte se separan en el 931 a. C. y se constituyen en reino independiente al mando de Jeroboán (931-910 a. C.). Sólo las tribus de Judá y Benjamín permanecen fieles al sucesor de David, Roboán (931-914 a. C.), en el nuevo reino de Judá. Durante dos siglos el pueblo de Israel permanecerá dividido en dos reinos más o menos rivales.

El *reino del Norte* (Israel), formado por los territorios más ricos y poblados del país, pero sometido también a mayores presiones externas, conoció períodos de esplendor, especialmente bajo Omrí (884-874 a. C.), fundador de Samaría, Ajab (874-853 a. C.) y Jeroboán II (782-753 a. C.), bajo cuyo reinado surgen en la historia de Israel Amós y Oseas, los primeros "profetas escritores". Sin embargo, su inestabilidad dinástica (se suceden nueve dinastías en 200 años) y su carencia de una ideología legitimadora de la monarquía lo dejaron inerme ante la amenazadora expansión asiria y terminó sometido a tributo por el rey asirio Teglatfalasar III en el año 738 a. C. La última resistencia es vencida con la toma de Samaría en el 722 a. C.: una parte de la población es deportada y el territorio de Israel se convierte en provincia asiria.

El *reino del Sur* (Judá), más reducido y con menos recursos, tuvo en cambio una mayor estabilidad, garantizada por la "teología de la sucesión davídica" y la menor presión enemiga. Por proximidad geográfica, estuvo frecuentemente influenciado por la política egipcia. Como el reino del Norte, también conoció momentos brillantes con reyes como Asá (911-870 a. C.), Josafat (870-848 a. C.), Azarías/Ozías (767-739 a. C.), Ezequías (727-698 a. C.), que llegó a reunir los restos del reino del Norte, y Josías (640-609 a. C.), que protagonizó el último paréntesis de independencia y un importante intento de reforma. También aquí florecieron destacadas figuras proféticas como Isaías, Miqueas, Sofonías y Jeremías.

Tras librarse de la amenaza asiria en el 701 a. C., el pequeño reino sucumbe un siglo más tarde ante la invasión babilonia: en poco más de diez años el rey babilónico Nabucodonosor lanza dos ataques contra Jerusalén (598 y 587

a. C.), destruye la ciudad y se lleva deportados a Babilonia a los dirigentes y a un núcleo importante de población del reino de Judá.

El exilio

Las caídas sucesivas de Samaría y Jerusalén supusieron un duro golpe para el pueblo que, confiado en la permanencia inmutable de las promesas divinas, vio en su frustrada historia el fracaso rotundo de dichas promesas. El destino del pueblo fue diverso, según los grupos. En el país quedó un buen núcleo de habitantes empobrecidos, desorganizados y religiosamente abandonados, que se mezclaron con los colonos llegados de fuera. Otros judíos lograron huir a Transjordania o a Egipto, donde formaron colonias, las cuales dieron origen al fenómeno de la diáspora o dispersión judía, que incluiría también al grupo de los deportados a Babilonia. Este grupo, formado por unos cuantos miles de habitantes que representaban lo más selecto de la población de Judá, no fue excesivamente maltratado y pudo reunirse por familias en las aldeas y ciudades babilónicas.

Si el pueblo, en su conjunto, logró sobrevivir a la gran crisis política y religiosa del exilio, fue gracias a la labor de los profetas y sacerdotes que, reflexionando sobre el pasado, explicaron la catástrofe en términos de responsabilidad nacional y descubrieron en las antiguas tradiciones nuevas perspectivas de esperanza y continuidad. Con ello edificaron las bases de una nueva identidad más religiosa que política. La circuncisión, el sábado, la observancia de la ley y la inquebrantable afirmación de Yavé como único Dios serán las nuevas mediaciones que sustituyan a las instituciones fracasadas. Ezequiel y el anónimo profeta conocido como el Deuteroisaías (Is 40-55) serán los grandes impulsores de la obra de restauración.

La comunidad judía postexílica

En menos de cincuenta años la situación internacional experimentó un cambio rotundo: el año 539 a. C. Ciro, rey de los persas, conquista Babilonia. Mediante una política de tolerancia y un edicto de repatriación (538 a. C.) permite a los deportados regresar a su tierra y reconstruir el templo.

Los judíos que han regresado del exilio forman una comunidad religiosa sometida política y administrativamente al imperio persa. Esta comunidad se ha de enfrentar a la lenta y difícil tarea de restauración y a la hostilidad de los ocupantes y vecinos. Sesbasar, Zorobabel y Josué, junto con los profetas Ageo, Zacarías y el Tercer Isaías (Is 56-66) son los guías de esta comunidad que recibe su organización definitiva y su estructura teocrática por medio de Esdras y Nehemías a finales del s. V a. C. La ley, el templo y el sacerdocio serán los pilares fundamentales de esta comunidad que, aunque tuvo poca influencia en el ámbito político, dejó profundas huellas en el ámbito religioso y literario (la mayor parte de los libros del Antiguo Testamento reciben en este período su forma definitiva).

En el año 333 a. C. Alejandro Magno derrota a los persas e instaura el imperio greco-macedónico y la expansión de la lengua y civilización griegas. Es el fenómeno conocido como “helenismo”. Incorporada al nuevo imperio, la comunidad judía tendrá que sufrir las luchas entre los sucesores de Alejandro, especialmente los lágidas o tolomeos, dueños de Egipto, y los seléucidas, dueños de Siria y Mesopotamia. Durante siglo y medio los judíos viven en paz con el mundo griego, aunque empiezan a profundizarse las diferencias entre los judíos partidarios del helenismo y los que permanecen radicalmente fieles a las propias tradiciones. Sin embargo, en el 167 a. C. se produce una aguda crisis: el seléucida Antíoco IV pretende abolir el estatuto particular del que gozaban los israelitas que habían regresado del exilio y prohíbe las prácticas religiosas judías en Jerusalén y en toda Palestina. Los hermanos macabeos, apoyados por grupos de judíos piadosos (asideos), organizan una rebelión armada que acaba por triunfar: Simón Macabeo, reconocido como sumo sacerdote, obtiene la independencia política para Judá (141 a. C.). Sus descendientes, los asmoneos, retoman el título de reyes y mantienen la situación durante poco más de setenta años en medio de luchas fratricidas, a las que pone fin el ejército romano que, al mando de Pompeyo, se apodera de Jerusalén el año 63 a. C. quedando Judea convertida en provincia romana. La nueva dominación, con el paréntesis del reinado de Herodes el Grande, vasallo de Roma, se hará insoportable y después de las rebeliones de los años 70 y 135 d. C. provocará el fin de la nación judía.

En el transcurso de todo este período, dos hechos adquieren especial relevancia: la separación progresiva de los samaritanos, que reúnen determinadas tradiciones de las antiguas tribus del centro y del norte y rompen con Jerusalén y el judaísmo oficial; y la consolidación de la diáspora, especialmente favorecida por la expansión del helenismo. La población judía residente en el extranjero, más numerosa que la población de Palestina, se agrupa en torno a sus sinagogas y, a pesar de la distancia, mantiene su vinculación con Jerusalén y el templo. La diáspora confiere al judaísmo un aspecto nuevo y lo prepara a superar la gran prueba que supuso su desaparición como nación.

II. LOS LIBROS DEL ANTIGUO TESTAMENTO

Como unidad literaria, el Antiguo Testamento es una gran colección de 47 escritos (algunos tan breves que difícilmente se pueden considerar libros) de muy diversas épocas y autores, repartidos por afinidad literaria o temática en cuatro grandes grupos: Pentateuco, Escritos históricos, Escritos proféticos y Escritos poéticos y sapienciales (división que coincide a grandes rasgos con la triple denominación judía: Ley, Profetas y Otros Escritos). Esta gran colección es el resultado final de un lento proceso de creación que duró más de un milenio. Sin embargo, la gran mayoría de estos escritos no nacieron de una vez, ni proceden de un solo autor, ni fueron escritos siguiendo el orden que actualmente tienen en nuestras Biblias. Toda esta literatura fue surgiendo al hilo de la vida y la historia de un pueblo, Israel, abierto al influjo de otros pueblos y literaturas.

1. Literaturas del antiguo Oriente Próximo

Mucho tiempo antes de que entre las tribus israelitas empezaran a circular las primeras tradiciones orales propias, los grandes pueblos del antiguo Oriente Próximo habían llegado a desarrollar una amplia literatura, rica en formas y temas. La desaparición de los pueblos acarreó con frecuencia la desaparición o enterramiento de sus textos. Sólo a partir de los ss. XVIII y XIX de nuestra era las excavaciones arqueológicas han ido sacando a la luz muchos de los antiguos textos: egipcios, sumerios, acádicos, babilónicos antiguos, eblaítas, ugaríticos, hititas, asirios, neobabilónicos, persas, arameos, etc., que hasta entonces habían permanecido enterrados. Una vez descifradas sus lenguas respectivas, los textos han revelado un amplio y variadísimo muestrario de formas literarias: mitos y leyendas relativos a la creación del mundo y de los hombres, relatos épicos, sagas, textos religiosos (himnos y plegarias), códigos legales, jurídicos y administrativos, textos de execración, inscripciones mortuorias, anales, listas y textos de tipo histórico, cartas, escritos de carácter sapiencial, etc. Se ha podido descubrir así, que la gran mayoría de formas y géneros literarios catalogados en el Antiguo Testamento tienen un parentesco más o menos cercano con los textos del antiguo Oriente Próximo. No podía ser menos, tratándose de pueblos que han compartido una amplia herencia cultural. Sin embargo, el parentesco formal y temático casi nunca se convierte en dependencia directa o en mera repetición. En líneas generales, la relación entre los antiguos textos orientales y los textos del Antiguo Testamento debe ser definida, más apropiadamente, en términos de dependencia indirecta, asimilación y adaptación. Se trata, por tanto, de una relación que no empaña la originalidad temática y formal de la literatura bíblica.

2. La formación de los escritos del A. T.

El complejo y dilatado proceso de formación del Antiguo Testamento corre, en cierta medida, paralelo a la vida y a la historia del pueblo de Israel. Aunque aquí no es posible reconstruir dicho proceso en todos sus detalles (remitimos a las introducciones de cada escrito), sí que podemos apuntar sus grandes etapas que, aun a riesgo de simplificar, reducimos a tres.

Desde los orígenes a la monarquía

La literatura nace como reflejo de la vida, como expresión de los sentimientos, anhelos, convicciones, temores y expectativas de hombres y pueblos, y se desarrolla en los centros, ámbitos y circunstancias en que transcurre la vida de los pueblos. En los orígenes de Israel, como en la mayoría de los pueblos, estas manifestaciones conocieron una amplia fase oral antes de ponerse por escrito. Parece comprobado el hecho de que en las culturas preliterarias existen formas relativamente fijas de comunicación oral adaptadas a las distintas situaciones vitales. Estas formas orales se extienden a todas las esferas de la vida: trabajo, culto, fiestas, guerras, pleitos, duelos, etc. En el caso del antiguo Israel, sus tradiciones orales y las formas en que se expresan van surgiendo y consolidándose en torno a los grandes centros de la vida de los clanes y las tribus: santuarios (credos históricos, himnos, lamentos, relatos y poemas épicos), familias (sagas, recuerdos de antepasados, dichos populares), trabajo (cantos de recolección), fiestas e instituciones militares (cantos bélicos, gestas) y jurídicas (normas, casuística).

A lo largo del período de entrada y asentamiento de las tribus en Canaán (ss. XII-XI a. C.) se producen dos fenómenos que tendrán gran influencia para el futuro de los escritos bíblicos: por un lado, el agrupamiento de tribus provoca la fusión de los recuerdos particulares; por otro, se inicia un proceso de asimilación y adaptación de elementos culturales cananeos (desde la lengua hasta las formas y contenidos de sus textos: mitos, leyendas cultuales, cuerpos jurídicos, textos religiosos). Como consecuencia, se empiezan a configurar las primeras tradiciones orales propias: sagas y recuerdos patriarcales, himnos y relatos épicos en torno al éxodo y la conquista, cantos de gesta sobre héroes locales, relatos etiológicos sobre el origen de lugares, personas y costumbres, cuerpos legales, tradiciones cúlticas y dichos o proverbios de origen familiar y popular. La mayor parte de estos materiales adquieren ya en esta fase oral la forma o género que adoptarán después al ser fijados por escrito.

De la monarquía al exilio

Con la llegada de la monarquía se introduce en Israel un modelo cortesano de influencia egipcia y cananea, que aporta elementos decisivos para la formación de los escritos bíblicos. Aparecen los secretarios y los escribas cortesanos y, con ellos, nace la posibilidad de una historia oficial a partir de listas, anales reales y otros datos de archivo. Se crean también escuelas para la formación de los funcionarios de la corte, que serán importantes focos sapienciales. La actividad literaria adquiere mayor relieve a impulsos de Salomón, el rey sabio, a quien se atribuye la composición de proverbios y poemas (1 Re 5 12). Aun reconociendo los rasgos legendarios e idealizadores de estos datos (que provocarán la atribución a Salomón de escritos sapienciales posteriores), es indudable que en su reinado se desarrolló considerablemente la actividad literaria, favorecida además por las relaciones comerciales e intercambios culturales con otros pueblos. Concretamente, en esta época aparecen los primeros escritos históricos: historia de la sucesión de David (2 Sm 9-20; 1 Re 1-2), la historia de Salomón (1 Re 3 1-11 41) y, muy posiblemente, una primera agrupación de las antiguas tradiciones patriarcales, del éxodo y la conquista (la llamada ***historia yavista***), que trata de legitimar ante el pueblo israelita y ante las otras naciones la monarquía davídica. También por esta época se inician las colecciones de salmos y proverbios y se ponen por escrito otras antiguas tradiciones orales (cantos épicos, historias de héroes libertadores, códigos legales).

Después de la división del reino, aparecen dos fuentes históricas paralelas: los Anales de los reyes de Israel (1 Re 14 19) y los Anales de los reyes de Judá (1 Re 14 29). Pero el fenómeno más importante es la aparición en el s. VIII a. C. de los llamados "profetas escritores". Aunque el suyo es un ministerio oral, el propio profeta o, más frecuentemente, sus discípulos comienzan a poner por escrito al menos algunos de sus oráculos. En el reino del Norte aparecen Amós y Oseas y se constituyen en las figuras insignes de un movimiento profético que da forma literaria a tradiciones orales anteriores en torno a las figuras de Elías, Eliseo, Ajías y Miqueas hijo de Yimlá. De ambientes proféticos procede también, probablemente, la versión de la antigua historia patriarcal y mosaica llamada ***historia elohista***.

En el reino de Judá, el movimiento profético es más tardío y tiene sus primeros exponentes en Isaías y Miqueas. La caída de Samaría provoca el paso al reino del Sur de las tradiciones del norte, que progresivamente se fusionan con las de Judá. Los reinados de Ezequías y Josías, relativamente prósperos y pacíficos, dejaron especial huella de actividad literaria. Ezequías acogió a fugitivos del norte y creó algo parecido a una escuela de escribas, los "hombres de Ezequías" (Prov 25 1), a los que se atribuye la recopilación de antiguas colecciones de proverbios (Prov 25 1-29 27). Josías, por su parte, impulsó una ambiciosa reforma, realizada a partir del descubrimiento del "libro de la ley" (2 Re 22 8), identificado con el núcleo del Deuteronomio. Es la primera vez que en la Biblia se da a un escrito carácter normativo o canónico. La importancia de este "libro de la ley" no se agota en la reforma: una escuela inspirada en el Deuteronomio (llamada por tanto ***deuteronomista***) iniciará pocos años después la composición de una gran obra histórica que comprende desde la conquista de la tierra hasta la caída de Jerusalén, y que conocerá su última edición durante el exilio. Nuevos escritos proféticos de Sofonías, Nahum, Habacuc y Jeremías completan la aportación literaria del reino de Judá.

El tiempo del exilio se convirtió en un período especialmente fecundo para el conjunto del Antiguo Testamento. En Jerusalén se escriben las Lamentaciones y se concluye la historia deuteronomista. En Babilonia los deportados entran en contacto directo con la cultura, la religión y la literatura mesopotámicas y asimilan en parte algunos de sus elementos. Una escuela de inspiración sacerdotal, la *escuela cronística o sacerdotal*, reescribe de nuevo la historia del pueblo desde los orígenes hasta Moisés, sirviéndose de las versiones anteriores, es decir, de la historia yavista y elohista. Paralelamente, la actividad profética se intensifica con la aportación de dos grandes obras: Ezequiel y el profeta anónimo conocido como Segundo Isaías. Pero lo más importante fue, sin duda, el nuevo espíritu que estos grupos y sus obras contagiaron en los desterrados para afrontar con nuevos ánimos la tarea de reconstrucción nacional y las bases religiosas que aportaron a la comunidad postexílica.

El período post-exílico

A pesar de la notable carencia de datos e información sobre la comunidad postexílica durante las épocas persa y helenística, este período resulta especialmente importante y decisivo en la configuración del Antiguo Testamento. Después del exilio y los primeros trabajos de reconstrucción, animados por los profetas Ageo, Zacarías y el Tercer Isaías, la reforma de Esdras, a finales del s. V, supone la culminación del Pentateuco o Torá (Ley), que se convierte en el cuerpo literario normativo de la comunidad teocrática. En los dos siglos siguientes (IV-III a. C.) se completan la colección de los Profetas (anteriores: Jos, Jue, 1-2 Sm, 1-2 Re; y posteriores: Is, Jr, Ez y "los doce"), y buena parte de la colección de Escritos: Sal, Prov, Job y los "cinco rollos" (Rut, Cant, Ecl, Lam y Est), a los que se añade la obra del Cronista (1-2 Cr, Esd y Neh).

Dentro y fuera de Palestina, la expansión del helenismo obliga al judaísmo a un nuevo esfuerzo de apertura y confrontación con la nueva cultura. Fruto de este diálogo es la traducción de la Torá al griego, realizada en Alejandría, en tiempos de Tolomeo II (285-246 a. C.). Según una tradición judía, la traducción corrió a cargo de setenta y dos sabios judíos (de ahí el nombre de Versión de los LXX). En los siglos posteriores (II-I a. C.) se traducen los Profetas y el resto de libros hebreos del Antiguo Testamento, una vez completados el conjunto de los Otros Escritos con el libro de Daniel. La versión griega añade, además, otros libros aparecidos en los dos últimos siglos: 1-2 Mac, Tob, Jdt, Bar, Eclo y Sab y los añadidos griegos a Est y Dn (que la Iglesia católica acepta como deuterocanónicos, mientras las Iglesias protestantes y el judaísmo los consideran apócrifos). Esta versión griega tendrá gran importancia porque los primeros cristianos se servirán de ella, de sus términos y conceptos, a la hora de formular la nueva fe cristiana, y porque constituye el verdadero punto de unión entre los dos testamentos.

Así, a finales de la época veterotestamentaria y comienzos de la era cristiana queda prácticamente constituido el Antiguo Testamento judío, aunque sigue abierto el proceso de aceptación como libros sagrados en lo que se refiere a la colección de los Otros Escritos. De hecho los distintos grupos judíos adoptaron posiciones diferentes con respecto al canon de los libros sagrados. Los samaritanos sólo aceptaban la Torá (el Pentateuco); los saduceos daban una importancia secundaria a Profetas y Otros Escritos, excluyendo de éstos últimos a Daniel; los esenios parece que no reconocían a Ester, mientras que utilizaban Eclesiástico y algunos libros apócrifos; e incluso al final del siglo I d. C. se mantenían ciertas dudas sobre el carácter inspirado de Cantar y Eclesiastés. De todo esto se concluye que los límites de la tercera colección del canon judío, es decir, de los Otros Escritos, no estaban totalmente definidos.

III. EJES TEOLOGICOS DEL ANTIGUO TESTAMENTO

Esta gran colección de escritos que forma el Antiguo Testamento, además de ser literatura nacida y desarrollada al hilo de la vida y la historia, es palabra de Dios y palabra sobre Dios. Así la han recibido y reconocido los judíos que leyeron en ella la privilegiada relación de Dios con Israel. Así la consideraron Jesús y la primera Iglesia, que leyeron esa palabra como anticipación y promesa de la Palabra definitiva pronunciada en Jesús de Nazaret y convirtieron, además, el Antiguo Testamento en el punto de partida para anunciar a Jesucristo. Es legítimo y necesario, por tanto, preguntarse por la teología o teologías del Antiguo Testamento. Sin embargo más que referirnos a todas las teologías o perspectivas teológicas (cosa que ya se ofrece en las introducciones particulares a cada libro o en las generales a los distintos grupos de libros), lo que pretendemos es apuntar brevemente esas constantes temáticas que, repitiéndose en varios cuerpos, nos permiten percibir una perspectiva global y unitaria de este conjunto a primera vista heterogéneo y fragmentario.

1. Pluralidad de teologías...

En la redacción final de los escritos y colecciones del Antiguo Testamento se percibe una fuerte tendencia a acentuar los elementos unitarios de la fe y religión de Israel. Sin embargo la religión de Israel es plural. Sólo al final de la época veterotestamentaria existe una clara unidad, un cuerpo de creencias y vivencias amplio y consistente, pero esa unidad es fruto de una larga historia hecha de asimilación e integración de las aportaciones de distintos autores y grupos al patrimonio común. Por eso, no resulta extraño que aún en su estadio final el Antiguo Testamento refleje indicios claros de esa diversidad teológica. Así, son diferentes las perspectivas teológicas de las tradiciones que confluyen en el Pentateuco. Como son también diferentes las perspectivas teológicas de la historia deuteronomista y la cronística, dos síntesis históricas tan coincidentes, por otra parte, en multitud de datos. Esta diferencia se advierte también en la teología de libros tan cercanos temáticamente como 1 y 2 Macabeos, o en la de profetas de la misma época como es el caso de Isaías y Oseas, o el de Jeremías y Ezequiel, o el de este último y el Segundo Isaías. Tampoco debe extrañar que en una misma obra coexistan visiones divergentes de un mismo tema (de la monarquía en 1 Sm 8-12; del templo en 1 Re 8; de los santuarios locales en 1-2 Re; o del mismo Dios en Gn 1-2). Por eso, hemos de acostumbrarnos a contemplar cada libro o cada perspectiva teológica como ópticas distintas que permiten percibir más plenamente la riqueza de la revelación, o como instrumentos diversos que interpretan una misma sinfonía.

2. ...y unidad de fe

La religión de Israel nació y se desarrolló en el ambiente politeísta de las distintas civilizaciones del antiguo Oriente Próximo. Sin embargo, en todo el Antiguo Testamento late una firme convicción monoteísta. Esta fe monoteísta se va perfilando progresivamente a lo largo de la historia, en contacto o en conflicto con expresiones, fórmulas y elementos cultuales politeístas del entorno, que llegaron a tener un fuerte arraigo popular. La predicación de algunos profetas como Oseas, Isaías y Jeremías contribuye decisivamente a definir las exigencias del monoteísmo. Sólo desde la reforma de Josías y, sobre todo, a partir del exilio, la unidad de fe queda claramente formulada. Es entonces cuando la fe monoteísta se retrotrae al momento del Sinaí (e incluso antes, a la época patriarcal) y, a partir de ahí, va jalonando una historia en la que acontecimientos muy determinados, como la asamblea de Siquén (Jos 24), la promesa dinástica a David (2 Sm 7) y la dedicación del templo (1 Re 8), se convierten en momentos especialmente unificadores. El resultado de este proceso es el fuerte teocentrismo que recorre y unifica todos los escritos del Antiguo Testamento, concebido finalmente como el gran libro de la revelación de un único y mismo Dios, realizada a través de los acontecimientos (historia) y de la palabra (ley y profecía).

3. Una fe histórica

Esta fe monoteísta y teocéntrica es fundamentalmente una fe histórica: Dios se ha revelado en la historia y a través de acontecimientos históricos. Por eso la historia bíblica es, sobre todo, historia de salvación. Los llamados "credos históricos" de Israel son la expresión cabal de esta profunda convicción: Dios se ha dado a conocer en acontecimientos muy concretos de la historia del pueblo como la liberación de Egipto, la alianza sinaítica, el don de la tierra, la elección de David y Jerusalén. Estos credos aparecen en textos variados: confesiones de fe (Dt 26 5-10), resúmenes o sumarios (Jos 24 2-13), catequesis (Dt 6 20-23), salmos (Sal 78; 105; 136), oraciones (Neh 9 5-37), discursos (Jdt 5 6-19), etc. A su vez, presentan distintas secuencias y formulaciones. A la primera secuencia: elección patriarcal/liberación de Egipto/alianza sinaítica/entrada en la tierra, que conforma la tradición norteña Moisés-Sinaí, se añade una segunda secuencia: elección de David/Jerusalén/templo, elementos esenciales de la tradición sureña David-Sión. Después del exilio el tema de la creación se incorpora a las anteriores secuencias, como su primer acto. Finalmente, la cadena de intervenciones divinas se convierte en el eje articulador de las grandes síntesis históricas (deuteronomista, sacerdotal y cronística).

4. Dimensión comunitaria de la fe: la alianza

Lo que acabamos de decir pone de relieve otra de las constantes de la fe bíblica: su dimensión comunitaria. El objeto de todas las intervenciones de Dios en la historia es el pueblo de Israel: un pueblo prefigurado en las personalidades corporativas de sus antepasados y epónimos (los patriarcas), representado en sus mediadores institucionales (Moisés, Samuel, David, etc.) o concretado en la comunidad teocrática postexílica; se trata siempre del mismo protagonista colectivo, que se convierte sucesivamente en el objeto privilegiado de la elección de Dios, en el depositario de sus promesas, en el interlocutor de su diálogo, en el "contrayente" de su alianza, en el destinatario de sus amenazas, castigos y bendiciones. En esta perspectiva, las figuras individuales sólo adquieren relieve en la medida en que forman parte del pueblo, lo sirven o lo representan. En la elección de Abrahán Dios elige a su descendencia; en la revelación a Moisés o a los profetas, se revela a los representados y guiados por ellos; incluso en la promesa dinástica a David, Dios se compromete con el pueblo a través de sus reyes y de la institución monárquica.

Lo que mejor expresa esta dimensión comunitaria de la religión y la fe de Israel es el concepto de la alianza, expresión perfecta de las relaciones Dios-pueblo y uno de los principales ejes teológicos de todo el Antiguo Testamento. Dios ha sellado con su pueblo un pacto del que derivan derechos y obligaciones mutuas, expresados a su vez en la ley, verdadero protocolo de dicha alianza. El cumplimiento o incumplimiento de sus condiciones acarreará bendiciones o maldiciones. Los distintos códigos legales y cultuales y los grandes temas de la predicación profética (denuncia de infidelidades, rebeliones e injusticias, llamadas a la conversión y anuncios de salvación) se inscriben así en el marco de la alianza, cuyas exigencias abarcan siempre dos dimensiones indisolubles: fidelidad a Dios y solidaridad con el pueblo. La alianza sinaítica es el prototipo en el Antiguo Testamento y a ella remiten las demás: las anteriores (con Noé y Abrahán) la prefiguran y anticipan; las posteriores (con Josué, con David, con Josías) la renuevan y enriquecen. La constatación de la continua infidelidad del pueblo y su incapacidad de respuesta irá abriendo paso, a partir de Jr y Ez, a la idea de una "nueva alianza", más espiritual y definitiva que la anterior, que pasará a engrosar el cuerpo de expectativas mesiánicas.

5. Responsabilidad y destino del individuo

La dimensión comunitaria que acabamos de definir no anula la preocupación por el individuo ni lo disuelve en el anonimato del colectivismo. En el transcurso de la historia, la vida y el destino del individuo fueron reclamando la atención de la reflexión teológica. En el marco de la alianza el destino del individuo está indisolublemente unido al de su comunidad: el individuo es solidario, para bien o para mal, de la suerte del pueblo. Con el tiempo, algunos profetas como Jeremías y Ezequiel, y determinados textos deuteronomistas apelan a la responsabilidad individual. Los salmos y la literatura sapiencial son testigos, después del exilio, de un claro cambio de enfoque: el individuo es el último responsable de su conducta y, en consecuencia, de su destino. Es lo que proclama en sus distintas formulaciones la doctrina de la retribución. Cuando los hechos desmienten este axioma, se introduce un profundo debate del que son voces especialmente significativas Is 53; Sal 73, Ecl y todo el libro de Job. Las aportaciones últimas de Dn 12 3; 2 Mac y Sab 1-5, con la afirmación de la resurrección y la retribución después de esta vida, abrirán al problema nuevas perspectivas.

6. Mesianismo: esperanza y utopía

Dos de los ejes más constantes y presentes en todo el Antiguo Testamento son los expresados en las fórmulas promesa-realización y profecía-cumplimiento. Podríamos decir que todo el Pentateuco, las dos grandes obras históricas del deuteronomista y del cronista, así como la mayoría de los escritos proféticos han sido estructurados a partir de esos ejes o los convierten en sus contenidos fundamentales. Las primeras promesas hechas a Abrahán se irán enriqueciendo con nuevos desarrollos hasta culminar en la posesión de la tierra. La promesa dinástica hecha a David contribuirá a la estabilidad de la monarquía y a la confianza en la protección de Dios sobre Jerusalén y su ungido. Los anuncios proféticos, a su vez, pondrán de manifiesto las limitaciones y caducidad de las antiguas promesas, purificándolas y ensanchando su contenido.

La dura y decepcionante experiencia del exilio parecía significar el fracaso y caducidad de todas las promesas y profecías anteriores. Sin embargo, gracias a la labor de sacerdotes y profetas, se empezó a abrir paso la esperanza en una futura y decisiva intervención de Dios que culminará en el triunfo sobre todos los enemigos y en la instauración de su reino. Antiguos conceptos como "día del Señor" y "ungido" (= mesías) se espiritualizan, se cargan de nuevos contenidos y se convierten en símbolo y expresión de las nuevas esperanzas. Las escatologías proféticas dan paso a la apocalíptica, y el mesianismo (en su triple versión: dinástico, profético y sacerdotal) cataliza esperanzas y utopías: se habla así de nueva alianza, nuevo David, nueva Jerusalén, nuevo reino, nuevos cielo y tierra, nueva creación..., realidades todas en cuyo cumplimiento jugará un papel decisivo el ungido o mesías futuro y esperado.

De esta forma, los textos apocalípticos y mesiánicos hacen del Antiguo Testamento una obra abierta a futuras realizaciones y cumplimientos. Jesús y la primera Iglesia releerán toda la Escritura en esta última clave: el Antiguo Testamento se convierte así en anticipación, promesa y profecía de la decisiva intervención de Dios acaecida en la vida, muerte y resurrección de Jesucristo. Esta nueva alianza (testamento) es, finalmente, cumplimiento, plenitud y superación de la antigua alianza (testamento).

Pentateuco

PENTATEUCO

INTRODUCCION

Por su extensión y densidad teológica, por su valor como norma suprema y ley constitucional, el Pentateuco es sin duda una obra muy importante del Antiguo Testamento. Puede ser calificado como la carta magna de Israel, puesto que contiene los principios fundamentales y fundacionales por los que Israel se constituye y se define como pueblo con su propia identidad. Entre esos principios sobresalen la fe en Yavé, el Dios creador y liberador; la convicción que posee Israel de ser el pueblo elegido y fuente de bendición para los demás pueblos de la tierra; la certeza de ser el beneficiario de las promesas, de la alianza y de la ley. Dios creador y liberador, pueblo de Dios, elección, bendición, promesas, alianza y ley, son algunos de los temas que, a modo de hilos de oro, se entrecruzan a lo largo del Pentateuco y forman un rico y complejo entramado teológico.

1. Nombre, estructura y contenido

El Antiguo Testamento se abre con una monumental obra literaria en cinco libros que, a partir del s. II de nuestra era, recibe entre los griegos y latinos el nombre de *Pentateuco.* Entre los judíos recibe el nombre de *Torá*, que suele traducirse en nuestras lenguas por *Ley.*

Ya antes de la era cristiana, según lo testimonia la versión griega de los LXX, la Torá o Pentateuco se hallaba dividida en cinco libros, que en la Biblia hebrea son designados por las primeras palabras de cada uno de ellos, y en las Biblias griega y latina llevan títulos que, de alguna manera, corresponden al contenido de los respectivos libros.

A primera vista el Pentateuco se presenta como un bloque literario de carácter histórico-legal coherente y compacto. Después de unos relatos iniciales de alcance universal sobre los orígenes del cosmos y de la humanidad (Gn 1-11), el ángulo visual se estrecha y se centra en una sola familia, la de Abrahán, padre del pueblo de Israel.

En Gn 12-50 se recogen las tradiciones sobre los patriarcas (Abrahán-Isaac-Jacob-José), las cuales siguen el hilo de la historia desde la salida de Abrahán de Mesopotamia hasta la muerte de José en Egipto.

El Exodo empieza describiendo la situación de los descendientes de los patriarcas, junto con la vida y la misión de Moisés, la salida de Egipto y su llegada a la montaña del Sinaí (Ex 1-18).

El pueblo hace aquí un alto en el camino y tiene lugar la alianza del Sinaí, en la que se encuadran importantes códigos de leyes, que constituyen el corazón del Pentateuco. Es la voluminosa sección que cubre la segunda mitad del Exodo (Ex 19-40), todo el Levítico y la primera parte de Números (Nm 1-10).

En Nm 10 11 se reanuda la travesía del desierto hasta llegar a Cadés, donde el pueblo se detiene de nuevo y se promulgan más leyes (Nm 10-20). Finalmente, sucesivas jornadas conducen a las tribus hasta los llanos de Moab, donde se establecen por algún tiempo y reciben nuevas leyes e instrucciones (Nm 20-36). Aquí tiene también lugar la proclamación del código deuteronómico (Dt 12-26), que viene presentado como el segundo de los tres grandes discursos pronunciados a modo de testamento por Moisés antes de morir (Dt 1 1-4 43; Dt 4 44-28 68; 28 69-30 20). El relato del adiós y de la muerte de Moisés pone fin al libro del Deuteronomio (Dt 31-34).

2. Composición del Pentateuco

Planteamiento del problema

Desde el s. I de nuestra era la tradición judeo cristiana atribuyó el Pentateuco a Moisés. Esta tradición fue asumida pacífica y unánimemente por los santos padres y los escritores cristianos y judíos de la Edad Media, hasta el punto de convertirse en tesis indiscutible. A partir del renacimiento empezaron a escucharse voces contra la autenticidad mosaica del Pentateuco, tanto en el naciente protestantismo como entre los católicos y judíos. No obstante, la atribución del Pentateuco a Moisés siguió siendo tesis predominante, incluso entre los especialistas, hasta el s. XVIII.

Los análisis realizados a lo largo de los ss. XVI-XVIII fueron descubriendo en el Pentateuco tal cúmulo de anacronismos, duplicados, contradicciones internas, divergencias en el uso de los nombres divinos, cortes y rupturas, diferencias de estilo y vocabulario..., que se llegó a una conclusión clara y contundente: el Pentateuco no es obra de un solo autor (Moisés), ni ha sido escrito de una sola vez. Veamos algunos ejemplos concretos.

Anacronismos: Se narra la muerte de Moisés (Dt 34); se da la lista de los reyes que reinaron en Edom antes de que Israel tuviese rey (Gn 36 31); se habla de la ciudad de Dan, que antes se llamaba Laís (Gn 14 14); se habla de los cananeos en tiempo pasado (Gn 12 6; 13 7); en distintas ocasiones se hace referencia a los filisteos, que son posteriores a Moisés (Gn 21 34; 26 14-18). Todos los hechos, nombres y fechas de que hablan estos textos, son posteriores a Moisés y, por tanto, no pudieron ser escritos por él.

Nombres divinos: Gn 1 emplea de manera invariable para designar a Dios el nombre de *Elohim*. En cambio, Gn 2-4 emplea, de manera invariable también, el nombre de *Yavé*. Más aún, Gn 4 26 dice que a partir de Enós se empezó a invocar el nombre de Yavé. Es bien sabido, sin embargo, que la revelación del nombre de Yavé no tiene lugar hasta el Sinaí en tiempo de Moisés (Ex 3 13-15). Estos cambios bruscos y sistemáticos en el uso del nombre divino y estas contradicciones en cuanto al tiempo de su revelación e invocación, junto con la distinta forma de concebir y hablar de Dios, sumado a otras diferencias en el contenido teológico y en la forma literaria, son inexplicables en la hipótesis de un solo y único autor (Moisés).

Duplicados: Son numerosos los hechos y relatos repetidos dos o más veces: Sara se finge dos veces hermana de Abrahán para que no maten a su marido (Gn 12 10-20 y 20 1-18; véase Gn 26 1-11); hay dos relatos del diluvio (Gn 6-8) y dos versiones de la venta de José (Gn 37). También se dan duplicados en la parte legislativa: el decálogo se repite dos veces (Ex 20 y Dt 5); el catálogo de las fiestas se repite hasta cuatro veces (Ex 23 14-16; 34 18-22; Lv 23; Nm 28-29); el código de la alianza admite pluralidad de santuarios (Ex 20 24), en cambio, el código deuteronómico no admite más santuarios que el de Jerusalén (Dt 12). Un libro escrito por un solo autor no repite las cosas de esta manera ni incurre en tales contradicciones.

Que el Pentateuco no ha sido escrito por un solo autor ni de una sola vez es hoy un postulado reconocido universalmente. La dificultad surge a la hora de buscar soluciones alternativas. La experiencia de trescientos años de estudio crítico sobre el proceso de formación del Pentateuco (ss. XVIII-XX), durante los cuales se han ensayado toda suerte de métodos, que han dado lugar a toda clase de hipótesis y teorías, sin lograr llegar a ninguna solución definitiva, establece un record en el campo de la investigación bíblica.

Durante un siglo (entre 1875 y 1975 aproximadamente) ha estado vigente la llamada hipótesis documentaria, llegando a adquirir carta de ciudadanía en el mundo de la Biblia hasta convertirse casi en un axioma. La teoría documentaria presenta al Pentateuco como el resultado final de un proceso de formación en el que se han ido refundiendo e integrando cuatro documentos: Yavista, Elohista, Deuteronomista y Sacerdotal. Sus siglas respectivamente son J, E, D y P.

Pero últimamente también la teoría documentaria ha entrado en crisis. A partir de los años setenta, críticos prestigiosos han publicado una serie de estudios que ponen en tela de juicio o niegan muchos de sus postulados. En estas circunstancias nosotros nos vamos a limitar a señalar los hitos o momentos claves en la composición del Pentateuco, según la hipótesis tradicional, sin entrar en precisiones concretas.

Etapas de la formación del Pentateuco

Período monárquico (J-E): Al mismo tiempo que se fueron unificando hasta formar una unidad política (un pueblo), las diversas tribus fueron también refundiendo e integrando en un patrimonio literario común (etapa inicial del Pentateuco) las tradiciones orales o escritas propias de cada grupo. La culminación de este proceso de unificación política, histórica y literaria coincide con el nacimiento de la monarquía.

Una experiencia histórica, un ordenamiento constitucional, una fe y una tierra: éstos son los cuatro factores principales a partir de los cuales los pueblos se constituyen y mantienen su identidad. En el caso concreto de Israel, la experiencia histórica es la epopeya del éxodo. El ordenamiento jurídico e institucional está constituido por los cuerpos legales esparcidos a lo largo del Pentateuco, entre los que sobresalen el decálogo (Ex 20 y Dt 5), el código de la alianza (Ex 20 22-23 33), el código deuteronómico (Dt 12-26), la ley de santidad (Lv 17-26). Experiencia histórica y ordenamiento jurídico se hallan presididos y modelados por la fe yavista. Todo pueblo necesita también una tierra en la que pueda realizarse cumpliendo su misión.

Estos cuatro elementos constitutivos del pueblo de Israel, en un estadio todavía muy primitivo y elemental, debieron de constituir asimismo el primer estrato del Pentateuco, equivalente a los documentos yavista y elohista de la hipótesis documentaria (J-E), bien separados o bien refundidos en uno solo (llamado Yehovista). En él figuraban seguramente una versión inicial de la epopeya nacional (patriarcas-éxodo-travesía camino de la tierra), un primer ordenamiento jurídico (núcleo inicial del decálogo y código de la alianza), la fe en el Dios único, y la tierra, cuya conquista total había llevado a cabo precisamente David, el primer gran rey.

Un texto clave de este primer estrato del Pentateuco es Gn 12 1-3, en el que la letra habla de la vocación de Abrahán, pero el autor que lo ha redactado está pensando en la vocación de todo el pueblo elegido. Lo que Gn 12 1-3 dice de Abrahán hay que referirlo al Israel del tiempo de la monarquía. Israel tiene vocación ecumenista. El pueblo de Dios, con el rey a la cabeza, está destinado a ser fuente de bendición de todos los pueblos. Una simple constatación estadística deja entrever la importancia de la bendición. Gn 12 1-3 se encuentra repetido ocho veces más en momentos claves del primer estrato del Pentateuco: Abrahán (Gn 18 16-19; 22 15-18); Isaac (Gn 26); Jacob (Gn 27 27-29; 28 13-16); José (Gn 39 5); Moisés (Ex 12 31-32); Balaán (Nm 24 5-9).

Final de la monarquía (D): Un segundo paso muy importante en la formación del pueblo y también en la elaboración del Pentateuco tiene lugar hacia el final de la monarquía mediante la reforma de Josías, llevada a cabo de acuerdo con la primera edición del Deuteronomio. Al erigirse en la medida y paradigma de la reforma, el Deuteronomio se convierte en documento normativo y ley constitucional, o sea, señala el comienzo de la canonización de la Torá (véase 2 Re 22-23).

Los principios teológicos del Deuteronomio y de la reforma de Josías son: un pueblo, un Dios, un santuario, una ley, una tierra. La insistencia del Deuteronomio en la unidad del pueblo, en la unidad de la fe y del culto, dejan entrever que dicha unidad no se había alcanzado todavía plenamente. Era eso lo que se proponían conseguir el Deuteronomio y la reforma de Josías. La supresión de los santuarios de provincias y la centralización del culto en Jerusalén (Dt 12) significaban un paso importante en el orden religioso hacia el monoteísmo. La reforma de Josías afectaba también a lo político y a lo institucional.

Algunos estudiosos, sobre todo en estos últimos años, se inclinan a pensar que la aportación de la escuela deuteronomista no se limitó sólo al libro del Deuteronomio, sino que dejó impresas sus huellas también en Exodo y Números, y en menor medida en el Génesis.

Antes de integrarse en el Pentateuco, el Deuteronomio formará parte de la historia deuteronomista (Jos-2 Re). Después del destierro, el libro del Deuteronomio será desgajado de esta historia para ir a sumarse a los cuatro primeros libros de la Biblia, con el fin de colocar junto todo lo referente a Moisés.

Exilio y postexilio (P): Durante el exilio el pueblo de Israel sufre una transformación cualitativa. Deja de ser un *estado* y se convierte en una *iglesia*. Deja de ser una monarquía presidida por el rey y las instituciones monárquicas, y se convierte en una comunidad religiosa presidida por la cúpula sacerdotal (*judaísmo*).

Este momento clave de la historia del pueblo de Israel genera una profunda revisión, actualización, y ampliación del Pentateuco que se debe sobre todo a la clase sacerdotal. Dado que los israelitas, tanto los desterrados como los que vivían en Palestina, pasaban por una grave situación de crisis e incertidumbre, los autores de la escuela sacerdotal se proponen con su obra salvaguardar la identidad de Israel, alentar la fe y la esperanza en este momento de postración, y elaborar el estatuto e instituciones religiosas que van a configurar al Israel del futuro. Este es el momento en que se fija por escrito el estrato sacerdotal (P).

Este estrato es el más fácil de identificar dentro del Pentateuco, tanto en el contenido como en la forma. No se sabe si ha existido primero como escrito autónomo, dentro del cual ha venido a integrarse en un momento posterior el yehovista (J-E), o si se trata de un estrato redaccional compuesto por el autor sacerdotal al hacer una nueva edición del J-E.

Lo mismo que el resto del Pentateuco, el estrato P está constituido por una historia, dentro de la cual se encuadran colecciones de leyes e instituciones, por ejemplo, el ordenamiento sobre la construcción del santuario y sus ministros (Ex 25-31.35-40), el ritual de los sacrificios (Lv 1-7), la investidura de los sacerdotes (Lv 8-10), las leyes de la pureza ritual (Lv 11-16), el código de santidad (Lv 17-26), y otras leyes esparcidas a lo largo del libro de los Números. El estrato P aprovecha cualquier circunstancia para introducir o recomendar una ley o una institución. Encuadra el grandioso relato de la creación en el marco de una semana, con el fin de motivar y recomendar la observancia del sábado (Gn 1). Incluye la prohibición de comer carne con sangre y el respeto a la vida humana dentro de la alianza de Noé (Gn 9 4-6). Sitúa en el marco de la alianza de Abrahán la circuncisión (Gn 17). La plaga de los primogénitos le sirve para introducir la fiesta de la pascua (Ex 12).

Según la visión de Ezequiel, el Israel del exilio era como un cadáver, cuyos huesos secos estaban esparcidos por el campo, sin esperanza de vida (Ez 37). Había cundido el desaliento y el escepticismo. Los autores de la escuela sacerdotal (P) reaccionan contra la desesperanza y apuestan por la vida. Este es el sentido del relato de la creación (Gn 1): el Dios que creó el cosmos sólo con su palabra, está a punto de repetir el milagro. El espíritu divino va a soplar, los huesos se van a recubrir de nervios, de carne y de piel, y se va a producir la resurrección del pueblo.

Seguramente, el texto que mejor condensa el mensaje de P es el mandato que la humanidad recién creada recibe de parte de Dios: *Crezcan y multiplíquense, llenen la tierra y sométanla* (Gn 1 28). Este mandato se repite otras diez veces en momentos claves del estrato sacerdotal: Noé (Gn 9 1.7); Abrahán (Gn 17 2.6); Ismael (Gn 17 20); Jacob (Gn 28 3-4; 35 11); José (Gn 48 4); Moisés (Ex 1 7); Israel (Lv 26 9). Esta cadena de textos forman el eje central del estrato P. Compuesto durante el exilio y el postexilio, P es un llamamiento a la esperanza, lo mismo que sus dos contemporáneos el Isaías de Babilonia (Is 40-55) y Ezequiel. Es posible que éste último, con sus grandiosas visiones sobre la restauración y la renovación de Israel (Ez 34-37.40-48) haya sido el padre espiritual, a cuya sombra nació la escuela sacerdotal, autora del estrato P.

Redacción final del Pentateuco

Tradicionalmente, la redacción final del Pentateuco se asocia con el nombre del escriba Esdras. La gran concentración de los responsables del pueblo presididos por Esdras en Jerusalén durante la fiesta de las tiendas del año 398 a. C. ofrecía un marco adecuado para la proclamación oficial del Pentateuco (Neh 8). Son muchos los autores que señalan esa jornada como el día del nacimiento oficial del judaísmo y como la fecha de la proclamación oficial del Pentateuco, en cuanto carta magna del judaísmo postexílico.

La hipótesis es tentadora, si bien los argumentos que la apoyan no son concluyentes. Fuera o no Esdras el autor de esta redacción final, todo hace pensar que, hacia el final del período persa, el Pentateuco había sido proclamado como el documento constitucional que daba cohesión al judaísmo postexílico, una buena parte del cual vivía ya en la diáspora fuera de Palestina. Reconocido seguramente por la autoridad persa, el Pentateuco servía no sólo para ordenar la vida interna del judaísmo sino también para regular las relaciones entre los dirigentes persas y las comunidades judías. Posiblemente, era una de tantas leyes locales reconocidas por la autoridad imperial.

Debió ser en el momento de proclamarlo como documento canónico y ley constitucional, cuando fue añadido el Deuteronomio, que anteriormente formaba parte de la historia deuteronomista.

Primer cuerpo canónico

Por su carácter constitucional, el Pentateuco fue el primer cuerpo del Antiguo Testamento que obtuvo rango canónico, es decir, que fue considerado como escritura sagrada y normativa. Para los judíos la Torá (o Pentateuco) tiene un grado de canonicidad superior al de los Profetas y los Escritos, las otras dos partes del canon hebreo.

El Pentateuco figura al frente de la Biblia, no tanto por motivos cronológicos cuanto por razones de dignidad y supremacía en el orden de la canonicidad. Lo primero que tradujeron los LXX al griego, a mediados del s. III a. C., fue la Torá. Esta es la parte del Antiguo Testamento que figura a la cabeza de la lista que trae el prólogo del Eclesiástico (s. II a. C.). Es la única sección de la Biblia que reconocen como canónica los samaritanos, separados del judaísmo oficial hacia finales del s. IV a. C.

3. Teología

El Pentateuco: historia y ley

Todos los cuerpos legales del Antiguo Testamento (los decálogos moral y cultual, el código de la alianza, la legislación sacerdotal, la ley de santidad, el código deuteronómico), junto con otras muchas leyes sueltas, se hallan encuadrados dentro de los libros del Pentateuco, que son, a su vez, una historia; una historia de salvación, marcada por las sucesivas intervenciones salvíficas de Dios, que creó el cosmos y la humanidad, eligió a los patriarcas, llamó a Moisés, salvó a su pueblo de la esclavitud, pactó con él en el Sinaí, lo condujo por el desierto, le dio una tierra.

Primero Dios actúa (historia) y luego pide la respuesta y la obediencia del pueblo (ley). La ley no es, pues, un imperativo categórico que haya que obedecer sin más explicaciones ni motivaciones. Las intervenciones salvíficas de Dios abren con el pueblo de Dios un diálogo, en el que la ley significa la respuesta a la iniciativa divina.

Exodo

De todas las intervenciones salvíficas de Dios en la historia del Antiguo Testamento, la más importante es el éxodo. La salida de Egipto y el paso del mar Rojo, experimentados como una liberación otorgada por Dios, constituyen el dogma fundamental y fundacional del Antiguo Testamento. Es el principal artículo del credo israelita. Es tema importante en los salmos y argumento básico en la predicación de los profetas. Se halla presente incluso en los libros sapienciales. El éxodo es para el Antiguo Testamento lo que la resurrección de Cristo es para el Nuevo. El éxodo es el principio estructurador de la historia de la salvación, pues esta gira en torno a tres grandes éxodos: el de Egipto, el de Babilonia y el de Jesús.

El esquema básico del éxodo presenta una estructura en tres tiempos:

– *Salida de Egipto.* El pueblo se encontraba sometido a toda suerte de esclavitudes (laborales, políticas, sociales, religiosas...). Se veía privado de libertad, con todas las consecuencias que dicha situación lleva consigo. La salida de Egipto es, por lo tanto, una liberación.

– *Travesía por el desierto.* Es el camino a recorrer entre el punto de partida y la meta. Es la trayectoria que debe realizar todo hombre y todo pueblo. Es la tarea que hay que llevar a cabo. El Deuteronomio presenta la travesía bajo la imagen de la prueba que hay que superar (Dt 8 1-4).

– *Entrada en la tierra.* Es la llegada a la meta. Es una tierra buena que mana leche y miel. Es un espacio de libertad en el que el pueblo puede desarrollar todas sus potencialidades y cumplir plenamente su misión.

El esquema del éxodo se convierte en un paradigma que sirve para estructurar otros acontecimientos o momentos de la historia. El retorno del destierro de Babilonia está presentado como un nuevo éxodo (Jr 16 14-15; Is 43 16-19). La vocación de Abrahán (Gn 12) y en general todos los relatos vocacionales reproducen el esquema del éxodo.

Siempre hay que salir de la propia tierra y pasar por la prueba del desarraigo para caminar hacia nuevas fronteras. También la espiritualidad cristiana y los místicos hablan de salir, de cruzar el desierto, de llegar a la tierra definitiva. Los autores del Nuevo Testamento han recurrido a la imagen del éxodo para expresar lo que es y significa el misterio pascual. La fiesta central de los cristianos es la pascua, memorial del éxodo.

Yavismo

La autorrevelación de Dios a Moisés bajo el nombre de Yavé (Ex 3 13-15) es la piedra angular de la religión antiguo-testamentaria. Yavé, nombre que hemos traducido sistemáticamente por *el Señor*, quiere decir: *Yo soy el que soy*, el que existe. Yavé es el único verdaderamente existente. Yavé es el transcendente y también el inmanente: el que actúa en la historia de su pueblo Israel, el que acompaña y habita en medio del pueblo, con quien se vincula en relación de mutuo compromiso y reconocimiento. Yavé es el Dios de Israel, e Israel es el pueblo de Dios. Este reconocimiento de Yavé como el único Dios por parte de todas las tribus va a ser uno de los factores decisivos en la formación y constitución de Israel como pueblo.

La autorrevelación de Dios a Moisés bajo el nombre de Yavé contiene ya en germen el dogma del monoteísmo y la doctrina sobre el ser y la vida de la transcendencia divina, que irá desarrollando la reflexión y el estudio de los profetas, asistidos por la luz de lo alto, e iluminados con ulteriores revelaciones, hasta llegar a las solemnes y profundas formulaciones del Isaías de Babilonia: *Yo soy el Señor (Yavé) y no hay otro; no hay Dios fuera de mí* (Is 45 5). Nos encontramos ya cerca de las proclamaciones que cierran la Biblia: *Yo soy el alfa y la omega, dice el Señor Dios, el que es, el que era y el que está a punto de llegar, el todopoderoso* (Ap 1 8).

Promesa-cumplimiento

El esquema *promesa-cumplimiento* es uno de los más frecuentes en la historia bíblica. Toda la historia de la salvación está articulada en torno a un gran arco de tensión que tiene en su punto de arranque la promesa y en su punto de llegada el cumplimiento. Este esquema se halla presente sobre todo en el Pentateuco y forma el tejido que da unidad, coherencia y tensión a las tradiciones tan plurales y diversas que lo componen.

En el Pentateuco hay unas promesas de carácter general que orientan toda la historia de la salvación: son las promesas del llamado protoevangelio (Gn 3 15) y de la bendición de todos los pueblos en Abrahán y su descendencia (Gn 12 3). Estas dos promesas no encontrarán su pleno cumplimiento hasta el Nuevo Testamento (véase Gal 3 8).

Pero mientras llegaba el cumplimiento final, la historia de la salvación se vio alimentada por promesas parciales, que se fueron cumpliendo a corto y medio plazo. Estas promesas, hechas a Abrahán y repetidas a Isaac y Jacob, y que se empiezan a cumplir con Moisés, son tres:

- La promesa de una descendencia numerosa, que se repite diecinueve veces.
- La promesa de establecer unas nuevas relaciones con los descendientes de Abrahán (Gn 17 7).
- La promesa de la tierra, que se repite más de veinte veces en Génesis, Exodo y Números, sin contar el Deuteronomio, donde es uno de los temas más importantes.

La primera promesa se cumple en Egipto, donde los clanes patriarcales se convierten en un pueblo numeroso, según se constata con frecuencia de manera estereotipada (véase Ex 1 7; 12 37-38; Dt 1 10; 10 22; etc). La segunda promesa se cumple en el Sinaí, donde Dios se da a conocer con el nombre de Yavé, viene a habitar en medio de su pueblo (en el arca, la tienda, la nube, la columna de fuego) y establece con Israel relaciones especiales. La tercera promesa se empieza a cumplir con la exploración de la tierra (Nm 13-14) y la asignación de Transjordania a las tribus de Gad, Rubén y a la media tribu de Manasés (Nm 32), y encontrará su plena realización con Josué.

En un comienzo estaban sólo los patriarcas. Todavía no eran pueblo, no habían entrado en relaciones especiales con Yavé, no poseían la tierra. En un segundo momento se convierten en una descendencia numerosa y llegan a ser un pueblo (en Egipto), entran en relaciones especiales con Dios (Sinaí), y finalmente poseen la tierra (Nm-Jos).

Bendición-alianza

La promesa ha sido ratificada por la alianza, que es otro de los ejes teológicos del Pentateuco. Juntamente con el tema de la bendición, la alianza estructura todo el Pentateuco en cuatro períodos presididos por cuatro nombres claves: Adán, Noé, Abrahán, Moisés.

Adán (período de la creación): Se ha querido ver una alianza implícita en el relato de la creación-paraíso, pero no hay base objetiva para ello. Sin embargo, el período de la creación sí está presidido por la bendición (*Crezcan y multiplíquense, llenen la tierra*: Gn 1 28), bendición que se vuelve a repetir en los tres períodos siguientes.

Noé (protohistoria): Después del diluvio Dios establece una alianza o pacto universal con la creación renovada (Gn 9 1-17), cuyos elementos son los siguientes:

- Bendición: *Crezcan y multiplíquense, llenen la tierra* (Gn 9 1.7)

– Obligación: respetar la vida (Gn 9 4-6)
– Signo: el arco iris (Gn 9 13)

Abrahán (período patriarcal): Existen dos versiones de la alianza patriarcal (Gn 15 y 17). La primera se atribuye al estrato yehovista (J-E) y la segunda al sacerdotal (P). Los elementos que integran su contenido son estos:

– Bendición: *Te haré inmensamente fecundo...* (Gn 17 2.6)
– Triple promesa: tierra, descendencia, nueva alianza (Gn 15 5.18; 17 6-8)
– Obligación-signo: circuncisión (Gn 17 10-14)

Moisés (período mosaico): De todas la alianzas del Pentateuco, la de Moisés-Sinaí es la más importante. Se anuncia en una especie de prólogo anticipado en Ex 6 2-9. Su núcleo central lo forma la extensa sección que va desde Ex 19 1 a Nm 10 10, especialmente, Ex 19-24. Los elementos que la integran son:

– La bendición: *Los haré fecundos, los multiplicaré...* (Lv 26 9)
– La presencia de Dios en medio de su pueblo a través de la tienda, el arca, y las demás instituciones sagradas (Ex 25; Nm 10 10)
– El decálogo y el código de la alianza (Ex 20-23)
– El rito de la alianza (Ex 24)
– Las exigencias y obligaciones de la alianza, que están rubricadas por una letanía de bendiciones y maldiciones (Lv 26)

GENESIS

INTRODUCCION

En el crecimiento y desarrollo de las personas y los pueblos la pregunta por los orígenes se convierte en necesidad vital cuando unas y otros se enfrentan a los grandes enigmas y desafíos de la existencia: ¿quiénes somos? ¿de dónde venimos? ¿cuál es nuestro destino o misión? ¿a dónde vamos? Otras veces la pregunta viene urgida por la conciencia de los propios límites, fracasos y frustraciones: ¿por qué el sufrimiento, el trabajo estéril, la muerte, los odios y divisiones, la inclinación al mal...? Hay, finalmente, otros motivos y ocasiones que justifican la "vuelta a los orígenes": tratar de legitimar y vincular al pasado derechos o situaciones del presente y reencontrar la identidad perdida. El pueblo de Israel, que nace y crece en una historia compartida con otros pueblos (Egipto, Babilonia, Canaán, Grecia, etc.), no ha dejado de hacerse estas grandes preguntas y ha expresado en el Génesis las sucesivas respuestas que ha ido encontrando a la luz de la fe: ha sido creado por su Dios, junto con los demás pueblos, y ha sido especialmente llamado a una aventura singular.

1. Contexto histórico

El primer libro de la Biblia recibe en hebreo el nombre de su palabra inicial: *bereshit* (*al principio*). *Génesis* es el nombre que la versión griega de los LXX dio al libro, atendiendo a su contenido: el "origen" del mundo, del hombre y del pueblo de Israel.

Durante siglos el libro del Génesis (y el Pentateuco del que forma parte con los cuatro libros que lo siguen) fue atribuido a Moisés. Desde hace dos siglos, la crítica histórico-literaria ha establecido que Génesis (y el Pentateuco) es una obra escrita a lo largo de distintas épocas y por diversos autores, y concluida hacia el s. V a. C. (véase la Introducción al Pentateuco). Para comprender mejor el mensaje de Génesis, hay que preguntarse por su proceso de formación y por los sucesivos contextos históricos que han ido dejando su huella en el libro.

1. Las tradiciones y recuerdos sobre los antepasados (patriarcas) de Israel acompañaron a los clanes y grupos que con el tiempo formarían el mismo

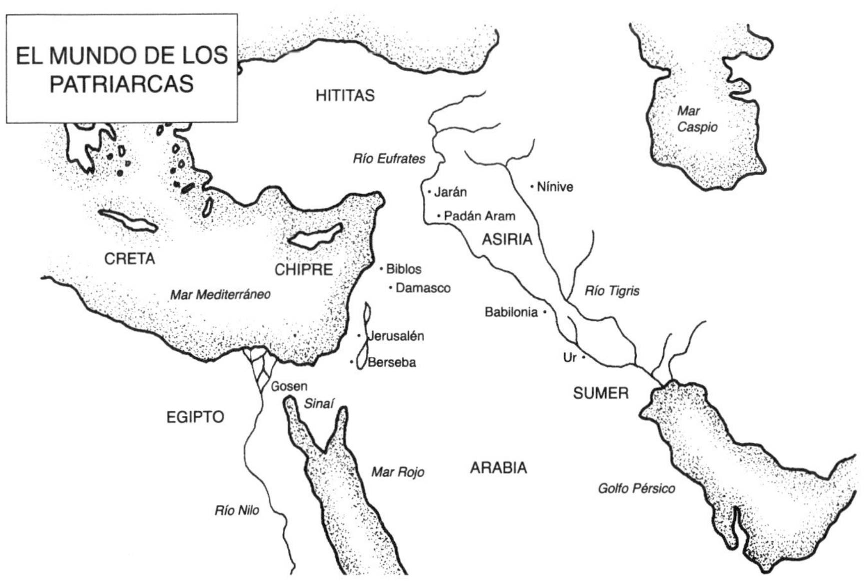

pueblo. Estos grupos y clanes están emparentados con los semitas seminómadas, pastores de ganado menor, que procedentes de Mesopotamia circularon por el Creciente Fértil durante la primera mitad del segundo milenio a. C., y vivieron en contacto pacífico u hostil con los pueblos sedentarios. Algunos de estos clanes, después de recorrer el centro y sur de Palestina, se establecieron en Egipto. Este es el cuadro histórico que, a grandes rasgos, presenta Génesis.

2. Cuando los clanes y grupos hebreos, después de su insólita liberación de Egipto, entran y se instalan en Palestina, traen consigo los recuerdos y tradiciones orales de sus antepasados que les sirven para legitimar su derecho a la tierra en virtud de las promesas hechas por el Dios de sus antepasados. Ya instalados, los recuerdos se funden con los de otras tribus vecinas y se enriquecen con tradiciones locales cananeas.

3. La consolidación de la monarquía en el s. X con David y Salomón supone la unificación de las tribus y la fijación por escrito de su amplio patrimonio oral. En círculos cercanos a la corte nace la primera historia del pasado de Israel, tratando de dar respuesta a necesidades actuales de la joven monarquía: la legitimación de los derechos reales de Judá, la tribu de David; la justificación de la expansión y dominio de Israel sobre los pueblos vecinos; la aclaración del papel benefactor de la monarquía, etc. son algunos de los propósitos de esta historia llamada yavista (porque da a Dios el nombre de Yavé).

4. Después de la división de los reinos, la historia del pasado se vuelve a reescribir en el reino del Norte, especialmente en los círculos proféticos, que destacan la transcendencia de Dios (llamado Elohim), su revelación a través de mediadores (los profetas) y la actitud de obediencia y fidelidad del pueblo para con su Dios. Es la llamada historia elohista, que después de la caída de Samaría viajará al reino de Judá y se unirá a las tradiciones del reino del Sur.

5. La gran crisis de identidad motivada por la destrucción de Jerusalén y el exilio (587 a. C.) llevó a un grupo de sacerdotes a emprender una nueva relectura de la historia antigua, encontrando en ella la fuente para alimentar la esperanza de los exiliados y hacer posible una nueva etapa en su historia. El Génesis, reescrito en contacto con la cultura babilónica, les proporciona una nueva identidad basada en el sábado, la circuncisión, la alianza y sobre todo en el mandato divino: *Crezcan y multiplíquense, llenen la tierra* (Gn 1 28; 9 1.7). Este grupo aprovecha los materiales anteriores y da el toque y la estructura final a todo el libro.

2. *Características literarias*

En su forma actual, el libro del Génesis presenta dos partes o bloques claramente diferenciados: Gn 1-11, que habla de los orígenes de la humanidad, y Gn 12-50, que se refiere a la historia de los patriarcas. El conjunto, como acabamos de ver, es una obra elaborada a lo largo de varios siglos sobre la base de tres sucesivas obras históricas más amplias, que han recibido los nombres convencionales de Yavista, Elohista y Sacerdotal (véase la Introducción al Pentateuco). Las primeras redacciones del Génesis recogieron, a su vez, materiales procedentes de fuentes diversas e incorporaron géneros literarios muy variados.

Las fuentes

Tanto los antiguos moradores de Canaán, como Israel estuvieron continuamente en contacto con otros pueblos y abiertos a su influjo.

En la historia de los orígenes (Gn 1-11), los autores bíblicos se han inspirado directa o indirectamente en tradiciones del antiguo Oriente Medio (especialmente mesopotámicas, egipcias y fenicio-cananeas). Hay un indudable parentesco entre estos primeros capítulos y los textos míticos, sapienciales, líricos o litúrgicos de Sumer, Babilonia, Egipto y Ugarit. Mención destacada merecen los grandes poemas mesopotámicos "Enuma Elish" y "Atrahasis" sobre la creación, el poema de "Gilgamés" y su relato del diluvio, leyendas babilónicas sobre las grandes torres dedicadas a los dioses, el "Texto menfita de la creación" y los ciclos míticos ugaríticos de "Balu y Yammu" y "Balu y Motu". A pesar del influjo, la dependencia nunca es imitación servil: los autores bíblicos han reelaborado los datos de sus fuentes, los han descargado de su lastre mitológico y los han repensado a partir de las tradiciones propias y de su fe yavista.

En las historias patriarcales (Gn 12-50) se advierte la presencia de leyendas surgidas en torno a los primitivos santuarios del país, alusiones al dios cananeo "El" y anécdotas relativas a los orígenes de los pueblos vecinos. A estas fuentes hay que añadir otras de origen israelita, como las tradiciones sobre los antepasados y héroes de tribus y clanes, recuerdos de desplazamientos y viajes, de disputas entre tribus, listas genealógicas, relatos etiológicos, etc.

Las formas literarias

En el texto del Génesis se dan cita una gran variedad de formas o géneros literarios. Muchas de estas formas fueron acuñadas ya en la fase oral de su composición. Otras fueron creadas en las sucesivas ediciones literarias que conoció el libro. Las más breves y ocasionales serán mencionadas en las notas respectivas. Aquí nos referimos a las más comunes, que agrupamos en tres grandes grupos o géneros: relatos míticos, leyendas y genealogías.

– Los *relatos míticos:* Ni Génesis ni el resto del Antiguo Testamento contienen mitos propiamente dichos, ya que el monoteísmo bíblico excluye cualquier expresión de lucha, genealogías o muerte de dioses. Sin embargo, sí ha conservado expresiones, símbolos y motivos de origen mítico, procedentes de los pueblos y culturas circundantes. Estos "relatos míticos" aparecen especialmente en Gn 1-11 y se refieren a acontecimientos situados en los orígenes de la humanidad.

– Las *leyendas* son composiciones literarias basadas en datos muy simples y concretos: el nombre de una persona o tribu, de un lugar, de un itinerario, etc.; o una tradición: el encuentro del protagonista con la divinidad, la salida para los pastos de invierno, etc. Generalmente tiene un apoyo real, sobre el que se construye el relato a base de tópicos conocidos con el fin de ofrecer una enseñanza religiosa. Una variante del género es la *leyenda etiológica,* a través de la cual se ofrece la explicación de una realidad a partir de su origen: el nombre de una persona, de un lugar o santuario, de una situación presente, una costumbre, el modo de vivir de un pueblo, la característica de un animal, etc.

– Las *genealogías* son listas que pretenden unir a personajes o a pueblos emparentados por algún motivo (étnico, histórico o geográfico). La mayoría de estas listas genealógicas pertenecen a la tradición sacerdotal, que a través de ellas ha proporcionado a toda la historia antigua de Israel una cronología, un marco de relaciones y un esqueleto estructurante.

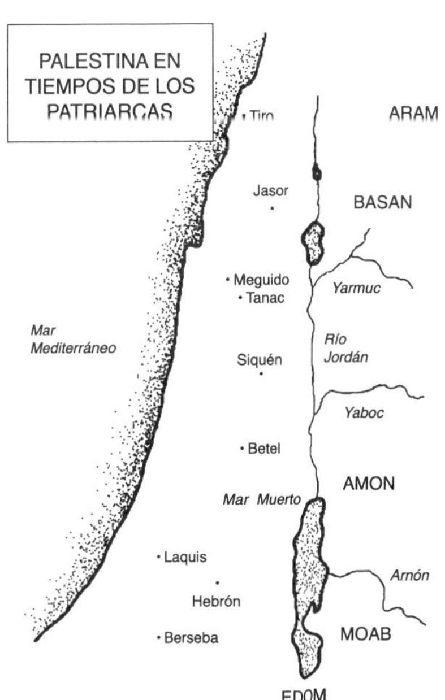

La estructura del libro

Las dos grandes partes que conforman el libro del Génesis, estructuradas a partir de las genealogías sacerdotales, ofrecen esta división:

I. ORIGENES (Gn 1-11)

1. Historia del cielo y de la tierra (Gn 1 1-2 4a)
2. Historia de Adán y sus hijos (Gn 2 4b-5 32)
3. Historia de Noé y sus hijos (Gn 6 1-11 32)

II. PATRIARCAS (Gn 12-50)

1. Historia de Abrahán y su hijo (Gn 12 1-25 18)
2. Historia de Isaac y sus hijos (Gn 25 19-36 43)
3. Historia de Jacob y sus hijos (Gn 37 1-50 26)

A pesar de la diferencia e independencia de las dos grandes partes, hay una serie de elementos, temas y motivos que, además de las genealogías, proporcionan al libro una sólida unidad: temas como la eficacia de la bendición, la importancia del nombre, la relación hombre-tierra, y motivos como la promesa, las alianzas o las relaciones (hostiles o amistosas) entre hermanos y parientes se convierten en puentes o vínculos unitarios entre las dos partes.

El conjunto global cristaliza en una magnífica obra literaria de primera magnitud, de singular belleza y hondura, y de innegable sabor popular, donde se combinan las escenas llenas de ternura con los momentos de dramatismo, el colorido y la plasticidad con la hondura religiosa o la sabia penetración psicológica... Una obra, en fin, que cautiva y embelesa, y que ha transcendido sus límites nacionales y confesionales para convertirse en símbolo y patrimonio de la humanidad.

3. Claves teológicas

A pesar del objetivo inmediato de la última redacción del Génesis (responder a la angustia y a la decepción del destierro) el mensaje del libro supera la contingencia del momento. La revelación de Dios, la bendición y las promesas que van diseñando el plan salvador de Dios son los ejes de este mensaje.

El *Dios* del que habla Génesis está muy cerca del hombre. Es como el alfarero que lo forma con sus propias manos y le infunde un aliento de vida; le preocupa su soledad, lo trata familiarmente, no lo abandona nunca; viaja y emigra con él, se hace presente y se lo encuentra por doquier: lo mismo en un santuario que en la cárcel, al amanecer o en la oscuridad de la noche.

Es un Dios familiar, hasta el punto de ser llamado con el nombre del padre del clan. Sin embargo, esta cercanía no permite la manipulación: sus decisiones son incomprensibles a veces, sus promesas parecen no cumplirse, permite la desgracia de los suyos, pide cosas terribles. Es cercano y amigo, pero absolutamente libre, como muestra en sus inesperadas y desconcertantes elecciones que, finalmente, son expresión de una sola: la misteriosa elección de Israel entre los demás pueblos y naciones.

Esta cercanía no empeña su omnipotencia, pues Dios se revela, ante todo, como un Dios creador que hace surgir el mundo con la fuerza de su palabra, que envía diluvios de agua y de fuego, y confunde a la humanidad que pretendía llegar al cielo; que desbarata los planes del faraón, de Labán, de los hermanos de José. Todo le está subordinado en el tiempo y en el espacio.

Los distintos planos de la acción salvadora de este Dios se entrecruzan y enriquecen: crea y bendice a los seres vivos, hace unas promesas abiertas al futuro, asiste a los hombres que cuentan con él; castiga el pecado, porque es justo; pero es también misericordioso y no olvida que el hombre, limitado a pesar de reflejar su imagen, está inclinado al mal, es débil y necesitado. Por eso se deja convencer por la infelicidad que su castigo acarrea, por la bondad de una persona o por la oración, aunque sea hecha por alguien que no merece el perdón.

Pero también es Señor, que cumple siempre su palabra. Esta palabra se concreta en las alianzas, de las que Génesis recuerda tres; una con Noé y la humanidad y otras dos con Abrahán y sus descendientes; alianzas gratuitas en las que poco o nada pide a cambio. Y siempre es fiel a lo pactado.

La *bendición* es acción propia del creador, está unida a la vida y completa la obra de la creación; por eso sólo los seres vivientes son bendecidos para asegurar su propagación. Este privilegio divino lo comunica Dios a un hombre, a Abrahán, a quien le pide que deje sus seguridades y camine en la fe. Abrahán, a su vez, derrama bendición. La bendición es irreversible, es un acto creador que tiene fuerza desde el momento en que se pronuncia, y que termina dando sus frutos al estar animada por la fuerza divina. Pero no se transmite mecánicamente, ni necesariamente la recibe el primogénito; se necesita una voluntad expresa para transmitirla. El tema de la bendición se convierte, así, en vínculo de unión entre las dos partes del libro: a la bendición sobre la primera creación y sobre Noé, responde la bendición sobre Abrahán y los demás patriarcas.

Las *promesas* especifican y concretan la bendición. Probablemente los dichos o pequeños relatos de promesa sirvieron de núcleos alrededor de los cuales se fueron reuniendo los recuerdos más o menos independientes de los distintos patriarcas. Las promesas son diversas: de un hijo, de una gran descendencia, de una tierra donde asentarse, de protección y bienestar, de un nombre respetado...

Bendición y promesas forman el entramado de todo el libro: en Gn 1-11 la voluntad divina de bendecir se frustra por culpa del hombre; pero a partir de Abrahán las promesas se van cumpliendo, aunque sea parcialmente, por la fuerza divina que acompaña a la bendición. La aventura religiosa de los patriarcas comienza con la orden de abandonarlo todo y buscar una tierra apoyados sólo en una promesa de bendición personal, familiar y universal (Gn 12 1-3).

El arco que une el mandato-vocación con la meta es la promesa. Al unir bendición y promesa, la primera se convierte en una postura permanente de Dios, que mira al futuro y cuya garantía está en el pasado. La respuesta adecuada es la fe-confianza: Dios realizará hoy y mañana las mismas maravillas que un día realizó. Así se completa el proceso catequético: El Señor es un Dios fiel que exige fidelidad. Es un Dios que no cambia caprichosamente. Por eso y por su poder creador, la realización de sus promesas puede añadir elementos nuevos, que superan cuanto las mismas promesas contenían.

GENESIS

I. ORIGEN DEL MUNDO Y DE LOS HOMBRES Δ

Historia del cielo y de la tierra

Gn 2 4b-25; Job 38-39; Sal 8; 104; Jn 1 1-3;
Col 1 15-17; Gn 5 1.3; 9 6

1 1 Al principio creó Dios el cielo y la tierra. 2 La tierra era una soledad caótica
y las tinieblas cubrían el abismo, mientras
el espíritu de Dios aleteaba sobre las aguas.
3 Y dijo Dios:
–Que exista la luz.
Y la luz existió. 4 Vio Dios que la luz
era buena y la separó de las tinieblas. 5 A la
luz la llamó día y a las tinieblas noche.
Pasó una tarde, pasó una mañana: el día
primero.
6 Y dijo Dios:
–Que haya un firmamento entre las
aguas para separar unas aguas de otras.
Y así fue. 7 Hizo Dios el firmamento y
separó las aguas que hay debajo, de las que
hay encima de él. 8 Al firmamento Dios lo
llamó cielo.
Pasó una tarde, pasó una mañana: el día
segundo.
9 Y dijo Dios:
–Que las aguas que están bajo los cielos se reúnan en un solo lugar, y aparezca
lo seco.
Y así fue. 10 A lo seco lo llamó Dios tierra y a la acumulación de las aguas la
llamó mares. Y vio Dios que era bueno.
11 Y dijo Dios:
–Produzca la tierra vegetación: plantas
con semilla y árboles frutales que den en la
tierra frutos con semilla de su especie.
Y así fue. 12 Brotó de la tierra vegeta-

Δ 1 1-11 32: Dentro del libro de los "orígenes", que abre la Biblia y la historia de la salvación, Gn 1-11 forma una unidad independiente constituyendo un magnífico pórtico al Génesis y a toda la Biblia. Con esta primera unidad, el redactor último sitúa la historia patriarcal y la de Israel (Gn 12 1ss; Ex; etc.) en el más amplio horizonte de la historia de las naciones y del mundo, e identifica en un salto audaz al Dios salvador de Israel con el Dios creador del mundo, de la naturaleza y de la humanidad.

Los materiales aquí empleados pertenecen en buena medida al patrimonio cultural del antiguo Oriente Medio (Egipto, Mesopotamia, Canaán), recogidos por Israel en distintos momentos de su historia y adaptados posteriormente a su particular visión del mundo y a su fe. En el conjunto se destacan dos hilos de tradiciones: yavista (J) y sacerdotal (P). Del J proceden la mayoría de los relatos; P aporta, además del poema inicial de la creación y de una de las narraciones sobre el diluvio, el marco cronológico y estructurante de las genealogías. El conjunto se articula en torno a cinco grandes secciones: creación del mundo, el drama del paraíso, Caín y Abel, el diluvio y Babel.

Literariamente, el motivo de la *separación/dispersión* (véase Gn 1 4 y 11 8-9) abre y cierra Gn 1-11. Temáticamente, Gn 1-11 ofrece respuestas vitales y creyentes a las grandes preguntas de Israel y de la humanidad: ¿Quién es el creador de los hombres y de las cosas? ¿Son buenos todos los seres? ¿Cuál es el origen y el sentido de la maldad, la enfermedad y la muerte? ¿Cuál es el destino que el Creador desea para el hombre? Temas como la relación hombre-tierra, el "nombre" y la bendición/maldición a causa de la maldad del hombre, se convierten en los grandes hilos conductores de la sección.

• 1 1-2 4a: Majestuoso himno sacerdotal (P) de la creación, que posee un marcado carácter litúrgico (la repetición de expresiones y fórmulas hace de estribillo hímnico) y está estructurado con gran maestría. La obra creadora se articula en el marco cronológico de la semana judía que culmina en la consagración del sábado. Una breve introducción (Gn 1 1-2) y la conclusión (Gn 2 1-4a) encuadran dos series de acciones en tres días: creación de espacios y escenarios por separación de elementos (Gn 1 3-13), y obra de ornamentación con la aparición de los seres creados (Gn 1 14-31). Tras la "recreación" literaria de P se reconocen elementos de cosmogonías y mitos de creación de probable origen babilónico, en los que se condensa el patrimonio científico de la época. El redactor sacerdotal los ha reinterpretado, desmitizándolos y subrayando el dominio absoluto de Dios y su palabra creadora, la bondad de la obra creada y la sublime dignidad del hombre.

La *introducción* (Gn 1 1-2) ofrece el título y resumen de toda la obra creadora (nótese la inclusión del relato entre la expresión "cielo y tierra" de Gn 1 1 y Gn 2 4a), y presenta el estado caótico previo a la creación (Gn 1 2); así se subraya, por contraste, el poder de Dios y la belleza y armonía de su obra.

La *primera serie* de acciones divinas (Gn 1 3-13) ocupa los tres primeros días o tiempos y consiste en tres separaciones obradas por Dios y en una creación. A la separación de carácter temporal (el día de la noche) siguen dos de carácter espacial (el cielo de la tierra y el agua de lo seco); así Dios proporciona a los vivientes el escenario en el que vivirán y los ritmos de vida por los que se regirán. Continúa la creación de los vegetales (Gn 1 11-12); en el relato se advierte una intención polémica: la vegetación que

ción: plantas con semilla de su especie y
árboles frutales que dan fruto con semilla
de su especie. Y vio Dios que era bueno.
13 Pasó una tarde, pasó una mañana: el
día tercero.
14 Y dijo Dios:
–Que haya lumbreras en el firmamento
celeste para separar el día de la noche, y
sirvan de señales para distinguir las estaciones, los días y los años; 15 que brillen
en el firmamento para iluminar la tierra.
Y así fue. 16 Hizo Dios dos lumbreras
grandes, la mayor para regir el día y la menor para regir la noche, y también las estrellas; 17 y las puso en el firmamento para
iluminar la tierra, 18 para regir el día y la
noche, y para separar la luz de las tinieblas. Y vio Dios que era bueno.
19 Pasó una tarde, pasó una mañana: el
día cuarto.
20 Y dijo Dios:
–Llénense las aguas de seres vivos, y
que las aves vuelen sobre la tierra a lo ancho del firmamento.
21 Y creó Dios por especies los grandes
peces marinos y todos los seres vivientes
que se deslizan y llenan las aguas; y creó
también las aves por especies. Vio Dios
que era bueno. 22 Y los bendijo diciendo:
–Crezcan, multiplíquense y llenen las
aguas del mar; y que también las aves se
multipliquen en la tierra.
23 Pasó una tarde, pasó una mañana: el
día quinto.
24 Y dijo Dios:
–Produzca la tierra seres vivientes por
especies: ganados, reptiles y bestias salvajes por especies.
Y así fue. 25 Hizo Dios las bestias salvajes, los ganados y los reptiles del campo
según sus especies. Y vio Dios que era
bueno.
26 Entonces dijo Dios:
–Hagamos a los seres humanos a nuestra imagen, según nuestra semejanza, para
que dominen sobre los peces del mar, las
aves del cielo, los ganados, las bestias salvajes y los reptiles de la tierra.
27 Y creó Dios a los seres humanos a su
imagen; a imagen de Dios los creó; varón
y mujer los creó. 28 Y los bendijo Dios diciéndoles:
–Crezcan y multiplíquense; llenen la
tierra y sométanla; dominen sobre los
peces del mar, las aves del cielo y todos
los animales que se mueven por la tierra.
29 Y añadió:
–Les entrego todas las plantas que existen sobre la tierra y tienen semilla para ser
sembradas; y todos los árboles que producen frutos con su semilla les servirán de
alimento; 30 y a todos los animales del campo, a las aves del cielo y a todos los seres
vivos que se mueven por la tierra les doy
como alimento toda clase de hierba verde.
Y así fue. 31 Vio entonces Dios todo lo
que había hecho, y todo era muy bueno.
Pasó una tarde, pasó una mañana: el día
sexto.

2 1 Así quedaron concluidos el cielo y la
tierra con todo lo que contienen. 2 Cuando llegó el día séptimo, Dios había terminado su obra, y descansó el día séptimo de

produce la madre tierra es obra de Dios; por tanto, se desmitiza la naturaleza y se la sustrae a la influencia de los dioses de la vegetación y la fecundidad. Dos elementos subrayan la fuerza creadora de Dios y su "señorío" sobre todas las criaturas: sólo la palabra divina y actúa como intermediario entre el Creador y la criatura y, en este primer relato de la creación, es sólo Dios quien pone nombre a las cosas que por su mandato existen.

La *segunda serie* de acciones (Gn 1 14-31) abarca otros tres días en los que Dios crea cuatro nuevas obras que vienen a ocupar los espacios anteriormente separados: los astros, que reciben una finalidad temporal y litúrgica, los peces que ocupan las aguas, las aves que se mueven en el cielo y los animales que habitan la tierra; al final de todo, en el sexto día, Dios crea su obra maestra, el ser humano. Reaparece concentrado el verbo *bará*/crear (Gn 1 27: tres veces; antes sólo introduciendo el relato –Gn 1 1– y luego en Gn 1 21), recurso literario para indicar una acción exclusivamente divina, de carácter especial cuyo resultado es perfecto. La creación del hombre marca el punto culminante del relato; va precedida de un plural (Gn 1 26: "hagamos") que cumple la función de llamar la atención respecto de la obra maestra que Dios se dispone a hacer: crear al hombre, co-dominador de toda la creación divina. Luego la triple mención del verbo *bará*/crear, la semejanza del hombre con Dios y la diferenciación sexual (Gn 1 27) realzan aún más su condición de obra maestra y lo facultan para la tarea encomendada por Dios: el dominio sobre el resto de los seres vivos (Gn 1 28), que ejercita en representación de Dios. La evaluación final de la obra creadora en superlativo (Gn 1 31) resume los juicios parciales anteriores y coloca toda la creación bajo una luz rotundamente positiva: la bendición y la bondad.

La *conclusión* (Gn 2 1-4a) recapitula la obra creadora en el descanso divino del séptimo día con la finalidad de establecer como norma divina la santificación especial del sábado, incluido así en la creación como "criatura singular".

todo lo que había hecho. 3 Bendijo Dios el
día séptimo y lo consagró, porque en él había descansado de toda su obra creadora.

4 Esta es la historia de la creación del cielo y de la tierra.

EL DRAMA DEL PARAISO +

Primer acto: creación

Ecl 3 20; Sal 104 29-30; Job 34 14-15; Ap 22 1-2; 1 Cor 11 8-9; Mt 19 5; Ef 5 31

Cuando el Señor Dios hizo la tierra y el
cielo, 5 no había todavía en la tierra ningún
arbusto ni brotaba hierba en el campo, porque el Señor Dios no había enviado aún la lluvia sobre la tierra ni existía nadie que
cultivara el suelo; 6 sin embargo, un manantial brotaba de la tierra y regaba la superfi-
cie del suelo. 7 Entonces el Señor Dios formó al hombre del polvo de la tierra, sopló en su nariz un aliento de vida, y el hombre fue un ser viviente.

8 El Señor Dios plantó un huerto en Edén, al oriente, y en él puso al hombre
que había formado. 9 El Señor Dios hizo
brotar del suelo toda clase de árboles hermosos de ver, y buenos para comer, así como el árbol de la vida en medio del huerto, y el árbol del conocimiento del bien y del
mal. 10 De Edén salía un río que regaba el huerto, y desde aquí se dividía en cuatro
brazos. 11 El primero se llamaba Pisón; es el que bordea la región de Javilá, donde
hay oro; 12 el oro de esta región es puro; y
también hay allí resina olorosa y ónix. 13 El
segundo se llamaba Guijón; es el que bordea la región de Cus. 14 El tercero se llamaba Tigris; es el que pasa al este de Asiria. El cuarto es el Eufrates. 15 Entonces el
Señor Dios tomó al hombre y lo puso en el huerto de Edén para que lo cultivara y lo
guardara. 16 Y dio al hombre este mandato:

–Puedes comer de todos los árboles del
huerto; 17 pero no comas del árbol del conocimiento del bien y del mal, porque si comes de él morirás irremediablemente.

18 Después el Señor Dios pensó: «No es bueno que el hombre esté solo; voy a proporcionarle una ayuda adecuada». 19 En-
tonces el Señor Dios formó de la tierra toda clase de animales del campo y aves del cielo, y se los presentó al hombre para ver cómo los iba a llamar, porque todos los seres vivos llevarían el nombre que él les
diera. 20 Y el hombre fue poniendo nombre a todos los ganados, a todas las aves del cielo y a todas las bestias salvajes, pero no encontró una ayuda adecuada para sí.
21 Entonces el Señor Dios hizo caer al hom-

+ 2 4b-3 24. El llamado relato yavista (J) de los orígenes difiere notablemente del anterior: aquí ya no se trata principalmente de la creación del universo, sino del hombre y su espacio vital. También son diferentes la forma literaria y la secuencia creadora, el nombre de Dios (Yavé = el Señor) y, sobre todo, la perspectiva. En el relato de los orígenes de J se incluyen ya las respuestas a las grandes contradicciones, límites y preguntas de la existencia: el origen de la vida, la dualidad y atracción de los sexos, el sentido del trabajo, del dolor y de la muerte, el misterio de la maternidad, etc. El relato se sirve de diversas fuentes y, a pesar de algunas brusquedades y duplicados, presenta una esmerada construcción. Se trata de un relato popular, lleno de colorido y antropomorfismos, con forma de drama en tres actos: creación (Gn 2 4b-25), pecado (Gn 3 1-7) y castigo (Gn 3 8-21), seguido de una conclusión (Gn 3 22-24). La relación hombre-tierra, el árbol, los nombres y el motivo de la desnudez articulan y entrelazan el conjunto.

• 2 4b-25: El objeto del primer acto del drama es la creación del hombre y su ambiente. Se perciben también aquí préstamos de antiguos mitos de creación, reinterpretados y adaptados a la fe de Israel. La acción de Dios se concibe de forma antropomórfica (aparece sucesivamente como jardinero, alfarero y cirujano). Dios crea al hombre *(adam)* de la tierra *(adamá)* y le infunde el aliento vital (Gn 2 7): el hombre está emparentado con la tierra y con Dios. Tras el hombre aparece su espacio vital: el huerto frondoso que se convierte en el objeto de su trabajo (Gn 2 8-9.15), concebido aquí como algo connatural. La enigmática sección de los cuatro ríos (Gn 2 10-14) parece querer ubicar el espacio impreciso del huerto original en el entorno concreto medio-oriental. La mención de los dos árboles (Gn 2 9) pretende armonizar un duplicado: el árbol de la vida sólo reaparecerá en la conclusión (Gn 3 22.24), mientras que el árbol del conocimiento, objeto de la prohibición, se convierte en uno de los motivos dominantes del drama.

La creación de los animales (Gn 2 18-20) aparece supeditada a la del hombre, con el que están emparentados: también ellos proceden de la tierra *(adamá)*. Su destino consistirá en servir de ayuda y complemento al hombre. La acción de "nombrar" expresa el señorío del hombre y pone en evidencia los límites de los nuevos seres: no son su ayuda adecuada (Gn 2 20).

La creación de la mujer (Gn 2 21-22), constituye el punto culminante de la escena: es sacada del mismo hombre (no de la tierra), es idéntica a él, es la ayuda y complemento adecuado, como expresa el nombre (es *ishá*-mujer porque procede del *ish*-varón). La reflexión del redactor (Gn 2 24) ofrece la explicación etiológica del misterio de la unión entre hombre y mujer: lo que era uno tiene que volver a encontrarse en la unidad perfecta del amor, que tiene su origen en el proyecto creador. La alusión final a la desnudez (Gn 2 25) es signo del estado de felicidad original y abre el relato a la historia del pecado del hombre (Gn 3 7.10-11.21).

bre en un profundo sueño, y mientras dormía le sacó una costilla y llenó el hueco con carne. 22 Después, de la costilla que había sacado al hombre, el Señor Dios formó una mujer y se la presentó al hombre. 23 Entonces éste exclamó:

Ahora sí;
ésta es hueso de mis huesos
y carne de mi carne;
por eso se llamará "mujer",
porque ha sido sacada del varón.

24 Por esta razón deja el hombre a su padre y a su madre y se une a su mujer, y los dos se hacen uno solo.

25 Estaban ambos desnudos, el hombre y su mujer, pero no sentían vergüenza el uno del otro.

Segundo acto: pecado

Ap 12 9; 20 2; Rom 5 12-21

3 1 La serpiente era el más astuto de todos los animales del campo que había hecho el Señor Dios. Fue y dijo a la mujer:

–¿Así que Dios les dijo que no comieran de ninguno de los árboles del huerto?

2 La mujer respondió a la serpiente:

–Podemos comer el fruto de los árboles del huerto; 3 sólo nos prohibió Dios, bajo amenaza de muerte, comer o tocar el fruto del árbol que está en medio del huerto.

4 La serpiente contestó a la mujer:

–¡De ningún modo morirán! 5 Lo que pasa es que Dios sabe que en el momento en que coman se les abrirán los ojos y serán como Dios, conocedores del bien y del mal.

6 Entonces la mujer se dio cuenta de que el árbol era bueno para comer, hermoso a la vista y deseable para adquirir sabiduría. Así que tomó de su fruto y comió; se lo dio también a su marido, que estaba junto a ella, y él también comió. 7 Entonces se les abrieron los ojos, se dieron cuenta de que estaban desnudos, entrelazaron hojas de higuera y se taparon con ellas.

Tercer acto: castigo

2 Cor 11 3; Ap 12 17; Rom 8 20; Sal 104 29; Ecl 3 20

8 Oyeron después los pasos del Señor Dios que se paseaba por el huerto al fresco de la tarde, y el hombre y su mujer se escondieron de su vista entre los árboles del huerto. 9 Pero el Señor Dios llamó al hombre diciendo:

–¿Dónde estás?

El hombre respondió:

10 –Oí tus pasos en el huerto, tuve miedo y me escondí, porque estaba desnudo.

11 El Señor Dios le preguntó:

–¿Quién te hizo saber que estabas desnudo? ¿Acaso has comido del árbol del que te prohibí comer?

12 Respondió el hombre:

–La mujer que me diste por compañera me ofreció el fruto del árbol, y comí.

• **3 1-7**: El segundo acto del drama tiene como protagonistas a la mujer y a la serpiente. El hilo conductor es la prohibición divina sobre el árbol del conocimiento (Gn 2 17). La serpiente, creada por Dios y presentada como el animal más *astuto*, es un personaje literario, sin connotaciones demoníacas. La elección de este personaje obedece probablemente a intenciones polémicas (su divinización en los cultos cananeos de la fertilidad) y simboliza la tentación (al igual que los cultos cananeos para el antiguo Israel). Su propósito es sembrar la desconfianza con relación a Dios. Es la vieja (y siempre actual) tentación de dominar a Dios, conocer su secreto para ser como él. La trampa surte efecto: la mujer mira con otros ojos al árbol y ve con gusto la posibilidad del conocimiento total, de la plena autonomía e independencia. El hombre, hasta ahora espectador pasivo, se convierte en cómplice mudo (Gn 3 6). El desenlace, cargado de ironía, parece dar razón a la serpiente: se les abren los ojos (Gn 3 7; véase Gn 3 5), pero no para verse como dioses, sino para avergonzarse de su desnudez. El acto concluye como el anterior, pero con una terrible diferencia: la desnudez que antes era expresión de felicidad (Gn 2 25) es ahora signo de vergüenza, del propio fracaso, de deshumanización.

• **3 8-21**: El tercer acto del drama tiene la forma de un procedimiento judicial. Dios se hace presente, interroga a los culpables y, tras escuchar su defensa, emite la sentencia. El elemento de conexión vuelve a ser la desnudez (Gn 3 10-11), que ahora se convierte en signo de culpabilidad. Pero más grave que ésta es la cadena de rupturas y enemistades que se introducen en la armonía inicial: hombre y mujer se esconden de Dios; el hombre culpa a su mujer, y a Dios por haberla creado; la mujer culpa a la serpiente... La triple sentencia recorre el movimiento inverso y está cargada de explicaciones etiológicas: la serpiente es condenada a arrastrarse, enfrentada al hombre (Gn 3 14-15); la mujer sufre el castigo en su propia condición: será madre entre dolores, su unión con el hombre se convertirá en dependencia (Gn 3 16); el hombre ve maldita la tierra por su culpa, y la que fue su origen se convierte en su castigo; el trabajo gratificante se convierte en carga y frustración; y la muerte proyecta su sombra en los orígenes (Gn 3 17-19). Es una nueva ruptura: la madre tierra *(adamá)* niega sus frutos al hijo *(adam)* y se convierte en su tumba.

Sin embargo, este acto pesimista y decepcionante termina con dos signos esperanzadores: por un lado, el

[13] Entonces el Señor Dios dijo a la mujer:

–¿Qué es lo que has hecho?

Y ella respondió:

–La serpiente me engañó, y comí.

[14] Entonces el Señor Dios dijo a la serpiente:

Por haber hecho eso,
serás maldita entre todos los animales
y entre todas las bestias del campo.
Te arrastrarás sobre tu vientre
y comerás polvo todos los días de tu vida.
[15] Pondré enemistad entre ti y la mujer,
entre tu descendencia y la suya:
ella te herirá en la cabeza,
pero tú sólo herirás su talón.

[16] A la mujer le dijo:

Multiplicaré los dolores de tu embarazo,
darás a luz a tus hijos con dolor;
desearás a tu marido, y él te dominará.

[17] Al hombre le dijo:

Por haber hecho caso a tu mujer
y haber comido del árbol prohibido,
maldita sea la tierra por tu culpa.
Con fatiga comerás sus frutos
todos los días de tu vida.
[18] Ella te dará espinas y cardos,
y comerás la hierba de los campos.
[19] Con el sudor de tu frente
comerás el pan,
hasta que vuelvas a la tierra,
de la que fuiste formado,
porque eres polvo
y al polvo volverás.

[20] El hombre puso a su mujer el nombre
de Eva –es decir, Vitalidad–, porque ella
sería madre de todos los vivientes. [21] El
Señor Dios hizo para Adán y su mujer unas
túnicas de piel, y los vistió.

Epílogo

Ap 22 2.14; Ex 25 18-22

[22] Después el Señor Dios pensó: «Ahora que el hombre es como uno de nosotros, conocedor del bien y del mal, sólo le falta echar mano al árbol de la vida, comer su fruto y vivir para siempre».

[23] Así que el Señor Dios lo expulsó del
huerto de Edén, para que trabajara la tierra
de la que había sido sacado. [24] Expulsó al
hombre y, en la parte oriental del huerto de Edén, puso a los querubines y la espada de fuego para custodiar el camino que lleva al árbol de la vida.

Caín y Abel

Heb 11 4; Mt 23 35; 1 Jn 3 12

4 [1] El hombre se unió a Eva, su mujer; ella concibió y dio a luz a Caín; y dijo:

–¡He tenido un varón gracias al Señor!

[2] Después tuvo a Abel, hermano de Caín.
Abel se hizo pastor, y Caín agricultor. [3] Pasado algún tiempo, Caín presentó al Señor
una ofrenda de los frutos de la tierra. [4] Abel
le ofreció también las primeras crías de su
rebaño y hasta su grasa. El Señor se fijó en
Abel y su ofrenda, [5] más que en Caín y la
suya. Entonces Caín se enfureció mucho y
andaba cabizbajo. [6] El Señor le dijo:

hombre vuelve a dar nombre a la mujer, "Vitalidad" (Gn 3 20), ofreciendo una visión positiva de la maternidad y abriendo una vía de esperanza en la amenaza de muerte; y por otro, Dios no abandona definitivamente a sus criaturas: demuestra su cuidado cubriendo la desnudez culpable (Gn 3 21). Ya nada será como antes (Gn 2 25), pero no todo está perdido.

• **3 22-24**: El relato concluye con la ejecución de una parte de la sentencia: el hombre es expulsado del huerto original y es devuelto a la tierra de la que salió (Gn 3 23; véase Gn 3 19). Sin embargo, queda en suspenso la amenaza de muerte inmediata vinculada a la prohibición inicial (Gn 2 17). Gn 3 22.24 son duplicados de la expulsión y del motivo del árbol de la vida, que, junto con la mención de los querubines, constituyen un residuo de mitos primitivos sobre la inmortalidad.

• **4 1-16**: El drama del paraíso ha abierto una espiral de pecado que se prolonga en la tragedia fratricida de Caín y Abel. Detrás de este nuevo relato yavista, que presenta notables afinidades con el anterior (pareja, esquema judicial, la tierra y sus frutos) y evidentes anacronismos, se adivinan tensiones entre dos grupos humanos: agricultores sedentarios y pastores seminómadas. El yavista eleva la tensión a categoría universal para hablar del primer fratricidio.

El factor desencadenante es la preferencia divina por la ofrenda del hermano menor (Gn 4 3-5), que desata la envidia y los celos del primogénito. Tal preferencia es expresión del misterio de la libertad divina y reaparecerá con frecuencia en la historia yavista de los patriarcas (Isaac-Ismael, Jacob-Esaú, etc). Como en Gn 3 6, el yavista trata de profundizar en el proceso de la tentación y el pecado, presentados aquí como una fiera al acecho dentro del hombre (Gn 4 6-7). El delito (Gn 4 8) pone de relieve la ruptura de la fraternidad, negada de nuevo en la respuesta de Caín: el hombre es ciertamente responsable de su hermano (Gn 4 9). El castigo (Gn 4 10-12.14) es aún más grave que el de Adán: la tierra (*adamá*), maldita en

–¿Por qué te enfureces? ¿Por qué andas
cabizbajo? 7 Si obraras bien, llevarías bien
alta la cabeza; pero si obras mal, el pecado
acecha a tu puerta y te acosa, aunque tú
puedes dominarlo.
8 Caín propuso a su hermano Abel que
fueran al campo y, cuando estaban allí, se
lanzó contra su hermano Abel y lo mató.
9 El Señor preguntó a Caín:
–¿Dónde está tu hermano?
El respondió:
–No lo sé; ¿soy yo acaso el guardián de
mi hermano?
10 Entonces el Señor contestó:
–¿Qué es lo que has hecho? La sangre de
tu hermano me grita desde la tierra. 11 Por
eso te maldice esa tierra, que ha abierto su
boca para beber la sangre de tu hermano
que acabas de derramar. 12 Cuando cultives
el campo, no te dará ya sus frutos. Y serás
un vagabundo y fugitivo en la tierra.
13 Caín contestó al Señor:
–Mi culpa es demasiado grande para
soportarla. 14 Tú me echas de este suelo, y
tengo que ocultarme de tu vista; seré un
vagabundo y fugitivo en la tierra, y el que
me encuentre me matará.
15 El Señor le dijo:
–El que mate a Caín será castigado siete veces.
Y el Señor puso una marca a Caín, para
que no lo matara quien se encontrara con él.
16 Caín se alejó de la presencia del Señor
y fue a vivir en el país del Nod, al este
de Edén.

Descendientes de Caín y Set

Ex 21 23-25; Mt 18 22; Ex 3 14-15

17 Caín se unió a su mujer, la cual concibió
y dio a luz a Enoc. Después se puso a
edificar una ciudad, a la que dio el nombre
de su hijo Enoc. 18 A Enoc le nació Irad, y
éste engendró a Maviael. Maviael engendró a Matusael, y éste a Lámec. 19 Lámec
tuvo dos mujeres: una se llamaba Adá y la
otra Selá. 20 De Adá nació Yabel, que fue
el antepasado de los pastores nómadas.
21 Su hermano se llamaba Yubal, y fue el
antepasado de los que tocan la cítara y la
flauta. 22 Por su parte, Selá dio a luz a Tubalcaín, forjador de herramientas de bronce y de hierro. Hermana de Tubalcaín fue
Noemá. 23 Lamec dijo a sus mujeres:

Adá y Selá, escuchen mi voz;
mujeres de Lámec,
pongan atención a mis palabras:
por una herida que recibí
maté a un hombre,
y a un muchacho por un golpe;
24 si a Caín se le venga siete veces,
a Lámec, setenta y siete.

25 Adán volvió a unirse a su mujer, y
esta dio a luz un hijo a quien puso por nombre Set, pues se dijo:
–Dios me ha dado otro vástago en lugar
de Abel, a quien mató Caín.
26 Set tuvo también un hijo, a quien puso
el nombre de Enós. Desde entonces se comenzó a invocar el nombre del Señor.

Descendientes de Adán

Gn 1 26-27; 1 Cr 1 1-4; Heb 11 5; Jds 14

5 1 Esta es la lista de los descendientes
de Adán.
Cuando Dios creó a los seres humanos,
los hizo a su propia imagen. 2 Los creó varón y mujer los bendijo y los llamó seres

Adán (Gn 3 17), maldice a Caín, le niega sus frutos, lo expulsa a los lugares desérticos, ámbito de vagabundos y malhechores, a espaldas de Dios, y lo expone a la violencia desencadenada por el mismo Caín.

Sorprendentemente (y al igual que en el relato anterior), después del castigo aparece un gesto de misericordia: Dios protege a Caín con su señal e impide la venganza de sangre. A pesar de esto, la historia humana parece haber entrado en un irreversible proceso deshumanizador: tras la ruptura de la armonía conyugal se ha hecho trizas la comunión fraternal, frustrando de nuevo el proyecto divino.

• **4 17-26**: La genealogía de Caín (Gn 4 17-22) conecta este pasaje con el anterior y ofrece un nuevo relato etiológico que habla de los "orígenes" de la civilización urbana, de los oficios y las artes. Se advierte de nuevo una perspectiva polémica: la de los israelitas seminómadas enfrentados a las ciudades cananeas con sus secuelas negativas. El primitivo "canto de venganza" de Lámec (Gn 4 23), insertado aquí, resalta el motivo del crecimiento del pecado en la forma de violencia indiscriminada (en Mt 18 22 Jesús utilizará la misma expresión para invitar al perdón ilimitado).

Como en los dos relatos anteriores, reaparece el contraste; la historia de pecado da paso a la historia de gracia, y la descendencia pervertida de Adán representada en Caín se rompe con el nacimiento de Set, cuyo hijo Enós ("hombre") se convierte en el primer adorador del Señor (Gn 4 25-26). Tras el evidente anacronismo (E y P sitúan en el Sinaí la revelación del nombre de Dios como Yavé=Señor), se advierte el deseo yavista de identificar desde el principio al Dios de Israel con el Creador de la humanidad, y de apuntar un nuevo signo de esperanza: el hombre no está totalmente alejado de Dios.

humanos el día en que los creó. 3 A la edad de ciento treinta años Adán tuvo un hijo a su imagen y semejanza, a quien puso el nombre de Set. 4 Después de engendrar a Set, vivió Adán ochocientos años, tuvo hijos e hijas, 5 y murió a la edad de novecientos treinta años.

6 Tenía Set ciento cinco años cuando engendró a Enós; 7 después de engendrar a Enós, vivió ochocientos siete años, tuvo hijos e hijas, 8 y murió a la edad de novecientos doce años.

9 Tenía Enós noventa años cuando engendró a Cainán; 10 después de engendrar a Cainán, vivió ochocientos quince años, tuvo hijos e hijas, 11 y murió a la edad de novecientos cinco años.

12 Tenía Cainán setenta años cuando engendró a Malaleel; 13 después de engendrar a Malaleel vivió ochocientos cuarenta años, tuvo hijos e hijas, 14 y murió a la edad de novecientos diez años.

15 Tenía Malaleel sesenta y cinco años cuando engendró a Yáred; 16 después de engendrar a Yáred, vivió ochocientos treinta años, tuvo hijos e hijas, 17 y murió a la edad de ochocientos noventa y cinco años.

18 Tenía Yáred ciento sesenta y dos años cuando engendró a Enoc; 19 después de engendrar a Enoc, vivió ochocientos años, tuvo hijos e hijas, 20 y murió a la edad de novecientos sesenta y dos años.

21 Tenía Enoc sesenta y cinco años cuando engendró a Matusalén. 22 Enoc fue fiel a Dios. Después de engendrar a Matusalén, vivió trescientos años, tuvo hijos e hijas. 23 Vivió en total trescientos sesenta y cinco años. 24 Como Enoc había sido fiel a Dios, desapareció porque Dios se lo llevó.

25 Tenía Matusalén ciento ochenta y siete años cuando engendró a Lámec; 26 después de engendrar a Lámec, vivió setecientos ochenta y dos años, tuvo hijos e hijas, 27 y murió a la edad de novecientos sesenta y nueve años.

28 Tenía Lámec ciento ochenta y dos años cuando engendró un hijo, 29 al que llamó Noé, pues se dijo: «Este aliviará mi trabajo y mis fatigas en el suelo maldito por el Señor». 30 Después de engendrar a Noé, vivió quinientos noventa y cinco años, tuvo hijos e hijas, 31 y murió a la edad de setecientos setenta y siete años.

32 Tenía Noé quinientos años cuando engendró a Sem, Cam y Jafet.

EL DILUVIO +

Causas del diluvio

Gn 8 21; Sal 14 2-3; Jr 5 1-5; Mt 24 37-39

6 1 Cuando los hombres empezaron a multiplicarse en la tierra y les nacieron hijas, 2 los hijos de Dios vieron que las hijas de los hombres eran hermosas y tomaron como mujeres a las que más les gustaron. 3 Dijo entonces el Señor:

• **5** 1-32: La genealogía de Adán, según el autor sacerdotal, se remonta al relato de la creación (Gn 5 1=1 27) para unir a Adán con Noé en una cadena de diez generaciones, que más tarde continuará hasta Abrahán (Gn 11 10-32). Su finalidad es mostrar la realización de la orden divina (*crezcan y multiplíquense, llenen la tierra...*, Gn 1 28) y enlazar la historia de Abrahán con los orígenes de la humanidad. La lista sacerdotal repite nombres de la genealogía yavista (Gn 4 17-22), indicio de su antigüedad. El progresivo descenso de la edad (en una lista de reyes mesopotámicos éstos alcanzan una media de treinta mil años) es consecuencia del alejamiento de Dios (véase Gn 6 3). Entre los nombres destaca Enoc (Gn 5 21-24), su fidelidad a Dios y su desaparición final, que inspirará la de Elías (2 Re 2 11). Este hecho despertará en el judaísmo tardío una especial atención sobre Enoc, al que se convertirá en protagonista de relatos apócrifos y mensajes apocalípticos.

+ 6 1-9 17: El relato del diluvio es la sección central y más amplia de la historia de los orígenes (Gn 1-11). En él se advierten préstamos de los mitos sumerio y babilónico. Este último, contenido en la "epopeya de Gilgamés", muestra marcadas semejanzas con el relato bíblico. En su origen se adivina el intento de ofrecer una explicación religiosa a una gran catástrofe natural. En la forma actual del relato bíblico se entremezclan las tradiciones yavista (J) y sacerdotal (P), dificultando a veces su lectura (especialmente en Gn 7-8). El conjunto se estructura en seis unidades: dos relatos introductorios, yavista (Gn 6 1-8) y sacerdotal (Gn 6 9-22); dos relatos centrales: el caos del diluvio (Gn 7 1-24) y la nueva creación (Gn 8 1-19), y dos relatos conclusivos: la acción de gracias del yavista (Gn 8 20-22) y la bendición-alianza del sacerdotal (Gn 9 1-17).

Tras el fracaso del inicial proyecto creador, Dios decide exterminar su obra con un castigo ejemplar: es la anticreación, la vuelta del cosmos al caos de las aguas. Sin embargo, con Noé y su familia se salvará un resto que hará posible un nuevo comienzo.

• **6** 1-8: En la perspectiva yavista, la progresiva corrupción de la humanidad, agravada por el pecado de los hijos de Dios y las hijas de los hombres y por la inclinación humana al mal (Gn 6 4-5), es la causa de la decepción de Dios y de su decisión de exterminar a la creación

–Mi aliento no permanecerá por siempre en el hombre, porque es mortal; la duración de su vida será de ciento veinte años.
4 Por aquel entonces había gigantes en
la tierra, y también los hubo después que
los hijos de Dios se unieran a las hijas de
los hombres y ellas les dieran hijos. Estos
son los famosos héroes de antaño.
5 Al ver el Señor que crecía en la tierra
la maldad del hombre y que todos sus proyectos tendían siempre al mal, 6 se arrepintió de haberlo puesto sobre la tierra. Y, profundamente afligido, 7 dijo:
–Borraré de la superficie de la tierra a
los hombres que he creado: a los hombres,
a los animales, reptiles y aves del cielo,
pues me arrepiento de haberlos creado.
8 Pero Noé obtuvo el favor del Señor.

Noé y el arca salvadora

Gn 18 20; Ez 14 14; Sab 7 1; Eclo 44 17-18;
Heb 11 7; 1 Pe 3 20; 2 Pe 2 5

9 Esta es la historia de Noé.
Noé era un hombre justo y honrado entre sus contemporáneos, un hombre fiel a
Dios. 10 Tuvo tres hijos: Sem, Cam y Jafet.
11 La tierra estaba pervertida a los ojos
de Dios y llena de maldad. 12 Dios se fijó
en la tierra y vio que estaba pervertida,
porque la gente tenía una conducta perversa. 13 Entonces dijo Dios a Noé:
–Tengo decidido el fin de todos los seres vivos, porque toda la tierra está llena
de violencia a causa de los hombres; voy a
exterminarlos a todos de la tierra. 14 Tú
hazte un arca de madera resinosa, dividida
en secciones, y recúbrela con brea por dentro y por fuera. 15 La harás así: tendrá unos
ciento cincuenta metros de largo, veinticinco de ancho y quince de alto. 16 Construye
una sobrecubierta y ponla medio metro por
encima de la parte superior del arca. Coloca
la puerta a un costado y haz tres pisos.
17 Porque voy a desencadenar sobre la tierra un diluvio de agua para acabar con todos
los seres vivos que hay bajo el cielo. Todo
cuanto existe en la tierra perecerá. 18 Contigo, sin embargo, estableceré mi alianza.
Entrarás en el arca tú con tus tres hijos, tu
mujer y tus nueras. 19 Toma una pareja de
cada especie de animales, macho y hembra,
y métela en el arca, para que se salven contigo. 20 De cada especie de aves, de ganados y de reptiles de la tierra, entrará contigo
una pareja, para que se salven. 21 Aprovisió-
nate de alimentos y almacénalos para que
no les falte comida ni a ti ni a ellos.
22 Y Noé lo hizo exactamente como Dios
le había mandado.

El caos del diluvio

Job 12 15; Sal 104 6-9; 2 Pe 7 11

7 1 El Señor dijo a Noé:
–Entra en el arca tú con toda tu familia,
pues tú eres el único justo que he encontrado en esta generación. 2 De todos los animales puros toma siete parejas, macho y
hembra; 3 también de las aves del cielo
toma siete parejas, macho y hembra, para

(Gn 6 6-7). La breve nota sobre Noé, que ha recibido el favor divino (Gn 6 8), es el contraste positivo que proyecta un destello luminoso sobre el horizonte amenazador que se intuye. El autor ha unido aquí elementos de dos antiguas leyendas independientes: la de los *hijos de Dios* (Gn 6 2.4; véase 1 Re 22 19-22; Job 1 6; 2 1), que el judaísmo tardío y algunas tradiciones cristianas identificarán con los ángeles caídos (véase 2 Pe 2 4-5; Jds 6), y la de los *gigantes* (Gn 6 4), mencionados en tradiciones de Judá (Nm 13 33; Dt 1 28; 2 10-11; 2 Sm 21 15-22), y equiparables a los semidioses de algunas mitologías vecinas.

• **6 9-22**: La tradición sacerdotal (P) inserta el relato del diluvio en la "historia de Noé" (Gn 6 9). La causa es semejante a la ofrecida por el yavista: la perversión de la tierra a causa de la maldad humana (Gn 6 11-13). La elección de Noé está fundada en su fidelidad a Dios (Gn 6 9), que recuerda la de Enoc (Gn 5 22.24), y apunta a una nueva realidad: la alianza con Dios (Gn 6 18). Dios revela a Noé sus proyectos y le da las oportunas instrucciones para construir el arca (Gn 6 14-16), concebida como un edificio flotante de grandes dimensiones (los relatos babilónicos conocían un barco-edificio similar). Las instrucciones incluyen la lista de pasajeros: la familia de Noé y una pareja de cada especie animal (Gn 6 18-20) y sus respectivas provisiones (Gn 6 21). Ellos serán el germen de la nueva creación (Gn 8 16-17).

• **7 1-24**: En este episodio y en el que sigue (Gn 8 1-19) los hilos narrativos yavista y sacerdotal se entremezclan y confunden, por lo que abundan las repeticiones (Gn 7 7-9 = 7 13-16a) y divergencias (Gn 7 4.12 / 7 24; 8 5 / 8 9). El yavista, identificable por el nombre que da a Dios (Yavé=el Señor), habla de siete parejas de cada especie animal, y concibe el diluvio como una gran lluvia torrencial. El sacerdotal seguirá hablando de una pareja y se preocupa minuciosamente de la cronología del diluvio, que es presentado como un gran cataclismo de dimensiones cósmicas, o una anti-creación en la que las aguas de arriba se confunden con las de abajo (Gn 7 19-20), llegando a reproducir el caos original (Gn 1 2.6-7). Los versículos finales (Gn 7 21-24) subrayan los efectos aniquiladores del diluvio, extendidos a toda la creación.

que se conserven sobre la tierra. 4 Porque dentro de siete días haré que llueva sobre la tierra durante cuarenta días y cuarenta noches, y borraré de ella a todos los seres que he creado.

5 Noé hizo todo lo que Dios le había ordenado.

6 Noé tenía seiscientos años cuando llegó el diluvio sobre la tierra. 7 El, junto con su mujer, sus hijos y sus nueras, entraron en el arca para escapar del diluvio. 8 De los animales puros e impuros, de las aves del cielo y de los reptiles de la tierra 9 entraron con Noé en el arca una pareja de cada especie, macho y hembra, como le había mandado Dios. 10 Y al cabo de siete días cayeron sobre la tierra las aguas del diluvio. 11 Era el año seiscientos de la vida de Noé, el día diecisiete del segundo mes, cuando reventaron las fuentes del océano y se abrieron las compuertas del cielo. 12 Y estuvo lloviendo sobre la tierra cuarenta días y cuarenta noches. 13 Aquel mismo día entraron en el arca Noé y sus hijos, Sem, Cam y Jafet, la mujer de Noé y las mujeres de sus tres hijos; 14 y con ellos todas las bestias salvajes, todos los ganados, todos los reptiles de la tierra y todas las aves del cielo, pájaros de toda especie. 15 Con Noé entraron en el arca parejas de todos los seres vivos; 16 entraron macho y hembra de cada especie, como le había ordenado Dios. Y el Señor cerró la puerta por fuera.

17 El diluvio cayó sobre la tierra durante cuarenta días; las aguas iban creciendo y levantaron el arca por encima de la tierra. 18 Las aguas siguieron creciendo y aumentando más y más, pero el arca flotaba sobre ellas. 19 Crecieron las aguas sobre la tierra y llegaron a cubrir hasta las montañas más altas que hay debajo del cielo. 20 Las aguas subieron unos siete metros por encima de las montañas más altas. 21 Entonces perecieron todos los animales que se mueven por la tierra, aves, ganados, bestias salvajes, reptiles terrestres y todos los hombres. 22 Perecieron todos los seres vivos que habitaban la tierra firme. 23 Fueron aniquilados todos los seres que había sobre la superficie de la tierra, y no quedó ni rastro de hombres, bestias, reptiles ni aves del cielo; tan sólo quedó Noé y los que estaban con él en el arca. 24 La tierra estuvo inundada durante ciento cincuenta días.

Nueva creación

Gn 1 22.28

8 1 Entonces Dios se acordó de Noé y de todos los animales que estaban con él en el arca; hizo soplar el viento sobre la tierra y las aguas comenzaron a disminuir. 2 Se cerraron las fuentes del océano y las compuertas del cielo, y dejó de llover. 3 Las aguas se fueron retirando poco a poco de la tierra, y empezaron a bajar, de modo que al cabo de ciento cincuenta días, 4 el día diecisiete del mes séptimo, el arca se posó sobre las montañas de Ararat. 5 Las aguas siguieron bajando hasta el mes décimo, y el primer día de este mes aparecieron las cimas de las montañas. 6 Cuarenta días después, abrió Noé la ventana que había hecho en el arca, 7 y soltó un cuervo, que estuvo volando de acá para allá hasta que se secaron las aguas sobre la tierra. 8 Soltó luego una paloma para ver si habían disminuido las aguas hasta el nivel de la tierra; 9 pero la paloma no encontró dónde posarse y regresó otra vez al arca, porque las aguas cubrían todavía la superficie de la tierra. Sacó Noé la mano, recogió a la paloma y la metió en el arca. 10 Esperó siete días más, y de nuevo soltó la paloma fuera del arca; 11 ella regresó por la tarde con una ramita de olivo en el pico. Así supo Noé que las aguas habían disminuido hasta el nivel de la tierra. 12 Pero aún esperó siete días y

• **8 1-19**: Mientras que el yavista presenta el fin del diluvio como una impaciente espera del regreso a la normalidad (expresado todo ello en el envío de las aves: Gn 8 7-11), el sacerdotal ve en él una nueva creación que resurge del caos. Esta concepción se advierte en la repetición de fórmulas y expresiones características de la primera creación: el viento/espíritu de Dios (Gn 1 2) aletea sobre el nuevo caos (Gn 8 1); se separan de nuevo las aguas superiores e inferiores (Gn 8 2; véase Gn 1 6-7), aparece la tierra firme (Gn 8 14; véase Gn 1 9) y tras el mandato divino (Gn 8 16-17a) desfila la nueva creación: Noé, su familia y los animales, con un renovado proyecto de expansión y reproducción (Gn 8 17b) idéntico al primero (Gn 1 22.28). El mensaje del autor sacerdotal a sus destinatarios es evidente: el caos del exilio será superado por un nuevo proyecto creador, que también esta vez Dios realizará a través de su palabra, pronunciada por los profetas.

volvió a soltar la paloma, que esta vez ya
no regresó.
13 Era el año seiscientos uno de la vida
de Noé, el día uno del primer mes, cuando
se secaron las aguas sobre la tierra. Noé
levantó la sobrecubierta del arca, miró y
vio que la superficie del suelo estaba seca.
14 La tierra estaba completamente seca el
día veintisiete del segundo mes.
15 Entonces habló Dios a Noé y le dijo:
16 –Sal del arca con tu mujer, tus hijos y
tus nueras. 17 Haz que salgan también los
animales de toda clase que están contigo:
aves, ganados y reptiles; que llenen la tierra, crezcan y se multipliquen sobre ella.
18 Salió, pues, Noé con sus hijos, su mujer y sus nueras. 19 Y todos los animales:
ganados, aves y reptiles, salieron también
del arca por especies.

Acción de gracias y promesa

20 Noé levantó un altar al Señor y, tomando animales puros y aves puras de todas las especies, ofreció holocaustos sobre
él. 21 El Señor aspiró el suave olor, y se dijo: «No maldeciré más la tierra por causa
del hombre, porque desde su juventud la
inclinación del corazón humano es perversa; jamás volveré a castigar a los seres vivientes como lo he hecho.

22 Mientras dure la tierra
habrá siembra y cosecha,
frío y calor,
verano e invierno,
día y noche».

Bendición y alianza

Gn 1 22.28; Jr 31 35-36; Dt 12 15-16;
Lv 17 11-14; Ex 21 23-25

9 1 Dios bendijo a Noé y a sus hijos diciendo:
–Crezcan, multiplíquense y llenen la tierra. 2 Todos los animales de la tierra los temerán y respetarán: las aves del cielo, los
reptiles del suelo y los peces del mar están
puestos bajo su poder. 3 Todo lo que tiene
vida y se mueve en la tierra les servirá de
alimento, lo mismo que los vegetales. Yo
se los entrego. 4 Tan sólo se abstendrán de
comer carne que tenga aún su vida, es decir, su sangre. 5 Yo pediré cuentas de la
sangre y de la vida de ustedes tanto a los
animales como al ser humano, y al hombre
le pediré cuentas de la vida de sus semejantes.

6 Quien derrame sangre humana
su sangre será derramada
por otro ser humano,
porque Dios hizo al ser humano
a su propia imagen.

7 Ustedes crezcan, multiplíquense, llenen
la tierra, y domínenla.
8 Siguió hablando Dios a Noé y a sus
hijos:
9 –Voy a establecer mi alianza con ustedes, con sus descendientes, 10 y con todos
los seres vivos que los han acompañado:
aves, ganados, bestias del campo; con todos
los animales que han salido del arca con ustedes y que ahora pueblan la tierra. 11 Esta

• **8 20-22**: El yavista concluye el relato del diluvio con un gran holocausto de animales puros (Gn 8 20), coherente con su distinción previa (Gn 7 2-3). Los proyectos internos del hombre no parecen haber cambiado mucho con relación a los tiempos anteriores (véase Gn 8 21 comparado con Gn 4 7 y 6 5). Lo que cambia es el designio divino: la decepción previa al diluvio (Gn 6 6) da paso a su misericordia, sellada con la promesa de no volver a repetir un castigo semejante y de garantizar el ritmo y la fertilidad de la naturaleza (Gn 7 21b-22).

• **9 1-17**: La conclusión del sacerdotal es notablemente diferente a la del yavista (Gn 8 20-22); no se trata de un simple regreso a la situación anterior al diluvio, sino de un auténtico comienzo después de la *nueva creación* surgida del caos. Este nuevo comienzo se pone de manifiesto al repetirse la solemne bendición con que culminaba la creación primera (Gn 1 28-30) y al introducirse un significativo elemento nuevo: la alianza de Dios con Noé.

La *bendición* (Gn 9 1-7) repite el esquema y motivos de la primera (Gn 1 28-30), pero introduce variantes significativas: dominio del hombre sobre los animales con matices de hostilidad (Gn 9 2), cambio de régimen alimenticio, que ahora incluye a los animales (Gn 9 3), y prohibición de comer sangre (Gn 9 4). Se refuerza así el derecho exclusivo de Dios sobre la vida (Gn 9 5). Una primera formulación de la ley del talión (Gn 9 6) y la repetición del mandato: *crezcan y multiplíquense* (Gn 9 7 en inclusión con Gn 9 1) cierran esta primera parte.

La *alianza de Dios* con Noé (Gn 9 8-17) tiene un significado especial, pues viene a ser como el distintivo de la nueva situación. Esta alianza se enlazará con la de Abrahán (Gn 17) y culminará en la del Sinaí (Ex 19). Su sentido en este contexto es el compromiso, ya anticipado en la promesa yavista (Gn 8 21), de no destruir la tierra (Gn 9 15-16); compromiso ratificado aquí con el signo que sella la alianza (Gn 9 13.16).

es mi alianza con ustedes: ningún ser vivo
volverá a ser exterminado por las aguas del
diluvio, ni tendrá lugar otro diluvio que
destruya la tierra.
12 Y continuó Dios:
–Esta es la señal de la alianza que establezco para siempre con ustedes y con
todos los seres vivos que los han acompañado: 13 pondré mi arco en las nubes; esa
será la señal de mi alianza con la tierra.
14 Cuando yo cubra de nubes la tierra y en
las nubes aparezca el arco, 15 me acordaré
de mi alianza con ustedes y con todos los
vivientes de la tierra, y las aguas del diluvio no volverán a exterminar a los seres
vivos. 16 El arco aparecerá en las nubes y
yo, al verlo, me acordaré de la alianza eterna entre Dios y todos los seres vivos que
hay en la tierra.
17 Dios añadió:
–Esta es la señal de la alianza que establezco con todos los seres vivos que hay
en la tierra.

Maldición de Cam

Prov 30 17; Eclo 3 12-16

18 Los hijos de Noé que salieron del arca eran Sem, Cam y Jafet. Cam es el padre
de Canaán. 19 Estos tres eran los hijos de
Noé, que poblaron la tierra con su descendencia. 20 Noé, que era agricultor, plantó la
primera viña. 21 Bebió su vino, se emborrachó y se quedó desnudo dentro de la
tienda. 22 Cam, padre de Canaán, vio a su
padre desnudo y salió a decírselo a sus hermanos. 23 Pero Sem y Jafet tomaron el manto, lo colocaron sobre sus hombros y, caminando de espaldas, cubrieron la desnudez
de su padre. Como tenían el rostro vuelto
hacia adelante no vieron la desnudez de su
padre. 24 Cuando Noé se despertó de su
borrachera, se enteró de lo que había hecho su hijo menor, 25 y dijo:

¡Maldito sea Canaán!
Sea para sus hermanos
el último de sus esclavos.

26 Y añadió:

¡Bendito sea el Señor, Dios de Sem!
Sea Canaán su esclavo.
27 Que el Señor haga fecundo a Jafet.
Que habite en las tiendas de Sem
y sea Canaán su esclavo.

28 Después del diluvio, Noé vivió trescientos cincuenta años, 29 y a la edad de
novecientos cincuenta años murió.

Los pueblos de la tierra

10 1 Estos son los descendientes que les
nacieron a Sem, Cam y Jafet, hijos de
Noé, después del diluvio.
2 Hijos de Jafet: Gómer, Magog, Maday, Yabán, Túbal, Mosol y Tirás. 3 Hijos
de Gómer: Asquená, Rifat y Togormá.
4 Hijos de Yabán: Elisá y Tarsis, Quitín y
Dodanín. 5 A partir de éstos, los habitantes
de la costa se separaron por países y lenguas, por familias y naciones.
6 Hijos de Cam: Cus, Egipto, Put y Canaán. 7 Hijos de Cus: Sevá, Evilá, Sabtá,
Ramá y Sabtecá. Hijos de Ramá: Sebá y
Dedán. 8 Cus engendró a Nemrod, que fue
el primer héroe de la tierra. 9 Fue ante el
Señor un gran cazador y por eso se suele
decir: «Gran cazador ante el Señor como
Nemrod». 10 Las principales ciudades de
su reino fueron: Babel, Ereg, Acad y Calné
en la región de Senaar. 11 De esta región
procede Asur, que edificó Nínive, Rejo-

• **9** 18-29: Relato etiológico yavista donde se funden dos explicaciones de "orígenes": el origen de la vid y del vino, que se hacen remontar a Noé, presentado como agricultor (= hombre de la tierra como Adán y Caín); y la explicación de las costumbres inmorales de los cananeos, representados en su padre Cam, que se vieron sometidos a los descendientes de Sem (Israel) y de Jafet (pueblos de Asia Menor). El relato sigue el esquema yavista de pecado-maldición y pone en contraste la impiedad de Cam con la piedad filial de sus hermanos que reciben la bendición paterna (Gn 9 26-27). Se introduce una nueva ruptura, padre-hijo, a la larga cadena elaborada por el yavista en los capítulos anteriores.

• **10** 1-32: Lista genealógica sacerdotal con inserciones yavistas; presenta una especie de "mapa" de las naciones conocidas por Israel entre los siglos VIII-VI a. C., confeccionado a partir de quienes dieron nombre a los distintos pueblos (sin embargo, las relaciones son más históricas y geográficas que étnicas). El mundo queda dividido en tres grandes grupos que se remontan a los hijos de Noé: los jafetitas pueblan el Asia Menor y las islas del Mediterráneo; los camitas, Egipto, Etiopía, Arabia y Canaán; y los semitas incluyen a elamitas, asirios, lidios, arameos y a los antepasados de los hebreos.

El mandato divino que inauguraba la nueva creación (Gn 9 1.7) se ha cumplido, y los hombres han llenado la tierra.

botir, Calaj 12 y Resen, entre Nínive y Calaj, la gran ciudad. 13 Egipto engendró a
los ludíes, los anamíes, los leabíes, los naftujíes, 14 los petusíes, los caslujíes y los
caftoríes, de los que salieron los filisteos.
15 Canaán engendró a Sidón, su primogénito, luego a Jet, 16 y a los jebuseos, amorreos, guergueseos, 17 jeveos, araqueos, sineos, 18 arvadeos, semareos y jamateos.
Después, los clanes cananeos se dispersaron; 19 su territorio se extendía desde Sidón
hasta Guerar y Gaza; y desde aquí hasta
Sodoma, Gomorra, Adamá, Seboín y Lesa.
20 Estos fueron los hijos de Cam por familias y lenguas, por países y naciones.
21 También Sem, antepasado de todos
los hijos de Héber y hermano mayor de Jafet, tuvo descendencia. 22 Hijos de Sem:
Elam, Asur, Arfaxad, Lud y Aram. 23 Hijos de Aram: Uz, Jul, Gueter y Mas. 24 Arfaxad engendró a Salaj, y Salaj a Héber.
25 Héber tuvo dos hijos: el primero se llamó
Páleg, porque en su tiempo se dividió la tierra; su hermano se llamó Yoctán; 26 Yoctán
engendró a Almodad, Salar, Jasarmável,
Yarat, 27 Adorán, Uzal, Diclá, 28 Obad,
Abimael, Sebá, 29 Ofir, Evilá y Yobad. Todos éstos son los hijos de Yoctán. 30 La
región donde vivían se extendía desde Mesá hasta Safar, en las montañas orientales.
31 Estos fueron los hijos de Sem por familias y lenguas, por países y naciones.
32 Estas fueron las familias de los descendientes de Noé según sus genealogías y
naciones; a partir de ellas se separaron las
naciones de la tierra después del diluvio.

La dispersión de Babel

Sab 10 5; Hch 2 5-12

11 1 Toda la tierra hablaba una misma
lengua y usaba las mismas palabras.
2 Al emigrar los hombres desde oriente,
encontraron una llanura en la región de Senaar y se establecieron allí. 3 Y se dijeron
unos a otros:
–Vamos a hacer ladrillos y a cocerlos al
fuego.
Emplearon ladrillos en lugar de piedras
y brea en lugar de mezcla; 4 y dijeron:
–Vamos a edificar una ciudad y una torre cuya cumbre llegue hasta el cielo; así
nos haremos famosos y no nos dispersare-
mos sobre la superficie de la tierra.
5 Pero el Señor bajó para ver la ciudad y
la torre que los hombres estaban edificando, 6 y se dijo: «Todos forman un solo
pueblo y hablan una misma lengua; y éste
es sólo el principio de sus obras; nada de lo
que se propongan les resultará imposible.
7 Voy a bajar a confundir su idioma para
que no se entiendan más unos con otros».
8 De este modo, el Señor los dispersó de
allí por toda la tierra y dejaron de construir la ciudad. 9 Por eso se llamó Babel,
porque allí confundió el Señor la lengua de
todos los habitantes de la tierra, y desde
allí los dispersó por toda su superficie.

Se resalta la unidad y fraternidad universales y se ofrece una razón positiva de la dispersión y pluralidad de pueblos, naciones y lenguas (Gn 10 32): no son consecuencia de ningún castigo, sino que obedecen a la voluntad de Dios.

• **11 1-9**: Dos antiguas leyendas (una relativa al origen de la diversidad lingüística y otra sobre el origen de Babilonia y sus torres escalonadas) son reelaboradas por el yavista, que las convierte en una nueva explicación de la condición humana con la que cierra su historia de los orígenes. El relato se conecta con el episodio de la caída original (Gn 2 4b-3 24) y con el comienzo de la historia de Abrahán (Gn 12 1-3).

El episodio de Babel ofrece una explicación alternativa de la dispersión humana (distinta de la ofrecida en Gn 10 32): es el castigo de un nuevo pecado del hombre, que pretende invadir el dominio y señorío de Dios. Se trata de una nueva versión de la tentación primera: ser como Dios y no aceptar la propia condición.

El castigo (Gn 11 7-9) pone en evidencia la limitación del hombre y el fracaso de su pretensión: los reunidos para construir la ciudad son dispersados (Gn 11 8); el hombre "creador de nombres" (Gn 2 19-20.23; 3 20) es reducido a confusión (Gn 11 9) por querer "nombrarse" (hacerse famoso, Gn 11 4) a sí mismo. Se consuma el proceso de rupturas iniciado en Gn 3 8: la humanidad, nacida "una" en Adán según el proyecto divino, queda dividida, dispersa y alejada de Dios por culpa del hombre.

Sin embargo, el relato prepara la presentación de Abrahán (Gn 12 1-3), que recibirá la promesa de conseguir un *nombre famoso* (Gn 12 2) en contraste con las fracasadas pretensiones de los protagonistas de Gn 11 4-8, y se convertirá en origen de *bendición* para los pueblos maldecidos en Babel (Gn 12 3). Más tarde, los profetas vislumbrarán la esperanza de una reunificación universal (véase Is 2 1-5), que se hará realidad plena en la comunión de lenguas y pueblos producida por el don del Espíritu en el pentecostés cristiano (Hch 2 5-12).

Descendientes de Sem

1 Cr 1 17-27; Lc 3 34-36

10 Estos son los descendientes de Sem:
Sem tenía cien años cuando engendró a
Arfaxad, dos años después del diluvio.
11 Después de engendrar a Arfaxad vivió
Sem quinientos años y tuvo hijos e hijas.

12 Arfaxad tenía treinta y cinco años
cuando engendró a Sale. 13 Después de engendrar a Sale, vivió Arfaxad trescientos
años y tuvo hijos e hijas.

14 Sale tenía treinta años cuando engendró a Héber. 15 Después de engendrar a
Héber vivió Sale cuatrocientos años y tuvo
hijos e hijas.

16 Héber tenía treinta y cuatro años cuando engendró a Páleq. 17 Después de engendrar a Páleq vivió Héber cuatrocientos treinta años y tuvo hijos e hijas.

18 Páleq tenía treinta años cuando engendró a Reú. 19 Después de engendrar a
Reú vivió Páleq doscientos nueve años y
tuvo hijos e hijas.

20 Reú tenía treinta y dos años, cuando
engendró a Sarug. 21 Después de engendrar a Sarug vivió Reú doscientos siete años
y tuvo hijos e hijas.

22 Sarug tenía treinta años cuando engendró a Najor. 23 Después de engendrar a
Najor vivió Sarug doscientos años y tuvo
hijos e hijas.

24 Najor tenía veintinueve años cuando
engendró a Téraj. 25 Después de engendrar
a Téraj vivió Najor ciento diecinueve años
y tuvo hijos e hijas.

26 Téraj tenía setenta años cuando engendró a Abrán, a Najor y a Aram.

27 Estos son los descendientes de Téraj:
Téraj engendró a Abrán, Najor y Aram.
Aram engendró a Lot, 28 y murió en su país
natal, Ur de los caldeos, cuando aún vivía
su padre Téraj. 29 Abrán y Najor se casaron. La mujer de Abrán se llamaba Saray y
la de Najor Melcá, hija de Aram, que era
padre de Melcá y de Jescá. 30 Saray era
estéril y no tenía hijos.

31 Téraj tomó a su hijo Abrán, a su nieto Lot y a su nuera Saray, mujer de Abrán,
y los sacó de Ur de los caldeos para ir al
país de Canaán: pero al llegar a Jarán se
quedaron allí. 32 Téraj vivió doscientos
cinco años y murió en Jarán.

• **11 10-32**: La tradición sacerdotal cierra su historia de los orígenes con una nueva cadena genealógica que une a la segunda humanidad, nacida en Noé y su hijo Sem, con Abrahán, el padre de Israel. La lista tiene la misma estructura y eslabones que la que unía a Adán con Noé (Gn 5 1-32). El motivo del "nombre" (*sem* en hebreo) queda otra vez acentuado en Sem, el antecesor de Abrahán.

II. HISTORIAS PATRIARCALES Δ

1. Ciclo de Abrahán y su hijo Isaac ◊

La llamada del Señor

Hch 7 2-4; Heb 11 8-9; Eclo 44 21; Hch 3 25; Gal 3 16

12 1 El Señor dijo a Abrán:
–Deja tu tierra, tus parientes y la casa
de tu padre, y vete a la tierra que yo te indicaré.

2 Yo haré de ti un gran pueblo,
te bendeciré y haré famoso tu nombre,
que será una bendición.
3 Bendeciré a los que te bendigan
y maldeciré a los que te maldigan.
Por ti serán benditas
todas las naciones de la tierra.

4 Partió Abrán, como le había dicho el
Señor, y Lot se fue con él. Tenía Abrán
setenta y cinco años cuando salió de Jarán.
5 Tomó consigo a su mujer Saray y a su
sobrino Lot, con todos sus bienes y los
esclavos que tenía en Jarán, y se pusieron
en camino hacia la tierra de Canaán. Cuando llegaron, 6 Abrán atravesó el país hasta
el lugar santo de Siquén, hasta el encinar
de Moré. (Los cananeos vivían entonces en
el país). 7 El Señor se apareció a Abrán y
le dijo:
–A tu descendencia le daré esta tierra.
Abrán construyó allí un altar al Señor,
que se le había aparecido. 8 De allí siguió
hacia las montañas, al este de Betel, e instaló su tienda, teniendo Betel al oeste y Ay
al este. Allí construyó un altar al Señor e invocó su nombre. 9 Después se trasladó por
etapas al Négueb.

Egipto, peligro para Abrán

Gn 20 1-18; 26 1-11

10 En aquella región el hambre se hizo
tan terrible que Abrán tuvo que irse a Egipto
para establecerse allí. 11 Cuando ya se acercaban a Egipto, Abrán dijo a su mujer Saray:
–Mira, yo sé que eres una mujer muy
bella; 12 en cuanto te vean los egipcios, dirán: «Es su mujer», y me matarán, dejándote a ti con vida. 13 Hazme este favor: di

Δ 12 1-50 26: La etapa patriarcal sirve de puente entre los comienzos (Gn 1-11) y el éxodo (Ex-Nm), recuerda la llegada y primer asentamiento en la tierra prometida y explica por qué los israelitas bajaron a Egipto. A la luz del momento en que actualmente viven, los israelitas interpretan estos relatos como la etapa de las "promesas", en la que el Señor se comprometió a darles lo que hoy disfrutan; justifican así su origen y el derecho a la tierra que poseen. A la luz de esta fe, Israel constata que su Dios tiene un proyecto salvador y ellos son el pueblo elegido para llevarlo a cabo; identifican al Dios Salvador con el Creador, pues es el mismo Dios fiel, que promete y cumple. Esta concepción lineal de la historia revela a un Dios señor del tiempo, fiel, misericordioso y absolutamente libre.

Este conjunto de relatos forma un libro compuesto por tres ciclos: Abrahán y su hijo Isaac (Gn 12 1-25 18), Isaac y sus hijos mellizos (Gn 25 19-36 43), Jacob y sus hijos (Gn 37 2-50 26).

◊ 12 1-25 18: El tema de este ciclo es la espera ansiosa de un hijo que colme la soledad de una pareja de ancianos. El nacimiento de Isaac sería el desenlace normal; pero sigue la escena del sacrificio, que da un gran dramatismo al conjunto. Al ciclo se añaden dos relatos independientes: la compra de la cueva de Macpelá como propiedad sepulcral (Gn 23), y la búsqueda de una esposa para el heredero (Gn 24). La muerte de Abrahán cierra este ciclo.

• 12 1-9: Después del caos que provoca el pecado de Babel, el Señor interviene de nuevo con una orden y una promesa. Llama a un hombre y, en él, a un pueblo. En la orden tres expresiones indican lo absoluto de la renuncia, mientras que la promesa queda en la lejanía de la esperanza. Es la tensión de la fe: dejar lo seguro por lo prometido, confiando en el Dios que habla. Al empobrecimiento se suma el riesgo de perderlo todo por nada. Dios se compromete a bendecir en medio de paradojas. Abrahán, por su parte, responde obedeciendo; en este gesto se expresa toda la audacia del creyente: confianza, aceptación del riesgo, camino hacia lo desconocido y obediencia.

En la vocación de Abrahán resuena la llamada a todo el pueblo de Israel en el tiempo de la monarquía. El Señor les promete la bendición divina, y les encomienda la misión de ser fuente de bendición para todos los pueblos. Este pasaje es uno de los más representativos de la teología del yavista.

• 12 10-20: Egipto se convierte en tentación para Abrahán. Ante la primera prueba, el hambre, pierde la confianza quien tan ciegamente creyó, y busca la solución en Egipto utilizando la mentira. Su iniciativa es cobarde y pone en peligro las promesas al abandonar la "tierra" y al renegar de la que está destinada a ser madre de una "descendencia" numerosa. El tópico de "la madre del pueblo que corre un grave peligro", se repite tres veces con variantes (véase Gn 20 1ss; 26); ésta es la más ruda y antigua. Hay referencias al éxodo, bajo cuya perspectiva ha sido redactado este episodio.

que eres mi hermana, para que me traten
bien gracias a ti y, por consideración a ti,
respeten mi vida.
14 Efectivamente, cuando Abrán llegó a
Egipto, los egipcios vieron que su mujer
era muy bella. 15 Los oficiales del faraón
que la vieron, la elogiaron mucho ante el
faraón, y la mujer fue llevada a su palacio.
16 Por consideración a ella, el faraón trató
bien a Abrán y le dio ovejas, vacas y burros,
siervos y siervas, camellos y burras. 17 Pero
el Señor castigó con grandes plagas al faraón y a su familia a causa de Saray, la
mujer de Abrán. 18 El faraón llamó entonces a Abrán y le dijo:
–¿Qué es lo que me has hecho? ¿Por
qué no me dijiste que era tu mujer? 19 ¿Cómo me dijiste que era tu hermana, dando
lugar a que yo la tomara por esposa? Toma
a tu mujer y vete.
20 El faraón mandó a unos hombres para
que lo expulsaran junto con su mujer y todos sus bienes.

Lot se separa de Abrán

Gn 12 7.8; 18 20; 19 4-9; 2 Pe 2 7-9

13 1 Abrán subió de Egipto al Négueb
con su mujer y todos sus bienes, y Lot
iba con él. 2 Abrán había adquirido muchos
ganados, plata y oro. 3 Fue por etapas
desde el Négueb hasta el lugar en que
antes había instalado su tienda, entre Betel
y Ay, 4 donde se encontraba el altar que
había construido, e invocó allí el nombre
del Señor.
5 También Lot, que acompañaba a Abrán,
tenía rebaños, ganados y tiendas. 6 La región no podía albergar a los dos, pues tenían
demasiados bienes para poder habitar juntos, 7 y surgieron disputas entre los pastores de Abrán y los de Lot. (Los cananeos y
los pereceos vivían entonces en aquella región). 8 Entonces Abrán propuso a Lot:
–Evitemos las discordias entre nosotros
y entre nuestros pastores, porque somos hermanos. 9 ¿Tienes ante ti todo el país? Sepá-
rate, pues, de mí; si tú vas hacia la izquierda, yo iré hacia la derecha, y si vas hacia la
derecha, yo iré hacia la izquierda.
10 Lot levantó la vista y vio que todo el
valle del Jordán hasta Soar era de regadío
como el jardín del Señor y las tierras de
Egipto (esto era antes de que el Señor destruyera Sodoma y Gomorra). 11 Lot escogió para sí todo el valle del Jordán y se dirigió hacia el este. Así se separaron el uno
del otro. 12 Abrán se estableció en la tierra
de Canaán y Lot en las ciudades del valle,
trasladándose por etapas hasta Sodoma.
13 Los habitantes de Sodoma eran muy malos y pecaban gravemente contra el Señor.
14 El Señor dijo a Abrán, después que
Lot se separó de él:
–Levanta la vista y, desde el lugar donde
te hallas, mira al norte, al sur, al este y al
oeste. 15 Toda la tierra que ves te la daré a
ti y a tu descendencia para siempre. 16 Multiplicaré tu descendencia como el polvo de
la tierra; sólo el que pueda contar el polvo
de la tierra, podrá contar tu descendencia.
17 Levántate, pues, y recorre a lo largo y a
lo ancho esta tierra que te voy a dar.
18 Trasladó Abrán sus tiendas y fue a establecerse en el encinar de Mambré cerca
de Hebrón; allí construyó un altar al Señor.

Abrán vence a reyes poderosos

Sal 110 4; Heb 5 6-10; 7 1-17

14 1 En aquel tiempo, Amrafel, rey de
Senaar, Arioc, rey de Elasar, Codorlaomer, rey de Elam, y Tigdal, rey de Goín,
2 declararon la guerra a Berá, rey de Sodoma, a Bersá, rey de Gomorra, a Sinab,
rey de Adamá, a Semebar, rey de Seboín y
al rey de Belá, o sea de Soar. 3 Estos últi-

• **13 1-18**: La prosperidad de Lot da fe de que la bendición divina se derrama sobre quien se asocia al bendito (Gn 13 1-13). Abrahán es generoso; Lot, sin embargo, se deja llevar por lo que ve, y elige lo que aparece ante sus ojos como *el jardín del Señor*, pero allí está el peligro. Al separarse del bendito, se expone a la desgracia. Así se introduce la tragedia de Sodoma (continuada en Gn 18-19).

En la escena final (Gn 13 14-18), Abrahán alcanza su destino. El Señor le renueva las promesas. Lot ha conseguido una tierra fértil, pero religiosamente peligrosa; al patriarca, en cambio, se le ofrece una tierra espaciosa para recorrerla y poseerla. Con la llegada a Hebrón concluye la primera etapa del itinerario patriarcal.

• **14 1-24**: Abrahán aparece aquí como un guerrero vencedor. Las palabras de Melquisedec esclarecen el episodio y dan fe de la realización de las promesas: los enemigos de Abrahán han sido derrotados y su nombre es ensalzado por un rey-sacerdote, Melquisedec. Una actitud ejemplar de Abrahán corona la escena: aunque tenía derecho, rechaza las riquezas que le ofrece el rey de Sodoma para que nadie le atribuya una prosperidad que sólo le viene del Señor.

mos se juntaron en el valle de Sidín, en el mar Muerto. 4 Habían estado sometidos doce años a Codorlaomer, pero en el año decimotercero se sublevaron. 5 El año decimocuarto Codorlaomer y sus reyes aliados vinieron y derrotaron a los refaítas en Astarot Carnaín, a los zuzíes en Ham, a los eníes en el valle de Quiriataín 6 y a los hurritas en las montañas de Seír hasta El Farán, junto al desierto. 7 Al regresar, llegaron a la fuente del juicio, o sea Cadés, y batieron todo el territorio de los amalecitas y también el de los amorreos, que vivían en Jasasón Tamar. 8 Entonces los reyes de Sodoma, Gomorra, Adamá, Seboín y Belá, o sea Soar, hicieron una expedición y presentaron batalla en el valle de Sidín 9 a Codorlaomer, rey de Elam, a Tigdal, rey de Goín, a Amrafel, rey de Senaar y a Arioc, rey de Elasar; cuatro reyes contra cinco. 10 El valle de Sidín estaba lleno de pozos de brea, y los reyes de Sodoma y de Gomorra cayeron en ellos al huir. Los que pudieron salvarse huyeron a las montañas. 11 Los vencedores saquearon todos los bienes de Sodoma y Gomorra y todos los víveres, y se fueron. 12 Al irse se llevaron también a Lot, el sobrino de Abrán, que vivía en Sodoma, con todos sus bienes.

13 Un fugitivo vino a informar a Abrán, el hebreo, que estaba acampado junto al encinar de Mambré, el amorreo, pariente de Escol y Aner, aliados de Abrán. 14 En cuanto Abrán se enteró de que su sobrino había caído prisionero, reunió a trescientos dieciocho criados nacidos en su casa, y fue en persecución de los raptores hasta Dan. 15 Distribuyendo a sus hombres cayó sobre ellos de noche, los derrotó y los persiguió hasta Jobá, al norte de Damasco; 16 recuperó todo el botín y también a Lot, su sobrino, todos sus bienes, sus mujeres y su gente.

17 Cuando Abrán regresaba de vencer a Codorlaomer y sus aliados, el rey de Sodoma le salió al encuentro en el valle de Save, el valle del rey.

18 Melquisedec, rey de Salem, sacerdote del Dios Altísimo, le ofreció pan y vino, 19 y lo bendijo diciendo:

Que el Dios Altísimo,
que hizo el cielo y la tierra,
bendiga a Abrán.
20 Bendito sea el Dios Altísimo
que te ha dado la victoria
sobre tus enemigos.

Y Abrán le dio el diezmo de todo.

21 Luego el rey de Sodoma dijo a Abrán:

–Dame las personas y quédate con los bienes.

22 Abrán le respondió:

–Juro, por el Señor, Dios Altísimo, que hizo el cielo y la tierra, 23 que no tomaré nada de lo que es tuyo, ni un hilo, ni una correa de tu sandalia. Así no podrás decir que has enriquecido a Abrán. 24 Sólo acepto lo que comieron mis siervos y la parte que corresponde a los hombres que han venido conmigo: Aner, Escol y Mambré; que ellos tomen su parte.

Alianza con promesas

Hch 7 5; Dt 1 10; Rom 4 3-25; Heb 11 12; Gal 3 6-9

15 1 Después de esto, el Señor habló a Abrán en una visión y le dijo:

–No temas, Abrán, yo soy tu escudo. Tu recompensa será muy grande.

2 Abrán respondió:

–Mi Dios y Señor, ¿para qué me vas a dar algo, si voy a morir sin hijos y el heredero de mi casa será ese Eliezer de Damasco? 3 No me has dado descendencia, y mi heredero va a ser uno de mis criados.

4 Pero el Señor le contestó:

• **15 1-21**: El capítulo está formado por dos escenas. La primera (Gn 15 1-6) es una visión nocturna dentro de una tienda. El patriarca reprocha al Señor que, a pesar de su palabra, un extraño va a ser su heredero; el Señor le responde que lo será su hijo. Abrahán cree a pesar de que sigue sin hijos, pues Sara es estéril y cada día son más viejos. El interminable retraso no obscurece su fe. La segunda escena (Gn 15 7-21) se desarrolla al atardecer. La promesa de la tierra se enmarca en la historia: la salida de Ur enlaza con la salida de Egipto y la entrada en Canaán. Dios le justifica el retraso que sufrirá la conquista. El rito y su puesta en escena evocan los pactos que se hacían en la antigüedad entre un soberano y su vasallo. En tiempo del exilio, con la concienca de que ha quedado rota la alianza bilateral del Sinaí, se volverá la mirada con gran esperanza a la alianza unilateral de Abrahán para recordar a Israel que la promesa de Dios sigue viva.

–No, no será ése tu heredero, sino un hijo que tú engendrarás.

5 Después lo llevó afuera y le dijo:

–Levanta la mirada al cielo y cuenta, si puedes, las estrellas.

Y añadió:

–Así será tu descendencia.

6 Creyó Abrán al Señor, y el Señor se lo tomó en cuenta.

7 Después le dijo el Señor:

–Yo soy el Señor que te sacó de Ur de los caldeos para darte esta tierra en posesión.

8 Abrán le preguntó:

–Señor, Señor, ¿cómo sabré que voy a poseerla?

9 El Señor le respondió:

–Tráeme una ternera de tres años, una cabra y un chivo de tres años, una paloma y un pichón.

10 Trajo él todos estos animales, los partió por la mitad y puso una mitad frente a la otra; pero las aves no las partió. 11 Las aves rapaces empezaron a lanzarse sobre los cadáveres, pero Abrán las espantaba. 12 Cuando atardecía, cayó un sueño pesado sobre Abrán y un gran terror se apoderó de él. 13 El Señor le dijo:

–Has de saber que tus descendientes vivirán como extranjeros en un país extraño, en el que serán esclavos y se verán oprimidos durante cuatrocientos años; 14 pero yo juzgaré al pueblo que los esclavice, y al final saldrán de él con muchos bienes. 15 Tú te reunirás en paz con tus antepasados y te enterrarán muy anciano. 16 A la cuarta generación tus descendientes regresarán, porque hasta entonces no se habrá colmado la maldad de los amorreos.

17 Cuando anocheció cayeron densas tinieblas y entre los animales partidos pasó un fuego humeante y una antorcha encendida. 18 Aquel día hizo el Señor una alianza con Abrán en estos términos:

–A tu descendencia le daré esta tierra, desde el torrente de Egipto hasta el gran río, el Eufrates: 19 el país de los quineos, quineceos, cadmeneos, 20 hititas, pereceos, refaítas, 21 amorreos, cananeos, guergueseos y jebuseos.

Nacimiento de Ismael

Gn 21 10-19; Gal 4 22-26

16 1 Saray, la mujer de Abrán, no le había dado hijos; pero tenía una esclava egipcia, llamada Agar. 2 Y Saray dijo a Abrán:

–Mira, el Señor me ha hecho estéril; así que acuéstate con mi esclava, a ver si por medio de ella puedo tener hijos.

A Abrán le pareció bien la propuesta. 3 Cuando Abrán llevaba diez años residiendo en la tierra de Canaán, Saray tomó a Agar, su esclava egipcia, y se la dio por mujer a su marido Abrán. 4 El se acostó con Agar, y ella concibió; pero cuando se vio encinta, empezó a mirar con desprecio a su señora.

5 Entonces Saray dijo a Abrán:

–Tú tienes la culpa de esta afrenta. Yo puse a mi esclava en tus brazos y, en cuanto se ha visto encinta, me mira con desprecio. El Señor sabe que tengo razón.

6 Abrán respondió a Saray:

–Tu esclava es cosa tuya; trátala como mejor te parezca.

Y Saray la maltrató de tal modo que ella huyó. 7 Un ángel del Señor la encontró en el desierto junto a un manantial, la fuente que está en el camino de Sur, 8 y le preguntó:

–Agar, esclava de Saray, ¿de dónde vienes y a dónde vas?

Ella respondió:

–Huyo de mi señora Saray.

9 Y el ángel del Señor le dijo:

–Regresa al lado de tu señora y sométete a ella.

10 Y añadió:

–Multiplicaré tu descendencia y será tan numerosa que no se podrá contar.

11 El ángel del Señor continuó:

Estás encinta y darás a luz un hijo,
a quien pondrás el nombre de Ismael,

• **16 1-16**: Las mujeres protagonizan este episodio, que gira en torno al tema del hijo esperado. Sara, con su esterilidad, ha convertido a Abrahán en un muerto. Por eso se desespera y propone a su marido una salida jurídica: que tome por mujer a su esclava. Es la tentación de la desconfianza que toma la iniciativa, mientras que el patriarca accede sin protestar. Se denuncia la fe mediocre de Abrahán y de Sara, que quieren forzar a Dios; se condena la impaciencia. Por el contrario, Agar da ejemplo de abandono en manos del Señor, que no abandona a los débiles, y que envía a su ángel para salvarla y confirmarle el nacimiento y la futura grandeza del hijo que espera.

porque el Señor ha escuchado
tu aflicción.
12 Será un hombre fiero e indómito,
él contra todos, y todos contra él;
vivirá enfrentado a todos sus hermanos.

13 Entonces Agar invocó al Señor, que
le había hablado, con el nombre de El Roí
–es decir, el Dios que me ve–, pues se dijo:
«¿No he visto aquí al que me ve?» 14 Por
eso a aquel pozo, el que está entre Cadés y
Bared, le puso el nombre de Lajai Roí –es
decir, Pozo del Viviente que me ve–.
15 Agar dio un hijo a Abrán, y Abrán le
puso el nombre de Ismael. 16 Tenía Abrán
ochenta y seis años cuando Agar le dio a
Ismael.

La alianza y la circuncisión

Neh 9 7; Heb 11 9-16; Rom 4 11-12; Hch 7 8; Lv 12 3;
Gn 18 9-15; Gal 4 23-28; Gn 25 12-16

17 1 Cuando Abrán tenía noventa y nueve años se le apareció el Señor y le
dijo:
–Yo soy el Dios Poderoso. Camina en
mi presencia con rectitud. 2 Yo haré una
alianza contigo y te multiplicaré inmensamente.
3 Abrán cayó rostro en tierra, y Dios
continuó:
4 –Esta es la alianza que hago contigo:
tú llegarás a ser padre de una muchedumbre de pueblos. 5 No te llamarás ya Abrán,
sino que tu nombre será Abrahán, porque
yo te hago padre de una muchedumbre de
pueblos. 6 Te haré inmensamente fecundo;
de ti surgirán naciones, y reyes saldrán de
ti. 7 Establezco mi alianza contigo y con
tus descendientes después de ti por siempre, como alianza perpetua; yo seré tu Dios
y el de tus descendientes. 8 Les daré, a ti y
a tus descendientes, la tierra en la que ahora
peregrinas, toda la tierra de Canaán, en posesión perpetua; y yo seré el Dios de tus
descendientes.
9 Y el Señor añadió:
–Guardarás mi alianza tú y tus descendientes de generación en generación. 10 Esta es mi alianza que establezco con ustedes
y con sus descendientes, y que deben observar: circunciden a todos los varones.
11 Circuncidarán la carne de sus prepucios
y ésa será la señal de mi alianza con ustedes. 12 De generación en generación serán
circuncidados todos sus varones a los ocho
días de nacer, sean nacidos en casa o comprados por dinero a cualquier extranjero
que no sea de su raza. 13 Hay que circuncidar tanto al nacido en casa como al comprado con dinero, y así estará marcada mi
alianza en su carne como una alianza perpetua. 14 El varón incircunciso, al que no
se le haya cortado la carne del prepucio,
será extirpado de su pueblo por haber quebrantado mi alianza.
15 Dijo también Dios a Abrahán:
–A tu mujer Saray ya no la llamarás Saray, sino Sara. 16 Yo la bendeciré y haré que
te dé un hijo; la bendeciré y haré que se
convierta en un pueblo numeroso y que de
ella surjan reyes.
17 Cayó Abrahán rostro en tierra y se
puso a reír pensando: ¿Puede un hombre de
cien años tener un hijo, y Sara ser madre a
los noventa?
18 Y dijo Abrahán a Dios:
–Me basta con que mantengas vivo a
Ismael.
19 Pero Dios respondió:
–Te digo que Sara, tu mujer, te dará un
hijo; lo llamarás Isaac, y yo estableceré
con él y con sus descendientes una alianza
perpetua. 20 En cuanto a Ismael, acepto tu
súplica: Yo lo bendigo; lo haré fecundo y
lo multiplicaré inmensamente; engendrará
doce príncipes y yo haré de él un gran pueblo. 21 Pero mi alianza la estableceré con
Isaac, el hijo que te dará Sara el año próximo por estas fechas.
22 Cuando Dios terminó de hablar con
Abrahán, se retiró de su lado.
23 Entonces Abrahán tomó a su hijo Ismael, a los criados nacidos en su casa o

• **17 1-27**: Tras el fracaso del plan de Sara, interviene El Saddai, nombre de la divinidad adorada en Mambré, que se identifica con Yavé = el Señor, y que traducimos por Dios Poderoso. El pasaje ofrece una nueva versión de la alianza de Dios con Abrahán (véase Gn 15). Los nuevos nombres implican una nueva creación; el oráculo precisa y enriquece las promesas de forma paradójica: a unos viejos se les asegura que sus hijos llenarán el mundo; a unos extranjeros indefensos, que serán los dueños perpetuos del país y padres de reyes. El culmen será un pacto eterno y gratuito que tiene su origen en el amor y la misericordia. Sólo se exige el rito de la circuncisión, señal de esta nueva alianza, como el arco iris lo fuera de la primera alianza entre Dios y Noé (Gn 9 9-17).

comprados, a todos los varones que había en su casa, y aquel mismo día circuncidó la carne de su prepucio, como Dios le había ordenado. 24 Tenía Abrahán noventa y nueve años cuando circuncidó la carne de su prepucio, 25 y su hijo Ismael tenía trece cuando fue circuncidado. 26 En el mismo día fueron circuncidados Abrahán y su hijo; 27 y todos los varones de su casa, los nacidos en ella y los comprados a extranjeros fueron también circuncidados con él.

Aparición de Dios en Mambré

Heb 13 2; 11 11; Rom 4 19-22; Lc 1 37

18 1 El Señor se apareció a Abrahán junto al encinar de Mambré, cuando estaba sentado ante su tienda a la hora del calor. 2 Levantó la mirada y vio tres hombres que estaban de pie próximos a él. En cuanto los vio, corrió a su encuentro desde la puerta de la tienda 3 y, postrándose en tierra, dijo:

–Mi Señor, por favor, te ruego que no pases sin detenerte con tu siervo. 4 Haré que les traigan agua para que les laven los pies, luego descansarán bajo este árbol. 5 Voy a buscar un trozo de pan y así se repondrán antes de seguir adelante, ya que han pasado junto a su siervo.

Ellos respondieron:

–Haz como has dicho.

6 Abrahán fue de prisa a la tienda donde estaba Sara, y le dijo:

–Toma en seguida tres medidas de harina, amásalas y haz unos panes.

7 Luego fue corriendo donde estaba el ganado, tomó un ternero tierno y gordo y se lo dio a su siervo, que a toda prisa se puso a prepararlo. 8 Tomó después queso fresco, leche y el ternero ya preparado, y se los ofreció. El se quedó de pie junto a ellos, bajo el árbol, mientras comían. 9 Ellos le preguntaron:

–¿Dónde está Sara, tu mujer?

El respondió:

–En la tienda.

10 El visitante le dijo:

–Bien, dentro de un año te veré de nuevo y para entonces tu mujer Sara tendrá un hijo.

Sara estaba escuchando a la entrada de la tienda detrás del que hablaba. 11 Abrahán y Sara eran muy viejos, y Sara no tenía ya la menstruación. 12 Así que Sara se echó a reír pensando: «Siendo ya una mujer anciana ¿voy a sentir placer con un marido tan viejo?» 13 Pero el Señor dijo a Abrahán:

–¿Por qué se ha reído Sara diciendo: «Cómo voy a ser madre siendo tan vieja»? 14 ¿Hay algo difícil para el Señor? El año que viene por estas fechas te veré de nuevo y Sara tendrá un hijo.

15 Sara lo negó y dijo llena de miedo:

–Yo no me he reído.

Pero el otro le dijo:

–Sí que te has reído.

Sodoma: El Señor es un Dios justo

Sant 5 16; Am 3 7; Jn 15 15; Jr 5 1;
Ez 22 30-31; 2 Pe 2 6; Jds 7

16 Aquellos hombres se levantaron y partieron de allí en dirección a Sodoma. Abrahán fue con ellos para despedirlos.

17 El Señor se decía: «¿Cómo voy a ocultarle a Abrahán lo que pienso hacer? 18 El se convertirá en un pueblo grande y fuerte, y por él serán bendecidas todas las naciones de la tierra, 19 porque lo he escogido para que enseñe a sus hijos y a su familia a mantenerse en el camino del Señor, haciendo lo que es justo y recto; para que, de este modo, el Señor cumpla a Abrahán todo lo que le ha prometido».

20 Entonces el Señor dijo a Abrahán:

–El clamor contra Sodoma y Gomorra es tan grande y su pecado tan horroroso, 21 que voy a bajar a ver si realmente sus acciones corresponden al clamor que contra ellas llega hasta mí; lo voy a saber.

• **18 1-15**: Con este pasaje comienza una nueva sección del ciclo de Abrahán (Gn 18-19), en la que se entrelazan tradiciones referidas a Abrahán y a Lot. Abrahán se ve sorprendido por tres caminantes. No los conoce, y eso hace más llamativo el trato que les da, siguiendo las leyes de la hospitalidad oriental. A la promesa del hijo, Sara, que escucha escondida, se ríe, anunciando así el nombre de Isaac (véase Gn 21 1-6).

• **18 16-33**: El monólogo divino y la manifestación de la intención de Dios a Abrahán (Gn 18 16-22) sirven de puente entre la promesa del nacimiento del hijo y la destrucción de la ciudad de Sodoma. En el primero, el Señor ensalza a su elegido, reconociendo su papel de intercesor. La manifestación de Dios a Abrahán presenta a Dios queriendo cerciorarse del crimen de Sodoma, cuyos ecos han llegado a sus oídos.

22 Partieron de allí los hombres y se encaminaron hacia Sodoma. Abrahán seguía
en presencia del Señor.
23 Entonces Abrahán se acercó al Señor
y le dijo:
–¿Vas a exterminar a la vez al justo con
el pecador? 24 Quizá haya cincuenta justos
en la ciudad. ¿Vas a exterminarlos? ¿No
perdonarás más bien a la ciudad por los
cincuenta justos que hay en ella? 25 ¡Cómo
vas a hacer que mueran justos por pecadores, y que el justo y el pecador tengan la
misma suerte! ¡De ninguna manera lo harás! ¿No va a hacer justicia el juez de toda
la tierra?
26 El Señor respondió:
–Si encuentro en Sodoma cincuenta justos, perdonaré por ellos a toda la ciudad.
27 Abrahán insistió:
–Me he atrevido a hablar a mi Señor, yo
que soy polvo y ceniza. 28 A lo mejor faltan
cinco para completar los cincuenta justos,
¿destruirás por esos cinco toda la ciudad?
El Señor respondió:
–No, no la destruiré si encuentro cuarenta y cinco justos.
29 Abrahán continuó aún:
–Quizá no sean más que cuarenta.
–Bien, no lo haré en atención a esos
cuarenta.
30 Dijo Abrahán:
–No se enoje mi Señor si sigo hablando.
Quizá sean solamente treinta.
El Señor respondió:
–No lo haré si encuentro treinta.
31 Dijo Abrahán:
–Me he atrevido a hablar a mi Señor.
Quizá no sean más que veinte.
–Bien, no la destruiré, por considera-
ción a los veinte.
32 Abrahán volvió a decir:
–No se enoje mi Señor. Voy a hablar por
última vez. Quizá no sean más que diez.
Y respondió el Señor:
–Por consideración a esos diez no la
destruiré.
33 En cuanto terminó de hablar con
Abrahán, el Señor se fue y Abrahán regre-
só a su tienda.

Destrucción de Sodoma

Jue 19 22-24; Hch 13 11; 2 Pe 2 7-9;
Mt 24 15-18; Is 34 9-10

19 1 Cuando los dos mensajeros del Señor llegaron a Sodoma, al atardecer,
Lot estaba sentado a la puerta de la ciudad.
Apenas los vio se levantó, fue a su encuentro, se postró rostro en tierra 2 y les pidió:
–Por favor, señores, vengan a casa de
este su siervo, para pasar la noche en ella y
lavarse los pies. Mañana por la mañana seguirán su camino.
Ellos respondieron:
–No, pasaremos la noche en la plaza.
3 Pero él insistió tanto, que se fueron
con él y entraron en su casa. Les preparó
un banquete, coció panes sin levadura y
comieron.
4 Aún no se habían acostado, cuando los
hombres de la ciudad rodearon la casa;
jóvenes y ancianos, todo el pueblo sin excepción. 5 Llamaron a Lot y le dijeron:
–¿Dónde están esos hombres que han
venido a tu casa esta noche? Entréganoslos
para acostarnos con ellos.
6 Lot salió a la puerta y, después de ce-
rrarla, 7 les dijo:
–Hermanos míos, les suplico que no cometan tal maldad. 8 Tengo dos hijas que no
se han acostado con ningún hombre; se las
entregaré y hagan con ellas lo que quieran,
pero no hagan nada a estos hombres que se
han cobijado bajo mi techo.
9 Ellos dijeron:
–¡Quítate de ahí! Uno que vino aquí co-

El diálogo entre Abrahán y Dios (Gn 18 23-33) ensalza la justicia del Señor y el poder de la oración. A la justicia que castiga a todos por el pecado de algunos se opone la de perdonar a todos por un mínimo de justos. A éste último tipo de justicia pertenece la de Dios, que no es, por tanto, una justicia esencialmente punitiva, sino más bien salvadora. Abrahán, humilde y audaz, quiere salvar a Sodoma, síntesis del pecado, sin más armas que la osadía de su oración. Su actitud muestra que la justicia del Dios de la Biblia se manifiesta, no en el castigo de los culpables, sino en el perdón por amor de los inocentes (véase Is 53 y Rom 5).

• **19 1-29**: En una escena semejante a la de Mambré (Gn 18 1-15), Lot recibe a los huéspedes, pero los hombres de Sodoma, despreciando las normas de la hospitalidad, quieren violentar a los huéspedes. Lot se muestra heróico al ofrecer a sus hijas. Comienza el desenlace con un sarcasmo: los que forzaban la puerta, cegados por una luz divina, dan vueltas sin encontrarla. Sigue el proceso de salvación-destrucción: perecen los yernos por desconfiados y la mujer de Lot por desobedecer la palabra de Dios; un diluvio de fuego lo arrasa todo; Lot, nuevo Noé, salva un *resto* de la destrucción. Todo en una

mo extranjero, ¿quiere dárselas de juez?
Pues ahora te trataremos a ti peor que a
ellos.
Y empujándolo violentamente trataron
de forzar la puerta. [10] Pero los visitantes
sacaron su brazo, metieron a Lot con ellos
en casa y cerraron la puerta; [11] a los hombres que estaban ante la puerta, desde el
más joven al más viejo, los cegaron con un
resplandor y ellos, por más que tanteaban,
no encontraban la puerta.
[12] Entonces, los visitantes dijeron a Lot:
–¿Qué familiares tienes aquí? Saca de
este lugar a tus yernos, hijos, hijas y a todos los familiares que tengas en la ciudad,
[13] que vamos a destruirla, porque el clamor
que llega contra ellos ante el Señor es muy
grande, y el Señor nos ha enviado para
destruirla.
[14] Salió entonces Lot y dijo a sus futuros yernos, los que se iban a casar con sus
hijas:
–Salgan inmediatamente de este lugar,
porque el Señor va a destruir la ciudad.
Pero ellos creían que estaba bromeando.
[15] Al amanecer los mensajeros apuraron
a Lot:
–Vamos, toma a tu mujer y a tus dos hijas que están aquí, no sea que perezcan en
el castigo de la ciudad.
[16] Y como él no se decidía, aquellos
hombres lo agarraron de la mano a él, a su
mujer y a sus hijas, y por la misericordia
del Señor lo sacaron fuera de la ciudad.
[17] Mientras los sacaban afuera, uno de los
visitantes le dijo:
–Ponte a salvo, no mires hacia atrás ni
te detengas en ninguna parte; huye a la
montaña para que no perezcas.
[18] Respondió Lot:
–Eso no, por favor. [19] Tu siervo ha gozado de tu protección y me has tratado con
gran misericordia, conservándome la vida.
Pero yo no puedo refugiarme en la montaña, porque me alcanzaría la desgracia y
moriría. [20] Mira, ahí cerca hay una ciudad
pequeña donde me puedo refugiar; permite
que me refugie en ella para salvar mi vida.
[21] El respondió:
–Bien, acepto tu petición. No destruiré
la ciudad de que hablas. [22] Pero date prisa
y refúgiate allí, porque yo no podré hacer
nada hasta que tú hayas llegado.
Por eso a aquella ciudad se le llamó Soar.
[23] Salía el sol, cuando Lot llegaba a
Soar. [24] El Señor envió, entonces, desde el
cielo una lluvia de azufre y fuego sobre
Sodoma y Gomorra. [25] Y destruyó estas
ciudades y toda la llanura, todos los habitantes de las ciudades y toda la vegetación
del suelo.
[26] La mujer de Lot miró hacia atrás y se
convirtió en una estatua de sal.
[27] Abrahán se levantó muy temprano y
se dirigió al lugar donde había estado en
presencia del Señor. [28] Dirigió la vista hacia
Sodoma y Gomorra y hacia la llanura, y
vio la humareda que subía de la tierra; era
una humareda como la de un horno.
[29] Cuando Dios destruyó las ciudades
de la llanura se acordó de Abrahán, y libró
a Lot de la catástrofe cuando destruyó las
ciudades en que éste había vivido.

Origen de los moabitas y de los amonitas

[30] Después subió Lot de Soar y se estableció en la montaña con sus dos hijas,
porque le dio miedo quedarse en Soar. Vivía en una cueva con sus dos hijas. [31] La
mayor dijo a la menor:
–Nuestro padre se va haciendo viejo y
no queda ya varón en la región que pueda
unirse a nosotras, como lo hace todo el
mundo. [32] Ven, vamos a emborrachar a
nuestro padre y nos acostaremos con él;
así tendremos descendencia de nuestro
padre.
[33] Aquella misma noche emborracharon
a su padre y la mayor se acostó con él, sin
que él se diera cuenta ni cuando ella se
acostó ni cuando se levantó.
[34] Al día siguiente dijo la mayor a la
menor:
–Anoche dormí yo con mi padre; va-

secuencia noche-día, como en Penuel (véase Gn 32 31) o en la salida de Egipto (véase Ex 14 24.27).

• **19 30-38**: Este relato explica el origen de los amonitas y los moabitas, dos pueblos vecinos y enemigos de Israel, a los que se hace hijos de un incesto y por tanto despreciables. En el presente pasaje se evocan las complejas relaciones de vecindad y enfrentamiento entre estos pueblos e Israel en la época posterior.

mos a emborracharlo también esta noche y
te acuestas tú con él; así tendremos descendencia de nuestro padre.
35 Aquella noche emborracharon también a su padre y la menor se acostó con
él, sin que se diera cuenta ni cuando ella se
acostó ni cuando se levantó.
36 Así las dos hijas de Lot concibieron
de su padre. 37 La mayor tuvo un hijo y lo
llamó Moab; es el padre de los actuales
moabitas. 38 También la menor tuvo un hijo
y lo llamó Ben-Amí; es el padre de los actuales amonitas.

Peligro para Abrahán en Guerar

Gn 12 10-20; 26 1-11

20 1 Desde allí Abrahán se dirigió hacia
el Négueb; se estableció entre Cadés
y Sur. Mientras vivía en Guerar, 2 Abrahán
decía que Sara era hermana suya. Entonces
Abimélec, rey de Guerar, mandó que le
trajeran a Sara. 3 Pero Dios se le apareció
de noche en sueños, y le dijo:
–Vas a morir a causa de la mujer que
has tomado, porque es una mujer casada.
4 Abimélec, que no se había acostado
con ella, dijo:
–Señor, ¿acaso vas a matar a un inocente? 5 ¿No me dijo él que era su hermana, y
ella a su vez que él era su hermano? Yo
hice esto con buena intención y actuando
limpiamente.
6 Y Dios le respondió en el sueño:
–Sí, sé que has hecho esto con buena
intención; por eso he impedido que peca-
ras contra mí, y no he permitido que la to-
caras. 7 Pero ahora devuelve su mujer a ese
hombre. El es profeta; él intercederá por ti
para que vivas. Pero, si no se la devuelves,
ten en cuenta que morirás irremediablemente con todos los tuyos.
8 Abimélec se levantó de madrugada y
llamó a todos sus servidores. Les contó todo lo ocurrido y ellos se llenaron de miedo. 9 Después Abimélec llamó a Abrahán y
le dijo:
–¿Qué es lo que nos has hecho? ¿En
qué te ofendí para que trajeras sobre mí y
sobre mi reino un pecado tan grande? Eso
que has hecho conmigo no se hace.
10 Y añadió:
–¿Qué pretendías al actuar así?
11 Abrahán respondió:
–Es que pensé que nadie respetaría a
Dios en esta tierra, y que me matarían a
causa de mi mujer. 12 Además, es verdad
que ella es mi hermana; es hija de mi padre,
aunque no de mi madre, y ahora es mi mujer. 13 Cuando Dios me hizo andar errante,
lejos de la casa de mi padre, yo le dije a
ella: «Tienes que hacerme este favor: dondequiera que lleguemos di que soy tu hermano».
14 Entonces Abimélec regaló a Abrahán
ovejas y vacas, siervos y siervas, y le devolvió también a Sara, su mujer. 15 Y le dijo:
–Ahí tienes ante ti mi territorio, quédate
a vivir donde mejor te parezca.
16 Y a Sara le dijo:
–Le he dado mil monedas de plata a tu
hermano, para que tú y los tuyos olviden la
deshonra y no tengas de qué avergonzarte.
17 Entonces Abrahán oró a Dios, y Dios
curó a Abimélec, a su mujer y a sus siervas
para que de nuevo pudieran tener hijos,
18 pues el Señor había hecho estéril el seno
de todas las mujeres en la casa de Abimélec, por lo de Sara, la mujer de Abrahán.

El hijo de la promesa y el hijo de la esclava

Hch 7 8; Gn 16 15; Gal 4 22-31; Rom 9 7-9; 1 Re 19 3-4

21 1 El Señor se fijó en Sara, como había
dicho, y cumplió lo que le había prometido. 2 Ella concibió y dio un hijo a
Abrahán en su vejez, en el tiempo predicho por Dios. 3 Al hijo que le nació de Sara, Abrahán le puso el nombre de Isaac.
4 Abrahán circuncidó a su hijo Isaac, a los
ocho días, como Dios le había mandado.
5 Tenía Abrahán cien años cuando le nació
su hijo Isaac. 6 Sara dijo:

• **20 1-18**: De nuevo se repite el tema del "riesgo para la madre del pueblo" (véase Gn 12 10-20). Abrahán pone en peligro su misión con una mentira que deja indefensa a Sara y provoca la esterilidad de las gentes de Abimélec. A pesar del reproche que merece este gesto, Dios salva de nuevo su proyecto. No es más justo el patriarca que el rey, aunque por ser *profeta* tiene una fuerza especial ante el Señor. Es conmovedora la conclusión: Abrahán consigue para otros lo que no ha logrado para sí: la fecundidad.

• **21 1-21**: El nacimiento de Isaac es el final feliz de la larguísima espera y el desenlace de la crisis. Risa y alegría dominan la secuencia; el nombre de Isaac es un deseo y una petición: *Que Dios le sonría.* Como contraste aparece la forzada renuncia a Ismael. Los celos de Sara

–Dios me ha hecho reír, y todos los que
lo oigan reirán conmigo.
7 Y añadió:
–¿Quién le iba a decir a Abrahán que
Sara amamantaría hijos? Y, sin embargo,
yo le he dado un hijo en su vejez.
8 Creció el niño y lo destetaron. Abrahán dio un gran banquete el día que destetaron a Isaac.
9 Sara vio que el hijo nacido a Abrahán
de Agar, la egipcia, jugaba con Isaac, 10 y
dijo a Abrahán:
–Echa a esa esclava y a su hijo, pues el
hijo de esa esclava no compartirá la herencia con mi hijo Isaac.
11 Abrahán se disgustó mucho, porque
se trataba de su hijo. 12 Pero Dios le dijo:
–No tengas pena por el muchacho ni
por tu esclava; haz lo que te pide Sara, porque la descendencia que llevará tu nombre
será la de Isaac. 13 Pero también del hijo
de la esclava haré yo un gran pueblo, por
ser descendiente tuyo.
14 Entonces Abrahán se levantó muy de
mañana, tomó pan y un odre lleno de agua
y se lo dio a Agar; puso al niño sobre sus
hombros y la despidió. Ella se fue y anduvo
errante por el desierto de Berseba. 15 Cuando se terminó el agua del odre, dejó al niño bajo un matorral 16 y fue a sentarse enfrente, a la distancia de un tiro de arco pues
pensaba: «No quiero ver morir al niño».
Pero cuando se sentó enfrente, el niño empezó a llorar a gritos. 17 Dios oyó los gritos
del niño, y el ángel de Dios llamó a Agar
desde el cielo y le dijo:
–¿Qué te pasa, Agar? No temas, porque
Dios ha escuchado los gritos del niño ahí
donde está. 18 Levántate, toma al niño, agárralo de la mano, porque de él haré yo un
gran pueblo.
19 Entonces Dios abrió los ojos de Agar,
y ella vio un pozo de agua; fue a llenar el
odre y dio de beber al niño. 20 Dios estaba
con el niño, que creció, vivió en el desierto
y llegó a ser un buen arquero. 21 Vivió en
el desierto de Farán, y su madre lo casó con
una mujer egipcia.

Abrahán derrama bendición

Gn 26 15-33

22 Por aquel tiempo Abimélec, acompañado por Picol, jefe de su ejército, fue a
decir a Abrahán:
–Dios está contigo en todo lo que haces. 23 Así que, júrame aquí por Dios, que
no me engañarás a mí, ni a mis hijos, ni a
mis parientes, sino que me tratarás a mí y
al país que te ha recibido con la misma lealtad con que yo te he tratado.
24 Abrahán respondió:
–Lo juro.
25 Pero después Abrahán tuvo que llamar la atención a Abimélec a propósito de
un pozo del que los siervos de Abimélec se
habían apoderado por la fuerza.
26 Abimélec le dijo:
–No sé quién ha podido hacer eso; tú no
me lo habías dicho, ni yo me había enterado hasta hoy.
27 Luego Abrahán tomó ovejas y vacas
y se las dio a Abimélec y los dos hicieron
un pacto. 28 Abrahán apartó siete corderas
del rebaño, 29 y Abimélec le preguntó:
–¿Qué significan estas siete corderas que
has apartado?
30 Abrahán dijo:
–Tú aceptarás de mi mano estas siete
corderas como prueba de que yo he cavado
este pozo.
31 Por eso aquel lugar se llama Berseba
–es decir, Pozo del Juramento–, porque allí
juraron los dos.
32 Después de hacer este pacto en Berseba, se levantó Abimélec con Picol, jefe

coinciden con el plan divino y el patriarca obedece. El episodio repite motivos conocidos (véase Gn 16). A la angustia de los preparativos para la partida de Agar, esclava de Abrahán y madre de Ismael, sigue la dramática escena de una madre que no quiere ver morir a su hijo ni abandonarlo. El grito desesperado de un niño en la soledad del desierto, es escuchado por Dios; de ahí su nombre: *Ismael = Dios escucha.* El final es grandioso e inesperado: Dios salva a quienes parecía haber condenado; de este niño moribundo nacerán numerosos pueblos gracias a ese Dios que lo asiste.

• **21** 22-34: En este pasaje encontramos dos tradiciones sobre el nombre de Berseba: en la primera (Gn 21 22-24.27.31), significa Pozo del Juramento (de *sebá = juramento*), porque Abimélec, que reconoce en Abrahán la fuerza de la bendición, lo invita a formalizar un pacto de amistad. En la otra tradición se relaciona el nombre con *seba=siete* (Gn 21 25-26.28-30.32-34); porque éste es el número de ovejas que el rey ha de aceptar en reconocimiento del derecho que tiene Abrahán sobre los pozos. El episodio tiene notables semejanzas con las tradiciones de Isaac (véase Gn 26 15-33).

de su ejército, y regresó al país de los filisteos. 33 Abrahán plantó en Berseba un tamarisco e invocó allí al Señor Dios eterno. 34 Abrahán permaneció mucho tiempo en el país de los filisteos.

Sacrificio de Isaac

Sab 10 5; Heb 11 17-19; Sant 2 21-23; Jn 3 16; Rom 8 32; Hch 3 25; Gal 3 8.16

22 1 Después de esto, Dios quiso poner a prueba a Abrahán, y lo llamó:

–¡Abrahán!

El respondió:

–Aquí estoy.

2 Y Dios le dijo:

–Toma a tu hijo único, a tu querido Isaac, ve a la región de Moria, y ofrécemelo allí en sacrificio, en la montaña que yo te indicaré.

3 Se levantó Abrahán de madrugada, preparó su burro, tomó consigo dos siervos y a su hijo Isaac, partió la leña para el sacrificio y se encaminó hacia el lugar que Dios le había indicado. 4 Al tercer día levantó Abrahán la vista y distinguió de lejos el lugar. 5 Entonces dijo a sus siervos:

–Permanezcan aquí con el burro, mientras el muchacho y yo subimos allá arriba para adorar al Señor; después regresaremos junto a ustedes.

6 Abrahán tomó la leña del sacrificio y la cargó sobre su hijo Isaac; él llevaba el fuego y el cuchillo, y se fueron los dos juntos.

7 Isaac dijo a Abrahán, su padre:

–¡Padre!

El respondió:

–Aquí estoy, hijo mío.

Isaac preguntó:

–Tenemos el fuego y la leña, pero ¿dónde está el cordero para el sacrificio?

8 Abrahán respondió:

–Dios proveerá el cordero para el sacrificio, hijo mío.

Y continuaron caminando juntos.

9 Una vez que llegaron al lugar que Dios le había indicado, Abrahán construyó el altar; preparó la leña y después ató a su hijo Isaac poniéndolo sobre el altar encima de la leña. 10 Después Abrahán tomó el cuchillo para degollar a su hijo, 11 pero un ángel del Señor le gritó desde el cielo:

–¡Abrahán! ¡Abrahán!

El respondió:

–Aquí estoy.

12 Y el ángel le dijo:

–No pongas tu mano sobre el muchacho ni le hagas ningún daño. Ya veo que obedeces a Dios y que no me niegas a tu hijo único.

13 Abrahán levantó entonces la vista y vio un carnero enredado por los cuernos en un matorral. Tomó el carnero y lo ofreció en sacrificio en lugar de su hijo. 14 Abrahán puso a aquel lugar el nombre de: «El Señor provee», y por eso todavía hoy se llama «La montaña del Señor provee».

15 El ángel del Señor volvió a llamar desde el cielo a Abrahán, 16 y le dijo:

–Juro por mí mismo, palabra del Señor, que por haber hecho esto y no haberme negado a tu único hijo, 17 te colmaré de bendiciones y multiplicaré inmensamente tu descendencia como las estrellas del cielo y como la arena de las playas. Tus descendientes conquistarán las ciudades de sus enemigos. 18 Todas las naciones de la tierra obtendrán la bendición a través de tu descendencia, porque me has obedecido.

19 Abrahán regresó luego junto a sus siervos y todos partieron hacia Berseba. Abrahán se quedó a vivir en Berseba.

• **22 1-19**: Este relato, que originariamente invitaba a suprimir los sacrificios humanos, se ha convertido en el mejor ejemplo de la fe de Abrahán. El lector sabe que se trata de una prueba, Abrahán no. Para él, lo que su Dios le pide es algo horrible. Si en su vocación (Gn 12 1-9) Abrahán enterró el pasado, ahora debe renunciar a su porvenir. El niño es el depositario de las promesas; sin él, la descendencia desaparece. Abrahán se ve ante un dilema: o las promesas de Dios o el Dios de las promesas. Si sacrifica a su hijo, destruye por obediencia la prueba que sostiene su fe; se ciega voluntariamente para aceptar a Dios en la oscuridad. Pero el Señor le devuelve vivo a Isaac, ¡ahora sí que ese hijo es don gratuito! La fe ejemplar de Abrahán se apoya sólo en la palabra de un Dios que un día le dio un hijo y otro día estuvo a punto de quitárselo. De esta forma se enaltece la disponibilidad absoluta del creyente, que obliga a sacrificarse, más aún, a sacrificar lo más valioso que uno tiene en aras de la obediencia al Señor.

Noticias sobre el clan

20 Después de todo esto le dijeron a Abrahán que también su hermano Najor había tenido hijos de Milcá. 21 Uz, el primogénito; Buz, su hermano; Camuel, padre de Aram, 22 Quésed, Jazó, Pildás, Yidlaf y Batuel. 23 Batuel fue el padre de Rebeca. Estos ocho hijos le dio Milcá a Najor. 24 Y también su concubina, que se llamaba Reumá, le dio hijos: Tebaj, Gaján, Tajás y Maacá.

Muerte de Sara. Primera posesión en la tierra

Gn 33 19; 25 9; 49 30-31; Hch 7 5; Heb 11 9

23 1 Sara vivió ciento veintisiete años. 2 Murió Sara en Quiriat Arbé, o sea Hebrón, en el país de Canaán. Abrahán fue a llorar a Sara y a hacer duelo por ella. 3 Y cuando se levantó del lado de su difunta habló así a los hititas:

4 –Yo soy un extranjero que reside entre ustedes. Entréguenme una sepultura en propiedad para enterrar a mi esposa.

5 Los hititas le respondieron:

6 –Escúchanos, señor, tú eres entre nosotros un magnífico príncipe. Sepulta a tu esposa en el mejor de nuestros sepulcros; ninguno de nosotros te negará el suyo para que puedas sepultarla.

7 Abrahán se levantó, hizo una reverencia ante la gente del país, 8 y les habló así:

–Si están de acuerdo en que sepulte a mi esposa, escúchenme: intercedan por mí ante Efrón, el hijo de Sojar, 9 para que me venda por su justo precio, como sepultura en propiedad, la cueva de Macpelá, que se encuentra al final de su campo.

10 Efrón, el hitita, se hallaba presente y respondió a Abrahán en presencia de los hititas que asistían al trato en la puerta de la ciudad:

11 –No, señor mío, escúchame: yo te doy el campo y la cueva que hay en él; en presencia de los hijos de mi pueblo te lo doy. Sepulta a tu esposa.

12 Entonces Abrahán hizo una reverencia ante la gente del país, 13 y habló así a Efrón en presencia del pueblo:

–A ver si nos ponemos de acuerdo: yo te doy el precio del campo; acéptamelo, y entonces sepultaré en él a mi esposa.

14 Pero Efrón respondió a Abrahán:

15 –Señor, escúchame: el terreno vale cuatrocientas monedas de plata, ¿qué es eso para nosotros dos? Anda, entierra a tu esposa.

16 Abrahán llegó a un acuerdo con Efrón y le pagó el precio que le había pedido en presencia de los hititas: cuatrocientas monedas de plata de uso corriente entre los comerciantes. 17 De este modo el terreno de Efrón, que estaba en Macpelá enfrente de Mambré: el terreno, su cueva y todos los árboles que hay alrededor, pasaron a ser 18 propiedad de Abrahán, en presencia de los hititas, que asistían al trato en la puerta de la ciudad.

19 Después Abrahán enterró a Sara en la cueva del campo de Macpelá enfrente de Mambré, es decir en Hebrón. 20 De esta forma, el campo y la cueva que hay en él pasaron de los hititas a Abrahán como sepultura en propiedad.

Isaac se casa con Rebeca

Gn 47 29; 28 1-5; Dt 7 3; Gn 29 2; Ex 2 16-21

24 1 Abrahán era ya muy viejo, y el Señor lo había bendecido en todo. 2 Un día dijo Abrahán al criado más antiguo de su casa, el que llevaba la administración de todos los bienes:

–Coloca tu mano bajo mi muslo. 3 Quiero que me jures por el Señor, Dios del cielo y de la tierra, que no buscarás mujer para mi hijo de entre las hijas de los cananeos en cuya tierra vivo, 4 sino que irás a mi tierra, donde habita mi familia, y allí buscarás mujer para mi hijo Isaac.

• **22 20-24**: Con esta lista de doce nombres se construye el puente que une el ciclo de Abrahán con el de Isaac y sus hijos.

• **23 1-20**: El relato presenta la muerte de Sara como el motivo de la compra de una finca con derecho a sepultura. Abrahán no podía permitir que la madre de la generación bendita, fuera sepultada en tierra ajena. Ahora esa tierra es suya. Al menos en la muerte serán dueños del suelo en que reposan sus huesos. Esta pequeña parcela es anticipo y prenda de la tierra que poseerán un día sus descendientes; lugar sagrado y respetable. Según la tradición, junto a Sara fueron enterrados Abrahán, Isaac, Rebeca, Lía y Jacob.

• **24 1-67**: Muerta Sara, se busca a su sucesora en la línea femenina de las promesas. Hermoso por su sabor oriental, el relato posee una rica teología: Dios dirige el

5 El criado le preguntó:
–Y si la mujer no quiere venir conmigo
a esta tierra ¿tendré que llevar a tu hijo a la
tierra de donde saliste?
6 Abrahán le respondió:
–De ninguna manera lleves allá a mi hijo; 7 el Señor, Dios del cielo, que me sacó
de la casa de mi padre y de la tierra de mi
familia, y que me juró: «Yo daré esta tierra
a tu descendencia», enviará su ángel delante de ti para que busques allí mujer para
mi hijo. 8 Y si la mujer no quiere venir contigo, quedarás libre de este juramento que
me haces, pero a mi hijo no lo lleves allá.
9 El criado puso su mano debajo del
muslo de su amo, Abrahán, y se lo juró.
10 Después, el criado tomó diez camellos de Abrahán y, llevando consigo toda
clase de objetos preciosos de su amo, partió hacia Aram Najarain, la ciudad de Najor. 11 Hizo detenerse a los camellos a las
afueras de la ciudad, junto al pozo, al atardecer, cuando las mujeres van por el agua,
12 y oró así:
–Señor, Dios de mi amo Abrahán, dame
hoy una señal propicia y muestra tu fidelidad a mi amo Abrahán. 13 Yo me quedaré
cerca de esta fuente mientras las muchachas de esta ciudad vienen por agua. 14 La
joven a quien yo diga: «Baja tu cántaro y
dame de beber», y que me responda: «Bebe,
y voy a dar de beber también a tus camellos», ésa será la que tú has destinado a tu
siervo Isaac; en esto conoceré que has mostrado tu fidelidad a mi amo.
15 No había acabado de orar, cuando
Rebeca, la hija de Batuel, hijo de Milcá y
de Najor, hermano de Abrahán, salía con
su cántaro al hombro.
16 La joven era muy bella y era virgen,
pues no había tenido relaciones con ningún hombre. Bajó a la fuente, llenó el cántaro y, cuando se disponía a regresar, 17 el
criado de Abrahán corrió a su encuentro y
le dijo:
–Por favor, dame de beber un poco de
agua de tu cántaro.
18 Ella respondió:
–Bebe, señor mío.
Y en seguida bajó el cántaro sobre su
brazo y le dio de beber. 19 Cuando acabó
de beber le dijo:
–Voy a sacar también agua para que beban tus camellos hasta que queden satisfechos.
20 Y rápidamente vació su cántaro en el
bebedero, corrió de nuevo a sacar agua, y
trajo para todos los camellos. 21 Entre tanto,
el hombre la contemplaba en silencio, preguntándose si el Señor había dado éxito a
su viaje o no.
22 Cuando acabaron de beber los camellos, tomó el hombre un anillo de oro que
pesaba seis gramos y se lo puso en la nariz, y en sus brazos dos brazaletes de oro,
de ciento veinte gramos. 23 Y le preguntó:
–¿De quién eres hija? ¡Dímelo, por favor! ¿Hay en la casa de tu padre algún lugar para que pasemos la noche?
24 Ella respondió:
–Soy hija de Batuel, el hijo de Milcá y
de Najor.
25 Y añadió:
–Tenemos paja y forraje en abundancia,
y sitio para hospedarte.
26 Entonces el criado se inclinó y adoró
al Señor, 27 diciendo:
–Bendito sea el Señor, Dios de mi amo
Abrahán, que no se ha quedado corto en su
bondad y lealtad para con mi señor, y a mí
me ha guiado a la casa de su hermano.
28 La joven corrió a casa de su madre y
contó todo lo sucedido.
29 Rebeca tenía un hermano llamado
Labán, y éste salió rápidamente al encuentro de aquel hombre, junto a la fuente. 30 Al
ver el anillo y los brazaletes que llevaba su
hermana, y al oírla contar todo lo que había dicho aquel hombre, fue a su encuentro
cuando aún estaba con los camellos, junto
a la fuente, 31 y le dijo:
–Ven, bendito del Señor, no te quedes
ahí afuera. Te he preparado alojamiento y
un lugar para los camellos.

destino de forma natural. Una vez descubierta su voluntad, hay que responder, como Rebeca que acepta vivir lejos de los suyos y se convierte en ejemplo del creyente. Se subraya la fidelidad divina, la fuerza de la oración y el poder del intercesor: el Dios omnipotente y libre se deja "manipular" por la oración del servidor, que exige fidelidad a Dios apoyándose en que Abrahán le ha sido fiel. La bendición sigue siendo el eje: se recuerda al comienzo, sirve de saludo, se oye en boca del criado y en la despedida (Gn 24 1.31.35.60); el éxito del viaje constata su fuerza (Gn 24 21.40.42.56). Al identificar a Labán como hermano de Rebeca, este ciclo enlaza con el siguiente.

32 El hombre entró en la casa. Labán desensilló los camellos y les dio paja y forraje; y a él y a sus acompañantes les trajo agua para que se lavaran los pies.

33 Después le sirvieron la comida, pero él dijo:

–No comeré nada hasta que diga lo que tengo que decirles.

Labán le dijo:

–Habla.

34 Y él dijo:

–Soy criado de Abrahán. 35 El Señor ha colmado de bendiciones a mi amo y lo ha hecho muy rico: le ha dado ovejas y vacas, plata y oro, criados y criadas, camellos y burros. 36 Sara, la mujer de mi amo, le dio un hijo siendo ya vieja, y Abrahán le ha dado todo cuanto posee. 37 Mi amo me hizo prestar este juramento: «No tomarás mujer para mi hijo de entre las hijas de los cananeos en cuya tierra habito, 38 sino que irás a la casa de mi padre donde está mi familia y allí buscarás mujer para mi hijo». 39 Yo pregunté a mi amo: «¿Y si la mujer no quiere venir conmigo?» 40 El me respondió: «El Señor, cuya voluntad he cumplido siempre, enviará su ángel contigo y dará éxito a tu viaje. Buscarás para mi hijo una mujer de mi familia y de la casa de mi padre. 41 Sólo quedarás libre del juramento que me haces si vas a donde vive mi familia y ellos no quieren darte la joven». 42 Cuando llegué hoy a la fuente oré así: Señor, Dios de mi amo Abrahán, lleva a feliz término el viaje que he emprendido; 43 yo estaré aquí, cerca de la fuente, y a la joven que venga a sacar agua le diré: «Dame de beber un poco de agua de tu cántaro»; 44 si me responde: «Bebe y sacaré también agua para tus camellos», sabré que ella es la mujer destinada por el Señor para el hijo de mi amo. 45 No había acabado de orar, cuando apareció Rebeca con el cántaro sobre su hombro, bajó a la fuente y sacó agua. Yo le pedí: «Dame de beber». 46 Ella, en seguida, bajó el cántaro de su hombro y dijo: «Bebe, y también daré de beber a tus camellos». Yo bebí y ella dio agua a mis camellos. 47 Entonces le pregunté: «¿De quién eres hija?» Y ella me respondió: «Soy hija de Batuel, el hijo de Milcá y de Najor». Entonces le puse el anillo en la nariz y los brazaletes en los brazos. 48 Después, inclinándome profundamente, he adorado y bendecido al Señor, Dios de mi amo Abrahán, por haberme guiado por el camino recto para llevarle al hijo de mi señor la hija de uno de sus parientes. 49 Y ahora, si desean ser bondadosos y leales con mi señor, díganmelo, y si no, díganmelo también, para que yo sepa a qué atenerme.

50 Dijeron entonces Labán y Batuel:

–Este asunto viene del Señor; nosotros no podemos añadir ni quitar nada. 51 Ahí tienes a Rebeca; tómala y vete; que sea la mujer del hijo de tu amo, como ha dicho el Señor.

52 Al oír esto, el siervo de Abrahán se postró en tierra ante el Señor. 53 Sacó joyas de plata y oro y vestidos, y se los dio a Rebeca. Hizo también ricos presentes a su hermano y a su madre. 54 Después, él y sus acompañantes comieron y bebieron, y pasaron allí la noche.

A la mañana siguiente, cuando se levantaron, el criado dijo:

–Permítanme que regrese con mi amo.

55 Pero el hermano y la madre de Rebeca le dijeron:

–Deja que la muchacha se quede con nosotros unos diez días, y después se irá.

56 El les contestó:

–Ya que el Señor ha dado éxito a mi viaje, no me entretengan más; déjenme regresar donde mi amo.

57 Ellos le dijeron:

–Llamemos a la joven, y que ella decida.

58 Llamaron a Rebeca y le preguntaron:

–¿Quieres irte con este hombre?

Ella respondió:

–Sí, quiero ir.

59 Entonces dejaron irse a Rebeca y a la mujer que la había cuidado siempre con el criado de Abrahán y sus hombres. 60 Y bendijeron a Rebeca diciendo:

Tú eres nuestra hermana;
crece mil y mil veces,
y que tus descendientes
sometan a sus enemigos.

61 Entonces Rebeca y sus criadas se prepararon, montaron en los camellos y siguieron a aquel hombre; y el criado, llevando consigo a Rebeca, partió.

62 Mientras tanto, Isaac había regresado del pozo de Lajai-Roí, pues estaba viviendo en el Négueb. 63 Una tarde salió a dar un

paseo por el campo y levantando la vista vio que se acercaban unos camellos.
64 También Rebeca levantó la vista, y al ver
a Isaac bajó del camello, 65 y dijo al criado:
–¿Quién es aquel hombre que viene por
el campo hacia nosotros?
El criado respondió:
–Es mi señor.
Ella entonces tomó el velo y se cubrió.
66 El criado contó a Isaac todo lo que
había hecho. 67 Isaac introdujo a Rebeca
en la tienda de su madre Sara, la tomó por
esposa, y con su amor se consoló de la
muerte de su madre.

Descendientes de Abrahán por Queturá

1 Cr 1 32-33; Gn 21 10; 24 36

25 1 Abrahán tomó después otra mujer,
llamada Queturá, 2 de la que tuvo a
Zimrán, Yocsán, Medán, Madián, Yisboc,
y Suaj. 3 Yocsán engendró a Sabá y a Dedán. Los hijos de Dedán fueron los asuríes,
los litusíes y los leumíes. 4 Los hijos de Madián fueron Efá, Efer, Janoc, Abidá y Eldá.
Todos estos fueron los hijos de Queturá.
5 Abrahán dio todos sus bienes a Isaac.
6 A los hijos de sus concubinas les hizo
donaciones y, antes de morir, los envió lejos
de su hijo Isaac hacia las tierras de oriente.

Muerte de Abrahán

Gn 23; 16 13-14

7 Abrahán vivió ciento setenta y cinco
años. 8 Después expiró; murió en buena
vejez, colmado de años, y fue a reunirse
con sus antepasados. 9 Sus hijos, Isaac e
Ismael, lo enterraron en la cueva de Macpelá, en el campo de Efrón, hijo de Sojar,
el hitita, enfrente de Mambré, 10 en el campo que compró a los hititas. En él fueron
enterrados Abrahán y su mujer Sara.
11 Después de la muerte de Abrahán,
Dios bendijo a su hijo Isaac, que se quedó
a vivir junto al pozo de Lajai-Roí.

Descendientes de Ismael

1 Cr 1 29-31; Gn 16 12

12 Estos son los descendientes de Ismael, hijo de Abrahán y de Agar, la criada
egipcia de Sara. 13 Estos son sus nombres
por familias: el primogénito de Ismael fue
Nebayot; después Quedar, Adbel, Mibsán,
14 Mismá, Dumá, Masá, 15 Adad, Temá,
Yetur, Nafís y Quedmá. 16 Estos son los
hijos de Ismael y sus nombres según los
poblados y campamentos: doce jefes de
otras tantas tribus.
17 Ismael vivió ciento treinta y siete años;
después expiró; murió y fue a reunirse con
sus antepasados. 18 Sus hijos se establecieron desde Javilá hasta Sur, enfrente de Egipto en la ruta de Asiria. Ismael se estableció, pues, enfrente de todos sus hermanos.

2. Ciclo de Isaac y sus hijos ◊

Esaú y Jacob, antagonistas

Mal 1 2-5; Rom 9 10-18; Os 12 4; Heb 12 16-17

19 Esta es la historia de Isaac, hijo de
Abrahán.
Abrahán engendró a Isaac.
20 Isaac tenía cuarenta años cuando se
casó con Rebeca, hija de Batuel, el arameo
de Mesopotamia, y hermana de Labán.
21 Isaac oró al Señor por su mujer, porque
era estéril. El Señor lo escuchó, y su mujer,
Rebeca, quedó embarazada. 22 Pero los
niños se agitaban en su seno, y ella se dijo:
«Si es así, ¿qué va a ser de mí?» Y fue a
consultar al Señor. 23 El Señor le respondió:

Dos naciones hay en tu seno;
dos pueblos se dividen desde tus entrañas;
uno será más fuerte que el otro,
y el mayor servirá al menor.

24 Cuando le llegó la hora del parto, resultó que eran mellizos. 25 Salió el primero,

• **25 1-18**: Tres pequeñas notas forman el final del ciclo de Abrahán. La primera habla de otros hijos de Abrahán (Gn 25 1-6), que son separados del heredero para subrayar la línea elegida. La segunda presenta la muerte del protagonista y la describe, no como un final, sino como un momento en la historia divino-humana que continúa (Gn 25 7-11). La tercera refiere la relación de tribus y jefes del clan de Ismael y demuestra que la bendición del Señor también se realizó en esta rama de *hijos de Abrahán* (Gn 25 12-18).

◊ **25 19-36 43**: Este ciclo narra una ruptura familiar y sus consecuencias: dos hermanos se enfrentan por el don de la bendición; el menor tiene que huir, corre numerosas aventuras y regresa feliz, colmado de hijos y de riquezas. El protagonismo pasa de Isaac a Jacob. Literariamente es un ciclo más rico y mejor construido que el anterior. Lo componen unidades mayores y, según los escenarios de la acción, se divide en tres actos: la casa paterna (Gn 25 19-28 9), la tierra de sus antepasados (Gn 29 1-32 22)

rojizo y enteramente velludo como una piel
de vestir, y le pusieron el nombre de Esaú.
26 Después salió su hermano, agarrando
con la mano el talón de Esaú, y lo llamaron Jacob. Cuando nacieron, Isaac tenía
sesenta años.

27 Crecieron los niños; Esaú llegó a ser
un diestro cazador y un hombre de campo,
mientras que Jacob era un hombre tranquilo
y vivía en tiendas. 28 Isaac prefería a Esaú,
porque la caza era su plato preferido, mientras que Rebeca prefería a Jacob.

29 Un día que Jacob se había preparado
un guiso, Esaú, que regresaba del campo
muy cansado, 30 le dijo a Jacob:

–Déjame comer eso rojizo que tienes ahí; estoy agotado.

(Por eso se le llamó Edom –es decir, Rojizo–).

31 Jacob respondió:

–Véndeme primero tus derechos de primogénito.

32 Esaú dijo:

–Estoy que me muero. ¿De qué me sirven los derechos de primogénito?

33 Jacob insistió:

–Júramelo antes.

Esaú se lo juró y vendió a Jacob sus derechos de primogénito. 34 Entonces Jacob
le dio pan y el guiso de lentejas; Esaú comió y bebió; después se levantó y se fue.
Así malvendió Esaú sus derechos de primogénito.

El valor de la bendición. Noticias sobre Isaac

Gn 12 10-20; 20 1-18; 21 22-23; 36 1-5; 21 31; 27 46

26 1 El hambre se apoderó de aquella
región (un hambre distinta de la que
hubo en tiempo de Abrahán), e Isaac se fue
a Guerar con Abimélec, rey de los filisteos.
2 El Señor se le apareció y le dijo:

–No bajes a Egipto; quédate en la tierra
que yo te indicaré. 3 Vivirás como extranjero en esa tierra; yo estaré contigo y te bendeciré, porque a ti y a tu descendencia les
daré estas tierras, cumpliendo el juramento
que hice a tu padre Abrahán. 4 Multiplicaré
tu descendencia como las estrellas del cielo
y te daré todas estas tierras, y todas las naciones de la tierra recibirán la bendición a
través de tu descendencia, 5 porque Abrahán
me obedeció y observó mis preceptos y
mandamientos, mis normas y leyes.

6 Isaac se quedó en Guerar. 7 Las gentes
del lugar le preguntaban si Rebeca era su
mujer, y él respondía que era hermana suya,
pues pensaba: «Los hombres de este lugar
podrían matarme a causa de ella, pues es
muy hermosa». 8 Llevaba ya algún tiempo
entre ellos, cuando un día Abimélec, rey de
los filisteos, mirando por una ventana, vio
que Isaac estaba acariciando a su mujer
Rebeca. 9 Entonces Abimélec mandó llamar a Isaac y le dijo:

–No hay duda de que es tu mujer. ¿Por qué dijiste que era tu hermana?

Respondió Isaac:

–Porque pensé que tal vez me matarían por causa de ella.

10 Abimélec dijo:

–¿Por qué nos has hecho esto? Poco ha faltado para que alguno del pueblo se acostara con tu mujer, haciéndonos culpables a todos.

11 Y Abimélec dio esta orden al pueblo:

–El que toque a este hombre o a su mujer, será castigado con la muerte.

12 Isaac sembró en aquella tierra, y aquel
año recolectó el ciento por uno, porque el
Señor lo había bendecido. 13 Se fue enri-

y de nuevo la patria (Gn 33 1-37 1). Se intercalan dos escenas intermedias: la de Betel (Gn 28 10-22) y la de Penuel (Gn 32 23-33), cuyas manifestaciones divinas dan sentido religioso a todo el ciclo. Este segundo ciclo de las historias patriarcales termina con la muerte de Isaac.

• **25 19-34**: La esterilidad de Rebeca se supera gracias a la oración del patriarca. La pelea en el seno de la madre, explicada en el oráculo, prefigura la crisis que se evidencia en el nacimiento de los mellizos: el segundo sujeta a su hermano por el talón. La preferencia de los padres distancia también a los hermanos. Siendo ya hombres, tiene lugar la primera victoria de Jacob (Gn 25 29-34). Esaú menosprecia su primogenitura, y con ella la bendición que lleva vinculada, al cambiarla por un plato de lentejas. El engaño es tremendo, pero no puede retractarse porque el astuto Jacob lo obligó a jurar.

Esaú y Jacob representan a dos pueblos (Edom e Israel) y a dos grupos humanos (cazadores y pastores); su rivalidad sintetiza la que existía entre ambos pueblos y entre ambos grupos humanos.

• **26 1-35**: Este episodio conecta el ciclo de Abrahán con el de los hijos de Isaac. La fórmula de asistencia: *Dios está con...* (Gn 26 3.24.28) revela la fuerza de la bendición, la cual trae consigo una prosperidad tal, que los dueños de la tierra envidian al extranjero y pactan con él para beneficiarse. El episodio demuestra la insensatez de Esaú al menospreciar la bendición y abre una incógnita sobre el destinatario definitivo de esa bendición.

queciendo hasta que se hizo muy rico; 14 poseía rebaños de ovejas y vacas, y numerosa servidumbre. 15 Los filisteos empezaron a envidiarlo, y llenaron con tierra todos los pozos que los siervos de su padre habían abierto en tiempos de Abrahán. 16 Entonces Abimélec dijo a Isaac:

–Vete de aquí, porque te has hecho más poderoso que nosotros.

17 Isaac se fue e instaló sus tiendas en el valle de Guerar. 18 Volvió a cavar los pozos abiertos en tiempos de su padre Abrahán y que los filisteos habían llenado de tierra, y les dio los mismos nombres que les había dado su padre. 19 Los criados de Isaac, al cavar en el valle, encontraron un manantial. 20 Pero los pastores de Guerar discutieron con los de Isaac diciendo:

–El agua es nuestra.

Isaac llamó a este pozo Ezec –es decir, Pelea–, porque se habían peleado por él.

21 Cavaron de nuevo otro pozo y también por éste discutieron; por eso Isaac lo llamó Sitná –es decir, Rivalidad–.

22 Trasladó sus tiendas más allá y volvió a cavar otro pozo, y esta vez no discutieron por él, y lo llamó Rejobot –es decir, Amplitud–, pues se dijo: «El Señor nos ha dado amplitud para que prosperemos en esta tierra».

23 De allí subió a Berseba. 24 Y aquella misma noche se le apareció el Señor y le dijo:

–Yo soy el Dios de tu padre Abrahán. No temas, porque yo estoy contigo. Te bendeciré y multiplicaré tu descendencia por amor a mi siervo Abrahán.

25 Isaac construyó allí un altar e invocó el nombre del Señor. Instaló allí sus tiendas, y sus criados cavaron un pozo.

26 Entonces vino Abimélec desde Guerar a visitarlo, acompañado de su amigo Ajuzat y de Picol, el jefe de su ejército. 27 Isaac les preguntó:

–¿Por qué han venido a visitarme, si me odian y me han echado de su tierra?

28 Ellos respondieron:

–Hemos visto claramente que el Señor está contigo y nos hemos dicho: vamos a jurar un pacto entre nosotros; queremos hacer un pacto contigo: 29 No nos harás daño, pues nosotros no te hemos tocado, sino que te hemos tratado bien, dejándote ir en paz. Tú eres ahora el bendito del Señor.

30 Isaac les preparó un banquete, y comieron y bebieron. 31 Al día siguiente se levantaron de madrugada e hicieron el juramento. Después Isaac los despidió y ellos se fueron en paz. 32 Aquel mismo día vinieron sus criados para darle noticias del pozo que estaban abriendo y le dijeron:

–Hemos encontrado agua.

33 Y él llamó a aquel pozo Sebá –es decir, Juramento–. Por eso la ciudad se llama todavía hoy Berseba –es decir, Pozo del Juramento–.

34 Cuando Esaú tenía cuarenta años tomó por mujer a Judit, hija del hitita Beerí, y a Besemat, hija del hitita Elón. 35 Pero éstas trajeron muchos disgustos a Isaac y a Rebeca.

Isaac bendice a Jacob

Gn 25 25.28; 22 17-18; Heb 11 20; Gn 25 23; Heb 12 17; Gn 25 29-34

27 1 Cuando Isaac era ya viejo y había perdido la vista, llamó a su hijo mayor, Esaú, y le dijo:

–¡Hijo mío!

El respondió:

–Aquí estoy.

2 Continuó Isaac:

–Ya ves que soy viejo y no sé cuándo moriré. 3 Así que toma tus armas para cazar, tu arco y tus flechas, vete al campo, y traeme algo de caza. 4 Prepárame un guiso

• **27 1-45**: En forma de drama se representa el cumplimiento del oráculo prenatal (Gn 25 23); la familia queda rota. Todos son culpables: Rebeca hace caso al oráculo, pero engaña a su marido y se aprovecha de la ausencia de Esaú; su castigo será quedarse sin hijos. Isaac pretende cambiar el contenido del oráculo, dejándose llevar por la ley natural y por sus preferencias. Su iniciativa se vuelve contra él: acaba bendiciendo a quien no quería. Jacob es un egoísta que se presta a las maniobras de su madre, y llega incluso a usar con falsedad el nombre de Dios. Su desgracia será tremenda: tiene que huir, será humillado; al regresar, su miedo será tan grande que intentará devolver cuanto robó (véase Gn 33 1-17). Esaú tampoco es inocente: ha querido recuperar los derechos de primogenitura que un día menospreció y vendió. Se queda sin nada. La escena culmina en la bendición de Isaac (Gn 27 39-40), que explicita en forma poética el oráculo inicial (Gn 27 27-29). La bendición es irreversible porque viene del Dios que ni cambia ni se retracta. La palabra divina se impone; así lo reconocen Isaac y Esaú.

como a mí me gusta, tráelo para que me lo
coma, y te bendeciré antes de morir.
5 Rebeca, que estaba escuchando lo que
Isaac decía a su hijo Esaú, en cuanto éste
se fue al campo en busca de caza para su
padre, 6 llamó a su hijo Jacob y le dijo:
–Acabo de oír a tu padre hablar con tu
hermano. Le ha dicho 7 que vaya a cazar,
que le prepare un guiso para comérselo y
que lo bendecirá en presencia del Señor
antes de morir. 8 Por tanto, hijo mío, escúchame y haz lo que te mando. 9 Vete al rebaño y traeme dos cabritos buenos. Yo pre-
pararé a tu padre un guiso como a él le
gusta, 10 y tú se lo llevarás para que lo coma y te bendiga antes de morir.
11 Jacob respondió:
–Tú sabes que mi hermano Esaú es velludo, y que yo soy lampiño; 12 si por casualidad mi padre me toca, y descubre que
lo estoy engañando, atraería sobre mí la
maldición en lugar de la bendición.
13 Su madre le dijo:
–Caiga sobre mí la maldición, hijo mío.
Tú hazme caso y vete a buscar los cabritos.
14 El fue, tomó los cabritos, se los trajo
a su madre, y ella preparó el guiso como a
su padre le gustaba. 15 Tomó después Rebeca la ropa de Esaú, la mejor que tenía en
casa, y se la puso a Jacob. 16 Con las pieles
de los cabritos cubrió sus manos y la parte
lisa de su cuello, 17 y puso en las manos de
Jacob el guiso y el pan que había preparado.
18 Jacob entró adonde estaba su padre y
le dijo:
–¡Padre mío!
El respondió:
–Aquí estoy; pero ¿quién eres tú, hijo
mío?
19 Jacob dijo:
–Soy Esaú, tu primogénito. He hecho lo
que me mandaste. Ven, siéntate, come lo
que he cazado y después me bendecirás.
20 Isaac preguntó a su hijo:
–¿Cómo has cazado la presa tan pronto,
hijo mío?
El respondió:
–Porque el Señor, tu Dios, me la ha puesto en las manos.
21 E Isaac le dijo:
–Acércate, hijo mío, para que te toque,
a ver si eres o no mi hijo Esaú.
22 Jacob se acercó a su padre Isaac, que
lo tocó y le dijo:
–La voz es la de Jacob, pero las manos
son las de Esaú.
23 No lo reconoció, porque las manos
eran velludas como las de su hermano Esaú,
y se dispuso a bendecirlo. 24 Pero aún insistió:
–¿Eres tú de verdad mi hijo Esaú?
El contestó:
–Sí, yo soy.
25 Entonces le dijo:
–Acércame, hijo mío, el guiso hecho con
lo que has cazado para que coma, y luego
te bendeciré.
Jacob se lo sirvió y él comió; le trajo
también vino y bebió. 26 Después Isaac, su
padre, le dijo:
–Ahora acércate y bésame, hijo mío.
27 El se acercó y lo besó. Y cuando Isaac
olió su ropa lo bendijo diciendo:

El aroma de mi hijo
es como el de un campo
bendecido por el Señor.
28 Que Dios te conceda el rocío del cielo,
la fertilidad de la tierra,
y trigo y vino en abundancia.
29 Que los pueblos te sirvan,
y las naciones se inclinen ante ti.
Sé señor de tus hermanos
y que se postren ante ti
los hijos de tu madre.
Maldito sea quien te maldiga,
y quien te bendiga sea bendito.

30 Cuando Isaac terminó de bendecir a
Jacob, apenas había salido éste de su presencia, regresó de la caza su hermano Esaú.
31 Preparó también él un guiso, se lo llevó
a su padre y le dijo:
–Padre, levántate y come el guiso hecho
con lo que he cazado, y después me bendecirás.
32 Pero Isaac le preguntó:
–¿Quién eres tú?
El respondió:
–Esaú, tu hijo primogénito.
33 Entonces Isaac se estremeció y, todo
tembloroso, dijo:
–¿Pues quién ha sido el que me ha traído
la caza? Comí de ella antes de que tú vinieras, lo he bendecido, y quedará bendito.
34 Al oír Esaú las palabras de su padre,
dio un gran grito y, lleno de amargura, dijo
a su padre:
–Bendíceme también a mí, padre.

35 Pero él le respondió:
–Tu hermano vino con engaño y se llevó tu bendición.
36 Esaú exclamó:
–Con razón se llama Jacob, me ha suplantado ya dos veces, primero se llevó mis
derechos de primogénito y ahora se lleva
mi bendición.
Y añadió:
–¿No tienes otra bendición para mí?
37 Isaac le respondió:
–Ya lo he constituido tu señor, y le he
dado por siervos a todos sus parientes; le
he asegurado el trigo y el vino, ¿qué puedo
hacer por ti, hijo mío?
38 Entonces Esaú insistió:
–¿No tienes más que una bendición, padre mío? ¡Bendíceme también a mí, padre
mío!
Y Esaú se puso a llorar a gritos. 39 Entonces su padre Isaac dijo:

Vivirás lejos de la tierra fértil,
lejos del rocío del cielo.
40 Vivirás de tu espada
y servirás a tu hermano;
pero cuando te liberes,
quitarás su yugo de tu cuello.

41 Desde entonces Esaú odió a Jacob por
la bendición que su padre le había dado, y
pensaba en su interior: «Se acerca el día en
que se hará duelo por mi padre; entonces
mataré a mi hermano Jacob». 42 Le contaron a Rebeca lo que pensaba hacer Esaú, su
hijo mayor, y ésta mandó llamar a Jacob,
su hijo menor, para decirle:
–Mira, tu hermano Esaú quiere matarte
para vengarse de ti. 43 Ahora, hijo mío, escucha mi consejo: huye en seguida a casa
de mi hermano Labán, a Jarán. 44 Quédate
con él por algún tiempo hasta que se haya
calmado el rencor de tu hermano contra ti,
45 y se olvide de lo que le has hecho. Entonces yo enviaré a buscarte allí. ¿Por qué debo
perder a los dos en un solo día?

Partida de Jacob

Gn 24; 25 12-16

46 Después Rebeca dijo a Isaac:
–Estas mujeres hititas me hacen la vida
imposible. Si Jacob toma por mujer a una
hitita de éstas, a una muchacha de este país,
prefiero morir.
28 1 Isaac llamó a Jacob, lo bendijo y le
dio esta orden:
–No te cases con una mujer cananea.
2 Anda, vete a Padán Aram, a casa de tu
abuelo Batuel, y toma allí por mujer a una
de las hijas de tu tío Labán. 3 Que el Dios
Poderoso te bendiga y te haga tan fecundo
y numeroso que llegues a ser una muchedumbre de naciones. 4 Que él te conceda la
bendición de Abrahán a ti y a tus descendientes, y llegues a poseer la tierra en la
que resides como extranjero, la que Dios
entregó a Abrahán.
5 Isaac despidió a Jacob, y éste se fue a
Padán Aram, a casa de Labán, hijo del arameo Batuel, y hermano de Rebeca, madre
de Esaú y Jacob.
6 Esaú se enteró de que Isaac había bendecido a Jacob y lo había enviado a Padán
Aram para tomar allí mujer; supo también
que al bendecirlo le había ordenado que no
se casara con una mujer cananea, 7 y que
por eso Jacob, obedeciendo a sus padres,
había partido hacia Padán Aram. 8 Esaú se
dio cuenta de que las mujeres cananeas no
eran del agrado de su padre Isaac, de modo
que fue adonde vivía Ismael 9 y, además de
las que ya tenía, tomó por mujer a Majalat,
hija de Ismael, el hijo de Abrahán, y hermana de Nebayot.

Visión y voto en Betel

Sab 10 10; Jn 1 51; Gn 35 6; 48 3

10 Partió, pues, Jacob de Berseba camino de Jarán. 11 Llegado a cierto lugar, se
dispuso a pasar allí la noche, porque ya el
sol se había puesto. Tomó una piedra y se

• **27 46-28 9**: El redactor sacerdotal convierte la huida de Jacob (Gn 27 43) en un viaje para buscar esposa dentro de las familias pertenecientes al mismo clan. La mezcla con otros pueblos a través de los matrimonios mixtos fue una amarga experiencia para Israel, y tal vez esa experiencia haya influido en este relato (véase Gn 26 34-35).

• **28 10-22**: Betel es el eje de todo el camino de Jacob: es allí donde recibe las promesas, y adonde regresará para confesar la fidelidad de Dios (Gn 35 1-15). La escena es sorprendente: el portador de bendición se encuentra solo, empobrecido y angustiado.

En un sueño, el Dios de sus antepasados le hace promesas sobre su futuro (como a Abrahán) y sobre su presente: asistencia y fidelidad. Jacob pide provisiones y protección para el camino. Así el Dios de sus padres manifestará que quiere ser el suyo y el de su gente. El,

acostó apoyando en ella su cabeza. 12 Entonces tuvo un sueño: Veía una escalera que,
apoyándose en tierra, tocaba con su punta
el cielo. Por ella subían y bajaban los ángeles del Señor. 13 De pronto, el Señor, que
estaba de pie sobre ella, le dijo:
–Yo soy el Señor, el Dios de tu abuelo
Abrahán y el Dios de Isaac; yo daré a ti y a
tu descendencia la tierra sobre la que estás
acostado. 14 Tu descendencia será como el
polvo de la tierra; te extenderás al este y al
oeste, al norte y al sur. Todas las naciones
recibirán la bendición a través de ti y de tu
descendencia. 15 Yo estoy contigo. Te protegeré adondequiera que vayas y haré que
regreses a esta tierra, porque no te abandonaré hasta que haya cumplido lo que te he
prometido.
16 Al despertar Jacob de su sueño, dijo:
–Ciertamente el Señor está en este lugar, y yo no lo sabía.
17 Y todo tembloroso añadió:
–¡Qué terrible es este lugar! ¡Nada menos que la casa de Dios y la puerta del cielo!
18 Y levantándose temprano tomó la piedra en la que había apoyado su cabeza, la
puso como piedra conmemorativa y derramó aceite sobre ella. 19 Y llamó a aquel lugar Betel –es decir, Casa de Dios–; antes la
ciudad se llamaba Luz.
20 Jacob hizo también esta promesa:
–Si Dios está conmigo, si me protege en
este viaje que estoy haciendo y me da el
alimento y la ropa necesarios, 21 y si puedo
regresar sano y salvo a casa de mi padre,
entonces el Señor será mi Dios 22 y esta
piedra que he levantado como piedra conmemorativa será la casa de Dios; y de todo
lo que me des te daré el diezmo.

Jacob burlado por Labán

Gn 24 11-32; Ex 2 16-21

29 1 Jacob continuó su camino y llegó al
país de los orientales. 2 En medio del
campo vio un pozo, junto al cual reposa-
ban tres rebaños de ovejas, pues los ganados solían ir a beber agua allí. En la boca
del pozo había una gran piedra, 3 y cuando
todos los rebaños se reunían allí, los pastores corrían la piedra de la boca del pozo y,
una vez que el rebaño había bebido, colocaban la piedra en su sitio sobre la boca
del pozo. 4 Jacob preguntó a los pastores:
–Hermanos; ¿de dónde son ustedes?
Respondieron:
–Somos de Jarán.
5 El continuó:
–¿Conocen a Labán, el hijo de Najor?
Ellos contestaron:
–Sí.
6 Jacob preguntó:
–¿Está bien?
Le dijeron:
–Sí, está bien. Mira, precisamente ahí
viene su hija Raquel con las ovejas.
7 El les dijo:
–Todavía es muy de día y no es hora de
retirar el ganado; den de beber a las ovejas
y llévenlas luego a pastar.
8 Respondieron ellos:
–No podemos hacerlo hasta que se reúnan todos los rebaños y se retire la piedra
que tapa la boca del pozo; solamente entonces podremos dar de beber a las ovejas.
9 Estaba todavía hablando con ellos,
cuando llegó Raquel con las ovejas de su
padre, pues era ella quien las cuidaba. 10 En
cuanto Jacob vio a Raquel, hija de su tío
Labán, con las ovejas de éste, se acercó,
corrió la piedra de la boca del pozo y dio de
beber a las ovejas de su tío Labán. 11 Después Jacob besó a Raquel y rompió a llorar. 12 Jacob explicó a Raquel que él era
hijo de Rebeca, y ella corrió a contárselo a
su padre. 13 Cuando Labán oyó que se trataba de Jacob, su sobrino, corrió a su encuentro, lo abrazó, lo besó y lo llevó a su

por su parte, se compromete a hacer de Betel un santuario para el Señor, y sella este compromiso con un gesto simbólico: consagra la piedra conmemorativa que había levantado. La intención del rito es, probablemente, legitimar el santuario cananeo de Betel (= casa de Dios), y dedicarlo al culto del Dios de Israel.

• **29 1-30**: Jacob llega a Jarán y encuentra a la mujer de su vida, Raquel, su prima, y da de beber a su rebaño en un gesto que recuerda el de su madre Rebeca (Gn 24 15-20) y que repetirá más tarde Moisés en el país de Madián (Ex 2 16-19). El amor lo deja a merced de Labán. Siete años trabajará por Raquel. Pero en la noche de bodas el *burlador* es *burlado*: *ciego* por el amor y por la noche, cae en la trampa engañado. La razón de Labán la entiende Jacob perfectamente: si en su propia casa él, siendo el menor, precedió a Esaú, su hermano mayor, (Gn 27 1-46), aquí no, pues la mayor debe casarse primero que la menor (Gn 29 26-27). El patriarca comienza a pagar lo que hizo a su padre y hermano: el Señor es justo, y guía la historia paso a paso.

casa. Jacob contó a Labán todo lo sucedido. 14 Y Labán le dijo:
–Eres realmente mi pariente.
Y Jacob se quedó con él un mes.
15 Labán dijo a Jacob:
–No por ser mi sobrino vas a servirme
de balde. Dime qué salario quieres.
16 Tenía Labán dos hijas. La mayor se
llamaba Lía y la menor Raquel. 17 Lía tenía
la mirada tierna, mientras que Raquel era
bonita y de hermoso semblante. 18 Jacob se
había enamorado de Raquel, y dijo:
–Te serviré siete años a cambio de Raquel, tu hija menor.
19 Labán respondió:
–Prefiero dártela a ti antes que a un extraño; quédate, pues, conmigo.
20 Jacob sirvió siete años por Raquel, y
estaba tan enamorado, que los años le parecieron unos días. 21 Pasado ese tiempo,
dijo Jacob a Labán:
–Se ha cumplido el plazo, dame mi mujer para que me una a ella.
22 Labán invitó a todos los vecinos del
lugar y dio un gran banquete. 23 Pero por
la noche Labán tomó a su hija Lía y se la
trajo a Jacob, y Jacob se unió a ella. 24 (Labán le dio a Lía como criada a su propia
criada Zilpá).
25 A la mañana siguiente Jacob se dio
cuenta de que aquélla era Lía, y dijo a Labán:
–¿Qué es lo que me has hecho? ¿No te
he servido por Raquel? 26 ¿Por qué me has
engañado?
Labán respondió:
–En nuestra tierra no es costumbre dar a
la menor antes que a la mayor. 27 Termina
la semana de bodas con ésta y te daré también la otra a cambio de otros siete años de
servicio.
28 Así lo hizo Jacob; terminó la semana
con la primera, y después Labán le dio por
mujer también a su hija Raquel; 29 (como
criada le dio a Raquel su propia criada Balá). 30 Jacob se unió también a Raquel y la
amó más que a Lía; y estuvo al servicio de
su tío otros siete años.

Hijos de Jacob

31 Vio el Señor que Lía era menospre-
ciada y la hizo fecunda, mientras que Raquel era estéril. 32 Lía concibió y dio a luz
a un hijo, al que llamó Rubén, pues dijo:
–El Señor ha visto mi aflicción; ahora
mi marido me amará.
33 Concibió de nuevo y dio a luz otro
hijo, y exclamó:
–El Señor ha visto que yo era menos-
preciada y me ha dado también este hijo.
Y lo llamó Simeón.
34 Otra vez concibió, y dio a luz un tercer hijo, diciendo:
–Ahora sí que se sentirá unido a mí mi
marido, pues le he dado tres hijos.
Y por ello le puso el nombre de Leví.
35 Volvió a concebir y dio a luz un cuarto hijo y exclamó:
–Esta vez alabaré al Señor.
Y por eso lo llamó Judá.
Después dejó de tener hijos.
30 1 Viendo Raquel que no daba hijos a
Jacob, le entró envidia de su hermana
y dijo a Jacob:
–Si no me das hijos, me muero.
2 Jacob se enojó mucho con ella y le dijo:
–¿Acaso soy yo Dios para negarte la fecundidad?
3 Ella dijo:
–Ahí tienes a mi criada Balá; únete a
ella. Ella dará a luz sobre mis rodillas y así
yo también tendré hijos por medio de ella.
4 Entonces le dio por mujer a su criada
Balá y Jacob se unió a ella. 5 Balá concibió
y dio un hijo a Jacob. 6 Entonces Raquel
dijo:
–Dios me ha hecho justicia; ha escuchado mi voz y me ha dado un hijo.
Por eso le puso el nombre de Dan.
7 Después Balá, criada de Raquel, concibió otra vez y dio a luz un segundo hijo a
Jacob, 8 y exclamó:

• **29 31-30 24**: Relato independiente que revela la fuerza de la bendición: nacen los hijos, que darán nombre a las tribus, de cuatro madres distintas. Las complejas relaciones entre los hijos de Jacob son un reflejo de las que existían entre las doce tribus de Israel. Se repiten algunos temas: esterilidad, pleitos y divisiones, y también la solución de dar al esposo una esclava propia como mujer. Jacob sigue pagando su culpa: es oscurecido y degradado hasta ser alquilado por Lía... por unas cuantas mandrágoras (fruta con propiedades afrodisíacas). Su vida es una mezcla de dolor y alegría, porque, aunque sus hijos van aumentando, la preferida sigue sin tenerlos. Al fin, un primer desenlace feliz: Raquel da a luz a José. Las promesas del Señor se cumplen siempre, porque él es fiel.

–Dios me ha hecho luchar contra mi
hermana, pero he vencido.
Y por eso le puso de nombre Neftalí.
9 Entonces Lía, viendo que había dejado
de tener hijos, tomó a su criada Zilpá, y se
la dio a Jacob por mujer. 10 Y Zilpá, la criada de Lía, dio un hijo a Jacob. 11 Lía dijo:
–¡Qué suerte he tenido!
Y le puso por nombre Gad.
12 Zilpá, la criada de Lía, dio un segundo hijo a Jacob. 13 Y Lía exclamó:
–¡Qué feliz! las mujeres me llamarán
dichosa.
Y le dio el nombre de Aser.
14 Salió Rubén en el tiempo de la cosecha del trigo, encontró en el campo unas
frutas llamadas mandrágoras y se las trajo
a su madre Lía. Y Raquel dijo a Lía:
–Dame, por favor, las mandrágoras que
trajo tu hijo.
15 Ella contestó:
–¿Te parece poco haberme quitado a mi
marido, que me quieres quitar también las
mandrágoras que trajo mi hijo?
Raquel dijo:
–Bueno, que duerma contigo esta noche
a cambio de las mandrágoras que trajo tu
hijo.
16 A la tarde, cuando Jacob regresaba del
campo, salió Lía a su encuentro y le dijo:
–Tienes que dormir conmigo, pues para
eso he cedido las mandrágoras que trajo mi
hijo.
Y él durmió con ella aquella noche.
17 Dios escuchó a Lía, que concibió y dio a
Jacob el quinto hijo. 18 Lía exclamó:
–Dios me ha recompensado por haber
dado mi criada a mi marido.
Y lo llamó Isacar.
19 Otra vez concibió Lía y dio a Jacob
el sexto hijo. 20 Y dijo:
–Dios me ha hecho un buen regalo.
Ahora sí que se quedará mi marido conmigo, porque le he dado seis hijos.
Y lo llamó Zabulón.
21 Después tuvo una hija y le puso el
nombre de Dina. 22 Pero Dios se acordó
también de Raquel, la escuchó y la hizo fecunda. 23 Concibió ella y dio a luz un hijo,
y exclamó:
–Dios ha quitado mi desgracia.
24 Lo llamó José, y añadió:
–Que el Señor me dé todavía otro hijo.

Jacob, bendito del Señor

Gn 31 6.8-12.38-40; 24 35; 26 13-14

25 Cuando Raquel dio a luz a José, Jacob dijo a Labán:
–Déjame que regrese a mi lugar, a mi
tierra. 26 Dame las mujeres por las que te
he servido y mis hijos, y me iré. Bien sabes tú el servicio que te he prestado.
27 Labán le dijo:
–Si en algo me estimas, te ruego que te
quedes, pues he sabido por un oráculo que
el Señor me ha bendecido gracias a ti.
28 Y añadió:
–Fíjame tú el sueldo, y te lo daré.
29 Respondió Jacob:
–Tú sabes cómo te he servido y lo numeroso que, gracias a mí, ha llegado a ser tu
ganado, 30 pues lo poco que tenías antes de
llegar yo, ha aumentado extraordinariamente; el Señor te ha bendecido gracias a mí.
Pero es hora de que haga también algo por
mi familia.
31 Labán respondió:
–¿Qué quieres que te dé?
Jacob le dijo:
–No tienes que darme nada; si aceptas
lo que voy a proponerte, volveré a pastorear
tus ovejas. 32 Pasaré hoy entre tus rebaños
y pondré aparte todos los corderos negros
y las cabras manchadas o pintadas. Ese será
mi sueldo. 33 Así, cuando llegue el momento
de pagarme, no habrá dudas sobre mi honradez: si encuentras alguna cabra que no
sea pintada o manchada o algún cordero
que no sea negro, es que lo he robado.
34 Labán dijo:
–De acuerdo, no está mal tu propuesta.
35 Y aquel mismo día separó Labán los
chivos pintados o manchados y todas las

• **30 25-43**: A la fecundidad familiar se suma el cumplimiento de otras dos promesas: la abundancia del ganado y la prosperidad de quien se acoge a la sombra del bendito; y así lo reconocen Labán y Jacob. El relato, con rasgos humorísticos, juega con el significado de *labán*, que significa *blanco* en hebreo: lo *blanco* de las ramas descortezadas engañan a *Labán-Blanco*. Estando las ovejas blancas separadas de las negras, paren crías manchadas que van a los rebaños de Jacob. En esta versión la fecundidad del ganado se debe a la astucia de Jacob (Gn 30 35-43), pero más adelante se dirá que es efecto de la bendición divina (Gn 31 11-12).

cabras pintadas o manchadas, todos los que
tenían alguna mancha blanca y todos los
corderos negros, y los puso al cuidado de
sus hijos. 36 Luego se separó de Jacob a
una distancia de tres días de camino, mientras Jacob seguía apacentando el resto de
los rebaños de Labán.
37 Jacob buscó varas verdes de álamo,
almendro y avellano y peló en ellas la corteza en forma de franjas blancas, dejando
así al descubierto lo blanco de las varas.
38 Colocó luego las varas así peladas frente
al rebaño junto a las pilas y bebederos
donde solían beber los animales, los cuales
entraban en celo al ir a beber. 39 Los machos se apareaban con las ovejas delante
de las varas, y las ovejas parían crías pintadas o manchadas. 40 Jacob separaba estos
corderos y los apartaba del rebaño de los
rayados y negros, que pertenecían a Labán. Así formó su propio rebaño que mantuvo separado de los rebaños de Labán.
41 Cuando los animales más robustos
entraban en celo, Jacob ponía las varas delante de ellos junto a los bebederos, para
que se aparearan a la vista de las varas.
42 En cambio, ante los débiles no las ponía.
Y así las crías débiles eran para Labán y
las robustas para Jacob. 43 Con lo cual éste
se enriqueció muchísimo, y se hizo con
numerosos rebaños, criados y criadas, camellos y burros.

Jacob huye de Labán

Gn 28 15; 30 29.37-42; 28 18-22; Lv 15 19-20; Ex 22 12

31 1 Después, Jacob se enteró de que los
hijos de Labán andaban diciendo:
–Jacob se ha apoderado de los bienes de
nuestro padre y se ha enriquecido a costa
de él.
2 Observó también Jacob que Labán ya
no lo miraba como antes. 3 Entonces el Señor dijo a Jacob:
–Regresa a la tierra de tus padres con tu
familia; yo estaré contigo.
4 Jacob mandó llamar a Raquel y a Lía al
campo donde estaba el rebaño, 5 y les dijo:
–Me he dado cuenta de que su padre ya
no me mira como antes, pero el Dios de mi
padre está conmigo. 6 Ustedes mismas saben que he servido a su padre con todas
mis fuerzas; 7 él, en cambio, me ha engañado y me ha cambiado el sueldo diez veces, aunque Dios no le ha permitido hacerme ningún mal. 8 Si él decía: «Las crías
pintadas serán tu sueldo», todo el rebaño
paría crías pintadas; y si decía: «Las crías
rayadas serán tu sueldo», todo el rebaño
paría crías rayadas. 9 Fue Dios quien quitó
el ganado al padre de ustedes y me lo dio a
mí. 10 En la época de celo de las ovejas
pude ver en sueños que los machos que se
apareaban con las ovejas eran todos rayados, pintados o salpicados de manchas. 11 El
ángel del Señor me llamó en sueños: «Jacob». Yo respondí: «Aquí estoy». 12 Y él me
dijo: «Levanta la vista y verás cómo todos
los machos que se aparean con las ovejas
son rayados, pintados o salpicados de manchas, puesto que he visto todo lo que te ha
hecho Labán. 13 Yo soy el Dios de Betel,
en donde tú derramaste aceite sobre la piedra conmemorativa e hiciste una promesa.
Ponte en camino, vete de este país y regresa a tu tierra natal».
14 Raquel y Lía le respondieron:
–¿Tenemos acaso nosotras parte o herencia en la casa de nuestro padre? 15 ¿No
nos ha tratado como extrañas, vendiéndo-
nos y comiéndose lo que había recibido
por nosotras? 16 Por tanto, toda la riqueza

• **31** 1-54: El retorno se convierte en tragedia: a Labán y sus hijos se oponen las mujeres, que aceptan el plan divino. Como Rebeca (Gn 24), piden a Jacob que siga los proyectos de Dios, y como ella rompen con su vida anterior. Más aún, Raquel se identifica con su esposo: *roba* la bendición, representada en los dioses familiares. Labán los alcanza y, tras una velada amenaza, los acusa de un robo infame. Jacob, sin saberlo, condena a muerte a la mujer que ama (véase Gn 44 9). La búsqueda de los ídolos familiares marca el clímax. La treta de Raquel evidencia el poco respeto del autor por la herencia aramea: los *dioses familiares* llegarán a la tierra gracias a la impureza de una mujer que miente para salvarse y salvar a su marido. Serán enterrados antes de peregrinar a Betel (véase Gn 35 2). Labán, sin más argumentos, escucha duros reproches y una profesión de fe: Jacob se lo debe todo al Señor. Acobardado, consigue concertar una alianza con el bendito. En la montaña se levantan dos monumentos como testigos: una piedra y un montón de piedras y se ponen de acuerdo en las condiciones que los hijos de Jacob y los arameos de Labán deberán cumplir: respeto a los límites territoriales y a las esposas que llevan consigo.

que Dios ha quitado a nuestro padre es
nuestra y de nuestros hijos; así que haz todo lo que Dios te ha ordenado.
17 Entonces Jacob se levantó, montó a
sus hijos y a sus mujeres en los camellos,
18 y se puso en camino con todo su ganado, con todos los bienes que había adquirido en Padán Aram, y se dirigió a la tierra
de Canaán, en donde estaba su padre
Isaac.
19 Mientras Labán se había ido a esquilar sus ovejas, Raquel robó los ídolos familiares de su padre.
20 Jacob engañó a Labán, el arameo, no
descubriéndole su intención de huir; 21 y
huyó con todo lo que tenía. Salió y atravesó el río en dirección a las montañas de
Galaad.
22 Al tercer día se enteró Labán de que
Jacob había huido, 23 y tomando consigo a
sus parientes lo persiguió por espacio de
siete días, hasta darle alcance en las montañas de Galaad. 24 Pero Dios se apareció
de noche en sueños a Labán, el arameo, y
le dijo:
–¡Cuidado con intentar algo, ni bueno
ni malo, contra Jacob!
25 Labán alcanzó a Jacob cuando éste
había instalado sus tiendas en la montaña;
también Labán instaló las suyas en las montañas de Galaad.
26 Labán dijo a Jacob:
–¿Qué es lo que has hecho? Me has engañado y te has llevado a mis hijas como si
fueran cautivas de guerra. 27 ¿Por qué huis-
te en secreto, con engaño y sin avisarme?
Yo te habría despedido con alegría y con
cánticos, con música de tambores y cítaras.
28 En cambio, ni siquiera me has permitido
besar a mis hijas ni a mis nietos. Verdaderamente has obrado como un necio. 29 Tengo poder suficiente para hacerles daño, pero
el Dios de tu padre me habló la noche pasada, diciéndome: «¡Cuidado con intentar algo, ni bueno ni malo, contra Jacob!» 30 Si
te vas porque echas de menos la casa de tu
padre, ¿por qué me has robado mis dioses?
31 Jacob respondió:
–Me entró miedo pensando que ibas a
quitarme por la fuerza a tus hijas. 32 Pero
aquel en cuyo poder encuentres tus dioses
morirá. En presencia de nuestros parientes
busca lo que sea tuyo y llévatelo. (Y es que
Jacob no sabía que Raquel había robado
los dioses familiares).
33 Labán entró en la tienda de Jacob,
luego en la de Lía y en la de sus dos criadas, y no encontró nada. De la tienda de
Lía pasó a la de Raquel, 34 pero ésta había
tomado los ídolos, los había escondido en
la montura del camello y estaba sentada
encima de ellos. Rebuscó Labán por toda
la tienda, pero no los encontró. 35 Raquel
le dijo:
–No se enoje mi señor si no puedo levantarme, es que tengo la menstruación.
El buscó por todas partes, pero no pudo
encontrar sus ídolos.
36 Entonces Jacob, indignado contra Labán, se puso a reprocharle:
–¿Qué delito, qué falta he cometido para
que me persigas así? 37 Has registrado todas
mis pertenencias ¿has hallado algo que sea
tuyo? Colócalo aquí delante de nuestros
parientes, y que ellos sean nuestros jueces.
38 He estado veinte años contigo; nunca tus
ovejas ni tus cabras abortaron, ni yo comí
jamás un carnero de tus rebaños; 39 nunca
te traje los animales destrozados por las
fieras. Los daños los pagaba yo; lo robado,
tanto de noche como de día, tú me lo re-
clamabas. 40 De día me consumía el calor
y de noche el frío, que no me dejaba dormir. 41 Así he estado veinte años en tu casa;
catorce te serví por tus hijas y seis por tu
ganado; sin embargo, tú me cambiaste el
sueldo diez veces. 42 Si el Dios de mi padre,
el Dios de Abrahán, el Terror de Isaac, no
hubiera estado conmigo, tú me habrías despedido con las manos vacías. Dios vio mi
desgracia y cuánto me he fatigado, y anoche me hizo justicia.
43 Labán le respondió:
–Estas mujeres son mis hijas, estos muchachos mis nietos, estas ovejas mis ovejas
y todo lo que ves es mío. ¿Qué podría
hacer yo ahora por estas mis hijas y por los
hijos nacidos de ellas? 44 Hagamos un pacto tú y yo, y quede como testimonio entre
nosotros.
45 Jacob tomó entonces una piedra y la
levantó como piedra conmemorativa, 46 y
dijo a sus parientes:
–Reúnan piedras.
Reunieron piedras e hicieron un montón, y comieron allí, sobre las piedras. 47 La-

bán lo llamó Yegar Saadutá –es decir, Piedras del Testimonio–, y Jacob lo llamó Galaad –es decir, Montón del Testimonio–.
48 Labán dijo:
–Este montón sea hoy testimonio entre
nosotros.
Por eso se le llamó Galaad, 49 y también
Mispá –es decir, Torre–, porque dijo:
–Que el Señor nos vigile cuando nos
hayamos separado. 50 Si maltratas a mis
hijas o tomas otras mujeres además de ellas,
ninguno de nosotros lo verá, pero Dios es
testigo entre nosotros.
51 Dijo aún Labán a Jacob:
–Mira este montón y la piedra conmemorativa que yo he levantado entre nosotros. 52 Sean este montón y esta piedra conmemorativa testimonio de que ni yo pasaré
este montón hacia tu lado, ni tú pasarás este
montón y esta piedra conmemorativa hacia
mi lado para hacernos daño. 53 El Dios de
Abrahán y el Dios de Najor sea nuestro
juez.
Entonces Jacob juró por el Terror de
Isaac, su padre. 54 Jacob ofreció un sacrificio en la montaña e invitó a sus parientes
a comer, y después de comer pasaron la noche en la montaña.

Jacob regresa a su tierra

Gn 28 12-14

32 1 Labán se levantó de madrugada, besó a sus nietos y a sus hijas, los bendijo y regresó a su casa.
2 Cuando Jacob iba de camino le salieron al encuentro unos ángeles de Dios. 3 Al
verlos exclamó:
–Este es el campamento de Dios.
Y llamó a aquel lugar Majanain –es decir, Dos campamentos–. 4 Después Jacob
envió por delante mensajeros a su hermano
Esaú, a la tierra de Seír, en el territorio de
Edom. 5 Y les dio esta orden:
–Así hablarán a mi señor Esaú. Tu siervo Jacob manda a decirte: He vivido en
casa de Labán y con él he estado hasta
ahora. 6 Tengo bueyes, burros y ovejas,
criados y criadas y he querido decírtelo,
para ganar tu estima.
7 Los mensajeros regresaron adonde
estaba Jacob diciendo:
–Hemos ido adonde está tu hermano
Esaú, y él mismo viene a tu encuentro con
cuatrocientos hombres.
8 Entonces Jacob tuvo mucho miedo y
se angustió. Dividió en dos campamentos a
la gente que estaba con él y también las
ovejas, las vacas y los camellos, 9 pensando:
«Si Esaú ataca el primer campamento, el
otro se salvará». 10 Luego oró así:
–Dios de mi abuelo Abrahán, Dios de
mi padre Isaac, Señor que me dijiste: «Regresa a tu tierra natal, que yo te trataré
bien». 11 Yo no soy digno del amor y lealtad que has mostrado a tu siervo, pues no
tenía más que mi bastón cuando crucé el
río Jordán, y ahora puedo formar dos campamentos. 12 Líbrame del poder de mi hermano Esaú, porque temo que venga y mate
a mujeres y niños. 13 Tú me dijiste: «Yo te
trataré bien y haré tu descendencia tan numerosa como la arena del mar, que no se
puede contar».
14 Y pasó allí aquella noche.
Después tomó de lo que traía consigo
para hacer un regalo a su hermano Esaú:
15 doscientas cabras y veinte machos ca-
bríos, doscientas ovejas y veinte carneros,
16 treinta camellas de leche con sus crías,
cuarenta vacas y diez novillos, veinte burras
y diez burros. 17 Se los entregó a sus siervos en rebaños separados, y les dijo:
–Vayan delante de mí, dejando un espacio entre rebaño y rebaño.
18 Al primero le dio esta orden:
–Cuando te encuentre mi hermano Esaú
y te pregunte de quién eres, adónde vas y
de quién es el ganado que llevas, 19 le responderás: Es de tu siervo Jacob; es un regalo que envía a mi señor Esaú. El mismo
viene detrás de nosotros.

• **32 1-22**: La noche y el miedo ambientan el episodio. El astuto Jacob quiere ganarse a su hermano con regalos, y así salvar parte de sus bienes. El que se *adelantaba* (Gn 25 19-34) se queda atrás; se acobarda hasta el punto de escudarse en sus mujeres e hijos. Quien por la bendición era *señor* de Esaú (Gn 27), aquí se presenta como *su servidor*. La oración marca el culmen: Jacob reconoce que es indigno y, desde su debilidad, alaba al Señor y, como no puede presentar ninguna razón para que lo escuche, se aferra a su misericordia y a las promesas que le hizo.

20 Dio la misma orden al segundo y al
tercero y a todos los que iban detrás del
ganado:
–Cuando encuentren a Esaú le dirán lo
que les he dicho, 21 y añadirán: Tu siervo
Jacob viene detrás de nosotros.
Pues pensaba: «Me lo ganaré con los
regalos que le mando, y después me presentaré a él; quizás así me reciba bien».
22 Mandó los regalos un poco antes y él
pasó la noche en el campamento.

Encuentro con el Señor y transformación de Jacob

Gn 28 10-22; Ex 4 24-26; Os 12 4-6; Sab 10 12;
Dt 5 24; Jue 6 22; 13 17-22

23 Por la noche se levantó, tomó a sus
dos mujeres, a sus dos criadas y a sus once
hijos y cruzó por el paso del río Yaboc.
24 Los hizo cruzar por el paso del río junto
con sus bienes. 25 Jacob se quedó solo. Un
hombre luchó con él hasta el amanecer.
26 Viendo el hombre que no podía vencerlo
le tocó la articulación del muslo, y se la
descoyuntó durante la lucha. 27 Y el hombre le dijo:
–Suéltame, que ya está amaneciendo.
Jacob dijo:
–No te soltaré hasta que no me bendigas.
28 El le preguntó:
–¿Cómo te llamas?
Respondió:
–Jacob.
29 El hombre dijo:
–Pues ya no te llamarás Jacob, sino Israel –es decir, el que lucha con Dios–, porque has luchado contra Dios y contra los
hombres, y has vencido.
30 Jacob, a su vez, le preguntó:
–Díme tu nombre, por favor.
Pero él respondió:
–¿Por qué quieres saber mi nombre?
Y allí mismo lo bendijo.
31 Jacob llamó a aquel lugar Penuel –es
decir, Cara de Dios–, pues se dijo: «He visto
a Dios cara a cara y he quedado con vida».
32 Salía el sol cuando pasó por Penuel e
iba cojeando a causa del muslo. 33 Por esta
razón los israelitas, aún hoy, no comen el
tendón de la articulación del muslo, porque
Jacob fue herido en dicho tendón.

Encuentro de Jacob con Esaú

Gn 45 14-15; Lc 15 20

33 1 Levantó Jacob la vista y vio que venía Esaú con cuatrocientos hombres.
Entonces repartió los niños entre Lía, Raquel y las dos criadas. 2 Puso en primera
fila a las dos criadas con sus hijos, luego a
Lía con sus hijos y en último lugar a Raquel con José. 3 Jacob se adelantó a ellos y
se postró siete veces en tierra antes de llegar hasta su hermano. 4 Pero Esaú corrió a
su encuentro, lo abrazó, se echó a su cuello
y lo besó, y los dos se pusieron a llorar.
5 Al levantar la vista vio Esaú a las mujeres y los niños, y le preguntó:
–¿Quiénes son ésos que te acompañan?
Jacob respondió:
–Son los hijos que Dios me ha dado.
6 Se acercaron entonces las criadas con
sus hijos y se postraron en tierra; 7 lo mismo hicieron después Lía con sus hijos y en
último lugar Raquel con José.
8 Esaú le preguntó:
–¿Qué significa todo ese ganado que he
ido encontrando?
Jacob respondió:
–Era para ganarme la confianza de mi
señor.

• **32 23-33**: Pasaje similar al de Betel (Gn 28 10-22). Jacob se queda solo. La noche oculta la identidad del enemigo, y explica el miedo y la duración de la pelea. Este esbozo de acción sirve de soporte al diálogo: aunque esté bendito, Jacob pide la bendición, porque duda de que la merezca. El Señor le obliga a confesar su *nombre*, es decir su pecado, su forma de ser y actuar: *Jacob, el suplantador* (véase Gn 25 26; 27 36). Una vez conseguida su confesión, Dios le da un nuevo nombre, un ser y un destino nuevos: *Israel.* Jacob, a su vez, quiere conocer el nombre de Dios, quiere arrebatarle su intimidad y hacerlo su aliado. El Señor se evade al concederle sólo la bendición, que legitima la que en su día arrancó a Isaac y confirma las promesas de Betel. En el Yaboc ha quedado enterrado el *astuto tramposo* y ha nacido un hombre nuevo. Con su fe y su oración el patriarca ha superado su *noche oscura;* reconciliado con su Dios, comienza el último acto de su vida de peregrino.

• **33 1-17**: Israel, el hombre nuevo (véase Gn 32 23-33), da la cara y, después del encuentro con Dios, busca el perdón de su hermano. A las siete bendiciones que robó responde con siete postraciones; arrepentido llama a Esaú *su señor* y él se considera *siervo.* Los regalos, pruebas de la bendición, han de ser para Esaú. Este se agiganta: lo abraza y lo besa. No hay rencor y olvida las amenazas. Jacob confiesa que ver la cara de su hermano es como ver la del Señor, una experiencia salvadora. El perdón humano corrobora el perdón divino.

9 Esaú le dijo:
–Yo tengo más que suficiente, hermano; quédate con lo tuyo.
10 Pero Jacob insistió:
–No, por favor; si de verdad me estimas, acepta el regalo que te hago, porque me he presentado a ti como uno se presenta ante
Dios, y tú me has recibido bien. 11 Acepta,
pues, el presente que te traigo, porque Dios me ha favorecido y tengo abundancia de todo.
Y tanto insistió, que Esaú acabó aceptando.
12 Después Esaú dijo:
–Vámonos de aquí; yo iré junto a ti.
13 Dijo Jacob:
–Mi señor sabe que los niños son de tierna edad y que traigo ovejas que están criando; si las fuerzo a caminar, en un solo
día morirá todo el rebaño. 14 Vaya, pues,
mi señor delante de su siervo y yo iré poco a poco, al paso de las ovejas que llevo delante de mí y al paso de los niños, hasta alcanzar a mi señor en Seír.
15 Entonces Esaú dijo:
–Por lo menos voy a dejar contigo algunos de mis hombres.
Pero Jacob respondió:
–¿Y para qué? Me basta con haberme ganado tu estima.
16 Y aquel mismo día regresó Esaú a
Seír. 17 Por su parte Jacob se dirigió hacia
Sucot y construyó allí una casa para él y cabañas para el ganado. Por eso a este lugar se le llamó Sucot –es decir, Cabañas–.

Jacob en Siquén

Gn 12 6; Jn 4 6; Gn 23; Jos 24 32

18 Viniendo de Padán Aram, Jacob llegó sano y salvo a la ciudad de Siquén, en tierra de Canaán, y acampó delante de ella.
19 Compró después a los hijos de Jamor,
padre de Siquén, por cien monedas de plata, el trozo de campo donde había instalado su tienda
20 y construyó allí un altar,
que dedicó al Dios de Israel.

Rapto de Dina

Ex 22 15-16; Gn 49 5-7

34 1 Un día Dina, la hija que Jacob tuvo de Lía, salió a ver a las mujeres de
aquella tierra. 2 Siquén, hijo de Jamor, el
jeveo, príncipe de aquella tierra, la vio, la
raptó, se acostó con ella y la violó. 3 Enamorado de la hija de Jacob, trató de ganársela con palabras cariñosas. 4 Después Siquén dijo a su padre Jamor:
–Pide la mano de esta joven para que sea mi mujer.
5 Jacob se había enterado de que Siquén había violado a Dina, su hija, pero como sus hijos estaban en el campo con el ganado no dijo nada hasta que ellos regresaron.
6 Mientras tanto Jamor, padre de Siquén,
fue a ver a Jacob para hablar con él. 7 Cuando los hijos de Jacob regresaron del campo y se enteraron de lo ocurrido, se indignaron y se enojaron mucho por la infamia que había cometido Siquén contra Israel acostándose con la hija de Jacob, pues eso no
se hace. 8 Pero Jamor les habló así:
–Mi hijo Siquén ama de corazón a la hermana de ustedes; por favor, dénsela por
mujer. 9 Entren a formar parte de nuestra
familia; dennos sus hijas y tomen las nuestras. 10 Vivan con nosotros; el país está a
disposición de ustedes; quédense en él, comercien y adquieran bienes.
11 También Siquén dijo al padre y a los hermanos de Dina:
–Concédanme su confianza y les daré
cuanto me pidan. 12 Impónganme una alta
dote, exijan regalos; les daré lo que me pidan, pero denme a esa muchacha por mujer.

• **33 18-20**: Nueva etapa en el *itinerario patriarcal*. También Jacob compra su heredad a los hijos de Jamor y levanta un altar en honor del Dios que lleva el nombre de su grupo. Con la posesión de una parte de la tierra comienzan a cumplirse las promesas.

• **34 1-31**: Dina, encerrada en un mundo de hombres, quiere entablar relaciones con las mujeres del país. Pero es Siquén (un personaje importante de la región) quien la ve, se enamora de ella y la viola. Tal vez para Siquén el matrimonio podía compensar una violación; para los israelitas, no. Todas las proposiciones son rechazadas y los hermanos de Dina acuden a la *venganza de sangre*. La maldad de la acción se manifiesta tanto en el engaño como en la debilidad de sus enemigos; además, se trata de una venganza criminal, indiscriminada. Jacob no reprocha a sus hijos ni lo hecho ni el modo de hacerlo; sólo lo considera una imprudencia criminal. La frase final suena a justificación (Gn 34 31). El crimen se recordará como una deshonra para estas tribus (véase Gn 49 5-7). Parece que el relato quiere justificar la primacía de Judá, y subrayar el peligro que suponen los matrimonios mixtos (véase Gn 28 1-9).

13 Los hijos de Jacob respondieron con engaño a Siquén y a su padre Jamor, por haber violado a su hermana Dina diciéndoles:

14 –Nosotros no podemos hacer una cosa así, dar nuestra hermana a un hombre incircunciso, porque entre nosotros eso es una deshonra. 15 Solamente accederemos a ello si todos sus varones se circuncidan como nosotros. 16 Entonces les daremos nuestras hijas y tomaremos para nosotros las de ustedes; viviremos entre ustedes y formaremos un solo pueblo. 17 Pero, si no están de acuerdo con ello y no quieren circuncidarse, tomaremos a nuestra hermana y nos iremos.

18 A Jamor y a su hijo Siquén les pareció bien la propuesta. 19 El joven no tardó en hacerlo, porque estaba enamorado de la hija de Jacob; y él era el más influyente de su familia.

20 Jamor y su hijo Siquén fueron a la puerta de su ciudad y hablaron así a sus conciudadanos:

21 –Estos hombres son gente de paz; que se queden con nosotros en esta tierra y comercien en ella, pues hay espacio de sobra para ellos. Nosotros tomaremos a sus hijas por esposas y a ellos les daremos las nuestras. 22 Pero estos hombres sólo se quedarán con nosotros para formar un solo pueblo, si se circuncidan todos nuestros varones como hacen ellos. 23 Sus rebaños, sus posesiones, su ganado serán nuestros; así que, accedamos a su deseo, y se quedarán con nosotros.

24 Todos los que se habían reunido en la puerta de la ciudad hicieron caso a Jamor y a su hijo Siquén, y todos los varones fueron circuncidados. 25 Pero al tercer día, cuando más dolores tenían, dos de los hijos de Jacob, Simeón y Leví, hermanos de Dina, tomaron cada uno su espada, entraron en la ciudad desprevenida y mataron a todos los varones; 26 acuchillaron a Jamor y a su hijo Siquén, recogieron a Dina de la casa de Siquén y se fueron. 27 Los otros hijos de Jacob entraron, vieron la matanza y saquearon la ciudad, porque habían violado a su hermana. 28 Se apoderaron de sus ovejas, vacas y burros, de todo cuanto había en la ciudad y en el campo; 29 se llevaron como botín todos sus bienes, todos sus niños y mujeres y saquearon todo lo que había en las casas. 30 Entonces Jacob dijo a Simeón y a Leví:

–Me han puesto en una grave dificultad, haciéndome odioso a los hombres de esta tierra, a los cananeos y a los pereceos. Yo cuento con pocos hombres. Si se unen contra mí, me vencerán y acabarán conmigo y con mi familia.

31 Pero ellos replicaron:

–¿Hubieras preferido que trataran a nuestra hermana como a una prostituta?

Jacob regresa a Betel

Ex 19 10-11; Gn 28 10-22; 32 28-31; 17 1-8

35 1 Dijo Dios a Jacob:

–Ponte en camino y vete a vivir en Betel; construye allí un altar al Dios que se te apareció cuando huías de tu hermano Esaú.

2 Jacob dijo a su familia y a todos los que estaban con él:

–Tiren los dioses extraños que tengan, purifíquense y cámbiense sus ropas. Vamos a subir a Betel. 3 Allí construiré un altar al Dios que me escuchó en el peligro y me asistió en mi viaje.

4 Ellos entregaron a Jacob todos los dioses extraños que poseían, así como los aretes que colgaban de sus orejas, y Jacob los enterró bajo la encina que hay cerca de Siquén. 5 Después partieron, y nadie persiguió a los hijos de Jacob, porque el terror de Dios cayó sobre las ciudades de los alrededores. 6 Llegó Jacob a Luz, o sea a Betel, en tierra de Canaán, con toda su gente. 7 Construyó allí un altar y llamó al lugar Betel, porque allí se le había aparecido Dios cuando huía de su hermano.

• **35** 1-15: Jacob regresa sano y salvo y debe cumplir su voto (Gn 28 20-22). Antes se purifican: entierran a los ídolos familiares y se desprenden de otros objetos; renuncian a sus raíces arameas y se apartan de los cananeos. Ya en Betel, Jacob repite los gestos religiosos de la primera vez (véase Gn 28 18); en una visión, acompañada de un oráculo, se confirma el cambio de su nombre y es ratificado como portador de las promesas. Se trata de la interpretación que hace el escritor sacerdotal de la experiencia de Betel.

8 Por entonces murió Débora, la mujer
que había cuidado siempre a Rebeca, y la
enterraron más abajo de Betel, al pie de una
encina que llamaron «Encina del llanto».
9 Otra vez se apareció Dios a Jacob, a su
regreso de Padán Aram, y lo bendijo, 10 diciendo:
–Tu nombre es Jacob, pero ya no te llamarán Jacob; tu nombre será Israel.
Y lo llamó Israel. 11 Dios añadió:
–Yo soy el Dios Poderoso; crece y mul-
tiplícate. Un pueblo, un gran número de naciones nacerán de ti y saldrán reyes de tus
entrañas. 12 La tierra que yo di a Abrahán y
a Isaac, te la doy a ti y a tu descendencia.
13 Dios se retiró del lugar en que había
hablado con él, 14 y Jacob levantó una piedra conmemorativa en el lugar donde Dios
le había hablado y la consagró derramando
sobre ella vino y aceite. 15 Jacob llamó Betel al lugar donde Dios le había hablado.

Muerte de Raquel y de Isaac

Gn 48 7; Miq 5 1; Gn 49 3-4; 29 31-30 24

16 Después partieron de Betel. Cuando
aún quedaba un trecho de camino para llegar a Efrata, Raquel tuvo que dar a luz y su
parto fue muy penoso. 17 Y entre las
angustias del parto le decía la partera:
–Animo, que también esta vez vas a tener un hijo.
18 En su último suspiro, cuando estaba a
punto de morir, lo llamó Benoní –es decir,
Hijo de mi desdicha–, pero su padre lo llamó Benjamín –es decir, Hijo de mi vejez–.
19 Murió Raquel y fue sepultada en el camino de Efrata, que es Belén. 20 Jacob levantó
una piedra conmemorativa sobre su sepulcro; es la piedra conmemorativa que todavía
se conserva hoy en el sepulcro de Raquel.
21 Israel partió de allí y acampó al otro
lado de Migdal Eder.
22 Mientras vivía en esta región, Rubén
fue y se acostó con Balá, la concubina de
su padre. Israel se enteró y se disgustó mucho.
23 Los hijos de Jacob fueron doce. Hijos
de Lía: Rubén, primogénito de Jacob, Simeón, Leví, Judá, Isacar y Zabulón. 24 Hijos de Raquel: José y Benjamín. 25 Hijos
de Balá, la criada de Raquel: Dan y Neftalí. 26 Hijos de Zilpá, la criada de Lía: Gad
y Aser. Estos fueron los hijos que le nacieron a Jacob en Padán Aram.
27 Llegó Jacob a casa de su padre Isaac,
a Mambré, a la ciudad de Arbé, que es Hebrón, donde habían vivido Abrahán e Isaac.
28 Isaac tenía ciento ochenta años cuando expiró. 29 Murió y fue a reunirse con
sus antepasados, anciano y lleno de días, y
sus hijos Esaú y Jacob lo sepultaron.

Descendientes de Esaú

1 Cr 1 35-54

36 1 Esta es la lista de los descendientes
de Esaú, o sea Edom. 2 Esaú tomó sus
mujeres de entre las cananeas: Adá, hija
del hitita Elón; Olibamá, hija de Aná, hijo
del jeveo Sibeón; 3 Basemat, hija de Ismael y hermana de Nebayot. 4 Adá le dio a
Elifaz; Basemat a Reguel, 5 y Olibamá a
Yeús, Yalón y Coraj. Estos son los hijos que
le nacieron a Esaú en tierra de Canaán.
6 Esaú tomó después a sus mujeres y a
sus hijos e hijas y a todas las personas de
su casa, todos sus rebaños y ganados y todos los bienes que había adquirido en la
tierra de Canaán, y se fue a otra región, lejos de su hermano Jacob, 7 porque tenían
demasiados bienes y no podían estar juntos; la tierra en que vivían no era lo bastante grande para sus muchos ganados.
8 Esaú se estableció en la montaña de Seír.
Esaú es Edom.
9 Esta es la lista de los descendientes de
Esaú, padre de los edomitas, en la montaña
de Seír. 10 Nombres de los hijos de Esaú:
Elifaz, hijo de Adá, mujer de Esaú, y Re-

• **35 16-29**: Jacob regresa a la casa de su padre Isaac, rico y rodeado de hijos, prueba de la bendición del Señor. Siguen las noticias de la muerte de Raquel y de Isaac, que expira rodeado de los suyos. Una nueva anécdota penosa para Jacob: Rubén, el primogénito, ofende gravemente a su padre (Gn 35 22), con lo que sus derechos de primogenitura quedan en entredicho (véase Gn 49 4) y se prepara así la ascensión de Judá.

• **36 1-43**: Termina este ciclo, como el de Abrahán, con las genealogías de Esaú, el *otro* hijo de Isaac (véase Gn 25 12-28); estas listas demuestran la fuerza de la bendición y sirven para vincularse con los antepasados ilustres, de los que se recibe honor y buen nombre. Esaú y Jacob se separan como antes Abrahán y Lot (véase Gn 13 11), y como Jacob y Labán (véase Gn 31 54-32 1).

guel, hijo de Basemat, mujer de Esaú. 11 Hijos de Elifaz: Temán, Omar, Sefó, Gatán y
Quenaz. 12 De Timná, que era su concubina, Elifaz tuvo también a Amalec. Estos
fueron los hijos de Adá, mujer de Esaú.

13 Hijos de Reguel: Nájat, Zéraj, Samá
y Mizá. 14 Estos fueron los hijos de Basemat, mujer de Esaú.

Hijos de Olibamá, hija de Aná, nieta de
Sibeón y mujer de Esaú: Yeús, Yalón y
Coraj.

15 Estos son los jefes de tribu de los hijos de Esaú: Hijos de Elifaz, primogénito
de Esaú: 16 Temán, Omar, Sefó, Quenaz,
Coraj, Gatán y Amalec. Estos fueron los
jefes de tribu de Elifaz en el país de Edom;
o sea los hijos de Adá. 17 Hijos de Reguel,
hijo de Esaú: Nájat, Zéraj, Samá y Mizá.
Estos fueron los jefes de tribu, hijos de
Reguel, en el país de Edom; o sea los hijos
de Basemat, mujer de Esaú. 18 Hijos de
Olibamá, mujer de Esaú: Yeús, Yalón y
Coraj. Estos fueron los jefes de tribu, hijos
de Olibamá, hija de Aná y mujer de Esaú.
19 Estos fueron los hijos de Esaú y sus
jefes de tribu; él es Edom.

20 Hijos de Seír, el jorreo, que vivía en
aquella región: Lotán, Sobal, Sibeón, Aná,
21 Disón, Eser y Disán. Estos fueron los
jefes de tribu de los jorreos, hijos de Seír,
en el país de Edom. 22 Hijos de Lotán: Jorí
y Hemán, y Timná, hermana de Lotán.
23 Hijos de Sobal: Alván, Manajat, Ebal,
Sefó y Onán. 24 Hijos de Sibeón: Ayá y
Aná. Este Aná es el que encontró en el desierto las aguas termales mientras apacentaba el ganado de su padre Sibeón. 25 Hijos
de Aná: Disón y Olibamá, hija de Aná.
26 Hijos de Disón: Jemdán, Esbán, Yitrán y
Querán. 27 Hijos de Eser: Bilán, Zaaván y
Acán. 28 Hijos de Disán: Us y Arán. 29 Jefes de tribu de los jorreos: Lotán, Sobal,
Sibeón, Aná, 30 Disón, Eser y Disán. Estos
fueron los jefes de cada una de las tribus
de los jorreos en el país de Seír.

31 Estos son los reyes que reinaron en el
país de Edom antes de que los israelitas tuvieran rey: 32 Bela, hijo de Beor, reinó en
Edom; el nombre de su capital era Dinabá. 33 Cuando murió Bela le sucedió en el
trono Yobab, hijo de Zeraj de Bosrá; 34 a
Yobab le sucedió Jusán, del país de Temán; 35 a Jusán le sucedió Adad, hijo de
Badad, que derrotó a Madián en los campos de Moab; el nombre de su capital era
Avit; 36 a Adad le sucedió Samlá de Masrecá; 37 a Samlá le sucedió Saúl de Rejobot del Río; 38 a Saúl le sucedió Baaljamán, hijo de Acbor; 39 a Baaljamán, hijo
de Acbor, le sucedió Adar; su capital se
llamaba Pau y su mujer Metabel, hija de
Matrad, hija de Mezaab.

40 Estos son los nombres de los jefes de
tribu de Esaú por grupos, lugares y nombres: Timná, Alvá, Yetet, 41 Olibamá, Elá,
Finón, 42 Quenaz, Temán, Mibsar, 43 Magdiel e Irán. Estos fueron los jefes de tribu
de Edom, por lugares, en el país ocupado
por ellos. Este es Esaú, antepasado de los
edomitas.

3. Ciclo de Jacob y su hijo José ◊

Sueños de gloria de José

Gn 35 25-26; Lc 2 19.51

37 1 Jacob se estableció en la tierra donde había residido su padre, en la tierra
de Canaán. 2 Esta es la historia de la familia de Jacob.

◊ **37 1-50 26**: Estamos ante una novela histórica con finalidad didáctica. El protagonismo lo comparten el padre, Jacob, y José, su hijo. Esta sección cuenta *historias* de los hijos de Jacob, pero su centro de atención es la historia de José, el cual, a causa de la envidia de sus hermanos, es llevado como esclavo a Egipto; allí consigue el máximo poder y, en una situación desesperada, salva a los suyos, a pesar del comportamiento que tuvieron con él. La figura de José es ejemplar tanto en sus relaciones con Dios, como en las que mantiene con su familia y con los egipcios.

El ciclo tiene unidad literaria, con algún que otro capítulo añadido. Existen algunos elementos comunes a los otros ciclos, que al repetirse con la misma función, dan lugar a cierta semejanza. Son, entre otros: las promesas, los oráculos de bendición, los peligros que corren los protagonistas, las apariciones divinas, emigraciones, asaltos sexuales, etc. El tono de la narración, sin embargo, es nuevo. Tiene un carácter más sapiencial, y el relato es más pausado. Además, la ambientación en Egipto le da un nuevo colorido, y prepara los acontecimientos que se narrarán en el libro del Exodo.

• **37 1-11**: El comienzo de este ciclo se asemeja al anterior: una preferencia origina la crisis entre hermanos que termina en alejamiento. La envidia está provocada por una túnica que no sirve para trabajar (véase 2 Sm 13 18-19), por el hecho de que Jacob mantiene a José a su lado, y por los sueños que confirman esta predilección. Ante los sueños, su padre se disgusta, pero reflexiona (véase Lc 2 51); los hermanos reaccionan con rabia vengativa.

José tenía diecisiete años y apacentaba
el rebaño con sus hermanos, los hijos de
Balá y de Zilpá, mujeres de su padre. José
comunicó a su padre que éstos tenían mala
fama.
3 Israel amaba a José más que a los demás hijos, porque lo había tenido siendo
ya viejo, y mandó que le hicieran una túnica de mangas largas. 4 Al ver sus hermanos que su padre lo amaba más que a sus
otros hijos, empezaron a odiarlo y ni siquiera lo saludaban.
5 Un día José tuvo un sueño y se lo contó a sus hermanos, haciendo crecer su odio
hacia él. Les dijo:
6 –Escuchen el sueño que he tenido.
7 Estábamos nosotros atando gavillas en el
campo; mi gavilla se alzó y se mantuvo derecha, mientras que las de ustedes estaban
alrededor de la mía y se inclinaban ante ella.
8 Sus hermanos dijeron:
–¿Es que vas a ser tú rey y señor nuestro?
Y le tuvieron más odio aún debido a sus
sueños y a sus palabras. 9 José tuvo otro
sueño, y se lo contó también a sus hermanos, diciendo:
–He tenido otro sueño: Veía que el sol, la
luna y once estrellas se postraban ante mí.
10 Se lo contó a su padre y a sus hermanos, y su padre lo reprendió diciéndole:
–¿Qué sueño es ése que has tenido? ¿Es
que yo, tu madre y tus hermanos tendremos
que postrarnos ante ti?
11 Sus hermanos le tenían envidia, pero
su padre meditaba todo esto.

José vendido por sus hermanos

Gn 42 22; 4 10; Is 26 21; Sal 105 17;
Hch 7 9; Mt 26 15; 27 9

12 Sus hermanos habían ido a cuidar las
ovejas de su padre a Siquén. 13 Israel dijo a
José:
–Tus hermanos están cuidando las ovejas en Siquén; ven, que quiero enviarte
adonde están ellos.
El respondió:
–Aquí me tienes.
14 Su padre le dijo:
–Anda, vete a ver cómo están tus hermanos y el rebaño, y tráeme noticias.
Lo envió, pues, desde el valle de Hebrón,
y José llegó a Siquén. 15 Un hombre lo encontró andando de un lado a otro por el
campo y le preguntó:
–¿Qué buscas?
16 Respondió José:
–Busco a mis hermanos. 17 Díme, por
favor, dónde están cuidando el rebaño.
Aquel hombre le dijo:
–Ya se han ido de aquí. Les oí decir que
iban hacia Dotán.
José continuó buscando a sus hermanos
y los encontró en Dotán. 18 Ellos lo vieron
de lejos y, antes que se acercara, se pusieron de acuerdo para matarlo. 19 Decían:
–Ahí viene el soñador. 20 Vamos a matarlo. Lo echaremos en cualquiera de estos
pozos, y luego diremos que una fiera salvaje lo devoró; a ver en qué paran sus sueños.
21 Al oír esto Rubén, intentando salvarlo de sus manos, dijo:
–¡No, matarlo no!
22 Y añadió:
–No derramen su sangre; échenlo en este
pozo que hay en el desierto, pero no le hagan daño.
Lo dijo para librarlo de sus manos y de-
volverlo luego a su padre.
23 Cuando llegó José junto a sus hermanos, le quitaron su túnica, la túnica de
mangas largas que llevaba, 24 lo agarraron
y lo echaron en el pozo. Era un pozo seco en
el que no había agua. 25 Después se sentaron a comer.
Levantando la vista, divisaron una caravana de ismaelitas que venían de Galaad
con camellos cargados de aromas, bálsamo
y mirra, en ruta hacia Egipto. 26 Entonces
Judá propuso a sus hermanos:
–¿Qué sacamos con matar a nuestro hermano y ocultar su muerte? 27 Propongo que
se lo vendamos a los ismaelitas sin hacerle

• **37 12-36:** El dramatismo está bien conseguido en la secuencia narrativa: apenas los hermanos lo divisan, deciden su muerte, le quitan la túnica y lo arrojan a un pozo seco; después se ponen a comer con la más absoluta indiferencia. Conmovedora es la escena en que Rubén descubre que José ya no está en el pozo y grita su fracaso en la soledad del desierto. Las pequeñas incoherencias, que encontramos en el relato se deben a que en él se han utilizado dos tradiciones que se entrecruzan. En un caso parece que sus raptores encuentran a José por casualidad en el pozo seco y se lo llevan; en el otro es vendido por sus propios hermanos.

ningún daño, pues es nuestro hermano y
carne nuestra.
Sus hermanos aprobaron lo dicho; 28 y
cuando pasaban los mercaderes madianitas, sacaron a José del pozo, lo vendieron a
los ismaelitas por veinte monedas de plata,
y éstos se lo llevaron a Egipto.
29 Regresó luego Rubén al pozo, y al
ver que José no estaba allí, se rasgó las vestiduras; 30 luego fue adonde estaban sus
hermanos, y dijo:
–¡El muchacho no esta allí! Y yo ¿qué
hago ahora?
31 Ellos tomaron la túnica de José, degollaron un cabrito y empaparon la túnica
en sangre. 32 Luego enviaron a su padre la
túnica de mangas largas con este mensaje:
«Hemos encontrado esto; mira a ver si es
la túnica de tu hijo».
33 El la examinó y dijo:
–¡Es la túnica de mi hijo! Una fiera salvaje lo ha devorado; José ha sido despedazado.
34 Y Jacob rasgó sus vestiduras, se vistió de luto e hizo duelo por su hijo durante
muchos días. 35 Sus hijos y sus hijas fueron todos a consolarlo, pero él rechazaba
todo consuelo, y repetía:
–Estaré de luto hasta que baje con mi
hijo al sepulcro.
Y lloraba por él.
36 Entre tanto los madianitas lo habían
vendido en Egipto a Putifar, ministro y alto
funcionario del faraón.

Judá y Tamar

Dt 25 5; Rut 1 11.13; Mt 22 24; 1 3; Lc 3 33

38 1 Por entonces Judá se separó de sus
hermanos y se fue a casa de un adulamita, llamado Jirá. 2 Allí conoció a la hija
de un cananeo llamado Suá, la tomó por
mujer y se acostó con ella. 3 Concibió y
dio a luz un hijo al que llamó Er. 4 Concibió de nuevo y dio a luz otro hijo al que
llamó Onán. 5 Volvió a concebir y dio a luz
un tercer hijo al que llamó Selá. Estaba en
Cazib cuando dio a luz.
6 Judá tomó una mujer para su primogénito Er. Se llamaba Tamar. 7 Pero Er, primogénito de Judá, ofendió al Señor, y el
Señor lo hizo morir. 8 Entonces Judá dijo a
Onán:
–Cásate con la viuda de tu hermano,
cumple con ella tu deber de cuñado y dale
descendencia a tu hermano.
9 Pero Onán, sabiendo que los hijos no
serían suyos, cada vez que se unía a la mujer de su hermano derramaba el semen en
la tierra para no dar hijos a su hermano.
10 Su conducta ofendió al Señor, y el Señor
lo hizo morir. 11 Entonces Judá dijo a su
nuera Tamar:
–Quédate como viuda en casa de tu padre, hasta que se haga mayor mi hijo Selá.
Pues pensaba: «A ver si se muere también él como sus hermanos». Así que Tamar
regresó a casa de su padre.
12 Pasaron los días y la hija de Sué, la
mujer de Judá, murió. Después del duelo
por ella, subió Judá a Timná con su amigo
Jirá, el adulamita, para esquilar su ganado,
13 y se lo vinieron a decir a Tamar:
–Mira, tu suegro sube a Timná para esquilar las ovejas.
14 Entonces ella se quitó sus vestidos de
viuda, se disfrazó cubriéndose con un velo, y se sentó a la entrada de Enain, que está junto al camino de Timná; pues veía que
Selá había crecido y no se lo daban por esposo. 15 Cuando Judá la vio, la tomó por
una prostituta, pues había cubierto su rostro; 16 se acercó a ella y le pidió:
–Deja que me acueste contigo.
Pues no sabía que era su nuera. Ella le
preguntó:
–¿Qué me vas a dar por acostarte conmigo?
17 El le respondió:
–Te enviaré un cabrito del rebaño.
Ella le dijo:
–Bien, pero me tienes que dar una prenda hasta que lo envíes.

• **38** 1-30: Este relato apenas tiene conexiones con la historia de José. Su protagonista es Tamar, que sucesivamente se casa con dos hijos de Judá. La falta de fe del patriarca pone en peligro la descendencia mesiánica, pero Tamar, viuda sin hijos y sin derechos, toma la iniciativa y pone en evidencia a quien se cree *juez justo.* Judá tiene que reconocer la inocencia y la grandeza de su nuera y su propia cobardía y falta de solidaridad. Gracias a Tamar la línea mesiánica continúa; dará a luz a Peres, antepasado de David y de Jesús (véase Rut 4 18ss; Mt 1 3).

18 El preguntó:
–¿Qué prenda quieres que te dé?
Ella respondió:
–Tu anillo para sellar, tu cordón y el bastón que llevas en la mano.
El se los dio, se acostó con ella y la dejó
embarazada. 19 Luego ella se levantó y se
fue. Se quitó el velo y volvió a ponerse sus
ropas de viuda. 20 Judá envió el cabrito por
medio de su amigo Jirá, el adulamita, para
recoger las prendas que había dejado a la
mujer, pero él no la encontró. 21 Preguntó a
la gente del lugar:
–¿Dónde está la prostituta que había
junto al camino de Enain?
Le respondieron:
–Nunca hubo allí ninguna prostituta.
22 El regresó donde estaba Judá y le dijo:
–No la he encontrado, y la gente del lugar me ha dicho que allí nunca ha habido
una prostituta.
23 Judá dijo:
–Que se quede con las prendas; no vayan a burlarse de nosotros. Yo le envié el
cabrito, pero tú no la has encontrado.
24 Unos tres meses después le contaron
a Judá:
–Tu nuera Tamar se ha prostituido y ha
quedado embarazada a causa de su prostitución.
Judá sentenció:
–Que la saquen y la quemen.
25 Pero cuando ya la iban a sacar, mandó decir a su suegro:
–Estoy embarazada del hombre a quien
pertenece todo esto. Mira, por favor, de
quién son este anillo para sellar, este cordón y este bastón.
26 Judá los examinó, y dijo:
–Ella es inocente y yo culpable, pues no
le di a mi hijo Selá.
Y ya no volvió a acostarse con ella.
27 Cuando llegó el tiempo del parto, resultó que traía gemelos. 28 Mientras daba a
luz, uno de ellos sacó la mano, y la partera
la tomó y ató a ella un hilo rojo diciendo:
–Este es el que ha salido primero.
29 Pero retiró la mano y fue su hermano
el que salió primero. La partera dijo:
–¡Vaya brecha que has abierto!
Y le pusieron el nombre de Peres –es
decir, Brecha–. 30 Después salió su hermano con el hilo rojo en la mano, y le pusieron el nombre de Záraj.

José en casa de Putifar

Hch 7 9; Prov 7 13-19; Sal 105 17-19

39 1 Cuando llevaron a José a Egipto, el
egipcio Putifar, ministro y alto funcionario del faraón, se lo compró a los ismaelitas que lo habían llevado allí. 2 El
Señor estaba con José y todo le salía bien.
Se quedó a vivir en casa de su amo, el egipcio. 3 Su amo, viendo que el Señor estaba
con él, y que hacía prosperar todo cuanto
él emprendía, 4 lo hizo su hombre de confianza: lo puso a su servicio y lo nombró
administrador de su casa, confiándole todo
cuanto tenía. 5 Y desde que lo puso al frente de su casa y de sus bienes, el Señor bendijo la casa del egipcio a causa de José; la
bendición del Señor alcanzó a todo lo que
tenía, tanto en la casa como en el campo.
6 Así que dejó cuanto poseía al cuidado de
José, sin preocuparse de otra cosa que del
alimento que tomaba.
José era apuesto y bien parecido. 7 Pasado cierto tiempo, la mujer de su amo se
fijó en José y le propuso:
–Acuéstate conmigo.
8 Pero José se negó y le dijo:
–Mira, mi señor confía en mí y no se
preocupa de sus bienes para nada; todo lo
ha puesto en mis manos; 9 en esta casa
mando lo mismo que él; tú eres lo único
que tengo prohibido, por ser su mujer. ¿Cómo voy a cometer una infamia así y pecar
contra Dios?
10 Y por más que ella insistía todos los
días, José no consintió en acostarse y estar
con ella. 11 Pero un día José entró en la casa
para despachar sus asuntos y no había en

• **39** 1-23: Comienza a narrarse la vida de José en Egipto. Joven y apuesto, prefiere ser condenado antes que traicionar su concepto de la lealtad y de la moral. Se pone en manos de Dios. El Señor impide que José muera para que su proyecto siga adelante. El éxito es completo en todo cuanto emprende, en la casa y en el campo de su señor e incluso en la cárcel, porque Dios está con él (Gn 39 2.21). Es el ejemplo de quienes confían en Dios a pesar de todo.

casa ningún criado. 12 La mujer lo agarró por el manto y le dijo:

–Acuéstate conmigo.

Mas él, dejando el manto entre sus manos, salió afuera y huyó. 13 Viendo ella que había dejado el manto entre sus manos y que había salido huyendo, 14 llamó a sus criados y les dijo:

–Miren, nos han traído un hebreo para que se aproveche de nosotros; ha entrado en mi habitación para acostarse conmigo, pero yo grité, 15 y en cuanto escuchó los gritos que yo daba llamando a la gente, salió afuera corriendo y dejó su manto a mi lado.

16 Ella se quedó con el manto de José hasta que su marido regresó a casa. 17 Entonces repitió lo mismo a su marido:

–El hebreo que nos has traído quiso abusar de mí, 18 pero al ver que yo gritaba y pedía auxilio, dejó su manto junto a mí y salió huyendo.

19 Cuando el marido oyó de labios de su mujer cómo se había comportado su siervo con ella, se enojó mucho, 20 mandó detenerlo y lo metió en la cárcel, donde estaban los presos del rey. De esta manera José fue a parar a la cárcel.

21 Pero el Señor estaba con José y lo favoreció, haciendo que se ganara la confianza del jefe de la prisión. 22 Este confió a José el cuidado de los presos y la dirección de todo lo que allí se hacía. 23 El jefe de la prisión no se preocupaba de nada de lo encomendado a José, porque el Señor estaba con él y hacía prosperar cuanto emprendía.

Sueños de los reclusos

Gn 41 15-16; Dn 2

40 1 Pasado cierto tiempo, el copero y el panadero del rey de Egipto ofendieron a su señor. 2 El faraón se enojó contra sus dos oficiales, el jefe de los coperos y el jefe de los panaderos, 3 y los encarceló en casa del capitán de la guardia, en la cárcel donde José se hallaba encerrado. 4 El capitán de la guardia encargó a José que los sirviera. Llevaban un cierto tiempo en la cárcel 5 cuando ambos, el copero y el panadero, tuvieron cada uno un sueño la misma noche, cada sueño con su propio significado. 6 Cuando a la mañana siguiente José fue a buscarlos, se dio cuenta de que estaban preocupados; 7 así que preguntó a los oficiales del faraón que estaban encarcelados con él en la casa de su amo:

–¿Por qué tienen hoy esa cara de preocupación?

8 Respondieron:

–Hemos tenido un sueño y no hay quien nos lo interprete.

Y José les dijo:

–¿Acaso no es Dios quien los interpreta? Cuéntenme los sueños.

9 El jefe de los coperos contó a José el sueño que había tenido:

–He soñado que tenía delante de mí una parra, 10 en la que había tres sarmientos; echó brotes, floreció y maduraron las uvas en los racimos. 11 Yo tenía en la mano la copa del faraón; tomé los racimos, los exprimí en ella y la puse en su mano.

12 José le dijo:

–Esta es la interpretación: Los tres sarmientos son tres días; 13 al cabo de tres días, el faraón te sacará de la cárcel y te restituirá en tu cargo, y volverás a poner la copa del faraón en su mano como solías hacer cuando eras su copero. 14 Sólo te pido que te acuerdes de mí cuando te vaya bien; hazme el favor de hablar de mí al faraón para que me saque de esta prisión, 15 pues me trajeron secuestrado del país de los hebreos, y aquí tampoco he hecho nada para estar preso.

16 Al ver el jefe de los panaderos que había sido una interpretación favorable, dijo a José:

–También yo he soñado que llevaba tres canastillos de pasteles sobre mi cabeza. 17 En el canastillo de encima había gran variedad de pasteles para el faraón, pero los pájaros del cielo se lo comían en el mismo canastillo que yo llevaba sobre la cabeza.

• **40** 1-23: Durante su permanencia en prisión, José es puesto al servicio de dos cortesanos que han sido encarcelados. Ambos tienen sueños muy parecidos la misma noche. José los interpreta correctamente. Sin embargo, no se atribuye a sí mismo el mérito, sino a Dios, el único que puede revelar su significado, porque es quien dirige el destino de los hombres. Pide a uno de ellos que no lo olvide. Es la única ocasión en que José le falla a Dios: nunca debió confiar en un hombre (véase Sal 40 2-5). El jefe de los coperos lo olvida; sólo Dios se acordará de José y fijará el momento de su liberación.

18 José le respondió:
–Esta es la interpretación: Los tres canastillos son tres días. 19 Dentro de tres
días el faraón te sacará de la cárcel y te hará colgar de una horca, y las aves comerán
tu carne.
20 Y en efecto, al cabo de tres días, el
faraón celebraba su cumpleaños y dio un
banquete a todos sus consejeros. Cuando
estaban reunidos, hizo que sacaran de la
cárcel al jefe de los coperos y al jefe de los
panaderos; 21 al jefe de los coperos lo restituyó en su cargo para colocar la copa en
manos del faraón, 22 mientras que al jefe
de los panaderos lo hizo ahorcar, como había dicho José. 23 Pero el jefe de los coperos
no se volvió a acordar de José, sino que se
olvidó de él.

Sueño del faraón y nombramiento de José como virrey de Egipto

Dn 2; 4 4; 5 7; Hch 7 10; Sal 105 21

41 1 Dos años después, el faraón tuvo este
sueño: Se encontraba de pie junto al
Nilo, 2 y vio que del Nilo subían siete vacas hermosas y gordas, que se pusieron a
pastar entre las cañas de la orilla. 3 Detrás
de ellas subieron del Nilo otras siete vacas
de mal aspecto y flacas, y se pusieron junto
a las primeras en la ribera del Nilo. 4 Las
siete vacas de mal aspecto y flacas devoraron a las siete gordas y hermosas. Entonces el faraón se despertó.
5 Volvió a dormirse y tuvo otro sueño:
Siete espigas granadas y hermosas salían de
un mismo tallo, 6 pero otras siete, raquíticas
y quemadas por el viento del desierto, brotaron después de ellas. 7 Y las siete espigas
raquíticas devoraron a las siete espigas granadas y hermosas. Se despertó el faraón y
se dio cuenta de que era un sueño.
8 A la mañana siguiente, muy preocupado, mandó llamar a todos los adivinos y a
todos los sabios de Egipto, y les contó sus
sueños, pero nadie pudo explicárselos. 9 Entonces el jefe de los coperos se dirigió al
faraón y le dijo:
–Ahora me acuerdo de mi falta. 10 Cuando el faraón se enojó contra sus servidores y
nos puso bajo arresto en casa del capitán de
la guardia a mí y al jefe de los panaderos,
11 tuvimos los dos un sueño la misma noche
con significado distinto en uno y otro caso.
12 Había allí con nosotros un joven hebreo,
esclavo del capitán de la guardia; nosotros
le contamos nuestros sueños, y él nos los
interpretó, a cada cual según lo que habíamos soñado. 13 Y se cumplió lo que él nos
había explicado: yo fui restituido en mi
cargo, y el otro fue ahorcado.
14 El faraón mandó llamar a José. Lo
sacaron de la cárcel en seguida, lo afeita-
ron, le cambiaron de ropa y se presentó al
faraón.
15 El faraón dijo a José:
–He tenido un sueño y nadie ha podido
interpretarlo. Pero he oído decir que te basta oír un sueño para ser capaz de interpretarlo.
16 José respondió:
–No soy yo, sino Dios, quien dará al faraón una respuesta favorable.
17 Entonces el faraón se lo contó:
–He soñado que estaba junto al río; 18 en
esto subieron del río siete vacas hermosas
y gordas, que se pusieron a pastar entre las
cañas de la orilla. 19 Pero después de ellas
subieron otras siete vacas flacas y de mal
aspecto, tan raquíticas que no he visto otras
semejantes en toda la tierra de Egipto. 20 Y
las siete vacas flacas y de mal aspecto se
comieron a las siete gordas. 21 Después de
habérselas tragado, no se notaba que se las
hubieran tragado, porque su aspecto era
tan raquítico como antes. Entonces me desperté. 22 Después tuve otro sueño: de un
mismo tallo salían siete espigas granadas y

• **41** 1-57: El faraón tiene un sueño y no hay ningún sabio egipcio capaz de interpretárselo. Esta situación hace que el cortesano ya liberado recuerde arrepentido a José. Es la hora de Dios. Egipto espera la palabra de un preso. Ante el faraón, José vuelve a repetir que sólo Dios, Señor del destino, puede interpretar el sentido de un sueño. El faraón reconoce en José al *bendito* de Dios, y José se convertirá en el salvador. Se realizan los primeros sueños que tuvo José (Gn 37 6-11): José es la gavilla y el sol ante quien se postran todos, porque se ha convertido en *el virrey de Egipto.* Y también se realizan las promesas: su "nombre" es pronunciado por quienes buscan salvarse y gracias a él sobrevivirán todos: Israel, Egipto y cuantos acudan al *bendito.* No sólo el destino de las personas, sino también el de los pueblos está en manos del Señor.

La trama literaria exigiría continuar con la actividad de José como virrey; sin embargo la redacción introduce la salvación de sus hermanos. Así se presenta primero la salvación de los hijos de Israel y después la del resto del mundo.

hermosas. 23 Después de ellas brotaron otras
siete, raquíticas y quemadas por el viento
del desierto. 24 También las siete espigas
raquíticas se comieron a las siete hermosas.
He contado todo esto a los adivinos, pero
nadie me lo ha podido interpretar.
25 José dijo al faraón:
–El sueño del faraón es uno sólo: Dios
te ha mostrado lo que va a hacer. 26 Las
siete vacas gordas y las siete espigas hermosas significan siete años. Es un mismo
sueño. 27 Las siete vacas de mal aspecto y
flacas que salieron tras las otras, y las siete
espigas raquíticas y quemadas por el viento
del desierto, significan que habrá siete años
de hambre. 28 Esto es lo que yo digo al faraón: Dios te ha mostrado lo que va a hacer.
29 Van a venir siete años de gran abundancia en toda la tierra de Egipto. 30 Pero después vendrán siete años de hambre, que
harán olvidar toda la abundancia de Egipto,
porque el hambre acabará con el país. 31 Se
olvidará la primera abundancia, porque el
hambre que vendrá después será muy dura.
32 El hecho de que se haya repetido el sueño
del faraón significa que la cosa está firmemente decidida por Dios y que está a punto
de realizarse. 33 Por tanto, que el faraón se
busque un hombre inteligente y sabio, y lo
ponga al frente de Egipto. 34 También el
faraón debe designar administradores para
todo el país, que recauden la quinta parte
de la cosecha de Egipto, durante los siete
años de abundancia, 35 que recojan toda la
producción de estos años buenos que vienen y almacenen el trigo por orden del
faraón, depositen los víveres en las ciudades y los guarden en ellas. 36 Estos víveres
servirán al país de reserva para los siete
años de hambre que habrá en Egipto, y así
sus habitantes no morirán de hambre.
37 Al faraón y a su corte les pareció acertada esta interpretación. 38 Entonces el faraón preguntó a sus consejeros:
–¿Dónde vamos a encontrar un hombre
como éste en quien esté el espíritu de Dios?
39 Después dijo a José:
–Puesto que Dios te ha hecho saber todo esto, no hay hombre tan inteligente y
sabio como tú. 40 Tú serás quien gobierne
mi casa, y todo mi pueblo te obedecerá;
sólo yo estaré por encima de ti.
41 Y añadió:
–Mira, yo te pongo al frente de todo el
país de Egipto.
42 Entonces el faraón se quitó el anillo
de su mano y lo puso en la de José. Hizo
que lo vistieran con ropas de lino finísimo
y puso en su cuello el collar de oro. 43 Lo
hizo montar en la carroza de su primer ministro, y la gente gritaba a su paso: «¡Gran
Visir!» Así lo puso al frente de todo Egipto.
44 El faraón dijo a José:
–Yo soy el faraón, pero sin tu permiso
nadie se moverá en todo Egipto.
45 Y el faraón impuso a José el nombre
de Zafnat Panej, y le dio por mujer a Asenet, hija de Potipera, sacerdote de On.
José hizo un recorrido por todo Egipto.
46 Tenía José treinta años cuando se presentó ante el faraón, rey de Egipto, y apenas
salió de su presencia fue a recorrer todas
las tierras de Egipto. 47 Durante los siete
años de abundancia la tierra produjo una
enormidad. 48 José recogió todos los víveres
de los siete años de abundancia y los depositó en las ciudades, almacenando en cada
una la producción de los campos de alrededor. 49 Y almacenó tanto grano como arena
tiene el mar, en tal cantidad que no se podía
contar, porque sobrepasaba toda medida.
50 Antes que llegara el primer año de
hambre le nacieron a José dos hijos de Asenet, hija de Potipera, sacerdote de On. 51 José dio al mayor el nombre de Manasés –es
decir, Olvido– pues dijo:
–Dios me ha hecho olvidar toda mi pena y la familia de mi padre.
52 Al segundo le llamó Efraín –es decir,
Fecundo–, pues dijo:
–Dios me ha hecho fecundo en el país
de mis sufrimientos.
53 Cuando se acabaron los siete años de
abundancia en Egipto, 54 comenzaron los
siete años de hambre, como José había predicho. El hambre se extendió entonces por
todos los países, pero en Egipto había pan.
55 Cuando el hambre se hizo sentir en Egipto, el pueblo pedía pan al faraón. Entonces
el faraón dijo a todos los egipcios:
–Diríjanse a José y hagan lo que él les
diga.
56 José, viendo que el hambre se había
extendido a todo el país, abrió los graneros
y vendía el grano a los egipcios. El hambre
se fue agravando cada vez más en Egipto.

57 De todos los países venían a comprar
trigo a José, porque el hambre era enorme
en toda la tierra.

Los hermanos de José bajan a Egipto

Hch 7 11-12; Gn 37 5-11.18-27.35

42 1 Habiéndose enterado Jacob de que
en Egipto había trigo, dijo a sus hijos:
–¿Por qué se miran sin hacer nada? 2 He
sabido que en Egipto hay trigo; así que bajen allá y compren grano para seguir viviendo y no morir.
3 Diez de los hermanos de José bajaron a
Egipto para comprar trigo. 4 Pero Jacob no
permitió que Benjamín, el hermano de José,
fuera con sus hermanos, porque pensaba:
«No vaya a sucederle alguna desgracia».
5 Fueron, pues, los hijos de Israel, como
hacían otros, a comprar trigo, porque se
pasaba hambre en la tierra de Canaán. 6 José
era quien gobernaba el país y el que vendía
el trigo a todo el mundo. Cuando llegaron
los hermanos de José, se postraron ante él
rostro en tierra. 7 En cuanto José vio a sus
hermanos, los reconoció, pero fingió no
conocerlos y los trató duramente.
Les preguntó:
–¿De dónde vienen?
Ellos respondieron:
–Venimos de la tierra de Canaán, para
comprar grano.
8 José había reconocido a sus hermanos,
pero ellos no lo reconocieron. 9 Entonces
se acordó de los sueños que había tenido
en relación con ellos y les dijo:
–Ustedes son espías; han venido para
ver las zonas vulnerables del país.
Ellos respondieron:
10 –¡No, señor! Tus siervos han venido
a comprar trigo. 11 Todos nosotros somos
hijos de un mismo padre, somos hombres
de bien; tus siervos no son espías.
12 Pero él insistió:
–No es cierto, han venido para ver las
zonas vulnerables del país.
13 Ellos respondieron:
–Nosotros, tus siervos, éramos doce hermanos, todos hijos de un mismo padre, en
la tierra de Canaán. El más joven se ha quedado con nuestro padre y el otro desapareció.
14 Pero José les dijo:
–Es lo que yo les decía, ¡ustedes son
espías! 15 Los voy a someter a una prueba,
y les juro por el faraón que no saldrán de
aquí a menos que venga su hermano menor:
16 Que vaya uno de ustedes a buscar a su
hermano, los demás quedarán prisioneros.
Así se comprobará lo que han dicho y se
verá si dicen la verdad. Si no, ¡por la vida
del faraón que son espías!
17 Y los metió a todos en la cárcel por
espacio de tres días.
18 Al tercer día les dijo:
–Yo soy un hombre que teme a Dios;
hagan lo siguiente y salvarán la vida: 19 Si
son gente de fiar, uno de ustedes quedará
aquí preso, y los demás irán a llevar el trigo
para remediar el hambre de sus familias.
20 Pero tienen que traerme a su hermano
menor; así se demostrará la sinceridad de
lo que han dicho, y no morirán.
Ellos aceptaron, 21 y se decían unos a
otros:
–Estamos pagando lo que hicimos con
nuestro hermano, pues vimos la angustia
con que nos pedía clemencia y no lo escuchamos. Por eso nos ha venido esta desgracia.
22 Entonces intervino Rubén:
–¿No les dije yo que no le hicieran ningún mal al muchacho? Pero ustedes no me
escucharon, y ahora se nos pide cuenta de
su muerte.
23 Ellos no sabían que José entendía lo
que estaban diciendo, pues hablaba con
ellos por medio de un intérprete. 24 Entonces se retiró y se puso a llorar; regresó lue-

• **42** **1-38**: Este episodio explica por qué Israel bajó a Egipto. La causa fue el hambre. En la primera escena Jacob recupera su protagonismo y envía a sus hijos en busca de grano, pero sin Benjamín. En la segunda parte, están en presencia del poderoso José. Este los reconoce, pero sin darse a conocer: usa intérprete, jura por el faraón, los acusa de espías. Sus verdaderas intenciones se intuyen: quiere saber si han cambiado quienes atentaron contra su vida y qué ha sido de su padre y de Benjamín. Los hermanos hablan entre sí sin saber que José los entiende: se están confesando ante su víctima; sus palabras manifiestan remordimiento, comienzo de la conversión. José recuerda sus primeros sueños (Gn 37 1-11), que se cumplen ahora, pero trata a sus hermanos con justicia y generosidad, y no como ellos lo trataron a él (Gn 37 12-36). El regreso de los hermanos junto a su padre Jacob acrecienta la tensión del relato y prepara el nuevo viaje a Egipto.

go y, después de hablarles, tomó a Simeón y mandó delante de ellos que lo metieran en la cárcel.

25 José ordenó que les llenaran los sacos de trigo, que les metieran el dinero pagado en cada saco y que les dieran provisiones para el viaje. Y así se hizo. 26 Cargaron el trigo sobre sus burros y se fueron.

27 Al acampar por la noche, uno de ellos abrió su saco para dar de comer a su burro, vio que su dinero estaba en la boca del saco 28 y dijo a sus hermanos:

–Me han devuelto mi dinero; está aquí en mi saco.

Entonces se asustaron mucho y se preguntaban temblando unos a otros:

–¿Qué ha hecho Dios con nosotros?

29 Cuando llegaron adonde estaba su padre Jacob, en la tierra de Canaán, le contaron todo lo que les había ocurrido:

30 –Aquel hombre, el dueño del país, nos habló duramente y nos tomó por espías. 31 Nosotros le dijimos: Somos gente de bien, no somos espías. 32 Eramos doce hermanos; uno ya no vive y el menor se quedó con nuestro padre en la tierra de Canaán. 33 Pero aquel hombre, el dueño del país, nos dijo: «En esto conoceré que son gente de fiar: dejen conmigo a uno de sus hermanos, tomen el trigo para remediar el hambre de sus familias y váyanse. 34 Cuando regresen me traerán a su hermano menor. Así sabré que no son espías, sino hombres de bien. Luego les devolveré al otro hermano y podrán comerciar libremente en el país».

35 Cuando vaciaron los sacos, resultó que la bolsa del dinero de cada uno estaba en su saco. Y al ver las bolsas del dinero su padre y ellos se asustaron mucho. 36 Entonces su padre, Jacob, les dijo:

–Ustedes me van a dejar sin hijos. José desapareció, Simeón tampoco está aquí ¿y quieren quitarme a Benjamín? ¡Todo está en contra mía!

37 Rubén dijo a su padre:

–Mata a mis dos hijos, si no te lo devuelvo; déjalo bajo mi custodia, que yo te lo devolveré.

38 El dijo:

–Mi hijo no irá con ustedes; su hermano ha muerto y él es el único que me queda. Si le sucediera alguna desgracia en el viaje que van a emprender, terminarían con mis canas en el sepulcro.

Segundo viaje a Egipto

Gn 42 7-13.27-28.37

43 1 Entretanto el hambre se iba agravando cada vez más en el país. 2 Cuando se les acabó el trigo que habían traído de Egipto, su padre les ordenó:

–Vayan de nuevo a comprarnos alimentos.

3 Pero Judá le dijo:

–Aquel hombre nos advirtió expresamente: «No serán admitidos de nuevo en mi presencia sin su hermano menor». 4 Si permites que nuestro hermano menor venga con nosotros, bajaremos y te compraremos alimentos; 5 pero si no lo dejas venir, no bajaremos, porque aquel hombre nos dijo expresamente: «No serán admitidos de nuevo en mi presencia sin su hermano menor».

6 Israel dijo:

–¿Por qué me han hecho esto, diciendo a aquel hombre que tienen otro hermano?

7 Ellos respondieron:

–Aquel hombre nos preguntó por nuestra familia: «¿Vive aún su padre? ¿Tienen más hermanos?» Y nosotros le informamos de acuerdo a sus preguntas. ¿Cómo íbamos a saber que nos diría: «Traigan a su hermano»?

8 Y Judá dijo a su padre Israel:

–Deja al muchacho bajo mi custodia, y pongámonos en camino; es la única manera de sobrevivir y de que no perezcamos

• **43 1-34**: De nuevo el hambre. En la primera escena (Gn 43 1-15) Judá recuerda las condiciones puestas por José y se hace responsable de Benjamín. Jacob se decide a exponer la vida de quien más quiere por salvar a la familia. Esta angustia sirve para poner de relieve, al final, el gozo del padre que recupera a todos sus hijos, incluido José, a quien creía muerto. Sigue una preciosa oración en la que Jacob acepta la voluntad divina.

La escena del banquete, ya en Egipto, hace crecer la ansiedad de los hermanos: la mala conciencia no los deja en paz. La ambientación es típicamente egipcia: los súbditos, de rodillas, ofrecen sus dones al virrey a quien desean paz y prosperidad. José no puede contener su emoción, sale y de nuevo llora. Comen juntos, pero respetando las costumbres. Enviar a un invitado porciones de la propia mesa es señal de estima (véase 1 Sm 1 4-5; 9 23). Los hermanos siguen sin entender nada; José mantiene su secreto. Parece que los ha perdonado; pero maquina una última y definitiva prueba. No acaba de creer lo que sus ojos ven.

ni nosotros, ni tú, ni nuestros hijos. 9 Yo
me hago responsable de él; a mí me pedirás cuentas. Si no te lo devuelvo, si no lo
traigo de nuevo junto a ti, yo seré culpable
ante ti toda mi vida. 10 Si no hubiéramos
titubeado, ya estaríamos de regreso por segunda vez.
11 Entonces su padre Israel les dijo:
–Ya que no hay más remedio, háganlo
así; lleven en sus sacos productos de esta
tierra para ofrecérselos a aquel hombre como regalo: un poco de bálsamo y un poco
de miel, aromas y mirra, nueces y almendras. 12 Tomen también doble cantidad de
dinero, y restituyan el que les fue devuelto
en la boca de los sacos; quizás fue una
equivocación. 13 Lleven también a su hermano. Vayan de nuevo a visitar a aquel
hombre. 14 Que el Dios Poderoso haga que
se compadezca de ustedes y les permita
regresar con su otro hermano y con Benjamín. En cuanto a mí, si he de verme privado de mis hijos, sin ellos me quedaré.
15 Ellos tomaron consigo los regalos,
doble cantidad de dinero y a Benjamín, y
se pusieron en camino. Al llegar a Egipto
se presentaron a José.
16 Cuando José vio a Benjamín entre
ellos, dijo a su mayordomo:
–Lleva a estos hombres dentro de casa,
haz que maten un animal y que lo guisen,
porque estos hombres comerán conmigo al
mediodía.
17 El mayordomo cumplió su encargo y
los llevó a casa de José. 18 Ellos, al ver que
los llevaban a casa de José, se llenaron de
miedo, pues pensaban: «Nos han traído
aquí por lo del dinero que nos fue devuelto
en nuestros sacos, nos acusarán, nos condenarán, nos harán esclavos y se quedarán
con nuestros burros».
19 Entonces, se acercaron al mayordomo de José, y a la entrada de la casa le hablaron así:
20 –Escucha, señor, nosotros ya vinimos
en otra ocasión a comprar alimentos. 21 Pero cuando acampamos y abrimos nuestros
sacos encontramos en la boca de cada saco
el dinero que habíamos pagado; aquí lo
traemos. 22 Traemos también más dinero
para pagar los alimentos. No sabemos quién
pudo poner el dinero en los sacos.
23 El les dijo:
–Tranquilícense, no tengan miedo. Fue
el Dios de ustedes y de su padre quien puso
el tesoro en sus sacos, pues su dinero lo recibí yo.
Luego hizo que trajeran a Simeón.
24 El mayordomo los hizo pasar a la casa de José, les puso agua para que se lavaran los pies y dio de comer a los burros.
25 Ellos, entre tanto, prepararon el regalo,
en espera de que llegara José al mediodía,
pues habían oído que iban a comer allí.
26 Cuando José entró en casa, le ofrecieron el regalo que habían traído consigo
y se postraron en tierra. 27 El les preguntó
qué tal estaban y les dijo:
–¿Cómo está su anciano padre del que
me hablaron? ¿Vive todavía?
28 Respondieron:
–Tu siervo, nuestro padre, está bien y
todavía vive.
Ellos se inclinaron e hicieron una reverencia. 29 José miró al grupo y, al ver a
Benjamín, su hermano materno, preguntó:
–¿Es éste su hermano menor del que me
hablaron?
Y añadió:
–Dios te guarde, hijo mío.
30 Pero entonces José tuvo que salir rápidamente afuera, porque se había emocionado al ver a su hermano, y estaba a punto
de llorar. Entró en su habitación y allí estuvo llorando. 31 Después se lavó la cara, regresó y, dominándose, ordenó:
–Sirvan la comida.
32 Sirvieron aparte a José, aparte a sus
hermanos y aparte también a los egipcios
que comían con él, pues los egipcios no
pueden comer con los hebreos, por ser algo
detestable para ellos. 33 Los hebreos estaban sentados enfrente de José por orden de
edad, de mayor a menor, y se miraban sorprendidos unos a otros. 34 El les mandaba
desde su sitio las porciones, pero la porción de Benjamín era cinco veces mayor
que la de los otros. Así bebieron y se alegraron en su compañía.

La copa de José

Lv 19 26; Dt 18 10; Gn 37 33; 43 9

44 1 Después José ordenó a su mayordomo:
–Llena de alimentos los sacos de estos
hombres hasta arriba y deja el dinero de

cada uno en la boca de su saco. 2 Mete también mi copa, la de plata, en el saco del más
joven, junto con su dinero.
El hizo lo que le había ordenado José.
3 Al amanecer, los hombres se despidieron
y se fueron con sus burros. 4 Pero apenas
habían salido de la ciudad, cuando todavía
no estaban lejos, José dijo a su mayordomo:
–Vete corriendo tras esos hombres, y
cuando los alcances diles: ¿Por qué me devuelven mal por bien? 5 ¿Por qué han robado la copa que utiliza mi señor para beber
y hacer sus adivinaciones? ¡Se han portado
muy mal!
6 El les dio alcance y les repitió estas
palabras. 7 Pero ellos respondieron:
–¿Por qué dice eso nuestro señor? 8 Ya
ves que te hemos traído desde la tierra de
Canaán el dinero que encontramos en la
boca de los sacos, ¿cómo íbamos a robar
plata u oro de la casa de tu señor? 9 Si encuentras la copa en poder de alguno de tus
siervos, que muera, y nosotros quedaremos
como esclavos de tu señor.
10 El dijo:
–Bien, sea como han dicho. Aquel en
cuyo poder se halle la copa será mi esclavo, pero todos los demás podrán irse.
11 Ellos descargaron aprisa sus sacos y
cada uno abrió el suyo. 12 El mayordomo
los registró empezando por el mayor y terminando por el menor, y encontraron la
copa en el saco de Benjamín. 13 Entonces se
rasgaron las vestiduras, volvieron a cargar
cada uno su burro y regresaron a la ciudad.
14 Cuando Judá y sus hermanos llegaron a casa de José, él estaba todavía allí; se
postraron ante él, 15 y José les preguntó:
–¿Qué es lo que han hecho? ¿No sabían
que un hombre como yo puede adivinar?
16 Judá respondió:
–¿Qué podemos contestar a mi señor?
¿Qué podemos decir para justificarnos?
Dios ha descubierto la culpa de tus siervos. Aquí nos tienes, somos tus esclavos,
tanto nosotros como aquél en cuyo poder
fue hallada la copa.
17 Pero él les dijo:
–¡Jamás haría tal cosa! El hombre en
cuyo poder fue hallada la copa será mi
esclavo; ustedes regresen en paz con su
padre.
18 Judá se acercó entonces a él y le dijo:
–Por favor, señor, permite a tu siervo
hablar en tu presencia sin que te enojes
conmigo, porque tú eres como el faraón.
19 Mi señor preguntó a sus siervos: «¿Tienen todavía padre, o algún hermano?»
20 Nosotros respondimos a mi señor: «Tenemos un padre ya anciano y un hijo que
le nació en su vejez; un hermano de éste
murió. Es éste el único que le queda de su
madre, y su padre lo quiere mucho». 21 Entonces tú dijiste a tus siervos: «Tráiganlo
aquí, para que lo conozca». 22 Nosotros dijimos a mi señor: «El joven no puede dejar
a su padre; si lo deja, su padre morirá».
23 Tú insististe: «Si el hermano menor no
baja con ustedes, no volverán a ser admitidos en mi presencia». 24 Entonces nosotros
regresamos donde vive tu siervo, nuestro
padre, y le referimos las palabras de mi señor. 25 Y cuando nuestro padre nos dijo:
«Vayan de nuevo a comprarnos alimentos»,
26 le dijimos: «No podemos bajar, si no
viene con nosotros nuestro hermano menor,
porque no seremos recibidos por aquel
hombre, si nuestro hermano menor no nos
acompaña». 27 Entonces tu siervo, nuestro
padre, nos dijo: «Ustedes saben que mi mujer no me ha dado más que dos hijos. 28 Uno
desapareció de mi lado y seguramente fue
devorado, pues no he vuelto a verlo más;
29 si se llevan también a éste de mi lado y
le sucede alguna desgracia, terminarán con
mis canas en el sepulcro». 30 Así que, si yo
regreso donde está tu siervo, mi padre, sin
llevar con nosotros al joven a quien él quie-

• **44** 1-34: La copa escondida en el saco de Benjamín es la última prueba que José pone a sus hermanos. Cuando ve que regresan todos, percibe el cambio, pero aún desconfía. Con su sentencia (Benjamín se quedará en Egipto y los demás podrán retornar a Canaán) pone a sus hermanos entre la espada y la pared: si la aceptan, es señal de que no les preocupa Benjamín; si no la aceptan y se solidarizan con el pequeño esto supondría una rebelión contra él. La tensión ha llegado a su punto más alto. Benjamín está perdido. Entonces se adelanta Judá y habla. Comienza con una confesión: esa copa misteriosa es la voz divina que los denuncia por el delito que cometieron contra *el otro hermano*. De éste no son culpables. Judá no puede regresar sin su hermano porque eso representaría la muerte de su anciano padre y todos serían responsables. La propuesta de Judá es heroica: se ofrece como *víctima* y *redentor* de la culpa de todos. De manera ejemplar los hermanos se solidarizan con Judá y se niegan a regresar sin Benjamín.

re con toda su alma, 31 cuando vea que el
joven no está con nosotros, morirá y daremos con sus canas en el sepulcro. 32 Yo, que
soy tu siervo, me he hecho responsable del
joven ante mi padre, diciendo: «Si no te lo
devuelvo seré culpable ante ti toda mi vida». 33 Por eso te suplico que yo, tu siervo,
quede como esclavo de mi señor en lugar
del joven, y que éste regrese con sus hermanos. 34 ¿Cómo podría regresar sin el joven?
No sería capaz de contemplar el dolor de mi
padre.

José se da a conocer

Hch 7 13; Gn 50 15.20-21; 46 28-34; 47 1-6

45 1 No pudiendo contenerse ya José ante quienes lo rodeaban, ordenó:
–Salgan todos de mi presencia.
Y no quedó nadie con él cuando se dio
a conocer a sus hermanos. 2 Entonces rompió a llorar con grandes gritos de forma que
lo oyeron los egipcios y la noticia llegó hasta la casa del faraón.
3 José dijo a sus hermanos:
–Yo soy José, ¿vive todavía mi padre?
Sus hermanos no pudieron responderle,
pues estaban asustados ante él. 4 Entonces
él les dijo:
–Acérquense a mí.
Ellos se acercaron, y él les repitió:
–Yo soy José, su hermano, el que ustedes vendieron a Egipto. 5 Pero no estén angustiados, ni les pese el haberme vendido,
pues Dios me envió para que viniera antes
que ustedes y pudiera salvar sus vidas. 6 Ya
van dos años de hambre en el país, y aún
quedan otros cinco en los que no se podrá
arar ni cosechar. 7 Dios me ha enviado antes que ustedes para que su descendencia
se perpetúe en esta tierra y para salvarles
de modo admirable. 8 Así pues, no fueron
ustedes quienes me enviaron a este lugar,
sino Dios. El me ha hecho como un padre
para el faraón: señor de su casa y gobernador de todo el país de Egipto. 9 Vayan aprisa adonde está mi padre y díganle: «Así
dice tu hijo José: Dios me ha constituido
señor de todo Egipto; ven a mi lado sin tardar. 10 Vivirás en la región de Gosen y estarás cerca de mí, tú y tus hijos y tus nietos, tus ovejas, tus vacas y todos tus bienes. 11 Yo cuidaré allí de tu subsistencia,
para que no caigas en la miseria, tú y tu
familia, ni pierdas todos tus bienes, porque
todavía quedan cinco años de hambre».
12 Ustedes y mi hermano Benjamín son testigos de que soy yo el que personalmente les
hablo. 13 Cuéntenle a mi padre la dignidad
que tengo en Egipto y todo lo que han visto; vayan aprisa y traigan aquí a mi padre.
14 Entonces se abrazó al cuello de Benjamín llorando, y Benjamín lloraba también abrazado a él. 15 Luego besó a todos
sus hermanos, entre lágrimas. Sólo entonces le hablaron sus hermanos.
16 Cuando llegó a casa del faraón la noticia de que habían venido los hermanos de
José, se alegraron el faraón y sus ministros.
17 El faraón dijo a José:
–Di a tus hermanos: Carguen sus burros
y regresen a Canaán. 18 Tomen a su padre
y a sus familias y vengan aquí. Yo les daré
lo mejor de Egipto, y comerán de lo más
sustancioso del país. 19 Diles también: Pro-
véanse en Egipto de carretas para traer a
sus niños y mujeres, tomen a su padre y
vengan. 20 No tengan pena por lo que dejan,
porque lo mejor de la tierra de Egipto será
para ustedes.
21 Así lo hicieron los hijos de Israel. José
les proporcionó carretas conforme a la orden del faraón y les entregó víveres para el
camino. 22 A cada uno le dio un vestido
nuevo, pero a Benjamín le dio trescientas
monedas de plata y cinco vestidos nuevos.
23 Para su padre envió diez burros carga-

• **45 1-28**: Se escenifica el desenlace feliz. Los hermanos siguen teniendo miedo, pero José responde con una explicación, que –en realidad– es la clave de toda su vida: detrás de todo está Dios que quiso salvarlos por su medio de un cataclismo *universal* (el hambre); ellos son el *resto* (Gn 45 7), porción elegida, testigo de la desgracia y raíz de un pueblo nuevo. Como el Siervo sufriente de Isaías, o el Mesías redentor, José es el hombre justo e inocente, cuyo dolor salva a los demás. En la *vida* de José se revela el Señor de la historia, que hizo del faraón su colaborador y cuyo proyecto de salvación salió adelante por encima de todo. Hay que responder como José, con su misma fe confiada y esperanzada en cualquier situación, por absurda y dolorosa que parezca. El Señor asiste siempre a quien confía en él. José y el faraón deciden que Jacob venga a Egipto. Se cierra así la explicación de la presencia de *hijos de Israel* en este país. Egipto contempla el regreso feliz de los hijos de Israel en busca de su padre (Gn 45 16-24).

dos con los mejores productos de Egipto y diez burras cargadas de trigo, pan y comida para el viaje. 24 Después se despidió de sus hermanos, y cuando partían les dijo:

–No se entretengan discutiendo por el camino.

25 Subieron ellos de Egipto, llegaron a Canaán, donde estaba su padre Jacob, 26 y le dieron la noticia:

–José vive todavía y es señor de todo Egipto.

Pero su corazón no se conmovió, porque no los creía. 27 Sin embargo, cuando ellos le refirieron todo lo que José les había dicho y vio las carretas que José enviaba para llevarlo, el espíritu de su padre Jacob revivió. 28 Israel dijo:

–¡Basta! Sin duda mi hijo José está vivo todavía. Iré a verlo antes de morir.

Israel va a Egipto

Ex 1 5; Dt 10 22; Hch 7 14; Gn 12 1-4; Mt 2 13-23

46 1 Partió Israel con todo lo que tenía, y al llegar a Berseba ofreció sacrificios al Dios de su padre Isaac. 2 Y Dios habló a Israel en una visión por la noche:

–¡Jacob! ¡Jacob!

El respondió:

–Aquí estoy.

3 Dios continuó:

–Yo soy Dios, el Dios de tu padre. No temas bajar a Egipto, porque allí haré de ti un gran pueblo. 4 Yo bajaré contigo a Egipto y yo te haré subir de allí. José te cerrará los ojos.

5 Al partir de Berseba, los hijos de Israel hicieron subir a su padre Jacob, a sus niños y a sus mujeres, en las carretas enviados por el faraón para transportarlos. 6 Llevaron también con ellos sus ganados y todo lo que habían adquirido en la tierra de Canaán, y Jacob y todos sus descendientes se fueron con él a Egipto. 7 Llevó consigo a Egipto a todos sus hijos y nietos, sus hijas y sus nietas; todos sus descendientes.

8 Estos son los nombres de los israelitas que fueron a Egipto, de Jacob y sus hijos:

El primogénito de Jacob es Rubén. 9 Hijos de Rubén: Janoc, Falú, Jesrón y Carmí. 10 Hijos de Simeón: Yemuel, Yamín, Oab, Yaquín, Sojar y Saúl, el hijo de la cananea. 11 Hijos de Leví: Guersón, Queat y Merarí. 12 Hijos de Judá: Er, Onán, Selá, Peres y Záraj; pero Er y Onán habían muerto en Canaán. Hijos de Peres: Jesrón y Jamul. 13 Hijos de Isacar: Tolá, Fúa, Job y Simrón. 14 Hijos de Zabulón: Sered, Elón y Yajlel. 15 Estos son los hijos que Jacob tuvo de Lía en Padán Aram, además de su hija Dina. En total, entre hijos e hijas, eran treinta y tres personas.

16 Hijos de Gad: Sifión, Jaguí, Suní, Esbón, Erí, Arodí y Arelí. 17 Hijos de Aser: Yimná, Yisvá, Yisví, Beriá y Seraj, su hermana. Hijos de Beriá: Jéber y Malquiel. 18 Estos son los hijos que tuvo Jacob de Zilpá, la criada que dio Labán a su hija Lía; en total dieciséis personas.

19 Hijos de Raquel, la mujer de Jacob: José y Benjamín. 20 A José le nacieron en Egipto, de Asenet, hija de Potipera, sacerdote de On, Manasés y Efraín. 21 Hijos de Benjamín: Belá, Bejer, Asbel, Guera, Naamán, Ejí, Ros, Mufín, Jufín y Ared. 22 Estos son los hijos que Jacob tuvo de Raquel; en total catorce personas.

23 Hijos de Dan: Jusín. 24 Hijos de Neftalí: Yajsel, Guní, Yéser y Silén. 25 Estos son los hijos que tuvo Jacob de Balá, la criada que dio Labán a su hija Raquel; en total siete personas.

26 Los parientes que vinieron con Jacob a Egipto, sin contar a sus nueras, eran sesenta y seis. 27 Como José tenía dos hijos nacidos en Egipto, en total las personas de la casa de Jacob que vinieron a Egipto eran setenta.

• **46 1-27**: Jacob se enfrenta de nuevo al riesgo de abandonar la tierra prometida. Esta decisión de abandonar Palestina y encaminarse a Egipto es clave para la historia; por eso la decisión la toma Dios en una visión, acompañada de un oráculo en el que promete a Jacob que un día regresará a la tierra que hoy deja. Según la mentalidad antigua, el antepasado estaba en sus hijos y sus hijos en él, formando un organismo unitario. Un consuelo se suma a las promesas: José, el hijo que creía muerto, le cerrará los ojos.

Sigue una genealogía (Gn 46 8-27) que une las *historias* de Isaac y de Jacob y las proyecta a la salida de Egipto, fundiendo en una sola epopeya la etapa de las promesas y el comienzo de las realizaciones.

Llegada a Egipto

Ex 1 11; 12 37

28 Israel envió primero a Judá, para que
anunciara a José su llegada y preparara un
lugar en Gosen. Cuando llegaron a aquella
región, 29 José hizo enganchar su carroza y
se dirigió a Gosen al encuentro de su padre. Cuando se encontraron, se echó a su
cuello y estuvo llorando un largo rato abrazado a él.
30 Israel dijo a José:
–Ahora ya puedo morir, porque te he
visto y estás vivo.
31 José dijo a sus hermanos y a la familia de su padre:
–Voy a comunicárselo al faraón. Le diré: «Mis hermanos y la familia de mi padre, que estaban en Canaán, han venido
junto a mí. 32 Son pastores, poseen ganados y han traído con ellos sus ovejas, sus
vacas y todo cuanto tenían». 33 Cuando el
faraón los llame y les pregunte cuál es su
oficio, 34 responderán: «Nosotros, tus siervos, nos hemos dedicado a cuidar el ganado desde nuestra juventud hasta ahora, y lo
mismo hicieron nuestros padres». De esta
forma les dejará instalarse en la región de
Gosen, porque los egipcios detestan el oficio de pastor.
47 1 José fue a comunicárselo al faraón,
y le dijo:
–Mi padre y mis hermanos han venido
de Canaán con sus rebaños y ganados y
con todo cuanto tienen y están ya en la región de Gosen.
2 José había llevado consigo a cinco de
sus hermanos y se los presentó al faraón.
3 El faraón les preguntó:
–¿Cuál es su oficio?
Ellos le respondieron:
–Nosotros, tus siervos, somos pastores
como lo fueron nuestros antepasados.
4 Y añadieron:
–Hemos venido a vivir en este país porque en Canaán no hay pastos para los ganados de tus siervos y el hambre se ha agravado; permite, pues, que tus siervos se queden en la región de Gosen.
5 Entonces el faraón dijo a José:
–Tu padre y tus hermanos han venido
junto a ti; 6 el país de Egipto está a tu disposición; instala a tu padre y a tus hermanos en la mejor parte del país: que se queden en la región de Gosen. Y si sabes que
entre ellos hay hombres con capacidad,
nómbralos jefes de mis pastores.
7 Después, José trajo a su padre Jacob y
se lo presentó al faraón. Jacob bendijo al
faraón, 8 y éste le preguntó:
–¿Cuántos años tienes?
9 El respondió:
–Ciento treinta años llevo peregrinando.
Pocos e infelices han sido los años de mi
vida, y no llegan a los años que mis padres
vivieron en su peregrinación.
10 Jacob bendijo al faraón y se retiró de
su presencia.
11 José instaló a su padre y a sus hermanos, y les dio posesiones en Egipto, en lo
mejor del país, en el distrito de Rameses,
como había ordenado el faraón. 12 José proporcionó alimentos a su padre, a sus hermanos y a toda su familia, según el número de
personas que tenían a su cargo.

Política de José

Gn 41 56-57

13 Seguía sin encontrarse comida en toda la región. El hambre era cada vez mayor, de manera que tanto los habitantes de
Egipto como los de Canaán estaban desesperados por su situación. 14 José acabó acumulando todo el dinero que había en Egipto y Canaán, a cambio del trigo que le compraban, y lo iba depositando en la casa del
faraón. 15 Agotado el dinero en Egipto y

• **46 28-47 12**: En este pasaje hay dos versiones de la llegada de Jacob a Egipto. La primera cuenta que José recibe a su padre como a un rey e instruye a sus hermanos para que se ganen al faraón y consigan un lugar de asentamiento (Gn 46 28-47 4). La segunda versión engrandece la figura de Jacob: el faraón comunica a José la llegada y pone a su disposición todo el país para que ellos elijan. Viene luego una audiencia, pero sorprendentemente es Jacob quien a la entrada y a la salida, bendice al faraón (Gn 47 5-12).

• **47 13-26**: Se repite el tema de José como virrey. La enseñanza global es religiosa: José es el hombre sabio que consigue asegurar no sólo la supervivencia familiar, sino también la de todo un imperio y sus alrededores, gracias a la asistencia del Señor. Se cumplen las promesas: llegan a ser un pueblo numeroso, tienen una tierra, disfrutan de paz y autonomía, aunque llama la atención que sea en Egipto, un país extranjero, en donde vivirán como esclavos. Cuantos se acercan al *bendito* reciben bendición; Jacob y José consiguen fama y son respetados.

Canaán, todos los egipcios acudieron a José, diciéndole:
–Danos pan; ¿vas a permitir nuestra
muerte porque se nos ha terminado el dinero?
16 José les dijo:
–Si ya se les terminó el dinero, entréguenme sus ganados y a cambio les daré
grano.
17 Trajeron a José sus ganados, y José
les dio grano a cambio de caballos, ovejas,
vacas y burros. Así, todo aquel año les cambió sus ganados por grano. 18 Pasado aquel
año, vinieron a decirle:
–A nuestro señor no se le oculta que se
nos ha acabado el dinero; también el ganado es ya de nuestro señor; sólo nos queda
entregarte nuestro cuerpo y nuestras tierras.
19 ¿Vas a permitir que perezcamos nosotros y nuestras tierras? Cómpranos a nosotros y a nuestras tierras a cambio de pan.
Seremos esclavos del faraón nosotros y
nuestras tierras, pero danos semillas para
que podamos vivir y no muramos, y para
que nuestras tierras no queden convertidas
en campos desérticos.
20 Así adquirió José para el faraón todas
las tierras de Egipto, pues los egipcios,
empujados por el hambre, le vendieron sus
campos; y así el país pasó a ser propiedad
del faraón. 21 De este modo el faraón redujo
a servidumbre a todo el pueblo, del uno al
otro extremo de Egipto. 22 Solamente dejó
de comprar las tierras de los sacerdotes,
porque ellos tenían por decreto una asignación del faraón y vivían de ella; por eso no
vendieron sus tierras.
23 José dijo después al pueblo:
–Hoy los he comprado a ustedes y a sus
tierras para el faraón; aquí tienen semillas
para que cultiven sus tierras; 24 cuando llegue la cosecha entregarán la quinta parte al
faraón; las otras cuatro partes serán para la
siembra de los campos y para que ustedes
y sus familias se alimenten.
25 Ellos respondieron:
–Tú nos has salvado la vida; en ti hemos
encontrado comprensión; seremos siervos
del faraón.
26 Y José estableció esta ley, que todavía está vigente en Egipto: que una quinta
parte es para el faraón. Sólo las tierras de
los sacerdotes no pasaron a ser propiedad
del faraón.

Ultimos días de Jacob

Gn 23 17-19; 49 29-32; 50 5; Heb 11 21; Sal 80 2-3

27 Los israelitas se establecieron en Egipto en la región de Gosen, tomaron posesión de ella, crecieron y se multiplicaron
mucho. 28 Jacob vivió diecisiete años en
Egipto, y en total ciento cuarenta y siete
años. 29 Cuando se acercaba ya el día de su
muerte, mandó llamar a su hijo José y le
dijo:
–Si de verdad me quieres, coloca tu mano debajo de mi muslo y prométeme que
me tratarás con amor y lealtad. No me entierres en Egipto; 30 cuando vaya a reunirme
con mis antepasados, sácame de Egipto y
entiérrame con ellos.
José respondió:
–Haré lo que tú dices.
31 Jacob añadió:
–Júramelo.
José se lo juró y desde entonces Israel
quedó postrado en cama.
48 1 Después de esto comunicaron a José:
–Tu padre está enfermo.
El tomó consigo a sus dos hijos, Manasés y Efraín.
2 Le anunciaron a Jacob:
–Mira, tu hijo José viene a verte.
Israel hizo un esfuerzo y se sentó en la
cama.
3 Y dijo Jacob a José:
–El Dios Poderoso se me apareció en
Luz, en la tierra de Canaán, me bendijo 4 y
me hizo esta promesa: «Yo te haré fecundo,
te multiplicaré y haré que llegues a ser una
muchedumbre de pueblos; y esta tierra se

• **47 27-48 22**: Los últimos días de Jacob se describen en tres escenas: en la primera, la promesa de José (Gn 47 27-31) repite la que le hiciera el Señor a Jacob (véase Gn 46 4); en la segunda (Gn 48 1-7), Jacob adopta a los hijos de José nacidos en Egipto (probable justificación de grupos provenientes de aquel país e integrados en Israel); y en la tercera (Gn 48 8-22), se repite el tema de la elección del más pequeño en detrimento del mayor. José se acerca con sus hijos Manasés y Efraín, de tal forma que la mano derecha del que bendice caiga sobre el mayor, respetando el derecho de la primogenitura; pero Jacob cruza los brazos, en un gesto que manifiesta la libertad del mediador divino y pone su derecha sobre Efraín, el menor. En el oráculo, Jacob apela a la fidelidad divina para que continúe en estos niños el proyecto salvador. Termina proclamando su confianza en que un día Dios los hará retornar a su tierra.

la daré en posesión perpetua a tu descendencia». 5 Ahora, los dos hijos que te nacieron en Egipto antes que yo viniera junto a
ti, serán míos; Efraín y Manasés serán como Rubén y Simeón. 6 Los que te nazcan
después serán tuyos, y participarán en la
herencia gracias a sus hermanos. 7 Cuando
yo regresaba de Padán Aram perdí a tu madre Raquel en tierra de Canaán, cerca de
Efrata, y la sepulté en el camino de Efrata
(es decir, Belén).

8 Cuando Israel vio a los dos hijos de
José, preguntó:

–¿Quiénes son éstos?

9 José le respondió:

–Son mis hijos, los que Dios me ha dado aquí.

Y Jacob dijo:

–Ten la bondad de acercarlos a mí, que
quiero bendecirlos.

10 Los ojos de Israel estaban tan debilitados a causa de la vejez que apenas podían
ver. José se los acercó y él los abrazó y los
besó. 11 Luego Israel dijo a José:

–No pensaba verte de nuevo, pero Dios
me ha concedido ver incluso a tus descendientes.

12 José los retiró de las rodillas de su
padre y se postró en tierra. 13 Después tomó
a sus dos hijos: a Efraín con su derecha lo
puso a la izquierda de Israel, y a Manasés
con su izquierda lo puso a la derecha de
Israel, y se los acercó así. 14 Israel extendió
su mano derecha y la puso sobre la cabeza
de Efraín, que era el menor, y su izquierda
sobre la cabeza de Manasés, cruzando a propósito las manos, a pesar de que Manasés
era el mayor. 15 Y los bendijo diciendo:

El Dios en cuya presencia caminaron
mis antepasados Abrahán e Isaac,
el Dios que me ha guiado
desde mi nacimiento hasta hoy,
16 el ángel que me ha librado de todo mal,
bendiga a estos muchachos;
que se les llame con mi nombre,
y con el nombre
de mis antepasados Abrahán e Isaac;
que crezcan y se multipliquen en la tierra.

17 Al ver José que su padre ponía su
mano derecha sobre la cabeza de Efraín, se
disgustó, y tomó la mano de su padre para
cambiarla de la cabeza de Efraín a la de
Manasés, 18 mientras le decía:

–Así no, padre, el mayor es éste; coloca
tu mano derecha sobre su cabeza.

19 Pero su padre se opuso diciendo:

–Lo sé, hijo mío, lo sé. También él llegará a ser un pueblo y será también grande; pero su hermano menor será mayor que
él y su descendencia se convertirá en una
muchedumbre de pueblos.

20 Aquel día los bendijo así:

–En su nombre bendecirán en Israel, diciendo: Que Dios los bendiga como a Efraín
y a Manasés.

Y dio a Efraín la procedencia sobre Manasés.

21 Después Israel dijo a José:

–Yo estoy a punto de morir, pero Dios
estará con ustedes y los llevará de nuevo a
la tierra de sus antepasados. 22 Yo te entrego Siquén, con preferencia sobre tus hermanos, la que arrebaté a los amorreos con
mi espada y con mi arco.

Bendiciones y presagios

Jue 5; Dt 33; Gn 34 25-31; 35 22; Miq 5 1-3

49 1 Después, Jacob llamó a sus hijos y
les dijo:

–Reúnanse, que quiero decirles lo que
será de ustedes en los días venideros. 2 Júntense y escuchen, hijos de Jacob; escuchen
a su padre Israel:

• **49 1-28**: En la perspectiva del autor bíblico, las palabras de Jacob sobre cada uno de sus hijos en el momento de morir constituyen una descripción anticipada de la historia posterior de las tribus y sus relaciones mutuas. Literariamente se trata de un poema profano-religioso en donde se entremezclan datos y situaciones reales, reproches, elogios y augurios. Sobresale el oráculo sobre Judá, considerado mesiánico ya en la tradición judía (Gn 49 8-12). Judá es el heredero de las promesas, vencedor de sus enemigos y el primero entre sus hermanos. Se lo retrata sentado, con el bastón de mando entre sus piernas, señal de autoridad que nadie se atreve a discutirle; a un *retoño* suyo se le debe el homenaje de propios y extraños; su reino es paradisíaco: abundancia, paz y bienestar (Is 11 1ss; Miq 5 1ss). La tribu de José es la única expresamente bendecida: mantendrá su preeminencia gracias al Dios familiar, calificado con títulos originales (Gn 49 22-26). También Moisés bendecirá a las tribus antes de morir (Dt 33). La enseñanza común es la fe confiada en un Dios que guiará al pueblo con la misma fidelidad misericordiosa con que lo hizo en la etapa patriarcal.

3 *Rubén*, tú eres mi primogénito,
mi fuerza y el primer fruto
de mi virilidad,
el primero en dignidad,
el primero en poder.
4 Pero eres impetuoso como las aguas,
y no dominarás,
porque subiste al lecho de tu padre,
y profanaste mi cama.

5 *Simeón y Leví* son hermanos,
astucia y violencia son sus armas;
6 no participaré en sus reuniones,
ni comprometeré mi honra
acompañándolos,
porque en su furor mataron hombres,
y en su crueldad descuartizaron toros.
7 Maldita su ira por ser tan violenta,
y su furor por ser tan cruel.
Yo los dividiré en Jacob,
los dispersaré en Israel.

8 A ti *Judá* te alabarán tus hermanos,
someterás a tus enemigos,
los hijos de tu padre
se inclinarán ante ti.
9 Cachorro de león es Judá;
siempre regresas con caza, hijo mío.
Se recuesta, se echa como un león,
como leona,
¿quién será capaz de levantarlo?
10 No se apartará de Judá el cetro,
ni el bastón de mando
de entre sus piernas,
hasta que venga aquél
a quien pertenece,
y a quien los pueblos obedecerán.
11 El ata a la parra su borrico
y las crías de su burra a la vid.
El lava en vino su vestido,
en sangre de uvas su manto.
12 Sus ojos son más oscuros que el vino
y sus dientes más blancos que la leche.

13 *Zabulón* vive en la orilla del mar,
será puerto para los barcos,
sus fronteras llegan hasta Sidón.

14 *Isacar* es un burro robusto
echado en el corral;
15 viendo que el descanso es bueno
y la tierra agradable,
presta su hombro a la carga
y acepta trabajos de esclavo.

16 *Dan* juzga a su pueblo
como un jefe más de Israel.
17 Dan es serpiente en el camino,
una víbora junto al sendero,
que muerde en las patas al caballo
y hace caer por detrás al jinete.
18 Tu salvación espero, ¡oh Señor!

19 A *Gad* salteadores lo asaltan,
pero él asalta por la espalda.

20 *Aser* abunda en pan sabroso,
proporciona manjares de reyes.

21 *Neftalí* es una cierva suelta,
que lleva hermosos cervatillos.

22 *José*, retoño fértil,
retoño fértil junto a la fuente,
sus ramas escalan el muro.
23 Lo enfurecieron al dispararle,
los arqueros lo molestaban.
24 Pero su arco no se quiebra,
sus brazos y manos son ágiles,
gracias al auxilio del Fuerte de Jacob,
del Pastor y Roca de Israel.
25 Que el Dios de tu padre te ayude,
que el Dios Poderoso te bendiga
con bendiciones del cielo
y bendiciones del abismo,
bendiciones de los pechos
y del seno materno.
26 Las bendiciones de tu padre,
mejores que las de las antiguas montañas,
que las delicias de las montañas eternas,
caigan sobre la cabeza de José,
sobre la cabeza
del elegido entre sus hermanos.

27 *Benjamín* es un lobo insaciable,
por la mañana devora su caza
y por la tarde los deshechos.

28 Estas son las doce tribus de Israel y
esto lo que les dijo su padre cuando los bendijo, a cada uno con su propia bendición.

Muerte y funerales de Jacob

Gn 46 4; Hch 7 16; Rom 12 19; 8 28

29 Después les dio estas instrucciones:

–Yo estoy a punto de reunirme con los míos; sepúltenme junto a mis antepasados en la cueva que está en el campo de Efrón, el hitita, 30 en la cueva de Macpelá, frente a Mambré, en la tierra de Canaán, la que compró Abrahán al hitita Efrón como sepulcro en propiedad. 31 Allí fueron sepultados Abrahán y su mujer Sara; allí fueron sepultados Isaac y su mujer Rebeca; allí también sepulté yo a Lía. 32 El campo y la cueva que hay en él los compró Abrahán a los hititas.

33 Cuando Jacob acabó de dar estas instrucciones a sus hijos, encogió sus pies en la cama, expiró, y fue a reunirse con los suyos.

50 1 José se echó sobre el rostro de su padre, y estuvo llorando y besándolo. 2 Luego ordenó a los médicos que estaban a su servicio que lo embalsamaran. Y así lo hicieron. 3 Emplearon en ello cuarenta días, porque éste era el tiempo requerido para embalsamar. Los egipcios guardaron luto durante setenta días.

4 Pasados los días del luto, José habló así a los consejeros del faraón:

–Si en algo me aprecian, les ruego que transmitan este mensaje al faraón: 5 Mi padre me hizo jurar diciéndome: «Estoy a punto de morir, y debes sepultarme en el sepulcro que me hice en Canaán». Permítanme, pues, que vaya a sepultar a mi padre, y luego regresaré.

6 El faraón respondió:

–Ve y sepulta a tu padre como él te hizo jurar.

7 José fue a sepultar a su padre y con él fueron todos los consejeros del faraón, los ancianos de su corte, todos los ancianos de Egipto, 8 y toda la familia de José, sus hermanos y la familia de su padre. Solamente dejaron en la región de Gosen a sus niños y sus rebaños y ganados. 9 Subieron también con él carros y jinetes, de modo que el cortejo era muy grande. 10 Al llegar a la propiedad de Atad, al otro lado del Jordán, hicieron grandes y solemnes lamentaciones fúnebres, y José celebró por su padre un luto de siete días. 11 Cuando los cananeos que vivían en aquella región vieron aquel luto en la propiedad de Atad, se dijeron: «Hacen gran duelo los egipcios». Por eso pusieron el nombre de Abel Misrain –es decir, Duelo de los Egipcios– a la propiedad que está al otro lado del Jordán.

12 Los hijos de Jacob hicieron lo que él les había ordenado. 13 Lo llevaron a la tierra de Canaán y lo sepultaron en la cueva del campo de Macpelá, que Abrahán había comprado para sepultura de los suyos a Efrón, el hitita, enfrente de Mambré. 14 Después José regresó a Egipto con sus hermanos y con todos los que lo habían acompañado a enterrar a su padre.

15 Al ver los hermanos de José que su padre había muerto, se decían: «Quizá ahora José empiece a odiarnos y nos devuelva con creces todo el mal que le hicimos». 16 Por eso mandaron decir a José:

–Tu padre ordenó esto antes de morir: 17 «Digan a José que, por favor, perdone el delito y el pecado de sus hermanos, el daño que le hicieron». Así que, por favor, perdona el delito de los siervos del Dios de tu padre.

José, al oírlos, se echó a llorar. 18 Después sus mismos hermanos vinieron a postrarse ante él y le dijeron:

–Aquí nos tienes, somos tus esclavos.

19 Pero José les dijo:

–No teman, ¿puedo ponerme yo en lugar de Dios? 20 Ciertamente que ustedes se portaron mal conmigo, pero Dios lo cambió en bien, para hacer lo que hoy estamos viendo: para dar vida a un gran pueblo. 21 Así que no teman; yo cuidaré de ustedes y de sus hijos.

Así los consoló hablándoles al corazón.

• **49 29-50 26:** Los momentos finales del ciclo son grandiosos: muere Jacob, como Abrahán e Isaac, rodeado de sus hijos y nietos. Pero aquí todo está detallado. Los años que separan la muerte de José de la de Jacob pasan en un instante. Sus últimas palabras recalcan dos mensajes, uno de fe: el destino está en manos del Señor, y otro de esperanza, acorde con esa misma fe: el Señor, su redentor, vendrá a buscarlos, para arrancarlos de Egipto y conducirlos a su reino. Así se prepara la escena para narrar la historia de la esclavitud en Egipto y la grandiosa liberación que relatará el libro del Exodo.

Muerte de José

Ex 13 19; Jos 24 32; Heb 11 22

22 José siguió viviendo en Egipto con la
familia de su padre; vivió ciento diez
años. 23 Vio a los hijos de Efraín hasta la
tercera generación. También recibió sobre
sus rodillas, al nacer, a los hijos de Maquir, hijo de Manasés. 24 Luego dijo a sus
hermanos:
–Yo estoy a punto de morir, pero Dios
vendrá a liberarlos y los llevará de este país
a la tierra que prometió a Abrahán, Isaac y
Jacob.
25 Y José hizo jurar a los hijos de Israel
así: «Cuando Dios venga a liberarlos, llévense de aquí mis huesos».
26 José murió a los ciento diez años; lo
embalsamaron y lo pusieron en un sarcó-
fago en Egipto.

EXODO

INTRODUCCION

La experiencia del éxodo recobra actualidad en nuestro tiempo en esas multitudes de ancianos, mujeres y niños que huyen con lo puesto de tantos países en guerra o asolados por las desgracias naturales, dejando atrás tierras, casas y familias, amenazados por la opresión, la violencia o la muerte. Muy similar, vista desde fuera, debió ser la experiencia de las tribus y clanes hebreos, que huían de la esclavitud de Egipto bajo la guía de Moisés. Pero vista desde dentro, a la luz de la historia posterior y en clave de fe, la experiencia del éxodo de Egipto se convirtió en el principio y fundamento de la historia y de la fe de un pueblo: "Dios liberó a Israel de la esclavitud de Egipto" es el artículo de fe más importante de todo el Antiguo Testamento (equiparable a lo que significa la resurrección de Jesucristo para el Nuevo Testamento). A lo largo de la historia de Israel el éxodo ha sido constantemente releído y reelaborado por la teología, convirtiéndose en ejemplo y modelo de sucesivas intervenciones liberadoras de Dios y enriqueciéndose progresivamente en cada actualización: "cada una de las generaciones tiene que considerarse a sí misma como salida de Egipto" (Ritual judío de la Pascua).

1. Contexto histórico del Exodo

El segundo libro de la Biblia, se llama en hebreo *Elleh shemot* por las primeras palabras con que comienza (Ex 1 1) y que significan *estos son los nombres*. De aquí *el libro de los nombres*. En cambio la versión griega (también llamada de los Setenta = LXX) le da el nombre de *éxodos*, fiel reflejo de su acontecimiento central, la salida de Egipto.

Los rasgos literarios y teológicos que presenta actualmente el libro del Exodo son la expresión y el fruto de sucesivas reelaboraciones sufridas a lo largo de la historia. La densidad teológica resultante pone de manifiesto la gran distancia existente entre el éxodo de la historia y el éxodo de la fe, y hace casi imposible delimitar los hechos que están a la base de este incuestionable acontecimiento histórico y situarlos correctamente en el tiempo y en el espacio. No obstante, en la formación de las tradiciones del Exodo podemos distinguir cuatro etapas:

1. Según los resultados de las investigaciones modernas, no todas las tribus de Israel bajaron a Egipto, y las que bajaron, no lo hicieron al mismo tiempo. Igualmente se acepta que hubo varias "salidas". Las mismas tradiciones presentes en el Exodo oscilan al hablar de huida y de expulsión. El *éxodo-expulsión* pudo coincidir con la expulsión de los hicsos (que dominaron Egipto entre los años 1720-1570 a. C.) e incluiría a los grupos que más tarde formaron la tribu de Judá (clanes de Judá, Simeón, Caleb). Estos grupos llegaron a Cadés, probablemente por la ruta del norte, y se instalaron en el sur de Palestina. El *éxodo-huida* habría tenido lugar bajo el reinado de Ramsés II (hacia el 1250 a. C.), faraón que utilizó mano de obra semita para construir las ciudades de Pitón y Ramsés (Ex 1 11). Acaudillado por Moisés, el grupo protagonista de la huida estaba integrado por una mezcla de clanes y linajes (Ex 12 38; Nm 11 4), que formarían después las tribus de Manasés, Efraín (las dos tribus de la "casa de José"), Benjamín y probablemente Leví. Después de una prolongada permanencia en el desierto del Sinaí y un gran rodeo por Transjordania, llegaron a los llanos de Moab, frente a Jericó por donde entraron en Palestina conducidos por Josué.

2. Una vez que estos grupos se instalan en el centro de Palestina, otras tribus se unen a ellos y confiesan y adoran al "Dios que hizo salir a su pueblo de la esclavitud" (véase Jos 24 16-17). A partir de aquí comienza el período de desarrollo de lo que será el libro del Exodo: los recuerdos de las tribus llegadas de Egipto son asumidos por las tribus aliadas que, a su vez, aportan sus tradiciones particulares. El conjunto empieza a cristalizar en ciclos de tradiciones orales en torno a grandes núcleos: éxodo, Sinaí, Moisés, desierto. Fruto de esta primera fase serían los primeros relatos épicos, textos litúrgico-cultuales en torno a los santuarios de Guilgal y Siquén, y los códigos legales más antiguos.

3. La consolidación de la monarquía en el s. X a. C. posibilita, entre otras cosas, el primer intento de organizar las viejas tradiciones orales de las tribus en una historia escrita. Es la denominada *historia yavista* (véase Introducción al Pentateuco) que, después de relatar los orígenes y la época patriarcal, habla de la salida de Egipto (Ex 1-17), con escasas referencias a los acontecimientos del Sinaí (Ex 19). Después de la división de los reinos (930 a. C.), se lleva a cabo una nueva relectura de la historia antigua y especialmente del éxodo, a partir de la discriminación y opresión salomónica que había provocado la separación del reino del Norte, usando

en esta relectura del éxodo unos términos y concepciones de opresión más bien salomónicos que faraónicos. En efecto, el relato de la opresión sufrida en Egipto por los israelitas sometidos a trabajos forzados para las construcciones faraónicas parece inspirarse en la situación opresiva que sufrieron las tribus del norte a causa de la política constructora de Salomón (véase 1 Re 5 27-32; 9 15-24; 11 28; 12 3-4). Al final, la *historia elohista* (véase Introducción al Pentateuco) predominará sobre la yavista en lo referente a los relatos del éxodo. Es precisamente en el reino del Norte donde las tradiciones del éxodo-Sinaí tendrían un mayor peso e influencia (hasta que, después de la caída de Samaría, se fusionan con la tradición yavista).

4. El tiempo del exilio babilónico (587-539 a. C.), concebido como un regreso a la esclavitud y opresión, dejó también sus huellas en el libro del Exodo que, a su vez, se convirtió en fuente inspiradora de esperanzas de liberación (véase Is 40-55) y en modelo institucional y constituyente de la nueva comunidad postexílica. Las escuelas *deuteronomista* y, sobre todo, *sacerdotal* (véase Introducción al Pentateuco) reactualizan la historia antigua, concretamente las tradiciones que conocen relativas al éxodo; éstas reciben el sello sacerdotal en temas tales como la alianza sinaítica, la institución de la fiesta de la pascua y las disposiciones cultuales que se refieren a la construcción del santuario, al culto y al personal consagrado; todas ellas son instituciones fundamentales de la comunidad judía surgida del exilio. La posterior reforma de Esdras eleva el Pentateuco, y el libro del Exodo con él, a la categoría de ley nacional judía, poniendo fin al amplio periodo de su formación.

2. *Características literarias*

Como acabamos de exponer, el libro del Exodo es el resultado final de, al menos, tres ediciones elaboradas en distintos contextos históricos y designadas convencionalmente como historias yavista, elohista y sacerdotal, con leves retoques deuterono-

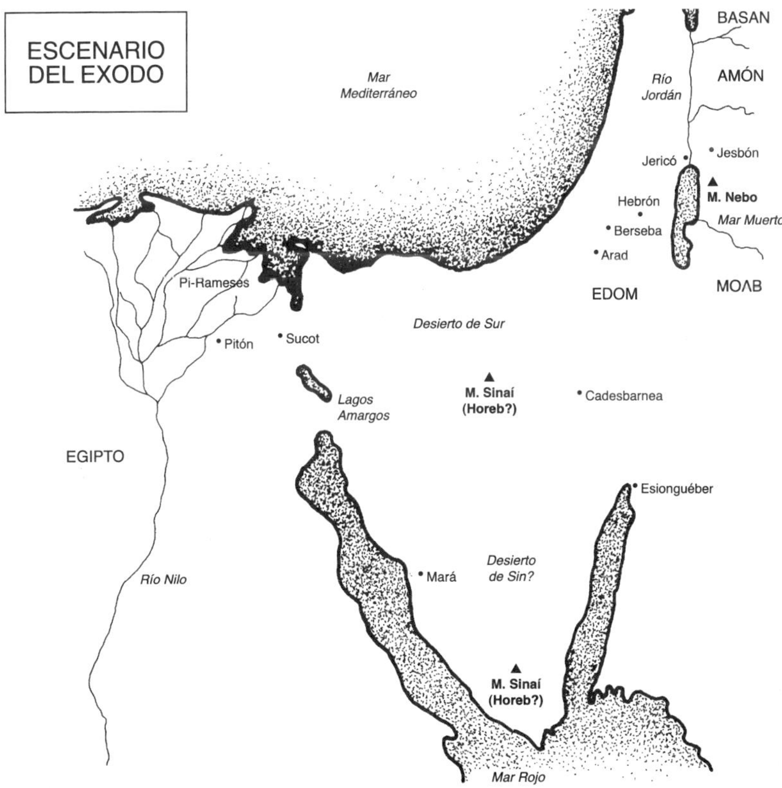

mistas (véase Introducción al Pentateuco). Estas historias se sirvieron, a su vez, de tradiciones orales previas y de otras fuentes diversas, algunas de ellas escritas. En el conjunto se advierten tres tipos de materiales: narrativos, legales y litúrgicos.

–En el *material narrativo* hay que destacar los relatos que describen la opresión de los hebreos, la epopeya del éxodo, la travesía del desierto y la teofanía del Sinaí. A su vez, todos estos relatos se expresan en una gran variedad de géneros: relatos épicos (Ex 4-14), relatos legendarios (Ex 2), relatos de vocación (Ex 3 y 6), cantos heroicos (Ex 15), teofanías (Ex 3 1-6; 19 16-25), litigios o pleitos judiciales (Ex 15 22-26; 17 1-7), relatos que explican nombres y costumbres (Ex 15 23; 17 3-7), y genealogías.

–El *material legal* se concentra fundamentalmente en la tercera parte del libro (Ex 19-40) y está representado por tres cuerpos de leyes: *el decálogo* (Ex 20 1-17), serie de mandatos breves de tipo religioso y social en forma categórica e incondicional, y de origen antiguo, aunque incorporados tardíamente al actual contexto; *el código de la alianza* (Ex 20 22-23 19), compilación mixta de leyes religiosas y sobre todo sociales, tanto en forma categórica como condicional, posteriores a la instalación en Canaán, pero anteriores a la monarquía; y finalmente *las normas cultuales* (Ex 25-31; 35-40) relativas al santuario y al culto, con elementos muy antiguos y otros bastante más tardíos. También habría que añadir el llamado decálogo ritual (Ex 34 14-28) o "código yavista de la alianza".

– El *material litúrgico* está mucho más disperso en el conjunto del libro: generalmente aparece envuelto en formas narrativas o legales que no han podido disimular del todo su origen litúrgico. Esta procedencia se advierte en los relatos sobre la pascua (Ex 11 1-13 16), especialmente en lo concerniente al cordero pascual, los panes ácimos y los primogénitos; en el paso del mar (Ex 14-15), en la proposición y conclusión de la alianza (Ex 19 1-15; 24 1-11), en algunos elementos del código de la alianza (Ex 20 22-23 19) y en buena parte de las normas sobre el santuario y el culto (Ex 25-31; 35-40).

El conjunto resultante queda estructurado en tres grandes partes, divididas a su vez en distintas secciones:

I. LIBERACION DE EGIPTO (Ex 1 1-15 21)

1. Moisés el libertador (Ex 1 1-7 7)
2. Las plagas (Ex 7 8-10 29)
3. Noche de pascua (Ex 11 1-15 21)

II. HACIA EL SINAI (Ex 15 22-18 27)

III. ALIANZA Y LEY (Ex 19 1-40 38)

1. Alianza en el Sinaí (Ex 19 1-24 18)
2. Normas para el culto (Ex 25 1-31 18)
3. Apostasía y renovación de la alianza (Ex 32 1-34 35)
4. Ejecución de las normas para el culto (Ex 35 1-40 38)

3. Claves teológicas del Exodo

Por encima de su valor histórico y literario, el libro del Exodo es una gran confesión de fe en el Dios que ha liberado a Israel de la esclavitud por mediación de Moisés, que lo ha convertido en pueblo libre y se ha vinculado a él en alianza. He aquí las claves fundamentales de un libro que se convertirá, a su vez, en fuente y modelo de gran parte de las teologías contenidas en el Antiguo y Nuevo Testamento.

Dios: Su imagen se configura a partir de la revelación de su nombre: Yavé, el que está siempre dispuesto a acudir en defensa de sus elegidos cuando en medio de la opresión claman a él. Es uno y no admite nada que le haga sombra; transcendente, pues nadie puede verlo y se oculta bajo símbolos; señor del cosmos, como lo demuestra en las plagas, en el paso del mar y en la teofanía del Sinaí; y señor de la historia, que dirige los destinos del hombre y de los pueblos bajo la dinámica de la elección y la bendición. Es fiel a su palabra y a las promesas que hizo y que ahora empiezan a cumplirse; y es solidario con los que sufren, manifestándose como su defensor contra quien pueda ser el agresor. Su antagonista y sombra es Egipto-faraón como antidiós: el déspota cruel, sanguinario hasta el genocidio, explotador de los marginados, que se mueve únicamente por los índices de producción, subordinando los derechos humanos al mercantilismo.

Moisés, el mediador: Imagen perfecta del elegido, tomado de entre el pueblo, cuya misión será salvar a ese mismo pueblo con la ayuda del Señor. Su vida prefigura su tarea: es salvado para que salve; Dios se le hace el encontradizo para que aprenda el camino y lleve hasta el Sinaí a los liberados. Su misión está marcada por una aparente contradicción: cuando debe huir por haber traicionado a los egipcios, es cuando ha de ponerse al frente de los oprimidos para liberarlos, y no cuando tenía poder como familiar del faraón. Siempre será solidario con su pueblo, incluso en los momentos de la rebelión contra Dios, y con su intercesión evitará que el pueblo perezca. Es embajador del Señor ante el faraón, su profeta para el pueblo, el líder indiscutible, con permanente acceso a su Señor. En su rostro acabará reflejándose la gloria del Altísimo. Aunque no entrará en la tierra prometida por haber participado del pecado del pueblo, su gloria será eterna porque es el elegido que asumió y realizó perfectamente su misión.

El pueblo: En el libro del Exodo comienza la historia de Israel como pueblo (en el Génesis se trataba de familias y clanes). El núcleo israelita más antiguo está formado por los oprimidos de Egipto, cuyo clamor en medio de la desgracia despierta la compasión y activa la solidaridad divina. A los esclavos de los egipcios se les exigirá una opción por la libertad que conduce a Dios; han de preferir el riesgo de abandonar la mínima seguridad que la esclavitud les garantiza, por el desierto, signo de entrega confiada en las manos del Señor (véase Os 2 16; Jr 2 2-3). Este pueblo es retratado sin sombra de idealización: ante la dificultad duda, desconfía, protesta y se rebela, aunque acabe de experimentar la providencia divina. A diferencia de Moisés, el pueblo es el elegido que no cumple su misión, se hace indigno de ella, y se libra del rechazo y la aniquilación gracias al poder intercesor del mediador Moisés.

La alianza: es la culminación de un caminar al encuentro del Señor que llama desde el Sinaí. Al comienzo hay que luchar por la liberación, luchar contra todo aquello que frustra y enajena al hombre, tipificado en la esclavitud opresora de Egipto. Pero la liberación no se termina ni se agota en la libertad, sino que mira al encuentro con Dios, al pacto con él. A causa de la alianza, los que eran esclavos y servían al faraón, una vez libres, se comprometen a ser los servidores de Dios, a cumplir sus normas para no caer de nuevo en la esclavitud. La alianza obliga también a aceptar a los demás como hermanos, a un compromiso solidario y fraternal, como el que Dios demostró con ellos. La alianza realiza plenamente al hombre como ser en relación con Dios, con los hombres, con la tierra y con el universo; relaciones que se entrecruzan y que Dios regula, de forma que su transgresión será ofensa al autor de la alianza. Este compromiso debe manifestarse en la liturgia: el culto es esencial a la alianza, en cuanto acción de gracias y signo de disponibilidad permanente.

El Exodo, un libro abierto: El libro del Exodo y los grandes acontecimientos que contiene se convirtieron en fuente inagotable de evocación y actualización, tanto en el Antiguo como en el Nuevo Testamento. Los restantes libros del Pentateuco (Números, Levítico y Deuteronomio) aparecen como su continuación lógica. Entre los libros históricos, Josué significa el cumplimiento del proyecto liberador al pueblo iniciado en Egipto (el paso del Jordán es la correspondencia del paso del mar Rojo) y 1 Re 17-19 presenta la misión profética de Elías con frecuentes alusiones al Sinaí. Entre los profetas, Oseas y Jeremías recurren frecuentemente al motivo de la alianza de Dios con el pueblo, y el Segundo Isaías (Is 40-55) también usa el tema del éxodo para ilustrar la liberación del exilio babilónico. Numerosos salmos recuerdan las grandes intervenciones divinas en el éxodo (Sal 81; 95; 111; 114; 136); el libro del Eclesiástico lo evoca ampliamente en su relectura de la historia (Eclo 45) y el libro de la Sabiduría hace una actualización de los episodios de las plagas y el paso del mar (Sab 10-19).

También el Nuevo Testamento convierte el Exodo en fuente privilegiada de inspiración y actualización: desde Mateo (infancia de Jesús, sermón del monte) hasta el Apocalipsis (Cristo como nuevo cordero), la mayoría de los autores y escritos aluden a episodios, temas y motivos del Exodo, destacando especialmente la última cena de Jesús como nueva pascua, la nueva alianza sellada en su sangre, la idea paulina de la redención como la liberación plena, el bautismo como nuevo paso del mar, las alusiones a la ley y su condición transitoria, las referencias joánicas a Moisés, al maná y al agua de la roca... Con razón se ha escrito que "el libro del Exodo es la gran estructura teológica, simbólica y literaria sobre la que el cristianismo ha confrontado y comprendido su experiencia".

EXODO

I. LIBERACION DE EGIPTO Δ

1. Moisés, el libertador ◊

Israel se convierte en un pueblo

Gn 46 1-27; Hch 7 14-17; Dt 10 22; 26 5

1 1 Estos son los nombres de los israelitas que se trasladaron a Egipto con Jacob, cada uno con su familia: 2 Rubén, Simeón, Leví, Judá, 3 Isacar, Zabulón, Benjamín, 4 Dan, Neftalí, Gad y Aser. 5 Contando a José, que estaba en Egipto, los descendientes directos de Jacob eran en total
setenta.
6 Murió José así como sus hermanos y
toda aquella generación. 7 Los israelitas
eran muy fecundos y se multiplicaron mucho; aumentaban progresivamente y llegaron a ser tan numerosos que llenaron toda
aquella región.

Opresión de los israelitas

Hch 7 18-19; Sal 105 25

8 Entonces subió al trono de Egipto un
nuevo rey, que no había conocido a José,
9 y dijo a su pueblo:
–Fíjense cómo el pueblo israelita se ha
hecho más numeroso y potente que nosotros. 10 Hay que actuar con cautela para
que no sigan multiplicándose, pues si se
declara una guerra, se aliarán con nuestros
enemigos, lucharán contra nosotros y se
irán del país.
11 Entonces les impusieron capataces que
los oprimieran con rudos trabajos, mientras edificaban Pitón y Rameses, ciudades-
almacén del faraón. 12 Pero cuanto más los
oprimían, más se multiplicaban y aumentaban, de modo que los israelitas llegaron a
ser un motivo de temor para los egipcios.
13 Por eso, los egipcios los sometieron a una
dura esclavitud 14 y les hicieron la vida
imposible, obligándolos a realizar trabajos
extenuantes, tales como la preparación del
barro para fabricar ladrillos, y toda clase de
faenas agrícolas.
15 El rey de Egipto se dirigió a las parteras de las hebreas –una se llamaba Sifrá
y la otra Fuá– 16 y les ordenó:
–Cuando asistan a un parto de las he-

Δ 1 1-15 21: La primera parte del libro del Exodo es literariamente una especie de drama sagrado en el que Dios se revela. Los diversos personajes (el pueblo explotado, Moisés y el faraón) se preguntan, cada uno desde su perspectiva, quién es Dios y cómo actúa. La respuesta no consiste en consideraciones teóricas, sino que se da en forma de epopeya histórica en la que los explotados descubren a un Dios libertador; el faraón opresor descubre a un Dios que se enfrenta a su política déspota e inhumana; y Moisés, el elegido, descubre al Dios que elige un pueblo para estar siempre con él. Retomando antiguos recuerdos sobre una o varias salidas de Egipto, el autor sagrado ha compuesto esta hermosa catequesis en forma de epopeya histórica, que podemos dividir en tres actos: la presentación de los personajes (Ex 1 1-7 7), la catequesis de las plagas (Ex 7 8-10 29) y la gran noche de la pascua (Ex 11 1-15 21).

◊ 1 1-7 7: En el primer acto tiene lugar la presentación de los personajes que van a desempeñar un papel importante en el desarrollo del drama sagrado. En primer lugar se presenta al pueblo: son los descendientes de los patriarcas, a quienes Dios había hecho las promesas, pero ahora están duramente oprimidos (Ex 1-2). Paralelamente se va dibujando el perfil del faraón y de lo que éste representa: es el poder opresor e inhumano, que se sirve de cualquier medio para mantener su situación de privilegio (Ex 1; 5 10-6 1). La presentación de Moisés es la más detallada: sus orígenes (Ex 2), su vocación (Ex 3 1-4 17), su solidaridad con los oprimidos (Ex 4 18-5 9). Y junto a Moisés, el Dios que se revela como Yavé (=el Señor), porque es el Dios cercano y solidario que promete asistencia continua (Ex 3 7-15). He aquí los cuatro personajes del drama que va a desarrollarse.

• **1 1-22**: Después de enlazar con el final de Génesis (Ex 1 1-7), el relato describe detalladamente la opresión de los israelitas por parte de los egipcios. El faraón (en el que está personificado todo Egipto) representa al opresor duro y feroz para quien los propios intereses están por encima de las personas y los pueblos. Aunque Dios parece callar, no olvida a los suyos. Comienza a salvarlos por medio de seres débiles y sin poder: las parteras. El capítulo retrata el medio ambiente desolador y peligroso en que va a nacer Moisés: la orden de arrojar los niños al río introduce el relato maravilloso de su salvación y Dios, una vez más, salvará al débil.

breas, fíjense en el sexo; si es niño, mátenlo; si es niña, déjenla vivir.
17 Pero las parteras temían a Dios y no
hicieron lo que les había mandado el rey de
Egipto, sino que dejaban vivir también a
los niños.
18 Entonces el rey mandó llamar a las
parteras y les dijo:
–¿Por qué han hecho esto? ¿Por qué han
dejado vivir a los niños?
19 Las parteras respondieron al faraón:
–Es que las mujeres hebreas no son como las egipcias; son fuertes, y dan a luz
antes de que llegue la partera.
20 Dios premió a las parteras; el pueblo
siguió multiplicándose y llegó a ser muy
poderoso. 21 Por haber temido a Dios, él
concedió a las parteras una buena descendencia. 22 Entonces el faraón dio esta orden
a todo su pueblo:
–Arrojen al río a todos los niños que nazcan; a las niñas, déjenlas vivir.

Nacimiento y salvación de Moisés

Ex 6 20; Hch 7 20-21; Heb 11 23

2 1 Un hombre de la familia de Leví se
casó con la hija de otro levita. 2 Ella
concibió y dio a luz un hijo, y al ver que
era muy hermoso lo tuvo escondido durante tres meses. 3 Como no podía ocultarlo
por más tiempo, tomó una canasta de mim-
bre, tapó los agujeros con barro y brea,
puso dentro de ella al niño y lo dejó entre
los juncos a la orilla del río. 4 La hermana
del pequeño se quedó a poca distancia para
ver lo que sucedía.
5 Entonces, la hija del faraón bajó a bañarse al río y, mientras sus criadas paseaban por la orilla, vio la canasta en medio
de los juncos, y envió a una de sus criadas
para que la recogiera. 6 Cuando la abrió y
vio al niño, que estaba llorando, se sintió
conmovida y exclamó:
–¡Es un niño hebreo!
7 Entonces, la hermana del pequeño dijo a la hija del faraón:
–¿Quieres que te consiga una mujer hebrea para que te críe este niño?
8 La hija del faraón le respondió:
–Consíguela.
La joven fue a buscar a la madre del
niño, 9 a quien la hija del faraón encargó:
–Toma a este niño y críamelo; yo te lo
pagaré.
La mujer tomó al niño y lo crió.
10 Cuando creció, se lo llevó a la hija
del faraón, quien lo trató como hijo y le
dio el nombre de Moisés, diciendo: «yo lo
saqué de las aguas».

Huida de Moisés a Madián

Hch 7 23-29; Heb 11 24-27; Gn 24 11-31; 29 2-14

11 Cierto día, siendo ya mayor, Moisés
fue adonde estaban sus hermanos. Vio sus
duros trabajos y observó cómo un egipcio
maltrataba a uno de sus hermanos hebreos.
12 Miró a todos lados y, viendo que no había nadie, mató al egipcio y lo enterró en la
arena. 13 Salió también al día siguiente; vio
a dos hebreos peleando, y dijo al agresor:
–¿Por qué golpeas a tu compañero?
14 Pero éste le contestó:
–¿Quién te ha constituido jefe y juez entre nosotros? ¿Piensas matarme como mataste al egipcio?
A Moisés le entró miedo, y pensó: «Sin
duda que la cosa se sabe».
15 El faraón se había enterado también
de lo sucedido y trataba de matar a Moisés. Pero Moisés huyó del faraón y se asentó en el país de Madián, junto a un pozo.
16 El sacerdote de Madián tenía siete
hijas. Vinieron éstas a sacar agua, y cuan-

• **2 1-10**: La salvación de Moisés anuncia ya su futura misión: al ser salvado de morir ahogado en el Nilo, él mismo experimenta la salvación del Señor y queda habilitado para salvar de la esclavitud a sus hermanos. Se describe con detalle la canasta que en hebreo es la misma palabra con que se designa el arca de Noé. Así como allí flotaba el futuro de la humanidad, en este arca (la canasta) navega sobre un mar de muerte el futuro de Israel (Moisés); la debilidad de nuevo como medio divino para liberar. El relato enseña con ironía que el faraón, sin querer, colabora en el plan divino, lo que demuestra que Dios es señor de la historia.

• **2 11-22**: La triple salida de Moisés prepara la definitiva. En la primera, Moisés sale de la seguridad que le proporciona la casa y familia del faraón, visita a sus hermanos oprimidos e interviene para defender a un *hebreo* (aquí un marginado); en la segunda salida, fracasa en su intento de separar a dos de sus hermanos que se peleaban y este fracaso justifica su tercera salida a Madián. Allí, junto a un pozo, después de defender a débiles mujeres, encontrará entre ellas a la que será su esposa (véase Gn 24 11-21 y 29 1-13). Moisés retorna a la vida patriarcal, pero sin olvidar a sus hermanos que sufren; así lo demuestra el nombre que da a su hijo (Ex 2 22).

do estaban llenando los bebederos para dar de beber al rebaño de su padre, 17 llegaron unos pastores y las echaron de allí. Entonces Moisés salió en defensa de las jóvenes y dio de beber al rebaño. 18 Cuando regresaron a casa de su padre Ragüel, éste les preguntó:

–¿Por qué regresan tan pronto hoy?

19 Respondieron:

–Es que un egipcio nos defendió de los pastores; se puso a sacar agua y dio de beber a nuestro rebaño.

20 El les preguntó:

–¿Y dónde está? ¿Por qué han dejado que se vaya una persona así? Llámenlo y que coma algo.

21 Moisés decidió quedarse con aquel hombre, y él le dio como esposa a su hija Séfora. 22 Ella dio a luz un hijo, y Moisés le llamó Guersón, porque dijo: «Soy extranjero en tierra extraña».

Dios se acuerda de su promesa

Dt 26 7; Gn 12 1-4

23 Mucho tiempo después murió el rey de Egipto. Los israelitas, esclavizados como estaban, gemían y clamaban, y sus gritos de auxilio llegaron hasta Dios desde su esclavitud. 24 Dios escuchó sus lamentos y recordó la promesa que había hecho a Abrahán, Isaac y Jacob. 25 Dios se fijó en los israelitas y comprendió su situación.

Vocación y tarea de Moisés

Ex 6 2-13; Hch 7 30-34; Ex 19 12; Jos 5 15; Mt 22 32; Ex 7 8-12; Jr 1 6-9

3 1 Moisés pastoreaba el rebaño de Jetró, su suegro, sacerdote de Madián. Guió al rebaño lejos por el desierto, y llegó al Horeb, la montaña de Dios, 2 y allí se le manifestó el ángel del Señor, bajo la apariencia de una llama que ardía en medio de una zarza. Al fijarse, vio que la zarza estaba ardiendo pero no se consumía. 3 Entonces Moisés se dijo: «Voy a acercarme para contemplar esta maravillosa visión, y ver por qué no se consume la zarza». 4 Cuando el Señor vio que se acercaba para mirar, lo llamó desde la zarza:

–¡Moisés! ¡Moisés!

El respondió:

–Aquí estoy.

5 Dios le dijo:

–No te acerques; quítate las sandalias, porque el lugar que pisas es sagrado.

Y añadió:

6 –Yo soy el Dios de tu padre, el Dios de Abrahán, el Dios de Isaac y el Dios de Jacob.

Moisés se cubrió el rostro, porque temía mirar a Dios.

7 El Señor siguió diciendo:

–¡He visto la opresión de mi pueblo en Egipto, he oído el clamor que le arrancan sus opresores y conozco sus angustias!

• **2 23-25**: El recuerdo de la opresión sirve para introducir los temas de la vocación de Moisés y de la liberación del pueblo. Ni el paso del tiempo ni la muerte del faraón hacen disminuir el sufrimiento. El Señor va a actuar porque recuerda sus promesas a los antepasados del pueblo: es el Dios fiel que cumple lo que dijo. La historia se abre al futuro: la vocación de Moisés responde al clamor de los esclavos.

• **3 1-4 17**: La experiencia de Dios en la montaña divina, en el Horeb, será revolucionaria. Moisés descubre a Dios en un acontecimiento (la zarza que arde) y Dios le sale al encuentro por medio de su palabra. Con los pies descalzos (porque el lugar es sagrado) y la cara tapada (porque teme mirar a Dios), espera en silencio. El encuentro con Dios es un acontecimiento salvador que genera un nuevo tipo de existencia. El Dios de sus antepasados, ligado a una historia de amor, va a rescatar a los suyos. En el diálogo con Moisés resalta el contraste entre la resistencia humana y la insistencia del Señor, que está decidido a actuar de manera eficaz e irrevocable.

Moisés expresa sus dudas. La primera duda (Ex 3 11-12) se refiere a su incapacidad; el Señor lo escucha pero le exige que se abandone en sus manos prometiéndole que allí, en aquella montaña, se formará una comunidad de hombres libres (Ex 3 8), que darán culto al Señor (Ex 3 12) y creerán en él y en su poder. La segunda duda (Ex 3 13-15) desemboca en una petición: Moisés quiere conocer el *nombre* del Dios que lo envía. "Conocer el nombre" es la clave, porque el *nombre* lo es todo en el mundo semita antiguo; solo existe lo que tiene *nombre*, y éste indica la naturaleza o realidad de quien lo lleva; por el nombre se puede llegar al ser. El *nombre* es el signo que legitima la misión y es también la fuerza que garantiza su eficacia. El nombre propio que Dios revela ahora a Moisés es *Yavé* (= el Señor) que equivale a *yo soy el que soy* o *yo soy el que estaré* (Ex 3 14). El Señor, pues, es alguien real, que *estará* cerca con poder y misericordia (véase Ex 33 19; 34 6-7). Este nombre (Yavé) recordará siempre que su naturaleza más profunda es ser salvador (Jesús en hebreo significa "el Señor salva": Mt 1 21).

Finalmente, a la duda sobre la credibilidad del mensaje (Ex 4 1-14), responde Dios con el don de hacer prodigios concedido a Moisés. En cualquier caso lo decisivo no es la capacidad o incapacidad del enviado, sino la palabra que Dios le entrega, aunque sea Aarón quien la pronuncie.

8 Voy a bajar para librarlo del poder de los
egipcios. Lo sacaré de este país y lo llevaré a una tierra nueva y espaciosa, a una tierra que mana leche y miel, a la tierra de los
cananeos, hititas, amorreos, pereceos, jeveos y jebuseos. 9 El clamor de los israelitas ha llegado hasta mí. He visto también
cómo son oprimidos por los egipcios. 10 Ve,
pues; yo te envío al faraón para que saques
de Egipto a mi pueblo, a los israelitas.
11 Moisés preguntó al Señor:
–¿Quién soy yo para ir al faraón y sacar
de Egipto a los israelitas?
12 Dios le respondió:
–Yo estaré contigo, y ésta será la señal
de que yo te he enviado: cuando hayas sacado al pueblo de Egipto, me darán culto
en esta montaña.
13 Moisés insistió:
–Bien, yo me presentaré a los israelitas
y les diré: «El Dios de sus antepasados me
envía a ustedes». Y si ellos me preguntan
cuál es su nombre, ¿qué les responderé?
14 Dios contestó a Moisés:
–Yo soy el que soy. Explícaselo así a
los israelitas: «Yo soy» me envía a ustedes.
15 Y añadió:
–Así dirás a los israelitas: El Señor, el
Dios de sus antepasados, el Dios de Abrahán, el Dios de Isaac, el Dios de Jacob, me
envía a ustedes. Este es mi nombre para
siempre, así me recordarán de generación
en generación.
16 Anda, reúne a los ancianos de Israel y
diles: El Señor, el Dios de sus antepasados,
el Dios de Abrahán, de Isaac y de Jacob,
se me ha aparecido y me ha dicho: «He
visto conmovido cómo los tratan los egipcios 17 y he decidido sacarlos de la opresión de Egipto para llevarlos a la tierra de
los cananeos, hititas, amorreos, pereceos,
jeveos y jebuseos; tierra que mana leche y
miel». 18 Ellos te escucharán. Entonces
irás con los ancianos de Israel al rey de
Egipto y le dirán: «El Señor, el Dios de los
hebreos, se nos ha manifestado; permítenos hacer una peregrinación de tres días
por el desierto para ofrecer sacrificios al
Señor, nuestro Dios». 19 Bien sé yo que el
rey de Egipto no los dejará partir, a no ser
obligado por una gran fuerza. 20 Pero yo
emplearé mi fuerza y castigaré a Egipto,
realizando prodigios en medio de ellos.
Después los expulsará. 21 Yo haré que los
egipcios se muestren benévolos con ustedes, de suerte que cuando salgan no se vayan con las manos vacías, 22 sino que cada
mujer pedirá a su vecina o a la dueña de la
casa objetos de plata y oro y vestidos para
sus hijos y sus hijas. De este modo despojarán a los egipcios.

4 1 Moisés respondió:
–No me creerán, ni me escucharán; di-
rán que no se me ha aparecido el Señor.
2 El Señor le dijo:
–¿Qué tienes en tu mano?
El respondió:
–Un bastón.
3 El Señor le ordenó:
–Tíralo al suelo.
El lo tiró y se convirtió en una serpien-
te. Al ver esto, Moisés intentó huir. 4 Pero
el Señor le dijo:
–Alarga tu mano y agárrala por la cola.
Moisés alargó su mano, la sujetó y la
serpiente se convirtió de nuevo en bastón.
5 –Así creerán que me he aparecido a ti,
yo, el Señor, el Dios de tus antepasados, el
Dios de Abrahán, de Isaac y de Jacob.
6 Y el Señor prosiguió:
–Mete la mano en tu pecho.
El la metió y cuando la sacó estaba cubierta de lepra, blanca como la nieve. 7 Luego le dijo:
–Vuelve a meter la mano en tu pecho.
Volvió a meterla y, al sacarla de nuevo,
estaba tan sana como el resto de su cuerpo.
8 –Si no te creen ni se convencen por el
primer prodigio, creerán por el segundo.
9 Y si todavía no creen ni te escuchan a
pesar de estos dos prodigios, toma agua
del río, derrámala por el suelo, y el agua se
convertirá en sangre.
10 Moisés dijo al Señor:
–Perdona, Señor, pero yo no tengo facilidad de palabra. No la tenía antes, ni tampoco la tengo desde que tú me hablas; soy
lento para hablar y lo hago con dificultad.
11 El Señor le respondió:
–¿Quién ha dado al hombre la boca?,
¿quién hace al sordo y al mudo, al que ve y
al que no ve? ¿no soy yo, el Señor? 12 Así
pues, vete; yo estaré en tu boca y te enseñaré lo que debes decir.
13 Moisés insistió:

–Te lo suplico, Señor, envía a cualquier otro.

14 El Señor se enojó con Moisés y le dijo:

–¿Es que no tienes a tu hermano Aarón, el levita? Yo sé que él tiene facilidad de palabra. Saldrá a tu encuentro, y al verte se alegrará. 15 Tú le dirás lo que debe decir; yo estaré en tu boca y en la suya, y les indicaré lo que tienen que hacer. 16 Aarón hablará por ti al pueblo; él será tu portavoz y tú serás para él como un dios. 17 Lleva este bastón en la mano, porque con él realizarás los prodigios.

Moisés regresa a Egipto

Mt 2 20; Gn 32 25-33; Jos 5 2-3

18 Moisés regresó a casa de su suegro Jetró, y le dijo:

–Deja que me vaya y regrese con mis hermanos, que están en Egipto, para ver si todavía están vivos.

Jetró le contestó:

–Vete en paz.

19 El Señor había dicho a Moisés en Madián: «Anda, regresa a Egipto. Porque han muerto todos los que intentaban matarte».

20 Moisés tomó a su mujer y a sus hijos, los montó en burros y se dirigió a Egipto, llevando en su mano el bastón de Dios.

21 El Señor le dijo:

–Mientras regresas a Egipto, recuerda los prodigios que te he concedido realizar ante el faraón. Yo haré que se muestre intransigente y que no deje salir al pueblo. 22 Tú dirás al faraón: «Así dice el Señor: Israel es mi hijo, mi primogénito. 23 Te ordeno que dejes salir a mi hijo para que me dé culto. Si te niegas, yo mataré a tu hijo primogénito».

24 Y mientras iban de camino, cuando Moisés se disponía a pasar la noche, el Señor lo atacó, poniéndolo en peligro de muerte. 25 Entonces Séfora, tomando un cuchillo de piedra afilado, cortó el prepucio de su hijo y lo colocó en las partes íntimas de Moisés diciendo:

–Eres mi esposo de sangre.

26 Entonces el Señor lo dejó. Ella le había llamado esposo de sangre, debido a la circuncisión.

27 El Señor dijo a Aarón:

–Ve al encuentro de Moisés en el desierto.

Partió Aarón, y cuando se encontró con Moisés en la montaña de Dios, lo abrazó. 28 Moisés contó a Aarón todo lo referente a la misión que el Señor le había confiado y todos los prodigios que le había mandado hacer. 29 Moisés y Aarón reunieron a todos los ancianos de los israelitas, 30 y Aarón les contó todo cuanto el Señor había dicho a Moisés, y éste realizó los signos ante el pueblo. 31 El pueblo creyó y, al comprender que el Señor se preocupaba de los israelitas y que se había fijado en su opresión, se postraron y lo adoraron.

Encuentro con el faraón

Ex 7 16.26; 8 16; 9 1.13; 10 3; 3 18; 8 23

5 1 Después de esto, se presentaron Moisés y Aarón al faraón y le dijeron:

• **4 18-31**: El regreso de Moisés a Egipto está relatado en tres escenas. En la primera (Ex 4 18-23) Moisés es invitado por un oráculo divino a salir de Madián y regresar a Egipto; por primera vez Israel es llamado *primogénito del Señor*, motivo clave en esta epopeya. La segunda escena (Ex 4 24-26) es muy extraña tanto respecto al contenido como a su formulación. El misterioso ataque de Dios a Moisés (véase Gn 32 23-33) sirve para prepararlo como enviado del Señor: el incircunciso debe circuncidarse para realizar la misión liberadora. La carne de su hijo circuncidado por su madre, entierra al viejo Moisés y engendra al hombre nuevo, ya bien dispuesto a cumplir los proyectos del Señor. La sangre del primogénito lo salva del ataque del Señor, como la del cordero, sacrificado en lugar de los primogénitos, salvará a Israel del *exterminador* (Ex 12 21-32). En su estado actual, el relato parece que pretende fundamentar el rito de la circuncisión y legitimar la circuncisión de los niños. En la última escena (Ex 4 27-31) Moisés, Aarón y los israelitas dan gracias al Señor que se ha acordado de ellos.

• **5 1-6 1**: La primera tentativa ante el faraón fracasa. Moisés pide permiso para celebrar una fiesta; el faraón, que se considera un *dios*, se niega a *obedecer* y *reconocer* al Señor como Dios verdadero. A la segunda petición responde el faraón explotador: ni peregrinación ni culto son productivos. El materialismo se impone a los derechos humanos. La gestión de Moisés provoca el endurecimiento de las condiciones de trabajo. Además, el hecho de nombrar encargados hebreos para hacer trabajar a los hebreos oculta un plan diabólico: dividir a los esclavos, evitando la solidaridad (Ex 5 1-14). Los explotados se quejan porque ellos se consideran unos *buenos servidores* del faraón, y sin embargo el rey, como todos los explotadores, los acusa de perezosos. Ante Moisés el pueblo oprimido confiesa que no quiere arriesgarse, se resiste así al plan divino; pero la fe es una entrega arriesgada. Moisés, el mediador, interpela al Señor quien le asegura un triunfo total (Ex 5 15-6 1).

–Así dice el Señor, Dios de Israel: Deja
partir a mi pueblo para que celebre en el
desierto una fiesta en mi honor.
2 Pero el faraón dijo:
–¿Quién es el Señor para que yo le obedezca y deje salir a Israel? Ni reconozco al
Señor ni dejaré salir a Israel.
3 Ellos contestaron:
–El Dios de los hebreos se nos ha manifestado. Permítenos hacer una peregrinación de tres días por el desierto para ofrecer sacrificios al Señor, nuestro Dios; de lo
contrario nos castigará con enfermedades o
guerras.
4 Pero el rey de Egipto les dijo:
–Ustedes están apartando al pueblo de
sus trabajos. Vayan a sus obligaciones.
5 Y añadió:
–Ahora que el pueblo es numeroso,
¿quieren que interrumpa sus trabajos?
6 Aquel mismo día el faraón dio esta
orden a los capataces y a los encargados:
7 –No vuelvan a darles paja para fabricar los ladrillos, como hasta ahora; que
vayan ellos mismos a buscarla. 8 Y exíjan-
les la misma cantidad de ladrillos que antes,
sin perdonarles ni uno, porque son unos
holgazanes; por eso andan gritando: «Queremos ir a ofrecer sacrificios a nuestro
Dios». 9 Auméntenles la tarea para que estén ocupados y no den oídos a mentiras.
10 Los capataces y los encargados fueron a comunicárselo al pueblo y le dijeron:
–El faraón dice que no les dará más paja, 11 que vayan ustedes a buscarla donde
la encuentren, y que no les disminuirá la
tarea que deben realizar.
12 El pueblo, entonces, se dispersó por
todo Egipto en busca de rastrojo que sirviera de paja. 13 Los capataces los apuraban, diciendo:
–¡Vamos, cumplan la tarea diaria, como
cuando se les daba la paja!
14 Los capataces del faraón golpeaban a
los encargados israelitas que habían nombrado, diciéndoles:
–¿Por qué ni ayer ni hoy han completado
la tarea de ladrillos como lo hacían antes?
15 Entonces los encargados israelitas
fueron a quejarse al faraón y le dijeron:
–¿Por qué tratas así a tus siervos? 16 No
nos dan paja y, sin embargo, nos ordenan
que hagamos los mismos ladrillos. Nos castigan a nosotros, tus siervos, cuando la culpa es de tu pueblo.
17 El faraón contestó:
–¡Ustedes son unos flojos! Por eso andan diciendo: «Queremos ir a ofrecer sacrificios al Señor». 18 ¡Váyanse a trabajar! No
se les dará paja y tendrán que hacer la misma cantidad de ladrillos.
19 Cuando les comunicaron que no se
rebajaría la cantidad diaria de ladrillos, los
encargados israelitas se dieron cuenta de la
gravedad de la situación. 20 Al salir del palacio del faraón se encontraron con Moisés
y Aarón, que habían venido a esperarlos,
21 y les dijeron:
–Que el Señor considere y juzgue. Ustedes han sido los causantes del odio del
faraón y sus consejeros; han puesto una espada en sus manos para que nos maten.
22 Entonces Moisés se dirigió al Señor y
le dijo:
–Señor, ¿por qué maltratas a este pueblo? ¿por qué me has enviado? 23 Desde
que fui al faraón para hablarle en tu nombre, trata peor a este pueblo, y tú no haces
nada para librarlo.
6 1 El Señor respondió a Moisés:
–Ahora verás lo que voy a hacer al faraón: obligado por una fuerza poderosa tendrá que dejarlos partir y tendrá que expulsarlos de su país.

Vocación renovada

Ex 3 1-4 23; Gn 17 7-8; 24 7; 4 10

2 Dios dijo a Moisés:
–Yo soy el Señor. 3 Yo me manifesté a
Abrahán, a Isaac y a Jacob con el nombre
de Dios Poderoso, pero no me di a conocer
a ellos bajo mi nombre de el Señor. 4 Yo
establecí con ellos mi alianza, prometiéndoles la tierra de Canaán, tierra en que habían vivido como extranjeros; 5 y ahora he

• **6 2-13**: Lo que a primera vista parece una nueva aparición de Dios a Moisés (véase Ex 3 1-4 17) es, en realidad, una nueva versión de su vocación que tiene, como los dos pasajes que siguen, las características del autor sacerdotal. La fórmula *Yo soy el Señor* repetida varias veces (Ex 6 2.6.7.8) recuerda los pactos orientales: Dios se ha comprometido con Abrahán a darle a su descendencia (el pueblo hoy oprimido en Egipto) una tierra en posesión, y este compromiso, que pasa necesariamente por la liberación, queda garantizado por el nombre y el poder de Dios.

escuchado el clamor de los israelitas, a
quienes los egipcios tienen esclavizados, y
me he acordado de mi alianza. 6 Por eso, di
a los israelitas: Yo soy el Señor y los sacaré de la opresión de los egipcios; los libraré de su esclavitud, rescatándolos con gran
poder y terribles castigos. 7 Los adoptaré
como mi pueblo, y yo seré su Dios; entonces sabrán que yo soy el Señor, su Dios, el
que los libró de la opresión egipcia. 8 Los
llevaré a la tierra que juré dar a Abrahán, a
Isaac y a Jacob, y les daré la tierra en propiedad. Yo, el Señor.

9 Moisés dijo todo esto a los israelitas,
pero ellos no lo escucharon, debido al desaliento que les causaba su dura esclavitud.
10 Entonces el Señor dijo a Moisés:

11 –Ve a decir al faraón, rey de Egipto,
que deje salir de su país a los israelitas.

12 Pero Moisés respondió al Señor:

–Si los israelitas no me han escuchado
¿cómo va a escucharme el faraón con lo
mal que hablo?

13 Entonces el Señor habló a Moisés y a
Aarón, y les dio órdenes para los israelitas
y para el faraón, rey de Egipto, a fin de sacar a los israelitas del país de Egipto.

Genealogía de Moisés y Aarón

Gn 46 8-11; Nm 26 5-14.59; 3 17-20; 25 6-13

14 Estos son los jefes de familia.

Hijos de Rubén, primogénito de Israel:
Janoj, Falú, Jesrón y Carmí; son los clanes
de Rubén.

15 Hijos de Simeón: Yemuel, Yamín,
Ohad, Yaquín, Sojar y Saúl, el hijo de la
cananea; son los clanes de Simeón.

16 Estos son los nombres de los hijos de
Leví con sus familias: Guersón, Queat y
Merarí. Leví vivió ciento treinta y siete
años. 17 Hijos de Guersón: Libní y Semeí
con sus clanes. 18 Hijos de Queat: Amrán,
Yisar, Hebrón y Oziel. Queat vivió ciento
treinta y tres años. 19 Hijos de Merarí:
Majlí y Musí. Estos son los clanes de Leví
con sus familias.

20 Amrán tomó por mujer a su pariente
Yocabed, de la que tuvo a Aarón y a Moisés.
Amrán vivió ciento treinta y siete años.

21 Hijos de Yisar: Coré, Néfeg y Zicrí.
22 Hijos de Oziel: Misael, Elisafán y Setrí.

23 Aarón tomó por mujer a Isabel, hija
de Aminadab, hermana de Najsón, de la
que tuvo a Nadab, Abiú, Eleazar e Itamar.
24 Hijos de Coré: Aser, Elcaná y Abiasat.
Son los clanes coraítas.

25 Eleazar, hijo de Aarón, tomó por mujer a una de las hijas de Futiel, de la que
tuvo a Pinjás. Estos son los jefes de los diversos clanes levitas.

26 Esta es la genealogía de Aarón y Moisés, a quienes dijo el Señor:

–Saquen a los israelitas fuera del país
de Egipto por batallones.

27 Fueron ellos, Moisés y Aarón, los que
hablaron al faraón, rey de Egipto, para que
dejara salir a los israelitas de Egipto.

Aarón, profeta de Moisés

Ex 6 2-13; 4 14-16.21; Sal 135 9

28 El día que el Señor habló a Moisés en
Egipto, 29 le dijo:

–Yo soy el Señor. Dile al faraón, rey de
Egipto, todo lo que voy a comunicarte.

30 Pero Moisés preguntó al Señor:

–¿Cómo me va a escuchar el faraón con
lo mal que hablo?

7 1 El Señor dijo a Moisés:

–Mira, yo te hago como un dios para el
faraón. Tu hermano Aarón será tu profeta.
2 Tú dirás cuanto yo te mande, y tu hermano Aarón hablará al faraón para que deje
salir de Egipto a los israelitas. 3 Yo haré que
el faraón se muestre inflexible y multiplicaré en Egipto mis señales y prodigios. 4 El
faraón no los escuchará; pero yo manifestaré mi poder contra Egipto y sacaré de
Egipto a mis batallones, a mi pueblo, los
hijos de Israel, en medio de terribles casti-

• **6 14-27**: La genealogía de Moisés rompe la conexión entre la misión que Dios le confía (Ex 6 9-13) y su ejecución (Ex 6 28-7 7). Está emparentada con otras genealogías similares, que son también obra del autor sacerdotal (Gn 46 8-25; Nm 3 17-20; 26 5-51). Su principal interés es relacionar a Moisés y Aarón con la tribu de Leví.

• **6 28-7 7**: A la primera objeción de Moisés (los israelitas, abrumados por su esclavitud, no quieren escuchar: Ex 6 9-12) se añade ahora otra más personal (su torpeza para hablar). A pesar de todo, el Señor no abandona su proyecto liberador, sino que pone a Aarón junto a Moisés para que hable en su nombre, revela las claves de lectura de lo que seguirá y anticipa el final del drama (Ex 7 1-6). De este modo, el autor sacerdotal introduce el enfrentamiento entre Dios y el faraón, que será el tema central del segundo acto.

gos. 5 Los egipcios reconocerán entonces
que yo soy el Señor, cuando haya desplegado mi poder contra Egipto y haya sacado
a los israelitas de en medio de ellos.
6 Moisés y Aarón hicieron exactamente
lo que el Señor les había mandado.
7 Moisés tenía ochenta años y Aarón
ochenta y tres cuando hablaron al faraón.

2. *Las plagas* ◊

El bastón maravilloso

Ex 4 2-5; 2 Tim 3 8

8 El Señor dijo a Moisés y a Aarón:
9 –Cuando les hable el faraón y les diga:
«Hagan algún prodigio que los acredite»;
tú dirás a Aarón: «Toma tu bastón y tíralo
ante el faraón» para que se convierta en
una serpiente.
10 Fueron, pues, Moisés y Aarón ante el
faraón e hicieron lo que el Señor les había
mandado. Aarón tiró su bastón, ante el
faraón y sus ministros, y el bastón se convirtió en una serpiente. 11 Pero el faraón
llamó entonces a sus sabios y hechiceros, y
estos magos de Egipto hicieron lo mismo
con sus artes de magia: 12 tiró cada uno su
bastón, y también se convirtieron en serpientes; pero el bastón de Aarón devoró los
bastones de los magos. 13 A pesar de ello,
el faraón endureció su corazón y no escuchó a Moisés y Aarón, tal como había dicho el Señor.

Primera plaga: el agua convertida en sangre

Ex 4 9; Sab 11 6-8; Ap 8 8; 16 3-7; Sal 78 44; 105 29

14 El Señor dijo a Moisés:
–El faraón ha endurecido su corazón y no
deja salir al pueblo. 15 Preséntate al faraón
por la mañana y, cuando se dirija al río, te
haces el encontradizo con él a la orilla del
Nilo, llevando en la mano el bastón que se
convirtió en serpiente. 16 Le dirás: «El Señor,
Dios de los hebreos, me ha enviado a decirte
que dejes salir a su pueblo para que le dé
culto en el desierto, lo que hasta ahora no
has querido escuchar. 17 Pues así dice el
Señor: Para que sepas que yo soy el Señor,
voy a golpear con el bastón que tengo en la
mano el agua del Nilo y se convertirá en
sangre. 18 Los peces del Nilo morirán, el río
quedará contaminado, y los egipcios no
podrán beber ya de sus aguas».
19 El Señor dijo a Moisés:
–Dile a Aarón: «Toma tu bastón y extiende tu mano sobre las aguas de Egipto,
sobre sus ríos, sus canales y sus estanques,
sobre todos sus depósitos de agua, y ésta se
convertirá en sangre. Habrá sangre en toda
la tierra de Egipto, hasta en las vasijas de
madera y de piedra».

◊ **7 8-10 29**: Esta sección forma el arco que va de la esclavitud a la libertad. Es un relato de carácter épico-sacral, donde lo milagroso se impone a lo verosímil. Sus autores, el yavista y el sacerdotal, no hacen un recuento informativo (historia) sino formativo (teología). Por eso, aunque las plagas admitan una explicación natural, aquí se han de interpretar como asaltos en la guerra que el Señor declaró al enemigo de su pueblo (el faraón-Egipto): manifiestan el poder del Señor de la historia. El relato se compone de doce *signos* (número que indica totalidad) pues a las diez plagas hay que sumar el prodigio de los bastones y la desaparición del ejército egipcio en el mar. A través de estos signos el Señor responde a quienes preguntaban por su *nombre*: es decir, por su identidad. Responde al pueblo esclavizado, a Moisés, y sobre todo al faraón como poder que se resiste a Dios; un poder materialista, opresor, hipócrita, que es síntesis de los tiranos y de la tiranía. El Señor da al faraón todas las oportunidades de cambiar; sin embargo estos signos provocan su terquedad porque una y otra vez se niega a colaborar con el plan divino.

• **7 8-13**: El signo del bastón maravilloso constituye la primera victoria de Moisés y Aarón: de nada vale Egipto y su magia; sólo el Señor tiene el poder y la vida que en la simbología egipcia están representados por la serpiente.

• **7 14-9 12**: Las seis primeras plagas están presentadas por parejas. Las dos primeras (Ex 7 14-8 11) tienen como escenario el río Nilo, fuente de vida para Egipto, que se transforma en foco de podredumbre: sangre (que anuncia la muerte) y ranas. Con ironía se constata que los magos no sólo no solucionan el problema, sino que lo agravan.

Las plagas de los mosquitos (Ex 8 12-15) y los tábanos (Ex 8 16-28) son muy semejantes. Los tábanos son insectos de color pardo bastante más grandes que los mosquitos y de picadura muy molesta. Ambas plagas manifiestan cómo se resquebraja el imperio del mal: los magos de Egipto comienzan a reconocer *el poder de Dios* (Ex 8 15), mientras que los israelitas, que vivían como esclavos en Egipto, se libran de los tábanos y comienzan a darse cuenta de quién es el Señor y qué desea de ellos. Moisés rechaza el permiso restringido del faraón como incompatible con la libertad total que exige el Señor para poder darle un culto adecuado.

También van en pareja la enfermedad del ganado de los egipcios (Ex 9 1-7) y las úlceras (Ex 9 8-12). La epidemia, provocada por una acción de Moisés, se extiende a los mismos magos egipcios, que experimentan así en carne propia *el poder de Dios*.

20 Moisés y Aarón hicieron lo que les
había mandado el Señor. Aarón, levantando el bastón, golpeó las aguas del Nilo a la
vista del faraón y sus ministros, y las aguas
del Nilo se convirtieron en sangre. 21 Los
peces del Nilo murieron, el río empezó a
oler mal, y los egipcios no podían beber
sus aguas. Todo Egipto se llenó de sangre.
22 Pero los magos de Egipto hicieron lo
mismo con sus artes de magia. Por eso, el
corazón del faraón seguía endurecido y no
escuchó a Moisés y Aarón, tal como había
dicho el Señor.
23 El faraón regresó a su palacio sin hacer caso. 24 Los egipcios cavaron en las
orillas del Nilo en busca de agua potable,
pues no podían beber la del río.

Segunda plaga: las ranas

Sal 78 45; 105 30; Sab 19 10; Ap 16 13

25 Siete días después de haber golpeado
el Nilo, 26 el Señor dijo a Moisés:
–Preséntate al faraón y dile: Así dice el
Señor: Deja salir a mi pueblo para que me
dé culto. 27 Si te niegas, azotaré tu reino con
una plaga de ranas. 28 El Nilo quedará lleno
de ranas, que saldrán de él e invadirán tu
palacio, tu dormitorio, tu lecho, la casa de
tus ministros y de tu pueblo, tus hornos y
el lugar donde amasas tu pan. 29 Las ranas
caerán sobre ti, sobre tu pueblo y sobre tus
ministros.

8 1 El Señor dijo a Moisés:
–Manda a Aarón: «Extiende el bastón
que tienes en tu mano sobre los ríos, canales y estanques para que se llene de ranas
la tierra de Egipto».
2 Extendió Aarón su mano sobre las
aguas de Egipto y surgió tal cantidad de ranas, que cubrieron el país de Egipto. 3 Pero
los magos hicieron lo mismo con sus artes
de magia, consiguiendo que surgieran ranas
por todo el país.
4 Entonces el faraón llamó a Moisés y a
Aarón y les dijo:
–Pidan al Señor que aleje las ranas de
mí y de mi pueblo, y yo dejaré ir al pueblo
para que ofrezca sacrificios al Señor.
5 Moisés preguntó al faraón:
–¿Cuándo quieres que ruegue por ti,
por tus ministros y por todo el pueblo para
que el Señor aleje de ti y de tu pueblo las
ranas, y solamente queden en el río?
6 El respondió:
–Mañana.
Y Moisés añadió:
–Así se hará, para que reconozcas que
no hay nadie como el Señor, nuestro Dios.
7 Las ranas se alejarán de ti y de tu palacio,
de tus ministros y de todo el pueblo; solamente quedarán en el Nilo.
8 Salieron Moisés y Aarón de la presencia del faraón, y Moisés suplicó al Señor
para que se cumpliera la promesa que había hecho al faraón. 9 El Señor hizo lo que
le pedía Moisés, y las ranas murieron en las
casas, en los establos y en los campos. 10 Las
reunieron en grandes montones. La tierra
quedó apestada. 11 Pero el faraón, viendo
que mejoraba la situación, continuó con el
corazón endurecido y no hizo caso a Moisés y a Aarón, como había dicho el Señor.

Tercera plaga: los mosquitos

Sal 105 31; Sab 19 10

12 El Señor dijo a Moisés:
–Di a Aarón: «Extiende tu bastón y golpea el polvo de la tierra para que se convierta en mosquitos por todo el país de
Egipto».
13 Así lo hicieron. Aarón extendió el bastón que tenía en la mano, golpeó el polvo
de la tierra, y nubes de mosquitos se precipitaron sobre hombres y animales. Todo el
polvo del suelo se convirtió en mosquitos
por todo el país de Egipto.
14 Los magos intentaron hacer lo mismo
con sus artes de magia, pero no lo lograron. Y los mosquitos molestaban sin parar
a hombres y animales.
15 Los magos dijeron al faraón:
–¡Esto es obra del poder de Dios!
Pero el faraón seguía con el corazón endurecido y no los escuchó, como había dicho el Señor.

Cuarta plaga: los tábanos

Sal 78 45; 105 31; Ex 9 4.7.26; 10 23; 11 7

16 El Señor dijo a Moisés:
–Levántate temprano mañana, preséntа-
te al faraón cuando se dirija al río, y dile:
Así dice el Señor: Deja salir a mi pueblo
para que me dé culto. 17 Si no lo dejas salir, enviaré sobre ti y sobre tus ministros,
sobre tu pueblo y sobre tu familia tábanos

que llenarán las casas de los egipcios y el
suelo que pisan. 18 Esta vez, sin embargo,
voy a hacer una excepción con la región de
Gosen, donde habita mi pueblo; allí no
habrá tábanos, para que reconozcas que
yo, el Señor, estoy presente en esta tierra.
19 Distinguiré a mi pueblo del tuyo. Esta
señal tendrá lugar mañana.

20 El Señor cumplió su advertencia, y
nubes de tábanos invadieron el palacio del
faraón y las de sus ministros. Toda la tierra
de Egipto quedó destruida por los tábanos.

21 Entonces el faraón mandó llamar a
Moisés y a Aarón y les dijo:

–Vayan y ofrezcan sacrificios a su Dios
en este país.

22 Contestó Moisés:

–No puede ser, pues ofreceríamos al
Señor, nuestro Dios, sacrificios que repugnan a los egipcios; y si ofrecemos ante los
egipcios sacrificios que les repugnan ¿no
nos apedrearían? 23 Tenemos que ir por el
desierto tres jornadas de camino, para ofrecer sacrificios al Señor, nuestro Dios, según
nos ha ordenado.

24 El faraón contestó:

–Bien, los dejaré ir al desierto a ofrecer
sacrificios al Señor, su Dios, pero a condición de que no se alejen demasiado. ¡Rueguen por mí!

25 Y Moisés repuso:

–En cuanto salga de tu presencia rogaré
por ti al Señor y mañana se alejarán los tábanos de ti, de tus ministros y de tu pueblo.
Pero a ver si esta vez el faraón no nos engaña, y deja que el pueblo vaya a ofrecer sacrificios al Señor.

26 Salió Moisés de la presencia del faraón
y rogó al Señor. 27 El Señor accedió a la
súplica de Moisés, y los tábanos se alejaron del faraón, de sus ministros y de su pueblo. No quedó ni uno. 28 Pero una vez más
el faraón continuó con el corazón endurecido y no dejó salir al pueblo.

Quinta plaga: la peste sobre el ganado

9 1 El Señor dijo a Moisés:

–Preséntate ante el faraón y dile: Así
dice el Señor, Dios de los hebreos: Deja
salir a mi pueblo para que me dé culto.
2 Porque si te niegas a dejarlo salir y te
empeñas en retenerlo, 3 el poder del Señor
hará perecer al ganado de tus campos: caballos, burros, camellos, vacas y ovejas. Será
una epidemia terrible. 4 Pero el Señor distinguirá entre el ganado de los israelitas y
el ganado de los egipcios, para que no perezca el que pertenece a los israelitas.

5 El Señor fijó el día diciendo:

–Mañana realizará el Señor esto en el
país.

6 Y el Señor lo hizo al día siguiente. Todo el ganado de los egipcios murió, pero de
los israelitas no murió ni un solo animal.
7 Mandó el faraón a ver, y comprobó que
del ganado de los israelitas no había muerto
ni un solo animal. Pero el faraón continuó
con el corazón endurecido y no dejó salir
al pueblo.

Sexta plaga: las úlceras

Ap 16 2.11

8 El Señor dijo a Moisés y a Aarón:

–Tomen un poco de ceniza de horno y
que Moisés la lance al aire en presencia del
faraón. 9 Se convertirá en polvo fino sobre
todo Egipto y producirá úlceras y tumores
en hombres y animales.

10 Tomaron ceniza de horno, se presentaron ante el faraón, y Moisés la lanzó por
el aire, produciendo úlceras y tumores en
hombres y animales. 11 Los magos no pudieron enfrentarse a Moisés, porque tenían
úlceras como todos los egipcios. 12 Pero el
Señor hizo que el corazón del faraón continuara endurecido, de modo que no escuchó
a Moisés y a Aarón, como había dicho el
Señor.

Séptima plaga: la tormenta

Ap 8 7; Rom 9 17; Sal 78 47ss; 105 32; Ap 16 21

13 El Señor dijo a Moisés:

–Levántate mañana temprano, preséntate al faraón y dile: Así dice el Señor Dios
de los hebreos: Deja salir a mi pueblo para

• **9 13-10 29**: Los tres últimos signos siguen un orden ascendente. Son los más detallados por ser los decisivos; en ellos se vislumbra cuál será el destino de los enemigos: la muerte. Hasta ahora el Señor ha sido paciente, pero la terquedad del faraón exige signos más contundentes. En la plaga de la *tormenta* (Ex 9 13-35) Dios manifiesta su dominio sobre la naturaleza; algunos ministros del faraón hacen caso y salvan sus propiedades, y el faraón se ve

que me dé culto. 14 Esta vez voy a desencadenar todas mis plagas contra ti, tus ministros y tu pueblo, para que sepas que no
hay nadie semejante a mí en toda la tierra.
15 Porque si yo hubiera desplegado mi poder para herirte a ti y a tu pueblo con la peste, ustedes habrían desaparecido ya de la
tierra. 16 Pero precisamente por esto te he
conservado la vida, para que veas mi poder
y para hacer famoso mi nombre en todo el
mundo. 17 ¡Todavía te empeñas en impedir
la salida de mi pueblo! 18 Pues bien, mañana, a estas horas, haré caer una granizada
tan fuerte como no la ha habido en Egipto
desde el día en que comenzó a existir hasta
hoy. 19 Así que recoge tu ganado y cuanto
tienes en el campo, porque todo hombre y
animal que se encuentre en el campo y no
esté bajo techo, será alcanzado por la granizada y morirá.

20 Los ministros del faraón, que tomaron en serio la amenaza del Señor, mandaron poner bajo techo a sus siervos y sus
ganados. 21 Pero los que no hicieron caso
de la amenaza del Señor dejaron sus siervos y sus ganados en el campo.

22 El Señor dijo a Moisés:

–Extiende tu mano hacia el cielo para
que en todo el país caiga granizo sobre
hombres y animales, y sobre la hierba del
campo.

23 Moisés extendió su bastón hacia el
cielo, y el Señor desencadenó una tormenta
de rayos, truenos y granizos sobre Egipto.
24 Caían los granizos y se sucedían los rayos
con una fuerza que no se conocía en Egipto
desde que comenzó a existir. 25 El granizo
destrozó en todo el país de Egipto todo lo
que había en el campo, desde los hombres
hasta los animales. Destrozó también toda
la hierba del campo y todos los árboles del
campo. 26 Solamente en la región de Gosen,
donde vivían los israelitas, no cayó granizo.

27 El faraón mandó llamar a Moisés y a
Aarón, y les dijo:

–Esta vez he pecado. El Señor es justo;
yo y mi pueblo somos culpables. 28 Pidan
al Señor para que cesen los truenos y el
granizo. Yo los dejaré salir; no los retendré
por más tiempo.

29 Moisés le respondió:

–En cuanto salga de la ciudad, levantaré
mis manos al Señor; cesarán los truenos y
no habrá más granizo, para que reconozcas
que el Señor es el dueño del mundo. 30 Pero
sé bien que ni tú ni tus ministros respetan
todavía al Señor Dios.

31 El lino y la cebada quedaron destrozados, pues la cebada estaba ya con espigas y el lino en flor. 32 En cambio el trigo
y la avena no, por ser más tardíos.

33 Salió Moisés de la presencia del faraón, fuera de la ciudad, levantó sus manos
al Señor, los truenos y el granizo cesaron,
y dejó de llover sobre la tierra. 34 Pero el
faraón, al ver que habían cesado la lluvia, el
granizo y los truenos, volvió a la misma
actitud; él y sus ministros continuaron con
el corazón endurecido. 35 El faraón se empeñó en no dejar salir a los israelitas, como
el Señor había dicho a Moisés.

Octava plaga: las langostas

Jl 1 2-12; Ap 9 3; Dt 4 9; 6 7.20-25; Sal 78 3-8.46; 105 34

10 1 El Señor dijo a Moisés:
–Preséntate al faraón. He endurecido
su corazón y el de sus ministros a fin de realizar en medio de ellos mis prodigios; 2 así
podrás contar a tus hijos y a tus nietos cómo
traté a Egipto y los prodigios que realicé
en medio de ellos. Así reconocerán que yo
soy el Señor.

3 Moisés y Aarón se presentaron ante el
faraón y le dijeron:

–Así dice el Señor, Dios de los hebreos:
¿Hasta cuándo te negarás a doblegarte ante
mí? Deja salir a mi pueblo para que me dé
culto. 4 Porque si te niegas a dejarlo salir,
haré que mañana mismo la langosta caiga
sobre tus tierras. 5 Cubrirá completamente
la superficie de la tierra hasta el punto que
no pueda verse, y devorará lo que se salvó
del granizo. Devorará todos los árboles que
crecen en los campos de ustedes. 6 Llenará
tus palacios, las casas de tus ministros y las

obligado a confesar su culpa. Las *langostas* (Ex 10 1-20) presagian los signos siguientes y evocan el día del Señor (véase Jl 1 1-2 11). En *las tinieblas* se agigantan los símbolos: el Señor (que produce la oscuridad) actúa contra Ra (= el sol) que es el gran dios de Egipto. Tres días de tinieblas representan el regreso al caos y preparan la noche de pascua (véase Sab 17 1-18 4).

de todos los egipcios. Será algo que no vieron tus padres ni sus antepasados desde
que aparecieron sobre la tierra hasta hoy.
Moisés se retiró y salió de la presencia
del faraón.
7 Dijeron al faraón sus ministros:
–¿Hasta cuándo vamos a soportar las
desgracias que este hombre nos causa? Deja salir a esa gente para que dé culto al Señor su Dios. ¿No te das cuenta todavía de
que Egipto camina hacia la ruina?
8 Entonces hicieron venir a Moisés y
Aarón ante el faraón, y éste les dijo:
–Vayan y den culto al Señor su Dios.
Pero ¿quiénes son los que han de ir?
9 Moisés respondió:
–Hemos de ir todos, nuestros jóvenes y
nuestros ancianos, nuestros hijos y nuestras hijas, nuestras ovejas y nuestras vacas,
porque vamos a celebrar una fiesta del Señor.
10 El faraón repuso:
–¡Así que piensan que los dejaré ir con
sus niños! Algo malo están tramando. 11 ¡No
será como quieren! Vayan tan sólo ustedes,
los mayores, como han pedido.
Y los echaron de la presencia del faraón.
12 Entonces el Señor dijo a Moisés:
–Extiende tu mano sobre el país de
Egipto para que venga sobre él la langosta
y devore todas las plantas del país, todo lo
que dejó el granizo.
13 Extendió Moisés su bastón sobre Egipto, y el Señor hizo soplar sobre el país el
viento del este todo aquel día y aquella noche. Al amanecer, el viento del este había
traído la langosta, 14 que invadió todo Egipto, posándose por todos los rincones del
país; y era tal su cantidad, que nunca antes
ni después se vio cosa semejante. 15 La
langosta cubrió toda la tierra de Egipto, y
ésta quedó oscurecida; devoró todas las
plantas del país y todos los frutos de los
árboles, todo lo que se había salvado del
granizo. En todo Egipto no quedó ni un
brote en los árboles, ni una brizna de hierba en el campo.
16 El faraón llamó inmediatamente a
Moisés y a Aarón y les dijo:
–He pecado contra el Señor, su Dios, y
contra ustedes. 17 Perdonen una vez más mi
pecado, y pidan al Señor su Dios que aleje
de mí esta catástrofe.
18 Moisés salió de la presencia del faraón y oró al Señor. 19 El Señor hizo soplar un viento muy fuerte del oeste, que se
llevó la langosta y la arrojó al mar de las
Cañas. Ni una sola quedó en todo Egipto.
20 Pero el Señor hizo que el corazón del faraón continuara endurecido para no dejar
salir a los israelitas.

Novena plaga: las tinieblas

Sal 105 28; Sab 17 1-18 4; Ap 16 10

21 El Señor dijo a Moisés:
–Levanta tu mano hacia el cielo para que
vengan sobre Egipto tinieblas tan densas
que puedan palparse.
22 Levantó Moisés su mano hacia el cielo
y se produjo en las tierras de Egipto una
densa tiniebla que duró tres días. 23 No se
veían unos a otros; y durante tres días nadie
se movió de donde estaba. Sin embargo,
los israelitas tuvieron luz en la región donde
vivían.
24 El faraón llamó a Moisés y le dijo:
–Bien, vayan y den culto al Señor; también sus niños podrán acompañarlos, pero
que sus ovejas y vacas se queden aquí.
25 Moisés respondió:
–¿Y no vas a dejarnos llevar las víctimas
para los sacrificios y holocaustos que tenemos que ofrecer al Señor nuestro Dios?
26 Debemos llevar también nuestro ganado; lo llevaremos todo porque de ahí tomaremos lo necesario para dar culto al Señor
nuestro Dios. Ni siquiera nosotros sabemos lo que tenemos que ofrecer al Señor
hasta que lleguemos allí.
27 Pero el Señor hizo que el corazón del
faraón continuara endurecido y no los dejara salir.
28 El faraón dijo a Moisés:
–Vete; y cuidado con presentarte de nuevo ante mí, porque si te presentas de nuevo
ante mí morirás.
29 Y Moisés respondió:
–¡Tú lo has dicho! No volveré a presentarme ante ti.

3. Noche de pascua ◊

Anuncio de la décima plaga

Ex 6 1; 3 21-22; Hch 7 21-22; Ex 7 3; 12 29-30

11 1 El Señor dijo a Moisés:
–Todavía haré caer sobre el faraón y
sobre los egipcios una plaga más. Después
de ella, no sólo los dejará irse, sino que incluso los expulsará. 2 Ordena al pueblo que
hombres y mujeres pidan a sus vecinos objetos de plata y oro.
3 Y el Señor hizo que los egipcios se
mostraran generosos con el pueblo; y hasta el mismo Moisés era muy bien visto por
los ministros del faraón y por el pueblo.
4 Moisés dijo:
–Así dice el Señor: A eso de la medianoche atravesaré el país de Egipto, 5 y morirán todos los primogénitos de Egipto,
desde el primogénito del faraón, el heredero del trono, hasta el de la esclava que
trabaja en el molino; también morirán los
primogénitos de los animales. 6 Y se oirán
gritos tan desgarradores en todo el país de
Egipto como no los ha habido ni los habrá
jamás. 7 Sin embargo, a los israelitas ni un
perro les ladrará; ni hombres ni animales
sufrirán daño alguno, para que sepan que el
Señor distingue entre egipcios e israelitas.
8 Entonces vendrán a mí todos tus servidores, y postrándose me dirán: «Sal con todo
el pueblo que te sigue». Después saldré.
Y Moisés, muy irritado, salió de la presencia del faraón.
9 El Señor había advertido a Moisés:
–El faraón no los escuchará, por eso se
multiplicarán mis prodigios en Egipto.
10 Moisés y Aarón habían hecho todos
estos prodigios en presencia del faraón.
Pero el Señor hizo que el corazón del faraón
continuara endurecido y no dejara salir de
su país a los israelitas.

El cordero pascual

Ex 13 4; 23 15; 34 18; Lv 23 5-8; Nm 9 1-4; 28 16-25; Dt 16 1-8; Mt 26 17; 1 Cor 5 7; 1 Pe 1 19

12 1 El Señor dijo a Moisés y a Aarón en
Egipto:
2 –Este mes será para ustedes el más
importante de todos, será el primer mes del
año. 3 Digan a toda la asamblea de Israel:
Que el día décimo de este mes prepare cada
uno un cordero por familia, uno por casa.
4 Si la familia es demasiado pequeña para
comerlo entero, que invite a cenar en su
casa a su vecino más próximo, según el

◊ **11 1-15 21**: El tercer acto de la epopeya histórica es una leyenda épico-cultual en la que se entrelazan recuerdos históricos y usos litúrgicos destinados a conmemorar y celebrar la liberación de Egipto. El resultado es un drama con su desenlace destinados ambos a "pervivir" en la celebración litúrgica. Los asistentes reviven su propia salvación y responden con fe al don divino de la libertad. La acción se desarrolla en dos espacios: la corte egipcia y el campamento israelita; y en un tiempo concreto y preciso: una noche. Evidentemente se trata de un tiempo litúrgico, más que cronológico, pues es imposible que todo lo narrado sucediera en tan pocas horas. Como tiempo litúrgico, es noche de vela en honor del Señor; es noche sacramental que revive el pasado, celebra el presente y compromete el futuro, porque es una noche que sólo los hombres que anhelan la libertad pueden celebrar.

• **11 1-10**: El desenlace comienza con el anuncio de la décima plaga. Los primogénitos, según la ley de las primicias, pertenecen a Dios; los de Israel serán rescatados, pero no los de Egipto. Este signo acabará con la terquedad del faraón. Para que la evidencia sea mayor, Egipto será un puro grito de desesperación, mientras que la tranquilidad más absoluta reina en el campamento israelita (Ex 12 30).

• **12 1-13 16**: Al anuncio de la muerte de los primogénitos sigue el gran memorial de la pascua, que está formado por un relato en que se insertan dos fiestas (pascua y ácimos) y una costumbre-ley (rescate de los primogénitos). En su origen la *pascua* era una fiesta típica de los pastores que se reunían a principios de primavera para iniciar su regreso al hogar desde los pastos de otoño-invierno. Celebraban una reunión festivo-familiar en la que se sacrificaba un cordero cuya sangre utilizaban ritualmente para protegerse contra los peligros del camino. En cuanto a la fiesta de los *panes sin levadura* (o panes *ácimos*) era propia del mundo agrícola; se celebraba al comienzo de la cosecha de la cebada y duraba siete días (véase Dt 16 9) de los que el primero y el último eran de descanso. En ella se hacía a la divinidad la ofrenda de las primeras espigas y se comía pan "nuevo" hecho con el grano recién cosechado y sin la vieja levadura, símbolo del pasado; era pues una fiesta de renovación-resurrección.

El autor del Exodo transforma estos antiguos ritos en símbolos del nuevo acontecimiento salvador. La *pascua* queda estructurada en tres secciones: ritual de la fiesta (Ex 12 1-14), celebración (Ex 12 21-28) y elenco de participantes (Ex 12 43-51). El ritual, memorial de la salida, tiene forma de comida donde se resalta el carácter redentor de la sangre: el Señor salva a su pueblo pasando de largo por las casas señaladas; la otra cara de la moneda es el castigo definitivo para el opresor: la muerte de sus primogénitos (Ex 12 29-32). La fuerza redentora de la sangre del cordero garantiza el futuro de Israel al liberar de la muerte a sus primogénitos. La pascua (= paso) es así un rito de vida-resurrección. Precisamente este significado fundamental de la *pascua* ha podido contribuir a que el autor sacerdotal haya fundido esta fiesta con la de los *panes sin leva-*

número de personas y la porción de cordero
que cada cual pueda comer. 5 Será un animal sin defecto, macho, de un año; podrá
ser cordero o cabrito. 6 Lo guardarán hasta
el día catorce de este mes, y toda la comunidad de Israel lo inmolará al atardecer.
7 Luego rociarán con la sangre el marco de
la puerta en las casas donde vayan a comerlo. 8 Lo comerán esa noche asado al fuego,
con panes sin levadura y verduras amargas.
9 No comerán nada crudo ni cocido; todo
ha de ser asado al fuego, cabeza, patas y
vísceras. 10 No dejarán nada para el día siguiente; si queda algo, lo quemarán. 11 Y
lo comerán así: el cinturón puesto, los pies
calzados, bastón en mano y a toda prisa,
porque es la pascua del Señor. 12 Esa noche pasaré yo por el país de Egipto y mataré a todos sus primogénitos, tanto de los
hombres como de los animales. Así ejecutaré mi sentencia contra todos los dioses de
Egipto. Yo, el Señor. 13 La sangre servirá
de señal en las casas donde estén; al ver yo
la sangre, pasaré de largo y, cuando yo castigue a Egipto, la plaga exterminadora no
los alcanzará. 14 Este día lo recordarán
siempre y lo celebrarán como fiesta del
Señor, institución perpetua para todas las
generaciones.

Los panes sin levadura

Ex 13 3-10; 23 15; Lv 23 5-8; 1 Cor 5 7

15 –Durante siete días comerán panes
sin levadura; desde el primer día harán desaparecer la levadura de sus casas, porque
el que coma pan fermentado cualquiera de
esos siete días será excluido de Israel. 16 El
día primero y el séptimo tendrán una celebración litúrgica. En estos días no harán trabajo alguno. Solamente podrán preparar la
comida que cada uno haya de comer. 17 Celebrarán, pues, la fiesta de los panes sin
levadura, porque en ese día saqué yo sus
ejércitos de Egipto. Celebrarán ese día de
generación en generación como institución
perpetua.

18 Desde la tarde del día catorce del primer mes hasta la tarde del veintiuno sólo
comerán panes sin levadura. 19 Durante
siete días no habrá levadura en sus casas,
porque el que coma pan fermentado será
excluido de la comunidad de Israel, sea
nativo o extranjero. 20 No comerán nada
fermentado. En cualquier lugar que habiten comerán panes sin levadura.

Sacrificio del cordero

Ez 9 4-7; Heb 11 28; Ex 10 2; Dt 6 20-22

21 Moisés reunió a todos los ancianos
de Israel y les dijo:

–Elijan un cordero por familia y ofrezcan el sacrificio de pascua. 22 Tomen un
ramo de hisopo, mójenlo en la sangre recogida en un recipiente, rocíen con ella el
marco de la puerta, y que nadie salga de su
casa hasta el día siguiente. 23 El Señor pasará para castigar a los egipcios, pero cuando
vea la sangre en el marco de la puerta, pasará de largo y no permitirá al exterminador entrar en sus casas para matar. 24 Deben
cumplir todo esto como un mandato perpetuo para ustedes y sus hijos. 25 También
cuando hayan entrado en la tierra que el
Señor les va a dar, como ha prometido,
realizarán este rito. 26 Y cuando sus hijos
les pregunten qué significa este rito para

dura (Ex 12 15-20), que es claramente una fiesta de renovación, y que en calendarios más antiguos aparece como independiente (véase Ex 23 15; 34 18). Israel, al unir la fiesta de la pascua con la de los panes sin levadura, da un significado profundo al memorial de la salida de Egipto: hay que enterrar lo caduco y esclavizador, y renacer como hijos del Dios de la libertad.

La muerte de los primogénitos egipcios, primero anunciada (Ex 12 12-14), luego ejecutada (Ex 12 29-36) y finalmente convertida en origen de una costumbre-ley para los israelitas (Ex 13 11-16), constituye una especie de tema-guía de toda la sección. Los primogénitos son la esperanza de futuro. Por eso, cuando llega el momento del enfrentamiento definitivo, la alternativa es clara: o los hijos de Dios o los del antidios (el faraón-Egipto); o Israel, primogénito del Señor (véase Ex 4 23), o los primogénitos de todo Egipto. La terquedad del faraón atrae sobre Egipto el castigo que pretendía causar a Israel: el que quiso eliminar al *primogénito del Señor* e impedir el futuro del plan divino, ahora ve cambiado su proyecto: va a desaparecer Egipto al morir todos sus primogénitos, hombres y animales.

Este memorial de la pascua culmina propiamente con la agradecida confesión de Ex 12 42 (los pasajes inmediatamente siguientes tienen más bien el carácter de apéndices). Esa noche debe ser para siempre una noche en que el pueblo agradecido se mantenga en vela porque el Señor *veló* para salvarlos (véase el precioso comentario de Sab 18 6-19).

El número de los que salieron de Egipto, los lugares por los que pasaron y la duración de la permanencia en Egipto pertenecen a la última redacción del libro. La cifra de los que salieron de Egipto es, sin duda, exagerada; de hecho, según Ex 23 29-30 y Dt 7 7 debió tratarse de un grupo (o tal vez grupos) bastante pequeño.

ustedes, 27 les responderán: Es el sacrificio de la pascua en honor del Señor, que pasó de largo ante las casas de los israelitas en Egipto, cuando castigó a los egipcios y perdonó a nuestras familias.

Entonces los israelitas cayeron de rodillas en actitud de adoración. 28 Luego fueron e hicieron lo que el Señor había mandado a Moisés y Aarón.

Décima plaga: la muerte de los primogénitos

Ex 11 4-8; 12 12; Sal 78 51; 136 10; Sab 18 6-19

29 A media noche hizo morir el Señor a todos los primogénitos en Egipto, desde el primogénito del faraón, el heredero del trono, hasta el del preso que está en la cárcel, y a todos los primogénitos de los animales.

30 Se levantaron por la noche el faraón, sus ministros y todos los egipcios, y hubo un gran lamento en Egipto, porque no había casa donde no hubiera un muerto. 31 Aquella noche el faraón mandó llamar a Moisés y a Aarón, y les dijo:

–Salgan inmediatamente de aquí ustedes y los israelitas. Vayan y den culto al Señor como han dicho. 32 Lleven sus ovejas y vacas, como pedían, y váyanse; y bendíganme también a mí.

Marcha-salida de Egipto

Ex 3 22; 11 1-2; Nm 33 3-5; Gn 15 13; Hch 7 6

33 Los egipcios apuraban al pueblo para que saliera cuanto antes del país, porque pensaban: Vamos a morir todos. 34 El pueblo tuvo que tomar la masa de pan antes de que fermentara, la envolvieron en telas y la metieron en cajas de madera, que cargaron a sus espaldas. 35 Siguiendo la orden de Moisés, los israelitas pidieron a los egipcios vestidos y objetos de plata y oro. 36 Y el Señor hizo que los egipcios se mostraran generosos con el pueblo y que accedieran a su petición de buen grado. Así despojaron a los egipcios.

37 Los israelitas partieron de Rameses hacia Sucot; eran unos seiscientos mil los que iban a pie, sin contar a los niños. 38 Partió también con ellos una gran muchedumbre de gentes con ovejas y vacas en gran cantidad. 39 Cocieron panes sin levadura con la masa sacada de Egipto, pues no había fermentado, porque los apuraban tanto para salir que no habían podido preparar provisiones para el viaje.

40 La permanencia de los israelitas en Egipto duró cuatrocientos treinta años. 41 El mismo día que se cumplían los cuatrocientos treinta años, todos los ejércitos del Señor salieron de Egipto. 42 Aquella noche el Señor veló para sacarlos de Egipto. Y esa misma noche será para los israelitas noche de vela en honor del Señor durante todas sus generaciones.

El cordero pascual

Gn 17 10; Nm 9 12; Sal 34 21; Jn 19 36

43 El Señor dijo a Moisés y Aarón:

–Esta es la ley de la pascua. Ningún extranjero podrá comer el cordero pascual. 44 El esclavo que hayas comprado y haya sido circuncidado lo puede comer, 45 pero ni el huésped ni el jornalero podrán comerlo. 46 Se comerá todo en la misma casa; no se sacará nada de carne fuera de ella, ni romperán ninguno de sus huesos. 47 Toda la asamblea de Israel celebrará la pascua, 48 Si el extranjero que vive entre ustedes quiere celebrar la pascua, tendrá que circuncidar a todos los varones de su familia; entonces será admitido como si fuera uno de ustedes, pero nadie que no esté circuncidado podrá comerla. 49 Regirá la misma ley para los nativos y para los extranjeros que viven entre ustedes.

50 Todos los israelitas cumplieron cuanto el Señor había ordenado a Moisés y a Aarón. 51 Y aquel mismo día sacó el Señor del país de Egipto a los israelitas formados por batallones.

Los primogénitos y los panes sin levadura

Ex 22 28-29; 34 19-20; Nm 3 12-13; 8 16-18; Lc 2 23; Dt 6 7-9; 11 18-21

13 1 El Señor dijo a Moisés:

2 –Conságrame todos los primogénitos entre los israelitas, tanto de los hombres como de los animales. Ellos serán míos.

3 Y Moisés dijo al pueblo:

–Recuerden este día en que salieron de Egipto, de la tierra de esclavitud, porque ha sido la fuerza poderosa del Señor la que los ha sacado de aquí. Por eso no comerán pan fermentado. 4 Hoy salen de Egipto, en el mes de Abib. 5 Cuando el Señor te haya llevado a la tierra de los cananeos, hititas, amorreos, jeveos y jebuseos, el país que prometió a tus antepasados que te daría, tierra que mana leche y miel, observarás el siguiente rito en este mismo mes: 6 durante siete días comerás panes sin levadura, pero el séptimo día será de fiesta en honor del Señor. 7 Durante los siete días comerás panes sin levadura; no se verá pan fermentado ni levadura en todo tu territorio. 8 Ese día darás esta explicación a tus hijos: «Hacemos esto para recordar lo que hizo por mí el Señor cuando salí de Egipto». 9 Este rito será para ti como una señal en tu mano, como recuerdo permanente ante tus ojos, para que tengas en tu boca la ley del Señor; porque el Señor te sacó de Egipto con su fuerza poderosa. 10 Observarán este rito cada año en la fecha señalada.

11 Cuando el Señor te haya llevado a la tierra de los cananeos y te la haya dado como te lo juró a ti y a tus antepasados, 12 consagrarás al Señor todos los primogénitos, incluso los de los animales. Los primogénitos machos son del Señor. 13 Pero puedes rescatar la primera cría del burro, sustituyéndolo por un cordero; si no la rescatas, la desnucarás. También rescatarás los primogénitos que les nazcan a tus hijos. 14 Y cuando tu hijo te pregunte el día de mañana qué significa esto, le dirás: «Con gran poder nos sacó el Señor de Egipto, de la tierra de la esclavitud. 15 Y como el corazón del faraón se endureció para no dejarnos salir, el Señor mató a todos los primogénitos de Egipto: a los de los hombres y a los de los animales. Por eso sacrifico al Señor los primogénitos machos de los animales y rescato los primogénitos de mis hijos». 16 Este rito será para ti como una señal en la mano, como un recordatorio en tu frente; porque el Señor te sacó de Egipto con gran poder.

Salida de Egipto

Nm 14 1-2; Gn 50 25; Jos 24 32; Gn 33 9; 40 36; Dt 1 33; Sal 78 14; Neh 9 12.19

17 Cuando el faraón dejó salir al pueblo, Dios no lo llevó por el camino de Filistea, aunque era más corto, pues pensó: «Si esta gente tiene que luchar, se acobardará y regresará a Egipto». 18 Así que hizo dar un rodeo al pueblo por el camino del desierto hacia el Mar de las Cañas.

Los israelitas salieron de Egipto bien equipados. 19 Moisés llevó consigo los restos de José, porque éste había hecho jurar a los israelitas diciendo: «Con toda seguridad Dios los liberará; entonces ustedes se llevarán mis restos mortales».

20 Partieron de Sucot y acamparon en Etán, en el límite del desierto. 21 El Señor iba delante de ellos durante el día en una columna de nube para marcarles el camino, y durante la noche en un columna de fuego

• **13 17-14 31**: Israel toma el camino del sur llevando los huesos de José: el éxodo aparece así como una continuación de la historia patriarcal.

El paso del mar nos llega en un relato (Ex 14 1-31) y en un himno (Ex 15 1-21). El relato es el resultado de los retoques introducidos por el redactor sacerdotal a la versión yavista-elohista del acontecimiento. Según esta versión más antigua, el faraón los persigue hasta el mar, pero la nube se interpone. Durante la noche un fuerte viento seca las aguas, e Israel comienza a atravesar la región pantanosa; los carros egipcios se mueven con dificultad y no los alcanzan. Cuando llega la marea alta, se ahogan. El término hebreo de Ex 13 18 que suele traducirse por mar Rojo significa propiamente "mar de las cañas" o "mar de los juncos". El redactor sacerdotal, por su parte, abandona todo interés por la credibilidad histórica; su planteamiento es teológico. Dios es el Señor absoluto y será glorificado a costa de su enemigo: el faraón se verá obligado a reconocer a quien no quería (Ex 14 3-4; véase Ex 5 2). El paso del mar se describe como un acto creador: se separan las aguas y aparece lo seco, camino para los rescatados; se destacan las acciones sagradas de Moisés, que convierten las aguas en murallas, formando un camino por donde avanza el ejército del Señor (véase Jos 3 1-17; Sal 66 6; Sal 114 3-5); las "murallas" de agua se derrumban sobre los egipcios (véase Jos 6 1-20) y el mar los ahoga. Esta versión se impone y da al relato su forma final.

Mientras en el campamento israelita se atiende a la voz divina, en la corte egipcia se impone el mercantilismo: el faraón, con el cadáver del hijo todavía caliente, no piensa más que en la pérdida de mano de obra barata (Ex 14 1-8). Sin embargo, ante el mar, los recién liberados pierden la esperanza y acusan a Moisés, e indirectamente al Señor: consideran al Señor de la vida un *Dios asesino*. Son incapaces de aceptar al Dios que los llama a la libertad. Moisés, el profeta creyente, exige en nombre de su Dios una fe sin límites y asegura la victoria. La repetición de "ver" subraya el papel de *ser testigos* (Ex 14 9-14). Es *de noche* (tres veces) cuando el Señor comienza a actuar: divide el mar; salva y crea. Es *de día* cuando Israel *ve* los cadáveres de los enemigos arrojados por el mar; con la luz llega la salvación, y el Señor se manifiesta como el Dios fiel a su palabra, dominador del mar y de los imperios, que acude y libra a los oprimidos, manifestando su fuerza ante sus enemigos y sus elegidos (Ex 14 15-31).

para alumbrarlos: así podían caminar tanto de día como de noche. 22 La columna de nube no abandonaba al pueblo durante el día, ni la de fuego durante la noche.

Persecución y promesa de ayuda

Ex 16 2-3; 17 3; Nm 11 1-6; 14 1-4; 20 2; Sal 78 40

14 1 El Señor dijo a Moisés:

2 –Diles a los israelitas que cambien de rumbo y vayan a acampar a Piajirot, entre Migdal y el mar, frente a Baalsefón. Acam-parán frente a Baalsefón, a la orilla del mar. 3 El faraón pensará: «Los israelitas andan perdidos, el desierto los tiene atrapados». 4 Yo haré que el corazón del faraón se endurezca y los persiga; me cubriré de gloria a costa del faraón y de todo su ejército, y reconocerán los egipcios que yo soy el Señor.

Y así lo hicieron los israelitas.

5 Cuando le dijeron al rey de Egipto que el pueblo había huido, tanto el faraón como sus ministros cambiaron de opinión y se decían:

–¿Qué es lo que hemos hecho? Hemos dejado salir a Israel y nos hemos privado de sus servicios.

6 Entonces, el faraón hizo preparar su carro de guerra y salió con sus tropas; 7 puso en marcha a seiscientos carros especiales y a todos los demás carros de guerra egipcios, todos con sus respectivos combatientes. 8 El Señor hizo que se endureciera el corazón del faraón, rey de Egipto y que persiguiera a los israelitas que habían salido con la frente en alto. 9 Los egipcios con sus caballos y los carros del faraón, sus jinetes y su ejército, los persiguieron y les dieron alcance en el lugar donde estaban acampados, a orillas del mar, junto a Piajirot, frente a Baalsefón. 10 Cuando el faraón estaba cerca, los israelitas levantaron la vista y vieron venir a los egipcios detrás de ellos. Entonces temieron mucho, pidieron ayuda al Señor, 11 y dijeron a Moisés:

–¿No había cementerios en Egipto para que nos hayas traído a morir en el desierto? ¿Nos has sacado de Egipto para hacernos esto? 12 ¿No te decíamos: deja que sirvamos a los egipcios, pues nos conviene más servirlos que morir en el desierto?

13 Moisés respondió al pueblo:

–No teman, manténganse firmes y verán la victoria que les va a dar hoy el Señor; a estos egipcios que ven ahora, no volverán a verlos nunca más. 14 El Señor combatirá a favor de ustedes sin que ustedes tengan que hacer nada.

El mar se divide y se salva Israel

Sal 77 17-21; 106 9-11; Sab 10 18-19;
1 Cor 10 1-2; Heb 11 29

15 El Señor dijo a Moisés:

–¿Por qué me piden ayuda? Ordena a los israelitas que emprendan la marcha. 16 Tú levanta el bastón, extiende tu mano sobre el mar y divídelo para que los israelitas pasen por medio del mar como si fuera tierra seca. 17 Yo voy a endurecer más todavía el corazón de los egipcios, para que entren en el mar detrás de ustedes, y entonces me cubriré de gloria a costa del faraón y de todo su ejército, de sus carros de guerra y de su caballería. 18 Y reconocerán los egipcios que yo soy el Señor, cuando me cubra de gloria a costa del faraón, de sus carros y de su caballería.

19 Entonces el ángel de Dios, que iba delante de los israelitas fue y se puso detrás de ellos. También la columna de nube que iba delante de ellos fue y se puso detrás, 20 interponiéndose entre el ejército de los egipcios y los israelitas. Por un lado la nube era tenebrosa y por el otro alumbraba en la noche, de suerte que no pudieron acercarse unos a otros en toda la noche.

21 Moisés extendió su mano sobre el mar, y el Señor, por medio de un fuerte viento del este que sopló toda la noche, hizo retroceder el mar y lo dividió en dos dejándolo seco. 22 Los israelitas entraron en medio del mar como en tierra seca, mientras las aguas formaban una especie de muralla a ambos lados. 23 Los egipcios se lanzaron en su persecución; toda la caballería del faraón, sus carros y sus jinetes, entraron tras ellos en medio del mar. 24 Pero antes de la madrugada miró el Señor desde la columna de fuego y de nube al ejército de los egipcios y los desorganizó. 25 Atascó las ruedas de los carros, que apenas podían avanzar. Entonces los egipcios se dijeron:

–Huyamos de Israel, porque el Señor combate a favor de ellos contra nosotros.

26 Entonces el Señor dijo a Moisés:

–Extiende tu mano sobre el mar para que
las aguas se precipiten sobre los egipcios,
sobre sus carros de guerra y su caballería.
27 Moisés extendió su mano sobre el
mar, y al amanecer recuperó el mar su estado normal. Los egipcios se encontraron con
las aguas en su huida, y de este modo los
arrojó en medio del mar. 28 Las aguas, al
juntarse, cubrieron carros y jinetes y a todo
el ejército del faraón, que había entrado en
el mar persiguiendo a los israelitas. No escapó ni uno solo. 29 Sin embargo, los israelitas caminaban en medio del mar como
por tierra seca, mientras las aguas formaban una muralla a ambos lados. 30 Así salvó
el Señor aquel día a Israel del poder de los
egipcios, e Israel pudo ver a los egipcios
muertos en la orilla del mar. 31 Los israelitas vieron cómo el Señor había golpeado
prodigiosamente a los egipcios, temió el
pueblo al Señor, y puso su confianza en él
y en Moisés, su siervo.

Canto de acción de gracias de los liberados

Ap 15 3; Is 12 2; Dt 3 24; Sal 86 8; 74 2; 47; 1 Sm 18 6

15 1 Entonces Moisés y los israelitas cantaron este canto al Señor:

Cantaré al Señor
porque se cubrió de gloria:
caballos y jinetes arrojó al mar.
2 Mi fuerza y mi refugio es el Señor.
El fue mi salvación.
El es mi Dios, yo lo alabaré;
el Dios de mi padre, yo lo ensalzaré.
3 El Señor es un fuerte guerrero;
su nombre es el Señor.
4 Arrojó al mar
los carros del faraón y su ejército;
el Mar de las Cañas se tragó
lo más selecto de sus jefes.
5 La olas los cubrieron;
se hundieron como piedras en el abismo.
6 Tu diestra, Señor, resplandece de poder;
tu diestra aplasta al enemigo.
7 Ante la grandeza de tu majestad
quedan derrotados tus adversarios;
desatas tu ira, que los devora como paja.
8 Al soplo de tu furor
se amontonaron las aguas,
se levantaron como un muro
las corrientes,
las olas se congelaron en el mar.
9 Decía el enemigo:
«Los perseguiré, los alcanzaré,
repartiré el botín, saciaré mi deseo,
empuñaré mi espada,
mi mano los destruirá».
10 Pero sopló tu aliento y los cubrió el mar;
se hundieron como plomo
en las aguas caudalosas.
11 ¿Quién como tú, Señor, entre los dioses?
¿Quién como tú, sublime en santidad,
temible en hazañas, autor de prodigios?
12 Extendiste tu diestra,
y se los tragó la tierra.

13 Guiaste con amor
al pueblo que salvaste.
Con tu poder lo llevaste
a tu santa morada.
14 Al oírlo contar temblaron los pueblos;
el terror se apoderó de los filisteos.
15 Se estremecieron
los príncipes de Edom;
se acobardaron los fuertes de Moab;
desfallecieron los cananeos;
16 terror y espanto cayeron sobre ellos;
se quedaron como piedra
ante el poder de tu brazo,
hasta que pasó tu pueblo, Señor,

• **15 1-21**: La liturgia de pascua culmina con este canto que ensalza al Señor, Dios guerrero, pastor, salvador y rey. El lenguaje es épico y las imágenes provienen de leyendas conocidas. El autor se llena de orgullo al invocar al Señor su Dios como su fuerza y su refugio. La afirmación: *su nombre es el Señor* nos permite incluir el himno en la teología del "nombre" (Ex 15 1-3).

La primera parte (Ex 15 4-12) presenta, con rasgos cósmicos e históricos, el paso del mar y la victoria del Señor; glorifica su poder acumulando adjetivos y metáforas. Las bravatas del faraón demuestran sus intenciones asesinas, que el Señor desbarata. Termina esta primera parte del canto con una interpelación lírica (Ex 15 11), en la que se subraya la absoluta singularidad del Señor. Quien se atrevió a poner en duda el poder de Dios acabó desapareciendo.

La segunda parte (Ex 15 13-18) evoca hechos posteriores al paso del mar. El Dios guerrero (Ex 15 3) es ahora "pastor" que guía hacia la tierra prometida al pueblo rescatado (Ex 15 13.17). Los pueblos, petrificados como las aguas del mar, contemplan el paso de los liberados. La tierra es calificada con títulos sagrados. Una aclamación al Rey divino cierra esta segunda parte del himno.

La conclusión del canto (Ex 15 20-21; el v. 19 es una adición redaccional) recuerda la fiesta anual en que se cantaba y acompañaba con danzas este himno. María es "profetisa" porque, inspirada, alaba al Señor y actúa como su portavoz. Se repite el motivo inicial del himno: gloria al Señor, libertador de Israel.

hasta que pasó este pueblo
que tú adquiriste.
17 Los guiarás y los plantarás
en la montaña de tu heredad,
en el lugar donde has puesto,
oh Señor, tu morada,
en el santuario
que han construido tus manos.
18 ¡Reinará el Señor por siempre jamás!

19 Cuando los carros del faraón, los
caballos y sus jinetes entraron en el mar,
el Señor lanzó sobre ellos las aguas del mar,
mientras los israelitas lo atravesaron como
si fuera tierra seca.
20 María, la profetisa, hermana de Aarón,
tomó en sus manos una pandereta, y todas
las mujeres la acompañaban con panderetas bailando.
21 Y María les animaba, diciendo:

¡Canten al Señor,
porque se cubrió de gloria;
caballos y jinetes arrojó al mar!

II. HACIA EL SINAI Δ

Aguas amargas: Mará

Nm 33 8-9; 1 Cor 10 3-5; Dt 7 15; Sal 103 3

22 Moisés hizo partir a Israel del Mar de
las Cañas. Salieron hacia el desierto de Sur
y caminaron tres días sin encontrar agua.
23 Llegaron a Mará, pero no pudieron
beber sus aguas, porque eran amargas. Por
eso se llama Mará –es decir, Amarga–.
24 Entonces el pueblo se puso a murmurar
contra Moisés:
–¿Qué vamos a beber?
25 Moisés clamó al Señor, y el Señor le
mostró un arbusto. Moisés lo echó en las
aguas, y éstas se convirtieron en dulces.
Allí dio el Señor leyes y mandatos al
pueblo, y lo puso a prueba, 26 diciéndole:
–Si escuchas la voz del Señor tu Dios,
si haces lo que él considera justo, obedeces sus mandatos y observas todas sus leyes, no enviaré sobre ti ninguna de las plagas con las que castigué a los egipcios, porque yo, el Señor, cuido de ti. 27 Llegaron
después a Elín, donde había doce manantiales y setenta palmeras, y acamparon allí
junto a las aguas.

Maná y codornices

Nm 11; Dt 8 3.16; Sal 78 18-29; Sab 16 20-29;
Jn 6 26-58; 1 Cor 10 3; Ap 2 17; 2 Cor 8 15

16 1 Partió de Elín toda la comunidad de
los israelitas y llegaron al desierto de

Δ 15 22-18 27: Estos capítulos constituyen la segunda parte del Exodo. En ellos se describe la marcha del pueblo hacia el Sinaí y con ello se prepara la tercera parte del libro: la alianza y la entrega de la ley y de las demás normas divinas al pueblo liberado. La intención del autor en esta segunda parte, al igual que en la primera, es catequética. A la pregunta: *¿Está Dios con nosotros?* (Ex 17 7), responden estos relatos mostrando la providencia del Señor, el cual se manifiesta no sólo como el Dios que salva, sino también como el Dios que acompaña a su pueblo. El pueblo experimenta en el desierto la tentación de regresar a Egipto buscando seguridades, pero la asistencia del Señor los prepara para establecer un pacto en el Sinaí y abrirse a un futuro nuevo.

• **15 22-27**: Las aguas amargas (*marah* en hebreo) del desierto recuerdan las dos primeras plagas, que también estaban relacionadas con el agua (Ex 7 14-8 11). A las quejas del pueblo (que esta vez podrían pasar por "legítimas") Dios responde proporcionándoles agua dulce y poniendo como condición de su ayuda el cumplimiento de sus leyes y mandatos. Sólo así evitarán que se repitan en ellos las plagas que tuvieron que sufrir los egipcios.

• **16 1-36**: La falta de alimento y la imposibilidad de encontrarlo en el desierto hace que el pueblo murmure contra Moisés y Aarón, y que llegue a preferir el pasado de esclavos en Egipto con sus seguridades, al futuro de hombres libres que Dios les promete. El maná y las codornices son una manifestación de la providencia de Dios para con su pueblo. El problema fundamental, por tanto, no es la necesidad de alimentos, sino la confianza en Dios, y así lo hacen ver Moisés y Aarón: el pueblo ha murmurado, no contra ellos, sino contra el Señor (Ex 16 8). El núcleo del relato pertenece a la tradición yavista, pero está muy retocado por el autor sacerdotal. El interés se centra sobre todo en el *maná*, especie de savia que destila un arbusto del *desierto*, y que, solidificada al contacto con el aire frío de la noche, puede servir de alimento. El hecho es interpretado por la tradición israelita como señal milagrosa de la asistencia divina, mientras el autor sacerdotal refleja su preocupación teológica al vincular la recolección del maná con la regulación del descanso sabático, según el esquema de la creación (Ex 16 22-27).

Sin, entre Elín y Sinaí, el día quince del
segundo mes después de la salida de Egipto. 2 La comunidad de los israelitas comenzó a murmurar contra Moisés y Aarón en
el desierto, diciéndoles:
3 –¡Ojalá el Señor nos hubiera hecho
morir en Egipto, cuando nos sentábamos
junto a las ollas de carne y nos hartábamos
de pan! Pero ustedes nos han traído a este
desierto para hacer morir de hambre a toda
esta gente.
4 El Señor dijo a Moisés:
–Mira, voy a hacer llover del cielo pan
para ustedes. El pueblo saldrá todos los
días a recoger la ración diaria; así los pondré a prueba, a ver si actúan o no según mi
ley. 5 El día sexto, recogerán y prepararán
doble ración.
6 Entonces Moisés y Aarón dijeron al
pueblo:
–Por la tarde reconocerán que ha sido el
Señor quien los ha sacado de Egipto, 7 y
por la mañana contemplarán la gloria del
Señor, que ha oído sus murmuraciones. Ustedes han murmurado contra el Señor, pues
¿quiénes somos nosotros para que nos cri-
tiquen?
8 Y añadió:
–Esta tarde les dará el Señor carne para
comer, y mañana por la mañana pan para
que se sacien, porque ha oído sus murmuraciones contra él, pues ¿quiénes somos nosotros? No van contra nosotros las murmuraciones, sino contra el Señor.
9 Después dijo Moisés a Aarón:
–Dile a toda la comunidad de los israelitas: «Acérquense ante el Señor, porque él
ha oído sus murmuraciones».
10 Mientras Aarón les estaba hablando,
todos los israelitas miraron hacia el desierto y vieron que la gloria del Señor aparecía
en la nube. 11 El Señor habló así a Moisés:
12 –He oído las murmuraciones de los
israelitas. Diles: Por la tarde comerán carne, y por la mañana se hartarán de pan; y
así reconocerán que yo soy el Señor su
Dios.
13 Por la tarde, en efecto, cayeron tantas
codornices que cubrieron el campamento,
y por la mañana había en torno a él una capa
de rocío. 14 Cuando se evaporó el rocío,
observaron sobre la superficie del desierto
una cosa pequeña, granulada y fina, parecida a la escarcha. 15 Al verlo se dijeron
unos a otros:
–¿Manhu? –es decir, ¿qué es esto?–.
Pues no sabían lo que era.
Moisés les dijo:
–Este es el pan que el Señor les da como
alimento. 16 Esto es lo que el Señor les ordena: Que cada uno recoja según lo que
necesite para comer, una ración por cada
una de las personas que vivan con él.
17 Los israelitas lo hicieron así; unos recogieron más, otros menos. 18 Al medirlo
después, vieron que al que había recogido
más no le sobraba, ni le faltaba al que había
recogido menos; cada uno tenía lo necesario para alimentarse. 19 Moisés les dijo:
–Que nadie guarde nada para mañana.
20 Sin embargo, algunos no le obedecieron y guardaron algo para el día siguiente;
pero se llenó de gusanos y se pudrió. Esto
hizo que Moisés se enojara con ellos.

Informaciones sobre el maná

Heb 9 4; Nm 21 5; Jos 5 12

21 Todas las mañanas cada uno recogía
lo necesario para alimentarse; luego, al ca-
lentar el sol, se derretía lo que sobraba.
22 El día sexto recogieron doble cantidad: dos raciones por persona. Los principales de la comunidad vinieron y le informaron de ello a Moisés. 23 El les dijo:
–Esto es lo que ha mandado el Señor:
mañana es día de reposo, es sábado consagrado al Señor. Todo lo que tengan que
hervir y cocinar, hiérvanlo y cocínenlo hoy,
y guarden para mañana lo que sobre.
24 Lo guardaron, pues, para el día siguiente, como había ordenado Moisés, y
no se pudrió ni se llenó de gusanos.
25 Moisés dijo:
–Cómanlo hoy, porque hoy es día de
descanso sagrado en honor del Señor, y
hoy no lo encontrarán en el campo. 26 Lo
recojerán sólo seis días, porque en el día
séptimo, el sábado, no lo encontrarán.
27 Algunos, sin embargo, salieron a recogerlo el día séptimo, pero no lo encontraron.
28 El Señor dijo a Moisés:
–¿Hasta cuándo se negarán a observar
mis mandamientos y mis leyes? 29 Entiendan que si el Señor instituyó el sábado,

puede también darles en el sexto día, alimento para dos días. Que el día séptimo
cada uno se quede en su sitio y que nadie
salga de su tienda.
30 El pueblo guardó el descanso sabático el día séptimo.
31 Los israelitas llamaron a este alimento
maná. Era parecido a la semilla del cilantro;
era blanco y sabía como a pastel de miel.
32 Moisés dijo:
–Esto es lo que ha mandado el Señor:
Tomen una ración y consérvenla para que
sus descendientes vean el pan con que los
alimenté en el desierto cuando los saqué de
Egipto.
33 Dijo luego Moisés a Aarón:
–Toma un recipiente, echa en él una ración de maná y colócalo ante el Señor, a fin
de conservarla para las futuras generaciones.
34 Aarón lo puso ante las tablas del testimonio a fin de que se conservara, como
había mandado el Señor a Moisés. 35 Los
israelitas comieron el maná durante cuarenta años, hasta que llegaron a tierra habitada, hasta que atravesaron la frontera de
la tierra de Canaán. 36 La ración era de unos
cuatro kilos.

Aguas del juicio: Masá y Meribá

Nm 20 1-13; Sal 95 8-9; 106 32; 1 Cor 10 4;
Jn 7 38; Nm 20 24; Dt 32 51

17 1 Toda la comunidad israelita se puso
en marcha desde el desierto de Sin, y
avanzaron por etapas, según el Señor les
ordenaba, hasta llegar a Refidín, donde
acamparon. El pueblo tampoco encontró
allí agua para beber, 2 y se enfrentó con
Moisés diciendo:
–Danos agua para beber.
Moisés les dijo:
–¿Por qué se enfrentan conmigo? ¿Por
qué ponen a prueba al Señor?
3 Pero el pueblo, sediento, seguía murmurando contra Moisés:
–¿Por qué nos has sacado de Egipto
para hacernos morir de sed a nosotros, a
nuestros hijos y a nuestros ganados?
4 Entonces Moisés clamó al Señor:
–¿Qué voy a hacer con este pueblo? Un
poco más y son capaces de apedrearme.
5 El Señor le dijo:
–Toma contigo a algunos ancianos de
Israel y preséntate ante el pueblo; lleva en
tu mano el bastón con el que golpeaste el
Nilo y ponte en camino. 6 Yo estaré contigo
allí, en la roca de Horeb. Golpearás la roca,
y manará agua para que beba el pueblo.
Así lo hizo Moisés en presencia de los
ancianos de Israel. 7 Y dio a aquel lugar el
nombre de Masá –es decir, Prueba– y Meribá –es decir, Pleito–, porque los israelitas
habían puesto a prueba al Señor, y habían
entablado pleito contra él, diciendo:
–¿Está el Señor con nosotros o no?

Victoria sobre los amalecitas

Nm 24 20; Dt 25 17-19; 1 Sm 15 2-3

8 Los amalecitas vinieron a atacar a los
israelitas en Refidín.
9 Moisés dijo a Josué:
–Elige unos hombres y vete a luchar
contra los amalecitas. Yo estaré mañana en
lo alto de la colina con el bastón de Dios en
la mano.
10 Josué hizo lo que le había ordenado
Moisés, y salió a luchar contra los amalecitas. Moisés, Aarón y Jur subieron a lo
alto de la colina. 11 Cuando Moisés tenía el
brazo levantado vencía Israel, y cuando lo
bajaba vencía Amalec. 12 Como se le can-
saban los brazos a Moisés, tomaron una
piedra y se la pusieron debajo; él se sentó
y Aarón y Jur le sostenían los brazos, uno
a cada lado. De este modo los brazos de
Moisés se mantuvieron firmes en alto hasta

• **17 1-7**: De nuevo la sed hace que el pueblo entable un pleito (*meribah* en hebreo) con Moisés y ponga a prueba (*massah* en hebreo) al Señor. La pregunta radical es: *¿está el Señor con nosotros o no?* (Ex 17 7). Por tercera vez el Señor tiene que mostrar que es capaz de socorrer a su pueblo incluso en el desierto a través del cual los conduce a la tierra prometida. Pero ahora lo hará con el mismo bastón con el que causó las plagas de Egipto. Lo que fue instrumento de muerte para los que se empeñaron en no hacer caso al Señor, puede dar la vida a quienes confían en él.

• **17 8-16**: Los amalecitas, que habitaban en la región del Negueb (véase Nm 24 20; Dt 25 17-19), representan a todos los enemigos que Israel tendrá que vencer para tomar posesión de la tierra que el Señor le da. El episodio muestra la providencia divina ante estos nuevos obstáculos que el pueblo encuentra en su camino, y presenta a Josué, sucesor de Moisés, que será quien lleve a cabo la conquista de la tierra. El Señor es reconocido como bandera y estandarte de su pueblo, pues su ayuda, obtenida por la intercesión de Moisés, es el factor decisivo en la batalla.

la puesta del sol. 13 Y Josué derrotó a los amalecitas y a su ejército a golpe de espada.

14 El Señor dijo a Moisés:

–Escribe esto en un libro de memorias, y dile a Josué que yo borraré el recuerdo de Amalec bajo el cielo.

15 Moisés construyó un altar y le dio el nombre de «El Señor es mi estandarte», 16 pues se dijo: «Por haber levantado la mano contra la bandera del Señor, el Señor combatirá contra Amalec de generación en generación».

Encuentro con Jetró e institución de los jueces

Ex 2 22; Hch 7 29; Nm 11 14.16-17; Dt 1 9-18

18 1 Jetró, sacerdote de Madián, suegro de Moisés, se enteró de todo lo que Dios había hecho en favor de Moisés y de su pueblo Israel, y supo que el Señor había sacado a Israel de Egipto. 2 Jetró, suegro de Moisés, había recogido a Séfora, mujer de Moisés, cuando éste la hizo regresar, 3 y también a sus dos hijos, que se llamaban Guersón (pues Moisés había dicho: «soy extranjero en tierra extraña»), 4 y Eliezer (pues Moisés había dicho: «el Dios de mi padre ha sido mi ayuda y me ha librado de la espada del faraón»). 5 Jetró, suegro de Moisés, tomó a los dos hijos y a la mujer, y fue en busca de Moisés hasta el desierto, a la montaña de Dios donde estaba acampado, 6 y le envió este mensaje:

–Soy Jetró, tu suegro, y vengo con tu mujer y tus dos hijos.

7 Moisés salió al encuentro de su suegro e inclinándose lo besó; y después de preguntarse mutuamente cómo estaban, entraron en la tienda. 8 Moisés contó a su suegro todo lo que había hecho el Señor al faraón y a los egipcios por amor a Israel, todos los contratiempos que habían tenido por el camino y cómo el Señor los había librado de ellos. 9 Jetró se alegró de todo el bien que el Señor había hecho a Israel, salvándolo del poder de los egipcios, 10 y dijo:

–¡Bendito sea el Señor, que los ha librado de los egipcios y del faraón! El ha librado a este pueblo del poder de los egipcios. 11 Ahora reconozco que el Señor es más grande que todos los dioses, porque ha librado a su pueblo de la opresión egipcia.

12 Luego Jetró, suegro de Moisés, ofreció un holocausto y otros sacrificios al Señor. Aarón y todos los ancianos de Israel, vinieron a compartir con el suegro de Moisés el banquete que se celebró en presencia del Señor.

13 Al día siguiente, Moisés se sentó a solucionar los pleitos del pueblo, y todo el pueblo acudía a él desde la mañana a la tarde. 14 Cuando su suegro vió lo que hacía Moisés, le preguntó:

–¿Qué manera es ésa de atender al pueblo? ¿Por qué te sientas tú solo a juzgar mientras todo el pueblo espera de pie desde la mañana a la tarde?

15 Moisés le respondió:

–Porque el pueblo recurre a mí para conocer la voluntad de Dios. 16 Cuando tienen un pleito vienen a mí, y yo juzgo entre unos y otros, y les doy a conocer los preceptos y las leyes de Dios.

17 Entonces, su suegro le dijo:

–Tu procedimiento no es bueno. 18 Se agotará este pueblo que recurre a ti, y te agotarás tú, porque es una carga demasiado pesada para ti, y tú solo no puedes con ella. 19 Escúchame, voy a darte un consejo, y que Dios te asista. Tú serás el mediador del pueblo y tú llevarás sus asuntos ante Dios. 20 Instruirás al pueblo en los preceptos y leyes, les enseñarás cómo deben comportarse y les dirás lo que deben hacer. 21 Pero tú elige de entre el pueblo hombres capaces, temerosos de Dios, hombres íntegros que no se dejan sobornar, y nómbralos jefes de mil, de cien, de cincuenta y de diez, 22 para que sean los jueces ordinarios del pueblo. Que a ti te lleven únicamente los asuntos más importantes; los demás, que los juzguen ellos. Así aligerarás tu carga, al

• **18 1-27**: El episodio del encuentro entre Moisés y su suegro Jetró se estructura en dos jornadas. En la primera (Ex 18 1-12) Moisés relata las maravillas realizadas por el Señor en favor de su pueblo. La respuesta de Jetró, que proclama su fe en el Señor, contrasta con la actitud incrédula y desconfiada del pueblo. La segunda jornada (Ex 18 13-27) está dedicada a proporcionar al pueblo una mínima organización. Aunque la institución de tribunales para juzgar al pueblo es posterior a los tiempos del desierto, es interesante que este relato la relacione con el encuentro entre Moisés y Jetró. Tal vez se trata de una institución que el pueblo de Israel tomó prestada de sus vecinos madianitas. También a través de ellos Dios cuida de su pueblo.

compartirla ellos contigo. 23 Si procedes
así, Dios te dará instrucciones, tú podrás
cumplir mejor tu cometido, y este pueblo
podrá llegar en paz a su hogar.
24 Moisés escuchó a su suegro, e hizo
todo lo que le había aconsejado. 25 Eligió
de entre los israelitas hombres hábiles, y los
puso al frente del pueblo como jefes de
mil, de cien, de cincuenta y de diez. 26 Ellos
eran los jueces ordinarios del pueblo. Las
cuestiones más difíciles se las llevaban a
Moisés, y las de menor importancia las
resolvían ellos. 27 Después, Moisés despidió a su suegro, y éste regresó a su tierra.

III. ALIANZA Y LEY Δ

1. Alianza en el Sinaí ◊

El Señor propone la alianza

Dt 32 11; 10 14-15; 1 Pe 2 9; Ap 5 10; 20 6;
Jos 24 16-24; Heb 12 20

19 1 A los tres meses justos de haber salido de Egipto, los israelitas llegaron
al desierto del Sinaí. 2 Habían salido de
Refidín, llegaron al desierto del Sinaí, y allí
acamparon, frente a la montaña.
3 Moisés subió al encuentro de Dios y el
Señor lo llamó desde la montaña y le dijo:
–Así hablarás a la descendencia de Jacob; así dirás a los hijos de Israel: 4 Ya han
visto lo que he hecho con los egipcios, y
cómo a ustedes los he llevado sobre alas
de águila y los he traído a mí. 5 Ahora bien,
si me obedecen fielmente y guardan mi
alianza, ustedes serán el pueblo de mi propiedad entre todos los pueblos, porque toda
la tierra es mía; 6 serán para mí un reino de
sacerdotes, una nación santa. Esto es lo que
dirás a los hijos de Israel.
7 Cuando Moisés regresó de la montaña,
llamó a los ancianos del pueblo y les comunicó todo lo que el Señor le había ordenado. 8 Y todo el pueblo a una respondió:
–Nosotros haremos todo lo que el Señor
ha dicho.
Moisés transmitió al Señor las palabras
del pueblo. 9 Y el Señor le dijo:

Δ 19 1-40 38: Estos capítulos componen la tercera parte del libro del Exodo y podemos distinguir en ella cuatro grandes secciones íntimamente relacionadas entre sí: ratificación de la alianza (Ex 19-24); normas para la construcción del santuario, para los ornamentos y consagración de los sacerdotes, y para la organización del culto (Ex 25-31); rebeldía y renovación de la alianza (Ex 32-34) y ejecución de todo lo relativo a la construcción del santuario y a la confección de los ornamentos sacerdotales (Ex 35 1-39 31). Termina esta última parte del libro con una especie de epílogo (Ex 39 32-40 38) en el que se relata la presentación a Moisés de la obra concluida, se recoge la orden divina de consagrar todo lo realizado, y se constata cómo Moisés ejecutó fielmente todo lo ordenado por el Señor.

La tradición de Israel ha situado en el Sinaí las dos máximas revelaciones: la del nombre de Dios en el contexto de la vocación de Moisés (Ex 3 14), y la de la ley en el marco de la alianza. A la idea de un Dios salvador y providente, se suma ahora la del Dios que se compromete y pide compromiso, que legisla y pide obediencia. Aunque se mencionen otras en el A. T., la alianza del Sinaí es la más importante porque completa y culmina la liberación, y por ella Dios reconoce a Israel como su pueblo. Es una alianza que exige una disponibilidad asumida libremente por ambas partes y establece un reconocimiento mutuo de amistad con responsabilidades compartidas. Sin embargo, no se trata de una alianza entre iguales, y por ello la relación será de autoridad y obediencia.

◊ 19 1-24 18: Moisés regresa, ahora con todo el pueblo, a la misma montaña en la que Dios se le apareció para confiarle la misión de liberar a su pueblo (Ex 3 1-4 17). Allí, en el mismo lugar en que Dios le manifestó su nombre, le comunicará ahora las exigencias del pacto que convertirá a aquel pueblo incrédulo y desorganizado en el pueblo del Señor.

Los materiales que componen esta sección proceden de diversos ámbitos de la vida (leyes, sucesos, vida social y matrimonial, fiestas y ritos litúrgicos) y reflejan la riqueza de matices que aquel acontecimiento originario fue adquiriendo en la vida del pueblo israelita, que en el futuro lo iba a recordar de manera constante, lo iba a celebrar con gozo y agradecimiento, e iba a hacer de él su norma de conducta. El decálogo (Ex 20 1-17) y el llamado Código de la alianza (Ex 20 22-23 19) son los elementos más característicos de esta sección.

• **19 1-15**: Dios toma de nuevo la iniciativa. Convoca a Moisés y a través de él invita a los liberados a una comunión de vida. Su proyecto incluye la elección, el pacto y la consagración de Israel. La propuesta divina de Ex 19 3-6 es la clave del pasaje. Su forma es la de un diálogo y tiene tres estrofas, cada una de las cuales mira a un tiempo. La primera al pasado: el Señor les recuerda que han sido testigos de sus hazañas y los invita a su intimidad. La segunda mira al presente: llama a los hombres libres a ser sus aliados; la formulación condicional *si* indica que pueden aceptar o no. Finalmente, en la tercera estrofa se

–Yo vendré a ti en una densa nube, para
que el pueblo pueda escuchar cómo hablo
contigo, y tenga siempre confianza en ti.
Y Moisés refirió al Señor las palabras
del pueblo.
10 Después el Señor dijo a Moisés:
–Regresa a tu pueblo y purifícalos hoy
y mañana; que laven sus vestidos 11 y estén
preparados para el tercer día, porque al tercer día bajará el Señor sobre la montaña
del Sinaí a la vista de todo el pueblo. 12 Tú
señalarás un límite alrededor de la montaña y les dirás: No suban a la montaña ni
pisen más allá del límite señalado. Todo el
que pise la montaña morirá. 13 Nadie la tocará; quien la toque, sea hombre o animal
morirá apedreado o traspasado por las flechas; sea hombre o animal, no quedará con
vida. Sólo cuando suene el cuerno podrán
subir a la montaña.
14 Bajó Moisés, purificó al pueblo y ellos
lavaron sus vestidos. 15 Entonces ordenó al
pueblo:
–Estén preparados para el tercer día y
no tengan relaciones sexuales.

El Señor desciende a la montaña

Dt 4 10-14; 5 2-5.25-31; Mt 28 1

16 Al amanecer del tercer día, hubo truenos y relámpagos; una densa nube cubría
la montaña, y se oía un sonido creciente de
trompeta. Todo el pueblo que estaba en el
campamento temblaba. 17 Moisés hizo salir
al pueblo del campamento al encuentro de
Dios, y la gente se quedó al pie de la montaña. 18 Toda la montaña del Sinaí estaba
envuelta en humo, porque el Señor había
bajado sobre ella en el fuego. Subía aquel
humo como humo de horno y toda la montaña temblaba violentamente; 19 y el sonido
de la trompeta se iba haciendo cada vez más
fuerte. Moisés hablaba y Dios le respondía
con el trueno. 20 El Señor bajó sobre la
montaña del Sinaí, invitó a Moisés a subir
a la cima y Moisés subió. 21 El Señor dijo
a Moisés:
–Baja y ordena al pueblo que no traspasen los límites en su afán por ver al Señor; de lo contrario, muchos de ellos morirán. 22 Que se purifiquen también los sacerdotes que van a acercarse al Señor, no sea
que el Señor les quite la vida.
23 Moisés dijo al Señor:
–El pueblo no puede subir a la montaña,
pues tú se lo prohibiste cuando nos ordenaste: «Coloca un límite a la montaña y
declárala sagrada».
24 El Señor respondió a Moisés:
–Baja y regresa aquí con Aarón; pero
que los sacerdotes y el pueblo no traspasen
el límite queriendo subir hacia el Señor, no
sea que les quite la vida.
25 Moisés bajó adonde estaba el pueblo
y les dijo todo esto.

Proclamación del decálogo

Dt 5 6-22; Lv 19 1-18; Mt 5 17-48; 19 16-22; Dt 4 15-20; Lv 23 3; Nm 15 32-36; Lc 13 14; Eclo 3 1-16; Ef 6 2-6; Rom 13 9; Sant 2 11; Lv 20 10

20 1 Entonces Dios pronunció estas palabras:
2 –Yo soy el Señor, tu Dios, el que te sacó de Egipto, de aquel lugar de esclavitud.
3 No tendrás otro Dios fuera de mí. 4 No

contempla el futuro de Israel: el Señor de toda la tierra tomará a este pueblo como posesión propia haciendo de él *un reino de sacerdotes, una nación santa.* La elección no es un privilegio ni es excluyente; Israel recibe la llamada en favor y para servicio de los otros pueblos. Convertirse en *reino de sacerdotes* implica que Israel tendrá la función de adorar y sacrificar al Señor e interceder por todos.

A la respuesta afirmativa del pueblo (Ex 19 7-8) siguen dos declaraciones divinas. En una (Ex 19 9) se especifica que la fe viene no sólo del "ver", sino también del "oír": los israelitas no verán al Señor, pero oirán cómo habla con Moisés y así creerán en lo que el mediador les dice. En la otra (Ex 19 10-13), se fija el ritual del encuentro con el Señor que baja a la montaña, pero que permanece impenetrable en su espacio e inaccesible en su gloria.

• **19 16-25**: La descripción de la manifestación del Señor recurre a tópicos cósmicos: fuego, humo, temblor de la montaña, truenos y relámpagos, a los que se suman otros procedentes de la liturgia: las trompetas, la procesión, el espacio sagrado. Esta revelación describe una experiencia que Israel jamás podrá olvidar, porque fue una gracia única, la de haber encontrado a Dios, escuchado su voz y sentido su presencia. Todo en ella prepara la manifestación de la voluntad divina, que quedará expresada en el decálogo.

• **20 1-17**: Las relaciones con Dios vividas en diálogo encuentran su expresión adecuada en la alianza. Esta, a su vez, exige un "código" que concrete y reglamente esas relaciones: tal es la función de la ley. La alianza tiene su fundamento en el amor, pero también lleva consigo compromisos. La elección de Dios es gratuita, pero no incondicionada, pues la comunidad debe ser en el mundo el reflejo de su santidad. El estilo del decálogo es sobrio y de un denso contenido moral. Sus preceptos se formulan de manera absoluta y negativa, como principios fundamentales y eternos que trascienden cualquier circunstancia o limitación, atenuante o agravante.

te harás escultura, ni imagen alguna de nada de lo que hay arriba en el cielo, o aquí
abajo en la tierra, o en el agua debajo de la
tierra. 5 No te postrarás ante ellas, ni les
darás culto, porque yo, el Señor tu Dios,
soy un Dios celoso, que castigo la maldad
de los que me odian en sus hijos hasta la
tercera y cuarta generación, 6 pero soy misericordioso por mil generaciones con los
que me aman y observan mis mandamientos.
7 No tomarás en vano el nombre del Señor, tu Dios, porque el Señor no deja sin
castigo al que toma su nombre en vano.
8 Acuérdate del sábado para santificar-
lo. 9 Durante seis días trabajarás y harás
todos tus trabajos. 10 Pero el séptimo, es día
de descanso en honor del Señor tu Dios.
No harás en él trabajo alguno, ni tú, ni tus
hijos, ni tus siervos, ni tu ganado, ni el extranjero que habita contigo. 11 Porque en
seis días hizo el Señor el cielo y la tierra,
el mar y todo lo que hay en ellos, y el séptimo día descansó. Por eso bendijo el Señor
el día del sábado y lo declaró santo.
12 Honra a tu padre y a tu madre para
que vivas muchos años en la tierra que el
Señor tu Dios te va a dar.
13 No matarás.
14 No cometerás adulterio.
15 No robarás.
16 No darás falso testimonio contra tu
prójimo.
17 No desearás la casa de tu prójimo, ni
su mujer, ni su siervo, ni su sierva, ni su
toro, ni su burro, ni nada de cuanto le pertenezca.

Moisés mediador

Dt 5 23-31; Heb 12 18-19

18 Ante el espectáculo de los truenos, de
los relámpagos, del sonido de la trompeta
y de la montaña que echaba humo, el pueblo temblaba y se mantenía a distancia.
19 Entonces dijeron a Moisés:
–Háblanos tú y te escucharemos, pues
si nos habla el Señor moriremos.
20 Moisés respondió al pueblo:
–No teman, que el Señor ha venido sólo
para ponerlos a prueba, para que lo respeten y no pequen.
21 Y el pueblo se mantuvo a distancia,
mientras Moisés se acercaba a la densa nube
donde estaba el Señor.

CODIGO DE LA ALIANZA +

Ley del altar

Dt 27 5-7; Jos 8 31

22 El Señor dijo a Moisés:
–Di a los israelitas: Ustedes mismos han
visto cómo les he hablado desde el cielo.
23 Jamás se fabriquen dioses de oro ni de
plata para ponerlos junto a mí. 24 Me levantarás un altar de tierra y en él me ofrecerás
tus holocaustos, tus sacrificios de comunión, tus ovejas y tus vacas. Vendré a ti y
te bendeciré en los santuarios en los que
yo haya establecido el culto a mi nombre.
25 Si me construyes un altar de piedra, que
no sea de piedras labradas, porque al tocarlas con tus herramientas las profanarás.
26 Tampoco subirás por gradas a mi altar,
para que no se te vean tus partes íntimas.

• **20 18-21**: Los primeros mandamientos (Ex 20 3-11) regulan las relaciones del pueblo con Dios: él será el único Dios; ninguna imagen romperá su transcendencia y su exclusividad; su nombre no será manipulado; y se le consagrará un día de descanso semanalmente. Estos mandamientos reflejan una profunda experiencia de Dios.

Los restantes mandamientos (Ex 20 12-17) dan normas básicas para regular la relación entre los hombres: el respeto a los padres, a la vida, a la relación hombre-mujer, a los bienes y a la fama. Todo ello como exigencia de la fe en un Dios único y transcendente, que con su santidad y su salvación pone las bases de un nuevo ordenamiento legal.

Es la continuación de la teofanía (Ex 19 16-25) interrumpida por el decálogo. El pueblo, temeroso de experimentar una relación directa y personal con Dios pide a Moisés que sea su intermediario. Cuando llegue Jesús, quedará superado este esquema y cada miembro del pueblo de Dios podrá tener una relación directa y personal con Dios.

+ 20 22-23 19: El llamado *código de la alianza* contiene una serie de leyes muy similares a las de los otros cuerpos legales de los países vecinos de Israel (p.e. las del código de Hammurabi). Reflejan una sociedad arcaica, en la que la familia y el clan son las estructuras básicas de la vida social; el ganado y la agricultura son el medio de vida; no existe una autoridad específica. Este conjunto de leyes recibe en Ex 24 7 el nombre de código de la alianza: se establece así su conexión con la alianza y la revelación divina de las leyes en el Sinaí.

• **20 22-26**: Comienza el código de la alianza con una síntesis de los dos primeros mandamientos; a continuación se describe cómo ha de ser el altar; si es de piedra deberá estar construido con piedras toscas o en todo caso labradas con otras piedras; no se pueden utilizar herramientas de hierro porque el hierro es un material "impuro".

Sobre el esclavo hebreo

Lv 25 35-46; Dt 15 12-18

21 1 Estas son las leyes que les darás:
2 Si compras un esclavo hebreo, te servirá durante seis años, pero el séptimo quedará libre sin pagar nada. 3 Si vino solo,
solo saldrá; si estaba casado, su mujer saldrá con él. 4 Si fue su amo el que le dio mujer, y tuvo de ella hijos, la mujer y los hijos
pertenecen a su amo; sólo él quedará libre.
5 Pero si el esclavo declara formalmente:
«Prefiero quedarme con mi amo, con mi
mujer y con mis hijos antes que ser libre»,
6 entonces el amo lo hará presentarse ante
Dios, y luego arrimándolo a la puerta o al
marco de la puerta, le perforará la oreja con
un punzón y será su esclavo para siempre.
7 Si uno vende a su hija como esclava,
ésta no saldrá libre como salen los esclavos varones. 8 Si ella desagrada a su amo,
que la había destinado para sí, dejará que
paguen un rescate; pero no la puede vender
a extranjeros; sería portarse mal con ella;
9 pero si la destina para su hijo, la tratará
como a una hija. 10 Si toma para sí otra
mujer, no negará a la primera ni el alimento, ni los vestidos, ni su derecho conyugal;
11 y si no cumple alguna de estas tres
cosas, la esclava podrá irse gratuitamente,
sin pagar nada.

Delitos capitales

Lv 24 17.21; Nm 35 16-34; Dt 19 1-13;
Jos 20; 1 Re 1 50; 2 28-34

12 El que hiere a un hombre y le causa la
muerte, será castigado con la muerte. 13 Pero si lo hizo sin querer, porque Dios lo permitió, yo te indicaré un lugar donde pueda
refugiarse. 14 Sin embargo, a quien mate
intencionadamente a su prójimo lo arrancarán incluso de mi altar para castigarlo
con la muerte. 15 El que hiera a su padre o
a su madre, será castigado con la muerte.
16 El que rapte a una persona, ya la venda
o la tenga en su poder, morirá irremediablemente. 17 El que maldiga a sus propios
padres, será castigado con la muerte.

Golpes y heridas

Lv 24 19-20; Dt 19 21; Mt 5 38-42

18 Si en una pelea un hombre hiere a otro
con una piedra o con el puño sin causarle
la muerte, pero obligándole a guardar cama,
19 el agresor será absuelto si el otro se levanta y puede salir fuera apoyado en su
bastón; no obstante, pagará tanto por el
tiempo perdido en cama cuanto por los gastos de la curación.
20 Si uno golpea con un bastón a su esclavo o a su esclava y muere en ese momento, deberá ser castigado. 21 Pero no será
castigado si sobreviven un día o dos, porque son propiedad suya.
22 Si unos hombres peleándose, golpean
a una mujer encinta haciéndola abortar, pero
sin causarle ningún otro daño, el culpable
será multado con la cantidad que el marido
de la mujer pida y decidan los jueces. 23 Pero si se siguen otros daños, entonces se pagará vida por vida, 24 ojo por ojo, diente por
diente, mano por mano, pie por pie, 25 quemadura por quemadura, herida por herida,
golpe por golpe.
26 Si uno de un golpe deja tuerto a su
esclavo o a su esclava, le dará la libertad
en compensación del ojo perdido. 27 Igualmente si a su esclavo o a su esclava le
rompe un diente, le dará la libertad en compensación del diente.
28 Si un toro mata de una cornada a un
hombre o a una mujer, lo matarán a pedradas y su carne no se podrá comer, pero su
dueño no será responsable. 29 Sin embargo,
si el toro embestía ya desde tiempo atrás y
su dueño después de informado no lo encerró, en el caso de que el toro mate a un hombre o a una mujer, lo matarán a pedradas y

• **21** 1-11: No se cuestiona el tema de la esclavitud, pero se prohibe que un "hebreo" sea esclavo de por vida, a no ser voluntariamente. El trato que merece una muchacha esclava está cerca del que se da a la mujer libre. La finalidad de esta ley es evitar los malos tratos de aquellos que tienen que servir a otros para pagar sus deudas.

• **21** 12-17: Se contemplan cinco delitos que merecen la pena capital. El culpable debe morir. En el caso de un homicidio involuntario puede recurrirse a las ciudades de refugio (véase Nm 35 6). En su forma y en su contenido estas leyes tienen estrechas relaciones con las del decálogo (véase Ex 20 1-17).

• **21** 18-32: Se contemplan ahora una serie de incidentes que producen daños, señalándose al mismo tiempo las penas que reparan tales daños; de ahí que no se tenga en cuenta si el hecho es voluntario o no. La ley del talión establece la equivalencia entre daño y castigo. Su objetivo era limitar los excesos en la venganza (véase Gn 4 23-24) y eliminar una compensación puramente material en caso de muerte o grave daño a una persona.

su dueño será condenado a muerte. 30 Si le permiten rescatar su vida con una multa, pagará la cantidad que se le imponga. 31 Si el toro embiste a un niño o a una niña, se aplicará esta misma ley. 32 Si el toro embiste a un esclavo o a una esclava, el dueño del toro pagará treinta monedas de plata al amo del esclavo y el toro será apedreado.

Daño a la propiedad ajena

2 Sm 12 6; Lc 19 8; Lv 5 20-26; Dt 22 28-29

33 Si uno deja un pozo abierto, o cava un pozo y no lo cubre, y un buey o un burro cae dentro, 34 el dueño del pozo pagará por los daños; pagará en dinero al dueño del toro o del burro, y se quedará con el animal muerto. 35 Si el toro de uno mata a cornadas al toro de otro, venderán el toro vivo y se repartirán tanto el precio de la venta como el toro muerto. 36 Pero si se sabía que el toro ya embestía desde tiempo atrás y su dueño no lo encerró, entonces pagará con un toro vivo y se quedará con el muerto.

37 Si alguno roba un buey o una oveja y los mata o los vende, restituirá cinco toros por el toro, y cuatro ovejas por la oveja.

22 1 Si un ladrón es sorprendido de noche entrando a robar y lo matan de un golpe, no se culpará a nadie de su muerte; 2 pero si el sol había salido ya, su muerte podrá ser vengada. El ladrón debe devolver todo y, si no tiene con qué, él mismo será vendido para devolver lo que robó; 3 pero si se encuentra en su poder vivo todavía lo que robó, sea buey, burro u oveja, pagará el doble.

4 Si uno causa daño en el campo o la viña de otro dejando pastar en ellos su ganado, compensará el daño con lo mejor de su propio campo o de su viña.

5 Si se declara un incendio y, al propagarse por la maleza, destruye el grano, sea en gavillas o todavía sin segar, o bien destruye todo el campo, el que causó el fuego pagará lo quemado.

6 Si uno deja a otro en custodia dinero o utensilios y éstos son robados de su casa, cuando se encuentre al ladrón, devolverá el doble. 7 Pero si no lo encuentran, el dueño de la casa se presentará ante Dios y jurará que no se ha apropiado de los bienes del otro.

8 En los casos en los que uno reclame a otro como suyo un buey, un burro, una oveja, un vestido, o cualquier otro objeto desaparecido que su propietario pueda identificar, se presentará ante Dios el pleito, y aquel a quien Dios condene devolverá el doble a su prójimo.

9 Si uno deja a otro en custodia un burro, un buey, una oveja o cualquier otro animal, y se le muere, se daña o es robado sin que nadie lo vea, 10 entonces el pleito se decidirá jurando ante el Señor que no se ha apropiado de los bienes del otro; el dueño del animal aceptará el juramento, y no habrá nada que pagar. 11 Pero si el animal ha sido robado estando él presente, se lo pagará a su dueño. 12 Si el animal ha sido despedazado por alguna fiera, lo presentará para que se vea, pero no pagará nada por él.

13 Si uno pide prestado un animal a otro y se daña o muere en ausencia del dueño, deberá pagarlo. 14 Pero si su dueño está presente, no lo pagará. Si se trataba de un animal alquilado, pagará el precio del alquiler.

15 Si uno seduce a una joven virgen que no está prometida en matrimonio y se acuesta con ella, pagará su dote y la tomará por esposa. 16 Pero si su padre se niega terminantemente a dársela, pagará el dinero que suele darse como dote por una joven virgen.

Leyes sociales y religiosas

Dt 18 9-12; 27 19.21; 10 18-19; 24 17-18;
Lv 25 35-37; Hch 23 5; Dt 23 20-21; 14 21

17 No dejes con vida a las hechiceras. 18 Quien tenga relación sexual con un animal, será castigado con la muerte. 19 El que

• **21 33-22 16**: Diversos casos de restitución y de cómo proceder cuando se han dejado objetos en custodia. En caso de dudas, se apela a Dios bien en forma de juicio de Dios, bien acudiendo al juramento. A estos daños a la propiedad ajena se asimila la violación de una muchacha: si el violador no se casa con ella, pagará lo estipulado, pues en la mentalidad de entonces, la muchacha soltera era considerada como una posesión del padre.

• **22 17-30**: Conjunto de leyes que condena diversos tipos de delitos; se protege a los más indefensos: Dios mismo se encarga de su protección. También se legisla sobre algunas exigencias religiosas. Ex 22 30 es un añadido del redactor sacerdotal, que está fuera de contexto.

ofrezca sacrificios a otros dioses distintos del Señor, será exterminado.

20 No explotarás ni maltratarás al extranjero, porque ustedes también fueron extranjeros en Egipto. 21 No oprimirás a la viuda y al huérfano; 22 si los oprimes, clamarán a mí y yo ciertamente escucharé su clamor; 23 se despertará mi enojo y haré que ustedes mueran a espada; entonces tus mujeres quedarán también viudas, y huérfanos tus hijos.

24 Si prestas dinero a alguno de mi pueblo, a un pobre vecino tuyo, no te portes con él como un usurero, exigiéndole intereses. 25 Si tomas en prenda el manto de tu prójimo, se lo devolverás antes de la puesta del sol, 26 porque es lo único que tiene para cubrir su cuerpo. Si no, ¿con qué va a dormir? Si recurre a mí, yo lo escucharé, porque soy misericordioso.

27 No blasfemes contra Dios, ni maldigas al jefe de tu pueblo. 28 No te retrases en traerme los primeros frutos de tu grano y de tu viña. Me entregarás los primogénitos de tus hijos, 29 y lo mismo harás con los primogénitos de tus vacas y ovejas: siete días permanecerán con su madre, y al octavo me los entregarás.

30 Ustedes serán para mí un pueblo santo. No coman carne de animal despedazado en el campo; echénsela a los perros.

Defensa de los débiles

Lv 19 15-16; Dt 1 16-17; 16 18-20; 27 25; Dt 22 1-4.20

23 1 No difundas rumores falsos; no des falso testimonio para apoyar al que sostiene una causa injusta. 2 No hagas el mal, aunque la mayoría lo haga, ni declares en un pleito inclinándote por la mayoría y violando la justicia. 3 Tampoco favorecerás al pobre en sus pleitos.

4 Si encuentras el buey de tu enemigo o su burro perdido, llévaselo. 5 Si ves caído bajo el peso de su carga el burro del que te odia, no te desentiendas de él, ayúdalo a levantarlo.

6 No violes el derecho del pobre en sus pleitos. 7 No intervengas en un pleito fraudulento ni condenes a muerte al inocente y al justo, porque yo no absolveré al culpable. 8 No te dejes sobornar con regalos, porque el regalo ciega incluso al que juzga rectamente y pervierte las causas de los inocentes.

9 No oprimas al extranjero; ustedes bien saben cual es su condición, pues fueron extranjeros en Egipto.

Festividades

Lv 25 1-7.20-22; Dt 15 1-11; 24 19; Lv 23; Dt 16 3-4.9-15; 26 1-11

10 Durante seis años sembrarás tu tierra y recogerás su cosecha. 11 Pero el séptimo la dejarás descansar, sin cultivarla, para que allí encuentren comida los pobres de tu pueblo, y lo que quede lo coman las fieras del campo. Lo mismo harás con tus viñas y tus olivos.

12 Seis días trabajarás, pero el séptimo descansarás, para que descansen también tu buey y tu burro, y tengan un respiro tus esclavos y los extranjeros.

13 Cumplan todo lo que les he dicho. No invocarás el nombre de otros dioses; que no lo pronuncie tu boca.

14 Tres veces al año celebrarás fiestas en mi honor. 15 Guardarás la fiesta de los ácimos: durante siete días comerás panes sin levadura, como yo te mandé, en el tiempo establecido del mes de Abib, porque en ese mes salieron de Egipto. Nadie se presentará ante mí con las manos vacías. 16 Observarás también la fiesta de la siega de los primeros frutos de tu trabajo, de lo que hayas sembrado en el campo. Y la fiesta de la cosecha, al terminar el año, cuando recojas de los campos el producto de tu trabajo. 17 Tres veces al año se presentarán todos los varones ante el Señor tu Dios.

18 Cuando me sacrifiques una víctima, no me ofrecerás su sangre junto con pan fermentado, ni se guardará para el día si-

• **23 1-9**: Conjunto de leyes sobre la administración de la justicia con una preocupación especial por aquél que no tiene defensor. El enemigo es también hermano y hay que ayudarlo cuando lo necesite. La última ley es una repetición de Ex 22 20.

• **23 10-19**: Preceptos para fechas fijas. En primer lugar se manda que cada siete años las tierras queden un año sin cultivar; esta medida adquiere valor humanitario, pues lo poco que produzcan será para los pobres y los animales. Todas las fiestas, al parecer están vinculadas con una peregrinación al santuario. Se rechazan específicamente dos costumbres (mezclar sangre con pan fermentado y cocinar el cabrito en la leche de su madre), sin duda por sus implicaciones mágicas.

guiente la grasa de la ofrenda hecha en día de fiesta. 19 Llevarás a la casa del Señor tu Dios los primeros frutos de tu tierra. No cocerás el cabrito en la leche de su madre.

Exhortación final

Ex 14 19; 33 2; Is 63 9; Mal 3 1; Dt 28; 12 2-3

20 Yo enviaré mi ángel delante de ti, para que te guarde en el camino, y te lleve a la tierra que yo te he preparado. 21 Préstale atención y escucha su voz; no te rebeles contra él, porque mi autoridad reside en él, y no perdonará tu infidelidad. 22 En cambio, si le obedeces siempre y haces todo lo que yo te diga, seré enemigo de tus enemigos y opresor de tus opresores; 23 porque mi ángel irá delante de ti y te guiará a la tierra de los amorreos, hititas, pereceos, cananeos, jeveos y jebuseos, a quienes yo exterminaré.

24 No imitarás la conducta de esos pueblos, ni adorarás a sus dioses, ni les darás culto, sino que derribarás y harás pedazos sus piedras conmemorativas. 25 Darás culto al Señor tu Dios, y él bendecirá tu alimento y tu bebida. Yo alejaré de ti la enfermedad. 26 En tu tierra ninguna mujer abortará ni será estéril; y les daré una vida muy larga.

27 Infundiré el terror y causaré la derrota de todos los pueblos a los que vayas, de manera que todos tus enemigos huyan ante ti. 28 Mandaré por delante tábanos que pondrán en fuga ante ti a los jeveos, cananeos e hititas. 29 Pero no los echaré en un solo año, no sea que la tierra se quede desierta y se multipliquen contra ti las fieras salvajes, 30 sino que los iré echando de tu presencia poco a poco a medida que vayas creciendo y tomando posesión de la tierra.

31 Fijaré tus fronteras desde el Mar de las Cañas hasta el Mar de los filisteos, y desde el desierto hasta el río Eufrates. Yo les entregaré a ustedes los habitantes del país, y tú los echarás de tu presencia. 32 No hagas pactos con ellos ni con sus dioses. 33 No los dejes vivir en tu tierra, no sea que te hagan pecar contra mí, dando culto a sus dioses; eso sería tu ruina.

Ratificación de la alianza

Jos 24 16-24; 2 Re 23 1-3; Jos 4 3-9.20-24; 1 Re 18 31; Mt 26 28; Heb 9 18-20

24 1 Dijo Dios a Moisés:

–Sube al encuentro del Señor con Aarón, Nadab, Abiú y setenta ancianos de Israel. Y cuando todavía estén lejos se postrarán. 2 Sólo Moisés se acercará al Señor; los otros no se acercarán y tampoco el pueblo subirá con él.

3 Moisés vino y comunicó al pueblo todo lo que le había dicho el Señor y todas sus leyes. Y todo el pueblo respondió a una:

–Cumpliremos todo lo que ha dicho el Señor.

4 Moisés puso entonces por escrito todas las palabras del Señor. Al día siguiente se levantó temprano y construyó un altar al pie de la montaña; levantó doce piedras conmemorativas, una por cada tribu de Israel. 5 Luego mandó a algunos jóvenes israelitas que ofrecieran holocaustos e inmolaran novillos como sacrificios de comunión en honor del Señor. 6 Moisés tomó la mitad de la sangre y la puso en unas vasijas, y la otra mitad la derramó sobre el altar. 7 Tomó a continuación el código de la alianza y lo leyó en presencia del pueblo, el cual dijo:

–Cumpliremos y obedeceremos todo lo que ha dicho el Señor.

8 Entonces Moisés tomó la sangre y roció al pueblo diciendo:

• **23 20-33**: Este epílogo tiene un estilo más cuidado. El autor se aproxima a la poesía para evidenciar incluso estilísticamente la importancia del conjunto de leyes que pretenden convertir al pueblo en posesión del Señor y testigo vivo de su obra. El final vuelve al tema inicial: la fidelidad a la ley traerá sobre la comunidad toda suerte de bendiciones.

• **24 1-11**: La ceremonia en la que se ratifica la alianza es continuación de Ex 20 21. En ella se mezclan dos tradiciones: en una (probablemente elohista) se trata de un sacrificio, en la otra (quizás yavista), de una comida.

El primer rito (Ex 24 3-8) está descrito con detalle y tiene una gran profundidad religiosa: en la alianza el pueblo reconoce su dependencia del Dios que lo salvó y que lo invita a entrar en comunión con él. El pueblo se compromete y la sangre, símbolo de vida, expresa esta adhesión total de los liberados a su salvador con quien se funden en un destino común. La fijación por escrito de la ley (Ex 24 4) no limita las exigencias imprevisibles de un Dios libre.

El segundo rito (Ex 24 1-2.9-11) es una comida en la que toman parte Moisés y los responsables del pueblo, recibidos en audiencia por el Rey del universo, aunque sólo Moisés habla. Este signo, con la misma función que el anterior, simboliza la fusión con el Señor en una "comunión" de vida y de destino.

–Esta es la sangre de la alianza que el
Señor ha hecho con ustedes, según las disposiciones dadas.
9 Moisés, Aarón, Nadab y Abiú y los
setenta ancianos de Israel subieron 10 y contemplaron al Dios de Israel. Bajo sus pies
había como un pavimento de zafiro, tan
brillante como el mismo cielo. 11 Y aunque
vieron a Dios, él no hizo perecer a estos
privilegiados de Israel. Luego comieron y
bebieron.

Moisés se encuentra con el Señor en la montaña del Sinaí

Ex 31 18; 32 15-16; 34 1.28;
Dt 4 13.36; 5 22; 9 9.15; 10 1-5; 19 3.9; Mt 4 2

12 El Señor dijo a Moisés:
–Sube a mi encuentro a la montaña y
quédate allí. Yo te daré unas tablas de piedra con la ley y los preceptos que he escrito para instruirlos.
13 Moisés y Josué, su ayudante, se levantaron y, antes de subir a la montaña, 14 Moisés dijo a los ancianos:
–Quédense aquí esperándonos hasta que
regresemos. Se quedan con ustedes Aarón
y Jur; el que tenga algún asunto que resolver, que se dirija a ellos.
15 Después Moisés subió a la montaña
del Sinaí, que estaba cubierta por la nube.
16 La gloria del Señor se había posado sobre
la montaña del Sinaí y la nube la cubrió
durante seis días. Al séptimo día llamó el
Señor a Moisés desde la nube. 17 La gloria
del Señor aparecía ante los israelitas como un fuego devorador sobre la cima de la
montaña. 18 Moisés pasó a través de la nube, subió a la montaña, y permaneció en
ella cuarenta días y cuarenta noches.

2. *Normas para el culto* ◊

LA TIENDA DE LA PRESENCIA

Tributos para su construcción

Ex 35 4-29; 25 40; 26 30; 27 8; Nm 8 4

25 1 El Señor dijo a Moisés:
2 –Manda a los israelitas que aparten
una ofrenda para mí; ustedes aceptarán la
ofrenda que cada uno me presente de corazón. 3 Y estas serán las cosas que aceptarás
como ofrenda: oro, plata y cobre, 4 lana violeta, roja y escarlata, lino fino y pelo de
cabra; 5 cuero de carnero teñido de rojo, pieles finas, madera de acacia; 6 aceite para la
lámpara, aromas para el aceite de la unción
y para el incienso oloroso; 7 ónix y otras piedras para el efod y el pectoral. 8 Me harán
un santuario y habitaré entre ellos. 9 Te voy
a mostrar el modelo del santuario y el de
todas las cosas necesarias para el culto, para
que lo fabriquen conforme a esos modelos.

El arca de la alianza

Ex 37 1-9; Dt 10 1-2; 1 Re 6 23-30

10 Construye un arca de madera de acacia, de un metro veinticinco de largo, de
setenta y cinco centímetros de ancho y otro

• **24 12-18**: La nube oculta y al mismo tiempo permite al pueblo vislumbrar la gloria del Dios trascedente que se acerca al hombre movido por el amor; este amor justifica la elección que culmina en la adopción de Israel como hijo. El encuentro se enmarca en un tiempo litúrgico: seis días bajo la nube-gloria, al séptimo Moisés puede entrar a la presencia divina, donde permanece cuarenta días. Esta ausencia prolongada da pie a la rebelión y fabricación del becerro de oro, que se describirá en Ex 32 1-6.

◊ **25 1-31 18**: Las leyes contenidas en esta sección se diferencian notablemente de las que encontramos en el código de la alianza (Ex 20 22-23 19), pues mientras las de dicho código se referían a la problemática de la vida diaria (homicidios, robos, propiedad, esclavos, fiestas), las leyes de Ex 25 1ss contienen sólo normas sobre aspectos relativos al culto. Aquí comienza el gran cuerpo legal que constituye el núcleo central del Pentateuco (Ex 25-40 + Lv + Nm 1-10). Estas disposiciones proceden en su mayoría de la escuela sacerdotal y han nacido cuando el pueblo ya estaba establecido en Canaán y el culto estaba centralizado en Jerusalén; sin embargo algunos elementos como el arca y su tienda son bastante antiguos; todo (tanto las normas recientes como las antiguas) fue puesto por el redactor del Pentateuco a la sombra del Sinaí, subrayando el origen divino de todas las disposiciones cultuales.

• **25 1-9**: En las culturas orientales la construcción de un templo a la divinidad corresponde al rey (véase 2 Sm 7 1-3), sin embargo, la construcción del santuario del Señor será obra de todo el pueblo. En realidad, es difícil que en pleno desierto los israelitas poseyeran materiales tan raros y lujosos y los tuvieran en tanta cantidad. Parece, pues, que el relato, compuesto en la época posterior al exilio, intenta motivar una actitud de generosidad en los judíos que han vuelto del destierro de Babilonia y tienen que emprender la reconstrucción del templo (véase Ag 1 y Esd 5).

Sobre el efod y el pectoral, véase Ex 28 1-43.

• **25 10-22**: El arca de la alianza era el símbolo religioso nacional de Israel, de ahí que se describa con detalle su construcción. Su cubierta merece un trato especial (Ex 25 17-22) porque acabó siendo el símbolo "expiatorio" o "propiciatorio" por excelencia que "cubre" los pecados del pueblo.

tanto de alto; 11 recúbrela de oro puro por dentro y por fuera, y rodéala de una moldura del mismo metal. 12 Funde cuatro argollas de oro para ella, pónselas en sus cuatro esquinas: dos argollas en un lado y dos en el otro. 13 Haz unas varas de madera de acacia y recúbrelas de oro; 14 para transportar el arca, introduce las varas por las argollas laterales. 15 Las varas permanecerán en las argollas del arca y no serán retiradas. 16 En el arca colocarás las tablas del testimonio que yo te entregaré.

17 Haz una cubierta de oro puro de un metro veinticinco de largo y setenta y cinco centímetros de ancho. 18 Haz también dos querubines de oro labrado y colócalos a los dos extremos de la cubierta. 19 Coloca un querubín en un extremo y el otro querubín en el otro; los querubines puestos en los extremos formarán una sola pieza con la cubierta, 20 y tendrán sus alas extendidas hacia arriba tapando la cubierta; estarán uno frente al otro, mirando hacia el centro de la cubierta. 21 Colocarás la cubierta de oro sobre el arca, y en el interior del arca pondrás las tablas del testimonio que yo te daré. 22 Aquí me encontraré contigo, y desde encima de la cubierta, desde el espacio que hay entre los dos querubines, que están sobre el arca del testimonio, te comunicaré mis disposiciones para los israelitas.

La mesa

Ex 37 10-16; Lv 24 5-9; 1 Re 7 48-50

23 Construye también una mesa de madera de acacia, de un metro de largo, medio de ancho y setenta y cinco centímetros de alto; 24 recúbrela de oro puro y colócale alrededor una moldura del mismo metal: 25 Hazle alrededor un borde como de una cuarta y en torno a este borde coloca una moldura de oro. 26 Hazle también cuatro argollas de oro y ponlas en los cuatro extremos correspondientes a sus cuatro patas. 27 Las argollas estarán pegadas a la moldura, y por ellas entrarán las varas para transportar la mesa. 28 Haz varas de madera de acacia y recúbrelas de oro; te servirán para transportar la mesa.

29 Fabrica platos, copas, vasos y cálices para la libación: hazlos de oro puro. 30 Sobre esta mesa mantén siempre en mi presencia los panes ofrecidos.

El candelabro

Ex 37 17-24; Lv 24 2-4; Heb 8 5

31 Haz un candelabro de oro puro; lo trabajarás a cincel y serán de oro labrado tanto el candelabro con su base y su tronco como los moldes en forma de flor de almendro con sus hojas y sus pétalos; todo formará una sola pieza. 32 De sus lados saldrán seis brazos: tres brazos de un lado y tres del otro; 33 cada brazo tendrá tres moldes en forma de flor de almendro con hojas y pétalos; así serán los seis brazos que salen del candelabro. 34 El tronco del candelabro tendrá cuatro moldes en forma de flor de almendro con hojas y pétalos: 35 un conjunto de hojas debajo de donde se junta cada pareja de brazos que salen de él, los seis brazos que salen del candelabro. 36 De esta manera hojas y brazos formarán una sola pieza, toda ella moldeada en oro labrado.

37 Hazle siete lámparas y colócalas en lo alto para que alumbren todo lo que está delante. 38 De oro puro serán también las tijeras para cortar la mecha y los platillos para la limpieza. 39 Fabrica todos estos utensilios con treinta y cinco kilos de oro puro. 40 Lo harás según el modelo que te ha sido mostrado en la montaña.

La morada

Ex 36 8-19; 33 7-11; Heb 9 1-5.11.24

26 1 Harás la morada con diez cortinas de lino fino trenzado con hilo violeta,

• **25 23-30**: Junto al arca se coloca la mesa para los panes de la ofrenda llamados en hebreo panes "de la proposición", del "rostro" o "de la presencia". Como el santuario es la casa de Dios, debe tener su mesa, también transportable; los *panes ofrecidos* simbolizan la gratitud de Israel al Señor por el hecho de la alianza.

• **25 31-40**: La función del candelabro es sostener las lámparas que el sacerdote coloca cada tarde para que ardan en presencia del Señor durante todo el día. Como en otras muchas culturas las lámparas encendidas son testimonio de adoración y reverencia del pueblo hacia Dios.

• **26 1-37**: Se describe en este capítulo un templo transportable para usar en el desierto. Sus dimensiones son enormes: es cuadrado y está compuesto de columnas y cortinas, y cubierto con pieles y tela. La descripción de la "morada" se asemeja a las pequeñas tiendas sagradas de ciertas tribus beduinas, pero está idealizada a tal punto, que en realidad trata de ser el modelo, a escala, del

rojo y escarlata, y con querubines artísticamente bordados. 2 Cada cortina tendrá catorce metros de largo por dos de ancho; todas las cortinas tendrán las mismas medidas. 3 Cinco cortinas irán unidas, y lo mismo la otras cinco. 4 Remata el borde de la última cortina del primer cuerpo con unos broches de color violeta a lo largo; igualmente remata el borde de la última cortina del segundo cuerpo. 5 Coloca cincuenta broches en la primera cortina, y otros cincuenta en la última del segundo cuerpo. Estos broches se corresponderán entre sí. 6 Enlaza un cuerpo de cortinas con el otro por medio de pasadores, de los cuales harás cincuenta en oro. De esta manera, la morada formará un solo cuerpo.

7 Teje asimismo con pelo de cabra once cortinas para la tienda que cubre la morada. 8 Cada una de estas cortinas tendrá quince metros de largo por dos de ancho. Las once cortinas medirán lo mismo. 9 Une cinco de estas cortinas por un lado y las otras seis por otro; la sexta, que caerá sobre la puerta de la tienda, la doblarás hacia arriba. 10 Remata el borde del primer cuerpo de cortinas con cincuenta broches, y con otros cincuenta el del segundo cuerpo. 11 Fabrica cincuenta pasadores de bronce y acóplalos a los broches; de esta forma se unirá la tienda formando una sola pieza. 12 Y como las cortinas de la tienda tendrán una parte que sobra, la mitad de esta parte sobrante colgará sobre la parte posterior de la morada. 13 El medio metro de cortina que sobra a ambos lados de la tienda, colgará sobre cada lado de la morada, cubriéndolo. 14 A la tienda le harás una cubierta de pieles de carnero teñidas en rojo, y una sobrecubierta de pieles finas.

Los tableros de madera

Ex 36 20-34

15 Haz unos tableros de madera de acacia, que irán colocados verticalmente para formar la morada. 16 Cada tablero tendrá cinco metros de largo por setenta y cinco centímetros de ancho; 17 cada tablero tendrá dos espigas, paralelas entre sí. Así harás todos los tableros de la morada. 18 Para el lado de la morada que mira al sur, haz veinte tableros. 19 Debajo de los veinte tableros coloca cuarenta bases de plata: dos bases bajo cada tablero, ensamblándolas a las dos espigas.

20 Para el otro lado de la morada, el que mira al norte, prepara otros veinte tableros 21 con sus cuarenta bases, dos bases para cada tablero. 22 Prepara seis tableros para la parte de la morada que mira a occidente 23 y dos tableros más para los ángulos posteriores de la morada. 24 Estarán unidos de abajo arriba a la altura de la primera argolla, formando cada dos un tabique angular. 25 Estos tableros serán ocho en total, con sus bases de plata: dieciséis bases, para que a cada tablero le correspondan dos.

26 Haz cinco travesaños de acacia para los tableros de un lado de la morada, 27 otros cinco para los del otro lado y otros cinco para los de la parte que forma el fondo hacia occidente. 28 El travesaño central pasará por entre los tableros, de una punta a otra.

29 Recubre con oro los tableros; fabrica también con oro las argollas de éstos tableros por donde entrarán los travesaños, que estarán igualmente recubiertos de oro. 30 Construye la morada ajustándote al modelo que te ha sido mostrado en la montaña.

templo de Jerusalén. El templo del desierto está formado por unos tableros de madera que sirven como tabiques; se sostienen sobre bases de plata: cuanto quede a la vista ha de ser de oro. Un velo separa el lugar santo del lugar santísimo; otro divide el espacio sagrado del profano.

Este templo transportable recibe en las tradiciones más antiguas (yavista, elohista) el nombre de *tienda del encuentro* o *tienda de la reunión*, porque es el lugar donde Dios conversaba con Moisés *cara a cara como un hombre habla con su amigo* (Ex 33 11; Nm 12 8), y donde el pueblo acudía a consultar y encontrarse con el Señor teniendo a Moisés como intermediario.

La tradición sacerdotal conservó el mismo nombre con el mismo significado fundamental (la tienda como lugar privilegiado de encuentro entre Dios y su pueblo: Ex 29 42-43; 30 36). Sin embargo, esta tradición sacerdotal prefiere dar a la tienda del desierto el nombre de *morada* (o "tienda de la presencia", en hebreo *miskán*) porque quiere poner de relieve el hecho singularísimo de la presencia benéfica de Dios en medio del pueblo. Por tanto, la *morada* y la *tienda del encuentro* son una misma cosa (véase Ex 39 32; 40 2.6.29.34-36). En algunas ocasiones, el texto bíblico parece indicar lo contrario (Ex 35 11; 36 14; 39 33.40; 40 19.22; Nm 4 25), porque el subconsciente traiciona un tanto al autor sacerdotal, que habla de la tienda del desierto teniendo como punto de referencia el templo de Jerusalén, donde *el lugar santísimo* era una construcción claramente diferente enclavada dentro del *lugar santo*.

Velos de separación

Ex 36 35-38; Heb 9 2-9.24; 10 19-20

31 Haz un velo de lino fino, trenzado con
hilo violeta, rojo y escarlata; todo ello artísticamente bordado con figuras de querubines. 32 Colócalo sobre cuatro soportes de
acacia recubiertos con oro; los soportes tendrán ganchos de oro y reposarán sobre cuatro bases de plata. 33 Cuelga el velo de los
pasadores y allí, detrás del velo, coloca el
arca del testimonio. De esta forma el velo
servirá de separación entre el lugar santo y
el lugar santísimo.

34 En el lugar santísimo coloca también
la cubierta de oro que está sobre el arca del
testimonio. 35 Sitúa la mesa de este lado
del velo y coloca el candelabro frente a la
mesa, al lado sur de la morada; la mesa
ponla en el lado norte.

36 Para la entrada de la tienda haz un
cortinaje de lino fino, trenzado con hilo violeta, rojo y escarlata; todo ello artísticamente bordado. 37 Haz para este cortinaje cinco
soportes de acacia que recubrirás con oro
lo mismo que sus ganchos, y funde para
ellos cinco bases de bronce.

El altar de los sacrificios

Ex 38 1-7; 1 Re 8 64; Ez 43 13-17

27 1 Construye el altar de madera de acacia, un altar cuadrado de dos metros y
medio de largo, y otros tantos de ancho, y
uno y medio de alto. 2 En los cuatro extremos superiores del mismo, y formando una
pieza con él, haz cuatro salientes y recú-
brelos de bronce. 3 De bronce harás también todos los utensilios del altar: recipientes para las cenizas, tenazas, aspersorios,
ganchos y braseros. 4 Hazle un enrejado,
una parrilla de bronce; y, en la parte superior, fíjale cuatro argollas de bronce, que
correspondan a los cuatro extremos del altar; 5 coloca esta parrilla en la parte inferior,
debajo de la cornisa de forma que la parrilla quede a media altura del altar. 6 Haz para el altar varas de madera de acacia y recúbrelas de bronce; 7 estas varas pasarán
por las argollas y quedarán a ambos lados
del altar cuando éste sea transportado. 8 Lo
fabricarás hueco y de tablas. Lo harás como
se te ha mostrado en la montaña.

El atrio

Ex 38 9-20; Ez 40 17-49

9 Fabrica también el atrio de la morada. El atrio tendrá por el lado meridional
un cortinaje de lino trenzado que medirá
cincuenta metros de largo; 10 sus veinte
soportes con sus respectivas bases serán de
bronce, y de plata los ganchos y los broches de los soportes. 11 Por el lado norte
tendrá también un cortinaje de cincuenta
metros de longitud, con sus veinte soportes
y sus bases de bronce; los ganchos y los
broches de los soportes serán de plata. 12 A
lo ancho, por el lado de occidente, el atrio
tendrá veinticinco metros de cortinaje con
sus diez soportes y sus bases. 13 Por la parte oriental el atrio tendrá a lo ancho veinticinco metros: 14 en un lado tendrá siete
metros y medio de cortinaje, con sus tres
soportes y sus bases; 15 en el otro lado, siete
metros y medio de cortinaje con sus tres
soportes y sus bases. 16 Para la entrada del
atrio haz un cortinaje de diez metros; será
de lino fino trenzado con hilo violeta, rojo
y escarlata; todo ello artísticamente bordado; con sus cuatro soportes y sus bases.

17 Todos los soportes que forman el atrio
estarán adornados con incrustaciones de
plata. Sus ganchos serán de plata y sus bases de bronce. 18 El atrio tendrá cincuenta
metros de largo y veinticinco de ancho por
cada lado. El cortinaje será de lino fino trenzado, y las bases de bronce. 19 Todos los
utensilios para el servicio de la morada, todas las estacas, incluso las estacas del atrio,
serán de bronce.

Aceite para las lámparas

Lv 24 2-4

20 Ordena tú mismo a los israelitas que

• **27 1-8**: Es el altar por excelencia, esencial en todos los santuarios. Sus esquinas terminan en unos salientes, a modo de cuernos, que simbolizan el poder divino; estos salientes eran ungidos con sangre cuando se ofrecían los sacrificios; quien se agarraba a ellos salvaba su vida (véase 1 Re 1 50; 2 28).

• **27 9-19**: El atrio es un espacio sagrado alrededor del templo, donde se reúne la asamblea que asiste al rito. Los templos solían estar rodeados por un atrio, que separaba el recinto sagrado del espacio profano. El atrio descrito aquí evoca los del templo de Jerusalén.

te traigan aceite de oliva puro y refinado, para alumbrar y tener encendidas continuamente las lámparas. 21 Aarón y sus hijos las prepararán en la tienda del encuentro, en la parte de afuera del velo que oculta las tablas del testimonio. Deben arder ante el Señor desde la tarde hasta el amanecer.

Esta será una ley perpetua para todas las generaciones de Israel.

LOS ORNAMENTOS SACERDOTALES +

Disposición general

Lv 8 6-9

28 1 Elige de entre los israelitas a tu hermano Aarón y a sus hijos: Nadab, Abiú, Eleazar e Itamar, para que ellos sean mis sacerdotes. 2 Hazle a tu hermano Aarón vestidos litúrgicos para gloria y honor de su rango. 3 Ordena tú mismo a todos los artesanos, a quienes yo he otorgado habilidad, que confeccionen los ornamentos para la consagración de Aarón como sacerdote a mi servicio. 4 Harán estos ornamentos: un pectoral, un efod, una túnica, una camisa bordada, una tiara y un cinturón. Se confeccionarán estos ornamentos sagrados para tu hermano Aarón y para sus hijos, que me servirán como sacerdotes. 5 Se utilizará oro, hilo violeta, rojo y escarlata, y lino fino.

El efod

Ex 39 2-7

6 El efod estará hecho de oro y de lino fino trenzado con hilo violeta, rojo y escarlata, todo ello artísticamente bordado. 7 Tendrá dos tirantes cosidos a sus extremos; 8 la parte superior del mismo, que servirá para sujetar, estará hecha como el resto, formando una sola pieza con él; será de oro, de hilo violeta, rojo y escarlata, y de lino fino trenzado. 9 Toma dos piedras de ónix y graba en ellas los nombres de los hijos de Israel: 10 seis nombres en una piedra, y los otros seis en la segunda piedra, siguiendo el orden en que nacieron; 11 graba artísticamente los nombres de los hijos de Israel sobre estas dos piedras, como lo haría un grabador de sellos. Las incrustarás en monturas de oro. 12 Coloca esas dos piedras en los tirantes del efod; será un recordatorio de los israelitas porque sus nombres irán sobre los hombros de Aarón como recordatorio ante el Señor. 13 Mandarás hacer monturas de oro, 14 y dos cadenillas, también de oro puro, trenzadas como un cordón; estas cadenillas, así trenzadas, irán unidas a las monturas.

El pectoral

Ex 39 8-21; Ap 21 19-20

15 Haz también el pectoral de la decisión divina con los mismos materiales que el efod; lo harás de oro y lino trenzado con hilo violeta, rojo y escarlata. 16 Doblado por la mitad formará un cuadrado de una cuarta de largo y otra de ancho; 17 incrústale cuatro filas de piedras preciosas: en la primera fila un granate, un topacio y un ónix; 18 en la segunda fila un rubí, un zafiro y un diamante; 19 en la tercera fila una turquesa, un jacinto y una ágata; 20 y en la cuarta fila un ópalo, un berilo y una amatista. 21 Serán doce, como los nombres de los hijos de Israel; y cada una de ellas llevará grabado un nombre como se hace en los sellos. 22 Para el pectoral fabrica unas cadenillas de oro puro, trenzadas como un cordón; 23 ponle unas argollas de oro, que colocarás en los extremos del pectoral. 24 Es-

• **27 20-21**: La referencia a las lámparas, que deben arder sin cesar en el santuario, introduce el servicio de los sacerdotes, cuyas vestiduras y consagración se describen en los dos capítulos siguientes.

+ 28 1-43: Se describen las vestiduras sacerdotales desde las más exteriores a las más interiores y se les da valor simbólico: el *efod* (Ex 28 6-14) es una especie de cinturón-pechera en cuyos tirantes van sujetas dos piedras preciosas que llevan grabados los nombres de los hijos de Jacob, que así están ante los ojos de Dios y le sirven para recordarlos cada vez que el sacerdote se presenta ante él. Sujeto al efod va una especie de pectoral, el *josen* (Ex 28 15-30) donde se guardaban *las piedras de la suerte*: *los urim* y *los tumim* (véase, Nm 27 21; Jue 1 1-2; 20 18.22.27-28; 1 Sm 14 36-42; 23 2-4; 30 7-8; 2 Sm 2 1). Incrustadas en él hay piedras preciosas (véase Ez 28 13) con los nombres de las tribus. Debajo del efod y del pectoral, el sacerdote lleva una *túnica* con unos bajos muy curiosos (Ex 28 31-35). Sobre la tiara va *la placa de oro*; su inscripción es una especie de recordatorio (Ex 28 36-38). Finalmente se describen con detalle las restantes vestiduras del sumo sacerdote y de los demás oficiantes (Ex 28 39-42).

tas argollas de los extremos superiores del pectoral irán enganchadas a las dos cadenillas; 25 y las otras dos puntas de las cadenillas pasarán por los dos enganches que colocarás en la parte delantera de los tirantes del efod. 26 Haz otras dos argollas de oro y colócalas en los dos extremos inferiores del pectoral, por la parte de dentro y pegando al efod; 27 haz otras dos argollas de oro, para situarlas en la parte delantera baja de los tirantes del efod, junto a la costura, encima mismo del cinturón del efod. 28 Las argollas del pectoral irán enganchadas a las argollas del efod por un cordón azul. De esta manera el pectoral estará sujeto al cinturón del efod; y no podrá soltarse de él. 29 Cada vez que Aarón entre en el santuario, llevará sobre su pecho, en el pectoral de la decisión divina, el nombre de los hijos de Israel, como recordatorio eterno ante el Señor. 30 Mete en el pectoral de la decisión divina las piedras sagradas de la suerte; ellas irán sobre el pecho de Aarón cada vez que entre en presencia del Señor. De esta manera, cuando esté en la presencia del Señor, Aarón llevará siempre sobre su pecho las decisiones divinas acerca de los israelitas.

La túnica

Ex 39 22-26; Eclo 45 9

31 Haz totalmente de hilo violeta la túnica que va debajo del efod. 32 En el centro tendrá una abertura para la cabeza; esta abertura llevará alrededor un dobladillo, como un doble cuello, para que la túnica no se deshilache. 33 Para su borde inferior teje unas granadas de hilo violeta, rojo y escarlata, alternando con campanillas de oro; 34 así, a lo largo de todo el borde inferior de la túnica, irán alternadamente, campanillas y granadas. 35 Aarón llevará puesta la túnica cuando actúe en una ceremonia; así, el tintineo de las campanillas se escuchará cuando entre en el santuario a la presencia del Señor, y también cuando salga. En caso de no llevarlo, morirá.

La lámina de oro sobre la tiara

Ex 39 30-31; Zac 14 20

36 Haz, además, una lámina de oro puro y, como en un sello, graba en ella: «Consagrado al Señor»; 37 sujétala con un cordón de hilo violeta para que quede fija sobre la parte delantera de la tiara. 38 Descansará, así, sobre la frente de Aarón, para que Aarón cargue con las faltas que cometan los israelitas contra las cosas santas, al presentar sus ofrendas sagradas. La lámina estará continuamente sobre su frente para conseguir el perdón ante el Señor. 39 La túnica y la tiara serán de lino fino, y el cinturón estará bordado.

El resto de las vestiduras

Ex 29 27; 20 26

40 Haz túnicas para los hijos de Aarón; hazles también cinturones de lino y fabrícales unas mitras para gloria y honor de su rango. 41 Revestirás con esas túnicas a tu hermano Aarón y a sus hijos, los ungirás y los consagrarás como sacerdotes a mi servicio. 42 Confecciónales unos calzones de lino, que lleguen desde la cintura a los muslos, para cubrir sus partes íntimas.

43 Así irán vestidos Aarón y sus hijos al entrar en la tienda del encuentro, o cuando se acerquen al altar para oficiar en el santuario; de lo contrario incurrirán en culpa y serán reos de muerte.

Esta es una ley perpetua para Aarón y para sus hijos después de él.

CONSAGRACION DE LOS SACERDOTES

Ritual

Ex 40 12-15; Lv 8; Heb 7 26-28

29 1 Para consagrarlos como sacerdotes a mi servicio, tomarás un novillo y dos carneros sin defecto; 2 toma también panes y panecillos sin levadura amasados con aceite, y bollos sin levadura untados con aceite: todo de la mejor harina; 3 coló-

• **29 1-37**: El rito de consagración confirma la tesis del autor sacerdotal, que es sin duda el autor básicamente responsable de la sección: el sacerdocio pertenece eternamente a Aarón y a sus hijos. Todo culmina con la purificación y consagración del altar.

calo todo en una canastilla y ofrécelo junto
con el novillo y los dos carneros. 4 Haz que
Aarón y sus hijos se acerquen a la tienda
del encuentro y, cuando estén lavados con
agua, 5 toma los ornamentos; viste a Aarón
con la camisa, con la túnica que cubre el
efod, con el efod mismo y con el pectoral;
éste quedará ceñido por el cinturón del efod.
6 Coloca sobre su cabeza la tiara y sujeta a
la tiara la diadema de la santidad. 7 Toma el
aceite de la unción y derrámalo sobre su
cabeza para ungirlo. 8 Luego haz que se
acerquen sus hijos y vístelos con las túnicas. 9 Ciñe a Aarón y a sus hijos los cinturones de lino; coloca las mitras a los hijos
de Aarón. El sacerdocio les pertenecerá perpetuamente. Así consagrarás a Aarón y a
sus hijos.

Sacrificios en la consagración

Lv 7 30-31; Ez 43 18-27; Lv 16 18-20; Nm 4 15.20

10 Trae el novillo ante la tienda del encuentro. Aarón y sus hijos pondrán sus
manos sobre la cabeza del novillo; 11 y allí,
en presencia del Señor, en la puerta de la
tienda del encuentro, degüella al novillo.
12 Toma la sangre del novillo, e impregna
con tus dedos las esquinas que sobresalen
del altar; después derrama toda la sangre al
pie del altar. 13 Quema sobre el altar toda
la grasa que cubre las entrañas, la que está
junto al lóbulo del hígado, los dos riñones y
la grasa que los rodea; 14 sin embargo, la
carne del novillo, su piel y sus desperdicios los consumirá el fuego fuera del campamento. Este es un sacrificio de expiación
por el pecado.
15 Toma uno de los carneros, y que
Aarón y sus hijos pongan sus manos sobre
la cabeza del carnero. 16 Degüéllalo, toma
su sangre y derrámala alrededor del altar;
17 luego divide el carnero en trozos, lava
las entrañas y las patas, colócalas sobre los
restantes miembros y sobre la cabeza, 18 y
deja que se queme completamente sobre el
altar. Este es un holocausto en honor del
Señor, aroma agradable, ofrenda quemada
para el Señor.
19 Toma el otro carnero, y que Aarón y
sus hijos pongan sus manos sobre la cabeza del carnero. 20 Degüella el carnero, toma algo de sangre y unta el lóbulo de la
oreja derecha de Aarón y de sus hijos, el
pulgar de su mano derecha y de su pie derecho, y derrama la sangre alrededor del altar.
21 Toma del altar un poco de sangre y aceite de la unción y rocía con ellos a Aarón y
sus vestiduras, a sus hijos y sus ornamentos. De esta manera quedarán consagrados
Aarón y sus vestiduras, sus hijos y sus ornamentos.
22 De este carnero, que es el carnero del
ritual de consagración, recogerás la grasa,
la cola, la grasa que cubre sus entrañas, la
que está junto al hígado, los riñones y la
grasa que los envuelve, y la pierna derecha;
23 y de la canastilla de los panes sin levadura presentada al Señor, tomarás un pan sin
levadura, un panecillo y un bollo. 24 Ba-
lancéalo en alto ante el Señor, y colócalo
todo ello en las manos abiertas de Aarón y
sus hijos; 25 tómalo nuevamente de sus manos y quémalo sobre el altar, con lo que
quede del holocausto, como aroma agradable, ofrenda quemada en honor del Señor.
26 Toma el pecho del carnero, que sirvió
para la toma de posesión de Aarón y ba-
lancéalo en alto ante el Señor: es la porción que te corresponde. 27 Separa como
algo sagrado el pecho que fue balanceado
en alto y la pierna de la ofrenda que sirvió
para el ritual de consagración de Aarón y
de sus hijos, 28 pues pertenecen a Aarón y
a sus hijos; son su porción eterna, como
don de los israelitas; es una ofrenda que
seguirá siendo reservada en todos los sacrificios de comunión que los israelitas ofrecen en honor del Señor.
29 Los ornamentos sagrados de Aarón
pasarán a sus hijos después de él, una vez
hayan sido consagrados y hayan tomado
posesión. 30 Aquel de sus hijos que le suceda en el sacerdocio y entre en la tienda
del encuentro para oficiar en el santuario,
los llevará puestos siete días seguidos.
31 En cuanto al carnero del ritual de consagración, cocerás su carne en un lugar santo; 32 la carne de la res y el pan de la canastilla se lo comerán Aarón y sus hijos a
la entrada de la tienda del encuentro. 33 De
esta forma consumirán todo cuanto sirvió
como expiación por ellos, al darles posesión y consagrarlos a mí. Ningún extraño
podrá comerlo porque es cosa santa. 34 Si
queda carne de la víctima ofrecida en el

ritual de consagración o algún pan hasta el
día siguiente, quémalo en el fuego; que nadie lo coma, porque es cosa santa.
35 Cumple cuanto te he mandado acerca
Aarón y sus hijos: siete días durará el ritual
de consagración, 36 y cada día ofrecerás un
novillo como sacrificio de expiación por el
pecado. Para hacer la expiación del altar,
ofrece sobre él un sacrificio de expiación
por el pecado y conságralo mediante la unción. 37 Siete días durará la expiación y
consagración del altar, y quedará tan santificado, que todo lo que entre en contacto
con él participará de su consagración.

Sacrificios diarios

Lv 6 2-6; Nm 28 3-8; Ez 46 13-15

38 Esta es la ofrenda que harás todos los
días perpetuamente sobre el altar: dos corderos de un año. 39 Ofrecerás un cordero
por la mañana y otro al atardecer. 40 Con el
primer cordero ofrecerás cuatro kilos y medio de la mejor harina amasada con dos
litros de aceite puro y, como libación, dos
litros de vino. 41 Al atardecer ofrecerás el
segundo cordero; su ofrenda y su libación
serán igual que las de la mañana; se trata
de una ofrenda consumida por el fuego,
aroma agradable al Señor; 42 holocausto
perpetuo para todos los descendientes de
ustedes, que tendrá lugar en la entrada de la
tienda del encuentro en presencia del Señor.
Allí me encontraré con ustedes y allí te hablaré, 43 allí trataré con los israelitas y el
lugar será consagrado por mi gloria. 44 Yo
mismo consagraré la tienda del encuentro
y el altar; a Aarón y a sus hijos los consagraré como sacerdotes a mi servicio. 45 Habitaré en medio de los israelitas y seré su
Dios; 46 reconocerán que yo soy el Señor
su Dios, que los saqué de Egipto para habitar en medio de ellos. Yo soy el Señor su
Dios.

OTRAS NORMAS Y UTENSILIOS

Altar del incienso

Ex 37 25-28; 1 Re 6 20-21

30 1 Construye con madera de acacia un
altar para quemar incienso. 2 Será cuadrado y tendrá medio metro de largo, otro
medio de ancho, y uno de alto. Formando
una pieza con él, le harás unos ángulos que
sobresalgan. 3 Recubre de oro puro su parte
superior, todos sus laterales y los salientes;
hazle a todo su alrededor una moldura de
oro. 4 Coloca dos argollas de oro debajo de
la moldura a sus dos extremos; ponlas en
las esquinas; en ellas se introducirán las
varas para transportarlo. 5 Haz varas de acacia y cúbrelas de oro. 6 Coloca el altar frente al velo que está delante del arca del testimonio, frente a la cubierta de oro que cubre las tablas del testimonio, donde yo me
encuentro contigo. 7 Aarón quemará incienso perfumado todas las mañanas; lo quemará cuando esté preparando las lámparas,
8 y también al atardecer cuando las encienda. Ofrecerán perpetuamente este incienso
al Señor.
9 Sobre este altar no se puede quemar
otro tipo de incienso, ni holocaustos, ni
presentar ofrendas ni derramar libaciones.
10 Una vez al año Aarón pondrá sobre los
ángulos que sobresalen del altar sangre de
la ofrenda por el pecado; así se hará la expiación una vez al año. Esto vale para sus
descendientes.
El altar está consagrado al Señor.

Censo y tributo

Ex 38 25-26; Nm 1 2-43; Mt 17 24

11 El Señor dijo a Moisés:
12 –Cuando hagas un censo con el fin de
contar el número total de israelitas, cada
uno, al ser registrado, entregará su tributo
personal al Señor para que no le suceda
nada malo. 13 Cada uno entregará seis gra-

• **29 38-46**: El sacrificio diario se fundamenta en la elección, la salida de Egipto y la alianza, y subraya el valor del templo, lugar de encuentro entre Dios y su pueblo.

• **30 1-10**: Se prescribe la construcción de un altar especial para quemar perfumes, semejante a los de otros cultos de oriente. Se encuentra en el lugar *santo* delante de la cortina, que lo separa del lugar *santísimo*.

• **30 11-16**: Normas para realizar el censo que tiene como objetivo facilitar la entrega del tributo. Por medio de este impuesto se devuelve al Señor algo de lo mucho que concede a su pueblo.

mos de plata, según las pesas del santuario: la ofrenda al Señor será de seis gramos de plata. 14 Todos los empadronados que tengan veinte años o más pagarán este tributo. 15 Al entregar su ofrenda personal, ni el rico pagará más, ni el pobre pagará menos de lo establecido. 16 Recibirás de los israelitas el dinero de los tributos y lo dedicarás al servicio de la tienda del encuentro. Así los israelitas recordarán ante el Señor que sus vidas han sido rescatadas.

La pila para el lavatorio ritual

Ex 38 8; 1 Re 7 23-26

17 El Señor dijo a Moisés:

18 –Haz para las purificaciones con agua una pila de bronce con su base de bronce; colócala entre la tienda del encuentro y el altar, y llénala de agua, 19 para que Aarón y sus hijos se laven en ella manos y pies: 20 se lavarán con este agua cuando entren en la tienda del encuentro y cuando se acerquen al altar para la ceremonia de quemar una ofrenda al Señor; de lo contrario morirían. 21 Se lavarán las manos y los pies para no ser castigados con la muerte.

Esta será una norma perpetua para él y sus descendientes.

Aceite de la unción

Ex 37 29; 40 9-15; Lv 8 10-12

22 El Señor dijo a Moisés:

23 –Recoge tú mismo los mejores aromas: seis kilos de granos de mirra; la mitad, o sea tres kilos, de canela olorosa; otros tres kilos de caña aromática; 24 otros seis kilos de casia, según las pesas del santuario; y siete litros de aceite de oliva. 25 Prepara con ello el aceite para la unción santa, la mezcla más rica en perfumes que haya hecho un perfumista. Este será el aceite para la unción santa. 26 Unge con él la tienda del encuentro y el arca del testimonio, 27 la mesa y todos sus accesorios, el candelabro y sus accesorios, el altar de los perfumes, 28 el altar de los holocaustos y sus accesorios, la pila con su base. 29 Todas estas cosas, así consagradas, se convertirán en santísimas, y todo lo que entre en contacto con ellas participará de su consagración.

30 Unge a Aarón y a sus hijos y conságralos como sacerdotes a mi servicio. 31 Di a los israelitas: Este es mi aceite santo para consagrar a todos sus descendientes; 32 no unjan con él ningún cuerpo humano ni preparen nada semejante con la misma fórmula. Es santo y lo respetarás como santo. 33 Quien prepare una mezcla semejante y unja con ella a una persona indebida, será borrado de su pueblo.

Incienso perfumado

Gn 37 29

34 El Señor dijo a Moisés:

–Toma materias olorosas: resina, ámbar y bálsamo, y la misma cantidad de incienso puro, 35 y haz con ello un incienso aromático, según el arte de los perfumistas; échale sal, y será puro y santo. 36 Una parte del mismo redúcelo a polvo muy fino y coloca un poco ante las tablas del testimonio en la tienda del encuentro, donde me voy a encontrar contigo. Tengan este incienso por algo exclusivamente consagrado a mí. 37 No harán incienso para su uso con esta mezcla; a éste lo tendrán como algo sagrado y exclusivo del Señor. 38 Quien prepare una mezcla semejante para usarla como perfume, será borrado de su pueblo.

Elección de los artesanos

Ex 35 30-36 7

31 1 Después el Señor dijo a Moisés:

2 –Mira, yo he elegido a Betsalel, hijo de Urí, hijo de Jur, de la tribu de Judá. 3 Lo he llenado de mi espíritu, de pericia, habilidad y maestría para realizar todo tipo de obras: 4 para proyectar y realizar trabajos en oro, plata y bronce, 5 tallar piedras preciosas e incrustarlas, y trabajar la madera; y para llevar a cabo todo tipo de trabajos.

• **30** 17-38: La pila (Ex 30 17-21) existía en el templo de Salomón para las purificaciones litúrgicas de los sacerdotes. El aceite de la unción (Ex 30 22-33) es una mezcla aromática que sirve para la consagración de objetos y de los sacerdotes. Es normal quemar incienso para hacer agradable el ambiente (Ex 30 34-38).

• **31** 1-11: Los artesanos que deben realizar toda esta obra son elegidos personalmente por el Señor. Su sabiduría consiste en una gran habilidad manual para cumplir con precisión todas las órdenes dadas por el Señor a Moisés.

6 Le he dado como ayudante a Oliab, hijo de Ajisamac, de la tribu de Dan; también he concedido habilidad suficiente a los peritos que con ellos realizarán lo que yo he mandado construir, a saber: 7 la tienda del encuentro, el arca del testimonio, la cubierta de oro que tendrá encima, y todos los accesorios de la tienda; 8 la mesa y sus accesorios, el candelero de oro puro y todos sus accesorios, el altar de los perfumes; 9 el altar de los holocaustos y todos sus accesorios, la pila y su base; 10 las vestiduras sacerdotales y los ornamentos sagrados del sacerdote Aarón y los ornamentos de sus hijos para su tarea sacerdotal; 11 el aceite de la unción y el incienso aromático para su uso en el santuario. Lo harán todo según yo te lo he mandado.

Respeto al sábado

Ex 20 8-11; 35 1-3; Nm 15 32-36

12 El Señor habló a Moisés:

13 –Habla tú a los israelitas y diles: «Ante todo, observen mis sábados que son signo de la relación que existe entre mí, ustedes y todos sus descendientes. Así se reconocerá que yo soy el Señor, quien los consagra. 14 Observen el sábado, porque es santo para ustedes. Quien lo profane será castigado con la muerte. Todo aquel que hiciere algún trabajo en este día será borrado de su pueblo. 15 Trabajen seis días, pero el día séptimo será el día de descanso absoluto consagrado al Señor. Quien haga algún trabajo en sábado, será castigado con la muerte. 16 Los israelitas y sus descendientes observarán el sábado, como señal de alianza perpetua; 17 señal eterna entre mí y los israelitas, porque en seis días hizo el Señor los cielos y la tierra y el séptimo día dejó de trabajar y descansó».

18 Cuando el Señor acabó de hablar con él, dio a Moisés en la montaña del Sinaí las dos tablas del testimonio, tablas de piedra, escritas por el mismo dedo de Dios.

3. Apostasía y renovación de la alianza ◊

El becerro de oro

Os 8 5-6; Hch 7 39-41; Sal 106 19-20; 1 Cor 10 7

32 1 Viendo el pueblo que Moisés tardaba en bajar de la montaña, se reunió ante Aarón y le hizo esta petición:

–¡Anímate!, fabrícanos un dios que nos guíe, porque no sabemos qué habrá sido de ese Moisés que nos sacó del país de Egipto.

2 Aarón les contestó:

–Que sus mujeres, sus hijos y sus hijas se quiten los aretes de oro que llevan en sus orejas y me los traigan.

3 Todos se quitaron los aretes de oro que llevaban en las orejas y se los llevaron a Aarón; 4 éste los recibió de sus manos, los trabajó con el cincel y fabricó un becerro fundido. Ellos exclamaron:

–Israel, éste es tu dios, el que te sacó de Egipto.

5 Aarón lo vio y construyó un altar delante del becerro. Después proclamó:

–Mañana celebraremos una fiesta en honor del Señor.

6 Al día siguiente, se levantaron muy de mañana, ofrecieron holocaustos y sacrificios de comunión. La gente comió y bebió abundantemente, y luego comenzó a divertirse.

• **31 12-18**: Desde el punto de vista de la tradición sacerdotal, el sábado es la señal de la alianza que Dios hace con su pueblo. Lo mismo que el arco iris (Gn 9 16) o la circuncisión (Gn 17 9-14), este signo da testimonio de la estrecha relación entre Dios y su pueblo.

◊ **32 1-34 35**: Esta sección tiene un profundo valor teológico: en el preciso momento en que el Señor está sellando su alianza con Israel en la cima del Sinaí, el pueblo lo rechaza en la falda de la montaña. El pecado es la rebeldía radical que desconoce y destroza las relaciones y los compromisos con Dios, poniendo en marcha un proceso de destrucción. Moisés tiene que hacer frente a la decepción divina: intercede por el pueblo rebelde, y consigue el perdón y la renovación de una alianza que apenas existió. El mediador se agiganta; por su fidelidad al Señor y a los hermanos, la gloria divina se refleja en su rostro.

• **32 1-6**: La ausencia de Moisés provoca el vacío y el pueblo se "hace un dios" con la ayuda de Aarón. El ídolo destrona al Señor. El hombre no aguanta el silencio de Dios, no acepta a un Dios que actúa libremente y se inventa uno a su medida, a uno que pueda controlar. Dios tiene sus tiempos y sus ritmos que el pueblo impaciente no sabe respetar. De la comparación de este texto con 1 Re 12 28-30, se deduce que Israel vió en la adoración de un toro el pecado original del pueblo. Este pasaje contiene, tal vez, una acusación contra los sacerdotes (Aarón) y un elogio a los profetas (Moisés), pero en su forma final es una crítica a la reforma cultual de Jeroboán I en el reino del Norte.

Acusación divina y primera intercesión de Moisés

Nm 14 12-16; Dt 9 26-29; Sal 106 23;
Gn 18 22-33; 15 5; 17 4-6; 26 4

7 El Señor dijo a Moisés:
–Baja en seguida porque se ha pervertido
tu pueblo, el que tú sacaste de Egipto. 8 Muy
pronto se han apartado del camino que les
señalé, pues se han fabricado un becerro
de metal fundido, se están postrando ante él,
le ofrecen sacrificios y repiten: «Israel, éste
es tu dios, el que te sacó de Egipto».
9 Y añadió el Señor:
–Me estoy dando cuenta de que ese pueblo es un pueblo terco. 10 Déjame; voy a
desahogar mi rabia contra ellos y los aniquilaré. A ti, sin embargo, te convertiré en
padre de una gran nación.
11 Moisés suplicó al Señor, su Dios, diciendo:
–Señor, ¿por qué se va a desahogar tu
rabia contra tu pueblo, al que tú sacaste de
Egipto con tan gran fuerza y poder? 12 ¿Vas
a permitir que digan los egipcios: «Los sacó
con mala intención, para matarlos en las
montañas y borrarlos de la superficie de la
tierra»? Calma tu enojo y arrepiéntete de
haber querido hacer el mal a tu pueblo.
13 Recuerda a Abrahán, a Isaac y a Israel,
tus servidores, a quienes juraste por tu honor y les prometiste: «Multiplicaré su descendencia como las estrellas del cielo y daré a sus descendientes esa tierra de la que
les hablé, para que la posean en herencia
perpetua».
14 Y el Señor se arrepintió del mal que
había querido hacer a su pueblo.

Moisés baja de la montaña: castigo

Ex 24 12; 31 18; Dt 9 15-21

15 Moisés regresó de la montaña con las
dos tablas del testimonio en su mano. Las
tablas estaban escritas por ambas caras,
por un lado y por otro; 16 eran obra divina,
y la escritura grabada sobre las tablas era
escritura divina. 17 Josué, escuchando el
griterío del pueblo, dijo a Moisés:
–Hay gritos de guerra en el campamento.
18 Moisés contestó:
–Ni es grito de vencedores, ni es lamento de vencidos; lo que oigo son cantos de
fiesta.
19 Cuando estaban ya cerca del campamento, Moisés vio el becerro y las danzas;
su ira se desató, arrojó las tablas y las rompió al pie de la montaña. 20 Tomó el becerro
que habían hecho, y lo quemó en el fuego;
lo molió hasta que lo hizo polvo y lo mezcló con agua, y obligó a los israelitas a que
se lo bebieran.
21 Después Moisés interrogó a Aarón:
–¿Qué te ha hecho esta gente para que
les permitieras cometer tan gran pecado?
22 Aarón le respondió:
–No te enojes, señor, tú sabes que este
pueblo está inclinado al mal. 23 Me dijeron:
«Fabrícanos un dios que nos guíe, porque
no sabemos qué habrá sido de ese Moisés
que nos sacó del país de Egipto». 24 Yo les
respondí: «Quien tenga oro que lo entregue»; y me lo dieron. Entonces lo eché al
fuego y salió este becerro.
25 Moisés se dio cuenta de que el pueblo estaba sin control por culpa de Aarón,

• **32 7-14**: Dios rechaza la actitud rebelde del pueblo, pero no renuncia a su proyecto: quiere hacer de Moisés un nuevo Abrahán. Este intercede, sin justificar al pueblo, acudiendo a lo más característico de este Dios: el amor a los suyos, el honor de su nombre y el mérito de los patriarcas. Moisés se atreve a pedir a Dios que *se arrepienta*, como si su decisión de castigar fuera *pecado*; y el Señor se *arrepintió*. Por eso vuelve a hablar de *su pueblo*, lo acepta aunque pecador, paso previo para el perdón y el olvido.

• **32 15-29**: Al contemplar el espectáculo del pueblo que se ha fabricado su propio dios, Moisés rompe las tablas de piedra (la alianza ya estaba rota) y hace polvo al ídolo (impotencia de las imágenes). Sigue la purificación: los idólatras se han de tragar su "pecado"; los sacerdotes quedan desautorizados por mentirosos y por su falta de compromiso con el proyecto de Dios. Este episodio parece un duplicado de Nm 25, y sirve para poner de manifiesto tres tipos de actitudes: la de los sacerdotes que colaboraron en la apostasía, y sin embargo, ante la amenaza del castigo quieren lavarse las manos; la de los profetas, que son a la vez críticos e intercesores (están representados por Moisés que intercede por los pecadores y se identifica con ellos –véase Ex 32 11-13–); y la de los levitas, que dan la cara por la verdadera religión a costa de tener que enfrentarse "a muerte" con sus propios familiares (con ello se han hecho sobradamente merecedores de su consagración –véase Dt 33 8-10–). Es muy probable que con estos tres tipos de personas y actitudes, el autor quiera aludir a la postura que históricamente tomaron estos mismos grupos israelitas frente a la idolatría cananea, sobre todo en el reino del Norte, poco antes de la conquista asiria.

que lo había expuesto a ser la burla de sus
enemigos. 26 Entonces Moisés se paró a la
entrada del campamento y gritó:
–¡Conmigo los del Señor!
Y todos los levitas se le unieron.
27 El les ordenó:
–Esto dice el Señor, Dios de Israel: Que
cada uno se arme con su espada y recorra
el campamento, que lo revise de puerta en
puerta y ejecute a los culpables, incluso a
su propio hermano, su amigo o su pariente.
28 Los levitas cumplieron la orden de
Moisés y aquel día fueron ejecutados unos
tres mil hombres del pueblo.
29 Moisés les dijo:
–Hoy se han consagrado como sacerdotes del Señor, porque lo han puesto por
encima de su hijo y su hermano; por esto
el Señor les otorga hoy la bendición.

Nueva oración de Moisés

Rom 9 3; Ap 3 5

30 Al día siguiente Moisés dijo al pueblo:
–Ustedes han cometido un pecado gravísimo; sin embargo voy a subir adonde
está el Señor, a ver si consigo el perdón de
este pecado.
31 Regresó Moisés ante el Señor y le
dijo:
–Señor, este pueblo ha cometido un pecado gravísimo haciéndose divinidades de
oro. 32 Pero te ruego que perdones su pecado; si no lo haces, bórrame del libro donde
tienes inscritos a los tuyos.
33 El Señor respondió a Moisés:
–Borro de mi libro a quien peca contra
mí. 34 Ahora vete y conduce al pueblo
adonde te he dicho. Mi ángel te acompañará. Pero cuando llegue el día de rendirme
cuentas tendrán que responder de sus pecados.
35 El Señor acabó castigando al pueblo
por haber obligado a Aarón a fabricarles el
becerro.

El ángel, compañero del viaje

Nm 10 11-13; Gn 23 20; 32 9

33 1 El Señor dijo a Moisés:
–Vete y sal de aquí tú, y el pueblo que
sacaste de Egipto, hacia la tierra que juré
dar a Abrahán, Isaac y Jacob, cuando les decía: «A tu descendencia se la daré». 2 Enviaré mi ángel delante de ti y desalojaré a
los cananeos, amorreos, hititas, pereceos,
jeveos y jebuseos; 3 encamínate a la tierra
que mana leche y miel. Sin embargo, yo
no iré contigo, porque ustedes son un pueblo terco y terminaría aniquilándolos por el
camino.
4 Al oír el pueblo estas duras palabras,
quedó tan afectado que nadie vistió traje
de fiesta. 5 El Señor continuó diciendo a
Moisés:
–Di a los israelitas: Son un pueblo terco
y terminaría aniquilándolos aunque fuera
muy poco el tiempo que anduviera con ustedes. Pero si se quitan las joyas que llevan
encima, veré qué puedo hacer por ustedes.
6 Y desde lo de Horeb los israelitas no
volvieron a ponerse sus trajes de fiesta.

La tienda del encuentro

Ex 36 8-19; Heb 9 11-24; Nm 12 6-8; Dt 34 10

7 Moisés tomó la tienda y la instaló fuera
del campamento, a cierta distancia de él, y
la llamó tienda del encuentro. Todo el que
quería consultar al Señor, tenía que salir
fuera del campamento y dirigirse a la tienda del encuentro. 8 Cuando salía Moisés,
todo el mundo se ponía de pie y, situándose cada uno a la puerta de su propia tienda,
seguían a Moisés con la mirada hasta que
entraba en la tienda. 9 En cuanto Moisés
entraba en la tienda, la columna de nube

• **32 30-35**: La nueva intercesión de Moisés en favor de su pueblo (véase Ex 32 9-14) contribuye a exaltar su papel de mediador. El amor hacia su pueblo lo lleva a ofrecerse a sí mismo en lugar de los pecadores. El Señor acepta su oración, pero reserva el castigo para el momento oportuno, de modo que la justicia divina quede intacta.

• **33 1-6**: Las infidelidades del pueblo han necesitado de dos intercesiones de Moisés para evitar el castigo divino (Ex 32). Por eso, el Señor decide no acompañar personalmente a su pueblo en su camino por el desierto. Los pecados y las infidelidades van poniendo distancias en lo que comenzó siendo una presencia personal y continua.

• **33 7-11**: No se trata del solemne santuario descrito en Ex 26 1-37 y que allí hemos llamado *morada*, sino de una tienda ligera que debió ser la realmente utilizada en el desierto. El episodio dramatiza personajes y acciones para subrayar la intimidad del Señor con su amigo Moisés y la cercanía con el pueblo: todos podían ir a consultarlo.

descendía y permanecía a la entrada de la tienda mientras el Señor hablaba con Moisés. 10 El pueblo contemplaba la columna de nube, que permanecía a la entrada de la tienda; entonces todo el mundo se postraba, cada uno en la entrada de su tienda. 11 El Señor hablaba con Moisés cara a cara, como un hombre habla con su amigo. Luego Moisés regresaba al campamento; pero Josué, su ayudante, hijo de Nun, no se movía de la tienda.

Moisés pide al Señor que los acompañe personalmente

Heb 4 1-11; Dt 2 7

12 Moisés dijo al Señor:

–Tú mismo me ordenaste: «Conduce a este pueblo», pero no me dijiste a quién enviarías en mi ayuda y eso que tú me habías dicho: «Eres mi hombre de confianza y gozas de mi protección». 13 Pues bien, si gozo de tu protección, descúbreme, por favor, tus proyectos. Así te reconoceré y seguiré gozando de tu protección. Considera, además, que esta nación es tu pueblo.

14 El Señor le respondió:

–Yo mismo te guiaré y te daré un lugar de descanso.

15 Insistió Moisés:

–Si no vienes con nosotros, no nos hagas salir de aquí; 16 porque ¿cómo voy a estar seguro de que gozamos de tu protección, yo y tu pueblo, si tú no vienes con nosotros? Pero si vienes se verá que yo y tu pueblo somos diferentes entre todos los pueblos de la tierra.

17 Y el Señor contestó a Moisés:

–Haré lo que me pides, porque gozas de mi protección y eres mi hombre de confianza.

Moisés pide al Señor contemplar su gloria

Rom 9 15; Gn 32 31; Dt 5 24; Jue 6 22-23; Is 6 5

18 Moisés pidió al Señor:

–Muéstrame tu gloria.

19 El Señor le respondió:

–Yo mismo te haré ver toda mi gloria, y en tu presencia pronunciaré el nombre del Señor. Yo protegeré a quien quiera y tendré compasión de quien me parezca; 20 sin embargo, no podrás ver mi cara, porque quien la ve no sigue vivo.

21 El Señor añadió:

–Ahí tienes un sitio junto a mí, puedes ponerte sobre la roca; 22 cuando pase mi gloria, te meteré en una grieta de la roca y te cubriré con la palma de mi mano hasta que yo haya pasado; 23 y cuando retire mi mano, me verás de espaldas porque de frente nadie me puede ver.

Renovación de la alianza y revelación a Moisés

Ex 19; 33 18-23; Nm 14 18; Jr 32 18; Ex 32 11-14

34 1 El Señor ordenó a Moisés:

–Labra dos tablas de piedra como las primeras; sobre estas dos tablas voy a escribir los preceptos que había en las tablas anteriores, que tú destruiste. 2 Que estén listas para mañana. Mañana subirás a la montaña del Sinaí, y te quedarás allí, en la cima de la montaña. 3 Que nadie suba contigo; ni una sola persona se dejará ver por toda la montaña; ni siquiera las ovejas o las vacas que pastan al pie de la montaña.

4 Talló Moisés dos tablas de piedra como las primeras, se levantó muy temprano, y subió a la montaña del Sinaí, como le había mandado el Señor, llevando en sus manos las dos tablas de piedra. 5 El Señor descendió sobre una nube y se quedó allí

• **33 12-17**: Una nueva oración de Moisés hace que el Señor modifique su decisión de no acompañar personalmente al pueblo (Ex 33 1-6). El Señor no sólo está dispuesto a perdonarlo, sino que se compromete a hacer de él un gran pueblo; de este modo demostrará que su perdón y su elección son firmes.

• **33 18-23**: La osadía de Moisés llega al colmo en esta última petición. Ver la gloria de Dios equivale a ver al mismo Dios. Y esto es lo único que Dios no le concede totalmente; sólo lo verá de espaldas. El hombre nunca puede llegar al conocimiento pleno de aquel que lo sobrepasa todo. El misterio de Dios es inaccesible.

• **34 1-10**: Conseguido el perdón, Moisés sube con unas tablas preparadas por él (las otras eran obra de Dios; véase Ex 32 7-8.15-20). Dios se revela proclamando su "nombre", su ser y su actividad; se manifiesta como un Dios justo y paciente; su castigo es limitado, su misericordia infinita; es fiel y solidario con cuantos lo necesitan; es aquel que siempre ama a sus criaturas y siempre está cerca. El Señor no sólo accede a cuanto le pide Moisés sino que le propone algo único y radical: la renovación de la alianza.

junto a él, y Moisés invocó el nombre del Señor. 6 Entonces pasó el Señor por donde estaba Moisés clamando:

–El Señor, el Señor, un Dios clemente y compasivo, paciente, lleno de amor y fiel; 7 que mantiene su amor eternamente, que soporta la iniquidad, la maldad y el pecado; pero que no los deja impunes, sino que castiga la iniquidad de los padres en los hijos y nietos hasta la tercera y cuarta generación.

8 Inmediatamente, Moisés se postró, adoró al Señor, 9 y le dijo:

–Mi Señor, si cuento con tu protección, que venga mi Señor entre nosotros, aunque éste sea un pueblo terco. Perdona nuestra iniquidad y nuestro pecado, y tómanos como tu herencia.

10 El Señor le respondió:

–Mira, voy a establecer una alianza. En presencia de todo tu pueblo realizaré grandes prodigios, como no se han hecho en ningún otro lugar o nación. Y el pueblo que te rodea contemplará mis grandes prodigios, porque voy a realizar algo admirable en tu favor.

Exhortación

Ex 23 20-24.32-33

11 Cumple lo que yo mismo te ordeno hoy. Mira, al llegar tú, voy a desalojar a los amorreos, cananeos, hititas, pereceos, jeveos y jebuseos. 12 No establezcas alianzas con los habitantes del país adonde vas a entrar; puede ser una tentación para ti, si se quedan entre ustedes. 13 Destruyan sus altares, rompan sus piedras conmemorativas, y corten sus árboles sagrados.

Decálogo ritual

Ex 20; 23 14-19; 13 11-16; 12 15-20; 24 18

14 No te postres ante dioses extraños, porque el Señor es un Dios celoso. Su nombre es Dios celoso.

15 No establezcas alianza alguna con los habitantes del país, porque ellos se prostituyen con sus dioses y hacen sacrificios a sus divinidades, y te invitarán a participar en la comida sacrificial. 16 No tomarás de entre sus hijas esposa para tus hijos, no sea que sus hijas, al prostituirse con sus divinidades, hagan que tus hijos se prostituyan también con los dioses de ellas.

17 No te hagas imagen de dios alguno en metal fundido.

18 Guarda la fiesta de los panes sin levadura, como te ordené; durante siete días come pan sin levadura, en el tiempo establecido, en el mes de Abib, porque precisamente en el mes de Abib fue cuando saliste de Egipto.

19 Todos los primogénitos son míos, por eso separarás del resto de tu ganado los primogénitos machos de la vaca y de la oveja. 20 A la primera cría del burro la puedes sustituir por un cordero, pero si no la sustituyes la desnucarás. A tus hijos primogénitos los rescatarás. No te presentes ante mí con las manos vacías.

21 Trabajarás durante seis días, pero el séptimo descansarás, incluso en el tiempo de la siembra y de la siega.

22 Al comenzar la cosecha del trigo, celebrarás la fiesta de las semanas, y al final del año agrícola la fiesta del corte de los frutos.

23 Tres veces al año todos los varones se presentarán ante el Señor, Dios de Israel.

24 Arrojaré lejos de ti a las naciones, ampliaré tus fronteras. No habrá nadie que esas tres veces al año intente apoderarse de tu tierra mientras subes al santuario del Señor tu Dios.

25 No ofrezcas a la vez el pan con levadura y la sangre de lo que sacrifiques, ni conserves para el día siguiente nada del sacrificio de la pascua. 26 Lleva al templo del Señor tu Dios lo mejor de los primeros frutos de tu tierra. No cocines el cabrito en la leche de su madre.

27 El Señor dijo a Moisés:

–Escribe estas cláusulas, pues a tenor

• **34 11-28**: Tras una exhortación (Ex 34 11-13) en que se avisa sobre los peligros de los cultos cananeos, se encuentra el decálogo ritual (Ex 34 14-28). Mientras que el primer decálogo (Ex 20 1-17) tiene un carácter más ético, este segundo decálogo recalca los preceptos con incidencia en la vida litúrgica del grupo o la nación. Prohibe toda relación que lleve al culto y a la aceptación de los dioses cananeos: alianzas y matrimonios; imágenes de metal. Establece leyes sobre las tres fiestas agrícolas y además intercala otras obligaciones. Todos estos mandatos pretenden defender la identidad religiosa del pueblo e impedir que sean absorbidos por la religión cananea, menos austera y más atractiva para los nómadas que venían del desierto.

de ellas yo establezco una alianza contigo y con los israelitas.

28 Moisés permaneció allí con el Señor cuarenta días y cuarenta noches; no tomó alimento alguno ni bebió. Y escribió sobre las tablas los diez mandamientos de la alianza.

La gloria del Señor se refleja en la cara de Moisés

2 Cor 3 7-18; 4 6

29 Moisés bajó de la montaña del Sinaí con las dos tablas del testimonio en su mano. Moisés no sabía, al bajar de la montaña, que su rostro irradiaba luminosidad por haber hablado con el Señor. 30 Aarón y los israelitas miraban a Moisés; su rostro era luminoso, y temieron acercarse a él. 31 Moisés los llamó. Aarón y los jefes de la comunidad lo rodearon y Moisés les habló; 32 después se acercaron todos los israelitas. Entonces les comunicó todas las órdenes que el Señor le había dado en la montaña del Sinaí.

33 Cuando Moisés terminó de hablar con ellos, se puso un velo sobre su cara. 34 Cada vez que Moisés entraba en el santuario a hablar con el Señor, se quitaba el velo hasta que salía. Y cuando salía para comunicar a los israelitas lo que se le había ordenado, 35 éstos quedaban admirados ante el resplandor que despedía la cara de Moisés. Entonces Moisés se ponía de nuevo el velo hasta que volvía a hablar con el Señor.

4. Ejecución de las normas para el culto ◊

Recuerdo del descanso sabático

Ex 31 12-18

35 1 Reunió Moisés a toda la asamblea de los israelitas y les dijo:

–Esto es lo que el Señor les ordena hacer: 2 Trabajarán durante seis días, pero el día séptimo es día de descanso absoluto consagrado al Señor. Quien trabaje ese día, morirá. 3 Ese día nadie encenderá fuego en ninguna de sus casas.

LA TIENDA DE LA PRESENCIA

Ofrendas de los israelitas

Ex 25 1-7

4 Moisés reunió a toda la asamblea de los israelitas y les dijo:

–Esto es lo que ordena el Señor: 5 Elijan de lo que tienen una ofrenda para el Señor. Los generosos aporten como ofrenda al Señor oro, plata y cobre; 6 telas de lana violeta, rojo y escarlata, lino fino y pelo de cabra; 7 cuero de carnero teñido en rojo, pieles finas, madera de acacia; 8 aceite para la lámpara, aromas para el aceite de la unción y para el incienso aromático; 9 ónix y otras piedras para el efod y el pectoral. 10 Que acudan los artesanos que existan entre ustedes, para hacer lo que el Señor ha ordenado: 11 la morada y su tienda, su cubierta, sus pasadores, sus tablas, sus varas, sus soportes y sus bases; 12 el arca y sus varas, la cubierta de oro, y el velo que separa el arca; 13 la mesa con sus varas y todos sus utensilios, y los panes de la ofrenda; 14 el candelabro y sus accesorios, sus lámparas y el aceite para el candelabro; 15 el altar del incienso y sus varas, el aceite de la unción, el incienso aromático y el cortinaje de la puerta para la entrada de la morada; 16 el altar de los holocaustos, su enrejado de bronce, sus varas y todos sus accesorios; la pila con su base; 17 las cortinas del atrio, sus columnas, sus bases y el cortinaje de la puerta del atrio; 18 las estacas de la morada, las estacas del atrio y sus cuerdas; 19 las vestiduras sacerdotales para el culto

• **34 29-35**: La epopeya del éxodo culmina con la exaltación de Moisés. Su rostro es ahora un reflejo de la gloria divina, y aparece con más claridad su tarea como intercesor entre Dios y el pueblo. El episodio muestra el poder de la intercesión cuando nace de una entrega radical a los demás.

◊ **35 1-40 38**: Renovada la alianza gracias a la oración de Moisés, se construye el santuario (o "morada"), según lo ordenado en Ex 25-31. El resultado es grandioso, pero más ilusión que realidad. Se entremezclan objetos que existieron en el templo de Jerusalén con otros imaginarios. Teológicamente esta sección explica que el santuario y el culto es el "lugar" en donde la comunidad se encuentra con el Dios de la libertad. En su centro está el arca con la "carta" de adopción que compromete a Israel con Dios, y que certifica que es su testigo ante los pueblos de la tierra. Los ritos reviven la "historia de la salvación", son signos de relación y de cercanía con el Señor, proporcionan paz espiritual, provocan el arrepentimiento y hacen realidad el perdón divino.

Para cada párrafo concreto de esta sección véase la nota correspondiente al pasaje paralelo de Ex 25-31.

del santuario, los ornamentos sagrados para
el sacerdote Aarón, y las vestiduras de sus
hijos para cuando actúan como sacerdotes.
20 La asamblea de los israelitas se retiró
de la presencia de Moisés. 21 Acudieron
todos los que se sentían movidos y animados por la generosidad, aportaron ofrendas
al Señor para construir la tienda del encuentro, con todo su equipo y las vestiduras sagradas. 22 Vinieron tanto varones como mujeres; todos trajeron con generosidad broches, aretes, anillos, brazaletes y todo tipo
de objetos de oro; y cada uno presentaba al
Señor su ofrenda de oro. 23 Aquellos que
tenían telas de color violeta, rojo y escarlata, o lino fino o pelo de cabra, cuero de carnero teñido en rojo y pieles finas, las traían;
24 quien aportaba una ofrenda de plata y
bronce, la dedicaba al Señor, y los que encontraban madera de acacia la traían para
los objetos de culto. 25 Hilaban las mujeres
hábiles, y traían lo que habían hecho: hilo
teñido de color violeta, rojo y escarlata, y
también lino fino; 26 mujeres generosas y
hábiles hilaban el pelo de cabra. 27 Los jefes aportaron las piedras preciosas: ónix y
otras más para incrustarlas en el efod y en
el pectoral; 28 también el incienso, el aceite
para el candelabro, para la unción y para el
incienso aromático. 29 Todos los hombres
y mujeres generosos hacían su aportación
para realizar cuanto el Señor había ordenado; y los israelitas se lo entregaban a
Moisés como ofrenda al Señor.

Comienzan las obras

Ex 31 1-6

30 Moisés informó a los israelitas:
–Miren, el Señor ha elegido a Besalel,
hijo de Urí, hijo de Jur, de la tribu de Judá,
31 y lo ha llenado de su espíritu, de pericia,
habilidad y maestría para realizar todo tipo
de obras, 32 para proyectar y fabricar piezas
en oro, plata y bronce, 33 para tallar piedras
preciosas e incrustarlas, para trabajar la
madera y para llevar a cabo cualquier tipo
de artesanía. 34 Le ha concedido también,
tanto a él como a Oliab, hijo de Ajisamac,
de la tribu de Dan, el don de enseñar a otros.
35 Ambos son suficientemente hábiles para
realizar todo tipo de talla y obra artística:
bordar y tejer lanas de color violeta, rojo y
escarlata, y lino fino; pueden hacer cualquier tipo de trabajos.

36 1 Besalel y Oliab trabajarán en la ejecución de todo lo que atañe al culto
del santuario, junto con todos aquellos artesanos a quienes el Señor dotó de pericia
y habilidad para saber hacerlo, según todo
lo que el Señor ha mandado.
2 Moisés convocó a Besalel y Oliab y a
todos los artesanos, a quienes el Señor había concedido pericia, a cuantos estaban dispuestos a realizar la tarea. 3 Les entregó
Moisés todos los donativos aportados por
los israelitas y destinados a la ejecución de
la obra del santuario. Así y todo, seguía viniendo gente, mañana tras mañana, trayendo donativos. 4 Entonces los artesanos que
realizaban los trabajos del santuario, inte-
rrumpieron el trabajo que cada uno estaba
haciendo, 5 y vinieron a decir a Moisés:
–La gente sigue trayendo más de lo que
se necesita para realizar lo que el Señor ha
ordenado.
6 Moisés mandó que se diera en el campamento este aviso:
–Que nadie, varón o mujer, traiga más
donativos para el santuario.
El pueblo dejó de traer donativos, 7 pues
había material suficiente para ejecutar todos los trabajos, e incluso sobraba.

La morada

Ex 26 1-14

8 Los artesanos que participaban en el
trabajo montaron la morada con diez cortinas de lino fino trenzado con hilo violeta,
rojo y escarlata, y con querubines artísticamente bordados. 9 Cada cortina tenía catorce metros de largo y dos de ancho; todas
las cortinas tenían las mismas medidas.
10 Cinco cortinas iban unidas entre sí, y lo
mismo las otras cinco. 11 El borde de la última cortina del primer cuerpo estaba rematado con unos broches de color violeta a
lo largo; igualmente rematado iba el borde
de la última cortina del segundo cuerpo.
12 Se colocaron cincuenta broches en el
primer cuerpo de cortinas y otros cincuenta
en la última cortina del segundo cuerpo.
Estos broches se correspondían entre sí.
13 Un cuerpo de cortinas fue enlazado con
el otro por medio de cincuenta pasadores

hechos de oro. De esta manera la morada
formaba un solo cuerpo.
14 Se tejieron las cortinas de pelo de cabra para la cubierta de la morada. Se hicieron once cortinas; 15 cada una de estas cortinas tenía quince metros de largo y dos
metros de ancho; las once cortinas medían
lo mismo. 16 Cinco cortinas iban unidas por
un lado y las otras seis cortinas por el otro.
17 El borde del primer cuerpo de cortinas lo
remataban cincuenta broches; y otros cincuenta remataban el borde del segundo
cuerpo. 18 Hicieron cincuenta pasadores de
bronce y acoplaron estos pasadores a los
broches; de esta manera se hizo un toldo
que formaba una sola pieza. 19 Se hizo para
la tienda una cubierta de pieles de carnero
teñidas de rojo, y una sobrecubierta de pieles finas.

Las tableros de madera

Ex 26 15-30

20 Prepararon los tableros de madera de
acacia, que iban colocados verticalmente
para formar la morada. 21 Cada tablero tenía
cinco metros de largo, y setenta y cinco
centímetros de ancho. 22 Cada tablero tenía
dos espigones, paralelos entre sí. 23 Hicieron, pues, los tableros para la morada, veinte tableros para la parte que mira al sur,
24 y colocaron cuarenta bases de plata debajo de los veinte tableros: dos bases en los
dos espigones de cada tablero. 25 Para el
segundo lado, el que mira al norte, se prepararon también veinte tableros 26 y sus
cuarenta bases de plata, dos para cada tablero. 27 Para la parte que mira a occidente hicieron seis tableros; 28 y dos tableros más
para los ángulos de esa parte. 29 Estaban
unidos de abajo arriba hasta la altura de la
primera argolla, formando cada dos tableros
un tabique angular. 30 Eran ocho tableros
con sus bases de plata; dieciséis bases para
que cada tablero tuviera dos. 31 Labraron
cinco travesaños de acacia para los tableros de un lado de la morada, 32 otros cinco
para los del otro lado y otros cinco para la
parte de la morada que está al fondo y mira
a occidente. 33 Se hizo que el travesaño
central pasara por entre las tableros de una
punta a otra. 34 Los tableros fueron recubiertos con oro; también de oro se hicieron
las argollas por donde entraban los travesaños, que estaban igualmente recubiertos
con oro.

Velos de separación

Ex 26 31-37

35 Se fabricó un velo de lino fino, trenzado con hilo violeta, rojo y escarlata, y con
querubines artísticamente bordados. 36 Se
hicieron también los cuatro soportes de
madera de acacia, recubiertos con oro; los
ganchos eran de oro y sus bases de plata
fundida. 37 Para la entrada de la tienda se
hizo un cortinaje de lino fino, trenzado con
hilo violeta, rojo y escarlata, artísticamente
bordado. 38 Se labraron sus cinco soportes
y sus ganchos; los capiteles y los ganchos
fueron recubiertos de oro, y se hicieron de
bronce las cinco bases.

El arca de la alianza

Ex 25 10-22

37 1 Besalel también fabricó el arca con
madera de acacia, de un metro veinticinco de largo, setenta y cinco centímetros
de ancho y otros tantos de alto. 2 La recubrió de oro puro por dentro y por fuera y la
rodeó de una moldura del mismo metal.
3 Fundió cuatro argollas de oro para ella y
se las puso en sus cuatro esquinas: dos argollas en un lado y dos en el otro. 4 Hizo unas
varas de madera de acacia y las recubrió
con oro; 5 para transportar el arca, se introducían las varas por las argollas laterales.
6 Hizo también la cubierta de oro puro,
de un metro veinticinco de largo y setenta y
cinco centímetros de ancho. 7 De oro igualmente modeló dos querubines que colocó
en los dos extremos de la cubierta. 8 Puso
a cada uno de los querubines en un extremo de la cubierta, como saliendo de ellas.
9 Sus alas, extendidas hacia arriba, tapaban
la cubierta de oro; y ellos, colocados uno
frente al otro, miraban al centro de la cubierta.

La mesa

Ex 25 23-29

10 Fabricó también con madera de acacia una mesa de un metro de largo, medio

de ancho y setenta y cinco centímetros de
alto; 11 la recubrió de oro puro y puso alrededor una moldura del mismo metal. 12 La
rodeó de un borde, como de una cuarta; en
torno a este borde colocó una moldura de
oro; 13 le hizo cuatro argollas de oro y las
situó en los cuatro extremos correspondientes a sus cuatro patas; 14 las argollas estaban sujetas a la moldura; para transportar
la mesa se introducían por ellas las varas.
15 Hizo unas varas con madera de acacia y
las recubrió de oro; servían para transportar la mesa. 16 También fabricó los utensilios para la mesa: platos, copas y cálices
para la libación; todo lo hizo de oro puro.

El candelabro

Ex 25 31-40

17 Hizo también un candelabro de oro
puro trabajado a cincel. Este candelabro,
junto con su base y su tronco, estaba mol-
deado en oro, lo mismo que sus moldes,
hojas y pétalos. 18 De sus lados salían seis
brazos: tres brazos de un lado, y tres del
otro. 19 En el primer brazo había tres moldes en forma de flor de almendro con hojas
y pétalos; en el segundo brazo, tres moldes
en forma de flor de almendro con hojas y
pétalos; los seis brazos que salían del candelabro eran iguales. 20 También el tronco
del candelabro tenía cuatro moldes en forma
de flor de almendro, con hojas y pétalos;
21 un conjunto de hojas debajo de donde se
junta cada pareja de brazos que salen de él,
los seis brazos que salen del candelabro.
22 Sus hojas y brazos formaban una sola
pieza, moldeada toda ella en oro labrado.

23 De oro puro fabricó sus siete lámparas, sus tijeras para cortar la mecha y sus
platillos para la limpieza. 24 Para hacer el
candelabro y todos sus utensilios empleó
treinta y cinco kilos de oro puro.

Altar del incienso

Ex 30 1-5; 30 22-38

25 Hizo en forma cuadrada y con madera
de acacia el altar del incienso; tenía medio
metro de largo, otro medio de ancho y uno
de alto. Formando una pieza con él, fabricó unas esquinas que sobresalían. 26 Recubrió con oro puro la parte superior, todos
sus laterales y las esquinas; alrededor le
puso una moldura de oro. 27 Para poner debajo de la moldura y en sus extremos hizo
dos argollas de oro y las colocó en las esquinas; en ellas se introducían las varas para
transportarlo. 28 Hizo las varas de acacia y
las recubrió de oro.

29 Preparó el aceite de la unción santa y
el incienso aromático y puro, según el arte
de los perfumistas.

El altar de los sacrificios y la pila

Ex 27 1-8; 30 17-21

38 1 Construyó con madera de acacia el
altar de los holocaustos; era cuadrado
y medía dos metros y medio de largo, otros
tantos de ancho y uno y medio de alto.
2 Formando una pieza con él, hizo unos ángulos que sobresalían en sus cuatro extremos y los recubrió de bronce. 3 De bronce
hizo también todos los utensilios del altar:
los recipientes para las cenizas, las tenazas,
los aspersorios, los ganchos y los braseros.
4 Fabricó para este altar un enrejado, una
parrilla de bronce que colocó en la parte
inferior, debajo de la cornisa del altar, a
media altura del mismo. 5 Fundió cuatro
argollas y las puso en los cuatro extremos
de la parrilla de bronce para introducir por
ellas las varas. 6 Con madera de acacia fabricó las varas y las recubrió de bronce;
7 para transportarlo hacía pasar las varas
por las argollas que tenía el altar en sus extremos. Lo fabricó hueco y de tablas.

8 Hizo de bronce fundido la pila, y su
base con el metal de los espejos de las mujeres que hacían el servicio a la entrada de
la tienda del encuentro.

El atrio

Ex 27 9-19

9 Construyó también el atrio. Por el lado
sur, tenía un cortinaje de cincuenta metros
de lino trenzado 10 y veinte soportes con
sus respectivas bases de bronce; los ganchos y los broches de los soportes eran de
plata. 11 En el lado norte había igualmente
un cortinaje de cincuenta metros, con sus
veinte soportes y sus diez bases; los ganchos y los broches de los soportes eran de
plata. 12 En el lado occidental había un cor-

tinaje de veinticinco metros y diez soportes con sus respectivas bases; los ganchos y los broches de los soportes eran de plata. 13 En el lado oriental había un cortinaje de veinticinco metros: 14 a un lado de la entrada un cortinaje de siete metros y medio con sus tres soportes y sus tres bases; 15 al otro lado de la entrada un cortinaje de siete metros y medio con sus tres soportes y sus tres bases. 16 Todas las cortinas que rodeaban el atrio, eran de lino fino trenzado; 17 las bases de los soportes eran de bronce, y los ganchos y los broches de los soportes eran de plata; sus capiteles estaban también plateados. Todos los soportes del atrio estaban adornados con incrustaciones de plata. 18 El cortinaje de la entrada del atrio estaba bordado con hilo violeta, rojo y escarlata, y lino fino trenzado. Tenía diez metros de largo y dos y medio de alto, de la misma medida que las cortinas del patio. 19 Sus cuatro soportes y sus cuatro bases eran de bronce, los ganchos y los broches de plata, y los capiteles de los mismos estaban plateados. 20 Todas las estacas para montar la morada y el atrio eran de bronce.

Recuento de gastos

Ex 35 30-35; Nm 1 45-46

21 Esta es la suma de lo gastado en la construcción de la morada del testimonio. El recuento de gastos fue encomendado por Moisés a los levitas y realizado por Itamar, hijo del sacerdote Aarón. 22 Besalel, hijo de Urí, hijo de Jur, de la tribu de Judá fue el que realizó todo cuanto el Señor había ordenado a Moisés. 23 Le ayudó Oliab, hijo de Ajisamac, de la tribu de Dan, artífice proyectista y bordador en hilo de color violeta, rojo y escarlata, y en lino fino.

24 Todo el oro que fue donado y empleado en la realización completa del santuario pesó mil cien kilos, según las pesas del santuario. 25 La cantidad de plata recogida entre los miembros censados de la comunidad pesó tres mil seiscientos veinte kilos, según las pesas del santuario. 26 El resultado del censo fue de seiscientas tres mil quinientas cincuenta personas de veinte años para arriba, de los que cada uno aportó la cantidad de seis gramos, según las pesas del santuario. 27 Con tres mil cuatrocientos kilos de plata se fundieron las bases para el santuario y las bases para el cortinaje; cien bases a treinta y cuatro kilos por base; 28 con los doscientos veinte kilos restantes se fabricaron los ganchos y los broches de los soportes, y se recubrieron de plata los capiteles de los mismos. 29 El bronce de los donativos pesó unos dos mil seiscientos kilos. 30 Con él se hicieron las bases para la entrada de la tienda del encuentro, el altar de bronce, su rejilla y todos los utensilios del altar, 31 además de las bases para el atrio y para la puerta del atrio; se hicieron también con él todas las estacas para instalar, tanto la morada como el atrio.

LOS ORNAMENTOS SACERDOTALES

El efod

Ex 28 6-13

39 1 De hilo violeta, rojo y escarlata se hicieron los ornamentos rituales para el culto en el santuario y se confeccionaron los ornamentos sacerdotales de Aarón, según el Señor había ordenado a Moisés.

2 El efod se hizo de oro, con hilo violeta, rojo y escarlata, y con lino fino trenzado. 3 Trabajaron el oro en láminas, lo cortaron en hilos y se trenzó con el hilo violeta, rojo y escarlata, y con lino fino artísticamente bordado. 4 Estaba unido por dos tirantes cosidos a sus extremos. 5 La parte superior del mismo, que servía para sujetar, estaba hecha como el resto del efod y formaba una pieza con él. Era de oro, de hilo violeta, rojo y escarlata, y de lino fino trenzado, como el Señor había ordenado a Moisés. 6 Las piedras de ónix fueron incrustadas en monturas de oro; en ellas se grabaron los nombres de los hijos de Israel, como se graban los sellos. 7 Las colocaron en los tirantes del efod como recordatorio de los israelitas, según había ordenado el Señor a Moisés.

El pectoral

Ex 28 15-30

8 Se confeccionó el pectoral, artísticamente bordado con los mismos materiales que el efod; con oro, hilo violeta, rojo y escarlata, y lino fino trenzado. 9 Doblado por la mitad, el pectoral formaba un cua-

drado de un palmo de largo y otro de ancho.
10 Se incrustaron en él cuatro filas de piedras preciosas: en la primera fila un granate, un topacio y un ónix; 11 en la segunda
fila un rubí, un zafiro y un diamante; 12 en
la tercera fila una turquesa, un jacinto y
una ágata; 13 y en la cuarta fila un ópalo,
un berilo y una amatista; estas piedras iban
incrustadas en monturas de oro. 14 Eran
doce, como los nombres de los hijos de Israel; y cada una de ellas llevaba grabado el
nombre de una de las doce tribus, como se
hace en los anillos para sellar. 15 Para el
pectoral fabricaron unas cadenillas de oro
puro, trenzadas como un cordón. 16 Hicieron
dos monturas de oro y dos argollas de oro
y las pusieron en los dos extremos del pectoral; 17 los dos cordones de oro iban incrustados en las dos argollas de oro que llevaba el pectoral en sus extremos; 18 y las otras
dos puntas de las cadenillas iban unidas a
las dos monturas colocadas en la parte delantera de los tirantes del efod. 19 Se hicieron otras dos argollas de oro que se colocaron en los dos extremos inferiores del
pectoral, en la parte interior que está junto
al efod. 20 Se hicieron otras dos argollas
también de oro, y las situaron en la delantera baja de los tirantes del efod, junto a la
costura, encima mismo del cinturón del
efod. 21 Las argollas del pectoral estaban
enganchadas en las argollas del efod por
un cordón azul; de esta manera el pectoral
estaba sujeto al cinturón del efod sin que el
pectoral pudiera desatarse del efod, como
el Señor había ordenado a Moisés.

La túnica
Ex 28 31-35

22 Confeccionaron totalmente de tela violeta la túnica que va debajo del efod; 23 en
el centro tenía una abertura para la cabeza;
esta abertura llevaba alrededor un dobladillo tejido, como un doble cuello, para que
la túnica no se deshilachara; 24 en el borde
inferior se tejieron unas granadas con hilo
de color violeta, rojo y escarlata, y de lino
trenzado. 25 Fundieron campanillas de oro
puro y las colocaron entre las granadas a lo
largo de todo el ruedo de la túnica; 26 iban
alternando campanillas y granadas a lo largo
de todo el ruedo de la túnica. Se usaba para
oficiar, como el Señor había ordenado a
Moisés.

Otros vestidos
Ex 28 38-42

27 Las camisas se hicieron de lino fino
tejido para Aarón y sus hijos, 28 la tiara y
las mitras de ceremonia de lino fino, y los
calzones también de lino fino trenzado.
29 Igualmente el cinturón se hizo de lino
fino trenzado, artísticamente bordado con
hilo violeta, rojo y escarlata, como el Señor había ordenado a Moisés.

La lámina de oro sobre la tiara
Ex 28 36-37

30 De oro puro se hizo la lámina que va
sobre la tiara; en ella estaba grabado, como
en un sello: «Consagrado al Señor»; 31 e
iba sujeta a la parte delantera de la tiara
con un cordón de hilo violeta, como el
Señor había ordenado a Moisés.

PRESENTACION Y CONSAGRACION DE LAS OBRAS REALIZADAS

Conclusión de las obras y presentación a Moisés

32 Así dieron por terminadas las obras
de la morada, la tienda del encuentro. Los
israelitas lo hicieron todo exactamente como
el Señor había ordenado a Moisés. 33 Presentaron a Moisés la morada, la tienda y
todos sus utensilios: los pasadores, los tableros, las varas, los soportes y las bases;
34 el toldo de pieles de carnero teñidas de
rojo, la sobrecubierta de pieles finas y el
velo de separación; 35 el arca del testimonio,
sus varas y su cubierta de oro; 36 la mesa,
sus utensilios y los panes de la ofrenda;
37 el candelabro de oro puro, sus lámparas
debidamente colocadas, sus accesorios y el
aceite para el candelabro; 38 el altar de oro,
el aceite de la unción y el incienso aromático, así como el cortinaje para la entrada

• **39 32-43**: Concluye la sección con una relación-resumen de las obras realizadas. Los israelitas lo presentan a Moisés y se muestran satisfechos de haberlo hecho todo según la palabra del Señor.

de la tienda; 39 el altar de bronce, su rejilla de bronce, sus varas y los demás utensilios; la pila y su base; 40 el cortinaje del atrio, sus soportes, sus bases y las cortinas para la entrada del atrio, sus cuerdas, sus estacas y todos los utensilios al servicio de la morada, para la tienda del encuentro; 41 las vestiduras sacerdotales para el culto del santuario, los ornamentos sagrados para el sacerdote Aarón y las vestiduras para sus hijos, que oficiaban como sacerdotes. 42 Los israelitas realizaron todo esto según las órdenes que el Señor había dado a Moisés. 43 Moisés revisó todo el trabajo y comprobó que lo habían realizado todo exactamente como el Señor había ordenado, y les dio la bendición.

Orden divina de consagrar la tienda de la presencia

Lv 8 10; Ex 29 4-8

40 1 El Señor dijo a Moisés:
2 –El día primero del primer mes, levantarás la morada, la tienda del encuentro. 3 Mete dentro el arca del testimonio y oculta el arca con el velo. 4 Trae la mesa y prepárala con sus accesorios; trae también el candelabro y prepara sus lámparas. 5 Coloca el altar de oro para el incienso delante del arca del testimonio; pondrás las cortinas a la entrada de la morada. 6 Y también a la entrada de la morada, la tienda del encuentro, coloca el altar de los holocaustos. 7 Entre la tienda del encuentro y el altar sitúa la pila y echa agua en ella. 8 Alrededor instala el atrio y cuelga el cortinaje a la entrada del atrio. 9 Toma el aceite de la unción y unge la morada y cuanto contiene; conságrala con todos sus utensilios, pues será sagrada. 10 Unge el altar de los holocaustos y todos sus accesorios; consagra el altar y será un lugar muy santo. 11 Unge la pila y su base y conságrala. 12 Haz que Aarón y sus hijos se acerquen hasta la entrada de la tienda del encuentro, y lávalos con agua; 13 reviste a Aarón con sus ornamentos sagrados, úngelo y conságralo para que sea mi sacerdote. 14 Haz que se aproximen sus hijos y revístelos con sus túnicas, 15 úngelos como ungiste a su padre, para que sean mis sacerdotes. Con esta unción se les asegura el sacerdocio perpetuo a ellos y a sus descendientes.

Ejecución del mandato divino

16 Moisés hizo todo cuanto el Señor le había ordenado. 17 El día primero del primer mes del año segundo fue instalada la morada. 18 Moisés instaló la morada, colocó las bases, acomodó los tableros y las varas y puso en pie los soportes. 19 Y sobre la morada extendió el toldo tal como el Señor le había ordenado. 20 Tomó las tablas del testimonio y las colocó dentro del arca, puso las varas al arca y situó la cubierta de oro encima del arca; 21 metió el arca en la morada, colgó el velo de separación y con él ocultó el arca del testimonio, como el Señor le había ordenado. 22 Instaló la mesa en la tienda del encuentro, al lado norte de la morada y fuera del velo; 23 allí depositó los panes ofrecidos al Señor, como el Señor le había ordenado. 24 Situó el candelabro en la tienda del encuentro, mirando a la mesa, al lado sur de la morada; 25 y colocó las lámparas en presencia del Señor, como el mismo Señor le había ordenado. 26 Delante del velo y en la tienda del encuentro puso el altar de oro, 27 hizo quemar incienso aromático, como el Señor le había ordenado. 28 Colgó el cortinaje a la entrada de la morada. 29 Colocó el altar de los holocaustos a la entrada de la morada, la tienda del encuentro, y ofreció el holocausto y la oblación, como el Señor le había ordenado. 30 Colocó la pila entre la tienda del encuentro y el altar, y la llenó de agua para las purificaciones. 31 Moisés, Aarón y sus hijos se lavaron las manos y los pies; 32 se lavaban cada vez que entraban en la tienda del encuentro o se aproximaban al altar, como el Señor le había ordenado. 33 Instaló el atrio alrededor de la morada y del altar, y puso el cortinaje a la entrada del atrio. Así acabó Moisés la tarea.

• **40 1-33**: La obra realizada no es profana, sino esencialmente religiosa; por eso ha de ser consagrada. Es evidente la simbología del pasaje: cada pieza ocupa su lugar y realiza su función; la fecha es significativa: todo comienza en el primer día del año; en siete párrafos se repite la fórmula: *como el Señor había ordenado a Moisés*; la frase final: *así acabó Moisés la tarea* evoca el poema de la creación (véase Gn 1 1-2 2).

La gloria del Señor

1 Re 8 10-13; Ez 43 4-5; Ap 15 8; Nm 9 15-23

34 Entonces la nube cubrió la tienda
del encuentro y la gloria del Señor llenó
la morada. 35 Moisés no podía entrar en la
tienda del encuentro, porque la nube estaba encima de ella, y la gloria del Señor
llenaba la morada. 36 Durante el tiempo
que duró su caminar, los israelitas se ponían en marcha cuando la nube se levantaba de la morada. 37 Si la nube no se levantaba, no partían hasta el día en que se
levantaba, 38 porque la nube del Señor se
posaba de día sobre la morada, y de noche brillaba como fuego a la vista de todo
Israel, durante todas las etapas de su camino.

• **40 34-38**: El momento culminante de todo el conjunto es la aparición de la gloria que remite a episodios anteriores (véase Ex 13 21-22; 16 10; 19 9; 24 16-17; 33 22) y a la consagración del templo de Jerusalén por Salomón (véase 1 Re 8 10-13).

LEVITICO

INTRODUCCION

Sean santos, porque yo, el Señor, su Dios, soy santo (Lv 19 2). La santidad expresa en primer lugar todo el misterio insondable de la transcendencia divina: el Dios imposible de abarcar, de comprender, de expresar, el totalmente otro. Pero el Dios transcendente se ha hecho cercano y se ha elegido un pueblo con el cual entra en comunión, compartiendo con él vida y santidad. Para mantener y crecer en santidad, y poderla proyectar sobre los demás pueblos, Israel necesita ofrecer a Dios un culto digno (Lv 1-10); mantenerse puro ritualmente (Lv 11-16); ser fiel a las leyes y costumbres en todas las esferas de la vida y en todos sus ámbitos: individual, familiar y social (Lv 17-27).

1. Contexto histórico

Levítico es el título que los traductores griegos de la Biblia dieron a este tercer libro del Pentateuco atendiendo al contenido del mismo. Y no precisamente porque en él se trate de los levitas (que sólo son mencionados en Lv 25 32-34), sino porque se ocupa sobre todo de lo referente a la santidad del culto divino, incumbencia específica de los sacerdotes, descendientes de Leví. Los judíos denominaban a este libro *Wayyiqrá* (="Y llamó"), porque ésta es la primera palabra del Levítico, que empalma con el final del libro del Exodo.

Al regreso del destierro, la comunidad judía se vio privada de una de las instituciones que había hecho posible la existencia israelita: la monarquía. El exilio significó la desaparición del *estado* y de la independencia nacional. Como consecuencia, el pueblo elegido se convirtió en una *iglesia* o comunidad religiosa que en conjunto se conoció con el nombre de *judaísmo*, y que estaba presidida por los jefes de la institución sacerdotal.

Junto con la monarquía desapareció también otra de las instituciones importantes del período preexílico: el profetismo. Quedaban, por tanto, la ley, los escritos de los antiguos profetas y el templo, juntamente con el culto. Precisamente esto iba a constituir la base de la elección y de la alianza, y la garantía de la fidelidad e identidad judía.

Dos grupos sociales eran los responsables de esta fidelidad. Por un lado, los doctores laicos (llamados escribas o maestros de la ley), que en las nacientes sinagogas mantenían el espíritu de los creyentes con la liturgia de la palabra, la salmodia y la oración. Por el otro, los sacerdotes, que conservaban la ley, la completaban y la interpretaban, a la vez que desarrollaban el culto sacrificial en el templo de Jerusalén.

El libro del Levítico es obra de los sacerdotes conscientes de su responsabilidad y preocupados por salvaguardar la identidad del pueblo elegido, una buena parte del cual ya no vivía en Palestina sino en otros países (diáspora). Para ello era preciso:

– Superar el olvido y evitar las posibles corrupciones en relación con las normas y prácticas cultuales antiguas, después de un período de ochenta años sin templo y casi sin culto.

– Acomodarlas a las características religiosas y socio-económicas de la comunidad postexílica pobre, pero con una piedad más personal e interior que la de antes.

– Integrar la piedad cultual en el contexto más amplio de una vida que, por la pureza no sólo ritual sino también ética, hiciera honor a la superioridad moral de Israel sobre los demás pueblos, y lo capacitara para acercarse al culto de un Dios totalmente santo.

– Anclar sólidamente todo el conjunto de normas y ritos en la alianza, enraizando las leyes del Levítico en el pacto del Sinaí, colocándolas bajo la sombra de Moisés y fundamentando su valor en la autoridad directa del Señor.

2. Características literarias

El Levítico forma parte del Pentateuco, y dentro de éste se encuadra en la sección del Sinaí, un voluminoso bloque que abarca desde Ex 19 hasta el final de dicho libro, todo el libro del Levítico y los primeros diez capítulos del libro de los Números.

Como la mayor parte de la sección sinaítica, el Levítico, integrado por cuatro cuerpos de normas rituales y leyes, además de un apéndice, ha sido elaborado en el seno de la tradición sacerdotal y en buena parte tiene como destinatarios a los sacerdotes, considerados como hijos de Leví. De ahí su nombre.

En el primer cuerpo (Lv 1-7) se describen las principales clases de sacrificios y ofrendas, junto con las disposiciones y rúbricas rituales con las que se debían celebrar. Representa el código sacrificial del segundo templo, destinado, no a los profanos sino a los iniciados.

El segundo cuerpo (Lv 8-10) presenta el ceremonial que acompaña la investidura sacerdotal de Aarón y sus hijos. Estos tres capítulos son la continuación lógica de Ex 25-31 y 35-40, puesto que dan cumplimiento a algunas de las prescripciones anunciadas allí (véase, por ejemplo Ex 28 41; 29; 39 12-15).

El tercer cuerpo (Lv 11-16) desarrolla una compleja normativa referente a la pureza e impureza ritual en lo que se refiere a los alimentos, al parto, a la lepra y a la impureza sexual del hombre o de la mujer. Las impurezas rituales apartan a los israelitas del santuario y los privan de la comunión con Dios. Pero todos podían purificarse de sus faltas una vez al año, el día del gran perdón, el *Yom Kippur* (Lv 16).

El cuarto cuerpo es el llamado *ley de santidad* (Lv 17-26), cuya idea central se resume en la expresión repetida varias veces: *Sean santos, porque yo, el Señor, su Dios, soy santo* (Lv 11 44-45; 19 2; 20 7-8.26; 21 6.8; 22 9.15.32). El israelita debe practicar todo lo que facilita y realiza la comunión vital con Dios, y evitar todo lo que física o moralmente la obstaculiza; por ejemplo: no comer la carne con sangre, ya que la sangre es la sede de la vida; evitar las aberraciones sexuales; respetar a Dios sobre todas las cosas y al hombre como criatura de Dios; velar por la dignidad del sacerdocio y de los sacrificios, y celebrar con fidelidad las fiestas y los años santos.

Lv 27 es un apéndice sobre tarifas y tasaciones aplicables al cumplimiento de las promesas.

3. Claves teológicas

El Levítico es uno de los libros del Antiguo Testamento menos leído por los cristianos, porque sus leyes y sus ritos han quedado superados por el Nuevo Testamento. A este respecto el lector actual no debe olvidar que el Levítico es una de las mejores expresiones de la santidad de Dios, considerada primero en sí misma en su sentido transcendente, y compartida luego con su pueblo, o sea, hecha cercana y participada por la comunidad creyente.

La santidad divina en esta doble dimensión (trascendente y participada) se halla presente de manera más o menos explícita en los cuatro bloques del Levítico. Se halla presente en el primero por cuanto los sacrificios son el medio por excelencia para entrar en comunión con Dios y con su santidad. Se halla presente en el segundo, pues en todas las religiones lo esencial del sacerdocio es su función de mediación en ambas direcciones, entre Dios y los hombres y entre los hombres y Dios. El conjunto de leyes sobre pureza e impureza ritual, constituye el contenido básico del tercer bloque; culmina con el día del gran perdón –el *Yom Kippur*– y tiene como finalidad proteger la santidad del pueblo elegido o restablecerla en el caso de que la haya perdido. Finalmente la santidad es el tema central del cuarto bloque, según lo expresa el imperativo ético: *Sean santos porque yo soy santo*, que se repite una y otra vez.

El Levítico no sólo celebra y proclama la santidad transcendente de Dios (el absolutamente "otro"), y señala los medios de hacerla cercana y compartida a través de prácticas, sacrificios y ritos, sino que todos esos ritos, gestos y fiestas anuncian y preparan la santificación y la salvación que se hace realidad definitiva en la nueva alianza sellada con la sangre de Jesucristo. Muchas de las expresiones y categorías teológicas empleadas por san Pablo y el autor de la carta a los Hebreos se inspiran en el Levítico.

LEVITICO

I. RITUAL DE LOS SACRIFICIOS Δ

El holocausto

Lv 6 2-6; Ex 29 10-18; Hch 15 20; Mc 12 33; Sal 51 18-21

1 1 El Señor llamó a Moisés y le habló
así desde la tienda del encuentro:
2 –Di a los israelitas: Cuando alguno de
ustedes haga una ofrenda al Señor, podrá
hacerla de ganado vacuno u ovino.
3 Si su ofrenda es un holocausto de ganado vacuno, ofrecerá un macho sin defecto, y lo ofrecerá a la entrada de la tienda
del encuentro, para que sea del agrado del
Señor. 4 Pondrá su mano sobre la cabeza
de la víctima, para que le sea favorablemente aceptada como expiación. 5 Inmolará el ternero en presencia del Señor, y los
hijos de Aarón, los sacerdotes, ofrecerán la
sangre, rociando por todos los lados el altar que está a la entrada de la tienda del
encuentro. 6 Quitará la piel a la víctima y
la descuartizará. 7 Y los hijos del sacerdote
Aarón encenderán fuego sobre el altar y
apilarán leña para alimentar el fuego. 8 Colocarán los trozos de la víctima con las
entrañas y las grasas encima de la leña que
arde sobre el altar. 9 Lavará con agua las
entrañas y las patas, y el sacerdote lo quemará todo sobre el altar. Es un holocausto,
ofrenda de aroma agradable al Señor.
10 Si su ofrenda es un holocausto de
ganado ovino, oveja o cabra, ofrecerá un
macho sin defecto. 11 Lo inmolará en el lado norte del altar en presencia del Señor, y
los hijos de Aarón, los sacerdotes, derramarán la sangre alrededor del altar. 12 Lo
descuartizará, y el sacerdote dispondrá los
trozos, con la cabeza y la grasa, encima de
la leña que arde sobre el altar. 13 Lavará
con agua las entrañas y las patas, y el sacerdote lo quemará todo sobre el altar. Es un
holocausto, ofrenda de aroma agradable al
Señor.
14 Si su ofrenda al Señor es un holocausto de aves, ofrecerá palomas o pichones. 15 El sacerdote ofrecerá la víctima sobre el altar, le quitará la cabeza, que quemará sobre el altar; su sangre será exprimi-
da a un lado del mismo; 16 le quitará el bu-
che y las plumas y los arrojará al lado este
del altar, donde se echan las cenizas. 17 La
abrirá en dos, en medio de las alas, sin partirla del todo, y la quemará sobre la leña

Δ 1 1-7 38: El autor recoge en estos capítulos un sencillo ritual preexílico y le añade disposiciones acordes con la evolución del culto, de la religiosidad y de las condiciones económicas en la época posterior al exilio. Por este código se rigió el culto sacrificial del nuevo templo.

Aquellos sacrificios prefiguran y preparan el sacrificio de Cristo, que concentra y sublima los valores que en ellos se encontraban dispersos. Las ceremonias, que en el ritual resultan necesariamente frías, eran celebradas por sacerdotes que tenían como maestros de espiritualidad a los profetas y como libro de piedad los salmos. Los sentimientos que debían animar a los sacerdotes en el ejercicio de sus funciones eran los siguientes: estima de Dios, reconocimiento de su soberanía, alegría por su presencia, agradecimiento, anhelo de recobrar su amistad. De esta forma, estaban seguros de que su sacrificio sería bien recibido.

La redacción final nace de una comunidad consciente de sus muchos pecados, causantes del tremendo castigo del destierro. De ahí su afán insaciable de expiación. La ley atiende también a otro aspecto secundario pero importante, el sustento de los numerosos sacerdotes.

• 1 1-17: *Holocausto* es una palabra griega que significa "quemado entero" (se sobreentiende que para Dios); por tanto, es un sacrificio sin banquete. Se trata de un ritual muy antiguo, que ya era conocido fuera de Israel, y que se realiza en acción de gracias o para obtener un favor. Después del destierro también se realiza para reparar el pecado, a través de la imposición de manos sobre la víctima, una acción en la que quien ofrece traspasa sus pecados a la víctima (Lv 16 21), mientras el aroma del sacrificio aplaca el enojo de Dios.

El autor detalla las acciones del oferente y del sacerdote: a éste corresponde cuanto se realiza en el altar. La víctima puede ser del ganado vacuno o del ovino; incluso si el oferente es pobre, vale igual un holocausto de aves. En cualquier caso, el animal ha de ser macho (más estimado) y sin defecto, pues no se puede ofrecer a Dios una ofrenda de desecho. El altar está situado a la entrada de la tienda, al aire libre. Antes del sacrificio, se derrama la sangre: en ella está la vida, que es de Dios.

que arde encima del altar. Es un holocausto, ofrenda de aroma agradable al Señor.

La ofrenda vegetal

a) Ofrendas crudas

Lv 6 7-16; 7 9-10; 5 11-13; Nm 15 1-16

2 1 Cuando alguien presente una ofrenda vegetal al Señor, ésta será de la mejor harina; derramará aceite sobre ella y pondrá incienso. 2 La presentará a los hijos de Aarón, los sacerdotes. El sacerdote tomará un puñado de harina con el aceite y todo el incienso, y lo quemará como memorial sobre el altar. Es un sacrificio de aroma agradable al Señor. 3 El resto de la ofrenda será para Aarón y sus hijos como porción muy sagrada del sacrificio en honor del Señor.

b) Ofrendas preparadas

4 Cuando presentes una ofrenda vegetal cocida en el horno, ésta será de la mejor harina, en roscas sin levadura amasadas con aceite, o bollos sin levadura rociados de aceite.

5 Si tu ofrenda vegetal es un bollo preparado a la plancha, será de la mejor harina amasado con aceite, sin levadura. 6 Lo partirás en trozos y derramarás aceite encima. Es una ofrenda vegetal.

7 Si tu ofrenda vegetal es un bollo preparado en cacerola, será de la mejor harina amasado con aceite.

8 Presentarás al Señor la ofrenda vegetal así preparada, se la entregarás al sacerdote y él la llevará al altar. 9 El sacerdote separará de la ofrenda vegetal una parte como memorial y la quemará sobre el altar como sacrificio de aroma agradable al Señor. 10 El resto de la ofrenda vegetal será para Aarón y sus hijos como porción sagrada del sacrificio en honor del Señor.

c) La levadura y la sal

Nm 18 19; Ez 43 24; Mc 9 50

11 No preparen con levadura ninguna ofrenda que hagan al Señor, pues nada de levadura ni de miel puede ser quemado en honor del Señor. 12 Lo podrán ofrecer al Señor como primicias, pero nunca lo pondrán sobre el altar como sacrificio de aroma agradable al Señor. 13 Echarás sal a todas las ofrendas. No omitirás nunca en la ofrenda la sal de la alianza de tu Dios. Todas tus ofrendas llevarán sal.

d) Las primicias

Dt 26 1-11

14 Si haces al Señor una ofrenda de primeros frutos, será de espigas tostadas al fuego o de granos tiernos triturados; 15 encima derramarás aceite y pondrás incienso. Es una ofrenda vegetal. 16 Como memorial, el sacerdote quemará una parte de los granos triturados y del aceite con todo el incienso. Es un sacrificio en honor del Señor.

El sacrificio de comunión

Lv 7 11-36; 19 5-8; 1 Cor 10 16

3 1 Ofrendas para el sacrificio de comunión.

• **2 1-16**: Aunque la ofrenda vegetal se prescribe en algunos casos, aquí se trata de oblaciones espontáneas. Los sacrificios cruentos, con especial valor expiatorio (Lv 17 11), fueron desplazando a la oblación vegetal independiente, aunque también ésta aplaca al Señor. Estas ofrendas acompañaban a los demás sacrificios.

Aparece una nueva preocupación: las ofrendas son de vital importancia para el sustento del sacerdote; hay que compaginar los derechos de Dios y las necesidades de sus ministros. Sobre el altar se quemará, *como memorial*, una pequeña parte de la ofrenda, impregnada de incienso. *Memorial* puede tener el significado de "recuerdo" (el Señor se acordará del que hace la ofrenda), o bien de "señal" (ya que el Señor tiene derecho a toda la ofrenda). El resto de las ofrendas es *cosa santísima*, que han de comer los sacerdotes. No se admiten panes fermentados, pues la levadura corrompe la masa; ni panes de miel, usados en los ritos cananeos. Pero la familia del sacerdote puede comer los panes fermentados de las primicias.

Todas las oblaciones llevan sal, que simboliza la incorruptibilidad de la alianza y hace apetitoso el pan.

• **3 1-17**: El *sacrificio de comunión* recibe también el nombre de "sacrificio pacífico" o sacrificio de reconciliación. Se queman en el altar las partes más vitales y estimadas del animal sacrificado: grasa y entrañas; el resto se come en un banquete sagrado, que confirma la alianza entre Dios y el pueblo. El ritual, atento al reparto de funciones entre el sacerdote y el laico, no menciona el banquete, pero lo supone: sólo una parte de la víctima se consume en el altar.

Este tipo de sacrificio era tenido en gran estima, pues era el rito central de las fiestas. Sin embargo sufrió un rudo golpe con la centralización deuteronomista del culto. Se prescribe en algunas ocasiones; otras se celebra por devoción. También aquí el que hace la ofrenda impone

Si la ofrenda es de ganado vacuno, macho o hembra, que la ofrenda presentada al
Señor sea sin defecto. 2 El que ofrece pondrá su mano sobre la cabeza de la víctima
y la inmolará a la entrada de la tienda del
encuentro. Los hijos de Aarón, los sacerdotes, rociarán con la sangre el altar por
todos los lados. 3 De la víctima tomará,
para ofrecerlo al Señor, la grasa que cubre
el intestino y toda la que hay sobre las
entrañas, 4 los dos riñones con la grasa que
los envuelve, la grasa que envuelve los
lomos y la que está junto al hígado y los
riñones. 5 Los hijos de Aarón lo quemarán
en el altar encima del holocausto colocado
sobre la leña que hay en el fuego. Es un
sacrificio de aroma agradable al Señor.
6 Si la ofrenda que hace al Señor es de
ganado ovino, macho o hembra, ofrecerá
un macho o una hembra sin defecto. 7 Si
ofrece un cordero, lo presentará ante el
Señor, 8 pondrá la mano sobre la cabeza de
la víctima, lo inmolará delante de la tienda
del encuentro, y los hijos de Aarón derramarán la sangre rociando el altar por todos
los lados. 9 De la víctima tomará, para
ofrecérselo al Señor, la grasa, la cola entera cortada desde el espinazo, la grasa que
cubre el intestino y toda la que hay sobre
las entrañas, 10 los riñones con la grasa que
los envuelve, la grasa que envuelve los
lomos y lo que está junto al hígado y los
riñones. 11 El sacerdote lo quemará sobre
el altar como alimento ofrecido al Señor.
12 Si su ofrenda es una cabra, la ofrecerá
en presencia del Señor, 13 pondrá la mano
sobre su cabeza, la inmolará ante la tienda
del encuentro, y los hijos de Aarón derramarán la sangre rociando el altar por todos
los lados. 14 De la víctima tomará, para
ofrecerlo al Señor, la grasa que cubre el
intestino y toda la que hay sobre las entrañas, 15 los riñones con la grasa que los envuelve, la grasa que envuelve los lomos y
la que está junto al hígado y los riñones.
16 El sacerdote lo quemará sobre el altar
como alimento de aroma agradable al Señor.

Toda la grasa pertenece al Señor.

17 Esta será una ley perpetua para ustedes y sus descendientes dondequiera que
vivan: jamás comerán la grasa ni la sangre.

El sacrificio de expiación

Nm 15 22-31; Lv 6 17-23; 16; Heb 9

4 1 El Señor dijo a Moisés:
2 –Di a los israelitas: Así procederán
cuando alguien peque inadvertidamente
contra alguna de las prohibiciones del Señor, haciendo algo prohibido:

a) Por el pecado del sumo sacerdote

3 Si el que peca es el sacerdote ungido,
haciendo así culpable al pueblo, ofrecerá al
Señor, por el pecado cometido, un ternero
sin defecto como sacrificio de expiación.
4 Llevará el novillo en presencia del Señor
a la entrada de la tienda del encuentro, le
pondrá la mano sobre la cabeza y lo inmolará en presencia del Señor. 5 Luego, el
sacerdote ungido tomará parte de la sangre
del novillo, la llevará a la tienda del encuentro, 6 mojará el dedo en la sangre y
hará siete aspersiones hacia el velo del san-

las manos a la víctima, con sentido expiatorio, y el sacrificio aplaca el enojo del Señor.

La expresión *como alimento ofrecido al Señor* (Lv 3 11) es sin duda residuo de una mentalidad primitiva; el autor de Levítico la conserva porque ya no hay peligro de que sea entendida de forma literal, como si el Señor necesitase de alimento material. En cuanto a la indicación *dondequiera que vivan*, parece tener presentes a los israelitas de la diáspora. Los cristianos celebramos el banquete de comunión por excelencia, aquel que supera a todos los del Antiguo Testamento: la cena del Señor.

• **4 1-5 13**: El sacrificio de expiación recibe también el nombre de sacrificio por el pecado. La expiación del pecado es una de las grandes preocupaciones del autor, pues los desastres sufridos por Israel eran considerados efectos del pecado. El rito es parecido al del sacrificio de comunión (Lv 3) y su intención es restablecer la comunión rota.

El rito de expiación protegía al que hacía la ofrenda y le libraba de las consecuencias de su pecado, otorgándole el perdón de Dios. La sangre del animal sacrificado sirve para alcanzar el perdón por los pecados cometidos inadvertidamente, no por los cometidos con premeditación. Se distinguen varios casos: Si se trata de la comunidad o del sumo sacerdote que la representa, la ceremonia se realiza en dos altares: el de los holocaustos y el de los perfumes. En los demás casos, todo se celebra en el altar de los holocaustos y la víctima es comida por los sacerdotes. A través de la imposición de manos el animal carga con los pecados del que hacía la ofrenda.

El sacrificio de aves, o incluso la ofrenda vegetal, realizados por los pobres, poseen igual valor. Los casos de Lv 5 1-6 son de difícil interpretación. En Lv 5 5 aparece un dato nuevo: *confesará su culpa*, que quizá se supone en otros casos. Aquel intento de purificar la conciencia se consigue de forma definitiva y eficaz en la sangre de Cristo (Heb 9 11-28).

tuario en presencia del Señor; [7] untará con ella las esquinas que sobresalen del altar de los perfumes, que está en presencia del Señor en la tienda del encuentro, y la sangre que quede la derramará al pie del altar de los holocaustos, que está a la entrada de la tienda del encuentro. [8] Quitará luego al novillo del sacrificio expiatorio toda la grasa: la que recubre las entrañas y la que hay sobre las vísceras, [9] los riñones, con la grasa que los envuelve, la que envuelve los lomos y la que está junto al hígado y los riñones, [10] de la misma manera que se le quita al toro del sacrificio de comunión; el sacerdote la quemará sobre el altar de los holocaustos. [11] La piel del novillo y toda su carne, la cabeza y las patas, las entrañas y los excrementos, [12] el novillo entero, lo llevará fuera del campamento a un lugar puro, donde se tiran las cenizas, y allí lo quemará sobre la leña. Será quemado en el lugar donde se tiran las cenizas.

b) Por el pecado de la comunidad

[13] Si ha sido toda la comunidad de Israel la que ha pecado inadvertidamente y la que se ha hecho culpable haciendo, sin darse cuenta, algo prohibido por la ley del Señor, [14] cuando la comunidad se dé cuenta del pecado cometido, ofrecerá un novillo como sacrificio de expiación. Lo llevará ante la tienda del encuentro; [15] los ancianos de la comunidad pondrán sus manos sobre la cabeza del novillo en presencia del Señor, y el sacerdote lo inmolará en presencia del Señor. [16] El sacerdote ungido llevará parte de la sangre del novillo a la tienda del encuentro, [17] mojará el dedo en la sangre y hará siete aspersiones hacia el velo del santuario en presencia del Señor; [18] untará con ella las esquinas que sobresalen del altar, que está en presencia del Señor en la tienda del encuentro, y la sangre que quede la derramará al pie del altar de los holocaustos. [19] Quitará al novillo la grasa y la quemará sobre el altar; [20] hará con este novillo lo mismo que con el del sacrificio por el pecado. El sacerdote hará así la expiación por ellos y quedarán perdonados. [21] Llevará luego el novillo fuera del campamento y lo quemará como hizo con el anterior. Es el sacrificio de expiación por la asamblea.

c) Por el pecado de un jefe

[22] Si es un jefe el que ha pecado y el que se ha hecho culpable por transgredir inadvertidamente alguna de las prohibiciones del Señor, su Dios, [23] cuando se le haga caer en la cuenta del pecado cometido, presentará como ofrenda un macho cabrío sin defecto. [24] Pondrá su mano sobre la cabeza del macho cabrío y lo degollará en el lugar de los holocaustos en presencia del Señor. Es un sacrificio de expiación. [25] El sacerdote mojará su dedo en la sangre de la víctima, untará con ella las esquinas que sobresalen del altar de los holocaustos y derramará lo sobrante al pie de este altar. [26] Luego quemará toda la grasa sobre el altar, como se hace con la grasa del sacrificio de comunión. El sacerdote hará así la expiación por el pecado del jefe, y éste quedará perdonado.

d) Por el pecado de un particular

[27] Si es un hombre del pueblo el que ha pecado inadvertidamente y el que se ha hecho culpable por transgredir alguna de las prohibiciones del Señor, [28] cuando se le haga caer en la cuenta de ello, presentará como ofrenda por su pecado una cabra sin defecto. [29] Pondrá su mano sobre la cabeza de la víctima y la degollará en el lugar de los holocaustos. [30] El sacerdote mojará su dedo en la sangre, untará con ella las esquinas que sobresalen del altar de los holocaustos y derramará lo sobrante al pie de este altar. [31] Le quitará la grasa, como en el sacrificio de comunión, y el sacerdote lo quemará sobre el altar como aroma agradable al Señor. El sacerdote hará así la expiación por él, y quedará perdonado.

[32] Si ofrece un cordero como sacrificio de expiación, presentará una hembra sin defecto. [33] Pondrá su mano sobre la cabeza de la víctima y la degollará como expiación en el lugar de los holocaustos. [34] El sacerdote mojará su dedo en la sangre del sacrificio de expiación, untará con ella las esquinas que sobresalen del altar de los holocaustos y derramará lo sobrante al pie de este altar. [35] Le quitará la grasa, como se le quita al cordero del sacrificio de expiación, y la quemará en el altar sobre las otras

víctimas ofrecidas al Señor. El sacerdote
hará así la expiación por su pecado, y quedará perdonado.

e) Casos especiales

Prov 29 24; Dt 19 15-20; Lv 11-15

5 1 El que peque y se haga culpable porque, habiendo sido llamado a declarar
bajo juramento, no manifiesta aquello que
vio u oyó; 2 el que toque, aun sin darse
cuenta, una cosa impura, el cadáver de una
fiera, animal o reptil impuros, y al darse
cuenta se haga responsable; 3 el que toque
inadvertidamente cualquier impureza humana, cuyo contacto le hace impuro, y luego, al tener conocimiento de ello, se hace
responsable; 4 el que jure a la ligera que no
va a hacer lo que sea, bueno o malo, cualquiera de esas cosas sobre las que se suele
jurar sin pensarlas bien y luego al caer en
la cuenta se hace responsable; 5 el que de
cualquiera de estas maneras se haya hecho
culpable, confesará su culpa 6 y presentará
al Señor, como reparación por el pecado
cometido, una hembra del rebaño, oveja o
cabra, en sacrificio de expiación. El sacerdote hará así la expiación por su pecado, y
quedará perdonado.

f) El sacrificio de los pobres

Lv 1 14-17; 14 21-22; 27 8

7 Si no le alcanza para un cabrito, presentará al Señor, como reparación por su
pecado, dos palomas o dos pichones, uno
como sacrificio de expiación y otro como
holocausto. 8 Los presentará al sacerdote,
ofrecerá primero el del sacrificio de expiación; cortará la cabeza de la víctima junto
a la nuca, sin separarla totalmente, 9 rociará con parte de su sangre la pared del altar,
y el resto lo derramará al pie de éste: es un
sacrificio de expiación. 10 Con la otra ave
hará un holocausto según el ritual. El sacerdote hará así la expiación por su pecado, y
quedará perdonado.

11 Si ni siquiera le alcanza para un par
de palomas o de pichones, presentará como ofrenda por su pecado unos cuatro kilos de la mejor harina sin mezclar aceite ni
poner incienso, pues es un sacrificio de expiación. 12 Lo presentará al sacerdote, el
cual tomará un puñado como memorial y
lo quemará en el altar sobre los sacrificios
ofrecidos al Señor. Es un sacrificio de expiación. 13 El sacerdote hará así la expiación por el pecado cometido al hacer alguna de las cosas dichas, y quedará perdonado. El resto, como en el caso de la ofrenda,
le corresponde al sacerdote.

El sacrificio de reparación

Lv 7 1-6; Nm 5 5-10; Ex 22 6-14; 23 1-2

14 El Señor dijo a Moisés:

15 –El que peque inadvertidamente, quedándose con algo de las ofrendas sagradas
que pertenecen al Señor, le ofrecerá en sacrificio un carnero del rebaño sin defecto y
valorado en plata, según las pesas del santuario. 16 Compensará el fraude cometido
contra el santuario añadiendo un quinto, que
entregará al sacerdote. El sacerdote hará la
expiación con el carnero de reparación, y
él quedará perdonado.

17 Si uno peca inadvertidamente contra
la ley del Señor, se hace culpable y carga
con su culpa. 18 Traerá al sacerdote, como
sacrificio de reparación, un carnero del rebaño sin defecto, según se estime en cada
caso. El sacerdote hará la expiación por la
falta cometida inadvertidamente, y quedará
perdonado. Es un sacrificio de reparación,
19 pues era realmente culpable en presencia del Señor.

20 El Señor dijo a Moisés:

21 –Si uno peca y comete un delito contra el Señor negando a su prójimo lo que
dejó a su cuidado, una prenda, o una cosa
robada o quitada a la fuerza, 22 o una cosa
perdida que hubiera encontrado; o si jura
en falso, y con ello ofende al Señor; 23 si
peca así y se hace culpable, restituirá lo
robado o quitado a la fuerza, el depósito
que le ha sido confiado, la cosa que haya
encontrado, 24 así como aquello sobre lo
que juró en falso; lo devolverá íntegramen-

• **5 14-26**: El sacrificio de reparación es similar al de expiación, pero añade la reparación del daño. Aunque como norma general se ofrecía en reparación de pecados cometidos por inadvertencia o descuido, se aplica también a algunos delitos conscientes. Predomina la idea de la restitución, hasta el punto de que el rito ni siquiera se describe. El carnero se puede sustituir por su precio en dinero: también los donativos al santuario sirven para reparar el pecado. Nótese la afirmación de Lv 5 21: peca contra el Señor quien defrauda al prójimo.

te a su propietario el día de su sacrificio de
reparación y añadirá una quinta parte. 25 Como sacrificio de reparación al Señor, traerá
al sacerdote un carnero del rebaño sin defecto, según se estime en cada caso. 26 El
sacerdote hará la expiación en presencia
del Señor, y le será perdonada cualquier
falta de la que se haya hecho culpable.

Leyes complementarias. Derechos y deberes del sacerdote

a) El holocausto

Lv 1; 4 12; Nm 28 3-8; Ez 44 19; 2 Mac 1 18-36

6 1 El Señor dijo a Moisés:
2 –Da estas órdenes a Aarón y a sus hijos: El ritual del holocausto será éste: el
holocausto quedará sobre las brasas del
altar toda la noche hasta la mañana, con-
sumiéndose sobre el fuego del altar. 3 El
sacerdote, vestido con la túnica y los calzones de lino, quitará la ceniza del fuego
que ha consumido el holocausto sobre el
altar y la depositará a un lado del altar.
4 Se cambiará luego las vestiduras y llevará la ceniza fuera del campamento a un lugar puro. 5 El fuego permanecerá siempre
encendido sobre el altar, sin apagarse, y
cada mañana el sacerdote añadirá nueva
leña, pondrá encima el holocausto y quemará la grasa de los sacrificios de comunión. 6 Un fuego permanente arderá sobre
el altar sin apagarse jamás.

b) La ofrenda vegetal

Lv 2; Ez 46 14; 1 Re 18 29.36

7 Este es el ritual de la ofrenda vegetal:
Los hijos de Aarón la ofrecerán al Señor
ante el altar. 8 Uno de ellos tomará un puñado de la mejor harina con el aceite correspondiente y con todo el incienso, y lo
quemará sobre el altar como ofrenda de
aroma agradable al Señor. 9 Aarón y sus
hijos comerán el resto sin levadura en lugar sagrado, dentro del atrio de la tienda
del encuentro. 10 Lo prepararán sin levadura. Se lo asigno yo como participación en
mis ofrendas. Es una porción sagrada como el sacrificio de expiación y el sacrificio
de reparación. 11 Todos los varones entre
los hijos de Aarón lo podrán comer. Es una
ley perpetua para ustedes y sus descendientes. Todo cuanto entre en contacto con
la ofrenda quedará consagrado.
12 El Señor dijo a Moisés:
13 –Esta es la ofrenda que harán Aarón
y sus hijos al Señor el día de su consagración: unos cuatro kilos de la mejor harina
como ofrenda perpetua, la mitad por la
mañana y la mitad por la tarde. 14 Será preparada a la plancha, con aceite; la traerás
bien amasada, la partirás en trozos y la
ofrecerás como aroma agradable al Señor.
15 Será presentada por cualquiera de los
descendientes de Aarón que le suceda como sacerdote consagrado.
Es una ley perpetua: todo debe ser quemado en honor del Señor. 16 Esta ofrenda
del sacerdote será enteramente quemada;
no se comerá nada.

c) El sacrificio de expiación

Lv 4 1-5 6

17 El Señor dijo a Moisés:
18 –Di a Aarón y a sus hijos. El ritual
del sacrificio de expiación será éste: la víc-

• **6 1-7 21**: Estos dos capítulos recogen una serie de nuevas disposiciones sobre los sacrificios, especialmente dirigidas a salvaguardar la santidad de las víctimas que se ofrecen en sacrificio. Como consecuencia, éstas sólo pueden ser comidas por personas sagradas y en lugar santo.

Lv 6 1-6: Se describe, en primer lugar, el rito del holocausto diario oficial. Antes del destierro este rito tenía lugar sólo por la mañana, pero después del destierro se realizaba dos veces: por la mañana y por la tarde. El fuego arde continuamente para mantener viva la alianza. La santidad del sacrificio se comunica a las cenizas; el sacerdote por su parte ha de cambiarse de vestiduras no sea que, al trasladar las cenizas, algún profano entre en contacto con las vestiduras sagradas y quede consagrado.

Lv 6 7-16: Completando las disposiciones de Lv 2, se subraya ahora la santidad de la ofrenda vegetal y las consecuencias que puede traer el consumirla: sólo puede ser comida por Aarón y sus hijos varones, no ha de tener levadura, y deberá comerse dentro del santuario. Su santidad es contagiosa.

En la segunda parte del párrafo se habla de la ofrenda diaria de los mismos sacerdotes. Esta se realiza en dos momentos: por la mañana y por la tarde, siempre por el sacerdote principal, y es quemada enteramente en el altar. Antiguamente sólo se ofrecía por la tarde. Con el tiempo se fue convirtiendo en un complemento del holocausto perpetuo.

Lv 6 17-23: Lo que se dice aquí sobre el sacrificio de expiación es un complemento de lo ya dicho en Lv 4 1-5 6. Este sacrificio es algo tan santo, que todo lo que entra en contacto con él queda santificado, y sólo puede ser comido por los sacerdotes.

tima será inmolada en presencia del Señor
en el lugar de los holocaustos. Es algo muy
sagrado. 19 La comerá el sacerdote que ha
ofrecido el sacrificio de expiación; la comerá en lugar sagrado, dentro del atrio de la
tienda del encuentro. 20 Todo cuanto entre
en contacto con la carne quedará consagrado. Si la sangre salpica alguna vestidura,
ésta será lavada en lugar sagrado. 21 Si la
vasija donde ha sido preparada es de barro,
se romperá, y si es de bronce, será limpiada
y lavada con agua. 22 Todo sacerdote varón
lo podrá comer. Es algo muy sagrado.
23 Pero no se podrá comer ningún sacrificio
de expiación, cuya sangre haya sido introducida en la tienda del encuentro para hacer
la expiación en el santuario; tal sacrificio
será quemado.

d) El sacrificio de reparación

Lv 5 14-26

7 1 Este es el ritual del sacrificio de reparación. Es algo muy sagrado. 2 La víctima será inmolada en el lugar de los holocaustos, y la sangre será derramada, rociando el altar por todos los lados. 3 Ofrecerá toda la grasa: la cola, la grasa que recubre las entrañas, 4 los riñones con la grasa que los envuelve, la que envuelve los
lomos y la que está junto al hígado y los
riñones. 5 El sacerdote lo quemará sobre el
altar como sacrificio ofrecido al Señor. Es
un sacrificio de reparación. 6 Todo sacerdote varón lo podrá comer; lo comerá en
lugar sagrado, porque es algo muy sagrado. 7 En el sacrificio de reparación la norma
será la misma que en el sacrificio de expiación: La víctima será para el sacerdote que
la haya ofrecido en expiación.

8 La piel de la víctima presentada para
ser ofrecida en holocausto será para el
sacerdote que la ofrezca. 9 Toda ofrenda
preparada al horno, a la plancha o en cacerola, será también para el sacerdote que
la ofrezca. 10 Pero cualquier otra ofrenda,
amasada con aceite o seca, será para todos
los hijos de Aarón en partes iguales.

e) El sacrificio de comunión

Lv 3; 19 5-8; Lv 22 18-23

11 Este es el ritual del sacrificio de comunión que se ofrece al Señor: 12 Si alguien lo ofrece para acompañar a la acción
de gracias, ofrecerá, además del sacrificio
de acción de gracias, roscas sin levadura
amasadas con aceite, bollos sin levadura
untados de aceite, y harina de la mejor,
amasada con aceite y preparada en forma
de bollos. 13 Presentará esta ofrenda junto
con roscas de pan fermentado y con el sacrificio de comunión en acción de gracias.
14 De cada ofrenda se reservará una porción como tributo al Señor, la cual será para el sacerdote que haya derramado la sangre del sacrificio de comunión. 15 La carne
del sacrificio de comunión en acción de
gracias deberá comerse el día mismo en
que se ofrece, sin dejar nada para el día
siguiente.

16 Si la víctima es ofrecida en cumplimiento de una promesa o como ofrenda
voluntaria, se comerá también el mismo
día, y lo que sobre al día siguiente. 17 Si
queda algo para el tercer día, será quemado. 18 Si la carne del sacrificio de comunión se come al tercer día, no será grato el
que lo ofrece; su ofrenda no será tenida en
cuenta. Es cosa corrompida, y el que haya
comido de ella cargará con las consecuencias de su falta.

19 La carne que haya tocado algo impuro, sea lo que sea, no se podrá comer; deberá ser quemada. Todo el que esté puro
podrá comer la carne, 20 pero el que llegue

Lv 7 1-10: Se describe en este pasaje el ritual del sacrificio de reparación, que faltaba en Lv 5 15-26. La descripción está practicamente calcada sobre lo prescrito para el sacrificio de expiación en Lv 6 17-23. Los derechos del oficiante de turno, y de los demás sacerdotes, se determinan después de la descripción del rito y completan algunas omisiones al respecto en los lugares paralelos de Lv 5 14-26 y 6 7-11.

Lv 7 11-21: Hay tres tipos de sacrificios de comunión, según la intención de quien los ofrece: a) De acción de gracias, acompañado de declaración pública del favor recibido. Se añaden ofrendas vegetales y pan fermentado: una porción se ofrece al Señor y es comida por los sacerdotes; el resto lo consumen los participantes en el banquete ritual, pero siempre el mismo día del sacrificio. b) En cumplimiento de una promesa. c) Enteramente espontáneo. Estos dos últimos pueden ser comidos al día siguiente. En el espontáneo se toleraba una res defectuosa, pero en general, las normas de pureza son muy severas, porque la santidad de Dios y la posible impureza de una ofrenda que se le hace son incompatibles.

a comer en estado de impureza la carne del
sacrificio de comunión ofrecido al Señor,
será excluido de su pueblo. 21 El que coma
de la carne del sacrificio de comunión ofrecido al Señor después de haber tocado algo
impuro, sea hombre, animal o cualquier
otra cosa, será excluido de su pueblo.

Prescripciones diversas

a) La grasa y la sangre

Lv 3 17; 17 10-14

22 El Señor dijo a Moisés:
23 –Di a los israelitas: No comerán grasa de buey, ni de oveja ni de cabra. 24 La
grasa de un animal muerto o destrozado
podrán emplearla para cualquier uso, pero
jamás comerla. 25 El que coma grasa de los
animales que se ofrecen en honor del Señor, será excluido de su pueblo. 26 En ninguna de sus poblaciones comerán sangre ni
de ave ni de otro animal. 27 Quien coma
sangre, de cualquier clase que sea, será
excluido de su pueblo.

b) Porción de los sacerdotes

Lv 2 3; 5 13; Dt 18 3-5; Ez 44 29-31

28 El Señor dijo a Moisés:
29 –Di a los israelitas: El que ofrezca al
Señor un sacrificio de comunión, presentará como ofrenda una parte de su sacrificio. 30 Presentará con sus propias manos lo
que se ha de ofrecer en honor del Señor: La
grasa y el pecho, para que sea consagrado
por el rito del balanceo ante el Señor. 31 El
sacerdote quemará la grasa sobre el altar,
y el pecho será para Aarón y sus hijos.
32 Darán al sacerdote la pierna derecha,
como tributo tomado de sus sacrificios de
comunión; 33 la pierna pertenecerá al hijo
de Aarón que haya ofrecido la grasa y la
sangre del sacrificio de comunión, 34 porque yo retengo de los sacrificios de comunión de los israelitas el pecho sometido al
rito del balanceo y la pierna reservada, para dárselos al sacerdote Aarón y a sus hijos. Es una ley perpetua, que observarán
los israelitas.
35 Esa es la parte de Aarón y de sus hijos sobre los sacrificios ofrecidos en honor del Señor desde el día en que fueron
presentados para ejercer el sacerdocio;
36 eso es lo que el Señor ordenó que los
israelitas dieran a los sacerdotes desde el
día de su unción. Es ley perpetua para
ellos y sus descendientes.

Conclusión

37 Este es el ritual del holocausto, de la
ofrenda, del sacrificio de expiación, del
sacrificio de reparación, de la consagración y del sacrificio de comunión; 38 esto
es lo que el Señor prescribió a Moisés en
la montaña del Sinaí, el día que ordenó a
los israelitas en el desierto de Sinaí presentar sus ofrendas al Señor.

II. INVESTIDURA DE LOS SACERDOTES Y COMIENZO DEL CULTO Δ

Rito de consagración

Ex 28 1-29 35; 39 1-32; 40 12-15; 30 22-33; Eclo 45 6-13

8 1 El Señor dijo a Moisés:
2 –Toma a Aarón y a sus hijos, las vestiduras, el óleo de la unción, el novillo para el sacrificio de expiación, los dos carneros y el canastillo de panes sin levadura,
3 y reúne a toda la comunidad a la entrada
de la tienda del encuentro.

• **7 22-36**: Después de la descripción detallada del ritual de los diversos sacrificios, se añaden dos prescripciones. La primera se refiere al animal encontrado muerto, cuya grasa no puede comerse, aunque sí puede utilizarse para cualquier otra finalidad. En la segunda (Lv 7 28-36), se explica con detalle cuál es la parte que corresponde a los sacerdotes en el sacrificio de comunión. El pecho es *sometido al rito del balanceo*, un antiguo rito para significar que se ofrece al Señor, y luego es comido por los sacerdotes. La pierna derecha es para el sacerdote oficiante.

• **7 37-38**: Como conclusión de la primera parte (Lv 1-7) se enumeran los diversos sacrificios, cuyo ritual se acaba de describir. Aunque dicho ritual pertenece al tiempo posterior al exilio, el autor sitúa su origen en las intrucciones que Dios dio a Moisés en el Sinaí.

Δ 8 1-10 20: Se ejecutan ahora las instrucciones de Ex 29 para la consagración de los sacerdotes. Sucesivamente se describe su ordenación (Lv 8; Ex 29 1-9), los primeros sacrificios (Lv 9; Ex 29 10-37), y el primer tropiezo en la realización de los mismos (Lv 10 1-7).

4 Moisés hizo lo que había ordenado el Señor; reunió a toda la comunidad a la entrada de la tienda del encuentro, 5 y les dijo:

–Esto es lo que el Señor manda hacer.

6 Entonces mandó que se acercaran Aarón y sus hijos y los lavó con agua. 7 Puso a Aarón la túnica, le ajustó el cinturón de lino, le vistió el manto y encima le colocó el efod, atándoselo con la cinta del mismo efod. 8 Le puso el pectoral con las piedras sagradas de la suerte, 9 puso sobre su cabeza la tiara y, sobre ésta, en la parte anterior, la placa de oro, la diadema sagrada, como el Señor había ordenado a Moisés.

10 Tomó el óleo de la unción, ungió la morada y la consagró con todo lo que había en ella. 11 Hizo siete aspersiones sobre el altar, lo ungió y lo consagró con todos los utensilios, así como la pila y su base. 12 Derramó el óleo de la unción sobre la cabeza de Aarón y lo ungió para consagrarlo. 13 Moisés hizo acercarse a los hijos de Aarón, les vistió las túnicas, les ajustó los cinturones de lino y les puso las mitras, como el Señor le había mandado.

14 Mandó luego traer el novillo para el sacrificio de expiación, y Aarón y sus hijos pusieron las manos sobre la cabeza del novillo expiatorio. 15 Moisés lo inmoló y, mojando sus dedos en la sangre, untó con ella las esquinas que sobresalen del altar, y así lo purificó. Derramó la sangre al pie del altar y lo consagró con el rito de la expiación. 16 Tomó toda la grasa que cubre las entrañas, la que está junto al hígado, y los dos riñones con su grasa, y lo quemó todo sobre el altar. 17 Y lo que quedaba del novillo: la piel, la carne y los excrementos, lo quemó fuera del campamento como el Señor le había mandado.

18 Hizo traer el carnero del holocausto. Aarón y sus hijos pusieron las manos sobre la cabeza del carnero. 19 Moisés lo inmoló y roció con su sangre el altar por todos los lados. 20 Lo descuartizó y quemó la cabeza, los trozos y la grasa. 21 Lavó las entrañas y las patas, y quemó todo el carnero sobre el altar. Fue un holocausto, sacrificio de aroma agradable, ofrecido al Señor, como el Señor había mandado a Moisés.

22 Hizo traer el segundo carnero, el de la investidura. Aarón y sus hijos pusieron las manos sobre su cabeza. 23 Moisés lo inmoló y, tomando parte de su sangre, untó con ella el lóbulo de la oreja derecha de Aarón, el dedo pulgar de su mano derecha y el dedo gordo del pie derecho. 24 Hizo acercarse a los hijos de Aarón, y untó con la sangre el lóbulo de su oreja derecha, el dedo pulgar de su mano y el dedo gordo de su pie derecho. Y roció con la sangre restante el altar por todos los lados. 25 Tomó luego la grasa, la cola, toda la grasa que recubre las entrañas, la que está junto al hígado, los riñones con su grasa y la pierna derecha. 26 Tomó del canastillo de panes sin levadura, que estaba en presencia del Señor, una rosca sin levadura, una rosca hecha con aceite y un bollo, y los puso sobre la grasa y la pierna derecha. 27 Lo puso todo ello en las manos de Aarón y en las de sus hijos e hizo el rito del balanceo en presencia del Señor. 28 Moisés lo tomó de nuevo de sus manos y lo quemó en el altar encima del holocausto. Fue un sacrificio de investidura, sacrificio de aroma agradable, ofrecido al Señor.

29 Tomó después el pecho del carnero e hizo el rito del balanceo ante el Señor. Esta fue la parte del carnero de investidura que correspondió a Moisés, como el Señor le había mandado. 30 Finalmente, Moisés tomó el óleo de la unción junto con sangre de la que había sobre el altar, y roció a Aarón y sus vestiduras, a los hijos de Aarón y sus vestiduras, y así los consagró.

31 Moisés dijo a Aarón y a sus hijos:

–Cocinen la carne a la puerta de la tienda del encuentro y cómanla allí con el pan

• **8 1-36**: Toda la comunidad contempla el espectáculo, en el que destacan la insaciable ansia de purificación, la consagración concienzuda de Aarón, y la imponente figura del sumo sacerdote con todas sus insignias. En conjunto, esta descripción es una catequesis viva sobre la santidad de Dios y sobre la pureza exigida a quienes por la consagración eran apartados de la actividad profana, para dedicarse exclusivamente al culto del Señor. Moisés, en la plenitud de su ministerio, ejerce excepcionalmente de sacerdote, con lo cual une en su persona un triple ministerio: profeta, pastor y sacerdote. Las sorprendentes coincidencias con el rito de purificación del leproso curado (Lv 14) hacen pensar que, de alguna manera, el que es consagrado sacerdote se presenta como un leproso ante Dios.

que hay en el canastillo del sacrificio de
investidura, según lo mandé yo cuando
dije: Aarón y sus hijos lo comerán. 32 Las
sobras de la carne y del pan las quemarán.
33 Durante siete días no se apartarán de la
entrada de la tienda del encuentro, hasta
que se cumpla el tiempo de su consagración, que durará siete días. 34 El Señor ha
ordenado que se haga lo que hemos hecho
hoy para obtener su expiación. 35 Permanecerán, pues, siete días y siete noches a la
entrada de la tienda del encuentro, según la
orden del Señor, y así no morirán. Esto es
lo que se me ha prescrito.
36 Aarón y sus hijos cumplieron todo lo
que el Señor había mandado por medio de
Moisés.

Primeros sacrificios de los nuevos sacerdotes

Ex 24 16-17; 40 34-35; Heb 5 1-4; 7 27; 9 7

9 1 Al octavo día Moisés llamó a Aarón,
a sus hijos y a los ancianos de Israel,
2 y dijo a Aarón:
–Toma un ternero para el sacrificio de
expiación y un carnero para el holocausto,
ambos sin defecto, y ofrécelos en presencia del Señor. 3 Luego dirás a los israelitas:
Tomen un macho cabrío para el sacrificio
de expiación, y un becerro y un cordero,
que sean de un año y sin defecto, para el
holocausto; 4 tomen también un toro y un
carnero para el sacrificio de comunión, y
degüéllenlos en presencia del Señor; y tomen una ofrenda amasada con aceite, porque el Señor quiere mostrarse hoy a ustedes.
5 Trajeron ante la tienda del encuentro
todo lo que había prescrito Moisés, y toda
la comunidad se acercó y se colocó en presencia del Señor.
6 Entonces Moisés les dijo:
–Esto es lo que el Señor ha mandado;
háganlo, para que les muestre su gloria.
7 Después dijo a Aarón:
–Acércate al altar, ofrece tu sacrificio
de expiación, tu holocausto, y haz la expiación por ti y por tu familia; presenta la
ofrenda del pueblo y haz la expiación por
él según lo ha mandado el Señor.
8 Aarón se acercó al altar e inmoló el
becerro del sacrificio de expiación por sí
mismo. 9 Sus hijos le presentaron la sangre, y él, mojando su dedo, untó con ella
las esquinas que sobresalen del altar y derramó el resto al pie del mismo. 10 Quemó
luego sobre el altar la grasa de la víctima
de expiación, los riñones y la grasa que
está junto al hígado, como el Señor había
ordenado a Moisés; 11 la carne y la piel las
quemó fuera del campamento. 12 Después
inmoló la víctima del holocausto; sus hijos
le presentaron la sangre, y él roció con ella
el altar por todos los lados. 13 Le acercaron, ya descuartizada, la víctima del holocausto, junto con la cabeza, y él lo quemó
sobre el altar. 14 Lavó las entrañas y las
patas, y las quemó en el altar encima del
holocausto.
15 Presentó luego la ofrenda del pueblo.
Tomó el macho cabrío del sacrificio de expiación por el pueblo y lo inmoló como
víctima expiatoria, igual que había hecho
con el novillo. 16 Ofreció el holocausto según el rito establecido. 17 Presentó también
la ofrenda quemando un poco de la mejor
harina sobre el altar, además del holocausto de la mañana.
18 Finalmente inmoló el toro y el carnero del sacrificio de comunión ofrecido por
el pueblo. Sus hijos le presentaron la sangre, y él roció con ella el altar por todos
los lados. 19 La grasa del toro y del carnero, la cola, la grasa que recubre las entrañas, los riñones y la que está junto al hígado; 20 pusieron todo sobre el pecho de los
animales sacrificados y Aarón lo quemó
encima del altar. 21 Con el pecho y la pierna
derecha hizo el rito del balanceo en presencia del Señor, como había mandado Moisés.
22 Aarón, alzando las manos sobre el
pueblo, lo bendijo y, después de ofrecer el
sacrificio de expiación, el holocausto y el
sacrificio de comunión, bajó del altar.
23 Moisés y Aarón entraron en la tienda del

• **9** 1-24: Después de haber consagrado a los sacerdotes, tienen lugar los primeros sacrificios. El Señor se aparecerá a todo el pueblo en señal de aceptación de los sacerdotes y de sus sacrificios. Oficia Aarón ayudado por sus hijos. Después de la bendición, se manifiesta la gloria de Dios en un resplandor nebuloso, que permite vislumbrar el rostro de Dios sin morir. El resplandor se convierte en fuego que consume al instante las víctimas. El júbilo y el asombro son la reacción del pueblo.

encuentro y al salir bendijeron al pueblo. La gloria del Señor se mostró entonces a todo el pueblo. 24 Salió fuego de la presencia del Señor, y consumió el holocausto y la grasa sobre el altar. Al verlo, todo el pueblo lanzó gritos de alegría y se postró en adoración.

Reglas complementarias

a) Muerte de Nadab y Abihú

Nm 16 1-17 5

10 1 Los hijos de Aarón, Nadab y Abihú, tomaron cada uno su incensario, pusieron brasas en él, echaron incienso y presentaron ante el Señor un fuego indebido, que él no les había mandado. 2 Entonces salió de la presencia del Señor un fuego que los devoró; y murieron en presencia del Señor.

3 Moisés dijo a Aarón:

–Esto es lo que el Señor había declarado cuando dijo: A los que se acercan a mí yo les mostraré mi santidad; en presencia de todo el pueblo manifestaré mi gloria.

Aarón permaneció callado.

b) Duelo por Nadab y Abihú

Lv 21 10-12

4 Moisés llamó a Misael y Elisafán, hijos de Oziel, tío de Aarón, y les dijo:

–Vengan y llévense a sus hermanos lejos del santuario, fuera del campamento.

5 Ellos fueron y se los llevaron con sus túnicas fuera del campamento, como había dicho Moisés.

6 Moisés dijo a Aarón y a sus hijos, Eleazar e Itamar:

–No lleven sus cabellos revueltos ni rasguen sus vestiduras, y así no morirán ni se irritará el Señor contra toda la comunidad. Sus hermanos, todos los demás israelitas, llorarán por el fuego que ha enviado el Señor. 7 No abandonen la puerta de la tienda del encuentro, no sea que mueran, pues llevan ustedes el óleo de la unción del Señor. Y ellos hicieron lo que Moisés les ordenó.

c) Prohibición de bebidas alcohólicas

Ez 44 21.23

8 El Señor dijo a Aarón:

9 –Cuando tú o tus hijos tengan que entrar en la tienda del encuentro no beban vino ni bebidas alcohólicas, no sea que mueran. Es una ley perpetua para ustedes y sus descendientes, 10 a fin de que puedan discernir entre lo sagrado y lo profano, lo puro y lo impuro, 11 y enseñar a los israelitas todas las leyes que el Señor les ha dado por medio de Moisés.

d) Porción de los sacerdotes en las ofrendas

Lv 6 9-10

12 Moisés dijo a Aarón y a los hijos que le quedaban, Eleazar e Itamar:

–Tomen la ofrenda, las sobras de lo ofrecido al Señor, y cómanselas sin levadura junto al altar, pues es algo muy sagrado. 13 Las comerán en lugar sagrado, porque es la porción que te toca a ti y a tus hijos de los sacrificios ofrecidos en honor del Señor. Esta es la orden que yo he recibido. 14 En cuanto al pecho de la víctima sometido al rito del balanceo y la pierna reservada, las comerán en un lugar puro tú, tus

• **10** 1-20: En este capítulo se reúnen una serie de normas complementarias referentes a los sacerdotes y a los sacrificios. El culto es algo santísimo, y por ello peligroso. Dos hijos de Aarón ofrecieron un fuego indebido que no se ajustaba a las normas y perecieron. La situación creada se aprovecha para dictar normas sobre la participación de los sacerdotes en el duelo. Aarón y sus hijos no acuden a los ritos fúnebres, ni siquiera salen del santuario (Lv 10 1-7), pues se lo impide su especial condición de consagrados al Señor.

El sacerdote debe estar sobrio el día que le toca oficiar, de lo contrario obraría incorrectamente y moriría. Más aún, para tener la mente lúcida y distinguir lo sagrado de lo profano, nunca puede tomar bebidas alcohólicas (Lv 10 8-11).

En Lv 10 12-15 aparece nuevamente el tema de la santidad de las ofrendas y los derechos de los sacerdotes. Lo sobrante de la ofrenda vegetal es santísimo; lo comen sólo los sacerdotes en lugar santo. Lo de los sacrificios de comunión lo come toda la familia en lugar puro. Con esta ocasión se da una norma sencilla para resolver las dudas: los sacerdotes deben comer la carne del sacrificio de expiación, excepto cuando algo de la sangre haya sido introducido en el santuario (Lv 10 16-20). Aarón no ha cumplido esta norma de comer la carne del sacrificio en lugar sagrado, y ante el reproche de Moisés, justifica su comportamiento y el de sus hijos por la situación de luto que vive su familia.

hijos y tus hijas, porque pertenecen a ti y a
tus hijos como derecho sobre los sacrificios de comunión de los israelitas. 15 La
pierna reservada y el pecho que debe someterse al rito del balanceo se traerán, junto
con la grasa ofrecida, para hacer con ellos
el rito del balanceo ante el Señor, y luego
serán para ti y tus hijos por derecho perpetuo, como ha mandado el Señor.

e) Normas especiales para el sacrificio de expiación

Lv 9 15; 6 19

16 Moisés indagó respecto al macho
cabrío del sacrifico de expiación, y resultó
que había sido quemado. Entonces se irritó
contra Eleazar e Itamar, los hijos que le
quedaban a Aarón, 17 y les dijo:
–¿Por qué no han comido en lugar santo la víctima del sacrificio de expiación?
Es algo muy sagrado que se les ha dado
para borrar las culpas de la comunidad,
haciendo el rito de expiación en presencia
del Señor. 18 Dado que su sangre no fue
introducida dentro del santuario, debieron
haber comido la carne en un lugar sagrado, según yo había mandado.
19 Aarón dijo a Moisés:
–Mira, si el mismo día que han ofrecido el sacrificio de expiación y el holocausto en presencia del Señor me ha sucedido esto, ¿acaso habría agradado al Señor
si yo hubiera comido hoy la víctima expiatoria?
20 Y Moisés quedó satisfecho con la
explicación.

III. LEYES DE PUREZA RITUAL Δ

Animales puros e impuros

Dt 14 3-21; Lv 20 24-25; Mt 15 10-20;
Hch 10 9-16; 11 1-18

11 1 El Señor dijo a Moisés y a Aarón:
2 –Digan a los israelitas: Estos son los
animales que pueden comer de todos los
que hay en la tierra: 3 pueden comer todo
animal rumiante, de pezuñas partidas en
dos. 4 Pero de entre los rumiantes que tienen pezuñas no podrán comer: el camello,
que rumia pero no tiene la pezuña partida:
lo tendrán por impuro; 5 el conejo, que
rumia, pero no tiene la pezuña partida: lo
tendrán por impuro; 6 la liebre, que rumia,
pero no tiene la pezuña partida: la tendrán
por impura; 7 el cerdo, que tiene la pezuña
partida, pero no rumia: lo tendrán por impuro. 8 No comerán sus carnes ni tocarán
sus cadáveres: los tendrán por impuros.

Δ 11 1-15 33: Los sacerdotes debían instruir al pueblo sobre lo puro y lo impuro (véase Lv 10 10). Debemos comprender aquella mentalidad. La pureza ritual era la condición para participar en el culto que mantenía la relación del pueblo con Dios, sellada con la alianza. A Dios le repugna lo muerto, corrompido y sin vida. Quien vive en contacto con Dios no puede estar contaminado, porque la santidad de Dios lo destruirá sin remedio. Un escrúpulo cada vez mayor fue acumulando causas de impureza y ocasiones de contagio. Pero la impureza no era irreversible: había ritos fáciles de purificación.

• 11 1-47: Algunos de los animales que aquí se señalan como impuros fueron prohibidos en su origen, bien por ser objeto de culto entre los paganos, o bien por tabúes ancestrales comunes a todo el entorno semita. Otros fueron desechados por repugnantes o por su sabor poco apetecible. Con el tiempo se olvidó la razón primitiva y quedaron simplemente prohibidos: no se pueden comer. Si además han muerto de enfermedad, el solo contacto con ellos es causa de impureza legal. Pero el rigorismo sobre el contagio de impureza se detiene ante la necesidad: se libran de la regla general la provisión de agua y las semillas destinadas a la siembra, aunque no el que saca el cadáver del agua o las semillas puestas a remojo. La exigencia de la pureza legal es tan grande que incluso el contacto con el cadáver de un animal señalado como puro o el cadáver de una persona es causa de impureza.

El capítulo concluye recordando y subrayando que la santidad de Dios es el fundamento de unas normas tan exigentes y minuciosas sobre la pureza e impureza legal; el lenguaje y la mentalidad del pasaje son muy afines a la ley de santidad (Lv 17-26). El Dios que sacó a Israel de Egipto y lo eligió para ser su pueblo, es un Dios santo y exige la misma santidad (Lv 11 44-45). El cristianismo suprimió la distinción entre animales puros e impuros (véase Hch 10 15), pero conserva ese deseo de perfección manifestado en la aspiración de ser santos como Dios es santo.

9 De los animales que viven en el agua
podrán comer todos los que tienen aletas o
escamas, sean de mar o de río. 10 Pero los
que viven en las aguas, tanto en los mares
como en los ríos, si no tienen aletas o escamas, ténganlos por repugnantes. 11 Son
repugnantes. No comerán su carne y tendrán sus cadáveres por inmundos. 12 En
una palabra, todo animal acuático que carezca de aletas y escamas lo tendrán por
repugnante.

13 De las aves, tendrán por impuras y no
las comerán, por ser cosa repugnante: el
águila, el quebrantahuesos, el águila marina, 14 el buitre y el halcón en todas sus especies, 15 todas las especies de cuervo, 16 el
avestruz, la lechuza, la gaviota, el gavilán
en todas sus especies, 17 el buho, el mergo,
el ibis, 18 el cisne, el pelícano, la cerceta,
19 la garza, la cigüeña en todas sus especies, la abubilla y el murciélago.

20 Todo insecto alado que anda sobre
cuatro patas será para ustedes repugnante.
21 Pero podrán comer los que además de
las cuatro patas tienen otras dos para saltar
sobre la tierra. 22 De entre ellos podrán comer toda especie de langostas, saltamontes, chicharras y grillos. 23 Los demás insectos alados de cuatro patas los tendrán
por repugnantes.

24 El contacto con estos animales los
manchará, el que toque sus cadáveres quedará impuro hasta la tarde; 25 el que los
transporte deberá lavar sus ropas y quedará impuro hasta la tarde. 26 Todo animal
que tenga pezuña, pero no partida, y que
no rumie, será impuro para ustedes; el que
lo toque quedará impuro. 27 Todo cuadrú-
pedo que ande sobre la planta de los pies
será impuro para ustedes; el que toque su
cadáver quedará impuro hasta la tarde; 28 el
que lo transporte deberá lavar sus ropas, y
quedará impuro hasta la tarde. Tendrán por
impuros estos animales.

29 De los animales que se arrastran por
la tierra, tendrán por impuros: la comadre-
ja, el ratón y la tortuga en todas sus especies; 30 el puercoespín, el camaleón, la sa-
lamandra, la lagartija y el topo. 31 Tendrán
por impuros estos animales, y el que toque
sus cadáveres quedará impuro hasta la tarde. 32 Todo objeto sobre el que caigan sus
cadáveres, sea de madera, de paño, de cuero o de costal, es decir todo objeto que sirva para algún uso, quedará impuro; deberá
ser lavado y quedará impuro hasta la tarde;
después será puro. 33 Si alguno de ellos cae
muerto dentro de una vasija de barro, el
contenido se contaminará y la vasija deberá romperse. 34 Cualquier alimento preparado con el agua que había dentro será
impuro; igualmente las bebidas que hubiera en tales recipientes. 35 Cualquier objeto
sobre el que caigan sus cadáveres será impuro; hornilla y fogón serán destruidos,
porque son impuros, y como tales los tendrán. 36 Sólo las fuentes y los depósitos
para recoger el agua permanecerán puras;
pero lo que entre en contacto con sus cadáveres será impuro. 37 Si uno de estos cadáveres cae sobre semillas destinadas para la
siembra, la semilla seguirá siendo pura,
38 pero si cae cuando se ha remojado la
semilla, será impura.

39 Si se muere uno de los animales que
les sirve de alimento, quien toque el cadáver será impuro hasta la tarde; 40 y quien
coma la carne o la transporte deberá lavar
sus ropas y será impuro hasta la tarde.

41 Todo animal que se arrastra por la
tierra será para ustedes repugnante y no lo
comerán. 42 No comerán ningún animal
que se arrastra por la tierra, ya se arrastre
sobre su vientre o camine sobre sus cuatro
o más patas, pues son cosa repugnante.
43 No se hagan repugnantes ustedes a causa
de algún animal que se arrastra, ni se manchen, ni se contaminen entrando en contacto con ellos.

44 Yo soy el Señor, su Dios, y ustedes
deben santificarse y ser santos, porque yo
soy santo; no se contaminen con algún animal de esos que se arrastran sobre la tierra.
45 Pues yo soy el Señor, que los ha hecho
subir de Egipto para ser su Dios; sean santos, porque yo soy santo.

46 Esta es la ley acerca de los cuadrúpedos, aves y todo viviente que se mueve
en el agua o se arrastra sobre la tierra, 47 para que sepan distinguir entre puro e impuro, entre los animales que pueden comerse
y los que no pueden comerse.

Purificación de la que ha dado a luz

Lv 15 19-20; Gn 17 9-14; Lc 2 21-24; Lv 5 7-13

12 1 El Señor dijo a Moisés:
2 –Di a los israelitas: La mujer que
quede embarazada y dé a luz un varón,
quedará impura durante siete días, como
cuando tiene la menstruación. 3 El día
octavo será circuncidado el prepucio del
niño, 4 pero la madre continuará en casa
durante treinta y tres días más purificando
su sangre; no tocará nada consagrado ni irá
al santuario hasta que se haya cumplido el
tiempo de su purificación.

5 Si da a luz una niña, quedará impura
durante dos semanas, como cuando tiene la
menstruación, y continuará en casa sesenta y seis días más purificando su sangre.

6 Cumplidos los días de su purificación,
haya sido por un niño o por una niña, presentará ante el sacerdote, a la entrada de la
tienda del encuentro, un cordero de un año
como holocausto y un pichón o una paloma
como sacrificio de expiación. 7 El sacerdote los ofrecerá al Señor, hará sobre ella el
rito de expiación, y quedará purificada de
su flujo de sangre. Esta es la ley para la
mujer que da a luz un niño o una niña.

8 Si no le alcanza para un cordero, presentará dos palomas o dos pichones, uno
para el holocausto y otro para el sacrificio
de expiación. El sacerdote hará sobre ella
el rito de expiación, y quedará purificada.

La lepra

Nm 12 10-15; Dt 24 8-9; Lc 17 11-19

13 1 El Señor dijo a Moisés y Aarón:
2 –Cuando alguno tenga en la piel un
tumor, una úlcera o mancha reluciente, y
se le forme en la piel una llaga como de
lepra, será llevado al sacerdote Aarón o a
uno de sus hijos sacerdotes. 3 El sacerdote
examinará la llaga de la piel; si los pelos
de la parte afectada se han vuelto blancos
y la llaga parece más profunda que el resto
de la piel, entonces es lepra. Una vez examinado, el sacerdote lo declarará impuro.
4 Si en la piel hay una mancha blanca, pero
no está más profunda que el resto de la piel
ni el pelo se ha vuelto blanco, el sacerdote
aislará al enfermo durante siete días. 5 Al
séptimo día lo examinará, y si comprueba
que la llaga se ha estabilizado sin extenderse en la piel, lo tendrá aislado siete días
más. 6 Al séptimo día lo volverá a examinar, y si la llaga ha perdido brillo y no se
ha extendido por la piel, el sacerdote lo
declarará puro, pues no es más que una
úlcera; el enfermo lavará sus vestidos y
quedará puro. 7 Si después de haber sido
examinado y declarado puro, la úlcera se
extiende sobre la piel, se presentará de
nuevo al sacerdote. 8 Este lo examinará, y
si la úlcera se ha extendido sobre la piel, lo
declarará impuro, porque entonces es lepra.

9 Si un hombre tiene síntomas de lepra,
será llevado al sacerdote. 10 El sacerdote lo
examinará; si en la piel hay un tumor blanquecino y el pelo se ha vuelto blanco y
aparece una úlcera, 11 entonces es que tiene lepra crónica sobre la piel. El sacerdote
lo declarará impuro sin necesidad de ais-
larlo, porque es impuro. 12 Si la lepra se
propaga por la piel hasta recubrirla enteramente, de la cabeza a los pies, en cuanto le
es posible observar al sacerdote, 13 éste
examinará al enfermo, y si ve que la lepra
cubre todo el cuerpo, lo declarará puro,
pues una vez que se ha vuelto todo blanco,
es puro. 14 Pero en cuanto aparezca sobre
él una úlcera será impuro. 15 El sacerdote
examinará la úlcera y lo declarará impuro,
pues la úlcera es cosa impura; es lepra.
16 Pero si la úlcera cambia de nuevo y se
pone blanca, el enfermo se presentará al
sacerdote. 17 Este lo examinará, y si ve que
en efecto se ha vuelto blanca, lo declarará
puro, porque lo es.

• **12 1-8**: Olvidada la motivación primitiva (¿tabú?) de esta norma, la impureza se atribuye aquí a la pérdida de sangre y de vitalidad. Estas normas para la purificación de la mujer que da a luz hacen posible un período de recuperación. No se sabe con precisión por qué se duplica el tiempo si la criatura es niña. En los sacrificios hay concesiones para los casos de pobreza. La circuncisión es señal de la alianza y debe realizarse lo antes posible, una vez pasada la impureza del parto.

• **13 1-46**: Se habla de diversas enfermedades de la piel, de las que probablemente ninguna coincide con lo que hoy conocemos como lepra. Por su repugnancia y peligro de contagio, la lepra apartaba de la comunidad cultual y del culto. Los sacerdotes eran los encargados de diagnosticar, basándose en una experiencia de siglos, que aconsejaba precauciones. La declaración de impureza traía severas consecuencias: echaba al enfermo fuera del campamento, excluyéndolo de la comunidad y de todo trato social.

18 Cuando alguien ha tenido en la piel una úlcera y ésta ha cicatrizado, 19 si luego en el lugar de la úlcera se forma un tumor blanquecino o una mancha reluciente de un blanco rosáceo, este hombre se presentará al sacerdote. 20 El sacerdote lo examinará; si ve que la mancha es más profunda que la piel y que el pelo se ha vuelto blanco, lo declarará impuro: es lepra que brota en la úlcera cicatrizada. 21 Si el sacerdote no observa en el examen que el pelo está blanco ni que la piel se ha hundido, sino que la mancha se ha vuelto pálida, aislará durante siete días al enfermo. 22 Si luego se ve que la llaga se ha ido extendiendo por la piel, lo declarará impuro, porque es lepra. 23 Pero si la mancha sigue en el mismo sitio sin extenderse, es la cicatriz de la úlcera, y el sacerdote lo declarará puro.

24 Cuando uno ha sufrido una quemadura en la piel, y sobre la quemadura se forma una mancha de un blanco rosáceo o sólo blanca, 25 el sacerdote la examinará; si comprueba que el pelo se ha vuelto blanco y la piel se ha hundido, es lepra que brota en la quemadura; el sacerdote declarará impuro a este hombre, porque es lepra. 26 Si, por el contrario, el sacerdote en el examen no ve que el pelo está blanco ni la que la piel está hundida, sino que la piel está lisa, lo aislará durante siete días, 27 y al séptimo lo examinará. Si ve que la mancha se ha extendido por la piel, lo declarará impuro, porque es lepra. 28 Pero si la mancha sigue en el mismo sitio, sin extenderse, y ha perdido su color, es simplemente efecto de la quemadura. El sacerdote lo declarará puro, porque se trata de la cicatriz de la quemadura.

29 Si un hombre o una mujer tiene una llaga en la cabeza o en la barbilla, 30 y el sacerdote, al examinar la llaga, ve que ésta se hunde en la piel, y que el pelo se ha vuelto escaso y amarillento, declarará impuro al enfermo: es tiña, lepra de la cabeza y de la barbilla. 31 Si en el examen de la llaga el sacerdote no observa la piel hundida, pero no le queda pelo negro, aislará al enfermo durante siete días, 32 y al séptimo examinará la llaga; si comprueba que no se ha extendido la tiña, que el pelo no se ha vuelto amarillento y que la piel no se ha hundido, 33 el enfermo se cortará el pelo, salvo en la parte afectada, y el sacerdote lo aislará durante otros siete días. 34 El séptimo día volverá a examinar la tiña; si ve que no se ha extendido y la piel no aparece hundida, lo declarará puro. El enfermo lavará sus vestidos y quedará puro. 35 Si, después de haber sido declarado puro, la tiña se extiende por la piel, 36 y el sacerdote, al examinarlo de nuevo, ve que se ha extendido, no tiene ya por qué examinar si el pelo se ha vuelto amarillento: el enfermo es impuro. 37 Pero, si la tiña se ha estabilizado y aparece el pelo negro, entonces la tiña está curada; es puro y así lo declarará el sacerdote.

38 Si un hombre o una mujer tienen en la piel manchas blancas, 39 el sacerdote las examinará; si ve que son de un color blancuzco, entonces es eczema que ha brotado en la piel; el enfermo es puro.

40 Si a uno se le cae el pelo de la cabeza, es una simple calvicie y es puro. 41 Si pierde el pelo por la frente, son entradas y es puro. 42 Pero si en su calvicie o en sus entradas aparece una llaga de un blanco rosáceo, entonces es lepra que brota en la calvicie o en las entradas. 43 El sacerdote la examinará; si la llaga de su calvicie o de sus entradas es de un blanco rosáceo y presenta el aspecto de la lepra de la piel, 44 es leproso y es impuro. El sacerdote lo declarará impuro, porque tiene lepra en la cabeza.

45 El leproso llevará las vestiduras rasgadas, los cabellos revueltos y el bigote tapado, e irá gritando: «¡Impuro, impuro!» 46 Mientras le dura la lepra, será impuro. Vivirá aislado y tendrá su morada fuera del campamento.

La lepra de los vestidos

47 Si aparece una mancha como de lepra en un vestido, sea éste de lana o de lino, 48 tejido o cosido de lana o lino, piel u otro objeto cualquiera de cuero, 49 si la mancha en estos vestidos tiene un color verdoso o rojizo, entonces es un caso de lepra, que debe ser mostrado al sacerdote;

• **13 47-59**: Un cierto tipo de manchas en los vestidos, semejantes a las de la "lepra", era considerado peligroso, quizá causante de "lepra". Por eso se le aplican las mismas prescripciones que al caso de un hombre leproso.

50 éste lo examinará y aislará el objeto durante siete días. 51 Al séptimo día lo reconocerá, y si ve que la infección se ha extendido por el vestido, es un caso de lepra contagiosa; el objeto es impuro. 52 El vestido, afectado por la lepra, deberá ser quemado, porque es lepra contagiosa.

53 Pero si el sacerdote, al examinarlo, ve que la lepra no se ha extendido por el tejido, el cosido o el objeto de cuero, 54 mandará lavar el objeto infectado y lo aislará otros siete días. 55 Si después de lavado ve que la infección no ha cambiado de aspecto, aunque no se haya extendido más, el objeto es impuro; será echado al fuego, porque está infectado por dentro y por fuera. 56 Pero si el sacerdote ve en su examen que la parte infectada, una vez lavada, ha perdido color, la arrancará del vestido, cuero, tejido o cosido. 57 Si la infección aparece otra vez en el vestido, tejido, cosido u objeto de cuero, entonces es una erupción de lepra; el objeto infectado será echado al fuego. 58 Pero si después de lavado ha desaparecido la infección del vestido, tejido, cosido u objeto de cuero, éste será lavado otra vez y quedará puro.

59 Esta es la ley para los casos de lepra en un vestido, sea de lana o de lino, tejido o cosido, o cualquier objeto de cuero, para declararlo puro o impuro.

Rito de purificación del leproso

Nm 19 1-20; Sal 51 9; Heb 9 19; Lv 12 8; Mt 8 4; Lc 17 14

14 1 El Señor dijo a Moisés:
2 –Este es el rito de purificación del leproso: El enfermo será llevado al sacerdote, 3 el cual saldrá del campamento para reconocerlo. Si comprueba que el leproso está curado de su lepra, 4 mandará traer para el hombre que se va a purificar dos pájaros vivos y puros, madera de cedro, una tela roja e hisopo. 5 El sacerdote ordenará inmolar uno de los pájaros sobre una vasija de barro llena de agua corriente. 6 Tomará el pájaro vivo, el cedro, la tela roja y el hisopo, y los mojará en la sangre del pájaro inmolado sobre el agua corriente. 7 Rociará siete veces al hombre que va a ser purificado de la lepra, y lo declarará puro; después soltará al campo el ave viva. 8 El leproso lavará sus vestidos, se cortará todo el pelo, se bañará y quedará puro. Entonces podrá entrar de nuevo en el campamento, pero todavía se quedará siete días fuera de su tienda. 9 El día séptimo se cortará de nuevo todo el pelo: cabello, barba y cejas. Lavará sus vestidos, se bañará y quedará puro.

10 El octavo día tomará dos corderos sin defecto, una cordera de un año sin defecto, doce kilos de la mejor harina amasada con aceite para la ofrenda y medio litro de aceite. 11 El sacerdote que hace el rito de purificación colocará al que se va a purificar junto con sus ofrendas ante el Señor, a la entrada de la tienda del encuentro. 12 Tomará uno de los corderos y lo presentará como sacrificio de reparación, y también medio litro de aceite, haciendo con ellos el rito del balanceo en presencia del Señor. 13 Degollará el cordero en el lugar del santuario donde se inmolan las víctimas de expiación y el holocausto, pues el sacrificio de reparación pertenece al sacerdote igual que el sacrificio de expiación: es algo muy sagrado. 14 Después, el sacerdote tomará parte de la sangre del sacrificio de reparación y untará con ella el lóbulo de la oreja derecha del que se purifica, el pulgar de su mano derecha y el dedo gordo de su pie derecho. 15 Tomará luego medio litro de aceite, echará un poco en su mano izquierda, 16 mojará en ello el índice de su mano derecha y hará con él siete aspersiones en presencia del Señor. 17 Con el aceite que le queda en la mano ungirá el lóbulo de la oreja derecha del que se purifica, el pulgar de su mano derecha y el dedo gordo de su pie derecho, encima de la sangre del sacrificio de reparación. 18 El aceite que aún le queda en la palma de la mano, lo derramará sobre la cabeza del que se purifica, y así cumplirá sobre él el rito de ex-

• **14 1-32**: Muchas de aquellas enfermedades se curaban. Pero el peligro de contagio exige tomar serias medidas de precaución. Tal vez el primer propósito de estos ritos de purificación fuera ahuyentar los malos espíritus. El pájaro vivo que se suelta se lleva consigo la impureza del leproso (un rito parecido puede verse en Lv 16). A través del sacrificio de expiación, y con una ceremonia similar a la de la consagración de los sacerdotes, el leproso es nuevamente admitido en la comunidad cúltica, e integrado de nuevo en la vida social.

piación en presencia del Señor. 19 El sacerdote ofrecerá entonces el sacrificio de expiación, hará el rito de expiación por el que
se purifica de su mancha e inmolará el holocausto. 20 Ofrecerá finalmente sobre el
altar el holocausto y la ofrenda, y así cumplirá el rito de expiación sobre el que se
purifica, y éste quedará puro.
21 Si el enfermo es demasiado pobre y
no tiene los medios necesarios, tomará
sólo un cordero, el del sacrificio de reparación, para el rito del balanceo y para hacer
el rito de expiación, y cuatro kilos de la
mejor harina amasada con aceite para la
ofrenda, medio litro de aceite, 22 y dos palomas o dos pichones, según sus posibilidades, uno para el sacrificio de expiación
y otro para el holocausto. 23 Lo presentará
al sacerdote el octavo día para su purificación, a la entrada de la tienda del encuentro, en presencia del Señor. 24 El sacerdote
tomará el cordero del sacrificio de reparación y medio litro de aceite y hará con ellos
el rito del balanceo en presencia del Señor.
25 Inmolará el cordero del sacrificio de reparación, tomará parte de su sangre y untará con ella el lóbulo de la oreja derecha del
que se purifica, el pulgar de su mano derecha y el dedo gordo de su pie derecho.
26 Echará aceite en su mano izquierda,
27 mojará en él el índice de su mano derecha y hará con él siete aspersiones en presencia del Señor. 28 Con aceite del que le
queda en la mano izquierda untará el lóbulo de la oreja derecha del que se purifica,
el pulgar de su mano derecha y el dedo
gordo de su pie derecho encima de la sangre del sacrificio de reparación. 29 El aceite que aún le queda en la mano lo derramará sobre la cabeza del que se purifica, para
hacer sobre él el rito de expiación en presencia del Señor. 30 De los dos pichones o
palomas, según las posibilidades del que se
purifica, 31 ofrecerá uno para el sacrificio
de expiación y el otro para el holocausto,
junto con la ofrenda. Así hará el rito de
expiación en presencia del Señor sobre el
que se purifica. 32 Esta es la ley para la purificación del leproso que no dispone de
recursos.

La lepra de las paredes

33 El Señor dijo a Moisés y Aarón:
34 –Cuando hayan entrado en la tierra
de Canaán, que yo les daré en posesión, y
cuando yo haga aparecer manchas como
de lepra en alguna casa de la tierra que van
a ocupar, 35 su dueño se presentará al sacerdote y le dirá: «Me parece haber visto algo
semejante a lepra en mi casa».
36 Antes de entrar a examinarla, el sacerdote dará orden de desalojar la casa para
que no se hagan impuras las cosas que hay
en ella; después de lo cual, entrará a examinarla. Examinará la mancha; 37 si observa cavidades verdosas o rojizas hundidas
en las paredes, 38 saldrá afuera, a la puerta
de la casa, y la clausurará durante siete
días.
39 Al séptimo día volverá a examinarla,
y si ve que la infección se ha extendido por
las paredes de la casa, 40 dará orden de
arrancar las piedras infectadas y de tirarlas
fuera de la ciudad a un lugar impuro. 41 Hará raspar las paredes por dentro y mandará
tirar el polvo de las raspaduras en un lugar
impuro fuera de la ciudad. 42 Se tomarán
otras piedras para reemplazar a las primeras y nueva mezcla para revocar las paredes de la casa.
43 Si la infección reaparece de nuevo,
después de cambiadas las piedras y de haber raspado y revocado la casa, 44 regresará el sacerdote y la examinará; si la infección se ha extendido por la casa, entonces
hay en la casa lepra contagiosa, y la casa
es impura. 45 Será demolida, y las piedras,
la madera y los escombros serán sacados a
un lugar impuro fuera de la ciudad. 46 El
que haya entrado en la casa durante el tiempo que estuvo clausurada será impuro hasta
la tarde. 47 El que haya dormido en ella
lavará sus vestidos. El que haya comido en
ella lavará sus vestidos. 48 Pero si el sacerdote comprueba que la infección no se ha
extendido por la casa una vez revocada, la
declarará pura, pues la infección ha desaparecido.
49 Para el rito de expiación de la casa,
tomará dos pájaros, madera de cedro, una
tela roja e hisopo. 50 Inmolará una de las

• **14** 33-57: La "lepra" de las paredes de que se habla aquí es un caso parecido al de los vestidos. Se le aplica a la casa el rito de los dos pájaros. Este caso refleja una extrema obsesión por la pureza, aunque quizás tal rito nunca llegó a practicarse.

aves en una vasija de barro llena de agua
corriente. 51 Tomará la madera de cedro, el
hisopo, la tela roja y el ave viva, lo mojará
todo en la sangre del ave inmolada sobre el
agua corriente y hará siete aspersiones
sobre la casa. 52 Así reparará la impureza
de la casa con la sangre del ave, el agua, el
ave viva, la madera de cedro, el hisopo y la
tela roja; 53 luego soltará el ave viva fuera
de la ciudad, en el campo. Así hará el rito
de expiación por la casa, y ésta quedará
pura.
54 Esta es la ley en todos los casos de
lepra o tiña, 55 lepra de vestidos y de casas,
56 tumores, úlceras o manchas relucientes,
57 para poder declarar cuándo una cosa es
pura y cuándo impura. Esta es la ley sobre
la lepra.

Impurezas sexuales

a) Del varón

Lv 20 18; Nm 5 2-3; Dt 23 11-12; 1 Sm 21 5-6

15 1 El Señor dijo a Moisés y a Aarón:
2 –Digan a los israelitas: El hombre
que padezca gonorrea es impuro. 3 La impureza se dará tanto si su cuerpo deja salir
el semen como si lo retiene; es impuro
igualmente. 4 La cama en que se acueste el
que padece gonorrea será impura, y el mueble donde se siente será impuro. 5 El que
toque su cama y el que se siente en su mueble, lavará sus vestidos, se bañará y será
impuro hasta la tarde. 6 El que se siente en
un mueble en el que estuvo sentado aquél,
lavará sus vestidos, se bañará y será impuro hasta la tarde. 7 El que toque el cuerpo
del enfermo, lavará sus vestidos, se bañará
y será impuro hasta la tarde. 8 Si el que padece gonorrea escupe sobre un hombre puro, este lavará sus vestidos, se bañará y será
impuro hasta la tarde. 9 La silla de montar
que el enfermo haya utilizado quedará impura. 10 El que toque un objeto que haya
estado debajo de él, será impuro hasta la
tarde, y quien lo transporte, lavará sus vestidos, se bañará y será impuro hasta la tarde. 11 Todo aquel a quien toque sin haberse
lavado previamente las manos, lavará sus
vestidos, se bañará y será impuro hasta la
tarde. 12 Toda vasija de barro que toque será
rota y todo recipiente de madera será lavado.
13 Cuando el enfermo esté curado de su
gonorrea, contará siete días para su purificación; lavará sus vestidos, se bañará en
agua corriente y quedará puro. 14 El octavo
día tomará dos palomas o dos pichones, se
presentará con ellos ante el Señor a la entrada de la tienda del encuentro y los entregará al sacerdote, 15 el cual los ofrecerá,
uno en sacrificio de expiación y otro en
holocausto, y así hará sobre él, en presencia del Señor, el rito de expiación por su
gonorrea.
16 Cuando un hombre haya tenido una
eyaculación, lavará con agua todo su cuerpo y será impuro hasta la tarde. 17 Cualquier vestido de tela o cuero que haya quedado impreganado de semen será lavado y
quedará impuro hasta la tarde.
18 Si se han acostado un hombre y una
mujer y ha tenido lugar la eyaculación,
ambos se lavarán en agua y serán impuros
hasta la tarde.

b) De la mujer

Gn 31 34-35; 2 Sm 11 4; Mt 9 20

19 Cuando la mujer tenga la menstruación, permanecerá impura durante siete
días. El que la toque quedará impuro hasta
la tarde. 20 El lugar en el que duerma o se
siente quedará impuro. 21 El que toque su
cama, lavará sus vestidos, se bañará y quedará impuro hasta la tarde. 22 El que toque
un objeto cualquiera sobre el cual ella se
haya sentado, lavará sus vestidos, se bañará y quedará impuro hasta la tarde. 23 El

• **15** 1-33: Según la mentalidad de aquella época, los flujos sexuales suponen una disminución de la vitalidad y son causa de impureza ritual.

En el varón, las enfermedades venéreas causan impureza, que se comunica por contacto. Esta ley prescribe como remedio, la higiene y, en caso de curación, sacrificios de poco valor. También la simple eyaculación hace impuro.

La mujer contrae impureza ritual durante el flujo menstrual y comunica la impureza por contacto. Durante este tiempo quedan prohibidas las relaciones sexuales. Si el flujo se prolonga más tiempo de lo normal, se le aplican las mismas normas que al varón enfermo.

En la conclusión que sirve de cierre a estas normas se explica la razón de ser de las leyes de pureza: no contaminar la morada santa del Dios santo: el impuro que la toque tendrá que morir.

que toque lo que está sobre su cama o sobre su asiento será impuro hasta la tarde.
24 Si un hombre se acuesta con ella, contrae la impureza de su menstruación; quedará impuro durante siete días, y dejará
impura la cama en la que duerma.
25 Cuando una mujer tenga flujo de sangre varios días fuera del período menstrual, o cuando su menstruación se prolonga fuera del tiempo normal, quedará impura mientras le dure el flujo, con la misma
impureza del período menstrual. 26 El lugar en que haya dormido o se haya sentado, durante el tiempo de su flujo, serán impuros, lo mismo que durante su impureza
menstrual. 27 El que los toque será impuro,
lavará sus vestidos, se bañará y quedará
impuro hasta la tarde.
28 Cuando termine su flujo contará siete
días, pasados los cuales quedará pura. 29 El
octavo día tomará dos palomas o dos pichones y los presentará al sacerdote a la
entrada de la tienda del encuentro. 30 Este
los ofrecerá, uno en sacrificio de expiación
y otro en holocausto, y así hará sobre ella,
en presencia del Señor, el rito de expiación
por la impureza de su flujo.

Conclusión

31 Deberán advertir a los israelitas de
sus impurezas, para que no mueran al contaminar con ellas mi morada, que está en
medio de ellos.
32 Esta es la ley para el que padece gonorrea o contrae impureza por eyaculación, 33 para la mujer durante su impureza
menstrual, para cualquier hombre o mujer
que padezca flujo, y para el hombre que se
acueste con una mujer en estado de impureza.

IV. EL GRAN DIA DE LA EXPIACION Δ

Lv 23 27-32; Nm 29 7-11; Ez 45 18-20; Heb 9 6-14

16 1 El Señor habló a Moisés después de
la muerte de los dos hijos de Aarón,
que perecieron al acercarse al Señor. 2 Le
dijo:
–Di a tu hermano Aarón que no debe
entrar en cualquier fecha al otro lado del
velo, donde se encuentra la cubierta de oro
que está sobre el arca, no sea que muera,
pues yo me aparezco en la nube sobre la
cubierta de oro.
3 Aarón entrará en el santuario con un
novillo para el sacrificio de expiación y un
carnero para el holocausto; 4 se revestirá
con la túnica de lino consagrada, se pondrá
calzones de lino, se ceñirá con un cinturón
de lino y cubrirá su cabeza con una tiara
de lino. Estas son las vestiduras sagradas
que se pondrá después de haberse lavado.
5 Recibirá de la asamblea de los israelitas
dos chivos para el sacrificio de expiación y
un carnero para el holocausto. 6 Aarón ofrecerá un novillo en sacrificio por su pecado,
para hacer la expiación por él y por su familia.
7 Después tomará los dos chivos, los
presentará en presencia del Señor a la entrada de la tienda del encuentro, 8 y echará
sobre ellos las suertes; uno será para el Señor, y otro para Azazel. 9 Aarón tomará el
chivo que le haya caído en suerte al Señor

Δ 16 1-34: Lv 10 mostraba el peligro de un culto irregular. El sumo sacerdote necesitaba saber las condiciones para penetrar sin peligro en el lugar santísimo. Precisamente la ceremonia que se describe en Lv 16 12-13 crea esas condiciones al producir una nube de incienso aromático que se interpone como escudo protector entre Aarón y la presencia temible de Dios.

Este ceremonial se celebraba una vez al año, el día diez del mes séptimo. En el *gran día de la expiación* (Yon Kippur) se expiaba por todo lo que podía haber sido manchado por la impureza de los israelitas: sacerdotes, pueblo, santuario,... Con este rito se daba comienzo al año agrícola. En él se tomaban dos chivos, uno de los cuales era para un misterioso Azazel, divinidad o demonio del desierto, a cuyos dominios se enviaba el animal cargado con los pecados del pueblo. Se trata de una vieja práctica mágica, ahora ya desprovista de su primera intención, que los rigurosos sacerdotes de Jerusalén no tuvieron dificultad en mantener.

y lo ofrecerá en sacrificio de expiación. 10 En cuanto al chivo que le haya caído en suerte a Azazel, lo presentará vivo en presencia del Señor para hacer sobre él el rito de expiación y enviarlo al desierto para Azazel.

11 Aarón ofrecerá el novillo del sacrificio por su propio pecado, hará el rito de expiación por sí mismo y por su familia e inmolará un novillo como sacrificio por su pecado. 12 Luego tomará del altar que está en presencia del Señor un incensario lleno de carbones encendidos y dos puñados de incienso aromático pulverizado para introducirlo todo detrás del velo. 13 Echará allí el incienso aromático sobre las brasas, en presencia del Señor, de suerte que la nube de incienso se coloque encima de la cubierta de oro que está sobre las tablas del testimonio, y así no muera.

14 Después tomará parte de la sangre del novillo, rociará con el dedo el lado oriental de la cubierta de oro y por delante hará sobre ella siete aspersiones de sangre con el dedo. 15 Inmolará entonces el chivo del sacrificio por el pecado del pueblo, introducirá su sangre detrás del velo y hará con ella lo mismo que había hecho con la sangre del novillo, rociando con ella la cubierta de oro por delante. 16 Así hará la expiación sobre el santuario por las impurezas de los israelitas, por todas sus transgresiones y pecados.

Lo mismo hará sobre la tienda del encuentro, que está en medio de ellos, entre sus impurezas. 17 No habrá nadie en la tienda del encuentro desde que entre él hasta que salga, después de hacer la expiación por sí mismo, por su familia y por toda la asamblea de Israel. 18 Una vez fuera, irá al altar que está en presencia del Señor y hará la expiación sobre él; tomará sangre del novillo y del chivo, untará con ella las esquinas que sobresalen del altar 19 y hará siete aspersiones con el dedo sobre el altar, purificándolo y santificándolo así, de las impurezas de los israelitas.

20 Hecha la expiación del santuario, de la tienda del encuentro y del altar, Aarón hará traer el chivo vivo, 21 pondrá las dos manos sobre su cabeza, confesará sobre él todas las culpas de los israelitas, todas sus transgresiones y pecados, los descargará sobre la cabeza del chivo, y lo enviará al desierto por medio de un hombre designado para ello; 22 el chivo llevará sobre sí todas las culpas a tierra desierta. El encargado lo soltará allí, en el desierto.

23 Aarón entrará en la tienda del encuentro, se quitará las vestiduras de lino que se había puesto para entrar en el santuario, las dejará allí, 24 se lavará el cuerpo en lugar sagrado, se pondrá sus propios vestidos, y saldrá de nuevo para ofrecer el holocausto por él y por el pueblo; hará la expiación por sí mismo y por el pueblo, 25 y quemará sobre el altar la grasa del sacrificio de expiación.

26 El que haya ido a llevar el chivo a Azazel, lavará sus vestidos, se bañará, y después podrá entrar en el campamento. 27 El novillo y el chivo del sacrificio de expiación, cuya sangre fue introducida en el santuario para hacer la expiación, serán sacados fuera del campamento y se quemarán sus pieles, carnes y excrementos. 28 El que los haya quemado, lavará sus vestidos, bañará su cuerpo y luego podrá entrar en el campamento.

29 Esta será para ustedes una ley perpetua. El día diez del séptimo mes ayunarán y no harán trabajo alguno, ni el nativo ni el extranjero que reside entre ustedes. 30 Porque ese día se hará el rito de expiación sobre ustedes para purificarlos y serán purificados de todos sus pecados en presencia del Señor. 31 Será para ustedes un sábado de descanso absoluto y de ayuno. Es ley perpetua. 32 El sacerdote que haya sido ungido y consagrado para la función sacerdotal como sucesor de su padre será quien realice el rito de expiación; se pondrá las vestiduras de lino, las vestiduras sagradas. 33 Hará la expiación sobre el santuario, la tienda del encuentro y el altar, y luego sobre los sacerdotes y sobre la asamblea del pueblo. 34 Será para ustedes una ley perpetua. Harán esta expiación una vez al año por todos los pecados de los israelitas.

Moisés hizo lo que le había ordenado el Señor.

V. LA LEY DE SANTIDAD Δ

Inmolación de animales y ley de la sangre

Dt 12 4-28; Ex 22 30; Dt 14 2; Lv 22 8; 3 17; 7 26-27

17 1 El Señor dijo a Moisés:
2 –Di a Aarón, a sus hijos y a todos
los israelitas: Esto es lo que manda el Señor. 3 Si un israelita mata un buey, una
oveja o una cabra en el campamento o fuera
de él, 4 y no los lleva a la entrada de la tienda del encuentro para presentarlos como
ofrenda al Señor delante de su morada, se
hace responsable de la sangre derramada y
será excluido de su pueblo. 5 Los israelitas
que maten sus víctimas en el campo, deben
presentárselas al Señor, ante el sacerdote, a
la entrada de la tienda del encuentro, para
ofrecerlas al Señor en sacrificio de comunión. 6 El sacerdote derramará la sangre
sobre el altar del Señor a la entrada de la
tienda del encuentro y quemará la grasa
como aroma agradable al Señor. 7 En adelante no se ofrecerán más sacrificios a los
sátiros, a los falsos dioses a los que ustedes
solían dar culto. Esta será una ley perpetua
para los israelitas y para sus descendientes.
8 Les dirás también: Todo israelita o extranjero residente entre ustedes que ofrezca
un holocausto o un sacrificio de comunión,
9 y no los lleve a la entrada de la tienda del
encuentro para ofrecérselo al Señor, será
excluido de su pueblo.
10 Si un israelita o un extranjero residente entre ustedes come cualquier clase
de sangre, yo me volveré contra él y lo excluiré de su pueblo. 11 Porque la vida de la
carne está en la sangre, y por eso les he dado la sangre para que hagan sobre el altar
la expiación por sus vidas, pues la sangre
es la que expía por la vida. 12 Por eso he
dicho yo a los israelitas: Ninguno de ustedes comerá sangre; tampoco el extranjero
que reside entre ustedes.
13 Si un israelita o extranjero residente
caza un animal o un ave que se pueda comer, derramará la sangre y la cubrirá con
tierra, 14 porque la vida de toda carne está
en la sangre; por eso mandé yo a los israelitas que no comieran la sangre de ningún
animal, porque la sangre es la vida de toda
carne; el que la coma será excluido.
15 El nativo o extranjero residente que
coma carne muerta o destrozada por las
fieras, lavará sus vestidos, se bañará y será
impuro hasta la tarde; entonces será puro.
16 Si no lava sus vestidos ni se baña, cargará con su falta.

Relaciones sexuales

Ex 20 14; Lv 20 8-21; Dt 27 20-23; 6 24; 8 1; Neh 9 29; Ez 20

18 1 El Señor dijo a Moisés:
2 –Di a los israelitas: Yo soy el Señor

Δ 17 1-26 46: Esta gran sección, conocida con el nombre de "Ley de Santidad", es un código autónomo, que recoge la ley del santuario de Jerusalén. En ella están reunidos materiales heterogéneos, que abarcan todos los aspectos de la vida del israelita. La redacción actual es el resultado de fundir la aportación del redactor sacerdotal con un código de leyes antiguo. Como fundamento de todas las disposiciones se repite una y otra vez el estribillo: *Yo soy el Señor tu Dios*, que subraya la autoridad y la soberanía de aquel que da las leyes: el Señor todopoderoso.

El modelo de la santidad del hombre es la santidad de Dios. El apelativo, pues, de "ley de santidad" le viene de las repetidas declaraciones de Dios: *Sean santos, porque yo soy santo.* Se exige la santidad al sacerdote, al santuario, al pueblo, a la tierra. Comprende la pureza ritual, pero insiste en el respeto al prójimo, sobre todo al débil, con dos motivaciones: *Temerás a tu Dios*, defensor del oprimido, y *Yo... que los saqué de Egipto para que dejaran de ser esclavos.* A este código debemos el mandato *Amarás a tu prójimo como a ti mismo* (Lv 19 18), en el que Jesús resumía toda la ley (Mc 12 28-34).

• **17 1-16**: Este capítulo sirve de prólogo a la ley de santidad. En él se resuelven varios casos referentes a lo que ha de hacerse con los animales que se matan, se cazan o se ofrecen en holocausto, y a cómo ha de utilizarse su carne y su sangre. Se supone que el pueblo acampa en el desierto, en torno a la tienda del encuentro. Si uno mata un animal apto para el sacrificio y no lo presenta ante la tienda como sacrificio de comunión, es reo de sangre. (Lv 17 7 interpreta tal matanza como un sacrificio a ciertas divinidades del desierto representadas bajo la apariencia de animales). El único lugar para los sacrificios es la tienda; en cualquier otro lugar sería un sacrificio a los dioses falsos.

En ningún caso se puede comer la sangre, pues Dios, dueño de la vida, ha concedido al hombre la sangre de los animales sólo para expiar por la vida. En los párrafos finales se aplica esta ley a la caza y a los animales encontrados ya muertos. La solución es más tolerante que en Ex 22 30; Dt 14 21; Lv 22 8.

• **18 1-30**: En el marco de una exhortación (Lv 18 2-5.24-30), que sitúa al pueblo entre la corrupción de Egipto de donde viene, y de Canaán adonde se dirige, se prescriben

su Dios. 3 No harán lo que se hace en Egipto, donde han vivido, ni lo que se hace en
Canaán, adonde los llevo; no seguirán sus
costumbres. 4 Observarán mis mandamientos y cumplirán mis leyes; se comportarán
de acuerdo con ellas. Yo soy el Señor, su
Dios. 5 Observarán, pues, mis mandamientos y mis leyes, que dan vida a quien las
cumple. Yo soy el Señor.
6 Ninguno de ustedes se acercará a un
pariente para tener relaciones sexuales. Yo
soy el Señor. 7 No ofenderás a tu padre teniendo relaciones sexuales con tu madre;
es tu madre y no debes hacerlo.
8 No ofenderás a tu padre teniendo relaciones sexuales con otra mujer suya.
9 No tendrás relaciones sexuales con tu
hermana, sea hija de tu padre o de tu madre, nacida en casa o fuera de ella.
10 No te deshonres a ti mismo teniendo
relaciones sexuales con tus nietas.
11 No tendrás relaciones sexuales con
tus hermanas por parte de padre.
12 No ofenderás a tu padre teniendo relaciones con tus tías paternas.
13 No ofenderás a tu madre teniendo relaciones con tus tías maternas.
14 No ofenderás a tus tíos paternos teniendo relaciones sexuales con sus mujeres.
15 No ofenderás a tus hijos teniendo relaciones sexuales con tus nueras; son tus
hijos y no debes hacerlo.
16 No ofenderás a tus hermanos teniendo relaciones sexuales con tus cuñadas.
17 No ofenderás a una mujer teniendo
relaciones sexuales con ella y con sus hijas
o sus nietas; sería una acción infame.
18 Mientras viva tu mujer no le buscarás
una rival, teniendo relaciones sexuales con
su hermana.
19 No tendrás relaciones sexuales con
una mujer durante su menstruación.
20 No te acostarás con la mujer de tu
prójimo; te harías impuro con ella.
21 No darás a tus hijos para sacrificarlos
a Moloc, ni profanarás el nombre de tu
Dios. Yo soy el Señor.
22 No te acostarás con un hombre como
se hace con una mujer; es un acto detestable.
23 No tendrás actos sexuales con animales pues quedarías impuro a causa de ello;
tampoco la mujer se prostituirá con un animal uniéndose a él; es una perversión.
24 No se manchen con ninguna de estas
prácticas, como se han manchado las naciones que yo expulsaré de la presencia de
ustedes. 25 La tierra se ha contaminado, y
yo he castigado su maldad de forma que la
tierra ha vomitado a sus habitantes. 26 Observen mis leyes y mis mandamientos, no
cometan ninguna de estas cosas detestables, ni ustedes ni el nativo ni el extranjero
que reside entre ustedes. 27 Todas estas
cosas detestables las cometieron los habitantes que habitaron en esta tierra y la tierra quedó contaminada. 28 Pero a ustedes
no los vomitará la tierra al sentirse contaminada por ustedes como fueron vomita-
dos los pueblos que la habitaron con anterioridad, 29 pues cualquiera que cometa
alguna de estas cosas detestables, será
excluido de su pueblo. 30 Observen mis
mandamientos y no sigan las detestables
costumbres que se practicaban antes de
ustedes, para que no se contaminen con
ellas. Yo soy el Señor su Dios.

Deberes religiosos y sociales

Ex 20 1-17; Dt 5 6-22; Lv 19 18; Mt 22 39-40; Rom 13 9; Sant 2 8; Dt 22 9-11; 25 13-16

19 1 El Señor dijo a Moisés:
2 –Di a toda la comunidad de los israelitas: Sean santos, porque yo, el Señor

una serie de leyes que garantizan una correcta conducta sexual. Como motivación se acude al agradecimiento y también al temor. Como han sido castigados los cananeos lo mismo sucederá a Israel si imita su conducta; ahora, sin embargo, el castigo alcanzará únicamente a quien cometa *esas cosas detestables*. Por contrapartida, la observancia de estas leyes es fuente de vida.

La parte central del pasaje está formada por una serie de preceptos rigurosos y definitivos que regulan las relaciones en la gran familia patriarcal, prohibiendo el comercio carnal entre parientes cercanos. No debe confundirse el cariño a un familiar con el amor sexual. Esta disposición se completa con otras prohibiciones relativas a la conducta sexual, por razones de pureza ritual. Sin conexión con las demás disposiciones se encuentra la prohibición de sacrificar hijos a Moloc (véase Lv 20 2).

• **19 1-37**: En este capítulo se encuentra una especie de decálogo de la ley de santidad. Varias leyes antiguas, que son aquí en cierta medida completadas, componen todo un código de obligaciones religiosas y sociales, fundamentadas en la santidad de Dios: *Sean santos, porque yo, el Señor, su Dios, soy santo.*

su Dios, soy santo. [3] Respeten a sus padres
y guarden mis sábados. Yo soy el Señor, tu
Dios. [4] No se vayan detrás de los ídolos, ni
se hagan dioses de metal fundido. Yo soy
el Señor, tu Dios.
[5] Cuando ofrezcan al Señor un sacrificio de comunión, háganlo de manera que
lo complazcan. [6] Comerán la víctima el
mismo día del sacrificio o al día siguiente,
y lo que quede para el tercer día será quemado. [7] Comerlo el tercer día es algo despreciable y no agradará al Señor. [8] El que
lo coma ese día cargará con el peso de su
falta por haber profanado lo consagrado al
Señor, y será excluido de su pueblo.
[9] Cuando hagan la cosecha de sus tierras, no cosecharán hasta la misma orilla
del campo. No recogerás las espigas caídas.
[10] No regresarás para cortar los racimos
que queden en tu viña ni recogerás los frutos caídos en tu huerto, sino que lo dejarás
para el pobre y el extranjero. Yo soy el Señor su Dios.
[11] No robarán, no mentirán, no se engañarán unos a otros.
[12] No juren en falso por mi nombre,
pues sería profanar el nombre de tu Dios.
Yo soy el Señor.
[13] No oprimas ni explotes a tu prójimo;
no retengas el sueldo del jornalero hasta la
mañana siguiente.
[14] No te burlarás del mudo ni pondrás
tropiezo al ciego. Temerás a tu Dios. Yo
soy el Señor.
[15] No procederás injustamente en los
juicios; ni favorecerás al pobre, ni tendrás
miramientos con el poderoso, sino que juzgarás con justicia a tu prójimo.
[16] No andes calumniando a los de tu
pueblo ni declares en falso contra la vida
de tu prójimo. Yo soy el Señor.
[17] No odiarás a tu hermano, sino que lo
corregirás para no hacerte culpable por su
causa.
[18] No tomarás venganza ni guardarás
rencor a tus compatriotas. Amarás a tu prójimo como a ti mismo. Yo soy el Señor.
[19] Observen mis leyes. No cruzarás en
tu ganado dos animales de diversa especie,
no sembrarás en tu campo dos clases de
grano diferentes, ni llevarás un vestido con
dos clases de tejido.
[20] Si uno se acuesta con una esclava que
pertenece a otro y que aún no ha sido rescatada ni puesta en libertad, será castigado, pero no con la muerte, pues la mujer
no era libre. [21] Ofrecerá al Señor a la entrada de la tienda del encuentro un carnero
en sacrificio como reparación por su falta.
[22] El sacerdote hará sobre él la expiación
en presencia del Señor por el pecado cometido, y éste le será perdonado.
[23] Cuando hayan entrado en la tierra y
hayan plantado árboles frutales, considerarán sus frutos como impuros durante tres
años y no los comerán. [24] El cuarto año
todos sus frutos serán consagrados al Señor en ofrenda festiva. [25] A partir del quinto año podrán comer los frutos y así aumen-
tarán sus cosechas. Yo soy el Señor tu Dios.
[26] No comerán nada con sangre dentro;
no practicarán la adivinación ni la magia.
[27] No se cortarán en redondo el pelo de
su cabeza ni se afeitarán los bordes de la
barba. [28] No se harán heridas en la carne
por un muerto, ni tatuajes en la piel. Yo
soy el Señor.
[29] No profanarás a tu hija dándola a la
prostitución; de esta manera, la tierra no se
prostituirá ni se llenará de inmoralidades.
[30] Guardarán mis sábados y honrarán
mi santuario. Yo soy el Señor.
[31] No acudirán a espiritistas, ni consultarán a los adivinos, para que no se manchen. Yo soy el Señor tu Dios.
[32] Ponte en pie ante las canas, respeta al
anciano y honra a tu Dios. Yo soy el Señor.
[33] Si un extranjero se instala en la tierra
de ustedes, no lo molestarán; [34] será para

Las obligaciones con el prójimo desvalido se fundamentan en el temor a Dios, defensor del pobre. El Antiguo Testamento alcanza aquí una de sus cimas más altas: *Amarás a tu prójimo como a ti mismo.* En ese precepto y en el de Dt 6 5 compendia Jesucristo toda la ley. El concepto de prójimo se extiende en Lv 19 33 al extranjero. Hay también disposiciones en favor de los económicamente débiles y de los inmigrantes.

Sobre los sacrificios de comunión, véase Lv 7 15-17.

En Lv 19 20-22 se plantea un caso difícil: si alguno se acuesta con una *esclava* de otro, su acción no merecerá la muerte como la merecería en caso de acostarse con la mujer *libre* de su prójimo (Lv 20 10), pero sí deberá sufrir un castigo. No se acaba de renunciar a la idea antigua de que los derechos del siervo-esclavo son menores que los del libre. Pero la ley intenta tímidamente caminar hacia la defensa de los derechos de la esclava.

Las prácticas que se prohiben en Lv 19 27-28 en relación con el duelo por un muerto, parecen tener su origen en ritos cananeos que se busca suprimir.

ustedes como un nativo más y lo amarás
como a ti mismo, pues también ustedes
fueron extranjeros en Egipto. Yo soy el Señor tu Dios.
35 No procederán injustamente en lo establecido sobre pesos y medidas. 36 Tengan
balanzas y pesos justos; que el peso y la
medida sean exactos. Yo soy el Señor su
Dios, que los he sacado de la tierra de Egipto. 37 Observen todas mis leyes y mandamientos y pónganlos en práctica. Yo soy el
Señor.

Sanciones

Lv 18; 2 Re 21 6; Jr 32 35; Dt 22 22-29; Jn 8 1-11

20 1 El Señor dijo a Moisés:
2 –Di a los israelitas: Cualquier hombre, israelita o extranjero residente, que sacrifique alguno de sus hijos a Moloc, será
castigado con la muerte; el pueblo lo apedreará. 3 Yo castigaré a ese hombre y lo
expulsaré de su pueblo, pues al sacrificar
su hijo a Moloc ha manchado mi santuario
y profanado mi santo nombre. 4 Si el pueblo no hace nada contra este hombre que
ha sacrificado uno de sus hijos a Moloc y
no lo entrega a la muerte, 5 yo mismo lo
castigaré a él y a su familia, y lo expulsaré
del pueblo a él y a cuantos como él vayan
a adorar a Moloc. 6 Si alguno acude a los
espiritistas o a los adivinos y se hace idólatra como ellos, yo lo castigaré y lo extirparé de su pueblo. 7 Santifíquense y sean
santos, porque yo, el Señor, soy tu Dios.
8 Observen mis mandamientos y pónganlos en práctica, pues yo soy el Señor
que los santifica.
9 El que maldiga a su padre o a su madre será castigado con la muerte; ha maldecido a su padre o a su madre y es responsable de su propia muerte.
10 Si un hombre comete adulterio con la
mujer de su prójimo, se castigará con la
muerte a los dos.
11 Si un hombre se acuesta con la mujer
de su padre, ofende gravemente a su padre; se castigará con la muerte a los dos.
Ellos serán los responsables de su propia
muerte.
12 Si un hombre se acuesta con su nuera, comete algo vergonzoso; se castigará
con la muerte a los dos. Ellos serán los responsables de su propia muerte.
13 Si un hombre se acuesta con otro
hombre, como se hace con una mujer, ambos hacen algo detestable; se les castigará
con la muerte. Ellos serán los responsables
de su propia muerte.
14 Si uno toma por esposas hija y madre, es un crimen; serán quemados él y
ellas, para que no haya entre ustedes semejante crimen.
15 Si uno tiene actos sexuales con un animal, será castigado con la muerte y se matará al animal. 16 Si una mujer se prostituye con un animal, matarás a la mujer y al
animal; deben morir. Tanto ella como el
animal serán responsables de su propia
muerte.
17 Si alguien toma por esposa a su hermana por parte de padre o de madre y tienen relaciones sexuales, es algo vergonzoso; serán excluidos públicamente de su
pueblo y cargarán con su culpa.
18 Si uno se acuesta con una mujer durante su período menstrual y tiene relaciones sexuales con ella, descubriendo ambos
la fuente de la menstruación; los dos serán
excluidos de su pueblo.
19 No ofenderás a tu padre ni a tu madre
teniendo relaciones sexuales con tus tías.
Los culpables cargarán con su pecado.
20 Si uno se acuesta con la mujer de su
tío paterno, ofende gravemente a éste; los

• **20 1-27**: El autor no confía sólo en la buena voluntad. Cada delito debe llevar su pena. Toma como punto de partida una antigua serie de normas con el estribillo: *Será castigado con la muerte* y las completa, a veces, añadiendo: *Ellos serán responsables de su propia muerte* (literalmente: *Caiga su sangre sobre ellos*) para subrayar la responsabilidad personal. Pero eran fórmulas vagas, que se podían entender como maldiciones encomendadas a Dios. Por eso aquí, al menos en ciertos casos, se precisa un poco más, indicando cuál ha de ser la pena y quién debe ejecutarla. Las penas corresponden en su mayoría a los delitos contemplados en Lv 18. Se destaca el del culto a Moloc, una deidad extranjera, a la que se inmolaban niños todavía poco antes del destierro. El crimen de quienes practicaban estos ritos era doble: por una parte, el sacrificio idolátrico de niños inocentes; por otra, el acudir después tan tranquilos al templo del Señor, profanándolo con su presencia.

La parte exhortativa (Lv 20 22-26), propia de esta ley de santidad, es semejante a la que encontramos en Lv 18 24-30. Pero aparece una nueva idea, típica del pensamiento deuteronomista: Dios los ha *separado* de los demás pueblos, de sus dioses y de sus prácticas, para que sean exclusivamente suyos.

dos cargarán con su pecado y morirán sin descendencia.

21 El que toma por esposa a la mujer de su hermano, hace una cosa horrible; ha ofendido gravemente a su hermano; no tendrán hijos.

22 Observen todas mis leyes y mis mandamientos, y pónganlos en práctica, para que no los vomite la tierra a la que los voy a conducir para que habiten en ella. 23 No imiten las costumbres de las gentes que voy a expulsar de la presencia de ustedes; esas gentes han practicado todas estas cosas, y por ello se han hecho odiosas. 24 Ya les he dicho: Tomarán posesión la tierra que yo les doy en posesión. Es una tierra que mana leche y miel. Yo soy el Señor su Dios, que los he separado de los demás pueblos.

25 Distingan también entre animales puros e impuros, entre aves puras e impuras, y no se contaminen con animal alguno, ave o reptil que se arrastra por la tierra, de los que yo les he señalado como impuros.

26 Sean para mí santos, porque santo soy yo, el Señor, que los he separado de los demás pueblos para que sean míos.

27 Todo hombre o mujer que consulte a los espíritus de los muertos o se dedique a la adivinación, será castigado con la muerte; los apedrearán. Ellos serán responsables de su propia muerte.

Santidad de los sacerdotes

a) De todos los sacerdotes

Ez 44 20-27; Lv 19 27-28

21 1 El Señor dijo a Moisés:
–Di a los sacerdotes, hijos de Aarón: Ningún sacerdote quedará impuro por el cadáver de un pariente suyo, 2 a no ser por un pariente cercano: madre, padre, hijo, hija, hermano, 3 o hermana que viva con él y sea virgen, no casada; por ellos podrá contraer impureza. 4 Como jefe en medio de su pueblo no se contaminará ni se profanará a sí mismo. 5 No se tonsurarán la cabeza, ni se cortarán los bordes de la barba, ni se harán heridas en el cuerpo. 6 Serán santos para su Dios y no profanarán su nombre, pues son ellos quienes ofrecen los sacrificios en honor del Señor, que son como el alimento de su Dios; por eso deben ser santos. 7 No tomarán por esposa una prostituta, una violada, ni una mujer repudiada por su marido, pues el sacerdote está consagrado a su Dios. 8 Lo considerarás como cosa santa, pues él es quien ofrece el alimento a tu Dios; tenle por santo, porque santo soy yo, el Señor, que los santifico.

9 Si la hija de un sacerdote se deshonra prostituyéndose, es a su padre a quien deshonra. Será quemada.

b) Del sumo sacerdote

Lv 8 7-12

10 En cuanto al sumo sacerdote, el mayor entre sus hermanos, sobre cuya cabeza fue derramado el óleo de unción, y que fue consagrado para llevar las vestiduras sagradas, no llevará los cabellos revueltos ni rasgadas sus vestiduras; 11 no se acercará a ningún muerto, y ni siquiera por su padre o su madre se contaminará. 12 No saldrá del lugar santo, para no profanar el santuario de su Dios, pues ha sido consagrado con el óleo de la unción de su Dios. Yo soy el Señor.

13 Tomará por esposa una mujer virgen. 14 No tomará por mujer a una viuda, ni a una repudiada, ni a una violada ni a una prostituta; sino a una virgen de su pueblo. 15 De este modo no profanará su descendencia entre su pueblo, pues yo soy el Señor, que lo santifico.

c) Irregularidades que impiden el ejercicio del sacerdocio

16 El Señor dijo a Moisés:

17 –Di a Aarón: Ninguno de tus descendientes que tenga un defecto corporal po-

• **21** **1-24**: A los sacerdotes, por tener que acercarse frecuentemente a Dios, se les exige una santidad superior, cuyo origen es Dios mismo: *Yo soy el Señor, que los santifico*. Ningún sacerdote podrá participar en funerales, excepto si se trata de un pariente muy próximo; a los sacerdotes de manera especial les están prohibidas las costumbres de luto propias de los paganos, y deben casarse con mujeres honradas. Esta disposición se intensifica cuando se trata del sumo sacerdote.

drá presentar a su Dios la ofrenda de pan;
18 sea ciego o cojo, con un miembro raquítico o atrofiado, 19 lisiado de pies o de manos, 20 jorobado o enano, bizco o sarnoso,
enfermo de la piel o eunuco. 21 Ningún descendiente del sacerdote Aarón que tenga
algún defecto podrá acercarse a ofrecer
sacrificios al Señor; tiene un defecto y por
eso no se acercará a presentar a su Dios la
ofrenda de pan. 22 Podrá comer la ofrenda
de pan hecha a su Dios, procedente de las
cosas sagradas y aun de las muy sagradas,
23 pero no podrá pasar detrás del velo ni
acercarse al altar, pues tiene un defecto y
profanaría mi santuario. Yo soy el Señor,
que los santifico.
24 Moisés se lo comunicó a Aarón, a sus
hijos y a todos los israelitas.

Alimentos sagrados

Lv 11-15; Mal 1 8.13; Lv 7 18-20; 19 5-8

22 1 El Señor dijo a Moisés:
2 –Di a Aarón y a sus hijos que respeten las ofrendas que me hacen los israelitas
y no profanen mi santo nombre. Yo soy el
Señor.
3 Diles: Cualquiera de sus descendientes, de cualquier generación, que se acerque en estado de impureza a las ofrendas
santas consagradas al Señor por los israelitas, será excluido de mi presencia. Yo soy
el Señor.
4 Ningún descendiente de Aarón que
tenga lepra o hemorragias podrá comer de
las cosas santas hasta que se haya purificado. Todo el que haya tocado un objeto
contaminado por contacto con un cadáver,
el que haya tenido una eyaculación, 5 el
que haya tocado un hombre o un animal
impuros contrayendo su misma impureza,
6 cualquiera que sea, será impuro hasta la
tarde; no podrá comer de las cosas santas,
sino que lavará su cuerpo con agua; 7 después de la puesta del sol será puro y podrá
comer de las cosas consagradas porque son
su comida. 8 No comerá carne de animal
muerto o destrozado, pues contraería impureza. Yo soy el Señor.
9 Que observen todas mis normas, no
sea que por alguna de ellas incurran en
culpa y tengan que morir por haber profanado las cosas santas. Yo soy el Señor, que
los santifico.
10 Ningún profano comerá las cosas sagradas; ni el huésped del sacerdote, ni el
jornalero. 11 Pero sí podrá comerlas el siervo comprado con dinero por el sacerdote,
y el nacido en casa, ya que ambos comen
su propio alimento. 12 La hija de un sacerdote, casada con un profano, no podrá comer de la ofrenda reservada a los sacerdotes; 13 pero si se queda viuda o es repudiada, sin tener hijos, y regresa a casa de su
padre como antes de casarse, podrá comer
el alimento de su padre. Pero ningún profano lo podrá comer. 14 Si uno come sin darse
cuenta una cosa sagrada, restituirá al sacerdote su valor, añadiendo una quinta parte.
15 Los sacerdotes no profanarán las cosas sagradas que los israelitas hayan ofrecido como tributo al Señor, 16 pues al comer ellos las cosas sagradas, cargarían con
una falta que exigiría reparación. Yo soy el
Señor que los santifico.

Condiciones de los animales sacrificados

17 El Señor dijo a Moisés:
18 –Di a Aarón, a sus hijos y a todos los
israelitas: Cuando un israelita o un extranjero residente quiera hacer una ofrenda,
sea en cumplimiento de una promesa o
voluntariamente, 19 deberá presentar, para
que sea aceptable, un animal macho sin
defecto, vacuno, ovino o cabrío. 20 No ofrecerás animales defectuosos, pues no sería
grato al Señor.
21 Igualmente, si uno, en cumplimiento
de una promesa o voluntariamente, ofrece
al Señor un sacrificio de comunión de ganado vacuno u ovino, la víctima, para que

• **22 1-16**: Continúan las leyes de pureza ritual, relativas a quienes deben comer los manjares sagrados. Las cosas santas se deben comer en estado de pureza ritual. Si el sacerdote profana las cosas santas, el Dios que lo ha consagrado para sí, lo puede hacer morir.

• **22 17-33**: La santidad de Dios exige que los sacrificios sean perfectos. Es una falta grave de respeto ofrecer un sacrificio defectuoso. La norma es menos tajante con los sacrificios espontáneos. Pero, en cualquier caso queda excluido el animal castrado por el procedimiento que sea; los israelitas pueden poseer animales castrados, pero nunca ofrecerlos en sacrificio. No se da la razón de la prohibición contenida en Lv 22 28; en el fondo puede existir una idea supersticiosa, pero en el texto actual se trata sobre todo de evitar cualquier apariencia de crueldad innecesaria, y de educar la sensibilidad.

sea agradable, ha de ser perfecta. No tendrá ningún defecto. 22 Nunca ofrecerán al
Señor, ni pondrán sobre el altar como sacrificio en honor del Señor, un animal ciego, cojo o mutilado, con úlceras, sarnoso o
con herpes. 23 Podrás presentar ganado
vacuno u ovino con miembros atrofiados o
deformes como ofrenda voluntaria, pero no
en cumplimiento de una promesa, porque
no sería agradable al Señor. 24 No ofrecerán al Señor animales que tengan los testículos aplastados, atrofiados, cortados o
arrancados; no harán tal cosa en su tierra.
25 Tampoco aceptarán nada de eso de un
extranjero para ofrecerlo como alimento a
su Dios, pues su mutilación es un defecto y
no serían aceptados.
26 El Señor dijo a Moisés:
27 –Cuando nazca un ternero, un cordero o un cabrito, quedarán siete días junto a
su madre; a partir del día octavo serán ya
gratos para ofrecerlos en sacrificio al Señor.
28 No inmolarán una vaca o una oveja con
su cría en el mismo día. 29 Cuando ofrezcan
al Señor un sacrificio en acción de gracias,
lo harán de manera que sea grato; 30 lo comerán el mismo día sin dejar nada para el
día siguiente. Yo soy el Señor.
31 Observen mis mandamietos y pónganlos en práctica. Yo soy el Señor. 32 No
profanarán mi santo nombre, para que mi
santidad sea reconocida entre los israelitas.
Yo soy el Señor que los santifico. 33 Yo los
saqué de Egipto para ser el Dios de ustedes. Yo soy el Señor.

Calendario de fiestas

23 1 El Señor dijo a Moisés:
–Di a los israelitas: 2 Estas son mis
fiestas, las fiestas del Señor, en las que convocarán asambleas santas.

a) El sábado

Ex 20 8-11; 31 12-17; Nm 15 32-36; Dt 5 12-15

3 Durante seis días trabajarán, pero el
séptimo es día de descanso completo y de
asamblea santa. No harán en él trabajo alguno. Dondequiera que vivan, es día de
descanso consagrado al Señor.
4 Estas son las fiestas del Señor, las
asambleas santas, que convocarán en las
fechas establecidas.

b) La pascua y los panes sin levadura

Ex 12; Nm 28 16-25; Dt 16 1-8

5 El día catorce del mes primero, al atardecer, es la pascua del Señor. 6 Y el día quince del mismo mes es la fiesta de los panes
sin levadura en honor del Señor. Durante
siete días comerán pan sin levadura. 7 El
primer día tendrán asamblea santa; no harán ningún trabajo de siervos. 8 Durante
siete días ofrecerán sacrificios en honor del
Señor. El día séptimo será día de asamblea
santa y no harán en él ningún trabajo de
siervos.

c) Fiesta de la primera gavilla

Ex 23 16.19; 34 22; Dt 26 1-11

9 El Señor dijo a Moisés:
10 –Di a los israelitas: Cuando hayan
entrado en la tierra que les voy a dar y cosechen el trigo, llevarán al sacerdote una
gavilla de espigas como primicia de su cosecha. 11 El sacerdote la ofrecerá en presencia del Señor con el rito del balanceo para
que sea aceptada; hará este rito el día si-

La exhortación final (Lv 22 31-33) explica la razón de ser de todas estas normas de pureza ritual, indicando dos motivos: a) el Dios santo no debe ser profanado por Israel; b) el recuerdo agradecido del éxodo.

• **23 1-44**: Utilizando un calendario antiguo y completándolo, la ley de santidad presenta aquí todas las fiestas de Israel, elaborando un calendario válido también para las comunidades de la diáspora (*dondequiera que vivan*). a) El *sábado* (fiesta conocida ya desde la época nómada) se ha convertido, después del exilio en la celebración distintiva del pueblo judío. b) La *pascua* debe celebrarse el primer mes del año judío, en primavera (marzo/abril). Se supone conocido el rito y por eso no se describe. Al día siguiente *la fiesta de los panes sin levadura* (ácimos) que se prolonga durante una semana. c) *La fiesta de las primeras espigas* de cebada, tiene lugar apenas maduran los primeros frutos. Podía coincidir con la anterior. d) *La fiesta de las semanas* se celebra siete semanas después, terminada la cosecha de los cereales. Posteriormente recibió el nombre de pentecostés. e) *La fiesta del año nuevo*, según el cómputo antiguo, coincidía con el séptimo mes (septiembre-octubre) del calendario en vigor. f) El *gran día de la expiación* se celebra a finales de septiembre, con el rito solemne de expiación (Lv 16), en clima de ayuno y aflicción, para borrar las impurezas pasadas, celebrar debidamente la fiesta de las tiendas y entrar bien en el nuevo año. g) *La fiesta de las tiendas*, una vez recogidos los frutos de los árboles y de la viña, conmemora la salida de Egipto, con gran júbilo y acción de gracias.

guiente al sábado. 12 Ese mismo día sacrificarán en holocausto al Señor un cordero de un año sin defecto, 13 con la correspondiente ofrenda de ocho kilos de la mejor harina amasada con aceite, como sacrificio de aroma agradable al Señor, y la libación de dos litros de vino. 14 No comerán pan, espigas tostadas o granos triturados hasta el día en que presenten la ofrenda a su Dios. Es una ley perpetua para ustedes y sus descendientes dondequiera que vivan.

d) Fiesta de las semanas

Ex 34 22; Dt 16 9; Lv 19 9-10; Tob 2 1

15 A partir del día siguiente al sábado, esto es, del día en que hayan ofrecido las espigas con el rito del balanceo, contarán siete semanas completas. 16 Contarán cincuenta días hasta el día siguiente al séptimo sábado, y entonces ofrecerán al Señor una ofrenda de granos nuevos. 17 Llevarán de sus casas, para la ofrenda del balanceo, dos panes de ocho kilos de la mejor harina amasados con levadura como primicia para el Señor. 18 Con estos panes ofrecerán también siete corderos sin defecto, un novillo y dos carneros en holocausto al Señor, con su ofrenda y sus libaciones como sacrificio de aroma agradable al Señor. 19 Ofrecerán, además, un chivo como sacrificio expiatorio y dos corderos de un año como sacrificio de comunión. 20 El sacerdote hará con ellos y con los panes de las primicias el rito del balanceo en presencia del Señor; son cosas consagradas al Señor y serán para el sacerdote. 21 Aquel mismo día convocarán asamblea santa y no harán ningún trabajo de siervo. Es una ley perpetua para sus descendientes dondequiera que vivan.

22 Cuando hagan la cosecha de sus campos, no los cosecharás hasta la misma orilla, ni recogerás las espigas caídas, sino que las dejarás para el pobre y el extranjero. Yo soy el Señor tu Dios.

e) El año nuevo

Nm 29 1-6

23 El Señor dijo a Moisés:

24 –Di a los israelitas: El día primero del séptimo mes será para ustedes un día de descanso solemne y celebrarán una asamblea santa convocada al son de trompeta. 25 No harán ningún trabajo de siervo y ofrecerán sacrificios en honor del Señor.

f) El día de la expiación

Lv 16; Nm 29 7-11

26 El Señor dijo a Moisés:

27 –El día diez del mismo mes séptimo es el día de la expiación; tendrán asamblea santa, ayunarán y ofrecerán sacrificios en honor del Señor. 28 Ese día no harán ningún trabajo, pues es el día de la expiación, dedicado a hacer la expiación en presencia del Señor tu Dios. 29 El que no ayune ese día será excluido de su pueblo, 30 y al que ese día haga algún trabajo yo lo excluiré de su pueblo. 31 No harán trabajo alguno. Es una ley perpetua para ustedes y sus descendientes dondequiera que vivan. 32 Será para ustedes día de descanso absoluto y ayunarán. Se abstendrán de todo trabajo desde la tarde del día noveno hasta la tarde del día siguiente.

g) La fiesta de las tiendas

Dt 16 13-15

33 El Señor dijo a Moisés:

34 –Di a los israelitas: El día quince de este mes séptimo se celebrará durante siete días la fiesta de las tiendas en honor del Señor. 35 El primer día habrá asamblea santa y no harán en él ningún trabajo de siervo. 36 Durante siete días ofrecerán sacrificios en honor del Señor; el día octavo tendrán asamblea santa y ofrecerán sacrificios al Señor; es día de asamblea solemne; no harán en él ningún trabajo de siervo.

h) Conclusión

37 Estas son las fiestas del Señor, en las cuales convocarán asambleas santas, para ofrecer sacrificios en honor del Señor, holocaustos con ofrendas, sacrificios de comunión y libaciones: cada una en el día prescrito; 38 además de los sábados del Señor, de sus dones votivos y de todas las ofrendas voluntarias que hagan al Señor.

i) Sobre la fiesta de las tiendas

39 El día quince del séptimo mes, cuando hayan hecho la recolección de los frutos de la tierra, celebrarán la fiesta del Se-

ñor durante siete días; el día primero y el octavo serán de descanso absoluto. 40 El primer día tomarán frutos hermosos, ramos de palmera, ramas de árboles frondosos, sauces de las riberas, y harán fiesta durante siete días en presencia del Señor, su Dios. 41 Celebrarán la fiesta en honor del Señor durante siete días cada año. Es una ley perpetua para ustedes y sus descendientes. Celebrarán esta fiesta en el séptimo mes. 42 Durante los siete días vivirán en tiendas. Todos los ciudadanos de Israel vivirán en tiendas, 43 para que sus descendientes sepan que yo hice vivir en tiendas a los israelitas cuando los saqué de Egipto. Yo soy el Señor, tu Dios.

44 Así promulgó Moisés a los israelitas las fiestas del Señor.

Prescripciones rituales complementarias

a) Iluminación del santuario

Ex 25 31-40; 27 20-21

24 1 El Señor dijo a Moisés:

2 –Ordena a los israelitas que te traigan aceite puro de oliva para que arda permanentemente la llama de la lámpara. 3 Aarón la pondrá delante del velo que oculta el arca del testimonio, en la tienda del encuentro, para que arda mañana y tarde permanentemente en presencia del Señor. Es una ley perpetua para sus descendientes. 4 Aarón dispondrá las lámparas sobre el candelabro de oro puro, para que ardan sin cesar en presencia del Señor.

b) Los panes ofrecidos al Señor

Ex 25 23-30; 37 10-16; 1 Sm 21 5-7; Mt 12 4

5 Tomarás harina de la mejor, cocerás con ella doce panes de ocho kilos cada uno, 6 y los colocarás en dos hileras, seis panes en cada hilera, sobre la mesa de oro puro, en presencia del Señor. 7 Pondrás incienso puro sobre cada una de las hileras y así el pan será una ofrenda que se quema en honor del Señor. 8 Todos los sábados, sin excepción, pondrás estos panes en presencia del Señor, en señal de alianza perpetua, de parte de los israelitas. 9 Y serán para Aarón y sus hijos, que los comerán en lugar santo, porque son algo muy sagrado, que les pertenece de las ofrendas hechas al Señor. Es una ley perpetua.

Castigo del blasfemo y ley del talión

Ex 22 27; Dt 19 21; Ex 21 12.23-25; Mt 5 38-39

10 Vivía con los israelitas un hijo de madre israelita, pero de padre egipcio. Un día salió y se puso a reñir con un israelita en medio del campamento. 11 El hijo de la israelita maldijo el nombre del Señor y fue llevado ante Moisés (su madre se llamaba Selomit, hija de Debrí, de la tribu de Dan). 12 Lo tuvieron detenido hasta que se recibiera orden del Señor sobre lo que debía hacerse con él.

13 El Señor dijo a Moisés:

–Saca al blasfemo del campamento. 14 Todos los que oyeron su blasfemia pondrán las manos sobre su cabeza, y toda la asamblea lo apedreará.

15 Después hablarás a los israelitas en estos términos: El que maldiga a su Dios cargará con su pecado, 16 y el que blasfeme el nombre del Señor será castigado con la muerte; toda la asamblea lo apedreará. El que blasfeme el nombre del Señor morirá, sea extranjero o nativo.

17 El que mate a cualquier otro hombre, será castigado con la muerte. 18 El que mate a cualquier animal, compensará animal por animal. 19 El que hiera a su prójimo será tratado de la misma manera: 20 fractura por fractura, ojo por ojo, diente por diente; recibirá la misma herida que hizo él. 21 El que mate a un animal, lo pagará, pero el que mate a un hombre, morirá. 22 La misma

• **24 1-9**: En estos dos pasajes se encuentran algunas normas complementarias para el buen funcionamiento del santuario. La primera recoge instrucciones para el mantenimiento continuo de la llama en el candelabro de los siete brazos. La segunda, se refiere a otra práctica de culto perpetuo, no exenta de antiguas reminiscencias paganas, cuando la ofrenda se entendía como el alimento de los dioses. Estos doce panes hacían presentes ante Dios a las doce tribus; eran cosa santísima y sólo podía ser comida por los sacerdotes en lugar sagrado.

• **24 10-23**: Un episodio concreto presenta la ocasión para regular el comportamiento que ha de seguirse en caso de blasfemia y su aplicación a los extranjeros, que están integrados en la comunidad. También la ley del talión, la de la estricta justicia, se aplica por igual al extranjero y al nativo.

justicia usarán con el extranjero y con el
nativo. Yo soy el Señor, tu Dios.
23 Después de hablar así Moisés a los
israelitas, llevaron al blasfemo fuera del
campamento y lo apedrearon. Los israelitas hicieron lo que el Señor había mandado
a Moisés.

Los años santos

a) El año sabático

Ex 23 10-11; Dt 15 1-11

25 1 El Señor dijo a Moisés en la montaña del Sinaí:
2 –Di a los israelitas: Cuando hayan entrado en la tierra que yo les voy a dar, ésta
gozará de un tiempo de descanso en honor
del Señor. 3 Durante seis años sembrarás tu
campo, podarás tu viña y recogerás tus frutos, 4 pero el séptimo año será año de descanso absoluto para la tierra en honor del
Señor; no sembrarás tu campo, no podarás
tu viña, 5 no cosecharás el trigo que haya
crecido espontáneamente ni recogerás las
uvas de las viñas que no cultivaste; será un
año de descanso para la tierra. 6 Lo que
produzca la tierra durante su descanso les
servirá de comida a ti, a tu siervo, a tu sierva, al jornalero y al extranjero que viven
contigo. 7 Los productos de la tierra servirán igualmente de comida a tu ganado y a
los animales salvajes.

b) El año jubilar

8 Contarás siete semanas de años, siete
por siete, o sea cuarenta y nueve años. 9 El
día diez del séptimo mes harás sonar la
trompeta. El día de la expiación harán que
resuene la trompeta por toda su tierra. 10 De-
clararán santo este año cincuenta y procla-
marán la liberación para todos los habitantes del país. Será para ustedes año jubilar y
podrán regresar cada uno a su propiedad y
a su familia. 11 El año cincuenta será para
ustedes año jubilar; no sembrarán, no cosecharán el trigo crecido ni recogerán las
uvas de las viñas que no cultivaron, 12 pues
es año jubilar, y será santo para ustedes;
comerán en él lo que crezca espontáneamente en los campos.
13 En el año jubilar cada uno recobrará
sus propiedades. 14 Si venden o compran
alguna cosa a su prójimo, no cometan fraude entre hermanos. 15 Comprarás a tu prójimo en proporción al número de años transcurridos después del año jubilar y, en razón
de los años de cosecha que le quedan, él te
fijará el precio de venta; 16 cuantos más queden, más le pagarás; cuantos menos queden, menos le pagarás, porque es un determinado número de cosechas lo que te vende. 17 No cometan fraude entre hermanos;
respeten a su Dios. Yo soy el Señor tu Dios.

c) Promesa para el año sabático

18 Obedecerán mis leyes, observarán
mis preceptos, los pondrán en práctica y
así vivirán seguros en la tierra. 19 La tierra
dará sus frutos, comerán de ellos hasta saciarse y vivirán seguros en ella. 20 Si se preguntan: «¿Qué comeremos el séptimo año,
si no hemos sembrado ni cosechado nuestro grano?» 21 Yo les digo que daré mi bendición al sexto año de suerte que produzca
frutos para tres años. 22 Cuando vayan a
sembrar en el año octavo, tendrán todavía
reservas de la cosecha pasada. Hasta el año
noveno, en el que llegue la nueva cosecha,
tendrán reservas de la anterior.

• **25 1-55**: En este capítulo se reúnen una serie de leyes sociales, fundadas en la solidaridad nacional, en la propiedad del Señor sobre la tierra, en el temor de Dios vengador del pobre y en el agradecimiento al Señor por haber librado a Israel de la esclavitud.

El *año sabático* era antiguamente un año para dejar descansar las tierras y comportaba también la liberación de esclavos hebreos y el perdón de las deudas. Sin embargo, pocas veces se cumplía. Aquí la solución de los problemas sociales se deja para el año jubilar.

El *año jubilar* se celebra cada cuarenta y nueve años, al séptimo "año sabático". En él las propiedades debían volver a su antiguo dueño y los esclavos debían quedar en libertad. Como consecuencia, las tierras no se venden a perpetuidad: sólo cambian de propietario, pues por el derecho de rescate, al final vuelven a su dueño en el jubileo. Además, quedan totalmente prohibidos los préstamos con interés, y no se permite a los israelitas tener un compatriota esclavo. Tampoco se tolerará que un israelita sea oprimido por un extranjero. La sensibilidad social de esta ley es enorme, y aunque parece que nunca se puso en práctica, señala una meta de justicia e igualdad muy elevada.

d) Rescate de propiedad

23 Las tierras no se podrán vender a perpetuidad y sin limitación, porque la tierra es mía y ustedes son como extranjeros y criados en mi propiedad. 24 Por tanto, en todo el territorio que ocupan, mantendrán la posibilidad de rescatar las tierras.

25 Si un israelita, hermano tuyo, se empobrece y se ve obligado a vender su propiedad, su pariente más próximo, sobre el que recae el derecho de rescate, rescatará lo vendido por su hermano. 26 El que no tenga quien lo rescate, si él mismo obtiene lo necesario para el rescate, 27 descontará los años pasados desde la venta y abonará al que se lo compró la diferencia, y así recobrará su propiedad. 28 Pero si no obtiene lo necesario para el rescate, la propiedad vendida quedará en poder del comprador hasta el año jubilar. En el jubileo la tierra quedará libre y volverá a ser del que la vendió.

29 Si uno vende una vivienda en una ciudad amurallada, tendrá derecho de rescate durante un año a partir de la venta; su derecho de rescate dura un año entero. 30 Si no se ha hecho el rescate dentro del año, entonces la casa de la ciudad amurallada será para siempre del comprador y de sus descendientes; no quedará libre el año jubilar. 31 En cambio, las casas de los pueblos no amurallados serán consideradas como propiedades rurales; gozarán del derecho de rescate y quedarán libres el año jubilar. 32 Pero las ciudades de los levitas y las casas que éstos poseen en ellas conservan siempre el derecho de rescate. 33 Si un levita no rescata su casa, vendida en una de las ciudades de su propiedad, la casa quedará libre el año jubilar, porque las casas de las ciudades levíticas son su propiedad en medio de los israelitas. 34 Tampoco los campos cercanos a sus ciudades podrán ser vendidos, porque son su propiedad para siempre.

e) Préstamos sin interés

35 Si un israelita, hermano tuyo, se empobrece y no tiene con qué pagar algo que te debe, lo mantendrás como si fuera extranjero o criado y vivirá contigo. 36 No le exigirás interés ni recargo, sino que lo dejarás vivir contigo por respeto a tu Dios. 37 No le prestarás dinero a interés ni le darás víveres cobrándole de más. 38 Yo soy el Señor, su Dios, que los saqué de Egipto para darles la tierra de Canaán y ser el Dios de ustedes.

f) Liberación de esclavos

Ex 21 2-11; Dt 15 12-18

39 Si un israelita, hermano tuyo, se empobrece y se vende a ti, no le impondrás trabajos de esclavo; 40 será para ti como un jornalero o un criado y estará a tu servicio hasta el año jubilar. 41 Entonces saldrá libre de tu casa él y sus hijos. Regresará a su familia y recobrará de nuevo la propiedad de sus padres, 42 porque son siervos míos; yo los saqué de Egipto, y no deben ser vendidos como esclavos. 43 No lo tratarás con dureza por respeto a tu Dios.

44 Esclavos o esclavas propiamente dichos los comprarán de las naciones vecinas. 45 Podrán adquirirlos también entre los extranjeros que se han quedado a vivir con ustedes, entre sus familias y entre los hijos que hayan tenido en su tierra; éstos serán su propiedad, 46 y ustedes los podrán dejar en herencia a sus hijos, para que los posean en propiedad; pueden hacerlos esclavos para siempre, pero a sus hermanos israelitas no los tratarán con dureza.

47 Si el extranjero o el criado de tu casa se hace rico, y uno de tu pueblo se empobrece y se ve obligado a venderse al extranjero que vive contigo o a sus descendientes, 48 le quedará el derecho de rescate una vez vendido; uno de sus hermanos lo rescatará; 49 su tío paterno, su primo o un pariente cercano lo rescatará; y si llega a tener medios, podrá rescatarse a sí mismo. 50 Contará, de acuerdo con el comprador, los años que median entre la venta y el año jubilar, y se calculará el precio de venta, según los años que queden, como si se tratara del tiempo de servicio de un jornalero. 51 Si faltan todavía muchos años, pagará su rescate teniendo en cuenta el número de éstos y el precio a que fue comprado. 52 Si quedan pocos años para el jubileo, pagará el precio de su rescate con arreglo al número de éstos. 53 Será considerado como un jornalero que se ajusta por año de trabajo. No permitirás que lo traten con dureza. 54 Si no ha sido rescatado de ninguna

de esas maneras, quedará libre el año jubilar él y sus hijos. 55 Porque a mí me pertenecen, como siervos, los israelitas; son mis
siervos, a quienes yo saqué de Egipto. Yo
soy el Señor tu Dios.

Promesas y amenazas

Ex 23 22-23; Dt 28; 11 13-17; 4 25-31;
Am 4 6-12; Dn 9 11-14

26 1 No se hagan ídolos, ni estatuas ni
piedras conmemorativas, ni pongan
en su tierra piedras esculpidas para postrarse ante ellas. Yo soy el Señor tu Dios.
2 Observarán mis sábados y venerarán mi
santuario. Yo soy el Señor.
3 Si viven según mis leyes y guardan
mis mandamientos poniéndolos en práctica, 4 yo les daré a su tiempo la lluvia necesaria; la tierra dará sus productos y los árboles del campo sus frutos; 5 la cosecha del
grano se prolongará hasta la cosecha de la
uva y la cosecha de la uva hasta la siembra; comerán su pan hasta saciarse y vivirán seguros en su tierra. 6 Habrá paz en la
tierra y nadie turbará el sueño de ustedes.
Haré desaparecer de en medio de ustedes
los animales dañinos, y la espada enemiga
no traspasará vuestras fronteras. 7 Perseguirán a sus enemigos, y éstos caerán a espada delante de ustedes; 8 cinco de ustedes
perseguirán a cien, y cien pondrán en fuga
a diez mil. Sus enemigos caerán a filo de
espada delante de ustedes. 9 Yo regresaré a
ustedes, los haré fecundos, los multiplicaré
y mantendré mi alianza con ustedes. 10 Les
quedará siempre de la cosecha anterior para
comer, e incluso tendrán que tirarla para
hacer sitio a la nueva. 11 Yo pondré mi morada en medio de ustedes y nunca los rechazaré. 12 Viviré en medio de ustedes; seré su Dios y ustedes serán mi pueblo. 13 Yo
soy el Señor, su Dios, que los saqué de
Egipto para que no fueran esclavos allí;
rompí las amarras de su yugo y los hice
salir con la frente en alto.
14 Pero si no me obedecen ni ponen en
práctica mis mandamientos, 15 si desprecian mis preceptos, desdeñan mis leyes, no
ponen en práctica mis mandamientos y
quebrantan mi alianza, 16 entonces yo me
portaré con ustedes de la misma manera.
Haré venir sobre ustedes espanto, debilidad
y fiebre, que apagan los ojos y desgastan la
vida. Sembrarán en vano, pues sus enemigos comerán el fruto. 17 Yo me enfrentaré a
ustedes y serán vencidos por sus enemigos; los dominarán quienes los aborrecen,
y huirán aunque nadie los persiga.
18 Si a pesar de esto no me obedecen,
multiplicaré por siete mis castigos por sus
pecados. 19 Quebrantaré el orgullo de su
fuerza, haré duro como el hierro el cielo y
como bronce su tierra; 20 se agotará en vano
su fuerza, pues la tierra no dará sus cosechas y los árboles del campo les negarán
sus frutos.
21 Si se empeñan en rebelarse contra mí
y no me quieren obedecer, multiplicaré siete veces más mis castigos por sus pecados.
22 Soltaré contra ustedes fieras salvajes,
que arrebatarán a sus hijos, destrozarán sus
ganados y los diezmarán hasta dejar desiertos sus caminos.
23 Si a pesar de ello no se corrigen y se
empeñan en rebelarse contra mí, 24 yo me
declararé también contra ustedes, multiplicaré por siete mis castigos por sus pecados 25 y haré venir contra ustedes la espada
que vengará la alianza. Se refugiarán en
sus ciudades, pero yo enviaré sobre ustedes la peste y caerán en manos del enemigo. 26 Y cuando yo retire el sustento de pan,
diez mujeres cocerán el pan en un solo horno y lo darán a ustedes racionado, de manera que comerán y no saciarán su hambre.
27 Si a pesar de todo esto no me obedecen y siguen rebeldes contra mí, 28 yo me

• **26 1-46**: Así terminaban las colecciones legislativas. Es normal que las amenazas ocupen más espacio que las promesas, pues los castigos urgen su cumplimiento. Cuando se editó el Levítico todavía estaba fresca en el recuerdo del pueblo la tremeda experiencia del exilio. Las promesas se apoyan en la presencia de Dios en medio de su pueblo. Las amenazas se ajustan a un esquema de plagas escalonadas: Dios castiga para educar. El último castigo es el exilio: la tierra se recupera de tantos años sabáticos no cumplidos. Pero Dios no va a aniquilar a su pueblo; cuando éste confiese su pecado, se acordará de la alianza y repetirá la hazaña del éxodo. La "ley de santidad" se cierra con un mensaje de esperanza.

enfureceré contra ustedes y multiplicaré
aún por siete mis castigos por sus pecados.
29 Comerán la carne de sus hijos y de sus
hijas. 30 Destruiré los lugares en que dan
culto a los ídolos, derribaré sus altares de
incienso, amontonaré sus cadáveres sobre
los cadáveres de sus ídolos y los aborreceré. 31 Dejaré desiertas sus ciudades, destruiré sus santuarios y no aspiraré más el
aroma de sus sacrificios, que aplaca al Señor. 32 Arrasaré la tierra, y sus mismos enemigos quedarán horrorizados cuando vengan a vivir en ella. 33 A ustedes los dispersaré entre las naciones y los perseguiré con
la espada desenvainada. Su tierra quedará
desolada y sus ciudades en ruinas.
34 Entonces la tierra disfrutará finalmente de descanso, mientras ustedes estén en el
país enemigo y dure el tiempo de la desolación. Entonces podrá la tierra descansar
y gozar de sus sábados. 35 Mientras dure su
desolación tendrá el descanso que no le
dieron mientras habitaban en ella. 36 Y a
sus sobrevivientes los infundiré tal espanto, cuando estén en el país de sus enemigos, que el movimiento de una hoja los
pondrá en fuga como se huye en presencia
de la espada, y caerán sin que nadie los
persiga. 37 Tropezarán y caerán unos sobre
otros como cuando se huye de la espada,
aunque nadie los persiga. No podrán resistir ante sus enemigos, 38 perecerán entre las
naciones y la tierra de sus vencedores los
tragará.

Reconciliación y salvación

Gn 28 13-22; 26 3-4; 17 1-17; Lam 3 22-23.31-32

39 Sus sobrevivientes se pudrirán en tierra enemiga a causa de sus propias maldades y las de sus antepasados. 40 Entonces
confesarán sus maldades y las de sus antepasados, sus infidelidades contra mí y cómo se enfrentaron a mí; 41 por eso yo también me enfrenté a ellos y los llevé a tierra
enemiga para que humillaran su corazón
incircunciso y expiaran sus culpas.
42 Pero yo me acordaré de mi alianza
con Jacob, de mi alianza con Isaac, de mi
alianza con Abrahán, y también me acordaré de la tierra. 43 Cuando ellos hayan
abandonado la tierra, ésta recuperará sus
períodos de descanso, mientras dura su
desolación, y ellos mismos aceptarán la
expiación de sus culpas, por haber despreciado mis leyes y haber repudiado mis
mandamientos. 44 Incluso cuando estén en
país enemigo, yo no los rechazaré ni los
aborreceré hasta el punto de aniquilarlos y
romper mi alianza con ellos, porque yo
soy el Señor su Dios. 45 Me acordaré en
favor suyo de la alianza que hice con sus
antepasados, a quienes saqué de Egipto a
los ojos de las naciones para ser su Dios.
Yo soy el Señor.
46 Estos son los mandamientos, disposiciones y leyes que el Señor estableció
entre él y los israelitas en la montaña del
Sinaí por medio de Moisés.

VI. APENDICE Δ

Tarifas e impuestos para el cumplimiento de promesas

Ex 30 11-16; Lv 5 7.11; Nm 18 13-17; Lv 25 15-16

27 1 El Señor dijo a Moisés:
2 –Di a los israelitas: Cuando alguien
haga al Señor una promesa ofreciendo una
persona, la estimación de su valor será la
siguiente: 3 el hombre entre veinte y sesenta
años, quinientos gramos de plata, según las
pesas del santuario; 4 la mujer, trescientos;
5 el joven entre los cinco y los veinte años,
si es muchacho, doscientos gramos, y si es
muchacha, cien; 6 entre un mes y cinco
años, si es niño, cincuenta gramos, y treinta
gramos de plata si es niña; 7 de sesenta años
para arriba, el hombre, ciento cincuenta gramos y la mujer, cincuenta. 8 Si el que hizo
la promesa es tan pobre que no puede pagar
lo establecido, se presentará al sacerdote,
que hará una estimación proporcionada a
los recursos del interesado.
9 Si la promesa se refiere a animales
que pueden ser presentados como ofrenda

al Señor, entonces todo animal ofrecido al Señor es sagrado; 10 no se podrá cambiar ni reemplazar, ni bueno por malo, ni malo por bueno; si un animal es cambiado por otro, los dos se hacen sagrados. 11 Si se trata de animales impuros, que no pueden ser ofrecidos al Señor, será presentado al sacerdote, 12 que le fijará un precio según su valor; y habrá que atenerse al precio fijado por el sacerdote. 13 Pero si el que ofrece lo quiere rescatar, añadirá una quinta parte sobre el valor estimado.

14 Si uno consagra su casa al Señor, el sacerdote le fijará un precio según su valor; y habrá que atenerse al precio fijado por el sacerdote. 15 Pero si el interesado quiere rescatar la casa, añadirá una quinta parte sobre el valor estimado, y la recuperará.

16 Si uno consagra al Señor alguna de las tierras de su patrimonio, el precio fijado será proporcional a la semilla que se necesita para ella, a razón de quinientos gramos de plata por cada cuatrocientos cincuenta kilos de cebada. 17 Si consagra el campo en año jubilar, se atendrá a esta estimación. 18 Pero si lo consagra después del jubileo, el sacerdote le fijará un precio según los años que queden hasta el año jubilar, con la correspondiente reducción. 19 Si el interesado quiere rescatar el campo, añadirá una quinta parte sobre el valor estimado y lo recuperará. 20 Pero si no lo rescata y lo vende a otro, se pierde el derecho de rescate; 21 cuando quede libre en el año jubilar, será consagrado al Señor como campo votivo y pasará a ser propiedad del sacerdote. 22 Si uno consagra al Señor un campo comprado por él, que no forma parte de su patrimonio, 23 el sacerdote le fijará un precio de acuerdo con los años que falten hasta el jubileo, y se pagará el mismo día el precio fijado como cosa consagrada al Señor. 24 El año del jubileo, el campo volverá a ser propiedad del que se lo había vendido, y formará de nuevo parte de su patrimonio. 25 En todos los casos la estimación será hecha según las pesas del santuario.

26 Nadie podrá consagrar los primogénitos de su ganado, sea vacuno u ovino, pues ya pertenecen por derecho al Señor. 27 Si se trata de un animal impuro, será rescatado por el precio estimado, más una quinta parte; pero si no se rescata, será vendido al precio estimado.

28 Ninguna propiedad, sean personas, animales o campos, que uno consagre totalmente al Señor, podrá ser vendida ni rescatada. Todo lo que se consagra al Señor es algo muy sagrado y pertenece al Señor. 29 Nadie que haya sido consagrado al exterminio podrá ser rescatado; debe morir.

30 Los diezmos, sean de los productos de la tierra o de los frutos de los árboles, pertenecen al Señor y son sagrados. 31 Si alguien quiere rescatar parte de sus diezmos, pagará una quinta parte. 32 El diezmo del ganado vacuno y ovino, es decir, uno de cada diez de todos los animales que están a cargo del pastor, será consagrado al Señor. 33 No se elegirá entre lo bueno o lo malo, ni se podrá sustituir; si se sustituye, entonces los dos, el animal y su sustituto, quedarán consagrados sin posibilidad de rescate.

34 Estos son los mandamientos que el Señor dio a Moisés para los israelitas en la montaña del Sinaí.

• **27** 1-34: En este apéndice se reúnen instrucciones diversas referidas a las tarifas e impuestos de las ofrendas y las promesas. Estas disposiciones suponen un tiempo posterior al exilio en el que las ofrendas en dinero resultaban más cómodas para quienes venían de tierras lejanas y para el propio santuario y su clero.

Las expresiones *consagrar totalmente* o *consagrar al exterminio* traducen la expresión hebrea *entregar al anatema.* Esta era la consagración más radical. La norma antigua decía que la persona así consagrada, debía morir, pero aquí se dice por rutina: en la época en que se edita el libro del Levítico ya no se daba el caso.

En Lv 27 25 hemos suprimido la frase final, que establece la equivalencia entre el siclo y la guera, dos medidas antiguas, cuya equivalencia es difícil de establecer en el sistema métrico decimal al que hemos traducido las medidas antiguas. El texto suprimido dice: *Un siclo* (unos doce gramos) *equivale a veinte gueras* (unos seis decigramos).

NUMEROS

INTRODUCCION

El tema central de este libro radica en la experiencia del desierto vivida por las tribus hebreas que salieron de Egipto. Esta permanencia en el desierto fue una de las experiencias más profundamente grabadas en la memoria histórica de Israel. Los profetas Oseas (Os 2 16-25) y Jeremías (Jr 2 2-3) la presentan como los días del noviazgo y de las bodas cuando se realizaron las relaciones ideales entre el Señor y su pueblo. Para el Deuteronomio (Dt 8 2-6) el desierto es el tiempo de la prueba, mientras que Ezequiel (Ez 20) pone el énfasis en la falta de correspondencia y de fidelidad del pueblo. En los umbrales de la era cristiana, la comunidad de Qumrán, Juan el Bautista y el propio Jesús de Nazaret, se retiraron al desierto para repetir las experiencias de los orígenes. Sobre todo el Bautista y Jesús buscaban encontrarse allí con Dios, vencer al enemigo e inaugurar así la plenitud de los tiempos.

1. Contexto histórico

El actual nombre de *Números*, traducción del griego *Arithmoi*, se debe, sin duda, a los abundantes números y censos que se consignan en el libro (véanse Nm 1-4; 7; 15; 26; 35). Con todo, el título que mejor le cuadra es *Bemidbar* (=en el desierto), nombre que lleva en la Biblia hebrea, por ser el que más directamente apunta a su contenido.

Dentro del Pentateuco, Números cubre el tramo que va desde el Sinaí hasta los llanos de Moab, a las puertas de la tierra prometida. Lo mismo que el resto del Pentateuco, Números está integrado por material narrativo y legal. Las narraciones y relatos constituyen el marco en el que se encuadran las leyes. La mayor parte de los relatos y de las leyes de Números son de cuño sacerdotal.

La predilección de la escuela sacerdotal por los números no es más que la expresión externa de una realidad más profunda: la preocupación por fijar bien los límites de la comunidad israelita y sus instituciones, cuyo centro lo ocupa la tribu de Leví, tribu sacerdotal en función de la cual están redactados la mayor parte de los relatos del libro y, sobre todo, sus leyes.

2. Características literarias

El libro de Números no es una obra autónoma y aislada sino que forma parte de un todo más amplio, el Pentateuco, compuesto a lo largo de varios siglos, en el que se han ido sobreponiendo varios estratos literarios. Según se dice en la introducción general al Pentateuco, los principales son tres: el estrato yavista (J), el elohista (E) y el sacerdotal (P). La mayor parte de los materiales que integran Números, así como la estructuración formal o arquitectura del libro, son obra de la escuela sacerdotal (P). El autor o autores sacerdotales han llevado a cabo una ampliada y actualizada reedición de las tradiciones antiguas (J-E), dando lugar a una obra nueva tanto en el fondo como en la forma.

Desde el punto de vista formal, el libro de Números está estructurado a partir de criterios geográficos en tres grandes partes:

La *primera* (Nm 1 1-10 10) se desarrolla en el Sinaí. Contiene el censo y la descripción de las tribus, geométricamente dispuestas en un campamento de forma cuadrangular, en el centro del cual se halla la tienda del encuentro, servida por la tribu de Leví. La tribu de Leví no sólo ocupa el centro geográfico sino que se convierte asimismo en el tema central. A ella y a las instituciones cultuales se dedica lo mejor de esta primera parte del libro.

La *segunda* (Nm 10 11-21 35) narra las estaciones que marcan el camino del pueblo por el desierto, entre el Sinaí y los llanos de Moab. Es la continuación de la travesía entre el mar Rojo y el Sinaí narrada en el libro del Exodo (Ex 15-18). De hecho, en esta segunda parte de Números se reproducen las mismas quejas, las mismas pruebas y los mismos obstáculos de Ex 15-18. Como siempre, en medio de los relatos se intercalan leyes, especialmente Nm 15; 18-19.

La *tercera* (Nm 22 1-36 13) tiene como escenario los llanos de Moab. Merecen especial atención los cuatro oráculos de Balaán (Nm 22-24). Como el pueblo se encuentra ya a las puertas de la tierra prometida, se dan una serie de instrucciones y disposiciones legales sobre el procedimiento a seguir en la distribución de la tierra entre las tribus.

3. Claves teológicas

Números no alcanza la importancia teológica de otros libros del Pentateuco. Faltan en él o tienen escasa cabida los grandes temas, como son la creación, la promesa, la elección, la alianza, la ley.

Posiblemente, los textos de mayor interés teológico, tanto por su antigüedad como por su contenido, son los cuatro poemas que el autor pone en boca de Balaán (Nm 23-24), y que pertenecen a las fuentes antiguas (J-E). En ellos es importante destacar:

–Se habla de Israel como del *pueblo que vive aparte y no se cuenta entre las naciones* (Nm 23 9), frase que expresa de manera precisa e insistente el dogma de la elección de Israel.

–Con mayor fuerza aún aparece la proclamación del pueblo como depositario de la bendición, tema común a los cuatro poemas. Balaán había sido llamado para maldecir a Israel y por cuatro veces no salen de su boca más que palabras de bendición.

–En el cuarto poema (Nm 24 15-25), bajo las imágenes de la *estrella* y el *cetro* se anuncia la elección de la dinastía davídica (Nm 24 17).

Otro gran tema teológico es la travesía de los israelitas por el desierto. Su peregrinación, guiados por la nube y la columna de fuego, y llevando la tienda del encuentro, signo de la presencia de Dios en medio de ellos, tiene mucho de procesión litúrgica y de camino teológico. Un camino que está hecho de gracia, infidelidad, castigo, conversión, y nueva gracia. El Señor los ha liberado de la esclavitud y los conduce por el desierto en medio de prodigios (el agua de la roca, el maná, las codornices, la serpiente de bronce...) hacia la tierra prometida. El pueblo se resiste a las inclemencias y limitaciones del desierto y adopta posturas contestatarias, murmurando contra Dios y Moisés, y llegando a sentir la tentación de regresar a Egipto, lugar de esclavitud. Dios lo castiga. Moisés hace valer su poder de intercesión ante Dios. Dios los perdona. Esta secuencia de *pecado-castigo-conversión-gracia*, repetida una y otra vez a lo largo del libro, constituye uno de los ejes teológicos de Números.

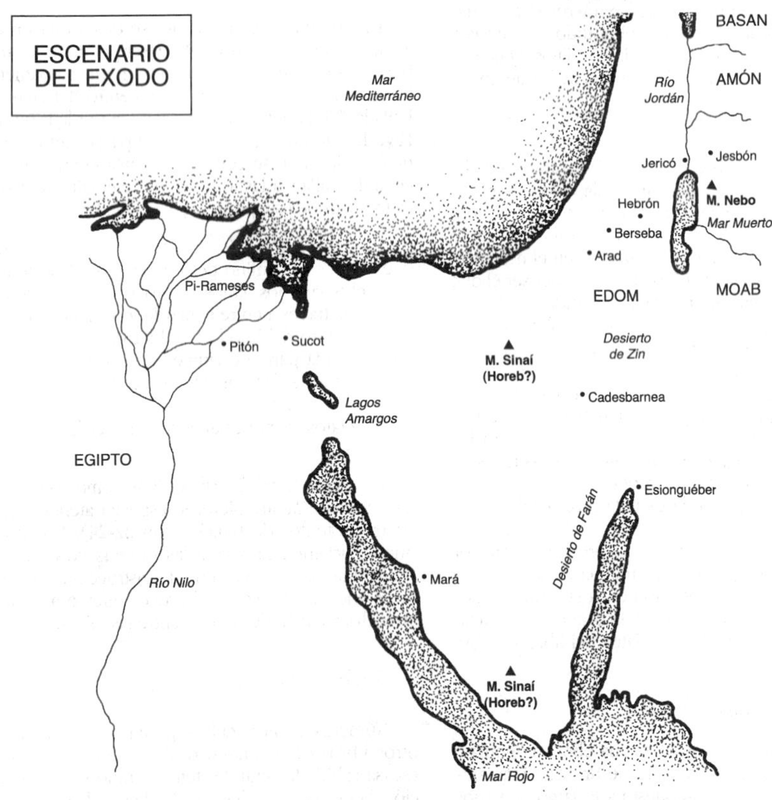

NUMEROS

I. EN EL SINAI Δ

1. Censo de las tribus
y estatuto de los levitas ◊

Censo de las tribus

Nm 26 1-51; 10 13-28; Ap 7 4-8; 2 Sm 24

1 1 El día primero del segundo mes, el
año segundo de la salida de Egipto, habló el Señor a Moisés en el desierto del
Sinaí, en la tienda del encuentro, diciendo:
2 –Haz un censo general de toda la comunidad de los israelitas por clanes y familias, registrando uno por uno los nombres de todos los varones. 3 Tú y Aarón re-
gistrarán por batallones a todos los varones
mayores de veinte años aptos para la guerra en Israel. 4 Los asistirá un hombre por
cada tribu, todos jefes de familia. 5 He aquí
sus nombres:

Por Rubén: Elisur, hijo de Sedeur.
6 Por Simeón: Salumiel,
hijo de Surisaday.
7 Por Judá: Najsón, hijo de Aminadab.
8 Por Isacar: Natanael, hijo de Suar.
9 Por Zabulón: Eliab, hijo de Jalón.
10 Por los hijos de José:
Elisamá, hijo de Amiud, por Efraín;
y Gamaliel, hijo de Pedasur,
por Manasés.
11 Por Benjamín: Abidán, hijo de Gedeoní.
12 Por Dan: Ajiecer, hijo de Amisaday.
13 Por Aser: Faguiel, hijo de Ocrán.
14 Por Gad: Eliasaf, hijo de Degüel.
15 Por Neftalí: Ajirá, hijo de Enán.

16 Estos son los que fueron nombrados
por la comunidad jefes de tribus y cabezas
de clanes.
17 Moisés y Aarón tomaron consigo a
estos hombres designados nominalmente,
18 convocaron la asamblea el día primero
del segundo mes, y fueron registrados, uno
a uno, por clanes y familias, los mayores
de veinte años, 19 según se lo había ordenado el Señor a Moisés. Este fue el censo
que se hizo en el desierto del Sinaí:
20 Hijos y descendientes de Rubén, primogénito de Israel, registrados uno a uno,
por clanes y familias, varones mayores de
veinte años aptos para la guerra: 21 cuarenta y seis mil quinientos hombres.
22 Hijos y descendientes de Simeón, registrados uno a uno, por clanes y familias,
varones mayores de veinte años aptos para
la guerra: 23 cincuenta y nueve mil trescientos hombres.
24 Hijos y descendientes de Gad, registrados por clanes y familias, mayores de
veinte años aptos para la guerra: 25 cuarenta y cinco mil seiscientos cincuenta
hombres.
26 Hijos y descendientes de Judá, registrados por clanes y familias, mayores de

Δ 1 1-10 10: Los israelitas salidos de Egipto llegan al Sinaí (Ex 19 1) y se establecen allí durante un largo espacio de tiempo, que se narra en la segunda parte del libro del Exodo, todo el Levítico, y los diez primeros capítulos de Números (Nm 1 1-10 10). Esta sección del Sinaí forma el bloque central de todo el Pentateuco.

Cronológicamente hablando, el contenido y el espíritu de Nm 1 1-10 10 son muy posteriores a Moisés, pero el redactor sacerdotal los ha situado en los días del Sinaí, con el fin de encuadrarlos en el marco de la alianza sinaítica y colocarlos bajo la sombra de Moisés, el fundador del pueblo y el legislador por excelencia.

◊ 1 1-4 49: En esta sección se distribuyen y ordenan las tribus a partir de criterios cultuales, de manera que, más que un pueblo de fugitivos, Israel aparece como un pueblo en peregrinación que se traslada con su propio santuario por el desierto. La disposición de las tribus es más teológica que geométrica. El autor quiere insistir en la certeza de la presencia de Dios en medio del pueblo, que era una de las verdades preferidas de la escuela sacerdotal, a la que pertenecen estos capítulos.

• 1 1-46: El número total de varones aptos para las armas (Nm 1 46) coincide básicamente con los de Nm 26 51 y Ex 12 37, pero son cifras claramente exageradas. No hemos de olvidar que este texto forma parte del acontecimiento sin igual del éxodo, en el que todo se halla idealizado y embellecido con rasgos poéticos, que quieren cantar la presencia y la fuerza salvadora de Dios. (Véase Ex 1 5-7; Dt 26 5; Sal 105 12).

veinte años aptos para la guerra: 27 setenta
y cuatro mil seiscientos hombres.
28 Hijos y descendientes de Isacar, registrados por clanes y familias, mayores de
veinte años aptos para la guerra: 29 cincuenta y cuatro mil cuatrocientos hombres.
30 Hijos y descendientes de Zabulón,
registrados por clanes y familias, mayores
de veinte años aptos para la guerra: 31 cincuenta y siete mil cuatrocientos hombres.
32 De la casa de José. Hijos y descendientes de Efraín, registrados por clanes y
familias, mayores de veinte años aptos para
la guerra: 33 cuarenta mil quinientos hombres.
34 Hijos y descendientes de Manasés, registrados por clanes y familias, mayores de
veinte años aptos para la guerra: 35 treinta
y dos mil doscientos hombres.
36 Hijos y descendientes de Benjamín,
registrados por clanes y familias, mayores
de veinte años aptos para la guerra: 37 treinta y cinco mil cuatrocientos hombres.
38 Hijos y descendientes de Dan, registrados por clanes y familias, mayores de
veinte años aptos para la guerra: 39 sesenta y dos mil setecientos hombres.
40 Hijos y descendientes de Aser, registrados por clanes y familias, mayores de
veinte años aptos para la guerra: 41 cuarenta y un mil quinientos hombres.
42 Hijos y descendientes de Neftalí, registrados por clanes y familias, mayores de
veinte años aptos para la guerra: 43 cincuenta y tres mil cuatrocientos hombres.
44 Estos son los registrados por Moisés
y Aarón, asistidos por los doce jefes israelitas, uno por cada tribu, todos jefes de familia. 45 El total de los israelitas, registrados por familias, mayores de veinte años y
aptos para la guerra en Israel, 46 fue de seiscientos tres mil quinientos cincuenta hombres.

Los levitas

47 Los levitas no fueron registrados con
los demás, por familias, 48 pues el Señor
dijo a Moisés:
49 –No registrarás a la tribu de Leví ni
la incluirás entre los hijos de Israel, 50 sino
que le confiarás el servicio de la morada
del testimonio, de su mobiliario y de todo
cuanto se relaciona con ella. Serán los encargados de transportar la morada, junto
con su mobiliario; estarán a su servicio y
acamparán en torno a ella. 51 Cuando tenga
que ponerse en marcha, los levitas des-
montarán la morada, y cuando haya que
hacer un alto en el camino, los levitas la
instalarán de nuevo. El profano que se acerque a ella, morirá.
52 Los israelitas acamparán por batallones, cada uno en su campamento, bajo su
propio estandarte. 53 Los levitas acamparán
en torno a la morada del testimonio, con el
fin de que no se desencadene la cólera divina contra la comunidad israelita. A los
levitas corresponde la custodia de la morada del testimonio.
54 Los israelitas se ajustaron exactamente a lo que el Señor había ordenado a
Moisés.

Disposición de las tribus

Nm 10 11-28; 1 44-46; Ex 38 26

2 1 El Señor dijo a Moisés y a Aarón:
2 –Los israelitas acamparán cada uno
bajo su estandarte, bajo los estandartes de
sus respectivas familias, vueltos hacia la
tienda del encuentro y alrededor de ella.
3 Hacia oriente se colocarán los batallones
que forman bajo el estandarte de Judá, cuyo jefe es Najsón, hijo de Aminadab. 4 Su
ejército, según el censo, cuenta con setenta
y cuatro mil seiscientos hombres. 5 Junto a
Judá acampará la tribu de Isacar, cuyo jefe

• **1 47-54**: Los levitas, como excepción, no tienen obligaciones militares, porque están destinados al servicio del santuario. Sólo ellos pueden entrar en contacto con la tienda del encuentro; cualquier profano que se acerque a la tienda incurriría en pena de muerte. Era tanta la veneración que se tenía hacia Dios, su santidad y las cosas a él consagradas, que fácilmente daba pie a la magia y a la superstición (véase 2 Sm 6 6-8).

• **2 1-34**: Las tribus israelitas están ordenadas de tal manera que forman un perfecto campamento cuadrangular, en medio del cual se halla situada la tienda del encuentro, rodeada por los levitas como se describirá en Nm 3 14-39. Los lados del cuadrado están formados por las doce tribus distribuidas en cuatro alas de tres tribus cada una. La disposición corresponde más a la de una asamblea cultual que a la de un campamento en el desierto.

es Natanael, hijo de Suar. 6 Su ejército, según el censo, cuenta con cincuenta y cuatro mil cuatrocientos hombres. 7 Viene luego la tribu de Zabulón cuyo jefe es Eliab, hijo de Jalón. 8 Su ejército, según el censo, cuenta con cincuenta y siete mil cuatrocientos hombres. 9 El total de los batallones del campamento de Judá suma ciento ochenta y seis mil cuatrocientos hombres. Serán los primeros en ponerse en marcha.

10 Al sur se colocarán los batallones que forman bajo el estandarte de Rubén, cuyo jefe es Elisur, hijo de Sedeur. 11 Su ejército, según el censo, cuenta con cuarenta y seis mil quinientos hombres. 12 Junto a Rubén acampará la tribu de Simeón, cuyo jefe es Salumiel, hijo de Surisaday. 13 Su ejército, según el censo, cuenta con cincuenta y nueve mil trescientos hombres. 14 Viene luego la tribu de Gad, cuyo jefe es Eliasaf, hijo de Degüel. 15 Su ejército, según el censo, cuenta con cuarenta y cinco mil seiscientos cincuenta hombres. 16 El total de los batallones del campamento de Rubén suma ciento cincuenta y un mil cuatrocientos cincuenta hombres. Partirán en segundo lugar.

17 Después se pondrá en marcha la tienda del encuentro, acompañada por el campamento de los levitas, situado en medio de los demás campamentos. Los israelitas se pondrán en marcha por el mismo orden en que hayan acampado, cada uno en su sitio, bajo sus respectivos estandartes.

18 Al occidente se colocarán los batallones que forman bajo el estandarte de Efraín, cuyo jefe es Elisamá, hijo de Amiud. 19 Su ejército, según el censo, cuenta con cuarenta mil quinientos hombres. 20 Junto a la de Efraín acampará la tribu de Manasés, cuyo jefe es Gamaliel, hijo de Pedasur. 21 Su ejército, según el censo, cuenta con treinta y dos mil doscientos hombres. 22 Viene luego la tribu de Benjamín, cuyo jefe es Abidán, hijo de Gedeoní. 23 Su ejército, según el censo, cuenta con treinta y cinco mil cuatrocientos hombres. 24 El total de los batallones del campamento de Efraín suma ciento ocho mil cien hombres. Partirán en tercer lugar.

25 Al norte se colocarán los batallones que forman bajo el estandarte de Dan, cuyo jefe es Ajiecer, hijo de Amisaday. 26 Su ejército, según el censo, cuenta con sesenta y dos mil setecientos hombres. 27 Junto a Dan acampará la tribu de Aser, cuyo jefe es Faguiel, hijo de Ocrán. 28 Su ejército, según el censo, cuenta con cuarenta y un mil quinientos hombres. 29 Viene luego la tribu de Neftalí cuyo jefe es Ajirá, hijo de Enán. 30 Su ejército, según el censo, cuenta con cincuenta y tres mil cuatrocientos hombres. 31 El total del campamento de Dan suma ciento cincuenta y siete mil seiscientos hombres. Partirán los últimos, según sus estandartes.

32 Este es el número de los israelitas por familias. Total de los registrados por campamentos y por batallones: seiscientos tres mil quinientos cincuenta hombres.

33 De acuerdo con lo que el Señor había ordenado a Moisés, los levitas no fueron registrados con los hijos de Israel. 34 Los israelitas se ajustaron exactamente a lo que el Señor había ordenado a Moisés. Acampaban por estandartes y se ponían en marcha por clanes y familias.

La tribu de Leví

a) Los sacerdotes

Nm 26 59-61; Lv 10 1-7

3 1 Estos son los descendientes de Aarón y Moisés, cuando el Señor habló a Moisés en la montaña del Sinaí.

2 Los nombres de los hijos de Aarón eran: Nadab, el primogénito, Abihú, Eleazar e Itamar. 3 Estos eran los nombres de los hijos de Aarón, consagrados sacerdotes por la unción, e investidos para la función sacerdotal. 4 Nadab y Abihú murieron en el desierto del Sinaí por ofrecer fuego indebido en presencia del Señor. No dejaron hijos. Eleazar e Itamar ejercieron el sacerdocio en presencia de su padre Aarón.

b) Los levitas

Nm 8 13-19

5 El Señor dijo a Moisés:

• **3 1-4**: Aunque se anuncia la descendencia de Aarón y Moisés, sólo se mencionan los cuatro hijos de Aarón. Eleazar e Itamar ejercieron el sacerdocio personalmente y dieron origen a dos dinastías sacerdotales, que en tiempo de David-Salomón estaban representadas por Sadoc y Abiatar, respectivamente (1 Re 1).

6 –Llama a la tribu de Leví y ponla a
disposición del sacerdote Aarón. 7 Desempeñarán sus funciones en nombre de Aarón
y de toda la comunidad ante la tienda del
encuentro, y estarán al servicio de la morada. 8 Tomarán a su cargo todo el mobiliario
de la tienda del encuentro y desempeñarán
las funciones de los israelitas, estando al
servicio de la morada. 9 Confiarás los levitas a Aarón y a sus hijos, pues le han sido
donados, son un don para él de entre los
hijos de Israel. 10 Reservarás las funciones
del sacerdocio para Aarón y sus hijos.
Cualquier profano que las usurpe morirá.

c) Elección

Ex 13 2

11 El Señor dijo a Moisés:
12 –Mira, yo he tomado a los levitas de
entre los hijos de Israel en sustitución de
los primogénitos de los israelitas. Los levitas son, pues, míos, 13 ya que mío es todo
primogénito. El día en que yo hice morir a
todos los primogénitos de Egipto consagré
para mí a todos los primogénitos de Israel,
tanto de hombres como de animales. Son
míos. Yo soy el Señor.

d) Censo

Nm 26 57-62

14 El Señor dijo a Moisés en el desierto
del Sinaí:
15 –Haz el censo de los hijos de Leví
por clanes y familias, registrando a todos
los varones mayores de un mes.
16 Moisés hizo lo que el Señor le había
ordenado.
17 He aquí los nombres de los hijos de
Leví: Guersón, Queat y Merarí. 18 Los
nombres de los hijos de Guersón por clanes son: Libní y Semeí. 19 Hijos de Queat
por clanes: Amrán, Yisar, Hebrón y Uziel.
20 Hijos de Merarí: Majlí y Musí. Estos
son los clanes levitas por familias.
21 Clanes guersonitas: los de Libní y
Semeí. 22 El total de varones registrados
mayores de un mes fue de siete mil quinientos. 23 Los clanes guersonitas acampaban al oeste, detrás de la morada. 24 El jefe
de la casa de Guersón era Eliasaf, hijo de
Lael. 25 El servicio de los hijos de Guersón
en la tienda del encuentro comprendía la
morada, la tienda con su cubierta, la cortina de la entrada, 26 el cortinaje del atrio y
la cortina de la puerta del atrio, que da a la
morada y rodea el altar, junto con la cuerdas necesarias para el servicio.
27 Clanes queatitas: los de Amrán, Yisar, Hebrón y Uziel. 28 El total de varones
registrados mayores de un mes fue de ocho
mil trescientos, adscritos al servicio del
santuario. 29 Los clanes queatitas acampaban al sur, detrás de la morada. 30 El jefe
de la casa de Queat era Elisafán, hijo de
Uziel. 31 Tenían a su cargo el arca, la mesa, el candelabro, los altares, los utensilios
sagrados para el culto, la cortina y todo su
servicio. 32 El jefe supremo de los levitas
era Eleazar, hijo del sacerdote Aarón. Ejercía la inspección sobre los adscritos al servicio del santuario.
33 Clanes meraritas: los de Majlí y Musí. 34 El total de varones registrados mayores de un mes fue de seis mil doscientos.
35 El jefe de la casa de Merarí era Suriel,
hijo de Abijail. Acampaban al norte, detrás
de la morada. 36 Tenían a su cargo los tablones de la morada, sus varas, columnas,
bases, todos sus accesorios y todo su servi-

• **3 5-10**: Dentro de la tribu de Leví tenía especial importancia la rama o familia de Aarón. Aarón transmitió el sacerdocio a sus descendientes a través de sus hijos Eleazar e Itamar (Nm 3 4). La promesa del sacerdocio le fue renovada mediante solemne alianza a Pinjás, hijo de Eleazar (Nm 25 11-13). Las demás familias de la tribu de Leví, conocidas generalmente con el nombre de levitas, ejercen servicios de segundo orden, y están subordinados a la familia de Aarón, cuyos miembros se denominan sacerdotes.

• **3 11-13**: Los primeros frutos, tanto de las cosechas como de los animales y de los hombres, tenían en la antigüedad un valor especial y solían reservarse a la divinidad. Así sucedía en Israel (Ex 22 28-29; 34 19-20). Además los varones primogénitos israelitas pertenecían al Señor porque fueron preservados de la muerte en el momento del éxodo (Ex 12 29; 13 2). Según la disposición de Nm 3 11-13, los levitas sustituyen a los primogénitos, y esto los vincula muy especialmente a Dios, con la dignidad y santidad que ello implica.

• **3 14-39**: Dentro de la preocupación de Números por las listas y los censos, una vez hecho el recuento de las tribus laicas en Nm 1, ahora les corresponde el turno a los levitas, que son agrupados en tres grandes familias. A los tres clanes levitas encabezados por los tres hijos de Leví (Nm 3 17-20), se añade un cuarto clan formado por Moisés, Aarón y sus hijos (Nm 3 38), es decir, un clan sacerdotal, con el fin de formar cuatro grupos, que puedan colocarse en los cuatro puntos cardinales en torno a la tienda del encuentro.

cio, 37 junto con las columnas que rodean el atrio, sus bases, estacas y cuerdas.

38 Frente a la morada, es decir, frente a la tienda del encuentro, al oriente, acampaban Moisés, Aarón y sus hijos, los cuales tenían a su cargo el servicio del santuario en nombre de los hijos de Israel. El profano que se acercaba era castigado con la muerte.

39 El total de levitas registrados por Moisés, según la orden del Señor, contando por clanes todos los varones mayores de un mes, fue de veintidós mil.

Rescate de los primogénitos

Nm 3 12-13

40 El Señor dijo a Moisés:

–Haz el censo de todos los primogénitos israelitas varones mayores de un mes, registrando sus nombres. 41 Tomarás para mí a los levitas en sustitución de los primogénitos israelitas, así como el ganado de los levitas en sustitución de los primogénitos de los rebaños de los israelitas. Yo soy el Señor.

42 Moisés hizo el censo de los primogénitos israelitas, como el Señor le había ordenado. 43 El total de primogénitos varones, mayores de un mes, registrados nominalmente, fue de veintidós mil doscientos setenta y tres.

44 El Señor dijo a Moisés:

45 –Toma a los levitas en sustitución de los primogénitos de los israelitas, y el ganado de los levitas en sustitución de los primogénitos del ganado de los israelitas; serán para mí. Yo soy el Señor. 46 Para rescatar a los doscientos setenta y tres primogénitos israelitas que sobrepasan el número de los levitas, 47 tomarás cinco monedas de plata por cabeza, según el peso del santuario que es de doce gramos, 48 y entregarás la suma a Aarón y a sus hijos como rescate de los que sobrepasan el número.

49 Moisés tomó el dinero correspondiente a los primogénitos israelitas que sobrepasan el número de los levitas: 50 en total mil trescientas sesenta y cinco monedas según la medida del santuario, 51 y lo entregó como rescate a Aarón y sus hijos, según el Señor le había ordenado.

Funciones de los levitas

a) Los hijos de Queat

4 1 El Señor dijo a Moisés y a Aarón:

2 –Hagan entre los levitas el censo de los hijos de Queat 3 comprendidos entre los treinta y los cincuenta años, por clanes y familias. Son los aptos para el servicio que habrán de prestar en la tienda del encuentro.

4 El servicio de los hijos de Queat en la tienda del encuentro consistirá en cuidar de las cosas más santas. 5 Cuando haya de levantarse el campamento, vendrán Aarón y sus hijos a desmontar el velo y cubrirán con él el arca de la alianza. 6 Pondrán por encima una cubierta de pieles finas curtidas, sobre la que extenderán un paño de color violeta, y meterán las varas. 7 Cubrirán con un paño de color violeta la mesa de los panes presentados, sobre la que colocarán los platos, las copas, las tazas y los vasos de las libaciones. Allí estará también el pan de la ofrenda permanente. 8 Extenderán encima un paño de color rojo, lo cubrirán con una funda de piel fina y meterán las varas.

9 Tomarán un paño de color violeta y con él cubrirán el candelabro, junto con sus lámparas, tijeras para cortar la mecha, ceniceros y los recipientes de aceite que se emplean en su servicio. 10 Lo meterán con todos los utensilios y accesorios en una funda de piel fina y lo colocarán sobre las andas. 11 Extenderán un paño de color violeta sobre el altar de oro, lo cubrirán con piel fina y luego meterán las varas. 12 Tomarán todos los objetos empleados en el servicio del santuario, los colocarán sobre

• **3 40-51**: Estos versículos amplían y precisan mejor lo dicho en Nm 3 11-13 (véase nota). Los levitas y sus ganados sustituyen ante el Señor a los primogénitos de los hombres y de los ganados de Israel. Como el número de los levitas es inferior al de los primogénitos, los primogénitos que sobran han de ser rescatados con dinero.

• **4 1-20**: En este capítulo se precisan más detalladamente las funciones y deberes que incumbían a los levitas. Los hijos de Queat son los encargados de transportar las cosas más santas del santuario. Todos estos objetos sagrados habrán de ser previamente recubiertos y envueltos en pieles finas y paños preciosos por los sacerdotes, para que no sean ni vistos ni tocados por los levitas, no sea que mueran como le ocurrió a Uzá (2 Sm 6 6-7).

un paño de color violeta, los cubrirán con
piel fina y luego los pondrán sobre las andas. 13 Quitarán las cenizas del altar y lo
recubrirán con un paño de color rojo, 14 sobre el que pondrán todos los utensilios de
su servicio: ceniceros, braseros, tenazas y
aspersorios, todos los utensilios del altar.
Extenderán encima una cubierta de piel
fina y meterán las varas.

15 Al ponerse en marcha el campamento, Aarón y sus hijos terminarán de cubrir
el santuario y todos los objetos. Entonces
vendrán los hijos de Queat para transportarlo, pero sin tocar el santuario, no sea que
mueran. Estos son los objetos de la tienda
del encuentro que han de transportar los
hijos de Queat.

16 Del aceite del candelabro, del perfume aromático, de la ofrenda diaria y del
óleo de la unción, se encargará Eleazar,
hijo del sacerdote Aarón. El ejercerá la inspección sobre la morada y todo lo que hay
en ella, tanto el santuario como sus accesorios.

17 El Señor dijo a Moisés y a Aarón:

18 –No permitan que desaparezca de en
medio de la tribu de Leví el clan de los
queatitas. 19 Para que no mueran, hagan lo
siguiente: cuando tengan que acercarse al
lugar santísimo, entrarán Aarón y sus hijos, y asignarán a cada uno lo que tiene
que hacer y lo que tiene que transportar.
20 De este modo, no tendrán que mirar las
cosas santas ni siquiera por un instante, y
no morirán.

b) Los hijos de Guersón

21 El Señor dijo a Moisés:

22 –Hagan también entre los levitas el
censo de los hijos de Guersón 23 comprendidos entre los treinta y los cincuenta años,
por clanes y familias. Son los aptos para el
servicio que habrán de prestar en la tienda
del encuentro.

24 Este es el servicio de los clanes guersonitas en lo que se refiere al trabajo y al
transporte: 25 transportarán las lonas de la
morada y de la tienda del encuentro, junto
con el paño que la cubre y la sobrecubierta
de piel fina, así como las cortinas de la
entrada de la tienda del encuentro; 26 los
velos del atrio y las cortinas de entrada a la
puerta del atrio, que rodean la morada y el
altar, además de sus cuerdas y todos sus
utensilios de trabajo, con todo lo que se les
ha proporcionado para que trabajen.

27 Este servicio de los hijos de Guersón,
todo lo que se refiere al transporte y al trabajo que han de realizar, se llevará a cabo
bajo las órdenes de Aarón y de sus hijos.
Ustedes les asignarán todo lo que han de
transportar. 28 Este es el servicio de los clanes guersonitas en la tienda del encuentro.
La vigilancia corresponde a Itamar, hijo
del sacerdote Aarón.

c) Los hijos de Merarí

29 Harás el censo de los hijos de Merarí
por clanes y familias; 30 registrarás a todos
los comprendidos entre los treinta y los
cincuenta años. Son los aptos para el servicio que habrán de prestar en la tienda del
encuentro.

31 Esta es la tarea que les corresponde
en la tienda del encuentro: transportar los
tablones de la morada, con sus travesaños,
columnas y bases, 32 así como las columnas y bases que rodean el atrio, las estacas
y las cuerdas, junto con todos sus accesorios y utensilios de trabajo. Asignarán a
cada uno los objetos que le corresponde
transportar. 33 Estos son los servicios y trabajos que los clanes meraritas habrán de
realizar en la tienda del encuentro a las órdenes de Itamar, hijo del sacerdote Aarón.

Censo de los levitas

34 Moisés y Aarón, junto con los jefes
de la comunidad, hicieron el censo de los
queatitas, por clanes y familias, 35 com-

• **4 21-28**: Las obligaciones y los servicios de los hijos de Guersón han sido ya descritos en Nm 3 24-26. Estaban encargados de transportar las lonas de la tienda, los velos, las cortinas y las cubiertas, o sea, partes del santuario menos nobles que las que correspondían a los hijos de Queat (Nm 4 1-20).

• **4 29-33**: Como ya se ha dicho en Nm 3 36-37, a los hijos de Merarí les corresponde transportar todos los objetos de madera, especialmente las maderas que forman el armazón de la tienda.

• **4 34-49**: El número de los levitas es exagerado. Son números teológicos, que quieren llamar la atención del lector acerca de la importancia de la institución de los levitas.

prendidos entre los treinta y los cincuenta
años, todos los aptos para servir y trabajar
en la tienda del encuentro. 36 El total, por
clanes, fue de dos mil setecientos cincuenta. 37 Estos fueron los registrados entre los
clanes queatitas que estaban al servicio de
la tienda del encuentro, según el censo hecho por Moisés y Aarón, de acuerdo con la
orden que el Señor dio a Moisés.
38 El censo de los hijos de Guersón, por
clanes y familias, 39 comprendidos entre
los treinta y los cincuenta años, todos los
aptos para el servicio y el trabajo en la tienda del encuentro, 40 arrojó un número, por
clanes y familias, de dos mil seiscientos
treinta. 41 Estos fueron los registrados entre los clanes guersonitas que estaban al
servicio de la tienda del encuentro, según
el censo hecho por Moisés y Aarón, de acuerdo con la orden del Señor.
42 El censo de los hijos de Merarí, por
clanes y familias, 43 comprendidos entre
los treinta y los cincuenta años, todos los
aptos para el servicio y el trabajo en la tienda del encuentro, 44 arrojó un número, por
clanes, de tres mil doscientos. 45 Estos fueron los registrados entre los clanes meraritas, según el censo hecho por Moisés y
Aarón, de acuerdo con la orden que el Señor dio a Moisés.
46 El total del censo llevado a cabo por
Moisés y Aarón, junto con los jefes de Israel, entre los levitas, por clanes y familias, 47 comprendidos entre los treinta y los
cincuenta años, todos los aptos para los
servicios de trabajo y transporte en la tienda del encuentro, 48 fue de ocho mil quinientos ochenta. 49 Se hizo el censo, como
el Señor había ordenado a Moisés, señalando a cada uno el trabajo y el transporte
que le correspondía. Se hizo el censo tal
como el Señor se lo había ordenado a Moisés.

2. Prescripciones rituales ◊

Expulsión de los impuros

Lv 13; Nm 19 11-16; Dt 23 10-15

5 1 El Señor dijo a Moisés:
2 –Ordena a los israelitas que expulsen
del campamento a todos los leprosos, a los
que padezcan gonorrea y a los impuros por
contacto con cadáveres. 3 Harán salir a todos, hombres y mujeres, sin distinción, para
que no contaminen el campamento, donde
yo habito en medio de ellos.
4 Los israelitas lo hicieron así; los expulsaron del campamento, cumpliendo lo
que el Señor había ordenado a Moisés.

Restitución

Lv 5 15-26

5 El Señor dijo a Moisés:
6 –Di a los israelitas: Si alguien, hombre
o mujer, peca contra su prójimo, ofendiendo al Señor, se hace culpable. 7 Confesará
su pecado y restituirá por entero el daño
causado, añadiendo una quinta parte. Restituirá a quien perjudicó. 8 Si el perjudicado
no tiene pariente alguno a quien se pueda
restituir, la restitución se hará al Señor entregándolo al sacerdote, además de ofrecer
el carnero expiatorio con que se hará la expiación por el culpable. 9 El tributo sagrado que los israelitas ofrecen al sacerdote es
para el sacerdote. 10 Lo que cada uno consagra es suyo, pero lo que se da al sacerdote es para él.

Ley en caso de celos

11 El Señor dijo a Moisés:
12 –Di a los israelitas: Cuando una mujer
se aparta de su marido y le es infiel, 13 acostándose con otro hombre, y el marido no se

◊ **5 1-6 27**: El libro de los Números no contiene códigos o colecciones de leyes como otros libros del Pentateuco (Ex, Lv, Dt). Sin embargo, se muestra interesado por el ordenamiento legal, jurídico e institucional del pueblo. No pierde ocasión de intercalar entre las secciones narrativas, algunas leyes, normas y disposiciones legales, como lo demuestran estos capítulos.

• **5 1-31**: Aunque a primera vista pudieran parecer diversas y desconectadas entre sí, las leyes y normas de Nm 5 poseen una misma preocupación de fondo: velar por la pureza y santidad del pueblo. Dios vive en medio del pueblo; por eso, éste debe permanecer incontaminado (Nm 5 1-4). Todo el que peca contra el hermano ofende también a Dios y ha de reparar su falta (Nm 5 5-10). El adulterio es siempre grave, aunque no sea público (Nm 5 11-31). Las ordalías o juicios de Dios (Nm 5 16ss), prácticas conocidas por toda la antigüedad, tuvieron vigencia hasta la Edad Media.

entera, porque ella se ha manchado a escondidas y no hay testigos ni ha sido sorprendida en el acto, 14 si el marido sospecha algo y llega a sentir celos por ella, se
haya ella deshonrado o no, 15 la llevará al
sacerdote y ofrecerá por ella cinco kilos de
harina de cebada, sin mezclar aceite ni incienso, pues es ofrenda de celos, ofrenda-
recuerdo, que evoca el recuerdo de una falta.
16 El sacerdote llamará a la mujer y la
pondrá ante el Señor. 17 Echará agua santa
en una vasija de barro y, tomando un poco
de tierra del suelo que está debajo de la
morada, la mezclará con el agua. 18 Colocará a la mujer de pie en presencia del Señor, le descubrirá la cabeza y le pondrá en
las manos la ofrenda conmemorativa, o sea,
la ofrenda de celos, mientras él sostiene en
su mano el agua amarga de la maldición.
19 El sacerdote conjurará a la mujer en estos términos: «Si no te has acostado con
otro hombre, no te has desviado, ni te has
deshonrado siendo infiel a tu marido, sea
inofensiva para ti el agua amarga de la maldición. 20 Pero si te has deshonrado y desviado, si se ha acostado contigo alguien
que no es tu marido 21 (entonces, el sacerdote conjurará así a la mujer con el juramento de reprobación): que el Señor te haga objeto de maldición y reprobación en tu
pueblo, que se marchite tu fecundidad y se
te hinche el vientre; 22 que entre el agua de
maldición en tus entrañas para que se hinche tu vientre y se marchite tu fecundidad».
La mujer responderá: «¡Amén, amén!».
23 El sacerdote escribirá estas maldiciones y disolverá el escrito en el agua amarga. 24 Hará beber a la mujer el agua amarga de la maldición hasta que entre en ella
con su amargura; 25 tomará de su mano la
ofrenda de celos y, después de hacer el rito
del balanceo en presencia del Señor, la dejará sobre el altar; 26 tomará de la ofrenda
un poco como memorial, lo quemará sobre
el altar y hará beber el agua a la mujer.
27 Cuando la haya bebido, si realmente se
ha deshonrado y ha engañando a su marido, el agua de la maldición se apoderará de
ella con toda su amargura, su vientre se
hinchará, su fecundidad se marchitará y
vendrá a ser objeto de maldición en medio
de su pueblo. 28 Si, por el contrario, no se
deshonró y se conserva pura, quedará ilesa
y será fecunda.
29 Esta es la ley en los casos de celos,
cuando una mujer ha sido infiel a su marido y se ha deshonrado, 30 o cuando los celos se apoderan del marido y duda de su
mujer: el marido la llevará ante el Señor y
el sacerdote realizará estos ritos. 31 El marido se verá libre de culpa y la mujer cargará con su pecado.

Nazireato

Jue 13 5; 16 17; Lc 1 15; Hch 21 23-26

6 1 El Señor dijo a Moisés:
2 –Di a los israelitas: Si alguien, hombre o mujer, hace el voto de nazir, por el
cual queda consagrado al Señor, 3 se abs-
tendrá de vino y bebidas fermentadas, de
vinagre, hecho de vino y otros licores; no
beberá vino nuevo, ni comerá uvas frescas
o pasas. 4 Durante todo el tiempo de su
nazireato no tomará producto alguno de la
viña, ni la cáscara ni los granos de la uva.
5 No se cortará el pelo hasta que se cumpla
el tiempo de su voto al Señor. Estará consagrado y se dejará crecer el cabello. 6 Mientras dure el tiempo de su consagración al
Señor, no se acercará a ningún cadáver;
7 ni de su padre, ni de su madre, ni de su
hermano ni de su hermana; con ninguno de
ellos se contaminará, pues lleva sobre su
cabeza la consagración de su Dios. 8 Mientras dure su nazireato estará consagrado al
Señor.
9 Si alguno muere de repente junto a él
y contamina su cabeza de nazir, el día de
su purificación, es decir, el día séptimo, se
afeitará la cabeza. 10 Al octavo día llevará
al sacerdote, a la puerta de la tienda del
encuentro, dos palomas o dos pichones.
11 El sacerdote ofrecerá uno de ellos en
sacrificio por el pecado y el otro en holocausto. Hará expiación en favor del nazir
por el pecado que cometió al estar cerca
del muerto. Ese mismo día consagrará su

• **6 1-21**: En virtud de la alianza todo Israel era nación santa y pueblo consagrado al Señor (Ex 19 5-6). La institución del nazireato era expresión y recuerdo de esa consagración. Practicado a lo largo del Antiguo Testamento (Jue 13 5-7; 16 17; 1 Sm 1 11; Am 2 11; 1 Mac 3 49-50), el nazireato seguía vigente en los comienzos del cristianismo (Lc 1 15; Hch 18 18; 21 23-24).

cabeza al Señor. 12 Comenzará de nuevo el tiempo de su nazireato y ofrecerá un cordero de un año en sacrificio de expiación. No cuenta el tiempo pasado, por haber sido violado su nazireato.

13 He aquí la ley concerniente al nazireato: El día que se cumpla el tiempo de su nazireato, el que ha hecho el voto se presentará a la puerta de la tienda del encuentro, para hacer su ofrenda al Señor: 14 un cordero de un año sin defecto para el holocausto, una cordera de un año para el sacrificio por el pecado, un carnero sin defecto para el sacrificio de comunión, 15 y una cesta de panes sin levadura y de bollos de la mejor harina amasada con aceite, para la ofrenda y la libación. 16 El sacerdote lo presentará ante el Señor haciendo la expiación y el holocausto. 17 En cuanto al carnero, lo ofrecerá al Señor como sacrificio de comunión, junto con la cesta de los panes sin levadura, y hará la ofrenda y la libación. 18 Entonces, el nazir se afeitará la cabeza a la entrada de la tienda del encuentro, tomará el pelo de su nazireato y lo echará al fuego que arde bajo el sacrificio de comunión. 19 El sacerdote tomará la pierna ya cocida del carnero, un pan sin levadura de la cesta y un bollo sin levadura, y los pondrá en manos del nazir cuando se haya afeitado. 20 El sacerdote hará el rito del balanceo ante el Señor. Esta es la porción sagrada perteneciente al sacerdote, junto con el pecho de la ofrenda presentada y la pierna de la ofrenda reservada. Después el nazir ya podrá beber vino.

21 Esta es la ley para los que hacen el voto de nazir. Esta es la ofrenda que debe al Señor por su nazireato, sin contar otras posibles ofrendas. Cumplirá el voto que haya hecho según la norma de los nazireos.

Fórmula de bendición

22 El Señor dijo a Moisés:

23 –Di a Aarón y a sus hijos: Así bendecirán a los israelitas:

24 El Señor te bendiga y te guarde;
25 el Señor haga brillar su rostro sobre ti
y te conceda su favor;
26 el Señor te muestre su rostro
y te dé la paz.

27 Así invocarán mi nombre sobre los israelitas y yo los bendeciré.

3. Ofrendas de los jefes y normas para los levitas ◊

Ofrenda de los carros

7 1 Cuando Moisés terminó de instalar la morada, la ungió y la consagró junto con todo su mobiliario, el altar y todos sus accesorios. 2 Los principales de Israel, los jefes de familia y de tribu, que habían presidido el censo, hicieron una ofrenda 3 y la presentaron al Señor: seis carros cubiertos y doce bueyes, un carro por cada dos jefes y un buey por cada uno. Los ofrecieron ante la morada.

4 El Señor dijo a Moisés:

5 –Recíbelos de su mano y que sean para servicio de la tienda del encuentro; se los darás a los hijos de Leví, a cada uno según su servicio.

6 Moisés recibió los carros y los bueyes y se los entregó a los levitas: 7 dos carros y cuatro bueyes a los hijos de Guersón, según su servicio; 8 cuatro carros y ocho bueyes a los hijos de Merarí, según su servicio, bajo el cuidado de Itamar, hijo del sacerdote Aarón. 9 No dio ninguno a los hijos de Queat, pues éstos tenían a su cui-

• **6 22-27**: Este es uno de los textos más ricos y de mayor elegancia literaria de todo el Pentateuco. Su aliento poético y su calidad artística se perciben mejor en el original hebreo, donde, junto a la belleza de las expresiones, se descubre incluso cómo el número de palabras va creciendo gradualmente: tres palabras en Nm 6 24; cinco en Nm 6 25, y siete en Nm 6 26. Enriquecida con el contenido del misterio de Cristo, esta antigua fórmula de bendición sigue siendo empleada en nuestra liturgia cristiana.

◊ **7 1-8 26**: Antes de abandonar el Sinaí, el redactor sacerdotal quiere colocar aquí, dentro del marco de la montaña de la alianza y bajo la sombra del gran legislador, un conjunto de disposiciones sobre las ofrendas de los jefes, y una serie de normas sobre la purificación de los levitas.

• **7 1-9**: Descripción de las ofrendas que han de entregar los jefes del pueblo (véase Nm 1 5-16). Lo primero que deben poner a disposición de los levitas son seis carros y doce bueyes, dos para cada carro, con el fin de que los hijos de Leví puedan transportar el mobiliario de la tienda, según les estaba asignado en Nm 4 21-33.

dado el santuario y lo transportaban a hombros.

Ofrenda de la dedicación

Ez 43 18-26; Nm 2 3-29

10 Los jefes hicieron su ofrenda durante
la dedicación del altar el día en que fue
consagrado, y la presentaron ante el altar.
11 El Señor dijo a Moisés:
–Cada día uno de los jefes presentará su
ofrenda por la dedicación del altar.
12 El primer día presentó su ofrenda
Najsón, hijo de Aminadab, de la tribu de
Judá. 13 Su ofrenda consistía en una bandeja
de plata de kilo y medio, una naveta de
plata de ochocientos cincuenta gramos, según las pesas del santuario; las dos llenas
de la mejor harina amasada con aceite para
la ofrenda; 14 una bandeja de oro de ciento
veinte gramos llena de incienso; 15 un novillo, un carnero, un cordero de un año para
el holocausto; 16 un chivo para el sacrificio
expiatorio; 17 y para el sacrificio de comunión, dos toros, cinco carneros, cinco chivos y cinco corderos de un año. Esta fue la
ofrenda de Najsón, hijo de Aminadab.
18 El segundo día hizo la ofrenda Natanael, hijo de Suar, jefe de Isacar. 19 Ofreció
una bandeja de plata de kilo y medio, una
naveta de plata de ochocientos cincuenta
gramos, según las pesas del santuario; los
dos llenos de la mejor harina amasada con
aceite para la ofrenda; 20 una bandeja de
oro de ciento veinte gramos llena de incienso; 21 un novillo, un carnero, un cordero de un año para el holocausto; 22 un chivo para el sacrificio expiatorio; 23 y para el
sacrificio de comunión, dos toros, cinco
carneros, cinco chivos y cinco corderos de
un año. Esta fue la ofrenda de Natanael,
hijo de Suar.
24 El tercer día fue Eliab, hijo de Jalón,
jefe de los hijos de Zabulón. 25 Su ofrenda
consistía en una bandeja de plata de kilo y
medio, una naveta de plata de ochocientos
cincuenta gramos, según las pesas del santuario; las dos llenas de la mejor harina
amasada con aceite para la ofrenda; 26 una
bandeja de oro de ciento veinte gramos llena de incienso; 27 un novillo, un carnero,
un cordero de un año para el holocausto;
28 un chivo para el sacrificio expiatorio;
29 y para el sacrificio de comunión, dos toros, cinco carneros, cinco chivos y cinco
corderos de un año. Esta fue la ofrenda de
Eliab, hijo de Jalón.
30 El cuarto día fue Elisur, hijo de Sedeur,
jefe de los hijos de Rubén. 31 Su ofrenda
consistía en una bandeja de plata de kilo y
medio, una naveta de plata de ochocientos
cincuenta gramos, según las pesas del santuario; las dos llenas de la mejor harina
amasada con aceite para la ofrenda; 32 una
bandeja de oro de ciento veinte gramos
llena de incienso; 33 un novillo, un carnero,
un cordero de un año para el holocausto;
34 un chivo para el sacrificio expiatorio;
35 y para el sacrificio de comunión, dos toros, cinco carneros, cinco chivos y cinco
corderos de un año. Esta fue la ofrenda de
Elisur, hijo de Sedeur.
36 El quinto día fue Salumiel, hijo de
Surisaday, jefe de los hijos de Simeón.
37 Su ofrenda consistía en una bandeja de
plata de kilo y medio, una naveta de plata
de ochocientos cincuenta gramos, según
las pesas del santuario; las dos llenas de la
mejor harina amasada con aceite para la
ofrenda; 38 una bandeja de oro de ciento
veinte gramos llena de incienso; 39 un
novillo, un carnero, un cordero de un año
para el holocausto; 40 un chivo para el sacrificio expiatorio; 41 y para el sacrificio de
comunión, dos toros, cinco carneros, cinco
chivos y cinco corderos de un año. Esta
fue la ofrenda de Salumiel, hijo de Surisaday.
42 El sexto día fue Eliasaf, hijo de Degüel, jefe de los hijos de Gad. 43 Su ofrenda consistía en una bandeja de plata de
kilo y medio, una naveta de plata de ochocientos cincuenta gramos, según las pesas
del santuario; las dos llenas de la mejor
harina amasada con aceite para la ofrenda;
44 una bandeja de oro de ciento veinte gramos llena de incienso; 45 un novillo, un

• **7 10-89**: En doce días sucesivos los doce jefes de las doce tribus hacen idénticas y cuantiosas ofrendas, que son descritas minuciosa y detalladamente. Todo ello hace de Nm 7 uno de los capítulos más largos y aburridos de la Biblia. Aburrido para nosotros, pero no para los primeros destinatarios, que se sentían motivados y estimulados a la misma generosidad, mientras escuchaban y leían esas largas listas de dones y ofrendas.

carnero, un cordero de un año para el holocausto; 46 un chivo para el sacrificio expiatorio; 47 y para el sacrificio de comunión, dos toros, cinco carneros, cinco chivos y cinco corderos de un año. Esta fue la ofrenda de Eliasaf, hijo de Degüel.

48 El séptimo día fue Elisamá, hijo de Amiud, jefe de los hijos de Efraín. 49 Su ofrenda consistía en una bandeja de plata de kilo y medio, una naveta de plata de ochocientos cincuenta gramos, según las pesas del santuario; las dos llenas de la mejor harina amasada con aceite para la ofrenda; 50 una bandeja de oro de ciento veinte gramos llena de incienso; 51 un novillo, un carnero, un cordero de un año para el holocausto; 52 un chivo para el sacrificio expiatorio; 53 y para el sacrificio de comunión, dos toros, cinco carneros, cinco chivos y cinco corderos de un año. Esta fue la ofrenda de Elisamá, hijo de Amiud.

54 El octavo día fue Gamaliel, hijo de Pedasur, jefe de los hijos de Manasés. 55 Su ofrenda consistía en una bandeja de plata de kilo y medio, una naveta de plata de ochocientos cincuenta gramos, según las pesas del santuario; las dos llenas de la mejor harina amasada con aceite para la ofrenda; 56 una bandeja de oro de ciento veinte gramos llena de incienso; 57 un novillo, un carnero, un cordero de un año para el holocausto; 58 un chivo para el sacrificio expiatorio; 59 y para el sacrificio de comunión, dos toros, cinco carneros, cinco chivos y cinco corderos de un año. Esta fue la ofrenda de Gamaliel, hijo de Pedasur.

60 El noveno día fue Abidán, hijo de Gedeoní, jefe de los hijos de Benjamín. 61 Su ofrenda consistía en una bandeja de plata de kilo y medio, una naveta de plata de ochocientos cincuenta gramos, según las pesas del santuario; las dos llenas de la mejor harina amasada con aceite para la ofrenda; 62 una bandeja de oro de ciento veinte gramos llena de incienso; 63 un novillo, un carnero, un cordero de un año para el holocausto; 64 un chivo para el sacrificio expiatorio; 65 y para el sacrificio de comunión, dos toros, cinco carneros, cinco chivos y cinco corderos de un año. Esta fue la ofrenda de Abidán, hijo de Gedeoní.

66 El décimo día fue Ajiecer, hijo de Amisaday, jefe de los hijos de Dan. 67 Su ofrenda consistía en una bandeja de plata de kilo y medio, una naveta de plata de ochocientos cincuenta gramos, según las pesas del santuario; las dos llenas de la mejor harina amasada con aceite para la ofrenda; 68 una bandeja de oro de ciento veinte gramos llena de incienso; 69 un novillo, un carnero, un cordero de un año para el holocausto; 70 un chivo para el sacrificio expiatorio; 71 y para el sacrificio de comunión, dos toros, cinco carneros, cinco chivos y cinco corderos de un año. Esta fue la ofrenda de Ajiecer, hijo de Amisaday.

72 El undécimo día fue Faguiel, hijo de Ocrán, jefe de los hijos de Aser. 73 Su ofrenda consistía en una bandeja de plata de kilo y medio, una naveta de plata de ochocientos cincuenta gramos, según las pesas del santuario; las dos llenas de la mejor harina amasada con aceite para la ofrenda; 74 una bandeja de oro de ciento veinte gramos llena de incienso; 75 un novillo, un carnero, un cordero de un año para el holocausto; 76 un chivo para el sacrificio expiatorio; 77 y para el sacrificio de comunión, dos toros, cinco carneros, cinco chivos y cinco corderos de un año. Esta fue la ofrenda de Faguiel, hijo de Ocrán.

78 El duodécimo día fue Ajirá, hijo de Enán, jefe de los hijos de Neftalí. 79 Su ofrenda consistía en una bandeja de plata de kilo y medio, una naveta de plata de ochocientos cincuenta gramos, según las pesas del santuario; las dos llenas de la mejor harina amasada con aceite para la ofrenda; 80 una bandeja de oro de ciento veinte gramos llena de incienso; 81 un novillo, un carnero, un cordero de un año para el holocausto; 82 un chivo para el sacrificio expiatorio; 83 y para el sacrificio de comunión, dos toros, cinco carneros, cinco chivos y cinco corderos de un año. Esta fue la ofrenda de Ajirá, hijo de Enán.

84 Así fue como dedicaron el altar el día de su unción. Las ofrendas de los jefes de Israel fueron: doce bandejas de plata, doce navetas de plata, doce bandejas de oro; 85 las bandejas eran de kilo y medio cada una, y las navetas de ochocientos cincuenta gramos. El peso total de los objetos de plata era de veintiocho kilos y doscientos gramos, según las pesas del santuario. 86 Doce ban-

dejas de oro de ciento veinte gramos cada
una, según las pesas del santuario, llenas de
incienso, que hacen un total de un kilo y
cuatrocientos cuarenta gramos de oro.
87 El número total de animales para el
holocausto fue: doce novillos, doce carneros, doce corderos de un año con sus ofrendas; doce chivos para el sacrificio expiatorio. 88 El total de animales para el sacrificio
de comunión fue: veinticuatro toros, sesenta carneros, sesenta chivos y sesenta corderos de un año.

Estas fueron las ofrendas para la dedicación del altar el día en que fue consagrado.
89 Cuando Moisés entraba en la tienda
del encuentro para hablar con el Señor, Moisés oía la voz que le hablaba desde lo alto
de la cubierta de oro, que estaba sobre el
arca del testimonio, entre los dos querubines, pues le hablaba desde allí.

El candelabro

Ex 25 31-40; 37 17-24

8 1 El Señor dijo a Moisés:
2 –Di a Aarón: cuando pongas las lámparas en el candelabro, hazlo de manera
que las siete alumbren hacia adelante.
3 Aarón lo hizo así. Colocó las lámparas
en la parte anterior del candelabro, como
el Señor había ordenado a Moisés. 4 El
candelabro era de oro labrado, tanto el pie
como los brazos. Moisés había mandado
hacerlo conforme al modelo que el Señor
le había mostrado en una visión.

Purificación de los levitas

Lv 8; Nm 3 5-13; Lv 14 8-9

5 El Señor dijo a Moisés:
6 –Separa a los levitas de en medio de
Israel y purifícalos de acuerdo con el siguiente ritual: 7 los rociarás con el agua de
la purificación, y ellos se afeitarán todo el
cuerpo, lavarán sus vestidos y se purificarán. 8 Tomarán un novillo con la correspondiente ofrenda de la mejor harina amasada con aceite, y tú otro para el sacrificio
por el pecado. 9 Harás que se acerquen los
levitas a la tienda del encuentro y convoca-
rás a toda la comunidad de los israelitas,
10 para que pongan las manos sobre los levitas cuando éstos se hallen ya en presencia del Señor. 11 Aarón, en nombre de los
hijos de Israel, presentará a los levitas ante
el Señor mediante el rito del balanceo, y así
entrarán al servicio del Señor.
12 Los levitas pondrán sus manos sobre
la cabeza de los novillos que tú ofrecerás
al Señor por ellos, uno en sacrificio expiatorio y otro en holocausto. 13 Colocarás a los
levitas ante Aarón y sus hijos, y los ofrecerás al Señor mediante el rito del balanceo.
14 Así separarás de en medio de Israel a
los levitas, para que sean míos, 15 y para
que entren a servir en la tienda del encuentro, una vez que los hayas purificado y los
hayas ofrecido mediante el rito del balanceo. 16 Ellos serán como un don, pues me
han sido donados de entre los israelitas. Yo
me los he reservado en sustitución de todos
los primogénitos de Israel. 17 Y es que todos
los primogénitos, sean hombres o animales, me pertenecen desde el día en que herí
a todos los primogénitos de Egipto. 18 Sin
embargo, he tomado a los levitas en su lugar, 19 y se los he dado a Aarón y a sus hijos como un don de parte de los israelitas,
para que hagan el servicio por ellos en la
tienda del encuentro, expíen por ellos, y no
sean castigados por acercarse al santuario.
20 Moisés, Aarón y toda la comunidad de
Israel hicieron con los levitas lo que el Señor
había ordenado a Moisés. 21 Los levitas se
purificaron, lavaron sus vestidos, y Aarón
los ofreció mediante el rito del balanceo en
presencia del Señor realizando el rito de
expiación para purificarlos. 22 Los levitas
entraron así a prestar servicio en la tienda
del encuentro en presencia de Aarón y sus
hijos. Se hizo, pues, con los levitas, todo lo
que el Señor había ordenado a Moisés.
23 El Señor dijo a Moisés:

• **8 1-4**: En Ex 25 31-40 se diseña la forma del candelabro con sus siete brazos. Ex 37 17-24 describe la elaboración y ejecución del diseño. Aquí en Nm 8 1-4 se describe la instalación y la entrada en funcionamiento del candelabro. La presencia de una luz sagrada ardiendo permanentemente en el santuario, data desde antiguo en Israel (1 Sm 3 3).

• **8 5-26**: Los relatos de Nm 3-4 referentes a la elección, censo y obligaciones de los levitas, encuentran su continuación y culminación aquí en el rito de purificación. Mientras que los sacerdotes, recibían el óleo de la unción y eran consagrados (Lv 8 12), los levitas únicamente recibían el agua para ser purificados.

24 –Estas son las disposiciones concernientes a los levitas: Entrarán a prestar su servicio en la tienda del encuentro a partir de los veinticinco años, 25 y al cumplir los cincuenta cesarán en sus funciones y en sus servicios activos. 26 Desde entonces se limitarán a ayudar a sus hermanos en el cuidado de la tienda del encuentro, pero no prestarán más servicios de responsabilidad. Estas son las disposiciones relativas al servicio de los levitas.

4. La pascua y la partida ◊

Celebración de la pascua

Ex 12 1-14

9 1 El Señor habló a Moisés en el desierto del Sinaí el primer mes del segundo año de la salida de Egipto en estos términos:

2 –Los israelitas deben celebrar la pascua a su debido tiempo. 3 La celebrarán el catorce de este mes, al atardecer, de acuerdo con todos los usos y ritos correspondientes.

4 Moisés mandó a los israelitas que celebrasen la pascua, 5 y ellos la celebraron en el desierto del Sinaí el catorce del primer mes al atardecer. Los israelitas se ajustaron en todo a lo que el Señor había ordenado a Moisés.

6 Pero hubo algunos que, debido a su estado de impureza por contacto con cadáveres, no pudieron celebrar la pascua ese día. Estos se presentaron ese mismo día a Moisés y a Aarón 7 y les dijeron:

–Estamos impuros por contacto con cadáver, ¿por qué vamos a privarnos de presentar nuestra ofrenda al Señor a su tiempo con los demás israelitas?

8 Moisés les respondió:

–Esperen y veré lo que dispone el Señor sobre su caso.

9 El Señor dijo a Moisés:

10 –Di a los israelitas: Si alguno de ustedes y de sus descendientes está impuro por contacto con cadáveres, o se encuentra lejos de viaje, y quiere celebrar la pascua del Señor, 11 la celebrará el catorce del segundo mes al atardecer. Comerán el cordero pascual con pan sin levadura y hierbas amargas; 12 no dejarán nada para la mañana siguiente, ni romperán ninguno de sus huesos; se ajustarán en todo al rito pascual. 13 Si alguno está puro y no se encuentra de viaje, y deja de celebrarla, será borrado de su pueblo por no haber ofrecido a su tiempo la ofrenda del Señor, y cargará con su pecado. 14 Si los extranjeros residentes entre ustedes quieren celebrar la pascua en honor del Señor, se ajustarán en todo al rito y costumbres pascuales. No habrá entre ustedes más que un rito, el mismo para extranjeros y nativos.

La nube

Ex 13 21-22; 40 34-38

15 El día en que fue instalada la morada, la nube la cubrió por la parte de la tienda del testimonio y desde la tarde a la mañana estuvo sobre ella en forma de fuego. 16 La nube la cubría permanentemente, tomando por la noche la apariencia de fuego. 17 Cuando la nube se levantaba sobre la tienda, partían los israelitas; y donde se posaba la nube, allí acampaban. 18 Partían por orden del Señor y por orden del Señor acampaban, y permanecían acampados todo el tiempo que la nube estaba sobre la morada.

19 Cuando la nube se posaba sobre la morada durante un largo tiempo, los israe-

◊ **9 1-10 10**: La celebración de la pascua (Nm 9 1-14), la explicación del significado y misión de la nube (Nm 9 15-23), y las instrucciones sobre la fabricación y función de las trompetas (Nm 10 1-10), constituyen los últimos preparativos del pueblo, con vistas ya a la larga travesía por el desierto.

• **9 1-14**: Aparentemente se habla aquí de la celebración de una segunda pascua, después de aquella primera que coincidió con la salida de los israelitas del país de Egipto (Ex 12). Pero, en realidad, de lo que se trata es de promulgar una ley complementaria en favor de aquellos que por alguna causa razonable no podían celebrar la fiesta en el día señalado (catorce del primer mes), ofreciéndoles la posibilidad de celebrarla el catorce del segundo mes. Esta flexibilidad convenía, sobre todo, a los judíos de la diáspora, quienes por razones de viaje u otras circunstancias incurrían en impureza legal y no siempre estaban preparados para celebrar la pascua en las fechas oficialmente señaladas.

• **9 15-23**: Este texto retoma y desarrolla Ex 40 34-38, que pertenece también a la tradición sacerdotal. Los autores sagrados se sirven de la imagen de la nube para expresar la fe en el Señor, que se hace presente en el santuario y acompaña a su pueblo en sus deplazamientos por el desierto.

litas, obedientes al Señor, no se movían.
20 A veces la nube permanecía sobre la morada sólo durante unos días; en cualquier
caso los israelitas permanecían acampados
o se ponían en movimiento según lo que
mandaba el Señor.
21 A veces la nube se posaba sólo desde
el atardecer al amanecer, entonces los israelitas se ponían en movimiento tan pronto
como la nube se levantaba. Siempre que la
nube se levantaba, fuera de día o de noche,
ellos se ponían en movimiento. 22 A veces
la nube permanecía sobre la morada dos
días, un mes o un año; durante este tiempo
los israelitas seguían acampados y no se
movían; pero cuando se levantaba, partían.
23 Por orden del Señor acampaban y por
orden del Señor partían. Obedecían las órdenes que el Señor les había dado por medio de Moisés.

Las trompetas

Jl 2 1.15; 1 Tes 4 16; 1 Cor 15 52

10 1 El Señor dijo a Moisés:
2 –Fabrícate dos trompetas de plata
labrada para convocar a la comunidad y dar
la señal de partida a los campamentos.
3 Cuando suenen las trompetas, toda la comunidad se reunirá contigo en la puerta de
la tienda del encuentro. 4 Cuando suenen
una sola vez, se reunirán contigo los jefes
de los clanes de Israel. 5 Al primer toque
solemne se pondrán en movimiento los
campamentos del este. 6 Al segundo toque
solemne lo harán los del sur. Estos toques
solemnes son para ponerse en marcha.
7 Para reunir la asamblea también tocarán,
pero no de esa manera. 8 Se encargarán de
tocar las trompetas los sacerdotes, los hijos de Aarón.
Esta será una ley perpetua para ustedes
y sus hijos. 9 Cuando en su tierra tengan
que ir a la guerra contra un enemigo que
los ataca, tocarán las trompetas solemnemente. El Señor se acordará de ustedes y
los librará de sus enemigos. 10 En sus fiestas, solemnidades y novilunios, tocarán las
trompetas a la hora de sus holocaustos y
sacrificios de comunión. Esto lo mantendrán como recuerdo permanente en presencia de su Dios. Yo soy el Señor tu
Dios.

II. DEL SINAI A MOAB Δ

1. Desde la salida del Sinaí hasta la derrota de Jormá ◊

Orden de marcha

Nm 2 1-34

11 El día veinte del segundo mes del año
segundo, se levantó la nube sobre la morada del testimonio, 12 y los israelitas partieron ordenadamente del desierto de Sinaí
hacia el desierto de Farán, donde se detuvo
la nube. 13 Fue la primera marcha, según la
orden que el Señor dio a Moisés.
14 Partió en cabeza, por batallones, y
con su estandarte al frente, el campamento
de los hijos de Judá, a las órdenes de Najsón, hijo de Aminadab. 15 En cabeza de los
batallones de la tribu de Isacar iba Natanael, hijo de Suar. 16 Y a la cabeza de los
batallones de la tribu de Zabulón iba Eliab,

• **10 1-10**: Las trompetas servían para dar la señal de salida, para convocar la asamblea litúrgica y también se empleaban en la guerra santa. El uso de las trompetas en Israel es de tiempo tardío.

Δ 10 11-21 35: Abandonamos ya la montaña del Sinaí. El autor nos va a conducir hasta los llanos de Moab, en Transjordania, a través de un itinerario muy difícil de reconstruir en el mapa. A partir de aquí, al lado de la tradición sacerdotal (P), hacen acto de presencia fuentes más antiguas, sobre todo la yavista (J).

El itinerario entre el Sinaí y los llanos de Moab se halla presidido por tres motivos teológicos. Por una parte está la providencia divina en forma de presencia salvadora, que guía y acompaña a su pueblo bajo la dirección y el apoyo de su siervo Moisés. Por otro lado está la ingratitud y la infidelidad del pueblo, que, con sus murmuraciones, desobediencias y rebeldías, provoca la ira de Dios. La generación del desierto se ve condenada, por ello, a morir en él, sin poder entrar en la tierra prometida. Finalmente, un tercer motivo teológico predominante gira en torno a la santidad. Conseguir la santidad es el objetivo que proponen los textos legales de Nm 15, 18 y 19.

hijo de Jalón. 17 Desmontada la morada, se
pusieron en marcha los hijos de Guersón y
Merarí, que eran los que la transportaban.
18 Partió a continuación, por batallones,
con su estandarte al frente, el campamento
de Rubén, a las órdenes de Elisur, hijo de
Sedeur. 19 En cabeza de los batallones de
la tribu de Simeón iba Salumiel, hijo de
Surisaday. 20 Y a la cabeza de los batallones de la tribu de Gad iba Eliasaf, hijo de
Degüel. 21 A continuación partieron los
queatitas, que llevaban los objetos sagrados. (Antes de que éstos llegaran a la próxima acampada los otros instalaban la morada).
22 Luego partió, por batallones, con su
estandarte al frente, el campamento de
Efraín, a las órdenes de Elisamá, hijo de
Amiud. 23 A la cabeza de los batallones de
la tribu de Manasés iba Gamaliel, hijo de
Pedasur. 24 Y a la cabeza de los batallones
de la tribu de Benjamín iba Abidán, hijo de
Gedeoní.
25 Finalmente, por batallones y cerrando
todos los demás, partió el campamento de
Dan, a las órdenes de Ajiecer, hijo de Amisaday. 26 A la cabeza de los batallones de la
tribu de Aser iba Faguiel, hijo de Ocrán.
27 Y a la cabeza de los batallones de la
tribu de Neftalí iba Ajirá, hijo de Enán.
28 Este era el orden de marcha cuando
los israelitas partían por batallones.

Jobab, el suegro de Moisés

29 Moisés dijo a su suegro Jobab, hijo
de Ragüel el madianita:
–Nosotros partimos hacia la tierra que
el Señor nos ha prometido; ven con nosotros y te trataremos bien, porque el Señor
ha prometido favorecer a Israel.
30 Jobab le respondió:
–No, yo me iré a mi tierra, con mi familia.
31 Moisés insistió:
–No te vayas, pues tú conoces bien los
lugares donde podemos acampar en el desierto; tú serás nuestro guía. 32 Si vienes
con nosotros, compartiremos contigo los
favores del Señor.
33 Partieron de la montaña del Señor e
hicieron tres días de camino. El arca de la
alianza del Señor iba delante los tres días,
buscando dónde acampar. 34 Desde que se
pusieron en marcha la nube del Señor los
acompañaba por el día. 35 Cuando el arca
se ponía en marcha decía Moisés:

¡Levántate, Señor!
Que se dispersen tus enemigos,
huyan ante ti tus adversarios.

36 Y cuando se paraba, decía:

¡Descansa, Señor,
entre las multitudes de Israel!

Quejas en el desierto

Ex 16

11 1 El pueblo se quejaba amargamente
ante el Señor. Cuando el Señor escuchó sus quejas, se enfureció y mandó contra ellos un fuego que devoró un extremo

◊ **10 11-14 45**: Desde el punto de vista geográfico, esta sección se desarrolla a lo largo de un itinerario que va desde el Sinaí hasta el desierto de Farán. Desde el punto de vista literario, hacen acto de presencia tradiciones antiguas anteriores al destierro, especialmente la tradición yavista (J). Desde el punto de vista teológico, en el pueblo se respira un clima de protesta y rebeldía, que contrasta radicalmente con el ambiente de la primera parte de Números, donde todo era fervor, devoción y generosidad.

• **10 11-28**: La imagen que proyecta el pueblo de Israel cruzando el desierto, tal como lo describe el presente texto perteneciente todavía a la tradición sacerdotal, se parece más a una procesión litúrgica que a una caravana de nómadas fugitivos o a una expedición militar.

• **10 29-36**: 1 Sm 15 6 recuerda que los quenitas se portaron bien con los israelitas cuando éstos subieron de Egipto. Todo hace pensar, por tanto, que cuando Moisés invita a Jobab a irse con ellos, no lo hace simplemente por tener un guía experto, buen conocedor del terreno, sino que propone a Jobab y a los quenitas en general un pacto de mutua colaboración. De hecho, entre los israelitas y los quenitas las relaciones fueron amistosas (Jue 1 16; 4 11).

Nm 10 33-36 conserva tradiciones antiguas sobre el arca. No es la nube la que lleva el protagonismo, como en Nm 9 15-23, sino el arca, que va abriendo camino y marcando etapas. Las expresiones pronunciadas por los israelitas al levantar y posar el arca, al comienzo y al final de cada etapa (Nm 10 35-36), son fórmulas litúrgicas, que encontramos reproducidas en otras ocasiones (véase por ejemplo el Sal 132 8).

• **11 1-15**: Primero de manera general (Nm 11 1-3) y luego más concretamente (Nm 11 4-15), aparecen en este pasaje tres motivos teológicos, que se repetirán después en la marcha por el desierto, e incluso a lo largo de todo el Antiguo Testamento: a) rebeldía del pueblo, que se queja y ofende a Dios; b) ira del Señor y castigo; c) intercesión de Moisés y perdón.

En Nm 11 3 leemos: *Llamaron a aquel lugar Taberá es decir –Incendio– porque allí se había encendido contra ellos el fuego del Señor.* Este tipo de relatos que tratan

del campamento. 2 El pueblo suplicó a Moisés, y él oró al Señor. Entonces el fuego se
apagó. 3 Llamaron a aquel lugar Taberá –es
decir, Incendio–, porque allí se había encendido contra ellos el fuego del Señor.
4 La gente advenediza que se había mezclado con el pueblo comenzó a sentir hambre y, junto con los propios israelitas, se
pusieron a llorar diciendo:
–¡Ojalá tuvieramos carne para comer!
5 ¡Cómo nos acordamos del pescado que
comíamos gratis en Egipto, de los pepinos
y melones, de los puerros, cebollas y ajos!
6 Ahora desfallecemos, pues sólo vemos
maná.
7 El maná era como la semilla del cilantro y su color como el de la resina. 8 El
pueblo salía a recogerlo, y lo molían en
molinos o lo machacaban en el mortero.
Después lo cocían en una olla y hacían bollos que sabían a pasta amasada con aceite.
9 Cuando el rocío caía sobre el campo por
la noche, caía sobre él el maná.
10 Oyó Moisés cómo el pueblo se quejaba, reunido por familias a las puertas de las
tiendas, provocando gravemente el enojo
del Señor, y muy contrariado se dirigió al
Señor diciendo:
11 –¿Por qué tratas mal a tu siervo? ¿Por
qué me has retirado tu confianza y echas
sobre mí la carga de todo este pueblo?
12 ¿Acaso lo he concebido yo o lo he dado
a luz para que me digas: «Llévalo sobre tu
regazo como lleva al niño pequeño la niñe-
ra, y condúcelo hacia la tierra que prometí
a sus antepasados?» 13 ¿Dónde puedo yo
encontrar carne para todo este pueblo que
viene a mí llorando, y me dice: «Danos carne para comer»? 14 Yo solo no puedo soportar a este pueblo; es demasiada carga
para mí. 15 Si me vas a tratar así, prefiero
morir. Pero si todavía gozo de tu confianza, pon fin a mi aflicción.

Los setenta ancianos

Ex 18 21-26; Mc 9 38-40

16 El Señor dijo a Moisés:
–Reúneme a setenta ancianos de Israel,
de los que conste realmente que son ancianos del pueblo y maestros de la ley, llévalos a la entrada de la tienda del encuentro y
que esperen allí contigo. 17 Yo bajaré y
hablaré allí contigo; tomaré parte del espíritu que hay en ti y se lo pasaré a ellos, para que te ayuden a llevar el peso de este pueblo y no lo lleves tú solo. 18 Dirás al pueblo:
santifíquense para mañana, pues van a comer carne. Se han quejado ante el Señor,
diciendo: «¡Ojalá tuviéramos carne para
comer! ¡Estábamos mejor en Egipto!». Pues
bien, el Señor les dará carne para comer.
19 Más aún, no la comerán un día, ni dos,
ni cinco, ni diez, ni veinte, 20 sino un mes
entero, hasta que les produzca asco y la
vomiten, por haber despreciado al Señor,
que está en medio de ustedes, y haber llorado en su presencia, diciendo: «¿Por qué
hemos salido de Egipto?».
21 Respondió Moisés:
–Este pueblo tiene seiscientos mil hombres, ¿y tú dices que les darás carne para
comer un mes entero? 22 ¿Bastaría todo el
ganado vacuno y ovino? ¿Bastarían todos
los peces del mar?
23 El Señor replicó a Moisés:
–¿Es que se ha debilitado el poder del
Señor? Ahora verás si se cumple mi palabra o no.
24 Salió Moisés y comunicó al pueblo
las palabras del Señor. Convocó a los se-

de explicar el origen de un nombre de persona o lugar, el origen de un santuario o de una fiesta, etc., son muy frecuentes en la Biblia. Reciben el nombre de relatos etiológicos (de las palabras griegas "aitía"=causa, origen; y "logos"=explicación).

En Nm 11 7-9 el maná bíblico corresponde seguramente a una sustancia pegajosa y dulce que segregaban ciertos insectos al chupar la savia de los arbustos de tamarisco. Tiene sabor parecido al de la miel. Se encuentra aún en los valles centrales de la península del Sinaí, especialmente a finales de Mayo y durante el mes de Junio (véase Ex 16).

• **11 16-30:** Agobiado y abrumado con tantos problemas, Moisés recibe el consuelo del Señor que le hace una doble promesa: carne para el pueblo, y un consejo de ancianos que compartan con él la responsabilidad del gobierno.

En Nm 11 26-29 el incidente de Eldad y Medad sirve para introducir en la historia a Josué, que va a ser el sucesor de Moisés, y también para sentar la tesis que viene a ser como la culminación de toda la perícopa: *¡Ojalá que todo el pueblo profetizara y el Señor infundiera en todos su espíritu!* (Nm 11 29). Joel se hará portavoz de estos mismos deseos (Jl 3 1-2), y Pedro los verá cumplidos el día de pentecostés (Hch 2 16-18). Josué quisiera monopolizar el espíritu (Nm 11 28), lo mismo que hará el apóstol Juan en el evangelio (Mc 9 38-40). No es ese el parecer de Moisés (Nm 11 29), ni el de san Pablo (1 Tes 5 19-20), ni tampoco el de Jesús (Mc 9 38-40).

tenta ancianos del pueblo y los reunió en
torno a la tienda. 25 El Señor bajó en la nube y habló a Moisés; tomó parte del espíritu que había en él y se lo pasó a los setenta
ancianos. Cuando el espíritu de Moisés se
posó sobre ellos, comenzaron a profetizar,
pero esto no volvió a repetirse. 26 Dos de
ellos se habían quedado en el campamento,
uno se llamaba Eldad y otro Medad. Aunque
estaban entre los elegidos, no habían acudido a la tienda. Pero el espíritu vino también sobre ellos y se pusieron a profetizar
en el campamento. 27 Un muchacho corrió
a decir a Moisés:

–Eldad y Medad están profetizando en
el campamento.

28 Josué, hijo de Nun, ayudante de Moisés desde joven, intervino diciendo:

–¡Señor mío, Moisés, prohíbeles que lo
hagan!

29 Moisés replicó:

–¿Tienes celos por mí? ¡Ojalá que todo
el pueblo profetizara y el Señor infundiera
en todos su espíritu!

30 Moisés regresó al campamento y con
él los ancianos de Israel.

Las codornices

Ex 16 12-13

31 Envió el Señor un viento que arrastraba codornices por encima del mar e hizo
que volaran sólo a un metro de altura sobre el campamento, a uno y otro lado del
mismo, en una extensión a la redonda como de una jornada de camino. 32 El pueblo
estuvo recogiendo codornices todo el día,
toda la noche y todo el día siguiente; el
que menos, recogió diez cargas; y las tendían en los alrededores del campamento.
33 Todavía tenían la carne en la boca, cuando se encendió la cólera del Señor y los
hirió con una gran mortandad. 34 A aquel
lugar lo llamaron Quibrot Hatavá –es decir,
Tumbas de la Gula–, porque allí fueron enterrados los que se dejaron llevar de la gula.
35 De Quibrot Hatavá el pueblo partió para
Jaserot, donde se quedaron.

Quejas de Aarón y María

12 1 María y Aarón murmuraban contra
Moisés a causa de la mujer cusita que
éste había tomado por esposa. 2 Decían:

–¿Acaso ha hablado el Señor sólo con
Moisés? ¿No ha hablado también con nosotros?

El Señor lo oyó. 3 Moisés era el hombre
más humilde y sufrido del mundo.

4 El Señor dijo a Moisés, a Aarón y a
María:

–Vayan los tres a la tienda del encuentro.

Así lo hicieron. 5 El Señor descendió en
la columna de nube y se detuvo a la entrada de la tienda. Llamó a Aarón y a María,
y ambos se acercaron.

6 El Señor les dijo:

–Oigan mis palabras: Cuando hay entre
ustedes un profeta, yo me revelo a él en
visión y le hablo en sueños. 7 Pero con mi
siervo Moisés no hago esto, porque él es
mi hombre de confianza. 8 A él le hablo
cara a cara, con toda claridad y sin enigmas. Moisés contempla el semblante del
Señor. ¿Cómo se han atrevido a hablar contra mi siervo Moisés?

9 El Señor se indignó contra ellos y se
fue.

10 Apenas había desaparecido la nube
de encima de la tienda, María apareció cubierta de lepra, blanca como la nieve. Aarón
se volvió hacia María y la encontró cubierta de lepra. 11 Aarón dijo a Moisés:

–Perdón, mi Señor. No nos hagas responsables del pecado que neciamente hemos cometido. 12 No dejes a María como
un aborto, que sale ya medio consumido
del vientre de su madre.

13 Moisés clamó entonces al Señor diciendo:

• **11 31-35**: Las codornices forman parte de las bandadas de aves migratorias que en primavera suben de Africa hacia Palestina en busca de climas más frescos y que en otoño regresan a Africa para pasar el invierno. En este subir y bajar cruzan la península del Sinaí. Después de largas jornadas de viaje, sobre todo cuando tenían que volar sobre el mar, se paraban fatigadas para descansar, y entonces podían ser fácilmente capturadas. Esta es la circunstancia que parece adivinarse detrás del relato bíblico, en el que dicha captura es interpretada como un hecho providencial y milagroso.

Sobre la explicación etiológica de Nm 11 33-34 véase nota a Nm 11 1-15.

• **12 1-16**: Las murmuraciones de Aarón y María contra Moisés nacen, sobre todo, de la envidia y los celos, al ver el trato tan privilegiado que recibe su hermano de parte de Dios. Estas relaciones íntimas y particulares son el punto central de este capítulo.

–¡Oh Dios, sánala, por favor!
14 El Señor respondió:
–Si su padre la hubiera escupido en el
rostro, ¿no llevaría durante seis días esa
vergüenza? Que sea separada del campamento siete días, al cabo de los cuales será
admitida.
15 Así pues, María fue alejada del campamento durante siete días. El pueblo no
se puso en marcha hasta que se hubo integrado de nuevo. 16 Después, el pueblo partió de Jaserot y fue a acampar al desierto
de Farán.

Exploración de la tierra de Canaán

Dt 1 20-29

13 1 El Señor dijo a Moisés:
2 –Envía a algunos hombres, un jefe
de cada tribu, para que exploren la tierra
de Canaán que voy a dar a los israelitas.
3 Moisés los envió desde el desierto de
Farán, según la orden del Señor. Eran todos ellos jefes de los israelitas. 4 Sus nombres eran:
De la tribu de Rubén:
Samúa, hijo de Zacur;
5 de la tribu de Simeón:
Safat, hijo de Jorí;
6 de la tribu de Judá:
Caleb, hijo de Jefoné;
7 de la tribu de Isacar:
Yigal, hijo de José;
8 de la tribu de Efraín:
Oseas, hijo de Nun;
9 de la tribu de Benjamín:
Paltí, hijo de Rafú;
10 de la tribu de Zabulón:
Gadiel, hijo de Sodí;
11 de la tribu de Manasés, el hijo de José:
Gadí, hijo de Susí;
12 de la tribu de Dan:
Amiel, hijo de Gamalí;
13 de la tribu de Aser:
Satur, hijo de Micael;
14 de la tribu de Neftalí:
Najbí, hijo de Vafsí;
15 de la tribu de Gad:
Guevel, hijo de Maquí.
16 Estos son los nombres de los exploradores enviados por Moisés a reconocer la
tierra. Moisés dio a Oseas, hijo de Nun, el
nombre de Josué.
17 Al enviarlos a reconocer la tierra de
Canaán, Moisés les dijo:
–Suban por el sur hasta llegar a la montaña, 18 y fíjense cómo es la tierra, qué gente la habita, si es fuerte o débil, si es grande o pequeña; 19 cómo es la tierra habitada,
buena o mala; cómo están sus ciudades,
abiertas o amuralladas; 20 cómo es el suelo,
fértil o pobre, con árboles o sin ellos. Sean
valientes y traigan algunos frutos de la tierra.
Era el tiempo en que empezaban a madurar las uvas.
21 Subieron los exploradores y reconocieron toda la tierra, desde el desierto de
Sin hasta Rejob, cerca de la entrada de Jamat. 22 Subieron por el Négueb y llegaron
a Hebrón, donde vivían Ajimán, Sesay y
Tolmac, hijos de Anac. (Hebrón había sido
fundada siete años antes que Soán en Egipto). 23 Llegados al valle de Escol, cortaron
un sarmiento con un solo racimo de uvas,
que colgaron en una vara y lo llevaron entre
dos. También cortaron granadas e higos.
24 A este lugar se le llamó valle de Escol
–es decir, valle del Racimo–, por el racimo
que cortaron allí los israelitas.
25 A los cuarenta días regresaron los
exploradores de la tierra. 26 Se presentaron
a Moisés, a Aarón y a toda la comunidad
de los israelitas en el desierto de Farán, en
Cadés; los informaron detalladamente y les
mostraron los frutos de la tierra.

• **13 1-26**: Nm 13-14 se remontan a la tradición yavista, reelaborada y ampliada por la escuela sacerdotal. Reproducen el esquema teológico pecado-castigo. El pueblo desconfía de Dios y quebranta las cláusulas de la alianza y el Señor lo condena a morir en el desierto sin poder entrar en la tierra prometida. De esta forma, se explica el por qué de los cuarenta años de peregrinación por el desierto, tema clave en la estructura global del libro de los Números. Nm 13 1-26, perteneciente a la tradición sacerdotal, está calcado de Nm 1 5-16, con ligeras variantes. El desierto de Sin y de Rejob (Nm 13 21) señalan los límites sur y norte de la tierra prometida. La expedición de los exploradores se limita a la región de Hebrón (Nm 13 17.21), situada al sur de Canaán. El paréntesis de Nm 13 22 recoge probablemente una tradición local, que asociaba Hebrón con la ciudad de Soán en Egipto. La explicación de Nm 13 23-24 es seguramente una adición posterior (véase nota a Nm 11 1-15).

Información de los exploradores

Ex 3 8; Dt 1 25-29

27 Este fue su informe:
–Fuimos a la tierra, a la que ustedes nos
enviaron. Es una tierra que mana leche y
miel; admiren sus frutos. 28 Pero el pueblo
que la habita es fuerte y las ciudades están
fortificadas y son grandes; hemos visto, incluso, descendientes de Anac. 29 Los amalecitas ocupan el desierto del Négueb; los
hititas, los jebuseos y los amorreos habitan
la montaña; y los cananeos, la costa y la ribera del Jordán.
30 Caleb hizo callar al pueblo ante Moisés diciendo:
–Iremos a conquistarla, pues somos capaces de ello.
31 Pero los que habían ido decían:
–No podemos combatir contra ese pueblo; es más fuerte que nosotros.
32 Y empezaron a hablar mal entre los
israelitas de la tierra que habían explorado
diciendo:
–La tierra que hemos explorado devora
a sus propios habitantes. Los hombres que
hemos visto son de gran estatura. 33 Hemos
visto gigantes, descendientes de Anac. Nosotros a su lado parecíamos saltamontes, y
así nos veían ellos.

Rebelión y castigo

Dt 1 26-32

14 1 Entonces toda la comunidad empezó
a lamentarse, y el pueblo se pasó la
noche llorando. 2 Todos los israelitas murmuraban contra Moisés y Aarón diciendo:
–¡Ojalá hubiésemos muerto en Egipto!
¿Por qué vamos a morir en este desierto?
3 ¿Por qué nos lleva el Señor a esa tierra
para morir a espada y tener que entregar
nuestras mujeres e hijos como botín de guerra? ¿No sería mejor regresar a Egipto?
4 Y se decían:
–¡Nombremos un jefe y regresemos a
Egipto!
5 Moisés y Aarón se postraron en tierra
en presencia de toda la asamblea de los israelitas. 6 Josué, hijo de Nun, y Caleb, hijo
de Jefoné, que habían explorado la tierra,
se rasgaron las vestiduras, 7 y hablaron a
toda la comunidad:
–La tierra que acabamos de recorrer y
explorar es una tierra muy buena. 8 El Señor está de nuestra parte; él nos hará entrar
en ella y nos la dará; es una tierra que mana leche y miel. 9 No se rebelen contra el
Señor ni teman a los habitantes de esa tierra, porque los venceremos fácilmente. Su
sombra protectora se ha apartado de ellos,
en cambio el Señor está con nosotros; no
les teman.
10 Toda la comunidad hablaba de apedrearlos, pero de pronto la gloria del Señor
apareció ante todos los israelitas en la tienda del encuentro.
11 Entonces el Señor dijo a Moisés:
–¿Hasta cuándo me despreciará este pueblo? ¿Hasta cuándo se negará a creerme,
después de todos los prodigios que he realizado en su presencia? 12 Lo heriré de peste
y lo aniquilaré, y luego haré de ti una nación más grande y poderosa que ellos.

Intercesión de Moisés

Ex 32 7-14; Dt 9 25-29; Ex 20 5-6; 34 6-7

13 Moisés dijo al Señor:
–Si haces eso se enterarán los egipcios,
de cuyo poder los libraste, 14 y se lo comu-
nicarán a los habitantes de esta tierra. Saben que tú, oh Señor, habitas en medio de
este pueblo, que te dejas ver cara a cara, que
tu nube se posa sobre ellos, que los guías
con una columna de nube por el día y con
una torre de fuego por la noche. 15 Si ani-

• **13 27-33**: La expresión *tierra que mana leche y miel* no es tanto una descripción geográfica cuanto una confesión teológica. Esta expresión (tomada de la literatura cananea), igual que otros calificativos similares que recibe la tierra bíblica, no se refiere tanto a la fertilidad y riqueza material del suelo, cuanto a los sentimientos de reconocimiento y gratitud hacia Dios por parte del pueblo, que se siente satisfecho y feliz en una tierra recibida de la providencia divina, en la que se puede realizar como pueblo elegido y cumplir la misión que le ha sido confiada.

• **14 1-12**: Primero por el maná (Nm 11), después por los privilegios de Moisés (Nm 12) y ahora por las dificultades que plantea la conquista de la tierra (Nm 13-14), el pueblo persiste en su actitud de rebeldía y repite una y otra vez sus quejas y protestas contra Dios y contra Moisés.

• **14 13-19**: La intercesión de Moisés en favor de su pueblo es un tema que se repite en las tradiciones del éxodo. Ya lo encontramos en Nm 11 2 y 12 13. La actual plegaria de Moisés está calcada sobre Ex 32 11-13; 34 6-7.9. Como motivo para aplacar el enojo divino, Moisés invoca el honor y la gloria del propio Dios y también acude a su misericordia.

quilas totalmente a este pueblo, las naciones que han oído hablar de ti dirán: 16 «El Señor no ha podido llevar este pueblo a la tierra que le había prometido con juramento, por eso lo ha aniquilado en el desierto». 17 Haz, pues, Señor que resplandezca tu fuerza como tú mismo dijiste: 18 «El Señor es paciente y misericordioso, perdona la maldad y la rebeldía, aunque nada deja impune, pues castiga en los hijos el pecado de los padres hasta la tercera y la cuarta generación». 19 Perdona, pues, el pecado de este pueblo por tu gran misericordia, como has venido haciendo desde que lo sacaste de Egipto hasta ahora.

Perdón y castigo

Dt 1 34-45; Jos 14 6-19; Hch 7 36

20 El Señor respondió:

–Los voy a perdonar como tú dices, 21 pero juro por mi vida y por mi gloria, que llena toda la tierra, 22 que todos los que han visto mi gloria y los prodigios que hice en Egipto y en el desierto, los que me han puesto a prueba diez veces sin escuchar mi voz, 23 todos éstos no verán la tierra que yo prometí con juramento a sus antepasados. ¡Ninguno de los que me desprecian la verá! 24 Sin embargo, a mi siervo Caleb, a quien anima otro espíritu muy diferente, y que me ha sido siempre fiel, lo llevaré a la tierra donde ya ha estado, y sus descendientes la poseerán. 25 Como los amalecitas y los cananeos habitan en el valle, den media vuelta mañana mismo y caminen por el desierto rumbo al mar Rojo.

26 El Señor dijo a Moisés y a Aarón:

27 –He oído las murmuraciones de los israelitas, ¿hasta cuándo tendré que soportar a esta comunidad malvada que murmura contra mí? 28 Respóndeles: Por mi vida, palabra del Señor, que los trataré como merecen sus murmuraciones. 29 En este desierto caerán los cadáveres de todos los mayores de veinte años que fueron registrados y han murmurado contra mí. 30 Ninguno de ustedes entrará en la tierra, en la que había jurado establecerlos con mi poder; sólo entrarán Caleb, hijo de Jefoné, y Josué, hijo de Nun. 31 Haré entrar a sus hijos, de los que dijeron que serían botín del enemigo. Ellos conocerán la tierra que ustedes han despreciado, 32 mientras los cadáveres de ustedes quedarán en este desierto, 33 y sus hijos vivirán como nómadas durante cuarenta años a causa de sus infidelidades, hasta que se hayan consumido sus cadáveres en el desierto. 34 Cargarán con su culpa durante cuarenta años, es decir, tantos como días estuvieron explorando la tierra: año por día. Sabrán por experiencia lo que significa haberse alejado de mí. 35 Yo, el Señor, lo he dicho. Así trataré yo a esta comunidad perversa que ha conspirado contra mí. En este desierto serán aniquilados y en él morirán.

36 Los hombres que Moisés envió a explorar la tierra y que habían provocado a su regreso la murmuración de toda la comunidad contra él al desacreditar la tierra, 37 los que habían hablado mal de ella, fueron heridos de muerte en presencia del Señor. 38 De los exploradores solamente Josué, hijo de Nun, y Caleb, hijo de Jefoné, quedaron con vida.

39 Moisés comunicó todo esto a los israelitas, y el pueblo hizo grandes manifestaciones de duelo. 40 Se levantaron muy de mañana para subir a la cima de la montaña, y dijeron:

–Subiremos al lugar que el Señor nos ha dicho. Hemos pecado.

41 Moisés les respondió:

–¿Por qué van a quebrantar la orden del Señor? Eso no conduce a nada. 42 No suban, pues el Señor no los acompaña y serían derrotados por sus enemigos. 43 Los amalecitas y los cananeos están ahí en frente de ustedes que caerán bajo la espada de ellos, porque se han alejado del Señor, y él no estará con ustedes.

• **14 20-45**: Dios escucha a Moisés y perdona al pueblo, pero al mismo tiempo advierte a la presente generación que ninguno de ellos entrará en la tierra prometida. Sólo se salvarán Caleb y Josué (Nm 14 24.30). La generación rebelde del éxodo está condenada a peregrinar cuarenta años por el desierto, para al final morir en él. En la tierra entrarán los hijos, o sea, la siguiente generación. Este es uno de los temas más insistentes en Números. Queriendo enmendar la conducta anterior, el pueblo se dispuso a emprender la conquista de la tierra y puso manos a la obra (Nm 14 39-45). Pero ya era demasiado tarde. Dios, por medio de Moisés, había dispuesto las cosas de otra forma (Nm 14 25.41-43).

44 Pero los israelitas se empeñaron en
subir a la cima de la montaña. El arca de la
alianza del Señor y Moisés no se movieron
del campamento. 45 Cayeron sobre ellos los
amalecitas y los cananeos, que habitaban
la montaña, los derrotaron y los persiguieron hasta Jormá.

2. Normas sobre los sacrificios. Poderes de los sacerdotes y levitas ◊

Ofrenda de la harina, del aceite y del vino

Ex 29 40-41; Lv 2 1-10; 4

15 1 El Señor dijo a Moisés:
2 –Di a los israelitas: Cuando hayan
entrado en la tierra que yo les doy, la tierra
en la que van a vivir, 3 y quieran hacer una
ofrenda al Señor, ya se trate de un holocausto o de un sacrificio de ganado vacuno
y ovino, sea para cumplir un voto, o como
sacrificio espontáneo, o con ocasión de sus
solemnidades, para que agrade al Señor, lo
harán así: 4 el que presenta su ofrenda al
Señor ofrecerá cuatro kilos y medio de la
mejor harina amasada con dos litros de
aceite, 5 además de dos litros de vino para
la libación; todo esto lo añadirán al holocausto o sacrificio por cada cordero.
6 Si se trata de un carnero, harás una
ofrenda de nueve kilos de la mejor harina
amasada con dos litros y medio de aceite,
7 y una libación de dos litros y medio de
vino; lo ofrecerás como aroma agradable
al Señor.
8 Si el holocausto o sacrificio en cumplimiento de una promesa o como sacrificio de comunión al Señor es un novillo,
9 ofrecerás con el novillo trece kilos y medio de la mejor harina amasada con cuatro
litros de aceite, 10 y cuatro litros de vino
para la libación; es sacrificio que se quema,
aroma agradable al Señor.
11 Así se hará por cada toro, cada carnero, o por cada res joven, sean ovejas o cabras. 12 Sea cual fuere el número de animales que ofrezcan, harán esto con cada uno
de ellos. 13 Así lo harán todos los nativos
cuando ofrezcan sacrificios que se queman, aroma agradable al Señor.
14 Si un extranjero vive entre ustedes
como residente o está de paso, y quiere presentar un sacrificio que se quema, aroma
agradable al Señor, lo hará de igual modo
que ustedes. 15 En la asamblea, tanto ustedes como el extranjero observarán el mismo rito, pues es un rito eterno de generación en generación. En presencia del Señor
ustedes y los extranjeros serán iguales. 16 La
misma ley y las mismas costumbres tendrán ustedes y los extranjeros que residen
entre ustedes.
17 El Señor dijo a Moisés:
18 –Di a los israelitas: Cuando estén en
la tierra a la que los llevo, 19 y coman su
pan, reservarán una parte como ofrenda al
Señor. 20 Ofrecerán un pan como primeros
frutos de su masa, de la misma manera que
ofrecen los primeros frutos de su cosecha.
21 Reservarán al Señor una ofrenda como
primeros frutos de su harina, ustedes y sus
descendientes.
22 Es posible que por descuido falten
alguna vez a cualquiera de los mandamientos que el Señor ha comunicado a Moisés,
23 es decir, dejen de cumplir lo que el Señor
les ha mandado por medio de Moisés, desde el día de su promulgación en adelante
por todas sus generaciones. 24 Si la falta
tuvo lugar por descuido de la comunidad,
entonces toda la comunidad sacrificará un
novillo en holocausto como aroma agrada-

◊ **15 1-19 22**: Nm 15, 18 y 19, pertenecen a la tradición sacerdotal y son de carácter legal. Contienen leyes y normas relativas a los sacrificios (Nm 15), los deberes y derechos de los levitas (Nm 18) y el agua para purificar que se prepara con las cenizas de la vaca roja (Nm 19). Nm 16-17 recogen tradiciones antiguas (yavista y elohista), editadas, reinterpretadas y ampliadas por la escuela sacerdotal. Aunque se refieren a episodios concretos y están presentados en forma de relatos, Nm 16-17 son de carácter institucional. Su intencionalidad última es afirmar la autoridad de la jerarquía, representada por Moisés y Aarón.

• **15 1-31**: Nm 15 1-16 determina la proporción de harina, aceite y vino que debía acompañar al sacrificio de un cordero, de un carnero y de un novillo. Nm 15 17-21 no se refiere a las primicias de pan que se ofrecían anualmente por la fiesta de pentecostés (Lv 23 15-17), sino a unas primicias de rango menor que se presentaban posiblemente cada vez que se hacía una nueva hornada de pan. Nm 15 22-31 especifica los sacrificios y oblaciones que han de ofrecerse para expiar los pecados cometidos inadvertidamente o por descuido, bien sea por la comunidad (Nm 15 22-26), bien sea por una sola persona (Nm 15 27-29). Para los que pecan consciente y deliberadamente no hay sacrificio de expiación posible (Nm 15 30-31), lo cual no quiere decir que no haya perdón.

ble al Señor, junto con la ofrenda y la libación correspondiente, además de un chivo como expiación. 25 El sacerdote hará la expiación por toda la comunidad de los israelitas, y les será perdonado, pues era una falta por descuido, y para reparar el descuido ellos han presentado su ofrenda al Señor, a saber, un sacrificio que se quema en honor del Señor y un sacrificio expiatorio. 26 Será perdonado todo el pueblo, tanto los israelitas como los extranjeros que viven en medio de ellos, pues todo el pueblo había pecado por descuido.

27 Si el pecado por descuido es de una sola persona, ofrecerá como sacrificio una cabra de un año. 28 El sacerdote hará en presencia del Señor la expiación por la persona que pecó por descuido y, una vez cumplido el rito de expiación, le será perdonado el pecado.

29 Tocante al pecador por descuido habrá una sola ley, y será la misma tanto para el ciudadano israelita como para los extranjeros residentes. 30 Pero el que deliberadamente, sea nativo o residente, ultraja al Señor, será excluido del pueblo, 31 por despreciar la palabra del Señor y transgredir la ley. Será excluido y cargará con su culpa.

Violación del sábado

Ex 31 12-17; Dt 22 12; Mt 23 5

32 Cuando los israelitas estaban en el desierto, sorprendieron a un hombre recogiendo leña en sábado. 33 Lo llevaron a la presencia de Moisés, de Aarón y de toda la comunidad, 34 y quedó detenido mientras se decidía lo que había que hacer con él. 35 El Señor dijo a Moisés:

–Ese hombre debe morir apedreado por la comunidad, fuera del campamento.

36 Toda la comunidad lo hizo salir del campamento y lo apedreó hasta matarlo, como el Señor había ordenado a Moisés.

37 El Señor dijo a Moisés:

38 –Ordena a los israelitas que, de generación en generación, se hagan flecos en los bordes de su mantos y aten los flecos de cada borde con un hilo de color violeta. 39 Cuando ustedes los miren, les servirán para recordar los mandamientos del Señor y les ayudarán a ponerlos en práctica, apartando de ustedes los deseos del corazón y de los ojos que los seducen. 40 De esta manera recordarán los mandamientos del Señor, los pondrán en práctica y estarán unidos a su Dios. 41 Yo soy el Señor su Dios, que los he sacado de Egipto para ser el Dios de ustedes. Yo, el Señor tu Dios.

Rebelión de Coré, Datán y Abirán

Lv 10 1-3; Sal 106 16-18; Eclo 45 18-20; Jds 11

16 1 Coré, hijo de Yisar, hijo de Queat, hijo de Leví, ganó para su causa a Datán y Abirán, hijo de Eliab, y asimismo a On, hijo de Pélet, descendientes de Rubén. 2 Estos se sublevaron contra Moisés, y con ellos otros doscientos cincuenta hombres, jefes de la comunidad, delegados de la asamblea, y de buena reputación. 3 Se amotinaron contra Moisés y contra Aarón diciendo:

–¡Ya está bien! Si todos los miembros de la comunidad son santos y el Señor está en medio de ellos, ¿por qué mandan ustedes solos en toda la asamblea del Señor?

4 Al oír esto, Moisés se postró en tierra. 5 Luego habló así a Coré y a todos sus seguidores:

–Mañana dirá el Señor quién le pertenece, quién es santo y quién se le puede acercar; aquel a quien él elija será el que se acerque a él. 6 Harán lo siguiente: Tú, Coré y todos tus seguidores, procúrense incen-

• **15 32-41**: El castigo del hombre que quebranta la ley del descanso sabático tiene carácter ejemplar. La lapidación es una forma de ejecución colectiva en la que todos los miembros de la comunidad pueden sentirse responsables del mantenimiento del orden. El caso particular sirve para introducir una exhortación general a no olvidar los mandamientos del Señor. Para ello se recomienda poner en los vestidos un hilo de color violeta, tejido que se utiliza en el culto y recuerda la consagración del pueblo a Dios.

• **16 1-35**: En este capítulo se hallan entremezclados dos relatos inicialmente distintos e independientes. El primero, protagonizado por Datán y Abirán, se dirige contra Moisés, a quien se acusa de incompetencia, porque no es capaz de introducir al pueblo en la tierra. El segundo, protagonizado por Coré, se ha transmitido en dos versiones, pertenecientes ambas a la tradición sacerdotal. En una de ellas Coré, junto con doscientos cincuenta seguidores, se rebela contra Moisés y Aarón, reclamando para sí una autoridad y unas funciones que no les competían. En la segunda versión, Coré se hace portavoz de un grupo de levitas, que protestan contra Aarón y sus descendientes, porque estos últimos reclaman para sí en exclusiva el sacerdocio.

sarios, 7 y mañana, en presencia del Señor,
pongan fuego en ellos e incienso encima
del fuego. Aquel a quien el Señor elija, ese
será el consagrado. Esto les bastará, hijos
de Leví.
8 Moisés añadió, dirigiéndose a Coré:
–Escuchen, hijos de Leví: 9 ¿Les parece
poco que el Dios de Israel los haya separado
del resto del pueblo para tenerlos a su lado
y estar al servicio de la morada del Señor,
distinguiéndolos en la comunidad como ministros suyos? 10 El Señor te ha llamado a
su lado a ti y a todos tus hermanos los levitas, ¿ambicionan ahora también el sacerdocio? 11 Tú y tus seguidores se han rebelado
en realidad contra el Señor, pues ¿quién es
Aarón para que murmuren contra él?
12 Moisés mandó llamar a Datán y Abirán, hijos de Eliab, pero ellos respondieron:
–No queremos ir. 13 ¿Te parece poco habernos sacado de una tierra que mana leche y miel para traernos a este desierto de
muerte, y aún quieres seguir dominándo-
nos? 14 ¡No, la tierra a la que nos has traído
no mana leche y miel; no nos has dado en
posesión ni campos ni viñas! ¿Crees que
estamos ciegos? ¡No iremos!
15 Moisés, muy enojado, dijo al Señor:
–No aceptes su ofrenda. Ni un burro he
tomado yo de ellos; a ninguno de ellos he
perjudicado.

Castigo de Coré, Datán y Abirán

16 Moisés dijo a Coré:
–Preséntense mañana ante el Señor, tú y
tus seguidores, juntamente con Aarón.
17 Tomen cada uno su incensario, echen el
incienso en ellos y presenten al Señor los
doscientos cincuenta incensarios. Tú y
Aarón tendrán también su incensario.
18 Tomó cada uno su incensario, pusieron el fuego, echaron el incienso y se colocaron a la entrada de la tienda del encuentro, con Moisés y Aarón. 19 Coré reunió
también contra ellos a la entrada de la tienda
del encuentro a toda la comunidad. La gloria
del Señor se manifestó a toda la asamblea.
20 El Señor dijo a Moisés y a Aarón:
21 –Sepárense de este grupo, pues voy a
aniquilarlo ahora mismo.
22 Postrados en tierra, dijeron:
–Oh Dios, a quien pertenece toda vida,
ha pecado uno solo, no te irrites contra toda la comunidad.
23 El Señor dijo a Moisés:
24 –Di a la comunidad que se aleje de la
tienda de Coré, Datán y Abirán.
25 Moisés se levantó, se acercó a Datán
y Abirán, seguido de los ancianos de Israel,
y dijo a la comunidad:
26 –Aléjense de las tiendas de estos impíos y no toquen nada que les pertenezca,
para que no perezcan por sus pecados.
27 Ellos se alejaron de la tienda de Coré, Datán y Abirán. Entre tanto, Datán y
Abirán habían salido y estaban a la entrada
de sus tiendas con sus mujeres y sus hijos.
28 Moisés dijo:
–Ahora sabrán que es el Señor quien
me ha enviado para hacer lo que he hecho
y que no he actuado por mi cuenta: 29 Si
éstos mueren de muerte natural, según el
destino de todos los hombres, es que el
Señor no me ha enviado; 30 pero, si el Señor hace un milagro, si la tierra abre sus
fauces y se los traga con todo lo que tienen, y bajan vivos al lugar de los muertos,
entonces sabrán que estos hombres se han
burlado del Señor.
31 Dicho esto, el suelo se hundió bajo
sus pies, 32 la tierra abrió sus fauces y se
los tragó, a ellos y a sus familias, junto con
los seguidores de Coré y sus bienes. 33 Bajaron vivos al lugar de los muertos, ellos y
todos los suyos; la tierra se cerró sobre ellos
y desaparecieron de la asamblea. 34 Al oír
sus gritos, todos los israelitas que estaban
cerca huyeron diciendo:
–¡Huyamos, no sea que la tierra nos trague también a nosotros!
35 El Señor hizo brotar un fuego que
consumió a los doscientos cincuenta hombres que ofrecían el incienso.

Los incensarios de los seguidores de Coré

17 1 El Señor dijo a Moisés:
2 –Manda a Eleazar, hijo del sacerdote

• **17** 1-28: Pertenecientes a la tradición sacerdotal, las tres perícopas que integran Nm 17 son apéndices complementarios, que hacen referencia al tema de Nm 16 sobre la autoridad de Aarón (Nm 17 1-5), sobre la autoridad de Moisés y Aarón (Nm 17 6-15), sobre la supremacía de Aarón y de la tribu de Leví sobre todas las demás (Nm 17 16-28).

Aarón, que saque los incensarios de las cenizas, pues son santos, y que esparza las brasas. 3 Con los incensarios de estos hombres, que pecaron a costa de sus vidas, hagan láminas para recubrir el altar, pues los incensarios fueron presentados ante el Señor y quedaron santificados; servirán de recuerdo a los hijos de Israel.

4 Eleazar tomó los incensarios de cobre pertenecientes a los consumidos por el fuego, y los convirtió en láminas para recubrir el altar. 5 Estas recuerdan a los israelitas que ningún profano, ajeno a la descendencia de Aarón, puede acercarse a ofrecer incienso en presencia del Señor, si no quiere que le suceda lo que a Coré y a sus seguidores, según lo ordenado por Dios a Moisés.

Aarón intercede por el pueblo

Sab 18 20-25

6 Al día siguiente, toda la comunidad israelita murmuraba contra Moisés y Aarón diciendo:

–Ustedes han aniquilado al pueblo del Señor.

7 Como la asamblea estaba amotinada contra ellos, Moisés y Aarón fueron a la tienda del encuentro. La nube la cubrió y se manifestó la gloria del Señor. 8 Se acercaron a la tienda del encuentro, 9 y el Señor dijo a Moisés:

10 –Aléjense de esta comunidad, pues la voy a destruir ahora mismo.

11 Ellos se postraron rostro en tierra, y Moisés dijo a Aarón:

–Toma el incensario, pon en él fuego del altar, echa incienso y vete corriendo hacia la comunidad para hacer la expiación por ella, pues ha salido ya la ira de la presencia del Señor y ha comenzado la matanza.

12 Aarón tomó el incensario, según la orden de Moisés, y corrió hacia la asamblea, donde había comenzado la matanza; puso incienso, hizo la expiación por el pueblo, 13 se situó entre los vivos y los muertos, y cesó el castigo. 14 Las víctimas se elevaron a catorce mil setecientos, sin contar los muertos en el motín de Coré. 15 Una vez que hubo pasado el castigo, regresó Aarón con Moisés a la tienda del encuentro.

La vara de Aarón

16 El Señor dijo a Moisés:

17 –Manda que los hijos de Israel te traigan doce varas, una por cada tribu, enviadas por los jefes de cada una de las tribus, y escribe el nombre de éstos en sus respectivas varas. 18 En cuanto a Aarón, escribe su nombre sobre la vara de Leví, pues sólo habrá una vara para cada cabeza de tribu. 19 Las depositarás luego en la tienda del encuentro, delante de las tablas de la alianza que he hecho con ellos. 20 El hombre cuya vara florezca será mi elegido; de esta manera cesarán las murmuraciones de los israelitas contra ustedes.

21 Moisés se lo dijo a los israelitas, y cada uno de los jefes trajo su vara; doce varas en total, una por cada tribu. La vara de Aarón estaba entre las demás. 22 Moisés las depositó delante del Señor, en la tienda del testimonio. 23 Al día siguiente, cuando Moisés vino a la tienda del testimonio, la vara de Aarón, la de la tribu de Leví, había echado brotes, cogollos, flores y almendras. 24 Moisés hizo retirar todas las varas de la presencia del Señor y se las mostró a los israelitas; éstos comprobaron lo ocurrido y cada uno tomó su vara.

25 Entonces el Señor dijo a Moisés:

–Vuelve a colocar la vara de Aarón delante de las tablas del testimonio y déjala allí como señal para los hijos rebeldes, para que cesen sus quejas contra mí y no mueran.

26 Moisés hizo lo que el Señor le había ordenado. 27 Los israelitas dijeron a Moisés:

–¡Estamos perdidos; vamos a morir todos! 28 El que se acerque a la morada del Señor perecerá. ¿Acaso tendremos que morir todos?

Sacerdotes y levitas

18 1 El Señor dijo a Aarón:

–Tú, tus hijos y tu familia serán los responsables de las faltas cometidas contra

• **18 1-32:** Después de narrar la desconfianza existente entre la tribu de Leví y las demás tribus, y las rivalidades entre sacerdotes y levitas dentro de la propia tribu de Leví (Nm 16-17), Nm 18 expone y concreta de manera serena y ordenada la misión y las obligaciones de los sacerdotes y los levitas (Nm 18 1-7), juntamente con lo que les corresponde percibir por sus servicios (sacerdotes: Nm 18 8-19; levitas: Nm 18 20-32).

el santuario; en cambio tú y tus hijos serán los responsables de las faltas cometidas en el ejercicio del sacerdocio. 2 Tendrás junto a ti a tus hermanos, los levitas, la tribu de tu padre. Serán tus ayudantes y tus asistentes, mientras tú y tus hijos están ante la tienda del testimonio. 3 Estarán a tu servicio y al servicio de toda la tienda, pero sin acercarse a los objetos sagrados ni al altar, para evitar que mueran ustedes y ellos. 4 Serán tus ayudantes y cuidarán la tienda del encuentro con todo su servicio; ningún extraño se acercará a ustedes. 5 Cuidarán del santuario y del altar, para que la ira divina no se encienda más contra los israelitas. 6 He tomado a sus hermanos los levitas de entre los israelitas, y a ustedes se los he confiado como si fueran un don del Señor para estar al servicio de la tienda del encuentro. 7 Tú y tus hijos ejercerán su sacerdocio en todo lo referente al altar y a cuanto hay detrás del velo; únicamente ustedes prestarán este servicio. Les he otorgado el sacerdocio como un don. Si un extraño se acerca, morirá.

Porción de los sacerdotes

Lv 6-7; 2 13; Mc 9 49

8 El Señor dijo a Aarón:

–Te confío el servicio de todas las cosas consagradas a mí por los israelitas: es un privilegio que te otorgo para siempre a ti y a tus hijos en virtud de la unción. 9 Esto es lo que te corresponde de las cosas sagradas, no consumidas por el fuego: todas las ofrendas que me hagan los israelitas: ofrendas, sacrificios por el pecado, y todos los sacrificios de reparación; todo esto es para ti y para tus hijos. 10 Se alimentarán de cosas consagradas. Todo varón las podrá comer. Serán para ti cosas santas. 11 Te pertenecerá también lo que se reserva de las ofrendas de los israelitas hechas mediante el rito del balanceo; te lo doy a ti y a tus hijos para siempre. Podrán comer todos los de tu casa siempre que estén puros. 12 Todo lo mejor del aceite, del vino nuevo y del trigo; te doy las primicias que ellos ofrecen al Señor. 13 Las primicias que habrán de traer al Señor de todos los frutos de su tierra, serán tuyas; todos los de tu casa podrán comerlas, siempre que estén puros. 14 Todo lo que en Israel sea consagrado al exterminio te pertenece. 15 Todos los primogénitos que se ofrecen al Señor, tanto de los hombres como de los animales, serán tuyos. Rescatarás los primogénitos de los hombres y de los animales impuros. 16 El rescate se hará al mes de nacer, a razón de cinco monedas de plata según la moneda del santuario, que es de doce gramos. 17 No aceptarás rescate por los primogénitos de las vacas, ovejas y cabras. Serán cosas santas; derramarás su sangre sobre el altar, consumirás las grasas en sacrificio que se quema como aroma agradable al Señor; 18 pero la carne te pertenece a ti, lo mismo que la pierna derecha y el pecho ofrecido mediante el rito del balanceo. 19 La porción de las cosas consagradas que reserven para el Señor los israelitas, te la doy a ti y a tus hijos para siempre. Es una alianza eterna sellada con sal en presencia del Señor para ti y para toda tu descendencia.

Porción de los levitas

Dt 14 22.27-29

20 El Señor dijo a Aarón:

–Tú no recibirás herencia en su tierra, ni tendrás una parte entre ellos. Yo mismo seré tu herencia y tu parte en medio de los hijos de Israel. 21 Yo doy como herencia a los hijos de Leví todos los diezmos de Israel en compensación por los servicios que prestan en la tienda del encuentro. 22 De esta manera los israelitas no tendrán necesidad de acercarse a la tienda del encuentro, y no se harán reos de pecado ni morirán. 23 Serán los levitas los encargados del servicio de la tienda del encuentro; únicamente ellos serán los responsables. Es una norma perpetua para todas las generaciones. Los levitas no tendrán herencia entre los israelitas, 24 pues yo les doy como herencia los diezmos que los israelitas entreguen al Señor. Por eso, les digo: no tendrán herencia en medio de Israel.

25 El Señor dijo a Moisés:

26 –Di a los levitas: Cuando reciban de los israelitas los diezmos de sus bienes, que yo les doy en herencia, presentarán al Señor en ofrenda una décima parte de los diezmos, 27 y esta ofrenda les será tenida en cuenta como si fuera el trigo de la cose-

cha o el vino nuevo. 28 De este modo, también ustedes harán al Señor una ofrenda de todos los diezmos que reciban de los israelitas. Esta ofrenda reservada al Señor la entregarán al sacerdote Aarón. 29 De todos los dones que reciban, reservarán la ofrenda al Señor. Harán esta reserva sagrada de lo mejor de los dones.

30 Di a los levitas: una vez reservado lo mejor para mí, el resto será para ustedes como el fruto del trigo y del vino nuevo. 31 Lo podrán comer en cualquier lugar, ustedes y los suyos; es el salario por su servicio en la tienda del encuentro. 32 Una vez ofrecido lo mejor de sus diezmos, ya no incurrirán en culpa. No profanarán las cosas consagradas por los israelitas, y así no morirán.

La vaca roja

Lv 4 3-12; 14 2-7; Heb 9 13-14; 13 11-13

19 1 El Señor dijo a Moisés y a Aarón: 2 –Esta es la ley que el Señor establece: Di a los israelitas que te traigan una vaca roja, sin ningún defecto, y que nunca haya llevado yugo. 3 La entregarán al sacerdote Eleazar, que la sacará del campamento y la hará inmolar en su presencia. 4 El sacerdote Eleazar mojará su dedo en la sangre y hará siete aspersiones en dirección a la fachada de la tienda del encuentro. 5 Después hará quemar la vaca en su presencia; quemarán la piel, la carne, la sangre y el vientre. 6 El sacerdote tomará madera de cedro, hisopo y lino rojo, y lo echará en el fuego donde se quema la vaca. 7 Lavará sus vestidos y su cuerpo y entrará en el campamento, pero quedará impuro hasta la tarde. 8 También el que la quemó lavará sus vestidos y su cuerpo, pero quedará impuro hasta la tarde.

9 Un hombre en estado de pureza recogerá las cenizas de la vaca y las dejará en un lugar puro, donde serán guardadas por la asamblea israelita para hacer el agua de la purificación; es un sacrificio por el pecado. 10 El que recoja las cenizas de la vaca, limpiará sus vestidos, pero quedará impuro hasta la tarde. Así se establece a perpetuidad para los israelitas y para los extranjeros residentes.

Casos de impureza

11 El que toque un cadáver, sea quien fuere el muerto, quedará impuro siete días. 12 Se purificará con el agua de la purificación los días tercero y séptimo y quedará puro, pero si no se purifica los días tercero y séptimo, no quedará puro. 13 El que ha tocado un muerto, un cadáver humano, y no se purifica, contamina la morada del Señor. Será excluido de Israel, pues no se purificó con el agua de la purificación: es impuro y su impureza quedará en él.

14 Esta es la norma para cuando un hombre muere en una tienda: el que entre en la tienda, junto con los que se encuentran en ella, quedarán impuros durante siete días. 15 También quedarán impuras las vasijas que estén sin tapar.

16 Asimismo, el que toque en el campo un hombre muerto por la espada o un muerto cualquiera, así como huesos humanos o un sepulcro, quedará impuro siete días.

17 Para purificar al que quedó impuro, tomarás un poco de ceniza del brasero del sacrificio por el pecado y la echarás en un vaso, añadiendo agua corriente. 18 Un hombre en estado de pureza tomará el hisopo, lo mojará en el agua y rociará la tienda, los objetos y las personas que haya en ella, e igualmente rociará al que haya tocado huesos humanos, una víctima, un muerto o un sepulcro. 19 El hombre puro rociará al impuro los días tercero y séptimo. El impuro, después de la última aspersión, limpiará sus vestidos, se lavará, y a la tarde quedará puro.

20 El hombre impuro que no se purifique será excluido de la asamblea, porque ha contaminado el santuario del Señor; no se ha purificado con agua de la purificación y es impuro. 21 Así se establece a per-

• **19 1-22**: El centro de este capítulo no es la vaca roja en sí misma, sino el agua de la purificación que se prepara mezclando las cenizas de dicha vaca con otras sustancias (Nm 19 1-10). El agua de la purificación servirá para salvaguardar la pureza ritual del pueblo, que es la finalidad última de Nm 19. Es un rito extraño y misterioso, que no tiene paralelo en los rituales del Antiguo Testamento. Pudiera tratarse de algún rito pagano de origen cananeo, asumido y adaptado por Israel.

petuidad para ustedes. El que haga la aspersión con el agua de la purificación lavará
sus vestidos, y el que toque estas aguas
quedará impuro hasta la tarde. 22 Todo
cuanto toque el impuro quedará impuro, y
la persona que lo toque a él quedará impura hasta la tarde.

3. De Cadés a Moab ◊

Agua de la roca

Ex 17 1-7

20 1 La comunidad de Israel en su totalidad llegó al desierto de Sin el primer
mes, y el pueblo acampó en Cadés. Allí
murió María, y allí fue sepultada. 2 No había agua para la comunidad y ésta se amotinó contra Moisés y Aarón. 3 El pueblo se
quejaba contra Moisés diciendo:
–¡Ojalá hubiéramos muerto con nuestros hermanos ante el Señor! 4 ¿Por qué trajeron a la asamblea del Señor a este desierto, para que muramos nosotros y nuestros
ganados? 5 ¿Por qué nos sacaron de Egipto
para traernos a este lugar maldito, donde no
hay semillas, ni higueras, ni viñas, ni granados, ni siquiera agua para beber?
6 Moisés y Aarón se apartaron de la comunidad y fueron a la entrada de la tienda
del encuentro. Cayeron rostro a tierra y se
les manifestó la gloria del Señor. 7 El Señor
dijo a Moisés:
8 –Toma el bastón y reúne a la comunidad. Cuando esté reunida, ordenen a la roca tú y tu hermano Aarón que dé agua, y
harás brotar para ellos agua de la roca, y
les darás de beber a ellos y a sus ganados.
9 Moisés tomó el bastón que estaba ante
el Señor, como él le había ordenado, 10 convocó, junto con Aarón, a la comunidad delante de la roca, y les dijo:
–¡Escuchen, rebeldes! ¿Podremos nosotros hacer brotar agua de esta roca?
11 Entonces Moisés levantó el brazo y
golpeó por dos veces la roca con el bastón.
Brotó de ella agua en abundancia, y bebieron todos, junto con sus ganados.
12 El Señor dijo a Moisés y a Aarón:
–Por no haber creído en mí, por no haber reconocido mi santidad en presencia de
los israelitas, no serán ustedes quienes
introduzcan a este pueblo en la tierra que
yo les doy.
13 Estas son las aguas de Meribá –es
decir, del Pleito–, donde los israelitas entablaron un pleito contra el Señor y él les
mostró su santidad.

El rey de Edom les niega el paso

Jue 11 16-26; Dt 2 4-7; Dt 26 5-10

14 Moisés envió desde Cadés este mensaje al rey de Edom:
–Así dice tu hermano Israel: Ya sabes
todas las dificultades que hemos tenido.
15 Nuestros antepasados bajaron a Egipto,
donde ellos y nosotros hemos sufrido
durante largo tiempo malos tratos por parte
de los egipcios. 16 Clamamos al Señor, él
es-cuchó nuestro clamor y mandó a su
ángel a sacarnos de allí. Ahora estamos
aquí, en Cadés, en la frontera de tus dominios. 17 Déjanos pasar por tu territorio. No
pisaremos tus sembrados ni tus viñas; ni
beberemos el agua de tus pozos; iremos
por el camino principal, sin desviarnos ni a
la derecha ni a la izquierda, hasta que dejemos tu tierra.
18 Edom respondió:

◊ **20 1-21 35**: Los hechos que se relatan en esta sección tienen como escenario un complejo itinerario, que va de Cadés a Moab, dando un largo rodeo por el mar Rojo (golfo de Aqaba) y Transjordania. En los relatos de Nm 20-21 se reconocen pasajes que pertenecen a las fuentes antiguas (yahvista y elohista).

• **20 1-13**: Este relato, perteneciente a la tradición sacerdotal, es un duplicado de Ex 17 1-7 con ligeras variantes. Primera, está localizado, no en Refidín sino en Cadés. Segunda, denuncia la falta de fe de Moisés y Aarón, con el consiguiente castigo (Nm 20 12).

En Nm 20 13 la explicación del topónimo Meribá pertenece al llamado género etiológico, tan frecuente en este libro y en la Biblia en general. Véase nota a Nm 11 1-15.

• **20 14-21**: Desde aquí hasta el final del libro, el pueblo se encuentra ya siempre en movimiento, camino de los llanos de Moab. A través de un itinerario largo y complicado, los israelitas van a cruzar o bordear los territorios de cinco reyes que sistemáticamente se niegan a dejarlos pasar por sus dominios. Son los reyes de Edom (Nm 20 14-21), de Arad (Nm 21 1-3), de los amorreos, cuyo rey era Sijón (Nm 21 21-30), de Basán, cuyo rey era Og (Nm 21 33-35) y de Moab, cuyo rey era Balac (Nm 22-24); todos ellos, enemigos tradicionales de Israel. Nm 20 14-21 refiere la negativa del primero de estos reyes, el de Edom, el único que consigue hacer efectivas sus pretensiones. Los israelitas renuncian a cruzar su territorio sin que el texto bíblico explique por qué.

–No pasen por mi territorio; si lo intentan, me opondré con las armas.
19 Los israelitas contestaron:
–Iremos por el camino usual y, si nosotros y nuestros ganados bebemos de tu
agua, te la pagaremos. Tan solo pedimos
que nos dejes pasar a pie.
20 Pero Edom respondió:
–No pasarán.
Y les salió al encuentro con mucha gente bien armada. 21 Edom no dejó pasar a
Israel por su territorio, por eso Israel se alejó de él.

Muerte de Aarón

Nm 33 38-39

22 La comunidad israelita partió de Cadés y llegó a la montaña de Hor. 23 El Señor habló a Moisés y Aarón en la montaña
de Hor, en la frontera de Edom, diciendo:
24 –Aarón morirá aquí, no puede entrar
en la tierra que yo he dado a los israelitas,
porque se rebelaron contra mí en las aguas
de Meribá. 25 Toma a Aarón y a su hijo
Eleazar, y suban los tres a la montaña de
Hor. 26 Quítale a Aarón sus ornamentos y
pónselos a su hijo Eleazar, pues Aarón
morirá allí.
27 Moisés hizo lo que el Señor le había
ordenado. Subieron los tres a la montaña
de Hor y, a la vista de toda la comunidad,
28 Moisés quitó los ornamentos a Aarón y
se los puso a su hijo Eleazar. Aarón murió
allí en la cima de la montaña. Bajaron solos
Moisés y Eleazar. 29 La comunidad vio que
Aarón había muerto y le lloró durante treinta días.

Victoria sobre los cananeos

Jue 1 16-17

21 1 Cuando el rey cananeo de Arad, en
el Négueb, se enteró de que Israel venía por el camino de Atarín, los atacó e hizo
varios prisioneros. 2 Entonces Israel hizo
voto al Señor diciendo:
–Si entregas a este pueblo en mis manos,
yo consagraré sus ciudades al exterminio.
3 El Señor lo escuchó y entregó a los
cananeos en manos de Israel, que los consagró al exterminio junto con sus ciudades.
Por eso, llamó a aquel lugar Jormá –es decir, Exterminio–.

La serpiente de bronce

1 Cor 10 9; Jn 3 14-15

4 Los israelitas partieron de la montaña
de Hor camino del mar de las cañas, rodeando el territorio de Edom. En el camino, el
pueblo comenzó a impacientarse 5 y a murmurar contra el Señor y contra Moisés, diciendo:
–¿Por qué nos han sacado de Egipto para hacernos morir en este desierto? No hay
pan ni agua, y estamos ya hartos de este
pan sin consistencia.
6 El Señor envió entonces contra el pueblo serpientes muy venenosas que los mor-
dían. Murió mucha gente de Israel, 7 y el
pueblo fue a decir a Moisés:
–Hemos pecado al murmurar contra el
Señor y contra ti. Pide al Señor que aleje
de nosotros las serpientes.
Moisés intercedió por el pueblo, 8 y el
Señor le respondió:

• **20 22-29**: Según estaba establecido (Nm 20 12), Aarón muere en el desierto sin poder entrar en la tierra prometida. Mediante la acción simbólica del cambio de vestidos se expresa el traspaso de poderes sacerdotales a Eleazar y después de él a sus descendientes. Los vestidos y ornamentos sacerdotales se describen detalladamente en Lv 8 7-9.

• **21 1-3**: La exploración y las tentativas de entrar en la tierra de que se habla en Nm 13-14, lo mismo que esta acción de guerra, son seguramente restos de una antigua tradición, que hablaba de la entrada directa de algunos grupos hebreos en la tierra de Canaán por el sur, a partir del oasis de Cadés.

En Nm 21 3 una vez más el autor sagrado introduce una reflexión para explicar el origen del nombre de Jormá, que se derivaría, según él, de *jerem* = exterminio (véase nota a Nm 11 1-15).

• **21 4-9**: Posiblemente, se trata de una historia creada para explicar el origen de la serpiente de bronce que existía y recibía culto poco ortodoxo en el templo de Jerusalén hasta que Ezequías la mandó destruir (2 Re 18 4). La serpiente de bronce alzada sobre un asta (Nm 21 8) proporciona al cuarto evangelio un buen símbolo para expresar de una manera plástica la fuerza salvífica y el poder curativo que brota de la cruz de Cristo (Jn 3 14-15).

• **21 10-20**: Se señalan aquí las grandes etapas de un itinerario que lleva a los israelitas desde el golfo de Aqaba hasta el monte Pisgá en el noroeste de Moab. En este itinerario Dios asiste a su pueblo proporcionándole el agua suficiente.

–Fabrica una serpiente de bronce, ponla
en un asta, y todos los que hayan sido mordidos y la miren quedarán curados.
9 Moisés hizo una serpiente de bronce y
la puso en un asta. Cuando alguno era mordido por una serpiente, miraba a la serpiente de bronce y quedaba curado.

Etapas diversas

10 Los israelitas partieron y acamparon
en Obot. 11 Salieron de Obot y acamparon
en las ruinas de Abarín, en el desierto que
se extiende al este de Moab. 12 Partieron
de allí y acamparon en el torrente Zámed.
13 Partieron de Zámed y acamparon al otro
lado del Arnón, en el desierto que arranca
del territorio de los amorreos, pues el Arnón marca la frontera entre Moab y los amorreos. 14 Por eso se dice en el libro de las
Guerras del Señor: «Waeb en Sufá, el Arnón y sus afluentes; 15 la ladera de los torrentes que se extienden hacia la región de
Ar y recorren la frontera de Moab».
16 Desde allí fueron a Ber –es decir, al
Pozo–. A este pozo se refería el Señor cuando dijo a Moisés:
–Reúne al pueblo y yo le daré agua.
17 Fue entonces cuando Israel entonó
esta copla:

Cántenle al pozo, ¡que brote!
18 Ha sido cavado por príncipes,
abierto por los jefes del pueblo,
con su poder, con sus bastones de mando.

Y desde el desierto se dirigieron a Mataná. 19 De Mataná fueron a Najaliel, y de
Najaliel a Bamot. 20 Desde Bamot, por el
valle del campo de Moab, se dirigieron hacia la cumbre del Pisga, desde donde se
domina el desierto.

Victorias sobre Sijón y Og

Dt 2 26-36; Jue 11 19-20; Jr 48 45-46; Dt 3 1-17

21 Israel envió a Sijón, rey de los amorreos, este mensaje:
22 –Déjanos pasar por tu territorio. No
pisaremos tus sembrados ni tus viñas; ni
beberemos el agua de tus pozos. Seguiremos el camino principal hasta que hayamos salido de tus fronteras.
23 Pero Sijón se negó a ello. Reunió a
todo su pueblo, salió al encuentro de Israel
en el desierto, le dio alcance en Yazá, y allí
le presentó batalla. 24 Israel lo venció en el
combate y conquistó su territorio desde el
Arnón hasta el Yaboc, y hasta la frontera de
los amonitas, que estaba fortificada. 25 Israel se apoderó de estas ciudades y se estableció en todas las ciudades de los amorreos, en Jesbón y todos sus pueblos de-
pendientes. 26 Jesbón era la capital de Sijón,
rey de los amorreos, el cual había luchado
contra el anterior rey de Moab y había conquistado todo su territorio hasta el Arnón.
27 Por eso dicen los trovadores:

Entren en Jesbón, ciudad de Sijón.
¡Qué la vean reconstruida y fortificada!
28 De Jesbón ha salido un fuego,
llamas de la ciudad de Sijón,
que han consumido a Ar de Moab
y a los ídolos de los altos del Arnón.
29 ¡Ay de ti, Moab!
¡Estás perdido, pueblo de Camós!
Sus hijos fugitivos y sus hijas cautivas
han sido entregados a Sijón,
rey de los amorreos.
30 Su posteridad ha perecido,
desde Jesbón hasta Dibón;
hemos saqueado hasta Nofaj,
todo hasta Madabá.

31 De esta manera, Israel se estableció
en la tierra de los amorreos.
32 Moisés envió exploradores a Yazer, y
ellos se apoderaron de sus pueblos depen-
dientes, expulsando a los amorreos que los
habitaban. 33 Cambiaron de dirección y tomaron la ruta de Basán. Les salió entonces
al encuentro Og, rey de Basán, con todo su
pueblo y les presentó batalla en Edreí.
34 El Señor dijo a Moisés:
–No le tengas miedo, porque lo entrego
en tu poder, a él, a su pueblo y a su territorio. Lo tratarás como trataste a Sijón, rey
de los amorreos, que reinaba en Jesbón.
35 Los israelitas lo derrotaron a él, a sus
hijos, y a todo su pueblo, sin dejar escapar
a nadie, y conquistaron su territorio.

• **21 21-35**: Nm 21 21-32 describe la conquista del reino amorreo de Sijón, mientras que Nm 21 33-35 narra la ocupación del territorio de Basán, situado más al norte. Estas conquistas le aseguran a Israel el dominio de la parte norte de Transjordania, donde se van a establecer las tribus de Gad, Rubén y la media tribu de Manasés (Nm 32).

III. EN MOAB Δ

1. *Historia de Balaán* ◊

Balac llama a Balaán

Dt 23 5-6; Jos 24 9-10; 2 Pe 2 15-16; Jds 11; Ap 2 14

22 1 Los israelitas reanudaron la marcha
y fueron a acampar a los llanos de Moab,
al otro lado del Jordán, a la altura de Jericó.
2 Balac, hijo de Sipor, sabía todo lo que
Israel había hecho con los amorreos, 3 y
Moab tenía miedo de un pueblo tan numeroso. Moab se atemorizó ante los israelitas,
4 y dijo a los ancianos de Madián:
–Esta multitud va a devorar ahora todo
a nuestro alrededor, como devora un toro
la hierba del campo.
En aquel tiempo reinaba en Moab Balac, hijo de Sipor. 5 Balac envió mensajeros a Petor, que está en la ribera del Eufrates, en el país de los amavitas, para que
hicieran venir a Balaán, hijo de Beor, con
este mensaje:
–Mira, ha salido de Egipto un pueblo
que cubre la tierra y está ya cerca de mí. 6 Ven,
por favor, y maldice de mi parte a este pueblo, pues es más poderoso que yo; a ver si
así podemos vencerlo y echarlo de la tierra, pues sé que aquel a quien tú bendices
queda bendito y aquel a quien tú maldices
queda maldito.
7 Los ancianos de Moab y los ancianos
de Madián partieron, llevando consigo el
precio de la maldición. Llegaron junto a
Balaán y le comunicaron las palabras de
Balac. 8 El les dijo:
–Pasen aquí la noche, y yo les responderé según lo que me diga el Señor.
Los ancianos de Moab se quedaron con
Balaán.
9 Dios se apareció a Balaán y le dijo:
10 –¿Quiénes son los hombres que están
contigo?
Balaán respondió:
–Vienen de parte de Balac, hijo de Sipor, rey de Moab, que los ha enviado con
este mensaje: 11 «Mira, ha salido de Egipto
un pueblo que cubre toda la tierra. Ven, por
favor, a maldecirlo de mi parte, para que
pueda vencerlo y expulsarlo».
12 Dios dijo a Balaán:
–No vayas con ellos ni maldigas a ese
pueblo, porque es bendito.
13 Balaán se levantó de mañana y dijo a
los enviados de Balac:
–Regresen a su tierra, pues el Señor no
me deja ir con ustedes.
14 Los jefes de Moab se levantaron, regresaron donde se encontraba Balac y le
dijeron:
–Balaán se ha negado a venir con nosotros.
15 Balac envió de nuevo dignatarios más
numerosos y honorables que los primeros.
16 Llegaron donde estaba Balaán y le dijeron:
–Esto dice Balac, hijo de Sipor: «Por favor, no te niegues a venir hasta mí, 17 pues
te colmaré de honores y haré lo que me
digas. Ven, pues, y maldice de mi parte a
este pueblo».

Δ 22 1-36 13: Desde el punto de vista geográfico, los últimos quince capítulos de Números se desarrollan en los llanos de Moab (Transjordania), a las puertas ya de la tierra prometida. Desde el punto de vista literario, la mayor parte del material se debe a la escuela sacerdotal, aunque también se conservan aquí secciones muy importantes que se remontan a las fuentes antiguas (p.e. Nm 22-24). Como es habitual en el libro de los Números, alternan las secciones narrativas con los textos de orden legal e institucional.

◊ 22 1-24 25: La historia colorista y folklórica de Balaán, profeta pagano, mandado a llamar por Balac, rey de Moab, con el fin de que maldijera a Israel, es el marco narrativo, en el que se encuadran cuatro importantes oráculos. Tanto desde el punto de vista literario como teológico, estos cuatro oráculos son las piezas de más calidad dentro del libro de los Números. La visión positiva de Balaán que aparece en estos relatos y en los oráculos contrasta con las referencias negativas que encontramos en otros lugares del Antiguo Testamento (véase Dt 23 5; Jos 13 22; 24 9), cuyo influjo se advierte también en el Nuevo Testamento (2 Pe 2 15-16; Ap 2 14). En estos otros pasajes Balaán aparece como enemigo de Israel y maestro de doctrinas perniciosas.

• 22 1-20: La ciudad de Petor y el país de los amavitas (Nm 22 5), conocidos también por documentos extrabíblicos, se encuentran a orillas del alto Eufrates, a más de seiscientos kilómetros de distancia de Moab, y a unos veinticinco días de camino de donde se encontraban los israelitas. O sea, geográficamente hablando, la historia de Balaán es poco verosímil. Pero estas circunstancias secundarias no le importaban al autor, cuyo interés era introducir en escena a este célebre personaje, mitad adivino y mitad mago, para poner en su boca los cuatro oráculos, que pronunciará a favor de Israel.

18 Balaán respondió a los siervos de Balac:
–Aun cuando Balac me diera su palacio
lleno de plata y oro, yo no podría desobedecer las órdenes del Señor, mi Dios, en
cosa alguna; 19 pero quédense aquí esta
noche para saber lo que me vuelve a decir
el Señor.
20 Dios se apareció a Balaán durante la
noche y le dijo:
–Ya que esos hombres han venido a lla-
marte, levántate y vete con ellos, pero haz
únicamente lo que yo te diga.

La burra de Balaán

21 Se levantó Balaán muy temprano,
preparó su burra, y se fue con los jefes de
Moab. 22 Al verlo ir, se encendió la cólera
de Dios, y el ángel del Señor se puso delante de él en el camino para cerrarle el paso.
Balaán iba montado en su burra y lo acompañaban dos de sus criados. 23 La burra, al
ver al ángel del Señor parado en el camino,
con la espada desenvainada en la mano, se
desvió del camino y se fue por el campo.
Balaán le daba golpes para hacer que regresara al camino. 24 El ángel del Señor se interpuso en un lugar estrecho del camino, en
medio de las viñas, con pared a un lado y a
otro. 25 La burra, al ver al ángel del Señor,
se fue contra la pared apretando contra ella
el pie de Balaán, que se puso a apalearla
de nuevo. 26 Una vez más el ángel del Señor se les adelantó parándose en un paso
muy estrecho, sin desviación posible ni a
un lado ni a otro. 27 Cuando la burra vio al
ángel del Señor, se tumbó con Balaán encima, mientras él, enfurecido, le pegaba
con la vara.
28 Entonces el Señor abrió la boca de la
burra, que dijo a Balaán:
–¿Qué te he hecho yo para que me pe-
gues por tercera vez?
29 Balaán respondió:
–Te burlas de mí. Si tuviera a mano una
espada, ahora mismo te mataría.
30 La burra dijo a Balaán:
–¿No soy yo tu burra, que te he servido
siempre de cabalgadura hasta hoy? ¿Te he
hecho yo alguna vez cosa semejante?
Respondió Balaán:
–No.
31 El Señor abrió los ojos a Balaán, y
éste vio al ángel del Señor en el camino
con la espada desenvainada en la mano.
Balaán se inclinó y se postró en tierra. 32 El
ángel del Señor le dijo:
–¿Por qué has pegado a tu burra por tres
veces? Era yo quien te cerraba el paso,
pues tu viaje no es de mi agrado. 33 La burra me ha visto, y por tres veces se ha apartado de mí. Gracias a que se ha apartado,
que si no, habría sido yo quien te hubiera
dado muerte a ti, dejándola a ella con vida.
34 Balaán respondió al ángel del Señor:
–¡He pecado! No sabía que eras tú quien
me cerraba el paso. Si este viaje te desagrada, ahora mismo regreso a mi tierra.
35 El ángel del Señor le dijo:
–Vete con esos hombres, pero di solamente lo que yo te mande.
Y Balaán siguió con los dignatarios de
Balac.

Balaán con Balac

36 Al saber Balac que llegaba Balaán,
salió a su encuentro en Ar de Moab, al final de la frontera del Arnón.
37 Balac dijo a Balaán:
–¿Por qué no viniste cuando envié mensajeros a buscarte? ¿Acaso no puedo yo
pagarte como es debido?
38 Balaán le respondió:
–Aquí me tienes ya, aunque no puedo
decir cualquier cosa; sólo pronunciaré las
palabras que el Señor ponga en mi boca.
39 Balaán se fue con Balac, y llegaron a
Quiriat Jusot. 40 Balac inmoló ganado vacuno y ovino y compartió la carne sacrificada con Balaán y con los dignatarios que
le acompañaban.

• **22 21-35**: La historia de la burra de Balaán presenta todos los indicios de ser una adición posterior, pero bien integrada en el contexto, pues contribuye a dar a todo el conjunto amenidad y tensión teológica. Dios ha elegido a Israel y lo ha constituido depositario de la bendición, y nadie puede luchar contra Dios.

• **22 36-40**: Balac sale al encuentro de Balaán a la frontera misma de su reino, gesto que sólo se tiene con los huéspedes importantes. A pesar de los reproches y el autoritarismo del rey, Balaán no se deja presionar, sino que de forma correcta y hábil, como siempre, afirma que él estará atento a las palabras que Dios ponga en su boca, y esas serán las palabras que pronuncie.

Balaán bendice al pueblo de Israel

41 A la mañana siguiente, Balac tomó a
Balaán y le hizo subir a Bamot-Baal, desde donde se divisaba una parte del pueblo.

23 1 Balaán dijo a Balac:
–Levántame aquí siete altares y prepárame siete novillos y siete carneros.
2 Balac hizo lo que le pedía Balaán, y
juntos ofrecieron un novillo y un carnero en cada altar.
3 Balaán dijo a Balac:
–Quédate aquí junto a tu holocausto, mientras yo voy a ver si el Señor sale a mi encuentro. Lo que me haga ver, eso te diré.
Balaán se fue hacia una colina descubierta.
4 Dios salió a su encuentro, y Balaán
le dijo:
–He levantado siete altares, y he ofrecido en cada uno de ellos un novillo y un carnero.
5 Entonces el Señor puso su palabra en
boca de Balaán diciendo:
–Regresa donde está Balac y comunícale lo que te he dicho.
6 Balaán regresó donde estaba Balac y
lo encontró junto a su holocausto con todos
los notables de Moab.
7 Entonces Balaán
pronunció su oráculo en estos términos:

De Aram me hace venir Balac,
de las montañas de Oriente,
el rey de Moab.
«¡Ven, maldíceme a Jacob;
ven, fulmina a Israel!»
8 ¿Cómo puedo yo maldecir
a quien Dios no maldice?
¿Cómo puedo yo fulminar
a quien Dios no fulmina?
9 Desde las altas rocas lo veo,
desde las colinas lo contemplo:
es un pueblo que vive aparte
y no se cuenta entre las naciones.
10 ¿Quién puede contar el polvo de Jacob?
¿Quién puede medir la arena de Israel?
¡Muera yo como los justos,
sea mi fin semejante al suyo!

Segunda bendición de Balaán

11 Balac dijo entonces a Balaán:
–¿Qué es lo que me has hecho? ¡Te había llamado para maldecir a mis enemigos, y resulta que los bendices!
12 Balaán respondió:
–Yo sólo puedo decir lo que el Señor pone en mi boca.
13 Balac añadió:
–Ven conmigo a otro sitio. Desde aquí no ves más que una parte del pueblo, no lo puedes ver entero. Maldícelo de mi parte desde allí.
14 Y lo llevó al campo de Zofín, en la
cima del Pisga; levantó allí siete altares e inmoló en cada uno de ellos un novillo y un carnero.
15 Luego Balaán dijo a Balac:
–Quédate aquí, junto a tu holocausto, mientras yo voy allá al encuentro de Dios.
16 El Señor vino al encuentro de Balaán
y le puso su palabra en la boca diciendo:
–Regresa donde está Balac y comunícale lo que te he dicho.
17 Balaán regresó donde estaba Balac y
lo encontró junto a su holocausto con todos los notables de Moab.
Balac le preguntó:
–¿Qué te ha dicho el Señor?
18 Entonces Balaán pronunció su oráculo:

Levántate, Balac, y escucha,
presta oído, hijo de Sipor.
19 Dios no miente como el hombre,
ni se retracta como los humanos:
¿Acaso no hace lo que dice?
¿Acaso no cumple lo que anuncia?
20 Mi misión es bendecir,

• **22 41-23 10**: El primer oráculo empieza resumiendo en Nm 23 7 todo lo que ya conocemos por Nm 22. En Nm 23 8 Balaán declara que el mensaje recibido de Dios no es oráculo de maldición sino de bendición. Esa bendición se concreta en Nm 23 9-10 en dos grandes títulos o privilegios. Primero, Israel es un pueblo aparte en medio de las demás naciones, es decir, es el pueblo elegido, un pueblo que tiene unas relaciones especiales con Dios y una misión muy singular. Segundo, Israel está llamado a ser un pueblo numeroso. Balaán invoca y desea para sí mismo la misma bendición de Israel.

• **23 11-26**: A pesar de sentirse contrariado, Balac persiste en su empeño hasta ver si consigue el oráculo deseado. Llevó a Balaán a la cima del Pisga, desde donde se veía bien todo el pueblo de Israel; cumplió todo el ritual y se puso a esperar el mensaje de Dios.

Dirigido directamente a Balac, el segundo oráculo empieza recordando al rey de Moab que Dios no miente ni cambia de parecer, como suelen hacer los hombres. Sigue, por tanto, firme y vigente el contenido del primer oráculo (Nm 23 18-20). Nm 23 21-24 proclama la ausencia de pecado en medio de Israel y la presencia salvadora de Dios.

porque él ha bendecido;
no voy yo a contradecirle.
21 No descubro iniquidad en Jacob
ni encuentro maldad en Israel;
el Señor, su Dios está con él,
y ellos lo aclaman como rey.
22 Cuando los hizo salir de Egipto,
Dios se mostró fuerte como un búfalo.
23 No valen maldiciones contra Jacob,
ni presagios contra Israel;
en el tiempo oportuno
se le dirá a Jacob y a Israel
lo que Dios va a hacer.
24 Vean un pueblo que se levanta como leona
y se alza como un león:
no se acuesta antes de devorar su presa,
de beber la sangre de sus víctimas.

25 Balac dijo a Balaán:
–Si no puedes maldecirlo, al menos no
lo bendigas.
26 Pero Balaán respondió y dijo a Balac:
–¿No te había dicho que haría lo que
me dijera el Señor?

Tercera bendición de Balaán

27 Balac dijo a Balaán:
–Ven, te voy a llevar a otro sitio, a ver si
por fin Dios quiere que lo maldigas de mi
parte desde allí.
28 Y Balac llevó a Balaán a la cima del
Peor que mira hacia el desierto. 29 Balaán
le dijo:
–Levántame aquí siete altares y prepárame siete novillos y siete carneros.
30 Balac hizo lo que le pedía Balaán e
inmoló un novillo y un carnero en cada altar.

24 1 Al ver Balaán que el Señor se complacía en bendecir a Israel, no fue ya
como las otras veces en busca de presagios, sino que dirigió su mirada al desierto.
2 Pero cuando levantó los ojos y vió a Israel
acampado por tribus, el espíritu de Dios
vino sobre él, 3 y pronunció este oráculo:

Oráculo de Balaán, hijo de Beor;
oráculo del varón clarividente;
4 oráculo del que escucha
palabras de Dios,
del que ve la visión del Poderoso,
y cae en éxtasis con los ojos abiertos.
5 ¡Qué bellas son tus tiendas, Jacob,
y tus moradas, Israel!
6 Son como torrentes que se alargan,
como jardines junto al río,
como sauces plantados por el Señor,
como cedros junto a la corriente.
7 Los cántaros desbordan de agua,
y aguas abundantes riegan su semilla.
Su rey es más alto que Agag
y su reinado crece en poderío.
8 Cuando los hizo salir de Egipto,
Dios se mostró fuerte como un búfalo;
él devora las naciones enemigas,
machaca sus huesos,
las traspasa con sus flechas;
9 se tiende, se acuesta como un león,
como una leona, ¿quién lo levantará?
¡Bendito quien te bendiga,
maldito quien te maldiga!

Balaán anuncia el porvenir glorioso de Israel

10 Indignado contra Balaán, Balac golpeó sus manos y le dijo:
–Te había llamado para maldecir a mis
enemigos y los has bendecido por tres veces. 11 Así que vete a tu tierra. Te había prometido colmarte de honores, pero, ya ves,
el Señor te ha privado de ellos.

• **23 27-24 9**: El marco o contexto en que se encuadra la tercera bendición, reproduce de manera repetitiva y monótona el mismo esquema de las dos bendiciones anteriores. Lo único que cambia es el lugar y la mediación del oráculo que ahora le llega a Balaán por medio del espíritu de Dios (Nm 23 27; 24 2).

El tercer oráculo se abre con una introducción solemne y vibrante, que se refiere al propio vidente que lo pronuncia (Nm 24 3-4). En cuanto a la forma literaria, la bendición se expresa en términos de belleza, abundancia y fuerza, tomados del reino vegetal, del ámbito animal y del mundo de la guerra (Nm 24 5-9).

• **24 10-25**: Lleno de irritación, Balac golpeó las manos en señal de repulsa y menosprecio (Lam 2 15; Job 27 23) e invitó a Balaán a abandonar el país y regresar a su tierra con las manos vacías (Nm 24 10-11). Balaán le recuerda al rey una vez más lo que ya debía conocer por los mensajeros que envió: que nada ni nadie podrían apartarle de la obediencia divina. Se reafirma en lo dicho pronunciando un último oráculo, el más importante de todos.

El cuarto oráculo reproduce la misma introducción del tercero (Nm 24 15-16). El cuerpo del oráculo está constituido por una visión sobre el futuro de Israel, en la que se habla de la dinastía de David y sus victorias sobre los reinos de Moab y Edom (Nm 24 17-19).

Nm 24 20-24, añadido posteriormente, contiene tres oráculos de condenación: contra los amalecitas (Nm 24 20), contra los quenitas (Nm 24 21-22) y contra los invasores que vienen de Quitín, es decir, Chipre (Nm 24 23-24).

12 Balaán respondió:
–¿No había dicho yo a tus mensajeros
que, 13 aunque me dieras tu palacio lleno
de oro y plata, yo no podría contradecir
las órdenes del Señor, ni hacer por propia
iniciativa cosa alguna, buena o mala, sino
que diría fielmente lo que el Señor dijera?
14 Pero ahora que regreso a mi pueblo, escucha, ya que quiero anunciarte lo que este
pueblo hará al tuyo en los días venideros.
15 Y pronunció este oráculo:

Oráculo de Balaán, hijo de Beor;
oráculo del varón clarividente;
16 oráculo del que escucha
palabras de Dios
y conoce los designios del Altísimo;
que ve la visión del Poderoso,
y cae en éxtasis con los ojos abiertos.
17 Lo veo, pero no se realizará ahora;
lo contemplo, pero no está cerca:
una estrella sale de Jacob,
un cetro surge de Israel;
machaca las sienes de Moab
y el cráneo de los hijos de Set.
18 Conquistará Edom,
y Seír, su enemigo, será su posesión.
Israel despliega su poder,
19 de Jacob sale un dominador
que aniquila lo que queda de la ciudad.

20 Balaán vio entonces a Amalec y continuó su oráculo:

Amalec es la primicia de las naciones,
pero su final será la ruina.

21 Luego vio a los quenitas y prosiguió:

Tu morada es segura,
tu nido encaramado en las rocas;
22 pero estás destinado al fuego;
espera un poco y Asur te hará cautivo.

23 Continuó todavía su oráculo diciendo:

¡Ay! ¿quién sobrevivirá
a la acción de Dios?
24 naves vienen de Quitín:
oprimen a Asur, oprimen a Eber,
pero su final será también la ruina.

25 Balaán entonces se levantó y regresó
a su tierra, mientras Balac se fue también
por su camino.

2. Algunos incidentes y nuevas disposiciones ◊

Actos de idolatría

Sal 106 30-31; Ex 32 25-29; Dt 33 8-11; Nm 31 1-24

25 1 Israel se estableció en Sitín y el pueblo se entregó al desenfreno con las
moabitas. 2 Estas los invitaron a los sacrificios de sus dioses, y el pueblo comió y se
postró ante ellos. 3 Israel dio así culto al
ídolo de Peor, y la ira del Señor se encendió contra ellos. 4 Entonces el Señor dijo a
Moisés:
–Reúne a todos los jefes del pueblo y
cuélgalos ante el Señor, cara al sol, para
que la cólera del Señor se aparte de Israel.
5 Moisés dijo a los jueces de Israel:
–Maten a todos los que hayan dado culto al ídolo de Peor.
6 En esto, un israelita llegó trayendo consigo a una madianita, a los ojos mismos de
Moisés y de toda la comunidad israelita,
mientras todos lloraban a la entrada de la
tienda del encuentro. 7 Al verlo, Pinjás,
hijo de Eleazar, hijo del sacerdote Aarón,
se levantó en medio de todos, tomó una
lanza, 8 siguió al israelita hasta dentro de
la tienda y allí los traspasó a los dos por el
bajo vientre, al israelita y a la mujer. Entonces cesó el castigo que pesaba sobre los
hijos de Israel. 9 Los que habían muerto
por el castigo sumaban veinticuatro mil.
10 El Señor dijo a Moisés:
11 –Pinjás, hijo de Eleazar, hijo del
sacerdote Aarón, ha apartado mi furor de
los israelitas, pues ha actuado en medio de
ellos como lo habría hecho yo mismo; gracias a él se ha aplacado mi furor, y no he
aniquilado a los israelitas. 12 Hazle saber,
por tanto, que yo le otorgo mi alianza de

◊ **25 1-31 54**: En esta sección predominan los textos legales sobre los narrativos. Entre estos últimos se cuentan los incidentes de Nm 25 y la guerra santa contra los madianitas (Nm 31). Los demás capítulos son de carácter legal e institucional: censo de las tribus (Nm 26), herencia de las hijas (Nm 27 1-11), sacrificios y fiestas (Nm 28-29), y ley sobre los votos (Nm 30). La mayor parte de estos textos pertenecen a la tradición sacerdotal.

• **25 1-18**: Se denuncia el peligro de apostasía que entrañan las relaciones de Israel con los pueblos vecinos. El autor, de ascendencia sacerdotal, aprovecha para reclamar el derecho de Pinjás al sacerdocio (véase Nm 20 22-29).

paz. 13 Será para él y para su descendencia
una alianza que le asegurará el sacerdocio
eternamente, por haber sido defensor de su
Dios y haber hecho la expiación por los
israelitas.
14 El israelita que había muerto junto
con la madianita se llamaba Zimrí, hijo de
Salú, jefe de familia en la tribu de Simeón.
15 La madianita muerta se llamaba Cosbí,
hija de Zur, jefe de familia en Madián.
16 El Señor dijo a Moisés:
17 –Ataquen a los madianitas y derró-
tenlos, 18 pues los han tratado como enemigos, seduciéndolos con sus malas artes
en el caso de Peor y de Cosbí, hija de un
jefe madianita, la compatriota suya que
murió el día de la matanza con motivo de
lo de Peor.

Censo de las tribus

Gn 46 8-27; Nm 16

26 1 Después de la matanza, el Señor habló a Moisés y a Eleazar, hijo del sacerdote Aarón diciendo:
2 –Hagan el censo de toda la comunidad
israelita, registrando por familias a todos
los mayores de veinte años, aptos para la
guerra.
3 Moisés y el sacerdote Eleazar les hablaron en los llanos de Moab, cerca del Jordán, a la altura de Jericó, diciendo:
4 –Se va a hacer el censo de los hombres
mayores de veinte años, según ha ordenado el Señor a Moisés.
Los israelitas que habían salido de Egipto eran estos:
5 Hijos de Rubén, primogénito de Israel: Janoc y su familia; Falú y su familia;
6 Jesrón y su familia; Carmí y su familia.
7 Estas son las familias rubenitas. En total
los registrados eran cuarenta y tres mil setecientos treinta.
8 Hijo de Falú: Eliab. 9 Hijos de Eliab:
Namuel, Datán y Abirán. Datán y Abirán,
delegados de la comunidad, son los que se
amotinaron contra Moisés y Aarón, junto
con la banda de Coré, que se rebeló contra
el Señor. 10 La tierra abrió sus fauces y se
los tragó, junto con Coré; así murió toda la
banda y doscientos cincuenta hombres fueron devorados por el fuego, para escarmiento de todos. 11 Los hijos de Coré no
perecieron.
12 Hijos de Simeón, por familias: Namuel y su familia; Yamín y su familia; Yaquín y su familia; 13 Zéraj y su familia;
Saúl y su familia. 14 En total las familias de
Simeón sumaban veintidós mil doscientos.
15 Hijos de Gad, por familias: Safón y
su familia; Jaguí y su familia; Suní y su fa-
milia; 16 Ozní y su familia; Erí y su fami-
lia; 17 Arod y su familia; Arelí y su familia.
18 Estas son las familias de Gad. En total
los registrados eran cuarenta mil quinientos.
19 Hijos de Judá: Er y Onán, que murieron en la tierra de Canaán. 20 Hijos de Judá, por familias: Selá y su familia; Péres y
su familia; Zéraj y su familia. 21 Hijos de
Péres: Jesrón y su familia; Jamul y su familia. 22 Estas son las familias de Judá. En
total los registrados eran setenta y seis mil
quinientos.
23 Hijos de Isacar, por familias: Tolá y
su familia; Puvá y su familia; 24 Yasub y su
familia; Simrón y su familia. 25 Estas son
las familias de Isacar. En total los registrados eran sesenta y cuatro mil trescientos.
26 Hijos de Zabulón, por familias: Séred
y su familia; Elón y su familia; Yajleel y su
familia. 27 Estas son las familias de Zabulón. En total los registrados eran sesenta
mil quinientos.
28 Hijos de José, por familias: Manasés
y Efraín. 29 Hijos de Manasés: Maquir y su
familia (Maquir engendró a Galaad). Galaad
y su familia. 30 Estos son los hijos de Galaad: Yézer y su familia; Jélec y su familia;
31 Asriel y su familia; Siquén y su familia;
32 Semidá y su familia; Jéfer y su familia;
33 Selofjad, hijo de Jéfer, no tuvo hijos,
sino solamente hijas; sus nombres eran:
Majlá, Noá, Joglá, Milcá y Tirsá. 34 Estas
son las familias de Manasés. En total los
registrados eran cincuenta y dos mil setecientos. 35 Hijos de Efraín, por familias:
Sutalaj y su familia; Béquer y su familia;
Taján y su familia. 36 Estos son los hijos de

• **26** 1-51: Cuando está a punto de desaparecer la generación del primer censo (Nm 1) condenada a morir en el desierto (Nm 14 27-35), el autor sacerdotal ha creído necesario hacer el censo de la nueva generación, la cual se prepara ya a conquistar la tierra y a repartirla entre las tribus.

Sutalaj: Erán y su familia. 37 Estas son las familias de Efraín. En total los registrados eran treinta y dos mil quinientos. Estos eran los hijos de José, por familias.

38 Hijos de Benjamín, por familias: Bela y su familia; Asbel y su familia; Ajirán y su familia; 39 Sufán y su familia; Jufán y su familia. 40 Los hijos de Bela fueron Ard y Naamán. De Ard surgió la familia de los arditas, y de Naamán la de los naamitas. 41 Estos son los hijos de Benjamín, por familias. En total los registrados eran cuarenta y cinco mil seiscientos.

42 Hijos de Dan, por familias: Suján y su familia. Estas eran las familias de Dan cuando se hizo el censo. 43 Los descendientes de Suján eran en total sesenta y cuatro mil cuatrocientos.

44 Hijos de Aser, por familias: Yimná y su familia; Yisví y su familia; Beriá y su familia. 45 Hijos de Beriá: Jéber y su familia; Malquiel y su familia. 46 El nombre de la hija de Aser era Séraj. 47 Estas son las familias de Aser. En total los registrados eran cincuenta y tres mil cuatrocientos.

48 Hijos de Neftalí, por familias: Yajseel y su familia; Guní y su familia; 49 Yéser y su familia; Silén y su familia; 50 Estas eran las familias de Neftalí cuando se hizo el censo. En total los registrados eran cuarenta y cinco mil cuatrocientos.

51 El número total de los registrados entre los israelitas fue de seiscientos un mil setecientos treinta.

Criterios para distribuir la tierra

Nm 33 54-56

52 El Señor dijo a Moisés:

53 –Entre éstos se distribuirá la tierra como herencia, según el número de los registrados. 54 A los más numerosos les asignarás una herencia mayor; y a los menos numerosos, una herencia menor. Cada tribu recibirá su herencia de acuerdo con el censo. 55 La distribución de la tierra se hará por sorteo entre las tribus patriarcales. 56 La herencia de cada tribu se repartirá por sorteo, teniendo en cuenta el número de los registrados.

Censo de los levitas

Gn 46 11; Ex 6 16-23; 1 Cr 6 1-15

57 Estos son los levitas registrados por familias: Guersón y su familia; Queat y su familia; Merarí y su familia. 58 Estas son las familias de Leví: la familia libnita; la familia hebronita; la familia majlita; la familia musita; la familia coreíta. Queat engendró a Amrán. 59 Su mujer se llamaba Yoquébed, era hija de Leví, y había nacido en Egipto. Yoquébed engendró de Amrán a Aarón, Moisés y María, su hermana. 60 De Aarón nacieron: Nadab, Abiú, Eleazar e Itamar. 61 Nadab y Abiú murieron mientras ofrecían al Señor fuego indebido. 62 En total los registrados eran veintitrés mil: todos los varones mayores de un mes, los cuales no habían sido incluidos en el censo de los israelitas, puesto que no habían recibido herencia con los hijos de Israel.

Conclusión del censo

Nm 14 20-38

63 Este es el censo de los israelitas, hecho por Moisés y el sacerdote Eleazar en los llanos de Moab, cerca del Jordán, a la altura de Jericó. 64 Entre los registrados no había ninguno de los que figuraban en el censo que habían hecho Moisés y el sacerdote Aarón en el desierto del Sinaí, 65 pues había dicho el Señor:

–Estos morirán en el desierto y no quedará ninguno, excepto Caleb, hijo de Jefoné, y Josué, hijo de Nun.

• **26 52-56**: En la distribución de la tierra entre las tribus habrán de tenerse en cuenta dos criterios. Primero, la proporcionalidad entre la tierra y el número de hombres registrados en cada tribu (Nm 26 53-54). Segundo, la distribución se hará sorteando los diversos lotes entre las tribus (Nm 26 55).

• **26 57-62**: El hecho de estar consagrados al servicio divino y vivir de los sacrificios que se ofrecían en el templo y de los donativos de las demás tribus (Nm 18 20-32), otorgaba a los levitas un estatuto y un estilo de vida especial. Por eso, tanto aquí como en el censo de Nm 3-4, los levitas son registrados aparte.

• **26 63-65**: Según se ha repetido varias veces a lo largo del libro, especialmente en Nm 14 20-38, la generación salida de Egipto estaba condenada a morir en el desierto sin poder entrar en la tierra prometida, excepto dos personas, Caleb y Josué. Por eso, entre los registrados en el censo de los llanos de Moab (Nm 26), no figuraba ninguno de los censados en el Sinaí (Nm 1).

Herencia de las hijas

Nm 26 33; 36 1-13; Jos 17 3-4

27 1 Se acercaron entonces las hijas de Selofjad, hijo de Jéfer, hijo de Galaad, hijo de Maquir, hijo de Manasés, de las familias de Manasés, hijo de José. Sus nombres eran: Majlá, Noá, Joglá, Milcá y Tirsá. 2 Se presentaron ante Moisés, ante el sacerdote Eleazar y ante los jefes, que estaban con toda la comunidad, a la entrada de la tienda del encuentro, y dijeron:

3 –Nuestro padre murió en el desierto, pero no pertenecía a los seguidores de Coré que se rebelaron contra el Señor, sino que murió por su propio pecado y sin dejar hijos. 4 ¿Acaso será borrado de su clan el nombre de nuestro padre por haber muerto sin hijos? Nos deben dar una propiedad entre los hermanos de nuestro padre.

5 Moisés llevó el caso ante el Señor, 6 y el Señor le dijo:

7 –Las hijas de Selofjad tienen razón. Les darás en herencia una propiedad entre los hermanos de su padre, y pasará a ellas la herencia paterna. 8 Y dirás a los israelitas: 9 Cuando un hombre muera sin hijos, pasarán la herencia a su hija. Si no tiene hijas, darán la herencia a sus hermanos. 10 Si no tiene hermanos, darán la herencia a los hermanos de su padre. 11 Si su padre no tiene hermanos, darán la herencia en posesión al pariente más próximo de su familia. Esta será la norma legal para los israelitas, según ordenó el Señor a Moisés.

Josué, sucesor de Moisés

Dt 32 48-52; 31 1-8; Jos 1

12 El Señor dijo a Moisés:

–Sube a la cima del Abarín y contempla la tierra que voy a dar a los hijos de Israel. 13 Cuando la hayas contemplado, morirás, lo mismo que tu hermano Aarón, 14 pues se rebelaron contra mí en el desierto de Sin, cuando la comunidad pleiteó contra mí y yo los mandé poner de manifiesto mi santidad haciendo brotar agua de la roca. Me refiero a las aguas de Meribá de Cadés, en el desierto de Sin.

15 Moisés dijo al Señor:

16 –Señor, tú que conoces el corazón de todos los hombres, pon al frente de esta comunidad un hombre 17 que la presida y la conduzca, para que la comunidad del Señor no quede como rebaño sin pastor.

18 El Señor le respondió:

–Toma a Josué, hijo de Nun, que posee un corazón recto, y pon tus manos sobre él. 19 Preséntalo luego al sacerdote Eleazar y a toda la comunidad, y dale instrucciones en presencia de ellos. 20 Delega en él parte de tu autoridad, para que la comunidad israelita le obedezca. 21 Se presentará ante el sacerdote Eleazar, que consultará el juicio del Señor sobre él por medio de las suertes. Toda la comunidad de Israel acatará sus órdenes.

22 Moisés hizo lo que el Señor le ordenó. Tomó a Josué, lo trajo ante el sacerdote Eleazar y ante toda la comunidad, 23 le impuso las manos y le dio instrucciones, según lo que le había ordenado el Señor.

Sacrificios y fiestas

28 1 El Señor dijo a Moisés:

2 –Di a los israelitas: No se olviden de presentarme a su tiempo las ofrendas que me pertenecen, mis alimentos y sacrificios que se queman, aroma que me agrada. 3 Les

• **27 1-11**: El caso concreto de las hijas de Selofjad sirve para establecer una ley sobre la herencia de las hijas. Cuando un israelita muere sin dejar hijos varones, pueden heredar las hijas, con el fin de que la herencia no pase a otra familia y a otra tribu. De este modo se evita que unas pocas tribus concentren toda la propiedad.

• **27 12-23**: Después de cuarenta años de peregrinación por el desierto, este texto nos sitúa ya a las puertas de Canaán. La vida de Moisés toca a su fin, pues también él fue condenado a morir igual que Aarón y toda la generación que salió de Egipto, sin poder entrar en la tierra prometida.

Más que por su muerte, Moisés se halla preocupado por asegurarse un sucesor que asuma la dirección de Israel en este momento transcendental. La imagen del rebaño y del pastor, tomada en sentido civil y militar para designar al guía del pueblo, es frecuente en los pueblos del oriente antiguo y también en la Biblia (1 Re 22 17). La delegación de la autoridad y el traspaso de poderes a Josué se realiza mediante la imposición de las manos. Pero hay una diferencia entre Josué y Moisés, que revela la relación privilegiada de Moisés con Dios: mientras Moisés recibía las órdenes directamente de Dios, con quien se comunicaba cara a cara, Josué necesitará de la mediación del sacerdote Eleazar.

• **28 1-30 1**: Nm 28-29 reanudan y sistematizan con más claridad y detalle lo dicho en Lv 23. Empiezan con el culto diario (Nm 28 1-8), sigue el semanal (Nm 28 9-10) y el mensual (Nm 28 11-15), para terminar con el anual (Nm

dirás: Este es el sacrificio que se quema y
que han de ofrecer al Señor:

a) Sacrificio diario

Ex 29 38-46; Lv 6 2; Ez 46 13-15

Cada día ofrecerán dos corderos de un
año sin defecto como holocausto perpetuo,
4 uno por la mañana y otro al atardecer;
5 junto con ellos harán la ofrenda de cuatro
kilos y medio de la mejor harina amasada
con dos litros de aceite virgen. 6 Es el holocausto perpetuo, que se ofrecía ya en la
montaña del Sinaí, un sacrificio que se quema, aroma agradable al Señor. 7 La libación será de dos litros para el primer cordero. La libación de bebidas fermentadas para
el Señor la harás en el santuario. 8 El otro
cordero lo ofrecerás al atardecer, acompañado de la misma ofrenda y la misma libación de la mañana, como sacrificio que se
quema, aroma que agrada al Señor.

b) El sábado

Ez 46 4-5

9 El sábado ofrecerás dos corderos de
un año, sin defecto, con nueve kilos de la
mejor harina amasada con aceite como
ofrenda, más la libación. 10 Este es el holocausto propio del sábado, además del holocausto diario y su libación.

c) Primer día de mes

Ez 46 6-7

11 El primer día de cada mes ofrecerán,
como holocausto al Señor, dos novillos, un
carnero y siete corderos de un año sin defecto. 12 Como ofrenda para cada novillo,
trece kilos y medio de la mejor harina amasada con aceite; por el carnero nueve kilos
de la mejor harina amasada con aceite, 13 y
por cada uno de los corderos, cuatro kilos
y medio de la mejor harina amasada con
aceite. Es un holocausto de suave olor, sacrificio que se quema, aroma agradable al
Señor. 14 Las libaciones serán de cuatro litros de vino por cada novillo, de dos litros
y medio de vino por el carnero, y de dos
litros por cada cordero. Es el holocausto
de mes para cada uno de los meses del
año. 15 Además del holocausto diario, será
sacrificado al Señor un chivo como expiación, con su correspondiente libación.

d) La pascua

Ex 12; Lv 23 5-8; Dt 16 1-8; Ez 45 21-24

16 El día catorce del primer mes se conmemora la pascua del Señor, 17 y el día
quince es día de fiesta. Durante siete días
se comerá pan sin levadura. 18 El primer
día tendrán asamblea santa y no harán ningún trabajo de siervo. 19 Ofrecerán en sacrificio que se quema, como holocausto al
Señor, dos novillos, un carnero y siete corderos de un año sin defecto. 20 La ofrenda
será de la mejor harina amasada con aceite: trece kilos y medio por cada novillo;
nueve kilos por el carnero; 21 y cuatro kilos y medio por cada uno de los siete corderos. 22 Además, sacrificarán un chivo
como rito de expiación por ustedes. 23 Harán
esto además del holocausto diario de la
mañana. 24 Lo harán siete días seguidos,
pues es alimento y sacrificio que se quema,
aroma agradable al Señor. Se ofrece, junto
con su libación, además del holocausto diario. 25 El séptimo día tendrán asamblea
santa y no harán ningún trabajo de siervo.

e) Fiesta de las semanas

Ex 23 16; Lv 23 15-21; Dt 16 9-12

26 El día de las primicias, cuando vayan
a presentar al Señor la ofrenda de los nuevos frutos en la fiesta de las semanas, tendrán asamblea santa y no harán ningún trabajo de siervo. 27 Ofrecerán en holocausto
de aroma agradable al Señor dos novillos,
un carnero y siete corderos de un año. 28 La
ofrenda será de la mejor harina amasada
con aceite: trece kilos y medio por cada
novillo; nueve kilos por el carnero; 29 y
cuatro kilos y medio por cada uno de los
siete corderos. 30 Ofrecerán también un
chivo como rito de expiación por ustedes.
31 Todo esto además del holocausto diario

28 16-29 39). Aunque todas estas prescripciones vienen encuadradas dentro del tiempo del desierto, sin embargo el calendario de fiestas que nos ofrecen, junto con los sacrificios que las acompañan, corresponden más bien a la liturgia que se celebraba en Jerusalén en la época del segundo templo, es decir después del destierro. Véase nota a Lv 23.

y su ofrenda y libación correspondientes. Elegirán animales sin defecto.

f) Fiesta de la aclamación

Lv 23 24; Nm 10 1-10

29 1 El día primero del séptimo mes tendrán asamblea santa, y no harán ningún trabajo de siervo. Será éste para ustedes el día de la aclamación. 2 Ofrecerán en holocausto de aroma agradable al Señor un novillo, un carnero y siete corderos de un año sin defecto. 3 La ofrenda será de la mejor harina amasada con aceite: trece kilos y medio por el novillo; nueve kilos por el carnero, 4 y cuatro kilos y medio por cada uno de los siete corderos. 5 Sacrificarán además un chivo como rito de expiación por sus pecados; 6 sin contar los holocaustos mensuales y el diario, con sus correspondientes ofrendas, y las libaciones acostumbradas, como sacrificio que se quema, aroma agradable al Señor.

g) El día de la expiación

Lv 16 29-34; 23 26-32; Ez 45 18-20

7 El día diez del mismo mes séptimo tendrán asamblea santa. Ayunarán y no harán ningún trabajo de siervo. 8 Ofrecerán en holocausto de aroma agradable al Señor un novillo, un carnero y siete corderos de un año, sin defecto. 9 La ofrenda será de la mejor harina amasada con aceite: trece kilos y medio por el novillo; nueve kilos por el carnero; 10 y cuatro kilos y medio por cada uno de los siete corderos. 11 Ofrecerán además un chivo expiatorio, sin contar la víctima por el pecado del día del gran perdón y el holocausto diario, con sus ofrendas y libaciones correspondientes.

h) Fiesta de las tiendas

Lv 23 33-43; Dt 16 13-15

12 El día quince del mismo mes séptimo tendrán asamblea santa. No harán ningún trabajo de siervo y celebrarán fiesta en honor del Señor durante siete días. 13 Ofrecerán en holocausto, como sacrificio que se quema, aroma agradable al Señor, trece novillos, dos carneros y catorce corderos de un año sin defecto. 14 La ofrenda será de la mejor harina amasada con aceite: trece kilos y medio por cada uno de los trece novillos; nueve kilos por cada uno de los dos carneros; 15 y cuatro kilos y medio por cada uno de los catorce corderos. 16 Además un chivo expiatorio, sin contar el holocausto diario, con su ofrenda y libación correspondiente.

17 El segundo día ofrecerán doce novillos, dos carneros y catorce corderos de un año sin defecto, 18 con las ofrendas y libaciones acostumbradas, según el número de novillos, carneros y corderos. 19 Además un chivo expiatorio, sin contar el holocausto diario, con su ofrenda y sus libaciones.

20 El tercer día ofrecerán once novillos, dos carneros y catorce corderos de un año sin defecto, 21 con las ofrendas y libaciones acostumbradas, según el número de novillos, carneros y corderos. 22 Además un chivo expiatorio, sin contar el holocausto diario, con su ofrenda y sus libaciones.

23 El cuarto día ofrecerán diez novillos, dos carneros y catorce corderos de un año sin defecto, 24 con las ofrendas y libaciones acostumbradas, según el número de novillos, carneros y corderos. 25 Además un chivo expiatorio, sin contar el holocausto diario, con su ofrenda y sus libaciones.

26 El quinto día ofrecerán nueve novillos, dos carneros y catorce corderos de un año sin defecto, 27 con las ofrendas y libaciones acostumbradas, según el número de novillos, carneros y corderos. 28 Además un chivo expiatorio, sin contar el holocausto diario, con su ofrenda y sus libaciones.

29 El sexto día ofrecerán ocho novillos, dos carneros y catorce corderos de un año sin defecto, 30 con las ofrendas y libaciones acostumbradas, según el número de novillos, carneros y corderos. 31 Además un chivo expiatorio, sin contar el holocausto diario, con su ofrenda y sus libaciones.

32 El séptimo día ofrecerán siete novillos, dos carneros y catorce corderos de un año sin defecto, 33 con las ofrendas y libaciones acostumbradas, según el número de novillos, carneros y corderos. 34 Además un chivo expiatorio, sin contar el holocausto diario, con su ofrenda y sus libaciones.

35 El octavo día tendrán asamblea y no harán ningún trabajo de siervo. 36 Ofrecerán en holocausto, como sacrificio que se quema, aroma agradable al Señor, un novillo, un carnero y siete corderos de un año

sin defecto, 37 con las ofrendas y libaciones
correspondientes para el novillo, el carnero
y los corderos. 38 Además un chivo expiatorio, sin contar el holocausto diario, con
su ofrenda y sus libaciones.
39 Estas son las ofrendas que harán al
Señor en las fechas fijadas, independientemente de sus promesas y sus ofrendas voluntarias, de los holocaustos, libaciones y
sacrificios de comunión.

30 1 Moisés comunicó a los israelitas todo lo que el Señor le había ordenado.

Ley sobre las promesas

Dt 23 22-24; Ecl 5 3-4; Jue 11 30-40

2 Moisés habló a los jefes de tribu de
Israel diciendo:
–Esto ordena el Señor: 3 Cuando un hombre haga una promesa al Señor o se obligue con juramento a alguna cosa, no puede
faltar a su palabra. Cumplirá todo lo que
haya prometido.
4 Cuando una mujer, joven todavía, que
vive en casa de su padre, hace una promesa al Señor o se compromete formalmente
con juramento, 5 si su padre, al conocer la
promesa o la obligación contraída, no dice
nada, todas sus promesas y compromisos
son válidos. 6 Pero si el padre, al enterarse,
los desaprueba, entonces las promesas y
los compromisos contraídos son nulos, y el
Señor la dispensará, pues su padre lo ha
desaprobado. 7 Si se casa estando todavía
ligada a alguna promesa o compromiso hecho sin pensarlo bien, 8 y su marido, al enterarse, se calla y no le dice nada, sus promesas y compromisos son válidos. 9 Pero
si el marido, al saberlo, lo desaprueba, entonces quedan anulados la promesa y el
compromiso que hizo sin pensarlo bien. El
Señor la dispensa.
10 La promesa de una viuda o de una repudiada y los compromisos contraídos por
ellas son válidos. 11 Igualmente, si una mujer hace una promesa o se compromete con
juramento a algo, viviendo con su marido,
12 si éste, al saberlo, no le dice nada ni lo
desaprueba, todas sus promesas y compromisos son válidos. 13 Pero, si su marido, al
enterarse, los desaprueba, entonces todo lo
que prometió, promesas y compromisos,
queda sin valor. Por haberlos anulado su
marido, el Señor la dispensa. 14 El marido
tiene poder para ratificar o anular cualquier
promesa o juramento penitencial de su mujer. 15 Pero, si al cabo de dos días el marido
no le ha dicho nada, se entiende que los
ratifica, porque no le dijo nada el día en
que se enteró. 16 Si los anula más tarde, se
hace responsable de la culpa de su mujer.
17 Estas son las prescripciones que el
Señor ordenó a Moisés, concernientes a las
relaciones entre marido y mujer, y entre
padre e hija, cuando ésta es todavía joven
y vive en la casa paterna.

Guerra santa contra los madianitas

Nm 25 16-18; 19 11-22; 25 1-9; Dt 20 13-14

31 1 El Señor dijo a Moisés:
2 –Debes vengar primero el ultraje
que los madianitas han hecho a los israelitas; después, irás a reunirte con tus antepasados.
3 Moisés dijo al pueblo:
–Prepárense algunos de ustedes para ir
a la guerra. Harán caer sobre Madián la venganza del Señor. 4 Enviarán a la guerra mil
hombres por cada una de las tribus de Israel.
5 Fueron reclutados entre los millares
de Israel mil por tribu, o sea, doce mil hombres equipados para la guerra. 6 Moisés
envió al combate a aquellos mil hombres
de cada tribu, juntamente con Pinjás, hijo
del sacerdote Eleazar, que llevaba los objetos sagrados y las trompetas para dar la
señal de ataque. 7 Presentaron batalla a
Madián, como el Señor había ordenado a
Moisés, y dieron muerte a todos los varo-

• **30** 2-17: Junto a las obligaciones del culto oficial y público (Nm 28-29), figuran los deberes individuales y privados (Nm 30). De las promesas se habla también en Nm 6 y Lv 27.

• **31** 1-54: En Nm 25 16-18 Moisés había recibido orden de castigar a los madianitas, porque habían arrastrado a Israel al pecado. Aquí se ejecuta la orden. La batalla contra ellos (Nm 31 1-12) ofrece ocasión para dar instrucciones sobre la guerra santa: suerte de los cautivos y purificación de los guerreros (Nm 31 13-24), reparto del botín (Nm 31 25-47) y ofrendas voluntarias (Nm 31 48-54). El botín se distribuye siguiendo un principio atribuido a David (1 Sm 30 23-25). Pero Nm 31 28-30 introduce una innovación muy propia de la escuela sacerdotal, en el sentido de que una parte pequeña pero significativa del botín se reserva a los sacerdotes y a los levitas.

nes. 8 Además de estas víctimas, mataron a
los reyes de Madián: Eví, Requen, Zur, Jur
y Reba, cinco reyes madianitas. También
pasaron a cuchillo a Balaán, hijo de Beor.
9 Hicieron prisioneras a las mujeres de los
madianitas con sus niños; saquearon todos
sus ganados, rebaños y riquezas; 10 incendiaron todas las ciudades habitadas y todos
los poblados; 11 reunieron todo el botín,
hombres y animales, que habían capturado; 12 después llevaron los prisioneros, los
despojos y el botín a Moisés, al sacerdote
Eleazar y a la comunidad de los israelitas,
que se encontraban en los llanos de Moab,
cerca del Jordán, frente a Jericó.

13 Moisés, el sacerdote Eleazar y todos
los jefes de la comunidad les salieron al
encuentro fuera del campamento. 14 Moisés se enojó contra los comandantes de la
tropa, jefes de millar y jefes de cien, que
regresaban del campo de batalla, 15 y les
dijo:

–¿Por qué han dejado con vida a las
mujeres? 16 Fueron ellas precisamente las
que, siguiendo el consejo de Balaán, sedujeron a los israelitas, apartándolos del Señor, cuando lo de Peor, ocasionando la matanza que vino sobre la comunidad de Israel.
17 Maten, pues, a todos los niños varones y
a todas las mujeres que hayan tenido relaciones sexuales con algún hombre, 18 y
dejen con vida a las jóvenes que no las hayan tenido. 19 Ustedes permanezcan fuera
del campamento siete días, y aquel de entre ustedes o sus prisioneros que haya matado a alguien o haya tocado algún cadáver, que se purifique el día tercero y el séptimo. 20 Purifiquen también sus vestidos,
los objetos hechos de cuero o de pelo de
cabra, y los utensilios de madera.

21 El sacerdote Eleazar dijo a los combatientes que regresaban de la batalla:

–Esto es lo que el Señor ha prescrito a
Moisés: 22 oro, plata, bronce, hierro, estaño
y plomo, 23 todo lo que puede resistir el
calor, pásenlo por el fuego y quedará puro,
siempre que haya sido purificado también
con el agua de la purificación. Lo que no
resista el fuego, pásenlo por el agua. 24 El
día séptimo laven también sus vestidos, así
quedarán puros y podrán entrar ya en el
campamento.

Reparto del botín

25 El Señor dijo a Moisés:

26 –Haz, junto con el sacerdote Eleazar
y los jefes de familia de la comunidad, un
censo de los hombres y animales capturados, 27 y repártelos a medias entre los combatientes que tomaron parte en la batalla y
el resto de la comunidad. 28 De la parte de
los combatientes reserva como tributo al
Señor uno de cada quinientos hombres, vacas, burros y ovejas. 29 Lo tomarás de su
parte y lo entregarás al sacerdote Eleazar
como tributo al Señor. 30 De la parte de los
israelitas tomarás uno de cada cincuenta
hombres, burros, vacas, ovejas y animales
de toda clase, y se lo entregarás a los levitas que cuidan la morada del Señor.

31 Moisés y el sacerdote Eleazar hicieron lo que el Señor había ordenado a Moisés. 32 Del botín capturado por los combatientes quedaban seiscientas setenta y cinco mil cabezas de ganado ovino, 33 setenta
y dos mil de ganado vacuno, 34 sesenta y
un mil burros, 35 y de las mujeres que no
habían tenido relaciones sexuales con ningún hombre treinta y dos mil en total. 36 La
mitad correspondiente a los combatientes
sumó trescientos treinta y siete mil quinientas cabezas de ganado ovino, 37 de las
cuales seiscientas setenta y cinco se reservaron para el Señor; 38 treinta y seis mil
cabezas de ganado vacuno, de las cuales
setenta y dos se reservaron para el Señor;
39 treinta mil quinientos burros, de los cuales sesenta y uno se reservaron para el Señor; 40 y dieciséis mil personas, de las cuales treinta y dos se reservaron para el Señor. 41 Moisés entregó al sacerdote Eleazar
el tributo reservado al Señor, como el Señor había ordenado a Moisés.

42 La mitad correspondiente a la comunidad israelita, que Moisés había separado
de la de los combatientes, 43 ascendió a trescientas treinta y siete mil cabezas de ganado ovino, 44 treinta y seis mil de ganado
vacuno, 45 treinta mil quinientos burros,
46 y dieciséis mil personas. 47 De esta mitad
Moisés tomó uno de cada cincuenta hombres y animales, y se lo entregó a los levitas que cuidan del servicio de la morada
del Señor, como el Señor había ordenado a
Moisés.

Ofrenda voluntaria al Señor

48 Los comandantes de la expedición,
jefes de mil y jefes de cien, se presentaron
a Moisés 49 y le dijeron:
–Hemos hecho el censo de los soldados
que han estado a nuestras órdenes y no falta
ninguno. 50 Traemos, pues, como ofrenda al
Señor los objetos de oro, brazaletes, cadenas, anillos, pendientes y collares que cada
uno ha recogido, para hacer el rito de expiación por nuestros pecados en presencia del
Señor.
51 Moisés y el sacerdote Eleazar recibieron de sus manos el oro y todas las alhajas.
52 El oro presentado al Señor por los
jefes de mil y jefes de cien pesó en total
doscientos kilos.
53 Los combatientes habían tomado cada uno su botín.
54 Moisés
y el sacerdote Eleazar recibieron el oro de
los jefes de mil y de cien y lo llevaron a la
tienda del encuentro, como memorial de
los israelitas ante el Señor.

3. Cuestiones de geografía y leyes diversas ◊

Tres tribus se instalan en Transjordania

Dt 3 12-20; Nm 13 25-33; Jos 1 12-18; 13 8-32

32
1 Los hijos de Rubén y los hijos de Gad
tenían rebaños buenos y numerosos.
Viendo que la tierra de Yazer y de Galaad
eran muy apropiadas para la ganadería,
2 fueron a Moisés, al sacerdote Eleazar y a
los jefes de la comunidad y les dijeron:
3 –Atarot, Dibón, Yazer, Nimrá, Jesbón,
Elalé, Sebán, Nebo y Beón,
4 todo este territorio que el Señor ha conquistado ante la comunidad de Israel, es tierra muy buena para
la ganadería, y tus siervos poseen rebaños.
5 Y añadieron:
–Si quieres hacernos un favor, danos en
propiedad esta tierra y no nos hagas pasar
el Jordán.
6 Moisés les respondió:
–¿Quieren quedarse aquí mientras sus
hermanos van al combate?
7 ¿Por qué desaniman a los israelitas para que no pasen a
la tierra que el Señor les da?
8 Eso fue lo
que hicieron sus padres, cuando yo los envié
desde Cadés Barnea para explorar la tierra.
9 Subieron hasta el valle de Escol y después de haber visto la tierra, desanimaron
a los israelitas para que no entraran en la
tierra que el Señor les daba.
10 Aquel día se
encendió la ira del Señor, que hizo este
juramento:
11 «Los hombres que salieron
de Egipto y tengan veinte años o más, no
verán la tierra que yo prometí con juramento a Abrahán, Isaac y Jacob, porque no
me han sido fieles.
12 Sólo la verán Caleb,
hijo de Jefoné el quenecita, y Josué, hijo
de Nun, que han sido fieles al Señor».
13 La
ira del Señor se encendió contra Israel y
les hizo andar errantes cuarenta años por el
desierto hasta que desapareció aquella generación que había contrariado al Señor.
14 Y ustedes, raza de pecadores, quieren
seguir ahora las huellas de sus padres, atizando más todavía el ardor de la cólera del
Señor contra Israel.
15 Porque, si se niegan
a seguirlo, él prolongará la permanencia de
Israel en el desierto, y provocarán la ruina
total del pueblo.
16 Ellos respondieron:
–Nosotros construiremos aquí corrales
para nuestros ganados y ciudades para nuestros niños.
17 Pero, al mismo tiempo, empuñaremos las armas e iremos junto a los
demás israelitas hasta que los hayamos
introducido en el lugar a ellos destinado.
Nuestros niños quedarán en ciudades amuralladas, defendidos de los habitantes de
esta tierra.
18 No regresaremos hasta que
todos los israelitas hayan tomado posesión

◊ **32 1-36 13**: En estos cinco últimos capítulos abundan las narraciones con datos geográficos, entre las cuales se intercalan también disposiciones legales. Nm 32 habla de la distribución de los territorios de Transjordania para tres tribus. Nm 33 es una recapitulación de las etapas que marcan la travesía del desierto. Nm 34 describe las fronteras de la tierra de Canaán. En Nm 35 se determinan las ciudades levíticas y las ciudades de refugio. Nm 36 continúa y complementa lo dicho en Nm 27 1-11 sobre la herencia de las mujeres.

• **32 1-42**: La conquista de Transjordania y su distribución entre las tribus de Rubén, Gad y la media tribu de Manasés, es como un anticipo y una garantía de la conquista y la repartición total de la tierra prometida. Literariamente, Nm 32 es el resultado de un largo y laborioso proceso de composición en el que han intervenido sucesivamente redactores de las tradiciones yahvista, deuteronomista y sacerdotal. El relato deja entrever que la ocupación de Transjordania se llevó a cabo de forma progresiva; la prioridad corresponde a la tribu de Gad que terminó tal vez absorbiendo a la de Rubén, misteriosamente desaparecida.

de su herencia. 19 Más aún, renunciamos a
cualquier herencia al otro lado del Jordán y
más allá. Nuestra herencia está al este, al
lado de acá del Jordán.
20 Moisés les dijo:
–Si cumplen su palabra, si están prontos
para combatir a las órdenes del Señor, 21 si
todos ustedes armados pasan el Jordán a las
órdenes del Señor, hasta que él haya arrojado de su presencia a sus enemigos, 22 si no
regresan hasta que la tierra haya sido sometida con la ayuda del Señor, entonces ustedes quedarán libres respecto del Señor y de
Israel, y esta tierra será su herencia en presencia del Señor. 23 Pero, si no se comportan así, pecarán contra el Señor, y su pecado recaerá sobre ustedes. 24 Construyan,
pues, ciudades para sus niños y corrales para
sus ganados, pero cumplan lo que acaban
de prometer.
25 Ellos contestaron:
–Tus siervos harán lo que mi señor les
mande. 26 Nuestros niños, mujeres, rebaños y ganados quedarán aquí en las ciudades de Galaad, 27 pero todos tus siervos
aptos para la guerra combatirán ante el Señor, como lo ha dicho mi señor.
28 Entonces Moisés dio esta orden respecto de ellos al sacerdote Eleazar, a Josué, hijo de Nun, y a los jefes de familia de
las tribus de Israel:
29 –Si los hijos de Gad y los hijos de Rubén aptos para la guerra cruzan con ustedes el Jordán para combatir a las órdenes
del Señor, una vez conquistada la tierra, les
darán como herencia el territorio de Galaad. 30 Pero si no pasan armados con ustedes, se establecerán en medio de ustedes
en la tierra de Canaán.
31 Los hijos de Gad y los hijos de Rubén respondieron:
–Haremos lo que el Señor ha dicho a tus
siervos. 32 Pasaremos armados a las órdenes del Señor a la tierra de Canaán, pero
danos posesión de nuestra herencia a este
lado del Jordán.
33 Moisés dio a los gaditas y a los rubenitas y a la media tribu de Manasés, hijo
de José, el reino de Sijón, rey de los amorreos, y el reino de Og, rey de Basán; la tierra con las ciudades comprendidas en sus
fronteras, o sea, las ciudades de los alrededores.
34 Los hijos de Gad edificaron Dibón,
Atarot, Aroer, 35 Atrot-Sofán, Yazer, Yogboá, 36 Bet Nimrá y Bet Harán, como ciudades fortificadas, y construyeron corrales
para sus ganados. 37 Los hijos de Rubén
edificaron Jesbón, Elalé, Quiriatain, 38 Nebo, Baal-Meón, cuyos nombres fueron cambiados, y Sibmá. Dieron nombres nuevos a
las ciudades que iban edificando.
39 Los hijos de Maquir, hijo de Manasés, marcharon contra Galaad, la conquistaron y expulsaron a los amorreos que vivían allí. 40 Moisés asignó Galaad a Maquir, hijo de Manasés, que se estableció
allí. 41 Yaír, hijo de Manasés, fue y conquistó sus pueblos y los llamó Pueblos de Yaír.
42 Nóbaj fue y se apoderó de Quenat y de
sus poblados vecinos y le puso su propio
nombre: Nóbaj.

Etapas del éxodo

Dt 10 6-7; Nm 20 22-29

33 1 Estas son las etapas que recorrieron
los israelitas, cuando salieron de Egipto por batallones a las órdenes de Moisés y
Aarón. 2 Moisés consignó por escrito los
puntos de partida de sus etapas por orden
del Señor. Son éstas:
3 Partieron de Ramsés el día quince del
mes primero. Al día siguiente de la pascua,
los israelitas salieron desafiantes a la vista
de todo Egipto, 4 mientras los egipcios estaban todavía sepultando a sus primogénitos, heridos por el Señor, que demostró así
su poder contra los dioses de Egipto.
5 Partieron de Ramsés y acamparon en
Sucot. 6 Partieron de Sucot y acamparon
en Etán, en las fronteras del desierto. 7 Partieron de Etán y regresaron hacia Pi Hajirot,
frente a Baal-Safón, y acamparon delante
de Migdol. 8 Partieron de Pi Hajirot, atravesaron el mar hacia el desierto y, después

• **33** 1-49: Distribuido en cuarenta y dos etapas y compuesto a partir de nombres tomados del Ex, Nm, Dt, y otras fuentes desconocidas, este largo itinerario seguido por los israelitas durante cuarenta años entre Egipto y los llanos de Moab, es una recapitulación tardía elaborada por la escuela sacerdotal. Como ocurre con la geografía del éxodo en general, no es posible identificar ni seguir a través del mapa este itinerario solo aparentemente exacto y preciso.

de tres días de camino por el desierto de Etán, acamparon en Mará. 9 Partieron de Mará y llegaron a Elín, donde había doce fuentes de agua y setenta palmeras. 10 Partieron de Elín y acamparon junto al mar Rojo. 11 Partieron del mar Rojo y acamparon en el desierto de Sin. 12 Partieron del desierto de Sin y acamparon en Dofcá. 13 Partieron de Dofcá y acamparon en Alús. 14 Partieron de Alús y acamparon en Rafidín, donde el pueblo no encontró agua para beber. 15 Partieron de Rafidín y acamparon en el desierto del Sinaí. 16 Partieron del desierto del Sinaí y acamparon en Quibrot Hatavá. 17 Partieron de Quibrot Hatavá y acamparon en Jaserot. 18 Partieron de Jaserot y acamparon en Ritmá. 19 Partieron de Ritmá y acamparon en Rimón Peres. 20 Partieron de Rimón Peres y acamparon en Libná. 21 Partieron de Libná y acamparon en Risá. 22 Partieron de Risá y acamparon en Queelatá. 23 Partieron de Queelatá y acamparon en la montaña de Séfer. 24 Partieron de la montaña de Séfer y acamparon en Jaradá. 25 Partieron de Jaradá y acamparon en Maquelot. 26 Partieron de Maquelot y acamparon en Tájat. 27 Partieron de Tájat y acamparon en Táraj. 28 Partieron de Táraj y acamparon en Mitcá. 29 Partieron de Mitcá y acamparon en Jasmoná. 30 Partieron de Jasmoná y acamparon en Moserot. 31 Partieron de Moserot y acamparon en Bené Yaacán. 32 Partieron de Bené Yaacán y acamparon en Jor Haguidgad. 33 Partieron de Jor Haguidgad y acamparon en Yotbatá. 34 Partieron de Yotbatá y acamparon en Abroná. 35 Partieron de Abroná y acamparon en Esionguéber. 36 Partieron de Esionguéber y acamparon en el desierto de Sin, es decir, en Cadés. 37 Partieron de Cadés y acamparon en la montaña de Hor, en los confines de Edom. 38 El sacerdote Aarón subió a la montaña de Hor, por orden del Señor, y murió allí el año cuarenta de la salida de los israelitas de Egipto, el día primero del quinto mes. 39 Tenía Aarón ciento veintitrés años cuando murió en la cima de la montaña de Hor.

40 El rey de Arad, un cananeo que vivía en el Négueb, en la tierra de Canaán, tuvo conocimiento de la llegada de los israelitas.

41 Partieron de la montaña de Hor y acamparon en Salmoná. 42 Partieron de Salmoná y acamparon en Punón. 43 Partieron de Punón y acamparon en Obot. 44 Partieron de Obot y acamparon en las ruinas de Abarín, en la frontera de Moab. 45 Partieron de las ruinas de Abarín y acamparon en Dibón de Gad. 46 Partieron de Dibón de Gad y acamparon en Almón Diblatain. 47 Partieron de Almón Diblatain y acamparon en las montañas de Abarín, frente a Nebo. 48 Partieron de las montañas de Abarín y acamparon en los llanos de Moab, cerca del Jordán, frente a Jericó. 49 Acamparon a lo largo del Jordán, desde Bet Yesimot hasta Abel Sitín en los llanos de Moab.

Reparto de la tierra

Dt 7 1-6; 12 2-3; Nm 26 54-56

50 En los llanos de Moab, junto al Jordán, a la altura de Jericó, el Señor dijo a Moisés:

51 –Habla a los israelitas y diles: Cuando hayan cruzado el Jordán hacia la tierra de Canaán, 52 expulsarán lejos de ustedes a todos sus habitantes, destruirán todas sus estatuas e imágenes fundidas y derribarán todos sus lugares sagrados. 53 Ocuparán la tierra y vivirán en ella, pues yo se la doy en posesión. 54 La repartirán por sorteo entre sus clanes. Según éstos sean más o menos numerosos, les darán una herencia mayor o menor. Cada uno tendrá la herencia que le toque por sorteo. Harán el reparto entre ustedes por tribus y familias. 55 Si no expulsan lejos de ustedes a los habitantes de la tierra, aquellos que hayan dejado en medio de ustedes serán como espinas en sus ojos y zarzas en sus costados, y los molestarán en la tierra que van a habitar; 56 y yo los trataré a ustedes como había pensado tratarlos a ellos.

• **33 50-56**: En vísperas ya de entrar en la tierra prometida, el pueblo recibe aquí dos consignas o instrucciones para cuando se encuentre dentro de ella. Primera: expulsar a sus habitantes, derribar sus santuarios y destruir sus ídolos. El contacto con una población y una religión idolátrica y naturista podría poner en peligro la pureza de la fe yahvista. Segunda: repartir proporcionalmente la tierra por tribus, clanes y familias, según el mayor o menor número de sus miembros.

Fronteras de la tierra

Jue 20 1; Jos 14-19; Ez 47 13-21

34 1 El Señor dijo a Moisés:
2 –Ordena a los hijos de Israel: cuando entren en la tierra de Canaán, su herencia será el país de Canaán con sus fronteras.
3 La frontera sur estará señalada, de una parte, por el desierto de Sin, que limita con Edom, y de otra por el extremo sureste del mar Muerto. 4 Luego, la frontera torcerá al sur en la dirección de la cuesta de Acrabín, e irá por Sin, para terminar al sur de Cadés Barnea. Continuará por Jasar-Adar y pasará hasta Asmón. 5 De Asmón la frontera torcerá hacia el torrente de Egipto, para terminar en el Mediterráneo.
6 La frontera oeste será el mar Mediterráneo. Esta será para ustedes la frontera occidental.
7 Para delimitar su frontera norte trazarán una línea desde el mar Mediterráneo hasta la montaña de Hor, 8 y desde la montaña de Hor trazarán otra línea con dirección a la entrada de Jamat, que irá a dar a Sedadá, 9 continuando por Zefrón para terminar en Jasar-Enán. Esta será la frontera norte.
10 La frontera este seguirá la línea que va desde Jasar-Enán a Sefán. 11 Desde aquí la frontera descenderá por Ribla, al este de Ain, y continuará bajando hasta la ribera oriental del lago de Genesaret. 12 Desde aquí seguirá el río Jordán hasta llegar al mar Muerto.
Esta será su tierra y las fronteras que la rodean.
13 Moisés dio esta orden a los israelitas:
–Esta es la tierra que se repartirán por sorteo y que el Señor ha ordenado dar a las nueve tribus y media, 14 pues las tribus de Rubén y de Gad, con sus familias, y la media tribu de Manasés, ya han recibido su parte. 15 Estas dos tribus y media han recibido su parte al otro lado del Jordán, al este de Jericó.

Los responsables del reparto

16 El Señor dijo a Moisés:
17 –Estos son los nombres de los que han de hacer el reparto de la tierra: el sacerdote Eleazar y Josué, hijo de Nun. 18 En la distribución de la tierra los acompañará además un responsable por cada tribu. 19 He aquí sus nombres: por la tribu de Judá, Caleb, hijo de Jefoné; 20 por la tribu de Simeón, Samuel, hijo de Amiud; 21 por la tribu de Benjamín, Eliad, hijo de Caselón; 22 por la tribu de Dan, Buquí, hijo de Yoglí; 23 en cuanto a los hijos de José: por la tribu de Manasés, Janiel, hijo de Efod; 24 y por la tribu de Efraín, Quemuel, hijo de Siftán; 25 por la tribu de Zabulón, Elisafán, hijo de Parnac; 26 por la tribu de Isacar, Paltiel, hijo de Azán; 27 por la tribu de Aser, Ajiud, hijo de Selomí; 28 por la tribu de Neftalí, Pedael, hijo de Amiud.
29 A éstos les encargó el Señor repartir la tierra de Canaán entre los hijos de Israel.

Ciudades levíticas

Nm 18 20-24; Jos 21 1-42; Ez 48 13

35 1 El Señor dijo a Moisés en los llanos de Moab, junto al Jordán, frente a Jericó:
2 –Ordena a los israelitas que cedan parte de su herencia a los levitas, y les den ciudades para vivir, con lugares en sus alrededores para que pasten sus ganados. 3 Tendrán así ciudades para vivir y lugares para que pasten sus ganados y todos los otros animales. 4 Los lugares que den a los levitas para que pasten sus ganados en torno a las ciudades se extenderán quinientos metros a la redonda, a partir de las murallas de cada ciudad. 5 Medirán, pues, a partir de los exteriores de las ciudades, mil metros en la dirección de los cuatro puntos cardinales: norte, sur, este y oeste. La ciudad quedará en medio. Estos serán los lugares para que pasten los ganados en torno a las ciudades.

• **34 1-15**: El Antiguo Testamento emplea tres fórmulas fijas para referirse a las fronteras norte-sur de la tierra prometida, que eran las más cambiantes e imprecisas: *desde Dan hasta Berseba* (Jue 20 1); *desde el paso de Jamat hasta el torrente de Egipto* (1 Re 8 65); *desde el torrente de Egipto hasta el gran río, el Eufrates* (Gn 15 18). De las tres, la primera es la que mejor corresponde a la realidad. La segunda y, sobre todo, la tercera son fronteras ideales y utópicas.

• **34 16-29**: De la misma manera que Moisés y Aarón habían estado asistidos por doce jefes, uno de cada tribu, en la elaboración del censo (Nm 1), ahora también sus sucesores, Eleazar y Josué, son asistidos por doce responsables a la hora de repartir la tierra.

• **35 1-8**: Después de proveer de territorio a las tribus laicas (Nm 34 16-29), había que proporcionar también un territorio a la tribu sagrada de Leví, que no tiene territorio como las demás, y por tanto se le asignan cuarenta y ocho ciudades para vivir, con sus respectivos pastizales para los ganados. Pueden verse descritas en Jos 21.

6 En cuanto a las ciudades que han de
asignar a los levitas, seis de ellas serán ciudades de refugio, con derecho de asilo para
los homicidas. Además de éstas, les darán
otras cuarenta y dos, 7 o sea, reservarán
para los levitas un total de cuarenta y ocho
ciudades, con sus tierras. 8 Las ciudades
levíticas, cedidas a costa del patrimonio de
los hijos de Israel, las tomarán en mayor
número de la tribu que más tenga; y en
menor, de la que menos tenga; es decir, la
cesión de las ciudades a los levitas será
proporcional a la herencia que cada tribu
haya recibido.

Ciudades de refugio

Ex 21 13; Dt 19 1-13; Jos 20 1-9

9 El Señor dijo a Moisés:
10 –Di a los israelitas: Cuando hayan
pasado el Jordán hacia la tierra de Canaán,
11 elegirán ciudades que les sirvan de refugio. En ellas encontrará asilo el homicida
que haya matado a alguien involuntariamente. 12 Estas ciudades les servirán de refugio
contra el vengador de sangre, con el fin de
que el homicida no sea muerto antes de
comparecer a juicio ante la comunidad.
13 Las ciudades de refugio serán seis, 14 tres
al otro lado del Jordán, y tres a este lado,
en la tierra de Canaán.
15 Estas seis ciudades servirán de refugio al homicida involuntario, sea israelita,
extranjero o residente. 16 Si ha herido a alguien con objeto de hierro y le ha causado
la muerte, es homicida, y el homicida debe
ser castigado con la muerte. 17 Si lo ha herido con una piedra capaz de causar la muerte, y el herido muere, el agresor es homicida, y el homicida debe ser castigado con la
muerte. 18 Si lo ha herido con un objeto de
madera capaz de producirle la muerte, y de
hecho muere, es homicida, y el homicida
debe ser castigado con la muerte. 19 Es el
vengador de sangre el que está obligado a
dar muerte al homicida; cuando lo encuentre lo matará.
20 Si lo ha derribado por odio o ha arrojado algo contra él intencionadamente, y le
causa la muerte, 21 o si lo ha golpeado por
enemistad con su propia mano y le causa la
muerte, entonces el agresor es un homicida
y será castigado con la muerte. El vengador
de sangre dará muerte al homicida cuando
lo encuentre.
22 Si lo ha derribado por casualidad y no
por odio, o ha arrojado algo contra él sin
querer, 23 o le ha dado una pedrada mortal
sin haberlo visto, y de hecho lo mata, sin
ser su enemigo y sin desearle ningún mal,
24 entonces es la comunidad la encargada
de juzgar entre el homicida y el vengador
de sangre, de acuerdo con estas leyes, 25 salvando al homicida de manos del vengador
de sangre. Luego la comunidad lo hará regresar a la ciudad de refugio, adonde había
huido y en ella vivirá hasta la muerte del
sumo sacerdote ungido con el óleo santo.
26 Si el homicida sale del término de la
ciudad de refugio adonde había huido, 27 y
el vengador de sangre lo encuentra fuera de
los límites de su ciudad de refugio, podrá
darle muerte sin ninguna responsabilidad;
28 porque el homicida debe permanecer en
su ciudad de refugio hasta la muerte del
sumo sacerdote; después de la muerte de
éste, podrá regresar a la tierra donde tiene
su herencia.
29 Estas son las disposiciones legales
para ustedes y para sus descendientes dondequiera que vivan.
30 En caso de homicidio se dará muerte
al homicida, pero solamente después de oír
a los testigos; el testimonio de un solo testigo no basta en caso de pena capital. 31 No
aceptarán rescate por la vida de un homicida que sea reo de muerte; debe morir.
32 Tampoco lo aceptarán para dejarlo ir a
buscar asilo en una ciudad de refugio o para
ir a vivir a su tierra antes de la muerte del
sumo sacerdote. 33 No profanarán la tierra
que habitan, porque la sangre profana la
tierra, y la tierra no puede ser purificada de
la sangre derramada en ella más que con la
sangre del que la ha derramado. 34 No profanarán la tierra que habitan, en medio de
la cual habito yo también, pues yo soy el
Señor, que habito en medio de los hijos de
Israel.

• **35 9-34**: Para no manchar con sangre inocente la tierra, que es santa, se recurre a las ciudades de refugio. En ellas podían encontrar asilo los homicidas involuntarios. Además de recordar la santidad de la tierra, esta ley refleja el sentido humanitario de la legislación y de la justicia hebrea.

Herencia de las mujeres

Nm 27 1-11

36 1 Los jefes de familia del clan de Galaad, hijo de Maquir, hijo de Manasés, uno de los clanes de los hijos de José,
fueron y dijeron a Moisés y a los jefes de
familia:
2 –El Señor ha ordenado a mi señor sor-
tear entre los israelitas la posesión de la
tierra, y mi señor ha recibido del Señor la
orden de dar la herencia de nuestro hermano Selofjad a las hijas de éste. 3 Si ellas se
casan con uno de otra tribu de Israel, su
herencia será sustraída de la de nuestros
padres, para ir a aumentar la herencia de la
tribu a la que ellas empiezan a pertenecer,
reduciéndose así nuestro patrimonio. 4 Incluso, cuando llegue el jubileo para los israelitas, la parte de estas mujeres quedará
añadida a la herencia de la tribu a la que
han pasado a pertenecer y, por tanto, sustraída de la herencia de nuestra tribu.
5 Moisés dio entonces estas disposiciones
a los hijos de Israel, por orden del Señor:
–La tribu de los hijos de José tiene razón. 6 Esto ordena el Señor en el caso de
las hijas de Selofjad: Podrán casarse con
quien quieran, siempre que sea dentro de
uno de los clanes de la tribu de su padre.
7 La herencia de los israelitas no pasará de
tribu a tribu, sino que cada uno de los israelitas quedará vinculado a la herencia de su
tribu paterna. 8 Las hijas que posean alguna
herencia en cualquiera de las tribus israelitas, habrán de casarse dentro de alguno de
los clanes de la tribu paterna, con el fin de
que todos los israelitas conserven la herencia de sus antepasados. 9 La herencia no
podrá pasar de una tribu a otra; cada una de
las tribus quedará vinculada a su herencia.
10 Las hijas de Selofjad hicieron lo que
el Señor había ordenado a Moisés. 11 Majlá, Tirsá, Joglá, Milcá y Noá, hijas de Selofjad, se casaron con primos suyos. 12 Al
casarse dentro de los clanes de Manasés,
hijo de José, su herencia permaneció en la
tribu a la que pertenecía el clan de su padre.
13 Estas son las órdenes y las normas
que el Señor prescribió a los israelitas por
medio de Moisés, en los llanos de Moab,
junto al Jordán, a la altura de Jericó.

• **36 1-13**: La presente ley completa la de Nm 27 1-11. La motivación social es la misma: prevenir contra la concentración de la propiedad y garantizar la estabilidad y el equilibrio de una sociedad fundada sobre la familia y el patrimonio familiar. Precisamente esta disposición es la que se encuentra detrás del matrimonio de Sara con Tobías (Tob 6 12; 7 9-10).

DEUTERONOMIO

INTRODUCCION

Un Dios, un santuario, un pueblo, una ley, una tierra: estos son los grandes ejes teológicos del Deuteronomio, preocupado por la unidad religiosa y política de Israel. La insistencia del Deuteronomio en la unidad del pueblo y en la unidad de fe y de culto, dejan entrever que dicha unificación no se había conseguido plenamente. Era precisamente lo que se proponían conseguir los autores del Deuteronomio con su escrito. Hasta este momento Israel no poseía una tradición religiosa plenamente unificada. La pluralidad de santuarios implicaba la existencia de distintas tradiciones locales y de diversos cultos. Existían, sobre todo, diferencias entre las tradiciones religiosas y políticas de los santuarios del norte y los del sur. Para el Deuteronomio el principio de unidad es Moisés. Los jueces, los reyes, los sacerdotes, los profetas, todos ellos están sometidos a la Ley de Moisés.

1. Contexto histórico

Deuteronomio es el título que la traducción griega de la Biblia (llamada "De los Setenta") da a este libro, y significa "segunda ley". Insinuaría, pues, que junto a las leyes dadas por Dios a su pueblo en el Sinaí, y recogidas en Exodo, Levítico y Números, el Señor volvió a proclamar estas leyes por medio de Moisés en las llanuras de Moab, a las puertas ya de la tierra prometida. Pero este título no expresa suficientemente el contenido del libro, que más que un código de leyes, es un conjunto de exhortaciones y de llamadas a Israel para que permanezca fiel al Señor. En la Biblia hebrea el libro es conocido por sus primeros vocablos: *Elleh haddebarim* = estas son las palabras.

Atribuido a Moisés en la tradición judía y cristiana, como el resto del Pentateuco, el libro del Deuteronomio contiene elementos que no pueden remontarse a él. Así, Dt 34, por citar sólo un ejemplo, narra cómo murió y fue enterrado Moisés. ¿Sería Moisés autor de semejante relato?

La atribución a Moisés no pasa de ser una ficción literaria. El autor del Deuteronomio, como el de tantos otros libros del Antiguo Testamento, ha quedado en el anonimato. No se puede afirmar con certeza quién fue. Incluso más que de un solo autor, hay que hablar de varios autores y de un largo proceso de formación que se extiende fundamentalmente del siglo VIII al VI a. C.

Probablemente, antes de ser puesto por escrito, el Deuteronomio fue predicado y enseñado por los levitas de los santuarios del reino del Norte. Esta génesis del Deuteronomio explicaría su carácter homilético y su estilo redundante y repetitivo. Con motivo de la caída de Samaría (722 a. C.), algunos levitas y sacerdotes, junto con otros creyentes yavistas del reino del norte, se refugiaron en Jerusalén llevando consigo sus tradiciones orales y escritas, entre las cuales se encontraban los elementos iniciales del Deuteronomio, que fueron asumidos y elaborados en los círculos cultivados de la ciudad santa, dando lugar a la primera edición del libro, la cual debía corresponder fundamentalmente a Dt 5-26 de nuestro Deuteronomio actual.

Escondido seguramente durante el reinado del impío rey Manasés y de su hijo Amón, el Deuteronomio o *libro de la ley* fue redescubierto en el templo de Jerusalén en tiempos del rey Josías, quien lo adoptó como la carta magna de la reforma religiosa y política que estaba llevando a cabo (véase 2 Re 22-23). Al erigirse en la medida y modelo de la reforma, el Deuteronomio se convierte en documento normativo y ley constitucional, o sea, señala el momento en el que comenzaron a reconocerse como sagrados los libros de la Ley de Moisés.

2. Características literarias

En su forma actual, el libro del Deuteronomio se presenta como las palabras que Moisés dirigió al pueblo de Israel, al otro lado del Jordán, en los umbrales de la tierra prometida (Dt 1 1; 9 1).

Moisés, el líder que en Egipto asistió al nacimiento de Israel y que guió a su pueblo a través del desierto, presiente cercanos los días de su muerte y sabe muy bien que no podrá llevar a término la obra que él comenzó (Dt 31 2). Por eso, antes de separarse del pueblo quiere dejarle sus últimas instrucciones.

El libro del Deuteronomio contiene, en cierta forma, el testamento espiritual de Moisés. Quien está para morir transmite sus últimas disposiciones a quien está a punto de comenzar una nueva vida. En esencia, el libro del Deuteronomio contiene las leyes dadas por Moisés al pueblo de Israel para que éste tenga una norma de vida en la tierra prometida.

Algunos autores califican al Deuteronomio como discurso de despedida de Moisés al pueblo. En realidad, a juzgar por los diferentes encabezamientos que se encuentran en el libro y por otros rasgos formales y temáticos, el Deuteronomio, más que por uno, está compuesto por tres discursos de Moisés, más un apéndice:

I. PRIMER DISCURSO (1 1-4 43)
II. SEGUNDO DISCURSO (4 44-28 68)
  1. Introducción (4 44-28 68)
  2. Código deuteronómico (12 1-25 19)
  3. Conclusión (26 1-28 68)
III. TERCER DISCURSO (28 69-30 20)
IV. PALABRAS FINALES Y MUERTE DE MOISES (31 1-34 12)

El segundo discurso, central por su colocación y por su importancia, abarca la mayor parte del libro (Dt 4 44-28 68). Sus encabezamientos lo definen como la Ley de Moisés (Dt 4 44) o, más concretamente, como las normas, las leyes y los preceptos de Moisés (Dt 4 45). En ellos se refleja suficientemente el contenido, ya que el cuerpo del discurso lo constituye el código legal (Dt 12-25).

Los otros dos discursos son una reflexión sobre los acontecimientos pasados y, al mismo tiempo, una mirada hacia el futuro. Desde lo alto del monte Nebo, Moisés contempla la tierra prometida (Dt 3 27; 34 1-3). En la óptica del Deuteronomio, sin embargo, la mirada de Moisés va mucho más allá de las fronteras de la tierra prometida. Ante su vista desfilan también las imágenes del desierto y del país de Egipto; más aún, en visión profética (aunque en realidad se trata de una profecía "ex eventu", es decir, de un anuncio hecho a partir de un acontecimiento ya sucedido) se perfilan algunos cuadros exílicos, de un Israel que vive lejos de la tierra de Canaán.

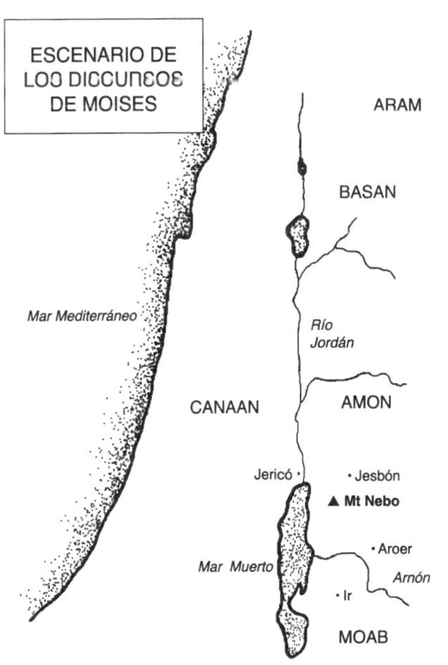

En cuanto introducción general al Deuteronomio, y también a los otros seis libros de la historia deuteronomista (Jos; Jue; 1-2 Sm y 1-2 Re) que forman un ciclo donde se traza todo el itinerario de la historia de Israel en la tierra de Canaán, el primer discurso (Dt 1 1-4 43) apunta a lo que sigue, pero sintetiza, al mismo tiempo, parte de la historia precedente (Génesis-Números). Análogamente, el tercer discurso (Dt 28 69–30 20) se proyecta sobre lo que antecede, pero abre paso a la historia sucesiva. Confluyen, por tanto, en el Deuteronomio algunas temáticas de los primeros libros de la Biblia, a la par que arrancan de él otras. Además, el libro del Deuteronomio está emparentado con algunos profetas (particularmente con Oseas y Jeremías) y en línea con las corrientes sapienciales, ampliando incluso sus horizontes al mundo extrabíblico, en especial a los antiguos pactos orientales, de cuya estructura conserva un reflejo.

Todas estas consideraciones quedan en buena parte confirmadas por una singular característica literaria del Deuteronomio: la alternancia en el uso del *tú* (referido siempre a Israel como pueblo) y el *ustedes*. La redacción en *tú* parece la más importante y original; la redacción en *ustedes* vendría a reforzar y desarrollar los anteriores; ambas redacciones son la prueba de una formación literaria por etapas y sucesivas ediciones.

3. Claves teológicas

Desde el punto de vista teológico, el Deuteronomio es uno de los libros más ricos del Antiguo Testamento. Cinco grandes temas se dan cita en él: un Dios, un pueblo, una tierra, una ley, un santuario. Estos, a su vez, sugieren otros: elección, alianza, bendición y maldición, etc., que juntamente con los anteriores entrelazan el libro.

La idea de *un Dios* se da la mano con la de *un pueblo*. El Señor es el Dios de Israel, e Israel es el pueblo del Señor. Así reza la fórmula central de la alianza (Dt 26 17-19) y así se deja entrever a lo largo de todo el libro. La unidad de Dios se proclama solemnemente desde el principio (Dt 6 4). Constituye la enseñanza principal del Deuteronomio. El Dios de Israel aparece, además, como libertador, guía y padre providente, jefe militar y fuego que todo lo consume, Dios de dioses y Señor de señores, grande, valiente y terrible, imparcial, justo y benévolo. Es el Dios santo, que actúa de modo perfecto. Con estos calificativos se define no sólo el ser más íntimo de Dios, sino también su actuar en la historia.

De entre todos los pueblos, el Señor eligió a Israel como pueblo de su propiedad (Dt 7 6). Tal elección creaba lazos especiales entre los dos. Israel tiene que amar al Señor, alabarlo y reconocerlo como a su Dios. Se exige de Israel un amor total y exclusivo, que implica una separación de las naciones que no tienen parte en esta comunión con el Señor. Israel no puede portarse como los otros pueblos. Es un pueblo santo y consagrado al Señor, el único Señor (Dt 6 4ss). La fidelidad a la pureza monoteísta, será raíz de toda bendición para el pueblo de Israel. Toda la existencia de este pueblo debe estar consagrada a la fidelidad y amor a Dios (Dt 6 7-9); un amor que tiene que manifestarse en una adhesión real y vital a los mandamientos (Dt 10 12; 11 1.31.32) y en el amor al prójimo (Dt 15 7ss; 24 14-15). En conclusión, un amor concreto y humano, que hará de los israelitas verdaderos hijos de Dios y hermanos entre sí.

De Dios le vienen a Israel los bienes que posee. La *tierra* figura como el más importante. Tanto su conquista como la fuerza para trabajarla y adquirir sus riquezas proceden del Señor, no de Israel ni de los otros dioses o pueblos. Por esto, Israel no ha de vanagloriarse, pero tampoco debe temer; tan sólo ha de confiar en el Señor. La tierra de Canaán es una tierra buena (Dt 8 7-9). Contrasta con la de Egipto y con el desierto. Egipto era una tierra de servidumbre, la de Canaán es de señorío (Dt 6 10-11; 11 12-13). En el desierto no había gota de agua, mientras que en Canaán abundan las fuentes y arroyos. La tierra prometida es, en fin, *una tierra que mana leche y miel*.

Establecido en esta tierra, el pueblo necesita una *ley* para vivir en sociedad. A lo largo del Deuteronomio aparecen muchos términos para referirse a la voluntad de Dios: ley, normas, preceptos, mandamientos... Ser fieles a la ley equivale a ser fieles al Señor. Observar los mandamientos es tanto como temer al Señor, amarlo y servirlo (Dt 10 12ss). Del cumplimiento de las leyes depende la vida y la bendición del pueblo (Dt 28 1-11).

La unidad de Dios lleva, en último término, a la *unidad de santuario*; la centralización del culto forma parte del capital más valioso del libro del Deuteronomio. Se pide a Israel que destruya los lugares de culto cananeos y que adore al Señor en el lugar que él ha elegido para hacer habitar su *nombre*. Al santuario elegido llevará sus ofrendas, en él celebrará sus fiestas.

Para el cristiano de cualquier época, el Deuteronomio constituye una permanente llamada a la fidelidad en medio de un mundo y de una sociedad en continuo proceso de cambio. Al creyente moderno se le pide dinamismo y creatividad, pero también fidelidad a los orígenes. Además, el Deuteronomio es un buen ejemplo de cómo una ley no debe imponerse simplemente desde fuera, desde la pura autoridad, sino que debe inculcarse a través de una profunda reflexión sobre la historia. La moral que se propone en este libro es una moral lúcida, adulta y razonada; no en vano el autor del Deuteronomio la considera una *verdadera sabiduría* (Dt 4 5-8). No es una ética del mérito la que aquí se quiere inculcar, sino una ética del amor y la gratuidad, pero al mismo tiempo una ética seria que hace de la fidelidad a la alianza, esto es de la fidelidad a Dios, una cuestión de vida o muerte (Dt 30 15-20).

DEUTERONOMIO

I. PRIMER DISCURSO DE MOISES Δ

Título, lugar y tiempo

Nm 21 21-35; Jos 12 2-6

1 1 Estas son las palabras que Moisés dirigió a todo Israel, al otro lado del Jordán, en el desierto, en la Arabá, frente a Suf, entre Farán, Tofel, Labán, Jaserot y Dizahab. 2 Once días se tarda desde el Horeb, por el camino de la montaña de Seír, hasta Cadés Barnea. 3 El día uno del undécimo mes del año cuarenta comunicó Moisés a los israelitas todas las órdenes que el Señor le había dado para ellos, 4 después de haber derrotado a Sijón, rey de los amorreos, que vivía en Jesbón, y a Og, rey de Basán, que vivía en Astarot y Edreí.

5 Al otro lado del Jordán, en el país de Moab, empezó Moisés a exponer esta ley, diciendo:

Orden divina y elección de representantes

Ex 18 13-26; Nm 11 11-17

6 El Señor nuestro Dios nos dijo en el Horeb: «Basta ya de habitar en esta montaña. 7 Pónganse en camino hacia la montaña de los amorreos y los lugares vecinos, la estepa, la montaña, la Sefela, el Négueb, el litoral, la tierra de los cananeos, el Líbano; hasta el río grande, el Eufrates. 8 ¡Miren! He puesto ante ustedes el país; vayan y tomen posesión de la tierra que el Señor juró dar a sus padres, Abrahán, Isaac y Jacob, y a sus descendientes».

9 Entonces yo les dije: Yo solo no puedo hacerme cargo de ustedes. 10 El Señor su Dios los ha multiplicado de tal manera que ahora son tan numerosos como las estrellas del cielo. 11 Que el Señor, el Dios de sus antepasados, los multiplique mil veces más y los bendiga como prometió. 12 Pero ¿cómo puedo soportar yo solo su peso, su cargas y litigios? 13 Elijan de sus tribus hombres sabios, prudentes y probados, y yo los pondré al frente de ustedes. 14 Ustedes me respondieron: Está bien lo que propones. 15 Entonces yo elegí a sus jefes de tribu, hombres sabios y probados, y los puse al frente de ustedes como jefes de mil, de cien, de cincuenta y de diez, y como oficiales para sus tribus. 16 Y di esta orden a sus jueces: Escuchen a sus hermanos y administren justicia en los litigios que tengan entre ellos y con los extranjeros. 17 Sean imparciales en el juicio, escuchen al pequeño lo mismo que al grande, sin temor a nadie, porque el juicio pertenece a Dios. Y si hay alguna causa difícil, tráiganmela a mí y yo la juzgaré. 18 Yo les mandé entonces todo lo que debían hacer.

Δ 1 1-4 43: Este largo discurso, que el autor pone en boca de Moisés, es en realidad una introducción a toda la historia deuteronomista (del libro de Josué hasta el segundo libro de los Reyes). Después de una breve introducción general (Dt 1 1-5), se trazan las líneas principales de la historia del pueblo desde el Horeb a la tierra prometida (Dt 1 6-3 29); sigue un amplia exhortación (Dt 4 1-40), para concluir con un breve apéndice (Dt 4 41-43). La historia se lee en clave religiosa. De la fidelidad o infidelidad a la voluntad de Dios, transmitida por Moisés, depende el éxito o el fracaso del pueblo, su victoria o su derrota.

• **1 1-5**: Vestido con los atuendos de orador y de guerrero, Moisés se dirige a un pueblo victorioso, que acaba de experimentar en la guerra la fuerza poderosa de Dios. Además del título, se señalan las circunstancias de tiempo y lugar en las que el autor sitúa las palabras de Moisés.

• **1 6-18**: El Señor, por medio de Moisés, ordena a Israel abandonar el Horeb y seguir el camino hacia la tierra prometida. La promesa hecha por Dios a los antepasados del pueblo apuntaba a un doble objetivo: la tierra (Dt 1 8) y la descendencia (Dt 1 10s). Tanto ha crecido el pueblo, que Moisés necesita algunos que lo ayuden en su gobierno. Por elección democrática se nombran representantes de las tribus, para que colaboren con Moisés en el gobierno del pueblo y en la administración de la justicia. Según Ex 18 13-26 esta elección de jueces colaboradores se habría hecho por indicación de Jetró, suegro de Moisés.

Infidelidad, castigo y derrota

Dt 9 23; Nm 13-14

19 Partimos luego del Horeb y atravesamos todo ese inmenso y terrible desierto
que han visto, camino de la montaña de los
amorreos, como el Señor nuestro Dios nos
había mandado, y entramos en Cadés Barnea.
20 Entonces les dije: Ya han llegado a la
montaña de los amorreos, que el Señor
nuestro Dios nos da. 21 El Señor tu Dios te
entrega esta tierra. Sube y toma posesión
de ella como te ha dicho el Señor, Dios de
tus antepasados. No temas ni te acobardes.
22 Todos vinieron entonces a decirme:
Enviemos por delante hombres que exploren la tierra y nos informen sobre el camino que debemos seguir y las ciudades en
las que podemos entrar.
23 Me pareció bien la propuesta y tomé
doce hombres de entre ustedes, uno por
tribu. 24 Ellos partieron y subieron por la
montaña, llegaron hasta el valle de Escol y
lo exploraron. 25 Luego tomando consigo
frutos del país, regresaron y nos dieron este
informe: «Es buena la tierra que nos da el
Señor, nuestro Dios».
26 Pero ustedes se negaron a subir y se
rebelaron contra la orden del Señor su Dios.
27 Se pusieron a murmurar en sus tiendas
diciendo: El Señor nos odia; nos ha hecho
salir de la tierra de Egipto para entregarnos
en poder de los amorreos y exterminarnos.
28 ¿Adónde vamos a subir? Nuestros hermanos nos han desanimado al decirnos:
«Son gente más numerosa y fuerte que nosotros; las ciudades son grandes y sus fortalezas alcanzan hasta el cielo; hasta gigantes, descendientes de Anac hemos visto
allí».
29 Yo les dije: No se asusten ni les tengan miedo. 30 El Señor su Dios, que los
guía, combatirá por ustedes, como lo vieron
hacer en Egipto 31 y en el desierto, donde
has visto que el Señor tu Dios te llevaba,
como un padre lleva a su hijo, a lo largo de
todo el camino que han recorrido hasta llegar a este lugar. 32 Pero, a pesar de esto,
ninguno de ustedes confió en el Señor su
Dios, 33 que marchaba delante de ustedes
para buscarles lugares donde acampar; lo
hacía en forma de fuego durante la noche y
en forma de nube durante el día, para in-
dicarles el camino que debían seguir.
34 Al escuchar sus quejas, el Señor se
indignó e hizo este juramento: 35 «Ni un
solo hombre de esta generación perversa
verá esta buena tierra que yo juré dar a sus
antepasados, 36 excepto Caleb, hijo de Jefoné; él sí la verá, y yo le daré a él y a sus
hijos la tierra que ha pisado, por haber seguido plenamente al Señor». 37 También
conmigo se enojó el Señor, por culpa de
ustedes, y me dijo: «Tampoco tú entrarás
allí. 38 Será tu ayudante Josué, hijo de Nun,
quien entrará. Dale ánimo, porque será él
quien dé la tierra en posesión a Israel».
39 Los niños de ustedes de quienes decían:
«los tomarán como botín»; sus hijos, que
aún no saben distinguir el bien del mal,
serán los que entren en ella. A ellos daré la
tierra y ellos la poseerán. 40 Pónganse en
camino y vayan hacia el desierto en dirección al mar Rojo.
41 Ustedes me respondieron: Hemos
pecado contra el Señor. Subiremos y combatiremos, como el Señor nuestro Dios nos
ha mandado. Tomaron cada uno sus armas
y se arriesgaron a subir a la montaña.
42 Pero el Señor me dijo: «Díles: No suban
ni entren en combate; serían derrotados por
sus enemigos, pues yo no estoy con ustedes». 43 Les dije que no subieran al combate, pero no me hicieron caso; se rebelaron
contra la orden del Señor y subieron con
arrogancia a la montaña. 44 Los amorreos
que viven en esa montaña salieron a su
encuentro, los persiguieron como abejas y
los derrotaron desde Seír hasta Jormá.
45 Entonces regresaron y lloraron ante el
Señor, pero él no escuchó su clamor ni les
hizo caso. 46 Por eso tuvieron que permanecer en Cadés tanto tiempo.

• **1 19-46**: La desobediencia del pueblo al mandato divino provoca la ira del Señor, que castiga a la generación rebelde a no entrar en la tierra prometida. Incluso Moisés, por solidarizarse con el pueblo, es objeto del castigo divino. Tan sólo Caleb y Josué, que permanecieron fieles al Señor, entrarán en la tierra, juntamente con la generación futura. Los que sin reconocer la autoridad del Señor emprendieron el combate por propia iniciativa, fueron derrotados. Es Dios quien guía la conquista de la tierra, según la visión del deuteronomista.

Fidelidad, premio y victoria

Nm 20 14-21; 14 29-30; Gn 19 30-38; Nm 21 21-35

2 1 Luego nos dirigimos al desierto, camino del mar Rojo, como el Señor me había mandado, y tardamos mucho tiempo en dar la vuelta a la montaña de Seír.

2 El Señor me dijo: 3 «Basta ya de dar vueltas a esta montaña; vuélvanse hacia el norte. 4 Da esta orden al pueblo: Van a pasar por el territorio de sus hermanos, los descendientes de Esaú, que viven en Seír. Ellos les tendrán miedo, pero tengan mucho cuidado; 5 no los provoquen, pues yo no les daré nada de su tierra, ni siquiera lo que ocupa la planta de un pie, porque la montaña de Seír se la he dado en posesión a Esaú. 6 Ustedes les pagarán con dinero los alimentos que tomen, e incluso el agua que beban la comprarán con dinero. 7 El Señor tu Dios te ha bendecido en todas tus empresas, te ha guardado a través de este inmenso desierto; hace ya cuarenta años que el Señor tu Dios está contigo sin que te falte nada». 8 Pasamos, pues, al lado de nuestros hermanos, los descendientes de Esaú, que viven en Seír, por la ruta de Arabá, que viene de Eilat y Esionguéber. Cambiamos de dirección y tomamos el camino del desierto de Moab.

9 El Señor me dijo: «No ataques a Moab ni lo provoques al combate, pues no te daré nada de su tierra, porque he dado Ar en posesión a los descendientes de Lot. 10 (Antiguamente vivían allí los emitas, pueblo grande, numeroso y de alta estatura, como los anaquitas. 11 Lo mismo que los anaquitas, eran tenidos por refaítas, pero los moabitas los llamaban emitas. 12 También en Seír vivían antiguamente los jorreos, pero los descendientes de Esaú los desposeyeron, los exterminaron y se establecieron en su lugar, como hizo Israel con la tierra que el Señor le dio en posesión). 13 Ahora, pues, levántense y atraviesen el torrente Záred». Así que atravesamos el torrente Záred.

14 La duración de nuestra marcha desde Cadés Barnea hasta que atravesamos el torrente Záred fue de treinta y ocho años; hasta que desapareció del campamento toda la generación de los hombres aptos para la guerra, como les había jurado el Señor. 15 El Señor castigó a todo el campamento hasta exterminarlos totalmente.

16 Cuando la muerte hizo desaparecer del pueblo a todos los hombres aptos para la guerra, 17 el Señor me dijo: 18 «Hoy vas a cruzar por Ar la frontera de Moab y te vas a encontrar con los amonitas. 19 No los ataques ni los provoques al combate, ya que no te daré nada de la tierra de los amonitas en posesión, pues se la he dado en posesión a los descendientes de Lot. 20 (También ésta era considerada tierra de refaítas, pues éstos vivían allí antiguamente, y los amonitas los llamaban zonzonitas: 21 era un pueblo grande, numeroso y de alta estatura como los anaquitas, pero el Señor los aniquiló ante los amonitas, que los desposeyeron y se establecieron en su lugar. 22 Lo mismo había hecho el Señor en favor de los descendientes de Esaú, que vivían en Seír, exterminando a los jorreos ante ellos; los desposeyeron y se establecieron en su lugar hasta el día de hoy. 23 Igualmente los caftoritas, oriundos de Caftor, aniquilaron a los avitas, que vivían en las aldeas cercanas a Gaza, y se establecieron en ellas).

24 Pónganse, pues, en pie, vayan y atraviesen el torrente Arnón. Te entrego a Sijón, el amorreo, rey de Jesbón, y a su territorio. Comienza a conquistarlo; provócalo al combate. 25 Desde hoy comienzo a infundir terror y miedo hacia ti entre los pueblos que hay bajo el cielo; los que oigan hablar de ti se atemorizarán y temblarán de miedo».

26 Desde el desierto de Cademot envié mensajeros a Sijón, rey de Jesbón, con estas propuestas de paz: 27 Déjame pasar por tu territorio, seguiré el camino sin desviarme ni a la derecha ni a la izquierda. 28 Te compraré los víveres que coma y el agua que beba. 29 Permíteme sólo pasar, como han hecho los descendientes de Esaú que viven en Seír, y los moabitas de Ar, hasta

• **2 1-3 11**: Obediente al mandato del Señor, Israel logra éxito en sus empresas militares. Componen la sección cinco pasajes en los que alternan la orden divina y el cumplimiento por parte del pueblo. Cambian los actores y el escenario: Edom (Dt 2 1-8), Moab (Dt 2 8-13), Amón (Dt 2 16-23), Sijón, rey de Jesbón (Dt 2 24-37) y Og, rey de Basán (Dt 3 1-7). El redactor vuelve sobre sus pasos para recordar el tiempo transcurrido desde el castigo divino hasta la total desaparición de los culpables (Dt 2 13b-15). A la generación rebelde, sucedió una generación fiel. El Señor recompensó a Israel con la victoria sobre sus enemigos (Dt 2 16-3 7).

que atraviese el Jordán, camino de la tierra
que el Señor nuestro Dios nos da. [30] Pero
Sijón, rey de Jesbón, no nos dejó pasar por
allí, porque el Señor tu Dios había ofusca-
do su espíritu y endurecido su corazón, con
el fin de hacerlo vasallo tuyo, como lo es
todavía hoy. [31] El Señor me dijo: «He decidido entregarte a Sijón y su territorio. Empieza a conquistar su territorio». [32] Sijón
salió a nuestro encuentro con toda su gente
para presentarnos batalla en Yasá. [33] El
Señor nuestro Dios lo entregó en nuestro
poder; lo derrotamos a él, a sus hijos y a
todo su pueblo. [34] Entonces conquistamos
todas sus ciudades y las consagramos al
exterminio: hombres, mujeres y niños, sin
dejar ni un sobreviviente. [35] Solamente nos
quedamos con los ganados y el botín de las
ciudades conquistadas. [36] Desde Aroer,
ciudad que está a orillas del torrente Arnón,
hasta Galaad no hubo ciudad que se nos
resistiera. El Señor nuestro Dios nos las
entregó todas. [37] Sólo pasaste de largo por
el país de los amonitas, la ribera del torrente Yaboc, las ciudades de la montaña y los
lugares que el Señor nuestro Dios te había
prohibido conquistar.

3 [1] Después cambiamos de dirección y
subimos hacia Basán. Og, rey de Basán,
nos salió al paso con toda su gente para
presentarnos batalla en Edreí. [2] El Señor
me dijo: «No le tengas miedo, pues yo lo
entrego en tu poder con todo su pueblo y
su país. Trátalo como trataste a Sijón, rey
de los amorreos, que vivía en Jesbón». [3] El
Señor nuestro Dios entregó también en
nuestro poder a Og, rey de Basán, con
todo su pueblo, y lo derrotamos sin dejar
ni un sobreviviente. [4] Entonces conquistamos todas sus ciudades sin dejar una:
sesenta ciudades, toda la región de Argob,
capital de Og en Basán; [5] todas ellas fortificadas con altas murallas, puertas y cerrojos; sin contar otros muchos pueblos de los
pereceos sin fortificar. [6] Las consagramos
al exterminio como habíamos hecho con
Sijón, rey de Jesbón; consagramos al exterminio ciudades, hombres, mujeres y niños,
[7] pero nos quedamos con los ganados y el
botín de las ciudades.

[8] Así conquistamos entonces el país de
los dos reyes amorreos al otro lado del Jordán, desde el torrente Arnón hasta el monte Hermón [9] (los sidonios llaman Sarión al
Hermón, y los amorreos le llaman Sanir):
[10] todas las ciudades de la meseta, todo Galaad y todo Basán hasta Seijá y Edreí, ciudades del reino de Og en Basán.

[11] (Og, rey de Basán, era el último de
los refaítas. Su lecho de hierro, que se puede ver todavía en Rabat de los amonitas,
mide cuatro metros y medio de largo por
dos de ancho).

Reparto de Transjordania y sucesión de Moisés

Nm 32; Jos 13 15-33; 1 12-18; Dt 32 48-52; 34 1-4

[12] Una vez que tomamos posesión de
esa tierra, concedí a Rubén y a Gad la mitad de la montaña de Galaad: desde Aroer
hasta el valle del Arnón. [13] El resto de Galaad y todo Basán, el reino de Og, se lo di
a la media tribu de Manasés. (Toda la región
de Argob, todo Basán, es lo que se llama el
país de los refaítas. [14] Yaír, hijo de Manasés, se quedó con toda la región de Argob hasta la frontera de los guesuritas y de
los maacatitas, y dio su nombre a estos
poblados de Basán, llamándolos poblados
de Yaír, que es como se llaman hasta hoy).
[15] A Maquir le di Galaad. [16] A las tribus de
Rubén y de Gad les di parte de Galaad:
desde el cauce del torrente Arnón hasta el
Yaboc, que delimita la frontera de los amonitas. [17] El Arabá y el Jordán servían de
frontera desde el lago de Genesaret hasta
el mar de el Arabá, el mar Muerto, al pie
de las faldas del Pisga, al este.

[18] Entonces les di esta orden: Puesto que

• **3 12-29**: Este episodio comprende dos partes. En la primera (Dt 3 12-20) se narra la conquista de algunas tierras de la Transjordania y su reparto entre las tribus de Rubén, Gad y la media tribu de Manasés. Se acuerda, no obstante, que los hombres de estas tribus, que estén capacitados para luchar, colaboren con las otras tribus en la conquista de Canaán, mostrando, así, que en la conquista ha colaborado todo el pueblo. (Véase Jos 1 15-33).

La segunda parte (Dt 3 21-29) tiene como centro una conmovedora oración de Moisés encuadrada entre dos referencias a Josué, su sucesor. Moisés, emocionado, hace un último intento y ruega al Señor que le permita entrar en la tierra prometida y completar la obra de la conquista, recién iniciada. El Señor le concede tan sólo la gracia de subir a la cima de un monte y contemplar desde allí la tierra prometida, meta de todos sus esfuerzos. En Dt 32 48-52 se da una explicación de este castigo impuesto por el Señor a Moisés (véase también Nm 20 1-13).

el Señor su Dios les ha dado en posesión
esta tierra, que los hombres fuertes, todos
los guerreros, marchen delante de sus hermanos los israelitas. 19 Sólo sus mujeres,
sus hijos y sus ganados –sé que sus ganados
son numerosos– se quedarán en las ciudades que les he dado, 20 hasta que el Señor
conceda el descanso a sus hermanos, como
a ustedes, y tomen también ellos posesión
de la tierra que el Señor su Dios les da al
otro lado del Jordán. Después regresarán
cada uno a la herencia que les he dado.

21 Entonces di esta orden a Josué: Has
visto con tus propios ojos lo que el Señor
tu Dios ha hecho con estos dos reyes. Pues
lo mismo hará el Señor con todos los reinos por donde vas a pasar. 22 No les temas, porque el Señor su Dios combate con
ustedes.

23 Yo invoqué entonces al Señor: 24 Señor Dios, tú has comenzado a mostrar a tu
siervo la grandeza y el poder de tu brazo,
pues ¿qué Dios hay en los cielos o en la tierra que haga obras o hazañas como las tuyas? 25 Permite que pase, para que pueda
ver esa buena tierra que está al otro lado del
Jordán, esas hermosas montañas y el Líbano. 26 Pero el Señor se indignó contra mí, y
por culpa de ustedes no me escuchó, sino
que me dijo: «¡Basta ya; no me hables más
del asunto! 27 Sube a la cima del Pisga.
Extiende tu mirada hacia el oeste, el norte,
el sur y el este, y contempla lo que ves, porque no pasarás el Jordán. 28 Da instrucciones a Josué, dale ánimo y valor, pues él
pasará al frente del pueblo, y él les dará en
herencia la tierra que vas a ver». 29 Y nos
quedamos en el valle frente a Bet Peor.

Exhortación de Moisés

Dt 30 15-20; Nm 25 1-18; Dt 5 2-31; Ex 19-20

4 1 Y ahora, Israel, escucha las leyes y
los preceptos que les enseño a practicar, para que vivan y entren en posesión de
la tierra que les da el Señor, Dios de sus
antepasados. 2 No añadirán nada a lo que
yo les mando ni quitarán nada, sino que
observarán los mandamientos del Señor su
Dios que yo les prescribo. 3 Han visto con
sus propios ojos lo que el Señor hizo con
Baal Peor: el Señor tu Dios exterminó de
en medio de ti a todos los que se fueron
detrás de Baal Peor. 4 En cambio, los que
fueron fieles al Señor su Dios viven hasta
el día de hoy.

5 Miren, les he enseñado leyes y preceptos como el Señor mi Dios me mandó, para
que los pongan en práctica en la tierra a la
que van a entrar para tomar posesión de
ella. 6 Obsérvenlos y pónganlos en práctica; eso los hará sabios y sensatos ante los
demás pueblos, que al oír todas estas leyes,
dirán: «Esta gran nación es ciertamente un
pueblo sabio y sensato». 7 Y en efecto, ¿qué
nación hay tan grande que tenga dioses tan
cercanos a ella, como lo está el Señor nuestro Dios siempre que lo invocamos? 8 Y
¿qué nación hay tan grande que tenga leyes
y preceptos tan justos como esta ley que
yo les promulgo hoy?

9 Pero presta atención y no te olvides de
lo que has visto con tus ojos; recuérdalo
mientras vivas y cuéntaselo a tus hijos y a
tus nietos. 10 El día en que estuviste ante el
Señor tu Dios en el Horeb, cuando el Señor
me dijo: «Reúne al pueblo a mi alrededor
y les haré oír mis palabras, para que se las
enseñen a sus hijos y aprendan a respetar-
me todos los días que vivan en la tierra»,
11 ustedes se acercaron y estuvieron al pie
de la montaña. La montaña ardía en llamas,
que llegaban hasta el mismo cielo, entre
tinieblas y densos nubarrones. 12 Entonces
el Señor les habló en medio del fuego. Ustedes oían las palabras, pero no veían ninguna figura; solamente oían su voz. 13 El les
comunicó su alianza y les mandó guardar-

• **4 1-40**: Desde el punto de vista literario, se da un profundo cambio entre esta sección y la precedente. De la historia se pasa a la exhortación. En Dt 1-11 las secciones históricas alternan con las exhortativas. Unas y otras se complementan mutuamente. Es raro, por otro lado, que las narraciones históricas aparezcan completamente despojadas de elementos exhortativos y lo más normal es que las exhortaciones se fundamenten recurriendo a la historia. Tal es el caso de Dt 4 1-40. La fórmula inicial (Dt 4 1) encuentra correspondencia en la final (Dt 4 40). En ambas fórmulas, la posesión de la tierra se encuentra estrechamente ligada a la observancia de la ley. Este tema, presente ya en Dt 1-3, ocupará un puesto central en Dt 5-11. Además de la referencia a la ley en general, se alude expresamente al decálogo. Más concretamente a la prohibición de las imágenes. A su vez, los mandamientos del Horeb evocan el tema de la alianza, que juntamente con los otros temas mencionados, integran el contenido de todo el capítulo.

la; los diez mandamientos que escribió en
dos tablas de piedra. 14 Y a mí el Señor me
mandó entonces que les enseñara las leyes
y preceptos, para que los observaran en la
tierra a la que van a pasar para tomarla en
posesión.

15 Tengan mucho cuidado. El día en que
les habló el Señor desde el fuego en el Horeb no vieron ninguna figura; 16 por tanto
no se perviertan haciéndose imágenes talladas de cualquier forma que sea: imagen
de hombre o de mujer, 17 de animal de la
tierra o de pájaro que vuela en el cielo,
18 de reptil que se arrastra por el suelo, o de
pez que hay en las aguas, debajo de la tierra. 19 Cuando levantes tu mirada al cielo y
veas el sol, la luna, las estrellas y todos los
astros del firmamento, no te dejes seducir
por ellos ni te postres ante ellos para ren-
dirles culto, porque el Señor tu Dios los ha
asignado como dioses a todos los pueblos
que hay bajo los cielos. 20 Pero a ustedes
los tomó el Señor y los sacó del terrible
horno de Egipto para que fueran el pueblo
de su propiedad, como lo son hoy.

21 El Señor se indignó contra mí por
culpa de ustedes y me juró que no pasaría
el Jordán ni entraría en la tierra buena que
el Señor tu Dios te da en herencia. 22 Sí, yo
moriré en este país sin pasar el Jordán.
Ustedes, en cambio, pasarán y tomarán posesión de esta tierra buena. 23 Guárdense,
pues, de olvidar la alianza que el Señor su
Dios ha pactado con ustedes y de fabricar-
se esas esculturas o imágenes talladas que
el Señor tu Dios te ha prohibido, 24 porque
el Señor tu Dios es como un fuego que
todo lo consume; es un Dios celoso.

25 Cuando engendren hijos y nietos, y
lleven mucho tiempo en esa tierra, si se
pervierten y se hacen imágenes talladas,
ofendiendo al Señor tu Dios con su conducta, y lo irritan, 26 pongo hoy por testigos contra ustedes al cielo y a la tierra que
desaparecerán inmediatamente de la tierra
que van a tomar en posesión después de
pasar el Jordán, y que no vivirán mucho
tiempo en ella, porque serán totalmente
aniquilados. 27 El Señor los dispersará entre
las naciones y sólo quedarán unos pocos
entre las naciones a donde el Señor los llevará. 28 Allí darán culto a dioses que han
sido fabricados por el hombre con piedra y
madera; dioses que no ven, ni oyen, ni comen, ni sienten.

29 Entonces buscarás allí al Señor tu Dios
y lo hallarás si lo buscas con todo tu corazón y con toda tu alma. 30 En medio de tu
angustia, cuando te hayan sucedido estas
cosas en los últimos días, te convertirás al
Señor tu Dios y escucharás su voz, 31 porque el Señor tu Dios es un Dios misericordioso, que no te abandonará ni te aniquilará
ni se olvidará de la alianza que estableció
con tus antepasados mediante juramento.

32 Pregunta, si no, a los tiempos pasados que te han precedido, desde el día en
que Dios creó al hombre en la tierra: ¿Se
ha visto jamás algo tan grande, o se ha oído
cosa semejante desde un extremo a otro
del cielo? 33 ¿Qué pueblo ha oído la voz de
Dios en medio del fuego, como la has oído
tú, y ha quedado con vida? 34 ¿Ha habido
un dios que haya ido a buscarse un pueblo
en medio de otro con tantas pruebas, milagros y prodigios en combate, con mano
fuerte y brazo poderoso, con portentosas
hazañas, como hizo por ustedes el Señor
su Dios en Egipto ante sus propios ojos?

35 El Señor te ha hecho ver todo esto
para que sepas que él es Dios y que no hay
otro fuera de él. 36 Desde el cielo te dejó
oír su voz para instruirte, en la tierra te
mostró su gran fuego y has oído las palabras que salían del fuego. 37 Porque amó a
tus antepasados y eligió a su descendencia
después de ellos, te sacó de Egipto con su
gran poder, 38 expulsando ante ti a naciones más numerosas y fuertes que tú, para
llevarte a su tierra y dártela en posesión,
como sucede hoy. 39 Reconoce, pues, hoy
y convéncete de que el Señor es Dios allá
arriba en los cielos y aquí abajo en la tierra,
y de que no hay otro. 40 Observa sus leyes
y mandamientos que yo te prescribo hoy,
para que seas feliz tú y tus hijos después
de ti, y prolongues tus días en la tierra que
el Señor tu Dios te da para siempre.

Ciudades de refugio

Nm 35 9-34; Dt 19 1-13

41 Moisés designó entonces tres ciudades, en la parte oriental del Jordán, 42 para
que pudiera encontrar refugio en ellas el
homicida que hubiera matado sin querer a
su prójimo, sin que existiera enemistad pre-

via entre ellos. Refugiándose en una de estas ciudades, podría salvar su vida. 43 Para
los rubenitas designó Bosor en la parte desértica de la meseta; para los gaditas, Ramot, en Galaad; y para los manasitas, Golán, en Basán.

II. SEGUNDO DISCURSO DE MOISES Δ

1. Introducción ◊

Título, lugar y tiempo

Dt 1 4-5

44 Esta es la ley que Moisés propuso a
los israelitas. 45 Estas son las normas, las
leyes y los preceptos que promulgó Moisés
a los israelitas cuando salieron de Egipto,
46 al otro lado del Jordán, en el valle, frente a Bet Peor, en el país de Sijón, rey de
los amorreos, que vivía en Jesbón y había
sido derrotado por Moisés y los israelitas
cuando salieron de Egipto. 47 Estos se apoderaron de su territorio y del territorio de
Og, rey de Basán, los dos reyes amorreos.
Dicho territorio comprendía la parte oriental del Jordán, 48 que va desde Aroer, junto
al torrente Arnón, hasta la montaña de Si-
yón, es decir el Hermón, 49 y ocupa todo el
Arabá, en la parte oriental del Jordán, hasta
el mar Muerto, en las laderas del Pisga.

Mediación, decálogo y alianza

Dt 4 10-20; Ex 20 2-17; 19 16-21

5 1 Moisés convocó a todo Israel y les
dijo:
–Escucha, Israel, las leyes y los preceptos que les doy a conocer hoy. Apréndelos
y procura ponerlos en práctica. 2 El Señor
nuestro Dios hizo con nosotros una alianza
en el Horeb. 3 No hizo el Señor esta alianza con nuestros antepasados, sino con nosotros, los mismos que todavía hoy estamos aquí vivos. 4 El Señor les habló cara a
cara en la montaña desde el fuego. 5 Yo estaba entonces entre el Señor y ustedes para
transmitir sus palabras, porque tuvieron
miedo de aquel fuego y no subieron a la
montaña. 6 El dijo:
«Yo soy el Señor tu Dios; yo te saqué
de Egipto, de aquel lugar de esclavitud.
7 No tendrás otros dioses fuera de mí.
8 No te harás ídolos, ni imagen tallada
alguna de lo que hay arriba en los cielos, o
abajo en la tierra, o en las aguas, debajo de
la tierra. 9 No te postrarás ante ellos ni les
darás culto, porque yo, el Señor tu Dios,
soy un Dios celoso, que castigo la maldad
de los padres en los hijos hasta la tercera y
la cuarta generación, cuando me aborrecen, 10 pero tengo misericordia por mil generaciones de los que me aman y observan
mis mandamientos.
11 No pronunciarás el nombre del Señor
tu Dios en vano, porque el Señor no dejará

• **4 41-43**: Esta pequeña unidad no acaba de encajar bien aquí, donde aparece como un apéndice al final del primer discurso. La designación de ciudades de refugio tiene como finalidad evitar el derramamiento de sangre inocente. Como tantas otras normas carentes de vigencia en la actualidad, responde a una época distinta y a un modo propio de entender y de aplicar la justicia. En caso de homicidio, un pariente de la víctima se encargaba de vengar su sangre, pero esta venganza no podía realizarse en las ciudades de refugio (véase Nm 35 9-34).

Δ 4 44-28 68: Tanto por su extensión como por su importancia real, el segundo discurso de Moisés constituye el centro del Deuteronomio. Este discurso se halla integrado por tres piezas principales: introducción (Dt 4 44-11 32), código legal (Dt 12-25) y secciones conclusivas (Dt 26-28).

◊ 4 44-11 32: Dos tipos de textos componen esta sección: en primer lugar, unos relatos históricos, redactados en segunda persona del plural, que tienen como centro los acontecimientos del Horeb (Dt 5 1-6 3; 9 7b-10 11). En segundo lugar, una serie de pasajes de tipo exhortativo, redactados en su mayor parte en segunda persona del singular, en los que se invita continuamente al pueblo a ser fiel al Señor y a su ley, que ha de ser la norma de vida en la tierra prometida (Dt 6 4-9 7a; 10 12-11 32).

• **4 44-49**: Con un doble título, más amplio y genérico el primero (Dt 4 44) y más concreto y específico el segundo (Dt 4 45), se abre el segundo discurso de Moisés al pueblo de Israel. En los títulos mencionados se define la naturaleza del discurso. Elemento central es la ley, esto es, la serie de normas, decretos y preceptos promulgados por Moisés a su salida de Egipto, al otro lado del Jordán.

• **5 1-6 3**: Enmarcado por la fórmula *Escucha, Israel,* referida a los mandamientos (Dt 5 1; 6 3), este pasaje tiene como escenario el Horeb y como contenido clave el decálogo, que tiene su origen en Dios y llega al pueblo por mediación de Moisés.

La montaña santa, conocida generalmente como Sinaí, recibe el nombre de Horeb en el libro del Deuteronomio. Es el lugar de encuentro entre Dios y el pueblo. El

sin castigo a quien pronuncia su nombre en vano.

12 Observa el sábado, santifícalo, como el Señor tu Dios te ha mandado. 13 Trabajarás seis días y en ellos harás tus tareas, 14 pero el séptimo es día de descanso consagrado al Señor tu Dios. No harás en él trabajo alguno, ni tú, ni tu hijo, ni tu hija, ni tu esclavo, ni tu esclava, ni tu buey, ni tu burro, ni ninguno de tus animales, ni el extranjero que vive en tus ciudades, de modo que tu esclavo y tu esclava descansen lo mismo que tú. 15 Acuérdate de que tú también fuiste esclavo en el país de Egipto y de que el Señor tu Dios te sacó de allí con mano fuerte y brazo poderoso. Por eso el Señor tu Dios te manda observar el sábado.

16 Honra a tu padre y a tu madre como te ha mandado el Señor tu Dios, para que tengas una larga vida y seas feliz en la tierra que el Señor tu Dios te da.

17 No matarás.

18 No cometerás adulterio.

19 No robarás.

20 No levantarás falso testimonio contra tu prójimo.

21 No desearás la mujer de tu prójimo, ni codiciarás la casa de tu prójimo, su campo, su esclavo o su esclava, su buey o su burro, ni nada de lo que le pertenece».

22 Estos son los mandamientos que el Señor proclamó a toda la asamblea en la montaña, en medio de fuego y densos nubarrones. No añadió más. Los escribió en dos tablas de piedra, que me entregó.

23 Cuando oyeron la voz que salía de las tinieblas, mientras la montaña ardía en llamas, todos ustedes, jefes de tribu y ancianos, se acercaron a mí 24 y me dijeron: El Señor nuestro Dios nos ha mostrado su gloria y su grandeza, y hemos oído su voz que salía del fuego. Hoy hemos visto que Dios puede hablar al hombre, sin que éste muera. 25 Pero no queremos morir consumidos por ese gran fuego, y si seguimos oyendo la voz del Señor nuestro Dios moriremos. 26 Porque, ¿hay algún mortal que, habiendo oído como nosotros la voz del Dios vivo hablando desde el fuego, haya quedado con vida? 27 Acércate tú, escucha lo que te diga el Señor nuestro Dios y transmítenos lo que te haya dicho. Nosotros lo escucharemos y lo pondremos en práctica.

28 El Señor oyó sus palabras cuando me hablaban y me dijo: «He oído las palabras de este pueblo. Todo lo que te han dicho está bien. 29 ¡Ojalá tuvieran siempre esa misma actitud; ojalá me respetaran y observaran cada día mis mandamientos; entonces serían felices ellos y sus hijos por siempre! 30 Ve y diles que regresen a sus tiendas. 31 Tú quédate aquí, junto a mí, porque te quiero comunicar todos los mandamientos, las leyes y los preceptos que les has de enseñar, para que los pongan en práctica en la tierra que les voy a dar en herencia».

32 Pongan en práctica lo que el Señor su Dios les ha mandado; no se aparten ni a la derecha ni a la izquierda. 33 Compórtense como les ha prescrito el Señor su Dios, para que vivan, sean felices y tengan una larga vida en la tierra de la que van a tomar posesión.

6 1 Estos son los mandamientos, las leyes y los preceptos que el Señor Dios de ustedes mandó enseñarles, para que los pongan en práctica en la tierra a la que van a pasar para tomar posesión de ella. 2 De esta manera respetarás al Señor tu Dios, tú, tus hijos y tus nietos; observarás todos los días de tu vida las leyes y mandamientos que yo te impongo hoy; así se prolongarán tus días. 3 Escúchalos, Israel, y cúmplelos con cuidado, para que seas dichoso y te multipliques, como te ha prometido el Señor, Dios de tus antepasados, en esta tierra que mana leche y miel.

Un Dios

Mc 12 29-30; Dt 11 18-21; 8 10-18; Ex 17 1-7; Nm 20 2-13

4 Escucha, Israel, el Señor es nuestro Dios, el Señor es uno. 5 Amarás al Señor tu

lugar donde ambos han sellado una alianza, la alianza por excelencia. Allí recibe Israel los diez mandamientos.

En las tradiciones bíblicas, la ley en general y el decálogo en particular están relacionadas con la permanencia en el Sinaí/Horeb. El decálogo representa la ley fundamental de la alianza. El pueblo de Israel, tras haber experimentado la presencia terrible y cercana a la vez del Señor en la salida de Egipto y en la montaña santa, lo reconoce como su Dios y acepta su palabra y sus leyes como norma de vida. A la acción del Señor que salva, corresponde la acción del hombre, que acepta libremente la voluntad de Dios, expresada en las cláusulas de la alianza, que más que leyes o mandamientos opresores, son palabras de vida.

Dios con todo tu corazón, con toda tu alma
y con todas tus fuerzas. 6 Guarda en tu
corazón estas palabras que hoy te digo.
7 Incúlcaselas a tus hijos y háblales de ellas
cuando estés en casa o cuando vayas de
viaje, acostado o levantado; 8 átalas a tu
mano como signo, colócalas en tu frente
como señal; 9 escríbelas a la entrada de tu
casa y en tus puertas.

10 Cuando el Señor tu Dios te haya introducido en la tierra que ha de darte según juró a tus antepasados Abrahán, Isaac
y Jacob, una tierra con grandes y hermosas
ciudades que tú no edificaste, 11 con casas
repletas de toda clase de bienes que tú no
llenaste, con depósitos de agua que tú no
excavaste, con viñas y olivos que tú no
plantaste, entonces comerás y te saciarás.
12 Cuídate de no olvidar al Señor que te
sacó de Egipto, de aquel lugar de esclavitud. 13 Respetarás al Señor tu Dios, a él le
servirás y en su nombre jurarás. 14 No sigas a otros dioses, los dioses de las naciones que te rodean, 15 porque el Señor tu
Dios, que está en medio de ti, es un Dios
celoso; su ira se encendería contra ti y te
haría desaparecer de la faz de la tierra. 16 No
tienten al Señor su Dios, como hicieron en
Masá. 17 Observen cuidadosamente los
mandamientos del Señor su Dios, las normas y las leyes que les ha dado. 18 Practica
lo que es justo y bueno a los ojos del Señor, para que seas dichoso y entres a tomar
posesión de la tierra buena que el Señor
prometió a tus antepasados, 19 expulsando
delante de ti a todos tus enemigos, según
ha dicho el Señor.

20 Cuando te pregunte tu hijo el día de
mañana: ¿Qué significan estas normas, estas leyes y preceptos que les mandó cumplir el Señor, nuestro Dios? 21 Tú le responderás: Nosotros éramos esclavos del faraón
de Egipto y el Señor nos sacó de Egipto con
mano fuerte. 22 El Señor hizo a nuestros
ojos milagros y prodigios grandes y terribles en Egipto, contra el faraón y toda su
corte. 23 Y a nosotros nos sacó de allí para
llevarnos y darnos la tierra que había prometido a nuestros antepasados. 24 El Señor
nos mandó entonces poner en práctica todas estas leyes, respetando al Señor nuestro
Dios, para que seamos siempre dichosos y
tengamos vida como hasta hoy. 25 Nuestra
justicia consistirá en observar y poner en
práctica todos estos mandamientos en presencia del Señor nuestro Dios, como él nos
ha mandado.

Un pueblo consagrado

Dt 4 2-21; Ex 34 6-16; 23 22-33; Jos 6 18; Jue 2 20-23

7 1 Cuando el Señor tu Dios te haya introducido en la tierra donde vas a entrar para tomarla en posesión y haya expulsado de tu presencia a pueblos numerosos: hititas, guergueseos, amorreos, cananeos, pereceos, jeveos y jebuseos, siete
pueblos más poderosos y fuertes que tú;
2 cuando el Señor tu Dios te los haya entregado, y tú los hayas derrotado, los consagrarás al exterminio. No harás pactos ni
tendrás miramientos con ellos. 3 No con-
traerás parentesco con ellos: no darás tu
hija a su hijo, ni casarás a tu hijo con su
hija, 4 porque ellos los apartarían de mí
para que den culto a otros dioses, y la ira

• **6 4-25**: Ingredientes principales de estos versículos son la instrucción y la exhortación, en un lenguaje cultual y con apoyos en la historia salvífica.

Dt 6 4-9 contiene el famoso *shema* (*=escucha*), que los judíos piadosos rezan diariamente y que Jesús cita en parte en el evangelio (Mc 12 29-30). Aparecen en primer plano la verdad fundamental (Dt 6 4) y el mandamiento principal (Dt 6 5). Puesto que el Señor es el Dios de Israel y puesto que es uno en su mismo ser (no está dividido en multitud de formas, como los dioses cananeos), los israelitas tienen que amarlo con amor único, sin divisiones ni fisuras.

En Dt 6 10-19 se reclama del israelita un servicio exclusivo al Señor. Coincide con la actitud exigida en los versículos precedentes, pues servir a Dios es amarlo. La liberación de la servidumbre de Egipto y la donación generosa de la tierra prometida, tienen como finalidad hacer de Israel un pueblo al servicio del Señor, único y verdadero Dios.

A la pregunta del hijo sobre el significado de las leyes mandadas por el Señor, el padre responde recordando la actuación de Dios en la historia, a su salida de Egipto (Dt 6 20-25). La ley fue dada al pueblo en un contexto histórico-salvífico. Y esta es también su finalidad: para que el pueblo viva en libertad y no vuelva caer en la esclavitud.

• **7 1-26**: La elección hace de Israel un pueblo especial, una nación santa y consagrada al Señor. Por su misma naturaleza, Israel no debe mezclarse con las otras naciones. Es más, tiene que exterminarlas y aniquilar sus lugares de culto. Estas ideas, centrales en Dt 7 1-8, continúan en Dt 7 17-26. Entre ambos grupos de versículos, a modo de puente, se encuentra Dt 7 9-16 donde se invita a reconocer al Señor y a seguir sus mandamientos, lo que atraerá las bendiciones divinas sobre Israel. A pesar de la pequeñez e insignificancia de Israel comparado con otras naciones lo que cuenta es, por una parte, el amor de Dios que elige libremente a quien quiere y que derrama en abundancia sus dones sobre el elegido, y por otra, la respuesta fiel de Israel a esos dones del Señor.

de Dios se encendería contra ustedes y los destruiría bien pronto. 5 Esto es lo que ustedes harán con ellos: derribarán sus altares, destruirán sus piedras conmemorativas, romperán sus imágenes y quemarán sus ídolos. 6 Porque tú eres un pueblo consagrado al Señor tu Dios, y a ti te ha elegido el Señor tu Dios, para que seas el pueblo de su propiedad entre todos los pueblos que hay sobre la superficie de la tierra.

7 El Señor se fijó en ustedes y los eligió, no porque fueran más numerosos que los demás pueblos, pues son el más pequeño de todos, 8 sino por el amor que les tiene y para cumplir el juramento hecho a sus antepasados. Por eso los ha sacado de Egipto con mano fuerte y los ha librado de la esclavitud, del poder del faraón, rey de Egipto.

9 Reconoce, pues, que el Señor tu Dios es un Dios fiel, que cumple sus pactos y tiene misericordia por mil generaciones con quienes lo aman y cumplen sus mandamientos, 10 pero castiga a los que lo odian y en seguida los hace morir; a quien lo odia, él lo castiga. 11 Observa, pues, los mandamientos, las leyes y los preceptos que yo te prescribo hoy. 12 Si escuchan estos preceptos, los observan y los ponen en práctica, el Señor tu Dios mantendrá contigo la alianza y será fiel al juramento que hizo a tus antepasados. 13 Te amará, te bendecirá, te multiplicará: bendecirá el fruto de tus entrañas y el fruto de tu suelo: tu trigo, tu vino, tu aceite, las crías de tus vacas y de tus ovejas, en la tierra que va a darte según prometió a tus antepasados. 14 Serás bendito sobre todos los pueblos. No habrá entre tu gente ni entre tus ganados macho o hembra estéril. 15 El Señor alejará de ti toda enfermedad y no dejará caer sobre ti ninguna de las malignas plagas que has conocido en Egipto, sino que las descargará sobre todos los que te odian. 16 Destruye, pues, a todos los pueblos que el Señor tu Dios va a entregarte; no tengas piedad de ellos, ni des culto a sus dioses, pues serían para ti una trampa.

17 Tal vez se te ocurra pensar: Estas naciones son más numerosas que yo, ¿cómo podré quitarles su herencia? 18 No les tengas miedo. Acuérdate bien de lo que el Señor tu Dios hizo con el faraón y con todo Egipto. 19 Recuerda las grandes pruebas que vieron tus ojos, los milagros y prodigios, la mano fuerte y el brazo poderoso con que el Señor tu Dios te sacó de allí. Así hará también el Señor tu Dios con todos los pueblos a quienes temes. 20 Más aún, el Señor tu Dios enviará tábanos contra ellos hasta exterminar a los que se te hayan escapado o se hayan escondido. 21 No tiembles ante ellos, pues en medio de ti está el Señor tu Dios, 22 un Dios grande y terrible. El Señor tu Dios irá arrojando de tu presencia a estas naciones poco a poco. No podrás exterminarlas de un golpe, no sea que se multipliquen contra ti las fieras del campo. 23 El Señor tu Dios te las entregará y sembrará entre ellas un gran pánico hasta destruirlas. 24 Te entregará sus reyes, y tú harás desaparecer sus nombres de debajo de los cielos. Ninguno podrá resistir ante ti, hasta que los aniquiles. 25 Quemarás las imágenes talladas de sus dioses. No codiciarás el oro ni la plata que los recubre, ni te apropiarás de ello, no sea que caigas en la trampa, pues eso es algo que detesta el Señor tu Dios. 26 No lleves a tu casa nada de lo que el Señor detesta, pues tanto tú como esos objetos serían consagrados al exterminio. Detéstalo y aborrécelo, porque está consagrado al exterminio.

La tierra, don del Señor

Dt 29 4-5; Ex 16 13-35; Mt 4 4; Dt 11 10-12; Nm 20 1-13; 1 Cor 1 26-31; Mt 4 1-11

8 1 Pongan en práctica todos los mandamientos, que yo les prescribo hoy. De esta manera vivirán, se multiplicarán y en-

• **8 1-20**: La tierra de Canaán, tema central en este capítulo, contrasta con el desierto y con el país de Egipto. Egipto simboliza la esclavitud; es el país de donde el Señor hizo salir libre a su pueblo (Dt 8 14). El desierto, a su vez, es el lugar inhóspito, donde el Señor tiene que hacer salir agua de la roca (Dt 8 15) para que su pueblo pueda continuar con vida. En la tierra que ahora les va a dar en posesión, no tendrá que repetir el milagro; la misma tierra es un milagro, pues no sólo manará en ella agua abundante, sino que manarán *leche y miel*, y en ella podrán disfrutar los israelitas de toda clase de bienes (Dt 8 9.12-13). Por eso ellos deben reconocer que todos estos bienes proceden del Señor, y que *no sólo de pan vive el hombre, sino de todo lo que sale de la boca del Señor* (Dt 8 3), esto es, de su palabra, de sus mandamientos (Dt 8 2.6). La experiencia del desierto se presenta como lección para la vida en la tierra de Canaán. De los caminos del desierto, a los caminos de Dios. De él brota la vida. El es su fuente última.

trarán a tomar posesión de la tierra que el Señor prometió con juramento a sus antepasados.

2 Acuérdate del camino que el Señor tu Dios te ha hecho recorrer durante estos cuarenta años a través del desierto, con el fin de hacerte pasar necesidad y probarte, para ver si observas de corazón sus mandatos o no. 3 Te ha hecho pasar hambre y necesidad; te ha alimentado con el maná, un alimento que tú no conocías, ni tampoco conocieron tus antepasados, para que aprendieras que no sólo de pan vive el hombre sino de todo lo que sale de la boca del Señor. 4 No se gastaron tus ropas, ni se hincharon tus pies durante esos cuarenta años. 5 Reconoce, pues, en tu corazón, que el Señor tu Dios te corrige como un padre corrige a su hijo. 6 Observa los mandamientos del Señor tu Dios, siguiendo sus caminos y respetándole.

7 Cuando el Señor tu Dios te introduzca en esa tierra buena, tierra de torrentes, de fuentes, de aguas profundas que brotan en el fondo de los valles y en las montañas, 8 tierra que produce trigo y cebada, viñas, higueras y granados, tierra de olivos, aceite y miel, 9 tierra que te dará el alimento en abundancia para que no carezcas de nada, tierra donde las piedras contienen hierro, y de cuyas montañas extraerás el cobre; 10 entonces comerás y te saciarás y bendecirás al Señor tu Dios por la tierra buena que te ha dado.

11 No te olvides del Señor tu Dios ni dejes de observar los mandamientos, los preceptos y las leyes que yo te prescribo hoy. 12 Cuando hayas comido y te hayas saciado, cuando hayas construido hermosas casas y las habites, 13 cuando se multiplique tu ganado vacuno y ovino, tu plata, tu oro y todos tus bienes, 14 que no se vuelva arrogante tu corazón ni te olvides del Señor tu Dios. Fue él quien te sacó de Egipto, de aquel lugar de esclavitud; 15 quien te ha conducido a través de ese inmenso y terrible desierto, lleno de serpientes venenosas y alacranes, tierra sedienta y sin agua; fue él quien hizo brotar para ti agua de la roca maciza 16 y te ha alimentado en el desierto con el maná, un alimento que no conocieron tus antepasados, a fin de humillarte y probarte, para después hacerte feliz. 17 Y no digas: Con mis propias fuerzas he conseguido todo esto. 18 Acuérdate del Señor, tu Dios; él es quien te ha dado fuerza para adquirir esa riqueza, cumpliendo así la alianza que hizo con juramento a tus antepasados, como hace hoy.

19 Pero, si te olvidas del Señor tu Dios y sigues a otros dioses, dándoles culto y postrándote ante ellos, entonces les juro hoy que morirán sin remedio. 20 Lo mismo que las naciones que el Señor va a aniquilar en presencia de ustedes, así también morirán ustedes por no haber obedecido al Señor su Dios.

La victoria se debe al Señor

Dt 7 1.22; 8 17

9 1 Escucha, Israel, hoy vas a cruzar el Jordán para ir a conquistar naciones más grandes y fuertes que tú, ciudades grandes y fortificadas hasta el cielo, 2 un pueblo poderoso y de alta estatura, los descendientes de los anaquitas, que ya conoces y de los cuales has oído decir: ¿Quién podrá resistir ante los hijos de Anac? 3 Has de saber desde hoy que el Señor tu Dios cruzará él mismo ante ti como fuego devorador; él los exterminará y los derrotará ante ti. Tú los despojarás y los aniquilarás rápidamente, como te ha dicho el Señor.

4 Cuando el Señor tu Dios los haya expulsado de tu presencia, no pienses en tu interior: Por mis méritos me ha traído el Señor a tomar posesión de esta tierra, y por los pecados de esas naciones las expulsa el Señor de tu presencia. 5 No vas a tomar posesión de esas tierras por tus méritos ni por tu rectitud, sino que debido a la maldad de esas naciones el Señor tu Dios las expulsa de tu presencia; y también para cumplir el juramento que el Señor hizo a tus antepasados, a Abrahán, Isaac y Jacob.

• **9 1-7a**: La fórmula que encabeza este pasaje (Dt 9 1) da a entender que Israel se encuentra ya en los umbrales de la tierra prometida. Está a punto de comenzar para el pueblo elegido una nueva etapa de su historia. El paso del Jordán representa la puerta de acceso al país de Canaán. Si antes se dijo que por puro amor, eligió el Señor a Israel (Dt 7 6-8), ahora se añade que el Señor pasará al frente de su pueblo por fidelidad a su palabra, no por los méritos de Israel.

6 Reconoce, pues, que el Señor tu Dios
no te da esa tierra buena en posesión debido
a tus méritos, porque eres un pueblo terco.
7 Recuerda y no olvides cómo irritaste al
Señor tu Dios en el desierto.

Pecado de Israel e intercesión de Moisés

Ex 32; Nm 11 1-34; Dt 1 25-40; Nm 14 13-19;
Ex 34 1.4; 25 10-15; Nm 18 20-24

Desde el día en que saliste del país de
Egipto hasta que ustedes llegaron a este lugar han sido rebeldes al Señor. 8 Ya en Horeb irritaron al Señor, y el Señor se enfureció contra ustedes hasta querer destruirlos,
9 cuando yo había subido a la montaña
para recibir las tablas de piedra, las tablas
de la alianza que el Señor establecía con
ustedes, y permanecí en la montaña cuarenta días y cuarenta noches sin comer ni
beber. 10 El Señor me dio entonces las dos
tablas de piedra escritas por el dedo de
Dios; en ellas estaban todas las palabras
que el Señor les dijo en la montaña, en medio del fuego, el día de la asamblea. 11 Al
cabo de cuarenta días y cuarenta noches, el
Señor me dio las dos tablas de piedra, las
tablas de la alianza, 12 y me dijo: «Levántate y baja en seguida de aquí, porque tu
pueblo, el que sacaste de Egipto, se ha pervertido. Pronto han abandonado el camino
que yo les señalé y se han hecho un ídolo
de metal fundido». 13 Y añadió el Señor:
«He visto que este pueblo es un pueblo terco; 14 déjame, voy a aniquilarlo, borraré su
nombre de la tierra, y haré de ti una nación
más fuerte y numerosa que ese pueblo».
15 Entonces yo bajé de allí con las tablas
de la alianza en mis manos y regresé mientras la montaña ardía en llamas. 16 Y cuando vi que, efectivamente, habían pecado
contra el Señor su Dios, que se habían hecho un becerro de metal fundido, abandonando bien pronto el camino que les señaló
el Señor, 17 tomé las dos tablas, las tiré con
mis manos y las rompí ante sus propios
ojos.
18 Luego me postré ante el Señor, como
la primera vez, y estuve cuarenta días y
cuarenta noches sin comer ni beber, a causa del pecado que ustedes habían cometido, desagradando al Señor hasta el punto
de irritarlo. 19 Tenía miedo de la ira y el furor que el Señor desató contra ustedes hasta
el punto de querer exterminarlos; pero el
Señor me escuchó una vez más.
20 También contra Aarón se enfureció
mucho el Señor, hasta querer exterminarlo,
y yo intercedí también por Aarón en aquella ocasión.
21 Tomé su pecado, el becerro que se
habían hecho, y lo eché al fuego, lo molí
completamente hasta reducirlo a polvo y lo
tiré en el agua del torrente que bajaba de la
montaña.
22 En Taberá, en Masá y en Quibrot Hatavá provocaron también la ira del Señor.
23 Y cuando el Señor, en Cadés Barnea, les
dio esta orden: «Suban y tomen posesión
de la tierra que les he dado», ustedes fueron rebeldes a la orden del Señor su Dios,
no le creyeron ni obedecieron su voz. 24 Han
sido rebeldes al Señor desde el día en que
los conocí.
25 Yo me postré ante el Señor y estuve
postrado cuarenta días y cuarenta noches,
pues el Señor pensaba destruirlos. 26 Entonces oré al Señor diciendo: Señor Dios, no
destruyas a tu pueblo, a la heredad que has
rescatado con tu poder y que sacaste de
Egipto con mano fuerte. 27 Acuérdate de tus
siervos Abrahán, Isaac y Jacob. No mires el

• **9 7b-10 11**: Nuevamente en el Horeb (véase Dt 5 1-6 3). Antes de dar el paso definitivo, que introducirá al pueblo en Canaán, el narrador mira hacia atrás para recordar las infidelidades del desierto. En el orden lógico de las ideas, esta sección viene a probar la tesis central de Dt 9 1-7a: no por tus méritos te va a dar la tierra el Señor. El pueblo pecó en el Horeb, haciendo un becerro de metal fundido y postrándose ante él. Este grave pecado de apostasía contraviene la primera y principal cláusula de la alianza (Dt 5 8), origina la ruptura de la misma –hecho que es dramatizado mediante la ruptura de las tablas de la ley– y provoca la ira del Señor (Dt 9 7b-17). Para evitar que el Señor destruya a su pueblo, Moisés se postra ante el Señor e intercede por él y también por Aarón, responsable principal del pecado de apostasía (Dt 9 18-29).

El Señor responde a la plegaria de Moisés (Dt 10 1-11). Le manda hacer dos tablas de piedra sobre las que se escribirán de nuevo las "diez palabras". De este modo se realiza la renovación de la alianza. Construirá, además, un arca, que llevarán los levitas, para guardar en ella las dos tablas. Finalmente, Moisés recibe la orden de colocarse otra vez al frente del pueblo para conducirlo a los umbrales de la tierra prometida (Dt 10 11). Con esta orden se recupera narrativamente el hilo del relato momentáneamente interrumpido por la inserción de Dt 9 7b-10 10.

corazón rebelde de este pueblo ni su perversidad ni su pecado, 28 no sea que digan en la tierra de la que nos has sacado: «El Señor no ha podido llevarlos hasta la tierra que les había prometido. Los ha hecho salir por odio, para hacerlos perecer en el desierto». 29 Ellos son tu pueblo, la heredad que tú sacaste de Egipto con mano fuerte y brazo poderoso.

10 1 Entonces me dijo el Señor: «Haz dos tablas de piedra como las primeras, sube a la montaña para encontrarte conmigo y fabrica un arca de madera. 2 Yo escribiré en las tablas las palabras que había en las tablas anteriores que tú rompiste, y colocarás las tablas en el arca». 3 Fabriqué, pues, un arca de madera de acacia, hice dos tablas de piedra como las primeras y subí a la montaña con las dos tablas en mi mano. 4 El Señor escribió en las tablas, con la misma escritura que la primera vez, los diez mandamientos que el Señor les había proclamado en la montaña en medio de fuego, el día de la asamblea, y me las dio. 5 Yo bajé de la montaña y guardé las tablas en el arca que había fabricado y allí quedaron, como el Señor me había ordenado.

6 Los israelitas partieron de los pozos de Bené Jacán hacia Moserá. Allí murió Aarón y allí fue enterrado. Su hijo Eleazar le sucedió en el sacerdocio. 7 De allí partieron para Gadgad, y de Gadgad para Setbatá, una tierra donde abundan los torrentes.

8 El Señor entonces apartó a la tribu de Leví para que llevara el arca de la alianza del Señor, para que estuviera en su presencia y lo sirviera, y para que bendijera al pueblo en su nombre, como siguen haciendo hasta hoy. 9 Por eso Leví no tiene parte ni herencia entre sus hermanos; el Señor es su herencia, como dijo el Señor, tu Dios.

10 Yo estuve en la montaña, como la primera vez, cuarenta días y cuarenta noches. El Señor me escuchó también esta vez y accedió a no destruirlos. 11 Entonces me dijo el Señor: «Anda, ve a ponerte al frente del pueblo, para que tomen posesión de la tierra que voy a darles como prometí con juramento a sus antepasados».

Exigencias de la alianza

Dt 6 5; Hch 10 34; Gn 46 27; Ex 14 21-31; Nm 16 1-35; Lv 26 3-13

12 Y ahora, Israel, ¿qué es lo que te pide el Señor tu Dios, sino que le honres, que sigas todos sus caminos, lo ames y sirvas al Señor tu Dios con todo tu corazón y toda tu alma, 13 observando los mandamientos y las leyes del Señor que yo te prescribo hoy para que seas feliz?

14 Del Señor tu Dios son los cielos, aún los más altos, la tierra y cuanto hay en ella. 15 Sin embargo, sólo en tus antepasados se fijó el Señor, y esto por amor; y después de ellos eligió a su descendencia, a ustedes mismos, entre todas las naciones, hasta el día de hoy.

16 Circunciden su corazón y no sean tercos, 17 pues el Señor su Dios es el Dios de los dioses y el Señor de los señores; el Dios grande, fuerte y temible que no hace distinción de personas ni acepta sobornos; 18 que hace justicia al huérfano y a la viuda, y ama al extranjero suministrándole pan y vestido. 19 Amen ustedes también al extranjero, ya que extranjeros fueron ustedes en el país de Egipto. 20 Honrarás al Señor tu Dios, lo servirás, vivirás unido a él y en su nombre jurarás. 21 El es tu gloria y tu Dios, que ha hecho por ti los terribles portentos que has visto con tus propios ojos. 22 Cuando tus

• **10 12-11 17**: Tres momentos se pueden distinguir en este pasaje. El primero (Dt 10 12-11 1) está enmarcado por una doble y exigente invitación a amar a Dios y a cumplir sus mandamientos que no son únicamente disposiciones de carácter ritual. Lo que el Señor espera de su pueblo no es la simple circuncisión física, sino la transformación interior de la persona, expresada a través de la fórmula: *circuncidar el corazón* (véase Jr 4 4).

El segundo momento (Dt 11 2-9) constituye una especie de confesión de fe, que reviste la forma de himno y recoge cuatro acontecimientos claves en la pedagogía divina con respecto a su pueblo: las plagas de Egipto, el paso del mar Rojo, la peregrinación por el desierto, y el castigo de los rebeldes. El recuerdo de estos acontecimientos está orientado a poner de manifiesto que la llamada de Dios a la fidelidad es algo absolutamente serio.

Y finalmente, el tercer momento (Dt 11 10-17) insiste de nuevo en la exigencia de amar a Dios y cumplir sus preceptos como condición para disfrutar de una tierra cuya fertilidad depende totalmente de que Dios envíe la lluvia a su debido tiempo. El sorprendente cambio de sujeto que tiene lugar en Dt 11 14-15 quiere subrayar que las promesas están bajo la garantía de Dios; si las condiciones se cumplen, ellas también se cumplirán. De esta manera la tierra prometida se presenta como el espacio vital que permite y hace posible el cumplimiento de la ley y la comunión con Dios.

antepasados bajaron a Egipto no eran más
que setenta personas, pero ahora el Señor
tu Dios te ha multiplicado como las estrellas del cielo.

11 1 Amarás al Señor tu Dios y cumplirás
siempre sus decretos, sus leyes, sus
preceptos y sus mandamientos.

2 Hoy reconocen –no me estoy refiriendo a sus hijos, que nada han conocido y
nada han visto– lo que el Señor su Dios les
ha enseñado, su grandeza, su mano fuerte
y su brazo poderoso; 3 los milagros y las
hazañas que realizó en Egipto contra el faraón, rey de Egipto y contra toda su tierra;
4 lo que hizo con el ejército egipcio, con
sus carros y caballos, a los que sepultó el
Señor bajo las aguas del mar Rojo cuando
los perseguían, aniquilándolos completamente; 5 lo que hizo por ustedes en el desierto hasta que llegaron a este lugar, 6 lo
que hizo con Datán y Abirón, hijos de Eliab,
el rubenita, cuando la tierra abrió sus fauces
y se los tragó con sus familias, sus tiendas
y todos los israelitas que los seguían. 7 Me
dirijo, pues, a ustedes que han sido testigos
presenciales de toda la grandiosa obra del
Señor. 8 Observen todos los mandamientos
que yo les prescribo hoy, para que sean
fuertes y entren en posesión de la tierra a
la que van a pasar para ocuparla. 9 Así vivirán largos años en esa tierra que el Señor
prometió con juramento dar a sus antepasados y a su descendencia, tierra que mana
leche y miel.

10 Cierto, la tierra en la que vas a entrar
para tomarla en posesión no es como la tierra de Egipto, de la que ustedes han salido;
allí sembrabas la semilla y la regabas como
si fuera un huerto de hortaliza, moviendo
la noria con los pies. 11 La tierra a la que
van a pasar para tomarla en posesión es, en
cambio, una tierra de montes y valles, que
se empapa con la lluvia del cielo; 12 una
tierra de la que cuida el Señor tu Dios y en
la que tiene puestos sus ojos desde que
empieza el año hasta que termina.

13 Si cumplen los mandamientos que yo
les prescribo hoy, amando al Señor su Dios
y sirviéndolo con todo su corazón y toda su
alma, 14 yo enviaré oportunamente la lluvia
a su tierra, lluvia de otoño y de primavera,
para que puedas cosechar tu trigo, tu vino y
tu aceite; 15 yo daré a tus ganados hierbas
en los campos, y comerás hasta saciarte.

16 Pero tengan cuidado, no se dejen seducir ni se aparten del Señor, sirviendo y
dando culto a otros dioses. 17 Si hacen esto,
el Señor se enfurecerá contra ustedes, cerrará los cielos y no volverá a llover; la tierra
no dará fruto y ustedes no tardarán en desaparecer de esa tierra que el Señor les da.

Exhortación

Dt 6 6-9; 27-28; Jos 8 33

18 Graben en su corazón y en su alma
estas palabras, átenlas como signo a sus
muñecas, pónganlas como señal en su frente. 19 Enséñenselas a sus hijos y háblenles
de ellas, cuando estén en casa o cuando vayan de viaje, acostados o levantados. 20 Escríbelas a la entrada de tu casa y en tus
puertas, 21 para que la vida de ustedes y la
de sus hijos dure tanto en la tierra que el
Señor juró dar a sus antepasados, como los
cielos sobre la tierra. 22 Porque, si de verdad observan todos estos preceptos que yo
les mando poner en práctica, si aman al
Señor su Dios, siguiendo todos sus caminos y uniéndose a él, 23 el Señor expulsará
ante ustedes a todas estas naciones, y se
apoderarán de sus posesiones, aunque sean
más poderosas y fuertes que ustedes. 24 Los
lugares que pisen con la planta de su pie
serán de ustedes: desde el desierto hasta el
Líbano, desde el río Eufrates hasta el mar
Mediterráneo será su territorio. 25 Nadie podrá resistir ante ustedes. El Señor su Dios
sembrará ante ustedes el pánico y el terror
sobre toda la tierra en la que pisen, como
les ha dicho.

26 Miren, hoy pongo ante ustedes bendición y maldición. 27 Bendición, si observan
los mandamientos del Señor su Dios que
yo les prescribo hoy. 28 Maldición, si no
observan los mandamientos del Señor su
Dios y se apartan del camino que hoy les
señalo, siguiendo a dioses extranjeros, que
no conocen.

• **11 18-32**: Con este pasaje llega a su término la introducción histórica y se da paso al código legal y a las bendiciones-maldiciones. Mientras que Dt 11 18-25 hace referencia a lo anterior, Dt 11 26-32 apunta a lo que sigue. Se recuerda una vez más que la posesión de la tierra y las bendiciones dependen del amor a Dios, expresado mediante el cumplimiento de los mandamientos.

29 Cuando el Señor tu Dios te haya introducido en la tierra que vas a tomar en posesión, pondrás la bendición en el monte Garizín y la maldición en el monte Ebal. 30 Estas
montañas se encuentran al otro lado del Jordán, detrás del camino del oeste, en la tierra de los cananeos que viven en el Arabá,
frente a Guilgal, junto al encinar de Moré.
31 Van a cruzar el Jordán para tomar posesión de la tierra que el Señor su Dios les
da. La poseerán, habitarán en ella 32 y pondrán en práctica todas las leyes y los preceptos que yo les promulgo hoy.

2. Código deuteronómico ◊

Un santuario

Ex 23 24; 34 13; 1 Re 8 29; Dt 14 22-27; 7 1-6

12 1 Estas son las leyes y preceptos que
pondrán en práctica en la tierra que el
Señor, Dios de tus antepasados, les da en
posesión, mientras dure su vida sobre la
tierra.
2 Destruirán todos los lugares donde las
naciones que ustedes van a despojar dan
culto a sus dioses, en las montañas, en los
cerros y bajo los árboles frondosos. 3 Derribarán sus altares, romperán sus piedras conmemorativas, quemarán sus imágenes, derribarán los ídolos de sus dioses y harán
desaparecer sus nombres de esos lugares.
4 Pero con el Señor, su Dios, ustedes no
se comportarán así. 5 A él lo buscarán en el
lugar que ha elegido entre todas las tribus
6 para poner allí su nombre y habitar en él.
Allí llevarán sus holocaustos y sacrificios,
sus diezmos y contribuciones, sus votos y
ofrendas voluntarias, y los primogénitos de
su ganado vacuno y ovino. 7 Allí comerán
en presencia del Señor su Dios, y se alegrarán ustedes junto con sus familias, por
el fruto de su trabajo pues el Señor tu Dios
te ha bendecido.
8 No harán lo que nosotros hacemos hoy
aquí, donde cada uno hace lo que le parece
bien, 9 porque todavía no han entrado en el
descanso y en la herencia que el Señor tu
Dios te da. 10 Cuando pasen el Jordán, y
habiten en la tierra que el Señor Dios de
ustedes les da en herencia y estén libres de
los enemigos que los rodean y habiten tranquilos, 11 entonces llevarán al lugar que el
Señor su Dios haya elegido para morada
de su nombre, todo lo que yo les prescribo:
sus holocaustos y sus sacrificios, sus diezmos y sus aportaciones, sus ofrendas elegidas y los votos que hayan hecho al Señor.
12 Y se alegrarán en presencia del Señor su
Dios, ustedes junto con sus hijos y sus hijas, sus siervos y sus siervas, y el levita que
vive en tus ciudades, pues él no recibió nada en el reparto de la herencia.
13 Guárdate de ofrecer holocaustos en
cualquier otro lugar. 14 Solamente en el lugar que elija el Señor en una de tus tribus
ofrecerás tus holocaustos y allí harás todo
lo que yo te ordeno. 15 Sin embargo, siempre que quieras, podrás matar animales y
comer carne en todas tus ciudades en la
medida en que el Señor tu Dios te haya bendecido. Podrán comerla el puro y el impuro, como si fuera gacela o ciervo. 16 Pero
ustedes no comerán la sangre, sino que la
derramarán en la tierra como el agua.
17 No podrás comer en tus ciudades los
diezmos de tu trigo, de tu vino y de tu acei-

◊ **12 1-25 19**: El código deuteronómico contiene una amplia colección de leyes, integrada por colecciones menores o por leyes independientes. No siempre resulta fácil descubrir la organización literaria de las diversas piezas que componen el código. En líneas generales se pueden distinguir tres bloques: en el primero (Dt 12 1-16 17) se recogen leyes que regulan las relaciones del hombre con Dios. En el tercero (Dt 19 1-25 19) las que rigen las relaciones humanas y sociales. Entre ambos, se ha colocado una colección más pequeña sobre las autoridades (Dt 16 18-18 22). El orden del código deuteronómico coincide a grandes rasgos con el de los diez mandamientos (Dt 5 6-21). El tono de estos capítulos es exhortativo, pues la ley deuteronómica es una ley predicada, que trata no sólo de imponer, sino también de convencer.

• **12 1-13 1**: El comienzo y el final de este pasaje (Dt 12 1-3 y 12 29-13 1) contienen un rechazo total del culto idolátrico cananeo y sirven de marco a una exhortación (Dt 12 4-28), cuyo tema central es la unidad de santuario. De la unidad de Dios (Dt 6 4) se deriva la unidad de santuario (Dt 12 4-20). El santuario es el lugar donde el Señor hace reposar su *nombre*. Y es sabido que en la mentalidad semita el nombre evoca la presencia activa de un ser; por tanto, conocer el nombre de una divinidad hace posible su invocación y asegura su protección. Nombre y persona, santuario y divinidad son realidades inseparables. La concepción del Deuteronomio es clara a este respecto: un solo Dios y, en consecuencia, un solo santuario. Con toda probabilidad se trata del templo de Jerusalén, si bien la ley no lo dice expresamente. Tan sólo indica que el lugar de culto será aquel que el Señor elija para poner allí su nombre. La ley de centralización comporta una adaptación de antiguos usos o costumbres y excluye la existencia de otros santuarios.

te, ni los primogénitos de tus vacas y de tus
ovejas, ni lo que has prometido con voto, ni
tus ofrendas voluntarias ni tus aportaciones, 18 sino que lo comerás en presencia del
Señor tu Dios, en el lugar que el Señor tu
Dios elija. Y lo mismo harán tu hijo, tu hija,
tu esclavo y tu esclava, y el levita que vive
en tus ciudades. Y te alegrarás ante el Señor tu Dios por el fruto de tu trabajo. 19 No
abandones al levita durante el tiempo que
vivas en tu tierra.

20 Cuando el Señor tu Dios haya ensanchado tu territorio, según te ha prometido,
y digas: «Quisiera comer carne», porque te
apetece comer carne, cómela siempre que
quieras. 21 Si el lugar elegido por el Señor
tu Dios para morada de su nombre se encuentra distante, tú mismo podrás sacrificar un animal del ganado vacuno o del
ovino que el Señor te haya dado, según te
he ordenado, y podrás comer en tu ciudad
lo que gustes. 22 Lo comerás como se come la gacela o el ciervo; podrán comerla el
puro y el impuro. 23 Tan sólo ten cuidado
de no comer la sangre, porque la sangre es
la vida, y no comerás la vida con la carne.
24 No la comas; derrámala en tierra como
el agua. 25 Si no la comes, tanto tú como
los hijos que te sucedan serán felices por
haber hecho lo que es justo a los ojos del
Señor.

26 Al lugar que elija el Señor llevarás
sólo las cosas sagradas y las que ofrezcas
voluntariamente. 27 Ofrecerás tus holocaustos, la carne y la sangre, sobre el altar del
Señor tu Dios. En los sacrificios, derramarás la sangre sobre el altar del Señor tu Dios
y comerás la carne.

28 Escucha y cumple todo lo que te mando, para que tanto tú como los hijos que te
sucedan sean eternamente felices, por haber hecho lo que es justo y agrada al Señor
tu Dios.

29 Cuando el Señor tu Dios haya aniquilado ante ti las naciones que vas a despojar; cuando las hayas despojado y habites
en sus dominios, 30 ten cuidado de no caer
en la trampa siguiendo su ejemplo, una vez
que ellos hayan desaparecido ante ti. No
busques, pues, a sus dioses, diciendo: «Yo
también voy a dar culto a los dioses a quienes esos pueblos daban culto». 31 No te
comportarás así con el Señor tu Dios, ya
que nada hay más odioso y detestable para
el Señor que lo que hacían estos pueblos
por sus dioses, pues incluso quemaban a
sus hijos e hijas en honor de sus dioses.

13 1 Pondrán en práctica todo esto que yo
les mando, sin añadir ni quitar nada.

Incitación a la idolatría

Dt 17 2-7; 18 20; Jr 23 11-16

2 Si surge en medio de ti un profeta o un
intérprete de sueños que te anuncia una
señal o un prodigio 3 y, una vez cumplida
la señal o prodigio, te propone: «Vayamos
tras otros dioses, que tú no conoces, para
darles culto», 4 no escuches las palabras de
tal profeta ni los sueños de tal intérprete.
Es que el Señor su Dios quiere probarlos,
para saber si realmente aman al Señor su
Dios con todo su corazón y con todo su ser.
5 Al Señor su Dios seguirán y respetarán,
guardarán sus mandamientos y escucharán
su voz, lo servirán y se adherirán a él. 6 Y
ese profeta o intérprete de sueños deberá
morir por haber predicado la rebelión contra el Señor, Dios de ustedes, que los sacó
del país de Egipto y los liberó de la esclavitud. Morirá por haber querido apartarlos
del camino por donde el Señor tu Dios los
ha mandado ir. Así harás desaparecer el
mal de en medio de ti.

7 Si tu hermano por parte de padre o
madre, tu hijo o tu hija, tu esposa querida o
tu amigo más íntimo te incitan en secreto a
dar culto a otros dioses, que ni tú ni tus
antepasados conocieron, 8 de entre los dioses de los pueblos próximos o lejanos que
los rodean de uno al otro extremo de la tierra, 9 no lo escuches ni lo hagas caso. No

• **13 2-19**: De la unidad de culto se pasa a la pureza de dicho culto. En tono exhortativo se exponen tres casos legales que tienen un común denominador: la provocación a la apostasía. En los tres casos suena una fórmula de seducción prácticamente idéntica: vayamos a dar culto a otros dioses (Dt 13 3.7.14). Cada caso aislado mira a un aspecto diferente, pero en su conjunto son un buen ejemplo de todos los niveles de la vida. El primer caso (Dt 13 2-6) atañe al ámbito religioso: el seductor es un profeta o un intérprete de sueños. El segundo (Dt 13 7-12) se mueve en el plano familiar. En el último (Dt 13 13-19) se trata de una ciudad que admite y reconoce a otros dioses. Cualquiera que sean los apóstatas, se les juzga reos de muerte. La fidelidad al Señor, a él y sólo a él, está por encima de todo.

tengas piedad de él, no le perdones ni encubras su crimen. 10 Al contrario, lo matarás. Tú mismo iniciarás el castigo contra él, y luego te seguirá todo el pueblo. 11 Lo apedrearás hasta matarlo, por haber querido apartarte del Señor tu Dios, que te sacó del país de Egipto, de aquel lugar de esclavitud. 12 Cuando todo Israel se entere, tendrá miedo y no volverá a cometerse perversidad como ésta en medio de ti.

13 Si oyes decir que en alguna de las ciudades que el Señor tu Dios te da para que habites en ellas 14 surgen hombres perversos, que intentan seducir a sus conciudadanos para que den culto a otros dioses desconocidos para ustedes, 15 examinarás el caso, preguntarás y te informarás bien. Si se confirma el rumor y se prueba que tal abominación se ha cometido en medio de ti, 16 pasarás a espada a los habitantes de toda aquella ciudad, y la consagrarás al exterminio con todo lo que haya en ella, incluido su ganado, que también pasarás a espada. 17 Amontonarás todos los despojos en medio de la plaza e incendiarás la ciudad con todos sus despojos como ofrenda en honor del Señor tu Dios. Así quedará hecha un montón de ruinas y nunca más será reedificada. 18 No te apropies de nada de lo consagrado al exterminio, a fin de que se aplaque la ira del Señor, te trate con benevolencia y amor, y te haga crecer, como juró a tus antepasados, 19 porque has escuchado la voz del Señor tu Dios, observando todos sus mandamientos que yo te prescribo hoy y haciendo lo que agrada al Señor tu Dios.

Santo, puro e impuro

Lv 19 27-28; Dt 7 6; Lv 11

14 1 Ustedes son hijos del Señor su Dios. No se harán cortaduras ni se raparán las cejas por un muerto. 2 Porque son un pueblo consagrado al Señor tu Dios. El Señor tu Dios te ha elegido para ser su pueblo entre todos los pueblos de la tierra.

3 No comerás nada abominable.

4 Estos son los animales que pueden comer: buey, oveja, cabra, 5 ciervo, gacela, corzo, cabra montés, antílope, búfalo, gamuza. 6 Pueden comer cualquier animal rumiante que tenga la pezuña dividida en dos, 7 a excepción del camello, la liebre y el conejo, que rumian pero no tienen la pezuña partida. A estos últimos los considerarán impuros, 8 así como al cerdo que tiene la pezuña partida pero no rumia; no comerán su carne ni tocarán sus cadáveres.

9 De los animales que viven en el agua pueden comer los que tienen aletas y escamas, 10 pero los que no tienen aletas ni escamas no los pueden comer; son impuros para ustedes.

11 Podrán comer cualquier ave pura: 12 el águila, el quebrantahuesos, el águila marina, 13 el buitre, el halcón, el milano en todas sus especies, 14 todas las especies de cuervo, 15 el avestruz, la lechuza, la gaviota, y el gavilán en todas sus especies, 16 el buho, el ibis, el cisne, 17 el pelícano, la cerceta y el mergo, 18 la garza, la cigüeña en todas sus especies, la abubilla y el murciélago.

19 Tendrán también por impuro cualquier clase de insecto alado y no lo comerán. 20 Comerán toda clase de aves puras.

21 No comerán ningún animal muerto. Se lo darás al extranjero que reside contigo, para que lo coma, o lo venderás al extranjero que está de paso. Pues tú eres un pueblo consagrado al Señor tu Dios.

No cocerás un cabrito en la leche de su madre.

Diezmos

Lv 27 30-32; Nm 18 21-23; Dt 26 12

22 Cada año apartarás el diezmo de lo que hayan producido tus campos. 23 En presencia del Señor tu Dios, en el lugar

• **14 1-21**: Entre dos afirmaciones de la santidad de Israel (Dt 14 2.21), se inserta una lista de animales puros e impuros que se ordenan en tres categorías: terrestres (Dt 14 3-8), acuáticos (Dt 14 9-10) y volátiles (Dt 14 11-20). Esta regulación, vigente en otros tiempos, hoy ya no tiene sentido. Sin embargo, la idea teológica central, la santidad del pueblo de Dios, es siempre válida y actualizable. La santidad implica separación de lo profano. Abre a Dios y cierra a todo lo pecaminoso.

• **14 22-29**: El legislador distingue dos clases de diezmos: los anuales (Dt 14 22-27) y los trienales (Dt 14 28-29). De ellos se espera un doble uso: religioso-cultual, para los primeros, y humano-social, para los otros. El diezmo es comparable a una renta percibida por el dueño de la tierra, y como tal, se debe al Señor, que es el auténtico dueño de la tierra de Israel. Por eso, los productos del campo han de ser llevados al templo, que es la morada de Dios.

que elija para morada de su nombre, comerás el diezmo de tu trigo, de tu vino y de tu
aceite, y los primogénitos de tu ganado
vacuno u ovino, para que aprendas a honrar siempre al Señor tu Dios. 24 Si vives
demasiado lejos del lugar que haya elegido
el Señor tu Dios para morada de su nombre y es largo el camino para llevar allí el
diezmo, en ese caso, cuando el Señor tu
Dios te haya bendecido, 25 venderás los
diezmos y primogénitos, tomarás el dinero
contigo y lo llevarás al lugar que haya elegido el Señor tu Dios. 26 Allí comprarás
con el dinero lo que te parezca bien: vacas,
ovejas, vino u otra bebida fermentada, cualquier cosa que te guste. Lo comerás allí en
presencia del Señor tu Dios y te alegrarás
junto con tu familia. 27 No te olvides del
levita que vive en tus ciudades, pues él no
tiene parte ni herencia como tú.

28 Cada tres años apartarás los diezmos
de los productos de ese año y lo depositarás a las puertas de tu ciudad. 29 Allí vendrá el levita, que no recibió nada en el reparto de la herencia de ustedes, el extranjero, el huérfano y la viuda de tu ciudad, y
comerán y se saciarán para que el Señor tu
Dios bendiga todo lo que haces.

Perdón de las deudas y liberación de los esclavos

Lv 25 2-7; Dt 23 20-21; 1 Jn 3 17; Ex 21 2-6

15 1 Cada siete años perdonarás las deudas. 2 Este perdón consistirá en lo siguiente: todo acreedor perdonará a su prójimo lo que le haya prestado; dejará de reclamárselo a su prójimo o a su hermano,
porque ha sido proclamada la remisión en
honor del Señor. 3 Podrás reclamárselo al
extranjero, pero a tu hermano le perdonarás lo que le hayas prestado. 4 Así no habrá
pobres entre los tuyos, pues el Señor te bendecirá generosamente en la tierra que el
Señor tu Dios te va a dar en herencia para
que la poseas, 5 a condición de que escuches atentamente la voz del Señor tu Dios,
poniendo en práctica todos los mandamientos que yo te prescribo hoy. 6 Si el Señor tu
Dios te bendice como te ha dicho, prestarás
a muchas naciones, pero tú no pedirás prestado; dominarás a muchas naciones, pero
ellas no te dominarán.

7 Si hay algún pobre entre los tuyos en
alguna de las ciudades de esa tierra que el
Señor tu Dios te va a dar, no endurecerás
tu corazón ni cerrarás la mano a ese hermano pobre, 8 sino que le abrirás tu mano
y le prestarás todo lo que necesite. 9 Que
no te venga este mal pensamiento: «Ya
está cercano el año séptimo, el año del perdón de la deuda», y en consecuencia pongas mala cara a tu hermano pobre y no le
des nada. 10 Pues podría clamar al Señor
contra ti, y te harías reo de pecado. Préstale de buen grado, y así el Señor tu Dios
bendecirá todas tus obras y todos tus trabajos. 11 Nunca faltarán pobres en el país.
Por eso te ordeno: Sé generoso con tu hermano, con el necesitado y con el pobre de
tu país.

12 Si un hermano tuyo, hebreo o hebrea,
se vende a ti como esclavo, te servirá seis
años, pero al séptimo lo dejarás libre.
13 Cuando lo dejes libre no lo dejarás partir
con las manos vacías, 14 sino que le darás
generosamente dones de tu ganado, de la
cosecha de tu campo y de tu viña; le darás
de los bienes con que el Señor tu Dios te
haya bendecido. 15 Recuerda que fuiste
esclavo en Egipto y que el Señor tu Dios te
rescató; por eso te mando esto hoy.

16 Pero si ese esclavo te dice: «No quiero separarme de ti», porque se ha encari-
ñado contigo y con tu familia, y se encuentra a gusto contigo, 17 entonces tomarás un
punzón y le harás un agujero en la oreja
contra la puerta, y así será tu esclavo para
siempre. Lo mismo harás con tu esclava.

18 No te parezca duro dejarlo libre, pues
sus seis años de servicio equivalen al sueldo de un jornalero; y, además, el Señor tu
Dios bendecirá todo lo que hagas.

• **15 1-18**: Aunque aparentemente puedan parecer muy diferentes, la remisión de las deudas y la de los esclavos se hallan estrechamente relacionadas. En efecto, la reducción a esclavitud por incumplimiento en el pago de las deudas era frecuente cuando se prescribían estas normas. Por consiguiente, la abolición de las deudas, cada siete años, implicaba de hecho en muchos casos la liberación de los esclavos. Destaca el perfil humano y social de estas leyes, en las que existe, además, una nota religiosa. Se exhorta a la generosidad de acuerdo con la bendición del Señor y en recuerdo de la esclavitud de Israel en el país de Egipto, porque la libertad es un don de Dios.

Primogénitos

Ex 13 11-16

19 Todo primogénito macho que nazca de
tu ganado vacuno u ovino lo consagrarás al
Señor tu Dios. No utilizarás para el trabajo
a los primogénitos de tus vacas, ni esquila-
rás a los primogénitos de tus ovejas, 20 sino
que los comerás cada año con tu familia en
presencia del Señor tu Dios, en el lugar que
el Señor haya elegido. 21 Pero si tiene algún
defecto, si es cojo, ciego o tiene algún otro
defecto, no lo inmolarás al Señor tu Dios.
22 Lo comerás en tu ciudad como si fuera
gacela o ciervo; podrán comerlo tanto el
puro como el impuro. 23 Pero la sangre no
la comerás, sino que la derramarás en tierra
como el agua.

Fiestas

Ex 12 1-28; Lv 23 5-8.15-21.33-43; Nm 28 16-31; 29 12-39

16 1 Respeta el mes de las espigas celebrando la pascua del Señor tu Dios,
pues en este mes, de noche, el Señor tu Dios
te sacó de Egipto. 2 Inmolarás ganado vacuno y ovino, como víctima pascual al Señor tu Dios, en el lugar que el Señor haya
elegido para morada de su nombre. 3 No
comerás con la víctima pan fermentado;
durante siete días comerás pan sin levadura
(pan de aflicción), pues a toda prisa tuviste
que salir de la tierra de Egipto. Así recor-
darás durante todos los días de tu vida el
día en que saliste de la tierra de Egipto.
4 Durante esos siete días no se verá levadura entre ustedes, en todo tu territorio. De la
carne que hayas inmolado la tarde del primer día, no quedará nada para la mañana
siguiente. 5 No podrás inmolar la pascua
en cualquiera de las ciudades que te haya
dado el Señor tu Dios; 6 sino sólo en el lugar que el Señor tu Dios haya elegido para
morada de su nombre. Allí inmolarás la
pascua, al atardecer, a la caída del sol, la
hora en que saliste de Egipto. 7 La cocerás
y la comerás en el lugar que haya elegido
el Señor tu Dios, y a la mañana siguiente
podrás regresar a tu casa. 8 Durante siete
días comerás pan sin levadura. El séptimo
día habrá asamblea solemne en honor del
Señor tu Dios. No harás trabajo alguno.

9 Contarás siete semanas a partir del día
en que comienza la siega, 10 y celebrarás la
fiesta de las semanas en honor del Señor tu
Dios, haciendo ofrendas voluntarias, en
proporción a los bienes con que el Señor tu
Dios te haya bendecido. 11 Celebrarás la
fiesta en presencia del Señor tu Dios con
tus hijos e hijas, tus esclavos y esclavas, los
levitas que viven en tus ciudades, los extranjeros, los huérfanos y las viudas que
hay entre los tuyos, en el lugar que el Señor tu Dios haya elegido para morada de su
nombre. 12 Acuérdate de que fuiste esclavo
en Egipto, y pon en práctica estas leyes.

13 Celebrarás la fiesta de las tiendas durante siete días, una vez que hayas almacenado los productos de la cosecha de tu
campo y de tu viña. 14 Celebrarás esta fiesta con tus hijos e hijas, tus esclavos y esclavas, los levitas que viven en tu ciudad,
los extranjeros, los huérfanos y las viudas
que viven en tu ciudad. 15 Durante siete
días celebrarás la fiesta en honor del Señor
tu Dios en el lugar que elija el Señor, porque el Señor tu Dios bendecirá todas tus
cosechas y todos tus trabajos, de manera
que estarás realmente contento.

• **15 19-23**: La fecundidad del ganado proviene de la bendición del Señor (véase Dt 7 13s). La consagración de los primogénitos implica el reconocimiento de su pertenencia al Señor. La consagración de los primogénitos tenía lugar en el marco de una fiesta. De aquí que estos versículos funcionen, en cierto modo, como un punto de enlace con la unidad que sigue.

• **16 1-17**: Al final de la primera parte del código deuteronómico (véase nota a Dt 12 1-25 19), se vuelve sobre un tema desarrollado ampliamente al principio: el culto. Si allí se trataba de la centralización del culto, era de esperar que aquí, al hablar de las fiestas, se dijera que han de celebrarse en el santuario central, con lo cual dichas fiestas se convierten en peregrinaciones.

La pascua se combina con la fiesta de los panes sin levadura (Dt 16 1-8), formando una sola fiesta. Primitivamente eran fiestas distintas: la pascua, de origen nómada, y los panes sin levadura, de origen agrario. Ambas fueron historizadas por Israel, que conmemora, cuando las celebra, su salida de Egipto, el acto salvífico por excelencia para el pueblo de Israel (véase Ex 12 1-28 y Lv 23 4-7).

La fiesta de las semanas o de pentecostés (Dt 16 9-12) era la fiesta de la cosecha y de los primeros frutos. Se prescriben ofrendas voluntarias y se caracteriza por la hospitalidad (véase Lv 23 15-22).

La fiesta más popular era la fiesta de las tiendas (Dt 16 13-15). Se celebraba al final de la cosecha, siendo la alegría su nota dominante (véase Lv 23 33-44).

En el fondo, estas celebraciones tenían como finalidad conmemorar los acontecimientos salvíficos realizados por el Señor en la historia y hacer que el pueblo reconociera que todo viene de Dios; él es el dueño y señor de la naturaleza. A él le debían la tierra y sus frutos.

16 Todo varón deberá presentarse ante el Señor tu Dios, en el lugar que él haya elegido, tres veces al año: en la fiesta de los panes sin levadura, en la fiesta de las semanas y en la fiesta de las tiendas. Nadie se presentará ante el Señor con las manos vacías. 17 Cada uno hará sus ofrendas en proporción a los bienes con que lo haya bendecido el Señor tu Dios.

Los jueces

Ex 23 6-8; 2 Cr 19 5; Dt 1 16-17; 19 15-21; Prov 17 23

18 En todas las ciudades que el Señor tu Dios te da para cada tribu, nombrarás, por tribus, jueces y magistrados para que juzguen al pueblo con justicia.

19 No violarás el derecho, no harás distinción de personas ni aceptarás regalos, porque los regalos ciegan los ojos de los sabios y corrompen las sentencias de los justos. 20 Actúa siempre con justicia para que vivas y poseas la tierra que el Señor tu Dios te va a dar.

21 No colocarás imágenes talladas de otros dioses junto al altar que construyas al Señor tu Dios, 22 ni levantarás piedras conmemorativas, porque las detesta el Señor tu Dios.

17 1 No inmolarás al Señor tu Dios animal de ganado vacuno u ovino que tenga falta o defecto, pues sería una cosa detestable para el Señor tu Dios.

2 Si en alguna de las ciudades que el Señor tu Dios te va a dar se encuentra un hombre o una mujer que hace algo que desagrada al Señor tu Dios y rompe su alianza 3 dando culto a otros dioses y postrándose ante ellos: ante el sol, la luna o cualquier otro astro del cielo, cosa que yo no he mandado; 4 si te lo denuncian o te enteras, harás una minuciosa investigación, y si se confirma el hecho y es verdad que se cometió tal abominación en Israel, 5 llevarás a las puertas de la ciudad al hombre o mujer que haya cometido tal perversidad y los apedrearás hasta que mueran.

6 Para condenar a muerte a un hombre es necesaria la declaración de dos o tres testigos. Nadie será condenado por la declaración de un solo testigo. 7 Los testigos serán quienes inicien la ejecución del condenado, y luego los seguirá todo el pueblo. Así extirparás el mal de en medio de ti.

8 Si en tu ciudad hay una causa difícil de resolver, sea de homicidio, riña, heridas u otro litigio cualquiera, te pondrás en camino e irás al lugar que haya elegido el Señor tu Dios. 9 Una vez allí, te presentarás a los sacerdotes levitas y al juez de turno y los consultarás; ellos dictarán la sentencia oportuna. 10 Te atendrás a la sentencia que te hayan dictado en el lugar elegido por el Señor y cumplirás minuciosamente todas sus instrucciones. 11 Seguirás exactamente su enseñanza y sus preceptos, sin apartarte a derecha ni a izquierda de lo que te indiquen. 12 El que proceda con soberbia y desobedezca al sacerdote puesto allí al servicio del Señor tu Dios y al juez, morirá. 13 Así extirparás el mal de Israel, y el pueblo, al saberlo, temerá y no se portará con arrogancia.

El rey

1 Sm 8 11-18; 1 Re 11 1-8

14 Cuando hayas entrado en la tierra que el Señor tu Dios te da y la hayas ocupado y vivas en ella; si quieres tener un rey como las naciones de alrededor, 15 nombrarás rey a quien elija el Señor tu Dios. Lo elegirás de entre tus hermanos; no harás rey a un extranjero, a uno que no sea de los tuyos. 16 Pero no tendrá muchos caballos ni hará regresar al pueblo a Egipto para aumentar el número de caballos, pues el Señor dijo: «no regresarán jamás por ese camino». 17 Tampoco tendrá muchas mujeres, no sea que se desvíe su corazón; ni grandes canti-

• **16 18-17 13**: Para administrar la justicia se instituyeron tribunales locales en diferentes ciudades de Israel, y el tribunal del templo, en el santuario central. Al frente de los mismos estaban, en el primer caso, los jueces y los magistrados; y, en el segundo, los sacerdotes levitas, más los jueces. Los casos ordinarios se resolvían localmente (Dt 16 18-20; 17 2-7). En las causas más difíciles se acudía al tribunal del templo (Dt 17 8-13). La ley pide imparcialidad a los jueces, y a los procesados les obliga a cumplir la sentencia.

• **17 14-20**: En este texto se mezcla una concepción ideal del rey con otra más realista, basada en la experiencia concreta de la monarquía. Tomado de entre sus hermanos israelitas, el rey no debe mostrarse altivo con ellos ni ha de multiplicar desmesuradamente sus bienes. Como norma de su vida tendrá la ley del Señor, de la que escribirá para sí una copia tan pronto como se siente en el trono. La Biblia griega en lugar de *una copia* ha traducido: *una segunda ley,* de donde proviene el título del libro: Deuteronomio.

dades de oro o plata. 18 Cuando suba al trono real, mandará que le escriban una copia de esta ley, según el ejemplar que guardan los sacerdotes levitas. 19 La tendrá consigo y la leerá todos los días de su vida, para que aprenda a respetar al Señor su Dios, observando todos los preceptos de esta ley y poniendo en práctica sus disposiciones. 20 De esta manera no se creerá superior a sus hermanos, ni se desviará de la ley, ni a derecha ni a izquierda. De este modo, él y sus descendientes tendrán un largo reinado en medio de Israel.

Los sacerdotes levitas

Nm 18; Lv 6-7

18 1 Los sacerdotes levitas, toda la tribu de Leví, no tendrán parte ni herencia como los demás israelitas, sino que vivirán de los sacrificios ofrecidos al Señor y de su patrimonio. 2 No compartirán la herencia de sus hermanos. El Señor será su herencia como les ha dicho.

3 Cuando alguien del pueblo ofrezca un sacrificio de ganado vacuno u ovino, los sacerdotes tendrán derecho a recibir la espalda, la mandíbula y el estómago. 4 Darás, además, al sacerdote las primicias de tu trigo, de tu vino y de tu aceite, y las primicias de la lana de tus ovejas. 5 Porque a él y a sus hijos los ha elegido el Señor tu Dios entre todas tus tribus para que estén en su presencia celebrando siempre el culto en honor del Señor.

6 Si un levita, procedente de cualquiera de las poblaciones de Israel, viene por propio deseo y entra en el lugar elegido por el Señor, 7 podrá celebrar el culto en honor del Señor tu Dios, como todos sus hermanos levitas que están allí ante el Señor, 8 y disfrutar de una porción igual a la suya, sin tener en cuenta cuál sea su patrimonio personal.

Los profetas

Lv 18 21; 19 31; Jn 12 49-50; Dt 13 2-6; Jr 14 14-16; Mc 9 4-7; Hch 7 37

9 Cuando hayas entrado en la tierra que el Señor tu Dios te va a dar, no imites las abominaciones de aquellos pueblos. 10 Que nadie entre los tuyos sacrifique en el fuego a su hijo o a su hija; que nadie practique la adivinación, la astrología, la hechicería o la magia; 11 que nadie consulte a las ánimas o a los espíritus, ni evoque a los muertos. 12 Quien hace esto es detestable ante el Señor. Precisamente por estas abominaciones es por lo que el Señor tu Dios expulsa a esos pueblos de tu presencia. 13 Sé perfecto ante el Señor tu Dios. 14 Esos pueblos que vas a expulsar escuchan a hechiceros y adivinos, pero a ti nada de esto te permite el Señor tu Dios.

15 El Señor tu Dios suscitará en medio de tus hermanos un profeta como yo; a él lo escucharán ustedes. 16 Es lo que pediste al Señor tu Dios en el Horeb, el día de la asamblea, cuando le dijiste: «No quiero escuchar más la voz del Señor mi Dios ni quiero volver a ver aquel gran fuego, para no morir». 17 Entonces el Señor me respondió: «Dicen bien. 18 Yo les suscitaré en medio de sus hermanos un profeta como tú; pondré mis palabras en su boca y él les dirá todo lo que yo le mande. 19 Al que no escuche las palabras que él diga en mi nombre yo mismo le pediré cuentas. 20 Pero el profeta que tenga el atrevimiento de anunciar en mi nombre lo que yo no le haya ordenado decir o hable en nombre de otros dioses, morirá».

21 Acaso te preguntes: «¿Cómo podré reconocer una palabra que no sea del Señor?» 22 Si lo que dice el profeta en nombre del Señor no sucede ni se cumple su palabra, entonces esa palabra no es del Señor. Ese profeta ha hablado temerariamente; no le tengas miedo.

• **18 1-8**: Los sacerdotes levitas vivirán de los ingresos del templo y de su patrimonio, pues no les ha correspondido una parte de territorio como herencia en la tierra prometida. La ley regula los derechos de los diferentes tipos de sacerdotes y levitas.

• **18 9-22**: Frente a cualquier tipo de adivino existente en los otros pueblos (Dt 18 10-14), el Señor suscitará en Israel profetas semejantes a Moisés (Dt 18 15-19). El autor traza aquí un diseño ideal del profeta y formula, además, los criterios de autenticidad de la verdadera profecía. Para ilustrarlo remite al Horeb, resaltando la función mediadora de Moisés y de los profetas en general. La tradición judía consideró siempre a Moisés como el primero de los profetas; después vendrán otros, según la promesa divina. Pero sobre todo, los judíos vieron en este texto el anuncio de un profeta excepcional al que llegaron a identificar con el Mesías; encontramos alusiones a esta tradición en Jn 1 21; 6 14; 7 40; Hch 3 22; 7 37.

Ciudades de refugio

Nm 35 9-34; Dt 4 41-43

19 1 Cuando el Señor tu Dios haya exterminado a las naciones cuyas tierras va a darte y cuando tú se las arrebates y habites en sus ciudades y en sus casas, 2 te reservarás tres ciudades en medio de la tierra que el Señor tu Dios te dará en posesión. 3 Arreglarás los caminos de acceso y dividirás en tres sectores el territorio del país que el Señor tu Dios te dará en herencia, con el fin de que todo homicida pueda hallar refugio en estas ciudades.

4 Un homicida podrá refugiarse allí y salvar su vida, si mató a su prójimo sin querer, sin haber sido antes su enemigo. 5 Por ejemplo, si uno va a cortar leña al bosque en compañía de otro y, al manejar el hacha para cortar el árbol, se le escapa el hacha del mango, alcanza a su acompañante y lo mata, ese hombre podrá refugiarse en una de estas ciudades y salvar la vida. 6 De no ser así, el vengador de la sangre podría perseguirlo enfurecido y, si el camino es largo, le daría alcance y lo mataría, siendo así que ese hombre no merecía la muerte, ya que no había sido anteriormente enemigo del otro. 7 Por eso te mando que reserves tres ciudades. 8 Y si el Señor tu Dios ensancha tu territorio, como prometió a tus antepasados, y te da toda la tierra que prometió a tus antepasados 9 –si observas todos estos mandamientos cumpliendo lo que yo te mando hoy, amando al Señor tu Dios y siguiendo siempre sus caminos–, entonces añadirás a aquellas tres ciudades otras tres. 10 Así no se derramará sangre inocente en la tierra que el Señor tu Dios te dará en posesión; de otro modo te harías responsable de esa sangre.

11 Pero, si un hombre que odia a su prójimo le tiende una emboscada, se lanza sobre él, lo mata y luego se refugia en una de estas ciudades, 12 los ancianos de su ciudad mandarán arrestarlo allí y lo entregarán en manos del vengador de la sangre para que muera. 13 No tendrás piedad de él; así extirparás de Israel todo derramamiento de sangre inocente y te irá bien.

14 No desplazarás los linderos de los campos de tu prójimo que establecieron tus antepasados, para delimitar tu herencia en la tierra que el Señor tu Dios te dará en posesión.

Los testigos

Dt 17 6-7; Mt 18 16; Jn 8 17; Ex 21 23-25

15 Un solo testigo no basta para probar la culpabilidad de un hombre en cualquier clase de falta, pecado o delito. Para que la sentencia por cualquier delito sea firme, es necesaria la declaración de dos o tres testigos.

16 Si un testigo falso acusa a un hombre de un crimen, 17 los dos interesados en la causa se presentarán, ante el Señor, a los sacerdotes y jueces en funciones. 18 Los jueces investigarán minuciosamente, y si resulta que el testigo había declarado en falso contra su hermano, 19 harán con él lo mismo que él pensaba hacer con su hermano. Así extirparás el mal de en medio de ti. 20 Los demás, al saberlo, escarmentarán y no volverán a cometer tal perversidad en medio de ti. 21 En un caso así, no tendrás piedad: vida por vida, ojo por ojo, diente por diente, mano por mano, pie por pie.

Leyes sobre la guerra

Dt 1 28-29; 1 Mac 3 56; Dt 24 5; 7 1-5

20 1 Cuando salgas a combatir contra tus enemigos y veas caballos y carros, y un pueblo más numeroso que tú, no tengas miedo de ellos, pues el Señor tu Dios, que te sacó de Egipto, está contigo. 2 Antes de entablar combate, se adelantará el sacerdote, hablará al pueblo 3 y les dirá: «¡Escucha, Israel! Hoy van a pelear contra sus enemi-

• **19 1-14**: Con el fin de evitar que se derrame sangre inocente sobre la tierra de Israel, se prescribe la creación de ciudades de refugio (véase Dt 4 41-43; Nm 35 9-34; Jos 20 1-9). En el fondo del problema hay algo más que el valor sagrado de la vida. Cuenta también el valor sagrado de la tierra. La sangre inocente derramada en tierra supone una mancha para el país. Posiblemente haya sido esta concepción la que hizo que Dt 19 14 fuera colocado aquí. El desplazamiento de los linderos atenta contra el valor sagrado de la tierra y de su distribución que, en última instancia, procede del mismo Dios.

• **19 15-21**: Es ésta una ley que intenta proteger al inocente del falso testimonio. En Dt 19 18-19 aparece ya la idea básica de la ley del talión, que se explicita a continuación (Dt 19 21). Lo que en último término pretenden estas leyes es establecer un castigo equivalente al delito y salvaguardar la justicia, evitando venganzas excesivas (véase por ejemplo Gn 4 23-24).

gos; no se acobarden; no tengan miedo, no tiemblen ni se asusten de ellos, 4 porque el Señor, Dios de ustedes, los acompaña y combatirá por ustedes contra sus enemigos para salvarlos».

5 Luego los oficiales preguntarán al pueblo: «¿Quién ha construido una casa nueva y no la ha estrenado todavía? Que se vaya a su casa, no sea que muera en el combate y la estrene otro. 6 ¿Quién ha plantado una viña y no la ha cosechado todavía? Que regrese a su casa, no sea que muera en el combate y la coseche otro. 7 ¿Quién está comprometido en matrimonio y aún no se ha casado? Que regrese a su casa, no sea que muera en el combate y otro se case con su prometida». 8 Los oficiales añadirán al pueblo: «¿Quién de ustedes tiene miedo y está acobardado? Que regrese a su casa para que no contagie su propia cobardía a sus hermanos». 9 Una vez que los oficiales hayan terminado de hablar al pueblo, los jefes de tropa se colocarán a la cabeza.

10 Cuando te acerques a una ciudad para atacarla, primero le harás una propuesta de paz. 11 Si acepta el ofrecimiento y te abre sus puertas, todos sus habitantes te servirán como esclavos en trabajos forzados. 12 Si rechaza el ofrecimiento y comienza las hostilidades, la asediarás. 13 El Señor tu Dios la entregará en tu poder, y pasarás a cuchillo a todos sus varones. 14 Las mujeres, los niños, los ganados y lo que haya en la ciudad, lo tomarás contigo y disfrutarás del botín de tus enemigos, que el Señor tu Dios te haya dado. 15 Así tratarás a las ciudades que están muy distantes de ti y no pertenecen a estas naciones. 16 Pero en las ciudades de estas naciones que el Señor tu Dios te da como herencia no dejarás ni un ser con vida. 17 Consagrarás al exterminio a los hititas, amorreos, cananeos, pereceos, jeveos y jebuseos, como te ha mandado el Señor, tu Dios. 18 De esta manera no les enseñarán a cometer las abominaciones que ellos cometen en honor de sus dioses, y ustedes no pecarán contra el Señor su Dios.

19 Cuando asedies una ciudad durante mucho tiempo y combatas contra ella con intención de conquistarla, no derribes los árboles con el hacha. Come de sus frutos, pero no los derribes. ¿Acaso son hombres los árboles del campo para que sean víctimas del asedio? 20 Solamente podrás destruir y derribar los árboles que sabes que no dan fruto para construir instrumentos de asedio contra la ciudad que está en guerra contigo, hasta que caiga.

Caso especial de asesinato

Dt 17 8-12; Mt 27 24

21 1 Si en la tierra que el Señor tu Dios te va a dar en posesión se encuentra un muerto tirado en el campo, y no se sabe quién lo mató, 2 tus ancianos y tus jueces saldrán y medirán la distancia entre la víctima y las ciudades de alrededor, 3 para averiguar cuál es la ciudad más próxima a la víctima. Los ancianos de esa ciudad tomarán una ternera que no haya trabajado todavía ni llevado yugo, 4 la bajarán junto a un arroyo de agua corriente, un lugar nunca arado ni sembrado, y allí, en el arroyo, la desnucarán. 5 Entonces se acercarán los sacerdotes levitas, ya que a ellos los eligió el Señor tu Dios para que celebren el culto y bendigan en nombre del Señor, y su sentencia es definitiva en caso de litigio y lesiones. 6 Y todos los ancianos de la ciudad más próxima a la víctima lavarán sus manos en el arroyo, sobre la ternera desnucada, 7 y dirán en alta voz: «Nuestras manos no han derramado esta sangre ni nuestros ojos han visto nada. 8 Perdona, oh Señor, a tu pueblo Israel, al que rescataste, y no per-

• **20 1-20:** La imagen que se puede deducir de la lectura de este capítulo es la de un ejército en pie de guerra. Se pasa revista a las tropas, se toma nota de la situación de los soldados y se señala la conducta a seguir en cada caso: la actitud para con los guerreros (Dt 20 1-9), y el trato que ha de darse a los enemigos (Dt 20 10-18) y a los árboles (Dt 20 19-20). La presencia del sacerdote, alentando a las tropas, muestra el carácter sagrado de la guerra. El Señor va al frente de Israel y combate en su favor para darle la victoria. La actitud exigida al israelita era de total confianza en el Señor.

• **21 1-9:** En caso de que alguien sea asesinado y no se descubra al asesino, hay que realizar unos ritos sagrados destinados a mantener la pureza de la tierra y de la comunidad más cercana al delito. Se trata de un rito antiguo, en el que la sangre del animal sacrificado no juega ningún papel especial, ni tampoco los levitas actúan como protagonistas. En cambio, el agua corriente significa que la región en la que se ha cometido el crimen queda libre de una responsabilidad que de otra manera pesaría peligrosamente sobre ella. El acto de lavarse las manos sobre la ternera desnucada simboliza que el pueblo es inocente, y que, en todo caso, la posible responsabilidad ha quedado expiada por el sacrificio de la ternera.

mitas que se derrame sangre inocente en
medio de tu pueblo Israel». Y quedarán libres del delito de sangre. 9 Así no darás lugar a que se derrame sangre inocente en
medio de ti y harás lo que agrada al Señor.

Relaciones familiares

Gn 29 30-31; Jos 8 29; 10 26-27; Gal 3 13; Hch 5 30; 10 39

10 Cuando salgas a la guerra contra tu
enemigo y el Señor tu Dios lo haya entregado en tu poder y hayas hecho prisioneros, 11 si ves entre los prisioneros una mujer
hermosa, te enamoras de ella y deseas hacerla tu esposa, la llevarás a tu casa, 12 se
rapará la cabeza y se cortará las uñas, 13 se
quitará el vestido de prisionera, se quedará
en tu casa y llorará a su padre y a su madre
durante un mes. Luego podrás unirte a ella,
serás su marido, y ella será tu mujer. 14 Si
deja de gustarte, le darás la libertad, pero no
la venderás por dinero ni sacarás provecho
alguno, pues ya la has humillado.
15 Si un hombre tiene dos mujeres, de
las cuales quiere a una y aborrece a otra, y
ambas, la querida y la aborrecida, le dan
hijos, y el primogénito es hijo de la aborrecida, 16 el día que distribuya los bienes a
sus hijos no podrá tratar como primogénito
al hijo de la querida causando perjuicio al
hijo de la aborrecida, que es el verdadero
primogénito; 17 reconocerá al hijo de la
aborrecida como primogénito, asignándole
dos tercios de todo cuanto posea, pues es la
primicia de su virilidad y a él le pertenece
el derecho de primogenitura.
18 Si uno tiene un hijo desobediente y
rebelde, que no hace caso a sus padres, y
ni siquiera a fuerza de castigos obedece,
19 su padre y su madre lo llevarán a los ancianos de la ciudad, a la plaza pública, 20 y
dirán a los ancianos de la ciudad: «Este hijo
nuestro es desobediente y rebelde, no nos
hace caso; es un libertino y un borracho».
21 Entonces todos los hombres de la ciudad
lo apedrearán hasta que muera. Así extirparás el mal de en medio de ti, y todo Israel,
al saberlo, escarmentará.
22 Si un hombre es condenado a muerte
por su pecado y muere colgado de un madero, 23 su cadáver no quedará sobre el madero
durante la noche, sino que lo enterrarás el
mismo día, pues el que cuelga del madero
es maldito de Dios, y tú no debes manchar
la tierra que el Señor tu Dios te da en
herencia.

Disposiciones diversas

Ex 23 4-5; Lv 19 19; Nm 15 37-40

22 1 Si ves extraviado el buey o la oveja
de tu hermano, no te desentiendas de
ellos; devuélveselos a tu hermano. 2 Si tu
hermano no vive cerca o no lo conoces, encierra el animal en tu casa y tenlo contigo
hasta que tu hermano venga a buscarlo;
entonces se lo entregarás. 3 Lo mismo harás con su burro, con su manto y con cualquier objeto que tu hermano haya perdido
y que tú encuentres. No debes desenten-
derte de ellos. 4 Si ves el burro o el buey
de tu hermano caídos en el camino, no te
desentiendas, ayúdale a levantarlos.
5 La mujer no llevará vestidos de hombre ni el hombre llevará vestidos de mujer,
pues quien obra así es detestable para el
Señor tu Dios.
6 Si de camino encuentras en un árbol o
en tierra un nido de pájaros con polluelos o
con huevos y la madre está colocada sobre los polluelos o sobre los huevos, no
tomes la madre con los polluelos; 7 deja
volar a la madre y toma sólo los polluelos,
para que seas dichoso y tengas larga vida.

• **21 10-23**: Componen esta sección tres casos referentes a la familia (Dt 21 10-21) más un apéndice (Dt 21 22-23). El primero (Dt 21 10-14) indica el trato que el israelita ha de dar a una prisionera de guerra si desea tomarla por esposa. El segundo (Dt 21 15-17) se refiere a los derechos del primogénito. Se da por supuesta la poligamia. En el último (Dt 21 18-21) se tiene en cuenta el caso de un hijo rebelde. La severidad del castigo hace evidente la importancia del mandamiento de honrar a los padres en una sociedad patriarcal como la israelita. El apéndice (Dt 21 22-23), temáticamente relacionado con el tercer caso, pero muy diferente, delimita el tiempo que un ajusticiado puede permanecer colgado del madero. Este texto tiene una fuerte resonancia en el Nuevo Testamento, dado que Jesús es colgado de un madero, recayendo sobre él, según esta ley, la maldición de Dios (véase Gal 3 13), que por la resurrección se convierte en bendición para nosotros.

• **22 1-12**: Falta unidad, tanto en la forma como en el tema, en la serie de leyes agrupadas aquí. Dt 22 1-4 considera el caso de animales extraviados y de objetos perdidos, pidiendo a los ciudadanos un comportamiento respetuoso con la propiedad de su prójimo. En Dt 22 5.9-11 se prohibe cualquier tipo de mezcla, con el fin, tal vez, de preservar las distinciones del orden creado. En Dt 22 6-8 se resalta el respeto a la vida, incluso tratándose de animales.

[8] Cuando construyas una casa nueva, pondrás una protección en torno a la azotea. Así no te verás expuesto a la venganza de sangre, si alguien llega a caerse de ella.

[9] No sembrarás en tu viña una segunda simiente, no sea que declaren sagrada toda la cosecha, tanto el fruto de la viña como el producto de la segunda simiente.

[10] No ararás tu campo con una junta formada por un buey y un burro.

[11] No te vestirás con ropa tejida de lana e hilo juntamente.

[12] Te harás borlas para las cuatro puntas del manto con el que te cubras.

Relaciones sexuales

Lv 20 10; Jn 8 3-5; Ex 22 15-16; Dt 27 20

[13] Si un hombre se casa con una mujer y se une a ella, pero en seguida la deja de
amar, [14] le atribuye falsos delitos y la difama diciendo: «He tomado esta mujer, pero cuando me uní a ella no la encontré virgen», [15] entonces el padre y la madre de la joven tomarán las pruebas de su virginidad y las llevarán a los ancianos, a la puerta de
la ciudad. [16] El padre de la joven dirá a los ancianos: «Yo di mi hija como mujer a este
hombre, pero ha dejado de amarla; [17] ahora le atribuye falsos delitos, diciendo que no la ha encontrado virgen. Pues aquí están las pruebas de su virginidad». A continuación, extenderá la sábana ante los ancianos de la
ciudad. [18] Entonces, los ancianos castigarán
al hombre, [19] condenándolo a pagar una multa de cien monedas de plata, que darán al padre de la joven, por haber difamado a una virgen de Israel. Ella continuará siendo su mujer, y él no podrá repudiarla en toda su vida.

[20] Pero si la acusación es verdadera y se
averigua que la joven no era virgen, [21] entonces la sacarán a la puerta de la casa de su padre y los hombres de la ciudad la apedrearán hasta que muera, por haber cometido una infamia en Israel, deshonrando a la familia de su padre. Así extirparás el mal de en medio de ti.

[22] Si se sorprende a un hombre acostado con una mujer casada, morirán los dos, tanto la mujer como el que se acostó con ella. Así extirparás el mal de Israel.

[23] Si uno encuentra en la ciudad a una joven virgen prometida con otro hombre y
se acuesta con ella, [24] sacarán a los dos a las puertas de la ciudad y los apedrearán hasta que mueran: la joven, por no haber pedido socorro estando en la ciudad; y el hombre, por haber deshonrado a la mujer de su prójimo. Así extirparás el mal de en medio de ti.

[25] Pero si fue en el campo donde el hombre encontró a la muchacha prometida y la forzó acostándose con ella, morirá solamente el hombre que se acostó con ella.
[26] A la joven no le harás nada, pues ella no ha cometido culpa digna de muerte. Es un caso semejante al de un hombre que se
lanza sobre otro y lo mata. [27] Al ser sorprendida en el campo, la joven comprometida en matrimonio tal vez gritó, pero no había nadie que la socorriera.

[28] Si un hombre encuentra a una joven virgen no comprometida en matrimonio, la toma, se acuesta con ella y son sorprendi-
dos, [29] el hombre que se acostó con ella pagará al padre de la joven cincuenta monedas de plata; ella será su mujer por haberla violado y no podrá repudiarla en toda su vida.

23 [1] Nadie se acostará con una de las mujeres de su padre, pues violaría los derechos de su padre.

Pureza de la asamblea y del campamento

Is 56 3-7; Lv 21 17-23; Is 56 3-5; Nm 22-24; 5 1-4; Lv 15 16-17

[2] No se admitirá en la asamblea del Señor al que tenga los testículos aplastados o el

• **22 13-23 1**: El legislador ha reunido en este apartado cinco casos referidos a las relaciones sexuales. La mayoría de ellos tiene como tema central la virginidad de la mujer. El caso más extenso trata de la virginidad física de la casada a quien el marido acusa de haber tenido relaciones sexuales prematrimoniales. Si la acusación resulta falsa, el castigo recaerá sobre el acusador (Dt 22 13-19); pero si es verdadera, la mujer morirá apedreada. Tanto esta ley como las siguientes, hay que situarlas en el marco de una sociedad donde la preponderancia masculina es un hecho evidente. La sección se cierra con un caso, que presupone un matrimonio polígamo, pues se trata de una de las mujeres de su padre, que no es la madre del hijo en cuestión (Dt 23 1).

• **23 2-15**: *Asamblea del Señor* es la expresión predilecta del Deuteronomio para referirse al pueblo de Dios, sobre todo en cuanto está reunido para dar culto al Señor. La tradición sacerdotal prefiere el término *comunidad* (Lv 8 4;

pene cortado. 3 No se admitirá en la asamblea del Señor al bastardo, ni a sus descendientes ni aún en la décima generación. 4 Tampoco se admitirá al amonita, ni al moabita, ni a sus descendientes; no se los admitirá nunca, ni aún en la décima generación, 5 porque no quisieron darles comida y bebida en el camino, cuando ustedes salieron de Egipto, y porque Moab contrató a Balaán, hijo de Beor, originario de Petor en Mesopotamia, para que te maldijera. 6 Pero el Señor tu Dios no quiso escuchar a Balaán, sino que cambió la maldición en bendición, porque el Señor tu Dios te ama. 7 No buscarás su prosperidad ni su bienestar mientras vivas. 8 En cambio, no aborrecerás al edomita, porque es tu hermano; ni al egipcio, porque fuiste extranjero en su tierra; 9 sus descendientes serán admitidos en la asamblea del Señor a partir de la tercera generación.

10 Cuando estés acampado frente a tus enemigos, guárdate de toda acción mala. 11 Si hay entre los tuyos alguien impuro por eyaculación nocturna, que salga fuera del campamento y no vuelva a entrar. 12 Al atardecer se lavará con agua y después de la puesta de sol regresará al campamento.

13 Tendrás un lugar fuera del campamento para hacer las necesidades. 14 Llevarás en tu equipaje una estaca. Cuando salgas a hacer tus necesidades, harás con ella un agujero en la tierra y taparás tus excrementos. 15 Pues el Señor tu Dios anda en medio de tu campamento para protegerte y librarte de tus enemigos; por tanto, tu campamento debe ser santo, para que el Señor no vea indecencias en medio de él y no se aparte de ti.

Leyes diversas

Lv 25 35-38; Nm 30 3; Ecl 5 3-5

16 Si un esclavo se escapa y se refugia en tu casa, no se lo entregarás a su amo; 17 se quedará contigo, entre los tuyos, en el lugar que él elija y en la ciudad en que se encuentre a gusto; no lo molestarás.

18 Los hijos y las hijas de Israel no se entregarán a la prostitución sagrada. 19 Si has de cumplir una promesa, en ningún caso llevarás a la casa del Señor tu Dios grano o dinero obtenido ejerciendo la prostitución sagrada, pues es algo detestable para el Señor tu Dios.

20 No exijas intereses a tu hermano, ni por dinero, ni por víveres, ni por nada de lo que se suele prestar a interés. 21 Podrás exigírselo al extranjero, pero no a tu hermano, para que el Señor tu Dios bendiga todos tus trabajos en la tierra a la que vas a entrar para tomarla en posesión.

22 Cuando hayas hecho una promesa al Señor tu Dios, no tardes en cumplirla, porque el Señor tu Dios ciertamente te pedirá cuentas, y cargarás con un pecado. 23 No pecas, sin embargo, si no haces votos. 24 Mantén tu promesa y cumple el voto que hiciste libremente al Señor tu Dios con tus propios labios.

25 Si entras en la viña de tu prójimo, puedes comer uvas hasta saciarte, pero no guardes nada en tu cesta. 26 Si entras en el sembrado de tu prójimo, puedes cortar espigas con tu mano, pero no metas la hoz en la cosecha de tu prójimo.

Divorcio y nuevo matrimonio

Mt 5 31; 19 7

24 1 Si un hombre se casa con una mujer, pero luego encuentra en ella algo indecente y deja de agradarle, le entregará por escrito un acta de divorcio y la echará de casa. 2 Si después de salir de su casa ella se casa con otro, 3 y también el segundo marido deja de amarla, le entrega por escrito el acta de divorcio y la echa de casa, o si muere este segundo marido, 4 el primer marido que la despidió no podrá volver a

Nm 1 2 y 4 34) aunque en alguna ocasión junta los dos (Ex 12 6). Tanto la asamblea cultual como el campamento militar donde la asamblea se congrega para la guerra santa exigen, en formas diversas, la pureza ritual de sus miembros. De ahí las normas prescritas en este pasaje. Sorprende la disposición favorable a Edom (Dt 23 8-9), que resulta excepcional en la Biblia (véase Sal 137 7 y todo el poema del profeta Abdías).

• **23 16-26**: Las leyes recogidas en estos versículos son de dos tipos: unas tratan de proteger a los israelitas más desfavorecidos (esclavos, necesitados de préstamos, hambrientos); otras tratan una vez más sobre la santidad que exige el culto divino. Respecto a estas últimas, Israel rechazó siempre de forma categórica la prostitución sagrada, práctica habitual en los santuarios paganos.

• **24 1-4**: En el estadio de la revelación divina al que pertenece el libro del Deuteronomio, se admitía el divorcio, pero se consideraba detestable que el marido de la divorciada se casara de nuevo con su exmujer si ésta había tenido un segundo marido. Jesús se referirá a esta

casarse con ella, pues ha quedado contaminada. Hacer eso sería algo detestable para
el Señor, y tú no debes corromper la tierra
que el Señor tu Dios te da en herencia.

Leyes humanas y sociales

Ez 14 12-20; 18 10-20; Rut 2 15-16; 2 Cor 11 24

5 Si uno está recién casado, no irá a la
guerra ni se le pedirán otros servicios; quedará libre en su casa durante un año para
hacer feliz a su mujer.
6 No se tomarán en prenda las dos piedras de un molino, ni siquiera la piedra de
moler, pues sería tomar en prenda la vida.
7 Si se descubre que alguien ha secuestrado a un hombre de entre sus hermanos israelitas para emplearlo como esclavo o venderlo, el secuestrador será condenado a muerte. Así extirparás el mal de en medio de ti.
8 En caso de lepra, pongan en práctica
cuidadosamente todo lo que les han enseñado los sacerdotes levitas. Procuren cumplir lo que yo les he ordenado. 9 Recuerda
lo que el Señor tu Dios hizo con María
cuando salieron de Egipto.
10 Si haces algún préstamo a tu prójimo, no entres en su casa para recuperar la
prenda. 11 Espera fuera, y el deudor saldrá
a devolvértela. 12 No retendrás la prenda
del pobre durante la noche, 13 sino que se
la devolverás a la puesta del sol para que él
pueda acostarse sobre su manto y te bendiga. Y tú te habrás comportado rectamente
ante el Señor tu Dios.
14 No explotarás al jornalero pobre e indigente, tanto si es uno de los tuyos, como
si se trata de un extranjero que reside en tu
tierra o en tu ciudad. 15 Le darás cada día
su jornal, antes de la puesta del sol, pues es
pobre y espera impaciente su salario. Así
no clamará al Señor contra ti, y tú no serás
reo de pecado.
16 No morirán los padres por culpa de
sus hijos ni los hijos morirán por culpa de
sus padres; cada uno morirá por su propio
pecado.
17 No violarás el derecho del extranjero
ni el del huérfano, ni tomarás en prenda los
vestidos de la viuda. 18 Recuerda que fuiste
esclavo en Egipto y que el Señor tu Dios te
rescató de allí; por eso te mando que procedas así.
19 Cuando coseches el trigo en tu campo,
si olvidas en él una gavilla, no vuelvas a
buscarla. Déjala para el extranjero, el huérfano y la viuda, a fin de que el Señor tu Dios
bendiga todo lo que haces. 20 Cuando recojas el fruto de tus olivos, no regreses a
buscar lo que hayas dejado; lo que quede
déjalo para el extranjero, el huérfano y la
viuda. 21 Cuando recojas las uvas de tu viña, no regreses a buscar lo que hayas dejado; déjalo para el extranjero, el huérfano y
la viuda. 22 Acuérdate de que fuiste esclavo en la tierra de Egipto; por eso te mando
que procedas así.
25 1 Cuando surja un litigio entre dos
hombres, se presentarán al tribunal y
éste los juzgará. Se absolverá al inocente y
se condenará al culpable. 2 Si el culpable
merece ser azotado, el juez lo obligará a
echarse en tierra y lo hará azotar en su presencia, de forma proporcional a su delito.
3 Podrán darle hasta cuarenta azotes, no
más, no sea que si le dan más, el castigo
sea excesivo y tu hermano quede avergonzado a tus ojos.
4 No pongas bozal al buey que trilla.

El levirato

Gn 38; Rut 4 1-10; Mc 12 19-23

5 Si dos hermanos viven juntos y uno de
ellos muere sin hijos, la mujer del difunto
no se casará de nuevo, si no es con alguien

ley, dándole el sentido que tenía el proyecto original de Dios (véase Mt 5 31 y 19 7).

• **24 5-25 4**: El redactor ha coleccionado aquí una serie de leyes diversas en su contenido concreto, pero con un mismo objetivo general: la actitud humanitaria en la solución de los problemas presentados y la preocupación social por los derechos de los más necesitados. Como fundamentación de esta actitud se recurre a la historia, particularmente a la esclavitud de Israel en Egipto y al modo de comportarse el Señor con su pueblo en aquella circunstancia. Dios pide a su pueblo que aprenda de su comportamiento, bondad y santidad.

• **25 5-10**: Con el fin de perpetuar el nombre y de no dividir la herencia familiar, se prescribe que el hermano del marido fallecido se case con su cuñada. Es la famosa "ley del levirato" llamada así por la palabra latina *levir =cuñado* (utilizada en la Vulgata). Es una institución que también existía en otros pueblos (hititas, asirios), que está en el transfondo de relatos como los de Gn 38 6-26 y Rut 4 1-7, y que debió perdurar hasta los tiempos del Nuevo Testamento (véase Mt 22 23-26). Sin embargo en este pasaje, además de reconocer la delicadeza del caso, el Deuteronomio deja una puerta abierta al incumplimiento de esta ley, y da por supuesto que en más de una ocasión no se practicó.

de la familia. Será su cuñado quien se case
con ella cumpliendo así sus deberes legales de cuñado; 6 el primogénito que ella dé
a luz llevará el apellido del hermano muerto, para que su nombre no desaparezca de
Israel. 7 Pero si el hombre no quiere casarse con su cuñada, ésta se presentará ante
los ancianos en la puerta de la ciudad y les
dirá: «Mi cuñado se niega a perpetuar en
Israel el apellido de su hermano; no quiere
cumplir sus deberes de cuñado». 8 Entonces los ancianos de la ciudad lo llamarán y
le pedirán explicaciones. Si se presenta y
dice que no quiere casarse con ella, 9 la
cuñada se acercará a él y, en presencia de
los ancianos, le quitará la sandalia del pie,
lo escupirá en la cara y le responderá: «Así
se hace con el hombre que no quiere darle
descendencia a su hermano». 10 Y se le llamará en Israel «La casa del descalzo».

Disposiciones finales

Lv 19 35-36; Ex 17 8-16

11 Si dos hombres se están peleando, se
acerca la mujer de uno de ellos y, para librar
a su marido del que lo golpea, mete la mano
y agarra al otro por las partes genitales,
12 le cortarás a ella la mano sin compasión.
13 No tendrás en tu bolsa dos pesas: una
grande y otra pequeña. 14 No habrá en tu
casa dos medidas, una grande y otra pequeña. 15 Tendrás pesas justas y exactas; tendrás medidas justas y exactas, y así vivirás
mucho tiempo en la tierra que el Señor tu
Dios te da. 16 Porque quien hace tales cosas
y practica el fraude es detestable para el
Señor tu Dios.
17 Recuerda lo que te hicieron los amalecitas, en el camino, cuando saliste de Egipto; 18 cómo te asaltaron en el camino y, sin
temer para nada a Dios, hirieron por la espalda a todos los que cansados y extenuados, se iban quedando atrás. 19 Por eso,
cuando el Señor tu Dios te haya librado de
todos los enemigos que te rodean, en la tierra que el Señor tu Dios te dará en herencia
para que la poseas, borrarás el recuerdo de
los amalecitas en toda la tierra. No lo olvides.

3. Conclusión ◊

Primicias y diezmos

Dt 14 22-29; 24 19-21; Jos 24 2-13; Sal 105; 136

26 1 Cuando hayas entrado en la tierra
que el Señor tu Dios te da en herencia, la hayas tomado en posesión y te hayas establecido en ella, 2 pondrás en una
canasta los primeros frutos de todo lo que
hayas cosechado en la tierra que el Señor
tu Dios te dará, y los llevarás al lugar que
haya elegido el Señor para morada de su
nombre. 3 Te presentarás al sacerdote de
turno en ese momento, y le dirás: «Declaro
hoy ante el Señor, mi Dios, que he entrado
en la tierra que el Señor había prometido
darnos según había jurado a nuestros antepasados». 4 El sacerdote recibirá la canasta
de tus manos y la pondrá ante el altar del
Señor tu Dios. 5 Y tú dirás ante el Señor tu
Dios: «Mi padre era un arameo errante.
Bajó a Egipto y se estableció allí como extranjero con poca gente; allí llegó a ser una
nación grande, fuerte y numerosa. 6 Los
egipcios nos maltrataron, nos oprimieron y
nos impusieron una dura esclavitud. 7 Entonces clamamos al Señor, Dios de nuestros antepasados, y el Señor escuchó nues-

• **25 11-19**: Se cierra el código legal con una serie de normas heterogéneas. La primera (Dt 25 11-12) tiene probablemente como trasfondo la dignidad del hombre y el respeto a la fuente de la vida. La segunda (Dt 25 13-16) denota el respeto a la justicia. Finalmente, en el castigo solicitado para los amalecitas (Dt 25 17-19) resalta el deseo de vengar el honor nacional.

◊ **26 1-28 68**: Tras la amplia colección de leyes religiosas y sociales (Dt 19-25) se describe, a modo de apéndice, una doble ceremonia también de carácter religioso y social (Dt 26 1-15). A continuación se propone la fórmula central de la alianza (Dt 26 16-19), que abre paso a otras ceremonias (Dt 27), para terminar con una amplia colección de bendiciones-maldiciones (Dt 28 1-68). Así concluye el segundo discurso de Moisés al pueblo de Israel.

• **26 1-15**: Sobre los diezmos y primicias ya se ha hablado en el código deuteronómico (Dt 14 22ss; 15 19ss). Ahora se vuelve sobre el tema, pero en el marco de unas ceremonias religiosas. La ofrenda de las primicias del suelo manifiesta el agradecimiento al Señor por el don de la tierra. El reparto de los diezmos con los necesitados da a entender que los dones de la tierra, gratuitamente recibidos del Señor, tienen que extenderse a todos. Destaca en cada una de las ceremonias la confesión del israelita al Señor. La de Dt 26 5-9 posee un gran interés pues contiene un antiguo credo israelita donde el pueblo proclama su fe en Dios reconociendo las grandes intervenciones divinas en la propia historia. Los pueblos cananeos celebraban una fiesta similar en honor de su dios, pero los israelitas la celebran para dar gracias al Dios poderoso que los liberó de Egipto y los condujo hasta esta tierra, cuyos frutos ahora ofrecen a su verdadero dueño con un sentimiento de gratitud.

tra voz y vio nuestra miseria, nuestra angustia y nuestra opresión. 8 El Señor nos
sacó de Egipto con mano fuerte y brazo poderoso en medio de gran temor, señales y
prodigios; 9 nos condujo a este lugar y nos
dio esta tierra, que mana leche y miel. 10 Por
eso traigo los primeros frutos de esta tierra
que el Señor me ha dado». Dejarás los frutos en la presencia del Señor tu Dios, te
postrarás ante él 11 y celebrarás una fiesta
con el levita y el extranjero que vive en
medio de ti, por todos los bienes que el
Señor tu Dios te ha dado a ti y a tu familia.
12 El año tercero, año del diezmo, cuando hayas terminado de separar el diezmo
de todos tus frutos y se lo hayas dado al
levita, al extranjero, al huérfano y a la viuda
para que coman todo lo que quieran en tus
ciudades, 13 dirás en presencia del Señor,
tu Dios: «He apartado de entre los frutos
de mi casa lo consagrado a ti y se lo he dado
al levita, al extranjero, al huérfano y a la
viuda, como me has mandado; no he quebrantado tus mandamientos ni los he olvidado. 14 No lo he comido estando de luto,
no lo he apartado encontrándome impuro
ni lo he ofrecido a un muerto. He obedecido
al Señor mi Dios y me he portado en todo
como me has mandado. Mira desde tu santa
morada, 15 desde los cielos y, de acuerdo
con el juramento que hiciste a nuestros antepasados, bendice a tu pueblo, Israel, y a
esta tierra que nos has dado, tierra que mana leche y miel».

Fórmula central de la alianza

Dt 7 6; 14 2

16 Hoy te manda el Señor tu Dios poner
en práctica estas leyes y preceptos. Obsér-
valos y cúmplelos con todo tu corazón y
con toda tu alma.
17 Hoy has aceptado lo que el Señor te
propone: que él será tu Dios, y que tú seguirás sus caminos, cumplirás sus leyes,
sus mandamientos y sus preceptos, y escucharás su voz.
18 Y el Señor ha aceptado lo que tú le
propones: que tú serás el pueblo de su propiedad, como te ha prometido, y que cumplirás todos sus mandamientos. 19 El te encumbrará por encima de todas las naciones
que él ha creado, dándote gloria, fama y
honor, para que seas un pueblo consagrado
al Señor tu Dios, como te ha prometido.

Ceremonias en Garizín y Ebal

Jos 8 30-35; Lv 18-20

27 1 Moisés y los ancianos de Israel dieron esta orden al pueblo:
–Cumplan todos los mandamientos que
yo les prescribo hoy. 2 El día en el que pasen
el Jordán para entrar en la tierra que el Señor tu Dios te dará, levantarás grandes piedras, las blanquearás con cal 3 y escribirás
en ellas todas las palabras de esta ley, para
conmemorar tu entrada en la tierra que el
Señor tu Dios te dará; tierra que mana leche
y miel, como te ha prometido el Señor, Dios
de tus antepasados. 4 Cuando hayan pasado el Jordán, levantarán estas piedras en la
montaña de Ebal, de acuerdo con lo que
hoy les mando, y las blanquearás con cal.
5 Construirás allí en honor del Señor tu
Dios un altar de piedras; no las trabrajarás
con instrumentos de hierro, 6 sino que construirás un altar al Señor tu Dios con piedras
sin pulir, y sobre él ofrecerás holocaustos al
Señor tu Dios. 7 Ofrecerás sacrificios de
comunión y los comerás allí alegrándote en
la presencia del Señor tu Dios. 8 Escribirás
en las piedras todas las palabras de esta ley;
grábalas con toda claridad.

• **26 16-19**: Mientras que Dt 26 16, con su referencia general a las leyes y a los preceptos, se podría considerar como una buena conclusión del código legal (Dt 12 1-26 16), Dt 26 17-19 abre paso a los textos que siguen. Se encierra aquí la fórmula central de la alianza: Israel se compromete a ser el pueblo de Dios, y el Señor a ser el Dios de Israel. Es un compromiso formal, que implica mutua fidelidad.

• **27 1-26**: En este capítulo se evoca la primera renovación de la alianza, acontecimiento que se suele situar inmediatamente después de la entrada en la tierra prometida (Jos 8 30-35). El relato deuteronomista constituye una especie de celebración litúrgica que invita a imaginar dos gigantescos coros de israelitas, uno en el Ebal y otro en el Garizín, que recitan alternándose las bendiciones y maldiciones vinculadas a la alianza, como anticipo de lo que se dirá en Dt 28.

En realidad tanto Dt 27 9-10 como Dt 27 14-26 aparecen un tanto desligados del contexto inmediato; el primer texto remite al compromiso de la alianza y en este sentido actúa como nexo de unión con el bloque anterior; en cuanto al segundo pasaje, se trata probablemente de un viejo texto litúrgico que no está directamente relacionado con Dt 27 11-13 (ahora se habla *sólo* de maldiciones y las proclaman *sólo* los levitas) y que se ocupa de delitos que escapan a la sanción humana pero no a la del Señor. Parece que a un núcleo original de diez maldiciones se unieron después la primera y la última para completar el simbólico número de doce.

9 Después, Moisés y los sacerdotes levitas dijeron así a todo Israel:
–Guarda silencio y escucha, Israel. Hoy
has pasado a ser el pueblo del Señor, tu
Dios. 10 Escucharás la voz del Señor tu Dios
y pondrás en práctica sus mandamientos y
sus leyes, que yo te prescribo hoy.
11 Aquel día Moisés dio esta orden al
pueblo:
12 –Cuando hayan pasado el Jordán, se
situarán en el Garizín las tribus de Simeón,
Leví, Judá, Isacar, José y Benjamín, representando la bendición sobre el pueblo; 13 y
en el Ebal se situarán las tribus de Rubén,
Gad, Aser, Zabulón, Dan y Neftalí, representando la maldición. 14 Los levitas tomarán la palabra y dirán en alta voz a todo
Israel:
15 ¡Maldito el hombre que haga un ídolo
tallado o fundido, cosa detestable al Señor,
obra de artesano, y lo guarde en lugar oculto!
Y todo el pueblo responderá: ¡Amén!
16 ¡Maldito el que desprecie a su padre
o a su madre!
Y todo el pueblo responderá: ¡Amén!
17 ¡Maldito quien desplace los linderos
del campo de su prójimo!
Y todo el pueblo responderá: ¡Amén!
18 ¡Maldito quien desoriente al ciego en
su camino!
Y todo el pueblo responderá: ¡Amén!
19 ¡Maldito quien viole el derecho del
extranjero, del huérfano y de la viuda!
Y todo el pueblo responderá: ¡Amén!
20 ¡Maldito quien se acueste con una de
las mujeres de su padre, porque viola los
derechos de su padre!
Y todo el pueblo responderá: ¡Amén!
21 ¡Maldito quien tenga actos sexuales
con cualquier animal!
Y todo el pueblo responderá: ¡Amén!
22 ¡Maldito el que se acueste con su hermana, hija de su padre o de su madre!
Y todo el pueblo responderá: ¡Amén!
23 ¡Maldito quien se acueste con su suegra!
Y todo el pueblo responderá: ¡Amén!
24 ¡Maldito quien mate a escondidas a
su prójimo!
Y todo el pueblo responderá: ¡Amén!
25 ¡Maldito quien se deje sobornar para
quitar la vida a un inocente!
Y todo el pueblo responderá: ¡Amén!
26 ¡Maldito quien no observe ni ponga
en práctica las palabras de esta ley!
Y todo el pueblo responderá: ¡Amén!

Bendiciones y maldiciones

Dt 11 26-28; 30 15-20; Lv 26

28 1 Si escuchas atentamente la voz del
Señor tu Dios, procurando poner en
práctica todos sus mandamientos que yo te
prescribo hoy, entonces el Señor tu Dios te
encumbrará por encima de todas las naciones de la tierra. 2 Si obedeces al Señor tu
Dios, vendrán sobre ti y te alcanzarán todas
estas bendiciones:
3 Bendito serás en la ciudad y bendito
serás en el campo.
4 Bendito el fruto de tus entrañas, el producto de tu suelo, el parto de tus vacas y
las crías de tus ovejas.
5 Bendita tu canasta y el lugar donde
amasas tu pan.
6 Bendito serás en tus idas y venidas.
7 El Señor te entregará vencidos a los
enemigos que se rebelen contra ti: por un
camino vendrán contra ti y por siete huirán
de ti.
8 El Señor bendecirá tus graneros y todos tus trabajos. Te bendecirá en la tierra
que el Señor tu Dios te da.
9 El Señor hará de ti un pueblo consagrado a él, según te ha jurado, si observas
los mandamientos del Señor tu Dios y sigues sus caminos. 10 Y todos los pueblos
de la tierra verán que se ha invocado sobre ti

• **28 1-68**: De la fidelidad o infidelidad al Señor y a la alianza sellada con él depende la serie de bendiciones (Dt 28 1-14) o de maldiciones (Dt 28 15-68) catalogadas al final del discurso. Bendiciones y maldiciones muestran una clara relación con la ley y con la tierra. El cumplimiento de las leyes atrae las bendiciones divinas sobre la tierra, mientras que su transgresión trae consigo las maldiciones sobre la tierra o supone, incluso, la pérdida de ésta con el consiguiente destierro. Son impresionantes los párrafos que describen el asedio que sufrirá el pueblo, si no obedece los mandamientos de esta ley (Dt 28 47-57). Estas maldiciones son un reflejo de la experiencia del trágico final de la nación israelita, y de su destierro en Babilonia; experiencia desde la que se escribe toda la historia deuteronomista (del libro de Josué hasta el segundo libro de los Reyes) y que muestra cómo el alejamiento de Dios lleva consigo toda clase de desgracias.

el nombre del Señor y te temerán. 11 Sobre
la tierra que te dará, según juró a tus antepasados, el Señor te colmará de bienes: de
hijos, de ganados y de frutos de la tierra.
12 El Señor abrirá su rico tesoro y los cielos descargarán a su tiempo la lluvia sobre
tu tierra, para bendecir tu trabajo. Prestarás
a muchas naciones y tú no pedirás prestado. 13 El Señor te pondrá a la cabeza y no a
la cola, estarás siempre encima y nunca
debajo si escuchas los mandamientos del
Señor tu Dios que yo te prescribo hoy, si
procuras ponerlos en práctica 14 y no te
apartas ni a derecha ni a izquierda de las
palabras que yo les prescribo hoy, si no sirven ni dan culto a otros dioses.

15 Pero si no escuchas la voz del Señor
tu Dios y no pones en práctica todos sus
mandamientos y leyes que yo te prescribo
hoy, vendrán sobre ti y te alcanzarán todas
estas maldiciones:

16 Maldito serás en la ciudad y maldito
serás en el campo.

17 Maldita tu canasta y el lugar donde
amasas tu pan.

18 Maldito el fruto de tus entrañas y el
producto de tu suelo, el parto de tus vacas
y las crías de tus ovejas.

19 Maldito serás en tus idas y venidas.

20 El Señor mandará contra ti la maldición, la angustia y el terror en todo lo que
emprendas, hasta que seas destruido y aniquilado rápidamente, por haberle abandonado con tu mal proceder.

21 El Señor hará que se te contagie la
peste hasta eliminarte de la tierra que te
dará en posesión. 22 El Señor te herirá de
agotamiento, fiebre, inflamación, ardor, sequía, añublo y tizón, que te perseguirán
hasta destruirte. 23 El cielo sobre tu cabeza
te negará la lluvia, y la tierra bajo tus pies,
te negará los frutos. 24 El Señor cambiará
la lluvia de tu tierra en arena y polvo, que
caerán del cielo sobre ti hasta que seas aniquilado.

25 El Señor te entregará vencido ante tu
enemigo: por un camino irás contra él y por
siete huirás de él. Serás motivo de asombro para todos los reinos de la tierra. 26 Tu
cadáver será alimento de los pájaros del
cielo y de los animales de la tierra, sin que
nadie los espante.

27 El Señor te herirá con úlceras como
las de Egipto, con tumores, sarna y tiña,
que no podrás curar.

28 El Señor te herirá de locura, ceguera y
delirio, 29 de suerte que en pleno día anda-
rás a tientas, como anda a tientas el ciego
en su tiniebla, y no tendrás éxito en tus empresas, sino que estarás siempre oprimido
y despojado, sin que nadie te socorra.

30 Te casarás con una mujer, pero otro la
poseerá; construirás una casa, pero no la
habitarás; plantarás una viña, pero no cosecharás sus frutos. 31 Tu buey será degollado ante tus propios ojos, y no podrás
comer nada; se llevarán tu burro en tu presencia y no te lo devolverán; tus ovejas
caerán en manos de tus enemigos, y nadie
te socorrerá. 32 Tus hijos y tus hijas serán
entregados a pueblos extranjeros; lo verás
con tus propios ojos, morirás de nostalgia
por ellos, pero nada podrás hacer. 33 Un
pueblo que no conoces comerá las cosechas de tu tierra y el fruto de todos tus trabajos, mientras tú estarás siempre oprimido y aplastado. 34 Y te volverás loco ante
el espectáculo que contemplarán tus ojos.

35 El Señor te herirá en tus rodillas y en
tus muslos, desde la planta del pie hasta la
coronilla de la cabeza, con una úlcera maligna que no podrás curar,.

36 El Señor te hará ir a ti y al rey que hayas puesto como soberano tuyo hacia una
nación que ni tú ni tus antepasados conocieron, y allí darás culto a dioses extranjeros de leña y de piedra, 37 hasta llegar a ser
el estupor, la burla y la risa de todos los
pueblos a los que te lleve el Señor.

38 Sembrarás mucha semilla en el campo, pero cosecharás bien poco, porque la
langosta la devorará. 39 Plantarás viñas y
las cultivarás, pero no beberás su vino, ni
recogerás nada, pues el gusano se las comerá. 40 Tendrás olivos por todo tu territorio, pero no te ungirás con su aceite, porque las aceitunas se caerán. 41 Engendrarás
hijos e hijas, pero no serán para ti, porque
irán al cautiverio. 42 Todos tus árboles y
los frutos de tu suelo serán atacados por la
langosta.

43 El extranjero, que vive en medio de
ti, se hará cada vez más poderoso, mientras
tú perderás poder cada día; 44 él podrá
prestarte, pero tú no podrás prestarle; él
estará a la cabeza y tú estarás a la cola.

45 Todas estas maldiciones vendrán sobre ti, te perseguirán y te alcanzarán hasta
destruirte, por no haber escuchado la voz
del Señor tu Dios y no haber cumplido sus
mandamientos y las leyes que él te ha prescrito. 46 Y serán siempre para ti y para tu
descendencia una clara señal.

47 Por no haber servido al Señor tu Dios
con alegría y gustosamente, agradecido
por lo mucho que te ha dado, 48 servirás a
los enemigos que el Señor mande contra ti
y pasarás hambre y sed, desnudez y escasez total; ese enemigo pondrá sobre tu cuello un yugo de hierro hasta destruirte.

49 El Señor hará que se levante contra ti,
desde los extremos de la tierra, un pueblo
lejano; un pueblo que vuela como el águila, y cuya lengua no comprendes; 50 un pueblo de aspecto feroz, que no tendrá ninguna
contemplación con los ancianos ni piedad
con los niños. 51 Comerá las crías de tus
ganados y los frutos de tu suelo hasta
arruinarte; acabará con tu trigo, con tu vino
y tu aceite, con las crías de tus vacas y los
corderos de tus ovejas, hasta destruirte.
52 Asediará todas tus ciudades hasta que se
derrumben en todo el país las murallas altas
y fortificadas, en las cuales ponías tu confianza; y te asediará en todas tus ciudades,
en toda la tierra que el Señor tu Dios te da.
53 En medio de la angustia por el asedio al
que te habrá reducido el enemigo, llegarás
incluso a comer el fruto de tus entrañas, la
carne misma de los hijos e hijas que el
Señor tu Dios te haya dado. 54 El hombre
más delicado y más afable entre ustedes
mirará con recelo a su hermano, a la esposa de su corazón y a los hijos que todavía le
queden, 55 negándose a compartir con ellos
la carne de sus hijos, que se comerá él solo,
pues no le quedará otra cosa en medio de la
angustia por el asedio a que te habrá reducido tu enemigo en todas tus ciudades.
56 La mujer más delicada y más afable
entre ustedes, aquella que por delicadeza y
ternura ni siquiera se atrevía a pisar el suelo
con la planta de sus pies, mirará con recelo
al esposo de su corazón, a su hijo y a su
hija; 57 y en medio de tan extrema privación, devorará a escondidas la placenta que
le sale de entre sus piernas y al hijo que
acaba de dar a luz, debido a la angustia por
el asedio a que te habrá reducido tu enemigo en todas tus ciudades.

58 Si no pones en práctica cuidadosamente todas las palabras de esta ley, escritas en este libro, y no respetas este glorioso
y tremendo nombre, el del Señor tu Dios,
59 entonces el Señor enviará sobre ti y tus
descendientes calamidades terribles, heridas
graves y persistentes, enfermedades perniciosas y largas. 60 Desencadenará sobre ti
plagas como las de Egipto, que tanto miedo
te infundían, y caerán sobre ti. 61 Más aún,
el Señor enviará sobre ti, hasta exterminar-
te del todo, toda clase de enfermedades y
calamidades, incluso las que no están escritas en el libro de esta ley. 62 Y ustedes que
eran numerosos como las estrellas del cielo,
quedarán reducidos a un pequeño número
por no haber obedecido al Señor tu Dios.

63 Así como el Señor se complacía haciéndolos felices y multiplicándolos, así se
complacerá en destruirlos y aniquilarlos y
serán exterminados de la tierra donde van a
entrar para tomarla en posesión. 64 El Señor te dispersará entre todos los pueblos,
de un extremo al otro de la tierra, y allí
darás culto a otros dioses de madera y de
piedra, que ni tú ni tus antepasados conocieron. 65 No encontrarás tranquilidad en
esas naciones ni habrá descanso para la
planta de tus pies, sino que el Señor hará
que vivas asustado, triste y acobardado.
66 Tendrás siempre la vida pendiente de un
hilo, estarás asustado día y noche, y no vivirás nunca seguro. 67 Por la mañana dirás: «¡Ojalá llegara ya la tarde!» Y por la
tarde dirás: «¡Ojalá llegara ya la mañana!»,
a causa de la angustia que ahogará tu corazón y del espectáculo que contemplarán tus
ojos.

68 El Señor te hará regresar en barcos a
Egipto por el camino del que yo te había
dicho: «No volverás a verlo más». Allí los
ofrecerán como esclavos y esclavas a sus
enemigos, y no habrá quien los quiera comprar.

III. TERCER DISCURSO DE MOISES Δ

Título e introducción

Dt 2 30-35; 3 1-16

69 Estas son las disposiciones de la alianza que el Señor mandó pactar a Moisés
con los israelitas en Moab, además de la
alianza que pactó con ellos en el Horeb.
29 1 Moisés convocó a todo Israel y les dijo:
–Ustedes han visto todo lo que el Se-
ñor hizo en Egipto al faraón, a sus servidores y a todo su país; 2 con tus propios ojos
viste aquellas terribles pruebas, aquellos
grandes milagros y prodigios. 3 Pero hasta
hoy el Señor no les ha dado corazón para
entender ni ojos para ver ni oídos para oír.
4 Durante cuarenta años los he conducido por el desierto. Sus ropas no se gastaron
usándolas, ni sus sandalias llevándolas
puestas. 5 No tenían pan para comer, ni
vino o cerveza para beber, pero yo los alimenté, para que se dieran cuenta de que yo
soy el Señor su Dios. 6 Al llegar a este
lugar, Sijón, rey de Jesbón, y Og, rey de
Basán, salieron a nuestro encuentro para
combatir, pero los derrotamos, 7 conquistamos sus tierras y se las dimos en herencia a
los rubenitas, a los gaditas y a la media tribu
de Manasés. 8 Observen, pues, las cláusulas
de esta alianza y pónganlas en práctica, para
que tengan éxito en todas sus empresas.

Alianza en Moab

9 Hoy están todos en presencia del Señor
su Dios: sus jefes de tribu, sus ancianos,
sus oficiales y todos los hombres de Israel;
10 sus niños, sus mujeres y el extranjero que
reside contigo en tu campamento, desde el
el que corta la leña hasta el que saca el agua,
11 para comprometerse en la alianza y en el
pacto solemne que el Señor tu Dios hace
hoy contigo. 12 En virtud de este pacto tú
quedas constituido hoy en pueblo suyo, y él
en Dios tuyo, como te prometió y como juró
a tus antepasados, Abrahán, Isaac y Jacob.
13 Pero no sólo con ustedes hago yo hoy esta
alianza y este pacto solemne, 14 sino con los
que están hoy aquí presentes con nosotros
en presencia del Señor nuestro Dios y con
los que no están hoy aquí con nosotros.
15 Ustedes saben que vivíamos en la tierra de Egipto, y que hemos pasado a través
de todas estas naciones. 16 Ya han visto los
horrorosos y vergonzosos ídolos de madera, piedra, plata y oro, que hay entre ellos.
17 Que no haya entre ustedes hombre o
mujer, familia o tribu, cuyo corazón se aparte hoy del Señor nuestro Dios para ir a dar
culto a los dioses de esas naciones. No haya
entre ustedes raíz que produzca veneno y
amargor.
18 Si alguno, después de haber oído estas
maldiciones, se promete buenos deseos pensando: «Todo me saldrá bien, aunque haga
lo que me plazca, pues no hay sed que no se
apague con abundancia de agua», 19 el Señor no lo perdonará, sino que el enojo del
Señor y su celo se encenderán contra ese
hombre; todas las maldiciones escritas en
este libro caerán sobre él y el Señor borrará su nombre en la tierra. 20 El Señor lo separará, para su desgracia, de todas las tribus de Israel, según las maldiciones de la
alianza escritas en este libro de la ley.
21 Y las generaciones futuras, los hijos
que vengan después de ustedes y el extranjero que venga de tierras lejanas, al ver las

Δ 28 69-30 20: El tercer discurso de Moisés se presenta como la proclamación de una nueva alianza en Moab, distinta de la pactada en el Horeb (Dt 28 69). Más que un formulario de alianza en sentido estricto, estos capítulos contienen amonestaciones y exhortaciones, orientadas a la fidelidad al Señor, además de algunas bendiciones y maldiciones.

• **28 69-29 8**: El título de esta sección es parecido a los de los otros dos discursos (Dt 28 69). En la introducción (Dt 29 1-8), tras evocar los principales acontecimientos de la historia desde el éxodo hasta la conquista de la tierra, se exhorta a observar fielmente las palabras de la nueva alianza.

• **29 9-28**: Pasa a primer plano la ratificación de la alianza (Dt 29 9-14). Todo Israel, tanto los presentes como las generaciones futuras, participan en este acto. En segundo término, se amonesta contra la idolatría, señalando los castigos divinos contra los que den culto a los dioses de los otros pueblos. La alianza con el Señor obliga a la fidelidad exclusiva hacia él.

En la última parte de la sección el castigo pasa a considerarse como algo ya realizado. Es una anticipación de las catástrofes nacionales de los años 721 a. C. (caída de Samaría) y 587 a. C. (caída de Jerusalén) explicadas como la consecuencia lógica del abandono de la alianza y del seguimiento de otros dioses.

calamidades de esta tierra y los males que el Señor le habrá hecho sufrir, dirán: 22 «Azufre, sal, tierra quemada, eso es toda su tierra; no se puede sembrar, ni germina ni crece en ella hierba alguna; su desastre es como el de Sodoma, Gomorra, Adamá y Seboín, que el Señor destruyó llevado de su ira y su furor». 23 Todos los pueblos se preguntarán: «¿Por qué ha tratado el Señor así a esta tierra? ¿Por qué esta ira tan terrible?» 24 Y les responderán: «Porque abandonaron la alianza que el Señor, Dios de sus antepasados, pactó con ellos cuando salieron de Egipto 25 y sirvieron a dioses extranjeros rindiéndoles culto, dioses que ellos no conocían ni él les había asignado. 26 Por eso la ira del Señor se encendió contra esta tierra hasta descargar sobre ella todas las maldiciones escritas en este libro. 27 El Señor los arrancó de su tierra con enojo, furor y gran indignación, y los ha arrojado a otros países hasta el día de hoy».

28 Las cosas ocultas pertenecen al Señor nuestro Dios, pero las reveladas son eternamente para nosotros y nuestros hijos, para que pongamos en práctica todas las palabras de esta ley.

Invitación a la conversión y al cumplimiento de la ley

Lv 26 40-45; Is 43 5-7; Jr 32 37-39; Rom 10 6-8

30 1 Cuando te sucedan todas estas cosas, la bendición y la maldición que he puesto ante ti, y las hayas meditado en tu corazón; cuando estés en medio de las naciones en las que te haya dispersado el Señor tu Dios, 2 si regresas al Señor tu Dios y le obedeces, tú y tus hijos, con todo tu corazón y con toda tu alma, como yo te prescribo hoy, 3 entonces el Señor tu Dios cambiará tu suerte, tendrá piedad de ti y te reunirá de nuevo de entre todos los pueblos en los que el Señor tu Dios te había dispersado. 4 Aunque estuvieran tus desterrados en los límites de los cielos, de allí te reunirá el Señor tu Dios; allí te irá a buscar. 5 El Señor tu Dios te llevará de nuevo a la tierra que poseyeron tus antepasados y volverás a ocuparla; te hará feliz y te multiplicará más que a tus antepasados. 6 El Señor tu Dios cambiará tu corazón y el corazón de tus descendientes para que lo ames con todo tu corazón y con toda tu alma, y así tengas vida.

7 El Señor tu Dios hará recaer todas estas maldiciones sobre tus enemigos y sobre todos los que te hayan odiado y perseguido. 8 Y tú escucharás de nuevo la voz del Señor y pondrás en práctica todos estos mandamientos que yo te prescribo hoy. 9 El Señor tu Dios hará prosperar todo lo que hagas, el fruto de tus entrañas, el fruto de tus ganados y el producto de tu tierra. Porque el Señor volverá a darte prosperidad, como se la había dado a tus antepasados, 10 si escuchas la voz del Señor tu Dios, observando sus mandamientos y sus leyes escritas en este libro de la ley, si regresas al Señor tu Dios con todo tu corazón y con toda tu alma.

11 Pues el precepto que yo te prescribo hoy no es superior a tus fuerzas ni está fuera de tu alcance. 12 No está en el cielo para que digas: «¿Quién subirá al cielo para traerlo y nos lo enseñará para que lo pongamos en práctica?» 13 Tampoco está más allá de los mares para que digas: «¿Quién pasará al otro lado de los mares para traerlo y nos lo enseñará para que lo pongamos en práctica?» 14 Pues la palabra está muy cerca de ti, en tu boca y en tu corazón, para que la cumplas.

Conclusión: vida o muerte

Sal 1; Dt 11 26-28; Rom 6 21-23; Mt 7 13-14

15 Mira, hoy pongo ante ti vida y felicidad, muerte y desgracia. 16 Si escuchas los mandamientos del Señor tu Dios que yo te prescribo hoy, amando al Señor tu Dios, siguiendo sus caminos y observando sus mandamientos, sus leyes y sus preceptos, vivirás y serás fecundo, y el Señor tu Dios te bendecirá en la tierra a la que vas a entrar para tomar posesión de ella. 17 Pero si tu corazón se desvía, si no escuchas, si te dejas arrastrar y te postras ante otros dioses y les das culto, 18 yo declaro hoy que ustedes

• **30 1-14**: La atención de los primeros versículos (Dt 30 1-10) se centra en la conversión, mientras que en los versículos restantes (Dt 30 11-14) se exhorta a cumplir la ley. En la perspectiva del texto son dos temas complementarios. En efecto, el arrepentimiento lleva consigo una renovación interior, que se ha de traducir en obediencia a la ley. Un cambio de este tipo abre las puertas a la esperanza en una nueva vida en la tierra.

morirán irremediablemente; no vivirán
mucho tiempo en la tierra a la que entrarán
para tomar posesión de ella después de pasar el Jordán. 19 Pongo hoy por testigos
contra ustedes al cielo y a la tierra: ante ti
están la vida y la muerte, la bendición y la
maldición. Elige la vida y vivirán tú y tu
descendencia, 20 amando al Señor tu Dios,
escuchando su voz y uniéndote a él, pues
él es tu vida y el que garantiza tu permanencia en la tierra que el Señor juró dar a
tus antepasados, a Abrahán, Isaac y Jacob.

IV. PALABRAS FINALES Y MUERTE DE MOISES Δ

Ultimas disposiciones

Dt 3 21-28; Jos 1 6-9; 2 Re 23 1-3; Dt 4 25-28

31 1 Después, Moisés dirigió estas palabras a todo Israel:
–Ya tengo ciento veinte años y no puedo moverme. Además, el Señor me ha dicho: «No pasarás el Jordán». 3 El Señor tu
Dios te guiará; él aniquilará ante ti a estas
naciones, para que puedas expulsarlas. A la
cabeza, como te ha dicho el Señor, irá
Josué. 4 El Señor los destruirá, como hizo
con Sijón y con Og, reyes de los amorreos,
y con su país; 5 les entregará estas naciones y las tratarán como yo les he mandado.
6 Tengan ánimo y valor, no les teman ni se
asusten ante ellas, porque el Señor tu Dios
va contigo; no te dejará ni te abandonará.
7 Después, Moisés llamó a Josué y le
dijo en presencia de todo Israel:
–Ten ánimo y valor, porque tú vas a introducir a este pueblo en la tierra que el
Señor juró dar a sus antepasados; tú harás
el reparto de su herencia. 8 El Señor te
guiará y estará contigo, no te dejará ni te
abandonará; no temas ni te acobardes.
9 Moisés escribió esta ley y se la entregó a los sacerdotes levitas, que llevaban el
arca de la alianza del Señor, y a todos los
ancianos de Israel. 10 Y Moisés les dio esta
orden:
–Cada siete años, al llegar el año de la
remisión, en la fiesta de las tiendas, 11 cuando venga todo Israel a presentarse ante el
Señor tu Dios en el lugar que haya elegido,
leerás esta ley ante todo Israel. 12 Reunirás
al pueblo, hombres, mujeres y niños y al
extranjero que reside en tus ciudades, para
que escuchen y aprendan a respetar al Señor
Dios de ustedes, observando cuidadosamente todos los mandatos de esta ley. 13 También sus hijos, que no la conocen todavía,
deberán oírla, para que aprendan a respetar
al Señor Dios de ustedes durante todo el
tiempo que ustedes vivan en la tierra que
van a poseer una vez pasado el Jordán.
14 El Señor dijo a Moisés:
–Mira, ya se acerca el día de tu muerte.
Llama a Josué y preséntense ante la tienda
del encuentro, para que yo le dé mis órdenes.
Moisés y Josué se presentaron ante la
tienda del encuentro, 15 y el Señor se apareció en la tienda en una columna de nube,

• **30 15-20**: El tercer discurso se cierra con una exhortación catequética muy cercana al esquema de los dos caminos, tan usado en la catequesis cristiana primitiva (Mt 7 13-27). A Israel corresponde elegir entre la vida o la muerte, la felicidad o la desgracia. La vida entraña cercanía al Señor, la muerte alejamiento de él.

◊ **31 1-34 12**: Las últimas palabras de Moisés son para Josué (Dt 31 1-8), para los sacerdotes levitas y para los ancianos (Dt 31 9-13); finalmente para todo Israel, la asamblea en su conjunto (Dt 32) y cada una de las tribus (Dt 33). Con todo, las últimas palabras del libro del Deuteronomio son para Moisés: relato de su muerte y elogio de su vida y obra (Dt 34). Estos capítulos finales son básicamente obra del redactor deuteronomista; sin embargo la tradición sacerdotal ha dejado también en ellos su testimonio sobre la muerte de Moisés (Dt 32 48-52).

• **31 1-29**: Al acercarse los días de su muerte, Moisés toma las últimas medidas para asegurar su sucesión en el liderazgo del pueblo y para hacer que Israel cumpla lo pactado con el Señor.

Dios elige a Josué como sucesor de Moisés, y éste lo nombra jefe para que guíe al pueblo en el paso del Jordán y en la entrada en la tierra; el Señor promete a Josué su asistencia (Dt 31 3.7-8). Además, Moisés da instrucciones acerca de la ley, institucionalizando su lectura periódica (Dt 31 9-13). Esta ley será testimonio permanente contra el pueblo de Israel, cuando se sienta tentado a abandonar sus compromisos con el Señor (Dt 31 24-29). Con este mismo espíritu se anuncia ya el extenso cántico que el autor deuteronomista va a poner en boca de Moisés (Dt 32 1-43).

El libro de la ley queda confiado a los levitas, junto con el arca de la alianza (Dt 31 24-29). Este puesto de privilegio junto al arca constituirá un recordatorio permanente de que ya Moisés había anunciado la infidelidad de Israel a la alianza.

que se detuvo a la entrada de la tienda.
16 El Señor dijo a Moisés:
–Estás a punto de reunirte con tus antepasados. Este pueblo me será infiel y dará
culto a los dioses de la tierra en la que van
a entrar. Me abandonará y romperá la alianza que yo he pactado con él. 17 Pero aquel
día se desatará mi enojo contra él, los abandonaré y me esconderé; y le vendrán muchos males y desgracias que lo devorarán.
Entonces se preguntará: «¿No me habrán
venido estos males porque mi Dios no está
conmigo?» 18 Y ese día yo me esconderé
todavía más, por la maldad que han cometido, dando culto a otros dioses.
19 Y ahora escriban este cántico, ensé-
ñenselo a los israelitas y hagan que lo reciten, para que me sirva como testimonio
contra ellos. 20 Cuando haya introducido a
este pueblo en la tierra que con juramento
prometí a sus antepasados, tierra que mana
leche y miel, comerá hasta hartarse, y en-
gordará y dará culto a otros dioses, me
despreciará a mí y romperá mi alianza.
21 Entonces, cuando caigan sobre él innumerables males y calamidades, este cántico servirá de testimonio contra él, pues sus
descendientes no lo habrán olvidado. Pues
conozco sus malas inclinaciones ya desde
ahora, antes de haberlo llevado a la tierra
que le prometí con juramento.
22 Moisés escribió aquel día este cántico
y se lo enseñó a los israelitas.
23 A Josué, hijo de Nun, el Señor le dio
estas órdenes:
–Ten ánimo y valor, porque tú introduci-
rás a los israelitas en la tierra que con juramento les he prometido; yo estaré contigo.
24 Cuando acabó de escribir en un libro
hasta la última letra de las palabras de esta
ley, 25 Moisés dio esta orden a los levitas
que llevaban el arca de la alianza del Señor:
26 –Pongan este libro de la ley al lado del
arca de la alianza del Señor su Dios; que
esté allí como testimonio contra ti, 27 porque yo conozco tu rebeldía y tu terquedad.
Si hoy, estando aún vivo en medio de ustedes, son rebeldes al Señor, ¡cuánto más lo
serán cuando haya muerto!
28 Reúnan junto a mí a todos los ancianos de sus tribus y a sus oficiales; yo pronunciaré ante ellos estas palabras y pondré
como testigos contra ellos al cielo y a la tierra. 29 Porque sé que después de mi muerte
se pervertirán y se alejarán del camino que
les he señalado. En los días futuros la desgracia vendrá a su encuentro por haber hecho lo que desagrada al Señor, irritándolo
con su mala conducta.

Cántico de Moisés

Ex 15; 1 Sm 2; 2 Sm 22; Lc 1-2

30 Entonces Moisés recitó completo este
cántico, mientras toda la asamblea de Israel
escuchaba:

32 1 Escuchen, cielos, que voy a hablar;
oye, tierra, las palabras de mi boca.
2 Penetre como lluvia mi enseñanza,
caiga como rocío mi palabra,
como llovizna sobre el césped,
como gotas de agua sobre la hierba.
3 Voy a proclamar el nombre del Señor;
¡den gloria a nuestro Dios!
4 El es la Roca, sus obras son perfectas,
todos sus caminos son justos.
Es un Dios fiel y sin maldad,
es justo y recto.

• **31 30-32 44**: Este cántico de Moisés es una meditación de carácter poético sobre los acontecimientos iniciales de la historia de Israel, semejante a otros cánticos que encontramos en la Biblia (véanse los lugares paralelos).

Introducción y conclusión (Dt 31 30; 32 44) enmarcan el cántico. Este reviste la forma de un proceso, con las siguientes partes: introducción, indicando los preliminares del proceso (Dt 32 1-4); exposición del caso e interrogatorio (Dt 32 5-6); reclamación en términos históricos, recordando los beneficios de la parte ofendida, es decir, de Dios (Dt 32 7-14) y las infidelidades de la parte acusada, en este caso de Israel (Dt 32 15-18); finalmente, la declaración oficial de culpabilidad del acusado y la amenaza de castigo por parte del ofendido (Dt 32 19-25). La forma del proceso ha sufrido una ampliación (Dt 32 26-43), en la que se marca un cambio profundo: el Señor no destruirá a su pueblo; al contrario, le ofrecerá una nueva vida en el ámbito de la alianza.

La aclamación final presenta una redacción más amplia en la Biblia griega y en los manuscritos de Qumrán; precisamente este texto más amplio es citado por Rom 15 10 y Heb 1 6.

Las líneas teológicas que configuran el cántico son las siguientes: a la gracia de Dios, manifestada en sus dones, especialmente en la elección del pueblo (Dt 32 10-14), Israel ha respondido con su propia rebelión. Por lo cual, el Señor se irrita y lo castiga, amenazándolo con la total destrucción. Pero luego el Señor entra en consejo consigo mismo (Dt 32 26s) y decide ofrecer a Israel una nueva oportunidad, al tiempo que aniquila a sus enemigos.

5 Lo han traicionado
los hijos degenerados,
una raza perversa y rebelde.
6 ¿Así pagas al Señor,
pueblo necio e ignorante?
¿No es él tu padre, que te crió,
el que te hizo y te estableció?

7 Recuerda los tiempos pasados,
considera los años de edad en edad.
Pregunta a tu padre para que te lo cuente,
a tus ancianos, para que te lo digan.
8 Cuando el Altísimo
asignó a las naciones su herencia,
cuando dividió a los hijos de Adán,
y estableció las fronteras de los pueblos
según el número de los hijos de Dios,
9 la porción del Señor fue su pueblo;
Jacob, el lote de su herencia.
Lo halló en una tierra desierta,
10 en la soledad rugiente del desierto.
Lo abrazó y lo protegió.
Lo cuidó como a las niñas de sus ojos.
11 Como el águila que incita a su nidada
y revolotea sobre sus polluelos,
así desplegó él sus alas y los tomó,
llevándolos sobre sus plumas.
12 Sólo el Señor los guiaba,
no había con él ningún dios extraño.
13 Lo hizo cabalgar sobre las montañas,
lo alimentó con los frutos del campo,
le dio a gustar miel de la peña,
aceite de la dura roca,
14 queso de vaca y leche de ovejas,
grasa de corderos,
toros de Basán y chivos,
harina de trigo en abundancia;
y como bebida,
la sangre fermentada de la uva.
15 Engordó Yesurún y dio brincos;
te pusiste gordo, repleto y robusto.
Volvió la espalda a Dios, su creador,
despreció a la Roca de su salvación.
16 Lo provocaron con dioses extraños,
lo irritaron con abominaciones.
17 Sacrificaron a demonios que no son dios,
a dioses desconocidos;
dioses nuevos traídos de cerca,
que sus antepasados no conocieron.
18 Despreciaste a la Roca que te engendró,
y olvidaste al Dios que te dio a luz.

19 Lo vio el Señor y rechazó, lleno de ira,
a sus hijos y a sus hijas.
20 Dijo: Voy a ocultarles mi rostro,
y veré qué suerte les espera;
pues es una raza pervertida,
hijos sin lealtad.
21 Me han dado celos
con un dios que no es dios,
me han irritado con sus ídolos vacíos.
Pues yo les daré celos
con un pueblo que no es pueblo,
los irritaré con una nación necia.
22 Se ha encendido el fuego de mi ira
y quemará hasta el fondo del abismo;
devorará la tierra y sus productos,
incendiará los cimientos de las montañas.
23 Amontonaré sobre ellos males,
agotaré contra ellos mis flechas.
24 Quedarán extenuados por el hambre,
consumidos por la fiebre y la peste.
Enviaré contra ellos
los dientes de las fieras
y el veneno de los reptiles
que se arrastran por el polvo.
25 Afuera, matará la espada;
adentro, el espanto.
Perecerán a la vez
el muchacho y la muchacha,
el niño de pecho
y el anciano encanecido.

26 Yo pensaba: Los reduciré a polvo,
borraré de entre los hombres su memoria;
27 pero me detenía
que el enemigo pudiera burlarse,
que los adversarios lo interpretaran mal
y dijeran: «Somos nosotros
los que hemos vencido,
no es el Señor el que ha hecho todo esto».
28 Y es que son un pueblo sin sentido,
que no tiene cordura.
29 Si fueran sabios lo comprenderían,
sabrían intuir lo que les espera.
30 Pues, ¿cómo puede
uno solo perseguir a mil,
y dos poner en fuga a diez mil,
sino porque los ha vendido su roca
y el Señor los ha entregado?
31 Pero su roca no es como nuestra Roca,
lo saben bien nuestros enemigos,
32 pues su cepa viene
de la viña de Sodoma,
sus sarmientos
de los campos de Gomorra;
uvas venenosas son sus uvas,
racimos amargos sus racimos,

33 su vino es veneno de serpiente,
veneno mortal de víbora.
34 Todo esto lo tengo yo presente,
guardado en mi memoria,
35 para el día de la venganza
y de las represalias,
para el tiempo en que tropiece su pie.
Pues está cerca el día de su ruina,
se precipita su desenlace.

36 El Señor hará justicia a su pueblo,
tendrá misericordia de sus siervos,
cuando vea que se agota su fuerza,
que no queda ya esclavo ni libre.
37 Dirá entonces:
¿Dónde están sus dioses,
la roca en la que buscaban refugio,
38 los que comían la grasa de sus víctimas
y bebían el vino de sus ofrendas?
¡Que se levanten y los socorran,
y les brinden su protección!
39 Vean ahora que yo soy el único Dios,
que no hay otro dios fuera de mí.
Yo doy la muerte y la vida,
yo causo la herida y la curo,
y no hay quien se libre de mi mano.
40 Levanto mi mano al cielo y juro:
Por mi vida, que es eterna,
41 cuando yo afile mi espada reluciente
y comience a impartir justicia,
me vengaré de mis enemigos
y daré su merecido a mis adversarios.
42 Embriagaré de sangre mis flechas
y mi espada se hartará de carne;
sangre de heridos y cautivos,
cabezas de jefes enemigos.

43 ¡Alégrense, naciones, con su pueblo,
porque él vengará
la sangre de sus siervos,
se vengará de sus enemigos,
y perdonará a su tierra y a su pueblo!

44 Moisés, acompañado de Josué, hijo
de Nun, recitó completo este cántico en presencia del pueblo.

Conclusión de la ley y anuncio de la muerte de Moisés

Dt 3 26-28; 31 19-21; Nm 20 1-13.22-29; Ex 17 1-7

45 Cuando Moisés acabó de recitar ante
todo Israel este cántico, 46 añadió:
–Graben en su corazón todas estas palabras con las que hoy doy testimonio contra
ustedes y manden a sus hijos que cumplan
cuidadosamente todas las cláusulas de esta
ley. 47 No es cosa de poca importancia para
ustedes, sino que en eso se juegan la vida,
pues estas palabras harán que se prolon-
guen sus días en la tierra que van a tomar
en posesión después de pasar el Jordán.
48 Aquel mismo día el Señor habló a
Moisés y le dijo:
49 –Sube a la cima del Nebo, en la cordi-
llera de Abarín, que está en tierra de Moab,
enfrente de Jericó, y contempla la tierra de
Canaán, que yo voy a dar en posesión a los
israelitas. 50 Morirás allí, en la montaña, e
irás a reunirte con tus antepasados, como
Aarón, tu hermano, que murió en el monte
Hor y fue a reunirse con los suyos. 51 Porque desconfiaron de mí ante los israelitas
en las aguas de Meribá, en Cadés, en el desierto de Sin; y porque no reconocieron mi
santidad en medio de los israelitas, 52 verás de lejos la tierra que yo doy a los hijos
de Israel, pero no entrarás en ella.

Bendiciones de Moisés

Gn 27; 49

33 1 Esta es la bendición que Moisés, el
hombre de Dios, pronunció sobre los
israelitas antes de morir:

2 El Señor viene del Sinaí,
surge desde Seír,
resplandece desde la montaña de Farán,
avanza desde los campos de Cadés,
rayos de luz saltaban de su diestra.
3 El ama a los pueblos

• **32 45-52**: Por última vez, exhorta Moisés al pueblo a observar las palabras de la ley (Dt 32 45-47). De ello depende la vida y la felicidad de Israel. A continuación (Dt 32 48-49) se invita a Moisés a subir al monte Nebo y se le anuncia que morirá allí, igual que su hermano Aarón, por no haber obedecido a Dios ni haber manifestado su gloria ante el pueblo.

• **33 1-29**: Al igual que Isaac y Jacob bendijeron a sus hijos poco antes de morir (véase Gn 27; 49), Moisés, considerado aquí como un padre para Israel, bendice a las diferentes tribus, una vez que se le ha anunciado su muerte. La serie de bendiciones (Dt 33 6-25) está colocada entre dos piezas hímnicas (Dt 33 2-5.26-29), que celebran al Señor como rey victorioso del pueblo de Israel.

Estas bendiciones evocan el destino particular de cada una de las tribus. Reflejan una situación histórica posterior a la instalación de las tribus en Israel, pero anterior a su unificación en tiempos de David. Así pues, se trata de una composición antigua, que el redactor del libro ha colocado al final del mismo, como última palabra de Moisés.

y protege a sus fieles;
ellos se postran a sus pies
y obedecen sus mandatos.
4 Moisés nos ha prescrito una ley,
se la ha dado en posesión
a la asamblea de Jacob.
5 Un rey surgió en Yesurún,
cuando se unieron los jefes del pueblo
y las tribus de Israel.

6 Viva *Rubén* y no muera,
aunque sea escaso su número.

7 Para *Judá*:
Escucha, Señor, la voz de Judá,
llévalo hacia su pueblo;
con tu brazo combate por él,
ayúdale contra sus enemigos.

8 Para *Leví*:
Tus urim y tumim para los fieles,
a quienes probaste en Masá,
con quienes peleaste
en las aguas de Meribá.
9 No hizo caso a sus padres,
no reconoció a sus hermanos
y no quiso saber nada de sus hijos.
Sí, han guardado tu palabra,
han observado tu alianza.
10 Ellos enseñan tus preceptos a Jacob
y tu ley a Israel.
Hacen subir el incienso hasta ti
y ponen los holocaustos en tu altar.
11 Bendice, Señor, su fuerza
y acepta la obra de sus manos.
Quebranta los lomos de sus adversarios,
y que sus enemigos no se levanten.

12 Para *Benjamín*:
Que el amado del Señor viva seguro.
El Altísimo lo protege cada día,
y él reposa entre sus hombros.

13 Para *José*:
Que el Señor bendiga tu tierra,
con el rocío que cae de lo alto,
con las aguas del abismo,
que están abajo,
14 con lo mejor que el sol hace crecer,
con lo mejor que la luna hace brotar,
15 con las primicias
de las montañas antiguas,
con lo mejor de las colinas eternas.
16 Que los mejores frutos de la tierra,
y el favor del que habita en la zarza
se derramen sobre la cabeza de José,
sobre la frente del príncipe
entre sus hermanos.
17 Es como el primogénito de un toro;
todo él es gallardía;
sus cuernos son cuernos de búfalo,
con ellos embestirá a los pueblos
hasta los confines de la tierra.
Así son las muchedumbres de Efraín
y los multitudes de Manasés.

18 Para *Zabulón*:
¡Alégrate, Zabulón, en tus expediciones
y tú, Isacar, en tus tiendas!
19 Invitan a los pueblos a la montaña
y allí ofrecen sacrificios rituales,
pues gozan de la abundancia del mar
y de las riquezas escondidas en la arena.

20 Para *Gad*:
¡Bendito el que hace crecer a Gad!
Reposa como leona,
destroza brazos y cabezas.
21 Se ha reservado las primicias para sí,
la parte asignada para el jefe,
y se ha unido a los jefes del pueblo.
Ha cumplido los mandatos del Señor
y sus preceptos sobre Israel.

22 Para *Dan*:
Dan, cachorro de león,
que se lanza desde Basán.
23 Para *Neftalí*:
Neftalí, colmado de favores,
lleno de las bendiciones del Señor;
el mar y la parte del sur son su herencia.

24 Para *Aser*:
¡Bendito entre todos sea Aser!
Sea el favorito entre sus hermanos
y en aceite bañe sus pies.
25 De hierro y bronce sean tus cerrojos
y tu reposo dure cuanto tus días.

26 No tiene igual el Dios de Yesurún,
que cabalga sobre los cielos
para venir en tu ayuda
y avanza majestuoso sobre las nubes.
27 El Dios de antaño es tu refugio,
sus brazos eternos son tu apoyo.
Arroja delante de ti al enemigo
y te dice: ¡Extermínalo!
28 Israel vive seguro,
la fuente de Jacob se halla apartada
en una tierra de trigo y vino,
y su cielo destila rocío.
29 ¡Dichoso tú, Israel! ¿Quién como tú,

pueblo salvado por el Señor?
El es tu escudo protector
y tu espada vengadora.
Te adularán tus enemigos,
pero tú caminarás sobre sus espaldas.

Muerte y elogio de Moisés

Dt 32 50; Nm 27 12-14.18-23; Ex 33 11

34 1 Moisés subió desde los llanos de
Moab al monte Nebo, a la cima del
Pisga, enfrente de Jericó, y el Señor le mostró toda la tierra: desde Galaad hasta Dan.
2 Todo Neftalí, la tierra de Efraín y Manasés, toda la tierra de Judá hasta el mar
Mediterráneo, 3 el Négueb, el distrito del
valle de Jericó, la ciudad de las palmeras,
hasta Segor, 4 y le dijo:
–Esta es la tierra que prometí a Abrahán, Isaac y Jacob, diciendo: Se la daré a
tu descendencia. Te la hago ver con tus
ojos, pero no entrarás en ella.
5 Moisés, siervo del Señor, murió allí,
en la tierra de Moab, como había dispuesto
el Señor. 6 Lo enterraron en el valle, en tierra de Moab, enfrente de Bet Peor. Nadie
hasta hoy conoce su sepultura. 7 Moisés
tenía ciento veinte años cuando murió. No
se habían debilitado sus ojos, ni había disminuido su vigor. 8 Los israelitas lloraron a
Moisés durante treinta días en los llanos de
Moab, cumpliendo así los días de luto por
su muerte.
9 Josué, hijo de Nun, estaba lleno de espíritu de sabiduría, porque Moisés le había
impuesto las manos. Los israelitas le obedecieron, como el Señor había mandado a
Moisés.
10 No ha vuelto a surgir en Israel un profeta semejante a Moisés, con quien el Señor
trataba cara a cara. 11 Nadie ha vuelto a hacer los milagros y maravillas que el Señor
le mandó hacer en el país de Egipto contra
el faraón, sus siervos y su territorio. 12 No
ha habido nadie tan poderoso como Moisés, pues nadie ha realizado las tremendas
hazañas que él realizó a la vista de todo
Israel.

• **34 1-12**: Desde la cima del monte Nebo, Moisés contempla por última vez la tierra prometida. Luego muere allí, en la montaña, *como había dicho el Señor* (Dt 34 5). Esta expresión suena casi a epitafio. La vida de Moisés, al igual que su muerte, han estado en manos del Señor, pendientes siempre de la palabra de Dios. Fiel a la palabra del Señor, Moisés realizó signos y prodigios que lo acreditaron como el más grande líder y el más grande profeta de Israel. Pero ¿iba a morir una figura tan excepcional? El espíritu de Moisés continuó en su sucesor. Su obra perdura eternamente como testimonio permanente para todo el pueblo de Dios.

Escritos Históricos

ESCRITOS HISTORICOS

INTRODUCCION

El título de *libros históricos* que damos a varios grupos de libros del Antiguo Testamento pudiera inducirnos a pensar que se trata de crónicas o anales históricos en el sentido científico de la palabra. Pero no es así. La historia bíblica no es una crónica o narración neutral de los hechos, sino más bien una lectura confesional de los acontecimientos, hecha desde la fe en Dios por autores creyentes, que quieren compartir con sus lectores esa misma fe. Es una historia sagrada. Los historiadores bíblicos son teólogos que descubren en la vida una cuarta dimensión: la referencia de las cosas y de los acontecimientos a Dios. Todo viene de Dios, todo está guiado por él, todo camina hacia él.

A la hora de leer los libros históricos no hay que preguntarse tanto por los hechos mismos y sus circunstancias de tiempo, lugar y modo, cuanto por la intención teológica del autor.

Los que nosotros llamamos libros históricos, en la lista de los libros de la Biblia hebrea reciben el nombre de *Profetas anteriores*. Es, sin duda, un título más apropiado. Realmente, los libros históricos son la lectura profética de la historia, es decir, una presentación de la historia como marco dentro del cual se realiza el plan divino.

1. *Importancia del género histórico*

El Dios de la Biblia no es el Zeus lejano del Olimpo ni la causa primera de la filosofía, sino el compañero cercano de viaje que acompaña al hombre en su camino histórico, compartiendo con él gozos y penas, tristezas y alegrías.

La revelación bíblica es esencialmente histórica. Dios se da a conocer por medio de la palabra que comunica a sus siervos los profetas, pero se revela sobre todo a través de sus intervenciones en la historia de la salvación. El credo israelita no es un catálogo de dogmas doctrinales abstractos, sino una secuencia de intervenciones salvíficas de Dios en la historia. La Biblia fundamenta la teología, la ley y la ética, no en principios y consideraciones filosóficas de carácter especulativo, sino en la historia. La revelación bíblica es una revelación encarnada en la historia. Por eso el Dios de la Biblia no es un Dios cósmico ni metafísico, a cuyo conocimiento se llega por vía de especulación, sino un Dios que se acerca y salva al hombre desde dentro, desde el seno de la historia.

Así se entiende por qué los libros históricos son los más numerosos del Antiguo Testamento. Los podemos agrupar en los cuatro cuerpos o bloques siguientes:

- *Historia deuteronomista*: Josué, Jueces, 1 y 2 Samuel y 1 y 2 Reyes.
- *Historia cronística*: 1 y 2 Crónicas, Esdras y Nehemías.
- *Historia de los Macabeos*: 1 y 2 Macabeos.
- *Historias ejemplares*: Tobías, Judit, Ester y Rut.

Además de estos cuatro grupos o bloques historiográficos, el género histórico tiene amplia cabida en el Pentateuco, en los libros proféticos, en los sapienciales y en los poéticos.

2. *Historia deuteronomista*

Los seis libros que van de Josué al segundo de los Reyes, forman una sola obra, escrita por uno o varios autores pertenecientes a una escuela teológica llamada deuteronomista, porque en ella nació el Deuteronomio. Es posible que en un principio el propio Deuteronomio formara parte de esta historia, en la que desempeñaba el papel de introducción. De hecho, tanto el contenido como la forma literaria de la *Historia deuteronomista* se hallan fuertemente influenciados por la teología y el estilo del Deuteronomio.

Un canto a la justicia divina

Escrita durante el destierro, por lo menos en su última edición (hacia el 550 a. C.), la historia deuteronomista ha sido compuesta para explicar los trágicos acontecimientos que estaba viviendo el pueblo (destrucción de Jerusalén y del templo, deportación del rey y del pueblo).

Todos estos hechos herían profundamente la conciencia de Israel y planteaban problemas de orden religioso, político y social. ¿No era Jerusalén la ciudad santa e inviolable? ¿No había prometido Dios a David una dinastía eterna? ¿No les había prometido la tierra bajo juramento? Los actuales acontecimientos parecían desmentir todas estas promesas. El desencanto y la desesperanza se estaban apoderando de los israelitas. En el pueblo empezaban a oírse voces que acusaban a Dios de no cumplir su palabra.

La historia deuteronomista ha sido escrita para responder a todos estos interrogantes. El autor podía haber formulado su respuesta en términos concretos y directos, pero ha preferido recurrir a la historia. Puesto que se trataba, entre otras cosas, de explicar por qué el pueblo se veía arrojado de la patria que el Señor le había prometido y otorgado, el deuteronomista se remonta en su examen histórico hasta las vísperas de la entrada en Canaán, para ver en qué condiciones los israelitas habían recibido la tierra.

El resultado final del examen será el siguiente: Dios otorgó la tierra a Israel, no en términos incondicionales y absolutos, sino bajo la condición de cumplir las cláusulas de la alianza. Dt 30 15-20 coloca al pueblo ante la alternativa de la vida o la muerte: vida feliz y bendición en la tierra, si el pueblo observa la ley; muerte, destierro y maldición, si la quebranta.

Según el examen histórico llevado a cabo por la historia deuteronomista, la conducta de Israel desde la entrada en la tierra hasta el destierro ha sido una cadena creciente de infidelidades y pecados. Consiguientemente, la destrucción de Jerusalén y el destierro no son más que la conclusión lógica de las premisas puestas por el pueblo. Israel no puede acusar a Dios de incumplir su palabra. Han sido los pecados de los israelitas, tanto de los reyes como del pueblo, los que han conducido a la nación a este fatal desenlace. En el fondo, la historia deuteronomista es un canto a la justicia divina. Es el reconocimiento de las palabras del salmista cuando dice: *Dios es justo cuando habla e irreprochable cuando juzga* (Sal 51 6).

Llamamiento a la conversión y a la esperanza

El deuteronomista no se ha limitado a explicar por qué el pueblo se halla desterrado. Hubiera sido demasiado negativo. No basta con explicar el pasado, es necesario dar respuesta al presente y proyectar esperanza hacia el porvenir. Los profetas siempre han procedido así. Así lo ha hecho también el autor deuteronomista. Según el deuteronomista, la historia es una secuencia hecha de *pecado-castigo-conversión-salvación* (véase por ejemplo el libro de los Jueces). El autor y sus lectores se encontraban en el destierro cumpliendo el castigo, o sea, en el segundo tiempo de la secuencia. Lo lógico era exhortar a la conversión (tercer tiempo), con el fin de alcanzar el cuarto momento, es decir, la salvación. El deuteronomista se ha ajustado a dicha lógica, como lo demuestran los sucesivos llamamientos a la conversión tan frecuentes en su obra (Dt 4 29-31; 30 1-10; 1 Sm 7 3; 1 Re 8 33-36.46-53; 2 Re 17 13; 23 25).

La historia deuteronomista se refiere al pasado en cuanto trata de explicar la destrucción de Jerusalén y el destierro, pero encierra también un mensaje para el presente, porque constituye un llamamiento a la conversión. ¿Abrigaba también alguna esperanza para el futuro? Sí, en la historia deuteronomista, al lado de la palabra de condenación (Dt 28 15-68) se lee también una promesa de salvación (2 Sm 7). Mientras no se apague la "lámpara de David", es decir, mientras haya un sucesor que ocupe su trono (1 Re 11 36; 15 4), y no se acabe la descendencia del gran rey (2 Re 8 19), nada hay irremediablemente perdido. Ni siquiera el destierro de Babilonia consiguió borrar esa esperanza. La historia deuteronomista se cierra con la buena noticia de la liberación y rehabilitación del rey Joaquín, que es la puerta abierta a la esperanza (2 Re 25 27-30).

Tres grandes etapas

A la hora de analizar el pasado, el autor deuteronomista lo ha dividido en tres grandes etapas, que vienen señaladas por discursos y reflexiones teológicas, elaboradas y redactadas por el propio deuteronomista con el fin de articular y estructurar la obra dentro de un todo bien ordenado.

Primera etapa: La conquista (libro de Josué). Está encuadrada por dos discursos: el primero en Jos 1 1-9 y el segundo en Jos 23 6-16. Colocados al principio y al final del libro de Josué, estos dos discursos delimitan el tiempo de la conquista, y vienen a ser como el comentario teológico de la misma.

Segunda etapa: Los Jueces (libro de los Jueces y 1 Sm 1-12). Lo mismo que ocurría con la conquista, también la etapa de los Jueces está delimitada por dos textos redaccionales propios del deuteronomista: El primero, de carácter narrativo (Jue 2 6-3 6), sirve de introducción; el segundo, en forma de discurso (1 Sm 12), relaciona el período de los jueces con el nacimiento de la monarquía.

Tercera etapa: La monarquía (libros de Samuel y Reyes). 1 Sm 12 señala la transición entre los jueces y la monarquía y constituye, a su vez, una evaluación de la institución monárquica. La época monárquica abarca dos períodos. El primero corresponde a la monarquía unida (David-Salomón). El segundo es la historia paralela de los reinos divididos hasta la caída del reino del Norte, y después la historia del reino del Sur.

Dos clases de materiales

En la historia deuteronomista se distinguen dos clases de materiales: a) Las tradiciones antiguas que el autor o autores deuteronomistas tuvieron a su disposición a modo de fuentes; y b) Las partes redaccionales elaboradas por el propio autor o autores deuteronomistas. Entre las fuentes preexistentes figuran relatos, listas de personal y memorias oficiales, procedentes de los archivos de la corte; material histórico no oficial, que contiene tradiciones populares, explicaciones etiológicas, narraciones épicas y relatos proféticos.

De una manera más concreta y siguiendo el orden de los libros de la historia deuteronomista, podemos distinguir las siguientes fuentes o tradiciones antiguas:

Deuteronomio: El *libro de la ley* o *documento de la alianza* de que habla 2 Re 22-23, que era una primera edición del Deuteronomio y estaba formado por Dt 5-26.

Josué: Relatos etiológicos populares para la primera parte del libro (Jos 1-12) y listas geográficas para la segunda (Jos 13-21).

Jueces: Historias y leyendas de héroes (jueces mayores) y noticias breves sobre jueces locales (jueces menores).

Samuel: Tradiciones relativas a Samuel y Saúl; historias de la ascensión y sucesión al trono de David; historia del arca.

Reyes: Anales de Salomón; crónicas de los reyes del Norte y del Sur; ciclos de tradiciones sobre los profetas Elías, Eliseo, Isaías y Ajías.

Entre los *pasajes redaccionales* elaborados por el propio autor o autores deuteronomistas, podemos enumerar, entre otros, los siguientes discursos: Jos 1, que marca el paso entre Moisés y Josué, y señala el comienzo de la conquista. Jos 23 señala el fin de la conquista. 1 Sm 12 relaciona el período de los Jueces con el nacimiento de la monarquía. 1 Re 8 coincide con la construcción e inauguración del templo, fecha clave en la historia deuteronomista (véase 1 Re 6 1). Otras veces el autor o autores deuteronomistas expresan su pensamiento teológico a través de reflexiones personales, entre las que destacan Jos 12; Jue 2 11-19; 2 Re 17 7-23; etc.

Conclusión teológica

Desde el punto de vista teológico, lo dicho en 2 Re 17 7-23 a propósito de la caída de Samaría, puede considerarse como conclusión y resumen del pensamiento teológico de toda la historia deuteronomista. La caída de Samaría (reino del Norte), lo mismo que ocurrirá más tarde con la caída de Jerusalén (reino del Sur), es un castigo por la cadena de infidelidades y pecados cometidos por el pueblo desde que entró en la tierra prometida.

Durante el período de Josué (conquista), excepto el pecado de Acán (Jos 7), el pueblo se mantuvo fiel a la ley. En la etapa siguiente (Jueces), la situación se fue degradando, alternando tiempos de fidelidad y tiempos de pecado. Finalmente, durante la última etapa (la monarquía) la infidelidad fue la tónica general. De ahí que, como decíamos más arriba, la destrucción de Samaría, primero, y la de Jerusalén, después, no son más que el desenlace final de un drama provocado por el propio pueblo. No ha sido Dios quien ha faltado a su palabra, sino Israel.

3. *Historia cronística*

Hacia finales del período persa o comienzos de la dominación griega (s. IV a. C.) se lleva a cabo en Jerusalén la composición de una voluminosa síntesis histórica, que va desde Adán hasta la restauración postexílica por obra de Esdras y Nehemías, si bien es cierto que solamente la etapa monárquica y la restauración que siguió al destierro son tratadas con amplitud y detenimiento. Los casi cincuenta años del exilio son pasados por alto, y los largos siglos que median entre Adán y la monarquía se reducen a escuetas listas genealógicas.

Según S. Jerónimo, esta magna obra puede ser calificada de *Crónica de toda la historia divina*. En este título de S. Jerónimo se inspira la denominación actual de *historia cronística*. Corresponde a *1 y 2 Crónicas*, llamados en otros tiempos Paralipómenos, y a los libros de *Esdras* y *Nehemías*.

Fuentes anteriores

El cronista ha tenido a su disposición algunas fuentes para componer su obra. A veces las cita expresamente, cosa que no suele ser frecuente ni en los autores bíblicos ni en los extrabíblicos. Para la primera parte de su historia, que cubre el espacio de tiempo que va de Adán al destierro, ha dispuesto de dos fuentes bíblicas importantísimas: el Pentateuco y la historia deuteronomista. Se ha inspirado asimismo en fuentes extrabíblicas, que cita expresamente repetidas veces. Unas pertenecen al género histórico y otras son de carácter profético.

Para la segunda parte de su obra, el cronista se ha servido, sobre todo, de las *Memorias de Esdras y Nehemías*. También ha tenido acceso a documentos de archivo, como son: el edicto de repatriación (Esd 1 2-4; 6 3-5); lista de repatriados (Esd 2; Neh 7); documento en arameo que recoge correspondencia diplomática (Esd 4 6-6 18); decreto de Artajerjes (Esd 7 11-26); listas de los jefes del pueblo, de los sacerdotes y levitas (Neh 10 2-27; 11 3-36; 12 1-26).

Trabajo redaccional

El cronista no se ha limitado a ensamblar sus fuentes ordenadamente con el fin de conseguir una narración articulada y orgánica. De suyo, éste hubiera sido ya un trabajo valioso y positivo. No ha querido ser un mero recopilador de fuentes y tradiciones. Su propósito era componer una obra propia y personal con una finalidad bien determinada. La casi totalidad de los materiales ya existían, pero con ellos ha construido un edificio nuevo. El cronista es un verdadero autor, padre de una obra nueva y original. Su trabajo redaccional es perfectamente controlable en la primera parte de su historia, pues, al ser paralela a la historia deuteronomista, podemos establecer entre ambas historias un estudio comparativo.

Temas teológicos

El paralelismo existente entre la historia deuteronomista y la cronística, referido concretamente al período monárquico, es un caso único en todo el Antiguo Testamento, similar al paralelismo sinóptico que presentan en el Nuevo Testamento los tres primeros evangelios. Puestos en columnas paralelas, los libros 1-2 Sm y 1-2 Re, por una parte, y 1-2 Crónicas, por otra, se ve que nos encontramos ante dos versiones distintas de un mismo período y de unos mismos hechos. El estudio comparativo de las mismas nos permite descubrir los criterios y métodos redaccionales de los autores bíblicos, sus peculiares acentos y matices en lo concerniente al vocabulario, a las formas literarias y, sobre todo al pensamiento teológico. Existe bastante diferencia en cuanto a la finalidad teológica entre la historia deuteronomista y la cronística. La historia deuteronomista quiere ser una gran confesión de culpa; el pueblo está en el destierro por causa de su infidelidad a Dios. Por su parte, la historia cronística se escribe para legitimar los oficios cultuales fundados por David, a quien presenta como un exponente de la tradición mesiánica.

Los temas teológicos que se destacan con un relieve especial en la historia cronística comparada con la historia deuteronomista, son los siguientes: David como figura central; la unidad del pueblo de Dios; la dimensión teológica de Jerusalén y del templo; la sacralización de la historia; el tema de la retribución y la proyección mesiánica. Temas que han hecho pensar que el autor o autores de la historia cronística formaban parte de los levitas, encargados del culto.

4. *Historia de los Macabeos*

La invasión y la presencia griega en Palestina por obra de Alejandro Magno y sus sucesores a finales del s. IV a. C., significó no sólo una dominación militar y política, sino también una confrontación cultural y religiosa. Israel había conocido sucesivas dominaciones (Egipto, Asiria, Babilonia, Persia) y había sufrido su influencia, pero ninguna de ellas había sacudido con tanta violencia las convicciones profundas del pueblo judío.

La influencia griega y el proceso de helenización alcanzaron su máxima fuerza y agresividad con la llegada al poder de Antíoco IV, que llevaba el título de Epífanes, puesto que se consideraba a sí mismo como la manifestación y encarnación de Dios. Antíoco desencadenó un ataque directo contra la ley judía y sus instituciones, llegando a colocar en el mismísimo templo de Jerusalén una estatua de Zeus olímpico e introduciendo una nueva liturgia, en la que figuraban fiestas en honor del rey y de los dioses paganos.

Sintiendo amenazados sus sentimientos y convicciones religiosas y culturales, y también por razones sociales, políticas y económicas, los judíos se rebelaron contra Antíoco y sus sucesores. La lucha estuvo protagonizada por la familia de los *Macabeos*. Los hechos de guerra y demás acontecimientos de esta sublevación están recogidos en los llamados libros de los Macabeos. Son dos libros que tratan sobre el mismo argumento, pero de forma independiente y autónoma. Son dos versiones de la misma rebelión.

5. *Historias ejemplares*

En este apartado incluimos los libros de Tobías, Judit, Ester y Rut. Los tres primeros forman una trilogía con muchos rasgos comunes. Los tres aparecen siempre juntos en la lista de libros sagrados. En la traducción latina llamada *Vulgata* y en algunos códices griegos vienen después de los grandes libros históricos. Otros códices griegos los colocan después de los libros sapienciales.

Tobías y Judit fueron escritos originariamente en hebreo, pero pronto se perdieron los originales y se conservaron sólo a través de traducciones griegas, siríacas y latinas, entre las que existen no pocas diferencias. Del libro de Ester existen dos textos: uno más corto, en hebreo, y otro más extenso, en griego. Los tres libros presentan un texto inestable y cambiante (primer rasgo común). Ello se debe, posiblemente, a que Tobías, Judit y el texto griego de Ester tardaron en ser reconocidos como libros sagrados y canónicos (segundo rasgo común).

Una tercera faceta común a los libros de Tobías, Judit y Ester, y también al de Rut, es el género literario. Los cuatro son ficciones literarias compuestas con fines didácticos y pedagógicos. Los cuatro se inspiran en fuentes bíblicas y extrabíblicas, sobre todo en los relatos patriarcales y en obras apócrifas que han llegado hasta nosotros. Los cuatro introducen en el desarrollo del argumento escenarios, situaciones y personajes históricos. Pero, historia, geografía y cronología son tratadas y combinadas con tal libertad que la obra resultante es tan artificial y convencional que puede ser calificada de ficción literaria (historia o novela ejemplar), cuya finalidad es enseñar, exhortar y animar a los destinatarios.

Finalmente, las cuatros historias ejemplares tienen como tema, no espacios de tiempo más o menos largo, sino un episodio concreto protagonizado por cada uno de los personajes que dan nombre a los libros, los cuales por esta razón reciben también el título de *historias episódicas*.

JOSUE

INTRODUCCION

El verdadero protagonista de este libro no es tanto Josué cuanto la *tierra*, cuya conquista (Jos 1-12) y reparto entre las tribus (Jos 13-24) llena todas sus páginas. La entrada en la tierra es el cumplimiento de la promesa hecha a los patriarcas y repetida a Moisés. Es la culminación de un acontecimiento que empezó con la salida de Egipto. Son muchos los autores que piensan que el Pentateuco quedaría incompleto sin el libro de Josué. Por eso prefieren hablar de Hexateuco (seis libros). La tierra es al mismo tiempo don de Dios y conquista del pueblo. La posesión de la tierra es prueba de la fidelidad de Dios y garantía de su alianza con Israel (Jos 21 43-45). Pero la tierra es también el espacio en el que Israel debe realizarse como pueblo elegido y cumplir la misión que le ha sido confiada.

1. Contexto histórico

El libro de Josué ofrece una visión muy simplificada de la conquista de la tierra prometida. Según esa visión, dicha conquista habría sido llevada a cabo por todo el pueblo, con las doce tribus formando un bloque perfectamente unido; todo ello por la fuerza de las armas y bajo la dirección de Josué. La realidad fue, sin duda, mucho más compleja. La conquista de la tierra no pudo ser obra de todo Israel agrupado bajo un mando único, porque tal unidad no existió hasta los días de David, dos siglos más tarde. Es más probable la visión de Jue 1 1-2 5, según la cual cada una de las tribus por separado o en pequeños grupos fueron penetrando en la tierra de manera lenta y más bien pacífica, sin excluir el recurso a la fuerza en casos concretos.

Muchos autores creen que no todas las tribus bajaron a Egipto, ni todas las que bajaron lo hicieron al mismo tiempo. Igualmente, se cree que hubo varias salidas de Egipto; es decir, la entrada de las tribus israelitas en la tierra de Canaán se habría llevado a cabo en fases sucesivas y por distintos puntos. Los grupos que con el tiempo formaron la gran tribu de Judá, debieron salir antes, coincidiendo posiblemente con la expulsión de los hicsos (hacia el 1.552 a. C.), y penetraron en la tierra directamente por el sur, a partir de la península del Sinaí. Las tribus de Efraín, Manasés y Benjamín, con otros grupos más, salieron de Egipto dirigidas por Moisés y se vieron obligadas a dar un largo rodeo por Transjordania, donde se establecieron algunos de estos grupos; los demás cruzaron el Jordán bajo la dirección de Josué desde el este y se instalaron en la Palestina central (hacia el 1.230 a. C.). De las tribus que habitaban en el norte de Palestina, algunas no bajaron a Egipto y otras se instalaron allí en fecha incierta. La destrucción de Jasor hacia finales del siglo XIII a. C., según los arqueólogos, parece que da valor histórico a Jos 11. En este caso el establecimiento de las tribus del centro y las del norte, por lo menos alguna de ellas, se habría producido al mismo tiempo.

Escrito en torno al destierro (siglo VI a. C.), o sea, casi siete siglos después de los acontecimientos, el libro de Josué no pretende ser una crónica de los hechos, sino una interpretación teológica de los mismos, hecha a partir de unos presupuestos que ya conocemos (véase introducción a los escritos históricos).

2. Características literarias y división

En su redacción actual pueden distinguirse dentro del libro de Josué tres partes: conquista (Jos 1-12), reparto del territorio (Jos 13-21) y apéndices (Jos 22-24). Esta estructuración es obra del autor deuteronomista, el cual ha trabajado sobre fuentes y materiales anteriores. Entre las aportaciones redaccionales del autor deuteronomista merecen destacarse los discursos de Jos 1 y 23, con los que se abre y se cierra el libro; estos dos capítulos constituyen un comentario teológico de la conquista. Si el pueblo se mantiene fiel a la ley, Dios estará con él y la conquista avanzará. Pero si el pueblo no cumple las cláusulas de la alianza, los israelitas se verán derrotados por los cananeos y retrocederán.

La primera parte del libro (Jos 1-12), además del discurso de Jos 1, está integrada por dos bloques: Jos 2-9, que forma el llamado "ciclo de Guilgal" centrado fundamentalmente en la conquista de ciudades y territorios pertenecientes a la tribu de Benjamín; y Jos 10-11, que describe las victorias de los israelitas sobre dos coaliciones de reyes cananeos, una en el sur (Gabaón) y otra en el norte (Merón), victorias que significan la conquista y el dominio de toda la tierra prometida. Jos 12, de procedencia deuteronomista, es un sumario o recapitulación de la conquista.

Entre otros posibles, en Jos 1-12 cabría destacar dos rasgos literarios: su estilo épico-litúrgico y su carácter etiológico (sobre el significado del término "etiológico", véase nota a Nm 11 1-15). Seguramente, algunos de los relatos han nacido y se han transmitido a través del santuario de Guilgal. Otros han nacido para explicar nombres de lugares (Guilgal, Acor, Ay, etc.), o realidades naturales (la presencia de unas piedras en medio del Jordán, un montón de ruinas en Ay, una cueva con la entrada tapada en Maquedá, etc.), o el origen de grupos extranjeros que viven en medio de Israel (los rajabitas, los gabaonitas, etc.). La expresión *hasta el día de hoy*, que se repite hasta seis veces en Jos 3-10 es característica de los relatos etiológicos.

La segunda parte (Jos 13-21), conocida como la "sección geográfica", contiene una doble lista referida a cada una de las tribus: una lista de fronteras de las tribus, de época incierta, y una lista de ciudades, detallada en cuanto a Judá y Benjamín, pero más vaga para el resto de las tribus. Este hecho puede ser un indicio de que tales listas se remontan al tiempo de la monarquía dividida en dos reinos. A esta segunda parte pertenecen también una lista de ciudades de refugio y otra de ciudades levíticas (Jos 20-21).

El libro se cierra con tres apéndices relativos al regreso de las tribus de Rubén, Gad y la media tribu de Manasés a Transjordania (Jos 22); el discurso de adiós de Josué (Jos 23); y la gran asamblea de Siquén (Jos 24).

Así pues, la división del libro sería esta:

I. CONQUISTA DE LA TIERRA PROMETIDA (Jos 1-12)

II. REPARTO DE LA TIERRA ENTRE LAS TRIBUS (Jos 13-21)

1. Territorio de las tribus al este de Jordán (Jos 13 8-33)
2. Territorio de las tres grandes tribus: Judá, Efraín y Manasés (Jos 14-17)
3. Territorio de las otras siete tribus (Jos 18-19)
4. Ciudades de refugio y ciudades levíticas (Jos 20-21)

III. APENDICES (Jos 22-24)

3. Teología

La idea central del libro de Josué nos la ofrece el redactor deuteronomista. Para un israelita, la posesión de la tierra prometida era la suma de todos los bienes. Israel tomó conciencia de ello cuando la perdió en tiempos del destierro. En el pensamiento del autor deuteronomista el valor de la tierra iba asociado a otro valor superior: la adhesión incondicional al Señor, Dios de Israel. La donación de la tierra era condicional: exigía la fidelidad por parte del pueblo. Si Israel se aparta del Señor, el mismo Dios que les entregó la tierra los desposeerá de ella. Si se exceptúa el pecado de Acán (Jos 7), durante el tiempo de Josué el pueblo se mantuvo fiel, y por eso la conquista de la tierra fue un paseo triunfal.

El libro de Josué es un canto a la fidelidad de Dios, que otorgó a su pueblo la tierra que había prometido a sus antepasados. Dios siempre cumple. *Ninguna de las promesas que el Señor había hecho a los israelitas cayó en el vacío; todas se cumplieron* (Jos 21 45). Dios combate a favor de los israelitas, y por eso no tienen ninguna dificultad, ni en el paso del Jordán, ni en la conquista de Jericó, ni con las coaliciones de reyes del sur o del norte.

La teología del libro de Josué ofrece, sin embargo, un lado oscuro: el *jerem* o anatema (que hemos traducido con la expresión: *consagrar al exterminio*), institución de la guerra santa, que exigía exterminar, o mejor dicho, ofrecer en sacrificio al Señor todo el botín: personas, animales y cosas. Según la concepción de aquel tiempo, que hiere nuestra sensibilidad actual, el *jerem* era un acto supremo de religión: los vencedores sacrificaban y ofrecían al Dios vencedor lo más valioso, que era el botín.

Entre los valores teológicos del libro de Josué se cuenta su preocupación por la unidad del pueblo. Se silencian las diferencias entre las tribus, que aparecen siempre actuando unidas como un solo hombre. Debe tenerse en cuenta que el libro ha sido redactado durante el destierro, cuando Israel se encontraba disperso como rebaño sin pastor. La reunificación del pueblo era una de las aspiraciones del momento (véase, por ejemplo, Ez 34 y 37).

También la sección geográfica del libro (Jos 13-21), introducida por la escuela sacerdotal, debe leerse en el contexto del destierro, cuando el pueblo sentía la nostalgia de la tierra y necesitaba lecturas y argumentos que mantuvieran vivas la ilusión y la esperanza.

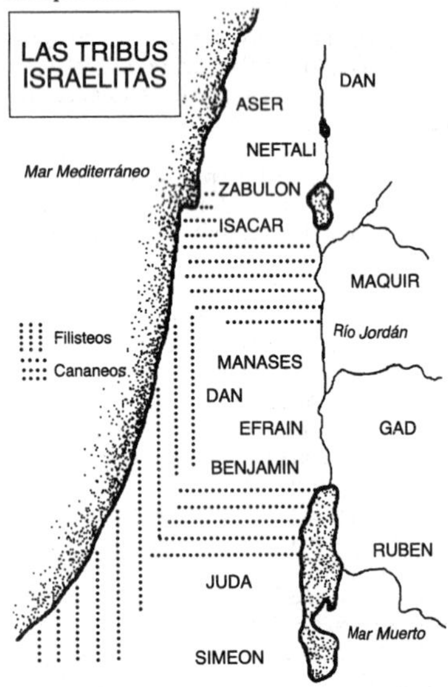

JOSUE

I. CONQUISTA DE LA TIERRA PROMETIDA Δ

Misión de Josué

Dt 34 1-9; Nm 27 12-23

1 1 Después de la muerte de Moisés, siervo del Señor, el Señor dijo a Josué,
hijo de Nun y colaborador de Moisés:
2 –Moisés, mi siervo ha muerto. Ponte
en camino y cruza el Jordán con todo este
pueblo, hacia la tierra que yo doy a los israelitas. 3 Les doy todos los lugares que
pisen sus pies, como dije a Moisés. 4 El territorio de ustedes abarcará desde el desierto y el Líbano hasta el río grande, el Eufrates, (todo el país de los hititas) y hasta el
mar Mediterráneo al oeste. 5 Nadie podrá
resistir ante ti mientras vivas; yo estaré contigo como estuve con Moisés, no te dejaré
ni te abandonaré. 6 Sé fuerte y valeroso,
porque tú entregarás a tu pueblo en posesión
la tierra que juré dar a sus antepasados.
7 Sé, pues, fuerte y valeroso para cumplir
fielmente todo lo que te ordenó mi siervo
Moisés; no te desvíes ni a derecha ni a izquierda, y triunfarás en todo lo que emprendas. 8 Ten siempre en tus labios las enseñanzas del libro de la ley; medítalo día y
noche para cumplir exactamente todo lo que
está escrito en él. Así prosperarás en todas
tus empresas y tendrás éxito. 9 Yo te he
mandado que seas fuerte y valeroso. No temas ni te acobardes, porque el Señor tu
Dios estará contigo dondequiera que vayas.

Las tribus de Transjordania colaboran

Dt 11 31; Nm 32 6-32; Dt 3 18-20; Jos 22 1-6

10 Josué dio a los jefes del pueblo la siguiente orden:
11 –Recorran el campamento y den esta
orden al pueblo: Preparen provisiones, porque dentro de tres días cruzarán el Jordán
para ir a ocupar la tierra que el Señor su
Dios les da en posesión.
12 Después, Josué dijo a los de la tribu
de Rubén, Gad, y a la media tribu de Manasés:
13 –Acuérdense de lo que les mandó
Moisés, siervo del Señor: El Señor su Dios
les concede el descanso y les entrega esta
tierra. 14 Sus mujeres, sus hijos y sus ganados pueden quedarse en la tierra que les
dio Moisés al otro lado del Jordán, pero
todos los hombres aptos para la guerra irán
armados al frente de sus hermanos y los

Δ 1 1-12 24: Según Jos 1-12, la ocupación de la tierra por parte de los israelitas fue un paseo triunfal. Podría ser calificada de conquista relámpago. Por otros pasajes del libro de Josué y, sobre todo por Jue 1, sabemos que en realidad tal conquista no fue tan rápida, sino que cada una de las tribus por sí sola o varias unidas, fueron ocupando sus respectivos territorios en forma lenta y laboriosa. La versión de Jos 1-12 no pretende ser una descripción geográfica e histórica de los hechos sino una lectura teológica de la conquista. Pretende presentar la conquista como un don de Dios. El es en último término quien ha otorgado la tierra a su pueblo en cumplimiento de la promesa hecha gratuitamente a los antepasados del pueblo (Jos 21 45).

En estos capítulos encontramos tres tipos de materiales: a) Jos 2-9, conocido como el "ciclo de Guilgal", que está centrado en las conquistas de la tribu de Benjamín; b) Jos 10-11: victorias de los israelitas contra los reyes cananeos en el sur (Gabaón) y en el norte (Merón); c) Jos 1 y 12 forman el marco redaccional compuesto por el autor del libro.

• 1 1-9: A juzgar por el comienzo del libro, no hay ruptura entre el final del Pentateuco y el libro de Josué. Dios asegura la continuidad de la historia santa a través de sus enviados. Josué recibe la herencia de Moisés. El éxito de la empresa que se le encomienda, únicamente será posible bajo una condición: la fidelidad a la ley de Moisés, que es la idea clave de todo el libro.

En Jos 1 4 se hace una descripción ideal y al mismo tiempo real de las fronteras de la tierra prometida. Solamente en la época de David estas fronteras fueron en cierto modo efectivas. La afirmación tiene, ante todo, un valor teológico: Dios no dejará de cumplir sus promesas aunque el pueblo se aleje de él.

• 1 10-18: En la perspectiva teológica del libro la conquista de la tierra es una tarea que deben llevar a cabo todas las tribus. La unidad del pueblo bajo la jefatura de Josué es otra idea muy acentuada en el libro, que pretende presentar la conquista como la gran hazaña de un pueblo unido, bajo la guía de un solo Dios, siguiendo una sola ley.

ayudarán, 15 hasta que el Señor conceda el descanso a sus hermanos como a ustedes, y tomen posesión también ellos de la tierra que el Señor su Dios les da. Después ustedes podrán regresar a la tierra que Moisés, siervo del Señor, les dio como herencia al este del Jordán.

16 Ellos le respondieron:

–Haremos todo lo que nos has mandado e iremos a donde nos envíes. 17 Igual que obedecimos en todo a Moisés, te obedeceremos a ti; que el Señor tu Dios esté contigo como estuvo con Moisés. 18 El que se rebele contra ti y no obedezca las órdenes que nos des, morirá. Tú, sé fuerte y valeroso.

Los espías y Rajab

Nm 13 1-20; Heb 11 31; Sant 2 25;
Nm 21 23-35; Jos 6 22-25

2 1 Josué, hijo de Nun, envió secretamente desde Setín dos espías con esta consigna:

–Vayan a explorar la región de Jericó.

Ellos se pusieron en camino, entraron en casa de una prostituta llamada Rajab y se hospedaron allí.

2 Entonces informaron al rey de Jericó:

–Unos israelitas han venido aquí esta noche para explorar la región.

3 El rey de Jericó mandó a decir a Rajab:

–Entréganos a los hombres que han entrado en tu casa, porque han venido para explorar la región.

4 Pero la mujer escondió a los dos hombres, y dijo:

–Es cierto, esos hombres han venido aquí, pero no sabía de dónde eran; 5 se fueron al anochecer, a la hora de cerrar la puerta de la ciudad, y no sé adónde han ido. Si se dan prisa en perseguirlos, los alcanzarán.

6 Pero ella los había hecho subir a la terraza y los había escondido entre los manojos de lino que tenía amontonados allí. 7 Los enviados del rey salieron en su busca camino del Jordán, hacia los pasos del río, y la puerta se cerró en cuanto se fueron.

8 Antes de que los israelitas se hubieran acostado, subió ella a la terraza 9 y les dijo:

–Sé que el Señor les ha dado esta tierra y que el pánico se ha apoderado de nosotros. Todos los habitantes de la tierra tiemblan ante ustedes, 10 porque nos hemos enterado de cómo el Señor secó las aguas del mar Rojo ante ustedes a la salida de Egipto, y de lo que han hecho con los dos reyes amorreos del otro lado del Jordán, con Sijón y con Og, a quienes consagraron al exterminio. 11 Al saberlo, nos hemos desalentado y desanimado ante ustedes, porque el Señor su Dios es Dios arriba en los cielos y abajo en la tierra. 12 Júrenme, pues, ahora por el Señor que, puesto que los he tratado bien, tratarán también ustedes con bondad a mi familia, y denme una señal segura 13 de que respetarán la vida de mi padre y de mi madre, de mis hermanos y hermanas, con todas sus posesiones, y de que nos librarán de la muerte.

14 Ellos respondieron:

–Te juramos por nuestra vida que, si no nos denuncias, cuando el Señor nos entregue esta tierra, te trataremos con bondad y lealtad.

15 Ella los bajó con una soga por la ventana, pues la casa en que vivía estaba pegada a la muralla, 16 y les dijo:

–Diríjanse hacia la montaña para que no los encuentren los que van en su busca; permanezcan escondidos allí tres días, hasta que regresen sus perseguidores, y luego sigan su ruta.

17 Los hombres le dijeron:

–Nosotros quedaremos libres del juramento que te hemos hecho si 18 cuando entremos en esta región no atas a la ventana por la que nos has descolgado esta cinta de color rojo, y no reúnes contigo en tu casa, a tu padre y a tu madre, a tus hermanos y a toda tu familia. 19 Si alguno sale de tu casa, será responsable de su muerte y nosotros seremos inocentes; pero si alguien hace daño a alguno de los que estén contigo en casa, los responsables seremos nosotros.

• **2 1-24**: Probablemente en su origen este relato pretendía explicar por qué en el momento de redactarse el libro existía un poblado cananeo llamado Casa de Rajab en la zona de Jericó. Sin embargo, el interés de la narración actual radica en la confesión de fe que hace Rajab. Esta confesión ocupa el centro del relato, y lo que se quiere resaltar es que la posesión de la tierra depende de la fe y fidelidad a Dios. Por eso, gracias a su fe, Rajab queda incorporada junto con su familia al pueblo de Israel y tendrá parte en la tierra prometida.

20 Ahora bien, si nos denuncias, quedaremos libres del juramento que te hemos hecho.

21 Ella respondió:

–Bien, de acuerdo.

Después los despidió y se retiraron, y ella ató la cinta de color rojo a la ventana.

22 Ellos se fueron, llegaron a la montaña y estuvieron allí tres días, hasta que regresaron sus perseguidores, quienes, después de buscarlos por todas partes sin encontrarlos, regresaron a la ciudad. 23 Los dos espías bajaron de la montaña, atravesaron el Jordán, llegaron adonde estaba Josué, hijo de Nun, y le contaron todo lo sucedido. 24 Le dijeron:

–El Señor nos ha entregado toda esta tierra; todos sus habitantes tiemblan ante nosotros.

Preparativos para el paso del Jordán

Ex 19 10-15; Jos 1 5.17

3 1 Josué se levantó de madrugada, partió de Setín con todos los israelitas, llegaron hasta el Jordán y pasaron allí la noche antes de atravesarlo. 2 Al cabo de tres días, los jefes recorrieron el campamento, 3 y dieron al pueblo la siguiente orden:

–Cuando vean que los sacerdotes levitas se disponen a llevar el arca de la alianza del Señor su Dios, pónganse en camino y síganla. 4 Pero habrá una distancia de mil metros entre el arca y ustedes; no se acercarán a ella. Así podrán ver el camino que deben seguir, puesto que nunca antes han pasado por él.

5 Josué dijo al pueblo:

–Purifíquense, porque mañana hará el Señor prodigios ante ustedes.

6 Y a los sacerdotes:

–Tomen el arca de la alianza y vayan delante del pueblo.

Ellos tomaron el arca de la alianza y fueron delante del pueblo.

7 El Señor dijo a Josué:

–Hoy voy a comenzar a engrandecerte a ante todo Israel, para que sepan que estaré contigo como estuve con Moisés. 8 Darás esta orden a los sacerdotes que llevan el arca de la alianza: «Cuando lleguen a la orilla del Jordán se detendrán».

9 Y Josué dijo a los israelitas:

–Acérquense y escuchen las palabras del Señor su Dios.

10 Y añadió:

–Esta es la señal de que el Dios vivo está en medio de ustedes, y de que expulsará ante ustedes a los cananeos, hititas, jeveos, pereceos, guergueseos, amorreos y jebuseos: 11 el arca de la alianza del dueño de toda la tierra va a atravesar delante de ustedes el Jordán. 12 Así pues, elijan doce hombres de entre las tribus de Israel, uno por tribu. 13 En cuanto los sacerdotes que llevan el arca del Señor, dueño de toda la tierra, pisen las aguas del Jordán, éstas quedarán cortadas, y las que bajan de arriba se detendrán formando un muro.

Milagro de las aguas y paso del Jordán

Ex 14 22; Sal 66 6

14 Cuando el pueblo levantó el campamento para cruzar el Jordán, los sacerdotes llevaban el arca de la alianza delante del pueblo. 15 Y en cuanto éstos llegaron al Jordán y metieron sus pies en el agua (el Jordán se desborda por sus orillas en el tiempo de la cosecha), 16 las aguas que venían de arriba se detuvieron formando un embalse que llegaba muy arriba, hasta Adán, la ciudad que está cerca de Sartán, y las que bajaban al mar de Arabá, el mar Muerto, quedaron separadas de las otras mientras el pueblo pasaba a la altura de Jericó. 17 Los sacerdotes que llevaban el arca de la alianza del Señor permanecieron en medio del Jordán como en tierra seca,

• **3** 1-13: Este relato posee un tono marcadamente litúrgico: purificación ritual de los participantes, el arca llevada a hombros por los sacerdotes, el pueblo que sigue a distancia. Más que una marcha guerrera, parece una procesión litúrgica. Todo indica que el pueblo se dispone a asistir a un acto maravilloso de Dios que va a poner de manifiesto su poder sobre la naturaleza (se corta la corriente del río) y sobre la historia (los habitantes de Canaán serán expulsados).

• **3** 14-17: Se acentúa el carácter prodigioso del acontecimiento: el río se secó cuando los sacerdotes portadores del arca tocaron el agua. Se advierte fácilmente el paralelismo con el paso del mar Rojo: Dios seca el Jordán, como antes había secado el mar Rojo. La salida de Egipto y la entrada en la tierra prometida aparecen así como dos episodios íntimamente relacionados. Ambos episodios han sido idealizados y embellecidos con el paso del tiempo, y recordados por los israelitas como intervenciones maravillosas de Dios en favor de su pueblo.

mientras todo Israel atravesaba por el cauce seco, hasta que pasó todo el pueblo.

Las doce piedras

Jos 3 12; 4 21-24; Ex 12 26

4 1 Cuando todo el pueblo terminó de
atravesar el Jordán, el Señor dijo a
Josué:
2 –Elijan doce hombres de entre el pueblo, uno por tribu, 3 y ordénenles lo siguiente: «Saquen del cauce del Jordán, de donde
han puesto sus pies los sacerdotes, doce piedras; llévenlas con ustedes y déjenlas en el
lugar donde acampen esta noche.
4 Llamó Josué a los doce hombres que
había elegido de entre los israelitas, uno
por tribu, 5 y les dijo:
–Entren en el cauce del Jordán, hasta
donde está el arca del Señor su Dios, y que
cada uno de ustedes traiga de allí una piedra al hombro; una por cada tribu de Israel, 6 para que les sirvan de memorial. Y
cuando el día de mañana les pregunten sus
hijos: «¿Qué significan estas piedras?», 7 ustedes les responderán: «Las aguas del Jordán quedaron divididas en presencia del
arca de la alianza del Señor; se separaron
cuando el arca pasó por el Jordán y estas
piedras son para los israelitas un memorial
perpetuo».
8 Los israelitas hicieron lo que les mandó Josué; tomaron doce piedras del cauce
del Jordán, como el Señor había mandado
a Josué, una por cada tribu de Israel; las
llevaron al lugar donde pensaban acampar
esa noche y allí las colocaron.
9 Después Josué colocó doce piedras
conmemorativas en el cauce del Jordán,
donde habían puesto sus pies los sacerdotes que llevaban el arca de la alianza, y allí
siguen hasta el día de hoy.

Cruce del Jordán y llegada a Guilgal

Jos 4 6; Ex 14 21; Jos 3 16-17

10 Los sacerdotes que llevaban el arca
estuvieron de pie en el cauce del Jordán
hasta que hicieron todo lo que el Señor había mandado a Josué. El pueblo pasó de
prisa por el cauce. 11 Cuando todo el pueblo
terminó de pasar, pasó también el arca del
Señor, y los sacerdotes se volvieron a poner
delante del pueblo. 12 La tribu de Rubén, la
de Gad y la media tribu de Manasés se pusieron en orden de batalla, a la cabeza de
los israelitas, como se lo había mandado
Moisés. 13 Los que pasaron ante el Señor
dispuestos para combatir en las llanuras de
Jericó eran unos cuarenta mil hombres.
14 Aquel día engrandeció el Señor a Josué a
la vista de todo Israel y lo respetaron, igual
que habían respetado a Moisés, durante
toda su vida.
15 El Señor dijo a Josué:
16 –Manda a los sacerdotes que llevan el
arca del testimonio que salgan del Jordán.
17 Josué les ordenó salir del Jordán. 18 Y
cuando los sacerdotes que llevaban el arca
de la alianza del Señor salieron del cauce
del Jordán y sus pies pisaron la tierra seca,
las aguas regresaron a su cauce, llenándolo
como antes hasta sus orillas.
19 El pueblo partió del Jordán el día diez
del primer mes y acampó en Guilgal, al
este de Jericó. 20 Josué colocó en Guilgal
las doce piedras que habían sacado del Jordán, 21 y dijo a los israelitas:
–Cuando el día de mañana les pregunten sus hijos: «¿Qué significan estas piedras?», 22 ustedes les responderán: «Israel
cruzó el Jordán sin mojarse los pies, 23 porque el Señor, Dios de ustedes, secó las
aguas del Jordán hasta que ustedes cruzaron». Es lo mismo que hizo el Señor su

• **4 1-9**: En este pasaje se han fusionado dos tradiciones. Según una tradición, doce piedras colocadas en el santuario de Guilgal recuerdan el paso del Jordán y constituyen un memorial perpetuo de aquel prodigio. Según la otra tradición, las doce piedras están en el lecho del Jordán (Jos 4 9). Quizás esta última tradición refleje una cierta polémica contra el santuario de Guilgal, pues sabemos que este santuario fue reprobado por los profetas (véase Am 5 5; Os 4 15; 9 15; 12 12).

El número doce significa que la protección de Dios afecta a todo Israel. De nuevo, como en todo el libro de Josué, el pueblo aparece como una nación unificada bajo la guía de Josué.

• **4 10-5 1**: La presencia del arca en medio del río garantiza el prodigio, cuya explicación no se basa en causas naturales, sino en el poder de Dios. Este es el tema de la catequesis de Jos 4 21-24, en la cual, además del reconocimiento de la acción de Dios en favor de su pueblo, se acentúa la importancia universal de los prodigios divinos: reconocimiento y temor reverencial de los pueblos paganos.

No se sabe con seguridad dónde estaba localizado el santuario de Guilgal, pero ciertamente debía estar entre Jericó y el río Jordán.

Dios en el mar Rojo: lo secó ante nosotros hasta que lo atravesamos, 24 para que todos los pueblos de la tierra sepan que la mano del Señor es fuerte y teman siempre al Señor Dios de ustedes.

5 1 Cuando los reyes amorreos del oeste del Jordán y los reyes cananeos de la región costera oyeron cómo había secado el Señor las aguas del Jordán ante los israelitas, hasta que lo atravesaron, se quedaron consternados y acobardados ante ellos.

Circuncisión de los israelitas en Guilgal

Nm 14 20-38; Heb 3 16-19; Dt 2 14

2 Por aquel tiempo dijo el Señor a Josué:

–Hazte cuchillos de piedra y circuncida de nuevo a los israelitas.

3 Entonces Josué se hizo cuchillos de piedra y circuncidó a los israelitas en la Colina de los Prepucios.

4 El motivo de esta circuncisión fue el siguiente: todos los varones que habían salido de Egipto en edad de combatir habían muerto en el desierto durante el camino, después de la salida de Egipto. 5 Todos los que habían salido de Egipto habían sido circuncidados. Sin embargo, todos los que habían nacido en el desierto durante el camino, después de la salida de Egipto, estaban sin circuncidar. 6 Durante cuarenta años los israelitas anduvieron errantes por el desierto hasta que murieron los hombres que salieron de Egipto en edad de combatir. Habían desobedecido al Señor, y el Señor les había jurado que no les dejaría ver la tierra que él había prometido a sus antepasados, tierra que mana leche y miel.

7 Josué circuncidó a los descendientes que Dios había dado a los israelitas, ya que no habían sido circuncidados durante el camino. 8 Cuando se terminó de circuncidar a todo el pueblo, estuvieron descansando en el campamento hasta que se recuperaron. 9 El Señor dijo a Josué:

–Hoy les he quitado de encima la humillación que sufrieron en Egipto.

Pusieron el nombre de Guilgal a aquel lugar, y todavía se llama así.

Celebración de la pascua

Lv 23 5; Ex 16 35

10 Los israelitas acamparon en Guilgal y celebraron la pascua el día catorce de aquel mes, por la tarde, en la llanura de Jericó. 11 Desde el día siguiente a la pascua empezaron a comer los frutos de la tierra, panes sin levadura y trigo tostado. 12 Entonces dejó de caer el maná, y los israelitas ya no volvieron a tener maná; aquel año se alimentaron de los frutos de la tierra de Canaán.

Aparición divina a Josué

Ex 23 20; 3 5; Jue 2 1-5

13 Cuando estaba cerca de Jericó, Josué levantó la vista y vio a un hombre ante él con la espada desenvainada en la mano. Josué se acercó a él y le dijo:

–¿Eres de los nuestros o de los enemigos?

14 El respondió:

–No. Yo soy el jefe del ejército del Señor y acabo de llegar.

Cayó Josué rostro a tierra, lo adoró y preguntó:

• **5 2-9:** La circuncisión era un rito antiguo. Se sabe que todavía en la época del hierro se practicaba con piedras afiladas. Con el tiempo fue adquiriendo un significado religioso, hasta que se convirtió en la señal visible de la pertenencia al pueblo santo de Israel. En este relato la circuncisión tiene valor de iniciación y preparación para la conquista de la tierra, que es, tal como la presenta el autor del libro, una tarea religiosa. Por eso, sólo los israelitas circuncidados pueden participar en la primera pascua que se celebra en la tierra prometida (Jos 5 10-12).

Es probable que en Guilgal se practicara la circuncisión y que el lugar fuera conocido por la abundancia de piedras afiladas (=sílex) allí existentes. Guilgal se hace derivar del verbo *galal*, que significa "quitar", relacionando, así, con un juego de palabras (Guilgal-galal) este santuario y los acontecimientos de la conquista.

• **5 10-12:** Después de pasar el Jordán y de circuncidarse, los israelitas celebran la pascua de un modo público y comunitario, pues es la primera que se celebra en la tierra prometida. Esta celebración aparece como una fuente de esperanza de cara al futuro: en Guigal todo habla de fidelidad del pueblo al Señor. El fin de la caída del maná señala el comienzo de una nueva etapa en la historia santa. Su lugar lo ocupan ahora los productos de la tierra que Dios da cada año.

• **5 13-15:** El origen de este relato es desconocido y puede ser que primitivamente ocupara otro lugar en el libro (de hecho, el texto hebreo dice que el suceso tuvo lugar en el mismo Jericó). En su forma y colocación actual es una manifestación divina hecha a Josué, que presagia el feliz éxito de la misión que se le va a confiar. Nótese el paralelismo con el relato de la vocación de Moisés (Ex 3 1-12), cuando Dios desde la zarza en llamas le invita a quitarse las sandalias, porque el lugar que pisa es santo.

–¿Qué órdenes trae mi Señor para su
siervo?
15 El jefe del ejército del Señor le contestó:
–Quítate las sandalias, porque el lugar
que pisas es santo.
Y Josué se quitó las sandalias.

Conquista de Jericó

Nm 10 8-9; Lv 27 28-29; Jos 2 1-21; Heb 11 30

6 1 Jericó estaba fuertemente custodiada
por miedo a los israelitas; nadie salía ni
entraba en ella.
2 El Señor dijo a Josué:
–Mira, te he entregado Jericó y su rey.
3 Todos los soldados darán una vuelta alrededor de la ciudad durante seis días seguidos. 4 Siete sacerdotes llevarán siete trompetas delante del arca. El séptimo día darán
siete vueltas, y los sacerdotes tocarán las
trompetas. 5 Cuando oigan el sonido de la
trompeta, todo el pueblo dará un fuerte
grito de guerra. Entonces los muros de la
ciudad se derrumbarán y el pueblo la asaltará, cada uno desde su puesto.
6 Josué, hijo de Nun, llamó a los sacerdotes y les dijo:
–Tomen el arca de la alianza y que siete
sacerdotes lleven siete trompetas delante
de ella.
7 Y al pueblo le dijo:
–Vayan y den la vuelta a la ciudad; que
los que llevan armas vayan ante el arca del
Señor.
8 Cuando Josué terminó de hablar al
pueblo, los siete sacerdotes que llevaban
las siete trompetas ante el arca del Señor
se pusieron en marcha tocando las trompetas; el arca de la alianza del Señor iba detrás
de ellos. 9 Los que iban armados precedían
a los sacerdotes que tocaban las trompetas,
y la retaguardia seguía al arca; durante la
marcha se tocaban las trompetas.
10 Josué había dado al pueblo esta orden:
–No griten, ni hablen nada hasta el día
que les ordene dar el grito de guerra. Entonces gritarán.
11 El arca del Señor dio una vuelta alrededor de la ciudad, y todos regresaron
al campamento, donde pasaron la noche.
12 Josué se levantó temprano y los sacerdotes tomaron el arca del Señor. 13 Los siete
sacerdotes con las siete trompetas iban delante del arca del Señor, tocándolas durante la marcha; los que iban armados iban delante, y la retaguardia seguía al arca del
Señor marchando al son de las trompetas.
14 El segundo día dieron también una vuelta
a la ciudad y regresaron al campamento. Y
así durante seis días.
15 El séptimo día se levantaron de madrugada y dieron siete vueltas a la ciudad
con el mismo ritual; sólo este día dieron
siete vueltas. 16 A la séptima vuelta, mientras los sacerdotes tocaban las trompetas,
Josué dijo al pueblo:
–Den el grito de guerra, porque el Señor
les entrega la ciudad. 17 La ciudad, con todo
lo que hay en ella, será consagrada al exterminio en honor del Señor; sólo quedarán
con vida Rajab, la prostituta, y los que estén
en su casa, por haber escondido a los espías
que habíamos enviado. 18 No se apropien
de nada consagrado al exterminio, pues si
se dejan llevar por la avaricia y se apropian
de algo, atraerán la maldición sobre todo el
campamento de Israel, y vendrá sobre él la
desgracia. 19 Toda la plata, el oro y los
objetos de bronce y de hierro serán consagrados al Señor y formarán parte de su tesoro.
20 Sonaron las trompetas. Cuando el pueblo oyó el sonido de las trompetas, lanzó el

• **6 1-21**: Relato épico y sacral, conservado en el santuario de Guilgal, cuya finalidad era, probablemente, explicar la presencia de unas ruinas en Jericó, relacionándolas con la primera batalla de los israelitas en Canaán.

De nuevo asistimos más bien a un acto litúrgico que a una batalla: abren la procesión los soldados, seguidos de los sacerdotes con sus trompetas, inmediatamente detrás, el arca, a la que sigue el pueblo en procesión. Cuando el pueblo da el grito de guerra, las murallas se derrumban. La toma de Jericó es la gran batalla de los israelitas en el sur, paralela a la de Merón en el norte (Jos 11 1-14), y presagia el éxito de las sucesivas conquistas.

La fórmula *consagrar al exterminio* (Jos 6 17-18) traduce la expresión hebrea "entregar al anatema". El anatema es la destrucción completa del enemigo con sus bienes y pertenencias. Es una renuncia impuesta al guerrero en la guerra santa. En la antigüedad debió ser una medida para evitar guerras de codicia o ambición, pero es difícil saber hasta qué punto fue practicada. En todo caso, el autor acentúa la obligatoriedad de esta práctica porque ve en los cananeos el mayor peligro para la fidelidad de Israel a Dios. El significado religioso de esta consagración reside en la necesidad de purificar la tierra contaminada por la idolatría. Este gesto implica, además, un reconocimiento de que la victoria es obra de Dios.

grito de guerra y las murallas de la ciudad se derrumbaron. Entonces el pueblo asaltó la ciudad, cada uno desde su puesto, y se apoderaron de ella. 21 Y consagraron al exterminio todo lo que había en ella, hombres y mujeres, jóvenes y viejos, bueyes, ovejas y burros, pasándolos a cuchillo.

La familia de Rajab

Jos 2 1-21

22 Josué ordenó a los dos que habían explorado el país:

–Entren en la casa de la prostituta y sáquenla con todos los suyos, como se lo juraron.

23 Los jóvenes exploradores entraron y sacaron a Rajab, a su padre, a su madre y a sus hermanos con todos sus bienes. Sacaron también a toda su familia y los instalaron fuera del campamento de Israel. 24 Después quemaron la ciudad y todo lo que había en ella, excepto la plata, el oro y los objetos de bronce y de hierro, que depositaron en el tesoro de la casa del Señor. 25 Josué perdonó la vida a Rajab, la prostituta, y a toda su familia. Ella ha vivido en medio de Israel hasta el día de hoy por haber escondido a los espías enviados por Josué para explorar Jericó.

Maldición de Josué contra quien reconstruya Jericó

1 Re 16 34

26 Entonces, Josué pronunció este juramento:

–Maldito sea ante el Señor el que venga a reconstruir esta ciudad de Jericó. Sus cimientos le costarán la vida de su primogénito; y sus puertas, la de su hijo menor.

27 El Señor estuvo con Josué, y su fama se extendió por toda la tierra.

Acán se apropia de lo consagrado al exterminio

1 Sm 15; Ex 19 10.22; 1 Sm 10 20-21; Jos 10 27

7 1 Los israelitas no respetaron lo consagrado al exterminio. Acán, hijo de Karmí, hijo de Zabdí, hijo de Zeraj, de la tribu de Judá, se apropió de lo consagrado al extermino, y la ira del Señor se desató contra los israelitas.

2 Josué mandó desde Jericó hacia Ay, al oeste de Betel, algunos hombres con esta consigna:

–Vayan a explorar la comarca.

Ellos fueron y exploraron Ay.

3 Al regresar, dijeron a Josué:

–No es necesario que vaya todo el pueblo; bastan dos o tres mil hombres para tomar Ay. Que no se fatigue todo el pueblo, pues ellos son pocos.

4 Fueron unos tres mil hombres, pero huyeron ante los habitantes de Ay. 5 Estos les mataron treinta y seis hombres, y los persiguieron desde la puerta de la ciudad hasta Sebarín, derrotándolos en la bajada. El pueblo se desalentó y perdió el ánimo.

6 Josué rasgó sus vestiduras y se postró en tierra ante el arca del Señor hasta la tarde, y con él los ancianos de Israel; todos echaron polvo sobre sus cabezas. 7 Josué exclamó:

–¡Ay, Señor mío! ¿Por qué has hecho cruzar el Jordán a este pueblo para entregarlo en manos de los amorreos y hacernos perecer? ¡Ojalá nos hubiéramos quedado al otro lado del Jordán! 8 ¡Ay, Señor mío! ¿Qué puedo decir ahora que Israel ha huido ante sus enemigos? 9 Lo sabrán los cananeos y los demás habitantes de este país; se aliarán contra nosotros para borrar nuestro nombre de la tierra. Y entonces, ¿qué harás tú por tu glorioso nombre?

• **6 22-25**: La historia de la conquista de Jericó se cierra con una breve noticia acerca de la suerte de la familia de Rajab. Su actitud es ejemplar porque ha reconocido el poder de Dios (Jos 2).

• **6 26-27**: La maldición que el autor del libro pone en boca de Josué (Jos 6 26) expresa el deseo de que las ruinas de Jericó se perpetúen como testimonio constante de que la conquista de la tierra fue ante todo obra de Dios. En 1 Re 16 34 parece evocarse el recuerdo popular de esta maldición que pesaba sobre quien se atreviera a reconstruir Jericó.

• **7 1-26**: El valle de Acor está relativamente lejos de Jericó y de Ay. Por eso es probable que sólo más tarde esta tradición sobre el pecado de Acán se haya relacionado con la conquista de Jericó y de Ay. En cualquier caso, ilustra un caso típico de desobediencia a Dios en la guerra santa, y trata de explicar por razones religiosas (incumplimiento de la ley del exterminio) los recuerdos que, sin duda, existían en la tradición israelita sobre ciertos fracasos y contrariedades en el proceso de ocupación de la tierra prometida.

Cuando algo ha sido consagrado al exterminio, el pillaje no está permitido (véase nota a Jos 6 1-21). El pecado de Acán proyecta la desgracia sobre toda la comunidad, y por eso ésta debe purificarse castigando al culpable. Averiguar por sorteo quién es el culpable es una práctica atestiguada en 1 Sm 14 40-42 en un caso semejante.

10 El Señor le respondió:
–Levántate, ¿por qué estás postrado rostro en tierra? 11 Israel ha pecado, ha quebrantado la alianza que hice con ellos, se
han apropiado de lo consagrado al exterminio, han robado y lo han escondido entre
sus pertenencias. 12 Los israelitas no podrán
resistir frente a sus enemigos; huirán ante
sus adversarios, porque han traído sobre sí
la maldición. Yo no seguiré estando al lado
de ustedes si no quitan esta abominación
de en medio de ustedes. 13 Levántate, purifica al pueblo y ordénales: Purifíquense para
mañana, porque así dice el Señor, Dios de
Israel: La maldición está en medio de ti,
Israel; no podrás resistir ante tus enemigos
hasta que no la hayan quitado de en medio
de ustedes. 14 Mañana por la mañana se
presentarán por tribus; la tribu que el Señor
señale por sorteo se presentará por clanes,
el clan que el Señor señale se presentará
por familias, y la familia que el Señor señale se presentará por individuos. 15 El que
sea culpable de haber quebrantado la ley
del exterminio será quemado, con todas sus
pertenencias, por haber roto la alianza del
Señor y haber cometido una infamia en
Israel.
16 Josué se levantó muy temprano, hizo
acercarse por tribus a los israelitas, y fue
designada por sorteo la tribu de Judá.
17 Hizo acercarse a los clanes de Judá, y
fue designado el clan de Zeraj. Hizo acercarse al clan de Zeraj por familias, y fue
designado Zabdí. 18 Hizo acercarse a la familia de Zabdí por individuos, y fue designado Acán, hijo de Karmí, hijo de Zabdí,
hijo de Zeraj, de la tribu de Judá.
19 Entonces Josué dijo a Acán:
–Hijo mío, da gloria al Señor, Dios de
Israel, y confiesa. Dime lo que has hecho
sin ocultarme nada.
20 Acán le respondió:
–Es cierto, he pecado contra el Señor,
Dios de Israel. Esto es lo que he hecho:
21 Vi entre el botín un manto babilonio precioso, doscientas monedas de plata y una
barra de oro de medio kilo, me gustaron y
me apropié de ellos. Están escondidos en un
hoyo, en mi tienda; el dinero está debajo.
22 Mandó entonces Josué a algunos, que
fueran inmediatamente a la tienda, y encontraron en ella todo lo escondido, y el dinero debajo. 23 Lo recogieron y lo llevaron
ante Josué y los israelitas, y lo depositaron
ante el Señor. 24 Entonces Josué tomó a
Acán, hijo de Zeraj, con el dinero, el manto
y la barra de oro, y lo llevó al valle de Acor
con sus hijos, sus hijas, sus vacas, sus burros, sus ovejas, su tienda y todos sus bienes. Con ellos iba todo Israel.
25 Josué dijo:
–¡Que en este día el Señor haga caer
sobre ti la misma desgracia que tú nos has
traído!
Todos los israelitas apedrearon a Acán,
lo quemaron y lo cubrieron de piedras.
26 Después hicieron sobre él un gran montón de piedras que existe todavía hoy. Entonces el Señor aplacó su ardiente ira. Por
eso, aquel lugar recibió el nombre de valle
de Acor –es decir, valle de la Desgracia–, y
así es como se llama todavía hoy.

Conquista de Ay

Jos 10 1.28.30; 8 27; Ex 17 9-12; Dt 21 22-23; Jos 10 27

8 1 El Señor dijo a Josué:
–No temas ni te acobardes. Toma contigo todos los hombres aptos para la guerra, y ponte en camino para atacar Ay. Mira, yo te entrego el rey de Ay, su pueblo, su
ciudad y su tierra. 2 Tratarás a esta ciudad
y a su rey como trataste a Jericó y al suyo.
Sin embargo, podrán tomar para ustedes el
botín y el ganado. Tiende una emboscada a
la ciudad por la parte de atrás.
3 Josué se dispuso a atacar Ay con toda
la gente apta para combatir. Eligió treinta
mil hombres valientes y los hizo partir de
noche, 4 con esta orden:
–Ustedes se ocultarán detrás de la ciudad; no se alejen mucho y estén preparados. 5 Yo, con el resto del ejército, me acer-

• **8 1-29**: La conquista de Ay, lo mismo que el episodio de Acán, tiene valor ejemplar. Solamente la obediencia a Dios hace victorioso a Israel. De ahí la unión entre los dos episodios. Si la primera tentativa de conquista fracasó (Jos 8 4-6); la segunda, una vez castigado el culpable (Jos 8 16-26), acaba en una victoria espectacular. Probablemente el autor invita a sus lectores a no repetir los errores del pasado, y a poner siempre en práctica los mandatos divinos.

La postura de Josué, con la mano extendida, recuerda la de Moisés en la batalla contra los amalecitas (Ex 17 9-12). La retirada de los cadáveres antes de la noche (Jos 9 29) obedece a la norma de Dt 21 22-23.

caré a la ciudad, y, cuando ellos salgan a
nuestro encuentro como la primera vez,
huiremos de ellos. 6 Ellos saldrán a perse-
guirnos y así los alejaremos de la ciudad,
porque pensarán que huimos de ellos, igual
que la primera vez. 7 Entonces ustedes saldrán de su escondite para conquistar la ciudad. El Señor su Dios la entregará a ustedes. 8 Una vez conquistada, la incendiarán.
Cumplan lo que ha dicho el Señor. Estas
son mis órdenes.
9 Josué los envió y prepararon la emboscada entre Betel y Ay, al oeste de Ay.
Josué pasó la noche con la tropa, 10 se levantó muy temprano, pasó revista a la tropa y se dirigió contra Ay. El y los ancianos
de Israel iban a la cabeza del pueblo. 11 Todos los hombres aptos para combatir que
estaban con él fueron acercándose hasta
que llegaron frente a la ciudad y acamparon al norte de Ay, quedando el valle entre
ellos y la ciudad. 12 Mientras tanto, Josué
había tomado unos cinco mil hombres y
había tendido una emboscada entre Betel y
Ay, al oeste de la ciudad. 13 El pueblo estaba acampado al norte de la ciudad y los
emboscados al oeste. Josué pasó aquella
noche en medio del valle.
14 Cuando el rey de Ay vio la situación,
salió rápidamente con todo su ejército para
combatir contra Israel en el lugar convenido, frente al Arabá, sin saber que le habían
tendido una emboscada por detrás de la
ciudad. 15 Josué y todo Israel, fingiéndose
derrotados, huyeron camino del desierto.
16 Entonces, todos los que estaban en la ciudad se reunieron para perseguirlos, y en la
persecución se alejaron de la ciudad. 17 No
quedó nadie en Ay que no saliera a perseguir a Israel y, por perseguirlos, dejaron
sin defensa la ciudad.
18 El Señor dijo a Josué:
–Apunta hacia Ay con la lanza que tienes en la mano, porque te la voy a entregar.
Josué apuntó con la lanza que tenía en
la mano hacia Ay. 19 En cuanto extendió la
mano, los hombres de la emboscada salieron rápidamente de su escondite, entraron
en la ciudad, se apoderaron de ella y la incendiaron en seguida.
20 Cuando los de Ay volvieron la vista
atrás, vieron la humareda que subía de la
ciudad hacia el cielo y no pudieron escapar
por ningún lado, pues los que habían huido
hacia el desierto se volvieron contra ellos.
21 Josué y todo el pueblo, al ver que los de
la emboscada se habían apoderado de la
ciudad y la habían incendiado, se dieron
media vuelta y atacaron a los hombres de
Ay. 22 Los otros salieron de la ciudad a su
encuentro y así los de Ay quedaron rodeados por los israelitas, que los batieron hasta
no dejar sobrevivientes ni fugitivos. 23 Al
rey de Ay lo apresaron vivo y lo llevaron
ante Josué.
24 Cuando los israelitas acabaron de matar a los habitantes de Ay en el campo y en
el desierto hasta donde los habían perseguido, y cuando todos hasta el último cayeron
a cuchillo, todo Israel regresó a Ay y pasaron a cuchillo a sus habitantes. 25 El total
de hombres y mujeres muertos fue de doce
mil; todos los habitantes de Ay.
26 Josué no retiró la mano que tenía extendida con la lanza hasta que todos los habitantes de Ay fueron consagrados al exterminio. 27 Los israelitas tomaron solamente como botín el ganado y lo que quedaba en la ciudad, como el Señor había
mandado a Josué. 28 Josué incendió Ay y la
convirtió para siempre en un montón de
ruinas, que todavía existe hoy. 29 Hizo colgar de un árbol al rey de Ay, y estuvo colgado toda la tarde. A la puesta del sol Josué
mandó descolgarlo y tirar el cadáver junto
a la puerta de la ciudad; después echaron
sobre él un gran montón de piedras que
todavía existe hoy.

Edificación de un altar y lectura de la ley en el monte Ebal

Ex 20 25; Dt 27; 11 29

30 Josué levantó un altar al Señor, Dios
de Israel, en el monte Ebal, 31 como Moisés, siervo del Señor, había mandado a los
israelitas, conforme a lo que está escrito en

• **8 30-35**: Este texto estrictamente religioso, que interrumpe el relato de la conquista, ha sido insertado aquí por el redactor de la historia deuteronomista. Para el autor, Josué fue un fiel cumplidor del mandato de Moisés, y la observancia de la ley fue la principal preocupación de los primeros israelitas. El libro de la ley de que se habla es probablemente el código legal (Dt 5-26) que sirve de base al actual libro del Deuteronomio.

el libro de la ley de Moisés: «Un altar de piedras sin tallar, no tocadas por el hierro». En él ofrecieron holocaustos al Señor, e inmolaron sacrificios de comunión.

32 Allí, sobre las piedras, Josué escribió una copia de la ley que Moisés había escrito ante los israelitas. 33 Todo Israel, ancianos, oficiales y jueces, estaban de pie a ambos lados del arca ante los sacerdotes levitas que llevaban el arca de la alianza del Señor; extranjeros e israelitas se colocaron la mitad hacia el Garizín y la otra mitad hacia el Ebal, como había mandado Moisés, siervo del Señor, cuando bendijo al pueblo de Israel por primera vez.

34 Después Josué leyó todas las palabras de la ley, las bendiciones y las maldiciones, como está escrito en el libro de la ley. 35 Ni una palabra de todo lo que había mandado Moisés fue omitida en la lectura que hizo Josué ante toda la asamblea de Israel, incluidas mujeres y niños y los extranjeros que había entre ellos.

Pacto con los gabaonitas

Jos 2 10; Nm 21 24-35

9 1 Cuando se enteraron los reyes del lado de acá del Jordán, de la montaña, de la Sefela y de toda la costa mediterránea hasta el Líbano: hititas, amorreos, cananeos, pereceos, jeveos y jebuseos, 2 se aliaron para hacer frente a Josué y a Israel bajo un mando único.

3 Al enterarse los habitantes de Gabaón de cómo había tratado Josué a Jericó y a Ay, 4 recurrieron a la astucia. Se pusieron en camino con provisiones, llevando en sus burros alforjas viejas, odres de vino viejos, rotos y remendados. 5 Se pusieron sandalias usadas y remendadas, y ropa vieja. Todo el pan que llevaban para comer estaba duro y hecho migas. 6 Al llegar donde estaba Josué, al campamento de Guilgal, le dijeron a él y a los israelitas:

–Venimos de un país lejano. Hagan un pacto con nosotros.

7 Los israelitas respondieron a los jeveos:

–¡A lo mejor viven en nuestro territorio! Y si es así, no podemos hacer un pacto con ustedes.

8 Dijeron a Josué:

–Somos tus siervos.

Josué les preguntó:

–¿Quiénes son y de dónde vienen?

9 Le contestaron:

–Tus siervos vienen de un país muy lejano atraídos por la fama del Señor tu Dios, porque hemos oído hablar de lo que hizo en Egipto, 10 y de lo que ha hecho a los dos reyes de los amorreos del otro lado del Jordán, a Sijón, rey de Jesbón, y a Og, rey de Basán, que vivía en Astarot. 11 Entonces nuestros ancianos y todos los habitantes de nuestra tierra nos dijeron: «Tomen con ustedes víveres para el camino, vayan a su encuentro y díganles: Somos sus siervos, hagan un pacto con nosotros». 12 Fíjense en nuestro pan: estaba caliente cuando lo tomamos en nuestras casas el día que partimos a su encuentro, y ahora está duro y hecho migas. 13 Estos odres de vino eran nuevos cuando los llenamos y ahora están rotos. Nuestras sandalias y nuestra ropa se han gastado de tanto caminar.

14 Los israelitas tomaron parte de las provisiones de los viajeros, sin consultar al Señor. 15 Josué hizo con ellos un tratado de paz, comprometiéndose a respetar sus vidas, y los jefes de la comunidad se lo prometieron con juramento.

16 Tres días después de este pacto, se supo que eran vecinos y que vivían en el territorio asignado a los israelitas. 17 Los israelitas partieron, y en tres días llegaron a sus ciudades, que eran Gabaón, Cafirá, Beriot y Quiriat Yearín. 18 Pero los israelitas no los mataron, porque los jefes de la comunidad les habían hecho un juramento por el Señor, Dios de Israel. Toda la comunidad se puso a murmurar contra los jefes, 19 y éstos dijeron a toda la asamblea:

–Nosotros les hemos hecho un juramento por el Señor, Dios de Israel, y no podemos matarlos. 20 Haremos lo siguiente: les

• **9 1-27**: Este relato es interesante porque ofrece un ejemplo de establecimiento pacífico de las tribus. Los gabaonitas, población no cananea que habitaba en Canaán (Jos 11 19), hicieron un pacto con los israelitas, valiéndose de una estratagema. Este pacto fue roto por Saúl y tuvo que ser reparado en tiempos de David (2 Sm 21 1-14). La versión que se ofrece aquí trata de explicar por qué los gabaonitas no fueron exterminados como exigían las reglas de la guerra santa (Dt 20 10-18). Sin embargo, es también posible que conserve un recuerdo histórico del tiempo de la conquista: los pactos de los israelitas con algunas ciudades cananeas.

dejaremos con vida para no atraer sobre nosotros la ira del Señor por el juramento que les hemos hecho.

21 Y añadieron:

–Que vivan, pero que corten la leña y saquen el agua para toda la comunidad.

22 Josué los llamó y les dijo:

–¿Por qué nos han engañado diciendo que eran de muy lejos, siendo así que viven en nuestro territorio? 23 Desde ahora serán malditos y vivirán como esclavos cortando la leña y sacando el agua para el templo de mi Dios.

24 Ellos respondieron:

–Tus siervos estaban enterados de la orden dada por el Señor tu Dios a su siervo Moisés: que les entregaría toda la tierra y exterminaría a todos sus habitantes ante ustedes. Hemos hecho esto porque temíamos perder la vida. 25 Ahora estamos en tus manos; haz con nosotros lo que te parezca bueno y justo.

26 Josué los trató como había dicho; los libró de los israelitas, evitando que los mataran; 27 pero desde aquel día los destinó a cortar leña y a llevar el agua para toda la comunidad y para el altar del Señor en el lugar que el Señor eligiera, cosa que hacen todavía hoy.

Cinco reyes amorreos atacan Gabaón

Jos 8 1-29; Jue 1 5; 9 1-15

10 1 Cuando Adonisédec, rey de Jerusalén, se enteró de que Josué había conquistado Ay consagrándola al exterminio, y que había tratado a esta ciudad y a su rey como a Jericó y a su rey, y que los habitantes de Gabaón habían hecho un pacto con Israel y estaban con él, 2 le entró mucho miedo, porque Gabaón era una ciudad tan importante como las ciudades donde viven los reyes, más grande que Ay, y todos sus habitantes eran valientes. 3 Entonces Adonisédec, rey de Jerusalén, mandó decir a Oán, rey de Hebrón, a Farán rey de Yarmut, a Yafía, rey de Laquis, y a Debir, rey de Eglón:

4 –Vengan y ayúdenme a combatir contra Gabaón, porque ha hecho un pacto con Josué y con los israelitas.

5 Y los cinco reyes amorreos, el de Jerusalén, el de Hebrón, el de Yarmut, el de Laquis y el de Eglón se aliaron, subieron con todas sus tropas, acamparon cerca de Gabaón y la atacaron.

Victoria de los israelitas contra los cinco reyes en Gabaón

Eclo 46 4-6

6 Los gabaonitas enviaron mensajeros al campamento de Guilgal, para decir a Josué:

–No niegues tu ayuda a tus siervos. Ven rápidamente a socorrernos y salvarnos, porque se han aliado contra nosotros todos los reyes amorreos que habitan en la montaña.

7 Josué fue desde Guilgal con todos los combatientes, lo más selecto del ejército. 8 El Señor le dijo:

–No les temas, porque yo te los entregaré; ninguno de ellos podrá resistir ante ti.

9 Josué cayó sobre ellos de improviso, después de haber caminado toda la noche desde Guilgal. 10 El Señor los dispersó ante Israel causándoles una gran derrota en Gabaón; los persiguió por la cuesta de Betorón batiéndolos hasta Azecá y Maquedá. 11 Cuando iban huyendo ante Israel en la cuesta de Betorón, el Señor hizo caer sobre ellos una tremenda granizada hasta Azecá y murieron todos. Murieron más por las piedras de granizo que por la espada de los israelitas. 12 El mismo día en que el Señor entregó a los amorreos en poder de los israelitas, Josué se dirigió al Señor y dijo:

¡Sol, detente sobre Gabaón!
¡Y tú, luna, sobre el valle de Ayalón!
13 Y el sol se detuvo y la luna se paró

• **10 1-15**: Jos 10-11 son una especie de síntesis de la conquista de la tierra. La victoria contra los reyes que atacan Gabaón representa la conquista del sur (Jos 10), y la batalla de Merón simboliza la conquista del norte (Jos 11).

La descripción de Jos 10 1-15 es típica de un relato de guerra santa: es Dios quien combate en favor de Israel, usando los elementos de la naturaleza, en este caso el granizo. Jos 10 12 contiene una cita poética tomada del libro del Justo, una antigua colección épica citada también en 2 Sm 1 18. Esta cita permite al autor repetir en un tono marcadamente épico el relato inmediatamente anterior (Jos 10 6-12). Precisamente en esta clave épica debe comprenderse la referencia al sol que se detiene en su curso para que el día se prolongue. El autor no pretende darnos una lección de astronomía, sino resaltar la tesis del libro: *el Señor combatía a favor de Israel* (Jos 10 14).

hasta que el pueblo
se vengó de sus enemigos.

Todo esto está escrito en el Libro del Justo. El sol se detuvo en el cielo y tardó un día entero en ponerse. 14 No ha habido un día como aquél, ni antes ni después, en el que el Señor haya obedecido la voz de un hombre, porque el Señor combatía a favor de Israel.

15 Josué, con todo Israel, regresó al campamento de Guilgal.

Ejecución de los reyes vencidos

Sal 110 1; Jos 8 29; Dt 21 22-23

16 Aquellos cinco reyes huyeron y se escondieron en una cueva próxima a Maquedá.

17 Informaron a Josué:

–Los cinco reyes han sido descubiertos, escondidos en la cueva de Maquedá.

18 Josué ordenó:

–Coloquen grandes piedras a la entrada de la cueva y pongan algunos hombres para custodiarla. 19 Ustedes no se detengan, persigan a sus enemigos, córtenles la retirada y no les dejen entrar en sus ciudades, porque el Señor su Dios se los ha entregado.

20 Cuando Josué y los israelitas los derrotaron completamente hasta acabar con ellos, los que lograron escapar se refugiaron en las ciudades fortificadas. 21 Todo el pueblo regresó sano y salvo al campamento de Josué en Maquedá. Nadie se atrevió a decir nada contra los israelitas.

22 Entonces Josué ordenó:

–Destapen la entrada de la cueva, saquen a los cinco reyes y tráiganmelos.

23 Así lo hicieron. Sacaron de la cueva a aquellos cinco reyes: el de Jerusalén, el de Hebrón, el de Yarmut, el de Laquis y el de Eglón. 24 Cuando los llevaron donde se encontraba Josué, éste llamó a todos los hombres de Israel y dijo a los jefes del ejército que lo habían acompañado:

–Acérquense y pongan sus pies sobre el cuello de estos reyes.

Ellos se acercaron y lo hicieron.

25 Entonces Josué les dijo:

–No teman y no se acobarden; sean fuertes y valientes, porque así tratará el Señor a todos los enemigos contra los que tengan que combatir.

26 Después, Josué los golpeó y los mató; los colgó de cinco árboles, y así estuvieron hasta la tarde. 27 Pero al ponerse el sol mandó descolgarlos y echarlos en la cueva donde se habían escondido. Y pusieron a la entrada grandes piedras, que pueden verse todavía hoy.

Conquista de las ciudades del sur

Jos 8 2; Jue 1 11-13

28 Aquel mismo día, Josué conquistó Maquedá y la pasó a cuchillo, consagrando al exterminio a su rey y a todos sus habitantes sin dejar ni uno. Al rey de Maquedá lo trató como había tratado al rey de Jericó.

29 Desde Maquedá, Josué, con todo Israel, se fue a Libná y la atacó. 30 El Señor se la entregó también con su rey, y pasaron a cuchillo a todos sus habitantes sin dejar ni uno. Josué trató a su rey como había tratado al rey de Jericó.

31 De Libná fue a Laquis, la sitió y la atacó. 32 El Señor se la entregó, ellos la conquistaron al segundo día y pasaron a cuchillo a todos sus habitantes, como habían hecho con Libná. 33 Entonces Jorán, rey de Guézer, vino para ayudar a Laquis, pero Josué lo derrotó a él y a su pueblo sin dejar sobrevivientes.

34 De Laquis fue a Eglón, la sitió y la atacó. 35 La conquistó aquel mismo día, la pasó a cuchillo y la consagró al exterminio

• **10 16-27**: Este relato es independiente del anterior ya que ahora el campamento de los israelitas está en Maquedá (Jos 10 21), mientras que en el pasaje anterior estaba en Guilgal (Jos 10 15). Es probable que en su origen el relato intentara explicar la existencia de grandes piedras ante una cueva y de cinco árboles que allí se veían. Lo mismo que en Jos 8 27, se ordena la retirada de los cadáveres antes de la noche, para cumplir la norma de Dt 21 22-23.

• **10 28-43**: Este cuadro esquemático presenta las conquistas del sur como una incursión rápida hecha por todo Israel bajo la dirección de Josué. Es una panorámica general, que está muy idealizada y no corresponde a la realidad, como advertimos fácilmente al compararla con otros pasajes del mismo libro de Josué (Jos 13 1-6; 14 6-13). En realidad, dicha conquista fue más lenta. El autor quiere mostrar que es el Señor quien conduce a su pueblo a la victoria.

con todos sus habitantes, como había hecho con Laquis.
36 De Eglón subió a Hebrón y la asaltó.
37 La tomó y la pasó a cuchillo, lo mismo
que a su rey y a todas las ciudades que
dependían de Hebrón con todos sus habitantes, sin dejar ni uno, como había hecho
con Eglón. La consagró al exterminio con
todos sus habitantes.
38 Después, regresó contra Debir y la
atacó. 39 La conquistó con su rey y todas
las ciudades que dependían de ella, pasando a cuchillo y consagrando al exterminio
a todos sus habitantes, sin dejar ni uno;
trató a Debir y a su rey como había tratado
a Libná y al suyo.

Sumario de las conquistas obtenidas en el sur

Jos 11 16-17

40 Josué conquistó toda la tierra: la región montañosa, el Négueb, la Sefela y las
laderas, derrotando a todos sus reyes. No
dejó ni un sobreviviente, sino que consagró al exterminio a todos sus habitantes, como había mandado el Señor, Dios de Israel.
41 Josué los derrotó desde Cadés Barnea
hasta Gaza, y en todo el territorio de Gosen
hasta Gabaón. 42 Se apoderó de todos estos
reyes y de sus territorios en una sola expedición, porque el Señor, Dios de Israel,
combatía a favor de Israel. 43 Después Josué, con todo Israel, regresó al campamento de Guilgal.

Batalla de Merón y conquista de Jasor

11 1 Al enterarse de estos hechos, Yabín,
rey de Jasor, mandó unos mensajeros
a Yobab, rey de Madón, al rey de Simerón,
al de Axaf, 2 y a los reyes que habitan en la
montaña del norte, en la llanura al sur de
Genesaret, en la Sefela y en las alturas de
Dor, al oeste, 3 a los cananeos del este y
del oeste; a los amorreos, a los hititas, a los
pereceos y a los jebuseos de la montaña; y
a los jeveos que habitan al pie del Hermón
en la región de Mispá. 4 Todos éstos salieron con sus ejércitos, una multitud innumerable como la arena de la playa, con
muchísimos caballos y carros de guerra.
5 Reunidos todos, acamparon junto a las
aguas de Merón para combatir contra Israel.
6 El Señor dijo a Josué:
–No les temas, porque mañana, a esta
misma hora, yo los entregaré muertos ante
Israel; romperás las patas de sus caballos y
quemarás sus carros de guerra.
7 Josué, con sus guerreros, los alcanzó
de improviso junto a las aguas de Merón y
cayó sobre ellos, 8 y el Señor se los entregó a Israel, que los derrotó y los persiguió
hasta Sidón la Grande, hasta Misrefot, al
oeste, y hasta el valle de Mispá, al este. Los
derrotó sin dejar ni un sobreviviente. 9 Josué hizo lo que le había mandado el Señor:
rompió las patas de sus caballos y quemó
sus carros de guerra.
10 Después regresó, tomó Jasor y pasó a
cuchillo a su rey. (Jasor era entonces la
capital de todos estos reinos). 11 Pasó a cuchillo a todos sus habitantes sin dejar uno,
consagrándolos al exterminio, e incendió
la ciudad. 12 Josué conquistó todas las ciudades de todos estos reyes, y a ellos los
pasó a cuchillo, consagrándolos al exterminio, como había mandado Moisés, siervo del Señor, 13 pero Israel no incendió
ninguna de las ciudades levantadas sobre
las colinas, excepto Jasor, que fue incendiada por Josué. 14 Los israelitas se quedaron con todo el botín de estas ciudades, incluido el ganado, y pasaron a cuchillo a todas las personas, sin dejar ni una.

Recuento de las conquista hechas

Jos 10 40; Dt 7 2-3; 20 16-18

15 Josué siguió al pie de la letra la orden
que el Señor había dado a Moisés, y que
éste, a su vez, le había transmitido a él.
16 Así conquistó Josué toda esta región
montañosa, todo el Négueb y toda la zona

• **11 1-14**: Este capítulo está redactado en paralelismo con el anterior: coalición de reyes contra los israelitas, ataque por sorpresa, toma de las ciudades, sumario de las conquistas hechas. Sin embargo, ahora se trata de las ciudades del norte, cuya conquista se resume en la batalla de Merón y en la conquista de Jasor.

• **11 15-23**: Los territorios aquí enumerados se encuentran dentro de los límites ideales de Palestina, descritos con la fórmula: "Desde Dan hasta Berseba". El redactor insiste una vez más en que la conquista de toda Palestina ha tenido lugar bajo la guía de Josué. La sistemática consagración al exterminio de todas las ciudades se debe a

de Gosen, la Sefela, el Arabá, las montañas de Israel con sus valles, 17 desde el monte Jalac, que sube hacia Seír, hasta Baal-Gad en el valle del Líbano a los pies del Hermón; capturó a todos sus reyes y los mató. 18 Josué tuvo que luchar durante mucho tiempo contra todos estos reyes. 19 Conquistó por las armas todas las ciudades, porque ninguna había firmado la paz con los israelitas, excepto Gabaón, ciudad de los jeveos. 20 El Señor había decretado que todas estas ciudades se obstinaran en atacar a Israel, para que así fueran consagradas sin piedad al exterminio y aniquiladas, como había mandado el Señor a Moisés.

21 Josué acabó con los anaquitas de la montaña, de Hebrón, de Debir, de Anab, de la montaña de Judá y de Israel; los consagró al exterminio con sus ciudades. 22 No quedó ni un anaquita en la tierra de Israel, salvo en Gaza, Gat y Asdod.

23 Josué conquistó todo el país, como el Señor había dicho a Moisés, y lo repartió por lotes a las tribus de Israel como herencia. Y el país gozó de paz.

Resumen de las conquistas hechas en Transjordania

Nm 21 21-30; Jos 13 15-33

12 1 Estos son los reyes del país a los que vencieron los israelitas arrebatándoles sus territorios al otro lado del Jordán, desde el torrente Arnón hasta el Hermón, con todo el Arabá oriental:

2 Sijón, rey de los amorreos, que vivía en Jesbón. Sus dominios eran: desde Aroer, cerca del torrente Arnón, incluida la mitad de este valle y la mitad de Galaad hasta el torrente Yaboc, que era la frontera de los amonitas; 3 la parte oriental del Arabá hasta el lago de Genesaret y hasta el mar del Arabá, el mar Muerto, al este en dirección a Bet Yesimot, hasta las pendientes del Pasga por el sur.

4 Og, rey de Basán, descendiente de los refaítas, que vivía en Astarot y Edreí. 5 Sus dominios eran: el Hermón, Salcá y todo Basán hasta la frontera de los guesuritas y de los macatitas, y la mitad de Galaad hasta la frontera de Sijón, rey de Jesbón.

6 Moisés, siervo del Señor, los había derrotado, dando sus territorios en herencia a las tribus de Rubén y Gad y a la media tribu de Manasés.

Reyes vencidos por Josué al oeste del Jordán

Jos 11 16-17

7 Estos son los reyes del país, a los que Josué y los israelitas vencieron a este lado del Jordán, desde Baal-Gad, en el valle del Líbano, hasta el monte Jalac, en dirección a Seír. Josué repartió por lotes sus territorios en herencia a las tribus de Israel, 8 en la montaña y en la Sefela, en el Arabá y en sus laderas, en el desierto y en el Négueb, donde vivían los hititas, amorreos, cananeos, pereceos, jeveos y jebuseos:

9 El rey de Jericó; el rey de Ay, que está junto a Betel; 10 el rey de Jerusalén; el rey de Hebrón; 11 el rey de Yarmut; el rey de Laquis; 12 el rey de Eglón; el rey de Guézer; 13 el rey de Debir; el rey de Gueder; 14 el rey de Jormá; el rey de Arad; 15 el rey de Libná; el rey de Adulán; 16 el rey de Maquedá; el rey de Betel; 17 el rey de Tafuaj; el rey de Jefer; 18 el rey de Afec; el rey de Sarón; 19 el rey de Madón; el rey de Jasor; 20 el rey de Simerón-Merón; el rey de Axaf; 21 el rey de Tanac; el rey de Meguido; 22 el rey de Cadés; el rey de Yocneán, en el Carmelo; 23 el rey de Dor; el rey de Goyín, en Galilea; 24 el rey de Tirsá. En total treinta y un reyes.

una visión de la conquista en clave de guerra santa, y a la necesidad de purificar la tierra de toda presencia pagana (véase nota a Jos 6 1-21 y Dt 20 16-18).

Los anaquitas eran los habitantes de la región de Hebrón antes de la conquista israelita. La noticia aquí dada no concuerda con lo dicho más adelante en Jos 14 6-15 y 15 13-19.

• **12 1-6**: La conquista de los territorios de Transjordania ha sido ya descrita (Dt 2 26-3 17). Sin embargo, su colocación aquí responde a una doble preocupación teológica del redactor deuteronomista: asociar las tribus de Transjordania al resto de las tribus, y considerar sus territorios como parte de la tierra prometida.

• **12 7-24**: La lista es heterogénea. La primera parte (Jos 12 9-12) resume las conquistas narradas en Jos 6-10. La segunda parte habla de ciudades y regiones, cuya conquista no ha sido narrada en los capítulos anteriores.

II. REPARTO DE LA TIERRA ENTRE LAS TRIBUS Δ

Territorios no conquistados

Jos 1 4; 23 5; Nm 34 1-12

13 1 Josué era ya viejo, tenía muchos años, y el Señor le dijo:

–Tú eres viejo, tienes muchos años, y la tierra que queda por conquistar es mucha. 2 Quedan: los distritos de los filisteos y el territorio de los guesuritas; 3 desde Sijor, en la frontera de Egipto, hasta el límite de Ecrón, al norte, considerado como cananeo; los cinco principados filisteos: Gaza, Asdod, Ascalón, Gat y Ecrón, y los jeveos al sur; 4 la región de los cananeos desde Ara de los sidonios hasta Afec, y hasta la frontera de los amorreos; 5 además, la región de los gueblitas y el Líbano, al este, desde Baal Gad, a los pies del monte Hermón, hasta el paso de Jamat. 6 Yo expulsaré a todos los habitantes de la montaña, desde el Líbano hasta Misrefot al occidente, y a todos los sidonios. Ahora reparte por sorteo esta tierra entre los israelitas, como yo te he mandado, para que la posean en herencia, 7 pues ha llegado el momento de repartir en herencia esta tierra entre las nueve tribus y la media tribu de Manasés.

1. Territorio de las tribus al otro lado del Jordán ◊

Territorios en Transjordania

Nm 32; Dt 3 12-17

8 La otra media tribu de Manasés, los rubenitas y los gaditas habían recibido ya su herencia al otro lado del Jordán, al este, en el reparto realizado por Moisés, siervo del Señor: 9 desde Aroer, a orillas del torrente Arnón y desde la ciudad que está en medio del valle, toda la llanura de Mádaba hasta Dibón; 10 las ciudades de Sijón, rey de los amorreos, que reinó en Jesbón, hasta la frontera de los amonitas; 11 Galaad, el territorio de los guesuritas y macatitas, la montaña del Hermón y todo Basán hasta Salcá; 12 el reino de Og de Basán, que reinó en Astarot y Edreí, y era el último sobreviviente de los refaítas; Moisés derrotó y expulsó a estos reyes. 13 Pero los israelitas no expulsaron a los guesuritas ni a los macatitas, los cuales siguen viviendo en medio de Israel hasta el día de hoy.

14 Sólo a la tribu de Leví no se le asignó herencia; el Señor, Dios de Israel, fue su herencia como él les había dicho.

Territorio de Rubén

Jos 12 6; Dt 3 16

15 Moisés había asignado a la tribu de Rubén su territorio por clanes. 16 Comprendía desde Aroer, a orillas del torrente Arnón, y desde la ciudad que está en medio del valle, toda la llanura de Mádaba, 17 Jesbón y las ciudades de la llanura: Dibón, Bamot Baal, Bet-Baal-Maón, 18 Yasá, Quedemot y Mefat; 19 Quiriat Yearín, Sibmá, Séret Sajar en la montaña y en el valle; 20 Bet Fegor, las pendientes del Fasga y Bet Yesimot; 21 las ciudades de la llanura y el reino de Sijón, rey de los amorreos, que reinó en Jesbón, y había sido derrotado por

Δ 13 1-21 45: Con el capítulo 13 comienza la segunda parte del libro de Josué, que es notablemente distinta de la primera. Su último redactor pertenece probablemente a la escuela sacerdotal y para componerla se ha servido de antiguas listas de fronteras y poblaciones, que completa con algunos discursos y anécdotas esporádicas. La tierra es el gran don de Dios a su pueblo; al entregarla a los israelitas está cumpliendo las promesas hechas a los patriarcas (Jos 21 43). La entrega se hace a todo el pueblo de forma global, y luego se reparte entre las tribus. Es claramente una visión religiosa, algo idealizada, que en la aridez de largas enumeraciones intenta transmitir un mensaje: la tierra, como todo lo que poseemos, es un regalo de Dios.

La sección se divide en cuatro unidades en las que se describe el reparto entre las tribus de Transjordania (Jos 13); las tres grandes tribus (Jos 14-17); las siete tribus restantes (Jos 18-19); y las ciudades levíticas (Jos 20-21).

• **13 1-7**: Los territorios mencionados aquí nunca fueron israelitas, pero estaban incluidos en la visión ideal de Jos 1 4. El reparto de la tierra responde a una visión teológica y profundamente religiosa. Esta visión tiene sin duda como trasfondo la experiencia de haber perdido esta tierra y haber sido deportados a Babilonia. Desde esta trágica experiencia el pueblo se pregunta por qué ha tenido lugar tal desastre, y el redactor del libro responde entre líneas diciendo que la tierra ha sido siempre un don maravilloso de Dios; si se ha perdido, es porque el pueblo ha sido infiel a la alianza pactada con el Señor.

◊ **13 8-33**: La descripción del reparto de la tierra comienza con los territorios de las tribus establecidas en

Moisés, lo mismo que los príncipes de
Madián, Eví, Requén, Sur, Jur y Rebe, vasallos de Sijón, que vivían en aquella región. 22 A Balaán, hijo de Beor, el adivino,
los israelitas lo pasaron a cuchillo con los
demás. 23 Así que el territorio de los rubenitas llegaba hasta el Jordán. Esa fue la herencia de los rubenitas por clanes, con sus
ciudades y pueblos.

Territorio de Gad

Gn 49 19; Dt 33 20-21

24 Moisés había asignado a la tribu de
Gad su territorio por clanes. 25 Comprendía: Yézer, las ciudades de Galaad y la mitad del territorio de los amonitas hasta
Aroer, frente a Rabá; 26 desde Jesbón hasta
Ramat Mispé y Betonín, y desde Majanain
hasta el territorio de Lo Debir. 27 En el
valle: Bet Aram, Bet Nimrá, Sucot, Safón
y el resto del reino de Sijón, rey de Jesbón.
El Jordán era el límite hasta la orilla del
lago de Genesaret al este del Jordán. 28 Esa
fue la herencia de los gaditas por clanes,
con sus ciudades y sus pueblos.

Territorio de la media tribu de Manasés

Dt 3 13-14; Jos 13 14; Nm 18 20

29 Moisés había asignado a la media
tribu de Manasés su territorio por clanes.
30 Comprendía: desde Majanain, todo Basán, el reino de Og, rey de Basán, y los
pueblos de Yaír en Basán: sesenta ciudades. 31 La mitad de Galaad, Astarot y Edreí,
ciudades del reino de Og, en Basán, fueron
asignadas a la mitad de los hijos de Maquir, hijo de Manasés, por clanes.
32 Este fue el reparto que hizo Moisés
en los llanos de Moab, al otro lado del Jordán, al este de Jericó. 33 Moisés no asignó
una herencia a la tribu de Leví, porque el
Señor, Dios de Israel, fue su herencia, como él les había dicho.

2. Territorio de las tres grandes tribus al oeste del Jordán ◊

Introducción

Nm 26 55; 34 1-13

14 1 Esta es la herencia que el sacerdote
Eleazar, Josué, hijo de Nun, y los jefes de las tribus de Israel, asignaron a los
israelitas en la tierra de Canaán. 2 Hicieron
el reparto como el Señor había mandado a
Moisés: mediante un sorteo entre las nueve
tribus y la media tribu de Manasés. 3 Moisés había asignado ya su herencia a las
otras dos tribus y a la media tribu de Manasés al otro lado del Jordán; a los levitas
no les asignó herencia. 4 Los hijos de José
formaban dos tribus: Manasés y Efraín. No
se asignó herencia alguna a los levitas en
la tierra, sólo se les asignaron algunas ciudades para que vivieran en ellas y lugares
donde pastaran sus ganados y rebaños. 5 Los
israelitas se repartieron la tierra como el
Señor había mandado a Moisés.

Territorio de Caleb

Nm 13-14; Eclo 46 7-10; Jos 15 13-19

6 Por entonces los hijos de Judá se presentaron a Josué en Guilgal, y Caleb, hijo
de Jefoné, el quineceo, le dijo:
–Tú sabes lo que el Señor dijo a Moisés,
hombre de Dios, respecto de ti y de mí en
Cadés Barnea. 7 Yo tenía cuarenta años
cuando Moisés, siervo del Señor, me envió
desde Cadés Barnea a explorar el país, y yo
le informé con toda sinceridad. 8 Mientras
los que habían ido conmigo desalentaban al

Transjordania. Habían sido conquistados por Moisés, pero como son territorios que forman parte de la tierra prometida, la visión ideal del libro de Josué no puede menos de mencionarlos a la hora de describir el reparto general.

Para la composición de esta sección se han usado dos clases de listas: listas de ciudades y listas de puestos fronterizos. La descripción es muy vaga. Muy pronto el territorio de estas tribus se vio reducido por la expansión de moabitas y amonitas.

◊ **14 1-17 18**: En estos capítulos se describe el reparto del territorio entre las tribus que habitan al oeste del Jordán o Cisjordania. También aquí el autor usa dos clases de listas: lista de límites fronterizos y lista de ciudades importantes de cada tribu. Las dos listas son muy detalladas en cuanto al territorio de la tribu de Judá, pero son poco precisas cuando se refieren al resto de las tribus.

• **14 1-5**: En esta introducción llama la atención la presencia del sacerdote Eleazar, que acentúa el carácter religioso del reparto.

• **14 6-15**: El clan de los quineceos no era israelita. Este clan es originario del sur de Palestina, pero pronto entró en relación con la tribu de Judá, que lo asimiló (Nm 13 6; 34 19). Este relato continúa en Jos 15 13-19 en donde se habla también de Otoniel, jefe de otro clan quineceo integrado en la tribu de Judá.

pueblo, yo seguí fielmente al Señor, mi
Dios. 9 Aquel día, Moisés me hizo este juramento: «La tierra que han pisado tus pies
será tu herencia perpetua y la de tus hijos,
porque fuiste fiel al Señor, mi Dios». 10 El
Señor me ha conservado la vida, según su
palabra. Han transcurrido cuarenta y cinco
años desde que el Señor dijo esto a Moisés,
mientras Israel peregrinaba por el desierto,
y ahora tengo ya ochenta y cinco años.
11 Estoy tan fuerte hoy como el día en que
Moisés me confió aquella misión; tengo el
mismo vigor que entonces para luchar y
para moverme. 12 Dame, pues, esta montaña que el Señor me prometió aquel día,
como tú mismo oíste. En ella viven los
anaquitas, que poseen ciudades grandes y
fortificadas. El Señor estará conmigo, y yo
los expulsaré, como ha dicho el Señor.
13 Josué bendijo a Caleb, hijo de Jefoné,
y le asignó Hebrón como herencia. 14 Por
eso Hebrón es posesión de Caleb, hijo de
Jefoné, el quineceo, hasta el día de hoy, porque fue fiel al Señor, Dios de Israel. 15 El
nombre primitivo de Hebrón era Quiriat
Arbá. Arbá había sido el hombre más alto
de los anaquitas. Y el país gozó de paz.

Límites de la tribu de Judá

Gn 49 8-12; Dt 33 7

15 1 El territorio asignado en el sorteo a
la tribu de Judá, por clanes, quedaba
hacia la frontera de Edom, al sur del desierto de Sin, en el extremo meridional.
2 Su frontera sur empezaba al final del
mar Muerto, a partir de la entrada del mar
que se prolonga hacia el sur; 3 luego iba por
el sur hacia la cuesta de Acrabín, pasaba por
Sin y subía por el sur de Cadés Barnea;
pasando por Esrón, subía hacia Adar, rodeaba Carcá, 4 pasaba por Asmón e iba hacia el
torrente de Egipto para terminar en el mar.
Esta será para ustedes la frontera sur.
5 La frontera este será el mar Muerto
hasta la desembocadura del Jordán.
La frontera norte empezaba a partir de
la entrada del mar que hay en la desembocadura del Jordán, 6 subía por Bet Joglá,
pasaba por el norte de Bet Arabá, y subía
hasta la Piedra de Boán, hijo de Rubén;
7 llegaba hasta Debir por el valle de Acor y
giraba hacia el norte hasta Guilgal, frente a
la subida de Adumín, al sur del torrente;
pasaba por las aguas de Ain Semes y llegaba a Ain Rogel. 8 De allí, por el valle de
Ben Hinón, tocando la frontera sur de los
jebuseos, es decir, de Jerusalén, subía a la
cima de la montaña que domina el valle de
Hinón, al oeste, en el extremo norte de la
llanura de los refaítas. 9 Desde la cima de
la montaña torcía hacia las fuentes de Nef-
toá, y venía a salir a las ciudades del monte
Efrón, torciendo en dirección a Balá, es
decir, Quiriat Yearín; 10 torcía luego al oeste
hacia el monte Seír, pasaba por la pendiente
norte del monte Yearín, es decir, Quesalón,
y bajaba hasta Bet-Semes, pasando por
Timná. 11 Por fin, tocando el norte de Ecrón
giraba hacia Sicrón, pasaba por el monte
Balá y salía a Yabneel, para terminar en el
mar.
12 La frontera oeste será el mar Mediterráneo.

Estos serán los límites de los territorios asignados a los hijos de Judá por clanes.

Los calebitas ocupan su territorio

Jos 14 6-15; Jue 1 10-15

13 A Caleb, hijo de Jefoné, se le asignó
una parte en medio de los hijos de Judá,
como el Señor había mandado a Josué:
Quiriat Arbá, la ciudad del padre de los
anaquitas, es decir, Hebrón. 14 Caleb echó
de ella a los tres hijos de Anac: Sesay, Ajimón y Talmay; 15 desde allí, subió contra
los habitantes de Debir, que antes se llamaba Quiriat Sefer. 16 Caleb dijo:
–Al que venza y conquiste Quiriat Sefer,
le daré por esposa a mi hija Axá.
17 La conquistó Otoniel, hijo de Quenaz,
hermano de Caleb, y Caleb le dio a su hija
Axá por esposa. 18 Cuando ella iba a casa
de su marido, éste la persuadió para que
pidiera un campo a su padre. Axá se bajó
del burro y Caleb le preguntó:
–¿Qué quieres?
19 Ella respondió:

• **15** 1-12: Esta lista es ideal y su origen es diferente al de la lista de ciudades de Jos 15 21-62. Idealmente las fronteras de Judá se alargan hasta el mar, incluyendo zonas del territorio filisteo, que Israel nunca ocupó.

• **15** 13-19: Este breve episodio referente a la familia de Caleb es continuación de Jos 14 6-15, y se repite en Jue 1 10-15. Otoniel aparecerá también en Jue 3 7-11 como uno de los jueces de Israel.

–Hazme un regalo; ya que me has asignado el desierto del Négueb, dame fuentes
de agua. Entonces le dio las fuentes de arriba y las de abajo.

Ciudades de la tribu de Judá

Jos 19 2-9; Jue 1 8-21; 2 Sm 5 6-9

20 Esta es la herencia de la tribu de Judá,
por clanes:
21 Las poblaciones fronterizas de la tribu de Judá con Edom en el Négueb son:
Cabsel, Eder, Yagur, 22 Quiná, Dimoná,
Adadá, 23 Cadés, Jasor, Yetnán, 24 Cif,
Telem, Balot, 25 Jasor Jadatá, Cariot Jerón,
es decir Jasor, 26 Amán, Semá, Moladá,
27 Jasargadá, Jesmón, Bet Pelet, 28 Jasarsual, Berseba con sus aldeas, 29 Balá, Iyín,
Esen, 30 Eltolad, Quesil, Jormá, 31 Siceleg,
Madmaná, Sansaná, 32 Lebaot, Seljín y Ain
Rimón. En total, veintinueve pueblos con
sus poblados.
33 En la Sefela: Estaol, Sorá, Asena,
34 Sanoj, Ain Ganín, Tafuaj, Enain, 35 Yarmut, Adulán, Socó, Azeca, 36 Sarain, Adi-
tain, Guedera, Guederotain. Catorce pueblos con sus poblados.
37 Senán, Jadasá, Migdal Gad, 38 Di-
leán, Mispá, Yoctel, 39 Laquis, Boscat,
Eglón, 40 Cabón, Lajmás, Quitlís, 41 Gui-
derot, Bet Dagón, Nahamá, Maquedá. Dieciséis pueblos con sus poblados.
42 Libná, Eter, Asán, 43 Jefté, Esná, Ne-
sib, 44 Queilá, Aczib, Maresá. Nueve pueblos con sus poblados.
45 Ecrón, con los pueblos y poblados;
46 desde Ecrón hasta el mar, todos los pueblos de la parte de Asdod con sus poblados. 47 Asdod, con sus pueblos y poblados;
Gaza, con sus pueblos y poblados hasta el
torrente de Egipto. El mar Mediterráneo es
la frontera.
48 En la montaña: Samir, Yatir, Sucot,
49 Daná, Quiriat Saná, o sea, Debir, 50 Anab,
Estemoa, Anín, 51 Gosen, Jolón, Guilo.
Once pueblos con sus poblados.
52 Arab, Dumá, Esán, 53 Yanín, Bet Tap-
naj, Afecá, 54 Jumtá, Quiriat Arbá, o sea,
Hebrón, Sior. Nueve pueblos con sus
poblados.
55 Maón, Carmel, Zif, Jutá, 56 Jezrael,
Yocdán, Zanoj, 57 Acaín, Guibéa, Timná.
Diez pueblos con sus poblados.
58 Jaljul, Bet Sur, Guedor, 59 Maarat,
Bet Anot, Eltecón. Seis pueblos con sus
poblados.
Tecoa, Efrata, o sea, Belén, Fegor, Etán,
Colón, Tatán, Sores, Caren, Galín, Béter,
Manoj. Once pueblos con sus poblados.
60 Quiriat Baal, o sea, Quiriat Yearín,
Rabá. Dos pueblos con sus poblados.
61 En el desierto: Bet Arabá, Midín, Se-
cacá, 62 Nebsán, la ciudad de la sal y Engue-
di. Seis pueblos con sus poblados.
63 Pero los hijos de Judá no pudieron
expulsar a los jebuseos que vivían en Jerusalén. Por eso los jebuseos viven todavía
hoy en Jerusalén en medio de Judá.

Territorio de la tribu de Efraín

Gn 49 22-26; Dt 33 13-17; Jue 1 29

16 1 El territorio asignado en el sorteo a
los hijos de José iba desde el Jordán,
al este de Jericó, hasta el oasis de Jericó; y,
desde Jericó, subía por el desierto a lo largo de la montaña de Betel. 2 La frontera
seguía desde Betel-Luz, por el límite de
los arqueos en Atarot, 3 bajando al oeste,
hacia el límite de los jafletitas, hasta Betorón de Abajo y Guézer, para terminar en
el mar. 4 Esta es la herencia de los hijos de
José: Manasés y Efraín.
5 Estos son los límites de Efraín por clanes: al este, desde Atarot Adar hasta Betorón de Arriba. 6 Al oeste la frontera se prolongaba hasta Micmetá, al norte, y de allí
giraba hacia el este, a Taanat-Siló, y, pasando al este de Janoj, 7 bajaba a Atarot y a
Naratá, tocando Jericó, para terminar en el
Jordán. 8 Desde Tafuaj iba hacia el oeste
por el torrente Caná para terminar en el
mar Mediterráneo. Esta fue la herencia de
la tribu de Efraín por clanes, 9 además de
los pueblos reservados a Efraín en la
herencia de Manasés; los pueblos con sus
poblados. 10 Pero no pudieron expulsar a

• **15 20-63**: La lista no está muy bien conservada. En Jos 15 59 el texto hebreo omite todos los nombres desde Tecoa hasta el final del versículo; pero la versión griega demuestra que la omisión es accidental e injustificada.

• **16 1-10**: La lista de este capítulo es muy fragmentaria, al igual que la del capítulo siguiente, y contiene varias incoherencias histórico-geográficas.

los cananeos que vivían en Guézer, y por eso los cananeos viven en medio de Efraín, aunque sometidos a tributo.

Territorio de la tribu de Manasés

Gn 49 22-26; Dt 33 13-17; Nm 27 1-11; Jue 1 27-28

17 1 Este fue el territorio asignado en el sorteo a la tribu de Manasés, el primogénito de José: a Maquir, primogénito de Manasés y padre de Galaad, hombre aguerrido, le tocó Galaad y Basán. 2 Se les asignó también una parte a los demás hijos de Manasés por clanes: los hijos de Abiezer, los de Elec, los de Esriel, los de Siquén, los de Jefer y los de Semidá. Estos eran los hijos varones de Manasés por clanes.

3 Selofjad, hijo de Jefer, hijo de Galaad, hijo de Maquir, hijo de Manasés, no tuvo hijos sino sólo hijas. Sus nombres eran: Majlá, Noá, Joglá, Milcá y Tirsá. 4 Estas se presentaron ante el sacerdote Eleazar, ante Josué, hijo de Nun, y ante los jefes y les dijeron:

–El Señor mandó a Moisés que se nos asignara una herencia entre nuestros hermanos.

Y se les asignó, según la orden del Señor, una herencia entre los hermanos de su padre. 5 Así que a Manasés le tocaron diez partes, además de la tierra de Galaad y Basán, al otro lado del Jordán, 6 pues las hijas de Manasés obtuvieron una herencia entre los hijos de éste. La tierra de Galaad fue para los demás hijos de Manasés.

7 La frontera de Manasés con Aser, iba por Micmetá, frente a Siquén, y seguía al sur, hacia la fuente de Tafuaj; 8 (el término de Tafuaj era de Manasés, pero el pueblo, Tafuaj, en la frontera de Manasés, era de los hijos de Efraín). 9 La frontera bajaba hasta el torrente de Caná. Al sur del torrente estaban los pueblos que Efraín tenía en medio de Manasés, mientras que el territorio de Manasés estaba al norte del torrente y llegaba hasta el mar. 10 El territorio del norte pertenecía a Efraín y el del sur a Manasés, teniendo el mar como frontera. Manasés limitaba al norte con Aser, y al este con Isacar. 11 Dentro del territorio de Isacar y Aser, pertenecían a Manasés las ciudades de Betsán y Yibleán con sus poblados, los habitantes de Dor y Endor con sus poblados, los habitantes de Tanac y Meguido con sus poblados. 12 Pero los descendientes de Manasés no pudieron expulsar a los habitantes de estas ciudades, y los cananeos continuaron viviendo en aquella región. 13 Cuando los israelitas se hicieron más fuertes, los sometieron a trabajos forzados, aunque no lograron expulsarlos.

Los hijos de José extienden su territorio

Jue 1 19

14 Los hijos de José dijeron a Josué:

–¿Por qué nos has dado en herencia sólo una parte del territorio, siendo nosotros un pueblo numeroso, al que el Señor ha bendecido hasta ahora?

15 Josué les respondió:

–Si son un pueblo tan numeroso, suban al bosque y talen los árboles del país de los pereceos y los refaítas, ya que la montaña de Efraín es demasiado pequeña para ustedes.

16 Ellos contestaron:

–La montaña no nos basta. Además, los cananeos de la llanura tienen carros de hierro, lo mismo que los de Betsán y sus ciudades y los de la llanura de Jezrael.

17 Josué les respondió:

–Ustedes son realmente un pueblo numeroso y fuerte: no tendrán una sola parte, 18 sino que la montaña les pertenecerá. Es una selva, pero la talarán y será de ustedes con todo su territorio, pues no pueden

• **17 1-13**: Es probable que Maquir y sus descendientes se hubieran establecido antes en los territorios de Transjordania. El redactor sacerdotal recuerda su vinculación con José (véase Nm 26 29-33). La reclamación de las hijas de Salfad refleja un pleito territorial entre los clanes de Manasés y subraya la importancia de mantener intacta la herencia recibida. La descripción de las fronteras de Manasés (Jos 17 7-11) es imprecisa y parece conjugar datos de dos épocas distintas.

• **17 14-18**: Este pasaje parece hacerse eco de dos variantes existentes en la tradición israelita y relacionadas con el territorio asignado a los descendientes de José, considerados aquí como una sola tribu. Ambas tradiciones aparecen un tanto mezcladas. Según una de las variantes (Jos 17 15) el territorio se amplió a costa de territorios pertenecientes a los pereceos y refaitas en la Transjordania del norte; según la otra (Jos 17 16-18), a base de una tala masiva de bosques en la montaña de Samaría. En todo caso, el relato responde probablemente a la historia del establecimiento en Palestina de una tribu tan numerosa como la de José, que en la mayoría de los textos bíblicos aparece dividida en dos: Efraín y Manasés.

despojar a los cananeos, porque tienen carros de hierro y son fuertes.

3. Territorio de las otras siete tribus ◊

Descripción general del territorio

18 1 Toda la comunidad israelita se reunió en Siló y levantó allí la tienda del
encuentro. La región estaba dominada por
los israelitas. 2 Pero quedaban todavía entre
los israelitas siete tribus que no habían recibido su herencia. 3 Josué dijo a los israelitas:
–¿Hasta cuándo van a esperar para ir a
tomar posesión de la tierra que les ha dado
el Señor, Dios de sus antepasados? 4 Elijan
tres hombres por tribu; yo los enviaré a
recorrer la tierra para que hagan un plano
en orden al reparto de la tierra. Después
regresarán a mí. 5 Harán siete lotes, Judá
se quedará en su territorio al sur, y la familia de José en el suyo al norte. 6 Una vez
terminada la descripción de la tierra dividida en siete partes, tráiganme el plano y yo
haré un sorteo aquí, ante el Señor, nuestro
Dios. 7 Los levitas no tendrán parte entre
ustedes, ya que su herencia consiste en ser
sacerdotes del Señor. En cuanto a Gad,
Rubén y la media tribu de Manasés, ya han
recibido al otro lado del Jordán, al este, su
herencia asignada por Moisés, siervo del
Señor.
8 Cuando se disponían a partir para hacer
la descripción de la tierra, Josué les dio
esta orden:
–Vayan, recorran la tierra y hagan un
plano de ella; luego regresen y yo la sortea-
ré entre ustedes, ante el Señor, en Siló.
9 Ellos partieron, recorrieron el país e
hicieron la descripción de las poblaciones,
dividiéndolas en siete lotes. Hicieron un
plano y se lo llevaron a Josué al campamento de Siló. 10 Josué hizo un sorteo en
Siló ante el Señor, y allí repartió la tierra
entre los israelitas por clanes.

Territorio de Benjamín

Gn 49 27; Dt 33 12

11 El primer lote le tocó por sorteo a la
tribu de Benjamín con sus clanes; y el territorio que les tocó estaba entre el de la tribu
de Judá y la de José.
12 Su frontera por el norte partía del Jordán, subía por la pendiente norte de Jericó, cruzaba la montaña hacia el oeste
y terminaba en el desierto de Bet Avén;
13 desde allí, pasaba al sur de Luz, o sea
Betel, y bajaba a Atarot Adar por la montaña que está al sur de Betorón de Abajo.
14 Por el oeste, doblaba en dirección sur,
desde la montaña que está frente a Betorón, y terminaba en Quiriat Baal, hoy Quiriat Yearín, ciudad de la tribu de Judá. Esa
era su frontera por el oeste.
15 Por el sur, partía del extremo de Quiriat Yearín, iba hacia Gasín al oeste y llegaba cerca de la fuente de Naftoaj; 16 bajaba al final de la montaña, enfrente del valle
de Ben Hinón, al norte de la llanura de los
refaitas, y por el valle de Ben Hinón, al
lado de los jebuseos, descendía hacia el
sur, hasta Ain Roguel; 17 giraba al norte,
por Ain Semes, hasta Guelilot, frente a la
subida de Adumín, y bajaba hasta la Piedra
de Boán, hijo de Rubén. 18 Pasaba por la
vertiente que está frente a Bet Arabá, al
norte, y bajaba al Arabá; 19 seguía por el
norte de Bet Joglá, para terminar en el cabo
norte del mar Muerto, en la desembocadura del Jordán; esa era su frontera por el sur.
20 La frontera por el oeste era el Jordán.
Esta es la herencia de Benjamín, con
todas sus fronteras, por clanes.
21 Las poblaciones de la tribu de Benjamín por clanes eran: Jericó, Bet Joglá,

◊ **18 1-19 51**: Jos 18 1-10 y 19 51 forman el marco redaccional en el que se inserta la descripción de las fronteras y la lista de las principales poblaciones correspondientes a las restantes siete tribus.

• **18 1-10**: A diferencia del primer reparto, que tiene lugar en el santuario de Guilgal y es realizado por Josué y el sacerdote Eleazar (Jos 14 6), este segundo tiene lugar en el santuario de Siló y es realizado sólo por Josué. Es probable que este hecho conserve el recuerdo de la relación de las tribus con estos dos santuarios.

• **18 11-28**: Se describen primero las fronteras (Jos 18 11-20) y luego se enumeran las poblaciones (Jos 18 21-28). La frontera norte de Benjamín coincide con la frontera sur de Efraín (Jos 16 1-3); y la frontera sur de Benjamín con la frontera norte de Judá (Jos 15 5-11). Por el este limitaba con el Jordán y por el oeste con la tribu de Dan. Entre las ciudades benjaminitas se cuenta *Yebús* (Jerusalén, Jos 18 28). En cambio Jos 15 63 deja entrever que pertenecía a la tribu de Judá. Se ve que las dos tribus tenían pretensiones sobre la que sería (y en tiempos del redactor era ya) capital del reino y ciudad santa.

Emec Casis, 22 Bet Arabá, Semarain, Betel, 23 Avín, Afara, Ofra, 24 Quefar Emoná, Ofni, Gaba. Doce pueblos con sus poblados.

25 Gabaón, Ramá, Berot, 26 Mispá, Cafirá, Mosa, 27 Requen, Yirfel, Taralá, 28 Sela Elef, Yebús, o sea Jerusalén, Guibeá y Quiriat Yearín. Catorce pueblos con sus poblados.

Esta fue la herencia de los hijos de Benjamín por clanes.

Territorio de Simeón

Gn 49 5-7; 1 Cr 4 28-33

19 1 El segundo lote le tocó a la tribu de Simeón por clanes. Su herencia estaba en medio de la de Judá. 2 Comprendía: Berseba, Semá, Moladá, 3 Jasarsual, Balá, Asén, 4 Eltolad, Betul, Jormá, 5 Siceleg, Bet Marcabot, Jasarsusá, 6 Bet Lebaot, y Sarujén. Trece pueblos con sus poblados.

7 Aín, Rimón, Atar y Asán. Cuatro pueblos con sus poblados; 8 todos los poblados de estos pueblos hasta Balat Ber, o sea, Ramat del Négueb.

Esta fue la herencia de la tribu de Simeón por clanes. 9 Se tomó de la parte asignada a la tribu de Judá, porque ésta era demasiado grande, por eso la tribu de Simeón recibió su herencia en medio de Judá.

Territorio de Zabulón

Gn 49 13; Dt 33 18-19; Jue 1 30

10 El tercer lote le tocó a la tribu de Zabulón por clanes. Su territorio se extendía hasta Sarid; 11 su frontera subía por el oeste, hacia Maralá, y, tocando Debaset, llegaba al torrente frente a Yocneán. 12 Desde Sarid torcía al este, hasta el término de Quislot Tabor, y luego por Dobrat subía a Yafiá. 13 De aquí, siguiendo hacia el este, pasaba por Guita Jefer y por Itacasín, subía hacia Remón y giraba hacia Noa. 14 Después giraba al norte hacia Janatón y terminaba en el valle de Yiftajel; 15 con Catat, Nalal, Simrón, Yidalá y Belén. Doce pueblos con sus poblados.

16 Esta es la herencia de la tribu de Zabulón por clanes; sus pueblos con sus poblados.

Territorio de Isacar

Gn 49 14-15; Dt 33 18-19

17 El cuarto lote le tocó a la tribu de Isacar por clanes. 18 Su territorio comprendía: Jezrael, Quesulot, Sunén, 19 Jafarain, Sión, Anajarat, 20 Rabit, Quesyón, Abes, 21 Rémet, Ain Ganin, Ain Jadá y Bet Fases. 22 La frontera pasaba por Tabor, Sajesima, Bet Semes y terminaba en el Jordán. Dieciséis pueblos con sus poblados.

23 Esta es la herencia de la tribu de Isacar por clanes; sus pueblos con sus poblados.

Territorio de Aser

Gn 49 20; Dt 33 24; Jue 1 31-32

24 El quinto lote le tocó a la tribu de Aser por clanes. 25 Su territorio comprendía Jelcat, Jalí, Beten, Axaf, 26 Elmelec, Amad y Mesal. La frontera tocaba el Carmelo por el oeste y Sijor Libná. 27 Giraba al este hasta Bet Dagón y, tocando Zabulón y el valle de Yiftajel, al norte, continuaba por Bet Emec y Niel, y llegaba por la izquierda a Cabul, 28 Abdón, Rejob, Jamón y Caná, hasta Sidón la Grande. 29 Giraba hacia Ramá y hasta la plaza fuerte de Tiro, desde donde se dirigía a Josá para terminar en el mar; con Mejebel, Aczibá, 30 Umá, Afec y Rejob. Veintidós pueblos con sus poblados.

31 Esta es la herencia de la tribu de Aser por clanes; sus pueblos con sus poblados.

Territorio de Neftalí

Gn 49 21; Dt 33 23; Jue 1 33

32 El sexto lote le tocó a la tribu de Neftalí por clanes. 33 Su frontera iba de Jelef y de la encina de Senanín a Adamí Néqueb, a Yabneel hasta Lecún y el Jordán. 34 Giraba al oeste hacia Aznot Tabor, llegaba hasta Jucoc y limitaba con Zabulón, al sur, Aser al oeste y el Jordán al este.

• **19** 1-39: No se describen las fronteras de la tribu de Simeón, porque esta tribu fue absorbida pronto por la tribu de Judá. En Jos 19 15 se menciona Belén que es, naturalmente, una localidad de Galilea, no la conocida ciudad de Judá. No se menciona Nazaret que por aquel entonces debía ser una aldea insignificante.

35 Sus poblaciones fortificadas eran:
Asedín, Ser, Jamat, Recat, Genesaret,
36 Ademá, Ramá, Jasor, 37 Cadés, Edreí,
Ain Jasor, 38 Yerón Migdalel, Joren, Bet
Anat, Bet Semes. Diecinueve pueblos con
sus poblados.
39 Esta es la herencia de la tribu de Neftalí por clanes; sus pueblos con sus poblados.

Territorio de Dan

Gn 49 16-17

40 El séptimo lote le tocó a la tribu de
Dan. 41 Su territorio comprendía Sorá, Estaol, Ir Semes, 42 Selebín, Ayalón, Yitlá,
43 Elón, Timná, Ecrón, 44 Elteque, Guiba-
tón, Balat, 45 Yud, Bené Barac, Gat Rimón, 46 Meyarcón y Racón, con el territorio frente a Jafa.
47 Pero este territorio resultaba demasiado estrecho para los hijos de Dan. Por
eso, éstos subieron a atacar a Lesen, la conquistaron y pasaron a cuchillo a sus habitantes; la ocuparon y se establecieron en
ella. La llamaron Dan, en recuerdo de su
antepasado.
48 Esta es la herencia de la tribu de Dan
por clanes; sus pueblos con sus poblados.

Herencia de Josué

Jue 1 34-35; 18

49 Terminado el reparto de la tierra y
delimitados sus territorios, los israelitas
dieron a Josué, hijo de Nun, una herencia
en medio de ellos. 50 Según la orden del
Señor, le dieron la población que había pedido para sí, Timná Séraj, en la montaña
de Efraín; él la reconstruyó y vivió en ella.
51 Estas son las herencias que el sacerdote Eleazar, Josué, hijo de Nun, y los cabezas de familia distribuyeron por sorteo
en Siló, ante el Señor, a la entrada de la
tienda del encuentro. Así se llevó a cabo el
reparto de la tierra.

4. Ciudades de refugio y ciudades levíticas ◊

Lista de las ciudades de refugio

Ex 21 13; Nm 35 9-34; Dt 19 1-13; 4 41-43

20 1 El Señor dijo a Josué:
2 –Di a los israelitas: elijan las ciudades de refugio, de que les hablé por medio
de Moisés. 3 Los homicidas que hayan matado a alguien sin premeditación podrán
refugiarse en ellas, para escapar del vengador de sangre. 4 El homicida huirá a una de
estas ciudades, se detendrá a la entrada de
la puerta y expondrá su caso a los ancianos
de la ciudad. Estos lo recibirán en la ciudad y le proporcionarán una casa para que
viva con ellos. 5 Si el vengador de sangre
lo persigue, no lo entregarán, porque mató
a su prójimo sin querer, sin haberlo odiado
antes. 6 Vivirá en esa ciudad, mientras no
comparezca a juicio ante la comunidad,
hasta la muerte del sumo sacerdote en funciones. Y luego podrá regresar a su casa, a
la ciudad de donde había huido.
7 Eligieron: Cadés de Galilea, en las
montañas de Neftalí; Siquén, en las montañas de Efraín; Quiriat Arbá, o sea, Hebrón,
en las montañas de Judá. 8 Al otro lado del
Jordán, al este de Jericó, Bosor, en la llanura desértica de la tribu de Rubén; Ramot
de Galaad, de la tribu de Gad, y Golán, en
Basán, de la tribu de Manasés. 9 Estas fueron las ciudades asignadas a los israelitas y
a los extranjeros residentes como ciudades
de refugio, para que si alguien mataba a
otro sin premeditación, no muriera a manos
del vengador de sangre sin haber compare-
cido ante la comunidad.

Lista de las poblaciones levíticas

Nm 35 1-8; 1 Cr 6 39-66; Jos 14 13-14

21 1 Los jefes de familia de los levitas se
presentaron en Siló, en el país de Canaán, al sacerdote Eleazar, a Josué, hijo de

• **19 40-48**: La tribu de Dan primitivamente tenía asignado su territorio al oeste de Benjamín, pero al no vencer a los cananeos (o tal vez por la presión filistea) emigró al norte y se estableció allí.

• **19 49-51**: Los israelitas otorgan a Josué la ciudad que solicitó. Es allí donde será enterrado (Jos 24 30; Jue 2 9).

◊ **20 1-21 45**: Después del reparto de la tierra entre las tribus, vienen a modo de complementos estos capítulos, en los que se enumeran las ciudades de refugio para los homicidas involuntarios, y las ciudades levíticas.

• **20 1-9**: Este capítulo es la aplicación de la ley de Ex 21 13. Siguiendo las indicaciones de Nm 35 9-34 y Dt 19 1-13, enumera seis ciudades que deben servir de refugio para el que ha matado a otro involuntariamente.

Nun y a los jefes de familia de las tribus de Israel, 2 y les dijeron:

–El Señor, por medio de Moisés, mandó que se nos dieran, para habitar en ellas, poblaciones con lugares donde pastara el ganado.

3 Así pues, los israelitas dieron a los levitas, de su propia herencia, según el mandato del Señor, las siguientes poblaciones con lugares para que pastara el ganado.

4 El primer lote les tocó a los clanes queatitas. A los levitas, hijos del sacerdote Aarón, les correspondieron trece poblaciones de las tribus de Judá, Simeón y Benjamín; 5 a los demás hijos de Queat, por familias, les correspondieron diez poblaciones de las tribus de Efraín, Dan y de la media tribu de Manasés. 6 A los hijos de Guersón, por familias, les correspondieron diez poblaciones de las tribus de Isacar, Aser, Neftalí y de la media tribu de Manasés, en Basán. 7 A los hijos de Merarí, por familias, les correspondieron doce poblaciones de las tribus de Rubén, Dan y Zabulón. 8 Los israelitas asignaron por sorteo a los levitas estas poblaciones con sus lugares para que pastara el ganado, como el Señor había mandado por medio de Moisés.

9 La tribu de Judá y la de Simeón entregaron las siguientes poblaciones 10 a los hijos de Aarón pertenecientes a la familia de los queatitas, hijos de Leví, a quienes había correspondido el primer lote: 11 Quiriat Arbá, o sea, Hebrón –Arbá fue el padre de los anaquitas– en las montañas de Judá, con sus lugares para que pastara el ganado, 12 menos los campos de la ciudad y los pueblos que habían sido asignados en propiedad a Caleb, hijo de Jefoné. 13 Además de Hebrón –que era ciudad de refugio para los homicidas– se asignaron a los hijos de Aarón: Libná, 14 Yeter, Estemoa, 15 Jolón, Debir, 16 Asán, Yutá y Bet Semes, con sus respectivos lugares para que pastara el ganado; nueve poblaciones de las tribus de Judá y Benjamín. 17 Y de la tribu de Benjamín: Gabaón, Guibeá, 18 Anatot y Almón con sus respectivos lugares para que pastara el ganado; cuatro poblaciones. 19 En total para los hijos del sacerdote Aarón, trece poblaciones con sus lugares para que pastara el ganado.

20 A las restantes familias levíticas de los clanes queatitas les correspondieron las siguientes poblaciones de la tribu de Efraín con sus lugares para que pastara el ganado; 21 además de Siquén, en las montañas de Efraín –ciudad de refugio para los homicidas– les correspondió Guézer con sus lugares para que pastara el ganado, 22 Quibsain y Betorón con sus respectivos lugares para que pastara el ganado; cuatro poblaciones. 23 De la tribu de Dan: Elteque, Guibetón, 24 Ayalón, y Gat Rimmón con sus respectivos lugares para que pastara el ganado; cuatro poblaciones. 25 De la media tribu de Manasés: Tanac y Yibleán con sus respectivos lugares para que pastara el ganado; dos poblaciones. 26 En total para las restantes familias queatitas, diez poblaciones con sus lugares para que pastara el ganado.

27 A las familias levíticas de Guersón además de Golán en Basán –ciudad de refugio para los homicidas– se les dio de la media tribu de Manasés, Astarot con sus respectivos lugares para que pastara el ganado; dos poblaciones. 28 De la tribu de Isacar: Quisión, Dobrat, 29 Yarmut y Ain Ganim, con sus respectivos lugares para que pastara el ganado; cuatro poblaciones. 30 De la tribu de Aser: Mesal, Abdón, 31 Jelcat y Rejob, con sus respectivos lugares para que pastara el ganado; cuatro poblaciones. 32 De la tribu de Neftalí, además de Cadés de Galilea –ciudad de refugio para los homicidas– se les dio Jamot Dor y Cartán, con sus respectivos lugares para que pastara el ganado; tres poblaciones. 33 En total para las familias levíticas de Guersón, trece poblaciones con sus lugares para que pastara el ganado.

34 Y a las familias de los hijos de Merarí, es decir, al resto de los levitas, se les dio, de la tribu de Zabulón: Yocneán, Cartá, 35 Dimná y Nalol, con sus respectivos lugares para que pastara el ganado; cuatro poblaciones. 36 Al otro lado del Jordán, a la altura de Jericó, además de Besor –ciudad de refugio para los homicidas, situada en

• **21** 1-42: La tribu de Leví no recibe territorio propio. Su herencia es el Señor, como se dice repetidamente en este libro (Jos 13 14.33; 14 3-4; 18 7).

A los levitas, no obstante, se les permite residir en diversas ciudades con derechos sobre sus pastizales; son las ciudades que se enumeran aquí: las seis ciudades de refugio más cuarenta y dos ciudades distribuidas por familias y situadas en los territorios de las demás tribus.

el desierto del altiplano– se les dio de la
tribu de Rubén: Yasá, 37 Quedemot y Mefat,
con sus respectivos lugares para que pastara el ganado; cuatro poblaciones. 38 De la
tribu de Gad, además de Ramot de Galaad
–ciudad de refugio para los homicidas– se
les dio Majanain, 39 Jesbón y Yazer, con sus
lugares para que pastara el ganado; cuatro
poblaciones. 40 En total, para las familias
levíticas de Merarí, doce poblaciones con
sus lugares para que pastara el ganado.
41 En total las poblaciones cedidas a los
levitas en medio del territorio de los israelitas sumaban cuarenta y ocho con sus lugares para que pastara el ganado. 42 Estas
poblaciones comprendían en todos los casos, además del núcleo habitado, los lugares
de alrededor donde pudiera pastar el ganado.

Conclusión del reparto

Gn 15 7; Jos 1 13; 23 14

43 El Señor dio a Israel toda la tierra que
había jurado dar a sus antepasados. Los
israelitas la ocuparon y se establecieron en
ella. 44 El Señor los mantuvo en paz con
todos los pueblos vecinos, como había jurado a sus antepasados; ninguno de sus enemigos pudo resistirles; el Señor los entregó
a todos en su poder. 45 Ninguna de las promesas que el Señor había hecho a los israelitas cayó en el vacío; todas se cumplieron.

III. APENDICES Δ

Las tribus de Transjordania regresan a sus tierras

Jos 1 12-18; Nm 32 6-32

22 1 Entonces Josué convocó a los rubenitas, a los gaditas y a la media tribu
de Manasés, 2 y les dijo:
–Han cumplido todo lo que les mandó
Moisés, siervo del Señor, y a mí me han
obedecido en todo. 3 No han abandonado a
sus hermanos en todo este largo tiempo,
cumpliendo así fielmente el mandato del
Señor su Dios. 4 Ahora que el Señor su
Dios ha concedido el descanso a sus hermanos, como se lo había prometido, pueden regresar a sus casas, a la tierra que les
tocó en herencia, la que les dio Moisés,
siervo del Señor, al otro lado del Jordán.
5 Pero observen con todo cuidado los mandamientos y la ley que les dio Moisés, siervo del Señor: amen al Señor su Dios, sigan
sus caminos, cumplan sus mandamientos y
permanezcan unidos a él, sirviéndole con
todo su corazón y con toda su alma.
6 Josué los bendijo, los despidió, y se
fueron a sus casas.
7 Moisés había dado a la media tribu de
Manasés un territorio en Basán; a la otra
media se lo dio Josué en medio de sus hermanos, al oeste del Jordán, y, al mandarlos
a sus casas, los bendijo, 8 diciendo:
–Ya que regresan a sus casas con grandes riquezas, con muchísimo ganado, plata,
oro, bronce, hierro y muchos vestidos, repartan con sus hermanos el botín que han
arrebatado a sus enemigos.

El altar junto al Jordán

Nm 25 1-10; Dt 4 3; 12 5-6; Jos 7

9 Los rubenitas, los gaditas y la media
tribu de Manasés se despidieron de los israelitas en Siló, en la tierra de Canaán, para regresar a la tierra de Galaad, la propiedad en la que ellos se habían establecido,

• **21 43-45**: Tras el reparto de la tierra entre las tribus y después de señalar las ciudades de refugio y las ciudades levíticas, el autor cierra la sección geográfica del libro constatando que Dios ha sido fiel a sus promesas: el Señor había prometido con juramento a los patriarcas darles la tierra de Canaán y lo ha cumplido. La ocupación de la tierra no ha sido tanto una conquista del pueblo cuanto una donación del Señor, que puso a los enemigos en manos de Israel, y le concedió, tras una serie de victorias, la posesión del país.

Δ 22 1-24 33: El libro de Josué se cierra con tres episodios a modo de apéndices: el regreso de las tribus de Rubén, Gad y la media tribu de Manasés a Transjordania (Jos 22); el discurso de despedida de Josué (Jos 23); y la gran asamblea de Siquén (Jos 24).

• **22 1-8**: Esta exhortación de Josué es la contrapartida de Jos 1 12-18. Allí las tribus de Transjordania exhortaban a Josué a tener valor; ahora es Josué quien insiste a las tribus para que mantengan su fidelidad a Dios, pues esta fidelidad a sus mandatos es la única garantía para conservar la tierra.

según la orden que dio el Señor a Moisés. 10 Llegados a la región del Jordán, todavía en tierra cananea, construyeron un altar junto al Jordán, un altar grande y bien visible. 11 Al enterarse los otros israelitas de que los rubenitas, los gaditas y los de la media tribu de Manasés habían edificado un altar frente a la tierra de Canaán, en la zona del Jordán, al otro lado del territorio israelita, 12 reunieron a toda la asamblea de Israel, en Siló, para luchar contra ellos.

13 Los israelitas les enviaron a Pinjás, hijo del sacerdote Eleazar, 14 con diez jefes, uno por tribu, todos ellos jefes de familia en los clanes de Israel. 15 Cuando llegaron donde estaban los rubenitas, gaditas y la media tribu de Manasés en Galaad, les dijeron:

16 –Esto dice toda la comunidad del Señor: ¿Qué infidelidad es ésta que han cometido contra el Dios de Israel? ¿Por qué se apartan hoy del Señor y construyen un altar rebelándose contra él? 17 ¿No bastaba con el crimen de Fegor, del cual no nos hemos purificado todavía, y que fue la causa de aquel castigo sobre la comunidad del Señor? 18 Ustedes se apartan hoy del Señor. Si se rebelan hoy contra él, mañana se encenderá la ira de Dios contra la comunidad de Israel. 19 Si les parece impura su herencia, pasen al territorio donde el Señor ha establecido su morada, y habiten en medio de nosotros, pero no se rebelen contra el Señor ni nos asocien a su rebeldía, construyendo un altar aparte del altar del Señor, nuestro Dios. 20 Cuando Acán, hijo de Zeraj, quebrantó la ley del exterminio, él murió por su pecado, pero la ira del Señor se desató sobre toda la comunidad de Israel, a pesar de que sólo él había pecado.

21 Los rubenitas, los gaditas y la media tribu de Manasés, respondieron a los jefes de los clanes de Israel:

22 –El Dios de los dioses, el Señor, lo sabe y todo Israel debe saberlo. Si lo hemos hecho por rebelión o por infidelidad al Señor, que nos castigue hoy; 23 si hemos construido un altar para apartarnos del Señor, ofreciendo en él holocaustos, ofrendas y sacrificios de comunión, que el Señor nos pida cuentas de ello. 24 Pero no es así; lo hemos hecho por miedo a que el día de mañana los descendientes de ustedes pudieran decir a los nuestros: «¿Qué tienen que ver ustedes con el Señor, Dios de Israel? 25 El Señor puso el Jordán como límite entre nosotros y ustedes, descendientes de Rubén y de Gad. ¡Ustedes no tienen nada que ver con el Señor!» Y así los descendientes de ustedes harían que los nuestros no respetaran al Señor. 26 Entonces nos dijimos: Construyámonos un altar, destinado, no a los holocaustos y demás sacrificios, 27 sino como testimonio entre ustedes, nosotros y nuestros descendientes, de que damos culto al Señor en su presencia, con nuestros holocaustos y sacrificios de comunión. Así el día de mañana sus descendientes no podrán decir a los nuestros: «¡No tienen nada que ver con el Señor!». 28 Nos dijimos: si el día de mañana llegaran a decirnos esto a nosotros o a nuestros descendientes, responderíamos: «Fíjense en la forma del altar del Señor que construyeron nuestros antepasados, no para ofrecer holocaustos o sacrificios, sino como testimonio entre ustedes y nosotros». 29 No tenemos ninguna intención de rebelarnos contra el Señor y apartarnos de él hoy, construyendo un altar para ofrecer holocaustos, sacrificios y ofrendas, aparte del altar del Señor nuestro Dios, que está ante su morada.

30 Cuando el sacerdote Pinjás, los notables de la comunidad y los jefes de los clanes de Israel que lo acompañaban oyeron estas palabras de labios de los rubenitas, gaditas y de los de la media tribu de Manasés, las aprobaron.

31 Entonces Pinjás, hijo del sacerdote Eleazar, les dijo:

–Ahora reconocemos que el Señor está en medio de ustedes, y que no han cometido infidelidad contra él. Han librado a los israelitas del castigo del Señor.

• **22 9-34**: No es claro el sentido de este texto. Probablemente en su origen contenía noticias acerca de ciertas rivalidades entre las tribus establecidas a uno y otro lado del Jordán. Sin embargo, la intención del redactor deuteronomista es clara: mantener su teoría sobre la unidad del pueblo y la pertenencia de las tribus transjordánicas a Israel, y al mismo tiempo introducir el tema del santuario único. El relato ha sido remodelado por un autor perteneciente a la corriente sacerdotal, que acentúa el papel del sacerdote Pinjás y de la comunidad en la solución del conflicto.

32 Luego, Pinjás, hijo del sacerdote Eleazar y los notables se despidieron de ellos
en la tierra de Galaad, regresaron a la tierra
de Canaán e informaron a los israelitas.
33 Su informe les pareció bien y bendijeron
a Dios. No se habló más de luchar contra
ellos ni de arrasar la tierra en la que viven
los rubenitas y los gaditas. 34 Estos llamaron al altar Ed –es decir, Testimonio–, pues
se dijeron: «Es un testimonio para nosotros
de que el Señor es Dios».

Discurso de despedida de Josué

Dt 7 31; 1 Sm 12; 1 Re 2 1-9; Dt 28

23 1 Mucho tiempo después de que el Señor concediera a Israel estar en paz
con todos los enemigos que lo rodeaban,
Josué, que era ya muy viejo, 2 convocó a
todo Israel, ancianos, jefes, jueces y oficiales, y les dijo:
–Yo soy ya muy viejo. 3 Ustedes son testigos de todo lo que hizo el Señor su Dios
con todos estos pueblos ante ustedes; es él
quien ha combatido a favor de ustedes. 4 Yo
he sorteado como herencia para sus tribus
no sólo el territorio de todos estos pueblos
que aún no han sido conquistados, sino también el de los que exterminé desde el Jordán
hasta el gran mar que está al poniente. 5 El
Señor su Dios los rechazará y expulsará ante ustedes, y ustedes ocuparán su tierra,
como lo ha prometido el Señor su Dios.
6 Esfuércense por observar y practicar
todo lo que está escrito en el libro de la ley
de Moisés, sin apartarse de ello ni a derecha ni a izquierda. 7 No se mezclen con estos pueblos que aún quedan en medio de
ustedes, no invoquen el nombre de sus dioses, no los mencionen en sus juramentos,
no les den culto ni se postren ante ellos.
8 Permanezcan unidos al Señor su Dios,
como lo han hecho hasta ahora. 9 El Señor
ha expulsado ante ustedes a pueblos numerosos y fuertes; ninguno pudo resistirles
hasta el día de hoy. 10 Uno solo de ustedes
podía perseguir a mil, porque el Señor su
Dios, combatía a favor de ustedes, como
había prometido. 11 Pongan mucho empeño
en amar al Señor su Dios.
12 Pero si se apartan del Señor y se unen
a estos pueblos que quedan entre ustedes,
emparentándose con ellos y mezclándose
con ellos, 13 sepan que el Señor su Dios no
seguirá expulsando ante ustedes a estos
pueblos, sino que serán una red, un lazo,
un látigo en su espalda y espinas en sus
ojos hasta que desaparezcan de esta tierra
buena que el Señor su Dios les ha dado.
14 Yo estoy a punto de morir. Reconozcan, pues, con todo su corazón y con toda
su alma, que ninguna de las promesas que
el Señor su Dios les había hecho ha caído
en el vacío; todas se han cumplido puntualmente, ni una sola ha dejado de cumplirse. 15 Pero, del mismo modo que se han
cumplido las promesas que el Señor su Dios
les hizo, también se cumplirán sus amenazas contra ustedes, hasta hacerlos desaparecer de esta tierra buena que él les ha dado.
16 Si rompen la alianza que el Señor su
Dios hizo con ustedes, dando culto a otros
dioses y adorándolos, entonces se desatará
la ira del Señor contra ustedes y muy pronto desaparecerán de esta tierra buena que él
les ha dado.

Asamblea de Siquén

Gn 11 27-32; Nm 21-24; Jos 3-4; 6; 1 Re 12 1-24

24 1 Josué reunió a todas las tribus de
Israel en Siquén y convocó a los ancianos de Israel, a sus jefes, jueces y oficiales. Todos se presentaron ante Dios.
2 Josué dijo a todo el pueblo:
–Así dice el Señor, Dios de Israel: Los
antepasados de ustedes, Teraj, padre de
Abrahán y de Najor, vivían antiguamente
en Mesopotamia y daban culto a otros dioses. 3 Pero yo tomé a su antepasado Abra-

• **23 1-16**: Exhortación típica del redactor deuteronomista: en ella están presentes los temas claves que aparecen en los principales momentos de su obra histórica (Dt 31; Jos 1; 1 Sm 12; 1 Re 2 1-9; etc.). Su insistencia en las amenazas y en la expulsión del país, hacen pensar que fue compuesta desde la experiencia del destierro. Constituye así una viva exhortación a no repetir el pasado. Dios ha cumplido su palabra, no así Israel. El tono conclusivo de este discurso de despedida hace pensar que el libro de Josué terminaba originalmente aquí, y que Jos 24 ha sido añadido posteriormente.

• **24 1-28**: El episodio consta de tres partes: Josué hace ante la asamblea un resumen de las intervenciones de Dios en favor de su pueblo (Jos 24 2-13). La asamblea se pronuncia a favor de Dios y rechaza los otros dioses (Jos 24 14-24). Finalmente se pacta la alianza y se pone por escrito (Jos 24 25-28). Es probable que en su origen esta

hán de Mesopotamia y le hice recorrer toda la tierra de Canaán; multipliqué su descendencia y le di a Isaac. 4 A Isaac le di a
Jacob y a Esaú. A Esaú le di en posesión la
montaña de Seír, mientras que Jacob y sus
hijos bajaron a Egipto.
5 Envié después a Moisés y a Aarón, y
castigué a Egipto realizando prodigios. Después los saqué de allí. 6 Saqué de Egipto a
sus padres y llegaron al mar. Los egipcios
persiguieron a sus padres con carros y caballos hasta el mar Rojo. 7 Ellos pidieron
auxilio al Señor, y él interpuso una espesa
tiniebla entre ustedes y los egipcios, y envió
contra ellos el mar, que los cubrió. Con sus
propios ojos vieron lo que yo hice en Egipto. Después vivieron mucho tiempo en el
desierto. 8 Los introduje en la tierra de los
amorreos, que viven al otro lado del Jordán;
ellos combatieron contra ustedes, pero yo
se los entregué; ocuparon su tierra, porque
yo los exterminé ante ustedes. 9 Balac, hijo
de Sipor, rey de Moab, salió a combatir contra Israel y mandó llamar a Balaán, hijo de
Beor, para que los maldijera. 10 Pero yo no
escuché a Balaán, y él no tuvo más remedio
que bendecirlos; así los libré de su poder.
11 Después, pasaron el Jordán y llegaron a
Jericó; los jefes de Jericó combatieron contra ustedes, así como los amorreos, pereceos, cananeos, hititas, guergueseos, jeveos
y jebuseos; pero yo se los entregué. 12 Antes que llegaran ustedes, envié tábanos que
hicieron huir a los dos reyes amorreos. Esto no se lo debes a tu espada ni a tu arco.
13 Les he dado una tierra que ustedes no
han ganado con su esfuerzo, unas ciudades
que no edificaron y en las que ahora viven;
comen los frutos de las viñas y de los olivos que no han plantado.
14 Así pues, respeten al Señor y denle
culto con entera fidelidad; quiten de en
medio de ustedes los dioses a los que dieron culto sus antepasados en Mesopotamia
y en Egipto, y den culto al Señor. 15 Si no
les parece bien dar culto al Señor, elijan
hoy a quién desean dar culto, si a los dioses a quienes adoraron sus antepasados en
Mesopotamia, o a los dioses de los amorreos, cuya tierra ocupan ahora ustedes. Yo
y los míos daremos culto al Señor.
16 El pueblo respondió:
–No tenemos ninguna intención de abandonar al Señor para dar culto a otros dioses. 17 El Señor es nuestro Dios; él fue quien
nos sacó de la esclavitud de Egipto a nosotros y a nuestros padres. El ha hecho ante
nuestros ojos grandes prodigios, y nos ha
protegido durante el largo camino que hemos recorrido y en todas las naciones que
hemos atravesado. 18 El ha expulsado ante
nosotros a todos los pueblos, incluidos los
amorreos que vivían en el país. Así que
también nosotros daremos culto al Señor,
porque él es nuestro Dios.
19 Josué dijo al pueblo:
–Ustedes no serán capaces de dar culto
al Señor, porque él es un Dios santo, un
Dios celoso que no tolerará sus transgresiones ni sus pecados. 20 Si abandonan al
Señor para dar culto a dioses extraños, él
se volverá contra ustedes, y, después de
haberles hecho tanto bien, les hará el mal y
los exterminará.
21 El pueblo respondió:
–Nosotros queremos dar culto al Señor.
22 Josué les dijo:
–Son testigos contra ustedes mismos de
que han elegido al Señor para darle culto.
Ellos respondieron:
–Lo somos.
23 Y Josué añadió:
–Entonces quiten de en medio de ustedes los dioses extraños e inclinen sus corazones al Señor, Dios de Israel.
24 El pueblo prometió:
–Daremos culto al Señor nuestro Dios y
obedeceremos su voz.
25 Aquel día Josué hizo una alianza con
el pueblo, y le dio leyes y preceptos en Siquén. 26 Josué escribió estas palabras en el
libro de la ley de Dios, tomó una gran piedra y la colocó allí, debajo de la encina que
había en el santuario del Señor, 27 y dijo a
todo el pueblo:
–Esta piedra será un testimonio contra
nosotros, porque ella ha oído todo lo que el
Señor nos ha dicho; también será un testi-

asamblea de Siquén fuera el momento en que el grupo dirigido por Josué propuso la fe en el Dios del éxodo a otros grupos que no habían estado en Egipto. Al aceptar la misma fe, dichos grupos entraron a formar parte de Israel. En la redacción actual, sin embargo, el episodio aparece como la celebración de la unidad religiosa del pueblo, que renuncia a los dioses cananeos y elige dar culto al Señor.

monio contra ustedes para que no renieguen de su Dios.
28 Después, Josué despidió al pueblo, y
cada uno regresó a su casa.

Muerte de Josué y de Eleazar

Jue 2 8-10; Gn 50 25; Ex 13 19; Gn 33 19

29 Algún tiempo después, murió Josué,
hijo de Nun, siervo del Señor, a la edad de
ciento diez años. 30 Fue sepultado dentro de
su propiedad, en Timná-Séraj, en las montañas de Efraín, al norte del monte Gaás.
31 Israel dio culto al Señor durante toda
la vida de Josué, y durante toda la vida de
los ancianos que sobrevivieron a Josué y
que conocían todo lo que el Señor había
hecho en favor de Israel.
32 Los huesos de José, que los hijos de
Israel habían traído de Egipto, fueron sepultados en Siquén, en el campo que Jacob
había comprado por cien monedas de plata
a los hijos de Jamor, padre de Siquén, y
que pertenecía a los hijos de José.
33 Murió también Eleazar, hijo de Aarón,
y fue sepultado en Guibeá, el pueblo que
su hijo Pinjás había recibido en propiedad
en las montañas de Efraín.

• **24 29-34**: Jos 24 29-31 es un duplicado de Jue 2 7-9. Ello indica la profunda relación que existe entre ambos libros. Al final del libro, Josué recibe el título de *siervo del Señor*, que hasta ahora estaba reservado a Moisés.

La referencia final a los huesos de José (Jos 24 32) establece un paralelismo intencionado entre José y Josué: José llevó a sus hermanos a Egipto; Josué los ha devuelto a la patria. Con la devolución de los restos de José concluye el regreso de Egipto y todo el gran acontecimiento del éxodo.

JUECES

INTRODUCCION

El esquema teológico en cuatro tiempos: "pecado–castigo–conversión–salvación" constituye el núcleo de la teología deuteronomista, la cual encuentra su mejor expresión en el libro de los Jueces. Las historias de los doce jueces que forman la trama del libro no entran en la obra tanto por el interés que tienen en sí mismas, cuanto como ejemplos de la teología deuteronomista, que encarna su reflexión en las historias de los jueces, especialmente en las de los seis mayores: en ellas busca motivaciones, luz y sentido para sus tesis.

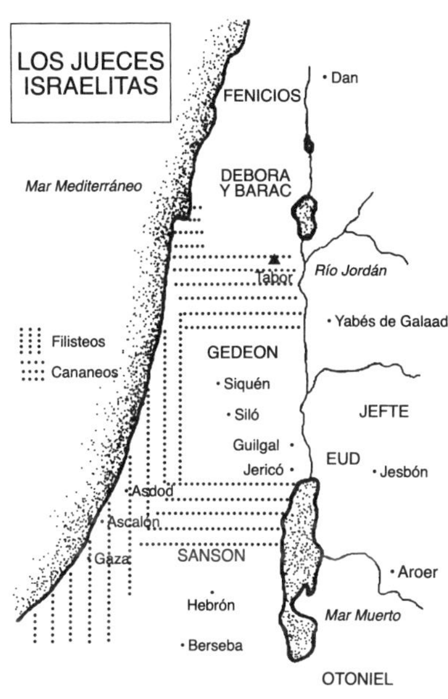

1. Contexto histórico

Ya sabemos por la introducción al libro de Josué que la conquista de la tierra prometida no fue rápida y triunfal, sino lenta y laboriosa, según lo demuestra Jue 1 1-2 5. La posesión total y completa de la tierra no fue una realidad hasta los días de Saúl y David, o sea, hasta los comienzos de la monarquía. Los casi doscientos años que van desde la muerte de Josué (hacia el 1.200 a. C.) hasta el establecimiento de la monarquía (hacia el 1.030 a. C.) son los años que corresponden al período de los jueces, durante el cual las tribus continúan la conquista, consolidan la posesión de sus respectivos territorios y adquieren su identidad definitiva, a la vez que tienden a unirse y federarse.

Este proceso de consolidación y unificación está presidido por unos singulares personajes a quienes se ha dado tradicionalmente el nombre de "jueces", pero a quienes cuadraría mejor, sobre todo a los llamados jueces mayores, el apelativo de "libertadores" o "salvadores". Se trata de hombres o mujeres a quienes la tradición israelita recuerda con admiración, porque en determinados momentos de crisis se pusieron al frente de una o más tribus y salvaron al pueblo de caer en manos de enemigos externos (cananeos, madianitas, moabitas, amonitas, filisteos...). Personajes con frecuencia no muy relevantes en su origen, pero sobre los que venía el espíritu del Señor y los convertía en guías o jefes carismáticos.

Al lado de los seis jueces "mayores" (Otoniel, Eud, Débora y Barac, Gedeón, Jefté, Sansón) aparecen en el libro de los Jueces otros seis llamados "menores", de los cuales sólo se conoce el nombre y pocas noticias más. Con todo, parece que originariamente el título de "juez" les correspondía por derecho propio sólo a estos jueces menores. Su función principal debía ser la administración de la justicia, aunque sin excluir otros poderes más amplios de mando y de gobierno, similares a los de los "sufetes" cartagineses y fenicios, denominación que coincide etimológicamente con la de los jueces (*sofetim*) hebreos.

2. Formación del libro y división

Lo mismo que otros escritos del Antiguo Testamento, el libro de los Jueces no fue obra de un solo autor ni de una sola época. Los pasos de su formación pudieron ser los siguientes:

a) Durante un par de siglos los relatos corren de boca en boca con la fluidez de la tradición oral. Sigue un período (que pudo empezar en la época de Salomón) en que se van recogiendo por escrito las tradiciones sobre los héroes (jueces "mayores"), las noticias sobre los jueces "menores", y los relatos que más tarde se insertarán en los apéndices (Jue 17-21).

b) Después de la caída de Samaría (722/721 a. C.), se van agrupando las narraciones sobre los héroes, y se ensamblan con las listas y las noticias sobre los jueces menores. Quedan todavía fuera la primera parte del libro (Jue 1 1-2 5), la historia de Abimelec (Jue 9), los marcos teológico y cronológico, los apéndices (Jue 17-21).

c) Poco después de iniciado el destierro de Babilonia se termina de componer la gran historia de Israel que, partiendo del Deuteronomio, abarca el período que va desde la conquista de Canaán por Josué hasta la caída de Jerusalén y la deportación a Babilonia: son los libros de Josué, Jueces, Samuel y Reyes. Es la llamada ***historia deuteronomista.*** Dentro de ella tiene su propia personalidad el libro de los Jueces, que trata con criterios literarios y teológicos específicos una época de la historia de Israel bien definida, entre la conquista de la tierra y los comienzos de la monarquía. A los redactores deuteronomistas se debe:

– La inserción de la primera parte (Jue 1 1-2 5).

– El marco teológico, que se encuentra desarrollado en una introducción general (Jue 2 6-3 6) y en las introducciones particulares a las historias de cada uno de los seis jueces mayores, especialmente en la introducción a la historia de Jefté (Jue 11 6-16).

– El marco cronológico, en el que se encuadran las historias de cada uno de los doce jueces mayores y menores.

– Probablemente, la inserción de la historia de Abimélec (Jue 9).

– La extensión de la acción individual de los jueces a "todo Israel". O sea, convertir lo que eran historias particulares y aisladas de cada uno de los jueces en una historia nacional de todo el pueblo.

– Otro redactor deuteronomista, algo posterior y que tenía una visión menos negativa de la monarquía, añadió los apéndices de Jue 17-21, donde se deja constancia de algunas de las barbaridades que se cometían en aquellos tiempos en que *no había rey en Israel y cada uno hacía lo que quería* (Jue 21 25).

En su redacción final el libro posee tres partes heterogéneas y desiguales:

I. TRADICIONES SOBRE LA CONQUISTA DE CANAAN (Jue 1 1-2 5)

II. HISTORIA DEL PERIODO DE LOS JUECES (Jue 2 6-16 31)

1. Interpretación teológica de la historia (Jue 2 6-3 6)
2. Historias de los jueces (Jue 3 7-16 31)

III. HISTORIAS DE CUANDO EN ISRAEL NO HABIA REY (Jue 17-21)

1. Emigración danita y origen de su santuario (Jue 17-18)
2. El crimen de Guibeá y la guerra contra Benjamín (Jue 19-21)

3. *Teología*

El libro de los Jueces es importante como fuente histórica. Las historias de los héroes o jueces mayores, aunque fragmentarias, anecdóticas y algunas de ellas noveladas y folklóricas, ofrecen datos valiosos para conocer mejor una etapa tan oscura de la historia de Israel como es el período premonárquico. Con todo, el interés de Jueces es, sobre todo, de orden teológico.

Editado durante el exilio, el libro de los Jueces, como el resto de la historia deuteronomista, ha sido escrito con la intención de explicar a sus contemporáneos en términos teológicos el sentido de los trágicos acontecimientos que han tenido lugar, primero en Samaría, y luego en Jerusalén, con motivo de la caída de los reinos de Israel y de Judá. A través de las tradiciones antiguas, debidamente interpretadas, podía el Israel contemporáneo entender el exilio como el justo juicio de Dios. También en tiempo de los jueces, cuando el pueblo pecaba, el Señor lo castigaba entregándolo en manos de sus enemigos. Ahora el castigo ha sido más definitivo, o porque el pueblo no supo clamar arrepentido al Señor, o porque ya los pecados habían colmado el vaso de la paciencia divina. Israel está padeciendo las consecuencias de un proceso que había empezado hacía siglos.

Pero el libro contiene también un mensaje de esperanza. Lo mismo que en el pasado, el Señor está dispuesto a responder con el perdón y la salvación al clamor sincero del pueblo arrepentido. Es un llamamiento a la conversión y a la confianza en el perdón.

Finalmente, los jueces-libertadores, protagonistas de este libro, iluminan de forma sorprendente el misterio de la acción salvadora de Jesús, el gran libertador. Tal vez en ningún otro lugar del Antiguo Testamento se pone tan de relieve como en el libro de los Jueces que *Dios ha elegido lo que el mundo considera necio para confundir a los sabios, ha elegido lo que el mundo considera débil para confundir a los fuertes* (1 Cor 1 27-28). Ni Eud, ni Yael, ni Gedeón, ni Jefté, ni Sansón, eran precisamente prototipos de sabiduría, de fuerza, de virtud o de ascendencia gloriosa. Y sin embargo, Dios se sirvió de ellos para salvar a su pueblo. Y es que *la fuerza* de Dios *se pone de manifiesto en la debilidad* (2 Cor 12 9). La teología paulina de la salvación por la cruz encuentra aquí un magnífico antecedente.

JUECES

I. TRADICIONES SOBRE LA CONQUISTA DE CANAAN Δ

Conquistas de las tribus del sur

Jos 10 1-27; 14 6-15; 15 13-19

1 1 Cuando murió Josué, los israelitas hicieron esta consulta al Señor:
–¿Quién de nosotros subirá el primero a
combatir contra los cananeos?
2 El Señor respondió:
–Subirá Judá, pues le he entregado el
país.
3 Entonces Judá dijo a su hermano Simeón:
–Ven conmigo al territorio que me ha
tocado; combatiremos juntos contra los
cananeos, y después yo lucharé contigo en
tu territorio.
Simeón accedió.
4 Judá subió y el Señor le entregó a los
cananeos y a los pereceos; derrotaron a
diez mil hombres en Bézec. 5 Allí se encontraron con Adonibézec, le presentaron
batalla y vencieron a los cananeos y pereceos. 6 Adonibézec huyó, pero ellos lo persiguieron, lo capturaron y le cortaron los
pulgares de las manos y de los pies. 7 Adonibézec dijo:
–Setenta reyes, con los pulgares de pies
y manos cortados, recogían las migas bajo
mi mesa. Dios me paga con la misma moneda.
Lo llevaron a Jerusalén, y allí murió.
8 Los de Judá atacaron Jerusalén y la
tomaron; pasaron a cuchillo a sus habitantes y la incendiaron. 9 Después bajaron a
combatir contra los cananeos de la montaña, del Négueb y de la Sefela.
10 Judá atacó también a los cananeos de
Hebrón, que antes se llamaba Quiriat Arbá; y derrotó a Sesay, a Ajimón y a Talmay. 11 De allí se dirigió contra los habitantes de Debir, que antes se llamaba Quiriat Sefer. 12 Entonces Caleb prometió:
–Al que conquiste Quiriat Sefer, le daré
por esposa a mi hija Axá.
13 La conquistó Otoniel, hijo de Quenaz,
hermano menor de Caleb, y Caleb le dio
por esposa a su hija Axá. 14 Cuando ella
iba a casa de su marido, éste la persuadió
para que pidiera un campo a su padre. Axá
se bajó del burro, y Caleb le preguntó:
–¿Qué quieres?
15 Ella respondió:
–Hazme un regalo; ya que me has asignado el desierto del Négueb, dame fuentes
de agua.
Y Caleb le dio las fuentes de arriba y
las de abajo.
16 Los hijos de Jobab, el quenita, suegro
de Moisés, subieron con los de Judá, desde
la Ciudad de las Palmeras hasta el desierto
de Judá, que está al sur, en la bajada de
Arad, y se establecieron entre los amalecitas. 17 Después Judá marchó con su hermano Simeón y derrotaron a los cananeos de
la ciudad de Safat y la consagraron al exterminio. Por eso la llamaron Jormá –es

Δ 1 1-2 5: El libro de Josué da una imagen demasiado uniforme y simplificada de la ocupación de Canaán. En los comienzos de su historia, los israelitas no tenían la conciencia nacional ni la organización necesarias para una guerra tan sistemática. (Véase introducción al libro de Josué). Las historias del libro de los Jueces en general, y esta primera parte del libro en particular, demuestran que el establecimiento completo y definitivo de los clanes israelitas en la tierra prometida fue lento y laborioso. Delatan también un Israel fragmentado en tribus, con un sentido de solidaridad todavía incipiente.

• 1 1-36: El autor de Jueces comienza recuperando restos de tradiciones tribales que idealizan la conquista bastante menos que los relatos del libro de Josué y están más cerca de los hechos. La ocupación es obra de tribus sueltas o en pequeñas agrupaciones. Destaca la acción de la tribu de Judá, elegida por Dios para iniciar la conquista. No se ocultan los fracasos de la ocupación: el principal de ellos fue la de Jerusalén, que no fue que, como se reconoce en Jue 1 21, Jerusalén no pudo ser conquistada de hecho hasta los tiempos de David. Lo que se dice en Jue 1 8 parece ser un arreglo del redactor deuteronomista para justificar la afirmación que acaba de hacerse en Jue 1 7b.

decir, Exterminio–. 18 Pero Judá no pudo conquistar Gaza, ni Ascalón, ni Ecrón, con sus respectivos territorios. 19 El Señor estuvo con Judá; éste ocupó la montaña, pero no pudo expulsar a los habitantes de las llanuras, porque tenían carros de hierro.

20 Conforme a las órdenes de Moisés, Hebrón fue entregada a Caleb, que expulsó de allí a los tres hijos de Anac. 21 Sin embargo, los hijos de Benjamín no pudieron expulsar de Jerusalén a los jebuseos, que han vivido allí con los hijos de Benjamín hasta el día de hoy.

Toma de Betel

Jos 2 1-21; 6 22-25

22 Por su parte, los descendientes de José subieron contra Betel, y el Señor estuvo con ellos. 23 Hicieron un reconocimiento por los alrededores de Betel, que antes se llamaba Luz, 24 vieron a un hombre que salía de la ciudad y le dijeron:

–Dinos por dónde se puede entrar en la ciudad y seremos benévolos contigo.

25 El les enseñó por dónde era, y ellos pasaron a cuchillo a sus habitantes, pero dejaron libre a aquel hombre con toda su familia. 26 El se trasladó a la tierra de los hititas, donde edificó una ciudad, a la que llamó Luz, nombre que conserva hasta el día de hoy.

Limitaciones de la ocupación

Jos 17 11-13; 19 10-39

27 Manasés, en cambio, no pudo expulsar a los habitantes de Betsán, Tanac, Dor, Yibleán y Meguido, con sus respectivos poblados; y los cananeos lograron mantenerse en aquella región. 28 Cuando los israelitas se hicieron más fuertes, los sometieron a trabajos forzados, pero no llegaron a expulsarlos de allí.

29 Tampoco Efraín pudo expulsar de Guézer a sus habitantes cananeos, que siguieron viviendo en su territorio de Guézer.

30 Tampoco Zabulón pudo expulsar de Quetrón y de Nalol a sus habitantes cananeos, que siguieron viviendo en su territorio, aunque sometidos a trabajos forzados.

31 Tampoco Aser pudo expulsar a los habitantes de Acre, Sidón, Majaleb, Aczib, Jelbá, Afec y Rejob. 32 Los aseritas vivieron, pues, entre los cananeos de la región, ya que no los expulsaron.

33 Tampoco Neftalí pudo expulsar a los habitantes de Bet Semes ni a los de Bet Anat, y se establecieron entre los cananeos de la región. A los habitantes de Bet Semes y Bet Anat los sometieron a trabajos forzados.

34 Los amorreos empujaron a los de Dan hacia la montaña sin dejarlos bajar a la llanura; 35 se mantuvieron en Har Jeres, en Ayalón y en Saalbín, pero cuando los descendientes de José se hicieron más fuertes, los sometieron a trabajos forzados.

36 El territorio de los amorreos se extendía desde la subida de Acrabín y desde Sela hacia arriba.

Reproche del Señor

Dt 7 1-5; Jos 23 6-13

2 1 El ángel del Señor subió de Guilgal a Bojín y dijo:

–Yo los saqué de Egipto, los traje a la tierra que había prometido con juramento a sus antepasados, y les dije: No romperé jamás mi alianza con ustedes 2 si no pactan con los habitantes de esta tierra y si destruyen sus altares. Pero ustedes no han obedecido. ¿Por qué se han comportado así? 3 Por eso les digo: No expulsaré a estos pueblos ante ustedes; serán sus enemigos, y sus dioses serán una tentación para ustedes.

4 Cuando el ángel del Señor terminó de hablar a los israelitas, el pueblo comenzó a llorar desesperadamente. 5 Por eso llamaron a aquel lugar Bojín –es decir, los Llorones– y ofrecieron allí sacrificios al Señor.

• **2 1-5**: El ángel del Señor da una explicación teológica a la permanencia de grupos cananeos: El Señor ha sacado a los israelitas de Egipto, les ha dado la tierra, les ha mandado destruir los altares, pero ellos no le han obedecido. Por eso él no seguirá expulsando a los primitivos pobladores.

II. HISTORIA DEL PERIODO DE LOS JUECES Δ

1. Interpretación teológica de la historia ◊

Muerte de Josué

Jos 24 28-31

6 Josué despidió al pueblo, y los israelitas se fueron a ocupar cada uno su territorio. 7 El pueblo dió culto al Señor mientras
vivieron Josué y los ancianos que habían
sido testigos de todas las maravillas que el
Señor había hecho en favor de Israel y que
murieron después de Josúe. 8 A la edad de
ciento diez años murió Josué, hijo de Nun,
siervo del Señor, 9 y lo sepultaron dentro
de su propiedad, en Timná Séraj, en la montaña de Efraín, al norte del monte Gas.
10 Murió también toda aquella generación,
y surgió otra que no conocía al Señor ni lo
que había hecho por Israel.

Infidelidad y liberación

Dt 28 15-46

11 Los israelitas ofendieron al Señor con
su conducta y dieron culto a los ídolos.
12 Abandonaron al Señor, Dios de sus antepasados, que los había sacado de Egipto;
se fueron detrás de los dioses de los pueblos
vecinos y los adoraron, provocando con
ello la ira del Señor. 13 Abandonaron al
Señor y dieron culto a Baal y Astarté.
14 La ira del Señor se desató contra Israel; los entregó en manos de asaltantes
que los saquearon, los dejó vendidos a sus
enemigos de alrededor, y no fueron capaces de resistirlos. 15 Siempre que empren-
dían una expedición, el Señor se ponía en
contra de ellos y fracasaban, como el mismo Señor les había dicho y jurado. Llegaron a una situación desesperada.
16 Entonces el Señor suscitó jueces que
los libraron de las bandas de asaltantes.
17 Pero tampoco hacían caso a los jueces.
Se prostituyeron ante otros dioses y los
adoraron. Se apartaron pronto del camino
que habían seguido sus antepasados; ellos
habían sido dóciles a los mandamientos
del Señor, pero no los imitaron.
18 Cuando el Señor hacía surgir jueces,
él estaba con el juez y los libraba de sus
enemigos mientras vivía el juez, porque el
Señor se compadecía al oírlos gemir bajo
la tiranía de sus opresores. 19 Pero cuando
moría el juez, volvían a pecar y se comportaban peor que sus antepasados; se iban
detrás de otros dioses, les daban culto y los
adoraban, sin abandonar sus maldades ni
su terca conducta.

Razones de la permanencia de pueblos extranjeros

Jos 13 2-6; Jue 1 27-35

20 El Señor se enfureció contra Israel y
dijo:
–Ya que este pueblo ha violado la alianza que yo hice con sus antepasados y no ha
querido obedecerme, 21 tampoco yo seguiré expulsando ante ellos a ninguna de las

Δ 2 6-16 31: Las historias de los jueces constituyen el bloque central del libro. En la introducción teológica se muestra el esquema que se repite una y otra vez en la historia de Israel (Jue 2 11-19), y que se va aplicando luego a cada uno de los jueces en particular, sobre todo a los jueces llamados "mayores", cuya historia se cuenta con más detalle (Jue 3 7-16 31).

◊ 2 6-3 6: Esta primera sección es una introducción a los relatos sobre los diferentes jueces. Está compuesta por tres tradiciones: la muerte de Josué, la descripción del esquema teológico de la historia (Jue 2 11-19) y la explicación de la presencia de naciones paganas en medio de Israel.

• **2 6-10**: La descripción de la muerte de Josué está calcada sobre Jos 24 28-31, excepto Jue 2 10, en donde se establece una contraposición entre la generación del tiempo de Josué y la del período de los jueces. A partir de este momento se multiplican los pecados del pueblo y también los castigos de Dios.

• **2 11-19**: Tenemos aquí el esquema teológico básico del redactor deuteronomista, que sirve de introducción a toda la historia de los jueces y proporciona las claves para entender toda la historia posterior de Israel, especialmente la catástrofe del exilio, que es el punto de vista desde el que se contempla esta historia.

• **2 20-3 6**: Según el redactor deuteronomista, la permanencia de los pueblos que Josué dejó sin conquistar se explica porque Israel ha quebrantado la alianza. Este sencillo esquema, que está presente a lo largo de todo el libro, está modificado por inserciones posteriores, pesimistas (ni siquiera al juez hacían caso, Jue 2 17) u optimistas (era sólo para probar a Israel, Jue 2 22; 3 1.4; o para mantenerlo hábil en el arte de la guerra, Jue 3 2).

naciones que Josué dejó al morir; 22 con ellas pondré a prueba a Israel para ver si sigue o no los caminos del Señor, como los siguieron sus antepasados.

23 Por eso, el Señor dejó en paz aquellas naciones, sin expulsarlas de momento, ni entregarlas en manos de Josué.

3 1 Estas son las naciones que dejó el Señor para poner a prueba con ellas a los israelitas que no habían conocido ninguna de las guerras de Canaán. 2 (Fue sólo para enseñar el arte de la guerra a las generaciones de israelitas que no tenían experiencia de ella): 3 los cinco príncipes de los filisteos y todos los cananeos, sidonios e hititas de la montaña del Líbano, desde la montaña de Baal Hermón hasta la entrada de Jamat. 4 Estas naciones sirvieron para poner a prueba a Israel, para ver si cumplía los preceptos que el Señor había dado a sus antepasados por medio de Moisés.

5 Los israelitas habitaban en medio de los cananeos, hititas, amorreos, pereceos, jeveos y jebuseos. 6 Se casaron con sus hijas, les entregaron las suyas en matrimonio y dieron culto a sus dioses.

2. *Historias de los jueces* ◊

OTONIEL +

Jue 2 11-23

7 Los israelitas ofendieron al Señor con su conducta; se olvidaron del Señor su Dios y dieron culto a Baal y Astarté. 8 Entonces la ira del Señor se desató contra Israel y los entregó en poder de Cusán Risatain, rey de Edom. Los israelitas estuvieron sometidos a Cusán Risatain ocho años. 9 Pero invocaron al Señor, y el Señor les suscitó un libertador para salvarlos: Otoniel, hijo de Quenaz y hermano menor de Caleb. 10 El espíritu del Señor se apoderó de él, actuó como juez en Israel y salió a combatir contra Cusán Risatain, rey de Edom. El Señor se lo entregó, y él lo derrotó. 11 El país estuvo en paz durante cuarenta años, hasta la muerte de Otoniel, hijo de Quenaz.

EUD +

12 De nuevo los israelitas ofendieron al Señor con su conducta, y el Señor dio poder a Eglón, rey de Moab, sobre Israel, porque habían ofendido al Señor con su conducta. 13 Eglón hizo un pacto con los amonitas y con los amalecitas, se dirigió contra Israel, lo derrotó y se apoderó de la Ciudad de las Palmeras. 14 Los israelitas estuvieron sometidos a Eglón, rey de Moab, dieciocho años. 15 Pero invocaron al Señor, y el Señor les suscitó un libertador: Eud, hijo de Guera, benjaminita, que era zurdo.

Los israelitas le encargaron que llevara el tributo a Eglón, rey de Moab. 16 Eud se hizo un puñal de dos filos, como de medio metro de largo, y lo sujetó a la cintura bajo el manto, junto al muslo derecho. 17 Presentó el tributo a Eglón, rey de Moab, que era muy gordo, 18 y al acabar de presentar el tributo, se fue con los hombres que había traído. 19 Pero cuando llegó al lugar llamado Los Idolos, cerca de Guilgal, regresó donde estaba Eglón y le dijo:

–Tengo un mensaje secreto para ti, ¡oh rey!

El rey mandó:

–¡Déjennos solos!

Y salieron todos los que estaban con él.

◊ **3 7-16 31**: La escuela deuteronomista ha querido encarnar su teología en el marco de la historia, con el fin de ilustrar y motivar sus tesis; precisamente el libro de los Jueces es donde se deja ver con más claridad la correlación y complementariedad entre historia y teología. El autor de Jueces se ha servido de las historias de doce jueces, especialmente, de los llamados jueces mayores (Otoniel, Eud, Débora-Barac, Gedeón, Jefté, Sansón), con el fin de encarnar, escenificar e ilustrar a través de ellos su doctrina teológica (véase Jue 2 11-19).

+ 3 7-11: Del primer salvador, Otoniel, que conquistó Debir (Jue 1 11-15), se sabía que había derrotado a un tal Cusán Risatain. Esta noticia tan breve se presenta siguiendo el esquema teológico: pecado (Astarté era la pareja femenina del dios cananeo Baal), castigo, arrepentimiento, invocación al Señor, liberación, larga paz hasta la muerte del juez. El Señor castiga, pero él mismo salva. Otoniel es el único juez oriundo de Judá.

+ 3 12-30: Nuevo pecado, nuevo castigo. Los moabitas, aliados con otros pueblos de Transjordania, han pasado el Jordán y han ocupado Jericó (la Ciudad de las Palmeras). Eud expone su vida por la liberación de Israel. Le anuncia al rey una palabra secreta de parte de Dios para que se levante, y lo asesina. Después, Israel causa a Moab una derrota que el texto exagera.

Aunque posee aspectos positivos, no podemos legitimar la acción de Eud, que sólo es disculpable por la rudeza de los tiempos. Dios se sirvió de la prepotencia de Moab para castigar a Israel y de la brutalidad y astucia de Eud para liberarlo.

20 Entonces Eud se acercó al rey, que
estaba sentado tomando el fresco en su corredor particular, y le dijo:
–Tengo que comunicarte un oráculo de
Dios.
El rey se levantó de la silla. 21 Entonces
Eud, con la mano izquierda, tomó el puñal
que llevaba junto al muslo derecho y se lo
clavó en el vientre. 22 La empuñadura entró con la hoja y la grasa se cerró sobre ésta, pues no sacó el puñal del vientre. Luego Eud salió por la ventana, 23 llegó al vestíbulo y cerró detrás de sí con llave las
puertas del corredor. 24 Mientras él salía,
entraban los servidores del rey y, viendo
cerradas con llave las puertas del corredor,
se dijeron:
–Sin duda está haciendo sus necesidades en el cuarto de baño de verano.
25 Se cansaron de esperar; y como nadie
abría las puertas, tomaron una llave, abrieron y vieron que su señor estaba muerto en
el suelo.
26 Mientras ellos esperaban, Eud huyó a
toda prisa, pasó el lugar llamado Los Idolos y se puso a salvo en Seír. 27 En cuanto
llegó a tierra de Israel, tocó la trompeta en
la montañas de Efraín, y los israelitas bajaron con él de la montaña. El iba a la cabeza. 28 Y les dijo:
–Síganme, porque el Señor les va a entregar a Moab, su enemigo.
Ellos lo siguieron, salieron al encuentro
de Moab en los pasos del río Jordán y no
dejaron pasar a nadie. 29 En aquella ocasión derrotaron a Moab y a sus diez mil
hombres, todos robustos y valientes; no escapó ni uno solo. 30 Aquel día Moab quedó
sometido a Israel, y el país estuvo en paz
durante cuarenta años.

SANGAR +

31 A Eud le sucedió Sangar, hijo de
Anat. Mató a seiscientos filisteos con una
picana de bueyes. También él salvó a Israel.

DEBORA Y BARAC +

Opresion cananea

1 Sm 12 9-11

4 1 Cuando murió Eud, los israelitas ofendieron de nuevo al Señor con su conducta, 2 y el Señor los entregó en poder de
Yabín, rey cananeo de Jasor. El jefe de su
ejército era Sísara que residía en Jaróset
Goim. 3 Los israelitas invocaron al Señor,
porque Yabín, que tenía novecientos carros
de guerra, venía oprimiéndolos durante
veinte años.

Débora y Barac preparan la batalla

Sal 83 10; Heb 11 32

4 Débora, una profetisa casada con La-
pidot, actuaba como juez de Israel por aquel
tiempo. 5 Juzgaba bajo la palmera de Débora, entre Ramá y Betel, en las montañas de
Efraín, y los israelitas acudían a ella para
arreglar sus litigios. 6 Débora mandó llamar a Barac, hijo de Abinoán, de Cadés de
Neftalí, y le dijo:
–El Señor, Dios de Israel, ordena que
vayas a alistar gente y reúnas en el monte
Tabor a diez mil hombres de Neftalí y de
Zabulón. 7 Yo haré que Sísara, jefe del
ejército de Yabín, vaya hacia ti al torrente
Quisón con sus carros y sus tropas, y te los
entregaré.
8 Barac respondió:

+ 3 31: La enemistad de Sangar con los filisteos recuerda la historia de Sansón (Jue 13-16).

+ 4 1-5 31: La batalla que algunas tribus israelitas libraron contra el poderoso ejército reunido por una coalición de ciudades cananeas se cuenta en dos versiones: una en prosa (Jue 4) y otra en verso (Jue 5). Ambas versiones coinciden en lo substancial, pero parece que el relato en prosa ha utilizado como fuente de inspiración el relato en verso, y por tanto debe ser leído en el mismo contexto épico (véanse otros casos similares en Ex 14-15 y Jos 10 11-15).

• 4 1-24: Débora (que significa "abeja") actuaba ya como *juez* encargada de resolver litigios entre los israelitas, pero el autor del libro le da también el título de *profetisa*, pues el Señor va a manifestar por medio de ella sus proyectos de salvación. Es ella quien busca a Barac como caudillo de guerra. Este no quiere prescindir del ascendiente y el consejo de la profetisa. Efectivamente, aquella mujer extraordinaria consiguió lo que nadie había conseguido hasta entonces: seis tribus se sienten solidarias y se unen a Zabulón y Neftalí. El acceso de las tribus del sur era muy difícil, y las de Transjordania y el extremo norte se desentendieron. La batalla tuvo lugar en el valle de Esdrelón. Una tormenta inesperada, convierte el valle en un lodazal; los carros de combate se hacen más pesados y son un estorbo. Después de la derrota, Sísara se refugia en casa de una familia amiga, pero la mujer de Jéber, contra toda ley de hospitalidad, lo asesina. En la visión del deuteronomista Dios se sirve de esos instrumentos para dar la victoria a su pueblo.

–Si tú vienes conmigo, iré; pero si no
vienes, no iré.
9 Débora contestó:
–Iré contigo, pero ya no será tuya la
gloria de esta expedición, porque el Señor
entregará a Sísara en manos de una mujer.
Ella se puso en camino y se reunió con
Barac en Cadés. 10 Barac reunió en Cadés
diez mil hombres de Zabulón y de Neftalí,
y Débora fue con ellos.
11 Jéber, el quenita, se había separado
de su tribu, los descendientes de Jobab,
suegro de Moisés, y había instalado sus
tiendas en torno a la encina de Saanain,
cerca de Cadés.

Victoria israelita

Ex 14 24

12 Cuando le dijeron a Sísara que Barac,
hijo de Abinoán, había subido al monte
Tabor, 13 Sísara reunió todos sus carros,
novecientos carros de hierro, y todas las
tropas que tenía. Desde Jaróset Goim se
trasladó al torrente Quisón. 14 Entonces
Débora dijo a Barac:
–¡Animo, que en este día el Señor va a
entregar a Sísara en tu poder. El Señor va
delante de ti!
Barac bajó del monte Tabor con sus diez
mil hombres, 15 y el Señor hizo huir a Sísara con todos sus carros y con todo su
ejército ante Barac. Sísara se bajó del carro
y siguió huyendo a pie. 16 Barac persiguió
los carros y el ejército de Sísara hasta Jaróset Goim. Todo el ejército de Sísara fue
pasado a cuchillo, y no quedó ni uno solo.

Muerte de Sísara en la tienda de Yael

Jue 4 11

17 Sísara huyó corriendo hacia la tienda
de Yael, mujer de Jéber, el quenita, porque
había buenas relaciones entre Yabín, rey de
Jasor, y la familia de Jéber, el quenita. 18
Yael le salió al encuentro y lo invitó:
–Entra, señor mío, entra; no temas.
Sísara entró en la tienda, y ella lo tapó
con una manta. 19 El le pidió:
–Dame, por favor, un poco de agua, que
tengo sed.
Ella abrió el odre de la leche, le dio de
beber y lo tapó de nuevo.
20 Sísara le dijo:
–Quédate a la puerta de la tienda y si
alguien viene y te pregunta: «¿Hay aquí algún hombre?», respóndele que no.
21 Pero Yael, mujer de Jéber, tomó una
estaca de la tienda y un martillo, se acercó
silenciosamente a Sísara y le hundió la estaca en la sien, hasta clavarlo en la tierra.
Sísara, que se había quedado profundamente dormido a causa del cansancio, murió.
22 Entretanto, llegó Barac, que venía persiguiendo a Sísara. Yael salió a su encuentro
y le dijo:
–Ven, te enseñaré al hombre que buscas.
Barac entró con ella y vio que Sísara estaba muerto con la estaca clavada en la sien.
23 Así humilló Dios aquel día a Yabín,
rey de Canaán, ante los israelitas. 24 Y estos trataron cada vez con más dureza a Yabín, rey de Canaán, hasta que acabaron con
él.

El canto de Débora

Ex 15

5 1 Aquel día, Débora y Barac, hijo de
Abinoán, entonaron este canto:

2 Porque Israel se ha decidido a luchar,
porque un pueblo
se ha ofrecido voluntario,
¡bendigan al Señor!
3 Escuchen reyes;
pongan atención, príncipes,
que voy a cantar, a cantar al Señor,
y a tocar para el Señor, Dios de Israel.
4 Señor, cuando saliste de Seír,
cuando avanzaste
desde los campos de Edom,
tembló la tierra, destilaron los cielos,
y las nubes se deshicieron en agua.
5 Las montañas se derritieron
en presencia del Señor, el del Sinaí,
en presencia del Señor, Dios de Israel.
6 En los días de Sangar, hijo de Anat,
en los días de Yael,

• **5 1-31**: Un poeta contemporáneo a los acontecimientos celebró la victoria en la joya más antigua de la poesía hebrea (Jue 5). Este cántico celebra a Débora, a los guerreros, a Yael; pero sobre todo al Señor, el Dios de las batallas, el Dios de Israel. También canta las alabanzas de las tribus que acudieron a luchar contra el enemigo común, y anuncia la vergüenza de las tribus que no colaboraron. El canto, mil veces repetido, mantenía la fe de los verdaderos israelitas.

ya no pasaban caravanas;
los caminantes
seguían senderos sinuosos.
7 No había jefes en Israel; no los había,
hasta que tú surgiste, Débora;
hasta que surgiste, madre de Israel.
8 Se preferían dioses nuevos,
la guerra estaba a las puertas;
no se veía un escudo ni una lanza
entre cuarenta mil de Israel.
9 Mi corazón se dirije
a los jefes de Israel,
a los voluntarios del pueblo:
10 ¡Bendigan al Señor,
los que montan sobre burras blancas,
los que se sientan
sobre mantas bordadas,
los que van por los caminos, canten!
11 Se oye el clamor de los que reparten
el botín junto a los pozos,
allí se celebran las hazañas del Señor,
las hazañas de los israelitas;
entonces el pueblo del Señor
bajaba a las puertas.

12 Levántate, Débora, levántate;
levántate, ponte en pie,
entona un canto;
ponte en pie, Barac,
apresa a los que te apresaron,
hijo de Abinoán.
13 Que el sobreviviente
someta a los poderosos
y el pueblo del Señor
someta a los héroes.
14 Los príncipes de Efraín,
están en el llano,
detrás de ti Benjamín,
en medio de tu gente;
bajan de Maquir los nobles,
y de Zabulón los que llevan
bastón de mando.
15 Los jefes de Isacar están con Débora,
y Neftalí, con Barac,
se lanza detrás de sus pasos en el valle.
Junto a los arroyos de Rubén
¡largas deliberaciones!
16 ¿Por qué te quedas en tus corrales,
escuchando las flautas
entre los rebaños?
Junto a los arroyos de Rubén
¡largas deliberaciones!
17 Galaad se ha quedado
al otro lado del Jordán,
y Dan, ¿por qué se va lejos
en sus barcos?
Aser está sentado a la orilla del mar,
y vive tranquilo en sus puertos.
18 Zabulón es un pueblo
que reta a la muerte,
como Neftalí en las alturas del campo.
19 Vinieron los reyes y pelearon,
combatieron los reyes de Canaán
en Tanac, junto a las aguas de Meguido,
y no se llevaron objetos de plata
como botín.
20 Desde los cielos
combatieron las estrellas,
desde sus órbitas combatieron a Sísara.
21 El torrente Quisón los arrastró,
torrente famoso es el torrente Quisón,
los aplastó con violencia.
22 Cascos de caballos martillean el suelo
¡es el galope, el galope de los corceles!
23 Maldigan a Meroz, maldíganla,
dice el ángel del Señor;
maldigan a sus habitantes,
porque no vinieron en ayuda del Señor,
en ayuda del Señor, entre los héroes.

24 Bendita entre las mujeres sea Yael,
la mujer de Jéber, el quenita,
bendita entre las mujeres nómadas.
25 Agua le pidió, y le dio leche;
en copa preciosa le ofreció nata.
26 Con su izquierda agarró una estaca,
con su derecha un martillo de obrero
y golpeó a Sísara, le partió la cabeza,
lo machacó, le atravesó la sien.
27 A sus pies se dobló, cayó acostado;
a sus pies se dobló y cayó;
donde se dobló, allí cayó aniquilado.
28 Asomada a la ventana,
mira la madre de Sísara por las rejas.
¿Por qué su carro tarda en venir?
¿Por qué se retrasan sus carros de guerra?
29 Su dama más sensata le responde,
repitiendo las mismas palabras:
30 «Están recogiendo y repartiendo el botín:
una muchacha o dos para cada hombre,
vestidos de colores para Sísara,
mantos bordados para mi cuello».
31 Así perezcan todos tus enemigos, Señor;
tus amigos sean fuertes
como el sol naciente.

El país estuvo en paz durante cuarenta años.

GEDEON +

Infidelidad de Israel y opresión madianita

6 1 Los israelitas ofendieron al Señor con su conducta, y el Señor los entregó en poder de Madián durante siete años. 2 Madián sometió duramente a Israel. Para librarse de Madián, los israelitas tuvieron que refugiarse en las cuevas, cavernas y refugios que hay en las montañas.

3 Cuando los israelitas sembraban, los madianitas, junto con los amalecitas y los de oriente, los atacaban. 4 Acampaban en su tierra, arrasaban los campos sembrados de la región hasta cerca de Gaza y no dejaban a Israel medio alguno de subsistencia, ni ovejas, ni bueyes, ni burros. 5 Pues venían con sus rebaños y tiendas como una nube de langosta, hombres y camellos innumerables, e invadían la región para arrasarla. 6 Así, Israel quedó en gran miseria por causa de Madián. Entonces los israelitas invocaron al Señor. 7 Y cuando los israelitas invocaron al Señor por causa de Madián, 8 el Señor les envió un profeta que les dijo:

–Así dice el Señor, Dios de Israel: Yo los saqué de Egipto, de aquel lugar de esclavitud; 9 los libré del poder de Egipto y de todos aquellos que los oprimían; los expulsé ante ustedes y les di sus tierras. 10 Entonces les dije: Yo soy el Señor, su Dios. No adoren a los dioses de los amorreos, cuya tierra ocupan. Pero ustedes no me han obedecido.

Vocación de Gedeón

Ex 3-4; Jue 13

11 Un día el ángel del Señor vino a sentarse bajo el terebinto de Ofrá, que pertenecía a Joás de Abiezer. Su hijo Gedeón estaba desgranando el trigo en el lugar donde se pisan las uvas para que no se enteraran los madianitas. 12 El ángel del Señor se le apareció y le dijo:

–El Señor está contigo, valiente guerrero.

13 Gedeón le respondió:

–Por favor, mi señor, si el Señor está con nosotros, ¿por qué nos pasa todo esto? ¿Qué ha sido de todos esos prodigios que nos cuentan nuestros padres, cuando nos dicen que el Señor nos sacó de Egipto? Ahora nos ha abandonado y nos ha entregado en poder de Madián.

14 El Señor lo miró y le dijo:

–Vete, que con tu fuerza salvarás a Israel del poder de Madián. Yo te envío.

15 Gedeón respondió:

–Por favor, Señor, ¿cómo salvaré yo a Israel? Mi familia es la más insignificante de Manasés y yo soy el último de la familia de mi padre.

16 Respondió el Señor:

–Yo estaré contigo, y tú derrotarás a los madianitas como si se tratara de un solo hombre.

17 Gedeón insistió:

–Si he alcanzado tu favor, dame una señal de que eres tú quien me habla. 18 Por favor, no te vayas de aquí hasta que yo regrese. Yo traeré mi ofrenda y la depositaré ante ti.

El le dijo:

–Me quedaré aquí hasta que regreses.

19 Gedeón se fue, preparó un cabrito, y con una medida de harina hizo panes sin levadura; puso la carne en su cesta y el caldo en una olla, los llevó bajo el terebinto y se lo presentó. 20 El ángel de Dios le dijo:

–Toma la carne y los panes sin levadura, colócalos sobre esta piedra y derrama el caldo.

Gedeón lo hizo así.

+ **6 1-8 35**: Para componer el ciclo de Gedeón el autor ha utilizado tradiciones diversas que ya estaban reunidas en un relato seguido. Estas tradiciones reflejan la crisis sufrida por el pueblo después de su instalación en Canaán. Por un lado la constante tentación de adorar a los dioses locales, y por otro la necesidad de estar unidos bajo un rey (Jue 9).

• **6 1-10**: Israel abandona otra vez al Señor. En este caso su castigo son las incursiones devastadoras de los madianitas, nómadas camelleros de Transjordania, que traen al pueblo miseria y temor. Entonces los israelitas invocan al Señor; un profeta les interpreta el sentido de la historia y el Señor les suscita un salvador.

• **6 11-24**: El relato de la vocación de Gedeón posee un esquema literario semejante al de otros relatos de vocación (véase Ex 3; Is 6; Jr 1). Al recibir la llamada de Dios, Gedeón duda, porque se siente incapaz. El Señor le responde con las mismas palabras que a Moisés (y más tarde a Jeremías): *Yo estaré contigo.* El Señor le da una señal: convierte la comida en holocausto. Gedeón tiembla porque nadie puede ver a Dios y quedar con vida, pero Dios se manifiesta a sus elegidos.

21 Entonces el ángel del Señor extendió
el bastón que tenía en su mano y tocó la
carne y los panes sin levadura. Salió fuego
de la roca y consumió la carne y los panes
sin levadura, y el ángel del Señor desapareció de su vista. 22 Gedeón se dio cuenta
de que era el ángel del Señor, y exclamó:
–¡Ah, Señor, Señor! ¡He visto cara a cara al ángel del Señor!
23 El Señor le dijo:
–La paz sea contigo. Nada temas, no
morirás.
24 Gedeón construyó allí un altar al Señor y lo llamó Señor de la Paz. Este altar
está todavía hoy en Ofrá de Abiezer.

Gedeón destruye el altar de Baal

Ex 34 13; 1 Re 18 27-40

25 Aquella misma noche el Señor dijo a
Gedeón:
–Toma el toro de siete años que tiene tu
padre, derriba el altar de Baal que posee tu
padre y destruye la imagen sagrada que está
junto a él. 26 Edifica un altar bien preparado
al Señor tu Dios en la cumbre de esta altura. Lleva el toro, y ofrécelo en holocausto
con la leña de la imagen destruida.
27 Gedeón tomó consigo a diez de sus
criados e hizo lo que le había mandado el
Señor; pero como no se atrevía a hacerlo
de día, por miedo a su familia y a la gente
de la ciudad, lo hizo de noche. 28 Al día
siguiente, cuando se levantó la gente de la
ciudad, vieron que el altar de Baal había
sido derribado, que la imagen sagrada que
estaba junto a él había sido destruida, y que
el toro había sido ofrecido en holocausto
sobre el nuevo altar. 29 Y se preguntaban
unos a otros:
–¿Quién habrá hecho esto?
Indagaron, se informaron y llegaron a
esta conclusión:
–Lo ha hecho Gedeón, el hijo de Joás.
30 Entonces los hombres de la ciudad
dijeron a Joás:
–Saca a tu hijo, y que muera, porque ha
derribado el altar de Baal y ha destruido la
imagen sagrada que estaba junto a él.
31 Joás les respondió:
–¿Les toca a ustedes defender a Baal?
¿Son ustedes quienes tienen que salvarlo?
El que salga en defensa de Baal morirá
antes del amanecer. Si verdaderamente es
Dios, se defenderá por sí mismo contra el
que ha derribado su altar.
32 A partir de ese momento dieron a Gedeón el nombre de Yerubaal, pues decían:
–Que Baal se defienda de él, ya que ha
derribado su altar.

Llamamiento a las armas

33 Todos los madianitas, los amalecitas
y los de oriente se aliaron, cruzaron el Jordán y acamparon en la llanura de Jezrael.
34 Entonces, el espíritu del Señor se apoderó
de Gedeón, que tocó la trompeta, y Abiezer lo siguió. 35 Envió mensajeros a todo
Manasés, que también lo siguió; y a Aser,
a Zabulón y a Neftalí, que también vinieron a unirse con él.

La prueba del vellón

36 Gedeón dijo a Dios:
–Demuéstrame que quieres salvar a Israel por medio de mí, como has dicho.
37 Voy a poner un vellón de lana al sereno;
si el rocío cae sólo sobre el vellón, quedando seco todo el suelo, sabré que librarás a Israel por medio de mí, como has
dicho.
38 Y así sucedió. Gedeón madrugó al
día siguiente, tomó el vellón, lo exprimió y
con el rocío llenó una vasija de agua.
39 Gedeón dijo a Dios:
–No te enojes contra mí, si me atrevo a
hablarte una vez más. Permíteme que repi-
ta por última vez la prueba del vellón: que
quede seco sólo el vellón y todo el suelo
cubierto de rocío.
40 Y Dios lo hizo así aquella noche.
Quedó seco sólo el vellón mientras todo el
suelo estaba cubierto de rocío.

• **6** 25-32: Antes de salvar a Israel de los madianitas, Gedeón libra al pueblo del miedo a Baal y a sus seguidores. Destruye su altar y construye en su lugar otro dedicado al Señor. Los vecinos se enfurecen; pero el padre de Gedeón aprueba lo que ha hecho su hijo, y les responde con palabras semejantes a las de Elías (1 Re 18 20.40).

• **6** 33-35: Véase nota a Jue 7 1-25.

• **6** 36-40: Este relato es continuación de Jue 6 11-24, y posee algunos elementos típicos de la fundación de un santuario. En varias ocasiones el ángel del Señor se identifica con el Señor.

Los trescientos de Gedeón

Dt 8 17; 9 4; 1 Cor 1 26-31; Ef 2 8-9

7 1 Yerubaal, o sea, Gedeón, se levantó de
madrugada con toda su gente, y acamparon junto a la fuente de Jarod. El campamento de Madián estaba más al norte, en el
valle, al pie de la colina de Moré.
2 El Señor dijo a Gedeón:
–Tu gente es demasiado numerosa para
que yo les entregue Madián. Israel podría
vanagloriarse ante mí, diciendo: «Mi propia fuerza me ha librado». 3 Por eso, reúne
al pueblo y dile: «El que tenga miedo y
tiemble, que se retire».
Gedeón los puso a prueba y se retiraron
veintidós mil, quedando sólo diez mil.
4 El Señor dijo a Gedeón:
–Todavía son demasiados. Llévalos hasta la fuente, y allí los seleccionaré. El que
yo te diga que vaya contigo, irá; y el que te
diga que no vaya contigo, no irá.
5 Gedeón llevó sus tropas a la fuente, y
el Señor le dijo:
–Los que beban el agua lamiéndola, como los perros, ponlos a un lado; y los que
se arrodillen para beber, ponlos a otro.
6 Los que bebieron el agua lamiéndola
sumaron trescientos. El resto se arrodilló
para beber, llevándose el agua a la boca con
la mano.
7 Entonces dijo el Señor a Gedeón:
–Con los trescientos hombres que han
bebido el agua lamiéndola, los libraré a ustedes, y pondré a Madián bajo tu poder.
Todos los demás, que regresen a su casa.
8 Tomaron sus provisiones y sus trompetas, y Gedeón los mandó a sus casas,
quedándose sólo con los trescientos. El
campamento de Madián quedaba debajo
del suyo, en la llanura.

Presagio de victoria

9 Aquella noche el Señor dijo a Gedeón:
–Baja ahora mismo contra el campamento, porque yo te lo entrego. 10 Pero si
tienes miedo de ir solo, que te acompañe tu
siervo Furá. 11 Escucha lo que dicen; al
oírlo cobrarás más ánimo y caerás sobre el
campamento.
Gedeón bajó con su siervo Furá hasta las
primeras tiendas del campamento. 12 Los
madianitas, los amalecitas y los de oriente
estaban distribuidos en el valle. Eran numerosos como langostas; sus camellos eran
innumerables como la arena de la playa.
13 Cuando llegó Gedeón, un hombre estaba
contando un sueño a un compañero suyo.
Decía:
–He tenido un sueño; veía rodar por el
campamento de Madián un pan grande de
cebada. Llegó a la tienda, chocó contra ella,
la arrolló y la derribó.
14 Su compañero le contestó:
–Eso no es otra cosa que la espada de
Gedeón, hijo de Joás, de Israel. Dios ha
puesto bajo su poder a Madián y a todo su
campamento.
15 Cuando Gedeón oyó el sueño y su
explicación, se postró. Después regresó al
campamento de Israel y dijo:
–Prepárense, porque el Señor ha puesto
el campamento de Madián en poder de ustedes.

Estratagema de Gedeón

16 Gedeón dividió sus trescientos hombres en tres cuerpos. Les entregó a cada
uno una trompeta y un cántaro vacío con
una antorcha dentro de él, 17 y les dijo:
–Fíjense en mí y hagan lo que me vean
hacer. Cuando yo llegue a los límites del
campamento, hagan lo que me vean hacer.
18 Yo y todos los que me acompañen tocaremos la trompeta; entonces toquen ustedes
las suyas en torno al campamento y griten:
¡Por el Señor y por Gedeón!
19 Gedeón y los cien hombres que lo
acompañaban llegaron a las primeras tiendas del campamento cuando los centinelas

• **7 1-25**: Jue 6 33-35 y Jue 7 1-25 deben leerse seguidos. Impulsado por el espíritu de Dios, Gedeón convoca a su clan, a su tribu y a las tribus vecinas. Se pone a prueba la solidaridad de Israel, como presagio de victoria. Pero la gloria ha de ser del Señor. El numeroso ejército de Gedeón quedará reducido a unos pocos. Primera selección: ¡A casa los cobardes! El siguiente método de selección es difícil de comprender; acaso son elegidos los que beben del modo menos usual por incómodo. Al final quedan trescientos, un número insignificante frente a tantos enemigos. El sueño del madianita es un nuevo presagio de victoria (Jue 7 13-14).

Al final aparece con claridad que la victoria es enteramente obra de Dios, pues todo se ha hecho siguiendo sus instrucciones, y es Dios mismo quien siembra el pánico y la confusión entre los enemigos.

cambiaban de turno, al comienzo de la vigilia de la medianoche. Apenas acabado el relevo de los centinelas, tocaron las trompetas y rompieron los cántaros que llevaban en la mano. 20 Entonces los tres cuerpos tocaron las trompetas y rompieron los cántaros. Con la mano izquierda sostenían las antorchas encendidas y con la derecha las trompetas para tocarlas, y gritaron:

–¡Por el Señor y por Gedeón!

21 Cada uno se quedó en su puesto alrededor del campamento. Todo el campamento, como alocado, se puso a correr, a gritar y a huir. 22 Mientras los trescientos tocaban las trompetas, el Señor hizo que los madianitas se mataran unos a otros en el campamento y que huyeran a Bet Sitá, hacia Sartán, hasta la ribera de Abel Mejolá, frente a Tabat.

Persecución

23 Entonces se reunieron los israelitas de Neftalí, de Aser y de todo Manasés y persiguieron a los madianitas. 24 Gedeón envió mensajeros por toda la montaña de Efraín para decirles:

–Bajen al encuentro de Madián y córtenles la retirada en los pasos del río Jordán hasta Bet Bará.

Todos los efraimitas acudieron a la llamada y ocuparon los pasos del río a lo largo del Jordán hasta Bet Bara. 25 Hicieron prisioneros a los dos jefes de Madián, Oreb y Zeb, y los mataron; a Oreb en la peña de Oreb, y a Zeb en la bodega de Zeb. Persiguieron a Madián, y llevaron a Gedeón, al otro lado del Jordán, las cabezas de Oreb y Zeb.

Los efraimitas se sienten ofendidos

Jue 12 1-7

8 1 Los de Efraín dijeron a Gedeón:

–¿Qué nos has hecho? ¿Por qué no nos llamaste cuando ibas a combatir contra Madián?

Y se enojaron mucho con él.

2 El les dijo:

–¿Qué vale mi hazaña comparada con la de ustedes? ¿No vale más un solo racimo de Efraín que toda la cosecha de uvas de Abiezer? 3 El Señor entregó en sus manos a los jefes de Madián, Oreb y Zeb. ¿Se puede comparar lo que yo he hecho con lo que han hecho ustedes?

Y ante estas palabras, se calmó su enojo contra Gedeón.

Prosigue la persecución en Transjordania

4 Gedeón llegó al río Jordán con sus trescientos hombres y lo cruzó; iban muertos de hambre y de sed. 5 Entonces dijo a los habitantes de Sucot:

–Les ruego que den unos cuantos panes grandes a mis hombres, porque están extenuados, y quiero continuar persiguiendo a Zébaj y a Salmuná, reyes de Madián.

6 Los jefes de Sucot le respondieron:

–¿Acaso tienes ya en tus manos a Zébaj y a Salmuná, para que tengamos que abastecer de pan a tu ejército?

7 Gedeón contestó:

–Bien, cuando el Señor me entregue a Zébaj y a Salmuná desgarraré las carnes de ustedes con espinos y cardos del desierto.

8 Desde allí subió a Penuel y les hizo la misma petición. Los de Penuel le respondieron lo mismo que los de Sucot. 9 Y él les contestó de la misma manera:

–Cuando regrese vencedor, derribaré esta torre.

10 Zébaj y Salmuná estaban en Carcor con sus ejércitos, unos quince mil hombres, todos los que habían quedado del ejército de oriente. El número de los caídos era de ciento veinte mil. 11 Gedeón subió por el camino de los nómadas, al este de Nobaj y de Yogboá, y atacó el campamento cuando menos lo esperaban. 12 Zébaj y Salmuná huyeron, pero Gedeón los persiguió, los hizo prisioneros y derrotó a todo su ejército.

• **8 1-21**: Los susceptibles efraimitas se sienten ofendidos por no haber sido llamados desde el principio a participar en la batalla (véase un caso parecido en Jue 12 1-6). Gedeón hace frente a sus quejas con un recurso típicamente oriental: halagando su orgullo. Los de Sucot y Penuel, temerosos de las represalias de los madianitas, niegan alimentos a la tropa; de ahí la dura venganza de Gedeón contra ellos y contra los reyes madianitas. Nótese que el radio de acción de Gedeón llega hasta más allá del Jordán.

Gedeón se venga de la gente de Sucot

13 Cuando Gedeón, hijo de Joás, regresaba de la batalla por la cuesta de Járes,
14 apresó a un joven de Sucot, lo interrogó,
y él le dio por escrito los nombres de los
jefes de Sucot y de sus ancianos, que eran
setenta y siete en total. 15 Entonces Gedeón
se dirigió a la gente de Sucot y les dijo:
–Aquí están Zébaj y Salmuná, por cuyo
motivo ustedes se han burlado de mí, diciendo: «¿Acaso tienes ya en tus manos a
Zébaj y a Salmuná para que tengamos que
abastecer de pan a tu ejército hambriento?»
16 Después apresó a los ancianos de Sucot y desgarró sus carnes con espinos y
cardos del desierto. 17 Derribó la torre de
Penuel y mató a los hombres de la ciudad.
18 Después preguntó a Zébaj y a Salmuná:
–¿Cómo eran los hombres que ustedes
mataron en el Tabor?
Ellos respondieron:
–Eran idénticos a ti: todos ellos parecían
príncipes.
19 Entonces dijo Gedeón:
–Eran mis hermanos, hijos de mi madre.
¡Vive el Señor, que si los hubieran dejado
con vida, no los mataría a ustedes ahora!
20 Y dijo a Yéter, su primogénito:
–Anda, mátalos.
Pero el muchacho no sacó la espada. No
se atrevía, porque era todavía muy joven.
21 Entonces Zébaj y Salmuná le rogaron:
–Anda, mátanos tú, porque un hombre
se mide por su valor.
Entonces Gedeón fue y mató a Zébaj y
a Salmuná, y se quedó con los adornos que
llevaban al cuello sus camellos.

Fin de la vida de Gedeón

Jue 17-18

22 Los hombres de Israel pidieron a Gedeón:
–Gobierna tú sobre nosotros, y luego tu
hijo y tu nieto, porque nos has librado del
dominio de Madián.
23 Gedeón respondió:
–Yo no seré quien los gobierne, ni tampoco lo será mi hijo, porque es el Señor
quien los gobierna.
24 Y añadió:
–Quiero pedirles una cosa: Denme cada
uno un anillo de los que les ha correspondido como botín.
(Los vencidos, como eran ismaelitas tenían anillos de oro).
25 Le contestaron:
–Te los damos con mucho gusto.
Luego extendieron un manto, y cada
uno echó un anillo del botín. 26 El peso de
estos anillos ascendió a unos diecinueve
kilos de oro, sin contar los adornos, los aretes y los vestidos de púrpura de los reyes
de Madián, ni los collares que colgaban
del cuello de sus camellos. 27 Gedeón hizo
con ellos un efod, que colocó en su ciudad,
Ofrá. Todo Israel iba a rendirle culto, y
esto fue la ruina de Gedeón y su familia.
28 Madián quedó humillado ante los israelitas y no volvió a levantar cabeza. La
región gozó de paz durante los cuarenta
años que vivió Gedeón.
29 Yerubaal, hijo de Joás, se fue a vivir a
su casa. 30 Gedeón tuvo setenta hijos, porque fueron muchas sus mujeres. 31 También su concubina, que vivía en Siquén, le
dio un hijo al que llamó Abimélec. 32 Gedeón, hijo de Joás, murió en buena ancianidad y fue sepultado en la tumba de su
padre Joás, en Ofrá de Abiezer.

Israel recae en la infidelidad

33 Muerto Gedeón, los israelitas dieron
de nuevo culto a los ídolos, y eligieron como dios a Baal Berit, 34 sin acordarse para
nada del Señor su Dios, que los había librado de todos sus enemigos de alrededor.
35 Y no demostraron agradecimiento a la
familia de Yerubaal-Gedeón por todo el
bien que había hecho a Israel.

• **8 22-35**: Israel empieza a sentir la necesidad de organizarse políticamente, como los demás pueblos. En la visión del deuteronomista es todo Israel quien propone a Gedeón que sea su jefe; él, sin embargo, rechaza la propuesta alegando que sólo el Señor es rey de Israel.

La hazaña de Gedeón fue memorable: es *el día de Madián* citado por Isaías (Is 9 3). Los madianitas no volvieron a levantar cabeza. Sin embargo los israelitas, muerto Gedeón, se olvidan del Señor y de Gedeón. El efod que Gedeón manda hacer (Jue 8 27) no es uno de los atuendos sacerdotales (Ex 28 6-12), sino un objeto de culto utilizado para la adivinación (Jue 17 3; 1 Sm 2 28).

APENDICE : ABIMELEC, REY DE SIQUEN +

Abimélec mata a sus hermanos y es proclamado rey

2 Re 10 1-17; 11 1-3

9 1 Abimélec, hijo de Yerubaal, se fue a
casa de los hermanos de su madre en
Siquén y les dijo a ellos y a toda la familia
de su madre:
2 –Pregunten a todos los nobles de Siquén: «¿Qué prefieren? ¿Ser gobernados
por setenta hombres, todos los hijos de Yerubaal, o por uno sólo?» Y no olviden que
yo soy de su propia familia.
3 Los hermanos de su madre comunicaron su mensaje a los nobles de Siquén, y
ellos se pusieron de parte de Abimélec, pensando: «Es nuestro hermano».
4 Y le dieron setenta monedas de plata
del templo de Baal Berit. Con ellas, Abimélec contrató a unos cuantos vagos y aven-
tureros que lo siguieron. 5 Después fue a
casa de su padre, en Ofrá, y mató a sus hermanos, los hijos de Yerubaal, a los setenta
a la vez. Sólo se salvó Yotán, el hijo menor
de Yerubaal, que se había escondido. 6 Todos los nobles de Siquén y los de Bet Miló
se reunieron y proclamaron rey a Abimélec
junto al terebinto y a la piedra conmemorativa que hay en Siquén.

Fábula de Yotán

7 Informado de esto, Yotán subió a la
cumbre del Garizín, y desde allí gritó:

¡Escúchenme, nobles de Siquén,
y que Dios los escuche!
8 Una vez los árboles
quisieron elegirse un rey.
Dijeron al olivo:
«Reina sobre nosotros».
9 Pero el olivo les respondió:
«¿Voy a renunciar yo al aceite
con el cual se honra a Dios
y a los hombres
para ir a mecerme
sobre los árboles?»
10 Entonces dijeron a la higuera:
«Ven tú y reina sobre nosotros».
11 Pero la higuera respondió:
«¿Voy a renunciar yo
a la dulzura de mi fruto
para ir a mecerme
sobre los árboles?»
12 Entonces dijeron a la parra:
«Ven tú y reina sobre nosotros».
13 Pero la parra respondió:
«¿Voy yo a renunciar a mi vino,
alegría de Dios y de los hombres,
para ir a mecerme
sobre los árboles?»
14 Entonces dijeron a la zarza:
«Ven tú y reina sobre nosotros».
15 Y la zarza les respondió:
«Si de verdad quieren que sea su rey,
vengan y refúgiense bajo mi sombra;
y, si no, que salga fuego de la zarza
y consuma a los cedros del Líbano».

16 Pues bien; ¿les parece justo y honrado
haber elegido como rey a Abimélec y no
haberse portado con Yerubaal y con su familia como se merecían? 17 Mi padre luchó
por ustedes, exponiendo su propia vida para
librarlos del dominio de Madián, 18 y ustedes se han sublevado hoy contra la familia
de mi padre, han matado a sus hijos, a los
setenta a la vez, y han nombrado rey sobre
los nobles de Siquén a Abimélec, el hijo de
una esclava suya, sólo porque es hermano
de ustedes. 19 Si han procedido leal y
noblemente con Yerubaal y su familia en el
día de hoy, que Abimélec sea motivo de alegría para ustedes y ustedes para él; 20 pero

+ 9 1-57: Gedeón había rehusado ser jefe, pero sus hijos ejercían como jefes del pueblo o pretendían llegar a serlo. Uno de ellos, Abimélec, hombre sin escrúpulos, hijo de israelita y cananea (Jue 8 31), consigue ser proclamado rey de Siquén por la asamblea de sus paisanos, tras haber eliminado cruelmente a sus hermanastros.

La intención de quien introdujo esta historia entre la de los salvadores de Israel está clara por el doble contraste entre Gedeón y Abimélec. Primero, los crímenes de Abimélec exigían un castigo; Dios se lo envía infundiendo la discordia entre la asamblea de Siquén y su rey, y acarreándole a él y a quienes habían hecho causa común con semejante asesino, un trágico fin, tras sólo tres años de reinado. Segundo, mientras Gedeón había rehusado la realeza que le ofrecían, Abimélec la consigue matando a sus setenta hermanos. La monarquía aporta sólo la destrucción de la ciudad y de las poblaciones vecinas.

Jue 9 es una importante fuente histórica para el conocimiento de la época. Es un ejemplo de la convivencia y conflicto entre israelitas y cananeos, que pudo repetirse en otros lugares. El redactor no la retocó: por sí misma hablaba de la retribución del bien y del mal y de los peligros de la monarquía.

si no, que salga fuego de Abimélec y consuma a los nobles de Siquén y de Bet Miló,
y que salga fuego de los nobles de Siquén
y de Bet Miló y consuma a Abimélec.
21 Dicho esto, Yotán se retiró, huyó y
fue a refugiarse en Ber, donde vivió lejos
de su hermano Abimélec.

Rebelión de los habitantes de Siquén

22 Abimélec gobernó durante tres años
sobre Israel. 23 Después, Dios mandó un
espíritu de discordia entre Abimélec y los
nobles de Siquén, y éstos traicionaron a
Abimélec, 24 para que el castigo por el crimen cometido contra los setenta hijos de
Yerubaal recayera sobre su hermano Abimélec, que los había matado, y sobre los
nobles de Siquén que habían sido cómplices de aquel crimen.
25 Los de Siquén pusieron emboscadas
en las cumbres de las montañas y saqueaban a los transeúntes que pasaban cerca de
ellos. Abimélec fue informado de esto.
26 Gaal, hijo de Obed, vino con sus hermanos a Siquén y se ganó la confianza de
los nobles; 27 éstos salieron al campo, cosecharon sus viñas, hicieron vino y organizaron fiestas; entraron en el templo de su
dios, comieron y bebieron, y maldijeron a
Abimélec.
28 Gaal, hijo de Obed, dijo:
–¿Quién es Abimélec y quién es Siquén, para que tengamos que someternos a
ellos? ¿No estuvieron sometidos Abimélec
y su lugarteniente Zebul a los hombres de
Jamor, padre de Siquén? ¿Por qué, entonces, vamos nosotros a estar sometidos a
Abimélec? 29 ¡Ah, si tuviera poder sobre
este pueblo! Quitaría de en medio a Abimélec. Le diría: «Refuerza tu ejército y ven a
combatir».
30 Enterado Zebul, gobernador de la
ciudad, de estas palabras de Gaal, hijo de
Obed, se enfureció 31 y envió mensajeros a
Abimélec, para comunicarle:
–Gaal, hijo de Obed, ha venido a Siquén
con sus hermanos y están sublevando la
ciudad contra ti. 32 Sal esta misma noche
con tu gente y tiéndeles una emboscada en
el campo. 33 Mañana por la mañana, al
salir el sol, levántate y ataca la ciudad;
cuando Gaal salga con los suyos para atacarte, podrás hacer con ellos lo que te parezca.
34 Abimélec se levantó de noche con su
gente y tendieron una emboscada frente a
Siquén en cuatro grupos. 35 Gaal, hijo de
Obed, salió y se detuvo en la puerta de la
ciudad. Abimélec y su gente salieron de la
emboscada. 36 Gaal los vio y dijo a Zebul:
–Mira, baja gente de las cumbres de las
montañas.
Zebul le respondió:
–Son las sombras de las montañas que
te parecen hombres.
37 Gaal insistió:
–Es gente que baja del Ombligo de la
Tierra y otro grupo viene por el camino de
la Encina de los Adivinos.
38 Zebul le dijo:
–¿No eras tú el que decías: «Quién es
Abimélec para que estemos sometidos a
él»? ¿No es ésta la gente a la que tú despre-
ciabas? Sal, pues, ahora y preséntales batalla.
39 Gaal salió al frente de los nobles de
Siquén y luchó con Abimélec, 40 pero Abimélec lo persiguió, y él emprendió la huida; muchos cayeron muertos antes de alcanzar la puerta de la ciudad. 41 Abimélec
regresó a Arumá, y Zebul expulsó a Gaal y
a sus hermanos, prohibiéndoles habitar en
Siquén.

Abimélec destruye Siquén y Torre de Siquén

42 Al día siguiente, los de Siquén salieron al campo, y Abimélec se enteró; 43 tomó a sus hombres, los dividió en tres grupos y tendió una emboscada en el campo.
Cuando vio que la gente salía de la ciudad,
los atacó y los derrotó. 44 Abimélec y su
grupo tomaron posiciones y ocuparon la
entrada de la ciudad. Los otros dos grupos
se lanzaron contra los que estaban en el
campo y los derrotaron. 45 Abimélec luchó
todo aquel día contra la ciudad, la conquistó, mató a sus habitantes, la arrasó y esparció sal sobre ella.
46 Al saberlo los nobles de Torre de Siquén, se refugiaron en la cripta del templo
de El Berit. 47 Abimélec se enteró de que
estaban reunidos los nobles de Torre de Siquén y 48 subió con su gente al monte Sal-

món. Tomó en su mano un hacha, cortó
una rama de un árbol, la cargó sobre sus
espaldas y dijo a la gente:
–Hagan rápidamente lo que me han visto
hacer.
49 Cada uno cortó su rama, siguieron a
Abimélec, colocaron las ramas encima de
la cripta y le prendieron fuego con ellos
dentro. Así perecieron los de Torre de Siquén, unos mil entre hombres y mujeres.

Abimélec muere en el asedio de Tebes

50 Después Abimélec se dirigió contra
Tebes, la sitió y la conquistó. 51 Había en
medio de la ciudad una torre fortificada
donde se refugiaron todos los hombres,
mujeres y nobles de la ciudad; cerraron la
puerta por dentro y subieron a lo alto de la
torre. 52 Abimélec llegó hasta la torre para
atacarla. Se acercó a la puerta para incen-
diarla, 53 pero entonces una mujer le tiró
una gran piedra y le rompió la cabeza. 54 Inmediatamente Abimélec llamó a su escudero y le dijo:
–Saca la espada y mátame, para que no
se diga que me mató una mujer.
Su escudero lo atravesó y murió. 55 Cuando la gente de Israel vio que Abimélec había muerto, regresó cada uno a su casa.
56 Así hizo recaer Dios sobre Abimélec
todo el mal que él había hecho a su padre
matando a sus setenta hermanos. 57 Igualmente hizo recaer sobre los hombres de
Siquén el mal que habían hecho. De este
modo se cumplió la maldición de Yotán,
hijo de Yerubaal.

TOLA Y YAIR +

10 1 Después de Abimélec, surgió, para
salvar a Israel, Tolá, hijo de Fuá, hijo
de Dodó, de la tribu de Isacar. Vivía en Samir, en las montañas de Efraín. 2 Actuó como juez en Israel durante veintitrés años.
Murió y fue sepultado en Samir.
3 Después de él surgió Yaír, de Galaad.
Actuó como juez en Israel durante veintidós años. 4 Tuvo treinta hijos, que montaban treinta burros y tenían treinta ciudades
que se llaman todavía, villas de Yaír, en la
tierra de Galaad. 5 Murió Yaír y fue sepultado en Camón.

JEFTE

Opresión de los amonitas

Jue 2 11-23

6 Los israelitas ofendieron de nuevo al
Señor con su conducta; adoraron a Baal y
Astarté, a los dioses de Aram, de Sidón, de
Moab, de los amonitas y de los filisteos.
Abandonaron al Señor y no le dieron culto. 7 Entonces el Señor se enfureció contra
los israelitas y los entregó en poder de los
filisteos y de los amonitas. 8 Estos oprimieron duramente por espacio de dieciocho años a todos los israelitas que vivían al
otro lado del Jordán, en el territorio de Galaad, en el país de los amorreos. 9 Además,
los amonitas pasaron el Jordán para combatir también contra Judá, Benjamín y la
familia de Efraín; Israel se vio en grave angustia. 10 Entonces, los israelitas invocaron
al Señor, diciendo:
–Hemos pecado contra ti. Te hemos
abandonado a ti, Señor Dios nuestro, para
dar culto a los ídolos.
11 El Señor les respondió:
–Cuando los egipcios, los amorreos, los
amonitas, los filisteos, 12 los sidonios, los
amalecitas y los madianitas los oprimían y
ustedes me invocaron, ¿no los salvé yo de

+ 10 1-5: Se recoge aquí (y en Jue 12 8-15) una lista de "jueces" que ejercieron el oficio en Israel sobre algunas tribus durante un tiempo determinado, aunque no se les atribuía ninguna hazaña especial. Los datos sobre ellos son breves y precisos. Les cuadra el nombre de jueces mejor que a los jueces mayores, que en realidad fueron libertadores.

• 10 6-16: La historia de Jefté va precedida de una introducción redaccional más amplia que de ordinario. El esquema es el mismo que se repite en todos los jueces: pecado de Israel; ira del Señor; castigo a manos de los filisteos y de los amonitas, que primero oprimen a las tribus de Transjordania y luego pasan el Jordán; los israelitas invocan al Señor y confiesan su pecado. Pero esta vez el Señor no se fía y se resiste; les recuerda su ingratitud y los remite irónicamente a los dioses que han elegido. Los israelitas muestran la sinceridad de su conversión deshaciéndose de los ídolos, y el Señor, finalmente, se decide a salvarlos. Pero en esta ocasión no se añade (como cabía esperar): "y les suscitó un libertador". Es como si en este caso se quisiera indicar que el liderazgo de Jefté fue una iniciativa puramente humana de la que Dios se sirvió para liberar a su pueblo.

La mención de los filisteos junto a los amonitas hace que esta introducción valga también para la historia de Sansón (Jue 13 1-16 31) e incluso para las de Samuel y Saúl (1 Sm 1-15).

ellos? 13 Sin embargo, ustedes me han abandonado para dar culto a otros dioses. Por eso no los salvaré ya más. 14 Vayan, invoquen a los dioses que se han elegido. Que los salven ellos en la hora del peligro.

15 Los israelitas insistieron:

–¡Hemos pecado! Trátanos como te parezca; pero, por favor, líbranos hoy.

16 Quitaron de en medio los dioses extranjeros y dieron culto al Señor. Y él no pudo soportar por más tiempo la desgracia de Israel.

Jefté pone condiciones

17 Los amonitas se reunieron y acamparon en Galaad; se reunieron también los israelitas y acamparon en Mispá. 18 Entonces el pueblo y los jefes de Galaad se dijeron unos a otros:

–¿Quién será el primero en atacar a los amonitas? El que lo haga será el jefe de todos los habitantes de Galaad.

11 1 Jefté, el galadita, era un guerrero valiente. Era hijo de Galaad y de una prostituta. 2 Pero la esposa de Galaad le dio también hijos, y cuando se hicieron mayores echaron a Jefté, diciendo:

–Tú no tendrás parte en la herencia de nuestro padre, porque eres hijo de otra mujer.

3 Jefté se alejó de sus hermanos y se estableció en el país de Tob. Se le unió gente malvada que lo acompañaba en sus correrías.

4 Algún tiempo después, los amonitas declararon la guerra a Israel. 5 Y cuando los amonitas atacaron a Israel, los ancianos de Galaad fueron a Tob en busca de Jefté, 6 y le pidieron:

–Ven, sé nuestro jefe en la lucha contra los amonitas.

7 Jefté les contestó:

–Ustedes me odiaban y me echaron de la casa de mi padre. ¿Por qué recurren a mí ahora que se ven angustiados?

8 Los ancianos de Galaad respondieron:

–Precisamente por eso recurrimos ahora a ti. Ven con nosotros a luchar contra los amonitas. Tú serás nuestro jefe, el jefe de todos los habitantes de Galaad.

9 El les dijo:

–Si voy con ustedes a luchar contra los amonitas y el Señor los entrega en mi poder, entonces seré el jefe de ustedes.

10 Y los ancianos de Galaad le contestaron:

–Que el Señor nos castigue, si no hacemos lo que dices.

11 Jefté se fue con los ancianos de Galaad y el pueblo lo eligió como jefe y comandante. Y Jefté repitió todas sus condiciones en Mispá, ante el Señor.

Conversaciones diplomáticas con el rey de los amonitas

Dt 2 18-19.26-37; Nm 20 14-21; 21 21-31; Jos 24 9-10; 2 Sm 10 6-15; 12 26-31

12 Jefté envió emisarios al rey de los amonitas, con este mensaje:

–¿Qué te he hecho yo para que vengas a hacerme la guerra en mi tierra?

13 El rey de los amonitas, respondió a los emisarios de Jefté:

–Cuando Israel subía de Egipto, se apoderó de mi tierra desde el Arnón hasta el Yaboc y el Jordán. Devuélvemela ahora pacíficamente.

14 De nuevo envió Jefté emisarios al rey de los amonitas, 15 para decirle:

–Así dice Jefté: Israel no se apoderó de la tierra de Moab, ni de la de Amón. 16 Cuando subió de Egipto, Israel marchó

• **10 17-11 11**: Los amonitas, ansiosos de tierras más fértiles que las de su altiplanicie de Transjordania, han puesto ya sus pies en Galaad. Para defenderse de ellos, los ancianos de Galaad buscan un caudillo y, sin esperar a que lo designe el Señor, se fijan en Jefte, el hijo de una prostituta, expulsado de la casa paterna, y que era el jefe de un banda armada. Jefté pone condiciones a quienes tan radicalmente han cambiado de actitud, porque quiere asegurarse una buena situación para después de la guerra.

Dios se sirvió de aquel personaje, antes despreciado, para libertar a su pueblo. Jefté no ambicionó el poder como Abimélec, ni lo ejerció brutalmente y sin escrúpulos como él, sino con más sabiduría de la que se podía esperar de uno como él.

• **11 12-28**: Una vez que todos aceptaron sus condiciones en el santuario de Mispá, comienza Jefté su ataque contra los amonitas. No inicia las hostilidades sin ofrecer antes condiciones de paz. El discurso que el narrador pone en su boca es demasiado teológico para ser de Jefté; refleja, más bien, el pensamiento del redactor deuteronomista. Jefté, además de salvar a Israel de los amonitas, figuraba en la lista de jueces menores (Jue 12 7). Su obra, que consistió en mantener alejados a los amonitas, fue completada por David, con quien le unen también otros aspectos de su vida (véase 1 Sm 22 1-2; 25 13).

por el desierto hasta el mar Rojo y llegó a
Cadés. 17 Desde allí envió mensajeros al
rey de Edom para decirle: «Déjame pasar
por tu tierra». Pero él se negó. Envió también mensajeros al rey de Moab, y también
él se negó. Entonces Israel permaneció en
Cadés. 18 Después continuó por el desierto, rodeando Edom y Moab, y llegó a la
frontera este de Moab. Acampó al otro
lado del Arnón, sin pisar el territorio de
Moab, porque el Arnón es la frontera de
Moab. 19 Israel envió entonces mensajeros
a Sijón, rey de los amorreos, que reinaba
en Jesbón, y le dijo: «Déjame pasar por tu
tierra para ir a la nuestra». 20 Pero Sijón no
sólo negó a Israel el paso por su territorio,
sino que reunió a su gente, acampó en Yasá y atacó a Israel. 21 El Señor, Dios de Israel, entregó a Sijón y a todo su pueblo en
poder de Israel, que los derrotó; Israel se
apoderó del territorio de los amorreos que
vivían en aquella región. 22 Así ocupó todo
el territorio de los amorreos desde el Arnón
hasta el Yaboc, y desde el desierto hasta el
Jordán. 23 Fue el Señor, Dios de Israel, el
que expulsó a los amorreos ante su pueblo,
Israel, ¿y pretendes tú ahora quitarle su
posesión? 24 ¿Acaso no posees tú todo lo
que tu dios Camós te ha dado? ¿Y no vamos a poseer nosotros lo que el Señor
nuestro Dios nos ha dado? 25 ¿Eres tú mejor que Balac, hijo de Sipor, rey de Moab?
¿Ha entrado él en litigio con Israel? ¿Le ha
declarado la guerra? 26 Hace trescientos
años que Israel vive en Jesbón y en sus
pueblos, en Aroer y en los suyos, y en todos los pueblos de las dos riberas del Arnón; ¿por qué no las han reclamado en
todo este tiempo? 27 Por tanto, yo no te he
ofendido; eres tú quien me ofendes decla-
rándome la guerra. Que el Señor actúe como juez hoy entre los israelitas y los amonitas.

28 Pero el rey de los amonitas no hizo
caso del mensaje que Jefté le envió.

Voto de Jefté y victoria

2 Re 3 27; Gn 22 1-19; Miq 6 7

29 El espíritu del Señor se apoderó de
Jefté, que recorrió Galaad y Manasés, llegó a Mispá de Galaad y desde allí pasó al
territorio de Amón. 30 Jefté hizo el siguiente voto al Señor:

–Si entregas en mi poder a los amonitas, 31 el primero que salga por la puerta de
mi casa para venir a mi encuentro, cuando
regrese vencedor, será para el Señor, y lo
ofreceré en holocausto.

32 Jefté partió a la guerra contra los amonitas, y el Señor los entregó en su poder.
33 Combatió contra ellos desde Aroer hasta
la entrada de Menit, conquistándoles veinte
poblaciones, y hasta Abel Queramín. Fue
una completa derrota, y los amonitas quedaron sometidos a los israelitas.

34 Cuando Jefté regresaba a su casa de
Mispá, salió a su encuentro su hija, danzando y tocando el pandero. Era hija única,
pues Jefté no tenía más hijos. 35 Al verla,
rasgó sus ropas y gritó:

–¡Ah, hija mía, me has destrozado; tú
eres la causa de mi desgracia, porque me
he comprometido ante el Señor y debo cumplir mi promesa!

36 Ella le dijo:

–Si te has comprometido ante el Señor,
padre mío, cumple tu promesa respecto a
mí, ya que el Señor te ha concedido vengarte de tus enemigos, los amonitas.

37 Y añadió:

–Concédeme esta gracia: déjame libre
dos meses; durante ellos recorreré las montañas con mis compañeras, llorando por
tener que morir sin hijos.

El le dijo:

–Vete.

• **11 29-40**: Es esta una de las páginas más duras del Antiguo Testamento, pero posee gran interés para la historia de la religión israelita. El Antiguo Testamento condena severamente los sacrificios humanos. El autor del libro los reprueba no menos que nosotros, pero respeta con su silencio la conducta de Jefté, que cumple la promesa hecha a Dios, sacrificando a su única hija.

Tales votos no eran extraños en el mundo semítico de entonces. Hay abundantes paralelos ugaríticos, fenicios y cartagineses. El rey de Moab ofreció en holocausto a su primogénito (2 Re 3 27). Sin embargo, Gn 22 enseña a sustituir el bárbaro sacrificio del hijo por el de un carnero. Para comprender la conducta de Jefté debemos tener en cuenta que esto sucede en una época primitiva, lejos aún de la predicación profética, en una zona periférica, alejada de los centros culturales, en contacto inmediato con moabitas y amonitas. El mismo Jefté era un hombre sin cultura, y no es extraño que su profunda religiosidad tuviera mucho en común con la de los cananeos.

38 Y la dejó libre durante dos meses. Ella y sus compañeras recorrieron las montañas llorando, porque iba a morir sin hijos. 39 Pasados los dos meses, regresó a su casa, y su padre cumplió con ella el voto que había hecho. Ella no había tenido relaciones con ningún varón. Por eso es costumbre en Israel 40 que todos los años las jóvenes israelitas vayan a llorar a la hija de Jefté, el galadita, durante cuatro días.

Guerra civil entre Efraín y Galaad y muerte de Jefté

Jue 8 1-3

12 1 Los efraimitas se reunieron, cruzaron el Jordán hacia el norte y fueron a protestar ante Jefté, diciendo:

–¿Por qué fuiste a combatir contra los amonitas sin habernos invitado a ir contigo? Te vamos a quemar a ti y a tu familia.

2 Jefté les respondió:

–Cuando yo era un hombre conflictivo y los amonitas oprimían duramente a mi pueblo, les pedí ayuda, pero no me libraron de ellos. 3 Viendo que nadie me socorría, expuse mi vida, me dirigí contra ellos, y el Señor los entregó en mi poder. ¿Por qué vienen ahora a hacerme la guerra?

4 Jefté reunió a todos los hombres de Galaad, presentó batalla a Efraín, y los de Galaad derrotaron a los de Efraín.

(Los de Efraín decían de los de Galaad: No son más que fugitivos de Efraín, pues Galaad está en medio de Efraín y en medio de Manasés).

5 Galaad ocupó los pasos del río Jordán y cuando uno de los fugitivos de Efraín decía:

–Déjenme pasar.

Le preguntaban:

–¿Eres de Efraín?

Si respondía que no, 6 le ordenaban:

–Di «shibólet».

Pero, al decirlo, no lo pronunciaba correctamente; entonces lo detenían y lo mataban en los pasos del río Jordán. En aquella ocasión perecieron cuarenta y dos mil hombres de Efraín.

7 Jefté actuó como juez en Israel durante seis años. Murió y fue sepultado en su ciudad de Galaad.

IBSAN, ELON Y ABDON +

8 Después de él actuó como juez en Israel Ibsán de Belén. 9 Tenía treinta hijos y treinta hijas. Casó a sus hijas fuera y trajo de fuera treinta mujeres para sus hijos. Actuó como juez en Israel siete años. 10 Murió y fue sepultado en Belén.

11 Después de él actuó como juez en Israel Elón de Zabulón durante diez años. 12 Murió y fue sepultado en Elón, en la tierra de Zabulón.

13 Después de él actuó como juez en Israel Abdón, hijo de Hilel, de Faratón. 14 Tuvo cuarenta hijos y treinta nietos que montaban setenta burros. Actuó como juez en Israel ocho años. 15 Abdón, hijo de Hilel, de Faratón murió y fue sepultado en la tierra de Efraín, en la montaña de Salín.

SANSON +

Nacimiento milagroso de Sansón

Gn 11 30; 18 1-15; 1 Sm 1; Lc 1 5-25; Nm 6

13 1 Los israelitas ofendieron de nuevo al Señor con su conducta, y el Señor

• **12** 1-7: La queja que expresan los efraimitas es semejante a la de Jue 8 1-3. La diversidad de pronunciación del hebreo entre los de uno y otro lado del Jordán sirvió para descubrir a los efraimitas que intentaban cruzar el río.

+ 12 8-15: Estos tres jueces son la continuación de la lista de jueces llamados "menores" que había empezado en Jue 10 1-5, y había quedado interrumpida por la larga historia de Jefté (Jue 10 6-12 7), que es a la vez juez "menor" y "mayor". La familia numerosa y la abundancia de bienes es signo de la bendición de Dios y consiguientemente confiere a las personas importancia y categoría.

+ 13 1-16 31: Aparece nuevamente la infidelidad de Israel a Dios, que deja a los israelitas en poder de los filisteos. Sansón, un personaje pintoresco, será el encargado por Dios de liberar una vez más a su pueblo.

Los filisteos eran originarios de Creta. Ocuparon la costa de Palestina, desde la frontera de Egipto hasta cerca del Carmelo. Su principal dominio estaba constituido por cinco ciudades independientes confederadas. Progresivamente se fueron extendiendo hacia la montaña y amenazaban con dominar a todo Israel. Desde el punto de vista de los israelitas, eran extraños, incircuncisos, despreciados; pero eran superiores técnica y militarmente. La tribu de Dan estaba en situación difícil, pues su territorio estaba junto al de los filisteos. Por este motivo tuvo que emigrar al norte (Jue 17-18). El relato de Sansón puede situarse tanto antes de esa emigración como después de ella, pues algunos clanes danitas se quedaron soportando el dominio filisteo.

los entregó en poder de los filisteos durante cuarenta años.
2 Había un hombre de Sorá, de la tribu
de Dan, llamado Manoj. Su mujer era estéril y no le había dado hijos.
3 El ángel del Señor se apareció a la
mujer y le dijo:
–Tú eres estéril y no has tenido hijos,
pero concebirás y darás a luz un hijo; 4 procura no beber vino ni bebidas alcohólicas,
ni comas nada impuro, 5 porque vas a concebir y darás a luz un hijo. No pasará la
navaja sobre su cabeza, porque el niño estará consagrado a Dios desde el vientre de
su madre. El empezará a salvar a Israel del
poder de los filisteos.
6 La mujer fue a su casa y dijo a su marido:
–Ha venido a verme un hombre de Dios;
su aspecto era terrible, como el de un ángel de Dios. No le he preguntado de dónde
venía, ni él me ha dicho su nombre. 7 Pero
me dijo: «Vas a concebir y darás a luz un
hijo. No bebas vino ni bebidas alcohólicas,
ni comas nada impuro, porque el niño estará consagrado a Dios desde el vientre de
su madre hasta el día de su muerte».
8 Entonces Manoj hizo esta súplica al
Señor:
–Te ruego, Señor mío, que el hombre de
Dios que enviaste venga de nuevo a vi-
sitarnos para indicarnos lo que debemos
hacer con el niño que va a nacer.
9 El Señor escuchó la súplica de Manoj,
y el ángel del Señor se apareció otra vez a
su mujer en el campo, cuando no estaba con
ella su marido. 10 La mujer fue corriendo a
avisar a su marido y le dijo:
–Se me ha aparecido el hombre del otro
día.
11 Manoj siguió de inmediato a su mujer,
llegó donde estaba el hombre y le dijo:
–¿Eres tú el hombre que ha hablado a
esta mujer?
12 El respondió:
–Sí.
Manoj le preguntó:
–Cuando se cumpla tu palabra, ¿qué tipo de vida debe llevar el niño? ¿Qué debemos hacer con él?
13 El ángel del Señor le respondió:
–Debe abstenerse de todo lo que le he
prohibido a tu mujer. 14 Que no pruebe el
fruto de la viña, que no beba vino ni bebidas alcohólicas, y que no coma nada impuro. Debe observar todo lo que le he mandado.
15 Entonces Manoj dijo al ángel del Señor:
–Quédate un rato con nosotros, te pre-
pararemos un cabrito.
16 El ángel del Señor le dijo:
–Aunque me quede, no comeré de tus
alimentos; pero si quieres preparar un holocausto, ofréceselo al Señor.
17 Manoj preguntó al ángel del Señor:
–¿Cómo te llamas, para que cuando se
cumpla tu palabra te honremos?
18 El ángel del Señor le dijo:
–¿Por qué preguntas por mi nombre? Es:
«El que hace maravillas».
19 Manoj tomó el cabrito y la ofrenda, y
se lo ofreció al Señor sobre la roca. Entonces el Señor hizo algo maravilloso a la vista de Manoj y su mujer: 20 cuando la llama
del altar subía hacia el cielo, el ángel del
Señor subió envuelto en ella a la vista de
Manoj y de su mujer, que se postraron en
tierra. 21 El ángel del Señor no se apareció
más a Manoj y a su mujer. Entonces comprendió Manoj que era el ángel del Señor.
22 Y dijo a su mujer:
–Moriremos, porque hemos visto a Dios.
23 Su mujer dijo:
–Si el Señor hubiera querido matarnos,
no habría aceptado el holocausto ni la ofrenda, ni nos habría revelado todas estas cosas.
24 La mujer dio a luz un hijo y le puso
el nombre de Sansón. El niño creció y el
Señor lo bendecía. 25 El espíritu del Señor
comenzó a actuar en él en el campamento
de Dan, entre Sorá y Estaol.

• **13** 1-25: Como las historias de los demás jueces mayores, también ésta de Sansón es introducida por el conocido esquema redaccional deuteronomista. De nuevo los israelitas son infieles al Señor, el cual los deja en poder de sus enemigos, que en esta ocasión son los filisteos. Tras la conversión, que no se menciona expresamente, Dios va a salvar a su pueblo por medio de Sansón. El nacimiento del nuevo salvador está rodeado de una serie de signos y circunstancias que son propios de los nacimientos y vocaciones de los héroes: la madre estéril, la presencia del ángel del Señor, y la consagración de Sansón al Señor como nazir. Según Nm 6 1-21, el nazireato implicaba: abstenerse de bebidas alcohólicas, no cortarse la cabellera, no comer ni tocar nada impuro. El anuncio y nacimiento de Juan el Bautista está calcado sobre el de Sansón (véase Lc 1 5-25).

Matrimonio con una filistea

Gn 38 12; 24 3-4; 28 1-2; 1 Sm 17 34-35

14 1 Sansón bajó a Timná y se fijó allí en
una joven filistea. 2 A su regreso dijo
a sus padres:
–He visto en Timná una joven filistea;
pídanmela como esposa.
3 Sus padres contestaron:
–¿Es que no hay muchachas en nuestra
tribu y en todo tu pueblo, para que vayas a
elegir esposa entre esos filisteos incircuncisos?
Pero Sansón respondió a su padre:
4 –Dame esa, porque me gusta.
Sus padres no sabían que era el Señor
quien lo había dispuesto así, buscando un
pretexto contra los filisteos, que por entonces oprimían a Israel.
5 Bajaba un día Sansón a Timná y, al
llegar a las viñas de Timná, le salió al paso
un cachorro de león rugiendo. 6 El espíritu
del Señor invadió a Sansón, el cual desgarró con las manos al león como si fuera un
cabrito. Pero no se lo contó a sus padres.
7 Luego Sansón bajó a Timná, habló con la
muchacha y le gustó.
8 Algún tiempo después, cuando regresaba para casarse con ella, se desvió de su
camino para ver el cadáver del león y vio
en los huesos del león un enjambre de abejas con miel. 9 Sacó el panal con las manos
y se lo fue comiendo. Cuando llegó donde
estaban sus padres, les dio miel y comieron, pero no les dijo que la había encontrado en los huesos del león.
10 El padre de Sansón bajó a casa de la
joven, y Sansón preparó una fiesta de siete
días, según es costumbre entre los jóvenes;
11 y como le tenían miedo, eligieron treinta
muchachos para acompañarlo.

Adivinanza de Sansón

Jue 16 5-21; 1 Re 10 1-9; Ez 17

12 Sansón les dijo:
–Les voy a proponer una adivinanza; si
la resuelven dentro de los siete días de la
fiesta, les daré treinta piezas de lino fino y
treinta vestidos preciosos. 13 Si no, me lo
darán ustedes a mí.
Ellos dijeron:
–Propón la adivinanza, que te escuchamos.
14 El les dijo:

Del que come salió comida,
y del fuerte salió dulzura.

Durante tres días no pudieron resolver
la adivinanza. 15 Al cuarto día dijeron a la
mujer de Sansón:
–Engaña a tu marido a ver si nos enteramos de la solución; si no, te quemaremos a
ti y a tu familia. ¿Es que nos han invitado
para despojarnos?
16 La mujer de Sansón lloraba junto a él
y le decía:
–Tú no me quieres, no me amas. Has
propuesto una adivinanza a los muchachos
de mi pueblo y no me la has explicado a mí.
El le dijo:
–No he explicado la adivinanza ni a mi
padre ni a mi madre ¿y te la voy a explicar
a ti?
17 Ella se pasó los siete días del convite
lloriqueándole. Tanto le insistió que el séptimo día acabó por explicársela; y ella comunicó inmediatamente la explicación a
los muchachos de su pueblo. 18 El séptimo
día, antes de que entrara en la habitación,
le dijeron los del pueblo:

¿Qué hay más dulce que la miel,
qué hay más fuerte que el león?

El les contestó:
–Si no hubieran arado con mi novilla,
no habrían acertado mi adivinanza.
19 Entonces el espíritu del Señor lo invadió, bajó a Ascalón y mató a treinta hombres, recogió sus despojos y dio sus vestidos preciosos a los que habían resuelto su

• **14** 1-11: Sansón pertenecía a la tribu de Dan. No tenía que desplazarse mucho para entrar en territorio filisteo, pues la tribu de Dan estaba junto al territorio de los filisteos. Timná estaba a unos diez kilómetros de Sorá. El matrimonio de Sansón con una filistea y todos los relatos que lo acompañan deben ser interpretados dentro de una historia que es conducida por el Señor para la salvación de Israel.

• **14** 12-20: Cierto carácter sapiencial de los relatos de Sansón se hace especialmente perceptible en este pasaje. Los filisteos aceptaron el desafío de Sansón creyendo que serían capaces de descifrar la adivinanza, pero no fue así. Tuvieron que recurrir a la mujer de Sansón, la cual con sus halagos y lágrimas arrancó el secreto a su marido. Sansón tuvo uno de aquellos arrebatos que son atribuidos al espíritu del Señor y hace su primera matanza de filisteos.

adivinanza. Después, enfurecido, regresó a
casa de su padre. 20 En cuanto a la mujer
de Sansón fue entregada a uno de los muchachos que lo habían acompañado en su
boda.

Venganza de Sansón

15 1 Algún tiempo después, en la época
de la cosecha del trigo, fue Sansón a
ver a su mujer. Le llevaba un cabrito e iba
pensando: «Voy a acostarme con mi mujer
en el cuarto». Pero su suegro no lo dejó
entrar, 2 diciendo:
–Creí que ya no la querías, y se la di a
tu compañero. Aquí está su hermana menor, que es más hermosa que ella, tómala
en su lugar.
3 Sansón le dijo:
–De ahora en adelante no me considero
culpable del daño que haga a los filisteos.
4 Sansón se fue, cazó trescientos zorros
y preparó antorchas; ató los zorros cola
con cola y puso una antorcha entre las dos
colas; 5 después prendió las antorchas y
soltó a los zorros por los campos sembrados de los filisteos, quemando así las gavillas y el trigo sin cosechar, y hasta las viñas
y los olivares. 6 Los filisteos preguntaron:
–¿Quién ha hecho esto?
Les dijeron:
–Sansón, el yerno del timnita, porque
éste le ha quitado su mujer y se la ha dado
a otro.
Entonces subieron los filisteos y quemaron a la mujer y a su familia.
7 Sansón les dijo:
–Por lo que han hecho, yo no descansaré hasta que me haya vengado de ustedes.
8 Y los golpeó sin parar, causándoles
grandes daños. Después se fue a la cueva
de la roca de Etán y permaneció allí.

La quijada del burro

9 Los filisteos salieron, acamparon en
Judá e hicieron una incursión en torno a
Lejí.
10 Los hombres de Judá les preguntaron:
–¿Por qué han venido a luchar contra
nosotros?
Ellos respondieron:
–Hemos venido en busca de Sansón,
para tratarlo como él nos ha tratado.
11 Tres mil hombres de Judá bajaron a
la cueva de Etán para decir a Sansón:
–¿No sabes que estamos bajo dominio
filisteo? ¿Qué nos has hecho?
El respondió:
–Los he tratado como ellos me trataron
a mí.
12 Ellos dijeron:
–Hemos bajado para atarte y entregarte
a los filisteos.
El les dijo:
–Júrenme que no me matarán.
13 Le contestaron:
–Nosotros sólo queremos atarte y entregarte a ellos, pero no te mataremos.
Entonces lo ataron con dos cuerdas nuevas y lo sacaron de la cueva.
14 Cuando llegó a Lejí, los filisteos corrieron a su encuentro gritando jubilosamente. Entonces lo invadió el espíritu del
Señor; las cuerdas de sus brazos fueron
como hilos de lino abrasado por el fuego y
las ligaduras de sus manos se deshicieron.
15 Y viendo cerca una quijada de burro aún
fresca, la tomó y mató con ella a mil hombres. 16 Y dijo:

Con la quijada de un burro,
un montón, dos montones,
con la quijada de un burro
yo maté a mil varones.

17 Dicho esto, tiró lejos la quijada. Por

• **15** 1-8: Jugando a la ambigüedad y haciendo como que no le interesaba la mujer de Timná, Sansón dio ocasión para que el padre la entregara a otro hombre. Ya tenía en sus manos el pretexto para desencadenar una nueva represalia contra los filisteos. El número de zorros puede parecer demasiado elevado, pero es perfectamente comprensible en este tipo de relatos de carácter folklórico. La reacción de los filisteos dando muerte a la mujer y su familia, fue un motivo más para causar a los filisteos un gran desastre.

• **15** 9-20: Entre otros muchos rasgos, el estilo de los relatos de Sansón se distingue por su tono satírico y burlón. Aquí, por ejemplo, tres mil hombres de Judá frente a uno de Dan, es una desproporción que pretende ridiculizar a los primeros tratándolos de cobardes, pues dan por supuesta la supremacía filistea y aceptan, sin más, sus condiciones. En el momento cumbre, cuando los filisteos estaban celebrando anticipadamente la victoria, la acción del espíritu de Dios se hizo presente en Sansón, y lo movió a realizar una de sus célebres hazañas, que forma parte, como todas las demás, del plan divino de salvación en favor de su pueblo.

eso se llamó a aquel lugar Ramat Lejí –es
decir, Alto de la Quijada–. 18 Después sintió mucha sed e invocó así al Señor:
–Tú has alcanzado esta gran victoria
valiéndote de tu siervo, ¿voy a caer ahora
muerto de sed en manos de esos incircuncisos?
19 Entonces el Señor hizo que brotara
agua de la fuente de Lejí. Bebió Sansón, se
reanimó y recobró las fuerzas. Por eso se
dio a esta fuente, que existe todavía hoy en
Lejí, el nombre de Ain Hacoré –es decir,
Fuente del Grito–.
20 Sansón actuó como juez en Israel durante veinte años en la época de los filisteos.

Las puertas de Gaza

16 1 Sansón fue a Gaza, vio allí una prostituta y entró en su casa. 2 La noticia
corrió por Gaza:
–¡Sansón está aquí!
Lo cercaron y estuvieron vigilando las
puertas de la ciudad. Pasaron confiados la
noche, diciéndose:
–Esperemos a que llegue el día y lo mataremos.
3 Sansón estuvo acostado hasta medianoche. A medianoche se levantó, agarró la
puerta de la ciudad con sus postes y cerradura, la cargó sobre sus hombros y la llevó
a la cumbre de la montaña que está frente a
Hebrón.

Sansón y Dalila

Jue 14 15-18

4 Después de esto, se enamoró de una
mujer del valle de Sórec, llamada Dalila.
5 Los jefes de los filisteos subieron donde
se encontraba ella y le propusieron:
–Sedúcelo y averigua de dónde le viene
su extraordinaria fuerza y cómo podríamos
dominarlo para atarlo y reducirlo a la impotencia. Te daremos cada uno mil monedas de plata.
6 Dalila dijo a Sansón:
–Dime, por favor, de dónde procede tu
extraordinaria fuerza y cómo habría que
atarte para que no te puedas soltar.
7 Sansón le contestó:
–Si me ataran con siete cuerdas frescas
sin secar, me quedaría sin fuerza y sería
como otro hombre cualquiera.
8 Los jefes de los filisteos dieron a la
mujer las siete cuerdas frescas sin secar, y
le ató con ellas. 9 Ella tenía gente escondida en su habitación, y le gritó:
–¡Sansón, los filisteos!
El rompió las cuerdas como se rompe
un hilo al contacto con el fuego. Y no se
supo el secreto de su fuerza.
10 Dalila dijo a Sansón:
–Me has engañado, me has dicho una
mentira. Díme cómo habría que atarte.
11 El le respondió:
–Si me ataran fuertemente con cuerdas
nuevas sin usar, me quedaría sin fuerza y
sería como otro hombre cualquiera.
12 Tomó Dalila cuerdas nuevas, lo ató
con ellas y le gritó:
–¡Sansón, los filisteos!
Ella tenía gente escondida en su habitación, pero él rompió como un hilo las
cuerdas que tenía en los brazos.
13 Dalila le dijo:
–Hasta ahora me has estado engañando
y diciéndome mentiras. Dime ya cómo habría que atarte.
El respondió:
–Si entretejes las siete trenzas de mi cabellera con la cuerda de un telar y las sujetas con un clavo de tejedor, me quedaría
sin fuerza y sería como otro hombre cualquiera.
14 Ella hizo que se durmiera y entretejió
las siete trenzas de su cabellera con la cuerda de un telar, las sujetó con una estaca de
tejedor y gritó:
–¡Sansón, los filisteos!
Pero él se despertó y arrancó la cuerda

• **16 1-3**: Gaza era la ciudad filistea que estaba más al sur. De nuevo recurre Sansón al ingenio y a la astucia para dejar en ridículo a los filisteos. Ellos esperaban a Sansón para la hora del amanecer, pero él se adelantó, arrancó las puertas de la ciudad y las llevó hasta cerca de Hebrón. Es, de nuevo (véase Jue 15 1-8), una exageración propia de los relatos folklóricos.

• **16 4-22**: Se repite un tema frecuente en los relatos de espionaje y también en las historias de los héroes: el secreto revelado a cambio de los halagos y el amor a una mujer (véase Jue 14 15-18). A través de este relato el autor quiere transmitir a sus lectores un mensaje: el amor ciego es peligroso, sobre todo cuando el hombre cae en manos de una extranjera como era Dalila. El secreto de la fuerza de Sansón no radicaba propiamente en la cabellera sino en Dios a quien estaba consagrado por su voto de nazir (véase Jue 13 1-25). Una de las exigencias del nazireato era no cortarse la cabellera.

y el clavo de tejedor. Y no se supo el secreto de su fuerza.
15 Dalila le dijo:
–¿Cómo puedes asegurar que me amas
si no tienes confianza en mí? Por tres veces
te has burlado de mí y no me has descubierto el secreto de tu extraordinaria fuerza.
16 Y así le insistía un día y otro, y lo
molestaba causándole un gran fastidio.
17 Así que tuvo que decirle la verdad:
–La navaja no ha pasado nunca por mi
cabeza, porque estoy consagrado a Dios
desde el vientre de mi madre. Si me cortaran el pelo totalmente, perdería mi fuerza,
me debilitaría y sería como otro hombre
cualquiera.
18 Dalila intuyó que le había dicho la
verdad. Y mandó decir a los jefes de los
filisteos:
–Vengan, porque esta vez me ha dicho
la verdad.
Los jefes de los filisteos vinieron donde
se encontraba ella, trayendo el dinero.
19 Ella hizo dormir a Sansón sobre sus rodillas y llamó a un hombre, que le cortó las
siete trenzas de su cabeza. Entonces él
comenzó a perder su vigor, y su fuerza lo
abandonó. 20 Ella gritó:
–¡Sansón, los filisteos!
Él se despertó pensando: «Saldré victorioso como tantas otras veces y me libraré
de ellos». Pero no sabía que el Señor lo
había abandonado.
21 Entonces, los filisteos lo apresaron, le
sacaron los ojos y lo llevaron a Gaza. Lo
ataron con doble cadena de bronce y lo pusieron a trabajar en el molino de la prisión.
22 Pero el pelo de su cabeza comenzó a
crecer inmediatamente después de cortárselo.

Venganza final y muerte de Sansón

23 Los jefes de los filisteos se reunieron
para ofrecer un gran sacrificio a Dagón, su
dios, y llenos de alegría proclamaban:

Nuestro dios nos ha entregado
a Sansón, nuestro enemigo.

24 El pueblo, al verlo, alababa a su dios,
gritando:

Nuestro dios nos ha entregado
a Sansón, nuestro enemigo,
que destruía nuestro país
y a tantos de los nuestros mató.

25 En medio de su alegría, dijeron:
–Que traigan a Sansón para que nos di-
vierta.
Trajeron a Sansón de la cárcel y se di-
virtieron a su costa. Luego lo colocaron entre las columnas. 26 Entonces Sansón dijo
al joven que lo llevaba de la mano:
–Llévame hasta las columnas sobre las
que descansa el edificio para que pueda
apoyarme en ellas.
27 El edificio estaba lleno de hombres y
mujeres. Estaban todos los jefes de los filisteos, y había en la terraza unos tres mil
hombres y mujeres divirtiéndose a costa de
Sansón.
28 Sansón invocó al Señor así:
–Señor, Señor, te suplico que te acuerdes de mí; dame al menos por esta vez la
fuerza necesaria para vengarme de un solo
golpe de todos los filisteos por la pérdida
de mis ojos.
29 Sansón palpó las dos columnas centrales sobre las que descansaba el edificio
e hizo presión sobre ellas, sobre una con la
mano derecha y sobre la otra con la mano
izquierda. 30 Y gritó:
–¡Muera yo con los filisteos!
Las sacudió con toda su fuerza, y el edificio se derrumbó sobre los jefes y sobre
todo el pueblo que estaba allí. Y los que
mató al morir fueron más que los que mató
en vida.
31 Sus hermanos y toda la familia de su
padre bajaron y se lo llevaron. Lo sepultaron entre Sorá y Estaol, en la tumba de
Manoj, su padre. Sansón actuó como juez
en Israel durante veinte años.

• **16** 23-31: El desenlace trágico de la vida de Sansón fue el resultado de su carácter fanfarrón ante los hombres y de su debilidad ante las mujeres. Es cierto que el autor sagrado no canoniza a Sansón en todo, pero considera su obra fundamentalmente positiva. Por eso, consigna en el libro sus hazañas agrandadas por la leyenda, sus ocurrencias y sus arranques de fuerza. Todas estas acciones, atribuidas al espíritu de Dios y a su consagración como nazir desde el vientre de su madre (véase Jue 13 1-25), recordaban al pueblo el peligro filisteo y eran manifestaciones de la fuerza salvadora de Dios.

III. HISTORIAS DE CUANDO EN ISRAEL NO HABIA REY ∆

1. Emigración danita y origen de su santuario ◊

El santuario privado de Micá

Ex 20 4-6; Dt 5 8-10; 1 Re 12 28-31; Ex 32 25-32

17 1 Había un hombre en las montañas
de Efraín llamado Micá. 2 Un día dijo
a su madre:
–Las mil cien monedas de plata que te
desaparecieron, por las que pronunciaste
ante mí una maldición, las tengo yo aquí,
yo las tomé y ahora te las devuelvo.
Su madre le dijo:
–¡El Señor te bendiga, hijo mío!
3 Y él devolvió las mil cien monedas de
plata a su madre.
Entonces su madre dijo:
–Consagro este dinero al Señor en favor
de mi hijo, para hacer un ídolo de madera
y una imagen de metal.
4 Tomó su madre doscientas monedas
de plata y se las dio a un fundidor, el cual
fabricó un ídolo de madera y una imagen
de metal y los colocó en la casa de Micá.
5 Así llegó a tener Micá un santuario. Después hizo un efod y unos terafim, y consagró a uno de sus hijos para que fuera sacerdote. 6 En aquel tiempo no había rey en
Israel, y cada uno hacía lo que quería.
7 Había un joven de Belén de Judá, de
la tribu de Judá, que era levita y residía allí
como emigrante. 8 Este hombre había salido de Belén de Judá para establecerse donde pudiera. En su caminar por las montañas de Efraín llegó a casa de Micá. 9 Micá
le preguntó:
–¿De dónde vienes?
El respondió:
–Soy un levita de Belén de Judá y voy
de camino para establecerme donde encuentre lugar.
10 Micá le propuso:
–Quédate conmigo y serás para mí un
padre y un sacerdote; te daré diez monedas
de plata al año, ropa y comida.
11 El levita aceptó, se quedó con él y
Micá lo trataba como a uno de sus hijos.
12 Micá lo consagró, y el levita vivió en su
casa como sacerdote. 13 Micá pensó:
–Ahora estoy seguro que el Señor me
bendecirá, porque tengo a este levita como
sacerdote.

Exploradores de Dan en viaje de reconocimiento

Jos 19 40-48

18 1 En aquel tiempo no había rey en Israel. La tribu de Dan andaba buscan-

---

∆ 17 1-21 25: Al final del libro de los Jueces se recogen, en una especie de apéndice, dos relatos (Jue 17-18 y Jue 19-21) de *cuando no había rey en Israel* (Jue 17 6; 18 1; 19 1; 21 25). Se trata de dos narraciones independientes, que refieren acontecimientos anteriores a la monarquía. La primera de ellas explica la emigración de la tribu de Dan desde el sur hacia el norte; la segunda se ocupa de los avatares por los que pasó la tribu de Benjamín a raíz del horrendo crimen cometido por los habitantes de un poblado suyo.

◊ 17 1-18 31: A la tribu de Dan le había correspondido una franja de territorio entre Judá, Efraín, Benjamín y la costa filistea, pero debido a circunstancias diversas tuvieron que emigrar, todos o en parte, al norte del país. Jue 17-18 cuenta esta emigración y explica el origen del santuario de Dan.

La narración primitiva recordó con cierta indulgencia los sucesos, no siempre loables, que acompañaron esta emigración. El deseo de tener un oratorio familiar, regido por un levita, perteneciente a una casta experta en el oficio, y el cariño hacia aquel joven, indican la religiosidad de Micá. El traslado de la imagen y del levita hasta Dan no se logra sin engaño, violencia y robo. Pero está motivado por la necesidad de poseer un santuario del Señor, con su imagen, y un sacerdote conocedor del oficio. Los danitas se gloriaban de que su primer sacerdote era nieto nada menos que de Moisés.

Más tarde, las cosas se vieron con peores ojos. Aquel santuario, como su gemelo de Betel, era cismático, porque apartaba a la gente de Jerusalén. Era heterodoxo por el becerro que en él se veneraba, y sede de toda clase de aberraciones. Desde esta visión posterior, la narración se convierte en una sátira contra el santuario y su imagen. Bien merecida tenía su destrucción. El levita que se fue con ellos es bien distinto de los descritos en Ex 32 25-32 y Dt 18 1-8, que por no permitir el culto del becerro fueron apartados del sacerdocio por Jeroboán I (1 Re 12 26-33).

Finalmente, esta narración muestra, como la siguiente, que la visión antimonárquica que predomina en el libro es parcial: el culto idolátrico y la situación de la tribu de Dan se explican *porque no había rey en Israel* (Jue 17 6; 18 1; 19 1; 21 25), no porque los reyes hubieran pervertido al pueblo construyendo santuarios cismáticos.

do un territorio donde establecerse, porque
hasta entonces no había obtenido su herencia en medio de las tribus de Israel. 2 Los
danitas enviaron a cinco de su tribu, hombres valientes de Sorá y Estaol, para reconocer la región y explorarla. Les dijeron:
–Vayan a explorar el país.
Llegaron los cinco hombres a las montañas de Efraín y se dirigieron a la casa de
Micá para pasar la noche allí. 3 Cuando estaban cerca de la casa de Micá, reconocieron la voz del joven levita, se acercaron a él
y le preguntaron:
–¿Quién te ha traído? ¿Qué haces aquí?
¿En qué te ocupas?
4 El les dijo lo que Micá había hecho
con él, que le daba un sueldo y él le servía
como sacerdote. 5 Ellos le dijeron:
–Consulta a Dios si tendrá éxito nuestro
viaje.
6 El sacerdote les repondió:
–El Señor ve con buenos ojos su viaje.
7 Partieron los cinco hombres y llegaron
a Lais. Vieron que sus habitantes vivían
seguros al estilo de los sidonios, tranquilos
y pacíficos, y que no les faltaba nada de lo
que produce la tierra; además estaban alejados de los sidonios y sin relación con los
arameos.
8 Cuando regresaron a Sorá y Estaol,
sus hermanos les preguntaron:
–¿Qué noticias traen?
9 Ellos respondieron:
–¡Animo! Vamos contra ellos, porque
hemos visto que la tierra es muy buena.
No se queden aquí. No duden en ir a conquistarla. 10 Cuando lleguen, se encontrarán con un pueblo tranquilo y una región
espaciosa que Dios les da; es un lugar en
el que no falta nada de lo que produce la
tierra.

Los emigrantes danitas se llevan el ídolo y el sacerdote de Micá

11 Entonces seiscientos hombres de la
tribu de Dan partieron de Sorá y Estaol
preparados para la guerra, 12 subieron y
acamparon en Quiriat Yearín, en Judá. (Por
eso aquel lugar se llama todavía hoy el
campamento de Dan; está al oeste de Quiriat Yearín). 13 Desde allí fueron a las montañas de Efraín y llegaron a casa de Micá.
14 Los cinco hombres que habían ido a
explorar el país dijeron a sus compañeros:
–¿No saben que en esta casa hay un
ídolo de madera, un efod, unos terafim y
una imagen de metal? Piensen qué conviene hacer.
15 Se dirigieron a aquél lugar, entraron
en casa del joven levita, la casa de Micá, y
lo saludaron. 16 Los seiscientos danitas armados se quedaron a la puerta, 17 mientras
los cinco hombres que habían explorado el
país subieron y se apoderaron del ídolo de
madera, del efod, los terafim y la imagen
de metal. Entretanto el sacerdote seguía a
la puerta con los seiscientos hombres armados. 18 Al ver el sacerdote que los que habían entrado en la casa de Micá se habían
apoderado del ídolo de madera, del efod,
de los terafim y de la imagen de metal, les
preguntó:
–¿Qué están haciendo?
19 Le contestaron:
–¡Cállate! Cierra la boca, ven con nosotros y serás nuestro padre y nuestro sacerdote. ¿Qué prefieres, ser sacerdote de una
sola familia, o ser sacerdote de una tribu y
de un clan de Israel?
20 El sacerdote se alegró mucho, tomó
el ídolo de madera, el efod, los terafim y la
imagen de metal, y se fue con ellos. 21 Ellos
partieron, llevando delante a las mujeres,
niños, rebaños y cosas de valor. 22 Cuando
se habían alejado ya de la casa de Micá, los
vecinos de éste dieron la alarma y comenzaron a perseguirlos. 23 Les gritaron a los danitas quienes, volviéndose, dijeron a Micá:
–¿Por qué gritas así?
24 El respondió:
–Me han robado el dios que me había
hecho y me quitan al sacerdote. ¿Qué es lo
que me queda? ¿Cómo pueden preguntarme: «qué te pasa»?
25 Ellos le contestaron:
–¡Que no te oigamos más, si no quieres
que nos enojemos, vayamos contra ustedes,
y perezcan tú y tu familia!
26 Los danitas siguieron su camino. Y
Micá, viendo que eran más fuertes, dio media vuelta y regresó a su casa.

Conquista de Lais. Fundación de Dan y de su santuario

27 Los danitas, llevando al dios que se
había hecho Micá y al sacerdote que tenía
a su servicio, atacaron Lais, un pueblo tranquilo y confiado, y lo pasaron a cuchillo,
quemando la ciudad. 28 No vino nadie en
su ayuda, porque estaban lejos de Sidón y
no tenían relación alguna con los arameos.
Lais estaba situada en el valle que se
extiende hasta Bet Rejob. Ellos la reedificaron, vivieron en ella 29 y la llamaron Dan,
en recuerdo de Dan, su antepasado, el hijo
de Israel; pero antes se llamaba Lais.
30 Los descendientes de Dan rindieron
culto al ídolo. Y Jonatán, hijo de Guersón,
hijo de Moisés, y sus descendientes después de él, fueron los sacerdotes de la tribu
de Dan, hasta el tiempo de la deportación
del país. 31 Ellos rindieron culto al ídolo
que se había hecho Micá, durante todo el
tiempo que el templo de Dios estuvo en
Siló.

2. El crimen de Guibeá y la guerra contra Benjamín ◊

El levita de Efraín y su concubina

19 1 En aquel tiempo, cuando no había
rey en Israel, un levita que residía como emigrante en la parte norte de las montañas de Efraín, tomó como concubina a una
mujer de Belén de Judá. 2 Esta concubina
se disgustó con él y se fue a casa de su padre, a Belén de Judá, donde estuvo cuatro
meses. 3 Su marido fue a buscarla para con-
vencerla de que regresara con él. Lo acompañaba un criado y llevaban dos burros.
Llegó a casa de su suegro, y cuando éste lo
vio, salió contento a recibirlo. 4 Su suegro
lo tuvo hospedado en su casa tres días; comieron, bebieron y pasó allí la noche. 5 Al
cuarto día se levantó muy temprano y se
disponía a partir, pero el padre de la joven
dijo a su yerno:
–Toma antes un poco de pan para que
tengas fuerzas, y después se irán.
6 Los dos se sentaron a comer y beber.
Después el padre de la joven le dijo:
–Quédate también esta noche; te encontrarás a gusto.
7 El levita trató de irse, pero el suegro
insistió, y se quedó también aquella noche.
8 Al quinto día se levantó temprano para
irse, pero el padre de la joven le dijo:
–Toma algo primero.
Y así pasó el tiempo, hasta la caída de
la tarde, comiendo los dos juntos. 9 Entonces el levita se levantó para irse con su concubina y su criado, pero su suegro le dijo:
–Mira, comienza ya a caer la tarde. Quédate esta noche; te encontrarás a gusto. Mañana se levantarán temprano y se pondrán
en camino hacia su casa.
10 Pero él no quiso pasar allí la noche.
Se levantó, se fue y llegó frente a Jebús, o
sea Jerusalén. Llevaba consigo dos burros
cargados, además de su concubina y su
criado.

Hospitalidad de Guibeá y crimen de los vecinos

Gn 19 1-11; Os 9 9; 10 9

11 Cuando llegaban cerca de Jebús el
día ya declinaba, y el criado dijo a su amo:
–Desviémonos hacia esa ciudad de los
jebuseos para pasar allí la noche.

◊ **19 1-21 25**: Este relato tiene a otro levita como protagonista. Es extraño en el Antiguo Testamento que una concubina escapara del marido y éste, lejos de castigarla, la buscara cariñosamente (como el profeta Oseas). Este hecho, sin embargo, da lugar a una cadena de brutales acciones: el crimen abominable de los vecinos de Guibeá (Jue 19 11-28), que recuerda el que intentaron los sodomitas en Gn 19; el macabro gesto del levita que envía a las doce tribus los trozos de su mujer despedazada (Jue 19 29-30); la guerra de exterminio contra Benjamín, que puso en peligro la existencia de la tribu (Jue 20); y finalmente las poco escrupulosas artimañas para dar mujeres a los benjaminitas sin faltar a los juramentos hechos a Dios (Jue 21).

El redactor ha combinado aquí dos tradiciones distintas procedentes de los santuarios de Mispá y Betel. Esta es la razón por la que encontramos en estos capítulos dos destrucciones de Guibeá (Jue 20 30-32 y 20 36-44) y dos estratagemas distintas para procurar mujeres a los sobrevivientes de Benjamín (Jue 21 1-12 y 21 15-23). Estas tradiciones antiguas (alude a ellas Os 9 9; 10 9), aunque embellecidas con rasgos novelescos, son de gran valor histórico y reflejan fielmente la situación de la época. El autor las recoge como muestra de aquellos tiempos en que, por no haber rey en Israel, eran posibles semejantes desmanes. Así se compensa la visión excesivamente antimonárquica del resto del libro, mostrando alguna de las ventajas que ofrece la existencia de un rey en Israel.

En Jue 20 22-23 hemos cambiado de orden de los versículos, pues el sentido parece más claro si se lee Jue 20 23 antes de Jue 20 22.

12 Su amo respondió:
–No debemos entrar en una ciudad de
extranjeros, que no son israelitas; sigamos
hasta Guibeá.
13 Y añadió:
–¡Vamos! Intentemos llegar a Guibeá o
a Ramá para pasar la noche.
14 Pasaron de largo y continuaron su camino. Llegaron frente a Guibeá de Benjamín a la puesta del sol 15 y se dirigieron a
la ciudad para pasar allí la noche. El levita
entró y se instaló en la plaza de la ciudad,
pero nadie les ofrecía su casa para pasar la
noche. 16 En esto llegó un anciano que regresaba por la tarde de las labores del
campo. Era originario de las montañas de
Efraín y vivía como emigrante en Guibeá,
pues los habitantes de la ciudad eran benjaminitas. 17 Viendo a aquel viajero en la
plaza de la ciudad, le preguntó:
–¿De dónde vienes y a dónde vas?
18 El le respondió:
–Estamos de paso, venimos de Belén de
Judá y vamos hacia el norte de las montañas de Efraín. Yo soy de allí. Fui a Belén de
Judá y ahora regreso a mi pueblo, pero nadie me recibe en su casa. 19 Tenemos paja
y forraje para nuestros burros; también tengo pan y vino para mí, para mi mujer y
para el criado que me acompaña. No nos
falta nada.
20 El anciano le dijo:
–La paz sea contigo, yo te daré todo lo
que necesites, pero no pases la noche en la
plaza.
21 Los llevó a su casa, echó de comer a
los burros, se lavaron los pies y después
comieron y bebieron.
22 Mientras ellos festejaban el encuentro,
los hombres de la ciudad, que eran unos
pervertidos, golpearon la puerta y dijeron
al anciano, dueño de la casa:
–Sácanos al hombre que ha entrado en
tu casa, para que nos acostemos con él.
23 El dueño de la casa salió y les dijo:
–No, hermanos míos, no cometan semejante crimen, por favor. Es mi huésped y
les pido que no cometan tal infamia. 24 Aquí
está mi hija que es virgen; la sacaré para
que abusen de ella y hagan con ella lo que
quieran; pero no cometan con este hombre
semejante infamia.
25 Como no querían hacerle caso, el levita tomó a su concubina y la sacó afuera.
Ellos se aprovecharon de ella y la maltrataron durante toda la noche hasta la mañana,
y de madrugada la dejaron. 26 Al amanecer,
la mujer vino a caer a la puerta de la casa
donde estaba su marido y allí quedó hasta
que se hizo de día.
27 Su marido se levantó por la mañana
y, cuando abrió la puerta de casa para salir
y continuar su camino, vio a su concubina
caída a la entrada de la casa con las manos
en el umbral, 28 y le dijo:
–Levántate, vámonos.
Pero ella no respondió. Entonces la cargó sobre su burro y se puso en camino hacia su casa.

Llamamiento del levita a las tribus de Israel

29 Cuando llegó a su casa, tomó un cuchillo y partió el cadáver de su concubina
en doce trozos, que envió a todo Israel.
30 Y dio a los mensajeros las siguientes
órdenes:
–Esto dirán a todos los israelitas: ¿Se ha
visto jamás cosa semejante desde que los
israelitas subieron de Egipto hasta el día de
hoy? Reflexionen sobre ello, deliberen y
den su parecer.
Todos los que lo vieron dijeron:
–Jamás ha sucedido ni se ha visto cosa
semejante desde que los israelitas subieron
de Egipto hasta hoy.

Asamblea en Mispá y compromiso de venganza

20 1 Entonces todos los israelitas salieron, como un solo hombre, desde Dan
hasta Berseba y la región de Galaad, y se
reunieron en asamblea ante el Señor en
Mispá. 2 Los jefes de todo el pueblo y todas las tribus de Israel estuvieron presentes
en la asamblea del pueblo de Dios. Había
cuatrocientos mil hombres de a pie, hábiles
en el manejo de la espada. 3 Los benjaminitas supieron que los israelitas habían
subido a Mispá.
Los israelitas dijeron:
–Cuéntennos cómo se ha cometido este
crimen.
4 Entonces el levita, el marido de la mujer asesinada, les dijo:

–Llegué yo con mi concubina a Guibeá
de Benjamín para pasar la noche. 5 Los habitantes de Guibeá se amotinaron contra
mí y durante la noche rodearon la casa
donde me hospedaba. Pensaron matarme a
mí y abusaron de mi concubina hasta el
extremo de que murió. 6 Entonces la tomé
y la partí en trozos, que mandé por todo el
territorio de Israel, porque se había cometido un crimen infame en Israel. 7 Aquí están todos ustedes, israelitas, deliberen y tomen una decisión.

8 Todo el pueblo se levantó como un solo hombre y dijo:

–Ninguno de nosotros regresará a su
tienda, ninguno se retirará a su casa. 9 Así
procederemos con Guibeá: Sortearemos
quién irá a atacarla, 10 y de las tribus de Israel tomaremos diez hombres por cada cien,
cien por cada mil y mil por cada diez mil;
ellos abastecerán de víveres a los hombres
armados que van a castigar a Guibeá de
Benjamín, como merece la infamia que han
cometido en Israel.

11 Y así se reunieron contra la ciudad
todos los israelitas, unidos como un solo
hombre.

Ataques a Guibeá y derrota de Israel

Jos 7 4-9; Nm 25 7-13; Jue 1 2

12 Las tribus de Israel habían enviado
mensajeros a toda la tribu de Benjamín para decirles:

–¿Qué crimen es éste que se ha cometido entre ustedes? 13 Entréguennos a esos
criminales de Guibeá para que les demos
muerte y hagamos desaparecer la infamia
de en medio de Israel.

Pero los benjaminitas no hicieron caso a
sus hermanos israelitas, 14 sino que dejaron
sus ciudades y se reunieron en Guibeá para
salir a combatir contra los otros israelitas.
15 Aquel día se hizo un recuento de los
benjaminitas venidos de las diversas ciudades, y sumaron veinticinco mil hombres
hábiles en el manejo de la espada, además
de los habitantes de Guibeá. 16 Sobresalían
setecientos hombres elegidos, zurdos, capaces de acertar con la honda a un pelo sin
fallar el blanco. 17 Se hizo también el recuento del resto de Israel, sin contar a los de
Benjamín, y sumaron cuatrocientos mil
hombres aptos para la guerra, hábiles en el
manejo de la espada. 18 Partieron de allí y
subieron a Betel a consultar a Dios. Preguntaron:

–¿Quién de nosotros ha de ir primero
para combatir contra Benjamín?

El Señor respondió:

–Judá.

19 Los israelitas se pusieron temprano
en camino y acamparon frente a Guibeá.
20 Salieron a combatir contra Benjamín y
se prepararon para la batalla frente a Guibeá. 21 Pero los benjaminitas hicieron una
salida desde Guibeá y mataron aquel día
veintidós mil de Israel, que quedaron allí
tirados por tierra.

23 Los israelitas regresaron a Betel, lloraron ante el Señor hasta la tarde y le consultaron:

–¿Volvemos a combatir contra nuestro
hermano Benjamín?

El Señor respondió:

–Atáquenlo.

22 Los israelitas cobraron ánimos y volvieron a prepararse para la batalla en el
mismo lugar que el día anterior. 24 Se acercaron a los benjaminitas como la primera
vez, 25 pero los benjaminitas salieron a su
encuentro desde Guibeá aquel segundo día
y mataron a otros dieciocho mil, que quedaron tirados por tierra, todos ellos guerreros hábiles en el manejo de la espada.

26 Entonces todo el pueblo de Israel subió a Betel para llorar allí, sentados ante el
Señor, ayunando todo el día hasta la tarde
y ofreciendo al Señor holocaustos y sacrificios de comunión. 27 Después los israelitas consultaron al Señor. (En aquel tiempo
estaba allí el arca de la alianza de Dios, 28 y
Pinjás, hijo de Eleazar, hijo de Aarón, estaba a su servicio). Le preguntaron:

–¿Volvemos a combatir contra nuestro
hermano Benjamín, o desistimos?

El Señor contestó:

–Atáquenlo, porque mañana los entregaré en poder de ustedes.

Derrota y exterminio de Benjamín

Jos 8

29 Los israelitas tendieron una emboscada en torno a Guibeá. 30 Al tercer día subieron contra los benjaminitas y se prepararon para la batalla frente a Guibeá, como
las otras veces.

31 Los benjaminitas salieron a su encuentro y se alejaron del pueblo. Comenzaron a matar gente, como las otras veces, en los dos caminos que suben a Betel y a Guibeá; así mataron en el campo a unos treinta hombres de Israel. 32 Los benjaminitas comentaban:

–Están derrotados como las veces anteriores.

Pero los israelitas habían convenido:

–Huyamos para atraerlos a los caminos, lejos del pueblo.

33 Los hombres de Israel se reorganizaron y se prepararon para la batalla en Baal Tamar. Los que estaban emboscados salieron de su puesto, al oeste de Guibeá, 34 y se situaron frente a ella los diez mil hombres elegidos entre todo Israel. La lucha era dura y los benjaminitas no sospechaban lo que se les venía encima. 35 El Señor derrotó a Benjamín ante Israel, que mató aquel día veinticinco mil cien benjaminitas, todos hábiles en el manejo de la espada. 36 Los benjaminitas se vieron derrotados.

Al principio los israelitas habían cedido terreno a Benjamín, confiando en la emboscada que habían tendido junto a Guibeá. 37 Pero luego los emboscados se lanzaron rápidamente sobre Guibeá, la tomaron y la pasaron a cuchillo. 38 Los de Israel habían convenido con los emboscados en una señal: éstos harían salir de la ciudad una columna de humo 39 para avisar a los israelitas que aparentaban huir en el combate. Mientras tanto los benjaminitas habían matado ya a unos treinta hombres de Israel y comentaban:

–Están vencidos, como en el primer combate.

40 Pero entonces comenzó a levantarse de la ciudad la señal, una columna de humo, y los benjaminitas, mirando atrás, se dieron cuenta de que el humo de la ciudad incendiada subía al cielo. 41 Entonces los de Israel se dieron vuelta, y los de Benjamín, aterrados a la vista del desastre que veían inminente, 42 huyeron ante los israelitas por el camino del desierto; pero los combatientes los alcanzaron y los que venían de la ciudad los rodearon y los exterminaron. 43 Cercaron a Benjamín, lo persiguieron y lo combatieron hasta Guibeá, al este. 44 Cayeron de Benjamín dieciocho mil valientes. 45 Los sobrevivientes huyeron al desierto, hacia la peña de Rimón, pero los israelitas alcanzaron a cinco mil hombres por los caminos y los mataron; después los persiguieron hasta Guidón y mataron a dos mil más.

46 El total de benjaminitas caídos aquel día fue de veinticinco mil hombres, todos valientes y hábiles en el manejo de la espada. 47 Seiscientos hombres lograron huir al desierto a la peña de Rimón, y allí estuvieron cuatro meses. 48 Los israelitas atacaron a los demás benjaminitas y pasaron a cuchillo a hombres, animales y a todo lo que encontraron. Y también incendiaron todas las ciudades que encontraron.

Israel preocupado por la supervivencia de Benjamín

21 1 Los israelitas habían hecho este juramento en Mispá:

–Ninguno de nosotros dará su hija en matrimonio a un benjaminita.

2 Fueron a Betel y estuvieron allí sentados hasta la tarde en presencia de Dios, entre súplicas y llantos. 3 Decían:

–¿Por qué, oh Señor, Dios de Israel, ha sido privado tu pueblo de una de sus tribus?

4 Al día siguiente el pueblo se levantó temprano, colocó allí un altar y ofreció holocaustos y sacrificios de comunión. 5 Y se dijeron:

–¿Quién de entre todas las tribus de Israel no ha acudido a la asamblea del Señor?

Porque habían jurado solemnemente que quien no acudiera a Mispá ante el Señor sería castigado con la muerte.

6 Los israelitas sintieron lástima de su hermano Benjamín, y comentaban:

–Hoy ha sido borrada de Israel una tribu. 7 ¿Qué haremos para dar mujeres a los sobrevivientes? Porque hemos jurado ante el Señor no darles nuestras hijas en matrimonio.

Las vírgenes de Yabés de Galaad

Nm 31 5-6.17-18

8 Entonces se preguntaron:

–¿Hay alguna tribu de Israel que no haya subido a Mispá ante el Señor?

Y resultó que ninguno de Yabés de Galaad había venido a la asamblea. 9 Se había

hecho el recuento del pueblo y, en efecto,
no había ninguno de Yabés de Galaad.
10 Entonces la asamblea envió doce mil
hombres de los más valientes, con esta
orden:
–Vayan y pasen a cuchillo a todos los
habitantes de Yabés de Galaad, también a
las mujeres y a los niños. 11 Consagrarán al
exterminio a todos los varones y a todas
las mujeres casadas, pero dejarán con vida
a las vírgenes.
Así lo hicieron. 12 Entre los habitantes
de Galaad encontraron cuatrocientas vírgenes que no habían tenido relaciones con ningún hombre y las trajeron al campamento
de Siló, en la tierra de Canaán. 13 Luego, la
asamblea envió mensajeros a los benjaminitas, que estaban en la peña de Rimón,
para ofrecerles la paz. 14 Los benjaminitas
regresaron, y ellos les dieron las mujeres
sobrevivientes de Yabés de Galaad, pero
no había bastantes para todos.

Rapto de las muchachas de Siló

15 El pueblo se compadeció de Benjamín, porque el Señor había dejado un vacío en las tribus de Israel. 16 Los ancianos
de la comunidad se preguntaban:
–Las mujeres de la tribu de Benjamín
han sido exterminadas; ¿qué haremos para
procurar mujeres a los que aún no la tienen? 17 ¿Cómo conservar un resto de Benjamín para que no desaparezca una tribu de
Israel? 18 Nosotros no podemos darles en
matrimonio a nuestras hijas. (Pues habían
jurado: ¡Maldito quien dé mujer a un benjaminita!).
19 Entonces decidieron esto:
–Está cerca la fiesta del Señor que se
celebra todos los años en Siló, el santuario
que está al norte de Betel, al este del camino que sube de Betel a Siquén, y al sur de
Libná.
20 Y dieron este recado a los de Benjamín:
–Vayan y escóndanse entre las viñas.
21 Se quedan observando y, cuando vean
que las jóvenes de Siló salen a bailar, salgan ustedes de las viñas, llévense cada uno
una muchacha de Siló y regresen a su tierra. 22 Si luego vienen sus padres o hermanos a quejarse contra ustedes, les diremos:
Perdónenlos, pues nosotros no pudimos
procurarles esclavas de guerra como esposas, ni tampoco ustedes podían darles a sus
hijas, porque serían culpables.
23 Los de Benjamín lo hicieron así y tomaron de entre las que bailaban aquellas
que necesitaban; después regresó cada uno
a su casa, reconstruyeron las ciudades y se
establecieron en ellas. 24 Entonces los israelitas se separaron y se fueron cada uno a su
tribu, a su clan y a su casa.
25 En aquel tiempo no había rey en Israel, y cada uno hacía lo que quería.

LIBROS DE SAMUEL

INTRODUCCION

Los libros de Samuel se refieren a uno de los momentos más importantes de la historia del Antiguo Testamento. Es el momento en que Israel se constituye como verdadero pueblo. Por primera vez en la historia las tribus israelitas se reúnen en torno a la ciudad de David (Sión) como única capital y ciudad santa; por primera vez forman una unidad política y religiosa, es decir, un pueblo. Este nacimiento de Israel como nación coincide, a su vez, con el nacimiento de la monarquía, del profetismo y del sacerdocio sadoquita. Es también el momento de la elección de Jerusalén como capital, y del origen de la dinastía davídica.

1. *Contexto histórico*

Los libros de Samuel no constituyen una unidad autónoma y acabada en sí misma, sino que forman parte de la *historia deuteronomista*, integrada por los siete libros que van desde el Deuteronomio al segundo libro de Reyes, ambos incluidos.(Véase Introducción a los Escritos Históricos).

A la hora de dividir la historia deuteronomista entre los siete libros actuales, la división adoptada por la tradición no siempre ha sido la mejor. Por lo que se refiere a los libros de Samuel, la primera parte del primer libro presenta afinidades claras con el libro de los Jueces. En 1 Sm 7 15-17 y 8 1-3, Samuel y sus hijos aparecen como los últimos jueces, que cierran un período de la historia de Israel. Después de ellos empieza la monarquía. Cabría esperar, por tanto, que la división entre el libro de los Jueces y el primer libro de Samuel se hubiera hecho en 1 Sm 12, dado que éste es un capítulo de carácter redaccional, compuesto por el autor deuteronomista precisamente con la intención de señalar la transición entre el período de los jueces y el tiempo de la monarquía.

El proceso de unificación que se fue produciendo entre las tribus israelitas durante el período de los jueces, especialmente entre las tribus del norte (Israel), tuvo su culminación en un primer ensayo monárquico por obra de Saúl. Mitad juez y mitad rey, Saúl hace la transición entre el régimen carismático de los jueces y la monarquía institucional. Lo mismo que los jueces, Saúl es un libertador elegido por Dios (1 Sm 10 1), sobre el que viene el espíritu del Señor (1 Sm 11 6). Pero, por primera vez en la historia de las tribus, la elección divina va acompañada del reconocimiento y proclamación por parte del pueblo (1 Sm 11 15): el jefe carismático (el juez) se convierte así en el rey institucional.

A la muerte de Saúl, los hombres de Judá se reunieron en Hebrón y allí proclamaron rey a David (2 Sm 2 4). Al cabo de siete años y medio vinieron a Hebrón las tribus del norte y proclamaron también como rey a David, con lo cual David llegó a ser rey de Judá y de Israel (2 Sm 5 1-5). El nuevo rey conquistó Jerusalén y la convirtió en capital de los dos reinos. Trasladó a ella el arca de la alianza, signo y símbolo de la presencia de Dios en medio de su pueblo, y Jerusalén se convirtió en la ciudad santa (2 Sm 5-6). Así pues, los principales acontecimientos de esta época suceden en el espacio de un siglo, que es clave dentro de la historia de Israel:

Hacia 1.070 a. C.: Nacimiento de Samuel.
Hacia 1.030 a. C.: Saúl rey.
Hacia 1.010 a. C.: Muerte de Saúl.
Hacia 1.010 a. C.: David rey.
Hacia 970 a. C.: Muerte de David.

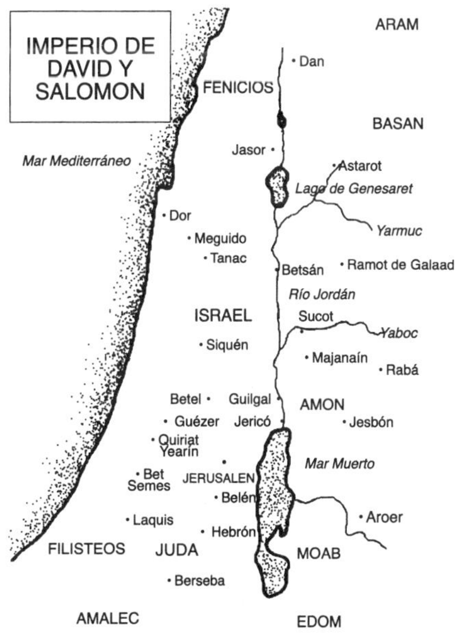

2. *Características literarias y división*

Originariamente los dos libros de Samuel eran uno solo. La división en dos deriva de la versión griega de los Setenta: dado que el rollo del texto manuscrito resultaba de difícil manejo, lo dividieron en dos partes. La Vulgata adoptó la división de los Setenta y con el tiempo se introdujo incluso en la Biblia hebrea.

En los Setenta los dos libros de Samuel llevan el título de primero y segundo de los Reinos respectivamente; y los que nosotros llamamos primero y segundo de los Reyes se convierten en tercero y cuarto de los Reinos. La Vulgata adopta esta misma distribución, pero no los llama libros de los Reinos, sino libros de los Reyes.

Los dos primeros libros empezaron a ser atribuidos a Samuel por la tradición judía y cristiana a partir de una interpretación incorrecta de 1 Cr 29 29; es, por tanto, una atribución que carece de base. Con todo, el título es apropiado, debido a que Samuel es el primero de los tres grandes protagonistas de estos libros; los otros dos son Saúl y David.

Los libros de Samuel fueron redactados definitivamente en tiempos del destierro, o sea, varios siglos después de los hechos. Aunque también es cierto que el autor o autores deuteronomistas no han partido de cero, sino que han tenido a su disposición tradiciones orales y documentos escritos, fruto de un largo proceso de formación, en el que podemos distinguir varios momentos.

Comienzos de la monarquía (s. IX a. C.). Algunas de las tradiciones de los libros de Samuel fueron probablemente puestas por escrito por testigos presenciales, o por lo menos contemporáneos de los hechos. Por ejemplo:

- La historia del arca (1 Sm 4-6; 2 Sm 6).
- Tradiciones favorables a Saúl rey (1 Sm 9 1-10 16; 11; 13-14; 31).
- Ascensión de David al trono (1 Sm 16 14-2 Sm 5 25; 2 Sm 8 1-18).
- Núcleo inicial de la profecía de Natán (2 Sm 7).
- Sucesión de David (2 Sm 9-20).

El espíritu nacionalista que reflejan estas historias y relatos, el orgullo por los éxitos conseguidos, y la visión positiva y optimista de la institución monárquica, todo ello hace pensar que nos encontramos en los primeros tiempos de la monarquía.

Círculos proféticos del siglo VIII a. C. A las tradiciones y relatos de los primeros tiempos de la monarquía, más o menos agrupados en un todo unitario, se habrían sumado posteriormente (tal vez hacia el siglo VIII a. C.) nuevos materiales, sobre todo narraciones y reinterpretaciones teológicas, procedentes de ambientes proféticos. A este segundo estrato pertenecerían:

- Tradiciones de la infancia de Samuel (1 Sm 1-3).
- Reprobación de Saúl (1 Sm 13 7b-15a; 15).
- Unción de David como rey (1 Sm 16 1-13).
- Combate entre David y Goliat (1 Sm 17).
- Relato de la adivina de Endor (1 Sm 28).

Redacción deuteronomista (s. VI a. C.). Aunque el trabajo redaccional del autor o autores deuteronomistas no alcanza en los libros de Samuel los niveles y profundidad que se descubren en otros libros, por ejemplo en Jueces, sin embargo también aquí han dejado impresa su huella. Los críticos suelen atribuir a los redactores deuteronomistas:

- La tradición antimonárquica (1 Sm 8; 10 17-27; 12).
- Mal comportamiento y castigo de los hijos de Elí (1 Sm 2 22-36).
- Conversión de Israel y victoria de Samuel (1 Sm 7).
- Reelaboración deuteronomista de 2 Sm 7 (profecía de Natán).
- Datos y marcos de orden cronológico (1 Sm 4 18; 2 Sm 2 10-11; 5 4-5).

Otros materiales. Al lado de los grandes bloques narrativos existen en los libros de Samuel numerosos pasajes sueltos que se han ido integrando en los libros a lo largo de todo su proceso de formación, incluso después de la redacción deuteronomista. Por ejemplo: dos lamentaciones de David (2 Sm 1 19-27; 3 33-34); dos salmos (1 Sm 2 1-10; 2 Sm 22); un oráculo (2 Sm 23 1-7). Algunos pasajes se inspiran seguramente en documentos oficiales. Por ejemplo: lista de los hijos de David (2 Sm 3 2-5; 5 13-16); lista de los oficiales de su corte (2 Sm 8 16-18; 20 23-26); lista de los héroes de David (2 Sm 23 8-39); lista de los gigantes muertos por ellos (2 Sm 14 47-52; 5 17-25; 8 1-4); censo del pueblo y adquisición del campo de Arauná (2 Sm 24).

El resultado de este proceso de formación son los dos libros actuales, que poseen una gran unidad y que pueden leerse según esta división:

I. HISTORIA DE SAMUEL (1 Sm 1-7)

1. Nacimiento y vocación de Samuel (1 Sm 1-3)
2. Historia del arca (1 Sm 4-6)
3. Samuel, juez de Israel (1 Sm 7)

II. SAMUEL Y SAUL (1 Sm 8-15)

1. Instauración de la monarquía (1 Sm 8-12)
2. Comienzos del reinado de Saúl (1 Sm 13-15)

III. SAUL Y DAVID (1 Sm 16–2 Sm 1)

IV. DAVID REY (2 Sm 2-8)

1. Historia del ascenso de David al trono (2 Sm 2 1-5 5)
2. Exito de David (2 Sm 5 6-8 18)

V. LA SUCESION DE DAVID (2 Sm 9-20)

VI. APENDICES (2 Sm 21-24)

3. *Claves teológicas*

En la Biblia todos los libros son teológicos, también los que llamamos *históricos* (1-2 Sm), porque la historia bíblica es *sagrada*, o sea, está escrita desde la fe y con intención de compartir esa misma fe con los lectores. Juntamente con su valor teológico, los libros de Samuel presentan una gran riqueza desde el punto de vista institucional, dado que tienen como tema principal la fundación de la monarquía y todas las demás instituciones que la acompañan. Los temas, las instituciones y los personajes más relevantes en los libros de Samuel son:

Profetismo: Monarquía y profetismo son dos instituciones estrechamente relacionadas entre sí. Nacen juntas, presididas ambas por la figura de Samuel, y mueren prácticamente juntas con el destierro. Dentro del pueblo de Dios, la monarquía necesitaba el profetismo. Israel tenía la convicción de que sus destinos estaban presididos y regidos por Dios. El único y auténtico rey era Dios (Jue 8 22-23; 1 Sm 12 12). Esta referencia y dependencia de Dios se vivía espontáneamente en el período premonárquico cuando Dios suscitaba jueces carismáticos, que acaudillaban y salvaban a las tribus en momentos de peligro.

Con la instauración de la monarquía, entre Dios y el pueblo se interpuso la persona del rey. La monarquía venía acompañada además de un ejército profesional y de una política de alianzas como medio de salvación. El pueblo sentía la tentación de buscar la salvación por medio de estos recursos humanos. Sentía la tentación de confiar más en los carros de combate y en los caballos que en el nombre de Dios (Sal 20 8). El profetismo que representa el elemento carismático dentro de la monarquía, contrarresta estas tendencias. Aquí radica la importancia del profeta Samuel, y también de Natán y Gad: ellos recuerdan a los reyes que toda la vida del pueblo elegido y todas sus instituciones, incluida la monarquía, se hallan regidas y presididas por la palabra y el poder de Dios.

David, rey ideal: Como persona, como rey y como fundador de la dinastía davídica, David ha seguido una trayectoria siempre ascendente a lo largo de la historia bíblica, hasta convertirse en el prototipo del Mesías, el futuro rey ideal. Adornado de las mejores cualidades físicas, morales y espirituales, David aparece en los libros de Samuel con todo el atractivo de un héroe de leyenda: bello de aspecto, fiel en la amistad, justo y noble hasta con sus enemigos, hombre de estado, poeta y músico. Pero la grandeza de David es, sobre todo, de orden religioso. Ha conocido el pecado, porque es hombre como los demás, pero también ha experimentado lo que es el perdón de Dios. Su piedad y virtudes religiosas se ponen de manifiesto en el traslado del arca, en su deseo de construir el templo, y en el respeto hacia los profetas, los sacerdotes y demás instituciones sagradas.

Saúl, el rey reprobado: La historia de la ascensión de David al trono es al mismo tiempo la historia del declive de Saúl (1 Sm 16-2 Sm 5). Sin que acabe de saberse por qué, el autor o autores de los libros de Samuel han exaltado a David y han humillado a Saúl. Tiene lugar aquí una contraposición similar a la que establecen los autores de los evangelios entre Jesús y Juan el Bautista, en cuya boca ponen estas palabras: *Es necesario que él crezca y yo disminuya* (Jn 3 30).

Monarquía: La monarquía era una de las instituciones más importantes en todos los pueblos del antiguo oriente medio. Los reyes eran los que garantizaban, según los ideólogos de la corte, la estabilidad moral, social y material del pueblo. En la monarquía egipcia los faraones eran considerados como dioses. En Babilonia y Asiria se concedían a los reyes atributos divinos. Los hititas los divinizaban después de muertos. También en Grecia y Roma divinizaron a sus emperadores.

En Israel no era posible la divinización de los reyes, puesto que esta posibilidad chocaba frontalmente con la religión monoteísta. Con todo, los reyes, a partir precisamente de Salomón, el hijo de David, son proclamados hijos adoptivos de Dios (2 Sm 7 14). Mediante la unción, los reyes se convertían en personas sagradas y nacían a una nueva vida, la vida de los hijos de Dios (Sal 2 7; véanse asimismo los salmos 89; 110 y 132).

Muy similar a la imagen de la filiación adoptiva es el esquema de la alianza, que también emplea la Biblia para expresar las relaciones entre Dios y la dinastía davídica (2 Sm 23 5; Sal 89 4.40; Jr 33 20-21; 2 Cr 7 18; 13 5; 21 7).

Jerusalén: En la historia y en la teología del Antiguo Testamento, Jerusalén se halla estrechamente relacionada con David y la dinastía davídica. La elección de Jerusalén (a la que en los libros de la Biblia también se llama con frecuencia Sión) como capital del reino y sede del arca de la alianza, y la elección de David y su descendencia como dinastía eterna, son dos verdades fundamentales del credo israelita, que forman el binomio "David-Sión", paralelo al binomio "Moisés-Sinaí". La elección de Jerusalén y la elección de la dinastía davídica han sido asociadas ya desde el principio por el propio autor del segundo libro de Samuel, que coloca la una a continuación de la otra (2 Sm 6-7). Esta asociación se mantiene a lo largo de la tradición, como lo demuestra el Sal 132, que las celebra juntas y las relaciona con toda naturalidad.

PRIMER LIBRO DE SAMUEL

I. HISTORIA DE SAMUEL Δ

1. Nacimiento y vocación de Samuel

Nacimiento de Samuel

Gn 16 4-5; Nm 6 1-21; Lc 1 5-7.15

1 1 Había un hombre, natural de Ramá, un sufita de las montañas de Efraín, que se llamaba Elcaná, hijo de Yeroján, hijo de Eliú, hijo de Toju, hijo de Suf, efraimita. 2 Tenía dos mujeres: una se llamaba Ana y la otra Feniná. Feniná tenía hijos, pero Ana no los tenía.

3 Este hombre subía todos los años desde su pueblo a adorar y ofrecer sacrificios al Señor todopoderoso en Siló, donde los hijos de Elí, Jofní y Pinjás, eran sacerdotes del Señor. 4 Llegado el día que le correspondía, Elcaná ofrecía el sacrificio y daba a su mujer Feniná, y a todos sus hijos e hijas, sus porciones; 5 a Ana le daba sólo una, y eso que él prefería a Ana; pero el Señor la había hecho estéril. 6 Su rival la insultaba para humillarla, porque el Señor la había hecho estéril. 7 Y así año tras año, cada vez que subían al santuario del Señor, la insultaba del mismo modo. Una vez Ana se puso a llorar y no quería comer. 8 Entonces su marido Elcaná le dijo:

–Ana, ¿por qué lloras y no comes? ¿Por qué estás triste? ¿No valgo yo para ti más que diez hijos?

9 Después de comer y beber en Siló, Ana se levantó. El sacerdote Elí estaba sentado en su silla, junto a la puerta del santuario del Señor. 10 Ella, llena de amargura, estuvo llorando desconsoladamente y suplicando al Señor, 11 a la vez que le hacía esta promesa:

–Señor todopoderoso, si te dignas mirar la aflicción de tu sierva y te acuerdas de mí, si no olvidas a tu sierva y le das un hijo varón, yo lo consagraré al Señor por todos los días de su vida y la navaja no pasará por su cabeza.

12 Al prolongar ella su oración ante el Señor, Elí se puso a observar sus labios; 13 como Ana oraba en silencio, sus labios se movían, pero no se oía su voz. Entonces Elí pensó que estaba borracha 14 y le dijo:

–¿Hasta cuándo seguirás borracha? A ver si se te pasa el efecto del vino.

15 Ana respondió:

–No, señor mío, es que soy una mujer desgraciada. No he bebido vino ni licor; estoy desahogando mi corazón ante el Señor. 16 No tomes a tu sierva por una mujer perdida, pues el exceso de mi pena y mi dolor me han movido a orar de este modo.

17 Elí le dijo:

–Vete en paz, y que el Dios de Israel te conceda lo que le has pedido.

18 Ella dijo:

Δ 1 1-7 17: Empieza el relato con la historia de Samuel: las circunstancias de su nacimiento (1 Sm 1), su niñez y juventud en el santuario de Siló (1 Sm 2), su constitución como profeta (1 Sm 3), su función como sacerdote mediador que asegura el triunfo frente a los filisteos (1 Sm 7 2-14), y su actividad como juez de Israel hasta los años de su ancianidad (1 Sm 7 15-17). Exceptuando la inserción de la historia del arca (1 Sm 4 1-7 1), el interés del relato está centrado en presentar a Samuel como mediador autorizado entre Dios y el pueblo.

• **1 1-28**: Siló era el santuario central de las tribus en la época de los jueces: allí estaba el arca de la alianza y allí se celebraba anualmente una fiesta religiosa, tal vez la de las tiendas, al finalizar la cosecha. Es en Siló donde empieza a invocarse a Dios como *Yahveh Sebaot*, expresión que traducimos por *Señor todopoderoso*, y que literalmente significa *Señor de los ejércitos* (véase 1 Sm 1 11; 4 4), un título originalmente relacionado con el arca, que puede referirse tanto al ejército de Israel como a los ejércitos celestes, ángeles o estrellas. En ambos casos el título expresa el poder y majestad de Dios.

La esterilidad de la madre, considerada frecuentemente como una maldición, es un recurso típico del Antiguo Testamento para subrayar que el hijo es un don particular del Señor en orden a una función importante (entre otros, véanse los nacimientos de Isaac en Gn 21 1-4, Esaú y Jacob en Gn 25 21, Sansón en Jue 13 2ss; en el Nuevo Testamento, el de Juan Bautista en Lc 1 5ss). El no pasar navaja por su cabeza (1 Sm 1 11) se refiere al voto del nazireato por el que un niño era consagrado al Señor (véase Nm 6 1-21; Jue 13 5).

–Que tu sierva alcance tu favor.
Y regresó por donde había venido. Después comió y ya no parecía la misma.
19 Se levantaron de madrugada, adoraron al Señor y regresaron a su casa, a Ramá. Elcaná se acostó con Ana, su mujer, y
el Señor se acordó de ella. 20 Ana concibió
y dio a luz un hijo, al que puso por nombre
Samuel, pues dijo:
–¡Al Señor se lo pedí!
21 Cuando su marido Elcaná subió con
toda su familia para ofrecer al Señor el
sacrificio anual y cumplir sus promesas,
22 Ana no quiso subir, sino que dijo a su
marido:
–Cuando el niño haya dejado de tomar
la leche materna, yo lo llevaré para presentárselo al Señor y que se quede allí para
siempre.
23 Elcaná le respondió:
–Haz como te parezca bien; quédate
hasta que el niño deje de tomar la leche
materna. Y que el Señor te conceda cumplir tu promesa.
Ella se quedó en casa y amamantó a su
hijo hasta que dejó de tomar la leche materna. 24 Después subió con el niño al santuario del Señor en Siló, llevando un novillo de tres años, una medida de harina y un
odre de vino. 25 Cuando inmolaron el novillo y presentaron el niño a Elí, 26 Ana le
dijo:
–Señor mío, te ruego que me escuches;
yo soy la mujer que estuvo aquí, junto a ti,
rezando al Señor. 27 Este niño es lo que yo
pedía, y el Señor me ha concedido lo que
le pedí. 28 Ahora yo lo devuelvo al Señor;
por todos los días de su vida quedará al
servicio del Señor.
Y se postraron allí ante el Señor.

Cántico de Ana

Lc 1 45-55; Sal 18

2 1 Entonces Ana oró así:

Mi corazón se alegra en el Señor,
mi fuerza está en mi Dios,
mi boca se ríe de mis enemigos,
porque me alegro con tu salvación.
2 No hay santo como el Señor,
no existe otro como tú,
no hay roca como nuestro Dios.
3 No hablen con tanta arrogancia,
aparten la insolencia de su boca,
porque el Señor es un Dios sabio,
un Dios que pesa las acciones.
4 El arco de los fuertes se rompe
y los débiles se revisten de valor.
5 Los hartos se contratan en busca de pan
y los hambrientos ya no se fatigan.
La mujer estéril da a luz siete hijos
y la madre de muchos ya no concibe.
6 El Señor da la muerte y la vida,
hunde en el abismo y saca de él.
7 El Señor empobrece y enriquece,
humilla y engrandece,
8 levanta del polvo al desvalido,
saca al pobre de la miseria,
para sentarlo con los nobles
y asignarle un puesto de honor.
Porque del Señor
son los pilares de la tierra
y sobre ellos asentó el mundo.
9 El guarda los pasos de sus fieles,
mientras los malvados
perecen en las tinieblas,
porque el hombre
no triunfa por su fuerza.
10 El Señor aniquila a sus enemigos,
truena el Altísimo en el cielo.
El Señor juzga los confines de la tierra.
El da poder a su rey
y engrandece el honor de su ungido.

11 Elcaná regresó a su casa, a Ramá, y
el niño quedó al servicio del Señor junto al
sacerdote Elí.

Los hijos de Elí

Lv 7 29-36; 3 3-5; Lc 2 52

12 Los hijos de Elí eran unos malvados
pues no respetaban al Señor 13 ni cumplían
ante el pueblo sus deberes como sacerdotes.
Cuando alguno ofrecía un sacrificio, mientras se cocía la carne, venía el sirviente del

• **2 1-11**: Este poema podría ser originalmente un cántico que celebraba las victorias del rey (1 Sm 2 10). Si se puso en boca de Ana fue por la referencia de 1 Sm 1 5 a la fecundidad de la mujer estéril. Más que una pieza única es una antología de ideas e imágenes tradicionales en el Antiguo Testamento, cuya unidad radica en la alabanza que se tributa al Señor como dueño del cosmos y del destino personal de los hombres. El canto de María (Lc 1 47-55) se inspira sobre todo en este poema.

• **2 12-26**: El relato sobre los hijos de Elí es interrumpido

sacerdote con un tenedor de tres dientes en la mano, [14] lo metía en la caldera, caldero, olla o cacerola, y todo lo que sacaba con el tenedor se lo apropiaba el sacerdote. Esto lo hacían con todos los israelitas que iban a Siló. [15] Más aún, antes de que se quemara la grasa, venía el sirviente del sacerdote y decía al que estaba haciendo la ofrenda:

–Dame la carne para asársela al sacerdote; él no te aceptará carne cocida, sino cruda.

[16] Y si el otro le decía:

–Hay que quemar primero la grasa, después toma lo que quieras.

Respondía:

–No, tienes que dármela ahora mismo; si no, lo tomaré por la fuerza.

[17] El pecado de aquellos jóvenes era muy grande ante el Señor, porque trataban con desprecio las ofrendas hechas al Señor.

[18] Samuel estaba al servicio del Señor y vestía un efod de lino. [19] Su madre le hacía una pequeña túnica y se la llevaba todos los años cuando subía con su marido a ofrecer el sacrificio anual. [20] Elí bendecía a Elcaná y a su mujer, diciendo:

–Que el Señor te dé descendencia de esta mujer en recompensa del préstamo que ella ha hecho al Señor.

Después regresaban a su casa.

[21] El Señor bendijo a Ana, que concibió y dio a luz tres hijos y dos hijas. El joven Samuel crecía junto al Señor.

[22] Elí era muy viejo. Cuando se enteró de lo que hacían sus hijos con los israelitas y que se acostaban con las mujeres que estaban a la puerta de la tienda del encuentro, [23] les dijo:

–¿Por qué hacen tales cosas? Todos me hablan de su mal comportamiento. [24] No, hijos míos, no son buenos los rumores que oigo correr por el pueblo. [25] Si un hombre peca contra otro hombre, Dios puede intervenir como árbitro; pero si un hombre peca contra el Señor, ¿quién intercederá por él?

Pero ellos no hicieron caso a su padre, porque el Señor quería hacerlos morir.

[26] Mientras tanto, el niño Samuel iba creciendo, y se ganaba el aprecio del Señor y de los hombres.

El Señor castiga a la familia de Elí

1 Sm 3 11-14; 2 Sm 22 25-27; 1 Sm 22 18-19

[27] Vino un hombre de Dios donde se encontraba Elí y le dijo:

–Así dice el Señor: Yo me revelé claramente a la familia de tu antepasado Aarón cuando estaban en Egipto como esclavos del faraón. [28] Yo lo elegí de entre todas las tribus de Israel para que fuera mi sacerdote, subiera a mi altar, quemara el incienso y llevara el efod en mi presencia. Yo concedí a la familia de tu antepasado todas las ofrendas de los israelitas. [29] ¿Por qué han pisoteado los sacrificios y las ofrendas que yo mandé hacer en mi santuario? ¿Por qué tienes en mayor estima a tus hijos que a mí, engordándolos con lo mejor de todas las ofrendas de mi pueblo Israel?

[30] Por eso –oráculo del Señor, Dios de Israel–, aunque yo había prometido que tus antepasados y tu propia familia serían los encargados de presentar los sacrificios ante mí, ahora –oráculo del Señor– rechazo aquella promesa; porque yo honro a los que me honran, pero los que me desprecian serán despreciados. [31] Vienen días en que yo te aniquilaré a ti y a tu familia, de suerte que nadie llegará a viejo en ella. [32] Mirarás con envidia todo el bien que yo haga a Israel, pero nadie llegará jamás a viejo en tu familia. [33] Mantendré al servicio de mi altar a algunos de los tuyos, hasta que se cierren tus ojos y se termine tu vida; pero la mayor parte de tu familia morirá en la plenitud de la vida. [34] Será una señal para ti lo que sucederá a tus dos hijos, Jofní y Pinjás: morirán los dos el mismo día. [35] Yo suscitaré

por breves referencias al joven Samuel, con la intención de subrayar el contraste entre aquéllos, avaros y perversos, que no conocen al Señor, y éste, que goza de la simpatía del Señor y de los hombres. Es esta doble actitud, respecto al Señor y al pueblo, la que justificará el fracaso de los hijos de Elí y el progresivo éxito de Samuel.

El término *efod* (1 Sm 2 18) significa en hebreo varias cosas: a) una vestidura de lino, típica de sacerdotes y ministros del culto, cuya forma primitiva se desconoce (véase 1 Sm 2 28; 22 18), y que con el tiempo designará la vestidura propia del sumo sacerdote (véase Ex 28 6ss); b) un instrumento adivinatorio por medio del cual se consulta a Dios (véase en 1 Sm 23 9; 30 7); c) un objeto de culto (véase Jue 8 27; 17 5).

• **2 27-36**: Este relato trata de justificar desde la experiencia histórica posterior, la caída de la familia sacerdotal de Elí y su sustitución por la de Sadoq bajo el reinado de Salomón (véase 1 Re 2 26-27; 4 1). Este modo de contar las cosas da por supuesto que los acontecimientos posteriores ya entraban dentro de los planes divinos.

para mí un sacerdote fiel, que hará lo que
yo quiera y cumplirá mis deseos. Le daré
una familia estable y vivirá siempre en presencia de mi ungido. 36 Y el que sobreviva
en tu familia vendrá a postrarse ante él para
mendigar dinero y un pedazo de pan. Le
rogará: «Admíteme, por favor, en cualquier
oficio sacerdotal, para que pueda comer un
pedazo de pan».

Vocación de Samuel

Jr 1 4-11; Is 6 1-13; 1 Sm 2 27-36

3 1 El joven Samuel estaba al servicio del
Señor con Elí. La palabra del Señor era
rara en aquel tiempo y no eran frecuentes
las visiones. 2 Un día estaba Elí acostado
en su habitación. Sus ojos comenzaban a
debilitarse y apenas podía ver. 3 La lámpa-
ra de Dios todavía no se había apagado.
Samuel estaba durmiendo en el santuario
del Señor, donde estaba el arca de Dios.
4 El Señor llamó a Samuel:
–¡Samuel, Samuel!
El respondió:
–Aquí estoy.
5 Fue corriendo a donde estaba Elí y le
dijo:
–Aquí estoy, porque me has llamado.
Elí respondió:
–No te he llamado, vuelve a acostarte.
Y Samuel fue a acostarse. 6 Pero el Se-
ñor lo llamó otra vez:
–¡Samuel!
Samuel se levantó, fue a donde estaba
Elí y le dijo:
–Aquí estoy, porque me has llamado.
Respondió Elí:
–No te he llamado, hijo mío, acuéstate
de nuevo.
7 (Samuel no conocía todavía al Señor.
No se le había revelado aún la palabra del
Señor.)
8 Por tercera vez llamó el Señor a Sa-
muel; éste se levantó, fue donde estaba Elí
y le dijo:
–Aquí estoy, porque me has llamado.
Comprendió entonces Elí que era el Se-
ñor quien llamaba al joven, 9 y le aconsejó:
–Vete a acostarte, y si te llaman, respondes: Habla, Señor, que tu siervo escucha.
Samuel fue y se acostó en su sitio.
10 Vino el Señor, se acercó y lo llamó
como las otras veces:
–¡Samuel, Samuel!
Samuel respondió:
–Habla, que tu siervo escucha.
11 Y el Señor le dijo:
–Mira, voy a hacer en Israel una cosa
que hará retumbar los oídos de quienes
oigan hablar de ella. 12 Aquel día ejecutaré
sobre Elí todo lo que he dicho contra su familia, desde el principio hasta el fin. 13 Ya
le he hecho saber que voy a castigar a su
familia para siempre, porque él sabía que
sus hijos ultrajaban a Dios y no los corri-
gió. 14 Por eso, juro a la familia de Elí que
su culpa no podrá expiarse nunca, ni con
sacrificios ni con ofrendas.
15 Samuel siguió acostado hasta la mañana siguiente, y después abrió las puertas
del santuario del Señor. Samuel no se atrevía a contar a Elí la visión, 16 pero Elí lo
llamó y le dijo:
–¡Samuel, hijo mío!
El contestó:
–Aquí estoy.
17 Y Elí le preguntó:
–¿Qué es lo que te ha dicho? No me
ocultes nada. Que Dios te castigue, si me
ocultas una sola palabra de lo que él te ha
dicho.
18 Entonces Samuel se lo contó todo,
sin ocultarle nada. Elí dijo:
–¡El es el Señor, que haga su voluntad!
19 Samuel crecía, y el Señor estaba con
él; ninguna de sus palabras dejó de cumplirse. 20 Todo Israel, desde Dan hasta Berseba, supo que Samuel estaba acreditado

• **3 1-4 1a**: Los protagonistas de este relato son la palabra de Dios y Samuel. Se empieza diciendo que la palabra de Dios era rara en aquel tiempo (1 Sm 3 1); y se termina afirmando que el Señor revelaba su palabra en Siló (1 Sm 3 21). En el centro encuentra la vocación de Samuel. En efecto, es la palabra de Dios la que constituye al profeta; éste es, pues, mediador de aquella palabra y, por eso, la suya es una palabra eficaz y reconocida (1 Sm 3 19; 4 1).

El relato de la vocación de Samuel posee un esquema semejante al de otros relatos de vocación en el Antiguo Testamento: llamada de Dios, misión y confirmación del apoyo divino (compárese con el de Gedeón: Jue 6 11-24; Isaías: Is 6 1-13; Jeremías: Jr 1 4-11)

La expresión *desde Dan hasta Berseba* (1 Sm 3 20) es una fórmula típica para indicar los límites norte y sur de Israel (véase Jue 20 1; 2 Sm 3 10; 17 11; 24 15; 1 Re 5 5).

como profeta del Señor. 21 El Señor continuó manifestándose en Siló, pues era allí
donde revelaba su palabra a Samuel.

4 1 La palabra de Samuel se escuchaba
en todo Israel.

2. *Historia del arca* ◊

Victoria filistea y muerte de Elí

Nm 10 35-36; 2 Sm 15 24-29; 11 11

Por entonces los filisteos se reunieron
para atacar a Israel. Los israelitas acamparon en Eben Ezer, mientras que los filisteos estaban acampados en Afec. 2 Los filisteos tomaron posiciones frente a Israel;
se entabló el combate e Israel fue derrotado por los filisteos, que mataron en el
campo de batalla unos cuatro mil hombres.
3 El pueblo regresó al campamento y los
ancianos dijeron:

–¿Por qué nos ha hecho sufrir hoy el
Señor esta derrota frente a los filisteos? Vayamos a Siló a buscar el arca de la alianza
del Señor, para que venga con nosotros, y
nos libre de nuestros enemigos.

4 El pueblo mandó gente a Siló para que
trajeran el arca de la alianza del Señor
todopoderoso, que descansa sobre los querubines. Los dos hijos de Elí, Jofní y Pinjás, venían con el arca de la alianza de Dios.
5 Cuando el arca de la alianza del Señor
llegó al campamento, los israelitas lanzaron el grito de guerra y la tierra retembla-
ba. 6 Al oír los filisteos el griterío, se preguntaron:

–¿A qué se debe tanta alegría en el campamento de los hebreos?

Y cayeron en la cuenta de que el arca
del Señor había llegado al campamento.

7 A los filisteos les entró miedo, y comentaban:

–Ha venido Dios al campamento. ¡Ay
de nosotros! Esto no había sucedido nunca. 8 ¡Ay de nosotros! ¿Quién nos salvará
de la mano de esa divinidad tan poderosa?
Es la que castigó a Egipto con toda clase
de plagas y epidemias. 9 Cobren ánimo y
sean fuertes, filisteos, para no servir a los
hebreos como ellos les han servido a ustedes. Sean hombres y luchen.

10 Los filisteos fueron al combate. Israel
fue derrotado y huyó cada uno a su tienda.
Fue una gran derrota; cayeron de Israel
treinta mil hombres de infantería, 11 el arca
de Dios fue capturada y los dos hijos de
Elí, Jofní y Pinjás, murieron.

12 Un hombre de Benjamín salió corriendo del campo de batalla y llegó aquel mismo día a Siló, con la ropa destrozada y la
cabeza cubierta de polvo. 13 Cuando llegó,
encontró a Elí sentado en su silla; estaba
esperando al borde del camino, pues temía
que pudiera pasarle algo al arca de Dios.
El hombre entró en la ciudad dando la noticia, y toda la ciudad se puso a gritar. 14 Elí
oyó el griterío y preguntó:

–¿Por qué hay tanto griterío?

Y el hombre fue rápidamente a contárselo a Elí. 15 Elí tenía ya noventa y ocho
años, sus ojos se habían quedado inmóvi-
les y no podía ver. 16 El hombre le dijo:

–Vengo del campamento, he huido hoy
mismo del campo de batalla.

Elí le preguntó:

–¿Qué ha pasado, hijo mío?

17 El mensajero respondió:

–Israel ha tenido que huir ante los filisteos. Ha sido una gran derrota para el pueblo. Murieron también tus dos hijos, Jofní
y Pinjás. Y el arca de Dios ha sido capturada.

18 Al oír lo del arca de Dios, Elí cayó de
su silla hacia atrás contra la puerta, se des-

◊ **4 1b-7 17**: En estos capítulos se narran las peripecias que sufrió el arca desde que fue llevada al campo de batalla y capturada por los filisteos hasta que regresó a la tierra de Israel y quedó instalada en Quiriat Yearín (2 Sm 6). Esta historia del arca, que rompe el hilo de la narración sobre Samuel, era originalmente independiente. Su inserción en la historia de Samuel quizás se deba a su relación con Siló (de hecho, con la captura del arca, Siló pierde su importancia) y a la presencia de Elí y los suyos. El arca era para Israel signo visible de la presencia del Señor en medio del pueblo y recuerdo constante de la alianza del Sinaí (véase Dt 10 1-5).

• **4 1b-22**: En este relato se mezclan diversos motivos: la presencia del arca en medio del pueblo, el temor de los filisteos, la muerte de los hijos de Elí, y después la del mismo Elí, y la de su nuera. Hay una cierta conexión con 1 Sm 1-3, porque con estos acontecimientos comienza a cumplirse la maldición pronunciada sobre la familia de Elí (1 Sm 2 27-36; 3 11-14).

En 1 Sm 4 18 se habla de Elí como juez. En realidad el período de los jueces llega hasta él. Su historia y la del arca tienen semejanzas con la historia de Sansón (Jue 13-16). Como en el caso de los demás jueces, se indica la duración de su gobierno (véase Jue 3 10-11; 4 4; 10 2-3; 12 13-14; 15 20; 16 31; 1 Sm 7 15).

nucó y murió, pues ya era viejo y estaba muy torpe. Había actuado como juez de Israel durante cuarenta años.

19 Su nuera, la mujer de Pinjás, estaba encinta y a punto de dar a luz. Cuando oyó la noticia de la captura del arca de Dios y de la muerte de su suegro y su marido, le vinieron los dolores de parto, se encorvó y dio a luz. 20 Estando en trance de morir, las que estaban con ella le dijeron:

–Anímate, que has dado a luz un hijo.

Pero ella no respondió ni prestó atención. 21 Al niño le puso por nombre Icabod, diciendo:

–Ha desaparecido la gloria de Israel.

Se refería a la captura del arca de Dios, de su suegro y a la muerte de su marido. 22 Y repetía:

–Ha desaparecido la gloria de Israel, porque ha sido capturada el arca de Dios.

El arca en poder de los filisteos

Jue 16 23-30; Sal 78 66; Is 45 5-6.20-24

5 1 Los filisteos se habían apoderado del arca de Dios y la habían llevado de Eben Ezer a Asdod. 2 Los filisteos tomaron el arca de Dios, la llevaron al templo de Dagón y la pusieron junto a Dagón. 3 A la mañana siguiente los de Asdod fueron al templo y encontraron a Dagón caído de bruces en tierra ante el arca del Señor. Levantaron a Dagón y lo volvieron a poner en su sitio. 4 A la mañana siguiente fueron de nuevo al templo y encontraron a Dagón caído boca abajo en tierra ante el arca del Señor, con la cabeza y las dos manos cortadas sobre el umbral; sólo quedaba de Dagón el tronco. 5 Por eso, todavía hoy, los sacerdotes de Dagón y los que entran en su templo de Asdod no pisan el umbral.

6 El Señor castigó a los habitantes de Asdod y los llenó de pánico, hiriendo con tumores a todos los que vivían en Asdod y su región. 7 Al ver esto los de Asdod, se dijeron:

–El arca del Dios de Israel no debe continuar entre nosotros, porque nos ha castigado duramente a nosotros y a Dagón, nuestro dios.

8 Convocaron a todos los jefes de los filisteos y les preguntaron:

–¿Qué hacemos con el arca del Dios de Israel?

Respondieron:

–Que sea llevada a Gat.

9 En efecto, llevaron el arca a Gat. Pero, en cuanto la llevaron, el Señor castigó a la ciudad y cundió en ella el pánico, pues hirió a todos sus habitantes, chicos y grandes, y les salieron tumores. 10 Entonces mandaron el arca de Dios a Ecrón. Pero cuando llegó el arca de Dios, los de Ecrón comenzaron a protestar:

–¡Han traído aquí el arca del Dios de Israel para que nos mate a nosotros y a nuestro pueblo!

11 Y convocaron a todos los jefes de los filisteos, los cuales dijeron:

–Devuelvan el arca del Dios de Israel a su lugar, para que no nos mate a nosotros y a nuestro pueblo.

Toda la ciudad estaba dominada por un pánico mortal, pues el Señor la había castigado duramente. 12 Los que no morían estaban llenos de tumores, y el clamor de la ciudad subía hasta el cielo.

Regreso del arca

2 Sm 6 3-9

6 1 El arca del Señor estuvo siete meses en territorio filisteo. 2 Los filisteos con-

• **5 1-12**: El breve relato de 1 Sm 5 2-5 tiene el propósito de ilustrar de manera plástica e irónica, la superioridad del Señor, Dios de Israel, sobre Dagón, dios de los filisteos (véase Jue 16 23). La actitud de éste, de bruces ante el arca del Señor, indica irónicamente el sometimiento y adoración que le tributa.

Los filisteos, lo mismo que su dios, Dagón, van a tener ocasión de experimentar la santidad de Dios, presente en el arca de la alianza. El arca va de ciudad en ciudad, pero al final deciden devolverla a los israelitas, para que no les cause más problemas. Los efectos que produce el arca en un pueblo extranjero indican que Dios ha elegido como morada suya al pueblo de Israel.

• **6 1-7 1**: Queriendo averiguar si era realmente el Señor presente en el arca el que estaba en el origen de todas aquellas desventuras o si más bien se debía a la pura casualidad, los dirigentes religiosos filisteos recurrieron a la prueba de las vacas que nunca habían soportado un yugo, dejando además sus crías en el establo (1 Sm 6 7-9). Lo natural era que la yunta no tomara el camino de la ciudad israelita de Bet Semes; primero, porque no sabían trabajar, y, segundo, porque el cuidado de sus crías las llamaba en sentido contrario. La circunstancia del carro nuevo y vacas no profanadas por el trabajo quizás se deba también al servicio sagrado que van a realizar (véase Nm 19 2; Dt 21 3). Las vacas con el carro y el arca

vocaron a los sacerdotes y adivinos para preguntarles:

–¿Qué hacemos con el arca del Señor? Indíquennos cómo podemos devolverla a su lugar.

3 Respondieron:

–Si quieren devolver el arca del Dios de Israel, no la manden sola; manden con ella una ofrenda de reparación. Entonces sanarán y sabrán por qué no cesaba su castigo.

4 Ellos preguntaron:

–¿Qué ofrenda de reparación hemos de mandar?

Contestaron:

–Cinco figuras de oro representando tumores y cinco figuras representando ratas, según el número de los jefes de los filisteos, pues la plaga fue la misma para ustedes y para sus jefes. 5 Hagan reproducciones de sus tumores y de las ratas que devastan su tierra y den gloria al Dios de Israel; quizás cese su castigo contra ustedes, contra sus dioses y contra su tierra. 6 ¿Por qué se van a rebelar como se rebelaron Egipto y el faraón? Recuerden cómo tuvieron que dejarlos salir cuando el Señor los castigó. 7 Así que empiecen por hacer un carro nuevo, tomen dos vacas que estén criando y que nunca hayan llevado un yugo, amarren las vacas al carro para que tiren de él y dejen sus crías en el establo. 8 Tomen el arca del Señor y colóquenla en el carro, y en un cofre, junto a ella, pongan los objetos de oro que le dan en ofrenda de reparación; luego déjenla partir, 9 y observen: si va por el camino de su territorio hacia Bet Semes, señal de que es el Dios de Israel quien nos ha hecho tanto mal; si no, sabremos que no ha sido él quien nos ha castigado, sino que ha ocurrido por casualidad.

10 Así lo hicieron. Tomaron dos vacas que estaban criando y las amarraron al carro para que tiraran de él, dejando sus crías en el establo. 11 Pusieron en el carro el arca del Señor, y el cofre con las reproducciones en oro de las ratas y de los tumores. 12 Las vacas se fueron derechas por el camino de Bet Semes; iban mugiendo mientras caminaban, siempre por el mismo camino, sin desviarse ni a uno ni a otro lado. Los jefes de los filisteos las siguieron hasta la frontera de Bet Semes.

13 Los de Bet Semes estaban cosechando el trigo en el valle. Al levantar la vista, vieron el arca y se alegraron. 14 El carro llegó al campo de Josué, el de Bet Semes, y se detuvo allí. Había allí una gran piedra. Partieron las tablas del carro y ofrecieron las vacas en holocausto al Señor. 15 Los levitas habían bajado el arca del Señor y el cofre que contenía los objetos de oro, y los habían puesto sobre aquella gran piedra. Aquel día los de Bet Semes ofrecieron holocaustos e inmolaron sacrificios al Señor. 16 Los cinco jefes filisteos, al verlo, regresaron aquel mismo día a Ecrón. 17 Las figuras de oro en forma de tumores que los filisteos dieron en ofrenda de reparación al Señor eran: una por Asdod, una por Gaza, una por Ascalón, una por Gat y una por Ecrón. 18 El número de las ratas de oro correspondía al de las ciudades de los cinco jefes filisteos, tanto de las ciudades fortificadas como de las abiertas. La gran piedra sobre la que pusieron el arca del Señor existe todavía hoy en el campo de Josué, el de Bet Semes.

19 El Señor castigó a la gente de Bet Semes porque habían mirado el arca del Señor; hirió a setenta hombres de entre ellos. El pueblo hizo duelo por el gran castigo que les había infligido el Señor. 20 Los de Bet Semes decían:

–¿Quién podrá estar en presencia del Señor, este Dios santo? ¿A quién se la enviaremos para deshacernos de ella?

se fueron derechas a Bet Semes, donde los israelitas ofrecieron sacrificios, mientras que los jefes de los filisteos, una vez comprobado el resultado positivo de la prueba, regresaron a Ecrón (1 Sm 6 10-16).

1 Sm 6 17-18 es una recapitulación de lo anterior.

1 Sm 6 19-21 y 1 Sm 7 1, contraponen el comportamiento irreverente de los habitantes de Bet Semes, que son castigados por ello, con la buena recepción del arca por las gentes de Quiriat Yearín. La razón por la cual los habitantes de Bet Semes son castigados y entregan el arca a los de Quiriat Yearín es oscura. En 1 Sm 6 19 la versión griega trata de aclararlo así: *Los hijos de Jeconías no se alegraron cuando vieron el arca, y el Señor castigó...*

Un redactor escrupuloso ha añadido en 1 Sm 6 15 una referencia a los levitas, los únicos que podían llevar el arca según Dt 10 8 (véase Jos 3 3; 2 Sm 15 24; 1 Re 8 4).

21 Y enviaron mensajeros a informar a
los de Quiriat Yearín:
–Los filisteos han devuelto el arca del
Señor. Bajen y llévensela con ustedes.

7 1 Vinieron los de Quiriat Yearín y se
hicieron cargo del arca del Señor. La
llevaron a casa de Abinadab, en la colina,
y consagraron a Eliezer, su hijo, para que
guardara el arca del Señor.

Samuel, juez de Israel

Jue 6 6-10; 10 10-16; Eclo 46 16-18; Jue 3 30; 8 28

2 Desde que el arca del Señor fue instalada en Quiriat Yearín pasó mucho tiempo,
veinte años. Al cabo de este tiempo, todo
Israel añoraba al Señor. 3 Y Samuel dijo a
todo el pueblo de Israel:
–Si quieren convertirse al Señor de todo
corazón, quiten de entre ustedes los dioses
y diosas extranjeros, conviértanse al Señor
y adórenlo sólo a él, y el Señor los librará
de los filisteos.
4 Los israelitas retiraron los dioses y diosas extranjeros y adoraron sólo al Señor.
5 Después Samuel les ordenó:
–Reúnan a todo Israel en Mispá, y yo
rogaré al Señor por ustedes.
6 Se reunieron en Mispá, sacaron agua,
la derramaron ante el Señor y ayunaron
aquel día. Decían:
–Hemos pecado contra el Señor.
Y Samuel actuó en Mispá como juez de
los israelitas.
7 Supieron los filisteos que los israelitas
se habían reunido en Mispá, y los jefes filisteos subieron para atacar a Israel. Al enterarse los israelitas, tuvieron miedo de los
filisteos, 8 y rogaron a Samuel:
–No dejes de interceder por nosotros
ante el Señor nuestro Dios, para que él nos
salve de los filisteos.
9 Samuel tomó un cordero muy tierno y
lo ofreció entero en holocausto al Señor;
después intercedió ante el Señor en favor de
Israel, y el Señor lo escuchó.
10 Mientras Samuel ofrecía el holocausto, los filisteos se acercaron para atacar a
Israel; pero aquel día el Señor envió grandes truenos contra los filisteos, los descon-
certó y fueron derrotados por Israel. 11 Los
israelitas salieron de Mispá, persiguieron a
los filisteos y los fueron combatiendo hasta
más abajo de Betorón. 12 Entonces Samuel
tomó una piedra, la puso entre Mispá y Ye-
saná, y la llamó Eben Ezer –es decir, Piedra de Socorro–, diciendo:
–Hasta aquí nos ha socorrido el Señor.
13 Así humillados, los filisteos no volvieron a invadir el territorio de Israel. El
Señor los castigó durante toda la vida de
Samuel. 14 Israel recuperó las ciudades que
habían ocupado los filisteos desde Ecrón
hasta Gat, e Israel libró su territorio del
poder de los filisteos. También hubo paz
entre Israel y los amorreos.
15 Samuel actuó como juez en Israel
durante toda su vida. 16 Cada año hacía un
recorrido por Betel, Guilgal y Mispá, y
desde todos estos sitios juzgaba a Israel.
17 Después regresaba a Ramá, donde tenía
su casa, y seguía juzgando a Israel. Allí
construyó un altar al Señor.

• **7 2-17**: El redactor ha unido la historia del arca con la continuación de la historia de Samuel a través de una breve alusión a la instalación del arca en Quiriat Yearín (1 Sm 7 2). Pero ambos relatos son independientes. 1 Sm 7 2 empalma con 1 Sm 4 1a. La figura de Samuel, totalmente ausente de la historia del arca, reaparece ahora y recupera el protagonismo en el relato. A su función de profeta (1 Sm 3 20) se añaden ahora las de sacerdote que ofrece sacrificios e intercede por el pueblo (1 Sm 7 8ss), y la de juez (el último reconocido como tal) que hace justicia en el pueblo y lo libra de sus enemigos, si bien, a diferencia de los jueces anteriores, no se dice expresamente que él fuera a la guerra. Profeta, sacerdote y juez, Samuel es la figura elegida por Dios para dar paso, no sin problemas, a los tiempos monárquicos.

Los dioses y diosas extranjeros de que habla 1 Sm 7 3-4 son Baal, dios de la tormenta, y Astarté, diosa de la fertilidad, que eran las divinidades cananeas por excelencia. Desde el establecimiento en la tierra (véase Nm 21 1-5) hasta la época del destierro (véase Jr 2 8.23) su culto fue un peligro constante para la fe de Israel. Se suele hablar de ellos en plural, bien por referencia a los varios lugares de culto, o como representación de todas las divinidades distintas del Dios de Israel.

La afirmación de 1 Sm 7 13 parece más bien una generalización de tono apologético, al estilo de Jue 3 30; 8 28; 11 33. De hecho, los filisteos siguieron siendo durante largo tiempo los enemigos constantes de Israel (véase 1 Sm 9 15; 13 52).

II. SAMUEL Y SAUL Δ

1. *Instauración de la monarquía* ◊

El pueblo pide un rey

Dt 17 14-20; Jue 8 22-23; 1 Re 21 1-24; 12 4

8 1 Cuando Samuel se hizo viejo, nombró
a sus hijos jueces de Israel. 2 Su hijo
mayor se llamaba Joel, y el menor, Abías;
actuaban como jueces en Berseba. 3 Pero
sus hijos no se comportaron como él, sino
que se dejaron llevar por el afán de lucro,
aceptando sobornos y cometiendo injusticias. 4 Por eso, todos los ancianos de Israel
se reunieron, fueron a ver a Samuel a Ramá,
5 y le dijeron:
–Mira, tú ya eres viejo y tus hijos no se
comportan como tú. Así que nómbranos un
rey para que nos gobierne, como se hace
en todas las naciones.
6 A Samuel le desagradó que pidieran
un rey para que los gobernara, y se puso a
invocar al Señor. 7 Pero el Señor le dijo:
–Haz caso al pueblo en todo lo que te
diga, porque no te rechazan a ti; es a mí a
quien rechazan, porque no me quieren como rey. 8 Así se han portado conmigo desde el día en que los saqué de Egipto hasta
hoy; me han abandonado para dar culto a
dioses extranjeros, y así hacen también
contigo. 9 Atiende a su ruego, pero adviérteles claramente y dales a conocer los derechos del rey que va a reinar sobre ellos.
10 Samuel transmitió lo que le había dicho el Señor al pueblo, que le pedía un rey.
11 Y les dijo:
–Así gobernará el rey que va a regirlos:
tomará a los hijos de ustedes y los pondrá
al servicio de los carros de guerra y de caballos que le pertenecen, haciéndolos correr ante su carroza; 12 los empleará como
jefes y capataces; los hará trabajar sus
campos y cosecharlos, fabricar sus armas
de guerra y los arreos de sus carros. 13 A las
hijas de ustedes las tomará para perfumeras,
cocineras y panaderas. 14 Les quitará también sus mejores campos, viñas y olivares
para dárselos a sus servidores. 15 Les exigirá los diezmos de las cosechas y de las
viñas para dárselos a sus cortesanos y ministros. 16 Se adueñará de sus siervos y siervas, de sus mejores bueyes y burros para
emplearlos en los trabajos que realice.
17 Les exigirá el diezmo de sus rebaños, y
ustedes mismos serán sus esclavos. 18 Entonces gritarán contra el rey que ustedes
mismos han elegido, pero el Señor no les
responderá.
19 El pueblo no quiso escuchar a Samuel, e insistió:
–No, queremos tener un rey. 20 Así seremos como las demás naciones. Nuestro
rey nos gobernará y marchará al frente de
nosotros para luchar en la guerra.
21 Samuel escuchó las palabras del pueblo y se las transmitió al Señor. 22 El Señor
le respondió:

Δ 8 1-15 35: Estos capítulos narran un momento clave en la historia de Israel: los inicios de la monarquía. Samuel y Saúl fueron los encargados de realizar el cambio en la organización política del pueblo de Israel: con ellos nace la monarquía, institución que regirá a Israel durante cuatro siglos.

◊ 8 1-12 25: Estos capítulos describen la instauración de la monarquía. En ellos se van alternando textos a favor de la monarquía (1 Sm 9 1-10 16; 10 19b-11 15) con otros textos contrarios a ella (1 Sm 8 4-22; 10 17-19a). La razón promonárquica más socorrida es *ser como los demás pueblos* (1 Sm 8 5.20). En el fondo, estaba la necesidad de una institución que asegurara mejor que la de los jueces la continuidad y eficacia necesarias para enfrentarse a la amenaza de las naciones vecinas (1 Sm 9 16). La corriente antimonárquica opone dos razones; una teológica: el verdadero rey de Israel es el Señor (1 Sm 8 7; 10 19; 12 12); y otra de orden práctico: los abusos del rey (1 Sm 8 11-18). En los textos antimonárquicos se puede adivinar la mano deuteronomista, de influencia profética, que conoce la experiencia histórica de la monarquía, a partir sobre todo de Salomón. 1 Sm 12 significa la reconciliación de las dos tendencias.

• 8 1-22: Viendo la infidelidad de los hijos de Samuel y atraídos por lo que se hacía en las demás naciones, los ancianos de Israel, como representantes del pueblo, fueron a Samuel y le pidieron un rey (1 Sm 8 4-5 y 19-20). Samuel se opone, porque le parece que el régimen monárquico es contrario al espíritu tradicional que reconoce como único rey al Señor, y se dirige a Dios en oración (1 Sm 8 6.21). La respuesta del Señor es clara: *Atiende a su ruego, pero adviérteles claramente y dales a conocer los derechos del rey* (1 Sm 8 9). Así lo hace Samuel, fijándose solamente en los aspectos negativos y gravosos de la monarquía (1 Sm 8 10-18). Dios accede a los deseos del pueblo y está dispuesto a llevar adelante su plan de salvación a través de la monarquía, según veremos en 1 Sm 12.

–Atiende a su ruego y nómbrales un
rey.
Entonces Samuel dijo a los israelitas:
–¡Que cada uno se vaya a su pueblo!

Encuentro de Samuel con Saúl

Hch 9 10-16; 1 Sm 16

9 1 Había un hombre de la tribu de Benjamín, llamado Quis, hijo de Abiel, hijo de Seror, hijo de Becorat, hijo de Afíaj,
benjaminita; un hombre de buena posición. 2 Tenía un hijo llamado Saúl. Era un
muchacho de buena presencia; no había
entre los israelitas ninguno más esbelto que
él, pues sobrepasaba a todos de los hombros para arriba. 3 Un día que se le perdieron las burras a Quis, éste dijo a su hijo
Saúl:
–Llévate a uno de los criados y vete a
buscar las burras.
4 Recorrieron las montañas de Efraín y
la región de Salisá, pero no las encontraron; recorrieron la región de Salín, y tampoco; luego la de Benjamín, y tampoco las
encontraron. 5 Y al llegar a la región de
Suf, dijo Saúl al criado que iba con él:
–Regresemos, no sea que mi padre, empiece a estar intranquilo por nosotros más
que por las burras.
6 Pero el criado le indicó:
Mira, aquí en la ciudad hay un hombre
de Dios; es un hombre muy famoso; todo
lo que él dice se cumple. Así que vamos
allá. Tal vez él nos indique el camino que
debemos seguir.
7 Saúl le respondió:
–Si vamos, ¿qué le llevaremos a ese
hombre? Ya no queda pan en nuestros morrales y no tenemos nada que ofrecer al
hombre de Dios. ¿Qué nos queda?
8 Contestó el criado a Saúl:
–Mira, he encontrado en mi bolsillo una
pequeña moneda. Se la daré al hombre de
Dios para que nos indique el camino que
debemos seguir.
10 Saúl dijo al criado:
–De acuerdo, vamos.
Y fueron a la ciudad donde estaba el
hombre de Dios. 11 Cuando subían la cuesta de la ciudad, se encontraron con unas
muchachas que salían a buscar agua, y les
preguntaron:
–¿Está aquí el vidente?
(9 Es que antiguamente en Israel, cuando se iba a consultar a Dios, se decía: «Vengan, vamos al vidente». Pues al que hoy se
llama profeta antes se le llamaba vidente.)
12 Ellas les respondieron:
–Sí, aquí está; sigan de frente. Acaba de
llegar a la ciudad, porque hoy el pueblo
celebra un sacrificio en el altozano. 13 Si
entran en la ciudad, podrán encontrarlo antes de que suba al altozano para la comida;
el pueblo no comerá hasta que llegue él,
porque es él quien tiene que bendecir el
sacrificio, después de lo cual comerán los
invitados. Suban, pues, que en seguida lo
encontrarán.
14 Ellos subieron a la ciudad y, cuando
entraban en ella, se encontraron con que
Samuel venía de frente para subir al altozano. 15 Un día antes de que llegara Saúl,
el Señor había advertido a Samuel:
16 –Mañana a esta misma hora te enviaré un hombre de la tierra de Benjamín; lo
ungirás como jefe de mi pueblo Israel, para que salve a mi pueblo de los filisteos,
porque he visto la aflicción de mi pueblo y
su queja ha llegado hasta mí.
17 Cuando Samuel vio a Saúl, el Señor
le avisó:
–Mira, ese es el hombre del que te hablé;
ese es el que regirá a mi pueblo.
18 Saúl se acercó a Samuel en medio de
la puerta de la ciudad, y le dijo:

• **9** 1-25: La historia de la unción de Saúl (1 Sm 9 1-10 16) está insertada en el resto del relato. Esta historia supone que Saúl fue ungido siendo todavía joven y que dicha unción se mantuvo en secreto. Los protagonistas son, aparentemente, Samuel (presentado aquí, no como juez, sino como profeta) y Saúl. Sin embargo, el verdadero protagonista es Dios que elige de forma inesperada al rey que el pueblo le había pedido (1 Sm 8).

Los *altozanos* que aparecen repetidas veces en este pasaje (1 Sm 9 12.13.14.19.25) eran lugares de culto establecidos sobre colinas o montículos, normalmente en las afueras de la ciudad. Podían tener un edificio o sólo un altar. Como en aquellos lugares se realizaron cultos paganos, especialmente cananeos, suponían un grave peligro para los israelitas, y debido a ello fueron criticados por los profetas (véase Jr 7 31; Os 10 8; Am 7 9) y expresamente prohibidos por la ley de la unidad del santuario (véase Dt 12 2; 2 Re 23 8-9.19-20). El presente relato escapó a la censura editorial y describe un sacrificio realizado en un altozano, que Samuel incluso ha de bendecir, función ésta que es desconocida en todo el Antiguo Testamento.

–Indícame, por favor, dónde está la casa del vidente.
19 Samuel le respondió:
–Yo soy el vidente. Sube delante de mí
al altozano; hoy ustedes comerán conmigo
y mañana por la mañana te dejaré partir y
te daré a conocer todo lo que te preocupa.
20 En cuanto a las burras perdidas hace ya
tres días, no te preocupes por ellas, porque
ya aparecieron. Además, ¿de quién será
cuanto hay de valioso en Israel? ¡Pues tuyo y de la familia de tu padre!
21 Saúl respondió:
–Yo soy un benjaminita, de la más pequeña de las tribus de Israel, y mi familia
es la menor de todas las familias de la tribu de Benjamín. ¿Por qué me dices esto?
22 Entonces Samuel llevó consigo a Saúl
y a su criado, los hizo entrar en la sala y
les dio un puesto de honor entre los invitados, que eran unos treinta.
23 Después Samuel dijo al cocinero:
–Trae la ración que te di para que la pusieras aparte.
24 El cocinero tomó la pierna y el rabo y
lo puso delante de Saúl. Samuel dijo:
–Aquí tienes la porción reservada; sír-
vete y come, pues se guardó para ti hasta
este momento, para que la comieras con
los invitados.
Y Saúl comió con Samuel aquel día.
25 Después, bajaron del altozano a la ciudad, prepararon una cama para Saúl en la
terraza y se acostó.

Unción de Saúl

1 Sm 9 16-17; 19 20-24; 13 8-15

26 Al amanecer, Samuel llamó a Saúl:
–Levántate, que voy a dejarte partir.
Saúl se levantó y salieron los dos afuera.
27 Al llegar a las afueras de la ciudad, Samuel dijo a Saúl:
–Di al criado que vaya delante de nosotros; tú espera un momento pues voy a darte a conocer la palabra de Dios.
10 1 Entonces Samuel tomó la vasija de
aceite, derramó el aceite sobre la cabeza de Saúl y lo besó diciendo:
–En verdad el Señor te unge como jefe
de su heredad. 2 Hoy, cuando te hayas alejado de mí, encontrarás junto a la tumba de
Raquel, en el terrritorio de Benjamín, a dos
hombres que te dirán: «Han aparecido ya
las burras que saliste a buscar; tu padre se
ha olvidado del asunto de las burras y está
intranquilo por ustedes, preguntándose qué
puede hacer por su hijo». 3 Más adelante,
al llegar a la encina del Tabor, te saldrán al
encuentro tres hombres que suben a Betel
para adorar a Dios: uno lleva tres cabritos,
otro tres panes y el tercero un odre de vino.
4 Te saludarán y te darán dos panes, que tú
debes aceptar. 5 Después llegarás a Guibeá
de Dios, donde está la guarnición de los
filisteos. Al entrar en la ciudad te encontrarás con un grupo de profetas que bajan del
altozano, precedidos de arpas, tambores,
flautas y cítaras, y que van profetizando.
6 Entonces se apoderará de ti el espíritu del
Señor, profetizarás con ellos y te transfor-
marás en otro hombre. 7 Cuando te hayan
sucedido estas señales, haz lo que te parezca bien, porque Dios estará contigo. 8 Luego bajarás a mi encuentro en Guilgal; yo
también bajaré allí para ofrecer holocaustos y sacrificios de comunión. Espera siete
días hasta que yo vaya y te manifieste lo
que debes hacer.
9 En cuanto Saúl se dio vuelta y se alejó
de Samuel, Dios le transformó el corazón, y
le sucedieron todas estas señales aquel mismo día. 10 Al llegar a Guibeá, un grupo de
profetas salió de pronto a su encuentro; el
espíritu de Dios se apoderó de Saúl y se puso a profetizar con ellos. 11 Los que lo conocían de antes y ahora lo veían profetizando con los profetas, se decían unos a otros:

• **9 26-10 16**: El grupo de profetas de que se habla en 1 Sm 10 5.10 es una institución antigua de la que quedan algunos vestigios en el Antiguo Testamento (1 Sm 19 20-24; 1 Re 18 25-29; 2 Re 2 3). A través de la música y la danza provocaban un éxtasis que se hacía contagioso. A pesar de la semejanza en el nombre, estos grupos se parecen poco a los profetas de Israel, cuyas predicaciones tenemos en los libros proféticos.

No es claro el sentido de la pregunta en 1 Sm 10 12: *¿y quién es el padre de esos otros?* Esta pregunta puede indicar tanto que se trata de gente desconocida, sin padre, despreciable; o un modo retórico para indicar que la inspiración profética no es hereditaria y, con ello, justificar la presencia de Saúl entre tales profetas.

Al final de 1 Sm 10 1 la traducción griega y la Vulgata añaden: *de su pueblo Israel; tú regirás al pueblo del Señor, tú lo salvarás del poder de sus enemigos de alrededor. Y esta será la señal.*

–¿Qué le ha pasado al hijo de Quis?
¿También Saúl entre los profetas?
12 Uno de ellos dijo:
–¿Y quién es el padre de esos otros?
(Por eso quedó el dicho: «¿También Saúl
entre los profetas?»)
13 Cuando acabó de profetizar regresó al
altozano. 14 Un tío suyo preguntó a Saúl y
al criado:
–¿Dónde han ido?
Saúl respondió:
–A buscar las burras. Pero, como no las
encontrábamos, fuimos donde estaba Samuel.
15 Su tío le rogó:
–Cuéntame lo que les dijo Samuel.
16 Saúl respondió:
–Nos informó que habían encontrado
las burras.
Pero no le mencionó el asunto del reinado, del que le había hablado Samuel.

Elección de Saúl

Jos 7 14-18; Dt 17 14-20; 1 Sm 8 11-18; Jos 24 26-28

17 Samuel convocó al pueblo ante el Señor en Mispá, 18 y dijo a los israelitas:
–Así dice el Señor, Dios de Israel: Yo
saqué a Israel de Egipto; a ustedes los libré
de los egipcios y de todos los reyes que los
oprimían. 19 Pero ustedes rechazaron hoy a
su Dios, que los ha librado de todas las desgracias y peligros, y le piden: «Nómbranos
un rey». Por tanto, preséntense al Señor
por tribus y clanes.
20 Samuel hizo que se acercaran todas
las tribus de Israel, y fue designada por
sorteo la tribu de Benjamín. 21 Hizo acercarse a la tribu de Benjamín por clanes, y
fue designado el clan de Matrí. La suerte
cayó finalmente sobre Saúl, hijo de Quis.
Lo buscaron pero no lo encontraron. 22 Entonces consultaron al Señor:
–¿Ha venido aquí este hombre?
Y el Señor respondió:
–Está ahí escondido entre el equipaje.
23 Fueron corriendo a sacarlo de allí, y
Saúl se presentó en medio del pueblo; des-
tacaba por encima de todos, de los hombros para arriba.
24 Entonces Samuel dijo al pueblo:
–¿Han visto al elegido del Señor? No
hay nadie como él en todo el pueblo.
Y todo el pueblo gritó:
–¡Viva el rey!
25 A continuación Samuel expuso al pueblo los derechos del rey y los escribió en un
libro que puso ante el Señor. Después mandó que cada uno se fuera a su casa. 26 Saúl
también se fue a su casa, a Guibeá, y con
él se fueron los más valientes, a quienes
Dios había movido el corazón. 27 Sin embargo algunos malpensados dijeron:
–¿Cómo va a salvarnos éste?
Lo despreciaron y no le hicieron regalos. Pero Saúl se quedó indiferente.

Victoria sobre los amonitas

1 Sm 12 12; 10 27; 2 Sm 19 23

11 1 Najás, el amonita, subió y acampó
frente a Yabés de Galaad. Los habitantes de Yabés dijeron a Najás:
–Haz un pacto con nosotros y nos someteremos a ti.
2 El les respondió:
–Haré un pacto con ustedes a condición
de sacarles a todos el ojo derecho. Y será
la deshonra de todo Israel.
3 Los ancianos de Yabés le dijeron:
–Danos una tregua de siete días para
enviar mensajeros por todo el territorio de
Israel. Si nadie viene a socorrernos, nos
someteremos a ti.
4 Los mensajeros llegaron a Guibeá de

• **10 17-27**: Este relato es independiente del anterior (1 Sm 9 1-10 16), pues narra una nueva elección de Saúl. En él se unen dos tradiciones: una antimonárquica (1 Sm 10 17-19a); la otra, promonárquica (1 Sm 10 19b-27; véase nota a 1 Sm 8 1-12 25) en la que, por el sistema de sorteo, la elección de Saúl se presenta como fruto del proyecto divino y no de la decisión arbitraria de los hombres. 1 Sm 10 19b ha unido ambas tradiciones para formar una escena unitaria.

La elección por sorteo (véase Jos 7 14-18; Hch 1 26) indica que es Dios, y no el pueblo, quien elige al rey. El rey es, pues, el lugarteniente de Dios.

• **11 1-15**: Según 1 Sm 12 12 fue el ataque de los amonitas contra Yabés de Galaad el que motivó la necesidad de un rey. Bien pudiera ser que la intervención de Saúl en esta batalla contra Najás fuera la hazaña fundamental que favoreció su ascenso al trono. Nótese que la reacción de Saúl, enfurecido e invadido por el espíritu del Señor (1 Sm 11), recuerda a la de los antiguos jueces (Jue 11 29; 14 19). Al final, sin embargo, será proclamado rey por "todo Israel", un estribillo de este capítulo (véase 1 Sm 11 15.2.3.7) que indica la labor aglutinadora y de unidad nacional de la monarquía.

Saúl, se lo contaron al pueblo, y la gente se
puso a gritar y a llorar. 5 En esto, llegó Saúl
del campo detrás de los bueyes y preguntó:
–¿Qué le pasa a la gente para que esté
llorando?
Y le contaron lo que habían dicho los
hombres de Yabés. 6 Cuando Saúl lo oyó, el
espíritu de Dios se apoderó de él y se enfureció. 7 Tomó un par de bueyes, los descuartizó y envió los trozos a todo Israel por
medio de los mensajeros, con este mensaje:
–Esto le sucederá a los bueyes de todo
el que no siga a Saúl y a Samuel.
Entonces el pueblo se llenó de temor y
salieron como un solo hombre. 8 Saúl les
pasó revista en Bézec: eran trescientos mil
de Israel y treinta mil de Judá. 9 Y dijo a
los mensajeros que habían venido:
–Digan a los de Yabés de Galaad: Mañana, cuando más caliente el sol, les llegará el socorro.
Los mensajeros llegaron y así lo anunciaron a los de Yabés, que se llenaron de
alegría. 10 Los de Yabés dijeron a Najás;
–Mañana nos rendiremos a ustedes, y
harán con nosotros lo que les parezca.
11 Al día siguiente, Saúl dividió al pueblo
en tres grupos. Entraron en el campamento
de madrugada y estuvieron combatiendo
contra los amonitas hasta la hora de más calor. Los amonitas sobrevivientes se dispersaron de tal modo que no quedaron dos juntos.
12 El pueblo dijo a Samuel:
–¿Quiénes son los que se preguntaban:
«Acaso va a reinar Saúl sobre nosotros»?
Entréguennos a esos hombres para matarlos.
13 Pero Saúl dijo:
–En un día como éste no morirá nadie,
porque hoy ha concedido el Señor la victoria a Israel.
14 Y Samuel dijo al pueblo:
–Vengan, vamos a Guilgal para inaugurar allí la monarquía.
15 Fueron todos a Guilgal y proclamaron allí como rey a Saúl ante el Señor. Inmolaron víctimas pacíficas ante el Señor, y
Saúl y todos los hombres de Israel hicieron
una gran fiesta.

Renuncia de Samuel

Dt 31; Jos 24; 1 Sm 8 11-17; Jue 4-5; 11-12

12 1 Samuel dijo a todo Israel:
–Yo he atendido a sus peticiones y les
he designado un rey. 2 Así que ahí tienen al
rey que ha de guiarlos. Yo soy ya viejo,
estoy canoso, y mis hijos están entre ustedes. Los he guiado desde mi juventud hasta
hoy. 3 Aquí me tienen, si quieren acusarme
ante el Señor y su ungido: ¿He robado a
alguien un buey o un burro? ¿He oprimido
o perjudicado a alguno? ¿De quién he recibido un regalo para dejarme sobornar? Si
es así, lo devolveré.
4 Ellos manifestaron:
–No nos has perjudicado ni oprimido,
ni te has dejado sobornar por nadie.
5 Y él les dijo:
–Testigos son en este día el Señor y su
ungido de que ustedes no han encontrado
en mí culpa alguna.
Respondieron:
–El Señor es testigo.
6 Y Samuel dijo al pueblo:
–Es testigo el Señor que suscitó a Moisés y a Aarón, y sacó a sus antepasados de
Egipto. 7 Y ahora acérquense; quiero juzgarlos ante el Señor, recordándoles los beneficios que les ha hecho a ustedes y a sus
antepasados. 8 Cuando Jacob bajó a Egipto, sus antepasados invocaron al Señor; entonces el Señor envió a Moisés y a Aarón,
que sacaron de Egipto a sus antepasados y
los establecieron en esta tierra. 9 Pero ellos
se olvidaron del Señor su Dios, y él los entregó a Sísara, jefe del ejército de Jasor, a
los filisteos y al rey de Moab, que les hicie-

• **12** 1-25: Este capítulo es uno de los grandes discursos que el redactor deuteronomista ha colocado a lo largo de su gran síntesis histórica. Es el discurso de despedida de Samuel, y tiene algunas semejanzas con el de Moisés (Dt 31) y el de Josué (Jos 24). Cada uno de ellos marca el comienzo de una nueva etapa: la conquista (Dt 31), los jueces (Jos 24) y la monarquía (1 Sm 12); los tres narran las maravillas que Dios ha hecho por su pueblo en el pasado y prometen su ayuda en el futuro.

Con este capítulo se cierra la tensión entre la tendencia promonárquica y la antimonárquica de 1 Sm 8 1-12 25 (véase nota a 1 Sm 8-12): el Señor escucha las peticiones del pueblo y le nombra un rey. De ahora en adelante la alternativa no será el sí o el no a la monarquía, sino ser fieles o no ser fieles al Señor (1 Sm 12 14-15.20-25). Aunque sin poderes de gobierno, Samuel juega un papel fundamental en la nueva situación. Como hombre de Dios, profeta, es él quien ha de recordar al pueblo y al rey los mandatos del Señor e invitarlos a su seguimiento. Esta defensa de la tarea del profeta dentro de la monarquía debe haber nacido en el interior de los círculos proféticos del siglo VIII a. C.

ron la guerra. 10 Luego invocaron al Señor
diciendo: «Hemos pecado, porque hemos
abandonado al Señor y hemos dado culto a
los dioses y diosas extranjeros; sálvanos
ahora del poder de nuestros enemigos y te
daremos culto a ti». 11 Entonces el Señor
mandó a Yerubaal, a Barac, a Jefté y a
Sansón, y los libró de los enemigos que los
rodeaban, y pudieron vivir seguros. 12 Pero
cuando ustedes vieron que Najás, rey de
los amonitas, venía para atacarlos, me pidieron que les nombrara un rey, siendo así
que el rey de ustedes es el Señor su Dios.
13 Pues bien, ahí tienen al rey que han elegido. Pidieron un rey, y el Señor les ha
nombrado un rey. 14 Si respetan al Señor y
le dan culto, si le obedecen y no son rebeldes a sus órdenes, entonces ustedes y el
rey que les gobierna vivirán por haber sido
fieles al Señor su Dios; 15 pero si no le obedecen y se rebelan contra sus órdenes, el
Señor les castigará como castigó a sus
antepasados. 16 Y ahora dispónganse a contemplar el gran prodigio que el Señor va a
realizar ante sus ojos. 17 Estamos en el tiempo de la cosecha, ¿no es así? Pues bien,
voy a invocar al Señor, y él mandará una
tormenta y un aguacero, para que se con-
venzan de que han ofendido gravemente al
Señor al pedir un rey.

18 Samuel invocó al Señor, y el Señor
envió aquel día una tormenta y un aguacero, y todo el pueblo se atemorizó ante el
Señor y ante Samuel. 19 Entonces todo el
pueblo suplicó a Samuel:

–Ruega al Señor tu Dios por nosotros, para que no muramos, pues hemos añadido a todos nuestros pecados el delito de pedir un rey.

20 Samuel los tranquilizó:
–No teman. Es cierto que han cometido
una gran maldad, pero en adelante no se
apartes del Señor; denle culto con todo su
corazón. 21 No se aparten de él, para seguir
a los ídolos, que de nada sirven y no pueden salvar, porque son dioses vacíos. 22 El
Señor no rechazará a su pueblo por la gloria de su nombre. El Señor, en efecto, ha
querido hacer de ustedes su pueblo. 23 Por
mi parte, no pienso pecar contra el Señor
dejando de rogar por ustedes y de enseñarles el camino recto y bueno. 24 Así que respeten al Señor y denle culto sinceramente
con todo su corazón, pues ya ven lo generoso que ha sido con ustedes. 25 Pero si
hacen el mal, perecerán ustedes y su rey.

2. Comienzos del reinado de Saúl ◊

Guerra contra los filisteos

1 Sm 14 1-15; 10 8

13 1 Saúl tenía ... años cuando empezó a
reinar, y reinó sobre Israel ... años.
2 Saúl eligió tres mil hombres de Israel: dos
mil estaban con él en Micmás y en la montaña de Betel, y mil con Jonatán en Guibeá
de Benjamín. A todos los demás los mandó
a su casa. 3 Jonatán derrotó a la guarnición
filistea que estaba en Gueba. Los filisteos
se enteraron de ello. Entonces Saúl mandó
tocar la trompeta en todo el país para convocar a la guerra a los israelitas. 4 Todo Israel
supo que Saúl había derrotado a la guarnición filistea y que los israelitas estaban en
guerra con los filisteos.

El pueblo se reunió junto a Saúl en Guilgal. 5 Los filisteos, por su parte, se reunieron para atacar a Israel con tres mil carros
de guerra, seis mil jinetes y un ejército tan
numeroso como la arena de la orilla del
mar. Subieron y acamparon en Micmás, al
este de Bet Avén. 6 Los israelitas, al verse
en peligro, pues estaban cercados, se escondieron en las grutas, en las cavernas, entre

◊ **13 1-15 35**: Estos tres capítulos parecen una crónica completa del reinado de Saúl. Comienzan con una introducción (1 Sm 13 1) y se cierran con una conclusión (1 Sm 14 47-52). Sin embargo, la descripción de dicho reinado ocupará hasta 1 Sm 31. De la descalificación y reprobación de Saúl existen dos versiones, la primera en 1 Sm 13 7b-15a, y a la segunda en 1 Sm 15.

• **13 1-7a**: Los mejores manuscritos de la traducción griega de los LXX omiten la introducción del reinado de Saúl (1 Sm 13 1). Según el texto hebreo, Saúl tenía un año cuando empezó a reinar y reinó dos años sobre Israel; todo lo cual es bastante improbable. Algunos autores retocan el texto, asignándole a Saúl cincuenta años en el momento de empezar a reinar, y fijándole un reinado de veintidós años de duración. Los cuarenta años de que habla Hch 13 21 suenan a número redondo y convencional.

Lo que se relata en 1 Sm 13 1-7a no es más que el comienzo de una confrontación entre israelitas y filisteos, que se continuará en 1 Sm 13 15b-14 46. Todo empieza con una primera victoria israelita (1 Sm 13 2-4), que alertó a los filisteos, los cuales se prepararon para la guerra reuniendo un ejército numeroso, ante el cual los israelitas se vieron obligados a retirarse (1 Sm 13 5-7a).

las rocas, en túneles y en pozos vacíos, 7 y
algunos hebreos pasaron incluso el Jordán
para ir al país de Gad y de Galaad.

Samuel rechaza a Saúl

1 Sm 15 22.28; 28 17; Hch 13 22

Saúl estaba todavía en Guilgal, y todos
los que le seguían estaban atemorizados.
8 Esperó siete días, el tiempo fijado por
Samuel, pero Samuel no llegaba a Guilgal
y el pueblo se dispersaba abandonando a
Saúl. 9 Entonces Saúl dijo:

–Tráiganme las víctimas del holocausto
y de los sacrificios de comunión.

Y ofreció el holocausto.

10 Cuando terminaba de ofrecer el holocausto llegó Samuel, y Saúl salió a su encuentro para saludarlo. 11 Samuel le dijo:

–¿Qué has hecho?

Saúl respondió:

–Al ver que el pueblo se dispersaba,
que tú no llegabas en el día señalado y que
los filisteos estaban reunidos en Micmás,
12 pensé: «Los filisteos bajarán contra mí a
Guilgal antes de que yo haya aplacado al
Señor»; y me vi obligado a ofrecer el sacrificio.

13 Dijo Samuel a Saúl:

–Te has portado como un necio. No has
hecho lo que el Señor tu Dios te había
mandado. El Señor habría consolidado
para siempre tu reino sobre Israel; 14 pero
así, tu reino no se mantendrá. El Señor se
ha buscado un hombre que le es fiel, y le
ha destinado para jefe de su pueblo, porque
tú no has hecho lo que el Señor te había
mandado.

15 Samuel inmediatamente partió de
Guilgal a Guibeá de Benjamín.

Preparativos para la guerra

Saúl, por su parte, pasó revista a los que
estaban con él: eran unos seiscientos hombres.

16 Saúl, su hijo Jonatán y la gente que
los acompañaba estaban en Guibeá de Benjamín, y los filisteos se hallaban acampados en Micmás. 17 Del campamento filisteo salió la ofensiva en tres grupos. Uno
tomó el camino de Ofrá, hacia la región de
Sual, 18 otro el camino de Betorón, y el
otro el camino de la frontera que domina el
valle de Seboín, hacia el desierto.

19 Por entonces no se encontraba en todo
Israel ni un herrero, porque los filisteos
querían impedir que los hebreos pudieran
hacerse espadas o lanzas. 20 Por eso, todos
los israelitas tenían que bajar a las poblaciones filisteas para afilar la reja de su arado,
su azadón, su sierra y su guadaña. 21 Costaba ocho gramos de plata afilar cada reja de
arado o azadón, y cuatro gramos afilar cada
sierra y cada hoz. 22 Cuando llegó el día del
combate, los que estaban con Saúl y con
Jonatán no tenían espadas ni lanzas. Sólo
las tenían Saúl y su hijo Jonatán.

23 Un destacamento filisteo salió hacia
el paso de Micmás.

Hazaña de Jonatán

Jue 7 4-7; Jos 10 10-12

14 1 Un día Jonatán, hijo de Saúl, propuso
a su escudero:

–Vamos a pasar hasta el destacamento
filisteo, que está al otro lado.

Pero no dijo nada a su padre. 2 Saúl estaba en el terrritorio de Guibeá, debajo del
granado que hay en Magrón; su tropa era
de seiscientos hombres. 3 Ajías, hijo de
Ajitub, hermano de Icabod, hijo de Pinjás,

• **13 7b-15a**: Este pasaje interrumpe el relato de la guerra, relato que se continuará en 1 Sm 13 15b-14 46. Se trata sin duda de una inserción posterior, nacida en ambientes cercanos a David, como lo demuestra el hecho de que en ella se habla de la reprobación de Saúl, y se anuncia ya la elección de David, a quien 1 Sm 13 14 se refiere, sin mencionar su nombre. Es la primera vez que David hace acto de presencia en el primer libro de Samuel.

• **13 15b-23**: Se reanuda el relato de la guerra entre israelitas y filisteos que había quedado interrumpido en 1 Sm 13 7a. Se constata la desproporción de fuerzas entre unos y otros, creando en el ánimo del lector una actitud expectante y un estado de tensión y suspenso. Bajo esta desproporción de fuerzas subyace la conocida teología de la gracia, que atribuye las victorias, no a los efectivos humanos, sino a la fuerza de Dios. Como dice 1 Sm 14 6, *el Señor puede dar la victoria con muchos o con pocos*.

En 1 Sm 13 15 el texto griego dice: *Samuel se levantó y se fue de Guilgal para continuar su camino. Los que quedaban en el pueblo siguieron a Saúl y fueron al encuentro del enemigo. Llegaron ... desde Guilgal a Guibeá de Benjamín.* Posiblemente el copista del texto hebreo saltó del primer Guilgal al segundo, omitiendo lo que hay entre ellos.

• **14 1-52**: En este episodio se pone de relieve la valentía de Jonatán. Es él quien toma la iniciativa contra los filisteos (1 Sm 13 3) y provoca ahora el pánico entre ellos

hijo de Elí, sacerdote del Señor en Siló,
llevaba el efod. La tropa tampoco sabía que
Jonatán se había ido.
4 Entre los barrancos por los que Jonatán intentaba llegar hasta el destacamento
filisteo había dos salientes rocosos, uno a
cada lado; se llamaban Boses y Sene. 5 Uno
de los salientes está al norte, frente a Micmás, y el otro al sur, frente a Guibeá. 6 Jonatán dijo a su escudero:

–Ven y crucemos hacia el destacamento de esos incircuncisos. Quizá el Señor nos ayude, porque el Señor puede dar la victoria con muchos o con pocos.

7 Su escudero le respondió:

–Haz lo que estás pensando; yo estoy a tu disposición.

8 Jonatán insistió:

–Mira, vamos a cruzar hacia donde están
esos hombres para que nos vean. 9 Si nos
dicen: «¡Alto ahí, hasta que lleguemos donde están ustedes!», nos quedaremos donde
estamos sin subir hacia ellos. 10 Pero si nos
dicen: «Suban hasta nosotros», entonces
subiremos; esa será la señal de que el Señor
los ha entregado en nuestro poder.

11 Los dos se dejaron ver por el destacamento filisteo, y éstos dijeron:

–Miren, unos hebreos que salen de las cuevas donde se habían escondido.

12 Los hombres del destacamento, dirigiéndose a Jonatán y a su escudero, les dijeron:

–Suban hasta donde estamos nosotros, tenemos algo que comunicarles.

Jonatán dijo a su escudero:

–Sube detrás de mí, porque el Señor los ha entregado en poder de Israel.

13 Jonatán subió gateando, seguido de
su escudero. Los filisteos caían ante Jonatán, y su escudero los remataba. 14 Esta
primera matanza que hicieron Jonatán y su
escudero fue de unos veinte hombres, en
muy poco espacio. 15 El pánico cundió en
el campamento, en la región y entre la gente. También el destacamento y el cuerpo de
ataque fueron presa del miedo. La tierra
tembló, y se produjo un pánico terrible.
16 Desde Guibeá de Benjamín los centinelas de Saúl vieron que la multitud se dispersaba en todas las direcciones. 17 Entonces Saúl dijo a sus tropas:

–Pasen revista y vean quién se ha separado de nosotros.

Pasaron revista, y faltaban Jonatán y su
escudero. 18 Entonces Saúl dijo a Ajías:

–Traigan el arca de Dios.

Porque aquel día estaba el arca de Dios con los israelitas.

19 Mientras Saúl hablaba con el sacerdote, el tumulto iba creciendo en el campamento de los filisteos. Y Saúl dijo al sacerdote:

–Retira tu mano.

20 Luego Saúl y toda su gente se reunieron y avanzaron hasta el lugar del combate. Allí vieron que los filisteos se atacaban
unos a otros, y que la confusión era inmensa. 21 Los hebreos que estaban desde hace
tiempo con los filisteos y que habían subido con ellos al campamento, regresaron
también para ponerse al lado de los israelitas que estaban con Saúl y Jonatán. 22 Y
todos los hombres de Israel que se habían
escondido en las montañas de Efraín, al oír
que los filisteos habían huido, se pusieron
también a perseguirlos. 23 Así el Señor dio
la victoria aquel día a Israel. La batalla llegó hasta Bet Avén.
24 Los hombres de Israel estaban agotados aquel día, pues Saúl había hecho jurar al pueblo:

–¡Maldito el hombre que tome alimento antes de la tarde, hasta que yo me haya vengado de mis enemigos!

Y nadie había comido nada.

25 Todo el pueblo llegó al bosque, donde había mucha miel en el suelo. 26 Al en-

(1 Sm 14 1-15); es él también quien critica la decisión de su padre y se pone a favor del pueblo (1 Sm 14 25-30); finalmente, el pueblo lo libra de la amenaza de muerte de su padre (1 Sm 14 36-46). No se sabe qué función tendría originalmente esta apología de Jonatán. ¿Tal vez apoyar su candidatura al trono? En su contexto actual, es un elemento de crítica más contra el proceder arbitrario de Saúl.

En 1 Sm 14 18 la traducción griega lee: *Traigan el efod. Porque aquel día llevaba Ajías el efod entre los israelitas*, lo cual parece preferible, ya que el arca nunca fue objeto de adivinación y consulta y el *efod* sí (véase nota a 1 Sm 2 12-26).

En 1 Sm 14 41 la versión griega es más clara que el texto hebreo. Dice así: *Saúl dijo al Señor: «Dios de Israel, ¿por qué no respondes hoy a tu siervo? Señor, Dios de Israel, si mi hijo y yo somos culpables, que salgan los urim; y si el pecado es de tu pueblo, que salgan los tumim». Cayó la suerte sobre Jonatán y Saúl. Y el pueblo quedó libre.*

trar en el bosque, vieron los chorros de miel, pero nadie se la llevó a la boca, por temor al juramento hecho. 27 Jonatán no había oído el juramento impuesto por su padre al pueblo y, alargando la punta de su bastón, lo metió en un panal de miel, se lo llevó a la boca y le brillaron los ojos. 28 Uno le dijo:

–Tu padre ha hecho jurar al pueblo: «¡Maldito el hombre que tome alimento hoy!». Y el pueblo se encuentra muy débil.

29 Jonatán respondió:

–Mi padre ha perjudicado al país; miren cómo me brillan los ojos con sólo probar un poco de miel. 30 Seguro que si el pueblo hubiera comido hoy del botín que encontró entre sus enemigos, la derrota de los filisteos habría sido mayor.

31 Aquel día los israelitas derrotaron a los filisteos desde Micmás hasta Ayalón, pero el pueblo estaba muy débil, 32 y por eso se lanzó sobre el botín, se apoderó de ovejas, bueyes y terneros, los degolló en el suelo y comió la carne con su sangre.

33 Cuando contaron a Saúl que el pueblo estaba pecando contra el Señor por comer carne con su sangre, dijo:

–¡Han sido infieles! Acerquen hasta aquí una piedra grande.

34 Y añadió:

–Dispérsense entre el pueblo y díganles que cada uno me traiga su buey y su oveja para sacrificarlos aquí; después los comerán, pero no pequen contra el Señor comiendo la carne con su sangre.

Aquella noche llevó cada uno su propia res y la sacrificaron allí. 35 Y Saúl construyó un altar al Señor. (Fue el primer altar que construyó en honor del Señor). 36 Después dijo:

–Esta noche bajaremos contra los filisteos y los saquearemos hasta que amanezca, sin dejar ni un solo sobreviviente.

Le respondieron:

–Haz lo que te parezca bien.

Pero el sacerdote dijo:

–Consultemos a Dios aquí mismo.

37 Saúl consultó a Dios:

–¿Debo bajar contra los filisteos? ¿Los entregarás en poder de Israel?

Pero aquel día no le respondió.

38 Entonces dijo Saúl:

–Acérquense aquí todos los jefes del pueblo. Investiguen y averiguen quién ha pecado hoy. 39 Porque les juro por el Señor, el salvador de Israel, que aunque se trate de mi hijo Jonatán, morirá irremediablemente.

40 Ninguno del pueblo respondió nada. Entonces dijo Saúl a todo Israel:

–Pónganse ustedes a un lado, y yo y mi hijo Jonatán nos pondremos al otro.

El pueblo respondió:

–Haz lo que te parezca bien.

41 Y Saúl suplicó al Señor:

–Dios de Israel, da a conocer la verdad.

Cayó la suerte en Jonatán y en Saúl, y el pueblo quedó libre. 42 Saúl dijo:

–Echen la suerte entre mi hijo Jonatán y yo.

Y cayó la suerte en Jonatán. 43 Entonces Saúl preguntó a Jonatán:

–Dime qué has hecho.

Respondió:

–He probado sólo un poco de miel con la punta de mi bastón. Aquí estoy, dispuesto a morir.

44 Saúl dijo:

–Que Dios me castigue si no mueres, Jonatán.

45 Pero el pueblo dijo a Saúl:

–¿Va a morir Jonatán, que ha conseguido esta gran victoria para Israel? De ninguna manera. Por el Señor, que no caerá a tierra un solo cabello de su cabeza, porque la hazaña de hoy la ha realizado con la ayuda de Dios.

Así salvó el pueblo a Jonatán y no murió. 46 Saúl dejó de perseguir a los filisteos, y éstos regresaron a su país.

47 Después de ser proclamado rey sobre Israel, Saúl hizo la guerra a todos sus enemigos de alrededor: a Moab, a los amonitas, a Edom, al rey de Sobá y a los filisteos. Y en todas las campañas salía victorioso. 48 Hizo verdaderas proezas: derrotó a Amalec y libró a Israel de quienes lo asaltaban.

49 Los hijos de Saúl fueron: Jonatán, Yisví y Melquisúa; sus dos hijas se llamaban Merob, la mayor, y Micol la pequeña. 50 El nombre de la mujer de Saúl era Ajinoán, hija de Ajimá; y el general de su ejército se llamaba Abner, hijo de Ner, tío de Saúl. 51 Quis, padre de Saúl, y Ner, padre de Abner, eran hijos de Abiel.

52 Durante toda la vida de Saúl la guerra

contra los filisteos fue encarnizada. Saúl reclutaba para sí a todos los hombres fuertes y valientes que encontraba.

Pecado y rechazo de Saúl

Jue 7; Ex 17 8-16; Dt 25 17-19; 1 Sm 13 7-15; Os 5 21-25

15 1 Samuel dijo a Saúl:
–El Señor me envió para ungirte como
rey de su pueblo Israel. Escucha, pues, las
palabras del Señor. 2 Así dice el Señor todopoderoso: He resuelto castigar a Amalec
por lo que hizo a Israel, cerrándole el paso
cuando subía de Egipto. 3 Así que vete, cas-
tiga a Amalec y consagra sin piedad al exterminio todas sus pertenencias; mata hombres y mujeres, muchachos y niños de pecho, bueyes y ovejas, camellos y burros.
4 Saúl convocó al pueblo y le pasó re-
vista en Telán: eran doscientos mil de infantería y diez mil hombres de Judá. 5 Saúl
avanzó hasta la capital de Amalec y puso
una emboscada en el valle. 6 Envió este
mensaje a los quenitas: «Apártense, salgan de Amalec, para que no los destruya con ellos, pues ustedes trataron bien a todos los israelitas cuando subían de Egipto».

Y los quenitas se apartaron de Amalec.
7 Saúl derrotó a Amalec desde Javilá hasta la entrada de Suf, que está frente a Egipto. 8 Capturó vivo a Agag, rey de Amalec,
y consagró al exterminio a todo el pueblo,
pasándolo a filo de espada. 9 Pero Saúl y
su ejército perdonaron tanto a Agag como a lo más selecto de su rebaño, a las vacas, a las crías de un año, a los corderos y a todo lo mejor, y no quisieron consagrarlo al exterminio, sino que destruyeron todo lo que no valía nada y los objetos de poco valor.
10 El Señor dirigió esta palabra a Samuel:
11 –Me pesa haber hecho a Saúl rey de Israel, porque se ha apartado de mí y no ha cumplido mis órdenes.

Samuel se entristeció y estuvo toda la
noche suplicando al Señor. 12 Se levantó
temprano para ir al encuentro de Saúl, y le dieron esta información:

–Saúl ha ido al Carmelo, ha erigido un monumento; después ha regresado dando un rodeo y ha bajado a Guilgal.
13 Llegó Samuel donde estaba Saúl, y éste le dijo:

–¡Qué el Señor te bendiga! He cumplido la orden del Señor.
14 Samuel preguntó:

–¿Qué es ese balar de ovejas y esos mugidos de vacas que estoy oyendo?
15 Respondió Saúl:

–Las han traído de Amalec, pues el pueblo perdonó lo mejor de las ovejas y de las vacas para ofrecérselo en sacrificio al Señor, tu Dios; lo demás lo hemos consagrado al exterminio.
16 Samuel dijo a Saúl:

–Deja que te comunique lo que el Señor me ha dicho esta noche.

Saúl le dijo:

–Habla.
17 Continuó Samuel:

–¿No es cierto que, a pesar de conside-
rarte a ti mismo insignificante, eres el jefe
de todas las tribus de Israel, y que el Señor
te ungió como rey de Israel? 18 El Señor te
mandó a esta expedición ordenándote: «Vete y consagra al exterminio a esos pecadores
amalecitas, y hazles la guerra hasta acabar
con ellos». 19 ¿Por qué no has obedecido la
orden del Señor? ¿Por qué te has lanzado sobre el botín, haciendo lo que desagrada al Señor?
20 Respondió Saúl:

–¡Yo he obedecido la orden del Señor!
Fui a la expedición a la que él me mandó,
traje a Agag, rey de Amalec y consagré al
exterminio a los amalecitas. 21 Sólo que la
gente reservó del botín ovejas y vacas, lo mejor de lo que estaba consagrado al exterminio, para ofrecérselo en sacrificio al Señor, tu Dios, en Guilgal.
22 Samuel respondió:

• **15** 1-35: En su origen este episodio en el que se narra la reprobación de Saúl es independiente del narrado en 1 Sm 13 7-15. El motivo de su rechazo como rey de Israel es no haber consagrado al exterminio todas las posesiones de Amalec.

La consagración al exterminio es una práctica propia de la guerra santa: todo lo que se consagra al exterminio ha de ser destruido como ofrenda a la divinidad y no puede ser tomado como botín; se quiere evitar así el abuso y la avaricia (véase nota a Jos 6 1-21).

Las palabras de Samuel en 1 Sm 15 22-23 recuerdan un tema propio de la predicación profética: lo que agrada al Señor es la obediencia del corazón, no los ritos exteriores (véase Os 6 6; Am 5 21-25). Esta predicación quedará recogida en la tradición cristiana (véase Mt 12 7; Jn 4 23; Heb 10 8-9; 1 Jn 3 18).

¿Acaso no se complace más el Señor
en la obediencia a su palabra
que en holocaustos y sacrificios?
La obediencia vale más que el sacrificio;
y la docilidad,
más que la grasa de carneros.
23 La rebeldía
es como un pecado de superstición;
y la arrogancia,
como un crimen de idolatría.
Por haber rechazado
la palabra del Señor,
él te rechaza a ti como rey.

24 Entonces Saúl reconoció ante Samuel:
–He pecado, he desobedecido la orden
del Señor y tus palabras, pues temí al pueblo y le hice caso. 25 Ahora te suplico que
perdones mi pecado; regresa conmigo, y
me postraré ante el Señor.
26 Samuel le respondió:
–No regresaré contigo, porque has rechazado la palabra del Señor, y el Señor te ha
rechazado a ti como rey de Israel.
27 Cuando Samuel se dio vuelta para
irse, Saúl se agarró al borde de su manto,
que se rasgó, 28 y Samuel le dijo:
–El Señor ha rasgado hoy tu reinado
sobre Israel y se lo entrega a otro mejor
que tú; 29 y además, la Gloria de Israel no
miente ni se arrepiente, porque no es él un
hombre para arrepentirse.
30 Suplicó Saúl:
–He pecado, pero salva mi honor ante
los ancianos de mi pueblo y ante Israel, y
regresa conmigo para que yo adore al Señor, tu Dios.
31 Samuel regresó con Saúl, y éste adoró
al Señor. 32 Después dijo Samuel:
–Tráiganme a Agag, rey de Amalec.
Agag iba hacia él con paso muy tranquilo, pensando: «Parece que pasó la amargura de la muerte».
33 Pero Samuel le dijo:
–Como tu espada dejó sin hijos a tantas
madres, así tu madre quedará, entre las
mujeres, privada de su hijo.
Y Samuel degolló a Agag ante el Señor
en Guilgal. 34 Después Samuel se fue a
Ramá, y Saúl regresó a su casa en Guibeá
de Saúl. 35 Samuel no vio más a Saúl hasta
el día de su muerte, pero se lamentaba por
Saúl, porque el Señor se había arrepentido
de haberlo hecho rey de Israel.

III. SAUL Y DAVID Δ

Unción secreta de David

1 Sm 9 26-10 8; Rut 4 17-22

16 1 El Señor dijo a Samuel:
–¿Hasta cuándo vas a estar llorando
por Saúl, si yo lo he rechazado como rey
de Israel? Llena de aceite tu cuerno y ponte en camino. Yo te envío a casa de Jesé, el
de Belén, porque me he elegido un rey entre sus hijos.
2 Samuel preguntó:
–¿Cómo voy a ir? Si se entera Saúl, me
mata.
El Señor le contestó:
–Llevarás contigo una ternera y dirás:
He venido para ofrecer un sacrificio al Señor. 3 Invitarás a Jesé al sacrificio, y yo te
indicaré lo que tienes que hacer; me ungirás al que yo te diga.
4 Samuel hizo lo que le había dicho el

Δ 1 Sm 16 1-2 Sm 1 27: Con 1 Sm 16 empieza la llamada historia del ascenso de David al trono, que se extiende hasta 2 Sm 5, momento en que David es reconocido como rey por todas las tribus. Sin embargo 2 Sm 2-5 puede considerarse como la primera etapa del reinado de David.

El personaje central de la historia será desde ahora David. El fue en realidad el primer gran rey de Israel; su recuerdo atraviesa toda la historia del pueblo de Dios, que a lo largo de los siglos esperó la llegada de un descendiente de David: el Mesías.

Es probable que, en sus líneas generales, la composición más antigua del relato sea contemporánea a los acontecimientos históricos que se narran.

• **16 1-13:** El relato de la unción secreta de David viene a continuación del rechazo de Saúl como confirmación de tal rechazo (1 Sm 13 13-14; 15 26). Aunque secreta, la unción señala a David como el verdadero protagonista de la historia que sigue. Para que el lector no lo olvide, el relato hace breves referencias a lo que David será y es ya en el proyecto de Dios: el rey de Israel (1 Sm 21 12; 25 17; 24 21; 25 28). El espíritu divino entra en David, lo mismo que en Saúl (1 Sm 10 6.10; 11 6); sin embargo, la indicación temporal *a partir de aquel día* parece señalar el carácter permanente, y no ocasional, de la permanencia de este espíritu de Dios en David.

Señor. Cuando llegó a Belén, los ancianos
de la ciudad salieron preocupados a su encuentro, y le dijeron:
–¿Es para bien tu venida?
5 Respondió:
–Sí, es de paz; he venido para ofrecer
un sacrificio al Señor. Purifíquense y vengan conmigo al sacrificio.
Samuel purificó a Jesé y a sus hijos, y
los invitó al sacrifico.
6 Al entrar ellos, vio a Eliab y se dijo:
«Seguramente éste es el ungido del Señor».
7 Pero el Señor dijo a Samuel:
–No te fijes en su aspecto ni en su gran
estatura, que yo lo he descartado. La mirada de Dios no es como la del hombre: el
hombre ve las apariencias, pero el Señor
ve el corazón.
8 Después, Jesé llamó a Abinadab y le
hizo pasar delante de Samuel, que dijo:
–Tampoco es éste el elegido del Señor.
9 Jesé hizo pasar a Samá, pero Samuel
dijo lo mismo:
–Tampoco es éste el elegido del Señor.
10 Jesé hizo pasar a sus siete hijos ante
Samuel, pero Samuel le dijo:
–A ninguno de éstos ha elegido el Señor.
11 Entonces Samuel preguntó a Jesé:
–¿Son éstos todos tus muchachos?
El contestó:
–Falta el más pequeño, que está pastoreando el rebaño.
Samuel le dijo:
–Manda a buscarlo, porque no nos sentaremos a la mesa hasta que haya venido.
12 Jesé mandó que lo trajeran. Era rubio,
de hermosos ojos y de buena presencia. El
Señor dijo:
–Levántate y úngelo, porque es éste.
13 Samuel tomó el cuerno del aceite y lo
ungió en presencia de sus hermanos. A
partir de aquel día el espíritu del Señor entró en David. Por su parte, Samuel se puso
en camino y regresó a Ramá.

David, al servicio de Saúl

Jue 3 10; 1 Sm 15 23; 18 10; 19 9

14 El espíritu del Señor se retiró de Saúl,
y un mal espíritu, enviado por el Señor, se
apoderó de él. 15 Sus servidores le dijeron:
–Ya ves que un mal espíritu, enviado por
Dios, se ha apoderado de ti. 16 Danos una
orden y nosotros, tus siervos, buscaremos
a un hombre que sepa tocar el arpa, y cuando venga sobre ti el mal espíritu, tocará y
te sentirás mejor.
17 Saúl les contestó:
–Bueno, búsquenme un hombre que toque bien y tráiganmelo.
18 Uno de los servidores dijo:
–Yo conozco a un hijo de Jesé, el de
Belén, que sabe tocar el arpa; es valiente,
apto para la guerra, de palabra amena, de
buena presencia y el Señor está con él.
19 Saúl envió mensajeros a decir a Jesé:
–Mándame a tu hijo David, el que está
con las ovejas.
20 Tomó Jesé un burro, pan, un odre de
vino y un cabrito, y se lo envió a Saúl con
su hijo David. 21 David vino adonde se encontraba Saúl y entró a su servicio. Saúl le
tomó mucho cariño y lo hizo su escudero.
22 Luego mandó decir a Jesé:
–Que David se quede a mi servicio, porque se ha ganado mi estima.
23 Así, cuando el mal espíritu entraba en
Saúl, David se ponía a tocar el arpa, y Saúl
se calmaba, mejoraba y el mal espíritu se
alejaba de él.

David y Goliat

2 Sm 21 19; 1 Sm 16 10-13; Jue 14 3; 15 18;
2 Re 19 4.16.34-37; 1 Sm 21 10

17 1 Los filisteos reunieron sus tropas para el combate, se concentraron en Socó de Judá y acamparon entre Socó y Azeca, en Efes Damín. 2 Saúl y los hombres de
Israel se reunieron también, acamparon en
el valle del Terebinto y se pusieron en

• **16 14-23**: Según esta tradición, David entra al servicio de Saúl por su habilidad para tocar el arpa. Existen otras tradiciones sobre el primer encuentro de David con Saúl: por ejemplo 1 Sm 17 12-39 donde David es un pastor aguerrido que se enfrenta con el gigante Goliat; o 1 Sm 17 55-58 donde Saúl conoce a David después, y no antes, de la victoria sobre Goliat.

La expresión *un mal espíritu, enviado por Dios* (1 Sm 16 15) es una manera de indicar el castigo divino como origen de la enfermedad. En este caso, la enfermedad de Saúl será un motivo importante en el relato de sus relaciones con David.

• **17 1-58**: A pesar de sus repeticiones y contradicciones, fruto de la mezcla de diversas tradiciones, se pueden delimitar cinco partes en este relato: 1) filisteos e israelitas en plan de combate, y desafío de Goliat (1 Sm 17 1-11); 2) presentación de David y diálogo de éste con la tropa (1 Sm 17 12-30); 3) encuentro de David con Saúl (1 Sm 17 31-39);

orden de batalla frente a los filisteos. 3 Los filisteos estaban en una montaña y los de Israel en otra, separados por un valle.

4 Entonces, salió de las filas de los filisteos un luchador llamado Goliat, natural de Gat, cuya estatura era de unos tres metros. 5 Llevaba en la cabeza un casco de bronce y vestía una coraza de mallas. La coraza era de bronce y pesaba cincuenta y cinco kilos. 6 Llevaba en los pies una botas de bronce, y una jabalina también de bronce a la espalda. 7 El asta de su lanza era como el madero de un telar, su punta era de hierro y pesaba siete kilos. Delante de él iba su escudero. 8 Goliat se detuvo y, dirigiéndose a los guerreros de Israel, los desafió:

–No es necesario que salgan preparados para la batalla. Yo soy el filisteo; ustedes los servidores de Saúl. Elijan un hombre para que luche contra mí. 9 Si él se atreve a luchar conmigo y me mata, seremos sus siervos; pero si venzo yo y lo mato, quedarán ustedes sometidos a nosotros y nos servirán.

10 Y añadió:

–Yo desafío hoy a las tropas de Israel; preséntenme un hombre para que luchemos.

11 Cuando Saúl y todo Israel oyeron estas palabras del filisteo, se asustaron y les entró mucho miedo.

12 David era hijo de un efrateo de Belén de Judá, llamado Jesé, que tenía ocho hijos. En tiempos de Saúl, Jesé era ya viejo, de edad muy avanzada. 13 Los tres hijos mayores de Jesé habían ido a la guerra con Saúl. Sus nombres eran: Eliab, el mayor; Aminadab, el segundo; y el tercero Samá. 14 David era el más pequeño. Los tres mayores estaban con Saúl, 15 pero David iba y venía del lado de Saúl para pastorear el rebaño de su padre, en Belén.

16 El filisteo repitió su desafío por la mañana y por la tarde durante cuarenta días.

17 Jesé dijo a su hijo David:

–Toma esta medida de trigo tostado y estos diez panes para tus hermanos, y llévaselos al campamento. 18 Estos diez quesos se los llevas al capitán. Preguntas por la salud de tus hermanos y me traes una prueba de que ellos están bien. 19 Están con Saúl y con los hombres de Israel en el valle del Terebinto, luchando contra los filisteos.

20 David se levantó de madrugada, dejó el rebaño al cuidado de un guardián, tomó su carga y partió, como le había mandado Jesé. Llegó al campamento cuando el ejército salía para ocupar sus posiciones, lanzando el grito de guerra. 21 Israelitas y filisteos se prepararon para la batalla, ejército contra ejército. 22 David dejó su carga junto al guardián de las armas y provisiones, corrió hacia el frente de batalla y preguntó a sus hermanos qué tal estaban. 23 Cuando estaba hablando con ellos, el hombre llamado Goliat, natural de Gat, salió de las filas de los filisteos; repitió las mismas palabras, y David lo oyó. 24 Todos los israelitas, al ver a aquel hombre, huían llenos de miedo. 25 Un israelita dijo:

–¿Han visto a ese hombre que se adelanta? Viene a desafiar a Israel. Al que lo mate, el rey lo colmará de riquezas, le dará su hija y eximirá de pagar tributos a la familia de su padre.

26 David preguntó a los que estaban junto a él:

–¿Qué recompensa tendrá el hombre que mate a ese filisteo y salve el honor de Israel? ¿Quién es ese filisteo incircunciso que desafía al ejército del Dios vivo?

27 La gente volvió a informarle sobre la recompensa que recibiría el hombre que lo matara. 28 Eliab, su hermano mayor, lo oyó hablar con la gente y, todo enfurecido contra David, le dijo:

–¿Por qué has bajado hasta aquí? ¿A quién has dejado al cuidado del pequeño rebaño en el desierto? Conozco bien tu insolencia y tu maldad. Has bajado para ver la batalla.

29 David respondió:

4) careo de David y Goliat, y muerte del último (1 Sm 17 40-54); 5) nueva presentación de David a Saúl (1 Sm 17 55-58). En el conjunto destaca la figura de David, el gran héroe en la lucha contra los filisteos, que tiene toda su confianza puesta en el Señor todopoderoso. Existen diversas tradiciones sobre el primer encuentro de David con Saúl (véase la nota a 1 Sm 16 14-23). La tradición posterior recordará sobre todo la imagen de David pastor entre animales (véase Eclo 47 3), con referencias simbólicas al rey del tiempo mesiánico (véase Is 11 1-8), que juega con los animales y los pastorea pacíficamente.

–Pero ¿qué he hecho yo ahora? Sólo he preguntado.

30 Y, apartándose de su hermano, se dirigió a otro; le preguntó lo mismo, y le respondieron como antes.

31 Al oír lo que había dicho David, se lo contaron a Saúl, que lo mandó llamar. 32 David dijo a Saúl:

–Que nadie se desanime a causa de ese filisteo. Tu siervo irá a pelear con él.

33 Saúl le respondió:

–Tú no puedes ir a pelear con ese filisteo, porque eres un muchacho, mientras que él es un guerrero desde su juventud.

34 Pero David le dijo:

–Tu siervo pastorea el rebaño de su padre. Si viene un león o un oso e intenta llevarse una oveja del rebaño, 35 yo lo persiguo y lo golpeo hasta arrancársela de la boca. Si me ataca a mí, lo agarro por el cuello y lo golpeo hasta matarlo. 36 Tu siervo ha matado leones y osos; y ese filisteo incircunciso será como uno de ellos, por haber desafiado a los ejércitos del Dios vivo.

37 Y añadió:

–El Señor, que me ha librado de las garras del león y de las zarpas del oso, me librará de las manos de ese filisteo.

Entonces Saúl le dijo:

–¡Vete, y que el Señor te ayude!

38 Saúl vistió a David con su armadura, puso en su cabeza un casco de bronce y lo vistió con una coraza. 39 Después David se sujetó la espada de Saúl sobre sus ropas e intentó andar, pero no pudo, porque no estaba entrenado. Le dijo a Saúl:

–Yo no puedo andar con esto, porque no estoy entrenado.

40 Y se lo quitó de encima. Tomó luego su bastón, eligió en el torrente cinco piedras pulidas, las metió en su morral y se dirigió hacia el filisteo con la honda en la mano. 41 El filisteo se iba acercando poco a poco a David y su escudero iba delante. 42 Al ver a David, se burló de él, porque era joven, rubio y de buena presencia. 43 El filisteo dijo a David:

–¿Es que soy un perro, para que vengas contra mí con un bastón?

Y maldijo a David invocando a sus dioses. 44 Después lo desafió:

–Acércate, que yo daré tus carnes a las aves del cielo y a las fieras del campo.

45 David le respondió:

–Tú vienes contra mí con espada, lanza y jabalina; pero yo voy contra ti en nombre del Señor todopoderoso, el Dios de los ejércitos de Israel, a quien tú has desafiado. 46 Hoy mismo te entregará el Señor en mi poder, te mataré y te cortaré la cabeza. Y hoy mismo daré tu cadáver y los cadáveres del ejército filisteo como alimento a las aves del cielo y a las bestias de la tierra. Toda la tierra sabrá que Israel tiene un Dios. 47 Y toda esa multitud aprenderá que el Señor no salva con espada ni con lanza; pues él es Señor de la guerra y los entregará en nuestro poder.

48 Cuando el filisteo se dispuso a avanzar contra David, éste salió corriendo a su encuentro, 49 metió la mano en el morral y tomó una piedra, la lanzó con la honda e hirió al filisteo en la frente. La piedra se le clavó en la frente y cayó de bruces en tierra. 50 Así, con la honda y la piedra, venció David al filisteo. Lo mató de un golpe, sin empuñar la espada. 51 David fue corriendo hasta donde estaba el filisteo, le sacó la espada de la vaina, lo remató y le cortó la cabeza. Los filisteos, al ver muerto a su héroe, huyeron. 52 Los hombres de Israel y de Judá se pusieron a lanzar gritos de guerra, y persiguieron a los filisteos hasta la entrada de Gat y hasta las puertas de Ecrón. Los cadáveres de los filisteos estaban tirados por el camino de Saraín hasta Gat y Ecrón.

53 Luego, los israelitas dejaron de perseguir a los filisteos y regresaron para saquear su campamento. 54 David tomó la cabeza del filisteo y la llevó a Jerusalén; las armas las guardó en su propia tienda.

55 Cuando Saúl había visto salir a David al encuentro del filisteo, había preguntado a Abner, jefe del ejército:

–¿De quién es hijo ese joven, Abner?

Abner había respondido;

–Por tu vida, majestad, que no lo sé.

56 El rey le había dicho:

–Pregunta de quién es hijo ese muchacho.

57 Cuando David regresaba de matar al filisteo, Abner lo llevó ante Saúl con la cabeza del filisteo en la mano. 58 Saúl le preguntó:

–¿De quién eres hijo, muchacho?

Respondió David:

–Soy hijo de tu siervo Jesé, el de Belén.

Exitos de David y envidia de Saúl

1 Sm 19; 21 12; 29 5

18 1 Cuando David terminó de hablar con Saúl, Jonatán se encariñó de David y empezó a quererlo como a sí mismo. 2 Aquel día Saúl tomó consigo a David y no dejó que regresara a casa de su padre. 3 Jonatán hizo un pacto con David, porque lo quería como a sí mismo. 4 Se quitó el manto que vestía y se lo dio a David, así como su propia armadura, su espada, su arco y su cinturón. 5 David tenía éxito en todas las expediciones a las que lo enviaba Saúl. Por eso Saúl lo puso al frente de sus tropas. Y todo el pueblo lo quería, incluso los servidores de Saúl.

6 Cuando regresaban, después de haber matado David al filisteo, las mujeres de todas las ciudades de Israel salían cantando y danzando al encuentro del rey Saúl al son alegre de panderos y arpas. 7 Y las mujeres cantaban a coro:

Saúl mató a mil,
David a diez mil.

8 Saúl se irritó mucho y se sintió muy enojado por estas palabras, pues pensaba:

–A David le dan diez mil y a mí me dan mil; ya sólo le falta ser rey.

9 Y a partir de aquel día, Saúl miró a David con malos ojos.

10 Al día siguiente, el mal espíritu enviado por Dios entró en Saúl y empezó a delirar por toda la casa. David estaba tocando el arpa como otros días. Saúl, que tenía la lanza en la mano, 11 Se dispuso a arrojarla pensando: «Clavaré a David contra la pared». Pero David lo esquivó por dos veces.

12 Saúl le tomó miedo a David, porque el Señor estaba con él y se había apartado de Saúl. 13 Saúl alejó a David nombrándolo jefe de un batallón de mil hombres. David hacía expediciones al frente de las tropas, 14 triunfando en todas sus incursiones, porque el Señor estaba con él. 15 Al ver Saúl que David tenía mucho éxito, le entró miedo. 16 Todo Israel y Judá querían a David, porque él dirigía sus expediciones.

David, yerno de Saúl

2 Sm 3 13-15

17 Un día Saúl le propuso a David:

–Mira, te voy a dar por mujer a mi hija mayor, Merob. Pero tienes que ser para mí un valiente guerrero y combatir las batallas del Señor.

Pues pensaba Saúl: «Que no sea yo quien lo mate, sino los filisteos».

18 David le dijo:

–¿Quién soy yo y quién la familia de mi padre en Israel para llegar a ser yerno del rey?

19 Pero cuando llegó el momento de casar a David con la hija de Saúl, Merob fue dada por mujer a Adriel, el de Mejolá.

20 Micol, la hija de Saúl, estaba enamorada de David. Se lo dijeron a Saúl y le agradó. 21 Saúl se decía: «Se la daré a él como una trampa, a ver si le matan los filisteos».

Y Saúl dijo a David por segunda vez:

–Hoy serás mi yerno.

22 Y a sus servidores les dio esta orden:

–Hablen en secreto a David y díganle:

• **18 1-16**: Este pasaje constituye un buen resumen de los sentimientos que animan el conjunto de esta historia. Los éxitos de David (1 Sm 18 5.14.30) provocan en Saúl celos (1 Sm 18 6), envidia (1 Sm 18 9), temores (1 Sm 18 12.15.28) y abierta enemistad (1 Sm 18 17.29). En contraste con él, los demás: Jonatán (1 Sm 18 1-4), las mujeres (1 Sm 18 6-7), Micol, hija de Saúl (1 Sm 18 20.28), las tropas (1 Sm 18 5), el pueblo en su conjunto (1 Sm 18 16), todos quieren a David. Como un estribillo, se repite la clave de su éxito: *el Señor estaba con él* (1 Sm 18 12.14.28; 16 18; 17 37; 20 13; 2 Sm 5 10).

La amistad entre David y Jonatán, que durará hasta la muerte de Jonatán, pone un toque de ternura en las difíciles relaciones entre David y Saúl (1 Sm 19 1-6; 20 17, etc.). La acción de Jonatán en 1 Sm 18 4 puede entenderse bien como un rito de camaradería, típico en las epopeyas antiguas entre compañeros de armas, o bien, como una acción simbólica para ceder a David sus derechos de sucesión (1 Sm 23 18).

• **18 17-30**: Continúan las tentativas de Saúl para deshacerse de David. Saúl promete a David que le dará como esposa, primero a su hija mayor Merob (1 Sm 18 17-19), y luego a su hija Micol (1 Sm 18 20-27), pero en ambos casos a condición de que arriesgue su vida en la lucha contra los filisteos. La intención secreta de Saúl era tenderle una trampa para que muriera y deshacerse de él.

Llama la atención la "dote" que Saúl exige a David (1 Sm 18 25). En la antigüedad, como trofeo de la victoria en combate, se cortaba a veces a los vencidos el miembro viril. En este caso, los prepucios atestiguan, además, que se trata de filisteos, pues estos no estaban circuncidados.

Mira, el rey te estima y todos sus servidores te aprecian; así que accede a ser yerno
del rey.
23 Los siervos de Saúl dijeron todo esto
en secreto a David. Y éste les respondió:
–¿No ven que es demasiado llegar a ser
yerno del rey? Yo soy pobre y de humilde
condición.
24 Los siervos de Saúl le contaron lo que
había dicho David. 25 Y Saúl les dijo:
–Díganle a David que el rey no quiere
dote, sino cien prepucios de filisteos, para
vengarse de sus enemigos.
Pues Saúl pensaba que David caería en
poder de los filisteos.
26 Los servidores de Saúl se lo dijeron a
David, y a él le pareció una condición justa
para llegar a ser yerno del rey. Antes del
tiempo fijado, 27 David se levantó y salió
con su gente. Mató doscientos filisteos,
llevó sus prepucios y se los entregó al rey
para ser su yerno. Entonces Saúl le dio por
mujer a su hija Micol.
28 Saúl vio claramente que el Señor estaba con David y que Micol, su hija, lo
amaba. 29 Saúl tuvo cada vez más miedo
de David, y fue creciendo su enemistad
contra él. 30 Los jefes de los filisteos hacían incursiones, y en todas ellas obtenía
David mayor éxito que todos los oficiales
de Saúl. Su nombre se hizo muy famoso.

David tiene que huir

1 Sm 20; 16 14; 18 10-11; 10 10-12

19 1 Saúl comunicó a su hijo Jonatán y a
todos sus servidores su intención de
matar a David. Pero Jonatán, hijo de Saúl,
que quería mucho a David, 2 fue a decírselo:
–Saúl, mi padre, trata de matarte. Así
que ten cuidado mañana por la mañana;
vete a un lugar oculto y escóndete. 3 Yo
saldré y estaré al lado de mi padre en el
campo donde tú estés. Hablaré de ti a mi
padre para ver lo que piensa y te informaré.
4 Jonatán habló bien de David a su padre Saúl. Le dijo:
–¡Que el rey no ofenda a su siervo David! El no te ha ofendido; al contrario, sus
acciones te han sido muy útiles. 5 Expuso
su vida, mató al filisteo y el Señor dio una
gran victoria a todo Israel. Tú mismo lo
viste y te alegraste. ¿Por qué has de hacerte responsable de la muerte de un inocente
matando a David sin motivo?
6 Saúl escuchó las palabras de Jonatán e
hizo este juramento:
–¡Juro por el Señor, que no morirá!
7 Jonatán llamó a David y le contó todo
esto; después lo llevó ante Saúl, y David
estuvo a su servicio como antes.
8 Cuando se reanudó la guerra, David
salió a luchar contra los filisteos; les causó
una gran derrota, y huyeron. 9 Pero el espíritu malo entró en Saúl. Mientras estaba
sentado en su casa con la lanza en la mano
y David tocaba el arpa, 10 Saúl intentó cla-
var con la lanza a David contra la pared;
pero David esquivó a Saúl y la lanza se
clavó en la pared. David huyó y así se salvó aquella noche.
11 Saúl mandó mensajeros a casa de David para vigilarlo y matarlo por la mañana.
Pero Micol, la mujer de David, le avisó:
–Si no te pones a salvo esta misma noche, mañana te matarán.
12 Micol ayudó a David a bajar por la
ventana. El partió, huyó y se puso a salvo.
13 Tomó después Micol los ídolos familiares, los metió en la cama, puso en la cabecera una piel de cabra y los cubrió con un
vestido. 14 Cuando Saúl envió mensajeros
para arrestar a David, ella les dijo: «está
enfermo». 15 Saúl envió de nuevo a los mensajeros en busca de David con esta orden:
–Tráiganmelo en la cama y ahí lo mataré.
16 Entraron los mensajeros y se encontraron con los ídolos familiares en la cama
y una piel de cabra en la cabecera. 17 Entonces Saúl dijo a Micol:
–¿Por qué me has engañado así? Has
dejado escapar a mi enemigo, y ahora está
a salvo.
Micol respondió a Saúl:

• **19** 1-24: El episodio narrado en 1 Sm 19 1-7 no coincide con 1 Sm 20. Parece que ambas tradiciones sobre la intervención de Jonatán en favor de David son independientes.

En el plan de Micol para salvar a David, ella utiliza los ídolos familiares o *terafim*. Aunque no hay pruebas históricas ni arqueológicas suficientes, se piensa que los *terafim* eran alguna clase de figurillas, ídolos, dioses familiares o amuletos a los que se atribuía la buena suerte (véase Gn 31 19). En todo caso, es difícil suponer que tuvieran el tamaño natural de un hombre como para simular la figura de David.

Sobre el grupo de profetas véase la nota a 1 Sm 9 26-10 16.

–Es que me dijo que me mataría, si no
lo dejaba irse.
18 Así pues, David huyó y se puso a salvo. Se fue adonde estaba Samuel, a Ramá,
y le contó todo lo que Saúl le había hecho.
Después, Samuel y él se fueron a Nayot.
19 Informaron a Saúl de que David estaba
en Nayot de Ramá, 20 y Saúl envió mensajeros para arrestar a David. Cuando vieron
al grupo de los profetas profetizando y a
Samuel al frente de ellos, el espíritu de
Dios entró en los mensajeros de Saúl, y se
pusieron también ellos a profetizar.
21 Se lo dijeron a Saúl, que mandó a otros
mensajeros; pero también ellos se pusieron
a profetizar. Volvió a enviar Saúl por tercera vez otros mensajeros, y también éstos se
pusieron a profetizar. 22 Entonces fue el
propio Saúl a Ramá y, al llegar al pozo
grande que hay en Socó, preguntó:
–¿Dónde están Samuel y David?
Le contestaron:
–En Nayot de Ramá.
23 Se dirigió a Nayot de Ramá. Pero el
espíritu de Dios entró también en él y fue
profetizando hasta que llegó a Nayot de
Ramá. 24 Allí se quitó también él sus vestidos y se puso a profetizar en presencia de
Samuel; después cayó desnudo en tierra y
estuvo así todo el día y toda la noche. Por
eso se dice: «¿También Saúl entre los profetas?».

Pacto de David y Jonatán

1 Sm 19 1-7; 18 1-4; 23 16-18; 2 Sm 9; 21 7

20 1 David huyó de Nayot de Ramá y fue
a decir a Jonatán:
–¿Qué he hecho yo? ¿Cuál es mi delito?
¿Qué pecado he cometido contra tu padre
para que intente quitarme la vida?
2 Jonatán le respondió:
–¡Ni pensarlo! ¡No morirás! Mi padre no
hace nada sin antes decírmelo a mí. ¿Por
qué me iba a ocultar este asunto? No hay
nada de eso.
3 Pero David le aseguró:
–Tu padre sabe muy bien que yo soy tu
amigo, y por eso dirá: «Que Jonatán no se
entere para que no se entristezca». Pero te
juro por el Señor y por tu vida que estoy a
un paso de la muerte.
4 Jonatán le dijo:
–Haré por ti lo que me digas.
5 David contestó:
–Mira, mañana se celebra la fiesta de la
luna nueva y yo debería sentarme junto al
rey en la comida. Déjame ir a ocultarme en
el campo hasta la tarde. 6 Si tu padre me
echa de menos, le dices: David me pidió
con insistencia hacer una visita a Belén, su
pueblo, porque celebran allí el sacrificio
anual de toda la familia. 7 Si le parece bien,
entonces estoy a salvo; pero si se enfurece,
es que ha decidido acabar conmigo. 8 Hazme este favor, ya que hicimos un pacto
ante el Señor. Si soy culpable, mátame tú
mismo; no es necesario que me lleves hasta
tu padre.
9 Jonatán respondió;
–¡Ni lo pienses! Si me entero que mi
padre ha decidido hacerte mal, ten por seguro que te avisaré yo mismo.
10 David le preguntó:
–¿Quién me informará si tu padre te
responde enojado?
11 Jonatán dijo a David:
–Ven, vamos al campo.
Salieron los dos al campo, 12 y allí Jonatán le dijo a David:
–Por el Señor Dios de Israel, te aseguro
que mañana a esta misma hora yo averi-
guaré las intenciones de mi padre; si no hay
peligro para ti, mandaré a avisarte. 13 Que
el Señor me castigue, si mi padre quiere
hacerte mal y yo no te lo hago saber. Entonces podrás irte en paz, y que el Señor
esté contigo como estuvo con mi padre.
14 Si para entonces yo vivo todavía, trátame con la benevolencia con la que trata el
Señor y no dejes que me maten. 15 Trata
siempre con benevolencia a mi familia

• **20** 1-42: Este capítulo interrumpe el hilo narrativo de lo que precede: según 1 Sm 20 6.18.25-29 David sigue todavía en casa de Saúl, mientras que en 1 Sm 19 10-24 David ya ha tenido que huir del rey. Parece, pues, que 1 Sm 19 y 20 representan dos tradiciones distintas sobre la huida de David. En medio de todo sobresale la amistad entre David y Jonatán. También en los pasajes que cuentan esta amistad se advierten distintas tradiciones. Por una parte, parece que los amigos no pueden comunicarse sino a través de un criado (1 Sm 20 18-39); pero, por otra, pueden encontrarse sin dificultad (1 Sm 20 1-11.40-42).

La fiesta de la que se habla aquí conmemoraba el comienzo del mes: la luna nueva, cuya aparición se celebraba con una fiesta (véase Is 1 13-14; Os 2 13; Am 8 5), en la que se ofrecían sacrificios (véase Nm 10 10; 28 11-15).

cuando el Señor haya borrado de la tierra a
tus enemigos.
16 Jonatán hizo entonces una alianza con
la familia de David, diciendo:
–¡Que el Señor vengue a David de sus
enemigos!
17 Así que Jonatán prestó de nuevo juramento a David por el amor que le tenía,
pues lo quería como a sí mismo. 18 Después le dijo:
–Mañana se celebra la luna nueva y se
te echará de menos, porque tu puesto estará vacío. 19 Pasado mañana tu ausencia se
notará todavía más. Tú te irás al lugar en
donde te escondiste el otro día y te sentarás junto a aquella piedra. 20 Yo tiraré tres
flechas desde el lado de acá, como si tirara
al blanco, 21 y mandaré a un joven a buscarlas. Si le digo: «Mira, las flechas están
más acá, recógelas», entonces vienes, porque puedes estar seguro de que no hay peligro. ¡Te lo juro por el Señor! 22 Pero si
digo al joven: «Mira, las flechas están más
allá», entonces vete, porque es el Señor el
que manda que te vayas. 23 En cuanto a la
promesa que hemos hecho tú y yo, el Señor será siempre testigo entre nosotros dos.
24 David se escondió en el campo. Llegada la luna nueva, el rey se sentó a la mesa para comer. 25 El rey se sentó en su sitio, como de costumbre, junto a la pared;
Jonatán se puso enfrente; Abner se sentó al
lado de Saúl, pero el sitio de David estaba
vacío. 26 Saúl no dijo nada aquel día, pues
pensó: «Será por casualidad; tal vez no se
ha purificado de sus impurezas».
27 El segundo día, el día siguiente a la
luna nueva, seguía vacío el sitio de David.
Y Saúl preguntó a su hijo Jonatán:
–¿Por qué no ha venido a comer el hijo
de Jesé ni ayer ni hoy?
28 Jonatán respondió:
–David me pidió con insistencia que le
dejara ir a Belén. 29 Me dijo: «Déjame ir,
porque tenemos un sacrificio de familia en
el pueblo. Mi hermano mismo me lo ha ordenado. Te ruego que me dejes hacer una
visita a mis hermanos». Por eso no ha venido a la mesa del rey.
30 Entonces Saúl se enfureció contra Jonatán y le dijo:
–¡Hijo de mala madre! Yo sé bien que
eres amigo del hijo de Jesé, para vergüenza
tuya y de la madre que te dio a luz. 31 Porque mientras el hijo de Jesé siga vivo en la
tierra, no estarán seguros ni tú ni tu reino.
Así que manda a buscarlo y traémelo, porque merece la muerte.
32 Jonatán le respondió:
–¿Por qué ha de morir? ¿Qué es lo que
ha hecho?
33 Entonces Saúl empuñó su lanza contra él para herirlo. Jonatán, viendo que su
padre había decidido la muerte de David,
34 se levantó de la mesa muy enojado, sin
comer nada el segundo día de la luna nueva, pues estaba muy entristecido por la
ofensa que su padre había hecho a David.
35 A la mañana siguiente, Jonatán salió
al campo, según lo acordado con David.
Lo acompañaba un muchacho joven. 36 Y
ordenó al muchacho:
–Corre y busca las flechas que yo voy a
tirar. Y, mientras el muchacho iba corriendo, Jonatán lanzó una flecha más allá de
él. 37 Cuando el muchacho llegó al lugar
donde estaba la flecha que había tirado,
Jonatán le gritó:
–La flecha está más allá.
38 Y le gritó otra vez:
–Pronto, date prisa, no te detengas.
El muchacho recogió la flecha y se la
llevó a su señor. 39 El muchacho no se enteró de nada, porquc sólo Jonatán y David
estaban al tanto del asunto. 40 Jonatán entregó sus armas al muchacho y le dijo:
–Vete, llévalas a la ciudad.
41 Cuando el muchacho se fue, David
salió de su escondite, y se postró rostro en
tierra por tres veces. Después se abrazaron
el uno al otro y lloraron juntos y aumentó
el dolor de David.
42 Jonatán dijo a David:
–Vete en paz, y que se cumpla lo que
hemos jurado ante el Señor: que él sea por
siempre testigo entre nosotros dos, entre
mi descendencia y la tuya.

David en Nob y Gat

Ex 25 30; Lv 24 5-9; Mt 12 3-4; 1 Sm 17 51-54; 18 7

21 1 David tomó su camino, y Jonatán
regresó a la ciudad. 2 David llegó a
Nob, donde estaba el sacerdote Ajimélec.

Ajimélec se presentó asustado ante David
y le dijo:
–¿Por qué estás solo y no hay nadie contigo?
3 David le respondió:
–El rey me ha encomendado un asunto
y me ha dicho: «Que nadie sepa nada del
asunto que te encomiendo». Tengo citados
a mis hombres en cierto lugar. 4 Y ahora, si
tienes cinco panes a mano, dámelos, o dame
lo que encuentres.
5 Respondió el sacerdote:
–No tengo a mano pan ordinario; sólo
hay pan del que ha sido ofrecido al Señor.
Con tal que tus hombres se hayan abstenido
al menos de relaciones con mujeres, pueden comerlo.
6 David le contestó:
–Por supuesto, nos hemos abstenido de
tener relaciones con mujeres como siempre
que hacemos una expedición. Si mis hombres están puros cuando hacemos una misión ordinaria, cuánto más lo estarán hoy.
7 Entonces el sacerdote le dio pan ofrecido al Señor, pues el único pan que había
allí era el que había sido retirado de la presencia del Señor para reemplazarlo por pan
tierno.
8 Aquel día estaba allí, retenido en el
santuario del Señor, uno de los servidores
de Saúl, llamado Doeg, el edomita, jefe de
los guardias de Saúl.
9 David preguntó a Ajimélec:
–¿No tienes a mano una lanza o una espada? Pues como la orden del rey era urgente, no tuve tiempo de tomar mi espada
ni mis armas.
10 El sacerdote respondió:
–La espada de Goliat, el filisteo, a quien
mataste en el valle del Terebinto, está ahí,
envuelta en una tela detrás del efod. Si quieres llevártela, llévatela, porque aquí no hay
más que esa.
Dijo David:
–¡Es la mejor! Dámela.
11 David, huyendo aquel día de Saúl,
llegó hasta la presencia de Aquis, rey de
Gat. 12 Dijeron a Aquis sus servidores:
–¿No es éste David, el rey del país? ¿No
es éste de quien cantaban con danzas:

Saúl mató a mil,
David a diez mil?

13 David reflexionó sobre estas palabras
y tuvo miedo de Aquis, rey de Gat. 14 Entonces fingió ante ellos estar loco: hacía
tonterías con las manos, arañaba las puertas
y dejaba caer la baba por la barba. 15 Aquis
dijo a sus servidores:
–Ya ven que está loco. ¿Para qué me lo
han traído? 16 ¿Acaso necesito locos para
que me traigan éste a hacer tonterías en mi
presencia? ¿Qué hace en mi palacio?

Saúl mata a los sacerdotes de Nob

1 Sm 21 8-10

22 1 David partió de allí y se refugió en
la cueva de Adulán. Al saberlo sus
hermanos y toda su familia, bajaron allí
junto a él. 2 Se unieron a él todos los que
estaban en aprietos, los que tenían deudas
y los descontentos. Y David se hizo su jefe;
eran unos cuatrocientos hombres. 3 De allí
fue a Mispá de Moab, y dijo al rey de Moab:
–Deja que mi padre y mi madre se queden con ustedes hasta que yo sepa lo que
Dios dispondrá de mí.
4 Se los llevó al rey de Moab, y permanecieron con él todo el tiempo que David
estuvo en el refugio. 5 Pero el profeta Gad
dijo a David:

• **21** 1-16: David tiene que huir definitivamente de Saúl: primero se moverá por lugares poblados (1 Sm 21 1-23 13), después tendrá que refugiarse en el desierto (1 Sm 23 14-26 25), hasta verse obligado a abandonar la tierra de Israel (1 Sm 27 1-2 Sm 1 27). Las sucesivas puestas a salvo de David son fruto, bien de su pericia y astucia, bien de su natural don de gentes que le va ganando amigos y, en algunos casos, de la suerte. A través de estos factores, sin intervenciones espectaculares o milagrosas, el Señor dirige la carrera de David.

El pan ofrecido al Señor de que se habla en 1 Sm 21 7 es el pan al que se refiere Lv 24 5-9 y que con el tiempo estaría reservado a los sacerdotes, aunque en este momento parece bastar con la pureza ritual para poder comerlo sin culpa. En Mt 12 3-4 Jesús hace referencia a este pasaje del primer libro de Samuel para justificar la actitud de sus discípulos, que habían quebrantado el precepto del sábado.

Sobre la relación de David con Aquis, rey de Gat, véase la nota a 1 Sm 27 1-12.

• **22** 1-23: Saúl había perdido el apoyo de Samuel (1 Sm 15 10-34); ahora pierde a los sacerdotes. Con su asesinato, un acto cruel e impío, Saúl se queda sin mediadores ante el Señor (1 Sm 28 6). David, por el contrario, tiene un profeta que lo ilumina, Gad (1 Sm 22 5), y un sacerdote que lo acompaña, Abiatar (1 Sm 22 1).

–No te quedes en el refugio. Vete y entra en la tierra de Judá.
David partió y se fue al bosque de Járet.
6 Saúl se enteró de que David y sus
hombres habían sido vistos. Saúl estaba en
Guibeá, sentado bajo el tamarisco, en lo
alto, con su lanza en la mano, y todos sus
servidores alrededor de él. 7 Saúl les dijo:
–¡Oíganme, benjaminitas! ¿Acaso el hijo
de Jesé les va a dar a todos ustedes campos
y viñas, y los nombrará a todos jefes de
mil y jefes de cien? 8 ¿Por qué todos ustedes han conspirado contra mí? Nadie me
informó de que mi hijo había hecho un
pacto con el hijo de Jesé. Ninguno de ustedes se preocupa de mí, ni me informa de
que mi hijo ha sublevado contra mí a un
siervo mío para tenderme emboscadas, como sucede ahora.
9 Doeg, el edomita, que se hallaba entre
los servidores de Saúl, dijo:
–Yo he visto al hijo de Jesé; fue a Nob,
donde está Ajimélec, hijo de Ajitob. 10 Este consultó al Señor por él, le dio víveres y
la espada de Goliat, el filisteo.
11 Entonces el rey mandó llamar al
sacerdote Ajimélec, hijo de Ajitob, y a toda
su familia, los sacerdotes de Nob, y se presentaron todos ante el rey. 12 Saúl le dijo:
–Escúchame, hijo de Ajitob.
El respondió:
–Te escucho, señor.
13 Saúl le preguntó:
–¿Por qué han conspirado contra mí, tú
y el hijo de Jesé? Tú le diste pan y una espada, y consultaste a Dios por él para que
se sublevara contra mí, como sucede hoy.
14 Ajimélec respondió al rey:
–¿Acaso hay entre tus siervos alguien
que pueda compararse a David: fiel, yerno
del rey, jefe de tu guardia y honrado en tu
palacio? 15 ¿Acaso fue aquel día la primera
vez que consulté a Dios por él? Ciertamente no. Por tanto no haga el rey acusación
alguna a su siervo y a toda su familia, porque tu siervo no sabe nada de todo este
asunto, ni poco ni mucho.
16 El rey le dijo:
–Morirás, Ajimélec, tú y toda tu familia.
17 Y luego dijo a los guardias que estaban junto a él:
–Maten a los sacerdotes del Señor, porque también ellos ayudaron a David; sabían que había huido y no me avisaron.
Pero los servidores del rey no quisieron
poner sus manos sobre los sacerdotes del
Señor. 18 Entonces el rey dijo a Doeg:
–Acércate tú y mata a los sacerdotes.
Y Doeg, el edomita, se acercó y mató a
los sacerdotes. Mató aquel día ochenta y
cinco hombres de los que llevan el efod de
lino. 19 Y a Nob, la ciudad en que vivían los
sacerdotes, la pasó Saúl a filo de espada;
hombres y mujeres, muchachos y niños,
bueyes, burros y ovejas los pasó a filo de
espada. 20 Sólo escapó un hijo de Ajimélec,
hijo de Ajitob, llamado Abiatar, que huyó
al encuentro de David. 21 Abiatar informó
a David que Saúl había matado a los sacerdotes del Señor. 22 Y David le dijo:
–Ya sabía yo que Doeg, el edomita, estaba allí aquel día y que se lo contaría a
Saúl. Yo soy el responsable de la muerte
de toda tu familia. 23 Quédate conmigo; no
temas, porque quien atente contra tu vida,
atenta también contra la mía. Junto a mí
estarás a salvo.

Saúl persigue a David

2 Sm 21; 5 19; 1 Sm 18 3-4; 24 21; 26 1-3

23 1 Avisaron a David que los filisteos
estaban atacando Queilá y saqueando
los campos sembrados. 2 David consultó al
Señor:
–¿Debo ir y derrotar a esos filisteos?
El Señor le respondió:
–Vete; derrotarás a los filisteos y librarás a Queilá.
3 Pero los hombres de David le aconse-
jaron:
–Mira, si aquí en Judá vivimos llenos
de miedo, ¡cuánto más si vamos a Queilá
contra las tropas de los filisteos!
4 Entonces David volvió a consultar al
Señor, y el Señor le respondió:

• **23 1-28**: El episodio de la liberación de Queilá provoca la persecución de David por parte de Saúl. Los habitantes de la ciudad liberada están dispuestos a traicionar a David, probablemente porque él y toda su tropa se habían quedado en ella y vivían a sus expensas (1 Sm 23 7).

1 Sm 23 16-18 pertenece a los recuerdos de la amistad entre David y Jonatán. Por primera vez se afirma abiertamente que David será el rey de Israel. El relato se encamina, poco a poco, hacia la investidura de David como rey, pero antes tiene que dejar constancia del penoso camino que lo condujo hasta ese momento.

–Dirígete hacia Queilá, porque yo entrego a los filisteos en tu poder.
5 Partió David con sus hombres hacia
Queilá, atacó a los filisteos, se llevó sus
ganados y les causó una gran derrota. Así
libró David a los habitantes de Queilá.
6 Abiatar, el hijo de Ajimélec, que se había
refugiado junto a David, bajó a Queilá llevando consigo el efod.
7 Comunicaron a Saúl que David había
ido a Queilá, y Saúl dijo:
–Dios lo entrega en mi poder, porque ha
quedado encerrado al entrar en una ciudad
con puertas y cerrojos.
8 Saúl convocó a todo el pueblo a la guerra, para bajar a Queilá y sitiar a David y a
sus hombres. 9 Al saber David que Saúl tramaba algo malo contra él, dijo al sacerdote
Abiatar:
–Trae el efod.
10 David consultó:
–Señor, Dios de Israel, tu siervo ha oído
que Saúl se dispone a venir a Queilá, para
destruir la ciudad por causa mía. ¿Me entregarán los hombres de Queilá en su poder? 11 ¿Bajará Saúl como ha oído tu siervo?
El Señor respondió:
–Sí, bajará.
12 Y David de nuevo:
–Pero ¿nos entregarán los habitantes de
Queilá a mí y a mis hombres en poder de
Saúl?
Contestó el Señor:
–Sí, los entregarán.
13 Entonces David partió con sus hombres, como unos seiscientos, y anduvieron
errantes de un lado para otro. Y cuando informaron a Saúl de que David había escapado de Queilá, desistió de la expedición.
14 David se quedó en el desierto, entre los
picachos, y se estableció en la zona montañosa del desierto de Zif. Saúl lo buscó sin
descanso, pero Dios no lo entregó en su
poder. 15 David tuvo miedo, porque Saúl
había salido con intención de matarlo. David estaba en el desierto de Zif, en Jorés.
16 Jonatán, hijo de Saúl, se puso en camino
y fue a Jorés donde estaba David, y le dio
ánimos en nombre de Dios. 17 Le dijo:
–No tengas miedo, porque mi padre,
Saúl, no te capturará. Tú reinarás en Israel
y yo seré tu segundo. Hasta Saúl, mi padre, lo sabe.
18 Hicieron los dos un pacto ante el Señor. David se quedó en Jorés, y Jonatán regresó a su casa.
19 Los de Zif subieron a Guibeá para
decir a Saúl:
–Mira, David está escondido en nuestro
territorio, en los picachos de Jorés, en la
colina de Jaquilá, que está al sur del desierto. 20 Por tanto, majestad, puedes bajar
cuando quieras. Nosotros lo entregaremos
en tu poder.
21 Saúl respondió:
–Benditos sean del Señor, porque se han
preocupado por mí. 22 Y ahora vayan, asegúrense aún mejor e infórmense con cuidado del lugar por donde anda, a ver si lo ha
visto alguien, porque me han dicho que es
muy astuto. 23 Observen y asegúrense de
todos los escondites en donde se oculta, y
regresen a mí con una información exacta.
Entonces iré yo con ustedes y, si está en la
región, yo lo buscaré entre todas las familias de Judá.
24 Ellos se pusieron en camino y fueron
a Zif antes que Saúl. Pero David y sus hombres estaban en el desierto de Maón, en la
llanura, al sur del desierto.
25 Saúl partió con sus hombres para ir
en busca de David; pero éste, informado de
ello, bajó al macizo rocoso que hay en el
desierto de Maón. Saúl se enteró y persiguió
a David por el desierto de Maón. 26 Saúl
iba por un lado de la montaña, y David y
sus hombres por el otro. David iba deprisa
para escapar de Saúl, mientras que Saúl y
sus hombres rodeaban a David y a los suyos para atraparlos. 27 Pero llegó un mensajero y dijo a Saúl:
–Regresa en seguida, porque los filisteos
han invadido el país.
28 Entonces Saúl dejó de perseguir a
David y fue al encuentro de los filisteos.
Por eso se llama a aquel lugar «Roca de la
Separación».

David perdona la vida a Saúl

1 Sm 26; 2 Sm 1 14; 9 8; 16 9

24 1 David subió desde allí y se estableció en los picachos de Engadi. 2 Cuando Saúl regresó de perseguir a los filisteos,
le dijeron que David estaba en el desierto
de Engadi.

3 Entonces Saúl tomó consigo tres mil
hombres elegidos de entre todo Israel, y partió en busca de David y de su gente hasta
las Rocas de las Gamuzas. 4 Cuando llegó
a los corrales de las ovejas que hay junto al
camino, Saúl entró para hacer sus necesidades en una cueva que hay allí. David y
sus hombres estaban en el fondo de la cueva. 5 Los hombres de David le dijeron:
–Mira, este es el día al que se refería el
Señor, cuando te dijo: «Yo entrego a tu enemigo en tu poder; trátale como te parezca».
David se levantó y cortó silenciosamente el borde del manto de Saúl. 6 Después le
entraron remordimientos de conciencia por
haber cortado el borde del manto de Saúl.
7 Y dijo a sus hombres:
–Dios me libre de hacerle algún daño,
porque él es el ungido del Señor.
8 Con estas palabras David disuadió a
sus hombres y no les permitió lanzarse contra Saúl.
Saúl salió de la cueva y prosiguió su camino. 9 Después David salió también de la
cueva y se puso a gritar detrás de él:
–¡Mi señor! ¡Majestad!
Saúl miró hacia atrás, y David cayó rostro en tierra y se postró. 10 Después dijo a
Saúl:
–¿Por qué haces caso a la gente que dice que David busca tu ruina? 11 Hoy mismo puedes ver con tus propios ojos que el
Señor te puso en mis manos en la cueva.
Me incitaron a matarte, pero yo te he respetado, pues pensé: No haré daño alguno a
mi señor, porque él es el ungido del Señor. 12 Mira, padre mío, mira el borde de tu
manto en mi mano. Puesto que he cortado
el borde de tu manto y no te he matado,
reconoce y comprueba que no hay en mí
maldad ni rebeldía, y que no he pecado
contra ti. Tú, en cambio, intentas a toda
costa quitarme la vida. 13 Que el Señor sea
nuestro juez y que él me vengue de ti, pero
yo no te tocaré. 14 Como dice el viejo refrán: «De los malos sale la malicia»; pero
yo no te tocaré. 15 ¿Contra quién ha salido
el rey de Israel? ¿A quién persigues? ¡A un
perro muerto, a una pulga! 16 Que el Señor
juzgue y pronuncie sentencia entre nosotros dos. Él examinará, defenderá mi causa
y me librará de tu poder.
17 Cuando David terminó de decir estas
palabras a Saúl, éste preguntó:
–¿Es esa tu voz, David, hijo mío?
Saúl se puso a llorar, 18 y reconoció ante
David:
–Tú eres inocente y yo no, porque tú
me has hecho el bien y yo te hecho el mal.
19 Hoy has demostrado que te portas bien
conmigo, pues el Señor me puso en tus
manos y no me mataste. 20 Cuando alguien
encuentra a su enemigo, ¿lo deja continuar
tranquilo su camino? Que el Señor te pague lo que hoy has hecho conmigo. 21 Ahora reconozco que tú serás rey y que el reino
de Israel será estable en tus manos. 22 Júrame, pues, por el Señor que no aniquilarás a
mi descendencia y que no borrarás mi nombre de la familia de mi padre.
23 David se lo juró a Saúl. Después Saúl
partió para su casa, y David y sus hombres
subieron al refugio.

David, Nabal y Abigail

Jdt 15 9-10; 2 Sm 2 2; 3 2-5.13-16; 1 Sm 18 20-27

25 1 Por entonces murió Samuel. Todo
Israel se reunió para llorarlo, y lo sepultaron en sus posesiones de Ramá.
2 Después David se puso en camino y
bajó al desierto de Maón. Había un hombre en Maón que tenía su hacienda en el
Carmelo. Era muy rico: tenía tres mil ove-

• **24 1-23**: El encuentro entre Saúl y David tiene carácter judicial (véase 1 Sm 24 13-23): David presenta como prueba de inocencia el borde del manto de Saúl y acude a la justicia divina (1 Sm 24 13.16); Saúl reconoce su culpa (1 Sm 24 18-20) y el porvenir venturoso de David (1 Sm 24 22). Una tradición paralela a esta puede encontrarse en 1 Sm 26 (véase la nota correspondiente).

• **25 1-44**: Este relato sobresale por su maestría en la caracterización de los personajes y la armonía en la sucesión de escenas; después de la presentación de los personajes (1 Sm 25 2-3), la acción se articula en cuatro cuadros: 1) relación David-Nabal por medio de mensajeros (1 Sm 25 11); 2) Abigail sale al encuentro de David (1 Sm 25 12-22); 3) diálogo de Abigail y David (1 Sm 25 23-35); 4) desenlace (1 Sm 25 36-42).

El contexto de este relato es la fiesta que solía celebrarse con motivo del esquileo (véase 2 Sm 12 23). David pide al rico propietario una recompensa por la protección que dispensó a sus pastores tiempo atrás.

En 1 Sm 25 22 el texto dice literalmente: *ni uno solo de los que mean contra la pared*, una manera plástica de designar a los varones y quizás también de aludir al tipo de castigo que les daría.

jas y mil cabras; estaba entonces en el Carmelo para el esquileo de sus ovejas. 3 Su
nombre era Nabal, de la familia de Caleb,
y el de su mujer Abigail. Ella era inteligente y guapa. El hombre, en cambio, era duro
y malo.
4 Cuando David se enteró en el desierto
de que Nabal estaba esquilando el rebaño,
5 envió a diez muchachos diciéndoles:
–Suban al Carmelo, vayan donde se encuentra Nabal y salúdenlo de mi parte. 6 Díganle: ¡Salud! Paz a ti, a tu familia y a tus
posesiones. 7 He sabido que estás esquilando. Pues bien, tus pastores han estado con
nosotros; nunca los hemos molestado ni se
les ha quitado nada mientras estuvieron en
el Carmelo. 8 Pregunta a tus criados y te lo
dirán. Recibe bien a estos jóvenes, pues
venimos en un día de fiesta. Te suplico que
des a tus siervos y a tu hijo David lo que
encuentres a mano.
9 Los muchachos de David fueron a decir a Nabal todo esto de parte de David y se
quedaron esperando. 10 Nabal les respondió:
–¿Quién es David, quién es el hijo de
Jesé? Ahora abundan los siervos que andan huyendo de sus señores. 11 ¿Voy a tomar yo mi pan, mi agua y la carne de los
animales que he sacrificado para los esqui-
ladores, y se lo voy a dar a unos hombres
que no sé de dónde vienen?
12 Los muchachos de David, dándose
vuelta, emprendieron el camino de regreso.
Cuando llegaron, se lo contaron todo a David. 13 David dijo entonces a sus hombres:
–¡Qué cada uno tome su espada!
Tomó cada uno su espada, y David tomó
la suya. Subieron detrás de él unos cuatrocientos hombres; doscientos se quedaron
cuidando el equipaje.
14 Uno de los criados advirtió a Abigail,
mujer de Nabal:
–David envió desde el desierto unos
mensajeros a saludar a nuestro amo, pero
él los ha despreciado. 15 Estos hombres
han sido muy buenos con nosotros, no nos
molestaron ni nos faltó nada en todo el
tiempo que anduvimos junto a ellos cuando estábamos en el campo. 16 Día y noche
han sido como un muro protector a nuestro
alrededor durante todo el tiempo que estuvimos entre ellos pastoreando las ovejas.
17 Así que piensa y mira lo que has de hacer, porque está decidida la ruina de nuestro amo y de toda su familia. El es tan estúpido que no se le puede decir nada.
18 Abigail, sin perder tiempo, tomó doscientos panes y dos odres de vino, cinco
carneros ya preparados, cinco medidas de
grano tostado, cien pasteles de pasas y doscientas tortas de higos secos, lo cargó sobre
los burros 19 y ordenó a sus criados:
–Vayan adelante; yo los seguiré.
Pero no dijo nada a Nabal, su marido.
20 Mientras ella, montada en un burro,
bajaba por un atajo de la montaña, David y
sus hombres bajaban frente a ella. De pronto, se encontró con ellos. 21 David había
comentado: «En vano protegí todo lo que
este hombre tenía en el desierto, para que
no le faltara nada de lo que le pertenecía.
Ahora, en cambio, él me devuelve mal por
bien. 22 Que Dios me castigue, si de aquí al
alba queda vivo un solo varón en las posesiones de Nabal».
23 En cuanto Abigail vio a David, bajó
rápidamente del burro y se postró ante David rostro en tierra; 24 se echó a sus pies y
dijo:
–¡Que caiga sobre mí la culpa, señor
mío! Permite a tu sierva hablarte y dígnate
escuchar las palabras de tu sierva. 25 No
haga caso mi señor de ese inútil de Nabal,
porque hace honor a su nombre: se llama
Nabal y verdaderamente es un estúpido.
Pero yo, tu sierva, no vi a los muchachos
que mi señor envió. 26 Y ahora, señor mío,
por la vida del Señor y por tu propia vida,
que ha sido el Señor quien te ha librado de
derramar sangre y de vengarte por tu propia mano. Que a tus enemigos y a los que
buscan el mal de mi señor les suceda lo
que a Nabal. 27 Te ruego que este obsequio
que tu sierva te hace sea para los muchachos que te siguen. 28 Te suplico que perdones la falta de tu sierva; pues el Señor
concederá ciertamente a mi señor una dinastía estable, porque mi señor combate
las batallas del Señor y en toda tu vida no
se encontrará en ti nada malo. 29 Si alguno
se levanta para perseguirte y atentar contra
tu vida, la vida de mi señor estará guarda-
da en la bolsa de los vivos, junto al Señor,
tu Dios; mientras que la vida de tus enemigos la lanzará con la honda. 30 Que cuando
el Señor te haya hecho todo el bien que te

ha prometido y te haya constituido jefe de
Israel, 31 no tenga mi señor que sufrir ni
sentir remordimiento de conciencia por haber derramado sangre en vano y haberse
vengado por su cuenta. Cuando el Señor
haya hecho el bien a mi señor, acuérdate de
tu sierva.
32 David dijo a Abigail:
–¡Bendito sea el Señor, Dios de Israel,
que te ha enviado hoy a mi encuentro!
33 ¡Bendita por tu buen juicio, y bendita tú
por haberme impedido hoy derramar sangre y vengarme por mi cuenta! 34 De lo
contrario –¡vive el Señor, Dios de Israel,
que me ha impedido hacerte el mal!– si tú
no hubieras venido tan rápidamente a mi
encuentro, no le habría quedado a Nabal
un solo hombre antes del amanecer.
35 David aceptó lo que ella le había traído, y le dijo:
–Regresa en paz a tu casa. Ya ves que
he escuchado tus palabras y he aceptado tu
petición.
36 Cuando Abigail llegó donde estaba
Nabal, lo encontró celebrando un magnífico banquete, y estaba muy alegre. Como se
encontraba completamente borracho, ella
no le dijo nada hasta la mañana siguiente.
37 Por la mañana, cuando se le había pasado
la borrachera, su mujer se lo contó todo. Entonces sufrió un ataque al corazón y quedó
paralizado como una piedra. 38 Unos diez
días después, el Señor hirió a Nabal, y
murió.
39 Cuando supo David que Nabal había
muerto, dijo:
–¡Bendito sea el Señor, que me ha librado del insulto que recibí de Nabal y ha
librado a su siervo de hacer el mal; el Señor ha hecho recaer sobre Nabal su propia
maldad!
Después, David mandó unos mensajeros
para pedir a Abigail que se casara con él.
40 Los criados de David fueron al Carmelo,
donde se encontraba Abigail, y le dijeron:
–David nos envía a ti para pedirte que
te cases con él.
41 Ella se levantó, se postró rostro en
tierra y dijo:
–Aquí está tu esclava, dispuesta a lavar
los pies de los criados de mi señor.
42 Se levantó a toda prisa y montó en su
burro; la acompañaban cinco de sus criadas. Siguió a los mensajeros de David y se
casó con él. 43 David se casó también con
Ajinoán, de Jezrael. Las dos fueron esposas suyas. 44 Saúl había dado su hija Micol, mujer de David, a Paltí, hijo de Lais,
natural de Galín.

David perdona de nuevo a Saúl

1 Sm 24; 23 19-26

26 1 Los de Zif vinieron a Guibeá para
informar a Saúl:
–David está escondido en la colina de
Jaquilá, junto al desierto.
2 Saúl salió y bajó al desierto de Zif con
tres mil hombres elegidos de Israel, para
buscar allí a David. 3 Acampó en la colina
de Jaquilá, junto al desierto, al borde del
camino. Cuando David se enteró de que
Saúl había llegado al desierto en su busca,
4 envió espías y comprobó que efectivamente había llegado. 5 Entonces salió para ir al
lugar donde estaba acampado Saúl y se fijó
en el sitio donde estaban acostados Saúl y
Abner, hijo de Ner, jefe de su ejército. Saúl
estaba acostado en el centro del campamento, y la tropa acampada a su alrededor. 6 David, dirigiéndose a Ajimélec, el hitita, y a
Abisay, hijo de Seruyá, hermano de Joab,
les preguntó:
–¿Quién quiere bajar conmigo al campamento de Saúl?
Respondió Abisay:
–Yo bajaré contigo.
7 David y Abisay fueron, pues, de noche hacia la tropa. Saúl estaba acostado,
durmiendo en el centro del campamento,

• **26 1-25**: 1 Sm 26 tiene el mismo esquema narrativo que 1 Sm 24: Saúl persigue a David, el cual se halla en una situación ventajosa; David consigue un objeto que muestra su inocencia y bondad; diálogo en el que Saúl reconoce su culpa; separación. Es muy probable que ambas narraciones sean dos versiones distintas de un antiguo relato que tenía el objetivo de mostrar el buen comportamiento de David con Saúl. Con su filial respeto hacia Saúl como ungido del Señor (1 Sm 26 9-11), David se está ganando el respeto y la admiración de todos.

Como dato nuevo aparece la estrecha relación entre el país y la divinidad (1 Sm 26 20). David considera su destierro de Israel como un alejamiento del Señor, lo que equivale a *tener que dar culto a dioses extraños.* (En este mismo sentido, véase Rut 2 12; 2 Re 5 17).

con su lanza clavada en tierra, junto a la
cabecera. Abner y la tropa estaban acostados a su alrededor.
8 Abisay dijo a David:
–Dios pone hoy en tus manos a tu enemigo. Así que déjame que lo clave con la
lanza en tierra de un solo golpe; no tendré
que rematarlo.
9 Pero David le dijo:
–No lo mates, porque no quedará sin castigo quien atente contra el ungido del Señor.
10 Y añadió:
–¡Juro por el Señor que ha de ser él
quien lo hiera! Ya sea cuando llegue su día
y muera, o cuando baje a la guerra y perezca. 11 Pero que el Señor me libre de poner
mi mano sobre el ungido del Señor. Toma
la lanza que está a su cabecera y la cantimplora, y vámonos.
12 David tomó la lanza y la cantimplora
de la cabecera de Saúl y se fueron. Nadie
los vio, ni se dio cuenta, ni se despertó,
pues todos dormían, ya que el Señor había
hecho caer sobre ellos un sueño profundo.
13 David pasó al lado opuesto y se detuvo a
lo lejos en la cumbre de la montaña; había
entre ellos un gran trecho. 14 Entonces David gritó a la tropa y a Abner, hijo de Ner:
–¡Abner! ¿No respondes?
Abner respondió:
–¿Quién eres tú, que gritas al rey?
15 David le dijo:
–¿No eres tú todo un hombre, y no es
cierto que no hay quien te iguale en Israel?
¿Por qué, pues, no has protegido a tu señor,
el rey, cuando han venido a matarlo? 16 No
está bien lo que has hecho. ¡Juro por el
Dios, que ustedes merecen la muerte, por
no haber protegido a su rey, el ungido del
Señor! Mira dónde está la lanza del rey y
la cantimplora que tenía a su cabecera.
17 Entonces Saúl reconoció la voz de
David y preguntó:
–¿Es esa tu voz, David, hijo mío?
Respondió David:
–Sí, es mi voz, mi señor y rey.
18 Y añadió:
–¿Por qué persigue así mi señor a su
siervo? ¿Qué he hecho yo? ¿Qué mal he
cometido? 19 Ruego al rey, mi señor, que
se digne escuchar las palabras de su siervo.
Si es el Señor quien te incita contra mí,
que sea aplacado con una ofrenda. Pero si
son los hombres ¡malditos sean ante el
Señor! pues me privan de participar en la
herencia del Señor, diciendo: «Vete a dar
culto a dioses extraños». 20 Ahora pues,
que mi sangre no sea derramada lejos de la
presencia del Señor. Porque el rey de Israel
ha salido a buscarme como se persigue una
perdiz en las montañas.
21 Entonces Saúl dijo:
–He pecado. Regresa, David, hijo mío.
No volveré a hacerte mal, porque has respetado mi vida. Me he comportado como
un estúpido y he cometido un gran error.
22 David dijo:
–Aquí está la lanza del rey. Que uno de
los muchachos venga a recogerla. 23 El Señor retribuirá a cada uno conforme a sus
méritos y a su lealtad; él te puso hoy en mis
manos, pero yo no he querido hacer daño
al ungido del Señor. 24 Que el Señor respete mi vida del mismo modo que yo he respetado hoy la tuya, y que me libre de todo
peligro.
25 Saúl dijo a David:
–¡Bendito seas, David, hijo mío! En todo lo que emprendas tendrás éxito.
Y David continuó su camino, mientras
que Saúl regresó a su casa.

David entre los filisteos

1 Sm 21 11-16

27 1 David pensó:
–Cualquier día voy a morir a manos
de Saúl. No tengo otro remedio que refugiarme en el país de los filisteos. Así de-
sistirá Saúl de perseguirme por todo el territorio de Israel, y escaparé de sus manos.
2 Entonces David se pasó con sus seiscientos hombres al rey de Gat, Aquis, hijo
de Maón. 3 Y se quedaron con Aquis en Gat
él y sus hombres, cada uno con su familia;
David con sus dos mujeres: Ajinoán de

• **27** 1-12: Esta tradición de la permanencia de David junto a Aquis (contra la de 1 Sm 21 11-16) debe ser históricamente cierta. Difícilmente se habría inventado una situación tan incómoda para David como ésta, que llega casi a la traición a la causa de su pueblo. Sin embargo, él la aprovecha pícaramente para atacar, no a su gente (como pensaba Aquis), sino a los enemigos naturales de los israelitas en el Négueb (1 Sm 27 8-12). En el último momento el rechazo de los jefes filisteos librará a David del peligro de luchar contra su propio pueblo (1 Sm 29).

Jezrael y Abigail, mujer de Nabal, del Carmelo. 4 Saúl fue informado de que David
había huido a Gat, y no volvió a buscarlo.
5 David dijo a Aquis:
–Si de verdad me aprecias, dame un lugar en alguna de las aldeas del campo para
establecerme, porque no está bien que tu
siervo viva junto a ti en la ciudad real.
6 Aquel mismo día Aquis le asignó Sicelag. Por eso Sicelag pertenece a los reyes
de Judá hasta el día de hoy. 7 David pasó en
territorio filisteo un año y cuatro meses.
8 David y sus hombres salían y atacaban
a los guesuritas, guerzitas y amalecitas,
porque estos son los pueblos que habitaban
la zona que va desde Telán, en dirección al
pueblo de Sur, hasta Egipto. 9 David destruía la región y no dejaba con vida hombres ni mujeres; se llevaba ovejas, bueyes,
burros, camellos y vestidos. Al regresar, iba
donde se encontraba Aquis, 10 y cuando
Aquis le preguntaba:
–¿Dónde han atacado hoy?
David respondía:
–En la zona del Négueb perteneciente a
Judá.
O bien:
–En la zona del Négueb perteneciente a
Yerajmeel.
O bien:
–En la zona del Négueb perteneciente a
los quenitas.
11 David no permitía que trajeran con
vida a Gat ni hombres ni mujeres, para que
no informaran de lo que hacía.
Este fue su modo de proceder durante
todo el tiempo que permaneció en territo-
rio filisteo.
12 Aquis se fiaba de David, pensando que
se había enemistado con su pueblo Israel y
que estaría a su servicio para siempre.

Saúl consulta a una espiritista

1 Sm 14 41; 15; Eclo 46 20; 1 Sm 31 2-6

28 1 Por entonces los filisteos reunieron
sus tropas para salir a luchar contra
Israel. Y Aquis dijo a David:
–Has de saber que tú y tus hombres tienen que venir conmigo a la campaña.
2 David respondió:
–De acuerdo; y te darás cuenta de lo
que este siervo tuyo es capaz de hacer.
Y Aquis le dijo:
–Está bien. Te nombro de mi guardia
personal para siempre.
3 Samuel había muerto. Todo Israel lo
había llorado y lo había sepultado en Ramá, su ciudad. Por su parte, Saúl había hecho desaparecer del país a los espiritistas y
adivinos.
4 Los filisteos se reunieron y fueron a
acampar en Sunán. Reunió también Saúl a
todo Israel y acamparon en Gelboé. 5 Al ver
Saúl el campamento de los filisteos, le entró
miedo y se puso a temblar. 6 Consultó al
Señor, pero el Señor no le respondió ni por
los sueños, ni por las piedras sagradas de
la suerte, ni por los profetas. 7 Entonces
Saúl dijo a sus servidores:
–Búsquenme una espiritista para que yo
vaya a consultarla.
Sus servidores le respondieron:
–En Endor hay una mujer que se dedica
al espiritismo.
8 Saúl se disfrazó, poniéndose otra ropa, y partió acompañado de dos hombres.
Llegaron de noche donde vivía la mujer, y
Saúl le dijo:
–Adivíname el futuro invocando a los
muertos y haz que se me aparezca el que
yo te diga.
9 Pero la mujer le dijo:
–Tú sabes bien que Saúl ha expulsado
del país a espiritistas y adivinos. ¿Por qué
me pones en este aprieto que me costaría
la vida?
10 Saúl juró por el Señor:
–¡Vive el Señor, que no corres ningún
riesgo por esto!
11 Entonces la mujer preguntó:
–¿Quién quieres que se te aparezca?
Saúl contestó:
–Samuel.
12 Cuando la mujer vio a Samuel, dio
un grito y dijo a Saúl:

• **28** 1-25: La hechicería y el espiritismo estaban prohibidos en Israel (véase Lv 19 31; 20 6; Dt 18 11). La orden que según este relato había sido dada por el mismo Saúl refleja bien el empeño de los profetas por extirpar estas costumbres. A pesar de ello, no lograron acabar con ellas (véase 2 Re 21 6; Is 8 19). Aquí el narrador, aprovechando la creencia popular, hace aparecer a Samuel, cuyas palabras anuncian a Saúl la catástrofe definitiva que se avecina (1 Sm 31). Este hecho insólito puede obedecer a la intención de presentar negativamente el comportamiento de Saúl en contra de sus propios decretos y preparar su sustitución por David.

–¿Por qué me has engañado? ¡Tú eres
Saúl!
13 Pero el rey dijo:
–No temas. ¿Qué has visto?
Respondió:
–He visto un espíritu que subía de la
tierra.
14 Saúl le preguntó:
–¿Qué aspecto tiene?
Ella respondió:
–Es un anciano que sube envuelto en un
manto.
Comprendió Saúl que era Samuel y se
postró rostro en tierra.
15 Samuel dijo a Saúl:
–¿Por qué me has molestado, invocán-
dome?
Respondió Saúl:
–Tengo un gran problema. Los filisteos
me hacen la guerra y Dios me ha abandonado, pues no me responde ni por profetas
ni por sueños. Por eso te he llamado, para
que me digas qué debo hacer.
16 Samuel le dijo:
–¿Por qué me consultas, si el Señor te
ha abandonado y se ha convertido en tu enemigo? 17 El Señor ha realizado lo que te
había anunciado a través de mí: te ha quitado el reino y se lo ha dado a otro, a David.
18 Por no haber obedecido al Señor y no
haber ejecutado su castigo contra Amalec,
el Señor te ha hecho hoy todo esto. 19 El
Señor te entregará a ti y a Israel en poder
de los filisteos. Mañana estarán conmigo
tú y tus hijos, y al ejército de Israel lo entregará el Señor a los filisteos.
20 Saúl cayó de repente en tierra cuan
largo era, lleno de miedo por lo que había
dicho Samuel. Además no tenía fuerzas,
porque no había comido nada en todo el
día y toda la noche. 21 La mujer se acercó a
Saúl y, al verlo tan confundido, le dijo:
–Ya ves que tu sierva te ha obedecido.
He expuesto mi vida por acceder a tus ruegos. 22 Así que, por favor, haz tú también
caso a tu sierva; voy a traerte algo de comer para que recuperes las fuerzas y puedas proseguir tu camino.
23 El lo rechazó, diciendo:
–No comeré.
Pero sus servidores y la mujer le insistieron y, al fin, accedió a sus ruegos. Se levantó del suelo y se sentó a la mesa. 24 La
mujer tenía en casa un ternero gordo. Lo
mató en seguida; tomó harina, la amasó y
coció panes sin levadura. 25 Se lo sirvió a
Saúl y a sus servidores. Ellos comieron, y se
pusieron en camino aquella misma noche.

David es excluido de la batalla

1 Sm 27 7; 18 7; 21 12; 2 Sm 14 17.20; 19 28

29 1 Los filisteos concentraron todas sus
tropas en Afec, mientras los israelitas
acampaban junto a la fuente de Jezrael.
2 Los jefes filisteos avanzaban al frente del
ejército con sus guerreros distribuidos en
grupos de cien y de mil. David y sus hombres iban en la retaguardia con Aquis. 3 Los
jefes filisteos preguntaron:
–¿Qué hacen aquí esos hebreos?
Aquis les respondió:
–Este es David, vasallo de Saúl, rey de
Israel. Lleva conmigo un año o dos, y no
he encontrado nada que reprocharle desde
el día que vino hasta hoy.
4 Pero los jefes filisteos se enojaron con
Aquis y le dijeron:
–Haz que regrese ese hombre al pueblo
que le asignaste. Que no venga con nosotros a la guerra, no sea que se vuelva contra nosotros en el combate. Podría intentar
reconciliarse con su señor ofreciéndole las
cabezas de nuestros hombres. 5 ¿No es éste
aquel David del cual se cantaba danzando:

Saúl mató a mil,
David a diez mil?

6 Entonces Aquis llamó a David, y le
dijo:
–¡Juro por el Señor, que eres un hombre
leal! Me gustaría que me acompañaras en
la expedición, porque no he encontrado en
ti nada malo desde el día en que viniste a
mí hasta hoy, pero tu presencia no agrada a
los otros jefes. 7 Regresa, pues, y vete en

• **29** 1-11: 1 Sm 29 1 es continuación de 1 Sm 28 2. El rechazo de David por parte de los jefes filisteos es a primera vista algo negativo. Sin embargo, en la visión del redactor se convierte en un elemento a favor de David, pues evita que el futuro rey de Israel luche contra sus hermanos al lado de las tropas filisteas. En 1 Sm 29 10 el texto griego añade: *...al sitio que les he asignado. No me guardes rencor, porque me eres grato.*

paz; así no harás nada que pueda desagra-
darles.
8 David dijo a Aquis:
–Pero ¿qué he hecho yo? ¿Qué falta has
encontrado en tu siervo desde el día en que
vine hasta hoy? ¿Por qué no puedo yo ir a
luchar contra los enemigos de mi señor el rey?
9 Aquis le respondió:
–Yo sé bien que tú has sido para mí como un ángel de Dios, pero los jefes filisteos han dicho que no subas con nosotros a
la guerra. 10 Así que, mañana por la mañana, tú y los que han venido contigo, se levantarán temprano y, al amanecer, se irán.
11 David y sus hombres se levantaron de
madrugada para partir por la mañana hacia
el país de los filisteos. Y los filisteos subieron a Jezrael.

David, lucha contra los amalecitas

1 Sm 25 42-44; 23 2; 2 Sm 2 1; 5 19;
Nm 31 27; Jos 15; 19

30 1 Cuando David y sus hombres llegaron al tercer día a Sicelag, los amalecitas habían atacado el Négueb y Sicelag.
Habían destruido la ciudad y la habían incendiado. 2 Se habían llevado prisioneros a
todos los que había allí, chicos y grandes, y
también a las mujeres, aunque sin matar a
nadie. Se los habían llevado y habían prose-
guido su camino. 3 Cuando David y sus
hombres llegaron a la ciudad, vieron que
había sido incendiada y que sus mujeres,
sus hijos e hijas habían sido hechos prisioneros. 4 Entonces David y su tropa se pusieron a llorar a gritos hasta quedarse sin fuerzas. 5 También las dos mujeres de David,
Ajinoán de Jezrael y Abigail, mujer de Nabal del Carmelo, fueron hechas prisioneras.
6 David estaba muy angustiado, porque
la gente hablaba de apedrearlo. Todos estaban muy apenados por sus hijos e hijas.
Pero David, consolado por el Señor su Dios,
7 dijo al sacerdote Abiatar, hijo de Ajimélec:
–Por favor, tráeme el efod.
Abiatar le llevó el efod, 8 y David consultó al Señor:
–¿Puedo perseguir a esa banda? ¿La alcanzaré?
El Señor le contestó:
–Persíguelos, porque los alcanzarás y
librarás a los prisioneros.
9 David partió con sus seiscientos hombres, y llegaron al torrente Besor. 10 De allí
continuó David con cuatrocientos hombres,
pues doscientos se quedaron porque estaban demasiado fatigados para pasar el torrente. 11 Encontraron a un egipcio en el
campo y se lo llevaron a David. Le dieron
de comer y de beber. 12 Le dieron también
un trozo de pastel de higos secos y dos racimos de pasas. El comió y se reanimó,
pues no había comido ni bebido durante
tres días y tres noches. 13 Después David le
preguntó:
–¿A quién perteneces? ¿De dónde eres?
El respondió:
–Soy un joven egipcio, esclavo de un
amalecita. Mi señor me abandonó hace tres
días, porque me puse enfermo. 14 Hemos
atacado la zona del Négueb que pertenece
a los quereteos, a Judá y a Caleb, y hemos
incendiado Sicelag.
15 David le dijo:
–¿Quieres guiarme hasta esa banda?
El respondió:
–Júrame por Dios que no me matarás ni
me entregarás a mi señor, y yo te guiaré
hasta donde se encuentra esa banda.
16 El los guió. Los encontraron dispersos por el campo, comiendo, bebiendo y
danzando por el botín tan grande que se
habían llevado del país de los filisteos y de
Judá. 17 David los combatió desde el alba
hasta la tarde y no escapó ni uno de ellos,
excepto cuatrocientos jóvenes que montaron en los camellos y huyeron. 18 David
recobró todo lo que se habían llevado los
amalecitas y rescató a sus dos mujeres.
19 No faltó nadie, ni chico ni grande, ni hijos
ni hijas, ni nada del botín y de cuanto se
habían llevado. David lo recuperó todo.
20 David tomó todo el ganado ovino y vacuno. Los que iban delante conduciendo el
ganado, gritaban:
–¡Este es el botín de David!

• **30** 1-31: La incursión de los amalecitas pone a David en un grave apuro, hasta el punto de que sus mismos hombres quieren apedrearlo. Su reacción es consultar al Señor, perseguir a los enemigos y repartir entre todos el botín: el futuro rey de Israel es religioso, valiente y generoso. La intención de este pasaje es, pues, realzar la figura de David, que está a punto de ser ungido rey sobre todo Israel.

21 Cuando David llegó con la tropa donde se encontraban los doscientos hombres que no pudieron seguirle por estar agotados y se habían quedado en el torrente Besor, ellos salieron a su encuentro. David se acercó con la tropa y los saludó. 22 Los más perversos y avaros de los que iban con David se pusieron a decir:

–Puesto que no han ido con nosotros, no les daremos nada del botín; que cada uno tome su mujer y sus hijos y que se vayan.

23 Pero David dijo:

–No hagan eso después de lo que el Señor nos ha concedido. Nos ha protegido y nos ha entregado esta banda que nos había atacado. 24 En este asunto nadie puede estar de acuerdo con ustedes. La parte debe ser la misma para el que ha bajado a la batalla y para los que se han quedado cuidando el equipaje; participarán igualmente.

25 Y desde aquel día en adelante quedó establecida esta norma para Israel hasta hoy.

26 Al regresar a Sicelag, David envió parte del botín a los ancianos de Judá, amigos suyos, diciendo:

–Aquí tienen un presente del botín capturado a los enemigos del Señor.

27 Hizo el envío a los de Betul, Ramá del Négueb, Yatir, 28 Aroer, Sifmot, Estemoa, 29 Racal, a las ciudades de Yerajmel, a las ciudades de los quenitas, 30 a los de Jormá, Borasán, Atac, 31 Hebrón y a todos los lugares por donde habían estado David y sus hombres.

Muerte de Saúl en Gelboé

1 Cr 10 1-12; 2 Sm 1 1-16; Jue 9 54

31 1 Los filisteos entablaron combate con Israel. Los israelitas huyeron de los filisteos, quienes los derrotaron en el monte Gelboé. 2 Los filisteos cercaron a Saúl y a sus hijos, y mataron a Jonatán, a Abinadab y a Malquisúa, hijos de Saúl. 3 El peso del combate cayó entonces sobre Saúl, que fue descubierto por los arqueros y herido gravemente. 4 Saúl ordenó a su escudero:

–Saca tu espada y mátame, no sea que vengan los incircuncisos y me deshonren.

Pero su escudero se negó, pues tenía mucho miedo. Entonces Saúl tomó su espada y se echó sobre ella. 5 Su escudero, al ver que Saúl había muerto, se echó él también sobre la suya y murió con él. 6 Así murieron juntos el mismo día Saúl, sus tres hijos y su escudero.

7 Los israelitas que estaban al otro lado del valle, en Transjordania, al ver que los otros habían huido, y que Saúl y sus tres hijos habían muerto, abandonaron también ellos las ciudades y huyeron. Los filisteos vinieron y se establecieron en ellas.

8 Al día siguiente, cuando los filisteos vinieron a despojar a los caídos, encontraron a Saúl y a sus tres hijos muertos en el monte Gelboé. 9 Les cortaron la cabeza, les quitaron sus armas e hicieron publicar la noticia por todo el país de los filisteos, en los templos de sus ídolos y entre todo el pueblo. 10 Pusieron las armas de Saúl en el templo de Astarté y colgaron su cadáver en las murallas de Betsán.

11 Cuando los de Yabés de Galaad se enteraron de lo que habían hecho los filisteos con Saúl, 12 todos los valientes se movilizaron, caminaron toda la noche y retiraron el cadáver de Saúl y de sus hijos de la muralla de Betsán, los llevaron a Yabés y allí los incineraron. 13 Después sepultaron sus huesos debajo del árbol sagrado de Yabés y ayunaron durante siete días.

• **31** 1-13: La muerte de Saúl cierra el primer libro de Samuel. Al final, como al principio (1 Sm 9 1ss), el narrador trata con respeto y consideración a Saúl; no enjuicia negativamente el hecho de que se suicidara, cosa poco frecuente (véase Jue 9 54; 2 Sm 17 23); es más, parece alabar la valentía de morir conscientemente antes que ser víctima de los caprichos de sus enemigos. Además, los de Yabés de Galaad, como reconocimiento a aquella hazaña que a ellos les trajo la salvación y a Saúl el reino (1 Sm 11), recogen su cadáver, lo incineran y lo entierran debajo de un árbol sagrado (literalmente tamarindo), a la vez que celebran por él los habituales ritos de duelo (véase Gn 50 10; 2 Sm 1 12; 3 35). ¿Podía ser de otra manera? Saúl había sido el primer rey de Israel.

En 2 Sm 1 1-16 puede leerse otra tradición sobre su muerte.

SEGUNDO LIBRO DE SAMUEL

Lamento de David por la muerte de Saúl y Jonatán

1 Sm 30 1-26; 31 1-13; 4 12-17; 26 9

1 1 Después de la muerte de Saúl, David,
que había vuelto de derrotar a los amalecitas, estuvo dos días en Sicelag. 2 Al tercer día, llegó un hombre del campamento
de Saúl, con la ropa destrozada y la cabeza
cubierta de polvo. Al llegar junto a David,
se postró rostro en tierra. 3 David le preguntó:
–¿De dónde vienes?
Él respondió:
–Vengo huyendo del campamento de
Israel.
4 David insistió:
–¿Qué ha pasado? Cuéntamelo.
Y él contestó:
–Los que luchaban huyeron; muchos
cayeron y murieron. Murieron también Saúl
y su hijo Jonatán.
5 David le preguntó:
–¿Cómo sabes que murieron Saúl y su
hijo Jonatán?
6 El joven respondió:
–Yo me encontraba por casualidad en el
monte Gelboé; de pronto ví a Saúl apoyado sobre su lanza y perseguido por carros
de guerra y jinetes. 7 Él se volvió, me vio y
me llamó. Yo respondí: «Aquí me tienes».
8 Me preguntó: «¿Quién eres?» Respondí:
«Soy un amalecita». 9 Me dijo: «Acércate a
mí, por favor, y mátame; porque se ha apoderado de mí la angustia y aún sigo vivo».
10 Así que me acerqué a él y lo maté, porque sabía que no podría sobrevivir a su derrota. Tomé la corona que llevaba sobre su
cabeza y el brazalete que tenía en su brazo,
y los he traído aquí, a mi señor.
11 Entonces David se rasgó las vestiduras, y todos los que estaban con él hicieron
lo mismo. 12 Hicieron duelo, llorando y ayunando hasta la tarde por Saúl y por su hijo
Jonatán, por el pueblo del Señor y por la
casa de Israel, que habían caído a espada.
13 Luego David preguntó al joven que
le había traído la noticia:
–¿De dónde eres?
Respondió:
–Soy hijo de un extranjero amalecita.
14 Dijo David:
–¿Cómo te has atrevido a levantar la mano para matar al ungido del Señor?
15 Y llamando a uno de los muchachos,
le ordenó:
–Acércate y mátalo.
El muchacho lo hirió y murió.
16 David añadió:
–Eres responsable de tu propia muerte;
tú mismo has dado testimonio contra ti, al
afirmar: «Yo he matado al ungido del Señor».
17 David entonó esta lamentación por
Saúl y por su hijo Jonatán, 18 y mandó que
se la enseñaran a los hijos de Judá. Se encuentra en el Libro del Justo:

19 ¡Ay, Israel!
¡Tu gloria ha sido herida
sobre tus montañas!
¡Cómo han caído los héroes!
20 No lo anuncien en Gat,
no lo publiquen
por las calles de Ascalón,
que no se alegren
las muchachas de los filisteos
ni lo celebren
las hijas de los incircuncisos.
21 Montañas de Gelboé,
no caiga sobre ustedes
ni lluvia ni rocío,
campos traidores,

• **1 1-27**: Este capítulo puede ser considerado como continuación de 1 Sm 30. La primera parte es narrativa y contiene una tradición sobre la muerte de Saúl distinta de la de 1 Sm 31: mientras que en esta última es el mismo Saúl quien se arroja sobre su espada, en 2 Sm 1 es un joven amalecita quien lo remata y le arrebata la corona para entregársela a David. David, sin embargo, da muestras de un profundo respeto hacia el ungido del Señor. Para él es más importante la vida de sus amigos Saúl y Jonatán que ser proclamado rey. Por eso manda ajusticiar al asesino de Saúl (2 Sm 1 15) y entona una lamentación por los muertos. Este canto fúnebre es una antigua pieza poética que se conservaba en una colección de cantos sobre hazañas de héroes llamada Libro del Justo (véase Jos 10 13). El poema, a pesar de su antigüedad, conserva una gran fuerza evocadora.

porque allí fue abatido
el escudo de los héroes.
El escudo de Saúl,
no untado con aceite,
22 sino con sangre de caídos,
con grasa de valientes.
El arco de Jonatán
jamás retrocedía,
la espada de Saúl
nunca fue sacada en vano.
23 ¡Saúl y Jonatán, tan amados y queridos!
No se separaron
ni en la vida ni en la muerte,
eran más veloces que águilas,
más fuertes que leones.
24 Hijas de Israel, lloren por Saúl,
que tan lujosamente
las vestía de lino
y recubría con adornos de oro
sus vestidos.
25 ¡Cómo han caído los héroes
en medio del combate!
¡Jonatán, herido en tus montañas!
26 ¡Qué angustia me ahoga,
hermano mío, Jonatán!
¡Cómo te quería!
Tu amor era para mí más dulce
que el amor de las mujeres.
27 ¡Cómo han caído los héroes,
cómo han perecido los guerreros!

IV. DAVID REY Δ

1. Historia del ascenso de David al trono ◊

David, ungido rey en Hebrón

1 Sm 25 40-44; 16 1-13; 2 Sm 5 3; 1 Sm 31 11-13

2 1 Después de esto, David consultó al Señor:
–¿Puedo ir a alguna ciudad de Judá?
El Señor le respondió:
–Sí, puedes ir.
David preguntó:
–¿A cuál?
El Señor respondió:
–A Hebrón.

2 David fue a Hebrón con sus dos mujeres, Ajinoán de Jezrael y Abigail, la mujer
de Nabal, el del Carmelo. 3 Llevó también
a sus hombres con sus familias, y se establecieron en los pueblos cercanos a Hebrón.
4 Los hombres de Judá vinieron y ungieron a David como rey de Judá. Le informaron que los de Yabés de Galaad habían dado sepultura a Saúl, 5 y él envió
mensajeros a los de Yabés de Galaad para
decirles:
–Que el Señor los bendiga por haber
hecho esta obra de misericordia con Saúl,
su señor, dándole sepultura. 6 Que el Señor
los trate con amor y fidelidad. Yo les paga-

Δ 2 1-8 18: La lealtad, valentía y generosidad de David lo recomiendan como rey ideal. Así lo cree el redactor deuteronomista, quien ve en la promesa hecha a la dinastía davídica (2 Sm 7) un motivo de esperanza para el pueblo desterrado y disperso, al cual dirige su gran obra histórica.

◊ 2 1-5 5: La historia del ascenso de David al trono, que se inicia en 1 Sm 16 (véase nota a 1 Sm 16-2 Sm 5), culmina con la unción de David en Hebrón como rey de Judá (2 Sm 2 1-7) y, más tarde, también en Hebrón, como rey de Israel (2 Sm 5 1-5). Estos son los dos pasajes más importantes de esta sección; todo lo demás no tiene otra finalidad que poner de manifiesto cómo la familia de Saúl se debilita (2 Sm 3 6-39; 4 1-12), mientras que David, protegido por Dios, se afianza cada vez con más fuerza.

• 2 1-7: Después de la muerte de Saúl, David regresa a Judá y se establece en Hebrón. El temor a Saúl le había llevado al exilio voluntario (1 Sm 27). Ahora nada impide que regrese a su patria y que sea ungido como rey.

Varias razones propician la unción de David como rey de Judá: 1) David es natural de Belén y pertenece, por tanto, a la tribu de Judá (1 Sm 16 1); 2) durante sus años de guerrilla, había ayudado a los del sur, librando a los de Queilá del saqueo filisteo (1 Sm 23 1-13) y combatiendo a los amalecitas, antiguos enemigos de las tribus del sur (1 Sm 30); 3) David, astutamente, se había ganado el favor de los ancianos de Israel enviándoles, como signo de amistad, el botín apresado a los amalecitas (1 Sm 30 26).

Al leer este texto no podemos menos de recordar que, según 1 Sm 16 1-13, David había sido ungido ya como rey por Samuel en Belén. Parece que el relato del primer libro de Samuel responde a la preocupación del redactor deuteronomista de presentar a David como elegido de Dios desde el principio, y por tanto no hay que insistir en su estricta historicidad. En cambio, esta intencionalidad no aparece en el acto solemne de Hebrón que goza, en consecuencia, de una mayor credibilidad histórica.

El mensaje de David a los de Yabés de Galaad tiene una doble finalidad: agradecer la buena acción que sus habitantes han tenido con el cadáver de Saúl (1 Sm 31 11) y recordarles que ahora, indiscutiblemente, el rey es él.

ré el bien que han hecho al portarse así.
7 Y ahora, sean valientes y anímense; Saúl,
su señor, ha muerto, pero el pueblo de Judá
me ha ungido a mí como rey de Judá.

Isbaal, rey de Israel

2 Sm 5 5

8 Abner, hijo de Ner, jefe del ejército de
Saúl, tomó a Isbaal, hijo de Saúl, lo llevó a
Majanain, 9 y lo hizo rey de Galaad, de los
aseritas, de Jezrael, Efraín y Benjamín, y
de todo Israel. 10 Isbaal, hijo de Saúl, tenía
cuarenta años cuando comenzó a reinar en
Israel y reinó dos años. Sólo Judá siguió a
David. 11 David reinó en Hebrón sobre Judá siete años y medio.

Batalla de Gabaón

1 Sm 17 8-9; 2 Sm 3 27; 1 Cr 3 1-9

12 Abner, hijo de Ner, y los hombres de
Isbaal salieron de Majanain en dirección a
Gabaón. 13 También salieron Joab, hijo de
Seruyá, y los hombres de David. Se encontraron cerca del estanque de Gabaón, y se
colocaron unos a un lado del estanque y
los otros al otro. 14 Abner propuso a Joab:
–Que salgan unos cuantos muchachos y
luchen en nuestra presencia.
Joab respondió:
–Que salgan.
15 Salieron y avanzaron en número igual:
doce de Benjamín por Isbaal, hijo de Saúl,
y doce de los hombres de David. 16 Cada
uno agarró fuertemente a su adversario por
la cabeza y le hundió la espada en el costado, de suerte que todos cayeron juntos. Por
eso se llamó a aquel lugar Campo de los
Costados. Está cerca de Gabaón.
17 Aquel día se entabló una batalla muy
dura, y Abner y los de Israel fueron vencidos por los de David. 18 Estaban allí los
tres hijos de Seruyá: Joab, Abisay y Asael.
Asael, que era veloz como una gacela del
campo, 19 se lanzó en persecución de Abner
sin desviarse ni a un lado ni a otro. 20 Abner
miró hacia atrás y preguntó:
–¿Eres Asael?
El respondió:
–Sí.
21 Abner le dijo:
–Desvíate a uno u otro lado, lánzate sobre alguno de los muchachos y toma sus
pertenencias.
Pero Asael no quiso desviarse. 22 Abner
volvió a decir a Asael:
–Deja de perseguirme; no me obligues a
derribarte. ¿Cómo podría presentarme después ante tu hermano Joab?
23 Pero él no quiso apartarse, y Abner le
clavó en el vientre la parte de atrás de la
lanza, que le salió por la espalda. Cayó allí
mismo y murió al instante. Todos los que
llegaban al lugar donde Asael había muerto se detenían.
24 Joab y Abisay se pusieron a perseguir a Abner y al atardecer llegaron a Amá,
que está al este de Guiaj, en el camino del
desierto de Gabaón. 25 Los benjaminitas se
agruparon detrás de Abner y, formando un
solo cuerpo, se detuvieron en la cumbre de
una colina. 26 Abner gritó a Joab:
–¿Va a estar la espada devorando sin
cesar? ¿No sabes que el fin puede ser amargo? ¿Qué esperas para ordenar a la tropa
que deje de perseguir a sus hermanos?
27 Joab respondió:
–¡Te juro por Dios que si tú no hubieras
hablado, la tropa no habría dejado de perseguir a sus hermanos hasta mañana por la
mañana!
28 Joab mandó tocar la trompeta y toda
la tropa se detuvo. Dejaron de perseguir a
Israel y cesó el combate. 29 Abner y sus
hombres caminaron durante toda aquella
noche por el Arabá, pasaron el Jordán y,

• **2 8-11**: Isbaal, hijo de Saúl, hereda de su padre, con la ayuda de Abner, un minúsculo reino, que regirá por un breve período de tiempo. La historia de Isbaal continúa hasta 2 Sm 4 12.

Isbaal no aparece en la lista de los hijos de Saúl (1 Sm 14 49), aunque algunos piensan que podría ser Yisví ("hombre de Yahvé"). Sobrevivió a la derrota en que cayeron su padre y sus hermanos (1 Sm 31 2.8.12), tal vez porque no tomó parte en la batalla.

• **2 12-3 1**: La batalla de Gabaón manifiesta claramente las diferencias que, después de la muerte de Saúl, surgen entre David y los descendientes de aquél. Para resolver este enfrentamiento, Abner propone un torneo a la usanza del antiguo oriente. Se trata de un combate semejante al de David y Goliat (1 Sm 17 8-9). La muerte de todos los combatientes y la de Asael (hermano de Joab y Abisay) a manos de Abner provoca un sangriento enfrentamiento entre los dos grupos israelitas. El resultado es que David se fortalece cada día más mientras la familia de Saúl se debilita. Esta situación nos hace recordar la historia del joven Samuel, cuyo éxito contrasta con el progresivo declive de los hijos de Elí (1 Sm 2 12-26).

después de caminar toda la mañana, llegaron a Majanain. 30 Joab dejó de perseguir a
Abner y reunió a toda la tropa. Faltaban de
entre los seguidores de David diecinueve
hombres, además de Asael. 31 Los de David habían matado a trescientos sesenta
benjaminitas de entre los hombres de Abner. 32 Llevaron a Asael y lo enterraron en
Belén, en el sepulcro de su padre. Después
Joab y sus hombres caminaron toda la noche y al amanecer llegaron a Hebrón.

3 1 La guerra entre la familia de Saúl y la
de David fue larga; pero mientras David se fortalecía cada vez más, la familia
de Saúl se iba debilitando.

Hijos de David nacidos en Hebrón

1 Cr 3 1-4; 2 Sm 5 13-16

2 A David le nacieron varios hijos en
Hebrón. Su primogénito fue Amnón, naci-
do de Ajinoán de Jezrael; 3 el segundo,
Quilab, de Abigail, mujer de Nabal, el del
Carmelo; el tercero Absalón, hijo de Maacá,
hija de Tolmay, rey de Guesur; 4 el cuarto
Adonías, hijo de Jagit; el quinto Safatías,
hijo de Abital; 5 el sexto Yitrán, nacido de
Egla, mujer de David. Estos fueron los hi-
jos que le nacieron a David en Hebrón.

Asesinato de Abner

2 Sm 3 18; 5 2; 1 Sm 18 20-27; 2 Sm 2 22-23

6 Durante la guerra entre la familia de
Saúl y la de David, Abner se hacía cada
vez más fuerte en la familia de Saúl. 7 Saúl
había tenido una concubina llamada Rispá,
hija de Ayá, y Abner la tomó para sí. Entonces Isbaal dijo a Abner:

–¿Por qué te has acostado con la concubina de mi padre?

8 Abner se enojó mucho por estas palabras de Isbaal, y le dijo:

–¿Acaso soy yo un perro? He socorrido
a la familia de tu padre Saúl, a sus hermanos y amigos, y no te he dejado caer en
manos de David, ¿y ahora me recriminas
tú por causa de una mujer? 9 Que Dios me
castigue, si no hago que se cumpla lo que
el Señor prometió con juramento a David,
10 cuando le dijo que arrebataría el trono a
la familia de Saúl y establecería el trono de
David sobre Israel y sobre Judá desde Dan
hasta Berseba.

11 Isbaal, lleno de miedo, no pudo responder nada a Abner.

12 Entonces Abner envió mensajeros a
David para decirle:

–¿Para quién ha de ser el país? Haz un
pacto conmigo y yo te apoyaré, para que
todo Israel te vuelva a obedecer.

13 David le respondió:

–De acuerdo, haré un pacto contigo; pero te exijo una cosa: No te recibiré, si no
me traes a Micol, la hija de Saúl, cuando
vengas a verme.

14 Entonces David envió mensajeros a
Isbaal, hijo de Saúl, para decirle:

–Devuélveme a mi mujer, Micol, por
quien pagué cien prepucios de filisteos.

• **3 2-5**: Los hijos son un don de Dios. El nacimiento en Hebrón de sus seis hijos es un signo de que David se fortalece cada día más (2 Sm 3 1), porque goza de la estima y de la bendición de Dios. Tres de ellos tendrán, más adelante, un papel importante en la historia de la sucesión al trono: Amnón (2 Sm 13), Absalón (2 Sm 15-18) y Adonías (1 Re 1).

• **3 6-39**: Abner es el verdadero artífice de la transición. Un reproche de Isbaal (2 Sm 3 7-8) y una clara intuición política (2 Sm 3 9-10) lo inducen a establecer un pacto con David (2 Sm 3 12). Sin embargo, una cuenta pendiente entre Abner y Joab, jefe del ejército de David (2 Sm 2 23), hará que esta historia conozca nuevos, complicados y trágicos desarrollos (2 Sm 3 22-27).

Abner no sólo ha consolidado su autoridad y posición en la familia de Saúl, sino que por medio de una acción de inequívoco significado da a entender que sus aspiraciones son otras. Al tomar para sí una concubina de Saúl desea seguir una tradición, según la cual las mujeres del rey se convierten, después de su muerte, en propiedad de su sucesor (véase 2 Sm 12 8; 16 20-22). Sin embargo, Abner comprende que Dios está con David (1 Sm 25 30) y le ofrece su ayuda, conduciendo a la familia de Saúl a su fin (véase 1 Sm 15 28).

David, por su parte, desea algo más que pactos. Exige que se le entregue a Micol, hija de Saúl, adquirida en otro tiempo a cambio de cien prepucios de filisteos (1 Sm 18 20-27). Al exigir el cumplimiento de esta cláusula, David pretende unir su sangre con la de Saúl.

La mirada clarividente de Abner ha salvado la unidad de un país dividido, pero el deseo de venganza de Joab está a punto de echar a perder todo. David corre el riesgo de verse implicado en un atentado. Para alejar cualquier sospecha hacia él, organiza un gran acto fúnebre con su correspondiente elegía o lamentación, al estilo de aquella que fue entonada tras la derrota de Saúl en las montañas de Gelboé (2 Sm 1 19-27).

15 Isbaal dio órdenes para que fueran a
quitársela a su marido Paltiel, hijo de Lais.
16 Su marido salió con ella y la seguía llorando hasta Bajurín. Abner le dijo:
–Anda regresa.
Y él regresó.
17 Entonces Abner dijo a los ancianos
de Israel:
–Hace tiempo que desean tener a David
como rey. 18 Pues bien, ha llegado la ocasión, pues el Señor ha dicho a David: «Por
medio de mi siervo David yo libraré a mi
pueblo Israel de los filisteos y de todos sus
enemigos».
19 Abner habló también a los de Benjamín; después fue a Hebrón para exponer a
David todo lo que Israel y los de Benjamín
habían aprobado. 20 Abner, acompañado
por veinte hombres, llegó a Hebrón donde
se encontraba David, y David les ofreció
un banquete. 21 Abner dijo a David:
–Ahora voy a reunir a todo Israel junto
al rey, mi señor; ellos harán un pacto contigo y tú serás rey como deseas.
David despidió a Abner, y él se fue en
paz.
22 Los hombres de David, al mando de
Joab, llegaron entonces de una correría trayendo un gran botín. Abner ya no estaba
con David en Hebrón, pues éste lo había
despedido y se había ido en paz. 23 Cuando
llegó Joab con toda su tropa, le dijeron que
Abner, hijo de Ner, había estado con el rey,
y que éste lo había despedido y lo había
dejado irse en paz. 24 Entonces Joab se
presentó al rey y le dijo:
–¿Qué has hecho? ¿Por qué despediste
a Abner y lo dejaste ir en paz cuando vino
a verte? 25 ¿Es que no conoces a Abner, hijo
de Ner? Seguro que ha venido para enga-
ñarte, para espiar tus movimientos y saber
lo que haces.
26 Joab salió de la presencia de David, y
envió en busca de Abner unos mensajeros,
que lo hicieron regresar desde el pozo de
Sirá, sin que David lo supiera. 27 Cuando
Abner regresó a Hebrón, Joab lo llevó aparte, junto a la puerta, como para hablar pacíficamente con él, y allí mismo lo hirió mortalmente en el vientre, para vengar la muerte de su hermano Asael. 28 Al saber David
lo que había pasado, dijo:
–Mi reino y yo somos inocentes para
siempre ante el Señor de la muerte de Abner, hijo de Ner. 29 Joab y toda su familia
son los responsables; que no falte nunca en
la familia de Joab quien padezca gonorrea
o lepra, quien sea afeminado, quien muera
a espada o de hambre.
30 Joab y su hermano Abisay habían
matado a Abner, porque éste había matado
a su hermano Asael en la batalla de Gabaón. 31 David dijo a Joab y a toda su tropa:
–Rasguen sus vestiduras, vístanse de
luto y hagan duelo por Abner.
El rey David iba detrás del féretro
32 cuando sepultaron a Abner en Hebrón y
se puso a llorar desesperadamente sobre el
sepulcro de Abner; todo el pueblo lloró también. 33 Entonces el rey entonó este lamento por Abner:

¿Debía morir Abner
como muere un necio?
34 Tus manos no estaban atadas,
ni tus pies encadenados.
¡Has caído como se cae
a manos de criminales!

Y todo el pueblo continuó llorando por
él. 35 Después vinieron a rogar a David que
comiera, pues todavía era de día, pero David hizo este juramento:
–Que Dios me castigue si como pan o
cualquier otra cosa antes de ponerse el sol.
36 Todo el pueblo aprobó este gesto,
pues todo lo que hacía el rey le parecía bien
al pueblo. 37 Y aquel día se convenció toda
la gente y todo Israel que no fue el rey quien
dio la orden de matar a Abner, hijo de Ner.
38 El rey dijo a sus servidores:
–Hoy ha caído en Israel un príncipe y
un gran hombre. 39 Yo soy débil todavía,
aunque haya sido ungido como rey, y estos
hombres, los hijos de Seruyá, son más fuertes que yo. Que el Señor dé su merecido al
que hizo el mal.

Asesinato de Isbaal

2 Sm 9 1-13; 1 14-16

4 1 Cuando Isbaal, hijo de Saúl, supo que
Abner había muerto en Hebrón, se desalentó totalmente, y todo Israel quedó
consternado. 2 Isbaal tenía dos hombres,
jefes de banda, que se llamaban Baná y
Recab. Eran hijos de Rimón de Berot, de

la tribu de Benjamín, pues también Berot
pertenecía a Benjamín. 3 Los de Berot habían huido a Guitain y allí están como refugiados hasta hoy.
4 Jonatán, hijo de Saúl, tenía un hijo
lisiado de ambos pies. Cuando tenía cinco
años llegó a Jezrael la noticia sobre Saúl y
Jonatán. La mujer que lo cuidaba lo tomó
para huir con él, pero con el apuro de la
fuga el niño se cayó y quedó cojo. Se llamaba Meribaal.
5 Los hijos de Rimón de Berot, Recab y
Baná, salieron y llegaron a la hora de más
calor del día a casa de Isbaal, que estaba
durmiendo la siesta. 6 La portera de la casa se había quedado dormida mientras lim-
piaba el trigo. Recab y su hermano Baná
pasaron sin ser vistos, 7 entraron en la casa
y, mientras Isbaal dormía en la cama de su
habitación, lo hirieron mortalmente; luego
le cortaron la cabeza y, llevándosela con
ellos, caminaron toda la noche por el camino del Arabá. 8 Llevaron la cabeza de Isbaal a David, a Hebrón, y dijeron al rey:
–Aquí tienes la cabeza de Isbaal, hijo de
Saúl, tu enemigo, que intentaba matarte. El
Señor ha vengado hoy al rey, mi señor, de
Saúl y de su descendencia.
9 Pero David respondió a Recab y a su
hermano Baná, hijos de Rimón de Berot:
–Por el Señor, que ha salvado mi vida
de todo peligro, les aseguro 10 que si a aquel
que me anunció la muerte de Saúl creyendo que me daba una buena noticia, yo lo
maté en Sicelag recompensándole así la
buena noticia, 11 con más motivo haré lo
mismo ahora que unos bandidos han asesinado a un hombre inocente en su casa,
sobre su cama. Les pediré cuentas de su
muerte y los extirparé de la tierra.
12 Y David ordenó a sus servidores que
los mataran. Luego les cortaron las manos
y los pies, y los colgaron cerca del estanque de Hebrón. Tomaron también la cabeza de Isbaal y la enterraron en el sepulcro
de Abner, en Hebrón.

David ungido rey de Israel en Hebrón

1 Cr 11 1-3; 3 4

5 1 Todas las tribus de Israel se presentaron entonces a David, en Hebrón, y le
dijeron:
–Somos de tu misma carne y sangre. 2 Ya
antes, cuando Saúl reinaba sobre nosotros,
eras tú quien guiabas a Israel. El Señor te
ha dicho: «Tú apacentarás a mi pueblo; tú
serás el jefe de Israel».
3 Vinieron, pues, todos los ancianos de
Israel a Hebrón, donde estaba el rey. David
hizo con ellos un pacto en Hebrón ante el
Señor, y ellos ungieron a David como rey
de Israel.
4 David tenía treinta años cuando comenzó a reinar, y reinó cuarenta años. 5 En
Hebrón reinó sobre Judá siete años y medio; y en Jerusalén, treinta y tres años sobre todo Israel y Judá.

2. Exito de David ◊

Conquista de Jerusalén

1 Cr 11 4-9; 14 1-2; Lv 21 18

6 El rey y sus hombres se dirigieron a
Jerusalén para atacar a los jebuseos que
habitaban aquella tierra, y éstos le dijeron:
–No entrarás aquí; los ciegos y los cojos bastarán para rechazarte.

• **4 1-12**: Tras la muerte de Abner, el ideólogo, sobreviene la de Isbaal. Muerto Isbaal, ya nadie puede aspirar a ocupar el trono, a excepción de un joven lisiado, hijo de Jonatán, llamado Meribaal, cuya existencia David desconoce (2 Sm 9 1ss).

La escena de 2 Sm 4 8-12 trae a la memoria el momento en que David conoció la triste suerte corrida por Saúl (2 Sm 1 1-16). David sigue, desde hace tiempo, la política de no manchar sus manos con sangre de la familia de Saúl. Recuérdese que no toma parte en la batalla de Gelboé en la que muere Saúl (1 Sm 29 4.6-7) y de qué modo proclama su inocencia ante el asesinato de Abner (2 Sm 3 28).

• **5 1-5**: La unción de David como rey de Israel es el final de una larga historia iniciada en 1 Sm 16. David ha logrado finalmente que, bajo su mando, se unan las tribus del norte y del sur. Aparte de la gestión llevada a cabo por Abner ante los ancianos de Israel (2 Sm 3 17-19), varias razones aconsejan la unción de David como rey de Israel: la muerte de dos reyes en breve tiempo, el vacío creado en el norte por el asesinato de Abner y la amenaza constante de los filisteos, a la que sólo la experiencia de David puede hacer frente.

David, al igual que Saúl, es "caudillo", "jefe" (2 Sm 5 3; véase 1 Sm 9 16; 13 14) y rey (2 Sm 5 3; véase 1 Sm 11 14s). Pero su misión, más que en regir y gobernar, consiste en *apacentar.* Según el salmo 78, *Dios escogió a David, su siervo, tomó de los corrales del rebaño, lo llamó cuando cuidaba las ovejas, para hacerlo pastor de su pueblo* (Sal 78 70-71). Recuérdese que también el Mesías aparece a veces revestido de rasgos propios de un pastor (véase Is 11 6).

(Era una manera de decir que David no
entraría.)
7 Pero David conquistó la fortaleza de
Sión, es decir, la ciudad de David. 8 Y aquel
día dijo David:
–El que quiera matar a los jebuseos, que
llegue hasta el canal. En cuanto a los cojos
y los ciegos, son enemigos de David.
Por eso se dice: «Los ciegos y los cojos
no entrarán en la casa del Señor».
9 David se instaló en la fortaleza y la
llamó ciudad de David. Después construyó
un muro alrededor, desde el terraplén hacia el interior. 10 David se hacía cada vez
más fuerte, y el Señor, Dios todopoderoso,
estaba con él.
11 Jirán, rey de Tiro, envió mensajeros a
David y puso a su disposición madera de
cedro, carpinteros y canteros, con el fin de
que construyeran un palacio para David.
12 Así reconoció David que el Señor le había confirmado como rey de Israel y que
engrandecía su reino a causa de su pueblo
Israel.

Hijos de David nacidos en Jerusalén

1 Cr 3 5-8; 14 3-7; 2 Sm 3 2-5

13 David tomó más concubinas y esposas en Jerusalén, después de haber venido
de Hebrón, y tuvo más hijos e hijas. 14 Los
nombres de los hijos que le nacieron en
Jerusalén son: Samúa, Sobab, Natán, Salomón, 15 Yibjar, Elisúa, Nefeg, Yafía, 16 Elisamá, Baalyadá y Elifélet.

Batallas contra los filisteos

1 Cr 14 8-16

17 Cuando los filisteos supieron que David había sido ungido rey de Israel, subieron todos para atacarlo. David se enteró y
bajó a la fortaleza. 18 Los filisteos llegaron
y se prepararon para el combate en el valle
de Refaín. 19 David consultó al Señor:
–¿He de ir a luchar contra los filisteos?
¿Me los entregarás?
El Señor le respondió:
–Atácalos, porque yo te los entregaré.
20 Fue, pues, David a Baal Perasín y allí
los derrotó. Y dijo:
–El Señor ha abierto una brecha entre
mis enemigos como la brecha que abren
las aguas.
Por eso se llama a este lugar Baal Perasín –es decir, Señor de las Brechas–. 21 Los
filisteos abandonaron allí a sus dioses, y
David y sus hombres se los llevaron.
22 Volvieron a subir los filisteos y se prepararon para el combate en el valle de Refaín. 23 David consultó al Señor, que le respondió:
–No subas de frente, da un rodeo por
detrás y cae sobre ellos por el lado de las
moreras. 24 Cuando oigas ruido de pasos en
la copa de las moreras, atacas rápidamente,
porque entonces el Señor irá delante para
derrotar al ejército filisteo.
25 David hizo lo que el Señor le había
mandado y derrotó a los filisteos desde Gabaón hasta la entrada de Guézer.

◊ **5 6-8 18**: Esta sección está indisolublemente ligada a la anterior y pone de relieve que a David se le ha concedido un éxito superior al que él mismo jamás hubiera podido soñar: logra conquistar una ciudad que le sirve de capital, Jerusalén (2 Sm 5 6-12). En ella, después de haberse librado de sus enemigos, tanto de los más próximos (2 Sm 5 17-25) como de los más lejanos (2 Sm 8 1-14), establece una corte al estilo de las de otros reyes (2 Sm 8 15-18); pero lo más importante es que ha sabido convertirla también en la capital religiosa de su reino (2 Sm 6). En ella, Dios le bendecirá con una descendencia numerosa (2 Sm 5 13-16) y con la promesa de que su descendencia se mantendrá *mientras dure la humanidad* (2 Sm 7 19).

• **5 6-12**: Con la conquista de Jerusalén comienza para David una época de gran esplendor. David conquista la ciudad con la ayuda de su guardia personal. De este modo, sin contar con la contribución de los ejércitos de Judá e Israel, la ciudad es propiedad personal suya y puede ser llamada con todo derecho "ciudad de David". Su posición justo en la frontera entre las tribus del norte y del sur, justifica la elección de David y convierte a la ciudad jebusea en un elemento decisivo dentro de sus planes unificadores.

La enigmática orden: *que llegue hasta el canal* (2 Sm 5 8), puede aludir al hecho de que la conquista de la ciudad debió de llevarse a cabo a través del túnel que permitía el acceso desde la ciudad hasta la fuente que la abastecía de agua, y que tenía una entrada, probablemente tapiada, en algún punto fuera de los muros de la ciudad.

• **5 13-16**: La familia numerosa era una de las manifestaciones de la bendición de Dios. En ese sentido debe interpretarse 2 Sm 5 13-16, que constata cómo la familia de David aumentaba y crecía una vez que se estableció en Jerusalén.

• **5 17-25**: Nuevo encuentro armado entre David y los filisteos. Parece que este relato se encuentra en un lugar que no le corresponde, ya que estos combates debieron de tener lugar antes de la conquista de Jerusalén. El tema de la guerra, interrumpido por 2 Sm 6-7, se reanuda nuevamente a partir de 2 Sm 8 1.

El arca en Jerusalén

1 Cr 13; 15; 16 1-3; 1 Sm 4 3-4; 6 7

6 1 David reunió de nuevo a todo lo más selecto de Israel, treinta mil hombres; 2 y, acompañado de todo el pueblo, salió y fue a Baalá de Judá para traer de allí el arca de Dios, que lleva el nombre del Señor todopoderoso, el que se asienta sobre los querubines. 3 Pusieron el arca de Dios sobre un carro nuevo y la sacaron de la casa de Abinadab, que está en la colina. Uzá y Ajió, hijos de Abinadab, conducían el carro. 4 Uzá estaba al lado del arca de Dios, y Ajió iba delante de ella. 5 David y todo Israel iban danzando delante del arca con gran entusiasmo, cantando al son de cítaras, arpas, tambores, mandolinas y platillos. 6 Al llegar al campo de Nacón, Uzá sujetó el arca de Dios con la mano, porque los bueyes la hicieron tambalearse. 7 Entonces el Señor se enfureció contra Uzá. Y allí mismo lo hirió, muriendo por su atrevimiento ante el arca de Dios. 8 David se afligió mucho, porque el Señor había castigado a Uzá, y puso a aquel lugar el nombre de Peres Uzá –es decir, Brecha de Uzá–, y así se llama hasta hoy.

9 David tuvo miedo del Señor aquel día, y pensó:

–¿Cómo va a entrar en mi casa el arca del Señor?

10 Y no quiso llevar el arca del Señor a su casa, a la ciudad de David, sino que la llevó a la casa de Obededón, el de Gat. 11 El arca del Señor estuvo tres meses en casa de Obededón de Gat, y el Señor bendijo a Obededón y a toda su familia. 12 Informaron al rey David: «El Señor ha bendecido a Obededón y todas sus posesiones a causa del arca de Dios». Entonces David fue a buscar el arca de Dios a casa de Obededón e hizo que la trajeran a la ciudad de David en medio de gran alegría. 13 Cuando los que llevaban el arca dieron seis pasos, se sacrificó un toro y un ternero cebado. 14 David danzaba ante el Señor frenéticamente; llevaba puesto un efod de lino. 15 Así David y todo Israel trajeron el arca del Señor entre gritos de júbilo y al son de trompetas.

16 Cuando el arca del Señor llegaba a la ciudad de David, Micol, la hija de Saúl, estaba mirando por la ventana y, al ver al rey David que saltaba y danzaba ante el Señor, sintió desprecio por él. 17 Llevaron, pues, el arca del Señor y la colocaron en su lugar, en medio de la tienda que David había hecho levantar para ella; y David ofreció al Señor holocaustos y sacrificios de comunión. 18 Al acabar de ofrecerlos, David bendijo al pueblo en el nombre del Señor todopoderoso; 19 luego distribuyó a todo el pueblo, a los hombres y mujeres de aquella multitud israelita, un pedazo de pan a cada uno, un pedazo de carne y un pastel de pasas. Después cada uno se fue a su casa.

20 Cuando David regresaba para bendecir a su familia, Micol, la hija de Saúl, salió a su encuentro y le dijo:

–¡Qué bien ha quedado hoy el rey de Israel, desnudándose a la vista de las criadas de sus servidores, como se desnuda un hombre vulgar!

21 David respondió a Micol:

–Yo he danzado ante el Señor. Vive el Señor, que me eligió y me prefirió a tu padre y a toda su familia para hacerme jefe de su pueblo Israel, que yo danzaré ante el Señor, 22 y me humillaré todavía más; tú me despreciarás, pero las criadas de que hablas, apreciarán mi acción.

23 Y Micol, hija de Saúl, no tuvo hijos en toda su vida.

• **6 1-23**: Este capítulo podría ser continuación de 1 Sm 4 1-7 1. Jerusalén se convierte por la presencia del arca en ciudad santa. Llega incluso a desplazar, como centro religioso, y a pesar de su tardía incorporación a la historia del pueblo, a los más famosos santuarios, célebres por su antigüedad, como el de Betel, Siló o Siquén.

La presencia de Dios en el arca produce a su paso sentimientos tan diferentes como alegría y júbilo (2 Sm 6 5.15), temor (2 Sm 6 9) y bienestar (2 Sm 6 11). Una antigua creencia religiosa estimaba que el hombre puede ser herido mortalmente por la divinidad si se acerca a ésta (Ex 19 21-24), la oye (Ex 20 19), la ve (Ex 33 20) o entra en contacto físico con ella, como en este caso. (Véase con cuánta precaución deben acercarse los ministros del culto al arca, según Lv 16 2 y Nm 4 15-20).

Una acción precipitada de Saúl indujo a Samuel a profetizar: *Tu reino no se mantendrá* (1 Sm 13 14). La reacción espontánea de Micol ante el magnífico y anhelado momento que tuvo la suerte de presenciar, apura el final de la familia de Saúl, su padre. La indiferencia hacia Dios y el menosprecio por el pueblo y la persona de su esposo, le acarrean la temida suerte de quien se empeña en no entender: no conocerá la dicha de los hijos. Obsérvese en este pasaje el contraste entre la bendición de Obededón y la maldición de Micol.

Profecía de Natán y oración de David

1 Cr 17; 1 Re 8 16-20; Hch 7 48; 2 30; Lc 1 32-33

7 1 Cuando David se estableció en su casa
y el Señor le dio paz con todos sus enemigos de alrededor, 2 dijo al profeta Natán:
–Yo vivo en una casa de cedro, mientras
que el arca del Señor está en una tienda de
pieles.
3 Natán le dijo:
–Haz lo que te propones, porque el Señor está contigo.
4 Pero aquella misma noche el Señor dirigió esta palabra a Natán:
5 –Ve a decir a mi siervo David: Esto
dice el Señor: ¿Eres tú quien me va a construir una casa para que viva en ella? 6 Yo
no he habitado en una casa desde el día en
que saqué de Egipto a los israelitas hasta
hoy. He estado peregrinando de un sitio a
otro en una tienda que me servía de morada. 7 Durante todo el tiempo que he caminado con los israelitas, ¿pedí yo acaso a
uno solo de los jueces de Israel, a quienes
mandé pastorear a mi pueblo Israel, que
me edificaran una casa de cedro? 8 Por tanto
di a mi siervo David: Así dice el Señor todopoderoso: Yo te tomé de la majada, de
detrás del rebaño, para que fueras caudillo
de mi pueblo, Israel. 9 He estado contigo
en todas tus campañas, he derrotado en tu
presencia a todos tus enemigos; y yo haré
que tu nombre sea como el de los grandes
de la tierra. 10 Asignaré un lugar a mi pueblo Israel y lo plantaré en él, para que lo
habite y nadie lo arroje de él, ni los malvados lo opriman como antes, 11 como en el
tiempo en que yo establecí jueces sobre mi
pueblo Israel; te daré paz con todos tus
enemigos. Además, el Señor te anuncia
que te dará una dinastía. 12 Cuando hayas
llegado al final de tu vida y descanses con
tus antepasados, mantendré después de ti
un descendiente salido de tus entrañas y
consolidaré su realeza. 13 El edificará una
casa en mi honor y yo mantendré para siempre su realeza. 14 Seré para él un padre y él
será para mí un hijo. Si hace el mal, yo lo
castigaré con varas y con golpes como hacen los hombres. 15 Pero no le retiraré mi
favor, como se lo retiré a Saúl, a quien rechacé de mi presencia. 16 Tu dinastía y tu
realeza subsistirán para siempre ante mí, y
tu trono será estable para siempre.
17 Natán comunicó a David estas palabras y esta visión.
18 Entonces el rey David se presentó
ante el Señor y le dijo:
–¿Quién soy yo, mi Dios y Señor; y qué
méritos tiene mi familia para que me hayas
hecho llegar hasta aquí? 19 Y por si fuera
poco, mi Dios y Señor, también te has referido a la descendencia de tu siervo para
un futuro lejano, mientras dure la humanidad, mi Dios y Señor. 20 ¿Qué más podría
decirte David? Tú conoces a tu siervo, mi
Dios y Señor. 21 Por tu palabra y según tu
voluntad has realizado estos prodigios y se
los has dado a conocer a tu siervo. 22 Por
eso tú eres grande, mi Dios y Señor, porque no hay nadie como tú ni hay Dios fuera de ti, como hemos oído con nuestros
propios oídos. 23 ¿Existe en la tierra un
pueblo que sea como tu pueblo Israel, al
que Dios mismo haya venido a rescatar para hacerlo su pueblo, para hacerlo famoso,
para realizar en su favor grandes y terribles
prodigios, expulsando a las naciones y a
sus dioses ante tu pueblo, a quien rescataste para ti de Egipto? 24 Has consolidado a
tu pueblo Israel y lo has hecho tu pueblo
para siempre, y tú, Señor, te has convertido
en su Dios. 25 Y ahora, mi Dios y Señor,
mantén firme para siempre la promesa que
has hecho a tu siervo y a su dinastía, cumpliendo lo que has dicho. 26 Que tu nombre
sea glorificado por siempre; que siempre
se proclame: «El Señor todopoderoso es el
Dios de Israel». Y que la dinastía de tu
siervo David se mantenga estable ante ti,

• **7 1-29**: Este pasaje consta de dos partes: la profecía de Natán (2 Sm 7 1-17) y la oración de David (2 Sm 7 18-29). La primera es el punto culminante de los dos libros de Samuel. Jugando con el doble significado que la palabra "casa" tiene en hebreo (por un lado casa-palacio-templo, y por otro casa-dinastía, familia o descendencia) el autor subraya que no será David quien construya una "casa-templo" para Dios (2 Sm 7 5-7), sino que será éste quien levante una "casa-dinastía" para el rey (2 Sm 7 11b-12). A Dios, más que en un punto del espacio, se le encontrará en el tiempo y, más concretamente, en la descendencia davídica. La historia, lo mismo que en los primeros tiempos de la vida del pueblo (2 Sm 7 6-7), se convierte en la auténtica y permanente casa de Dios (2 Sm 7 16.19). La promesa hecha a David (2 Sm 7 14) no se refiere únicamente a Salomón, sino a todos los descendientes de David, reconocidos por Dios como hijos (véase Sal 2 7; Lc 3 22; Hch 13 33; Heb 1 5).

27 ya que tú, Señor todopoderoso, Dios de
Israel, has hecho esta revelación a tu siervo: «Yo te daré una dinastía». Por eso tu
siervo se ha atrevido a hacerte esta súplica.
28 Sí, mi Dios y Señor, tú eres Dios, y tus
palabras son verdaderas. Ya que has hecho
a tu siervo esta gran promesa, 29 dígnate
bendecir su dinastía para que permanezca
siempre en tu presencia. Porque eres tú, mi
Dios y Señor, el que has hablado, y gracias
a tu bendición será bendita para siempre la
dinastía de tu siervo.

Victorias de David

1 Cr 18 1-13; 1 Re 11 14-25

8 1 Después de esto, David derrotó a los
filisteos, los sometió y les quitó el control de Gat, su capital. 2 Derrotó también a
los moabitas; los hizo echarse en tierra, los
midió con una cuerda y mandó matar a dos
terceras partes de ellos. Y los moabitas quedaron sometidos a David bajo tributo.
3 David venció también a Hadadézer,
hijo de Rejob, rey de Sobá, cuando intentaba extender sus dominios hasta el Eufrates.
4 David capturó mil setecientos jinetes y
veinte mil soldados de infantería y mató a
los soldados de los carros de guerra, dejando sólo cien. 5 Los arameos de Damasco
vinieron a socorrer a Hadadézer, rey de
Sobá, y David derrotó a veintidós mil arameos. 6 Puso gobernadores sobre los sirios
de Damasco, y los arameos le quedaron
sometidos bajo tributo. El Señor hacía
triunfar a David por dondequiera que iba.
7 David tomó los escudos de oro que llevaban los oficiales de Hadadézer y los llevó a
Jerusalén. 8 Y en Tébaj y Berotay, ciudades
de Hadadézer, se apoderó de una gran cantidad de bronce.
9 Cuando Tou, rey de Jamat, supo que
David había destrozado todo el ejército de
Hadadézer, 10 envió a su hijo Adurán al rey
David para saludarlo y felicitarlo por su
victoriosa campaña contra Hadadézer, pues
éste era enemigo de Tou. Adurán llevaba
objetos de plata, oro y bronce. 11 El rey
David los consagró al Señor, junto con la
plata y el oro procedente de las naciones
que había sometido: 12 Edom, Moab, los
amonitas, los filisteos, Amelec y el botín
de Hadadézer, hijo de Rejob, rey de Sobá.
13 David adquirió gran fama después de
haber derrotado a dieciocho mil edomitas
en el valle de la Sal. 14 Puso gobernadores
en Edom, y todos los edomitas quedaron
sometidos a él. El Señor hacía triunfar a
David por dondequiera que iba.

Funcionarios en la corte de David

1 Cr 18 14-17; 2 Sm 20 23-26

15 David reinó sobre todo Israel, administrando el derecho y la justicia a todo su
pueblo. 16 Joab, hijo de Seruyá, era el jefe
de su ejército; Josafat, hijo de Ajilud, era el
cronista; 17 Sadoc, hijo de Ajitub, y Abiatar, hijo de Ajimélec, eran los sacerdotes, y
Susa el secretario. 18 Benayas, hijo de Yoyadá, mandaba a los quereteos y peleteos.
Los hijos de David eran sacerdotes.

• **8 1-14**: Tras el paréntesis de 2 Sm 6-7 se reanuda el relato interrumpido en 2 Sm 5 25. Las nuevas campañas de David al norte y al este del país tienen una doble finalidad: ampliar las fronteras del naciente imperio y enriquecer al estado mediante el cobro de tributos a los países sometidos. Una breve nota repetida dos veces, hace caer al lector nuevamente en la cuenta de que se encuentra ante un relato en el que se narran acontecimientos cuyo carácter es primordialmente religioso: *El Señor hacía triunfar a David por dondequiera que iba* (2 Sm 8 6.14).

Los arameos, procedentes del desierto siro-arábigo, y establecidos al noroeste del reino de David, suponían para éste un grave peligro, ya que, hasta ese momento, cada uno de los grupos arameos formaba un estado independiente (por eso se habla de los arameos de Sobá, de Damasco...), pero ahora Hadadézer quiere agruparlos a todos bajo su mando y formar una gran nación. Por esta razón David debe combatirlos con todas sus fuerzas.

• **8 15-18**: David, después de haber ampliado los límites de su territorio, organiza internamente el país, dotándolo de una estructura burocrática y militar. Su ciudad ya no es un campamento militar, sino una corte como la de los faraones. El gobierno carismático y tribal ha ido desapareciendo para dar paso a un nuevo modelo de estado cuyo funcionamiento gira exclusivamente en torno a la persona del rey (véase la nota a 2 Sm 20 23-26).

V. LA SUCESION DE DAVID Δ

Meribaal, hijo de Jonatán, recibido por David

2 Sm 21 1-14; 16 1-4; 19 25-31

9 1 David preguntó:
–¿Queda algún sobreviviente de la familia de Saúl a quien pueda yo favorecer en memoria de Jonatán?
2 Mandaron llamar a un criado que había tenido la familia de Saúl, llamado Sibá. Le condujeron adonde se encontraba David, y el rey le preguntó:
–¿Eres tú Sibá?
El respondió:
–Sí, para servirte.
3 El rey le dijo:
–¿Queda alguien de la familia de Saúl para que yo pueda favorecerlo por fidelidad a Dios?
Sibá respondió:
–Todavía queda un hijo de Jonatán, que está lisiado de ambos pies.
4 El rey le dijo:
–¿Dónde está?
Sibá le contestó:
–En casa de Maquir, hijo de Amiel, en Lodabar.
5 El rey David mandó buscarlo.
6 Al llegar Meribaal, hijo de Jonatán, hijo de Saúl, junto a David, se postró rostro en tierra. David le dijo:
–¡Meribaal!
El respondió:
–Aquí tienes a tu siervo.
7 David le dijo:
–No temas, porque quiero favorecerte en memoria de tu padre, Jonatán. Te devolveré las tierras de tu abuelo Saúl y comerás siempre a mi mesa.
8 El se postró y dijo:
–No soy digno de que te fijes en un perro muerto como yo.
9 El rey llamó a Sibá, el criado de Saúl, y le dijo:
–Todo lo que pertenecía a Saúl y a su familia se lo doy al hijo de tu señor.
10 Tú cultivarás la tierra para él: tú, tus hijos y tus esclavos; y harás la cosecha para mantener a la familia de tu señor; pero Meribaal, hijo de tu señor, comerá siempre a mi mesa.
Sibá, que tenía quince hijos y veinte esclavos,
11 respondió al rey:
–Tu siervo hará todo lo que el rey, mi señor, le ha mandado.
Meribaal comía, pues, a la mesa del rey como uno de sus hijos;
12 tenía un hijo pequeño que se llamaba Micá. Todos los que vivían en casa de Sibá estaban al servicio de Meribaal.
13 Pero éste vivía en Jerusalén, porque comía siempre a la mesa del rey; era lisiado de ambos pies.

Guerra contra los amonitas

1 Cr 19; 2 Sm 21 15-22; 23 8-39; 8 3-8

10 1 Después de esto, murió el rey de los amonitas y le sucedió su hijo Janún.

Δ 9 1-20 26: La historia de la sucesión al trono (2 Sm 9-20) continúa, después de los apéndices de 2 Sm 21-24, en 1 Re 1-2. En su forma primitiva, esta sección debía de ir precedida por 2 Sm 6-7.

Nos encontramos, por una parte, ante la más grave crisis del reinado de David; por otra, ante un relato cuya finalidad es justificar la legítima sucesión de Salomón como heredero de David. Aun cuando en el conjunto sólo se mencione su nacimiento (2 Sm 12 24s), toda la historia se orienta hacia el momento en que Salomón es proclamado rey (1 Re 1 39).

Tres tipos diferentes de fuerzas entran en conflicto. Por un lado, los hijos de David: Amnón (2 Sm 13 1-37), Absalón (2 Sm 13 38-19 9a) y Adonías (1 Re 1 1-2 25); por otro, la familia de Saúl: Meribaal (2 Sm 9 1-13; 16 3-4; 19 25-31), Semey (2 Sm 16 5-13; 19 16-24); y, finalmente, las tribus del norte, que se unen a Absalón (2 Sm 15 10.13) y participan en la rebelión de Sibá (2 Sm 20 1-22). En el conjunto sobresale por su extensión, detalle y calidad literaria, la rebelión de Absalón (2 Sm 15 1-19 9a).

• **9 1-13**: David recibe a Meribaal, hijo de Jonatán, como comensal de su mesa y le devuelve todas las posesiones que en otro tiempo pertenecieron a Saúl. Esta decisión de David puede ser interpretada como una acción política: a la vez que controla, introduciéndolo en su casa, a su contrincante, se gana las simpatías del partido rival. Sin embargo, en el fondo de tal decisión late el recuerdo de una amistad y el cumplimiento de una antigua promesa entre los dos grandes amigos, Jonatán y David (véase 1 Sm 20 14-17). Meribaal aparecerá nuevamente en 2 Sm 16 3-4 y 19 25-31 como presunto implicado en la revuelta contra David.

• **10 1-19**: Un antiguo problema (véase 1 Sm 11 1-11), aún no resuelto, induce a los amonitas a desconfiar de las buenas intenciones de David. Surge, de este modo, un conflicto en el que se ven implicadas otras potencias extranjeras.

2 David pensó: «Me portaré bien con Janún, hijo de Najás, lo mismo que su padre se portó bien conmigo».

Y envió a sus servidores para darle el pésame por la muerte de su padre. Pero cuando los servidores de David llegaron al país de Amón, 3 los jefes de los amonitas dijeron a su señor:

–¿Crees que David te ha enviado mensajeros para darte el pésame, porque quiere honrar a tu padre? ¿No será más bien para explorar la ciudad, inspeccionarla y, después, destruirla?

4 Entonces Janún capturó a los servidores de David, les cortó la mitad de la barba y también la ropa por la mitad, a la altura de las nalgas, y los despachó. 5 Se lo contaron a David, y como aquellos hombres estaban muy avergonzados, mandó que les salieran al encuentro con este mensaje:

–Quédense en Jericó hasta que les crezca la barba, después regresarán.

6 Los amonitas se dieron cuenta que se habían enemistado con David, y enviaron mensajeros para reclutar como mercenarios a los arameos de Bet Rejob, y a los de Sobá, veinte mil soldados de a pie, al rey de Macá, con mil hombres, y a los de Tob en número de doce mil.

7 Al enterarse David, mandó a Joab con todo el ejército y sus jefes. 8 Los amonitas salieron y se prepararon para la batalla a la entrada de la ciudad, mientras que los arameos de Sobá y de Rejob y las gentes de Tob y de Macá tomaban posiciones afuera en el campo. 9 Viendo Joab que tenía un frente de batalla delante y otro detrás, eligió los mejores guerreros de Israel y los dispuso para la batalla frente a los arameos. 10 Confió el resto del ejército a su hermano Abisay para presentar batalla a los amonitas, 11 diciéndole:

–Si los arameos me superan en fuerza, vienes en mi auxilio, y si los amonitas te superan a ti, iré yo en tu ayuda. 12 ¡Animo!, luchemos valientemente por nuestro pueblo y por las ciudades de nuestro Dios, y que sea lo que Dios quiera.

13 Joab se lanzó con su tropa al ataque contra los arameos, y éstos huyeron ante él. 14 Al ver los amonitas que los arameos huían, también ellos huyeron ante Abisay y se metieron en la ciudad. Joab dejó de luchar contra los amonitas y regresó a Jerusalén.

15 Viendo los arameos que habían sido derrotados por Israel, se reagruparon. 16 Hadadézer mandó a buscar a los arameos de más allá del Eufrates, y éstos vinieron a Jelán, mandados por Sobac, jefe del ejército de Hadadézer. 17 Informado de ello, David reunió a todo Israel, pasó el Jordán y llegó a Jelán. Los arameos se prepararon para la batalla y entablaron combate contra David; 18 pero tuvieron que huir ante Israel. David mató a setecientos soldados de los carros de guerra y a cuarenta mil hombres de a pie; e hirió también a Sobac, jefe del ejército, que murió allí mismo. 19 Cuando todos los reyes, súbditos de Hadadézer, vieron que habían sido derrotados por Israel, hicieron la paz con Israel y le quedaron sometidos. En adelante, los arameos no se atrevieron a ayudar a los amonitas.

David y Betsabé

1 Cr 20; 1 Re 20 22; 1 Sm 21 6; Jue 9 50-54

11 1 Al año siguiente, en la época en que los reyes suelen ir a la guerra, David envió a Joab, a sus oficiales y a todo Israel, los cuales devastaron el país de los amonitas y sitiaron Rabá. David se quedó en Jerusalén.

• **11 1-12 25**: Situada entre las dos campañas militares de Israel contra los amonitas (2 Sm 10 1-19 y 12 26-31), la historia de David y Betsabé se interrumpe en 2 Sm 11 27 para continuar en 2 Sm 12 15b-25. Aunque no hay ruptura temática, parece que 2 Sm 12 1-15a posee un estilo distinto, lo cual invita a pensar en un pasaje independiente, escrito por una mano diferente. La intervención de Natán (2 Sm 12 1-15a), por tanto, pudo no haber formado parte del relato primitivo.

Tal como ha llegado hasta nosotros, este pasaje se relaciona, por una parte, con 2 Sm 7 1-17, ya que el nacimiento de Salomón (2 Sm 12 24-25) es un signo de que la promesa hecha a David y a su descendencia permanece firme a pesar de sus pecados. Pero al mismo tiempo anuncia que en un futuro próximo Dios castigará a David por el pecado cometido: la familia de David va a ser afectada por una grave crisis que será precisamente el tema principal de 2 Sm 13-20.

La versión griega añade en el versículo 22: *Entonces David montó en cólera contra Joab y dijo al mensajero: ¿Por qué se han acercado tanto a la ciudad en la lucha? ¿No sabían que tiran desde lo alto de la muralla? ¿Quién hirió a Abimélec, hijo de Yerubaal? ¿No fue una mujer que tiró sobre él desde la muralla una rueda de molino y lo mató en Tebes? ¿Por qué se han acercado tanto a la muralla?*

2 Una tarde, paseando por la terraza del
palacio después de la siesta, vio a una mujer bañándose. Era muy bella. 3 David mandó que se informaran acerca de ella, y le
dijeron:
–Es Betsabé, hija de Alián, mujer de
Urías, el hitita.
4 Entonces David envió unos a que se la
trajeran, y cuando llegó se acostó con ella;
ella acababa de purificarse de su regla.
Después regresó a su casa. 5 La mujer concibió y mandó decir a David:
–Estoy embarazada.
6 Entonces David envió este mensaje a
Joab:
–Mándame a Urías, el hitita.
Joab se lo envió. 7 Cuando llegó Urías,
David le pidió noticias sobre Joab, el ejército y la marcha de la guerra. 8 Después le
dijo:
–Baja a tu casa y lávate los pies.
Urías salió del palacio del rey y en seguida le enviaron un obsequio de parte del
rey. 9 Pero Urías durmió a la puerta del palacio con los guardias de su señor y no bajó
a su casa.
10 Comunicaron a David que Urías no
había bajado a su casa. Entonces David dijo a Urías;
–¿Acaso no vienes de viaje? ¿Por qué
no has bajado a tu casa?
11 Urías le respondió:
–El arca, Israel y Judá viven en tiendas;
y mi señor Joab y los oficiales de mi señor
acampan al aire libre, ¿cómo iba yo a entrar en mi casa para comer, beber y acostarme con mi mujer? ¡Por el Señor y por tu
vida, que nunca haré tal cosa!
12 David dijo a Urías:
–Quédate aquí todavía hoy; mañana te
dejaré partir.
Urías se quedó en Jerusalén aquel día.
13 Al día siguiente, David lo invitó a comer y beber con él, y Urías se emborrachó.
Al anochecer salió para acostarse junto a
los guardias de su señor, pero no bajó a su
casa.
14 A la mañana siguiente, David escribió una carta a Joab y se la mandó por medio del propio Urías. 15 Decía en ella:

«Pongan a Urías en primera línea, en el
punto más duro de la batalla, y déjenlo
solo para que lo hieran y muera».

16 Joab, que estaba sitiando la ciudad,
puso a Urías en el lugar donde sabía que
estaban los hombres más valientes. 17 Los
habitantes de la ciudad hicieron una salida
y atacaron a Joab; cayeron muchos oficiales del ejército de David, y murió también
Urías, el hitita.
18 Joab mandó un informe a David sobre todos los detalles del combate, 19 y dio
esta orden al mensajero:
–Cuando hayas terminado de contárselo
todo al rey, 20 si el rey se enfurece y te dice:
«¿Por qué se han acercado tanto a la ciudad en la lucha? ¿No sabían que siempre
arrojan cosas desde lo alto de la muralla?
21 ¿Quién hirió a Abimélec hijo de Yerubaal? ¿No fue una mujer que arrojó sobre
él desde la muralla una enorme piedra de
molino y lo mató en Tebes? ¿Por qué se han
acercado tanto a la muralla?» Tú le dirás:
«También murió tu siervo Urías, el hitita».
22 Partió el mensajero y, a su llegada,
informó a David de todo lo que Joab le había mandado.
23 El mensajero dijo a David:
–Aquellos hombres nos llevaban ventaja
y se lanzaron contra nosotros en campo
abierto, pero los hicimos retroceder hasta
la entrada de la ciudad; 24 sin embargo los
arqueros nos dispararon desde lo alto de la
muralla y murieron muchos soldados del
rey, también murió tu siervo Urías, el hitita.
25 Entonces David dijo al mensajero:
–Esto dirás a Joab: No estés contrariado
por este asunto, porque la espada unas veces devora a unos y otras veces a otros. Intensifica tus ataques contra la ciudad hasta
destruirla. ¡Así animarás a Joab!
26 Cuando la mujer de Urías supo que
su marido había muerto, se puso de luto
por él. 27 Terminado el luto, David mandó a
buscarla, la llevó a su casa y la tomó por
esposa. Ella dio a luz un hijo. Pero lo que
había hecho David desagradó al Señor.

Arrepentimiento de David
Nacimiento de Salomón

2 Sm 16 20-22; 24 10.17; 3 35

12 1 El Señor envió al profeta Natán, que
se presentó a David y le dijo:
–Había en una ciudad dos hombres, uno
rico y otro pobre. 2 El rico tenía muchas
ovejas y vacas. 3 El pobre sólo tenía una

oveja que había comprado. La había criado,
y ella había crecido con él y con sus hijos;
comía de su comida, bebía de su vaso y
dormía junto a él; era como una hija para
él. 4 Un día llegó un huésped a casa del
rico, y éste no quiso utilizar sus ovejas ni
sus vacas para servir al viajero, sino que
robó al pobre la oveja y la preparó para el
huésped.
5 David se enfureció contra aquel hombre, y dijo a Natán:
–Vive el Señor que quien hizo tal cosa
merece la muerte, 6 y pagará cuatro veces
el valor de la oveja por haber hecho esto y
haber actuado sin piedad.
7 Entonces Natán dijo a David:
–¡Ese hombre eres tú! Así dice el Señor, Dios de Israel: Yo te ungí como rey de
Israel y te libré del poder de Saúl; 8 te di la
casa de tu señor y puse en tus brazos a sus
mujeres; te he dado el pueblo de Israel y
de Judá y, por si esto fuera poco, te añadiré
aún mucho más. 9 ¿Por qué, pues, has despreciado al Señor haciendo lo que le desagrada? Hiciste matar a espada a Urías, el
hitita, y te apoderaste de su mujer. Sí, lo
mataste por medio de la espada de los amonitas. 10 Por tanto, la espada no se apartará
nunca de tu casa, por haberme despreciado
y haberte apoderado de la mujer de Urías,
el hitita. 11 Así dice el Señor: Yo haré que
el mal te venga de tu propia familia; ante
tus propios ojos tomaré a tus mujeres y se
las daré a tu prójimo para que se acueste
con ellas a la luz del sol que nos alumbra.
12 Tú lo has hecho en secreto, pero yo lo
haré a la vista de todo Israel y a la luz del
sol que nos alumbra.
13 David reconoció ante Natán:
–He pecado contra el Señor.
Entonces Natán le respondió:
–El Señor perdona tu pecado. No morirás. 14 Pero, por haber ultrajado al Señor de
este modo, morirá el hijo que te ha nacido.
Y Natán se fue a su casa.
15 El Señor hirió al niño que la mujer de
Urías había dado a David, y se puso muy
enfermo. 16 David rogó a Dios por el niño:
ayunó, se retiró y pasó la noche acostado en
el suelo. 17 Los ancianos de su casa le insistieron para que se levantara del suelo,
pero él no quiso ni tomó alimento alguno
con ellos. 18 Al séptimo día murió el niño.
Los servidores de David temían anunciarle
que había muerto, pues se decían: «Si cuando vivía el niño le hablábamos y no quería
escucharnos, ¿cómo le diremos que el niño
ha muerto? Hará un disparate».
19 David se dio cuenta de que sus servidores cuchicheaban entre sí y comprendió
que el niño había muerto. Les preguntó:
–¿Ha muerto el niño?
Y ellos respondieron:
–Sí, ha muerto.
20 Entonces David se levantó del suelo,
se bañó, se ungió, se cambió de ropa; entró
en el templo del Señor y se postró. Regresó
luego a su casa, pidió que le sirvieran de
comer y comió. 21 Sus servidores le dijeron:
–¿Qué es lo que haces? ¡Cuando el niño
vivía, ayunabas y llorabas, y ahora que el
niño ha muerto te levantas y comes!
22 El respondió:
–Cuando vivía el niño, ayunaba y lloraba porque pensaba: «¡Quizás el Señor tenga piedad de mí y deje con vida al niño!»
23 Pero ahora que ha muerto ¿para qué voy
a ayunar? ¿Puedo yo devolverle la vida? Yo
iré donde está él, pero él no regresará a mí.
24 Después, David consoló a su mujer
Betsabé, se acostó con ella, y ella le dio un
hijo, al que llamó Salomón. El Señor lo
amó, 25 y mandó al profeta Natán para que
le pusiera el sobrenombre de Yedidías, es
decir, amado del Señor.

Guerra contra los amonitas

1 Cr 20 1-3

26 Joab atacó Rabá, capital de los amonitas, y cuando estaba a punto de conquistar la ciudad del rey, 27 envió mensajeros a
David para decirle:
–He atacado Rabá y me he apoderado de
la zona donde están las cisternas. 28 Reúne
al resto del ejército, asedia la ciudad y con-
quístala tú, no sea que si lo hago yo se le
imponga mi nombre.

• **12 26-31**: Continúa el relato interrumpido en 2 Sm 11 2. Después de derrotar a los filisteos (2 Sm 8 1), moabitas (2 Sm 8 2) y edomitas (2 Sm 8 13-14), y de hacer un pacto con los arameos (2 Sm 10 11), David conquista Rabat, capital de los amonitas. Quedan resueltas, de este modo, antiguas diferencias entre David y los estados que limitan con su reino.

29 David reunió todo el ejército, marchó contra Rabá y se apoderó de ella. 30 Quitó de la cabeza de Milcón la corona, que pesaba treinta y cuatro kilos de oro; tenía también una piedra preciosa que David puso sobre su cabeza. El botín que se llevó de la ciudad fue inmenso. 31 Hizo salir de la ciudad a sus habitantes y los puso a trabajar con sierras, picos y hachas, y a hacer ladrillos. Y lo mismo hacía con todas las ciudades de los amonitas. Después David regresó a Jerusalén con todo su ejército.

Amnón y Tamar

2 Sm 3 2-3; Lv 20 17

13 1 Pasó algún tiempo. Absalón, hijo de David, tenía una hermana que era muy bella. Se llamaba Tamar, y Amnón, hijo de David, se enamoró de ella. 2 Amnón andaba atormentado, hasta sentirse enfermo, por su hermana Tamar; pues era virgen, y le resultaba difícil hacer algo con ella. 3 Tenía Amnón un amigo llamado Jonadab, hijo de Simá, hermano de David. Jonadab era un hombre muy hábil. 4 Y le preguntó:

–¿Por qué te ves cada día más pálido, príncipe? ¿No me lo vas a contar?

Amnón le respondió:

–Es que estoy enamorado de Tamar, la hermana de mi hermano Absalón.

5 Jonadab le aconsejó:

–Acuéstate en tu cama y hazte el enfermo, y cuando venga tu padre a visitarte, le dices: «Que venga, por favor, mi hermana Tamar a darme de comer; que prepare ella la comida en mi presencia para que yo lo vea y que ella misma me la sirva».

6 Amnón se acostó y se hizo el enfermo. Vino el rey a verlo, y Amnón le pidió:

–Que venga, por favor, mi hermana Tamar; que prepare dos tortas delante de mí, y que ella misma me las sirva.

7 David mandó este recado a Tamar:

–Vete a casa de tu hermano Amnón y prepárale algo de comer.

8 Tamar fue a casa de su hermano Amnón. El estaba acostado. Ella tomó harina, la amasó, preparó las tortas delante de él y las puso a freír. 9 Tomó después la sartén y se las sirvió; pero él no quiso comerlas, y dijo:

–Que salga todo el mundo de aquí.

Cuando salieron todos, 10 Amnón dijo a Tamar:

–Tráeme el plato a la habitación y dame de comer.

Tamar tomó las tortas que había preparado y se las llevó a su hermano Amnón, a la habitación. 11 Pero cuando se acercó para darle de comer él la agarró y le pidió:

–Ven, acuéstate conmigo, hermana.

12 Ella le dijo:

–¡No, hermano! No me violentes, porque eso no se hace en Israel. No cometas tal estupidez. 13 ¿Dónde iría yo con mi vergüenza? Y tú serías uno de los más infames de Israel. Pídeselo al rey, que él no se negará a entregarme a ti.

14 Pero él no quiso escucharla y, como era más fuerte que ella, la violentó y se acostó con ella. 15 Después Amnón le cobró un odio extremo, de tal manera que el odio aquél era mayor que el amor que había sentido por ella; y le dijo:

–¡Anda, vete!

16 Ella le dijo:

–No, porque eso sería una deshonra peor que la que acabas de hacerme.

Pero él no la escuchó; 17 llamó al criado que le servía, y le ordenó:

–Echa a ésta de aquí, lejos de mí, y cierra la puerta detrás de ella.

18 Llevaba ella una túnica de manga larga, pues ése era el vestido que llevaban las hijas del rey que todavía eran vírgenes. El criado la echó fuera y cerró la puerta detrás de ella.

19 Entonces Tamar echó polvo sobre su cabeza, rasgó la túnica que llevaba y, con las manos en la cabeza, se fue gritando. 20 Su hermano Absalón le dijo:

–Ha estado contigo tu hermano Amnón, ¿no es así? De momento, hermana, cállate;

• **13 1-36**: Absalón es el protagonista principal en las páginas siguientes. Aspirante al trono, no aparecerá como conspirador hasta 2 Sm 15 1. No es él, sino Amnón, primogénito de David, quien posee los derechos de sucesión, pero un vergonzoso episodio, fruto de la pasión, llevará a Amnón a perder no sólo el trono, sino también la vida. Nos encontramos ante una historia en la que el amor apasionado se convierte en odio mortal, el cual, a su vez, genera nuevos y correspondientes sentimientos de odio. Al final, las consecuencias son trágicas para todos. El conflicto rebasará los límites personales o familiares para convertirse en un problema político.

es tu hermano, no te angusties por este
asunto.
Y Tamar se quedó desolada en casa de
su hermano Absalón. 21 Cuando el rey David se enteró de esto, se enfureció; pero no
quiso disgustar a su hijo Amnón, a quien
amaba por ser su primogénito. 22 Absalón
no volvió a hablar a Amnón, ni bien ni mal,
pues Absalón odiaba a Amnón por haber
violado a su hermana Tamar.

Asesinato de Amnón y fuga de Absalón

1 Sm 25 4-8; 1 Mac 16 15-16; 1 Re 16 9-10

23 Al cabo de dos años, Absalón, que
tenía a los que esquilaban las ovejas en Baal
Jasor, cerca de Efraín, invitó a todos los
hijos del rey. 24 Se presentó Absalón al rey,
y le dijo:
–Mira, tu siervo está esquilando. Díg-
nense el rey y sus servidores venir a casa
de tu siervo.
25 El rey respondió:
–No, hijo mío, no iremos todos para no
ocasionarte tantos gastos.
Absalón insistió, pero David no quiso ir,
y lo bendijo. 26 Entonces Absalón dijo:
–Permite, al menos, que venga con nosotros mi hermano Amnón.
El rey preguntó:
–¿Por qué ha de ir contigo?
27 Pero Absalón le insistió, y el rey dejó
ir a Amnón y a todos los hijos del rey.
Absalón preparó un gran banquete, un
banquete propio de reyes, 28 y dio estas órdenes a sus servidores:
–Cuando Amnón esté bebido y yo les
ordene: «¡Maten a Amnón!». Mátenlo. No
teman, porque es una orden mía. ¡Animo y
valor!
29 Los servidores de Absalón hicieron lo
que les había mandado. Entonces todos los
hijos del rey se levantaron, montaron cada
uno en su mula y huyeron.
30 Aún estaban en camino, cuando llegó
a David este rumor:
–Absalón ha matado a todos los hijos
del rey; no ha quedado ni uno.
31 El rey se levantó, rasgó sus vestiduras y se echó en tierra; y todos sus servidores que estaban con él se rasgaron también
las vestiduras. 32 Pero Jonadab, hijo de Simá, hermano de David, informó al rey:
–No crea mi señor que han matado a todos los hijos del rey. Sólo ha muerto Amnón, pues lo tenía decidido Absalón desde
el día en que Amnón violó a su hermana
Tamar. 33 No se preocupe mi señor, el rey,
pensando que han muerto todos sus hijos,
porque sólo ha muerto Amnón. 34 En cuanto a Absalón, ha huido.
El joven que estaba de centinela levantó
la vista y vio que venía mucha gente por el
camino de Bajurín, por la ladera de la montaña. 35 Entonces Jonadab dijo al rey:
–Son los hijos del rey, que vienen tal
como había dicho tu siervo.
36 Apenas terminaba de hablar, cuando
llegaron los hijos del rey llorando a gritos.
También el rey y sus servidores lloraron
mucho.

Regreso de Absalón

2 Sm 3 3; 15 8; Nm 35 19-21; Job 14 7-12

37 Absalón se refugió junto a Tolmay,
hijo de Amiud, rey de Guesur. El rey lloraba todos los días por su hijo. 38 Absalón
permaneció allí tres años. 39 Entre tanto
cesó la ira del rey contra Absalón, porque
ya se había consolado de la muerte de Amnón.

14 1 Joab, hijo de Seruyá, se dio cuenta
que el rey echaba de menos a Absalón. 2 Entonces mandó a buscar en Tecoa
una mujer astuta y le dijo:
–Finge que estás de luto; ponte vestidos
de luto y no te perfumes, para que parezcas
una mujer que, desde hace tiempo, lleva

• **13 37-14 33**: Joab sugiere al rey, por medio de un ingenioso plan muy semejante al utilizado por Natán en 2 Sm 12 1-7a, que el regreso de Absalón es conveniente para los intereses del pueblo: si Amnón ha muerto, ya de nada sirve que Absalón permanezca alejado por más tiempo. El rencor que siente David puede poner en peligro el porvenir del pueblo de Dios (2 Sm 14 13).

El *vengador de sangre* o "goel", del que se habla en 2 Sm 14 7-11, es una institución en Israel. Su misión es proteger la vida de los suyos y los intereses de su clan. Entre sus deberes se cuenta el de vengar la sangre de sus parientes derramada por otro (Nm 35 19-21; Dt 19 1-12). Pero también es responsabilidad suya asegurar que sobrevivan todos los miembros de la familia, según exige la ley del levirato (Lv 25 5ss). La mujer de Tecoa suplica a David que de entre estas dos funciones del "goel" sea la segunda la que se lleve a cabo.

luto por un muerto. 3 Te presentas al rey y
le dices esto.
Y le sugirió lo que ella tenía que decir.
4 La mujer de Tecoa se presentó al rey
y, cayendo rostro en tierra, se postró y dijo:
–¡Ayúdame, oh rey!
5 El rey le preguntó:
–¿Qué te pasa?
Ella respondió:
–Soy una mujer viuda; mi marido murió. 6 Tu sierva tenía dos hijos. Pelearon los
dos en el campo y, como no había quien
los separara, el uno golpeó al otro y lo mató. 7 Y ahora toda la familia se levanta contra tu sierva y dice: «Entréganos al asesino
de su hermano; le daremos muerte para vengar la vida de su hermano, a quien mató, y
acabaremos así hasta con el heredero». De
esta forma quieren apagar la esperanza que
me queda, y dejar a mi marido sin nombre
ni descendencia en la tierra.
8 El rey dijo a la mujer:
–Vete a tu casa; yo me encargo del asunto.
9 La mujer dijo al rey:
–Oh rey, mi señor, yo y la familia de mi
padre somos los culpables; el rey y su trono son inocentes.
10 El rey respondió:
–Si alguno te molesta, tráemelo a mí, y
no volverá a molestarte.
11 Ella dijo:
–Dígnese el rey invocar el nombre del
Señor, su Dios, para que el vengador de
sangre no aumente mi desgracia matándo-
me al otro hijo.
El respondió:
–Te lo juro por el Señor que no caerá en
tierra ni un pelo de tu hijo.
12 La mujer añadió:
–Permite a tu sierva decir todavía una
palabra a mi señor el rey.
Dijo el rey:
–Habla.
13 Y la mujer dijo:
–¿Por qué has proyectado tú tal cosa,
contra el pueblo de Dios? Las mismas palabras que el rey acaba de pronunciar, le
hacen culpable, si no manda que regrese el
que ha alejado de él. 14 Porque todos nos
sentimos morir y somos como agua derramada en tierra que no puede recogerse. Dios
no desea tal cosa; su plan es que el fugitivo
no siga desterrado lejos de él. 15 Si he venido a hablar al rey de este asunto, ha sido
porque la gente me metió miedo, de suerte
que tu sierva pensó: Hablaré al rey y quizás
haga lo que su sierva le sugiere, 16 la escuche y la libre del hombre que intenta extir-
parnos a mí y a mi hijo de la tierra que pertenece a Dios. 17 Tu servidora pensó: Que
la palabra del rey, mi señor, nos tranquilice,
pues mi señor, el rey, es como el enviado de
Dios y distingue entre el bien y el mal. Que
el Señor, tu Dios, esté contigo.
18 Entonces el rey dijo a la mujer:
–No me ocultes nada de lo que voy a
preguntarte.
La mujer dijo:
–Hable mi señor, el rey.
19 El rey preguntó;
–¿Tiene algo que ver Joab en todo este
asunto?
Ella respondió;
–Por tu vida que no se ha equivocado
mi señor, el rey; tu siervo Joab es quien me
ha mandado y ha sugerido a tu sierva todas
estas palabras. 20 El ha actuado así, sin duda, con segunda intención. Pero mi señor,
el rey, posee la sabiduría del enviado de
Dios y conoce todo lo que pasa en la tierra.
21 Entonces el rey dijo a Joab:
–Bien; voy a hacer lo que has dicho;
vete y trae al joven Absalón.
22 Joab se postró rostro en tierra, y dio
las gracias al rey, diciendo:
–Hoy reconozco que me aprecias, oh
rey, mi señor, porque has cumplido el deseo de tu siervo.
23 Joab partió hacia Guesur y trajo a
Absalón a Jerusalén. 24 Pero el rey dijo:
–Que se retire a su casa y que no se presente ante mí.
Absalón se retiró a su casa y no se presentó ante el rey.
25 No había en todo Israel un hombre tan
famoso por su belleza como Absalón. Desde
los pies hasta la cabeza no había defecto en
él. 26 Cuando se cortaba el pelo, cosa que
hacía una vez al año, pues le pesaba tanto
que tenía que cortárselo, el pelo cortado
pesaba más de dos kilos, según las pesas oficiales. 27 Absalón tuvo tres hijos y una hija,
que se llamaba Tamar y era muy bella.
28 Absalón estuvo dos años en Jerusalén
sin ver al rey. 29 Después, mandó recado a

Joab para que fuera al rey como emisario
suyo, pero Joab no quiso ir. Le mandó recado por segunda vez, y tampoco quiso ir.
30 Entonces dijo a sus criados:
–Vayan al campo que Joab tiene sembrado de cebada, el que está junto al mío, y
préndanle fuego.
Los criados de Absalón prendieron fuego al campo. 31 Entonces Joab se presentó
a Absalón en su casa y le dijo:
–¿Por qué han prendido fuego tus criados a mi campo?
32 Absalón le respondió:
–Pues porque te he pasado aviso para
que vinieras y fueras al rey con este mensaje: «¿Para qué he vuelto de Guesur? Habría sido mejor quedarme allí». Deseo ver
al rey; si tengo culpa, que me mate.
33 Joab se presentó al rey y se lo comunicó. Entonces el rey llamó a Absalón. Entró éste donde estaba el rey y se postró rostro en tierra ante él. Entonces el rey abrazó
a Absalón.

Rebelión de Absalón

1 Re 1 5; 1 Sm 8 11

15 1 Después de esto, Absalón se procuró
un carro de guerra, caballos y una
escolta de cincuenta hombres. 2 Absalón se
levantaba pronto, se ponía junto al camino
que lleva a la entrada de la ciudad y, cada
vez que alguien venía para que el rey le
hiciera justicia en un pleito, él lo llamaba y
le preguntaba: «¿De qué ciudad eres?». Después que el otro respondía: «Tu siervo es
de tal tribu de Israel», 3 Absalón le decía:
«Mira, tu causa es buena y justa; pero no
hay quien te escuche de parte del rey». 4 Y
añadía: «¡Ojalá yo fuera juez del país! Todos los que tuvieran pleito o juicio vendrían
a mí y yo les haría justicia».
5 Y si alguien se acercaba para postrarse ante él, le tendía la mano, lo abrazaba y
lo besaba. 6 Así procedía Absalón con
todos los israelitas que venían a pedir justicia al rey, y así se ganaba a las gentes de
Israel.
7 Al cabo de cuatro años, Absalón dijo
al rey:
–Déjame ir a Hebrón a cumplir una promesa que hice al Señor, 8 pues cuando estaba en Guesur, en Aram, hice esta promesa: Si el Señor me concede regresar a Jerusalén, le ofreceré un sacrificio en Hebrón.
9 El rey le respondió:
–Vete en paz.
El se levantó y partió para Hebrón.
10 Absalón mandó mensajeros para que
dijeran a todas las tribus de Israel:
–Cuando oigan el toque de la trompeta,
gritarán: ¡Absalón es rey en Hebrón!
11 Doscientos hombres de Jerusalén habían ido con Absalón, invitados por él; iban
de buena fe, sin saber nada. 12 Mientras se
ofrecía el sacrificio, Absalón mandó a buscar a su ciudad de Guiló a Ajitófel, el guilonita, consejero de David. La conspiración se hizo fuerte y los partidarios de
Absalón iban aumentando.

David huye de Jerusalén

2 Sm 16 21-22; 20 3; 17 14-23

13 Vinieron a informar a David diciéndole:
–Los israelitas se han puesto de parte de
Absalón.
14 Entonces, David dijo a todos los servidores que estaban con él en Jerusalén:
–Rápidamente huyamos; porque si no,
no podremos escapar de Absalón. Salgan
inmediatamente, no sea que se dé prisa, nos
sorprenda, y nos cause una gran desgracia,
pasando a cuchillo la ciudad.
15 Ellos le dijeron:
–Tus siervos, mi rey y señor, están dispuestos a hacer lo que tú quieras.
16 Salió, pues, el rey y toda su corte detrás de él; pero el rey dejó diez concubinas
para cuidar el palacio. 17 Salió el rey, a pie,
con toda su gente y se detuvieron a la altura de la última casa. 18 Todos sus servido-

• **15 1-12**: Tres factores favorecieron el estallido de la rebelión: el descontento popular por la poca agilidad con que en la corte se trataban los asuntos legales (2 Sm 15 2-5); las tensas relaciones existentes entre Israel y Judá (2 Sm 15 6); y la oferta de un programa político sugerente: el retorno al antiguo sistema de los *jueces*, recordado con nostalgia por el pueblo (2 Sm 15 4).

Ajitófel de Guiló juega un papel decisivo en los comienzos de la revuelta. Podría ser el abuelo de Betsabé (confróntense 2 Sm 23 34 con 2 Sm 11 3) y, por esta razón, estar predispuesto contra David. Hombre sabio, de reconocido prestigio en la corte (2 Sm 16 23), sabe cómo hacer prosperar la rebelión, pero el influenciable corazón de Absalón no seguirá sus consejos sino los de Jusay (2 Sm 17 7-14). Absalón posee buenos consejeros, pero carece de lo más importante: el favor de Dios (2 Sm 17 14).

res iban a su lado, y todos los quereteos,
peleteos y guititas, que le habían seguido
desde Gat, seiscientos hombres, marchaban delante de él. 19 El rey dijo a Itay, el de
Gat:
–¿Por qué vienes también tú con nosotros? Regresa y quédate con el rey, porque
tú eres extranjero y estás también desterrado lejos de tu país. 20 Llegaste ayer. ¿Cómo
voy a permitir que hoy andes errante con
nosotros, si ni siquiera yo sé a dónde voy?
Regresa, lleva contigo a tus hermanos, y
que el Señor te trate con bondad y fidelidad.
21 Itay le respondió:
–Juro por Dios y por mi Señor, el rey,
que allí donde esté mi señor, el rey, en vida
o muerte, allí estará tu siervo.
22 David le dijo:
–Bien, pasa.
Itay de Gat pasó con todos sus hombres
y toda su familia. 23 Todo el mundo lloraba
a gritos. El rey estaba de pie en el torrente
Cedrón, y toda su gente lo acompañó en
dirección al desierto.
24 Sadoc y todos los levitas llevaban el
arca de la alianza de Dios, y pusieron el arca de Dios junto a Abiatar, hasta que todo
el pueblo terminó de desfilar fuera de la
ciudad. 25 El rey dijo a Sadoc:
–Devuelve el arca de Dios a la ciudad.
Si el Señor me concede su favor, él hará
que yo regrese para ver el arca y su morada; 26 pero si dice que no le agrado, aquí
estoy, que haga conmigo lo que quiera.
27 Y añadió:
–Tú y Abiatar regresen en paz a la ciudad, y que regresen con ustedes tu hijo Ajimás y Jonatán, hijo de Abiatar. 28 Yo esperaré en los llanos del desierto hasta que me
llegue alguna noticia de ustedes.
29 Sadoc y Abiatar devolvieron el arca
de Dios a Jerusalén y se quedaron allí.
30 David subía llorando la cuesta del
Monte de los Olivos; iba con la cabeza cubierta y los pies descalzos, y todo el pueblo que lo acompañaba subía también con
la cabeza cubierta y llorando. 31 David fue
informado de que Ajitófel estaba con Absalón, entre los conspiradores; al enterarse
dijo:
–¡Te suplico, Señor, que hagas fracasar
el plan de Ajitófel!
32 Cuando David llegó al lugar de culto
que hay en la cumbre, le salió al encuentro
Jusay, el arquita, con la ropa destrozada y la
cabeza cubierta de polvo. 33 David le dijo:
–Si vienes conmigo, serás para mí una
carga, 34 pero si regresas a la ciudad y dices
a Absalón: «Quiero ser tu siervo, oh rey, mi
señor; antes servía a tu padre, pero ahora te
serviré a ti», podrás hacer fracasar los planes de Ajitófel. 35 Tendrás allí contigo a
los sacerdotes Sadoc y Abiatar y todo lo
que oigas en el palacio del rey, se lo comunicarás a ellos. 36 Con ellos están sus dos
hijos: Ajimás, hijo de Sadoc, y Jonatán, hijo de Abiatar; por medio de ellos me co-
municarán todo lo que sepan.
37 Jusay, amigo de David, entró en la
ciudad cuando Absalón llegaba a Jerusalén.

David y Sibá

2 Sm 9 2-13; 19 25-31; 1 Sm 26 6; 2 Sm 19 19-24

16 1 Apenas David había traspasado la
cumbre, Sibá, el servidor de Meribaal,
le salió al encuentro; llevaba dos burros cargados con doscientos panes, cien racimos
de pasas, cien frutos maduros y un odre de
vino. 2 El rey preguntó a Sibá:
–¿Para qué quieres todo eso?
Sibá respondió:
–Los burros son para que la familia del
rey monte en ellos; el pan y la fruta, para
que coman los muchachos; y el vino, para
que beban los que se cansen en el desierto.
3 El rey le preguntó:
–¿Dónde está el hijo de tu señor?

• **15 13-16 14**: David abandona Jerusalén. La situación del rey, aunque dramática, no parece totalmente desesperada: sus últimas disposiciones (2 Sm 15 16.26) dejan entrever que no excluye la posibilidad de regresar algún día, tal vez pronto. En su huida le salen al encuentro distintos personajes: Jusay, el arquita, al que se le asigna la misión de espiar a Absalón (2 Sm 15 32-37); Sibá, el siervo de Meribaal (2 Sm 16 1-4), y Semey, pariente de Saúl (2 Sm 16 5-13); los dos últimos tienen en esta historia la función de ayudar a David a leer su "hoy" (2 Sm 16 3.12), recordándole su pasado (2 Sm 16 8). En 2 Sm 15 25-28, lo mismo que en 2 Sm 16 10-12, se pone de manifiesto el espíritu religioso de David y cómo sabe aceptar las contrariedades. En ésta, como en otras acciones de David (véase por ejemplo 2 Sm 9 1-7), conviven los buenos sentimientos, junto con una actitud solapadamente interesada: ya que Sadoc y Abiatar han de regresar a Jerusalén, acompañando al arca, de paso pueden montar, en colaboración con Jusay y sirviéndose de sus hijos, una auténtica red de espionaje.

Respondió Sibá:

–Se ha quedado en Jerusalén porque pensó: «Hoy me devolverá Israel el reino de mi padre».

4 Entonces el rey dijo a Sibá:

–Todo lo que pertenecía a Meribaal es tuyo.

Sibá contestó:

–A tus pies, mi rey y señor; te agradezco el favor que me haces.

5 Cuando el rey David llegó a Bajurín, un hombre de la familia de Saúl, llamado Semey, hijo de Guera, salió echando maldiciones, 6 y tirando piedras a David y a todos sus servidores, mientras todo el ejército y los valientes iban a los lados del rey. 7 Semey lo maldecía así:

–¡Vete, vete, hombre sanguinario y malvado! 8 El Señor te ha castigado por todas las muertes de la familia de Saúl, a quien usurpaste el trono, y ha puesto el reino en manos de tu hijo Absalón. Ahí tienes la desgracia que mereces, porque eres un hombre sanguinario.

9 Entonces Abisay, hijo de Seruyá, dijo al rey:

–¡Por qué insulta ese perro muerto al rey, mi señor! Déjame que vaya y le corte la cabeza.

10 Pero el rey dijo:

–¡No se entrometan en mis asuntos, hijos de Seruyá! Si el Señor le ha mandado que maldiga a David, nadie puede reprochárselo.

11 Y añadió David a Abisay y a todos sus servidores:

–Si hasta mi propio hijo, intenta matarme, con mayor razón lo hará este hijo de Benjamín. Déjenlo que maldiga, a lo mejor el Señor se lo ha ordenado. 12 Tal vez el Señor vea mi dolor y cambie en bendición esta maldición de hoy.

13 David y sus hombres continuaron su camino, mientras Semey iba por la falda de la montaña, frente a David, insultándolo, tirando piedras y levantando polvo. 14 El rey y todos los que iban con él llegaron extenuados al Jordán y allí descansaron.

Absalón en Jerusalén

2 Sm 15 16.32-37; 12 11-12; 15 27-28.31

15 Absalón entró en Jerusalén con todos los hombres de Israel, entre ellos Ajitófel. 16 Jusay, el arquita, amigo de David, llegó junto a Absalón y lo aclamó:

–¡Viva el rey, viva el rey!

17 Absalón dijo:

–¿Es este el afecto que tienes a tu amigo David? ¿Por qué no te fuiste con él?

18 Jusay respondió:

–No, yo quiero estar y quedarme con aquél a quien han elegido el Señor, toda esta población y toda la gente de Israel. 19 Además, ¿acaso no es a su hijo a quien vengo a servir? Estaré a tu servicio, como estuve al servicio de tu padre.

20 Absalón dijo a Ajitófel:

–Reúnanse en consejo para ver qué es lo que tenemos que hacer.

21 Ajitófel le respondió:

–Acuéstate con las concubinas que tu padre dejó para cuidar el palacio; así sabrá todo Israel que te has enfrentado con tu padre y tendrán más ánimo todos tus partidarios.

22 Levantaron, pues, una tienda en la terraza para Absalón, y Absalón se acostó con las concubinas de su padre a la vista de todo Israel.

En aquellos días el consejo que daba Ajitófel era considerado como un oráculo del mismo Dios, tanto cuando aconsejaba a David, como cuando aconsejaba a Absalón.

17 1 Ajitófel pidió a Absalón:

–Permíteme elegir doce mil hombres para ir en persecución de David esta noche. 2 Caeré sobre él cuando esté cansado y sin fuerzas, y lo atemorizaré. Todos los que están con él se darán a la fuga, el rey quedará solo y lo mataré. 3 Haré que todo el pueblo venga a ti, como la prometida viene a su novio; y con la muerte de un solo hombre, a quien tú buscas, todo el pueblo quedará a salvo.

4 El plan agradó a Absalón y a todos los

• **16 15-17 23**: David había rogado: *¡Te suplico, Señor, que hagas fracasar el plan de Ajitófel!* (2 Sm 15 31). Dios lo ha escuchado. Aunque es más sensato el consejo de Ajitófel, Absalón sigue el de Jusay; ello se debe a que *el Señor había hecho fracasar el hábil consejo de Ajitófel para hacer caer la desgracia sobre Absalón* (2 Sm 17 14). Lo mismo que en los días del desierto, Dios continúa estando de parte de David (véase 1 Sm 23 14; 30 6).

ancianos de Israel. 5 Sin embargo, Absalón
dijo:
–Llamen también a Jusay, el arquita,
para saber su opinión.
6 Jusay se presentó a Absalón, y éste le
dijo:
–Ajitófel ha propuesto este plan; ¿debemos hacer lo que él ha dicho? Si no te parece bien, dime cuál es tu opinión.
7 Jusay dijo a Absalón:
–No es bueno el consejo que Ajitófel ha
dado esta vez.
8 Y añadió:
–Tú sabes que tu padre y sus hombres
son valientes y que están desesperados como una osa a la que han quitado la cría en
el campo. Tu padre es un guerrero y no pasará la noche con su gente. 9 Seguro que
ahora estará escondido en una cueva o en
cualquier otro sitio. Si al principio cae alguno de los nuestros, se esparcirá el rumor
de un desastre entre los seguidores de Absalón. 10 Y entonces, aun el más valiente,
aunque fuera como un león, se desalenta-
ría; porque todo Israel sabe que tu padre es
un héroe, y que los que están con él son
también valientes. 11 Yo aconsejo más bien
que todo Israel, desde Dan hasta Berseba,
numerosos como la arena de la orilla del
mar, se reúnan en torno a ti, y que tú mismo vayas con ellos. 12 Le daremos alcance
en el lugar en que se encuentre y caeremos
sobre él como cae el rocío sobre la tierra;
no dejaremos con vida ni a él ni a ninguno
de sus hombres. 13 Si se retira a una ciudad, todo Israel llevará sogas a esa ciudad,
y la arrastraremos piedra a piedra hasta el
torrente, sin dejar en ella nada.
14 Absalón y todos los hombres de Israel dijeron:
–El consejo de Jusay, el arquita, es mejor que el de Ajitófel.
El Señor había hecho fracasar el hábil
consejo de Ajitófel para hacer caer la desgracia sobre Absalón.
15 Jusay dijo luego a los sacerdotes Sadoc y Abiatar:
–Ajitófel ha dado este consejo a Absalón y a los ancianos de Israel, pero yo les
he dado este otro. 16 Así que envíen inmediatamente alguien para que informe a David y le aconseje que no pase la noche en
los llanos del desierto, sino que cruce en
seguida al otro lado del río para evitar que
lo exterminen con toda su gente.
17 Jonatán y Ajimás estaban junto a la
fuente de Roguel. Una sirvienta iba a llevarles las noticias para que informaran al
rey David, pues no entraban en la ciudad,
para que no los vieran. 18 Pero un joven los
vio y se lo comunicó a Absalón. Entonces
los dos, caminando aprisa, llegaron a Bajurín, a casa de un hombre que tenía un pozo
sin agua en el patio, y allí se metieron. 19 La
mujer tomó una manta, la extendió sobre
la boca del pozo y esparció encima grano
mojado, de modo que no se notaba nada.
20 Los servidores de Absalón entraron en
casa de la mujer y le preguntaron:
–¿Dónde están Ajimás y Jonatán?
La mujer les contestó:
–Pasaron más allá del canal.
Ellos los buscaron y, al no encontrarlos,
regresaron a Jerusalén. 21 Cuando se fueron, salieron ellos del pozo y fueron a informar al rey David; le dijeron:
–Pónganse en camino y crucen rápidamente el río, porque éste es el consejo que
ha dado Ajitófel en perjuicio de ustedes.
22 David y su gente se pusieron en camino y cruzaron el Jordán, de modo que al
amanecer no quedaba ninguno sin haber
pasado. 23 Ajitófel, viendo que no seguían
su consejo, preparó su burro y se fue a su
casa, a su ciudad; luego, una vez puesta en
orden su casa, se ahorcó. Así murió y fue
sepultado en el sepulcro de su padre.

David en Majanain

2 Sm 20 4-13

24 David había llegado a Majanain cuando Absalón pasó el Jordán con todos los
israelitas que iban con él. 25 Absalón había
puesto a la cabeza del ejército a Amasá, en
lugar de Joab. Amasá era hijo de un hom-

• **17 24-29**: Estos versículos aportan algunos datos sobre los protagonistas y el escenario en que se va a desarrollar la batalla. Los jefes de los ejércitos, Joab por parte del de David y Amasá por parte del de Absalón, son parientes, según demuestra la genealogía de 2 Sm 17 25. Los dos ejércitos reúnen sus efectivos en la región de Galaad (norte de Transjordania), donde David recibe víveres y provisiones de todo tipo por parte de los jefes del lugar.

bre llamado Yitrá, que era ismaelita, y se
había unido a Abigail, hija de Jesé y hermana de Seruyá, la madre de Joab. 26 Los
de Israel y Absalón acamparon en la región
de Galaad.
27 Cuando David llegó a Majanain, So-
bí, hijo de Najás, de Rabá de los amonitas,
Maquir, hijo de Amiel, de Lobabar, y Barzilay, el galadita de Roguelín, 28 trajeron
colchones, mantas, copas y vasijas de barro,
trigo, cebada, harina, grano tostado, habas,
lentejas, 29 miel, manteca y queso, carneros y vacas, y se lo ofrecieron a David y a
su gente para que comieran diciendo: «Esta
gente ha pasado hambre, fatiga y sed en el
desierto».

Derrota y muerte de Absalón

Jos 7 26; 8 29; 10 27

18 1 David pasó revista a su ejército y
puso al frente de ellos jefes de cien y
de mil; 2 dividió el ejército en tres secciones; dio el mando de una a Joab, el de otra
a Abisay, hijo de Seruyá, hermano de Joab,
y el de la tercera a Itay de Gat. Y dijo a los
soldados:
–Yo iré también con ustedes a la guerra.
3 Pero ellos respondieron:
–No, tú no debes ir; porque si nosotros
tenemos que huir, la cosa no tendría importancia, y nadie se fijaría aunque cayéra-
mos la mitad. Pero tú vales por diez mil de
nosotros; es mejor que te quedes en la ciudad para venir luego en nuestra ayuda.
4 El rey les dijo:
–Haré lo que les parezca mejor.
Y se puso de pie junto a la puerta, mientras salía el ejército por grupos de cien y
de mil. 5 El rey dio a Joab, a Abisay y a Itay
esta orden:
–Respeten, por consideración a mí, al
joven Absalón.
Y toda la tropa oyó la orden que el rey
daba a los jefes acerca de Absalón.
6 Salió el ejército al campo, al encuentro de los de Israel, y la batalla tuvo lugar
en el bosque de Efraín. 7 Allí fue destrozado Israel por los hombres de David; aquel
día sufrió una gran derrota: cayeron veinte
mil hombres. 8 La batalla se extendió por
toda la región, y aquel día el bosque devoró
más gente que la espada.
9 Absalón se encontró frente a frente
con los hombres de David; iba montado en
un mulo y, al pasar el mulo por debajo de
las ramas de una gran encina, la cabeza de
Absalón se enredó en las ramas de la encina y quedó colgando en el aire, mientras el
mulo que montaba continuó adelante. 10 Le
vio uno y se lo fue a decir a Joab:
–He visto a Absalón colgando de una
encina.
11 Joab le contestó:
–Si lo viste, ¿por qué no lo mataste y lo
tiraste al suelo? Yo te habría dado diez monedas de plata y un cinturón.
12 Pero el hombre respondió a Joab:
–Aunque me dieras mil monedas de
plata, no le haría daño al hijo del rey, porque oímos claramente que el rey te daba a
ti, a Abisay y a Itay la orden de que se respetara al joven Absalón. 13 Si yo hubiera
atentado secretamente contra su vida, el
rey lo habría sabido, y tú no habrías hecho
nada para protegerme.
14 Dijo Joab:
–No quiero perder el tiempo discutiendo contigo.
Y tomando tres flechas, las clavó en el
corazón de Absalón, que estaba aún vivo
colgado de la encina. 15 Luego se acercaron a él diez jóvenes, asistentes de Joab, y
lo golpearon hasta rematarlo.
16 Entonces Joab mandó tocar la trompeta para detener a la tropa y dejar de perseguir a Israel. 17 Recogieron el cadáver de
Absalón, lo echaron en una gran fosa del
bosque y pusieron encima un gran montón
de piedras. Y todos los de Israel huyeron; a
su casa.
18 Absalón se había hecho construir un

• **18 1-19 9a**: Mientras que la muerte de Amnón es contemplada como un justo castigo por la infamia de la violación de Tamar (2 Sm 13 1-22), el final de Absalón, rebelde y conspirador, suscita compasión por lo que esa muerte supone para David: *respeten, por consideración a mí, al joven Absalón* (2 Sm 18 5). El guerrero que descubre a Absalón suspendido entre el cielo y la tierra ha entendido bien el alcance de este deseo del rey. No así Joab, que no acaba de comprender la reacción de David y se pregunta –y con él todo el pueblo–: *¿Es que David ama a quien lo odia y odia a quien lo ama?* (2 Sm 19 7).

La narración puede dividirse en cuatro escenas: derrota de Absalón (2 Sm 18 1-8); muerte de Absalón (2 Sm 18 8-17); David se entera de la muerte de Absalón (2 Sm 18 19-32); dolor de David (2 Sm 19 1-9a).

monumento en el valle del rey, pensando:
«No tengo hijos para conservar el recuerdo
de mi nombre». Y había puesto su nombre
al monumento. Todavía hoy se llama «Monumento de Absalón».
19 Ajimás, hijo de Sadoc, dijo:
–Déjame ir corriendo a dar al rey la
buena noticia de que el Señor le ha hecho
justicia, librándolo de sus enemigos.
20 Joab le respondió:
–No serás tú hoy el portador de la noticia; lo serás otro día, porque hoy no llevarías buenas noticias, ya que ha muerto el
hijo del rey.
21 Y Joab ordenó a un cusita:
–Vete a anunciar al rey lo que has visto.
El cusita se postró ante Joab y partió
corriendo. 22 Pero Ajimás, hijo de Sadoc,
insistió de nuevo ante Joab:
–Déjame que corra también yo tras el
cusita.
Le dijo Joab:
–¿Por qué quieres correr, hijo mío? No
encontrarás recompensa alguna.
23 Pero él respondió:
–Pase lo que pase, yo voy.
Entonces Joab le dijo:
–Corre, pues.
Ajimás corrió por el camino de la llanura y adelantó al cusita.
24 David estaba sentado entre las dos
puertas de entrada. El centinela, que estaba
en la terraza que hay a la entrada, por encima de la muralla, miró y, al ver a un hombre que venía corriendo solo, 25 gritó para
anunciárselo al rey. El rey dijo:
–Si viene solo, es que trae buenas noticias.
Mientras él iba acercándose, 26 vio el
centinela otro hombre que venía corriendo
y gritó:
–Otro hombre viene corriendo solo.
Y dijo el rey:
–También ése trae buenas noticias.
27 Dijo el centinela:
–Por el modo de correr, el primero parece Ajimás, hijo de Sadoc.
El rey contestó:
–Es un hombre bueno; viene con buenas noticias.
28 Ajimás se acercó y saludó al rey; luego se postró ante él rostro en tierra y dijo:
–Bendito sea el Señor, tu Dios, que ha
hecho perecer a quienes se habían sublevado contra el rey, mi señor.
29 El rey preguntó:
–¿Está bien el joven Absalón?
Respondió Ajimás:
–Yo vi un gran tumulto en el momento
en que Joab enviaba a tu siervo; pero no sé
lo que era.
30 El rey dijo:
–Retírate y quédate aquí.
El se retiró a un lado y se quedó allí.
31 Entonces llegó el cusita y dijo:
–Traigo buenas noticias para el rey, mi
señor. El Señor te ha hecho justicia librándote de todos los que se habían sublevado
contra ti.
32 El rey preguntó al cusita:
–¿Está bien el joven Absalón?
El cusita contestó:
–¡Que corran la suerte de ese joven los
enemigos del rey, mi señor, y todos los que
se han sublevado contra ti para hacerte
daño!

19 1 El rey se estremeció y, subiendo a la
habitación que hay encima de la entrada de la ciudad, se puso a llorar y se lamentaba sollozando:
–¡Hijo mío, Absalón! ¡Hijo mío, hijo
mío, Absalón! ¡Ojalá hubiera muerto yo en
tu lugar, Absalón, hijo mío, hijo mío!
2 Informaron a Joab que el rey lloraba y
se lamentaba por Absalón; 3 y aquel día la
victoria se cambió en luto para toda la tropa, porque oyeron decir que el rey estaba
apenado por su hijo. 4 Por eso aquel día la
tropa entró a escondidas en la ciudad, como entran los que regresan avergonzados
por haber huido en la batalla. 5 El rey tenía
cubierto el rostro y seguía gritando:
–¡Hijo mío, Absalón! ¡Absalón, hijo
mío, hijo mío!
6 Joab se presentó al rey en su palacio y
le informó:
–Tus soldados, que han salvado hoy tu
vida, la de tus hijos y tus hijas, y la de tus
mujeres y concubinas, están avergonzados
por tu causa, 7 porque resulta que amas a
quien te odia y odias a quien te ama. Hoy
has dejado bien claro que nada te importan
ni los jefes ni los soldados; estoy seguro de
que si Absalón estuviera vivo y todos
nosotros hubiéramos muerto, estarías contento. 8 Levántate y anima a tus hombres,

porque te juro por el Señor que, si no sales, no quedará contigo esta noche ni un solo hombre, y esto sería para ti el peor de todos los males que te hayan sobrevenido desde tu juventud hasta hoy.

9 Entonces el rey se levantó y fue a sentarse a la puerta de la ciudad.

Regreso de David a Jerusalén

2 Sm 16 1-13; 17 27-29

Hicieron saber a toda la tropa que el rey estaba sentado a la puerta de la ciudad, y todos se presentaron ante el rey. Los de Israel habían huido cada uno a su casa. 10 Todo el pueblo discutía; en todas las tribus de Israel se decía:

–El rey nos salvó del poder de nuestros enemigos; él nos salvó de los filisteos, pero ha tenido que huir del país a causa de Absalón. 11 Ahora bien, Absalón, a quien habíamos ungido como rey nuestro, ha muerto en la batalla. ¿Por qué, pues, no hacen algo para que regrese el rey?

12 Esto que se decía en todo Israel llegó a oídos del rey. Entonces el rey David mandó decir a los sacerdotes Sadoc y Abiatar:

–Digan a los ancianos de Judá: ¿Por qué son ustedes los últimos en pedir que el rey regrese a su palacio? 13 Ustedes son mis parientes, de mi misma carne y sangre, ¿por qué son los últimos en pedir que regrese el rey? 14 Y a Amasá le dirán: ¿Acaso no eres de mi misma carne y sangre? Que Dios me castigue una y otra vez si no te hago jefe de mi ejército para siempre en lugar de Joab.

15 David se ganó a todos los hombres de Judá, que unánimemente le hicieron llegar este ruego:

–Regresa tú y todos tus servidores.

16 El rey se puso en camino y llegó al Jordán. Los de Judá habían venido a Guilgal para recibir al rey y ayudarle a cruzar el río Jordán.

17 Semey, hijo de Guera, el benjaminita de Bajurín, se apresuró a bajar también con los hombres de Judá al encuentro del rey David. 18 Llevaba consigo mil hombres de Benjamín. También Sibá, el criado de la familia de Saúl, iba con sus quince hijos y veinte siervos. Se adelantaron al rey en el Jordán, pasaron al otro lado 19 y se pusieron a disposición del rey, ayudando a que pasara también la familia real. Semey, hijo de Guera, se postró ante el rey cuando iba a pasar el Jordán, 20 y le dijo:

–¡No tenga mi señor en cuenta mi falta ni recuerde la ofensa de su siervo el día en que mi señor, el rey, salía de Jerusalén! No se fije en ella el rey, 21 porque tu siervo reconoce que ha pecado, y por eso ha venido el primero de toda la familia de José al encuentro de mi señor el rey.

22 Abisay, hijo de Seruyá, tomó la palabra y dijo:

–¿Acaso no va a morir Semey, que maldijo al ungido del Señor?

23 Pero David dijo:

–¡No se entrometan en mis asuntos, hijos de Seruyá! ¿Por qué se portan conmigo como si fuera su enemigo? Hoy no morirá nadie de Israel. ¿Acaso no soy yo desde hoy el único rey de Israel?

24 Y el rey dijo a Semey:

–No morirás.

Y se lo juró.

25 También Meribaal, hijo de Saúl, bajó al encuentro del rey. No había cuidado sus pies, no se había arreglado la barba ni había lavado su ropa desde el día en que partió el rey hasta el día en que regresó sano y salvo. 26 Al llegar desde Jerusalén ante el rey, éste le preguntó:

–¿Por qué no viniste conmigo, Meribaal?

27 El respondió:

• **19 9b-44**: David regresa de nuevo a Jerusalén (véase 2 Sm 15 25.31; 16 11-12; 17 14). Son los hombres de Israel y de Judá (2 Sm 19 9b-15) quienes deciden su regreso. Los sucesivos encuentros con Semey (2 Sm 19 16-24), Meribaal (2 Sm 19 25-31) y Barzilay (2 Sm 19 32-40) ponen de relieve el buen ánimo con que David afronta la nueva situación y el trato generoso que dispensa a quienes lo habían traicionado (véase 2 Sm 16 1-14).

Son los de Israel, en otro tiempo obedientes a las órdenes de Absalón (2 Sm 15 13), quienes toman la iniciativa de que David regrese. En Judá, tribu a la que pertenece David, son más remisos a aceptarlo de nuevo. David les envía mensajeros para que también ellos soliciten su regreso. Hay en ello un presentimiento de que la continuidad de su dinastía sólo podrá descansar en la fidelidad de Judá.

En el episodio final (2 Sm 19 41-44) se advierte que la relación entre Judá e Israel es tensa. Los de Israel no entienden que los de Judá, habiendo reconocido después que ellos a David (2 Sm 19 12), sean quienes acompañen al rey. Además, siempre tendrán más derecho diez tribus, las que forman Israel (1 Re 11 31), que la sola tribu de Judá.

–Mi rey y señor, mi criado me ha traicionado. Pues has de saber que tu siervo le dijo: Prepárame el burro para montar en él e ir con el rey, porque tu siervo es cojo.
28 Así que tu siervo ha sido calumniado
ante mi señor el rey. Pero mi señor el rey
es como el mensajero de Dios: haz lo que
mejor te parezca, 29 porque toda la familia
de mi padre merece la muerte ante mi señor el rey; y, sin embargo, tú has admitido a tu siervo entre los que comen a tu mesa. ¿Qué derecho puedo tener yo para implorar todavía al rey?

30 El rey le dijo:

–Ahórrate tantas explicaciones. He decidido que tú y Sibá se repartan las tierras.

31 Meribaal le dijo:

–Puede quedarse con todas, lo importante es que mi señor el rey ha regresado sano y salvo a su casa.

32 Barzilay, el galadita, bajó también a
Roguelín y continuó con el rey para guiarlo hasta el Jordán. 33 Barzilay era muy
viejo: tenía ochenta años. El había proporcionado sustento al rey durante su permanencia en Majanain, pues era un hombre
muy rico. 34 El rey le dijo:

–Ven y comerás conmigo en Jerusalén.

35 Pero Barzilay le dijo:

–Me quedan pocos años de vida; no merece la pena que suba con el rey a Jerusalén. 36 Tengo ya ochenta años y apenas
puedo distinguir entre el bien y el mal; casi no puedo saborear lo que como y lo que bebo, y a duras penas logro escuchar la voz de los cantantes. Tu siervo sería una
carga para mi señor el rey. 37 Tu siervo se
contenta con acompañar al rey hasta que cruce el Jordán; no es necesario que el rey
me otorgue tal recompensa. 38 Deja que
regrese para morir en mi ciudad, junto al sepulcro de mis padres. Que vaya contigo mi hijo Quimeán, tu siervo, y lo tratas como mejor te parezca.

39 El rey contestó:

–De acuerdo, que venga conmigo Quimeán, y yo lo trataré como tú quieras y todo lo que tú me pidas te lo concederé también.

40 Toda la gente cruzó el Jordán; y el rey cruzó también. El rey abrazó a Barzilay y lo bendijo, y éste regresó a su casa.

41 El rey se dirigió a Guilgal, y Quimeán
iba con él. Todo el pueblo de Judá y la mitad del pueblo de Israel acompañaban al
rey. 42 En esto, todos los de Israel vinieron
a decir al rey:

–¿Por qué te han acaparado nuestros hermanos de Judá y han ayudado a pasar el Jordán al rey, a su familia y a todos sus hombres?

43 Los hombres de Judá respondieron a los de Israel:

–Porque el rey es nuestro pariente. ¿Por qué se enojan? ¿Acaso hemos comido nosotros a expensas del rey o nos ha hecho regalos?

44 Los de Israel respondieron a los de Judá:

–Nosotros somos diez tribus, y, por tanto, tenemos más derecho que ustedes sobre el rey David. ¿Acaso no fuimos nosotros los primeros que propusimos su regreso?

Pero los de Judá respondieron con palabras más violentas que los de Israel.

Sedición y muerte de Sibá

1 Re 12 16; 2 Sm 16 20-22; 1 Cr 11 11-47

20 1 Se encontraba allí un hombre malvado, llamado Sibá, hijo de Bicrí, de la tribu de Benjamín. Este hizo tocar la trompeta para convocar a la gente, y les dijo:

–¡Nosotros no tenemos nada que ver con David; nuestra herencia no es la del hijo de Jesé! ¡Cada uno a sus tiendas, Israel!

2 Todos los hombres de Israel abandonaron a David y se fueron con el hijo de Bicrí; pero los de Judá siguieron a su rey, desde el Jordán hasta Jerusalén.

3 David regresó a su casa de Jerusalén.
El rey tomó a las diez concubinas que había

• **20** 1-22: Este capítulo recoge las últimas consecuencias de la revuelta de Absalón. Esta no se dará por concluida hasta que Amasá, lugarteniente de Absalón, sea eliminado.

Un nuevo intento de rebelión surge en el norte. Ahora se ve que el altercado entre Israel y Judá (2 Sm 19 41-44) era algo más que una simple discusión entre hermanos. La rebelión de Sibá evidencia que la unión entre Israel y Judá dista mucho de ser una relación estable. Se oye en este momento un grito que, años más tarde con carácter definitivo, consumará la división del reino: *¡Cada uno a sus tiendas, Israel!* (2 Sm 20 1; véase 1 Re 12 16). Es un grito que recuerda los orígenes nómadas o semi-nómadas de Israel. Sibá se sirve de él para anular las palabras amistosas con que las tribus del norte aceptaron a David como rey: *Somos de tu misma carne y sangre* (2 Sm 5 1).

dejado para cuidar el palacio y las puso bajo guardia. Se preocupó de su sustento, pero no se acostó con ellas; y estuvieron encerradas hasta el día de su muerte, como si fueran viudas.

4 El rey ordenó a Amasá:

–Reúne a los hombres de Judá en el plazo de tres días y ven también tú.

5 Amasá salió a reunir a los hombres de Judá, pero tardó más del tiempo fijado. 6 Entonces David dijo a Abisay:

–Ahora Sibá, hijo de Bicrí, nos hará más daño que Absalón. Así que toma contigo a los servidores de tu señor y persíguelo, no sea que alcance las ciudades fortificadas y se nos escape.

7 Joab, los quereteos, los peleteos y todos los valientes salieron de Jerusalén al mando de Abisay, para perseguir a Sibá, hijo de Bicrí. 8 Cuando estaban junto a la gran piedra que hay en Gabaón, Amasá salió a su encuentro. Joab llevaba un cinto sobre su uniforme militar con una espada envainada. Al moverse, la espada se le salió y cayó. 9 Joab preguntó a Amasá:

–¿Estás bien, hermano?

Y lo saludó tomándolo de la barba con la mano derecha. 10 Pero Amasá no se dio cuenta que Joab tenía la espada en la mano, y éste se la clavó en el vientre, esparciendo sus entrañas por tierra. Amasá murió de un solo golpe, sin necesidad de otro. Joab y su hermano Abisay continuaron persiguiendo a Sibá, hijo de Bicrí. 11 Uno de los de Joab se quedó de pie junto a Amasá gritando:

–El que sea partidario de Joab y esté con David, que siga a Joab.

12 Amasá yacía, bañado en sangre, en medio del camino. El hombre retiró a Amasá, lo puso fuera del camino y lo cubrió con una manta, porque veía que todos los que pasaban junto a él se detenían. 13 Una vez que lo quitaron del camino, todos siguieron a Joab en persecución de Sibá, hijo de Bicrí.

14 Sibá recorrió todas las tribus de Israel y llegó a Abel Bet Maacá; todos los seguidores de Bicrí se reunieron y se fueron con él. 15 Llegaron los otros y lo sitiaron en Abel Bet Maacá. Hicieron un terraplén contra la ciudad, y toda la tropa de Joab comenzó a socavar la muralla para derribarla. 16 Entonces una mujer inteligente se puso a gritar desde la ciudad:

–¡Escuchen! ¡Escuchen! Digan, por favor, a Joab que se acerque aquí para hablarle.

17 El se acercó, y la mujer le preguntó:

–¿Eres tú Joab?

El respondió:

–Sí.

Ella le dijo:

–Escucha las palabras de tu sierva.

El contestó:

–Te escucho.

18 Ella prosiguió:

–En otro tiempo había costumbre de decir: «Si hay algo que preguntar, pregunta a los de Abel», y el asunto quedaba resuelto. 19 Esta es una de las ciudades más pacíficas y fieles de Israel. Intentas destruir una ciudad importante de Israel. ¿Por qué quieres exterminar la heredad del Señor?

20 Joab respondió:

–¡Ni lo pienses! Yo no quiero destruir ni arruinar. 21 No se trata de eso, sino de un hombre de las montañas de Efraín, llamado Sibá, hijo de Bicrí, que se ha sublevado contra el rey David. Entréguenlo a él solo, y yo me alejaré de la ciudad.

La mujer dijo a Joab:

–Inmediatamente te echaremos su cabeza por encima de la muralla.

22 La mujer, con su ingenio, convenció a toda la ciudad; cortaron la cabeza a Sibá, hijo de Bicrí, y se la tiraron a Joab. Entonces Joab mandó tocar la trompeta para que se alejaran de la ciudad, y cada uno se fuera a su casa. También Joab regresó a Jerusalén, junto al rey.

Funcionarios en la corte de David

2 Sm 8 16-18

23 Joab era general de todo el ejército de Israel; Benayas, hijo de Yoyadá, mandaba a los quereteos y peleteos; 24 Adonirán era el inspector de los tributos, y Josafat, hijo de Ajilud, el cronista. 25 Susa era el secretario, y Sadoc y Abiatar, los sacerdotes. 26 Irá, de Jaír, era también sacerdote de David.

VI. APENDICES Δ

Gran hambre y muerte de los siete hijos de Saúl

Jos 9 3-27; 2 Sm 9 1-3; 1 Sm 20 15-17.42; 31 10-13

21 1 En el reinado de David hubo hambre
durante tres años seguidos. David consultó al Señor, y el Señor le respondió:
–Los crímenes de Saúl y su familia son
los culpables del hambre, porque él mató a
los gabaonitas.
2 Entonces el rey convocó a los gabaonitas y les habló. (Los gabaonitas no eran
israelitas, sino un resto de los amorreos;
los israelitas estaban ligados a ellos con juramento y, sin embargo, Saúl había intentado exterminarlos en su deseo de defender
a los hijos de Israel y de Judá). 3 Dijo,
pues, David a los gabaonitas:
–¿Qué puedo hacer por ustedes? ¿Cómo puedo reparar el daño que se les ha hecho, para que bendigan al pueblo del Señor?
4 Los gabaonitas respondieron:
–No queremos plata ni oro de la familia
de Saúl, ni queremos que muera nadie de
Israel.
David les dijo:
–Haré por ustedes lo que digan.
5 Ellos dijeron:
–Hay un hombre que ha pretendido destruirnos y aniquilarnos para hacernos desaparecer de todo el territorio de Israel; 6 que
nos entreguen siete de sus hijos para que
los colguemos en presencia del Señor, en
Gabaón, en la montaña del Señor.
El rey dijo:
–Se los entregaré.
7 Pero perdonó a Meribaal, hijo de Jonatán, y nieto de Saúl, debido al juramento
sagrado que había entre los dos, entre David y Jonatán, hijo de Saúl. 8 Tomó el rey a
Armoní y Meribaal, los dos hijos que Rispá, hija de Ayá, había dado a Saúl, y a los
cinco hijos que Merab, hija de Saúl, había
dado a Adriel, hijo de Barzilay, de Mejolá;
9 y se los entregó a los gabaonitas, que los
colgaron en la montaña en presencia del Señor. Murieron los siete al mismo tiempo;
fueron ahorcados los primeros días de la
cosecha de la cebada.
10 Rispá, hija de Ayá, tomó un saco, se
sentó en la roca, y estuvo allí desde el comienzo de la cosecha hasta que la lluvia
cayó sobre los cadáveres; no dejó que las
aves del cielo se lanzaran sobre ellos por el
día, ni las bestias del campo por la noche.
11 Informaron a David de lo que había hecho Rispá, hija de Ayá, concubina de Saúl.
12 Entonces David mandó retirar los restos
de Saúl y de su hijo Jonatán, que los principales de Yabés de Galaad habían descolgado de la muralla de Betsán, donde los
habían colgado los filisteos el día que derrotaron a Saúl en Gelboé. 13 Retiró de allí
los restos de Saúl y de su hijo Jonatán y
los juntó con los restos de los que habían
sido colgados. 14 Y enterraron los huesos
de Saúl y de Jonatán, su hijo, en tierra de
Benjamín, en Selá, en el sepulcro de Quis,
padre de Saúl. Se hizo todo lo que había
mandado el rey y, después de esto, Dios
tuvo piedad del país.

• **20 23-26**: Con esta nueva lista de funcionarios concluye una etapa penosa de la historia de Israel. La lista de altos cargos de 2 Sm 8 16-18 había sido situada por el redactor al final de otro período difícil, dando a entender que la paz y estabilidad habían llegado finalmente al reino. Del mismo modo, esta lista ha sido colocada por el redactor al final de este agitado período en que la lucha por la sucesión había puesto en grave peligro la unidad del país y la continuidad de David en el trono. Se nos da a entender, de este modo, que al final David ha logrado reorganizar nuevamente el reino.

Δ 21 1-24 25: Estos capítulos son un paréntesis que interrumpe el curso normal de la narración. Esta continuará en 1 Re 1 con nuevos problemas acerca de la sucesión al trono. No podemos precisar con qué intención han sido colocados aquí: ¿Para dejar buen sabor de boca en el ánimo del lector con sendas composiciones poéticas? ¿Para recoger algunos relatos que, si bien podían ser incluidos entre los pasajes de la sucesión al trono, no respondían a las preocupaciones principales del redactor? No lo sabemos. Lo que sí es cierto es que estos seis apéndices han sido colocados con sumo cuidado, formando tres parejas de relatos: 2 Sm 21 1-14 (un hambre devasta a Israel durante *tres años*) y 2 Sm 24 (durante *tres días*, la peste siembra la muerte entre el pueblo); 2 Sm 21 15-22 (lista de filisteos derrotados por los hombres de David) y 2 Sm 23 8-39 (lista de héroes de David); 2 Sm 22 (Canto de David) y 23 1-7 (últimas palabras de David).

• **21 1-14**: Por las palabras de David en 2 Sm 9 1-3 cabe suponer que este episodio ocupa actualmente un lugar que no le corresponde. Cronológicamente hay que situarlo antes de 2 Sm 9.

Un antiguo compromiso, firmado entre Israel y los gabaonitas (véase Jos 9 3ss), había sido roto por Saúl. La venganza reclamada por aquellos aparece como un acto ritual ejecutado en presencia del Señor (2 Sm 20 6).

Héroes de la guerra contra los filisteos

1 Cr 20 4-8

15 De nuevo estalló la guerra entre los
filisteos e Israel. David bajó con sus hombres y lucharon contra los filisteos. David
estaba cansado. 16 Uno de la raza de los gigantes, que tenía una lanza de bronce que
pesaba treinta y cinco kilos y una espada
nueva al cinto, intentó matar a David. 17 Pero Abisay, hijo de Seruyá, vino en su ayuda, hirió al filisteo y lo mató. Entonces, los
hombres de David le rogaron encarecidamente:

–No vuelvas a salir con nosotros a la
guerra, no sea que se extinga la llama de
Israel.

18 Después hubo otra batalla en Gob contra los filisteos, en la que Sibcay, el jusita,
mató a Saf, de la raza de los gigantes. 19 Y
en otra batalla contra los filisteos, que también tuvo lugar en Gob, Eljanán, hijo de
Yair de Belén, mató a Goliat, el de Gat; el
asta de su lanza era como el enorme palo
de un telar.

20 Hubo otra batalla en Gat. Había un
hombre muy alto que tenía seis dedos en
cada mano y en cada pie, veinticuatro dedos en total, también de la raza de los gigantes. 21 Este desafió a Israel, pero Jonatán, hijo de Simá, hermano de David, lo
mató. 22 Estos cuatro eran de la raza de los
gigantes de Gat, y murieron a manos de
David y de sus hombres.

Canto de David

Sal 18

22 1 David entonó al Señor este canto,
cuando el Señor lo libró de todos sus
enemigos y del poder de Saúl. 2 Dijo:

El Señor es mi roca y mi fortaleza,
mi libertador;
3 mi Dios, la roca que me protege,
mi escudo, mi fuerza salvadora,
mi ciudadela y mi refugio;
el que me salva de los que me atacan.
4 Invoco al Señor, digno de alabanza,
y me hallo a salvo de mis enemigos.

5 Las olas de la muerte me envolvían,
me atemorizaban torrentes destructores,
6 los lazos del abismo me apresaban,
la muerte me tenía entre sus redes.
7 En mi angustia clamé al Señor,
grité a mi Dios.
El escuchó mi voz desde su santuario;
mi grito llegó hasta sus oídos.
8 La tierra, sacudida, retembló,
se estremecieron
las columnas de los cielos,
se tambalearon bajo su furor.
9 Una humareda subía de sus narices,
y de su boca un fuego destructor,
que lanzaba carbones encendidos.
10 Inclinó los cielos y bajó;
a sus pies tenía una densa nube.
11 Montó en un querubín,
emprendió el vuelo,
sobre las alas del viento se cernía.
12 De la oscuridad hizo un refugio;
aguacero sombrío y nubes tenebrosas
formaban una tienda en torno a él.
13 El fulgor de su rostro despedía
carbones encendidos.
14 Tronó el Señor desde los cielos,
el Altísimo hizo retumbar su voz;
15 lanzó sus flechas y los puso en fuga,
un rayo que los desbarató.
16 El fondo del mar quedó al descubierto,
los cimientos de la tierra aparecieron
al estruendo del bramido del Señor,
al furioso resoplar de su nariz.
17 Alargó desde lo alto la mano
y me agarró,
me sacó de entre las aguas caudalosas.
18 Me libró de un potente adversario,
de enemigos más fuertes que yo.
19 El día de mi desgracia me asaltaron,
pero el Señor fue mi apoyo.
20 Me liberó, me dio respiro,
me salvó, porque me amaba.

• **21** 15-22: Estos episodios estarían mejor situados en el contexto de las campañas contra los filisteos de que se habla en 2 Sm 5 17-25.

En 1 Sm 17 se dice que fue David quien mató a Goliat, y en 2 Sm 21 19 se dice que fue Eljanán. El texto de 2 Sm 21 es más antiguo y probablemente responde mejor a la realidad. 1 Cr 20 5 ha querido armonizar las dos versiones: *Eljanán, hijo de Yair, mató a Lajmí, hermano de Goliat el de Gat.*

• **22** 1-51: 2 Sm 22 y el Sal 18 pueden considerarse como dos variaciones de un mismo canto. Tras una breve introducción (2 Sm 22 2-4), el poema se divide en tres grandes secciones: 2 Sm 22 5-20: manifestación de Dios en el marco de una gran convulsión cósmica; 2 Sm 22 21-28: reflexión de carácter didáctico o sapiencial; 2 Sm 22 29-51: canto en honor de un guerrero, identificado en el verso final con David.

21 El Señor me premia
porque he sido justo,
recompensa la inocencia de mis manos,
22 porque he seguido las sendas del Señor,
y jamás me porté mal con mi Dios.
23 Tuve siempre presentes sus preceptos;
nunca rechazé sus mandatos.
24 Mi conducta ante él
ha sido irreprochable;
no he cometido pecado.
25 Sí, el Señor me recompensa
porque he sido justo,
y conoce mi inocencia.
26 Con quien te ama, eres todo amor,
con el honrado, eres honrado,
27 limpio con el que juega limpio,
pero con el perverso eres sagaz;
28 tú salvas a los humildes,
y humillas los ojos altaneros.

29 Tú enciendes mi lámpara, Señor,
Dios mío, tú alumbras mi oscuridad;
30 Contigo me enfrento a un ejército,
contigo, Dios mío, asalto la muralla.
31 El camino de Dios es perfecto,
segura la palabra del Señor;
un escudo para los que se refugian en él.
32 Pues, ¿quién es Dios fuera del Señor?
¿Qué roca hay fuera de nuestro Dios?
33 Dios es mi fortaleza
y hace irreprochables mis caminos;
34 hace mis pies como los del ciervo,
en las alturas me sostiene firme;
35 adiestra mis manos para la batalla
y mis brazos para lanzar flechas.
36 Tú me das tu escudo salvador,
y tu bondad afirma mi grandeza,
37 despejas el camino ante mí,
y no desfallecen mis pies.
38 Persigo a mis enemigos, los aplasto,
no descanso hasta haberlos abatido.
39 Los desbarato, no pueden rehacerse,
quedan deshechos bajo mis pies.
40 Me hiciste fuerte para el combate,
aplastas bajo mi pie a mis agresores;
41 Haces que huyan mis enemigos,
y aniquilas a mis adversarios.
42 Piden auxilio, pero nadie los salva,
acuden al Señor, pero no les responde.
43 Yo los trituro como polvo del suelo,
los pisoteo como barro de las calles.
44 Tú me libras de las contiendas
de mi pueblo,
me pones al frente de naciones.
Un pueblo que yo no conocía
me rinde vasallaje,
45 me adulan los extranjeros,
al primer gesto me obedecen;
46 los extranjeros se acobardan
y abandonan temblando sus refugios.
47 ¡Viva el Señor, bendita sea mi Roca;
sea exaltado Dios, mi salvador,
48 el Dios que me dio el desquite,
que me somete los pueblos,
49 y me salva de mis enemigos!
Tú me das la victoria
sobre mis adversarios,
me libras del hombre violento.
50 Por eso te alabo entre los pueblos,
por eso, Señor, canto a tu nombre.
51 Tú aseguras al rey la victoria,
y otorgas tu favor a tu ungido,
a David y a su descendencia
para siempre.

Ultimas palabras de David

Nm 24 3-9.15-24; 2 Sm 7 11-16; Sal 89 29-38

23 1 Estas son las últimas palabras de David:

Oráculo de David, hijo de Jesé,
oráculo del hombre enaltecido,
del ungido del Dios de Jacob,
del cantor de los salmos de Israel:

2 El espíritu del Señor habla por mí,
y su palabra está en mi lengua.
3 Ha hablado el Dios de Jacob,
la Roca de Israel me ha dicho:
El que gobierna a los hombres
con justicia,
el que gobierna respetando a Dios,
4 es como la luz de la mañana
al salir el sol,
mañana esplendorosa y sin nubes,
en la que después de la lluvia
brota el césped.
5 Mi dinastía es estable junto a Dios,

• **23** 1-7: A David, lo mismo que a otros grandes personajes del Antiguo Testamento (véase Gn 49; Dt 33; Jos 24), se le atribuye un discurso de despedida, aunque éste, junto con su testamento, se encuentra propiamente en 1 Re 2 1-9. En 2 Sm 23 1-7 se ofrece, más que un discurso, un pasaje lírico en el que David, revestido de rasgos proféticos, exalta al rey justo y recuerda las antiguas promesas hechas por Dios en favor de su descendencia.

porque ha hecho conmigo
una alianza eterna,
plenamente estipulada y segura.
¿No es él quien me da la victoria,
y hace que se cumplan mis deseos?
6 Pero los malvados son todos
como espinos del desierto,
que nadie agarra con la mano;
7 quien quiere tocarlos
lo hace con un hierro
o con el asta de la lanza,
y los echa al fuego
sin dejar rastro de ellos.

Héroes de David

1 Cr 11 11-41; 27 2-15

8 Los nombres de los héroes de David
son: Isbaal, el jacamonita, el más famoso
de los tres, que empuñó su lanza contra
ochocientos hombres y los mató de una
sola vez. 9 Después de él, Eleazar, hijo de
Dodó, el ajojita, uno de los tres héroes. Este
estaba con David en Pasdamín, cuando los
filisteos se concentraron allí para el combate. Los israelitas se retiraron, 10 pero él
se mantuvo firme y combatió a los filisteos
hasta que la mano se le hinchó y se quedó
pegada a la espada. El Señor logró aquel
día una gran victoria y la tropa regresó con
Eleazar para recoger el botín. 11 Después
de él, Samá, hijo de Elá el jararita. Los filisteos se habían concentrado en Lejí, en
donde había un campo sembrado de lentejas, y el ejército huyó ante ellos, 12 pero él
se plantó en medio del campo, lo defendió
y derrotó a los filisteos. Y el Señor logró
una gran victoria.
13 Tres de entre los treinta valientes bajaron en el tiempo de la cosecha al lugar
donde se encontraba David, a la cueva de
Adulán, mientras una tropa de filisteos
acampaba en el valle de Refaín. 14 Estaba
entonces David en el refugio mientras un
destacamento de filisteos ocupaba Belén.
15 David manifestó este deseo:
–¡Cómo me gustaría beber agua del pozo que hay junto a la puerta de Belén!
16 Entonces los tres héroes, abriéndose
paso a través del campo de los filisteos, sacaron agua del pozo que había junto a la
puerta de Belén y se la ofrecieron a David;
pero él no quiso beberla, sino que hizo con
ella una ofrenda al Señor, 17 diciendo:
–¡Líbrame, Señor, de hacer esto! ¿No
equivale esto a beber la sangre de estos
hombres, que arriesgaron por esta agua sus
vidas?
Y no quiso beberla. Esto hicieron los
tres héroes.
18 Abisay, hermano de Joab e hijo de
Seruyá, era el jefe de los treinta. El empuñó su lanza contra trescientos hombres, los
mató y se hizo famoso entre los treinta.
19 Destacó entre los treinta y llegó a ser su
jefe, pero no igualó a los tres.
20 Benayas, hijo de Yoyadá, natural de
Cabsel, hombre valiente y de grandes hazañas, fue el que mató a los dos héroes de
Moab y el que en un día de nieve bajó a una
cisterna y mató en ella a un león. 21 Mató
asimismo a un egipcio de gran estatura. El
egipcio empuñaba su lanza mientras Benayas se dirigió contra él con un palo; logró
quitarle la lanza y con ella lo mató. 22 Esto
hizo Benayas, hijo de Yoyadá, y se hizo famoso entre los treinta valientes. 23 Destacó
entre los treinta, pero no igualó a los tres.
David lo puso al frente de su guardia personal.
24 De los treinta eran también: Asael,
hermano de Joab; Eljanán, hijo de Dodó,
de Belén; 25 Samá, de Jarod; Elicá, de Jarod; 26 Jeles, el peleteo; Irá, hijo de Iqués,
de Tecoa; 27 Abiezer, de Anatot; Mebunay,
el jusita; 28 Salmón, el ajojita; Maray, el
natufita; 29 Jeled, hijo de Baná, de Netof;
Itay, hijo de Ribay, de Guibeá de Benjamín; 30 Benaya, de Paratón; Edi, de los valles de Gas; 31 Abialbón, de Arabá; Azmavet, de Bajurín; 32 Eliajbá, el saalbonita;
Yasen; 33 Jonatán, hijo de Samá, el ararita;

• **23 8-39**: Este pasaje, cuyo lugar apropiado podría encontrarse inmediatamente después de 2 Sm 21, se divide en dos partes: 2 Sm 23 8-12: los tres héroes: Isbaal, Eleazar y Samá; y 2 Sm 23 13-39: los treinta valientes. De estos treinta, el autor resalta especialmente las hazañas de tres personajes anónimos (2 Sm 23 13-17). A continuación se ofrecen algunas noticias acerca de Abisay y Benayas (2 Sm 23 18-23), así como los nombres de los restantes miembros del grupo (2 Sm 23 24-39). Los treinta y siete valientes son la suma de los treinta y uno (no treinta) de 2 Sm 23 24-39, los tres héroes de 2 Sm 23 8-12 y los tres de 2 Sm 23 18-20 (Abisay, Benayas y, probablemente, Asael). En 1 Cr 11 26-47 se ofrece una lista de cuarenta y nueve nombres.

Ajián, hijo de Sarar, el ararita; 34 Elifélet,
hijo de Ajasbay, de Maacá; Elián, hijo de
Ajitéfel, el guilonita; 35 Jesra, del Carmelo; Paray, de Arbé; 36 Yigal, hijo de Natán,
de Sobá; Baní, el gadita; 37 Selec, el amonita; Najaray, de Berot, escudero de Joab,
hijo de Seruyá; 38 Irá, de Yetir; Gareb, de
Yetir; 39 Urías, el hitita. En total treinta y
siete.

El censo del pueblo y la peste

1 Cr 21

24 1 El Señor se enfureció de nuevo contra los israelitas y, para castigarlos,
incitó a David diciéndole:
–Anda, haz el censo de Israel y de Judá.
2 El rey dijo a Joab y a los jefes del ejército que estaban con él:
–Recorran todas las tribus de Israel, desde Dan hasta Berseba, y hagan un censo
del pueblo para que sepa yo cuántos son.
3 Joab dijo al rey:
–Que el Señor, tu Dios, aumente la población cien veces más y que mi señor el
rey, lo vea con sus ojos, pero ¿para qué
quiere hacer este censo mi señor el rey?
4 Pero la orden del rey prevaleció sobre
la opinión de Joab y de los jefes del ejército; y Joab y los jefes del ejército salieron
de la presencia del rey para hacer el censo
de la población de Israel.
5 Cruzaron el Jordán y acamparon en
Aroer, la ciudad que está al fondo del valle
de Gad; luego se dirigieron a Jazer. 6 Llegaron a Galaad y a la hondonada de Jodsí;
luego siguieron hasta Dan, y desde Dan
caminaron hacia Sidón. 7 Fueron a la plaza
fuerte de Tiro y a todas las ciudades de los
jeveos y cananeos y terminaron en el Négueb de Judá, en Berseba. 8 Recorrieron así
todo el territorio y después de nueve meses
y veinte días, regresaron a Jerusalén. 9 Joab
informó al rey sobre el resultado del censo
del pueblo; había en Israel ochocientos mil
hombres aptos para la guerra y hábiles con
la espada, y en Judá, quinientos mil. 10 Después de hacer el censo del pueblo, David
sintió remordimientos de conciencia, y dijo
al Señor:
–¡He cometido un gran pecado al hacer
esto! Pero dígnate, oh Señor, perdonar el
pecado de tu siervo, porque me he portado
como un necio.
11 Al día siguiente, cuando se levantó
David, el Señor dirigió esta palabra al profeta Gad, vidente de David:
12 –Vete a decir a David: Así dice el Señor: tres castigos te pongo delante; elige
uno de ellos y yo lo llevaré a cabo.
13 Gad se presentó a David y le dijo:
–¿Qué prefieres? ¿Que sobrevengan tres
años de hambre en tu país, que tengas que
huir durante tres meses perseguido por tu
enemigo, o que haya tres días de peste en
tu país? Piensa y decide la respuesta que
debo dar al que me ha enviado.
14 David dijo a Gad:
–Me encuentro en una grave dificultad.
Pero es preferible caer en manos de Dios,
cuya misericordia es grande, a caer en manos de los hombres.
15 Y David eligió la peste.
Era el tiempo de la cosecha del trigo. El
Señor envió la peste desde la mañana hasta
el tiempo fijado, y murieron desde Dan hasta Berseba setenta mil hombres del pueblo.
16a El ángel extendió su mano sobre Jerusalén para exterminarla. 17 Cuando David
vio al ángel que hería al pueblo, suplicaba
al Señor:
–Soy yo quien ha pecado y quien ha
hecho el mal, pero el pueblo es inocente.
Castígame a mí y a mi familia.
16b Entonces el Señor se compadeció
del pueblo que estaba sufriendo y dijo al
ángel que lo exterminaba:
–Basta; que cese el castigo.

• **24** 1-25: La iniciativa de realizar un censo de la población debe partir de Dios. David se ha atrevido a llevar a cabo dicho censo, incurriendo, de este modo, en un grave pecado (2 Sm 24 10). Por eso Dios lo castigará enviando una peste que azotará el país hasta el punto de llevarlo casi al exterminio. David levantará, por orden del profeta Gad, un altar en el campo de Arauná, en el mismo lugar en que, poco antes, el ángel del Señor había retirado su mano y cesado en su cometido de exterminar al pueblo (2 Sm 24 16). Es difícil precisar en qué consistió el pecado de David. En Ex 30 12 se habla de un censo y el posible castigo de una plaga, pero ¿cuál fue la falta cometida por David? ¿Se atribuyó prerrogativas divinas? ¿Quiso poner un límite a la población? ¿Estamos ante un pecado de orgullo? ¿Se trata de una cuestión de autoridad y control al estilo de los que se denuncian en el pasaje antimonárquico de 1 Sm 8 10-18? ¿No ha sido Dios quien, en último término, ha sugerido a David la idea de realizar un censo (2 Sm 24 1)?

El ángel del Señor estaba junto al campo de Arauná, el jebuseo.
18 Aquel día se presentó Gad a David y le dijo:

–Sube y construye un altar al Señor en el campo de Arauná, el jebuseo.

19 David subió como le había dicho Gad,
y cumplió la orden del Señor. 20 Cuando
Arauná vio al rey, que se dirigía hacia él acompañado de sus servidores, se adelantó y se postró ante él rostro en tierra. 21 Y preguntó:

–¿Qué desea mi señor el rey de su siervo?

David le respondió:

–Comprarte el campo y levantar en él un altar al Señor, para que la peste se retire del pueblo.

22 Arauná dijo:

–Tómelo mi señor, el rey, y allí ofrezca en sacrificio lo que le parezca bien. Ahí están los bueyes para el holocausto; la rastra y el yugo pueden servir de leña. 23 Este
siervo de mi señor el rey se lo da todo al rey. Que el Señor tu Dios te sea favorable.

24 El rey le respondió:

–No; quiero comprártelo pagando su precio. No quiero ofrecer al Señor, mi Dios, sacrificios que no me cuesten nada.

Y David compró el campo y los bueyes
por cincuenta monedas de plata. 25 David
construyó allí un altar al Señor, y en él ofreció holocaustos y sacrificios de comunión. Entonces el Señor tuvo piedad del país, y la peste se retiró de Israel.

LIBROS DE LOS REYES

INTRODUCCION

Los dos libros de los Reyes reflejan una amplia e importante etapa de la historia política, religiosa y literaria de Israel. Es una etapa que se prolonga durante unos 400 años, los que van desde la entronización de Salomón (hacia el 971 a. C.), hasta el indulto concedido a Jeconías en su exilio de Babilonia (en el 561 a. C.). Se trata de un período extraordinariamente fecundo en acontecimientos de todo tipo, que en muchos aspectos resulta determinante para el conjunto de la historia bíblica, para el origen y evolución de las instituciones más representativas de Israel y para la formación de buena parte de los libros del Antiguo Testamento.

Los libros de los Reyes se refieren, en efecto, al establecimiento y esplendor de la monarquía unida bajo Salomón, a la pronta división de los reinos del Norte y del Sur y a sus historias separadas hasta los trágicos finales de Samaría (722 a. C.) y Jerusalén (587 a. C.). Es también la "época de oro" del profetismo, con especial referencia a Elías, Eliseo e Isaías. Y, finalmente, es la época de la consolidación de ciertas instituciones, como el templo y el sacerdocio, que se convertirán en pilares fundamentales de la comunidad postexílica. Todo ello convierte a los dos libros de los Reyes en una fuente histórico-teológica de primer orden para la vida del Israel bíblico y para el conjunto del Antiguo Testamento.

1. Contexto histórico

Los dos libros de los Reyes formaban un solo libro en la Biblia hebrea, completando los llamados "Profetas anteriores", después de Josué, Jueces y los dos libros de Samuel. La división en dos libros, como en el caso de los dos libros de Samuel, cuya historia continúan, es artificial y se remonta al medievo tardío, cuando se completó el proceso de separación iniciado por la versión griega de los LXX (ver Introducción a los dos libros de Samuel, apartado 2).

La tradición judía (como atestigua el Talmud) atribuyó los libros de los Reyes al profeta Jeremías. Tal atribución pudo estar provocada por el duplicado existente entre Jr 52 y 2 Re 24 18-25 30, por las múltiples referencias del libro de Jeremías a los últimos acontecimientos de la historia de Judá o por la afinidad literaria entre Jeremías y los dos libros de los Reyes. Sin embargo, no tenemos razones sólidas que apoyen esta atribución. La investigación actual sostiene que los dos libros de los Reyes completan una gran obra histórica, formada por los libros de Josué, Jueces, Samuel y Reyes, a la que se le ha dado el nombre de *historia deuteronomista*, por su inspiración en el libro del Deuteronomio. La obra, fruto de sucesivas ediciones, habría sido escrita en la época del exilio por un autor o autores de la escuela o movimiento deuteronomista. Tendría como finalidad primordial el dar una explicación teológica del desastre que supuso la caída de Jerusalén en el año 587 a. C., y de las funestas consecuencias de este acontecimiento para el pueblo de la alianza (véase Introducción general a los Escritos históricos).

2. Características literarias

Los dos libros de los Reyes comprenden la historia de los reyes de Israel y de Judá desde la muerte de David hasta el exilio de Babilonia, junto con los más importantes acontecimientos sucedidos a lo largo de estos cuatro siglos. Todo este amplísimo contenido se divide en tres partes bien delimitadas, aunque un tanto desiguales:

1. Historia de Salomón (1 Re 1-11)
2. Historia sincrónica de los dos reinos hasta la caída de Samaría (1 Re 12 - 2 Re 17)
3. Historia del reino de Judá hasta el exilio (2 Re 18-25)

El material que encontramos en estos libros es de dos clases: tradicional (procedente de fuentes previas) y redaccional (original del autor o autores de los dos libros de los Reyes).

El *material tradicional* procede de tres tipos de fuentes:

– *Fuentes históricas oficiales*, de las que se citan explícitamente la "Historia de Salomón" (1 Re 11 41), los "Anales de los reyes de Israel" (1 Re 14 19) y los "Anales de los reyes de Judá" (1 Re 14 29). De estas fuentes proceden los datos concretos relativos al reinado de cada uno de los reyes y algunos episodios concretos, especialmente significativos para la finalidad de la obra.

– *Otras fuentes históricas no oficiales*, como la "Historia de la sucesión" al trono de David (2 Sm 9-20; 1 Re 1-2), una "Historia de Salomón", independiente de los anales oficiales y de probable origen sapiencial, una "Crónica del templo", de origen sacerdotal y otros relatos menores, como la historia del cisma (1 Re 12-14), las guerras arameas de Ajab

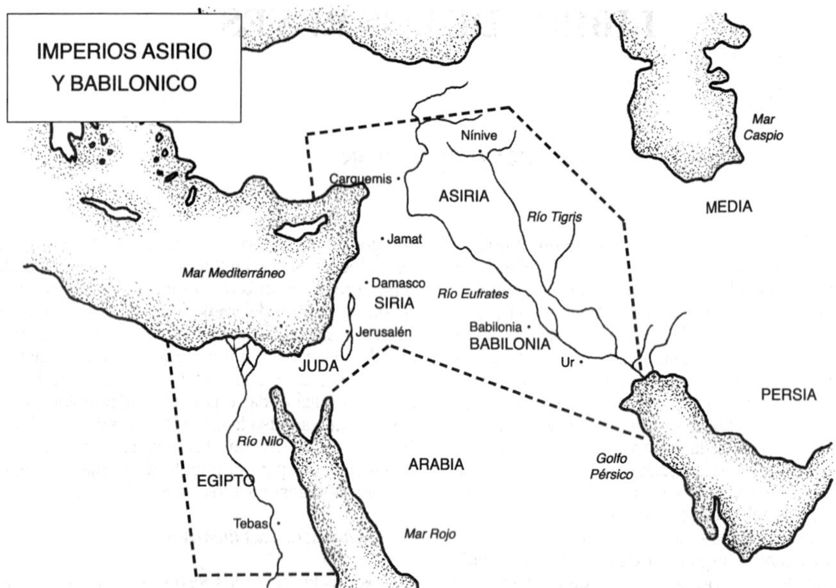

(1 Re 20; 22), la rebelión de Jehú (2 Re 9-10) o la historia de Atalía y Joás (2 Re 11).

– *Fuentes proféticas*, entre las que se destacan los ciclos de Elías (1 Re 17-2 Re 1), Eliseo (2 Re 2-8) e Isaías (2 Re 18-20), junto a los que encontramos otras secciones menores dedicadas a Ajías de Siló (1 Re 11 y 14), a dos profetas anónimos de Judá y Betel (1 Re 13) y a Miqueas, hijo de Yimlá (1 Re 22).

El *material redaccional* es el que mejor refleja el carácter deuteronomista de los dos libros de los Reyes y se concentra en tres tipos de textos:

– Los *juicios religiosos* que el autor deuteronomista hace de cada rey, según su actitud hacia la idolatría y su cumplimiento de la ley deuteronómica del "único santuario" (este juicio resultará unánimemente negativo para todos los reyes de Israel y variado para los reyes de Judá: positivo, positivo con reparos o negativo).

– Los *discursos y reflexiones deuteronomistas*, puestos en boca de algún protagonista o expresados de forma anónima por el autor, que suelen aparecer en momentos culminantes de la historia (1 Re 8; 2 Re 17).

– Las *glosas y retoques* deuteronomistas, que salpican toda la obra en forma de pequeños incisos o paréntesis, a través de los cuales los autores introducen sus comentarios a acontecimientos que más tarde tendrán un significado determinante para los destinos de Israel y de Judá (1 Re 13 2; 2 Re 13 3-5; 14 6). Entre estas glosas destacan las llamadas "citas de cumplimiento", muy abundantes en los dos libros de los Reyes.

La gran variedad de formas literarias que encontramos en el conjunto de los dos libros de los Reyes (sumarios redaccionales, listas e informes de archivo, relatos de corte, narraciones populares, plegarias, oráculos, leyendas proféticas, etc.) hace difícil que podamos hablar de un solo género literario. Se ha hablado de libros históricos, de historiografía religiosa, de teología de la historia, de historia profética... Quizá sea esta última definición la que mejor refleje las peculiaridades de los dos libros de los Reyes, pues aunque no es una obra estrictamente profética (al estilo de los libros de los profetas escritores), el elemento profético adquiere un papel predominante. Tampoco es un libro de historia (en el sentido moderno de esta disciplina), pero utiliza procedimientos y materiales de tipo histórico. Además, la definición de "historia profética" es fiel reflejo de las dos fuentes tradicionales más importantes de la obra. Utilizando este peculiar género, los autores de los dos libros de los Reyes revisan la historia y recurren a ella con una finalidad no histórica, sino teológica: exponer unos hechos que han tenido lugar en la historia, para reflexionar sobre sus causas y consecuencias y proclamar la justicia de Dios y la infidelidad del pueblo y sus dirigentes.

3. Claves teológicas

Conforme a lo que acabamos de decir, la finalidad de los dos libros de los Reyes es más teológica que histórica. Pero, en virtud de las fuentes que convergen en toda la obra, más que de una teología hay que hablar de varias claves teológicas: deuteronomista, monárquica y profética; todas ellas cohesionadas por la finalidad u orientación última que los redactores deuteronomistas dieron a toda su obra.

– La catástrofe del 587 a. C. (caída de Jerusalén, destrucción del templo, fin de la monarquía, deportación y pérdida de la propia tierra) es el auténtico *ángulo focal* de toda la historia deuteronomista (y, por tanto, de los dos libros de los Reyes). Sus autores tratan de ofrecer una explicación coherente a los graves problemas teológicos que los hechos plantearon. Su análisis y veredicto es tajante: Dios es inocente de la gran desgracia, pues siempre ha cumplido su palabra. Sólo el pueblo, con sus dirigentes a la cabeza, es culpable y sufre el justo castigo por sus infidelidades a la alianza, por su abandono de Dios y su desobediencia a la ley y a los profetas.

– *Teología deuteronomista*: Los criterios teológicos, a partir de los cuales los redactores revisan y juzgan la historia, son los aportados por el "libro de la ley" (nuestro actual Deuteronomio), que en la reforma de Josías (2 Re 22-23) adquiere un valor definitivo. Las ideas deuteronómicas más influyentes en los dos libros de los Reyes son: la centralidad de la alianza, especialmente la sinaítica, mencionada o aludida en momentos importantes de la obra (1 Re 8; 2 Re 11 17-18; 23 1-3); la unicidad de Dios, que excluye radicalmente cualquier tipo de culto o reconocimiento de otras divinidades; la importancia del templo, resaltada con la ley del "único santuario", que se convierte en el criterio decisivo para el juicio deuteronomista de los reyes de Israel y de Judá; finalmente, la respuesta del pueblo, concebida como fidelidad y obediencia a Dios, a su ley y a sus siervos, los profetas. Es precisamente esta respuesta del pueblo, la que lo coloca bajo la dialéctica de bendiciones y maldiciones (y el exilio es la última y más grave de todas) que sellan la alianza.

– *Juicio sobre la monarquía*: La historia deuteronomista, en su conjunto, hace un juicio negativo sobre la monarquía. Los reyes de Israel y de Judá han sido, en última instancia, los responsables de las caídas de Samaría y Jerusalén. Sin embargo, en los dos libros de los Reyes parecen coexistir dos concepciones de la monarquía: la concepción deuteronomista del "rey ideal" (Dt 17 14-20), encarnado en Josías, que se define por los compromisos exclusivamente religiosos, y cuyo incumplimiento acarrea la condena de todos los reyes de Israel y de la mayoría de los de Judá (a causa del valor decisivo del "pecado original" de Jeroboán y de los pecados de Manasés, respectivamente); y la concepción jerosolimitana, que emerge de la "promesa dinástica" formulada por Natán (2 Sm 7), y que contempla y juzga a los reyes de Judá desde la óptica de la "justicia original" de David y garantiza la protección y permanencia de la

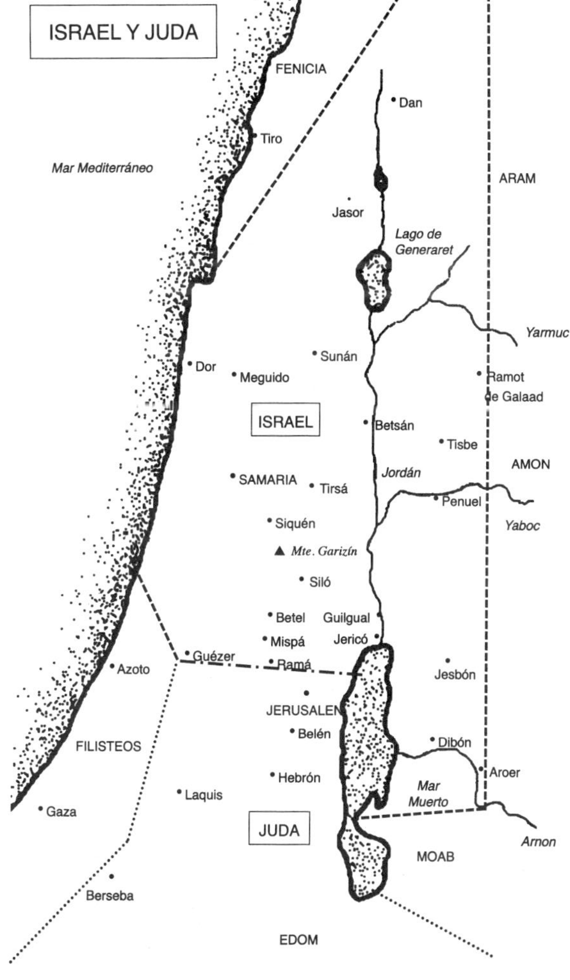

CRONOLOGIA DE LOS REYES DE ISRAEL Y DE JUDA

Reyes de Judá	*(años a. C.)*	*Reyes de Israel*	*(años a. C.)*
Roboán	931-914	* Jeroboán	931-910
Abías	914-911		
Asá	911-870	Nadab	910-909
		* Basá	909-885
		Elá	885-884
		* Zimrí	884
		* Omrí	884-874
Josafat	870-848	Ajab	874-853
		Ocozías	853-852
Jorán	848-841	Jorán	852-841
Ocozías	841	* Jehú	841-813
Atalía	841-835		
Joás	835-796	Joacaz	813-797
Amasías	796-767	Joás	797-782
		Jeroboán II	782-753
Azarías/Ozías	767-739	Zacarías	753
		* Salún	753
		* Menajén	752-741
Jotán	739-734	Pecajías	741-740
Ajaz	734-727	* Pecaj	740-731
Ezequías	727-698	* Oseas	731-722
Manasés	698-643		
Amón	643-640		
Josías	640-609		
Joacaz	609		
Joaquín	609-598		
Jeconías	598-597		
Sedecías	597-587/6		

(* Indica los cambios de dinastía en el reino de Israel)

dinastía davídica, a pesar de la infidelidad de los reyes. Será la única promesa que, al final, se mantendrá vigente.

– *Teología profética*: Hemos dicho que la historia deuteronomista es una historia profética. No en vano siempre encontramos un profeta o un oráculo profético en los momentos más importantes de los dos libros de los Reyes. Los profetas aparecen como los heraldos y mensajeros de Dios, los transmisores de su palabra y los centinelas de la alianza. A través de ellos, la palabra de Dios guía y dirige la historia, sustrayéndola a las fuerzas ciegas del azar y a las decisiones caprichosas de los poderes políticos. Con la aplicación del esquema profecía-cumplimiento, los autores deuteronomistas muestran cómo la historia es prevista, anticipada y cumplida por la palabra eficaz de Dios. Es verdad que la mayoría de las intervenciones proféticas son anuncios de amenazas y castigos, pero también hay espacio para la intercesión y las palabras de salvación. Además, los profetas ejercen una acción bienhechora tanto entre el pueblo como entre los reyes e incluso con relación a los pueblos extranjeros.

– *Llamada a la conversión y a la esperanza*: El balance marcadamente negativo de los dos libros de los Reyes no puede ocultar la presencia de un mensaje positivo, aunque más escondido. En primer lugar, toda la reflexión sobre la conducta del pueblo y de sus reyes, y las acusaciones que de esa reflexión se derivan, contienen un mensaje de conversión. Es lo que expresa la plegaria de Salomón (1 Re 8 46ss). Al igual que el Deuteronomio, la historia deuteronomista es una constante llamada a la conversión: si el pueblo se convierte a Dios, Dios de nuevo estará con su pueblo y lo hará regresar a la tierra. En segundo lugar, hay que advertir que el último episodio del libro, el indulto concedido al rey Jeconías en el exilio (2 Re 25 27-30), es un leve pero inequívoco signo de esperanza: la "antorcha de David", es decir, su descendencia, no se ha apagado del todo y puede alumbrar un nuevo futuro.

Es verdad que las amenazas de los profetas se cumplieron puntualmente. Pero tal cumplimiento era, al mismo tiempo, la mejor garantía de que también se cumplirían sus promesas de un nuevo pueblo (renacido en el "resto"), de una nueva alianza y de un nuevo ungido o Mesías. Dios es fiel, y ninguna de sus buenas palabras dejará de cumplirse. Mientras tanto, Israel irá descubriendo cada vez con mayor claridad que las planes de Dios son a menudo desconcertantes.

PRIMER LIBRO DE LOS REYES

I. REINADO DE SALOMON Δ

1. Salomón sucede a David ◊

Intrigas de palacio para suceder a David

2 Sm 3 4; 15 1

1 1 El rey David era muy viejo y, aunque
lo tapaban con muchas mantas, no lo-
graba entrar en calor. 2 Sus servidores le
propusieron:
–¿Por qué no buscamos para nuestro señor el rey una joven virgen, que lo asista,
lo cuide y duerma con él, y así nuestro señor el rey entrará en calor?
3 Buscaron, pues, una joven hermosa
por todo el territorio de Israel; encontraron
a Abisag, la sunamita, y se la trajeron al
rey. 4 La joven era bellísima; atendía al rey
y lo cuidaba, pero el rey no tuvo relaciones
con ella.
5 Mientras tanto, Adonías, el hijo de Jaguit, soñaba con ser rey. Consiguió carros
de guerra, caballería y cincuenta hombres
de escolta. 6 Su padre no se lo había reprochado en toda su vida, ni le había preguntado por qué actuaba así. Era muy apuesto,
y había nacido después de Absalón. 7 Era
amigo de Joab, hijo de Seruyá, y del sacerdote Abiatar, los cuales tomaron partido
por él. 8 Pero el sacerdote Sadoc y Benayas, hijo de Yoyadá, el profeta Natán, Semey, amigo de David, Reí y los valientes
de la guardia de David no estaban a favor
de Adonías.
9 Un día, Adonías ofreció un sacrificio
de las mejores ovejas, toros y bueyes junto
a la piedra de Zojélet, junto a la Fuente de
Roguel; invitó a todos sus hermanos, los
hijos del rey, y a todos los hombres de Judá, servidores del rey, 10 pero no invitó al
profeta Natán, ni a Benayas, ni a los valientes de la guardia, ni a su hermano Salomón.

Designación de Salomón como rey

2 Sm 12 24

11 Natán dijo entonces a Betsabé, madre
de Salomón:
–¿Sabes que Adonías, hijo de Jaguit, se
ha proclamado rey sin que lo sepa David,
nuestro señor? 12 Voy a darte un consejo,
para que salves tu vida y la de tu hijo Salomón. 13 Vete a ver al rey David y dile: ¿Acaso no hiciste a tu sierva este juramento, ¡oh
rey mi señor!: «Tu hijo Salomón me sucederá en el reino y se sentará en mi trono»?
Entonces, ¿cómo es que reina Adonías?

Δ 1 1-11 43: La primera parte del libro de los Reyes se centra en el reinado de Salomón. Los dos primeros capítulos continúan la historia de la sucesión de David comenzada en 2 Sm 9-20. Los siguientes van describiendo diversos aspectos del reinado de Salomón: su sabiduría (1 Re 3 1-5 14), sus construcciones (1 Re 5 15-9 9), su fama (1 Re 9 10-10 29) y la decadencia de dicho reinado (1 Re 11).

El reinado de Salomón fue ciertamente esplendoroso. El sucesor de David supo conservar y organizar los territorios conquistados por su padre. Sin embargo, nunca desaparecieron las tensiones entre las tribus del norte y las del sur, y al final de este reinado dicha tensión llegará a la ruptura total.

◊ 1 1-2 46: 1 Re 1-2 continúan la crónica de la sucesión al trono de David (2 Sm 9-20), que culmina aquí. El redactor de estos capítulos se comporta imparcialmente. Nunca indica si la nominación de Salomón es legítima, o no. Son los actores, en concreto los partidarios de Salomón, quienes reclaman para él la elección divina.

• 1 1-10: La sucesión al trono no estaba aún regulada, pues la monarquía era reciente. Saúl y David habían sido elegidos personalmente, y no estaba claro que el primogénito tuviera que ser el sucesor. Por eso es normal que se formen candidaturas apoyadas por grupos con diversos intereses. Las intrigas de una parte, la política de hechos consumados de otra, complican la sucesión de un rey anciano, que finalmente se inclina por Salomón, cuya candidatura apoya el profeta Natán.

• 1 11-37: El golpe de estado de Adonías es frenado por las intrigas de Natán y Betsabé. Esta última, aconsejada por el profeta y aludiendo a un juramento de David que no se ha mencionado para nada en la historia precedente, convence al rey para que nombre sucesor a Salomón. La legitimidad de Salomón se basará en que David, aún en vida, lo nombra rey para que gobierne junto a él.

14 Y mientras tú estés hablando con el rey, entraré yo y confirmaré tus palabras.

15 Entró, pues, Betsabé en la habitación del rey. El rey estaba muy envejecido, y Abisag, la sunamita, lo servía. 16 Betsabé se inclinó e hizo una reverencia al rey. El rey le dijo:

–¿Qué quieres?

17 Ella contestó:

–Señor mío, por el Señor, tu Dios, tú juraste a tu sierva: «Tu hijo Salomón me sucederá en el reino y se sentará en mi trono». 18 Ahora resulta que Adonías se ha proclamado rey sin que tú, mi señor el rey, lo sepas. 19 Ha sacrificado bueyes, los mejores toros y ovejas en cantidad, y ha invitado a todos los hijos del rey, al sacerdote Abiatar y a Joab, general del ejército, pero no ha invitado a Salomón, tu siervo. 20 En ti, oh rey, mi señor, están los ojos de todo Israel, esperando que designes a tu sucesor en el trono. 21 De lo contrario, cuando el rey mi señor haya muerto, yo y mi hijo Salomón apareceremos como usurpadores.

22 Mientras estaba hablando con el rey, llegó el profeta Natán. 23 Avisaron al rey diciendo:

–Está aquí el profeta Natán.

Natán se presentó al rey, se postró ante él rostro en tierra 24 y le dijo:

–Oh rey mi señor, sin duda has dispuesto que Adonías te suceda en el reino y se siente en tu trono. 25 Porque ha bajado hoy y ha inmolado bueyes, los mejores toros y ovejas en cantidad, y ha invitado a todos los hijos del rey, a los jefes del ejército y al sacerdote Abiatar. Ahora están comiendo y bebiendo en su compañía; y gritan: «¡Viva el rey Adonías!» 26 Pero ni me ha invitado a mí, tu servidor, ni al sacerdote Sadoc, ni a Benayas, hijo de Yoyadá, ni a tu siervo Salomón. 27 ¿Es posible que el rey, mi señor, haya ordenado esto sin haber notificado a sus servidores quién sucederá en el trono al rey mi señor?

28 El rey David dijo:

–Llamen a Betsabé.

Ella se presentó al rey y se quedó de pie ante él. 29 Entonces el rey hizo este juramento:

–¡Vive el Señor, que me ha salvado de todo peligro! 30 Yo te juré por el Señor, Dios de Israel, que tu hijo Salomón me sucedería en el reino y se sentaría en mi trono en mi lugar. ¡Pues así lo haré hoy mismo!

31 Betsabé, inclinándose rostro en tierra, se postró ante el rey y dijo:

–¡Viva por siempre mi señor, el rey David!

32 David ordenó:

–Llamen al sacerdote Sadoc, al profeta Natán y a Benayas, hijo de Yoyadá.

33 Ellos se presentaron al rey, y él les dijo:

–Tomen con ustedes la escolta real, monten a mi hijo Salomón en mi propia mula y bájenlo a Guijón. 34 Allí el sacerdote Sadoc y el profeta Natán lo ungirán como rey de Israel, y ustedes tocarán la trompeta y gritarán: ¡Viva el rey Salomón! 35 Después subirán detrás de él, y cuando llegue aquí, se sentará en mi trono y empezará a reinar en mi lugar, pues a él lo he designado para que reine sobre Israel y sobre Judá.

36 Benayas, hijo de Yoyadá, respondió al rey:

–¡Amén! ¡Así lo disponga el Señor, Dios del rey, mi señor! 37 ¡Qué el Señor esté con Salomón, igual que estuvo con mi señor el rey, y que haga su trono más glorioso que el trono de mi señor, el rey David!

Salomón es consagrado rey

1 Cr 29 21-25; Ex 21 13-14; 27 2; 1 Re 2 28

38 Así pues, el sacerdote Sadoc, el profeta Natán, Benayas, hijo de Yoyadá, los quereteos y los peleteos bajaron, montaron a Salomón en la mula del rey David y lo llevaron a Guijón. 39 El sacerdote Sadoc tomó de la tienda de la presencia el cuerno del óleo y ungió a Salomón. Entonces tocaron la trompeta y todo el pueblo gritó:

–¡Viva el rey Salomón!

• **1 38-53**: En este pasaje encontramos un ritual bastante detallado de la consagración del rey: unción por parte del sacerdote (quizá también por el profeta Natán: 1 Re 1 34.45); la mula, símbolo de la realeza, sirve de montura; sonido de la trompeta que abre el cortejo, y finalmente la aclamación del pueblo. El contraste entre esta escena y la que se desarrolla setecientos metros más abajo (en Ain-Roguel), es bello. Adonías teme y se refugia en el santuario, reclamando el derecho de asilo sagrado. Salomón por esta vez lo perdona, pero este perdón no durará mucho.

40 Después subieron detrás de él tocando
flautas; las señales de alegría eran tan grandes que parecía que la tierra se iba a abrir
con el griterío.
41 Adonías y todos sus invitados oyeron
el griterío cuando terminaban el banquete.
También Joab oyó el sonido de la trompeta
y dijo:
–¿A qué se debe ese griterío del pueblo?
42 Aún estaba hablando, cuando llegó
Jonatán, hijo del sacerdote Abiatar. Adonías le dijo:
–Pasa, tú eres un valiente y traerás buenas noticias.
43 Jonatán le dijo:
–Todo lo contrario. El rey David, nuestro
señor, ha proclamado rey a Salomón. 44 Ha
enviado con él al sacerdote Sadoc, al profeta
Natán, a Benayas, hijo de Yoyadá, a los quereteos y peleteos, y lo han montado en la
mula del rey; 45 y el sacerdote Sadoc y el
profeta Natán lo han ungido rey en Guijón.
Luego han subido desde allí, llenos de alegría, y los habitantes de la ciudad han salido
a las calles. Este es el griterío que ustedes
han oído. 46 Más aún, Salomón se ha sentado en el trono del rey. 47 Y los servidores del
rey han ido a felicitar a nuestro señor, el rey
David, diciendo: «¡Qué tu Dios haga a Salomón más famoso que a ti, y su trono sea
más glorioso que el tuyo!». El rey ha hecho
una inclinación reverente desde su lecho
48 y ha dicho: «¡Bendito sea el Señor, Dios
de Israel, que me ha concedido hoy un sucesor, y mis ojos pueden verlo!».
49 A los invitados de Adonías les entró
miedo, se levantaron y se fueron cada uno
por su lado. 50 Adonías temeroso de Salomón, fue a aferrarse a las esquinas que sobresalen del altar. 51 Entonces le informaron a Salomón:
–Adonías tiene miedo del rey Salomón
y se ha aferrado a las esquinas que sobresalen del altar, diciendo: «Júreme hoy el rey
Salomón que no mandará matar a espada a
su siervo».
52 Salomón dijo:
–Si se porta lealmente, no caerá en tierra uno solo de sus cabellos; pero si es sorprendido en delito, morirá.
53 Y mandó que lo retiraran del altar.
Adonías vino y se postró ante el rey Salomón; éste le dijo:
–¡Vete a tu casa!

Testamento y muerte de David

1 Cr 29 26-28; Dt 17 18-20; 2 Sm 3 27; 16 5-13;
17 27-29; 19 17-24.32-40; 20 10

2 1 David, a punto ya de morir, dio a su
hijo Salomón estas instrucciones:
2 –Yo voy a morir; ten ánimo y compórtate como un hombre. 3 Sé fiel al Señor, tu
Dios, y camina por sus sendas; cumple sus
mandamientos, dictámenes, preceptos y
normas, como está escrito en la ley de
Moisés, para que triunfes en todo lo que
emprendas, 4 y el Señor cumpla la promesa
que me hizo: «Si tus hijos hacen lo que
deben y caminan fielmente en mi presencia con todo su corazón y toda su alma, no
te faltará jamás un sucesor en el trono de
Israel». 5 Tú sabes lo que me ha hecho
Joab, hijo de Seruyá, lo que hizo a los dos
jefes del ejército de Israel, Abner, hijo de
Ner, y Amasá, hijo de Yéter: los asesinó,
vengando en tiempo de paz la sangre derramada en tiempo de guerra, y salpicando de
sangre inocente mi cinturón y mis sandalias. 6 Actúa, pues, como tu sabiduría te
dicte, pero no permitas que muera en paz.
7 Por el contrario, a los hijos de Barzilay,
el galadita, los favorecerás, teniéndolos
entre tus comensales, porque también ellos
me ayudaron cuando yo huía de tu hermano Absalón. 8 Ahí tienes también a Semey,
hijo de Guera, benjaminita de Bajurín, el
cual me maldijo cruelmente cuando yo iba
a Majanain; pero después bajó a mi encuentro al Jordán y le juré por el Señor que no
lo haría morir a espada. 9 Tú, sin embargo,
no lo dejes impune; pues eres prudente
para saber cómo debes tratarlo y hacer que
perezca de muerte violenta.

• **2** 1-12: El testamento de David justifica las medidas tomadas por Salomón. Deben leerse en el contexto cultural de la época. La sangre inocente derramada reclama venganza. Los crímenes de Joab deben ser vengados, de lo contrario la venganza podría recaer sobre la dinastía de David. La maldición que lanzó Semey, aunque fue perdonada por David (2 Sm 19 16ss), es eficaz y, por lo mismo, es una amenaza pendiente. Salomón está libre del juramento y puede tomar venganza.

Las primeras palabras de estas disposiciones testamentarias de David (1 Re 2 4-5) insisten en una idea fija del redactor deuteronomista: la fidelidad a la ley de Moisés es condición indispensable para la permanencia de la dinastía.

10 David murió y fue sepultado en la
ciudad de David. 11 Había reinado en Israel
cuarenta años; siete en Hebrón y treinta y
tres en Jerusalén. 12 Salomón sucedió a su
padre David en el trono, y su reino se consolidó firmemente.

Muerte de Adonías

2 Sm 7 11-16

13 Adonías, hijo de Jaguit, se presentó a
Betsabé, madre de Salomón. Ella le pre-
guntó:
–¿Vienes en son de paz?
14 El contestó:
–Así es.
Y añadió:
–Quiero pedirte un favor.
Ella le dijo:
–Habla.
15 El le dijo:
–Tú sabes que me correspondía el trono
y que todo Israel se había fijado en mí para
proclamarme rey. Pero la realeza se me escapó y ha pasado a mi hermano, porque el
Señor la había destinado a él. 16 Pues bien,
ahora te pido sólo una cosa. No me la niegues.
17 Ella le dijo:
–Habla
Adonías continuó:
–Te ruego que pidas al rey Salomón –él
no te lo negará– que me dé a Abisag, la su-
namita, por esposa.
18 Respondió Betsabé:
–Bien, yo presentaré al rey tu petición.
19 Entró Betsabé en la habitación del
rey Salomón para interceder por Adonías.
El rey se levantó y salió a su encuentro, se
inclinó ante ella y se sentó en el trono, haciendo poner un sillón para su madre, y
Betsabé se sentó a su derecha. 20 Ella le
dijo:
–Te voy a pedir una cosa insignificante.
No me la niegues.
El rey contestó:
–Pídela, madre mía, que no te la negaré.
21 Ella le dijo:
–Dale a tu hermano Adonías como esposa a Abisag, la sunamita.
22 Salomón le contestó:
–¿Cómo pides tú a Abisag, la sunamita,
para Adonías? Ya no te falta más que pedir
para él la realeza, pues es mi hermano mayor y tiene de su parte al sacerdote Abiatar
y a Joab, hijo de Seruyá.
23 El rey Salomón juró entonces por el
Señor:
–¡Que Dios me castigue, si Adonías no
paga con su vida esta petición! 24 ¡Vive el
Señor, que me ha confirmado y me ha
puesto en el trono de mi padre, David, y
me ha fundado una dinastía, según su promesa, que hoy morirá Adonías!
25 Y el rey Salomón envió a Benayas,
hijo de Yoyadá, el cual hirió y mató en el
acto a Adonías.

Destierro de Abiatar

1 Sm 2 27-36

26 El rey dijo al sacerdote Abiatar:
–Vete a Anatot, a tus campos, pues eres
reo de muerte. Y no te mato ahora mismo,
porque has llevado el arca del Señor, Dios
de mi padre David, y porque lo acompañas-
te en todos sus sufrimientos.
27 Así destituyó Salomón a Abiatar del
cargo de sacerdote del Señor, y se cumplió
la sentencia que el Señor había pronunciado contra la casa de Elí, en Siló.

Muerte de Joab

1 Re 1 50; Ex 21 14; 1 Re 2 5

28 Cuando se enteró de ello Joab, que
había apoyado a Adonías, pero no a Absalón, se refugió en la tienda de la presencia
del Señor y se agarró a las esquinas que
sobresalen del altar. 29 Comunicaron al rey
Salomón que Joab se había refugiado en la
tienda de la presencia del Señor y que es-

• **2 13-25**: La reina madre goza de un título especial en la corte: es la Gran Señora y ocupa el lado derecho del rey. La petición de Adonías puede tener una segunda intención, pues casarse con la mujer del rey difunto era un título para acceder al trono (véase 2 Sm 3 7 y 16 22). Sin embargo, Abisag no parece haber sido mujer de David, y es probable que Salomón aprovechara la ocasión para deshacerse de un rival peligroso.

• **2 26-35**: Joab se refugia en el santuario, e invoca el derecho de asilo sagrado. Sin embargo, Salomón aplica la ley de Ex 21 14, según la cual no vale el derecho de asilo para quien ha matado con premeditación. De este modo, Salomón cumple uno de los últimos deseos de su padre (1 Re 2 5-6).

• **2 36-46**: La eliminación de Semey se debe a la maldición pendiente pronunciada contra David. Es el segundo

taba junto al altar. Y Salomón dijo a Benayas, hijo de Yoyadá:
–Ve y mátalo.
30 Benayas entró en la tienda de la presencia del Señor y le ordenó:
–El rey manda que salgas.
Pero él replicó:
–No; quiero morir aquí.
Benayas comunicó al rey lo que Joab le
había dicho; 31 y el rey le ordenó:
–Haz como ha dicho; mátalo y entiérra-
lo. Así apartarás de mí y de mi familia la
sangre inocente que Joab derramó. 32 El
Señor hará recaer el castigo sobre él, pues
fue él quien mató a espada a dos hombres
inocentes mejores que él, sin que lo supiera mi padre David: a Abner, hijo de Ner,
general del ejército de Israel, y a Amasá,
hijo de Yéter, general del ejército de Judá.
33 Joab y sus descendientes cargarán así
para siempre con la responsabilidad de esas
muertes, mientras la paz del Señor estará
siempre con David, su descendencia, su
familia y su trono.
34 Benayas, hijo de Yoyadá, subió, lo
hirió y lo mató. Joab fue sepultado en su
casa del desierto. 35 Y el rey puso en su
lugar, al frente del ejército, a Benayas, hijo
de Yoyadá, y en lugar de Abiatar, puso al
sacerdote Sadoc.

Muerte de Semey

1 Re 2 8-9; 1 Sm 21 11; 27 2-3; 2 Sm 16 5-13

36 Salomón mandó llamar a Semey y le
dijo:
–Hazte una casa en Jerusalén y quédate
en ella sin salir de la ciudad para nada,
37 pues si un día sales y pasas el torrente
Cedrón, ten por cierto que morirás irremediablemente y serás responsable de tu propia muerte.
38 Semey respondió:
–¡Está bien! Tu siervo hará como ha ordenado mi señor el rey.
Y Semey se quedó en Jerusalén largo
tiempo. 39 Pero después de tres años, dos
siervos de Semey huyeron y se fueron con
Aquis, hijo de Maacá, rey de Gat.
Cuando se lo comunicaron a Semey, 40 él
preparó su burro, se fue a buscarlos a Gat,
donde vivía Aquis, y se los trajo de allí.
41 Informaron de esto al rey Salomón,
42 el cual mandó llamar a Semey y le dijo:
–¿No te hice jurar por el Señor y te advertí seriamente que el día en que salieras
o te fueras a cualquier sitio morirías irremediablemente, y me prometiste que así lo
harías, y que te dabas por enterado? 43 ¿Por
qué no has cumplido lo que juraste al Señor
y la orden que te di?
44 Y añadió:
–Bien sabes todo el mal que hiciste a mi
padre David. ¡Qué el Señor haga recaer
ahora tu maldad sobre ti! 45 El rey Salomón, en cambio, será bendito, y el trono de
David permanecerá firme en presencia del
Señor para siempre.
46 El rey ordenó a Benayas, hijo de Yoyadá, que lo matara, y así lo hizo. Y el poder del rey se consolidó en manos de Salomón.

2. Sabiduría de Salomón ◊

Matrimonio de Salomón

1 Re 7 8; 9 16

3 1 Salomón se emparentó con el faraón,
rey de Egipto, al tomar a una hija de
éste como esposa. La llevó a la ciudad de
David, mientras acababa de construir su
palacio, el templo del Señor y las murallas
de Jerusalén.

Salomón pide sabiduría para gobernar

2 Cr 1 3-12; Ecl 1 16; Eclo 47 14; 3 13

2 El pueblo ofrecía sacrificios en los altozanos, porque aún no se había edificado

encargo que el anciano David había dejado a Salomón en su testamento (véase 1 Re 2 8-9).

◊ **3 1-11 43**: Comienza aquí propiamente la historia del reinado de Salomón. Tres motivos pueden apuntarse para explicar por qué el autor concede tanta importancia al primer sucesor de David, cuando al resto de los reyes los despacha con rapidez: en primer lugar, reflejar la importancia del templo, elemento central para los redactores deuteronomistas; en segundo lugar, exponer cómo las promesas hechas a David se cumplieron en Salomón; y en tercer lugar, indicar hasta dónde podía haber llegado Israel si los reyes se hubieran mantenido fieles a la ley. Para escribir esta sección el autor se ha valido de una historia de Salomón citada expresamente (1 Re 11 41), y de otra fuente de origen sacerdotal en la que se describía el templo de Salomón (véase 1 Re 6-7).

• **3 1-15**: Magnífica introducción a la historia de Salomón, que tiene una doble finalidad: presentar a Salomón como

un templo en honor del Señor. 3 Salomón
amaba al Señor, siguiendo las normas de
su padre David, pero también él sacrificaba y quemaba incienso en los altozanos.
4 El rey fue a sacrificar a Gabaón, el altozano más importante, y ofreció mil víctimas en holocausto sobre aquel altar. 5 Allí
el Señor se le apareció en sueños durante
la noche, y le dijo:
–Pídeme lo que quieras, que yo te lo
daré.
6 Salomón respondió:
–Tú favoreciste mucho a mi padre David, tu siervo, porque caminó en tu presencia con fidelidad, justicia y rectitud de corazón, y le has conservado tu favor dándole un hijo que se siente en su trono, como
hoy sucede. 7 Y ahora, Señor, Dios mío, tú
me has hecho rey a mí, tu siervo, como sucesor de mi padre David; pero yo soy muy
joven y no sé cómo gobernar. 8 Tu siervo
está en medio del pueblo que te has elegido, un pueblo numeroso, que no se puede
contar, y cuya multitud es incalculable. 9 Da,
pues, a tu siervo un corazón sabio para gobernar a tu pueblo y poder discernir entre
lo bueno y lo malo. Porque ¿quién, si no,
podrá gobernar a un pueblo tan grande?
10 Agradó mucho al Señor esta petición
de Salomón, 11 y le dijo:
–Ya que me has pedido esto, y no una
larga vida, ni riquezas, ni la muerte de tus
enemigos, sino sabiduría para gobernar con
justicia, 12 te concederé lo que me has pedido. Te doy un corazón sabio y prudente
como no ha habido antes de ti ni lo habrá
después. 13 Pero además te añado lo que
no has pedido: riquezas y gloria en tal grado, que no habrá en tus días rey alguno
como tú. 14 Si caminas por mis sendas y
guardas mis preceptos y mandamientos,
como hizo tu padre David, te daré una larga vida.
15 Salomón se despertó y vio que había
sido un sueño. Regresó a Jerusalén y se presentó ante el arca de la alianza del Señor,
ofreció holocaustos y sacrificios de comunión, y dio un banquete a todos sus servidores.

Un ejemplo de su sabiduría

16 Por entonces se presentaron al rey
dos prostitutas. 17 Una de ellas le dijo:
–Con tu permiso, señor mío. Esta mujer
y yo vivimos en la misma casa; yo di a luz
en la casa. 18 A los tres días dio a luz también ella. Estábamos juntas y no había nadie más en la casa. 19 Una noche murió el
hijo de esta mujer, aplastado por ella misma; 20 entonces ella se levantó a media
noche, tomó a mi hijo de mi lado, mientras
tu sierva dormía, y lo acostó en su regazo,
y a su hijo muerto lo acostó en el mío.
21 Cuando de madrugada me levanté para
amamantar a mi hijo, lo encontré muerto.
Pero, examinándolo luego atentamente a la
luz del día, vi que no era mi hijo, el que yo
había dado a luz.
22 La otra respondió:
–No es verdad, mi hijo es el vivo y el
tuyo es el muerto.
Pero la primera decía:
–No, tu hijo es el muerto y el mío es el
vivo.
Así discutían delante del rey. 23 Entonces, el rey se pronunció así:
–La una dice: «Mi hijo es el vivo y el
tuyo es el muerto». La otra: «No, tu hijo es
el muerto y el mío es el vivo».
24 Y ordenó:
–Tráiganme una espada.
Le trajeron una espada al rey, 25 y el rey
mandó:
–Partan en dos al niño vivo y den la mitad a cada una.
26 Entonces la madre del niño vivo, conmovida íntimamente por su hijo, suplicó:

el legítimo sucesor de David, que goza del beneplácito divino, e indicar que Salomón fue el hombre sabio por excelencia. La sabiduría aparece así como la cualidad más importante para gobernar e impartir justicia.

La mención del matrimonio con la hija del faraón (1 Re 3 1) obedece a la intención de indicar el rango de potencia mundial que había adquirido Israel.

Los *altozanos* (1 Re 3 2-4) eran lugares de culto levantados ordinariamente sobre una colina. En los primeros tiempos de la monarquía eran legítimos, sin embargo la reforma llevada a cabo por Josías, según los principios del Deuteronomio, estableció un único lugar de culto en Jerusalén (Dt 12 2-12). El autor trata de salvar el honor del rey y de disculpar al pueblo, explicando que aún no se había edificado el templo de Jerusalén (1 Re 3 2).

• **3 16-28**: Esta narración de corte popular pretende ilustrar la sabiduría que Dios ha concedido a Salomón para gobernar (véase 1 Re 3 6-14), una sabiduría que se manifestaba especialmente en el arte de juzgar con rectitud.

–Por favor, señor, dale a ella el niño vivo. ¡Por ningún motivo lo mates!

La otra, en cambio, decía:

–Que no sea ni para ti ni para mí; que lo partan.

27 Entonces el rey sentenció:

–Entréguenle a la primera el niño vivo; no lo maten. Ella es su madre.

28 Todo Israel se enteró de la sentencia del rey y respetaron al rey, viendo que había en él una sabiduría divina para administrar justicia.

La organización del reino

2 Sm 8 16-18; 2 Cr 9 25-26; 1 14; 1 Re 10 26

4 1 El rey Salomón reinaba sobre todo Israel. Estos eran sus ministros. 2 Sumo sacerdote: Azarías, hijo de Sadoc; 3 secretarios: Elijóref y Ajías, hijos de Sisá; canciller: Josafat, hijo de Ajilud; 4 jefe del ejército: Benayas, hijo de Yoyadá; sacerdotes: Sadoc y Abiatar; 5 gobernador general: Azarías, hijo de Natán; consejero del rey: el sacerdote Zabud, hijo de Natán; 6 mayordomo de palacio: Ajisar; encargado de reclutar trabajadores: Adonirán, hijo de Abdá.

7 Salomón tenía por todo Israel doce administradores, que abastecían al rey y a su palacio un mes del año cada uno. 8 Sus nombres eran: Benjur, en la montaña de Efraín. 9 Bendéquer, en Maqués, Saalbín, Betsemes y Elón hasta Betjanán. 10 Benjésed, en Arubot, Socó y toda la región de Jefer. 11 Benabinadab, casado con Tafar, hija de Salomón, en toda la costa de Dor. 12 Baaná, hijo de Ajilud, en Tanac, Meguido y hasta más allá de Yocneán, en todo Betsán, junto a Jezrael, desde Betsán hasta Abelmejolá, junto a Sartán. 13 Bengaber, en Ramot de Galaad y en las aldeas de Yaír, hijo de Manasés, situadas en Galaad y en la región de Argob, en Basán; sesenta grandes ciudades amuralladas y con cerrojos de bronce. 14 Ajinadab, hijo de Idó, en Majanain. 15 Ajimás, en Neftalí, casado también éste con una hija de Salomón llamada Basemat. 16 Baaná, hijo de Jusí, en Aser y Alot. 17 Josafat, hijo de Paruaj, en Isacar. 18 Semey, hijo de Elá, en Benjamín. 19 Guéber, hijo de Urí, en la región de Galaad, la tierra de Sijón, rey de los amorreos, y de Og, rey de Basán. Había también un administrador en Judá. 20 Los habitantes de Judá e Israel eran numerosos como la arena de la playa; comían, bebían y vivían felices.

5 1 Salomón dominaba en todos los reinos, desde el río Eufrates hasta el país de los filisteos y hasta el término de Egipto; todos le pagaban tributo y estuvieron sometidos a él durante toda su vida. 2 Los víveres que cada día recibía Salomón eran estos: trece mil quinientos kilos de la mejor harina, ventisiete mil kilos de harina corriente; 3 diez bueyes de engorde y veinte de los que pastan, cien cabezas de ganado menor, además de los ciervos, gacelas, gansos y aves de corral. 4 Dominaba desde Tifsaj hasta Gaza, en todos los reinos del lado de acá del Eufrates, y gozaba de paz en todo su territorio. 5 Los habitantes de Israel y Judá vivieron tranquilos cada uno bajo su parra y su higuera, desde Dan hasta Berseba, durante toda la vida de Salomón. 6 Tenía Salomón caballerizas para cuatro mil caballos de tiro, destinados a sus carros de guerra, y para doce mil de montar. 7 Los adminitradores abastecían por meses al rey Salomón y a sus comensales, sin que faltara nada. 8 También traían por turno al lugar donde residía el rey, la cebada y la paja para los caballos de tiro y de montar.

Sabiduría y fama de Salomón

1 Re 3 12; Prov 1 1; Eclo 47 16

9 Dios concedió a Salomón una sabiduría y una prudencia extraordinarias, y un corazón tan amplio como las orillas del mar. 10 Salomón superó en sabiduría a todos los orientales y egipcios. 11 Fue más

• **4 1-5 8**: La estabilidad del reinado de Salomón está asegurada por sus funcionarios y su organización centralizada. Signo de ella son estas dos listas. En la primera (1 Re 4 2-6) es evidente la continuidad con la burocracia de David, pues Salomón nombra ministros a los hijos de los altos funcionarios de David. La segunda lista, la de los gobernadores que aseguraban el cobro de impuestos, se refiere sólo a los territorios de Israel. Judá es designada vagamente y parece gozar de un privilegio especial.

• **5 9-14**: Además de la sabiduría para gobernar que Salomón había pedido a Dios, aquí se le atribuye otra clase de sabiduría: se trata de un gran número de conocimientos sobre la naturaleza y fenómenos del mundo. La tradición bíblica considera a Salomón un hombre en extremo sabio, e incluso le atribuye el libro de los Proverbios (Prov 1 1), el Cantar de los Cantares (Cant 1 1), el Eclesiastés (Ecl 1 1), el libro de la Sabiduría (Sab 7 7-8) y un gran número de Salmos (Sal 3 1).

sabio que Etán, el ezrajita; más que Hemán, Calcol y Dardá, hijos de Majol; y su fama se extendió por todas las naciones de los alrededores. 12 Pronunció Salomón tres mil proverbios y sus poemas llegaron a cinco mil; 13 disertó sobre los árboles, desde el cedro del Líbano hasta el hisopo que brota en la pared, y sobre los animales, aves, reptiles y peces. 14 Venían de todas las naciones a escuchar su sabiduría, enviados por todos los reyes de la tierra que habían tenido noticia de ella.

3. Construcciones de Salomón

Preparativos para la construcción del templo

2 Cr 2 2-17; 2 Sm 7 12-13; 5 11

15 Jirán, rey de Tiro, al oír que Salomón había sido ungido rey como sucesor de su padre, le envió una embajada, pues Jirán había sido amigo de David toda su vida. 16 Salomón, por su parte, envió a Jirán este mensaje:

17 –Tú sabes que mi padre David no pudo construir el templo en honor del Señor, su Dios, por las continuas guerras que sostuvo con sus enemigos hasta que el Señor los puso bajo sus pies. 18 Pero ahora el Señor, mi Dios, me ha concedido la paz, y no tengo enemigos ni oposición. 19 He resuelto construir el templo en honor del Señor, mi Dios, cumpliendo lo que el Señor dijo a mi padre David: «Tu hijo, a quien yo pondré como sucesor en tu trono, será quien construya un templo en mi honor». 20 Por tanto, ordena cortar cedros del Líbano. Mis súbditos se unirán a los tuyos, y yo te pagaré por tus súbditos el sueldo que fijes. Ya sabes que entre nosotros no hay nadie que sepa cortar árboles como los sidonios.

21 Cuando Jirán escuchó el mensaje de Salomón, se alegró mucho y exclamó:

–¡Bendito sea el Señor, que ha dado a David un hijo sabio, para gobernar a ese pueblo tan numeroso!

22 Y contestó a Salomón:

–He recibido tu mensaje. Cumpliré tus deseos enviando madera de cedro y de abeto. 23 Mis siervos la bajarán del Líbano al mar; te la enviaré por mar, en balsas, al lugar que me indiques; y desde allí tú te encargarás del transporte. Tú, por tu parte, cumple mi deseo suministrando alimentos a mi corte.

24 Jirán daba a Salomón toda la madera de cedro y de abeto que quería; 25 y Salomón suministraba a Jirán, para alimento de su corte, nueve mil toneladas de trigo y nueve mil litros de aceite de oliva. Estas provisiones daba Salomón a Jirán cada año. 26 El Señor había dado a Salomón sabiduría, según su promesa. Jirán y Salomón vivieron en paz y firmaron un tratado.

27 El rey Salomón reclutó obreros en todo Israel. 28 Salieron treinta mil hombres, y los mandó al Líbano en brigadas de diez mil, por meses. Un mes estaban en el Líbano y dos en sus casas. Al frente de ellos estaba Adonirán. 29 Salomón tenía setenta mil acarreadores y ochenta mil canteros en la montaña, 30 sin contar los tres mil trescientos capataces, que vigilaban el trabajo por orden suya. 31 El rey mandó extraer enormes bloques de piedra, para cimentar el edificio con piedras talladas. 32 Las labraron los canteros de Salomón, los de Jirán y los de Biblos. Así prepararon las maderas y las piedras para construir el templo.

Construcción del templo

2 Cr 3 1-13; 2 Sm 7 11-16

6 1 El año cuatrocientos ochenta de la salida de Israel de Egipto, cuarto del reinado de Salomón sobre Israel, en el mes de Ziv, que es el segundo, comenzó Salomón a construir el templo del Señor. 2 Este templo tenía treinta metros de largo, diez de

• **5 15-32**: Al comenzar la descripción de las construcciones de Salomón, el autor subraya su capacidad previsora y sus buenas relaciones con los reinos vecinos. Con cifras exageradas se alaba el esplendor de su reino. Pero ante todo, esta primera construcción supone el cumplimiento de la promesa que Dios hizo a David (1 Re 5 19).

• **6 1-38**: Este relato es de origen sacerdotal. Según esta descripción, el templo constaba de tres partes: el vestíbulo; el santuario (llamado más tarde el lugar santo) que era la sala de culto; y finalmente el camarín (llamado lugar santísimo), donde se depositará el arca de la alianza. El relato es parcial y abunda en términos oscuros. Puede compararse esta descripción con la de la *morada* (o tienda de la presencia) fabricada en el desierto (Ex 26-36) y la del templo futuro imaginado por Ezequiel (Ez 40-42).

ancho y quince de alto. 3 La sala que había delante del edificio central tenía diez metros de largo a lo ancho del edificio y cinco de ancho a lo largo del mismo. 4 En el templo hizo ventanas con rejas, 5 y construyó, pegada al muro del templo, una galería alrededor de todos los muros del templo, en torno al santuario y al lugar santísimo, e hizo habitaciones laterales alrededor. 6 La galería de abajo tenía dos metros y medio de ancho; la del medio, tres; y la tercera, tres y medio; pues había reducido la parte exterior del templo, para no tener que empotrar las vigas en los muros. 7 En la construcción del templo se emplearon piedras previamente talladas en la cantera, de modo que mientras se construía el edificio no se oyó golpe de martillo, de cincel ni de ninguna otra herramienta de hierro. 8 La puerta de entrada a la galería de abajo estaba al lado derecho del edificio; por una escalera de caracol se subía a la del medio, y de ésta a la tercera. 9 Cuando Salomón terminó de construir el edificio lo decoró con un artesonado de cedro. 10 Construyó una galería de dos metros y medio de alta y la trabó al edificio con vigas de cedro.

11 Entonces el Señor dijo a Salomón:

12 –Por haber edificado este templo te prometo que si caminas según mis leyes, pones en práctica mis preceptos y cumples todos mis mandamientos, cumpliré contigo la promesa que hice a tu padre David. 13 Habitaré en medio de los hijos de Israel y no abandonaré a mi pueblo Israel.

14 Terminada la construción del templo, 15 recubrió las paredes interiores con tablas de cedro, desde el pavimento hasta las vigas del techo, todo el interior; el suelo lo recubrió con tablas de ciprés. 16 Revistió los diez metros de la parte posterior con tablas de cedro, desde el suelo hasta las vigas; y destinó su interior para camarín o lugar santísimo, 17 mientras que los veinte metros de delante del lugar santísimo constituían el lugar santo. 18 Todo el interior era de cedro, con bajorrelieves de frutos y de guirnaldas de flores, todo de cedro; no se veía la piedra. 19 En el fondo del edificio, por dentro, preparó el lugar santísimo, donde se colocó el arca de la alianza del Señor. 20 El lugar santísimo tenía diez metros de largo, diez de ancho y diez de alto, y lo cubrió de oro puro. 21 Levantó un altar de cedro delante del lugar santísimo, lo recubrió de oro puro y puso cadenas de oro delante del mismo. 22 Revistió de oro todo el interior del templo, de arriba abajo, y todo el altar del lugar santísimo. 23 Puso en el lugar santísimo dos querubines de madera de olivo de cinco metros de altura. 24 Cada una de las dos alas de los querubines medía dos metros y medio; o sea, cinco metros de un extremo al otro. 25 La medida y la forma eran las mismas para los dos. 26 La altura de los querubines era de cinco metros. 27 Puso los querubines en la parte interior del templo con las alas desplegadas; el ala de uno tocaba una pared, y el ala del otro la opuesta; las otras dos alas se tocaban una con otra en medio del edificio. 28 También revistió de oro los querubines.

29 Hizo esculpir los muros exteriores del templo con bajorrelieves de querubines, palmas y guirnaldas de flores, por dentro y por fuera. 30 Recubrió de oro el pavimento del templo por dentro y por fuera. 31 Hizo puertas de madera de olivo para la entrada del lugar santísimo; los marcos de las puertas tenían forma de pentágono. 32 Las hojas de la puerta eran de madera de olivo con tallados de querubines, palmas y guirnaldas de flores; las recubrió de oro, incluso los querubines y las palmas. 33 También para la entrada del santuario hizo jambas de madera de olivo, cuadrangulares, 34 y dos puertas de madera de ciprés, cada una con dos hojas giratorias, 35 y tallados de querubines, palmas y guirnaldas de flores, recubriendo todo de oro exactamente ajustado a las figuras. 36 Construyó, finalmente, el atrio interior con tres hileras de piedras talladas y una de vigas de cedro.

37 El año cuarto, en el mes de Ziv, se pusieron los cimientos del templo del Señor; 38 en el año undécimo, en el mes de Bul, que es el octavo mes, quedó completamente terminado el edificio con todo lo preceptuado. Se construyó, pues, en siete años.

Construcción del palacio real

7 1 Salomón construyó también su palacio, y al cabo de trece años quedó terminado. 2 Construyó también una sala llamada Bosque del Líbano; tenía cincuenta metros de largo, veinticinco de ancho y

quince de alto, y estaba sostenida por cuatro filas de columnas de cedro, en las que se apoyaban vigas también de cedro. 3 Eran cuarenta y cinco vigas, distribuidas en tres series de quince cada una. Se apoyaban en las columnas, y sobre las vigas había un artesonado de cedro. 4 Había tres filas de ventanas con rejas, ordenadas de tres en tres, unas frente a otras. 5 Todas las puertas y ventanas eran de marco cuadrangular, y estaban en tres hileras, unas frente a otras. 6 Hizo el pórtico de las columnas, de veinticinco metros de largo por quince de ancho, y delante de él otro pórtico con columnas y cornisas. 7 Hizo el pórtico del trono, como corte de justicia, el llamado Pórtico de la Justicia, recubriéndolo de cedro desde el suelo hasta el techo. 8 Hizo su palacio del mismo estilo en un atrio distinto, detrás del pórtico, y a la hija del faraón que había tomado por esposa, le hizo una casa también del mismo estilo. 9 Todo esto se hizo con bloques de piedra tallados a escuadra, cortados con la sierra, por dentro y por fuera, desde los cimientos hasta las cornisas, y desde los muros exteriores hasta el atrio principal. 10 Los cimientos eran de piedras de calidad, grandes piedras de hasta cuatro y cinco metros; 11 y los muros eran de bloques de piedras talladas a escuadra, y de madera de cedro. 12 El atrio principal tenía en torno tres hileras de piedras talladas y una hilera de vigas de cedro, lo mismo que el atrio interno del templo del Señor y el pórtico del palacio.

Trabajos para el templo

2 Cr 2 12-14; 3 15-17; 4 2-5 1; Ex 25 23-30; 1 Re 6 20-21

13 Salomón mandó traer a Jirán de Tiro, 14 hijo de una viuda de la tribu de Neftalí y de un nativo de Tiro; era un experto broncista, dotado de sabiduría, inteligencia y pericia para toda clase de trabajos en bronce. Se presentó al rey Salomón y ejecutó todos sus encargos.

15 Modeló dos columnas de bronce; las dos tenían nueve metros de altura, seis metros de circunferencia y dos metros de espesor. 16 Hizo dos capiteles de bronce fundido, de dos metros y medio de altura, para ponerlos sobre las columnas, 17 y para estos capiteles hizo rejillas, en trenzado, a manera de cadenas, una para cada capitel. 18 Hizo dos hileras de granadas alrededor de la rejilla, para cubrir los capiteles. 19 La forma de los capiteles era de flor de loto, y medían dos metros. 20 En la parte superior de los capiteles, bajo el trenzado, había doscientas granadas en dos hileras circulares. 21 Salomón levantó las columnas en el pórtico del santuario; la que estaba a la derecha la llamó Yakín –es decir, Firmeza–, y la que estaba a la izquierda Boaz –es decir, Fuerza–. 22 Así quedó terminada la obra de las columnas.

23 Hizo también un depósito circular de bronce de cinco metros de diámetro, cinco de alto y unos dieciséis de circunferencia. 24 Debajo del borde había, todo alrededor, una orla con bajorrelieves de frutos, veinte por metro. Las hileras de dichos bajorrelieves habían sido fundidas a la vez que el depósito. 25 Dicho depósito descansaba sobre doce toros; tres de ellos miraban al norte, tres al oeste, tres al sur y tres al este. Sobre ellos se apoyaba el depósito, quedando hacia dentro la parte trasera de los toros. 26 El grosor del depósito era de un palmo y su borde era como el de una copa a manera de flor de loto. Cabían unos noventa mil litros.

27 Hizo diez bases de bronce, cada una de dos metros de largo por dos de ancho y uno y medio de alto. 28 Las bases se componían de paneles enmarcados en una estructura metálica. 29 Sobre los paneles había esculpidos leones, toros y querubines; y sobre los marcos, tanto encima como debajo de los leones y toros, guirnaldas de flores a modo de colgantes. 30 Cada base tenía cuatro ruedas de bronce con sus ejes

• **7 1-12**: La descripción del palacio es bastante escueta. Prácticamente sólo se habla de la parte exterior. El *Bosque del Líbano*, era una sala recubierta de madera de cedro, el árbol característico de las montañas del Líbano, y con hileras de columnas, que daban la impresión de ser un bosque. Comunicaba con las habitaciones del rey, con la sala del trono y con el pórtico.

• **7 13-51**: Después de la breve descripción del palacio de Salomón (1 Re 7 1-12) se describe la fabricación de utensilios y complementos para la decoración del templo: grandes columnas, un recipiente para las purificaciones y un sinfín de pequeños detalles y utensilios. A los ojos del redactor deuteronomista esta detallada descripción contribuye a resaltar la importancia del templo de Jerusalén, el único santuario en el que se adora al verdadero Dios (véase Dt 12 2-12).

también de bronce, y en sus cuatro ángulos
había unos pies, fundidos por debajo de la
pila y por detrás de cada una de las guirnaldas. 31 La base tenía en la parte superior
interna una cavidad redonda de medio metro de altura, adaptada a la forma de la pila,
y sobre ella había figuras talladas. Los paneles eran cuadrados, no redondos. 32 Las
cuatro ruedas estaban debajo de los paneles con ejes unidos a las bases. La altura de
cada rueda era de setenta y cinco centímetros. 33 Las ruedas eran como las de carro;
y los ejes, llantas, radios y cubos, todos de
fundición. 34 Había cuatro soportes en los
cuatro ángulos de cada base, formando
todo un solo cuerpo. 35 En lo más alto de la
base había una cavidad redonda de veinticinco centímetros de altura; y en la parte
superior de la base, ejes y paneles formaban un solo cuerpo con ella. 36 Sobre las
plantas de los ejes y sobre los paneles grabó
querubines, leones y palmas, según el espacio de cada uno, con guirnaldas alrededor.
37 Así hizo las diez bases con la misma fundición, la misma medida y la misma forma.
38 Hizo las diez pilas de bronce, cada una
medía dos metros y podía contener mil
ochocientos litros; las pilas descansaban
sobre las bases. 39 Colocó cinco bases al
lado derecho del templo y cinco al lado
izquierdo, y colocó el depósito de bronce
al lado derecho del edificio, al sudeste.

40 Jirán hizo los calderos, palas y aspersorios. Así terminó toda la obra que le encargó el rey Salomón para el templo del
Señor: 41 las dos columnas, las dos esferas
para los capiteles de encima de las dos columnas, las dos redecillas para cubrir las
dos esferas de los capiteles; 42 las cuatrocientas granadas para las dos redecillas, dos
series de granadas para cada una; 43 las diez
bases y las diez pilas que iban sobre ellas;
44 el depósito de bronce y los doce toros
que estaban debajo de él; 45 los calderos,
palas y aspersorios. Todos estos utensilios
que Jirán hizo al rey con destino al templo
del Señor eran de bronce pulido. 46 Fueron
fundidos por orden del rey en moldes de
arcilla en la región del Jordán, entre Sucot
y Sartán. 47 Colocó Salomón todos estos
objetos en su lugar, y era tal la cantidad, que
no se podía calcular el peso del bronce.

48 Salomón hizo también todos los demás utensilios para el templo del Señor: el
altar de oro; la mesa de oro, sobre la que se
ponían los panes de la ofrenda; 49 los candelabros de oro puro que estaban delante
del lugar santísimo, cinco a la derecha y
cinco a la izquierda, con sus flores, lámparas y tijeras de oro; 50 las copas, cuchillos,
aspersorios, incensarios y cucharillas de
oro puro; los quicios para las puertas del
lugar santísimo y para los del lugar santo,
también de oro. 51 Así terminó el rey Salomón la obra realizada en el templo del
Señor y llevó allí todos los objetos que su
padre David había consagrado: la plata, el
oro y los utensilios, y los depositó en el
tesoro del templo del Señor.

Colocación del arca en el templo

2 Cr 5 2-6 2; 2 Sm 6 12-17; Ex 25 21; 40 20;
Dt 10 2.5; Ex 40 34-35

8 1 Entonces Salomón convocó en Jerusalén a los ancianos de Israel y a todos
los jefes de tribu y de familia de los israelitas, para trasladar el arca de la alianza del
Señor desde la ciudad de David (es decir,
Sión). 2 Se reunieron en torno al rey Salomón todos los israelitas el mes de Etanín,
que es el mes séptimo, con motivo de la
fiesta. 3 Cuando llegaron los ancianos de
Israel, los sacerdotes tomaron el arca 4 y la
subieron junto con la tienda del encuentro
y todos los utensilios sagrados que había
en ella. La subieron los sacerdotes y los levitas. 5 El rey Salomón, y toda la asamblea
de Israel con él, inmolaron ante el arca ovejas y toros en gran cantidad. 6 Los sacerdotes dejaron el arca de la alianza del Señor
en su lugar, en el camarín del templo, es
decir en el lugar santísimo, bajo las alas de
los querubines. 7 Los querubines tenían las
alas extendidas sobre el lugar en que se
encontraba el arca, cubriendo el arca y sus

• **8 1-13**: El traslado del arca supone la toma de posesión por parte de Dios de su templo, que tiene lugar en la fiesta de las tiendas. La exclamación final de Salomón (1 Re 8 12-13) es un antiguo texto poético. La versión griega es más extensa, pues añade al principio: *El Señor puso el sol en el cielo.* Esta breve oración refleja toda una teología del templo, que debe ser muy antigua: Dios tiene ahora una *morada* en la tierra, en medio de su pueblo, Israel.

varas. 8 Estas eran tan largos que podían
verse sus puntas desde el lugar santo, que
estaba a continuación del lugar santísimo,
pero no desde fuera. Allí se conservan hasta
hoy. 9 En el arca no había más que las dos
tablas de piedra, depositadas en ella por
Moisés en el Horeb, cuando el Señor hizo
la alianza con los israelitas a su salida de
Egipto. 10 Mientras los sacerdotes salían
del lugar santo, una nube llenó el templo
del Señor, 11 de modo que los sacerdotes
no podían realizar el culto, por causa de la
nube. La gloria del Señor llenaba el templo. 12 Entonces Salomón exclamó:

Tú, Señor, dijiste que habitarías
en una nube oscura.
13 Pero yo te he construido una casa,
para que vivas en ella,
un lugar donde habites para siempre.

Bendición y consagración del templo

2 Cr 6 3-11; 2 Sm 7 4-16

14 Luego el rey, dirigiéndose a toda la
asamblea de Israel, que estaba de pie, la
bendijo, 15 y añadió:
–Bendito sea el Señor, Dios de Israel,
que habló personalmente a mi padre David
y con su poder ha cumplido la promesa que
le hizo: 16 «Desde el día en que saqué a mi
pueblo Israel de Egipto no he elegido ninguna ciudad entre las tribus de Israel para
que se construyera en ella un templo donde
se invoque mi nombre, pero elegí a David
para que fuera el rey de mi pueblo Israel».
17 Mi padre David proyectó construir un
templo en honor del Señor, Dios de Israel.
18 Pero el Señor le dijo: «Has proyectado
construir un templo en mi honor, y has hecho bien. 19 Pero no lo construirás tú, sino
que será un hijo tuyo, salido de tus entrañas, quien lo construya». 20 Y el Señor ha
sido fiel a su palabra. Yo he sucedido a mi
padre David en el reino, me he sentado en
el trono de Israel, como dijo el Señor, y he
construido este templo en honor del Señor, Dios de Israel. 21 He preparado en él
un lugar para el arca de la alianza del Señor, la alianza que hizo con nuestros antepasados cuando los sacó de Egipto.

Oración de Salomón

2 Cr 6 12-42; 2 Sm 7 11-16; Dt 7 6

22 Salomón se colocó ante el altar del
Señor a la vista de toda la asamblea de
Israel y, levantando sus manos al cielo,
23 oró:
–Señor, Dios de Israel, no hay Dios como tú ni en los cielos ni en la tierra. Tú
guardas fielmente la alianza hecha con tus
siervos, si caminan en tu presencia de todo
corazón. 24 Tú has mantenido la palabra
que diste a mi padre David, tu siervo, pues
has cumplido con tu poder lo que de palabra le prometiste, como hoy se ve. 25 Y
ahora, Señor, Dios de Israel, mantén también a mi padre David, tu siervo, la promesa que le hiciste: «No te faltará nunca en
mi presencia un descendiente que se siente
en el trono de Israel, a condición de que
tus hijos se comporten rectamente en mi
presencia, como lo has hecho tú». 26 Que
se cumpla, oh Dios de Israel, la palabra
que diste a mi padre David, tu siervo. 27 Pero ¿acaso puede habitar Dios en la tierra?
Si el universo en toda su inmensidad no te
puede contener, ¡cuánto menos este templo
construido por mí! 28 No obstante, atiende,

• **8 14-21**: El redactor aprovecha el traslado del arca y la dedicación del templo para insertar una larga intervención de Salomón, que consta de tres partes: discurso (1 Re 8 14-21); oración (1 Re 8 22-53) y bendición (1 Re 8 54-61). A través de ella traslada a tiempos de Salomón las principales claves de la historia propias de la teología deuteronomista: la unidad del santuario, la fidelidad de Dios, la necesidad de seguir su camino...

El discurso de Salomón interpreta el sentido teológico de la edificación y consagración del templo. Se acentúa la fidelidad de Dios a su palabra: sus promesas se han cumplido puntualmente. La presencia de los ancianos indica el reconocimiento del templo como santuario nacional para todo Israel.

• **8 22-53**: El redactor deuteronomista frecuentemente pone en boca de los personajes discursos de los que se vale para interpretar la historia. En este discurso, que tiene forma de oración, insiste en el principio de fidelidad recíproca. Dios ha sido fiel a su palabra cumpliendo la promesa hecha a David: el templo ha sido construido. Ahora se pide que Dios cumpla la otra promesa: la de asegurar la dinastía de David. Pero la condición para que todo esto suceda es que el rey y sus descendientes sean fieles a Dios.

En los párrafos finales la plegaria recuerda los sentimientos de penitencia y confianza que el redactor desearía ver en los desterrados. Son muchos los detalles que dejan entrever el exilio de Babilonia (587 a. C.) como el punto desde el que se contempla esta historia: el fracaso del pueblo se debe a que no ha sido fiel a la alianza. La perspectiva universalista de 1 Re 8 41-43 es también propia de la época del destierro.

Señor, Dios mío, la oración y la súplica
que tu siervo te dirige hoy; 29 ten tus ojos
abiertos noche y día sobre este templo, al
que te referiste diciendo: «Aquí se invocará mi nombre». Escucha la plegaria que tu
siervo te hace en este lugar. 30 Escucha las
súplicas que tu siervo y tu pueblo Israel te
hagan en este lugar; escúchalas desde el
cielo, lugar de tu morada, atiéndelas y perdona.

31 Si alguno peca contra su prójimo y,
obligado a pronunciar un juramento imprecatorio, viene a jurar ante tu altar en este
templo, 32 escucha tú desde el cielo, actúa
y juzga a tus siervos, condena al malvado
haciéndolo responsable de su maldad, y
haz justicia al inocente retribuyéndolo según su inocencia.

33 Si tu pueblo Israel es derrotado por
sus enemigos por haber pecado contra ti, y
luego se convierten a ti invocando tu nombre y orando y suplicándote en este templo,
34 escucha tú desde el cielo, perdónales su
pecado, y haz que regresen a la tierra que
diste a sus antepasados.

35 Si el cielo se cierra y no llueve, porque ellos han pecado contra ti, pero acuden
a ti en este lugar, invocan tu nombre y se
arrepienten de su pecado, cuando tú los
castigas, 36 escucha tú desde el cielo, perdónales su pecado, muéstrales el buen camino y manda la lluvia sobre tu tierra, la
tierra que diste a tu pueblo en herencia.

37 Si en esta tierra hay hambre, peste,
tizón, gorgojo, langosta o pulgón; si el enemigo sitia cualquiera de sus ciudades; en
toda desgracia o enfermedad, 38 si uno cualquiera o todo el pueblo, arrepentido de su
culpa, alza las manos hacia este templo y
acude a ti suplicante, 39 escúchalo tú desde el cielo, lugar de tu morada, y perdona.
Actúa y retribuye a cada uno según sus
obras, tú que conoces su corazón, pues sólo tú conoces el corazón de los hombres.
40 Así te respetarán todos los días que vivan en la tierra que diste a nuestros antepasados.

41 Incluso si un extranjero, que no pertenece a tu pueblo Israel, atraído por la fama
de tu nombre, 42 –porque se conocerá tu
nombre grande, tu mano fuerte y tu brazo
poderoso–, viene de un país lejano a orar
en este templo, 43 escúchalo desde el cielo,
lugar de tu morada, y atiende su petición,
para que todos los pueblos de la tierra conozcan tu nombre, te respeten como lo hace
tu pueblo Israel, y sepan que tu nombre es
invocado en este templo que yo he construido.

44 Si tu pueblo declara la guerra a sus
enemigos siguiendo tus indicaciones, y ora
al Señor mirando en dirección a la ciudad
que tú has elegido y hacia el templo que yo
he levantado en tu honor, 45 escucha desde
el cielo su oración y súplica, y hazles justicia. 46 Si pecan contra ti –pues no hay
hombre que no peque–, y tú, irritado contra ellos, los entregas al enemigo para que
los lleve prisioneros a un país, lejano o
cercano, 47 pero ellos recapacitan y se convierten, y te suplican en su cautividad, diciendo: «Hemos pecado, hemos cometido
el mal; somos culpables»; 48 si se convierten a ti de todo corazón en su destierro; si
recurren a ti, mirando en dirección a la tierra que diste a sus antepasados, hacia la ciudad que tú has elegido y hacia el templo
que yo he levantado en tu honor, 49 escucha tú desde el cielo, lugar de tu morada,
su oración y súplica. Hazles justicia 50 y
perdona el pecado que han cometido contra ti; perdona sus rebeldías contra ti e inspira misericordia a sus deportadores, para
que se apiaden de ellos. 51 Porque son tu
pueblo y tu heredad, a quienes sacaste de
Egipto, ese horno de fundición de hierro.

52 Ten los ojos abiertos a la súplica de
tu siervo y de tu pueblo Israel, y escúchalos siempre que te invoquen. 53 Porque son
la heredad que tú te elegiste de entre todos
los pueblos de la tierra, como dijiste por medio de tu siervo Moisés, cuando tú, Señor,
sacaste a nuestros antepasados de Egipto.

Bendición de Salomón

Jos 21 45; 23 14; 1 5

54 Terminada esta oración y súplica al
Señor, Salomón se levantó de ante el altar
del Señor, donde estaba arrodillado con las

• **8 54-61**: La plegaria que cierra la intervención de Salomón en correspondencia estructural con la primera (1 Re 2 14-21) ha sido compuesta para infundir esperanza a los desterrados, recordándoles la fidelidad de Dios cuando el pueblo escucha y obedece sus mandatos. En ella se incluye la construcción del templo en la serie de las grandes

manos levantadas hacia el cielo, 55 se puso
de pie y bendijo a toda la asamblea de Israel en voz alta, diciendo:
56 –Bendito sea el Señor, que ha dado
reposo a su pueblo Israel, como lo había
prometido. Ninguna de sus promesas, hechas por medio de su siervo Moisés, ha dejado de cumplirse. 57 Que el Señor, nuestro
Dios, esté con nosotros como estuvo con
nuestros antepasados, que no nos deje ni
nos abandone, 58 sino que atraiga nuestros
corazones hacia él para que sigamos sus
caminos, cumpliendo todos los mandamientos, leyes y preceptos que dio a nuestros antepasados. 59 Que las palabras de mi
súplica estén en presencia del Señor día y
noche, para que él defienda siempre la causa
de su siervo y de su pueblo Israel, asistién-
dolo en lo que necesite cada día. 60 Y todos
los pueblos de la tierra reconocerán que el
Señor es Dios y que fuera de él no hay otro.
61 Que el corazón de ustedes pertenezca
íntegramente al Señor, nuestro Dios, practicando sus preceptos y mandamientos,
como en el día de hoy.

Conclusión de la fiesta

2 Cr 7 4-10

62 El rey y todos los habitantes de Israel
con él ofrecieron sacrificios al Señor. 63 Salomón inmoló como sacrificio de comunión
al Señor veintidós mil toros y ciento veinte
mil ovejas. Así celebraron el rey y todos los
israelitas la dedicación del templo. 64 Aquel
día consagró el rey el interior del atrio, que
está en la parte delantera del templo del
Señor. En él ofreció los holocaustos, ofrendas y grasas de los sacrificios de comunión, porque el altar de bronce que estaba
ante el Señor era demasiado pequeño para
tantos holocaustos, ofrendas y grasas. 65 En
aquella ocasión, Salomón y con él una inmensa asamblea venida de todo Israel, desde el paso de Jamat hasta el torrente de
Egipto, celebraron una fiesta ante el Señor,
nuestro Dios, durante siete días. 66 Al octavo día, Salomón despidió al pueblo, y ellos,
al despedirse, bendijeron al rey y regresaron a sus casas, contentos y alegres por todos los beneficios que el Señor había hecho a su siervo David y a su pueblo Israel.

Nueva aparición divina

2 Cr 7 11-22; 1 Re 3 5-15; Dt 28 37; 29 23-36

9 1 Cuando Salomón terminó el templo
del Señor, su palacio y todo lo demás
que había proyectado, 2 se le apareció el
Señor por segunda vez, como en Gabaón,
3 y le dijo:
–He escuchado la oración y la súplica
que has elevado ante mí; he consagrado
este templo, que has construido para morada eterna de mi nombre. En él estarán
siempre mis ojos y mi corazón. 4 Si caminas en mi presencia con pureza y rectitud
de corazón como tu padre David, cumpliendo todo lo que te he mandado y observando mis leyes y preceptos, 5 consolidaré para siempre tu trono real sobre Israel, como
prometí a tu padre David, cuando le dije:
No te faltará un descendiente en el trono
de Israel. 6 Pero si ustedes y sus hijos me
abandonan y, en lugar de cumplir las leyes
y mandamientos que les he dado, dan culto
a otros dioses y los adoran, 7 borraré a Israel de la tierra que les he dado, rechazaré
este templo que he consagrado a mi nombre, e Israel será motivo de risa y de burla
entre todos los pueblos. 8 Este templo será
reducido a un montón de ruinas; todo el que
pase ante él quedará asombrado y silbará
atónito. Y al que pregunte por qué ha tratado así el Señor a este país y a este templo,
9 se le responderá: Porque abandonaron al
Señor su Dios, que sacó de Egipto a sus
antepasados, y se entregaron a otros dio-

intervenciones salvíficas de Dios, junto al éxodo-liberación y al don de la tierra.

• **8 62-66**: La dedicación del templo coincide con la fiesta de las tiendas, que duraba siete días (1 Re 8 2; véase Dt 16 13-15). La cantidad de sacrificios ofrecidos es exagerada y sirve para subrayar la importancia y el valor único del templo de Jerusalén. La alusión a la alegría del pueblo culmina tan excepcional momento histórico.

• **9 1-9**: Toda la sección del templo concluye con una nueva aparición divina en Gabaón, que recuerda la "visión" que abría la sección de la sabiduría (1 Re 9 2; véase 1 Re 3 14-15). Ahora Dios responde a la oración que Salomón le dirigió en el marco de la fiesta anterior. A través del oráculo divino, el redactor deuteronomista da una interpretación teológica de la caída de Jerusalén. Dios había elegido a esta ciudad para morada de su nombre; Dios había prometido perennidad a la dinastía de David. Pero esta promesa obligaba a la fidelidad. Como esta condición falló, Dios trajo la catástrofe sobre la ciudad y el pueblo.

ses, adorándolos y dándoles culto. Por eso
el Señor ha hecho caer sobre ellos todos
estos males.

4. Fama y gloria de Salomón

Tratado con Jirán

2 Cr 8 1-6

10 En veinte años construyó Salomón
los dos edificios: el templo del Señor y su
palacio, 11 con la ayuda de Jirán, rey de
Tiro, que le había suministrado madera de
cedro y de ciprés, y oro en abundancia. Al
cabo de ese tiempo, Salomón entregó a
Jirán veinte ciudades en Galilea. 12 Jirán
salió de Tiro para verlas, pero no le gustaron, 13 y dijo:
–¿Qué ciudades me has dado, hermano?
Y las llamó Tierra de Cabul –es decir,
Tierra Baldía–; y así se las llama hoy. 14 Jirán había mandado al rey unos cuatro mil
cien kilos de oro.

Reclutamiento de trabajadores y actividades diversas

2 Cr 8 7-18; 1 Re 5 27-32

15 Para construir el templo del Señor, su
propio palacio, el terraplén que unía la ciudad de David con el templo, la muralla de
Jerusalén, Jasor, Meguido y Guézer, Salomón llevó a cabo un reclutamiento de trabajadores forzados. 16 (En cuanto a Guézer, el faraón, rey de Egipto, se había apoderado de ella en un ataque, la había incendiado, había matado a todos sus habitantes
cananeos, y se la había dado como dote a
su hija, la esposa de Salomón). 17 Salomón,
por su parte, reconstruyó Guézer y edificó
Betorón de Abajo; 18 Balat y Tamar en el
Négueb; 19 igualmente las ciudades-almacén para sus carros de guerra y su caballería, y cuanto se propuso edificar en Jerusalén, en la región del Líbano y en todo el
término de su jurisdicción.
20 Había en el país gentes que no pertenecían al pueblo de Israel; eran los amorreos, hititas, pereceos, jeveos y jebuseos,
21 descendientes de aquellos a quienes los
israelitas no habían podido exterminar. A
éstos Salomón los reclutó como trabajadores forzados, y esa sigue siendo su situación hasta el día de hoy. 22 No hizo lo mismo con los israelitas. Estos eran, más bien,
lo mejor de su ejército: sus guardias, oficiales y escuderos, y los jefes de sus carros de
guerra y de su caballería. 23 Los capataces
encargados de vigilar a los que trabajan en
las obras eran quinientos cincuenta.
24 Cuando la hija del faraón se instaló
en el palacio que había edificado para ella
en la ciudad de David, Salomón construyó
el terraplén que unía ésta con el templo.
25 Tres veces al año Salomón ofrecía
holocaustos y sacrificios de comunión sobre el altar que había levantado al Señor, y
quemaba perfumes ante el Señor, cumpliendo así sus obligaciones con el templo.
26 El rey Salomón armó una flota de barcos en Esionguéber, junto a Eilat, a orillas
del mar Rojo, en el país de Edom. 27 Jirán
mandó para esta flota servidores suyos como tripulantes y marineros expertos, junto
con los servidores de Salomón. 28 Llegaron
hasta Ofir, y allí cargaron unos catorce mil
trescientos kilos de oro, que trajeron al rey
Salomón.

Visita de la reina de Sabá

2 Cr 9 1-12; Mt 12 42

10 1 La reina de Sabá, al oír la fama de
Salomón, vino para ponerlo a prueba
proponiéndole unos enigmas. 2 Hizo su entrada en Jerusalén con un gran número de

• **9 10-14**: La nueva sección (1 Re 9 10-10 29) se estructura en torno al episodio de la reina de Sabá (1 Re 10 1-13) y contribuye a resaltar el prestigio internacional de Salomón y el reconocimiento de su sabiduría, su riqueza y sus contrucciones.

A pesar de lo que se dice en 1 Re 9 11, parece que Jirán pagó estas ciudades a Salomón en moneda contante y sonante (véase 1 Re 9 14), ya que los materiales del templo habían sido pagados con productos agrícolas (1 Re 5 25).

• **9 15-28**: En los trabajos forzados fueron empleados también israelitas, a pesar de lo que se dice en 1 Re 9 22-23. Lo afirma expresamente 1 Re 5 27 y fue una de las causas de la rebelión de Jeroboán (1 Re 11 28).

Las construcciones de Salomón no se reducen sólo a la ciudad de Jerusalén, sino que se extienden a todo el país con dos objetivos principales: las ciudades-almacén para recoger el fruto de los tributos; y las ciudades fortificadas para crear diversas líneas defensivas en los puntos estratégicos (1 Re 9 15-18).

acompañantes y con camellos cargados de perfumes, oro y piedras preciosas en cantidad fabulosa. Se presentó a Salomón y le manifestó todo lo que tenía pensado decirle. 3 Salomón contestó a todas sus preguntas; no hubo ninguna cuestión tan difícil que el rey no pudiera resolver. 4 Cuando la reina de Sabá vio toda la sabiduría de Salomón y el palacio que se había construido, 5 los manjares de su mesa, las casas de sus cortesanos, el porte de sus servidores y sus uniformes, sus provisiones de bebidas y los holocaustos que ofrecía en el templo del Señor, se quedó maravillada, 6 y dijo al rey:

–Era verdad lo que yo había oído en mi país acerca de ti y de tu sabiduría. 7 Yo no quería creerlo, hasta que he venido y lo he visto con mis propios ojos; pero veo que no me habían dicho ni la mitad. Tu sabiduría y tus riquezas superan la fama que había llegado a mis oídos. 8 ¡Feliz tu gente, felices tus servidores que están siempre a tu lado y escuchan tu sabiduría! 9 ¡Bendito el Señor, tu Dios, que ha tenido a bien sentarte en el trono de Israel! Por su amor eterno a Israel, te ha constituido su rey, para administrar el derecho y la justicia.

10 La reina obsequió al rey con cuatro mil kilos de oro, perfumes y piedras preciosas en cantidad fabulosa. Jamás se vio tanta cantidad de perfumes, como la ofrecida al rey Salomón por la reina de Sabá.

11 La flota de barcos de Jirán, la que transportó el oro de Ofir, le trajo maderas de sándalo y piedras preciosas en gran cantidad. 12 Con la madera de sándalo hizo el rey columnas para el templo del Señor y para el palacio real, y cítaras y arpas para los músicos. Sándalo como aquél no se ha traído, ni se ha vuelto a ver hasta hoy. 13 Salomón dio a la reina de Sabá todo lo que ella quiso y pidió, además de los magníficos regalos propios de un rey como Salomón. La reina se despidió y regresó a su país con sus acompañantes.

Riquezas de Salomón

2 Cr 9 13-28; 1 14-17

14 El oro que entraba anualmente en las arcas del rey Salomón sumaba unos veintidós mil ochocientos kilos, 15 sin contar el procedente del impuesto a los comerciantes y mercaderes ambulantes, y el que le daban como tributo todos los reyes de Arabia y los gobernadores del país. 16 El rey Salomón mandó fabricar doscientos escudos de oro fundido, de unos siete kilos cada uno, 17 y trescientos escudos más pequeños de oro fundido, de tres kilos y medio cada uno. Y los colocó en la sala llamada Bosque del Líbano. 18 Hizo también un gran trono de marfil que recubrió de oro finísimo. 19 El trono tenía seis gradas; su parte superior era redonda por el respaldo; tenía también el trono unos brazos en los cuales había dos leones adosados, 20 y había otros doce leones a uno y otro lado de las seis gradas. Jamás se había hecho cosa semejante en reino alguno. 21 Toda la vajilla del rey Salomón era de oro, lo mismo que todo el mobiliario de la sala llamada Bosque del Líbano. Todo era de oro puro; no había nada de plata, pues ésta apenas se estimaba en tiempos del rey Salomón. 22 El rey tenía en el mar una flota de barcos como los de Tarsis, junto con la flota de Jirán; y cada tres años regresaba con cargamento de oro, plata, marfil, monos y pavos reales.

23 El rey Salomón superó a todos los reyes de la tierra en riqueza y sabiduría; 24 y todo el mundo quería ver a Salomón, para escuchar la sabiduría que Dios le había concedido. 25 Le traían como regalo objetos de plata y de oro, junto con vestidos, armas, perfumes, caballos y mulos. Así todos los años. 26 Salomón reunió mil cuatrocientos carros de guerra y doce mil caballos, que estaban en los establos de las ciudades destinadas a ellos y en Jerusalén, junto al rey.

27 El rey hizo que la plata fuera tan abundante en Jerusalén como las piedras, y los

• **10 1-13**: Probablemente se trataba de una embajada comercial, pues Salomón dominaba las regiones por las que pasaban las caravanas del reino de Sabá. Sin embargo, el relato tiene la intención de ilustrar una vez más la fama alcanzada por Salomón como sabio, ahora en presencia de una reina extranjera.

• **10 14-29**: Salomón había pedido a Dios sabiduría (1 Re 3 9), pero el Señor le había prometido, además, las riquezas que otros solían pedir en primer lugar (1 Re 3 13). La única condición es que *guardara sus preceptos y mandamientos* (1 Re 3 14). La vida de Salomón ha sido hasta ahora intachable, y por eso Dios le concede todas estas riquezas.

cedros tanto como las higueras de la Sefelá. 28 Los caballos destinados a Salomón se importaban de Musrí y Coa. Los mercaderes del rey los compraban en Coa a precio concertado: 29 a seiscientas monedas de plata la cuadriga de Musrí, y a ciento cincuenta el caballo. Y a su vez, Salomón, a traves de los mismos mercaderes, los exportaba a los reyes de los hititas y a los de Aram.

5. Decadencia y fin del reinado de Salomón

Salomón infiel a Dios

Eclo 47 19; Dt 17 17; 7 2-4; 1 Re 3 5-15; 9 1-9

11 1 El rey Salomón se enamoró de muchas mujeres extranjeras, además de la hija del faraón; mujeres moabitas, amonitas, edomitas, sidonias e hititas, 2 respecto a las cuales el Señor había ordenado a los israelitas: «No se unan con ellas en matrimonio, porque inclinarán el corazón de ustedes hacia sus dioses». Sin embargo, Salomón se enamoró locamente de ellas, 3 y tuvo setecientas esposas con rango de princesas y trescientas concubinas. Ellas lo pervirtieron, 4 y cuando se hizo viejo desviaron hacia otros dioses su corazón, que ya no perteneció al Señor, como había pertenecido el de su padre David. 5 Dio culto a Astarté, diosa de los sidonios, y a Moloc, el ídolo de los amonitas. 6 De este modo, Salomón ofendió con su conducta al Señor, y no fue tan fiel como su padre David. 7 En el altozano que hay frente a Jerusalén levantó un altar a Camós, ídolo de Moab, y otro a Moloc, ídolo de Amón. 8 Otro tanto hizo para los dioses de todas sus mujeres extranjeras, que quemaban en ellos perfumes y ofrecían sacrificios a sus dioses. 9 El Señor se irritó contra Salomón, porque apartó su corazón del Señor, Dios de Israel, que se le habían aparecido dos veces, 10 ordenándole que no fuera detrás de otros dioses. Pero Salomón no cumplió esta orden 11 y entonces le dijo el Señor:

–Por tu mal comportamiento, porque has roto mi alianza y no has cumplido mis mandamientos, te quitaré el reino y lo daré a uno de tus servidores. 12 Pero, en atención a tu padre David, no lo haré mientras tú vivas, sino que se lo quitaré a tu hijo. 13 Sin embargo, no le quitaré todo el reino; le dejaré una tribu, en atención a mi siervo David y a Jerusalén, la ciudad que yo elegí.

Adversarios de Salomón

2 Sm 8 13-14; 10 15-19

14 El Señor suscitó contra Salomón un enemigo, Hadad, un edomita de la familia real de Edom.

15 Cuando David derrotó a Edom, Joab, general del ejército, subió a enterrar a los muertos, y degolló a todos los varones de Edom. 16 Durante seis meses permaneció con todo Israel en Edom hasta exterminar a todos sus varones. 17 Pero Hadad, con algunos de los servidores de su padre, huyó a Egipto. Era entonces Hadad un muchacho. 18 Partieron de Madián, se les agregaron en Parán varios hombres, y cuando llegaron a Egipto se presentaron al faraón. Este les dio casa, alimentos y tierras. 19 El faraón apreciaba a Hadad, y le dio por esposa a su cuñada, hermana de la reina Tafnes. 20 Ella le dio un hijo, Guenubat, a quien crió Tafnes en el palacio del faraón; y Guenubat vivió con los hijos del faraón. 21 Cuando Hadad se enteró de que David y Joab, el general del ejército, habían muerto, dijo al faraón:

–Déjame regresar a mi tierra.

22 El faraón le dijo:

–¿Qué te falta aquí, para que quieras regresar a tu tierra?

• **11** 1-13: La infidelidad de Salomón en los últimos años de su vida explica el triste destino de su reino, que acabará dividido en dos reinos independientes. Se acusa a Salomón de haber contraído matrimonio con mujeres extranjeras y haber introducido, seducido por ellas, cultos paganos. El juicio se realiza según los criterios de Dt 7 3-4. Contraponer la fidelidad de David con la infidelidad de los otros reyes será también un rasgo característico del redactor deuteronomista, como veremos más adelante.

• **11** 14-25: Estas rebeliones de enemigos que habían sido sometidos con anterioridad, aparecen concentradas en los últimos años del reinado de Salomón, aunque debieron producirse a lo largo de todo su reinado (1 Re 11 25b). El autor no es muy explícito; no explica qué trastornos ocasionaron a Salomón estos enemigos, pues no le interesa la política, sino que quiere dar su interpretación: esto ha ocurrido por la infidelidad de Salomón.

Respondió:
–Nada; pero déjame partir, por favor.
25b Hadad reinó en Edom y no dejó en
paz a Israel.
23 Dios suscitó también contra Salomón
otro enemigo, Rezón, hijo de Elyadá, que
había huido de su amo Hadadézer, rey de
Sobá. 24 Este reunió en torno a sí un grupo
de bandoleros, y como David los perseguía, fueron a Damasco y allí se estableció
como rey. 25a Durante todo el reinado de
Salomón, no cesó su persecución contra
Israel.

Rebelión de Jeroboán

1 Re 12 1-15; 15 4; 2 Re 8 19; 2 Sm 21 17

26 Jeroboán, hijo de Nabat, era efraimita, natural de Seredá. Su madre se llamaba
Servá y era viuda. Siendo funcionario de
Salomón se sublevó contra el rey. 27 El motivo de su rebelión fue éste: Salomón estaba construyendo el terraplén para rellenar
el desnivel de la ciudad de su padre David;
28 Jeroboán era fuerte y vigoroso, y Salomón viendo cómo aquel joven realizaba su
trabajo, lo puso al frente de los trabajadores de la tribu de José. 29 Un día que Jeroboán salía de Jerusalén, se encontró en el
camino con el profeta Ajías de Siló. Llevaba éste un manto nuevo y estaban los dos
solos en el campo. 30 Ajías se quitó el
manto nuevo y lo rasgó en doce trozos.
31 Y dijo a Jeroboán:
–Toma para ti diez trozos, porque así
dice el Señor, Dios de Israel: «Voy a arrancar el reino de manos de Salomón, y a ti te
daré diez tribus. 32 A él le dejaré una tribu
en atención a mi siervo David y a Jerusalén, la ciudad que elegí entre todas las tribus de Israel. 33 Porque se ha apartado de
mí y ha adorado a Astarté, diosa de los sidonios, a Camós, dios de Moab, y a Moloc, dios de Amón; no ha seguido mis caminos, no ha hecho lo que me agrada ni ha
observado mis leyes y preceptos, como su
padre David. 34 Pero a él no le quitaré el
reino, sino que lo mantendré como rey en
atención a mi siervo David, a quien elegí,
pues él cumplió mis mandamientos y mis
leyes. 35 Se lo quitaré a su hijo, y te daré a
ti diez tribus. 36 Dejaré a su hijo una tribu,
para que mi siervo David tenga siempre
ante mí un descendiente en Jerusalén, la
ciudad que elegí para que fuera morada de
mi nombre. 37 A ti te tomaré para que reines sobre Israel, tal como ambicionas. 38 Si
obedeces todos mis mandamientos, sigues
mis caminos haciendo lo que yo apruebo y
observas mis leyes y mandamientos, como
lo hizo mi siervo David, yo estaré contigo,
te daré una dinastía duradera, como he hecho con David, y te entregaré Israel. 39 Humillaré por todo esto a la descendencia de
David, pero no para siempre».
40 Salomón buscaba a Jeroboán para
matarlo, pero Jeroboán fue a refugiarse en
Egipto, donde reinaba Sesac, y estuvo allí
hasta la muerte de Salomón.

Fin de Salomón

2 Cr 9 29-31

41 El resto de la historia de Salomón,
todo lo que hizo y su sabiduría, está escrito
en el libro de la Historia de Salomón. 42 Salomón reinó cuarenta años en Jerusalén sobre todo Israel. 43 Murió y fue sepultado en
la ciudad de su padre David. Le sucedió en
el trono su hijo Roboán.

• **11 26-40**: En este pasaje se mezclan los datos de archivo y la interpretación teológica. No están muy claras las causas de la rebelión de Jeroboán, pero lo que al autor le interesa es resaltar que la inminente división del reino es obra de Dios, el cual castiga así la infidelidad de Salomón (1 Re 11 11-13). Conforme a la mentalidad de entonces, la acción simbólica de Ajías hace más eficaz el oráculo: la división del manto simboliza la división de Israel.

• **11 41-43**: Con una fórmula, que veremos repetida para casi todos los reyes de Judá e Israel (véase 1 Re 14 19-20.29-31), el redactor deuteronomista concluye el reinado de Salomón. Aunque la valoración general es positiva, al morir Salomón aparecerán las consecuencias negativas de su reinado.

II. HISTORIA SINCRONICA DE LOS DOS REINOS Δ

1. División del reino de Salomón ◊

Asamblea de Siquén

2 Cr 9 1-15; Jos 24; 1 Re 11 31-39

12 [1] Roboán fue a Siquén, donde se había reunido todo Israel para proclamarlo rey. [2] Informaron de ello a Jeroboán, hijo de Nabat, que estaba en Egipto, adonde había huido del rey Salomón, y regresó de Egipto. [3] Enviaron a llamar a Jeroboán y acudió con toda la asamblea de Israel. Y dijeron a Roboán:

[4] –Tu padre nos ha puesto un yugo muy pesado. Alivia tú ahora la dura servidumbre a que nos sometió tu padre y el pesado yugo que nos impuso, y te serviremos.

[5] Les respondió:

–Retírense y regresen a verme dentro de tres días.

El pueblo se retiró. [6] Roboán consultó a los ancianos, que habían sido consejeros durante la vida de su padre Salomón y les preguntó:

–¿Qué me aconsejan que responda a este pueblo?

[7] Ellos le dijeron:

–Si te pones hoy al servicio del pueblo, si aceptas sus propuestas y los tratas amablemente, ellos estarán siempre a tu servicio.

[8] Pero Roboán rechazó este consejo de los ancianos y pidió parecer a sus jóvenes compañeros, que se habían educado con él y estaban a su servicio. [9] Les preguntó:

–¿Qué me aconsejan que responda a este pueblo que me ha hablado así: «Alivia el yugo que tu padre puso sobre nosotros»?

[10] Los jóvenes que se habían educado con él le respondieron:

–A este pueblo, que te ha dicho eso, le responderás: «Mi dedo meñique es más grueso que la espalda de mi padre. [11] Mi padre puso sobre ustedes un yugo pesado, pero yo lo haré aún más pesado; mi padre los azotó con látigo, pero yo lo haré con alacranes».

[12] Al tercer día, siguiendo la indicación del rey de reunirse con él a los tres días, Jeroboán y todo el pueblo se presentaron ante Roboán. [13] Este los trató duramente; rechazó el consejo de los ancianos [14] y, siguiendo el parecer de los jóvenes, les dijo:

–Mi padre les puso un yugo pesado, pero yo lo haré más pesado aún; mi padre los azotó con látigo, pero yo lo haré con alacranes.

[15] El rey no escuchó al pueblo para que, según los planes del Señor, se cumpliera la palabra que había dado a Jeroboán, hijo de Nabat, por medio de Ajías de Siló.

División política

2 Cr 10 16-11 4; 2 Sm 20 1; 1 Re 4 6; 12 2-3

[16] Viendo todos los israelitas que el rey no los había escuchado, le dijeron:

Δ 1 Re 12 1-2 Re 17 41: El reinado de Salomón se cierra con un anuncio negativo: su reino será dividido en dos. En realidad la unión de las doce tribus bajo David y Salomón no había echado raíces, pues la procedencia y las tradiciones de las tribus del norte eran diversas de las de Judá. Esta parte central de 1-2 Re describe la historia sincrónica de los dos reinos de una forma muy resumida, insertando dos bloques de relatos proféticos (los de Elías y Eliseo) y colocando un prólogo en el que se cuenta cómo se produjo dicha división. Según esto, podemos distinguir en ella cinco secciones: la división del reino (1 Re 12-13); la historia de los dos reinos hasta Elías (1 Re 14-16); el ciclo de Elías (1 Re 17-2 Re 1); el ciclo de Eliseo (2 Re 2-8); y la historia de los dos reinos hasta el fin de Samaría (2 Re 9-17).

Para componer esta historia sincrónica el redactor se ha servido de fuentes diversas: los Anales de los reyes de Judá y de Israel, los ciclos de Elías y Eliseo, etc.; pero los ha retocado desde su peculiar visión teológica (véase por ejemplo, 1 Re 14 7-16; 2 Re 17 7-23).

◊ 12 1-13 34: Esta primera sección sirve de prólogo a toda la segunda parte de 1-2 Re. Aunque las causas remotas de la división del reino hay que buscarlas en el final del reinado de Salomón, la actitud intolerante de Jeroboán (rey de Israel) contribuyó decisivamente a la ruptura política de los reinos de Judá e Israel, que trajo consigo un cisma religioso.

• **12 1-15**: La redacción actual presenta la división de los reinos como consecuencia del enfrentamiento de dos posiciones irreconciliables ante las exigencias de las tribus del norte. Detrás de la rebeldía del pueblo y la irreflexiva postura de Roboán (rey de Judá) y de sus jóvenes consejeros, el redactor descubre que todo responde a un plan de Dios (1 Re 12 15), el cual cumple así su promesa (1 Re 11 11-13).

• **12 16-25**: Las tribus del norte consuman la división utilizando las mismas palabras que utilizaron Sibá y sus partidarios cuando se separaron de David (2 Sm 20 1). No se trata sólo de romper con Roboán, sino con una dinastía que los había oprimido. A los ojos del redactor final se trata

–¿Qué tenemos que ver nosotros con
David? ¿Acaso tenemos algo en común con
el hijo de Jesé? ¡A tus tiendas, Israel! ¡Y
ahora, preocúpate por tu familia, David!
Y los de Israel regresaron a sus casas,
17 si bien los israelitas residentes en las ciudades de Judá siguieron sometidos a Roboán. 18 El rey Roboán envió como mediador a Adonirán, el encargado de reclutar
trabajadores, pero los israelitas lo mataron
a pedradas. Y el propio Roboán tuvo que
subir a toda prisa en su carro de guerra y
escapar a Jerusalén. 19 Así se separó Israel
de la dinastía de David hasta el día de hoy.
20 Cuando todo Israel se enteró del regreso
de Jeroboán, mandaron a llamarlo para que
fuera a la asamblea y lo proclamaron rey
sobre todo Israel. Sólo permaneció fiel a la
casa de David la tribu de Judá.
21 Cuando llegó a Jerusalén, Roboán
reunió a ciento ochenta mil guerreros, elegidos de entre las tribus de Judá y de Benjamín, para luchar contra Israel y devolver
el reino a Roboán, hijo de Salomón. 22 Pero
el Señor habló así al profeta Semayas:
23 –Di a Roboán, hijo de Salomón, rey
de Judá, a toda la casa de Judá y de Benjamín, y al resto del pueblo: 24 Esto dice el
Señor: «No vayan a luchar contra sus hermanos, los israelitas. Regresen a sus casas,
pues todo esto ha sucedido por disposición
mía».

Ellos obedecieron la palabra del Señor,
y regresaron, como el Señor había mandado.
25 Jeroboán fortificó Siquén en las montañas de Efraín, y la hizo su capital. Luego
salió de Siquén y fortificó Penuel.

División religiosa

2 Cr 11 15; Ex 32 1-6

26 Jeroboán pensaba en su interior: «Tal
como están las cosas, el reino terminará
por regresar a la casa de David. 27 Si la
gente continúa subiendo a Jerusalén a ofrecer sacrificios en el templo del Señor, acabarán poniéndose de parte de su señor Roboán, rey de Judá, y me matarán a mí para
unirse a él».
28 Después de pedir consejo, construyó
dos becerros de oro y dijo al pueblo:
–¡Se acabó el subir a Jerusalén! Israel,
aquí tienes a tu Dios, el que te sacó de
Egipto.
29 Y puso uno en Betel, y otro en Dan.
30 Esto fue ocasión continua de pecado,
porque el pueblo iba en peregrinación hasta Betel y hasta Dan para adorarlos.
31 También levantó santuarios en los altozanos y nombró sacerdotes de entre la
gente del pueblo que no pertenecía a la tribu de Leví. 32 Declaró fiesta el día quince
del mes octavo, a imitación de la que se
celebraba en Judá, y subió a ofrecer sacrificios sobre el altar de Dan. En Betel hizo
lo mismo: ofreció sacrificios a los becerros
que había fabricado, trajo sacerdotes para
los santuarios que había edificado en los
altos, 33 y el día quince del mes octavo, un
mes elegido a capricho, instituyó una fiesta
para los israelitas, subió al altar de Betel y
quemó incienso en el altar.

Un profeta condena el altar de Betel

2 Re 23 15-18; Am 7 10-17

13 1 Mientras Jeroboán quemaba el incienso en el altar, un hombre de Dios

más bien del cumplimiento de una disposición divina (1 Re 12 24). Jeroboán fue proclamado rey de Israel después de la ruptura con Judá. A pesar de lo que se dice en 1 Re 12 2-3 él no estuvo desde el principio en la asamblea, sino que fue llamado después (1 Re 12 20). 1 Re 12 2-3 procede de 2 Cr 10 2-3.

• **12 26-33**: Jeroboán debió actuar arrastrado por exigencias políticas. Su intención no era apostatar del Señor, pues Betel y Dan eran santuarios de probada tradición yavista; pero como el toro era el símbolo del dios cananeo Baal, el pueblo fue inducido a confundir al Señor con Baal. En este sentido el redactor deuteronomista considera lo que hizo Jeroboán como una verdadera rebeldía y atribuye a esto la destrucción de Israel. Este será para él *el pecado de Jeroboán*, al que constantemente alude, como herencia transmitida a todos los reyes del Norte.

• **13 1-34**: Esta narración procede de los círculos proféticos del reino del Norte, y representa, lo mismo que los ciclos de Elías y Eliseo (1 Re 17-2 Re 8), el momento de transición entre el profetismo con manifestaciones extáticas (de carácter mágico) y el profetismo clásico. Es interesante comparar 1 Re 13 1-10 con Am 7 10-17.

El redactor sitúa aquí este relato para mostrar cómo Dios condena el culto instituido por Jeroboán y para anunciar de forma explícita la reforma de Josías (1 Re 13 2). La historia del profeta de Betel le sirve para acentuar el carácter infalible de la palabra de Dios. El esquema profecía-cumplimiento es un rasgo típico del redactor deuteronomista.

llegó a Betel procedente de Judá y, por orden del Señor, 2 se puso a gritar contra el
altar:
–¡Altar, altar! Así dice el Señor: Vendrá
un descendiente a la casa de David, llamado
Josías, e inmolará sobre ti a los sacerdotes
de los altozanos que en ti han quemado incienso, y quemarán sobre ti huesos humanos.
3 Al mismo tiempo dio una señal:
–Esta es la señal de que ha hablado el
Señor: El altar saltará en pedazos y se derramará la ceniza que hay sobre él.
4 Al oír el rey la amenaza del hombre de
Dios contra el altar de Betel, extendió su
brazo desde el altar y dijo:
–¡Arréstenlo!
Pero el brazo extendido se le quedó paralizado sin articulación alguna. 5 El altar
saltó en pedazos y la ceniza se derramó,
según la señal que el hombre de Dios había
dado por orden del Señor. 6 Entonces el
rey dijo al hombre de Dios:
–Por favor, invoca al Señor tu Dios, y
ruégale por mí, para que pueda doblar mi
brazo.
El hombre de Dios invocó al Señor, y el
rey recobró el movimiento del brazo. 7 El
rey le dijo:
–Ven a comer conmigo, que quiero hacerte un regalo.
8 El hombre de Dios le contestó:
–Aunque me dieras la mitad de tus bienes, no iría contigo; no comería ni bebería
en este lugar. 9 Porque el Señor me ha dicho: «No comerás ni beberás nada, ni regresarás por el camino que fuiste».
10 Y se fue, regresando por un camino
distinto.

Un hombre de Dios y el profeta de Judá

1 Re 20 36; 2 Re 17 25; 23 17-18; Gal 1 8

11 Vivía en Betel un profeta anciano. De
regreso a casa, sus hijos le contaron todo
lo que había hecho el hombre de Dios aquel
día en Betel y lo que había dicho al rey.
12 Su padre les preguntó:
–¿Qué camino ha tomado?
Se lo indicaron y les ordenó:
–Prepárenme el burro.
13 Se lo prepararon, se montó en él 14 y
se fue en busca del hombre de Dios; lo encontró sentado bajo un terebinto y le dijo:
–¿Eres tú el hombre de Dios que ha
venido de Judá?
El respondió:
–Yo soy.
15 Le dijo:
–Ven a mi casa a comer algo.
16 El respondió:
–No puedo hacerlo; no comeré ni beberé
nada en este lugar, 17 porque el Señor me
dijo que no comiera ni bebiera nada aquí, y
que no regresara por el mismo camino.
18 Pero él le dijo:
–Yo soy también profeta como tú, y un
ángel me ha dicho de parte del Señor: «Llévalo a casa, para que coma y beba».
Y de este modo lo engañó. 19 Lo llevó a
su casa, y el profeta comió y bebió. 20 Mientras estaban sentados a la mesa, el Señor
habló al profeta que lo había hecho regresar, 21 el cual dijo al hombre de Dios venido de Judá:
–Así dice el Señor: «Has quebrantado la
orden del Señor y has desobedecido a su
mandato, 22 pues has comido y bebido en
el lugar en el que te había prohibido hacerlo. Por eso tu cadáver no será enterrado en
el sepulcro de tus padres».
23 Terminada la comida, preparó el burro
para el profeta al que había hecho regresar;
24 él se fue, pero por el camino le salió un
león y lo mató, dejando su cadáver tendido
en el camino. El burro y el león se quedaron junto al cadáver. 25 Pasaron unos hombres y vieron el cadáver tendido en el camino, y el león junto a él; llegaron a la ciudad
donde vivía el profeta anciano y difundieron la noticia. 26 Enterado el profeta que
había hecho regresar al otro, dijo:
–Es el hombre de Dios que quebrantó el
mandato del Señor. Ahora el Señor lo ha
entregado al león, que lo ha matado y lo ha
despedazado, conforme a la palabra del
Señor.
27 Mandó a sus hijos que le prepararan
el burro y, una vez preparado, 28 fue y encontró el cadáver tirado en el camino; el
burro y el león estaban junto a él, sin moverse. El león no había comido el cadáver
ni había despedazado al burro. 29 El profeta tomó el cadáver del hombre de Dios y,
cargándolo sobre el burro, lo trajo a la ciudad, para hacerle los funerales y sepultarlo.
30 Enterró el cadáver en su propia sepultu-

ra, y entonó un canto fúnebre por él diciendo: «¡Ay, hermano mío!».
31 Después de enterrarlo, dijo a sus hijos:
–Cuando yo me muera, pongan mis huesos en esta sepultura, junto a los suyos,
32 porque ciertamente se cumplirá la palabra que pronunció de parte del Señor contra el altar que hay en Betel y contra todos
los santuarios edificados en los altozanos
que hay en los pueblos de Samaría.
33 Después que sucedió esto, Jeroboán
no cambió su mala conducta. Siguió nom-
brando de entre el pueblo sacerdotes para
los santuarios de los altozanos. A todo el
que se lo pedía lo consagraba sacerdote de
los altozanos. 34 Este fue el pecado de la
dinastía de Jeroboán, por el que fue destruida y borrada de la tierra.

2. *Historia de los dos reinos hasta Elías* ◊

Reinado de Jeroboán en Israel (931-910)

1 Re 11 29-39; 15 29; 16 4; 21 24

14 1 Por entonces enfermó Abías, hijo de
Jeroboán, 2 y éste dijo a su mujer:
–Disfrázate para que nadie se dé cuenta
de que eres mi mujer, y ve a Siló. Allí está
el profeta Ajías, el que predijo que yo sería
rey de este pueblo. 3 Llévale diez panes,
pasteles y un tarro de miel, y preséntate a
él. El te dirá lo que va a ser del niño.
4 Su mujer lo hizo así, y se puso en camino hacia Siló, a la casa de Ajías. Ajías
no podía ver, porque era viejo y tenía cata-
ratas, 5 pero el Señor le había dicho: «Está
a punto de llegar la mujer de Jeroboán a
consultarte sobre su hijo enfermo. Esto y
esto le responderás». Ella entró, haciéndose pasar por otra, 6 pero al oír Ajías el ruido
de sus pasos cuando cruzaba el portal,
dijo:
–Entra, mujer de Jeroboán. ¿Por qué te
haces pasar por otra? Tengo que darte una
mala noticia. 7 Ve y di a Jeroboán: Así dice
el Señor, Dios de Israel: «Yo te saqué de
en medio del pueblo y te constituí rey sobre mi pueblo Israel, 8 quitando el reino a
la familia de David, para dártelo a ti; pero
tú no te has portado como mi siervo David; él observó mis preceptos y me siguió
de todo corazón, haciendo lo que yo apruebo; 9 tú, por el contrario, te has portado
peor que todos tus predecesores; te has fabricado dioses extraños e imágenes fundidas, y me has dado la espalda provocando
con ello mi ira. 10 Por eso, voy a traer la
desgracia sobre tu familia: exterminaré a
todos sus varones, libres o esclavos, y barreré tu descendencia como polvo de estiércol. 11 El que muera en la ciudad, será devorado por los perros; el que muera en el
campo, será comido por las aves del cielo.
Lo ha dicho el Señor». 12 En cuanto a ti,
regresa a tu casa; apenas entres en la ciudad, morirá el niño. 13 Todo Israel lo llorará,
y lo enterrarán; será el único de la familia
de Jeroboán que descanse en una sepultura, porque es el único de la familia de Jeroboán en quien se ha encontrado algo que
agrade al Señor, Dios de Israel. 14 El Señor
suscitará en Israel un rey que exterminará
a la dinastía de Jeroboán. 15 Más aún, agi-
tará a Israel como se agita una caña en el
agua, arrojará a Israel de esta buena tierra
que dio a sus padres y los dispersará al otro
lado del Eufrates, por haberse fabricado
imágenes sagradas, irritando al Señor. 16 El
Señor castigará a Israel por los pecados
que Jeroboán ha cometido, y por los que
ha hecho cometer a Israel.
17 La mujer de Jeroboán se levantó y se
puso en camino hacia Tirsá. Cuando ella
cruzaba el umbral de la casa, el niño murió. 18 Lo enterraron, y todo Israel lo lloró,
según la palabra que el Señor había pro-

◊ **14 1-16 34**: Comienza propiamente la historia sincrónica de los dos reinos, que continuará en 2 Re 9-17. El redactor se ha servido de anales, pero su perspectiva es claramente la del reino del Sur. El juicio sobre todos los reyes del Norte es invariablemente negativo. Los del Sur son tratados con más benevolencia, pero de entre ellos sólo encontramos dos sobre los que el juicio del redactor sea claramente positivo: Ezequías y Josías. El autor de la historia deuteronomista juzga a los reyes según el modelo de David, a quien considera ejemplo de virtud y fidelidad a Dios (1 Re 9 4; 11 4-38; 14 8), y según los criterios expresados en el Deuteronomio.

• **14 1-20**: Narración popular con un discurso que interpreta el itinerario histórico del reino del Norte: la dinastía de Jeroboán no durará, y el pueblo será deportado. La acusación principal es haber abandonado al Señor para dar culto a otros dioses. La muerte del hijo de Jeroboán es el primer cumplimiento del castigo que el profeta Ajías ha anunciado por el pecado del rey.

nunciado por medio de su siervo, el profeta Ajías.

19 El resto de la historia de Jeroboán, sus guerras y su reinado, está escrito en los Anales de los Reyes de Israel. 20 Jeroboán reinó veintidós años; cuando murió, le sucedió en el trono su hijo Nadab.

Reinado de Roboán en Judá (931-914)

2 Cr 11 5-12 16; 1 Re 10 16

21 Roboán, hijo de Salomón, reinó en Judá. Tenía cuarenta años cuando subió al trono, y reinó diecisiete en Jerusalén, la ciudad elegida por el Señor entre todas las tribus de Israel para morada de su nombre. Su madre Naamá era amonita.

22 El pueblo de Judá ofendió con su conducta al Señor y provocó la ira del Señor en mayor grado que sus antepasados. 23 Se construyeron santuarios en los altozanos, piedras conmemorativas e imágenes sagradas en toda colina elevada o bajo todo árbol frondoso. 24 La gente del país practicaba la prostitución sagrada e imitaron todas las abominaciones de las naciones que el Señor había expulsado de en medio de ellos.

25 El año quinto del reinado de Roboán, Sesac, rey de Egipto, atacó Jerusalén. 26 Saqueó los tesoros del templo del Señor y del palacio del rey. Lo saqueó todo, llevándose los escudos de oro que Salomón había fabricado. 27 Roboán los sustituyó por otros escudos de bronce, y los confió a los jefes de la escolta que hacía guardia a la entrada del palacio real. 28 Siempre que el rey entraba en el templo del Señor, los llevaba la escolta, y luego volvían a dejarlos en la sala de guardia.

29 El resto de la historia de Roboán, todo lo que hizo, está escrito en los Anales de los Reyes de Judá. 30 Roboán y Jeroboán estuvieron siempre en guerra. 31 Murió Roboán y fue sepultado con sus antepasados en la ciudad de David. Le sucedió su hijo Abías.

Reinado de Abías en Judá (914-911)

2 Cr 13 1-3.22-23; 1 Re 11 36; 2 Re 8 19

15 1 Abías comenzó a reinar sobre Judá el año décimo octavo de Jeroboán, hijo de Nabat. 2 Reinó tres años en Jerusalén. Su madre era hija de Absalón y se llamaba Maacá. 3 Imitó la mala conducta de su padre, y no fue fiel al Señor, como lo había sido su abuelo David. 4 Sin embargo, en atención a David, el Señor su Dios le dejó un descendiente en Jerusalén, dándole hijos y conservando Jerusalén. 5 En efecto, David había agradado con su conducta al Señor, sin desviarse en toda su vida de sus preceptos, salvo en el caso del hitita Urías. 6 Abías y Jeroboán estuvieron siempre en guerra.

7 El resto de la historia de Abías, todo lo que hizo, está escrito en los Anales de los Reyes de Judá. 8 Murió Abías y fue sepultado con sus antepasados en la ciudad de David. Le sucedió su hijo Asá.

Reinado de Asá en Judá (911-870)

2 Cr 14 1-2; 15 16-19; 16 1-6.11-14

9 Asá comenzó a reinar sobre Judá el año vigésimo de Jeroboán, rey de Israel. 10 Reinó cuarenta y un años en Jerusalén. Su abuela, hija de Absalón, se llamaba Maacá. 11 Asá agradó con su conducta al Señor, como su antepasado David. 12 Expulsó del país a los que ejercían la prostitución sagrada y retiró todos los ídolos fabricados por sus antepasados. 13 Incluso privó de la dignidad de reina madre a su abuela Maacá, por haberse hecho una abominable imagen de Astarté. Asá destruyó la imagen y la quemó en el torrente Cedrón. 14 Aunque no fueron suprimidos los santuarios de los altozanos, Asá fue fiel al Señor durante toda su vida. 15 Llevó al templo del Señor todas las ofrendas que él y su padre habían hecho al templo: plata, oro y objetos varios.

16 Asá y Basá, rey de Israel, estuvieron siempre en guerra. 17 Basá, rey de Israel,

• **14 21-31**: Resumen del reinado de Roboán, que se caracteriza también por una política sincretista en lo religioso. El castigo de Dios viene de la mano del faraón Sesac, el cual realizó una campaña en Palestina, imponiendo un tributo a Roboán.

• **15 1-24**: El reinado de los dos primeros sucesores de Roboán arroja un balance relativamente positivo. Tanto Abías, como Asá son valorados desde el modelo de David (1 Re 15 5.11). A pesar de las infidelidades de Abías, Dios mantiene la promesa hecha a David (2 Sm 7 12). Por esta razón, la dinastía del reino de Judá será mucho más estable que la de Israel (1 Re 15 25-16 34).

atacó a Judá y comenzó a fortificar Ramá,
para cortar las comunicaciones a Asá, rey
de Judá. 18 Asá tomó toda la plata y el oro
que había quedado en los tesoros del templo del Señor y del palacio real, y, por medio de sus servidores, lo envió a Benadad,
hijo de Tabrimón, hijo de Jezión, rey de
Siria, que residía en Damasco, con este
mensaje: 19 «Hagamos un pacto como lo
hicieron tu padre y el mío. Te envío presentes de plata y oro. Rompe tu pacto con
Basá, rey de Israel, para que se vaya de mi
territorio».

20 Benadad aceptó la propuesta y envió
su ejército contra las ciudades de Israel;
arrasó a Iyón, Dan, Abel Bet-Maacá, la región de Genesaret y todo el territorio de
Neftalí. 21 Cuando Basá se enteró, suspendió la fortificación de Ramá y regresó a
Tirsá. 22 Asá convocó a todos los habitantes de Judá sin excepción, y con las piedras
y las maderas utilizadas por Basá para fortificar Ramá, fortificó él Guibeá de Benjamín y Mispá.

23 El resto de la historia de Asá, todas
sus hazañas, todo lo que hizo y las ciudades que edificó, está escrito en los Anales
de los Reyes de Judá. En su vejez padeció
de los pies. 24 Murió Asá y fue sepultado
con sus antepasados en la ciudad de David. Le sucedió su hijo Josafat.

Reinado de Nadab en Israel (910-909)

1 Re 14 10-11

25 Nadab, hijo de Jeroboán, comenzó a
reinar sobre Israel el año segundo de Asá,
rey de Judá. Reinó dos años sobre Israel.
26 Nadab ofendió al Señor, imitando la conducta de su padre y los pecados que éste
había hecho cometer a Israel.

27 Basá, hijo de Ajías, de la tribu de Isacar, se sublevó contra él y lo mató junto a
Guibetón de los filisteos, mientras Nadab y
todo Israel la estaban sitiando. 28 Basá lo
mató el año tercero de Asá, rey de Judá, y
le sucedió en el trono. 29 Apenas subió al
trono, eliminó a toda la familia de Jeroboán.
No dejó a nadie con vida, según lo que el
Señor había dicho por medio de Ajías de
Siló; 30 por los pecados a los que Jeroboán
había arrastrado a Israel, y por haber irritado al Señor, Dios de Israel.

31 El resto de la historia de Nadab, todo
lo que hizo, está escrito en los Anales de
los Reyes de Israel. 32 Asá y Basá, rey de
Israel, estuvieron siempre en guerra.

Reinado de Basá en Israel (909-885)

1 Re 14 7-11; 16 12

33 Basá, hijo de Ajías, empezó a reinar
sobre Israel en Tirsá el año tercero de Asá,
rey de Judá. Reinó veinticuatro años. 34 Basá ofendió al Señor, imitando la conducta
de Jeroboán y los pecados que éste había
hecho cometer a Israel.

16 1 Por aquellos días el Señor dirigió al
profeta Jehú, hijo de Janani, este mensaje contra Basá:

2 –Yo te saqué de la nada y te constituí
rey sobre mi pueblo Israel; tú, sin embargo, has seguido los caminos de Jeroboán,
haciendo pecar a mi pueblo Israel e irritán-
dome con sus pecados. 3 Por eso, te exterminaré a ti y a tus descendientes, y trataré
a tu familia como traté a la familia de Jeroboán, hijo de Nabat. 4 Cualquier pariente
tuyo que muera en la ciudad será devorado
por los perros, y el que muera en el campo
será comido por las aves del cielo.

5 El resto de la historia de Basá, todo lo
que hizo y sus hazañas, está escrito en los
Anales de los Reyes de Israel. 6 Murió Basá y fue sepultado en Tirsá; le sucedió su
hijo Elá.

• **15 25-16 34**: Durante el reinado de Asá en Judá, se suceden seis reyes en Israel: Nadab, Basá, Elá, Zimrí, Omrí y Ajab. La mayoría de ellos suben al trono después de una sublevación contra el rey anterior. Las dinastías de los reyes de Israel no tienen estabilidad. Desde la perspectiva del redactor deuteronomista ello se debe a que los reyes del Norte *ofendieron al Señor imitando la conducta de Jeroboán* (1 Re 15 26.34; 16 13.19.25.30).

La perspectiva del redactor final es claramente religiosa; no se fija demasiado en otros aspectos. Un ejemplo de ello es la poca atención que dedica al reinado de Omrí (1 Re 16 23-28), de quien sabemos que fue un gran rey y que proporcionó gran esplendor al reino del Norte. Por el contrario, insiste en lo nefasto que fue el matrimonio de Ajab con Jezabel (1 Re 16 29-34), porque supuso una lucha abierta contra la fe en el Señor. Para él la historia no es sólo el escenario de los acontecimientos, sino sobre todo el lugar en el que Dios se manifiesta y el hombre le responde. Por eso, el redactor deuteronomista lee toda esta historia en clave religiosa.

[7] Por medio del profeta Jehú, hijo de
Jananí, el Señor habló contra Basá y contra
su familia, no sólo por haber ofendido al
Señor, irritándolo con su conducta, imitando así a la familia de Jeroboán, sino por
haber exterminado a su dinastía.

Reinado de Elá en Israel (885-884)

1 Re 14 10; 16 1-4

[8] Elá, hijo de Basá, comenzó a reinar el
año vigésimo sexto de Asá, rey de Judá,
sobre Israel en Tirsá. Reinó dos años.
[9] Se sublevó contra él su súbdito Zimrí,
jefe de la mitad de los carros de guerra.
Estaba él en Tirsá, bebiendo y borracho, en
casa de Arsá, jefe del palacio de Tirsá,
[10] cuando Zimrí entró y lo mató; fue en el
año vigésimo séptimo de Asá, rey de Judá,
y Zimrí reinó en su lugar. [11] Apenas subió
al trono, eliminó a toda la familia de Basá;
no dejó varón alguno entre sus parientes y
amigos, [12] según la palabra del Señor pronunciada contra Basá por medio del profeta Jehú. [13] Todo esto se debió a los pecados
de Basá, a los de su hijo Elá y a los que hicieron cometer a los israelitas, irritando al
Señor, Dios de Israel, su idolatría.
[14] El resto de la historia de Elá, y todo
lo que hizo, está escrito en los Anales de
los Reyes de Israel.

Reinado de Zimrí en Israel (884)

[15] Zimrí comenzó a reinar el año vigésimo séptimo de Asá, rey de Judá. Reinó
siete días en Tirsá. Mientras el pueblo sitiaba Guibetón de los filisteos, [16] se corrió
el rumor de que Zimrí había tramado una
conspiración y había matado al rey.

Aquel mismo día, en el campo de batalla, todo Israel proclamó rey a Omrí, general del ejército. [17] Omrí y todo Israel con él
subieron de Guibetón y sitiaron Tirsá.
[18] Cuando Zimrí vio que la ciudad estaba a
punto de ser conquistada, se refugió en la
fortaleza del palacio del rey y le prendió
fuego. Así pereció, [19] por los pecados que
había cometido, pues ofendió al Señor imitando la conducta de Jeroboán y los pecados que éste había hecho cometer a Israel.
[20] El resto de la historia de Zimrí, junto
con la conspiración que tramó, está escrito
en los Anales de los Reyes de Israel.

[21] El pueblo de Israel se dividió en dos
partidos: uno siguió a Tibní, hijo de Guinat, proclamándolo rey; y el otro a Omrí.
[22] Pero prevaleció el partido de Omrí sobre
el de Tibní, hijo de Guinat. Murió Tibní, y
quedó Omrí como rey.

Reinado de Omrí en Israel (884-874)

[23] El año trigésimo primero de Asá, rey
de Judá, Omrí comenzó a reinar sobre Israel. Reinó doce años, seis de los cuales en
Tirsá.
[24] Compró a Semer el monte de Samaría por setenta kilos de plata, lo fortificó y
construyó en él una ciudad, a la que llamó
Samaría por el nombre del dueño de aquella montaña, Semer.
[25] Omrí ofendió al Señor, y se portó peor
que sus predecesores. [26] Imitó en todo la
conducta de Jeroboán, hijo de Nabat, y los
pecados que éste había hecho cometer a
Israel, irritando al Señor, Dios de Israel,
con sus ídolos.
[27] El resto de la historia de Omrí, lo que
hizo y sus hazañas, está escrito en los Anales de los Reyes de Israel. [28] Murió Omrí y
fue sepultado en Samaría. Le sucedió en el
trono su hijo Ajab.

Reinado de Ajab en Israel (874-853)

Jos 6 26

[29] Ajab, hijo de Omrí, comenzó a reinar
sobre Israel el año trigésimo octavo de Asá,
rey de Judá. Reinó veintidós años en Samaría.
[30] Ajab ofendió con su conducta al Señor más que todos sus predecesores. [31] No
contento con imitar los pecados de Jeroboán, hijo de Nabat, se casó con Jezabel,
hija de Etbaal, rey de los sidonios, y dio
culto a Baal, adorándolo. [32] Construyó un
altar a Baal en el templo que le había edificado en Samaría. [33] Levantó también una
imagen sagrada irritando al Señor, Dios de
Israel, más que todos los reyes de Israel
que le habían precedido.
[34] En su tiempo, Jiel de Betel reedificó
Jericó; pero sus cimientos le costaron la
vida de Abirán, su primogénito, y sus puertas la de Segub, su hijo menor, de acuerdo
con lo que había dicho el Señor a Josué,
hijo de Nun.

3. Ciclo de Elías ◊

Elías en el torrente Querit

Eclo 48 1-11; Sant 5 17

17 1 Elías, natural de Tisbé de Galaad, dijo a Ajab:
–¡Vive el Señor Dios de Israel, a quien
sirvo, que en los próximos dos años no habrá lluvia ni rocío si yo no lo ordeno!
2 Luego el Señor le dirigió su palabra:
3 –Vete de aquí en dirección a oriente y
escóndete en el torrente Querit, al este del
Jordán. 4 Beberás el agua del torrente, y yo
enviaré a los cuervos para que te alimenten
allí.
5 Elías se puso en camino y, siguiendo
las órdenes del Señor, se fue al torrente
Querit, al este del Jordán. 6 Los cuervos le
traían pan y carne por la mañana y por la
tarde, y bebía el agua del torrente.

Milagro del aceite y la harina

2 Re 4 1-7.18-37; Lc 4 25-26

7 Después de algún tiempo se secó el torrente a causa de la pertinaz sequía. 8 Entonces, el Señor le ordenó:
9 –Levántate y vete a vivir a Sarepta de
Sidón; yo ordenaré a una viuda de allí que
te alimente.
10 Elías se levantó y se fue a Sarepta.
Cuando entraba por la puerta de la ciudad,
vio a una viuda recogiendo leña. La llamó
y le dijo:
–Por favor, tráeme un vaso de agua para beber.
11 Cuando ella iba por el agua, Elías le
gritó:
–Tráeme también un poco de pan.
12 Ella le dijo:
–¡Vive el Señor, tu Dios, que no tengo
nada de pan cocido; sólo me queda un puñado de harina en una vasija y un poco de
aceite en una jarra! Precisamente estaba
recogiendo un poco de leña para preparar
algo para mi hijo y para mí; lo comeremos
y luego moriremos.
13 Elías le dijo:
–No temas; ve a casa y haz lo que has
dicho, pero antes hazme a mí una pequeña
porción de pan y tráemela. Para ti y para tu
hijo la harás después. 14 Porque así dice el
Señor, Dios de Israel: No faltará harina en
la vasija ni aceite en la jarra hasta el día en
que el Señor haga caer la lluvia sobre la
tierra.
15 Ella fue e hizo lo que le había dicho
Elías, y tuvieron comida para él, para ella
y para toda su familia durante mucho tiempo. 16 No faltó harina en la vasija ni aceite
en la jarra, según la palabra que el Señor
pronunció por medio de Elías.

Resurrección del hijo de la viuda

2 Re 4 18-37; Lc 7 11-17; Hch 20 10

17 Después de ésto, el hijo de la dueña
de la casa se enfermó gravemente y murió.
18 Ella dijo a Elías:
–¿Qué tienes contra mí, hombre de Dios?
¿Has venido a mi casa para recordarme mis
pecados y dar muerte a mi hijo?
19 Respondió Elías:
–Dame a tu hijo.
Y tomándolo del regazo de su madre, lo
subió a la habitación superior, donde él dormía, y lo acostó en su cama. 20 Entonces
invocó al Señor:
–Señor, Dios mío, ¿también harás sufrir

◊ 1 Re 17 1-2 Re 1 18: Las fuentes del ciclo de Elías se remontan probablemente a los tiempos del profeta. El redactor no quiso dar una biografía de Elías, sino que eligió lo más importante para su objetivo, que era poner de manifiesto el enfrentamiento entre profetas y reyes, y señalar el cumplimiento infalible de la palabra de Dios. Elías aparece y desaparece de improviso. En su primera aparición (1 Re 17-19) anuncia la sequía como castigo por la idolatría de Ajab, y más tarde la lluvia; su segunda aparición es para denunciar el crimen de Ajab (1 Re 21); y la tercera para anunciar la muerte de Ocozías (2 Re 1). Luego desaparece definitivamente, después de nombrar a Eliseo como su sucesor. Esta desaparición misteriosa hizo que en el judaísmo posterior se extendiera la creencia de que la nueva aparición de Elías anunciaría la venida del Mesías (véase Mt 11 14; 17 10).

• **17 1-6**: La fuente utilizada por el redactor de 1-2 Re hablaba probablemente de los antecedentes del profeta. Sin embargo, aquí aparece de pronto como enviado de Dios. La sequía es presentada como castigo de Dios por la idolatría reinante y, sobre todo, como ocasión para demostrar la supremacía del Dios de Israel sobre Baal, dios fenicio-cananeo de la fertilidad.

• **17 7-24**: Estos dos relatos, que poseen un carácter milagroso, son de origen popular. Enfatizan la autoridad de los profetas y la eficacia de sus palabras. También tienen un acento polémico contra las divinidades fenicias, incapaces de garantizar, como hace el Señor, la vida de sus adoradores. En el ciclo de Eliseo se encuentran dos relatos semejantes (2 Re 4 1-7; 4 18-37).

a esta viuda que me ha hospedado, dejando
morir a su hijo?
21 Se tendió tres veces sobre el niño y
de nuevo invocó al Señor:
–¡Señor, Dios mío, devuelve la vida a
este niño!
22 El Señor escuchó a Elías, y el niño
revivió. 23 Elías tomó al niño, lo bajó de la
habitación de arriba, se lo entrego a su madre, y le dijo:
–Aquí tienes vivo a tu hijo.
24 La mujer dijo a Elías:
–Ahora reconozco que eres un hombre
de Dios y que la palabra del Señor que tú
pronuncias se cumple.

Elías, Abdías y Ajab

2 Re 2 16; Ez 3 12; 8 3; Hch 8 39; 1 Re 16 31-32

18 1 Mucho tiempo después, al tercer
año, el Señor dijo a Elías:
–Anda, preséntate a Ajab, porque voy a
hacer llover sobre la tierra.
2 Elías se puso en camino para presentarse a Ajab.
El hambre arreciaba en Samaría, 3 y
Ajab llamó a su mayordomo, Abdías, que
era un hombre muy religioso. (4 Cuando
Jezabel exterminó a los profetas del Señor,
él recogió a cien de ellos, los ocultó en grupos de cincuenta, en dos cuevas y les proporcionó comida y agua.) 5 Ajab dijo a
Abdías:
–Vamos a recorrer el país en busca de
fuentes y arroyos, a ver si encontramos
hierba y podemos conservar con vida los
caballos y los mulos, para impedir que
muera todo el ganado.
6 Y se dividieron el país para recorrerlo.
Ajab marchó en una dirección, y Abdías en
otra. 7 Cuando Abdías iba por el camino,
salió a su encuentro Elías. Al reconocerlo,
se postró en tierra y dijo:
–¿Eres tú Elías, mi señor?
8 Le respondió:
–Sí. Ve y di a tu amo que Elías está aquí.
9 Abdías le contestó:
–¿Qué pecado he cometido para que me
hagas morir a manos de Ajab? 10 Vive el
Señor, tu Dios, que no hay pueblo ni reino
donde no haya mandado mi señor a buscarte. Como la respuesta siempre era la
misma: «No está», yo hacía jurar a aquel
reino o pueblo que no te habían encontrado. 11 Y ahora me dices: «Ve y di a tu amo
que Elías está aquí». 12 De seguro que en
cuanto nos separemos, el espíritu del Señor te llevará a un lugar desconocido, y
cuando yo se lo comunique a Ajab, al no
encontrarte, me matará. Tu siervo respeta
al Señor desde su juventud. 13 ¿No ha oído
mi señor lo que hice cuando Jezabel mataba a los profetas del Señor: cómo escondí
cien de ellos en grupos de cincuenta en
unas cuevas y les proporcioné comida y
agua? 14 Y ahora me dices: «Ve y di a tu
amo que Elías está aquí». ¡Sin duda me
matará!
15 Elías le dijo:
–¡Vive el Señor todopoderoso, a quien
sirvo, que hoy me presentaré a él!
16 Abdías fue en busca de Ajab, y se lo
comunicó. Ajab salió al encuentro de Elías
17 y, al verlo, le dijo:
–¿Eres tú el azote de Israel?
18 Dijo Elías:
–No soy yo el azote de Israel, sino tú y
tu familia, que han despreciado los mandamientos del Señor y han dado culto a los
ídolos. 19 Manda que todo Israel se reúna
conmigo en el monte Carmelo junto con los
cuatrocientos cincuenta profetas de Baal y
los cuatrocientos profetas de la diosa Asera
que comen en la mesa de Jezabel.

Elías en el Carmelo: el Señor o Baal

Gn 32 29; 35 10; Lv 1 6-8; 9 24

20 Ajab convocó a todos los israelitas y
a todos los profetas en el monte Carmelo.
21 Elías se adelantó hacia todo el pueblo y
dijo:

• **18 1-19**: Aparece de nuevo Elías para anunciar el final de la sequía y para preparar su enfrentamiento decisivo con los profetas de Baal.

Los profetas de que habla Elías vivían en grupo. Son en cierto modo semejantes a los grupos de profetas israelitas de los que se habla abundantemente en el ciclo de Eliseo (2 Re 2-8; véase también 1 Re 18 4). Aunque llevan el mismo nombre, se parecen poco a los profetas-predicadores, a los que antecede Elías.

• **18 20-40**: El dilema que plantea este relato es el de la fe israelita. Se trata de saber cuál es el Dios verdadero. Hay que elegir entre el Señor y Baal. Los profetas de Baal, divinidad de Tiro, protegida por Jezabel, invocan a su dios por medio de danzas sagradas y se hacen heridas. Es algo frecuente en estos rituales. Sin embargo, el fuego no desciende para consumir la víctima. Elías, por su parte, manda echar agua en la zanja para resaltar el poder de Dios. El Señor, una vez más, tiene que dar prue-

–¿Hasta cuándo van a andar cojeando
de las dos piernas? Si el Señor es Dios, sigan al Señor; y si lo es Baal, sigan a Baal.
El pueblo no dijo nada. 22 Entonces Elías
continuó:
–Sólo he quedado yo de los profetas del
Señor, mientras que los profetas de Baal
son cuatrocientos cincuenta. 23 Pues bien,
tráigannos dos novillos. Que ellos elijan
uno, lo descuarticen y lo coloquen sobre la
leña, sin encenderla. De igual manera pre-
pararé yo el otro. 24 Que ellos invoquen el
nombre de sus dioses; yo invocaré el nombre del Señor. El que responda enviando
fuego, ése será el verdadero Dios.
Respondió el pueblo:
–De acuerdo.
25 Elías dijo a los profetas de Baal:
–Elijan ustedes el novillo y comiencen,
porque son más. Invoquen el nombre de su
dios, pero sin prender fuego.
26 Les trajeron el novillo, lo prepararon
y se pusieron a invocar el nombre de Baal
desde la mañana hasta el mediodía, gritando:
–¡Baal, respóndenos!
Pero no se oía ninguna voz, ni respondía nadie. Ellos seguían danzando alrededor del altar que habían hecho. 27 Al mediodía, Elías comenzó a burlarse de ellos y
les decía:
–¡Griten más fuerte! Baal es dios, pero
quizás esté ocupado con negocios y problemas, o esté de viaje; tal vez esté dormido y se despertará.
28 Ellos gritaban más fuerte y, según su
costumbre, se cortaban con espadas y lanzas, hasta lograr que corriera la sangre por
su cuerpo. 29 Después del mediodía, se pusieron a delirar hasta la ofrenda del sacrificio vespertino. Pero no se oía ninguna voz;
nadie respondía ni hacía caso.
30 Entonces Elías dijo a todo el pueblo:
–Acérquense a mí.
Y todo el pueblo se acercó a él. Elías
reparó el altar del Señor, que había sido
destruido. 31 Tomó doce piedras, una por
cada tribu de los hijos de Jacob, a quien el
Señor había dicho: «Israel será tu nombre»,
32 y con ellas levantó un altar en honor del
Señor. Lo rodeó de una zanja con cabida
para dos medidas de semilla; 33 preparó la
leña, descuartizó el novillo, lo puso sobre
la leña, 34 y ordenó:
–Llenen cuatro cántaros de agua, y
échenla sobre el holocausto y sobre la leña.
Luego dijo:
–Háganlo otra vez.
Y lo hicieron. El ordenó de nuevo:
–Háganlo una vez más.
Y por tercera vez la echaron. 35 El agua
corría en torno al altar, hasta llenar la zanja. 36 A la hora de la ofrenda del sacrificio,
se adelantó el profeta Elías, y dijo:
–Señor, Dios de Abrahán, de Isaac y de
Israel, que se sepa hoy que tú eres Dios de
Israel, que yo soy tu siervo, y que por orden tuya hago todo esto. 37 Respóndeme,
Señor, respóndeme, para que sepa este pueblo que tú eres el Señor, el verdadero Dios,
y que eres tú quien lograrás que el corazón
de tu pueblo se convierta a ti.
38 Entonces bajó el fuego del Señor, consumió el holocausto y la leña, las piedras y
el polvo, y secó el agua de la zanja. 39 Al ver
esto, el pueblo se postró en tierra y exclamó:
–¡El Señor es Dios! ¡El Señor es Dios!
40 Elías les dijo:
–Atrapen a los profetas de Baal, que ninguno escape.
Ellos los atraparon. Elías, entonces, mandó que los bajaran al torrente Quisón, y allí
los hizo degollar.

Fin de la sequía

Sant 5 18

41 Luego dijo a Ajab:
–Vete a tu casa tranquilo, porque ya se
oye el ruido de una lluvia torrencial.
42 Elías subió a la cima del Carmelo y
se postró en tierra con el rostro entre las
rodillas. 43 Y dijo a su criado:
–Sube y mira hacia el mar.
El criado subió, miró y dijo:

bas de que él y sólo él es el Dios de Israel. La construcción del altar en el Carmelo (1 Re 18 31-32) es signo de la antigüedad del relato, pues ello supone que no había sido implantada aún la "ley" del santuario único (Dt 12 1-12).

• **18 41-46**: El final de la sequía prueba el poder de la palabra de Elías y refuerza la convicción de que el Señor es el único Dios, cuyo poder alcanza a toda la naturaleza. Según la teología deuteronomista la lluvia es un don que acompaña al de la tierra.

–No veo nada.
Elías insistió:
–Sube hasta siete veces.
44 A la séptima, dijo el criado:
–Sube del mar una nube pequeña como
la palma de una mano.
Elías le dijo:
–Corre y di a Ajab: Engancha tu carro
de guerra y vete antes de que la lluvia te lo
impida.
45 Y en un momento el cielo se oscureció
con nubes, sopló el viento y cayó agua en
abundancia. Ajab subió a su carro de guerra
y se fue a Jezrael. 46 Elías se arregló la ropa
y, con la fuerza del Señor, fue corriendo
hasta Jezrael y llegó antes que Ajab.

Huida de Elías

Gn 21 14-21; Jon 4 3.8; Ex 24 18; Mt 4 2

19 1 Ajab contó a Jezabel lo que Elías
había hecho y cómo había pasado a
filo de espada a todos los profetas de Baal.
2 Entonces Jezabel envió a Elías este mensaje:
–¡Que los dioses me castiguen, si mañana a estas horas no estás tú tan muerto
como ellos!
3 Elías se llenó de miedo y huyó para
salvar su vida. Al llegar a Berseba de Judá,
dejó allí a su criado. 4 El se adentró por el
desierto un día de camino, se sentó bajo
una retama y, deseándose la muerte, decía:
–¡Basta, Señor! Quítame la vida, que no
soy mejor que mis antepasados.
5 Se acostó y se quedó dormido, pero un
ángel lo tocó y le dijo:
–Levántate y come.
6 Elías miró, y vio a su cabecera una
porción de pan cocido todavía caliente y
un jarro de agua. Comió, bebió y se volvió
a dormir. 7 De nuevo, el ángel del Señor lo
tocó y le dijo:
–Levántate y come, pues te queda todavía un camino muy largo.
8 El se levantó, comió y bebió; y con la
fuerza de aquel alimento anduvo cuarenta
días y cuarenta noches hasta que llegó a
Horeb, la montaña de Dios.

Elías en el Horeb

Ex 33 22; 19 16; 3 6; 2 Re 8 7-15; 9 1-13; Mt 17 1-13

9 Cuando Elías llegó a la montaña, entró
en una gruta y pasó allí la noche. El Señor
le dirigió su palabra:
–¿Qué haces aquí, Elías?
10 El respondió:
–Sufro por amor al Señor todopoderoso,
porque los israelitas han roto tu alianza,
han destruido tus altares y han matado a tus
profetas. Sólo he quedado yo, y me buscan
para matarme.
11 El Señor le dijo:
–Sal y quédate de pie ante mí en la montaña. ¡El Señor va a pasar!
Pasó primero un viento fuerte e impetuoso, que hacía temblar las montañas y
quebraba las peñas, pero el Señor no estaba
en el viento. Al viento siguió un terremoto,
pero el Señor no estaba en el terremoto.
12 Al terremoto siguió un fuego, pero el
Señor no estaba en el fuego. Al fuego siguió una suave brisa. 13 Elías, al oírla, se
cubrió el rostro con su manto y, saliendo
afuera, se quedó de pie a la entrada de la
gruta. Y una voz le preguntó:
–¿Qué haces aquí, Elías?
14 Respondió:
–Sufro por amor al Señor todopoderoso,
porque los israelitas han roto tu alianza,
han destruido tus altares y han matado a tus
profetas. Sólo he quedado yo, y me buscan
para matarme.
15 El Señor le dijo:
–Anda, regresa a Damasco por el camino del desierto y, cuando llegues, unge a
Jazael como rey de Siria; 16 a Jehú, hijo de
Namsí, como rey de Israel; y a Eliseo, hijo
de Safat, de Abelmejolá, como profeta sucesor tuyo. 17 Al que escape de la espada
de Jazael lo matará Jehú, y al que escape

• **19 1-8**: A pesar de lo que ha sucedido en el Carmelo (1 Re 18 20-40), Jezabel se empeña en perseguir a Elías, que huye por el desierto y se dirige hacia el Horeb, la montaña donde Dios se manifestó a Moisés (Ex 3; 19; 33). Los cuarenta días y noches de su recorrido recuerdan los cuarenta años que Israel anduvo por el desierto. Los lamentos de Elías sugieren que se trata de una tradición independiente, pues parecen ignorar los acontecimientos anteriores (1 Re 18 10.14).

• **19 9-18**: Elías va al lugar en que el Señor se manifestó a Moisés. Ambos personajes vivieron una experiencia similar y aparecerán juntos en la transfiguración de Jesús (Mt 17 1-13). A diferencia de lo que sucede en otras grandes teofanías, Dios se manifiesta a su profeta en una suave brisa, símbolo de la intimidad que mantiene con él.

De los encargos que el Señor da a Elías, el profeta sólo cumplirá uno: la unción de Eliseo. La unción de Jazael y Jehú serán obra de Eliseo (2 Re 8 7-15; 9 1-13).

de la espada de Jehú lo matará Eliseo. [18] De-
jaré con vida en Israel a siete mil; aquellos cuyas rodillas no se han doblado ante Baal y cuyos labios no lo han besado.

Vocación de Eliseo

2 Re 2 13-14; Lc 9 61; Mc 1 16-20

[19] Elías partió de allí y fue en busca de Eliseo, hijo de Safat, que estaba arando; tenía doce yuntas de bueyes, y él llevaba la última. Elías pasó junto a él y le echó encima su manto. [20] Eliseo dejó la yunta, co-
rrió detrás de Elías, y le dijo:

–Deja que me despida de mi padre y de mi madre; luego te seguiré.

Respondió Elías:

–Yo no te lo impido; vete, pero regresa.

[21] Eliseo se apartó de Elías, tomó la yun-
ta de bueyes y la sacrificó. Coció luego la carne, sirviéndose de la madera del yugo y la distribuyó entre su gente, que comió de ella. Luego se fue detrás de Elías y se consagró a su servicio.

Asedio de Samaría

20 [1] Benadad, rey de Siria, reunió todo su ejército y, seguido de treinta y dos reyes con sus carros de guerra y sus caballos, sitió Samaría y la atacó. [2] Envió mensajeros a la ciudad [3] para decir a Ajab, rey
de Israel:

–Así dice Benadad: Dame tu plata y tu oro, y quédate con tus mujeres y tus hijos.

[4] El rey de Israel le contestó:

–Lo que tú digas, mi rey y señor; soy tuyo con todo lo que tengo.

[5] De nuevo regresaron los mensajeros a comunicarle:

–Así dice Benadad: Mando a decirte que me entregues tu plata y tu oro, tus mujeres y tus hijos. [6] Mañana a estas horas
enviaré a mis súbditos, para que registren tu casa y las casas de tus súbditos. Tomarán todo lo que deseen y se lo llevarán.

[7] El rey de Israel convocó a todos los ancianos y les dijo:

–Fíjense como éste busca nuestra ruina; me ha pedido mis mujeres y mis hijos, a pesar de no haberle negado mi plata y mi oro.

[8] Todos los ancianos y todo el pueblo le dijeron:

–No le hagas caso ni aceptes sus exigencias.

[9] Entonces Ajab dio esta respuesta a los mensajeros de Benadad:

–Digan al rey, mi señor: Estoy dispuesto a hacer lo primero que me pediste, pero lo otro no puedo hacerlo.

Los mensajeros regresaron y dieron la respuesta. [10] Entonces Benadad le envió
este nuevo mensaje:

–¡Que los dioses me castiguen si mi ejército no arrasa Samaría hasta reducirla a polvo!

[11] Y el rey de Israel contestó:

–Díganle: No cantes victoria antes de tiempo.

[12] Benadad estaba con los reyes, bebiendo en las tiendas, y ordenó a sus tropas:

–¡A sus puestos!

Y tomaron posiciones contra la ciudad.

Primera victoria de Ajab

[13] Un profeta se acercó a Ajab, rey de Israel, y le dijo:

–Así dice el Señor: ¿Ves toda esa inmensa multitud? Yo te la entregaré, para que reconozcas que yo soy el Señor.

[14] Ajab preguntó:

–¿Por medio de quién?

Respondió el profeta:

–Por medio de los asistentes de los gobernadores de las provincias.

Ajab insistió:

–¿Quién comenzará la lucha?

El profeta contestó:

–Tú.

[15] Ajab pasó revista a los asistentes de los gobernadores de las provincias, y en

• **19** 19-21: El relato de la vocación de Eliseo es rico en símbolos. Echar el manto sobre alguien indica posesión. Eliseo no puede negarse a seguir a Elías, y por eso decide romper con su vida anterior sacrificando los bueyes y quemando la madera del yugo y los demás aparejos. Hay un gran paralelismo entre este relato y la llamada de los discípulos de Jesús (Mc 1 16-20 y par.).

• **20** 1-34: Estos relatos son de origen popular y proceden de los círculos proféticos. Seguramente eran relatos independientes que no tenían relación con el ciclo de Elías, pues no se le cita en ningún momento. El hecho de que uno de los protagonistas sea el mismo rey Ajab, presentado aquí desde una óptica más positiva, justifica su inclusión en este momento del relato.

total eran doscientos treinta y dos. Después
pasó revista a todos los israelitas; eran siete
mil. 16 Al mediodía hicieron una salida,
mientras Benadad estaba emborrachándose
en su tienda con los treinta y dos reyes que
lo acompañaban. 17 Salieron en primer lugar los asistentes de los gobernadores de
las provincias. A Benadad le informaron:
–Han salido unos hombres de Samaría.
18 El ordenó:
–Si han salido en son de paz, arréstenlos vivos; y si han salido en son de guerra,
también.
19 Los asistentes de los gobernadores de
las provincias salieron de la ciudad con el
ejército, 20 y cada uno mató al que se le puso
delante. Los sirios, atacados por los israelitas, se dieron a la fuga. Benadad, rey de Siria, logró escapar a caballo con algunos jinetes. 21 Salió el rey de Israel y se apoderó
de los caballos y de los carros de guerra,
causando una gran derrota a los sirios.

Segunda victoria de Ajab

22 El profeta se acercó al rey de Israel y
le dijo:
–Anda, fortifica el país y piensa bien lo
que debes hacer, porque el año que viene
el rey de Siria te atacará de nuevo.
23 Los ministros del rey de Siria dijeron
a su rey:
–Su Dios es Dios de las montañas; por
eso nos han vencido. Lucharemos contra
ellos en la llanura y los venceremos. 24 Procede así: quita a los reyes y sustitúyelos por
prefectos. 25 Reúne un ejército como el que
has perdido, una caballería como aquella y
carros de guerra en igual número. Les presentaremos batalla en la llanura y los venceremos.
El rey de Siria escuchó sus razones y
procedió como le dijeron. 26 Al año siguiente, Benadad pasó revista al ejército
sirio y se presentó ante Afec para combatir
contra Israel. 27 También los israelitas pasaron revista a su ejército, y salieron a su
encuentro. Los israelitas acamparon frente
a ellos; parecían dos rebaños de cabras; sin
embargo, los sirios eran mucho más numerosos. 28 Un hombre de Dios llegó donde
estaba el rey de Israel, y le dijo:
–Así dice el Señor: Los sirios dicen: «El
Señor es Dios de las montañas, pero no de
los valles». Pues bien, los entregaré en tu
poder, para que reconozcan que yo soy el
Señor.
29 Siete días estuvieron acampados los
unos frente a los otros. Al séptimo se entabló la lucha, y los israelitas mataron en un
solo día cien mil soldados sirios de a pie.
30 Los sobrevivientes, unos siete mil, huyeron a Afec; pero la muralla se desplomó
sobre ellos. Benadad había logrado refugiarse en la ciudad, escondiéndose en una
habitación apartada. 31 Sus ministros le dijeron:
–Hemos oído que los reyes de Israel son
misericordiosos; vamos a vestirnos con ropas de penitencia, nos pondremos cuerdas
al cuello y nos presentaremos así al rey de
Israel; a ver si te perdona la vida.
32 Se vistieron de penitencia con cuerdas
al cuello, se presentaron al rey de Israel y
le dijeron:
–Benadad, tu servidor, te suplica que le
perdones la vida.
Ajab respondió:
–¿Vive todavía? ¡El es mi hermano!
33 Aquellos hombres interpretaron sus
palabras como un buen augurio y le inte-
rrumpieron, repitiendo a coro:
–¡Benadad es tu hermano!
El les dijo:
–Vayan y tráiganmelo.
Benadad se presentó a Ajab, y éste hizo
que subiera a su carro de guerra.
34 Benadad le dijo:
–Te devolveré las ciudades que mi pa-
dre quitó al tuyo. Tú podrás establecer en
Damasco puestos de comercio, como hizo
mi padre en Samaría.
Ajab le prometió:
–Con esas condiciones te dejaré libre.
Ajab hizo con él un tratado de paz y dejó
que Benadad se fuera.

Un profeta denuncia el pecado de Ajab

1 Re 13 24; 14 1-20

35 Uno del grupo de los profetas dijo a
un compañero suyo, por orden del Señor:
–Golpéame.
36 Este se negó, y el otro le dijo:
–Por haber desobedecido la voz del Señor, te matará un león apenas te separes de
mí.

Y apenas se separaron, un león lo mató.
37 Encontró luego a otro hombre, y le
dijo:
–Golpéame.
Y aquel hombre lo golpeó hasta producirle una herida profunda. 38 El profeta esperó al rey a la orilla del camino con un
disfraz en la cara. 39 Cuando el rey pasaba,
gritó:
–Tu siervo iba hacia el centro de la batalla, cuando un hombre se me acercó y
dejó a mi custodia a otro hombre con este
encargo: «Vigila a este hombre. Si llega a
faltar, tu vida responderá por la suya o
pagarás treinta y cuatro kilos de plata».
40 Mientras tu siervo andaba de acá para
allá, el hombre desapareció.
El rey le dijo:
–Acabas de pronunciar tu sentencia de
muerte.
41 Entonces él se quitó el disfraz de la
cara, y el rey de Israel lo reconoció como
uno de los profetas. 42 El dijo al rey:
–Así dice el Señor: Por haber dejado
escapar al hombre que yo había consagrado al exterminio, tu vida responderá por la
suya y tu pueblo por su pueblo.
43 Y el rey de Israel entró en Samaría y
se fue a su palacio triste e irritado.

Asesinato de Nabot

Is 5 8-10; 1 Sm 8 14; Ex 22 27; Lv 24 14

21 1 Después de esto, sucedió que Nabot,
el jezraelita, tenía una viña en Jezrael,
junto al palacio de Ajab, rey de Samaría.
2 Y Ajab dijo a Nabot:
–Cédeme tu viña para hacer una huerta,
ya que está al lado de mi palacio. En su lugar te daré un huerto mejor o, si lo prefieres, su valor en dinero.
3 Nabot dijo a Ajab:
–¡Líbreme el Señor de darte la herencia
de mis antepasados!
4 Ajab regresó al palacio triste e irritado
por la respuesta negativa de Nabot, el jezraelita. Se acostó con el rostro hacia la pared y no quiso comer. 5 Su esposa Jezabel
se acercó a la cama y le dijo:
–¿Por qué estás de mal humor y no
quieres comer?
6 El respondió:
–Es que he hablado con Nabot, el jezraelita, y le he dicho: Véndeme tu viña, o si lo
prefieres te daré un huerto a cambio. Y él
ha respondido: «No te la cederé».
7 Su mujer le dijo:
–¿Eres tú realmente rey de Israel? Levántate, come y no te preocupes. Yo te daré la viña de Nabot, el jezraelita.
8 Ella escribió unas cartas en nombre de
Ajab, las selló con el sello del rey, y se las
envió a los ancianos y notables de la ciudad de Nabot. 9 En las cartas decía:

> Proclamen un ayuno y hagan que Nabot
> se siente delante de la asamblea. 10 Pon-
> gan ante él dos hombres perversos que
> declaren contra él diciendo: «Ha malde-
> cido a Dios y al rey». Sáquenlo fuera y
> mátenlo a pedradas.

11 Los ancianos y notables de la ciudad
de Nabot procedieron como les había mandado Jezabel en las cartas. 12 Proclamaron
un ayuno y llevaron a Nabot ante la asamblea. 13 Llegaron los dos hombres perversos, se sentaron frente a él, y acusaron a
Nabot ante el pueblo diciendo:
–Nabot ha maldecido a Dios y al rey.
Lo sacaron fuera de la ciudad y lo mataron a pedradas. 14 Y mandaron a decir a
Jezabel:
–Nabot ha muerto apedreado.
15 En cuanto lo supo Jezabel, dijo a Ajab:
–Levántate y toma posesión de la viña
de Nabot, el jezraelita, el que se negó a
vendértela, pues ya no vive; ha muerto.
16 Al oír esto, Ajab se levantó, bajó a la
viña de Nabot, el jezraelita, y tomó posesión de ella.

• **20** 35-43: Relato semejante a 1 Re 13 24ss y con reminiscencias de 2 Sm 12 y 14. Aunque el tratado de paz recién firmado supone un notable éxito diplomático del rey de Israel, no tiene la misma lectura a nivel teológico: la desobediencia a la palabra de Dios es severamente castigada. Al autor le interesa anotar ya desde ahora la predicción de la muerte de Ajab.

• **21** 1-16: Elías vuelve a reaparecer para intervenir en un ámbito distinto: el político-social. El episodio de la viña de Nabot desencadenará el fin de Ajab y de la perversa Jezabel. Nabot no puede renunciar a lo que ha recibido como herencia, porque la tierra es un don de Dios y en ella se entierra a los antepasados.

Con motivo de algún desastre o catástrofe se convocaban ayunos públicos (Jl 1 14; 2 15). Ante los ojos del pueblo Nabot muere como causante de dicho desastre, pero ante los ojos de Dios su muerte es un crimen que deberá ser castigado (1 Re 21 18-19).

Elías anuncia el castigo de Ajab y Jezabel

2 Sm 12; 2 Re 9; 1 Re 14 10-11; 16 30-34

17 Entonces el Señor dirigió su palabra
a Elías, el tesbita:
18 –Ve al encuentro de Ajab, rey de Israel, en Samaría. Está en la viña de Nabot,
y ha bajado para tomar posesión de ella.
19 Le dirás: Esto dice el Señor: Has asesinado, y encima expropias. Y añadirás: Así
dice el Señor: En el mismo lugar en que
los perros han lamido la sangre de Nabot,
lamerán también la tuya.
20 Ajab dijo a Elías:
–¿Otra vez me has sorprendido, enemigo mío?
Elías respondió:
–Te he sorprendido, porque te has vendido y has ofendido con tu conducta al Señor. 21 Haré que venga sobre ti la desgracia; barreré tu posteridad y extirparé de la
familia de Ajab en Israel a todo varón, esclavo o libre. 22 Trataré a tu familia como a
la familia de Jeroboán, hijo de Nabat, y
como a la de Basá, hijo de Ajías, por haberme irritado y por haber arrastrado a Israel
a pecar. 23 También contra Jezabel dice el
Señor: Los perros comerán a Jezabel en la
heredad de Jezrael. 24 Cualquier pariente
de Ajab que muera en la ciudad será devorado por los perros, y el que muera en el
campo será comido por las aves del cielo.
25 (Ciertamente no hubo nadie que se
vendiera como Ajab para ofender al Señor
con su conducta, impulsado por su esposa
Jezabel. 26 Se comportó de manera detestable, dando culto a los ídolos, como los amorreos que el Señor había expulsado ante los
israelitas.)
27 Cuando Ajab oyó esto, rasgó sus vestiduras, se vistió de penitencia y ayunó.
Dormía vestido de penitencia y andaba afligido. 28 El Señor dijo a Elías, el tesbita:
29 –¿Has visto cómo Ajab se ha humillado ante mí? Por haberse humillado ante
mí, no lo castigaré mientras viva, sino que
castigaré a su familia en tiempos de su
hijo.

Ajab decide atacar Ramot de Galaad

2 Cr 18 2-3; 2 Re 3

22 1 Pasaron tres años sin que hubiera
guerra entre Siria e Israel. 2 Al tercer
año, Josafat, rey de Judá, fue a visitar al
rey de Israel. 3 Este dijo a sus servidores:
–Saben bien que Ramot de Galaad es
nuestra y, no obstante, nosotros no hacemos nada para quitársela al rey de Siria.
4 Y propuso a Josafat:
–¿Quieres venir conmigo a atacar a Ramot de Galaad?
Josafat le respondió:
–Tú y yo, tu pueblo y el mío, tu caballería y la mía somos una misma cosa.

Los profetas aseguran la victoria

2 Cr 18 4-11; 2 Re 3 11

5 Pero Josafat dijo al rey de Israel:
–Por favor, consulta antes al Señor.
6 El rey de Israel reunió a los profetas,
unos cuatrocientos, y les preguntó:
–¿Debo salir a combatir contra Ramot
de Galaad, o no?
Le respondieron:
–Sube, que el Señor te la entregará.
7 Pero Josafat objetó:
–¿No hay aquí algún profeta del Señor
para consultarlo?
8 El rey de Israel respondió:
–Sí, hay un hombre, por medio del cual
podremos consultar al Señor, pero yo lo
detesto porque no me profetiza más que
desgracias. Se trata de Miqueas, hijo de
Yimlá.
Josafat dijo:

• **21** 17-29: La semejanza de este pasaje con 2 Sm 12 es grande. Natán reprocha a David su doble crimen, lo mismo que Elías a Ajab. Dios es el defensor de los débiles frente a la prepotencia de los fuertes. En la sentencia de Elías se condensan las condenas anteriores (1 Re 20 42). La palabra del Señor se cumplirá en sus sucesores debido al sincero arrepentimiento de Ajab.

• **22** 1-4: De nuevo desaparece Elías y continúa el relato de la guerra contra los arameos (véase 1 Re 20), motivada esta vez por el intento israelita de reconquistar Ramot de Galaad. El reino de Israel y el de Judá se habían aproximado, pues Atalía hija de Omrí y hermana de Ajab se había casado con Jorán, hijo de Josafat (2 Re 8 18).

• **22** 5-12: Los profetas consultados por Ajab son profetas de palacio, adictos a la causa del rey. Sólo queda un profeta independiente, a quien el rey no quiere consultar. Sorprendentemente no es Elías, sino Miqueas, que no debe confundirse con el profeta escritor del siglo VIII a. C. Se anticipa un primer criterio distintivo del profeta auténtico: los profetas del rey (1 Re 22 6) y el *profeta del Señor* (1 Re 22 7).

–No se exprese así el rey.
9 El rey de Israel llamó a un funcionario, y le ordenó:
–Trae en seguida a Miqueas, hijo de
Yimlá.
10 El rey de Israel y Josafat, rey de Judá, llevando la vestidura real, estaban sentados en dos tronos en la explanada que
hay a la entrada de la puerta de Samaría.
Todos los profetas profetizaban en su presencia. 11 Sedecías, hijo de Cananá, se hizo
unos cuernos de hierro y dijo:
–Así dice el Señor: «Con éstos acornea-
rás a Siria hasta exterminarla».
12 Y todos los profetas profetizaban a
coro:
–Sube a Ramot de Galaad y triunfarás,
porque el Señor te la entregará.

Miqueas anuncia la derrota

2 Cr 18 12-27; Is 6 1; Job 1 6; 2 1

13 Entretanto, el mensajero que había
ido a llamar a Miqueas advirtió a éste:
–Mira, los oráculos de los profetas coinciden en augurar éxito al rey; que el tuyo
sea, como el de los demás, un anuncio favorable.
14 Miqueas respondió:
–¡Vive el Señor que diré lo que el Señor
me mande!
15 Se presentó al rey, y éste le dijo:
–Miqueas, ¿debemos atacar Ramot de
Galaad o no?
Respondió Miqueas:
–Sube y tendrás éxito, porque el Señor
te entrega la ciudad.
16 El rey le dijo:
–¿Cuántas veces te voy a decir que sólo
me digas la verdad en nombre del Señor?
17 Miqueas dijo:
–He visto a todo Israel disperso por las
montañas, como rebaño sin pastor. El Señor decía: «No tienen amo; que regresen en
paz a su casa».
18 El rey de Israel dijo a Josafat:
–¿No te decía yo que no me profetiza
más que desgracias?
19 Miqueas continuó:
–Escucha la palabra del Señor: He visto
al Señor sentado sobre su trono, rodeado de la corte celestial. 20 El Señor decía:
«¿Quién seducirá a Ajab, para que ataque a
Ramot de Galaad y perezca?». Unos proponían una cosa y otros otra. 21 Pero se
adelantó un espíritu y dijo: «Yo lo seduciré». Le preguntó el Señor: «¿Cómo lo harás?». 22 El espítu contestó: «Iré y me convertiré en espíritu de mentira en boca de sus
profetas». Dijo el Señor: «Sí, tú lo seducirás; ve y hazlo así». 23 Ahora, pues, ya sabes que el Señor ha puesto un espíritu de
mentira en la boca de todos tus profetas,
porque ha decretado tu ruina.
24 Sedecías, hijo de Cananá, se acercó,
dio una bofetada a Miqueas y dijo:
–¿Acaso el espíritu del Señor me ha
abandonado a mí para hablarte a ti?
25 Contestó Miqueas:
–Lo sabrás el día en que corras de habitación en habitación para esconderte.
26 El rey de Israel ordenó:
–Toma a Miqueas, llévalo a Amón, prefecto de la ciudad, y a Joás, hijo del rey,
27 y diles: Esta es la orden del rey: Metan a
este hombre en la cárcel y ténganlo a pan y
agua, hasta que yo regrese sano y salvo.
28 Miqueas le dijo:
–Si regresas sano y salvo, es que el Señor no ha hablado por mi boca.

Muerte de Ajab en combate

2 Cr 18 28-34; 1 Re 22 17; 21 19

29 El rey de Israel y Josafat, rey de Judá, fueron a atacar a Ramot de Galaad.
30 El rey de Israel dijo a Josafat:
–Yo me voy a disfrazar para la batalla;
tú sigue con tu atuendo real.
El rey de Israel se disfrazó y entró en
combate. 31 El rey de Siria había dado a
los treinta y dos jefes de sus carros de guerra esta orden:
–No ataquen a nadie, sea oficial o soldado raso, sino únicamente al rey de Israel.
32 Cuando los jefes de los carros vieron
a Josafat, dijeron:
–Aquel es el rey de Israel.

• **22 13-38**: La visión de Miqueas recuerda la vocación de Isaías (Is 6 1) y el comienzo del libro de Job (Job 1 6; 2 1). Al principio, Miqueas repite en tono de mofa lo que sus profetas habían dicho a Ajab (1 Re 22 15), pero después se pone de manifiesto la falsedad de dichos profetas. Por ahora es una palabra contra otra, pero al final los hechos darán la razón al auténtico profeta del Señor.

Y se prepararon para atacarlo. Josafat
lanzó un grito. 33 Los jefes de los carros
vieron que no era el rey de Israel y dejaron
de perseguirlo. 34 Un hombre disparó su
arco al azar e hirió al rey de Israel por entre las junturas de la coraza. El rey ordenó
al conductor de su carro:
–Da vuelta con el carro de guerra y sácame del campo, porque estoy herido.
35 Pero la batalla fue tan encarnizada
que durante todo el día tuvo que estar de
pie en su carro frente a los sirios. Al atardecer, murió; la sangre de la herida había
corrido hasta el fondo de su carro de guerra. 36 Al ponerse el sol, corrió esta orden
por todo el campo:
–¡Cada uno a su ciudad, cada uno a su
tierra!
37 Después de su muerte, llevaron al rey
a Samaría, donde lo sepultaron. 38 Lavaron
el carro en el estanque de Samaría; los perros lamieron la sangre del rey y las prostitutas se lavaron con ella, según las palabras del Señor.

Conclusión del reinado de Ajab

39 El resto de la historia de Ajab, todo lo
que hizo, el palacio de marfil que edificó y
las ciudades que construyó, está escrito en
los Anales de los Reyes de Israel.
40 Murió Ajab, y le sucedió en el trono
su hijo Ocozías.

Reinado de Josafat en Judá (870-848)

2 Cr 20 31-21 1; 1 Re 15 12; 9 26-28; 10 22

41 Josafat, hijo de Asá, comenzó a reinar
en Judá el año cuarto de Ajab, rey de Israel.
42 Tenía treinta y cinco años al subir al
trono, y reinó en Jerusalén durante veinticinco años. Su madre, hija de Siljí, se llamaba
Azubá. 43 Josafat imitó la conducta de su
padre Asá, no se desvió de ella lo más mínimo, y agradó con su conducta al Señor.
44 Pero no desaparecieron los santuarios de
los altozanos, y el pueblo seguía ofreciendo
sacrificios y quemando incienso en ellos.
45 Josafat estuvo en paz con el rey de Israel.
46 El resto de la historia de Josafat, sus
hazañas y sus guerras, están escritas en los
Anales de los Reyes de Judá. 47 El eliminó
del país los restos de la prostitución sagrada que habían quedado del tiempo de su
padre Asá. 48 No había por entonces rey en
Edom, y un gobernador hacía sus veces.
49 Josafat armó barcos como los de Tarsis
para ir a Ofir en busca de oro, pero no llegó a zarpar, porque los barcos se destrozaron en Esionguéber. 50 Con este motivo había dicho Ocozías, hijo de Ajab, a Josafat:
–Que mis súbditos vayan con los tuyos
en los barcos.
Pero Josafat se negó.
51 Murió Josafat y fue sepultado con sus
antepasados en la ciudad de David. Le sucedió en el trono su hijo Jorán.

Reinado de Ocozías en Israel (853-852)

52 Ocozías, hijo de Ajab, comenzó a reinar sobre Israel en Samaría el año décimo
séptimo de Josafat, rey de Judá. Reinó dos
años en Israel. 53 Ofendió al Señor imitando la conducta de su padre, de su madre y
de Jeroboán, hijo de Nabat, el que arrastró
a Israel a pecar. 54 Dio culto a Baal y lo
adoró, irritando al Señor, Dios de Israel,
como lo había hecho su padre.

• **22 39-40**: Este resumen del reinado de Ajab es semejante a los de los demás reyes (véase 1 Re 15-16). A pesar del tono marcadamente negativo de todo su reinado, el sumario conclusivo insiste en algunas notas positivas relacionadas con su actividad constructora.

• **22 41-54**: El redactor ha colocado el resumen del reinado de Josafat en Judá y de Ocozías en Israel en este momento del relato. Llama la atención la paz entre ambos reinos. Sin embargo, mientras que Josafat siguió siendo fiel al Señor, Ocozías continuó dando culto a los ídolos. Volveremos a encontrar a los dos en el segundo libro de los Reyes, lo que demuestra el carácter artificial de la división de los dos libros.

SEGUNDO LIBRO DE LOS REYES

Enfermedad y muerte de Ocozías
2 Re 3 4-27; Lc 9 54

1 1 Después de la muerte de Ajab, Moab
se sublevó contra Israel. 2 Ocozías se
cayó desde una ventana del piso superior de
su palacio en Samaría y quedó malherido.
Entonces envió mensajeros con este encargo:
–Vayan a consultar a Baalzebub, dios
de Ecrón, si podré sanarme de estas heridas.
3 El ángel del Señor habló a Elías, el
tesbita:
–Sal al encuentro de los mensajeros del
rey de Samaría, y diles: ¿Es que no hay Dios
en Israel, para que vayan a consultar a Baalzebub, dios de Ecrón? 4 Por eso, así dice el
Señor: No volverás a levantarte de la cama
en que estás; morirás irremediablemente.
Y Elías se fue. 5 Los mensajeros regresaron donde se encontraba Ocozías, y él
les preguntó:
–¿Cómo es que han regresado?
6 Le dijeron:
–Un hombre nos ha salido al encuentro
y nos ha dicho: «Regresen donde el rey y
díganle: Así dice el Señor: ¿Es que no hay
Dios en Israel, para que mandes a consultar a Baalzebub, dios de Ecrón? Por eso,
no volverás a levantarte de la cama en que
estás; morirás irremediablemente».
7 Y el rey les preguntó:
–¿Qué aspecto tenía el hombre que les
salió al encuentro y les dijo eso?
8 Ellos respondieron:
–Llevaba un manto de piel con una correa de cuero a la cintura.
Entonces el rey exclamó:
–¡Es Elías, el tesbita!
9 Y envió en su busca a un capitán con
su pelotón de cincuenta soldados. Subió
éste a la cima de la montaña donde estaba
sentado Elías, y le dijo:
–Hombre de Dios, el rey ordena que
bajes.
10 Elías le respondió:
–Si soy un hombre de Dios, que baje
fuego del cielo y te devore a ti y a tus cincuenta hombres.
Bajó fuego del cielo y lo devoró a él y a
sus cincuenta hombres.
11 De nuevo Ocozías envió en su busca
a otro capitán con sus cincuenta hombres.
Subió el capitán a la montaña, y le dijo:
–Hombre de Dios, el rey manda que bajes en seguida.
12 Elías le respondió:
–Si soy un hombre de Dios, que baje
fuego del cielo y te devore a ti y a tus cincuenta hombres.
Bajó fuego del cielo y lo devoró a él y a
sus cincuenta hombres.
13 Por tercera vez volvió a enviar el rey
un capitán con sus cincuenta hombres. Este subió hasta Elías y, arrodillándose ante
él, le suplicó:
–Hombre de Dios, respeta mi vida y la
de estos cincuenta siervos tuyos. 14 Ha bajado fuego del cielo y ha devorado a los dos
capitanes anteriores y a su tropa, pero yo te
ruego que respetes mi vida.
15 El ángel del Señor dijo a Elías:
–Baja con él; no le tengas miedo.
Elías se levantó, bajó con él adonde estaba el rey, 16 y le dijo:
–Así dice el Señor: Por haber enviado a
consultar a Baalzebub, dios de Ecrón, como si no hubiera Dios en Israel a quien
consultar, no volverás a levantarte de la
cama en que estás; morirás irremediablemente.
17 Y Ocozías murió según la palabra del
Señor pronunciada por Elías. Le sucedió
en el trono su hermano Jorán, el año segundo de Jorán, hijo de Josafat, rey de Ju-

• **1** 1-18: De nuevo aparece en escena Elías, para que se cumpla la maldición pronunciada contra Ajab (1 Re 21 29). El nombre del dios filisteo Baal-Zebul (= "Baal-príncipe") es aquí modificado en Baalzebub que significa "señor de las moscas"; es un título burlesco que refleja la condena de los círculos proféticos a la rebeldía contra Dios de los reyes del Norte.

Ocozías reconoce a Elías por su forma de vestir, muy semejante a la de otros profetas (Zac 13 4) y a la que identificará a Juan el Bautista, el nuevo Elías, precursor del Mesías (Mt 3 4 y par.).

1 Re 1 9-16 tiene muchas semejanzas con los relatos del ciclo de Eliseo (2 Re 2 23-24).

dá. Ocozías no tuvo hijos. 18 El resto de la historia de Ocozías y lo que hizo está escrito en los Anales de los Reyes de Israel.

4. Ciclo de Eliseo ◊

Elías es arrebatado al cielo

Dt 21 17; Ex 14 16-22; 2 Re 6 17; 13 14; Eclo 48 9

2 1 Cuando el Señor se disponía a arrebatar a Elías en un torbellino al cielo, Elías y Eliseo salieron de Guilgal. 2 Elías dijo a Eliseo:

–Quédate aquí, yo tengo que ir a Betel por orden del Señor.

Eliseo le dijo:

–¡Por el Señor y por tu vida, que no te dejaré!

Bajaron a Betel, 3 y el grupo de los profetas que vivía en Betel salió al encuentro de Eliseo. Le preguntaron:

–¿Sabes que el Señor va a arrebatarte hoy a tu maestro?

Eliseo les contestó:

–Claro que lo sé; ¡no digan nada!

4 Elías dijo a Eliseo:

–Quédate aquí, porque tengo que ir por orden del Señor hasta Jericó.

Eliseo le respondió:

–¡Por el Señor y por tu vida, que no te dejaré!

Llegaron a Jericó, 5 y el grupo de los profetas que vivía en Jericó se acercó a Eliseo. Le preguntaron:

–¿Sabes que el Señor va a arrebatarte hoy a tu maestro?

Eliseo les dijo:

–Claro que lo sé; ¡no digan nada!

6 Elías dijo de nuevo a Eliseo:

–Quédate aquí, yo tengo que ir por orden del Señor hasta el Jordán.

Eliseo de nuevo le dijo:

–¡Por el Señor y por tu vida, que no te dejaré!

Y se fueron los dos. 7 Cincuenta hombres del grupo de los profetas vinieron y se detuvieron enfrente, a cierta distancia, mientras Elías y Eliseo se detuvieron a la orilla del Jordán. 8 Elías se quitó el manto y, doblándolo, golpeó con él las aguas; éstas se dividieron, y los dos cruzaron por tierra seca. 9 Y cuando pasaron a la otra orilla, Elías dijo a Eliseo:

–Pídeme lo que quieras antes de que sea arrebatado de tu presencia.

Eliseo le dijo:

–Dame como herencia dos tercios de tu espíritu.

10 Elías le contestó:

–¡Pides mucho! Si me ves cuando sea arrebatado, te será concedido; si no me ves, no se te concederá.

11 Mientras iban caminando y hablando, un carro de fuego con caballos de fuego se interpuso entre los dos, y Elías fue arrebatado en un torbellino hacia el cielo.

12 Eliseo lo seguía con la vista y gritaba:

–¡Padre mío, padre mío, carro y caballería de Israel!

Cuando dejó de verlo, se quitó sus vestidos y los partió en dos. 13 Recogió el manto de Elías, que se le había caído, y regresó a la orilla del Jordán. 14 Tomó el manto de Elías y golpeó con él las aguas, al tiempo que decía:

–¿Dónde está el Señor, Dios de Elías, dónde está?

Golpeó las aguas, que se dividieron, y Eliseo pasó el río. 15 Lo vieron desde el otro lado los profetas que vivían en Jericó, y exclamaron:

–¡El espíritu de Elías se ha posado sobre Eliseo!

◊ **2 1-8 29**: El ciclo de Eliseo comienza con el rapto de Elías, su maestro. Ambos profetas representan la transición entre una forma de profetismo colectivo y de tipo extático (los grupos de profetas), y el profetismo clásico de los profetas predicadores. Tanto Elías como Eliseo están todavía vinculados a los grupos de los profetas, pero en ellos hay un elemento nuevo: la palabra del Señor que ellos pronuncian se cumple.

El redactor deuteronomista está muy interesado en mostrar que la historia de Israel se desarrolla como cumplimiento de la palabra del Señor, y ha situado aquí los ciclos de Elías y Eliseo para reforzar esta convicción.

• **2 1-18**: El tema del relato es la transmisión del espíritu profético de Elías a Eliseo. Los diversos encuentros con los grupos de los profetas, que anuncian la partida de Elías, van haciendo crecer la tensión dramática. El tema de fondo es la herencia del espíritu, simbolizado en el manto de Elías. Eliseo, al solicitar las dos terceras partes del espíritu de Elías (2 Re 2 9), está pidiendo la parte correspondiente al primogénito (Dt 21 17). Es una petición difícil, porque el espíritu profético no se hereda, sino que es un don de Dios.

Aunque no se dice expresamente que Elías no muriera, el relato bíblico dio pie a deducirlo, y de ahí pudo nacer la esperanza de que el gran profeta regresaría para anunciar la venida del Mesías (Mt 11 14; 17 10).

Así que se fueron a su encuentro, se postraron en tierra, 16 y le dijeron:

–Mira, entre tus siervos hay cincuenta hombres robustos; permite que vayan a buscar a tu maestro, no sea que el espíritu del Señor que lo arrebató lo haya dejado caer en alguna montaña o en algún valle.

Eliseo les dijo:

–No los envíen.

17 Pero como insistían hasta el punto de cansarlo, les dijo:

–Mándenlos.

Enviaron cincuenta hombres que lo buscaron durante tres días, pero no lo hallaron. 18 Cuando regresaron a Jericó donde estaba Eliseo, él les dijo:

–¿No les dije que no fueran?

Dos milagros de Eliseo

Ex 15 22-25

19 Los vecinos de la ciudad dijeron a Eliseo:

–La situación de la ciudad es muy buena, como ve mi señor, pero las aguas son malas y esterilizan la tierra.

20 Eliseo les dijo:

–Tráiganme una olla nueva con sal.

Cuando se la trajeron, 21 fue al manantial, echó la sal en él, y dijo:

–Así dice el Señor: «Yo purifico estas aguas; en adelante no causarán muerte ni esterilidad».

22 Y el agua quedó purificada hasta el presente, conforme a la palabra de Eliseo.

23 De Jericó, Eliseo fue a Betel. Según iba por el camino, unos chiquillos salieron de la ciudad y se burlaban de él, diciendo:

–¡Sube, calvo! ¡Sube, calvo!

24 El, dirigiéndose hacia ellos, los miró y los maldijo en el nombre del Señor. Entonces salieron del bosque dos osas y despedazaron a cuarenta y dos de aquellos chiquillos.

25 De Betel se fue al monte Carmelo, y del Carmelo a Samaría.

Reinado de Jorán en Israel (852-841)

3 1 Jorán, hijo de Ajab, comenzó a reinar sobre Israel en Samaría el año décimo octavo de Josafat, rey de Judá. Reinó doce años. 2 Ofendió al Señor, pero no tanto como su padre y su madre, pues quitó la piedra conmemorativa de Baal, que su padre había levantado. 3 Pero persistió en los pecados que Jeroboán, hijo de Nabat, había hecho cometer a Israel y no se apartó de ellos.

Expedición contra Moab

1 Re 22; 2 Sm 8 2; 1 Sm 10 5-6; Jue 11 30-31

4 Mesá, rey de Moab, era pastor y pagaba al rey de Israel un tributo de cien mil corderos y cien mil carneros lanudos, 5 pero cuando murió Ajab, se sublevó contra el rey de Israel. 6 Entonces Jorán salió de Samaría, pasó revista a todo el ejército de Israel 7 y envió este mensaje a Josafat, rey de Judá:

–El rey de Moab se ha sublevado contra mí. ¿Quieres venir conmigo a luchar contra Moab?

Josafat contestó:

–Sí, porque tú y yo, tu pueblo y el mío, tu caballería y la mía somos una misma cosa.

8 Le preguntó:

–¿Por dónde iremos?

Jorán respondió:

–Por el camino del desierto de Edom.

9 El rey de Israel, el de Judá y el de Edom se pusieron en marcha. A los siete días de

• **2 19-25**: Estos dos milagros son del mismo género que los narrados en 2 Re 4: una especie de episodios significativos de la vida de Eliseo. Debieron formar parte de una antigua colección de milagros, de origen popular. Tienen como finalidad inculcar la reverencia debida a los profetas y presentar a los enviados de Dios con prerrogativas especiales.

• **3 1-3**: A modo de paréntesis, encontramos aquí el típico sumario deuteronomista sobre el reinado de Jorán de Israel. Sorprende que el acostumbrado juicio negativo quede aquí mitigado (2 Re 3 2), como si se quisieran subrayar los efectos positivos de la acción de Elías.

• **3 4-27**: Este relato es semejante al de 1 Re 22, del cual quizá procede la mención de Josafat. La piedra conmemorativa de Mesá, rey de Moab, encontrada en Dibón, es uno de los documentos más antiguos que hablan de Israel. En ella se dice que Moab estuvo sometido a Israel, y se celebra la guerra de liberación.

En su primera intervención Eliseo se comporta como un profeta extático que necesita la música para entrar en trance (véase nota a 2 Re 2-8).

Es difícil interpretar el sentido de 2 Re 3 27. Es conocido que la intención de los sacrificios de niños en el medio oriente era aplacar al dios que había manifestado su irritación, pero no se comprende bien por qué Mesá, al inmolar a su hijo, provoca la huida de los israelitas.

marcha faltó el agua para el ejército y el
ganado que los seguía. 10 El rey de Israel
exclamó:
–¡Ay, el Señor ha reunido a estos tres
reyes para entregarlos en manos de Moab!
11 Josafat preguntó:
–¿No habrá aquí algún profeta del Señor, para que consultemos al Señor por
medio de él?
Uno de los servidores del rey de Israel
dijo:
–Sí, aquí está Eliseo, hijo de Safat, el
servidor de Elías.
12 Josafat dijo:
–El Señor habla a través de él.
Y los tres reyes fueron en su busca.
13 Eliseo dijo al rey de Israel:
–¿Qué tengo yo que ver contigo? Consulta a los profetas de tu padre y de tu madre.
Pero el rey de Israel insistió:
–¿Acaso el Señor ha reunido a estos tres
reyes para entregarlos en manos de Moab?
14 Y Eliseo dijo:
–¡Vive el Señor todopoderoso, a quien
sirvo, que si no fuera por Josafat, rey de
Judá, no te haría el más mínimo caso!
15 Tráiganme un músico.
Y mientras el músico tocaba, el Señor
se apoderó de Eliseo, 16 y dijo:
–Así dice el Señor: Hagan muchas cisternas en este valle. 17 Porque esto dice el
Señor: No habrá viento ni lluvia, pero este
valle rebosará de agua para que beban ustedes, sus ganados y sus animales de tiro.
18 Pero esto es todavía poco para el Señor; él
les entregará Moab. 19 Destruirán todas las
ciudades amuralladas y las demás ciudades
importantes, cortarán todos los árboles frutales, taparán todos los manantiales de agua
y llenarán de piedras toda tierra fértil.
20 A la mañana siguiente, a la hora de la
ofrenda, comenzó a llover por la parte de
Edom hasta que la comarca quedó inundada.
21 Cuando se enteraron de que los reyes
avanzaban para luchar contra ellos, todos
los moabitas en edad de combatir se concentraron en la frontera. 22 Por la mañana,
el sol brillaba sobre las aguas, y cuando las
vieron de lejos, rojas como la sangre, los
moabitas 23 dijeron:
–¡Es sangre! Sin duda que los reyes se
han acuchillado y se han matado unos a
otros. ¡Moabitas, al botín!
24 Marcharon sobre el campamento de
Israel, pero los israelitas salieron y derrotaron a los moabitas, que huyeron ante ellos.
Los israelitas penetraron en el país de Moab
y lo devastaron. 25 Demolieron las ciudades y llenaron de piedras los terrenos fértiles; taparon todos los manantiales de agua
y cortaron todos los árboles frutales, hasta
que quedó únicamente Quir Jareset, pero los
honderos la cercaron y la atacaron. 26 Viendo el rey de Moab que llevaba las de perder,
eligió setecientos hombres armados con espada y trató de abrir una brecha por el flan-
co del ejército del rey de Edom, pero no lo
consiguió. 27 Tomó entonces a su hijo primogénito, al que tenía que sucederle en el
trono, y lo ofreció en holocausto sobre la
muralla. Este hecho provocó entre los israelitas tal indignación, que levantaron el
campamento y regresaron a su tierra.

La viuda pobre

1 Re 17 8-15

4 1 Una mujer, casada con uno del grupo
de los profetas, vino a quejarse a Eliseo
diciendo:
–Tu siervo, mi marido, ha muerto. Tú
sabes que era fiel al Señor. Pero ahora ha
venido el hombre con quien tenemos deudas para llevarse a mis dos hijos como esclavos.
2 Eliseo le preguntó:
–¿Qué puedo hacer por ti? Dime, ¿tienes
algo en casa?
Ella respondió:

• **4 1-44**: Serie de milagros, que presentan a Eliseo provisto de poderes especiales. Los dos primeros tienen su correspondiente paralelo en el ciclo de Elías (1 Re 17 7-24). La viuda de un profeta acude a él como responsable o jefe del grupo de los profetas (2 Re 4 1-7). La "multiplicación del aceite" salva a sus hijos de la esclavitud. El poder de Eliseo se pone de manifiesto especialmente en la resurrección del hijo de la sunamita (2 Re 4 8-37), en cuyo nacimiento reaparecen motivos de las tradiciones patriarcales (véase, por ejemplo, Gn 18 1-25). El bastón parece dotado de fuerza mágica, pero en seguida se verá que sin la intervención del profeta no se hace nada.

El relato de 2 Re 4 42-44 merece especial atención, pues recuerda, incluso verbalmente, la multiplicación de los panes realizada por Jesús. De alguna manera puede verse en estos milagros realizados por el *hombre de Dios* un anticipo de los signos que más tarde realizará el Hijo de Dios.

–Sólo una jarra de aceite.
3 Eliseo le dijo:
–Anda, pide a las vecinas que te presten
vasijas vacías. Y que sean muchas. 4 Entra
luego en tu casa con tus hijos, enciérrate
por dentro y vierte el aceite en cada una de
las vasijas, retirándolas según se vayan llenando.
5 Ella se fue y se encerró en casa con
sus hijos; éstos ponían las vasijas, y ella
las llenaba. 6 Cuando todas quedaron llenas, dijo a uno de sus hijos:
–Trae otra.
El respondió:
–No hay más.
Y el aceite dejó de correr. 7 Ella fue a
contárselo al hombre de Dios, que le dijo:
–Ahora, vende el aceite, paga lo que debes y tú y tus hijos vivan de lo restante.

La mujer rica

Gn 18 9-11; 1 Re 17 17-24; Lc 7 11-17; 10 4

8 Un día Eliseo pasaba por Sunam. Vivía allí una mujer distinguida, la cual lo invitó con insistencia a comer. Y en adelante,
siempre que pasaba, se detenía a comer en
su casa. 9 La mujer dijo a su marido:
–Creo que ése que viene a comer con
nosotros es un hombre de Dios, un santo.
10 Vamos a prepararle arriba una habitación con una cama, una mesa, una silla y
un candelabro, para que cuando venga a
nuestra casa pueda instalarse en ella.
11 Un día llegó allí Eliseo, se retiró a la
habitación y se acostó. 12 Dijo a su criado
Guejazí:
–Llama a la sunamita.
La llamó y, cuando acudió, 13 Eliseo
ordenó a su criado que le dijera:
–Nos estás tratando espléndidamente;
¿qué podría hacer por ti? ¿Tienes alguna petición que hacer al rey o al jefe del ejército?
Ella respondió:
–Vivo entre mi gente y nada necesito.
14 Eliseo seguía pensando qué podría
hacer por la mujer, cuando Guejazí le sugirió:
–Mira, no tiene hijos y su marido es ya
viejo.
15 Eliseo le ordenó:
–Llámala.
La llamó, y ella se presentó a la puerta.
16 Eliseo le dijo:
–El año próximo, por estas fechas, tendrás un hijo.
Ella le respondió:
–Te ruego, hombre de Dios, que no me
engañes.
17 Pero ella concibió, y al año siguiente
por aquellas mismas fechas tuvo un hijo,
según le había anunciado Eliseo.
18 El niño creció. Un día, fue adonde
estaba su padre con los que cosechaban,
19 y dijo a su padre:
–¡Me duele la cabeza!
El padre dijo a un criado:
–Llévaselo a su madre.
20 El criado tomó al niño y se lo llevó a
su madre, que lo tuvo recostado en su seno
hasta el mediodía, cuando murió. 21 Ella lo
subió, lo puso en la cama del hombre de
Dios, cerró la puerta y salió. 22 Después
envió este recado a su marido:
–Mándame uno de los criados y un burro; voy a ir corriendo adonde está el hombre de Dios; regreso en seguida.
23 El dijo:
–¿Por qué vas hoy, si no es día de luna
nueva ni sábado?
Ella le dijo:
–¡Quédate tranquilo!
24 Hizo preparar el burro para el viaje y
ordenó al criado:
–Llévame camino adelante y no te detengas, a menos que yo te lo indique.
25 Salió, pues, y llegó al monte Carmelo,
donde estaba el hombre de Dios. Este la
divisó desde lejos, y dijo a su criado Guejazí:
–Aquella es la sunamita. 26 Corre a su
encuentro y pregúntale qué tal están ella,
su marido y su hijo?
Ella respondió a Guejazí:
–Estamos bien.
27 Pero al llegar a lo alto de la montaña
donde se encontraba el hombre de Dios, se
echó a sus pies. Guejazí iba a separarla,
pero el hombre de Dios le dijo:
–Déjala, porque tiene el alma angustiada, y el Señor me lo ha ocultado sin mani-
festarme nada.
28 Ella dijo:
–¿Acaso pedí yo un hijo a mi señor?
¿No te dije que no me engañaras?
29 Eliseo dijo a Guejazí:
–Prepárate, toma mi bastón y, sin parar-

te a hablar con nadie en el camino, ve y
coloca mi bastón en la cara del niño.
30 Pero la madre dijo:
–¡Por la vida del Señor y por tu vida,
que no te dejaré!
Eliseo se levantó y la siguió. 31 Guejazí
se les había adelantado y había puesto el
bastón en la cara del niño, pero el niño no
volvió en sí ni dio señales de vida. Así que
regresó a presentarse a Eliseo, y le dijo:
–El niño no ha reaccionado.
32 Cuando Eliseo llegó a la casa, el niño
estaba muerto, tendido en su cama. 33 Eliseo entró, cerró la puerta por dentro y, a
solas con el niño, oró al Señor. 34 Subió a la
cama y se tendió sobre el niño, boca con
boca, ojos con ojos, palmas con palmas. Y
estando así sobre él, el cuerpo del niño entró en calor. 35 Eliseo se apartó y se paseaba
por la habitación. De nuevo se tendió sobre
él. Entonces el niño estornudó siete veces
y abrió los ojos. 36 Eliseo llamó a Guejazí,
y le dijo:
–Llama a la sunamita.
El la llamó, y cuando llegó a la habitación le dijo Eliseo:
–Toma a tu hijo.
37 Ella entró y se echó a sus pies, postrada en tierra. Después tomó a su hijo y salió.

La olla envenenada

2 Re 8 1

38 Eliseo regresó a Guilgal. El hambre
se hacía sentir en la región. Cuando un día
estaba con él el grupo de los profetas, dijo
a su siervo:
–Prepara un caldo en la olla grande para
los profetas.
39 Uno de ellos salió al campo a recoger
hierbas, encontró una especie de parra silvestre y llenó su manto con calabazas silvestres. Cuando regresó a casa, las picó y
las echó en la olla del caldo sin saber lo
que era. 40 Sirvió luego a los hombres, pero apenas probaron el caldo, gritaron angustiados:
–¡La comida está envenenada, hombre
de Dios!
Y no pudieron comer.
41 Eliseo dijo:
–Tráiganme harina.
La echó en la olla, y añadió:
–Sírveles ahora.
Y desapareció el veneno de la olla.

Multiplicación de los panes

Mt 14 13-21

42 Llegó un hombre de Baalsalisá trayendo al hombre de Dios el fruto de las
primicias: veinte panes de cebada y espigas nuevas en su alforja. Eliseo ordenó:
–Dáselo a la gente para que coma.
43 Su criado le contestó:
–¿Cómo voy a dar de comer con esto a
cien hombres?
Eliseo insistió:
–Dáselo, porque el Señor dice: «Comerán y sobrará».
44 El se lo sirvió, comieron, y sobró, según la palabra del Señor.

Curación de Naamán

Dt 32 39; Jn 9 7; Lc 4 27; Mc 1 40-45; Lc 17 11-19

5 1 Naamán, general del ejército del rey
de Siria, era un hombre muy apreciado
por su señor, porque el Señor había dado la
victoria a Siria por medio de él. Este hombre, que era poderoso, tenía la lepra. 2 En
una de sus incursiones guerreras los sirios
se llevaron de Israel a una jovencita, que
fue destinada al servicio de la mujer de
Naamán. 3 Ella dijo a su señora:
–¡Ojalá mi señor fuera donde está el profeta que hay en Samaría! El lo curaría de la
lepra.
4 Naamán se lo fue a decir al rey:
–Esto y esto me ha dicho la muchacha
de Israel.
5 El rey de Siria respondió:
–¡Bien! Ponte en camino, yo te daré una
carta para el rey de Israel.

• **5 1-27**: La intención del episodio de Naamán es mostrar que el poder del Señor alcanza a todos los hombres, incluidos los enemigos de Israel, como en el caso del general sirio. Ante el signo realizado en él, Naamán regresa para dar gracias al hombre de Dios y decide que en adelante sólo dará culto al Señor. El hecho de llevarse tierra del país es un reconocimiento de que éste es el gran don que Dios ha hecho a su pueblo. Jesús recordará este episodio como una prueba del destino universal del evangelio (Lc 17 11-19). El castigo de Guejazí (2 Re 5 20-27) no se debe principalmente a su avaricia, sino a que ha desobedecido la palabra del profeta.

Naamán partió llevando consigo trescientos cincuenta kilos de plata, seis mil monedas de oro y diez vestidos, 6 y entregó al rey de Israel la carta que decía: «Cuando recibas esta carta, verás que te envío a mi servidor Naamán, para que lo sanes de la lepra».

7 Cuando leyó la carta, el rey de Israel rasgó sus vestiduras y exclamó:

–¿Acaso soy yo Dios, capaz de dar la muerte o la vida, que éste me manda un hombre leproso para que lo sane? Fíjense y verán que busca un pretexto para atacarme.

8 Cuando Eliseo, el hombre de Dios, supo que el rey había rasgado sus vestiduras, envió a decirle:

–¿Por qué has hecho eso? Que venga a mí, y sabrá que hay un profeta en Israel.

9 Llegó Naamán con sus caballos y su carro de guerra, y se detuvo ante la puerta de la casa de Eliseo. 10 Eliseo le mandó decir por medio de un mensajero:

–Anda, báñate siete veces en el Jordán, y tu carne quedará limpia.

11 Naamán, indignado, se retiró murmurando:

–Pensaba que saldría a recibirme, que invocaría el nombre del Señor, su Dios, me tocaría y así curaría mi lepra. 12 ¿Acaso los ríos de Damasco, el Abana y el Farfar, no son mucho mejores que todas las aguas de Israel? ¿No podría yo bañarme en ellos y quedar limpio?

Y se fue indignado. 13 Pero sus siervos le dijeron:

–Padre, si el profeta te hubiera mandado una cosa extraordinaria, ¿no lo habrías hecho? Pues, ¡cuánto más habiéndote dicho: «Báñate y quedarás limpio»!

14 Entonces Naamán bajó al Jordán, se bañó siete veces, como había dicho el hombre de Dios, y su carne quedó limpia como la de un niño. 15 Inmediatamente, regresó con toda su comitiva adonde estaba el hombre de Dios, y, de pie ante él, dijo:

–Reconozco que no hay otro Dios en toda la tierra, fuera del Dios de Israel. Dígnate aceptar un regalo de tu siervo.

16 Eliseo le dijo:

–¡Vive el Señor, a quien sirvo, que no tomaré nada!

Y por más que insistió en que aceptara algo, lo rehusó. 17 Naamán le dijo:

–De acuerdo, pero permite que me den la tierra que pueden cargar un par de mulas. Porque tu siervo no ofrecerá ya holocaustos y sacrificios a otros dioses fuera del Señor. 18 Sólo así me perdonará el Señor lo que me veo obligado a hacer en el templo de Rimón. Porque, debido a mi cargo, tengo que acompañar al rey, mi señor, cuando va al templo, y tengo que postrarme cuando él se postra. Que el Señor me lo perdone.

19 Eliseo le respondió:

–Vete en paz.

Codicia y castigo de Guejazí

Ex 4 6-7; Nm 12 40

Cuando Naamán se hallaba a cierta distancia, 20 Guejazí, el criado de Eliseo, pensó: «Mi amo ha sido demasiado generoso con ese sirio, Naamán, no aceptando de él ningún regalo. ¡Vive el Señor que voy a correr detrás de él a ver si le saco algo!».

21 Corría Guejazí detrás de Naamán y, al verlo, Naamán se bajó de su carro para ir a su encuentro y le dijo:

–¿Está todo bien?

22 El respondió:

–Sí, pero mi señor me envía a decirte: «Acaban de llegar dos jóvenes de las montañas de Efraín, pertenecientes al grupo de los profetas. Te ruego que me des para ellos treinta y cinco kilos de plata y dos vestidos».

23 Naamán dijo:

–Dígnate tomar setenta kilos.

Insistió Naamán, y, metiendo los setenta kilos de plata y los dos vestidos en dos sacos, se los entregó a dos criados suyos, para que le ayudaran a llevarlos. 24 Cuando llegaron a la colina, Guejazí los tomó de manos de los criados y los escondió en casa. Luego despidió a aquellos hombres, y ellos se fueron. 25 El entró y se presentó a Eliseo. Y Eliseo le dijo:

–Guejazí, ¿de dónde vienes?

El respondió:

–De ningún sitio.

26 Eliseo le dijo:

–Mi espíritu te acompañaba cuando un hombre se bajó de su carro para ir a tu encuentro. Con el dinero recibido podrás comprar vestidos, olivares y viñedos, ovejas y bueyes, siervos y siervas; 27 pero la lepra

de Naamán pasará a ti y a tu descendencia
para siempre.
Y Guejazí salió de su presencia leproso,
con la piel blanca como la nieve.

El hacha perdida

6 1 Los del grupo de los profetas dijeron
a Eliseo:
–Como ves, el lugar en que vivimos contigo es demasiado pequeño para nosotros.
2 Déjanos ir al Jordán. Allí tomaremos un
madero cada uno y con ellos nos haremos
una casa.
Eliseo respondió:
–Bien, vayan.
3 Uno de ellos le pidió:
–Dígnate venir con nosotros.
Y Eliseo le respondió:
–Iré.
4 Y se fue con ellos. Cuando llegaron al
Jordán, se pusieron a cortar árboles. 5 A
uno, mientras cortaba un árbol, se le cayó al
río el hierro del hacha, y empezó a gritar:
–¡Ay, maestro, que era prestada!
6 El hombre de Dios preguntó:
–¿Dónde ha caído?
El otro le indicó el lugar. Entonces Eli-
seo cortó un palo, lo echó allí y el hierro
salió a flote. 7 Y le dijo:
–Recógelo.
El otro alargó su mano y lo recogió.

Los sirios burlados

2 Re 2 10-12; Gn 19 11

8 El rey de Siria estaba en guerra contra
Israel, y en consejo con sus ministros determinó lo siguiente:
–Tendamos una emboscada en tal y tal
lugar.
9 El hombre de Dios mandó a decir al
rey de Israel:
–No vayas por tal lugar, porque los sirios están allí emboscados.
10 El rey de Israel mandó gente al lugar
indicado por el hombre de Dios.
Fueron varias las ocasiones en que el
profeta advirtió al rey y éste tomaba precauciones. 11 Inquietado por este hecho, el rey
de Siria llamó a sus ayudantes y les dijo:
–Díganme quién de los nuestros avisa al
rey de Israel.
12 Uno de ellos respondió:
–Nadie, oh rey, mi señor. Es Eliseo, el
profeta que hay en Israel, el que comunica
a su rey lo que tú hablas en tu dormitorio.
13 Y el rey ordenó:
–Vayan y averiguen dónde se encuentra
y yo lo mandaré apresar.
Alguien le dijo:
–Está en Dotán.
14 Y él envió allá caballos, carros de guerra y un fuerte contingente de tropas. Llegaron de noche y cercaron la ciudad. 15 El
criado del hombre de Dios se levantó de
madrugada y vio que la ciudad estaba sitiada por toda aquella tropa. Y dijo a Eliseo:
–¡Ay, señor! ¿Qué hacemos?
16 El respondió:
–No temas, pues los que están con nosotros son más que ellos.
17 Eliseo oró así:
–Señor, ábrele los ojos para que vea.
El Señor abrió los ojos al criado y vio la
montaña llena de caballos y carros de fuego, que rodeaban a Eliseo.
18 Cuando los sirios bajaban contra Eliseo, éste oró así al Señor:
–Ciega a esta gente.
Y el Señor los cegó, según la petición
de Eliseo. 19 Eliseo les dijo:
–No es éste el camino ni es ésta la ciudad. Síganme y los conduciré hasta el hombre que buscan.
Y los llevó a Samaría. 20 Cuando llegaron a Samaría, dijo Eliseo:
–Señor, ábreles los ojos, para que vean.
El Señor se los abrió, y vieron que estaban en Samaría. 21 El rey de Israel, al verlos, preguntó a Eliseo:
–Padre, ¿los mato?
22 El respondió:
–No. ¿Acaso acostumbras a matar a los
que haces prisioneros con tu espada y tu
arco? Dales de comer y de beber, y que
regresen a su señor.

• **6 1-7**: Relato de características similares a los de 2 Re 4. Se subraya el poder del hombre de Dios y aparecen algunas informaciones interesantes sobre la vida de los "grupos proféticos" y su relación con Eliseo.

• **6 8-23**: Como en los relatos anteriores, Eliseo manifiesta poseer dotes clarividentes y sobrenaturales. El relato se recrea en presentar a los que pretenden tender una emboscada, como víctimas a su vez de otra singular y prodigiosa emboscada, que sorprendentemente termina con un banquete de fiesta.

23 El rey les preparó un gran banquete y
después de la comida los dejó en libertad.
Ellos regresaron a su señor, y los sirios no
volvieron a hacer incursiones en Israel.

El asedio de Samaría

Lv 26 29; Dt 28 53; 2 Re 7 17-19; Lv 13 46; 2 Re 7 1-2

24 Pasado algún tiempo, Benadad, rey
de Siria, reunió todo su ejército y sitió a
Samaría. 25 Debido a ello, hubo mucha
hambre en Samaría, tanto que, durante el
sitio de la ciudad, un burro llegó a valer
ochenta monedas de plata. y treinta gramos
de puerros silvestres llegaron a valer cinco
monedas. 26 Un día, el rey se paseaba por
la muralla, y una mujer le gritó:
–¡Socórreme, oh rey mi señor!
27 El rey le contestó:
–Si el Señor no te socorre, ¿con qué quieres que te socorra yo? ¿Con el producto de
los campos de trigo o con el viñedo?
28 Y añadió:
–¿Qué quieres?
Ella respondió:
–Esta mujer me dijo: «Trae a tu hijo para que lo comamos hoy; el mío lo comeremos mañana». 29 Cocimos a mi hijo y lo
comimos, pero al día siguiente, cuando le
dije: «Trae a tu hijo para que lo comamos»,
ella lo escondió.
30 Al oír estas palabras, el rey rasgó sus
vestiduras y, como pasaba sobre la muralla,
la gente pudo ver el vestido de penitencia
que llevaba sobre su cuerpo. 31 Luego dijo:
–Que el Señor me castigue si la cabeza
de Eliseo, hijo de Safat, queda hoy sobre
sus hombros.
32 Eliseo estaba sentado en su casa,
acompañado de los ancianos, cuando el rey
envió un mensajero. Pero, antes de que llegara, Eliseo dijo a los ancianos:
–¿Han visto cómo ese asesino ha dado
orden de cortarme la cabeza? Cuando llegue el mensajero, cierren la puerta y no lo
dejen entrar. Detrás de él se oyen los pasos
de su señor.
33 Todavía estaba hablando con ellos,
cuando se presentó el rey y le dijo:
–Esta desgracia procede del Señor. ¿Qué
puedo esperar ya de él?
7 1 Eliseo respondió:
–Oigan la palabra del Señor que dice:
Mañana, a estas horas, en la puerta de Samaría, una porción de la mejor harina costará una moneda de plata, y lo mismo costarán dos porciones de cebada.
2 El oficial de confianza del rey contestó al hombre de Dios diciéndole:
–Aunque el Señor abriera las ventanas
del cielo, no podría realizarse tu palabra.
Eliseo respondió:
–¡Con tus propios ojos lo verás, pero no
lo comerás!
3 Cuatro leprosos, que estaban en la
puerta de la ciudad, comentaban entre sí:
–¿Qué hacemos aquí sentados esperando la muerte? 4 El caso es que si entramos
en la ciudad, con el hambre que hay, moriremos; y si nos quedamos aquí, también.
Vayamos al campamento sirio; si nos dejan
con vida, viviremos, y si nos matan, moriremos.
5 Al anochecer se dirigieron al campamento sirio, y cuando llegaron al límite del
campamento, vieron que allí no había nadie.
6 Y es que el Señor había hecho resonar
por el campamento sirio un ruido de carros
y caballos, como el de un poderoso ejército, y se habían dicho unos a otros: «El rey
de Israel ha contratado a los reyes hititas y
a los de Egipto para que nos ataquen». 7 Así
que se levantaron a toda prisa para ponerse
a salvo y, al anochecer, emprendieron la
fuga abandonando sus tiendas, sus caballos, sus burros y el campamento tal como
estaba.
8 Los leprosos, que habían llegado hasta
el límite del campamento, entraron en una
tienda, comieron y bebieron; luego se apoderaron de la plata, del oro y los vestidos,
y fueron a esconderlo. Después regresaron,
entraron en otra tienda, se llevaron más
cosas de allí y fueron a esconderlas. 9 Pero
entonces se dijeron: «No debemos actuar
así. Hoy es un día de júbilo y nosotros nos
quedamos callados. Si esperamos hasta el
amanecer, no nos vamos a librar de algún

• **6 24-7 20**: Este es el relato más largo del ciclo de Eliseo. Se compone de diversas anécdotas relacionadas con el sitio de Samaría, y unidas por la figura del profeta. El interés del redactor deuteronomista radica en constatar que las dos predicciones de Eliseo (el fin del sitio y del hambre, y la muerte del oficial de confianza del rey), al final se cumplen (2 Re 7 1 = 2 Re 7 16; 2 Re 7 2 = 2 Re 7 17). Es la palabra del Señor, y no la voluntad humana, la que va marcando el curso de la historia.

castigo. Vamos, pues, a dar la noticia al
palacio del rey».
10 Cuando llegaron a la puerta de la ciudad gritaron a los centinelas:
–Hemos entrado en el campamento sirio, y allí no hay nadie ni se oye nada; no se
ven más que caballos y burros atados y las
tiendas tal como estaban.
11 Los centinelas llevaron la noticia al
palacio del rey. 12 El rey se levantó a medianoche, y dijo a sus oficiales:
–Les voy a decir lo que han tramado
contra nosotros los sirios. Sabiendo que
estamos hambrientos, han salido del campamento y se han ocultado en el campo,
pensando: «Sin duda saldrán de la ciudad,
y entonces los atraparemos vivos y tomaremos la ciudad».
13 Uno de los oficiales propuso:
–Que tomen cinco de los caballos que
todavía quedan y que vayan a ver; lo más
que les puede suceder es que mueran como
tantos otros que han muerto ya.
14 Prepararon dos carros de guerra con
los caballos, y el rey los mandó seguir al
ejército sirio con esta orden:
–Vayan a ver.
15 Fueron detrás de ellos hasta el Jordán,
y vieron todo el camino lleno de vestidos y
objetos que los sirios habían abandonado
en su precipitada fuga. Los enviados regresaron y comunicaron al rey la noticia.
16 Entonces la gente de Samaría salió y
saqueó el campamento sirio. La porción de
la mejor harina costaba una moneda de
plata, y lo mismo costaban dos porciones
de cebada, según la palabra del Señor. 17 El
rey había encargado la vigilancia de la puerta a su oficial de confianza, pero el pueblo,
al aglomerarse a la puerta, lo pisoteó y murió, según había predicho el hombre de
Dios, cuando el rey se entrevistó con él.
18 En efecto, cuando el hombre de Dios dijo
al rey: «Mañana, a estas horas, en la puerta
de Samaría, dos porciones de cebada costarán una moneda de plata y lo mismo costará una porción de la mejor harina», 19 el
oficial lo había puesto en duda diciendo:
«Aunque el Señor abriera las ventanas del
cielo, no podría realizarse tu palabra». Entonces el hombre de Dios le respondió:
«Con tus propios ojos lo verás, pero no lo
comerás». 20 Y fue lo que sucedió: el pueblo lo pisoteó y murió a las puertas de la
ciudad.

El rey hace justicia a la sunamita

2 Re 4 8-37

8 1 Eliseo dijo a la mujer, cuyo hijo había resucitado:
–Levántate y vete con tu familia a vivir
donde puedas en el extranjero, porque el
Señor ha llamado al hambre, y vendrá sobre el país durante siete años.
2 La mujer se puso inmediatamente en
camino con su familia, siguiendo el consejo del hombre de Dios, y se fue a vivir como extranjera al país de los filisteos, durante siete años, 3 al cabo de los cuales regresó y se presentó ante el rey a reclamar
su casa y su campo. 4 El rey estaba hablando con Guejazí, el criado del hombre de
Dios, y le decía:
–Cuéntame todos los prodigios que ha
hecho Eliseo.
5 Y mientras Guejazí contaba al rey cómo había resucitado un muerto, llegó la
madre del muerto para reclamar al rey su
casa y su campo. Guejazí dijo:
–Oh rey, mi señor, esa es la mujer y ese
su hijo, al que Eliseo resucitó.
6 El rey preguntó a la mujer y ella se lo
contó todo. El rey mandó a un funcionario
con el encargo de que le devolvieran todas
sus posesiones, con todas las rentas de sus
tierras desde el día en que había salido del
país hasta entonces.

Eliseo anuncia a Jazael su futuro

1 Re 19 15

7 Eliseo fue a Damasco. Benadad, rey

• **8 1-6**: Este relato es continuación de 2 Re 4 8-37. Está relacionado con el pasaje anterior por el tema del hambre. El deseo expresado por Eliseo en 2 Re 4 13 de intervenir en la corte en favor de la sunamita, se ve ahora cumplido, gracias a la intervención de su criado Guejazí. El relato destaca indirectamente la pronta fama que alcanzaron entre el pueblo las acciones proféticas de Eliseo.

• **8 7-15**: Otro relato de profecía y cumplimiento de gran interés para el deuteronomista. En 1 Re 19 15 el Señor había encargado a Elías que ungiera a Jazael como rey de Siria. Ahora aquel vaticinio se confirma en las palabras de Eliseo. De nuevo queda claro que es la palabra del Señor la que conduce el curso de la historia.

de Siria, estaba enfermo, y le comunicaron
la noticia:
–El hombre de Dios acaba de llegar.
8 El rey dijo a Jazael:
–Toma un regalo, ve al encuentro del
hombre de Dios, y consulta por medio de
él al Señor, si sanaré de esta enfermedad.
9 Jazael fue a su encuentro, llevando
como regalo cuarenta camellos cargados
con lo mejor de Damasco. Al llegar donde
estaba, le dijo:
–Tu siervo, Benadad, rey de Siria, me
ha enviado a preguntarte si sanará de esta
enfermedad.
10 Eliseo le respondió:
–Ve y dile que sanará; pero el Señor me
ha revelado que morirá pronto.
11 Entonces, el hombre de Dios se quedó en silencio con la mirada perdida largo
rato, y al fin comenzó a llorar. 12 Jazael le
preguntó:
–¿Por qué llora mi señor?
El respondió:
–Porque sé el mal que harás a los israelitas; incendiarás sus fortalezas, pasarás a
cuchillo a sus jóvenes, estrellarás a sus niños de pecho y abrirás el vientre a las embarazadas.
13 Jazael le preguntó:
–¿Cómo es posible que un pobre hombre como yo pueda llevar a cabo tan grandes hazañas?
Y Eliseo le respondió:
–El Señor me ha revelado que tú serás
el rey de Siria.
14 Jazael dejó a Eliseo y regresó donde
estaba su señor, el cual le preguntó:
–¿Qué te ha dicho Eliseo?
Respondió:
–Me ha dicho que sanarás.
15 Al día siguiente Jazael tomó una manta, la empapó en agua y la extendió sobre
la cara del rey, el cual murió. Jazael le sucedió en el trono.

Reinado de Jorán en Judá (848-841)

2 Cr 21 2-20; 2 Sm 7 11-16; 1 Re 11 36; 15 4

16 Jorán, hijo de Josafat, comenzó a reinar sobre Judá el año quinto de Jorán, hijo
de Ajab, rey de Israel. Josafat había sido
hasta entonces rey de Judá. 17 Jorán empezó a reinar a la edad de treinta y dos años,
y reinó ocho años en Jerusalén. 18 Imitó la
conducta de los reyes de Israel, siguiendo
el ejemplo de Ajab, con una de cuyas hijas
estaba casado. Ofendió al Señor, 19 pero el
Señor no quiso exterminar a Judá en atención a su siervo David, según la promesa
que le había hecho de mantener siempre en
el trono a uno de sus descendientes.
20 Durante su reinado se sublevó Edom,
se independizó de Judá y se eligieron un
rey. 21 Jorán llegó a Seír con todos sus carros de guerra. Por la noche atacó a los
edomitas, que lo tenían rodeado a él y a
sus capitanes, pero el pueblo huyó a sus
casas. 22 Así que Edom logró independizarse de Judá hasta el día de hoy. También
durante su reinado se independizó Libná.
23 El resto de la historia de Jorán, lo que
hizo, está escrito en los Anales de los Reyes de Judá.
24 Jorán murió y fue enterrado con sus
antepasados en la ciudad de David. Le sucedió en el trono su hijo Ocozías.

Reinado de Ocozías en Judá (841)

2 Cr 22 1-6; 1 Re 22 3-4

25 Ocozías, hijo de Jorán, comenzó a
reinar sobre Judá el año duodécimo de Jorán, rey de Israel. 26 Comenzó a reinar a la
edad de veintidós años y reinó un año en
Jerusalén. Su madre, hija de Omrí, rey de
Israel, se llamaba Atalía. 27 Imitó la conducta de la familia de Ajab, ofendiendo al
Señor, igual que la familia de Ajab, con la
cual estaba emparentado. 28 Combatió al
lado de Jorán, hijo de Ajab, contra Jazael,
rey de Siria, en Ramot de Galaad. Los sirios hirieron a Jorán, 29 el cual se retiró a
Jezrael para sanar de las heridas recibidas
en Ramot mientras luchaba contra Jazael,
rey de Siria. Ocozías, hijo de Jorán, rey de
Judá, bajó a visitarlo a Jezrael, mientras
estaba convaleciente.

• **8 16-29**: El juicio del deuteronomista sobre el reinado de Jorán y Ocozías de Judá es negativo. La razón fundamental es su relación con los reyes de Israel. Sin embargo, Dios seguirá siendo fiel a la promesa que hizo a su siervo David (2 Sm 7 11-16. Véase también 1 Re 11 13.32.36; 15 4).

5. Historia de los dos reinos hasta el fin de Samaría ◊

Unción de Jehú como rey (841-813)

1 Re 19 16; 21 21-24; 14 10-11; 16 3-4

9 1 El profeta Eliseo llamó a uno del grupo de los profetas y le dijo:
–Prepárate, toma en tu mano este frasco
de aceite y ve a Ramot de Galaad. 2 A tu
llegada buscas a Jehú, hijo de Josafat, hijo
de Nimsí; cuando lo ubiques, lo llamas de
entre sus camaradas y lo llevas a una habitación retirada. 3 Tomas entonces el frasco
de aceite y la derramas sobre su cabeza,
diciendo: Así dice el Señor: Yo te unjo como rey de Israel. Luego abres la puerta y
huyes sin detenerte bajo ningún pretexto.
4 Aquel joven profeta partió hacia Ramot de Galaad. 5 Llegó cuando los jefes del
ejército celebraban consejo, y dijo:
–General, traigo un mensaje para ti.
Jehú preguntó:
–¿Para quién de nosotros?
Respondió:
–Para ti, general.
6 Jehú se levantó y entró en la casa. El
profeta derramó sobre su cabeza el aceite
diciendo:
–Así dice el Señor, Dios de Israel: Yo te
unjo como rey de Israel, el pueblo del Señor. 7 Acabarás con la familia de Ajab, tu
señor, y yo vengaré en Jezabel la sangre de
mis siervos los profetas, y la de todos los
siervos del Señor. 8 Toda la familia de Ajab
perecerá, porque yo eliminaré de ella en
Israel a todo varón, sea libre o esclavo. 9 Y
trataré a la familia de Ajab como traté a la
de Jeroboán, hijo de Nabat, y a la de Basá,
hijo de Ajías. 10 Jezabel será devorada por
los perros en el campo de Jezrael, y no tendrá sepultura.
Luego abrió la puerta y salió huyendo.
11 Jehú regresó donde estaban sus camaradas, y le dijeron:
–¿Va todo bien? ¿Por qué ha venido a ti
ese loco?
El les respondió:
–Ya conocen a ese individuo y su modo
de hablar.
12 Ellos le dijeron:
–No nos engañes y dinos lo que pasa.
Jehú les dijo:
–Esto es lo que me ha dicho: «Así dice
el Señor: Yo te unjo como rey de Israel».
13 Ellos tomaron sus mantos, los tendieron a sus pies en las gradas y, al son de la
trompeta, gritaron:
–¡Jehú es rey!

Asesinato de Jorán, rey de Israel

2 Cr 22 7-8; 2 Re 8 29; 1 Re 21 19

14 Jehú, hijo de Josafat, hijo de Nimsí,
tramó una conspiración contra Jorán. Jorán
estaba defendiendo con todo el ejército israelita Ramot de Galaad contra Jazael, rey
de Siria, 15 y tuvo que regresar a Jezrael a
curarse de las heridas que los sirios le habían hecho cuando luchaba contra Jazael,
rey de Siria. Entonces dijo Jehú:
–Si de verdad están conmigo, que nadie
salga de la ciudad para llevar la noticia a
Jezrael.
16 El montó en su carro de guerra y se
dirigió a Jezrael donde Jorán estaba convaleciente; estaba también allí Ocozías, rey
de Judá, que había bajado a visitarlo. 17 El

◊ **9 1-17 41**: Después de los ciclos de Elías y Eliseo, en los que el autor ha insertado resúmenes de algunos reinados tanto del Norte como del Sur, continúa la historia sincrónica de los dos reinos, hasta la caída de Samaría. Si exceptuamos el relato del reinado de Jehú, que es más extenso y de más calidad narrativa, el resto es similar a 1 Re 14-16 (véase la nota correspondiente). La intención del autor sigue siendo evaluar cada uno de los reinados desde los criterios del Deuteronomio, y explicar así el gran desastre del exilio como un castigo por la infidelidad de los reyes posteriores a David. El reino del Sur subsistirá durante algún tiempo debido a la promesa hecha a David (2 Sm 7 11-16).

• **9 1-13**: La historia de Jehú (2 Re 9-10) es una pieza bastante bien lograda desde el punto de vista narrativo: abundan los pormenores y los personajes aparecen con rasgos bien definidos. El redactor reproduce en parte un relato anterior y aprueba claramente la sublevación. El levantamiento de Jehú contó con el apoyo del profetismo. El hecho de que se atribuya la unción a Elías en 1 Re 19 16 y aquí, en cambio, sea Eliseo quien manda ungirlo, puede ser debido a la existencia de dos relatos paralelos. En todo caso, al redactor le interesa dejar en claro que la palabra que el Señor pronuncia por medio de sus profetas siempre se cumple.

• **9 14-26**: La muerte de Jorán y el levantamiento de Jehú se justifican como un medio para acabar con las hechicerías y los cultos idolátricos promovidos y alimentados por su madre Jezabel. De nuevo se cumple la palabra que el Señor pronunció por medio de Elías (1 Re 21 19 = 2 Re 9 26).

centinela de la torre de Jezrael divisó la tropa de Jehú y dijo:
–Diviso una tropa.
Jorán ordenó:
–Manda un jinete a su encuentro para ver si vienen en son de paz.
18 Salió a su encuentro el jinete, y dijo:
–El rey quiere saber si vienes en son de paz.
Jehú respondió:
–¿Qué te interesa a ti la paz? Colócate detrás de mí.
El centinela comunicó:
–El mensajero ha llegado hasta ellos, pero no regresa.
19 Jorán envió un segundo jinete, que, al llegar donde estaba Jehú, le dijo:
–El rey quiere saber si vienes en son de paz.
Jehú replicó:
–¿Qué te interesa a ti la paz? Colócate detrás de mí.
20 El centinela comunicó de nuevo:
–El mensajero ha llegado hasta ellos, y tampoco regresa. Pero, a juzgar por la marcha, es Jehú, hijo de Nimsí, pues avanza con mucho ímpetu.
21 Jorán mandó enganchar su carro de guerra. Le engancharon el carro, y Jorán, rey de Israel, junto con Ocozías, rey de Judá, cada uno en su propio carro de guerra, salieron al encuentro de Jehú y lo alcanzaron en la heredad de Nabot, el de Jezrael.
22 Cuando Jorán vio a Jehú, le preguntó:
–Jehú, ¿vienes en son de paz?
Jehú respondió:
–¿Cómo puede haber paz mientras se sigan practicando los cultos idolátricos de tu madre Jezabel y sus hechicerías?
23 Jorán dio marcha atrás y huyó, gritando a Ocozías:
–¡Traición, Ocozías!
24 Pero Jehú disparó su arco e hirió a Jorán por la espalda; la flecha le salió por el corazón y cayó desplomado en su carro de
guerra. 25 Jehú dijo a su ayudante Bidcar:
–Agárralo y tíralo en la heredad de Nabot el de Jezrael, porque recuerda que cuando tú y yo cabalgábamos siguiendo a su padre Ajab, el Señor pronunció contra él esta
maldición: 26 «Ayer ví la sangre de Nabot y la de sus hijos. Oráculo del Señor. Pues en esta misma heredad te daré tu merecido. Oráculo del Señor». Así que agárralo y tíralo en esa heredad, como dijo el Señor.

Asesinato de Ocozías, rey de Judá

2 Cr 22 8-9

27 Ocozías, rey de Judá, al ver esto, huyó camino de Bet Ganín, pero Jehú lo persiguió, gritando:
–¡Mátenlo también a él!
Lo hirieron en su carro de guerra, en la cuesta de Gur, cerca de Yibleán, pero logró
llegar hasta Meguido, donde murió. 28 Sus servidores lo llevaron en un carro de guerra a Jerusalén y lo sepultaron en la tumba de sus antepasados, en la ciudad de David.
29 Ocozías había comenzado a reinar en Judá el año undécimo de Jorán, hijo de Ajab.

Asesinato de Jezabel

1 Re 16 9-20; 21 23

30 Jehú, entretanto, llegó a Jezrael. Al enterarse Jezabel, se maquilló los ojos, se arregló el pelo y se asomó a la ventana.
31 Al entrar Jehú por la puerta, dijo Jezabel:
–¿Le va bien a Zimrí, el asesino de su señor?
32 Miró Jehú hacia la ventana y gritó:
–¿Quién está de mi parte?
Se asomaron dos o tres del palacio, 33 y
él les ordenó:
–Tírenla abajo.
La tiraron; su sangre salpicó los muros
y los caballos, y Jehú la pisoteó. 34 El entró a comer y a beber, y después dijo:
–Vayan a ver qué es de esa maldita y sepúltenla, porque es hija de reyes.
35 Fueron a sepultarla, pero no encontraron más que el cráneo, los pies y las manos.

• **9 27-29**: Si el asesinato de Jorán podía encontrar una justificación política o religiosa, la muerte de Ocozías no encuentra otra justificación que su parentesco secundario con la familia de Ajab. Es llamativo el contraste entre la sepultura de Ocozías y la ausencia de sepultura de Jorán y Jezabel.

• **9 30-37**: De nuevo se subraya el cumplimiento de otra profecía referente al fin trágico de Jezabel, causante de la idolatría en Israel e introductora de los cultos a Baal (1 Re 21 23 = 2 Re 9 36). El saludo que Jezabel dirige a Jehú es una alusión sarcástica a Zimrí, que siendo jefe del ejército como Jehú, mató a su rey Elá y sólo reinó una semana (1 Re 16 9-10).

36 Regresaron a comunicárselo a Jehú, el
cual dijo:
–Se cumple la palabra que el Señor dijo
por medio de su siervo Elías, el tesbita:
«Los perros comerán la carne de Jezabel
en la heredad de Jezrael. 37 Y su cadáver
será como estiércol sobre el campo, hasta
el punto que nadie podrá reconocerla».

Matanza de la familia real de Israel

1 Re 15 29; 16 11; 2 Re 11 1; 9 22-29;
1 Re 21 21-24; Os 1 4

10 1 Ajab tenía setenta hijos en Samaría.
Jehú escribió cartas a los principales
de la ciudad, a los ancianos y a los tutores de los hijos de Ajab. En ellas decía:
2 «Cuando reciban esta carta, puesto que
tienen ahí a los hijos de su señor, y cuentan
con carros de guerra, caballos, una ciudad
y armamento, 3 elijan al mejor y al más honrado, siéntenlo en el trono de su padre y defiendan la dinastía de su señor».
4 Ellos, aterrorizados, dijeron:
–Si dos reyes no han podido resistirle,
¿cómo vamos a poder nosotros?
5 Así que, el mayordomo de palacio, el
gobernador de la ciudad, los ancianos y los
tutores mandaron a decir a Jehú: «Somos
tus siervos; haremos lo que nos mandes.
No proclamaremos rey a ninguno; haz como te parezca».
6 Entonces Jehú les mandó una segunda
carta, que decía: «Si están conmigo y me
siguen, corten la cabeza a los hijos de su
señor, y mañana a estas horas, en Jezrael,
preséntense ante mí con sus cabezas».
Los setenta hijos del rey vivían y se
educaban con el gobernador de la ciudad.
7 Cuando recibieron la carta, tomaron a los
hijos del rey, los decapitaron; pusieron sus
cabezas en canastas y las enviaron a Jezrael.
8 Un mensajero comunicó a Jehú:
–Ya traen las cabezas de los hijos del
rey.
Y él ordenó:
–Déjenlas en dos montones a la puerta
de la ciudad hasta mañana.
9 A la mañana siguiente, salió Jehú, y
puesto de pie, dijo a todo el pueblo:
–Ustedes son inocentes. Fui yo quien
conspiró contra mi señor y le dio muerte, pero ¿quién ha matado a todos éstos?
10 Vean, pues, que ni una sola de las palabras que el Señor pronunció, por medio de
su siervo Elías, contra la familia de Ajab,
ha dejado de cumplirse.
11 Jehú mató también a todo el resto de
la familia de Ajab que vivía en Jezrael, a
todos sus cortesanos, allegados y sacerdotes, sin dejar ningún sobreviviente.

Matanza de los príncipes de Judá

2 Cr 22 8

12 Después partió y fue a Samaría. En el
camino, cuando pasaba por Betequed de
los Pastores, 13 se cruzó con los hermanos
de Ocozías, rey de Judá, y les preguntó:
–¿Quiénes son ustedes?
Ellos respondieron:
–Somos parientes de Ocozías, que vamos a saludar a los hijos del rey y de la
reina.
14 Él ordenó:
–Arréstenlos vivos.
Los arrestaron vivos y los mataron en el
pozo de Betequed. De los cuarenta y dos
hombres no quedó ni uno solo.

Jehú y Jonadab

Jr 35 1-11

15 Jehú siguió su camino y se encontró
con Jonadab, hijo de Recab, que salía a
recibirlo. Lo saludó y le preguntó:

• **10 1-11**: Aparece claramente la astucia de Jehú, que atribuye la responsabilidad de la muerte de los hijos de Ajab a los jefes y ancianos de Samaría. Setenta es un número redondo, para indicar la totalidad de los descendientes. Todos estos asesinatos, así como los anteriores, fueron condenados por el profeta Oseas (Os 1 4), aunque a los ojos del deuteronomista están justificados como cumplimiento de la palabra pronunciada a través de Elías (1 Re 21 21-24).

• **10 12-14**: Tras la muerte de la familia real de Israel, se narra ahora la matanza "gratuita" de unos parientes del rey de Judá. Aparte de su parentesco, más bien lejano, el único motivo posible de esta masacre sería deshacerse de los posibles vengadores del rey judío anteriormente asesinado (2 Re 9 27-28).

• **10 15-17**: Por Jr 35 1-11 sabemos que Jonadab fue el promotor de una estricta fidelidad al Señor. Recab había impuesto a su gente las costumbres de la vida del desierto, aún viviendo en tierra sedentaria. Era, pues, normal que apoyara la sublevación de Jehú, cuya finalidad era, según 2 Re 9 22, acabar con los cultos idolátricos introducidos por Jezabel.

–¿Eres leal conmigo como yo lo soy contigo?

Jonadab le respondió;

–Sí.

Jehú dijo:

–Si es así, dame la mano.

Jonadab le dio la mano, y Jehú le hizo subir a su carro de guerra, 16 y le dijo:

–Ven conmigo y verás cómo defiendo la causa del Señor.

Y lo llevó en su carro de guerra.

17 Cuando Jehú llegó a Samaría, mató a todos los que quedaban de la familia de Ajab, hasta exterminarlos, como el Señor había dicho a Elías.

Matanza de los adoradores de Baal

1 Re 16 32

18 Jehú reunió a todo el pueblo y le dijo:

–Ajab dio culto a Baal, pero Jehú se lo dará mucho más. 19 Traigan ante mí a todos los profetas, sacerdotes y adoradores de Baal. Que no falte nadie, porque tengo que hacer un sacrificio solemne a Baal. El que falte morirá.

(Era un plan, para exterminar a todos los adoradores de Baal) 20 Ordenó:

–Anuncien una fiesta en honor de Baal.

La anunciaron. 21 Luego mandó mensajeros por todo Israel, y acudieron todos los adoradores de Baal; ni uno solo faltó. Entraron en el templo de Baal, y se llenó por completo. 22 Jehú dijo al encargado del vestuario:

–Saca vestiduras para todos los adoradores de Baal.

Y así lo hizo. 23 Entraron Jehú y Jonadab, hijo de Recab, en el templo de Baal y Jehú dijo a los adoradores de Baal:

–Registren minuciosamente y comprueben que no hay ningún adorador del Señor, sino únicamente adoradores de Baal.

24 Ellos entraron a ofrecer sacrificios y holocaustos, y Jehú dejó escondidos afuera cincuenta hombres con esta orden:

–El que deje escapar a cualquiera de estos hombres que yo les entrego, responderá con su vida.

25 Terminado el holocausto, Jehú ordenó a los oficiales de su escolta:

–¡Entren y mátenlos! Que no escape nadie.

Los mataron a espada, y llegaron hasta la ciudad donde se encontraba el templo de Baal. 26 Sacaron la imagen sagrada fuera del templo de Baal y la quemaron; 27 derribaron también la piedra conmemorativa de Baal y su templo, convirtiéndolo en una cloaca, hasta nuestros días. 28 Así extirpó Jehú el culto a Baal en Israel.

Final del reinado de Jehú en Israel

1 Re 12 28-29; 2 Re 15 12

29 Sin embargo, Jehú no se apartó de los pecados a los que Jeroboán, hijo de Nabat, había arrastrado a Israel: los becerros de oro de Betel y Dan. 30 El Señor dijo a Jehú:

–Has actuado bien, cumpliendo todo lo que yo había dispuesto contra la familia de Ajab, por eso tus hijos se sentarán en el trono de Israel hasta la cuarta generación.

31 Pero Jehú no cumplió fielmente y con todo su corazón la ley del Señor, Dios de Israel, ni se apartó de los pecados a los que Jeroboán había arrastrado a Israel.

32 En aquel tiempo comenzó el Señor a recortar las fronteras de Israel. Jazael derrotó a los israelitas en todas las fronteras, 33 arrebatándoles, al este del Jordán, toda la región de Galaad, donde vivían las tribus de Gad, Rubén y Manasés; desde Aroer junto al torrente Arnón, hasta Galaad y Basán.

34 El resto de la historia de Jehú, todas sus hazañas, está escrito en los Anales de los Reyes de Israel.

35 Murió Jehú y fue sepultado en Samaría. Le sucedió su hijo Joacaz. 36 Jehú reinó en Israel, en Samaría, veintiocho años.

• **10 18-28:** La matanza de los adoradores de Baal es un motivo más para exaltar la figura de Jehú; también destaca la persecución de los cultos idolátricos que llevó a cabo. Sin embargo, esta persecución no fue total, pues los santuarios de Dan y Betel continuaron existiendo (2 Re 10 29).

• **10 29-36:** Aquí se encuentra el juicio del deuteronomista sobre el reinado de Jehú. Como no suprimió el culto de Betel y Dan, merece la reprobación del autor; sin embargo, su rebelión contra la dinastía de Omrí merece una alabanza y una recompensa: cuatro descendientes suyos se sentarán en el trono de Israel.

Historia de Atalía (841-835)

2 Cr 22 10-23 21; 2 Sm 8 7; 2 Re 10 26-27

11 1 Atalía, madre de Ocozías, al ver que
su hijo había muerto, fue y exterminó
a toda la familia del rey. 2 Pero cuando los
hijos del rey iban a ser asesinados, Josebá,
hija del rey Jorán y hermana de Ocozías,
se llevó a escondidas a Joás, hijo de Ocozías, y a la mujer que lo cuidaba, y lo escondió en el dormitorio para evitar que Atalía asesinara a Joás. 3 Este estuvo escondido
con ellas en el templo del Señor durante
seis años, mientras Atalía gobernaba el
país.
4 El año séptimo, Yoyadá convocó a los
jefes de cien de los carios y de la guardia
del rey, y los hizo venir al templo del Señor. Hizo con ellos un pacto y, previo juramento en el templo del Señor, les mostró
al hijo del rey, 5 y les ordenó lo siguiente:
–Esto es lo que harán: la tercera parte
de ustedes que comienza el turno de guardia el sábado en el palacio del rey, 6 la tercera parte que está en la puerta del Sur, y
la otra tercera que está en la puerta de atrás
del cuartel de la escolta del rey, montarán
la guardia en el templo por turno. 7 Las dos
secciones, es decir, todos los que salen de
servicio el sábado, harán la guardia en el
templo del Señor junto al rey. 8 Formarán
en torno al rey con las armas en la mano.
Y al que intente forzar las filas lo matarán.
Acompañarán al rey a todas partes.
9 Los jefes de cien cumplieron al detalle
las órdenes del sacerdote Yoyadá; cada uno
reunió a sus hombres, que se turnaban en
el servicio de guardia el sábado, y se presentaron al sacerdote Yoyadá. 10 Este les
entregó las lanzas y los escudos del rey
David, que se guardaban en el templo del
Señor. 11 Los de la escolta del rey, con sus
armas en la mano, se colocaron de sur a
norte rodeando el altar y el templo para
proteger al rey. 12 Entonces Yoyadá sacó al
hijo del rey y le colocó la corona y las insignias del rey; después lo ungió y lo proclamó
rey. Y todos entre grandes aplausos gritaron:
–¡Viva el rey!
13 Cuando Atalía oyó el tumulto de los
guardias y de la gente, fue al templo del
Señor, 14 y vio al rey de pie sobre el estrado, según la costumbre. Los oficiales y los
que tocaban las trompetas estaban a su lado, mientras la gente gritaba alegremente y
resonaban las trompetas. Atalía se rasgó
las vestiduras y gritó:
–¡Traición, traición!
15 El sacerdote Yoyadá ordenó a los jefes de cien que estaban al mando del ejército:
–Sáquenla fuera del recinto del templo
y maten a todo el que la siga.
Como el sacerdote había dicho que no
la mataran en el templo del Señor, 16 la
arrestaron y, pasada la puerta de las caballerizas del palacio del rey, la mataron.
17 Yoyadá selló un pacto entre el Señor,
y el rey y el pueblo, por el cual éste se com-
prometía a ser el pueblo del Señor. 18 Inmediatamente, todo el pueblo entró en el
templo de Baal y lo destruyó. Hicieron completamente pedazos sus altares e imágenes,
y degollaron a Matán, sacerdote de Baal,
ante los altares. Después, el sacerdote Yoyadá dejó guardias en el templo del Señor
19 y, acompañado de los jefes de cien, de
los carios, de la escolta del rey y de todo el
pueblo, llevó al rey desde el templo del Señor hasta el palacio del rey, entrando por la
puerta de la guardia, y el rey se sentó en el
trono del rey. 20 Todo el pueblo se llenó de
alegría y la ciudad recobró la calma. Atalía
había muerto a espada en el palacio del
rey.

Reinado de Joás en Judá (835-796)

2 Cr 24 1-16.23-27

12 1 Joás tenía siete años cuando empezó
a reinar 2 en el año séptimo de Jehú.

• **11 1-20**: El relato parece contener dos historias paralelas: la primera (2 Re 11 1-12.18b-20) acentúa el papel de los sacerdotes y de la guardia del rey en el levantamiento, mientras que la otra (2 Re 10 13-18) lo atribuye al pueblo. El episodio adquiere características similares a la historia de Jehú en Israel. Es un levantamiento político-religioso, con tintes nacionalistas, frente al sincretismo paganizante de la dinastía de Omrí, a la que pertenecía Atalía. El autor deuteronomista narra esta historia detalladamente para mostrar hasta qué punto estuvo en peligro la dinastía de David.

• **12 1-22**: La organización de las rentas de los sacerdotes parece que debe entenderse así: primero el rey decreta que los sacerdotes paguen las reparaciones del templo de sus ingresos. Los sacerdotes callan, pero no hacen nada. En vista de ello, una segunda orden prohibe

Reinó cuarenta años en Jerusalén; su madre se llamaba Sibyá, y era de Berseba.
3 Joás agradó con su conducta al Señor durante toda su vida, pues el sacerdote Yoyadá lo había instruido. 4 Pero no desaparecieron los santuarios de los altozanos en
los que el pueblo ofrecía sacrificios y quemaba incienso.
5 Joás dijo a los sacerdotes:
–Todo el dinero que entre en el templo
del Señor: el dinero del impuesto personal,
el del rescate de las personas y el entregado voluntariamente, 6 lo tomarán los sacerdotes y con él repararán los desperfectos
que haya en el templo.
7 Corría el año veintitrés del reinado de
Joás, y los sacerdotes no habían reparado
aún los desperfectos del templo. 8 El rey
Joás llamó a Yoyadá y a los demás sacerdotes, y les dijo:
–¿Por qué no han reparado todavía los
desperfectos del templo? De ahora en adelante no recibirán más dinero, y lo que tengan lo entregarán todo para las reparaciones del templo.
9 Los sacerdotes accedieron a no recibir
dinero del pueblo, para que se pudieran
reparar los desperfectos del templo. 10 El
sacerdote Yoyadá tomó un cofre, hizo una
ranura en la tapa y lo puso junto al altar, a
la derecha de la entrada del templo del Señor. Los sacerdotes de guardia echaban allí
todo el dinero traído al templo del Señor.
11 Cuando el cofre se iba llenando, el secretario del rey y el sumo sacerdote lo vaciaban y contaban el dinero. 12 Y este dinero,
una vez contado, lo entregaban a los capataces de las obras del templo del Señor,
quienes con él pagaban a los carpinteros y
constructores, 13 a los albañiles y a los talladores de piedras, y compraban madera y
piedras de las canteras para las reparaciones del templo, pagando así todos los gastos de las reparaciones. 14 No se hicieron
con él copas de plata, cuchillos, aspersorios, trompetas ni instrumento alguno de
oro o de plata. 15 Todo se entregaba a los
capataces de las obras para las reparaciones del templo del Señor. 16 Y no se les
pedía cuentas, porque actuaban con honradez. 17 El dinero del sacrificio por los delitos o por los pecados no se daba al templo
del Señor, sino que era para los sacerdotes.
18 Por entonces, Jazael, rey de Siria,
subió para atacar Gat y la conquistó. Después se dirigió a atacar Jerusalén. 19 Joás,
rey de Judá, tomó todos los donativos consagrados por Josafat, Jorán y Ocozías, reyes de Judá, antepasados suyos, y los que
él mismo había consagrado, y todo el oro
que había en el templo del Señor y en el
palacio del rey, y lo envió todo a Jazael,
rey de Siria, el cual se retiró de Jerusalén.
20 El resto de la historia de Joás, todo lo
que hizo, está escrito en los Anales de los
Reyes de Judá. 21 Sus súbditos conspiraron
contra él y lo mataron cuando bajaba por
el terraplén que une la ciudad de David
con el templo. 22 Lo hirieron Yosabad, hijo
de Simat, y Yeosabad, hijo de Semer, y
murió. Fue sepultado con sus antepasados
en la ciudad de David, y le sucedió su hijo
Amasías.

Reinado de Joacaz en Israel (813-797)

2 Re 14 26-27

13 1 Joacaz, hijo de Jehú, comenzó a reinar sobre Israel en Samaría el año vigésimo tercero de Joás, hijo de Ocozías,
rey de Judá. Reinó diecisiete años. 2 Ofendió con su conducta al Señor y siguió cometiendo los pecados a los que Jeroboán,
hijo de Nabat, había arrastrado a Israel; no
se apartó de ellos. 3 Por eso el Señor se enfureció contra Israel, y los entregó en manos de Jazael, rey de Siria, y de su hijo,
Benadab, todo aquel tiempo. 4 Joacaz oró
al Señor, que lo escuchó, porque vio cómo
lo oprimía el rey de Siria. 5 El Señor suscitó a Israel un salvador, que los libró del
yugo de Siria, y los israelitas habitaron co-

a los sacerdotes recibir directamente donativos. Incluso se les urge a que entreguen lo que tienen. Ellos consienten con tal de no tener que encargarse de las obras. Se acude, pues, al sistema del cofre y se encarga a un funcionario de la corte el control del dinero. Esta reparación del templo merece toda la aprobación del deuteronomista, y recuerda su construcción llevada a cabo por Salomón (1 Re 6).

• **13** 1-13: El balance de los reinados de Joacaz y Joás sobre Israel es negativo. Como al resto de los reyes del reino del Norte, se los juzga desde una especie de pecado original cometido por Jeroboán: la construcción de los santuarios de Dan y Betel.

El libertador al que se refiere 2 Re 13 5 es, probablemente, Jeroboán II (véase 2 Re 14 25-27).

mo antes en sus casas. 6 Pero no se apartaron de los pecados a los que la dinastía de Jeroboán había arrastrado a Israel. Las imágenes sagradas siguieron levantadas en Samaría. 7 Por eso, el Señor sólo le dejó a Joacaz cincuenta soldados de a pie, diez carros de guerra y diez mil soldados de a pie. El rey de Siria los había exterminado y los había convertido en polvo que se pisa.

8 El resto de la historia de Joacaz, todo lo que hizo y su valor, está escrito en los Anales de los Reyes de Israel. 9 Joacaz murió y lo enterraron en Samaría. Le sucedió su hijo Joás.

Reinado de Joás en Israel (797-782)

2 Re 14 15-16

10 Joás, hijo de Joacaz, comenzó a reinar sobre Israel en Samaría el año trigésimo séptimo de Joás, rey de Judá. Reinó dieciséis años. 11 Ofendió con su conducta al Señor y no se apartó de los pecados a los que Jeroboán, hijo de Nabat, había arrastrado a Israel, sino que siguió cometiéndolos.

12 El resto de la historia de Joás, todo lo que hizo y su valor cuando combatió contra Amasías, rey de Judá, está escrito en los Anales de los Reyes de Israel. 13 Joás murió y le sucedió Jeroboán. Joás fue sepultado en Samaría con los reyes de Israel.

Muerte de Eliseo

2 Re 2 12; Eclo 48 14

14 Eliseo cayó gravemente enfermo. Joás, rey de Israel, vino a visitarlo. Al verlo, dijo llorando:

–¡Padre mío, padre mío; carro de guerra y caballería de Israel!

15 Eliseo le dijo:

–Toma un arco y flechas.

Joás los tomó. 16 Y Eliseo le ordenó:

–Pon tu mano en el arco.

El la puso, y Eliseo puso las suyas sobre ella, 17 diciendo:

–Abre la ventana del este.

El la abrió. Y Eliseo le dijo:

–Dispara.

El disparó. Y Eliseo gritó por dos veces:

–¡Flecha de victoria de parte del Señor sobre Siria! Derrotarás totalmente a Siria en Afec. 18 Recoge las flechas.

Y el rey las recogió. Eliseo le dijo:

–Golpea el suelo.

Lo golpeó tres veces, y se detuvo. 19 El hombre de Dios se irritó contra él y le dijo:

–Si hubieras golpeado cinco o seis veces, habrías derrotado a Siria totalmente; así la derrotarás sólo tres veces.

20 Eliseo murió y fue sepultado. Al comienzo del año, bandas de moabitas hicieron incursiones en el país. 21 Unos hombres estaban enterrando a un muerto, cuando divisaron una de esas bandas; entonces echaron al muerto en el sepulcro de Eliseo y escaparon. Y apenas tocó el cadáver los huesos de Eliseo, el muerto revivió y se puso de pie.

Victorias sobre los sirios

22 Jazael, rey de Siria, había perseguido a los israelitas durante todo el reinado de Joacaz. 23 Pero el Señor se compadeció de ellos y no los abandonó en atención a la alianza que había hecho con Abrahán, Isaac y Jacob; no quiso destruirlos ni echarlos de su presencia. 24 Murió Jazael, rey de Siria, y le sucedió su hijo Benadad. 25 Joás, hijo de Joacaz, le quitó las ciudades que su padre Jazael había arrebatado a Joacaz, padre de Joás. Tres veces lo derrotó Joás, reconquistando las ciudades de Israel.

• **13 14-21**: El relato tiene un tono de despedida. Eliseo, a través de acciones simbólicas, anuncia lo que va a suceder. Sus manos, colocadas sobre las del rey, le comunican la fuerza divina. Las flechas disparadas hacia el este, es decir, hacia Damasco, prefiguran y contienen en sí la realización de la victoria de Joás sobre los sirios.

La fama de Eliseo fue grande. La leyenda de la resurrección de un muerto al contacto con sus huesos (2 Re 13 20-21) es un testimonio de ello.

• **13 22-25**: Joás vence a los sirios tres veces conforme a la predicción de Eliseo. Como en otras ocasiones, el deuteronomista resalta este cumplimiento de la palabra del Señor (véase por ejemplo 1 Re 12 15; 15 29; 16 12; 2 Re 1 7; 7 16-17, etc.). Sin embargo aquí se aduce como motivo de la protección divina, la alianza sellada con los patriarcas. Este es un argumento poco frecuente en la redacción deuteronomista.

Reinado de Amasías en Judá (796-767)

2 Cr 25 1-4.11-12.17-28; 26 1-2; 2 Re 12 21-22;
Dt 24 16; Jr 31 29-30; Ez 18; 2 Re 13 12-13

14 1 Amasías, hijo de Joás, rey de Judá,
empezó a reinar el año segundo de
Joás, hijo de Joacaz, rey de Israel. 2 Tenía
veinticinco años cuando subió al trono.
Reinó sobre Jerusalén veintinueve años.
Su madre se llamaba Yoadán, y era de Jerusalén. 3 Agradó con su conducta al Señor, pero no tanto como su antepasado David. Se portó como su padre Joás. 4 No desaparecieron los santuarios de los altozanos, en los que el pueblo seguía ofreciendo
sacrificios y quemando incienso. 5 Una vez
consolidado en el poder, mandó matar a los
asesinos de su padre. 6 Pero no mató a los
hijos de los asesinos, conforme a lo prescrito por el Señor en el libro de la ley de
Moisés: «No morirán los padres por culpa
de los hijos, ni los hijos por culpa de los
padres. Cada uno morirá por su propio pecado».

7 Derrotó a diez mil hombres de Edom
en el Valle de la Sal, y tomó por asalto Selá, cambiando su nombre por el de Yoctel,
que es como se llama hoy.

8 Amasías envió mensajeros a Joás, hijo
de Joacaz, hijo de Jehú, rey de Israel, con
este reto:

–¡Enfréntate conmigo cara a cara!

9 Joás, rey de Israel, le contestó:

–El espino del Líbano envió a decir al
cedro del Líbano: Da tu hija por esposa a
mi hijo. Pero las bestias salvajes del Líbano pasaron sobre el espino y lo pisotearon.
10 La victoria sobre Edom se te ha subido a
la cabeza. ¡Disfruta de tu gloria y quédate
tranquilo en tu casa! ¿Por qué quieres traer
la desgracia sobre ti y sobre Judá?

11 Pero Amasías no hizo caso. Entonces
Joás se puso en marcha y se enfrentaron en
Betsemes, en tierra de Judá. 12 Judá fue
derrotado por Israel y huyó cada uno a su
casa. 13 Joás hizo prisionero en Betsemes a
Amasías, después fue a Jerusalén y abrió
en sus murallas una brecha de doscientos
metros, desde la puerta de Efraín hasta la
del Angulo. 14 Tomó como botín todo el
oro, la plata y los utensilios que había en el
templo del Señor y en los tesoros del palacio del rey; después tomó algunos rehenes y regresó a Samaría.

15 El resto de la historia de Joás y su valor cuando luchó contra Amasías, rey de
Judá, está escrito en los Anales de los Reyes de Israel. 16 Joás murió y fue sepultado
en Samaría con los reyes de Israel. Le sucedió su hijo Jeroboán.

17 Amasías, hijo de Joás, rey de Judá,
sobrevivió quince años a Joás, hijo de Joa-
cab, rey de Israel.

18 El resto de la historia de Amasías está escrito en los Anales de los Reyes de Judá. 19 Conspiraron contra él en Jerusalén y
huyó a Laquis, pero lo persiguieron y lo
mataron allí. 20 Lo trajeron a Jerusalén en
caballos y fue sepultado con sus antepasados en la ciudad de David. 21 Entonces
todo el pueblo de Judá tomó a Azarías que
tenía dieciséis años de edad y lo proclamó
rey en lugar de su padre Amasías. 22 Azarías reconstruyó Eilat y la restituyó a Judá,
después de la muerte de su padre.

Reinado de Jeroboán II en Israel (782-753)

Jon 1 1; 2 Re 13 4-5

23 Jeroboán, hijo de Joás, rey de Israel,
comenzó a reinar en Samaría a los cuarenta y un años de edad, el año décimo quinto
de Amasías, hijo de Joás, rey de Judá.
24 Ofendió con su conducta al Señor y no se
apartó de los pecados a los que Jeroboán,
hijo de Nabat, había arrastrado a Israel.

25 Restableció las fronteras de Israel
desde la entrada de Jamat hasta el mar
Muerto, según había dicho el Señor, Dios
de Israel, por medio de su siervo el profeta
Jonás, hijo de Amitay, de Gat Jefer. 26 Por-

• **14** 1-22: Según la mentalidad antigua, la solidaridad familiar implicaba que el castigo por la falta del padre cayera sobre toda la familia. La acción de Amasías (2 Re 14 6) supone una nueva mentalidad. El texto citado pertenece a Dt 24 16. Con todo, Ez 18 tendrá que volver a insistir sobre este aspecto.

En 2 Re 14 21 y 2 Re 15 1 al hijo de Amasías se le llama Azarías. Sin embargo en 2 Re 15 13, así como en Crónicas, Amós, Oseas e Isaías, recibe el nombre de Ozías.

• **14** 23-29: Pocas líneas consagra el autor a este gran rey, contemporáneo del profeta Amós, que restauró las fronteras del tiempo de David y proporcionó a Israel un notable desarrollo económico. Su hazaña es cumplimiento de la palabra del Señor pronunciada por un tal Jonás, del que no tenemos ninguna noticia.

El autor del libro de Jonás se ha basado en esta noticia de un profeta desconocido para construir un hermoso relato didáctico.

que el Señor había visto la amarguísima
aflicción de Israel, que alcanzaba a todos,
esclavos y libres, sin que hubiera quien
pudiera socorrerlo. 27 No había decretado
el Señor todavía borrar de debajo del cielo
el nombre de Israel, y lo salvó por medio
de Jeroboán, hijo de Joás.
28 El resto de la historia de Jeroboán,
todo lo que hizo, su valor, sus hazañas y
cómo restituyó Jamat a Israel, está escrito
en los Anales de los Reyes de Israel. 29 Jeroboán murió y fue sepultado con los reyes
de Israel. Le sucedió su hijo Zacarías.

Reinado de Azarías/Ozías en Judá (767-739)

2 Cr 26 3-4.21-23

15 1 Azarías, hijo de Amasías, comenzó a
reinar sobre Judá el año vigésimo
séptimo de Jeroboán, rey de Israel, 2 a la
edad de dieciséis años. Reinó cincuenta y
dos años en Jerusalén. Su madre se llamaba Yecolías, y era de Jerusalén. 3 Su conducta agradó al Señor, como la de su padre
Amasías. 4 Pero no desaparecieron los santuarios de los altozanos, en los que el pueblo seguía ofreciendo sacrificios y quemando incienso. 5 El Señor le hizo contraer la lepra hasta el día de su muerte. Vivía en una casa aislada, mientras su hijo
Jotán estaba al frente del palacio del rey y
gobernaba al pueblo.
6 El resto de la historia de Azarías, todo
lo que hizo, está escrito en los Anales de
los Reyes de Judá. 7 Murió Azarías y lo sepultaron con sus antepasados en la ciudad
de David. Le sucedió su hijo Jotán.

Reinado de Zacarías en Israel (753)

2 Re 10 30

8 Zacarías, hijo de Jeroboán, reinó durante seis meses sobre Israel en Samaría el año
trigésimo octavo de Azarías, rey de Judá.
9 Ofendió con su conducta al Señor, como
sus antepasados, y no se apartó de los pecados a los que Jeroboán, hijo de Nabat,
había arrastrado a Israel. 10 Salún, hijo de
Yabés, conspiró contra él, lo mató en Yibleán y le sucedió en el trono.
11 El resto de la historia de Zacarías está escrito en los Anales de los Reyes de Israel. 12 En él se cumplió lo que el Señor
había dicho a Jehú: «Tus hijos se sentarán
en el trono de Israel hasta la cuarta generación». Y así sucedió.

Reinado de Salún en Israel (753)

13 Salún, hijo de Yabés, empezó a reinar
en Samaría el año trigésimo octavo de Azarías, rey de Judá. Reinó un mes. 14 Menajén, hijo de Gadí, vino a Samaría desde
Tirsá y derrotó a Salún, hijo de Yabés; lo
mató y le sucedió en el trono.
15 El resto de la historia de Salún y su
conspiración está escrito en los Anales de
los Reyes de Israel. 16 Menajén arrasó Tifsaj y sus alrededores desde Tirsá, porque
no le habían abierto las puertas, y les abrió
el vientre a todas las embarazadas.

Reinado de Menajén en Israel (752-741)

17 Menajén, hijo de Gadí, comenzó a
reinar sobre Israel en Samaría el año trigésimo noveno de Azarías, rey de Judá. Reinó diez años en Samaría. 18 Ofendió con su
conducta al Señor y no se apartó de los
pecados a los que Jeroboán, hijo de Nabat,
había arrastrado a Israel. 19 En su tiempo
Ful, rey de Asiria, invadió Israel, y Menajén le dio treinta y cuatro mil kilos de plata, para que le ayudara a consolidar el poder del rey. 20 Menajén obtuvo este dinero
que se comprometió a dar al rey de Asiria,

• **15 1-7**: El largo y próspero reinado de Azarías (Ozías) es casi ignorado por el autor. Se aprecia así que su perspectiva al redactar la historia de Israel no es política o económica, sino eminentemente religiosa.

• **15 8-12**: Zacarías es el último rey de la dinastía de Jehú. Su muerte introduce en Israel un período de rebeliones, durante el cual casi todos los reyes mueren asesinados por sus sucesores. No se olvida el autor de señalar el cumplimiento de la profecía hecha a Jehú (2 Re 10 30). Una prueba más de que es el Señor quien lleva las riendas de la historia.

• **15 13-16**: El escaso mes del reinado de Salún hace que los redactores deuteronomistas omitan el habitual juicio negativo para los reyes del Norte. La conspiración del violento Menajén (2 Re 15 14.16) pone fin a su pasajero reinado.

• **15 17-22**: Ful es el nombre que recibió Teglatfalasar III cuando fue coronado rey en Babilonia. Los documentos asirios mencionan esta campaña, y el impuesto del que se habla aquí. Lo más grave de la situación de vasallaje es que los asirios ya no abandonarán su opresión hasta la destrucción de Samaría.

imponiendo tributos a todos los ricos de
Israel: seiscientos gramos de plata a cada
uno. El rey de Asiria se retiró sin detenerse
en el país.
21 El resto de la historia de Menajén, todo lo que hizo, está escrito en los Anales
de los Reyes de Israel. 22 Murió y le sucedió en el trono su hijo Pecajías.

Reinado de Pecajías en Israel (741-740)

23 Pecajías, hijo de Menajén, comenzó a
reinar sobre Israel en Samaría el año quin-
cuagésimo de Azarías, rey de Judá. Reinó
dos años. 24 Ofendió con su conducta al
Señor y no se apartó de los pecados a los
que Jeroboán, hijo de Nabat, había arrastrado a Israel. 25 Su capitán Pecaj, hijo de
Romelías, conspiró contra él y lo mató en
Samaría, en la torre del palacio del rey,
junto con Argob y Arié; lo seguían cincuenta hombres de Galaad. Mató al rey y
le sucedió en el trono.
26 El resto de la historia de Pecajías, todo lo que hizo, está escrito en los Anales
de los Reyes de Israel.

Reinado de Pecaj en Israel (740-731)

27 Pecaj, hijo de Romelías, comenzó a
reinar sobre Israel en Samaría el año quin-
cuagésimo segundo de Azarías, rey de Judá. Reinó veinte años en Samaría. 28 Ofendió con su conducta al Señor y no se apartó de los pecados a los que Jeroboán, hijo
de Nabat, había arrastrado a Israel.
29 En su tiempo vino Teglatfalasar, rey
de Asiria, y tomó Iyón, Abel-Bet-Maacá,
Yanoaj, Cadés, Jasor, Galaad, Galilea y
todo el territorio de Neftalí, deportando a
sus habitantes a Asiria. 30 Oseas, hijo de
Elá, conspiró contra Pecaj, hijo de Romelías, lo mató y le sucedió en el trono el año
vigésimo de Jotán, hijo de Azarías.
31 El resto de la historia de Pecaj, todo
lo que hizo, está escrito en los Anales de
los Reyes de Israel.

Reinado de Jotán en Judá (739-734)

2 Cr 27

32 Jotán, hijo de Azarías, rey de Judá,
comenzó a reinar sobre Judá el año segundo de Pecaj, hijo de Romelías, rey de Israel, 33 a la edad de veinticinco años. Reinó dieciséis años en Jerusalén. Su madre
se llamaba Yerusá, y era hija de Sadoc.
34 Agradó con su conducta al Señor como
su padre Azarías. 35 Pero no desaparecieron los santuarios de los altozanos, en los
que el pueblo seguía ofreciendo sacrificios
y quemando incienso. Construyó la puerta
superior del templo del Señor.
36 El resto de la historia de Jotán, todo
lo que hizo, está escrito en los Anales de
los Reyes de Judá. 37 En su tiempo, el Señor envió contra Judá a Rasín, rey de Siria,
y a Pecaj, hijo de Romelías. 38 Jotán murió
y fue sepultado con sus antepasados en la
ciudad de David. Le sucedió su hijo Ajaz.

Reinado de Ajaz en Judá (734-727)

2 Cr 28 1-27; Lv 18 21; Dt 12 2; 1 Re 7 23-27; Is 7

16 1 Ajaz, hijo de Jotán, comenzó a reinar sobre Judá el año décimo séptimo
de Pecaj, hijo de Romelías, 2 a la edad de
veinte años. Reinó en Jerusalén dieciséis
años. Su conducta no agradó al Señor; no
fue como la de David, su antepasado, 3 sino que imitó la conducta de los reyes de

• **15 23-26**: Poco se nos dice del breve reinado de Pecajías, sucesor de Menajén y posiblemente continuador de la política de vasallaje iniciada por su padre. La "cuestión asiria" será determinante en el destino de los últimos reyes del Norte.

• **15 27-31**: La política antiasiria de Pecaj tuvo graves consecuencias para Israel: su alianza con Damasco contra Judá desencadenó la ofensiva de Teglatfalasar (2 Re 15 29; véase 2 Re 16 5-9). El rey de Asiria realizó una campaña contra Filistea y otra contra Damasco, y se apoderó de lo mejor de Israel. Después dividió el territorio conquistado en tres provincias: Galaad en Transjordania; Meguido, que incluía Galilea, y Dor con la franja costera. La consecuencia más funesta fue la deportación a Asiria de una parte de la población israelita (2 Re 15 29).

• **15 32-38**: En el reinado de Jotán comienza la guerra siro-efraimita, que se desarrollará bajo Ajaz (véase nota a 2 Re 15 27-31 y 16 1-20). El profeta Isaías tuvo un importante papel en esta guerra (véase Is 7-8).

• **16 1-20**: El rey de Israel y el rey de Damasco atacaron a Judá con el fin de que se aliara con ellos para hacer frente a Asiria. Ajaz se niega y recurre al rey asirio, buscando su protección; pero el resultado de su intento fue un mayor sometimiento de Judá a Asiria. El juicio del autor es muy negativo respecto a este rey, pues al someterse a Asiria, aceptaba sus divinidades.

Es probable, incluso, que Ajaz se viera obligado a desvalijar el templo para entregar el impuesto al rey de Asiria.

Israel, y hasta inmoló a su hijo en el fuego,
según las costumbres detestables de las
gentes que el Señor había expulsado ante
los israelitas. 4 Ofrecía sacrificios y quemaba incienso en los santuarios de los altozanos, en las colinas y bajo todo árbol frondoso.
5 Rasín, rey de Siria, y Pecaj, hijo de
Romelías, rey de Israel, subieron para atacar Jerusalén y la sitiaron, pero no pudieron conquistarla. 6 Por entonces, el rey de
Edom recuperó Eilat para Edom, expulsando de ella a los judíos; los edomitas tomaron Eilat estableciéndose en ella hasta
hoy. 7 Ajaz había enviado mensajeros a
Teglatfalasar, rey de Asiria, con este mensaje: «Soy tu siervo e hijo. Ven y líbrame
de los reyes de Siria y de Israel que se han
aliado contra mí».
8 Ajaz tomó la plata y el oro que había
en el templo del Señor y en el tesoro del
palacio del rey, y lo envió como presente
al rey de Asiria. 9 Este atendió su petición,
atacó a Damasco y la conquistó, deportó
sus habitantes a Guir y mató a Rasín.
10 El rey Ajaz fue a Damasco al encuentro de Teglatfalasar, rey de Asiria. Se
fijó en el altar de Damasco y envió al sacerdote Urías las medidas y un modelo del
mismo. 11 El sacerdote Urías construyó uno
parecido, conforme a la orden enviada por
el rey Ajaz desde Damasco antes de su regreso. 12 Cuando el rey llegó de Damasco,
vio el altar y se acercó a él, 13 quemó su
holocausto y su ofrenda, y derramó sobre
él su ofrenda de vino y aceite, así como la
sangre de los sacrificios de comunión.
14 Retiró de su sitio el altar de bronce que
estaba ante el Señor, entre el altar nuevo y
el santuario del Señor, y lo puso al lado, al
norte del nuevo altar. 15 Ajaz ordenó al
sacerdote Urías:
–Sobre el altar grande ofrecerás el sacrificio de la mañana, el de la tarde, el holocausto del rey con su ofrenda, y el del
pueblo con sus oblaciones y ofrendas de
vino y aceite, y derramarás sobre él la sangre de todos los sacrificios. En cuanto al
altar de bronce, ya me ocuparé.
16 El sacerdote Urías siguió al pie de la
letra la orden de Ajaz. 17 Ajaz desmontó
los tableros de las bases y sus pilas, bajó el
gran depósito de bronce de los toros que lo
sostenían, y lo colocó sobre un pavimento
de piedra. 18 En atención al rey de Asiria,
suprimió del templo del Señor la tribuna
del sábado que había sido levantada en él y
la entrada externa reservada al rey.
19 El resto de la historia de Ajaz, todo lo
que hizo, está escrito en los Anales de los
Reyes de Judá. 20 Murió Ajaz y fue se-pul-
tado con sus antepasados en la ciudad de
David. Le sucedió su hijo Ezequías.

Reinado de Oseas en Israel (731-722)

17 1 Oseas, hijo de Elá, comenzó a reinar
sobre Israel en Samaría el año décimo
octavo de Ajaz, rey de Judá. Reinó nueve
años en Samaría. 2 Ofendió con su conducta al Señor, aunque no tanto como los anteriores reyes de Israel. 3 Salmanasar, rey de
Asiria, subió para atacarlo, y Oseas se hizo
su súbdito pagándole un impuesto. 4 Pero
el rey de Asiria lo sorprendió traicionándo-
lo, pues había enviado mensajeros a So, rey
de Egipto, y había dejado de pagarle el impuesto anual; así que lo hizo prisionero y
lo metió en la cárcel.

Caída de Samaría

2 Re 18 9-11

5 El rey de Asiria invadió todo el país y
sitió Samaría por espacio de tres años. 6 El
año noveno de Oseas, el rey de Asiria conquistó Samaría y se llevó cautivos a los israelitas estableciéndolos en Jalaj, junto al
Jabor, río de Gozán, y en las ciudades de
Media.

• **17 1-4**: Oseas será el último rey de Israel, pero paradójicamente es uno de los pocos reyes del Norte que reciben un juicio "negativo mitigado" (véase 2 Re 3 2; 10 28-31). Acosado por Asiria, hizo un último intento de eludir el vasallaje, buscando el apoyo de Egipto y negando el pago del impuesto. Lo único que consiguió fue precipitar su fin como rey y la caída de Samaría.

• **17 5-6**: Salmanasar comenzó el sitio de Samaría el año 724 a. C., pero la conquista tuvo lugar dos años más tarde al comienzo del reinado de su hijo, Sargón II. Los israelitas fueron deportados al norte de Mesopotamia junto a Jarán y a la zona oriental de Mesopotamia.

Con este hecho doloroso termina la historia del reino del Norte. 2 Re 17 7-23 explicará este desenlace desde el punto de vista religioso, pero sus consecuencias fueron también políticas y sociales, debido a los colonos y gobernantes que los asirios trajeron a Israel (véase 2 Re 17 24-41).

Reflexiones sobre la ruina del reino del Norte

2 Re 18 12; Dt 9 13; Jr 2 5; 1 Re 12 26-33

7 Esto sucedió porque los israelitas pecaron contra el Señor, su Dios, que los había sacado de Egipto y los había librado
del poder del faraón, rey de Egipto. Adoraron a otros dioses, 8 y siguieron las costumbres de las gentes que el Señor había
expulsado ante ellos; costumbres que habían introducido los reyes de Israel. 9 Los
israelitas ofendieron al Señor, su Dios, con
prácticas detestables. Construyeron santuarios en los altozanos de todas sus ciudades,
desde las torres de guardia hasta la ciudad
amurallada, 10 así como piedras conmemorativas e imágenes sagradas en toda colina
elevada y bajo cualquier árbol frondoso.
11 Más aún, quemaron incienso en los santuarios de los altozanos a la manera de los
pueblos que el Señor había expulsado ante
ellos, y cometieron toda clase de maldades
irritando al Señor; 12 adoraron a los ídolos
en contra de la prohibición del Señor: «Ustedes no harán tal cosa».

13 El Señor repetía insistentemente a Israel y a Judá por medio de todos los profetas y videntes: «Conviértanse de su mala
conducta y cumplan mis preceptos y mandamientos, siguiendo en todo la ley que di
a sus antepasados y que les comuniqué por
mis siervos, los profetas».

14 Pero ellos la desobedecieron, mos-
trándose más tercos que sus antepasados.
No creyeron en el Señor su Dios, 15 menos-
preciaron sus leyes y la alianza que había
hecho con sus antepasados, así como las
instrucciones que les había dado. Se fueron
detrás de dioses inconsistentes y se hicieron semejantes a ellos; imitaron a sus vecinos, siendo así que el Señor les había ordenado que no hicieran lo que ellos hacían.
16 Desobedecieron todos los mandamientos del Señor su Dios, se hicieron dos becerros fundidos y una imagen sagrada, adoraron a todos los astros del cielo y dieron
culto a Baal. 17 Pasaron a sus hijos y a sus
hijas por el fuego, practicaron la adivinación y la hechicería, y se entregaron a todo
lo que el Señor desaprueba, hasta colmar
su indignación. 18 El Señor, muy irritado
contra Israel, lo arrojó de su presencia. Sólo
quedó la tribu de Judá, 19 aunque tampoco
Judá cumplió los mandamientos del Señor
su Dios, sino que imitó las costumbres de
Israel. 20 Por eso, el Señor rechazó a toda
la raza de Israel y la humilló entregándola
en manos de saqueadores, hasta arrojarla
de su presencia.

21 Cuando Israel se separó de la dinastía
de David y se eligió por rey a Jeroboán,
hijo de Nabat, éste desvió a Israel del camino del Señor y lo arrastró a un gran pecado. 22 Los israelitas imitaron siempre el
pecado de Jeroboán sin apartarse de él.
23 Hasta que el Señor echó a Israel de su
presencia, según lo había predicho por medio de todos sus siervos los profetas. Israel
fue deportado lejos de su tierra y llevado a
Asiria hasta el día de hoy.

Origen de los samaritanos

1 Re 12 31; Jn 4 20

24 El rey de Asiria trajo gentes de Babilonia, de Cutá, de Avá, de Jamat y de Sefarvaín y repobló con ellas las ciudades de
Samaría, para sustituir a los israelitas. Ocuparon Samaría y se establecieron en sus
ciudades. 25 Al principio, cuando se instalaron, no respetaban al Señor, pero el Señor
envió contra ellos leones que mataron a algunos de ellos. 26 Entonces dieron esta noticia al rey de Asiria:

–Las gentes que enviaste para repoblar
las ciudades de Samaría ignoran cómo dar
culto al Dios de aquel país, y por eso él ha

• **17 7-23**: Esta es una de las reflexiones que el deuteronomista ha colocado a lo largo de su obra (véase también Jos 1; 12; 23; Jue 2 11-19 y 1 Re 8). En ella aparecen condensados los motivos que, desde su punto de vista, han sido la causa de la ruina del reino del Norte. Al pecado de Jeroboán, mencionado a propósito de todos los reyes del Norte, se añaden ahora otras consideraciones propias de los círculos proféticos (sobre todo Jeremías) y del Deuteronomio: los cultos idolátricos, el sincretismo religioso... etc. Pero sobre todo resalta la constatación de que la caída de Samaría es el cumplimiento de todas las palabras pronunciadas por los profetas de parte de Dios, un aspecto en el que el redactor insiste a lo largo de su obra, pues revela su concepción de la historia. Según él, la historia no es fruto de la voluntad humana, sino que es creada por la palabra que Dios pronuncia.

• **17 24-41**: Visión un tanto tendenciosa e interesada sobre los nuevos habitantes de Israel. Da la impresión de que, a los ojos del autor, la deportación ha sido total, pero esto es sin duda exagerado. 2 Re 17 35-39 continúa la reflexión sobre los motivos que han provocado la caída de Samaría (véase nota a 2 Re 17 7-23).

mandado contra ellos leones que los están
matando a causa de esta ignorancia.
27 Entonces el rey de Asiria ordenó:
–Lleven uno de los sacerdotes que trajeron deportados de Samaría, para que viva
allí y les enseñe a dar culto al Dios de
aquel país.
28 Vino, pues, uno de los sacerdotes deportados de Samaría, fijó su residencia en
Betel y les enseñaba a dar culto al Señor.
29 Pero aquellas gentes se fabricaron sus
propios dioses, y los colocaron en los santuarios de los altozanos, levantados por los
distintos grupos nacionales en las ciudades
en que vivían: 30 los de Babilonia daban
culto a Sucot Benot; los de Cutá a Nergal;
los de Jamat a Asimá; 31 los eveos, a Nibjáz
y Tartac; y los sefarvaítas inmolaban a sus
hijos en el fuego en honor de Adramelec y
Anamelec, dioses de Sefarvaín. 32 Daban
también culto al Señor, y eligieron de entre
el pueblo sacerdotes para que oficiaran en
los santuarios de los altozanos. 33 Adoraban al mismo tiempo al Señor y a sus dioses, según los ritos de sus naciones de procedencia. 34 Todavía hoy siguen sus antiguas costumbres. No honran al Señor ni
practican sus normas y ritos ni la ley y
mandamientos que él ordenó a los hijos de
Jacob, a quien puso por nombre Israel. 35 El
Señor había hecho con ellos una alianza y
les había mandado:
–No veneren a dioses extraños ni los
adoren, no les den culto ni les ofrezcan sacrificios. 36 Sólo al Señor, que los sacó de
Egipto con brazo poderoso, rendirán culto,
adorarán y ofrecerán sacrificios. 37 Observarán siempre escrupulosamente las normas y ritos, la ley y los mandamientos que
él les dio por escrito. No darán culto a otros
dioses. 38 No olvidarán la alianza que hice
con ustedes, y no rendirán culto a otros
dioses. 39 Sólo el Señor será su Dios, y él
los librará de sus enemigos.
40 Pero ellos no se sometieron, sino que
siguieron practicando sus antiguas costumbres, 41 de modo que aquellas gentes daban
culto al mismo tiempo al Señor y a sus ídolos. Y sus descendientes siguen haciendo lo
mismo hasta el día de hoy.

III. HISTORIA DEL REINO DE JUDA HASTA LA CAIDA DE JERUSALEN Δ

1. Reinado de Ezequías

Reformas de Ezequías (727-698)

2 Cr 29 1-2; 13 1; Nm 21 8-9

18 1 Ezequías, hijo de Ajaz, comenzó a
reinar sobre Judá el año tercero de
Oseas, hijo de Elá, rey de Israel, 2 a los
veinticinco años de edad. Reinó veintinueve años en Jerusalén. Su madre, Abí, era
hija de Zacarías. 3 Agradó con su conducta
al Señor como su antepasado David. 4 Suprimió los santuarios de los altozanos, derribó las imágenes sagradas, arrancó las
piedras conmemorativas y deshizo la serpiente de bronce hecha por Moisés (pues
los israelitas continuaban todavía quemán-
dole incienso; la llamaban Nejustán). 5 Puso
su confianza en el Señor Dios de Israel y
no hubo en Judá rey como él, ni entre sus
sucesores ni entre sus antecesores. 6 Vivió
unido al Señor, sin apartarse de él, y cumplió los mandamientos que el Señor había
ordenado a Moisés. 7 El Señor estuvo con

Δ 18 1-25 30: Después de la caída de Samaría, el autor continúa describiendo las vicisitudes del reino del Sur. Desde su punto de vista, Dios ha preservado al reino de Judá de una catástrofe semejante a la de Israel por fidelidad a la promesa hecha a su siervo David. Es un motivo que aparece constantemente en los resúmenes del reinado de los reyes del Sur (véase 1 Re 11 13.32.36; 15 4; 2 Re 8 19). Sin embargo, debido a las infidelidades de estos mismos reyes, al final Jerusalén correrá la misma suerte que Samaría.

En este último tramo de la historia del reino de Judá sobresalen Ezequías y Josías. El juicio del deuteronomista sobre ellos es claramente positivo, hasta el punto de equiparar su comportamiento al de David (2 Re 18 3; 22 2).

• 18 1-8: La alabanza sin reservas que el autor hace de este rey se debe a su reforma religiosa. La centralización del culto que le atribuye, será realizada de hecho un siglo más tarde por Josías.

Parece ser que había en el templo una imagen de una serpiente. La gente creía que era la imagen hecha por Moisés (Nm 21 8-9), y recibía un culto idolátrico.

él, y por eso triunfó en todo lo que emprendió; se rebeló contra el rey de Asiria y no
fue más su súbdito. 8 Derrotó a los filisteos
hasta Gaza, arrasando su territorio desde
las torres de guardia hasta las ciudades fortificadas.

Recuerdo de la caída de Samaría

2 Re 17 3-18

9 El año cuarto del reinado de Ezequías
y el séptimo de Oseas, hijo de Elá, rey de
Israel, Salmanasar, rey de Asiria, atacó Samaría y la sitió. 10 Al cabo de tres años, el
sexto de Ezequías y el noveno de Oseas, rey
de Israel, la conquistó. 11 El rey de Asiria
deportó a los israelitas a Asiria, y los estableció en Jalaj, junto al Jabor, río de Gozán, y en las ciudades de Media, 12 porque
desobedecieron al Señor, su Dios, y rompieron su alianza, sin hacer caso ni poner
en práctica nada de lo que Moisés, siervo
del Señor, les había dicho y ordenado.

Invasión de Senaquerib

2 Cr 32 1; Is 36 1

13 El año décimo cuarto de Ezequías,
Senaquerib, rey de Asiria, atacó y conquistó todas las ciudades fortificadas de Judá.
14 Ezequías, rey de Judá, envió unos mensajeros a Laquis para decir al rey de Asiria:
«He obrado mal; aléjate y aceptaré lo que
me impongas».

El rey de Asiria exigió a Ezequías, rey
de Judá, diez mil kilos de plata y mil de
oro. 15 Ezequías entregó toda la plata que
había en el templo del Señor y en el tesoro
del palacio del rey; 16 desmanteló las puertas del templo del Señor y los marcos que
él mismo había recubierto de oro, y se lo
entregó al rey de Asiria.

Mensaje de Senaquerib a Ezequías

2 Cr 32 9-19; Is 36 2-22; 31 1-3; 2 Re 17 24

17 El rey de Asiria envió desde Laquis a
su general, al jefe de la casa del rey y al jefe
de la guardia real con un fuerte ejército,
para que fueran a Jerusalén, donde estaba
el rey Ezequías. Llegaron a Jerusalén y se
detuvieron junto al canal de la cisterna de
arriba, en el camino del campo del Teñidor.
18 Llamaron al rey, y se presentaron el mayordomo, Eliaquín, hijo de Jelcías; el secretario, Sobná; y el heraldo, Yoaj, hijo de
Asaf. 19 El jefe de la guardia real les dijo:

–Comuniquen a Ezequías: Así dice el
gran rey, el rey de Asiria: «¿En qué fundas
tu confianza? 20 ¿Crees que sólo palabras
valen tanto para la guerra como la táctica y
la fuerza? ¿En quién confías, para que te
atrevas a rebelarte contra mí? 21 Veo que
confías en Egipto, esa caña astillada, que se
clava y traspasa la mano de quien se apoya
en ella. Porque eso es el faraón, rey de Egipto, para los que confían en él. 22 Y si me dicen que confían en el Señor su Dios, ¿no es
el Dios, cuyos altozanos y altares ha suprimido Ezequías, ordenando a Judá y a Jerusalén que sólo lo adoren en el altar de Jerusalén?» 23 Por tanto, haz una apuesta con el
rey de Asiria, mi señor. Yo te daré dos mil
caballos, si eres capaz de encontrar jinetes
para montarlos. 24 ¿Cómo podrás hacer retroceder a uno sólo de los siervos más pequeños de mi señor? ¿Confías en que Egipto
te enviará carros de guerra y jinetes? 25 Además, yo he subido contra este lugar para
destruirlo con el consentimiento del Señor,
pues el Señor mismo me ha dicho: «Sube
contra esa tierra y destrúyela».

26 Eliaquín, hijo de Jelcías, Sobná y Yoaj
dijeron al jefe de la guardia real:

–Por favor, háblanos en arameo, que lo
entendemos. No nos hables en hebreo, pa-

• **18 9-12**: La función de este duplicado sobre la caída de Samaría y sus causas (véase nota a 2 Re 17 7-23) es presentar la gravedad de la invasión asiria del año 701 a. C. (2 Re 18 13) y subrayar el contraste entre la distinta actitud de los reyes de Israel y de Judá y las opuestas suertes de Samaría y Jerusalén.

• **18 13-16**: Este breve y sobrio relato ofrece una primera versión de la invasión de Senaquerib (701 a. C.), la amenaza para Jerusalén y el impuesto pagado por Ezequías para garantizar su liberación. No se recurre a ninguna intervención divina especial y todo transcurre por cauces político-militares habituales. Esta versión coincide sustancialmente con las fuentes asirias.

• **18 17-19 9a**: La segunda versión de la liberación ofrece dos relatos paralelos de la invasión de Senaquerib; uno en 2 Re 18 17-19 9a y 19 36-37, y otro en 2 Re 19 9b-35. Ambos tienen un carácter religioso y edificante y no son simples crónicas políticas.

El amplísimo primer discurso de los mensajeros de Senaquerib trata de minar la confianza de Ezequías en su Dios y del pueblo en su rey; por el contrario, la intervención de Isaías devuelve al pueblo y al rey una confianza basada en el Señor.

ra que no lo escuche el pueblo que está en
la muralla.
27 El jefe de la guardia real les respondió:
–Mi señor no me ha enviado a decir estas cosas a tu señor y a ti, sino a los hombres que están en la muralla, destinados, lo
mismo que ustedes, a comer sus excrementos y a beber sus orines.
28 Entonces, el jefe de la guardia real se
puso en pie y en voz alta dijo en hebreo:
–Oigan la palabra del gran rey, el rey de
Asiria. 29 Así dice el rey: No se dejen engañar por Ezequías, porque no podrá librarlos de mi poder. 30 Que tampoco los haga
confiar en el Señor aunque les prometa: El
Señor nos librará, y no entregará esta ciudad
en manos del rey de Asiria. 31 No hagan
caso a Ezequías, porque así dice el rey de
Asiria: Hagan la paz conmigo y ríndanse a
mí; así cada uno podrá comer de su viñedo
y de su higuera, y beber el agua de su cisterna, 32 hasta que yo venga para llevarlos
a una tierra como la de ustedes, tierra de
grano y de vino, de pan y de viñedos, de
aceite y de miel. Así vivirán y no morirán.
No hagan caso a Ezequías. Los engaña
cuando les dice: El Señor nos librará.
33 ¿Acaso los otros dioses han librado a su
tierra del rey de Asiria? 34 ¿Dónde están
los dioses de Jamat y de Arpad? ¿Dónde los
de Sefarvaín, de Aná y de Avá? ¿Dónde los
de Samaría? ¿Acaso han librado a Samaría
de mi poder? 35 ¿Qué dios de estos países
ha librado a su tierra de mi poder, para que
el Señor pueda librar a Jerusalén?
36 El pueblo estaba callado sin decir
nada, porque el rey había mandado que no
le respondieran. 37 El mayordomo Eliaquín,
hijo de Jelcías, el secretario Sobná y Yoaj,
hijo de Asaf, se presentaron a Ezequías, con
sus vestiduras rasgadas, y le comunicaron
las palabras del jefe de la guardia real.

Ezequías recurre al profeta Isaías

Is 37 1-9a

19 1 Cuando el rey Ezequías lo oyó, rasgó sus vestiduras, se vistió de peniti-
tencia y fue al templo del Señor. 2 Después
envió al mayordomo Eliaquín, al secretario
Sobná y a los sacerdotes ancianos, todos
vestidos de pentitencia, al profeta Isaías,
hijo de Amós, 3 para decirle:
–Así dice Ezequías: Hoy es un día de
angustia, de castigo y de injuria, como si,
llegada la hora del parto, faltaran fuerzas
para dar a luz. 4 El Señor tu Dios habrá
oído sin duda todos los insultos que el jefe
de la guardia real del rey de Asiria, enviado por su señor, ha pronunciado contra el
Dios vivo, y lo castigará por eso. Intercede
tú por el resto que aún queda.
5 Los servidores del rey Ezequías se
presentaron a Isaías, 6 y él les dijo:
–Comuniquen a su señor: Así dice el
Señor: No te asusten las palabras que has
oído, los insultos que los siervos del rey de
Asiria han pronunciado contra mí. 7 Voy a
hacer que, al oír cierta noticia, regrese a su
tierra, y allí lo haré morir a espada.
8 El jefe de la guardia real se fue camino de Libná al encuentro del rey de Asiria.
Le habían informado que el rey de Asiria
se había retirado de Laquis y estaba atacando Libná, 9 ante la noticia de que Tara-
ca, rey de Etiopía, había salido a luchar
contra él.

Nuevo mensaje de Senaquerib a Ezequías

Is 37 9b-20; 2 Cr 32 17.20; 2 Re 17 6.24; Jr 10 1-16

Senaquerib envió de nuevo mensajeros
a Ezequías para decirle:
10 –Así dirán a Ezequías, rey de Judá:
Que tu Dios, en quien confías, no te engañe diciéndote: «Jerusalén no caerá en manos del rey de Asiria». 11 Sabes bien que
los reyes de Asiria han exterminado a todos los países, y ¿vas a librarte tú? 12 ¿Han
librado acaso otros dioses a los pueblos
que mis antecesores arrasaron: a Gozán,
Jarán, Résef y los edenitas de Telasar?
13 ¿Dónde están ahora los reyes de Jamat,
Arfad, Sefarvaín, Aná y Avá?
14 Ezequías tomó la carta que traían los
mensajeros y la leyó; después subió al templo, la desenrolló ante el Señor 15 y oró así:
–Señor, Dios de Israel, que te sientas
sobre los querubines, tú eres el Dios de to-

• **19 9b-19**: Este segundo relato es paralelo al anterior: los mensajeros de Senaquerib dicen lo mismo en un discurso mucho más breve que el anterior, y el rey Ezequías recurre a Dios en una hermosa plegaria (2 Re 19 15-19), donde repite motivos anteriores (2 Re 19 3-4).

dos los reinos de la tierra, tú has hecho el
cielo y la tierra. 16 Inclina, Señor, tu oído y
escucha; abre, Señor, tus ojos y mira. Escucha las palabras con que Senaquerib ha
insultado al Dios vivo. 17 Es verdad, Señor,
que los reyes de Asiria han asolado otros
pueblos y otras tierras, 18 y han quemado a
sus dioses, porque no eran dioses, sino madera o piedra modeladas por el hombre; por
eso los han destruido. 19 Te suplico, Señor,
Dios nuestro, que nos libres de su poder,
para que todos los reinos de la tierra reconozcan que tú, Señor, eres el único Dios.

Tres oráculos de Isaías

Is 37 21-35

20 Entonces Isaías, hijo de Amós, mandó a decir a Ezequías:
–Así dice el Señor, Dios de Israel: He
escuchado tu plegaria ante la amenaza de
Senaquerib, rey de Asiria. 21 Esta es la palabra que el Señor pronuncia contra él:

Te desprecia y se burla de ti
la virgen hija de Sión;
Jerusalén a tus espaldas
menea la cabeza.
22 ¿A quién has insultado e injuriado?
¿Contra quién has gritado tan fuerte
y has levantado tu mirada soberbia?
¡Contra el Santo de Israel!
23 Por boca de tus mensajeros
has injuriado al Señor, diciendo:
«Con mis carros de guerra numerosos
he subido a las cimas de las montañas,
a las cumbres del Líbano;
he talado sus cedros más altos,
sus mejores cipreses;
he llegado hasta su último rincón,
hasta su bosque más frondoso;
24 he excavado y bebido aguas extranjeras;
con la planta de mis pies
he secado todos los ríos de Egipto».
25 ¿No sabías tú que desde hace tiempo
he planeado yo esto,
que desde tiempos antiguos
lo tengo decidido
y ahora lo llevo a cabo?
Estabas destinado
a convertir en escombros
las ciudades fortificadas;
26 a hacer que sus habitantes,
impotentes, aterrorizados
y avergonzados,
fueran como hierba del campo,
como verde pasto;
como la hierba de los tejados,
marchitada antes de madurar.
27 Sé cuándo te sientas,
cuándo sales o entras;
y también cuando te enfureces contra mí.
28 Así pues,
porque te has enfurecido contra mí,
y han llegado a mí tus insolencias,
yo te atornillaré las narices,
amordazaré tus labios
y te haré regresar por donde viniste.

29 Y esta será la señal: este año se comerán los retoños y al siguiente lo que nazca
sin sembrar, pero el tercer año sembrarán y
cosecharán, plantarán viñas y comerán su
fruto. 30 El resto que sobreviva de Judá
echará de nuevo raíces y volverá a dar fruto; 31 porque quedará un resto en Jerusalén
y sobrevivientes en el monte Sión. Así lo
realizará el Señor.
32 Por eso, así dice el Señor acerca del
rey de Asiria:

«No entrará en esta ciudad
ni la alcanzará con sus flechas,
no la cercará con sus escudos
ni levantará terraplenes contra ella.
33 Regresará por donde vino
y no entrará en esta ciudad.
Oráculo del Señor.
34 Yo la protegeré y la salvaré,
en atención a mí mismo
y a mi siervo David».

Fracaso y muerte de Senaquerib

Is 37 36-38; 2 Cr 32 21-22; Eclo 48 17-21

35 Aquella misma noche, el ángel del
Señor vino al campamento asirio e hirió a

• **19 20-34**: Isaías vuelve a intervenir a instancias de Dios que ha escuchado la plegaria de Ezequías (2 Re 19 20). Se contienen aquí tres oráculos de Isaías, de los cuales sólo el último (2 Re 19 32-34) tiene relación directa con lo que aquí se trata.

No está claro a qué se refiere la señal de que habla 2 Re 19 29. El oráculo parece decir que durante dos años se pasará mal, pero al tercero habrá abundancia. Sin embargo, la invasión de Senaquerib no duró tanto tiempo. Es probable, pues, que el oráculo fuera pronunciado en una situación diferente.

ciento ochenta y cinco mil hombres. Cuando se levantaron por la mañana, no había
más que cadáveres.
36 Senaquerib, rey de Asiria, levantó el
campamento, se fue a Nínive y se quedó
allí. 37 Un día, mientras estaba postrado adorando al dios Nisroc en su templo, sus hijos Adramelec y Serasar lo mataron a espada y escaparon a Ararat. Le sucedió en
el trono su hijo Asaradón.

Enfermedad y curación de Ezequías

2 Cr 32 24; Is 38 1-8

20 1 Por aquel tiempo Ezequías enfermó
gravemente. El profeta Isaías, hijo de
Amós, acudió a él y le dijo:
–Así dice el Señor: Arregla los asuntos
de tu casa, porque vas a morir inmediatamente.
2 Entonces Ezequías, con el rostro contra la pared, oró al Señor así:
3 –Acuérdate, Señor, que he caminado
fielmente en tu presencia, y que te he agradado con mi conducta actuando con rectitud.
Y comenzó a llorar amargamente.
4 Aún no había salido Isaías del patio
central, cuando el Señor le dijo:
5 –Regresa donde está Ezequías, jefe de
mi pueblo, y dile: Así dice el Señor, Dios
de tu antepasado David: «He escuchado tu
oración y he visto tus lágrimas. Voy a devol-
verte la salud. Dentro de tres días subirás
al templo del Señor. 6 Alargaré tu vida quince años, te libraré a ti y a esta ciudad del
rey de Asiria, y protegeré a esta ciudad en
atención a mí mismo y a mi siervo David».
7 Isaías dijo:
–Traigan un ungüento hecho de higos
secos.
Lo trajeron, se lo aplicaron a la herida,
y el rey comenzó a sentirse mejor. 8 Ezequías preguntó a Isaías:
–¿Cuál es la señal de que el Señor me
va a sanar y de que subiré al templo del
Señor dentro de tres días?
9 Isaías respondió:
–Esta es la señal que el Señor te da,
como prueba de que cumplirá su palabra:
¿Quieres que la sombra adelante diez grados o que los retroceda?
10 Ezequías contestó:
–Es cosa fácil que la sombra adelante
diez grados, pero no que retroceda diez
grados.
11 El profeta Isaías invocó al Señor, el
cual hizo retroceder la sombra diez grados
en las marcas del reloj de Ajaz.

Los emisarios de Merodac Baladán

Is 39; 2 Cr 32 23.27; 2 Re 24 13-14

12 Por aquel tiempo, Merodac Baladán,
hijo de Baladán, rey de Babilonia, envió una
carta y un regalo a Ezequías, al tener noticia
de su enfermedad. 13 Ezequías se alegró
mucho y enseñó a los enviados la sala del
tesoro: la plata, el oro, los aromas, el aceite,
el cuarto de las armas, y todo lo que había
en él; no les ocultó nada de lo que había en
el palacio y en sus habitaciones.
14 El profeta Isaías fue a ver al rey Ezequías y le dijo:
–¿Qué quieren esos hombres y de dónde vienen?
Ezequías le contestó:
–Han venido de la lejana Babilonia.
15 Isaías preguntó:
–¿Qué han visto en tu palacio?
Ezequías respondió:
–Todo lo que hay en él; no les he ocultado nada de lo que tengo.
16 Entonces Isaías le dijo:
–Escucha la palabra del Señor: 17 Vendrán días en que será llevado a Babilonia
todo lo que hay en tu palacio, todo lo que
atesoraron tus antepasados hasta el día de
hoy. No quedará nada, dice el Señor. 18 Y
tomarán también a tus hijos, para emplear-

• **19** 35-37: Teniendo en cuenta otros relatos semejantes a éste en que se menciona el ángel del Señor que golpea, pudiera pensarse que fue la peste la que hizo retirarse a Senaquerib (1 Sm 5 6; 6 1ss; 2 Sm 24 1-17). Senaquerib fue asesinado en 681 a. C.

• **20** 1-11: Los episodios aquí narrados son anteriores a los narrados en 2 Re 18-19. El relato de la enfermedad de Ezequías engrandece tanto la virtud de Ezequías, como el poder de Isaías. La señal del profeta se cumple y el deuteronomista aprovecha la ocasión para subrayarlo, como en tantos otros momentos de su relato.

• **20** 12-19: Es evidente que los enviados de Merodac Baladán no tenían sólo la misión de interesarse por la salud del rey. Es probable que esta embajada tuviera como finalidad formar una alianza antiasiria, que quizá Isaías critica. Con este motivo el profeta predice por primera vez la caída de Jerusalén.

los como criados en el palacio del rey de
Babilonia.
19 Ezequías dijo:
–Me parece bien lo que acabas de decir
de parte del Señor.
Pues pensaba: «Al menos en mis días
habrá paz y seguridad».

Fin del reinado de Ezequías

2 Cr 32 30.32-33

20 El resto de la historia de Ezequías,
todas sus hazañas, así como la construcción del estanque y el canal para la traída
de aguas a la ciudad, está escrito en los Anales de los Reyes de Judá. 21 Ezequías murió, y le sucedió su hijo Manasés.

2. Reinado de Manasés y Amón

Reinado de Manasés en Judá (698-643)

2 Cr 33 1-10.18-20; 1 Re 16 32-33; 8 16;
Am 7 7-9; 2 Re 24 2; 23 26

21 1 Manasés comenzó a reinar a los doce
años y reinó en Jerusalén cincuenta y
cinco años. Su madre se llamaba Jefsibá.
2 Ofendió con su conducta al Señor, imitando el perverso comportamiento de los
pueblos que el Señor había expulsado ante
los israelitas. 3 Reedificó los santuarios de
los altozanos derribados por su padre Ezequías, levantó altares a Baal e hizo una imagen de la diosa Asera, como había hecho
Ajab, rey de Israel; se prosternó ante todos
los astros del cielo y les rindió culto. 4 Levantó altares en el templo del Señor, del
cual el Señor había dicho: «Invocarán mi
nombre en Jerusalén». 5 Levantó altares a
todos los astros del cielo en los dos atrios
del templo del Señor. 6 Inmoló en el fuego
a su hijo, practicó la magia y la hechicería,
instituyó espiritistas y adivinos. Ofendió
tanto al Señor cometiendo toda clase de
maldades, que provocó su indignación. 7 Incluso fabricó una imagen de la diosa Asera
y lo puso en el templo del Señor; el templo
del que había dicho el Señor a David y a
su hijo Salomón: «He elegido este templo
y a Jerusalén entre todas las tribus de Israel, como el lugar donde se invocará mi
nombre para siempre. 8 Haré que Israel
deje de andar errante fuera de la tierra que
di a sus antepasados, si ponen en práctica
lo que yo les he ordenado, según toda la ley
que les ordenó mi siervo Moisés». 9 Pero
ellos no obedecieron. Manasés los extravió
hasta el punto de comportarse peor que los
pueblos que el Señor había expulsado ante
los israelitas.
10 Entonces el Señor habló así por medio de sus siervos los profetas:
11 –Manasés, rey de Judá, se ha portado
perversamente; de manera aún más detestable que los amorreos que le antecedieron,
y con sus ídolos ha inducido a Judá a pecar. 12 Pues así dice el Señor, Dios de Israel: Atraeré sobre Jerusalén y sobre Judá
una desgracia tal, que a cuantos la oigan
les zumbarán los oídos. 13 Mediré a Jerusalén con la misma medida que a Samaría;
con la misma plomada que a la familia de
Ajab, y fregaré a Jerusalén como se friega
un plato, zarandeándolo de un lado a otro.
14 Rechazaré al resto de mi heredad y los
entregaré a sus enemigos como presa y botín. 15 Porque me han ofendido con su conducta y han provocado mi enojo desde el
día en que sus antepasados salieron de Egipto hasta hoy.
16 Además, Manasés derramó ríos de
sangre inocente, hasta inundar Jerusalén de
punta a punta; todo ésto sin contar los pecados que hizo cometer a Judá, ofendiendo
con su conducta al Señor.
17 El resto de la historia de Manasés, todo lo que hizo, los pecados que cometió,
está escrito en los Anales de los Reyes de
Judá. 18 Manasés murió y fue sepultado en
el jardín de su palacio, en el jardín de Uzá.
Le sucedió su hijo Amón.

• **20** 20-21: El canal de que se habla aquí es un túnel excavado en la roca para traer el agua desde la fuente de Guijón hasta la piscina de Siloé, que estaba en el interior de la ciudad. Esta magnífica obra se ha conservado hasta el día de hoy en Jerusalén. Es uno de los muchos ejemplos que encontramos en las ciudades israelitas de ingeniería hidraúlica.

• **21** 1-26: El redactor se detiene más en el reinado de Manasés (2 Re 21 1-18), porque llevó a cabo una verdadera contrarreforma en el terreno religioso. A su conducta atribuye el autor la caída de Jerusalén y el destierro, en una reflexión que posee un vocabulario y un contenido típicos del Deuteronomio.

El breve reinado de Amón (2 Re 21 19-26) no es más que un apéndice del de Manasés.

Reinado de Amón en Judá (643-640)

2 Cr 33 21-25

19 Amón comenzó a reinar a los veintidós años y reinó dos años en Jerusalén. Su
madre, Mesulémet, era hija de Jarús, natural de Yotbá. 20 Ofendió con su conducta al
Señor, como su padre Manasés. 21 Imitó el
comportamiento de su padre, dio culto y
adoró a los mismos ídolos que él. 22 Abandonó al Señor, Dios de sus antepasados, y
no siguió el camino del Señor. 23 Los servidores de Amón conspiraron contra él y lo
asesinaron en su palacio. 24 Pero el pueblo
mató a todos los autores de la conspiración
contra el rey Amón y proclamó como rey,
en lugar suyo, a su hijo Josías.
25 El resto de la historia de Amón, todo
lo que hizo, está escrito en los Anales de
los Reyes de Judá. 26 Fue sepultado en su
sepulcro, en el jardín de Uzá, y le sucedió
su hijo Josías.

3. Reinado de Josías

Comienzo del reinado de Josías (640-609)

2 Cr 34 1-2

22 1 Josías comenzó a reinar a los ocho
años; reinó treinta y un años en Jerusalén. Su madre, Yedidá, era hija de Ada-
yá, natural de Boscat. 2 Agradó con su conducta al Señor e imitó el comportamiento
de su antepasado David sin desviarse ni a
un lado ni a otro.

Descubrimiento del libro de la ley

2 Cr 34 8-18; 2 Re 12 10-16

3 El año décimo octavo de su reinado, el
rey Josías, envió al secretario Safán, hijo
de Asalías y nieto de Mesulán, al templo
con este encargo:
4 –Vete a ver al sumo sacerdote Jelcías.
Que junte el dinero aportado por el pueblo
y recogido por los guardias de la puerta con
destino al templo del Señor; 5 que se lo dé
a los capataces de las obras del templo, para
que ellos puedan pagar a los obreros encargados de reparar sus desperfectos: 6 maestros de obra, carpinteros y albañiles. Que
compren también madera y piedras talladas para la reconstrucción del templo. 7 Y
que no se les pida cuentas del dinero entregado, porque actúan con honradez.
8 El sumo sacerdote Jelcías dijo al secretario Safán:
–He encontrado el libro de la ley en el
templo del Señor.
Se lo entregó a Safán, y él lo leyó. 9 Luego fue a informar al rey y le dijo:
–Tus siervos han recogido el dinero del
templo y se lo han dado a los que dirigen
las obras, a los responsables del templo del
Señor.
10 Después le dio la noticia:
–El sacerdote Jelcías me ha dado este
libro.
Y Safán lo leyó ante el rey.

Consulta a la profetisa Juldá

2 Cr 34 19-28; 2 Re 23 28-30

11 Cuando el rey oyó las palabras del
libro de la ley, rasgó sus vestiduras 12 y dio
esta orden al sacerdote Jelcías, a Ajicán,
hijo de Safán, a Acbor, hijo de Miqueas, al
secretario Safán y a Asayá, ministro del
rey:
13 –Vayan a consultar al Señor por mí,
por el pueblo y por todo Judá sobre las palabras del libro que acaba de ser encontrado. Tiene que ser grande la ira del Señor

• **22 1-2**: El redactor deuteronomista, en su juicio sobre la historia de la monarquía, sólo alaba incondicionalmente a dos reyes: a Ezequías (2 Re 18 1-8) y a Josías. La razón es sencilla: ambos llevaron a cabo una reforma religiosa en favor de la religión israelita y en contra de los cultos extranjeros.

• **22 3-10**: El libro encontrado en el templo es el Deuteronomio en su primera redacción, o al menos su sección central (Dt 12-28). Es probable que este código legal hubiera sido redactado durante el reinado de Ezequías y que se extraviara en tiempos de Manasés y Amón.

• **22 11-20**: Esta profetisa es desconocida, pues no se habla de ella en otros textos. Sus palabras anuncian la ruina de Jerusalén y ayudan a descubrir el punto de vista desde el que el redactor deuteronomista ha contemplado la historia anterior. Los criterios con los que ha valorado cada reinado son, precisamente, los que se encuentran en el Deuteronomio.

En el conjunto de la gran obra histórica del deuteronomista (Jos-2 Re) estas palabras de Juldá son importantes, porque anuncian el desenlace final de toda esta historia, explicando las causas de su fracaso. En 2 Re 24 2 se hará referencia a este anuncio, que como en otros casos, se cumple puntualmente.

contra nosotros, porque nuestros antepasados no han obedecido las palabras de este libro ni han cumplido lo que está escrito en él.

14 El sacerdote Jelcías y los demás comisionados acudieron a la profetisa Juldá, esposa de Salún, hijo de Ticuá, y nieto de Jarjás, guarda del ropero, que vivía en el barrio nuevo de Jerusalén, y le expusieron el caso. 15 Ella les dijo:

–Así dice el Señor Dios de Israel: Digan al hombre que los ha enviado a mí: 16 «Yo voy a traer la desgracia sobre este lugar y sobre sus habitantes, voy a cumplir todas las palabras del libro que ha leído el rey de Judá. 17 Ellos me abandonaron, quemando incienso a otros dioses, y me irritaron con su conducta perversa. Pues bien, mi ira arderá contra este lugar y no se apagará». 18 Dirán, sin embargo, al rey de Judá, que los ha mandado a consultar al Señor: Esto dice el Señor, Dios de Israel, con relación a las palabras que has escuchado: 19 «Puesto que tu corazón se ha conmovido y te has humillado ante el Señor al oír lo que he decretado contra este lugar y contra sus moradores, –el terror y la maldición que les espera–; porque has rasgado tus vestiduras y llorado ante mí, yo también te he escuchado. Oráculo del Señor. 20 Yo haré que te reúnas con tus antepasados y que te entierren en paz sin que tengas que ver toda la desgracia que voy a descargar sobre este lugar».

Los enviados regresaron donde estaba el rey con la respuesta.

Lectura del libro de la ley y ratificación de la alianza

2 Cr 34 29-32

23 1 El rey mandó convocar a todos los ancianos de Judá y de Jerusalén. 2 Después subió al templo del Señor con toda la gente de Judá y todos los habitantes de Jerusalén: sacerdotes, profetas y todo el pueblo, chicos y grandes. Leyó ante ellos todas las palabras del libro de la alianza encontrado en el templo del Señor 3 y, de pie junto a la columna, selló ante el Señor una alianza, comprometiéndose a seguirlo, a cumplir sus preceptos, mandamientos y leyes con todo su corazón y toda su alma, y a practicar las palabras de la alianza escritas en aquel libro. Y todo el pueblo ratificó esta alianza.

Reforma religiosa en Judá

2 Cr 34 3-5; 2 Re 21 3-7; 1 Re 11 7

4 El rey mandó al sumo sacerdote Jelcías, a su sustituto y a los guardianes de la puerta que sacaran del templo del Señor todos los objetos que se utilizaban en el culto a Baal, a Asera y a los astros del cielo. Los quemó en los campos del torrente Cedrón, fuera de Jerusalén, y llevó sus cenizas a Betel. 5 Suprimió a los sacerdotes idólatras, instituidos por los reyes de Judá para quemar incienso en los santuarios de los altozanos, en las ciudades de Judá y en los alrededores de Jerusalén; suprimió también a los que ofrecían sacrificios a Baal, al sol, a la luna, a las estrellas y a todo el ejército del cielo. 6 Sacó del templo del Señor la imagen de la diosa Asera, la llevó fuera de Jerusalén al torrente Cedrón y la quemó allí hasta reducirla a cenizas, que arrojó en la fosa común. 7 Derribó la casa dedicada a la prostitución sagrada, que estaba junto al templo del Señor, donde las mujeres tejían vestidos para Asera. 8 Mandó que vinieran todos los sacerdotes de las ciudades de Judá, profanó los santuarios de los altozanos en los que ellos habían ofrecido sacrificios, desde Guibeá hasta Berseba, y derribó el santuario de los sátiros que había en la puerta de Josué, gobernador de la ciudad, a la izquierda, después de pasar la puerta. 9 Los sacerdotes de los santuarios

• **23 1-3**: El libro leído es el encontrado anteriormente, es decir, el Deuteronomio o parte de él, al que se reconoce ahora el estatuto de libro de la alianza. Después de la solemne lectura del libro, el rey concluye con Dios una alianza que es ratificada por el pueblo (2 Re 23 3), como en las grandes ocasiones del Sinaí y Siquén.

• **23 4-14**: La reforma religiosa comprende no sólo la supresión de los cultos idolátricos, asirios o cananeos, sino también la supresión de los *altozanos*, es decir, de los santuarios locales en los que se conservaba adulterado el culto al Señor. De este modo, Josías centralizó el culto en Jerusalén, conforme a lo ordenado en Dt 12.

Estas medidas tomadas por Josías dan una idea de la situación religiosa en que se encontraba Judá después del reinado de Manasés y Amón. Todo lo que aquí se dice encuentra su confirmación en la predicación de Jeremías, Sofonías y Ezequiel.

de los altozanos no podían oficiar en el altar del Señor en Jerusalén, aunque comían
los panes sin levadura con sus hermanos.
10 Profanó el crematorio del valle de Ben
Hinón, para que nadie inmolara en el fuego a sus hijos en honor de Moloc. 11 Suprimió los caballos que los reyes de Judá habían dedicado al sol a la entrada del templo del Señor, cerca de donde vivía el cortesano Natanmélec, en el atrio, y quemó
los carros de guerra del sol. 12 Derribó los
altares que había en el terrado de la estancia superior de Ajaz, levantados por los
reyes de Judá; y pulverizó los que había
levantado Manasés en los dos atrios del
templo del Señor, arrojando el polvo al torrente Cedrón. 13 Profanó también los santuarios de los altozanos que había frente a
Jerusalén, al sur del monte de los Olivos, y
que habían sido edificados por Salomón,
rey de Israel, en honor de Astarté, ídolo de
Sidón; Camós, ídolo de Moab; y Moloc,
dios detestable de los amonitas. 14 Destrozó las piedras conmemorativas, derribó las
imágenes sagradas y llenó sus terrenos de
huesos humanos.

Reforma religiosa en Israel

2 Cr 34 6-7; 1 Re 13

15 Derribó también el altar que había en
Betel y el santuario construido por Jeroboán, hijo de Nabat, el que arrastró a la idolatría a Israel; hizo pedazos sus piedras, re-
duciéndolas a polvo y quemó la imagen de
Asera. 16 A su regreso, Josías vio los sepulcros que había en la montaña, ordenó que
recogieran los huesos de los sepulcros, los
quemó en el altar, y así lo profanó, según
la palabra del Señor anunciada por el hombre de Dios, cuando Jeroboán estaba de pie
sobre el altar durante una solemnidad.
17 Luego dirigiendo la mirada al sepulcro
del hombre de Dios que había predicho
estas cosas, preguntó:
–¿Qué monumento es aquel de allí?
Los hombres de la ciudad le respondieron:
–Es el sepulcro del hombre de Dios que
vino de Judá a predecir lo que tú acabas de
hacer con el altar de Betel.
18 Y él ordenó:
–Déjenlo en paz; que nadie toque sus
huesos.
Así sus huesos fueron conservados, junto con los del profeta oriundo de Samaría.
19 Josías destruyó también todos los santuarios de los altozanos que habían levantado los reyes de Israel en las ciudades de
Samaría, irritando al Señor. Hizo con ellos
lo mismo que había hecho en Betel. 20 Inmoló sobre los altares a todos los sacerdotes de los santuarios de los altozanos que
estaban allí y quemó sobre ellos huesos
humanos. Después regresó a Jerusalén.

Celebración de la pascua

2 Cr 35 1.18-19

21 El rey ordenó a todo el pueblo:
–Celebren la pascua del Señor, su Dios,
según está escrito en el libro de la alianza.
22 No se había celebrado una pascua como ésta desde el tiempo en que los jueces
gobernaban Israel, ni en todo el tiempo de
los reyes de Israel y de Judá. 23 El año décimo octavo de Josías se celebró en Jerusalén esta pascua en honor del Señor.

Nuevos datos sobre la reforma

24 También exterminó Josías a los hechiceros y espiritistas, los dioses familiares,
los ídolos y demás objetos de culto detestables que se veían en Judá y Jerusalén, y
así cumplió las palabras de la ley escritas
en el libro encontrado por el sacerdote Jelcías en el templo del Señor.
25 Antes de Josías no hubo un rey que
se convirtiera como él al Señor con todo su

• **23 15-20**: La extensión de la reforma al territorio del reino del Norte prueba que Josías no temía ya a Asiria. De hecho ésta se encontraba muy debilitada. Con puntualidad el redactor anota el cumplimiento de la profecía pronunciada por el hombre de Dios sobre el altar de Betel (1 Re 13).

• **23 21-23**: La novedad de esta pascua consiste en que se celebró en el templo conforme a las prescripciones de Dt 16 2-6. Durante la monarquía la pascua había dejado de celebrarse en el santuario central de Jerusalén y se celebraba en familia. Por eso esta celebración, decretada por Josías, supone en cierto modo un regreso a la costumbre anterior a la monarquía.

• **23 24-27**: Se ofrecen nuevos datos sobre algunos aspectos de la reforma que afectan más bien al ámbito familiar y a la religiosidad individual (2 Re 23 24), y se alaba una vez más a Josías. Pero la reforma no basta. Se ha llegado tarde a la cita, y el Señor ha decretado la ruina de Jerusalén.

corazón, con toda su alma y con todas sus fuerzas, fiel en todo a la ley de Moisés; y después de él tampoco lo hubo. [26] Sin embargo, el Señor no aplacó su furor contra Judá, a causa de las maldades con que lo había irritado Manasés. [27] El Señor decidió: «Expulsaré también a Judá de mi presencia como expulsé a Israel; y rechazaré a la ciudad de Jerusalén, que había elegido, y al templo del que había dicho: En él se invocará mi nombre».

Fin del reinado de Josías

2 Cr 35 20-27; 36 1; 2 Re 22 15-20

[28] El resto de la historia de Josías, todo lo que hizo, está escrito en los Anales de los Reyes de Judá.

[29] En su tiempo, el faraón Necao, rey de Egipto, fue al encuentro del rey de Asiria hacia el río Eufrates. Josías le salió al paso, pero el faraón lo mató en Meguido en el primer ataque. [30] Sus servidores llevaron su cadáver en un carro de guerra desde Meguido a Jerusalén y lo enterraron en su sepulcro. El pueblo ungió a Joacaz, hijo de Josías, y lo proclamó rey como sucesor de su padre.

4. Ultimos reyes de Judá

Reinado de Joacaz en Judá (609)

2 Cr 36 2-4

[31] Joacaz comenzó a reinar a los veintitrés años y reinó tres meses en Jerusalén. Su madre, Jamital, era hija de Jeremías, natural de Libná. [32] Ofendió con su conducta al Señor, como sus antepasados. [33] El faraón Necao lo encadenó en Riblá, en la región de Jamat, destronándolo e imponiendo al país un impuesto de tres mil cuatrocientos kilos de plata y treinta y cuatro kilos de oro. [34] Y nombró rey a Eliaquín, hijo de Josías, como sucesor de su padre, cambiando su nombre por el de Joaquín. A Joacaz lo llevó prisionero a Egipto, donde murió. [35] Joaquín entregó la plata y el oro al faraón, y sometió a impuestos a todo el país para reunir la cantidad fijada por el faraón, exigiendo a cada uno, según su fortuna, el oro y la plata para dárselo al faraón.

Reinado de Joaquín en Judá (609-598)

2 Cr 36 5-8; 2 Re 22 16-20; 21 16

[36] Joaquín comenzó a reinar a los veinticinco años y reinó once años en Jerusalén. Su madre, Zebidá, era hija de Pedayá, natural de Rumá. [37] Ofendió con su conducta al Señor como sus antepasados.

24 [1] En su tiempo, Nabucodonosor, rey de Babilonia, emprendió una campaña militar, y Joaquín le quedó sometido durante tres años, al cabo de los cuales se rebeló contra él. [2] Entonces Nabucodonosor mandó contra Joaquín fuerzas caldeas, arameas, moabitas y amonitas; las mandó contra Judá para destruirlo, según la palabra que el Señor había pronunciado por medio de sus siervos, los profetas. [3] Esto sucedió, porque el Señor había decidido expulsar de su presencia a Judá, a causa de todos los pecados de Manasés [4] y de la sangre inocente que él había derramado hasta inundar Jerusalén. El Señor no quiso perdonar.

[5] El resto de la historia de Joaquín, todo lo que hizo, está escrito en los Anales de los Reyes de Judá. [6] Joaquín murió y le sucedió su hijo Jeconías.

[7] El rey de Egipto no volvió a salir más de su tierra, porque el rey de Babilonia había tomado todas sus posesiones desde el torrente de Egipto hasta el río Eufrates.

Reinado de Jeconías en Judá (598-597)

2 Cr 36 9-10; 2 Re 20 17-18; Jr 52 28-31

[8] Jeconías comenzó a reinar a los dieciocho años y reinó tres meses en Jerusa-

• **23 28-30**: El faraón Necao (609-595 a. C.) quería auxiliar a Asiria contra los babilonios. El año 609 a. C. vino en ayuda del rey Asiria, y Josías se le opuso, pues la caída de Asiria era beneficiosa para Judá.

• **23 31-35**: El breve reinado de Joacaz coincide con la campaña del faraón Necao en favor de Asiria (609 a. C.). Riblá, situada al norte de Palestina, en el reino de Jamat fue el cuartel general de Necao en esta campaña. El impuesto y el cambio de nombre del nuevo rey indican el sometimiento de Judá a la soberanía del faraón.

• **23 36-24 7**: Después de la caída de Asiria, Nabucodonosor fue el principal organizador del nuevo imperio neobabilónico. Subió al trono el año 605 a. C. y reinó hasta el 562 a. C. Su primera campaña contra Palestina se sitúa en el año 604 a. C. y la rebelión de Judá en el 601 a. C.

lén. Su madre, Nejustá, era hija de Elnatán, natural de Jerusalén. 9 Ofendió con su conducta al Señor, como su padre.

10 En su tiempo, el ejército de Nabucodonosor, rey de Babilonia, subió contra Jerusalén y sitió la ciudad. 11 El mismo Nabucodonosor, rey de Babilonia, llegó mientras su ejército sitiaba la ciudad. 12 Jeconías salió a su encuentro con su madre, sus cortesanos, sus jefes y sus criados. El rey de Babilonia los hizo prisioneros el año octavo de su reinado. 13 Como había dicho el Señor, se llevó todos los tesoros del templo del Señor y los del palacio del rey, y machacó todos los objetos de oro que Salomón, rey de Israel, había hecho para el templo del Señor. 14 Deportó a toda Jerusalén, a todos los grandes y poderosos, en número de diez mil, y a todos los herreros y cerrajeros. Sólo dejó a la población más pobre del país. 15 Deportó a Jeconías y a su madre, a sus mujeres, a sus criados y a los nobles del país, y los llevó cautivos de Jerusalén a Babilonia. 16 También se llevó a todos los ricos, que eran unos siete mil, a los herreros y cerrajeros, que eran unos mil, y a todos los hombres aptos para la guerra. 17 El rey de Babilonia puso en lugar de Jeconías a su tío Matanías, a quien puso el nombre de Sedecías.

Reinado de Sedecías en Judá (597-587)

2 Cr 36 11-13; Jr 52 1-3

18 Sedecías comenzó a reinar a los veintiún años, y reinó once años en Jerusalén. Su madre, Jamital, era hija de Jeremías, natural de Libná. 19 Ofendió con su conducta al Señor, como Jeconías. 20 Todo esto sucedió, porque la ira del Señor contra Jerusalén y Judá se iba colmando cada vez más, hasta el punto de expulsarlos de su presencia.

Sedecías se rebeló contra el rey de Babilonia.

Sitio de Jerusalén

Jr 39 1-7; 52 4-11; 2 Cr 36 13

25 1 El año noveno del reinado de Sedecías, el día diez del mes décimo, Nabucodonosor, rey de Babilonia, se presentó con todo su ejército ante Jerusalén y la sitió, levantando alrededor una empalizada. 2 El sitio de la ciudad se prolongó hasta el año undécimo de Sedecías. 3 El día nueve del cuarto mes, cuando el hambre se hizo insoportable en la ciudad y la gente no tenía nada que comer, 4 abrieron una brecha en la ciudad; todo el ejército huyó de noche por la puerta entre los dos muros, cerca del jardín del rey, y escaparon por el camino del Arabá, mientras los caldeos estrechaban el cerco de la ciudad. 5 Pero el ejército caldeo persiguió al rey y le dio alcance en la llanura de Jericó; entonces todas sus tropas se dispersaron. 6 Apresaron al rey Sedecías y lo llevaron a Riblá, ante el rey de Babilonia, y allí le comunicaron la sentencia. 7 El rey de Babilonia ordenó que degollaran a sus hijos en su presencia y a él le sacó los ojos, lo encadenó y lo llevó cautivo a Babilonia.

Toma de la ciudad y segunda deportación

Jr 39 8-10; 52 12-27; 2 Cr 36 17-20; 1 Re 7

8 El día siete del quinto mes –era el año décimonoveno de Nabucodonosor, rey de Babilonia–, Nabuzardán, jefe de la escolta y ministro del rey de Babilonia, 9 llegó a

• **24 8-17**: El año 597 a. C. sucedió esta primera invasión y la consiguiente deportación. Nabucodonosor se llevó a Babilonia a la gente más importante de la población (véase Jr 52 28-31), cumpliendo así lo que el Señor había anunciado por medio de la profetisa Juldá (2 Re 20 17-18).

• **24 18-20**: El juicio del deuteronomista sobre el reinado de Sedecías es negativo. El autor va presentando la caída de Jerusalén y el destierro de Babilonia como la consecuencia lógica de esta historia llena de infidelidades.

• **25 1-30**: Los libros de los reyes, y la gran obra histórica del Deuteronomista que había comenzado con la entrada en la tierra prometida (Jos), termina con la caída de Jerusalén y la deportación a Babilonia. ¿Cómo es posible que Dios haya abandonado a su pueblo hasta este extremo? ¿Dónde están sus promesas de una tierra que mana leche y miel? Estas son las preguntas a las que el autor ha intentado responder a lo largo de toda su obra: la promesa de Dios estaba condicionada a la fidelidad de Israel, pero como el pueblo ha sido infiel, Dios lo ha expulsado de su presencia.

A primera vista el balance es negativo, sin embargo, el indulto concedido al rey Jeconías, y su restauración (2 Re 25 27-30) son una puerta abierta a la esperanza. Dios no ha abandonado a su pueblo; todavía es posible la esperanza. El Isaías de Babilonia (Is 40-55) será el mensajero que proclamará esta esperanza. Sus palabras de consuelo pueden comprenderse mejor después de leer este último capítulo de la historia deuteronomista.

Jerusalén, e incendió el templo del Señor,
el palacio del rey y todas las casas de Jerusalén. 10 El ejército de los caldeos que estaba a su mando destruyó las murallas de
Jerusalén. 11 Nabuzardán, jefe de la escolta, llevó cautivos a los sobrevivientes que
quedaban en la ciudad, a los desertores que
se habían pasado al rey de Babilonia y a
todos los demás. 12 Sólo dejó alguna gente
del pueblo para el cultivo del campo y de
los viñedos. 13 Los caldeos rompieron las
columnas de bronce, las bases y la pila de
bronce que había en el templo del Señor, y
se llevaron el bronce a Babilonia. 14 Tomaron todas las bandejas, palas, cuchillos,
ollas y todos los utensilios de bronce del
servicio sagrado. 15 El jefe de la escolta tomó también los incensarios, aspersorios y
demás objetos de oro y plata. 16 Era imposible calcular el peso del bronce de las dos
columnas, de la pila y de las bases hechas
por Salomón para el templo del Señor, todo ello de bronce. 17 Cada columna tenía
una altura de nueve metros, con un capitel
de bronce de dos metros y medio de altura;
en torno al capitel había una rejilla con granadas; todo ello de bronce. La segunda columna era igual.
18 El jefe de la escolta hizo prisioneros
al sumo sacerdote Serayas, al sacerdote Sofonías, que le seguía en dignidad, a los tres
guardias de la puerta, 19 al oficial que mandaba a los soldados y a cinco consejeros
del rey que fueron encontrados en la ciudad; al secretario del general del ejército,
encargado del alistamiento y a sesenta hombres que había en la ciudad. 20 Nabuzardán, jefe de la escolta, los apresó y los llevó ante el rey de Babilonia a Riblá. 21 Y el
rey de Babilonia los mandó matar en Riblá,
en la región de Jamat. Así fue deportado
Judá lejos de su tierra.

Godolías es nombrado gobernador de Judá

Jr 40 7-9; 41 1-3.18

22 Nabucodonosor, rey de Babilonia,
puso al frente de los que había dejado en
Judá a Godolías, hijo de Ajicán, hijo de
Safán. 23 Cuando los jefes y la tropa se enteraron de que el rey de Babilonia había
nombrado gobernador a Godolías, fueron a
presentarse a él en Mispá. Eran: Ismael,
hijo de Netanías; Juan, hijo de Carej; Seraya, hijo de Tanjumet, natural de Natuf, y
Azanías, natural de Maacá, con sus hombres. 24 Godolías les juró:
–Nada teman de los caldeos; quédense
en el país; sométanse al rey de Babilonia y
les irá bien.
25 El séptimo mes, Ismael, hijo de Netanías, hijo de Elisamá, perteneciente a la familia del rey, vino con diez hombres e hirió mortalmente a Godolías y a los judíos
y caldeos que estaban con él en Mispá.
26 Todo el pueblo, chicos y grandes, y los
jefes de las tropas fueron a refugiarse a
Egipto por temor a los caldeos.

El rey de Babilonia perdona al rey Jeconías

Jr 52 31-34

27 Cuando Jeconías, rey de Judá, llevaba ya treinta y siete años desterrado, el día
veintisiete del mes duodécimo, Evil Merodac, rey de Babilonia, con motivo de su
coronación, indultó a Jeconías, rey de Judá, y lo sacó de la cárcel. 28 Le dio un trato
de favor con preferencia a los otros reyes
que estaban con él en Babilonia. 29 Así, Jeconías dejó el uniforme de presidiario y
comió con el rey todos los días de su vida.
30 El rey proveyó a su sustento diario mientras vivió.

LIBROS DE LAS CRONICAS

INTRODUCCION

Los dos libros de las Crónicas forman una amplia síntesis de historia israelita que se remonta a los orígenes mismos de la humanidad y se prolonga hasta el edicto liberador de Ciro en el año 538 a. C. En este sentido, es acertado el título que les dio san Jerónimo: *Crónica completa de la historia divina* y que está en el origen del título con que habitualmente se les conoce y nombra en la actualidad.

En la Biblia hebrea formaban un solo volumen, ocupaban el último lugar –después incluso de Esdras y Nehemías– y llevaban el título de *Dibrey hayyamim*, algo así como *diario de acontecimientos* o *anales*. Pero el título que prevaleció durante siglos en la tradición cristiana fue el de *Paralipómena* (cosas *omitidas* o *transmitidas al lado de*), título dado por la versión griega de los Setenta y que alude al hecho notorio de que los dos libros de las Crónicas reproducen en buena parte y de forma literal los libros de Samuel y Reyes, pero al mismo tiempo añaden otros importantes datos complementarios. Precisamente en estos datos complementarios radica el singular interés de Crónicas, pues nos colocan ante una perspectiva histórica y teológica no contraria, pero sí diferente a la ofrecida por la historia deuteronomista. En esta nueva perspectiva histórica y teológica, cabría decir que el binomio David-Jerusalén constituye el hilo conductor de la trama.

1. *Contexto histórico*

Es opinión muy común que los dos libros de las Crónicas forman la primera parte de una obra más extensa que incluiría también los libros de Esdras y Nehemías y que, paralelamente a la historia deuteronomista, podemos denominar *historia cronística*. El Cronista, pues, habría redactado esta historia a finales del siglo IV a. C. y en ella refleja el movimiento de restauración que tuvo lugar en Judá al regreso del destierro, es decir durante los últimos años del siglo VI y todo el resto del siglo V a. C.

Es el momento de la reconstrucción del templo y de la ciudad santa, el momento de la restauración de la comunidad israelita a través de una exigente reforma moral y legislativa. Y como el Cronista es un convencido partidario de David y su dinastía, a la que considera humillada pero no caducada, no duda en interpretar la historia pasada en función de las exigencias del momento presente. La obra de reconstrucción nacional no ha sido algo improvisado y casual; ha estado inspirada y guiada por la inmensa actividad cultual, legislativa y religiosa llevada a cabo en su día por David. Se trata, pues, de justificar por la historia las soluciones que se adoptaron en la época posterior al destierro para resolver los complejos problemas del momento.

Así las cosas, se entiende mejor el contenido global de los dos libros de las Crónicas: por qué se narran unas cosas y se omiten otras; por qué se da más relieve a unos acontecimientos que a otros; por qué Judá, Jerusalén, el templo y el reino del Sur (nada se dice del reino del Norte) juegan un papel privilegiado en estos libros. La explicación es que el Cronista ha convertido a David de forma directa o indirecta en el gran protagonista de la historia que relata: se glorifica su ascendencia, se silencian sus caídas y momentos poco brillantes (véase 1 Cr 20 1 y 2 Sm 11-12; 2 Sm 15-19), se engrandecen sus empresas, se le considera autor de todo el ordenamiento jurídico, cultual y litúrgico del templo (1 Cr 23-26), y aún de la misma construcción del templo por encima de Salomón, pues todo lo deja listo para ejecutar la obra (1 Cr 28-29). Lo que para el Pentateuco y la historia deuteronomista es el binomio Moisés-Sinaí, para el Cronista lo es David-Sión. Aunque en armonía y continuidad con la tradición mosaica.

2. *Características literarias*

Fuentes

Para escribir esta singular historia el autor de los dos libros de las Crónicas ha utilizado una serie de fuentes que podemos sintetizar como sigue:

– *Escritos bíblicos*: No los cita explícitamente, pero salta a la vista que para las genealogías de 1 Cr 1-9 ha utilizado datos procedentes de Génesis, Exodo, Números, Josué y Rut. Y para el resto de la historia (1 Cr 10-2 Cr 36) se ha servido de forma masiva de los libros de Samuel y Reyes, y en algún caso también del libro de los Salmos (1 Cr 16 8-36; 2 Cr 6 41-42).

– *Escritos extrabíblicos*: Se trata de una amplia gama de documentos que el Cronista cita expresamente repetidas veces y a los que remite al lector deseoso de una mayor información. Unos pertenecen al género histórico y otros son de carácter profético. Los documentos citados son numerosos y diversos, y cabe preguntarse si son fuentes independientes unas de otras o constituyen más bien una sola obra de carácter antológico.

– *Aportación personal*: Son datos, importantes datos, que el Cronista ha recogido de la tradición oral, reflexiones personales, etc. Hay incluso algunos elementos tardíos que han podido ser incorporados a la obra ya terminada.

Labor redaccional

¿Cómo ha elaborado el Cronista todas estas fuentes? Digamos en seguida que los dos libros de las Crónicas son tal vez los libros del Antiguo Testamento en que mejor se aprecia y distingue el trabajo redaccional del autor. Digamos también que el Cronista no se ha limitado a ensamblar sus fuentes con el fin de conseguir un relato articulado y orgánico. Ya éste hubiera sido un trabajo valioso y positivo. Pero ha hecho más; con los materiales a su disposición ha construido un edificio nuevo, ha elaborado una obra original con procedimientos y fines bien delimitados. A los fines hemos hecho referencia en el apartado 1; los procedimientos podemos describirlos así:

– *Técnica de eliminación*: Ha conservado de sus fuentes lo que le interesaba para lograr sus fines, y ha eliminado lo que podía constituir un estorbo. Como desde su perspectiva el auténtico pueblo de Dios es el reino de Judá presidido por la dinastía davídica, el Cronista elimina todo lo referente al reino del Norte; las tribus del Norte, al separarse, se han colocado fuera de la elección y de la alianza. Como David es considerado el rey ideal, modelo acabado para todos los demás, el Cronista elimina todo lo que vaya en desdoro de David: las relaciones con Saúl, el rey infiel (1 Sm 16-31); los siete años de reinado sólo sobre Judá en Hebrón (1 Sm 1-4); el adulterio con Betsabé y el asesinato de Urías (2 Sm 11-12); los problemas familiares, la ancianidad decrépita del rey, y las disposiciones vengativas contra Joab y Semey (2 Sm 13-20; 1 Re 1-2). Como los descendientes de David deben imitar la conducta ejemplar del insigne antecesor, el Cronista elimina lo referente a la idolatría de los últimos años de Salomón (1 Re 11) y no pocos datos que pudieran ensombrecer la figura de los reyes y dirigentes del pueblo elegido.

– *Labor de adaptación*: El Cronista introduce retoques en sus fuentes para idealizar la figura de David, o resaltar la presencia del ángel del Señor, o atenuar la responsabilidad del rey en el pecado cometido, o resaltar lo referente a la era de Arauná como lugar de emplazamiento del templo (1 Cr 21 1-22 1). Igualmente retoca las fuentes para resaltar el cumplimiento de la ley de la estricta retribución: las desgracias de los reyes o de la nación son siempre fruto de una desobediencia a Dios, mientras las bendiciones divinas son siempre consecuencia de la fidelidad a la alianza, al templo y al culto.

– *Aportación personal*: Se hace presente en las múltiples adiciones que algunas veces proceden de la investigación de nuevas fuentes orales y escritas, y otras de la reflexión personal del Cronista con la que pone de manifiesto su particular manera de concebir el curso de la historia. Cabe resaltar al respecto: los cinco largos capítulos sobre la organización davídica del culto y del clero (1 Cr 23-27), las reformas religiosas de Asá y de Joás (2 Cr 15 y 24), los numerosos discursos que el Cronista pone en boca de sus personajes con el fin de subrayar su concepción teológica de la historia (1 Cr 28 2-10; 29 1-5.10-19; 2 Cr 12 5-8; 13 4-12; 15 2-7; 16 7-9; 17 3-6; 21 12-15; 25 15-16; 30 6-9; etc.).

El resultado de todo este trabajo redaccional del Cronista es una historia que se aproxima mucho a lo que tradicionalmente se conoce como *historia midrásica*. Como es sabido, el "midrás" es un género literario bíblico que consiste en actualizar los textos sagrados anteriores para acomodarlos a las necesidades cambiantes de cada generación. Esto no significa que sean escritos tendenciosos y poco o nada fiables históricamente. Es cierto que su autor ha querido ofrecer una *teología de la historia* más que una narración completa y detallada de los acontecimientos; pero no hay que atribuir sus específicas aportaciones a simple imaginación creadora sin apoyo alguno en la realidad. La manera como utiliza a Samuel y Reyes demuestra bien a las claras la fidelidad fundamental con que ha tratado sus fuentes.

Con el objeto de que el lector pueda distinguir entre lo que es propio del Cronista y los textos que copia literalmente de 1-2 Sm y 1-2 Re, dichos textos tomados literalmente de Samuel y Reyes van en letra cursiva en nuestra traducción.

3. Dimensión religiosa

David-Jerusalén

Se ha subrayado más arriba cómo el Cronista entiende y escribe la historia de Israel sobre todo desde una perspectiva teológico-religiosa. Todo está encaminado a poner de relieve la centralidad del culto divino en el templo y en la ciudad santa de Jerusalén, y a destacar la figura religiosa de David como rey fiel e ideal según el corazón de Dios.

David por una parte, en cuanto verdadero artífice de la construcción del templo y cuidadoso organizador del culto, y por otra los sacerdotes y levitas –especialmente estos últimos– son los grandes protagonistas personales de esta historia. Llama la atención la importancia que el Cronista concede a los levitas que aparecen casi igualados con los sacerdotes (véase 2 Cr 29 34; 30 3), y que acompañan incluso a los ejércitos, hasta el punto de que las batallas parecen más bien celebraciones litúrgicas que acciones de guerra (2 Cr 20 3-29). ¿Sería el Cronista un levita del templo de Jerusalén?

Destaca también el protagonismo de Jerusalén y del templo. Los nueve primeros capítulos de la obra (1 Cr 1-9) estarían dirigidos hacia Jerusalén, ciudad capital del pueblo de Dios. De ahí la extensión que se concede a las genealogías de Judá, la tribu de David, conquistador de Jerusalén; y a las genealogías de Benjamín, la tribu en cuyo territorio está establecida Jerusalén, la ciudad santa. En cuanto al templo, baste recordar también las amplias genealogías de Leví, la tribu servidora del templo, y el gran espacio que el Cronista dedica a su construcción y organización tanto en tiempos de David como de Salomón. El mismo Salomón es idealizado de forma semejante a David, por ser su hijo sin duda, pero también por razón del santuario tan asociado a su persona. En cuanto al resto de los reyes de Judá, el autor dedica especial atención y espacio a quienes llevaron a cabo obras de reparación y reforma en todo lo referente al templo.

Sacralización de la historia

Otro aspecto altamente interesante en esta dimensión religiosa de los dos libros de las Crónicas, es lo que podemos llamar *sacralización de la historia*. Es conocido que las tradiciones y escritos antiguos apenas si establecían separación alguna entre el ámbito de lo sagrado y el de lo profano. La divinidad lo invadía todo y la historia se convertía en una cadena de intervenciones milagrosas y extraordinarias, sin dejar apenas lugar para el curso normal de los acontecimientos. Con el florecimiento de la monarquía se produce en Israel una importante promoción cultural, científica y humanista. En la historia que se escribe en este contexto (historia yavista e historia de la sucesión al trono de David: 2 Sm 7-1 Re 2), ciertamente es Dios quien dirige la acción, pero en contadas ocasiones lo hace de manera directa (2 Sm 11 27; 12 24; 17 14); por lo general actúa respetando el desarrollo y evolución natural de las causas.

La historia cronística, profundizando en la línea iniciada por el Deuteronomista, no sigue el camino iniciado por la historia yavista. Al contrario, en ella el ámbito de lo profano queda drásticamente reducido en beneficio de lo sagrado y sobrenatural. Para el Cronista los factores y motivaciones que determinan el curso de la historia son, generalmente, de orden religioso y transcendente: Saúl muere a causa de su infidelidad al Señor (1 Cr 10 13-14); Roboán ve invadidos sus territorios por el faraón Sesac I por haber abandonado al Señor (2 Cr 11 5-8); Abías derrota a Jeroboán y tiene un reinado próspero y feliz por haberse apoyado en el Dios de sus antepasados (2 Cr 13 18); durante la primera parte de su reinado, Asá conoció triunfos y prosperidad porque sirvió fielmente al Señor (2 Cr 14 10; 15 12-16), en cambio durante la segunda parte, le sobrevinieron toda clase de desastres por haber abandonado al Señor (2 Cr 16 7-9); lo mismo sucede con el reinado de Josafat (2 Cr 17-20). Las batallas se ganan sólo invocando al Señor sin casi necesidad de luchar (2 Cr 13 13-18; 14 8-13; 20 1-30; 26 4-7; 32 7-24); o al contrario, se pierden porque el rey ha dejado de ser fiel al Dios de la alianza (2 Cr 16 7-9; 24 23-25; 25 20-24; 28 5-7; 33 9-11). Incluso para explicar acontecimientos relativamente intranscendentes se recurre a motivaciones de orden sobrenatural: así las enfermedades de Asá y Ozías (2 Cr 20 10; 26 16-20).

Ley de la retribución

Esta sacralización de la historia se manifiesta finalmente en la extrema rigidez con que el Cronista aplica –como se ha dicho más arriba– la ley de la retribución. La prosperidad del pueblo y los éxitos del rey son siempre consecuencia de una conducta virtuosa, mientras que todas las desgracias se deben a pecados anteriores. Esto es lo que sucede con Roboán (2 Cr 12 1), con Asá (2 Cr 16 7-9), con Josafat (2 Cr 20 35-37), con Ozías (2 Cr 26 16-21), con Manasés que conoce un largo reinado porque, a pesar de su extrema impiedad inicial, al final se convierte (2 Cr 33 12-16), o con el piadoso rey Josías cuya trágica y prematura muerte no dejó de plantear un serio problema que el Cronista trata de solucionar diciendo que tal muerte fue consecuencia de no haber hecho caso al Señor que le advertía por medio del faraón Necao (2 Cr 35 21). También el autor de la historia deuteronomista interpreta la historia a la luz de la ley de la retribución, pero suele conceder a la secuencia infidelidad-castigo un mayor margen de tiempo (el castigo podía incluso sobrevenir después de la muerte del rey infiel). El Cronista, en cambio, se esfuerza en demostrar que el castigo o en su caso la salvación, se verifican siempre a corto plazo.

Digamos, para concluir, que a veces puede dar la impresión de que el Cronista evoca un pasado ideal sobre todo para iluminar el presente religioso del pueblo, sin demasiadas perspectivas de futuro. No es del todo verdad. Cuando idealiza a David no lo hace por motivos puramente estéticos o apologéticos, sino con la mirada puesta en el rey ideal del futuro reino mesiánico. El Cronista habla de la monarquía davídica y de la Jerusalén histórica, pero piensa también en la teocracia mesiánica y en la Jerusalén futura. También la historia cronística es una historia profética.

PRIMER LIBRO DE LAS CRONICAS

1. Genealogías ◊

De Adán a Abrahán

Gn 5 4-32; 10 1-32; 11 10-26

1 1 Adán, Set, Enós, 2 Cainán, Malaleel,
Yáred, 3 Janoj, Matusalén, Lámec,
4 Noé, Sem, Cam y Jafet.
5 Descendientes de Jafet: Gómer, Magog, Maday, Yaván, Tubal, Mésec y Tiras.
6 Descendientes de Gómer: Asquenás, Di-
fat y Togormá. 7 Descendientes de Yaván:
Elisá, Tarsis, los queteos y los rodenses.
8 Descendientes de Cam: Cus, Egipto,
Put y Canán. 9 Descendientes de Cus: Saba, Javilá, Sabtá, Regmá y Sabtecá. Descendientes de Regmá: Sebá y Dedán. 10 Cus
engendró a Nemrod; él fue el primer héroe
de la tierra. 11 Egipto engendró a los ludíes,
anamíes, leabíes, naftujíes, 12 patrusíes, caslujíes y cretenses, de los que proceden los
filisteos. 13 Canán engendró a Sidón, su
primogénito, y a Jet. 14 De él descienden
también los jebuseos, amorreos, guergueseos, 15 jeveos, arqueos, sineos, 16 arvadeos,
semareos y jamateos.
17 Descendientes de Sem: Elam, Asur,
Arfaxad, Luz y Aram. Descendientes de
Aram: Us, Jul, Gueter y Mésec. 18 Arfaxad
engendró a Sélaj y Sélaj a Eber. 19 Eber
tuvo dos hijos: el primero llamado Péleg,
porque en su tiempo se dividió la tierra; el
otro se llamaba Yoctán. 20 Yoctán engendró
a Almodad, Selef, Jasarmavet, Yeraj,
21 Adorán, Uzal, Diclá, 22 Eval, Abimael,
Seba, 23 Ofir, Jabila y Yobab. Todos estos
fueron descendientes de Yoctán.
24 Sem, Arfaxad, Sélaj, 25 Eber, Péleg,
Reú, 26 Saruj, Najor, Teraj, 27 y Abrán, que
es Abrahán.

Descendientes de Abrahán

Gn 25 2-4.12-18; 36 10-43

28 Abrahán tuvo dos hijos: Isaac e Ismael. 29 Y estos fueron sus descendientes:
Nabot, primogénito de Ismael, Quedar,
Adbeel, Mibsán, 30 Mismá, Dumá, Masá,
Jadad, Tema, 31 Yetur, Mafis y Quedmá.
Estos fueron los descendientes de Ismael.
32 Hijos de Queturá, concubina de Abrahán: Zimrán, Josán, Medán, Madián, Jis-
bac y Suaj. Descendientes de Yocsán: Sebá y Dedán. 33 Hijos de Madián: Efá, Efer,
Janoj, Abidá y Eldá. Todos estos fueron
descendientes de Queturá.
34 Abrahán engendró a Isaac. Hijos de
Isaac: Esaú e Israel, 35 Descendientes de
Esaú: Elifaz, Reuel, Yeús, Yelán y Coré.
36 Descendientes de Elifaz: Temán, Omar,

◊ **1 1-10 14**: Los libros de las Crónicas se abren con las genealogías de la comunidad postexílica. El interés preferente por David, propio de la historia cronística, hace que la tribu de Judá ocupe un lugar de privilegio. Pero también interesan particularmente las tribus de Leví y de Benjamín, mereciendo mención especial, dentro de esta última, la familia de Saúl.

El cuadro de las tribus de Israel y la distribución geográfica de las mismas que se nos ofrece en 1 Cr 1-8 no corresponde a la realidad histórica de dicha comunidad postexílica. Es, más bien, una proyección ideal que evoca las profecías de Ezequiel sobre el cumplimiento de la promesa de la tierra después de las pruebas del exilio (Ez 40-48; especialmente Ez 45-48). En esta visión idealizada, el Cronista recorre mentalmente la tierra de los antepasados y, con la ayuda de los oráculos de Ezequiel, de la segunda parte del libro de Josué (especialmente Jos 13-21), de tradiciones del Pentateuco (especialmente el libro de los Números) y de listas propias, nos ofrece un cuadro gigantesco de personajes y lugares de la geografía de la tierra. Todo ello sirve de horizonte y prólogo a la historia del templo de Jerusalén que, en último término, es el contenido esencial de los libros de las Crónicas, según se anuncia ya en 1 Cr 9.

• **1 1-27**: A partir de las tres listas genealógicas del Génesis (Gn 5; 10; 11 10-31), se entronca a Abrahán en el universo de las naciones, las cuales, a su vez, están entroncadas en Adán y en Set. Se subraya el cambio de nombre: Abrahán en lugar de Abrán. Su nuevo nombre significa, según la etimología popular, *padre de una multitud de pueblos* (ver Gn 17 5). Los orígenes son verdaderamente universales.

• **1 28-54**: Abrahán, en efecto, es *padre de una multitud de pueblos*. Entran en la lista los descendientes de Ismael (1 Cr 1 28-31; véase Gn 25 12-18), los descendientes de Queturá (1 Cr 1 32-33; véase Gn 25 1-4) y los de Esaú (1 Cr 1 35-52; véase Gn 36 10-17.20-28.31-43). A través de ellos, Abrahán es padre de todos los pueblos que forman el entorno de Israel. Israel es hijo de Isaac; también lo es Esaú que dio origen a Edom (véase Gn 25 19-26); los pueblos que de ellos proceden son hermanos en el tronco común de Abrahán (1 Cr 1 34).

Sefí, Guetán, Quedaz, Timná y Amalec.
37 Descendientes de Reuel: Najat, Zeraj,
Samá y Mizá. 38 Descendientes de Seír:
Lotán, Sobal, Sibeón, Aná, Disón, Eser y
Disán. 39 Descendientes de Lotán: Jorí y
Omán; hermana de Lotán: Timná. 40 Des-
cendientes de Sobat: Alián, Manajat, Ebal,
Sefí y Onán. Descendientes de Sibeón:
Aya y Aná. 41 Hijo de Aná: Disón. Descen-
dientes de Disón: Jamrán, Esbán, Jitrán y
Querán. 42 Descendientes de Eser: Bilán,
Zayán y Jacán. Descendientes de Disán:
Uz y Arán.

43 Estos son los reyes que hubo en Edom
antes que hubiera rey en Israel: Bala, hijo
de Beor. Su capital era Dinabá. 44 A Bala le
sucedió Yobab, hijo de Zeraj de Bosrá.
45 A Yobab le sucedió Jusán, temanita. 46 A
Jusán le sucedió Adad, hijo de Bedad, que
venció a los madianitas en los llanos de
Moab. Su capital era Avit. 47 A Adad le
sucedió Samlá de Masrecá. 48 A Samlá le
sucedió Saúl de Rejobot del Río. 49 A Saúl
le sucedió Baal-Janán, hijo de Acbor. 50 A
Baal-Janán le sucedió Adad; su capital era
Paí y su mujer Metabeel, hija de Matreed
de Mazahab. 51 Después de Adad hubo en
Edom jefes, que fueron: Timná, Alyá, Je-
tet, 52 Olibamá, Elá, Pinón, 53 Quenaz, Temán, Mibsar, 54 Magdiel, e Iram. Estos
fueron los jefes de Edom.

Descendientes de Jacob y de Judá

Gn 35 23-26; 38 2-7.27-30; Rut 4 19-22; Nm 32 41-42;
Jos 14 6-15; 15 16-19

2 1 Estos son los hijos de Israel: Rubén,
Simeón, Leví, Judá, Isacar, Zabulón,
2 Dan, José, Benjamín, Neftalí, Gad y
Aser.

3 Hijos de Judá: Er, Onán y Selá, los
tres nacidos de la hija de Súa, que era cananea. Er, primogénito de Judá, ofendió al
Señor con su conducta y él lo hizo morir.
4 Tamar, nuera de Judá, le dio Peres y Zéraj. Judá tuvo en total cinco hijos. 5 Hijos
de Peres: Jesrón y Jamul. 6 Hijos de Zéraj:
Zimrí, Etán, Emán, Calcol y Dardá, en total cinco. 7 Hijo de Carmí: Acan, que atrajo
la desgracia sobre Israel al no cumplir la
ley del exterminio. 8 Hijo de Etán: Azarías.
9 Hijos de Jesrón: Yerajmeel, Ram y Que-
lubay.

10 Ram engendró a Aminadab; Aminadab a Naasón, príncipe de los descendientes de Judá; 11 Naasón a Salmá; Salmá a
Booz; 12 Booz a Obed; Obed a Jesé.

13 Jesé a Eliab, que era el primogénito;
el segundo era Abinadab, el tercero Simea,
14 el cuarto Netaneel, el quinto Radag, 15 el
sexto Osén y David era el séptimo. 16 Sus
hermanas fueron: Seruyá y Abigail. Los
hijos de Seruyá fueron tres: Abisay, Joab y
Azael. 17 Abigail tuvo un hijo, Amasá, cuyo padre fue Jater, ismaelita.

18 Caleb, hijo de Jesrón, engendró a
Azubá, Isá y Yeriot. Hijos de Azubá: Ye-
ser, Sobab y Ardón. 19 Muerto Azubá, Caleb se unió a Efrata, que le dio a Jur. 20 Jur
engendró Urí y Urí a Besaleel.

21 Jesrón se casó después con la hija de
Maquir, padre de Galaad, a la edad de sesenta años; ella le dio a Segub. 22 Segub,
engendró a Yaír, señor de veintitrés ciudades en Galaad; 23 se apoderó de los poblados de Yaír, de Quenat y de sus sesenta
poblados que tenían en su poder los gueru-
sitas y los arameos. Todos estos fueron
descendientes de Maquir, padre de Galaad.
24 Muerto Jesrón, Caleb se unió a Efrata,
antes esposa de su padre Jesrón, la cual le
dio a Asjur, padre de Tecoa.

25 Hijos de Yerajmeel, primogénito de
Jesrón: Ram, Buná, Orén, Osén y Ajiyá.
26 Yerajmeel tuvo otra mujer de nombre
Atará, la madre de Onán.

27 Hijos de Ram, primogénito de Yerajmeel: Maás, Jamín y Equer.

28 Hijos de Onán: Samay y Jada. Hijos
de Samay: Nadab y Abisur. 29 La mujer de
Abisur, Abigail, le dio a Ajbán y Molid.
30 Hijos de Nadab: Séled y Apain. Séled
murió sin descendencia. 31 Hijo de Apain:
Isí. Hijo de Isí: Sesán. Hijo de Sesán: Ajlay.

• **2** 1-55: De los hijos de Israel (1 Cr 2 1-2: véase Gn 35 23-26), la atención se concentra en Judá: se hacen constar sus más inmediatos sucesores (1 Cr 2 3-8; véase Gn 38), incluyendo un personaje trágico –Acar o Acán– (1 Cr 2 7; véase Jos 7). Se menciona a David y su familia entre los descendientes de Judá (1 Cr 2 9-17), así como a otras familias emparentadas con las de David (véase 1 Cr 2 4.5.9): Caleb, al que no hay que confundir con el de igual nombre enviado por Moisés a explorar la tierra prometida (Nm 13), y sus descendientes (1 Cr 2 18-24.42-50); Yerajmeel y sus descendientes (1 Cr 2 25-41); Jur y los suyos (1 Cr 2 50-55).

32 Descendientes de Yadá, hermano de Samay: Yeter y Jonatán. Yeter no tuvo descendencia. 33 Hijos de Jonatán: Pelet y Zasá. Estos fueron los descendientes de Yerajmeel.

34 Sesán no tuvo hijos, solo hijas, pero tenía un esclavo egipcio de nombre Jarjá. 35 Sesán le dio por esposa a una de las hijas de la cual nació Atay. 36 Atay engendró a Natán, Natán a Zabad, 37 Zabad a Efal, Efal a Obed, 38 Obed a Jehú, Jehú a Zacarías, 39 Zacarías a Jales, Jales a Elasá, 40 Elasá a Sismay, Sismay a Salún, 41 Salún a Jecamías, Jecamías a Elisamá.

42 Hijos de Caleb, hermano de Yerajmeel: Mesá, su primogénito, que fue padre de Zif, y Maresá, que fue padre de Hebrón.

43 Hijos de Hebrón: Caré, Tafuaj, Requén y Samá. 44 Samá engendró a Raján, padre de Jorqueán. Requén engendró a Samay. 45 Hijo de Samay fue Maón, padre de Betsur. 46 Efá, concubina de Caleb, fue madre de Jarán, Mosá y Gazez. Jarán engendró a Gazez.

47 Hijos de Jaday: Requén, Jotán, Guesán, Pelet, Efá y Saaf. 48 Maacá, concubina de Caleb, tuvo a Seber y Tircaná, 49 a Saaf, padre de Madmaná, y a Sebá, padre de Mapbená y de Guibeá. Caleb tuvo también una hija, Axá. 50 Estos fueron los descendientes de Caleb.

Hijos de Jur, primogénito de Efrata: Sobal, padre de Quiriat Yearín; 51 Salmá, padre de Belén, y Jaret, padre de Bet-Gader. 52 Sobal, padre de Quiriat Yearín, tuvo como descendientes a Aroe, la mitad de los menajteos, 53 los clanes de Quiriat Yearín, los yetureos, futeos, sumateos y misraítas, de quienes proceden los de Sorá y Estaol.

54 Descendientes de Salmá: Belén, los natufíes, Atrot, Bet-Joab, la otra mitad de los menajitas, los soraítas, 55 los clanes soferitas de Yabés, los tirateos, los simateos y los sucateos. Estos son los quenitas, oriundos de Jamat, de donde proceden los recabitas.

Descendientes de David y Salomón

2 Sm 3 2-5; 5 14-16; 1 Cr 14 3-7; Mt 1 7-12

3 1 Estos fueron los hijos que le nacieron a David en Hebrón: el primogénito Amnón, de Ajinoán la yizraelita; el segundo, Daniel, de Abigail la del Carmelo; 2 el tercero, Absalón, hijo de Maacá, hija de Tolmay, rey de Guesur; el cuarto, Adonías, hijo de Jaguit; 3 el quinto, Sefatías, de Abital; el sexto, Yitreán, de su mujer Eglá. 4 Estos seis hijos tuvo David en Hebrón, donde reinó siete años y seis meses. Después reinó treinta y tres años en Jerusalén, 5 donde le nacieron los siguientes: Simeá, Sobab, Natán y Salomón: los cuatro de Betsabé, hija de Amiel. 6 Tuvo otros nueve hijos: Yibjar, Elisamá, Elifélet, 7 Nogá, Nefeg, Yafiá, 8 Elisamá, Elyadá y Elifélet. 9 Todos estos fueron los hijos de David, sin contar los hijos de sus concubinas. Tenían una hermana que se llamaba Tamar.

10 Descendientes de Salomón: Roboán, Abías, Asá, Josafat, 11 Jorán, Ocozías, Joás, 12 Amasías, Azarías, Jotán, 13 Acaz, Ezequías, Manasés, 14 Amón y Josías. 15 Josías tuvo cuatro hijos: el primogénito Juan; el segundo, Joaquín; el tercero, Sedecías; y el cuarto, Salún. 16 Hijos de Joaquín fueron Jeconías y Sedecías. 17 Hijos de Jeconías, el prisionero, fueron Sealtiel, 18 Malquirán, Pedayas, Senasar, Jeconías, Hosamá y Nedabías. 19 Hijos de Pedayas: Zorobabel y Semey. Hijos de Zorobabel: Mesulán y Ananías, y su hermana Selomit. 20 Hijos de Mesulán: Jasubá, Ohel, Berequías, Jasadías, Yusab-Jesed: cinco en total. 21 Hijos de Ananías fueron Pelatías e Isaías. De Isaías descendieron en línea directa Refaías, Araán, Abdías y Secanías. 22 Hijos de Secanías: Semayas, Jatús, Yigueal, Bariaj, Nearías, y Safat: seis en total. 23 Hijos de Nearías: Elyoenay, Ezequías y Azricán: tres en total. 24 Hijos de Elyoenay: Odayas, Elyosib, Pelayas, Acub, Juan, Delayas y Ananí: siete en total.

• **3 1-24**: Los cuarenta años del reinado de David se dividen en dos etapas: Hebrón (1 Cr 3 1-4; véase 2 Sm 3 2-5) y Jerusalén (1 Cr 3 5-9 = 1 Cr 14 3-7; véase 2 Sm 5 14-16). Salomón es el sucesor. Todos los reyes de Judá proceden de David a través de él. La lista llega hasta el destierro (1 Cr 3 10-16). Los personajes que siguen (1 Cr 3 17-24) son también descendientes de David, aunque no son reyes. Se trata de figuras destacadas de la restauración postexílica.

Descendientes de Judá

1 Cr 2 18-24.42-50; Gn 46 10; Nm 26 12-14; Jos 19 1-8

4 1 Hijos de Judá: Peres, Jesrón, Carmí,
Jur y Sobal. 2 Reaya, hijo de Sobal, engendró a Jajat, y Jajat a Ajumay y a Laad.
Estos son los clanes soreítas.
3 Los hijos de Etán fueron: Yezrael,
Yismá y Yidbás, y una hermana llamada
Asleponí. 4 Penuel fue padre de Guedor, y
Ezer de Jusá. Estos son los hijos de Jur,
primogénito de Efrata, padre de Belén.
5 Asjur, padre de Tecoa, tuvo dos mujeres, Eleá y Naará. 6 Naará le dio a Ajuzán,
a Jefer, a los temenitas y a los ajastaritas;
estos son los hijos de Naará. 7 Hijos de
Eleá: Seret, Jesojar y Etnán. 8 Cos fue padre de Anut, de Asosebá y de los clanes de
Ajarjel, hijo de Arún. 9 Yabés fue el principal entre sus hermanos. Su madre le puso
este nombre porque dijo: «Lo he tenido
con dolor».
10 Yabés invocó al Dios de Israel así:
«Bendíceme, ensancha mi territorio, protégeme, aleja de mí la desgracia y termina
con mi aflicción». Y Dios le concedió lo
que había pedido.
11 Caleb hermano de Sujá, engendró a
Maquir, padre de Estón; 12 y Estón a Bet-
Rafá, Pasaj y a Tejiná, padre de Ir-Najas y
hermano de Eselón el quenazita; todos estos son recabitas. 13 Hijos de Quenaz: Otoniel y Seraya. Hijos de Otoniel: Jatat y
Meonatay. 14 Meonatay engendró a Ofrá, y
Serayá a Joab, que dio origen al valle de
los artesanos, así llamado por el oficio de
sus habitantes.
15 Hijos de Caleb, hijo de Jefoné: Irú,
Elá y Naán. Hijo de Elá: Quenaz.
16 Hijos de Yaleel: Zif, Zifá, Tiryá y
Asarel.
17 Hijos de Esdras: Jeter, Méred, Efer y
Jalón. La mujer de Méred le dio a Miriam,
Samay y Jisbaj, padre de Estemoa; 18 la
mujer de éste, judía, dio a luz a Jéred, padre de Guedor, a Jéber, padre de Socó, y a
Jecutiel, padre de Zanoaj. Estos son los
hijos de Bitia, la hija del faraón, esposa de
Méred. 19 Hijos de la mujer de Odías, hermana de Naján, padre de Queilá: Simón,
padre de Jomán el garmita y Estemoa el
macatita.
20 Hijos de Simón: Amón, Riná, Ben-
Janán y Tilón. Hijos de Jesey: Zojet y Ben-
Zojet.
21 Hijos de Selá, hijo de Judá: Er, padre
de Leca, Laeda, padre de Maresá y los clanes trabajadores del lino; 22 Yoquín, los
hombres de Cozeba, Joás y Saraf, que se
casaron en Moab antes de su regreso a Belén (estos datos son muy antiguos). 23 Estos eran alfareros y residían en Netain y
Gadera, junto al rey para el cual trabajaban.

Descendientes de Simeón

24 Hijos de Simeón: Nemuel, Yamín,
Yarib, Zerag y Saúl. 25 Saúl fue padre de
Salún, que a su vez lo fue de Mibsán y éste
lo fue de Mismá. 26 Mismá fue padre de
Jamuel, que lo fue de Zacur, y este a su
vez de Simey. 27 Simey tuvo dieciséis hijos
y seis hijas, pero sus hermanos tuvieron
pocos hijos y sus familias no se multiplicaron como las de Judá.
28 Residían en Berseba, Moladá, Jasar-
Sual, 29 Bilá, Esén, Tolad, 30 Batuel, Jormá, Siceleg, 31 Bet-Marjebot, Jasar-Susín,
Bet-Birey y Saraín. Estas fueron ciudades
suyas hasta el reinado de David. 32 También las cinco ciudades: Etam, Aín, Rimón, Toquén y Asán. 33 Y todos los pueblos de sus regiones hasta Baal. Estos fueron sus lugares de residencia y sus genealogías.
34 Mesobab, Yanlec, Yosá, hijo de Asa-
mías; 35 Joel, Jehú, hijo de Josibías, hijo de
Asiel; 36 Elyoenay, Jacobá, Yesojayá, Asayas, Adiel, Yesimiel, Benayas; 37 Zizá, hijo de Sifey, hijo de Aón, hijo de Yeraya,
hijo de Sinrí, hijo de Semayas. 38 Estos
hombres, nominalmente designados, eran
jefes de sus respectivas familias, y sus casas patriarcales se multiplicaron largamente. 39 Desde la entrada de Guedor se trasla-

• **4 1-23**: Los datos de la presente lista de descendientes de Judá completan los de 1 Cr 2. No obstante, hay una cierta diferencia en la presentación, lo que insinúa que el Cronista ha podido utilizar documentos de procedencia diversa en ambos casos.

• **4 24-43**: La tribu de Simeón estuvo siempre íntimamente ligada con la de Judá. Su territorio estaba en medio del de la tribu de Judá (véase Jos 19 1-9). Ambas tribus ocuparon la zona sur de Palestina, pero la de Simeón terminó siendo absorbida por la de Judá.

daron al este del valle en busca de pastos para sus ganados. [40] Los encontraron buenos y abundantes en una región extensa, tranquila y apacible, habitada antes por los camitas. [41] Los simeonitas, antes citados nominalmente, vinieron a la región en tiempo de Ezequías, rey de Judá, conquistaron sus campamentos y las poblaciones que encontraron, consagrándolos al exterminio hasta nuestros días, y se establecieron en su lugar, pues allí había pastos para sus rebaños.

[42] Quinientos simeonitas se encaminaron al monte Seír al mando de Selatías, Nearías, Refayas y Oziel, hijo de Yisí; [43] vencieron a los sobrevivientes de Amalec y se establecieron allí hasta el día de hoy.

Descendientes de Rubén

Gn 46 9.11.16; 35 22; Nm 26 5-6.15-18.59-60; 32 37-39

5 [1] Hijos de Rubén, primogénito de Israel. Rubén era el primogénito, pero, por haber profanado el lecho de su padre, el derecho de primogenitura pasó a los hijos de José, hijo de Israel, sin que se respetara su derecho de primogenitura. [2] Judá tuvo la primacía entre sus hermanos, pues de él salió el que llegó a ser príncipe, pero la primogenitura fue de José.

[3] Hijos de Rubén, primogénito de Israel: Janoj, Palu, Jesrón y Carmí.

[4] Hijos de Joel: Semanías, Gog, Simey, [5] Micá, Reagá, Baal y [6] Beerá, príncipe de los rubenitas, que fue deportado al destierro por Teglatfalasar, rey de Asiria. [7] Sus hermanos, según están registrados por clanes y genealogías, fueron: Yeiel, el principal; luego Zacarías [8] y Bela, hijo de Azaz, y nieto de Semá, el hijo de Joel.

Rubén se estableció en Aroer, y su territorio se extendía hasta Nebo y Baal Maón. [9] Por el oriente llegó hasta el límite con el desierto que se extiende hasta el Eufrates, pues tenía mucho ganado en la tierra de Galaad. [10] En tiempos de Saúl combatieron contra los agareos, pero los derrotaron y ocuparon sus campamentos en toda la parte oriental de Galaad.

Descendientes de Gad

[11] Frente a ellos, habitaban los hijos de Gad, en la región de Basán hasta Salcá. [12] El principal era Joel, Safán en segundo lugar, luego Jaenay, y finalmente Safat, en Basán. [13] Sus parientes por clanes patriarcales eran: Miguel, Mesulán, Sebá, Joray, Jaecán, Zía y Eber; siete en total. [14] Estos son los hijos de Abigail, hijo de Jurí, hijo de Zaróaj, hijo de Galaad, hijo de Miguel, hijo de Yesisay, hijo de Yajdó, hijo de Buz. [15] Ají, hijo de Abdiel y nieto de Guní, era el jefe del clan patriarcal. [16] Residían en Galaad y en Basán, en sus respectivos poblados y en los lugares de pasto de Sarón hasta sus últimos límites.

[17] Todos fueron registrados genealógicamente en tiempo de Jotán, rey de Judá, y de Jeroboán, rey de Israel. [18] Los rubenitas, los gaditas y la media tribu de Manasés, hombres valientes, armados de escudos y de espada, adiestrados en el manejo del arco y hábiles para la guerra, en número de cuarenta y cuatro mil setecientos sesenta, aptos para las armas, [19] declararon la guerra a los agareos, a Jetur, a Nafis y a Nodab. [20] Dios acudió en su auxilio y capturaron a los agareos y a todos los aliados, pues en medio del combate invocaron el nombre de Dios, que escuchó el clamor de quienes habían puesto su confianza en él. [21] Se apoderaron de sus ganados: quinientos mil camellos, doscientas cincuenta mil ovejas, dos mil burros. Hicieron además cien mil prisioneros; [22] y murieron otros muchos, porque Dios aprobaba esta guerra. Luego se establecieron en aquel territorio hasta que fueron llevados al destierro.

• **5 1-10**: Rubén, siendo el primogénito según la ley, y teniendo, en consecuencia, derecho a heredar (Dt 21 15-17), pierde su primogenitura en favor de José. El Cronista, aun reconociendo la importancia de Judá, se hace eco en este pasaje de una tradición según la cual la primogenitura habría pasado a José, el cual, por su calidad de primogénito, y según la misma ley (Dt 21 17), hereda doble territorio: Efraín (1 Cr 7 20-29) y Manasés (1 Cr 5 23-26; 7 14-19). La razón se busca en el episodio de Gn 35 22 (véase Gn 49 4). El territorio de Rubén estuvo situado en Transjordania, junto a los de Gad y la media tribu de Manasés (1 Cr 5; véase Nm 32; Dt 3 12-17; Jos 13 8-33).

• **5 11-22**: El territorio de Gad, siempre en Transjordania, estaba al norte del de Rubén. La suerte de sus habitantes estuvo históricamente ligada a la de las otras dos tribus transjordánicas, tanto en los triunfos (1 Cr 5 17-22) como en los fracasos (1 Cr 5 26).

Descendientes de la media tribu de Manasés

23 La media tribu de Manasés se estableció en la región entre Basán y Baal Hermón, el Sanir y el Hermón. Eran muy numerosos.
24 Estos son los jefes de sus clanes patriarcales: Efer, Yisí, Eliel, Azriel, Jeremías, Jodabías y Yajdiel. Todos valerosos,
gente famosa, jefes de sus clanes patriarcales. 25 Pero se mostraron infieles al Dios de
sus antepasados y siguieron a los dioses de
las poblaciones que allí residían a las cuales Dios había destruido ante ellos.
26 El Dios de Israel movió contra ellos
el espíritu de Pul, o sea, Teglatfalasar, rey
de Asiria, que deportó a los rubenitas, a los
gaditas y a la media tribu de Manasés; los
llevó a Calaj, Jabor, Jará y el río Gozán,
donde viven hasta el día de hoy.

Descendientes de Leví

Nm 3 17-20; Jos 21 4-40

27 Los hijos de Leví fueron: Guersón,
Queat y Merarí. 28 Hijos de Queat: Amrán,
Yisar, Hebrón y Uzíel. 29 Hijos de Amrán:
Aarón, Moisés y María. Hijos de Aarón:
Nadad, Abiú, Eleazar e Itamar. 30 Eleazar
engendró a Pinjás, Pinjás a Abisúa, 31 Abi-
súa, a Buquí, Buquí a Uzi, 32 Uzi a Zerajías,
Zerajías a Merayot, 33 Merayot a Amarías,
Amarías a Ajitub, 34 Ajitub a Sadoc, Sadoc
a Ajimás, 35 Ajimás a Azarías, Azarías a
Juan, 36 Juan a Azarías, que fue sacerdote
del templo construido por Salomón en Jerusalén. 37 Azarías engendró a Amarías,
Amarías a Ajitub, 38 Ajitub a Sadoc, Sadoc
a Salún, 39 Salún a Jelcías, Jelcías a Azarías, 40 Azarías a Seraya, Seraya a Yeosadac; 41 Yeosadac fue deportado cuando el
Señor deportó a Judá y a Jerusalén por medio de Nabucodonosor.

6 1 Los hijos de Leví fueron: Guersón,
Queat y Merarí. 2 Hijos de Guersón:
Libní y Simey. 3 Hijos de Queat: Amrán,
Yisar, Hebrón y Uziel. 4 Hijos de Merarí:
Majlí y Musí. Estos son los descendientes
de Leví por clanes.
5 Los descendientes de Guersón fueron:
Libní, Jajat, Zimá, 6 Joay, Idó, Zeraj y Ya-
tray.
7 Los descendientes de Queat fueron:
Aminadab, Coré, Asir, 8 Elcaná, Ebysaf,
Asir, 9 Tajat, Uriel, Uzías y Saúl. 10 Elcaná
fue padre de Amasay y Ajimot. 11 Descen-
dientes de Ajimot en línea directa fueron:
Elcaná, Sofay, Najat, 12 Eliab, Yerojaín y
Elcaná. 13 Hijos de Samuel: el primogénito
Joel y el segundo Abías.
14 Descendientes de Merarí: Majlí, Libní, Simey, Uzá, 15 Simcá, Jaguiya y Asayas.

Cantores nombrados por David

16 David encomendó a un grupo la dirección del canto en el templo del Señor
cuando el arca encontró reposo en él. 17 Tenían a su cargo el canto en la tienda del
encuentro, hasta que Salomón construyó el
templo del Señor en Jerusalén. Desempeñaban su ministerio según las normas establecidas.
18 Estos son los que hacían el servicio,
junto con sus hijos: entre los hijos de
Queat, estaba Hemán, el cantor, descendiente en línea directa de Joel, Samuel,
19 Elcaná, Yeroján, Eliel, Toaj, 20 Suf, Elcaná, Majat, Amasay, 21 Elcaná, Joel, Azarías, Sofonías, 22 Tajat, Asir, Ebiasaf, Coré, 23 Yisar, Queat, Leví e Israel.
24 Su pariente Asaf estaba a su derecha:
Asaf que descendía en línea directa de Baraquías, Simeá, 25 Miguel, 26 Baasías, Malquías, Etní, Zeraj, Adayas, 27 Etán, Zimá,
Simey, 28 Yajat, Guersón y Leví.
29 A la izquierda tenía a su pariente

• **5 23-26**: En el extremo norte de Transjordania, la media tribu de Manasés completaba el territorio israelita, más arriba de la correspondiente región israelita de la Cisjordania. Los datos son un tanto imprecisos. Por lo que se refiere a la otra media tribu de Manasés, véase 1 Cr 7 14-19.

• **5 27-6 15**: La lista de descendientes de Leví está repetida: la primera (1 Cr 5 27-41) incluye a Aarón, Moisés y María (véase Nm 26 59-60); en realidad es la lista de los descendientes de Aarón (1 Cr 5 29-41), que concluye en el destierro de Babilonia. La segunda (1 Cr 6 1-15), tomada de Nm 3 17-20, se amplía para incluir en ella a los antepasados de Samuel, que era efraimita según 1 Sm 1 1, pero levita según esta versión de Crónicas.

• **6 16-34**: Los distintos servicios del templo están encomendados a los descendientes de Leví: el canto (1 Cr 6 16-32), los demás servicios (1 Cr 6 33) y los sacrificios (1 Cr 6 34); estos últimos eran competencia de los sacerdotes descendientes de Aarón.

Etán, de la descendencia de Merarí, que descendía en línea directa de Cusí, Abdí, Maluc, 30 Jasabías, Amasías, Jelcías, 31 Amsí,
Baní, Sémer, 32 Majlí, Musí, Merarí y Leví.
33 Los otros levitas parientes suyos tenían a su cargo el servicio de la morada del
templo de Dios. 34 Aarón y sus hijos fueron encargados de ofrecer los sacrificios
sobre el altar de los holocaustos y el
incienso sobre el altar de los perfumes; su
ministerio tenía por marco únicamente el
lugar santísimo y hacían el rito de expiación sobre Israel, siguiendo en todo lo establecido por Moisés, siervo de Dios.

Ciudades de los levitas

Jos 21

35 Estos son los descendientes de Aarón:
Eleazar, su hijo; después Pinjás, Abisúa,
36 Buquí, Uzí, Zerajías, 37 Merajot, Amarías, Ajitub, 38 Sadoc, Ajimás.
39 Estas fueron sus ciudades con su de-
marcación: a los hijos de Aarón, del clan de
Queat, que fue el primero en el sorteo, 40 se
le dio Hebrón y sus alrededores, dentro del
territorio de Judá; 41 el campo y sus poblados fueron para Caleb, hijo de Jefoné. 42 Se
les dio también como ciudades-refugio: Hebrón, Libná, Jatir y Estemoa con lugares
donde pastara el ganado; 43 Jilez, Devir,
44 Asán y Betsemes, con sus lugares de
pasto; 45 y en el territorio de Benjamín, se
les dio Gueba, Alemet y Anatot con lugares
donde pastara el ganado. En total trece ciudades.
46 A los otros hijos de Queat, les tocaron por sorteo diez ciudades de las tribus
de Efraín, Dan y Manasés. 47 A los hijos de
Guersón, trece ciudades de las tribus de
Isacar, Aser, Neftalí y de la media tribu de
Manasés, en Basán. 48 A los hijos de Merarí doce ciudades de las tribus de Rubén,
Gat y Zabulón. 49 Los israelitas dieron a los
levitas estas ciudades con lugares donde
pastara el ganado. 50 El sorteo incluyó también ciudades de las tribus de Judá, Simeón,
y Benjamín, a las cuales pusieron sus nombres.
51 Los otros hijos de Queat tuvieron estas ciudades de residencia: en la tribu de
Efraín: 52 las ciudades-refugio de Siquén
en las montañas de Efraín, Guézer, 53 Yocneán, Betorón, 54 Ayalón y Gat Rimón, con
lugares donde pastara el ganado; 55 y en la
media tribu de Manasés: Aner y Bileán,
con lugares donde pastara el ganado. Esto
es lo que tocó a los otros hijos de Queat.
56 Para los hijos de Guersón: en la media
tribu de Manasés: Golán, en Basán, y Astarot, con lugares donde pastara el ganado;
57 en la tribu de Isacar: Cadés, Dobrat,
58 Ramot y Anén, con lugares donde pastara
el ganado; 59 en la tribu de Aser: Masal,
Abdón, 60 Jucoc y Rejab, con lugares donde
pastara el ganado; 61 en la tribu de Neftalí:
Cadés de Galilea, Jonmón y Quiriat Yearín,
con lugares donde pastara el ganado.
62 Para los demás hijos de Merarí: en la
tribu de Zabulón: Rimmón y Tabor, con
lugares donde pastara el ganado; 63 en
Transjordania, a la altura de Jericó, al este
del Jordán: de la tribu de Rubén: Betser,
Jasá, 64 Quedemot y Nefá, con lugares
donde pastara el ganado; 65 y de la tribu de
Gat: Ramot de Galaad, Majanain, 66 Ese-
bón y Yazer, con lugares donde pastara el
ganado.

Descendientes de Isacar

Gn 46 13.17.21.24; Nm 26 23-24.38-39.44-50

7 1 Los hijos de Isacar fueron: Tola, Puá,
Jasub, y Simrón: cuatro en total. 2 Hijos
de Tola: Uzí, Refayas, Yeriel, Yajmay, Yib-
sam y Samuel, cabezas de los clanes patriarcales de Tola. Sumaban, en tiempos de
David, veintidós mil seiscientos hombres
valerosos, registrados por familias. 3 Hijos
de Uzí: Yizrayas, padre de Miguel, Abdías,
Joel, Yisia: 4 En total cinco jefes, al frente
de treinta y seis mil guerreros, agrupados
por clanes y familias; pues sus mujeres y
niños eran muchos. 5 En conjunto, los clanes familiares de Isacar, totalizaban ochenta y siete mil hombres según el registro
oficial.

• **6 35-66**: La lista de las ciudades levíticas (1 Cr 6 39-66), tomada de Jos 21, deja constancia del cumplimiento de las exigencias de la ley: no tendrán los descendientes de Leví un territorio propio en la tierra prometida (véase Nm 35 1-8).

• **7 1-5**: Después de las tribus del sur (1 Cr 4) y de las transjordánicas (1 Cr 5), se ocupa el Cronista de las tribus del norte. La primera de ellas es la de Isacar (véase Gn 46 13; Nm 26 23-25).

Descendientes de Benjamín y Neftalí

6 Los hijos de Benjamín fueron: Bela, Bequer y Yediael; tres en total. 7 Hijos de Bela: Esbón, Ozí, Uziel, Yerimot e Irí: cinco cabezas de famila, hombres aguerridos al frente de veintidos mil treinta y cuatro hombres. 8 Hijos de Bequer: Zemirá, Joás, Eliezer, Elyoenay, Onrí, Yeremot, Abías, Anatot y Alamet: todos hijos de Bequer, 9 cabezas de sus clanes patriarcales, hombres aguerridos. Sumaban por familias veinte mil. 10 Hijos de Yediael: Bilán, padre de Jeús, Benjamín, Eud, Quenaná, Zetán, Tarsis y Ajisajar; 11 todos hijos de Yediael, cabezas de sus clanes patriarcales, hombres aguerridos; sumaban diecisiete mil doscientos en edad militar y aptos para la guerra. 12 Supín y Jupín eran hijos de Ir; Jusín era hijo de Ajer.

13 Los hijos de Neftalí fueron: Yajasiel, Gumí, Gerer y Salún; todos ellos hijos de Bilá.

Descendientes de la otra media tribu de Manasés

14 Los hijos que Manasés tuvo de su concubina aramea, fueron Ariel y Maquir, padre de Galaad. 15 Maquir tomó una mujer para Jupín y Supín; su hermana se llamaba Maacá. El segundo hijo de Manasés se llamaba Selofjab, que no tuvo más que hijas. 16 Maacá, mujer de Maquir, tuvo un hijo al que llamó Peres. Su hermano se llamaba Seres, padre de Ulán y Requen, 17 y de Ulán nació Bedán. Estos son los hijos de Galaad, hijo de Maquir, hijo de Manasés. 18 Su hermana Molejet fue la madre de Isjod, Abiezer y Majlá. 19 Hijos de Semidá: Ajián, Siquén, Licjí y Anián.

Descendientes de Efraín

20 Los descendientes de Efraín en línea directa fueron: Sutelaj, Bered, Tajad, 21 Zabad y Sutelaj. A Ezer y Elead los mataron los nativos de Gat cuando trataban de robarles sus ganados. 22 Su padre Efraín guardó por ellos luto mucho tiempo y sus hermanos vinieron a consolarlo. 23 Después se unió a su mujer, que concibió y le dio un hijo al que llamó Beriá, pues nació en días de desgracia para su casa. 24 Será, hija de Beriá, edificó Betorón de Abajo y de Arriba, y Uzensera.

25 Descendientes de Beriá en línea directa fueron: Refaj, Resef, Telaj, Taján, 26 Laedán, Amiud, Elizamá, 27 Nun y Josué. 28 Su territorio y lugar de residencia comprendía: Betel y sus poblados, Narón al este, y Gazer al oeste con sus poblados, Siquén y sus poblados hasta Ayá con sus poblados. 29 Betsán, Tanac, Meguido y Dor con sus respectivos poblados pertenecían a los hijos de Manasés. En estas ciudades residían los hijos de José, hijo de Israel.

Descendientes de Aser

30 Los hijos de Aser fueron: Yimná, Yisvá, Yisví, Beriá y su hermana Seraj. 31 Hijos de Beriá: Jéber y Malquier, padre de Birzait. 32 Jéber engendró a Jaflet, Somer, Jotán y Asua, su hermana. 33 Hijos de Jaflet: Pasat, Binal y Asebat. Estos fueron los hijos de Jaflet. 34 Hijos de su hermano Somer: Roegá, Jubá y Arán. 35 De su hermano Elén: Sofaj, Yimná, Sales y Amal. 36 Hijos de Sofaj: Suaj, Jarnefer, Sual, Berí, Jimrá, 37 Beser, Hob, Samá, Silsá, Jitrán y Beerá. 38 Hijos de Jeter: Jefoné, Pisá y Ará. 39 Hijos de Ulá: Araj, Janiel y Risia. 40 Estos fueron los hijos de Aser, jefes de familia, gente selecta y valiente; su censo

• **7** 6-13: La presente lista de descendientes de Benjamín (véase Gn 46 21; Nm 26 38-41) puede estar aquí sustituyendo a la de Zabulón, que no figura, a pesar de aparecer el personaje entre los hijos de Israel (1 Cr 2 1). De hecho en 1 Cr 8 1-28 aparece otra lista de descendientes de Benjamín, sin que aparezca la razón de tal duplicado. La mención de Ajer y de Jusín podría ser residuo de una lista genealógica de la tribu de Dan, lista que no figura en ningún otro lugar de Crónicas.

De Neftalí sólo se mencionan descendientes de la primera generación (véase Gn 46 24; Nm 26 48ss). El interés del Cronista por esta tribu es mínimo.

• **7** 14-19: Manasés, primogénito de José, a quien, sin embargo, Jacob coloca detrás de Efraín, que nació en segundo lugar (ver Gn 48 13-20), figura aquí en el orden tradicional (véase Nm 26 29-34). Para la otra media tribu de Manasés, véase 1 Cr 5 23-26.

• **7** 20-29: De Efraín procede Josué (1 Cr 7 27), el sucesor de Moisés (véase Nm 27 12-23). Los hermanos tenían territorios contiguos (1 Cr 7 28ss).

• **7** 30-40: Aser era el territorio más alejado de Judá (véase Jos 19 24-31). Tal vez por eso su genealogía es la última. No así en sus fuentes: Nm 26 44-47; Gn 46 17.

dio un total de veintiséis mil hombres aptos para las armas.

Descendientes de Benjamín

Gn 46 21; Nm 26 38-40; 1 Sm 14 49-51; 1 Cr 9 39-43

8 1 Benjamín engendró a Bela, su primogénito; luego a Asbel, Ajraj, 2 Nojá y Rafá. 3 Los hijos de Bela fueron: Adar, Guera, Abiud, 4 Abisúa, Namán, Ajoaj, 5 Guera, Sefufán y Jurán.

6 Estos son los hijos de Ejud, jefes de familia que residían en Gueba, y que tuvieron que emigrar después a Manajat: 7 Namán, Ajías y Guera. Este fue quien les hizo emigrar y fue padre de Uzá y Ajijud.

8 Sajarain tuvo hijos en el país de Moab, después de haberse separado de sus mujeres Jusín y Bará. 9 De su nueva mujer, tuvo a Jobad, Sibiá, Mesá, Malcón, 10 Jeús, Sequiyam y Mirmá. Estos fueron sus hijos, jefes de familia. 11 De Jusín había tenido a Ajitub y Elpaal. 12 Hijos de Elpaal fueron Jeber, Misán y Semed, que edificó Ono y Lod con sus poblados.

13 Beriá y Semá, jefes de familia entre los habitantes de Ayalón, ahuyentaron a los habitantes de Gat. 14 Hermanos suyos eran Sesac y Jerimot. 15 Zebadías, Arad, Jeder, 16 Miguel, Jispá y Jojá eran hijos de Beriá. 17 Hijos de Elpaal: Zebadías, Mesulán, Yizquí, 18 Yismeray, Yizliá y Yobab. 19 Hijos de Simey: Joaquín, Zicrí, Zabdí, 20 Elyoenay, Silitay, Eliel, 21 Adayas, Barayas y Semarat. 22 Hijos de Sasac: Jispán, Eber, Eliel, 23 Abdón, Zicrí, Janán, 24 Jananías, Elam, Anatotías, 25 Jifdaías y Penuel. 26 Hijos de Yeroján: Samseray, Serajías, Atalías, 27 Jarsías, Elías, Zicrí. 28 Estos eran jefes de familia, agrupados por linajes y residían en Jerusalén.

La familia de Saúl

29 En Gabaón residía el padre de Gabaón, junto con su mujer, que se llamaba Maacá y sus hijos: 30 Abdón, el primogénito, y después Sur, Quis, Baal, Nadab, 31 Guedor, Ajías, Zéquer 32 y Miclot que fue padre de Simeá. Estos residían también en Jerusalén con sus hermanos. 33 Ner, engendró a Quis, Quis a Saúl, Saúl a Jonatán, Malquisúa, Abinadab y Esbal. 34 Hijo de Jonatán fue Meribaal, que engendró a Miqueas. 35 Hijos de Miqueas: Pitón, Mélec, Tarea y Ajaz. 36 Ajaz engendró a Joadá, Joadá a Alemet, Azmavet y Zimrí; Zimrí a Mosá, 37 Mosá a Biná, Biná a Rafá, Rafá a Eleasá y Eleasá a Asel. 38 Asel tuvo seis hijos: Azricán, Bocru, Ismael, Searías, Obadías y Janán: Estos fueron los hijos de Asel. 39 Hijos de su hermano Esec: Ulán el primogénito, Jehú y Elifélet. 40 Los hijos de Ulán eran aguerridos, valientes y hábiles arqueros. Tuvieron muchos hijos y nietos, hasta ciento cincuenta. Todos éstos eran benjaminitas.

Jerusalén después del destierro

Neh 11 3-19; 1 Cr 8 29-38

9 1 Todos los israelitas fueron registrados por genealogías en los anales del reino de Israel. Los de Judá fueron deportados a Babilonia por sus pecados. 2 Los primeros que regresaron a establecerse en sus posesiones y ciudades fueron los israelitas seglares, los sacerdotes, los levitas y los adscritos al servicio del templo. 3 Así se establecieron en Jerusalén descendientes de Judá, Benjamín, Efraín y Manasés.

4 De la tribu de Judá: Utay, hijo de Amiud, hijo de Omrí, del linaje de Peres, hijo de Judá, hijo de Imrí, hijo de Baní. 5 Entre los silonitas: el primogénito Asayas y sus hijos. 6 De los descendientes de Zerej: Seuel y sus parientes: en total seiscientos noventa.

7 Entre los benjaminitas: Salú, hijo de

• **8 1-40**: Las genealogías concluyen con una aparente repetición de la de Benjamín (véase 1 Cr 7 6-12a); aunque no es mera repetición, sino actualización, hasta los tiempos de Nehemías. Al Cronista le interesa resaltar que miembros distinguidos de esta tribu residían en Jerusalén (1 Cr 8 28; véase Jos 18 28), y que Saúl era benjaminita (1 Cr 8 29-38).

• **9 1-34**: La descripción de la comunidad de Jerusalén después del destierro da fin a las genealogías. Parecida relación se halla en Neh 11 3-19, aunque no podemos determinar con seguridad si una de las dos es copia de la otra. Se inicia con un sumario (1 Cr 9 1-3), en el que se alude a las genealogías y se hacen constar los cuatro grupos sociales que habitaron la Jerusalén postexílica. Se detallan, a continuación, los jefes de familia de los cuatro grupos: familias seglares (1 Cr 9 4-9), sacerdotes (1 Cr 9 10-13), levitas (1 Cr 9 14-16) y porteros (1 Cr 9 17-27). Se concluye la relación con la mención de otros jefes de familia levíticos, dedicados a diversos servicios en el templo (1 Cr 9 28-34).

Mesulán, hijo de Jodavías, hijo de Asenúa;
8 Yibneá, hijo de Yeroján; Elá, hijo de Uzí,
hijo de Micrí; Mesulán, hijo de Sefatías,
hijo de Reuel, hijo de Yibnías, 9 y sus hermanos agrupados por familias con un total
de novecientos cincuenta y seis. Todos éstos eran jefes de sus respectivas familias.

10 Entre los sacerdotes: Yedayas, Yeoya-
rib, Yaquín, 11 Azarías, hijo de Jelcías, hijo
de Mesulán, hijo de Sadoc, hijo de Merayot, hijo de Ajitub, príncipe del templo de
Dios, 12 Adayas, hijo de Yeroján, hijo de
Pasjur, hijo de Malquiyá; Masay, hijo de
Abiel, hijo de Yajzerat, hijo de Mesulán,
hijo de Mesilamit, hijo de Imer; 13 y sus
hermanos, jefes de familia, en total mil
setecientos sesenta, gente valerosa consagrada al servicio del templo de Dios.

14 Entre los levitas: Semeyas, hijo de
Jasub, hijo de Azricán, hijo de Jasabías, de
la descendencia de Merarí; 15 Bacbacar,
Jeres, Galal; Matanías, hijo de Miqueas,
hijo de Zicrí, hijo de Asaf; 16 Abdías, hijo
de Semeyas, hijo de Galal, hijo de Yedutún; Berequías, hijo de Asá, hijo de Elcaná,
que residía en los poblados natufíes.

17 Entre los porteros: Salún, Acub, Talmón, Ajmán y sus parientes. Salún era el
jefe; 18 él y sus parientes eran porteros en
los campamentos de los levitas, y continúan
hasta hoy como guardianes de la puerta del
rey que da al oriente. 19 Salún, hijo de Coré, hijo de Ebiasaf, hijo de Coraj, y sus parientes, los coreítas, de la misma familia,
cuidaban del servicio litúrgico; como porteros custodiaban la entrada de la tienda, lo
mismo que antaño sus antepasados custodiaban la entrada del campamento del
Señor. 20 Pinjás, hijo de Eleazar, fue su jefe
en el pasado. El Señor estaba con él. 21 Zacarías, hijo de Meselemías, atendía como
portero a la entrada de la tienda del encuentro. 22 Los porteros de las entradas,
gente selecta, sumaban en total doscientos
doce, inscritos en el censo de sus ciudades.
David y Samuel, el vidente, los habían elegido para este cargo como premio a su fidelidad. 23 Ellos y sus descendientes estaban encargados de custodiar las puertas del
templo del Señor, es decir, del santuario.
24 Había porteros en los cuatro puntos cardinales: al este, al oeste, al norte y al sur.
25 Sus parientes, que seguían en sus aldeas,
venían periódicamente a sustituirlos durante siete días. 26 Pero los cuatro jefes de
los porteros estaban allí permanentemente
y, en su calidad de levitas, cuidaban las cá-
maras y tesoros del templo de Dios. 27 Pasaban la noche en las salas que había en
torno al templo de Dios, pues tenían que
custodiarlo y abrirlo cada mañana. 28 Algunos de ellos cuidaban los utensilios del
culto, que eran contados al salir y al entrar.
29 Otros tenían a su cargo el mobiliario del
templo, la mejor harina, el vino, el aceite,
el incienso y los perfumes. 30 En cambio,
la mezcla de los perfumes aromáticos era
preparada por sacerdotes. 31 Matatías, uno
de los levitas, primogénito de Salún el coreíta, estaba permanentemente encargado
de preparar las tortas fritas. 32 Otros de entre sus parientes queatitas preparaban cada
sábado los panes ofrecidos.

33 Estos eran los cantores jefes de familia de los levitas. Vivían en las salas del
templo, exentos de toda otra función, porque día y noche estaban ocupados en su
cargo. 34 Estos eran los jefes de familia de
los levitas por linajes. Residían en Jerusalén.

La familia de Saúl

35 Yeiel, padre de Gabaón, residía en
Gabaón; su mujer se llamaba Maacá. 36 Sus
hijos fueron Abdón, el primogénito; después, Sur, Quis, Baal, Ner, Nadab, 37 Guedor, Ajío, Zacarías y Miclot. 38 Miclot engendró a Simeá. Estos residían también en
Jerusalén junto con sus hermanos. 39 Ner
engendró a Quis y Quis a Saúl. Saúl engendró a Jonatán, Malquisúa, Abinadab y
Esbaal. 40 Meribaal, hijo de Jonatán, engendró a Miqueas. 41 Hijos de Miqueas:
Pitón, Mélec y Tajrea. 42 Ajaz engendró a
Yará, Yará a Alemet, Azmavet y Zimrí;
Zimrí engendró a Mosá; 43 Mosá a Bineá,
Bineá a Refaías, Refaías a Eleasá y Eleasá
a Asel. 44 Asel tuvo seis hijos: Azricán,

• **9** 35-44: Concluye la descripción de la comunidad de Jerusalén con una nueva alusión a Saúl y su familia, repetición de 1 Cr 8 29-38. De esta forma, la referencia a Saúl abre y cierra dicha descripción. A su vez, esta segunda alusión prepara el relato de la muerte de Saúl con el que el Cronista finaliza este primer tramo de su historia.

Bocru, Ismael, Searías, Abadías y Janán.
Estos fueron los hijos de Asel.

Muerte de Saúl

1 Sm 31 1-13

10 1 *Los filisteos entablaron combate con*
Israel, y los israelitas, huyeron de los
filisteos, quienes los derrotaron en el
monte Gelboé. 2 *Los filisteos cercaron a*
Saúl y a sus hijos, y mataron a Jonatán, a
Abinadab y a Malquisúa, hijos de Saúl.
3 *El peso del combate cayó entonces sobre*
Saúl, que fue descubierto por los arqueros
y herido gravemente. 4 *Saúl ordenó a su*
escudero:
–Saca tu espada y mátame, no sea que
vengan los incircuncisos y me deshonren.
Pero su escudero se negó, pues tenía
mucho miedo. Entonces Saúl tomó su es-
pada y se echó sobre ella. 5 *Su escudero, al*
ver que Saúl había muerto, se echó él tam-
bién sobre la suya y murió con él. 6 *Así*
murieron juntos el mismo día, Saúl, sus
tres hijos y toda su familia.
7 *Los israelitas que estaban al otro lado*
del valle, al ver que los otros habían huido,
y que Saúl y sus tres hijos habían muerto,
abandonaron también ellos sus ciudades y
huyeron. Los filisteos vinieron y se estable-
cieron en ellas.
8 *Al día siguiente, cuando los filisteos*
vinieron a despojar a los caídos, encontra-
ron a Saúl y a sus tres hijos muertos en el
monte Gelboé. 9 *Los despojaron,* se llevaron *sus cabezas y sus armas e hicieron*
publicar la noticia por todo el país de los
filisteos, en los templos de sus ídolos y
entre todo el pueblo. 10 *Pusieron las armas*
de Saúl en el templo de Astarté y colgaron
su cabeza en el templo de Dagón.
11 *Cuando los habitantes de Yabés de*
Galaad se enteraron de lo que habían he-
cho los filisteos con Saúl, 12 *caminaron to-*
da la noche, retiraron el cadáver de Saúl y
de sus hijos, los llevaron a Yabés, los se-
pultaron bajo el árbol sagrado *de Yabés y*
ayunaron durante siete días.
13 Saúl murió a causa de su infidelidad
al Señor: no guardó sus palabras y consultó a una adivina, 14 en lugar de consultar al
Señor. Por eso el Señor le quitó la vida y
entregó el reino a David, hijo de Jesé.

2. Reinado de David ◊

David proclamado rey

2 Sm 5 1-3

11 1 *Todas las tribus de Israel* se reunieron en torno *a David en Hebrón, y le*
dijeron:
–Somos de tu misma carne y sangre.
2 *Ya antes, cuando Saúl reinaba sobre no-*
sotros, eras tú quien guiabas a Israel. El
Señor te ha dicho: «Tú apacentarás a mi
pueblo; tú serás el jefe de Israel».
3 *Vinieron, pues, todos los ancianos a*
Hebrón, donde estaba el rey. David hizo
con ellos un pacto en Hebrón ante el Se-
ñor, y ellos ungieron a David como rey de
Israel, conforme había dicho el Señor a
Samuel.

Conquista de Jerusalén

2 Sm 5 6-10

4 David *marchó* al frente de todo Israel
sobre Jerusalén (antes Jebús), donde esta-
ban *los jebuseos que habitaban el país.*
5 *Estos le dijeron:*
–No entrarás aquí.
Pero David conquistó la fortaleza de
Sión, es decir, la ciudad de David. 6 *Y dijo*
David:

• **10 1-14**: La muerte de Saúl y el traspaso del reino a David son interpretados teológicamente por el Cronista que resalta así la infidelidad de Saúl y su rebelión contra el Señor, frente a la fidelidad de David. Saúl muere trágicamente y sin sucesor, mientras que la dinastía de David durará siempre.

◊ **11 1-29 30**: De acuerdo con el objetivo restauracionista de estos libros de las Crónicas, el relato se centra ahora en la figura de David, fundador de la dinastía de su nombre y auténtico artífice de la grandeza de Jerusalén.

• **11 1-3**: De la subida de David al trono nos ofrece el Cronista una visión simplificada en relación a su fuente inmediata (2 Sm 5 1-3; 1 Sm 16 1-13). Se silencia lo referente a su reinado durante siete años y medio en Hebrón, porque lo que interesa destacar es que David reina sobre todo el pueblo israelita.

• **11 4-9**: La conquista de la ciudad jebusea de Jerusalén es la primera acción militar de David como rey de todo Israel. Todo Israel participa en la conquista, porque Jerusalén será ciertamente la ciudad de David, pero será sobre todo la capital de toda la nación israelita. La versión del Cronista es notablemente distinta de 2 Sm 5 6-10, donde la conquista es obra únicamente de David y su grupo de valientes.

–Al primero *que mate a un jebuseo* lo nombraré comandante en jefe.

Joab, hijo de Seruyá fue el primero en atacar y quedó constituido comandante en jefe. 7 *David se instaló en la fortaleza,* que por eso *se llama ciudad de David.* 8 *Después construyó un muro en torno a la ciudad, desde el terraplén hasta* los *alrededores,* mientras Joab restauraba el resto de la ciudad. 9 *David se hacía cada vez más poderoso y el Señor, Dios todopoderoso, estaba con él.*

Los valientes de David

2 Sm 23 8-39

10 Estos son los jefes de los valientes de David que lo apoyaron durante todo su reinado y que, junto con todo Israel, lo nombraron rey según lo había predicho el Señor a Israel. 11 He aquí la lista de *los valientes de David:* Jasobán, *el jacamonita, el más famoso de los tres, que empuñó su lanza contra* trescientos *hombres y los mató de una sola vez.* 12 *Después de él, Eleazar, hijo de Dodó, el ajojita, uno de los tres héroes.* 13 Estuvo *con David en Pasdamín, cuando los filisteos se concentraron para el combate.* Había un campo sembrado de cebada, *y cuando los israelitas se retiraron,* 14 *él se mantuvo firme* en medio del campo y lo defendió *derrotando a los filisteos. El Señor les concedió una gran victoria.* 15 *Tres de entre los treinta bajaron donde se encontraba David, a la cueva de Adulán, mientras los filisteos acampaban en el valle de Refaín.* 16 *David se protegía en el refugio, mientras un destacamento de filisteos ocupaba Belén.* 17 *David manifestó este deseo:*

–*¡Cómo me gustaría beber agua del pozo que hay junto a la puerta de Belén!*

18 *Entonces los tres héroes, abriéndose paso a través del campo de los filisteos, sacaron agua del pozo y se la ofrecieron a David; pero él no quiso beberla, sino que hizo con ella una ofrenda al Señor* 19 *diciendo:*

–*¡Líbrame,* Señor, *de hacer esto! ¿No equivaldría a beber la sangre de estos hombres que arriesgaron sus vidas para* traerla*?*

Y no quiso beberla. Esto hicieron los tres héroes. 20 *Abisay, hermano de Joab, era jefe de los treinta.* 21 *Destacó entre ellos, y llegó a ser su jefe, pero no igualó a los tres.* 22 *Benayas, hijo de Yoyadá, natural de Cabsel, hombre valiente y de grandes hazañas, fue el que mató a los dos héroes de Moab y el que, en un día de nieve, bajó a un pozo y mató en ella a un león.* 23 *Mató asimismo a un egipcio que* medía dos metros y medio *de alto, que empuñaba una lanza* igual que el rodillo de un telar. *Benayas se dirigió contra él con un palo, logró quitarle la lanza, y con ella lo mató.* 24 *Esto hizo Benayas, hijo de Yoyadá y se hizo famoso entre los treinta valientes.* 25 *Destacó entre los treinta, pero no igualó a los tres. David lo puso al frente de su guardia personal.*

26 Los valientes del ejército eran: *Asael, hermano de Joab; Eljanán, hijo de Dodó, de Belén.* 27 *Samá, de Jarod y Jeles, el peleteo.* 28 *Ira, hijo de Iqués de Tecoa; Abiezer, de Anatot;* 29 *Sibcay, el jusita; Ileay, el ajojita;* 30 *Maray, el netofatita; Jeled, hijo de Baná, también netofatita;* 31 *Itay, hijo de Ribay de Guibeá de Benjamín; Benaya de Paratón;* 32 *Juray, de los valles de Gas; Abiel, de Arabá;* 33 *Azmavet, de Bajurín; Eliajba, el saalbonita;* 34 *Jasén, el gunita; Jonatán,* hijo de Sagué, *de Harar;* 35 *Ajián, hijo de Sarar, de Harar;* Elifal, hijo de Ur; 36 Jéfer, de Mequerá; Ajías, el pelonita; 37 Jesró, *del Carmelo;* Naray, hijo de Esbay; 38 *Joel,* hermano *de Natán;* Mibjar, hijo de Agrí; 39 *Selec, el amonita; Najaray, de Berot, escudero de Joab, hijo de Seruyá;* 40 *Irá, de Yetir; Gareb, de Yetir;* 41 *Urías, el hitita;* Zabad, hijo de Ajlay; 42 Adiná, hijo de Sizá que era rubenita y jefe de otros treinta rubenitas que estaban con él; 43 Janán, hijo de Maacá; Josafat, el mitnita; 44 Uzías, de Astarot; Samá y Yeiel, hijo de Jotán, de Aroer; 45 Jediel, hijo de Simrí, y su hermano Jojá, el tisita; 46 Eliel, de Majavín; Jeribay y Josavías, hijos de Elnaán; Jitmá, el moabita; 47 Eliel, Obed y Jaasiel, de Sobá.

• **11 10-47**: Los valientes de David son los legendarios personajes que contribuyeron más decisivamente al afianzamiento de éste como rey de todo Israel. El segundo libro de Samuel coloca la lista al final del reinado de David; el libro de las Crónicas lo hace al comienzo.

Guerreros de David

12 1 Estos son los que se unieron a David en Siceleg, cuando tenía que mantenerse alejado de Saúl, hijo de Quis, y
que iban engrosando las filas de los valientes que le ayudaron en la guerra. 2 Eran
arqueros hábiles en tirar piedras y lanzar
flechas lo mismo con la derecha que con la
izquierda. Entre los parientes de Saúl, el
benjaminita, estaban: 3 el jefe Ajiezer y
Joás, hijos de Semá de Guibeá, Jeziel y
Pelet, hijos de Azmavet; estaban también
Beracá y Jehú, de Anatot; 4 Yismayá, ga-
baonita, uno de los treinta y jefe de treinta;
5 Jeremías, Yajaziel, Juan, Yozabad de Gueder, 6 Eluzay, Yerimot, Bealías, Semarías,
Selatías de Jarit, 7 Elcaná, Yisjivá, Azazel,
Yoezer y Yesobán, coreítas; 8 Yoelá y Zebadías, hijos de Yeroján, de Guedor. 9 También algunos de la tribu de Gad se unieron
a David mientras estaba refugiado en el
desierto: eran valientes y aguerridos, prontos al combate, diestros en el manejo del
escudo y de la lanza, semejantes a los leones y ágiles como las gacelas. 10 Ezer era
el jefe; le seguían, por este orden: Abdías,
Eliab, 11 Mismaná, Jeremías, 12 Atay, Eliel,
13 Juan, Elzabad, 14 Jeremías y Macbanay.
15 Estos gaditas eran los jefes de los distintos cuerpos del ejército: el más pequeño
era capaz de hacer frente a cien hombres;
el mayor, a mil. 16 Cruzaron el Jordán el
mes primero, cuando se desborda por sus
orillas, y pusieron en fuga a los ribereños
de uno y otro lado del río. 17 Algunos de
las tribus de Benjamín y de Judá vinieron
donde David estaba refugiado. 18 David les
salió al encuentro y les dijo:

–Si vienen a mí en plan de amigos para
prestarme ayuda, mi corazón será uno con
el de ustedes, pero si es para traicionarme
en provecho de mis enemigos, siendo yo
inocente, que lo vea el Dios de nuestros
antepasados y haga justicia.

19 Entonces Amasay, jefe de los treinta,
se sintió poseído por el espíritu y dijo:

Somos de los tuyos, David;
estamos contigo, hijo de Jesé;
paz a ti y a quienes te ayudan,
porque Dios es tu ayuda.

David los recibió y los nombró jefes de
tropa. 20 También algunos de Manasés se
unieron a David cuando se fue con los filisteos para luchar contra Saúl. Pero no llegó a combatir, porque los príncipes de los
filisteos, después de celebrar consejo, lo
despidieron diciendo:

–Se pasaría a Saúl, su señor, con peligro
para nuestras vidas.

21 Estos fueron los de Manasés que se
unieron a David cuando regresó a Siceleg:
Adnaj, Yozabad, Yadiael, Miguel, Yozabad, Eliú y Siltay, jefes de mil hombres de
Manasés. 22 Supusieron un gran refuerzo
para David y su tropa, porque todos eran
guerreros valientes. Llegaron a ser jefes en
el ejército. 23 Todos los días llegaban a David nuevos guerreros, con lo que su ejército llegó a ser formidable.

El ejército de David

24 Registro de combatientes, equipados
para la guerra, que se reunieron en Hebrón
en torno a David para nombrarlo sucesor
de Saúl, según la orden del Señor: 25 Tribu
de Judá: seis mil ochocientos combatientes
equipados de escudo y lanza para la guerra. 26 Tribu de Simeón: siete mil cien hombres valerosos para la guerra. 27 Tribu de
Leví: cuatro mil seiscientos, 28 más tres
mil setecientos descendientes de Aarón al
mando de Yoyadá, su jefe; 29 y Sadoc, joven valeroso, con veintidós jefes más de su
clan patriarcal. 30 Tribu de Benjamín: tres
mil parientes de Saúl, la mayoría de los
cuales estaban hasta entonces al servicio
del clan de Saúl. 31 Tribu de Efraín: veinte
mil ochocientos hombres valientes de

• **12** 1-23: La lista de los valientes, extraída del libro de Samuel, se completa ahora con otra lista de los principales guerreros de David, de fuente propia. Con ella se pretende demostrar la aportación de todo Israel, por medio de representantes de cada una de sus tribus, a la grandeza del reinado de David (1 Cr 12 39-41). Destaca la aportación de las tribus de Benjamín (1 Cr 12 1-8), Gad (1 Cr 12 9-19) y la media tribu de Manasés (1 Cr 12 20-23).

• **12** 24-41: El Cronista hace recuento de los soldados con que cada una de las tribus contribuyó a formar el poderoso ejército de David. Entre las tribus figura también la de Leví que habitualmente no es mencionada en las listas de tribus, pues no se le asignó ningún territorio. Pero el Cronista no podía pasar por alto la tribu sacerdotal de Leví, aún a costa de enumerar trece tribus al mencionar por separado las tribus de Efraín y Manasés.

familias ilustres. 32 Media tribu de Manasés: dieciocho mil hombres nominalmente elegidos para ir a proclamar rey a David. 33 Tribu de Isacar: doscientos jefes
con sus parientes a sus órdenes, todos ellos
buenos conocedores del momento preciso
en que debía actuar Israel y del modo de
hacerlo. 34 Tribu de Zabulón: cincuenta mil
hombres dispuestos para el combate y
completamente equipados. 35 Tribu de Neftalí: mil jefes con treinta y siete mil soldados armados de escudo y lanza. 36 Tribu de
Dan: veintiocho mil seiscientos hombres
listos para la guerra. 37 Tribu de Aser: cuarenta mil guerreros listos para el combate.
38 De Transjordania: de las tribus de Rubén,
Gad y la otra media de Manasés: ciento
veinte mil equipados con toda clase de armamento bélico.

David, rey de Israel

39 Todos estos hombres de guerra, listos
para el combate, vinieron a Hebrón con toda lealtad para constituir a David rey sobre
todo Israel. El resto de Israel era del mismo sentir en cuanto a proclamar a David
rey. 40 Estuvieron allí tres días comiendo y
bebiendo con David, pues sus familiares
les habían provisto de todo. 41 Más aún,
tanto de las cercanías como de Isacar, Dan
y Neftalí se traían a Hebrón burros, camellos, mulos y bueyes cargados de pan, harina, higos, pasas, vino, aceite y ganado vacuno y ovino en abundancia, pues había
gran alegría en Israel.

Traslado del arca

2 Sm 6 1-11

13 1 David celebró un consejo con los
jefes de mil y cien hombres y con
todos los notables, 2 y propuso a toda la
asamblea de Israel:
–Si les parece bien y si el Señor, nuestro
Dios, no se opone, vamos a avisar a nuestros hermanos de todas las regiones de Israel, a los sacerdotes y levitas que viven en
sus ciudades y campos limítrofes, para que
vengan a reunirse con nosotros. 3 Cuando
lleguen, traeremos hasta aquí el arca de
nuestro Dios, de la que no nos hemos vuelto a preocupar desde el tiempo de Saúl.
4 Toda la asamblea aceptó, pues la cosa
fue del agrado de todos los presentes.
5 David convocó a todo el pueblo, desde el torrente de Egipto hasta el paso de
Jamat, para trasladar el arca de Dios desde
Quiriat Yearín en Judá. 6 *Luego acompaña-*
do de todo Israel *fue a Baalá de Judá,*
cerca de Quiriat Yearín *para traer de allí*
el arca de Dios que lleva el nombre de «el
Señor que se sienta sobre los querubines».
7 *Pusieron el arca de Dios sobre un carro*
nuevo y la sacaron de la casa de Abina-
dab. Uzá y Ajió conducían el carro. 8 *Da-*
vid y todo Israel iban delante danzando y
cantando delante de Dios con todo entu-
siasmo al son de *cítaras, arpas, tambores,*
platillos y trompetas. 9 *Al llegar al campo*
de Cidón, Uzá sujetó el arca con la mano
porque los bueyes la hicieron tambalearse.
10 *Entonces el Señor se enfureció contra*
Uzá; lo hirió por haber tocado el arca con
la mano, *y allí mismo murió* ante Dios.
11 *David, se afligió mucho porque el Señor*
había castigado a Uzá y puso a aquel lu-
gar el nombre de Peres-Uzá –es decir, Bre-
cha de Uzá–, y así se llama hasta hoy.
12 *David tuvo miedo de Dios aquel día, y*
se dijo:
–¿Cómo llevaré *a mi casa el arca de*
Dios*?*
13 *No quiso, pues, llevar el arca a su*
casa, sino que la llevó a casa de Obededón
de Gat. 14 *El arca de* Dios *estuvo tres*
meses en casa de Obededón, y el Señor
bendijo la familia de Obededón y todas sus
posesiones.

David en Jerusalén

2 Sm 5 11-25

14 1 *Jirán, rey de Tiro, envió mensajeros*
a David y puso a su disposición ma-
dera de cedro, carpinteros y canteros con
el fin de que construyeran un palacio para

• **13 1-14**: El primer acto religioso oficial de David como rey de todo Israel se realiza previa consulta a todos sus colaboradores y al conjunto de la comunidad (1 Cr 13 1-4). Se trata de trasladar el arca, desde donde había quedado depositada al ser recuperada de los filisteos (véase 1 Sm 5 1-7 2), hasta Sión (véase 2 Sm 6 2-11). El fracaso del primer intento sirve para poner de relieve que a Dios se le debe tratar con sumo respeto, pero también para constatar que la presencia de Dios en medio del pueblo es garantía de prosperidad.

David. 2 *Así reconoció David que el Señor le había confirmado como rey de Israel y que engrandecía su reino a causa de su pueblo Israel.*

3 *David tomó más esposas en Jerusalén y tuvo más hijos e hijas.* 4 *Los nombres de los hijos que le nacieron en Jerusalén son: Samúa, Sobab, Natán, Salomón,* 5 *Yibjar, Elisúa,* Elifélet, 6 Nogá, *Nefeg, Yafiá,* 7 *Elisamá, Baalyadá y Elifélet.*

8 *Cuando supieron los filisteos que David había sido ungido como rey sobre* todo *Israel, subieron todos para atacarlo. David se enteró* y les salió al encuentro. 9 *Los filisteos se prepararon para el combate en el valle de Refaín.* 10 *David consultó* a Dios:

–¿Debo ir a luchar contra los filisteos? ¿Me los entregarás?

El Señor le respondió:

–Atácalos, porque yo te los entregaré.

11 Los filisteos se dirigieron *a Baal Perasín y allí David los derrotó. Y dijo* David:

–Valiéndose de mí, *Dios ha abierto una brecha entre mis enemigos, como la brecha que abren las aguas.*

Por eso se llama a este lugar Baal Perasín –es decir, Señor de las Brechas–. 12 *Los filisteos abandonaron allí sus dioses,* que fueron quemados por orden de David. 13 *Los filisteos volvieron a* invadir *el valle,* 14 *por lo que David consultó al Señor que le respondió:*

–No subas de frente, da un rodeo por detrás y cae sobre ellos por el lado de las moreras. 15 *Y cuando oigas ruido de pasos en la copa de las moreras, atacas rápidamente porque* Dios *irá delante de ti para derrotar al ejército filisteo.*

16 *David hizo lo que el Señor le había mandado y derrotó a los filisteos desde Gabaón hasta Guézer.* 17 La fama de David corrió por toda la región, y el Señor hizo que lo temieran todas las naciones.

Traslado del arca a Jerusalén

2 Sm 6 12-22

15 1 David construyó para sí casas en la ciudad de David, y para el arca de Dios levantó allí una tienda de campaña. 2 Luego ordenó:

–Los levitas son los únicos que pueden transportar el arca de Dios, pues para ello y para su servicio perpetuo han sido elegidos por el Señor.

3 David convocó en Jerusalén a todo Israel para trasladar el arca del Señor al lugar que le había preparado. 4 Convocó a los hijos de Aarón y a los levitas: 5 Entre los descendientes de Queat, al jefe Uriel con ciento veinte familiares; 6 entre los meraritas, al jefe Asayas con doscientos veinte familiares; 7 entre los guersonitas, al jefe Joel con ciento treinta familiares; 8 entre los descendientes de Elisafán, al jefe Semeyas con doscientos familiares; 9 entre los descendientes de Hebrón, al jefe Eliel con ochenta familiares; 10 entre los descendientes de Uziel, al jefe Aminadab con ciento doce familiares. 11 Luego llamó David a los sacerdotes Sadoc y Abiatar y a los levitas Uriel, Asayas, Joel, Semeyas, Eliel y Aminadab, 12 y les dijo:

–Ustedes son los jefes de las familias levíticas: purifíquense ustedes y sus hermanos y suban el arca del Señor, Dios de Israel, al lugar que para ella he preparado. 13 Por la ausencia de ustedes, el Señor, su Dios, nos castigó la vez anterior, al no comportarnos según la ley.

14 Así pues, los sacerdotes y levitas se purificaron para trasladar el arca del Señor, Dios de Israel. 15 Los levitas la transportaron apoyando los varales sobre sus hombros, como había dispuesto Moisés por orden del Señor.

16 David mandó a los jefes de los levitas que dispusieran ordenadamente a sus her-

• **14 1-17**: La embajada de Tiro para construirle a David un palacio (1 Cr 14 1-2), la numerosa familia de éste en Jerusalén (1 Cr 14 3-7) y las derrotas de los filisteos (1 Cr 14 8-16; véase 2 Sm 5 11-25) son signos inequívocos de la protección divina sobre su persona (véase 1 Cr 14 17). En la visión del Cronista, el verdadero protagonista de los éxitos de David es Dios mismo.

• **15 1-29**: Los preparativos y el traslado del arca a Jerusalén constituyen un momento importante en la vida del rey David. En realidad, según la versión del Cronista, la gran empresa histórica que el rey David tuvo siempre en su mente fue construir el templo de Jerusalén. Este traslado constituye su preámbulo. Destaca el importante papel que el Cronista asigna a los levitas, cuya ausencia habría provocado con anterioridad el fracaso en el primer intento de traslado (véase 1 Cr 13 9-14). Y destaca también el cuidado del Cronista por eliminar todo aquello que pueda perjudicar la imagen de David (véase 2 Sm 6 20-23).

manos los cantores con todos los instrumentos musicales de acompañamiento
–arpas, cítaras y címbalos– para tocar bellas y alegres melodías. 17 Los levitas encargaron de ello a Hemán, hijo de Joel el
merarita, al levita Asaf, hijo de Baraquías,
y a Etán, hijo de Cusayas. 18 Y con ellos,
en segundo lugar, sus parientes: Zacarías,
Uziel, Semiramot, Yejiel, Uní, Eliab, Benayas, Maseyas, Matatías, Elifélet, Micneyas, Obededón y Yeiel como porteros. 19 Los
cantores Hemán, Asaf y Etán tocaban los
címbalos de bronce; 20 Zacarías, Usiel, Semiramot, Yejiel, Uní, Eliab, Maseyas y Benayas, arpas agudas; 21 y Matatías, Elifélet,
Micneyas, Obededón, Jeepiel y Azazías,
cítaras a la octava; 22 Quenanías, jefe de
los levitas portadores del arca y muy experto, actuaba de maestro de ceremonias;
23 Beraquías y Elcaná hacían de porteros
cerca del arca; 24 y los sacerdotes Sebanías,
Josafat, Natanael, Amasay, Zacarías, Benayas y Eliezer, tocaban la trompeta ante
el arca de Dios; Obededón y Yejías eran
igualmente porteros junto al arca.
25 David, los ancianos de Israel y los jefes de mil asistieron alegres al traslado del
arca de la alianza del Señor desde la casa
de Obededón. 26 Y como Dios asistía a los
levitas en el traslado del arca de la alianza
del Señor, se sacrificaron siete toros y siete
carneros. 27 David llevaba un manto de lino, lo mismo que todos los levitas portadores del arca, los cantores, Quenanías que
era el maestro de ceremonias, y los porteros. David llevaba también el efod de lino.
28 Todo Israel siguió el traslado del arca de
la alianza del Señor entre gritos de júbilo
al son de bocinas, trompetas, címbalos,
arpas y cítaras. 29 Cuando el arca de la
alianza del Señor llegaba a la ciudad de
David, Micol, hija de Saúl, vio por la ventana cómo saltaba y danzaba David delante
del arca, y sintió un profundo desprecio
por él.

El arca dentro de la tienda

2 Sm 6 17-19; Sal 105 1-15; 96; 106 1.47-48

16 1 *Llevaron el arca de* Dios *y la colocaron en medio de la tienda que Da-
vid había hecho levantar para ella.* Ofrecieron *holocaustos y sacrificios de comunión* en presencia de Dios. 2 *Al acabar de
ofrecerlos, David bendijo al pueblo en nombre del Señor,* 3 *y distribuyó a cada uno* de
los israelitas *presentes –hombres y mujeres– un* pedazo *de pan, un trozo de carne, y
uvas pasas.*
4 David designó a los levitas encargados
del servicio del arca del Señor, con la
misión de invocar, glorificar y alabar al
Señor, Dios de Israel. 5 El jefe era Asaf, el
segundo Zacarías, y después Uziel, Semiramot, Yejiel, Matatías, Eliab, Benayas,
Obededón y Yeiel, como arpistas y citaristas, mientras Asaf era cimbalista. 6 Los
sacerdotes Benayas y Yajaziel tocaban sin
pausa las trompetas ante el arca de la alianza de Dios. 7 Fue aquel día cuando David
encargó por primera vez a Asaf y a los demás sacerdotes que alabaran así al Señor:

8 *Den gracias al Señor,*
invoquen su nombre,
publiquen entre los pueblos sus proezas.
9 *Cántenle, toquen en su honor,*
proclamen sus maravillas,
10 *gloriénse de su santo nombre,*
que se alegren los que buscan al Señor.
11 *Recurran al Señor y a su poder,*
busquen su rostro sin descanso.
12 *Recuerden las maravillas que hizo,*
sus portentos
y sus justas decisiones.
13 *Descendencia de* Israel *su siervo,*
hijos de Jacob, su elegido:
14 *el Señor es nuestro Dios,*
en toda la tierra
están en vigor sus decretos.
15 Recuerden *su alianza eternamente,*
la palabra dada por mil generaciones,

• **16 1-43**: El traslado del arca culmina en una liturgia de entronización (1 Cr 16 1-3). La mención de los levitas y los sacerdotes especialmente consagrados a la alabanza divina sirve para introducir un grandioso himno de acción de gracias compuesto a partir de los salmos 105, 96 y 106. Todo el pueblo participa en la aclamación, y las pequeñas variantes introducidas en el texto original de los salmos, están motivadas por la especial teología del Cronista.

El capítulo concluye con un pasaje narrativo (1 Cr 16 37-43) en el que el Cronista confía a los levitas el servicio del arca, y encarga a los sacerdotes ofrecer sacrificios en el santuario que se mantenía en Gabaón. ¿A cuál de las dos funciones confiere más importancia? No es fácil determinarlo, pero el aprecio del Cronista por los levitas es evidente.

16 *el pacto concluido con Abrahán,*
y el juramento que hizo a Isaac;
17 *todo lo estableció como ley para Jacob,*
como alianza eterna para Israel,
18 *diciendo: «Te daré la tierra de Canaán,*
como lote de tu herencia».
19 *Cuando* eran *tan sólo un puñado*
de gente extranjera en aquel país,
20 *cuando iban vagando*
de nación en nación,
y pasaban de un reino a otro pueblo,
21 *no permitió que nadie los oprimiera,*
y por su causa castigó a reyes:
22 *«¡No toquen a mis ungidos,*
no hagan daño a mis profetas!»
23 *Que toda la tierra cante al Señor,*
celebren día tras día su victoria.
24 *Propaguen su grandeza*
entre las naciones,
sus maravillas entre todos los pueblos.
25 *Porque el Señor es grande*
y digno de alabanza,
más temible que todos los pueblos.
26 *Pues los dioses de las naciones*
son pura apariencia,
pero el Señor hizo los cielos.
27 *Majestad y esplendor*
están en su presencia,
poder y belleza en su morada.
28 *Pueblos todos de la tierra,*
reconozcan la gloria
y el poder del Señor,
29 *Reconozcan que su nombre es glorioso,*
entren en su presencia
trayéndole ofrendas,
adoren al Señor en su templo.
30 *Tiemble en su presencia la tierra;*
él aseguró el mundo
para que permanezca firme.
31 *Que se alegren los cielos,*
y se regocije la tierra;
digan a las naciones:
«el Señor es Rey».
32 *Que resuene el mar y cuanto lo llena,*
que exulten los campos
con todos sus frutos,
33 *que aclamen los árboles*
del bosque ante el Señor
que viene a gobernar la tierra.
34 *Den gracias al Señor, porque es bueno,*
porque es eterno su amor,
35 y digan: *«Señor, Dios nuestro, sálvanos,*
reúnenos y sálvanos
de entre las naciones,
para que podamos celebrar
tu santo nombre y cantar tu alabanza».
36 *¡Bendito sea el Señor, Dios de Israel,*
desde siempre y por siempre.
Y diga todo el pueblo:
«¡Amén! ¡Aleluya!»

37 David dejó allí como encargados del
arca de la alianza del Señor a Asaf y a sus
hermanos levitas, a los que confió el servicio permanente del arca, según el ritual cotidiano; 38 dejó también a Obededón, y sus
sesenta y ocho parientes; Obededón, hijo de
Yedutún, y Josá eran porteros. 39 Como encargados de la tienda del Señor en el santuario de Gabaón dejó a Sadoc y a sus parientes los sacerdotes, 40 con la misión de
ofrecer permanentemente, mañana y tarde,
sacrificios sobre el altar de los holocaustos,
según está escrito en la ley que el Señor dio
a Israel. 41 Los acompañaban Hemán, Yedutún y todos los elegidos nominalmente
para cantar al Señor lo de: «porque es eterno su amor». 42 Tenían consigo las trompetas, los címbalos y los instrumentos con que
debían acompañar las alabanzas de Dios.
Los hijos de Yedutún eran los porteros.
43 *Después cada uno regresó a su casa*
y también David fue *a bendecir la suya.*

David y el profeta Natán

2 Sm 7 1-29

17 1 *Cuando David se estableció en su casa, dijo al profeta Natán:*

–Yo vivo en una casa de cedro mientras que el arca de la alianza *del Señor está en una tienda de pieles.*

2 *Natán le dijo:*

–Haz lo que te propones, porque Dios *está contigo.*

3 *Pero aquella misma noche Dios dirigió esta palabra a Natán:*

• **17 1-27**: La promesa dinástica que el profeta Natán hace a David en nombre de Dios asegura la estabilidad de la dinastía davídica. El profeta juega con el doble significado de la palabra *casa*: casa en el sentido de *templo*, y casa en el sentido de *descendencia*. El pasaje tiene claras connotaciones mesiánicas, pero a diferencia de 2 Sm 7 14-16 se diría que el protagonista mesiánico no es tanto un rey terreno, cuanto el propio Dios que actúa como único rey.

4 –Ve a decir a mi siervo David: Esto
dice el Señor: No serás tú quien me construya una casa para que viva en ella. 5 Yo
no he habitado en una casa desde el día en
que saqué de Egipto a los israelitas hasta
hoy. He estado peregrinando de un sitio a
otro en una tienda. 6 Durante todo el tiempo
que he caminado con los israelitas ¿pedí
yo acaso a uno solo de los jueces de Israel
a quienes mandé pastorear a mi pueblo Israel, que me edificara una casa de cedro?
7 Por tanto, di a mi siervo David: Así dice
el Señor todopoderoso: Yo te tomé de la
majada, de detrás de las ovejas, para que
fueras caudillo de mi pueblo, Israel. 8 He
estado contigo en todas tus campañas; he
derrotado en tu presencia a todos tus enemigos, y yo haré que tu nombre sea como
el de los grandes de la tierra. 9 Asignaré
un lugar a mi pueblo Israel y lo plantaré
en él, para que lo habite y nadie lo arroje
de él, ni los malvados vuelvan a humillarlo
como antes, 10 como en el tiempo en que
yo establecí jueces sobre mi pueblo Israel
y humillé a todos tus enemigos. Te anuncio, pues, que el Señor te dará una dinastía.
11 Cuando hayas llegado al final de tu vida
y descanses con tus antepasados, mantendré después de ti a un descendiente tuyo, a
uno de tus hijos, y consolidaré su realeza.
12 El edificará una casa en mi honor y yo
mantendré para siempre su realeza. 13 Seré
para él un padre, y él será para mí un hijo;
no le retiraré mi favor, como se lo retiré a
tu antecesor. 14 Lo consolidaré para siempre en mi casa y en mi reino, y su trono
real subsistirá por siempre.
15 Natán comunicó a David estas palabras y esta visión.
16 Entonces el rey David se presentó
ante el Señor y le dijo:
–¿Quién soy yo, Señor Dios, y qué méritos tiene mi familia para que me hayas
hecho llegar hasta aquí? 17 Y por si fuera
poco para ti, Dios mío, también te has referido a la descendencia de tu siervo para
un futuro lejano y me has considerado como un hombre de elevado rango. 18 ¿Qué
más podrá decirte David, viendo cómo le
has glorificado, si tú conoces a tu siervo?
19 Señor, por amor a tu siervo, y según tu
voluntad has realizado todas estas maravillas y se las has dado a conocer. 20 Señor,
no hay nadie como tú, y no hay Dios fuera
de ti, como hemos oído con nuestros propios oídos. 21 ¿Existe en la tierra un pueblo que sea como tu pueblo Israel, al que
Dios mismo haya venido a rescatar para
hacerlo su pueblo y labrándote así un nombre grande y temible al expulsar a las naciones ante tu pueblo a quien rescataste de
Egipto para ti? 22 Has hecho a Israel tu
pueblo para siempre y tú, Señor, te has
hecho su Dios. 23 Y ahora, Señor, que se
mantenga firme para siempre la promesa
que has hecho a tu siervo y a su dinastía, y
que se cumpla lo que has dicho. 24 Que tu
promesa se realice fielmente y que tu nombre sea glorificado por siempre y que
siempre se proclame: «El Señor todopoderoso es el Dios de Israel». Y que la dinastía
de tu siervo David se mantenga estable ante
ti, 25 ya que tú mismo, Dios mío, has hecho
esta revelación a tu siervo: «Yo te daré una
dinastía». Por eso tu siervo se ha atrevido
a hacerte esta súplica. 26 Señor, tú eres Dios
y has hecho esta gran promesa a tu siervo;
27 dígnate bendecir su dinastía para que
permanezca siempre en tu presencia, porque lo que tú bendices, Señor, queda bendecido para siempre.

Victorias de David

2 Sm 8 1-18

18 1 Después de esto David derrotó a los
filisteos, los sometió y les quitó Gat y
sus poblados. 2 Derrotó también a los moabitas, que quedaron sometidos a David con
impuestos
3 David venció también a Hadadézer,
rey de Sobá, en Jamat, cuando salía para
extender sus dominios hasta el Eufrates.
4 Capturó David a mil soldados de los
carros de guerra, a siete mil jinetes y a
veinte mil soldados de infantería, y mató a

• **18 1-17**: Las victorias sobre los pueblos del entorno (1 Cr 18 1-13) aseguran la paz internacional en la zona. En política interior, el Cronista destaca que el reinado de David estuvo presidido por la práctica de la *justicia y el derecho*. Pero tal vez lo que más llama la atención es que en estos capítulos, destinados a resaltar los éxitos de David, no se dice absolutamente nada de los hechos narrados por 2 Sm 8-21 y que no resultan demasiado gloriosos para David.

los soldados de los carros de guerra, de-
jando sólo cien. 5 *Los arameos de Damasco*
vinieron a socorrer a Hadadézer, rey de
Sobá, pero David derrotó a veintidos mil
arameos. 6 *David puso gobernadores sobre*
los sirios de Damasco, y los arameos le
quedaron sometidos con impuestos. El
Señor hacía triunfar a David por donde-
quiera que iba. 7 *David tomó los escudos*
de oro que llevaban los oficiales de Hada-
dézer y los llevó a Jerusalén. 8 *Y en Tebaj y*
Cun, *ciudades de Hadadézer, se apoderó*
de una gran cantidad de bronce, con el
cual fabricó Salomón la gran pila de bronce, las columnas y los utensilios de bronce.
9 *Cuando Tou, rey de Jamat, supo que*
David había destrozado todo el ejército de
Hadadézer, rey de Sobá, 10 *envió a su hijo*
Adurán al rey David para saludarlo y feli-
citarlo por su victoriosa campaña contra
Hadadézer, pues éste era enemigo de Tou.
Adurán llevaba toda clase *de objetos de*
plata, oro y bronce. 11 *El rey David los con-*
sagró al Señor junto con la plata y el oro
procedente de las naciones que había so-
metido: Edom, Moab, los amonitas, los fi-
listeos y Amalec.
12 Abisay, hijo de Seruyá, *derrotó a die-*
ciocho mil edomitas *en el valle de la Sal.*
13 *Puso gobernadores en Edom y todos los*
edomitas quedaron sometidos a David. El
Señor hacía triunfar a David por donde-
quiera que iba.
14 *David reinó sobre todo Israel, admi-*
nistrando derecho y justicia a todo su pue-
blo. 15 *Joab, hijo de Seruyá, era el jefe del*
ejército; Josafat, hijo de Ajilud, era el cro-
nista; 16 *Sadoc, hijo de Ajitub y Ajimélec,*
hijo de Abiatar, eran los sacerdotes; Susa
era el secretario; 17 *Benayas, hijo de Yo-*
yadá mandaba a los quereteos y peleteos.
Los hijos de David eran los principales ayudantes del rey.

Victoria sobre amonitas y sirios

2 Sm 10 1-19

19 1 *Después de esto murió* Najás, *rey de*
los amonitas y le sucedió su hijo.
2 *David pensó: «Me portaré bien con*
Janún, hijo de Najás, porque su padre se
portó bien conmigo». Y le envió mensajeros *para darle el pésame por la muerte de*
su padre. Pero cuando los servidores de
David llegaron a Amón, y se presentaron a
Janún para darle el pésame, 3 *los jefes de*
los amonitas dijeron a Janún:
–¿Crees que David te ha enviado men-
sajeros porque quiere honrar a tu padre?
¿No será más bien para explorar el país,
inspeccionarlo y destruirlo?
4 *Entonces Janún capturó a los servido-*
res de David, les cortó la barba y también
la ropa por la mitad, a la altura de las nal-
gas, y los despachó. 5 *Se lo contaron a*
David, y como aquellos hombres estaban
avergonzados, mandó que les salieran al
encuentro con este mensaje:
–Quédense en Jericó hasta que les crez-
ca la barba; después regresarán.
6 *Los amonitas* y Janún *se dieron cuen-*
ta que se habían enemistado con David y
enviaron treinta y cuatro mil kilos de plata
para alquilar carros de guerra y jinetes en
Siria, Mesopotamia, en Maaca *y Sobá.*
7 Contrataron treinta y dos mil carros de
guerra, *junto con el rey de Maaca* y su ejército, que acampó junto a Madabá, mientras
los amonitas salieron de sus ciudades y se
reunieron dispuestos para entrar en combate.
8 *Al enterarse David, mandó a Joab con*
todo su ejército y sus jefes. 9 *Los amonitas*
salieron y se prepararon para la batalla a
la entrada de la ciudad, mientras que los
reyes aliados tomaban posiciones afuera
en el campo. 10 *Viendo Joab que tenía un*
frente de batalla delante y otro por detrás,
eligió los mejores guerreros de Israel y los
dispuso para la batalla frente a los ara-
meos. 11 *Confió el resto a su hermano Abi-*
say para presentar batalla a los amonitas,
12 *diciéndole:*
–Si los arameos me superan en fuerza,
vienes en mi auxilio; y si los amonitas te
superan a ti, iré yo en tu ayuda. 13 *¡Ani-*
mo! Luchemos valientemente por nuestro
pueblo y por las ciudades de nuestro Dios,
y que sea lo que Dios quiera.
14 *Joab se lanzó con su tropa al ataque*
contra los arameos y éstos huyeron ante

• **19 1-20 3:** Este relato de la victoria de David sobre los amonitas, que culmina con la conquista de Rabá, su capital (en la actualidad Amán, capital de Jordania), sigue con pequeñas variantes la narración de 2 Sm 10 1-11 1. El Cronista exagera la importancia del combate y en consecuencia la del triunfo obtenido por David.

él. 15 *Al ver los amonitas que los arameos*
huían, también ellos huyeron ante Abisay,
hermano de Joab, y se metieron en la ciu-
dad. Entonces Joab regresó a Jerusalén.
16 *Viendo los arameos que habían sido*
derrotados por Israel, mandaron a buscar
a los arameos de más allá del Eufrates, y
estos vinieron mandados por Sobac, jefe
del ejército de Hadadézer. 17 *Informado de*
ello, David reunió a todo Israel, pasó el
Jordán y, al divisarlos, tomó posiciones
contra ellos, se preparó para la batalla
frente a los arameos y entró en combate
con ellos. Los arameos presentaron bata-
lla, 18 *pero tuvieron que huir ante Israel.*
David mató a siete mil *soldados de los ca-*
rros de guerra y a cuarenta mil soldados de
a pie; entre ellos Sobac, el jefe del ejército.
19 *Cuando los súbditos de Hadadézer vie-*
ron que habían sido derrotados por Israel,
hi-cieron la paz con David, *y le quedaron*
so-metidos. En adelante, los arameos no
se atrevieron a ayudar a los amonitas.

Conquista de Rabá

2 Sm 11 1; 12 26.30-31

20 1 *Al año siguiente, en la época en que*
los reyes suelen ir a la guerra, Joab, al
mando de un ejército marchó contra Amón
y lo devastó. *Sitió a Rabá, mientras David*
permanecía en Jerusalén. Joab tomó Rabá
y la destruyó. 2 *David quitó de la cabeza*
de Milcón la corona que pesaba treinta y
cuatro kilos de oro; tenía también una pie-
dra preciosa, que David puso sobre su ca-
beza. El botín que se llevó de la ciudad fue
inmenso. 3 *Hizo salir de la ciudad a sus ha-*
bitantes y los puso a trabajar con sierras,
picos y hachas, y a fabricar ladrillos. Y lo
mismo hacía con todas las ciudades de los
amonitas. Después David regresó a Jeru-
salén con todo el ejército.

Derrotas filisteas

2 Sm 21 18-22

4 *Después hubo otra batalla en* Guézer
contra los filisteos, en la que Sibcay, el
jusita, mató a Saf, de la raza de los gigan-
tes. Los filisteos quedaron sometidos. 5 *En*
otra batalla contra los filisteos, Eljanán,
hijo de Yaír, mató a Lajní, hermano de *Go-*
liat de Gat; el asta de su lanza era como el
enorme palo de un telar. 6 *Hubo otra bata-*
lla en Gat. Había un hombre muy alto que
tenía seis dedos en cada mano y en cada
pie, veinticuatro dedos en total, también de
la raza de los gigantes. 7 *Este desafió a*
Israel, pero Jonatán, hijo de Simeá, her-
mano de David, lo mató. 8 *Estos cuatro*
eran de la raza de los gigantes de Gat, y
murieron a manos de David y de sus hom-
bres.

Castigo por el censo

2 Sm 24 1-25

21 1 Satán maquinó contra Israel *e incitó*
a David para que hiciera *un censo de*
Israel. 2 David ordenó a Joab y a los jefes
del pueblo:
–Hagan el censo *de Israel, desde Dan*
hasta Berseba, e infórmenme sobre el resultado.
3 *Joab dijo al rey:*
–Que el Señor aumente la población
cien veces más. Pero ¿acaso no son todos
servidores tuyos, oh rey, mi señor? ¿Para
qué quiere mi señor hacer este censo? ¿Por
qué cargar esta culpa sobre Israel?
4 *Pero la orden del rey prevaleció. Sa-*
lió, pues, Joab a recorrer todo Israel. 5 Luego regresó *a Jerusalén e informó a David*
sobre el resultado del censo: había en Is-
rael un millón cien mil *hombres aptos para*
la guerra, y cuatrocientos setenta mil *en*

• **20 4-8**: La victoria de David y sus valientes sobre los míticos gigantes filisteos afianza la primacía de David. El desacuerdo entre 2 Sm 21 19 (Goliat muere a manos de Eljanán de Belén) y 1 Sm 17 40-51 (es el propio David quien da muerte a Goliat), queda subsanado por el Cronista que atribuye a Eljanán la muerte de un *hermano* de Goliat.

• **21 1-30**: La versión cronística de este episodio atribuye el censo a Satán (término que significa *adversario* y que el Cronista utiliza aquí como nombre propio), en vez de a Dios (véase 2 Sm 24). Su desenlace conducirá a la compra del campo de Arauná, el jebuseo, como lugar donde se construirá el templo. Son elementos importantes de esta historia: el pecado de autosuficiencia de David, que atrae sobre todo el pueblo, a quien el rey representa, el castigo de Dios; la función mediadora y protectora de Jerusalén; el perdón que Dios otorga ante el sacrificio ofrecido en el campo del jebuseo, como preludio de la función expiatoria del templo. Debe resaltarse el alto precio pagado por el campo (seiscientas monedas de oro, en comparación de las cincuenta de plata de 2 Sm 24 24); sin duda el Cronista quiere destacar el gran valor del lugar donde se construirá el templo y el esfuerzo que hace David para adquirirlo.

Judá. 6 La orden del rey había disgustado
tanto a Joab que no quiso hacer el censo de
las tribus de Leví y Benjamín.
7 Desagradó a Dios todo esto y castigó
a Israel. 8 *Entonces David dijo a* Dios:
–*¡He cometido un gran pecado al ha-*
cer esto! Pero dígnate perdonarme, porque
me he portado como un necio.
9 *El Señor* dijo *a Gad, vidente de Da-*
vid:
10 –*Vete a decir a David: Así dice el Se-*
ñor: tres castigos te propongo; *elige uno*
de ellos.
11 *Gad se presentó a David y le dijo:*
–Esto dice el Señor: tienes que elegir
entre 12 *tres años de hambre, tres meses*
bajo la espada *de tus enemigos, o tres días*
en los que la espada del Señor, la peste y el
ángel del Señor caerán sobre el país y aso-
larán el territorio. *Piensa y decide la res-*
puesta que debo dar al que me envía.
13 *David dijo a Gad:*
–*¡Me encuentro en una grave dificultad!*
Pero es preferible caer en manos de Dios
cuya misericordia es inmensa, *a caer en*
manos de los hombres.
14 *El Señor envió la peste sobre Israel y*
murieron *setenta mil* israelitas. 15 *Dios en-*
vió un ángel para exterminar a Jerusalén.
En pleno exterminio el Señor *se compade-*
ció del pueblo que estaba sufriendo y dijo
al ángel que lo exterminaba:
–*Basta; que cese el castigo.*
El ángel del Señor estaba junto al cam-
po de Arauná, el jebuseo. 16 Al alzar los
ojos, vio David que el ángel del Señor estaba entre el cielo y la tierra, empuñando la
espada desenvainada y apuntando hacia
Jerusalén. Entonces David y los ancianos,
vestidos de penitencia, cayeron rostro en
tierra, 17 y David dijo *a Dios:*
–Yo soy quien ha ordenado hacer el censo del pueblo; *yo soy el que he pecado y*
hecho el mal. *¿Qué han hecho de malo es-*
tas ovejas? Señor, Dios mío, *castígame a*
mí y a mi familia, pero no castigues al pueblo.
18 El ángel del Señor mandó decir esto a
David por medio de Gad: *«Sube y constru-*
ye un altar al Señor en el campo de Arau-
ná, el jebuseo». 19 *David subió, como le*
había dicho Gad, y cumplió la orden del
Señor. 20 *Arauná,* que estaba trillando el
trigo, se dio vuelta y vio al ángel; sus cuatro hijos, que estaban con él, se habían
escondido. 21 Al ver acercarse a David, *sa-*
lió a su encuentro *y se postró ante él rostro*
en tierra. 22 *David le dijo:*
–Cédeme *tu campo para levantar en él*
un altar al Señor; cédemelo por su precio
justo en plata, *para que la peste se retire*
del pueblo.
23 *Arauná dijo:*
–*Tómelo mi señor, el rey, y ofrezca en él*
en sacrificio lo que le parezca bien. Ahí
están también *los bueyes para el holocaus-*
to, la rastra para que sirva de leña, y el
trigo para la ofrenda. *Todo* te lo doy.
24 Pero el rey David dijo a Arauná:
–*No; quiero comprártelo* por su precio
justo en plata. No quiero presentar *al Se-*
ñor lo que es tuyo, *ni ofrecerle sacrificios*
que no me cuesten nada.
25 *Así pues, David* pagó a Arauná por el
campo seiscientas monedas de oro, 26 *cons-*
truyó allí un altar al Señor, y en él ofreció
holocaustos y sacrificios de comunión.
David invocó al Señor, y el Señor, en respuesta, hizo caer del cielo fuego sobre el
altar de los holocaustos. 27 Y mandó al ángel que envainara la espada. 28 Ante la respuesta del Señor, David siguió ofreciendo
sacrificios en el campo del jebuseo Arauná.
29 La tienda del Señor que fue levantada
por Moisés en el desierto y el altar de los
holocaustos estaban entonces en el santuario de Gabaón, 30 pero David no se había
atrevido a ir allí para orar al Señor, porque
todavía le duraba el temor causado por la
espada del ángel.

Preparativos para el templo

1 Re 5 31-32; 1 Cr 29 2-19

22 1 David dijo:
–Este será el templo del Señor Dios, y
éste el altar de los holocaustos para Israel.
2 David mandó reunir a todos los extranjeros residentes en Israel y empleó a

• **22 1-19**: Prácticamente todo lo referente a los preparativos que David llevó a cabo para construir el templo (1 Cr 22-29) ha sido tomado por el Cronista de fuentes propias. Sólo algunos detalles de la alocución a Salomón (1 Cr 22 7-13) se inspiran en las conocidas fuentes de Samuel-Reyes.

La construcción de un templo en honor del Señor constituirá la gran tarea del sucesor de David. Como *hombre*

muchos de ellos como canteros para tallar piedras, con vistas a la construcción del templo de Dios. 3 Preparó también clavos de hierro en abundancia para las hojas de las puertas y para las barras; incalculable era asimismo el bronce 4 y la madera de cedro traída por sidonios y tirios. 5 David pensaba:

–Mi hijo Salomón es todavía joven e inexperto, y el templo que tiene que edificar al Señor tiene que ser famoso, espléndido y monumental a la vista de las naciones. Voy a dejarle todo preparado.

Así que, antes de morir, hizo grandes preparativos.

6 Luego llamó a su hijo Salomón y le encargó la construcción de un templo al Señor, 7 Dios de Israel, con estas palabras:

–Hijo mío, yo tuve intención de construir un templo en honor del Señor, mi Dios, 8 pero el Señor me dijo: «Tú has derramado mucha sangre y han sido muchas tus guerras. No serás tú quien construya un templo en mi honor, pues has derramado mucha sangre ante mí. 9 Te nacerá un hijo, que vivirá en paz con todos los enemigos de alrededor; Salomón será su nombre. En su tiempo, yo daré paz y tranquilidad a Israel. 10 Será él quien construya un templo en mi honor; será para mí un hijo y yo seré para él un padre, y estableceré para siempre el trono de su reino sobre Israel». 11 Hijo mío, que el Señor esté contigo para que, según su profecía, el templo del Señor tu Dios sea construido. 12 Que el Señor te dé sabiduría e inteligencia para reinar sobre Israel y para que aciertes a vivir según la ley del Señor tu Dios. 13 Si observas los mandamientos y preceptos que el Señor dio por medio de Moisés a Israel, triunfarás. Ten ánimo; no temas ni te acobardes. 14 Yo con mi esfuerzo he logrado reunir para los gastos del templo del Señor tres mil cuatrocientas toneladas de oro, treinta y cuatro mil toneladas de plata, y bronce y hierro en gran cantidad. He almacenado también madera y piedra que tú aumentarás. 15 Dispones de buen número de obreros, canteros, escultores y carpinteros, especializados en toda clase de obras. 16 Hay oro, plata, bronce y hierro en abundancia. Animo, manos a la obra, y que el Señor esté contigo.

17 David mandó a todos los jefes de Israel que prestaran ayuda a su hijo Salomón, diciéndoles:

18 –¿No ha estado con ustedes el Señor, su Dios? ¿No tienen, gracias a él, paz en todas las fronteras, porque él ha sometido a mi poder a todos sus enemigos? Todo el país está bajo el dominio del Señor y de su pueblo. 19 Pongan, pues, todo su esfuerzo y empeño al servicio del Señor, su Dios, y dispónganse a construir el templo del Señor, su Dios, para trasladar a él el arca de la alianza del Señor, y los utensilios consagrados a Dios.

Levitas

1 Re 1 1-2 1; Nm 1 50; 3 6-9

23 1 Siendo ya David de edad muy avanzada, nombró a su hijo Salomón rey de Israel. 2 Convocó a todos los jefes de Israel, a los sacerdotes y a los levitas. 3 Se hizo el censo de los levitas de treinta años para arriba; contados uno a uno, salieron treinta y ocho mil. 4 De ellos veinticuatro mil quedaron destinados a la dirección de los trabajos del templo del Señor, seis mil hacían de escribas y jueces, 5 cuatro mil de porteros y los otros cuatro mil alababan al Señor acompañándose con los instrumentos musicales que David había hecho fabricar con esta finalidad.

6 David los agrupó en clases según los tres hijos de Leví: Guersón, Queat y Merarí.

7 Guersonitas: Ladán y Simey. 8 Los hijos de Ladán fueron tres: Yejiel, el mayor, Zatán y Joel. 9 También fueron tres los hijos de Simey: Selomit, Jaziel y Arán. Estos son los jefes de las familias de Ladán.

de paz, Salomón podrá realizar lo que las muchas guerras impidieron a David. Cabría intuir en esta reflexión del Cronista un sutil rechazo de la guerra como algo poco compatible con la actividad religiosa. De hecho el grande y definitivo descendiente de David, el futuro Mesías, será ante todo un rey pacífico y pacificador (Mt 5 9; Rom 14 17; Ef 2 14).

• **23** 1-32: En realidad los capítulos 23-27 constituyen una especie de paréntesis en el hilo del relato. Como si fuera un nuevo Moisés, David organiza todo lo relativo al futuro templo. En este capítulo el Cronista habla de los levitas y se inspira ampliamente en los datos del libro de los Números, pero asignando a los levitas funciones que desbordan las que se les encomiendan en las fuentes.

10 Los hijos de Simey fueron cuatro: 11 El mayor era Yajat, y Zizá, el segundo; como Yeus y Beriá tuvieron pocos hijos, fueron registrados como una sola familia.

12 Hijos de Queat: Amrán, Yisar, Hebrón y Uziel: cuatro en total. 13 Hijos de Amrán: Aarón y Moisés. Aarón fue elegido, junto con sus hijos, para el ministerio perpetuo de las cosas santísimas: quemar el incienso ante el Señor, darle culto y bendecir su nombre por siempre. 14 Los hijos de Moisés, hombre de Dios, fueron incluidos en la tribu de Leví. 15 Moisés fue padre de Guersón y Eliezer; 16 Guersón lo fue del jefe Sebuel, y Eliezer, del jefe Rejabías. 17 Eliezer no tuvo más hijos, pero Rejabías tuvo otros muchos. 18 Yisar tuvo al jefe Selomit. 19 Los hijos de Hebrón fueron: el primero, Yeerías; el segundo, Amasías; el tercero, Yezaziel; y el cuarto, Yacamán. 20 Los hijos de Uziel fueron: Miqueas, el primero, y Yisías, el segundo.

21 Los hijos de Merarí fueron: Majlí y Musí. Majlí fue padre de Eleazar y de Quis. 22 Eleazar no tuvo hijos, pero sí hijas, que se casaron con sus primos los hijos de Quis. 23 Musí, tuvo a estos tres: Majlí, Eder y Yerimot.

24 Estos eran los descendientes de Leví por familias, y estos los jefes de familia inscritos nominalmente en el censo uno por uno. A los veinte años entraban al servicio del templo del Señor.

25 David había dicho:

–Como el Señor, Dios de Israel, ha dado paz a su pueblo y ha elegido a Jerusalén para eterna morada suya, 26 los levitas no tendrán que transportar más la morada y los utensilios de su servicio.

27 De acuerdo con las últimas disposiciones de David, no fueron inscritos en el censo más que los levitas de veinte años para arriba. 28 Su ministerio consistía en estar a las órdenes de los hijos de Aarón para el servicio del templo del Señor en todo lo referente a los atrios, las salas, limpieza de los vasos sagrados, y demás trabajos en relación con el templo del Señor. 29 Tenían también a su cargo los panes ofrecidos, la mejor harina para las ofrendas, las tortas de pan sin levadura, las tortas fritas y cocidas y las medidas de capacidad y longitud. 30 Todos los días tenían que acudir por la mañana y por la tarde para alabar y dar gracias al Señor; 31 y también debían acudir cuando se ofrecían holocaustos al Señor los sábados, fiestas de luna nueva y demás celebraciones, según el número y el rito establecido en presencia del Señor para siempre. 32 Tenían también a su cargo el cuidado de la tienda del encuentro y del santuario, y debían asistir a sus hermanos, los descendientes de Aarón, en todo lo referente al servicio del templo del Señor.

Sacerdotes

Nm 3 2-4

24 1 He aquí las clases de los descendientes de Aarón. Aarón tuvo cuatro hijos: Nadab, Abiú, Eleazar e Itamar. 2 Nadab y Abiú murieron antes que su padre sin dejar hijos, de modo que el sacerdocio recayó sobre Eleazar e Itamar. 3 David, ayudado por Sadoc, descendiente de Eleazar, y por Ajimélec, descendiente de Itamar, los dividió en clases según sus funciones en los servicios. 4 Los descendientes de Eleazar eran más numerosos en varones que los descendientes de Itamar. La clasificación quedó así: dieciséis jefes de familia entre los descendientes de Eleazar y ocho entre los de Itamar. 5 La distribución de los turnos se hizo por sorteo, ya que tanto los descendientes de Eleazar como los de Itamar tenían funcionarios sagrados y funcionarios de Dios. 6 Uno de los levitas, el escriba Semayas, hijo de Natanael, los inscribió en el registro en presencia del rey, de los jefes, del sacerdote Sadoc, de Ajimélec, hijo de Abiatar, y de los jefes de las familias sacerdotales y levíticas; la proporción del sorteo era de dos familias de Eleazar por una de Itamar.

7 En el sorteo, el primer turno le correspondió a Yoyarib; el segundo a Yidaya; 8 el

• **24** 1-31: Sacerdotes y levitas se distribuyen por turnos para realizar su servicio cultual. Las listas sacerdotales que aquí se mencionan recuerdan, sin duda, las de Neh 7 39-42; 10 2-8; 12 1-7.12-21 y reflejan en conjunto una situación de las familias sacerdotales que se prolongó hasta los tiempos de Jesús (véase Lc 1 5.8-9). Junto al sacerdote Sadoc, se menciona habitualmente a Abiatar (2 Sm 15 24-36); pero como Abiatar traicionó a David (1 Re 1 7), el Cronista lo sustituye por Ajimélec.

tercero a Jorín; el cuarto a Seorín; 9 el quinto a Malaquías; el sexto a Miamín; 10 el séptimo a Cos; el octavo a Abías; 11 el noveno a Josué; el décimo a Secanías; 12 el decimoprimero a Elyasib; el decimosegundo a Yaquín; 13 el decimotercero a Jupá; el decimocuarto a Yebab; 14 el decimoquinto a Bilgá; el decimosexto a Imer; 15 el decimoséptimo a Jezir; el decimoctavo a Afzés; 16 el decimonoveno a Petayas; el vigésimo a Jezaquiel; 17 el vigesimoprimero a Yaquín; el vigesimosegundo a Gamul; 18 el vigesimotercero a Delayas y el vigesimocuarto a Mazías.

19 Este fue el orden de los turnos de servicio en el templo del Señor en conformidad con lo establecido por su antepasado Aarón, según la orden del Señor, Dios de Israel.

20 Los restantes levitas eran: de los descendientes de Amrán, Subael; de los descendientes de Subael, Yejdayá; 21 de los descendientes de Rejabías, Yisías que era el jefe; 22 de los descendientes de Isaar, Selomot; y de los descendientes de Selomot, Yajat. 23 Hebrón tuvo cuatro hijos: el primero, Yeriyías; el segundo, Amarías; el tercero, Yejaziel; y el cuarto, Yacmán. 24 De los descendientes de Uziel, Miqueas; de los descendientes de Miqueas, Samir; 25 y de los descendientes de Yisías, hermano de Miqueas, Zacarías. 26 Merarí fue padre de Majlí y Musí. 27 Descendientes también de Merarí a través de su hijo Uzías, eran: Soán, Zacur e Ibrí. 28 Majlí fue el padre de Eleazar, que no tuvo hijos, y de Quis. 29 Quis, por su parte, fue el padre de Yerajmeel. 30 Hijos de Musí fueron: Majlí, Eder y Yerimot.

Estos fueron los descendientes de Leví por familias. 31 También ellos, lo mismo que sus hermanos, los descendientes de Aarón, hicieron la distribución por sorteo en presencia del rey David, de Sadoc, de Ajimélec y de los jefes de las familias sacerdotales y levíticas; entraron en sorteo tanto las familias principales como las más pequeñas.

Cantores

1 Cr 16 37-42; 2 Cr 29 25

25 1 David y los responsables de los servicios religiosos eligieron a los hijos de Asaf, de Hemán y de Yedutún para el servicio del canto sagrado, que acompañaban con cítaras, arpas y címbalos. Estos son los encargados de esta tarea: 2 Por la familia de Asaf: Zacur, José, Natanías y Asarelá. El director era su padre Asaf, el cual ejecutaba el canto según las órdenes del rey. 3 Por la familia de Yedutún, sus seis hijos: Godolías, Sorí, Yeseyas, Simey, Yosabías y Matitías. Su director era Yedutún, y cantaban las alabanzas del Señor al son de la cítara. 4 Por la familia de Hemán, sus hijos: Buquías, Matanías, Oziel, Sabuel, Yerimot, Jananías, Jananí, Eliatá, Guedaltí, Romentienzer, Yesbacasá, Melotí, Otir y Majaziot. 5 Todos estos eran hijos de Hemán, el vidente del rey, que le transmitía los oráculos divinos para aumentar su poder. Dios le dio a Hemán catorce hijos y tres hijas. 6 Estos fueron los levitas que, bajo la dirección de sus padres atendían al servicio del canto sagrado en el templo de Dios acompañándose de címbalos, arpas y cítaras. Asaf, Yedutún y Hemán estaban al servicio directo del rey. 7 Los cantores, todos hábiles y expertos en el arte de cantar, sumaban doscientos ochenta y ocho.

8 Los turnos de servicio fueron sorteados entre ellos sin distinción entre pequeño y grande, maestro o discípulo. 9 El primero correspondió a José, descendiente de Asaf; el segundo a Godolías, con sus hijos y familiares: en total doce; 10 el tercero a Zacur, con sus hijos y familiares: en total doce; 11 el cuarto a Yisrí, con sus hijos y familiares: en total doce; 12 el quinto a Natanías, con sus hijos y familiares: en total doce; 13 el sexto a Buquías, con sus hijos y familiares: en total doce; 14 el séptimo a Yisraelá, con sus hijos y familiares: en total doce; 15 el octavo a Yesayas, con sus hijos y familiares: en total doce; 16 el noveno a Matanías, con sus hijos y fami-

• **25 1-31**: Lo mismo que los sacerdotes y levitas, también los cantores están distribuidos en venticuatro turnos. Ejercen una función que tiene cierta relación con el ministerio profético (véase 1 Cr 25 5) y es posible que el Cronista, muy interesado por el canto litúrgico, les asigne un papel más importante del que realmente desempeñaban.

liares: en total doce; 17 el décimo a Semeyas, con sus hijos y familiares: en total doce; 18 el decimoprimero a Azareel, con sus hijos y familiares: en total doce; 19 el decimosegundo a Asabías, con sus hijos y familiares: en total doce; 20 el decimotercero a Sabael, con sus hijos y familiares: en total doce; 21 el decimocuarto a Matitías, con sus hijos y familiares: en total doce; 22 el decimoquinto a Yerimot, con sus hijos y familiares: en total doce; 23 el decimosexto a Jananías, con sus hijos y familiares: en total doce; 24 el decimoséptimo a Yesbacasá, con sus hijos y familiares: en total doce; 25 el decimoctavo a Jananí, con sus hijos y familiares: en total doce; 26 el decimonoveno a Melotí, con sus hijos y familiares: en total doce; 27 el vigésimo a Eliatá, con sus hijos y familiares: en total doce; 28 el vigesimoprimero a Otir, con sus hijos y familiares: en total doce; 29 el vigesimosegundo a Guedaltí, con sus hijos y familiares: en total doce; 30 el vigesimotercero a Majaziot, con sus hijos y familiares: en total doce; 31 el vigesimocuarto a Romentiezer, con sus hijos y familiares: en total doce.

Porteros

1 Cr 9 17-27; Nm 31 48-54

26 1 Esta es la distribución de los porteros coreítas: por los descendientes de Asaf, Meselemías, hijo de Coré. 2 Los hijos de Meselemías fueron: el primogénito, Zacarías; el segundo, Yediael; el tercero, Zabadías; el cuarto, Yatniel; 3 el quinto, Elán; el sexto, Juan; y el séptimo, Elyoenay.

4 Los hijos de Obededón fueron: Semeyas, el primogénito; el segundo, Yozabad; el tercero, Yoaj; el cuarto, Sacar; el quinto, Natanael; 5 el sexto, Amiel; el séptimo, Isacar; y el octavo, Peultay, pues Dios había bendecido a Obededón. 6 Semeyas, su primogénito, tuvo hijos que llegaron a ser jefes de sus casas patriarcales, porque eran hombres valerosos. 7 Fueron éstos: Otní, Rafael, Obed, Elzabad y sus hermanos, los valerosos Eliú y Samaquías. 8 Los descendientes de Obededón con sus hijos y hermanos, todos valientes y diestros en su oficio, sumaban sesenta y dos.

9 Los hijos y hermanos de Meselemías, hombres valientes, eran dieciocho.

10 Josá, descendiente de Merarí, también tuvo hijos: Simrí fue el jefe por disposición de su padre, aunque no era el primogénito; lo seguían por orden: 11 Jilquías, Tebalías, Zacarías; los hijos y hermanos de Josá eran trece.

12 A los turnos de porteros, tanto a los jefes como a los demás, se les confió el servicio del templo del Señor. 13 La vigilancia de cada una de las puertas se encomendó por sorteo a las distintas familias, sin distinción entre mayores y pequeños. 14 La puerta oriental le tocó a Selemías; a su hijo Zacarías, sabio consejero, la del norte; 15 a Obededón la del sur, mientras que sus hijos quedaban al cuidado de los almacenes del templo; 16 a Sufín y a Josá la occidental junto con la puerta de Salequet, sobre el pasadizo superior. Los turnos de guardia eran proporcionales. 17 Este era el orden diario: seis en la puerta oriental, cuatro en la del norte, cuatro en la del sur, cuatro en los almacenes, dos por turno; 18 para el Parbar, al occidente, cuatro en el pasadizo y dos para el Parbar.

19 Estos eran los turnos de porteros entre los descendientes de Coré y Merarí.

Los guardianes del tesoro

20 El resto de los levitas tenía a su cargo los tesoros del templo de Dios y las ofrendas sagradas.

21 Los hijos de Laedán, de ascendencia guersonita, tenían a los yejielitas como jefes de sus familias. 22 Los yejielitas Zetán y su hermano Joel eran tesoreros del templo del Señor.

23 En representación de los amramitas, jisearitas, hebronitas y uzielitas 24 fue nombrado jefe de los tesoros Sebuel, descendiente de Guersón, hijo de Moisés.

• **26 1-19**: Según el Cronista, los porteros encargados de vigilar las cuatro puertas del templo pertenecían también a la familia levítica (véase, en cambio, Esd 2 42.70; Neh 7 45); en la organización davídica del templo, todo el personal pertenece a la tribu de Leví.

• **26 20-28**: El tesoro del templo se convirtió en botín codiciado tanto de conquistadores extranjeros (véase 2 Cr 36 18), como de posibles ladrones internos. Se necesitaban personas que custodiaran fielmente las pertenencias del templo. Obsérvese que, no sólo David y sus principales colaboradores, sino también Saúl y Samuel contribuyeron a incrementar la riqueza del templo (1 Cr 26 26-28).

25 Descendientes suyos por parte de Eliezer en línea directa eran: Rejabías, Yesabías, Jorán, Zicrí y Selomit. 26 Este y sus hermanos fueron nombrados superintendentes de todos los depósitos de objetos sagrados que David, los jefes de familia, los jefes de mil y de cien hombres y los oficiales del ejército habían consagrado al Señor. 27 Eran objetos que provenían del botín de guerra y que ellos habían destinado al mantenimiento del templo del Señor. 28 También estaban allí los objetos consagrados por Samuel, el vidente, por Saúl, hijo de Quis, por Abner, hijo de Ner y por Joab, hijo de Seruyá; todos estaban bajo la custodia de Selomit y sus hermanos.

Otros servicios

29 Entre los jisearitas, Quenayas y sus hijos se ocupaban de los asuntos civiles de Israel como escribanos y jueces. 30 Entre los hebronitas, Josabías y sus familiares: mil setecientos en total, todos valientes, se ocupaban de todas las cosas referentes al Señor y al servicio del rey en todo el territorio israelita del lado de acá del Jordán. 31 El jefe de los hebronitas era Yeriyá. Investigaciones llevadas a cabo en el año cuarenta de David sobre los descendientes de Hebrón, revelaron la existencia de hebronitas valientes, residentes en Yaezer de Galaad. 32 El rey David nombró a dos mil setecientos de ellos, hombres valerosos y jefes de familia, como inspectores de los rubenitas, gaditas y de la media tribu de Manasés, en todos los asuntos referentes a Dios y al rey.

Organización del reino de David

27 1 Censo de los israelitas. Los jefes de familia y los jefes de mil y de cien hombres, con sus respectivos oficiales, estaban al servicio del rey en todo lo relacionado con las divisiones militares que se turnaban en el servicio por meses, durante todo el año: cada división servía un mes. La división estaba formada por veinticuatro mil hombres. 2 El jefe de la primera clase, de guardia el primer mes, era Yasobán, hijo de Zabdiel, con sus veinticuatro mil hombres. 3 Era descendiente de Peres y jefe de la división del mes primero. 4 El mes segundo, Doday, el ajojita, con sus veinticuatro mil; 5 el mes tercero, Banayas, hijo del sacerdote Yoyadá, con sus veinticuatro mil. 6 Este Benayas era uno de los treinta héroes; estaba al frente de los treinta y de su división. Hijo suyo era Amisadab. 7 El mes cuarto, Asael, hermano de Joab, con sus veinticuatro mil; tuvo por sucesor a su hijo Zabdías. 8 El mes quinto, Samut, de Yizraj, con sus veinticuatro mil. 9 El mes sexto, Irá, hijo de Iqués de Tecoa, con sus veinticuatro mil. 10 El mes séptimo, Jeles de Falón, de los hijos de Efraín, con sus veinticuatro mil. 11 El mes octavo, Sibcay de Jusat, del linaje de Zarají, con sus veinticuatro mil. 12 El mes noveno, Abiezer de Anatot, de Benjamín, con sus veinticuatro mil. 13 El mes décimo, Maray, de Netofat, del linaje de Zarjí, con sus veinticuatro mil. 14 El mes decimoprimero, Benayas de Faratón, de los hijos de Efraín, con sus veinticuatro mil. 15 Y el mes decimosegundo, Jolday, de Netofat, del linaje de Otoniel, con sus veinticuatro mil.

16 Los jefes de las tribus de Israel eran: de Rubén, Eliezer, hijo de Zicrí; de Simeón, Sefatías, hijo de Maacá; 17 de Leví, Jasabías, hijo de Camuel; de Aarón, Sadoc; 18 de Judá, Eliab, hermano de David; de Isacar, Omrí, hijo de Miguel; de Zabulón, Yismayas, hijo de Abdías; 19 de Neftalí, Yerimot, hijo de Azriel; 20 de Efraín, Oseas, hijo de Azazías; de la media tribu de Manasés, Joel, hijo de Pedayas; 21 de la otra media tribu de Manasés, en Galaad, Yidó, hijo de Zacarías; de Benjamín, Yasiel, hijo de Abner; 22 de Dan, Ezriel hijo de Yerojján. Estos eran los jefes de las tribus de Israel.

• **26** 29-32: Los levitas también se encargaban de asuntos no religiosos, desempeñando, en cualquier caso, funciones dirigentes. Su campo de acción se extendía, al parecer, a ambos lados del Jordán, aunque tanto geográfica como administrativamente, los datos que se nos proporcionan son más bien imprecisos.

• **27** 1-34: Las restantes funciones de la administración del reino estaban encomendadas a los jefes de las tribus de Israel. Un selecto grupo de dirigentes ocupaba la cúpula del poder (1 Cr 27 32-34). Contiene este capítulo cuatro listas distintas de dirigentes, originarias de otros tantos documentos en los que se hablaba de la administración civil y militar del reino de David.

23 David excluyó del censo a los menores de veinte años, pues el Señor le había hecho la promesa de multiplicar a Israel como las estrellas del cielo. 24 Joab, hijo de Seruyá, había comenzado a elaborar el censo, pero no lo terminó porque la ira del Señor cayó sobre Israel; por eso su resultado no figura en los anales del rey David.

25 Azmavet, hijo de Adiel, era el jefe de los almacenes del rey; por su parte, Jonatán, hijo de Uzías, lo era de los almacenes que había en el campo, en las ciudades, en las aldeas y en las fortalezas. 26 Encargado de los obreros agrícolas era Ezrí, hijo de Quelub; de los viñedos, Simey de Ramá; 27 de las bodegas, Sabdí de Sefán; 28 de los olivares y plantaciones de higueras en la Sefela, Baaljanán de Gueder; 29 de los depósitos de aceite, Joás; del ganado vacuno que pastaba en los valles, Safat, hijo de Adlay; 30 de los camellos, Obil, el ismaelita; de los burros, Yejdías, de Meronot; 31 del ganado ovino, Yaziz, de Agar. Todos éstos eran los administradores de la hacienda perteneciente al rey David.

32 Jonatán, tío de David, hombre prudente e instruido, era consejero. Yejiel, hijo de Yacmoní, tenía a su cargo la educación de los hijos del rey. 33 Ajitófel era también consejero del rey. Jusay el arquita, era amigo del rey. 34 Yoyadá, hijo de Benayas, y Abiatar fueron los sucesores de Ajitófel. Joab era el comandante en jefe del ejército del rey.

Instrucciones para la construcción del templo

2 Cr 6 7-11; 1 Re 8 20-21; 1 Cr 22 10; Jr 17 10; 29 13

28 1 David reunió en Jerusalén a todas las autoridades de Israel: a los jefes de las tribus y de las divisiones militares que estaban al servicio del rey; a los jefes de mil y de cien hombres; a los administradores de la hacienda y de los rebaños del rey y de sus hijos; a los funcionarios, a los guerreros y a los hombres más capaces. 2 El rey David se puso de pie y dijo:

–Escúchenme, hermanos y pueblo mío: Yo tuve la intención de construir un templo para morada perpetua del arca de la alianza del Señor, estrado de los pies de nuestro Dios. 3 Estaba ya preparado para empezar, pero Dios me dijo: «Tú no edificarás un templo en mi honor, porque eres un guerrero y has derramado sangre». 4 Pero el Señor, Dios de Israel, me eligió entre toda la familia de mi padre y me constituyó rey de Israel por siempre. Eligió a Judá como guía; entre la tribu de Judá eligió a mi familia, y entre mis hermanos me eligió a mí como rey de todo Israel. 5 Y entre los muchos hijos que me ha dado el Señor, ha elegido a mi hijo Salomón para que ocupe el trono real del Señor sobre Israel. 6 Y me ha dicho: «Tu hijo Salomón será quien construya mi templo y mis atrios; lo he elegido como hijo, y seré un padre para él. 7 Consolidaré para siempre su reino si, como lo hace hoy, se mantiene firme en el cumplimiento de mis mandamientos y preceptos». 8 Ahora, en presencia de todo Israel, que es la asamblea del Señor, y teniendo como testigo a nuestro Dios, les pido: Observen y cumplan todos los mandamientos del Señor, nuestro Dios, para que posean esta buena tierra y puedan transmitirla en herencia perpetua a sus hijos. 9 Y tú, Salomón, hijo mío, reconoce al Dios de tu padre, sírvele con todo el corazón y con ánimo generoso, porque el Señor sondea los corazones de todos y penetra sus secretos más profundos. Si lo buscas, lo hallarás; pero, si lo abandonas, te echará de su lado para siempre. 10 Piensa que te ha elegido para que le edifiques un santuario. ¡Ten ánimo, y adelante!

Entrega de planos y materiales

11 David entregó a su hijo Salomón el plano del pórtico y de los edificios, el de las salas del piso superior, el de las habitaciones interiores, y el del lugar santísimo. 12 Le entregó también el diseño proyectado para los atrios del templo del Señor, para

• **28** 1-21: Recupera aquí el Cronista el hilo del relato que abandonó al final de 1 Cr 22. De acuerdo con su pensamiento básico, según el cual la principal empresa histórica de David fue llevar a cabo la construcción del templo de Jerusalén, a esa empresa se refiere la última alocución de David al pueblo. Consciente de que, ha sido elegido por Dios rey de todo Israel, ahora deja a Salomón, su sucesor, como principal y más querida misión, la de ejecutar materialmente el proyecto. El Cronista subraya que David lo ha preparado todo, hasta en los más mínimos detalles. Salomón aparece como un simple aunque fiel ejecutor material.

las salas de alrededor, para las salas del
tesoro del templo y de los demás objetos
sagrados. 13 Y también lo proyectado sobre
la distribución de sacerdotes y levitas por
clases, y sobre todo lo referente al servicio
del templo del Señor y a los objetos de
culto en el templo del Señor. 14 Le indicó
asimismo el peso que debían tener los
objetos de oro y plata según las distintas
funciones: 15 el peso que debían tener los
candelabros con sus lámparas, tanto los de
oro como los de plata, según su función;
16 el peso en oro para cada una de las mesas de los panes ofrecidos, y el peso en plata
para cada una de las mesas de plata; 17 la
cantidad de oro puro que debían tener los
tenedores, las fuentes y jarras; el peso del
oro y de la plata para cada copa, 18 el peso
de oro refinado para el altar del incienso, y
para el proyecto de la carroza de los querubines que con sus alas desplegadas cubren
el altar de la alianza del Señor.

19 El Señor mismo ha consignado todo
esto por escrito, para que así se conozcan
todos los trabajos proyectados.

20 Entonces David dijo a su hijo Salomón:

–Sé fuerte y decidido y pon manos a la
obra. No temas ni te desanimes. El Señor
Dios, mi Dios, estará contigo y te asistirá
hasta que se termine toda la obra de su templo. 21 Las clases de sacerdotes y levitas
para todo lo referente al servicio del templo del Señor, los artesanos hábiles para
realizar todo tipo de trabajo, los jefes y todo el pueblo, están a tu disposición.

Ofrendas y oración de David

1 Cr 22 5

29 1 El rey David dijo a toda la asamblea:

–Mi hijo Salomón, el único a quien Dios
ha elegido, es muy joven todavía, y la obra
es grande, porque no se trata de un palacio
para hombres sino de un templo para el
Señor Dios. 2 Por eso, con mi esfuerzo he
preparado para el templo de mi Dios gran
cantidad de oro, plata, bronce, hierro y
madera para los correspondientes objetos.
También piedras de ónix para engastarlas,
piedras multicolores, piedras preciosas de
toda especie y alabastro en abundancia.

3 Pero además de lo que he preparado
para el santuario, movido por el amor que
tengo al templo de mi Dios, entrego para el
templo de mi Dios todo el oro y la plata de
mi propiedad personal: 4 cien toneladas de
oro de Ofir y doscientas treinta y cinco
toneladas de plata finísima para cubrir las
paredes de las salas; 5 oro y plata para los
diversos objetos y para todas las labores de
los artesanos. ¿Quién, además, está hoy
dispuesto a hacer algún donativo voluntario para el Señor?

6 Los jefes de familia, los de las tribus
de Israel, los de mil y de cien hombres, y
los jefes de la hacienda real hicieron sus
donativos voluntarios. 7 Ofrecieron para las
obras del templo de Dios: ciento setenta
toneladas de oro, diez mil monedas de oro,
ciento cuarenta toneladas de plata, seiscientas diez toneladas de bronce y tres mil cuatrocientas toneladas de hierro. 8 Unieron a
ello las piedras preciosas donadas, y lo entregaron todo a Yejiel el guersonita para el
tesoro del templo del Señor. 9 El pueblo
saltaba de júbilo ante estas ofrendas espontáneas que de todo corazón daban al Señor,
y el mismo rey David experimentó una
gran alegría.

10 David bendijo al Señor ante toda la
asamblea con estas palabras:

–¡Bendito seas por siempre y para siempre Señor, Dios de nuestro antepasado Israel! 11 A ti, Señor, la grandeza, el poder, el
honor, la majestad y la gloria. Tuyo es
cuanto hay en el cielo y en la tierra; a ti,
Señor, la realeza y el dominio sobre todas
las cosas. 12 La riqueza y la gloria proceden de ti. Tú eres el dueño de todo, en tu
mano está la fuerza y el poder, la estabilidad y consistencia de todo. 13 Por eso,
Dios nuestro, nosotros te damos gracias y

• **29** 1-20: En atención a la magnitud de la obra y a la inexperiencia del ejecutor material, David ha hecho todo lo posible por dejar las cosas perfectamente preparadas. Pero es necesaria la colaboración de todos. El mismo rey predica con el ejemplo y pone a disposición del proyecto sus propios recursos personales. La preciosa oración de David (1 Cr 29 10-19) refleja la piedad de la época postexílica, que es la época del Cronista, y propone la fe y la religiosidad de David como magnífico ejemplo para aquellos que han de reconstruir el templo y para los israelitas de todos los tiempos.

alabamos tu nombre glorioso. 14 Porque ¿quién soy yo y quién es mi pueblo para que podamos hacerte estas ofrendas voluntarias? Todo viene de ti; y como recibido de ti te lo hemos dado. 15 Somos extranjeros y advenedizos en tu presencia como todos nuestros antepasados. Nuestros días en la tierra pasan como sombra sin esperanza. 16 Señor, Dios nuestro, todas estas ofrendas nuestras para edificar un templo a tu santo nombre, son tuyas y te pertenecen. 17 Yo sé, Dios mío, que tú sondeas el corazón y amas la rectitud; con rectitud de corazón he hecho yo mis ofrendas y veo con alegría cómo el pueblo aquí presente te entrega voluntariamente sus donativos. 18 Señor, Dios de nuestros antepasados Abrahán, Isaac e Israel, conserva para siempre en tu pueblo estos sentimientos y disposiciones, y dirige sus corazones hacia ti. 19 Da a mi hijo Salomón un corazón íntegro para que practique tus mandamientos, preceptos y leyes, y construya el templo que yo te he preparado.

20 David dijo a toda la asamblea:

–¡Bendigan al Señor, nuestro Dios!

Y toda la asamblea bendijo al Señor, Dios de sus antepasados, postrándose con reverencia ante el Señor y ante el rey.

Fin del reinado de David

1 Re 1 38-39; 10 23; 2 Cr 1 1.12; 9 22; 1 Re 2 10-12

21 Al día siguiente ofrecieron sacrificios y holocaustos al Señor: mil novillos, mil carneros, mil corderos, con sus correspondientes ofrendas de vino y aceite, y muchos sacrificios por todo Israel. 22 Comieron y bebieron aquel día con gran alegría ante el Señor, y por segunda vez proclamaron rey a Salomón, hijo de David, ungiéndolo como soberano en presencia del Señor. Sadoc fue ungido sacerdote. 23 Salomón sucedió a su padre David y se sentó en el trono del Señor como rey. Disfrutó de gran prosperidad e Israel le fue obediente. 24 Todos los jefes, todos los valientes, y todos los hijos del rey David le rindieron homenaje. 25 El Señor engrandeció muchísimo al rey Salomón ante todo Israel, dándole un reinado tan glorioso como jamás lo había tenido en Israel rey alguno antes que él.

26 David, hijo de Jesé, había reinado sobre todo Israel 27 cuarenta años: siete años y seis meses en Hebrón y treinta y tres años en Jerusalén. 28 Murió después de una dichosa vejez, colmado de días y lleno de riqueza y de gloria. Le sucedió su hijo Salomón.

29 La historia del rey David, desde el principio hasta el fin, está escrita en las memorias del vidente Samuel; en las del profeta Natán y en las del vidente Gad. 30 Allí se narra su reinado, sus proezas y los sucesos de que fueron protagonistas él, Israel y todos los reinos de aquellas tierras.

• **29 21-30**: El reinado de David termina con la entronización de Salomón como rey. El acontecimiento es narrado con relativa austeridad y no se hace alusión alguna a los hechos referidos en 1 Re 1-2 que podrían empañar el recuerdo del rey David. Aquí todo sucede en un contexto de esplendor y de gloria y la figura de David se agiganta hasta convertirse en el rey por excelencia. El balance final es, pues, grandioso. David reinó sobre *todo* Israel, incluso durante su residencia en Hebrón y los últimos años de su reinado fueron felices y gloriosos. Esta es la perspectiva del Cronista que termina mencionando una serie de documentos sobre la historia de David.

SEGUNDO LIBRO DE LAS CRONICAS

3. Reinado de Salomón ◊

Sabiduría de Salomón

1 Re 3 4-15; 1 Cr 21 29

1 1 Salomón, hijo de David, consolidó su
trono. El Señor su Dios estaba con él y
lo exaltó a la grandeza más alta. 2 Salomón
convocó a todo Israel, a los jefes de mil y
de cien hombres, a los jueces y a todos los
príncipes de Israel, y a los jefes de familia.
3 Una vez reunida la asamblea, fue al alto
de Gabaón, donde estaba la tienda del encuentro con Dios levantada por Moisés,
siervo del Señor, en el desierto. 4 David había trasladado el arca de Dios desde Quiriat Yearín a la tienda que había preparado
para ella en Jerusalén. 5 Pero el altar de
bronce, obra de Besalel, hijo de Urí, hijo
de Jur, quedó en Gabaón ante la morada
del Señor, y allí fueron Salomón y la asamblea. 6 Salomón, en presencia de Dios, subió
al altar de bronce, que estaba junto a la tienda del encuentro y ofreció *mil víctimas en
holocausto*.
7 *Aquella misma noche se apareció* Dios
a Salomón y le dijo:
*–Pídeme lo que quieras, que yo te lo
daré.*
8 *Salomón respondió* a Dios:
*–Tú favoreciste mucho a mi padre Da-
vid, y* a mí me *has hecho rey* como sucesor
suyo. 9 Ahora se está cumpliendo la promesa que hiciste a mi padre David, porque
me has constituido rey de *un pueblo numeroso* como el polvo de la tierra. 10 Dame, pues, sabiduría e inteligencia para gobernar con acierto a este pueblo, porque
*¿quién, si no, podrá gobernar a un pueblo
tan* numeroso *como el tuyo?*
11 *Y* Dios *dijo a* Salomón:
–Puesto que ha sido este tu deseo *y no
me has pedido riquezas,* ni propiedades, ni
gloria, *ni la muerte de tus* enemigos, ni siquiera *una larga vida,* 12 *sino sabiduría* e
inteligencia para *gobernar* a mi pueblo, del
que te he constituido rey, *te concedo* sabiduría e inteligencia y también te doy *riquezas,* propiedades *y gloria, como no las tuvieron los reyes* anteriores a ti ni las tendrán
los que te sigan.
13 *Regresó Salomón a Jerusalén* desde
la tienda del encuentro en el alto de Gabaón, y reinó sobre Israel.

Riquezas de Salomón

1 Re 10 26-29

14 *Salomón reunió mil cuatrocientos
carros de guerra y doce mil caballos, que
estaban en los establos de las ciudades
destinadas a ellos, y en Jerusalén junto al
rey.* 15 *El rey hizo que abundara la plata en
Jerusalén como las piedras, y los cedros
como las higueras de la Sefelá.* 16 *Los caballos destinados a Salomón se importaban de Musrí y de Coa. Los mercaderes del
rey los compraban en Coa a precio concertado:* 17 *a seiscientas monedas de plata la
cuadriga de Musrí, y a ciento cincuenta el*

◊ **1 1-9 31**: El Cronista ha simplificado la historia de Salomón, en relación a su fuente principal, el libro de los Reyes (1 Re 2 12-11 43). Conserva el esquema de Reyes, pero en consonancia con la visión que nos ofrece de David como artífice principal de la construcción del templo (1 Cr 22-29), reduce notablemente las noticias sobre la actividad constructora de Salomón (véase 1 Re 5 15-7 51). Elimina también los aspectos negativos de su reinado (1 Re 11). Se diría que el Cronista quiere ir a lo esencial, presentando a Salomón como el legítimo heredero de David, como el que consolidó y engrandeció el reino de su padre, pero sin resaltar nada de lo que pudiera oscurecer la figura de David, ni por un mayor protagonismo de Salomón, ni tampoco por los pecados de éste.

• **1 1-18**: De los comienzos del reinado de Salomón se destacan, sobre todo, su sabiduría y su riqueza, ambas son fruto de su actitud religiosa. Sabiduría y riqueza serán, por otra parte, las dos constantes de su historia, según el resumen que el Cronista nos ofrece de su reinado en 2 Cr 9 22-25. No obstante, el Cronista elimina pasajes vistosos de la historia anterior, como el juicio de las dos prostitutas (1 Re 3 16-28), pensando tal vez que la figura de Salomón podía quedar empequeñecida al implicarlo en asuntos de tan poca importancia.

Dato esencial, también, del comienzo de su reinado es la decisión de construir el templo (2 Cr 1 18), aspecto al que el Cronista es muy sensible (véase 2 Cr 3-7).

*caballo. Salomón a su vez, a través de los
mismos mercaderes los vendía a los reyes
de los hititas y a los de Aram.* 18 Decidió
también Salomón construir un templo en
honor del Señor y un palacio real para él.

Jirán de Tiro

1 Re 5 15-26.29-30; 7 14

2 1 Salomón reclutó setenta mil hombres
como transportistas, ochenta mil como
canteros y tres mil seiscientos como capataces. 2 Luego *envió a Jirán*, rey de Tiro, *el
siguiente mensaje*:
«Continúa dándome el trato que diste a
mi padre David, cuando le enviaste madera
de cedro para la construcción de su palacio. 3 Voy a construir un templo en honor
del Señor mi Dios. Quiero consagrarlo a
él, para quemar incienso y aromas en su
presencia, para colocar allí permanentemente los panes ofrecidos, para ofrecer el
sacrificio de la mañana y de la tarde, el de
los sábados, el de las fiestas de la luna
nueva y de las demás celebraciones del
Señor, nuestro Dios, como obligación perpetua para Israel. 4 Quiero que el templo
sea grandioso, porque grande, más que
todos los dioses, es nuestro Dios. 5 Pero
¿quién podrá construir un templo digno de
él si los cielos en toda su inmensidad no
bastan para contenerlo? ¿Quién soy yo para
querer construir un templo, si no es para
quemar incienso en su presencia? 6 Mándame, pues, un hombre especializado en trabajos de oro, plata, bronce, hierro, un experto en tejidos de lino rojo, escarlata y
violeta, un conocedor del cincelado, para
que esté al frente de los artistas con que
cuento en Judá y Jerusalén preparados por
mi padre David. 7 Mándame también madera de *cedro*, ciprés y sándalo *del Líbano*,
pues me es bien conocida la maestría de
tus siervos *en cortar árboles* del Líbano.
Mis siervos trabajarán con los tuyos 8 para
preparar madera en cantidad, pues el templo que voy a construir deberá ser magnífico y grandioso. 9 Nueve mil toneladas de
trigo, nueve mil de cebada, novecientas
toneladas de vino y novecientas de aceite
destinaré al sostenimiento de los leñadores
que corten los árboles».
10 En la carta de respuesta a Salomón,
Jirán, rey de Tiro, decía:
«El Señor ama a su pueblo y por eso te
ha constituido en rey suyo».
11 Y continuaba:
«*Bendito sea el Señor*, Dios de Israel,
creador del cielo y de la tierra, *que ha dado al rey David un hijo sabio*, entendido y
sensato, que va a construir un templo al
Señor y un palacio real para él. 12 Te envío
un orfebre de calidad, Jirán-Abí, 13 de madre danita, pero de padre nacido en Tiro,
que es especialista en trabajos de oro, plata,
bronce, hierro, piedra y madera; lo es también en tejidos de lino rojo, escarlata y violeta, de lino fino, y en el grabado de dise-
ños y figuras. Trabajará con tus obreros y
con los de tu padre, mi señor David. 14 Envía, pues, mi señor, a tus siervos el trigo, la
cebada, el aceite y el vino que has prometido. 15 Por nuestra parte cortaremos toda la
madera que necesites de las montañas del
Líbano, y te la enviaremos por mar en balsas hasta Jafa; el transporte desde Jafa a
Jerusalén corre a tu cargo».
16 Salomón registró a todos los extranjeros residentes en Israel, siguiendo el censo
de su padre David; resultaron ciento cincuenta y tres mil. 17 *De ellos empleó setenta
mil como acarreadores, ochenta mil como
canteros y tres mil* seiscientos *como capataces de las obras.*

Construcción del templo

1 Re 6; 7 15-22

3 1 Salomón comenzó la construcción del
templo del Señor en Jerusalén, sobre el
monte Moria, donde el Señor se apareció a
David, su padre, en el lugar que David había
preparado, es decir, en el campo de Arauná, el jebuseo. 2 Puso la primera piedra el
día veinte del mes segundo, el año cuarto
de su reinado. 3 Los cimientos abiertos por
Salomón para el templo de Dios tenían

• **2 1-17**: El pacto de mutua colaboración con el rey de Tiro se sitúa en el contexto de la construcción del templo de Jerusalén. A diferencia del pasaje del libro de los Reyes que le sirve de fuente al Cronista (1 Re 5 27-32), en éste de Crónicas, Salomón no recluta personal israelita para los trabajos forzados, sino sólo extranjeros (1 Cr 2 1.16-17). Tal vez se inspira para este retoque en 1 Re 9 20-23.

unos treinta metros de largo por *diez de ancho*; 4 el pórtico delantero del templo tenía diez metros de largo por diez de ancho, y su altura era de sesenta metros. *El interior estaba recubierto de oro puro.* 5 La sala grande estaba hecha de madera de ciprés, recubierta de oro puro con grabados de palmeras y cadenillas. 6 Pavimentó la sala con piedras preciosas y con oro de gran calidad. 7 La sala, las vigas, marcos, paredes y puertas quedaron recubiertas de oro; en las paredes grabó querubines. 8 Construyó luego la cámara del lugar santísimo, un cuadrado perfecto de diez metros de lado, en armonía con la gran sala; el oro con que lo recubrió pesaba veinte toneladas; 9 los clavos, también de oro, pesaban quinientos cincuenta gramos cada uno. Recubrió igualmente de oro las salas superiores.

10 Para la cámara del lugar santísimo talló *dos querubines* que recubrió de oro. 11 Las alas de los querubines medían en conjunto diez metros de largo, *dos y medio cada una. Un querubín rozaba con un ala la pared y con la otra, tocaba el ala del otro querubín.* 12 Y el otro, con un ala rozaba la pared y con la otra, tocaba el ala del querubín contrario. 13 Las alas de los querubines estaban desplegadas y medían diez metros. Los querubines estaban de pie mirando hacia la entrada de la sala. 14 Para el velo empleó lino fino de color violeta, escarlata y rojo, y sobre él bordó querubines.

15 A la entrada de la sala levantó *dos columnas* de dieciocho metros de altas, *coronadas* por capiteles *de dos metros y medio.* 16 *Trenzó guirnaldas en torno a la cornisa de las columnas* del Debir y *entrelazó* cien *granadas* con las guirnaldas. 17 *Levantó las columnas* en el patio del santuario, una a la derecha y otra a la izquierda; *llamó Jaquín a la de la derecha y Boaz a la de la izquierda.*

El altar y la pila de bronce

1 Re 7 23-51

4 1 Hizo un altar de bronce de diez metros de largo por diez de ancho y cinco de alto.

2 *Hizo también un depósito circular de bronce, de cinco metros de diámetro, cinco de alto, y unos dieciséis de circunferencia.* 3 *Bajo el borde había, todo alrededor,* imágenes de toros, *diez cada medio metro; estos bajorrelieves, en dos hileras, habían sido fundidos a la vez que el depósito.* 4 *Dicho depósito descansaba sobre doce toros; tres de ellos miraban al norte, tres al oeste, tres al sur y tres al este. Sobre ellos se apoyaba el depósito, quedando hacia dentro la parte trasera de los toros.* 5 *El grosor del depósito era de un palmo y su borde era como el de una copa a manera de flor de loto. Cabían unos* ciento treinta y cinco mil *litros.*

6 *Hizo diez pilas, y puso cinco a la derecha y cinco a la izquierda.* Allí se lavaba y purificaba todo lo que se utilizaba para los holocaustos, mientras que los sacerdotes se lavaban en el depósito de bronce. 7 Hizo también, según el modelo prescrito, diez *candelabros de oro* y los colocó en el templo, *cinco a la derecha y cinco a la izquierda;* 8 fabricó diez mesas y las colocó en el templo, cinco a la derecha y cinco a la izquierda; hizo además cien tazas de oro. 9 Construyó el atrio de los sacerdotes y la gran explanada con sus puertas a las que recubrió de bronce.

10 *Colocó el depósito de bronce al lado derecho del edificio, al sudeste.* 11 *Jirán hizo los calderos, palas y aspersorios. Así terminó toda la obra que le encargó el rey Salomón para el templo de* Dios: 12 *las dos columnas; las esferas para los dos capiteles de encima de las columnas; las dos rejillas para cubrir las dos esferas de los*

• **3** 1-17: El lugar donde se construye el templo es el que el Señor eligió e indicó a David (1 Cr 21 18-22 19). El Cronista añade que tal lugar estaba en el monte Moria, relacionando de esta manera los sacrificios del templo con el sacrificio que Dios solicitó de Abrahán en *la región de Moria* (Gn 22 2). De esta manera la tradición judía conectó el templo de Jerusalén con Abrahán, mientras que la tradición cristiana vio en el monte Moria una figura del Gólgota, lugar donde se consumó el sacrificio de Cristo.

A la descripción del templo en el libro de los Reyes (1 Re 6; 7 15-22) se añaden aquí una serie de detalles que lo engrandecen e idealizan.

• **4** 1-22: En el ajuar del templo destaca el gigantesco altar del que sólo se nos da noticia aquí. En general, en los datos sobre el templo, es probable que el Cronista se esté inspirando, además de en el libro de los Reyes (1 Re 5 15-7 51), en la descripción de Ezequiel sobre el templo futuro (Ez 40-42).

capiteles; 13 las cuatrocientas granadas para las dos rejillas dos series de granadas para cada una; 14 las diez bases y las diez pilas que iban sobre ellas; 15 el depósito de bronce –sólo había uno– y los doce toros que estaban debajo de él; 16 los calderos, las palas y los tenedores. Todos estos utensilios que Jirán hizo al rey con destino al templo del Señor, eran de bronce pulido. 17 Fueron fundidos por orden del rey en moldes de arcilla en la región del Jordán, entre Sucot y Seredá. 18 Salomón hizo estos objetos en tal cantidad que no se podía calcular el peso del bronce.

19 Salomón hizo también todos los demás utensilios para el templo de Dios: el altar de oro; las mesas sobre las que se ponían los panes de la ofrenda; 20 los candelabros con sus lámparas para lucir delante del lugar santísimo, según estaba prescrito, todo de oro puro; 21 las flores, las lamparillas y las despabiladeras de oro puro; 22 los cuchillos, aspersorios, incensarios y cucharillas, todo de oro puro. La puertas del aposento interior, del lugar santísimo, y las del lugar santo, eran también de oro.

Traslado del arca

1 Re 7 51-8 11

5 1 Cuando el rey Salomón terminó la obra realizada en el templo del Señor, llevó allí todos los objetos que su padre David había consagrado: la plata, el oro y los utensilios, y los depositó en el tesoro del templo de Dios.

2 Entonces Salomón convocó en Jerusalén a los ancianos de Israel, a todos los jefes de tribu y de familia de los israelitas para trasladar el arca de la alianza del Señor desde la ciudad de David, es decir, Sión. 3 Todos los israelitas se reunieron en torno al rey Salomón el mes séptimo con motivo de la fiesta. 4 Cuando llegaron los ancianos de Israel, los levitas cargaron con el arca, 5 y la subieron junto con la tienda del encuentro y todos los utensilios sagrados que había en ella; la subieron los sacerdotes levitas. 6 El rey Salomón y toda la asamblea de Israel con él, inmolaron ante el arca ovejas y toros en gran cantidad. 7 Los sacerdotes dejaron el arca de la alianza del Señor en su lugar, en el camarín del templo, es decir en el lugar santísimo, bajo las alas de los querubines. 8 Los querubines tenían las alas extendidas sobre el lugar donde se encontraba el arca, cubriendo el arca y sus varas. 9 Estas eran tan largas que se podían ver sus puntas desde el lugar santo, que está frente al lugar santísimo, pero no desde fuera. Allí están hasta hoy. 10 En el arca no había más que dos tablas de piedra, depositadas allí por Moisés en el Horeb, cuando el Señor hizo la alianza con los israelitas a su salida de Egipto. 11 Cuando los sacerdotes salían del lugar santo (todos los sacerdotes presentes se habían purificado sin tener en cuenta los turnos correspondientes), 12 todo el coro de levitas cantores –Asaf, Hemán y Yedutún con sus hijos y familiares–, vestidos con túnicas de lino, hacían sonar los címbalos, las arpas y las cítaras, puestos de pie en la parte oriental del altar. 13 Entonces los trompeteros y cantores juntos se pusieron a alabar y celebrar al unísono al Señor. Y, cuando al son de las trompetas, címbalos y demás instrumentos musicales, alababan al Señor: «porque es bueno, porque es eterno su amor», una nube llenó el templo del Señor, 14 de modo que los sacerdotes no podían oficiar a causa de la nube, porque la gloria del Señor llenaba el templo de Dios.

Salomón habla al pueblo

1 Re 8 12-21

6 1 Entonces Salomón exclamó:
–El Señor ha decidido habitar en la nube oscura; 2 pero yo te he construido una casa, un lugar donde habites para siempre.

• **5 1-7 22**: El relato de la dedicación del templo consta de cuatro partes: a) el traslado del arca (1 Cr 5), que significaba la toma de posesión por parte de Dios de su templo (ver Ex 40 34-38); b) la oración consagratoria de Salomón (1 Cr 6), que es fundamentalmente una alabanza a Dios que se ha mantenido plenamente fiel a su alianza hasta los tiempos de David; c) una solemne fiesta que duró dos semanas (1 Cr 7 1-10), en la que se celebró la misericordia del Señor; d) una posterior intervención divina (1 Cr 7 11-22), en la que el templo era destinado, por una parte, a lugar permanente de oración y sacrificios, y por otra quedaba constituido en clave para discernir las correctas relaciones religiosas entre Dios y su pueblo.

3 *Luego el rey, dirigiéndose a toda la asamblea de Israel que estaba de pie, la bendijo* 4 *y añadió:*

–Bendito sea el Señor, Dios de Israel, que habló personalmente a mi padre David y con su poder ha cumplido la promesa que le hizo: 5 *«Desde el día en que saqué a mi pueblo Israel de Egipto no elegí ninguna ciudad entre todas las tribus de Israel para que se construyera en ella un templo donde se invoque mi nombre,* ni elegí a hombre alguno para que guiara a mi pueblo Israel, 6 *sino que elegí* a Jerusalén para que allí resida mi nombre, *y a David para que fuera el rey de mi pueblo Israel».* 7 *Mi padre David proyectó construir un templo en honor del Señor, Dios de Israel.* 8 *Pero el Señor le dijo: «Has proyectado construir un templo en mi honor y has hecho bien.* 9 *Pero no lo construirás tú, sino que será un hijo tuyo, salido de tus entrañas, quien lo construya».* 10 *Y el Señor ha sido fiel a su palabra. Yo he sucedido a mi padre en el reino, me he sentado en el trono de Israel, como dijo el Señor. He construido un templo en honor del Señor, Dios de Israel,* 11 *y he preparado en él un lugar para el arca de la alianza del Señor, la alianza que hizo* con los israelitas.

Oración de Salomón

1 Re 8 22-52; Sal 132 8-10

12 *Salomón se colocó ante el altar del Señor a la vista de toda la asamblea de Israel y levantó sus manos.* 13 Salomón había construido en medio de la explanada una tribuna de bronce de dos metros y medio de larga, otros tantos de ancha y uno y medio de alta. Subió a ella, se postró a la vista de toda la asamblea, *levantó las manos al cielo y oró:*

14 *–Señor, Dios de Israel, no hay Dios como tú ni en el cielo ni en la tierra. Tú guardas fielmente la alianza hecha con tus siervos, si caminan en tu presencia de todo corazón.* 15 *Tú has mantenido la palabra que diste a mi padre David, tu siervo, pues has cumplido con tu poder lo que de palabra le prometiste, como hoy se constata.* 16 *Y ahora, Señor, Dios de Israel, mantén también a mi padre David, tu siervo, la promesa que le hiciste: «No te faltará nunca en mi presencia un descendiente que se siente en el trono de Israel, a condición de que tus hijos se comporten rectamente en mi presencia y cumplan* mi ley, *como lo has hecho tú».* 17 *Que se cumpla, pues,* Señor, *Dios de Israel la palabra que diste a mi padre David, tu siervo.* 18 *Pero ¿acaso puede habitar Dios* con los hombres *en la tierra? Si el universo en toda su inmensidad no te puede contener, ¡cuánto menos este templo construido por mí!* 19 *Atiende, Señor, Dios mío, la oración y la súplica de tu siervo; escucha el grito y la plegaria que tu siervo te dirige.* 20 *Ten tus ojos abiertos noche y día sobre este templo al que te referiste diciendo: «Aquí se invocará mi nombre». Escucha la plegaria que tu siervo te hace en este lugar.* 21 *Escucha las súplicas que tu siervo y tu pueblo Israel te hagan en este lugar; escúchalas desde el cielo, lugar de tu morada, atiéndelas y perdona.*

22 *Si algún hombre peca contra su prójimo y, obligado a pronunciar un juramento imprecatorio, viene a jurar ante tu altar en este templo,* 23 *escucha tú desde el cielo, actúa y juzga a tus siervos,* castiga *al malvado haciéndole responsable de su maldad, y haz justicia al inocente retribuyéndole según su inocencia.*

24 *Si tu pueblo Israel es derrotado por sus enemigos por haber pecado contra ti y, luego se convierten invocando tu nombre y orando y suplicándote en este templo,* 25 *escucha tú desde el cielo, perdona el pecado de Israel, y haz que regrese a la tierra que* le *diste* a él *y a sus antepasados.*

26 *Si el cielo se cierra y no llueve, porque ellos han pecado contra ti, pero acuden a ti en este lugar, invocan tu nombre y se arrepienten de su pecado cuando tú los castigas,* 27 *escucha tú desde el cielo, muéstrales el buen camino y manda la lluvia sobre tu tierra, la tierra que diste a tu pueblo en herencia.*

28 *Si en esta tierra hay hambre, peste, tizón, gorgojo, langosta o pulgón; si el enemigo sitia cualquiera de sus ciudades; en toda desgracia o enfermedad,* 29 *si uno cualquiera o todo el pueblo* dolido *y arrepentido de su culpa, alza las manos hacia este templo y acude a ti suplicante,* 30 *es-*

cúchalo tú desde el cielo, lugar de tu morada, y perdona. Retribuye a cada uno según sus obras, tú que conoces su corazón, pues sólo tú conoces el corazón de los hombres. 31 *Así te respetarán* y seguirán tus caminos *todos los días que vivan en la tierra que diste a nuestros antepasados.*

32 *Incluso si un extranjero que no pertenece a tu pueblo Israel, atraído por la fama de tu nombre, por tu mano fuerte y tu brazo poderoso, viene de un país lejano a orar en este templo,* 33 *escúchalo desde el cielo, lugar de tu morada, y atiende su petición para que todos los pueblos de la tierra conozcan tu nombre, te respeten como lo hace tu pueblo Israel, y sepan que tu nombre es invocado en este templo que yo he construido.*

34 *Si tu pueblo declara la guerra a sus enemigos siguiendo tus indicaciones, y ora al Señor mirando en dirección a la ciudad que tú has elegido y hacia el templo que yo he levantado en tu honor,* 35 *escucha desde el cielo su oración y súplica y hazle justicia.* 36 *Si pecan contra ti –pues no hay hombre que no peque– y tú, irritado contra ellos los entregas al enemigo para que los lleve prisioneros a un país lejano o cercano,* 37 *pero ellos recapacitan y se convierten, y te suplican en su cautividad diciendo: «Hemos pecado; hemos cometido el mal; somos culpables»,* 38 *si se convierten a ti de todo corazón en el país a donde han sido desterrados, si recurren a ti mirando en dirección a la tierra que diste a sus antepasados, hacia la ciudad que tú has elegido, y hacia el templo que yo he levantado en tu honor,* 39 *escucha tú desde el cielo, lugar de tu morada, su oración y súplica. Hazles justicia y perdona el pecado que han cometido contra ti.* 40 *Ten,* Dios mío, *abiertos tus ojos* y atentos los oídos a las súplicas que se hagan en este lugar.

41 Y ahora, levántate, Señor Dios,
ven al lugar de tu morada,
tú y el arca de tu poder.
Que tus sacerdotes, Señor Dios,
se revistan de salvación,
y que tus fieles gocen de prosperidad.
42 No apartes, Señor Dios,
tu mirada de tu ungido,
y acuérdate del amor
a tu siervo David.

Fiesta de la dedicación del templo

1 Re 8 62-66; 1 Cr 21 26; 2 Cr 5 13-14

7 1 *Terminada esta oración,* bajó un fuego del cielo que consumió el holocausto y las víctimas del sacrificio, mientras la gloria del Señor llenaba el templo. 2 Los sacerdotes no pudieron entrar en el templo del Señor, porque su gloria lo llenaba por completo. 3 Todos los israelitas al ver cómo el fuego y la gloria del Señor descendían sobre el templo, se postraron rostro a tierra en actitud de adoración y alabaron al Señor: «porque es bueno, porque es eterno su amor».

4 *El rey* y todo el pueblo *ofrecieron sacrificios al Señor.* 5 *Salomón inmoló veintidós mil novillos y ciento veinte mil ovejas. Así el rey* y el pueblo *celebraron la dedicación del templo* de Dios. 6 Los sacerdotes oficiaban y los levitas tocaban los instrumentos de música sagrada que el rey David había dispuesto para cantar al Señor lo de «porque es eterno su amor». Junto a ellos los sacerdotes tocaban las trompetas, y todo Israel estaba de pie. 7 *Salomón consagró también el interior del atrio que está en la parte delantera del templo del Señor; en él ofreció los holocaustos, ofrendas y grasas de los sacrificios de comunión. El altar de bronce* construido por Salomón, era insuficiente *para tantos holocaustos, ofrendas y grasas.* 8 *En aquella ocasión, Salomón y con él la inmensa asamblea venida de todo Israel, desde el paso de Jamat hasta el torrente de Egipto, celebraron la fiesta durante siete días.* 9 *El octavo día,* hicieron fiesta solemne, pues habían celebrado la dedicación del altar durante otros siete días. 10 El día veintitrés del séptimo mes *Salomón despidió al pueblo que regresó a sus casas contento y alegre por todos los beneficios que el Señor había hecho a David,* a Salomón, *y a su pueblo Israel.*

Alianza de Dios con Salomón

1 Re 9 1-9

11 *Cuando Salomón terminó el templo del Señor, su palacio y todo lo demás que había proyectado* hacer en ellos, 12 *se le apareció el Señor* de noche y *le dijo:*

–He escuchado tu oración y he elegido

este lugar como templo para los sacrificios. 13 Cuando yo cierre el cielo y no llueva, cuando ordene a la langosta que devore
la tierra, cuando envíe la peste a mi pueblo, 14 si mi pueblo, sobre el cual se invoca
mi nombre, se humilla, ora, busca mi rostro y se arrepiente de su mala conducta, yo
lo escucharé desde el cielo, perdonaré sus
pecados y devolveré la prosperidad al país.
15 En adelante dirigiré siempre mis ojos a
este lugar y recordaré las plegarias hechas
en él. 16 Yo he elegido *y consagrado este*
templo para morada eterna de mi nombre.
En él estarán siempre mis ojos y mi cora-
zón. 17 *Si caminas en mi presencia como tu*
padre David, cumpliendo todo lo que te he
mandado y observando mis leyes y precep-
tos, 18 *yo consolidaré tu trono real, como*
prometí a tu padre David cuando dije: No
te faltará un descendiente en el trono de
Israel. 19 *Pero si me abandonan y, en lugar*
de cumplir las leyes y mandamientos que
les he dado, dan culto a otros dioses y los
adoran, 20 *yo* los arrancaré *de la tierra que*
les he dado, y rechazaré este templo que he
consagrado a mi nombre, y haré de él moti-
vo de risa y de burla entre todos los pue-
blos. 21 *Y todo el que pase junto a este tem-*
plo, que era tan glorioso, quedará asom-
brado y preguntará: *«¿Por qué ha tratado*
así el Señor a este país y a este templo?».
22 *Le responderán: «Porque abandonaron*
al Señor, su Dios, que sacó de Egipto a sus
antepasados, y se entregaron a otros dio-
ses, adorándolos y dándoles culto. Por eso
el Señor ha hecho caer sobre ellos todos
estos males».

Otras actividades de Salomón

1 Re 9 10-28; 1 Cr 23-26

8 1 *En veinte años construyó Salomón el*
templo del Señor y su palacio. 2 Luego
reconstruyó *las ciudades que le había dado*
Jirán y las repobló con israelitas. 3 A continuación atacó a Jamat de Sobá y se apoderó de ella. 4 Reedificó Tadmor en el desierto, y todas las ciudades donde almacenar los alimentos que había construido en
Jamat. 5 Convirtió a Betorón de Arriba y a
Betorón de Abajo en plazas fortificadas do-
tándolas de muros, puertas y cerrojos; 6 *y*
lo mismo hizo con Balat y las demás ciu-
dades-almacén para sus carros de guerra
y su caballería. Edificó cuanto se propuso
en Jerusalén, en la región del Líbano, y en
todo el término de su jurisdicción.
7 *Había en el país gentes que no perte-*
necían al pueblo de Israel: eran los amo-
rreos, hititas, pereceos, jeveos y jebuseos,
8 *descendientes de aquellos a quienes los*
israelitas no habían podido exterminar. A
éstos Salomón los reclutó como trabajado-
res forzados, y esa sigue siendo su situa-
ción hasta el día de hoy. 9 *No hizo lo mis-*
mo con los israelitas a quienes no utilizó
en los trabajos serviles de sus obras, sino
que eran soldados, jefes de sus escuderos y
comandantes de sus carros y caballería.
10 *Los capataces del rey Salomón encarga-*
dos de vigilar a los que trabajaban en las
obras eran doscientos cincuenta.
11 Salomón trasladó a la hija del faraón
de la ciudad de David al palacio que había
construido para ella. Le dijo:
–Ninguna de mis mujeres puede vivir
en el palacio de David, rey de Israel, porque los lugares donde ha estado el arca del
Señor son sagrados.
12 *Salomón ofreció holocaustos al Se-*
ñor sobre el altar levantado por él delante
del pórtico. 13 Cumplió el ritual ordenado
por Moisés en los holocaustos diarios, así
como en los de los sábados, de las fiestas
de luna nueva y de las tres solemnidades
del año: la de los panes sin levadura, la de
las semanas y la de las tiendas. 14 Según
las disposiciones de su padre David, estableció los turnos de los servicios sacerdotales, las funciones de los levitas como
cantores y ayudantes de los sacerdotes,
según el ritual cotidiano, y los turnos de
porteros en cada una de las puertas: todo
conforme a lo dispuesto por David, hombre de Dios. 15 Ni un ápice de las disposiciones reales sobre los sacerdotes y levitas

• **8 1-18**: Inspirándose en 1 Re 9 10-28, se nos dan ahora detalles de la actividad constructora de Salomón, de su preocupación por las exigencias del culto y de su política comercial. Hay algunos cambios con relación a su fuente. Destaca la versión de las ciudades dadas por Salomón a Jirán y despreciadas por éste (ver 1 Re 9 10-14); el Cronista elimina la aspereza, indicando que fue Jirán quien las regaló a Salomón. La noticia de 2 Cr 8 11, propia del Cronista, refleja sin duda la poca simpatía del autor por los matrimonios con paganos.

dejó de cumplirse, ni las relativas a la custodia del tesoro. 16 Así se realizó toda la obra de Salomón desde el día en que se pusieron los cimientos del templo del Señor hasta que se terminó.

17 *Salomón* partió para *Esionguéber y Elat, a orillas del mar Rojo,* en el país de Edom. 18 Por medio de sus servidores *Jirán le mandó* barcos y *marineros expertos* que *junto con los sevidores de Salomón llegaron hasta Ofir y trajeron* quince mil quinientos kilos *de oro para el rey Salomón.*

Salomón y la reina de Sabá

1 Re 10 1-13

9 1 *La reina de Sabá, al oír la fama de Salomón, vino a Jerusalén a ponerlo a prueba proponiéndole unos enigmas. Vino con un gran número de acompañantes y con camellos cargados de perfumes, oro y piedras preciosas en cantidad fabulosa. Se presentó a Salomón y le manifestó todo lo que tenía pensado decirle.* 2 *Salomón contestó a todas sus preguntas; no hubo ninguna cuestión difícil que el rey no pudiera resolver.* 3 *Cuando la reina de Sabá vio toda la sabiduría de Salomón y el palacio que se había construido,* 4 *los alimentos de su mesa, el porte de sus servidores y sus uniformes, los coperos y su atuendo, y los holocaustos que ofrecía en el templo del Señor, se quedó maravillada,* 5 *y dijo al rey:*

–Era verdad lo que yo había oído en mi país acerca de ti y de tu sabiduría. 6 *Yo no quería creerlo, hasta que he venido y lo he visto con mis propios ojos; pero veo que no me habían dicho ni la mitad. Tu sabiduría supera la fama que había llegado hasta mis oídos.* 7 *¡Feliz tu gente, felices tus servidores que están siempre a tu lado y escuchan tu sabiduría!* 8 *¡Bendito el Señor, tu Dios, que ha tenido a bien* sentarte sobre el trono como rey al servicio del Señor tu Dios! *Por su amor eterno a Israel, te ha constituido su rey, para administrar el derecho y la justicia.*

9 *La reina obsequió al rey con cuatro mil kilos de oro, perfumes y piedras preciosas en gran cantidad. Jamás se vio tanta cantidad de perfumes como la ofrecida por la reina de Sabá.* 10 Además los siervos de Jirán y los de Salomón transportaron, *junto con el oro de Ofir, madera de sándalo y piedras preciosas.* 11 *Con la madera de sándalo hizo el rey* entarimados *para el templo del Señor y para el palacio real, y cítaras y arpas para los músicos. Sándalo como aquel no se había visto* nunca en Judá. 12 *Salomón dio a la reina de Sabá todo lo que ella pidió,* en cantidad muy superior a la que ella trajo al rey. *La reina se despidió y regresó a su país con sus acompañantes.*

Riquezas de Salomón

1 Re 10 14-28

13 *El oro que entraba anualmente en las arcas del rey Salomón sumaba unos veintidós mil ochocientos kilos,* 14 *sin contar el procedente de los impuestos a comerciantes y mercaderes, y el que le daban como tributo los reyes de Arabia y los gobernadores del país.* 15 *El rey Salomón mandó fabricar doscientos escudos de oro fundido, de unos siete kilos cada uno,* 16 *y trescientos escudos más pequeños de oro fundido, de tres kilos y medio cada uno. Y los colocó en la sala llamada Bosque del Líbano.* 17 *Hizo también un gran trono de marfil que recubrió de oro finísimo.* 18 *El trono tenía seis gradas,* y un estrado de oro, y un cordero *de oro puro* grabado *en el respaldo; tenía también el trono unos brazos en los cuales había dos leones;* 19 *y había otros doce leones a uno y otro lado de las seis gradas. Jamás se había hecho cosa semejante en reino alguno.* 20 *Toda la vajilla del rey Salomón era de oro lo mismo que todo el mobiliario de la sala llamada Bosque del Líbano: Todo era de oro*

• **9** 1-31: La crónica del reinado de Salomón termina como empezó: aludiendo a su sabiduría y a su riqueza. La reina de Sabá testifica la sabiduría del monarca y el esplendor de su corte (1 Cr 9 1-12). Todos los reyes de la tierra vienen a visitarlo y a traerle regalos (véase Is 60 6; Sal 72 8-11). Su poderío es inmenso y las cifras que ofrece el Cronista, con pequeñas modificaciones sobre el documento base, son suficientemente elocuentes al respecto. Por lo demás, el Cronista omite todo aquello que podía ser causa de desdibujar y desprestigiar a Salomón (véase, en cambio, 1 Re 11 1-40).

puro; no había nada de plata, pues ésta
apenas se estimaba en tiempos del rey Salomón. 21 El rey tenía una flota de barcos
que iban a Tarsis con los servidores de Jirán, y cada tres años regresaba con cargamento de oro, plata, marfil, monos y pavos reales.
22 El rey Salomón superó a todos los
reyes de la tierra en riqueza y sabiduría;
23 y todos los reyes de la tierra querían ver
a Salomón para escuchar la sabiduría que
Dios le había concedido. 24 Le traían como regalo objetos de plata y de oro junto
con vestidos, armas, perfumes, caballos y
mulos. Así todos los años. 25 Tenía Salomón cuatro mil caballerizas para sus caballos; tenía carros de combate y doce mil jinetes que estaban en los establos de las
ciudades destinadas a ellos y en Jerusalén,
junto al rey.
26 Extendió su poder sobre todos los
reyes desde el Eufrates hasta el país de los
filisteos y hasta la frontera de Egipto. 27 El
rey hizo que la plata fuera tan abundante
en Jerusalén como las piedras, y los cedros
tanto como las higueras de la Sefelá. 28 Los
caballos destinados a Salomón se importaban de Egipto y de todos los demás países.

Muerte de Salomón

1 Re 11 41-43

29 El resto de la historia de Salomón,
desde el comienzo al final, está escrito en
las crónicas del profeta Natán, en la profecía de Ajías de Siló y en la visión del vidente Idó sobre Jeroboán, hijo de Nabat.
30 Salomón reinó cuarenta años en Jerusalén sobre todo Israel. 31 Murió y fue sepultado en la ciudad de su padre David. Le
sucedió en el trono su hijo Roboán.

4. Historia del reino de Judá ◊

División del reino

1 Re 12 1-19

10 1 Roboán fue a Siquén, donde estaba
reunido Israel para proclamarlo rey.
2 Informado de ello Jeroboán, hijo de Nabat, que estaba en Egipto, a donde había
huido del rey Salomón, regresó de allí.
3 Enviaron, pues, a llamar a Jeroboán y
acudió con toda la asamblea de Israel. Y
dijeron a Roboán:
4 –Tu padre nos ha puesto un yugo muy
pesado. Alivia tú ahora la dura servidumbre a que nos sometió tu padre y el pesado
yugo que nos impuso, y te serviremos.
5 Les respondió:
–Regresen a verme dentro de tres días.
El pueblo se retiró. 6 El rey Roboán consultó a los ancianos que habían sido consejeros durante la vida de su padre Salomón, y les preguntó:
–¿Qué me aconsejan que responda a
este pueblo?
7 Ellos le dijeron:
–Si tú tratas con benevolencia a este
pueblo, si sabes condescender y los tratas

◊ **10 1-36 23**: La última parte del libro de las Crónicas abarca la historia de Judá desde la división de los reinos hasta el destierro. A diferencia de la historia que le sirve de fundamento, en la que el relato concluye con el fin del último rey (2 Re 25 1-30), en ésta el relato concluye con la perspectiva del inmediato retorno del destierro, retorno propiciado por el edicto de Ciro (2 Cr 36 22-23). Sin embargo, no parece que tal dato estuviera en la obra original. Al contrario, parece que el dato está tomado de Esdras (Esd 1 1-3) e insertado aquí con la finalidad de dejar una impresión de esperanza.

Otra gran diferencia de esta última parte de la historia cronística, en relación a su fuente principal, consiste en que dedica, en general, mayor atención a cada uno de los reyes de Judá, de modo especial a algunos de ellos: Roboán (2 Cr 10-12), Asá (2 Cr 14-16), Josafat (2 Cr 17-20), Ezequías (2 Cr 29-32) y Josías (2 Cr 34-35). Significa esto, en la práctica, una lectura alternativa de la historia de este período, concentrando el interés en los más brillantes miembros de la dinastía davídica que, desde el punto de vista del Cronista, son aquellos que se mantuvieron más fieles a la alianza con Dios y se preocuparon más por el templo de Jerusalén.

• **10 1-12 16**: La historia de Roboán consta de dos partes: la que constata su intervención en la división de los reinos (2 Cr 10 1-11 4) y la crónica del resto de su reinado (2 Cr 11 5-12 16). El juicio global sobre él es negativo: *no se esforzó en buscar al Señor* (2 Cr 12 14). No obstante, la ruptura estaba en los planes de Dios (véase 1 Re 11 29-39) y así se explica que un rey investido por Dios como tal pueda haber cometido un error político de tamaña envergadura hasta el punto de provocar la división. El auténtico culpable había sido Salomón si bien el Cronista se cuida mucho y no lo dice expresamente.

En 2 Cr 11 4 la fuente de 1 Re 12 24 dice: *No vayan a luchar contra sus hermanos, los israelitas.* El Cronista suprime *israelitas* porque para él las tribus del norte no forman ya parte de Israel. Precisamente por eso nada escribe sobre la historia del reino del Norte, salvo en sus relaciones con el del Sur, el único fiel.

amablemente, ellos estarán siempre a tu servicio.

8 *Pero Roboán rechazó este consejo de los ancianos y pidió parecer a sus jóvenes compañeros de infancia que se habían educado con él y estaban a su servicio.* 9 *Les preguntó:*

–¿Qué me aconsejan que responda a este pueblo que me ha hablado así: «Aligera el yugo que tu padre puso sobre nosotros»?

10 *Los jóvenes que se habían educado con él le respondieron:*

–A este pueblo que te ha dicho eso le responderás: «Mi dedo meñique es más gordo que la espalda de mi padre. 11 *Mi padre puso sobre ustedes un yugo pesado, pero yo lo haré aún más pesado; mi padre los azotó con látigo, pero yo lo haré con alacranes».*

12 *Al tercer día, siguiendo la indicación del rey de reunirse con él a los tres días, Jeroboán junto con todo Israel se presentó ante Roboán.* 13 *Este los trató duramente; rechazó el consejo de los ancianos y, siguiendo el parecer de los jóvenes,* 14 *les dijo:*

–Mi padre les puso un yugo pesado, pero yo lo haré más pesado aún; mi padre los azotó con látigo, pero yo lo haré con alacranes.

15 *Así pues, el rey no escuchó al pueblo, según los planes* de Dios, *para que se cumpliera la palabra que había dado el Señor a Jeroboán, hijo de Nabat, por medio de Ajías de Siló.* 16 *Viendo todos los israelitas que el rey no los había escuchado, le dijeron:*

–¿Qué tenemos que ver nosotros con David? ¿Acaso compartimos nuestra herencia con el hijo de Jesé? ¡A tus tiendas, Israel! ¡Y ahora, preocúpate por tu familia, David!

17 *Los de Israel regresaron a sus casas, si bien los israelitas residentes en las ciudades de Judá siguieron sometidos a Roboán.* 18 *El rey Roboán envió como mediador a Adonirán, el encargado de reclutar trabajadores forzados, pero los israelitas lo mataron a pedradas. El propio Roboán tuvo que subir a toda prisa en su carro de guerra y escapar a Jerusalén.* 19 *Así se separó Israel de la dinastía de David hasta el día de hoy.*

Actividad de Roboán en Judá (931-914)

1 Re 12 21-24.30; 2 Cr 12 5-7; 13 9

11 1 *Cuando llegó a Jerusalén, Roboán reunió a ciento ochenta mil guerreros, elegidos de entre las tribus de Judá y Benjamín para luchar contra Israel y devolver el reino a Roboán.* 2 *Pero el Señor habló así al profeta Semeyas:*

3 *–Di a Roboán, hijo de Salomón, rey de Judá, y a todo el pueblo de Israel que vive en Judá y Benjamín:* 4 *Esto dice el Señor: «No vayan a luchar contra sus hermanos. Regresen a sus casas, pues todo esto ha sucedido por disposición mía».*

Ellos obedecieron la palabra del Señor y renunciaron *a luchar* contra Jeroboán.

5 Roboán se estableció en Jerusalén y reconstruyó las ciudades fuertes de Judá: 6 Belén, Etán, Tecoa, 7 Betsur, Soco, Adulán, 8 Gat, Maresá, Ziv, 9 Adoraín, Laquis, Azeca, 10 Sorá, Ayalón y Hebrón; todas en el territorio de Judá y Benjamín. 11 Reforzó sus defensas, puso al frente de ellas gobernadores, y las dotó de almacenes de víveres, aceite y vino, 12 así como de escudos y lanzas en abundancia. Las convirtió en fortalezas, y de esta manera pudo mantener el control sobre Judá y Benjamín. 13 Los sacerdotes y levitas dispersos por Israel dejaban su territorio para establecerse junto a él. 14 Abandonaban posesiones y heredades para venirse a Judá y a Jerusalén, porque Jeroboán y sus hijos los habían excluido del sacerdocio del Señor. 15 Jeroboán había *instituido* su propio *sacerdocio para los lugares de culto en los que había fabricado* imágenes de chivos y de becerros. 16 Siguiendo el ejemplo de sacerdotes y levitas, gente de todas las tribus de Israel que querían ser fieles al Señor, Dios de Israel, se trasladaron también a Jerusalén para seguir ofreciendo sacrificios al Señor, Dios de sus antepasados. 17 Con ello salió fortalecido el reino de Judá y durante tres años apoyaron a Roboán, hijo de Salomón; los tres años que Roboán imitó el ejemplo de David y Salomón.

18 Roboán se casó con Majalat, hija de Yerimot, hijo de David y de Abigail, hija de Eliab, y nieta de Jesé. 19 De ella tuvo a Yeús, Semarías y Zaán. 20 Después se casó con Maacá, hija de Absalón, que le dio a Abías, Atay, Zizá y Selomit. 21 Maacá,

hija de Absalón, era la preferida de Roboán sobre el resto de sus mujeres y concubinas. Sus mujeres fueron dieciocho y sesenta las concubinas; veintiocho sus hijos y sesenta sus hijas. 22 Constituyó a Abías, hijo de Maacá, como cabeza y príncipe de todos sus hermanos, porque quería hacerlo rey. 23 Tuvo la sagacidad de distribuir a sus hijos por todo el territorio de Judá y Benjamín; los instaló en ciudades fortificadas a las que dotó de abundantes provisiones, y les proporcionó muchas mujeres.

Invasión de Judá por Sesac

1 Re 14 25-31

12 1 Cuando Roboán se sintió fuerte y consolidado en el trono, abandonó la ley del Señor, y todo el pueblo hizo lo mismo. 2 Por su infidelidad al Señor, *el año quinto del reinado de Roboán, Sesac, rey de Egipto, atacó Jerusalén* 3 con mil doscientos carros de guerra, sesenta mil caballos y un ejército imponente integrado por libios, suqueos y etíopes, que venía con él de Egipto. 4 Conquistó las ciudades fortificadas de Judá y llegó hasta Jerusalén. 5 El profeta Semeyas fue a ver a Roboán y a los jefes de Judá, que se habían refugiado en Jerusalén ante el avance de Sesac, y les dijo:

–Así dice el Señor: Ustedes me han abandonado a mí y yo ahora los abandono en manos de Sesac.

6 Los jefes de Israel y el rey se humillaron y dijeron:

–El Señor tiene razón.

7 Cuando el Señor vio que se habían humillado dijo de nuevo a Semeyas:

–Se han humillado; no los destruiré, sino que pronto los libraré y no descargaré mi furor contra Jerusalén valiéndome de Sesac. 8 Sin embargo, le estarán sometidos por algún tiempo, para que experimenten la diferencia que hay entre servirme a mí y servir a los reyes de otras naciones.

9 *Sesac, rey de Egipto, atacó Jerusalén y saqueó los tesoros del templo del Señor y los del palacio del rey; lo saqueó todo, incluso los escudos de oro que Salomón había fabricado.* 10 *Roboán los sustituyó por escudos de bronce, que confió a los jefes de la escolta que hacía guardia a la entrada del palacio del rey.* 11 *Siempre que el rey entraba en el templo del Señor, la escolta los llevaba, y luego los volvía a traer a la sala de guardia.* 12 La humillación del rey hizo que se apartara de él la ira del Señor, le ahorró un castigo total, y las cosas mejoraron en Judá.

13 *Roboán* se consolidó en Judá y continuó reinando. *Tenía cuarenta años cuando subió al trono, y reinó diecisiete en Jerusalén, la ciudad elegida por el Señor entre todas las tribus de Israel para morada de su nombre. Su madre Naamá era amonita.* 14 *Su conducta fue reprobable,* pues no se esforzó en buscar al Señor. 15 *La historia de Roboán está escrita* desde el comienzo al final en las crónicas del profeta Semeyas y del vidente Idó. *Roboán y Jeroboán estuvieron siempre en guerra.* 16 *Murió Roboán y fue sepultado en la ciudad de David. Le sucedió su hijo Abías.*

Reinado de Abías (914-911)

1 Re 15 1-2.7-8; 1 Re 17 16; 2 Cr 11 14

13 1 *Abías comenzó a reinar sobre Judá el año decimo octavo de Jeroboán.* 2 *Reinó tres años en Jerusalén. Su madre, hija de* Uriel de Guibeá, se llamaba Maacá. Abías y Jeroboán se declararon la *guerra.* 3 Abías movilizó cuatrocientos mil hombres y Jeroboán, ochocientos mil; unos y otros elegidos y valerosos. 4 Abías acampó en el monte Semarain, en las montañas de Efraín, y gritó:

–Jeroboán e israelitas todos, escúchenme; 5 ¿No saben que el Señor, Dios de Israel, dio para siempre a David el reino sobre todo Israel, a él y a sus hijos con pacto irrevocable? 6 Sin embargo, Jeroboán, hijo de Nabat, siervo de Salomón, hijo de David, se rebeló contra su señor. 7 Hombres miserables y perversos impusieron su criterio a Roboán, hijo de Salomón, que en

• **13** 1-23: La historia de Abías alcanza aquí una dimensión nueva a causa de la guerra con Jeroboán narrada por el Cronista a partir de una fuente propia de la que no se tienen noticias. El relato insiste en la legitimidad del culto y del sacerdocio de Jerusalén frente al culto idolátrico promovido por Jeroboán y los suyos. La derrota total de Jeroboán es programática e indica que la actitud del reino del Norte es y seguirá siendo contraria a los deseos de Dios.

aquel momento era joven y tímido para
poderlos resistir. 8 Y ahora se proponen
hacer frente al reino del Señor que está en
manos de los descendientes de David, porque son muchos y tienen con ustedes los
becerros de oro que Jeroboán les fabricó
para que fueran sus dioses. 9 Han expulsado
a los sacerdotes del Señor, hijos de Aarón,
y a los levitas, y les han dado sacerdotes al
estilo de los pueblos extranjeros. Cualquiera que traiga un becerro y siete carneros se
convierte en sacerdote de dioses que no lo
son. 10 Para nosotros, en cambio, nuestro
Dios es el Señor: no lo hemos abandonado;
los hijos de Aarón son sus sacerdotes y los
levitas ofician en su honor. 11 Cada mañana
y cada tarde ofrecen holocaustos al Señor,
queman el incienso aromático, renuevan
los panes de la ofrenda sobre la mesa limpia y encienden todas las tardes las lámparas del candelabro de oro. Seguimos cumpliendo las disposiciones del Señor nuestro
Dios que ustedes han abandonado. 12 Tenemos a Dios como caudillo; con nosotros están sus sacerdotes y las trompetas de guerra
que van a resonar contra ustedes. ¡Israelitas!, no luchen contra el Señor, el Dios de
sus antepasados; no les irá bien.

13 Entre tanto, Jeroboán tendió una emboscada a Judá con el fin de atacarlos por
la espalda; por una parte, el grueso del
ejército israelita atacaba de frente a Judá,
mientras los de la emboscada atacaban por
la espalda. 14 Miraron atrás los de Judá y
se percataron de la gravedad de su situación. Clamaron al Señor y los sacerdotes
tocaron sus trompetas. 15 Lanzaron el grito
de guerra y, a su clamor, Dios desbarató a
Jeroboán y a Israel ante Abías y Judá. 16 El
ejército huyó ante los hombres de Judá, y
Dios los entregó en su poder. 17 Abías y su
ejército causaron a los israelitas una gran
derrota, causándoles quinientas mil bajas.
18 Israel quedó humillado, mientras que
Judá fortaleció su poder por haberse apoyado en el Señor, Dios de sus antepasados.
19 Abías persiguió a Jeroboán y se apoderó
de Betel, Gesana y Efrón con sus respectivos poblados.

20 Jeroboán no levantó cabeza durante
la vida de Abías. El Señor lo hirió y murió.
21 Abías, por el contrario se hizo más fuerte cada vez. Tuvo catorce mujeres, veintidós hijos y dieciséis hijas.

22 *El resto de la historia de Abías,* su
conducta, sus hechos, *están escritos* en el
comentario del profeta Idó. 23 *Murió Abías
y fue sepultado en la ciudad de David. Le
sucedió su hijo Asá.* El país gozó de paz
durante diez años.

Asá, rey de Judá (911-870)

1 Re 15 11-12

14 1 *Asá agradó con su buena conducta
al Señor,* su Dios. 2 Destruyó los altares de los dioses extranjeros, los santuarios
de los altozanos, las piedras conmemorativas y las imágenes sagradas. 3 Exhortó a
Judá a buscar al Señor, Dios de sus antepasados, cumpliendo su ley y sus mandamientos. 4 Destruyó en todas las ciudades
de Judá los santuarios de los altozanos y
las imágenes del culto solar. El reino estuvo
en paz durante sus días. 5 Aprovechando
estos años de paz interior y exterior que el
Señor le concedió, se propuso reconstruir
las ciudades fortificadas de Judá. 6 Así que
dijo a la gente de Judá:

–Reconstruyamos estas ciudades, rodeé-
moslas de murallas y torres con puertas y
cerrojos, mientras el país está en nuestro
poder. Hemos servido al Señor, nuestro
Dios, y él nos ha dado la paz en todas las
fronteras.

Emprendieron la reconstrucción y la
llevaron a término con éxito.

7 Asá tenía un ejército de trescientos mil
hombres armados de escudo y lanza en
Judá, y doscientos ochenta mil armados de
escudo y arco, en Benjamín; todos hombres valerosos.

Incursión y derrota de Zéraj

8 Zéraj, el cusita, se puso en marcha para atacarlos con un millón de hombres y
trescientos carros de combate, y llegó hasta Maresá. 9 Asá le salió a su encuentro y

• **14 1-16 14**: El reinado de Asá tuvo dos vertientes; una positiva: su reforma religiosa (2 Cr 15); otra negativa: su política de alianzas (2 Cr 16). De la historia de su reinado en conjunto se deduce una enseñanza principal: la importancia de mantenerse fiel al Señor. Esa fidelidad es la fuente de la prosperidad, tanto del rey como de la nación, y constituye la mejor garantía de seguridad frente a los enemigos del exterior.

formaron en orden de batalla en el valle de Sefetá, junto a Maresá. 10 Asá invocó al Señor, su Dios:

–Señor, sólo tú puedes auxiliar al débil frente al poderoso. Defiéndenos, Señor, Dios nuestro, porque en ti confiamos y en tu nombre vamos a luchar contra esta multitud. Señor, tú eres nuestro Dios: que ningún hombre prevalezca contra ti.

11 El Señor desbarató a los cusitas ante Asá y Judá. 12 Los cusitas huyeron; Asá los persiguió con su ejército hasta Guerar, porque el Señor y su ejército los exterminaron. El botín de los vencedores fue inmenso. 13 Conquistaron todas las ciudades de la región de Guerar, de las que se había apoderado el pánico del Señor; todas fueron saqueadas, pues era abundante su botín. 14 De los corrales y establos se llevaron una enorme cantidad de ovejas y camellos. Después regresaron a Jerusalén.

Mensaje de Azarías y reforma religiosa de Asá

1 Re 15 13-15

15 1 El espíritu de Dios invadió a Azarías, hijo de Obed, 2 el cual se presentó a Asá y le dijo:

–Escúchame, Asá, y escúchenme, Judá y Benjamín: Si están con el Señor, también él estará con ustedes; si lo buscan, se dejará encontrar por ustedes; pero si lo abandonan, él los abandonará. 3 Durante muchos años estuvo Israel sin Dios verdadero, sin sacerdotes que lo instruyeran y sin ley. 4 Pero en medio de su angustia, se convirtieron al Señor, Dios de Israel, lo buscaron, y él se dejó encontrar. 5 En aquellos días no había seguridad para nadie, y todos vivían sobresaltados. 6 Naciones y ciudades se destruían unas a otras, pues Dios las había sacudido con toda clase de calamidades. 7 Pero ustedes manténganse animosos y no desfallezcan, pues su conducta será recompensada.

8 Cuando Asá escuchó estas palabras del profeta Azarías, hijo de Odeb, se llenó de valor y destruyó los ídolos de todo Judá y Benjamín y los de las ciudades conquistadas en las montañas de Efraín. Reconstruyó el altar del Señor que estaba delante del pórtico del Señor. 9 Convocó a Judá, a Benjamín y a todos los de Efraín, Manasés y Simeón que vivían entre ellos, pues eran muchos los israelitas que se habían pasado a Asá, al ver que el Señor su Dios estaba con él. 10 Se reunieron en Jerusalén el mes tercero del año decimo quinto del reinado de Asá. 11 Aquel día inmolaron al Señor setecientos novillos y siete mil ovejas, procedentes del botín que había traído. 12 Se comprometieron a buscar al Señor, Dios de sus antepasados, con todo su corazón y toda su alma: 13 todo el que faltara a este compromiso moriría, sin distinción entre grandes o pequeños, hombres o mujeres. 14 Este solemne compromiso fue recibido con grandes gritos de alegría entre el resonar de las trompetas y de los cuernos. 15 Todo Judá estaba contento con el solemne compromiso que habían hecho de todo corazón. Buscaron al Señor con su mejor voluntad, y él se dejó encontrar por ellos, dándoles la paz en todo su territorio. 16 *Incluso a su abuela Maacá, la privó de su rango real por haberse hecho una abominable imagen de Astarté.* Asá la hizo pedazos *y la quemó en el torrente Cedrón.* 17 *Aunque no fueron suprimidos los santuarios de los altozanos, Asá fue fiel al Señor durante toda su vida.* 18 *Llevó al templo del Señor todas las ofrendas que él y su padre habían hecho al templo: plata, oro y objetos varios.* 19 Y no hubo guerra hasta el año trigésimo quinto de su reinado.

Alianza entre Asá y Benadad contra Israel

1 Re 15 17-24; 2 Cr 14 8-14

16 1 El año trigésimo sexto del reinado de Asá, *Basá, rey de Israel, atacó a Judá y comenzó a fortificar Ramá para cortar las comunicaciones a Asá, rey de Judá.* 2 *Asá tomó toda la plata y el oro que había en los tesoros del templo del Señor y del palacio real, y lo envió a Benadad, rey de Siria, que residía en Damasco, con este mensaje:* 3 *«Hagamos un pacto como lo hicieron tu padre y el mío. Te envío presentes de plata y oro. Rompe tu pacto con Basá, rey de Israel, para que se vaya de mi territorio».*

4 *Benadad aceptó la propuesta y envió su ejército contra las ciudades de Israel. Arrasó Iyón, Dan, Abel Maín y se apoderó de todas* las ciudades-almacén *de Neftalí.*

5 *Cuando Basá se enteró, suspendió la fortificación de Ramá* e interrumpió las obras.

6 *Entonces el rey Asá* tomó consigo *a todos los habitantes de Judá y con las piedras y las maderas utilizadas por Basá para fortificar Ramá, fortificó Guibeá de Benjamín y Mispá.* 7 Entonces fue a verlo el profeta Jananí y le dijo:

–Por haber confiado en el rey de Siria y no en el Señor, tu Dios, el ejército del rey de Siria escapará de tus manos. 8 Los cusitas y los libios eran un ejército enorme, con gran número de carros de combate y de caballos; y con todo, el Señor los entregó en tu poder, porque confiaste en él. 9 El Señor ve lo que ocurre en toda la tierra para sostener a los que le son fieles. ¡Esta vez te has portado como un insensato! Por eso, a partir de ahora, tendrás guerra.

10 Asá, indignado, encarceló al vidente, porque sus palabras lo habían exasperado. La misma conducta siguió con otros del pueblo. 11 La historia de Asá, del principio al fin, está escrita en el libro de los reyes de Judá y de Israel. 12 El año trigésimo noveno de su reinado enfermó gravemente de los pies; y tampoco en su enfermedad confió en el Señor, sino en los médicos. 13 Murió el año cuadragésimo primero de su reinado. 14 *Fue sepultado en la ciudad de David,* en un sepulcro que se había hecho para sí. Lo pusieron en un lecho lleno de aromas y ungüentos finos, preparados según el arte de perfumería, y se quemaron en su honor gran cantidad de perfumes.

Reinado de Josafat (870-848)

1 Re 15 24; 22 41-43

17 1 Le sucedió su hijo Josafat, que reafirmó su poder contra Israel. 2 Puso guarniciones en todas las ciudades fortificadas de Judá y colocó destacamentos por todo Judá, así como en las ciudades de Efraín conquistadas por su padre Asá. 3 El Señor estuvo con Josafat, porque imitó la conducta de su padre en la primera parte de su vida. No dio culto a los baales, 4 sino que buscó al Dios de sus antepasados y vivió según sus preceptos, sin imitar para nada a Israel. 5 El Señor consolidó el reino en sus manos; todo Judá le pagaba impuesto, y sus riquezas fueron muchas y grande su fama. 6 Se dio por entero al Señor e hizo desaparecer de Judá los santuarios de los altozanos y las imágenes sagradas. 7 El año tercero de su reinado llevó a cabo una campaña de instrucción por las ciudades de Judá, por medio de sus funcionarios, Benjaíl, Abdías, Zacarías, Nataniel y Miqueas, 8 y de los levitas Semeyas, Netanías, Zebadías, Asael, Semiramot, Jonatán, Adonías, Tobías y Tobadonías, y de los sacerdotes Elisamá y Jorán; 9 con el libro de la ley del Señor en sus manos, recorrían las ciudades de Judá enseñando al pueblo.

10 El pánico del Señor se apoderó de todos los reinos vecinos a Judá, y no hicieron la guerra a Josafat. 11 Los filisteos trajeron a Josafat presentes y le pagaron impuestos en plata mientras los árabes lo hicieron en ganado ovino: siete mil setecientos carneros y otros tantos chivos.

12 Josafat prosperaba cada vez más. Edificó en Judá fortalezas y ciudades de aprovisionamiento. 13 En ellas almacenaba grandes provisiones, y tenía unas guarniciones muy fuertes en Jerusalén. 14 Esta era su distribución por familias patriarcales y categorías: por Judá eran jefes de mil: Adná, al frente de trescientos mil hombres valerosos; 15 Juan, al frente de doscientos ochenta mil hombres; 16 Amasías, hijo de Zicrí, que se había consagrado voluntariamente al

• **17 1-20 37**: Josafat es presentado por el Cronista como un rey profundamente piadoso, que promovió una reforma de amplio espectro. Esta actitud positiva de Josafat con respecto a la alianza prevalece en la perspectiva del Cronista que resalta la prosperidad alcanzada por el pueblo (2 Cr 17) y considera la figura de Josafat como ejemplar, a pesar de su alianza con el cismático Ajab (2 Cr 18).

El relato de 2 Cr 18 3-34 sigue muy de cerca la fuente de 1 Re 22 5-35. En cambio 2 Cr 19-20 constituye una larga narración propia del Cronista en la que se elogia la reforma religiosa emprendida por Josafat y se resalta la ayuda providencial que Dios dispensa al rey y al pueblo precisamente por su fidelidad. La batalla contra los enemigos unidos, más que un combate con el correspondiente dispositivo militar, parece una procesión litúrgica en la que a los israelitas únicamente corresponde cantar y rezar; la victoria sobre los enemigos es cosa de Dios.

El balance final del reinado de Josafat es positivo (2 Cr 20 31-33). Incluso las reservas que mantiene el Cronista (2 Cr 20 33) están suavizadas con respecto a 1 Re 22 44. Pero la noticia final sobre la desafortunada alianza con Ocozías, rey de Israel, pone una vez más de manifiesto que aliarse con los malvados es siempre causa de desastre.

servicio del Señor, al frente de doscientos
mil valientes; 17 por Benjamín estaba Elyadá, un valiente guerrero, al frente de doscientos mil hombres armados de arco y escudo; 18 Yozabad, al frente de ciento ochenta mil, prontos para el combate. 19 Estos
estaban al servicio del rey, sin contar las
guarniciones de las ciudades fortificadas
de todo Judá.

Pacto entre Ajab y Josafat

1 Re 22 4

18 1 Josafat se hizo muy rico y famoso, y
se emparentó con Ajab, 2 al que fue a
visitar a Samaría al cabo de algunos años.
Para festejar el acontecimiento Ajab mató
muchas ovejas y toros, y convenció a Josafat para que se aliara con él contra Ramot
de Galaad. 3 Ajab, rey de Israel, *propuso a
Josafat,* rey de Judá:

*–¿Quieres venir conmigo a atacar Ra-
mot de Galaad?*

Josafat le respondió:

*–Tú y yo, tu pueblo y el mío somos una
misma cosa;* iremos contigo a la guerra.

Los profetas de la corte frente a Miqueas

1 Re 22 5-28

4 *Pero Josafat dijo al rey de Israel:*

–Por favor, consulta antes al Señor.

5 *El rey de Israel reunió a los profetas,
unos cuatrocientos, y les preguntó:*

–¿Debemos *salir a combatir contra Ramot de Galaad, o no?*

Le respondieron:

–Sube, que Dios te la entregará.

6 *Pero Josafat objetó:*

*–¿No hay aquí algún profeta del Señor
para consultarlo?*

7 *El rey de Israel respondió:*

*–Sí, hay un hombre, por medio del cual
podemos consultar al Señor, pero yo lo detesto porque no me profetiza más que desgracias. Se trata de Miqueas, hijo de Yimlá.*

Josafat dijo:

–No se exprese así el rey.

8 *El rey de Israel llamó a un funcionario y le ordenó:*

*–Trae en seguida a Miqueas, hijo de
Yimlá.*

9 *El rey de Israel y Josafat, rey de Judá,
llevando la vestidura real, estaban sentados en dos tronos, en la explanada que hay
a la entrada de la puerta de Samaría. Todos
los profetas profetizaban en su presencia.*
10 *Sedecías, hijo de Canana, se hizo unos
cuernos de hierro y dijo:*

*–Así dice el Señor: «Con éstos acor-
nearás a Siria hasta exterminarla».*

11 *Y todos los profetas profetizaban a
coro:*

*–Sube a Ramot de Galaad y triunfarás,
porque el Señor te la entregará.*

12 *Entretanto, el mensajero que había
ido a llamar a Miqueas, advirtió a éste:*

*–Mira, los oráculos de los profetas coin-
ciden en augurar éxito al rey; que el tuyo
sea, como el de los demás, un anuncio favorable.*

13 *Miqueas respondió:*

*–¡Vive el Señor que diré lo que el Se-
ñor me mande!*

14 *Se presentó al rey, y éste le dijo:*

*–Miqueas, ¿debemos atacar Ramot de
Galaad, o no?*

Respondió Miqueas:

–Suban *y* tendrán *éxito; el Señor* les
entrega la ciudad.

15 *El rey dijo:*

*–¿Cuántas veces te voy a decir que sólo
me digas la verdad en nombre del Señor?*

16 *Miqueas dijo:*

*–He visto a todo Israel disperso por las
montañas, como rebaño sin pastor. El Señor decía: «No tienen amo; que regresen
en paz a su casa».*

17 *El rey de Israel dijo a Josafat:*

*–¿No te decía yo que no me profetiza
más que desgracias?*

18 *Miqueas continuó:*

*–Escucha la palabra del Señor. He vis-
to al Señor sentado sobre su trono, rodeado de la corte celestial.* 19 *El Señor decía:
«¿Quién seducirá a Ajab para que ataque
a Ramot de Galaad y perezca?» Unos proponían una cosa y otros otra.* 20 *Pero se
adelantó un espíritu y dijo: «Yo lo seduciré». El Señor le preguntó: «¿Cómo lo harás?»* 21 *El espíritu contestó: «Iré y me
convertiré en espíritu de mentira en boca
de todos sus profetas». Dijo el Señor: «Sí,
tú lo seducirás; ve y hazlo así».* 22 *Ahora
pues, ya sabes que el Señor ha puesto un
espíritu de mentira en la boca de todos tus
profetas, porque ha decretado tu ruina.*

23 *Sedecías, hijo de Cananá, se acercó,*
dio una bofetada a Miqueas y dijo:
–¿Acaso el espíritu del Señor me ha
abandonado a mí para hablarte a ti?
24 *Contestó Miqueas:*
–Lo sabrás el día en que corras de ha-
bitación en habitación para esconderte.
25 *El rey de Israel ordenó:*
–Detengan *a Miqueas,* llévenlo *a Amón,*
gobernador de la ciudad, y a Joás, hijo del
rey, y díganles: 26 *«Esta es la orden del rey:*
metan a este hombre en la cárcel y téngan-
lo a pan y agua hasta que yo regrese sano
y salvo».
27 *Miqueas le dijo:*
–Si regresas sano y salvo es que el Se-
ñor no ha hablado por mi boca.

Derrota y muerte de Ajab

1 Re 22 29-35

28 *El rey de Israel y Josafat, rey de Ju-*
dá, fueron a atacar a Ramot de Galaad.
29 *El rey de Israel dijo a Josafat:*
–Yo me voy a disfrazar para la batalla;
tú sigue con tu atuendo real.
El rey de Israel se disfrazó y entró en
combate. 30 *El rey de Siria había dado a los*
jefes de sus carros de guerra esta orden:
–No ataquen a nadie, sea oficial o sol-
dado raso, sino únicamente al rey de Israel.
31 *Cuando los jefes de los carros vieron*
a Josafat, dijeron:
–Aquel es el rey de Israel.
Y lo cercaron *para atacarlo. Josafat lan-*
zó un grito, y el Señor vino en su ayuda y
los alejó de él. 32 *Vieron los jefes de los*
carros que no era el rey de Israel y dejaron
de perseguirlo. 33 *Entonces un hombre dis-*
paró su arco al azar e hirió a Ajab, rey de
Israel, por entre las junturas de la coraza.
El rey ordenó al conductor de su carro de
combate:
–Da vuelta con el carro y sácame del
campo, porque estoy herido.
34 *Pero la batalla fue tan encarnizada*
que el rey de Israel tuvo que estar de pie
en su carro frente a los sirios hasta el atardecer. *A* la puesta del sol, *murió.*

Reforma de Josafat

2 Cr 14 4; 22 9; Dt 1 16-17; 17 8-13

19 1 Josafat, rey de Judá, regresó sano y
salvo a su palacio de Jerusalén. 2 Jehú,
hijo de Janani, el vidente, le salió al encuentro y le dijo:
–¿Por qué te alías con el impío y con
los enemigos del Señor atrayendo así su ira
contra ti? 3 Sin embargo, algo bueno hay en
tu haber: has hecho desaparecer de Judá
las imágenes sagradas y en tu corazón has
buscado a Dios.
4 Josafat tenía su residencia en Jerusalén, pero de nuevo emprendió una gira por
todo el país, desde Berseba a las montañas
de Efraín, para que el pueblo se convierta
al Señor, Dios de sus antepasados. 5 Estableció jueces en cada una de las ciudades
fortificadas de Judá, 6 y les dijo:
–Atentos a lo que hacen, porque no ad-
ministran justicia de los hombres, sino del
Señor, que está presente en los juicios de
ustedes. 7 El Señor nuestro Dios no tolera
injusticia, parcialidad ni sobornos.
8 Josafat confió la administración de la
justicia en Jerusalén a levitas, sacerdotes y
jefes de familia de Israel. Residían en Jerusalén 9 y Josafat les dio estas instrucciones:
–Desempeñarán sus cargos en el temor
del Señor, con piedad y con corazón perfecto. 10 Cuando sus hermanos de las ciudades apelen al tribunal de ustedes en sus
pleitos, sean causas criminales o cuestiones referentes a la ley, mandamientos, preceptos o costumbres, los instruirán para
que no pequen contra el Señor y no se irrite contra ustedes y contra ellos. Si proceden así, no pecarán. 11 En los asuntos referentes al Señor, los presidirá el sacerdote
Amarías, y en los relativos al rey, Zabadías,
hijo de Ismael, príncipe de la familia de Judá. Como escribas, tienen a los levitas. Esfuércense, y a trabajar; el Señor está siempre con el bueno.

Victoria de Josafat sobre Moab y Amón

Jr 36 6.9; 1 Re 8 37-39; Nm 14 9; Dt 2 25; 20 3-4

20 1 Poco después, los moabitas y los
amonitas se aliaron con los meunitas
y declararon la guerra a Josafat. 2 Le informaron a Josafat:
–Un enorme ejército avanza contra ti
desde el otro lado del mar Muerto; procede
de Edom y ya llega a Jasasón Tamar, es
decir, a Engadí.
3 Josafat, aterrorizado, recurrió al Señor

y promulgó un ayuno en todo Judá. 4 Toda
la gente de Judá se reunió para invocar al
Señor y pedirle su auxilio. 5 Josafat se puso de pie en medio de la asamblea de Judá
y de Jerusalén, en el templo del Señor, delante del atrio nuevo, 6 y oró así:
–Señor, Dios de nuestros antepasados,
¿no eres tú el Dios que está en los cielos?
¿No eres tú el Señor de todos los reinos de
las naciones, el que tiene la fuerza y el poder, a quien nadie puede resistir? 7 ¿No expulsaste tú, Señor, Dios nuestro, a los habitantes de esta tierra ante tu pueblo Israel?
Tú se la has dado para siempre a la descendencia de Abrahán, tu amigo. 8 Ellos se han
establecido en esta tierra y han construido
un templo en tu honor, diciendo: 9 «Si se
abate sobre nosotros desgracia, espada,
castigo, peste o hambre, nosotros acudire-
mos a ti en este templo, porque en él habita
tu nombre, y en medio de la tribulación
clamaremos a ti, y tú nos escucharás y nos
salvarás». 10 Mira a los amonitas, a los moabitas y a los habitantes de las montañas de
Seír; tú no permitiste a Israel atravesar su
territorio cuando venía de Egipto, sino que
le hiciste dar un largo rodeo para no destruirlos. 11 Pues mira cómo nos pagan ahora, viniendo a echarnos de la herencia que
tú nos diste. 12 Dios nuestro, defiéndenos
de esta enorme multitud que nos asalta y
ante la cual nos sentimos impotentes. No
sabemos qué hacer y nuestros ojos se dirigen a ti.
13 Todos los hombres de Judá estaban
en pie delante del Señor, incluso sus mujeres e hijos pequeños. 14 Entonces el espíritu del Señor descendió en medio de la
asamblea y se posó sobre Jazaziel, hijo de
Zacarías, hijo de Benayas, hijo de Yeiel,
hijo de Matanías, levita, de los descendientes de Asaf. 15 Dijo Jazaziel:
–Tribu de Judá, habitantes de Jerusalén,
y tú, rey Josafat, escuchen esto: Así dice el
Señor: No teman ni se asusten ante esa
enorme multitud, porque no lucharán ustedes, sino Dios. 16 Subirán por la cuesta de
Sis; diríjanse mañana contra ellos, y los
encontrarán en el extremo del barranco que
está frente al desierto de Yeruel. 17 Ustedes
no tendrán necesidad de luchar. Deténganse allí y quédense tranquilos; la victoria la
da el Señor. No temas, Judá; no desfallez-
cas, Jerusalén; salgan mañana a su encuentro, que el Señor está con ustedes.
18 Josafat y toda la tribu de Judá se postraron en tierra y adoraron al Señor. 19 Los
levitas, descendientes de Queat y de Coré
se levantaron y entonaron con fuerte voz las
alabanzas al Señor, Dios de Israel. 20 Se levantaron de madrugada y partieron hacia
el desierto de Técoa. Al tiempo de partir,
Josafat dijo:
–Escúchenme, Judá y habitantes de Jerusalén; confíen en el Señor Dios nuestro y
se mantendrán firmes; crean en sus promesas y triunfarán.
21 Después, de acuerdo con el pueblo,
designó cantores que, revestidos con los
ornamentos sagrados, iban delante de las
tropas alabando al Señor con el cántico:
«Alaben al Señor porque es eterno su
amor».
22 Al comenzar los cantos de júbilo y
alabanza, el Señor suscitó divisiones entre
los amonitas y moabitas y los habitantes de
la montaña de Seír, que venían contra
Judá, y se enfrentaron unos a otros. 23 Amonitas y moabitas se dirigieron contra los
habitantes de las montañas de Seír para
destruirlos y aniquilarlos. Cuando acabaron con ellos, se destruyeron unos a otros.
24 Cuando los de Judá llegaron a la cima
que domina el desierto y miraron hacia la
multitud, no vieron más que cadáveres tendidos en tierra; nadie había escapado. 25 Josafat y su pueblo se apoderaron del botín:
ganado en abundancia, riquezas, vestidos y
otros objetos preciosos; era tal la cantidad,
que necesitaron tres días para recoger el
botín. 26 El cuarto día se reunieron en el
valle y alabaron al Señor. Por eso se llama
Valle de las Bendiciones hasta hoy. 27 Los
hombres de Judá y Jerusalén, con Josafat a
la cabeza, regresaron contentos a Jerusalén, porque el Señor los había colmado de
gozo a costa de sus enemigos. 28 Entraron
en Jerusalén y se dirigieron al son de las
arpas, cítaras y trompetas al templo del Señor.
29 Cuando se enteraron de que el Señor
había combatido contra los enemigos de
Israel, todas las naciones se llenaron de un
santo temor. 30 El reinado de Josafat fue
tranquilo y Dios le dio paz en todas sus
fronteras.

Resumen del reinado de Josafat

1 Re 22 41-50

31 *Josafat, hijo de Asá,* fue rey *de Judá. Tenía treinta y cinco años al subir al trono, y reinó en Jerusalén durante veinticinco años. Su madre, hija de Siljí, se llamaba Azubá.* 32 *Josafat imitó la conducta de su padre Asá, no se desvió de ella lo más mínimo y agradó con su conducta al Señor.* 33 *Pero no desaparecieron los santuarios de los altozanos y el pueblo* no se mantuvo del todo fiel al Señor, Dios de sus antepasados. 34 *El resto de la historia de Josafat,* del principio al fin, está escrito en las crónicas de Jehú, hijo de Jananí, que fueron incorporadas en el Libro de los reyes de Israel. 35 Después de esto, Josafat se alió con Ocozías, rey de Israel, que era un impío. 36 Se asociaron para construir *barcos para ir a Tarsis:* las construían *en Esionguéber.* 37 Eliezer, hijo de Dodayá de Maresá, profetizó contra Josafat así:

–Por haberte aliado con Ocozías, el Señor destruirá tu obra.

En efecto, la flota se destrozó y no pudieron partir para Tarsis.

Reinado de Jorán en Judá (848-841)

1 Re 22 51; 2 Re 8 17-24; 2 Cr 24 25; 28 27

21 1 *Murió Josafat y fue sepultado con sus antepasados en la ciudad de David.* 2 *Le sucedió su hijo Jorán.* Jorán tenía seis hermanos: Azarías, Yejiel, Zacarías, Azarías, Miguel y Safatías; todos hijos de Josafat, rey de Judá. 3 Su padre les había hecho grandes donaciones de plata, oro, objetos preciosos e incluso algunas ciudades fortificadas de Judá, pero dejó el reino a Jorán, porque era el primogénito. 4 Jorán tomó posesión del reino de su padre y, una vez consolidado, mató a espada a todos sus hermanos y también a algunos de los jefes de Israel. 5 *Jorán empezó a reinar a la edad de treinta y dos años y reinó ocho años en Jerusalén.* 6 *Imitó la conducta de los reyes de Israel, siguiendo el ejemplo de Ajab, con una de cuyas hijas estaba casado. Ofendió al Señor,* 7 *pero el Señor no quiso destruir* la descendencia de David *en atención* a la alianza concluida con él *y a la promesa que le había hecho de mantener siempre en el trono a uno de sus descendientes.*

8 *Durante su reinado se sublevó Edom contra Judá y se eligieron un rey.* 9 *Jorán, con* sus oficiales *y todos sus carros de guerra, atacó de noche a los edomitas que los habían cercado, a él y a los oficiales de sus carros.* 10 *Pero Edom logró independizarse de Judá hasta el día de hoy. También durante su reinado se independizó Libná,* porque Jorán había abandonado al Señor, Dios de sus antepasados.

11 Construyó santuarios en las montañas de Judá, incitó a la idolatría a los habitantes de Jerusalén, e hizo extraviarse a Judá. 12 Recibió un escrito del profeta Elías, en el que le decía:

Así dice el Señor, Dios de tu antepasado David: Tú no has imitado la conducta de tu padre Josafat, ni la de Asá, rey de Judá; 13 por el contrario, has seguido el ejemplo de los reyes de Israel y has arrastrado a Judá y a Jerusalén a la idolatría, imitando a Ajab y a su familia; además has asesinado a tus hermanos, a la familia de tu padre, que eran mejores que tú. 14 Por eso el Señor va a descargar sobre tu pueblo, tus hijos, tus mujeres y tus propiedades una gran calamidad. 15 A ti mismo te alcanzará una grave enfermedad: una dolencia de intestinos, que se agravará de día en día hasta que revientes por la fuerza de la enfermedad.

16 El Señor suscitó contra Jorán a los filisteos y a los árabes, vecinos de los cusitas. 17 Atacaron a Judá, la invadieron y saquearon el palacio del rey, llevándose a sus mujeres y a sus hijos, menos el más pequeño de todos, Ocozías. 18 El Señor castigó a Jorán con una enfermedad incurable de intestinos. 19 Esta se fue agravando de día en día y al cabo de dos años, en pleno desenlace, reventaron los intestinos por la fuerza del mal y murió en medio de fuertes dolores. El pueblo no quemó aromas en su

• **21** **1-20**: Jorán fue un mal rey: violento y sobre todo idólatra. Emparentó con Ajab, rey de Israel. La rebelión y ulterior independencia de Edom y de otros territorios, la vulnerabilidad militar de su reino y su propia trágica muerte se interpretan como castigo divino (2 Cr 21 12-15), que recae sobre él y sobre su pueblo, en virtud de un misterioso principio de solidaridad, que nosotros hoy no comprendemos demasiado bien. El pueblo no guardó luto por él, ni fue sepultado en el lugar y con el honor que merecieron los reyes fieles a la alianza.

honor, como había hecho con sus antecesores. 20 Comenzó a reinar a los treinta y dos años y reinó ocho en Jerusalén. Se fue sin ser llorado y lo sepultaron en la ciudad de David, pero no en el panteón de los reyes.

Reinado de Ocozías en Judá (841)

2 Re 8 25-29

22 1 Los habitantes de Jerusalén proclamaron rey como sucesor de Jorán, a su hijo menor Ocozías. Todos los demás habían muerto cuando los árabes invadieron el campamento. Así *comenzó a reinar Ocozías, hijo de Jorán,* rey de Judá. 2 *Comenzó a reinar a la edad de veintidós años y reinó un año en Jerusalén. Su madre, hija de Omrí, se llamaba Atalía.* 3 Ocozías, bajo los consejos de su madre, *imitó la conducta de la familia de Ajab.* 4 *Ofendió al Señor, igual que la familia de Ajab* de quien, para su perdición, se dejó aconsejar después de la muerte de su padre. 5 Precisamente por su consejo, *se alió con Jorán, hijo de Ajab* y rey de Israel, *para combatir contra Jazael, rey de Siria, en Ramot de Galaad. Los sirios hirieron a Jorán,* 6 *el cual se retiró a Jezrael para sanar de las heridas recibidas en Ramot mientras luchaba contra Jazael, rey de Siria.*

Reinado de Atalía (841-835)

2 Re 9 21; 10 12-14; *11 1-3*

Ocozías, hijo de Jorán, rey de Judá, bajó a visitar a Jorán, hijo de Ajab, que se encontraba convaleciendo en Jezrael. 7 Pero Dios hizo que esta visita a Jorán se convirtiera en ruina para Ocozías. Apenas llegó, *salió con Jorán* al encuentro de Jehú, hijo de Nimsí, a quien el Señor había elegido para aniquilar a la familia de Ajab. 8 En su empeño por hacer justicia con la familia de Ajab, Jehú encontró a los jefes de Judá, y a los sobrinos que Ocozías tenía a su servicio y los mató; 9 luego mandó buscar a Ocozías que se había escondido en Samaría; una vez descubierto, lo trajeron a Jehú, y éste lo mandó matar. Sin embargo, lo enterraron en consideración a Josafat que fue del todo fiel al Señor. No quedó nadie de la familia de Ocozías en condiciones de reinar. 10 *Pero la madre de Ocozías, al ver que su hijo había muerto, fue y exterminó a toda la familia real* de Judá. 11 *Sin embargo, cuando los hijos del rey iban a ser asesinados, Josebá, hija del rey, se llevó a escondidas a Joás, hijo de Ocozías, y lo escondió en el dormitorio junto con la mujer que lo cuidaba.* Así Josebá, hija del rey Jorán, esposa del sacerdote Yoyadá y hermana de Ocozías, *ocultó a Joás para evitar que Atalía lo asesinara.* 12 *Estuvo escondido con ellas durante seis años en el templo del Señor, mientras Atalía gobernaba el país.*

Derrocamiento de Atalía y proclamación de Joás como rey

2 Re 11 4-20; 2 Re 10 26-27; 1 Cr 23-26

23 1 *El año séptimo Yoyadá* decidió *convocar a los jefes de cien hombres,* a saber, Azarías, hijo de Yeroján, Ismael, hijo de Juan, Azarías, hijo de Obed, Masayas, hijo de Adayas y Elisafat, hijo de Zicrí, e hizo un pacto con ellos. 2 Recorrieron Judá, reunieron a los levitas de todas las ciudades y a los jefes de los clanes patriarcales de Israel, y acudieron a Jerusalén. 3 *Toda la asamblea hizo un pacto* con el rey *en el templo* de Dios. Yoyadá les dijo:

• **22** 1-12: Ocozías acentuó el entendimiento con el reino cismático del Norte, y ésa fue la causa de su ruina. El pueblo tuvo en cuenta que era nieto de Josafat y a su muerte le dio sepultura, pero en conjunto su conducta fue detestable y sus relaciones con la familia de Ajab, rey de Israel, lo incluyeron en la actividad vengadora de Jehú, que a punto estuvo de exterminar la dinastía davídica. La ejecución de Ocozías, provocó la reacción violentísima de su madre Atalía que mandó asesinar a todos los miembros de la casa real de Judá. Sólo el pequeño Joás pudo escapar a la masacre.

En realidad, el reinado de Atalía, hija de Ajab rey de Israel y esposa de Jorán de Judá (véase 2 Cr 21 5-6), fue un intento de usurpación de la sucesión davídica. La propia dinastía davídica, representada por Josebá, y la institución sacerdotal, representada por el marido de ésta, Yoyadá, contrarrestan el intento.

• **23** 1-21: El relato de la ejecución de Atalía y la proclamación de Joás como rey es de una gran viveza descriptiva. Las escenas se suceden con la rapidez de una secuencia cinematográfica. A diferencia de 2 Re 11 4-20, aquí el protagonismo de la acción lo sustentan los levitas. Las variantes introducidas por el Cronista en relación con su fuente de 2 Re presentan el golpe de estado como si fuera una especie de acción litúrgica en la que aparecen como únicos oficiantes los sacerdotes y levitas (nadie más puede entrar en el templo).

–Este es hijo del rey. A él le corresponde reinar según lo dispuesto por el Señor sobre los descendientes de David. 4 *Esto es lo que harán: la tercera parte de ustedes que el sábado comienza el turno de guardia,* tanto sacerdotes como levitas, custodiará las puertas del templo; 5 *otra tercera parte, custodiará las del palacio del rey, y la tercera parte que resta, la puerta* del Fundamento. El pueblo estará en los atrios del templo del Señor. 6 Nadie entrará en el templo excepto los sacerdotes y levitas que estén de servicio; éstos podrán entrar, porque están consagrados; pero el pueblo deberá observar las prescripciones del Señor. 7 Los levitas *formarán en torno al rey con sus armas en la mano; todo el que intente entrar* en el templo *morirá; acompañarán al rey a todas partes.*

8 Los levitas y todo Judá *cumplieron al detalle las órdenes del sacerdote Yoyadá: cada uno reunió a sus hombres, los que el sábado se turnaban en el servicio de guardia,* porque el sacerdote Yoyadá no dejó que se fueran los que concluían su turno. 9 Yoyadá *entregó a los jefes de cien hombres las lanzas, escudos y adargas del rey David, que se guardaban en el templo* de Dios. 10 *Luego colocó* a todo el pueblo *con las armas en la mano a uno y otro lado del templo, rodeando el altar y el templo para proteger al rey.* 11 *Entonces Yoyadá sacó al hijo del rey, le colocó la corona y lo proclamó rey.* Yoyadá y sus hijos *lo ungieron y gritaron:*

–*¡Viva el rey!*

12 *Cuando Atalía oyó el tumulto de la gente* que corría y aclamaba *al rey, se abrió paso entre el pueblo y se dirigió al templo del Señor.* 13 *Allí vio al rey de pie sobre el estrado,* junto a la entrada. *Los oficiales y los que tocaban las trompetas estaban a su lado, mientras la gente gritaba alegremente y tocaban las trompetas.* Los músicos acompañaban las aclamaciones tocando sus instrumentos. *Entonces Atalía se rasgó las vestiduras y gritó:*

–*¡Traición!, ¡traición!*

14 *El sacerdote Yoyadá ordenó a los jefes de cien que estaban al mando del ejército:*

–*Sáquenla fuera del recinto y maten a todo el que la siga.*

Como el sacerdote había dicho que no la mataran en el templo del Señor, 15 *la arrestaron y pasada la puerta de las caballerizas del palacio del rey, la mataron.* 16 *Yoyadá selló un pacto con el rey y el pueblo por el cual se comprometían a ser el pueblo del Señor.* 17 *Inmediatamente todo el pueblo fue al templo de Baal y lo destruyó. Hicieron completamente pedazos sus altares e imágenes y allí mismo, delante de los altares, degollaron a Matán, sacerdote de Baal.* 18 Yoyadá confió a los sacerdotes levitas la custodia *del templo del Señor.* A ellos había distribuido David por turnos para servir en el templo del Señor y ofrecer holocaustos en él entre cánticos de júbilo según lo prescrito en la ley de Moisés y en las indicaciones de David. 19 Puso porteros en las puertas del templo del Señor para impedir la entrada a toda persona impura. 20 *Acompañado de los jefes de cien,* de los nobles, de las autoridades *y de todo el pueblo, llevó al rey desde el templo del Señor al palacio del rey. Entraron por la puerta* superior *y* sentaron *al rey en el trono real.* 21 *Todo el pueblo se llenó de alegría y la ciudad recobró la calma. Atalía había muerto a espada.*

Reinado de Joás en Judá (835-796)

2 Re 12 1-22; Ex 25 1-9; 38 24-31; Mt 23 35

24 1 *Joás tenía siete años cuando empezó a reinar. Reinó cuarenta años en Jerusalén; su madre se llamaba Sibyá, y era de Berseba.* 2 *Joás agradó con su conducta al Señor* mientras vivió *el sacerdote Yoyadá,* 3 quien le proporcionó dos esposas de las que Joás tuvo hijos e hijas.

4 Algún tiempo después Joás proyectó restaurar el templo del Señor. 5 Reunió a los sacerdotes y levitas y les dijo:

–Recorran las ciudades de Judá *y re-*

• **24** 1-27: La primera etapa del reinado de Joás (2 Cr 24 1-16) estuvo centrada en su preocupación por el templo y terminó con la muerte de Yoyadá, el sacerdote, auténtico artífice de la restauración. La segunda etapa, en cambio (2 Cr 24 17-27), estuvo marcada por las prácticas idolátricas y el consiguiente abandono del Señor. El Cronista (a diferencia de la fuente del libro segundo de los Reyes) insiste en la infidelidad del rey para justificar los futuros desastres militares de Joás, que son interpretados como castigos divinos. Zacarías, hijo del sacerdote Yoyadá, es presentado como profeta; a él probablemente se refiere Jesús en Mt 23 35.

cauden fondos de todo Israel *para reparar*
todos los años el templo de su Dios. Sean
diligentes en ello.
Pero los levitas dieron largas al asunto.
6 *Entonces el rey llamó al* sumo *sacerdote*
Yoyadá y le dijo:
–¿Por qué no has urgido a los levitas
para que recaudaran en Judá y Jerusalén el
tributo impuesto a la asamblea de Israel
por Moisés, siervo del Señor, con destino a
la tienda del testimonio? 7 Pues la perversa
Atalía y sus hijos han dejado que se dete-
riore el templo de Dios y han puesto al servicio de los baales todos los objetos sagrados del templo del Señor.
8 El rey ordenó hacer *un cofre que pu-*
sieron delante de la puerta *del templo* del
Señor. 9 Se recordó a Judá y Jerusalén la
obligación de traer al Señor el tributo que
Moisés, siervo de Dios, impuso a Israel en
el desierto. 10 Los jefes y el pueblo lo aceptaron con alegría, y se apresuraron a depositar su dinero en el cofre hasta llenarlo.
11 *Una vez lleno,* los levitas lo llevaban a la
inspección real, al *secretario* del *rey* y al
inspector designado por el sumo sacerdote,
lo vaciaban y lo colocaban de nuevo en su
lugar. Así una y otra vez; se reunió gran cantidad de dinero, 12 que el rey y Yoyadá entregaron *a los inspectores de las obras del tem-*
plo. Estos contrataron *talladores de piedras,*
carpinteros, herreros y artesanos en bronce
para el templo del Señor. 13 Se trabajó a un
ritmo tan acelerado que en poco tiempo el
templo de Dios recobró su antiguo esplendor plenamente consolidado. 14 Llevaron al
rey y a Yoyadá el dinero sobrante y con él
hicieron utensilios para el templo: utensilios
para el culto y los holocaustos, copas y *otros*
objetos de oro y plata. Mientras Yoyadá
vivió, se ofrecieron continuamente holocaustos en el templo del Señor.
15 Yoyadá, colmados sus días, murió
muy viejo, a la edad de ciento treinta años.
16 Fue sepultado con los reyes en la ciudad
de David, porque se había portado bien
con Israel, con Dios y con su templo.
17 Muerto Yoyadá, los jefes de Judá vinieron a rendir homenaje al rey, que esta
vez siguió sus consejos. 18 Abandonaron el
templo del Señor, Dios de sus antepasados,
y se pasaron al culto idolátrico. Esto provocó la ira divina sobre Judá y Jerusalén.
19 El Señor les envió profetas a ver si se
convertían a él, pero no hicieron caso de
sus advertencias. 20 Zacarías, hijo de Yoyadá, sacerdote, movido por el espíritu de
Dios, se presentó al pueblo y le dijo:
–Esto dice Dios: ¿Por qué no obedecen
los mandamientos del Señor? Nada conseguirán. Han abandonado al Señor, y él los
abandonará a ustedes.
21 Pero ellos conspiraron contra Zacarías y por orden del rey lo apedrearon en el
atrio del templo del Señor. 22 Así pues, el
rey Joás olvidó la lealtad de Yoyadá, padre
de Zacarías, y mandó matar a su hijo, que
dijo al morir:
–Que el Señor lo vea y te pida cuentas.
23 Pasado un año, el ejército de Siria
atacó a Joás, penetró en Judá y Jerusalén,
mató a todos los jefes del pueblo y *llevó*
todo su botín al *rey de Damasco*. 24 El
ejército invasor era poco numeroso; pero
el Señor entregó en sus manos un ejército
mucho mayor, porque habían abandonado
al Señor, el Dios de sus antepasados. Así
dieron su merecido a Joás, 25 que al retirarse el ejército sirio, quedó gravemente herido. *Sus súbditos conspiraron contra él* para vengar la muerte del hijo del sacerdote
Yoyadá y lo *mataron* en su cama. *Murió y*
lo enterraron en la ciudad de David, pero
no en el panteón de los reyes. 26 Los que
conspiraron fueron: Zabud, hijo de Simat,
la amonita, y Jozabad, hijo de Simrit, la
moabita. 27 Lo relativo a sus hijos, al tributo y a la restauración del templo de Dios,
está escrito en el comentario del Libro de
los reyes. *Le sucedió su hijo* Amasías.

Reinado de Amasías (796-767)

2 Re 14 2-6; Dt 24 16; Ez 18 20

25 1 *Amasías tenía veinticinco años*
cuando subió al trono y reinó veinti-

• **25 1-28**: Como ocurre con otros reyes de Judá, también el reinado de Amasías conoce una etapa positiva de fidelidad a la alianza (2 Cr 25 1-13), y otra negativa de culto idolátrico a dioses extranjeros (2 Cr 25 14-24). Los resultados son conocidos: a la fidelidad corresponde el éxito, a la infidelidad el fracaso. El Cronista vuelve a resaltar que no son la fuerza o el poder humano los que obtendrán la victoria sobre los enemigos, sino la intervención providencial del Dios de la alianza.

nueve años en Jerusalén. Su madre se lla-
maba Yoadán y era de Jerusalén. 2 *Agradó*
con su conducta al Señor, aunque no se
portó del todo bien. 3 *Una vez consolidado*
en el poder mandó matar a los asesinos de
su padre. 4 *Pero no mató a los hijos de los*
asesinos, conforme a lo prescrito por el
Señor en el libro de la ley de Moisés: «No
morirán los padres por culpa de los hijos,
ni los hijos por culpa de los padres. Cada
uno morirá por su propio pecado».
5 Amasías reunió a todos los hombres
de Judá y Benjamín y los organizó por clanes patriarcales, a las órdenes de los jefes
de mil y de cien. Hizo el censo de todos los
mayores de veinte años, y resultaron trescientos mil aptos para la guerra y hábiles
en el manejo de la lanza y el escudo. 6 Reclutó también, por tres mil cuatrocientos
kilos de plata, cien mil mercenarios de
Israel. 7 Un hombre de Dios se presentó a
él y le dijo:
–Oh rey, no aumentes tu ejército con
tropas del reino de Israel, porque el Señor
no está con Israel ni con todos esos efraimitas. 8 Si lo haces, por más que te esfuerces, Dios te negará la victoria, porque sólo
él tiene poder para sostener y derribar.
9 Amasías contestó al hombre de Dios:
–¿Y los tres mil cuatrocientos kilos de
plata que les he entregado?
El hombre de Dios respondió:
–Mucho más que eso puede darte el Señor.
10 Amasías despidió a los soldados de
Efraín y los mandó a sus casas; éstos lo tomaron muy a mal y regresaron a sus tierras
enfurecidos contra Judá.
11 Amasías se animó y al frente de su
ejército marchó hacia el valle de la Sal,
donde derrotó a diez mil guerreros de Seír.
12 Capturaron otros diez mil y, llevándolos
a la cima de un peñasco, los despeñaron, y
murieron todos estrellados. 13 Entre tanto,
los mercenarios israelitas despedidos por
Amasías, invadieron las ciudades de Judá,
desde Samaría hasta Betorón, mataron tres
mil personas y se llevaron un abundante
botín.
14 Al regreso de la victoria sobre los
edomitas, Amasías se trajo los dioses de
Seír, y tomándolos por dioses suyos, les
dio culto. 15 Entonces la ira del Señor se
inflamó contra Amasías y le envió un profeta que le dijo:
–¿Por qué has rendido culto a los dioses
que no han podido librar a su pueblo de tus
manos?
16 Amasías lo interrumpió y le dijo:
–¿Te he nombrado acaso consejero del
rey? Cállate, si no quieres que te mate.
El profeta no insistió, pero dijo:
–Ya veo que Dios ha decidido tu perdición, porque has hecho esto y no has escuchado mi consejo.

Desastre de Betsemes

2 Re 14 8-14

17 Después de pedir consejo, *Amasías,*
rey de Judá, *envió mensajeros a Joás, hijo*
de Joacaz, hijo de Jehú, con este reto:
–¡Enfréntate conmigo cara a cara!
18 *Joás, rey de Israel, le contestó:*
–El espino del Líbano envió a decir al
cedro del Líbano: «Da tu hija por esposa a
mi hijo». Pero las bestias salvajes del Líba-
no pasaron sobre el espino y lo pisotearon.
19 *La victoria sobre Edom se te ha subido*
a la cabeza. ¡Disfruta de tu gloria y quéda-
te tranquilo en tu casa! ¿Por qué quieres
traer la desgracia sobre ti y sobre Judá?
20 *Pero Amasías no hizo caso,* porque el
Señor había determinado entregarlo en manos de Joás, por haber rendido culto a los
dioses de Edom. 21 *Joás se puso en mar-*
cha, y se enfrentaron en Betsemes, en tierra
de Judá. 22 *Judá fue derrotado por Israel y*
huyó cada uno a su casa. 23 *Joás, rey de*
Israel, hizo prisionero en Betsemes a Ama-
sías, rey de Judá, hijo de Joacaz, y lo condujo *a Jerusalén. En las murallas de Jeru-*
salén abrió una brecha de doscientos me-
tros de larga, desde la puerta de Efraín
hasta la del Angulo. 24 *Tomó como botín*
todo el oro, la plata y los utensilios del
templo de Dios, cuya custodia había sido
confiada a Obededón; se apoderó también
de todos *los tesoros del palacio del rey;*
después tomó algunos rehenes y regresó a
Samaría.

Fin del reinado de Amasías

2 Re 14 17-20

25 *Amasías, hijo de Joás, rey de Judá,*
sobrevivió quince años a Joás, hijo de Joa-

caz, rey de Israel. 26 *El resto de la historia de Amasías,* desde el comienzo al final, *está escrito en el libro de los reyes de Judá y* de Israel. 27 Algún tiempo después de que Amasías se apartara del Señor, tramaron *una conspiración contra él en Jerusalén. Se refugió en Laquis, pero lo persiguieron y lo mataron allí.* 28 *Lo trajeron a Jerusalén en caballos y fue sepultado con sus antepasados* en la ciudad de David.

Reinado de Ozías/Azarías (767-739)

2 Re 14 21-22; *15* 5-7; Lv 13 46; Nm 19 20

26 1 *Entonces todo el pueblo de Judá tomó a* Ozías, *que tenía dieciséis años de edad, y lo proclamó rey en lugar de su padre Amasías.* 2 Ozías *reconstruyó Eilat y la restituyó a Judá después de la muerte de su padre.* 3 *Comenzó a reinar a los dieciséis años y reinó cincuenta y dos años en Jerusalén. Su madre se llamaba Yecolía, y era de Jerusalén.* 4 *Su conducta agradó al Señor, como la de su padre Amasías.*

5 Buscó a Dios mientras vivió Zacarías, que le enseñaba a ser fiel a Dios; y mientras se mantuvo fiel, Dios le concedió éxitos. 6 Declaró la guerra a los filisteos y desmanteló las murallas de Gat, Yabne y Asdod; después reconstruyó ciudades en el territorio de Asdod y en el país de los filisteos. 7 Dios lo ayudó contra los filisteos, contra los árabes de Gur Baal y contra los meunitas. 8 Los amonitas le pagaron impuesto, y su fama llegó hasta Egipto, porque había llegado a ser muy poderoso. 9 Construyó torres en Jerusalén, en la puerta del Angulo, en la del Valle, en la esquina de la muralla, y las fortificó. 10 Construyó también torres en el desierto y cavó muchos pozos pues tenía mucho ganado, tanto en la llanura como en la meseta. Asimismo tenía agricultores y viñadores en las montañas y en las llanuras ya que era muy amante de la agricultura. 11 Tenía un ejército de combate organizado por escuadras, según el censo hecho bajo el control del escriba Yeiel y del comisario Maasías. Janías, uno de los jefes reales, era el comandante en jefe. 12 El total de jefes de familia, hombres valerosos, ascendía a dos mil seiscientos. 13 A sus órdenes estaba el ejército integrado por trescientos siete mil quinientos guerreros valerosos, prontos a defender al rey contra los enemigos. 14 Ozías armó a todo el ejército con escudos, lanzas, cascos, corazas, arcos y hondas. 15 Por medio de técnicos especializados construyó en Jerusalén catapultas de flechas y piedras, y las colocó en las torres y en los ángulos. La asistencia divina le hizo poderoso y su fama se extendió por todas partes.

16 Ya en la plenitud de su poder, se llenó de soberbia y esto fue su perdición. Se rebeló contra el Señor, su Dios, y entró en el templo con ánimo de ofrecer incienso sobre el altar de los perfumes. 17 Azarías y otros ochenta virtuosos sacerdotes del Señor 18 se enfrentaron con el rey y le dijeron:

–Ozías, tú no puedes ofrecer el incienso al Señor; es misión exclusiva de los sacerdotes descendientes de Aarón, consagrados precisamente para eso. Sal, pues, del santuario, porque has pecado y el Señor no te engrandecerá debido a ello.

19 Pero Ozías, todavía con el incensario en la mano, montó en cólera contra los sacerdotes. Al instante brotó la lepra en su frente a la vista de los sacerdotes en el templo del Señor, junto al altar de los perfumes. 20 El sumo sacerdote Azarías y los otros sacerdotes, al ver la lepra en su frente se apresuraron a echarlo, aunque ya él mismo salía precipitadamente al sentirse castigado por el Señor. 21 El rey Ozías continuó *leproso hasta el día de su muerte; vivía recluido en una casa aislada,* porque al ser leproso estaba excluido del templo del Señor. *Mientras tanto, su hijo, Jotán estaba al frente del palacio real y gobernaba al pueblo.*

22 *El resto de la historia de* Ozías, del principio al fin, ha sido escrita por el profeta Isaías, hijo de Amós. 23 *Murió* Ozías *y lo sepultaron con sus antepasados* en un cementerio común de propiedad real, pues decían: «Es un leproso». Le sucedió su hijo Jotán.

• **26** 1-23: En la historia del reinado de Ozías, rey que es recordado por su actividad constructora y su interés por la agricultura (2 Cr 26 10; véase Ecl 5 8), se evidencia un conflicto de competencias entre la institución monárquica y la sacerdotal. De acuerdo con su peculiar perspectiva, el Cronista delimita bien los campos. La historia del rey leproso queda así indisolublemente unida a su usurpación de funciones.

Reinado de Jotán (739-734)

2 Re 15 32-38

27 1 *Jotán comenzó a reinar a la edad de
veinticinco años y reinó dieciséis años
en Jerusalén. Su madre se llamaba Yerusá,
y era hija de Sadoc.* 2 *Agradó con su conducta al Señor, como su padre* Ozías, aunque sin profanar el templo del Señor. *Sin
embargo el pueblo seguía* pervirtiéndose.
3 *Construyó la puerta superior del templo del Señor* y el muro del Ofel. 4 Construyó ciudades en la montaña de Judá y
fortalezas y torres en los bosques. 5 Luchó
contra los amonitas y los venció. Y durante
tres años le pagaron un tributo anual de
tres mil cuatrocientos kilos de plata, cuatro
mil quinientas toneladas de trigo y otras
tantas de cebada. 6 Jotán llegó a ser poderoso porque se mantuvo fiel al Señor su
Dios. *El resto de la historia de Jotán,* sus
guerras y hazañas, están *escritas en el Libro de los reyes* de Israel *y de Judá.* 8 *Comenzó a reinar a los veinticinco años y
reinó dieciséis años en Jerusalén.* 9 *Jotán
murió y fue sepultado en la ciudad de David. Le sucedió su hijo Ajaz.*

Reinado de Ajaz (734-727)

2 Re 16 2-4.19-20

28 1 *Ajaz comenzó a reinar a la edad de
veinte años y reinó dieciséis años en
Jerusalén. Su conducta no agradó al Señor; no fue como la de David, su antepasado,* 2 *sino que imitó la conducta de los
reyes de Israel.* Hizo estatuas de metal fundido en honor de Baal, 3 quemó incienso
en el valle de Ben-Hinón, *e hizo pasar por
el fuego a su hijo, según las costumbres
detestables de las gentes que el Señor había expulsado ante los israelitas.* 4 *Ofrecía
sacrificios y quemaba incienso en los santuarios de los altozanos, en las colinas y
bajo todo árbol frondoso.*

Guerra siro-efraimita

5 El Señor, su Dios, lo entregó en poder
del rey de Siria que lo derrotó llevando
cautivos a Damasco una gran cantidad de
prisioneros de guerra. También lo entregó
en poder *del rey de Israel,* que le causó una
gran derrota. 6 En efecto, Pecaj, hijo de
Romelías, mató en un solo día ciento veinte mil guerreros valerosos de Judá; todo
por haber abandonado al Señor, el Dios de
sus antepasados. 7 Zicrí, guerrero efraimita, mató a Maasías, hijo del rey, a Azricán,
mayordomo del palacio real, y a Elcaná,
lugarteniente del rey. 8 Los israelitas hicieron prisioneros a doscientos mil hermanos
suyos, contando mujeres, hijos e hijas, y se
apoderaron de un gran botín, que se llevaron a Samaría.
9 Un profeta del Señor, llamado Oded,
salió al encuentro del ejército que regresaba a Samaría y les dijo:
–El Señor, Dios de sus antepasados,
irritado contra Judá, los ha entregado en su
poder; ustedes, sin embargo, los han matado con una ferocidad que clama al cielo.
10 Y ahora tratan de reducir a esclavitud a
estos habitantes de Judá y Jerusalén. Pero,
¿no son también ustedes culpables ante el
Señor, su Dios? 11 Háganme caso y devuelvan los prisioneros a sus hermanos, porque
la ira ardiente del Señor los amenaza.
12 Unos cuantos jefes de Efraín: Azarías, hijo de Juan, Berequías, hijo de Me-
selimot, Ezequías, hijo de Salún, y Amasá,
hijo de Yadlay detuvieron al ejército expe-
dicionario 13 y dijeron:
–No introduzcan aquí a los prisioneros,
pues nos harían culpables ante el Señor.
Aumentarían nuestras culpas, ya de por sí
grandes y numerosas, pues la ira ardiente
del Señor amenaza a Israel.
14 Los soldados soltaron a los prisioneros y el botín a la vista de los jefes y de toda la muchedumbre. 15 Un grupo de hombres, designados expresamente para ello,

• **27 1-9**: El rey Jotán fue también un activo constructor, según la peculiar perspectiva del Cronista, que quiere mostrar cómo la fidelidad al Señor es siempre fuente de prosperidad. No imitó a su padre Ozías en la usurpación de funciones sacerdotales sino que *se mantuvo fiel al Señor.*

• **28 1-27**: Ajaz será ante todo, para el Cronista, el rey que clausuró el templo de Jerusalén (2 Cr 28 24), como culminación de su idolatría y de sus perversas costumbres. Sus fracasos militares y políticos (2 Cr 28 5-23) tienen en ello su causa. Con respecto a la fuente del segundo libro de los Reyes, el Cronista recalca la impiedad de Ajaz que provocó primero el desastre de la guerra contra los reinos de Israel y Siria, y luego la terrible invasión de Teglatfalasar III. En realidad, la narración de estos dos acontecimientos que hace 2 Re 16 5-18 parece bastante más coherente que la ofrecida por el Cronista.

se hicieron cargo de los prisioneros y con
la ropa y calzado del botín vistieron a los
desnudos y calzaron a los descalzos; les
dieron a todos comida y bebida, les curaron
las heridas con aceite y, montando en burros
a todos los desfallecidos, los llevaron a Jericó, la ciudad de las palmeras, junto a sus
hermanos; y ellos regresaron a Samaría.
16 Por aquel tiempo el rey Ajaz llamó en
su ayuda al rey de Asiria. 17 Los edomitas
habían atravesado de nuevo Judá haciendo
muchos prisioneros. 18 Los filisteos habían
invadido las ciudades de la Sefelá y del sur
de Judá, conquistando sus poblados: Betsemes, Ayalón, Guederot, Socó, Timná y
Guimzó con sus poblados, y se habían establecido en ellos. 19 Así humillaba el Señor
a Judá, a causa de su rey Ajaz, que había
arrastrado al mal a Judá y había sido infiel
al Señor. 20 Teglatfalasar, rey de Asiria, en
vez de ayudarlo, marchó contra él y lo
sitió. 21 Ajaz confiscó parte de los bienes
del templo del Señor, del palacio real y de
los jefes, y se los envió al rey de Asiria,
pero no le sirvió de nada. 22 Durante el
asedio, el rey Ajaz siguió siendo infiel al
Señor. 23 Hasta llegó a ofrecer sacrificios a
los dioses de Damasco, que lo habían derrotado, pensando: «Puesto que los dioses
de los reyes de Asiria le ayudan, les ofreceré sacrificios, y también me ayudarán a
mí». Pero ellos fueron la causa de su ruina
y de la de todo Israel.
24 Ajaz hizo añicos los utensilios del
templo de Dios y cerró sus puertas. Construyó altares en todas las esquinas de Jerusalén, 25 y santuarios en los altozanos en
todas las ciudades de Judá para quemar incienso a los ídolos, colmando así la ira del
Señor, el Dios de sus antepasados. 26 *El
resto de la historia* y de todo su gobierno
está escrito, desde el comienzo al final, *en
el Libro de los reyes de Judá* y de Israel.
27 *Ajaz murió y fue sepultado* en Jerusalén
pero no en el panteón de los reyes. *Le sucedió su hijo Ezequías*

Reinado de Ezequías (727-698)

2 Re 18 1-3

29 1 *Ezequías comenzó a reinar a los
veinticinco años de edad y reinó veintinueve años en Jerusalén. Su madre Abí
era hija de Zacarías.* 2 *Agradó con su conducta al Señor como su antepasado David.*

Purificación del templo

2 Cr 28 24; Lv 26 32; Dt 28 25; Esd 6 17; Lv 4 23-24; 23 37

3 En el primer mes de su reinado abrió y
restauró las puertas del templo del Señor.
4 Luego convocó a los sacerdotes y levitas,
los reunió en la plaza oriental 5 y les dijo:
–Escúchenme, levitas: Purifíquense y
purifiquen el templo del Señor, Dios de
nuestros antepasados; eliminen de él toda
impureza. 6 Nuestros antepasados pecaron
y su conducta no agradó al Señor, nuestro
Dios; lo han abandonado, se han alejado
de la morada del Señor y le han dado la espalda. 7 Han tapiado las puertas del pórtico, apagado las lámparas y suprimido el
incienso y los holocaustos en el santuario
del Dios de Israel. 8 Por eso se ha desencadenado la ira del Señor contra Judá y Jerusalén, haciéndolos objeto de espanto, de
estupor y de burla como pueden ver con
sus propios ojos. 9 Por eso nuestros antepasados murieron a filo de espada, y nuestros hijos, hijas y mujeres fueron llevados
al destierro. 10 Quiero hacer ahora una
alianza con el Señor, Dios de Israel, para
que aparte de nosotros el furor de su ira.
11 Ahora, hijos míos, no sean negligentes,
porque el Señor los ha elegido para servirlo
en su presencia como ministros de su culto.

• **29 1-32 33**: La historia del rey Ezequías es especialmente gloriosa para el Cronista, que la cuenta en cuatro largos capítulos sin paralelos en la fuente de Reyes. Ezequías reabrió el templo, clausurado por su antecesor, y lo restauró; realizó una impresionante ceremonia de expiación, con el apoyo de los levitas y los sacerdotes, llevando así a cabo una especie de reconsagración del templo (2 Cr 29 4-36); celebró solemnemente la pascua en Jerusalén (2 Cr 30), actualizando así celebraciones históricas (véase Nm 9 1-14; Jos 5 10-12); organizó finalmente el culto de la comunidad (2 Cr 31). Y cuando el rey de Asiria invadió el territorio de Judá y asedió Jerusalén, un ángel del Señor los liberó, porque habían sido fieles a la alianza (2 Cr 32 1-23). El recuerdo de su enfermedad y su milagrosa curación (véase Is 38; Sal 116; 2 Re 20 1-11) da paso al episodio de la embajada del rey de Babilonia (véase 2 Re 20 12-19; Is 39), situación complicada de la que Ezequías sale airoso por su humildad (2 Cr 32 24-26). El balance final es portentoso (2 Cr 32 27-33).

12 Se levantaron los levitas: Por Queat: Majat, hijo de Amasay, y Joel, hijo de Azarías; por Merarí: Quis, hijo de Abdí, y Azarías, hijo de Yelaleel; por Guersón: Yoaj, hijo de Simá, y Edén, hijo de Yoaj; por Elisafán: 13 Simrí y Yeiel; por Asaf: Zacarías y Matanías; 14 por Hemán: Yejiel y Simey; y por Yedutún: Semeyas y Uziel. 15 Convocaron a sus hermanos, se purificaron y, según la orden del rey y las palabras del Señor, se dispusieron a purificar el templo. 16 Los sacerdotes entraron en el interior del templo para purificarlo. Sacaron al atrio del templo del Señor todas las cosas impuras que hallaron dentro y los levitas las arrojaron al torrente Cedrón. 17 El día uno del primer mes comenzó la purificación, y el día ocho entraron ya en el pórtico del Señor. Emplearon otros ocho días en la purificación del templo del Señor, que se completó el día dieciséis del primer mes. 18 Después se presentaron al rey Ezequías y le dijeron:

–Hemos purificado el templo del Señor, el altar de los holocaustos con todos sus utensilios y la mesa de los panes ofrecidos; 19 todos los utensilios profanados por Ajaz han sido purificados y colocados en orden ante el altar del Señor.

20 El rey Ezequías se levantó de madrugada, convocó a las autoridades de la ciudad y fue al templo del Señor. 21 Se trajeron siete novillos, siete carneros, siete corderos y siete chivos para ser sacrificados en expiación, por el santuario y por Judá. El rey ordenó a los sacerdotes descendientes de Aarón, que los ofrecieran sobre el altar del Señor. 22 Inmolaron los toros, carneros y corderos y derramaron la sangre sobre el altar. 23 Llevaron los chivos expiatorios ante el rey y la asamblea, que pusieron sus manos sobre ellos. 24 Los sacerdotes los inmolaron y derramaron su sangre sobre el altar en sacrificio de expiación por los pecados de todo Israel, según la orden del rey.

25 Estableció también el rey levitas en el templo del Señor, con címbalos, arpas y cítaras, de acuerdo con lo dispuesto por David, por Gad, el vidente del rey, y por el profeta Natán; la disposición venía del Señor a través de sus profetas. 26 Situados ya los levitas con los instrumentos musicales que David había prescrito y los sacerdotes con sus trompetas, 27 Ezequías mandó ofrecer el holocausto sobre el altar; todo ello acompañado por el canto de las alabanzas del Señor al son de las trompetas y de los instrumentos musicales de David, rey de Israel. 28 Toda la asamblea estuvo de rodillas hasta el fin del holocausto, de la música y de los cantos de alabanza. 29 Terminado el holocausto, el rey y sus acompañantes se postraron con gran reverencia. 30 El rey Ezequías y los jefes dieron orden a los levitas de cantar al Señor los salmos de David y del vidente Asaf. Ellos lo hicieron jubilosos y se postraron en actitud de adoración. 31 Ezequías tomó la palabra y dijo:

–Puesto que ahora están consagrados al Señor, acérquense y ofrezcan víctimas y sacrificios de acción de gracias en el templo del Señor.

La asamblea ofreció víctimas, sacrificios de acción de gracias y holocaustos voluntarios: 32 ofreció en holocausto al Señor setenta novillos, cien carneros y doscientos corderos. 33 Se hicieron otros sacrificios, hasta un total de seiscientos toros y tres mil ovejas. 34 Como los sacerdotes resultaban insuficientes para desollar tantos animales, sus hermanos los levitas les ayudaron a terminar el trabajo, dando tiempo a que se purificaran los sacerdotes, pues los levitas habían mostrado más diligencia para purificarse que los sacerdotes. 35 Había también abundantes holocaustos, además de la grasa de los sacrificios de comunión y de las ofrendas de vino y aceite correspondientes a los holocaustos. Así quedó restablecido el culto en el templo del Señor. 36 Ezequías y todo el pueblo se alegraron de lo que Dios había hecho en favor del pueblo, dada la rapidez con que se procedió.

Celebración de la pascua

Ex 12 1-14; Nm 9 6-13; 2 Cr 28 24-25

30 1 Ezequías envió mensajeros por todo Israel y Judá y escribió cartas a Efraín y Manasés invitándolos a subir al templo del Señor, en Jerusalén, a celebrar la pascua del Señor, Dios de Israel. 2 Previa deliberación, el rey, las autoridades y toda la asamblea de Jerusalén acordaron celebrar la pascua en el mes segundo. 3 No había podido hacerse a su tiempo por falta de sacerdotes purificados para entonces, y porque el pueblo aún no se había reunido en Jerusalén. 4 Fijada la fecha por el rey y la asamblea, 5 la comunicaron a todo Israel, desde Berseba hasta Dan, invitando a subir a Jerusalén a celebrar la pascua del Señor, Dios de Israel, pues pocos habían cumplido lo prescrito. 6 Los correos con cartas del rey y sus jefes recorrieron todo Israel y Judá. Esto proclamaron según la orden del rey:

–Hijos de Israel, regresen al Señor, Dios de Abrahán, Isaac, e Israel, y él regresará a ustedes que son el resto escapado de la mano de los reyes de Asiria. 7 No sean como sus padres y hermanos, que pecaron contra el Señor, Dios de sus antepasados, y su castigo los redujo a la triste situación en que ahora los ven. 8 No sean tercos como sus antepasados. Recurran al Señor y vengan al santuario que él ha consagrado para siempre. Sirvan al Señor, su Dios, y él apartará de ustedes el furor de su ira. 9 Si así lo hacen, sus hermanos y sus hijos hallarán clemencia ante sus deportadores y regresarán a este país, pues el Señor, su Dios, es clemente y misericordioso y, si de verdad se convierten a él, no los abandonará.

10 Los enviados recorrieron de ciudad en ciudad, todo el territorio de Efraín y Manasés hasta llegar al de Zabulón; la gente, sin embargo, se reía y se burlaba de ellos. 11 Tan sólo algunos de Aser, Manasés y Zabulón les hicieron caso y subieron a Jerusalén. 12 En cambio, en Judá, con la ayuda de Dios, el pueblo respondió como un solo hombre a la invitación del rey y de las autoridades, cumpliendo la palabra del Señor. 13 La afluencia de público en Jerusalén para celebrar la fiesta de los panes sin levadura en el segundo mes fue grandísima. 14 Destruyeron a toda prisa los altares que había en Jerusalén y tiraron al torrente Cedrón todos los braseros para perfumes. 15 Inmolaron el cordero pascual el día catorce del mes segundo. Los sacerdotes y los levitas, avergonzados, se purificaron y por fin ofrecieron holocaustos en el templo del Señor; 16 luego ocuparon sus puestos, según lo dispuesto por la ley de Moisés, hombre de Dios. Los sacerdotes derramaban la sangre que los levitas les presentaban. 17 Como muchos de la asamblea no estaban suficientemente purificados para realizar una acción sagrada en honor del Señor, corrió a cargo de los levitas la inmolación de los corderos pascuales. 18 Una gran parte del pueblo, en particular de Efraín, Manasés, Isacar y Zabulón, no se habían purificado, y comieron la pascua sin atenerse a lo prescrito. Pero Ezequías intercedió por ellos, diciendo:

–Perdona, Señor, en tu bondad 19 a los que te han buscado sinceramente a ti, el Dios de sus antepasados, aun cuando no tengan la pureza necesaria para las cosas santas.

20 Y el Señor escuchó a Ezequías y perdonó al pueblo.

21 Los israelitas que se encontraban en Jerusalén, celebraron la fiesta de los panes sin levadura durante siete días con gran alegría, y diariamente los levitas y los sacerdotes cantaban con todas sus fuerzas las alabanzas del Señor. 22 Ezequías tuvo palabras de elogio para los levitas que se habían distinguido en el servicio del Señor y que durante los siete días de la fiesta habían participado en ella, celebrando sacrificios de comunión y alabando al Señor, Dios de sus antepasados. 23 La asamblea, por su parte, acordó que la fiesta se prolongara siete días más y así se hizo con gran alegría, 24 pues Ezequías, rey de Judá, había dado a la asamblea mil novillos y siete mil ovejas, más otros mil novillos y diez mil ovejas a las autoridades; los sacerdotes, además, se habían purificado ya en número suficiente. 25 Toda la asamblea de Judá, sacerdotes, levitas, peregrinos venidos de Israel, los refugiados del reino del Norte, al igual que los residentes en Judá, desbordaban de alegría. 26 Fue una gran fiesta en Jerusalén como no se había visto desde los días de Salomón, hijo de David, rey de Israel. 27 Los sacerdotes y los levitas bendijeron al pueblo: su invocación fue escuchada y su oración llegó hasta la santa morada de Dios en los cielos.

Servicios del templo

Nm 28-29; 18 21; Neh 12 44-47; 13 10-13;
Lv 25 19-22; 2 Re 18 3; 20 3

31 1 Terminada la fiesta, los israelitas asistentes se esparcieron por las ciudades de Judá, *destruyendo las piedras conme-*

morativas y las imágenes sagradas, los santuarios de los altozanos y los altares en todo Judá, Benjamín, Efraín y Manasés, hasta la total aniquilación. Después regresaron
a sus ciudades, cada uno a su casa.
2 Ezequías restableció las clases de los
sacerdotes y levitas, reglamentando sus
funciones en lo referente a los holocaustos,
sacrificios de comunión, servicios e himnos
litúrgicos de acción de gracias, en las puertas de la explanada del templo del Señor.
3 El rey destinó parte de sus bienes para
los holocaustos de la mañana y de la tarde,
de los sábados, de las fiestas de luna nueva
y demás solemnidades, según está escrito
en la ley del Señor. 4 Ordenó al pueblo que
residía en Jerusalén reservar la parte correspondiente a los sacerdotes y levitas, para
que éstos pudieran entregarse al cumplimiento de la ley del Señor. 5 Divulgada esta
orden, los israelitas ofrecieron con generosidad los primeros frutos del grano, vino
nuevo, aceite, miel y demás productos del
campo, y los diezmos de todas las cosas.
6 La gente de Israel y de Judá que vivían
en las ciudades de Judá, trajeron también
el diezmo del ganado vacuno y ovino y el
de las cosas santas consagradas al Señor su
Dios, distribuyéndolo todo en porciones.
7 Comenzaron a hacer las porciones en el
mes tercero y terminaron en el séptimo.
8 Ezequías y sus jefes vinieron a ver las porciones y bendijeron al Señor y a su pueblo
Israel. 9 Ezequías pidió información sobre
las porciones a los sacerdotes y levitas. 10 El
sumo sacerdote Azarías, de la familia de
Sadoc, se lo explicó así:
–Desde que comenzaron a traer ofrendas al templo del Señor, hemos comido a
satisfacción y nos ha sobrado mucho, porque el Señor ha bendecido a su pueblo;
esto es lo que nos ha sobrado.
11 Ezequías mandó preparar almacenes
junto al templo del Señor. Una vez preparados, 12 almacenaron con escrupulosidad las
ofrendas, los diezmos y las cosas consagradas. El levita Cananías fue nombrado intendente y su hermano Simey ayudante suyo.
13 A sus órdenes, en calidad de inspectores,
estaban Yejiel, Azazías, Najat, Asael, Yerimot, Yozabad, Eliel, Yismaquías, Majat y
Benayas, tal como lo había dispuesto el rey
Ezequías y Azarías, prefecto del templo.
14 Coré, hijo del levita Yimná, portero de la
puerta oriental, tenía a su cargo la recepción
y distribución de las ofrendas voluntarias
hechas al Señor y de las cosas consagradas.
15 A sus órdenes estaban Edén, Minyamín,
Josué, Semeyas, Amarías y Secanías; éstos
residían permanentemente en las ciudades
sacerdotales, para entregar a sus hermanos,
divididos en clases, lo mismo grandes que
pequeños, su parte correspondiente. 16 Se
abrió un registro para los grupos sacerdotales y levitas mayores de treinta años que
venían diariamente por turnos al templo del
Señor a prestar sus servicios rituales. 17 Los
sacerdotes fueron agrupados por familias
pa-triarcales, y los levitas mayores de veinte
años, por sus funciones y clases. 18 El registro incluía toda la familia: mujeres, hijos
e hijas en toda la asamblea, pues estaban
consagrados al servicio de las cosas santas.
19 En todas las ciudades había hombres
expresamente designados para hacer el reparto a los sacerdotes descendientes de
Aarón, que vivían en los campos de las respectivas ciudades, y a todos los levitas que
estuvieran debidamente registrados.
20 Esto fue lo que hizo Ezequías en todo
Judá: agradó al Señor, su Dios, con una
conducta buena, recta y fiel. 21 Todo lo que
hizo en favor del templo del Señor, de la
ley y de los mandamientos, lo hizo buscando siempre a su Dios, con todo su corazón.
Por eso tuvo éxito.

Senaquerib invade Judá

2 Re 18 13-37; 19 14-19.35-37; Is 36 1-22; 37 8-38

32 1 Después que Ezequías dio estos signos de fidelidad, *Senaquerib, rey de
Asiria* invadió Judá, y sitió *las ciudades
fortificadas* tratando de conquistarlas.
2 Viendo Ezequías que Senaquerib avanzaba con la intención de atacar a Jerusalén,
3 decidió, previo consejo con sus jefes y
oficiales, tapar las fuentes de los extramu-
ros de la ciudad. 4 Acudió una gran multitud, y taparon las fuentes y el canal subterráneo, diciendo: «¿Por qué han de encontrar los asirios agua en abundancia cuando
lleguen?»
5 Ezequías, lleno de ánimo, reconstruyó
las partes destruidas de la muralla, levantó
torres sobre ella y un segundo muro exte-

rior. Restauró el terraplén de la ciudad de David y fabricó gran cantidad de flechas y escudos. 6 Puso jefes militares al frente del pueblo, convocó a todos en la explanada de la puerta de la ciudad y los alentó con estas palabras:

7 –Sean fuertes y valerosos; no teman ni desfallezcan ante el rey de Asiria y su ejército, porque el que está con nosotros es más fuerte que el que está con él. 8 El sólo cuenta con fuerzas humanas, pero nosotros contamos con el Señor nuestro Dios para ayudarnos y combatir a favor nuestro.

El pueblo cobró confianza con las palabras de Ezequías, rey de Judá. 9 Senaquerib, rey de Asiria, que estaba entonces en Laquis con todo su ejército, envió una embajada a Ezequías y a todo el pueblo de Judá reunido en Jerusalén, con este mensaje:

10 «*Así dice* Senaquerib, *rey de Asiria: ¿En qué confían* para sentirse seguros encerrados en Jerusalén? 11 ¿No ven que Ezequías los engaña condenándoles a morir de hambre y sed, mientras dice: "el Señor, nuestro Dios, nos librará del rey de Asiria"? 12 ¿No ha sido él quien ha destruido los santuarios de los altozanos y sus altares *y ha dado esta orden a Judá y a Jerusalén: "Sólo ante este altar adorarán* y quemarán incienso"? 13 ¿Es que ignoran cómo hemos tratado mis predecesores y yo a todos los pueblos de la tierra? ¿Han podido los dioses de las naciones librarlas de mi poder? 14 De todos sus dioses ¿ha habido siquiera uno que haya podido hacerlo? ¿Va a ser su Dios una excepción? 15 No se dejen, pues, engañar por Ezequías, ni los seduzcan sus palabras. No le crean, porque, si ningún dios de nación o reino fue capaz de librar a su pueblo de nuestro poder, tampoco su Dios lo será».

16 Mientras los enviados de Senaquerib estaban hablando contra el Señor Dios y contra Ezequías su servidor, 17 Senaquerib escribió una carta insolente contra el Señor, Dios de Israel, en la que decía:

De la misma manera que los dioses de otras naciones no han podido librarlas de mi poder, tampoco podrá hacerlo con ustedes el Dios de Ezequías.

18 Se dirigían en hebreo y en alta voz al pueblo de Jerusalén que estaba en la muralla, con el fin de infundirles temor, asustarlos y conquistar así la ciudad. 19 Hablaban del Dios de Jerusalén como si fuera uno más entre los dioses de los pueblos de la tierra, obra de manos humanas. 20 En esta situación, el rey Ezequías y el profeta Isaías, hijo de Amós, oraron y clamaron al cielo. 21 Y el Señor envió un angel que aniquiló al poderoso ejército asirio. Senaquerib, humillado y confuso, regresó a su país, donde algunos de sus hijos lo asesinaron a espada mientras oraba en el templo de su dios. 22 El Señor libró a Ezequías y a los habitantes de Jerusalén del poder de Senaquerib, rey de Asiria, y de todos sus enemigos, dándoles paz en todas sus fronteras. 23 Muchos llevaron ofrendas al Señor a Jerusalén y regalos a Ezequías, rey de Judá, quien a partir de entonces se hizo famoso entre todas las naciones.

Enfermedad y curación de Ezequías

2 Re 20 1-11; Is 38 1-8; 39 1

24 En aquellos días el rey Ezequías cayó gravemente enfermo. Rogó al Señor, que escuchó su oración y lo sanó milagrosamente. 25 Pero Ezequías, lejos de corresponder al beneficio recibido, se llenó de orgullo, y la ira del Señor se encendió contra él, contra Judá y Jerusalén. 26 Sin embargo, después se arrepintió de su orgullo, y lo mismo hicieron los habitantes de Jerusalén, y por eso la ira del Señor no se descargó sobre ellos en vida de Ezequías.

Otras actividades de Ezequías

2 Re 20 12-19; Is 39 2-8

27 Ezequías fue muy rico y glorioso. Atesoró una gran cantidad de plata, oro, piedras preciosas, aromas, escudos y toda clase de objetos valiosos. 28 Tuvo grandes almacenes de vino, trigo, aceite, pesebreras para toda clase de ganados y establos para sus rebaños. 29 Construyó ciudades y tenía ganado vacuno y ovino en gran cantidad, pues el Señor le había dado riquezas inmensas. 30 El fue quien tapó la salida superior de las aguas de Guijón y por un canal subterráneo las condujo a la parte oeste de la ciudad de David. Ezequías triunfó en todo lo que emprendió. 31 Sin embargo, en su entrevista con los embajadores de Babilonia enviados para informarse del milagro acaecido en el

país, fue abandonado por Dios para probarlo y conocer a fondo su corazón.

Fin del reinado de Ezequías

2 Re 20 20-21

32 *El resto de la historia de Ezequías* y todo el bien que hizo están escritos en la visión del profeta Isaías, hijo de Amós, y en el Libro *de los reyes de Judá* y de Israel. 33 *Ezequías murió* y fue sepultado en el camino que sube hacia las tumbas de los descendientes de David. Judá y Jerusalén honraron su muerte. *Le sucedió su hijo Manasés.*

Reinado de Manasés (698-643)

2 Re 21 1-9; Ez 19 9

33 1 *Manasés comenzó a reinar a los doce años y reinó en Jerusalén cincuenta y cinco años.* 2 *Ofendió con su conducta al Señor, imitando el perverso comportamiento de los pueblos que el Señor había expulsado ante los israelitas.* 3 *Reedificó los santuarios de los altozanos* derribados *por su padre Ezequías; levantó altares a* los baales, *levantó* imágenes sagradas, *se prosternó ante todos los astros del cielo y les rindió culto.* 4 *Levantó también altares en el templo del Señor del cual el Señor había dicho: «Invocarán* perpetuamente *mi nombre en Jerusalén».* 5 *Levantó estos altares a todos los astros del cielo en los dos atrios del templo del Señor.* 6 *Inmoló en el fuego a* sus hijos en el valle de Ben-Hinón. *Practicó la magia, la hechicería y* el ocultismo; *instituyó espiritistas y adivinos. Ofendió tanto al Señor cometiendo toda clase de maldades que provocó su indignación.* 7 *Fabricó un ídolo* fundido *y lo puso en el templo de* Dios; *el templo del que había dicho* Dios *a David y a su hijo Salomón: «He elegido a este templo y a Jerusalén entre todas las tribus del Israel, como el lugar donde se invocará mi nombre para siempre.* 8 No volveré a expulsar *a Israel de la tierra que di a sus antepasados, si practican todo lo que yo les he ordenado por medio de Moisés: toda la ley,* los mandamientos y los preceptos».

9 *Pero Manasés extravió a* Judá y Jerusalén *hasta el punto de comportarse peor que los pueblos que el Señor había expulsado ante los israelitas.* 10 *El Señor habló* a Manasés y a su pueblo, pero ellos no le hicieron caso.

11 Entonces los generales del rey de Asiria, impulsados por el Señor, cayeron sobre ellos. Capturaron a Manasés y, cargado de grilletes y cadenas, lo llevaron a Babilonia. 12 En su angustia trató de aplacar al Señor su Dios, y se humilló profundamente ante el Dios de sus antepasados. 13 Oró al Señor, y el Señor lo atendió; escuchó su oración y lo reintegró a su reino de Jerusalén. Entonces Manasés reconoció que el Señor es el único Dios. 14 Reconstruyó la muralla exterior de la ciudad de David, al oeste de Guijón, en el valle, hasta la puerta de los Peces. La muralla rodeaba el Ofel y era muy alta. Puso jefes militares en todas las ciudades fortificadas de Judá. 15 Retiró del templo del Señor las estatuas de dioses extranjeros y el ídolo, así como todos los altares que había construido antes en el templo del Señor y en Jerusalén, y los arrojó fuera de la ciudad. 16 Restableció el altar del Señor sobre el que ofreció sacrificios de comunión y de acción de gracias y mandó a Judá rendir culto al Señor, Dios de Israel. 17 Pero el pueblo seguía sacrificando en los santuarios de los altozanos, aunque sólo al Señor, su Dios.

18 *El resto de la historia de Manasés,* su oración a Dios, y lo que le dijeron los videntes en nombre del Señor, Dios de Israel, *está escrito en los Anales de los reyes* de Israel. 19 Su oración y la aceptación que tuvo, sus pecados y su impiedad, los lugares donde construyó altares, imágenes sagradas e ídolos antes de su conversión, es-

• **33 1-20**: Incluso Manasés, a quien el libro de los Reyes enjuicia de modo absolutamente negativo (véase 2 Re 21 1-18), le merece al Cronista un juicio más benévolo. Es cierto que tuvo una primera etapa en su reinado dominada por el pecado (2 Cr 33 1-10), pero luego vino otra en la que se humilló profundamente, aceptando la corrección divina y reparando las consecuencias de la primera (2 Cr 33 11-20). Nada sabíamos por la fuente de Reyes de esta sorprendente conversión de Manasés a raíz de una no menos sorprendente cautividad del rey en Babilonia, a donde lo llevaron los generales del rey de Asiria. En cualquier caso, el Cronista pretende explicar cómo es posible que un rey tan impío como Manasés haya podido reinar nada menos que cincuenta y cinco años, más incluso que David y Salomón.

Es extraño que los generales asirios conduzcan a Manasés a Babilonia y no a su propia capital, Nínive (2 Cr 33 11).

tán escritos en la historia de Jozay. 20 *Ma-*
nasés murió y fue sepultado en su palacio.
Le sucedió su hijo Amón.

Reinado de Amón (643-640)

2 Re 21 19-24

21 *Amón comenzó a reinar a los veinti-*
dós años y reinó dos años en Jerusalén.
22 *Ofendió con su conducta al Señor, como*
su padre Manasés. Ofreció sacrificios y
dio culto a todos los ídolos que había hecho su padre. 23 Pero no se humilló ante el
Señor, como se había humillado su padre
Manasés, sino que multiplicó su impiedad.
24 *Los servidores de Amón conspiraron con-*
tra él y lo asesinaron en su palacio. 25 *Pero*
el pueblo mató a todos los que habían cons-
pirado contra el rey Amón y, en su lugar,
proclamó rey a su hijo Josías.

Reinado de Josías (640-609)

2 Re 22 1-2

34 1 *Josías comenzó a reinar a los ocho*
años y reinó treinta y un años en Je-
rusalén. 2 *Agradó con su conducta al*
Señor e imitó el comportamiento de su
antepasado David sin desviarse ni a un
lado ni a otro.
3 El año octavo de su reinado, cuando
todavía era joven, comenzó a buscar al Dios
de su antepasado David, y en el decimosegundo año comenzó a suprimir de Judá y
de Jerusalén los santuarios de los altozanos, *las imágenes sagradas,* y las imágenes esculpidas o fundidas. 4 Fueron destruidos en su presencia los altares de Baal,
y las antorchas para el culto colocadas sobre ellos. Hizo pedazos las imágenes sagradas, las imágenes esculpidas y fundidas
hasta reducirlas a polvo, que arrojó sobre
las sepulturas de los que habían sido sus
adoradores. 5 Quemó los huesos de los
sacerdotes idólatras sobre sus altares, con
lo que purificó a Judá y a Jerusalén. 6 Hizo
otro tanto en las ciudades de Manasés,
Efraín, Simeón y Neftalí y en sus poblados:
7 altares, imágenes sagradas, ídolos, pebe-
teros cúlticos, todos desaparecieron de Israel. Luego regresó a Jerusalén.

Descubrimiento del libro de la ley

2 Re 22 3-10

8 *El año decimooctavo de su reinado,*
después de haber purificado el país y el
templo, *encomendó a Safán, hijo de Asa-*
lías, a Maasías, gobernador de la ciudad, y
al canciller real Joaj, hijo de Yoajaz, que llevaran a cabo la reparación *del templo del*
Señor, su Dios. 9 Ellos fueron y entregaron
al sumo sacerdote Jelcías el dinero aporta-
do para el templo de Dios y que había sido
recogido por los levitas porteros, procedente de Manasés, de Efraín, del resto de Israel,
de Judá, de Benjamín y de Jerusalén. 10 *Se*
lo dieron a los capataces encargados de las
obras del templo del Señor, *para que con él*
pagaran a los obreros que se ocupaban de
la restauración y reparación del templo del
Señor; 11 *en concreto se lo dieron a los car-*
pinteros y talladores de piedra para que
compraran piedras talladas y maderas para
los edificios que los reyes de Judá habían
dejado arruinar.
12 *Todos ellos trabajaban fielmente* bajo
la dirección de los levitas Yajat y Abdías,
descendientes de Merarí, y de Zacarías y
Mesulán, descendientes de Queat. Los levitas expertos en tocar instrumentos musicales, 13 acompañaban y dirigían a los acarreadores y a todos los demás obreros, fuera cual fuera su tarea; había otros levitas
que eran cronistas, vigilantes y porteros.
14 Cuando estaban sacando el dinero
aportado para el templo del Señor, el sacerdote Jelcías encontró el libro de la ley del

• **33 21-25**: En la historia del reinado de Amón, el Cronista destaca por una parte la impiedad del rey, y por otra la actitud del pueblo que, a pesar de todo, castiga a los asesinos. El reinado fue tan corto y la conducta del rey tan impía que el Cronista no juzga necesario hacer referencia a sus fuentes de información.

• **34 1-35 27**: Si Amón imitó la conducta de su padre, Manasés, Josías imitó la de David. Purificó el país y el templo, siempre con el apoyo de levitas y sacerdotes (2 Cr 34 1-13), renovó la alianza, a partir del hallazgo del libro de la ley (2 Cr 34 14-32), y celebró las fiestas de la pascua y de los panes sin levadura de modo especialmente solemne (2 Cr 35 1-19). Su muerte fortuita y trágica (véase 2 Re 23 29-30) causó un serio desconcierto entre el pueblo que no podía comprender cómo un rey tan profundamente religioso y fiel pudo morir así. El Cronista trata de explicar teológicamente esa trágica muerte como consecuencia de una desobediencia a Dios (si bien meramente puntual: 2 Cr 35 21-22) por parte de Josías. Sobre las elegías a propósito de su muerte, véase Jr 22 10.18; Zac 12 11-14.

Señor promulgada por Moisés. 15 Entonces
Jelcías dijo al secretario Safán:
–He encontrado el libro de la ley en el
templo del Señor.
Se lo entregó luego a Safán, 16 quien se
lo llevó al rey con el siguiente informe:
–Tus siervos llevan adelante las obras
que les has confiado. 17 Han recogido el
dinero del templo del Señor y se lo han
dado a los que dirigen las obras y a los
que realizan el trabajo.
18 Después le dio la noticia:
–El sacerdote Jelcías me ha dado este
libro.
Y Safán lo leyó ante el rey.

Consulta a la profetisa Juldá

2 Re 22 11-20

19 Cuando el rey oyó las palabras del
libro de la ley, rasgó sus vestiduras 20 y
dio esta orden al sacerdote Jelcías, a Ajicán, hijo de Safán, a Abdón, hijo de Miqueas, al secretario Safán, y a Asayá, ministro del rey:
21 –Vayan a consultar al Señor por mí y
por el resto de Israel y de Judá sobre las palabras del libro que acaba de ser encontrado. Tiene que ser grande la ira del Señor contra nosotros porque nuestros antepasados no han observado la palabra del Señor cumpliendo lo que está escrito en este libro.
22 Jelcías y los otros designados por el
rey acudieron a consultar a la profetisa Juldá, esposa de Salún, hijo de Ticoá y nieto de Jarjás, guarda del ropero, que vivía en el barrio nuevo de Jerusalén. Le expusieron el caso. 23 Ella les dijo:
–Así dice el Señor, Dios de Israel: Digan
al hombre que los ha enviado a mí: 24 «Yo
voy a traer la desgracia sobre este lugar y sus habitantes; voy a cumplir todas las maldiciones contenidas en el libro leído
ante el rey de Judá. 25 Ellos me abandona-
ron quemando incienso a otros dioses y me irritaron con su conducta perversa. Pues bien, ya está ardiendo mi ira contra este
lugar y no se apagará». 26 Dirán, sin em-
bargo, al rey de Judá que los ha mandado a consultar al Señor: Esto dice el Señor, Dios de Israel, en relación con las palabras que has escuchado: 27 «Puesto que tu
corazón se ha conmovido y te has humillado ante Dios al oír lo que ha decretado contra este lugar y contra sus moradores; porque te has humillado ante mí, has rasgado tus vestiduras y has llorado ante mí, yo también te he escuchado, oráculo del
Señor. 28 Haré que te reúnas con tus ante-
pasados y que te entierren en paz sin que tengas que ver toda la desgracia que voy a descargar sobre este lugar y sobre sus moradores».
Los enviados regresaron donde estaba el rey con la respuesta.

Lectura del libro y renovación de la alianza

2 Re 23 1-3

29 Entonces el rey mandó convocar a
todos los ancianos de Judá y Jerusalén,
30 y junto con toda la gente de Judá y to-
dos los habitantes de Jerusalén, con los sacerdotes, levitas y todo el pueblo, chicos y grandes, subió al templo del Señor, y leyó en voz alta todas las palabras del libro de la alianza encontrado en el templo del
Señor. 31 Luego, de pie sobre el estrado,
concluyó ante el Señor la alianza, comprometiéndose a seguirlo, a observar sus preceptos, mandamientos y leyes con todo su corazón y con toda su alma, y a cumplir las cláusulas de la alianza, escritas en aquel
libro. 32 Y el rey hizo que todos los presen-
tes de Judá y Benjamín ratificaran la alianza. Igualmente los habitantes de Jerusalén actuaron según la alianza hecha con
Dios, el Dios de sus antepasados. 33 Josías
suprimió las prácticas idolátricas en todo el territorio de Israel y consiguió que todos los israelitas dieran culto al Señor, su Dios. Y mientras él vivió, no se apartaron del Señor, Dios de sus antepasados.

Celebración de la pascua

2 Re 23 21-23.28-30; Ex 12 1-14; 1 Cr 24-26; 29 6-9; 1 Re 22 34; 2 Re 18 33-34

35 1 Josías celebró la pascua del Señor
en Jerusalén el día catorce del mes
primero. 2 Repuso a los sacerdotes en sus
funciones y los alentó a servir en el templo
del Señor. 3 Y dijo a los levitas, consagrados al Señor:
–Coloquen el arca santa en el templo de Salomón, hijo de David, y rey de Israel. No tendrán ya que trasladarla a hombros. Sir-

van ahora al Señor, su Dios, y a su pueblo
Israel. 4 Organícense por familias y turnos
de acuerdo con lo prescrito por David, rey
de Israel, y su hijo Salomón. 5 Ocupen sus
puestos en el santuario por turnos al servicio de las familias patriarcales y al de sus
hermanos del pueblo: un turno de levitas
por cada familia patriarcal. 6 Inmolen la
pascua, purifíquense y prepárenla para sus
hermanos, conforme a la palabra del Señor
dada por Moisés.

7 Josías dio al pueblo, de su propio ganado, treinta mil corderos y cabritos en calidad de víctimas pascuales para todos los
allí presentes, y tres mil novillos; 8 los oficiales del rey hicieron donaciones voluntarias al pueblo, a los sacerdotes y a los levitas. Jelcías, Zacarías y Yejiel, jefe del templo del Señor, dieron a los sacerdotes, para
la pascua, dos mil seiscientos corderos y
trescientos novillos. 9 Los jefes de los levitas, Conayas, Semeyas, su hermano Natanael, Jasabías, Yeiel y Yozabad, dieron a
los levitas para la pascua, cinco mil corderos y quinientos novillos.

10 Cuando todo estuvo a punto, los sacerdotes ocuparon sus puestos y los levitas
los suyos según sus turnos, de acuerdo con
lo dispuesto por el rey. 11 Inmolaron la pascua: los sacerdotes derramaban la sangre y
los levitas desollaban las víctimas. 12 Se-
paraban la porción destinada al holocausto
y daban el resto al pueblo por grupos de
familias para que lo ofrecieran al Señor,
según está escrito en el libro de Moisés. Lo
mismo hicieron con los novillos. 13 Asaron
al fuego la pascua según la ley, cocieron las
otras ofrendas santas en calderos, ollas y
sartenes, y lo repartieron en seguida entre
el pueblo. 14 Finalmente prepararon la pascua para sí y para los sacerdotes descendientes de Aarón, que estaban ocupados
todo el día en la ofrenda de los holocaustos
y de las grasas; por eso los levitas prepararon la pascua para sí y para los sacerdotes
descendientes de Aarón. 15 Los cantores de
las familias de Asaf, Hemán y Yedutún, el
vidente del rey, se mantuvieron en su puesto según las prescripciones de David; y lo
mismo los porteros: no tuvieron que abandonar sus puestos, porque los levitas, sus
hermanos, les prepararon la pascua.

16 Así se desarrolló aquel día todo el
servicio del Señor para la celebración de la
pascua y la ofrenda de los holocaustos en
el altar del Señor, según las instrucciones
del rey Josías. 17 Todos los israelitas presentes celebraron la pascua y la fiesta de
los panes sin levadura durante siete días.
18 Nunca se había celebrado en Israel pascua semejante desde los días de Samuel, el
vidente. Ningún rey de Israel había celebrado una pascua como ésta de Josías en
presencia de sacerdotes y levitas, de todo
Judá e Israel y de los habitantes de Jerusalén. 19 Se celebró esta pascua el año decimoctavo del reinado de Josías.

Muerte de Josías

20 Después de esto, y terminada ya la
restauración del templo del Señor, *Necao,
rey de Egipto,* subió a presentar batalla en
Carquemis a orillas del Eufrates. Josías le
salió al paso, 21 y Necao le envió este mensaje:

–No tengo nada que ver contigo, rey de
Judá. No estoy en guerra contra ti; es contra otros, y Dios me ha dicho que me apre-
sure. No te opongas, pues, a Dios que está
conmigo, no sea que te destruya.

22 Pero Josías no se retiró y se preparó
para atacarlo, sin atender a lo que Necao
decía en nombre de Dios. Avanzó y le presentó batalla en el valle de Meguido. 23 Los
arqueros hicieron blanco en el rey Josías,
que dijo a sus servidores:

–Sáquenme de aquí, porque estoy gravemente herido.

24 Los siervos lo sacaron de su carro de
guerra, lo subieron a otro de los suyos y lo
llevaron a Jerusalén, donde murió. Fue *enterrado en el sepulcro* de sus antepasados.
Judá y Jerusalén lloraron por Josías. 25 Jeremías compuso una lamentación a la muerte
de Josías; y todos los cantantes, hombres y
mujeres, recuerdan a Josías hasta el día de
hoy en sus cantos, que se han hecho costumbre en Israel y han sido incorporados a
las colecciones de cantos fúnebres.

26 *El resto de la historia del rey Josías,*
su vida de piedad, conforme a la ley del
Señor, 27 toda su historia, del principio al
fin, está *escrita en el Libro* de los *reyes* de
Israel y *de Judá.*

Reinado de Joacaz (609)

2 Re 23 30-34

36 [1] *El pueblo proclamó rey a Joacaz, hi-*
jo de Josías, como sucesor de su pa-
dre en Jerusalén. [2] *Joacaz comenzó a rei-*
nar a los veintitrés años y reinó tres meses
en Jerusalén. [3] El rey de Egipto *lo destro-*
nó en Jerusalén *e impuso al país un im-*
puesto de tres mil cuatrocientos kilos de
plata y treinta y cuatro kilos de oro. [4] *Nom-*
bró rey de Judá y de Jerusalén *a su herma-*
no Eliaquín, cambiando su nombre por el
de Joaquín. A su hermano *Joacaz,* Necao
se lo llevó prisionero a Egipto.

Reinado de Joaquín (609-598)

2 Re 23 36-37; 24 1.5-6

[5] *Joaquín comenzó a reinar a los vein-*
ticinco años y reinó once años en Jerusa-
lén. Ofendió con su conducta al Señor, su
Dios. [6] *Nabucodonosor, rey de Babilonia,*
emprendió una campaña militar contra
él, y lo llevó a Babilonia cargado de cadenas. [7] También se llevó a Babilonia numerosos utensilios del templo del Señor,
depositándolos en su palacio de Babilonia. [8] *El resto de la historia de Joaquín,*
su perversa conducta *y todo lo que hizo,*
está escrito en el Libro de los reyes de
Israel *y de Judá. Le sucedió su hijo Jeco-*
nías.

Reinado y deportación de Jeconías (598-597)

2 Re 24 8-10

[9] *Jeconías comenzó a reinar a los* ocho
años y reinó tres meses en Jerusalén. Ofen-
dió con su conducta al Señor. [10] A comienzos del año, *el rey Nabucodonosor hizo que*
lo deportaran a Babilonia junto con los
objetos más valiosos del templo del Señor,
y nombró *a su tío Sedecías rey* de Judá y
de Jerusalén.

Reinado de Sedecías (597-587)

2 Re 24 18-20

[11] *Sedecías comenzó a reinar a los vein-*
tiún años y reinó once años en Jerusalén.
[12] *Ofendió con su conducta al Señor* su
Dios y no hizo caso al profeta Jeremías
que le hablaba en nombre del Señor. [13] *Se*
rebeló contra el rey Nabucodonosor, al
cual había prestado juramento de fidelidad
en el nombre del Señor. Terco y obstinado,
no quiso convertirse al Señor, el Dios de
Israel.

Deportación a Babilonia

2 Re 25 1-21; Lv 26 34-35; Jr 25 11; 29 10

[14] Del mismo modo todos los jefes de
los sacerdotes y el pueblo pecaron sin cesar, practicando las abominaciones idolátricas de las naciones y contaminando el
templo que el Señor se había consagrado
en Jerusalén. [15] El Señor, Dios de sus antepasados, en su afán de salvar a su pueblo y
a su templo, les envió continuos mensajeros. [16] Pero se burlaron de ellos, menospre-
ciaron sus palabras, y se mofaron de sus
profetas, colmando así la ira del Señor
contra su pueblo, hasta el punto que ya no
hubo remedio.

[17] El Señor mandó contra ellos al rey de
los caldeos, que mató a espada a sus jóvenes en el santuario mismo, sin perdonar a
nadie, ni muchacho ni doncella, ni anciano
ni anciana: Dios entregó a todos en su poder. [18] Nabucodonosor se llevó a Babilonia
todos los objetos del templo de Dios, gran-

• **36 1-4**: Los cuatro últimos reyes de Judá terminaron siendo deportados. Hace valer así el Cronista, narrativa y teológicamente, su visión de la historia: el pueblo con sus reyes a la cabeza ha llegado a una situación tal de infidelidad al Señor que su destino sólo puede ser el destierro. Las grandes potencias imponen su ley en la zona. A Joacaz ni siquiera lo juzga el Cronista; tan insignificante fue su reinado.

• **36 5-8**: La noticia de la deportación de Joaquín es nueva en relación a la información del libro de los Reyes; también la del comienzo del saqueo del templo (véase 2 Re 23 36-24 7). En relación con 2 Re 24 3-4, el Cronista parece que no quiere hacer culpable a Manasés de la ruina que ha sobrevenido a la nación.

• **36 9-10**: La deportación conjunta a Babilonia del rey y del mobiliario del templo es el dato resaltado por el Cronista. Se prepara así, la última etapa de la historia de Judá. El texto hebreo de Crónicas asigna *ocho* años a Jeconías cuando comenzó a reinar. En 2 Re 24 8 se habla de *dieciocho* años y es más probable que sea así.

• **36 11-13**: Sedecías cometió un pecado: no humillarse ante el profeta Jeremías; también cometió un grave error político: rebelarse contra el rey de Babilonia. Las consecuencias fueron desastrosas y acarrearon la ruina definitiva del reino.

des y chicos, los tesoros del templo, los del
rey y los de sus jefes. 19 El templo del
Señor fue consumido por las llamas, las
murallas fueron demolidas, los palacios incendiados y todos los objetos preciosos
destruidos. 20 Nabucodonosor deportó a
Babilonia a los que habían escapado de la
espada, los cuales pasaron a ser esclavos
del rey y de sus hijos hasta que se estableció el imperio persa. 21 Así se cumplió la
palabra del Señor pronunciada por Jeremías: «La tierra descansará asolada durante setenta años hasta que recupere sus años
de descanso sabático».

Edicto de Ciro

Esd 1 1-3

22 El año primero de Ciro, rey de Persia,
en cumplimiento de la profecía de Jeremías, el Señor despertó el espíritu de Ciro,
rey de Persia, que publicó de palabra y por
escrito por todo su reino este edicto:
23 «Así dice Ciro, rey de Persia: El Señor, Dios del cielo, me ha dado todos los
reinos de la tierra y me ha encomendado
construirle un templo en Jerusalén de Judá.
Los que de entre ustedes pertenezcan a su
pueblo, que regresen, y que el Señor su
Dios esté con ellos».

• **36** 14-21: La falta de conversión generalizada y el persistente desprecio que el rey y sus magnates hacen del mensaje de los profetas precipitan la ruina. El profeta Jeremías anuncia el fin de la historia del reino y el comienzo de una nueva etapa (2 Cr 36 21). El destierro se interpreta como descanso sabático; la tierra del Señor, profanada por los pecados del pueblo, permanecerá desolada y sin cultivar durante setenta años.

• **36** 22-23: Probablemente la historia cronística terminaba con el párrafo anterior (2 Cr 36 21). Un copista posterior tomó el comienzo del libro de Esdras (Esd 1 1-3) y lo reprodujo literalmente al final de Crónicas. De esta manera pretendía, sin duda, reafirmar su esperanza y la del pueblo en una nueva etapa histórica, mejor y más gloriosa que la contada por el autor Cronista.

LIBROS DE ESDRAS Y NEHEMIAS

INTRODUCCION

En su origen estos dos libros constituyeron una sola obra y probablemente formaban la segunda parte de un conjunto histórico más amplio que hoy conocemos como *historia cronística*. La primera parte estaría formada por los dos libros de las Crónicas. Los libros de Esdras y Nehemías narran los acontecimientos vividos por el pueblo judío a raíz del edicto de Ciro en el año 538 a.C., y sus protagonistas –el sacerdote Esdras y el gobernador Nehemías– no son mencionados en ningún otro lugar del Antiguo Testamento. Sin embargo estos dos libros cubren un espacio de tiempo de más de cien años de historia israelita y son imprescindibles para conocer, aunque sólo sea parcialmente, los sucesos que configuraron la restauración de la nación israelita y el nacimiento del judaísmo al regreso del destierro babilónico.

1. Marco histórico

Los hechos narrados por los libros de Esdras y Nehemías tienen lugar en el contexto del nuevo estilo político implantado por los dominadores persas después de conquistar Babilonia. Se muestran comprensivos y tolerantes con los pueblos sometidos. Políticamente no tienen incoveniente en concederles una cierta autonomía de gobierno, y religiosamente no ponen trabas a que rindan culto a sus dioses nacionales y se rijan por sus leyes y costumbres religiosas. Se revocan las órdenes de destierro y una parte importante de los israelitas deportados regresan a Palestina en sucesivas caravanas.

Como primer personaje importante en la obra de la restauración se menciona a Sesbasar, especie de alto comisario designado por Ciro para devolver a Jerusalén todos los objetos de culto llevados a Babilonia por Nabucodonosor (Esd 1 8-11; 5 14). Pero Sesbasar desaparece bruscamente de la escena e irrumpen en ella Zorobabel y el sacerdote Josué quienes en medio de continuas dificultades, pero con gran entusiasmo y apoyados por la predicación de los profetas Ageo y Zacarías (Esd 5 1-2; Ag 2 23; Zac 6 9-15), reconstruyen el templo de Jerusalén que es consagrado y abierto al culto en el año 515 a. C.

La activa resistencia que los samaritanos y otros habitantes de la zona opusieron a la reconstrucción tanto del templo como sobre todo de la ciudad de Jerusalén, hizo que durante bastantes años la obra de restauración estuviera casi completamente paralizada y que la situación de los judíos retornados se hiciera realmente precaria. Hasta que durante el reinado de Artajerjes I (464-424 a. C.) las circunstancias permiten reanudar la obra de restauración. Ahora los protagonistas de la acción restauradora son el laico Nehemías y el sacerdote Esdras. Estos dos personajes son, a su vez, los principales protagonistas de los libros bíblicos que llevan su nombre.

Lo que ya resulta más difícil y problemático es reconstruir el verdadero orden cronológico de los acontecimientos. El texto bíblico actual, obra del redactor cronista, presenta numerosas anomalías históricas que invitan a pensar en un orden histórico de los acontecimientos distinto del que a primera vista nos ofrece el relato de Esdras y Nehemías. De hecho se han propuesto tres hipótesis distintas al respecto:

a) La misión de Esdras fue anterior a la de Nehemías, como sugiere el texto bíblico, y habría comenzado en el año 458 a. C. Es la opinión tradicional que todavía en nuestro tiempo cuenta con bastantes defensores.

b) La misión de Nehemías fue anterior a la de Esdras. Habría comenzado en el año 445 a. C. y se desarrolló en dos etapas separadas por un tiempo durante el cual Nehemías residió de nuevo en Babilonia. Unos treinta años más tarde, exactamente en el año 398 a. C. y ya en el reinado de Artajerjes II (405-359 a. C.), habría comenzado la actividad del sacerdote Esdras.

c) La actividad de Esdras tuvo lugar entre las dos misiones de Nehemías. Según esta hipótesis, Esdras habría comenzado su actividad en el año 438 a. C. lo que supone leer en Esd 7 7: *en el año veintisiete del reinado de Artajerjes* y no *en el año siete* como realmente dice el texto bíblico. Esta es precisamente la más seria dificultad de la hipótesis, que por otra parte resolvería muchos problemas.

Es sobre todo la hipótesis b) la que tiene en la actualidad más numerosos y decididos partidarios. Si el redactor cronista ha reestructurado sus fuentes invirtiendo la secuencia cronológica de los acontecimientos y mencionando a Nehemías en el momento en que Esdras lee la ley (Neh 8 9) se debe probablemente a que por una parte quiso dar mayor importancia al sacerdote que al laico, es decir, más importancia a la reforma religiosa de Esdras que a la actividad socio-política de Nehemías, pero por otra quiso presentar ambas actividades como contemporáneas ya que ambas tenían el mismo alcance y la misma significación religiosa.

El problema sigue sin resolver y no es probable que en adelante puedan aducirse argumentos definitivos en favor de una u otra postura. En cualquier caso, el valor histórico fundamental de estos libros está más allá de toda duda. Todo el transfondo histórico que manifiestan: tolerancia religiosa y política de los reyes persas, descripción de la administración imperial, oposición de los samaritanos, formación del cuerpo legislativo israelita, todo ello encaja perfectamente con lo que sabemos de esta época por otras fuentes.

2. *Características literarias*

La mayor parte de los especialistas bíblicos estiman, como ya se ha dicho, que Esd/Neh y 1-2 Cr constituyeron en su origen una sola obra, un solo bloque literario, y por tanto hay que asignarlos al mismo autor, al llamado redactor o historiador cronista. Pero incluso quienes piensan en dos obras y dos autores distintos, no dudan en establecer una estrecha relación entre ambos conjuntos. La estricta identidad entre el final de Crónicas (2 Cr 36 22-23) y el principio de Esdras (Esd 1 1-3) es una buena prueba de la continuidad entre los dos relatos.

Sin embargo, existe una notable diferencia en lo que respecta a las fuentes utilizadas y a las técnicas de composición. En los dos libros de las Crónicas el autor utilizó como fuente principal los libros de Samuel-Reyes. En Esd/Neh utiliza documentos de diversa procedencia entre los que cabe mencionar: unas Memorias de Nehemías (Neh 1 1-7 73; 12 27-13 31), otras de Esdras (Esd 8 1-9 15), y una serie de documentos oficiales escritos en arameo, tales como cartas y decretos de reyes persas relacionados con la comunidad de Jerusalén, listas de repatriados y colaboradores activos en la reconstrucción de la muralla, etc. Es muy probable que el autor-redactor encontrara todos estos documentos en los archivos del templo de Jerusalén, y que más o menos a finales del siglo IV a. C. les diera la forma que actualmente conocemos como continuación de la historia contenida en los dos libros de las Crónicas.

El autor ordenó todos estos materiales con criterios más teológico-personales que histórico-cronológicos (tal vez incluso desconocía la secuencia precisa de los acontecimientos) y conservó en bastantes casos la lengua original aramea de los documentos utilizados. Como resultado de su peculiar elaboración la redacción actual de Esdras/Nehemías presenta la siguiente división:

- Retorno de los judíos exiliados y reconstrucción del templo: Esd 1-6
- Actividad de Esdras y restauración de la comunidad de Jerusalén: Esd 7-10
- Primera misión de Nehemías: Neh 1-7
- Lectura de la ley y renovación de la alianza: Neh 8-10
- Reorganización de la comunidad por parte de Nehemías: Neh 11-12
- Segunda misión de Nehemías en Jerusalén: Neh 13

3. *Perspectivas teológicas*

El destierro en Babilonia ha significado el cumplimiento exacto de las amenazas proféticas. Pero no todo está perdido. Al pueblo que regresa del exilio se le recuerda con signos humildes pero eficaces, que sigue siendo el elegido del Señor, el depositario de las promesas divinas. La nación ha perdido la independencia política y no es previsible que pueda recuperarla, al menos a corto plazo. Ahora el interés se centra en la dimensión religiosa de la comunidad israelita. Ahora el protagonismo lo ejercen el templo, la ciudad santa, la asamblea cultual, la ley.

El templo es el símbolo material de la presencia permanente de Dios en medio de su pueblo; por eso, reconstruir el templo y ante todo reconstruir el altar de los holocaustos es tarea prioritaria de los repatriados. Jerusalén al ser reedificada recupera su condición de ciudad de David, y por tanto su estatuto de ciudad santa y mesiánica. La asamblea cultual, la comunidad del pueblo de Dios, perdida la independencia política, no tiene otra razón de ser si no es su dimensión religiosa manifestada sobre todo en el culto y en el cumplimiento estricto de la ley. Ley que durante el destierro se ha convertido en la patria espiritual de los israelitas, que ha alcanzado ya su formulación definitiva (posiblemente por obra del propio Esdras) y que es ahora solemnemente proclamada y promulgada.

Con todo, es de advertir que los libros de Esdras y Nehemías no nos producen una impresión de legalismo formalista, frío y rutinario. Detrás de la ley está siempre un Dios vivo que habla y actúa. Y acompañando la ley está un culto cálido y sincero, y una plegaria espontánea (Esd 3 11; 6 21-22; 7 27-28; 9 6-15; Neh 1 4-11; 4 4-5; 9 6-37). Cabría decir que al fin la palabra de los profetas exílicos y preexílicos ha dado sus frutos: al fin el pueblo se ha humillado y ha buscado sinceramente su perdón. No todo está perdido; la acción combinada de un sacerdote exigente y erudito, y la de un laico enérgico y comprometido ha conseguido el milagro de reconstruir la comunidad de salvación. Y todo ello sin alardes personalistas; lo único que importa es la misión que Dios les ha encomendado.

ESDRAS

1. Retorno de los judíos y reconstrucción del templo ◊

Edicto de Ciro

2 Cr 36 22-23; Jr 25 11-12; 29 10; Zac 1 12; Ag 1 14

1 1 El año primero de Ciro, rey de Persia,
para que se cumpliera la palabra del
Señor anunciada por Jeremías, despertó el
Señor el espíritu de Ciro que en todo su
reino hizo proclamar de palabra y por escrito el siguiente edicto:
2 Habla Ciro, rey de Persia: El Señor,
Dios del cielo, me ha dado todos los reinos
de la tierra y me ha encomendado construirle un templo en Jerusalén, que está en
la región de Judá. 3 El que de ustedes pertenezca a ese pueblo, que su Dios lo acompañe y suba a Jerusalén, que está en la
región de Judá, a reconstruir el templo del
Señor, Dios de Israel. 4 Y a los que pertenezcan a ese pueblo, vivan donde vivan,
que les ayude la gente del lugar con plata,
oro, bienes, ganado y otros donativos voluntarios para el templo de Dios que está
en Jerusalén.
5 Los jefes de familia de Judá y Benjamín, los sacerdotes y levitas, todos aquellos cuyo espíritu había despertado Dios,
se dispusieron a subir a Jerusalén para reconstruir el templo del Señor. 6 Todos sus
vecinos les dieron plata, oro, bienes, ganado, objetos preciosos y otros donativos voluntarios. 7 El rey Ciro mandó sacar los
utensilios que Nabucodonosor se había llevado del templo del Señor y había depositado en el templo de su dios. 8 Ciro, rey de
Persia, se los consignó al tesorero Mitrídates, el cual los contó y se los entregó a Sesbasar, príncipe de Judá. 9 Este es el inven-
tario: treinta copas de oro, mil copas de plata, veintinueve cuchillos sagrados, 10 treinta vasos de oro, cuatrocientos diez vasos de
plata y mil objetos accesorios de diversas
clases. 11 Todo esto, cinco mil cuatrocientos objetos de oro y plata en total, se lo llevó
consigo Sesbasar cuando regresaron los
cautivos de Babilonia a Jerusalén.

Lista de los repatriados

Neh 7 4-72

2 1 Estos son los pertenecientes a la provincia de Judá que, deportados por Nabucodonosor, rey de Babilonia, regresaron
del destierro de Babilonia a Jerusalén y Judá, cada uno a su ciudad, 2 encabezados por
Zorobabel, Josué, Nehemías, Serayas, Ree-
layas, Mardoqueo, Bilsán, Mispar, Bigvay,
Rejún y Baaná.

◊ **1 1-6 22:** La primera parte del libro de Esdras se ocupa de los preparativos para la reconstrucción del templo de Jerusalén. Tal actividad constituye la primera preocupación de los exiliados al regresar a la tierra de sus antepasados. Dicha reconstrucción tuvo lugar durante los reinados de Ciro el Grande –a partir de la conquista de Babilonia por parte de éste (539/538-529 a. C.)–, Cambises (528-522 a. C.) y Darío I (522-486 a. C.).

• **1 1-11:** El libro de Esdras comienza donde y como terminó el segundo de las Crónicas (2 Cr 36 22-23): Ciro, a quien se presenta aquí como siervo del Señor a pesar de no ser miembro del pueblo santo (véase Is 45 1-6), va a construirle un templo al pueblo de Israel, para que en él habite el Señor, en cumplimiento de lo anunciado por Dios mismo a través del profeta (Jr 25 11-12). Los exiliados regresarán a la tierra prometida en una especie de nuevo éxodo (Ex 3 21s; 11 2; 12 35s; Is 52 1-12). Así contempla el autor una situación histórica más compleja, en la que no todos los exiliados se decidieron a regresar a la tierra de sus antepasados.

• **2 1-70:** Este capítulo, que coincide prácticamente con la lista de Neh 7 6-63, ha sido insertado entre Esd 1 y Esd 3 para dejar constancia de la gran peregrinación de los desterrados. El reparto tan minucioso y las desproporcionadas dimensiones de la caravana muestran que esta lista ha sido elaborada cuando el pueblo estaba ya establecido, con la intención de regular la participación de los israelitas en la reconstrucción del templo. No obstante, la intención del Cronista al redactarla es claramente teológica: contempla a los que regresan del destierro como el nuevo pueblo de Dios, en el que se repite la peregrinación del pueblo de Dios por el desierto en tiempos de Moisés. Zorobabel representa a la monarquía (véase Ag 2 20-23; Mt 1 12). Josué, al sacerdocio (véase 2 Re 25 18). Hay laicos (Esd 2 3-35) y clérigos (Esd 2 36-58). Algunos de los repatriados quedan excluidos porque no pueden probar que son israelitas (Esd 2 59-63). El conjunto de la comunidad se preocupa de la reconstrucción del templo; es su tarea específica en cuanto tal comunidad de repatriados.

Relación de israelitas laicos: 3 Descendientes de Parós, dos mil ciento setenta y dos; 4 de Sefatías, trescientos setenta y dos; 5 de Araj, setecientos setenta y cinco; 6 de Pajat Moab –es decir, de Josué y de Joab– dos mil ochocientos doce; 7 de Elam, mil doscientos cincuenta y cuatro; 8 de Zatú, novecientos cuarenta y cinco; 9 de Zacay, setecientos sesenta; 10 de Baní, seiscientos cuarenta y dos; 11 de Bebay, seiscientos veintitrés; 12 de Azgad, mil doscientos veintidós; 13 de Adonicán, seiscientos sesenta y seis; 14 de Bigvay, dos mil cincuenta y seis; 15 de Adín, cuatrocientos cincuenta y cuatro; 16 de Ater, esto es, los descendientes de Ezequías, noventa y ocho; 17 de Besay, trescientos veintitrés; 18 de Yorá, ciento doce; 19 de Jasún, doscientos veintitrés; 20 de Guibar, noventa y cinco.

21 Originarios de Belén, ciento veintitrés; 22 de Netofá, cincuenta y seis; 23 de Anatot, ciento veintiocho; 24 de Bet Azmávet, cuarenta y dos; 25 de Quiriat Yearín, Quefirá y Beerot, setecientos cuarenta y tres; 26 de Ramá y Gueba, seiscientos veintiuno; 27 de Micmás, ciento veintidós; 28 de Betel y Ay, doscientos veintitrés; 29 de Nebo, cincuenta y dos; 30 de Magbís, ciento cincuenta y seis; 31 del otro Elam, mil doscientos cincuenta y cuatro; 32 de Jarín, trescientos veinte; 33 de Lod, Jadid y Ono, setecientos veinticinco; 34 de Jericó, trescientos cuarenta y cinco; 35 de Senaá, tres mil seiscientos treinta.

Sacerdotes, levitas y otros repatriados

Neh 7 39-65; 2 Sm 17 27; 19 32-40

36 Los sacerdotes eran: descendientes de Yedayas, de la familia de Josué, novecientos setenta y tres; 37 de Imer, mil cincuenta y dos; 38 de Pasjur, mil doscientos cuarenta y siete; 39 de Jarín, mil diecisiete.

40 Los levitas eran: descendientes de Josué y de Cadmiel, que eran descendientes de Hodavías, setenta y cuatro.

41 Los cantantes eran: descendientes de Asaf, ciento veintiocho.

42 Los porteros eran: descendientes de Salún, de Ater, de Talmón, de Acub, de Jatitá y de Sobay, un total de ciento treinta y nueve.

43 Destinados al servicio del templo: los descendientes de Sijá, Jasufá, Tabaot, 44 Querós, Sía, Fadón, 45 Lebaná, Jagabá, Acub, 46 Jagab, Salmay, Janán, 47 Guidel, Gajar, Reayas, 48 Resín, Necodá, Gazán, 49 Uzá, Paseaj, Besay, 50 Asená, los descendientes de los meunitas y los nefisitas, 51 de Bacbuc, Jacufá, Jarjur, 52 Baslut, Mejidá, Jarsá, 53 Barcós, Siserá, Támaj, 54 Nesiaj y Jatifá.

55 Descendientes de los siervos de Salomón: los de Sotay, Soféret, Perudá, 56 Yaalá, Darcón, Guidel, 57 Sefatías, Jatil, Poqueret Sebain y Amí.

58 El total de los destinados al servicio del templo y descendientes de los siervos de Salomón era de trescientos noventa y dos.

59 Y estos son los que regresaron del Tel-Melaj, Tel-Jarsá, Querub, Adán e Imer, los cuales no pudieron probar que su familia y su descendencia eran de origen israelita: 60 entre los descendientes de Delayas, de Tobías y de Necodá sumaban seiscientos cincuenta y dos. 61 Hubo también sacerdotes descendientes de Jobayas, Cos y Barzilay –casado este último con una hija de Barzilay, el galadita, de quien adoptó el nombre–, 62 que buscaron sus registros genealógicos pero no los encontraron. Por eso fueron excluidos del sacerdocio. 63 El gobernador les prohibió participar en los banquetes sagrados hasta que un sacerdote consultara las suertes rituales.

64 Toda la comunidad estaba compuesta por cuarenta y dos mil trescientas sesenta personas, 65 sin contar a los siervos y siervas que sumaban siete mil trescientos treinta y siete. Los cantantes, hombres y mujeres, eran doscientos. 66 Había, además, setecientos treinta y seis caballos, doscientos cuarenta y cinco mulos, 67 cuatrocientos treinta y cinco camellos y seis mil setecientos veinte burros.

68 Algunos jefes de familia, cuando llegaron al templo del Señor, que está en Jerusalén, ofrecieron donativos espontáneos para reconstruir el templo de Dios en el mismo lugar de antes. 69 Con arreglo a sus posibilidades, entregaron al fondo destinado a la reconstrucción sesenta y una mil monedas de oro, dos mil setecientos cincuenta kilos de plata y cien túnicas sacerdotales.

70 Los sacerdotes, los levitas y una parte del pueblo fijaron su residencia en Jerusalén; los porteros, los cantantes, los destinados al servicio del templo y todos los demás israelitas, en sus ciudades respectivas.

Josué y Zorobabel restablecen el culto

Lv 23 23-43; Nm 28 3-8; 1 Cr 22 4; 1 Re 5 20.22-25; Sal 100 5; 106 1; 136; Ag 2 3

3 1 El mes séptimo, instalados ya los israelitas en sus ciudades, el pueblo se reunió como un solo hombre en Jerusalén. 2 Josué, hijo de Josadac, con sus hermanos sacerdotes, y Zorobabel, hijo de Sealtiel, con los suyos, reconstruyeron el altar del Dios de Israel para ofrecer en él holocaustos, como está escrito en la ley de Moisés, el hombre de Dios. 3 Lo levantaron en el mismo sitio, a pesar del temor a los pobladores del país, y ofrecieron en él holocaustos al Señor, los holocaustos de la mañana y de la tarde. 4 Celebraron la fiesta de las tiendas, según lo prescrito, ofreciendo cada día el número de holocaustos ritualmente establecido. 5 Después de esto, siguieron ofreciendo el holocausto perpetuo, los sacrificios de las fiestas de la luna nueva, los de todas las fiestas dedicadas al Señor y los de cualquiera que presentaba al Señor una ofrenda voluntaria. 6 Comenzaron a ofrecer holocaustos al Señor desde el día primero del séptimo mes, sin haber puesto todavía los cimientos del santuario del Señor. 7 Entonces dieron dinero a los canteros y a los carpinteros, y enviaron víveres, bebidas y aceite a los sidonios y a los tirios para que enviaran por mar, desde el Líbano hasta Jafa, madera de cedro, conforme a la autorización de Ciro, rey de Persia.

8 Al año siguiente de su llegada al templo de Dios, que está en Jerusalén, en el segundo mes, Zorobabel, hijo de Sealtiel, Josué, hijo de Josadac, sus hermanos sacerdotes y levitas, y todos los que habían regresado a Jerusalén desde el destierro, comenzaron la obra. Confiaron a los levitas mayores de veinte años la dirección de quienes trabajaban en el templo de Dios. 9 Josué, sus hijos y hermanos, junto con Cadmiel y sus hijos que eran descendientes de Hodavías, acudieron como un solo hombre para ponerse al frente de los obreros que trabajaban en el templo de Dios. También Jenadad con sus hijos y hermanos levitas. 10 Tan pronto como los albañiles pusieron los cimientos del santuario del Señor, se presentaron los sacerdotes revestidos, con sus trompetas, y también los levitas descendientes de Asaf con sus címbalos, para alabar al Señor, según lo establecido por David rey de Israel. 11 Cantaron el cántico de alabanza y acción de gracias al Señor: «porque es bueno, porque su misericordia es eterna sobre Israel». Todo el pueblo alababa jubilosamente al Señor porque se habían echado los cimientos del templo del Señor. 12 Muchos de los sacerdotes, levitas y cabezas de familia, ya ancianos, que conservaban la imagen del primer templo, al ver ahora los cimientos de este otro, lloraban a lágrima viva, mientras los demás gritaban jubilosos. 13 Era imposible distinguir las manifestaciones de júbilo de las manifestaciones de llanto de la gente, porque los gritos estrepitosos del pueblo se oían a mucha distancia.

Intervienen los enemigos de Judá

2 Re 17 24-41; Ag 1 2-4; Zac 8 9-10

4 1 Cuando los enemigos de Judá y Benjamín tuvieron noticia de que los repa-

• **3 1-13**: La larga marcha de los repatriados tiene como objetivo principal la reconstrucción del templo. En primer lugar, se procede a la reconstrucción del altar (Esd 3 1-6). La celebración de las fiestas anuales del séptimo mes (Lv 23 23-43) en torno al altar restaurado son una primera forma de consagración a Dios de la comunidad y el comienzo de una intensa vida cúltica (Ex 23 14-19; Nm 28). Por otra parte, el poner los cimientos del templo (Esd 3 7-13) es ya motivo de una gran fiesta colectiva. Desde la visión del Cronista los repatriados sólo encontrarán su unidad en torno al templo y a las demás instituciones religiosas.

• **4 1-24**: En este capítulo se condensa, con notable desorden cronológico y a modo de resumen, la oposición a la reconstrucción del templo durante los reinados de Darío I (522-485 a. C.), Jerjes I (485-465 a. C.) y Artajerjes I (465-424 a. C.). De esta forma, el Cronista pretende explicar por qué se tardó tanto tiempo en reconstruir el templo (otras explicaciones pueden verse en Ag 1 2-4; Zac 8 9-10).

La gente del país que se enfrenta a los repatriados para que no reconstruyan el templo son los descendientes de los colonos extranjeros trasladados a Palestina después de la caída de Samaría. Sobre ellos pesaba ya de antemano la prohibición de participar en la vida cúltica de la comunidad (véase Ez 44 8-9).

triados estaban reconstruyendo el santuario
del Señor, Dios de Israel, 2 se presentaron
a Zorobabel, a Josué y a los jefes de familia y les dijeron:
–Permítannos colaborar con ustedes en
la reconstrucción, ya que también nosotros
adoramos, como ustedes, al mismo Dios y
le ofrecemos sacrificios desde que Asaradón, rey de Asiria, nos instaló aquí.
3 Zorobabel, Josué y los otros jefes de
familia les contestaron:
–No edificaremos juntos un templo a
nuestro Dios; conforme a la orden de Ciro,
rey de Persia, lo edificaremos nosotros solos en honor del Señor, Dios de Israel.
4 Entonces la gente del país se puso a
desalentar al pueblo de Judá y a intimidar-
los para que no siguieran construyendo.
5 Sobornaron contra ellos a algunos consejeros para hacer fracasar su proyecto y se
mantuvieron en esta actitud durante todo el
reinado de Ciro, rey de Persia, hasta el reinado de Darío, rey de Persia.

Los judíos denunciados ante Artajerjes

6 Al comienzo del reinado de Jerjes, denunciaron también por escrito a los habitantes de Judá y de Jerusalén. 7 Y en tiempo de Artajerjes, Bislán, Mitrídates, Tabeel
y el resto de sus colegas presentaron denuncias por escrito a Artajerjes, rey de Persia.
La denuncia estaba escrita en arameo con
aclaraciones también en arameo. 8 A su vez
el gobernador Rejún y el secretario Simsay,
escribieron al rey Artajerjes una carta contra Jerusalén. 9 Firmaban la carta el gobernador Rejún, el secretario Simsay y sus
otros colegas de Din, Afarsatak, Tarpel,
Afarás, Esek, Babilonia, Susa, Deha, Elam,
10 y del resto de los pueblos que el grande e
ilustre Asnapar deportó y estableció en las
ciudades de Samaría y en el resto del país,
al otro lado del Eufrates. 11 Esta es la copia
de la carta que le enviaron:

Al rey Artajerjes, tus servidores, la gente del otro lado del Eufrates: 12 Sepa el rey
que los judíos que partieron de ahí y vinieron a Jerusalén están reconstruyendo esta
ciudad rebelde y malvada. Están dispuestos a restaurar la muralla y ya han echado
los cimientos. 13 El rey debe saber que si
esta ciudad es reconstruida y sus murallas
restauradas, en adelante se negarán a pagar
tributos, impuestos y derechos de tránsito,
lo que repercutirá en el erario real. 14 Ahora bien, nosotros que vivimos a expensas
del palacio, no podemos soportar que el rey
sea despreciado como vemos que lo está
siendo. Por eso enviamos al rey esta información, 15 para que investigue en los anales de sus antepasados. En ellos hallarás y
comprobarás que esta es una ciudad rebelde, funesta para los reyes y las provincias
y, ya desde antiguo, fermento de insurrección. Por este motivo fue destruida. 16 Nosotros prevenimos al rey que si esta ciudad
es reconstruida y sus murallas restauradas,
pronto perderás todos los territorios al otro
lado del río Eufrates.

Respuesta de Artajerjes

Neh 1 3

17 El rey envió esta respuesta:

Al gobernador Rejún, al secretario Simsay y a sus otros colegas residentes en Samaría, y en las demás regiones al otro lado
del Eufrates. Salud. 18 La carta que nos han
enviado ha sido puntualmente traducida y
leída en mi presencia. 19 He dado orden para que se investigue, y se ha comprobado,
efectivamente, que esa ciudad se ha sublevado desde muy antiguo contra los reyes y
que ha sido un fermento constante de revueltas e insurrecciones. 20 Hubo en Jerusalén reyes poderosos que dominaron sobre todo el territorio al otro lado del Eufrates, a quienes se pagaba tributos, impuestos y derechos de tránsito. 21 Ordenen, pues,
que se suspenda la reconstrucción de esa
ciudad hasta nueva orden. 22 No sean negligentes en esto, para evitar males mayores
en perjuicio de los reyes.

23 En cuanto la carta del rey Artajerjes
fue leída ante el gobernador Rejún, el secretario Simsay y sus colegas, todos ellos
salieron rápidamente hacia Jerusalén y obligaron por la fuerza a los judíos a suspen-
der las obras. 24 Se detuvo, pues, el trabajo
del templo de Dios, que está en Jerusalén,
y estuvo suspendido hasta el año segundo
del reinado de Darío, rey de Persia.

Reconstrucción del templo

Ag 1 1-11.14-29; Zac 4 9

5 1 El profeta Ageo y el profeta Zacarías,
hijo de Idó, comenzaron su misión profética entre los judíos de Jerusalén y de
Judá, hablando en el nombre del Dios de
Israel, que estaba con ellos. 2 Entonces Zorobabel, hijo de Sealtiel, y Josué, hijo de
Josadaq, junto con los profetas de Dios que
los alentaban, comenzaron a reconstruir el
templo de Dios, que está en Jerusalén. 3 En
ello estaban, cuando llegaron Tatenay, gobernador del otro lado del Eufrates, Setar-
Bozenay y sus otros colegas y les preguntaron:
–¿Con qué autorización reconstruyen este templo y restauran esta muralla? 4 ¿Quiénes son los responsables de la obra?
5 Pero Dios cuidaba a los dirigentes de
los judíos y no les obligaron a interrumpir
la obra hasta que Darío, debidamente informado, determinara por carta sobre el
caso.

Los judíos son denunciados ante el rey Darío

6 Copia de la carta que Tatenay, gobernador del territorio del otro lado del Eufrates, Setar-Bozenay y sus colegas de Afare-
sak, también del otro lado del Eufrates, enviaron al rey Darío. 7 El informe estaba redactado en los siguientes términos:

8 Al rey Darío, paz completa. Sepa el
rey que hemos visitado la provincia de Judá y el templo del gran Dios; lo están reconstruyendo con piedras talladas y recubren de madera sus paredes. Las obras se
realizan con buen gusto y a ritmo acelerado.
9 Así que hemos preguntando a los responsables: «¿Quién les ha dado autorización
para reconstruir este templo y armar la te-
chumbre?» 10 Les hemos preguntado también sus nombres para comunicar al rey por
escrito los nombres de dichos responsables.
11 Y esta fue la respuesta que nos dieron:
«Nosotros adoramos al Dios del cielo y de
la tierra, y reconstruimos el templo que hace
muchos años construyó y terminó un gran
rey de Israel. 12 Pero nuestros antepasados
irritaron al Dios del cielo, que los entregó
en manos de Nabucodonosor, el caldeo, rey
de Babilonia, quien destruyó este templo y
deportó el pueblo a Babilonia. 13 Sin embargo, Ciro, rey de Babilonia, en su primer
año de reinado, dio autorización para que se
reconstruyera este templo de Dios. 14 Además, el rey Ciro hizo sacar del templo de
Babilonia los utensilios de oro y plata del
templo de Dios, que Nabucodonosor había
sacado del santuario de Jerusalén y había
llevado al santuario de Babilonia, confián-
doselos a un tal Sesbasar que el mismo Ciro
había nombrado gobernador. 15 Y le dijo:
Hazte cargo de estos utensilios, llévalos al
santuario que está en Jerusalén y que el templo de Dios sea reconstruido en el mismo
lugar de antes. 16 Vino, pues, el tal Sesbasar y puso los cimientos del templo de Dios
que está en Jerusalén, y desde entonces
hasta ahora se está construyendo, pero aún
no se ha terminado». 17 Ahora pues, si le
parece bien al rey, investíguese en el archivo real de Babilonia, si efectivamente el rey
Ciro dio la autorización para reconstruir
este templo de Dios y comuníquesenos la
decisión del rey sobre el particular.

Respuesta del rey Darío

Esd 1 4

6 1 Entonces el rey Darío mandó hacer
una investigación en los archivos babilónicos 2 y se encontró en Ecbatana, fortaleza de la provincia de Media, un rollo con
el siguiente documento-memoria:

3 Año primero del rey Ciro. Decreto promulgado por el rey Ciro respecto al templo
de Dios que está en Jerusalén: «Que se reconstruya el templo donde se ofrecen sa-

• **5 1-6 13**: El relato nos sitúa ahora en los días del ministerio profético de Ageo y Zacarías, que corresponde a los primeros años del reinado de Darío I (522-485 a. C.); en concreto, al año 520 a. C. (Ag; Zac 1 1.7). La reanudación de las obras (Esd 5 1-5) es resultado del ministerio de estos dos profetas.

La respuesta de Darío (Esd 6 1-12) a la denuncia del gobernador y sus consejeros (Esd 5 6-17) posee un tenor muy distinto a la de Artajerjes (Esd 4 17-22). Nótese que el reinado de Darío (522-485 a. C.) es anterior al de Artajerjes (465-424 a. C.), y que, por tanto, los materiales recogidos en estos capítulos no guardan un orden cronológico. La actitud positiva de Ciro con respecto al pueblo judío de la que se habla en la carta de Darío es un dato histórico bastante seguro, que dio lugar a un recuerdo agradecido entre el pueblo (véase Is 40-55).

crificios y se pongan sus cimientos. Tendrá
unos treinta metros de alto y otro tantos de
ancho. 4 Habrá tres hileras de piedras talladas y una hilera de madera; los gastos correrán por cuenta de la casa real. 5 Además,
serán restituidos los utensilios de oro y
plata del templo de Dios, los que Nabucodonosor sacó del santuario de Jerusalén
llevándolos a Babilonia, y serán devueltos
al santuario de Jerusalén colocándolos en
su sitio». 6 Por tanto, tú, Tatenay, gobernador del territorio del otro lado del Eufrates,
Setar-Bozenay y demás colegas de Afare-
sak, que están al otro lado del Eufrates, aléjense de allí; 7 dejen que prosigan las obras
de ese templo de Dios y que el gobernador
de Judá y los dirigentes de los judíos reconstruyan el templo de Dios en el mismo
lugar de antes. 8 Y sobre su proceder con
los dirigentes de los judíos en lo que toca a
la reconstrucción del templo de Dios, dispongo lo siguiente: De los ingresos reales
procedentes de los tributos del otro lado
del Eufrates, se entregará puntualmente el
dinero necesario para que no se interrum-
pan las obras. 9 Y a requerimiento de los
sacerdotes de Jerusalén, se les proporcionarán sin falta cada día las cosas necesarias
para los holocaustos al Dios del cielo: novillos, carneros y corderos; trigo, sal, vino
y aceite, 10 para que ofrezcan sacrificios
agradables al Dios del cielo y pidan por la
vida del rey y de sus hijos. 11 Dispongo,
además, que si alguno no cumple esta orden, se arranque una viga de su casa, sea
ejecutado en ella, y conviertan su casa en
un montón de escombros. 12 Y el Dios que
ha puesto allí su nombre, aniquile a todo rey
o pueblo que no cumpla este decreto y trate
de destruir el templo de Dios que está en
Jerusalén. Yo, Darío, he publicado este decreto. Cúmplase puntualmente.

13 Entonces Tatenay, gobernador del territorio del otro lado del Eufrates, Setar-Bozenay y demás colegas ejecutaron puntualmente la orden del rey Darío.

Dedicación del templo reconstruido

Esd 1 2; 5 1; 1 Re 8 62-65

14 Los dirigentes de los judíos reanudaron con éxito la reconstrucción, alentados
por el profeta Ageo y el profeta Zacarías,
hijo de Idó, y la terminaron felizmente conforme al mandato del Dios de Israel y a la
orden de Ciro, de Darío y de Artajerjes, reyes de Persia. 15 Terminaron la reconstrucción del templo de Dios el día tercero del
mes de Adar en el año sexto del reinado de
Darío. 16 Los israelitas, sacerdotes, levitas
y demás repatriados, celebraron jubilosos
la dedicación del templo de Dios. 17 Con
motivo de ella ofrecieron cien toros, doscientos carneros, cuatrocientos corderos y,
como sacrificio expiatorio por todo Israel,
doce chivos conforme al número de las tribus de Israel. 18 Organizaron de nuevo a
los sacerdotes por turnos, y a los levitas
según sus clases en orden al servicio de
Dios en Jerusalén, como está escrito en el
libro de Moisés.

Celebración de la pascua

Ex 12 1-6; Lv 23 5

19 Los repatriados celebraron la pascua
el día catorce del primer mes. 20 Sacerdotes y levitas se habían purificado como un
solo hombre; todos estaban puros. Así que
inmolaron la pascua por todos los repatriados, por sus hermanos los sacerdotes, y por
ellos mismos. 21 Comieron, pues, la pascua
los israelitas repatriados junto con todos
aquellos que se habían separado de la impureza de las gentes del país y se habían sumado a ellos para buscar al Señor, Dios de
Israel. 22 Con igual júbilo celebraron la fiesta de los panes sin levadura durante siete
días, pues el Señor los había colmado de
alegría y había dispuesto favorablemente
el corazón del rey de Asiria para ayudarlos
en la obra del templo de Dios, el Dios de
Israel.

• **6 14-22:** La vida litúrgica en el nuevo templo (Esd 6 16-22), terminadas las obras de reconstrucción (Esd 6 14-15), significa para la comunidad de Jerusalén el triunfo de Dios, que *cuidaba a los dirigentes de los judíos* (Esd 5 5). La denuncia ante Darío (Esd 5 6-17) y la consiguiente investigación oficial (Esd 6 1-5), conducen al desenlace más favorable: el gran rey colabora activamente en la reconstrucción del templo del Dios de Israel (Esd 6 6-12) del que el mismo Darío y su familia dependen en cierto modo (Esd 6 10).

2. *Esdras y la restauración de la comunidad de Jerusalén* ◊

Esdras, el maestro de la ley

Esd 7 28; Neh 2 7-8.18

7 1 Después de estos acontecimientos, en
el reinado de Artajerjes, rey de Persia,
Esdras, hijo de Serayá, hijo de Azarías,
hijo de Jelcías, 2 hijo de Salún, hijo de Sadoc, hijo de Ajitub, 3 hijo de Amarías, hijo
de Azarías, hijo de Merayot, 4 hijo de Za-
rajías, hijo de Uzí, hijo de Buquí, 5 hijo de
Abisúa, hijo de Pinjás, hijo de Eleazar, hijo del sumo sacerdote Aarón, 6 regresó de
Babilonia. Era Esdras un perito en la ley
que el Señor, Dios de Israel, había dado
por medio de Moisés. Como el Señor, su
Dios, estaba con Esdras, el rey accedió a
todas sus peticiones. 7 El año séptimo del
rey Artajerjes, otros israelitas: sacerdotes,
levitas, cantantes, porteros y los destinados
al servicio del templo, regresaron a Jerusalén. 8 Esdras llegó el mes quinto del mismo
año. 9 En efecto, el día primero del primer
mes salió de Babilonia y el primer día del
quinto mes entraba en Jerusalén, porque su
Dios lo protegía. 10 No en vano Esdras se
había entregado de lleno al estudio y a la
práctica de la ley del Señor, enseñando a
los israelitas esa ley y sus preceptos.

Carta de Artajerjes

2 Mac 3 2; Esd 6 9; 8 28-30.33-34; Dt 16 18

11 Esta es la copia del documento que el
rey Artajerjes entregó a Esdras el sacerdote-
maestro de la ley, experto en las prescripciones y mandatos del Señor sobre Israel:

12 Artajerjes, rey de reyes, a Esdras, sacerdote y maestro muy versado en la ley del
Dios del cielo: 13 He dado orden para que
todos mis súbditos israelitas, también los
sacerdotes y levitas, si quieren regresar a
Jerusalén, puedan hacerlo contigo. 14 Vas
en calidad de enviado del rey y de sus siete
consejeros, con el fin de supervisar cómo
van las cosas en Judá y Jerusalén según la
ley de tu Dios que te ha sido confiada.
15 Los que vayan, llevarán la plata y el oro
que el rey y sus consejeros han ofrecido
voluntariamente al Dios de Israel que tiene
su morada en Jerusalén, 16 y también la
plata y el oro que logres reunir en toda la
provincia de Babilonia, junto con los donativos espontáneos del pueblo y de los
sacerdotes con destino al templo de Dios
que está en Jerusalén. 17 Por eso mismo,
apresúrate a comprar con este dinero novillos, carneros y corderos con sus correspondientes ofrendas y sacrificios incruen-
tos, y ofrécelos sobre el altar del templo
del Dios de ustedes que está en Jerusalén.
18 Emplearán la plata y el oro sobrante
como mejor les parezca a ti y a tus hermanos, conforme a la voluntad del Dios de
ustedes. 19 Deposita ante tu Dios, en Jerusalén, los utensilios que te han sido confiados para el culto de su templo. 20 Si a tu
juicio se necesita todavía alguna cosa más
para el templo de tu Dios, cuenta con el
dinero del erario real.

21 Yo, el rey Artajerjes, les ordeno a todos los tesoreros del otro lado del Eufrates
que den puntualmente a Esdras, sacerdote
y maestro de la ley del Dios del cielo, todo
lo que les pida, 22 hasta tres mil quinientos
kilos de plata, veinticinco mil kilos de trigo,
dos mil quinientos litros de vino y otros tantos de aceite y toda la sal que pida. 23 Todo
lo ordenado por el Dios del cielo para su
templo debe cumplirse puntualmente, a fin

◊ **7 1-10 44**: El autor sitúa los acontecimientos de esta segunda parte del libro de Esdras en el contexto del reinado de Artajerjes I (465-424 a. C.). Supone un salto en el tiempo de unos ochenta años con relación al episodio anterior. Este dato hace pensar que el ministerio de Esdras tuvo lugar entre la dedicación del templo (515 a. C.) y la llegada de Nehemías (445 a. C.). Aunque la tradición rabínica considera a Esdras como el primero que "construyó un muro en torno a la ley", lo más probable es que fuera Nehemías quien impuso una visión cerrada y particularista, tanto en la vida del pueblo, como en la interpretación de la ley de Moisés. Una buena parte de esta sección, concretamente Esd 8 1-9 15, recoge las llamadas Memorias de Esdras, que junto con las de Nehemías y otros documentos oficiales constituyen las principales fuentes de estos libros.

• **7 1-28**: Con la llegada a Jerusalén de Esdras, sacerdote y maestro en la ley de Moisés, se pone de manifiesto la protección divina sobre él (Esd 7 6.28; 8 18), e indirectamente sobre la comunidad toda, que se verá favorecida por su actividad de reforma religiosa, gracias a su conocimiento y aplicación de la ley de Moisés (Esd 7 1-10). Artajerjes figura aquí, como ya antes habían aparecido Ciro (Esd 1 2-4) o Darío (Esd 6 3-12), en calidad de fiel colaborador del Dios de los israelitas (Esd 7 11-26), y como instrumento del Señor para la gloria de su templo (Esd 7 27-29). Es Dios quien, a los ojos del Cronista, dirige todos los acontecimientos.

de que su cólera no caiga sobre el reino, el
rey y sus hijos.
24 Les hacemos saber también que, tanto
sacerdotes, levitas, cantantes, porteros y los
destinados al servicio del templo, como
cualquier otro servidor de este templo de
Dios, estarán exentos de tributos, impuestos o derechos de tránsito. 25 Y tú, Esdras,
de acuerdo con la sabiduría que Dios te ha
concedido, nombrarás jueces y magistrados para administrar justicia a todo el pueblo que está al otro lado del Eufrates y que
conoce la ley de tu Dios; a quienes la ignoren, enséñasela. 26 A quienes no cumplan
la ley de tu Dios y este decreto del rey, se
les castigará con la cárcel, la confiscación
de bienes, el destierro o incluso la muerte,
según los casos.

27 ¡Bendito sea el Señor, Dios de nuestros antepasados, que predispuso el corazón del rey, para glorificar el templo del
Señor, que está en Jerusalén, 28 y que me
dispensó el favor del rey, el de sus consejeros y el de todos los altos funcionarios de
la corte! Así yo, alentado por la protección
del Señor, mi Dios, convoqué a los jefes de
Israel para que subieran a Jerusalén conmigo.

El regreso a Jerusalén. Los acompañantes de Esdras

8 1 Estos son, con sus genealogías, los
jefes de familia que subieron conmigo
a Jerusalén desde Babilonia, en el reinado
de Artajerjes:
2 De los descendientes de Pinjás, Guersón; de los de Itamar, Daniel; de los de
David, Jatús, 3 hijo de Secanías; de los de
Parós, Zacarías, más ciento cincuenta varones registrados con él; 4 de los de Pajat
Moab, Elyoenay, hijo de Zerajías, más doscientos varones; 5 de los de Zatu, Seconías,
hijo de Jacaziel, más trescientos varones;
6 de los de Adín, Ebed, hijo de Jonatán, más
cincuenta varones; 7 de los de Elam, Isaías,
hijo de Atalías, más setenta varones; 8 de
los de Sefatías, Zebadías, hijo de Micael,
más ochenta varones; 9 de los de Joab, Abdías, hijo de Jejiel, más doscientos dieciocho varones; 10 de los de Baní, Selomit, hijo de Josifías, más ciento sesenta varones;
11 de los de Bebay, Zacarías, hijo de Bebay,
más veintiocho varones; 12 de los de Azgad,
Juan, hijo de Hocatán, más ciento diez varones; 13 de los de Adonicán, que son los últimos, estos son los nombres: Elifelet, Je-
lel y Semayas, más sesenta varones; 14 y de
los de Bigvay, Utay, hijo de Zacur, más setenta varones.

Preparación del regreso

15 A todos estos los reuní junto al río
que corre hacia Ahavá. Allí acampamos
tres días. Al revisar la expedición encontré
laicos y sacerdotes, pero ningún levita.
16 Llamé entonces a los jefes Eliezer, Ariel,
Semayas, Elmatán, Jarib, Elnatán, Natán,
Zacarías y Mesulán y a los instructores
Yoyarib y Elnatan. 17 Les ordené que se
dirigieran a Idó, el jefe en la localidad de
Kasifyá, y les sugerí lo que debían decirle
a él y a sus hermanos los destinados al servicio del templo en la localidad de Kasifyá, para que nos procuraran ministros para
el templo de nuestro Dios. 18 Gracias a la
protección de nuestro Dios nos enviaron a
Serebías, de los descendientes de Majlí,
hijo de Leví, hijo de Israel, hombre experto, a quien acompañaban, entre hijos y hermanos, dieciocho personas. 19 Nos enviaron también a Jasabías con su hermano
Isaías, de los descendientes de Merarí, con
sus hermanos e hijos; en total veinte personas. 20 Y doscientos veinte más de los destinados al servicio del templo, a quienes
David y los príncipes habían puesto al servicio de los levitas. Todos estos fueron inscritos por su nombre en el registro.

Descripción del viaje

21 Allí, a orillas del río Ahavá, promul-
gué un ayuno en señal de humillación ante
nuestro Dios implorando de él que tuvié-

• **8 1-36**: El regreso de Esdras, desde Babilonia a Jerusalén, con representantes de quince familias israelitas (Esd 8 1-14), es un eco del viaje realizado cien años antes por un nutrido grupo de israelitas (Esd 1-2) y ambos simbolizan el regreso de todo el pueblo, que emprende un nuevo éxodo hacia la tierra prometida. La preocupación central es encontrar ministros para el templo del Señor (Esd 8 15-20). El regreso consiste ante todo en regresar al templo del Señor (Esd 8 21-36).

ramos un viaje feliz nosotros y nuestros niños junto con todos nuestros bienes. 22 Porque después de haber dicho al rey: «Nuestro Dios bendice a todos los que lo buscan, pero se enfurece con quienes lo abandonan», me daba vergüenza pedirle tropa y jinetes como protección contra posibles enemigos durante el viaje. 23 Precisamente por esto, ayunamos e invocamos a nuestro Dios, y él nos escuchó. 24 Así que elegí a doce jefes de los sacerdotes, a Serebías y Jerabías, junto con diez de entre sus hermanos, 25 y en su presencia pesé la plata, el oro y los utensilios que el rey, sus consejeros, sus príncipes y todos los israelitas allí residentes habían ofrecido para el templo de nuestro Dios. 26 Una vez pesado, confié a su custodia veintidós mil ochocientos kilos de plata, utensilios de plata con un peso total de tres mil quinientos kilos, otros tres mil quinientos kilos de oro, 27 veinte copas de oro valoradas en mil dáricos, y dos bandejas de cobre dorado, relucientes como el oro. 28 Y les dije: «Ustedes están consagrados al Señor; también estos utensilios son sagrados; esta plata y este oro son una ofrenda espontánea al Señor, Dios de nuestros antepasados. 29 Vigilen y custódienlos bien hasta que los pesen en Jerusalén en las salas del templo del Señor, en presencia de los jefes de los sacerdotes, los levitas y los jefes de familia de Israel. 30 Los sacerdotes y los levitas se hicieron cargo de la plata, el oro y los utensilios que habían sido pesados para su traslado a Jerusalén, al templo de nuestro Dios. 31 El día doce del mes primero partimos del río Ahavá hacia Jerusalén y nuestro Dios nos protegió durante el viaje, librándonos de toda clase de enemigos y asaltantes.

32 Ya en Jerusalén, descansamos tres días. 33 Al cuarto pesamos en el templo de nuestro Dios la plata, el oro y los utensilios, y se lo entregamos todo al sacerdote Merimot, hijo de Urías, que estaba acompañado de Eleazar, hijo de Pinjás, de los levitas Jozabad, hijo de Josué, y Noadías, hijo de Binuy. 34 Coincidieron el número y el peso, y quedó registrada la suma total. 35 Los repatriados ofrecieron al Señor, Dios de Israel, en holocausto por todo el pueblo doce novillos, noventa y seis carneros, setenta y siete corderos y doce chivos en expiación por los pecados. 36 Y se remitieron los decretos del rey a los gobernadores reales y a los gobernadores de este lado del Eufrates, los cuales ayudaron al pueblo a reconstruir el templo de Dios.

Prohibición de los matrimonios mixtos

Dt 7 1-4; Mal 2 10-12; Neh 13 23-28

9 1 Una vez que este asunto quedó concluido, los jefes vinieron a decirme:

–El pueblo de Israel, los sacerdotes y los levitas no se han separado de la población del país –cananeos, hititas, pereceos, jebuseos, amonitas, moabitas, egipcios, amorreos– y han caído en sus abominaciones. 2 Ellos y sus hijos se han casado con las hijas de esas gentes y la descendencia santa se ha mezclado con las gentes del país. Los jefes y los consejeros han sido los primeros en sucumbir a esta infidelidad.

3 Al oír esto, rasgué mis vestiduras y mi manto, me rapé los cabellos y la barba y me senté desconsolado. 4 A causa de la infidelidad de los repatriados se congregaron junto a mí todos los temerosos de las palabras del Dios de Israel, mientras yo permanecía sentado y desconsolado hasta el momento de ofrecer el sacrificio vespertino.

Plegaria de Esdras por los transgresores

Is 4 3; Neh 1 6-9; Lv 18 24-27

5 A la hora del sacrificio vespertino salí de mi postración y, con el vestido y el

• **9 1-10 44**: Este episodio, presentado por el autor del libro como un conflicto social de alcance religioso, es vivido por la comunidad postexílica como una auténtica ofensa contra la ley de Dios (Esd 9 1-4). La ley se había promulgado para abortar el peligro de idolatría (Dt 7 1-3; Ex 34 14-16). Por eso, la constatación del problema da pie a una súplica penitencial (Esd 9 5-15) que conduce a una asamblea decisoria, en la que el asunto queda resuelto (Esd 10 1-15). La solución de expulsar a las mujeres no israelitas junto con sus hijos (Esd 10 1-17), sólo puede entenderse desde la urgente necesidad de mantener la identidad nacional frente a la amenaza de otras costumbres y creencias. Esta actitud radical, apoyada por el Cronista, llevó a algunos sectores del pueblo judío a vivir encerrados en sí mismos, rechazando cualquier influjo externo. No obstante, otros sectores del pueblo poseían, ya en aquella época, una visión más abierta y universalista (véase, por ejemplo, los libros de Rut y Jonás).

manto rasgados, caí de rodillas y extendí
mis manos hacia el Señor, mi Dios, suplicando:
6 –Dios mío, estoy confundido y avergonzado. No me atrevo a levantar mi rostro hacia ti, Dios mío, porque nuestras
iniquidades han sobrepasado nuestra cabeza y nuestros delitos llegan hasta el cielo.
7 Desde los tiempos de nuestros antepasados hasta hoy hemos sido culpables. Por
nuestros crímenes hemos sido entregados
nosotros, nuestros reyes y nuestros sacerdotes a reyes extranjeros, a la espada, a la
esclavitud, al saqueo y al oprobio, como
sucede hoy. 8 Mas he aquí que de pronto el
Señor nuestro Dios, nos ha mostrado su
misericordia dejándonos un resto y dándo-
nos un refugio estable en su lugar santo.
Así, nuestro Dios ha iluminado nuestros
ojos y ha aliviado nuestra esclavitud. 9 Porque éramos esclavos, pero nuestro Dios no
nos ha desamparado en medio de la esclavitud, sino que ha hecho que nos ganára-
mos el favor de los reyes de Persia y nos
ha dado un respiro para reconstruir el templo de nuestro Dios y para poner en pie sus
ruinas, proporcionándonos un refugio seguro en Judá y Jerusalén. 10 Pero ahora,
Dios nuestro, ¿qué podemos decir después
de todo esto? Porque hemos desobedecido
los mandamientos 11 que nos impusiste por
medio de tus siervos los profetas. Ellos nos
decían: «La tierra en la que van a entrar es
una tierra inmunda por las abominaciones
de sus gentes, que la han contaminado de
un extremo a otro con su impureza. 12 Por
tanto, no casen a sus hijas con sus hijos, ni
a sus hijos con sus hijas; no hagan alianza
con ellos ni busquen su favor. De esta manera ustedes serán fuertes y podrán gozar
de los bienes de este país y transmitirlos en
herencia perpetua a sus hijos». 13 Y después de cuanto nos ha sucedido por nuestras maldades y grandes culpas –y eso que
tú, oh Dios nuestro, nos has atribuido menos culpa de la que merecíamos y has mantenido este resto que somos–, 14 ¿volveremos a desobedecer tus mandamientos casándonos con estas gentes abominables?
¿No te irritarías contra nosotros hasta aniquilarnos, sin excluir a este pequeño resto?
15 ¡Oh Señor, Dios de Israel!, tú eres justo
como lo demuestra este resto que hoy sigue
con vida. Aquí estamos ante ti con nuestro
pecado; precisamente a causa de él somos
indignos de estar ante ti.

Disolución de los matrimonios mixtos

Neh 1 4; 10 1; Lv 5 14-19

10 1 Mientras Esdras oraba y confesaba
entre lágrimas sus pecados, postrado
ante el templo de Dios, se le juntó una gran
multitud de israelitas, hombres, mujeres y
niños. Todos lloraban sin consuelo. 2 Entonces Secanías, hijo de Yejiel, de la descendencia de Elam, dijo a Esdras:
–Nosotros hemos traicionado a nuestro
Dios casándonos con mujeres extranjeras
de las gentes del país. Pero aún le queda a
Israel una esperanza. 3 Nos comprometemos solemnemente ante nuestro Dios a
echar a todas estas mujeres extranjeras y a
los hijos nacidos de ellas, si así le parece
bien a mi señor y a cuantos respetan los
mandamientos de nuestro Dios. Que se
cumpla la ley. 4 Así que levántate, pues este
asunto es de tu responsabilidad; nosotros
te apoyaremos. Ten ánimo y actúa en consecuencia.
5 Entonces, Esdras se levantó e hizo jurar
a los jefes de los sacerdotes, de los levitas
y de todos los israelitas que procederían
según lo dicho. Ellos lo juraron. 6 Esdras,
por su parte, salió del templo de Dios y se
retiró a la casa de Yojanán, hijo de Elearib,
donde pasó la noche sin comer ni beber,
pues estaba sumamente abrumado por la
infidelidad de los repatriados.
7 Por medio de un mensaje divulgado en
Judá y Jerusalén, todos los repatriados fueron convocados a Jerusalén. 8 A todo aquél
que no acudiera en el plazo de tres días –tal
fue la decisión de jefes y ancianos– se le
confiscarían los bienes y sería excluido de
la comunidad de los repatriados. 9 Todos
los hombres de Judá y Benjamín acudieron
a Jerusalén en el plazo señalado. El día
veinte del noveno mes, el pueblo se congregó en la explanada del templo de Dios,
temblando por el asunto de que se trataba
y por la copiosa lluvia que caía. 10 El sacerdote Esdras se levantó y dijo:
–Ustedes han pecado casándose con mujeres extranjeras, y con eso han aumentado
la culpa de Israel. 11 Ahora, pues, glorifi-

quen al Señor, Dios de sus antepasados y
cumplan su voluntad. Sepárense de la población del país y de las mujeres extranjeras.
12 Toda la comunidad respondió en alta
voz:
–Haremos lo que has dicho. 13 Pero el
pueblo es numeroso, estamos en la estación de las lluvias y no se puede resistir a
la intemperie. Tanto más cuanto el asunto
no es para uno o dos días, pues somos muchos los que hemos cometido este pecado.
14 Que se queden nuestros jefes, en representación de toda la comunidad, y que todos los que en nuestras ciudades han tomado mujeres extranjeras vengan en tiempos
debidamente prefijados, en compañía de
los dirigentes de cada ciudad y de sus jueces, hasta que hayamos aplacado el furor
de nuestro Dios por este asunto.
15 Sólo Jonatán, hijo de Asael, y Yaj-
zías, hijo de Tiqvá, se opusieron a esta resolución, apoyados por Mesulán y el levita
Sabtay. 16 Pero los repatriados actuaron según lo decidido. El sacerdote Esdras eligió
como colaboradores a unos cuantos jefes
de familia, nominalmente designados por
familias patriarcales. Estos comenzaron sus
sesiones de trabajo sobre el asunto el día
primero del décimo mes. 17 Y el día primero del primer mes estaban localizados todos los que estaban casados con mujeres
extranjeras.

Lista de los interesados

18 Relación de los sacerdotes casados
con mujeres extranjeras. Entre los descendientes de Josué, hijo de Josadac, y entre
sus hermanos: Maasías, Eliezer, Jarib y
Godolías. 19 Estos se comprometieron bajo
juramento, a echar a sus mujeres; y ofrecieron un carnero de expiación en reparación de su culpa. 20 Entre los descendientes de Imer: Janani y Zebadías. 21 Entre los
de Jarín: Maasías, Elías, Semayas, Jejiel y
Ozías. 22 Entre los de Pasjur: Elyoenay,
Maasías, Ismael, Natanael, Jozabad y Elasá. 23 Entre los levitas: Jozabad, Simey,
Quelayá, también llamado Quelita, Petajías, Judá y Eliezer. Entre los cantantes:
Eliasib. 24 Entre los porteros: Salún, Télem
y Urí. 25 Y entre los israelitas laicos: de los
descendientes de Parós: Ramías, Jizías,
Malaquías, Miyamín, Eleazar, Malaquías y
Benayas. 26 De los de Elam: Matanías, Zacarías, Jejiel, Abdí, Yeremot y Elías. 27 De
los de Zatú: Elyoenay, Eliasib, Matanías,
Yeremot, Zabad y Azizá. 28 De los de Bebay: Juan, Jananías, Zabay y Atlay. 29 De
los de Baní: Mesulán, Maluc, Adaías, Yasub, Seal y Yeramot. 30 De los de Pajat
Moab: Adná, Quelal, Benayas, Maasías,
Matanías, Bezabel, Binuy y Manasés. 31 De
los de Jarín: Eliezer, Yisías, Malaquías,
Semamías, Simeón, 32 Benjamín, Maluc y
Semarías. 33 De los de Jasún: Matnay, Ma-
tatá, Zabad, Elifélet, Yeremay, Manasés y
Simí. 34 De los de Baní: Maday, Amram,
Joel, 35 Benayas, Bedías, Quelaías, 36 Va-
nías, Meremot, Eliasib, 37 Matanías, Matnay y Jasay. 38 De los de Binuy: Simí,
39 Selemías, Natán, Adayas, 40 Maknadbay,
Sasay, Saray, 41 Azarael, Selemías, Semarías, 42 Salún, Amarías y José. 43 De los de
Nebo: Yeiel, Matatías, Zabat, Zebiná,
Yaday, Joel y Benayas. 44 Todos éstos estaban casados con mujeres extranjeras a las
que despidieron junto con los hijos nacidos de ellas.

NEHEMIAS

1. Primera actividad de Nehemías ◊

Oración de Nehemías

Esd 9 7; Dt 7 9; 30 1-4; 4 28-31

1 1 Palabras de Nehemías, hijo de Jaca-
lías.
El año vigésimo del rey Artajerjes, en el
mes de Kisleu, me encontraba yo en la fortaleza de Susa, 2 cuando Jananí, uno de
mis hermanos, vino de Judá con algunos
hombres. Le pregunté por los judíos, los
sobrevivientes que escaparon a la cautividad, y por Jerusalén. 3 Me dijeron:
–Los que han sobrevivido al destierro y
residen en aquella provincia, pasan humi-
llantes estrecheces; la muralla de Jerusalén
sigue en ruinas y sus puertas quemadas.
4 Ante estas palabras, me senté y me
puse a llorar. Estuve afligido sobremanera
durante algunos días, ayuné y oré al Dios
del cielo 5 diciendo:
–¡Señor, Dios del cielo, Dios grande y
terrible, fiel a la alianza y generoso para
los que te aman y cumplen tus mandamientos! 6 Mantén tus oídos atentos para escuchar la plegaria que tu siervo te dirige día
y noche por tus siervos los israelitas, confesando los pecados que los israelitas han
cometido contra ti, incluido yo mismo y
mi familia. 7 Te hemos ofendido gravemente y no hemos cumplido los mandamientos, las leyes y los preceptos que tú ordenaste a tu siervo Moisés. 8 Recuerda lo que
dijiste a tu siervo Moisés: «Si son infieles,
yo los dispersaré entre las naciones, 9 pero
si se convierten a mí y cumplen mis mandamientos, aunque hayan sido deportados
al extremo del mundo, yo los reuniré de
allí y los conduciré de nuevo al lugar que he
elegido para morada de mi nombre». 10 Pues
bien, éstos son tus siervos y el pueblo que
has liberado con tu gran poder y tu fuerte
brazo. 11 Oh Señor, atiende la súplica de tu
siervo y la oración de tus servidores, cuyo
único deseo es honrarte. Concede ahora
éxito a tu siervo y haz que me reciba bien
ese hombre.
Era yo entonces copero del rey.

Viaje de Nehemías a Jerusalén

Esd 8 22; Neh 4 1; 6 1-7

2 1 En el mes de Nisán del año vigésimo
del reinado de Artajerjes, tomé el vino,
y se lo serví al rey en mi calidad de copero. Como nunca anteriormente había estado triste en su presencia, 2 el rey me preguntó:

◊ **1 1-7 72**: Comienzan aquí las Memorias de Nehemías. Probablemente fueron depositadas por él en el templo, y allí las encontró el autor del libro. Narrativamente, la primera parte de este libro de Nehemías se sitúa en continuidad con la llegada de Esdras a Jerusalén (Esd 7-8). El año veinte de Artajerjes I corresponde al 446-445 a. C., año en que llega Nehemías a la ciudad. Esta primera actividad de Nehemías culminará en la impresionante ceremonia de renovación de la alianza después de la proclamación de la ley (Neh 8-10). Para el orden cronológico de los acontecimientos, véase Introducción.

• **1 1-11**: El informe desalentador de Jananí y sus compañeros (Neh 1 1-4a) pone de manifiesto las dificultades históricas que los primeros repatriados tuvieron que afrontar para reconstruir la ciudad. Téngase en cuenta que la primera –y casi única– preocupación, tanto de los primeros repatriados del año 537 a. C. (Esd 1-2), como de los que vinieron en los años siguientes, fue el restablecimiento del culto. No es de extrañar, pues, que el año 446-445 a. C. la ciudad estuviera casi como la dejaron las tropas de Nabucodonosor ciento cincuenta años antes (2 Re 25 8-17; 2 Cr 36 15-21).

La súplica penitencial de Nehemías (Neh 1 4b-11) actualiza la exhortación de Moisés, a las puertas de la tierra prometida (Neh 1 5: Dt 7 9; Neh 1 8s: Dt 30 1-4).

• **2 1-20**: El permiso real para regresar a Jerusalén y reconstruir la ciudad (Neh 2 1-8) es interpretado por Nehemías como señal inequívoca de la protección divina. La oposición del gobernador de la provincia de Samaría, Sambalat, y de su segundo, Tobías, al llegar Nehemías a Jerusalén (Neh 2 9-11), es explicable si se piensa que su presencia les haría perder influencia ante el pueblo, y que muchos ingresos económicos ahora se destinarán a otros fines. A pesar de dicha oposición, Nehemías realiza una primera inspección de la ciudad (Neh 2 12-15). La resolución de comenzar la restauración de la muralla, con el apoyo de los dirigentes de Jerusalén (Neh 2 16-20), se toma con la confianza puesta en la protección divina.

–¿Por qué ese semblante tan triste? Ya
que no estás enfermo, tiene que ser una
aflicción del corazón.
Muy turbado, 3 dije al rey:
–Viva eternamente el rey. ¿Cómo no ha
de estar triste mi semblante cuando la ciudad que guarda las tumbas de mis antepasados está destruida y sus puertas quemadas?
4 Me preguntó el rey:
–¿Qué es lo que quieres?
Entonces yo, encomendándome al Dios
del cielo, 5 le dije:
–Si le parece bien al rey, y está contento
de su siervo, le ruego que me permita ir a
Judá para reconstruir la ciudad de las tumbas de mis antepasados.
6 El rey, que tenía a la reina sentada a su
lado, me preguntó:
–¿Cuánto durará tu viaje y para cuándo
piensas regresar aquí?
Yo le indiqué una fecha que le pareció
bien, y me autorizó a realizar el viaje. 7 Me
atreví a decirle todavía:
–Si le parece bien al rey, podría darme
cartas para los gobernadores del territorio
del otro lado del Eufrates, a fin de que me
faciliten el viaje hasta Judá. 8 También una
carta para Asaf, el encargado de los bosques del rey, para que me proporcione madera de construcción para las puertas de la
ciudadela del templo, para la muralla de la
ciudad y para la casa donde voy a vivir.
El rey me lo concedió, porque mi Dios
me protegía con toda su bondad. 9 Con una
escolta real de jefes de tropa y gente de a
caballo me presenté a los gobernadores del
otro lado del Eufrates y les entregué las cartas del rey. 10 Al enterarse, Sambalat, el joronita, y el amonita Tobías, su funcionario,
se disgustaron mucho porque había llegado
un hombre dispuesto a trabajar por el bien
de los israelitas.
11 Llegué a Jerusalén y estuve tres días
allí. 12 Me levanté de noche, con unos pocos hombres, sin decir a nadie lo que por
inspiración divina iba a hacer por Jerusalén. No llevaba más caballo que mi propia
cabalgadura. 13 Salí de noche, por la Puerta
del Valle, hacia la Fuente del Dragón y la
Puerta del Muladar, inspeccionando la
muralla de Jerusalén destruida y sus puertas quemadas. 14 Seguí hasta la Puerta de
la Fuente y el Estanque del Rey. Ante la imposibilidad de pasar por allí con mi cabalgadura, 15 emprendí el regreso todavía de
noche, siguiendo el torrente e inspeccionando siempre la muralla hasta la Puerta
del Valle. Y regresé a casa. 16 Mi salida pasó
inadvertida a los magistrados; y es que hasta entonces no había dicho nada a los judíos: ni a los sacerdotes, ni a los jefes, ni a
los magistrados, ni a los demás encargados
de la obra. 17 Fue entonces cuando les propuse:
–Ya ven nuestra triste situación: Jerusalén está arrasada y sus puertas quemadas.
Animo, pues, restauraremos la muralla de
Jerusalén y terminará nuestra vergüenza.
18 Y les referí cómo Dios me había protegido, y la entrevista que había tenido con
el rey. Ellos exclamaron:
–¡Levantémonos y comencemos la restauración!
Y se animaron mutuamente para esta
hermosa tarea.
19 Al enterarse Sambalat, el joronita, el
amonita Tobías, su funcionario, y Guesen,
el árabe, se rieron de nosotros y en son de
burla nos dijeron:
–¿Qué están haciendo ahí? ¿Se van a
rebelar contra el rey?
20 Yo les respondí:
–El Dios del cielo coronará nuestros esfuerzos. Nosotros, sus siervos, vamos a
empezar los trabajos; a ustedes en cambio,
nada les pertenece en Jerusalén; no tienen
en ella derecho alguno, ni nada que les sirva de recuerdo.

Los restauradores de la muralla

Jr 31 38; Zac 14 10

3 1 El sumo sacerdote Eliasib y sus hermanos en el sacerdocio comenzaron a

• **3 1-32**: Aquí se interrumpen las Memorias de Nehemías para dar paso a una relación de aquellos que colaboraron en la reconstrucción de la muralla (Neh 3 1-32). La reconstrucción fue realizada por sectores, comenzando por el noreste y en dirección oeste-sur-este-norte. En ella participaron los más diversos grupos sociales: el sumo sacerdote con sus hermanos sacerdotes, levitas, orfebres y comerciantes, etc. En total, cuarenta y dos grupos, pertenecientes, no sólo a los cinco distritos de la provincia –Jerusalén (Neh 3 9), Bet Queren (Neh 3 14), Mispá (Neh 3 15), Bet Sur (Neh 3 16), Queila (Neh 3 17)– sino también a las localidades cercanas (Jericó, Tecoa, etc).

trabajar y reconstruyeron la Puerta de las Ovejas; montaron las vigas y las consagraron. Luego reconstruyeron la muralla hasta la Torre de los Cien, hasta la Torre de Janael, y también la consagraron. 2 Trabajaron con ellos los de Jericó, y Zacur, hijo de Imrí. 3 Los hijos de Sená restauraron la Puerta de los Peces, dejándola montada con sus hojas, cerraduras y barras. 4 A su lado participaron en la restauración Meremot, hijo de Urías, hijo de Acós; Mesulán, hijo de Berequías, hijo de Mesezabel, y Sadoc, hijo de Baaná. 5 Trabajaron con ellos los habitantes de Tecoa, pero sus jefes se negaron a colaborar en la obra restauradora de sus señores. 6 Yoyadá, hijo de Paseaj, y Mesulán, hijo de Besodías, restauraron la Puerta Vieja, con sus hojas, cerraduras y barras. 7 Trabajaron con ellos Melatías de Gabaón, Jadón de Meronot y la gente de Gabaón y de Mispá, a expensas del gobernador del territorio del otro lado del Eufrates. 8 A su lado Uziel, hijo de Jarayas, del gremio de los orfebres, y Jananías del gremio de los perfumeros, continuaron la obra hasta la muralla de la Plaza. 9 Junto a ellos prosiguieron la obra de restauración Refayas, hijo de Jur, jefe de la mitad del distrito de Jerusalén, 10 Yedayas, hijo de Jarumat, en el tramo correspondiente a su casa, y Jatías, hijo de Jasabnías. 11 El siguiente sector, hasta la Torre de los Hornos, fue restaurado por Malaquías, hijo de Jarín y Jasub, hijo de Pajat Moab. 12 A su lado trabajaron Salún, hijo de Jalojés, gobernador de la otra mitad del distrito de Jerusalén, junto con sus hijas.

13 La Puerta del Valle fue restaurada por Janún y los habitantes de Zanoaj; la reconstruyeron instalando hojas, cerraduras y barras e hicieron unos quinientos metros de muralla hasta la Puerta del Muladar. 14 Malaquías, hijo de Recab, jefe del distrito de Bet Quérem, restauró la Puerta del Muladar y la instaló con sus hojas, cerraduras y barras.

15 Salún, hijo de Coljosé, jefe del distrito de Mispá, restauró la Puerta de la Fuente; la reconstruyó, le puso techo y le colocó las hojas, las cerraduras y las barras; levantó también el muro del Estanque de Siloé, junto al jardín del rey, hasta la escalinata que baja de la ciudad de David. 16 Después de él, Nehemías, hijo de Azbuc, jefe de la mitad del distrito de Bet Sur, continuó la obra hasta llegar enfrente de los sepulcros de David, hasta el estanque artificial y el cuartel de los valientes.

17 Después de él prosiguieron la obra los levitas Rejún, hijo de Baní, y Jerabías, jefe de la mitad del distrito de Queila, que reconstruyó su distrito. 18 Continuaron sus parientes Binuy, hijo de Jenadad, jefe de la otra mitad del distrito de Queila. 19 Después Ezer, hijo de Josué, jefe de Mispá, restauró otro tramo, el Angulo, que está frente a la subida del arsenal.

20 Baruc, hijo de Zabay, le siguió en el tramo que va desde el Angulo hasta la puerta de la casa del sumo sacerdote Eliasib. 21 Meremot, hijo de Urías, hijo de Hacós, completó todo el sector de la casa de Eliasib; 22 y a continuación trabajaron los sacerdotes residentes en la llanura. 23 Después Benjamín y Jasub restauraron el sector de su casa; y Azarías, hijo de Maasías, hijo de Ananías, restauró el de la suya. 24 Binuy, hijo de Jenadad, restauró el tramo siguiente, desde la casa de Azarías hasta el Angulo. 25 Palal, hijo de Uzay, el sector frente al Angulo y la torre que sale del palacio real, la que está junto al patio de la cárcel. Pedayas, hijo de Parós, 26 y los destinados al servicio del templo con residencia en el Ofel, continuaron en dirección este hasta llegar frente a la Puerta de las Aguas y hasta la torre saliente.

27 Los de Tecoa restauraron desde esta torre hasta la muralla del Ofel. 28 Desde la Puerta de los Caballos trabajaron los sacerdotes, cada uno el tramo de su propia casa. 29 A continuación Sadoc, hijo de Imer, restauró el tramo de su casa; el tramo siguiente lo restauró Semayas, hijo de Secanías, guardián de la Puerta Oriental. 30 Jananías, hijo de Selemías y Janún, sexto hijo de Salaf, restauraron el tramo siguiente; y Mesulán, hijo de Baraquías, el tramo de su casa. 31 Malaquías, del gremio de los orfebres, continuó hasta la casa de los destinados al servicio del templo, hasta la de los comerciantes, frente a la Puerta de la Vigilancia y hasta la cámara alta del Angulo. 32 Y desde aquí hasta la Puerta de las Ovejas lo hicieron los orfebres y los comerciantes.

Oposición a la obra restauradora

Neh 2 10; 4 1; Jr 18 23

33 Al enterarse Sambalat de que estábamos reconstruyendo la muralla, se enfureció y, fuera de sí, se burlaba, 34 comentando con sus hermanos y con los grandes de Samaría:

–¿Qué hacen ahí esos miserables judíos? ¿Los van a dejar continuar? ¿Ofrecerán sacrificios? ¿Llegarán a terminar algún día? ¿Lograrán resucitar esas piedras procedentes de escombros y completamente calcinadas?

35 Tobías, el amonita, que estaba junto a él, añadió:

–Déjalos que construyan. Bastará que una zorra se lance contra ella para destruir esa muralla de piedras.

«36 ¡Escucha, oh Dios nuestro, cómo se nos desprecia! ¡Haz que sus insultos caigan sobre ellos y sean tratados como esclavos en una tierra extraña! 37 ¡No toleres su iniquidad, ni borres de tu presencia su pecado, pues han ofendido a los que reconstruyen la muralla!»

38 Completamos la restauración de la muralla hasta media altura, pues el pueblo se había entregado con gran empeño a la obra.

4 1 Sambalat, Tobías, los árabes, los amonitas y los de Asdod, ante la noticia de los progresos de la obra de restauración de la muralla de Jerusalén –ya habían empezado a taparse las brechas–, reaccionaron violentamente 2 y se pusieron de acuerdo como un solo hombre para atacar a Jerusalén y causarle todo el daño posible. 3 Nosotros recurrimos a nuestro Dios y montamos guardia día y noche frente a ellos. 4 Sin embargo, los judíos comenzaron a decir:

–¡Flaquean ya las fuerzas de los cargadores y quedan muchos escombros; no vamos a poder terminar la muralla!

5 Por su parte nuestros enemigos decían:

–Caeremos sobre ellos por sorpresa, los mataremos y así pondremos fin a la obra.

Nehemías organiza la defensa

Nm 14 9; Dt 7 21; Jos 23 9-10

6 Pero los judíos que residían entre ellos nos advirtieron una y otra vez:

–De todas sus localidades van a subir para atacarlos.

7 Yo coloqué entonces al pueblo en los bajos descubiertos detrás de la muralla, organizándolos por familias y armados con sus espadas, lanzas y arcos. 8 Después de inspeccionarlo todo, me puse de pie y dije a los jefes, a las autoridades y al resto del pueblo:

–¡No les teman! Pongan el pensamiento en el Señor, que es grande y terrible, y luchen por sus hermanos, por sus hijos e hijas, por sus mujeres y casas.

9 Cuando nuestros enemigos supieron que estábamos prevenidos, y que Dios había desbaratado sus planes, se retiraron, y nosotros regresamos a la muralla, cada cual a su puesto. 10 Pero desde aquel día sólo la mitad de mis hombres tomaban parte en la obra; la otra mitad, armados de lanzas, escudos, flechas y corazas, montaban la guardia detrás de todos los judíos. 11 Los que construían la muralla y los que transportaban las cargas, trabajaban con una mano y con la otra empuñaban las armas. 12 Igualmente los albañiles llevaban en la cintura la espada mientras trabajaban. A mí me acompañaba siempre un corneta, 13 pues tenía yo dicho a los jefes, a las autoridades y al resto del pueblo:

–La obra es de tal magnitud y tan extensa que estamos desperdigados a lo largo de la muralla. 14 Así que cuando oigan la corneta corran junto a nosotros. Nuestro Dios combatirá por nosotros.

15 Así realizábamos el trabajo desde que despuntaba el alba hasta que salían las estrellas. 16 También advertí al pueblo:

–Pasarán la noche en Jerusalén con sus criados, haciendo guardia de noche y trabajando de día.

17 Yo mismo, mis familiares, mis gentes

• **3 33-4 17**: En Neh 3 33 se reanudan las Memorias de Nehemías. La insistente resistencia de Tobías y Sambalat (Neh 3 3-38; Neh 2 19-20) acrecienta el mérito de la obra. La confabulación de los adversarios que proceden de los cuatro puntos cardinales: Sambalat y Tobías al norte, los árabes al sur, los amonitas al este, los de Asdod al oeste (Neh 4 1-5), desemboca en una defensa solidaria de la reconstrucción (Neh 4 6-17) por parte de todos los comprometidos en ella, con la confianza puesta en el Señor. De este modo, se engrandece la figura de Nehemías, y aparece con claridad que sólo Dios puede realizar aquello que parece humanamente imposible.

y los hombres de mi escolta dormíamos vestidos y con las armas en la mano.

Injusticias sociales

Jr 34 8-22; Lv 25 36.39

5 1 La gente del pueblo y sus mujeres protestaron airadamente contra sus compatriotas judíos. 2 Unos decían:

–Tenemos muchos hijos e hijas; que nos den trigo para comer y seguir viviendo.

3 Otros:

–La penuria es tanta que tenemos que empeñar nuestros campos, viñas y casas, a cambio de trigo.

4 Y otros:

–Hemos tenido que pedir préstamos, hipotecando nuestros campos y viñas para pagar el impuesto al rey. 5 ¿No somos iguales que nuestros compatriotas y nuestros hijos no son como los suyos? Sin embargo, nos vemos obligados a dar como esclavos a nuestros hijos. Más aún, algunas de nuestras hijas han sido hechas esclavas y no hemos podido impedirlo, porque nuestros campos y viñas han pasado a poder de otros.

6 Al oír todo esto, me llené de ira y, después de reflexionar, 7 reprendí así a los jefes y a las autoridades:

–¿Qué trato es éste que dan a sus hermanos?

Convoqué, pues, una gran asamblea contra ellos 8 y les dije:

–Nosotros, en la medida de nuestras fuerzas, hemos rescatado a nuestros hermanos judíos vendidos a las naciones paganas. ¡Y ahora ustedes venden a sus hermanos para que nosotros tengamos que volver a rescatarlos!

Ellos callaron no sabiendo qué responder. 9 Yo continué:

–No está bien lo que hacen. ¿No sería mejor que respetaran la voluntad de nuestro Dios, evitando así el desprecio de los paganos, nuestros enemigos? 10 También yo, mis hermanos y mi gente, les hemos prestado dinero y trigo; pues bien, ¡perdonemos todos las deudas! 11 Devuélvanles ahora mismo sus campos, viñas, olivares y casas, y perdónenles las deudas por los préstamos en dinero, trigo, vino y aceite.

12 Ellos respondieron:

–Lo devolveremos y no les exigiremos nada; haremos como tú dices.

Llamé entonces a los sacerdotes e hice jurar a aquellos hombres que cumplirían lo prometido. 13 Por mi parte me despojé del manto y lo sacudí diciendo:

–Así sacuda Dios la casa y las propiedades del que no cumpla esta promesa; así sea sacudido y se vea sin nada.

Toda la asamblea respondió:

–¡Amén!

Y alabó al Señor. Y el pueblo cumplió la promesa.

Conducta ejemplar de Nehemías

Neh 13 6.14-22.31

14 Desde que fui nombrado gobernador de Judá, del año vigésimo al trigesimosegundo del reinado de Artajerjes, o sea durante doce años, ni yo ni mis familiares hemos comido de los honorarios asignados al gobernador. 15 Los gobernadores anteriores habían exigido al pueblo, en concepto de honorarios, cuarenta monedas de plata diarias, y también sus empleados oprimían al pueblo; pero yo no obré así por respeto a Dios. 16 Trabajé en la obra de la muralla, a pesar de no poseer campo alguno; y como yo, toda mi gente. 17 A mi mesa se sentaban ciento cincuenta judíos, tanto gente del pueblo como autoridades, sin contar los que venían a nosotros de las naciones limítrofes, 18 con un consumo diario, a mi cargo, de un toro, seis carneros selectos, aves y vino en abundancia, que era preciso encargar cada diez días. A pesar de ello, nunca reclamé la provisión debida al gobernador, porque bastante carga tenía ya el pueblo con los trabajos de reconstrucción. 19 ¡Oh Dios mío, acuérdate para mi bien de todo lo que he hecho por este pueblo!

• **5** 1-19: A la oposición exterior se añade ahora un problema interno: a causa de los impuestos que deben pagarse al rey, unos hermanos son esclavos de los otros, a pesar de estar todos en la misma tarea (Neh 5 1-5). El espíritu de fraternidad, postulado ya en la ley sobre la remisión (Dt 15), se actualiza ahora (véase Dt 15 12-13 y Jr 34 8-22), a través de la resolución de la asamblea (Neh 5 6-13). Nehemías se presenta a sí mismo como ejemplo de solidaridad y generosidad, negándose a percibir el impuesto que le correspondía como gobernador; muestra así que la ley de Dios se cumple realizando hechos concretos de caridad y solidaridad (Neh 5 14-19).

Continua oposición
a la tarea reconstructora

Neh 2 10; 4 1; Jr 23 11-40

6 1 Cuando Sambalat, Tobías, Guesen el
árabe y los demás enemigos nuestros
supieron que yo había restaurado la muralla y no quedaba boquete alguno en ella,
aunque por entonces no había fijado todavía las hojas de las puertas, 2 Sambalat y
Guesen me enviaron este mensaje:
–Ven a entrevistarte con nosotros en
Quefirín, en la vega de Ono.
Como lo que pretendían era perjudicar-
me, 3 les envié mensajeros con esta respuesta:
–Tengo entre manos una obra importante y no puedo bajar; la obra se paralizaría
durante mi ausencia.
4 Por cuatro veces me repitieron la misma invitación, y otras tantas contesté con la
misma evasiva. 5 Entonces Sambalat, siempre con la misma intención, me envió una
vez más por medio de un criado una carta
abierta, 6 en la que decía:

Corre por aquí –Guesen lo afirma– el
rumor de que tú y los judíos tratan de rebelarse y por eso reconstruyes la muralla.
Tú serías su rey 7 y habrías incluso designado ya profetas que refiriéndose a ti proclamen en Jerusalén: «¡Judá tiene rey!» Estos rumores llegarán sin duda a oídos del
rey; ven, pues, para que tengamos un cambio de impresiones.

8 Yo le mandé esta respuesta:

No hay nada de lo que dices; todo es
invento tuyo.

9 Lo que pretendía era atemorizarnos,
creyendo que así suspenderíamos los trabajos y que la obra no se llevaría a cabo.
Pero, por el contrario, yo continué con más
ánimo.
10 Fui por entonces a ver a Semayas, hijo de Delayas, hijo de Meetabel, que no
podía salir de casa. Me dijo:
–Vamos al templo de Dios, al interior
del santuario. Cerremos bien las puertas
del santuario pues esta misma noche piensan venir a matarte.
11 Yo respondí:
–¿Huir un hombre como yo? Un hombre de mi condición no puede refugiarse en
el santuario para salvar su vida. No, no
entraré.
12 La verdad es que en seguida me di
cuenta de que no lo había enviado Dios a
mí con este aviso, sino que había sido comprado por Tobías y Sambalat. 13 Pensaban
que, atemorizado por él, seguiría su consejo y cometería un pecado que les diera ocasión de crearme mala fama y desacreditar-
me.
14 ¡Acuérdate, Dios mío, de esto que han
hecho Tobías y Sambalat; acuérdate también de la profetisa Noadías y de los demás
profetas que trataron de atemorizarme!

Fin de las obras

Sal 118 22-23; 127 1

15 La muralla quedó terminada el veinticinco del mes de Elul, en cincuenta y dos
días. 16 Cuando la noticia llegó a oídos de
nuestros enemigos y lo vieron las naciones
de alrededor, todos quedaron maravillados
y reconocieron que la obra había sido hecha con ayuda de nuestro Dios.
17 Por aquellos días muchos de los jefes
de Judá mantenían frecuente correspondencia con Tobías. 18 Contaba éste con
muchos partidarios en Judá porque era yerno de Secanías, hijo de Araj, y su hijo Jo-
janán estaba casado con la hija de Mesulán, hijo de Berequías. 19 Abiertamente lo
alababan en mi presencia y a su vez le transmitían todo cuanto yo decía. Tobías, por su
parte, seguía intimidándome con cartas.
7 1 Terminada la muralla e instaladas del
todo las puertas, encomendé su vigilancia a los porteros, cantantes y levitas.
2 Confié el mando de Jerusalén a mi hermano Jananí y a Jananías, comandante de
la ciudadela, hombre que se distinguía en-

• **6 1-7** 4: Después del paréntesis de Neh 5, continúa el relato de las dificultades para la reconstrucción de la muralla (véase Neh 3-4). Primero, sus adversarios intentan atemorizarlo (Neh 6 1-9) sin conseguirlo; después, le tienden una trampa para desacreditarlo (Neh 6 10-14). Pero Nehemías, que al ser laico no puede entrar en el interior del santuario (Nm 18 7), quiere mantenerse fiel a la ley por encima de todo, y esto hace que se salve. El fin de la reconstrucción de la muralla (Neh 6 15-19) no significa, sin embargo, el fin del clima de amenazas, por obra, sobre todo, de Tobías, auténtico jefe de la oposición al gobernador. La vida de la ciudad amurallada estará condicionada por dicho clima, que genera un permanente estado de alerta (Neh 7 1-3).

tre los otros por su fidelidad y temor de
Dios. 3 Les di estas órdenes:
–No se abrirán las puertas de Jerusalén
hasta que el sol caliente, y se cerrarán con
trancas en presencia de ustedes antes que
se ponga. Todos los habitantes de Jerusalén montarán puestos de guardia delante de
su propia casa.
4 La ciudad era espaciosa y grande, pero poco poblada, y no se construían nuevas
casas.

Repoblación de Jerusalén. Lista de los repatriados

Esd 2 1-70

5 Por inspiración divina convoqué a los
jefes, a las autoridades y al pueblo para
hacer el censo. Tomé el registro genealógico de los que habían regresado la primera
vez y encontré escrito en él lo siguiente:
6 Estos son los pertenecientes a la provincia de Judá que, deportados por Nabucodonosor, rey de Babilonia, regresaron
del destierro a Jerusalén y a Judá, cada uno
a su ciudad, 7 encabezados por Zorobabel,
Josué, Nehemías, Azarías, Raamías, Naja-
maní, Mardoqueo, Bilsán, Misperet, Bigvay, Nejún y Baaná.
Relación de israelitas laicos: 8 descendientes de Parós, dos mil ciento setenta y
dos; 9 de Sefatías, trescientos setenta y dos;
10 de Araj, seiscientos cincuenta y dos; 11 de
Pajat Moab –es decir, de Josué y de Joab–
dos mil ochocientos dieciocho; 12 de Elam,
mil doscientos cincuenta y cuatro; 13 de
Zatú, ochocientos cuarenta y cinco; 14 de
Zacay, setecientos sesenta; 15 de Binuy,
seiscientos cuarenta y dos; 16 de Bebay,
seiscientos veintiocho; 17 de Azgad, dos
mil trescientos veintidós; 18 de Adonicán,
seiscientos sesenta y siete; 19 de Bigvay,
dos mil sesenta y siete; 20 de Adín, seiscientos cincuenta y cinco; 21 de Ater, es
decir, los descendientes de Ezequías, noventa y ocho; 22 de Jasún, trescientos veintiocho; 23 de Besay, trescientos veinticuatro; 24 de Jarif, ciento doce; 25 de Gabaón,
noventa y cinco.
26 Oriundos de Belén y Netofá, ciento
ochenta y ocho; 27 de Anatot, ciento veintiocho; 28 de Bet-Azmávet, cuarenta y dos;
29 de Quiriat Yearín, Quefirá y Beerot, setecientos cuarenta y tres; 30 de Ramá y
Gueba, seiscientos veintiuno; 31 de Micmás, ciento veintidós; 32 de Betel y Ay,
ciento veintitrés; 33 de Nebo, cincuenta y
dos oriundos. 34 Del otro Elam, mil doscientos cincuenta y cuatro; 35 de Jarín, trescientos veinte; 36 de Jericó, trescientos cuarenta y cinco; 37 de Lod, Jadid y Ono, setecientos veintiuno; 38 de Senaá, tres mil seiscientos treinta.
39 Los sacerdotes eran: descendientes
de Yedayas, de la familia de Josué, novecientos setenta y tres; 40 de Imer, mil cincuenta y dos; 41 de Pasjur, mil doscientos
cuarenta y siete 42 y de Jarín, mil diecisiete.
43 Los levitas eran: descendientes de Josué y Cadmiel, de la familia de Hodavías,
setenta y cuatro.
44 Los cantantes eran: descendientes de
Asaf, ciento cuarenta y ocho.
45 Los porteros eran: descendientes de Salún, de Ater, de Talmón, de Acub, de Jatitá y
de Sobay un total de ciento treinta y ocho.
46 Destinados al servicio del templo: los
descendientes de Sijá, Jasufá, Tabaot,
47 Querós, Sía, Fadón, 48 Lebaná, Jagabá,
Salmay, 49 Janán, Guidel, Gajar, 50 Reayas,
Resín, Necodá, 51 Gazán, Uzá, Paseaj,
52 Besay, los descendientes de los meunitas
y de los nefisitas, 53 de Bacbuc, Jacufá,
Jarjur, 54 Baslit, Mejidá, Jarsá, 55 Barcós,
Siserá, Tamaj, 56 Nesiaj y Jatifá.
57 Descendientes de los siervos de Salomón: los de Sotay, Soféret, Peridá, 58 Yalá,
Darcón, Guidel, 59 Sefatías, Jatil, Poque-
ret-Sebain y Amón.
60 El total de los destinados al servicio
del templo y descendientes de los siervos
de Salomón era de trescientos noventa y
dos.

• **7 5-72**: El censo de la comunidad (Neh 7 6-68), que coincide prácticamente con el consignado en Esd 2, conecta el final de la restauración de la muralla con el regreso de los primeros repatriados (Esd 1-2). La ciudad va a ser repoblada, ahora que está preparada para ello (Neh 7 4), con el templo y la muralla reconstruidos, pero sin la multitud de habitantes anunciada por los profetas (véase Is 49 18-20; 54 1-3; Ez 36 9-12.33-36). La contribución popular en forma de donativos voluntarios (Neh 7 69-71), paralela a la primera (Esd 2 68-69), expresa el carácter del acontecimiento. La distribución de la población (Neh 7 72) resalta el protagonismo de sacerdotes, levitas y personal del templo en los acontecimientos que se avecinan (Neh 8-10).

61 Y estos son los que regresaron de Tel-Melaj, Tel-Jarsá, Querub, Adón e Imer, los cuales no pudieron probar que su familia y su descendencia eran de origen israelita; 62 entre los descendientes de Delayas, de Tobías y de Necodá sumaban seiscientos cuarenta y dos. 63 Hubo también sacerdotes descendientes de Jobayas, Hacós, Barzilay –casado este último con una hija de Barzilay, el galadita, de quien adoptó el nombre–, 64 que buscaron sus registros genealógicos, pero no los encontraron. Por eso fueron excluidos del sacerdocio. 65 El gobernador les prohibió participar en los banquetes sagrados hasta que un sacerdote consultara las suertes rituales.

66 Toda la comunidad estaba compuesta por cuarenta y dos mil trescientas sesenta personas, 67 sin contar a los siervos y siervas que sumaban siete mil trescientos treinta y siete. Los cantantes, hombres y mujeres, eran doscientos cuarenta y cinco. 68 Había, además, setecientos treinta y seis caballos, doscientos cuarenta y cinco mulos, cuatrocientos treinta y cinco camellos y seis mil setecientos veinte burros.

69 Algunos jefes de familia entregaron donativos para la obra. El gobernador dio para el tesoro mil monedas de oro, cincuenta copas, y quinientas treinta túnicas sacerdotales. 70 Los jefes de familia, a su vez, aportaron veinte mil monedas de oro y mil doscientos kilos de plata. 71 El resto del pueblo contribuyó con veinte mil monedas de oro, mil doscientos kilos de plata y sesenta y siete túnicas sacerdotales.

72 Los sacerdotes, levitas, porteros, cantantes, una parte del pueblo y los destinados al servicio del templo se establecieron en sus ciudades. Al llegar el séptimo mes todos los israelitas estaban ya instalados en sus respectivas ciudades.

2. *Lectura de la ley y renovación de la Alianza* ◊

Lectura pública de la ley

Esd 3 1; 7 6-10

8 1 Todo el pueblo se congregó como un solo hombre en la plaza de la Puerta de las Aguas y pidió a Esdras, el escriba, que trajera el libro de la ley de Moisés que el Señor había entregado a Israel. 2 Así lo hizo el sacerdote Esdras. El día primero del séptimo mes trajo el libro de la ley y ante la asamblea compuesta por hombres, mujeres y cuantos tenían uso de razón, 3 lo estuvo leyendo en la plaza de la Puerta de las Aguas desde la mañana hasta el mediodía. Todo el pueblo, hombres, mujeres y cuantos tenían uso de razón, escuchaban con atención la lectura del libro de la ley. 4 Esdras, el escriba, estaba de pie sobre un estrado de madera levantado para la ocasión. A su derecha estaban Matitías, Sema, Anías, Urías, Jelcías y Maasías; y a su izquierda, Pedayas, Misael, Malaquías, Jasún, Jasbadana, Zacarías y Mesulán. 5 Esdras abrió el libro a la vista de todo el pueblo, pues estaba más alto que todos, y, al abrirlo, todo el pueblo se puso de pie. 6 Esdras bendijo al Señor, el gran Dios; y todo el pueblo, levantando las manos, respondió:

–Amén, amén.

Después se postraron y, rostro en tierra, adoraron al Señor. 7 Josué, Baní, Serebías, Jamín, Acub, Sabtay, Odías, Maasías, Quelitá, Azarías, Jozabad, Janán, Pelayas y los levitas explicaban la ley al pueblo que estaba de pie. 8 Leían el libro de la ley de Dios

◊ **8 1-10 40:** Esta sección del libro de Nehemías está compuesta por materiales diversos y situada fuera de lugar. (Véase al respecto Introducción a Esdras y Nehemías). En todo caso, dentro del relato actual, estos capítulos forman una unidad y constituyen el punto culminante del conjunto formado por los libros de Esdras y Nehemías, cuyo centro es la proclamación pública de la ley de Moisés y las celebraciones que la acompañan.

• **8 1-12:** La proclamación de la *ley de Moisés* es un momento culminante en el conjunto formado por los libros de Esdras y Nehemías. Sucesivamente y con un interés más dramático que cronológico, hemos asistido a la restauración del templo, a la purificación del pueblo y a la reconstrucción de las murallas de Jerusalén. La lectura pública de la ley constituye la última etapa de este proceso. El contexto es claramente litúrgico, y se sigue un orden muy semejante al que solía seguirse en las sinagogas: se convoca la asamblea, se prepara a los participantes para que escuchen con atención, y se proclama la ley; finalmente se añade una explicación, que muy bien pudiera ser la traducción al arameo, pues el pueblo no entendía ya el hebreo. No está claro si lo que Esdras llama ley es una redacción postexílica del Pentateuco actual, o más bien una parte de él, como podría ser algún código legal. En cualquier caso, este pasaje proporciona una preciosa información sobre la importancia y el influjo de la ley de Moisés en la reconstrucción de la comunidad postexílica.

clara y distintamente explicando el sentido,
para que pudieran entender lo que se leía.
9 El gobernador Nehemías, Esdras el
sacerdote-escriba y los levitas que instruían
al pueblo, dijeron a todos:
–Este día está consagrado al Señor,
nuestro Dios: no estén tristes ni lloren.
Porque todo el pueblo lloraba al oír las
palabras de la ley. 10 Nehemías añadió:
–Vayan a casa y coman alimentos exquisitos,
beban licores dulces y manden su
porción a los que no han preparado nada,
pues este día ha sido consagrado a nuestro
Señor. ¡No estén tristes, que el Señor se
alegra al verlos fuertes!
11 Y los levitas tranquilizaban a todo el
pueblo diciendo:
–No se lamenten ni estén tristes, que este
es un día santo.
12 Y todo el pueblo se fue a comer y a
beber. Repartieron porciones y celebraron
una gran fiesta, pues habían comprendido
las palabras que les habían enseñado.

La fiesta de las tiendas

Lv 23 33-36.39-43

13 Al día siguiente los jefes de familia
de todo el pueblo, los sacerdotes y los levitas
se reunieron en torno a Esdras, el escriba,
para examinar más de cerca las palabras
de la ley. 14 Encontraron en la ley que
el Señor había prescrito por medio de Moisés,
que los israelitas debían vivir en tiendas
de campaña durante la fiesta del mes
séptimo, 15 y publicaron por todas sus ciudades
y en Jerusalén:
–Vayan a la montaña y traigan ramos de
olivo, de arrayán, de mirto, de palmera y
de otros árboles frondosos para hacer tiendas,
como está mandado.
16 El pueblo fue a buscar los ramos y se
hicieron tiendas en sus terrazas, en sus patios,
en los atrios del templo de Dios, en la
plaza de la Puerta de las Aguas y en la
Puerta de Efraín. 17 Toda la asamblea de
los que habían regresado del destierro hizo
tiendas de campaña y se instaló en ellas.
Desde los tiempos de Josué, hijo de Nun,
hasta aquel día no habían hecho los israelitas
cosa semejante. Y la alegría fue inmensa.
18 Todos los días, desde el primero hasta
el último, Esdras leyó el libro de la ley
de Dios. La fiesta duró una semana, y el
día octavo, como estaba establecido, se celebró
una asamblea solemne.

El pueblo reconoce sus pecados

Esd 9 1-2; 10 11

9 1 El día veinticuatro de aquel mismo
mes los israelitas se reunieron y ayunaron,
vestidos de penitencia y cubierta de
tierra la cabeza. 2 Los que pertenecían a
Israel se separaron de todos los extranjeros
y, de pie, reconocieron públicamente sus
pecados y los de sus antepasados. 3 Durante
la cuarta parte del día, mientras estaba
cada uno de pie en su sitio, se leyó el libro
de la ley del Señor, su Dios; durante otra
cuarta parte del día reconocieron públicamente
sus pecados y adoraron rostro en
tierra, al Señor su Dios. 4 Subieron luego
al estrado de los levitas, Josué, Baní, Cadmiel,
Sebanías, Buní, Serebías, Baní y Quenaní
y clamaron a grandes voces al Señor,
su Dios. 5 Y esto es lo que dijeron los levitas
Josué, Cadmiel, Baní, Jasabnías, Serebías,
Odías, Sebanías y Petajías:
–Levántense y bendigan al Señor, su
Dios.

Invocación a Dios Salvador

Sal 78; 105; 106; Bar 1 15-2 10; Eclo 36 1-22

Por siempre y para siempre
bendito sea tu nombre glorioso
que está por encima
de toda bendición y alabanza.

• **8 13-18**: La fiesta de las tiendas, que tiene lugar al día siguiente de la ceremonia litúrgica, es prolongación de la misma. Según Dt 30 10-13, en dicha fiesta se hacía una solemne proclamación de la ley. La asamblea festiva solemne con que concluye también estaba prevista en la ley (Lv 23 34-36.39-43; Nm 29 12-38; Dt 16 13-16).

• **9 1-5a**: Esta liturgia penitencial es, con toda probabilidad, la prevista por el libro del Levítico para el décimo día, aunque en esta ocasión se pospone dos semanas por razones no determinadas. Fue, por tanto, una especie de día de la expiación (véase Lv 16 29).

• **9 5b-37**: La confesión pública, hecha por boca de los levitas elegidos, es un resumen de la ley de Moisés proclamada, en forma de meditación histórica, al estilo de algunos salmos (Sal 78, 105, 106) y otras composiciones similares (Bar 1 15-2 10; Eclo 36 1-22). En ellas, la historia de Israel se contempla desde la misericordia divina, como una sucesión de desobediencia y pecado, que provoca una ardiente súplica de perdón. Es pues, una súplica que encajaría bien en la liturgia penitencial de Neh 9 1-5a (véase Jl 1-2).

6 Tú, Señor, eres el único.
Tú hiciste los cielos,
la bóveda de los cielos
y todos sus astros;
la tierra y todo lo que hay en ella,
los mares y todo lo que contienen.
Tú das vida a todas las cosas
y los astros del cielo
se postran ante ti.

7 Tú, Señor, eres el Dios
que elegiste a Abrán,
le sacaste de Ur de los caldeos
y le pusiste por nombre Abrahán.
8 Viste que su corazón te era fiel
e hiciste una alianza con él.
Prometiste darle, a él
y a su descendencia,
la tierra de los cananeos,
hititas, amorreos, pereceos,
jebuseos y guergueseos.
Y como eres fiel,
has cumplido tu palabra.

9 Viste la aflicción
de nuestros antepasados en Egipto
y escuchaste su clamor
junto al mar Rojo.
10 Hiciste milagros y prodigios
contra el faraón, contra sus siervos
y contra todo el pueblo de su país,
pues sabías que los trataban
con arrogancia;
te ganaste así una fama
que dura hasta hoy.
11 Tú dividiste el mar en su presencia,
y lo pasaron caminando;
a sus perseguidores
los precipitaste en el abismo
como se lanza una piedra
a las aguas turbulentas.

12 Durante el día los guiaste
con columna de nube
y con columna de fuego por la noche,
para iluminar el camino
que habían de seguir.
13 Bajaste a la montaña del Sinaí,
les hablaste desde lo alto de los cielos;
les diste normas justas, leyes verdaderas,
preceptos y mandamientos buenos.
14 Les hiciste saber
que el sábado es día consagrado a ti.
Por medio de Moisés, tu siervo,
les otorgaste mandamientos,
preceptos y una ley.
15 Les diste pan del cielo
para su hambre,
e hiciste brotar agua de la roca
para su sed.
Les dijiste que entraran
en posesión de la tierra
que solemnemente habías jurado darles.

16 Pero nuestros antepasados
fueron soberbios,
y desoyeron tercamente tus mandatos:
17 no quisieron oír
y se olvidaron de las maravillas
que tú hiciste en su favor.
En su terquedad se empeñaron
en regresar a la esclavitud
que padecieron en Egipto.
Pero tú eres el Dios del perdón,
clemente y misericordioso,
lento a la ira y rico en amor;
por eso no los abandonaste,
18 ni siquiera cuando se hicieron
un becerro de metal fundido
y te ofendieron gravísimamente
al decir: «Este es tu Dios,
el que te sacó de Egipto».
19 En tu inmensa misericordia,
no los abandonaste en el desierto,
y ni la nube que los guiaba
durante el día en el camino,
ni la columna de fuego
que los alumbraba por la noche,
se apartó de ellos.

20 Para instruirles,
les diste tu espíritu, que es bueno;
los alimentaste con tu maná
y les procuraste agua para su sed.
21 Durante cuarenta años
los sustentaste en el desierto
y nada les faltó;
ni sus vestidos se gastaron
ni se hincharon sus pies.
22 Les diste reinos y pueblos
que se repartieron por regiones.
Tomaron posesión
del país de Sijón, rey de Jesbón,
y del país de Og, rey de Basán.
23 Multiplicaste sus hijos
como las estrellas del cielo
y los llevaste a la tierra
que habías prometido

a sus antepasados
para que la poseyeran.
24 Sus hijos se apoderaron de esa tierra
y tú humillaste ante ellos
a sus habitantes, los cananeos,
a quienes entregaste en su poder,
junto con sus reyes y la gente del país,
que dejaste a merced de ellos.
25 Se apoderaron de ciudades fortificadas
y de una tierra fértil,
ocuparon casas repletas de bienes,
pozos excavados, viñas, olivares
y árboles frutales en abundancia;
comieron a satisfacción, engordaron
y tu bondad los colmó de felicidad.

26 Pero fueron tercos,
se rebelaron contra ti
y se olvidaron de tu ley.
Mataron a tus profetas,
que les reprendían
para que se convirtieran a ti,
y te ofendieron gravemente.
27 Entonces tú los entregaste
a sus enemigos que los oprimieron.
En su aflicción clamaron a ti
y tú los escuchaste desde el cielo.
Por tu gran misericordia,
les diste libertadores que los salvaran
de quienes los oprimían.
28 Pero en cuanto les dabas respiro,
de nuevo hacían el mal; te ofendían,
y tú los abandonabas
al poder opresor de sus enemigos.
De nuevo volvían a suplicarte,
y otra vez tú los escuchabas
desde el cielo.
Como tu misericordia es inagotable,
los libraste muchas veces
29 y los amonestaste
para que se convirtieran a tu ley.
Pero ellos, en su soberbia,
no obedecieron tus mandamientos
y se rebelaron contra tus leyes,
que son vida para quien las cumple;
te volvieron la espalda,
se comportaron tercamente
y no quisieron escuchar.

30 Los soportaste largos años,
tu espíritu los reprendió
por medio de los profetas,
pero siguieron sin escuchar.
Los dejaste entonces a merced
de los pueblos paganos,
31 pero en tu gran misericordia
no los aniquilaste ni los abandonaste,
porque eres un Dios
clemente y misericordioso.

32 Y ahora, oh Dios nuestro,
Dios grande, poderoso y terrible,
que eres misericordioso
y fiel a la alianza,
no tengas en poco estos sufrimientos
que han caído sobre nosotros,
sobre nuestros reyes, jefes,
sacerdotes y profetas;
sobre nuestros antepasados
y sobre todo tu pueblo,
desde el tiempo de los reyes de Asiria
hasta el día de hoy.
33 Tú no tienes la culpa
de lo que nos ha sobrevenido,
porque tú has actuado con fidelidad,
y nosotros, en cambio,
hemos hecho el mal.
34 Nuestros reyes, nuestros jefes,
nuestros sacerdotes
y nuestros antepasados
no observaron tu ley,
no estuvieron atentos
a tus mandamientos,
no escucharon tus requerimientos.
35 Tenían un reino,
los habías colmado de bienes,
les diste una tierra fértil y espaciosa,
pero no te sirvieron ni se convirtieron
de su perversa conducta.

36 Y ahora vivimos como esclavos
en la misma tierra que diste
a nuestros antepasados,
para que gozaran de sus frutos
y sus bienes.
37 Es una tierra que da frutos abundantes,
pero son para los reyes
que tú nos has impuesto
por nuestros pecados;
ellos disponen a su antojo
de nuestras personas
y nuestros ganados,
mientras la angustia
nos oprime el corazón.

Renovación de la alianza

Esd 10 3; 9 12-14; Neh 5 10-31; Ex 20 8;
Dt 15 1-3; Lv 24 5-9; Nm 18 21.24.26

10 1 He aquí, por tanto, el compromiso
que ponemos por escrito y que sellan
nuestros jefes, levitas y sacerdotes. 2 Lo
sellan el gobernador Nehemías, hijo de Jelcías, y Sedecías; 3 Serayas, Azarías, Jeremías, 4 Pasjur, Amarías, Malaquías, 5 Jatús,
Sebanías, Maluc, 6 Jarín, Meremot, Obadías, 7 Daniel, Guinetón, Baruc, 8 Mesulán,
Abías, Miyamín, 9 Maazías, Bilgay, Semayas; estos son sacerdotes.
10 De los levitas lo sellan: Josué, hijo de
Azanías; Binuy, de la familia de Jenadad;
Cadmiel 11 y sus hermanos Secanías, Odías,
Quelitá, Pelayas, Janán, 12 Micá, Rejob,
Jasabías, 13 Zacur, Serebías, Sebanías,
14 Odías, Baní y Beninú.
15 De los jefes del pueblo lo sellan: Parós, Pajat-Moab, Elam, Zatú, Baní, 16 Buní, Azgad, Bebay, 17 Adonías, Bigvay,
Adín, 18 Ater, Ezequías, Azur, 19 Odías, Jasún, Besay, 20 Jarif, Anatot, Nebay, 21 Mag-
pías, Mesulán, Jezir, 22 Mesezabel, Sadoc,
Yadua, 23 Pelatías, Janán, Ananías, 24 Oseas,
Jananías, Jasub, 25 Halojés, Piljá, Sobec,
26 Rejún, Jasabná, Maasías, 27 Ajías, Janán, Anán, 28 Maluc, Jarín y Baná.
29 Y el resto del pueblo, sacerdotes, levitas, porteros, cantantes, los destinados al
servicio del templo, todos los que se habían
separado de las naciones paganas para seguir la ley de Dios, sus mujeres, sus hijos y
sus hijas, todos los que tienen uso de razón, 30 se unen también a sus hermanos y
sus jefes y se comprometen bajo solemne
juramento a caminar en la ley de Dios,
dada por medio de Moisés, siervo de Dios.
Nos comprometemos a observar y cumplir
todos los mandamientos del Señor, nuestro
Dios, sus preceptos y sus leyes; 31 nos comprometemos a no casar a nuestras hijas con
gentes del país ni a nuestros hijos con extranjeras; 32 a no comprar mercancía alguna en sábado o en día sagrado cuando las
gentes del país vengan a vender en sábado;
a dejar sin cultivar la tierra y a perdonar
todas las deudas el año séptimo.
33 Nos imponenos la obligación de dar
cada uno cuatro gramos de plata al año para el templo de nuestro Dios, 34 para los
panes presentados, para la ofrenda y el holocausto perpetuos; para el holocausto de
los sábados, el de principios de mes y el de
las demás solemnidades; para los dones
sagrados y para los sacrificios de expiación
por Israel, para todo lo tocante al servicio
del templo de nuestro Dios.
35 Además, los sacerdotes, los levitas y
el pueblo, echaremos a suertes para determinar la provisión de leña que cada familia
debe suministrar por turno, cada año y en
el tiempo determinado, al templo de nuestro Dios, para quemarla sobre el altar del
Señor, como está escrito en la ley. 36 Nos
comprometemos a traer cada año al templo
del Señor los primeros frutos de nuestro
suelo y de todos los árboles, 37 así como a
los primogénitos de nuestros hijos y ganados conforme a lo escrito en la ley; (los
primogénitos de nuestro ganado vacuno y
ovino los traemos al templo de nuestro Dios
para los sacerdotes que prestan servicio en
el templo de nuestro Dios). 38 Llevaremos
también para los sacerdotes, a los lugares
de almacenaje del templo de nuestro Dios,
lo mejor de nuestra harina, de nuestras
ofrendas y del fruto de todos los árboles,
vino y aceite. A los levitas les daremos el
diezmo de lo que produzca nuestro suelo;
ellos mismos lo recogerán en todos los lugares donde cosechemos. 39 Un sacerdote
descendiente de Aarón acompañará a los
levitas cuando reciban los diezmos y los
levitas llevarán la décima parte de dichos
diezmos al templo de nuestro Dios, a las
salas del tesoro. 40 En estas salas es donde
los israelitas y los levitas guardan las ofren-

• **10 1-40**: Probablemente este capítulo reproduce, con algunas modificaciones, un documento guardado en los archivos del templo. La lista de *firmantes* del compromiso (Neh 10 1-29), con Nehemías a la cabeza, y en la que se incluyen sacerdotes, levitas, jefes y el resto del pueblo, sirve de introducción a la relación de los compromisos concretos (Neh 10 29-40), entre los que destacan la preocupación por los matrimonios mixtos (Neh 13 23-28; Ex 34 16; Dt 7 3), por el respeto del sábado (Ex 31 12-14; 23 12; Dt 5 12; Lv 19 3) y del año sabático (Ex 23 10-13; Lv 25 2-7; Dt 15 1-6) y, sobre todo, por la atención a las necesidades del templo (Ex 23 19; Dt 26 2-10; Ex 13 13; Nm 18 16-19; Lv 27 30-33; Nm 18 21-32; Dt 14 22-29; Lv 7 14.32.34). Esta especie de alianza conclusiva de la proclamación y aceptación de la ley cierra el acontecimiento central de estos dos libros, y supone una actualización de renovaciones anteriores de la alianza (Jos 24; 2 Cr 15; 23; 29; 34).

das del trigo, del vino y del aceite; allí están también los utensilios del santuario y allí tienen sus habitaciones los sacerdotes que están de servicio, los porteros y los cantantes. No volveremos, pues, a abandonar el templo de nuestro Dios.

3. Reorganización de la comunidad

Repoblación de Judá y Jerusalén

1 Cr 9 2-19

11 1 Los jefes del pueblo se establecieron en Jerusalén. El resto del pueblo echó a suertes de manera que uno de cada diez fuera a vivir a Jerusalén, la ciudad santa, y los otros nueve se quedaran en sus ciudades. 2 El pueblo bendijo a todos los que se ofrecieron voluntarios a vivir en Jerusalén. 3 Estos son los jefes de provincia que se establecieron en Jerusalén y en las ciudades de Judá. Los israelitas en general, los sacerdotes, los levitas, los destinados al servicio del templo y los descendientes de los siervos de Salomón, cada uno se estableció en la propiedad que tenía en su ciudad.

4 En Jerusalén se establecieron descendientes de Judá y de Benjamín.

Descendientes de Judá: Atayas, hijo de Uzías, hijo de Zacarías, hijo de Amarías, hijo de Sefatías, hijo de Maalalel. De la familia de Fares: 5 Masayas, hijo de Baruc, hijo de Coljosé, hijo de Jazaías, hijo de Adayas, hijo de Yoyarib, hijo de Zacarías, el selanita. 6 En total, los descendientes de Fares que se establecieron en Jerusalén eran cuatrocientos sesenta y ocho hombres aptos para la guerra.

7 Descendientes de Benjamín: Salú, hijo de Mesulán, hijo de Yoed, hijo de Pedayas, hijo de Colayas, hijo de Maasías, hijo de Itiel, hijo de Isaías, 8 además de sus parientes: en total novecientos veintiocho hombres aptos para la guerra. 9 Joel, hijo de Zicrí, era su jefe, y Judá, hijo de Hasenúa, era el segundo jefe en la ciudad.

10 Sacerdotes residentes en Jerusalén: Yedayas, hijo de Yoyarib y Yaquín; 11 Serayas, hijo de Jilquías, hijo de Mesulán, hijo de Sadoc, hijo de Merayot, hijo de Ajitub, jefe del templo de Dios, 12 además de sus parientes empleados en los trabajos del templo: en total ochocientos veintidós. Adayas, hijo de Yeroján, hijo de Pelalías, hijo de Amsí, hijo de Zacarías, hijo de Pasjur, hijo de Malaquías, 13 además de sus parientes, jefes de familia: en total doscientos cuarenta y dos. También Amasay, hijo de Azarel, hijo de Ajzay, hijo de Mesilemot, hijo de Imer, 14 además de sus parientes: en total ciento veintiocho hombres aptos para la guerra. Su jefe era Zadiel, hijo de Hagadol.

15 Levitas residentes en Jerusalén: Semayas, hijo de Jasub, hijo de Azricán, hijo de Jasabías, hijo de Buní; 16 Sabtay y Yosabad, jefes de los levitas y encargados de los servicios exteriores del templo de Dios; 17 Matanías, hijo de Micá, hijo de Zabdí, hijo de Asaf, director del coro en los himnos y en la oración de acción de gracias; Bacbuquías, el segundo entre sus hermanos, y Abdá, hijo de Samúa, hijo de Galal, hijo de Yedutún. 18 En total, los levitas residentes en la ciudad santa eran doscientos ochenta y cuatro.

19 Porteros residentes en Jerusalén: Acub, Talmón y sus parientes, encargados de la guardia de las puertas; en total ciento setenta y dos.

20 El resto de los israelitas y los demás sacerdotes y levitas vivían cada uno en la propiedad que tenían en las otras ciudades de Judá. 21 Los destinados al servicio del templo residían en Ofel; Sijá y Guispá eran sus jefes. 22 El jefe de los levitas en Jerusalén era Uzí, hijo de Baní, hijo de Jasabías, hijo de Matanías, hijo de Micá; pertenecía a los descendientes de Asaf que eran los

• **11** 1-36: Neh 11 parece repetición de Neh 7; o mejor, continuación de Neh 7 4. La repoblación de Judá se hace de manera que Jerusalén quede plenamente habitada y convertida en centro oficial de la comunidad. Así, se hace constar cómo en la ciudad se instalaron muchas familias de modo voluntario, junto con los jefes del pueblo (Neh 11 1-3). De este modo, los habitantes de Jerusalén procedían de las tribus de Judá y Benjamín y algunas de las familias de sacerdotes y levitas, y de los encargados de la guardia (Neh 11 4-19). Esta última lista aparece copiada, con algunas variantes, en 1 Cr 9 2-19. Se hace constar, a continuación, dónde residía el resto de los israelitas, los que vivían fuera de Jerusalén (Neh 11 20-21.25-36). Asimismo se nos da noticia de algunos altos funcionarios (Neh 11 22-24).

encargados del canto en el servicio del templo de Dios. 23 Porque había una orden del rey y un reglamento que fijaba cada día la actuación de los cantantes. 24 Petajías, hijo de Merezabel, de la descendencia de Zera, hijo de Judá, era delegado del rey para todos los asuntos del pueblo.

25 En cuanto a los lugares de residencia en el campo, parte de los judíos vivían en Quiriat Arbá y sus aldeas, en Dibon y aldeas, en Yecabsel y sus poblados; 26 en Yesúa, Moladá, Bet-Pelet, 27 Jasarsual, Berseba y sus aldeas; 28 en Sicelaj, en Meconá y sus aldeas; 29 en En-Rimón, Sarea, Yarmut, 30 Zanoaj, Adulán y sus poblados; en Laquis y su comarca, Azecá y aldeas. Se establecieron, pues, desde Berseba hasta el valle de Hinón. 31 En cuanto a los benjaminitas, residían en Gueba, Micmás, Ayá, Betel y sus aldeas; 32 en Anatot, Nob, Ananías, 33 Jasor, Rama, Guitain, 34 Jadid, Seboim, Nebalat, 35 Lot, Onó y en el valle de los Artesanos. 36 Algunos grupos de levitas residían en el territorio de Judá y de Benjamín.

4. Fin de la actividad de Nehemías

Sacerdotes y levitas que regresaron con Zorobabel

Esd 2 36-40; Neh 7 39-43; 10 3-14

12 1 Estos son los sacerdotes y levitas que regresaron con Zorobabel, hijo de Sealtiel, y con Josué: Serayas, Jeremías, Esdras, 2 Amarías, Maluc, Jatús, 3 Secanías, Rejún, Meremot, 4 Ido, Guinetón, Abías, 5 Minyamín, Maadías, Bilgá, 6 Semayas, Yoyarib, Yedayas, 7 Salú, Amoc, Jilquías. Todos ellos jefes de los sacerdotes y de sus hermanos en tiempos de Josué. 8 Los levitas eran: Josué, Binuy, Cadmiel, Serebías, Judá, Matanías –encargado de dirigir, con sus hermanos, los cantos de alabanza–; 9 sus hermanos Bacbuquías y Uní hacían el otro coro en el ministerio. 10 Josué engendró a Joaquín, Joaquín a Eliasib, Eliasib a Yoyadá, 11 Yoyadá a Jonatán y Jonatán a Yadúa.

12 En tiempos de Joaquín, los sacerdotes jefes de familia eran: de la familia de Serayas, Merayas; de la de Jeremías, Jananías; 13 de la de Esdras, Mesulán; de la de Amarías, Yeojanan; 14 de la de Maluc, Jonatán; de la de Sebanías, José; 15 de la de Jarín, Adná; de la de Merayot, Jelcay; 16 de la de Ido, Zacarías; de la de Guinetón, Mesulán; 17 de la de Abías, Zicrí; de la de Minyamín...; de la de Moadías, Piltay; 18 de la de Bilgá, Samúa; de la de Semayas, Jonatán; 19 de la de Yoyarib, Matenay; de la de Yedayas, Uzí; 20 de la de Salú, Calay; de la de Amoc, Eber; 21 de la de Jilquías, Jasabías, y de la familia de Yedayas, Netanel. 22 Los jefes de familia sacerdotales de los tiempos de Eliasib, Yoyadá, Juan y Yadúa están registrados [en el libro de las Crónicas] hasta el reinado de Darío, el persa. 23 En cuanto a los levitas, los jefes de familia están registrados en el libro de las Crónicas hasta los tiempos de Juan, hijo de Eliasib. 24 Los jefes de los levitas eran: Jasabías, Serebías, Josué, Binuy y Cadmiel; estaban encargados junto con sus hermanos levitas de celebrar por turnos las alabanzas de Dios, según lo dispuesto por David, hombre de Dios. 25 Matanías, Bacbuquías, Obadías, Mesulán, Talmón y Acub eran porteros y hacían guardia en las puertas de los almacenes. 26 Todos estos vivían en tiempos de Joaquín, hijo de Josué, hijo de Josadac, y en tiempos del gobernador Nehemías y de Esdras, sacerdote y escriba.

Inauguración de la muralla

1 Cr 15 16-24; 23 5

27 Para inaugurar la muralla de Jerusalén fueron convocados los levitas desde todos sus lugares de residencia para que acudieran a Jerusalén. Era preciso celebrar la fiesta de la dedicación con alegría y con cánticos, al son de címbalos, arpas y cíta-

• **12** 1-47: El momento central de este capítulo es la inauguración de la muralla, cuyo relato está tomado de nuevo de las Memorias de Nehemías (Neh 12 27-43). El rito adquiere la forma externa de una procesión en dos coros que confluyen en el templo, después de lo cual se celebra en la ciudad una gran fiesta (véase en Esd 6 13-18 un rito parecido para la dedicación del templo). El relato va precedido de la relación de sacerdotes y levitas desde Zorobabel hasta los días de Alejandro Magno –año 333 a. C.– (Neh 12 1-26) y se cierra con la mención de la contribución voluntaria del pueblo al mantenimiento del culto (Neh 12 44-47). Se trata de un cuadro ideal en el que la comunidad de Israel aparece ya como el Israel restaurado que cumple a la perfección la ley.

ras. 28 Se reunieron, pues, los levitas cantantes que vivían en la comarca cercana a Jerusalén, en las aldeas de los netofatíes, 29 en Bet-Guilgal y en los campos de Gueba y Azmavet. (Téngase en cuenta que los cantantes se habían construido lugares de residencia en los alrededores de Jerusalén).

30 Los sacerdotes y los levitas se sometieron al rito de purificación e hicieron lo mismo con el pueblo, las puertas y la muralla. 31 Luego hice subir a la muralla a los jefes de Judá y organicé dos grandes coros. El primer coro se fue por la derecha, sobre la muralla, hacia la Puerta del Muladar. 32 Detrás del coro iba Osaías y la mitad de los jefes de Judá, 33 Azarías, Esdras, Mesulán, 34 Judá, Benjamín, Semayas y Jeremías. 35 Iban también sacerdotes con trompetas: Zacarías, hijo de Jonatán, hijo de Semayas, hijo de Matanías, hijo de Miqueas, hijo de Zacur, hijo de Asaf, 36 junto con sus hermanos Semayas, Azarel, Milalay, Guilalay, Maay, Netanel, Judá y Jananí; llevaban los instrumentos musicales de David, y al frente de todos ellos iba Esdras, el maestro de la ley. 37 Al llegar a la Puerta de la Fuente, subieron de frente por la escalinata de la Ciudad de David y continuaron muralla arriba, junto al palacio de David, hasta la Puerta de las Aguas, al oriente.

38 El segundo coro iba por la izquierda. Yo mismo iba detrás de él con la otra mitad de los jefes del pueblo. Íbamos por encima de la muralla, pasando al lado de la Torre de los Hornos hasta la muralla ancha 39 y siguiendo por la Puerta de Efraín, o la Puerta Vieja, la Puerta de los Peces, la Torre de Jananel, o Torre de los Cien, hasta llegar a la Puerta de las Ovejas y detenernos en la Puerta de la Vigilancia. 40 Los dos coros se detuvieron ante el templo de Dios. A mi lado estaban una mitad de los jefes, la que iba conmigo, 41 junto a los sacerdotes Eliaquín, Maasías, Minyamín, Miqueas, Elyoenay, Zacarías y Jananías con sus trompetas, 42 además de Maasías, Semayas, Eleazar, Uzí, Juan, Malaquías, Elam y Ezer. Entonces los cantantes, dirigidos por Yizrajías, entonaron sus himnos.

43 Aquel día se ofrecieron muchos sacrificios en medio del júbilo general. Dios los había colmado de gozo y en la fiesta participaban también las mujeres y los niños, de modo que la alegría de Jerusalén se oía desde lejos.

Ofrendas para el culto

Neh 13 13; 1 Cr 23-26; Nm 18 36

44 Por aquellos días se nombraron encargados de las salas que servían de almacenes para las ofrendas, los primeros frutos y los diezmos. En dichas salas se recogían, procedentes del territorio de las ciudades, las porciones asignadas por la ley a los sacerdotes y levitas. Y es que los habitantes de Judá estaban muy contentos al ver en sus puestos tanto a los sacerdotes y levitas, 45 haciendo el servicio de Dios y cumpliendo los ritos purificatorios, como a los cantantes y porteros según lo dispuesto por David y su hijo Salomón. 46 Pues antiguamente, en tiempos de David y de Asaf, había jefes de cantantes y cánticos de alabanza y de acción de gracias a Dios. 47 Y todo Israel, en tiempo de Zorobabel y de Nehemías, proporcionaba diariamente a cantantes y porteros las porciones que les correspondían; se hacían igualmente ofrendas sagradas a los levitas, y estos daban su parte a los descendientes de Aarón.

5. Segunda actividad de Nehemías

Situación de la comunidad

Dt 23 4-7; Neh 12 44

13 1 Por aquellos días, al leer al pueblo el libro de Moisés, apareció escrito lo siguiente: «Los amonitas y los moabitas jamás formarán parte de la asamblea de

• **13 1-31**: Este capítulo final se hace eco de una segunda actividad de Nehemías en Jerusalén, después de un tiempo pasado de nuevo en la corte real de Babilonia. Su actividad reformadora se centra ahora en el problema de los matrimonios mixtos (Neh 13 23-29), sobre el que el libro de Esdras manifiesta también una especial preocupación (Esd 9-10). Junto a las decisiones que Nehemías toma en relación con este problema, otra serie de medidas dejan constancia de la actividad reformadora de Nehemías: la exclusión de todos los extranjeros (Neh 13 1-3), la corrección de un comportamiento reprobable (Neh 13 4-9), la atención a los levitas (Neh 13 10-14) y los cuidados para la recta celebración del sábado (Neh 13 15-22).

El libro se cierra con una breve glosa, en la que Nehemías hace balance de su gestión, invocando para sí la misericordia del Señor (Neh 13 30-31).

Dios, 2 pues no salieron a recibir con pan y
agua a los israelitas, antes bien pagaron a
Balaán para que los maldijera, aunque nuestro Dios cambió la maldición en bendición».
3 Al oír esta ley, decidieron excluir de
Israel a todos los extranjeros.
4 Antes de esto, el sacerdote Eliasib, jefe de las salas del templo de nuestro Dios y
pariente de Tobías, 5 había reservado para
éste una amplia sala en la que anteriormente se depositaban las ofrendas del incienso,
los utensilios y los diezmos del trigo, del
vino y del aceite, es decir, lo que estaba
asignado a levitas, cantantes y porteros,
además de lo destinado a la ofrenda de los
sacerdotes. 6 Mientras esto sucedía, yo no
estaba en Jerusalén, pues el año treinta y
dos del reinado de Artajerjes, rey de Babilonia, había regresado a la corte real.

Actividad reformadora de Nehemías

Mt 21 12-13; Jn 2 13-17; Neh 10 31.38-40; 1 Re 11 1-13

Al cabo de algún tiempo, pedí permiso
al rey 7 y vine a Jerusalén. En seguida me
di cuenta del mal comportamiento de Eliasib al reservar para Tobías una sala en el
atrio del templo de Dios. 8 Esto me produjo tal disgusto que arrojé fuera de la sala
todos los muebles de la casa de Tobías,
9 mandé purificar la sala y coloqué de nuevo en ella los utensilios del templo de Dios,
las ofrendas y el incienso.
10 Me enteré también de que no se habían vuelto a entregar a los levitas las porciones a ellos asignadas, y que los levitas y
los cantantes encargados del servicio habían tenido que irse cada uno a su pueblo.
11 Reprendí a los responsables y les dije:
–¿Por qué ha sido abandonado el templo de Dios?
Entonces reuní a los levitas y los puse
de nuevo en sus puestos. 12 Todo Judá trajo a los almacenes el diezmo del trigo, del
vino y del aceite. 13 Como jefes de los almacenes nombré al sacerdote Selemías, al
escriba Sadoc y al levita Pedayas, y como
adjunto a Janán, hijo de Zacur, hijo de Matanías, todos ellos considerados personas
de confianza; eran los encargados de hacer
el reparto entre sus hermanos.
14 Por esto, acuérdate de mí, Dios mío,
y no olvides las buenas obras que hice por
el templo de Dios y su servicio.
15 Vi también por aquellos días que algunos en Judá hacían vino en sábado; otros
acarreaban manojos de espigas, cargaban a
los burros con vino, uva, higos y toda clase
de cargas y los traían a Jerusalén en sábado.
Les advertí que no vendieran sus productos en tal día. 16 Residían también en Jerusalén comerciantes oriundos de Tiro que
traían pescado y toda clase de mercancías
y las vendían en sábado a los judíos. 17 Reprendí, pues, a los responsables de esto en
Judá diciéndoles:
–Están cometiendo una mala acción al
profanar el sábado. 18 ¿No fue esto lo que
hicieron sus antepasados y por lo que nuestro Dios hizo caer sobre nosotros y sobre
nuestra ciudad todas estas desgracias? Al
profanar el sábado están acrecentando su
ira contra Israel.
19 Mandé que la víspera del sábado, al
anochecer, se cerraran las puertas y no se
abrieran hasta después del sábado. Puse
también en las puertas a algunos de mis
hombres para que no dejaran pasar carga
alguna el sábado. 20 Pero algunos mercaderes, de los que comercian con toda clase de
mercancías, pasaron la noche una o dos
veces fuera de Jerusalén. 21 Yo les advertí:
–¿Por qué pasan la noche junto a la muralla? Si el hecho se repite, los arrestaré.
Y no volvieron a aparecer en sábado.
22 Mandé también a los levitas que se purificaran y vinieran a vigilar las puertas para
asegurar que el sábado fuera santificado.
También por esto acuérdate de mí, Dios
mío, y ten piedad de mí según la grandeza
de tu amor.
23 Por aquellos días descubrí también
que algunos judíos se habían casado con
mujeres de Asdod, de Amón y de Moab.
24 Media familia hablaba el idioma de Asdod o el de otros pueblos y desconocía el
idioma judío. 25 Yo los reprendí, los maldije, mandé azotar a muchos de ellos, hice
que les raparan la cabeza y les hice jurar
en el nombre de Dios que no se casarían ni
ellos ni sus hijos ni sus hijas con extranjeros. 26 ¿No fue precisamente ese el pecado
de Salomón, rey de Israel? No hubo un rey
semejante a él entre todas las naciones;
Dios lo amaba y lo había constituido rey de

todo Israel. Sin embargo, las mujeres extranjeras lo hicieron pecar. 27 ¿Vamos a permitir que ustedes cometan una maldad tan
grande y traicionen a nuestro Dios casándose con mujeres extranjeras? 28 Incluso
uno de los hijos de Yoyadá, hijo del sumo
sacerdote Eliasib, era yerno de Sambalat,
el joronita. Yo lo alejé de mi lado.

29 No te olvides, pues, Dios mío, de cómo esta gente ha profanado el sacerdocio y
la alianza establecida con sacerdotes y levitas.

30 De esta manera purifiqué al pueblo
de toda contaminación con extranjeros y
restablecí los servicios de los sacerdotes y
los levitas asignando a cada uno su función.
31 Asimismo reglamenté la ofrenda de la
leña y la de los primeros frutos en los tiempos señalados.

Acuérdate de mí, Dios mío, para mi bien.

RUT

INTRODUCCION

Dentro de las tendencias nacionalistas y exclusivistas que respira buena parte de la literatura bíblica postexílica, el libro de Rut es una verdadera corriente de aire universalista. Esta breve y hermosa historia popular pone ante nuestros ojos a unos personajes profundamente humanos, sencillos y entrañables, y resalta un universo de valores, como la fidelidad y la solidaridad, la piedad y la generosidad, que se imponen por sí mismos.

1. Ambientación histórica

Dentro de la Biblia hebrea el libro de Rut aparece situado entre el cuerpo de los "Escritos", como uno de los cinco "rollos" que se leían en las principales fiestas judías. Las versiones griega y latina lo sitúan a continuación del libro de Jueces, a causa de las indicaciones cronológicas que abren el libro (véase Rut 1 1).

El autor de Rut se ha perdido en el anonimato y apenas nos ha dejado indicios que permitan fechar concretamente su composición. Aunque se han invocado diversas razones para una datación pre-exílica (legislación anterior al Deuteronomio, estilo próximo a la prosa clásica del Antiguo Testamento, uso de los nombres propios, etc.); sin embargo parece más coherente una datación postexílica, basada también en razones de peso: la época de los jueces se presenta como un pasado lejano, por lo que se hace necesario explicar antiguas costumbres e instituciones caídas en desuso (leyes del levirato y del rescate). Además, determinadas peculiaridades lingüísticas y algunos problemas teológicos aludidos (idea de la retribución, sentido del sufrimiento, universalismo) sugieren que fue escrito en una época más o menos contemporánea a la rigurosa legislación sobre el matrimonio con extranjeros (véase Esd 9; Neh 13).

2. Organización literaria

El libro de Rut, que debe su nombre a una de las protagonistas del relato, narra las peripecias de una familia de Belén que en época de hambre se ve obligada a emigrar al extranjero.

La unidad del libro queda resaltada por su esmerada construcción y su sencilla estructura: una introducción (Rut 1 1-5) y una conclusión (Rut 4 13-17) sirven de marco al cuerpo del libro estructurado en cuatro cuadros o escenas (Rut 1 6-18; 2 1-17; 3 1-15; 4 1-12), enlazados entre sí por tres breves intermedios que sirven de transición (Rut 1 19-22; 2 18-23; 3 16-18). En su conjunto es una de las obras maestras del arte narrativo hebreo.

3. Claves teológicas

El libro de Rut admite varias y distintas lecturas, según la perspectiva desde la que se lea. Para algunos autores, el libro de Rut sería un canto a la providencia divina que, de forma inadvertida, interviene en las vidas de las protagonistas, Rut y Noemí. Dios sale al paso del abandono de Noemí para defenderla a través de la lealtad y amor filial de Rut, y recompensa la fidelidad y abnegación de ésta a través de la generosidad de Booz. Tendríamos así una aplicación práctica del principio de retribución, una de las preocupaciones dominantes del judaísmo post-exílico.

Otros ven en el libro una historia de consolación, escrita hacia finales del destierro y dirigida a los desterrados, que podrían encontrar en la situación de Rut y Noemí un reflejo de su propia situación, y podrían, en consecuencia, confiar en su "rescate" inminente por obra de Dios, redentor de su pueblo.

Una tercera corriente, muy difundida, ve en el libro un mensaje de apertura y universalismo, similar al libro de Jonás, escrito para contrarrestar la corriente exclusivista y rigorista de la reforma de Esdras (Esd 9), que prohibe los matrimonios mixtos, y manda expulsar de la comunidad judía a las esposas extranjeras.

Finalmente según la lectura denominada "davídica", el libro sería una respuesta al presunto origen moabita de David, insinuado en 1 Sm 22 3-4. Este hipotético origen extranjero y pagano de David pudo provocar cierto escándalo en la conciencia del pueblo de Israel. La historia de Rut ofrecería una justificación de este hecho recogido por la tradición: aunque David tuviera una cierta ascendencia moabita, la tenía a través de una admirable mujer, convertida al judaísmo e integrada religiosa, social y políticamente dentro de una familia de la tribu de Judá.

En este sentido Mt 1 5 menciona a Rut como una de las personas que contribuyeron a entroncar la vida de Jesús en la historia humana.

RUT

La familia de Elimélec emigra a Moab

Miq 5 1; 1 Cr 4 4

1 1 Una vez, en tiempo de los jueces, hubo hambre en Palestina, y un hombre
de Belén de Judá emigró al país de Moab
con su mujer y sus dos hijos. 2 El hombre
se llamaba Elimélec; su mujer, Noemí, y
sus dos hijos, Majlón y Kilión; todos efra-
teos, de Belén de Judá. Llegaron a Moab y
se establecieron allí. 3 Murió Elimélec, marido de Noemí, y quedó ella sola con sus
dos hijos, 4 que se casaron con dos moabitas, una llamada Orfá y la otra Rut. Vivieron allí unos diez años, 5 al cabo de los cuales murieron también Majlón y Kilión, quedando sola Noemí sin hijos y sin marido.

Fidelidad de Rut

Dt 5 5-10; 2 Sm 15 20-21; 2 Re 2 2-4; Ex 15 23

6 Al enterarse de que el Señor había
bendecido a su pueblo, proporcionándole
alimento, Noemí se dispuso a abandonar
Moab en compañía de sus dos nueras.
7 Partió con las dos del lugar en que residían y se encaminaron hacia el país de
Judá. 8 Entonces Noemí les dijo:
–Regresen a casa de su madre. Que el
Señor las trate con la misma bondad con
que nos han tratado a los que murieron y a
mí, 9 y que el Señor les conceda una vida
feliz en la casa de un nuevo marido.
Y las besó. Ellas, se pusieron a llorar
10 y le dijeron:
–No, iremos contigo a tu pueblo.
11 Noemí insistió:
–Regresen, hijas mías, ¿a qué van a venir conmigo? ¿Creen que aún puedo tener
hijos que lleguen a casarse con ustedes?
12 Regresen, hijas mías, regresen. Soy demasiado vieja para casarme otra vez; y aunque me casara de nuevo, concibiera esta
misma noche y tuviera hijos, 13 ¿podrían ustedes esperar a que fueran mayores? ¿Van
por eso a dejar de casarse de nuevo? No,
hijas mías, mi pena es mayor que la de ustedes, pues el Señor me ha castigado.
14 De nuevo comenzaron a llorar. Después Orfá besó a su suegra y regresó a su
pueblo, mientras que Rut se quedó con Noemí. 15 Noemí le dijo:
–Mira, tu cuñada regresa a su pueblo y
a su dios; vete tú también con ella.
16 Rut le dijo:
–No insistas más en que me separe de
ti. Donde tú vayas, yo iré; donde tú vivas,
viviré; tu pueblo es mi pueblo, y tu Dios es
mi Dios; 17 donde tú mueras, moriré y allí
me enterrarán. Juro hoy solemnemente ante Dios que sólo la muerte nos ha de separar.
18 Noemí, viendo a Rut tan decidida a
seguirla, no insistió más. 19 Partieron juntas
y llegaron a Belén. Al verlas llegar se albo-
rotó la ciudad, y las mujeres comentaban:
–¡Si es Noemí!
20 Pero ella respondía:
–No me llamen más Noemí, llámenme
Mará, porque el Poderoso me ha llenado
de amargura. 21 Salí llena, y vacía me hace
regresar el Señor. ¿Por qué llamarme todavía Noemí, si el Señor me ha humillado
tanto y el Poderoso me ha hecho desgraciada?
22 Así fue como Noemí regresó de Moab

• 1 1-5: Los desplazamientos y las emigraciones de los israelitas hacia Egipto y otros países en años de sequía y de hambre es un fenómeno que se repite en la Biblia con relativa frecuencia (Gn 12 10; 26 1; 43 1).

• 1 6-22: La situación de las viudas, sobre todo las que no tenían hijos mayores, como en el caso de Noemí, era especialmente dolorosa. Aunque podían regresar a la casa de sus padres o permanecer unidas a la familia del marido por la práctica del levirato (Dt 25 5-10), de ordinario terminaban dependiendo de la caridad pública. De ahí la insistencia de Orfá y Rut en acompañar a Noemí (Rut 1 10) y las quejas de ésta (Rut 1 13).

La respuesta de Rut (Rut 1 16-17), al acompañar a Noemí a tierra extranjera, uniendo su propia suerte a la de su suegra, es uno de los ejemplos más vivos y emotivos de fidelidad y solidaridad en la Biblia. Además, en la mentalidad antigua trasladarse a tierra extranjera significaba servir a los dioses del nuevo país. De ahí que la actitud de Rut lleva consigo su total aceptación de la fe israelita.

con su nuera Rut. Cuando llegaron a Belén empezaba la cosecha de la cebada.

Rut recoge espigas en los campos de Booz

Lv 23 22; 19 1-9; Dt 24 19-21; Sal 91 1.4

2 1 Tenía Noemí, por parte de su marido Elimélec, un pariente muy rico llamado Booz. 2 Un día, Rut, la moabita, dijo a su suegra:

–Déjame ir a recoger espigas al campo de aquel que me lo permita.

Ella le respondió:

–Vete, hija mía.

3 Fue Rut a recoger espigas a un campo detrás de los cosechadores y casualmente vino a caer en una finca de Booz, de la familia de Elimélec. 4 Llegó Booz desde Belén y saludó a los cosechadores:

–El Señor los acompañe.

Le respondieron:

–El Señor te bendiga.

5 Booz preguntó luego al capataz:

–¿Quién es esa joven?

6 El capataz le respondió:

–Es la moabita que ha venido con Noemí de Moab. 7 Me ha suplicado que la deje ir recogiendo espigas detrás de los cosechadores, y desde que entró en el campo esta mañana ha continuado hasta ahora, sin descansar un instante.

8 Booz dijo a Rut:

–Escucha, hija mía: no vayas a recoger espigas a otro campo ni te alejes de aquí. Sigue detrás de mis criados. 9 Fíjate en qué campo están cosechando y ve detrás de ellos. Mandaré a mis criados que no te molesten. Y cuando tengas sed, vas y bebes de sus mismos cántaros.

10 Rut se postró en tierra y le dijo:

–¿Por qué te has fijado en mí interesándote por una extranjera?

11 Booz le respondió:

–Me han contado cómo te has portado con tu suegra después de la muerte de tu marido, y que has dejado tus padres y tu patria, para venir a un pueblo desconocido para ti. 12 Que el Señor te pague tu acción y que el Señor, Dios de Israel, en quien te has refugiado, te recompense abundantemente.

13 Rut dijo:

–¡Ojalá te agrade siempre, señor! Me has consolado y has dado paz a mi corazón, aunque no puedo compararme con ninguna de tus siervas.

14 A la hora de comer le dijo Booz:

–Ven, come con nosotros y moja tu pan en la salsa de vinagre.

Ella se sentó junto a los cosechadores, y Booz le ofreció trigo tostado. Después de comer bien, guardó las sobras 15 y se puso de nuevo a recoger espigas. Booz ordenó a sus criados:

–Déjenla que recoja también entre los manojos de espigas y no la molesten. 16 Dejen caer, incluso, espigas de sus manojos para que las recoja, sin inquietarla.

Noemí se alegra de las relaciones de Rut con Booz

17 Rut estuvo recogiendo espigas en el campo hasta la caída de la tarde; desgranó luego lo recogido y sacó cuarenta y cinco kilos de cebada. 18 La cargó a cuestas, se dirigió hacia la ciudad, y se la enseñó a su suegra; sacó las sobras de la comida y se las dio.

19 Noemí le preguntó:

–¿Dónde has estado recogiendo espigas hoy? ¡Bendito sea el que te ha tratado tan bien!

Rut le respondió:

• **2 1-16:** Noemí y Rut se instalan en Belén en condiciones muy difíciles: aquella, viuda pobre; ésta, extranjera. Para mitigar la situación, Rut se dedicará a recoger espigas, valiéndose del derecho de pobres, viudas y extranjeros a los que la ley permite recoger espigas una vez pasada la cosecha (Lv 19 9-10; Dt 24 19-21). La respuesta de Booz, el propietario, supera tan ampliamente lo prescrito por la ley (Rut 2 9.14.16) que el propio Booz se considera obligado a explicar su actitud como una actitud de agradecimiento hacia Rut que no ha querido abandonar a Noemí (Rut 2 11-12).

• **2 17-23:** El derecho de rescate de Booz anticipa la trama de los siguientes capítulos, aludiendo a dos instituciones del antiguo Israel: el "goelato" (Lv 25 23-25) y el "levirato" (Dt 25 5-10). Booz es "goel" (protector, redentor) de Noemí. Es el encargado de reivindicar y proteger sus derechos, si aquella no lo puede hacer por sí misma. Esta obligación recae sobre el pariente más cercano. Por extensión, a Dios se le llama "goel" de Israel (Is 41 14; Jr 50 34; Sal 19 15). Aquí, concretamente, la obligación que correspondía a Booz consistía en comprar el campo que vendían Noemí y Rut, con el fin de evitar la enajenación del patrimonio familiar (Rut 4 3-5). Pero, además, por la ley del levirato, Booz debería casarse con Rut, con el fin de dar descendencia al marido muerto.

–El dueño del campo en que he trabajado se llama Booz.
20 Noemí exclamó:
–Bendito sea el Señor, que no ha cesado
de derramar su bondad ni con los vivos ni
con los muertos.
Y añadió:
–Es pariente nuestro y uno de los que
tienen derecho de rescate sobre nosotras.
21 Rut, la moabita, dijo:
–Me ha dicho, además: «Sigue a mis cosechadores hasta que termine la cosecha».
22 Noemí le respondió:
–Es mejor, hija mía, que lo hagas así,
no sea que te molesten en otro campo.
23 Así que Rut continuó con los cosechadores de Booz, recogiendo espigas hasta el
final de la cosecha de la cebada y del trigo,
y siguió viviendo con su suegra.

Rut pasa la noche a los pies de Booz

Rut 2 11.20

3 1 Un día, Noemí, su suegra, le dijo:
–Hija mía, he pensado en tu felicidad.
2 Booz, con cuyos cosechadores has estado,
es pariente nuestro. Mira, esta tarde limpia
su campo. 3 Arréglate, ponte los mejores
vestidos y vete a su campo, pero no dejes
que él te vea hasta que haya terminado de
comer y beber. 4 Cuando se haya acostado,
fíjate bien dónde duerme; luego vas, desta-
pas sus pies y te acuestas; él te indicará lo
que debes hacer.
5 Rut respondió:
–Haré como dices.
6 Rut bajó al campo de Booz e hizo exactamente lo que le había dicho su suegra.
7 Cuando Booz terminó de comer y de beber, se sintió satisfecho y fue a acostarse al
lado del montón de grano. Luego llegó Rut
sigilosamente, destapó los pies de Booz y
se acostó.
8 A medianoche Booz se despertó so-
bresaltado e, incorporándose, vio a una mujer acostada a sus pies. 9 Y preguntó:
–¿Quién eres?
Ella respondió:
–Soy Rut, tu sierva; cúbreme con tu
manto, porque tienes el derecho de rescate.
10 El contestó:
–¡El Señor te bendiga, hija mía! Esta
segunda actitud de fidelidad es mejor que la
primera, pues no has buscado ningún pre-
tendiente joven, rico o pobre. 11 No temas,
hija mía; haré con gusto cuanto pides, pues
todo el pueblo sabe que eres mujer virtuosa.
12 Sí, es cierto que soy tu pariente, pero hay
otro más próximo que yo. 13 Pasa ahí la
noche, y mañana, si él quiere hacer uso de
su derecho, que lo haga; si no, te prometo
que lo haré yo. Duérmete hasta la mañana.
14 Ella durmió a sus pies hasta la mañana, y se levantó muy de madrugada. Booz
le había dicho:
–Que no se sepa que has venido al campo.
15 Y añadió:
–Quítate el manto que llevas y extiéndelo.
Ella lo extendió, y él le echó seis medidas de cebada; ella las cargó a cuestas, y
entró en la ciudad. 16 Al llegar a casa de su
suegra, ésta le preguntó:
–¿Cómo te ha ido, hija mía?
Rut le contó lo que Booz había hecho
por ella, 17 y añadió:
–Mira, me ha dado estas seis medidas
de cebada y me ha dicho: «No quiero que
regreses junto a tu suegra con las manos
vacías».
18 Noemí le dijo:
–Quédate tranquila, hija mía, hasta que
sepas en qué para la cosa, pues ese hombre
no descansará hasta haber resuelto hoy mismo este asunto.

El pariente cede sus derechos a Booz

Lv 25 5-10.23-25.47-49; Gn 35 23-26; 38

4 1 Booz subió a la puerta de la ciudad y
se sentó a esperar. Cuando pasó el pariente anteriormente aludido, le dijo:
–Oye, ven acá y siéntate.
Así lo hizo.
2 Booz llamó entonces a diez ancianos
de la ciudad y les dijo:

• **3 1-18**: La estrategia que lleva a cabo Rut, aconsejada por Noemí, va encaminada a provocar la respuesta de Booz a las dos leyes antes aludidas: el "rescate" del campo de Noemí y el matrimonio de Rut (Rut 4. Véase nota a Rut 2 17-23).

El acto de extender el manto sobre Rut significa protección y apunta a la unión conyugal (Dt 23 1; 27 20; Ez 16 8). Por su parte Rut merece ser bendecida por doble motivo: porque ha abandonado su familia y su patria por acompañar a su suegra Noemí (Rut 2 11), y porque, además, para asegurar la continuidad de la familia, acepta casarse con Booz, renunciando a otras posibilidades.

–Siéntense.

Y se sentaron.

3 Booz dijo al pariente:

–Noemí ha regresado de Moab y ha puesto a la venta el campo de nuestro hermano Elimélec. 4 He querido comunicártelo para decirte que lo compres en presencia de los ancianos de la ciudad. Si quieres comprarlo, cómpralo; si no, dímelo, porque tú eres el primero y yo el segundo con derecho a rescate.

El respondió:

–Lo compraré.

5 Dijo Booz:

–Está bien. Pero si compras el campo de Noemí, deberás casarte con Rut, la moabita, mujer del difunto Majlón, para perpetuar el nombre de Elimélec junto con su herencia.

6 El dijo:

–En estas condiciones no puedo comprarlo, pues perjudicaría a mis herederos. Te cedo mis derechos; a mí no me es posible.

7 Antiguamente en Israel, cuando se trataba de compras o cambios, había la siguiente costumbre: uno se quitaba la sandalia y se la entregaba al otro. Así se hacía en Israel.

8 El pariente dijo a Booz:

–Cómpralo tú.

Se quitó la sandalia y se la entregó. 9 Entonces Booz dijo a los ancianos y a todo el pueblo:

–Ustedes son testigos de que yo adquiero de manos de Noemí todas las posesiones de Elimélec, de Kilión y Majlón, 10 y de que tomo por mujer a Rut, la moabita, viuda de Majlón, para perpetuar el nombre del difunto junto con su herencia, y para que no se borre su nombre de entre sus parientes y conciudadanos. Ustedes son hoy testigos de esto.

11 Todos los que estaban en la puerta con los ancianos dijeron:

–Somos testigos. Que el Señor trate a la mujer que va a entrar en tu casa como a Raquel y a Lía, de cuya descendencia surgió la descendencia de Israel. Que seas poderoso en Efrata y te hagas famoso en Belén. 12 Que por los hijos que el Señor te conceda por medio de esta joven, tu familia sea como la de Peres, el hijo que Tamar dio a Judá.

Booz se casa con Rut. Nacimiento de Obed

13 Booz se casó con Rut; se unió a ella, y el Señor hizo que concibiera y tuviera un hijo. 14 Las mujeres decían a Noemí:

–Bendito sea el Señor que ha hecho que no te faltara un heredero para que el nombre del difunto se conserve en Israel. 15 El niño será tu consuelo y amparo en la vejez, pues te lo ha dado tu nuera que tanto te quiere y es para ti mejor que siete hijos.

16 Noemí tomó al niño, lo puso en su regazo y se encargó de criarlo. 17 Las vecinas decían:

–A Noemí le ha nacido un hijo.

Y le llamaron Obed. Fue el padre de Jesé, padre de David.

Genealogía de David

1 Cr 2 5-15; Mt 1 3-6

18 Esta es la descendencia de Farés: Farés engendró a Jesrón, 19 Jesrón engendró a Ram, Ram engendró a Aminadab, 20 Aminadab engendró a Najsón, Najsón engendró a Salmá, 21 Salmá engendró a Booz, Booz engendró a Obed, 22 Obed engendró a Jesé, y Jesé engendró a David.

• **4 1-12**: La acción se desarrolla en la "puerta" de la ciudad, lugar utilizado como foro para tratar asuntos políticos, comerciales y judiciales (véase Dt 22 15; Am 5 12.15). Según la "ley del levirato" (véase nota a Rut 2 17-23), el hijo varón nacido del futuro matrimonio con Rut sería el heredero legal de Majlón y Elimélec, y a él pertenecería la tierra. El pariente más cercano cree que eso perjudica sus intereses y, por eso, cede sus derechos a Booz.

Inicialmente se tomaba posesión de un campo pisándolo con el pie. Luego, se tomaba posesión a distancia, tirando al campo la sandalia (Sal 60 10; 108 10). Por último, el calzado se convierte en signo de propiedad: basta con quitarse la sandalia y entregarla al comprador (Rut 4 8).

• **4 13-17**: La protagonista del episodio es Noemí y no Rut. Con este recurso se pone de relieve uno de los ejes de este libro: la familia de Elimélec y Noemí recuperan el favor del Señor en el hijo nacido a Rut. El hecho de colocar al recién nacido sobre el regazo o sobre las rodillas equivale a considerarlo como hijo (Gn 16 2; 30 3; 48 12).

En cuanto a Rut, al convertirse en antecesora del rey David, y por tanto del Mesías, ocupa un lugar importante en la historia de la salvación (véase Mt 1 3-16).

• **4 18-22**: Esta segunda genealogía de David (la primera se encuentra en Rut 4 17) es muy similar a la de 1 Cr 2 5-15. En la primera se subraya con fuerza la presencia de Noemí e, implícitamente, la de su marido Elimélec. En esta segunda, la figura de Elimélec desaparece.

TOBIAS

INTRODUCCION

Dios castiga, pero tiene compasión; hace bajar a los abismos infernales, pero saca de la gran ruina (Tob 13 2). Tal parece ser la moraleja o enseñanza fundamental del libro de Tobías, una historia familiar que trata de salvaguardar e inculcar los valores más genuinos y representativos del judaísmo postexílico en continuidad con las tradiciones históricas, proféticas y sapienciales de Israel. Y ello en el marco de la institución familiar, escuela y campo de aprendizaje, de vivencia y transmisión de las principales enseñanzas judías.

1. Ambientación histórica

El libro de Tobías fue escrito probablemente a finales del s. III a. C., en hebreo o arameo por un autor anónimo, aunque pronto se tradujo al griego. El original semítico se perdió y el libro no entró en el canon judío de la Biblia hebrea, pero sí se incluyó en la Biblia griega, de donde la Iglesia lo recibió como inspirado. Es, pues, uno de los libros deuterocanónicos del Antiguo Testamento.

El ambiente que se refleja en el libro parece corresponder a la diáspora judía de la época helenística. Muchos judíos vivían entonces fuera de Palestina, a menudo en condiciones difíciles que ponían en peligro la propia identidad nacional, cultural y religiosa. Se hacía necesario, por tanto, afirmar dicha identidad y fortalecer los lazos de unión entre todos los judíos, especialmente con respecto a los que vivían fuera de Palestina.

Un piadoso judío salió al paso de esa necesidad escribiendo el libro de Tobías. Quiso crear modelos de identificación que mostraran con ejemplos palpables el amor a la ley y al Dios que protege a los que siguen sus caminos; modelos que estimularan la solidaridad entre los compatriotas dispersos; que inculcaran la necesidad de una familia fuertemente unida y protegida de influencias extrañas mediante un fuerte rechazo de los matrimonios con extranjeros, y que orientaran todos los corazones hacia Jerusalén como centro de unidad de todos los judíos.

2. Características literarias

El libro de Tobías narra un drama familiar que tiene como principales protagonistas al anciano Tobit –un judío deportado justo y piadoso–, a su hijo Tobías, a la joven Sara, y al ángel Rafael.

La trama argumental queda organizada y estructurada en tres grandes partes. La primera parte (Tob 1-4), sirve de presentación de personajes y situaciones, en especial la ceguera de Tobit y la maldición que pesa sobre Sara, y cuyo punto culminante radica en la aceptación por parte de Dios de las súplicas simultáneas de los dos afligidos (Tob 3 2-6.11b-15). La segunda parte (Tob 5-10) describe el largo viaje emprendido por el joven Tobías a quien acompaña Rafael, y cuyo tema dominante es la boda de Tobías con Sara. La tercera parte (Tob 11-14) narra el regreso, el reencuentro y la curación de Tobit. Su momento culminante lo constituye la revelación de la identidad de Rafael. Las últimas palabras de Tobit cierran la sección y el libro. La obra es en conjunto un buen modelo de la narrativa popular, muy cercana a la saga familiar y a la historia ejemplar. Su evidente finalidad didáctica le confiere, además, un marcado acento sapiencial.

Entre las posibles fuentes utilizadas en la composición del libro de Tobías hay que mencionar en primer lugar la Sagrada Escritura. Se podría decir que el libro es una caja de resonancia de todo el Antiguo Testamento, pues en él se hallan presentes sus principales géneros literarios. La ambientación del libro es patriarcal, así como algunos de los motivos más importantes (el viaje, la búsqueda de esposa, el matrimonio de Tobías con Sara, el reencuentro de éste con sus padres); además el amplio marco histórico del capítulo inicial remite a episodios destacados de los dos libros de los Reyes. Finalmente, las numerosas alusiones a la "ley de Moisés" son una evocación constante del Pentateuco. De los profetas, se cita explícitamente a Amós y a Nahum y hay claras alusiones a la profecía de Natán (véase 2 Sm 7) y a los himnos isaianos sobre la nueva Jerusalén (véase Is 60-62); además, el mismo Tobit asume rasgos proféticos en el himno (Tob 13) y en el testamento conclusivo (Tob 14 4-7). La literatura sálmica está presente en las oraciones de Tobit (Tob 3 1-6) y Sara (Tob 3 11-15) y en el himno aludido (Tob 13). La influencia sapiencial se hace especialmente notoria en las claras referencias a Job 1-2 (posible modelo de Tobit, paciente y fiel en medio de la desgracia), en los consejos sapienciales del padre al hijo (Tob 4 3-19; 14 8-11) y de Rafael a ambos (Tob 12 6-11), muy próximos a la sabiduría del Eclesiástico.

En segundo lugar, hay que citar como fuente extrabíblica la "sabiduría de Ajicar", obra clásica en todo el Oriente Medio durante más de seis siglos. El autor de Tobías, consciente de su prestigio y con el fin de reforzar la autoridad de su propia obra, introduce al personaje de Ajicar, aunque un tanto forzadamente, en la historia y la familia de Tobit, convirtiéndolo en judío y sobrino del protagonista. La dependencia afecta incluso a la trama argumental, pues la misma historia personal de Tobit parece imitar las vicisitudes de Ajicar (Tob 1 12-22; 14 10).

3. Claves teológicas

A pesar de su apariencia de relato histórico, el libro de Tobías es una "historia familiar" y popular que pretende transmitir una enseñanza, cuyo contenido es un fiel reflejo del universo teológico del judaísmo postexílico de los siglos III-II a. C. Las claves o ejes temáticos de dicho universo teológico son:

– *Importancia de la familia y el matrimonio.* Después de la crisis de las instituciones nacionales producida en el exilio, la familia se convierte en el espacio privilegiado donde se vive y transmite la herencia espiritual del judaísmo (véase Tob 1 8; 4 19; 14 3.8-9). La familia, en efecto, es la auténtica protagonista del relato y justifica la insistencia en todas aquellas virtudes que la protegen, unifican y prolongan. De ahí el relieve y centralidad concedido al matrimonio de Tobías y Sara (Tob 6-8), que es presentado como un matrimonio según la voluntad de Dios (Tob 7 12-14; 8 5-7), y la crítica oculta a los matrimonios con extranjeros (véase Tob 4 12-13; 6 16).

– *Providencia de Dios y angeología.* Todo el libro es un canto a la providencia de Dios que cuida incesantemente de su pueblo y sus fieles. Pero más que en la afirmación decidida de esta providencia, el libro insiste en la forma en que ésta se realiza, presentando a los ángeles como los mediadores privilegiados de la actuación de Dios y los ejecutores de sus designios. En esta perspectiva, el libro de Tobías señala un avance importante en el desarrollo de la angeología.

– *La ética de las "buenas obras".* Uno de los aspectos más resaltados en el libro es el comportamiento de sus protagonistas, especialmente del anciano Tobit, cuya vida ha estado marcada por el cumplimiento riguroso de la ley de Moisés y sus preceptos concretos, y por su firme piedad manifestada en la práctica de las buenas obras, entre las que destacan la oración y la limosna. La imposibilidad de acceder al templo y a su culto lleva a poner el acento en los deberes personales y privados hacia Dios y el prójimo (si bien éste queda reducido a los familiares y a los compatriotas judíos). Entre estos deberes destacan, además de la limosna, la asistencia, la hospitalidad, la justa retribución y la sepultura.

Las dos últimas claves, providencia de Dios y práctica de las buenas obras hacen del libro de Tobías una aplicación popular y práctica de la doctrina de la retribución individual, de hondo arraigo sapiencial. Todo el libro parece puesto al servicio de este profundo convencimiento: aunque el justo se vea sometido a graves pruebas y dificultades, siempre que se mantenga fiel, obtendrá la bendición de Dios.

TOBIAS

Introducción

2 Re 15 29

1 1 Historia de Tobit, hijo de Tobiel, hijo de Ananiel, hijo de Aduel, hijo de Gabael, de la descendencia de Asiel, de la tribu de Neftalí, 2 que en tiempos de Salmanasar, rey de Asiria, fue deportado desde Tisbé, situada al sur de Cadés de Neftalí, en la alta Galilea, por encima de Jasor, detrás de la ruta occidental, al norte de Fogor.

Tobit modelo de israelita fiel

1 Re 12 26-33; Dt 16 16; 14 22-29; 18 3-5; Nm 18 8-24; Dn 2 48-49; Job 31 16-20; Is 58 10; 2 Re 19 35-37; 2 Cr 32 21; Is 37 36-38

3 Yo, Tobit, he actuado con lealtad y he practicado las buenas obras todos los días de mi vida, dando muchas limosnas a mis hermanos y compatriotas, que vinieron conmigo deportados a Nínive, al país de los asirios.

4 Cuando todavía era joven y vivía en Israel, mi país, toda la tribu de Neftalí, mi antepasado, se separó de la dinastía de David y de Jerusalén, la ciudad que el Señor había elegido entre todas las tribus de Israel para que en ella le ofrecieran sacrificios. Allí se había consagrado el templo, morada de Dios, que había sido edificado para todas las generaciones por siempre.

5 Todos mis hermanos, e incluso la tribu de Neftalí, mi antepasado, ofrecían sacrificios sobre todas las montañas de Galilea al becerro que Jeroboán, rey de Israel, había erigido en Dan. 6 Sin embargo yo, casi siempre solo, iba a Jerusalén en las fiestas, como manda a todo Israel una ley perpetua. Me apresuraba a llevar a Jerusalén las primicias y diezmos del ganado y la primera lana de las ovejas. 7 Se lo entregaba a los sacerdotes, hijos de Aarón, para el altar. A los levitas que servían en Jerusalén les daba el diezmo del trigo, del vino, del aceite, de las granadas, de los higos y de los otros frutos de los árboles. Y el segundo diezmo de cada seis años lo cambiaba en dinero e iba a gastarlo en Jerusalén cada año. 8 El tercer diezmo se lo daba a las viudas y a los huérfanos, y a los prosélitos incorporados a Israel. Se lo daba cada tres años y lo comíamos según lo prescrito en la ley de Moisés, y según las instrucciones de Débora, madre de mi abuelo Ananiel. (Porque mi padre había muerto, dejándome huérfano).

9 Cuando me hice mayor, tomé como mujer a Ana, de la descendencia de nuestra familia, y engendré de ella un hijo al que puse el nombre de Tobías. 10 Luego fui deportado a Asiria y me establecí en Nínive. Todos mis hermanos, los de mi raza, comían los mismos alimentos que los paganos; 11 pero yo tuve cuidado de no comer los alimentos de los paganos. 12 Yo tenía presente a Dios en todo lo que hacía, 13 y por eso el Altísimo hizo que me ganara el favor de Salmanasar a quien yo abastecía de todo lo que necesitaba. 14 Hasta

• **1 1-2:** Esta obra se puede encuadrar dentro de los libros de "hechos" de personajes famosos. Se trata de un relato ejemplarizante sobre un hombre ilustre. Los nombres de los protagonistas tienen su importancia: Tob en hebreo significa "bueno"; Tobit, "bondad"; Tobías, "el Señor es bueno"; y Tobiel, "Dios es bueno". Los datos históricos y geográficos son imprecisos a pesar de su aparente rigor. Simplemente pretenden crear el escenario donde va a desarrollarse la historia de esta familia israelita deportada. Padre e hijo serán modelo de bondad y confianza en Dios para sus compatriotas.

• **1 3-22:** Aparecen aquí los rasgos típicos del judaísmo postexílico: fidelidad ideal a la dinastía de David, prohibición de santuarios fuera de Jerusalén, peregrinación a las fiestas, pago de los diezmos y rechazo de los matrimonios mixtos. Es anacrónico trasladar esta mentalidad al siglo VIII a. C. Además la vida de Tobit pasa por situaciones históricas que cubren cerca de trescientos años. Como personaje ejemplar y modélico para el israelita fiel, destaca por su respeto a las leyes sobre uso de alimentos y por su solidaridad con los compatriotas. De ahí sus limosnas a los de su raza, la preocupación por que no se profanen sus cadáveres y el mantenimiento de lazos de amistad y parentesco a pesar de la dispersión.

Para la sorprendente presencia de Ajicar en Tob 1 21, véase Introducción en el apartado de características literarias.

que él murió, iba con frecuencia a Media
para hacerle compras. Una vez dejé en depósito unos sacos con trescientos cuarenta
kilos de plata en casa de Gabael, hijo de
mi hermano Gabrí, en Ragués de Media.
15 Pero cuando murió Salmanasar y su hijo
Senaquerib le sucedió en el trono, se cortaron las comunicaciones con Media y no
pude seguir yendo allí.

16 En tiempo de Salmanasar hice muchas limosnas a mis hermanos, a los de mi
raza. 17 Daba mis alimentos a los que tenían
hambre y mis ropas a los que estaban desnudos. Y si veía a alguno de los de mi raza
muerto y abandonado detrás de las murallas de Nínive, lo enterraba.

18 Yo enterré a los que mandó asesinar
Senaquerib cuando vino huyendo de Judá,
después que el rey del cielo lo castigó por
las blasfemias que había proferido. Enojado, mató a muchos israelitas. Yo robé sus
cadáveres y los enterré a escondidas. Cuando Senaquerib los buscó, no logró encontrarlos. 19 Un habitante de Nínive fue al rey
y me denunció, diciéndole que era yo quien
los enterraba. Entonces me escondí; al en-
terarme de que el rey sabía que era yo, y
que me buscaban para matarme, tuve miedo
y huí. 20 Entonces me confiscaron todos
mis bienes; todo fue a parar al tesoro real.
Sólo me quedaron Ana, mi mujer, y Tobías,
mi hijo.

21 No habían pasado cuarenta días, cuando sus dos hijos mataron a Senaquerib y
huyeron a las montañas de Ararat. Entonces le sucedió en el trono Asaradón, su hijo.
Este colocó a Ajicar, hijo de mi hermano
Anael, como jefe de la hacienda de todo el
reino, con autoridad sobre toda la administración. 22 Ajicar intercedió por mí y pude
regresar a Nínive. Ajicar había sido copero
mayor, guardián del sello, administrador y
contable durante el reinado de Senaquerib,
rey de los asirios, y Asaradón le confirmó
en sus cargos. Era de mi familia, sobrino
mío.

Desgracia de Tobit

Ex 34 22; Am 8 10; Mc 5 26; Job 2 9;
Dn 3 27-32; 9 5-6; Bar 1 17-18; 2 4-10

2 1 Durante el reinado de Asaradón regresé, pues, a mi casa y recobré a mi
mujer Ana y a mi hijo Tobías. Una vez,
durante nuestra fiesta de pentecostés, la
santa fiesta de las siete semanas, me prepararon un buen banquete y yo me senté a
comer. 2 Cuando me habían puesto la mesa,
con abundantes manjares, dije a mi hijo
Tobías:

–Hijo mío, ve y cuando encuentres a un
pobre de entre los hermanos nuestros deportados en Nínive que sea fiel al Señor de
todo corazón, lo traes para que coma conmigo. Anda, hijo mío, te espero hasta que regreses.

3 Tobías salió a buscar un pobre de entre
nuestros hermanos y cuando regresó dijo:

–Padre.

Yo le contesté:

–Dime, hijo mío.

Y él me dijo:

–Mira, padre, uno de nuestro pueblo ha
sido asesinado y está tirado en plena plaza;
ahora mismo acaba de ser estrangulado.

4 Me levanté y dejé la comida sin haberla probado. Lo retiré de la plaza y lo puse en una habitación pequeña hasta que se
pusiera el sol para enterrarlo. 5 Cuando regresé, me lavé y me puse a comer todo apenado. 6 Entonces me acordé de las palabras
que había pronunciado el profeta Amós
contra Betel:

«Sus fiestas se cambiarán en luto
y todos sus cantos en lamentaciones».

Y me eché a llorar. 7 Cuando se puso el
sol fui, cavé una fosa y lo enterré. 8 Mis
vecinos me criticaban diciendo:

–Todavía no ha escarmentado. Y eso
que lo buscaron para matarlo por una cosa
así, y tuvo que huir. Pues mira, ya está de
nuevo enterrando muertos.

• **2 1-3 6**: La ceguera sufrida por Tobit es la prueba suprema. El personaje recuerda al Job de los capítulos 1 y 2 por su serenidad y por la actitud de su mujer. Tobit es fiel a la ley aunque eso no lleve consigo una recompensa inmediata. A Tobit, en medio de su dolor, le han echado en cara la inutilidad de su bondad. Como Job (Job 3), Tobit pide morir, pero al contrario que Job reconoce que su sufrimiento es consecuencia de sus pecados. Así concluye la presentación de este hombre justo que se humilla ante Dios y que sin embargo no ve otra salida para su vida que la muerte.

9 Aquella noche, después de lavarme,
fui al patio y me acosté junto a la tapia con
la cara descubierta, pues hacía mucho calor. 10 No me había dado cuenta de que había pájaros en la tapia por encima de mí.
Me cayeron sus excrementos aún calientes
en los ojos y me produjeron unas manchas
blancas. Fui a que me sanaran los médicos,
pero cuantas más medicinas me aplicaban,
más cegaban mis ojos las manchas blancas, hasta que me quedé completamente
ciego. Y ciego permanecí durante cuatro
años en medio de la pena de todos mis parientes. Ajicar se preocupó de mi subsistencia durante dos años, hasta que se fue a
Elimaida.
11 Durante ese tiempo, Ana, mi mujer,
se dedicó a hacer labores propias de mujeres. 12 Ella misma las llevaba a sus clientes, que le pagaban su precio. El día siete
del mes de Distro, acabó una pieza de tela
y la llevó a sus clientes. Estos le pagaron
lo que valía, y además le regalaron un cabrito. 13 Cuando ella se acercó a mí, el cabrito se puso a balar. Entonces le pregunté:
–¿De dónde ha salido ese cabrito? ¿No
será robado...? Devuélvelo a sus dueños.
No tenemos derecho a comer nada robado.
14 Ella me dijo:
–Es un regalo que me han hecho, además de pagarme la labor.
15 Yo no le creí y le insistía para que lo
devolviera a sus dueños, avergonzándome
de ella por haber hecho tal cosa. Entonces
ella me dijo:
–¿Dónde están ahora tus limosnas?
¿Dónde están ahora tus buenas obras? Está
bien claro, pues ya ves lo que te ocurre.

3 1 Me quedé muy entristecido, me eché
a llorar con gemidos, y entre sollozos
comencé a rezar:

2 Eres justo, Señor,
todas tus obras son justas,
tú actúas con misericordia y lealtad.
Tú juzgas siempre con justicia.
3 Señor, acuérdate ahora de mí, y mírame;
no me castigues
por mis pecados y mis faltas,
ni por los de mis padres,
que pecaron en tu presencia
4 al no cumplir tus mandatos.
Por eso nos entregaste al saqueo,
a la deportación y a la muerte.
Nos has convertido
en objeto de burla y de risa,
y estamos en boca de todas las naciones
entre las que nos has dispersado.
5 Es verdad que tú actúas lealmente
cuando me castigas por mis pecados,
pues no he cumplido tus mandamientos
ni he actuado honradamente ante ti.
6 Haz conmigo lo que te parezca bien;
quítame la vida, si quieres.
Así desapareceré sobre la tierra
y me convertiré en polvo.
Más me vale morir que vivir
porque se burlan de mí sin motivo
y estoy muy triste.
Aleja de mí, Señor, toda esta pena.
Déjame ir a la eterna morada.
No apartes de mí tu rostro, Señor.
Prefiero la muerte
a tener que ver tanta miseria en mi vida
y a tener que escuchar tantos insultos.

Desgracia de Sara

Gn 37 35; 44 29.31; Dn 6 11; 1 Re 8 44.48;
Sal 5 8; 28 2; Tob 4 12-13; 6 12; 12 12

7 Aquel mismo día coincidió que Sara,
hija de Ragüel, el de Ecbatana, en Media,
tuvo que soportar las injurias de una de las
criadas de su padre. 8 Y es que Sara se había casado con siete hombres, pero el malvado demonio Asmodeo había dado muerte a los siete antes de que tuvieran relaciones con ella cumpliendo sus deberes hacia
la esposa. La criada le decía:
–Tú eres la que matas a tus maridos. Ya
te has casado con siete, pero no llevas el
apellido de ninguno de ellos. 9 ¿Por qué
nos atormentas con el pretexto de que tus

• **3** 7-17: El tema del malvado demonio Asmodeo ("el que hace perecer") que atormenta a Sara tiene rasgos folklóricos. La oración de Sara acumula las razones institucionales por las que Dios debe tener piedad de ella. Pide la muerte, pero hay un rayo de esperanza. El lector conoce que el demonio, sin saberlo, está sirviendo a los planes de Dios. Las líneas paralelas de los relatos convergen en Dios, que escucha las oraciones de los justos afligidos y envía a Rafael ("medicina de Dios") a una triple misión: sanar a Tobit, liberar a Sara, y dársela como mujer a Tobías, el hijo de Tobit. En este encargo se resume todo el argumento del libro, cuyos personajes han sido presentados en estos tres primeros capítulos.

maridos han muerto? ¡Vete con ellos y que nunca veamos un hijo ni una hija tuyos!

10 Aquel día Sara se entristeció profundamente. Se puso a llorar y, subiendo a la habitación del piso superior de su padre, pensó en ahorcarse.

Pero entró en razón y se dijo:

–No, porque injuriarían a mi padre, diciendo: «La única hija que tenías, a la que tanto querías, se ha ahorcado al sentirse desgraciada». Mi anciano padre moriría lleno de tristeza. Será mejor que no me ahorque y que le rece al Señor, pidiéndole la muerte para no tener que oír más injurias en mi vida.

11 Y allí mismo extendió sus manos hacia la ventana y se puso a rezar así:

Bendito eres, Dios misericordioso.
Bendito tu nombre por siempre.
Que te bendigan siempre tus obras.
12 Hacia ti levanto mi rostro y mis ojos.
13 Manda que yo desaparezca de la tierra
para no tener que oír más injurias.
14 Tú sabes, Señor, que yo estoy limpia
de todo pecado con un hombre,
15 que jamás he deshonrado mi nombre
ni el de mi padre en este destierro.
Yo soy hija única, y mi padre
no tiene otro hijo que le herede,
ni un familiar o pariente cercano
a quien entregarme como esposa.
Ya se me han muerto siete maridos.
¿Para qué quiero vivir?
Pero si no me concedes la muerte,
escucha, al menos, cómo me insultan.

16 El Dios de la gloria escuchó al mismo tiempo la plegaria de Tobit y de Sara, 17 y envió a Rafael para sanar a los dos quitando las manchas blancas de los ojos de Tobit, para que pudiera ver con sus ojos la luz de Dios y entregando como esposa a Sara, hija de Ragüel, a Tobías, el hijo de Tobit, liberándola del malvado demonio Asmodeo. Porque, en efecto, más derecho tenía Tobías a casarse con ella que todos los otros pretendientes.

Y mientras Tobit entraba a su casa desde el patio, Sara la hija de Ragüel, bajaba del piso superior.

Encargo y consejos de Tobit a su hijo Tobías

Tob 1 14; 12 8-10; Eclo 3 30; 4 1-6; 1 Jn 3 17; Gn 24 3-4; 28 1-2; Mt 7 12

4 1 Aquel día se acordó Tobit del dinero que había dejado en depósito a Gabael en Ragués de Media, 2 y pensó: Puesto que he pedido la muerte, voy a llamar a mi hijo Tobías para decirle lo de ese dinero antes de morir.

3 Llamó, pues, a su hijo Tobías, y cuando se presentó le dijo:

–Cuando muera, entiérrame dignamente. Honra a tu madre y no la abandones mientras viva. Complácela y no la entristezcas nunca con tu conducta. 4 Hijo mío, acuérdate de que ella pasó muchos peligros por tu causa cuando tú estabas en su vientre. Cuando muera, entiérrala junto a mí, en la misma tumba. 5 Hijo mío, todos los días acuérdate del Señor, y no peques contra sus mandamientos. Compórtate rectamente todos los días de tu vida, y no vayas por malos caminos, 6 porque si practicas la lealtad tendrás éxito en todo lo que emprendas, 7 como todos los que se comportan rectamente. Haz limosna con tus bienes y no te desentiendas de ningún pobre, porque así Dios no se desentenderá de ti. 8 Da limosna según tus posibilidades y los bienes que poseas. Si tienes poco, no temas dar limosna según ese poco, 9 porque es atesorar un buen tesoro para el día en que lo necesites. 10 La limosna libra de la muerte y no deja entrar en las tinieblas. 11 Los que dan limosna presentan una buena ofrenda ante el Altísimo.

• **4 1-5 3**: Tobit ha pedido la muerte y teme ser escuchado, por eso llama a su hijo para confiarle su testamento: un dinero que hay que rescatar en un país lejano y unos consejos que hay que poner en práctica para vivir feliz. Patrimonio y sabiduría son así don, herencia y conquista personal.

El núcleo central (Tob 4 3-19) se compone de una serie de consejos sapienciales con abundantes paralelos en la literatura bíblica y extrabíblica. Tobit se convierte en un maestro de sabiduría que, ante las diferentes situaciones de la vida, subraya las principales responsabilidades que debe asumir el fiel israelita: honrar y atender a los padres; cumplir los mandamientos y realizar toda clase de buenas obras; tener presente al Señor y bendecirle; dominar la pasión, elegir mujer conveniente y respetar las obligaciones laborales con los siervos; comportarse correctamente en la vida pública y elegir buenos consejeros.

12 Hijo mío, no te dejes llevar de la pasión sexual. Cásate con una mujer de la descendencia de tus padres. No te cases con
una mujer extranjera o que no sea de la
tribu de tu padre, porque somos hijos de
profetas. Recuerda, hijo mío, que Noé,
Abrahán, Isaac y Jacob, nuestros antepasados, se casaron con mujeres de su parentela y fueron bendecidos con hijos. Sus descendientes heredarán la tierra. 13 Hijo mío,
ama a tus hermanos, no te creas más que
los hijos e hijas de tu pueblo, y no desprecies el casarte con una mujer de entre ellos,
porque el orgullo es fuente de inquietud y
ruina, y la ociosidad origina penuria e indi-
gencia. La ociosidad es la madre del hambre. 14 No retengas ni una noche el salario
de cualquier persona que trabaje para ti,
sino págale en seguida. Si tú sirves a Dios,
él te lo pagará, hijo mío. Pon atención en
todo lo que hagas y sé educado en todo tu
comportamiento. 15 No hagas a nadie lo que
a ti te desagrada. No bebas hasta emborra-
charte, ni hagas de la embriaguez tu compañera de camino. 16 Da tu pan al hambriento y tu ropa al desnudo. Si algo te sobra, dalo en limosna y no te entristezcas al
darlo. 17 Haz tu ofrenda de pan sobre la
tumba de los justos, pero no lo des a los
pecadores.
18 Busca el consejo de los prudentes, y
no desprecies ningún consejo útil. 19 Bendice en toda ocasión al Señor Dios; ruégale
que sean rectos tus caminos, y que tengan
éxito todos tus senderos y proyectos. No
toda la gente tiene buen consejo, sino que
es el Señor mismo quien da todos los bienes y quien humilla a quien quiere hasta el
abismo profundo. Recuerda, hijo mío,
todos mis consejos y que no se te olviden
nunca.
20 En fin, hijo, ahora quiero hacerte saber que dejé en depósito trescientos cuarenta kilos de plata a Gabael, hijo de Gabrí, en Ragués de Media. 21 No te preocupes, hijo mío, porque nos hayamos empobrecido; si eres fiel a Dios y huyes de todo
lo que sea pecado, haciendo el bien en presencia del Señor tu Dios, tendrás la riqueza
más grande.

5 1 Tobías dijo a su padre Tobit:
–Haré todo lo que me has mandado,
2 pero ¿cómo podré recobrar el dinero si ni
él ni yo nos conocemos? ¿Qué señal le daré para que me reconozca, se fíe de mí y
me dé el dinero? Además no conozco los
caminos para ir a Media.
3 Tobit entonces respondió a su hijo Tobías:
–Gabael y yo redactamos un documento
y lo firmamos, después lo partimos por la
mitad; y cada uno tomamos una parte, una
de ellas se quedó con el dinero. Ya hace
veinte años que yo deposité ese dinero.
Ahora, hijo mío, búscate una persona de
fiar que vaya contigo. Le pagaremos su
salario por lo que dure el viaje. Ve y recupera ese dinero.

Preparativos para el viaje

Tob 3 17; Gn 24 7.40; Ex 23 20; Sal 91 11

4 Salió Tobías a buscar una persona que
fuera con él a Media, alguien que conociera el camino. Nada más salir encontró al
ángel Rafael, que estaba allí de pie ante él,
pero no se dio cuenta de que era un ángel
del Señor. 5 Y le preguntó:
–¿De dónde eres, buen hombre?
El ángel le dijo:
–Soy uno de los israelitas, tus hermanos, y he venido aquí a buscar trabajo.

• **5 4-23**: Esta escena hace avanzar la narración porque introduce un nuevo personaje (Rafael), fundamental para el desarrollo de la trama, y vuelve a mencionar la ciudad de Ecbatana donde vive Sara (Tob 5 6; véase Tob 3 7), heroína de la historia. Mediante varios diálogos llenos de viveza aparecen distintos motivos que interesan al autor: preocupación por el origen israelita de los personajes (Tob 5 5.9.11-14); Jerusalén como centro del culto y de la vida de Israel (Tob 5 14); el tema de los ángeles. Ya en concreto, Tobías va a contar, sin saberlo, con un ángel como ayuda y compañero. "Angel" significa de suyo mensajero, si bien en la tradición bíblica se denomina con frecuencia "ángel del Señor" al mismo Dios en cuanto visiblemente presente (véase Gn 16 7-13).

Por influjo persa, en este pasaje se piensa en una corte divina con personajes que sirven a Dios y actúan de intermediarios y mensajeros entre él y los hombres. Se expresa así la convicción de que Dios es a la par superior y cercano al hombre. Se les llama genéricamente "mensajeros" y en tres casos reciben nombres propios acordes con su tarea: Rafael ("medicina de Dios"), Gabriel ("fuerza de Dios") y Miguel ("¿quién como Dios?") (véase Dn 8 16; 10 13).

El personaje de la madre de Tobías representa el cálculo humano y el realismo pesimista (Tob 5 18-20) y sirve de contraparte a la fe y a la absoluta confianza que su marido Tobit tiene en el Señor.

Tobías le preguntó:
–¿Conoces el camino para ir a Media?
6 El ángel le contestó:
–Sí, he ido allí con frecuencia y conozco bien todos los caminos. Muchas veces
me he hospedado en casa de Gabael, nuestro hermano, que habita en Ragués de Media. Hay dos días de camino para ir desde
Ecbatana a Ragués, que está entre montañas.
7 Tobías le respondió:
–Espérame, joven, que voy a decírselo a
mi padre, pues necesito que vengas conmigo. Te daré el sueldo debido.
8 El le dijo:
–Te espero, pero no tardes.
9 Entró Tobías en casa y dijo a su padre
Tobit:
–Mira, he encontrado a un israelita, hermano nuestro.
Le dijo Tobit:
–Llámalo para que yo me entere de qué
familia y de qué tribu es, y si es de fiar para acompañarte.
10 Salió Tobías y le dijo:
–Joven, mi padre te llama.
El entró y Tobit le saludó primero. El
respondió:
–Que tengas felicidad en abundancia.
Le contestó Tobit:
–¿Qué felicidad puedo yo tener? Estoy
ciego. No veo la luz del cielo, sino que vivo en tinieblas como los muertos que ya
no ven la luz. Estoy vivo, pero me cuento
entre los muertos. Oigo a los hombres pero
no los veo.
El ángel le dijo:
–¡Animo, Dios te sanará pronto; ánimo!
Tobit le contestó:
–Mi hijo Tobías quiere ir a Media. ¿Puedes acompañarlo como guía? Te daré tu
salario, hermano.
El ángel le dijo:
–Puedo ir con él. Conozco todos los caminos. He ido muchas veces a Media atravesando sus llanuras, y conozco sus montañas y todos sus senderos.
11 Tobit le dijo:
–Hermano, ¿de qué familia y de qué tribu eres? Infórmame.
12 Rafael contestó:
–¿Qué necesidad tienes de saber mi
tribu?
Pero Tobit insistió:
–Quisiera saber exactamente quién eres
y cómo te llamas.
13 El ángel le dijo:
–Yo soy Azarías, hijo del gran Ananías,
uno de tus hermanos.
14 Entonces Tobit dijo:
–Que tengas salud y seas feliz. No te
enojes conmigo porque haya querido in-
formarme acerca de tu familia. Por suerte
eres hermano nuestro y de buena y noble
familia. Conozco a Ananías y a Natán, los
dos hijos del gran Semelías. Ellos iban
conmigo a Jerusalén, y allí juntos adorába-
mos a Dios. Nunca cayeron en el error. Tus
hermanos son buenos. Tú eres de buena
raíz. Sé bienvenido.
15 Y añadió:
–Te daré como paga una dracma al día
y todo lo que necesites, lo mismo que a mi
hijo; 16 incluso te añadiré algo a la paga, si
regresan sanos y salvos.
17 El ángel respondió:
–Iré con tu hijo. No temas, nos vamos
sanos y regresaremos a ti sanos, porque el
camino es seguro.
Tobit le dijo:
–Bendito seas, hermano.
Luego Tobit llamó a su hijo y le dijo:
–Hijo mío, prepara el equipaje y vete
con tu hermano. Que el Dios del cielo los
proteja y los devuelva a mí sanos y salvos.
Que su ángel los acompañe y los guarde,
hijo mío.
Tobías preparó todo y se dispuso a partir. Besó a su padre y a su madre, y Tobit
les dijo:
–¡Que tengan buen viaje!
18 La madre se puso a llorar y le decía a
Tobit:
–¿Por qué has dejado partir a mi hijo?
El es el bastón de nuestra vejez, el que está
siempre con nosotros. 19 ¿Para qué queremos más dinero? ¡De nada nos sirve si per-
demos a nuestro hijo! 20 Con lo que el Señor nos ha concedido tenemos bastante para
vivir.
21 Tobit le dijo:
–No digas eso. Nuestro hijo parte sano
y sano regresará a nosotros. Tus ojos le verán el día que regrese a nosotros sano y salvo. 22 Desecha, pues, esos negros presagios y no te preocupes por él, mujer. Un

ángel bueno lo acompaña, y enderezará su camino para que regrese sano.

23 Y ella dejó de llorar.

El viaje

Tob 3 8.10.15; 4 12-13

6 1 Partieron el joven y el ángel, y el perro los acompañaba. Fueron caminando y cuando llegó la primera noche, acamparon junto al río Tigris. 2 Bajó el muchacho a lavarse los pies en el río Tigris y, de pronto, salió del agua un gran pez que intentaba devorar su pie. Entonces el muchacho se puso a gritar. 3 El ángel le dijo:

–Agarra el pez y sujétalo con fuerza.

El muchacho agarró al pez y lo sacó a tierra.

4 El ángel le dijo:

–Abre el pez, sácale la hiel, el corazón y el hígado, y guárdalos; pero tira las tripas. Su hiel, su corazón y su hígado son una medicina excelente.

5 El joven abrió el pez, sacó la hiel, el corazón y el hígado. Asó una parte del pez, la comió, y saló el resto. 6 Después continuaron su camino juntos hasta cerca de Media. 7 Entonces el muchacho preguntó al ángel:

–Hermano Azarías, ¿qué utilidad medicinal tienen el corazón, el hígado y la hiel del pez?

8 El le dijo:

–El corazón y el hígado del pez sirven para quemarlos ante un hombre o una mujer atormentados por el demonio o por un mal espíritu. Desaparecerá así de esa persona todo tormento y nunca regresará a él. 9 La hiel se unta en los ojos de una persona que tenga manchas blancas en los ojos, luego se sopla sobre ellos y quedarán completamente sanos.

Anuncio de boda y consejos de Rafael

Gn 24; Dt 25 5-10; Tob 8 4-8

10 Cuando llegaron a Media y se acercaban ya a Ecbatana, 11 Rafael dijo al muchacho:

–Hermano Tobías.

El joven contestó:

–Dime.

El ángel le dijo:

–Pasaremos esta noche en casa de Ragüel. Este hombre es pariente tuyo, y tiene una hija llamada Sara. 12 No tiene ningún hijo varón ni ninguna otra hija aparte de Sara. Tú eres el pariente más próximo y tienes más derecho que ninguna otra persona a casarte con ella y a heredar así todos los bienes de su padre. La joven es inteligente, decidida y muy guapa. Su padre es una buena persona.

13 Y añadió:

–Tienes derecho a conseguirla como esposa. Escúchame, hermano. Hablaré al padre acerca de la muchacha esta misma noche para que te la dé por esposa. Cuando regresemos de Ragués celebraremos la boda. Sé que Ragüel no puede negártela ni dársela como esposa a otro, pues si la casara con otro, se haría reo de muerte según la ley de Moisés. El sabe que tienes más derecho que ninguna otra persona a casarte con ella. Así que, escúchame: Hablaremos de la muchacha esta noche y la pediremos en matrimonio. Cuando regresemos de Ragués la tomaremos y la conduciremos con nosotros a tu casa.

14 Entonces Tobías respondió a Rafael:

• **6** 1-9: En una historia ejemplar como es el libro de Tobías lo novelesco y anecdótico sirve para mantener la tensión en el lector y para transmitir contenidos religiosos. El detalle del perro que los acompaña (Tob 6 1; véase Tob 11 4) y del pez extraordinario (Tob 6 2) se inscriben en el primer nivel. Las virtudes sanantes de las vísceras del pez (Tob 6 4.8-9) ponen de manifiesto la segunda idea. Dios es providente y sanador por medio de su ángel que es capaz de sacar remedios benéficos de lo aparentemente perjudicial.

Conviene recordar en este lugar que la medicina antigua valoraba como eficaces para sanar el corazón, el hígado y la hiel del pescado. Incluso hoy en día se fabrican pomadas con el hígado de algunos peces.

• **6** 10-19: Antes de que el viaje quede concluido aparece otro motivo que va a ocupar la parte central del libro: el matrimonio de Tobías y Sara, desarrollado en una sucesión de escenas bien trabadas. Y aunque el lector conoce ya el feliz desenlace (Tob 3 17), no por ello decrece el interés y una cierta intriga. Con la excusa de un descanso en el camino, Rafael sugiere hospedarse en casa de Ragüel, pariente de Tobías, haciendo de paso una presentación atractiva de Sara. Sin embargo, la razón por la que Tobías se enamora de Sara no se funda sólo en los atractivos físicos y las cualidades morales de la muchacha (Tob 6 12c) sino sobre todo en la obligación de cumplir la ley (Tob 6 19) que antes del viaje le había inculcado su padre (véase Tob 4 12-13).

–Hermano Azarías, tengo entendido que la joven se ha casado ya siete veces y que los siete maridos murieron en la noche de bodas, cuando iban a tener relaciones conyugales. Dicen también, según he oído, que es un demonio el que los mata. 15 A ella no le causa ningún daño; únicamente mata al que quiere acercársele. Yo soy el único hijo de mi padre, y si me mata mis padres morirán de pena, pues no tienen otro hijo que pueda enterrarlos.

16 Rafael contestó:

–¿No recuerdas la orden de tu padre, que te mandó casarte con una mujer de su familia? Escúchame, hermano. No te preocupes del demonio y cásate con ella. Yo sé que esta misma noche te la darán como esposa. 17 Cuando entres en la cámara nupcial, toma una parte del hígado del pez y su corazón y lo pones en las brasas del incienso. El olor se esparcirá, lo olerá el demonio y huirá para no regresar ante ella nunca más. 18 Antes de unirte conyugalmente a ella, levántense los dos, y oren y supliquen al Señor del cielo para que tenga misericordia de ustedes y los salve. Pero no temas, porque ella está destinada a ti desde siempre y tú serás su salvación. Irá contigo, y estoy persuadido de que tendrás de ella hijos que serán muy queridos para ti. No te preocupes.

19 Cuando Tobías oyó a Rafael que Sara era pariente suya, de la familia de su padre, se enamoró profundamente de ella.

Boda de Tobías y Sara

Gn 29 4-6; 43 27-30; Tob 3 15; Gn 24 33.50-51.54

7 1 Al llegar a Ecbatana, dijo Tobías:

–Hermano Azarías, llévame en seguida a casa de Ragüel, nuestro hermano.

El lo llevó a casa de Ragüel. Lo encontraron sentado junto a la puerta de su patio. Lo saludaron y él les respondió:

–Les deseo mucha felicidad. Sean bienvenidos. Espero que estén bien.

Y los hizo entrar en su casa. 2 Entonces le dijo a Edna, su mujer:

–¡Cómo se parece este jovencito a Tobit, mi pariente!

3 Edna les preguntó:

–¿De dónde son, hermanos?

Le contestaron:

–Somos de la tribu de Neftalí, de los que están desterrados en Nínive.

4 Ella dijo:

–¿Conocen a Tobit, nuestro pariente?

Ellos respondieron:

–Sí que lo conocemos.

Y continuó:

–¿Está bien?

5 Le contestaron:

–Sí, vive y está bien.

Y Tobías añadió:

–Es mi padre.

6 Ragüel se levantó de un salto, lo besó y sollozando le dijo:

–Bendito seas, hijo mío, tienes un padre bueno y honrado. ¡Qué pena que un hombre tan honrado y tan caritativo se haya quedado ciego!

Y abrazando a su pariente Tobías, se puso a llorar. 7 Edna, su mujer, también se emocionó y lloraba junto con Sara, su hija.

8 Mataron un cordero y los hospedaron con toda cordialidad. 9 Después de lavarse y bañarse, se sentaron a la mesa para cenar. Tobías dijo a Rafael:

–Hermano Azarías, dile a Ragüel que me dé por esposa a Sara, mi pariente.

10 Ragüel oyó lo que decía y le dijo al muchacho:

–Come y bebe y pasa agradablemente esta noche, ya que nadie tiene más derecho que tú, hermano mío, a casarse con Sara, mi hija. Yo no puedo dársela a otro hombre fuera de ti, pues eres mi pariente más cercano. Pero tengo que decirte la verdad. 11 Se la he dado a siete hombres de nuestra

• **7 1-17**: La escena de la llegada (Tob 7 1-7) sirve de enlace con todo lo que sigue y desarrolla el motivo de la unidad y solidaridad familiares.

Después de cumplir los requisitos del hospedaje, Tobías pide a Ragüel que le dé a Sara por esposa (Tob 7 8-17). En las ideas del autor sobre el matrimonio no hay lugar para el atractivo físico y ni siquiera para los intereses económicos. Cada uno tiene predestinada su pareja y la ley ejerce de guía para descubrirla. El autor identifica ley, costumbre e interpretación rabínica. Según la ley así entendida, el matrimonio debe celebrarse dentro de la propia parentela, siguiendo un orden minuciosamente establecido. Lo que importa es la estabilidad institucional de la familia, la cohesión del pueblo, el mantenimiento del patrimonio familiar y la defensa contra las ideologías extrañas, que es uno de los temas de fondo del libro.

familia y todos murieron la noche de bodas. Ahora, hijo, come y bebe, que Dios
cuidará de ustedes.
12 Pero Tobías insistió:
–No comeré ni beberé hasta que no hayas decidido este asunto.
Ragüel le dijo:
–Bien; te la doy por esposa según lo
prescrito en la ley de Moisés, pues Dios
mismo manda que te sea dada. Hazte cargo
de ella. Desde hoy mismo serán marido y
mujer. Que el Señor del cielo los asista esta
noche, hijo, y les conceda amor y paz.
13 Ragüel llamó a su hija Sara, la tomó
de la mano y se la entregó a Tobías, diciendo:
–Hazte cargo de ella, según lo prescrito
en la ley de Moisés, que manda que te sea
entregada por esposa. Tómala y llévatela
con salud a casa de tu padre. Que el Dios
del cielo los llene de paz.
14 Llamó a la madre y le pidió un pliego
en el que escribió el contrato matrimonial,
según el cual se la entregaba a Tobías como esposa conforme a lo mandado en la ley
de Moisés. Lo sellaron y después se pusieron a comer y a beber. 15 Ragüel llamó a
Edna, su mujer, y le dijo:
–Prepara el otro dormitorio y lleva allí a
Sara.
16 Ella fue e hizo la cama como le había
dicho su marido. Llevó allí a Sara y lloró
por ella. Luego, conteniendo las lágrimas,
le dijo:
17 –¡Animo, hija! Que el Señor del cielo
cambie tu tristeza en alegría. ¡Animo, hija!
Y se fue.

La noche de bodas

Tob 6 8.17; Gn 2 18

8 1 Cuando terminaron de cenar decidieron ir a dormir y llevaron al muchacho
a la habitación. 2 Recordó entonces Tobías
las palabras de Rafael, y sacó de la bolsa el
hígado y el corazón del pez y los echó en
las brasas del incienso. 3 El olor del pez se
esparció y el demonio salió huyendo por
los aires hacia las regiones de Egipto. Rafael salió al instante detrás de él, lo ató de
pies y manos, y lo encadenó allí. 4 Salieron
todos, y cerraron la puerta de la habitación.
Entonces se levantó Tobías de la cama y
dijo a Sara:
–Levántate, mujer. Oremos y suplique-
mos a nuestro Señor para que tenga misericordia de nosotros y nos salve.
5 Ella se levantó, y comenzaron a rezar
pidiendo al Señor que los salvara.
Esta fue su oración:

Bendito eres,
Dios de nuestros antepasados,
y bendito tu nombre por siempre.
Que los cielos y la creación entera
te bendigan por siempre.
6 Tú hiciste a Adán
y le diste como ayuda y apoyo
a Eva, su mujer.
De ambos nació la familia humana.
Tú dijiste:
«No es bueno que el hombre esté solo.
Hagámosle una ayuda semejante a él».
7 Señor, yo no me caso
con esta pariente mía
arrastrado por la pasión,
sino con recta intención.
Ten misericordia de los dos
y danos una larga vida.

8 Y ambos exclamaron:
–Amén, amén.
9 Luego se acostaron para pasar la noche.
10 Ragüel se levantó, llamó a los criados
y comenzaron a cavar una fosa, pensando:
«No sea que haya muerto, y seamos objeto
de burla y de risa».

• **8 1-18**: La noche de bodas (Tob 8 1-9) queda descrita con notable sobriedad y cierto tono de humor. Después del exorcismo eficaz, el autor se detiene en la oración de los esposos, ofreciéndonos en ella un pequeño pero sustancioso compendio de la teología judía del matrimonio.

La reacción de Ragüel (Tob 8 10-18) puede resultar cómica a los ojos del lector, pero es totalmente lógica desde su punto de vista. Ragüel había accedido a la boda por respeto a la ley, advirtiendo a Tobías del riesgo que corría. Como Tobías ha llegado sin que nadie se enterara y la boda se ha celebrado y consumado en la misma noche, si muere, se le entierra en secreto y nadie tiene por qué saber que ha habido un nuevo fracaso. Ragüel no quiere más ridículos ni burlas. Ante el lector, que sabe más que él, la escena es de un cierto humor negro.

Como los hechos se desarrollan de forma distinta a la prevista, los padres de Sara prorrumpen en una plegaria de bendición. Anécdota y oración se convierten de nuevo en denominadores comunes de esta historia ejemplar.

11 Cuando acabaron de cavar la fosa,
Ragüel regresó a casa y llamó a su mujer
12 para decirle:
–Manda a una criada para que vaya a ver
si está vivo. Si ha muerto lo enterraremos
sin que nadie se entere.
13 Buscaron a la criada, encendieron
una lámpara y abrieron la puerta. Ella entró y los encontró acostados, durmiendo
juntos. 14 Al salir la muchacha les dijo:
–Está vivo y no ha pasado nada.
15 Entonces ellos bendijeron al Dios del
cielo diciendo:

Bendito seas, oh Dios;
te bendecimos sinceramente.
Que te bendigan todos los siglos.
16 Bendito seas, porque me has consolado
y no ha sucedido lo que me temía,
sino que nos has tratado
según tu gran misericordia.
17 Bendito seas
porque te has compadecido
de estos dos hijos únicos.
Concédeles, Señor,
tu misericordia y tu protección.
Y haz que amparados por ti,
lleguen alegres al final de sus días.

18 Luego mandó a los criados que relle-
naran la fosa antes de que amaneciera.

Herencia y festejos de la boda

Gn 24 54; Dt 24 5

19 Ragüel ordenó a su mujer que preparara pan en abundancia. El fue al establo y
se trajo dos bueyes y cuatro carneros, mandó que los mataran, y comenzaron los preparativos. 20 Llamó a Tobías y le dijo:
–Te quedarás aquí catorce días, comiendo y bebiendo conmigo y alegrando la vida a mi hija, que tanto ha tenido que sufrir.
21 Luego tomarás la mitad de mis bienes y
regresarás sano y salvo a la casa de tu padre. La otra mitad la recibirás cuando hayamos muerto mi mujer y yo. ¡Animo, hijo, que yo soy tu padre y Edna tu madre ya
para siempre, lo mismo que lo somos de tu
mujer! ¡Animo, hijo!

Cobro del recibo de Tobit

Tob 3 5; 10 1

9 1 Entonces Tobías llamó a Rafael y le
dijo:
2 –Hermano Azarías, toma contigo cuatro criados y dos camellos y vete a Ragués.
3 Llégate a casa de Gabael, dale el recibo,
cobra el dinero e invítalo a la boda. 4 Porque tú sabes que mi padre estará contando
los días y, si me retraso un solo día, le daré
un gran disgusto. Ya conoces el juramento
que ha hecho Ragüel y sabes que no puedo
quebrantarlo.
5 Rafael partió con los cuatro criados y
los dos camellos hacia Ragués de Media y
se hospedaron en casa de Gabael. Le dio el
recibo y le explicó lo referente a Tobías el
hijo de Tobit, que se acababa de casar y
que le invitaba a la boda. Gabael contó los
saquitos sellados y se los dio. 6 Juntos salieron de madrugada y llegaron a la boda.
Entraron en casa de Ragüel, y encontraron
a Tobías sentado a la mesa. El se levantó y
lo abrazó. Entonces Gabael se puso a llorar
y lo bendijo diciéndole:
–¡Hombre bueno y honrado, hijo de un
hombre bueno, honrado, justo y generoso!
Que el Señor derrame la bendición del cielo sobre ti y tu mujer, y sobre el padre y la
madre de tu mujer. Bendito sea Dios, porque he visto a mi primo Tobit, viendo a
quien tanto se le parece.

El regreso a casa

Gn 44 18-34; 24 54-61; Tob 8 21; Gn 45 28

10 1 Día tras día, Tobit calculaba las jornadas de ida y las de regreso. Cuando
pasaron los días sin que regresara su hijo,

• **8 19-21**: Los temores y las prisas habían hecho pasar por alto los componentes festivos y económicos que siempre acompañaban a una boda normal. Ahora, pasado el peligro, la alegría se desborda y la fiesta se alarga. Así se pone de manifiesto en este breve sumario, donde la abundancia de alimentos y la generosidad del padre de la esposa reflejan el júbilo de toda la familia por el feliz desenlace. De suyo la dote debía ser pagada por el novio al padre de la novia; ello supone que aquí se habla más bien de un anticipo de la herencia que le corresponde a Sara como única heredera de su padre (Tob 8 21).

• **9 1-6**: El cobro del dinero que parecía lo importante del viaje queda en segundo plano. Mientras se celebra la boda, Rafael va de Ecbatana a Ragués, cobra el dinero y se trae a Gabael a la boda. Demasiada velocidad para la enorme distancia. Con la misma velocidad tenemos a Tobías rico, con una bella y dócil esposa y un montón de influyentes parientes estratégicamente dispersos.

2 pensó: «Se habrá entretenido allí. O tal
vez murió Gabael y nadie le da el dinero».
3 Y comenzó a preocuparse.
4 Ana, su mujer, decía:
–Mi hijo ha muerto; ya no vive.
Y lloraba y se lamentaba por su hijo diciendo:
5 –¡Ay de mí! ¡Hijo mío, luz de mis ojos!
¿Por qué te dejé partir?
6 Pero Tobit le decía:
–¡Calla! No te preocupes, mujer. Está
sano. Tenía muchas cosas que hacer allí.
Además, el que iba con él es persona de
confianza, uno de nuestros hermanos. No
tengas pena, mujer, que pronto llegará.
7 Y ella contestaba:
–No me hables. No me engañes. Mi hijo ha muerto.
Salía cada día y contemplaba el camino
por donde se había ido su hijo. No se fiaba
de nadie. Cuando atardecía regresaba a
casa, y pasaba toda la noche sin dormir,
llorando y lamentándose.
8 Cuando pasaron los catorce días de las
bodas que Ragüel había jurado celebrar en
honor de su hija, Tobías se le acercó y le
dijo:
–Déjame partir, porque estoy seguro de
que mi padre y mi madre están pensando
que no me volverán a ver más. Te ruego,
pues, padre, que me dejes partir a casa de
mi padre. Ya te dije cómo lo dejé.
9 Ragüel dijo a Tobías:
–Quédate, hijo mío, quédate conmigo,
que yo enviaré un mensajero a Tobit, tu
padre, para darle noticias de ti.
Pero Tobías le contestó:
–De ninguna manera. Te ruego que me
permitas regresar a casa de mi padre.
10 Ragüel se levantó y le entregó a su
hija Sara, con la que se había desposado,
junto con la mitad de todos sus bienes:
criados y criadas, bueyes y ovejas, burros y
camellos, ropas, dinero y muebles. 11 Los
dejó partir en paz, diciéndole a Tobías:
–Adiós, hijo mío. Que tengas buen viaje. Que el Señor del cielo los guíe a ti y a tu
mujer, Sara. Ojalá que antes de morir pueda yo ver a tus hijos.
12 Y a su hija Sara le dijo:
–Vete a casa de tu suegro. Desde ahora
ellos son tus padres, tanto como los que te
engendramos. Vete en paz, hija, y que mientras yo viva oiga buenas noticias acerca de ti.
Luego los abrazó y los despidió.
13 Edna dijo a Tobías:
–Hijo y pariente querido, que el Señor
te traiga de nuevo para que pueda ver antes de morirme a tus hijos. Ante el Señor te
confío la custodia de mi hija. No la entristezcas nunca. Vete en paz, hijo. Desde ahora
yo soy tu madre, y Sara, tu hermana. Que
siempre nos mantengamos unidos.
Besó a ambos y los dejó partir felices.
14 Salió, pues, Tobías de casa de Ragüel
sano y salvo, alegre y bendiciendo al Señor
del cielo y de la tierra, al que reina sobre
todas las cosas, por haber dado éxito a su
viaje.
Ragüel le dijo:
–Que el Señor te conceda honrar a tus
padres durante toda tu vida.

Curación de Tobit

Gn 46 29-30; Lc 15 20; Hch 9 18; Tob 10 5; 13 2

11 1 Cuando se acercaban a Caserín, que
está frente a Nínive, dijo Rafael:
2 –Tú sabes el estado en que dejamos a
tu padre. 3 Adelantémonos a tu mujer para
preparar la casa antes de que lleguen los
demás.
4 Avanzaron, pues, los dos juntos y Rafael le dijo:
–Toma contigo la hiel.

• **10** 1-14: Es ésta una de las estampas más bellas y realistas de la obra. La escena está construida desde una doble tensión: la espera intranquila de los padres de Tobías (Tob 10 1-7) y la triste despedida de los padres de Sara (Tob 10 8-14).

Tobit es el modelo de creyente positivo y confiado que ya conocemos, en tanto que Ana, su mujer, representa el desasosiego y la inquietud. Los padres de Sara aparecen como maestros de sabiduría (véase Tob 4 13-19), que imparten consejos a los nuevos esposos a punto de partir. En este ambiente de despedida, inspirado en modelos patriarcales (Gn 31, partida de Jacob de la casa de Labán; Gn 24 54-61, salida de Rebeca para reunirse con Isaac), los valores familiares son abundantemente subrayados. La unidad familiar, la obediencia, el respeto a los padres, la fecundidad matrimonial, la buena fama de la esposa, y el respeto que a ella le debe su marido constituyen los principales principios que Ragüel y Edna recomiendan a Tobías y a Sara.

• **11** 1-19: El regreso de Tobías devuelve la luz a su casa. A su madre, pues él es la luz de sus ojos (Tob 10 5), y a su padre, pues con el remedio del pez le devuelve la vista. Tobías salió niño y regresa adulto. El dolor de la

El perro iba detrás de ellos. 5 Ana, que estaba sentada mirando el camino por donde su hijo tenía que regresar, 6 lo vio venir y dijo al padre:

–Mira, ¡ahí llegan tu hijo y el hombre que se fue con él!

7 Rafael dijo a Tobías antes de acercarse a su padre:

–Sus ojos se abrirán de nuevo. 8 Unta sus ojos con la hiel del pez. La medicina contraerá y disolverá las manchas blancas de sus ojos y así tu padre recobrará la vista y verá la luz.

9 Ana salió corriendo y se abrazó al cuello de su hijo exclamando:

–Te he vuelto a ver, hijo mío; ya puedo morirme.

Y se puso a llorar. 10 Tobit se levantó a tientas y tropezando salió a la puerta del patio. 11 Tobías llegó hasta él con la hiel del pez en la mano. Sopló en sus ojos, le agarró la mano y le dijo:

–¡Animo, padre!

Al instante le aplicó la medicina y se la extendió. 12 Y luego con las dos manos quitó las manchas blancas de los párpados de sus ojos. 13 El se echó al cuello de su hijo y llorando le decía:

–Te veo, hijo mío, luz de mis ojos.

14 Y añadió:

Bendito sea Dios
y bendito su gran nombre.
Benditos sean sus santos ángeles.
Que su gran nombre nos proteja.
Benditos sean por siempre los ángeles.
Porque me había castigado,
pero ha tenido compasión de mí,
y ahora veo a Tobías, mi hijo.

15 Tobías entró alegre y bendiciendo a Dios con todas sus fuerzas. Contó a su padre que el viaje había sido todo un éxito, que había cobrado el dinero y que había contraído matrimonio con Sara, la hija de Ragüel, que ya debía estar a punto de llegar, pues la habían dejado muy cerca de las puertas de Nínive.

16 Tobit, lleno de alegría y alabando a Dios, salió hasta la puerta de Nínive al encuentro de su nuera. Al verle caminando y avanzando en plenitud de facultades, sin ser guiado por nadie, los de Nínive se admiraron. Tobit proclamaba ante todos que Dios había tenido misericordia de él y le había hecho recobrar la vista. 17 Tobit se acercó a Sara, mujer de su hijo Tobías, y la bendijo diciendo:

–Bienvenida seas, hija mía, y bendito sea tu Dios, que te trajo hasta nosotros. Bendito sea tu padre, bendito sea mi hijo Tobías y bendita tú, hija mía. Entra en buena hora a tu casa con bendición y alegría. Entra, hija.

18 Aquel día fue una verdadera fiesta para todos los judíos de Nínive. 19 También vinieron a felicitar a Tobit sus sobrinos Ajicar y Nadab.

Rafael revela su secreto

Tob 4 7-11; Eclo 29 8-13; Tob 1 7; 2 4;
Lc 1 19; Jue 13 16-22

12 1 Al terminar las bodas, Tobit llamó a su hijo Tobías y le dijo:

–Hijo, preocúpate tú de dar la paga al hombre que fue contigo y de añadir algo a lo convenido.

2 Tobías contestó:

–Padre, ¿cuánto debo pagarle? No salgo perjudicado aunque le dé la mitad de lo que traje conmigo, 3 ya que me condujo sano y salvo, sanó a mi mujer, me procuró el dinero y te sanó también a ti. ¿Qué paga le puedo dar ahora?

4 Tobit le dijo:

–Hijo, es justo que reciba la mitad de cuanto trajo.

5 Así que Tobías lo llamó y le dijo:

–Toma la mitad de todo lo que trajiste. Es tu paga. Vete en paz.

madre por la partida (Tob 5 19-20) y la ausencia del hijo (Tob 10 1-17) se convierte, como si de un parto se tratara, en alegría. Todo invita a la acción de gracias. Tobit bendice al Señor (Tob 11 14) por el éxito del viaje y a Sara (Tob 11 17) como nueva hija. Se renueva la boda y, para que no falte nadie, reaparecen incluso Ajicar y Nadab (véase Tob 1 21).

• **12 1-22**: Rafael ya ha cumplido su misión. Ha realizado el trabajo para el que ha sido contratado y la tarea para la que ha sido enviado: Sara está liberada, Tobías está casado y Tobit ha recobrado la vista. Agradecidos, padre e hijo quieren pagar con generosidad al guía providencial. El ángel, antes de revelarse, da una larga serie de consejos sapienciales (Tob 12 6-10). Deja claro quién es y el por qué de su misión: Dios premia al que hace buenas obras y escucha al justo oprimido. A Dios, pues, es a quien tienen que alabar y dar gracias por sus beneficios.

6 Entonces Rafael llamó aparte a los dos
y les dijo:
–Bendigan a Dios y reconozcan ante todos los seres vivos todo el bien que Dios
les ha hecho, para que todos bendigan y
alaben su nombre. Proclamen como es debido las acciones de Dios a todos los hombres y no se cansen de darle gracias. 7 Es
bueno guardar el secreto del rey, pero hay
que proclamar y reconocer como es debido
las obras de Dios. Hagan el bien, y el mal
no los alcanzará. 8 Es de alabar la oración
sincera, y la limosna hecha con rectitud
vale más que la riqueza lograda con injusticia. 9 La limosna libra de la muerte y purifica de todo pecado. Los que dan limosna
y son honrados recibirán vida en abundancia. 10 Pero los que pecan y son injustos,
son enemigos de sí mismos. 11 Les voy a
decir toda la verdad sin ocultarles nada. Ya
les he dicho que es bueno guardar el secreto del rey y que hay que proclamar las
obras de Dios abiertamente. 12 Así pues,
cuando tú y Sara oraban, yo presentaba su
oración delante de la gloria del Señor. Y lo
mismo hacía cuando enterrabas a los muertos. 13 Y cuando no dudaste en interrumpir
tu comida para ir a sepultar a aquel muerto, fui yo el enviado para ponerte a prueba.
14 Pero igualmente Dios me ha enviado para
librar del mal a ti y a tu nuera Sara. 15 Yo
soy Rafael, uno de los siete ángeles que
asisten al Señor y pueden contemplar su
gloria.
16 Los dos comenzaron a temblar y llenos de miedo cayeron rostro en tierra. 17 Pero el ángel les dijo;
–No teman. La paz esté con ustedes.
Bendigan a Dios por siempre. 18 Cuando
estaba con ustedes no era por mi propia
voluntad, sino por determinación de Dios.
Bendíganlo y alábenlo día tras día. 19 Ahora
se dan cuenta de que yo no comía nada;
sino que era una simple apariencia. 20 Así
pues, bendigan al Señor sobre la tierra y
reconozcan sus beneficios; yo regreso al que
me envió. Pongan por escrito todo lo que
les ha sucedido.
Y desapareció.
21 Entonces ellos se levantaron, pero ya
no lo vieron. 22 Bendecían y alababan a
Dios y le daban gracias por todas las maravillas que había hecho, pues se les había
aparecido un ángel de Dios.

Canto de Tobit

Ex 15; Jdt 16

13 1 Entonces Tobit exclamó:

Bendito sea Dios, que vive eternamente,
bendito sea su reinado.
2 Porque castiga, pero tiene compasión;
hace bajar a los abismos infernales
por debajo de la tierra,
pero saca de la gran ruina.
No hay quien pueda escapar de su mano.
3 Dénle gracias, israelitas,
ante los paganos,
porque él los dispersó entre las naciones,
4 y ahí les ha mostrado su grandeza.
Alábenlo ante todos los vivientes,
porque él es nuestro Dios y Señor;
nuestro Padre y Dios por siempre.
5 El los castiga por sus maldades,
pero se compadecerá de nuevo
y los reunirá desde todas las naciones
entre las que fueron dispersados.
6 Cuando se conviertan a él
de todo corazón
y actuén ante él con total sinceridad,
entonces él se preocupará de ustedes,
y nunca más les ocultará su rostro.
7 Vean lo que ha hecho con ustedes.
Dénle gracias de todo corazón.
Bendigan al Señor
que actúa con rectitud.
Engrandezcan al rey eterno.
8 Yo le doy gracias en mi cautiverio,
y muestro su fuerza y su grandeza
a un pueblo pecador.
Conviértanse, pecadores,

• **13 1-14 1**: La trama del relato ha concluido ya. Por eso Tob 13-14 tienen carácter de apéndices.

Tob 13 es un himno que desborda el tema de la obra a la que sirve de broche final. La perspectiva no es ya particular, sino que contempla toda la historia de Israel. Tobit se convierte en el modelo del israelita de todos los tiempos. De esta manera la salvación que Dios realiza en él sintetiza las acciones salvíficas que ha llevado a cabo en la historia de su pueblo.

El himno tiene dos partes: a) Tob 13 2-9: Himno de acción de gracias en el destierro. b) Tob 13 10-18: Canto a Jerusalén con la esperanza de su triunfo final.

y pórtense rectamente ante él.
¿Quién sabe si de nuevo los amará
y se compadecerá de ustedes?
9 Alabaré a mi Dios, al rey del cielo
y me alegraré de su grandeza.
10 Que todos lo proclamen
y le den gracias en Jerusalén.
Jerusalén, ciudad santa,
aunque Dios castigue
las obras de tus hijos,
se compadecerá de nuevo
de los hijos de los justos.
11 Da gracias al Señor como es debido
y bendice al rey eterno
para que su templo
sea reedificado con júbilo.
12 Para que alegre en ti
a todos los desterrados
y en ti muestre su amor
a los humillados,
por siempre y para siempre.
13 Una luz esplendorosa brillará
hasta el extremo de la tierra.
Muchos pueblos vendrán a ti de lejos,
y los habitantes
de los confines de la tierra
vendrán al Señor, tu Dios,
trayendo regalos en sus manos
para el rey del cielo.
Por generaciones y generaciones
se alegrarán en ti, y permanecerás
como elegida para siempre.
14 Malditos todos los que te insulten.
Malditos todos los que te destruyan
y los que derriben tus muros,
los que destruyan tus torres
y los que quemen tus casas.
15 Entonces te regocijarás y alegrarás
por los hijos de los justos,
pues todos se reunirán de nuevo
y alabarán al Señor eterno.
Felices los que te aman
y los que te desean la paz.
16 Felices los que se entristecen
viendo tu castigo,
porque se alegrarán por ti
y verán tu gloria para siempre.
Bendice, alma mía,
al Señor, al rey grande,
17 porque Jerusalén será reconstruida.
Su templo estará en ella para siempre.
Me sentiré feliz
cuando mis compatriotas
vean de nuevo tu gloria
y den gracias al rey del cielo.
Las puertas de Jerusalén
serán reconstruidas
con zafiros y esmeraldas,
y sus murallas
con toda clase de piedras preciosas.
Las torres de Jerusalén
serán edificadas con oro,
y sus defensas con oro puro.
Las plazas de Jerusalén
serán pavimentadas con rubíes
y con piedras de Ofir.
18 Las puertas de Jerusalén
prorrumpirán en cantos de alegría.
Todos sus habitantes dirán: «¡Aleluya!
¡Bendito sea el Dios de Israel!».
Y los elegidos bendecirán
su nombre santo ahora y por los siglos.

14 1 Así acabó Tobit su acción de gracias.

Muerte de Tobit

Tob 4 2-3; Gn 47 29; Nah 1-3; Tob 4 4; Gn 49 31

2 Tobit murió en paz a la edad de ciento
doce años y recibió en Nínive honrosa sepultura. Tenía sesenta y dos años cuando
perdió la vista; y después de recobrarla vivió en la abundancia, dando limosnas, alabando a Dios y celebrando su grandeza.
3 Cuando iba a morir llamó a Tobías, su
hijo y le recomendó:
–Hijo mío, toma a tus hijos contigo, 4 y
vete cuanto antes a Media. Yo estoy seguro
de que se cumplirá la palabra de Dios que
pronunció Nahún contra Nínive. Todo
sucederá y se realizará lo anunciado contra
Asur y contra Nínive. Todas las cosas que
dijeron los profetas de Israel, enviados por
Dios, sucederán, y no dejará de cumplirse
ni una de sus palabras. Todas ocurrirán a
su tiempo. En Media habrá más seguridad

• **14 2-11**: Para responder a las curiosas preguntas que le quedan al lector, se añaden las noticias acerca de los últimos, largos y felices años de los protagonistas y de su muerte patriarcal. Al final el estilo llega a ser semejante al de las crónicas de los reyes. Hay que destacar el testamento de Tobit (Tob 14 3-11) que mueve al lector a la esperanza. Si parte de lo anunciado se ha cumplido, también se cumplirá el resto. Y lo que sucedió en unas circunstancias sirve de modelo para otras semejantes.

que en Asiria y en Babilonia. Estoy seguro
de que todas las cosas que Dios dijo se
cumplirán y ninguna de sus palabras dejará de cumplirse. Nuestros hermanos, los
que habitan en la tierra de Israel, serán dispersados y deportados de aquella buena
tierra. Toda la tierra de Israel será un desierto; Samaría y Jerusalén quedarán desiertas; el templo de Dios será quemado y permanecerá desolado por algún tiempo.
5 Pero de nuevo Dios se compadecerá de
ellos, y los hará regresar a la tierra de Israel.
Y reconstruirán de nuevo el templo. No
será, sin embargo, como el primero, pues
sólo cuando se cumpla el tiempo fijado, y
una vez que sucedan estas cosas, regresarán todos de su destierro y reconstruirán
honrosamente Jerusalén y el templo de
Dios, como lo anunciaron los profetas de
Israel.

6 Todos los pueblos de la tierra se convertirán y serán totalmente fieles a Dios.
Se apartarán de los ídolos que los condujeron al error y bendecirán como se debe al
Dios eterno. 7 Todos los israelitas que, acordándose sinceramente de Dios, obtengan la
salvación en aquellos días, se reunirán,
irán a Jerusalén y, seguros ya para siempre,
habitarán en la tierra de Abrahán, que se
les dará de nuevo. Y se alegrarán los que
amen al Señor de verdad, mientras que los
pecadores y los malvados desaparecerán
de toda la tierra. 8 Así pues, hijos míos,
esto es lo que yo les mando: Sirvan a Dios
sinceramente; hagan lo que le agrada. In-
culquen a sus hijos que se comporten rectamente y den limosna, que se acuerden de
Dios y en todo tiempo bendigan sinceramente su nombre con todas sus fuerzas.

9 En cuanto a ti, hijo mío, sal de Nínive,
no permanezcas aquí. El día mismo en que
entierres a tu madre junto a mí, no duer-
mas ya dentro de sus límites, pues veo que
abundan en ella la injusticia y el engaño
sin que nadie se avergüence. 10 Recuerda,
hijo mío, lo que hizo Nadab a Ajicar, que
lo había educado: lo enterró vivo en un sepulcro. Pero Dios le devolvió la deshonra
en su propia cara: Ajicar regresó a la luz,
mientras que Nadab entró en las tinieblas
para siempre por haber intentado matar a
Ajicar. Como había hecho limosna se libró
de la trampa mortal que le había tendido
Nadab, mientras que Nadab cayó en su propia trampa mortal y pereció. 11 Consideren,
pues, hijos míos, cuál es el fruto de la
limosna y cuál el de la maldad; esta última,
causa la muerte. Pero ya siento que la vida
me abandona.

Lo colocaron en la cama y murió, y lo
enterraron con gran solemnidad.

Conclusión

12 Cuando murió su madre, Tobías la
enterró con su padre. Después marchó a
Media con su mujer y allí habitaron en Ecbatana con su suegro Ragüel. 13 Cuidó respetuosamente a sus suegros en su vejez y
los enterró en Ecbatana de Media. Heredó
los bienes de Ragüel y los de Tobit, su padre. 14 Murió lleno de honra a los ciento
diecisiete años. 15 Antes de morir, conoció
la destrucción de Nínive y cómo Ciáxares,
rey de Media, deportó a sus habitantes. Y
bendijo a Dios por haber castigado a los
ninivitas y a los asirios. Así que antes de
morir tuvo ocasión de alegrarse por la suerte de Nínive y bendijo al Señor por los siglos de los siglos.

• **14** 12-15: El libro concluye con este sumario que sintetiza los años posteriores a la muerte del anciano Tobit. La obediencia y el respeto de Tobías a su madre y a sus suegros muestra el camino a seguir por aquellos israelitas que quieren ser fieles al Señor. La visión de la destrucción de Nínive supone la prueba del triunfo de Dios sobre la historia y del amor a su pueblo, castigando a quien tanto mal le había causado. Por último, la muerte de Tobías a edad tan avanzada sitúa a este personaje en la esfera de los patriarcas (Gn 25 7-8; 50 24-26) y de la bendición divina.

JUDIT

INTRODUCCION

En todas las épocas y culturas los pueblos han proyectado y personificado sus rasgos más peculiares y sus más nobles ideales en personajes-tipo que con sus acciones han contribuido, a su vez, a moldear el carácter colectivo y a enaltecer su propia historia. En momentos de crisis estos personajes han sido punto de referencia, bandera y modelo a seguir. Algo parecido sucede con el libro de Judit, donde su protagonista, llamada precisamente "la Judía", encarna las más destacadas virtudes de su pueblo y con ellas se enfrenta al prepotente agresor, convirtiéndose en mediadora decisiva de la salvación de Dios.

1. Ambientación histórica

El libro de Judit es uno de los llamados libros "deuterocanónicos" del Antiguo Testamento. No llegó a formar parte de la Biblia hebrea, pero sí de la griega, y más tarde fue aceptado por la Iglesia en su lista de libros inspirados. Aunque sólo nos ha llegado en versión griega, parece fuera de toda duda que esta versión depende de un original semítico, hebreo o arameo, lamentablemente perdido.

Tampoco conocemos el nombre de su autor ni la fecha de su composición, aunque varios indicios apuntan hacia el s. II a. C., momento en el que Israel se enfrenta a una crisis decisiva. El imperio griego-macedonio creado por Alejandro Magno había difundido una cultura dominante y atractiva. Israel, sometido ya políticamente, corría el riesgo de perder también su identidad cultural y religiosa. La tentación de *hacer como se hace en las demás naciones* (véase 1 Sm 8 5) podía acabar con Israel como pueblo elegido de Dios. Sólo la rebelión macabea podrá alejar la terrible amenaza.

En tal coyuntura un autor anónimo compone el libro de Judit, como resultado de su meditación sobre la Sagrada Escritura, de la que toma motivos, tipos, doctrina y abundantes expresiones. Quiso consolar y estimular la esperanza de sus compatriotas, recordándoles que Dios había salvado muchas veces a su pueblo y que también lo haría en el presente, si se mantenían fieles a la alianza y cumplían sus preceptos.

2. Características literarias

El libro de Judit es la historia de una resistencia heroica y de una hazaña magnífica, protagonizada por una pequeña ciudad y una mujer audaz. Israel se concentra en Betulia, la insignificante ciudad que resiste a los dominadores del mundo. El pueblo se personaliza en Judit (= la Judía), joven y hermosa viuda, que con las armas de la oración, el ayuno y la fidelidad a la ley se enfrenta al opresor, el general Holofernes, jefe de un inmenso ejército, que, a su vez, es compendio de todos los enemigos históricos de Israel. Judit entra en la tienda de Holofernes que está ebrio de poder y de soberbia, le corta la cabeza y retorna a Betulia victoriosa sin sufrir daño alguno. Todo acaba en alegría y alabanzas a Dios y a Judit.

Todo este conjunto queda estructurado en tres partes, cada una de ellas presidida por un personaje importante:

1. LA PRUEBA. El poder de Holofernes (Jdt 1-3)
2. LA RESISTENCIA. Súplica de Ajior (Jdt 4-7)
3. LA LIBERACION. Intervención de Judit (Jdt 8-16)

Entre los elementos que sustentan y dan fuerza al relato hay que destacar la tensión narrativa, lograda a través de un hábil empleo del suspenso, el recurso a la enumeración y al énfasis, que subrayan el alcance y la gravedad de la situación, y las frecuentes alusiones a acontecimientos y personajes de la historia bíblica que afloran continuamente: la astucia de Tamar (Gn 38), la muerte de Eglón a manos de Eud (Jue 3 12-30) o la de Sísara a manos de Yael (Jue 4-5), el combate de David y Goliat (1 Sm 17), las intervenciones de los extranjeros Balaán (Nm 22-24) y Rajab (Jos 2), etc.

La apariencia histórica del libro de Judit nos obliga a precisar su género literario. Es evidente el recurso a elementos y datos históricos: lugares e itinerarios geográficos, nombres y personajes conocidos, acontecimientos puntuales, cronología verificable, etc. Sin embargo, el libro abunda en inexactitudes y trata los datos con sorprendente libertad (Nabucodonosor no fue rey de Asiria, sino de Babilonia; Nínive había sido destruida con anterioridad a él; los judíos ya han regresado del exilio al que habían sido conducidos anteriormente por Nabucodonosor; algunos nombres pertenecen a la época persa y determinados lugares geográficos no han podido ser localizados, entre ellos la misma Betulia, ciudad protagonista del relato). Estas y otras dificultades llevan a reconocer en el relato no una información histórica, sino una libre composición literaria, a modo de "historia ejemplar" (véase Introducción a Ester) con una finalidad didáctica.

3. Claves teológicas

En el trasfondo del aparente conflicto bélico, que enfrenta al poderoso ejército del dominador del mundo con la insignificante ciudad de Betulia y con la supuesta debilidad de una mujer inerme, late un enfrentamiento de otro calibre y de muy distintas proporciones. Se trata de un debate teológico que opone dos concepciones de la vida, de la historia y de la fe: Holofernes y su ejército representan el orgullo altivo y la prepotencia que confieren el poder político y la fuerza de las armas (Jdt 5 22-6 4); Judit y Betulia representan la confianza y la fe en el Dios de Israel, Señor de la creación y de la historia, cuyo poder no reside en armas ni ejércitos, y cuya fuerza se manifiesta en su protección de los débiles, humildes y oprimidos (Jdt 5 21; 9 7-14). Esta fe radical, que se muestra en la obediencia a la ley y en prácticas piadosas como la oración, el ayuno y la mortificación, no excluye los elementos humanos. De hecho, la liberación no es producto de milagros o acciones maravillosas, sino que se obtiene a través de la astucia, la audacia y el autodominio de una mujer que en el momento culminante de su hazaña sólo pide a Dios fuerza y decisión, consciente de su responsabilidad (Jdt 13 4-5.7). Otras reacciones también humanas, como la soberbia, el desprecio, la pasión ciega o el pánico, esta vez por parte de los enemigos, completarán el "milagro" y la liberación resultante.

Pero hay otros rasgos teológicos que se imponen con fuerza en el conjunto del libro: la idea de que el sufrimiento no es siempre y necesariamente expresión de castigo por los pecados del pueblo (en Jdt 8 18-20 se subraya la ausencia de idolatría y otros pecados), sino prueba y enseñanza para el pueblo, e invitación a una mayor virtud (Jdt 8 21-24); la apertura y el respeto a los extranjeros, representados en Ajior, escuchado y aceptado en la ciudad (Jdt 6 14-21; 14 10); la crítica irónica a las pretensiones de Nabucodonosor de erigirse en dios universal y exclusivo (Jdt 3 8; 11 7-8.23). Finalmente, llama la atención la ausencia de una interpretación rigorista de la ley y una cierta indiferencia respecto a sus detalles. Tal rasgo manifiesta una disposición espiritual abierta, más inclinada a asegurar el acceso al verdadero Dios que a proteger al pueblo elegido con un cerco de observancias. Por esta razón, el libro de Judit, más que un elogio del espíritu judío, es expresión de la más genuina y auténtica religiosidad.

JUDIT

1. La prueba.
El poder del enemigo ◊

Nabucodonosor y Arfaxad

Dn 3; 2 Re 24-25; Gn 10 11-12.22; Est 1 3-4; 3 13

1 1 Era el año duodécimo del reinado de
Nabucodonosor, que reinaba sobre los
asirios en Nínive, la gran ciudad, al tiempo
que Arfaxad reinaba sobre los medos en
Ecbatana. 2 Este último amuralló Ecbatana
con piedras talladas de metro y medio de
ancho por tres de largo. La muralla medía
treinta metros de alta por veinticinco de
ancha. 3 Sobre las puertas de la ciudad levantó torres de cincuenta metros de alto y
treinta de ancho en sus cimientos. 4 Las
puertas, de treinta y cinco metros de alto
por veinte de ancho, permitían la salida de
las fuerzas y el desfile de los soldados.

5 Por entonces el rey Nabucodonosor
luchó contra el rey Arfaxad en la amplia
llanura, o sea en la llanura que hay en el
término de Ragau. 6 Se unieron a él todos
los montañeses, los ribereños del Eufrates,
del Tigris y del Hidaspes, y los de las llanuras de Arioc, rey de Elimaida. Numerosos pueblos se aliaron para la batalla contra los hijos de Jeleud.

7 Nabucodonosor, rey de los asirios, envió un mensaje a todos los habitantes de
Persia y a los de las regiones occidentales,
a los habitantes de Cilicia, Damasco, Líbano y Antilíbano, y a todos los habitantes
del litoral, 8 a los pueblos del Carmelo, Galaad, Alta Galilea, gran llanura de Esdrelón, 9 a todos los de Samaría, y sus ciudades, a los de más allá del Jordán hasta Jerusalén, Batana, Jelos, Cadés, río de Egipto, Tafnes, Rameses y toda la tierra de Gosen, 10 hasta más allá de Tanis y Menfis, a
todos los habitantes de Egipto hasta las
fronteras de Etiopía. 11 Pero los habitantes
de toda la tierra despreciaron el mensaje de
Nabucodonosor, rey de los asirios, y no le
prestaron ayuda para la guerra; no lo temían, pues pensaban que no tenía aliados.
Despidieron a su mensajeros con las manos
vacías y la vergüenza en el rostro. 12 Se indignó mucho Nabucodonosor contra todas
estas regiones y juró por su trono y por su
imperio que se vengaría de todas las regiones de Cilicia, Damasco y Siria, así como
de todos los habitantes de Moab, de los
amonitas, de toda Judea y de todos los de
Egipto, hasta los límites de los dos mares.

13 El año decimoséptimo Nabucodonosor puso en pie de guerra todas sus tropas
contra Arfaxad y lo venció en combate,
destrozando todo su ejército, su caballería
y sus carros de guerra. 14 Conquistó sus
ciudades y llegó hasta Ecbatana, ocupó las
torres, saqueó las plazas y convirtió en vergüenza su esplendor. 15 Apresó a Arfaxad
en las montañas de Ragau y lo acribilló a
flechazos acabando con él. 16 Después regresó a Nínive con sus tropas, una increíble
multitud de guerreros, y se dedicaron a descansar y a comer durante ciento veinte días.

◊ **1 1-3 10**: El personaje central de esta primera parte del libro es Holofernes, general y lugarteniente de Nabucodonosor. Holofernes, con su avance victorioso e imparable representa el poder de Nabucodonosor, que se impone sobre la tierra y lo lleva a proclamarse como único dios (Jdt 3 8). Su poder parece sobrehumano e invencible frente a los poquísimos recursos de sus enemigos.

• **1 1-16**: Nabucodonosor no fue rey de Asiria sino de Babilonia. Presentarlo como rey de Nínive es anacrónico, pero significativo porque dos grandes enemigos de Israel se funden en uno. El autor, que vive en tiempos de los griegos seléucidas, reelabora la historia concentrando en un sólo poder a los principales enemigos de Israel: Asiria (representada por Nínive), Babilonia (por Nabucodonosor), Persia (por Holofernes, su nombre es persa). De esta forma se compara la situación antigua con la actual (dominación siria bajo los seléucidas), tomando como denominador común la fuerza invencible de este poder humano. ¿Qué puede hacer, entonces, el pueblo judío contra él? La respuesta a ésta pregunta se irá descubriendo a lo largo del libro.

Nabucodonosor se queda solo frente a todos los pueblos, pero es más fuerte que todos ellos juntos, y es capaz de vencer al fortísimo Arfaxad en oriente sin dificultad alguna. La victoria de Nabucodonosor es total.

Campaña contra Occidente

2 1 El día veintidós del primer mes del año dieciocho, en el palacio de Nabucodonosor, rey de los asirios, se tomó la decisión de llevar a cabo la venganza contra toda la tierra, como lo había prometido. 2 Convocó a todos sus ministros y a sus nobles y celebró con ellos un consejo secreto. Determinó personalmente todos los detalles del castigo que iba a infligir a toda la tierra, 3 y tomaron la decisión de exterminar a todos los que habían rechazado las órdenes del rey. 4 Al acabar el consejo, Nabucodonosor, rey de los asirios, llamó a Holofernes, generalísimo de sus ejércitos, y lugarteniente suyo, y le dijo:

5 –Así manda el gran rey, el señor de toda la tierra: Cuando salgas de aquí reúne contigo hombres valerosos, unos ciento veinte mil soldados y un fuerte contingente de caballos con doce mil jinetes. 6 Marcha contra toda la tierra de occidente, porque no se han sometido a mis órdenes. 7 Diles que se preparen para recibirme, porque iré contra ellos lleno de ira y cubriré toda la superficie de la tierra con los pies de mis soldados, entregándola al saqueo. 8 Los heridos llenarán los valles, y todos los torrentes y los ríos se desbordarán llenos de cadáveres; 9 y llevaré sus cautivos hasta el confín de la tierra. 10 Ve delante y conquista para mí todos sus países. Se te entregarán y me los guardarás para el día del castigo. 11 No te compadezcas de los rebeldes, entrégalos a la muerte y al saqueo en toda la tierra que domines. 12 ¡Lo juro por mi vida y por la fuerza de mi imperio! Lo he dicho y lo cumpliré con mis propias manos. 13 No quebrantes ni una sola de mis órdenes; ejecuta escrupulosamente y sin la menor demora lo que te he mandado.

14 Salió Holofernes de la presencia de su señor y convocó a todos los generales, capitanes y oficiales del ejército asirio. 15 Según las órdenes de su señor, reclutó ciento veinte mil hombres especialmente capacitados para la guerra y doce mil arqueros de a caballo, 16 y los dispuso en orden de batalla. 17 Preparó una enorme cantidad de camellos, burros y mulos para que llevaran las armas; innumerables ovejas, bueyes y cabras para provisiones; 18 víveres abundantísimos para cada hombre y gran cantidad de oro y plata de la casa del rey.

Expedición victoriosa de Holofernes

2 Re 18 13-36; Jl 2 2-11; Jue 7 12

19 Salió Holofernes de campaña con todo su ejército para preparar la expedición del rey Nabucodonosor, y se dispuso a invadir todos los países de occidente con sus carros de guerra, sus jinetes y sus mejores soldados. 20 Los seguía una gran turba, tan numerosa como una plaga de langosta, o como el polvo de la tierra. Era incontable.

21 Salieron de Nínive y a los tres días llegaron a la llanura de Bectilet. Desde Bectilet fueron a acampar junto a las montañas que están al norte de la alta Cilicia. 22 A continuación, con todo su ejército: sus soldados de a pie, sus jinetes y su carros de guerra, marchó hacia la región montañosa. 23 Devastó Put y Lidia. Saqueó a los de Rasis y a los ismaelitas que vivían en el desierto al sur de Jeleón. 24 Pasó el Eufrates, atravesó Mesopotamia, saqueó todas las ciudades fortificadas en las riberas del río Abrona hasta llegar al mar. 25 Se adueñó de la región de Cilicia, aniquilando a todos cuantos le oponían resistencia. Llegó al país de Jafet, que está al sur, frente a Arabia. 26 Cercó a todos los madianitas, incendió sus tiendas y se apoderó de sus ganados. 27 Bajó a la llanura de Damasco en la época de la cosecha del trigo e incendió todos sus campos, exterminó sus rebaños de ovejas y vacas, saqueó sus ciudades, devastó sus campiñas y pasó a espada a todos los jóvenes.

• **2 1-18**: Holofernes es el antagonista del libro de Judit. Participa de todo el poder de Nabucodonosor. Su ejército es muy grande, perfectamente equipado y muy organizado. ¿Quién podrá vencerlo? Al mismo tiempo Nabucodonosor aparece como el antagonista de Dios, el anti-Dios (Jdt 3 8). El vocabulario que se emplea para Nabucodonosor es el que se emplea para una divinidad. El jura por sí mismo porque no reconoce a ningún dios.

• **2 19-27**: Las naciones van cayendo una a una en manos de Holofernes. La resistencia es mínima e inútil. Implacablemente avanza la rápida campaña militar. El poder victorioso de Nabucodonosor es invencible en oriente y occidente. Israel mientras tanto va siendo rodeado por el potentísimo enemigo.

Rendición de todos los pueblos

Ex 15 15-16; 34 13; 2 Cr 17 6; Dn 7 25; 11 36

28 El miedo y el terror se apoderaron de
todos los habitantes del litoral, de los que
vivían en Sidón y Tiro, y de todos los habitantes de Sur, de Ocina y de Yamnia. Los
de Asdod, Ascalón y Gaza también se aterrorizaron.
3 1 Así que enviaron a Holofernes mensajeros en son de paz diciendo:
2 –Nos rendimos ante ti; somos esclavos de Nabucodonosor, el gran rey. Haz de
nosotros lo que quieras. 3 Aquí están nuestras fincas, todas nuestras propiedades, los
campos de trigo, los rebaños de ovejas y
vacas y los pastizales de nuestros campamentos. Todo está a tu disposición; haz con
ello lo que quieras. 4 Aquí están nuestras
ciudades y sus habitantes. Son esclavos tuyos. Entra en ellas y haz lo que te plazca.
5 Aquellos hombres llegaron junto a
Holofernes y le transmitieron este mensaje. 6 El bajó con su ejército hacia la costa.
Estableció guarniciones en las plazas fuertes y reclutó en ellas hombres elegidos para
tropas auxiliares. 7 Tanto los de aquellas
ciudades como los de los alrededores salían
a recibirlo con coronas, danzas y tambores,
8 pero él destruyó todos sus santuarios y
cortó los árboles de sus bosques sagrados.
Tenía decidido exterminar a todos los dioses de la tierra, para que todos los pueblos
adoraran sólo a Nabucodonosor, y todas
las lenguas y tribus lo invocaran como
dios. 9 Llegó frente a Esdrelón, junto a Dotán, ante la gran sierra de Judea 10 y acamparon entre Guibeá y Escitópolis. Allí permaneció un mes reuniendo provisiones para su ejército.

2. *La resistencia. Súplica de Ajior* ◊

Alerta ante la proximidad del enemigo

2 Cr 36 17-20; Jon 3 7-8; Est 4 1-3.16; Jl 1 13-14

4 1 Cuando los israelitas que habitaban
en Judea se enteraron de todo lo que
Holofernes, generalísimo de Nabucodonosor, rey de los asirios, había hecho con
aquellas naciones y cómo había saqueado
y destruido sus santuarios, 2 se llenaron de
miedo ante él y les entró una gran preocupación por Jerusalén y por el templo del
Señor, su Dios. 3 Acababan de llegar del
destierro, el pueblo judío se había reunifi-
cado y los objetos del culto, el altar y el
templo habían sido purificados de su profanación.
4 Dieron, pues, la voz de alerta en toda
la región de Samaría, Cona, Betorón, Bel-
maín, Jericó, Joba, Aisora y el valle de Salén. 5 Se adelantaron a ocupar las cumbres
de las montañas más altas, fortificaron las
aldeas que había en ellas y almacenaron
provisiones para la guerra, ya que acababan de hacer la recolección.
6 Joaquín, que era entonces sumo sacerdote de Jerusalén, escribió a los habitantes
de Betulia y Betomestain, situadas frente a
Esdrelón, ante la llanura cercana a Dotán.
7 Les decía que ocuparan los pasos de las

• **2 28-3 10**: El invasor va causando un terror casi divino en su avance. Nabucodonosor es descrito como el antagonista de Dios (Jdt 3 8) porque sus pretensiones son de dominio sobre el mundo. Incluso su soberbia lo ha llevado a jurar por sí mismo (véase Jdt 2 12). Sin embargo, lo que en realidad está mostrando este cuadro trazado por el autor, es la situación actual de los israelitas bajo el poder de los griegos seléucidas. Su dominio está causando no sólo una transformación política en el pueblo de Israel sino también religiosa. El dilema pasa a ser radical: o Dios y su ley o el rey y su poder.

◊ **4 1-7 32**: La segunda parte del libro tiene como centro el discurso de Ajior (Jdt 5 5-21), que es un resumen de la historia de Israel, contemplada desde la continua asistencia de Dios. Ante el acoso del ejército de Holofernes, el pueblo, representado por la ciudad de Betulia, siente la tentación de abandonar al Señor y entregarse, pero sus jefes lo invitan a mantener la confianza en Dios; él es su única arma en esta lucha contra las fuerzas dominadoras del imperio que intenta someterlos.

• **4 1-15**: El autor describe la situación de los judíos en su propia época y resume en pocas líneas el esfuerzo restaurador de cuatro siglos. Los datos apuntan a la época de los macabeos y de Antíoco IV (siglo II a. C.). Se destaca que el pueblo había expiado sus culpas en el destierro y se ha esforzado en implantar la ley.

Aunque todos los pueblos se han sometido al poder de Nabucodonosor, Israel resiste, por fidelidad a Dios, frente a un enemigo que parece todopoderoso. La preocupación principal es salvar el templo (Jdt 4 2), núcleo básico de la religión israelita. Se organiza la resistencia militar en la ciudad de Betulia, localidad desconocida geográficamente cuyo significado esconde todo un símbolo: "Casa de Dios". La súplica y la penitencia son en este caso las mejores armas, porque garantizan la protección divina. Dios, que escuchó a los de Nínive (Jon 3 5-10), con mayor motivo escuchará a su pueblo. La penitencia expía posibles culpas olvidadas, y el pueblo queda así libre de todo pecado. De esta manera, la ayuda de Dios es segura (Jdt 4 13).

montañas, porque eran el camino obligado hacia Judá. Les sería fácil obstaculizar el paso pues el desfiladero sólo permitía pasar de dos en dos. 8 Los israelitas hicieron lo que les ordenó el sumo sacerdote Joaquín y el consejo de ancianos del pueblo, residentes en Jerusalén.

9 Todos los hombres de Israel clamaron a Dios y se humillaron ante él con gran fervor. 10 Ellos, sus mujeres, sus hijos más pequeños y sus ganados, los extranjeros, los jornaleros y los esclavos se vistieron de luto. 11 Todos los israelitas, las mujeres y los niños que vivían en Jerusalén se postraron ante el templo, se pusieron ceniza en la cabeza y se vistieron de luto ante el Señor. 12 También recubrieron con telas de luto el altar y todos juntos suplicaron fervientemente al Dios de Israel que no entregara sus hijos al saqueo, sus mujeres al pillaje, las ciudades de su pueblo a la destrucción, las cosas santas a la profanación y al ultraje burlón de los paganos.

13 Oyó Dios su clamor y miró su pena. La gente ayunaba día tras día en Judea y en Jerusalén, ante el templo del Señor todopoderoso. 14 Joaquín, el sumo sacerdote, y todos los sacerdotes del servicio del Señor y los ministros del Señor, vestidos de luto, ofrecían el holocausto perpetuo, los sacrificios votivos y las ofrendas espontáneas del pueblo. 15 Cubrían de ceniza sus turbantes y clamaban al Señor con todas sus fuerzas para que salvara a todo Israel.

Informe de Ajior

Jdt 11 9-19; Gn 11 31-12 5; 42 1-5; 46 1-7; Ex 7-14; Jos 3; 2 Re 25; Sal 78

5 1 Holofernes, generalísimo del ejército de Asiria, se enteró de que los israelitas se preparaban para la guerra, de que habían cerrado los pasos de las montañas, fortificado las montañas más altas y que habían colocado obstáculos en las llanuras. 2 Se enfureció y llamó a todos los jefes de Moab, a los generales de Amón y a todos los sátrapas del litoral, 3 y les dijo:

–Cananeos, infórmenme acerca de ese pueblo que habita en las montañas. ¿Cuáles son sus ciudades? ¿Con cuántos soldados cuenta? ¿En qué consiste su poder y su fuerza? ¿Quién es el rey que guía su ejército, 4 y por qué se ha negado a venir a mi encuentro como los demás habitantes de las naciones de occidente?

5 Ajior, jefe de los amonitas, le respondió:

–Señor mío, escucha lo que te dice tu siervo. Te diré la verdad acerca del pueblo que habita esas montañas cercanas a donde te encuentras. No saldrá de mi boca ninguna mentira. 6 Ese pueblo desciende de los caldeos. 7 Habitaron primero en Mesopotamia, porque no quisieron adorar a los dioses de sus antepasados que habitaban en la tierra de los caldeos. 8 Abandonaron la religión de sus antepasados para adorar al Dios del cielo, al que ellos reconocieron como Dios. Los caldeos los expulsaron de la presencia de sus dioses y ellos huyeron a Mesopotamia donde residieron durante mucho tiempo. 9 Su Dios les dijo que dejaran aquel lugar y se fueran a la tierra de Canaán. Habitaron aquí y se llenaron de oro y plata y muchos ganados. 10 Bajaron a Egipto, porque hubo un hambre general en la tierra de Canaán, y se instalaron allí mientras encontraron comida, multiplicándose hasta llegar a ser incontables. 11 El rey de Egipto arremetió contra ellos y los obligó a hacer ladrillos, los humilló y los convirtió en esclavos. 12 Clamaron a su Dios, que hirió a toda la tierra de Egipto con plagas incurables, hasta que los egipcios los echaron de su presencia. 13 Dios secó el mar Rojo ante ellos 14 y los encaminó al Sinaí y Cadés Barnea. Expulsaron a todos los habitantes del desierto, 15 habitaron en tierra de los amorreos y aniquilaron con su poder a todos los jesbonitas. Cuando pasa-

• **5 1-24**: Holofernes se sorprende de la resistencia de Israel; piensa que cuenta con apoyos humanos desconocidos para él. Ajior es un testigo neutral en la confrontación. Está en el ejército de Holofernes, pero cree que Dios es más poderoso que él. Su figura recuerda la de Balaán (Nm 22-24), y su discurso expresa la tesis del autor del libro: Israel es el pueblo de Dios; si no tiene pecado, no será vencido por grande que sea su enemigo. Como esa es su situación real (Jdt 5 19), el pueblo no tiene nada que temer. Basta con que reafirme su fidelidad al Señor, y mantenga su esperanza recordando los ejemplos del pasado (Jdt 5 12-18).

Jdt 5 7-8 alude a una tradición desconocida por el libro del Génesis, según la cual, Abrahán se habría convertido de la idolatría. Dicha tradición podría fundarse en Jos 24 2 y se encuentra desarrollada más explícitamente en el libro apócrifo de los Jubileos y en los escritores judíos posteriores.

ron el Jordán tomaron posesión de toda la zona montañosa, 16 después de expulsar a los cananeos, a los pereceos y jebuseos, a los de Siquén y a todos los guergueseos; y habitaron mucho tiempo en esta región. 17 Mientras no pecaron contra su Dios en todo les fue bien, pues tienen un Dios que odia la injusticia. 18 Pero cuando se apartaron del camino que les había señalado, fueron destruidos en múltiples combates y desterrados a tierras extrañas. El templo de su Dios fue derribado y sus ciudades ocupadas por los enemigos. 19 Ahora se han convertido a su Dios, han retornado del destierro, han recuperado Jerusalén donde está su santuario, y se han establecido en la montaña que estaba deshabitada. 20 Ahora, pues, amo y señor, si ese pueblo es reo de algún delito, si han pecado contra su Dios, comprobémoslo y vayamos a combatir contra ellos. 21 Pero si no han pecado, es mejor que no vaya contra ellos mi señor, porque el Dios de ellos los protegerá y seremos motivo de burla en toda la tierra.

22 Cuando Ajior acabó su discurso, toda la gente que rodeaba la tienda se puso a murmurar. Los magnates de Holofernes, todos los habitantes del litoral y los de Moab querían despedazarlo:

23 –¿Es que nos van a asustar los israelitas, siendo como son gente sin ejército y sin coraje para un combate duro? 24 Subamos, pues, que serán presa fácil para tu ejército, señor nuestro, Holofernes.

Ajior entregado a los israelitas

Dn 3 14-18; Jdt 5 12

6 1 Cuando cesó el tumulto de los que formaban círculo en torno al consejo, Holofernes, generalísimo del ejército de Asiria, dijo a Ajior en presencia de todos los extranjeros y de todos los moabitas:

2 –¿Quién eres tú, Ajior, y ustedes, mercenarios de Efraín, para vaticinar como lo han hecho hoy aquí y decir que no hagamos la guerra a los israelitas, porque su Dios los protege? ¿Qué dios hay fuera de Nabucodonosor? El enviará su ejército y los exterminará de la superficie de la tierra, sin que su Dios pueda ayudarlos. 3 Nosotros, siervos de Nabucodonosor, los aplastaremos como a un solo hombre. No podrán resistir el poder de nuestra caballería. 4 Los exterminaremos a todos, bañaremos en sangre sus montañas y llenaremos sus llanuras de cadáveres; no aguantarán nuestros ataques, sino que serán completamente destruidos. Lo dice el rey Nabucodonosor, el señor de toda la tierra. Ha hablado, y sus palabras no resultarán vanas. 5 En cuanto a ti, Ajior, mercenario amonita, que has dicho estas palabras sin haber reflexionado, no volverás a verme hasta que haya castigado a esta raza escapada de Egipto. 6 Entonces, cuando yo regrese, la espada de mis soldados y la lanza de mis servidores, te atravesarán los costados, y serás uno más entre sus caídos. 7 Mis hombres te llevarán a la montaña y te dejarán en una de las ciudades que hay en sus laderas. 8 Si ellos son aniquilados, tú también perecerás. 9 Pero si de veras esperas que no serán vencidos, no tienes por qué preocuparte. Dicho queda y ni una de mis palabras fallará.

10 Holofernes mandó a los hombres que tenía en la tienda a su servicio, que llevaran a Ajior hasta Betulia y lo entregaran a los israelitas. 11 Lo condujeron, pues, sus siervos fuera del campamento, a la llanura; y de la llanura lo trasladaron a la montaña hasta llegar a las fuentes que había bajo Betulia. 12 Cuando los hombres de la ciudad los divisaron desde la cumbre de la montaña, empuñaron sus armas y salieron fuera de la ciudad. Los honderos impedían la subida de los asirios lanzando piedras sobre ellos. 13 Así que, deslizándose por la falda del monte, ataron a Ajior y le dejaron tendido al pie de la montaña mientras regresaban adonde estaba su señor.

14 Bajaron los israelitas desde su ciudad y se acercaron a él, lo desataron, lo llevaron a Betulia y lo condujeron ante los jefes de la ciudad, 15 que eran, por entonces,

• **6** 1-21: Mientras que Ajior se ha convertido en el portavoz de las acciones victoriosas de Dios para con Israel (Jdt 5 5-21), Holofernes aparece como el representante del nuevo y poderoso antidios: Nabucodonosor (Jdt 6 2-4). Su fe se basa en las armas y en la violencia. Su poder no admite discrepancias. Los israelitas son descritos como una asamblea unida (Jdt 6 16) que responde a las profecías de Holofernes poniendo su esperanza sólo en Dios (Jdt 6 18-19). Desde su experiencia de debilidad radical nace un canto de confianza en aquel que puede salvarlos (véase, en este sentido, la actualización que hace Lc 1 52-54).

Ozías, hijo de Micá, de la tribu de Simeón; Jabrís, hijo de Gotoniel, y Jarmís, hijo de Melquiel. 16 Estos convocaron a todos los ancianos de la ciudad, y acudieron a la asamblea también todos los jóvenes y las mujeres. Pusieron a Ajior en medio de toda la gente y Ozías le preguntó qué había sucedido. 17 Ajior les dio cuenta de lo ocurrido en el consejo de Holofernes, y les refirió lo que él mismo había dicho ante los jefes de los asirios y también las insolentes palabras de Holofernes contra Israel. 18 La gente se postró adorando a Dios y gritaron diciendo:

19 –Señor, Dios del cielo, tú que habitas en lo alto, destruye su soberbia y compadécete de la humillación de nuestra raza; míranos con benevolencia en este día, pues estamos consagrados a ti.

20 Luego consolaron a Ajior y lo felicitaron calurosamente. 21 Desde el lugar de la asamblea, Ozías lo llevó a su casa y celebró un banquete con los ancianos. Durante toda la noche estuvieron invocando la protección del Dios de Israel.

Asedio de Betulia

2 Re 18 13-19; 1 Mac 12 28-29; 1 Re 20 23.28; Lam 2 11

7 1 Al día siguiente, Holofernes ordenó a todo su ejército y a las tropas auxiliares marchar hacia Betulia, ocupar los pasos de las montañas y luchar contra los israelitas. 2 Se pusieron en camino sus guerreros, que eran ciento setenta mil soldados y doce mil jinetes, sin contar los encargados de los víveres y los hombres de a pie que se les habían unido; eran una muchedumbre incontable. 3 Acamparon en el valle junto a Betulia, cerca de la fuente, y se desplegaron a lo ancho desde Dotán hasta Belmain, y a lo largo desde Betulia hasta Ciamón, frente a Esdrelón. 4 Cuando los israelitas vieron aquella enorme multitud se aterrorizaron y se dijeron unos a otros:

–Estos arrasarán toda la tierra, y ni las altas montañas, ni los valles, ni las colinas podrán detener su avance.

5 Empuñaron todos sus armas, encendieron hogueras en las torres y se mantuvieron en vela toda la noche. 6 Al segundo día Holofernes hizo desfilar toda su caballería ante los israelitas de Betulia. 7 Examinó los accesos a la ciudad, inspeccionó las fuentes, se apoderó de ellas y dejó allí una guarnición. Después regresó con los suyos.

8 Los nobles de Esaú, los jefes de Moab y los generales del litoral fueron a decirle:

9 –Escúchanos, amo nuestro, y tu ejército no tendrá bajas que lamentar. 10 Este pueblo de los israelitas no confía tanto en sus lanzas, cuanto en las alturas de las montañas donde habitan, ya que es difícil llegar a las cumbres de sus montañas. 11 Por eso, señor, no te enfrentes a ellos en combate abierto para que no caiga ni un solo hombre de tu gente. 12 Permanece en el campamento, y ten en guardia a todos los hombres de tu ejército. Que tus soldados ocupen la fuente de agua que mana al pie de la montaña, 13 ya que allí se abastecen de agua todos los habitantes de Betulia. Los acosará la sed y entregarán la ciudad. Nosotros y nuestra gente subiremos hasta las cumbres de las montañas cercanas y acamparemos allí, para que no salga de la ciudad ni un solo hombre. 14 Morirán de hambre ellos, sus mujeres y sus hijos; antes de que los alcance la espada quedarán tendidos en las plazas de la ciudad. 15 Castigarás así severamente su rebeldía, por no haber salido a tu encuentro en son de paz.

16 Agradó el consejo a Holofernes y a sus servidores, y ordenó actuar conforme a él. 17 Los amonitas se pusieron en camino, junto con cinco mil asirios, y acamparon en el valle apoderándose de los manantiales y de las fuentes de los israelitas. 18 Subieron los de Esaú con los amonitas y acamparon en la montaña frente a Dotán. Enviaron algunos al sur y al este, frente a

• **7** 1-32: Los israelitas se encuentran desconsolados y aterrorizados (Jdt 7 4a.19). Parece que Dios los ha abandonado a su suerte (Jdt 7 23-25; véase el parecido con las quejas del pueblo en el desierto: Ex 16 3; 17 1-3; Nm 14 1-4). El ejército de Holofernes es semejante a una fuerza cósmica destructora (véase Jdt 7 4 como descripción del paso de una plaga de langostas) que cae sobre la ciudad de Dios. La mentalidad apocalíptica del autor describe una situación opresiva y asfixiante; ante sí parece tener la imagen de la persecución política, cultural y religiosa que sufrió Israel con Antíoco IV Epífanes. La única solución, si queda alguna, es que Dios actúe (Jdt 7 29-31; un ejemplo histórico de esta actuación puede verse en Jue 2 11-19, suscitando un libertador).

Egrebel, junto a Cus, sobre el torrente Mocmur. El resto del ejército de los asirios acampó en la llanura cubriendo todo el territorio. Sus tiendas y armas formaban un inmenso campamento, pues eran una multitud muy numerosa.

19 Los israelitas invocaron al Señor su Dios totalmente desanimados al ver que sus enemigos los habían cercado y no había escape posible. 20 El ejército de Asiria con sus soldados de a pie, sus jinetes y sus carros de guerra, los tuvieron cercados durante treinta y cuatro días, de modo que el agua se agotó en Betulia. 21 Los pozos quedaron vacíos, y ni un solo día podían beber a satisfacción, ya que el agua estaba racionada. 22 Los niños languidecían, las mujeres y los jóvenes desfallecían consumidos por la sed, y caían en las plazas de la ciudad y junto a las puertas. Estaban ya todos al límite de sus fuerzas. 23 El pueblo entero, jóvenes, mujeres y niños, se amotinó entonces contra Ozías y contra los jefes de la ciudad, clamando y gritando ante los ancianos:

24 –Que Dios sea nuestro juez. Nos han causado un gran daño al no entrar en conversaciones de paz con los asirios. 25 Ahora ya nadie nos protege, pues Dios nos ha entregado a ellos para que muramos de sed, agotados completamente. 26 Llámenlos, pues, y entréguenles la ciudad para que sea saqueada por el ejército de Holofernes. 27 Es preferible entregarnos; seremos sus esclavos, pero podremos vivir y no tendremos que ver con nuestros propios ojos cómo mueren nuestros pequeños, ni cómo expiran nuestras mujeres y nuestros hijos. 28 Les pedimos, invocando al cielo y a la tierra y al Dios y Señor de nuestros antepasados que nos está castigando por nuestros pecados y por los de nuestros antepasados, que hagan sin más tardanza lo que acabamos de proponerles.

29 Toda la asamblea se conmovió profundamente y, todos a una, invocaron a gritos al Señor Dios. 30 Ozías les dijo:

–Tengan paciencia, hermanos; resistamos todavía cinco días, durante los cuales el Señor Dios regresará a mostrarnos su misericordia. Seguro que no nos abandonará definitivamente. 31 Si pasan estos cinco días y no nos llega ayuda, haré lo que han dicho.

32 Y ordenó al pueblo que cada uno regresara a su puesto. Unos se fueron a las murallas, otros a las torres de la ciudad; a las mujeres y a los niños los mandó a sus casas. En la ciudad todos estaban profundamente desconsolados.

3. La liberación. Intervención de Judit ◊

Presentación de Judit

Bar 4 12-16; Lc 2 36-37

8 1 En aquellos días se enteró de lo que estaba pasando Judit, hija de Merarí, hijo de Ox, hijo de José, hijo de Oziel, hijo de Jelcías, hijo de Ananías, hijo de Gedeón, hijo de Rafaín, hijo de Ajitob, hijo de Elías, hijo de Jelcías, hijo de Eliab, hijo de Natanael, hijo de Salamiel, hijo de Sarasaday, hijo de Israel.

2 Su marido, Manasés, de su misma tribu y familia, había muerto durante la cosecha de la cebada. 3 Estaba vigilando a los que ataban las gavillas en el campo cuando fue presa de una insolación, tuvo que acostarse y murió en Betulia, su ciudad. Fue enterrado con sus padres en el campo que hay entre Dotán y Balamón. 4 Desde hacía tres años y cuatro meses Judit era viuda, y vivía en su casa. 5 Se había hecho una habitación sobre la terraza de su casa. Mortificaba su cuerpo y vestía de luto. 6 Desde que enviudó ayunaba todos los días, salvo los sábados y sus vísperas, el primer día de cada

◊ **8 1-16 25**: Cuando todo parece estar perdido para Betulia, aparece Judit, la protagonista del libro. Es presentada solemnemente para destacar su importancia, y Jdt 9 2 la relaciona con la tribu de Simeón, pues Judit va a repetir la venganza de su antepasado contra los que violaron a Dina (Gn 34). *Judit* significa "judía". Se presenta como viuda y heredera de la gran fortuna de su marido que administra justamente. Simboliza la figura de Judá desolada (véase Lam 1 1; Jr 18 21; Bar 4 12.16) y abandonada por el Señor, esposo de Israel (Os 1 2; Is 1 21; Jr 2 2; Ez 16; Is 50 1; 54 5-7; 62 4-5); pero aquí aparece fiel a Dios y confía en él. Ella salvará al pueblo como Yael (Jue 4 17-22) y, como Débora, será madre del pueblo (Jue 5 7; véase Is 49 21).

• **8 1-8**: Con breves trazos (genealogía, muerte de su marido y rectitud de vida) el autor presenta vigorosamente la figura de Judit. Las armas de Judit son la prudencia, la oración, el ayuno, la fidelidad a la ley, la audacia y la belleza. Los cuarenta meses de viudez de Judit (Jdt 8 4) aluden a los cuarenta años del pueblo de Israel en el desierto antes de entrar en la tierra prometida.

mes y sus vísperas, y las fiestas y conmemoraciones de Israel. 7 Tenía una bella figura y era atractiva. Manasés, su marido, le había dejado oro y plata, criados y criadas, ganados y fincas, que ella administraba. 8 Nadie hablaba mal de ella, porque era muy religiosa.

Judit y los ancianos

Job 38 2; 42 3; Sal 139 16-17; Rom 11 33-34; Sal 78 56-64; Jr 7 17-20; Dt 9 3; 31 3; 1 Sm 17 37

9 Judit se enteró de que el pueblo, desalentado por la falta de agua, se había amotinado contra sus jefes. Y se enteró también de que Ozías les había jurado que entregaría la ciudad a los asirios al cabo de cinco días. 10 Entonces envió a su criada, la administradora de todos sus bienes, a llamar a Jabrís y Jarmís, ancianos de su ciudad. 11 Cuando llegaron les dijo:

–Escúchenme, jefes de los habitantes de Betulia. No es acertado lo que hoy han dicho al pueblo. Han jurado entregar la ciudad a sus enemigos si el Señor no les envía antes ayuda. 12 ¿Pero quiénes son ustedes para poner a prueba a Dios y suplantarlo públicamente? 13 ¡Se han atrevido a poner a prueba al Dios todopoderoso, ustedes que no saben nada de nada! 14 Si no son capaces de descubrir el fondo del corazón del hombre ni de captar sus pensamientos, ¿cómo quieren comprender a Dios, creador de todas las cosas? ¿Cómo van a penetrar su pensamiento y conocer su designio? No irriten al Señor nuestro Dios. 15 Porque si no quiere ayudarnos en esos cinco días, tiene poder para hacerlo cuando quiera o para destruirnos ante nuestros enemigos. 16 No exijan garantías al Señor nuestro Dios, pues Dios no es como un hombre, al que se puede amenazar y presionar. 17 Por tanto, esperemos de él la salvación, solicitemos su ayuda y si le parece bien nos escuchará. 18 Porque no existe hoy en día entre nosotros tribu, clan, pueblo o ciudad que adore a dioses fabricados por el hombre, como sucedió en tiempos pasados. 19 Precisamente por eso nuestros antepasados fueron entregados a la espada y al saqueo y sucumbieron ante nuestros enemigos. 20 Pero nosotros no hemos reconocido a ningún otro Dios fuera de él; esperamos, por tanto, que no nos abandonará ni a nosotros ni a nuestro pueblo. 21 Si nosotros somos conquistados, toda Judea será conquistada, nuestro santuario será saqueado y Dios nos pedirá cuentas de su profanación. 22 Cuando estemos sirviendo como esclavos en medio de otros pueblos, nos sentiremos responsables de la matanza de nuestros hermanos, de la esclavitud a la que habrá sido sometido el país, de la desolación de nuestro pueblo y seremos la burla y la mofa de nuestros dueños, 23 porque nuestra esclavitud no nos deparará ningún bien sino que el Señor nuestro Dios nos la impondrá como deshonra.

24 Hermanos, seamos ahora un ejemplo para nuestros compatriotas, porque su vida depende de nosotros y el santuario, el templo de Dios y el altar tienen puesta su confianza en nosotros. 25 Por todo esto demos gracias al Señor nuestro Dios, que nos pone a prueba como también puso a prueba a nuestros antepasados. 26 Recuerden lo que hizo con Abrahán, cómo puso a prueba a Isaac, y lo que le aconteció a Jacob en Mesopotamia de Siria, cuando apacentaba los rebaños de Labán, el hermano de su madre. 27 A ellos los purificó con fuego para probar su corazón. No ha llegado a tanto con nosotros, no nos ha castigado, pues el Señor pone a prueba a los que se acercan a él para prepararlos.

28 Ozías le contestó:

–Cuanto has dicho está lleno de sensatez y nada hay que oponer a tus palabras. 29 No es hoy cuando se ha manifestado tu sabiduría, ya que desde que eras pequeña el pueblo conoce tu inteligencia y tu buen corazón. 30 Pero el pueblo está muriendo de sed y nos ha obligado a hacer lo que les

• **8 9-36**: El discurso de Judit, como anteriormente el de Ajior (Jdt 5 5-21), se sitúa en el plano teológico: la fidelidad a Dios es la única fuerza que posee el pueblo de Israel (Jdt 5 21 y 8 20). La defensa de la ciudad tiene que basarse en la oración confiada (Jdt 8 17) y centrarse en la salvaguarda del templo y de la libertad religiosa del pueblo (Jdt 8 21-22). Sufrir con valentía estas dificultades es avanzar en la imprescindible purificación que necesita el corazón para acercarse a Dios (Jdt 8 25-27). Los jefes de Israel, por el contrario, se sitúan en el plano político-práctico que aconseja una rendición con los menores costos posibles. Ambas formas de ver la realidad quedan en suspenso ante la acción liberadora que pretende realizar Judit, en la línea de los caudillos y profetas de Israel (Jdt 8 33).

hemos dicho y a comprometernos con un
juramento que ahora no podemos transgredir. 31 Tú, que eres una mujer piadosa, pide
por nosotros para que el Señor envíe la lluvia, se llenen nuestras cisternas y no perezcamos.

32 Judit les dijo:

–Escúchenme: Voy a hacer una cosa que
se contará de generación en generación
entre los descendientes de nuestro pueblo.
33 Quédense esta noche a la puerta; yo saldré con mi criada y, antes de que se cumpla el plazo que han fijado para entregar la
ciudad a nuestros enemigos, el Señor se
servirá de mí para liberar a Israel. 34 Pero
no intenten averiguar mis planes, porque no
se los comunicaré hasta que se realicen.

35 Ozías y los jefes le dijeron:

–Vete en paz, y que el Señor Dios te
guíe para que puedas vengarte de nuestros
enemigos.

36 Dejaron la habitación, y se fueron a
sus puestos.

Oración de Judit

Gn 34; Is 46 9-13; Sal 33 16-17; Jue 7 4-7;
Jdt 10 4; 11 21.23; 16 6.9; Est 14 1-19

9 1 Judit se postró rostro en tierra, se echó
ceniza en la cabeza y dejó ver el vestido penitencial que llevaba puesto. Era la
hora en que en el templo de Dios en Jerusalén se ofrecía el incienso de la tarde. Judit
invocó al Señor a gritos diciendo:

2 Señor, Dios de mi antepasado Simeón,
a quien pusiste en la mano una espada
para vengarse de los extranjeros
que violaron una virgen,
la ultrajaron, la desnudaron
y la cubrieron de vergüenza;
que profanaron su seno
y la deshonraron;
tú habías dicho: «No será así»,
pero ellos lo hicieron.
3 Por eso entregaste sus jefes a la muerte
y, mediante engaño,
ensangrentaste su lecho,
que había servido para engañar.
Aniquilaste a esclavos y poderosos,
y a los poderosos en sus mismos tronos.
4 Hiciste a sus mujeres objeto de rapiña
y esclavas a sus hijas;
repartiste sus bienes
entre tus hijos amados,
que inflamados por tu celo,
ante la horrible ofensa
inferida a su sangre,
te invocaron para que los ayudaras.
5 ¡Escucha, Dios mío, a esta viuda!
Tú hiciste el pasado,
el presente y el futuro.
Tú proyectas el pasado y el futuro.
Todo lo proyectado ha sucedido,
y tus planes se presentan
ante ti diciendo:
«Aquí estamos, a tu disposición».
6 Pues todos tus caminos
están preparados
y tus decisiones previstas de antemano.
7 Los asirios se sienten fuertes
por su ejército,
se engríen por sus caballos y jinetes,
se enorgullecen
del vigor de su infantería,
confían en el escudo, en la lanza,
en el arco y en la honda;
pero no se dan cuenta
de que tú eres el Señor
que decide las guerras.
8 Tu nombre es el Señor.
Destroza con tu fuerza su poder
y hunde su dominio con tu ira,
porque quieren profanar tu santuario,
manchar la tienda
donde mora la gloria de tu nombre
y derribar con hierros
las esquinas del altar.
9 Mira su soberbia,
descarga tu cólera sobre sus cabezas
y concede a esta viuda
poder realizar lo que ha planeado.
10 Que mi lengua seductora
sirva para golpear al esclavo con su jefe
y al jefe con su criado.

• **9 1-14:** Judit, como Ester (véase Est 4 17j-x), se prepara para su intervención con una plegaria. Las hazañas de Israel auxiliado por Dios, cuando era un pueblo débil y fue ultrajado, centran esta oración. El Señor de la creación y de la historia (Jdt 9 12) es fuente de esperanza para una nación que sufre la soberbia del terrible enemigo. El episodio del rapto y violación de Dina, y la posterior venganza de sus hermanos (Jdt 9 2; véase Gn 34) se convierte en el modelo de la situación de Judá. Aquí la «violación» no ha sido aún consumada, y por esto la ciudad puede seguir llamándose Betulia (es decir, "virgen"; uno de entre los posibles significados de este nombre).

Que mi mano de mujer
quebrante su arrogancia.
11 Tu poder no está en el número,
ni tu señorío se apoya en los guerreros,
sino que eres Dios de los humildes,
ayuda de los pequeños,
defensor de los débiles,
protector de los abandonados,
salvador de los desesperados.
12 Tú que eres el Dios de mi antepasado
y el Dios del pueblo de Israel,
el dueño del cielo y de la tierra,
el creador de las aguas
y el rey de toda la creación;
escucha mi súplica
13 y dame palabras seductoras,
para herir mortalmente
a los que han decidido
cosas tan atroces contra tu alianza,
contra tu santa casa del monte Sión,
la casa de tus hijos.
14 Haz que todo tu pueblo
y todas las tribus
vean y reconozcan que tú eres Dios,
Dios omnipotente y dominador,
y que no hay fuera de ti
ningún otro protector
de la raza de Israel.

Judit llega al campamento enemigo

Jdt 9 13; Jr 27 6; Jdt 5 5

10 1 Cuando acabó de invocar al Dios de
Israel y terminó su plegaria, 2 Judit se
levantó del suelo, llamó a su criada y bajó
a su casa, en la que solía pasar los sábados
y las fiestas; 3 se quitó el vestido penitencial que llevaba puesto y dejó los vestidos
de viuda. Se bañó, se perfumó, se peinó,
adornó su cabeza con una diadema y se
vistió de fiesta, como solía hacer cuando
vivía su marido Manasés. 4 Se puso las sandalias, se adornó con collares, pulseras,
anillos, aretes y todas sus joyas; y se arregló con esmero para ser capaz de seducir a
los hombres que la vieran. 5 Luego dio a su
criada una bota de vino y una botella de
aceite y, después de llenar los morrales con
pan de cebada, pastel de frutas secas y panes
puros, envolvió todos los paquetes y se los
entregó a la criada.
6 Al salir por la puerta de Betulia se encontró con Ozías, que estaba allí con Jabrís
y Jarmís, ancianos de la ciudad. 7 Cuando
la vieron con aquel rostro tan cambiado y
con aquellos vestidos, quedaron cautivados
por su belleza y le dijeron:
8 –El Dios de nuestros antepasados te
favorezca y lleve a término lo que vas a
hacer para gloria de los israelitas y exaltación de Jerusalén.
9 Ella adoró a Dios y les dijo:
–Manden que me abran la puerta de la
ciudad. Voy a salir para llevar a cabo lo
que hemos planeado.
Entonces mandaron a los jóvenes que
abrieran. 10 Ellos lo hicieron así, y Judit
salió con su criada. Los de la ciudad la seguían con la mirada mientras bajaba por la
falda de la montaña hasta que atravesó el
valle, y después la perdieron de vista.
11 Iban deprisa por el valle cuando les
salió al paso una patrulla de los asirios.
12 La detuvieron y le preguntaron:
–¿De qué nación eres? ¿De dónde vienes y adónde vas?
Ella contestó:
–Soy hebrea y huyo de los hebreos, porque están a punto de caer en las manos de
ustedes. 13 Voy a presentarme a Holofernes,
generalísimo del ejército, para darle información precisa. Le mostraré un camino para
que pueda pasar y apoderarse de toda la
montaña sin que perezca ninguno de sus
hombres.
14 Al oírla y al ver su rostro radiante de
belleza, le dijeron:
15 –Has salvado tu vida al apresurarte a
bajar hasta la presencia de nuestro señor.
Vete a su tienda. Algunos de los nuestros te
escoltarán hasta allí. 16 Cuando estés ante

• **10 1-19**: El autor se sirve de este relato, elaborado con gran maestría literaria, para transportar al lector desde el escenario de la ciudad de Betulia al campamento de Holofernes. Judit pasa a la acción. Como no quiere caer en impureza legal comiendo alimentos elaborados por paganos, lleva consigo sus provisiones. Su aspecto es semejante al de un jefe militar victorioso, que causa expectación entre los israelitas (Jdt 10 7.10) y los asirios (Jdt 10 18). Sus armas, en cambio, son la confianza en el Señor y su belleza (Jdt 10 4.7.9.14.19). El tema de la belleza es importante y aparece otras veces en este libro (Jdt 8 7; 10 23; 11 21.23; 12 16.20). Judit recorre el mismo camino lleno de peligros que la esposa del Cantar de los Cantares (Cant 2 1-5; 5 2-9). Ambas buscan conseguir su felicidad que para la primera está en la liberación de Israel, y para la segunda, en los brazos del amado.

él, no tengas miedo, repítele lo que nos has dicho y te tratará bien.

17 Eligieron a cien hombres que escoltaron a Judit y a su criada hasta la tienda de Holofernes.

18 La noticia de su llegada se extendió por todo el campamento y se originó un gran revuelo. Mientras Judit aguardaba junto a la tienda de Holofernes, en espera de audiencia, 19 los soldados merodeaban en torno a ella admirando su belleza y comentando cómo serían los israelitas si ella era así. Se decían unos a otros:

–¿Quién puede despreciar a un pueblo que tiene mujeres tan bellas? No debemos dejar con vida ni a uno solo de sus hombres, pues los que quedaran serían capaces de engañar a toda la tierra.

Judit ante Holofernes

Jdt 10 13; 9 13; 10 5; Dn 1 8

20 La guardia personal de Holofernes y sus ayudantes de campo salieron e hicieron entrar a Judit en la tienda. 21 Holofernes descansaba en su lecho que tenía una cubierta de púrpura y oro con esmeraldas y piedras preciosas entretejidas. 22 Le anunciaron la llegada de Judit, y salió a la entrada de la tienda precedido de lámparas de plata. 23 Cuando Judit llegó ante él y sus servidores, quedaron todos cautivados por la belleza de su rostro. Ella se postró en tierra ante Holofernes, pero sus sirvientes la levantaron.

11 1 Holofernes le dijo:

–Animo mujer, no tengas miedo. Yo nunca he hecho daño a quien haya estado dispuesto a servir a Nabucodonosor, rey de toda la tierra. 2 Incluso si tu pueblo, los que habitan en la montaña, no me hubieran despreciado, no habría levantado mi lanza contra ellos. Se lo han buscado ellos mismos. 3 Dime ahora por qué has huido de ellos y te has pasado a nosotros, pues al venir, has salvado la vida. Ten confianza, que ni esta noche ni en adelante correrás peligro alguno. 4 Nadie te hará daño; todos te tratarán bien como corresponde a los servidores de mi señor, el rey Nabucodonosor.

5 Judit le contestó:

–Escucha lo que tu sierva quiere decirte. No mentiré esta noche a mi señor. 6 Si sigues el consejo de tu sierva, Dios hará que sus planes sobre ti se cumplan totalmente; mi señor no fracasará en su intento. 7 ¡Viva Nabucodonosor, rey de toda la tierra! ¡Viva su poder, que te envió para poner en orden a todos los vivientes! Gracias a ti, no sólo estarán a su servicio todos los hombres, sino también las fieras del campo, los ganados y las aves del cielo. 8 Nos ha llegado el rumor de tu sabiduría y de la astucia de tu mente, y se ha pregonado por toda la tierra que tú eres único en todo el reino por tu competencia, capaz por tu saber y admirable en el arte de la guerra. 9 Conocemos el discurso que pronunció Ajior en tu consejo. Hemos oído sus palabras, porque lo salvaron los hombres de Betulia y les contó todo lo que te había dicho. 10 Por eso, amo y señor, no desprecies sus palabras y hazle caso, porque es verdad que los nuestros no serán castigados ni la espada podrá dominarlos a no ser que pequen contra su Dios. 11 Pero mi señor no tiene por qué sentirse decepcionado ni fracasado. El pecado los ha atrapado e irritan a su Dios cada vez que cometen alguna locura; la muerte está cayendo sobre ellos. 12 Como les faltaron los alimentos y se hizo escasa el agua, decidieron echar mano a sus ganados y determinaron consumir todo lo que Dios con sus leyes les tenía prohibido comer. 13 Resolvieron consumir también las primicias del trigo y los diezmos del vino y el aceite, que son cosas sagradas y están reservadas a los sacerdotes que residen en Jerusalén en presencia de nuestro

• **10 20-12 4**: El lujo y la sensualidad de Holofernes contrastan con la vida ascética de Judit (Jdt 8 5-8). Todo el diálogo es un juego continuo de ironía, sobreentendidos y equívocos. Holofernes está satisfecho y ofrece su "salvación" a Judit: la vida a cambio de la esclavitud y la deshonra. Su vocabulario es propio de un profeta, pues otorga carácter divino a Nabucodonosor y a su poder. Judit, por su parte, mezcla verdad y mentira. Sus verdades son para el lector, sus mentiras para Holofernes. El lector sabe distinguir y se siente advertido: la observancia legal es la garantía del triunfo. El doble sentido de la afirmación de Judit en Jdt 11 16 es claro. Judit se siente enviada por Dios y permanece fiel a él. Ha jurado falsamente, pero lo ha hecho en nombre de Nabucodonosor (Jdt 11 7), y da culto sólo a Dios, que es quien da la victoria o la derrota (Jdt 11 17). Judit habla como una profetisa y anuncia a Holofernes cosas que son propias de la dinastía davídica y del mismo Señor (Jdt 11 19; véase 1 Re 22).

Dios, y que ningún profano puede tocar
con sus manos. 14 Han enviado mensajeros
a Jerusalén, para obtener permiso del consejo de ancianos, porque también los que
residen allí hacen lo mismo. 15 En cuanto
lo traigan lo utilizarán y entonces, en ese
mismo día, caerán en tus manos y los aniquilarás. 16 Por eso yo, tu sierva, enterada
de todas estas cosas, he huido de ellos.
Dios me ha enviado para que haga contigo
una hazaña que asombrará a cualquiera
que la oiga. 17 Tu sierva es una mujer piadosa, que sirve noche y día al Dios del
cielo. Mientras esté contigo, señor mío, tu
sierva saldrá cada noche al valle a orar a
Dios hasta que él me diga cuándo han cometido ya esos pecados. 18 Entonces vendré y te lo comunicaré; tú saldrás con todo
tu ejército y ninguno de ellos podrá resistir
ante ti. 19 Te conduciré por medio de Judea
hasta que llegues ante Jerusalén y pondré
tu trono en medio de ella. Los conducirás
como ovejas que no tienen pastor, y ni siquiera los perros ladrarán contra ti. Todo
esto me ha sido revelado anticipadamente,
y he sido enviada para anunciártelo.

20 Estas palabras agradaron a Holofernes y a todos sus servidores. Se admiraron
de su sabiduría y dijeron:

21 –No hay en toda la tierra una mujer
que pueda compararse a ésta en belleza y
prudencia.

22 Entonces le dijo Holofernes:

–¡Qué bien ha hecho Dios enviándote
por delante de tu pueblo para darnos el
poder a nosotros y arruinar a los que desprecian a mi señor! 23 Eres bella y elocuente; si haces lo que has dicho, tu Dios
será mi Dios. Tú residirás en la casa de
Nabucodonosor y serás famosa en toda la
tierra.

12 1 Holofernes mandó conducirla a donde tenía la vajilla de plata y ordenó
que se le sirviera de su propia comida y
que bebiera de su propio vino. 2 Pero Judit
le dijo:

–No comeré esos manjares para no caer
en pecado; comeré de lo que he traído.

3 Entonces Holofernes le dijo:

–Pero si se acaban las provisiones, ¿cómo podemos traerte más si no hay entre
nosotros nadie de tu raza?

4 Y Judit contestó:

–¡Por tu vida, señor mío, que no acabaré
mis provisiones antes de que el Señor realice a través de mí lo que tiene planeado!

Judit se mantiene fiel a la ley

5 Los servidores de Holofernes llevaron
a Judit a la tienda y durmió hasta la medianoche. Hacia la vigilia matutina se levantó
6 y mandó decir a Holofernes:

–Ordena, señor mío, que permitan a tu
sierva salir para orar.

7 Holofernes mandó a su guardia personal que no se lo impidiera.

Judit permaneció en el campamento durante tres días, y cada noche salía al valle
de Betulia y se bañaba en la fuente, cerca
del campamento. 8 Mientras regresaba, suplicaba al Señor, Dios de Israel, que guiara
sus pasos para cubrir de gloria a los hijos
de su pueblo. 9 Una vez purificada, permanecía en la tienda hasta que al atardecer le
traían su alimento.

Banquete de Holofernes

10 El cuarto día Holofernes ofreció un
banquete únicamente para sus servidores,
sin invitar a ninguno de sus oficiales. 11 Dijo entonces al eunuco Bagoas, su mayordomo:

–Anda, vete y convence a esa mujer hebrea que está a tu cargo para que venga a
comer y a beber con nosotros. 12 Porque
sería vergonzoso dejar ir a una mujer como
esa sin haberme acostado con ella. Si no la
conquisto, se va a reír de mí.

13 Salió Bagoas de la presencia de Ho-

• **12 5-9**: Estas entradas y salidas de Judit a horas poco comunes están preparando el ambiente para su huida; al mismo tiempo sirven para dar normas sobre purificaciones y momentos señalados para la oración.

Judit se muestra, una vez más, fiel ante la ley. La belleza y la astucia no bastan; también son precisos el ayuno y la oración.

• **12 10-20**: Es el último día del plazo marcado por los habitantes de Betulia. Un día más sin que llegue la salvación y tendrán que entregarse. Holofernes aparece más fuerte que nunca, está decidido a "forzar" a la viuda y a "violar" a Betulia. El autor elabora esta escena del banquete con ironía y humor. Judit, que participa sin comer nada impuro, es capaz de emborrachar a Holofernes. Bebida, orgullo y pasión ciegan al más poderoso de los generales. El desenlace está a punto de producirse.

lofernes, llegó a donde estaba Judit y le
dijo:
–Que esta hermosa mujer venga sin dudar junto a mi señor para ser honrada por
él y para beber y divertirse con nosotros en
este día, como las asirias que residen en el
palacio de Nabucodonosor.
14 Judit le dijo:
–No soy quien para oponerme a mi señor. Haré en seguida lo que él guste y eso
será para mí motivo de alegría hasta el día
de mi muerte.
15 Inmediatamente comenzó a embelle-
cerse con todas sus joyas de mujer. Luego
su criada fue delante y extendió en el suelo
ante Holofernes las pieles de oveja que le
había dado Bagoas para su uso diario, con
el fin de que comiera reclinada sobre ellas.
16 Cuando Judit entró y se recostó, el corazón de Holofernes latió con fuerza, su ánimo se turbó y sintió un ardiente deseo de
acostarse con ella, pues estaba aguardando
la ocasión de seducirla desde el día en que
la vio. 17 Holofernes le dijo:
–Bebe y diviértete con nosotros.
18 Judit contestó:
–Claro que beberé, señor, porque desde
el día en que nací jamás la vida me ha parecido tan bella como hoy.
19 Y comió y bebió ante él lo que le había preparado su criada. 20 Holofernes estaba entusiasmado con ella y bebió como
jamás lo había hecho desde el día en que
nació.

Muerte de Holofernes

Jue 4 17-22

13 1 Cuando se hizo tarde, los siervos de
Holofernes se apresuraron a salir. Bagoas hizo que dejaran solo a su señor y cerró la tienda por fuera; estaban todos extenuados, porque habían bebido en exceso, y
fueron a acostarse. 2 Sólo quedaron en la
tienda Judit y Holofernes, que estaba tum-
bado en su lecho totalmente borracho. 3 Judit había dicho a su criada que se quedara
fuera de la alcoba y que esperara a que ella
saliera como los demás días, pues saldría
para hacer oración como había dicho a Bagoas. 4 Salieron todos de la alcoba y no
quedó en ella nadie, ni pequeño ni grande.
Entonces Judit, de pie junto al lecho de
Holofernes, oró así en su interior:
–Señor, Dios omnipotente, fíjate ahora
en lo que voy a realizar para exaltación de
Jerusalén; 5 porque éste es el momento de
ayudar a tu heredad y de ejecutar mi plan
para destruir a los enemigos que se han levantado contra nosotros.
6 Avanzó hacia el poste que estaba a la
cabecera de Holofernes, tomó su espada,
7 se acercó a la cama, lo agarró por la cabellera y dijo:
–Fortaléceme en este momento, Señor,
Dios de Israel.
8 Le dio dos golpes en el cuello con toda su fuerza y le cortó la cabeza. 9 Hizo
rodar su cuerpo fuera del lecho y desen-
ganchó de los postes la cubierta. Salió rápidamente y entregó a su criada la cabeza
de Holofernes; 10 ella la colocó en el morral de sus provisiones, y salieron las dos
juntas para rezar como acostumbraban.
Atravesaron el campamento, bordearon el
valle y subieron la montaña de Betulia hasta que llegaron a sus puertas.

Judit descubre su hazaña al pueblo

Ex 15 1-2; Sal 68 2-4; 98 1-3

11 Judit gritó desde lejos a los centinelas:
–¡Abran, abran la puerta! Dios, nuestro
Dios, está con nosotros, demostrando su
fuerza en Israel y su poder contra todos sus
enemigos. Acaba de hacerlo hoy.
12 Cuando los habitantes de la ciudad

• **13 1-10**: Lo mismo que Israel está a merced del ejército asirio, así también Judit está a merced de Holofernes. Pero Holofernes, dominado por sus bajos instintos, yace borracho de vino y soberbia. Judit, incontaminada y fiel al Señor, está serena. Su oración expresa el sentido religioso de la acción que va a realizar.

Holofernes perece ignominiosamente a manos de una mujer. Su cabeza y la cubierta de su cama, símbolos de su poder, son los trofeos que Judit toma para demostrar su hazaña, que recuerda la de Yael (Jue 4 17-23) y la de David (1 Sm 17 51). Esta victoria es victoria de Dios y ocasión para manifestar su gloria.

• **13 11-16**: La victoria de Judit es una muestra más de la constante protección del Señor en favor de su pueblo. Las alusiones al éxodo son constantes: esta misma noche (Jdt 13 14; véase Ex 12 12).

Dina, la hermana de Simeón fue deshonrada y vengada, pero Judit ha vengado a su pueblo antes de que se consumara la violación (véase nota a Jdt 8-16).

oyeron su voz, bajaron corriendo a la puerta de la ciudad y llamaron a los ancianos.
13 Acudieron todos, pequeños y grandes,
porque no acababan de creer que ella hubiera regresado. Abrieron la puerta, las recibieron y, después de encender fuego para
ver bien, se agruparon en torno a ella. 14 Judit les dijo a gritos:
–¡Alaben a Dios, alábenlo! Alaben a
Dios que no ha apartado su misericordia de
Israel, sino que ha derrotado esta noche a
nuestros enemigos sirviéndose de mí.
15 Sacó la cabeza del morral y la mostró
diciendo:
–Miren la cabeza de Holofernes, generalísimo del ejército asirio, y miren la cubierta bajo la que dormía sus borracheras.
El Señor lo ha herido por medio de una
mujer. 16 Juro por el Señor que ha protegido mis pasos, que fue mi rostro el que le
sedujo para su perdición, pero no llegó a
pecar conmigo. Eso hubiera sido para mí
denigrante y deshonroso.

Alabanzas a Dios y a Judit

Jue 5 24; Lc 1 28.42.48

17 El pueblo quedó totalmente sorprendido, se postró, adoró a Dios y exclamó
unánime:
–Bendito eres, Dios nuestro, que en este
día has aniquilado a los enemigos de tu
pueblo.
18 Ozías le dijo:
–Hija, que te bendiga el Dios Altísimo
entre todas las mujeres de la tierra. Bendito sea el Señor Dios que creó el cielo y la
tierra y te guió para que golpearas la cabeza del jefe de nuestros enemigos. 19 Cuantos recuerden esta hazaña de Dios jamás
perderán la esperanza que tú inspiras.
20 Que Dios te engrandezca eternamente y
te colme de bienes, ya que no has temido
poner en peligro tu vida al ver la humillación de tu pueblo; al contrario, has acudido
a remediar nuestra ruina, actuando así rectamente ante Dios.
Y todo el pueblo respondió:
–¡Así sea, así sea!

Culminación de la victoria

Dt 23 4-5; Is 56 3-8; Jdt 13 15; 16 5-9; Jue 9 54;
Est 9 5.16; Jue 3 12-30

14 1 Judit les dijo:
–Escúchenme, hermanos. Tomen la
cabeza y cuélgenla en las torres de su muralla. 2 En cuanto despunte el alba y salga
el sol sobre la tierra, tomen las armas y salgan de la ciudad todos los que puedan pelear con un jefe al frente; finjan que se dirigen a la llanura contra la vanguardia de los
asirios, pero no bajen. 3 Los asirios tomarán sus armas e irán al campamento a despertar a los generales de su ejército. Estos
correrán a la tienda de Holofernes, pero no
lo encontrarán. Se llenarán de terror y huirán ante ustedes. 4 Ustedes y todos los habitantes del territorio de Israel los perseguirán para destruirlos mientras huyen. 5 Pero
antes llamen a Ajior, el amonita, para que
vea e identifique al que se reía de Israel y
lo envió a morir entre nosotros.
6 Llamaron a Ajior, que estaba en la casa de Ozías. Cuando llegó y vio la cabeza
de Holofernes en manos de un hombre de
la asamblea, cayó de bruces y perdió el
sentido. 7 Una vez que lo reanimaron, se
arrojó a los pies de Judit y, postrado ante
ella, dijo:
–Que te bendigan en todas las moradas
de Judá y en todos los pueblos. Cuantos
oigan tu nombre se asombrarán. 8 Cuéntame ahora qué has hecho estos días.

• **13 17-20**: Si a la salida Judit fue bendecida para que llevara a cabo su hazaña (Jdt 10 8), ahora es bendecida por su triunfo. Este texto se aplica a María en la liturgia, junto al de Jdt 15 8-10. A través de ambas mujeres ha actuado el Señor. Son modelos de fidelidad y oración. Representan a Israel y a la Iglesia (Jdt 14 1-4).

• **14 1-15 7**: Tras la hazaña llega el desenlace. Primero se consuma la victoria. Luego vendrá la alabanza. Judit, que recordaba a Yael (Jue 4 17-22), nos trae ahora a la memoria a Débora (Jue 4-5) por sus planes guerreros.

"Ajior" significa "mi hermano es luz". Los paganos reconocen a Israel como la luz de las naciones (Is 49 6). El ambiente no es rigorista, sino abierto. Ajior se circuncida y entra a formar parte de Israel, como entraron en su día Rut y Rajab. En este personaje, que acaba rindiendo culto al Dios de Israel, se percibe con claridad la perspectiva universalista del libro.

El terror que cae sobre el campamento de Holofernes es religioso. Todos huyen. Dios ha vencido sin necesidad de batallas (véase 2 Re 19 35-37; 2 Cr 20 22-24). Se insiste en lo absoluto de la victoria del pueblo. No sólo ha participado Betulia; también las ciudades y comarcas vecinas, hasta Jerusalén, la capital, y Galilea, compendio geográfico de la totalidad del territorio. El saqueo y el botín son expresión de la magnitud de la victoria.

Judit, en medio de la gente, le contó todo lo que había hecho desde su partida hasta el momento en que les estaba hablando. 9 Cuando dejó de hablar, la gente prorrumpió en fuertes gritos de alegría por toda la ciudad. 10 Ajior, al ver todas las cosas que había hecho el Dios de Israel, creyó firmemente, se circuncidó y así quedó definitivamente agregado al pueblo de Israel.

11 Al amanecer colgaron de la muralla la cabeza de Holofernes, tomaron sus armas y, distribuidos en escuadrones, se dirigieron a los pasos de la montaña. 12 Al verlos, los asirios acudieron a sus oficiales, que a su vez se dirigieron a los generales, a los otros mandos intermedios y a todos sus jefes. 13 Se presentaron en la tienda de Holofernes y dijeron al ayudante:

–Despierta a nuestro señor, porque esos esclavos se han atrevido a bajar contra nosotros para presentarnos batalla. Por lo visto quieren que los destruyamos totalmente.

14 Bagoas entró y llamó a la puerta de la tienda. Creía que Holofernes estaba durmiendo con Judit. 15 Como nadie contestó, abrió, entró en la alcoba y lo encontró muerto tirado por el suelo. Le habían cortado la cabeza. 16 Dio un fuerte grito, se puso a clamar con fuertes llantos y lamentos, y se rasgó las vestiduras. 17 Fue a la tienda donde estaba Judit alojada, pero no la encontró. Entonces corrió al pueblo y gritó:

18 –Las esclavas nos han traicionado. Una mujer hebrea ha deshonrado a la casa de Nabucodonosor. Holofernes está en el suelo, sin cabeza.

19 Al oír esto, los jefes del ejército asirio rasgaron sus vestiduras y su ánimo se turbó por completo. Sus gritos y lamentos se oían por todo el campamento.

15 1 Cuando lo oyeron los que estaban en las tiendas, quedaron sin habla 2 y se llenaron de miedo y terror. Nadie permaneció en su puesto, sino que huyeron a la desbandada por todos los caminos de la llanura y de la montaña. 3 Los que habían acampado en las montañas en torno a Betulia también huyeron. Entonces, todos los guerreros israelitas se lanzaron sobre ellos. 4 Ozías envió mensajeros a Betomastain, Betas, Jobas, Cola, y por todo Israel, para informar de lo ocurrido y para que persiguieran a los enemigos hasta destruirlos.

5 Cuando los israelitas se enteraron, cayeron como un sólo hombre sobre los enemigos, los persiguieron y los fueron aniquilando hasta Joba. Acudieron también los de Jerusalén y todos los de la montaña al enterarse de lo ocurrido en el campamento enemigo. También los de Galaad y los de Galilea les infligieron un duro castigo hasta más allá de Damasco y de su frontera.

6 Los que habían quedado en Betulia cayeron sobre el campamento asirio y lo saquearon, enriqueciéndose enormemente. 7 Los israelitas, al regresar de la masacre, se apoderaron del resto. Incluso los habitantes de los poblados y los de los caseríos de la montaña y de la llanura pudieron apoderarse de un considerable botín, pues la cantidad de despojos era enorme.

Alabanzas a Judit

8 El sumo sacerdote Joaquín y el consejo de ancianos de los israelitas, que residía en Jerusalén, vinieron a comprobar las maravillas que había realizado el Señor en favor de Israel, y a ver a Judit para felicitarla. 9 Cuando llegaron ante ella, la bendijeron todos a una diciendo:

Tú eres la gloria de Jerusalén,
tú el orgullo de Israel,
tú el honor de nuestra raza.
10 Tú sola has hecho todo esto.
Has hecho un gran bien a Israel,
y Dios se ha complacido en ello.
Que el Señor todopoderoso te bendiga
por siempre jamás.

Y todo el pueblo dijo:
–Así sea.

Saqueo y fiesta

Ex 15 20; 1 Sm 18 6; Jr 31 13

11 Durante treinta días estuvieron saqueando el campamento. A Judit le dieron la tienda de Holofernes, todos sus utensilios de plata, las camas, la vajilla y todos

• **15 8-13**: Judit recibe bendiciones (Jdt 15 8-10) y riquezas (Jdt 15 11) por su gran hazaña. El ambiente que colorea la escena es litúrgico y festivo. Palabras y acciones manifiestan la alegría de los israelitas liberados por el Señor mediante esta hija de Israel.

sus muebles. Ella lo tomó, lo cargó sobre
su mula, enganchó sus carretas y lo puso
todo sobre ellas. 12 Todas las mujeres de
Israel corrieron a verla, la bendijeron y organizaron danzas en su honor. Judit tomó
ramos y los repartió entre las mujeres que
estaban con ella; 13 y tanto ella como las
demás se coronaron con ramas de olivo. A
la cabeza de todo el pueblo, Judit dirigía la
danza de las mujeres. Las seguían los israelitas, armados, llevando coronas y cantando himnos.

Cántico de Judit

Jue 5; Ex 15; 1 Sm 2 1-10

14 Entonces Judit, ante todo Israel, entonó este himno de acción de gracias, que el
pueblo entero decía a coro:

16 1 Alaben a mi Dios con panderos,
canten al Señor con címbalos,
entónenle un canto de alabanza,
engrandezcan e invoquen su nombre.
2 Porque el Señor es un Dios
que pone fin a las guerras,
porque en su campamento,
en medio de su pueblo, me ha librado
de mis tenaces perseguidores.

3 Desde las montañas del norte
vino Asiria.
Vino con sus ejércitos a millares.
Las multitudes obstruían los valles.
Sus caballos cubrían las colinas.
4 Pretendió incendiar mis montañas,
aniquilar a mis muchachos
con la espada,
estrellar a mis pequeños contra el suelo,
apoderarse de mis niños
y raptar a mis doncellas.

5 Pero el Señor todopoderoso
se sirvió de una mujer para rechazarlos.
6 No fueron jóvenes vigorosos,
los que aniquilaron a su héroe,
ni lo destrozaron razas de titanes,
ni altísimos gigantes lo vencieron.
Fue Judit, hija de Merarí,
quien lo destruyó
con la belleza de su rostro.
7 Se quitó su luto de viuda
para levantar a los afligidos de Israel.
Ungió su rostro con perfume,
8 recogió sus cabellos con una diadema
y se vistió de lino para seducirlo.
9 Sus sandalias deslumbraron sus ojos
y su belleza le cautivó el alma,
pero la espada cortó su cuello.

10 Los persas se estremecieron
ante su audacia
y los medos se turbaron
ante su atrevimiento.
11 Entonces mis humildes clamaron,
y ellos se asustaron;
mis débiles prorrumpieron en gritos,
y ellos temblaron;
cuando levantaron su voz,
quedaron confundidos.
12 Los traspasaron
como a hijos de mujerzuelas,
los hirieron como a hijos de desertores;
perecieron por la acción de mi Señor.

13 Cantaré a mi Dios un cántico nuevo:
Señor, ¡qué grande y glorioso eres!
¡Qué admirable y sublime tu fuerza!
14 Que todas las criaturas te sirvan,
porque hablaste y comenzaron a existir,
enviaste tu aliento y existieron.
No hay quien resista a tu voz.
15 Las aguas sacudirán
los cimientos de las montañas;
las piedras se derretirán
como cera ante ti;
pero tú serás siempre
propicio a tus fieles.
16 Poco valen ante ti
los sacrificios de suave olor,
ningún valor tiene
la grasa de los holocaustos,
pero el que respeta al Señor
será siempre grande.
17 ¡Ay de las naciones
que atacan a mi raza!

• **15** 14-**16** 17: Judit, como María, la hermana de Moisés, dirige un canto de acción de gracias por la liberación de su pueblo (Ex 15; véase también Jue 5 y 1 Sm 2 1-10). Este canto, junto con el de Débora, Moisés y Ana, es uno de los más bellos del Antiguo Testamento. Acudiendo a expresiones de diversos salmos (Sal 31 16; 33 3; 86 10; 104 30; 18 8), sintetiza la historia de Israel, añadiendo elementos de victoria cósmica. El Dios de Israel es el Dios de la historia y el Dios del universo que ha sido creado por él. También son numerosas las alusiones a otros pasajes del Antiguo Testamento.

El Señor omnipotente
las condenará en el día del juicio;
meterá en sus carnes fuego y gusanos
y llorarán atormentados para siempre.

Sacrificios y ofrendas en Jerusalén

Sal 66 13-15; Lv 27 28-29; Nm 31 48-54

18 Cuando llegaron a Jerusalén, adoraron a Dios y, una vez purificados, ofrecieron sus holocaustos, ofrendas votivas y sacrificios voluntarios. 19 Judit consagró a
Dios todos los objetos que habían pertenecido a Holofernes: todos los que el pueblo
le había dado, y la cubierta que ella misma
había arrancado de la tienda de Holofernes.
20 Durante tres meses estuvo el pueblo ale-
grándose en Jerusalén ante el templo y Judit
los acompañó. 21 Pasados estos días, regresaron todos a su casa.

Conclusión

Gn 23 19; 49 29-32

También Judit regresó a Betulia y se dedicó a su hacienda. Mientras vivió fue muy
famosa en todo el país. 22 Muchos la preten-
dieron, pero con ninguno quiso casarse desde que murió su marido, Manasés, hasta que
también a ella le llegó la muerte. 23 Su fama
fue creciendo sin cesar. Se hizo vieja en la
casa de su marido y llegó a cumplir ciento
cinco años. Dio la libertad a su criada. Murió en Betulia y la enterraron en la sepultura
de su marido Manasés. 24 Los israelitas guardaron luto durante siete días en su honor.
Antes de morir había distribuido sus bienes
entre los parientes de su marido, Manasés,
y los parientes de su propia familia.
25 Mientras vivió Judit y durante mucho
tiempo después de su muerte, nadie volvió
a atemorizar a los israelitas.

• **16 18-21a**: Jerusalén es el centro de Israel. Allí reside la gloria de Dios en su templo santo, y por eso la epopeya de Judit termina en el templo. De esta manera, todos reconocen que la victoria ha sido obra de Dios.

• **16 21b-25**: La conclusión del libro presenta a Judit como un personaje de corte patriarcal por sus largos años, y como uno de los jueces de Israel por la pacificación que ha traído (véase Jue 5 31). Fidelidad, justicia y misericordia son las actitudes que resumen sus últimos años.

ESTER

INTRODUCCION

¿Son la violencia y la venganza un derecho de hombres y pueblos, un recurso legítimo? Si respondemos cristianamente y a la luz del evangelio debemos decir que no. Pero, ¿y si un pueblo, una comunidad o una simple minoría étnica son gravemente amenazados? El derecho internacional habla de "legítima defensa", como el pueblo judío apelaba a la "ley del talión". Este es el tema de fondo del libro de Ester, que relata cómo una comunidad judía de la diáspora, condenada al exterminio, logra superar tan grave amenaza y termina celebrando el "cambio de suertes".

1. Ambientación histórica

El libro hebreo de Ester forma parte del tercer bloque del canon judío, llamado "Escritos", y es el último de los "cinco rollos" que se leían en las grandes fiestas judías. La traducción griega de los LXX presenta una versión ampliada en una tercera parte, con algunos episodios añadidos y con notables diferencias de contenido. Lo más sorprendente es que el libro de Ester es el único de toda la Biblia hebrea del que no se han encontrado restos en Qumrán. En cambio, sí es conocido en 2 Mac 15 36 donde se habla de una fiesta conmemorativa del "día de Mardoqueo".

La historia de Ester está ambientada en pleno período persa, en el escenario de la corte del rey Asuero = Jerjes I (486-465 a. C.) en Susa. Pero este marco histórico es una ficción literaria que deja entrever una situación de diáspora y de persecución religiosa. En Est 3 8 parece aludirse más a la intransigencia perseguidora de Antíoco IV Epífanes que a la tolerancia generalizada del imperio persa, suficientemente documentada en los libros de Esdras y Nehemías. Estos datos, unidos a las concepciones religiosas que aparecen en el libro, apuntan a una fecha de composición dentro de la primera mitad del s. II a. C. Sin embargo, es posible que el autor del libro hebreo se haya servido de una tradición popular, ambientada en época persa.

El autor nos es desconocido. Por su familiaridad con la geografía de Mesopotamia y su silencio sobre Palestina, podemos deducir que se trata de un judío de la diáspora, residente en Susa o territorios colindantes. Este autor anónimo habría compuesto su obra con el fin de afirmar la providencia de Dios que dirige la historia y defiende a su pueblo de cualquier amenaza y situación de adversidad. Más tarde, con el añadido de Est 9 20-32, se asoció el libro a la fiesta judía de los "purim" o "suertes", de origen pagano, tratando de justificarla como recuerdo de la liberación relatada en el libro de Ester.

2. Características literarias

El argumento del libro es todo un entramado de intrigas cortesanas que ponen en peligro de muerte y exterminio a la comunidad judía dispersa, que al final se salva gracias a la decidida intervención de Ester, joven judía promovida a la dignidad de reina de Persia, y de su tío Mardoqueo, perfecta encarnación del judío discreto, sabio y fiel, que desenmascara el plan criminal del primer ministro Amán, haciéndole caer en su misma trampa. Al final, los exterminadores son exterminados y la comunidad judía celebra su inesperada liberación con la fiesta de los "purim" o "suertes". La historia de Ester y Mardoqueo tiene semejanzas con la historia de José, que llega a ser primer ministro en Egipto y salva así a su familia. También recuerda el acontecimiento del éxodo, donde la mediación de Moisés hace recaer en los propios egipcios los planes opresores y amenazantes del faraón contra los israelitas.

El relato está construido con maestría, recurriendo a todo un juego de contrastes que afloran en cada una de sus partes. El conjunto ofrece una estructura concéntrica en cinco secciones perfectamente delimitadas:

* *Introducción*: Sueño de Mardoqueo (Est 1 1a-g)
1. Destitución de Vasti y entronización de Ester (Est 1-2)
2. Amán y Mardoqueo (Est 2 21-4 17x)
3. Ester ante el rey Asuero (Est 5 1-14)
4. Mardoqueo y Amán (Est 6 1-9 16)
5. La fiesta de los "purim" (Est 9 17-10 3)
* *Conclusión*: Explicación del sueño de Mardoqueo (Est 10 3a-k)

En esta estructura concéntrica la intervención decisiva de la reina Ester ocupa el lugar central. El núcleo lo forma el enfrentamiento entre Amán y Mardoqueo. La sección primera presenta los personajes principales y la última ofrece la prolongación de la liberación, asociada a la fiesta de los purim. El sueño de Mardoqueo, al principio y al final, proporciona el marco y la clave interpretativa de la historia: *todo esto viene de Dios* (Est 10 3a-b).

En cuanto al género literario, hay que advertir que el libro de Ester, a pesar de su apariencia histórica, no es una obra de historia. La reina nunca fue extranjera (y en tiempo de Jerjes I se llamaba Ametris), los restantes personajes son desconocidos en las crónicas persas, a excepción de Jerjes I, y los decretos reales de exterminio contra los judíos primero, y después contra los propios súbditos, no son creíbles. También resulta difícil de creer que Mardoqueo, deportado por Nabucodonosor en el 598 a. C. (Est 2 6), pueda vivir en tiempos de Jerjes I, más de un siglo después (486-465 a. C.). Estos y otros datos hacen pensar que estamos ante una obra de ficción literaria que podríamos definir como "historia ejemplar", donde unos hechos y personajes con presumible entronque histórico se ponen al servicio de una enseñanza fundamental: la especial providencia divina que asiste al pueblo judío, liberándolo de las mayores amenazas.

3. *Claves teológicas*

El dato más sorprendente de la versión hebrea del libro de Ester, a nivel de contenido, es su silencio absoluto sobre Dios, que nunca es mencionado expresamente. Idéntico silencio se observa a propósito del templo, la ley, el sacerdocio, el sábado o Jerusalén, que eran las instituciones más características del judaísmo postexílico. Las adiciones de la versión griega remedian esa ausencia explícita del nombre de Dios, sobre todo a través del sueño inicial, explicado al final, y en las oraciones de Mardoqueo y Ester, una vez descubierto el plan de exterminio contra los judíos.

Pero, a pesar del mencionado "silencio", la clave teológica fundamental es la inviolabilidad del pueblo judío, cuya supervivencia y triunfo están garantizados por Dios. Es su providencia la que conduce la acción y guía los acontecimientos a su último desenlace. Incluso los mismos personajes manifiestan su fe en esta divina providencia (Est 4 1.13-14.16).

Otros temas refuerzan esta convicción fundamental: el conflicto que surge entre el pueblo de Dios y los poderes del mundo, precisamente por la singularidad de aquél; el contraste entre la debilidad aparente del pueblo elegido y la superioridad de sus enemigos, que tiene como resultado la exaltación del inocente, cuando todo parece estar perdido para él; el juicio histórico de Dios contra los malvados; la intervención decisiva de una mujer en el camino hacia la salvación; la conciencia de identidad y unidad y el espíritu de solidaridad de los israelitas dispersos en países extranjeros.

Sin embargo hay un elemento que distorsiona y desconcierta en este universo teológico: la obsesión de venganza después de la muerte de Amán y la anulación de su proyecto de exterminio. Este alegrarse en la venganza se manifiesta especialmente en el ahorcamiento de los diez hijos de Amán, en el recuento del número de las víctimas y en el alargamiento del plazo de la venganza. No basta con acudir a la amenaza sufrida o al principio de legítima defensa para explicar tales excesos. Sobre todo porque toda violencia ciega no hace más que remitir a una nueva revancha. Y la reconciliación no se logra al pie del patíbulo en que puedan ser colgados, sucesivamente, los "mardoqueos" por los "amanes", o los "amanes" por los "mardoqueos", sino al pie de ese otro patíbulo, donde Jesucristo, crucificado por judíos y no judíos, muere por unos y por otros, garantizando la reconciliación y la paz definitivas (véase Ef 2 14-16).

4. *Texto bíblico de Ester*

Como ya se ha indicado más arriba, el libro de Ester nos ha sido transmitido en dos formas diferentes: la del texto hebreo, única reconocida como inspirada por el judaísmo palestinense y por las comunidades protestantes, y la del texto griego de los LXX, un poco más amplia, reconocida como Escritura sagrada por los judíos de habla griega y por la Iglesia católica. La trama de los acontecimientos es prácticamente idéntica en ambos relatos y las variantes del texto griego son unas de carácter puramente lingüístico y apenas han sido tenidas en cuenta en nuestra traducción que sigue básicamente el texto hebreo; otras, en cambio, afectan al contenido, han sido redactadas bajo la influencia de las narraciones helenísticas noveladas del tiempo, y nuestra traducción las incorpora en letra cursiva.

La Vulgata latina de san Jerónimo agrupó todas estas variantes de contenido y las colocó al final del libro, continuando la numeración de capítulos del 11 al 16. Las versiones modernas, por su parte, suelen insertarlas en la trama del texto hebreo aunque de forma distinta. Nuestra traducción ha adoptado el sistema de números y letras utilizado por la edición crítica de los LXX llevada a cabo por A. Rahlfs.

ESTER

El sueño de Mardoqueo

2 Re 24 8.15

1 [1a] *El año segundo del reinado de Asuero el grande, el día primero del mes de Nisán, tuvo un sueño Mardoqueo, hijo de Yaír, descendiente de Semey y de Quis, de la tribu de Benjamín,* [1b] *un judío que vivía en Susa, varón ilustre en la corte del rey,* [1c] *perteneciente a los cautivos que Nabucodonosor, rey de Babilonia, había deportado desde Jerusalén con Jeconías, rey de Judá.* [1d] *Este fue el sueño: voces y tumultos, truenos y terremotos, estruendo en la tierra.* [1e] *Dos enormes dragones, dispuestos a combatir uno contra otro, avanzaron y dieron un gran rugido.* [1f] *A su grito, todas las naciones se prepararon para luchar contra el pueblo de los justos.* [1g] *Fue un día de tinieblas, oscuridad, tribulación, angustia y oprobio sobre la tierra.* [1h] *El pueblo de los justos se aterrorizó ante las calamidades que se le echaban encima y se dispuso a perecer.* [1i] *Pero clamaron a Dios, y a su clamor un manantial se convirtió en un gran río de agua abundante,* [1j] *y apareció una luz que se convirtió en sol, y los humildes fueron enaltecidos y devoraron a los poderosos.* [1k] *Al despertar del sueño, Mardoqueo quiso saber lo que Dios había decidido hacer, y estuvo hasta la noche tratando de descifrarlo.*

DESTITUCION DE VASTI
Y ENTRONIZACION DE ESTER

Vasti cae en desgracia

Dt 5 1-4; Dn 2 12; 5 15; 6 8.10.13.16; Est 8 5.8

Sucedió en tiempos de Asuero, cuyo imperio se extendía sobre ciento veintisiete provincias, desde la India hasta Etiopía.

[2] El tercer año de su reinado, el rey, que residía en la fortaleza de Susa, [3] dio un banquete a todos los jefes y oficiales del ejército persa y medo; los nobles de palacio y los gobernadores de las provincias estaban invitados. [4] Durante mucho tiempo, ciento ochenta días, hizo alarde de las riquezas y esplendor de su reinado y de la grandeza de su poderío.

[5] Pasados aquellos días, el rey dio un banquete de siete días a todos los que se encontraban en la acrópolis de Susa, grandes y pequeños, en la explanada de los jardines de palacio. [6] Colgaduras blancas y violetas, atadas con cordones de lino blanco y violeta a unos anillos de plata, pendían de columnas de mármol blanco; había divanes de oro y plata sobre un pavimento de mosaico hecho de malaquita y alabastro, nácar y turquesa. [7] Se bebía en copas de oro, de distintos tipos; el vino era abundante, como corresponde a un rey. [8] La norma era que no se obligara a nadie a beber; el rey había mandado a todos los sirvientes de palacio que respetaran los deseos de cada uno.

[9] También la reina Vasti había organizado un banquete para las mujeres en el palacio real de Asuero.

[10] El séptimo día, cuando el rey estaba alegre por el vino, mandó a Maumán, Biztá, Jarboná, Bigtá, Abagtá, Zetar y Carcás, los siete eunucos que le servían personalmente, [11] que trajeran a su presencia a la reina Vasti con su corona real, para mostrar al pueblo y a los grandes del reino su belleza, ya que era muy hermosa. [12] Pero la reina no obedeció la orden del rey transmitida por los eunucos. El rey se contrarió y, enfurecido, [13] consultó a los peritos en leyes, pues los asuntos del rey solían tra-

• **1 1a-k**: El sueño de Mardoqueo, que abre y cierra el libro en perfecta inclusión, nos ofrece una primera clave de lectura: Dios escucha las súplicas del pueblo oprimido e interviene en su favor, invirtiendo las suertes: *derriba a los poderosos y levanta a los humildes* (Lc 1 52). El relato está tejido con motivos apocalípticos: visiones, animales mitológicos que personifican pueblos, convulsiones cósmicas, elementos insignificantes que se tornan decisivos (p.e. un manantial)... Todo nos recuerda los sueños y visiones del libro de Daniel.

• **1 1-22**: La acción se sitúa cronológica y geográficamente en la corte del imperio Persa, en la ciudad de Susa. Tiene lugar la presentación de los primeros personajes y de otros elementos secundarios: el rey Asuero, la reina Vasti,

tarse con los juristas. 14 Llamó a Carsená, Setar, Admatá, Tarsis, Mares, Marsená y Mamucán, los siete grandes de Persia y Media que pertenecían al consejo real y desempeñaban los primeros cargos del reino, 15 y les dijo:

–¿Qué medida legal cabe tomar con la reina Vasti por no haber cumplido la orden del rey transmitida por los eunucos?

16 Respondió Mamucán ante el rey y los grandes del reino:

–La reina Vasti no sólo ha ofendido al rey, sino también a todos los gobernantes y a todos los pueblos que tiene el rey Asuero en las provincias. 17 Porque todas las mujeres se enterarán de lo que ha hecho la reina y despreciarán a sus maridos. Dirán: «El rey Asuero mandó que la reina Vasti se presentara ante él y ella no se presentó». 18 Así que, en adelante, las mujeres de los príncipes de Persia y Media que hayan oído lo que ha hecho la reina, faltarán al respeto a sus maridos y discutirán con ellos. 19 Si al rey le parece bien, promulgue con carácter irrevocable, para que sea incluido en la legislación de persas y medos, un decreto real en estos términos: «La reina Vasti no podrá presentarse de nuevo ante el rey Asuero; el rey dará el título de reina a otra mejor que ella». 20 Cuando el decreto del rey se conozca en todo su vasto imperio, todas las mujeres honrarán a sus maridos, sean de la condición que sean.

21 Agradó al rey y a los grandes del reino la propuesta, y el rey siguió el consejo de Mamucán. 22 Mandó cartas a todas las provincias del imperio, a cada una en su escritura, y a cada pueblo en su lengua, ordenando que el marido mandara en su casa con plena autoridad.

Ester, elegida reina

2 Re 24 14-16; Jr 24 1; Dn 1 3-20; Est 4 11

2 1 Después de un cierto tiempo, se calmó la ira del rey Asuero y se acordó de Vasti, de lo que ésta había hecho y de lo que se había decretado contra ella. 2 Le dijeron sus cortesanos:

–Que le busquen al rey jóvenes vírgenes y hermosas. 3 El rey puede nombrar comisarios en todas las provincias del imperio con el encargo de reunir en el harén de la fortaleza de Susa a todas las muchachas vírgenes y hermosas. Las pondrán a las órdenes de Hegeo, el eunuco real encargado de las mujeres, y este les proporcionará cosméticos. 4 La joven que más guste al rey ocupará el puesto de la reina Vasti.

La propuesta agradó al rey y obró en consecuencia.

5 Había en Susa un judío llamado Mardoqueo, hijo de Yaír, descendiente de Semey y de Quis, de la tribu de Benjamín, 6 que había sido deportado de Jerusalén con Jeconías, rey de Judá, entre los cautivos llevados por Nabucodonosor, rey de Babilonia. 7 Había criado a Hedasá, es decir, Ester, prima suya, huérfana de padre y madre. Ester tenía buena presencia y era muy atractiva. A la muerte de sus padres, Mardoqueo la había adoptado como hija suya.

8 Cuando se promulgó el edicto real, numerosas jóvenes fueron llevadas a la fortaleza de Susa y puestas a las órdenes de Hegeo. Entre ellas llevaron también a Ester al palacio real, y se la encomendaron a Hegeo, guardián de las mujeres. 9 La muchacha agradó mucho a Hegeo, y como le gustó, le dio inmediatamente cremas de belleza y alimentos, y puso a su disposición

los ministros y dignatarios persas, los decretos y cartas. La caída en desgracia de la reina y el silencio sobre los futuros protagonistas del relato (Ester, Mardoqueo, Amán, el pueblo judío) alimentan la intriga. Se aprecia un buen conocimiento de las costumbres persas. El desencadenante de la acción es narrado con humor e ironía.

• **2 1-20**: La elección de Ester como reina será el primer paso para conseguir la liberación y el triunfo de los judíos. Su nombre extranjero, Ester, se relaciona con Istar y significa "estrella"; su nombre judío, Hedasá, significa "mirto" (Est 2 7).

El rey Asuero es un personaje funcional que reacciona según sean las circunstancias y los consejeros. Mardoqueo, sin embargo, es el verdadero director de la trama. Asesora a Ester para que con su belleza y discrección suba al trono persa.

El origen oculto de la heroína (Est 2 20) sirve para mantener la tensión narrativa.

siete doncellas elegidas entre las mejores
del palacio real; luego la llevó, con sus doncellas, al mejor sitio del harén. 10 Ester no
había dicho de qué raza era, ni a qué familia pertenecía, porque Mardoqueo se lo había prohibido. 11 Mardoqueo paseaba todos
los días ante el atrio del harén para enterarse de cómo le iba a Ester y qué trato le
daban.
12 Cuando una muchacha terminaba la
preparación de doce meses, tal como establecía el reglamento de las mujeres, era presentada al rey Asuero. El tratamiento de
belleza consistía en seis meses a base de
aceite de mirra y otros seis con perfumes y
cremas de belleza. 13 Cuando la muchacha
se presentaba ante el rey, se le permitía llevar consigo del harén al palacio real todo
lo que quisiera. 14 Iba por la tarde, y a la
mañana siguiente pasaba a un segundo harén, a las órdenes de Saasgaz, eunuco real y
guardián de las concubinas. No regresaba
más a la presencia del rey a no ser que el
rey la deseara y la llamara expresamente.
15 Cuando le llegó el turno a Ester, a
quien Mardoqueo, sobrino de su padre Abijail, había adoptado como hija, y tuvo que
presentarse ante el rey, llevó consigo sólo
lo que le había aconsejado Hegeo, eunuco
real guardián de las mujeres. Ester cautiva-
ba a todo el que la veía. 16 Llevaron a Ester
al palacio real, ante el rey Asuero, el mes
décimo, es decir, el mes de Tebet, del año
séptimo de su reinado. 17 Y el rey la prefirió a todas las demás mujeres, y la trató con
más amor y bondad que a las otras jóvenes; la coronó y la nombró reina en lugar
de Vasti. 18 Después dio en honor de Ester
un gran banquete a todos sus generales y
servidores; decretó un día de fiesta para todas las provincias, y repartió regalos con
gran generosidad.
19 Cuando Ester pasó, como las otras
jóvenes, al segundo harén, Mardoqueo estaba sentado a la puerta del palacio real.
20 Por su parte Ester seguía sin revelar su
raza y su familia, tal como se lo había mandado Mardoqueo, pues continuaba obede-
ciéndole como cuando vivía bajo su tutela.
*Mardoqueo, en efecto, le había mandado res-
petar a Dios y cumplir sus mandamientos, y
Ester no había cambiado de conducta.*

AMAN Y MARDOQUEO

Decreto de exterminio contra los judíos

Est 9 24-26; Dn 3 8-12; Gn 41 42

21 Un día, cuando Mardoqueo estaba sentado a la puerta del palacio real, Bigtán y
Teres, dos eunucos de la guardia real, que
estaban descontentos, planearon dar muerte
al rey Asuero. 22 Mardoqueo se enteró, se
lo dijo a la reina Ester, y Ester informó al
rey de parte de Mardoqueo. 23 Hicieron
investigaciones y se confirmó la conjura.
Los dos eunucos fueron ahorcados, y el
caso se puso por escrito en el libro de los
anales del reino en presencia del rey.
23a *Mardoqueo vivía en la corte con Bigtán y Teres, eunucos del rey y guardianes de
palacio;* 23b *fue así como conoció sus intenciones y se enteró de sus proyectos, averi-
guando que tramaban atentar contra la vida
del rey Asuero. Se lo dijo al rey,* 23c *que
mandó interrogarlos; ellos confesaron y fueron ejecutados.* 23d *El rey hizo que se escribiera esto en las crónicas, y Mardoqueo
también lo escribió.* 23e *El rey dio a Mardoqueo un cargo en palacio y le hizo muchos
regalos para recompensarlo.* 23f *Pero Amán,
hijo de Hamdatá, de Agag, favorito del rey,
buscaba la ruina de Mardoqueo y de su pueblo a causa del asunto de los dos eunucos
del rey.*
3 1 Pasado algún tiempo, el rey Asuero
elevó al poder a Amán, hijo de Hamdatá, natural de Agag; y le dio un cargo superior al de todos sus compañeros oficiales.
2 Todos los servidores de palacio se arrodillaban y se postraban ante Amán, ya que
así lo había mandado el rey. Pero Mardoqueo ni se arrodillaba ni se postraba.

• **2 21-3 13**: La aparición de Mardoqueo y Amán apunta al enfrentamiento decisivo de su destino y el de sus pueblos, y marca el contraste entre la suerte de los elegidos y la de los malvados. Agag es el nombre del rey de los amalecitas. La lucha entre Mardoqueo, de la misma tribu que Saúl, y Amán, descendiente de Agag, continúa la lucha de Israel contra sus enemigos tradicionales. Pero la suerte definitiva de ambos está en manos del Señor, si bien es verdad que ésto exige al creyente una confianza en Dios más allá de toda apariencia. Dios siempre será fiel a su pueblo y lo librará por un camino o por otro (Est 4 14).

3 Los servidores de palacio le preguntaron:
–¿Por qué no obedeces la orden del rey?
4 Todos los días le hacían la misma pregunta, pero Mardoqueo no les hacía caso.
Entonces lo denunciaron a Amán, para ver
si le valían sus excusas, pues les había dicho que era judío.
5 Comprobó Amán que Mardoqueo no
se arrodillaba ni se postraba ante él, y se
enfureció. 6 Como le habían hablado de su
raza, le pareció poca cosa meterse sólo con
Mardoqueo y pensó exterminar con él a todo su pueblo, a todos los judíos que había
en el imperio de Asuero. 7 El mes primero,
o sea, el mes de Nisán, el año doce del reinado de Asuero, se celebró ante Amán el
sorteo llamado *pur*, es decir, suerte, para
determinar el día y el mes. La suerte cayó
en el día trece del duodécimo mes, es decir, el mes de Adar.
8 Amán dijo al rey Asuero:
–Hay un pueblo aislado de los demás,
diseminado entre los pueblos de las provincias de tu imperio, que tiene leyes distintas y no cumple las leyes del rey. Al rey
no le conviene tolerarlos. 9 Si le parece bien
al rey, decrete su exterminio, y yo compensaré al rey con trescientas cuarenta toneladas de plata que pasarán al tesoro real.
10 El rey se quitó el anillo real y se lo
dio a Amán, hijo de Hamdatá, de Agag,
enemigo de los judíos, 11 diciéndole:
–Quédate con el dinero y haz lo que te
parezca con ese pueblo.
12 Fueron convocados los secretarios
del rey para el día trece del mes primero,
el de Nisán. Y, de acuerdo con Amán, re-
dactaron un edicto, destinado a los sátrapas
reales, a los gobernadores de las provincias
y a los jefes de cada pueblo, a cada uno
según la escritura de la provincia y la lengua de cada pueblo. Estaba escrito en
nombre del rey Asuero y sellado con el sello del anillo real.
13 Los correos llevaron a todas las provincias del imperio cartas con órdenes de
exterminar, matar y aniquilar a todos los
judíos, jóvenes y viejos, niños y mujeres, y
de apoderarse de sus bienes ese mismo día:
el día trece del duodécimo mes, el de Adar.

Texto del decreto

Jdt 2 5; Dn 3 31

13a *He aquí el texto de la carta:*

*El gran rey Asuero, a los gobernadores
de las ciento veintisiete provincias y a los
jefes subalternos, desde la India hasta Etiopía, ordena lo siguiente:*
13b *Aunque mando en numerosos pueblos y soy el señor de toda la tierra, no
quiero abusar de mi poderío, sino gobernar con moderación y clemencia para que
mis súbditos pasen una vida tranquila sin
temores y gocen de la paz que tan ardientemente desean todos los hombres.* 13c *Habiendo consultado a mis consejeros cómo
podría conseguir esto, uno de ellos, Amán,
distinguido por su prudencia y fidelidad,
segundo en el reino por su rango,* 13d *nos
ha informado de que, esparcido por el
mundo hay un pueblo odioso por sus leyes,
opuesto a los demás pueblos, que desprecia
las órdenes del rey y pone trabas a las disposiciones de nuestro irreprochable gobierno.* 13e *Sabemos igualmente que este
pueblo, único en su género, opuesto a todo
el mundo, distinto por sus extrañas leyes,
enemigo de nuestros intereses, comete los
peores abusos contra la estabilidad del reino.* 13f *Por eso, hemos decretado que aquellos a quienes Amán, encargado de nuestros negocios y jefe de gobierno, ha señalado en sus cartas, mueran a espada con sus
mujeres e hijos, sin piedad y sin misericordia, el día catorce del décimo mes, es decir,
el de Adar, del presente año.* 13g *Así serán
echados violentamente en los infiernos
estos enemigos de ayer y de hoy, y podremos tener paz y prosperidad en nuestro
imperio.*

14 El texto de la carta debía ser promulgado como decreto para todas y cada una
de las provincias, y comunicado a todos
los pueblos para que estuvieran preparados
para aquel día.

• **3 13a-15**: Los decretos reales, aprobados por el rey, pero siempre sugeridos o dictados por otros, articulan la trama del libro. Si el anterior (Est 2 2-4) suponía el ascenso de Ester, el presente supone un peligro mortal para su pueblo, amenazado de exterminio. El siguiente (Est 8 12a-t) sellará la liberación definitiva.

15 Los correos partieron rápidamente con la orden del rey. El decreto se promulgó igualmente en la fortaleza de Susa. Y, mientras el rey y Amán banqueteaban, en Susa reinaba la consternación.

Ester interviene

Gn 45 7

4 1 Cuando Mardoqueo se enteró de lo que pasaba, rasgó sus vestiduras, se vistió de luto y se cubrió de ceniza, salió por la ciudad gritando amargamente: *¡Un pueblo inocente va a ser exterminado!*, 2 y llegó hasta la puerta del palacio del rey, por la que nadie podía pasar con vestiduras de luto.

3 En todos los lugares y provincias donde se iba publicando el decreto del rey, los judíos hacían gran duelo: ayuno, lágrimas y luto. Muchos se acostaron sobre ceniza con vestidos de penitencia.

4 Las doncellas y los eunucos de Ester fueron a decírselo, y la reina quedó consternada; mandó ropa a Mardoqueo para que se vistiera y se quitara el vestido de luto; pero él no se lo quitó. 5 Entonces Ester llamó a Atac, uno de los eunucos reales puestos a su servicio, y le mandó preguntar a Mardoqueo qué pasaba y por qué hacía aquello. 6 Atac encontró a Mardoqueo en la plaza que había delante de la puerta de palacio. 7 Mardoqueo le contó lo que había pasado y la cantidad de dinero que Amán había ofrecido ingresar en el tesoro real a cambio del exterminio de los judíos. 8 Le dio una copia del decreto de exterminio publicado en Susa, para que se lo entregara a Ester y la pusiera al corriente de todo, y para pedirle que se presentara al rey rogando clemencia para su pueblo.

Le decía:

–Acuérdate de cuando eras de condición humilde y yo te alimentaba. Amán, el segundo del reino por su rango, ha hablado contra nosotros al rey. Líbranos de la muerte.

9 Atac transmitió a Ester lo que le había dicho Mardoqueo, 10 y Ester le dio este recado para Mardoqueo:

11 –Todos los miembros de la corte y los habitantes de las provincias saben que cualquier hombre o mujer que se presente al rey en el patio interior, sin haber sido llamado, será castigado con la muerte, a no ser que el rey tienda hacia él su cetro de oro; sólo entonces estará a salvo. Pues bien, hace ya un mes que el rey no me llama.

12 Cuando Mardoqueo supo la respuesta de Ester, 13 rogó que le dijeran:

–No creas que por estar en palacio vas a ser tú la única que te salves de todos los judíos. 14 Si en esta ocasión te callas, la liberación y la ayuda vendrán a los judíos de otra parte, pero tú y toda tu familia perecerán. ¡Y quién sabe si no habrás llegado a ser reina precisamente para una ocasión como ésta!

15 Ester envió esta respuesta a Mardoqueo:

16 –Ve a reunir a todos los judíos de Susa y ayunen por mí, sin comer ni beber durante tres días y tres noches. Yo y mis criadas ayunaremos también; después me presentaré ante el rey, aun en contra de su orden; y si tengo que morir, moriré.

17 Mardoqueo se fue a hacer todo lo que Ester le había mandado.

Oración de Mardoqueo

17a *Mardoqueo, recordando las hazañas del Señor, oró así:*

17b *–Señor, Dios, rey omnipotente, todo está en tus manos; nadie podrá oponerse, si quieres salvar a Israel.* 17c *Tú has creado el cielo y la tierra y las maravillas que hay bajo los cielos. Tú eres el dueño de to-*

• **4** 1-17: Mardoqueo aparece como la conciencia del pueblo; su misión consiste en sacudir la indiferencia de los demás israelitas, proclamando su dolor y preocupación; es la función del profeta en medio de la comunidad. Pero no basta con lamentarse. Es necesario actuar. Por eso recuerda a Ester que, dentro del pueblo, la elección no es un privilegio sino un servicio. Ester pone su confianza en el Señor (Est 4 16). Será él quien actúe por medio de esta reina israelita.

Ester no se niega ni se resiste a colaborar; sólo quiere conocer la misión a la que es llamada. Conocida la misión, puede dar su sí: *Si hay que morir, moriré.*

• **4** 17a-i: La *oración de Mardoqueo* se estructura a partir de tres motivos: la alabanza a Dios como creador de todo y salvador de Israel; la justificación de la actitud insumisa de Mardoqueo ante Amán, presentada como negativa a someterse ante nadie que no sea Dios, y la petición de perdón y salvación para su pueblo, apelando a la liberación ejemplar del éxodo.

do, y nada puede oponerte resistencia, Señor. 17d *Tú lo sabes todo: Tú sabes, Señor, que si me negué a postrarme ante el soberbio Amán, no fue por insolencia, ni por orgullo, ni por vanagloria. Pues, por salvar a Israel, hasta le besaría los pies.* 17e *Si yo hice eso, fue para no dar a un hombre tratamiento de Dios. Jamás me postraré ante nadie; sólo ante ti, Señor, y no hago eso por orgullo.* 17f *Y ahora, Señor, mi Dios y mi rey, Dios de Abrahán, perdona a tu pueblo, pues quieren exterminar y aniquilar tu antigua heredad.* 17g *No desprecies al pueblo, que rescataste de Egipto.* 17h *Escucha mi plegaria y sé propicio a tu heredad. Cambia nuestro luto en alegría para que, sobreviviendo, cantemos a tu nombre, Señor. No permitas que sean reducidos al silencio aquellos que te alaban.*

17i *Y todo Israel amenazado de muerte, clamaba con todas sus fuerzas.*

Oración de Ester

17j *La reina Ester, angustiada porque la muerte se le venía encima, recurrió al Señor. Se quitó sus vestiduras reales y se vistió de luto y de dolor. En vez de sus ricos perfumes, cubrió su cabeza con polvo y con ceniza, mortificó duramente su cuerpo cubriendo con sus cabellos despeinados aquel cuerpo que antes se complacía en adornar. Y oró así al Señor, Dios de Israel:*

17k *Señor mío, tú eres nuestro único rey; ayúdame, porque estoy sola, no tengo más protector que a ti, y el peligro me amenaza.* 17l *Desde niña he oído en mi familia, que tú, Señor, elegiste a Israel entre todas las naciones, y a nuestros padres entre todos sus antepasados, como heredad perpetua, cumpliendo todas tus promesas.* 17m *Ahora nosotros hemos pecado contra ti, y nos has entregado a nuestros enemigos, porque hemos adorado a sus dioses. ¡Eres justo, Señor!* 17n *Pero ellos no se contentan con nuestra amarga esclavitud, y han jurado ante sus ídolos, anular tus promesas y exterminar tu heredad, cerrar la boca de los que te alaban, extinguir la gloria de tu templo y de tu altar,* 17ñ *abrir la boca de los paganos, para alabar a sus ídolos, y enaltecer para siempre a un rey de carne.* 17o *No entregues, Señor, tu cetro a los que nada son; que no se rían de nuestra ruina. Vuelve contra ellos sus propósitos y castiga al que ha desatado contra nosotros esta guerra.* 17p *Acuérdate de nosotros, Señor, y hazte presente en medio de nuestra tribulación. Dame valor, Rey de los dioses y dominador de todo poder;* 17q *inspírame palabras oportunas; cuando tenga que hablar al león, cambia su corazón; haz que aborrezca a nuestro adversario, para que muera con sus cómplices.* 17r *Líbrame, Señor, con tu poder, y ayúdame a mí, que estoy sola, y no tengo a nadie más que a ti, Señor.* 17s *Tú lo sabes todo. Tú sabes que odio la gloria de los infieles, que aborrezco el lecho de los incircuncisos y de todos los extranjeros.* 17t *Tú sabes lo que tengo que sufrir; sabes que detesto esta corona, señal de mi rango, que ciñe mi cabeza en los días solemnes. La detesto como a paño menstrual y jamás la llevo en mi vida privada.* 17u *Jamás tu sierva ha comido en la mesa de Amán, ni ha buscado el honor de los banquetes reales, ni ha bebido el vino de las libaciones.* 17v *Desde el día de su entronización hasta hoy, tu sierva sólo se ha alegrado en ti, Señor, Dios de Abrahán.* 17x *¡Dios poderoso sobre todos! Oye la voz de los que no tienen esperanza, líbranos del poder de los malvados y quítame este miedo.*

ESTER ANTE EL REY ASUERO

Visita de Ester

Est 7 2; 9 12; Mc 6 23

5 1 Al tercer día Ester se puso sus vestidos de reina, y fue al patio de palacio

• **4 17j-x**: La *oración de Ester*, a diferencia de la de Mardoqueo, arranca de la súplica individual, apelando a las intervenciones salvíficas de Dios en favor de su pueblo e insistiendo en la dimensión penitencial (reconocimiento de culpa, petición de perdón), para seguir con la súplica colectiva y, finalizar de nuevo con la individual. En esta parte (Est 4 17s-x), la más personal y emotiva, Ester resalta la tensión a que se ve sometida: los honores y obligaciones de su condición real, por una parte, y el dolor solidario con su pueblo oprimido, por otra.

• **5 1-8**: Ester pasa a la acción. Esta escena recuerda la de Judit ante Holofernes (Jdt 11-13) o la de Salomé ante Herodes (Mc 6 17-29). Ester emplea su belleza y fragilidad para atraerse al rey. Se inicia, de esta forma, la venganza contra Amán y el triunfo de Israel.

que había frente al salón del trono. El rey estaba sentado en el trono real, en el salón que está frente a la puerta de entrada.

1a *Al tercer día acabada la oración, Ester se quitó sus vestidos de luto y se puso sus vestidos de reina. Radiante de hermosura, invocó a Dios protector y salvador de todos. Tomó consigo a dos doncellas: sobre una se apoyaba en actitud de abandono y la otra la seguía sosteniendo la cola del manto.* 1b *Aparecía extraordinariamente hermosa con el rostro risueño como el de una enamorada, pero por dentro estaba temblando de miedo.* 1c *Cruzó todas las puertas y llegó hasta la presencia del rey que estaba sentado en su trono real, revestido de todos los ornamentos solemnes, cubierto de oro y de piedras preciosas y con un aspecto impresionante.* 1d *Levantó el rey su rostro radiante de majestad y lanzó una mirada tan llena de ira que la reina se desmayó; cambió de color y cayó en brazos de la sierva que la acompañaba.* 1e *Pero entonces Dios cambió en dulzura el corazón del rey; se levantó de su trono, la tomó en sus brazos hasta que volvió en sí, y la reconfortó con estas cariñosas palabras:*

1f *–¿Qué te pasa Ester? Yo soy tu esposo; no temas que no vas a morir. Mi decreto es sólo para los demás. Acércate.*

2 Cuando el rey vio a la reina Ester de pie en el patio, la miró con amor y alargó hacia ella el cetro de oro que tenía en su mano; Ester se acercó a tocar la cabeza del cetro.

2a *Y tomando el cetro de oro, le tocó el cuello con él y la besó diciendo:*

–Háblame.

2b *Ester le dijo:*

–Te vi, señor, como si fueras un enviado de Dios, y mi corazón tembló ante tu majestad. 2c *Eres maravilloso, señor, y tu rostro es deslumbrante.*

2d *Y mientras hablaba se volvió a desmayar.* 2e *El rey se puso nervioso y todos sus cortesanos trataban de reanimarla.*

3 El rey le preguntó:

–¿Qué te pasa, reina Ester? ¿Qué deseas? Te daré hasta la mitad de mi reino.

4 Dijo Ester:

–Si al rey le parece bien, venga hoy con Amán al banquete que he preparado en su honor.

5 El rey dijo:

–Avisen inmediatamente a Amán que haga lo que desea Ester.

El rey y Amán fueron al banquete que había preparado Ester. 6 Durante los brindis el rey dijo a Ester:

–¿Qué pides? Yo te daré todo. ¿Qué deseas? Te daré incluso la mitad de mi reino.

7 Respondió Ester:

–Mi petición y mi deseo es que, 8 si el rey quiere hacerme un favor, si quiere darme lo que le pido y cumplir mi deseo, venga con Amán al banquete que voy a prepararles mañana y entonces le responderé.

Amán prepara una horca para Mardoqueo

9 Amán salió aquel día contento y de buen humor. Sin embargo, cuando vio a Mardoqueo que estaba junto a la puerta del palacio real, y no se levantaba ni se movía a su paso, se enfureció contra él, 10 pero se contuvo.

Al llegar a casa, llamó a sus amigos y a su mujer Zeres. 11 Les habló de sus enormes riquezas, de sus muchos hijos, del honor que le había hecho el rey, ascendiéndole sobre sus oficiales y ministros. 12 Y añadió:

–Incluso la reina Ester sólo me ha invitado a mí al banquete que ha dado en honor del rey. Y también nos ha invitado al rey y a mí para mañana. 13 Pero todo esto nada significa para mí mientras siga viendo al judío Mardoqueo sentado a la puerta del palacio real.

14 Su mujer Zeres y sus amigos le dijeron:

–Que preparen una horca de veinticinco metros y mañana por la mañana le pides al rey que cuelguen en ella a Mardoqueo; y así te irás contento con el rey al banquete.

Le gustó la propuesta a Amán, y mandó preparar la horca.

• **5 9-14:** La gloria de Amán ha alcanzado su punto culminante (Est 5 11). Sólo Mardoqueo parece ignorar y despreciar su éxito (Est 5 9). La venganza planeada por el primer ministro y sus familiares (Est 5 14) supone el punto de inflexión en el curso del relato: Amán provoca el comienzo de su fracaso. La crueldad de sus planes tiene también la función de hacer más aceptable la futura actuación de Ester y los israelitas.

MARDOQUEO Y AMAN

Humillación de Amán y exaltación de Mardoqueo

Est 2 21-23; Gn 41 42-44; Dn 5 29

6 1 Aquella noche el rey no pudo conciliar el sueño; así que mandó traer el libro de los anales o crónicas para que se lo
leyeran. 2 Allí constaba que Mardoqueo
había descubierto a Bigtán y Teres, los dos
eunucos de la guardia real que habían querido atentar contra el rey Asuero. El rey
preguntó:
–¿Qué honor o dignidad se le dio a Mardoqueo por ésto?
Los cortesanos que atendían al rey respondieron:
–No se le dio nada.
4 Preguntó entonces el rey:
–¿Quién está en el patio?
Amán acababa de entrar en el patio exterior de palacio para pedir al rey que colga-
ra a Mardoqueo en la horca que le había preparado. 5 Los cortesanos le respondieron:
–El que está en el patio es Amán.
Dijo el rey:
–Que entre.
6 Cuando entró Amán, el rey le preguntó:
–¿Qué se puede hacer a un hombre a
quien el rey quiere honrar?
Amán se dijo: «¿A quién va a querer
honrar el rey sino a mí?» 7 y respondió:
–¿Una persona a la que el rey quiere
honrar? 8 Que le traigan vestiduras regias,
de las que usa el rey, un caballo de los que
monta el rey, y una corona real para su cabeza. 9 La ropa y el caballo se entregarán a
un dignatario real perteneciente a la nobleza, y éste vestirá al hombre a quien el rey
quiera honrar; y lo paseará a caballo por la
plaza de la ciudad, proclamando ante él:
«Así se trata al que el rey quiere honrar».
10 Entonces dijo el rey a Amán:
–Toma en seguida la ropa y el caballo,
tal como has dicho, y haz todo eso con el
judío Mardoqueo, que está sentado a la
puerta del palacio real. Y no omitas nada
de lo que has dicho.
11 Amán tomó los vestidos y el caballo,
vistió a Mardoqueo y lo paseó a caballo por
la plaza de la ciudad, proclamando ante él:
«Así se trata a quien el rey quiere honrar».
12 Después Mardoqueo regresó a su
puesto en el palacio, mientras Amán corría
hacia su casa, triste y avergonzado. 13 Contó a su mujer Zeres y a todos sus amigos lo
que había pasado. Zeres y sus consejeros
le dijeron:
–Si ese Mardoqueo que te está haciendo
caer es de raza judía, no podrás con él; al
contrario, te hundirás ante él; *no podrás
prevalecer sobre él porque el Dios vivo está con él.*
14 Estaban todavía hablando, cuando llegaron los eunucos del rey para llevarle en
seguida al banquete preparado por Ester.

Caída y muerte de Amán

7 1 El rey y Amán fueron al banquete de
la reina Ester. 2 Y también aquel segundo día, durante los brindis, el rey volvió a
preguntar a la reina Ester:
–¿Cuál es tu petición, reina Ester? Se te
dará todo. ¿Qué deseas? Te daré incluso la
mitad de mi reino.
3 Respondió la reina Ester:
–Si gozo, mi rey, de tu favor, si así te
place, concédeme la vida. Esa es mi petición; mi vida y la de mi pueblo; ese es mi
deseo. 4 Pues mi pueblo y yo hemos sido
condenados a ser destruidos, asesinados y
exterminados. Si nos hubieran vendido como esclavos o esclavas, me hubiera callado, ya que tal desgracia no sería tan grave
como para importunar al rey.

• **6** 1-14: Llegamos al momento culminante del libro, anticipación de su desenlace sorprendente (Est 7-8). Cuando todo parece perdido para el justo, éste es milagrosamente exaltado. Es Dios quien lleva los hilos de la historia. Amán, dispuesto a recoger el fruto de su plan, se siente atrapado y obligado a honrar a quien ha planeado ahorcar; Mardoqueo, por el contrario, se ve repentinamente elevado a la gloria por su mismo enemigo. Su fidelidad (Est 6 2) recibe así recompensa adecuada (véase la redacción griega: Est 2 23o).

• **7** 1-10: Amán gozaba de la amistad del rey, y en su ignorancia se gloriaba del trato que recibía de la reina (Est 5 12); precisamente ellos dos, rey y reina, van a ser la causa de su ruina. Amán recibe como recompensa el terror de la muerte que él había proyectado sobre los judíos. La horca que había preparado para Mardoqueo se convierte en su propio patíbulo. Dios ha cambiado los proyectos humanos y se ha mostrado fiel a su pueblo, defendiéndolo de sus enemigos. Sus fieles pueden confiar plenamente en él.

5 Preguntó el rey Asuero a la reina Ester:
–¿Quién es? ¿Dónde está el que intenta
hacer eso?
6 Respondió Ester:
–¡El opresor y enemigo es ese malvado
Amán!
Amán quedó aterrorizado ante el rey y
la reina.
7 El rey, en un arrebato de ira, se levantó del banquete, y salió al jardín del palacio, mientras Amán se quedaba para pedir
a la reina Ester que le perdonara la vida,
pues comprendía que el rey había ya decidido su desgracia.
8 Cuando el rey regresó del jardín al salón del banquete, Amán estaba reclinado
sobre el diván de Ester. El rey exclamó:
–¿Acaso también vas a violentar a la
reina en mi presencia y en mi palacio?
En cuanto el rey dijo esto, colocaron a
Amán el capuchón de condenado.
9 Jarboná, uno de los eunucos que estaba al servicio personal del rey dijo:
–Precisamente hay en casa de Amán
una horca de veinticinco metros de altura
que él ha preparado para Mardoqueo, el
que salvó al rey con su denuncia.
Entonces el rey ordenó:
–Cuélgenlo allí.
10 Y ahorcaron a Amán en la horca que
había preparado para Mardoqueo. Así se
aplacó la ira del rey.

Triunfo de Mardoqueo y de los judíos

Prov 11 8; 26 27; Mt 7 2; Dn 2 48-49

8 1 Aquel mismo día el rey Asuero entregó a la reina la casa de Amán, el enemigo de los judíos. Mardoqueo fue presentado al rey, quien ya sabía por Ester el parentesco que los unía. 2 El rey se quitó el
anillo real que había recuperado de Amán
y se lo dio a Mardoqueo. Ester nombró a
Mardoqueo administrador de la casa de
Amán.
3 Ester se dirigió de nuevo al rey. Cayó
a sus pies, llorando y suplicándole que anu-
lara los malvados planes que Amán, de
Agag, había maquinado contra los judíos.
4 Cuando el rey tendió el cetro de oro
hacia Ester, ésta se levantó y permaneció
de pie delante del rey. 5 Luego dijo:
–Si le parece bien al rey, si quiere hacerme un favor, si la propuesta le agrada y
está contento de mí, anule por escrito las
cartas que Amán, hijo de Hamdatá, de
Agag, escribió para exterminar a los judíos
en todas las provincias del imperio. 6 Yo no
podría resistir contemplando las desgracias
que esperan a mi pueblo y el exterminio de
mi raza.
7 Entonces, el rey Asuero dijo a la reina
Ester y al judío Mardoqueo:
–Ya ven que he dado a Ester la casa de
Amán y que a él le han ahorcado por haber
querido exterminar a los judíos. 8 Escriban
ustedes a los judíos en nombre del rey lo
que les parezca y séllenlo con el sello real;
un documento escrito en nombre del rey y
sellado con su sello es irrevocable.
9 Inmediatamente fueron convocados
los secretarios reales: el día veintitrés del
mes tercero, es decir, el mes de Siván. Escribieron, tal como quería Mardoqueo, a los
judíos, sátrapas, gobernadores y jefes de
las provincias –ciento veintisiete provincias, desde la India hasta Etiopía– a cada
provincia en su escritura y a cada pueblo
en su lengua. 10 Escribieron las cartas en
nombre del rey Asuero y las sellaron con
su anillo real. Enviaron las cartas por medio de correos montados en velocísimos
caballos de las cuadras reales.
11 En las cartas el rey concedía a los judíos de todas y cada una de las ciudades el
derecho a reunirse y defenderse, a exterminar, matar y aniquilar a todo el que tomara
las armas para atacarlos, fuera de la raza y
provincia que fuera, incluso a las mujeres
y los niños; les concedía además el derecho a saquear sus bienes, 12 en todas las
provincias del rey Asuero, aquel mismo
día, el trece del duodécimo mes, es decir,
el mes de Adar.

• **8** 1-12: Punto por punto cambia la situación. Mardoqueo recibe como compensación el cargo de primer ministro que tenía Amán y la administración de sus bienes; el pueblo pasa de ser perseguido y condenado al exterminio a tener la capacidad para defenderse y atacar a sus enemigos (Est 8 11). La dimensión colectiva de la destrucción se ha trocado en salvación universal. El poder real se ha puesto al servicio de Israel y, como las leyes persas son irrevocables, ha contrarrestado con nuevas normas (Est 8 4-8) las leyes injustas que sufría.

Texto del decreto real

12a *Este era el texto de la carta:*
12b *El gran rey Asuero a los sátrapas de
las ciento veintisiete provincias desde la
India hasta Etiopía, y a todos nuestros fieles súbditos. Salud.*
12c *Hay muchos que cuanto más generosamente son honrados por la gran bondad
de sus bienhechores, más se llenan de
orgullo. Y no se contentan con oprimir a
nuestros súbditos, sino que, insatisfechas
aún sus ambiciones, conspiran contra sus
mismos bienhechores.* 12d *No sólo arrancan de los hombres la gratitud, sino que,
ensoberbecidos por su inesperada dignidad, quieren escapar a la justicia vengadora de Dios, que todo lo ve.*
12e *Con frecuencia los hombres de gobierno se han visto envueltos en males
irreparables, y complicados en la muerte
de inocentes por haberse fiado de amigos
en la administración de los negocios y haber seguido sus consejos,* 12f *que sorprendían, con sus palabras engañosas, la noble sencillez de los dirigentes.* 12g *Pueden
comprobarlo, no sólo por las crónicas antiguas, como hemos dicho, sino viendo alrededor de ustedes las impiedades cometidas por esta peste de indignos gobernantes.* 12h *Debemos, pues, mirar al futuro y
asegurar la tranquilidad y la paz para bien
de todos,* 12i *haciendo los cambios necesarios y juzgando con justicia todos los casos.*
12j *Amán, hijo de Hamdatá, macedonio,
ajeno a la sangre persa y desconocedor de
nuestra nobleza, fue recibido por mí con
hospitalidad,* 12k *y aceptado con los mejores sentimientos de amistad, hasta el punto de llamarlo nuestro padre, de ser venerado por todos y de ser el segundo en el
reino por su rango.* 12l *Pero, insatisfechas
aún sus ambiciones, trató de quitarme el
reino y la vida;* 12m *con toda clase de engaños quiso exterminar a Mardoqueo, mi
salvador y mi constante bienhechor, a Ester, la irreprochable compañera de mi reino y a toda su raza.* 12n *Se imaginaba que
con tales medidas quedaríamos aislados y
podría pasar a los medos el imperio de los
persas.* 12ñ *Pero he averiguado que los judíos, destinados a la muerte por este criminal, no son malhechores; se rigen por
leyes muy justas,* 12o *y son hijos del Dios
vivo, el grande y el altísimo, que nos conserva el reino en prosperidad como lo hizo
con nuestros antepasados.* 12p *Harán, pues,
bien no tomando en cuenta las cartas enviadas por Amán, pues su autor y su familia han sido ahorcados en las puertas de
Susa, castigo merecido que les ha dado el
Dios omnipotente.*
12q *Publiquen este decreto en todas las
ciudades, dejen a los judíos que sigan libremente sus leyes y ayúdenlos a defenderse de los que iban a exterminarlos en un
solo día, el trece del duodécimo mes, el de
Adar.* 12r *El Dios omnipotente ha cambiado
en alegría el día que iba a ser la ruina de
la raza elegida.*
12s *Ustedes, los judíos, celebrarán con
toda alegría, como una de sus grandes fiestas, este día señalado, y de ahora en adelante será un día memorable para ustedes
y para todos los amigos de los persas,
mientras que para sus enemigos será un
recuerdo de su ruina.* 12t *Toda ciudad y, en
general, todo lugar que se niegue a cumplir estas órdenes, serán devastados por el
hierro y por el fuego y quedarán inhabita-
bles para los hombres y eternamente odiosos para las fieras y las aves.*

13 El documento, con fuerza de ley, debía hacerse público en todas y cada una de
las provincias y ser comunicado a todos
los pueblos; los judíos debían estar preparados aquel día para vengarse de sus enemigos. 14 Los correos, según la orden del
rey, salieron en seguida montados en velocísimos caballos de las cuadras reales. El
decreto se promulgó también en la fortaleza de Susa.
15 Mardoqueo salió del palacio del rey
con vestiduras regias de color violeta y
blanco, una gran corona de oro y un manto
de lino y púrpura. En toda la ciudad de Susa

• **8 12a-17**: El decreto compuesto por el redactor griego sintetiza varios temas importantes de la obra. Después de exponer los principios del buen gobierno (Est 8 12c-i) describe los crímenes cometidos por Amán (Est 8 12j-n). A continuación realiza una alabanza del pueblo judío (Est 8 12ñ-o), dispone que se ejecuten las nuevas leyes y que los judíos celebren una fiesta conmemorativa (purim) (Est 8 12p-t).

resonaban gritos de alegría. 16 Entre los
judíos todo era luz, alegría, regocijo y triunfo. 17 En cada provincia y ciudad adonde
llegaba el decreto real, los judíos tenían alegría y júbilo y celebraban banquetes y fiestas. Y muchos gentiles se convirtieron, sobrecogidos de miedo ante los judíos.

Venganza de los judíos

Jdt 15 6-7.11

9 1 El día trece del duodécimo mes, es
decir, el mes de Adar, cuando debía
ejecutarse el decreto del rey, el día en que
los enemigos de los judíos esperaban dominarlos, la situación cambió totalmente y
fueron los judíos quienes dominaron a sus
enemigos. 2 Los judíos se concentraron en
sus ciudades, en todas las provincias del
rey Asuero, para atacar a los que habían
deseado exterminarlos. Nadie les opuso resistencia, porque la población entera les
tenía pánico. 3 Los jefes de las provincias,
los gobernadores y secretarios reales apoyaban a los judíos por miedo a Mardoqueo,
4 porque Mardoqueo tenía gran poder en el
palacio; su fama llegaba a todas las provincias y cada día era más poderoso.
5 Los judíos pasaron a cuchillo a todos
sus enemigos, matándolos y exterminán-
dolos; hicieron de ellos lo que quisieron.
6 Sólo en la ciudadela de Susa mataron a
quinientos hombres, 7 y también a Parsan-
datá, Dalfón, Aspatá, 8 Poratá, Adalía, Ari-
datá, 9 Parmastá, Arisay, Ariday y Yezatá,
10 los diez hijos de Amán de Hamdatá,
enemigo de los judíos. Pero no saquearon
sus bienes. 11 Aquel mismo día se enteró el
rey del número de muertos en la fortaleza
de Susa, 12 y dijo a la reina Ester:
–Sólo en Susa los judíos han exterminado a quinientos hombres y a los diez hijos
de Amán. ¿Qué habrán hecho en las otras
provincias del imperio? Ahora dime qué
quieres y te lo daré; si deseas algo más, se
hará.
13 Ester respondió:
–Si le parece bien al rey, que los judíos
puedan prorrogar el cumplimiento del decreto hasta mañana, y cuelguen en la horca
los cuerpos de los diez hijos de Amán.
14 El rey ordenó que se hiciera así. Se
promulgó un decreto en Susa, y colgaron
en la horca a los diez hijos de Amán. 15 Por
su parte los judíos de Susa se reunieron de
nuevo el día catorce del mes de Adar y mataron a otros trescientos hombres, pero no
saquearon sus bienes. 16 Los demás judíos
de las provincias del imperio se reunieron
para defenderse, eliminando a sus enemigos: mataron a setenta y cinco mil adversarios, pero tampoco saquearon sus bienes.

LA FIESTA DE LOS PURIM

Celebración de la fiesta

Ap 11 10; Est 3 7; 6 5-13; 9 23-26

17 Esto sucedió el día trece del mes de
Adar. El día catorce descansaron, declarándolo festivo. 18 En cambio los judíos de
Susa se reunieron los días trece y catorce,
y descansaron el día quince, declarándolo
día festivo. 19 Por eso, los judíos que viven
diseminados en las aldeas remotas, celebran como día festivo el catorce del mes
de Adar, haciéndose regalos, *mientras que
los que habitan en las ciudades celebran
su día festivo haciéndose regalos, el día
quince del mes de Adar*.
20 Mardoqueo puso todo esto por escrito y envió cartas a todos los judíos de
todas las provincias del rey Asuero, próximas y lejanas. 21 Mandó también celebrar

• **9 1-16**: La complacencia en describir la venganza de los judíos contra sus enemigos sigue el modelo de la guerra santa. La prórroga pedida por Ester (Est 9 13) sirve para explicar la celebración de la fiesta de los purim, y el sentido del exterminio es ejecutar el castigo divino contra los malvados.

Desde un punto de vista cristiano no es posible aceptar esta complacencia en la venganza, pues las enseñanzas de Jesús, plenitud del Antiguo Testamento, nos invitan a amar incluso a los enemigos.

• **9 17-10 3**: Al igual que la liberación de los judíos después de la muerte de los primogénitos egipcios (Ex 12-14) constituyó un motivo de celebración, así también la liberación de las asechanzas de Amán debe recordarse y ser motivo de alegría y agradecimiento a Dios. La fiesta de los *purim*, cuyo origen era oscuro y que se venía celebrando como una especie de carnavales, queda así historificada y determinada en sus aspectos rituales. La fiesta es una afirmación de la fe en Dios, que, una vez más, ha otorgado protección a su pueblo. Al mismo tiempo es un sí a la vida y a su triunfo sobre la muerte. Es finalmente, ocasión de solidaridad (Est 9 12): la generosidad con la que Dios prodiga sus bienes lleva a hacer partícipes a los hermanos de los bienes recibidos.

anualmente una fiesta en los días catorce y
quince del mes de Adar, 22 porque en esos
días los judíos se libraron de sus enemigos,
y el mes en que la tristeza se cambió en
júbilo y el luto en alegría. Esos días debían
declararse festivos, intercambiándose regalos y dando donativos también a los pobres.
23 Los judíos, que ya habían comenzado
a hacerlo, aceptaron lo que les escribió
Mardoqueo; 24 pues Amán, hijo de Hamdatá, de Agag, el enemigo de los judíos,
había planeado destruirlos y acabar con
ellos echando la suerte llamada *pur*; 25 pero, cuando Ester se presentó al rey, éste
ordenó por escrito que se volviera contra él
el proyecto malvado que había planeado
contra los judíos; y así lo colgaron en la
horca junto con sus hijos. 26 Por eso estos
días se llaman *purim*, de la palabra *pur*.
De acuerdo con aquella carta y según lo
que ellos mismos habían experimentado, o
las noticias que les habían llegado, 27 los
judíos tomaron la resolución irrevocable,
para ellos, para sus descendientes y para los
que se convirtieran al judaísmo, de celebrar
cada año esos dos días del modo prescrito
y en aquellas fechas. 28 Esos días, recordados y celebrados de generación en generación, en cada familia, ciudad y provincia,
son los días de *purim* y no desaparecerán
de entre los judíos; su recuerdo se mantendrá vivo entre sus descendientes.
29 La reina Ester, hija de Abijail, y el
judío Mardoqueo escribieron urgiendo el
cumplimiento de la segunda carta sobre los
purim. 30 Y enviaron cartas a todos los
judíos de las ciento veintisiete provincias
del imperio de Asuero deseándoles paz y
seguridad, 31 ratificando la celebración de
los días de *purim*, tal como había establecido el judío Mardoqueo y la reina Ester, y
tal como se habían comprometido ellos
mismos y sus descendientes, ordenando
ayunos y lamentaciones. 32 Así el edicto de
Ester fijó las normas de las celebraciones
de *purim*, y quedó todo por escrito.
10 1 El rey Asuero impuso un tributo a
los habitantes del continente y de las
islas. 2 Todas las manifestaciones de su
poder y sus victorias, así como el relato de
la grandeza a la que el rey elevó a Mardoqueo, todo está escrito en los anales de los
reyes de Media y Persia. 3 Pues el judío
Mardoqueo era, después del rey Asuero, el
primero en el reino, el más importante de
los judíos y muy estimado por sus muchos
compatriotas; buscó el bien de su pueblo y
promovió la paz para los de su raza.

Interpretación del sueño inicial

Est 1 1a-k

3a *Entonces Mardoqueo dijo:*
–Todo esto es cosa de Dios. 3b *Ahora*
recuerdo un sueño que tuve y todo se ha
cumplido puntualmente: 3c *el manantial*
que se convirtió en río, la luz, el sol y el
agua abundante. El río es Ester a quien el
rey tomó por esposa y constituyó reina;
3d *los dos dragones somos Amán y yo;*
3e *las naciones son todos los que se reunie-*
ron para exterminar a los judíos; 3f *mi*
pueblo es Israel que clamó a Dios y fue
salvado. El Señor salvó a su pueblo, libe-
rándonos de todos estos males y realizan-
do prodigios y maravillas como nunca se
habían visto entre las naciones. 3g *Por eso*
el Señor estableció dos clases de suertes:
una para el pueblo de Dios y otra para las
demás naciones. 3h *Estas dos clases de*
suertes se han cumplido en la hora, tiempo
y día prefijados por Dios en relación con
todas las naciones. 3i *Dios se acordó de su*
pueblo e hizo justicia a Israel, su heredad.
3j *Por eso estos días catorce y quince del*
mes de Adar serán para ellos días de reu-
nión, de júbilo y de alegría para siempre
en presencia de Dios y en medio de su
pueblo Israel.

Nota del traductor griego

3k *El año cuarto de Tolomeo y de Cleo-*
patra, Dositeo, que decía ser sacerdote y
levita, trajo, junto con su hijo Tolomeo, es-
ta carta relativa a los «purim». Asegura-
ron que era auténtica y dijeron que había
sido traducida por Lisímaco, hijo de Tolo-
meo, de Jerusalén.

• **10 3a-j**: El sueño de Mardoqueo ha tenido un desenlace feliz para su pueblo, pero se ha convertido en pesadilla para los enemigos. La explicación del sueño inicial (véase nota a Est 1 1a-k) cierra el libro, poniendo de relieve la oculta trama teológica: todo esto es cosa de Dios, que dirige la historia hacia su plenitud.

LIBROS DE LOS MACABEOS

INTRODUCCION

Los libros de los Macabeos son una buena muestra de lo que podríamos llamar "historia monográfica". A diferencia de la historia deuteronomista (Jos-2 Re) y de la historia cronística (1 Cr-Neh), que se pueden denominar "historias panorámicas", los libros de los Macabeos se refieren a un solo acontecimiento: la insurrección macabea ante la dominación seléucida de Antíoco IV Epífanes y las luchas sucesivas de Judas Macabeo y sus hermanos por la libertad religiosa, cultural y política de los judíos. Si bien sólo a Judas se le denomina macabeo (= martillo), la tradición ha extendido el sobrenombre a sus hermanos y a los libros que cuentan sus hazañas.

1. Marco histórico

La caída de Jerusalén ante las tropas babilónicas de Nabucodonosor (587/6 a. C.) había supuesto el fin de la monarquía davídica y la pérdida de la independencia política para el pueblo de Israel, que durante más de 400 años se vio dominado por las grandes potencias de turno: Babilonia, Persia y Macedonia. Después de la muerte de Alejandro Magno (323 a. C.), su imperio se divide entre sus generales, los Diadocos; a consecuencia del reparto los Seléucidas reinarán en Mesopotamia y Siria y los Lágidas o Tolomeos en Egipto. Situada entre Siria y Egipto, Palestina dependerá primero de Egipto, y después de Siria a partir de Antíoco III (199 a. C.). Durante todo este período los judíos mantuvieron una cierta autonomía religiosa, a pesar del avance del helenismo (modo de vida que se caracteriza por una misma lengua, cultura, costumbres y religión de origen griego), utilizado como vehículo de unificación política. Con Antíoco III los judíos obtienen un edicto de tolerancia que les garantiza la libertad religiosa y un cierto reconocimiento cultural. La situación cambia radicalmente con Antíoco IV Epífanes, partidario del helenismo a ultranza, que con su saqueo del templo y el decreto de prohibición del judaísmo (167 a. C.) enciende la mecha de la rebelión macabea.

Los libros de los Macabeos contaron con fuentes fidedignas. Por ello su cronología es bastante fiable. Una relación de los acontecimientos más importantes puede verse en la sinopsis cronológica que se encuentra al final de esta Biblia.

2. Características literarias

Aunque los dos libros de los Macabeos se refieren, en parte, a los mismos acontecimientos, no son sucesivos ni complementarios, sino que tratan independiente y paralelamente la rebelión macabea con desigual extensión y desde distintos intereses y perspectivas.

El primer libro de los Macabeos abarca un período de cuarenta años, desde la entronización de Antíoco IV (175 a. C.) hasta la muerte de Simón (134 a. C.) y narra la resistencia y las guerras de liberación macabeas desde su origen hasta la consumación de la independencia total con Simón. Después de una introducción de conjunto (1 Mac 1 1-9) el libro se estructura en cuatro partes bien delimitadas. La primera parte (1 Mac 1 10-2 69) narra las causas de la rebelión y los comienzos de la resistencia protagonizados por Matatías; las tres restantes relatan las rebeliones sucesivas de los tres hermanos: Judas (1 Mac 3 1-9 22), Jonatán (1 Mac 9 23-12 53) y Simón (1 Mac 13 1-16 24).

Aunque sólo conservamos la traducción griega, el libro fue escrito en hebreo, en torno al año 100 a. C., para justificar la dinastía asmonea, heredera directa de la familia macabea, y para exaltar el recuerdo de los héroes que la hicieron posible. En su composición, se advierte una intencionada dependencia de la historia deuteronomista (imitación de los esquemas de Jueces y Reyes, alusiones a Josué, David y otros reyes) y se inspira con frecuencia en otros libros del Antiguo Testamento (Lamentaciones, Salmos y Profetas). Predomina el elemento narrativo, aunque inserta himnos, discursos y documentos oficiales.

El segundo libro de los Macabeos, en cambio, abarca un período más corto: los quince años que van desde los inicios de la persecución de Antíoco IV (175 a. C.) hasta la victoria de Judas sobre Nicanor (160 a. C.). El libro se presenta como el resumen de una obra de Jasón de Cirene en cinco tomos sobre las hazañas de Judas y sus hermanos. Después de las dos cartas iniciales dirigidas a los judíos de Egipto (2 Mac 1 1-2 18), el libro presenta una estructura en tres partes, enmarcadas por una introducción (2 Mac 2 19-32) y una conclusión (2 Mac 15 37-39) del autor. La primera parte (2 Mac 3 1-7 42) está dedicada a destacar las causas de la rebelión (la indignidad de los sumos sacerdotes y la persecución de Antíoco); la segunda parte (2 Mac 8 1-10 8) narra los inicios y primeros éxitos de la insurrección de Judas (hasta la muerte de Antíoco y la purificación del templo); y la tercera (2 Mac 10 9-15 36) relata las hazañas del Macabeo hasta la muerte de Nicanor.

Este segundo libro es anterior al primer libro de los Macabeos (la fecha de la primera carta, 124 a. C., puede ser una referencia válida) y su autor nos es desconocido (posiblemente pertenecía a los círculos fariseos y era, en todo caso, antiasmoneo). Su estilo es ampuloso, retórico y recargado. A menudo introduce paréntesis llenos de paradojas y contrastes. Más que narrar, busca conmover y persuadir y no le importa incorporar elementos milagrosos y sobrenaturales. Depende de la historia cronística, aunque más a nivel teológico que literario.

3. Claves teológicas

Tampoco aquí encontramos uniformidad o continuidad. Las diferencias entre el primero y el segundo libro de los Macabeos son aún más notables cuando indagamos en sus intenciones teológicas.

El primer libro de los Macabeos, respondiendo a sus intereses propagandísticos y de justificación de la dinastía asmonea, concede más valor a los elementos políticos y patrióticos que a los meramente religiosos. Es verdad que sus héroes combaten por la ley y el templo, pero lo hacen más por su valor simbólico y aglutinante que por su contenido. Si a nivel literario se inspira en la historia deuteronomista, a nivel teológico carece de su aliento profético. Dios queda en segundo plano, lo mismo que la independencia religiosa queda supeditada a la política. Por eso, al autor no le escandaliza que sus héroes reciban el sumo sacerdocio de manos de los reyes extranjeros o que la monarquía llegue a recaer en una dinastía no davídica. La absolutización de los valores nacionalistas y patrióticos le hacen combatir a los judíos partidarios del helenismo con más saña que a los enemigos extranjeros, convirtiendo las guerras de liberación en una permanente "guerra civil". El éxito militar legitimó de tal manera la posición de los macabeos que el autor de este primer libro vio en ellos y en su obra el cabal cumplimiento de las promesas y expectativas mesiánicas.

El segundo libro de los Macabeos, por el contrario, tiene una mayor profundidad religiosa y mucho menos interés político y militar (apenas concede importancia al relato de las batallas y a los acontecimientos profanos en sí). Como su modelo, la historia cronística, el templo es el eje central de todo el libro. El templo y todo lo que alberga y significa: la santidad de Dios, expresada en sus santas leyes, el culto, los sacrificios y el sumo sacerdocio que ejerce una mediación determinante (para bien o para mal) sobre el pueblo. Hace que Dios intervenga directamente en el curso de la historia y de los acontecimientos (también a través de una serie de personajes sobrenaturales). Además, destaca el valor de la oración y del sacrificio, el poder ejemplar y expiatorio del martirio de los justos, la retribución después de la muerte. La aportación más novedosa es la fe en la resurrección de los justos y el poder de intercesión de los santos. En definitiva, se trata de una religiosidad que, al margen de miras políticas, busca trascender los valores terrenos.

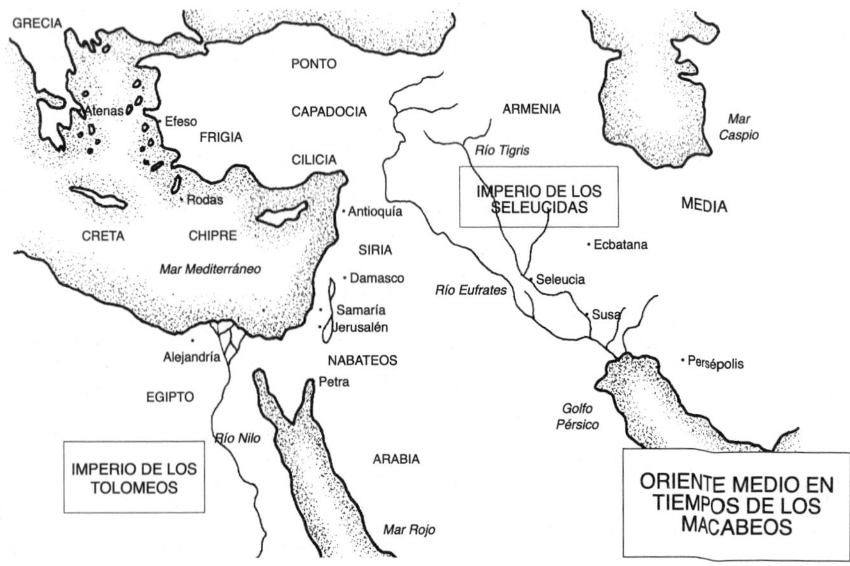

PRIMER LIBRO DE LOS MACABEOS

Alejandro Magno y sus sucesores

1 1 Alejandro el macedonio, hijo de Filipo, salió de su país, venció a Darío, rey de los persas y medos, y le sustituyó en el trono, teniendo a Grecia como cabeza de su imperio. 2 Emprendió muchas guerras, conquistó fortalezas y mató a los reyes de la región.

3 Llegó hasta los extremos de la tierra, saqueó muchos pueblos, y la tierra enmudeció ante él. Su corazón se llenó de soberbia y de orgullo. 4 Reclutó un poderoso ejército y sometió provincias, naciones y reyes, que le pagaron tributo. 5 Después cayó enfermo y, al darse cuenta de que se iba a morir, 6 llamó a sus altos funcionarios, educados con él desde la juventud, y les repartió el imperio antes de morir. 7 Alejandro murió a los doce años de haber comenzado a reinar. 8 Sus generales se hicieron cargo del poder, cada cual de la provincia que le correspondió. 9 Todos ciñeron la corona después de su muerte y sus hijos después de ellos durante muchos años, llenando la tierra de males.

1. Causas de la rebelión macabea ◊

El helenismo en Israel

2 Mac 4 7-17; 1 Cor 7 18

10 De aquellos generales salió un retoño impío, Antíoco Epífanes, hijo del rey Antíoco. Había estado en Roma como rehén, y comenzó a reinar el año ciento treinta y siete de la era de los griegos. 11 Por entonces surgieron israelitas apóstatas que sedujeron a muchos, diciendo:

–Pactemos con los pueblos de alrededor, pues desde que nos hemos separado de ellos nos han venido muchos males.

12 Les pareció bien la propuesta, 13 y algunos del pueblo fueron a ver al rey. El rey los autorizó a seguir las costumbres paganas 14 y, siguiendo dichas costumbres, edificaron un gimnasio en Jerusalén, 15 disimularon la circuncisión, abandonaron la alianza santa para asociarse a los paganos y se vendieron para hacer el mal.

Campaña de Egipto y saqueo del templo y de Jerusalén

Dn 11 25-28; 2 Mac 5 1.11-26

16 Cuando Antíoco consolidó su trono, pensó en reinar también sobre Egipto para mandar en los dos países. 17 Entró en Egipto con un ejército poderoso, con carros de guerra, elefantes, soldados de caballería, y una gran flota. 18 Atacó a Tolomeo, rey de Egipto, que retrocedió y huyó, y le causó muchas bajas. 19 Antíoco ocupó las ciudades egipcias fortificadas y las saqueó. 20 El año ciento cuarenta y tres, cuando regresaba de conquistar Egipto, se dirigió contra Israel y Jerusalén con un poderoso ejército. 21 Entró con insolencia en el templo y se

• **1** **1-9**: En esta breve introducción general, el autor sitúa la historia particular de Israel en el marco más amplio de la historia universal, que ha entrado en una nueva era después de las campañas militares de Alejandro Magno. A su muerte, el naciente imperio helenista es repartido entre sus generales, los llamados Diadocos. Los sucesores de dos de ellos, los Lágidas de Egipto y los Seléucidas de Siria y Mesopotamia, se disputan la franja costera que ocupa Palestina.

Además de la admirable concentración de la historia, hay que notar el juicio negativo del autor en su valoración global de la nueva era helenista.

◊ **1** **10-2** **70**: La primera parte de 1 Macabeos nos presenta a los personajes principales y las causas del conflicto que va a estallar. Por un lado Antíoco IV, sus ejércitos, sus seguidores y, entre éstos, el grupo de judíos "apóstatas" que aceptan las reformas helenistas, haciendo compatibles las antiguas tradiciones con la nueva cultura griega; por otro lado, el Dios de Israel y cuanto lo representa: el pueblo, el templo, la ley y el sábado... y el grupo de judíos fieles, a cuya cabeza se sitúa la familia de Matatías, oponiéndose a las medidas del opresor y a la actitud tolerante y abierta de sus hermanos, los judíos simpatizantes del helenismo.

• **1** **10-15**: La introducción del helenismo (=lengua, cultura y costumbres de origen griego) en Israel se debe a dos factores que más tarde se unirán: de un lado, la subida al trono de Antíoco IV Epífanes, menos respetuoso con los judíos que su antecesor, Antíoco III; por otro lado, los judíos innovadores que ven con buenos ojos las ventajas que ofrece la cultura griega. El autor, promacabeo, los descalifica desde el primer momento.

apoderó del altar de oro, del candelabro con
todos sus accesorios, 22 de la mesa donde
se ponían las ofrendas, de las copas, tazas,
incensarios de oro, velo, coronas y de la
decoración de oro de la fachada del templo,
llevándose todo. 23 Se llevó también la plata, oro, vasos preciosos y tesoros escondidos que pudo encontrar. 24 Se lo llevó todo
a su patria después de haber derramado
mucha sangre y haber hablado con orgullo.
25 Hubo un gran luto en todo Israel.

26 Jefes y ancianos gimieron,
doncellas y jóvenes languidecieron,
y palideció la belleza de las mujeres.
27 El recién casado
entonó una lamentación,
y la recién casada
se angustió en el lecho nupcial.
28 La tierra tembló,
viendo la suerte de sus habitantes,
y toda la descendencia de Jacob
se cubrió de vergüenza.

29 Pasados dos años, el rey mandó a las
ciudades de Judá un recaudador de impuestos, que llegó a Jerusalén con un ejército
poderoso. 30 Se presentó con astucia en
son de paz, y le creyeron. Pero irrumpió de
improviso en la ciudad, hizo un gran es-
trago y mató a muchos israelitas. 31 Saqueó
la ciudad, la incendió y destruyó las casas
y las murallas que la cercaban. 32 Se llevaron cautivos a niños y mujeres y se apoderaron de sus ganados. 33 Reedificaron la
ciudad de David con una muralla alta y sólida, y con torres fuertes, convirtiéndola en
una ciudadela. 34 Instalaron allí mala gente, hombres perversos, que se hicieron fuertes en ella. 35 Almacenaron armas y víveres, reunieron el botín recogido en Jerusalén, y se convirtieron en un enclave molesto, 36 un peligro constante para el templo y
una continua amenaza para Israel.

37 Derramaron sangre inocente
alrededor del templo
y profanaron el santuario.
38 Por su causa huyeron
los habitantes de Jerusalén,
y la ciudad se convirtió
en una colonia de extranjeros;
llegó a ser una extranjera
para los suyos,
y sus hijos la abandonaron.
39 Su templo quedó como un desierto,
sus fiestas se cambiaron en luto,
sus sábados en injuria,
su gloria en desprecio.
40 Su humillación fue tanta
como su grandeza,
y su magnificencia se cambió en llanto.

Proscripción del judaísmo

2 Mac 6 2; Dn 9 27; 11 31; 2 Mac 6 10

41 El rey ordenó que todos sus súbditos
formaran un solo pueblo, 42 y que cada uno
abandonara sus costumbres propias. Todos
los gentiles aceptaron la orden del rey, 43 y
muchos israelitas se acomodaron a la religión oficial, ofrecieron sacrificios a los ídolos y profanaron el sábado. 44 El rey mandó
mensajeros a Jerusalén y a las ciudades de
Judá con órdenes escritas de que aceptaran
las costumbres extranjeras, 45 suprimieran
los holocaustos, sacrificios y ofrendas en
el templo, profanaran el sábado y las fiestas, 46 contaminaran el templo y los instrumentos santos, 47 edificaran altares y templos a los ídolos, inmolaran cerdos y animales impuros, 48 no circuncidaran a sus
hijos y se mancharan con toda clase de impurezas y profanaciones, 49 se olvidaran de

• **1 16-40**: La primera agresión concreta se produce al regreso de Antíoco IV de su primera campaña en Egipto. El saqueo del templo es magnificado y casi equiparado al protagonizado por Nabucodonosor (2 Re 24 13; 25 9.13-17). Eso justifica la pequeña elegía (1 Mac 1 25-28) que el autor inserta con motivos entresacados del libro de Lamentaciones para expresar el dolor causado por la afrenta al templo.

Más grave y de peores consecuencias fue la expedición de castigo (1 Mac 1 29-36), enviada por Antíoco dos años después. A las agresiones, destrucciones y muertes se añade la gran ignominia: la construcción de una fortaleza (a la que se denomina "ciudadela") en la antigua ciudad de David. Esta fortaleza será a lo largo del libro el símbolo de la opresión.

La unidad queda cerrada con otra breve elegía (1 Mac 1 37-40), construida con elementos tomados de los Salmos (Sal 79 3; 106 38) y de Lamentaciones (Lam 5 2).

• **1 41-64**: Las nuevas medidas unificadoras de Antíoco IV dan paso a la persecución abierta. El nuevo decreto significa la prohibición del judaísmo (culto, leyes, fiestas, costumbres), derogando el edicto de tolerancia de Antíoco III. La instalación de un altar dedicado al Zeus Olímpico, sobre el altar de los holocaustos, colma el vaso de las provocaciones y desencadena la resistencia, que de momento será sólo pasiva: muerte o huida. Estamos en el tiempo de la ira.

la ley y cambiaran todas sus instituciones.
50 El que no obedeciera las órdenes del rey
sería condenado a muerte.
51 El rey escribió en estos términos a todos sus súbditos, nombró inspectores sobre
el pueblo y mandó que en todas las ciudades
de Judá se ofrecieran sacrificios. 52 Mucha
gente del pueblo abandonó la ley, se unió a
ellos e hicieron tales estragos en el país,
53 que obligaron a los israelitas a esconderse en toda clase de refugios.
54 El quince del mes de Casleu del año
ciento cuarenta y cinco, Antíoco mandó
colocar un altar sacrílego encima del altar
del sacrificio, y edificó altares en las ciudades judías de los alrededores. 55 En las
puertas de las casas y en las calles se ofrecía incienso; 56 rasgaban y quemaban los
libros de la ley que encontraban. 57 Al que
le encontraban el libro de la alianza y al
que observaba la ley se le condenaba a
muerte de acuerdo con el decreto real. 58 Tal
era el salvajismo con que día a día trataban
a los que sorprendían en las ciudades com-
portándose como fieles israelitas. 59 El veinticinco de cada mes ofrecían sacrificios en
el altar construido sobre el altar de los holocaustos. 60 A las madres que habían hecho circuncidar a sus hijos, las mataban,
como ordenaba el edicto, 61 con los niños
colgados al cuello; mataban igualmente a
los familiares y a los que habían realizado
la circuncisión.
62 Pero hubo muchos israelitas que se
mantuvieron firmes y decidieron no comer
alimentos impuros; 63 prefirieron morir antes que contaminarse con tales alimentos y
profanar la alianza santa; y efectivamente
murieron. 64 Una cólera terrible cayó sobre
Israel.

Matatías y sus hijos

Lam 2 5-17

2 1 Por entonces Matatías, hijo de Juan,
hijo de Simeón, sacerdote de la familia
de Yoarib, abandonó Jerusalén y se estableció en Modín. 2 Tenía cinco hijos: Juan,
apodado Gadí; 3 Simón, apodado Tasí; 4 Judas, apodado Macabeo; 5 Eleazar, apodado
Avarán, y Jonatán, apodado Apfús.
6 Matatías, al ver los sacrilegios que
habían cometido en Judá y en Jerusalén,
7 exclamó:
–¡Ay de mí! ¿Por qué tuve que nacer
para ver la ruina de mi pueblo y de la ciudad santa? ¿Voy a quedarme con los brazos cruzados mientras la ciudad cae en manos del enemigo y el santuario en poder de
los extranjeros?

8 Su templo es
como un hombre deshonrado;
9 los objetos que constituían su gloria
han sido llevados como botín.
Sus niños yacen muertos en las calles
y sus jóvenes pasados a cuchillo.
10 ¿Qué nación no se ha apropiado
de sus dominios,
y no se ha llevado parte de su botín?
11 Todo su adorno le ha sido arrebatado;
era libre y ahora es esclava.
12 Nuestro santuario, nuestra hermosura,
que era nuestro orgullo,
ha quedado desolado,
profanado por los paganos.
13 ¿Para qué seguir viviendo?

14 Y Matatías y sus hijos se rasgaron las
vestiduras, se vistieron de penitencia y lloraron amargamente.

El sacrificio de Modín

Nm 25 6-15; Sal 106 30-31; Eclo 45 23-24; 2 Mac 5 27

15 Los mensajeros del rey, encargados de
promover la apostasía y organizar los sacrificios, llegaron a Modín. 16 Muchos israelitas se unieron a ellos, pero Matatías y sus
hijos se mantuvieron apartados. 17 Entonces
los mensajeros del rey dijeron a Matatías:
–Tú eres un personaje importante y famoso en esta ciudad, y estás respaldado
por tus hijos y parientes. 18 Acércate, pues,
tú el primero y cumple el decreto del rey,
como hacen todos los hombres, incluidos
los de Judá y los que residen en Jerusalén.

• **2** 1-14: La aparición de una familia sacerdotal, Matatías y sus hijos, va a dar un giro a los hechos. De una situación de opresión y persecución institucionalizada se pasará a una situación de enfrentamiento, rebelión y guerra abierta. De una actitud de huida o de resistencia pasiva pasamos a la resistencia organizada y beligerante. Los protagonistas y conductores van a ser Matatías y sus cinco hijos, conocidos como los macabeos, por extensión del apodo dado a Judas (1 Mac 2 4). Ante la situación límite que vive su pueblo, Matatías entona una elegía (1 Mac 2 8-13), pretendiendo dar un sentido cúltico a su acción.

Tú y los tuyos serán amigos del rey, y él
los recompensará con plata, oro y muchos
regalos.
19 Matatías les respondió enérgicamente:
–Aunque todos los pueblos del reino
obedezcan al rey, renuncien a la religión
de sus antepasados y cumplan sus órdenes,
20 yo, mis hijos y mis parientes seremos
fieles a la alianza de nuestros antepasados.
21 Dios nos libre de abandonar la ley y sus
preceptos. 22 No obedeceremos las órdenes
del rey ni nos apartaremos lo más mínimo
de nuestra religión.
23 Cuando terminó de hablar, se acercó
un judío al altar para ofrecer un sacrificio
delante de todos, conforme al decreto real.
24 Matatías, al verlo, se indignó, se estremeció, y en un arrebato de santa ira, se
abalanzó sobre él y lo mató sobre el altar.
25 Al mismo tiempo mató al mensajero del
rey que obligaba a ofrecer sacrificios, y
después destruyó el altar. 26 Su afán por
defender la ley fue como el de Pinjás con
Zimrí, hijo de Salú. 27 Después, Matatías
hizo esta proclama en la ciudad:
–El que quiera defender la ley y ser fiel
a la alianza, que me siga.
28 El y sus hijos huyeron a las montañas, abandonando todo lo que tenían en la
ciudad.

Matatías en el desierto

2 Mac 6 11

29 Entonces, muchos que deseaban vivir
rectamente de acuerdo con la ley se fueron
al desierto, 30 donde se establecieron con
sus hijos, mujeres y ganados, pues la situación se había hecho insoportable. 31 Informaron a los mensajeros del rey y a las fuerzas de Jerusalén, ciudad de David, que algunos hombres, que habían rechazado el
edicto del rey, se habían refugiado en las
cuevas del desierto. 32 Un ejército numeroso fue en su persecución, los encontraron, acamparon frente a ellos y los atacaron un sábado. 33 Les dijeron:
–Si salen y cumplen el decreto del rey,
salvarán la vida.
34 Ellos respondieron:
–Ni saldremos, ni cumpliremos el decreto del rey, que nos manda profanar el
sábado. 35 Inmediatamente los atacaron.
36 Pero ellos no respondieron al ataque; no
tiraron piedras ni taparon sus grutas, 37 sino que decían:
–Moriremos, pero el cielo y la tierra serán testigos de que morimos injustamente.
38 Los atacaron en sábado, y murieron
todos con sus mujeres y sus hijos; unas mil
personas, además de los ganados.
39 Cuando se enteraron Matatías y los
suyos, lloraron amargamente, 40 y se dijeron:
–Si hacemos todos así y no luchamos
contra los paganos para salvar nuestras vidas y nuestras leyes, pronto nos borrarán
de la tierra.
41 Así que aquel día tomaron esta determinación: «Combatiremos contra todo el
que nos ataque en sábado para no morir
como nuestros hermanos en las grutas».
42 Entonces se unió a ellos el grupo de
los asideos, israelitas valientes, entusiastas
defensores de la ley. 43 Todos los que querían escapar de esta calamitosa situación
se unieron a ellos, sirviendo de gran refuerzo. 44 Organizaron un poderoso ejército que castigó con ira a los pecadores, y
con furor a los apóstatas. Los que lograron
escapar buscaron la salvación entre los paganos.
45 Matatías y los suyos recorrieron el país
destruyendo altares paganos, 46 circuncida-
ban a la fuerza a todos los israelitas que estaban sin circuncidar en el territorio de Is-

• **2 15-28**: En contraste con los judíos que apostatan de sus creencias y costumbres (1 Mac 2 15-16), Matatías se convierte en emblema de una nueva actitud. No es suficiente huir o resistir; hay que actuar. Consciente de que su prestigio y su ejemplo pueden decidir y arrastrar a otros, se levanta como un nuevo Pinjás (Nm 25 6-15), enfrentándose al doble enemigo: mata a un judío apóstata y al mensajero real, encendiendo así la mecha de dos guerras simultáneas: una civil y otra de liberación.

• **2 29-48**: El autor contrapone dos actitudes ante la opresión: unos y otros han huido por fidelidad a la ley y a la alianza (1 Mac 2 28-29), pero mientras unos se dejan matar por respetar el sábado, los otros (el grupo de Matatías) deciden luchar incluso en sábado.

A éstos últimos se unen diversos grupos, pero el autor destaca el grupo de los asideos, israelitas fieles a la ley o piadosos, que en un principio se unieron a la rebelión macabea y que más tarde se distanciaron de los macabeos (1 Mac 7 13) y, sobre todo, de los asmoneos. Según el historiador judío Flavio Josefo, de este grupo surgieron más tarde los esenios y los fariseos, señalados grupos judíos en tiempos de Cristo.

rael, 47 y perseguían con saña a sus orgullosos enemigos. La campaña tuvo pleno
éxito: 48 salieron en defensa de la ley contra los paganos y sus reyes, y no dejaron
que triunfara el impío.

Testamento de Matatías

Heb 11; Eclo 44-50

49 Cuando Matatías estaba a punto de
morir dijo a sus hijos:
–Ahora triunfa la soberbia y la ignominia; es tiempo de persecución y de terrible
ira. 50 Por eso, hijos míos, defiendan con
coraje la ley y ofrezcan su vida por la alianza de sus antepasados.
51 Acuérdense de las hazañas que realizaron nuestros antepasados en su tiempo y
conseguirán una gran gloria y una fama
eterna. 52 ¿No demostró Abrahán su fidelidad en la prueba, y el Señor se lo anotó en
su haber? 53 José observó la ley cuando cayó sobre él la desgracia y llegó a ser señor
de Egipto; 54 Pinjás, nuestro antepasado, se
mostró ardiente defensor de la ley y recibió la promesa de un sacerdocio eterno;
55 Josué, por observar la ley, llegó a ser juez
de Israel; 56 Caleb, por dar testimonio en la
asamblea, recibió en herencia esta tierra;
57 David, por su misericordia, heredó el trono real para siempre; 58 Elías, por su fervorosa defensa de la ley, fue arrebatado al
cielo; 59 Ananías, Azarías y Misael, por haber tenido confianza, fueron salvados de
las llamas; 60 Daniel, por su rectitud, fue
librado de la boca de los leones.
61 Comprueben, pues, que de generación
en generación, los que esperan en el Señor
no sucumben nunca. 62 No teman las amenazas del impío, porque su gloria se convertirá en estiércol y gusanos. 63 Hoy es
engrandecido y mañana desaparece, porque regresa al polvo y se esfuman sus planes. 64 Ustedes, hijos míos, sean hombres
y combatan valerosamente para defender
la ley, porque en ella encontrarán su gloria.
65 Yo sé que Simón, su hermano, es un
buen consejero; escúchenlo siempre, que él
será para ustedes como un padre. 66 Judas
Macabeo, valeroso desde su juventud, será
su jefe en el combate y dirigirá la guerra
contra los paganos. 67 Gánense a todos los
que observan la ley y venguen a su pueblo.
68 Devuelvan a los paganos el mal que les
han hecho y observen los preceptos de la
ley.
69 Matatías los bendijo, y fue a reunirse
con sus antepasados. 70 Murió el año ciento cuarenta y seis. Sus hijos lo enterraron
en Modín, en el sepulcro de sus antepasados, y todo Israel le guardó gran luto.

2. Judas Macabeo ◊

Panegírico de Judas Macabeo

1 Mac 2 1-4

3 1 Le sucedió su hijo Judas, llamado Macabeo. 2 Sus hermanos y todos los que
habían estado al lado de su padre lo apoyaron, y continuaron luchando por Israel con
entusiasmo.

3 Aumentó la gloria de su pueblo,
vistió la coraza como un héroe,
se ciñó las armas de la guerra,
libró batallas
y defendió el campamento
con su espada.

• **2 49-70**: La despedida de Matatías antes de su muerte está compuesta a imitación de los testamentos, género literario del que tenemos varios exponentes en el Antiguo Testamento (Moisés, Josué, Samuel, David). Después de invocar el ejemplo de antepasados ilustres de la historia de Israel, exhorta a sus hijos a la resistencia y a la lucha sin cuartel, asignando responsabilidades y tareas entre ellos (1 Mac 2 65-66).

◊ **3 1-9 22**: La segunda parte del libro está dedicada a las hazañas de Judas Macabeo. El autor le concede una importancia especial (le dedica casi la mitad de su libro), presentándolo como la figura más decisiva de la rebelión. El fue, en efecto, quien organizó la guerrilla y quien, después de los éxitos iniciales, logró el principal objetivo: la restauración del altar y la nueva dedicación del templo (1 Mac 4 36-61). Otros momentos importantes serán la muerte de Antíoco IV (1 Mac 6 1-16), las nuevas victorias (1 Mac 6 60; 7 47-48) y el tratado con Roma (1 Mac 8 20-32). Es en esta parte donde encontramos la mayoría de los paralelos con 2 Macabeos.

• **3 1-9**: El panegírico de Judas le sirve al autor para introducir solemnemente a su personaje y para hacer un primer balance de su actividad. De paso, sitúa al protagonista en la línea de los grandes personajes de la historia de Israel. La metáfora del león (1 Mac 3 4) lo relaciona con el patriarca Judá (Gn 49 9) y con Saúl y Jonatán (2 Sm 1 23). La liberación obtenida por su medio (1 Mac 3 6) lo asemeja a Moisés y a los jueces. La unificación del pueblo (1 Mac 3 9) es tarea mesiánica en los profetas. La fama resultante de su acción (1 Mac 3 9) le otorgó un puesto destacado en la historia de su pueblo.

4 Parecía un león en sus campañas,
un cachorro que ruge ante su presa.
5 Persiguió a los impíos en sus guaridas
y quemó a los opresores de su pueblo.
6 Los malvados se llenaron de miedo,
los malhechores se estremecieron
y por él se consiguió la liberación.
7 El amargó la vida a muchos reyes
y con sus hazañas
fue el regocijo de Jacob.
Su memoria será siempre bendita.
8 Recorrió las ciudades de Judá,
exterminó a los impíos
y apartó de Israel el castigo de Dios.
9 Su fama llenó la tierra,
pues reunió a los que iban a perecer.

Victoria sobre Apolonio y Serón

2 Mac 8 1-7; 1 Sm 14 6; 17 47

10 Apolonio reclutó de entre los paganos
y los samaritanos un poderoso ejército
para luchar contra Israel. 11 Cuando Judas
se enteró, le salió al encuentro, lo venció y
lo mató. Muchos enemigos cayeron heridos y los demás huyeron. 12 Se apoderaron
de su botín. Judas se quedó con la espada
de Apolonio y combatió siempre con ella.
13 Serón, jefe del ejército sirio, al saber
que Judas había reunido un grupo importante de guerreros, fieles a la ley, 14 se dijo: Me haré famoso y célebre en el reino,
si lucho contra Judas y sus seguidores, que
desobedecen el decreto del rey. 15 Y se
puso en marcha con un poderoso ejército
de impíos para vengarse de los israelitas.
16 Cuando llegaron a la subida de Betorón,
le salió al encuentro Judas con unos cuantos de sus hombres, 17 los cuales, al ver el
ejército que avanzaba contra ellos, dijeron
a Judas:
–¿Cómo vamos a luchar contra una multitud tan poderosa siendo nosotros tan pocos? Estamos además sin fuerzas por el
ayuno de hoy.
18 Judas les respondió:
–No es imposible que muchos caigan en
manos de pocos, pues Dios igual puede
salvar con pocos que con muchos, 19 porque la victoria en la guerra no depende del
número de tropas, sino de la fuerza que
viene del cielo. 20 Nuestros enemigos vienen contra nosotros llenos de insolencia y
de maldad para hacernos perecer a nosotros, a nuestras mujeres y a nuestros hijos,
y luego saquearnos. 21 Pero nosotros luchamos por nuestras vidas y por nuestras
leyes. 22 Así que no les teman porque el
Señor los aniquilará ante nosotros.
23 Terminado su discurso, cayó inesperadamente sobre sus enemigos y derrotó a
Serón y a su ejército. 24 Los persiguió por
la bajada de Betorón hasta el llano, y cayeron cerca de ochocientos hombres; los demás huyeron al país de los filisteos.
25 El temor a Judas y a sus hermanos se
apoderó de las naciones vecinas. 26 Su fama llegó hasta el rey, y todas las naciones
comentaban las victorias de Judas.

Lisias contra los judíos

27 Cuando el rey Antíoco se enteró de
ésto, se llenó de ira y mandó reunir todas
las fuerzas de su reino en un ejército poderosísimo. 28 Abrió su tesoro y dio a las tropas el sueldo de un año, ordenándoles que
estuvieran preparados para cualquier even-
tualidad. 29 Pero se dio cuenta de que el
dinero comenzaba a faltar en el tesoro, y
de que los impuestos disminuían a causa
de la revolución y de la miseria que él mismo había provocado al suprimir las leyes
que habían existido desde siempre. 30 Temió, pues, que como ya le había sucedido
otras veces, pudiera no tener para los gastos y regalos que solía hacer más generosa-

• **3 10-26**: La primera escaramuza de Judas lo enfrenta con Apolonio (según Josefo, era gobernador de Samaría; según 2 Mac 5 24, era el jefe de los misios), al que derrota y quita la espada, en alusión a lo que hizo David con Goliat (véase 1 Sm 17 47ss).

Ante el más potente ejército de Serón (1 Mac 3 13-15), el autor echa mano de la tradición de la guerra santa: es Dios quien combate al frente de los ejércitos y a él se debe la victoria (1 Mac 3 19=1 Sm 17 47, citando las palabras de David ante Goliat). Al mismo tiempo resalta el móvil de las luchas macabeas: por la vida y por las leyes (1 Mac 3 21).

• **3 27-37**: Paréntesis en el hilo narrativo, que nos traslada a la corte de Antíoco IV. Al tener que afrontar personalmente la campaña de oriente, Antíoco divide el ejército y deja a Lisias el encargo de aplastar y aniquilar al pueblo judío (1 Mac 3 35). La situación es alarmante, porque ahora no se atenta contra la identidad cultural o religiosa de los judíos, sino contra su misma existencia como pueblo.

mente que los reyes anteriores; 31 así que decidió ir a Persia a cobrar los impuestos de aquellas provincias y juntar mucho dinero. 32 A Lisias, hombre ilustre y de familia real, le encargó de los negocios de estado, desde el río Eufrates hasta las fronteras de Egipto, 33 así como de cuidar de su hijo Antíoco, hasta su regreso. 34 Le dejó la mitad de sus tropas y los elefantes, informándole de sus planes sobre Judá y Jerusalén. 35 Precisamente contra éstas debía mandar al ejército para aplastar y destruir las fuerzas de Israel y a cuantos quedaran en Jerusalén, hasta borrar su memoria de la tierra; 36 a continuación debía instalar extranjeros en todos sus lugares repartiéndoles la tierra por suerte. 37 El rey tomó la otra mitad del ejército y salió de Antioquía, capital de su reino, el año ciento cuarenta y siete; pasó el Eufrates y continuó hacia el norte.

La batalla de Emaús. Preparativos

2 Mac 8 8-23; Lam 5; Is 24 7-12; Dt 20 5-9

38 Lisias eligió a Tolomeo, hijo de Dorimeno, a Nicanor y a Gorgias, grandes personajes y amigos del rey. 39 Envió con ellos cuarenta mil hombres y siete mil de a caballo con la misión de aniquilar a Judá, como lo había mandado el rey. 40 Partieron con sus tropas y acamparon en la llanura de Emaús. 41 Los mercaderes, al saberlo, fueron al campamento con mucha plata, oro y cadenas para comprar como esclavos a los israelitas. Se les unieron también muchos idumeos y filisteos.

42 Judas y sus hermanos vieron que la situación era grave y que el enemigo acampaba en su territorio. Supieron que el rey había ordenado exterminar totalmente al pueblo, 43 y se dijeron: «Libremos a nuestro pueblo de la ruina y luchemos por él y por el templo». 44 Convocaron la asamblea para preparar la guerra, y rezaron pidiendo a Dios piedad y misericordia.

45 Jerusalén era un desierto,
ninguno de sus hijos entraba y salía;
el templo estaba profanado,
extranjeros habitaban en la ciudadela,
convertida así en morada de paganos.
Se había apagado la alegría de Jacob,
la flauta y la cítara habían enmudecido.

46 Se reunieron y fueron a Mispá, frente a Jerusalén, pues Mispá había sido antes lugar de oración para Israel. 47 Ayunaron aquel día, se vistieron de penitencia, se cubrieron de ceniza la cabeza y se rasgaron las vestiduras. 48 Abrieron el libro de la ley para consultarlo, en lugar de consultar a los ídolos como hacen los paganos. 49 Trajeron las vestiduras sacerdotales, las primicias y los diezmos, reunieron a los nazireos que habían cumplido ya el voto, 50 y clamaron al cielo diciendo:

–¿Qué haremos con éstos? ¿Adónde los llevaremos? 51 Tu templo ha sido desolado y profanado; tus sacerdotes están de luto y humillados, 52 y los paganos han venido para exterminarnos. Tú conoces lo que maquinan contra nosotros. 53 ¿Cómo podremos hacerles frente, si tú no nos ayudas?

54 Tocaron las trompetas y dieron grandes gritos. 55 Después, Judas nombró de entre el pueblo jefes de millar, centena, cincuentena y decena. 56 A los que estaban construyendo casas, acababan de casarse, estaban plantando viñas, o tenían miedo, les dijo que regresaran a su casa como permitía la ley. 57 Se pusieron en marcha y acamparon al sur de Emaús. 58 Judas les dijo:

–Prepárense, sean valientes y estén dispuestos para atacar muy de mañana a estos paganos, que han venido a destruirnos a nosotros y al templo, 59 porque es mejor morir luchando que ver las calamidades de nuestra nación y de nuestro templo. 60 Y que sea lo que Dios quiera.

• **3 38-60**: El contingente de tropas enemigas (1 Mac 3 39-41) acentúa la gravedad de la situación (1 Mac 3 42) y provoca la reacción del grupo de Judas, que ahora ha de entrar en guerra abierta. De nuevo se subrayan los motivos de la lucha: ahora es por el pueblo y por el templo (1 Mac 3 43).

Recurriendo otra vez a la institución de la guerra santa, los preparativos judíos insisten más en las medidas litúrgicas y cultuales que en las militares. La liturgia penitencial incluye oración (1 Mac 3 44), canto elegíaco (1 Mac 3 45) basado en Lam 5 e Is 24 7-12, prácticas de ayuno (1 Mac 3 46-47) y consulta de la ley, posiblemente de Dt 20, donde se legisla sobre la guerra santa (1 Mac 3 56=Dt 20 5-9). Judas pronuncia la arenga que en el antiguo Israel estaba reservada a los sacerdotes (1 Mac 3 58-60; véase Dt 20 2).

Victoria de Judas sobre Gorgias

2 Mac 8 23-29; Sal 118

4 1 Gorgias tomó cinco mil hombres de infantería y mil de a caballo, y se puso en camino de noche 2 para caer sobre el ejército judío y atacarlo por sorpresa. Hombres de la ciudadela les servían de guías.

3 Judas se enteró y se puso también en camino con sus valientes para atacar al grueso del ejército del rey, que estaba en Emaús, 4 mientras que parte de sus soldados estaban todavía dispersos lejos del campamento. 5 Gorgias llegó de noche al campamento de Judas, pero no encontró a nadie, y se puso a buscarlos en las montañas, creyendo que estaban huyendo de él.

6 Al amanecer apareció Judas en la llanura con tres mil hombres, que no tenían ni los escudos ni las espadas que hubieran querido. 7 Al ver el poderoso ejército de los paganos, atrincherado y protegido por la caballería, con hombres hábiles en la guerra, 8 Judas arengó a los suyos:

–No les atemorice su número ni los acobarden sus ataques. 9 Recuerden cómo nuestros antepasados fueron salvados en el mar Rojo, cuando el faraón los perseguía con su ejército. 10 Imploremos a Dios, para que se compadezca de nosotros, se acuerde de la alianza hecha con nuestros antepasados y derrote hoy ante nosotros a este ejército. 11 Y todos los paganos sabrán que hay quien libra y salva a Israel.

12 Los extranjeros levantaron los ojos, vieron que los judíos venían contra ellos, 13 y salieron del campamento para combatir. Los de Judas tocaron las trompetas 14 y comenzaron el combate; los paganos fueron derrotados y huyeron hacia la llanura, 15 si bien los más rezagados murieron a espada. Los persiguieron hasta Guézer y los llanos de Idumea, Asdod y Yamnia. Cayeron unos tres mil hombres.

16 Cuando Judas con su ejército regresó de perseguirlos, 17 dijo al pueblo:

–No tengan prisa en apoderarse del botín, pues nos espera otra batalla; 18 Gorgias está con su ejército en las montañas cercanas. Ahora hagan frente al enemigo y luchen; después recogerán tranquilamente el botín.

19 Todavía estaba hablando, cuando asomó un batallón en lo alto de la montaña. 20 Se dieron cuenta de que los suyos habían huido y de que el campamento estaba incendiado, pues salía humo. 21 Al ver esto, se llenaron de miedo y, cuando vieron además que el ejército de Judas estaba en el llano dispuesto para el combate, 22 huyeron todos al país de los filisteos. 23 Judas se dedicó a saquear el campamento, y los soldados recogieron mucho oro, plata, telas de púrpura violeta y escarlata, y muchos objetos preciosos, 24 y regresaban cantando y dando gracias a Dios:

porque es bueno,
porque es eterno su amor.

25 Aquel día obtuvo Israel una gran victoria.

Victoria sobre Lisias

2 Mac 11 1-2; 1 Sm 17 23-54; 14 1-14

26 Los extranjeros que se salvaron fueron a contar a Lisias lo que había pasado, 27 y éste quedó consternado y desconsolado, pues las cosas no le habían salido en Israel como él quería, ni se habían cumplido las órdenes del rey. 28 Al año siguiente, Lisias reunió sesenta mil hombres elegidos y cinco mil jinetes para luchar contra los judíos. 29 Pasaron por Idumea y acamparon en Betsur. Judas les salió al encuentro con diez mil hombres. 30 Frente a un ejército tan potente oró así:

–Bendito seas tú, Salvador de Israel,

• **4 1-25**: Judas, en un hábil movimiento táctico y con la ayuda de espías, aprovecha la división del enemigo y lo vence con relativa facilidad. La nueva arenga nos recuerda que se trata de las guerras de Dios (1 Mac 4 10), aludiendo explícitamente al acontecimiento del mar Rojo (1 Mac 4 9) y a las guerras de liberación (1 Mac 4 11).

El segundo momento de la batalla (1 Mac 4 16-25) es consecuencia de la anticipación de Judas, que consuma así la primera victoria de envergadura, celebrada a coro con el canto del Sal 118 (1 Mac 4 24), y aumentando las intervenciones salvíficas de Dios cantadas por el salmista.

• **4 26-35**: Nueva batalla, esta vez contra el ejército mandado por Lisias, lugarteniente de Antíoco IV (1 Mac 3 32-34). En lugar de las anteriores arengas, encontramos una oración, aunque con motivos parecidos: invocando anteriores intervenciones salvíficas de Dios (y recurriendo de nuevo al motivo de David y Goliat), Judas suplica el protagonismo y el liderazgo de Dios (1 Mac 4 30-33).

que conquistaste la fortaleza de un gigante por mano de tu siervo David y entregaste el ejército de los filisteos en manos de Jonatán, hijo de Saúl, y de su escudero. 31 Haz caer este ejército en manos de tu pueblo Israel, que queden avergonzados con su ejército y su caballería. 32 Llénalos de miedo; confunde su valor y haz que tiemblen por su derrota. 33 Derrótalos con la espada de los que te aman; que te canten himnos de alabanza los que conocen tu nombre.

34 Trabaron combate y cayeron unos cinco mil hombres del ejército de Lisias. 35 Lisias, al ver la derrota de los suyos y el valor de Judas y de su gente, dispuestos a vivir o a morir como héroes, regresó a Antioquía, donde reunió un ejército más numeroso para atacar de nuevo a Judá.

Nueva dedicación del templo

2 Mac 10 1-8

36 Entonces Judas y sus hermanos dijeron:

–Nuestros enemigos han sido vencidos; vayamos a purificar y consagrar el templo.

37 Reunieron todo el ejército y fueron al monte Sión. 38 Cuando vieron el templo desolado, el altar profanado, quemadas las puertas, la hierba crecida en los atrios como en el bosque o en las montañas, y destruidas las salas, 39 se rasgaron las vestiduras, se golpearon el pecho, se cubrieron de ceniza la cabeza, 40 se postraron rostro en tierra, tocaron las trompetas y clamaron a Dios.

41 Judas ordenó a sus hombres atacar a los de la ciudadela, mientras purificaban el templo. 42 Eligió sacerdotes sin mancha, ardientes defensores de la ley, 43 que purificaron el templo y llevaron a un lugar inmundo las piedras contaminadas. 44 Deliberaron sobre el altar de los holocaustos, que había sido profanado, 45 y decidieron destruirlo para que no fuera motivo de injuria, una vez que los paganos lo habían profanado. Lo destruyeron 46 y pusieron las piedras en la montaña del templo, en lugar conveniente, hasta que viniera un profeta y decidiera. 47 Tomaron piedras sin labrar, como manda la ley, y levantaron un nuevo altar igual que el primero. 48 Repararon el templo y su interior, santificaron los atrios, 49 hicieron nuevos vasos sagrados e instalaron dentro del templo el candelabro, el altar del incienso y la mesa. 50 Quemaron incienso en el altar y encendieron las lámparas del candelabro para que alumbraran el templo. 51 Pusieron los panes en la mesa y colgaron las cortinas, y así acabaron los trabajos.

52 El veinticinco del mes de Casleu del año ciento cuarenta y ocho, se levantaron de madrugada 53 y ofrecieron un sacrificio según la ley en el altar de los holocaustos que habían hecho. 54 El altar fue inaugurado al son de himnos, cítaras, arpas y címbalos, en el mismo día y hora en que había sido profanado por los paganos. 55 Todo el pueblo se postró rostro en tierra, adoró y bendijo a Dios que les había dado la victoria, 56 y celebraron la dedicación del altar durante ocho días, ofreciendo con alegría holocaustos y sacrificios de comunión y de acción de gracias. 57 Adornaron la fachada del templo con coronas de oro y con escudos: restauraron las entradas y salas y pusieron puertas; 58 el pueblo se alegró muchísimo, y quedó borrada la injuria de los paganos. 59 Judas, sus hermanos y toda la asamblea de Israel, acordaron que la dedicación del altar se celebrara con alegría y regocijo cada año, durante ocho días a partir del veinticinco de Casleu.

60 Por entonces levantaron en el monte Sión murallas y torres potentes, no fueran a regresar los paganos y los vencieran como habían hecho antes. 61 Judas puso allí una guarnición para defender el monte Sión y fortificó Betsur, para que el pueblo tuviera una fortaleza frente a Edom.

• **4 36-61**: Llegamos a uno de los momentos culminantes del libro. El autor vuelve sobre el principal hilo conductor, el templo, aún a costa de alterar la cronología de los hechos (véase 2 Mac 10). La profanación del templo había significado el fin de la libertad religiosa y el comienzo de la rebelión. Si, pues, la guerra se hace para defender el templo y la ley, el objetivo final debe ser la purificación del templo y la restauración de la ley. Esto explica la importancia que se le da a todas las medidas restauradoras que culminan en la fiesta de la dedicación del templo, a los tres años justos de su profanación, convirtiendo este momento en símbolo y compendio de la rebelión macabea.

Contra diversos reinos

2 Mac 10 14-33

5 1 Cuando los pueblos vecinos supieron
que el altar había sido reconstruido y el
templo consagrado como antes, se irritaron
muchísimo. 2 Tomaron, pues, la decisión
de exterminar a los judíos que vivían entre
ellos, y comenzaron a matarlos y aniquilarlos.
3 Entonces Judas declaró la guerra a los
descendientes de Esaú en Idumea; atacó
Acrabatene, donde tenían sitiados a los israelitas, les infligió una gran derrota, los
humilló y se apoderó de su botín. 4 Se acordó también de la maldad de los bayanitas,
que tendían lazos y emboscadas al pueblo
en los caminos; 5 los bloqueó en sus fortalezas, los asedió y los consagró al exterminio, incendiando las fortalezas con todos
los que había dentro. 6 Pasó luego a Amón,
donde encontró un poderoso ejército y un
pueblo numeroso a las órdenes de Timoteo. 7 Los atacó varias veces, hasta que los
derrotó y aniquiló. 8 Se apoderó de Yacer y
sus aldeas, y regresó a Judá.

Campañas contra Galilea y Galaad

2 Mac 12 10-31

9 Los habitantes de Galaad se conjura-
ron contra los israelitas que vivían en su
territorio para exterminarlos. Pero éstos se
refugiaron en la fortaleza de Datema 10 y
enviaron cartas a Judas y a sus hermanos
en estos términos:

Los pueblos que nos rodean se han conjurado contra nosotros para exterminarnos
11 y se disponen a atacarnos para apoderarse de la fortaleza en que estamos refugiados. Su jefe es Timoteo. 12 Vengan, pues, a
salvarnos de sus manos, porque hemos perdido ya a muchos de los nuestros. 13 Han
matado a todos nuestros hermanos que vivían en el país de Tob; se han llevado como
esclavas a sus mujeres y sus hijos y se han
apoderado de sus bienes. Han perecido allí
unos mil hombres.

14 No habían terminado de leer esta carta,
cuando llegaron de Galilea otros mensajeros con las vestiduras rasgadas, trayendo
estas noticias:
15 –Gentes de Tolemaida, de Tiro y Sidón, y de toda la Galilea de los gentiles, se
han conjurado contra nosotros, para exterminarnos.
16 En cuanto Judas y el pueblo lo supieron, se convocó una gran asamblea para
deliberar acerca de lo que debían hacer por
sus hermanos, que se encontraban en gran
aprieto, atacados por los enemigos. 17 Judas dijo a su hermano Simón:
–Elige algunos hombres y ve a librar a
tus hermanos de Galilea; mi hermano Jonatán y yo iremos a Galaad.
18 A José, hijo de Zacarías, y a Azarías
los dejó como jefes del pueblo junto al resto del ejército para defender Judea, 19 con
estas órdenes:
–Cuiden al pueblo, pero no ataquen a
los paganos hasta que regresemos.
20 A Simón se le confiaron tres mil hombres para ir a Galilea, y a Judas ocho mil
para ir a Galaad.
21 Simón partió para Galilea, donde entabló varias batallas contra los paganos, 22 los
derrotó y los persiguió hasta las puertas de
Tolemaida; cayeron unos tres mil y él se
apoderó de sus bienes. 23 Tomó después
consigo a los judíos de Galilea y Arbata con
sus mujeres, sus hijos y todo lo que tenían y
los llevó con gran alegría a Judea.
24 Judas Macabeo y su hermano Jonatán
pasaron el Jordán y caminaron por el de-

• **5 1-8**: La libertad religiosa no ha supuesto la libertad política. Cumplido el primer objetivo: la purificación del templo, la lucha sigue, porque aún queda pendiente otro gran objetivo: la liberación del pueblo. Las luchas que ahora se narran, aunque se entablan dentro del marco de la guerra seléucida, van dirigidas contra los pueblos vecinos: los edomitas y amonitas, enemigos de los judíos, y los bayanitas, tribu seminómada que obstaculizaba algunos de los caminos de acceso a Jerusalén.

• **5 9-54**: Las noticias casi simultáneas de judíos oprimidos en Transjordania y Galilea provocan la diversificación de la lucha en varios frentes.

El primer frente, al mando de Simón, se encarga de la zona de Galilea (1 Mac 5 17.20-23). Después de unas escaramuzas victoriosas regresa a Jerusalén con los judíos que estaban en peligro.

El segundo frente, de mayores dificultades, está al otro lado del Jordán. Los judíos van al mando de Judas y su hermano Jonatán. Después de un recorrido victorioso por distintas ciudades, la comitiva regresa a Judá. El final del regreso y la entrada en Jerusalén se canta como el regreso de los dispersos, aludida en algunas profecías (véase: Is 27 12-13; 35 10; Ez 36 34; 39 27-28; Sof 3 20): como un nuevo éxodo.

sierto durante tres días. 25 Se encontraron
con los nabateos, que los recibieron pacíficamente y les contaron todo lo que había
sucedido a sus hermanos en Galaad, 26 y
cómo muchos estaban prisioneros en Bosora, Bosor, Alema, Casfo, Maqued y Carnain, ciudades importantes y bien fortificadas; 27 que había también prisioneros en
otras ciudades de Galaad, y que los enemigos habían decidido asaltar al día siguiente
las fortalezas, tomarlas y exterminar a todos los judíos en un solo día.

28 Entonces Judas partió con su ejército
hacia el desierto de Bosora, se apoderó de
la ciudad, pasó a cuchillo a todos los varones, se apoderó del botín y la incendió.
29 Ya de noche se encaminó hacia la fortaleza de Datema. 30 Al amanecer, vieron una
enorme multitud con escaleras y máquinas
para atacar a los sitiados y apoderarse de la
fortaleza. 31 Judas vio que la batalla había
comenzado, oyó el clamor de la ciudad,
que subía hasta el cielo, junto con el sonido de las trompetas, 32 y dijo a los suyos:

–¡Luchen hoy por sus hermanos!

33 Después ordenó que avanzaran en tres
columnas por detrás del enemigo; iban tocando las trompetas y orando a Dios con
grandes voces. 34 Cuando el ejército de Timoteo se dio cuenta de que estaba allí el
Macabeo, huyó.

Judas les infligió una gran derrota; murieron aquel día unos ocho mil. 35 De allí,
Judas pasó a Alema. La atacó, la ocupó,
mató a todos los varones, se apoderó del
botín y la incendió. 36 Salió de allí y se
apoderó de Casfo, Maqued y Bosor con las
demás ciudades de Galaad.

37 Después de esto, Timoteo reunió otro
ejército y acampó frente a Rafón, al otro
lado del torrente. 38 Judas envió a explorar
el campo, y le trajeron esta información:

–Todos los paganos de los alrededores
se han unido, y traen un ejército enorme.
39 Además tienen soldados árabes como
auxiliares y están acampados, preparados
para atacarte.

Judas salió a su encuentro. 40 Cuando se
acercaba con su ejército al torrente, Timoteo dijo a los jefes de su ejército:

–Si Judas cruza primero el torrente hacia nosotros, no podremos resistirle, porque nos sacará ventaja; 41 pero si tiene miedo y acampa al otro lado, caeremos sobre
él y lo venceremos.

42 Judas llegó al torrente y dispuso a lo
largo de él a los oficiales con estas órdenes:

–No permitan que nadie se pare. Que
todos vayan a luchar.

43 Pasó él el primero hacia el enemigo,
seguido de todo el pueblo; los paganos fueron derrotados, tiraron sus armas y huyeron al templo de Carnain. 44 Los judíos tomaron la ciudad e incendiaron su templo
con todos los que estaban dentro. Carnain
fue vencida, y en adelante ya no pudieron
resistir a Judas.

45 Judas reunió a todos los israelitas de
Galaad, grandes y chicos, mujeres y niños
–una enorme multitud– para llevarlos con
sus bienes a Judá. 46 Al llegar a Efrón, ciudad importante y bien fortificada, situada
en un desfiladero, no podían desviarse ni a
derecha ni a izquierda, sino que tenían que
atravesarla. 47 Los de la ciudad cerraron las
puertas tapiándolas con piedras. 48 Judas
les envió un mensaje de paz en estos términos:

–Déjennos atravesar su territorio para
regresar al nuestro; nadie les hará mal, pues
sólo queremos pasar.

Pero no quisieron abrir. 49 Entonces Judas ordenó que todos permanecieran en sus
puestos. 50 Los más valientes tomaron posiciones y sitiaron la ciudad durante todo
el día y toda la noche, hasta que se rindió.
51 Pasó a cuchillo a los varones, arrasó la
ciudad, se apoderó del botín y pasó por encima de los cadáveres. 52 Cruzaron el Jordán y llegaron a la gran llanura frente a
Betsán. 53 Judas atendía la retaguardia y
animaba al pueblo durante el camino hasta
llegar a Judá. 54 Con gozo y alegría subieron al monte Sión y ofrecieron holocaustos
por no haber tenido bajas y haber regresado felizmente.

Ataque frustrado a Yamnia

2 Mac 12 32-45

55 Mientras Judas y Jonatán estaban en
Galaad, y su hermano Simón en Galilea,
frente a Tolemaida, 56 José, hijo de Zacarías, y Azarías, jefes del ejército, se enteraron de sus hazañas y batallas 57 y se dije-

ron: «Hagámonos también nosotros famosos luchando contra los paganos que nos rodean».

58 Y dieron órdenes al ejército de marchar hacia Yamnia. 59 Pero les salió al encuentro Gorgias con su gente y les presentó batalla; 60 Gorgias derrotó a José y a Azarías y los persiguió hasta las fronteras de Judá. Aquel día cayeron dos mil israelitas. 61 Les pasó esto por no haber hecho caso a Judas y a sus hermanos, creyéndose capaces de grandes hazañas. 62 No eran éstos de aquella raza de hombres a los que les fue confiada la salvación de Israel.

63 El valeroso Judas y sus hermanos se hicieron famosos en Israel y en todos los pueblos donde se oía hablar de ellos. 64 La gente los rodeaba y los aclamaba.

Exitosas expediciones de Judas

65 Judas y sus hermanos fueron a atacar a los descendientes de Esaú en la región del sur. Tomó Hebrón y sus aldeas, demolió sus fortificaciones e incendió las torres de sus murallas. 66 Después fue al país de los filisteos, pasando por Maresá. 67 Algunos sacerdotes cayeron aquel día, por pretender hacerse los valientes y atacar imprudentemente. 68 De allí Judas pasó a Asdod, en el país de los filisteos, destruyó sus altares, quemó las estatuas de sus dioses, saqueó las ciudades y luego regresó a Judá.

Fin de Antíoco

2 Mac 9; 1 11-17; 10 9-11

6 1 El rey Antíoco recorría las regiones del norte, cuando se enteró de que Elimaida, en Persia, era una ciudad famosa por su riqueza en oro y plata, 2 y que había en ella un templo riquísimo con armaduras de oro, corazas y armas que había dejado Alejandro, hijo de Filipo, rey de Macedonia, primer rey de los griegos. 3 Fue e intentó apoderarse de la ciudad y saquearla, pero no pudo porque los de la ciudad se enteraron de sus planes 4 y salieron contra él para atacarlo. Antíoco tuvo que huir, contrariado, para regresar a Babilonia.

5 Estando en Persia, le llegó la noticia de las derrotas que habían sufrido los ejércitos enviados a Judea; 6 que Lisias, aunque había ido con un ejército poderosísimo, había sido puesto en fuga, y que los judíos se habían reforzado con las armas y el abundante botín tomado a los ejércitos vencidos; 7 que habían derribado el altar sacrílego levantado por él sobre el altar de los holocaustos que está en Jerusalén, y habían rodeado el templo de altas murallas igual que antes, así como la ciudad de Betsur, ciudad que pertenecía al rey. 8 Al oír esto, se aterró, se conmovió profundamente y cayó enfermo en cama con una gran depresión, porque las cosas no le habían salido como quería. 9 Así estuvo muchos días, profundamente deprimido. Dándose cuenta de que se iba a morir, 10 llamó a sus amigos y les dijo:

–El sueño ha huido de mis ojos y mi corazón desfallece de angustia. 11 Me pregunto: ¿A qué estado de tribulación he llegado, y en qué mar de tristeza me encuentro, yo, que era feliz y amado cuando era poderoso? 12 Ahora me acuerdo de los males que hice en Jerusalén, de los objetos de plata y oro que robé, y de los habitantes de Judea que exterminé sin motivo. 13 Por eso me han venido estas desgracias y me muero de tristeza en tierra extraña.

• **5 55-64**: El tercer frente, simultáneo a los anteriores, era la defensa de Judea, encomendada a José y Azarías (1 Mac 5 18-19). El episodio del ataque frustrado de éstos contra el ejército enemigo (1 Mac 5 55-60), le sirve al autor para intercalar una breve reflexión sobre la teología de la elección (1 Mac 5 61-62): sólo Dios salva y elige a los intermediarios de su acción. Toda iniciativa humana al margen de esta "ley" está condenada al fracaso. De este modo, el autor afianza la legitimidad de la misión macabea.

• **5 65-68**: El ciclo de la guerra contra los pueblos vecinos se completa con breves noticias de dos nuevas campañas de Judas: contra Idumea (1 Mac 5 65) y contra Filistea (1 Mac 5 66-68). Los rasgos más sobresalientes son la conquista de Hebrón, ciudad vinculada al recuerdo de Abrahán y David, y la lucha contra la idolatría en Asdod (véase Jos 11 22).

• **6 1-17**: Uno de los momentos más importantes del libro es la muerte de Antíoco IV que, con su política de unificación cultural, había sido el responsable último de la opresión judía y de la posterior rebelión. Su final se describe como una sucesión de fracasos, hasta la enfermedad que lo llevará a la muerte (1 Mac 6 8.16). A diferencia de 2 Macabeos (que coloca este episodio antes de la dedicación del templo y se recrea en la descripción de la enfermedad y la muerte: 2 Mac 9), 1 Macabeos narra el hecho con gran sobriedad de detalles. Su única aportación es el reconocimiento de la enfermedad de Antíoco como castigo por su actitud contra los judíos.

14 Llamó a Filipo, uno de sus amigos, lo
nombró jefe de todo su reino, 15 y le dio la
corona, el manto y el anillo, con el encargo
de educar a su hijo Antíoco y prepararlo
para el reino. 16 Antíoco murió allí el año
ciento cuarenta y nueve. 17 Al enterarse de
la muerte del rey, Lisias proclamó rey a su
hijo Antíoco, al que había educado desde
niño, y lo llamó Eupátor.

La guerra entre Lisias y Judas

1 Mac 1 33-35; 2 Mac 13 1-26; 11 13-33

18 La guarnición de la ciudadela bloqueó
a los israelitas en torno al templo, perjudi-
cándolos por todos los medios y favoreciendo a los paganos. 19 Judas resolvió acabar con ellos y convocó a todo el pueblo
para cercarlos. 20 Se reunieron y los cercaron el año ciento cincuenta, construyendo ballestas y máquinas. 21 Pero algunos de
los sitiados consiguieron romper el cerco,
se juntaron con otros israelitas renegados,
22 y fueron a decirle al rey:
–¿Cuándo irás a hacer justicia y a vengar a nuestros hermanos? 23 Nosotros nos
sometimos a tu padre, obedecimos sus órdenes y observamos sus leyes. 24 Por eso
nos han sitiado nuestros compatriotas, han
matado a cuantos de nosotros han encontrado y se han apoderado de nuestros bienes. 25 Y no sólo nos han atacado a nosotros, sino también a los que viven en tus
territorios. 26 Ahora atacan la ciudadela de
Jerusalén para conquistarla, y han fortificado el templo y la ciudad de Betsur. 27 Si
no te apresuras a detenerlos, harán cosas
peores y no podrás pararlos.
28 Al oír esto, el rey se enfureció y convocó a sus amigos y a los jefes del ejército
y de la caballería. 29 De los otros reinos y
de las islas mediterráneas llegaron tropas
mercenarias. 30 Había cien mil soldados de
infantería, veinte mil de caballería y treinta
y dos elefantes adiestrados para la guerra.
31 Atravesaron Edom, acamparon delante
de Betsur y la atacaron durante muchos días
con máquinas de guerra; pero los sitiados
salieron y las incendiaron, luchando valientemente.
32 Judas levantó el sitio de la ciudadela
y fue a acampar en Betzacaría, frente al
campamento del rey. 33 El rey se levantó
de madrugada y mandó a su ejército avanzar rápidamente hacia Betzacaría. Sus tropas se prepararon para el ataque y tocaron
las trompetas. 34 Los soldados dieron de
beber a los elefantes zumo de uvas y mo-
ras para excitarlos a la lucha. 35 Repartieron los animales entre los batallones, poniendo con cada elefante mil hombres con
corazas de malla y yelmos de bronce en la
cabeza; y quinientos de los mejores caballos rodeaban siempre al animal. 36 Unos y
otros seguían los movimientos del elefante
y estaban cerca, sin separarse de él. 37 Cada
elefante llevaba una torre sólida de madera, bien protegida y sujeta con cinchas, y
en cada torre cuatro guerreros y el que lo
guiaba. 38 El resto de la caballería iba en
las dos alas del ejército para atemorizar al
enemigo y proteger los batallones.
39 Cuando el sol se reflejó en los escudos de oro y bronce, resplandecieron las
montañas con su reflejo y reverberaron como antorchas. 40 Una parte del ejército del
rey se distribuyó en las cumbres de las montañas, otra en la llanura, avanzando todos
con paso seguro y ordenadamente. 41 Los
que oían el estruendo de aquella multitud
en marcha y el ruido de las armas se echaban a temblar, pues el ejército era numeroso y fuerte.
42 Judas se acercó con su ejército y atacó; cayeron seiscientos hombres del ejército real. 43 Eleazar, apodado Avarán, vio un
elefante protegido con coraza regia, que
sobresalía entre los demás y, suponiendo
que sería el del rey, 44 entregó su vida para
salvar a su pueblo y conquistar fama inmor-

• **6 18-63**: Historia de una derrota que llega a convertirse en victoria. El nuevo enfrentamiento entre Judas y sus enemigos surge por la iniciativa de Judas de atacar la ciudadela-fortaleza de Jerusalén, auténtica pesadilla de la resistencia (1 Mac 6 18-20). A la petición de auxilio de los sitiados responde la expedición encabezada por Antíoco V (que aún debía ser un niño) y Lisias. El autor se recrea en la composición, avance y movimientos estratégicos del magnífico ejército sirio, quizás para justificar la progresiva derrota del ejército de Judas, que conoce una serie de fracasos y retrocesos hasta refugiarse en Jerusalén (1 Mac 6 32-52). Las intrigas en la corte (1 Mac 6 55-56) y el alargamiento de la campaña (1 Mac 6 57-58) actúan en favor de Judas y los suyos. Al final, la previsible derrota se convierte en el primer tratado de paz entre los judíos y sus enemigos (1 Mac 6 58-61). Judas ha perdido posiciones, pero adquiere reconocimiento jurídico ante el rey y garantiza la libertad religiosa.

tal. 45 Corrió con valentía hacia el elefante a través del batallón, matando a derecha e izquierda y consiguiendo que todos se apartaran de él. 46 Se puso bajo el elefante, le clavó la espada y lo mató, pero el elefante se desplomó sobre él y lo aplastó. 47 Los judíos, al ver las fuerzas del rey y el ímpetu de su ejército, se retiraron.

48 El ejército real los persiguió hasta Jerusalén, y el rey acampó con intención de invadir Judea y el monte Sión; 49 hizo las paces con los de Betsur, que salieron de la ciudad, porque no tenían víveres para aguantar el cerco, pues era año de descanso sabático para la tierra. 50 De este modo, el rey se apoderó de Betsur y puso una guarnición para defenderla. 51 Durante muchos días acampó ante el templo y puso allí ballestas, máquinas lanzafuegos, catapultas, escorpiones y hondas. 52 Los judíos construyeron también máquinas contra los enemigos y lucharon durante muchos días. 53 Pero no tenían víveres en los almacenes por ser el año sabático y porque los israelitas que habían llegado a Judea huyendo de los paganos, habían consumido las reservas. 54 Quedaron pocos hombres en el templo, pues el hambre obligó a los demás a dispersarse por el país.

55 Lisias se enteró de que Filipo, a quien el rey Antíoco había encargado de educar a su hijo Antíoco y prepararlo para que fuera rey, 56 había regresado de Persia y Media con el ejército del rey e intentaba hacerse con el poder; 57 en vista de ello se dio prisa en regresar, diciendo al rey, a los generales del ejército y a los soldados:

–Cada día somos menos, escasean los víveres, el lugar que sitiamos es fuerte y los asuntos del reino nos requieren con urgencia. 58 Hagamos la paz con los judíos y un pacto con su nación. 59 Dejémosles vivir según sus leyes como antes, pues se han rebelado contra nosotros y han hecho todo esto porque hemos abolido sus leyes.

60 La propuesta agradó al rey y a los jefes; enviaron mensajeros a negociar la paz con los judíos, y éstos la aceptaron. 61 El rey y los jefes confirmaron el tratado con juramento y los sitiados salieron de la fortaleza. 62 Pero cuando el rey entró en el monte Sión y vio las fortificaciones, quebrantó el juramento y mandó destruir el muro que lo cercaba. 63 Luego partió aprisa, regresó a Antioquía y se encontró con que Filipo se había apoderado de la ciudad; luchó contra él y conquistó la ciudad por la fuerza.

Demetrio I

2 Mac 14 1-4; Sal 79 2-3

7 1 El año ciento cincuenta y uno, Demetrio, hijo de Seleuco, salió de Roma, llegó con unos cuantos hombres a una ciudad costera y se proclamó rey. 2 Cuando entraba en el palacio real de sus antepasados, el ejército hizo prisioneros a Antíoco y Lisias para entregárselos. 3 Al saberlo, Demetrio dijo:

–No quiero ni ver sus caras.

4 Los soldados los mataron, y Demetrio ocupó el trono real. 5 Entonces se presentaron ante él todos los israelitas apóstatas e impíos conducidos por Alcimo, que quería ser sumo sacerdote. 6 Acusaron al pueblo ante el rey, diciendo:

–Judas y sus hermanos han matado a todos tus amigos y nos han echado de nuestro país. 7 Manda una persona de tu confianza para que compruebe todos los atropellos que nos han causado a nosotros y al territorio del rey, y para que los castigue a ellos y a todos los que les prestan ayuda.

8 El rey eligió a Báquides, uno de sus amigos, que era gobernador al otro lado del Eufrates, persona importante y fiel al rey, 9 y lo envió con el malvado Alcimo, al que hizo sumo sacerdote, ordenándole llevar a cabo actos de venganza contra los israelitas. 10 Partieron con un ejército numeroso, llegaron a Judea y enviaron mensaje-

• **7 1-20**: Nuevo cambio en la corte del rey, que afectará también a los judíos. Demetrio, hijo de Seleuco y primo de Antíoco IV, escapa de Roma y, apoyado por parte del ejército, toma el poder y derroca a Antíoco V (1 Mac 7 1-4). El cambio es aprovechado por los judíos simpatizantes del helenismo, que con Alcimo vuelven a reclamar la intervención mediadora del rey (1 Mac 7 5-7). Todo se resuelve con el envío de Báquides, a quien acompaña Alcimo que es nombrado sumo sacerdote con la esperanza de que los asideos lo acepten como mediador, debido a su pertenencia a la familia de Aarón (1 Mac 7 8-14). La sección termina con dos acciones punitivas de Báquides y su regreso junto al rey, tras dejar a Alcimo al mando del ejército y de la zona (1 Mac 7 15-20).

ros a Judas y sus hermanos con falsas propuestas de paz.
11 Pero ellos no se fiaron de sus palabras, pues sabían que habían llegado con un
ejército numeroso. 12 No obstante, un grupo
de expertos en la ley se presentó a Alcimo
y a Báquides para buscar una solución justa. 13 Los asideos fueron los primeros entre
los israelitas en pedir la paz, 14 pues decían:
–Un sacerdote de la descendencia de
Aarón viene con el ejército; él no nos hará
mal.
15 Báquides les dirigió palabras de paz
y les hizo este juramento:
–No les haremos mal ni a ustedes ni a
sus amigos.
16 Ellos le creyeron, pero Báquides arrestó a sesenta hombres y los mató en el mismo día, según dice la Escritura:

17 Han dispersado
los cadáveres de tus fieles,
han derramado su sangre
en torno a Jerusalén
y no había quien los enterrara.

18 El pueblo entero se llenó de miedo y
espanto y decía:
–Son unos mentirosos y unos injustos,
pues han quebrantado el pacto y el juramento que hicieron.
19 Báquides se fue de Jerusalén y acampó en Betset; apresó a muchos que habían
desertado de sus filas y a algunos del pueblo, los mató y los echó en un gran pozo.
20 Después confió la provincia a Alcimo,
dejándole tropas para que lo apoyaran, y
regresó a donde estaba el rey.

Victoria de Judas sobre Nicanor

2 Mac 14 5-36; 15 1-36

21 Alcimo luchó con fuerza por el cargo
de sumo sacerdote; 22 los perturbadores del
pueblo se unieron a él, se apoderaron de
Judea y causaron grandes males a Israel.
23 Viendo Judas que Alcimo y los suyos
hacían a los israelitas más daño aún que
los paganos, 24 recorrió todo el territorio de
Judea y se vengó de aquellos desertores,
impidiéndoles hacer salidas por el país.
25 Cuando Alcimo se dio cuenta de que Judas y los suyos eran más fuertes que él y
que no podía ofrecerles resistencia, regresó
donde el rey y los acusó de muchos delitos.
26 El rey envió a Nicanor, uno de sus
más ilustres generales y enemigo declarado de Israel, con la orden de exterminar al
pueblo. 27 Nicanor llegó a Jerusalén con un
ejército numeroso e hizo llegar a Judas y a
sus hermanos falsas propuestas de paz,
diciendo:
28 –No luchemos. Iré a ustedes con pocos hombres y hablaremos como amigos.
29 Se presentó, pues, a Judas y se saludaron amistosamente. Pero los enemigos
estaban preparados para detener a Judas,
30 quien, al darse cuenta de que Nicanor le
había tendido una trampa, tuvo miedo y no
quiso verlo más. 31 Nicanor se dio cuenta
de que sus planes habían sido descubiertos
y salió a luchar contra Judas cerca de Ca-
farsalama. 32 Cayeron unos quinientos hombres de Nicanor, y el resto huyó a la ciudad
de David. 33 Después de esto, Nicanor subió al monte Sión; algunos sacerdotes del
templo y ancianos del pueblo salieron a
saludarlo amistosamente y a mostrarle el
holocausto que se ofrecía en favor del rey.
34 Pero él se burló de ellos, los insultó, profanó el holocausto y les habló con arrogancia, 35 jurando lleno de rabia:
–Si Judas y sus hombres no se entregan
a mí, quemaré este lugar cuando regrese
victorioso.
Y se fue enfurecido. 36 Los sacerdotes
entraron y lloraron delante del altar del
templo, diciendo:
37 –Tú elegiste este templo para que en
él se invocara tu nombre, y para que fuera

• **7 21-50**: La nueva situación creada reaviva las rivalidades de los dos grupos judíos. El enfrentamiento, atizado por las represalias de unos y otros (1 Mac 7 21-24), introduce en escena a Nicanor. El autor lo presenta en tres instantáneas previas a la batalla decisiva: intento de traición (1 Mac 7 27-30), primera escaramuza con derrota (1 Mac 7 31-32) e incidente con los sacerdotes (1 Mac 7 33-35). La súplica de los sacerdotes ofendidos (1 Mac 7 33-35) alude a la plegaria de Salomón y refleja el lenguaje de los salmos.

La batalla decisiva (1 Mac 7 39-49) se narra de forma concisa, siguiendo el esquema conocido: situación de los ejércitos, oración de Judas apelando al cerco de Senaquerib (2 Re 18 17-19 37), batalla y muerte de Nicanor, huida del enemigo, aniquilación y fiesta. Es de subrayar la mención de un período de paz tal como se hace en el libro de los Jueces, después de cada acción libertadora (véase 1 Mac 1 3; 9 57; 11 38-92; 14 4).

casa de oración y súplica para tu pueblo.
38 Castiga a este hombre y a su ejército; caigan a filo de la espada. Acuérdate de sus
blasfemias y no les des reposo.
39 Nicanor se fue de Jerusalén y acampó
en Betorón, donde se le agregó un ejército
de Siria. 40 Judas acampó en Adasa con
tres mil hombres, y oró así:
41 –Cuando los mensajeros del rey asirio blasfemaron, vino tu ángel y mató a
ciento ochenta y cinco mil asirios. 42 Extermina hoy del mismo modo a este ejército que tenemos delante, para que sepan
todos que ha blasfemado contra tu templo.
Júzgalo como merece su maldad.
43 El trece del mes de Adar entablaron
combate los dos ejércitos, y fue derrotado
el de Nicanor, que cayó el primero. 44 Cuando el ejército vio que Nicanor había muerto, tiró las armas y huyó. 45 Los judíos los
persiguieron todo el día desde Adasa hasta
Guézer, tocando las trompetas detrás de
ellos. 46 La gente salía de todas las aldeas
de Judea a luchar contra los fugitivos, los
rodeaban y los obligaban a enfrentarse unos
contra otros. Murieron todos a espada y no
escapó ni uno solo. 47 Los judíos se apoderaron del botín de guerra, cortaron a Nicanor la cabeza y la mano derecha que él había levantado insolentemente, y la colgaron en Jerusalén. 48 El pueblo se alegró
mucho y vivió aquel día con gran regocijo.
49 Se acordó celebrar cada año este día, el
trece del mes de Adar. 50 Y Judea gozó de
paz durante algún tiempo.

Judas firma un tratado con Roma

2 Mac 4 11; 1 Mac 14 18

8 1 Judas oyó decir que los romanos eran
poderosos y benévolos con sus aliados
y que hacían pactos de amistad con los que
se dirigían a ellos. 2 Le informaron de que
su poder era muy grande; le contaron sus
guerras y las hazañas que habían realizado
en la Galia, apoderándose de ella y some-
tiéndola a tributo; 3 le informaron de lo que
habían hecho en España apoderándose de
sus minas de plata y oro, 4 y sometiendo
todo su territorio con prudencia y perseverancia, a pesar de ser un país lejano; cómo
habían derrotado a los reyes que los habían
atacado desde los extremos de la tierra,
infligiéndoles fuertes derrotas, y cómo los
demás les pagaban un tributo anual. 5 También habían derrotado y sometido a Filipo
y a Perseo, rey de Macedonia y a otros que
se habían sublevado contra ellos; 6 y también a Antíoco el Grande, rey de Asia, que
los atacó con ciento veinte elefantes, jinetes, carros de guerra y un ejército muy numeroso. 7 Lo apresaron vivo y le obligaron
a pagar a él y a sus sucesores un fuerte tributo, a entregar rehenes y a ceder 8 sus
mejores provincias: India, Media y Lidia
que, después de habérselas arrebatado, entregaron al rey Eumenes. 9 Supo igualmente que los griegos habían proyectado ir a
destruir a los romanos, 10 pero éstos se enteraron y enviaron contra ellos a un solo general que los atacó, mató a muchos, llevó
prisioneros a sus mujeres e hijos, saqueó
sus bienes, se apoderó de sus tierras, destruyó sus murallas y los sometió hasta hoy.
11 Los romanos habían destruido además a los reinos e islas que se les habían
resistido, 12 pero habían sido fieles a sus
amigos y a quienes habían confiado en
ellos. Han dominado reinos próximos y lejanos; los que oyen su nombre los temen.
13 Reinan aquellos a los que ayudan a reinar, y deponen a los que quieren; tienen un
poder enorme. 14 A pesar de esto, ninguno
lleva corona ni se viste de púrpura para
darse importancia. 15 Han constituido un
Senado, y cada día trescientos veinte sena-
dores deliberan por el bien del pueblo.
16 Encomiendan cada año a uno solo el
mando y el gobierno de todo su país y le
obedecen todos sin envidia ni celos.
17 Judas, pues, eligió a Eupólemo, hijo de
Juan, hijo de Aco, y a Jasón, hijo de Eleazar,

• **8** 1-32: Aprovechando el período de paz abierto por Judas, el autor interrumpe el relato (seguirá en 1 Mac 9 1) para introducir en su historia a los romanos, que solían ayudar a los rebeldes para debilitar a los pueblos no sometidos. Aquí se elogia su poderío militar (1 Mac 8 2-12), su lealtad para con los aliados (1 Mac 8 1.12) y su organización política interna (1 Mac 8 14-16). Este tono admirativo demuestra que Roma aún no ha entrado en Palestina cuando se escribe el libro. El tratado de amistad concluido entre los romanos y los delegados de Judas compromete a unos y a otros a la mutua defensa en caso de ataque enemigo (1 Mac 8 24-28) y a negar cualquier tipo de ayuda a los enemigos. Este tipo de tratados, especialmente con los romanos (1 Mac 12 1-4; 14 16-18.24), es una de las constantes del primer libro de los Macabeos.

y los envió a Roma para firmar con los romanos un tratado de amistad, 18 y sacudirse, así, el yugo de los griegos que querían
esclavizar a Israel. 19 Partieron para Roma
y, después de un largo viaje, entraron en el
Senado, y dijeron:
20 –Judas Macabeo, sus hermanos y el
pueblo judío nos han ordenado venir para
firmar un tratado de paz y ser contados entre sus aliados y amigos.
21 La petición fue acogida favorablemente. 22 Esta es la copia de la carta que
escribieron en tablas de bronce y enviaron
a Jerusalén como documento de paz y de
mutua alianza:

23 Que romanos y judíos gocen de prosperidad por mar y tierra para siempre. Lejos de ellos la espada y el enemigo. 24 Si
estallara una guerra contra Roma o contra
alguno de sus aliados en todo su imperio,
25 el pueblo judío luchará de todo corazón
a su lado según lo dicten las circunstancias. 26 Como ha decidido Roma, no dará
ni suministrará al enemigo trigo, armas,
dinero o barcos, y cumplirá estos compromisos sin compensación alguna. 27 Igualmente, si estallara una guerra contra el pueblo judío, los romanos lucharán a su lado
con todo empeño, según lo dicten las circunstancias, 28 y no darán a los enemigos
trigo, armas, dinero o barcos. Así lo ha decidido Roma. Estos compromisos se cumplirán lealmente. 29 Estas son las cláusulas
del tratado entre los romanos y el pueblo
judío. 30 Si después unos u otros quieren
añadir o quitar algo, lo harán de común
acuerdo y lo añadido o quitado tendrá carácter obligatorio. 31 En cuanto a los daños
que el rey Demetrio ha causado a los judíos,
le hemos escrito así: ¿Por qué impones tan
pesado yugo sobre los judíos, nuestros
amigos y aliados? 32 Si vuelven a quejarse
de ti, defenderemos sus derechos y te haremos la guerra por mar y tierra.

Muerte de Judas Macabeo

1 Mac 2 70; 13 26; 2 Sm 1 19.27

9 1 Cuando Demetrio supo que Nicanor y
su ejército habían perecido en la batalla, envió de nuevo a Judea a Báquides y
a Alcimo con el ala derecha del ejército.
2 Estos tomaron el camino de Galilea y
acamparon en Mesalot, en el territorio de
Arbela, ocupándola y matando a muchos.
3 En el mes primero del año ciento cincuenta y dos acamparon frente a Jerusalén,
4 de donde partieron con veinte mil hombres
de infantería y dos mil de a caballo para
dirigirse a Berea. 5 Judas tenía su campamento en Elasa con tres mil hombres selectos. 6 Cuando los judíos vieron la enorme multitud de enemigos, tuvieron miedo,
y muchos huyeron del campo, quedando
sólo ochocientos hombres. 7 Judas, al ver
la dispersión de su ejército cuando era inminente la lucha, se sintió profundamente
entristecido, pues no tenía tiempo para vol-
verlos a juntar. 8 Y con el corazón deshecho habló así a los que quedaban:
–Luchemos contra nuestros enemigos;
quizá los venzamos.
9 Ellos trataban de disuadirle diciendo:
–Nosotros no podemos nada. Salvemos
ahora la vida, y más tarde regresaremos
con nuestros hermanos; entonces combatiremos. Ahora somos muy pocos.
10 Pero Judas les contestó:
–Jamás huiré ante ellos. Si ha llegado
nuestra hora, muramos valientemente por
nuestros hermanos sin manchar nuestro
honor.
11 El ejército enemigo salió del campamento y se colocó frente a los judíos. La
caballería estaba dividida en dos grupos.
Los hombres y los arqueros, todos valientes, iban en primera línea. 12 Báquides iba
en el ala derecha. El batallón, dividido en
dos cuerpos, avanzó al toque de las trompetas. Los judíos tocaron también sus trom-

• **9 1-22**: Nueva expedición de Báquides y Alcimo, esta vez con un ejército más poderoso que antes (véase 1 Mac 7 8-9). El de Judas, por el contrario, está desanimado y disperso. En las mismas palabras de Judas (1 Mac 9 8.10) se anticipa la posibilidad de la derrota. Para magnificar la muerte de Judas, el autor destaca su victoria parcial sobre el ala derecha del enemigo (1 Mac 9 14-15). Al final, los rebeldes sufren su mayor derrota y la muerte de Judas (1 Mac 9 16-18) es equiparada a las muertes de Saúl y Jonatán (1 Mac 9 21 reproduce el estribillo de la elegía de David por Saúl y Jonatán de 2 Sm 1 19-27). La nota final (1 Mac 9 22), con cierto parecido a los resúmenes de las crónicas reales que encontramos en los libros de los Reyes, sirve de epitafio al gran caudillo de la resistencia judía.

petas, 13 y la tierra tembló por el estruendo
de los ejércitos. El combate empezó, y duró de la mañana a la tarde. 14 Judas se dio
cuenta de que Báquides y la parte más fuerte del ejército estaba en el ala derecha y,
reuniendo a los más decididos, 15 derrotó
al ala derecha y la persiguió hasta las montañas de Asdod. 16 Los del ala izquierda, al
ver la derrota del ala derecha, persiguieron
por la espalda a Judas y a los suyos. 17 Fue
una lucha encarnizada y cayeron muchos
de una y otra parte. 18 Judas cayó también,
y los suyos huyeron. 19 Jonatán y Simón
recogieron a su hermano y lo enterraron en
la tumba de sus padres en Modín. 20 Lo
lloraron, y todo Israel le guardó luto durante mucho tiempo, diciendo:

21 ¡Cómo ha caído el valiente,
el salvador de Israel!

22 Las demás empresas de Judas, sus
batallas, las hazañas que realizó y sus títulos de gloria no han sido escritos aquí porque son innumerables.

3. *Jonatán* ◊

Elección de Jonatán

23 Después de la muerte de Judas, rea-
parecieron los apóstatas en todo el territorio de Israel, y levantaron cabeza todos los
impíos. 24 Hubo un hambre terrible y los
habitantes del país se sometieron a ellos.
25 Entonces, Báquides eligió hombres malvados y los puso al frente del país. 26 Estos
indagaban a fondo para descubrir a los
amigos de Judas, llevándolos luego a Báquides, que los castigaba y los ultrajaba.
27 Hubo una opresión tal en Israel como no
se había conocido desde que desaparecieron los profetas. 28 Los amigos de Judas se
reunieron y dijeron a Jonatán:

29 –Desde que murió tu hermano Judas,
no ha surgido nadie como él capaz de enfrentarse a nuestros enemigos, a Báquides
y a los compatriotas que nos persiguen.
30 Te elegimos a ti para que ocupes su puesto y seas nuestro jefe y nuestro guía en la
guerra que hemos emprendido.

31 Jonatán aceptó el mando y sucedió a
su hermano Judas.

Jonatán y los árabes

Am 8 10

32 Báquides lo supo y trató de matarlo.
33 Pero Jonatán, su hermano Simón y los
que lo acompañaban, al enterarse de ello
huyeron al desierto de Tecoa y acamparon
junto al pozo de Asfar. 34 Báquides lo supo
un sábado y pasó al otro lado del Jordán
con su ejército.

35 Jonatán envió a su hermano Juan a
rogar a los nabateos, sus amigos, que les
permitieran dejar bajo su custodia todas las
armas, que eran muchas. 36 Entonces los
de la familia de Jambrí, que vivían en Mádaba, hicieron una incursión, se apoderaron de Juan y de todo lo que llevaba y se
fueron con ello.

37 Después de estos sucesos informaron
a Jonatán y a su hermano Simón que los
hijos de Jambrí estaban celebrando una
boda solemne y que llevaban desde Mádaba, con gran magnificencia, a la novia, hija
de uno de los más ilustres personajes de
Canaán. 38 Recordando la muerte de su
hermano Juan, se ocultaron al abrigo de la
montaña. 39 Al levantar la vista, oyeron un
gran rumor y vieron un gran cortejo: era el
novio con sus amigos y parientes, que salían

◊ **9 23-12 53**: Terminado el ciclo de Judas, comienza el de Jonatán, que abarca tres tiempos: un primer momento de ascensión de su liderazgo, confrontado con Báquides (1 Mac 9 31-73); el segundo, de consolidación y aumento de poder en el marco del conflicto de Alejandro y Demetrio II (1 Mac 10 1-11 19); y un tercer momento en que la gloria de Jonatán alcanza su cumbre en el marco del enfrentamiento entre Demetrio II y Antíoco VI, hasta que Jonatán es traidoramente capturado por Trifón y ejecutado algún tiempo después (1 Mac 13 19-22). Los elementos más sobresalientes de este ciclo serán: el reconocimiento militar de Jonatán, su arbitraje en las luchas internas seléucidas, la concesión del sumo sacerdocio y los tratados con Roma y Esparta.

• **9 23-31**: Muerto Judas, y a falta de un testamento que legitime a su sucesor (1 Mac 2 65-68), son los incondicionales de Judas los que confirman a Jonatán (1 Mac 9 28-31). Llama la atención la situación caótica que pinta el autor a la muerte de Judas (1 Mac 9 23-27), casi tan grave como la que provocó la rebelión (1 Mac 9 27).

• **9 32-42**: El primer episodio del mandato de Jonatán es una venganza de sangre. En el desierto de Tecoa, la patria chica del profeta Amós, Juan, hermano de Jonatán (1 Mac 2 2), muere a manos de una tribu nabatea. En represalia, los hermanos del difunto aniquilan sin piedad una comitiva de boda. El feroz ataque es justificado por el autor, que concluye el trágico destino de la boda con palabras del profeta de Tecoa (1 Mac 9 41=Am 8 10).

al encuentro de la novia con tamboriles, música y muchos instrumentos. 40 Los judíos salieron de su escondite, se abalanzaron sobre ellos y los mataron; murieron muchos, y los demás huyeron a la montaña, mientras los judíos se apoderaban del botín. 41 De este modo, la boda se convirtió en luto y la música en lamentaciones. 42 Así vengaron la sangre de su hermano. Después regresaron a la ribera pantanosa del Jordán.

Jonatán y Báquides

43 Cuando Báquides lo supo, llegó un sábado a las riberas del Jordán con un poderoso ejército. 44 Jonatán dijo a los suyos:

–¡Animo! Luchemos por nuestras vidas, pues nunca ha sido nuestra situación tan grave como hoy. 45 Por delante y por detrás nos aguarda el combate; a uno y otro lado tenemos las aguas del Jordán; el terreno es pantanoso y cubierto de maleza; no es posible emprender la retirada. 46 Invoquen, pues, a Dios para que los libre de sus enemigos.

47 Se trabó la batalla. Jonatán intentó herir a Báquides, pero éste esquivó el golpe echándose hacia atrás. 48 Jonatán y los suyos pasaron el Jordán a nado, pero sus enemigos no los siguieron. 49 Aquel día cayeron unos mil hombres de Báquides. 50 Este regresó a Jerusalén y construyó ciudades fortificadas en Judea: las fortalezas de Jericó, Emaús, Betorón, Betel, Timná, Faratón y Tefón, con muros altos y puertas con cerrojos, 51 poniendo en ellas una guarnición para acosar a Israel. 52 Fortificó las ciudades de Betsur y Guézer y la ciudadela de Jerusalén, poniendo en ellas guarniciones y depósitos de víveres. 53 Tomó como rehenes a los hijos de los jefes de la región y los recluyó en la ciudadela.

54 El mes segundo del año ciento cincuenta y tres, Alcimo mandó derribar el muro del atrio interior del templo, destruyendo la obra de los profetas. Cuando habían comenzado a derribarlo, 55 Alcimo sufrió un ataque y quedaron suspendidas las obras, pues se le cerró y paralizó la boca de modo que no podía hablar ni hacer testamento. 56 Alcimo murió en medio de grandes sufrimientos. 57 Báquides, viendo que Alcimo había muerto, regresó junto al rey, y Judea estuvo en paz durante dos años.

58 Todos los apóstatas tomaron esta resolución:

–Jonatán y los suyos viven tranquilos y confiados. Hagamos venir a Báquides y los apresará a todos en una sola noche.

59 Fueron a buscarlo y a deliberar con él. 60 Báquides se puso en camino con un ejército numeroso y mandó en secreto cartas a sus aliados de Judea para que arrestaran a Jonatán y a los suyos; pero no pudieron hacerlo, porque fueron descubiertos sus planes. 61 Jonatán y Simón arrestaron a cincuenta cabecillas de la conjura y los mataron. 62 Después se retiraron con los suyos a Betbasí, en el desierto, reconstruyeron sus ruinas y la fortificaron.

63 Báquides, al saberlo, reunió a toda su gente y avisó a los de Judea. 64 Acampó frente a Betbasí, y la sitió durante varios días empleando máquinas de guerra. 65 Jonatán dejó en la ciudad a su hermano Simón e hizo una salida por la región con un grupo de hombres. 66 Derrotó a Odomera, a sus parientes y a los hijos de Fasirón en su campamento. Comenzaron a atacarlos y se abrieron paso entre las tropas. 67 Por su parte, Simón y los suyos salieron de la ciudad, incendiaron las máquinas de guerra, 68 y atacaron a Báquides, al que derrotaron e hicieron caer en una fuerte depresión, porque sus planes y su expedición habían fracasado. 69 Entonces Báquides se enfureció contra los apóstatas que le habían aconsejado venir a Judea, mató a muchos y decidió regresar a su país. 70 Jonatán lo supo y le envió mensajeros para firmar con él un tratado de paz y pactar la devolución de los prisioneros. 71 Báquides los recibió, aceptó su propuesta y juró no hacerle daño alguno en adelante. 72 Le devolvió los prisioneros

• **9 43-73**: Toda la sección está dedicada a un enfrentamiento sucesivo y continuo entre el ejército de Báquides y el grupo de Jonatán que, después de varias dificultades, acabará en un pacto de no agresión (1 Mac 9 70-72). Al final de la sección parecen destacarse dos rasgos importantes: la habilidad negociadora y diplomática de Jonatan y el interés del autor en presentarlo como un nuevo juez (1 Mac 9 73).

A modo de paréntesis, se nos narra la muerte del sumo sacerdote Alcimo (1 Mac 9 54-56), interpretada como castigo tras derribar el muro interno del templo construido por los profetas Ageo y Zacarías después del exilio.

capturados en Judea, se fue a su país y ya no regresó a Judea.

73 Cuando terminó la guerra en Israel, Jonatán fijó su residencia en Micmás, donde comenzó a gobernar al pueblo y exterminó a los apóstatas de Israel.

Rivalidades entre Alejandro y Demetrio

10 1 El año ciento sesenta Alejandro Epífanes, hijo de Antíoco, se apoderó de Tolemaida. Allí lo recibieron bien, y comenzó a reinar. 2 Cuando lo supo Demetrio, reunió un ejército numeroso y salió a luchar contra él. 3 Mandó a Jonatán una carta en términos de amistad y llena de grandes promesas. 4 Porque se decía: «Démonos prisa en hacer las paces con los judíos, antes que ellos las hagan con Alejandro en contra nuestra, 5 al recordar todo el daño que le hemos hecho a él, a sus hermanos y a su pueblo».

6 Le autorizó a formar un ejército, a armarse y a aliarse con él; mandó también que le entregaran los rehenes de la ciudadela.

7 Jonatán fue a Jerusalén y leyó la carta a todo el pueblo y a los de la ciudadela. 8 Todos se llenaron de miedo al saber que el rey le había autorizado a formar un ejército. 9 La guarnición de la ciudadela entregó los rehenes a Jonatán, y él, a su vez, se los entregó a sus parientes. 10 Jonatán fijó su residencia en Jerusalén y se puso a reconstruir y restaurar la ciudad. 11 Mandó a los obreros reconstruir los muros y rodear el monte Sión con un muro de piedras labradas para fortificarlo. Y así se hizo. 12 Los extranjeros instalados en la fortaleza construida por Báquides huyeron; 13 abandonaron sus puestos y cada cuál regresó a su país. 14 En Betsur, sin embargo, quedaron algunos de los que habían renegado de la ley y de los preceptos, porque era su refugio.

15 El rey Alejandro se enteró de las promesas hechas por Demetrio a Jonatán; le contaron también las guerras y las hazañas que tanto él como sus hermanos habían realizado, junto con las penalidades que tuvieron que padecer. 16 Así que se dijo: «¿Podremos encontrar un hombre como éste? Hagámoslo amigo y aliado nuestro».

17 Y le escribió esta carta:

18 El rey Alejandro saluda a su hermano Jonatán. 19 Sabemos que eres valiente y digno de ser nuestro amigo. 20 Por tanto, te constituimos hoy sumo sacerdote de tu nación y te nombramos amigo del rey, para que apoyes nuestra causa y nos guardes amistad.

Y le envió un vestido de púrpura y una corona de oro.

21 El mes séptimo del año ciento sesenta Jonatán se revistió con los ornamentos sagrados en la fiesta de las tiendas. Reclutó muchos soldados y fabricó muchas armas.

22 Cuando Demetrio supo todo esto, se entristeció mucho y dijo:

23 –¿Qué hemos hecho para que Alejandro se nos haya adelantado y se haya hecho amigo de los judíos ganándose su apoyo? 24 También yo voy a escribirles palabras persuasivas, ofreciéndoles cargos y recompensas para que luchen a mi lado.

25 Y les escribió en estos términos:

El rey Demetrio saluda al pueblo judío. 26 Han sido fieles al pacto hecho con nosotros, han permanecido como amigos nuestros y no se han pasado al enemigo; lo sabemos y nos hemos alegrado. 27 Continúen siendo fieles, y recompensaremos con creces lo que hagan por nosotros. 28 Los eximiremos de impuestos y los colmaremos de regalos. 29 Desde ahora declaro a todos los judíos exentos de los tributos, del impuesto de la sal y de la ofrenda de las coronas.

• **10** 1-50: Aparece en escena Alejandro, denominado Balas, que al parecer se hacía pasar por hijo de Antíoco IV (1 Mac 10 1). Su entronización en Tolemaida pone en movimiento a Demetrio, que ve peligrar su reinado y busca el apoyo de Jonatán, asegurándose un aliado a cambio de ciertas concesiones militares (1 Mac 10 5-14). Iniciada la guerra de favores, Alejandro también busca incorporarlo a su causa, ofrenciéndole un regalo inestimable: el sumo sacerdocio (1 Mac 10 15-21). El hecho de no pertenecer a la línea sadoquita y el haber supeditado la función estrictamente religiosa del sacerdocio a intereses políticos y partidistas, hizo que la dinastía asmonea, continuadora de los macabeos y aferrada al sumo sacerdocio, fuera odiada por el pueblo.

Demetrio, en un afán desesperado por ganarse a los judíos, envía una nueva carta, cargada de promesas, favores y medidas económicas, políticas y religiosas en favor del pueblo (1 Mac 10 25-45). Pero Jonatán y los judíos la rechazan y apuestan por Alejandro, es decir, por el vencedor (1 Mac 10 48-50).

30 Renuncio desde hoy para siempre al tercio de la cosecha de cereales y a la mitad
de la de los árboles frutales que me pertenecen, en la región de Judea, en sus tres
distritos de Samaría y en Galilea. 31 Jerusalén será ciudad santa y estará, igual que su
territorio, exenta de diezmos y tributos.
32 Renuncio a la soberanía sobre la ciudadela de Jerusalén y la entrego al sumo sacerdote, para que ponga como guarnición a los
hombres que quiera. 33 Pongo en libertad,
sin necesidad de rescate, a todos los judíos
que hayan sido llevados prisioneros de Judea a cualquier parte de mi reino, y todos
quedarán exentos de tributos, incluido el
de los ganados. 34 Todas las fiestas, sábados, días de luna nueva, días consagrados
al culto, y los tres días anteriores y posteriores a cada fiesta serán días de inmunidad
y exención para todos los judíos en mi reino. 35 Nadie podrá perseguirlos o molestar-
los por ningún motivo. 36 En el ejército del
rey se alistarán treinta mil judíos y se les
pagará lo mismo que al resto de las tropas
reales, 37 se les destinará a las grandes fortalezas reales y se les darán cargos de confianza en el reino. Sus jefes serán judíos y
vivirán según sus leyes, como ha mandado
el rey para Judea. 38 Los tres distritos de
Samaría incorporados a Judea formarán
una misma región y obedecerán solamente
al sumo sacerdote. 39 Entrego Tolemaida y
su territorio como donación al templo de
Jerusalén para los gastos del culto. 40 Daré
también cada año, a cargo del presupuesto
real, ciento ochenta kilos de plata que se
sacarán de donde parezca oportuno. 41 Y
todo el excedente que no haya sido entregado por los funcionarios, como se hacía
al principio, será desde ahora dedicado a
las obras del templo. 42 Además, los sesenta kilos de plata, con que se gravaban cada
año los ingresos del templo, serán para los
sacerdotes que ejercen su ministerio. 43 Todos los que sean deudores del rey por cualquier título y se refugien en el templo de
Jerusalén y en su recinto amurallado, quedarán libres, así como todo lo que posean
en mi reino. 44 Los gastos originados por la
construcción y la restauración del templo
correrán a cuenta del rey, 45 y también los
gastos originados por la reconstrucción de
las murallas de Jerusalén, la fortificación
de sus defensas y la construcción de las
murallas en las ciudades de Judea.

46 Cuando Jonatán y el pueblo oyeron
esto, no lo creyeron ni lo aceptaron, recordando los graves daños y la dura opresión
que Demetrio había causado a Israel. 47 Se
decidieron por Alejandro, que había sido el
primero en hacerles propuestas de paz, y
se declararon sus fieles aliados. 48 El rey
Alejandro reunió un gran ejército y puso
su campamento frente a Demetrio. 49 Los
dos reyes entablaron combate, y el ejército
de Demetrio huyó, perseguido por Alejandro, que dominó la situación. 50 Aunque
luchó encarnizadamente hasta la puesta del
sol, Demetrio cayó aquel día.

Alejandro y Tolomeo

51 Alejandro mandó mensajeros a Tolomeo, rey de Egipto, con este mensaje:
52 –Estoy de nuevo en mi reino, he ocupado el trono de mis antepasados, he conquistado el poder, he vencido a Demetrio y
he tomado posesión de mi país; 53 pues me
batí con él, lo derroté con todo su ejército
y he ocupado su trono. 54 Seamos amigos.
Dame tu hija por esposa, yo seré tu yerno
y les haré a los dos regalos dignos de ti.
55 El rey Tolomeo respondió:
–¡Feliz el día en que regresaste a la tierra
de tus antepasados y te sentaste en el trono
real! 56 Haré lo que has dicho, pero ven a
Tolemaida para que hablemos, y yo seré tu
suegro, como quieres.
57 Tolomeo salió de Egipto con su hija
Cleopatra y llegó a Tolemaida el año ciento sesenta y dos. 58 El rey Alejandro salió a
su encuentro; Tolomeo le entregó a su hija
por esposa y se celebraron las bodas en
Tolemaida con gran esplendor, según la
costumbre real.
59 El rey Alejandro había escrito también a Jonatán para que se entrevistara con

• **10 51-66**: Los enemigos históricos, lágidas y seléucidas, se unen: Alejandro se casa con la hija de Tolomeo VI Filométor. Jonatán es invitado y honrado por los dos reyes, lo que supone un reconocimiento internacional de su triple poder: civil, militar y sacerdotal, y de su condición de amigo de reyes (1 Mac 10 65). La enemistad irreconciliable entre macabeos y griegos se ha transformado en amistad pública.

él. 60 Jonatán llegó a Tolemaida con gran pompa, se entrevistó con los dos reyes, les dio plata y oro, e hizo muchos regalos a sus amigos, ganándose así su favor. 61 Algunos israelitas, perversos y apóstatas, se unieron para acusarlo, pero el rey no les hizo caso. 62 Más aún, mandó que Jonatán se quitara sus vestidos y fuera revestido de púrpura, y así se hizo. 63 Lo sentó junto a sí y dijo a sus dignatarios:

–Vayan con él por la ciudad y pregonen que nadie, bajo ningún pretexto, acuse a Jonatán ni lo moleste por nada.

64 Cuando los acusadores vieron los honores que se le rendían, de acuerdo con el pregón, y que estaba vestido de púrpura, huyeron todos. 65 El rey lo llenó de honores, le contó entre sus mejores amigos y lo nombró general y gobernador. 66 Y Jonatán regresó a Jerusalén en paz y contento.

Victorias de Jonatán sobre Apolonio

1 Sm 5 1-5; 1 Mac 11 4

67 El año ciento sesenta y cinco, Demetrio, hijo de Demetrio, llegó de Creta a la tierra de sus antepasados. 68 El rey Alejandro, al saberlo, se quedó muy disgustado y regresó a Antioquía. 69 Demetrio nombró gobernador de Celesiria a su general Apolonio, el cual reunió un gran ejército y fue a acampar junto a Yamnia, desde donde mandó al sumo sacerdote Jonatán este mensaje:

70 –Tú eres el único que se ha sublevado contra mí y me ha puesto en ridículo. ¿Por qué te haces fuerte contra nosotros en las montañas? 71 Si tienes confianza en tus tropas, baja a la llanura y midamos nuestras fuerzas, pues es a mí a quien apoyan las ciudades. 72 Infórmate y sabrás quién soy yo y quiénes son mis aliados. Se te dirá que no podrás resistirnos, pues por dos veces fueron derrotados tus antepasados en esta tierra. 73 No podrás resistir a mi caballería ni a mi ejército en una llanura, donde no hay piedras, ni rocas, ni lugares donde refugiarse.

74 Cuando Jonatán oyó las palabras de Apolonio, se le sublevó el espíritu. Eligió diez mil hombres y salió de Jerusalén; su hermano Simón se unió a él para ayudarlo. 75 Acampó junto a Jafa, pero los de la ciudad le cerraron las puertas, porque había allí una guarnición de Apolonio. Los judíos atacaron; 76 los de la ciudad, atemorizados, le abrieron las puertas, y Jonatán ocupó Jafa. 77 Apolonio, al saberlo, movilizó tres mil jinetes y numerosos soldados de infantería, y se dirigió a Asdod simulando pasar de largo, pero se replegó repentinamente hacia la llanura, muy confiado en su caballería. 78 Jonatán lo persiguió hasta Asdod y allí trabaron combate. 79 Apolonio había dejado emboscados mil jinetes. 80 Jonatán fue informado de la emboscada. Los sirios rodearon a los hombres de Jonatán y lanzaron flechas desde la mañana hasta la tarde, 81 pero los judíos resistieron, como había ordenado Jonatán, hasta que la caballería enemiga se cansó. 82 Entonces Simón mandó a su gente atacar a la infantería, cuando la caballería estaba agotada, de modo que los derrotaron y los hicieron huir. 83 La caballería se dispersó en la llanura, los fugitivos llegaron a Asdod y se refugiaron en Bet-Dagón, el templo de su ídolo, para salvar la vida. 84 Pero Jonatán incendió Asdod y los poblados cercanos, se apoderó de su botín e incendió el templo de Dagón con los que se habían refugiado en él. 85 Fueron unos ocho mil los que perecieron en el incendio o por la espada.

86 Jonatán partió para Ascalón, cuyos habitantes salieron a recibirlo con grandes honores. 87 De allí regresó con los suyos a Jerusalén con un gran botín. 88 Cuando el rey Alejandro supo todo esto, concedió nuevos honores a Jonatán. 89 Le envió un broche de oro que se acostumbra a dar a los parientes de los reyes, y le dio en posesión Ecrón y todo su término.

• **10 67-89**: Nueva crisis seléucida. Demetrio II, hijo de Demetrio I, regresa de su refugio en Creta para restaurar la dinastía seléucida derrocada por el usurpador Alejandro (1 Mac 10 67-68). Aunque no reinará hasta dos años más tarde, después de la muerte de Alejandro (1 Mac 11 17.19), comienza las hostilidades ayudado por Apolonio, que se enfrenta a Jonatán (1 Mac 10 69-73). La batalla (1 Mac 10 74-87) confirma las dotes estratégicas de Jonatán, que derrota a Apolonio y logra aumentar ante Alejandro su prestigio personal y el territorio judío (1 Mac 10 88-89).

La muerte de Alejandro

1 Mac 10 84

11 1 El rey de Egipto reunió un ejército
numeroso como las arenas del mar y
muchos barcos, con la intención de apoderarse por engaño del reino de Alejandro y
anexionarlo al suyo. 2 Fue a Siria en son de
paz, y los habitantes de las ciudades le
abrieron sus puertas y le salieron al encuentro. Así lo había mandado el rey Alejandro, pues Tolomeo era su suegro. 3 Cuando entraba en las ciudades, Tolomeo ponía
en ellas guarniciones.

4 Al entrar en Asdod, le enseñaron el
templo de Dagón incendiado, Asdod y sus
alrededores destruidos, los cadáveres abandonados y los restos calcinados de los que
habían caído en la guerra, al borde de los
caminos. 5 Contaron al rey lo que había
hecho Jonatán para que mostrara su desaprobación, pero el rey callaba.

6 Jonatán salió a Jafa a recibir al rey con
gran pompa. Se saludaron y pasaron allí la
noche. 7 Jonatán acompañó al rey hasta el
río Eléutero y luego regresó a Jerusalén.

8 El rey Tolomeo se apoderó de todas
las ciudades de la costa hasta Seleucia del
Mar, tramando planes siniestros contra Alejandro. 9 Mandó mensajeros a Demetrio
con este mensaje:

–Ven, hagamos un pacto; te daré a mi
hija, la mujer de Alejandro, y reinarás en el
reino de tu padre. 10 Me arrepiento de
haberle dado a mi hija, pues ha intentado
matarme.

(11 Lo calumniaba así, porque codiciaba
su reino).

12 Así pues, le quitó su hija y se la dio a
Demetrio. De este modo rompió con Alejandro y se hizo pública su enemistad. 13 Tolomeo entró en Antioquía y se ciñó la corona de Asia, poniendo sobre su cabeza dos
coronas: la de Egipto y la de Asia. 14 Alejandro se hallaba entonces en Cilicia, porque los habitantes de aquella región se habían rebelado. 15 Cuando se enteró de lo
que había sucedido, se dirigió contra Tolomeo para atacarlo. Tolomeo le salió al encuentro con un gran ejército y lo obligó a
huir. 16 Alejandro huyó a Arabia en busca
de refugio, mientras Tolomeo quedaba como vencedor. 17 El árabe Zabdiel cortó la
cabeza a Alejandro y se la envió a Tolomeo.
18 Tres días después murió Tolomeo, y las
guarniciones que había puesto en las plazas fuertes fueron asesinadas por sus habitantes. 19 Demetrio comenzó a reinar el
año ciento sesenta y siete.

Concesiones de Demetrio II a Jonatán

1 Mac 10 26-45.60.65

20 Por entonces, Jonatán reunió a los judíos para atacar la ciudadela-fortaleza de
Jerusalén y se dirigió contra ella con muchas máquinas de guerra. 21 Algunos malvados, enemigos de su propia nación, anunciaron al rey que Jonatán tenía sitiada la
ciudadela. 22 El rey, al saber esto, se indignó, fue a Tolemaida y escribió a Jonatán para que desistiera del ataque y viniera rápidamente a Tolemaida a hablar con él. 23 Recibido el mensaje, Jonatán mandó continuar el ataque, se rodeó de algunos ancianos de Israel y de sacerdotes, y él mismo
afrontó el peligro. 24 Tomó consigo plata,
oro, vestidos y otros muchos presentes y
fue a Tolemaida para hablar con el rey, el
cual le recibió muy bien. 25 Algunos compatriotas impíos lo acusaron, 26 pero el rey
se portó con él como sus predecesores, haciéndole grandes honores ante sus amigos.
27 Lo confirmó como sumo sacerdote, le
mantuvo todos los privilegios anteriores, y
lo contó entre sus mejores amigos. 28 Jonatán pidió al rey que dejara libres de impuestos a Judea y a los tres distritos de Samaría, prometiéndole a cambio unos diez mil
kilos de plata. 29 Al rey le pareció bien, y
contestó a Jonatán con la siguiente carta:

30 El rey Demetrio saluda a su hermano
Jonatán, y a toda la nación judía. 31 Les

• **11 1-19**: Las intrigas de Demetrio II comienzan a fraguar al recibir el apoyo militar de Tolomeo y la promesa de su hija Cleopatra en matrimonio. Como resultado, Tolomeo extiende su dominio a Siria, y Demetrio II consigue restaurar la dinastía seléucida. El recibimiento y honores que Jonatán tributa a Tolomeo y a sus tropas (1 Mac 11 6-7) dan fe del prestigio y crédito que ha logrado.

• **11 20-37**: Al intento de ataque a la ciudadela por parte de Jonatán, los sitiados responden con la denuncia ante el rey, que llama al orden a Jonatán (1 Mac 11 22). La habilidad de éste convierte la previsible sanción en un reforzamiento de su autoridad con nuevas concesiones, aunque el asalto a la ciudadela-fortaleza tendrá que esperar.

enviamos copia de la carta que hemos escrito a nuestro pariente Lástenes acerca de
ustedes para que estén informados. 32 Dice así: El rey Demetrio saluda al venerable
Lástenes. 33 Hemos decidido favorecer a
los judíos, amigos nuestros, que nos han
guardado fidelidad. 34 Les hemos concedido la posesión del territorio de Judea y de
los tres distritos de Ofrá, Lida y Ramá, des-
membrados de Samaría y agregados a Judea con sus dependencias. A todos los que
ofrecen sacrificios en Jerusalén les hemos
perdonado el impuesto que el rey recibía
cada año de ellos, de los productos de la
tierra y de los frutos de los árboles. 35 En
cuanto a los otros impuestos que nos pagaban de los diezmos, salinas y coronas que
nos pertenecen, se los perdonamos todos.
36 Ninguna de estas disposiciones será anulada jamás. 37 Hagan una copia de este decreto, dénsela a Jonatán y pónganla en la
montaña santa en un lugar visible.

Ayuda de Jonatán a Demetrio II

38 El rey Demetrio, viendo que el país
estaba tranquilo y que no tenía enemigos,
despidió a sus soldados y los mandó a sus
casas, menos las tropas extranjeras que había reclutado en las islas de los paganos.
Esto le atrajo la enemistad de los soldados
de su padre. 39 Entonces Trifón, que había
sido partidario de Alejandro, al ver que el
ejército murmuraba contra Demetrio, se
dirigió al árabe Imalcué, preceptor de Antíoco, el hijo de Alejandro, 40 y lo presionó
para que le entregara el niño con el fin de
que reinara como sucesor de su padre. Le
contó todo lo que había hecho Demetrio y
el odio que le tenían sus tropas. Permaneció allí muchos días.
41 Jonatán pidió al rey que retirara las
guarniciones de la ciudadela de Jerusalén y
de las fortalezas, pues estaban siempre en
guerra contra Israel. 42 Demetrio le contestó:

Por ti y por tu pueblo no sólo haré esto,
sino que los llenaré de honores en cuanto
tenga ocasión propicia. 43 De momento me
harías un favor mandándome refuerzos,
porque mis soldados me han abandonado.

44 Jonatán le envió a Antioquía tres mil
hombres valientes, con cuya llegada se alegró mucho el rey. 45 Pero los habitantes,
que eran unos ciento veinte mil, se amotinaron en el centro de la ciudad con ánimo
de matar al rey. 46 El rey se refugió en su
palacio, mientras los ciudadanos ocupaban
las calles y comenzaban el ataque. El rey
llamó a los judíos en su ayuda; acudieron
éstos y se dispersaron por la ciudad matando aquel día unos cien mil. 48 Incendiaron
la ciudad y recogieron un gran botín. Así
salvaron al rey. 49 Los habitantes, al ver que
los judíos dominaban la ciudad, se acobardaron y suplicaron al rey:
50 –Hagamos las paces y haz que los judíos cesen de combatir contra nosotros y
contra la ciudad.
51 Tiraron las armas e hicieron las paces. Los judíos, cubiertos de gloria ante el
rey y ante todo su reino, regresaron a Jerusalén cargados de botín. 52 Demetrio ocupó su trono y el país estuvo en calma. 53 Pero no cumplió sus promesas, dio la espalda
a Jonatán, no le reconoció los servicios
prestados, y le causó muchas molestias.

Jonatán y Antíoco VI

54 Después de esto, llegó Trifón con Antíoco, que era todavía muy joven, lo proclamó rey y le ciñó la corona. 55 Las tropas
disueltas por Demetrio se pusieron de parte
de Trifón, lucharon contra Demetrio y le
obligaron a huir derrotado. 56 Trifón se apoderó de los elefantes y ocupó Antioquía.
57 El joven Antíoco escribió a Jonatán:

Te confirmo como sumo sacerdote, te
pongo al frente de los cuatro distritos y te
sigo contando entre los amigos del rey.

• **11** 38-53: La situación se complica para Demetrio a causa del descontento de las tropas licenciadas (1 Mac 11 38) y de las intrigas de Trifón (1 Mac 11 39-40). Demetrio debe pedir ayuda militar a Jonatán a cambio de vagas promesas (1 Mac 11 42-43). Estamos ante uno de los grandes contrastes del libro: los rebeldes y proscritos de antes se convierten ahora en salvadores del rey seléucida (1 Mac 11 44-52).

• **11** 54-74: Las intrigas de Trifón prosperan con la entronización de Antíoco VI (1 Mac 11 54-55). Jonatán recibe nuevos honores, compartidos con su hermano Simón (1 Mac 11 57-59). Ambos se ven enfrentados a los generales de Demetrio (1 Mac 11 63). El autor aprovecha la ocasión para mostrarnos el comportamiento heroico de Jonatán (1 Mac 11 70-74).

58 Y le envió una vajilla de oro, autorizándole a beber en copas de oro, vestir de púrpura y llevar broche de oro. 59 A su hermano Simón lo nombró general para que gobernara la zona que va desde la Escalera de Tiro hasta la frontera de Egipto.

60 Jonatán salió a recorrer las ciudades de la región transeufratina, donde se le unieron las tropas sirias como auxiliares. Llegó a Ascalón, y los habitantes de la ciudad salieron a recibirlo con todos los honores. 61 De allí pasó a Gaza, que le cerró las puertas. La sitió, incendió los arrabales y los saqueó. 62 Entonces los habitantes de Gaza le pidieron la paz y Jonatán se la concedió, pero tomó como rehenes a los hijos de los jefes y los mandó a Jerusalén. Atravesó la región y llegó a Damasco.

63 Jonatán se enteró de que los generales de Demetrio habían llegado a Cadés de Galilea con muchos soldados para impedirle continuar sus operaciones, 64 y les salió al paso dejando en Judea a su hermano Simón. 65 Simón atacó Betsur, combatió contra ella y la cercó durante muchos días hasta que pidieron la paz; 66 él les concedió la paz, pero los echó de allí, se apoderó de la ciudad y dejó una guarnición en ella.

67 Jonatán con su ejército acampó junto al lago de Genesaret y partió muy de mañana hacia la llanura de Jasor. 68 El ejército enemigo salió a su encuentro y, mientras el grueso del ejército avanzaba de frente, habían preparado una emboscada en la montaña. 69 Cuando los emboscados salieron de sus escondrijos y se entabló el combate, 70 los soldados de Jonatán huyeron todos, excepto Matatías, hijo de Absalón, y Judas, hijo de Calfí, capitanes del ejército. 71 Jonatán, entonces se rasgó las vestiduras, se echó tierra en la cabeza y oró. 72 Regresó luego al combate, derrotó a los enemigos y los hizo huir. 73 Al ver esto los soldados de Jonatán que habían huido, regresaron junto a él, y con él persiguieron al enemigo hasta Cadés, donde acamparon. 74 Aquel día el enemigo perdió unos tres mil hombres. Y Jonatán regresó a Jerusalén.

Mensajeros a Roma y Esparta

1 Mac 8 17-32; 12 20-23; 2 Mac 5 9; 1 Mac 14 22; 15 15

12 1 Viendo Jonatán que las circunstancias le eran favorables, eligió algunos hombres, y los envió a Roma para confirmar y renovar el tratado de amistad con los romanos. 2 En el mismo sentido escribió a los espartanos y a otros pueblos. 3 Los que fueron a Roma se presentaron al Senado y dijeron:

–El sumo sacerdote Jonatán y el pueblo judío nos han enviado para renovar con ustedes el antiguo pacto de amistad.

4 Los romanos les dieron cartas de recomendación para las autoridades de cada lugar, a fin de que pudieran regresar en paz a Judea.

5 Copia de la carta que Jonatán escribió a los espartanos:

6 Jonatán, sumo sacerdote, el senado de la nación, los sacerdotes y todo el pueblo judío, saludan a sus hermanos, los espartanos. 7 Hace ya tiempo que Areo, su rey, envió una carta al sumo sacerdote Onías en la que decía que son nuestros hermanos, como certifica la copia adjunta. 8 Onías recibió con todos los honores al enviado y aceptó la carta que contenía un pacto de amistad. 9 Aunque nosotros no necesitamos nada, pues gozamos de la consolación de las santas Escrituras que tenemos en nuestras manos, 10 hemos decidido mandarles mensajeros que renueven la fraternidad y amistad que nos unen a ustedes, a fin de que no seamos para ustedes gente extraña, pues ha pasado mucho tiempo desde que ustedes se dirigieron a nosotros. 11 Los recordamos continuamente, tanto en las fiestas como en los demás días, en los sacrificios que ofrecemos y en las oraciones, pues es justo y conveniente acordarse de los hermanos. 12 Nos alegramos de su prosperidad. 13 Nosotros, por el contrario, hemos tenido muchas tribulaciones y guerras, pues nos han atacado los reyes vecinos. 14 Pero no hemos querido ser una carga para ustedes ni para los demás aliados y amigos, 15 pues contamos con la ayuda de

• **12 1-23**: Tregua en las hostilidades que es aprovechada por el autor para resaltar una de las facetas más características de Jonatán: su habilidad diplomática. El tratado con los romanos (1 Mac 12 1-4) es ratificación del sellado por Judas (1 Mac 8 20-32). Más relieve se da al tratado con Esparta, ratificación de otro anterior entre Areo y Onías. La carta de Jonatán (1 Mac 12 5-18) destaca más los méritos de los macabeos que las claúsulas del tratado.

Dios, que nos ha librado de nuestros enemigos, y éstos han sido humillados. 16 Hemos elegido a Numenio, hijo de Antíoco, y a Antípatro, hijo de Jasón, y los hemos enviado a los romanos para renovar el antiguo pacto de amistad. 17 Les hemos ordenado también que los visiten a ustedes para saludarlos y entregarles esta carta con el fin de renovar nuestra fraternidad. 18 Esperamos respuesta favorable.

19 Copia de la carta enviada a Onías:

20 Areo, rey de los espartanos, saluda a Onías, sumo sacerdote. 21 Hemos encontrado en un documento que espartanos y judíos son hermanos por ser de la raza de Abrahán. 22 Ahora que lo sabemos, les rogamos que nos informen de cómo les ha ido. 23 Por nuestra parte, les decimos que sus ganados y sus bienes son nuestros y los nuestros de ustedes. Hemos dado órdenes de que se les informe sobre este particular.

Campañas de Jonatán contra Demetrio II

24 Jonatán se enteró de que los generales de Demetrio habían regresado con un ejército más numeroso que antes para luchar contra él. 25 Salió de Jerusalén a su encuentro en la región de Jamat, sin darles tiempo para entrar en su territorio. 26 Envió espías al campo enemigo, los cuales regresaron diciendo que los sirios habían resuelto atacar a los judíos durante la noche. 27 Después de ponerse el sol, Jonatán ordenó a los suyos que estuvieran en vela toda la noche con las armas en la mano dispuestos a luchar, y colocó centinelas alrededor del campamento. 28 Los enemigos se dieron cuenta de que Jonatán y los suyos estaban preparados para el combate, y les entró miedo; se desanimaron, dejaron encendidas hogueras en su campamento y huyeron. 29 Pero ni Jonatán ni su ejército advirtieron su partida hasta la madrugada, pues veían el resplandor de las hogueras. 30 Jonatán los persiguió, pero no pudo alcanzarlos, porque habían pasado el río Eléutero. 31 Entonces se dirigió contra los árabes llamados zabadeos, los derrotó y se apoderó de su botín. 32 Después levantó el campamento, se dirigió hacia Damasco y recorrió toda la región.

33 Entre tanto, Simón había llegado hasta Ascalón y las fortalezas cercanas; se dirigió a Jafa y la ocupó, 34 pues se había enterado de que los habitantes querían entregar la plaza a los soldados de Demetrio. Dejó allí una guarnición para defenderla.

35 Jonatán, al regresar, reunió a los ancianos del pueblo y decidió, de acuerdo con ellos, edificar fortalezas en Judea, 36 levantar aún más las murallas de Jerusalén, construir un gran muro entre la ciudadela y la ciudad, para separarla de la ciudad y aislarla, de modo que los de la ciudadela no pudieran comprar ni vender nada. 37 Se reunieron para reconstruir la ciudad, pues una parte del muro oriental se había caído sobre el torrente; también repararon el llamado Cafenat. 38 Simón reconstruyó Adida, en la Sefelá, la fortificó y le puso puertas y cerrojos.

Captura de Jonatán

1 Mac 11 39.54

39 Trifón quería reinar en Asia, ser coronado, y arrebatar el reino al rey Antíoco. 40 Pero, temiendo que Jonatán no se lo permitiera y le declarara la guerra, buscaba el modo de arrestarlo y quitarlo de en medio. Se puso, pues, en camino y llegó a Betsán. 41 Jonatán salió a su encuentro con cuarenta mil hombres selectos y llegó también a Betsán. 42 Trifón, al ver las tropas con que había llegado, se guardó de hacerle frente; 43 lo recibió con honores, lo presentó a todos sus amigos, le hizo regalos y ordenó a sus amigos y a sus tropas que le obedecieran como si fuera él mismo. 44 Y dijo a Jonatán:

–¿Por qué has movilizado a toda esta gente, si no estamos en guerra? 45 Mándalos a sus casas, quédate con unos cuantos,

• **12 24-38**: Se reanudan las hostilidades entre Jonatán y los generales de Demetrio (1 Mac 11 63.74). El enemigo huye antes de atacar (1 Mac 12 24-30). Después de algunas incursiones de Jonatán y Simón (1 Mac 12 31-34), el autor hace especial referencia a las tareas constructoras de los dos hermanos.

• **12 39-53**: El ciclo de Jonatán termina con su captura por parte del intrigante Trifón (1 Mac 12 39-48). El autor resalta que sólo a base de mentiras y traiciones es posible reducir al héroe. Su captura produce el caos y amenaza con el retorno de los tiempos de la opresión (1 Mac 12 53).

ven conmigo a Tolemaida, y yo te entregaré
la ciudad y demás fortalezas con las tropas
y todos los funcionarios; después regresaré, pues sólo he venido para esto.
46 Jonatán le creyó y, tal como le había
dicho, despidió a las tropas, que regresaron
a Judá. Se quedó con tres mil hombres,
47 de los cuales dejó dos mil en Galilea;
sólo mil lo acompañaron. 48 Apenas entró
Jonatán en Tolemaida, los habitantes cerraron las puertas, lo arrestaron a él y mataron a los que lo acompañaban. 49 Trifón
envió el ejército y la caballería a la gran
llanura de Galilea para matar a los hombres de Jonatán. 50 Pero éstos, al saber que
Jonatán había sido capturado y que habían
muerto todos los que lo acompañaban, se
animaron mutuamente y salieron dispuestos al combate. 51 Los perseguidores, al verlos dispuestos a defender su vida, regresaron. 52 Así, sin ser molestados, los hombres
de Jonatán regresaron a Judea, lloraron a
Jonatán y a los suyos y el miedo se apoderó de ellos. Todo Israel hizo gran duelo.
53 Entonces todas las naciones vecinas se
propusieron exterminarlos, diciendo:
–No tienen jefe ni aliados; luchemos
contra ellos y borremos su memoria de entre los hombres.

4. Simón ◊

Elección de Simón y primeras medidas

1 Mac 5 2; 12 53

13 1 Simón se enteró de que Trifón había
reunido un gran ejército para venir a
Judea y devastarla. 2 Al ver a la gente ate-
morizada, fue a Jerusalén, reunió al pueblo, 3 y les dirigió esta arenga:
–Saben todo lo que yo, mis hermanos y
la familia de mi padre hemos hecho por la
ley y el templo, las guerras y las angustias
que hemos soportado. 4 Por esta causa todos mis hermanos dieron la vida y he quedado yo solo. 5 Pues bien, jamás intentaré
salvar mi vida en tiempo de opresión, pues
yo no valgo más que mis hermanos. 6 Defenderé a mi pueblo, al templo, a sus mujeres y a sus hijos, ahora que todos estos
paganos que nos odian se han unido para
exterminarnos.
7 Al oír estas palabras, el pueblo se enar-
deció, 8 y todos exclamaron a grandes voces:
–Tú eres nuestro jefe, el sucesor de tus
hermanos, Judas y Jonatán; 9 toma la dirección de nuestras guerras y haremos todo lo que nos mandes.
10 Simón reunió a todos los hombres
aptos para la guerra, se dio prisa en terminar las murallas de Jerusalén y la rodeó de
fortificaciones. 11 Luego envió a Jonatán,
hijo de Absalón, a Jafa con bastantes tropas; éste expulsó de ella a sus habitantes y
se estableció allí.

Respuesta de Simón a Trifón, y muerte de Jonatán

1 Mac 2 70; 12 52

12 Trifón salió de Tolemaida con un gran
ejército para invadir Judea, llevando consigo prisionero a Jonatán. 13 Simón acampó
en Adida, frente a la llanura. 14 Cuando Trifón supo que Simón había tomado el mando
como sucesor de su hermano Jonatán y que
estaba dispuesto a luchar contra él, le mandó algunos mensajeros para decirle:
15 –Hemos detenido a tu hermano Jonatán por el dinero que debe al tesoro real en
el desempeño de sus funciones. 16 Si envías
tres mil kilos de plata y dos de sus hijos
como rehenes, para que, al ser puesto en

◊ **13 1-16 24**: El ciclo de Simón se resuelve en dos tiempos: en un primer momento, enfrentado a Trifón y Antíoco VI, pero respaldado por Demetrio II y consiguiendo la cima del poder; en un segundo momento, se recoge la historia de sus relaciones con Antíoco VII hasta que, lo mismo que sucedió con su hermano Jonatán, Simón muere víctima de una traición, si bien esta vez se trata de una intriga familiar. Junto a algunas constantes de los ciclos anteriores, observamos tres novedades: la independencia nacional, la conquista de la ciudadela y el título de rey otorgado a Simón.

• **13 1-11**: Ante la probable muerte de Jonatán, Simón es elegido jefe por aclamación popular. Simón, que en el testamento de Matatías había sido designado como padre de sus hermanos (1 Mac 2 65), es consciente de continuar la obra de su familia (1 Mac 13 3-5) y asume su misión *por el pueblo y el templo*. Sin embargo, la lucha ha dejado de tener motivación religiosa.

• **13 12-30**: Jonatán, dado por muerto (1 Mac 12 52), en realidad había quedado prisionero de Trifón, que ahora lo utiliza como cebo tratando de chantajear a Simón. Este accede a las exigencias de Trifón, pero no puede impedir la muerte de Jonatán, cuyo entierro se celebra con luto nacional y con todos los honores en el nuevo y majestuoso panteón familiar (1 Mac 13 19-30).

libertad, no se rebele contra nosotros, lo soltaremos.

17 Aunque Simón se dio cuenta de que Trifón trataba de engañarlo, ordenó que mandaran el dinero y los dos niños, para no suscitar la animosidad del pueblo, 18 que podría decirle:

–No ha enviado el dinero y los niños, y por esto ha muerto Jonatán.

19 Envió, pues, los niños y los tres mil kilos de plata, pero Trifón faltó a su palabra y no puso en libertad a Jonatán; 20 avanzó hacia Judea con el fin de devastarla, dando un rodeo por Adora, pero Simón lo seguía con su ejército a todas partes. 21 Los de la ciudadela de Jerusalén enviaron mensajeros a Trifón con el ruego de que viniera en su auxilio por el desierto y les enviara víveres. 22 Trifón preparó toda su caballería para llegar aquella noche, pero no pudo a causa de la gran nevada que cayó, y se dirigió a Galaad. 23 Cerca de Bascamá mató a Jonatán y lo enterró allí. 24 Después regresó a su tierra.

25 Simón mandó traer los restos de Jonatán y los sepultó en Modín, la ciudad de sus padres. 26 Todo Israel hizo gran duelo por él y lo lloró durante muchos días. 27 Simón construyó sobre la tumba de sus padres y de sus hermanos un mausoleo muy alto y visible y lo adornó de mármoles por delante y por detrás. 28 Puso siete pirámides una frente a otra, en honor de su padre, de su madre y de sus cuatro hermanos. 29 Rodeó el mausoleo de grandes columnas, en las que esculpió armas para eterna memoria, y barcos para que los vieran todos los marineros. 30 Este mausoleo que construyó en Modín existe todavía.

Concesiones de Demetrio II a los judíos

1 Mac 12 39; 2 Mac 14 4

31 Trifón conspiró contra el joven rey Antíoco y lo mató; se proclamó rey en su lugar, 32 se ciñó la corona de Asia y llenó de calamidades al país.

33 Simón reconstruyó las fortalezas de Judea, las rodeó de altas torres, de sólidas murallas y de puertas con cerrojos, y las proveyó de víveres. 34 Después eligió a unos hombres y los envió a Demetrio para rogarle que les perdonara los impuestos, ya que Trifón no había hecho más que saquear. 35 El rey Demetrio aceptó sus proposiciones y le mandó la siguiente carta:

El rey Demetrio saluda a Simón, sumo sacerdote y amigo de reyes, a los ancianos y al pueblo judío. 37 Hemos recibido la corona de oro y la palma que nos han enviado, y estamos dispuestos a pactar con ustedes una paz duradera y a comunicar a los funcionarios que les perdonen los impuestos. 38 Todas nuestras concesiones son definitivas, y las fortalezas que han edificado son de ustedes. 39 Les perdonamos, además, las faltas y ofensas cometidas hasta hoy, y la corona que deben. De ahora en adelante no se exigirán los impuestos que correspondan a Jerusalén. 40 Si algunos de ustedes quieren alistarse en nuestro ejército, pueden hacerlo. Haya paz entre nosotros.

41 El año ciento setenta Israel se vio libre del yugo de los paganos, 42 y el pueblo comenzó a escribir en los actos públicos y en los contratos: Año primero de Simón, sumo sacerdote, general y caudillo de los judíos.

Victorias de Simón

2 Mac 10 32-38

43 Por entonces Simón acampó frente a Guézer y la cercó con su ejército. Construyó una máquina móvil y la acercó a la ciudad, abrió brecha en un torreón y se apoderó de él. 44 Los que estaban en la máquina móvil, saltaron a la ciudad, causando gran conmoción. 45 Los de la ciudad subieron con sus mujeres e hijos a las murallas, se rasgaron las vestiduras y pidieron a Simón la paz a grandes gritos, 46 clamando:

• **13 31-42**: Después de la muerte de Antíoco VI, Simón renueva su fidelidad a Demetrio II, que le concede nuevas exenciones (1 Mac 13 34-40). El cambio de la datación seléucida por la datación de Simón (1 Mac 13 41-42) significa, en la práctica, la independencia política y es, por tanto, uno de los momentos clave del libro.

• **13 43-53**: Otro momento importante y decisivo: la independencia no es plena mientras subsistan focos extranjeros (Guézer) o simpatizantes del helenismo (la ciudadela de Jerusalén). La conquista de ambos enclaves (1 Mac 13 47.50) marca la independencia efectiva. La entrada en la ciudadela-fortaleza es descrita como una procesión litúrgica (1 Mac 13 51). El molesto y peligroso enclave (1 Mac 1 35-36) ha dejado de existir.

–No nos trates como merece nuestra
maldad, sino según tu misericordia.
47 Simón hizo una tregua con ellos y cesó el combate, pero los echó de la ciudad,
purificó las casas donde había ídolos, y entró entonando himnos de alabanza y acción
de gracias. 48 La purificó de toda impureza, estableció en ella hombres que observaron la ley, la fortificó y construyó una
residencia para él.
49 Los de la ciudadela de Jerusalén, al
no poder salir ni entrar en la región para
comprar y vender, estaban extenuados y
muchos murieron de hambre. 50 Pidieron la
paz a Simón, y él se la concedió, pero los
echó de allí y purificó la ciudadela de toda
impureza. 51 Los judíos entraron el veintitrés del mes segundo del año ciento setenta
y uno con cantos y palmas, al son de las
arpas, címbalos y cítaras, con himnos y
cánticos, porque había sido aplastado el
gran enemigo de Israel. 52 Simón ordenó
celebrar gozosamente este día cada año.
Fortificó la montaña del templo al lado de
la ciudadela, y vivió allí con los suyos.
53 Cuando vio que su hijo Juan era ya un
hombre, le nombró jefe de todo el ejército,
con residencia en Guézer.

Captura de Demetrio II

14 1 El año ciento setenta y dos, el rey
Demetrio reunió un ejército y fue a
Media en busca de ayuda para luchar contra Trifón. 2 Arsaces, rey de Persia y de
Media, supo que había entrado en su territorio y mandó a uno de sus generales a capturarlo vivo. 3 El general fue y derrotó al
ejército de Demetrio, capturó a éste y lo
condujo ante Arsaces, el cual lo encarceló.

Elogio de Simón

1 Mac 11 65-74; 13 43-50.33; 3 8

4 Mientras vivió Simón hubo paz en Judea.
Buscó el bien de su pueblo,
su gobierno fue grato a todos
y gozó de gran fama toda su vida.
5 Aumentó su gloria
conquistando el puerto de Jafa,
y abriendo camino
hacia las islas del mar.
6 Agrandó las fronteras de su país,
fue señor de su tierra,
7 y rescató a muchos prisioneros.
Se apoderó de Guézer,
Betsur y la ciudadela-fortaleza;
las limpió de toda impureza
y no hubo nadie que pudiera resistirle.
8 Cada uno trabajaba tranquilo su tierra,
la tierra daba sus cosechas
y los árboles del campo sus frutos.
9 Los ancianos se sentaban en las plazas,
y se hacían lenguas de su prosperidad;
los jóvenes vestían
gloriosos trajes guerreros.
10 Abasteció a las ciudades de alimento,
y las dotó de medios de defensa.
Su nombre fue glorioso y conocido
hasta los extremos de la tierra.
11 Restableció la paz en el país
e Israel se llenó de alegría.
12 Cada uno se sentaba
bajo su parra y su higuera
sin que nadie lo molestara.
13 Desaparecieron los enemigos en el país,
en sus días los reyes fueron derrotados.
14 Defendió a los humildes de su pueblo,
defendió siempre la ley
y desterró a los impíos y malvados.
15 Devolvió su esplendor al templo
y multiplicó los vasos sagrados.

Los romanos y los espartanos renuevan sus tratados con Simón

1 Mac 8 17-32; 12 1-23

16 Cuando se supo en Roma y en Esparta que había muerto Jonatán, se afligieron
profundamente. 17 Pero cuando supieron
que su hermano Simón le había sucedido
como sumo sacerdote y que mandaba en el

• **14 1-15**: Después de una breve reseña de la captura de Demetrio II llevada a cabo por el rey de Persia, el autor incluye un elogio hímnico de Simón, al estilo del dedicado a Judas (1 Mac 3 3-9). Está compuesto a base de alusiones y recuerdos bíblicos, combinando las bendiciones de Deuteronomio (Dt 28 1-14), las glorias de la dinastía davídica (1 Re 1 40; 5 4-5; Sal 72 7; Is 54 1-3; 26 15) y las esperanzas proféticas (Is 40-55; Jr 31 12; Ez 39 28; Zac 8 4-6; Miq 4 4; Sal 72). Los motivos cantados son: el bienestar y la magnificencia, la expansión territorial y la paz de los tiempos mesiánicos.

• **14 16-24**: La renovación de los tratados con Esparta (1 Mac 14 20-23) y con Roma (1 Mac 14 24) se presenta como continuación de los realizados por Judas y Jonatán (1 Mac 8 17-32; 12 1-23), y contribuyen al elogio de Simón.

país y en sus ciudades, [18] le escribieron en placas de bronce, para renovar el pacto de amistad hecho con sus hermanos Judas y Jonatán. [19] Las cartas fueron leídas en Jerusalén ante la asamblea del pueblo.

[20] Copia de la carta que enviaron los espartanos:

Los jefes y la ciudad de Esparta saludan a Simón, sumo sacerdote, a los ancianos, a los sacerdotes y a todo el pueblo de los judíos, nuestros hermanos. [21] Los mensajeros que han enviado a nuestro pueblo nos han informado de su gloria y prosperidad, y nos alegramos mucho por esto. [22] Hemos registrado sus palabras en las actas oficiales de la nación de este modo: «Numenio, hijo de Antíoco, y Antípatros, hijo de Jasón, mensajeros de los judíos, han venido para renovar su amistad con nosotros. [23] Ha sido un placer para el pueblo recibirlos con gran honor y depositar en los archivos públicos una copia de sus palabras, para memoria del pueblo espartano». Hemos enviado una copia de esto al sumo sacerdote Simón.

[24] Después de esto, Simón envió a Numenio a Roma con un gran escudo de oro de sesenta kilos de peso para ratificar la alianza con los romanos.

Simón, rey y sacerdote

1 Mac 12 53; 13 12.33; 11 66; 13 43-52

[25] Cuando el pueblo supo esto, dijo:

–¿Cómo podremos recompensar a Simón y sus hijos? [26] Pues él, sus hermanos y toda su familia han sido valientes, han combatido contra los enemigos de Israel y nos han asegurado la libertad.

Entonces grabaron una inscripción en placas de bronce y la colocaron sobre columnas en el monte Sión. [27] En ellas estaba escrito:

El dieciocho de Elul del año ciento setenta y dos, tercero de Simón, sumo sacerdote, [28] los sacerdotes, el pueblo, los jefes de la nación y los ancianos del pueblo, reunidos en asamblea general, decidieron lo siguiente: [29] En las múltiples guerras que ha habido en nuestro país, Simón, hijo de Matatías, sacerdote de la familia de Yoarib, y sus hermanos han expuesto con peligro sus vidas y han hecho frente a los enemigos de su pueblo para salvar el templo y la ley, logrando gloria imperecedera para su pueblo. [30] Jonatán realizó la unidad de su nación, fue sumo sacerdote y murió. [31] Los enemigos de los judíos quisieron entonces invadir su país y apoderarse de su templo. [32] Pero se sublevó Simón y luchó por su pueblo, empleando sus propios bienes en armar a las milicias de su nación y en pagarles. [33] Fortificó las ciudades de Judea y Betsur, en la frontera, donde antes dominaban las fuerzas enemigas, y puso allí una guarnición judía. [34] Fortificó Jafa, en la costa, y Guézer en la frontera de Asdod, habitada antes por enemigos, y estableció allí judíos, dotándolos de todo lo necesario. [35] El pueblo comprobó la fidelidad de Simón y la gloria que quiso procurar a su nación, y lo nombró su caudillo y sumo sacerdote por la honradez y la lealtad demostradas hacia su nación, y por todos los esfuerzos que hizo para engrandecer a su pueblo. [36] En sus días y con su esfuerzo se logró expulsar del país a los paganos, en especial a los que se habían establecido en Jerusalén, en la ciudad de David, donde habían construido una ciudadela, de la que salían para profanar los alrededores del templo, causando graves ofensas a su santidad. [37] Puso en ella judíos, la fortificó para seguridad de la nación y de la ciudad, y levantó las murallas de Jerusalén. [38] El rey Demetrio lo confirmó, por esto, como sumo sacerdote, [39] lo contó entre sus amigos, y lo rodeó de honores, [40] pues sabía que los romanos llamaban a los judíos amigos, aliados y hermanos, y habían recibido con honores a los mensajeros de Simón. [41] Los judíos y los sacerdotes resolvieron que Simón fuera su caudillo y sumo sacerdote de por vida hasta que apareciera un profeta digno de crédito. [42] Resolvieron igualmen-

• **14 25-49**: El reconocimiento más importante es el que procede del propio pueblo. En este decreto honorífico en favor de Simón (1 Mac 14 25-45), además de resumirse la campaña macabea y enumerar los méritos y atribuciones de Simón, se corroboran sus funciones de sumo sacerdote y de caudillo, que equivale a ser rey (a falta de la confirmación profética). La familia macabea llega aquí a su máximo poder y establece las bases de la dinastía asmonea.

te que fuera su general, que se ocupara del
templo, de la administración de la nación,
de los armamentos y de las fortificaciones;
43 que administrara el templo, que fuera
obedecido por todos, que se redactaran en
su nombre todos los documentos públicos
del país, y que llevara vestidos de púrpura
y ornamentos de oro. 44 No se permitirá a
nadie del pueblo ni a los sacerdotes cambiar
ninguna de estas disposiciones, ni contradecir estas palabras, ni celebrar reuniones
sin su consentimiento, ni vestir de púrpura
o llevar el broche de oro. 45 El que actúe
de otro modo o traspase alguna de estas
prescripciones será castigado.

46 El pueblo aprobó conferir a Simón el
derecho de actuar según estas disposiciones. 47 Simón aceptó el sumo sacerdocio, ser caudillo y jefe de los judíos y de
los sacerdotes y ejercer el mando supremo.
48 Decidieron que este escrito fuera grabado en placas de bronce que debían ser
colocadas en un lugar visible del templo,
49 y que se guardara una copia en el tesoro
del templo para que estuviera a disposición
de Simón y de sus hijos.

Carta de Antíoco VII a Simón

15 1 Antíoco, hijo de Demetrio, envió desde las islas del Mediterráneo a Simón,
sumo sacerdote y jefe de los judíos, y al
pueblo judío, 2 la siguiente carta:

El rey Antíoco saluda a Simón, sumo
sacerdote y jefe, y al pueblo judío. 3 Algunos hombres malvados se han apoderado
del reino de nuestros antepasados, y me he
propuesto recobrarlo para restablecer la situación anterior. He reunido un gran ejército y equipado barcos de guerra, 4 para desembarcar y vengarme de los que han devastado y asolado muchas ciudades de mi
reino. 5 Te ratifico, pues, todas las exenciones de impuestos y las demás prerrogativas
que te concedieron mis predecesores. 6 Te
autorizo a acuñar moneda para tu país.
7 Dejo libre a Jerusalén y al templo; las armas que has fabricado y las fortalezas que
has construido y ocupado serán para ti.
8 Desde ahora y para siempre te perdono
todos los impuestos que debes al rey ahora
y en el futuro. 9 Cuando haya tomado posesión de mi reino, te llenaré de honores a
ti, a tu pueblo y al templo, de modo que su
fama será conocida en toda la tierra.

Antíoco VII contra Trifón

10 El año ciento setenta y cuatro marchó
Antíoco hacia el país de sus antepasados, y
se le unieron todas las tropas, menos unos
cuantos que se quedaron con Trifón. 11 Persiguió Antíoco a Trifón y éste huyó a Dor,
ciudad costera, 12 pues sabía las calamidades que le esperaban al haber sido abandonado por su ejército. 13 Antíoco acampó
junto a Dor con ciento veinte mil soldados de infantería y ocho mil de caballería.
14 Cercó la ciudad, mientras los barcos atacaban desde el mar, de modo que la ciudad
quedó sitiada por tierra y por mar, y nadie
podía entrar ni salir.

Regreso de los mensajeros enviados a Roma

1 Mac 12 16; 14 22.24; 8 17

15 Entre tanto, Numenio y sus colegas
habían regresado de Roma con cartas para
los reyes de las diversas naciones, en las
que se decía:

16 Lucio, cónsul de los romanos, saluda
al rey Tolomeo. 17 Han llegado a nosotros,
para renovar nuestro antiguo pacto de amistad, mensajeros de los judíos, nuestros
amigos y aliados, mandados por el sumo
sacerdote Simón y por el pueblo judío,
18 con un escudo de oro de sesenta kilos.
19 Por eso nos ha parecido bien escribir a
reyes y pueblos que no les hagan mal, que
no les declaren la guerra ni a ellos ni a sus
ciudades ni a su templo, y que no pacten
con sus adversarios. 20 Hemos decidido
aceptar el escudo. 21 Si hombres perversos

• **15 1-9**: El nuevo rey seléucida, Antíoco VII, se suma a la cadena de elogios y envía una carta a Simón en la que ratifica todos los privilegios y concesiones anteriores (1 Mac 15 5-9). Sin embargo, con ellos afirma también su soberanía sobre Simón.

• **15 10-14**: El regreso de Antíoco VII precipita la ruina de Trifón que, abandonado por los suyos, tiene que huir y queda sitiado en Dor, al sur del Carmelo.

• **15 15-24**: La carta de los romanos, en respuesta a la renovación del tratado (1 Mac 14 24), supone un respaldo para Simón y una garantía de protección ante los pueblos y reyes vecinos, incluidos los seléucidas.

de aquel país se refugian en el de ustedes, entréguenlos al sumo sacerdote Simón para que los castigue según su ley.

22 La misma carta iba dirigida al rey Demetrio, a Atalo, Ariarates, y a Arsaces; 23 y también a los siguientes países: Sansame, Esparta, Delos, Mindo, Sición, Caria, Samos, Panfilia, Licia, Halicarnaso, Rodas, Faselida, Cos, Side, Arados, Górtina, Gnido, Chipre y Cirene. 24 Al sumo sacerdote Simón le mandaron también copias de estas cartas.

Tensiones entre Antíoco y Simón

1 Mac 11 53

25 El rey Antíoco acampó frente a Dor, en el suburbio, y la atacó sin tregua con sus tropas y sus máquinas de guerra. Estrechó tanto el cerco en torno a Trifón, que nadie podía entrar ni salir. 26 Simón envió en ayuda de Antíoco dos mil hombres selectos, con plata, oro y muchas armas. 27 Pero él no quiso aceptarlos, antes bien rompió todos los tratados hechos anteriormente con Simón y se declaró enemigo suyo. 28 Envió a Atenobio, uno de sus amigos, a decirle:

–Han ocupado Jafa, Guézer y la ciudadela de Jerusalén, que pertenecen a mi reino. 29 Han devastado el territorio, han causado grandes daños al país y se han apoderado de muchas ciudades de mi reino. 30 Entreguen, pues, las ciudades ocupadas y los tributos obtenidos en las poblaciones que han sometido fuera de los límites de Judea. 31 O, si no, denme a cambio mil quinientos kilos de plata por los daños causados, y otros mil quinientos por los tributos de esas poblaciones; paguen, o de lo contrario les haremos la guerra.

32 Atenobio, amigo del rey, llegó a Jerusalén y, al ver la magnificencia de Simón, su vajilla de oro, plata y su numerosa servidumbre, quedó maravillado. Pero le comunicó las palabras del rey. 33 Simón le respondió:

–No hemos ocupado tierra extranjera ni retenemos nada de nadie, tan sólo ocupamos la tierra de nuestros antepasados, que en otro tiempo nos fue arrebatada injustamente por nuestros enemigos. Aprovechando la ocasión, 34 hemos recuperado la tierra de nuestros antepasados. 35 Las ciudades de Jafa y Guézer que reclamas causaron grandes males a nuestro pueblo y a nuestro país, pero estamos dispuestos a darte trescientos kilos de plata por ellas.

36 Atenobio no le respondió, regresó muy irritado a presencia del rey y le informó de la respuesta y magnificencia de Simón; de todo lo que había visto. Y el rey se enfureció.

37 Entre tanto, Trifón huyó a Ortosia en un barco. 38 El rey nombró a Cendebeo comandante supremo de la costa, dándole fuerzas de infantería y caballería. 39 Le mandó acampar frente a Judea, reconstruir Cedrón, reforzar sus puertas y combatir contra el pueblo, mientras él perseguía a Trifón. 40 Cendebeo llegó a Yamnia y comenzó a hostigar al pueblo, invadiendo Judea y haciendo prisioneros y matanzas. 41 Reconstruyó Cedrón, dejando allí fuerzas de infantería y caballería para hacer incursiones por los caminos de Judea, como había ordenado el rey.

La derrota de Cendebeo

1 Mac 2 64-68; 13 3; 14 26

16 1 Juan subió desde Guézer para contar a su padre Simón lo que hacía Cendebeo. 2 Simón llamó a sus dos hijos mayores, Judas y Juan, y les dijo:

–Yo, mis padres y toda mi familia hemos luchado desde nuestra juventud hasta hoy contra los enemigos de Israel y hemos logrado liberar a Israel. 3 Pero yo soy ya viejo, mientras que ustedes, gracias a Dios, están en la mejor edad. Ocupen mi puesto

• **15 25-41**: Las relaciones amistosas entre Antíoco VII y Simón se rompen cuando aquél se niega a recibir la ayuda militar de éste (1 Mac 15 27). Más aún, rompe las concesiones anteriores y reclama viejos derechos (1 Mac 15 29-31). Simón defiende derechos todavía más antiguos (1 Mac 15 33) y denuncia la ocupación y opresión seléucida (1 Mac 15 33-35). Su posición actual le permite tratar a Antíoco de igual a igual.

• **16 1-10**: La aparición de Juan y Judas, hijos de Simón, nos sitúa ante la tercera generación de los macabeos. Al encomendar la misión a sus hijos (1 Mac 16 2-3), Simón nos recuerda a Matatías antes de morir (1 Mac 2 64-68). En la batalla contra Cendebeo, general de Antíoco, Juan repite modelos de comportamiento estratégico y heroico de los hermanos macabeos (1 Mac 16 4-10). Después de la victoria se puede decir que la sucesión está asegurada.

y el de mi hermano; vayan a luchar por
nuestra patria, y que Dios les ayude.
4 Eligió en el país veinte mil hombres
de infantería y junto con algunas fuerzas
de caballería salieron a enfrentarse con Cendebeo. Pasaron la noche en Modín, 5 y de
madrugada se dirigieron a la llanura, donde
vieron que un ejército numeroso de infantería y caballería venía a su encuentro. Los
separaba un torrente.
6 Juan y sus tropas acamparon frente a
los enemigos. Al darse cuenta de que a sus
hombres les daba miedo pasar el torrente,
lo pasó él en primer lugar y, al verlo, lo
pasaron también sus hombres. 7 Dividió el
ejército en dos cuerpos, poniendo la caballería en medio de la infantería, pues la caballería enemiga era numerosa. 8 Las trompetas tocaron a combate, y Cendebeo y su
ejército fueron vencidos. Cayeron muchos,
y los demás huyeron a la fortaleza. 9 Judas,
el hermano de Juan, quedó herido; pero
Juan los persiguió hasta Cedrón, que había
sido reedificada por Cendebeo. 10 Ellos se
refugiaron en los torreones de la campiña
de Asdod. Juan los incendió y perecieron
unos dos mil hombres. Y Juan regresó victorioso a Judea.

Muerte de Simón

11 Tolomeo, hijo de Abubos, había sido
nombrado general de la región de Jericó.
Tenía mucha plata y oro, 12 pues era yerno
del sumo sacerdote. 13 Era orgulloso, quería convertirse en el caudillo de toda la nación y decidió matar a traición a Simón y a
sus hijos.
14 Simón, que recorría las ciudades para
inspeccionarlas, bajó a Jericó con sus dos
hijos, Matatías y Judas, el mes de Sebat
del año ciento setenta y siete. 15 El hijo de
Abubos los recibió con engaño en la pequeña fortaleza de Doc, que él había construido. Allí les ofreció un gran banquete, en un
lugar donde previamente había escondido
unos cuantos hombres. 16 Cuando Simón y
sus hijos estaban ya borrachos, salió Tolomeo con los que había escondido y con
sus armas mataron a Simón, a sus dos hijos y a algunos de su séquito. 17 Cometieron una gran traición y devolvieron mal por
bien.
18 Tolomeo escribió al rey, informándole de lo sucedido, y pidiéndole que le enviara refuerzos para apoderarse de las ciudades y el país. 19 Mandó mensajeros a
Guézer para matar a Juan. Escribió a los
oficiales del ejército para que se unieran a
él, prometiéndoles plata, oro y regalos.
20 Envió también a otros para que se apoderaran de Jerusalén y de la montaña del
templo. 21 Pero un hombre fue a Guézer e
informó a Juan de la muerte de su padre y
de sus hermanos y de que Tolomeo había
enviado gente para acabar también con él.
22 Juan quedó consternado ante esta noticia, arrestó a los que venían a matarlo y los
ejecutó, pues sabía que lo buscaban para
asesinarlo.
23 El resto de la historia de Juan, sus batallas y hazañas, las murallas que construyó y sus empresas, 24 está todo escrito en
los anales de su pontificado, desde el día
en que fue hecho sumo sacerdote, como
sucesor de su padre.

• **16** 11-24: El libro termina con la muerte de Simón, el último de los hermanos, pero no en el campo de batalla o en la lucha por la independencia, sino víctima de una intriga familiar. Lo que empezó siendo una narración familiar termina en su propio ámbito. Sin embargo, la continuidad y la sucesión han quedado garantizadas en la persona de Juan Hircano.

El final del libro (1 Mac 16 23-24) es muy significativo: el autor utiliza la conocida fórmula de los libros de los Reyes (1 Re 11 41; 14 19.29); pero, curiosamente, no para cerrar la historia de Simón (como hacía el autor de Reyes), sino para dejar abierta la historia de Juan Hircano. La dinastía asmonea se presenta así como la continuadora histórica de la dinastía davídica y de la monarquía interrumpida durante más de cuatrocientos años.

SEGUNDO LIBRO DE LOS MACABEOS

Primera carta a los judíos de Egipto

Lv 26 42; 1 Cr 28 9

1 1 Los judíos de Jerusalén y de Judea
saludan a sus hermanos, los judíos de
Egipto, y les desean prosperidad.
2 Que Dios los bendiga y se acuerde de
la alianza que hizo con Abrahán, Isaac y
Jacob, sus fieles servidores. 3 Que les conceda estar bien dispuestos para adorarlo y
hacer su voluntad con un corazón grande y
un espíritu dócil. 4 Que abra el corazón de
ustedes a su ley y a sus preceptos y les dé
la paz. 5 Que escuche sus súplicas, se reconcilie con ustedes y no los abandone en
las desgracias. 6 Así se lo pedimos para
ustedes.
7 Durante el reinado de Demetrio, el año
ciento sesenta y nueve, nosotros, los judíos, les escribimos en medio de la tribulación y de la persecución que nos sobrevino
en estos años, desde que Jasón y sus partidarios traicionaron la tierra santa y el reino,
8 incendiaron el pórtico y derramaron sangre inocente. Entonces acudimos al Señor,
y fuimos escuchados; ofrecimos un sacrificio y una ofrenda de la mejor harina, en-
cendimos las lámparas y presentamos los
panes. 9 Ahora les escribimos para invitarlos a celebrar la fiesta de las tiendas, del
mes de Casleu del año ciento ochenta y
ocho.

Segunda carta a los judíos en Egipto

1 Mac 6 1-13; 2 Mac 9 1-29; Dt 30 3-5; Ex 40 34-38; 1 Re 8 10-11; Lv 9 24; 1 Mac 1 56-57; 4 59

10 Los habitantes de Jerusalén y de Judea, el consejo de los ancianos y Judas, saludan a Aristóbulo, preceptor del rey Tolomeo, del linaje de los sumos sacerdotes y a
los judíos de Egipto, y les desean prosperidad.
11 Habiendo sido librados por Dios de
grandes peligros, le damos gracias por ser
nuestro defensor contra el rey. 12 Porque
fue Dios quien aniquiló a los que combatían contra la ciudad santa. 13 Pues cuando
ese caudillo llegó a Persia, con un ejército
que parecía invencible, fue despedazado
en el templo de Nanea, gracias a una estratagema de los sacerdotes. 14 Con el pretexto de casarse con la diosa Nanea, Antíoco
se presentó en el templo con sus amigos
para apoderarse del tesoro a título de dote.
15 Cuando los sacerdotes tuvieron todo preparado, entró Antíoco con unos pocos en el
recinto del templo. Apenas entró, los sacer-

• **1 1-9**: El libro segundo de los Macabeos comienza con dos cartas, que han sido añadidas al libro para reforzar uno de sus ejes principales: la purificación y consagración del templo llevada a cabo por Judas Macabeo.

La primera carta, dirigida por los judíos de Judá y Jerusalén a sus hermanos de la diáspora de Egipto, fue escrita el año 123 a. C. con la finalidad de invitar a la celebración de la fiesta de las tiendas (o de la dedicación del templo) que se celebraba en Diciembre, distinta de la más tradicional, que solía celebrarse en Octubre (Lv 23 34-35). En la carta encontramos un modelo de saludo que más tarde será imitado por las cartas paulinas (2 Mac 1 1). Sorprende la desproporción entre las bendiciones y la invitación que se transmite (2 Mac 1 9).

• **1 10-2 18**: La segunda carta tiene varios remitentes (2 Mac 1 10) y un destinatario individual: Aristóbulo, judío erudito de gran prestigio en la diáspora egipcia y en la corte de Tolomeo Filométor. El motivo, análogo al de la primera, es recomendar la celebración de la fiesta de la dedicación del año 163 a. C. Esta carta es, por tanto, cuarenta años anterior a la primera.

En el cuerpo de la carta se refieren una serie de episodios de carácter cultual, relacionados con la fiesta: el primer episodio (2 Mac 1 11-17) recoge una versión apócrifa de la muerte de Antíoco IV, distinta de 1 Mac 6 1-2 y 2 Mac 9 1-2. El segundo episodio está directamente relacionado con la inminente dedicación del templo y, en especial, con el fuego de los sacrificios que se hace remontar a Nehemías (2 Mac 1 18-36), promotor de la reconstrucción del segundo templo. El tercer episodio (2 Mac 2 1-8) recuerda una serie de recomendaciones de Jeremías relativas a la conservación del fuego y una serie de exhortaciones de tipo cultual que no encontramos en los escritos del Antiguo Testamento. El cuarto episodio (2 Mac 2 9-12) rememora la primera dedicación del templo por obra de Salomón, con alusión al fuego del sacrificio (2 Cr 7 1). El último episodio (2 Mac 2 13-15) atribuye a Nehemías una especie de primera lista de libros sagrados entre los que presumiblemente se encontraban la ley, algunos escritos históricos y proféticos, y los salmos.

dotes cerraron las puertas, 16 y, por una
abertura secreta del techo, los mataron a
pedradas; después los despedazaron y tiraron sus cabezas a los que estaban fuera.
17 Bendito sea Dios que hizo morir a los
malvados.

18 Debiendo, pues, celebrar la purificación del templo el veinticinco de Casleu,
lo comunicamos a ustedes para que también ustedes celebren la fiesta de las tiendas y del fuego que apareció cuando Nehemías, después de reconstruir el templo y el
altar, ofreció sacrificios. 19 Porque cuando
nuestros antepasados fueron llevados a Persia, los piadosos sacerdotes de entonces
tomaron en secreto el fuego del altar y lo
escondieron en el hueco de un pozo seco,
ocultándolo de modo que nadie supiera
dónde se encontraba. 20 Pasados muchos
años, cuando Dios quiso, Nehemías, enviado por el rey de Persia, mandó a los descendientes de los sacerdotes que lo habían
escondido, que buscaran el fuego. 21 Ellos
dijeron que no habían encontrado fuego,
sino un líquido muy espeso, y él mandó
que se lo llevaran. Cuando los sacrificios
estaban preparados, Nehemías mandó a los
sacerdotes que rociaran con aquel líquido
la leña y lo que estaba encima de ella.
22 Así lo hicieron, y cuando comenzó a brillar el sol, antes nublado, se encendió un
fuego grande, ante la admiración de todos.
23 Mientras se consumía el sacrificio, los
sacerdotes y todos los asistentes hacían oración. Jonatán empezaba, y los demás, incluso Nehemías, continuaban. 24 La oración era ésta:

Señor, Señor Dios, Creador de todas las
cosas, terrible, poderoso, justo y clemente;
sólo tú eres rey magnánimo, 25 sólo tú bienhechor, sólo tú justo, todopoderoso y eterno. Tú libras a Israel de todo mal; elegiste
a nuestros antepasados y los consagraste a
ti. 26 Acepta ahora este sacrificio por todo
tu pueblo, Israel; guarda y santifica a tu heredad. 27 Reúne a nuestros hermanos dispersos, da la libertad a los que viven como
esclavos entre los paganos, protege a los
despreciados y aborrecidos, para que conozcan las naciones que tú eres nuestro
Dios. 28 Castiga a los que nos oprimen y
ultrajan con orgullo; 29 planta a tu pueblo
en el lugar santo, como dijo Moisés.

30 Los sacerdotes cantaban himnos.
31 Cuando se consumió el sacrificio, Nehemías mandó derramar sobre unas piedras
el líquido que quedaba. 32 Lo hicieron y se
encendió una llama, la cual fue absorbida
por la luz del altar. 33 Cuando esto se divulgó y se enteró el rey de Persia de que
en el lugar donde los sacerdotes cautivos
escondieron el fuego había aparecido un
líquido con el que los compañeros de Nehemías habían quemado los animales del
sacrificio, 34 el rey, después de comprobar
el hecho, hizo cercar el sitio y lo declaró
sagrado. 35 Quienes gozaban del favor del
rey le hacían muchos regalos, y él, a su
vez, se los hacía a ellos. 36 Los compañeros de Nehemías llamaron a aquel líquido
neftar, que significa purificación, pero comúnmente se llama nafta.

2 1 Se relata en los documentos que el
profeta Jeremías mandó a los deportados tomar el fuego, como ya se ha
dicho, 2 y que, al darles la ley, les recomendó que no olvidaran los preceptos de
Dios y no se dejaran seducir al ver las estatuas de oro y plata y sus adornos. 3 Y
haciéndoles otras recomendaciones semejantes, los exhortaba a que no apartaran
jamás la ley de sus corazones. 4 Se dice
también en los documentos que el profeta,
por revelación de Dios, mandó que llevaran con él la tienda de la presencia y el
arca cuando fue a la montaña adonde subió
Moisés para contemplar la heredad de
Dios. 5 Una vez arriba, Jeremías encontró
una cueva, metió en ella la tienda de la
presencia, el arca y el altar del incienso y
tapó la entrada. 6 Algunos de los que habían ido con él fueron después a poner señales para acordarse del camino, pero no
pudieron encontrarlo. 7 Cuando Jeremías
lo supo, les reprendió diciendo:

–Nadie sabrá dónde se encuentra este
lugar hasta que Dios haya reunido a su pueblo y haya tenido misericordia de él. 8 Entonces el Señor descubrirá todo esto, y se
manifestará la gloria del Señor y aparecerá
la nube tal como aparecía sobre Moisés y
sobre Salomón cuando éste oró para que el
templo fuera gloriosamente santificado.

9 Se dice también allí que Salomón, lleno de sabiduría, ofreció el sacrificio de la
dedicación cuando quedó terminado el tem-

plo. 10 Y que así como, cuando Moisés oró
al Señor, bajó fuego del cielo y consumió
el sacrificio, así también cuando Salomón
oró, bajó fuego y consumió los holocaustos. (11 Pues Moisés había dicho: puesto
que no han comido el sacrificio ofrecido
por el pecado, el fuego lo ha destruido).
12 De manera semejante Salomón celebró
durante ocho días la fiesta.

13 Todo esto se cuenta también en los
documentos y en las memorias de Nehemías. Se dice, además, que reunió una biblioteca y puso en ella los libros de los reyes, de los profetas, de David, y las cartas
reales relativas a las ofrendas. 14 Judas reunió también todos los escritos dispersos por
las guerras que sufrimos y todos están en
nuestro poder. 15 Si los necesitan manden
por ellos.

16 Así pues, les hemos escrito a punto de
celebrar la fiesta de la purificación; harán
bien en celebrar estos días. 17 Dios salvó a
todo su pueblo y le devolvió la herencia, el
reino, el sacerdocio y el templo, 18 como
había prometido en la ley; de igual manera
esperamos que pronto tendrá misericordia
de nosotros y nos reunirá en el lugar santo
desde todas las naciones que hay bajo el
cielo, pues él nos ha salvado de grandes
males y ha purificado el templo.

INTRODUCCION +

19 Esta es la historia de Judas Macabeo
y de sus hermanos, de la purificación del
templo más grandioso y la dedicación del
altar, 20 de las guerras contra Antíoco Epífanes y contra su hijo Eupátor; 21 la historia de las manifestaciones celestes en favor
de los que combatían por el judaísmo, de
suerte que, aun siendo pocos, reconquista-
ron el país, pusieron en fuga a multitudes
de extranjeros, 22 recuperaron el templo,
famoso en toda la tierra, libraron a la ciudad y restablecieron las leyes a punto de
ser abolidas, pues Dios, en su infinito amor,
les mostró su misericordia. 23 Jasón de Cirene narró todas estas cosas en cinco libros; nosotros vamos a intentar resumirlas
en un solo volumen. 24 Viendo la cantidad
de cifras y la dificultad que entraña la amplitud de la materia para los que se dedican
al estudio de la historia, 25 hemos procurado dar gusto a los que quieran leerlo, facilitar el trabajo a los que quieran aprender
las cosas de memoria, y ser así útiles a
todos los lectores. 26 Para nosotros, que nos
hemos impuesto la tarea de resumir, no ha
sido fácil, sino causa de muchos sudores,
trabajos y desvelos. 27 Como el que preparara un festín y quiere contentar a otros se
impone una pesada tarea, nosotros, para
complacer a otros, soportaremos con gusto
este trabajo. 28 Nos remitimos al autor para
el estudio de detalles y nos esforzamos en
seguir las normas de un resumen. 29 Así
como el arquitecto de una casa tiene que
preocuparse de toda la construcción, y los
pintores y decoradores sólo de adornarla,
así creo que nos sucede a nosotros: 30 examinar y analizar con todo cuidado los detalles corresponde al historiador; 31 pero al
que hace una síntesis se le permite resumir,
sin que pueda exigírsele una narración
completa de los hechos. Comencemos,
pues, la narración. 32 Basta lo dicho como
introducción, pues sería ridículo alargarnos
en la presentación de una historia y después ser breves en la historia misma.

1. Causas de la rebelión macabea ◊

Rivalidades entre Simón y Onías III

1 Mac 1 10-64

3 1 La ciudad santa gozaba de una paz
completa y las leyes se observaban con
la mayor exactitud, pues el sumo sacerdote
Onías era muy piadoso y aborrecía la maldad. 2 Los reyes honraban el lugar santo y
lo enriquecían con magníficos dones, 3 hasta el punto de que Seleuco, rey de Asia,
pagaba con sus propias rentas los gastos de

+ 2 19-32: El libro segundo de los Macabeos comienza, al igual que el libro del Eclesiástico y el evangelio de Lucas, con un prólogo del autor. Este reconoce que está resumiendo una obra en cinco tomos de Jasón de Cirene sobre la historia de Judas y sus hermanos. Además, presenta la temática de la obra, las dificultades que entraña su resumen y los procedimientos de estilo. Lo más interesante es que nos anticipa algunas de las claves más significativas de su obra: la importancia del templo, el protagonismo de Judas y el recurso a las intervenciones celestes y sobrenaturales. Más en segundo plano están la preocupación por la ley y la liberación de la ciudad.

todos los sacrificios. 4 Un tal Simón, del
clan de Bilgá, intendente del templo, se
enemistó con el sumo sacerdote por cuestiones relativas al control del mercado de
la ciudad. 5 No pudiendo imponerse a Onías,
se dirigió a Apolonio de Tarso, gobernador
de Celesiria y Fenicia, 6 y le contó que en
el tesoro del templo se guardaban riquezas
increíbles; que había allí una cantidad incontable de oro que no se empleaba en el
servicio del templo, y que el rey podría apoderarse de él. 7 En el curso de una audiencia, Apolonio informó al rey de las citadas
riquezas; el rey eligió a Heliodoro, su primer ministro, y le dio orden de apoderarse
de ellas.

8 Heliodoro se puso en camino con el
pretexto de visitar Celesiria y Fenicia, pero
con el propósito de ejecutar las órdenes del
rey. 9 Llegó a Jerusalén y fue recibido amigablemente por el sumo sacerdote y por la
ciudad, contó lo que le habían comunicado
y preguntó si las cosas eran así en realidad.
10 El sumo sacerdote dijo que se trataba de
unos depósitos pertenecientes a huérfanos
y viudas, 11 y de una suma que era de Hircano, hijo de Tobías, hombre de noble condición; y que contrariamente a las informaciones falsas del impío Simón, en el tesoro
sólo había doce mil kilos de plata y seis mil
de oro; 12 además era absolutamente injusto defraudar a los que se habían confiado
en la santidad del lugar y en la inviolabilidad del templo venerado en todo el mundo.

Heliodoro intenta saquear el templo

13 Pero Heliodoro, siguiendo las órdenes del rey, mantenía la intención de con-
fiscarlo para el tesoro real. 14 Fijó un día
para ir a inspeccionar el tesoro, y esto causó un gran revuelo en la ciudad. 15 Los
sacerdotes, postrados ante el altar con vestiduras sacerdotales, invocaban a Dios, que
había ordenado la ley de los depósitos, suplicando que se guardaran intactos para
quienes los habían depositado. 16 No se
podía mirar el rostro del sumo sacerdote sin
estremecerse, pues su aspecto y su palidez
mostraban la angustia de su corazón. 17 El
miedo y el temblor de su cuerpo hacían adivinar a los que lo miraban el dolor de su
alma. 18 Muchos salían desordenadamente
de sus casas y hacían rogativas públicas,
porque el lugar santo estaba en peligro de
ser profanado. 19 Las mujeres, con vestidos
de penitencia de pechos para abajo, invadían
las calles; las doncellas, que normalmente
estaban encerradas en las casas, unas corrían
a las puertas, otras subían a las murallas y
otras miraban por las ventanas; 20 todos,
levantando las manos al cielo, oraban.
21 Movía a compasión ver la confusa muchedumbre postrada en tierra, y la ansiedad del sumo sacerdote lleno de angustia.

22 Y mientras suplicaban al Dios omnipotente que los depósitos fueran guardados
con seguridad para quienes los habían depositado, 23 Heliodoro se disponía a ejecutar sus proyectos. 24 Pero cuando estaba
con su escolta junto al tesoro, el Señor de
los espíritus y de todo poder hizo tal manifestación de fuerza, que los que se habían
atrevido a entrar en el templo, heridos por
el poder de Dios, quedaron impotentes y
atemorizados. 25 Se les apareció un caballo, montado por un terrible jinete y adornado con riquísima montura. El caballo pateó
con sus patas delanteras a Heliodoro; el

◊ **3 1-7 42**: La primera parte del segundo libro de los Macabeos presenta las causas de la rebelión macabea. El autor las reduce a dos: la indignidad de los sumos sacerdotes, principales causantes del deterioro religioso y de la introducción del helenismo, y la persecución de Antíoco IV que se concreta en la profanación del templo, la prohibición del judaísmo y las muertes martiriales. Esta primera parte se puede denominar el tiempo de la ira de Dios, que empezará a cambiarse en misericordia a raíz de la muerte expiatoria de los mártires.

• **3 1-12**: El autor, que gusta de los contrastes, comienza su historia describiendo el clima de paz reinante bajo el sumo sacerdote Onías II (2 Mac 3 1-3). Esta situación se ve amenazada con el ataque a la inviolabilidad del templo, acción que es propiciada por la enemistad personal entre el sumo sacerdote y un tal Simón, intendente del templo, que sirve para introducir en escena a Heliodoro (2 Mac 3 4-12).

• **3 13-40**: La misión de Heliodoro, que consistía en inspeccionar y confiscar los bienes del templo, produce conmoción y duelo generales. Todos los miembros del pueblo se atrincheran en torno al templo con las armas del sacrificio y la plegaria (2 Mac 3 13-22). La profanación frustrada de Heliodoro pone de relieve algunas de las convicciones más hondas del autor: el poder de Dios sobre el curso normal de la historia manifestado a través de distintas apariciones celestes, el valor expiatorio de la oración y del sacrificio de Onías, y la ley estricta de la retribución (2 Mac 3 24-34).

jinete llevaba armadura de oro. 26 Aparecieron también dos jóvenes fuertes, de aspecto majestuoso, magníficamente vestidos, que se pusieron uno a cada lado de
Heliodoro, y le propinaron una lluvia de
azotes.
27 Heliodoro cayó en tierra, envuelto en
profunda oscuridad. Lo recogieron y lo llevaron en una camilla. 28 Y el que poco antes había entrado en el tesoro con una gran
comitiva y fuerte escolta, era transportado,
reducido a la impotencia; todos reconocieron así claramente el poder de Dios. 29 Por
efecto de la fuerza divina Heliodoro se había quedado mudo y sin esperanza de recu-
perarse. 30 Los judíos bendecían al Señor
que había glorificado su templo; y el santuario en el que poco antes reinaban el temor y la angustia, rebosaba ahora de alegría y de júbilo, gracias a la extraordinaria
manifestación de Dios.
31 Llegaron rápidamente algunos compañeros de Heliodoro y rogaron a Onías
que invocara al Altísimo para que concediera la vida a aquel, que se encontraba en
las últimas. 32 El sumo sacerdote, temiendo que el rey sospechara que los judíos
habían cometido un atentado contra Heliodoro, ofreció un sacrificio para que sanara
aquel hombre. 33 Mientras el sumo sacerdote celebraba el sacrificio expiatorio, se
presentaron de nuevo ante Heliodoro los
mismos jóvenes con los mismos vestidos
y, puestos de pie, le dijeron:
–Ya puedes estar muy agradecido al sumo sacerdote Onías, pues gracias a él el
Señor te mantiene con vida. 34 Después de
este castigo del cielo, cuenta a todos el gran
poder de Dios.
Dicho esto, desaparecieron.
35 Heliodoro, después de ofrecer un sacrificio al Señor y de hacer grandes promesas a aquel que le había concedido la vida,
se despidió amigablemente de Onías y
regresó con su escolta al palacio del rey.
36 Daba testimonio ante todos de los prodigios que había visto hacer al Dios Altísimo. 37 El rey preguntó a Heliodoro a quién
podría enviar otra vez a Jerusalén. 38 El
respondió:
–Si tienes algún enemigo o conspirador
contra tu gobierno, envíalo allá y lo verás
regresar castigado, si es que consigue regresar, porque aquel lugar está rodeado por
un poder divino. 39 El mismo que habita el
cielo vigila aquel lugar y lo protege, hiriendo de muerte a los que van a profanarlo.
40 Esto fue lo que le sucedió a Heliodoro y así se salvó el tesoro.

Intrigas de Simón

1 Mac 3 4-6

4 1 El antes mencionado Simón, traidor
al tesoro y a la patria, acusó calumnio-
samente a Onías de haber herido a Heliodoro y ser el causante de sus males. 2 Al
bienhechor de la ciudad, al protector del
pueblo y defensor de la ley, se atrevía a
llamarlo traidor al reino. 3 Llegó a tal punto
su odio, que algunos partidarios de Simón
cometían asesinatos. 4 Onías, al ver el peligro de aquella discordia y que Apolonio,
hijo de Menesteo, gobernador de Celesiria
y Fenicia, apoyaba la maldad de Simón,
5 se fue al rey, no para acusar a los suyos,
sino por el interés general y particular de
todo el pueblo, 6 pues veía que sin la intervención del rey era imposible lograr la
paz, y hacer que cesara la locura de Simón.

Jasón usurpa el sumo sacerdocio

1 Mac 1 10-15; 8 17

7 Murió Seleuco, y le sucedió en el trono Antíoco, por sobrenombre Epífanes. Jasón, hermano de Onías, usurpó el cargo de
sumo sacerdote, 8 prometiendo al rey en
una audiencia diez mil kilos de plata, y
otros dos mil, procedentes de diversas rentas; 9 prometió además otros cuatro mil, si
le permitían establecer un gimnasio y un
centro educativo para jóvenes, e incribir a
los antioquenos en Jerusalén. 10 El rey ac-

• **4 1-6**: A la piedad de Onías hay que añadir su prudencia y su preocupación por el interés del pueblo. Su intervención ante el rey para acusar a los culpables es contemplada en esta perspectiva.

• **4 7-17**: Con Jasón comienzan las luchas por el sumo sacerdocio, que serán, desde el punto de vista del autor, una de las causas de la ira de Dios. Jasón obtiene el pontificado mediante soborno (2 Mac 4 8-9) y lo utiliza como medio de propaganda y difusión del helenismo (=estilo de vida griego). Esto conduce al descuido de las obligaciones cúlticas (2 Mac 4 14), al desprecio de las leyes y, en última instancia, al castigo divino (2 Mac 4 15-17).

cedió, y Jasón tomó el mando e hizo que
sus conciudadanos adoptaran rápidamente
el estilo de vida griego. 11 Suprimió los estatutos que el rey había concedido benévo-
lamente a los judíos gracias a Juan, padre
de Eupólemo –el mensajero que hizo el
pacto de amistad con los romanos–, abolió
las leyes antiguas y puso nuevos estatutos
contrarios a la ley. 12 Se atrevió a poner un
gimnasio al pie de la ciudadela-fortaleza y
obligó a llevar un sombrero de ala ancha
llamado petaso a los jóvenes distinguidos.
13 El estilo de vida griego y las costumbres
extranjeras se impusieron, debido al impío
y falso sumo sacerdote Jasón, hasta tal
punto, 14 que los sacerdotes no se ocupaban del servicio del altar, sino que despreciaban el templo; no se preocupaban de los
sacrificios y se apresuraban a tomar parte
en las exhibiciones deportivas contrarias a
la ley, tales como el lanzamiento del disco.
15 No apreciaban las glorias patrias, y en
cambio valoraban las de los griegos. 16 Por
esta razón les sobrevino una gran calamidad, pues aquellos cuya manera de vivir
envidiaban y a quienes querían imitar en
todo, vinieron a ser sus enemigos y tiranos.
17 Pues el transgredir y despreciar las leyes
divinas no queda sin castigo, como se verá
a continuación.

Jasón rinde homenaje al rey Antíoco

18 Se celebraban en Tiro los juegos quin-
quenales en presencia del rey. 19 El malvado Jasón envió a la fiesta algunos representantes de entre los antioquenos residentes en
Jerusalén. Llevaban trescientas dracmas de
plata para el sacrificio a Hércules, pero los
depositarios pensaron que no convenía
emplearlas en el sacrificio, sino en otros
gastos; 20 así que el dinero enviado para el
sacrificio a Hércules se empleó en la construcción de barcos de remos por iniciativa
de quienes lo llevaron.

21 Apolonio, hijo de Menesteo, enviado
a Egipto para asistir a la coronación de Tolomeo Filométor, dijo a Antíoco que aquel
rey no aprobaba su política y sus planes.
Antíoco se dispuso a tomar medidas para
su propia seguridad, y fue a Jafa y a Jerusalén, 22 donde fue acogido magníficamente por Jasón y toda la ciudad, que lo recibió con antorchas y aclamaciones. Desde
allí marchó con sus tropas a Fenicia.

Menelao suplanta a Jasón

1 Mac 3 4; Dn 9 26; 1 Mac 3 38; 2 Mac 8 8; 10 12

23 Tres años después, Jasón envió a Menelao, hermano del mencionado Simón, para llevar el dinero al rey y gestionar unos
asuntos urgentes. 24 Pero Menelao fue presentado al rey, se hizo pasar por hombre de
gran influencia y consiguió que lo nombrara sumo sacerdote, ofreciendo unos nueve
mil kilos de plata más que Jasón. 25 Y regresó con las órdenes del rey, no presentando más méritos para el pontificado que sus
pasiones de tirano cruel y sus instintos de
bestia salvaje. 26 Y Jasón, que había suplantado a su hermano, fue suplantado por otro
y tuvo que huir al territorio de los amonitas.
27 Por su parte, Menelao alcanzó gran
poder y no se preocupó de pagar el dinero
prometido. 28 Sóstrates, jefe de la ciudadela, encargado de cobrar los tributos, se lo
reclamó. Ambos fueron citados ante el rey.
29 Menelao dejó como sucesor suyo en el
cargo de sumo sacerdote a su hermano Lisímaco; y Sóstrates dejó a Crates, jefe de
los chipriotas.
30 Entre tanto, los habitantes de Tarso y
de Malos se sublevaron, porque sus ciudades habían sido regaladas a Antióquida,
concubina del rey. 31 El rey fue inmediatamente a arreglar las cosas, dejando en su
lugar a Andrónico, uno de sus altos funcionarios. 32 Menelao juzgó que las circunstancias eran propicias para sacar ventaja,

• **4 18-22**: La contribución del sumo sacerdote judío a un sacrificio pagano (2 Mac 4 19) es una clara muestra de profanación. La recepción que Jasón tributa a Antíoco IV (2 Mac 4 21-22) prepara el terreno de futuras profanaciones.

• **4 23-50**: El cargo de sumo sacerdote se convierte en reclamo al mejor postor, entrando así en una trágica espiral de sobornos, indignidades y suplantaciones. Menelao suplanta a Jasón, superándole en crueldad (2 Mac 4 24-25). En esta situación se produce la muerte de Onías, decretada por Menelao (2 Mac 4 33-34), que aumenta la indignación popular y provoca el reconocimiento de Antíoco IV (2 Mac 4 37-38). Dentro del caos reinante, el saqueo del templo, la violencia y el asesinato de inocentes indican que la situación se ha hecho insostenible: el sumo sacerdote, guía y benefactor del pueblo, se ha convertido en su peor tirano (2 Mac 4 50).

robó algunos objetos de oro del templo y se los dio a Andrónico; otros los vendió en Tiro y en las ciudades vecinas. 33 Onías, que se había refugiado en Dafne, lugar sagrado cerca de Antioquía, se enteró de esto y reprendió a Menelao. 34 Menelao llamó aparte a Andrónico y le dijo que matara a Onías. Andrónico se presentó ante Onías, le dio la mano en señal de juramento y, aunque Onías no se fiaba, lo persuadió con engaño a salir de su refugio y lo mató inmediatamente sin respetar la justicia. 35 La muerte de Onías causó gran indignación y malestar, no sólo entre los judíos sino también entre otras naciones. 36 Cuando el rey regresó de las regiones de Cilicia, se presentó a él una comisión de judíos y de griegos que condenaban el crimen, para protestar por la muerte de Onías. 37 Antíoco se entristeció profundamente, se conmovió y lloró por la sabiduría y gran virtud de Onías. 38 Lleno de ira, quitó inmediatamente el vestido de púrpura a Andrónico, hizo que le rasgaran las vestiduras y que lo llevaran por toda la ciudad hasta el lugar donde había cometido el crimen contra Onías, y mandó que allí mismo mataran al asesino. Así le dio el Señor el castigo merecido.

39 Lisímaco cometía muchos robos en Jerusalén con la aprobación de Menelao. Esto se supo, y el pueblo se sublevó contra Lisímaco, pues ya habían desaparecido muchos objetos. 40 Lisímaco, al ver a la muchedumbre sublevada y ebria de furor, armó tres mil hombres y comenzó a reprimir cruelmente al pueblo; un tal Aurano, avanzado en edad y no menos en locura, los acaudillaba. 41 El pueblo, al ver el ataque de los de Lisímaco, reaccionó con piedras, palos y hasta con tierra que tiraban contra los de Lisímaco. 42 Hirieron a unos, derribaron a otros, ahuyentaron a los demás y el mismo sacrílego fue muerto junto al tesoro. 43 Por todo esto, se hizo un proceso contra Menelao. 44 El rey llegó a Tiro, y tres hombres enviados por el consejo de ancianos le presentaron la acusación. 45 Menelao, al verse perdido, prometió mucho dinero a Tolomeo, hijo de Dorimenes, para que le ganara el favor del rey.

46 Tolomeo llevó al rey a un patio porticado con el pretexto de tomar el fresco, y lo hizo cambiar de parecer. 47 El rey absolvió a Menelao, causante de todos los males, y condenó a muerte a aquellos infelices, que hubieran sido absueltos aun en el caso de que se hubiera presentado su causa ante un tribunal de bárbaros. 48 Sin más apelación, los que habían hablado en defensa de la ciudad, del pueblo y de los vasos sagrados, sufrieron el injusto castigo. 49 Hasta los tirios, indignados por un crimen semejante, les hicieron magníficos funerales. 50 Menelao permaneció en el poder, gracias a la avaricia de los gobernantes, creciendo en maldad y convertido en tirano de sus compatriotas.

Profanación del templo

1 Mac 1 17-24.29-37; 12 7.21; 2 Mac 7 16-19.32-38; 3 23-39; 1 Mac 2 28

5 1 En aquel tiempo, Antíoco preparó una segunda expedición a Egipto. 2 Ocurrió entonces que durante casi cuarenta días se vieron en toda la ciudad carreras de jinetes que, con traje de oro, armados de lanzas y formados en escuadrones, corrían por los aires; 3 escuadrones de caballería en orden de batalla, ataques y asaltos de unos contra otros, movimiento de escudos, lanzas, espadas, flechas, armaduras que resplandecían y corazas de todas clases. 4 Todos pedían que tales apariciones fueran de buen presagio.

5 Se difundió el falso rumor de que había muerto Antíoco, y Jasón, con unos mil hombres, asaltó de improviso la ciudad. Aunque sus habitantes se defendieron en la muralla, la ciudad fue tomada por Jasón, y Menelao se refugió en la ciudadela. 6 Jasón hizo una matanza sin compasión entre sus conciudadanos, olvidándose de que las victorias contra su propia nación son la

• **5 1-27**: El segundo factor desencadenante de la rebelión macabea es la persecución abierta, iniciada con la profanación del templo. El pretexto es un violento ataque de Jasón a la ciudad, que no obtiene el éxito esperado (2 Mac 5 5-10). La profanación del templo es justificada por el autor como expresión de la ira de Dios por los pecados del pueblo. Sólo así se puede explicar que el templo pierda su inviolabilidad y comparta los castigos del pueblo (2 Mac 5 15-20). Sin embargo, la mención de la huida de Judas al desierto (2 Mac 5 27) deja abierta la historia a tiempos mejores.

mayor derrota. Daba la impresión de que
los vencidos no eran sus conciudadanos,
sino sus enemigos. 7 Pero no pudo mantenerse en el poder y finalmente con la vergüenza de la traición tuvo que huir de nuevo al territorio de los amonitas. 8 Su fin fue
desgraciado: Aretas, rey de los árabes, mandó encarcelarlo y, huyendo de ciudad en
ciudad, perseguido por todos como transgresor de las leyes, despreciado como verdugo de la patria y de sus conciudadanos,
fue desterrado a Egipto. 9 Y el que había
obligado a muchos a salir de la patria, murió
en tierra extranjera, entre los lacedemonios,
en quienes pensaba encontrar refugio gracias a los lazos familiares que los unían.
10 Y el que había dejado a tantos sin sepultura, no tuvo quien lo llorara, ni pudo ser
enterrado en el sepulcro de sus antepasados.

11 Cuando el rey se enteró de todo esto,
pensó que toda Judea se sublevaba, y subió de Egipto hecho una fiera, para tomar
la ciudad por las armas. 12 Mandó a sus soldados que mataran sin compasión a todos
los que encontraran y que degollaran a
cuantos se refugiaran en las terrazas de las
casas. 13 Hubo una horrible matanza de jóvenes y viejos; fueron exterminados hombres, mujeres y niños, y pasados a cuchillo
doncellas y niños de pecho. 14 Cayeron
unos ochenta mil en tres días: cuarenta mil
asesinados y otros tantos vendidos como
esclavos. 15 No contento con esto, entró en
el templo más santo de la tierra guiado por
Menelao, traidor a su patria y a sus leyes.
16 Con sus manos impuras tomó los vasos
sagrados y las ofrendas hechas por otros
reyes para gloria y honor del templo, y
profanó todo con sus impuras manos.

17 Antíoco, lleno de orgullo, no se daba
cuenta de que el Señor se había irritado por
poco tiempo, a causa de los pecados de los
habitantes de la ciudad, y que por eso mismo había sido profanado el templo. 18 Pues
si la ciudad no hubiera estado cargada de
pecados, Antíoco habría sido flagelado y
reprimido en su atrevimiento, como lo fue
Heliodoro, enviado por Seleuco a robar el
tesoro. 19 Pero el Señor no había elegido al
pueblo para el templo, sino al templo para
el pueblo. 20 Por eso el templo ha compartido también las desgracias del pueblo, así
como después compartió sus éxitos; y después de haber sido abandonado por la ira
del Omnipotente, ha sido exaltado de nuevo gloriosamente por la reconciliación con
el Dios Altísimo.

21 Antíoco robó del templo unos cincuenta mil kilos de plata y partió rápidamente para Antioquía, creyendo en su orgullo y soñando en su vanagloria que podría navegar por tierra y andar a pie por el
mar. 22 Al partir, dejó gobernadores que
maltrataran al pueblo: en Jerusalén, a Filipo, de origen frigio y más cruel que quien lo
había puesto; 23 en Garizín, a Andrónico; y
por si fuera poco a Menelao, peor que los
otros y más pernicioso para sus conciudadanos. 24 No contento con esto, Antíoco
envió al jefe de los misios, Apolonio, con
un ejército de veintidós mil soldados, con
orden de degollar a todos los adultos, y vender a las mujeres y a los niños. 25 Cuando
llegó a Jerusalén, se hizo pasar por un personaje pacífico y esperó hasta el sábado.
Entonces, viendo a los judíos en fiesta, hizo ante ellos una exhibición militar, 26 y
mató a los que habían ido a presenciar el
espectáculo; luego recorrió la ciudad con
sus tropas y mató a una gran muchedumbre.

27 Pero Judas el Macabeo, con otros
nueve, se fue al desierto, y allí vivieron como las bestias salvajes, comiendo sólo hierbas para no contaminarse.

Imposición de cultos paganos

1 Mac 1 41-64; 2 32-38; 2 Mac 5 17-20;
Jdt 8 27; Sab 11 9-10

6 1 Poco después, el rey envió a un sena-
dor ateniense, para obligar a los judíos
a que abandonaran las leyes paternas y a
que dejaran de vivir según las leyes de Dios;
2 tenía también órdenes de profanar el templo de Jerusalén, dedicándolo a Júpiter
Olímpico, y el de Garizín a Júpiter Hospi-

• **6** 1-17: Después del saqueo del templo, todas las demás acciones "profanadoras" se presentan como su consecuencia inmediata; por ejemplo el decreto de helenización (2 Mac 6 8-11), que conlleva la supresión de leyes y costumbres judías y la sanción de su incumplimiento a base de castigos y ejecuciones. A modo de paréntesis (2 Mac 6 12-17), el autor trata de explicar el escándalo que supone el castigo del pueblo frente a la aparente benevolencia con que Dios trata a las demás naciones. Para ello apela a la misericordia divina y al valor saludable del castigo.

talario, como habían pedido los habitantes
del lugar. 3 Esta violencia fue terrible e insoportable para todos, 4 pues el templo se
vio lleno de lujuria y de orgías de los paganos, que banqueteaban allí con las prostitutas y fornicaban con las mujeres en los
atrios sagrados, llenándolo todo de objetos
prohibidos. 5 El mismo altar estaba lleno
de víctimas ilícitas prohibidas por la ley.
6 No se podía celebrar el sábado, ni observar las fiestas patrias, ni siquiera declararse judío. 7 Cada mes tenían que ofrecer
sacrificios para celebrar la fiesta del rey; y
en las fiestas de Baco, debían tomar parte
en las procesiones, llevando coronas de
ramas de hiedra.

8 A propuesta de los habitantes de Tolemaida, salió un decreto dirigido a las ciudades griegas vecinas, instigándolas a que
emplearan los mismos procedimientos con
los judíos, y a que los obligaran a tomar
parte en los banquetes sagrados, 9 con orden de que aquellos que no quisieran pasarse a las costumbres griegas, fueran ejecutados. Todo esto hacía prever la cantidad
de males que se echaban encima. 10 Dos
mujeres fueron denunciadas por haber circuncidado a sus hijos: les ataron los hijos a
los pechos, las pasearon así por la ciudad y
las arrojaron por la muralla. 11 Otros, que
se habían ocultado en una caverna para celebrar el sábado, fueron denunciados a Filipo, y fueron quemados vivos sin ofrecer
resistencia por respeto a día tan sagrado.

12 Pido a los que lean este libro que no
se escandalicen por estas desventuras; deben pensar que esto ha sucedido no para
nuestra ruina, sino para corrección de nuestro pueblo. 13 En realidad, es señal de gran
misericordia no dejar sin castigo a los pecadores, sino aplicárselo prontamente. 14 Para
castigar a las otras naciones el Señor espera con paciencia a que lleguen al colmo de
su maldad. Con nosotros, en cambio, se
conduce de manera muy diversa: 15 no espera a que nuestros pecados lleguen al colmo para no tener que castigarnos hasta el
extremo. 16 Por eso no retira su misericordia de nosotros. Y, aunque educa a su pueblo por medio de la adversidad, nunca lo
abandona. 17 Sirva para el recuerdo lo dicho
y, después de este breve paréntesis, regresemos a la narración.

Martirio de Eleazar

Dn 11 32-35; Lv 11 7-8; Heb 11 35

18 A Eleazar, uno de los principales
maestros de la ley, de avanzada edad y aspecto venerable, querían obligarlo a comer
carne de cerdo, abriéndole a la fuerza la
boca. 19 Pero él prefirió una muerte gloriosa a una vida infame: escupió la carne y
afrontó voluntariamente el suplicio 20 como deben hacer, aún jugándose la vida, los
que tienen el valor de rechazar los alimentos prohibidos. 21 Los que presidían el impío banquete, llevados de la antigua amistad que tenían con él, lo llevaron aparte y
le rogaban que trajera manjares permiti-
dos, preparados por él mismo, para simular
que había comido de los manjares de los
sacrificios, como mandaba el rey. 22 Haciendo esto, se libraría de la muerte. Le
hacían este favor por la antigua amistad
que tenían con él. 23 Pero él tomó una noble determinación, digna de su edad y de
su venerable ancianidad, de sus canas y de
su conducta ejemplar desde la infancia, y
sobre todo de las leyes santas establecidas
por Dios. Respondió que prefería que lo
enviaran pronto al lugar de los muertos.
24 Y añadió:

–Es indigno de mi edad simular y fin-
gir, ya que los jóvenes podrían decir que
Eleazar, a sus noventa años, se había pasado al paganismo; 25 serían inducidos a error
a causa de mi mal ejemplo, y todo por un
poco de vida que me queda. Esto me aca-
rrearía vergüenza y oprobio en mi vejez.
26 Pues, aunque pudiera escapar de las manos de los hombres, ni vivo ni muerto es-
caparía de las manos del Dios Omnipotente. 27 Por tanto, moriré valientemente y me
mostraré digno de mi ancianidad, 28 dejando a los jóvenes un ejemplo noble para morir voluntaria y generosamente por nuestras venerables y santas leyes.

• **6 18-31**: La muerte martirial de Eleazar es ejemplo de resistencia pasiva a las leyes persecutorias (véase 1 Mac 1 60.64; 2 29-38). Este martirio, como los que vienen a continuación (2 Mac 7), consagra y canoniza una actitud de rebeldía e insumisión ante el decreto enemigo, y de lealtad y fidelidad para con la ley, ofreciendo un modelo de virtud y resistencia a sus paisanos (2 Mac 6 27-28).

Dicho esto, se dirigió prontamente al
suplicio. 29 Los que lo conducían cambiaron su benevolencia en odio, considerando
necias las palabras que acababa de pronunciar. 30 A punto de morir por los golpes que
le daban, les decía entre gemidos:
–El Señor, que todo lo sabe, es testigo
de que, habiendo podido librarme de la
muerte, estoy sufriendo en mi cuerpo los
crueles tormentos de la flagelación; pero
todo esto lo sufro con gusto por su santo
temor.
31 Eleazar murió, dejando, no sólo a los
jóvenes sino a todos sus compatriotas, un
ejemplo de nobleza, un monumento de valentía y un recuerdo de virtud.

Martirio de siete hermanos y su madre

Jr 15 9; Dt 32 36; 2 Mac 12 38-46; 5 17-20; 6 12-16;
Sal 139 13-15; 146 6

7 1 Siete hermanos arrestados junto con
su madre fueron forzados por el rey a
comer carne de cerdo prohibida por la ley,
y fueron azotados con látigos y nervios de
toro. 2 Uno de ellos dijo en nombre de todos:
–¿Qué quieres sacar de nosotros? Estamos dispuestos a morir antes de quebrantar
las leyes patrias.
3 El rey, enfurecido, mandó poner al
fuego sartenes y calderos 4 y, cuando estaban al rojo vivo, mandó cortar la lengua del
que había hablado en nombre de todos,
arrancarle la piel de la cabeza y cortarle pies
y manos en presencia de sus hermanos y
su madre. 5 Enteramente mutilado, mandó
echarlo al fuego y freírlo vivo. Mientras el
olor de la sartén se extendía por todas partes, la madre y los hermanos se exhortaban
a morir generosamente, diciendo:
6 –Dios lo ve todo y tendrá piedad de
nosotros, como dice Moisés en el cántico
de denuncia contra Israel: Tendrá piedad
de sus siervos.
7 Cuando murió el primero, trajeron al
segundo para torturarlo; le arrancaron la
piel de la cabeza y le preguntaron si comería antes de que lo atormentaran miembro a
miembro.
8 El contestó en su lengua materna:
–No comeré.
Y sufrió el mismo tormento que el primero. 9 Cuando estaba a punto de expirar
dijo:
–Criminal, tú me quitas la vida presente,
pero el Rey del universo nos resucitará a
una vida eterna a los que morimos por su
ley.
10 A continuación fue torturado el tercero. 11 Le mandaron sacar la lengua; la sacó
en seguida y extendió valientemente las
manos, al tiempo que decía:
–De Dios he recibido estos miembros;
por sus leyes los sacrifico, y de él espero
recobrarlos.
12 El rey y los que estaban con él se ma-
ravillaron del valor del joven, que no tenía
miedo a los tormentos. 13 Muerto éste, tor-
turaron al cuarto con el mismo suplicio.
14 Y cuando estaba a punto de morir dijo:
–Los que mueren a manos de los hombres tienen la dicha de poder esperar en la
resurrección. Sin embargo para ti no habrá
resurrección a la vida.
15 Trajeron al quinto y comenzaron a torturarlo. 16 El, entonces, con los ojos fijos
en el rey, dijo:
–Tú, aunque eres mortal, tienes poder
sobre los hombres y haces lo que quieres.
Pero no creas que nuestra raza ha sido abandonada por Dios; 17 espera un poco y verás
cómo su gran poder viene para castigarte a
ti y a tus descendientes.
18 Después trajeron al sexto, el cual, a
punto de expirar, exclamó:
–No te hagas ilusiones, pues nosotros
padecemos esto por nuestras culpas; nos
suceden estas cosas espantosas porque hemos pecado contra nuestro Dios. 19 Pero
no creas que tú vas a quedar sin castigo,
pues te has atrevido a luchar contra Dios.
20 La madre, mujer admirable y digna
de gloriosa memoria, al ver morir a sus
siete hijos en un día, lo soportaba con valor, gracias a su esperanza en el Señor.

• **7 1-42**: La persecución llega al extremo con la muerte de una mujer judía y sus siete hijos, símbolos del pueblo (y de sus miembros más inocentes e indefensos). Los discursos que componen el relato profundizan en el sentido de estas muertes. Además de los elementos ya resaltados en el martirio de Eleazar, aquí se destaca el valor expiatorio del martirio que, apoyado en la fe en Dios creador de todo, es capaz de cambiar la ira divina en misericordia (2 Mac 7 9.11.14). Estos textos, junto con Dn 12 2-3, son las primeras expresiones explícitas de la fe en la resurrección de los muertos (ya insinuada en Is 26 19 y Job 19 26-27).

21 Exhortaba a cada uno en la lengua materna llena de un noble valor y, uniendo la
fuerza varonil a la ternura femenina, les
decía:
22 –Yo no sé cómo han aparecido en mi
seno, pues no he sido yo la que les he dado
el aliento vital, ni he tejido yo los miembros de su cuerpo. 23 Dios, creador del universo, que hizo el género humano y ha
creado todo lo que existe, les devolverá
misericordiosamente la vida, ya que por
sus santas leyes la desprecian.
24 Antíoco pensó que lo insultaba y que
se burlaba de él con esas palabras. Y como
todavía quedaba con vida el más joven,
intentó convencerlo, prometiéndole con juramento que lo haría rico y feliz, que lo haría su amigo y le daría un alto cargo, si re-
negaba de sus tradiciones. 25 Pero como el
muchacho no le hacía caso, el rey llamó a
la madre y la exhortó para que le diera
consejos saludables. 26 Tanto le insistió el
rey, que la madre accedió a convencer a su
hijo. 27 Se inclinó hacia él, y burlándose
del cruel tirano, dijo al niño en su lengua
materna:
–Hijo mío, ten piedad de mí, que te he
llevado en mi seno nueve meses, te he
amamantado tres años, te he alimentado y
te he educado hasta ahora. 28 Te pido, hijo
mío, que mires al cielo y a la tierra y lo
que hay en ella; que sepas que Dios hizo
todo esto de la nada y del mismo modo fue
creado el ser humano. 29 No temas a este
verdugo; muéstrate digno de tus hermanos
y acepta la muerte, para que yo te recobre
con ellos en el día de la misericordia.
30 Cuando ella terminó de hablar, el joven exclamó:
–¿Qué esperan? No obedezco las órdenes del rey, sino a la ley dada a nuestros
antepasados por Moisés. 31 Tú, autor de
todos estos males contra los hebreos, no
podrás huir del castigo de Dios. 32 Nosotros padecemos por nuestros pecados, 33 y
si el Dios vivo se ha indignado contra nosotros por breve tiempo para castigarnos y
corregirnos, él perdonará de nuevo a sus
siervos. 34 Pero tú, malvado, el más criminal de los hombres, no te engrías neciamente, alimentando falsas esperanzas y tortu-
rando a los siervos de Dios. 35 No has escapado todavía al justo juicio del Dios todopoderoso que todo lo ve. 36 Mis hermanos, después de haber sufrido un breve tormento, poseen ya la vida eterna prometida.
Pero tú pagarás en el juicio de Dios las penas que merece tu soberbia. 37 Yo, como
mis hermanos, entrego mi cuerpo y mi vida
por las leyes de mis antepasados, pidiendo
a Dios que muestre pronto su misericordia
a su pueblo; que tú, después de haber sido
castigado y atormentado, lo confieses como
único Dios; 38 y que la ira del Todopoderoso, que ha caído justamente sobre nuestro
pueblo, se aplaque en mí y en mis hermanos.
39 El rey, lleno de ira y herido por las
irónicas recriminaciones, atormentó a éste
más que a los otros. 40 Así murió también
éste, limpio de toda mancha y confiando
en el Señor. 41 Después de todos los hijos,
murió por fin la madre. 42 Y baste todo esto
sobre los banquetes rituales y las terribles
torturas que tuvieron lugar.

2. La rebelión macabea ◊

Judas hostiga a los paganos

2 Mac 5 27; 1 Mac 2 1-5.27-28; 3 3-9.26

8 1 Judas Macabeo y los que estaban con
él entraron a escondidas en los poblados, llamaron a sus familias y a los que habían permanecido fieles al judaísmo, y reunieron unos seis mil.
2 Rogaron al Señor que se fijara en su
pueblo, pisoteado por todos, y se compa-
deciera del templo, profanado por los malvados; 3 que se apiadara de la ciudad devastada y casi arrasada; que escuchara el
clamor de la sangre derramada; 4 que se
acordara de la muerte tan injusta de niños
inocentes y de las blasfemias proferidas

◊ **8 1-10 9**: La segunda parte del libro describe de forma concentrada el inicio de la rebelión macabea, tipificada en tres momentos claves: las primeras victorias de Judas, la muerte de Antíoco IV y la purificación del templo. Estamos en el núcleo central de la trama del libro.

• **8 1-7**: A diferencia de 1 Mac 2 1-5.27-28, aquí no encontramos ninguna alusión a Matatías y a los hermanos de Judas. De forma esquemática se presentan los primeros éxitos de Judas que adopta inicialmente la táctica de golpes de mano. La oración inicial (2 Mac 8 2-4) y la afirmación de 2 Mac 8 5: *el Señor había cambiado su ira en misericordia*, nos dan la clave teológica de toda la sección.

contra su nombre, y manifestara su ira contra los malvados.
5 Cuando el Macabeo organizó a su tropa, se hizo invencible para los paganos,
pues el Señor había cambiado su ira en misericordia. 6 Caía de improviso sobre ciudades y aldeas, y las incendiaba; ocupaba
las mejores posiciones y hacía huir a incontables enemigos. 7 Prefería la noche para
estos ataques, y por todas partes se extendía la fama de su valor.

Derrotas de Nicanor y Báquides

1 Mac 3 38-4 25; Sal 20 8; 2 Re 19 35; 2 Cr 32 21

8 Filipo, al ver los continuos éxitos de
Judas y el número creciente de sus victorias, escribió a Tolomeo, gobernador de
Celesiria y Fenicia, para que viniera a defender los intereses del rey. 9 Este eligió a
Nicanor, hijo de Patroclo, uno de sus mejores amigos, y lo puso al frente de más de
veinte mil hombres con la orden de exterminar a la raza judía. Como auxiliar le dio
a Gorgias, caudillo militar hábil en la guerra.
10 Nicanor se propuso obtener seis mil
kilos de plata con la venta de esclavos judíos, para pagar el tributo que el rey debía
a los romanos. 11 Así pues, comunicó a las
ciudades del litoral que vinieran a comprar
prisioneros judíos, prometiendo dar noventa esclavos por treinta kilos de plata, sin
darse cuenta de que el castigo del Todopoderoso caería sobre él.
12 Cuando Judas se enteró de la expedición de Nicanor, comunicó a los suyos la
venida de aquel ejército. 13 Los que se acobardaron y los que no tenían confianza en
el castigo de Dios huyeron y se refugiaron
en otro lugar. 14 Otros, en cambio, vendieron lo que les quedaba y rogaron a Dios
que los librara del malvado Nicanor, pues
los había vendido antes de la batalla. 15 Se
lo pedían, no tanto por ellos, cuanto por la
alianza hecha con sus antepasados y por el
hecho de haber sido invocado sobre ellos
un nombre tan augusto y venerable.
16 El Macabeo reunió sus tropas en número de seis mil y los exhortó a que no temieran a los enemigos, ni se preocuparan
por la muchedumbre de paganos que injustamente venía contra ellos, sino que com-
batieran valientemente, 17 teniendo presente la profanación sacrílega llevada a cabo
en el lugar santo, la injuriosa opresión de
la ciudad y la abolición de las instituciones
patrias. 18 Les dijo:
–Si ellos confían en su valor y en sus
armas, nosotros confiamos en Dios todopoderoso, que puede exterminar de una vez
a todos los que nos atacan y aun al mundo
entero.
19 Les recordó a continuación la ayuda
que Dios había prestado a sus antepasados
en los días de Senaquerib, cuando murieron ciento ochenta y cinco mil hombres;
20 y lo que sucedió en Babilonia en la batalla contra los gálatas, cuando entraron en
lucha ocho mil judíos más cuatro mil macedonios, y a pesar de que los macedonios
dudaron, los ocho mil judíos aniquilaron a
ciento veinte mil enemigos con la ayuda
que les vino del cielo, obteniendo una gran
victoria.
21 Con estas palabras los llenó de valor
y los dispuso a morir por la ley y por la patria. 22 Dividió el ejército en cuatro cuerpos y puso al frente de cada uno de ellos a
uno de sus hermanos, Simón, José y Jonatán, cada uno con mil quinientos hombres.
23 Mandó a Eleazar leer el libro sagrado y
dio como lema: «Dios nos ayuda». El mismo se puso al frente del primer cuerpo, y
atacó a Nicanor.
24 Con la ayuda del Todopoderoso mataron a más de nueve mil enemigos, hirieron y dejaron fuera de combate a la mayor
parte del ejército de Nicanor, y los hicieron
huir. 25 Se apoderaron del dinero de quienes habían venido a comprarlos a ellos y
los persiguieron largo trecho, pero se les

• **8 8-36**: La primera gran batalla enfrenta a Judas y a sus hermanos (2 Mac 8 22) con el poderoso ejército de Nicanor. Aunque se mantienen algunos rasgos del primer libro de los Macabeos (1 Mac 3 38-4 25), el relato es mucho más apologético. La arenga de Judas utiliza el conocido motivo de Senaquerib (2 Re 19 35) y otro caso desconocido, pero apenas se dice nada de los pormenores de la batalla. Especial importancia se concede a la celebración del sábado (véase 1 Mac 2 41), en la que se incluye la acción de gracias. Hay que destacar también el reparto del botín entre viudas y huérfanos (2 Mac 8 30). La reflexión final del autor (2 Mac 8 34-36) concluye el episodio de Nicanor a base de contrastes retóricos y con el explícito reconocimiento por parte del enemigo de que no es fácil vencer a los judíos (2 Mac 8 36).

hizo tarde y tuvieron que regresar. 26 En
realidad iba a empezar el sábado, y por eso
no prosiguieron la persecución. 27 Recogieron las armas y el botín de los enemigos
y celebraron el sábado, alabando y bendiciendo a Dios, que los había salvado aquel
día y había empezado a manifestarles su
misericordia. 28 Pasado el sábado, distribuyeron parte del botín entre los damnifica-
dos, las viudas y los huérfanos, y el resto
entre ellos y los suyos. 29 Luego hicieron
oración en común para pedir al Señor misericordioso que se reconciliara plenamente con sus siervos.

30 Después, combatiendo contra Timoteo y Báquides, mataron a más de veinte
mil de sus hombres, se apoderaron de fortificaciones establecidas en las montañas y
repartieron el abundante botín a partes iguales, una para ellos y otra para los que habían sufrido la persecución, los huérfanos,
las viudas y los ancianos. 31 Las armas tomadas al enemigo se guardaron cuidadosamente en lugares seguros, y el resto del
botín lo llevaron a Jerusalén. 32 Mataron al
comandante de la escolta de Timoteo, hombre cruel que había hecho mucho daño a
los judíos. 33 Mientras celebraban el triunfo por la victoria en Jerusalén, quemaron
vivos a los que, con Calístenes, habían quemado las puertas del templo y se habían
refugiado en una pequeña casa; así recibieron el pago merecido por su impiedad.

34 Este Nicanor, tres veces criminal, que
había traído miles de comerciantes para
comprar a los judíos, 35 humillado gracias
a la ayuda de Dios por los mismos que había despreciado, se quitó sus ricas vestiduras, huyó a través de los campos como esclavo fugitivo y llegó a Antioquía, profundamente avergonzado y entristecido por
haber perdido su ejército. 36 Y el que se
había propuesto reunir el impuesto que debían a los romanos con la venta de los judíos de Jerusalén, afirmaba ahora que los
judíos eran invencibles, pues tenían un defensor que luchaba por ellos, porque cumplían sus leyes.

Muerte de Antíoco Epífanes

1 Mac 6 1-16; 2 Mac 1 11-17; Is 40 12; 51 15;
Job 38 8-11; Eclo 7 17; Hch 12 23

9 1 Por entonces, Antíoco tuvo que regresar de Persia lleno de vergüenza.
2 Había entrado en Persépolis para saquear
el templo y apoderarse de la ciudad, pero
la gente se sublevó y empuñó valientemente las armas, y Antíoco y los suyos tuvieron que huir avergonzados. 3 Al llegar a
Ecbatana, se enteró de lo sucedido a Nicanor y a las tropas de Timoteo. 4 Lleno de
ira, se propuso hacer pagar a los judíos su
humillante derrota, y mandó al conductor
de su carroza apresurar la marcha sin parar
hasta el término del viaje. Pero el castigo
del cielo se cernía sobre él por haber prometido lleno de orgullo:

–Nada más llegar a Jerusalén, convertiré a la ciudad en un cementerio de judíos.

5 Mas el Señor, Dios de Israel, que lo ve
todo, lo hirió con una enfermedad incurable e invisible; no había terminado de hablar, cuando sintió dentro de sí un insoportable dolor de entrañas con agudos dolores
en los intestinos; 6 recompensa merecida
para quien había torturado a otros las entrañas con tormentos horribles. 7 Sin embargo, no por eso disminuyó su arrogancia,
pues lleno de orgullo y de ira contra los
judíos, ordenó acelerar la marcha. Pero la
carroza, lanzada a toda velocidad, cayó tan
fatalmente, que todos los miembros de su
cuerpo quedaron magullados. 8 Y el que
con arrogancia sobrehumana creía mandar
en las olas del mar y pretendía pesar en la
balanza las cimas de las montañas, era llevado en una litera, como manifestación evidente de la omnipotencia de Dios. 9 Manaban gusanos del cuerpo de aquel malvado,
y sus carnes, vivas aún, se caían a pedazos
entre tormentos y dolores, apestando al

• **9 1-29**: Nueva versión de la muerte de Antíoco IV, distinta de la ofrecida en 1 Mac 6 1-16 y 2 Mac 1 13-16. La descripción de su enfermedad (2 Mac 9 5), accidente (2 Mac 9 7) y agonía trágica (2 Mac 9 9) funciona como contrapartida de los tormentos de los mártires, cumpliendo las predicciones de estos (2 Mac 7 17.19.31.34-35). Las promesas de Antíoco en su agonía (2 Mac 9 13-17), así como la carta de recomendación en favor de su sucesor (2 Mac 9 19-27), expresan la confesión de las propias culpas y el reconocimiento de Dios y de los derechos del pueblo judío. Si la ira de Dios contra su propio pueblo había permitido a Antíoco atentar contra los judíos, ahora la misericordia divina hacia el pueblo se torna ira contra Antíoco.

ejército con su hedor. 10 Nadie podía soportar, por el olor intolerable, al que poco
antes pensaba tocar con sus manos las estrellas del cielo. 11 Atormentado así, comenzó a perder su inmenso orgullo y a caer en
la cuenta de que aquel estado era un castigo de Dios, viendo que sus dolores aumentaban por momentos. 12 No pudiendo soportar su propio hedor, dijo:
–Justo es someterse a Dios; el mortal no
debe igualarse a él.
13 Aquel criminal oraba a un Soberano
que no iba a compadecerse de él, y prometía 14 declarar libre a la ciudad hacia la que
antes se dirigía de prisa con la intención de
destruirla y hacer de ella un cementerio.
15 Igualmente prometía que los judíos, a
quienes había negado la sepultura decre-
tando que fueran echados con sus hijos a
las fieras, tendrían los mismos derechos
que los atenienses; 16 y que al templo, sa-
crílegamente saqueado por él, lo adornaría
con riquísimos presentes y restituiría en
mayor número sus vasos sagrados. Se com-
prometía también a pagar con sus propias
rentas todos los gastos de los sacrificios
17 e, incluso, a hacerse judío y a recorrer
toda la tierra habitada, proclamando el poder de Dios.
18 Como no cesaban los dolores, pues lo
había castigado el justo juicio de Dios, desesperado ya, escribió a los judíos esta carta en forma de súplica:

19 El rey y general Antíoco saluda a los
honrados ciudadanos judíos y les desea
prosperidad y bienestar. 20 Me alegraré de
que estén bien, gracias a Dios, en compañía de sus hijos y que se cumplan sus deseos. 21 Yo estoy enfermo y me acuerdo,
agradecido, de sus honores y benevolencia.
Al regresar de Persia he caído gravemente
enfermo y he creído necesario pensar en la
seguridad de todos. 22 No es que desespere
de mi estado, porque confío en restablecer-
me. 23 Pero es sabido que mi padre, siempre que emprendía una expedición militar
a las regiones montañosas, designaba un
sucesor, 24 para que sus súbditos, conociendo quién había de tomar el poder, no se
intranquilizaran en el caso de que pasara
algo imprevisto o tuvieran alguna noticia
desagradable. 25 Considerando, pues, que
los príncipes cercanos y vecinos a nuestro
reino están acechando la ocasión y esperando el momento oportuno, he designado
rey a mi hijo Antíoco, a quien ya les había
presentado y recomendado muchas veces
cuando tenía que ir a las regiones montañosas. A él le he escrito la carta que va a
continuación. 26 Les pido y les suplico que,
al acordarse de mis beneficios públicos y
privados, conserven su lealtad hacia mí y
hacia mi hijo. 27 Estoy seguro de que él
procederá con ustedes con dulzura y humanidad, conforme a mis principios.

28 De esta forma, en medio de las montañas y en tierra extraña, pereció aquel blasfemo y criminal. Murió con una muerte miserable y entre terribles tormentos, como
los que él había hecho padecer a otros. 29 Filipo, su amigo de la infancia, recogió su
cuerpo y, como no se fiaba del hijo de Antíoco, se retiró a Egipto, a la corte de Tolomeo Filométor.

La purificación del templo y la fiesta de la dedicación

1 Mac 4 36-61

10 1 El Macabeo y los suyos se apoderaron del templo y de la ciudad, con
la ayuda del Señor; 2 destruyeron los altares levantados por los paganos en las plazas públicas y bosques sagrados; 3 purificaron el templo, hicieron otro altar, sacaron fuego del pedernal, encendieron de
nuevo la luz y el fuego, y ofrecieron sacrificios; quemaron el incienso y presentaron
los panes ofrecidos, renovándolo así todo
después de una interrupción de dos años.
4 Hicieron esto y suplicaron al Señor, postrados rostro en tierra, que no cayeran más
en estos males, y si un día volvían a pecar,
que él mismo los castigara con dulzura y
no los entregara a los blasfemos y bárbaros
paganos.

• **10** 1-9: El autor cierra esta sección central con el acontecimiento focal de su historia: la purificación y nueva dedicación del templo. Su inserción aquí queda forzada (2 Mac 10 9 será la continuación de 2 Mac 9 29) e invierte el orden de 1 Macabeos (1 Mac 4 36-61), pero responde al esquema trazado por el autor: si el verdadero comienzo de la persecución estuvo marcado por la profanación del templo, es lógico que su purificación corone el éxito de la rebelión.

5 El veinticinco del mes de Casleu, el mismo día en que los extranjeros habían profanado el templo, se hizo la purificación. 6 Durante ocho días celebraron gozosamente una fiesta parecida a la de las tiendas, recordando que poco antes habían celebrado esta fiesta cuando vivían en las cuevas de la montaña como las bestias salvajes. 7 Por esto, llevando tirsos, ramos y palmas, cantaban himnos a aquel que les había concedido purificar el templo. 8 Y aprobaron un decreto público ordenando que toda la nación judía celebrara cada año estas fiestas.

9 Tal fue el fin de Antíoco Epífanes.

3. Campañas de Judas Macabeo ◊

Sucesión de Antíoco y nuevos éxitos de Judas

1 Mac 5 1-8; 13 43-48

10 Vamos a narrar ahora los acontecimientos del reino de Antíoco Eupátor, hijo del malvado Antíoco, resumiendo los daños causados por las guerras.

11 Cuando Eupátor se hizo cargo del gobierno, puso al frente de sus asuntos a un tal Lisias, general en jefe de Celesiria y Fenicia. 12 Tolomeo, llamado Macrón, queriendo ser justo con los judíos, para reparar las injusticias cometidas contra ellos, se esforzaba en tratarlos con benevolencia. 13 Por esto mismo, fue acusado ante Eupátor por los cortesanos. Le llamaban traidor, por haberse pasado al partido de Antíoco Epífanes, abandonando la isla de Chipre que le había confiado Filométor. Desesperado, al no poder desempeñar honrosamente su cargo, se envenenó y murió.

14 Gorgias, nombrado gobernador de aquella región, reunió tropas mercenarias y acosaba sin cesar a los judíos. 15 Los edomitas, dueños de fortalezas estratégicas, acosaban también a los judíos y recibían a los que huían de Jerusalén, interesados en atizar la guerra. 16 Pero los soldados del Macabeo, después de suplicar y pedir al Señor que viniera a luchar en su favor, atacaron las fortalezas de los idumeos. 17 Las asaltaron valerosamente, se apoderaron de las plazas fuertes, rechazaron a los que combatían en los muros, degollaron a los que cayeron en sus manos y mataron a más de veinte mil. 18 Unos nueve mil se refugiaron en dos fortalezas muy bien defendidas con todo lo necesario para resistir un largo sitio. 19 El Macabeo, dejando a Simón, a José y a Zaqueo con fuerzas suficientes para mantener el sitio, se fue adonde más urgía su presencia. 20 Los soldados de Simón, llevados por la avaricia, se dejaron sobornar por los que estaban en las torres, y por setenta mil dracmas de plata los dejaron escapar. 21 El Macabeo, al saberlo, reunió a los jefes del pueblo y los acusó de haber vendido a sus hermanos por dinero, al dejar escapar a sus enemigos. 22 Condenó a muerte a estos traidores y se apoderó rápidamente de las dos fortalezas. 23 Mató a más de veinte mil en las dos fortalezas, dando así un final feliz a su campaña.

Expedición de Timoteo

1 Mac 13 43-48

24 Timoteo, que había sido vencido antes por los judíos, reunió un gran número de tropas extranjeras y un gran contingente de caballería de Asia, y fue a apoderarse de Judea. 25 Cuando los hombres del Macabeo supieron que se acercaba, se pusieron a orar y, con la cabeza cubierta de ceniza, los lo-

◊ **10 10-15 36**: La tercera parte del libro es sólo continuación de lo anterior, limitándose a narrar las distintas empresas de Judas, encaminadas a defender lo ya conseguido. Como en este libro no se habla de las hazañas de los hermanos de Judas, el autor tampoco tiene interés en narrar la muerte de éste.

• **10 10-23**: Después de la muerte de Antíoco, Lisias obtiene el mando supremo. Tolomeo Macrón (2 Mac 4 45; 6 8) había servido al rey de Egipto y se había pasado a Antíoco IV. Al morir éste, cayó en desgracia ante su sucesor.

Las guerras idumeas le sirven al autor para destacar la figura y el carisma de Judas, el auténtico liberador, por encima de sus hermanos, especialmente por encima de Simón. Es posible ver en este episodio reminiscencias del carácter anti-asmoneo del segundo libro de los Macabeos, ya que Simón fue el precursor directo de dicha dinastía.

• **10 24-38**: Entra en liza Timoteo, derrotado anteriormente (2 Mac 8 30.32). La batalla responde al esquema conocido: oración, batalla, huida del enemigo, derrota, acción de gracias. Pero se introduce un nuevo elemento: la aparición de seres celestes interviniendo en la lucha. La toma de Guézer, atribuida aquí a Judas, fue llevada a cabo por Simón según 1 Mac 13 43.

mos ceñidos con cilicios, 26 postrados ante el altar, suplicaban a Dios que les concediera su favor, que se convirtiera en enemigo de sus enemigos y adversario de sus adversarios, como está escrito en la ley. 27 Terminada la oración, empuñaron las armas, se alejaron de la ciudad y cuando estuvieron cerca del enemigo, se detuvieron.

28 Al salir el sol se entabló el combate. Unos tenían como garantía de éxito y de victoria, además de su propio valor, la confianza ciega en el Señor; los otros, en cambio, sólo su propio arrojo. 29 En lo más duro de la batalla, los enemigos vieron en el cielo cinco hombres resplandecientes que, montados en caballos con frenos de oro, se pusieron al frente de los judíos. 30 Pusieron en medio de ellos al Macabeo, lo defendían con sus armas y lo hacían invulnerable; lanzaban flechas y rayos contra el enemigo, que herido de ceguera se desbandó en pleno desorden. 31 Murieron veinte mil quinientos de a pie y seiscientos de a caballo. 32 Timoteo se refugió en la fortaleza de Guézer, bien defendida, donde mandaba Quereas. 33 Pero las fuerzas valerosas del Macabeo sitiaron la fortaleza durante cuatro días. 34 Los de dentro, confiados en la solidez de la fortaleza, insultaban y maldecían a los de fuera. 35 Pero al amanecer del quinto día, veinte jóvenes de las tropas del Macabeo, indignados por las blasfemias, se precipitaron furiosamente contra la muralla y mataron a cuantos cayeron en sus manos. 36 Otros escalaron igualmente la muralla por otro lado, encendieron fuego y quemaron vivos a los blasfemos; derribaron las puertas, entró el resto de la tropa y se apoderaron de la ciudad. 37 Mataron a Timoteo, que se había escondido en un pozo, a su hermano Quereas y a Apolófanes. 38 Después cantaron himnos de alabanza al Señor, que había engrandecido a Israel y le había dado la victoria.

Expedición de Lisias

1 Mac 4 26-35; 6 57-61

11 1 Poco tiempo después, Lisias, primer ministro, tutor y pariente del rey, irritado por lo que había sucedido, 2 reunió unos ochenta mil hombres y toda la caballería y se dirigió contra los judíos. Estaba dispuesto a hacer de Jerusalén una colonia para los griegos, 3 a cobrar impuestos al templo, como los demás santuarios de los paganos, y a poner cada año en venta el oficio del sumo sacerdote. 4 No tenía en cuenta para nada el poder de Dios, seguro como se sentía con sus miriadas de infantería y caballería y sus ochenta elefantes.

5 Entró en Judea y llegó a Betsur, plaza fuerte situada en un desfiladero, a unos veinticinco kilómetros de Jerusalén, y la sitió. 6 Cuando los del Macabeo supieron que Lisias había sitiado sus fortalezas, en unión con todo el pueblo, suplicaron al Señor con gemidos y llantos que les enviara un ángel para salvar a Israel. 7 El Macabeo fue el primero en tomar las armas y exhortó a los demás a exponerse junto con él al peligro para socorrer a sus hermanos. Se pusieron en marcha llenos de entusiasmo, 8 y cuando estaban todavía cerca de Jerusalén, un jinete vestido de blanco apareció al frente de ellos agitando una armadura de oro. 9 Todos juntos bendijeron al Dios misericordioso y se animaron, dispuestos a atacar a hombres y a fieras, y a penetrar hasta por muros de hierro. 10 Así marchaban en orden de batalla con su aliado celeste a la cabeza, señal de que el Señor se había compadecido de ellos. 11 Se lanzaron como leones sobre el enemigo, mataron once mil soldados de a pie y mil seiscientos de a caballo, e hicieron huir a los demás. 12 La mayor parte de los que se salvaron quedaron desarmados y heridos. El mismo Lisias se puso a salvo huyendo vergonzosamente.

13 Lisias, que era inteligente, reflexionó

• **11 1-38**: La batalla más importante de toda esta sección es la que enfrenta a Judas con Lisias, sobre todo por las consecuencias. Se omiten la oración (o arenga) previa y la persecución después de la victoria. Sin embargo, no falta el recurso a la intervención milagrosa de un ser celeste (véase 2 Mac 11 8). Las cuatro cartas que cierran la sección reflejan el tratado de paz sellado entre Judas y Lisias con un reconocimiento de las actuales posiciones de los judíos rebeldes: libertad religiosa, autonomía del templo, exención de las costumbres helenizantes y regreso a los hogares. Los romanos aparecen aquí como testigos que avalan el tratado (2 Mac 11 34-38).

sobre su derrota y comprendió que los hebreos eran invencibles, pues luchaba con
ellos el Dios todopoderoso. 14 Les envió,
pues, mensajeros para hacerles una propuesta de paz sobre bases justas y prome-
terles que él mismo persuadiría al rey para
que se hiciera su amigo. 15 El Macabeo,
mirando el bien común, accedió a las ofer-
tas de Lisias. Y el rey concedió todo lo que
el Macabeo exigió a Lisias por escrito.

16 La carta de Lisias a los judíos decía:

Lisias saluda al pueblo judío. 17 Juan y
Absalón, sus mensajeros, me entregaron su
comunicación con el ruego de que aproba-
ra su contenido. 18 He expuesto al rey lo
que debía conocer y he concedido cuanto
era de mi competencia. 19 Por tanto, si conservan su buena voluntad para con los intereses del reino, yo procuraré favorecerlos. 20 En cuanto a los pormenores, ya he
encargado a sus mensajeros y a los míos
que lo discutan con ustedes. 21 Que les vaya
bien. A veinticuatro de Dióscoro del año
ciento cuarenta y ocho.

22 La carta de Antíoco a Lisias decía:

El rey Antíoco saluda a su hermano Lisias. 23 Reunido ya nuestro padre con los
dioses, quiero que todos nuestros súbditos
se dediquen a sus negocios sin temor alguno. 24 Habiendo sabido que los judíos no
quieren adoptar las costumbres griegas,
como quería nuestro padre, sino que prefieren conservar sus instituciones y nos
piden que los dejemos en paz, 25 hemos
ordenado que les sea restituido el templo y
se les deje vivir según las leyes y costumbres de sus antepasados. 26 Por tanto, harás
bien en decirles esto y hacer la paz con
ellos, para que, conociendo nuestra voluntad, estén contentos y puedan dedicarse
con alegría a sus negocios.

27 La carta del rey a los judíos decía:

El rey Antíoco saluda al consejo de ancianos y a los demás judíos. 28 Me alegraré
de que estén bien; nosotros estamos bien.
29 Menelao nos ha dicho que quieren regresar a sus casas. 30 Todos los que se pongan en camino antes del treinta de Xántico
contarán con nuestra protección y seguridad. 31 Los judíos podrán vivir en el futuro
según sus costumbres en cuanto a las comidas; podrán gobernarse por sus leyes, y
ninguno será molestado a causa de faltas
cometidas por ignorancia. 32 He mandado
a Menelao para que los tranquilice. 33 Que
les vaya bien. Quince de Xántico del año
ciento cuarenta y ocho.

34 También los romanos les enviaron
una carta en estos términos:

Quinto Memmio y Tito Manio, legados
de los romanos, saludan al pueblo judío.
35 Todo lo que Lisias, pariente del rey, ha
acordado con ustedes, nos parece bien.
36 Referente a lo que Lisias creyó necesario presentar y consultar con el rey, estú-
dienlo diligentemente, y envíennos en seguida a alguien para que nosotros veamos
lo que más les conviene; ahora nos vamos
a Antioquía. 37 Por tanto, dense prisa y envíen a alguien que nos exponga sus deseos.
38 Que les vaya bien. Quince de Xántico del
año ciento cuarenta y ocho.

En Jafa y Yamnia

12 1 Cerrados estos pactos, Lisias regresó a la corte del rey, y los judíos se
dedicaron a las labores del campo. 2 Pero
algunos jefes de la región, Timoteo, Apolonio, hijo de Genneo, Jerónimo, Demofón
y Nicanor, jefe de los chipriotas, no los
dejaban vivir tranquilos ni en paz.

3 Los habitantes de Jafa cometieron un
horrible crimen. Invitaron a los judíos residentes a subir, con sus mujeres e hijos, en
unas barcas preparadas expresamente, pues
no existía entre ellos ninguna enemistad,
según constaba por la decisión que había
tomado toda la ciudad. 4 Los judíos aceptaron, creyendo que los invitaban con intenciones pacíficas, sin sospechar nada malo.
Pero cuando estaban en alta mar los tiraron
al agua. Eran unos doscientos. 5 Al enterar-

• **12** 1-12: Las campañas que se inician aquí son un compendio de varias incursiones de Judas por la zona costera y por Transjordania. La primera acción de Judas es una incursión de represalia en Jafa, para vengar un ataque a los judíos (2 Mac 12 3-4). Esta primera parte termina con un tratado de paz firmado entre Judas y algunas tribus de árabes nómadas (2 Mac 12 10-12).

se el Macabeo de esta crueldad contra sus
compatriotas, llamó a los hombres que estaban con él, 6 invocó a Dios, justo juez, y
marchó contra los asesinos de sus hermanos. Incendió el puerto durante la noche,
quemó los barcos y pasó a cuchillo a todos
los que se habían refugiado en ellos. 7 Como no pudo entrar en la ciudad, porque habían cerrado las puertas, se retiró con intención de regresar y exterminar de raíz a todos los habitantes de Jafa. 8 Advertido de
que los de Yamnia querían hacer lo mismo
con los judíos residentes allí, 9 cayó de improviso sobre ellos durante la noche e incendió los barcos y el puerto, de forma que
el resplandor se veía desde Jerusalén a unos
cuarenta y cinco kilómetros de distancia.

10 A un kilómetro y medio de allí, cuando marchaba contra Timoteo, le salieron al
encuentro más de cinco mil soldados y quinientos jinetes árabes. 11 El combate fue
muy duro, pero, con la ayuda de Dios, los
hombres de Judas salieron victoriosos; los
árabes nómadas, al verse perdidos, pidieron la paz a Judas, comprometiéndose con
los judíos a suministrarles ganado y a pres-
tarles ayuda en lo sucesivo. 12 Judas pensó
que podrían serle útiles y pactó la paz con
ellos. Después de concertar la paz, regresaron a sus tiendas.

La captura de Caspín y otras ciudades

1 Mac 5 24-54; Jos 6

13 Judas asaltó también una ciudad llamada Caspín. Se trataba de una ciudad fortificada con foso y murallas, que estaba habitada por gentes de todas las razas. 14 Los
sitiados, fiados en la solidez de los muros
y en la abundancia de provisiones, se mostraron insolentes con los de Judas, insul-
tándolos y diciendo blasfemias y palabras
que no se pueden repetir. 15 Pero Judas y
los suyos, en el nombre del gran Señor del
universo que en tiempo de Josué, sin apa-
ratos ni máquinas de guerra, había derribado los muros de Jericó, se lanzaron furiosamente contra las murallas. 16 Y Dios
quiso que se apoderaran de la ciudad haciendo tal carnicería, que un lago vecino
de unos cuatrocientos metros de ancho parecía lleno de sangre.

17 Después de una caminata de unos
ciento cuarenta kilómetros, llegaron a Járac,
donde estaban los judíos llamados tubianos. 18 No encontraron a Timoteo, pues se
había ido de allí, sin haber conseguido nada, aunque no sin dejar en cierto lugar una
muy poderosa guarnición. 19 Dositeo y Sosípatro, generales del Macabeo, atacaron la
guarnición y mataron a más de diez mil de
los que Timoteo había dejado en la fortaleza. 20 El Macabeo organizó su ejército en
divisiones, puso a Dositeo y Sosípatro al
frente de ellas y marchó contra Timoteo,
que tenía una fuerza de ciento veinte mil
soldados de infantería y dos mil quinientos
de caballería. 21 Cuando Timoteo se enteró
de la llegada de Judas, envió a las mujeres,
a los niños y todo el equipaje a Carnión,
lugar inexpugnable e inaccesible por lo accidentado del terreno. 22 Al aparecer la primera división de Judas, los enemigos se
llenaron de miedo y, aterrorizados ante el
poder de aquel que todo lo ve, emprendieron la fuga en todas direcciones, de forma
que se estorbaban unos a otros y se herían
con sus mismas espadas. 23 Judas persiguió
furiosamente a aquellos criminales y mató
unos treinta mil. 24 El mismo Timoteo cayó
en manos de Dositeo y Sosípatro; les pedía
con gran astucia que le perdonaran la vida,
pues los padres y hermanos de muchos
judíos estaban en su poder y no serían perdonados si él era ejecutado. 25 Cuando Timoteo les prometió que se los devolvería
sanos y salvos, ellos lo pusieron en libertad para salvar a sus hermanos.

26 Judas marchó contra Carnión y contra el santuario de Atargates, y mató a veinticinco mil hombres. 27 Después de esta
victoria, se dirigió a Efrón, ciudad fuerte
donde vivía Lisias y una población cosmo-
polita. Jóvenes robustos alineados sobre
las murallas se defendían con bravura. Dentro había muchas provisiones, proyectiles
y máquinas de guerra. 28 Los judíos invocaron al Señor, que con su fuerza aplasta el

• **12 13-37**: El resto de las incursiones de Judas va dirigido contra algunas ciudades de la Transjordania. La captura de Caspín (2 Mac 12 13-16) es equiparada a la conquista de Jericó, y Judas es comparado a Josué (véase Jos 6). Persiguiendo a Timoteo, Judas ataca sucesivamente Járac, Carnión y Efrón. La gira triunfal de Judas prosigue al sur de Jerusalén, enfrentándose a Gorgias, al que vence y hace huir (2 Mac 12 32-37).

poder de los enemigos, se apoderaron de la
ciudad y mataron a veinticinco mil de los de
dentro. 29 De allí fueron a Escitópolis, que
distaba ciento catorce kilómetros de Jerusalén. 30 Pero los judíos residentes testifica-
ron que los escitopolitanos les habían ayudado y que, en los días de desgracia, los
habían tratado bien. 31 Judas y los suyos
les dieron las gracias, rogándoles que fueran siempre benévolos con sus compatriotas; después regresaron a Jerusalén, pues
ya estaba cerca la fiesta de pentecostés.

32 Después de pentecostés, marcharon contra Gorgias, gobernador de Edom.
33 Este salió a su encuentro con tres mil soldados de infantería y cuatrocientos de caballería. 34 En la batalla cayeron algunos
judíos. 35 Un tal Dositeo, jinete valiente del
cuerpo de los tubianos, agarró a Gorgias del
manto y tiró de él con fuerza para capturar
vivo al criminal, pero un jinete de Tracia se
lanzó contra Dositeo y le cortó el brazo, con
lo que Gorgias pudo huir a Maresá.

36 Los hombres de Esdrías estaban cansados de tanta batalla; pero Judas pidió al
Señor que se mostrara como aliado suyo y
dirigiera la batalla. 37 Luego lanzó el grito
de guerra y, entonando himnos en su lengua materna, se lanzó de improviso contra
las tropas de Gorgias y las hizo huir.

Los judíos muertos por quebrantar la ley

38 Judas reunió su ejército y lo llevó a
Adulán. El día séptimo se purificaron según la costumbre y celebraron el sábado.
39 Como el tiempo apremiaba, los hombres
de Judas fueron al día siguiente a recoger
los cadáveres, para enterrarlos con sus parientes en los sepulcros de sus antepasados. 40 Bajo la túnica de cada uno de los
muertos encontraron objetos consagrados a
los ídolos de Yamnia, prohibidos por la ley
de los judíos. Entonces todos comprendieron que ésa había sido la causa de su muerte. 41 Bendijeron al Señor, juez justo, que
descubre las cosas ocultas, 42 y rogaron al
Señor que aquel pecado les fuera totalmente perdonado. Judas exhortó a sus tropas a
conservarse sin pecado, pues acababan de
ver lo que había pasado a los que habían
muerto por su pecado. 43 Hizo una colecta
entre los soldados y reunió dos mil dracmas de plata, que envió a Jerusalén para
que ofrecieran un sacrificio por el pecado.
Actuó recta y noblemente, pensando en la
resurrección. 44 Pues si él no hubiera creído que los muertos habían de resucitar, habría sido ridículo y superfluo rezar por ellos.
45 Pero, creyendo firmemente que a los que
mueren piadosamente les está reservada una
gran recompensa, 46 pensamiento santo y
piadoso, ofreció el sacrificio expiatorio para
que los muertos fueran absueltos de sus
pecados.

Expedición de Antíoco V y Lisias

1 Mac 6 48-63; 2 Mac 8 23; 1 Mac 6 43-47

13 1 El año ciento cuarenta y nueve las
tropas de Judas se enteraron de que
Antíoco Eupátor venía a Judea con un ejército poderoso, 2 y con él Lisias, su tutor y
regente, cada uno al frente de un ejército
griego de ciento diez mil soldados de infantería, cinco mil trescientos de caballería, veintidós elefantes y trescientos carros
de guerra con cuchillas en los ejes.

3 Menelao se les unió, y con gran hipocresía se puso a adular a Antíoco, no buscando la salvación de su patria, sino con la
idea de establecerse en el poder. 4 Pero el
Rey de reyes inflamó la ira de Antíoco
contra aquel malvado. Lisias demostró al
rey que Menelao era la causa de todos los
males, y el rey ordenó que llevaran a Me-

• **12 38-46**: Este episodio destaca tres ideas importantes. La primera es la ley de la retribución: quienes han guardado objetos idolátricos, mueren por su pecado (2 Mac 12 40). La segunda es la fe en la resurrección de los justos (2 Mac 12 43-45), afirmada anteriormente (2 Mac 7 9.11.14). Pero, ¿qué pasa con los que mueren por una causa justa (la ley) y han pecado? Es la tercera idea: la oración y los sacrificios por los difuntos sirven para reparar el pecado cometido (2 Mac 12 44-46). Estamos ante una nueva dirección en la teología judía, asumida por los fariseos en tiempos de Cristo, y que está en la base de la fe cristiana en el poder intercesor de los vivos por los difuntos (véase 1 Cor 15 29; 2 Tim 1 16-19).

• **13 1-26**: La expedición de Antíoco V y Lisias contra los judíos no tiene explicación. ¿Acaso las incursiones anteriores de Judas han supuesto la ruptura del tratado de paz? ¿O es Antíoco el que quiere romperlo? En todo caso, el episodio contribuye a engrandecer el prestigio de Judas, derrotando al mismo rey y a su tutor.

Dentro del episodio se narra la muerte de Menelao (2 Mac 13 3-8), uno de los personajes que con sus intrigas había provocado la represión (2 Mac 4 23-24; 5 15). Esta muerte obedece a un cumplimiento cabal de la ley de la retribución.

nelao a Berea y lo mataran según la costumbre de aquel lugar. 5 Allí hay una torre
de veinticinco metros llena de cenizas ardientes y coronada por una máquina giratoria inclinada por todas partes hacia las
cenizas; 6 allí se hace subir al culpable de
robo sacrílego o al autor de otros crímenes
horrendos y desde allí se le precipita para
que perezca. 7 De esta forma murió el impío Menelao, sin recibir siquiera sepultura.
8 Castigo justísimo, pues había cometido
muchos delitos contra el altar, cuyo fuego
y ceniza son sagrados, y en la ceniza encontró la muerte.

9 El rey venía con sentimientos feroces
dispuesto a tratar a los judíos peor que su
padre. 10 Judas, al saberlo, mandó al pueblo que invocara a Dios día y noche, para
que una vez más viniera en ayuda de los
que iban a verse privados de la ley, de la
patria y del templo, 11 y para que no dejara
caer en las manos sacrílegas de los paganos al pueblo que comenzaba a vivir tranquilo. 12 Y todos se pusieron a invocar al
Señor misericordioso con gemidos, ayunos
y oraciones durante tres días. Judas los animó y les mandó que se mantuvieran junto a
él. 13 Después de consultar a los ancianos,
decidió tomar la ofensiva y salir a resolver
la situación, antes que el ejército del rey
entrara en Judea y se apoderara de la ciudad. 14 Lo puso todo en manos de Dios, se
encomendó al creador del universo y arengó a sus tropas para que lucharan heroica-
mente hasta morir por las leyes, el templo,
la ciudad, la patria y sus instituciones.
Acampó junto a Modín 15 y dio a sus hombres esta contraseña: «Victoria de Dios».
Después, con un grupo de jóvenes, los más
selectos y valientes, atacó por la noche la
tienda del rey, pasó a cuchillo a dos mil
hombres y mató al elefante más grande
con los que iban encima. 16 Dejando el campamento lleno de espanto y terror, se retiraron victoriosamente. 17 Cuando se hizo
de día, todo había terminado, gracias a la
ayuda de Dios, que protegía a Judas.

18 El rey, al ver la valentía de los judíos,
trataba de apoderarse de las fortalezas con
engaños. 19 Llegó ante Betsur, plaza fuerte
de los judíos, la atacó y fue rechazado; volvió a atacar y fue vencido. 20 Judas mandó
provisiones a los sitiados. 21 Rodoco, soldado del ejército de Judas, pasó información secreta al enemigo, pero fue descubierto, capturado y ejecutado. 22 El rey volvió
a tratar con los de Betsur, hizo la paz con
ellos y se fue. Atacó a Judas, pero fue vencido. 23 Tuvo noticias de que Filipo, que
gobernaba en su ausencia, se había sublevado en Antioquía y quedó consternado.
Pidió la paz a los judíos, aceptó con juramento sus justas peticiones, se reconcilió
con ellos, ofreció un sacrificio, honró al
templo y fue generoso con el lugar santo.
24 Recibió amablemente al Macabeo y nombró a Hegemónides gobernador desde Tolemaida hasta la región de los gerrenios.

25 Luego se dirigió a Tolemaida, pero sus
habitantes se disgustaron por aquellas condiciones de paz; estaban indignados y querían anular lo pactado. 26 Lisias subió a la
tribuna para defender lo convenido, logró
tranquilizarlos y regresó a Antioquía.

Esta es la historia de la expedición del rey y su retirada.

Intervención del sumo sacerdote Alcimo

1 Mac 7 1-21

14 1 Pasados tres años, los de Judas se
enteraron de que Demetrio, hijo de
Seleuco, había desembarcado en Trípoli
con un poderoso ejército y una gran flota,
2 se había apoderado del país y había matado a Antíoco y a su tutor Lisias. 3 Un tal
Alcimo, que había sido antes sumo sacerdote, y que se había contaminado voluntariamente en los tiempos del levantamiento,
creyendo que no habría para él otra forma
de salvación y de volver a ser sumo sacerdote, 4 se presentó a Demetrio, hacia el año
ciento cincuenta y uno, con una corona de
oro, una palma y unos ramos de olivo que
procedían del templo. Aquel día no pidió
nada; 5 pero tuvo ocasión de manifestar su
astucia cuando Demetrio lo llamó al consejo y le preguntó en qué disposición y

• **14 1-14**: La historia de Judas y el libro segundo de los Macabeos se cierran con el episodio de Nicanor (véase 1 Mac 7), asociado a la entronización de Demetrio I y a las denuncias de Alcimo, presentado aquí como antiguo sumo sacerdote. La denuncia de Alcimo convierte a Judas en líder de los asideos (2 Mac 14 6), dando, también en este punto, una visión distinta a la del primer libro de los Macabeos.

voluntad se encontraban los judíos. 6 Alcimo respondió:
–La secta de los judíos llamados asideos, cuyo jefe es Judas Macabeo, fomenta
las guerras y sediciones impidiendo que el
reino disfrute de paz. 7 Por eso yo, privado
de la dignidad hereditaria, es decir, del
sumo sacerdocio, me presento ahora aquí,
8 mirando por los intereses del rey y por
los de mis conciudadanos, pues por la
locura de los asideos nuestra nación padece no pocos males. 9 Infórmate, oh rey, sobre todo esto y, conforme al amor generoso que nos tienes, preocúpate de nuestro
país y de nuestro desventurado pueblo, que
está amenazado por todas partes. 10 Mientras viva Judas, es imposible que haya paz.
11 Al oír esto, los otros amigos del rey,
enemigos de Judas, encendieron más la ira
de Demetrio. 12 Este eligió a Nicanor, antiguo jefe de la división de los elefantes, lo
nombró gobernador de Judea, y lo envió
13 con órdenes estrictas de acabar con Judas,
de dispersar sus tropas y de restablecer a
Alcimo como sumo sacerdote del más grande de los templos. 14 Los paganos, que habían huido de Judea por temor a Judas, se
unieron en masa a Nicanor, pensando que
la desventura de los judíos sería su propia
fortuna.

Nicanor se hace amigo de Judas

1 Mac 7 27-28.31

15 Cuando los judíos se enteraron de la
venida de Nicanor y de la invasión de los
paganos, echaron polvo sobre sus cabezas
e imploraron a aquel que había sostenido
siempre a su pueblo y protegido constantemente su heredad con prodigios manifies-
tos. 16 Se pusieron en marcha a las órdenes
de su caudillo y trabaron batalla con ellos
junto al pueblo de Desau. 17 Simón, hermano de Judas, atacaba a Nicanor, pero
sus tropas sufrieron un ligero fracaso, desconcertadas por la repentina llegada del
enemigo. 18 A pesar de esto, Nicanor, conociendo el valor de los de Judas al combatir por la patria, dudó en resolver el conflicto por la sangre. 19 Y envió a Posido-
nio, Teodoto y Matatías para negociar la
paz.
20 Después de examinar detenidamente
las condiciones, el jefe se las comunicó a
la tropa, y todos estuvieron de acuerdo con
el tratado de paz. 21 Se fijó un día para que
se reunieran los dos jefes solos, se adelantó un vehículo de cada lado, y se pusieron
dos sillas, una frente a la otra. 22 Judas había puesto en sitios estratégicos hombres
armados, dispuestos a intervenir en el caso
de que los enemigos tramaran alguna traición; pero la entrevista se desarrolló sin in-
cidencias.
23 Nicanor se quedó en Jerusalén actuando correctamente y despidió las tropas que
se le habían unido. 24 Tenía siempre a Judas
a su lado, pues lo amaba sinceramente. 25 Le
aconsejó que se casara y tuviera hijos, y
Judas se casó, fue feliz y vivió como un ciudadano normal.

Reanudación de las hostilidades

1 Mac 7 29-30.33-38

26 Pero Alcimo, al ver la amistad de los
dos, se hizo con una copia de los pactos
concertados y se presentó ante Demetrio,
acusando a Nicanor de traidor a los intereses del Estado, pues había nombrado sucesor suyo a Judas, enemigo del reino. 27 El
rey, irritado y excitado por las calumnias
de aquel criminal, escribió a Nicanor, diciéndole que desaprobaba el tratado y que
enviara rápidamente a Judas preso a Antioquía.
28 Cuando Nicanor recibió aquella carta, se disgustó muchísimo, pues no quería
anular lo acordado, ya que Judas no había
hecho nada malo. 29 Pero como no podía
desobedecer al rey, buscaba una ocasión
favorable para cumplir la orden valiéndose

• **14 15-25**: Nueva y notable diferencia entre el primero y el segundo libro de los Macabeos: allí la paz y la pretendida amistad de Nicanor son un engaño y una trampa contra Judas (1 Mac 7 27-29); aquí la paz concertada y el trato amistoso suenan a auténticos y duraderos (2 Mac 14 19-24). El final (2 Mac 14 25) supone una retirada de Judas a la vida privada, después de su matrimonio, y un período de vida apacible.

• **14 26-36**: La ruptura de relaciones amistosas y la consiguiente reanudación de la lucha no son atribuidas ni a Judas ni a Nicanor; son provocadas por las nuevas intrigas de Alcimo y las órdenes terminantes de Demetrio, a las que Nicanor debe obedecer a pesar suyo (2 Mac 14 27). La nueva situación lo empuja a enfrentarse al templo y al mismo Dios. Sus amenazas parecen conducirnos al inicio de una nueva crisis (2 Mac 14 33).

de algún engaño. 30 El Macabeo, al ver que
Nicanor le demostraba un trato más reservado y frío de lo acostumbrado, comprendió que aquella conducta no presagiaba nada bueno, y reunió a muchos de los suyos
para ocultarse de Nicanor. 31 Nicanor se
dio cuenta de que Judas había huido con
astucia, subió al templo a la hora en que
los sacerdotes ofrecían el sacrificio y les
mandó que le entregaran al Macabeo. 32 Al
jurar ellos que no sabían dónde estaba, 33 él
extendió la mano hacia el templo y juró
así:

–Si no me entregan preso a Judas, arrasaré este templo de Dios, destruiré el altar
y levantaré aquí un magnífico templo a
Baco.

34 Dicho esto, se fue. Los sacerdotes con
las manos levantadas al cielo, suplicaron
así a aquel que había combatido siempre a
favor de su pueblo:

35 –Tú, Señor de todas las cosas, que no
tienes necesidad de nada, has querido establecer tu templo y tu morada entre nosotros. 36 Señor de toda santidad, conserva
para siempre incontaminada esta morada
tuya que hace poco ha sido purificada.

Suicidio de Razis

37 Denunciaron ante Nicanor a un sena-
dor de Jerusalén llamado Razis. Era un gran
patriota, de muy buena fama y llamado por
su bondad padre de los judíos. 38 En la época del levantamiento había sido fiel al judaísmo y se había jugado la vida con invencible constancia.

39 Nicanor, queriendo manifestar su odio
contra los judíos, mandó más de quinientos
soldados a arrestarlo, 40 pues creía que si
lo arrestaba daría un grave golpe a los
demás. 41 Cuando los soldados estaban a
punto de ocupar las torres y forzar la puerta de entrada con orden expresa de incendiar y quemar las puertas, Razis, acorralado, se echó sobre su espada; 42 prefirió morir con honor antes que caer en manos de
criminales y sufrir ultrajes indignos de su
nobleza. 43 Pero por la precipitación falló
el golpe y no se mató. Entonces, como los
soldados estaban ya entrando en la casa, se
arrastró valerosamente hasta la muralla y
se arrojó con bravura encima de los soldados. 44 Al verlo, se retiraron rápidamente,
y cayó en el espacio vacío. 45 Todavía con
vida y lleno de valor, se levantó y, a pesar
de la sangre que perdía por todas partes,
pasó a través de los soldados, se subió a una
roca escarpada 46 y allí, casi sin sangre, se
arrancó las entrañas, las tomó con ambas
manos y las arrojó contra los soldados. Y
así, invocando el nombre del Señor de la
vida y del espíritu, para que se los devolviera algún día, expiró.

Derrota y muerte de Nicanor

1 Mac 7 40-50; 2 Mac 8 19; 11 6; 14 33.36

15 1 Informado Nicanor de que Judas y
su gente andaban por Samaría, decidió ir a atacarlos un sábado para no correr
ningún riesgo. 2 Los judíos, que lo seguían
a la fuerza, le decían:

–No intentes aniquilarlos tan feroz y bár-
baramente; respeta el sábado, honrado y
declarado santo por aquel que todo lo ve.

3 Pero aquel criminal preguntó si había
en el cielo un señor que hubiera ordenado
santificar el sábado. 4 Ellos respondieron:

–Hay un Señor vivo, soberano del cielo,
que ha mandado celebrar el día séptimo.

5 Nicanor contestó:

–Yo también soy señor sobre la tierra y
les mando tomar las armas y ejecutar las
órdenes del rey.

• **14 37-46**: La aparente semejanza de la situación con los inicios de la revuelta cobra especial fuerza con el episodio de Razis, presentado como contraparte de Alcimo y como continuador de los mártires que prefirieron dar la vida antes que ceder ante el opresor. A pesar del suicidio, su actitud es presentada como heroica y merecedora de la resurrección (2 Mac 14 46).

• **15 1-36**: La batalla entre los ejércitos de Nicanor y Judas es la grandiosa culminación del libro. El autor se detiene en los preparativos, destacando las amenazas de Nicanor (2 Mac 15 3-5), las sucesivas arengas de Judas (2 Mac 15 8-10.17), el sueño que sustituye a las apariciones y en el que intervienen Onías y Jeremías intercediendo por su pueblo (2 Mac 15 11-16), la oración previa aludiendo al sitio de Senaquerib (2 Mac 15 22-24; véase 2 Re 19 35). Después de la victoria, el autor se recrea en los contrastes: exponen como trofeos el brazo que se había extendido para jurar (2 Mac 14 39), la cabeza que se levantaba orgullosa (2 Mac 15 6) y la lengua blasfema (2 Mac 15 5) de Nicanor (2 Mac 15 32-35). Los trofeos expuestos contrastan también con el monumento prometido por Nicanor (2 Mac 15 6) y nos recuerdan el episodio de Judit y Holofernes (Jdt 14 1).

Pero no pudo llevar a cabo su bárbaro
proyecto. 6 Nicanor, en el colmo de su orgullo, se había propuesto levantar un monumento a la victoria sobre Judas y los suyos, 7 pero el Macabeo tenía plena seguridad de recibir la ayuda del Señor. 8 Exhortaba a los suyos a que no temieran la llegada de los paganos, a que recordaran la ayuda que les había venido del cielo en el pasado y a que esperaran también ahora del
Todopoderoso la victoria. 9 Los animó con
palabras de la ley y de los profetas, les recordó las batallas sostenidas y les infundió
valor. 10 Encendidos así los ánimos, les hizo ver la perfidia de los paganos y las transgresiones de los juramentos.

11 Después de haberlos armado, más que
con escudos y lanzas, con palabras alenta-
doras, confirmó todo esto, narrándoles un
sueño digno de crédito, que los llenó de
alegría. 12 El sueño era éste: Onías, que
había sido sumo sacerdote, hombre de bien,
modesto y de suaves modales, de palabra
elegante, y que desde la niñez se había ejercitado en la virtud, oraba por el pueblo judío con las manos levantadas. 13 Vio también a otro hombre, de blancos cabellos y
aspecto venerable, rodeado de majestad y
gloria. 14 Onías dijo:

–Este es Jeremías, el profeta de Dios
que ama a sus hermanos y ora sin cesar por
el pueblo y la ciudad santa.

15 Jeremías extendió su mano derecha y
dio a Judas una espada de oro diciéndole:

16 –Toma esta santa espada, don precioso que Dios te envía; con ella exterminarás
a tus enemigos.

17 Animados con estas palabras de Judas, sumamente bellas y aptas para enarde-
cer los corazones de los jóvenes, decidieron no quedarse en el campamento, sino
atacar valerosamente, luchar con toda su
fuerza y decidir así la causa, pues peligraba la ciudad, las cosas santas y el templo.
18 Temían por sus mujeres, sus hijos, sus
hermanos y sus parientes menos que por el
santo templo. 19 Los que se habían quedado en la ciudad estaban angustiados, preocupados por la batalla que se iba a librar en
campo abierto.

20 Mientras esperaban con impaciencia
el desenlace, los enemigos avanzaban en
orden de batalla, con los elefantes bien situados y la caballería distribuida por las
alas.

21 Al ver las tropas en formación, la variedad de su armamento y la ferocidad de
los elefantes, el Macabeo levantó las manos al cielo e invocó al Señor que hace maravillas, pues sabía bien que la victoria no
depende de las armas, sino de aquel que la
concede a quien considera digno de ella.
22 Judas hizo esta oración:

–Oh Señor, que enviaste tu ángel en los
días de Ezequías, rey de Judá, y él mató a
ciento ochenta y cinco mil del ejército de
Senaquerib; 23 envía también ahora, oh Señor del cielo, un ángel bueno delante de
nosotros para hacerlos temblar y temer.
24 Desbarata con la fuerza de tu brazo a los
que vienen blasfemando contra tu santo
pueblo.

Esta fue su oración.

25 Mientras las tropas de Nicanor avanzaban al son de trompetas y cantos de guerra, 26 Judas y los suyos entraron en combate entre súplicas y oraciones. 27 Combatían con sus manos y oraban a Dios con su
corazón; así, confortados con la ayuda manifiesta de Dios, mataron no menos de treinta
y cinco mil hombres.

28 Terminada la batalla, cuando regresaban llenos de alegría, vieron a Nicanor
muerto, con toda su armadura. 29 Entre clamores y gran júbilo bendijeron al Señor en
su lengua materna. 30 Y el que con toda la
fuerza de su cuerpo y de su alma había
combatido por sus conciudadanos, el que
desde su juventud se había consagrado a
sus compatriotas, mandó que cortaran a
Nicanor la cabeza y el brazo derecho hasta
el hombro y lo llevaran a Jerusalén.

31 Cuando llegó allí, reunió a sus conciudadanos, puso a los sacerdotes ante el
altar y mandó que vinieran los de la ciudadela. 32 Mostró a todos la cabeza del impío
Nicanor y la mano que el blasfemo había
levantado orgulloso contra la santa morada
del Señor; 33 cortó en trocitos la lengua del
blasfemo Nicanor y mandó echarla a los
pájaros, y colgó la mano delante del templo en castigo por su necedad. 34 Todos,
mirando al cielo, bendijeron así al Señor
de la gloria:

–Bendito aquel que ha conservado sin
mancha su morada.

[35] Judas mandó colgar la cabeza de Nicanor en la ciudadela, como señal manifiesta del auxilio de Dios. [36] Decidieron de común acuerdo no dejar pasar este día sin recordarlo, por lo que decretaron día festivo el trece del mes decimosegundo –Adar en lengua siríaca–, un día antes de la fiesta de Mardoqueo.

CONCLUSION +

[37] Esta fue la historia de Nicanor. Como desde entonces la ciudad ha estado en poder de los hebreos, también yo pondré fin a mi obra. [38] Si he logrado componerla y redactarla bien, he conseguido lo que quería. Pero si resulta mediocre e imperfecta, yo he hecho lo que he podido. [39] Por lo demás, así como el beber vino solo o agua sola es perjudicial, mientras que el vino mezclado con un poco de agua resulta suave y agradable al paladar, así también el arte de disponer los diversos elementos del relato produce placer en los lectores. Y aquí doy fin a mi obra.

+ 15 37-39: No sabemos si la historia escrita por Jasón de Cirene (2 Mac 2 23) relataba también la muerte de Judas e incluía la historia de sus hermanos. El compilador termina aquí, con la ciudad (que no la ciudadela) en poder de los judíos. Su epílogo evalúa resultados y remite a los objetivos literarios trazados en el prólogo (2 Mac 2 19-32).

Escritos Proféticos

ESCRITOS PROFETICOS

INTRODUCCION

No nos faltará la instrucción del sacerdote,
ni el consejo del sabio,
ni la palabra del profeta (Jr 18 18).

Este texto de Jeremías se refiere a las tres instituciones que, junto con la monarquía, son las más importantes del Antiguo Testamento, a la vez que señala la tarea o misión que cada una de ellas desempeñaba. Los *sacerdotes* realizaban sus funciones cultuales en los santuarios y enseñaban la ley y la tradición. Los *sabios* se dedicaban al estudio, al consejo y a la instrucción. Los *profetas* anunciaban la palabra de Dios. Mientras que el sacerdote (como el rey) lo era por herencia y el sabio por propia iniciativa y dedicación personal, el profeta lo era por vocación. Lo que mejor define al profeta frente al sacerdote y al sabio es precisamente su carácter carismático, es decir, su condición de elegido y llamado directamente por Dios.

1. La identidad profética

El abuso de las palabras (y, más en concreto, de las "grandes palabras") provoca el deterioro de las mismas, la devaluación de su sentido y con frecuencia una cierta ambigüedad. Esto sucede actualmente con la palabra "profeta", que para muchos es sinónimo de adivino, futurólogo, visionario y todo un repertorio de personajes esotéricos que sacan provecho de estos tiempos tan escasos de esperanzas y expectativas de futuro. Es verdad que los profetas bíblicos se refieren al futuro y lo anticipan; pero, con más frecuencia, se refieren al presente y al pasado. Para aclarar confusiones y deshacer ambigüedades es preciso recuperar definiciones y perfilar identidades. Es lo que pretendemos hacer, a sabiendas de que no es tarea fácil (por la gran variedad de personajes y mensajes proféticos que nos ofrece el Antiguo Testamento) y conscientes de los riesgos (simplificación y conceptualismo) que ello comporta.

Los *relatos de vocación* son el mejor medio de que disponemos para saber cómo se comprendieron a sí mismos y cómo los vieron sus discípulos y contemporáneos. Aunque no tenemos los relatos de vocación de todos los profetas, contamos con ejemplos abundantes y suficientemente representativos (Is 6; Jr 1; Ez 1-3; Os 1-3; Am 7 10-17; Jon 1 1-3; 3 1-4). Estos relatos coinciden en destacar cuatro rasgos principales.

Llamados y enviados por Dios

No se es profeta por propia iniciativa, por determinadas cualidades o condiciones heredadas. Se es profeta por decisión y elección de Dios. Todos los relatos de vocación coinciden en señalar la iniciativa divina que culmina en la *llamada* personal a cada uno de los profetas. Estos, a su vez, perciben dicha llamada o vocación, en el marco de un encuentro especial con Dios que cambia radicalmente sus vidas, dándoles una nueva orientación. La llamada a actuar como profeta comporta siempre el "envío" por parte de Dios: el que es llamado se transforma en un "enviado", es decir, alguien que no actúa ya por cuenta propia, sino por cuenta y en nombre de Dios. Es lo que expresan frases como: *¿A quién enviaré? ¿Quién irá por nosotros?* (Is 6 8); *irás a donde yo te envíe, y dirás lo que yo te ordene* (Jr 1 7); *les comunicarás mis palabras, escuchen o no* (Ez 2 7); o los frecuentes estribillos de autoridad: *así dice el Señor, oráculo del Señor, palabra del Señor.* Todo ello señala una misma realidad: el profeta es el "hombre de Dios" que habla y actúa en su nombre; por eso, ha de hablar y actuar desde la fe y la experiencia de Dios. Aquí se fundamentan su autenticidad y misión de profeta.

Misión pública

La llamada y el envío convierten al profeta en un personaje público, que (a diferencia de los místicos) no puede guardar para sí la experiencia de Dios. El profeta queda, por tanto, situado pública y abiertamente ante unos destinatarios a menudo reacios e incluso hostiles ante quienes debe desempeñar su misión, lo escuchen o no. Jeremías se sabe constituido profeta *frente a todo el país, frente a los reyes de Judá y a sus príncipes, frente a los sacerdotes y a los terratenientes* (Jr 1 18). Ezequiel es enviado *a los israelitas, a ese pueblo rebelde... a esos hijos obstinados y empedernidos* (Ez 2 3-4). Al profeta Amós se le encarga: *Vete y profetiza a mi pueblo Israel* (Am 7 15). Esta misión pública exige al profeta enfrentarse abiertamente a personas e instituciones poderosas, debiendo superar los propios miedos (Jr 1 8.17) y las amenazas de quienes pretenden hacerlos callar.

Ministerio de la palabra

El profeta es también, y sobre todo, el "hombre de la palabra". Sin duda que la palabra es la herramienta más característica del oficio profético. Por eso, Jeremías pretende escapar del encargo divino argumentando su incapacidad de hablar (Jr 1 6) e Isaías descubre en sus *labios impuros* (Is 6 5) un obstáculo insalvable. Es muy significativo que los tres grandes profetas (Isaías, Jeremías y Ezequiel) reciban como "investidura" de su misión un signo que los habilita para el ministerio de la palabra (véase Is 6 6-7; Jr 1 9; Ez 3 1-3). De aquí que el auténtico profeta ya no hable por su cuenta ni transmita su propio mensaje, sino que convertido en un atento "oyente de la palabra" (Is 50 4-5) deba ser testigo fiel de la voluntad divina, de aquel que lo envió dotándolo de "palabras de Dios": *Yo pongo mis palabras en tu boca* (Jr 1 9). A través del profeta y su ministerio, la palabra de Dios interviene en la historia y se encarna en ella para juzgarla, encauzarla y salvarla.

Un mensaje en dos direcciones

El encargo recibido por Jeremías *para arrancar y destruir..., para edificar y plantar* (Jr 1 10) resume admirablemente las dos direcciones de la palabra profética. La expresión *arrancar y destruir* refleja la dimensión crítica de la tarea profética (llamada también *denuncia profética*), que ejerce en relación al pasado y al presente del pueblo o de las naciones extranjeras y a las actitudes y comportamiento de sus más cualificados representantes. El profeta se convierte así en instancia crítica frente al orden (o desorden) establecido, proyectando su denuncia a todas las áreas de la vida (religiosa, social, económica, política).

Pero su mensaje va más allá de la denuncia y el castigo. Su objetivo último es *edificar y plantar*, es decir, promover el cambio y la conversión, alimentar la esperanza, anunciar la salvación prometida, construir el futuro. Esta dimensión esperanzadora y salvífica se refleja especialmente en las llamadas *utopías o escatologías proféticas.*

2. Historia del profetismo bíblico

Por mucho tiempo se pensó que el fenómeno profético era un producto propio y peculiar de la religión yavista. Sin embargo, los recientes hallazgos arqueológicos y literarios han sacado a la luz, aquí y allá, por todo el antiguo Oriente Medio, indicios y ejemplos de manifestaciones proféticas más o menos similares al profetismo israelita. Se pueden citar, entre otros, los videntes y mensajeros no profesionales de los archivos de Mari, el relato de viaje de Wen Amón a Fenicia, la estela de Zakir, rey de Jamat. El adivino Balaán (Nm 22-24) y los profetas de Baal (1 Re 18 20ss.) se mueven asimismo en un contexto similar.

Junto con los paralelismos y coincidencias estructurales, e incluso literarias, que existen entre los videntes y mensajeros extrabíblicos y los profetas israelitas, se dan también entre ambos diferencias esenciales. La fe en un Dios único y personal, creador del cosmos y Señor de la historia, junto con la referencia a la alianza como base de las relaciones especiales entre el Señor y su pueblo y como fundamento de la vida moral de éste, colocan al profetismo bíblico en una categoría aparte.

Orígenes del profetismo en Israel

Aunque algunos textos tardíos veían en Moisés el origen del profetismo (véase Dt 18 15-20), en realidad el fenómeno profético aparece en Israel con Samuel, coincidiendo con el nacimiento de la monarquía (finales del s. XI a. C.). Se podría decir que la monarquía y el profetismo nacen juntos y mueren juntos. Son dos instituciones estrechamente relacionadas entre sí. En concreto los tres últimos siglos de la monarquía (VIII-VI a. C.) corresponden a los llamados profetas clásicos, canónicos o escritores.

De los profetas anteriores al siglo VIII, que constituyen el llamado *profetismo preclásico* o precanónico, la Biblia (especialmente los libros 1-2 Sm y 1-2 Re) ha conservado ciertos relatos, unos sueltos y otros agrupados en ciclos. El conjunto de datos nos permite diferenciar tres modelos proféticos:

– Profetas individuales, vinculados a la corte y muy cercanos al rey (incluso pertenecientes a su servicio). Es el caso de Natán (2 Sm 7; 12; 1 Re 1), Gad (1 Sm 22 5; 2 Sm 24 11) o Miqueas hijo de Yimlá (1 Re 22), que sólo intervienen en asuntos relacionados con la política y las intrigas de palacio.

– Grupos o fraternidades de profetas, que se agrupan como discípulos en torno a un gran maestro, como Samuel, Elías y Eliseo (1 Sm 10 10; 19 20; 1 Re 22 10; 2 Re 2 3.5; 4 38). Actúan poseídos por el espíritu de Dios (1 Sm 19 20-24; 1 Re 22 24) y llegan a estados de éxtasis contagiosos, provocados por ritmos musicales, danzas y gesticulaciones (1 Sm 10 5; 19 20-24; 1 Re 22 10-11).

– Profetas independientes, que viven entre el pueblo, alejados de la corte, aunque ocasionalmente intervengan ante los reyes. Entre estos podemos citar a Ajías de Siló (1 Re 11 29-39; 14 1-18), un profeta anónimo de Judá (1 Re 13), a Elías (1 Re 17-2 Re 2), y frecuentemente a Eliseo (2 Re 2-8). Este será seguramente el modelo que más influirá en los profetas escritores.

El profetismo clásico

A mediados del s. VIII a. C. se produce un fenómeno nuevo en la historia del profetismo: Entra en escena un conjunto de profetas, cuyas predicaciones serán consignadas por escrito (a iniciativa propia o de los discípulos) en los llamados libros proféticos. Por eso reciben el nombre de profetas escritores, aunque también se los conoce como profetas clásicos o canónicos. Cronológicamente se pueden agrupar en tres momentos:

1) *Profetas preexílicos:*

a) Período asirio (s. VIII):
Amós, Oseas, Isaías 1-39 y Miqueas.
b) Período babilónico (ss. VII-VI):
Sofonías, Nahum, Jeremías y Habacuc.

2) *Profetas exílicos* (586-538 a. C.):

Ezequiel e Isaías 40-55.

3) *Profetas postexílicos* (ss. VI-II a. C.):

Ageo, Zacarías 1-8, Isaías 56-66, Abdías, Malaquías, Jonás, Joel, Zacarías 9-14, Baruc y Daniel.

Los ocho profetas *preexílicos*, especialmente Isaías y Jeremías, señalan el momento de mayor esplendor del profetismo clásico. Coinciden con momentos críticos de la historia de Israel, tales como la caída de Samaría (722 a. C.) y la caída de Jerusalén (587 a. C.) en poder de Asiria y Babilonia respectivamente. De estos ocho profetas, sólo Oseas procede del reino del Norte, donde ejerce su ministerio, junto con Amós (originario del reino del Sur). Los seis restantes proceden del reino de Judá y allí ejercen el ministerio.

Con Ezequiel, el primer profeta del *exilio*, se produce un cambio de tono: menos vehemencia y espontaneidad en el mensaje, predominio de grandiosas y complicadas visiones, preocupación cada vez mayor por los últimos tiempos. Todos ellos son rasgos que anuncian la literatura apocalíptica. Sin embargo, en el Segundo Isaías (Is 40-55) reaparece, enriquecida, la corriente profética representada por el Isaías del s. VIII a. C.

Entre los profetas *postexílicos* sólo son identificables Ageo y Zacarías (el autor de Zac 1-8), cuya actuación se mueve dentro de un horizonte limitado: la restauración del templo. El Tercer Isaías (Is 56-66), Malaquías y el Segundo Zacarías (Zac 9-14) son colecciones de oráculos de tono cultual, apologético y apocalíptico, detrás de los cuales no se descubre ninguna personalidad histórica concreta. No se sabe si Abdías y Joel son escritos proféticos o más bien textos litúrgicos. Jonás no es una profecía, sino una parábola de carácter didáctico y de autor desconocido. Baruc es una selección de fragmentos de distintas procedencias, reunidos por un autor-redactor, que poco o nada tiene de profeta. Finalmente, Daniel entra de lleno en el género apocalíptico (véase la introducción especial a este libro).

No parece incorrecto afirmar que el movimiento profético en el sentido estricto de la palabra termina con el exilio. Los llamados profetas postexílicos carecen de la fuerza, la creatividad y las inquietudes características del profetismo clásico (ss. VIII-VI a. C.). En los libros proféticos postexílicos, incluidos Ageo y Zacarías, se hacen presentes temas y preocupaciones ajenos al profetismo clásico, como el culto y la liturgia, la moral legalista, la apología y la apocalíptica. Este último dato confirma la convicción antes apuntada de que el profetismo nace con la monarquía y muere con ella.

3. Formación de la literatura profética

La actividad literaria en Israel comenzó hacia el s. X a. C. Y es significativo señalar que los primeros libros del Antiguo Testamento no fueron ni los del Pentateuco ni los libros históricos, sino los libros proféticos. Como generalmente suele ocurrir en la Biblia, los libros proféticos no fueron escritos por un solo autor ni de una sola vez, sino que son el resultado de un largo proceso de formación, en el que podemos distinguir, al menos, tres momentos decisivos:

– *Los profetas.* En el origen de la mayoría de los libros está la predicación oral y la actuación de los profetas. Detrás de la mayoría de los libros proféticos se descubre la huella literaria y teológica de una personalidad histórica concreta. Algunos profetas pusieron por escrito (ellos mismos o con la ayuda de secretarios o discípulos) parte de sus predicaciones (Is 8 1.16; 30 8; Jr 30 2; 36; 51 60; Ez 43 11; Hab 2 2). Sin embargo, los profetas no ejercieron su ministerio por medio de la palabra escrita, sino por su predicación oral y, también, a través de sus acciones.

– *Los discípulos*, a su vez, transmitieron oralmente y luego fueron poniendo por escrito la predicación de sus maestros (Is 8 16; Jr 36 4.32), dando paso así a las primeras agrupaciones del material profético en colecciones temáticas y literarias. Esta transmisión no fue sólo material y mecánica, sino viva, personal y creadora, tanto en lo que respecta al contenido como a su forma (géneros literarios). Sirvan como ejemplo las colecciones del libro de Amós:

- Am 1-2: Siete oráculos contra las naciones.
- Am 3-6: Seis oráculos contra Israel.
- Am 8-9: Cinco visiones.

– Los últimos *editores o redactores* compusieron finalmente, con los materiales recibidos y sus propias aportaciones, los libros proféticos. Siguiendo con el ejemplo de Amós, las aportaciones más importantes del editor parecen ser las siguientes:

- Introducción (Am 1 1-2)
- Conclusión (Am 9 11-15)
- Oráculo contra Judá (Am 2 4-5)
- Las doxologías (Am 4 13; 5 8-9; 9 5-6).

Tal es el proceso de formación, un tanto simplificado y esquematizado, que siguió la literatura profética hasta cristalizar en los actuales libros, después de pasar por sucesivas ediciones y reediciones, en las que todavía conocieron retoques, reinterpretaciones y ampliaciones (véase la introducción general al Antiguo Testamento).

4. Géneros literarios proféticos

Los libros proféticos contienen palabras de los profetas y palabras sobre los profetas. Este doble tipo de material da lugar a dos grandes géneros literarios: *oráculos proféticos* (palabras de los profetas) y *narraciones proféticas* (palabras sobre los profetas). Cada uno de estos grandes grupos se subdivide, a su vez, en múltiples formas, algunas de las cuales señalamos a continuación.

Oráculos proféticos

El oráculo es una "declaración solemne hecha en nombre de Dios". En algunas ocasiones se trata de sentencias breves; en otras, de exposiciones más amplias. Como género específicamente profético el oráculo presenta dos modalidades: oráculo de condena y de salvación.

El *oráculo de condena* se refiere a acontecimientos o acciones del pasado y del presente y en su forma más típica consta de: a) una introducción que contiene la fórmula "así dice el Señor" u otra similar; b) el cuerpo del oráculo, que enumera los delitos o pecados condenables e incluye la sentencia o el castigo; y c) la conclusión o firma del oráculo con fórmulas del tipo "oráculo del Señor". En Am 1-2 encontramos ocho oráculos que se ajustan perfectamente a este esquema (aunque a veces se introducen pequeñas variantes).

Una forma muy parecida al oráculo de condena es la llamada *requisitoria judicial*, una especie de pleito en el que Dios llama a juicio a Israel, convocando como testigos a los demás pueblos e incluso a la creación entera (montañas, cielos, tierra). Después de un interrogatorio, a menudo retórico y solemne, el reo es declarado culpable. Todo culmina en la proclamación del veredicto de condenación (Is 5 3-7; Jr 2 4-37; Os 2 4-15; 4 1-3; 4 4-6; Miq 1 2-7; 6 1-5). Otras formas de oráculos de condenación son las *lamentaciones* y *amenazas* (Is 5 8-24; 10 1-4; 28-33; Am 5 7-6 14; Hab 2 6-20).

El *oráculo de salvación* se refiere siempre al futuro, tanto inmediato como más lejano, y presenta ciertas similitudes con el oráculo de condena (sobre todo en la introducción y en la conclusión), pero se diferencia de éste en el cuerpo y en el contenido, que consiste en el anuncio de una especial intervención salvífica de Dios o en el cambio de una situación de castigo (Is 2 1-4; 11 1-9; 65 17-21; Jr 31 31-33; Ez 36 26ss; Os 2 18-22; Am 9 11-15). A veces, este anuncio viene precedido de la exigencia de conversión por parte del destinatario (Is 1 16-20; 58 6-14; Jr 7 5-7; Os 6 1-3; 14 2-9; Am 5 4-6).

Además de estas formas, especialmente típicas y representativas del lenguaje profético, las "palabras de los profetas" utilizan otros géneros y formas tomados de otros contextos no específicamente proféticos como son la sabiduría familiar y tribal (exhortaciones, parábolas, alegorías, enigmas, bendiciones y maldiciones, etc.), el culto (himnos y oraciones, confesiones, instrucciones, liturgias penitenciales, etc.), la corte y la diplomacia (edictos, cartas, tratados, etc.), el ámbito judicial (discurso acusatorio, fórmulas casuísticas, etc.) o la vida diaria (cantos de amor y de trabajo, lamentaciones, etc). Mención aparte merece el *género apocalíptico* que, sin ser específicamente profético, adquiere especial importancia en el período postexílico.

Narraciones proféticas

A diferencia del oráculo, generalmente en verso, las narraciones proféticas aparecen en prosa y tienen por objeto la vida, las acciones y experiencias de los profetas. Suelen ser relatos biográficos (en tercera persona) o autobiográficos (en primera persona) y entre sus formas más características hay que destacar los relatos vocacionales, las visiones y las acciones simbólicas. Estas últimas ocupan un lugar importante en la predicación profética (Is 20; Jr 13 1-11; 18 1-12; 32 1-15; Ez 4; 12). A veces, la misma persona del profeta y sus experiencias existenciales se convierten en símbolo profético (Is 8 1-4; Jr 16; Ez 24 15-27; Os 1 y 3), abriendo así los límites de la palabra al horizonte más amplio de la vida, elevada a lenguaje profético privilegiado.

5. El mensaje de los profetas

El mensaje de los profetas está determinado por los rasgos que configuran su personalidad, especialmente por su condición de hombres de Dios, por la dimensión pública de su ministerio y por las dos direcciones predominantes de su palabra: denuncia y utopía. Como "hombres de Dios", han profundizado en el conocimiento de la divinidad, han interiorizado y personalizado la vida cultual y han contribuido al avance cualitativo de la religiosidad de Israel. Su "ministerio público" los ha puesto, además, en contacto con la historia de su pueblo y con los problemas de su tiempo; sobre todo en las esferas social, política, económica y jurídica, han tenido que hacer vigorosas denuncias y claras reflexiones. Como "mensajeros de salvación", han abierto la historia hacia el futuro, contribuyendo decisivamente a la doctrina escatológica.

Desde el punto de vista *religioso*, el profetismo se sitúa en el corazón del Antiguo Testamento. Los profetas son los centinelas de la alianza (Ez 3 16-21), los defensores del yavismo frente a los dioses extranjeros, a las creencias y a las prácticas politeístas cananeas. Son los creyentes y teólogos que han profundizado en el conocimiento del Dios único y han expresado con claridad y perfección verdades tan importantes como el monoteísmo, la creación, la elección, la alianza, el mesianismo, el culto auténtico, el sentido de la historia, etc.

Pero esta profunda experiencia religiosa nunca alejó a los profetas de los problemas de su tiempo ni los colocó al margen de la historia de Israel. El paso de la vida nómada a la sedentaria en la tierra prometida y, sobre todo, la monarquía habían introducido en el antiguo Israel un progresivo desequilibrio *económico y social*. Con ello, la corona y las familias allegadas a la corte se enriquecieron a costa del pueblo (1 Sm 8 10-18). Por su parte, las clases dirigentes encargadas de elaborar las leyes y presidir las instituciones no siempre se condujeron con la equidad y justicia que exigían sus responsabilidades. Por éstas y otras muchas razones, la sociedad del tiempo de los profetas llegó a sufrir escandalosos desajustes sociales. De ahí que una buena parte de la predicación profética vaya encaminada a denunciar estas situaciones de injusticia y a defender los derechos de los pobres y desprotegidos frente a los abusos de las clases dominantes.

La mayoría de los profetas tuvieron gran influencia en el *ámbito político* de su tiempo. Se hicieron presentes en momentos críticos de la vida del pueblo y su actuación fue decisiva en la historia de la nación. En general, el profetismo significaba el elemento carismático que recordaba a los reyes y dirigentes que toda la vida del pueblo elegido y todas sus instituciones, incluida la monarquía, debían estar atentas a los designios y a la voluntad de Dios, manifestada a través de la voz de los profetas.

Finalmente, los profetas fueron auténticos forjadores de *esperanzas*, que abrieron la historia y los horizontes de su pueblo hacia un futuro de salvación y plenitud. Basados en las grandes verdades y experiencias del éxodo, de la alianza, de la elección de Jerusalén como ciudad santa y de la elección de la casa de David como dinastía eterna, los profetas anuncian y esperan un nuevo éxodo, una nueva alianza, una nueva Jerusalén, y un nuevo David que instaure sobre la tierra el reino de Dios (mesianismo). Estas, junto con las promesas de un nuevo pueblo que Dios forma a partir del "resto de Israel", e incluso de una nueva creación, son las esperanzas que constituyen los grandes ejes de la utopía o escatología profética.

Aunque el profetismo en cuanto fenómeno histórico concreto termina con el exilio, sin embargo en Israel nunca se extinguiría del todo la esperanza de nuevos profetas. El mismo Jesús será considerado como profeta por muchos de sus contemporáneos (véase Mt 21 11; Mc 8 28; Jn 4 19; 6 14; 9 17). Igualmente, las primeras comunidades cristianas lo consideraron como el profeta esperado (Hch 3 22; 7 37), que con su vida y obra llevó al cumplimiento definitivo las antiguas profecías (Lc 24 25).

ISAIAS

INTRODUCCION

El libro de Isaías es probablemente el más conocido y representativo de toda la literatura profética. Su dominio del lenguaje, su belleza poética y la riqueza de sus imágenes lo convierten en un clásico de la literatura universal. A nivel teológico, sus oráculos mesiánicos, los poemas de la consolación y el nuevo éxodo, los cantos del siervo, los himnos a Sión, etc. hacen de él uno de los libros más profundos de todo el Antiguo Testamento en cuanto al contenido teológico y el más citado o aludido del Nuevo Testamento. Sin embargo, más que una sola obra, el libro de Isaías es una compleja colección en la que se descubren, al menos, tres autores, a los que actualmente se llama: Primer Isaías, Segundo Isaías y Tercer Isaías.

El descubrimiento de los "tres Isaías"

Hasta el final del s. XVIII, prácticamente nadie había puesto en duda que el profeta Isaías, personaje histórico de la segunda mitad del s. VIII a. C., fuera el autor de todo el libro que lleva su nombre. Sin embargo, la crítica histórico-literaria aplicada minuciosamente a toda la Biblia y, en particular, al libro de Isaías permitió cuestionar esa convicción a partir de una serie de indicios que agrupamos, de forma resumida, en tres grupos:

– Indicios históricos: En Is 1-39 se habla del profeta Isaías en el contexto histórico de la segunda mitad del s. VIII a. C., de los reyes de Judá contemporáneos a su ministerio, y de Asiria, el imperio dominante de la época. Pero, a partir de Is 40 encontramos un contexto histórico muy distinto: se habla de Ciro (Is 44 28; 45 1; véase Is 41 2), rey persa de la segunda mitad del s. VI a. C.; se invita a los israelitas a salir de Babilonia (Is 48 20; 55 12) y a regresar a Jerusalén (Is 40 1ss). Estamos, pues, en la época del destierro, unos 150 años después de las últimas fechas seguras del ministerio del profeta Isaías. Y a partir de Is 56 tenemos la impresión de estar de nuevo en Jerusalén, una vez que ya ha pasado la primera euforia del regreso del exilio.

– Indicios literarios: Estas notables diferencias cronológicas van acompañadas de claras diferencias de lenguaje y estilo literario. Al estilo conciso, sobrio y contenido de Is 1-39 con abundantes asonancias y metáforas, sucede en Is 40-55 un estilo más retórico y apasionado, de construcciones más desarrolladas y géneros proféticos muy distintos. Finalmente, en Is 56-66 se observa una menor calidad poética.

– Indicios teológicos: Las diferencias no son menores en el plano teológico. La mayoría de los temas dominantes de Is 1-39 (denuncia social, anuncios de condena, oráculos mesiánicos, teología dinástica, etc.) desaparecen en Is 40-55 o son tratados con otro enfoque (tema del "resto"), mientras que aparecen temas originales (Dios creador, nuevo éxodo, oráculos de consuelo, cantos del siervo, etc). A su vez en Is 56-66 se incorporan nuevos temas y preocupaciones (el culto, el sábado, el templo, relación con los extranjeros, preocupaciones escatológicas).

Este conjunto de indicios y diferencias ha llevado a formular la hipótesis, hoy prácticamente aceptada por todos, aunque con diferencias de detalle, de tres obras independientes y distintas entre sí:

1. Is 1-39: Libro de Isaías, profeta del s. VIII a. C. (Primer Isaías).
2. Is 40-55: Obra de un profeta anónimo del exilio (Segundo Isaías).
3. Is 56-66: Obra de uno o varios profetas anónimos posteriores al exilio (Tercer Isaías).

En la presente edición de la Biblia asumimos esta posición generalizada y presentamos el libro de Isaías, diferenciando cada una de sus tres partes con su introducción correspondiente.

PRIMER ISAIAS (Is 1-39)

1. Contexto histórico

La vida y ministerio del profeta Isaías se desarrollan en la segunda mitad del s. VIII a. C. En el ámbito internacional, esta época queda definida por la expansión y supremacía del imperio asirio que con sus reyes Teglatfalasar III (745-727 a. C.), Salmanasar V (726-722 a. C.), Sargón II (721-705 a. C.) y Senaquerib (704-681 a. C.) somete sucesivamente a los distintos reinos y territorios del Oriente Próximo. Este dominio afecta también a Palestina: los reinos independientes de Israel y de Judá sufrirán las consecuencias de la presión asiria que producirá funestos resultados, pues supondrá, por un lado, la conquista de Samaría y el fin de Israel como reino independiente (722 a. C.) y, por otro, el sometimiento de Judá al dominio asirio junto con el ataque y asedio de Jerusalén (701 a. C.).

En el plano nacional, Isaías vive bajo el reinado de cuatro reyes de Judá: Ozías/Azarías (767-739 a. C.), Jotán (739-734 a. C.), Ajaz (734-727 a. C.) y Ezequías (727-698 a. C.), y es contemporáneo de los últimos reyes de Israel. En este medio siglo se suceden tres situaciones particularmente determinantes: un primer momento de relativo esplendor y prosperidad económica bajo Ozías y Jotán; un segundo momento constituido por la amenaza del imperio asirio, que provocará la alianza de Siria e Israel contra Judá en la llamada "guerra siro-efraimita" y la intervención de Asiria en ayuda de Ajaz, que traerá el fin de Israel y el sometimiento de Judá; y un tercer momento que coincidirá con el reinado de Ezequías, caracterizado por su reforma religiosa y sus afanes independentistas, que lo llevarán finalmente a rebelarse contra Asiria, sufriendo una nueva invasión, la conquista de cuarenta y seis fortalezas de Judá y el asedio de la capital. Jerusalén se salvará en el último momento por el repentino y urgente regreso a casa del ejército de Senaquerib (701 a. C.).

Esta época turbulenta y difícil coincide finalmente con uno de los momentos más intensos de la actividad profética: Isaías aparece un poco después de Amós, el primero de los profetas escritores, y es contemporáneo de Oseas (el otro gran profeta del norte junto con Amós) y de Miqueas. Aunque en los siglos inmediatamente anteriores ya habían aparecido grandes profetas, será a partir del s. VIII a. C. cuando la predicación y el mensaje proféticos empiecen a ser consignados por escrito, bien por sus mismos autores, bien por sus respectivos discípulos y seguidores.

2. Actividad profética de Isaías

Tenemos pocos datos concretos de la vida de Isaías. Parece que nació en Jerusalén, hacia el año 760 a. C., de una familia acomodada. Debió recibir una esmerada educación cultural y religiosa como muestra su dominio de la lengua hebrea y su conocimiento de las tradiciones religiosas (especialmente las relativas a Jerusalén) y sapienciales. Su vocación está fechada *en el año de la muerte del rey Ozías* (Is 6 1), es decir, hacia el año 740/739 a. C. y estuvo casado con una mujer conocida como "la profetisa" (Is 8 3). De su matrimonio tuvo dos hijos, a los que puso nombres simbólicos (Is 7 3; 8 3.18), como Oseas (véase Os 1 3-8), y a los que posiblemente asoció a su misión. Por la datación de algunos oráculos sabemos que intervino especialmente en la crisis "siro-efraimita" (Is 7 1) y con motivo del ataque de Senaquerib a Judá y Jerusalén (Is 36 1). Los demás datos permanecen oscuros; sobre su muerte una tradición judía dice que murió aserrado por orden de Manasés (véase Heb 11 37). Sólo a través de los indicios que nos proporcionan algunos de sus oráculos podemos reconstruir en parte su actividad profética, concentrada en tres períodos:

– Durante los últimos años del reinado de Ozías y los primeros de Jotán se vive una situación de paz y prosperidad que, como sucede con frecuencia, acentúa los abusos de las clases altas, produciendo escandalosas diferencias e injusticias. Isaías se rebela contra este estado de cosas y denuncia, como contrarios a la justicia y santidad de Dios, el lujo, la corrupción, la injusticia, la opresión y sobre todo un culto que pretende en cierto modo justificar todos estos abusos (Is 1 10-20). Buena parte de los oráculos de Is 1-5 se remontan a este momento, en que predomina la denuncia y el castigo, pero también hay lugar para los anuncios de salvación (Is 1 16-17), siempre que el pueblo acepte convertirse.

– Los últimos años de Jotán y el reinado de Ajaz están marcados por dos principales preocupaciones políticas: la creciente amenaza asiria y la guerra siro-efraimita. Isaías se opone a la política de Ajaz de buscar la ayuda asiria, por la desconfianza y la falta de fe en Dios que tal actitud supone; la afirmación: *Si no confían en mí, no subsistirán* (Is 7 9b) resume la exigencia del profeta. Su mensaje se reparte en amenazas y promesas, entre las que destacan los oráculos del "libro del Enmanuel" (Is 7-12).

– Sigue un largo período de silencio, en el que se producen las caídas sucesivas de Damasco y Samaría a manos del ejército asirio. Judá, por su parte, es sometida a vasallaje, situación respetada tanto por Ajaz en los últimos años de su reinado, como por Ezequías que, en los primeros del suyo, se mantiene al margen de alianzas y rebeliones contra Asiria. Pero la muerte de Sargón II (705 a. C.) es aprovechada por los reinos dominados, Judá entre ellos, para rebelarse. Is 28-31 muestran la posición y el mensaje del profeta en este tiempo: Isaías denuncia la alianza antiasiria de Judá con los reinos vecinos y la petición de ayuda a Egipto. Los hechos le darán la razón: Senaquerib somete a los pueblos vecinos, invade Judá y asedia Jerusalén (701 a. C.). En circunstancias tan dramáticas, Isaías se vuelve contra Asiria que ha sobrepasado su misión de instrumento divino (Is 5 26-29; 10 5-6; 28 2), condena su orgullo y prepotencia (Is 10 5-15; 14 24-27; 30 27-33 y la sección en prosa de Is 36-39) y anuncia la salvación para Jerusalén (Is 31 5-6; 37 33-35). La reacción eufórica del pueblo tras la liberación provoca la decepción del profeta, que pronuncia dos duros oráculos de condena contra la conducta inconsciente del pueblo y su negativa a convertirse (Is 22 1-14; 1 4-9).

Fuera de estos acontecimientos no es fácil datar más oráculos, ni concretar nuevas intervenciones del profeta. Pero, dado el relieve que en Is 1-39 tienen los oráculos de salvación no es difícil imaginar que en este nuevo contexto de paz tengan cabida algunos oráculos, como Is 2 2-4; 11 1-9; 32 1-5.15-20, que entreabren un futuro de paz internacional y de establecimiento de la justicia y el derecho, de la fraternidad y el bienestar.

3. La obra de Isaías

En realidad sólo es posible datar una pequeña parte de Is 1-39 y encuadrarla en el marco de la vida del profeta. Estos oráculos constituyen el núcleo del libro, escrito probablemente por el mismo Isaías (Is 30 8). Ello no impide que otros muchos textos no datados sean también suyos. Del resto de los oráculos, algunos fueron recogidos y redactados por sus discípulos (Is 8 16), otros pertenecen a su escuela y fueron tal vez sometidos a una posterior readaptación. Un último grupo de oráculos (Is 24-27 e Is 34-35), de época más tardía, fue incorporado a la obra de Isaías por el editor que organizó el libro tal como nos ha llegado. El resultado de este complejo proceso redaccional de Is 1-39 queda ahora estructurado en las seis partes que lo componen, a saber:

1. Is 1-12: Oráculos sobre Israel y Judá, que recogen buena parte de la predicación del profeta bajo Jotán y Ajaz e incluyen una unidad autónoma conocida como "libro del Enmanuel" (Is 7-12).
2. Is 13-23: Oráculos contra las naciones extranjeras, que en parte pueden atribuirse al mismo Isaías.
3. Is 24-27: La gran escatología, colección tardía, muy posterior al profeta.
4. Is 28-33: Oráculos contra Judá, que recogen buena parte de la predicación de Isaías durante los años 705-701 a. C.
5. Is 34-35: Pequeña escatología, también posterior a Isaías.
6. Is 36-39: Apéndice histórico, duplicado de 2 Re 18 13-20 19.

4. El mensaje de Isaías

El mensaje del profeta Isaías estuvo marcado por dos constantes, muy significativas: la experiencia de su vocación y la preocupación por la realidad concreta de su pueblo. Estas constantes configuran las líneas maestras de su mensaje.

– En el momento de su *vocación* (Is 6), Isaías tuvo acceso a una doble experiencia: la santidad de Dios manifestada en su soberanía y transcendencia, y la condición pecadora de sí mismo y de su pueblo. Puesto que ambos extremos son incompatibles, el encuentro pleno entre Dios y su pueblo sólo será posible con la conversión y la desaparición del pecado. Por eso, su predicación irá encaminada a denunciar el pecado y sus consecuencias y a proponer el conocimiento auténtico de Dios.

– El pecado se hace particularmente evidente en el orden social: codicia, lujo, orgullo, injusticia, opresión de los débiles, etc. La *denuncia social* de Isaías entronca con la de Amós (gana en altura poética y pierde en contundencia) y desemboca en el ámbito religioso: culto y opresión son incompatibles (Is 1 10-17).

– El pecado también se manifiesta en la esfera política pues la amenaza asiria hace que el pueblo y sus dirigentes busquen ayuda y hagan pactos con otros pueblos, poniendo así en evidencia su falta de confianza en Dios. Isaías, conocedor y simpatizante de las tradiciones teológicas de Judá (elección de Jerusalén y promesa dinástica), sabe que Dios se ha comprometido con la ciudad y con la dinastía davídica; pero este compromiso no es incondicional: exige la respuesta del pueblo, manifestada en una actitud de fe, de calma y confianza.

– Pero la denuncia del pecado y el anuncio del juicio y del castigo correspondiente no son la razón de ser de la actividad profética de Isaías: su objetivo último es la llamada a la conversión, el cambio de conducta, el regreso del Señor, como condición previa de su perdón (Is 1 18: *vengan y discutamos*) y de una nueva vida de justicia y misericordia (Is 1 16-20).

– La *esperanza mesiánica* de Isaías aparece como una relectura y proyección al futuro de la "promesa dinástica". El "ungido" (=mesías) anunciado por Isaías consolidará el trono davídico, implantará la justicia y el derecho, y posibilitará el conocimiento de Dios, que es la condición para hacer posible un futuro ideal, pacífico y paradisíaco (Is 2 2-4; 9 1-6; 11 1-9) que se abre a la esperanza.

SEGUNDO ISAIAS (Is 40-55)

1. El contexto histórico

El panorama histórico que se intuye detrás de Is 40-55 es bien distinto al que conocemos de Is 1-39. La situación internacional ha experimentado un cambio espectacular: en menos de un siglo ha caído el imperio asirio y se adivina inminente la caída del neobabilónico. El imperio asirio, después de una larga decadencia, es sustituido por el imperio neobabilónico, que con su gran rey Nabucodonosor (605-562 a. C.) invade Judá, ataca por dos veces Jerusalén y finalmente la destruye (587 a. C.), deportando a Babilonia a lo más selecto de la población judía. Su dominio durará poco más de medio siglo. El persa Ciro aparece en el horizonte, conquista Ecbátana, la capital de Media (550 a. C.) y derrota a Creso, rey de Lidia en Asia Menor (546 a. C.). Después de estos primeros éxitos marcha contra Babilonia, donde entrará triunfante, ayudado por los mismos babilonios que se han rebelado contra su rey Nabonido y saludan a Ciro como libertador (539 a. C.). Los pueblos dominados por Babilonia, entre ellos los judíos deportados, se verán también favorecidos por Ciro, quien mediante un decreto de liberación permite regresar a Palestina a los judíos que lo deseen (véase Esd 1 2-5).

En este marco histórico, y más concretamente entre los primeros éxitos de Ciro (546 a. C.) y su conquista de Babilonia (539 a. C.), se desarrolla el ministerio y la obra del profeta anónimo conocido como Deuteroisaías o Segundo Isaías.

2. Actividad profética del Segundo Isaías

Carecemos de datos explícitos sobre la vida y actividad de este anónimo y misterioso profeta. Todo lo que podemos llegar a saber hay que entresacarlo de su obra reunida en Is 40-55. Esta nos muestra a un personaje fervoroso y optimista, solidario con la suerte y sufrimiento de su pueblo, y con una profunda fe en Dios como señor de la historia. Es, sobre todo, un gran teólogo, buen conocedor de las antiguas tradiciones proféticas y teológicas de su pueblo (especialmente las tradiciones del norte, Oseas y Jeremías) y, al mismo tiempo, abierto al mundo religioso y cultural de su alrededor, y particularmente atento a los "signos" de su tiempo. Este profeta ejerce su ministerio en Babilonia, entre los judíos desterrados, a finales del exilio. A partir del cambio que experimenta su obra desde Is 49 en adelante, es posible adivinar dos etapas en su ministerio:

– En una primera etapa, su predicación (contenida fundamentalmente en Is 40-48) tiene por objeto anunciar a los desterrados la liberación del yugo babilónico por medio de Ciro, instrumento y "siervo" de Dios, y el regreso inminente a la propia tierra. Para ello, debe enfrentarse con múltiples resistencias entre los propios israelitas, unos desanimados por el aparante olvido y abandono de su Dios (Is 40 27); otros escandalizados por la elección de un libertador extranjero y pagano (Is 45 9-13); y otros, finalmente, deslumbrados y seducidos por los dioses babilónicos, a los que agradecen su propio bienestar (Is 42 17; 44 10.17). En definitiva, un pueblo sordo y ciego (Is 42 18-20) que se resiste a creer en su Dios y a esperar un futuro nuevo.

– Los caps. 49-55 introducen un cambio sustancial en la predicación del profeta, y hacen pensar en una segunda etapa inmediatamente posterior al regreso del primer grupo de judíos a su patria en el 538 a. C. Esta segunda etapa está caracterizada por la decepción del profeta respecto a los que protagonizan el primer regreso. En vista de ello, su predicación parece dirigirse ahora a un grupo reducido dentro del pueblo, un "resto", que ha experimentado el rechazo e incluso la persecución por parte de los suyos y, aún así, ha permanecido fiel. En esta segunda parte (Is 49-55) el mensaje se concentra en tres aspectos: los cantos del siervo del Señor, la restauración de Jerusalén y la conversión de las naciones paganas al Dios de Israel.

3. La obra del Segundo Isaías

El conjunto de Is 40-55 ofrece una mayor sensación de unidad y coherencia que el resto del libro de Isaías (Is 1-39 y 56-66). Su autor, magnífico teólogo, es también un destacado poeta que domina los recursos de la lengua (amplias construcciones, efectos sonoros, variedad de imágenes) y los géneros proféticos (oráculos de salvación, anuncios de salvación, himnos, pleitos judiciales, razonamientos polémicos, cantos, etc.). Así pues, podemos identificar en la obra del Segundo Isaías una sólida estructura compuesta de dos partes más una introducción y una conclusión en las que se insiste en la eficacia de la palabra divina:

1. Introducción (Is 40 1-11): El profeta anuncia de parte de Dios un nuevo éxodo.
2. Primera parte (Is 40 12-48 22): Liberación de Babilonia y retorno a Jerusalén.
3. Segunda parte (Is 49 1-55 5): Restauración de Jerusalén y misión del siervo del Señor.
4. Conclusión (Is 55 6-13): La eficacia de la palabra y el nuevo éxodo.

4. Los cantos del siervo del Señor

Por los problemas que plantean y por su especial significación posterior, los llamados "cantos del siervo" merecen una particular atención y un tratamiento aparte. Aunque se discute la extensión de alguno de ellos, estos cantos son cuatro: Is 42 1-4(5-9); 49 1-7(8-13); 50 4-9; 52 13-53 12, todos en tercera persona, excepto el tercero, en que el siervo se presenta en primera persona en una especie de autobiografía. Algunos estudiosos piensan que son independientes de su contexto actual, pero la opinión más generalizada admite que fueron compuestos por el Segundo Isaías.

En Is 40-55 aparece con relativa frecuencia la expresión "siervo/servidor" ("ébed" en hebreo). De las 19 ocasiones que aparece en singular y expresando una especial relación con Dios, 14 parecen referirse a Jacob-Israel. Las cinco restantes (cuatro de ellas en los cantos) no son fácilmente identificables. Tratando de responder a la pregunta que ya planteara el ministro etíope a Felipe en Hch 8 34: *¿de quién dice esto el profeta, de sí mismo o de otro?*, se han dado tres tipos de respuestas:

– *Interpretación colectiva:* Como de hecho sucede en la mayoría de los casos en Is 40-55, esta expresión designaría a Israel como siervo de Dios. Así lo entendió la traducción griega de la Biblia (llamada "de los LXX") que en Is 42 1 traduce: "Jacob, mi siervo... Israel, mi elegido" y, en buena medida, la interpretación judía precristiana. Otros piensan que se refiere a un grupo selecto, un "resto" cercano al profeta, que habría recibido la misión de reunir a los sobrevivientes de Israel y de llevar la luz a las naciones.

– *Interpretación individual:* Entre las numerosas figuras individuales que se han propuesto, merecen cierta consideración Jeremías (abundancia de paralelos con su vida "sufriente" y con sus "confesiones"), Ciro (presentado como "ungido" de Dios en Is 45 1 y llamado por él a ejercer una misión similar a la del siervo) y el mismo profeta (bien reflejado en muchos de los rasgos del siervo, incluyendo sufrimientos). Aquí entraría también la interpretación mesiánica sostenida por algunas corrientes judías y cristianas.

– *Interpretación mixta:* Los cuatro cantos, al igual que el resto de Is 40-55, hablarían de varios siervos: Israel en su conjunto, un grupo reducido de israelitas, Ciro y el mismo profeta. Esta diversidad es un claro indicio de la dificultad del problema de su identificación.

En las primeras comunidades cristianas se aplicaron a Jesús, especialmente los cantos primero (Mt 12 18-21) y cuarto (Mt 8 17; Lc 22 37; Hch 8 32ss), mientras que algunos rasgos de la presentación del siervo parecen tener alguna relación con los relatos del bautismo y la transfiguración. Ello no impidió que también se aplicaran al pueblo de Israel (Lc 1 54) o a los discípulos de Jesús (Mt 5 14.16.39; Hch 14 37; 26 17s).

5. *El mensaje del Segundo Isaías*

A pesar de la relativa brevedad de su obra, el mensaje del Segundo Isaías es uno de los más ricos, profundos y variados de todo el cuerpo profético. Con el evidente riesgo de simplificarlo y empobrecerlo, tratamos de sistematizarlo en sus grandes líneas teológicas.

– *La fuerza de la palabra de Dios:* Desde el principio (Is 40 5.8) hasta el final (Is 55 10-11), formando una gran inclusión, la palabra del Señor preside todo el libro y el proceso liberador que en él se anuncia. Como mandato, como anuncio, como llamada, como realización y cumplimiento de las nuevas hazañas, la palabra es la auténtica protagonista del libro.

– *El nuevo éxodo:* Es otro tema de fondo del libro. La antigua acción salvífica de Dios en Egipto se convierte en un ejemplo a seguir y en un modelo de la nueva liberación. Como entonces, Dios se apiada de su pueblo, lo rescata y lo hace salir, esta vez no de Egipto sino de Babilonia; lo conduce a través del desierto y lo introduce en su tierra, la tierra de las promesas. Pero este "nuevo éxodo" supera al antiguo, porque el mismo Dios está personalmente presente en todo el proceso liberador. En él, el desierto ya no tiene el carácter de prueba y sufrimiento, pues se ha convertido en un auténtico paraíso que facilita la marcha festiva de la comunidad litúrgica que regresa a Jerusalén.

– *Dios creador:* El protagonista del nuevo éxodo es el Dios libertador o rescatador (el término técnico "goel" aparece a menudo como título divino, véase Is 41 14; 43 14; 44 6.24; 47 4; 48 17; 49 7.26; 54 5.8), que se identifica con el Dios creador (el verbo "bará", que de modo exclusivo designa la acción creadora de Dios, aparece 16 veces). Anterior a todo, Dios es el origen de todo, pues él solo lo ha creado (Is 44 24). Su poder creador abarca tanto el nacimiento y la elección del pueblo (Is 43 1.7.15) como el nuevo éxodo, designado también como creación (Is 41 20; 48 7): Dios pone así su poder creador al servicio de su plan salvador. Este poder creador se manifiesta especialmente en el cumplimiento de todos sus planes y promesas y es sello de garantía de las nuevas promesas, argumento que late en las polémicas y litigios contra los dioses e ídolos de Babilonia (Is 40 12-26; 41 21-29; 44 6-8; 46 1-7).

– *Justicia y salvación:* La constancia y fidelidad de Dios en el cumplimiento de sus promesas y proyectos se atribuye a su "justicia" (la palabra aparece 28 veces), entendida como la misericordia fiel por la que Dios mantiene su plan salvífico, hasta el punto de que justicia y salvación se identifican con frecuencia (Is 45 8.21; 46 13; 51 5-6.8). Esta salvación tiene dos claras manifestaciones: por un lado se define como liberar, libertar, rescatar, por otro lado, significa reagrupar, reconfortar, consolar (término éste especialmente significativo, que ha dado nombre a toda la obra como "libro de la consolación"). El destinatario de la acción salvadora es el pueblo, frecuentemente invitado a regresar, buscar, escuchar a su Señor y a alabar, exultar, aclamar, alegrarse en Dios por la acción realizada.

– *Universalismo:* Aunque el principal destinatario de la salvación es Israel, sin embargo no es el único. La acción de Dios va dirigida a todos los pueblos, pues antes que a Israel creó a la humanidad (Is 45 12), y antes de hacer alianza con Abrahán la hizo con Noé (Is 54 9). Una gran variedad de sinónimos reflejan este universalismo: la humanidad, toda carne, la multitud, los pueblos, las naciones, las islas lejanas, los extremos de la tierra, etc. Todos están bajo el cuidado de Dios, todos dependen de él y todos son destinatarios de su luz y de la invitación a la alegría de la salvación (Is 45 22-24; 55 3-5).

– *Jerusalén, esposa fiel y ciudad universal:* Otro de los temas dominantes en el Segundo Isaías es la restauración y nueva situación de Jerusalén, objetivo último del regreso de los desterrados. Con imágenes que ya se encuentran en Oseas y Jeremías, se describe su restauración como el reencuentro conyugal entre Dios-esposo y la ciudad-esposa: la infiel volverá a ser recuperada por su marido, la viuda tendrá protector, la estéril dará a luz nuevos hijos. En cambio, no se alude al templo ni a las tradiciones teológicas jerosolimitanas. La ciudad futura, reconstruida y hermoseada, abrirá sus murallas a nuevos hijos, procedentes de las naciones extranjeras, y se convertirá en hogar de fraternidad y justicia.

TERCER ISAIAS (Is 56-66)

El paso de Is 55 a Is 56 marca una nueva ruptura (aunque no tan radical como la producida entre Is 39 e Is 40), que da lugar a una nueva unidad autónoma, caracterizada por la aparición de nuevos temas y géneros literarios, un tono más pesimista y una mayor diversidad de materiales. Al mismo tiempo se advierte una cierta continuidad y algunas semejanzas con Is 40-55: los temas del éxodo, la salvación futura, la nueva Jerusalén; vocabulario común, determinadas repeticiones... Ello explica que los primeros críticos atribuyeran todos los capítulos de Is 40-66 a un solo autor. Hoy día hay cierta unanimidad en considerar Is 56-66 como una obra distinta de Is 40-55. Sin embargo, las posiciones se dividen al determinar su autor:

– Para algunos estudiosos, se trata de una recopilación posterior de unidades sueltas y distintas entre sí en cuanto a autores, lenguaje y contenido. La diversidad del material reunido, la variedad de temas, géneros y estilos literarios impiden que Is 56-66 se pueda atribuir a un solo autor, por lo que se piensa en una pluralidad de autores.

– Sin embargo, un buen número de estudiosos siguen afirmando que Is 56-66 pertenece a un solo autor. Para unos se trata del mismo Segundo Isaías, que ha regresado del exilio y se enfrenta a la nueva situación y sus problemas; para otros se trata de un discípulo de aquel o de un profeta anónimo, inspirado en Is 40-55, que habría compuesto la mayor parte de estos capítulos. Finalmente, el editor del libro habría incorporado añadidos posteriores.

1. Contexto histórico del Tercer Isaías

A nivel internacional estamos en el mismo contexto del comienzo de la época persa (véase la introducción a Is 40-55). Sin embargo, dentro del pueblo, la situación ha experimentado en muy pocos años un cambio brusco y radical. Los primeros repatriados no han encontrado precisamente un paraíso, sino una tierra empobrecida y en ruinas. Los trabajos de reconstrucción del templo se detienen apenas puestos los cimientos y los repatriados han de contentarse con restablecer el altar para poder realizar el culto de forma rudimentaria. Por otra parte, las expectativas de liberación se han visto defraudadas en buena medida, porque la liberación anunciada sólo ha afectado al ámbito religioso, mientras se mantiene la dominación política y económica. Además, la comunidad que afronta la tarea de la restauración está dividida y compuesta por muy diversos elementos:

– Los judíos llegados del exilio (véase Esd 2; Neh 7).

– Los judíos que habían quedado en el país, muchos de ellos fieles, pero otros entregados a prácticas idolátricas: tanto unos como otros han de modificar su situación predominante, lo que provocará conflictos religiosos y sociales.

– Los extranjeros, tanto los residentes durante el exilio, como los que llegan tras el edicto de repatriación (Is 60 9-10; 61 5; 66 20) con grandes dificultades para integrarse.

– Los judíos que no vuelven inmediatamente, dando origen al fenómeno de la diáspora; aún así se los tendrá en cuenta (Is 57 14; 62 10), pensando en su futura integración con la comunidad reunificada (Is 56 8).

A esta situación compleja y difícil, a este grupo tan variado y a menudo desunido, y a los múltiples problemas que provoca la ardua tarea de la restauración se tiene que enfrentar este anónimo profeta, al que conocemos como el Tercer Isaías.

2. Actividad profética del Tercer Isaías

Según se desprende de la lectura de su obra, el objetivo último de la actividad profética del Tercer Isaías parece ser la formación de un pueblo o comunidad de justos que agraden y sirvan a Dios. Sin embargo, el profeta se debe enfrentar a cuatro grandes dificultades: la decepción y el desánimo provocados por el retraso de la liberación plena; el mal persistente de la idolatría; la división y el enfrentamiento de los distintos grupos que habitan Judá; y el desprecio a los extranjeros. A todo esto habría que añadir otra dificultad "estructural": la pobreza de recursos y medios con que se encuentran los repatriados. Las líneas maestras de la predicación del Tercer Isaías tratan de dar respuesta a estas dificultades.

– El profeta responde a los reproches contra Dios (retraso de la salvación, olvido y abandono del pueblo: véase Is 59 1-8), denunciando el pecado, en sus distintas manifestaciones, como el verdadero obstáculo para la llegada de la salvación, y reafirmando la fidelidad de Dios, manifestada en su poder creador, capaz de anunciar realidades nuevas (Is 57 14-21; 60 19-22; 65 17-25).

– Ante el problema de la idolatría, ahora agravada (sacrificios humanos, empleo cultual de animales impuros, espiritismo, culto a Molok), el profeta polemiza con argumentos ya conocidos: impotencia de los ídolos y falsos dioses, poder del Dios verdadero, amenaza del juicio (Is 57 3-13; 65 1-7).

– El problema más difícil es el provocado por la división y el enfrentamiento de los distintos grupos, que da origen a injusticias, crímenes, opresión y explotación del prójimo, perversión de la justicia, prácticas cultuales incoherentes, etc. El profeta denuncia con fuerza la situación, proclama la incompatibilidad de la alianza con las divisiones, la imposibilidad de compaginar el culto con la injusticia y establece las condiciones de la auténtica relación con Dios y con el prójimo (Is 58 1-12; 59 1-8; 66 1-4).

– Ante el problema del rechazo y desprecio de los extranjeros, el profeta abre una profunda reflexión con tres tipos de conclusiones: se castigará a las naciones que siguen haciendo el mal (Is 63 3-6; 66 15-16.24); las naciones y los extranjeros se reunirán en torno a Jerusalén (Is 60 3-11.15-17; 61 5-9; 62 2-8); los extranjeros serán recibidos como miembros de pleno derecho (Is 56 3-7), con acceso incluso a la dignidad del sacerdocio (Is 66 21).

En este breve esbozo de la predicación y el mensaje del Tercer Isaías cabe subrayar la aparición de temas ya conocidos y apuntados en Is 40-55, especialmente los relativos al nuevo éxodo, la centralidad de Jerusalén, la salvación por venir y las polémicas contra los ídolos. Pero es mayor el espacio que ocupan los temas nuevos, como la denuncia de los pecados sociales y cultuales; la importancia del sábado, del ayuno y del templo; las liturgias penitenciales; el juicio escatológico y la nueva creación.

3. La obra del Tercer Isaías

Parece claro que algunos de los materiales de Is 56-66 no pertenecen a un mismo profeta, sino que se trata de reelaboraciones y añadidos posteriores. Entre los textos considerados como tardíos hay que mencionar: Is 56 1-8; 63 1-6; 63 7-64 11; y 66 18-24. Todos los demás, a excepción de algunas breves glosas y transiciones redaccionales, se atribuyen a un solo autor.

Lo que resulta más difícil de delimitar son los criterios de división y la estructura de todo este conjunto. Algunos autores han conseguido identificar una estructura concéntrica que organizaría toda la obra de Is 56-66 en torno a un núcleo central, constituido por el capítulo 61 (misión del profeta y restauración), pero resulta excesivamente complicada y disgregadora. Por otro lado, en el libro hay dos secciones especialmente coherentes y unitarias: Is 60-62 y 65-66. A partir de este dato, proponemos una división en cuatro partes:

1. Is 56-59: Sección caracterizada por los oráculos de denuncia y preponderancia de temas cultuales.
2. Is 60-62: Dos amplias unidades sobre la nueva Jerusalén enmarcan la misión del profeta. Predominan los oráculos de restauración.
3. Is 63-64: El juicio de las naciones introduce una extensa meditación histórica que culmina en una liturgia penitencial.
4. Is 65-66: Sección final en la que alternan los temas del juicio escatológico, de la restauración y la nueva creación, culminando en la reunión de todos los pueblos.

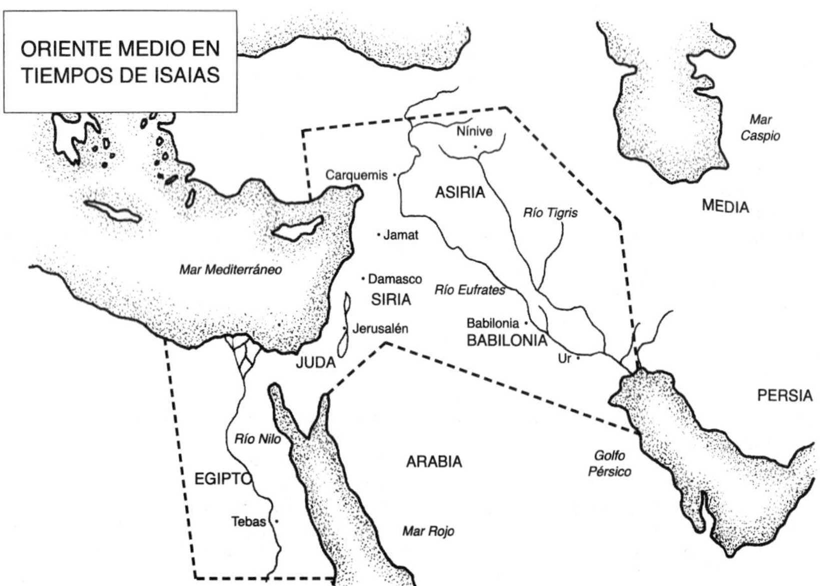

PRIMER ISAIAS

I. ORACULOS SOBRE JUDA E ISRAEL Δ

1. Denuncias y esperanzas ◊

1 1 Visión que tuvo Isaías, hijo de Amós,
acerca de Judá y de Jerusalén, en tiempos de Ozías, Jotán, Ajaz y Ezequías, reyes de Judá.

Reproche de Dios y confesión del pueblo

Lv 26 14-33; Jr 30 12-15; Gn 18 16-33; 19 1-29; Dt 32 5-6

2 Escucha, cielo; atiende, tierra,
que habla el Señor:
He criado y educado hijos,
pero ellos se han rebelado contra mí.
3 El buey reconoce a su dueño
y el burro el establo de su amo,
pero Israel no me conoce,
mi pueblo no comprende.
4 ¡Ay, nación pecadora,
pueblo cargado de crímenes,
raza de malvados, hijos corrompidos!
Han abandonado al Señor,
han despreciado al Santo de Israel,
le han dado la espalda.
5 ¿Dónde se los golpeará aún,
si continúan rebelándose?
Tienen enferma la cabeza,
el corazón adolorido.
6 Desde la planta del pie hasta la cabeza
no les queda nada sano:
todo son heridas, golpes,
llagas en carne viva,
que no han sido curadas ni vendadas,
ni aliviadas con aceite.
7 Su país está desolado,
sus ciudades incendiadas,
ante sus propios ojos
los extranjeros devoran sus tierras;
todo es desolación,
como cuando Sodoma fue destruida.
8 Sión ha quedado desolada
como cabaña en viña,
como choza en campo de melones,
como ciudad sitiada.
9 Si el Señor todopoderoso
no nos hubiera dejado un resto,
habríamos quedado como Sodoma,
seríamos igual que Gomorra.

Un culto que Dios no soporta

Is 29 13-14; Am 5 21-27; Sal 50 9-13; 51 18; 32 1; Lv 26

10 Escuchen la palabra del Señor,
jefes de Sodoma,
atiendan a la enseñanza de nuestro Dios,
pueblo de Gomorra:
11 ¿De qué me sirven
todos sus sacrificios?
–dice el Señor–:
Estoy harto de holocaustos de carneros
y de grasa de becerros;

Δ 1 1-12 6: La primera sección del libro reúne una serie de profecías sobre Israel y Judá, que se remontan a la predicación de Isaías bajo los reinados de Jotán y Ajaz. En esta sección podemos distinguir dos bloques claramente definidos. El primero contiene oráculos de condena y salvación, y culmina con la vocación de Isaías (Is 1 1-6 13); el segundo, constituye el llamado "libro del Enmanuel" (Is 7 1-12 6).

◊ 1 1-6 13: En este primer bloque predominan los oráculos de denuncia (amenazas, advertencias, juicios) y sus temas dominantes son la injusticia, la opresión, el falso culto y la idolatría. Pero también encontramos magníficos oráculos de salvación (Is 2 1-5; 4 2-6). Toda esta sección culmina en el relato de la vocación de Isaías, donde confluyen las dos constantes de la primera parte: anuncio de castigo y esperanza de un resto.

• 1 2-9: En un escenario cósmico (Is 1 2a), Dios se dirige a su pueblo para acusarlo de sus delitos (Is 1 2b-4), concretados en el desconocimiento y abandono de Dios y en la acumulación de crímenes. A causa de su continua rebelión, Dios lo ha colocado al borde de la extinción (Is 1 5-7), pero le ha dejado un pequeño resto (Is 1 8). El pueblo responde reconociendo implícitamente su pecado y la misericordia de Dios (Is 1 9).

• 1 10-20: Segundo oráculo contra Israel, designado irónicamente como Sodoma y Gomorra (Is 1 10) para así relacionar este oráculo con el anterior (véase Is 1 9). En el presente oráculo se denuncia el culto como algo aborrecible porque intenta ser un sustituto de la justicia y un modo de ocultar los crímenes. Dios no puede soportar solemnidades en su honor cuando hay delitos. La oferta de perdón (Is 1 16-20) pasa por un cambio de actitud y una nueva relación con los pobres y desprotegidos.

detesto la sangre de novillos,
corderos y chivos.
12 Cuando vienen ante mí,
¿quién les pide que pisoteen mis atrios?
13 No vuelvan a traer ofrendas vacías,
cuya humareda me resulta insoportable.
¡Déjense de convocar asambleas,
lunas nuevas y sábados!
No aguanto fiestas
mezcladas con delitos.
14 Aborrezco con toda el alma
sus lunas nuevas y celebraciones;
se me han vuelto
una carga inaguantable.
15 Cuando extienden las manos para orar,
aparto mi vista;
aunque hagan muchas oraciones,
no las escucho,
pues tienen las manos
manchadas de sangre.
16 Lávense, purifíquense;
aparten de mi vista sus malas acciones.
Dejen de hacer el mal,
17 aprendan a hacer el bien.
Busquen el derecho,
protejan al oprimido,
socorran al huérfano,
defiendan a la viuda.
18 Luego vengan y discutamos
–dice el Señor–.
Aunque sus pecados
sean de un rojo intenso,
se volverán blancos como la nieve;
aunque sean rojos como la púrpura,
quedarán como lana blanca.
19 Si obedecen y hacen el bien,
comerán los frutos de la tierra;
20 si se resisten y son rebeldes,
los devorará la espada.
Lo ha dicho el Señor.

Sin derecho no hay fidelidad

Ez 16; 23; Os 1-3; Jr 2 2; 3 6-13; Is 3 12-15; Zac 8 3

21 ¡Cómo se ha prostituido la villa fiel!
Estaba colmada de derecho,
habitaba en ella la justicia,
¡y ahora no hay más que asesinos!
22 Tu plata ha perdido su valor,
tu vino está aguado,
23 tus jefes son bandidos
y cómplices de ladrones;
todos aman el soborno,
van detrás de los regalos;
no defienden al huérfano,
no atienden la causa de la viuda.
24 Por eso, así dice el Señor,
Dios todopoderoso, el fuerte de Israel:
Me vengaré de mis enemigos,
me desquitaré de mis adversarios;
25 levantaré mi mano contra ti,
te purificaré en el crisol,
separaré de ti el desecho;
26 haré que tus jueces sean
como los del principio,
tus consejeros como los de antes.
Entonces te llamarán
«Ciudad de justicia», «Villa fiel».

La purificación

Is 17 10-11

27 El derecho rescatará a Sión,
y la justicia
a sus habitantes convertidos.
28 Rebeldes y pecadores
serán quebrantados juntos,
los que abandonan al Señor perecerán.
29 Se avergonzarán de haber deseado
dar culto bajo las encinas,
se sonrojarán de haber querido plantar
huertos sagrados;
30 serán como encina
con las hojas marchitas,
como un huerto sin agua.
31 El poderoso será como estopa,
y sus acciones harán de chispa;
arderán juntas ambas cosas,
y no habrá quien las apague.

• **1 21-26**: En este tercer oráculo, delimitado por la repetición de las palabras *ciudad fiel* y *justicia* (Is 1 21.26), se acusa a Jerusalén de prostituta, de infiel a Dios. La imagen es frecuente en los profetas. Se contrapone la fidelidad del amor primero con la infidelidad actual, causada por los jefes y gobernantes, a quienes se acusa de aliarse con los malhechores, de no defender al débil y de usar el cargo en beneficio propio. Es necesaria una purificación radical y una restauración, y Dios va a realizarlas.

• **1 27-31**: La purificación consistirá en la implantación del derecho y la justicia y en el reconocimiento del Señor. Por ello serán exterminados los pecadores, los rebeldes y todos los que abandonan al Señor para entregarse a los cultos idolátricos; a estos cultos se alude claramente en Is 1 29.

Visión sobre Jerusalén

Miq 4 1-3; Sal 87; Is 56 6-8; 60 11-14;
Lc 24 47; Zac 9 9-10

2 1 Visión que tuvo Isaías, hijo de Amós,
acerca de Judá y Jerusalén.
2 Al final de los tiempos
estará firmemente establecido
el monte del templo del Señor
en la cumbre de las montañas,
se elevará por encima de las colinas.
Hacia él caminarán todas las naciones,
3 vendrán muchos pueblos y dirán:
«Vengan, subamos al monte del Señor,
al templo del Dios de Jacob.
El nos enseñará sus caminos
e iremos por sus sendas».
Porque de Sión saldrá la ley,
y de Jerusalén la palabra del Señor.
4 El juzgará a las naciones,
será árbitro de muchos pueblos.
Entonces harán de sus espadas arados,
de sus lanzas podaderas.
No alzará la espada
nación contra nación,
ni se prepararán más para la guerra.
5 Descendencia de Jacob, vengan,
caminemos a la luz del Señor.

El día del Señor

Dt 18 14; 17 16-17; Is 3 15, 40 4, Os 10 8; Ap 6 15 16;
Jr 10 11-15; 17 5

6 Has rechazado a tu pueblo,
a la descendencia de Jacob,
porque, como entre los filisteos,
está llena de adivinos y hechiceros,
y porque ha pactado con extraños.
7 Su tierra está llena de oro y plata
y son innumerables sus tesoros;
su tierra está llena de caballos
e innumerables son sus carros;
8 su tierra está llena de ídolos:
adoran la obra de sus manos,
lo que hicieron con sus dedos.
9 Serán doblegados los mortales,
humillados los hombres,
y nadie los levantará.
10 Métete entre las rocas,
escóndete entre el polvo,
ante el terror que infunde el Señor,
ante el resplandor de su gloria.
11 Será humillada la mirada altiva,
la arrogancia humana será doblegada;
aquel día sólo el Señor será ensalzado,
12 pues ése será el día
del Señor todopoderoso
contra todo lo arrogante y engreído,
contra todo lo soberbio para humillarlo,
13 contra todos los cedros del Líbano
soberbios y arrogantes,
contra todas las encinas de Basán,
14 contra todas las montañas arrogantes,
contra todas las colinas soberbias,
15 contra todas las torres altivas,
contra todas las murallas fortificadas,
16 contra todos los barcos de Tarsis,
contra todas las embarcaciones
poderosas.
17 Será doblegada la altivez humana,
humillada la arrogancia de los hombres;
aquel día sólo el Señor será ensalzado,
18 y todos los ídolos desaparecerán.
19 Se meterán en las grietas de las rocas,
en las cavernas de la tierra,
ante el terror que infunde el Señor,
ante el resplandor de su gloria,
cuando surja para hacer temblar la tierra.
20 Aquel día el hombre echará
a los topos y a los murciélagos
los ídolos de plata y oro
que se había hecho para adorarlos;
21 y se meterá en las grietas de las peñas,
en las hendiduras de las rocas,
ante el terror que infunde el Señor,
ante el resplandor de su gloria,
cuando surja para hacer temblar la tierra.
22 No confíen más en el hombre,
cuya vida es apenas un soplo sin valor.

• **2 1-5**: Este oráculo de salvación es un hermoso canto a la paz universal. En contraste con la Jerusalén actual (Is 1), la del final de los tiempos será centro de peregrinación de los pueblos, e irradiará una paz total que transformará la armas en instrumentos de progreso pacífico, y pondrá fin a los pleitos de las naciones y al negocio de la fuerza. El elemento central es el reconocimiento de Dios: de su ley y su palabra.

• **2 6-22**: El *día del Señor* aparece en este pasaje como algo terrible, porque va a suponer el final del actual estado de cosas. Los hombres se han hecho ricos, soberbios y autosuficientes; han eliminado de sus vidas al Señor, y se han ido tras los ídolos (Is 2 6-8). Por esto el día del Señor consistirá en la humillación de todo corazón engreído (Is 2 9-17), en el fin de la idolatría (Is 2 18-20) y en la exaltación del Señor. Un triple estribillo (Is 2 10.19.21) señala el momento culminante: la aparición teofánica de Dios que provoca el temor y el ocultamiento.

Anarquía en Jerusalén y Judá
Ecl 10 16; Gn 18 20-21; 19 4-11

3 1 El Señor Dios todopoderoso
retirará de Jerusalén y de Judá
el apoyo y el sustento.
Les retirará el agua y el pan,
2 el valiente y el guerrero,
el juez y el profeta,
el adivino y el anciano,
3 el capitán y el aristócrata,
el consejero y el mago,
y el hábil hechicero.
4 Les dará por príncipes a muchachos
que los gobernarán según sus caprichos.
5 Los hombres se harán la vida imposible,
se acosarán unos a otros;
el joven atacará al viejo,
el plebeyo al noble.
6 Entre hermanos, uno dirá a otro
en la casa paterna:
«Tú tienes manto aún; sé nuestro jefe,
hazte cargo de estas ruinas».
7 Entonces el otro protestará:
«Yo no soy médico,
ni hay en mi casa pan ni manto,
no me hagan jefe del pueblo».
8 Tropieza Jerusalén, cae Judá;
sus palabras y sus acciones
ofenden al Señor,
se rebelan contra su gloria.
9 Su descaro da testimonio contra ellos;
presumen de sus pecados como Sodoma;
no los ocultan; ¡ay de ellos!
Están preparando su propia ruina.
10 ¡Dichoso el justo! Le irá bien,
sus acciones le traerán prosperidad.
11 ¡Ay del malvado! Le irá mal,
le pagarán con su propia moneda.
12 ¡Pueblo mío! Te tiraniza un chiquillo,
y te gobiernan mujeres.
¡Pueblo mío! Tus guías te extravían
y confunden tus caminos.

El Señor procesa a los dirigentes
Is 1 23; Miq 6 1-5; Os 4 1-5

13 El Señor se levanta para un juicio,
se pone en pie para juzgar a su pueblo.
14 El Señor llama a juicio a los ancianos
y a los jefes de su pueblo:
«Ustedes han devorado la viña,
lo robado al pobre está en sus casas.
15 ¿Con qué derecho trituran a mi pueblo,
y machacan el rostro de los pobres?»
Oráculo del Señor todopoderoso.

Contra las mujeres
Is 32 9-15; Am 4 1-3; 8 10

16 Dice el Señor:
Las mujeres de Sión son orgullosas,
andan con el cuello estirado,
hacen guiños con los ojos,
y se contonean al andar,
haciendo sonar los adornos de sus pies.
17 Por eso, el Señor cubrirá de sarna
sus cabezas y descubrirá sus vergüenzas.
18 Aquel día el Señor les quitará sus adornos: hebillas, diademas y lunetas; 19 aretes,
brazaletes y velos; 20 pañoletas, cadenillas y
cinturones; perfumes y amuletos; 21 sortijas,
aros de nariz, 22 vestidos lujosos, mantos,
chales, bolsos, 23 espejos, ropa fina, turbantes y mantillas.

24 En lugar de perfume habrá podredumbre;
en lugar de cinturón, un cordel;
en lugar de trenzas, calvicie;
en lugar de amplio manto, un costal;
en lugar de belleza, cicatrices.

Las viudas de Jerusalén

25 Tus hombres caerán a espada,
tus valientes perecerán en la batalla;
26 gemirás, pondrás luto en tus puertas
y te sentarás desolada en el suelo.

• **3 1-12**: Se anuncia el futuro desastre de Jerusalén y de Judá *porque sus palabras y sus acciones ofenden al Señor* (Is 3 8) y porque *presumen de sus pecados* (Is 3 9). Por eso, se verán privados del alimento y de sus instituciones básicas, habrá conflictos entre la población y no encontrarán siquiera un jefe que los saque de la anarquía. La acusación final identifica a los responsables de tan caótica situación con los guías del pueblo (Is 3 12).

• **3 13-15**: Dios pone pleito a los dirigentes y guías del pueblo. La acusación es triple: gobierno caótico, robo y opresión de los más desprotegidos.

• **3 16-24**: Las mujeres de Jerusalén, tan elegantes y orgullosas, van a recibir una lección, pues tendrán que cambiar sus joyas y vestidos por el "uniforme" de las deportadas. Dos logrados contrastes oponen, por un lado, la vanidad y provocación de las mujeres a su posterior humillación; y por otro, la enumeración irónica de adornos y cosméticos de lujo a los signos finales de fealdad y miseria.

• **3 25-4 1**: En estrecha relación con el oráculo anterior, éste presenta a Jerusalén como viuda y símbolo de las viudas de la ciudad. Como esposa y madre viuda hace duelo por los hombres-hijos muertos. La escasez de hombres fomenta la competencia feroz entre las mujeres por asegurar el apellido.

4 [1] Aquel día se pelearán siete mujeres
por el mismo hombre, y le dirán:
«Comeremos de lo nuestro,
nos procuraremos el vestido,
sólo queremos tu apellido,
quita nuestro oprobio».

Restauración escatológica

Jr 23 5-6; Dn 12 1; Ex 13 21-22; Ap 7 15-16

[2] Aquel día el retoño del Señor será motivo de honor y de gloria; y el fruto de la
tierra será el orgullo y el adorno de los sobrevivientes de Israel. [3] Al resto de Sión, a
los que queden en Jerusalén, a los destinados a vivir en ella, los llamarán consagrados. [4] Cuando el Señor lave la mancha de
las mujeres de Sión, y limpie en Jerusalén
la sangre derramada, con viento justiciero,
con viento ardiente, [5] entonces el Señor
creará sobre el monte Sión y su asamblea
una nube de humo por el día, y un resplandor de fuego llameante por la noche. La
gloria del Señor lo cubrirá todo, [6] como
tienda que da sombra contra el calor del
día, abrigo y refugio contra la lluvia y el
temporal.

Canción de la viña

Mt 21 33-43; Sal 80 9-19; Ez 15 1-8; 17 3-10; 19 10-14; Jr 2 21; 5 10; 12 10; Is 27 2-5; Jn 15 1-2

5 [1] Voy a cantar en nombre de mi amigo
el canto de mi amigo por su viña:

Mi amigo tenía una viña
en una fértil colina.
[2] Cavó la tierra, quitó las piedras,
plantó cepas selectas,
construyó en medio una torre
y allí excavó un lagar.
Esperaba que diera buenas uvas,
pero dio racimos amargos.
[3] Pues bien, habitantes de Jerusalén,
hombres de Judá,
tomen partido por mí o por mi viña.
[4] ¿Qué más debí hacer por mi viña
que yo no haya hecho?
¿Por qué esperando buenas uvas
dio racimos amargos?
[5] Pues les voy a decir
lo que haré con mi viña:
Le quitaré su cerca y será devastada,
derribaré su tapia y será pisoteada.
[6] La convertiré en un lugar desértico,
no la podarán ni la limpiarán,
crecerán espinos y zarzas
y ordenaré a las nubes
que no llueva sobre ella.
[7] La viña del Señor todopoderoso
es el pueblo de Israel,
y la gente de Judá
su plantación preferida.
Esperaba cumplimiento de la ley
y no hay más que asesinatos,
esperaba justicia y sólo hay lamentos.

Los que provocan la ira del Señor

Am 6 1-7; Miq 2 1-5; Jr 22 13-19; Hab 2 6-20; Ez 7 5-26; Lc 6 24-26; Mt 23; Is 2 9-11

[8] ¡Ay de los que adquieren
casas y más casas
y añaden campos a sus campos,
hasta no dejar sitio a nadie,
y quedar como únicos habitantes del país!
[9] Esto ha jurado el Señor todopoderoso:
Todas esas casas quedarán desiertas;

• **4 2-6**: Pero la acusación y el castigo nunca son definitivos en el plan de Dios. Por eso la serie anterior de juicios culmina en este oráculo de restauración: los desastres inminentes o ya presentes tienen como finalidad purificar al pueblo. De éste se salvará un resto, que dará lugar a un nuevo pueblo, y las cosas volverán a ser como al principio, cuando el primer Israel vio la luz y experimentó el amor y protección de Dios en el desierto. En este oráculo se funden las tradiciones davídicas y las del éxodo.

• **5 1-7**: La imagen de Israel como viña del Señor es bien conocida en el Antiguo Testamento. La construcción de este pasaje se asemeja a la de 2 Sm 12 1-7: Mediante una parábola (Is 5 1-2), se compromete la participación de los oyentes como jueces (Is 5 3) y se provoca su sentencia, que en este caso, es la aprobación implícita de la decisión del dueño de la viña (Is 5 4-6). Después se realiza la trasposición y los *jueces* se convierten en acusados (Is 5 7). Los trabajos que el amante/Dios se toma con su viña (amada/pueblo) no buscan un pago en el terreno personal, sino en las relaciones sociales; si Dios se preocupa por el pueblo es para que haya justicia entre ellos. El mismo Jesús, más tarde, reinterpretará el pasaje en la parábola de los viñadores homicidas (Mc 12 y par.).

• **5 8-25**: Serie de seis maldiciones, introducidas con lamentaciones y dirigidas contra los especuladores, sensuales y vividores, jueces que se dejan sobornar, gentes que persisten en la culpa y especialistas en invertir los valores; todos ellos están llamados a desaparecer, a pudrirse, porque han desterrado de sus vidas a Dios y desprecian su palabra. Aunque es probable que estos oráculos hayan tenido una existencia independiente, por el puesto que ocupan ahora invitan a ser leídos como resonancia y aplicación de la canción de la viña (Is 5 1-7).

son grandes y hermosas,
pero quedarán deshabitadas.
10 Diez cuadras de viñedo
darán un cántaro de vino,
diez sacos de semillas
producirán sólo uno.
11 ¡Ay de los que madrugan
por correr detrás de los licores,
de los que trasnochan
y se emborrachan con vino!
12 Tienen cítaras y arpas,
panderetas y flautas,
y vino para sus banquetes,
pero no consideran la acción del Señor,
ni tienen en cuenta sus obras.
13 Por eso, mi pueblo será deportado
sin saber por qué;
morirán de hambre sus nobles,
su gente perecerá de sed.
14 Ha ensanchado sus fauces el abismo,
abre su boca desmesuradamente;
allá bajan los nobles y la gente,
sus bullicios y festejos.
15 Será doblegado el mortal,
humillado el hombre,
abatida la mirada altiva.
16 El Señor todopoderoso
mostrará su grandeza
haciendo lo que es recto;
el Dios santo revelará su santidad
actuando con justicia.
17 Los corderos pastarán allí a sus anchas,
los cabritos engordarán entre las ruinas.

18 ¡Ay de los que están atados
a la culpa con correas de buey,
al pecado con soga de carreta!
19 Los que dicen:
«Que el Señor se dé prisa
en terminar su obra para que la veamos;
que se hagan realidad
los planes del Santo de Israel
para que los conozcamos».

20 ¡Ay de los que llaman bien al mal
y mal al bien,
que toman la oscuridad por luz
y la luz por oscuridad,
que consideran a lo amargo dulce
y a lo dulce amargo!

21 ¡Ay de los que se creen sabios
y se tienen por prudentes!

22 ¡Ay de los valientes en beber vino,
de los que presumen de mezclar licores;
23 de los que por soborno
absuelven al culpable,
y no hacen justicia al inocente!
24 Como la lengua de fuego devora la paja
y el heno desaparece en la llama,
así se pudrirá su raíz,
su flor se la llevará el viento,
porque han rechazado
la ley del Señor todopoderoso
y han despreciado
la palabra del Santo de Israel;

25 Por eso se ha encendido
la ira del Señor contra su pueblo
y ha levantado su mano para castigarlo.
Tiemblan las montañas
y están los cadáveres tirados,
como carroña, en medio de las calles.
Y con todo, su ira no se calma,
su mano sigue amenazante.

La invasión asiria

Is 10 5-6; Jr 5 15-17; 6 22-30; Is 8 20-22

26 El Señor hace señas a una nación lejana,
le silba desde el extremo de la tierra.
Miren qué ligera y veloz llega;
27 nadie se cansa ni se agota,
todos están bien despiertos,
todos tienen el cinturón ajustado,
a nadie se le desatan las sandalias.
28 Sus flechas están afiladas,
estirados todos sus arcos;
los cascos de sus caballos
son como piedras,
como huracán las ruedas de sus carros;
29 su rugido es de león,
rugen como cachorros;
gruñendo atrapan la presa,
la llevan sin que nadie se la quite.
30 Aquel día bramarán contra Israel
como brama el mar;
la tierra quedará cubierta
por una espesa oscuridad,
y sombríos nubarrones ocultarán la luz.

• **5 26-30**: En este breve y magnífico poema, Isaías describe la venida del ejército enemigo (Asiria) en cuatro momentos: convocación, avance, armamento y batalla. Dios llama al ejército invasor. Es un ejército implacable; sin fatiga ni sueño, siempre alerta y bien armado. Ejército terrible, que ruge como un león, y que traerá la noche sobre el país.

Vocación de Isaías

Ap 4 2.8; Ez 1 11; 10 21; Ex 40 34-35; 33 20; Jr 1 6-10; Dn 10 16; Ex 4 10-13; Jn 12 39-41; Mt 13 14-15; Hch 28 26-27

6 [1] El año de la muerte del rey Ozías vi
al Señor sentado en un trono alto y excelso. El borde de su manto llenaba el templo. [2] De pie, junto a él, había unos seres de
fuego con seis alas cada uno; con dos se
cubrían el rostro, con dos cubrían su desnudez y con dos aleteaban. [3] Y se gritaban el
uno al otro:

«Santo, santo, santo
es el Señor todopoderoso,
toda la tierra está llena de su gloria».

[4] Los marcos de las puertas temblaban a
su voz, y el templo estaba lleno de humo.
[5] Yo dije:

«¡Ay de mí, estoy perdido!
Soy un hombre de labios impuros,
que habito en un pueblo
de labios impuros,
y he visto con mis propios ojos
al Rey y Señor todopoderoso».

[6] Uno de los seres de fuego voló hacia
mí, trayendo un carbón encendido que había tomado del altar con las tenazas; [7] tocó
con él mi boca, y me dijo:

«Al tocar esto tus labios,
desaparece tu culpa
y se perdona tu pecado».
[8] Entonces oí la voz del Señor, que decía:
«¿A quién enviaré?,
¿quién irá por nosotros?»
Respondí:
«Aquí estoy yo, envíame».
[9] El me dijo:
«Vete a decir a este pueblo:
Por más que escuchen, no entenderán;
por más que miren, no comprenderán.
[10] Endurece el corazón de este pueblo,
tapa sus oídos, ciega sus ojos,
no sea que sus ojos vean,
sus oídos oigan, su corazón entienda,
y se convierta y quede sano».
[11] Pregunté: «¿Hasta cuándo, Señor?»
Me respondió:
«Hasta que las ciudades queden
destruidas y despobladas,
las casas deshabitadas,
los campos desiertos».
[12] Porque el Señor alejará a los hombres
y será inmensa la desolación del país.
[13] Y si aún queda en él una décima parte,
será también exterminada;
como una encina o un roble,
que al cortarlos sólo queda el tronco.
Pero este tronco será semilla santa.

2. El libro del Enmanuel ◊

El primer niño: Un resto regresará

2 Re 16 5-9; 20 20; Is 28 16; 30 15

7 [1] Cuando reinaba en Judá Ajaz, hijo de
Jotán, hijo de Ozías, subieron a atacar
Jerusalén el rey de Siria, Rasín, y el rey de
Israel, Pécaj, hijo de Romelías, aunque no
lograron conquistarla. [2] Comunicaron al

• **6** 1-13: El relato de la vocación de Isaías refleja una experiencia profunda del profeta, que le hace tomar conciencia de su condición de enviado de Dios. Esta experiencia comprende toda su vida al servicio de Dios. El relato posee cuatro elementos: a) la manifestación grandiosa y solemne del Dios tres veces santo, es decir transcendente y todopoderoso en contacto con el cual el profeta descubre su propia indignidad y finitud; b) la purificación que prepara al profeta para la misión y que es como la investidura profética (Is 6 6-7); c) la misión profética de salvación, destinada a iluminar y convertir, pero que, sin embargo, va a ser ocasión del endurecimiento del pueblo a causa de su terquedad (Is 6 8-10); d) el anuncio profético: la nación va ser destruida, aunque no totalmente; quedará un resto, un retoño, que será semilla santa (Is 6 11-13). Destaca el tinte monárquico del relato: Dios aparece como un rey rodeado de su corte hasta Is 6 8 y, a partir de ahí, se atribuyen al profeta misiones que normalmente pertenecen al rey; Dios le encarga una misión para el pueblo y es él quien intercede por el pueblo ante Dios.

◊ **7** 1-12 6: Todo este conjunto, conectado en parte con Is 1-6, queda unificado por el anuncio del nacimiento de un niño llamado Enmanuel (=Dios con nosotros) que se convierte en el signo por excelencia (junto a otros signos, como los nombres de los hijos del profeta) de la intervención de Dios. El contexto histórico de estos capítulos es la alianza siro-efraimita que promovieron los reyes de Siria e Israel para hacer participar a Judá en un gran frente antiasirio y que provocó una profunda crisis en el reino del Sur. Determinados oráculos reflejan también el momento de la invasión de Senaquerib, algunas décadas más tarde. Todo ello constituye un conjunto donde alternan las amenazas de invasión y los anuncios de liberación con un tono ambiguo, entre tranquilizador y amenazante, donde destacan poderosamente los tres poemas mesiánicos (Is 7 10-17; 8 23b-9 6; 11 1-9) y el himno conclusivo (Is 12 1-6).

• **7** 1-9: Siria y Efraín (Israel) han hecho una alianza anti-asiria. Para conseguir la adhesión del reino de Judá se proponen cambiar al actual rey por otro más favorable. Ante los temores de Ajaz, rey de Judá, Isaías es radical y

heredero de David: «Los sirios acampan
en Efraín». Temblaron el rey y su pueblo,
tal como tiemblan los árboles del bosque
sacudidos por el viento. 3 El Señor dijo a
Isaías:
–Vé con tu hijo Sear Yasub al encuentro
de Ajaz. Cuando te encuentres con él al
final del canal de la cisterna de arriba, junto
al camino del campo del teñidor, 4 dile:
Ten cuidado, pero permanece tranquilo. No
tengas miedo, ni te acobardes ante estos
dos carbones humeantes (ante la ira ardiente de Rasín, el sirio, y del hijo de Romelías).
5 Cierto que Siria y Efraín, con el hijo de
Romelías al frente, han tramado tu ruina
diciendo: 6 «Subamos contra Judá, se asus-
tará de nosotros, la conquistaremos y pondremos por rey al hijo de Tabel». 7 Pero
esto dice el Señor Dios:

Eso no pasará, no se llevará a cabo:
8a la capital de Siria es Damasco
y a la cabeza de Damasco está Rasín;
9a la capital de Efraín es Samaría
y a la cabeza de Samaría
está el hijo de Romelías.
8b Dentro de sesenta y cinco años,
Efraín será aniquilado,
y dejará de ser pueblo.
9b Si no confían en mí no subsistirán.

El segundo niño: Dios con nosotros

Mt 1 23; Miq 5 2; Is 7 22; Dt 1 39

10 El Señor volvió a hablar a Ajaz y le
dijo:
11 –Pide al Señor tu Dios una señal, en
lo hondo del abismo o en lo alto del cielo.
12 Respondió Ajaz:
–No la pido, pues no quiero poner a
prueba al Señor.
13 Isaías dijo:
–Escucha, heredero de David, ¿les parece poco cansar a los hombres, que quieren
también cansar a mi Dios? 14 Pues el Señor
mismo les dará una señal: ¡Miren!; la joven
está encinta y dará a luz un hijo, a quien le
pondrá el nombre de Enmanuel. 15 Comerá
requesón y miel hasta que sepa rechazar el
mal y elegir el bien. 16 Pues antes que el
niño sepa rechazar el mal y elegir el bien, el
país de esos dos reyes que te infunden
miedo habrá sido abandonado. 17 El Señor
hará venir sobre ti, sobre tu pueblo y sobre
tu dinastía, días como no los ha habido
desde que Efraín se separó de Judá.

Invasión

Is 7 15; 5 10.17

18 Aquel día el Señor llamará silbando
a los tábanos del delta del Nilo
y a las avispas de Asiria,
19 y vendrán a posarse en masa
en los cauces de las quebradas,
en las grietas de las rocas,
en todos los espinos
y en todos los campos.
20 Aquel día el Señor
se valdrá del rey de Asiria,
navaja alquilada al otro lado del Eufrates,
para afeitar la cabeza, las piernas,
y también la barba de Judá.
21 Aquel día cada uno criará
una vaca y dos ovejas;
22 y, al abundar la leche,

contundente: no hay nada que temer porque Dios ha prometido la permanencia de la dinastía davídica. El rey debe mantenerse fiel a Dios pero para ello ha de mantener firme su fe (Is 7 9b). Se critican así dos actitudes del rey que se oponen a la auténtica fe en Dios: el miedo y la búsqueda de ayuda en el poder de Asiria. Como telón de fondo está presente el hijo de Isaías, cuyo nombre, *un resto volverá*, es un signo y una promesa a pesar de todo.

• **7 10-17**: La negativa de Ajaz a pedir una señal *para no poner a prueba al Señor* debe entenderse como un pretexto. La realidad es que no le interesa la señal porque ya ha tomado su decisión. Ante el evidente riesgo de desaparición de la dinastía davídica, se anuncia el nacimiento de un heredero. La señal dada por Dios, más que en el nacimiento del niño, parece residir en el sentido de su nombre y en la promesa de que, antes de que el niño llegue al uso de razón, se habrán esfumado los enemigos del rey.

Cuando la versión griega de la Biblia (LXX) tradujo el hebreo *almah* (=*joven*) por *parthenos* (=*virgen*), término que corresponde al hebreo *betulah*, quedó abierto el camino para la interpretación cristológica de este texto, que ve en la joven/virgen a María, y en el Enmanuel (Dios con nosotros) a Jesús. Pero en el primer momento la profecía se refiere al nacimiento del hijo del rey (probablemente Ezequías).

• **7 18-25**: En su forma actual aparecen entremezcladas imágenes de guerra y destrucción con cuadros de abundancia y paz. Se alude a dos invasiones, egipcia y asiria, a un momento de paz y a un estado final de desolación. En el triple oráculo (Is 7 18.20.21) parecen concentrarse dos intervenciones asirias: la de Teglatfalasar III contra Siria e Israel, y la de Senaquerib contra Judá.

comerán requesón,
pues requesón y miel comerán
los que queden en el país.
23 Aquel día, aunque un viñedo
contenga mil cepas,
y valga mil monedas de plata,
producirá sólo espinos y zarzas.
24 Entrarán en él con arcos y flechas,
porque todo el país
espinos y zarzas producirá.
25 No podrás entrar en los montes
que se limpiaban con el azadón
por miedo a los espinos y a las zarzas.
Serán potrero de bueyes
y lugar transitado de ovejas.

El tercer niño: Pronto al saqueo; rápido al botín

2 Re 16 10-16; 18 2; Is 7 16

8 1 El Señor me dijo:
–Toma una tablilla grande y escribe en
escritura corriente: Maher-Salal, Jas-Baz
(es decir: «Pronto al saqueo», «Rápido al
botín»).
2 Yo me busqué dos testigos fidedignos:
Urías, el sacerdote, y Zacarías, hijo de Baraquías. 3 Después me uní a la profetisa, y
ella concibió y dio a luz un hijo.
El Señor me dijo:
–Ponle por nombre: Maher-Salal-Jas-
Baz, 4 porque antes que el niño sepa decir
«papá» o «mamá», las riquezas de Damasco y el botín de Samaría serán llevados ante el rey de Asiria.

Invasión asiria

Jn 9 7; Is 7 1-2.14

5 El Señor me habló otra vez y me dijo:
6 «Este pueblo desprecia
las aguas de Siloé,
que corren tranquilas,
y tiembla ante Rasín
y el hijo de Romelías.
7 Pues bien, el Señor va a traer sobre ellos
las aguas del Eufrates,
impetuosas y abundantes,
–es decir, al rey de Asiria
con todo su poder–.
Desbordarán su cauce,
correrán por sus riberas,
8 invadirán Judá y la inundarán;
las aguas llegarán hasta el cuello,
y se extenderán a lo ancho del país.
¡Oh Dios con nosotros!

Los pueblos fracasarán

Is 7 14

9 Sépanlo, pueblos: serán aplastados;
atiendan, naciones lejanas:
aunque tomen las armas, serán aplastadas,
aunque tomen las armas, serán aplastadas,
10 Aunque hagan planes, fracasarán;
aunque den órdenes, no se cumplirán.
Porque Dios está con nosotros.

Temor al Dios Santo

1 Pe 3 14; 2 8; Rom 9 32-33

11 Así me dijo el Señor cuando me tomó
de la mano, y me advirtió que no siguiera
el camino de este pueblo:
12 No llamen conspiración
a lo que este pueblo llama conspiración;
no tiemblen, ni teman lo que él teme;
13 al Señor todopoderoso
tendrán por Santo:
témanlo sólo a él, tiemblen sólo ante él.
14 El será la piedra en que tropiecen,

• **8 1-4**: El tercer niño que aparece en el texto tiene un nombre inquietante: *Pronto al saqueo-Rápido al botín*, pero es presentado de forma positiva para Ajaz. El nacimiento y nombre de los niños vuelve a ser señal determinante, como en el caso de Enmanuel. Los que tienen motivos para inquietarse son sus actuales enemigos, pues van a ser saqueados.

• **8 5-8**: El rey Ajaz no creyó ni confió en el Señor (Is 7 9b), y pidió ayuda al rey de Asiria, convirtiéndose en *hijo y siervo* suyo (2 Re 16 7), dos términos que deberían definir sus relaciones con Dios: 2 Sm 7 5.14. Es decir, renuncia a Dios (aguas de Siloé) y se entrega a Teglatfalasar (aguas del Eufrates). El apoyo asirio les traerá la destrucción.

• **8 9-10**: Un tema constante en Isaías es la contraposición entre los proyectos humanos y el designio de Dios. Por eso fracasan los planes de los pueblos: porque no son los planes de Dios. Este oráculo está relacionado con el anterior mediante la repetición de *Dios con nosotros* (Is 8 8.10).

• **8 11-15**: Vuelven a resonar los motivos iniciales: la alianza entre Siria e Israel contra Judá y el temor que este pacto produjo en el rey y el pueblo. Frente a esta amenaza siro-efraimita terminó por imponerse el plan humano del rey de Judá. El profeta no debe tomar por criterio al pueblo, sino a Dios: El será el auténtico peligro para el pueblo, la roca en que se estrellarán, por no haberse apoyado en ella.

la roca desde la que se despeñen
los dos reinos de Israel,
un lazo y una trampa
para los habitantes de Jerusalén.
15 Muchos tropezarán en ella,
caerán y se harán pedazos,
quedarán presos y atrapados.

Isaías y sus hijos, testigos del Señor

Heb 2 13

16 Conserva en un documento sellado
esta enseñanza para mis discípulos.
17 Aunque el Señor oculte su rostro
a la descendencia de Jacob,
en él confío plenamente,
en él he puesto mi esperanza.
18 Yo y los hijos que el Señor me ha dado
seremos signos y señales para Israel,
de parte del Señor todopoderoso,
que habita en el monte Sión.
19 Les dirán, sin duda:
«Consulten a los espíritus
de los muertos, y a los adivinos
que murmuran y susurran.
¿No debe, acaso, un pueblo
consultar a sus dioses,
pedir consejo a los muertos
sobre los asuntos de los vivos,
20 para recibir una enseñanza sellada?»
Seguro que les dirán esa necedad.

Se acercan días difíciles

Ex 22 27

21 Vagará por el país,
agotado y hambriento;
exasperado por el hambre,
maldecirá a su rey y a su Dios.
Se dirija al cielo
22 o mire a la tierra,
sólo encontrará angustia y oscuridad,
desolación y tinieblas,
23 pues para el oprimido sólo hay oscuridad.

Se enciende una luz: Un niño nos ha nacido

Mt 4 13-16; Jn 8 12; Is 7 14; Miq 5 1-3

En un primer momento
humilló el Señor
al país de Zabulón y al país de Neftalí,
pero luego ha cubierto de gloria
el camino del mar,
al otro lado del Jordán,
la Galilea de los paganos.

9 1 El pueblo que caminaba en tinieblas
ha visto una gran luz;
a los que habitaban en tierra de sombras
una luz les ha brillado.
2 Has multiplicado su júbilo,
has aumentado su alegría;
se alegran en tu presencia
con la alegría de la cosecha,
como se regocijan
los que se reparten un botín.
3 Porque, como hiciste el día de Madián,
has roto el yugo que pesaba sobre ellos,
la vara que castigaba sus espaldas,
el látigo del opresor que los hería.
4 Arden devorados por el fuego
la bota del guerrero prepotente
y su manto empapado de sangre.
5 Porque un niño nos ha nacido,
un hijo se nos ha dado.
Sobre sus hombros descansa el poder,
y su nombre es: «Consejero prudente,
Dios fuerte, Padre eterno,
Príncipe de la paz».
6 Acrecentará su soberanía
y la paz no tendrá límites;
establecerá y afianzará el trono
y el reino de David
sobre el derecho y la justicia,
desde ahora y para siempre.

El amor ardiente del Señor todopoderoso lo realizará.

• **8 16-20**: Isaías y sus hijos son signos y testigos del Señor ante el pueblo, pero éste prefiere consultar a los muertos y a sus ídolos. El oráculo está ligado temáticamente al anterior: en ambos se trata de la conducta del profeta, distanciado de la conducta del pueblo.

• **8 21-9 6**: El sentido de Is 8 21-23a no es claro, y quizá se entendería mejor leyéndolo a continuación de Is 5 26-30. En el contexto actual describe al pueblo que sufre cansancio, hambre, angustia y oscuridad. Pero ese panorama tan negro no va a ser definitivo (Is 8 23b-9 6), porque una luz potente llenará al pueblo de esperanza: en el nacimiento de un niño, nuevo signo, se fundamenta la futura liberación del pueblo, con sus efectos de paz, alegría, derecho y justicia. Los mismos nombres del niño adquieren rasgos de oráculo salvífico y hacen clara referencia a la restauración del reino davídico. La tradición cristiana ve en este oráculo un anuncio del Mesías, que se realiza plenamente en Jesús y en el reino anunciado por él (Mt 4 13-16).

Ira devoradora contra el pueblo

Is 55 10-11; Am 4 6-11; Os 7 10-15

7 El Señor ha lanzado
una palabra contra Jacob
y ha caído sobre Israel.
8 La oirá todo el pueblo,
Efraín y los habitantes de Samaría,
los que arrogantes y orgullosos dicen:
9 Si se han caído los ladrillos,
construiremos con piedras labradas;
si han cortado los sicómoros,
los sustituiremos por cedros.
10 Pero el Señor incita
contra él a sus enemigos,
provoca a sus adversarios;
11 Siria al este, los filisteos al oeste:
ávidos han devorado a Israel.
Y, con todo, su ira no se calma,
su mano sigue amenazante.

12 A pesar de todo, el pueblo
no se ha convertido hacia quien lo hería,
ni ha buscado al Señor todopoderoso.
13 El Señor cortó a Israel cabeza y cola,
palmera y junco en un solo día.
14 (Los ancianos y nobles son la cabeza,
los profetas mentirosos, la cola).
15 Los guías de este pueblo lo extravían,
así que los guiados se han perdido.
16 Por eso, el Señor
no se apiadará de los jóvenes,
ni se compadecerá
de los huérfanos y las viudas,
porque todos son malvados y perversos
y de sus bocas sólo salen estupideces.
Y, con todo, su ira no se calma,
su mano sigue amenazante.

17 Se propaga la maldad como un incendio:
devora espinos y zarzas,
prende en la espesura del bosque
y se levantan columnas de humo.
18 La ira del Señor todopoderoso
incendia esta tierra,
y el pueblo es pasto del fuego.
Nadie se compadece de su hermano.
19 Se aprovechan de éste
y no quedan satisfechos,
abusan de aquel y aún quieren más.
Cada uno devora a su prójimo:
20 Manasés a Efraín, Efraín a Manasés,
y los dos se juntan contra Judá.
Y, con todo, su ira no se calma,
su mano sigue amenazante.

La suerte de los explotadores

Is 1 17-23; 3 14; 5 23; Ex 22 21-23; Jr 5 28

10 1 ¡Ay de los que dictan
leyes opresoras,
de los que publican decretos injustos:
2 no hacen justicia a los indefensos,
despojan de sus derechos
a los pobres de mi pueblo,
hacen de las viudas su presa,
y despojan a los huérfanos!
3 ¿Qué van a hacer el día del castigo?
¿Cómo se librarán de la catástrofe
que les llega de lejos?
¿A quién pedirán auxilio?
¿Dónde dejarán sus riquezas?
4 Tendrán que entregarse como prisioneros
o caer entre los muertos.
Y, con todo, su ira no se calma,
su mano sigue amenazante.

Oráculo contra Asiria

Is 5 26-30; 14 24-27; 36 18-20; 37 24-29; Dt 8 17; Is 45 9

5 ¡Ay de Asiria, vara de mi ira,
bastón de mi furor!

• **9** 7-20: Serie de oráculos de castigo dirigida esta vez contra el reino del Norte: aunque han recibido varias lecciones de parte de Dios, no quieren aprenderlas. Siguen persistiendo en su orgullo, en su maldad y en sus divisiones, y no se convierten al Señor; la *ira del Señor* aparece como un triple estribillo (Is 9 11.16.20) que da unidad a la serie y se extiende a todos los sectores del pueblo.

• **10** 1-4: Nueva maldición, al estilo de las que encontramos en Is 5 8-25. Los que despojan a los pobres, y oprimen en provecho propio a los más débiles, recibirán el castigo de Dios: cautividad o muerte.

Este oráculo, sin el estribillo de Is 10 4b que lo conecta con la serie anterior, se ubica más lógicamente entre Is 5 23 e Is 5 24-25. Es probable que algún copista se confundiera al ordenar el texto.

• **10** 5-19: Quedan atrás los tiempos en que Asiria era un aliado de Judá. Estamos en tiempos de Ezequías, sucesor de Ajaz, cuando el rey de Nínive va a invadir el territorio de su antiguo aliado (resuenan aquí elementos de los oráculos de Isaías a Ezequías con motivo de la invasión de Senaquerib; véase Is 37 24-29). Isaías ataca la planificación meramente humana de Asiria: no se dan cuenta de que son sólo un instrumento en manos de Dios. Los éxitos se les han subido a la cabeza y han traspasado los límites de la misión encomendada por Dios. Por eso, un día recibirán del Señor la misma lección que ahora recibe Jerusalén, para que aprendan a no desentenderse de él. Reaparecen la figura del niño y el tema del "resto" (Is 10 19), que son algunos de los hilos conductores de toda la sección.

6 La envío contra una nación impía,
la mando contra el pueblo
que provoca mi enojo;
para robarlo y saquearlo,
para pisotearlo
como el barro de las calles.
7 Pero Asiria no piensa así,
no es eso lo que planea en su interior:
solo piensa en destruir,
en arrasar muchas naciones.
8 He aquí lo que dice:
«¿No son reyes mis príncipes?
9 ¿No le pasó a Calnó
lo que a Carquemis?
¿No es Jamat como Arpad,
y Samaría como Damasco?
10 Si me he apoderado de reinos
con más imágenes idolátricas
que Jerusalén y Samaría,
11 ¿no haré con Jerusalén y sus imágenes
lo que hice con Samaría y sus ídolos?»
12 Cuando el Señor haya terminado su
obra en el monte Sión y en Jerusalén, castigará la soberbia del rey de Asiria y la arrogancia de su altiva mirada.
13 Porque dice:

Con la fuerza de mi mano lo hice,
y con mi ingenio, pues soy inteligente.
He cambiado
las fronteras de las naciones,
he saqueado sus tesoros,
he aniquilado con mi poder
a sus habitantes.
14 Me he apoderado, como de un nido,
de las riquezas de las naciones;
como se recogen huevos abandonados
he reunido toda la tierra:
nadie ha batido las alas,
nadie ha abierto el pico para piar.
15 ¿Se pavonea el hacha
ante el que la maneja?
¿Presume la sierra
ante el que la usa?
¡Como si el palo pudiera
mover a quien lo lleva
o el bastón manejar
a quien no es de madera!
16 Por eso, el Señor todopoderoso
dejará raquíticos
a quienes presumen de fuerza,
y debajo de su esplendor
encenderá un fuego abrasador,
que todo lo devorará.
17 El Dios Santo, luz de Israel,
se convertirá en fuego llameante.
Arderá y devorará en un solo día
todas sus zarzas y sus espinos;
18 acabará con el esplendor
de su bosque y su jardín,
desde la raíz hasta las hojas;
será como un enfermo que se apaga.
19 Y el resto de los árboles
que queden en el bosque,
hasta un niño podrá contarlos.

Un resto regresará

Is 17 4-6; 24 13-16; 4 3; Rom 9 27

20 Aquel día, el resto de Israel, los sobrevivientes de Jacob, dejarán de apoyarse en
su agresor, y se apoyarán con lealtad en el
Señor, en el Santo de Israel. 21 Un resto
regresará al Dios fuerte, un resto de Jacob.
22 Aunque fuera tu pueblo, Israel, como las
arenas del mar, sólo un resto regresará. La
destrucción está decidida, ninguna injusticia hay en ella. 23 El Señor llevará a cabo
en todo el país el exterminio que ha sido
decretado.

Liberación respecto a Asiria

Is 14 24-27; 30 27-33; 31 4-9; 37 22-29

24 Por eso, así dice el Señor todopoderoso: Pueblo mío, que vives en Sión, no temas a Asiria, aunque te hiera con la vara y
levante el bastón contra ti como lo hizo
Egipto; 25 dentro de muy poco mi furor
acabará con ellos, y mi ira los destruirá.
26 El Señor todopoderoso los golpeará con
el látigo, como cuando hirió a Madián en
la roca de Horeb y extendió su vara sobre
el mar en el camino de Egipto. 27 Aquel día

• **10 20-23**: Israel (aquí este nombre se refiere al reino del Sur, Judá) ha confiado más en Asiria que en el Señor. Por eso, cuando vea la suerte que corre Asiria, buscará apoyo en Dios. Por entonces sólo quedará un resto, pero se habrá aprendido la lección. En Is 10 21 vuelve a resonar el nombre del hijo de Isaías, Sear Yasub = *un resto volverá* (véase Is 7 3).

• **10 24-27a**: Asiria va a ser también castigada; no hay que temerla. Aún se nota su opresión, pero Dios es más fuerte y asegura que va a caer. Es en Dios en quien hay que poner la confianza. Resuenan las imágenes de liberación de Is 9 3-4 y se recuerdan las hazañas protagonizadas por Moisés contra los egipcios y por Gedeón contra los madianitas.

tus hombros quedarán libres de su carga, su
yugo dejará de pesar sobre tu cuello.

Avance del invasor

Miq 1 10-15

Sube por Rimón, 28 llega hasta Ayat,
atraviesa Migrón,
deja su equipaje en Micmás,
29 cruzan el desfiladero,
pasan la noche en Gueba;
Ramá se espanta,
Guibeá de Saúl emprende la huida.
30 ¡Lanza gritos, Bat Galín; escucha Lais;
respóndele, Anatot!
31 Madmená se dispersa,
los habitantes de Guebín escapan;
32 se detiene un día en Nob,
y ya levanta la mano
contra el monte Sión,
contra la colina de Jerusalén.

La tala de Dios

33 El Señor todopoderoso
desgaja con estruendo
las copas de los árboles;
las ramas más altas están cortadas,
las elevadas van a caer.
34 Cae bajo el hacha la espesura del bosque,
se desploma el Líbano
con todo su esplendor.

Reinado del nuevo David

Is 42 1-12; Sal 72; Rom 15 12; Ap 22 16; 1 Pe 4 14;
Ap 19 11.15; 2 Tes 2 8; Is 65 25; Hab 2 14

11 1 Saldrá un brote del tronco de Jesé,
un retoño brotará de sus raíces.
2 Sobre él reposará el espíritu del Señor:
espíritu de sabiduría y de inteligencia,
espíritu de consejo y de fortaleza,
espíritu de ciencia y de temor del Señor.
3 (Lo inspirará el temor del Señor).
No juzgará por apariencias,
ni atendiendo a rumores.
4 Juzgará con justicia a los indefensos,
a los pobres del país con rectitud;
herirá al violento con la vara de su boca,
con el soplo de sus labios
matará al malvado.
5 Será la justicia el cinturón de sus caderas;
la fidelidad, la correa de su cintura.
6 Habitará el lobo junto al cordero,
la pantera se echará junto al cabrito,
el ternero y el leoncillo comerán juntos
y un niño pequeño cuidará de ellos.
7 La vaca pastará con el oso,
sus crías se echarán juntas;
el león comerá paja, como el buey,
8 el niño de pecho jugará
junto al escondite de la culebra,
el recién destetado meterá la mano
en la cueva de la serpiente.
9 Nadie hará el mal ni causará daño alguno
en todo mi monte santo,
porque del conocimiento del Señor
está llena la tierra
como las aguas cubren el mar.

Retorno de los desterrados

Rom 15 12, Is 49 22, 35 8, 43 19

10 Aquel día, la raíz de Jesé será puesta
como estandarte de los pueblos;
a ella se volverán las naciones
y será gloriosa su morada.
11 Aquel día el Señor

• **10 27b-32**: Nueva variante de la invasión asiria que recuerda la campaña de Senaquerib contra Judá (2 Re 18 13; Is 36 1). Tras conquistar distintas plazas fuertes de Judá se dirige contra Jerusalén. A base de recursos poéticos, como por ejemplo los juegos de palabras, se subraya la rapidez y eficacia del avance militar asirio. Sin embargo Jerusalén (y el Señor que la habita) detendrá el avance y forzará la retirada (véase Is 36-37).

• **10 33-34**: Las imágenes vegetales parecen entroncar mejor con Is 10 17-19. En cualquier caso, aluden al castigo de Asiria y preparan a nivel temático la unidad siguiente.

• **11 1-9**: Magnífico oráculo mesiánico, en continuidad temática y de imágenes con el anterior de Is 9 1-6 (el sucesor davídico, los motivos de la justicia y la paz, la presencia del niño). En conjunto se describe una situación paradisíaca, producida por el rey mesiánico, sucesor de David, investido para tal efecto con el espíritu de Dios quien garantiza la justicia para los pobres y desprotegidos, la paz cósmica que reconcilia el ámbito animal y el humano y el conocimiento generalizado de Dios, que preside todo el proceso (Is 11 2.9). No es fácil decidir si este himno se refiere a Ezequías, el hijo y sucesor de Ajaz, o a un rey futuro e idealizado. Este texto, lo mismo que otros de Isaías (Is 7 1-17; 9 1-6), han sido releídos en una perspectiva mesiánica, tanto por judíos como por cristianos.

• **11 10-16**: Se describe el retorno de los desterrados, como un nuevo éxodo (véase Is 11 15-16). Se congregarán para regresar a la tierra, donde reconstruirán de nuevo el país, sin las divisiones y enemistades del pasado. Importante el papel de distintivo o bandera, tarea reservada a uno de la raíz de Jesé, es decir, un descendiente de David (Jesé es el padre de David). Por su temática, este oráculo enlaza con el anterior y junto con la unidad que le sigue, supone una situación de destierro; es probablemente, por tanto, posterior a Isaías.

mostrará de nuevo su poder
y rescatará al resto de su pueblo,
resto disperso en Asiria y Egipto,
en Patros, Cus y Elam,
en Senaar, Jamat y las islas del mar.
12 Levantará un estandarte ante las naciones
y reunirá a los dispersos de Israel;
congregará a los desperdigados de Judá
de los cuatro extremos de la tierra.
13 Entonces, cesará la envidia de Efraín,
se acabará la enemistad de Judá:
Efraín no envidiará a Judá
y Judá no oprimirá a Efraín.
14 Juntos marcharán
contra los filisteos a occidente,
y juntos saquearán
a los habitantes de oriente;
Edom y Moab caerán en sus manos,
Amón los obedecerá.
15 El Señor secará el mar de Egipto,
levantará su mano contra el Eufrates;
con su soplo impetuoso
lo partirá en siete brazos,
y podrán pasarlos a pie.
16 Y habrá un camino
para el resto de su pueblo,
resto disperso en Asiria,
como lo hubo para Israel,
cuando salió de Egipto.

Cántico al Dios salvador

Ex 15 2; Sal 105 1; Is 55 1; Jn 4

12 1 Aquel día dirás:
«Te doy gracias, Señor,
porque estabas enojado conmigo,
pero ya ha pasado tu furia
y me has consolado.
2 El es el Dios que me salva;
tengo confianza, y no temo,
porque mi fuerza
y mi fuente de alegría es el Señor,
él es mi salvación».
3 Sacarán agua con gozo
de las fuentes de la salvación.

4 Aquel día dirán:
«Den gracias al Señor,
invoquen su nombre,
proclamen entre los pueblos
sus hazañas,
pregonen que su nombre es sublime.
5 Canten al Señor,
porque ha hecho maravillas;
que lo sepa la tierra entera.
6 Griten alegres, habitantes de Sión,
porque es grande en medio de ti
el Santo de Israel».

II. ORACULOS CONTRA LAS NACIONES Δ

Contra Babilonia

Is 21 1-10; 47 1-15; Jr 50-51; Ap 17-18; Is 34 10-17

13 1 Oráculo contra Babilonia que Isaías,
hijo de Amós, recibió en una visión:
2 Levanten un estandarte
sobre un cerro pelado,
Llámenlos a gritos, agitando la mano:
que entren por las puertas de los nobles.
3 Yo he dado órdenes a mis consagrados,
he convocado
a los ejecutores de mi castigo,
a los defensores de mi honor.
4 Hay un ruido estrepitoso en las montañas,
como de una inmensa multitud.
Se siente un estrépito de reinos,
de naciones que se alían.
El Señor todopoderoso pasa revista

• **12 1-6**: A la intervención de Dios, el pueblo debe responder con este himno jubiloso, que da gracias por la salvación y glorifica el nombre del Señor. En el día del regreso, de la restauración del país, sólo tiene cabida la alegría. Una alegría que tiene al Señor como centro: es a él a quien se debe, y a él se le canta y agradece.

Δ 13 1-23 18: La mayor parte de estos textos son oráculos contra los pueblos extranjeros. Proceden estos oráculos de diversas épocas y autores. Algunos son del propio Isaías, pero casi todos deben considerarse posteriores a él. Nacidos en círculos emparentados espiritual o ideológicamente con el profeta, se le atribuyen a él para darles autoridad.

• **13 1-22**: La situación política que supone este oráculo corresponde a la del s. VI a. C. A Babilonia, que todavía es un imperio dominante, se le predice una caída desastrosa, provocada por la aparición de un gran ejército múltiple (terrestre y celeste), nuevo instrumento de Dios. Aparecen abundantes motivos escatológicos que caracterizan el *día del Señor*. El poema es de una gran belleza literaria, y al leerlo, debemos dejarnos impresionar por sus imágenes, evitando una excesiva conceptualización.

a su poderoso ejército
que está listo para el combate.
5 El Señor y los instrumentos de su furia
vienen desde una tierra lejana,
desde los extremos del cielo;
vienen para arrasar la tierra.
6 Griten de angustia
porque se acerca el día del Señor;
vendrá como destrucción del Destructor.
7 Los brazos quedarán sin fuerzas,
el corazón sin valor;
8 se estremecerán de angustia,
se retorcerán como la que da a luz;
unos a otros se mirarán aterrados
con los rostros encendidos de fiebre.
9 Pues viene implacable el día del Señor,
día de enojo y ardiente ira;
convertirá la tierra en desierto
y exterminará de ella a los pecadores.
10 Las estrellas del cielo
y sus constelaciones dejarán de brillar,
el sol se oscurecerá desde la aurora,
y la luna dejará de iluminar.
11 Pediré cuentas al mundo de su maldad,
a los malvados de su culpa;
acabaré con la insolencia
de los orgullosos,
y humillaré la soberbia de los tiranos.
12 Haré a los hombres
más escasos que el oro fino,
más escasos que el oro de Ofir.
13 Haré que los cielos tiemblen
y la tierra se mueva de su sitio;
el día en que se manifieste
el enojo del Señor todopoderoso,
el día de su ardiente ira.
14 Y serán como gacela acosada,
como rebaño que nadie puede reunir;
regresará cada uno a su pueblo,
cada cual huirá a su país.
15 Al que encuentren lo traspasarán,
al que apresen, lo matarán con la espada.
16 Delante de ellos estrellarán a sus hijos,
saquearán sus casas
y violarán a sus mujeres.
17 Pues yo suscito contra ellos a los medos,
que no buscan plata ni desean oro;
18 sus arcos derribarán a los jóvenes,
no se apiadarán del fruto de las entrañas
ni se compadecerán de sus hijos.
19 Babilonia, la perla de los reinos,
joya y orgullo de los caldeos,
quedará como Sodoma y Gomorra
cuando Dios las destruyó.
20 No volverá a ser habitada,
jamás nadie volverá a poblarla.
El beduino no instalará allí su tienda,
ni los pastores llevarán sus rebaños.
21 Allí se establecerán las fieras,
los buhos llenarán las casas;
vivirán allí las avestruces
y brincarán los sátiros.
22 En sus castillos aullarán las hienas,
en sus lujosos palacios los chacales.
Se acerca ya su hora, no tardará su día.

Regreso del destierro

Is 61 5; Zac 2 13; Sof 2 9

14 1 El Señor se compadecerá de Jacob,
elegirá de nuevo a Israel y los llevará
a su tierra. Los extranjeros se unirán a ellos,
se incorporarán a la descendencia de Jacob.
2 Las naciones los recogerán para conducirlos a su patria. El pueblo de Israel se los
apropiará como esclavos y esclavas en la
tierra del Señor: harán cautivos a sus deportadores, dominarán a sus opresores.

Poema contra el rey de Babilonia

Jr 50 23-24; Ap 18 9-20; Ez 32 18-32

3 El día que el Señor te conceda descanso de tus sufrimientos e inquietudes y de la
dura esclavitud a la que fuiste sometido,
4 recitarás este poema contra el rey de Babilonia:

¡Cómo ha terminado el tirano,
cómo ha terminado su arrogancia!
5 El Señor ha quebrado
el bastón de los malvados,
el cetro de los tiranos;
6 el cetro que hería a los pueblos con rabia,

• **14 1-2**: Dentro de la colección de oráculos contra Babilonia, el redactor postexílico ha introducido este pasaje en prosa que sirve de introducción al oráculo siguiente y, que anuncia el resurgir de Israel como auténtico señor que dominará a sus opresores. La perspectiva se universaliza, de forma que los paganos tendrán cabida en el pueblo.

• **14 3-20a**: Este poema celebra la caída de la soberbia Babilonia sirviéndose de recursos literarios propios de la elegía y de la sátira. El rey de Babilonia se había convertido en un tirano arrogante y cruel. Su crueldad afectaba por igual a pueblos, hombres y naturaleza, que ahora pueden respirar y descansar tranquilos, tras la caída y muerte del tirano. Deja la tierra tranquila pero la agitación se traslada ahora al abismo, su nueva residencia. Con todo, será una agitación para burlarse de él, no para reverenciarlo.

que los golpeaba sin descanso,
que tiranizaba con furia a las naciones
y las perseguía sin cesar.
7 La tierra entera descansa tranquila
y lanza gritos de alegría;
8 hasta los cipreses celebran tu ruina,
y los cedros del Líbano dicen:
«Desde que caíste derrotado
no sube a talarnos el leñador».
9 El abismo, desde lo profundo de la tierra,
prepara tu llegada y sale a recibirte;
en tu honor despierta
a los espíritus de los muertos,
a todos los grandes de la tierra;
hace levantarse de sus tronos
a todos los reyes de las naciones.
10 Todos ellos te saludan diciendo:
También tú has sido aniquilado,
ya eres semejante a nosotros.
11 Tu esplendor ha caído en el abismo,
con la música de tus arpas.
Tu colchón son los gusanos,
las lombrices tu manta.
12 ¿Cómo has caído del cielo,
estrella brillante, hijo de la aurora?
¿Cómo estás derribado por tierra,
opresor de las naciones?
13 Tú, que pensabas en tu interior:
«Escalaré los cielos, levantaré mi trono
por encima de las estrellas de Dios,
me sentaré en el monte de la reunión,
en la morada divina;
14 subiré a lo más alto de las nubes,
seré igual que el Altísimo».
15 ¡Cómo has caído al abismo,
a lo más hondo de la fosa!
16 Los que te ven se quedan mirando
y hacen esta reflexión sobre ti:
«¿Es éste el hombre
que hacía temblar la tierra
y aterrorizaba los reinos,
17 el que convertía al mundo en desierto,
destruía las ciudades
y no soltaba a sus prisioneros?»
18 Todos los reyes de la tierra
reposan con honor,
cada uno en su tumba.
19 A ti, en cambio,
te han arrojado de tu sepulcro
como basura despreciable;
te han cubierto de muertos
atravesados por la espada;
te han arrojado contra las piedras del foso
como cadáver que se pisa.
20 No te reunirás con los reyes en la tumba
porque has destruido a tu tierra
y has asesinado a la gente de tu pueblo.

Dios borrará su memoria

No se volverá a hablar
de la descendencia de los malvados.
21 Preparen el exterminio de los hijos
por la maldad de sus padres,
no sea que se levanten,
se apoderen de la tierra,
y llenen el mundo de ciudades.
22 Yo me levantaré contra ellos
–oráculo del Señor todopoderoso–
y borraré de Babilonia
apellido y descendencia,
estirpe y posteridad
–oráculo del Señor–.
23 La convertiré en morada de erizos,
en tierra pantanosa,
y la barreré con la escoba
de la destrucción.
Oráculo del Señor todopoderoso.

Contra Asiria

Is 10 24-27; 30 27-33; 31 4-9

24 Esto ha jurado el Señor todopoderoso:
Lo que he proyectado sucederá,
se cumplirá lo que he decidido.
25 Aplastaré a los asirios en mi país,
los pisotearé en mis montañas;
su yugo dejará de oprimir a mi pueblo,
su tiranía dejará de pesar
sobre sus hombros.
26 Esta es la decisión tomada
sobre toda la tierra
y ésta es la mano extendida
que amenaza a todas las naciones.
27 El Señor todopoderoso lo ha decidido,
¿quién lo puede impedir?

• **14 20b-23**: La ruina de Babilonia será total; su exterminio, absoluto: matarán incluso a los hijos, para que la especie se extinga. La contraposición, más temática que verbal, con la liberación de Israel en Is 14 1-3, realza la unidad de esta primera parte del capítulo.

• **14 24-27**: El castigo *en mi país* y *en mis montañas* (Is 14 25) nos hace sospechar que se refiere al momento de la invasión asiria al mando de Senaquerib, hacia el 701 a. C., siendo rey Ezequías. Tendríamos aquí el desenlace lógico de la invasión descrita en Is 10 28-32. Asiria se ha extralimitado en el castigo contra Judá y ahora se profetiza su derrota.

Su mano está extendida,
¿quién la puede retirar?

Contra Filistea

Jr 1 13-14

28 El año en que murió el rey Ajaz se
pronunció este oráculo:
29 No te alegres, nación filistea,
de que se haya roto
el bastón que te hería,
porque de la raíz de la culebra
saldrá una víbora,
y su fruto será una serpiente voladora.
30 Los desvalidos comerán en mis campos
y los indigentes reposarán seguros,
pero mataré de hambre a tu raíz,
y asesinaré lo que aún quede de ti.
31 Aúlla, puerta; grita, ciudad;
tiembla, nación filistea,
que del norte viene una humareda,
y de sus filas nadie deserta.
32 ¿Qué se puede responder
a los mensajeros de esa nación?
«Que el Señor ha fundado Sión,
y en ella se refugiarán
los pobres de su pueblo».

El luto de Moab

Jr 48; Ez 25 8-11; Am 2 1-3

15 1 Oráculo contra Moab:
La noche en que fue saqueada,
pereció Ar de Moab;
la noche en que fue saqueada,
pereció Quir de Moab.
2 Suben los de Dibón a las alturas a llorar;
en el Nebo y en Mádaba
se lamenta Moab.
Han rapado sus cabezas,
afeitado sus barbas;
3 van por las calles vestidos de luto,
se lamentan
en las terrazas y en las plazas,
y dan rienda suelta a su llanto.
4 Gritan también Elalé y Jesbón,
hasta en Yajás se escucha su alarido.
Por eso tiembla el ejército de Moab
y su ánimo decae.
5 Mi corazón gime por Moab;
sus fugitivos llegan hasta Soar,
suben llorando la cuesta de Lujit,
gimen angustiados camino de Joronain.
6 Se han secado las aguas de Nimrín;
está marchita la hierba,
y el césped seco y sin verdor.
7 Por eso llevan sus ahorros y provisiones
hacia el torrente de los Sauces.
8 Un grito recorre las fronteras de Moab,
su clamor llega hasta Eglaín,
incluso en Berelín se siente,
9 porque las aguas de Dimón
están llenas de sangre.
Pero aún debo añadir
otros males a Dimón:
les mandaré un león
a los sobrevivientes de Moab
y a los que queden en el país.

Moab acude a Judá

Is 9 1-6; 2 Sm 7 13

16 1 Envíen corderos al soberano del país
desde Selá, en el desierto,
hasta el monte de Jerusalén.
2 (Como pájaros espantados
arrojados de su nido,
así van los moabitas
por los pasos del río Arnón).
3 Danos consejo –suplican–
toma una decisión,
que tu sombra nos proteja a mediodía
como si fuera de noche;
esconde a los fugitivos,

• **14** 28-32: Oráculo procedente del mismo Isaías (o de su época). Ajaz había llevado a cabo una política proasiria. A su muerte, los filisteos conciben la esperanza de una gran coalición antiasiria, pero se les advierte que es pronto para alegrarse: el fruto de la *raíz* de Judá está asegurado porque es Dios mismo quien lo garantiza. Sin embargo, no se puede decir lo mismo de los filisteos que no podrán confiar en la sobrevivencia de un *resto*.

• **15** 1-9: Es el primero de tres oráculos contra Moab, cuyo territorio estaba situado al este del mar Muerto, y cuyas relaciones con Israel no siempre fueron cordiales.

La semejanza de este primer oráculo con Jr 48 hace pensar en una fuente común. De todas formas, son inciertos su origen y su datación. Sorprende el tono de compasión por el llanto y el dolor de Moab, tratándose de un enemigo tradicional (véase Is 15 5). Dos elementos se destacan especialmente: las abundantes referencias geográficas y el gran número de expresiones de duelo.

• **16** 1-5: La única esperanza que les queda a los fugitivos de Moab es ganarse el favor del rey de Jerusalén; para ello le envían la ofrenda simbólica de los corderos, como hicieran en otros tiempos (2 Re 3 4). Le piden a cambio asilo para sus fugitivos. Is 16 4b-5 está probablemente fuera de contexto, pues se ocupa más de la estabilidad y firmeza del trono de David que de Moab.

no delates al que huye;
4 deja que vivan contigo
los fugitivos de Moab;
sé tú su refugio frente al opresor.
Cuando cese la tiranía,
termine la opresión,
y el opresor desaparezca del país,
5 entonces por tu amor
se consolidará un trono
en la tienda de David;
se sentará firmemente sobre él
un juez que busque el derecho
y practique la justicia.

Lamentación por Moab

Jr 48 29-33; Is 25 10-12

6 Hemos oído hablar
de la soberbia desmedida de Moab,
de su orgullo, soberbia e insolencia,
de sus estériles fanfarronadas.
7 Por eso los moabitas
se lamentan por Moab,
todos juntos se lamentan.
Por los pasteles de pasas de Quir-Jaréset
suspiran todos apenados.
8 Se han marchitado los campos de Jesbón,
los viñedos de Sibmá.
Los señores de las naciones
destrozaron sus sarmientos;
se alargaban hasta Yazer,
se perdían en el desierto,
y sus ramas se extendían más allá del mar.
9 Por eso voy a llorar como llora Yazer,
por los viñedos de Sibmá.
Las regaré con mis lágrimas,
Elalé y Jesbón.
Se acabaron los cantares
de la cosecha y la vendimia;
10 la alegría y el gozo
han cesado en el campo,
ya no hay quien cante
ni grite de alegría en el viñedo;
no hay quien pise la uva en el lagar,
ni se escuchan sus canciones.
11 Por eso mis entrañas vibran
como un arpa a causa de Moab
y mi corazón a causa de Quir-Jaréset.
12 Y aunque Moab
no cese de dar culto en los altozanos,
aunque vaya a orar a su santuario,
de nada le servirá.

13 Este es el oráculo pronunciado hace
tiempo por el Señor contra Moab. 14 Y ahora dice el Señor: «Dentro de tres años justos, será humillada la nobleza de Moab.
También la gente del pueblo, por numerosa
que sea, caerá; quedará un pequeño resto,
impotente y desprotegido».

Damasco desaparecerá

Is 7 8; Jr 7 33

17 1 Oráculo contra Damasco:
Damasco va a dejar de ser ciudad,
se va a convertir
en un montón de escombros.
2 Sus ciudades,
abandonadas para siempre,
se convertirán en pastizales,
donde se recostarán los rebaños
sin que nadie los moleste.
3 Efraín perderá sus fortificaciones
y Damasco su soberanía;
y los sobrevivientes de Siria
perderán su grandeza
como la perdieron los israelitas.
Oráculo del Señor todopoderoso.

De Judá quedará poca cosa

Is 10 20-23

4 Aquel día perderá Jacob su esplendor
y su opulencia se convertirá en miseria.
5 Quedará como campo cosechado
cuando el jornalero
corta y recoge las espigas;
como campo en el valle de Refaín
cuando se recogen las espigas,
6 y sólo quedan los restos de la cosecha;

• **16 6-14**: Nuevo oráculo sobre Moab. Se trata ahora de una lamentación por su suerte, que continúa el tono de elegía y explica la razón de su desgracia, que no es otra que su soberbia. Sorprende al final, la promesa de que sobrevivirá un *resto*, tema más en consonancia con los oráculos de salvación para Israel (véase también Is 15 9).

• **17 1-3**: Este oráculo, lo mismo que los siguientes, con los que guarda relación, data seguramente de la época de la guerra siro-efraimita (734-732 a. C.). En él se predice el derrumbamiento de Damasco y de Efraín, o sea, de Siria e Israel (el *reino del Norte*), con la consiguiente destrucción y ruina de las ciudades y fortificaciones.

• **17 4-6**: El profeta se dirige ahora al reino del Sur (Judá) y asegura que su situación no será mucho mejor: sólo quedará un resto. En esta ocasión se recurre a dos imágenes agrícolas: el corte de las espigas y la recolección de la aceituna.

o como olivo sacudido,
en cuya parte más alta
sólo quedan dos o tres aceitunas,
y cuatro o cinco en las ramas fecundas.
Oráculo del Señor Dios de Israel.

Dejarán la idolatría para convertirse a Dios

Ex 34 13

7 Aquel día mirará el hombre a su Hacedor, sus ojos contemplarán al Santo de
Israel; 8 dejará de mirar los altares, hechura de sus manos, y de contemplar las imágenes sagradas y las piedras conmemorativas que hizo con sus dedos.

9 Aquel día tus ciudades de refugio
serán abandonadas, quedarán desiertas;
como las de los sirios y jebeos
ante los israelitas, quedarán en ruinas;
10 porque has olvidado
al Dios de tu salvación
y no te has acordado
de tu roca de refugio.
Plantabas huertos sagrados
y sembrabas cultos extranjeros;
11 tu semilla germinaba al punto,
esa misma mañana florecía.
Pero la cosecha se perderá
el día de la desgracia
y el mal será incurable.

Invasor ruidoso, pero efímero

Is 8 7; Os 13 3

12 ¡Oigan el rugido de pueblos numerosos,
que rugen como el mar;
oigan el bramido de naciones,
que braman como las aguas caudalosas!
13 Pero Dios los amenaza y huyen lejos,
como polvo que el viento se lleva,
como pelusa que arrastra el vendaval.
14 Por la tarde causan espanto,
pero antes de amanecer
han dejado de existir.
Ese es el destino de los que nos saquean,
esa es la suerte de quienes nos despojan.

Contra Etiopía

Sof 3 10; Mal 1 11

18 1 ¡Ay de la tierra
donde zumban los insectos,
la que está más allá de los ríos de Etiopía,
2 que envía por el mar embajadores,
en canoas de juncos sobre las aguas!
Vayan, ágiles mensajeros,
al pueblo esbelto y bronceado,
a la nación terrible y remota,
al pueblo vigoroso y dominador,
cuya tierra atraviesan ríos.
3 Habitantes todos del mundo,
moradores de la tierra,
cuando se levante
en los montes la bandera, miren;
cuando suene la trompeta, escuchen;
4 porque así me ha dicho el Señor:
Sereno observaré desde mi puesto,
como el calor cuando brilla el sol,
como lluvia refrescante
en el bochorno de la cosecha.
5 Porque antes de la cosecha,
acabada ya la floración,
cuando aparezcan los primeros granos
y comiencen a madurar,
cortarán las ramas con la podadera,
arrancarán y arrojarán los racimos.
6 Todos quedarán abandonados
a las aves de rapiña y a las fieras:
las aves de rapiña
los devorarán en verano,
y las fieras en invierno.
7 Entonces será cuando ese pueblo esbelto y bronceado, esa nación terrible y lejana, ese pueblo vigoroso y dominador, cuya tierra atraviesan ríos, traerá ofrendas al
Señor todopoderoso, al monte Sión, donde
se invoca su nombre.

• **17 7-11**: Desde la perspectiva de Dios, el castigo tiene una dimensión didáctica: su finalidad es que el pueblo aprenda, abandone la idolatría y regrese a su Dios. En el presente oráculo se emplean imágenes urbanas y también del ámbito agrícola, como en el oráculo anterior.

• **17 12-14**: El oráculo puede atribuirse también al tiempos de Isaías; corresponde a un momento de amenaza asiria (véase Ez 38-39). Al avance estruendoso del ejército enemigo, descrito como una tormenta o una gran tempestad marítima, sucede la intervención de Dios que reduce a la nada las intenciones del invasor.

• **18 1-7**: Comienza una serie de oráculos contra Egipto y Etiopía, que por entonces se encontraba bajo el dominio de los faraones.

Generalmente se admite que Is 18 1-6 procede del mismo Isaías, hacia el año 705 a. C. En este año murió Sargón II, rey de Asiria, y un faraón de origen etíope intentó reunir una gran coalición antiasiria. El añadido de Is 18 7 puede deberse a un discípulo lejano de Isaías, que incluye a Etiopía en la lista de los pueblos que un día se convertirán al Señor. El castigo decisivo es descrito recurriendo de nuevo a imágenes tomadas del ámbito agrícola.

Contra Egipto

Jr 46; Ez 29-32; Sal 68 5; Is 29 10; 1 Re 22 19-23

19 1 Oráculo contra Egipto:

Vean al Señor que entra en Egipto
montado sobre una nube ligera;
los ídolos de Egipto tiemblan ante él,
los egipcios se estremecen de terror.
2 Enfrentaré a egipcios contra egipcios:
pelearán hermanos contra hermanos,
unos contra otros,
ciudad contra ciudad,
reino contra reino.
3 Los egipcios perderán su valor,
desbarataré sus planes.
Consultarán a ídolos y hechiceros,
a brujos y adivinos.
4 Entregaré a los egipcios
en manos de un amo implacable;
un rey cruel los dominará.
Oráculo del Señor todopoderoso.
5 Se secarán las aguas del mar;
el Nilo quedará reseco, sin agua;
6 los canales despedirán mal olor,
disminuirán hasta agotarse los arroyos,
se pudrirán las cañas y los juncos.
7 Los campos de la orilla del Nilo
y todo lo sembrado junto a él se secará:
desaparecerá arrasado por el viento.
8 Gemirán los pescadores,
los que echan el anzuelo
en el Nilo se lamentarán,
se afligirán los que extienden
la red en el agua.
9 Quedarán angustiados
los que trabajan el lino,
pálidos los que limpian y tejen la lana,
10 consternadas las hilanderas,
y los obreros entristecidos.
11 ¡Qué estúpidos los príncipes de Tanis,
los sabios que dan al faraón
consejos tontos!
¿Cómo pueden decir al faraón:
«soy hijo de sabios,
hijo de antiguos reyes»?
12 ¿Dónde están tus sabios?
Que te anuncien, si lo saben,
lo que el Señor todopoderoso
ha decidido contra Egipto.
13 Los príncipes de Tanis son estúpidos,
e ilusos los príncipes de Menfis.
Los jefes de sus tribus
hacen caer a Egipto.
14 El Señor les ha infundido el vértigo,
y ellos hacen que Egipto se tambalee
en todo lo que emprende,
como un borracho que vomita.
15 Y ya nada le sale bien a Egipto,
lo haga la cabeza o la cola,
la palmera o el junco.

Conversión de Egipto y de Asiria

Is 3 12; Nah 3 13; Jr 51 30

16 Aquel día los egipcios temblarán como mujeres. Se asustarán al ver que el Señor todopoderoso va a golpearlos. 17 La tierra de Judá será el terror de Egipto. Sólo con
nombrársela se echarán a temblar, pues el
Señor todopoderoso ha decidido castigarlo.
18 Aquel día habrá en Egipto cinco ciudades que hablarán la lengua de Canaán y
jurarán por el Señor todopoderoso; una de
ellas se llamará ciudad de la Destrucción.
19 Aquel día habrá un altar del Señor en
medio de Egipto y una piedra conmemorativa dedicada al Señor junto a la frontera;
20 serán signo y testimonio del Señor todopoderoso en tierra egipcia. Cuando al verse oprimidos invoquen al Señor, él les enviará un salvador que los defienda y los libere. 21 El Señor se manifestará a Egipto, y
aquel día los egipcios reconocerán al Se-

• **19 1-15**: Dios *entra en Egipto* (Is 19 1) para intervenir contra él. El resultado de su intervención será una serie de calamidades: luchas internas, planes desbaratados, rey cruel, mar seco, fin de los negocios. Hábilmente el profeta describe el castigo recurriendo a dos motivos típicamente egipcios: en primer lugar la sequía del Nilo con la consiguiente paralización de toda la vida agrícola y económica que depende de él (Is 19 5-10), en segundo lugar la insensatez de la famosa sabiduría egipcia, representada por príncipes y consejeros (Is 19 11-14). El resultado es el caos descrito inicialmente (Is 19 1-4). En última instancia, el fracaso final (Is 19 15) es consecuencia de no haber tenido en cuenta a Dios ni sus proyectos (Is 19 3.12).

• **19 16-25**: Es éste uno de los oráculos más sorprendentes y novedosos del libro de Isaías, y uno de los más rotundos testimonios de universalismo salvífico del Antiguo Testamento. Egipto y Asiria, enemigos tradicionales e históricos de Israel, son llamados a la conversión, que se realiza en el reconocimiento del Señor y en la unión con Israel participando todos juntos de la bendición divina (Is 19 24-25). A nivel formal, el conjunto queda unificado por las seis repeticiones de la fórmula *aquel día*, las cuatro primeras (Is 19 16.18.19.21) dedicadas al acercamiento de Egipto al Dios de Israel y las dos últimas (Is 19 23.24) referidas a la unión de Asiria, Egipto e Israel. Juda-Israel, el pueblo oprimido antiguamente por Egipto y recientemente por Asiria, es ahora causa e instrumento de su salvación.

ñor. Le darán culto con sacrificios y ofrendas; harán promesas al Señor y las cumplirán. 22 El Señor castigará duramente a los
egipcios, pero luego los sanará. Se convertirán al Señor, y él los atenderá y sanará
sus heridas.
23 Aquel día habrá un camino de Egipto
a Asiria: los asirios entrarán en Egipto y
los egipcios en Asiria; y egipcios y asirios
adorarán juntos al Señor. 24 Aquel día, Israel, junto con Egipto y Asiria, será bendito en medio de la tierra, 25 porque el Señor
todopoderoso los bendice diciendo: «Bendito sea mi pueblo Egipto; y Asiria, obra de
mis manos; e Israel, mi herencia».

Anuncio de la derrota de Egipto

2 Re 18 17; Is 36 2; 2 Sm 10 4; Is 30 3-7

20 1 El año en que Sargón, rey de Asiria,
encargó a su general en jefe que atacara y conquistara Asdod, 2 el Señor dijo
así a Isaías, hijo de Amós:
–Vete y quítate el vestido de penitencia
y las sandalias.
El lo hizo así, y anduvo desnudo y descalzo.
3 Y el Señor dijo:
–Lo mismo que mi siervo Isaías ha caminado desnudo y descalzo durante tres
años, como signo y anuncio contra Egipto
y Etiopía, 4 así también el rey de Asiria llevará al destierro a los cautivos de Egipto y
a los desterrados de Etiopía, jóvenes o viejos: los conducirá desnudos y descalzos,
con las nalgas al aire –vergüenza para Egipto–. 5 Se sentirán acobardados y avergonzados por haber confiado en Etiopía y haber puesto su orgullo en Egipto. 6 Y los
habitantes de las costas dirán aquel día:
«Si aquellos en quienes confiábamos, a los
que acudíamos en busca de auxilio para librarnos del rey de Asiria, se ven así, ¿cómo vamos a escapar nosotros?»

Caída de Babilonia

Is 13-14; 47 1-15; Jr 50-51; Ap 17-18

21 1 Proclamación sobre Babilonia:

Como huracanes que barren el Négueb,
así vienen del desierto,
de un país temible.
2 Una dura visión me ha sido mostrada:
El traidor, traicionado;
el destructor, destruido;
¡suban, elamitas; ataquen, medos!
¡Que cesen ya los gemidos!
3 Por eso mis entrañas se estremecen,
la angustia se apodera de mí
como una mujer cuando da a luz;
me turba el oírlo, me espanta el mirarlo,
4 me echo a temblar, me faltan las fuerzas;
me da miedo el esperado atardecer.
5 Pongan la mesa, extiendan el mantel:
¡A comer y a beber!
En pie, capitanes; preparen el escudo.

6 Esto me ha dicho el Señor:
«Anda, coloca un centinela
que anuncie lo que vea.
7 Si ve montados a un par de jinetes,
ya sea en burro o en camello,
que ponga atención, mucha atención».

8 Pues esto es lo que dice el centinela:
«En la torre del vigilante, Señor,
yo me mantengo todo el día,
y en el puesto de centinela
paso las noches enteras.
9 Llega gente a caballo, un par de jinetes
que vienen anunciando:
Cayó, cayó Babilonia;
todas las estatuas de sus dioses
están rotas y tiradas por tierra».

10 Pueblo mío, molido como trigo,
lo que he oído al Señor todopoderoso,
al Dios de Israel, yo te lo anuncio.

• **20** 1-6: Esta vez Isaías transmite su mensaje a través de una acción simbólica. El contexto vital está probablemente relacionado con el sector que a la muerte de Ajaz se mostraba favorable a una alianza antiasiria: se trataría de hacerles ver el peligro a que se exponían depositando su confianza en tan débiles defensores, como Egipto y Etiopía, vencidos y humillados (*descalzos y desnudos* como el profeta), y conducidos al destierro.

• **21** 1-10: Este oráculo hay que situarlo en la época de la caída de Babilonia, hacia el 539 a.C. Elamitas y medos (Is 21 2) habían sido aliados de Babilonia en contra de Asiria, pero ahora se vuelven contra ella. Se trata del feliz anuncio de la caída de Babilonia. El desastre es tan grande que no se contempla directamente (*me turba el oírlo, me espanta el mirarlo*, Is 21 3), sino que se tiene conocimiento de él a través de la noticia indirecta del vigilante. El clima de expectación se acentúa progresivamente con el retraso de la noticia y el recurso a los mensajeros que la traen y el anuncio del vigilante, que describe el viaje y ofrece el informe final.

Sobre Duma

Ez 33 1-9

11 Oráculo sobre Duma:

Me gritan desde Seír:
«Centinela, ¿cuánto queda de la noche?
Centinela, ¿cuánto queda de la noche?»
12 El centinela responde:
«Viene la mañana, pero volverá la noche.
Si quieren preguntar de nuevo,
regresen y pregunten».

Sobre Arabia

Jr 49 8; Gn 10 7; 25 3; Is 16 14; Jr 49 28-29

13 Oráculo sobre Arabia:

Pasen la noche en la llanura,
entre los matorrales,
caravanas de Didán.
14 Al que llega sediento denle agua,
habitantes de Temá.
Ofrézcanle pan a los fugitivos,
15 pues vienen huyendo de la espada,
de la espada lista para herir,
del arco listo para disparar,
de la violencia de la batalla.
16 Así me ha dicho el Señor: Justo dentro de un año, desaparecerá la nobleza de
Cadar; 17 valientes son los arqueros de Cadar, pero quedarán muy pocos. Lo dice el
Señor, Dios de Israel.

Contra la euforia de Jerusalén

1 Re 7 2-5; 2 Re 20 20; 1 Cor 15 32

22 1 Oráculo sobre el valle de la Visión:

¿Se puede saber qué te sucede,
que todos suben a las azoteas?
2 Contesta, ciudad ruidosa,
villa bulliciosa y de vida alegre.
Tus caídos no cayeron a espada,
ni perecieron tus muertos en la guerra;
3 tus jefes huyeron en bloque;
tus guerreros han sido capturados
sin disparar el arco,
han sido hechos prisioneros
cuando trataban de huir.
4 Por eso les digo: «Déjenme en paz,
no me consuelen en mi amargo llanto
por mi pueblo destruido,
5 pues éste es un día de aflicción,
de abatimiento y confusión
que nos envía el Señor todopoderoso.
En el valle de la Visión caen las murallas,
hasta las montañas llegan los gritos.
6 Elam ha tomado el estuche con flechas,
mientras cabalgan los jinetes.
Quir ha sacado de la funda su escudo.
7 Los carros llenan tus mejores valles,
la caballería carga contra la ciudad;
8 y han cedido las defensas de Judá.
Entonces ustedes inspeccionaron
el arsenal de la Casa del Bosque,
9 vieron los numerosos boquetes
de la ciudad de David
y recogieron las aguas
de la cisterna de abajo.
10 Contaron las casas de Jerusalén
y hasta derribaron viviendas
para fortalecer las murallas.
11 Para recoger las aguas
de la antigua cisterna
hicieron un estanque
entre las dos murallas,
pero no pusieron atención a su Hacedor
ni se fijaron
en el que desde antiguo lo ideó.
12 Aquel día, el Señor todopoderoso
los invitaba a llorar y a lamentarse,
a raparse la cabeza y a vestirse de luto.

• **21** 11-12: Oráculo problemático. Podría tratarse de un pueblo (Edom?) sometido a Asiria que pregunta cuánto durará su situación. La respuesta, también oscura, podría significar algo así como *Conviértanse y luego hablaremos*. Llama la atención la presentación del profeta como centinela, temática que remite al oráculo anterior y que será desarrollada en Ez 33 1-9.

• **21** 13-17: Este nuevo y breve oráculo hace referencia al ambiente de guerra, cuyas consecuencias se hacen sentir en las pacíficas tribus de Arabia dedicadas al transporte de mercancías. Didán es una tribu del sur de Arabia que se dedicaba al comercio y Temá uno de los oasis en que se aprovisionaban las caravanas. Cadar era una tribu de Arabia del norte, pero a diferencia de las anteriores, se había puesto al servicio de los invasores (empezando por sus famosos arqueros), con lo que había roto la *alianza fraterna* (véase Am 1 9).

• **22** 1-14: Oráculo del tiempo de Isaías. Se refiere seguramente a la época en que Jerusalén, sitiada por Senaquerib en el 701 a. C., se vio, en el último momento, libre de la amenaza asiria. El pueblo entonces se alegra y se dedica a celebrarlo. Isaías, sin embargo, no se entusiasma tanto: para él es un día de asombro, consternación y abatimiento (Is 22 5). El problema es que el pueblo, una vez más, ha seguido sus planes y se ha olvidado de Dios. Quizá hasta atribuyan el éxito a las medidas que habían adoptado (véase Is 22 8b-11). No se dan cuenta de que ha sido Dios, y no sus precauciones, quien ha ahuyentado momentáneamente al enemigo. Por eso tampoco saben aprovechar el momento de respiro.

13 Pero ustedes han respondido
con alegría y diversión,
con matanzas de terneros
y sacrificios de corderos;
se han saciado de carne
y están hinchados de vino.
«Comamos y bebamos,
que mañana moriremos».
14 Pues esto he oído
al Señor todopoderoso:
Sólo con la muerte
expiarán este pecado.
Lo ha dicho el Señor todopoderoso.

Contra Sobná, el administrador del palacio

Is 36 3.11.22; 2 Re 18 18.26.37; Ap 3 7; Mt 16 19

15 Así dice el Señor todopoderoso:

Anda y dile a Sobná,
ese administrador de palacio,
16 que se está excavando
un sepulcro en lo alto,
tallando una tumba en la roca:
¿Qué se te perdió aquí?
¿A quién tienes por estos lugares
para excavarte aquí un sepulcro?
17 Has de saber que el Señor
te aprisionará con fuerza,
te lanzará violentamente,
18 y hará que ruedes como pelota
hacia un inmenso país.
Allí morirás con tus carros de riquezas,
pues eres la vergüenza
de la corte de tu señor.
19 Te quitaré de tu puesto,
te echaré de tu cargo;
20 y llamaré aquel día a mi siervo Eliaquín,
el hijo de Jelcías.
21 Lo vestiré con tu túnica,
le colocaré tu banda
y le confiaré tus poderes.
El será un padre
para los habitantes de Jerusalén
y para la casa de Judá.
22 Pondré en sus manos
las llaves del palacio de David:
cuando abra, nadie podrá cerrar;
cuando cierre, nadie podrá abrir.
23 Lo fijaré como un clavo
en un lugar resistente
y será motivo de gloria
para la casa paterna.

24 Los descendientes y herederos colga-
rán de él todas las riquezas de la casa paterna, hasta las copas y las jarras y las cosas
pequeñas.
25 Aquel día, oráculo del Señor todopoderoso, cederá el clavo fijado en un lugar
resistente, y caerá y se destrozará cuanto
de él colgaba. Lo ha dicho el Señor.

Contra Tiro y Sidón

Ez 26-28; Am 1 9-10; Zac 9 2-4; Is 2 16; Sal 48 8; Ap 18 23; Jr 25 11-12

23 1 Oráculo sobre Tiro:

¡Laméntense, barcos de Tarsis,
pues su puerto está destruido!
Al regresar de Chipre
les dieron la noticia.
2 Enmudezcan, habitantes de la costa,
comerciantes de Sidón,
que atraviesan el mar
y envían mensajeros
3 por el ancho mar;

• **22 15-25**: Oráculo de denuncia y castigo contra Sobná, alto oficial de la corte, al parecer de origen extranjero. El delito no es muy claro: se condena la construcción de un mausoleo, quizá por el lujo que supone en momentos difíciles para el pueblo, o por hacerlo en un lugar que no le corresponde. El castigo parece referirse al destierro.

En Is 22 19-25 se anuncia la sustitución de Sobná por Eliaquín. El traspaso de poderes está simbolizado en las llaves (véase Mt 16 19; Ap 3 7) y en otros distintivos, y se habla de su eficacia y prosperidad iniciales. Pero parece que tampoco Eliaquín actuó bien. Por eso algún redactor añade Is 22 25 relativo a su caída, enlazando con la imagen del clavo del cual dependen ("cuelgan") sus parientes (Is 22 23-24). Su caída es mucho más estrepitosa porque arrastra consigo a los demás.

• **23 1-18**: Tiro y Sidón eran dos potencias marítimas que en su momento se unieron a la alianza contra Asiria. No fueron destruidas hasta el s. IV a. C., por Alejandro Magno; pero antes, en tiempos de Senaquerib, habían pasado a poder de Nínive. El oráculo (Is 23 1-14) queda delimitado por la repetición del estribillo referido a Tarsis: Is 23 1.14. Las imágenes son predominantemente marítimas y se alude con frecuencia a la actividad comercial y a la expansión colonial de los fenicios. El castigo responde al plan de Dios (Is 23 9), destinado a humillar su orgullo, y las consecuencias son el cese de la actividad marítima y del cultivo de la tierra.

Pasado un tiempo (Is 23 15-18), Tiro se recuperará de la caída y volverá a sus negocios, definidos aquí como prostitución. Sorprende la noticia final: las ganancias de sus sucios negocios comerciales van a parar al culto y a los servidores del Señor (Is 23 18 en contraste con Dt 23 19). El motivo reaparecerá en Is 60 5-9.

el grano de Sijor y la cosecha del Nilo,
eran su riqueza;
comerciaban con las naciones.
4 Avergüénzate, Sidón, fortaleza marina,
porque así dice el mar:
«No he dado a luz entre dolores,
no he criado jóvenes
ni educado muchachas».
5 Cuando lo sepan los egipcios,
temblarán por las noticias de Tiro.
6 ¡Huyan a Tarsis; griten,
habitantes de la costa!
7 ¿Es ésta su alegre ciudad,
la de origen tan antiguo,
la que navegó hasta tierras lejanas
para establecerse allí?
8 ¿Quién ha decretado esto contra Tiro,
la que repartía reinos,
cuyos comerciantes eran príncipes
y sus negociantes, grandes de la tierra?
9 Lo ha decretado el Señor todopoderoso
para aplastar su orgullosa grandeza,
para humillar a los grandes de la tierra.
10 Cultiven su tierra, gentes de Tarsis,
pues ya no tienen puerto.
11 Ha extendido el Señor
su mano sobre el mar,
ha hecho temblar los reinos,
ha ordenado destruir
las fortalezas de Canaán.
12 Ha dicho: «No volverás a alegrarte,
muchacha deshonrada de Sidón».
Levántate y vete a Chipre:
tampoco allí tendrás reposo.
13 Ahí tienen el país de los caldeos,
Asiria lo ha entregado
a las fieras del desierto;
ha levantado torres de asalto
y demolido sus palacios,
sólo queda un montón de ruinas.
14 ¡Laméntense, barcos de Tarsis,
pues su puerto está destruido!

15 Por entonces Tiro quedará olvidada
durante setenta años, lo que dura la vida
de un rey. Y al cabo de los setenta años, le
sucederá a Tiro lo que a la prostituta de la
canción:

16 Toma la cítara, recorre la ciudad,
prostituta ya olvidada;
toca bien la cítara y canta sin parar,
para así ser recordada.

17 Al cabo de los setenta años el Señor
permitirá que Tiro vuelva a sus sucios negocios con todos los reinos que hay sobre
la tierra. 18 Pero las ganancias de su comercio serán consagradas al Señor. No las
amontonarán ni las guardarán, sino que
sus ganancias serán para los que habitan
ante el Señor, para que coman hasta hartarse y puedan vestir lujosamente.

III. APOCALIPSIS DE ISAIAS Δ

La tierra quedará destruida

Os 4 3; Jr 4 28; Gn 9 16

24 1 He aquí que el Señor sacude la tierra.
la deja despoblada
y destruye su superficie.
Dispersa a sus habitantes:
2 al sacerdote y al pueblo,
al esclavo y a su señor,
al ama y a su criada,
al comprador y al vendedor;
al que pide prestado y al que presta,
al acreedor y al deudor.

Δ 24 1-27 13: Estos capítulos forman un conjunto independiente, al que se suele designar como *apocalipsis de Isaías*, aunque apenas tiene elementos del género literario apocalíptico (recurso a sueños y visiones, animales mitológicos que simbolizan imperios, seres angélicos, revelación de mensajes ocultos). Y no pertenecen al profeta Isaías. En realidad, se trata de una gran liturgia, integrada por diversas predicciones escatológicas relativas al fin del mundo, al castigo de los enemigos y al reinado universal de Dios sobre el monte Sión. Se utilizan géneros literarios muy diversos: himnos, oraciones, oráculos de destrucción, liturgias proféticas. La fecha de este apocalipsis no es segura: se duda entre la época persa y la griega; en todo caso es claramente posterior al exilio.

• **24 1-6**: Muestra un cuadro de destrucción que afectará a toda la tierra, e incluso al universo entero (Is 24 4) y de forma especial a los habitantes que la ocupan pues casi todos (Is 24 1.2.6), van a desaparecer. El encargado de ejecutar la destrucción será Dios mismo, pero no es por puro capricho: la culpa la tienen los hombres, que han violado la alianza eterna profanando así la tierra (Is 24 5.6). El tema del *resto* que sobrevivirá suena como homenaje al recuerdo ya lejano de Isaías.

3 La tierra será totalmente asolada,
completamente saqueada,
porque el Señor ha dicho estas palabras:
4 «La tierra languidece y se marchita,
está reseco y se marchita el universo,
el cielo y la tierra se resecan».
5 La tierra ha sido profanada
por sus habitantes,
porque han pasado por alto la ley
y desobedecido el precepto,
violando el pacto perpetuo.
6 Por eso la maldición devora la tierra
y sus moradores sufren el castigo;
por eso se consumen sus habitantes,
y no quedan más que unos pocos.

Ciudad desolada

Jr 7 34; 16 9; 25 10; Ez 26 13; Ap 18 22

7 Se agota el vino, se seca la viña,
están tristes los de corazón alegre;
8 cesa la alegría, se calla el tambor,
la fiesta se acabó, nadie se divierte;
descansa la cítara, no se oye su son,
9 ni se bebe ya vino
entre canción y canción;
¡hasta a los bebedores
sienta amargo el licor!
10 La ciudad es un caos; ha sido destruida;
se cierran las puertas
para que nadie entre.
11 En las calles reclaman el vino,
ha desaparecido la alegría
ya no hay fiestas en el país.
12 Sólo queda desolación en la ciudad
y la puerta ha sido destrozada.

Un resto aclamará al Señor

Is 17 4-11; 10 20-23

13 Sucederá en medio de la tierra,
con los habitantes de las naciones,
como en la sacudida de los olivos
o en la rebusca de la uva
después de la cosecha.
14 Ellos levantan la voz
aclamando la majestad del Señor;
gritan de alegría desde el mar.
15 Glorifican al Señor en oriente;
el nombre del Señor, Dios de Israel,
en las islas del mar.
16 Desde el extremo de la tierra
oímos cantar: «¡Gloria al Justo!»

Juicio y destrucción

Jr 48 43-44; Gn 7 11; Ex 24 9-11.16; Ap 4 10-11

Pero yo digo: ¡Estoy perdido,
ay de mí, estoy perdido!
Los traidores traicionan,
traidoramente traicionan los traidores.
17 Terror, terraplén y trampa ante ti,
habitante de la tierra.
18 Quien escape del grito de terror
caerá por el terraplén;
quien trepe terraplén arriba,
en la trampa quedará atrapado.

Se abren las compuertas del cielo,
tiemblan los cimientos de la tierra.
19 Se rompe la tierra con violencia,
la tierra se desmorona con estruendo,
tiembla con estrépito la tierra.
20 La tierra se tambalea como un borracho,
cruje como una cabaña;
pesa sobre ella su maldad,
cae sin poderse levantar.

21 Aquel día juzgará el Señor en el cielo
a los ejércitos celestiales,
y en la tierra a los reyes de la tierra.
22 Serán agrupados y, hechos prisioneros,
quedarán encerrados en la cárcel;
pasados muchos días, serán juzgados.
23 Se sonrojará la luna,
se avergonzará el sol,
porque el Señor todopoderoso
reinará en Jerusalén, en el monte Sión,
glorioso ante sus ancianos.

• **24 7-12**: El profeta se fija ahora en una ciudad, para describir la desolación, señalando la ausencia de tres elementos festivos: el vino, la música y la alegría.

• **24 13-16a**: Retomando en parte las imágenes agrícolas de Is 17 5-6 el autor las aplica ahora a la tierra entera; con todo, quedará un pequeño *resto* entre los habitantes del mundo que, como el *resto* de Judá (Is 17 7-11), reconocerá y aclamará al Señor.

• **24 16b-23**: Tres breves oráculos describen un cataclismo universal. La catástrofe es descrita, en primer lugar (Is 24 16b-18a) por acumulación de imágenes y la repetición de sonidos, y adquiere dimensiones de desastre total, sin posible escapatoria.

Sigue describiendo el desastre cósmico (Is 24 18b-20), esta vez con la evocación del diluvio con alusiones al Génesis y el anuncio de un terremoto que arruinará la tierra descrito también con la repetición de los mismos sonidos.

Al final el Señor tomará las riendas y se encargará en persona de juzgar y de reinar (Is 24 21-23). El juicio será cósmico. Los ejércitos celestiales pueden ser los astros, divinizados por la religión asirio-babilónica. Por eso serán humillados (Is 24 23) cuando el Señor reine en Sión.

Cántico al Dios liberador

Is 4 5-6; Ap 4 10-11

25 1 Señor, tú eres mi Dios;
yo te ensalzo y alabo tu nombre,
porque has hecho maravillas,
y has sido fiel a tu antiguo plan.
2 Redujiste a escombros la ciudad,
convertiste la fortificación en ruinas,
derribaste el baluarte de los extranjeros
y nunca más lo reconstruirán.
3 Por eso te glorifica un pueblo fuerte
y tiembla ante ti
la ciudad de los tiranos;
4 porque fuiste fortaleza para el débil,
fortaleza para el pobre en su aflicción,
refugio contra la lluvia,
sombra contra el calor;
pues las insidias de los tiranos
son como tempestad de invierno;
5 como bochorno en tierra seca,
el tumulto de los enemigos.
Mitigas el calor
con la sombra de una nube
y se extingue el canto de los tiranos.

Banquete en el monte Sión

Mt 8 11; Jn 6 51-54; Ap 7 17; 21 4; 1 Cor 15 26.54

6 El Señor todopoderoso preparará
en este monte para todos los pueblos
un banquete de exquisitos alimentos,
un banquete de buenos vinos
sabrosos alimentos, vinos deliciosos.
7 Y en este monte destruirá
el velo que cubre a todos los pueblos,
el lienzo que tapa a todas las naciones.
8 Destruirá la muerte para siempre,
secará las lágrimas de todos los rostros,
y borrará de la tierra
la deshonra de su pueblo
–lo ha dicho el Señor–.
9 Aquel día dirán: «Este es nuestro Dios,
de quien esperábamos la salvación,
éste es el Señor en quien confiábamos;
alegrémonos y hagamos fiesta
pues él nos ha salvado».
10 Se ha posado en este monte
la mano del Señor.

Humillación de Moab

Is 16 6-14

Pero a Moab lo pisoteará
como se pisa la paja en el potrero.
11 Extenderá Moab las manos
como las extiende el nadador para nadar,
pero el Señor humillará su soberbia
y los esfuerzos de sus manos.
12 Derribará sus fuertes y altas murallas
y las dejará a ras de suelo.

Cántico triunfal

Is 60 18; Sal 118 19-20

26 1 Aquel día se cantará este canto
en la tierra de Judá:
«Tenemos una ciudad fuerte;
Dios la ha protegido
con fortificaciones y murallas.
2 ¡Abran las puertas,
para que entre el pueblo justo,
que se ha mantenido fiel!
3 Está firme su ánimo, mantiene la paz,
porque ha puesto su confianza en ti.
4 ¡Confíen siempre en el Señor,
que el Señor es la roca perpetua!
5 Sometió a los que habitaban en lo alto;
derribó a la ciudad encumbrada,
la derribó hasta el suelo,
la arrojó en el polvo,
6 y será pisoteada por los pobres,
por los pasos de los indefensos».

• **25 1-5**: Cántico de alabanza y acción de gracias a Dios porque los desprotegidos y pobres al fin se ven liberados de *los extranjeros* y *tiranos* (Is 25 2.3.4.5). Es muy probable que la *ciudad de los tiranos* (Is 25 3) se refiera a Babilonia. La intervención de Dios en favor del *débil* y el *pobre* (Is 25 4) ha hecho posible su victoria sobre el *pueblo fuerte* (Is 25 3), que no tiene más remedio que reconocer la supremacía de Dios.

• **25 6-10a**: Un espléndido banquete, con exquisitos alimentos y selectos vinos era entonces, y sigue siendo hoy, símbolo de alegría y de vida. Se celebra alegremente el triunfo definitivo de la vida porque Dios ha intervenido, trayendo la salvación y destruyendo todo lo que causaba el llanto y hasta la misma muerte. Se compagina la universalidad (*a todos los pueblos*) con el centralismo (*en este monte*).

• **25 10b-12**: En Is 15-16 encontramos una serie de oráculos sobre Moab. También en éste se insiste en la humillación que recibirá por su gran soberbia.

• **26 1-6**: Nuevo himno de acción de gracias a Dios, que ha invertido la situación, derribando la ciudad encumbrada y haciendo de los humildes una ciudad fuerte. El Señor ha favorecido a los que confiaban en él; de ahí les viene su firmeza y su fuerza.

Oración

Os 13 13-14; Is 37 3; Ez 37; Ef 5 14

7 El camino del justo es recto,
tú nivelas el sendero del justo;
8 caminamos por la senda
que señalan tus leyes,
hemos puesto en ti, Señor,
nuestra esperanza;
ansiamos tu nombre y tu recuerdo.
9 Mi alma te anhela de noche,
mi espíritu en mi interior
madruga por ti,
pues cuando tú gobiernas la tierra
aprenden justicia
los habitantes del mundo.
10 Aunque sea tratado
con clemencia el malvado,
no aprende a comportarse rectamente;
aunque vive entre gente honrada
sigue siendo detestable su conducta
y no reconoce la soberanía del Señor.

11 Estás a punto de castigarlos, Señor,
pero no hacen caso.
¡Demuéstrales
cómo defiendes a tu pueblo,
y haz que el fuego
devore a tus enemigos!
12 Señor, tú nos concederás la paz,
pues todo lo que hacemos
eres tú quien para nosotros lo realiza.
13 Señor, Dios nuestro,
otros señores nos han dominado,
pero sólo a ti nos dirigimos,
sólo tu nombre invocamos.

14 Los muertos no reviven,
ni las sombras se levantan;
tú los castigaste y destruiste
y borraste totalmente su recuerdo.
15 Hiciste crecer al pueblo, Señor,
hiciste crecer el pueblo
y te llenaste de gloria;
ensanchaste las fronteras del país.
16 Señor, en la angustia acudieron a ti,
cuando los castigaste
susurraban una oración.
17 Como la embarazada
al acercarse el parto
se retuerce y grita de dolor,
así nosotros ante ti, Señor.
18 Habíamos concebido,
nos retorcimos de dolor
y dimos a luz, pero sólo era viento;
no trajimos salvación a la tierra,
no nacieron habitantes al mundo.
19 Pero revivirán tus muertos,
los cadáveres se levantarán;
se despertarán alegres
los habitantes del polvo,
pues rocío de luz es tu rocío,
y los muertos resurgirán de la tierra.

El Señor viene a pedir cuentas

Mt 6 6; Gn 4 10; Ap 3 10; 6 10

20 Anda, pueblo mío, entra en tu casa
y cierra la puerta por dentro;
escóndete un instante
hasta que pase el enojo,
21 pues ya sale el Señor de su morada
para castigar la culpa
de los habitantes de la tierra.
La tierra vomitará la sangre tragada
y no ocultará más a sus muertos.

27 1 Aquel día castigará el Señor
con su espada dura, grande y fuerte,
a Leviatán, la serpiente que huye,
a Leviatán, la serpiente que se desliza,
y matará al monstruo del mar.

• **26 7-19**: Es una oración litúrgica (un salmo), dividida en varias unidades temáticas. Los primeros versos (Is 26 7-10) se centran en el tema de la justicia: Dios, aun cuando castiga, es justo; es más, si fuera sólo clemente, los malvados no aprenderían justicia, y una función importante de la labor judicial de Dios es enseñar a los hombres.

En Is 26 11-13 se apremia a Dios a actuar: que desaparezcan los enemigos, que llegue la paz; y eso porque el pueblo confía en él.

Is 26 14-19 forman una cierta unidad literaria, a causa de la repetición contrapuesta: *los muertos no reviven...y los muertos resurgirán* (Is 26 14.19). La esterilidad del pueblo (Is 26 17.18) contrasta con la fecundidad de Dios (Is 26 15.19). La afirmación final de la resurrección como expresión de la fuerza salvadora de Dios muestra la altura poética y la profundidad teológica del libro y de todo el Antiguo Testamento.

• **26 20-27 1**: Como ocurrió en la noche de pascua, cuando el Señor castigó a Egipto, también ahora va a venir a pedir cuentas a los habitantes de la tierra y a las potencias del mal, pero a su pueblo lo invita a permanecer escondido en sus casas hasta que todo haya pasado. Hay una alusión al asesinato de Abel en la sangre que exige venganza (Is 26 21; véase Gn 4 10). Leviatán es la representación simbólica de las fuerzas del caos, lo mismo que el monstruo del mar. Aquí representan a las potencias extranjeras que oprimen a Israel (véase Job 40 25; Is 51 9).

La viña del Señor

Is 5 1-7

2 Aquel día cantarán
a la viña de sus amores.
3 Yo, el Señor, soy su guardián,
la cultivo en todo momento;
para que nadie entre en ella
la guardo noche y día.
4 Ya no estoy enojado;
si encuentro espinos y zarzas,
saldré a combatir contra ellos
y los quemaré en la hoguera.
5 Que se pongan bajo mi amparo,
que hagan la paz conmigo,
que conmigo hagan la paz.

Flores y frutos de Israel

Is 17 8; Os 14 4-7

6 Vienen días en que Jacob echará raíces,
Israel florecerá y fructificará
y llenará el mundo de sus frutos.
7 ¿Acaso lo ha herido el Señor,
como hirió a los que lo herían?
¿Acaso lo ha matado,
como mató a sus asesinos?
8 Más bien resolvió el pleito
enviándolos al destierro;
empujándolos con su soplo terrible,
como empuja un viento impetuoso.
9 Quedará reparada la culpa de Jacob,
y su pecado quedará borrado,
si reduce a polvo las piedras de los altares,
como se trituran las piedras de cal;
si no erigen más imágenes sagradas
ni piedras conmemorativas
en honor del sol.

La ciudad desierta

Is 6 11; 1 30-31

10 La plaza fuerte está solitaria,
como potrero abandonado,
desolada como un desierto.
A ella van a pastar los becerros,
se tumban y acaban con sus ramas.
11 Cuando el ramaje se seca, lo quiebran;
las mujeres van y lo queman.
Este no es un pueblo prudente;
por eso su Hacedor no se apiada,
ni se compadece de él su Creador.

Reunión de los dispersos

Os 11 11; Jl 2 1

12 Aquel día sacudirá el Señor las espigas,
desde el Eufrates
hasta el torrente de Egipto,
pero a ustedes, israelitas,
los recogerá uno a uno.
13 Aquel día sonará la gran trompeta
y vendrán los dispersos de Asiria
y los desperdigados por tierra egipcia;
y se postrarán ante el Señor
en el monte santo de Jerusalén.

• **27** 2-5: Este poema conserva cierto tono y elementos de los antiguos *cantos de viña*. A diferencia de Is 5, aquí el Señor se dispone a cuidar su viña y guardarla de los invasores. Se destaca más la actitud del Señor (amo) que la respuesta del pueblo (viña).

• **27** 6-9: En estrecha relación con el poema anterior, se habla ahora de los frutos de Israel. El destierro es presentado como un lugar de gracia que va a dar como fruto la abolición de los cultos idolátricos.

• **27** 10-11: En contraste con la fecundidad de Israel, la ciudad enemiga aparece desolada y desierta. Se refiere seguramente a Babilonia después de su caída (véase Is 25 2). Ya sólo produce ramaje para los becerros, que son sus únicos habitantes. La explicación última de tal situación reside en su insensatez (Is 27 11).

• **27** 12-13: Todos los israelitas regresarán de Egipto y Asiria para postrarse ante el Señor en Jerusalén. El mismo los recogerá y los reunirá. La marcha tiene resonancias litúrgicas, como una gran peregrinación que culmina con la celebración cúltica en el monte del Señor (Is 27 13).

IV. ORACULOS CONTRA JUDA Δ

La caída de Samaría

Is 9 7-20; 5 11-13

28 1 ¡Ay de la esplendorosa corona
de los borrachos de Efraín!
¡Ay de ese pueblo bebedor,
que tiene como precioso adorno
una flor ya marchita
que crece en el fértil valle
de los bebedores!
2 Ya viene el fuerte y robusto
de parte del Señor;
como tormenta de granizo,
como huracán destructor,
como aluvión de agua
que avanza incontenible.
Con la mano derriba por tierra,
3 con los pies pisotea
la esplendorosa corona
de los borrachos de Efraín.
4 Y ese precioso adorno,
que como flor ya marchita,
crece en el fértil valle,
será como fruto prematuro,
que el primero que lo ve,
lo toma y se lo come.
5 Aquel día será el Señor todopoderoso
corona preciosa y brillante diadema
para el resto de su pueblo;
6 inspirará justicia al que tenga que juzgar
y valor a quienes defiendan la ciudad.

Contra los que se burlan del profeta

Is 5 11-13; Jr 5 15; 1 Cor 14 21

7 También éstos se tambalean por el vino,
y el licor los hace dar traspiés;
sacerdotes y profetas
se tambalean por el licor,
se atontan con el vino,
el licor los hace dar traspiés;
se tambalean como videntes,
tartamudean al hablar.
8 Están todas las mesas llenas
de vómitos repugnantes;
no queda ni un rincón donde sentarse.

9 ¿A quién pretende instruir?
¿A quién dirige su enseñanza?
¿A niños recién destetados,
que acaban de dejar el pecho?
10 Porque éste es su mensaje:
«nor» con «ma», norma;
«re» con «gla», regla;
norma y regla, norma y regla;
niño para acá, niño para allá.

11 Pues ahora, con lengua que tartamudea,
en lengua extraña, hablará a este pueblo
12 el mismo Señor que les había dicho:
«Aquí está el reposo;
dejen que reposen los cansados;
aquí está el descanso».
Como no quisieron escuchar,
13 ahora el Señor les dirá:
«nor» con «ma», norma;
«re» con «gla», regla;
norma y regla, norma y regla;
niño para acá, niño para allá,
para que vayan y caigan de espaldas
y queden destrozados,
enredados y atrapados.

Δ 28 1-33 24: Estos capítulos contienen materiales semejantes a los de la primera parte (Is 1-12). Se trata de oráculos de Isaías retocados y enmarcados por redactores posteriores. Los oráculos corresponden a los últimos años de actividad del profeta, en tiempos del rey Ezequías, y en su mayor parte contienen denuncias y amenazas contra Judá e Israel. También están presentes las promesas, hasta el punto de convertirse en la última palabra de toda esta parte (Is 33 17-24). La estructura de Is 28-33 es poco clara a pesar de la organización del texto que puede hacerse a partir de los *ayes*: Is 28 1; 29 1; 29 15; 30 1; 31 1; 33 1.

• **28 1-6**: El poema es propio de Isaías (aunque quizá Is 28 5-6 sea posterior) y corresponde a los tiempos de la alianza siroefraimita contra Judá, poco antes de la caída de Samaría en el 722 a. C. Is 28 1-4 denuncia la actitud despreocupada de los habitantes de Samaría: son como borrachos inconscientes y vividores. La acción punitiva por parte de Asiria se compara a la impaciencia de quien come una fruta antes de estar madura. Así están los verdugos de Samaría: ansiosos por ejecutar un castigo que es ya inminente. Is 28 5-6 habla de la restauración prometida a un resto.

• **28 7-13**: Isaías se dirige a los sacerdotes y profetas como si fueran niños de escuela. Ellos, en medio de una borrachera grotesca, se burlarían del profeta. Isaías, entonces, les replica en un tono similar y les anuncia el castigo: los sacerdotes y profetas borrachos que remedan a Isaías tendrán que escuchar, cuando llegen los asirios, el mismo sermón que ahora ridiculizan. La traducción de Is 28 10.13 es conjetural; pretende imitar el lenguaje de la escuela, que parece ser la intención del texto hebreo.

Contra los jefes de Jerusalén

Sab 1 16; Mt 21 42; 16 18; Ef 2 20; 1 Pe 2 6; 2 Sm 5 17-25

14 Escuchen la palabra del Señor,
hombres fanfarrones,
jefes de este pueblo de Jerusalén.

15 Ustedes dicen:
«Hemos hecho un pacto con la muerte,
una alianza con el abismo;
cuando pase la gran inundación
no nos alcanzará,
porque la mentira es nuestro refugio,
el engaño nuestro escondite».

16 Pues así dice el Señor:
«Voy a poner una piedra
de cimiento en Sión,
una piedra sólida, angular, preciosa;
quien se apoye en ella, no perecerá.
17 Pondré el derecho por plomada,
la justicia por nivel».
Entonces el granizo arrasará su refugio,
las aguas destrozarán su escondite;
18 no tendrá valor su alianza con la muerte,
su pacto con el abismo quedará anulado.
Los arrastrará la gran inundación,
19 los arrollará cada vez que pase;
y pasará mañana tras mañana,
de día y de noche.
Aprenderán la lección a fuerza de terror.
20 Será como acostarse en una cama corta,
como arroparse con una manta estrecha,
21 porque el Señor se levanta
como en el monte Parás,
y se dispone a actuar
como en el valle de Gabaón,
para realizar su obra, obra increible,
para cumplir su tarea, tarea singular.
22 Dejen, por tanto, de burlarse,
no sea que se aprieten
aún más sus cadenas,
pues he oído al Señor todopoderoso
que ha decretado exterminar el país.

Origen de la sabiduría del agricultor

23 Estén atentos y escuchen mi voz,
fíjense bien y escuchen mis palabras.
24 Cuando el agricultor siembra
¿sólo ara, abre y rastrilla la tierra?
25 O más bien, una vez preparado el terreno
¿no siembra el hinojo, esparce el comino,
arroja el trigo o la cebada y pone señales
para delimitar lo sembrado?
26 Y es que el Señor, su Dios,
lo instruye y le enseña las normas.
27 No se trilla, en efecto, el hinojo,
ni la rueda del trillo tritura el comino,
sino que el hinojo se apalea con la vara
y con el palo se golpea el comino.
28 No se trilla el trigo hasta triturarlo;
se pasan por encima las ruedas del carro
y se aparta el grano sin machacarlo.
29 Todo esto procede
del Señor todopoderoso;
es grande su sabiduría,
admirable su consejo.

Asedio y liberación de Jerusalén

Ez 43 5-16; Is 36-37; 2 Re 18-19; Lc 19 43; Ex 19 16

29 1 ¡Ay Ariel, Ariel,
ciudad contra la que acampó David!

• **28 14-22**: El oráculo se conecta con el anterior por la mención de la burla (véase el término en Is 28 14.22). El *pacto con la muerte* (Is 28 15.18) tal vez se refiere al pacto de vasallaje con Asiria, o al posterior con Egipto, en contra de Asiria. Hecho el pacto se sienten seguros. Pero no se dan cuenta de que al cambiar a Dios por el fuerte del momento, han hecho un mal negocio, porque Dios es más fuerte todavía. Y Dios se dispone a entrar en acción, a través del invasor tipificado como tormenta.

• **28 23-29**: Son dos observaciones sapienciales sobre labores agrícolas, que terminan con una afirmación muy similar (Is 28 23-26 y 27-29). La primera (Is 28 23-35) pone el acento en la diversidad de momentos o pasos en una misma tarea: no basta con preparar el terreno, hay también que esparcir la semilla. La segunda (Is 28 27-28) acentúa más el diverso tratamiento que exigen los diferentes productos. Ambas finalizan con una misma enseñanza: es Dios quien enseña estas cosas (Is 28 26.29). Hay quizás una referencia implícita a la actuación misma de Dios: si él nos trata de una u otra manera, es porque nos conviene.

• **29 1-8**: Ariel-Jerusalén, que fue sitiada y conquistada por David, es sometida ahora a un nuevo asedio. Pero la oportuna intervención de Dios la salvará. Senaquerib tuvo cercada Jerusalén en el año 701 a. C., pero de repente y por causas que no conocemos bien, abandonó el asedio y se marchó. Isaías estaba seguro de que la ciudad no caería en manos del invasor. A estos sucesos parece referirse el poema.

La palabra hebrea "Ariel" tiene diversos significados: "ciudad de Dios" o "ciudad fortificada"; "león de Dios" o "león terrible"; en Ez 43 15-16 esta misma palabra designa la parte del altar en que se quemaban las víctimas. El oráculo juega con los diversos significados; destacamos uno: Dios tratará a Ariel-Jerusalén (Is 29 2) como un invasor trata a una "ciudad fortificada" (= ariel) y la humillará (Is 29 1-5a), pero en *cualquier momento* la restablecerá, derrotando a los invasores de Ariel (= "ciudad de Dios"; Is 29 5b-8).

Que transcurran los años con sus fiestas.
2 Entonces asaltaré yo a Ariel,
y habrá lamento y llanto;
te trataré como a un «ariel».
3 Como David, acamparé contra ti,
te rodearé de trincheras
y levantaré torres de asalto.
4 Humillada, hablarás desde el suelo,
del polvo saldrá tu palabra apagada;
con voz de fantasma
hablarás desde el suelo
como un susurro surgirá
tu palabra desde el polvo.
5 Fina polvareda será
la multitud de tus poderosos,
pelusa en remolino
la muchedumbre de tus valientes.
Pero de repente, en cualquier momento,
6 intervendrá el Señor todopoderoso:
con truenos, terremotos y estruendo;
con huracán y tempestad,
y llamas que devoran.
7 Y con la multitud de los pueblos
que atacan a Ariel, con sus trincheras,
empalizadas y torres de asalto,
sucederá lo que sucede en los sueños:
8 como el hambriento sueña que come,
y se despierta con el estómago vacío;
o como el sediento sueña que bebe
y se despierta con la garganta reseca,
así ocurrirá con todos los pueblos
que ataquen al monte Sión.

Estado de idiotez

Is 19 14; 1 Sm 16 14; Rom 11 8

9 Asómbrense y quédense sorprendidos;
quédense ciegos y permanezcan así;
emborráchense, pero no de vino;
tambaléense, pero no por el licor.
10 Porque el Señor les ha enviado un sopor
que cegará a sus profetas
e impedirá pensar a sus videntes.
11 Las visiones serán para ustedes como
el texto de un libro sellado: Si se lo dan a
uno que sabe leer diciéndole: «Léelo, por
favor», él contesta: «No puedo, pues el libro está sellado». 12 Y si se lo dan a uno que
no sabe leer diciéndole: «Léelo, por favor», él contesta: «No sé leer».

Dios volverá a actuar

Is 1 10-20; Am 5 21-23; Mt 15 8-9; 1 Cor 1 19

13 Dice el Señor:
Este pueblo me alaba con la boca,
y me honra con los labios,
pero su corazón está lejos de mí
y el culto que me rinden
es puro precepto humano, simple rutina.
14 Por eso volveré a realizar
prodigios extraordinarios,
para que desaparezca
la sabiduría de sus sabios
y se oscurezca la inteligencia
de sus hombres inteligentes.

Conducta absurda: esconderse de Dios

Is 10 15; 45 9; 64 7; Rom 9 20-21

15 ¡Ay de los que disimulan sus planes
para ocultarlos al Señor!
Actúan en la oscuridad
y dicen: «Nadie nos ve;
ninguno se entera».
16 ¡Qué estupidez!
¿Es acaso la arcilla igual que el alfarero?
¿Puede un objeto decir a su autor:
«Tú no me has hecho»,
o la vasija decir al alfarero:
«Eres un ignorante»?

Vendrá el mundo soñado y reconocerán a Dios

Is 32 15-20

17 Dentro de muy poco tiempo,
el Líbano se convertirá en jardín,
y el jardín se convertirá en bosque.

• **29 9-12**: Los videntes y profetas de Judá están aletargados y son totalmente ignorantes: el libro de los acontecimientos los desborda. La alusión al vino tiene resonancias del capítulo anterior; lo mismo que el libro y la lectura nos recuerdan al maestro de escuela de Is 28 9-13.

• **29 13-14**: Judá se cree cerca de Dios, pero tiene muy lejos de él su corazón. En realidad, en quien confía es en sus sabios; su religión es meramente *humana* (hecha a la medida del hombre). Por eso Dios va a actuar para que se le reconozca su puesto por encima del hombre. Jesús invocará este texto para denunciar actitudes parecidas en los guías religiosos de su época (véase Mt 15 8-9 y par).

• **29 15-16**: El Ay de Is 29 15 introduce un oráculo de amenaza divina al que siguen dos preguntas retóricas (Is 29 16) propias de una reflexión sapiencial. El oráculo continúa los temas anteriores: se trata siempre de la conducta absurda de quienes intentan ocultarse del Señor negando, frente a Dios-alfarero, su condición de seres creados "del polvo de la tierra" (Gn 2 7; véase Jr 18-19; Rom 9 20-21).

18 Aquel día, los sordos
oirán las palabras del libro;
los ojos de los ciegos verán
sin tinieblas ni oscuridad;
19 volverán los humildes
a alegrarse con el Señor
y los más pobres
a complacerse con el Santo de Israel;
20 porque habrá desaparecido el tirano,
y no quedará rastro del fanfarrón,
y serán exterminados
los que hacen el mal;
21 los que por una tontería acusan a otro,
los que impiden al juez hacer justicia
y hunden al inocente en la miseria.
22 Por eso, así dice el Señor,
que rescató a Abrahán,
a la descendencia de Jacob:
«Ya no se avergonzará Jacob,
ni su rostro se sonrojará,
23 pues cuando vea lo que he hecho por él,
santificará mi nombre,
santificará al Santo de Jacob,
y respetará al Dios de Israel».
24 Los necios aprenderán sabiduría
y los tercos recibirán instrucción.

Contra el pacto con Egipto

Is 31 1-3; 36 5-9; 14 29; Nm 21 4-9

30 1 ¡Ay de los hijos rebeldes
–oráculo del Señor–
que hacen proyectos
sin tenerme en cuenta,
y hacen pactos que yo no inspiro,
acumulando pecados y más pecados!
2 ¡Que bajan a Egipto
sin haberme consultado,
a pedir la protección del faraón,
a refugiarse a la sombra de Egipto!
3 La protección del faraón
será su vergüenza;
el refugio a la sombra de Egipto
se convertirá en su desprestigio.
4 Cuando sus ministros vayan a Tanis,
y sus embajadores lleguen a Janés,
5 se verán defraudados por un pueblo
que de nada les servirá,
que no les dará ayuda ni socorro,
sino vergüenza y deshonra.

6 Oráculo sobre los animales del Négueb:
Por tierra de angustia y miseria,
de leones y leonas rugientes,
de víboras y dragones voladores,
llevan sus riquezas a lomo de mula,
sus tesoros sobre la joroba de camellos;
van a un pueblo que de nada les servirá;
7 la ayuda de Egipto es inútil.
Por eso yo lo llamo
«el Monstruo Perezoso».

Testimonio para la posteridad

Is 1 2-4; Am 2 12; 7 13; Jr 11 21;
1 Re 22 8-27; Is 6 3; 7 9

8 Ahora ve y escribe esto en una tablilla,
anótalo en un libro;
quede para la posteridad
como testimonio perpetuo:
9 Son un pueblo rebelde, unos mentirosos,
que no escuchan la ley del Señor;
10 que dicen a los videntes:
«No tengan visiones»;
y a los profetas:
«No nos profeticen la verdad;
dígannos cosas halagadoras,
profetícennos ilusiones.
11 Desvíense del camino,
apártense del sendero,
retiren de nuestra vista
al Santo de Israel».
12 Por eso, así dice el Santo de Israel:
Ustedes desprecian mi palabra
y se fían de lo torcido y perverso,
tomándolo como apoyo;
13 pues bien, esta culpa sea para ustedes
como boquete abierto en alta muralla,
que, al agrandarse,

• **29** 17-24: La nueva acción restauradora de Dios es descrita a distintos niveles que, en última instancia, confluyen en la restauración de la naturaleza y de los defectos físicos, reparación de las humillaciones, de las opresiones y de la injusticia. El pueblo salvado y reconciliado con Dios puede glorificar a su Señor y recobrar el conocimiento perdido.

• **30** 1-7: Dos oráculos contra los que quieren pactar con Egipto (Is 30 1-5.6-7); pueden ser fechados en torno al 705-701 a. C. Ese pacto no lo ha inspirado Dios y es inútil porque Egipto no va a proporcionar ninguna ayuda (Is 30 5.7). Además, la política de alianzas implica la desconfianza en el poder del Señor. Por eso, el profeta la condena.

• **30** 8-17: Isaías deja escrito un testimonio de acusación contra el pueblo, que no ha querido escuchar ni fiarse de Dios, y que prefiere la mentira y el halago de los falsos profetas. Este pueblo se precipita en busca de la ayuda de otros poderes; y por eso le vendrá precipitadamente la desgracia.

la ahueca y resquebraja
hasta que de repente se desmorona.
14 Se quebrará como se quiebra
un jarro de alfarero
estrellado sin piedad;
entre sus trozos no queda nada que sirva
para tomar fuego del brasero
o sacar agua del pozo.
15 Pues así dice el Señor,
el Santo de Israel:
«Se salvarán si se convierten y se calman;
pues en la confianza y la calma
está su fuerza».
Pero no quisieron actuar así.
16 Dijeron: «¡No! Huiremos a caballo».
Pues sí, huirán.
Dijeron: «Montaremos
en veloces corceles».
Pues bien, más veloces aún
serán sus perseguidores.
17 Ante la amenaza de uno, huirán mil;
ante la amenaza de cinco, huirán todos,
hasta que queden como mástil
en la cima de un monte,
como bandera en una loma.

El Señor se apiadará de Sión

Is 54 8; Jl 4 18

18 Pero el Señor espera el momento
para apiadarse de ustedes,
y quiere manifestarles compasión,
porque el Señor es un Dios justo;
dichosos los que esperan en él.
19 Pueblo de Sión,
que habitas en Jerusalén,
ya no tendrás que llorar:
se apiadará de ti cuando clames a él,
en cuanto te oiga, te responderá.
20 El Señor les dará pan en la escasez,
agua en la necesidad;
tu Maestro no se esconderá ya,
con tus ojos verás a tu Maestro;
21 cuando te desvíes a derecha o izquierda,
oirás con tus oídos
una palabra a la espalda:
«Este es el camino, síganlo».
22 Entonces te parecerán impuros
la plata que recubre tus ídolos
y el oro que adorna tus estatuas,
y los tirarás como un objeto inmundo,
diciendo: «¡Fuera de aquí!»
23 El Señor te dará lluvia para la semilla
que siembres en tu tierra;
y el alimento que produzca la tierra
será abundante y sustancioso;
aquel día pastarán tus ganados
en amplias praderas.
24 Los bueyes y los burros
que trabajan la tierra
comerán un sabroso forraje,
aventado con pala y horquilla.
25 En toda montaña alta,
y en toda colina elevada
habrá arroyos y corrientes de agua
el día de la gran matanza,
cuando las torres caigan.
26 El día que el Señor
vende la herida de su pueblo
y sane las llagas de sus golpes,
la luz de la luna
será como la luz del sol,
y la luz del sol será siete veces mayor.

Manifestación de Dios y castigo de Asiria

Is 31 7-9

27 Miren, el Señor viene de lejos;
arde su ira, se ve la espesa humareda;
sus labios están llenos de furor,
su lengua es fuego devorador;
28 su aliento es un torrente desbordado
que llega hasta el cuello.
Zarandeará a las naciones
con criba de destrucción,
pondrá freno de extravío
en la quijada de los pueblos.
29 Sus canciones resonarán
como en noche sagrada de fiesta;
se les alegrará el corazón

• **30** 18-26: El presente oráculo es un canto a la compasión y el perdón de Dios, siempre paciente y dispuesto a aceptar la conversión del pueblo. La conversión pasa por el lamento del propio pecado, la oración esperanzada a Dios justo y compasivo, el retorno a sus caminos y el abandono de la idolatría. Como expresión y fruto del perdón se anuncia la bendición divina que garantiza su presencia, la fertilidad de los campos y la armonía de la naturaleza.

• **30** 27-33: Oráculo de amenaza contra Asiria, que puede proceder de Isaías, en la época en que Asiria suponía un peligro para Jerusalén. La intervención de Dios es descrita mediante palabras y expresiones que recuerdan los acontecimientos del éxodo. Al mismo tiempo que el castigo, se anuncia la liberación del pueblo; por eso los golpes contra el enemigo van acompañados por expresiones de júbilo y alegría.

como al que camina al son de la flauta
hacia el monte del Señor,
hacia la Roca de Israel.
30 El Señor hará resonar su voz majestuosa,
y hará sentir su poder
con ira furiosa y llama devoradora,
con tormenta, aguacero y granizo.
31 Asiria se acobarda ante la voz del Señor,
que la golpea con su bastón;
32 cada golpe del bastón de castigo
que el Señor descargue sobre ella,
se lo dará al son de tambores y cítaras;
agitando su mano combatirá contra ella.
33 Pues ya hace tiempo que está preparado
un foso grande y profundo en Tofet
para el rey de Asiria;
un foso con paja y leña en abundancia
que el soplo del Señor,
como torrente de azufre, encenderá.

Contra el pacto con Egipto

Is 30 1-7; Ez 28 9

31 1 ¡Ay de los que bajan a Egipto
en busca de socorro
y se apoyan en su caballería!
Confían en los carros de guerra
porque son numerosos
y en los jinetes porque son muy fuertes,
pero no recurren al Santo de Israel,
no consultan al Señor.
2 Pues él también es hábil
para traer desdichas,
y no cambia su palabra.
Se levantará
contra la banda de los malvados,
contra los que ayudan a los malhechores.
3 Los egipcios son hombres y no dioses;
y sus caballos son carne y no espíritu.
El Señor extenderá su mano,
y tropezarán protectores y protegidos;
todos juntos perecerán.

El Señor protegerá a Sión

Dt 32 11; Sal 36 8; Is 10 24-27; 30 27-33

4 Esto me ha dicho el Señor:
Como ruge el león
o el cachorro de león sobre su presa,
y aunque sean muchos los pastores
que se enfrenten a él,
no se asusta de sus gritos,
ni le acobarda su número,
así bajará el Señor todopoderoso
a combatir en el monte Sión,
sobre su colina.
5 Como un pájaro que despliega sus alas,
así el Señor todopoderoso
proteje a Jerusalén;
la protegerá y salvará,
la perdonará y librará.
6 Israelitas, conviértanse a aquel
a quien tanto traicionaron.
7 Aquel día todos rechazarán
los ídolos de plata y de oro
que fabricaron sus manos pecadoras.
8 Por espada que no es de hombre
perecerá Asiria,
una espada no humana la devorará;
y si logran escapar de la espada,
sus jóvenes irán a trabajos forzosos.
9 Su rey, aterrado, escapará;
sus jefes, asustados,
desertarán de sus batallones.
Oráculo del Señor,
que tiene un fuego en Sión
y un horno en Jerusalén.

El rey justo

Is 11 3-4; Jr 23 5-6; Sal 10 2.7-11

32 1 Habrá un rey que reine con justicia,
y sus gobernantes
gobernarán con rectitud.
2 Serán abrigo contra el viento,
refugio ante la tempestad,

• **31 1-3**: Oráculo de denuncia contra las alianzas con Egipto, en el que encontramos un elemento nuevo: tal pacto es una forma de idolatría, porque supone *divinizar* a poderes humanos (Is 31 3). Por eso *buscan* su ayuda, *se apoyan* en ellos, *confían* en sus carros de guerra (Is 31 1), en vez de buscar, apoyarse y confiar en su Señor.

• **31 4-9**: Dios ofrece su ayuda: él sí puede salvarlos. Dos comparaciones con animales muestran dos diversos comportamientos de Dios: con el enemigo, Dios será como un león que, imbatible, se abalanza sobre su presa, mientras que con Jerusalén será como un pájaro que ampara y defiende a sus crías. Por eso retornarán a él y rechazarán los ídolos, porque verán que es él quien los libra con su poder. El ejército de Asiria quedará totalmente destrozado.

• **32 1-8**: En un lenguaje emparentado con el de los escritos sapienciales, estos versos nos hablan de un futuro rey justo que garantizará el bienestar y la justicia y eliminará la insensatez y la maldad que rompen la convivencia.

• **32 9-15a**: Este pasaje se dirige a las mujeres de Jerusalén, ricas y confiadas que, sin embargo, dentro de poco tendrán que hacer luto por la ciudad. Ya es hora de que se den cuenta de la situación y afronten los tiempos difíciles que se acercan.

corrientes de agua en tierra seca,
sombra de peñasco en tierra árida.
3 Los ojos de los que ven
no estarán entonces cerrados,
y los oídos de los que escuchan
estarán atentos;
4 los alocados reflexionarán
y comprenderán; los tartamudos
hablarán con soltura y claridad.
5 Dejarán de llamar noble al tonto,
y de considerar ilustre al tramposo;
6 pues el tonto dice tonterías
y su mente solo concibe maldades;
actúa con perversidad
y pronuncia injurias contra el Señor;
deja vacío el vientre del hambriento,
y priva de bebida al sediento.
7 El arma del tramposo es la maldad,
trama engaños,
perjudica a los humildes con mentiras,
y al pobre que defiende sus derechos.
8 El noble, en cambio,
tiene nobles intenciones
y procede con nobleza.

Advertencia a las mujeres confiadas

Is 3 16-24; 22 1-14; Am 4 1-3

9 ¡Levántense, mujeres despreocupadas,
escuchen mi voz!
¡Atiendan a mis palabras,
hijas confiadas!
10 Dentro de un año largo
ustedes temblarán, mujeres confiadas,
pues la cosecha se habrá acabado
y no habrá recolección.
11 Tiemblen, las despreocupadas,
titubeen las confiadas;
quítense el vestido de fiesta
y vístanse de luto;
12 dense golpes de pecho
por los campos deseados
y por las fértiles viñas;
13 por los sembrados de mi pueblo,
donde ahora crecen zarzas y espinos,
y por las casas llenas de alegría
y la ciudad en fiesta.
14 Pues el palacio está abandonado,
y ha cesado el bullicio en la ciudad.
La fortaleza y la torre
se convertirán en cuevas para siempre,
delicia de burros salvajes,
y pasto de rebaños,
15 hasta que se derrame sobre nosotros
un espíritu de lo alto.

La paz, fruto de la justicia

Is 11 2-9; Jl 3 1; Sal 72 7; 85 11

Entonces el desierto
se convertirá en un jardín
y el jardín parecerá un bosque;
16 morará en el desierto el derecho,
y en el jardín habitará la justicia;
17 el fruto de la justicia será la paz,
la justicia traerá tranquilidad
y seguridad perpetua.
18 Y habitará mi pueblo en un lugar de paz,
en moradas seguras y tranquilas,
19 aunque haya sido cortado el bosque
y humillada la ciudad.
20 Sembrarán felices junto al agua
y dejarán sueltos al buey y al burro.

Oración litúrgica

Sal 33 22; 46 2; 48 5.8; 68 2; 57 6; 83 19

33 1 ¡Ay de ti, destructor
que no has sido destruido,
traidor al que nunca traicionaron!

• **32 15b-20**: Pasaje redaccional posterior al exilio, que ha sido colocado por el redactor final después del oráculo anterior con la intención de cambiar su tono negativo: la última palabra de Dios nunca es de condena. El nuevo orden paradisíaco se define por el derecho, la justicia, la paz, la seguridad, la tranquilidad.

• **33 1-24**: En este capítulo se ensanchan las dimensiones históricas y el mensaje adquiere una orientación escatológica. A pesar de estar construido con piezas literarias diferentes, tiene una cierta unidad: Is 33 1 es un oráculo de amenaza con explicitación del castigo: *¡ay del destructor que terminará destruido!* La oración litúrgica de Is 33 2-6 es una plegaria confiada y llena de esperanza en Dios, frente a la amenaza de pueblos invasores. La lamentación que sigue (Is 33 7-9) presenta las consecuencias de la infidelidad a la alianza: para el pueblo, desolación, llanto y soledad; para el cosmos, confusión, ausencia de fertilidad y luto. Los castigos para los malvados continuan con el discurso judicial de Is 33 10-16. Los pecadores quedarán fuera de la ciudad restaurada (Is 33 10-14), mientras que permanecerán en ella aquellos que vivan las exigencias éticas que permiten estar en la presencia de Dios (Is 33 15-16); la lista recuerda la que traen algunos salmos de peregrinación al templo, lugar de residencia del Señor (Sal 15 y 24). Finalmente el Señor inaugura su reino en la nueva Jerusalén (Is 33 17-24), presentada con los atributos de las antiguas tradiciones davídicas, pero transformada por la presencia y el gobierno de Dios que será juez, legislador y rey al mismo tiempo.

Cuando acabes de destruir,
serás destruido;
cuando termines de traicionar,
te traicionarán a ti.
2 Señor, apiádate de nosotros,
que esperamos en ti;
sé nuestra fuerza cada mañana,
nuestro socorro en tiempo de angustia.
3 Al oír el estruendo huyen los pueblos,
cuando tú actúas
se dispersan las naciones;
4 se recoge el botín
como se recogen las langostas,
se lanzan sobre él igual que saltamontes.
5 El Señor es sublime,
porque mora en las alturas.
El llena a Sión de derecho y justicia.
6 Será tu adorno la fidelidad,
la sabiduría y la ciencia
tu refugio salvador,
y el temor del Señor será tu tesoro.

Luto por Jerusalén

Is 29 1; Am 1 2

7 Oigan cómo gritan por las calles
los de Ariel,
cómo lloran amargamente
los mensajeros de paz;
8 los senderos están desiertos,
y nadie transita por los caminos.
Ha roto la alianza
y despreciado a los testigos,
no ha respetado a nadie.
9 La tierra está de luto y languidece,
el Líbano está confuso y marchito,
el Sarón parece un desierto,
el Basán y el Carmelo están desnudos.

Intervención judicial de Dios

Sal 12 6; 15

10 Ahora me levanto, dice el Señor,
ahora me pongo en pie, ahora me alzo.
11 Concebirán heno, parirán paja,
y un soplo de fuego los quemará.
12 Los pueblos quedarán calcinados;
como espinos cortados,
arderán en el fuego.
13 Los de lejos, escuchen lo que he hecho,
los de cerca, reconozcan mi poder.
14 Temen en Sión los pecadores
y un temblor invade a los perversos:
¿Quién de nosotros podrá soportar
un fuego que todo lo consume?
¿Quién de nosotros podrá soportar
unas llamas que nunca se apaguen?
15 El que procede con justicia
y habla con rectitud,
el que no acepta ganancias
que son fruto de la opresión,
el que retira la mano
rechazando el soborno,
el que se tapa los oídos
ante los planes sanguinarios
y cierra los ojos rechazando la maldad.
16 Este habitará en las alturas,
tendrá su refugio
en una fortaleza sobre rocas;
no le faltará el pan
y tendrá segura el agua.

El Señor reina en la Jerusalén liberada

1 Cor 1 20; Is 28 11; 54 2

17 Tus ojos contemplarán
a un rey en su esplendor,
verán un inmenso país,
18 y, asombrado, dirás en tu interior:
«¿Dónde está el que nos controlaba,
dónde el que fiscalizaba,
dónde el que controlaba las defensas?»
19 Ya no verás al pueblo insolente,
al pueblo que pronuncia palabras extrañas
en una lengua oscura que no se entiende.
20 Contempla a Sión,
la ciudad de nuestras fiestas;
tus ojos verán a Jerusalén,
morada tranquila, tienda estable,
cuyas estacas no se arrancan,
y cuyas cuerdas no se sueltan.
21 En ella el Señor nos mostrará su gloria;
será un lugar de ríos y canales amplios;
no navegarán por ella canoas de remos,
ni la cruzarán barcos imponentes.
23 Se aflojan sus cuerdas,
ya no sostienen el mástil
ni sujetan la bandera;
es la hora de repartir un inmenso botín
y hasta los cojos
participarán en el saqueo.
22 Porque el Señor es nuestro juez,
el Señor es nuestro legislador,
el Señor es nuestro rey, él nos salvará.
24 Ningún habitante dirá: «Estoy enfermo».
Al pueblo que habite en Jerusalén
le será perdonada su culpa.

V. PEQUEÑO APOCALIPSIS Δ

El juicio contra Edom

Is 63 1-6; Jr 49 7-22; Ap 14 10-11; 18 2

34 1 Acérquense, pueblos, y escuchen;
atiendan, naciones;
que escuche la tierra y cuanto contiene,
el mundo y todo lo que produce.
2 El Señor está enojado con las naciones,
enfurecido contra todos sus ejércitos;
los ha consagrado al exterminio,
los ha destinado a la matanza.
3 Sus muertos serán arrojados fuera,
sus muchos cadáveres
darán un fétido olor,
y las montañas se empaparán de sangre.
4 Desaparece todo el ejército de los cielos;
se enrolla el cielo como un pergamino
y caen todas las estrellas
como cae la hoja de la vid
y la hoja de la higuera.

5 «Mi espada, empapada de sangre,
desde los cielos se lanza sobre Edom,
para ajusticiar al pueblo
consagrado al exterminio».
6 La espada del Señor está llena de sangre
y cubierta de grasa:
sangre de corderos y cabritos,
grasa de las vísceras de carneros.
Porque tiene lugar en Bosrá
un sacrificio en honor del Señor,
y una gran matanza en Edom.
7 Caen con ellos los búfalos,
los novillos y los toros.
La tierra se empapa de sangre,
el suelo se cubre de grasa.
8 Porque es día de venganza para el Señor,
año de desquite para la causa de Sión.
9 Los torrentes de Edom
se convertirán en lava ardiente
y en azufre su suelo;
su tierra se volverá lava,
10 que no se apaga ni de día ni de noche;
su humareda subirá sin cesar.
Quedará desolada para siempre,
nadie pasará jamás por allí.
11 Se adueñarán de ella buhos y erizos,
cuervos y lechuzas la habitarán.
El Señor aplicará sobre ella
la cuerda de la nada, la plomada del caos.
12 No tendrán rey a quien recurrir;
todos sus jefes desaparecerán.
13 En sus palacios crecerán espinos,
en sus fortalezas ortigas y cardos.
Será guarida de chacales,
morada de avestruces;
14 allí se reunirán hienas y gatos monteses,
en ella se darán cita los chivos;
allí encontrará su guarida
el monstruo nocturno.
15 Allí anidarán las víboras,
pondrán e incubarán sus huevos;
allí se reunirán también los buitres,
sin que falte a las hembras compañero.

16 Busquen en el libro del Señor y lean:
no falta ninguno de ellos,
ninguno ha perdido su pareja,
porque lo ha ordenado el Señor,
su espíritu los ha reunido.
17 Les ha sorteado sus posesiones
y con la cuerda de medir en sus manos
les reparte el país.
Lo poseerán eternamente,
y allí por siempre habitarán.

El regreso a Sión

Is 40 5.10.29-31; Mt 11 5; Hch 3 8; Is 48 21; 51 11

35 1 Saltarán de alegría
el desierto y la tierra reseca;
la llanura se regocijará y florecerá;

Δ 34 1-35 10: Estos dos capítulos constituyen una unidad que tiene alguna semejanza con el Segundo Isaías (Is 40-55). Destaca en ellos el contraste entre la destrucción de las naciones, especialmente de Edom, con la gloria que aguarda al pueblo elegido.

• **34 1-17**: El primer cuadro de este "díptico escatológico" es un juicio que Dios lleva a cabo contra Edom, símbolo y expresión de los poderes enemigos (como Egipto, Babilonia o Asiria). El juicio se concretiza en la ejecución del castigo y la consiguiente destrucción del reino, reducido a un espacio caótico y desolado, a lugar de fieras, que –por disposición del Señor– se reparten el territorio para vivir por siempre en él (Is 34 16-17).

• **35 1-10**: El segundo cuadro es la antítesis de la desolación y el caos del cuadro anterior. Este himno de restauración se caracteriza por las expresiones de alegría y júbilo. La transformación afecta a la naturaleza muerta (Is 35 1-2), al decaimiento psíquico de las personas (Is 35 3-4) y a los defectos físicos (Is 35 5-7). El desierto se convierte en *vía sacra* que conduce a la gran liturgia final en la Jerusalén liberada y habitada por la presencia del Señor.

florecerá como el lirio,
2 se regocijará y dará gritos de alegría.
Le han dado la gloria del Líbano,
el esplendor del Carmelo y del Sarón;
y verán la gloria del Señor,
el esplendor de nuestro Dios.
3 Fortalezcan las manos débiles,
robustezcan las rodillas vacilantes,
4 digan a los cobardes:
«¡Animo, no teman!; miren a su Dios:
trae la venganza y el desquite;
viene en persona a salvarlos».
5 Se despegarán los ojos de los ciegos,
los oídos de los sordos se abrirán,
6 saltará el cojo como un ciervo,
la lengua del mudo cantará.
Brotarán aguas en el desierto
y arroyos en la llanura;
7 el desierto se convertirá en estanque,
la tierra sedienta en manantial.
En la guarida de los chacales
brotarán cañas y juncos.

8 Cruzará por allí un camino
cuyo nombre será «Vía Santa».
Los impuros no pasarán por ella.
El mismo Señor guiará al caminante,
y los inexpertos no se extraviarán.
9 No habrá en ella leones,
ni se acercarán las fieras.
Los rescatados caminarán por ella,
10 por ella volverán los liberados del Señor.
Llegarán a Sión entre gritos de júbilo;
una alegría eterna iluminará su rostro,
gozo y alegría los acompañarán,
la tristeza y el llanto se alejarán.

VI. APENDICE HISTORICO Δ

Embajada de Senaquerib a Ezequías

2 Re 18 13-37; Is 37 10s

36 1 El año decimocuarto de Ezequías,
Senaquerib, rey de Asiria, atacó y conquistó todas las ciudades fortificadas de
Judá. 2 El rey de Asiria envió desde Laquis
al jefe de la guardia con un fuerte ejército,
para que fueran a Jerusalén, donde estaba
el rey Ezequías. Llegó a Jerusalén y acampó junto al canal de la cisterna de arriba, en
el camino del campo del teñidor. 3 Se presentaron a él el mayordomo Eliaquín, hijo
de Jelcías, el secretario Sobná, y el canciller Yoaj, hijo de Asaf. 4 El jefe de la guardia les dijo:

–Comuniquen a Ezequías: Así dice el
gran rey, el rey de Asiria: ¿En qué fundas tu
confianza? 5 ¿Crees que sólo palabras valen
tanto para la guerra como la táctica y la
fuerza? ¿En quién confías, para que te atrevas a rebelarte contra mí? 6 Veo que confías
en Egipto, esa caña astillada, que se clava
y traspasa la mano de quien se apoya en
ella. Porque eso es el faraón, rey de Egipto, para los que confían en él. 7 Y si me
dices que confías en el Señor, tu Dios, ¿no
es el Dios cuyos santuarios y altares ha
suprimido Ezequías, ordenando a Judá y a
Jerusalén que sólo lo adoren en el altar de
Jerusalén? 8 Por tanto, haz una apuesta con
el rey de Asiria, mi señor: Yo te daré dos
mil caballos si eres capaz de encontrar jinetes para montarlos. 9 ¿Cómo podrás hacer retroceder a uno solo de los siervos más
pequeños de mi señor? ¿Confías en que
Egipto te enviará carros y caballos? 10 Ade-

Δ 36 1-39 8: El libro de Isaías se cierra con estos capítulos, que constituyen un apéndice histórico a los oráculos contenidos en él. Este relato está tomado, casi al pie de la letra, de 2 Re 18 13-20 19. El cambio más notable es la inclusión del cántico de acción de gracias de Ezequías (Is 38 9-20), así como algunas omisiones de detalles en Is 38 1-8. Es probable que los discípulos de Isaías hayan recogido y situado aquí este relato con la intención de ofrecer a los lectores un cuadro completo de la predicación y de la vida del profeta.

• **36 1-22**: En 2 Re 18 13-16 se habla del ataque de Senaquerib y de la rendición y vasallaje de Ezequías, hechos con los que se resuelve la ocupación. Encontramos aquí una reflexión teológica sobre dichos acontecimientos en un doble relato que conserva el mismo esquema: embajada de Senaquerib exigiendo la rendición, súplica de Ezequías, oráculo de Isaías y fin del asedio. Una vez que Ezequías ha decidido una política de distanciamiento respecto a Asiria, había dos posibilidades: buscar ayuda en Egipto, como pretendían algunos, o confiar en el Señor, como defendía Isaías. El jefe de la guardia, en nombre de Senaquerib, trata de echar por tierra ambas posibilidades, minando la confianza del rey en su Dios y del pueblo en su rey. Senaquerib se presenta como instrumento de Dios (Is 36 10) y pone el ejemplo de la impotencia de otros dioses para defender a sus pueblos del ataque asirio.

más, yo he subido contra este lugar para
destruirlo con el consentimiento del Señor.
Pues el Señor mismo me ha dicho: Sube
contra esa tierra y destrúyela.
11 Eliaquín, Sobná y Yoaj dijeron al jefe
de la guardia:
–Por favor, háblanos en arameo, que lo
entendemos; no nos hables en hebreo, para
que no lo escuche el pueblo que está en la
muralla.
12 El jefe de la guardia les respondió:
–Mi señor no me ha enviado a decirles
estas cosas a tu señor y a ti, sino a los hombres que están en la muralla, destinados, lo
mismo que ustedes, a comer sus excrementos y a beber sus orines.
13 Entonces, el jefe de la guardia se puso
de pie y en voz alta, dijo en hebreo:
–Oigan las palabras del gran rey, el rey
de Asiria. 14 Así dice el rey: «No se dejen
engañar por Ezequías, porque no podrá librarlos». 15 Que tampoco los haga confiar
en el Señor, aunque les prometa: «El Señor
nos librará, y no entregará esta ciudad en
manos del rey de Asiria». 16 No hagan caso
a Ezequías, porque así dice el rey de Asiria:
«Hagan la paz conmigo y ríndanse a mí;
así cada uno podrá comer de su viñedo y de
su higuera, y beber el agua de su cisterna,
17 hasta que yo venga para llevarlos a una
tierra como la de ustedes, tierra de grano y
de vino, de pan y de viñedos». 18 No se dejen engañar por Ezequías, que les promete: «El Señor nos librará». ¿Acaso los otros
dioses han librado a su tierra del rey de
Asiria? 19 ¿Dónde están los dioses de Jamat
y de Arpad? ¿Dónde los de Sefarvaín?
¿Acaso han librado a Samaría de mi poder?
20 ¿Qué dios de estos países ha librado a su
tierra de mi poder, para que el Señor pueda
librar a Jerusalén?»
21 El pueblo estaba callado sin decir
nada, porque el rey había mandado que no
le respondieran. 22 El mayordomo Eliaquín, hijo de Jelcías, el secretario Sobná, y
el canciller Yoaj, hijo de Asaf, se presentaron a Ezequías, con sus vestiduras rasgadas, y le comunicaron las palabras del jefe
de la guardia.

Ezequías recurre al profeta Isaías

2 Re 19 1-9a

37 1 Cuando el rey Ezequías lo oyó, rasgó sus vestiduras, se vistió de luto y
fue al templo del Señor; 2 y envió al mayordomo Eliaquín, al secretario Sobná y al
más anciano de los sacerdotes, todos vestidos de luto, al profeta Isaías, hijo de Amós
3 para decirle:
–Así dice Ezequías: Hoy es un día de
angustia, de castigo y de vergüenza; como
si llegada la hora del parto faltaran fuerzas
para dar a luz. 4 El Señor, tu Dios, habrá
oído sin duda todos los insultos que el jefe
de la guardia del rey de Asiria, enviado por
su señor, ha proferido contra el Dios vivo,
y lo castigará por ello. Intercede tú por el
resto que aún queda.
5 Los servidores del rey Ezequías se presentaron a Isaías, 6 y él les dijo:
–Comuniquen a su rey: Así dice el Señor: No te asusten las palabras que has
oído, los insultos que los secuaces del rey
de Asiria han proferido contra mí. 7 Voy a
hacer que, al oír cierta noticia, regrese a su
tierra. Y allí lo haré morir a espada.
8 El jefe de la guardia se fue camino de
Libná al encuentro del rey de Asiria, pues
le habían hecho saber que el rey de Asiria
se había retirado de Laquis y estaba atacando Libná, 9 ante la noticia de que Tara-
ca, rey de Etiopía, había salido a luchar contra él.

Nueva embajada de Senaquerib a Ezequías

2 Re 19 9b-19

Senaquerib, al escuchar la noticia envió
mensajeros a Ezequías para decirle:

• **37 1-9a**: Ezequías, consciente de la gravedad de la situación, adopta una actitud penitencial y de súplica y pide la ayuda del profeta para interceder por el *resto* (Is 37 4). Las palabras de Isaías son un mensaje tranquilizador: el rey asirio se retirará al oír ciertos rumores y morirá (Is 37 6-7). Senaquerib tuvo que retirarse de Laquis para rechazar una agresión etíope. Es el cumplimiento de la primera parte del mensaje de Isaías. La segunda parte, que relata la muerte del asirio en su tierra, se encuentra en Is 37 38 (trasladado posiblemente para permitir la inclusión de la segunda embajada).

• **37 9b-20**: La segunda versión de la embajada de Senaquerib es copia de la primera, aunque con ligeras variantes: las palabras del embajador son un breve resumen de las anteriores, mientras que la súplica de Ezequías está aquí desarrollada, a partir de tres motivos: el reconocimiento del poder de Dios, la inutilidad de los otros dioses y la petición de ayuda ante el insulto del rey asirio.

10 –Así dirán a Ezequías, rey de Judá:
Que tu Dios, en quien confías, no te engañe
prometiendo: «Jerusalén no caerá en manos
del rey de Asiria». 11 Sabes bien que los
reyes de Asiria han exterminado a todos los
países. Y ¿vás a librarte tú? 12 ¿Han librado acaso otros dioses a los pueblos que mis
antecesores destruyeron? ¿A Gozán, Jarán,
Résef y los edenitas de Telasar? 13 ¿Dónde
están ahora los reyes de Jamat, Arfad, Laír,
Sefarvaín, Aná y Avá?

14 Ezequías tomó la carta que le traían
los mensajeros y la leyó; después subió al
templo, la desenrolló ante el Señor, 15 y
oró así:

16 –Señor todopoderoso, Dios de Israel,
que estás sentado sobre los querubines. Tú
eres Dios de todos los reinos de la tierra.
Tú has hecho el cielo y la tierra. 17 Inclina,
Señor, tu oído y escucha; abre, Señor, tus
ojos y mira. Escucha las palabras con que
Senaquerib ha insultado al Dios vivo. 18 Es
verdad, Señor, que los reyes de Asiria han
destruido otros pueblos y otras tierras, 19 y
han quemado a sus dioses porque no eran
dioses, sino madera tallada o piedra labrada por el hombre; por eso los han destruido. 20 Te suplico, Señor, Dios nuestro, que
nos libres de su poder para que todos los
reinos de la tierra sepan que sólo tú eres el
Señor.

Tres oráculos de Isaías

2 Re 19 20-34

21 Entonces, Isaías, hijo de Amós, mandó a decir a Ezequías:

–Así dice el Señor, Dios de Israel: He
escuchado tu plegaria ante la amenaza de
Senaquerib, rey de Asiria. 22 Esta es la palabra que el Señor pronuncia contra él:

Te desprecia y se burla de ti
la ciudad de Sión;
Jerusalén a tus espaldas
menea despectivamente la cabeza.
23 ¿A quién has insultado y avergonzado?
¿Contra quién has gritado tan fuerte
y levantado tu orgullosa mirada?
Contra el Santo de Israel.
24 Por boca de tus mensajeros
has injuriado al Señor diciendo:
«Con mis numerosos carros de guerra
he subido a las cimas de las montañas,
a las cumbres del Líbano;
he talado sus más altos cedros,
sus mejores cipreses;
he llegado hasta su último rincón,
hasta su bosque más espeso;
25 he excavado y bebido aguas extranjeras;
he secado todos los ríos de Egipto
con la planta de mis pies».
26 ¿No sabías tú que desde antiguo
he planeado yo esto,
que desde los tiempos remotos
lo tengo decidido,
y ahora lo llevo a cabo?
Estabas destinado
a convertir en escombros
las ciudades fortificadas;
27 a hacer que sus habitantes, impotentes,
aterrados y confundidos,
fueran como hierba del campo,
como verde pasto;
como la hierba de los tejados,
como fruto sin madurar.
28 Sé cuando te sientas,
cuando sales o entras,
y también cuándo te enfureces contra mí.
29 Así pues,
porque te has enfurecido contra mí
y han llegado a mí tus insolencias,
yo pondré mi argolla en tu nariz,
y mi freno en tu boca
y te haré regresar por donde viniste.

30 Y esta será la señal: Este año se comerá lo sembrado, y al siguiente lo que
nazca sin sembrar; pero al tercer año sembrarán y cosecharán; plantarán viñedos y
comerán su fruto. 31 El resto que sobreviva
de la casa de Judá echará de nuevo raíces y
volverá a dar fruto. 32 Porque quedará un
resto en Jerusalén; y sobrevivientes en el
monte Sión. Así lo realizará el Señor todopoderoso.

• **37 21-35**: La intervención del profeta aparece también mucho más desarrollada que antes. En realidad se trata de tres oráculos fusionados en uno. En el primero (Is 37 22-29) acusa a Senaquerib por haberse excedido en su misión de instrumento divino: por atentar contra el pueblo de Dios e injuriar al Señor será devuelto a su tierra como una fiera amansada. El segundo oráculo (Is 37 30-32) es un signo de esperanza para Ezequías: en dos años volverá la normalidad y el resto vivirá en paz. El tercer oráculo (Is 37 33-35) insiste en los temas del primero: el asirio no entrará en Jerusalén; tendrá que regresar a su tierra, porque Dios proteje a Jerusalén.

33 Por eso, así dice el Señor acerca del
rey de Asiria:

No entrará en esta ciudad,
ni la alcanzará con sus flechas;
no le opondrá el escudo,
ni construirá terraplenes contra ella.
34 Regresará por donde vino
y no entrará en esta ciudad,
oráculo del Señor.
35 Yo la protegeré y la salvaré
en atención a mí mismo
y a mi siervo David.

Fracaso y muerte de Senaquerib

2 Re 19 35-37

36 El ángel del Señor vino al campamento asirio e hirió a ciento ochenta y cinco
mil hombres. Cuando se levantaron por la
mañana, no había más que cadáveres.
37 Senaquerib, rey de Asiria, levantó el
campamento, se fue a Nínive y allí se quedó. 38 Un día, mientras estaba postrado adorando al dios Nisroc en su templo, sus hijos Adramelec y Serasar lo asesinaron con
la espada, y escaparon a Ararat. Le sucedió
en el trono su hijo Asaradón.

Enfermedad y curación de Ezequías

2 Re 20 1-11

38 1 Por aquel tiempo, Ezequías se enfermó gravemente. El profeta Isaías,
hijo de Amós, acudió a él y le dijo:
–Así dice el Señor: «Arregla los asuntos
de tu casa, porque muy pronto vas a morir».
2 Entonces Ezequías, con el rostro contra la pared, oró al Señor así:
3 –Acuérdate, Señor, que he caminado
fielmente en tu presencia, y que te he agradado con mi conducta, actuando con rectitud.
Y comenzó a llorar amargamente.
4 El Señor dijo a Isaías:
5 –Ve y di a Ezequías: Así dice el Señor,
Dios de tu antepasado David: He escuchado tu oración y he visto tus lágrimas. Dentro de tres días podrás subir al templo del
Señor. Alargaré tu vida quince años, 6 te libraré a ti y a esta ciudad del rey de Asiria,
y protegeré a esta ciudad.
21 Isaías dijo:
–Traigan una ungüento hecho de higos
secos y aplíquenselo a la herida; así sanará.
22 Ezequías preguntó:
–¿Cuál es la señal de que subiré al templo del Señor?
7 Isaías respondió:
–Esta es la señal que el Señor te da como prueba de que cumplirá su palabra:
8 Haré retroceder diez grados la sombra ya
avanzada que proyecta el sol, según las
marcas del reloj de Ajaz.
Y el sol retrocedió diez grados que ya
había avanzado.

Cántico de Ezequías

Sal 116; 27 13; 2 Cor 5 1-4;
Sal 69 4; 121 1; 103 3-5; Bar 2 17

9 Cántico de Ezequías, rey de Judá, cuando cayó enfermó y se curó de su enfermedad:

10 Yo dije: A la mitad de mis días
tengo que traspasar
las puertas del abismo;
me privan del resto de mis años.
11 Dije: ya no veré más al Señor
en la tierra de los vivos,
ni contemplaré a los hombres
en compañía de los habitantes del mundo.
12 Levantan y pliegan mi morada
como una tienda de pastor.
Enrollaba yo mi vida como un tejedor,
pero tú cortaste el hilo de mi ovillo.
De la noche a la mañana
acabas conmigo;
13 sollozo hasta el amanecer.
Me quiebras los huesos

• **37 36-38**: Se recoge aquí el desenlace de las dos embajadas: Dios interviene por medio de su ángel diezmando el campamento asirio, y Senaquerib ha de levantar el asedio y regresar a su tierra (como se sugería en Is 37 29.34). Allí muere, como había anunciado la primera intervención del profeta (Is 37 7).

• **38 1-8**: Este episodio responde mejor a la datación cronológica que se encuentra en Is 36 1 y es anterior a los hechos narrados en Is 36-37. Ante el anuncio de su muerte, el rey se aferra al principio de retribución individual: a una vida de justicia y fidelidad debía corresponder una larga vida, entre otras bendiciones (Is 38 3).

• **38 9-20**: Es muy probable que esta plegaria fuera compuesta para otra circunstancia. Sin embargo, el redactor la ha incluido en este momento del relato porque se adaptaba muy bien a la situación del rey enfermo que sanó de su enfermedad. Sigue el esquema y los motivos de los salmos de lamentación individual con acción de gracias: tribulación, súplica confiada, intervención liberadora de Dios y acción de gracias.

como hace un león,
de la noche a la mañana acabas conmigo.
14 Estoy piando como una golondrina,
gimo como una paloma.
Se me cansan los ojos de mirar al cielo.
¡Señor, sácame de esta tribulación!
15 ¿Qué diré para que me responda?
Es él quien lo ha hecho.
Terminaré el curso de mi vida
con el alma destrozada.
16 El Señor está con los suyos.
Ellos vivirán, y su espíritu los animará;
tú me curarás y me harás revivir.
17 La amargura se me volvió paz,
me libraste del sepulcro,
y volviste la espalda a mis pecados.
18 El abismo no te da gracias
ni la muerte te alaba,
ni los que bajan al sepulcro
esperan en tu fidelidad.
19 Sólo los vivos te alaban, como yo ahora.
El padre enseña a los hijos tu fidelidad.
20 Tú me has salvado, Señor;
tocaremos nuestras arpas
todos los días de nuestra vida
en el templo del Señor.

Embajada de Merodac Baladán

2 Re 20 12-19

39 1 Por aquel tiempo, Merodac Baladán, hijo de Baladán, rey de Babilonia, envió una carta y un presente a Ezequías al tener noticia de su enfermedad y
de su curación. 2 Ezequías se alegró mucho
y enseñó a los enviados la sala del tesoro:
la plata, el oro, los aromas, el aceite, el depósito de armas, y todo lo que había en ella;
no les ocultó nada de lo que había en el palacio y en sus dependencias.
3 El profeta Isaías fue a ver al rey Ezequías, y le dijo:
–¿Qué quieren esos hombres y de dónde vienen?
Ezequías le contestó:
–Han venido de la lejana Babilonia.
4 Isaías preguntó:
–¿Qué han visto en tu palacio?
Ezequías respondió:
–Todo lo que hay en él; no les he ocultado nada de lo que tengo.
5 Entonces Isaías le dijo:
–Escucha la palabra del Señor todopoderoso: 6 «Vendrán días en que será llevado a Babilonia todo lo que hay en tu palacio, cuanto tus antepasados atesoraron hasta el día de hoy. No quedará nada, dice el
Señor. 7 Y tomarán también a tus hijos, los
que han nacido de ti, los que has engendrado, para emplearlos como criados en el palacio del rey de Babilonia».
8 Ezequías dijo:
–Es justo lo que acabas de decir de parte
del Señor.
Pero pensaba: «Al menos en mis días
habrá paz y seguridad».

• **39** 1-8: El episodio de esta embajada corresponde perfectamente a la tendencia a pactar alianzas de Ezequías y a la política antiasiria del rey de Babilonia que llegó a promover y apoyar varias rebeliones contra ese imperio. Sin embargo, aquí es presentada –aparentemente– como una embajada de cortesía y no política. La intervención de Isaías denota su composición exílica: alude claramente al futuro destierro y pone en evidencia la falta de visión del rey (Is 39 8).

SEGUNDO ISAIAS

Introducción: Anuncio de liberación

Is 52 7-12; Mt 3 3; Lc 1 76; Is 60 1; 1 Pe 1 24-25; Is 62 11; Lc 15 5

40 1 Consuelen, consuelen a mi pueblo,
dice tu Dios,
2 hablen al corazón de Jerusalén,
grítenle que se ha cumplido su condena
y que está perdonada su culpa,
pues ha recibido del Señor
doble castigo por todos sus pecados.

3 Una voz grita:
«Preparen en el desierto
el camino del Señor,
tracen en la llanura
una senda para nuestro Dios».
4 Que se eleven todos los valles
y las montañas y colinas se abajen;
que los barrancos
se transformen en llanuras
y los cerros en planicies.
5 Entonces se manifestará
la gloria del Señor
y la verán juntos todos los hombres
–lo ha dicho la boca del Señor–.
6 Una voz dice: «¡Grita!»
Y yo pregunto: «¿Qué debo gritar?»
«Todo mortal es como hierba,
todo su encanto como flor del campo».
7 Se seca la hierba, se marchita la flor,
al pasar sobre ellas el soplo del Señor;
ciertamente, como hierba es el pueblo;
8 se seca la hierba, se marchita la flor,
pero permanece para siempre
la palabra de nuestro Dios.

9 Súbete a una montaña elevada,
tú que llevas buenas noticias a Sión;
levanta con fuerza tu voz,
tú que llevas buenas noticias a Jerusalén;
levántala sin miedo
y di a las ciudades de Judá:
«Aquí está tu Dios,
10 aquí está el Señor que viene con poder
y su brazo le asegura el dominio;
viene con él su salario,
delante de él la recompensa.
11 Apacienta como un pastor a su rebaño
y amorosamente lo reúne;
lleva en brazos los corderos
y conduce con delicadeza
a las que acaban de parir».

I. LIBERACION Y REGRESO A JERUSALEN Δ

Nadie puede compararse a Dios

Job 28 23-27; Rom 11 34; 1 Cor 2 16; Prov 8 22-31; Sal 62 10; Hch 17 29; Is 17 13-14; 45 5

12 ¿Quién ha calculado la extensión del mar
con la palma de la mano?
¿Quién ha medido a cuartas
la extensión del cielo,
o con una medida el polvo de la tierra?
¿Quién ha pesado
las montañas en una balanza
o las colinas en una báscula?

• **40 1-11**: Este oráculo hace de introducción a todo el libro del Segundo Isaías y anticipa algunos de sus temas dominantes: consolación, nuevo éxodo, nueva creación, eficacia de la palabra de Dios, restauración. Los primeros versículos dan una de las pautas del libro, conocido como "libro de la consolación". Desde el primer momento el autor está ausente; su presencia se limita al *yo pregunto, ¿qué debo gritar?* de Is 40 6. El pueblo está todavía en el destierro, pero se vislumbra próxima la caída de Babilonia. El profeta lo interpreta como el fin del castigo, como el regreso de Dios. Por eso invita a preparar un camino (¿para Dios o para que regrese el pueblo?), porque el Señor ya viene (Is 40 9-11), y el mensajero debe anticipar la noticia en Jerusalén y en Judá.

Δ 40 12-48 22: Estos capítulos, dominados por un tono optimista, pertenecen a la primera etapa de la predicación del Segundo Isaías. En ellos se anuncia a los desterrados la liberación del exilio babilónico por obra de Ciro, el cual es presentado como el "ungido del Señor". El profeta tiene que enfrentarse a múltiples resistencias que proceden, a veces, del mismo pueblo, desanimado, escandalizado, y seducido por los dioses de Babilonia. Sin embargo el decidido anuncio de liberación terminará siendo aceptado por el pueblo.

13 ¿Quién ha medido el espíritu del Señor?
¿Qué consejero lo ha instruido?
14 ¿Con quién se aconsejó para discernir,
para que le mostrara
cómo administrar justicia?
¿Quién le enseñó el saber,
o lo instruyó en el camino
de la prudencia?
15 Las naciones son
como gotas de agua en un balde,
como granos de arena en la balanza;
los pueblos lejanos,
como polvo que apenas pesa.
16 No basta la leña del Líbano para el fuego
ni sus animales para los holocaustos.
17 Todas las naciones nada cuentan ante él,
carecen absolutamente de valor.
18 ¿Con quién podrán comparar a Dios;
con qué imagen lo representarán?
19 ¿Acaso con un ídolo?
Lo funde un escultor,
el orfebre lo recubre de oro
y le pone cadenas de plata.
20 Y el que no puede hacer
una ofrenda tan costosa,
elige una buena madera
y se busca un hábil artesano,
que le haga una imagen consistente.
21 ¿Acaso no lo saben?
¿Es que no lo han oído?
¿No se les anunció desde el principio?
¿No han comprendido
quién puso los fundamentos de la tierra?
22 Es el que tiene su trono
sobre la cúpula de la tierra;
desde donde sus habitantes
le parecen saltamontes.
El extiende como una carpa el cielo,
como una tienda habitable lo despliega;
23 él reduce a nada los príncipes,
y aniquila a los jueces de la tierra;
24 son como árboles recién plantados,
como semillas recién sembradas,
como plantas recién arraigadas.
El Señor hace que sople el viento
sobre ellos, y se secan;
como si fueran paja
se los lleva el vendaval.
25 ¿Con quién podrán compararme?
¿A quién me parezco?
–dice el Santo–.
26 Levanten los ojos a lo alto y miren:
¿Quién ha creado todo esto?
El que dispone en orden su ejército
y llama a todos por su nombre.
Tanta es su fuerza,
tan grande es su poder,
que no falta ni uno solo.

Dios, fortaleza y esperanza de su pueblo

Is 49 14-16; Rom 11 34; Sal 103 5

27 ¿Por qué, Jacob, andas diciendo,
y tú, Israel, te andas quejando:
«Al Señor no le importa
lo que me sucede,
mi Dios no se preocupa
de hacerme justicia»?
28 ¿Es que no lo sabes?
¿Nunca lo has oído?:
El Señor es un Dios eterno
y ha creado toda la tierra.
No se cansa ni se fatiga,
y su inteligencia es inescrutable;
29 fortalece al cansado,
da energías al débil.
30 Se cansan los jóvenes y se fatigan,
los muchachos tropiezan y caen;
31 pero los que esperan en el Señor
renuevan sus fuerzas:
vuelan como las águilas,
corren y no se fatigan,
caminan y no se cansan.

Ciro, instrumento de Dios

Is 45 1-7; 40 19-20.23; 44 6

41 1 Callen ante mí, pueblos lejanos;
cobren fuerzas las naciones
y vengan a presentar su causa;

• **40 12-26**: Dios es el Señor del mundo y de la historia. El lo ha creado todo; nuestro mundo, y nosotros mismos, somos una insignificancia ante él. Los ídolos no son sino hechura humana. El único trascendente es Dios; con él no hay punto de comparación. A la rotunda afirmación del poder creador de Dios, hay que añadir un tono de polémica contra otros dioses (posiblemente babilónicos) calificados como ídolos inútiles.

• **40 27-31**: Nada hay oculto para el Señor, porque es un Dios eterno y su inteligencia es inescrutable; por eso, tampoco se le puede ocultar el destino de su pueblo. Aunque este pueblo se sienta ahora cansado y debilitado, puede tener la absoluta confianza de que su Creador y Señor lo salvará y fortalecerá.

• **41 1-7**: El profeta entiende que Ciro, aunque no pertenezca al pueblo elegido, es un instrumento de Dios, quien

comparezcamos juntos a juicio.
2 ¿Quién lo ha suscitado del oriente?
¿Quién trae la victoria a su paso,
le entrega los pueblos
y le somete los reyes?
¿Quién hace que su espada
los reduzca a polvo,
y que su arco los disperse como paja?
3 ¿Quién hace que los persiga
y avance seguro,
sin apenas detenerse en el camino?
4 ¿Quién lo ha hecho,
quién lo ha realizado?
El que llama a la existencia
a las generaciones desde el principio:
«Yo soy el Señor desde el principio
y lo seré hasta el final».
5 Los pueblos lejanos
lo ven y se llenan de temor,
tiembla toda la tierra.
Ya se acercan, ya están aquí.
6 Cada uno ayuda a su compañero
y le dice a su hermano: ¡Animo!
7 Anima el fundidor al orfebre,
el forjador al herrero.
Al soldador le dicen: «Ya está bien»;
luego sujetan al ídolo con clavos,
para que no se caiga.

Dios en persona librará a Israel

Is 43 1-7

8 Tú, Israel, siervo mío;
Jacob, a quien yo elegí;
descendencia de Abrahán, mi amigo;
9 tú, a quien tomé
de los límites de la tierra,
a quien llamé de sus extremos,
y a quien dije: «Tú eres mi siervo,
yo te he elegido, no te he rechazado».
10 No temas, pues yo estoy contigo;
no te angusties, pues yo soy tu Dios;
yo te fortalezco y te ayudo,
y te sostengo con mi brazo victorioso.
11 Mira cómo se avergüenzan y sonrojan
los que se enfurecen contra ti;
cómo son aniquilados y perecen
los que te llevan a juicio.
12 En vano buscarás a los que te atacan,
pues serán aniquilados y eliminados
los que combaten contra ti.
13 Yo, el Señor tu Dios,
sostengo tu brazo y te digo:
«No temas, yo mismo te auxilio».
14 No temas, gusanito de Jacob,
oruga de Israel;
yo te auxilio, oráculo del Señor;
tu redentor es el Santo de Israel.
15 Te convertiré en trilladora afilada,
trilladora nueva de doble filo;
trillarás los montes hasta molerlos,
reducirás a paja las colinas.
16 Los echarás al viento y éste se los llevará,
el ventarrón los esparcirá.
Y tú podrás alegrarte gracias al Señor,
gracias al Santo de Israel te gloriarás.

El desierto convertido en jardín

Is 35 6-7; 43 20; Sal 107 35

17 Los necesitados y los pobres
buscan agua y no la encuentran;
su lengua está reseca por la sed.
Pero yo, el Señor, los atenderé;
yo, el Dios de Israel, no los abandonaré.
18 Haré que broten ríos en las colinas secas
y fuentes en medio de los valles,
transformaré el desierto en estanque,
la tierra árida en manantiales de agua.
19 Pondré en el desierto cedros,
acacias, mirtos y olivares;
plantaré en la llanura abetos,
y también cipreses y olmos,
20 para que vean y sepan,
para que reflexionen y aprendan
que el poder del Señor ha hecho esto,
que el Santo de Israel lo ha creado.

lo ha suscitado y quien actúa por medio de él. La victoria será del Dios de los israelitas, no del dios de Ciro. Dios se presenta abiertamente como "Señor de la historia" (Is 41 1).

Is 41 6-7 podría leerse después de Is 40 19. Pero también puede interpretarse en el contexto de Is 41 1-7 como una burla a los ídolos que nada pueden hacer, en contraposición al Señor, que domina la historia.

• **41 8-16**: Aparecen dos temas que tendrán importancia especial en todo el libro: Dios como redentor de Israel (Is 41 14) e Israel presentado como *siervo* de Dios (Is 41 9). Dios se dirige cariñosamente a su siervo Israel para tranquilizarlo: aunque es pequeño y pobre como un *gusanito*, no tiene nada que temer, porque Dios está con él y lo ayuda. Perecerán sus enemigos (caerá Babilonia), e Israel se convertirá en pueblo fuerte y poderoso.

• **41 17-20**: Para el Segundo Isaías el agua es un don precioso, símbolo de fertilidad y bienestar y aparece asociada a la transformación del desierto al servicio del nuevo éxodo. Por eso, en el momento de la liberación del pueblo, el agua será tan abundante que nadie podrá dudar de que allí está la mano del Señor.

Pleito contra los ídolos
Is 43 8-13; 44 7-11; 41 2.24

21 Vengan a defender su causa,
dice el Señor;
presenten sus pruebas,
dice el rey de Jacob.
22 Que se presenten y nos anuncien
las cosas que van a suceder.
Que digan cómo fueron las cosas pasadas,
para que reflexionemos sobre ellas
o que nos den a conocer
las cosas por venir
y descubramos su cumplimiento.
23 Anuncien lo que sucederá en el futuro
para que sepamos que son dioses.
Realicen algo, bueno o malo,
para que nos sorprenda y temamos.
24 Pero no: ustedes no valen nada,
y sus obras, menos que nada;
es despreciable quien los elige.

25 Yo lo suscito del norte y él viene;
desde oriente invoca mi nombre;
pisará gobernantes como barro,
igual que el alfarero pisa la arcilla.
26 ¿Quién lo anunció desde el principio
para que pudiéramos saberlo?
¿Quién lo predijo de antemano,
para que dijéramos: «Es verdad»?
Nadie lo anunció, nadie dijo nada,
nadie oyó las palabras de ustedes.
27 Fui yo el primero en anunciar a Sión:
«¡Están aquí!»,
y en enviar a Jerusalén
un mensajero con buenas noticias.
28 Miré, y no había nadie, ni un consejero
a quien pedir información.
29 Todos ellos no valen nada,
sus obras menos que nada;
viento y vacío son sus estatuas.

Primer poema del siervo del Señor.
Mt 12 18-21; Jn 1 32-34; Mt 3 16; Jn 8 12; 9

42 1 Este es mi siervo a quien sostengo,
mi elegido en quien me complazco.
He puesto sobre él mi espíritu,
para que manifieste el derecho
a las naciones.
2 No gritará, no voceará
ni voceará por las calles;
3 no romperá la caña resquebrajada
ni apagará la mecha que apenas arde.
Manifestará firmemente el derecho,
4 y no se debilitará ni se cansará
hasta implantarlo en la tierra.
Los pueblos lejanos
anhelan su enseñanza.

5 Así dice el Señor Dios,
que creó y desplegó el cielo,
que extendió la tierra y su vegetación,
que concede vida a sus habitantes,
y aliento a los que se mueven en ella:
6 Yo, el Señor, te llamé
según mi plan salvador;
te tomé de la mano, te formé
y te hice mediador del pueblo
y luz de las naciones,
7 para abrir los ojos a los ciegos,
para sacar prisioneros de la cárcel,
y del calabozo
a los que viven en tinieblas.

Nuevos anuncios
Is 44 6-8; 48 11

8 Yo soy el Señor, este es mi nombre;
no cederé mi gloria a otro
ni mi honor a los ídolos.
9 Las cosas antiguas ya se han cumplido,
así que les anuncio algo nuevo.
Antes de que suceda lo comunico.

• **41 21-29**: En tono irónico, Dios entabla pleito con los ídolos: son absolutamente nulos: nunca hicieron predicciones ciertas y nada pueden ni saben del futuro inmediato que, en cambio, Dios ya ha previsto y anunciado. Su anuncio se ha cumplido en el surgimiento de Ciro (Is 41 25-27), que liberará a su pueblo.

• **42 1-7**: En realidad son dos poemas, aunque unidos temáticamente (Is 42 1-4.5-7). Es probable que el primer poema se refiriera inicialmente a Ciro (al que se consideraría *siervo del Señor*) su enviado para implantar el derecho y la justicia (en Is 45 1 se le llama incluso *mesías*, es decir, ungido). A éste, como a los demás *poemas del siervo* se les dio pronto un sentido mesiánico, y de ellos se sirvieron los autores del Nuevo Testamento para entender mejor la figura de Jesús (véase introducción al Segundo Isaías). En este canto se habla de la designación e investidura del siervo: su misión fundamental es la implantación de la salvación (Is 42 1.3-4). En la segunda parte se dice que su elección responde al plan salvador de Dios (aunque el texto hebreo habla literalmente de la "justicia de Dios" se refiere sin duda a la justicia *salvadora* de Dios) y que su acción llegará al pueblo de Israel en forma de alianza, y a todos los pueblos en forma de luz (véase Is 11 1-9).

• **42 8-9**: Se presenta aquí una característica del Segundo Isaías: al hablar de Dios le suele adjuntar atributos, que se van alternando y complementando a lo largo del libro: Is 40 22-23.26; 41 4; 42 5.8, etc. En estos versículos Dios aparece como el que hace predicciones ciertas; por eso seguirá haciéndolas.

Himno de victoria

Sal 96; 98; Ap 5 9

10 Canten al Señor un cántico nuevo,
alábenlo desde los extremos de la tierra;
que lo aclame el mar y cuanto contiene,
los pueblos lejanos y sus habitantes.
11 Que se regocije el desierto
y sus poblados,
las tiendas en que habita Cadar;
que se alegren los habitantes de Petra
y aplaudan desde la cima
de las montañas;
12 que den gloria al Señor
y proclamen su alabanza
en los pueblos lejanos.
13 El Señor sale como un héroe
para pelear como un guerrero;
lanza el grito de guerra,
y se muestra valiente frente al enemigo.

Promesa de salvación

Is 44 27; 50 2; Sal 107 33; Is 42 19

14 Desde hace tiempo guardaba silencio,
me callaba, me contenía;
ahora grito como la mujer
cuando da a luz,
me sofoco y suspiro.
15 Devastaré montañas y colinas,
agostaré toda su hierba
convertiré los ríos en desierto,
secaré los lagos.
16 Guiaré a los ciegos
por un camino que no conocen,
los conduciré por sendas que ignoran;
convertiré ante ellos la oscuridad en luz
y lo accidentado en llano.
Estos planes los realizaré;
no dejaré de cumplirlos.
17 Retrocederán, cubiertos de vergüenza,
los que confían en los ídolos,
los que dicen a las imágenes:
«Ustedes son nuestros dioses».

Ceguera y sordera de Israel

Is 6 9-10; 41 8; Mt 13 9-15; Is 9 17-18

18 Sordos, escuchen;
ciegos, abran los ojos y vean.
19 ¿Quién está ciego, sino mi siervo
y sordo como mi mensajero?
¿Quién es tan ciego como mi enviado
y tan sordo como el siervo del Señor?
20 Veías muchas cosas, pero no te fijabas;
estabas atento, pero no escuchabas.
21 El Señor quería manifestar su salvación
y hacer grande y gloriosa su enseñanza.
22 Pero son un pueblo
saqueado y despojado:
atrapados todos en cuevas,
encerrados en prisiones.
Los saqueaban y nadie los libraba;
los despojaban y nadie decía:
«Devuélvanlos».
23 ¿Quién de ustedes se fijará en esto,
atenderá y escuchará en el futuro?
24 ¿Quién ordenó saquear a Jacob
y despojar a Israel?
¿No fue acaso el Señor?
Contra él, en efecto, pecamos
al no querer seguir sus caminos
ni obedecer sus enseñanzas.
25 Derramó sobre Israel el ardor de su ira
y la violencia de la guerra.
Pero ni envuelto en llamas entendía
ni quemándose hacía caso.

El Señor rescata y reúne a Israel

Is 41 8.14; Sal 91; 1 Cor 3 15

43 1 Y ahora, así dice el Señor;
el que te creó, Jacob;
el que te formó, Israel:
No temas que yo te he rescatado,
te he llamado por tu nombre y eres mío.
2 Si atraviesas las aguas, yo estaré contigo;
en los ríos no te ahogarás.
Si pasas por el fuego, no arderás,
la llama no te quemará.

• **42 10-13**: Himno a Dios, similar a los Salmos 96 y 98, desde una perspectiva cósmica y universal. El motivo es la presentación de Dios como guerrero dispuesto a enfrentarse al enemigo.

• **42 14-17**: La próxima intervención de Dios consistirá en una renovación de la tierra como un nuevo parto. Seguimos en la perspectiva del *nuevo éxodo* y las transformaciones que lo preparan. Al final reaparece la polémica contra los ídolos y los que confían en ellos.

• **42 18-25**: Israel, siervo del Señor, no ha sabido entender el sentido de los acontecimientos ni ha sabido ver la mano de Dios en ellos. Ha estado sordo y ciego. En el futuro se impone la conversión y la atención a los signos de la futura intervención de Dios (Is 42 23).

• **43 1-7**: Oráculo de salvación encaminado a sustentar la esperanza del pueblo. En lenguaje cariñoso, el Señor se dirige de nuevo a su pueblo para decirle que le pertenece porque lo ha rescatado a un precio muy alto y ahora se dispone a reunirlo una vez más.

3 Porque yo soy el Señor, tu Dios;
el Santo de Israel, tu salvador.
He entregado a Egipto,
como precio de tu rescate,
a Etiopía y Saba a cambio de ti;
4 y es que tú vales mucho para mí,
eres valioso y yo te amo.
Por eso entrego hombres a cambio de ti,
pueblos a cambio de tu vida.
5 No temas, que yo estoy contigo;
traeré desde oriente a tu descendencia,
te recogeré desde occidente.
6 Diré al norte: «Entrégalos»,
y al sur: «No los retengas».
Trae a mis hijos de lejos,
y a mis hijas del extremo de la tierra;
7 trae a todos los que llevan mi nombre,
a los que he creado para mi gloria,
a los que yo formé e hice.

El Señor es Dios e Israel es su testigo

Is 41 21-29; Jn 15 16

8 Que se presente este pueblo
que tiene ojos pero está ciego,
que tiene oídos pero está sordo.
9 Que todas las naciones se congreguen
y los pueblos se reúnan.
¿Quién entre ellos anunció esto?
¿Quién puede comunicarnos
lo que sucedió en el pasado?
Que presenten sus testigos
para justificarse;
así los oiremos y diremos:
«Es verdad».
10 Ustedes son mis testigos,
oráculo del Señor,
y mis siervos, a quienes yo elegí
para que me reconozcan y crean en mí,
y comprendan que yo soy Dios.
Antes de mí no fue formado ningún dios
y ninguno existirá después.
11 Yo; yo soy el Señor;
fuera de mí no hay salvador.
12 Yo lo anuncié, yo salvé
y yo lo comuniqué,
y no un dios extranjero.
Ustedes son mis testigos,
oráculo del Señor.
Yo soy Dios;
13 lo soy desde siempre,
y nadie puede librarlos de mi mano.
Lo que yo hago,
¿quién lo puede deshacer?

Recuerdo del éxodo y nueva liberación

Ex 14 21-29; 17 1-7; Is 35 6-7

14 Así dice el Señor, su redentor,
el Santo de Israel:
En consideración a ustedes
envié una expedición a Babilonia
y arranqué los cerrojos de las puertas,
mientras la alegría de los caldeos
se convertía en llanto.
15 Yo soy el Señor, el Santo,
el Creador de Israel, su Rey.
16 Así dice el Señor,
el que abrió un camino en el mar,
una senda en las aguas impetuosas;
17 el que puso en movimiento
carros y caballos,
a un poderoso ejército de soldados,
que quedaron tendidos
y no se levantaron;
que se apagaron
como mecha que se extingue.
18 No se acuerden de las cosas pasadas,
no piensen en las cosas antiguas.
19 Miren, voy a hacer algo nuevo,
ya está brotando, ¿no lo notan?
Trazaré un camino en el desierto,
rutas en la llanura.
20 Me glorificarán las bestias salvajes,
los chacales y las avestruces;
porque haré brotar agua en el desierto
y ríos en la llanura, para dar de beber
a mi pueblo, a mi elegido,
21 el pueblo que formé para mí,
para que proclamara mi alabanza.

Pecado y reconciliación

Gn 27 36; Os 12 4; Jr 9 3

22 Pero tú no me has invocado, Jacob,
sino que te cansaste de mí, Israel.

• **43 8-13:** *En un clima de pleito con los dioses* paganos y las naciones extranjeras, Dios nombra a Israel su testigo ante los pueblos. Lo que deben testificar es lo que han visto: que el Señor es el único que hace predicciones y salva; él es el único Dios.

• **43 14-21**: Dios se presenta ahora como el "redentor" de Israel, título adquirido en la liberación de Egipto, que es aquí evocada (Is 43 16-18), y en la reciente liberación de Babilonia (Is 43 14). Pero más que en el pasado o en el presente, la mirada se concentra en el futuro, en la nueva liberación que se anuncia como realidad nueva y más maravillosa que las anteriores (Is 43 19-21).

23 No me ofreciste
en holocausto tus ovejas,
ni me honraste con tus sacrificios.
Yo no te he agobiado
exigiéndote ofrendas,
ni te he cansado pidiéndote incienso.
24 No me has comprado perfumes,
ni me has saciado con la grasa
de tus sacrificios.
Al contrario, me has agobiado
con tus pecados
y me has cansado con tus culpas.
25 Soy yo, y sólo yo,
quien por mi cuenta borro tus delitos,
y dejo de recordar tus pecados.
26 Recuérdamelo tú y discutiremos;
defiende, si puedes, tu inocencia.
27 Ya pecó tu primer padre,
tus representantes se rebelaron contra mí
28 y tus príncipes profanaron el templo.
Por eso, he consagrado a Jacob
al exterminio,
y he permitido que Israel sea ultrajado.

Dios bendice a su pueblo

Jn 7 38-39; Is 42 1; 11 2

44 1 Y ahora, escucha, Jacob, siervo mío;
Israel, a quien yo elegí.
2 Así dice el Señor que te hizo,
el que te formó en el seno materno
y te auxilia: No temas,
siervo mío, Jacob;
Yerusún, a quien yo elegí;
3 yo derramaré agua
sobre el suelo sediento,
torrentes sobre la tierra seca;
derramaré mi espíritu
sobre tu descendencia,
mi bendición sobre tu linaje,
4 y brotarán como hierba junto al agua,
como sauces a la orilla de los ríos.
5 Uno dirá: «Soy del Señor»,
otro se pondrá por nombre «Jacob»,
otro escribirá en la mano «del Señor»,
y llevará por sobrenombre «Israel».

Sólo el Señor es Dios

Is 43 8-15; 41 21-29; Ap 1 17

6 Así dice el Señor, rey de Israel,
tu redentor, el Señor todopoderoso:
Yo soy el primero y yo soy el último,
no hay otro dios fuera de mí.
7 ¿Hay alguno que se iguale a mí?
Que lo diga, que lo anuncie,
que me lo demuestre.
¿Quién ha comunicado desde siempre
las cosas futuras
y anuncia lo que está por suceder?
8 ¡No tiemblen ni teman!
¿no lo predije y comuniqué hace tiempo?
Ustedes son mis testigos.
¿Hay otro dios fuera de mí,
algún otro apoyo? ¡No lo conozco!

Inconsistencia de los ídolos

Jr 10 1-16; 2 26-28; Sab 13 11-19

9 Los que fabrican ídolos nada valen
y para nada sirven sus obras
tan estimadas;
son ciegos y necios quienes los adoran,
por eso quedarán en ridículo.
10 ¿Quién fabrica un dios o funde un ídolo
sin buscar una ganancia?
11 Todos sus seguidores
quedarán en ridículo
porque quienes los fabrican
no son más que hombres.
Que se reúnan todos y se presenten:
temblarán y, a la vez,
quedarán en ridículo.
12 El que trabaja el hierro, prepara fuego
y con un martillo modela el ídolo;
lo hace con la fuerza de su brazo,

• **43** 22-28: Israel no ha hecho nada por cambiar su situación, por abandonar su pasado y por agradar a Dios. Sólo la iniciativa y la misericordia de Dios han producido la salvación. El pleito de Dios contra su pueblo (Is 43 26) busca la conversión sincera de éste y el reconocimiento de la propia culpabilidad.

• **44** 1-5: Oráculo de salvación dirigido por Dios a su siervo Israel para sustentar su confianza y prometerle la bendición expresada en términos de fertilidad (el motivo del agua) y derramamiento del espíritu. Los títulos finales son la inscripción del sello, que pone de manifiesto la pertenencia del pueblo al Señor (Is 44 5).

• **44** 6-8: Rotunda afirmación de la unicidad y exclusividad de Dios, basada en motivos conocidos: él ha anunciado desde el principio el futuro y dispone de lo que va a suceder. A Israel le corresponde ser testigo de esta fe en ambientes paganos.

• **44** 9-20: Se ridiculiza una vez más el culto a los ídolos, fijándose ahora en quienes los fabrican y luego les dan culto. Sorprende el espacio y minuciosidad dedicados al proceso de fabricación, que contrasta fuertemente con la inutilidad del resultado. Quienes ponen todo su *saber* en fabricarlos, después *no saben* reconocer el nulo valor de lo creado, y el absurdo de su adoración.

aunque tenga hambre y se agote,
aunque tenga sed y se fatigue.
13 El que trabaja la madera,
toma las medidas,
diseña el ídolo con un lápiz,
lo traza con el compás
y lo talla con el formón.
Le da figura de hombre
y belleza humana,
para que habite en una casa.

14 Para esto corta cedros, o elige un roble o una encina crecidos entre los árboles
del bosque; o un cedro plantado por él y
que la lluvia ha hecho crecer. 15 A la gente
le sirve de leña que se quema para calentarse o se enciende para cocer el pan; pero
él se fabrica un dios y lo adora, se hace un
ídolo y se postra ante él. 16 Con la mitad
hace fuego y asa carne sobre las brasas;
luego se la come, queda satisfecho, se ca-
lienta y dice: «¡Qué bien, tengo luz y calor!». 17 Y lo que queda le sirve para fabricar su dios, su ídolo. Se postra en adoración ante él y le reza así: «Líbrame, que tú
eres mi dios». 18 No saben ni comprenden
nada. Tienen cubiertos sus ojos y no pueden
ver, endurecidos sus corazones y no pueden
entender. 19 Son incapaces de reflexionar,
no tienen sentido ni inteligencia para pensar: «He quemado la mitad en el fuego; con
sus brasas he cocido pan y he asado carne
para comer; ¿voy ahora a hacer con el resto
un ídolo? ¿Voy a postrarme ante un pedazo
de madera?» 20 ¡Les encanta la ceniza; su
corazón engañado los seduce! No se salvarán ni podrán preguntarte: «¿No será falso
lo que tenemos en la mano?».

El Señor no se olvida de su pueblo

Is 49 14-16

21 Recuerda esto, Jacob;
porque tú, Israel, eres mi siervo.
Yo te he formado, y tú eres mi siervo;
no te olvidaré, Israel.
22 He disipado como una nube tus delitos,
como la niebla tus pecados;
regresa a mí, que yo te he rescatado.
23 Cielos, griten de júbilo,
porque ha actuado el Señor;
aclamen, profundidades de la tierra;
canten de alegría, montañas,
den gritos de alegría
y tú, bosque, con todos tus árboles;
porque el Señor ha rescatado a Jacob,
ha manifestado su gloria en Israel.

Jerusalén será reconstruida

Is 42 5; 47 10-15; 54 11-17; 60 10-18; Ap 21

24 Así dice el Señor, tu redentor,
el que te formó en el seno materno:
Yo soy el Señor que todo lo hice;
yo sólo desplegué el cielo
y nadie me ayudó a extender la tierra.
25 Yo soy quien frustra
los presagios de los magos,
y desconcierta a los adivinos,
quien hace retroceder a los sabios,
y convierte su ciencia en estupidez.
26 Yo soy quien confirma la palabra
de sus siervos,
y realizo el plan de sus mensajeros;
quien dice a Jerusalén: «Serás habitada»,
y a las ciudades de Judá:
«Serán reconstruidas»,
porque yo levantaré sus ruinas.
27 Yo soy quien dice al océano:
«Te secaré,
haré que se sequen tus corrientes»;
28 quien dice a Ciro: «Tú eres mi pastor,
el que realizará mi voluntad»;
quien dice a Jerusalén:
«Te reconstruirán»,
y al templo:
«Pondrán de nuevo tus cimientos».

Investidura de Ciro

Is 41 1-5; 44 6; Am 4 13; Sal 85 11-12; Is 61 11

45 1 Así dice el Señor a Ciro, su ungido,
a quien ha tomado de la mano
para someter ante él a las naciones

• **44 21-23**: El Señor, que ha creado a Israel y lo ha elegido como *siervo* predilecto, ahora perdona sus pecados. En consecuencia el pueblo debe convertirse a su Dios. No es una exigencia para el perdón; se trata más bien de corresponder a lo que se ha recibido.

• **44 24-28**: Dios ha actuado en la creación y en la historia, demostrando su señorío y contrarrestando poderes adversos y sabidurías humanas. Ahora se dispone a cumplir de nuevo sus promesas, haciendo de Ciro su pastor, reconstruyendo Jerusalén y reedificando el templo.

• **45 1-8**: Dios, como Señor de la historia, actúa a través de los acontecimientos y de las personas. La elección e investidura de Ciro van en esta línea de mediación salvífica y liberadora, aportando una importante novedad:

y destronar a los reyes;
para hacer que las ciudades se le rindan
y no le cierren las puertas:
2 Yo avanzaré delante de ti
nivelando las montañas;
destrozaré las puertas de bronce,
romperé los cerrojos de hierro;
3 te daré los tesoros ocultos
y las riquezas escondidas.
Así reconocerás que yo soy el Señor,
el Dios de Israel,
que te llama por tu nombre.
4 En consideración a Jacob, mi siervo,
y a Israel, mi elegido,
te llamé por tu nombre, te di un título,
aunque no me conocías.
5 Yo soy el Señor, y no hay otro;
no hay otro dios fuera de mí.
Te he hecho fuerte,
aunque no me conocías,
6 para que sepan de oriente a occidente
que no hay otro fuera de mí.
Yo soy el Señor y no hay otro:
7 Yo formo la luz y creo la oscuridad,
construyo la paz y creo la desgracia.
Yo, el Señor, hago todo esto.

8 Cielos, destilen el rocío;
nubes, lluevan la salvación;
que la tierra se abra,
que produzca la victoria,
y brote a la vez la salvación.
Yo, el Señor, lo he creado.

Poder soberano de Dios

Is 29 16; Rom 9 20

9 ¡Ay del que litiga con quien lo hace
siendo sólo una vasija
como otra cualquiera!
¿Acaso dice la arcilla al que la modela:
«Qué estás haciendo»?
¿O dice la obra a quien la hace:
«No tienes habilidad»?
10 ¡Ay del que dice al padre:
«¿Qué has engendrado?»
O a la madre: «¿Qué has dado a luz?»
11 Así dice el Señor, el Santo de Israel,
el que lo modeló:
¿Van a pedirme cuentas de mis hijos,
a ordenarme lo que debo hacer
con la obra de mis manos?
12 Yo hice la tierra
y he creado al hombre sobre ella;
yo extendí el cielo con mis manos,
y di órdenes a todos sus astros.
13 Pues bien, yo he hecho surgir
a Ciro para liberarlos,
y voy a ayudarlo en su misión;
él reconstruirá la ciudad,
y libertará a mis deportados,
sin exigir rescate ni precio,
dice el Señor todopoderoso.

Las naciones acudirán a Israel

1 Re 10

14 Así dice el Señor:
Los mercaderes de Egipto,
los comerciantes de Etiopía
y los esbeltos habitantes de Saba,
derrotados, desfilarán ante ti
y serán tus esclavos;
caminarán encadenados detrás de ti,
te honrarán y reconocerán suplicantes:
«Sólo tu Dios es el verdadero,
no hay otro: los demás son nada».
15 Verdaderamente
tú eres un Dios escondido:
el Dios de Israel, el Salvador.
16 Todos ellos quedan
en ridículo y humillados,
se retiran avergonzados
los fabricantes de ídolos.
17 Pero el Señor
salva para siempre a Israel;
ustedes no quedarán en ridículo
ni humillados nunca jamás.

el instrumento de la nueva liberación es un rey pagano y extranjero, que cumplirá así la voluntad divina en favor de su pueblo. El breve himno final (Is 45 8) describe la acción creadora de Dios con la imagen de la fecundidad de la tierra. Gracias a los dones del cielo, la tierra produce la salvación y la justicia, en términos semejantes al Salmo 85. El himno tiene especial resonancia en la liturgia de adviento.

• **45 9-13**: Dios sale al paso de la extrañeza y el escándalo que provoca la desconcertante elección y proclamación de Ciro como siervo suyo. Pero el señorío de Dios sobre la creación y la historia es tal, que no admite oposición alguna por parte de sus criaturas. Sólo resta esperar confiados y agradecidos su poderosa intervención.

• **45 14-17**: Aparece de nuevo el universalismo: la actuación de Dios no será reconocida sólo por su pueblo, sino también por todas las naciones que además tendrán que servir a Israel. Y todos se convertirán a Dios. Israel hará de mediador

Invitación a las naciones

Dt 30 11-14; Is 43 9-12; Rom 14 11

18 Así dice el Señor, el que creó el cielo,
y es Dios, el que formó la tierra,
la hizo y la afianzó;
el que no la creó caótica,
sino que la formó habitable:
Yo soy el Señor, y no hay otro.
19 No he hablado en secreto,
ni en lugares ocultos de la tierra;
no he dicho a la descendencia de Jacob:
«Búsquenme en el vacío».
Yo soy el Señor,
que digo lo que es justo
y anuncio lo que es recto.
20 Vengan, comparezcan, acérquense todos,
sobrevivientes de las naciones.
¡Qué ignorantes son los que cargan
con un ídolo de madera
e invocan a un dios incapaz de salvar!
21 Declaren, expongan sus pruebas,
que todos deliberen:
¿Quién comunicó esto desde antiguo
y lo predijo desde hace tiempo?
¿No fui yo, el Señor?
No hay otro dios fuera de mí.
Yo soy un Dios justo y salvador,
y no existe ningún otro fuera de mí.
22 Conviértanse a mí y se salvarán,
habitantes todos de la tierra,
pues yo soy Dios y no hay otro.
23 Por mí mismo lo juro,
de mi boca sale lo que es justo,
una palabra irrevocable:
ante mí se doblará toda rodilla,
por mí jurará toda lengua
24 diciendo: «La salvación y el poder
vienen sólo del Señor».
Quedarán en ridículo
todos los que se enfrentaban a él.
25 Con el Señor se salvará y será grande
toda la descendencia de Israel.

Ineficacia de los ídolos y fidelidad de Dios

Jr 50 2; Ex 19 4; Is 44 7.21

46 1 Bel cae por tierra, Nebo se desploma.
Sus imágenes son cargadas
a lomos de bestias y mulas.
Los ídolos que ustedes llevaban en andas
se han convertido en carga pesada
para mulas que están extenuadas.
2 Idolos que se desploman
y caen por tierra,
que no pueden salvar al que los lleva
y ellos mismos van al destierro.
3 Escúchenme, pueblo de Jacob
y todo el resto de Israel,
a quienes cargué desde el seno materno,
y ayudé desde el vientre de su madre.
4 Seguiré siendo el mismo
hasta que ustedes envejezcan,
los seguiré sosteniendo
hasta que encanezcan.
Así me he comportado
y los seguiré ayudando,
los sostendré y los libraré.
5 ¿A quién me pueden
asemejar o equiparar?
¿A quién me pueden comparar
que resulte parecido a mí?
6 Hay quienes vacían el oro de su bolsa
y pesan la plata en la balanza;
contratan un orfebre
para que les haga un dios,
y luego se postran para adorarlo.
7 Lo llevan sobre sus hombros,
lo sostienen,
lo ponen en su sitio y se queda quieto:
ya no se moverá de su pedestal.
Aunque le griten, no responde,
ni los salva del peligro.
8 Recuerden esto y medítenlo,
reflexionen en su interior, rebeldes.
9 Recuerden las antiguos sucesos.

• **45 18-25**: El descubrimiento de que el Señor es el único Dios hace brotar esta invitación dirigida a todas las naciones para que lo reconozcan como tal (Is 45 20) y se conviertan a él (*Is 45 22*). Reaparece la polémica contra los ídolos (Is 45 20b) y el plan salvífico universal (Is 45 23).

• **46 1-13**: Continúa la polémica contra los ídolos de forma abierta y desarrollada. Mientras que los ídolos son llevados de un lado para otro por sus adoradores y son incapaces de salvarlos de la derrota y el destierro, Dios que ha acompañado y sostenido permanentemente a su pueblo desde el comienzo mismo de su existencia, ahora lo reconduce a su tierra. A esto se añade un segundo motivo: la eficacia de la palabra de Dios, que anuncia el futuro y realiza sus planes. A partir de estas premisas, Israel no tiene por qué desanimarse ni desconfiar de su Dios, que está dispuesto a intervenir él mismo y de forma inmediata.

Yo soy Dios, y no hay otro;
soy el Señor y no hay nadie igual a mí.
10 Yo soy quien anuncia el futuro
por adelantado,
y de antemano lo que aún no ha sucedido.
Soy yo quien afirma:
mis planes se cumplirán,
realizaré todos mi deseos.
11 Del oriente llamo al ave de rapiña;
de un lejano país al hombre
que realizará mis planes.
Tal como lo anuncié, así lo haré,
como lo proyecté, así lo realizaré.
12 Escúchenme, corazones endurecidos,
que están lejos de la liberación:
13 Yo mismo los liberaré muy pronto,
mi salvación no tardará.
Traeré a Sión mi salvación
y será para Israel mi esplendor.

Anuncio de la caída de Babilonia

Is 13; Ap 18 7-8; Sof 2 15

47 1 Baja y siéntate en el suelo,
joven Babilonia;
siéntate en tierra, sin trono,
capital de los caldeos,
que ya no te volverán a llamar
tierna y delicada.
2 Toma el molino, muele el trigo;
quítate el velo, súbete el vestido;
muestra las piernas, cruza los ríos.
3 Que aparezca tu desnudez,
que se vea tu vergüenza.
Voy a vengarme y seré implacable,
4 dice nuestro redentor,
cuyo nombre es el Señor todopoderoso,
el Santo de Israel.
5 Siéntate en silencio,
penetra en la oscuridad,
capital de los caldeos;
que ya no te volverán a llamar
soberana de los reinos.

6 Estaba enfurecido contra mi pueblo
y deshonré mi heredad;
los entregué en tu poder,
pero no te compadeciste de ellos.
Impusiste tu yugo a los ancianos.
7 Decías: «Por siempre seré soberana»;
pero no reflexionaste sobre estas cosas,
no pensaste cuál podría ser el desenlace.
8 Y ahora escucha esto,
sedienta de placeres, que vives confiada
y piensas en tu interior:
«Yo y nadie más que yo».
«No me quedaré viuda
ni perderé a mis hijos».

9 Van a sucederte dos cosas,
de repente, en un solo día:
te quedarás a la vez sin hijos y viuda,
a pesar de tus muchas brujerías
y del poder de tus hechizos.
10 Estás tranquila con tu maldad,
diciendo: «Nadie me ve».
¡Tu sabiduría y tu ciencia
te han perdido!
Piensas en tu interior:
«Yo y nadie más que yo».
11 Pero te sobrevendrá una desgracia
que no sabrás evitar con tu magia;
vendrá sobre ti una calamidad
que no podrás dominar;
te sobrevendrá de repente un desastre
que no habías previsto.

12 Recurre a tus hechizos
y a tus muchas brujerías,
a los que te dedicaste desde joven.
Tal vez puedan servirte de algo,
tal vez puedas ahuyentar el desastre.
13 Te has cansado de tanto consultar.
Pues que se levanten ahora y te salven
tus astrólogos, los que observan los astros
y hacen predicciones cada mes
sobre lo que va a suceder.
14 Pero son como paja que devora el fuego;
no se librarán del poder de las llamas,
y no servirán de fuego para cocer el pan
ni de brasero para calentarse.
15 De todo eso te servirán tus adivinadores
a los que te dedicaste desde joven.
Todos andan extraviados
y ninguno puede salvarte.

• **47** 1-15: Por su falta de compasión con los desterrados (Is 47 6), y por su orgullo (Is 47 7-8), que la hizo creerse una auténtica soberana y semidiosa, Babilonia ahora va a ser castigada. El poeta personifica a Babilonia en una mujer-reina que es destronada y en una esposa madre que se queda viuda y sin hijos. Ante la desgracia que se acerca, no le van a servir de nada sus predicciones, hechizos y brujerías, pues son tan frágiles como la paja que devora el fuego.

Dios manifiesta su plan salvador
Ez 36 22; Is 42 8

48 1 Escuchen esto, pueblo de Jacob,
los que llevan el nombre de Israel
y han salido de las entrañas de Judá;
los que juran por el nombre del Señor
e invocan al Dios de Israel:
No son fieles ni justos,
2 aunque llevan el nombre
de la ciudad santa
y se apoyan en el Dios de Israel,
cuyo nombre es el Señor todopoderoso.
3 Con anterioridad predije el pasado,
yo mismo lo proclamé;
de repente actué y se cumplió.
4 Porque sabía que eres terco,
que tienes por cuello una barra de hierro
y que tu frente es de bronce;
5 por eso te lo predije con anterioridad,
antes de que sucediera lo proclamé.
Así no podrás afirmar:
«Lo ha hecho mi ídolo, lo ha ordenado
mi estatua o mi imagen».
6 Lo que escuchaste, ya lo ves.
¿No lo vas a anunciar?
Y ahora te revelo cosas nuevas,
secretos que tú no conoces.
7 Son cosas creadas hoy, no ayer,
hasta ahora no las habías escuchado.
Así no podrás afirmar: «Ya las sabía».
8 Ni las escuchaste ni las sabes,
ya que desde antiguo
te has hecho el sordo;
pues sé que eres infiel y que te llaman
«Rebelde de nacimiento».
9 Por mi nombre contengo mi ira,
por mi honor la reprimo y no te aniquilo.
10 Te he purificado,
y no como se hace con la plata,
sino que te he probado
en el horno del sufrimiento.
11 Lo hago por mí y sólo por mí,
para que nadie deshonre mi nombre.
A nadie cederé mi honor.

Ciro, enviado de Dios
Is 44 6; Rom 4 17; Is 44 28

12 Escúchame, Jacob;
Israel a quien he llamado:
Yo soy el primero y el último.
13 Mi mano fundó la tierra,
mi brazo extendió el cielo;
si los llamo comparecen juntos.
14 Reúnanse todos y escuchen.
¿Quién de ellos anunció esto?
Mi amigo cumplirá mi voluntad
sobre Babilonia y la raza de los caldeos.
15 Yo en persona le hablé y lo llamé;
yo lo he traído
y sus acciones tendrán éxito.
16 Acérquense a mí y escuchen esto:
Desde el principio
he hablado abiertamente,
siempre que algo sucede allí estoy yo.
El Señor y su espíritu me envían.

Destino de Israel
Sal 78 15-16; Ex 17 1-7

17 Así dice el Señor, tu redentor,
el Santo de Israel: Yo, el Señor tu Dios,
te instruyo por tu bien,
te marco el camino a seguir.
18 ¡Ojalá hubieras atendido mis mandatos!
Tu bienestar sería como un río;
tu prosperidad, como las olas del mar;
19 tu descendencia sería como la arena;
como sus granos,
el fruto de tus entrañas;
tu nombre no habría sido borrado
ni apartado de mi presencia.

20 ¡Salgan de Babilonia,
huyan de los caldeos!
Anúncienlo y proclámenlo
con gritos de alegría,
publíquenlo en toda la tierra.
Digan: «El Señor ha rescatado
a su siervo Jacob».

• **48 1-11**: El Segundo Isaías insiste en que Dios, frente a los ídolos, es el único capaz de hacer predicciones: su cumplimiento en el pasado garantiza las nuevas promesas. Este texto es el más explícito sobre la importancia y sentido de ellas: se trata de que el pueblo, rebelde y *terco, sepa descubrir en los acontecimientos* la mano del Señor y no atribuya los éxitos a su poder o al de sus ídolos (Is 48 5).

• **48 12-16**: Se observa una vez más (algo repetido en todo el libro) la costumbre de explicitar atributos de Dios (Is 48 12-13). Por lo demás, el profeta vuelve a insistir en temas conocidos: es Dios quien ha suscitado a Ciro, presentado ahora como *amigo* de Dios. Y prueba de ello es que lo había anunciado de antemano.

• **48 17-22**: El Señor instruye a su pueblo y le da la consigna salvadora. Aunque con su desobediencia y su pecado el pueblo ha frustrado anteriores proyectos de salvación y bendición (Is 48 18-19), ahora es invitado a *salir* de Babilonia, a iniciar el *nuevo éxodo* (Is 48 20-21, con alusiones al antiguo). El imperativo-consigna (*salgan... huyan*) recuerda la invitación a Abrahán (Gn 12 1), y la orden del faraón a los israelitas en Egipto (Ex 12 31).

21 Los llevó por lugares desiertos
y no pasaron sed,
porque hizo brotar agua de la roca,
partió la roca y manó el agua.
22 No hay paz para los malvados,
dice el Señor.

II. REGRESO A JERUSALEN Y MISION DEL SIERVO DEL SEÑOR Δ

Segundo poema del siervo del Señor

Is 42 1-9; Jr 1 5; Mt 3 17; 12 18; Hch 13 47; Lc 2 32

49 1 Escuchen, habitantes de las islas;
atiendan, pueblos lejanos:
El Señor me llamó
desde el seno materno,
desde las entrañas de mi madre
pronunció mi nombre.
2 Convirtió mi boca en espada afilada,
me escondió al amparo de su mano;
me transformó en flecha punzante
y me guardó en su aljaba.
3 Me dijo: «Tú eres mi siervo, Israel,
y estoy orgulloso de ti».
4 Aunque yo pensaba:
«En vano me fatigué, por nada
e inútilmente gasté mis fuerzas»;
sin embargo, el Señor defendía mi causa,
mi Dios guardaba mi recompensa.
5 Y ahora habla el Señor,
aquél que desde el vientre me formó
como siervo suyo,
para que le trajera a Jacob
y le reuniera a Israel.
¡Tan valioso soy para el Señor
y en Dios se halla mi fuerza!
6 El dice: «No sólo eres mi siervo
para restablecer las tribus de Jacob
y traer a los sobrevivientes de Israel,
sino que te convierto
en luz de las naciones
para que mi salvación llegue
hasta el último rincón de la tierra».
7 Así dice el Señor,
el redentor y Santo de Israel,
al que es despreciado
y aborrecido por las naciones,
al esclavo de los poderosos:
Te verán los reyes y se pondrán de pie;
los príncipes, y se postrarán;
porque el Señor es fiel,
porque te ha elegido el Santo de Israel.

Regreso glorioso a Palestina

2 Cor 6 2; Is 42 6-7; 40 1-4

8 Así dice el Señor:
Te respondo cuando me necesitas,
te auxilio el día en que te salvo,
pues te formé y te constituí
mediador del pueblo
para restaurar el país,
para repartir las tierras devastadas,
9 para decir a los cautivos: «¡Salgan!»,
a los que están en tinieblas:
«¡Déjense ver!»
A lo largo de los caminos pastarán,
en todos los montes resecos
tendrán pastos.
10 No pasarán hambre ni sed,
el viento sofocante y el sol
no les hará daño,
pues el que se compadece de ellos
los guiará, y los conducirá
hacia manantiales de agua.
11 Convertiré en caminos mis montañas
y se nivelarán mis senderos.

Δ 49 1-55 5: El tono de estos capítulos varía con respecto al de los anteriores. Todo hace pensar que el mensaje contenido en ellos responde a una situación histórica nueva, tal vez la que se creó después de la primera repatriación de los deportados, en el año 537 a. C. Tenemos la impresión de que el profeta se siente decepcionado por los que han protagonizado el primer regreso, y dirige su predicación a un grupo reducido, un "resto", que a pesar del ambiente tan adverso, ha permanecido fiel al Señor.

• **49 1-7**: El problema de la identificación de este *siervo* (ya aludido en Is 42 1-7) se agrava ahora por la doble mención de Israel como siervo (Is 49 3) y como destinatario de la misión a él confiada (Is 49 5-6), y por la semejanza entre la misión encomendada a Ciro y la misión de que ahora se habla. Este segundo poema vuelve a insistir en la vocación, investidura y misión del siervo, concebida ahora como encargo que realizará a través de la palabra (Is 49 2) para congregar a Israel y convertirse en luz y salvación de todos los pueblos (Is 49 5-6).

• **49 8-13**: Esta nueva unidad parece una prolongación de la misión del siervo y describe la liberación o nuevo éxodo con motivos y expresiones ya conocidos: Dios ha respondido y perdonado a su pueblo, lo invita a salir de Babilonia y promete un regreso feliz con su guía personal. Junto con los deportados, regresarán a su tierra judíos procedentes de las tierras más lejanas (Is 49 12; Sinín se refiere probablemente a la región de Asuán, donde había una colonia judía). Al final (Is 49 13) resuena el alegre mensaje de consuelo que abría el libro (Is 40 1).

12 ¡Miren! Vienen todos de lejos,
unos del norte y del poniente,
otros de la región de Sinín.
13 Griten, cielos, de gozo;
salta, tierra, de alegría;
montañas, rompan en aclamaciones,
que el Señor consuela a su pueblo,
se apiada de sus pobres.

Fidelidad eterna de Dios

Is 44 27; 54 8; Sal 22 2-3; Is 44 21; 60

14 Sión decía: «Me ha abandonado Dios,
el Señor me ha olvidado».
15 ¿Acaso olvida una madre
a su niño de pecho,
y deja de querer
al hijo de sus entrañas?
Pues aunque ella se olvide,
yo no te olvidaré.
16 Fíjate: te llevo tatuada
en la palma de mis manos,
continuamente pienso en tus murallas.
17 Se apuran los que te reconstruyen;
se van los que te demolieron
y destruyeron.
18 Mira a tu alrededor:
todos se reúnen y regresan a ti.
Juro por mi vida, oráculo del Señor,
que ellos serán tu adorno,
tu vestido de novia.
19 Porque cuando se alejen de ti
los que devastaron tu tierra,
dejándola arruinada y desolada,
esa tierra resultará pequeña
para tantos como serán sus habitantes.
20 Entonces te dirán a voces
los hijos que habías perdido:
«Apenas hay espacio para mí,
consígueme un lugar para vivir».
21 Y pensarás en tu interior:
«Si yo no tengo hijos y soy estéril,
¿quién me los ha engendrado?
Si he estado desterrada y repudiada,
¿quién me ha criado a estos hijos?
Si quedé del todo sola
¿de dónde vienen éstos?»
22 Así dice el Señor:
«Con mi mano levantada
haré señas a las naciones,
alzaré mi bandera
a la vista de los pueblos;
entonces traerán en brazos a tus hijos
y a tus hijas las llevarán a hombros.
23 Tendrás como tutores a reyes
y a sus princesas como niñeras;
se postrarán en el suelo ante ti
y lamerán el polvo de tus pies.
Entonces reconocerás
que yo soy el Señor
y que no defraudo
a los que esperan en mí».
24 ¿Acaso le quitan a un soldado su parte
o se le escapa al vencedor el prisionero?
25 Pues esto dice el Señor:
Se le escapará el prisionero al vencedor,
y le quitarán al soldado su parte.
Yo defenderé tu causa,
yo salvaré a tus hijos.
26 Obligaré a tus opresores
a comer su propia carne,
se emborracharán con su sangre
como si fuera vino.
Y todos reconocerán
que yo soy el Señor, tu salvador,
y que tu redentor es el fuerte de Jacob.

Pleito contra el pueblo

Dt 24 1-4; Os 2 4-9; Bar 4 6; Is 66 4

50 1 Así dice el Señor:
¿Existe, acaso, un acta de divorcio
en la que conste que yo
he repudiado a la madre de ustedes?
¿Tengo yo deudas con alguien
para que tenga que venderlos a él?
Si han sido vendidos como esclavos,
sepan que se debe a sus crímenes;
si ha sido repudiada su madre,
sepan que es por culpa de sus pecados.

• **49** 14-26: Este oráculo responde a las objeciones de Jerusalén: se creía olvidada y abandonada, pero será habitada de nuevo (Is 49 14-20); se creía sola y estéril, *pero se llenará de hijos (Is 49 21-23)*; se creía cautiva para siempre, pero será liberada como se libera a un prisionero de manos del vencedor (Is 49 24-26). De este modo se manifestará el amor entrañable que Dios siente por su pueblo, y quedará en claro ante sus enemigos derrotados que el Señor es el que salva y libera a su pueblo.

• **50** 1-3: El Segundo Isaías utiliza con frecuencia símbolos matrimoniales. Aquí Dios, en un nuevo pleito con su pueblo, se defiende de una acusación implícita: él nunca ha repudiado a Sión ni ha vendido a sus hijos. Han sido sus pecados los culpables de todo. Dios ha llamado a sus puertas, pero no le han abierto porque no confiaban en él.

2 ¿Por qué no había nadie cuando vine
y no me respondieron cuando llamé?
¿Tan corto es mi brazo
que no puede liberar?
¿O es que me faltan fuerzas para salvar?
¡Pues con una sola orden seco el mar
y convierto en desierto los ríos!
Sus peces se mueren de sed
y se pudren por falta de agua.
3 Yo visto al cielo de luto
y lo cubro con vestido de duelo.

Tercer poema del siervo del Señor

Is 42 1-9; 52 13ss; Mt 27 30; Rom 8 31-33

4 El Señor me ha dado
una lengua de discípulo
para que sepa sostener
con mi palabra al cansado.
Cada mañana me despierta el oído,
para que escuche como los discípulos.
5 El Señor me ha abierto el oído,
y yo no me he resistido
ni me he echado atrás.
6 Ofrecí la espalda
a los que me golpeaban,
mis mejillas a los que tiraban mi barba;
no oculté la cara
ante los insultos y salivazos.
7 El Señor me ayuda,
por eso soportaba las ofensas,
por eso endurecí mi cara
como una piedra,
sabiendo que no quedaría defraudado.
8 Mi defensor está cerca,
¿quién me denunciará?
¡Comparezcamos juntos!
¿Quién me va a acusar?
¡Qué venga a decírmelo!
9 Sepan que el Señor me ayuda:
¿Quién me condenará?
A todos los carcome la polilla
y se gastan igual que un vestido.

Llega la salvación para Jerusalén

Mt 5 6; 6 33; Ez 33 24; Sal 102 26-27; 2 Pe 3 7-12

10 ¿Quién de ustedes teme al Señor
y escucha la voz de su siervo?
El que camine en tinieblas y sin luz,
que confíe en el nombre del Señor
y se apoye en su Dios.
11 Pero ustedes, los que prenden fuego
y lanzan flechas llameantes:
¡caigan en las brasas de su fuego,
en sus flechas encendidas!
Yo haré que les suceda todo esto,
quedarán postrados en el dolor.

51 1 Escúchenme,
los que anhelan la salvación,
los que buscan al Señor.
Miren la roca de la que fueron hechos,
la profundidad del pozo
del que fueron sacados;
2 miren a su padre Abrahán,
y a Sara, que los dio a luz.
Era uno sólo cuando lo llamé
pero lo bendije y lo multipliqué.
3 Del mismo modo consuela
el Señor a Sión y a todas sus ruinas;
convertirá su desierto en un paraíso,
su llanura en jardín del Señor.
Habrá allí alegría y gozo,
alabanzas y música.

4 Atiendan, pueblos; naciones, escuchen;
que de mí saldrá la ley
y mi derecho iluminará a los pueblos.
5 Mi liberación está cerca,
ya llega mi salvación;
libraré con poder a las naciones,
y a los pueblos lejanos
que esperan y confían en mí.
6 Levanten los ojos al cielo,
miren a la tierra:
el cielo se disipa como el humo,
la tierra se gasta como un vestido,

• **50 4-9**: En este nuevo canto del siervo se continúa el tema del ministerio por la palabra (Is 50 4). Pero también aparecen aspectos nuevos de este personaje semejantes a los que encontramos en las confesiones de Jeremías, por ejemplo: el saber escuchar con atención el plan de Dios (Is 50 4b-5), la resistencia ante los sufrimientos y agresiones que acarrea la misión (Is 50 6-7), y la confianza absoluta del siervo en la protección y auxilio de Dios (Is 50 7-9), que contrasta con la actitud del pueblo descrita antes (Is 50 1-3).

• **50 10-51 8**: Repetida invitación a confiar en el Señor, a escuchar su palabra y a esperar su salvación, dirigida fundamentalmente al pueblo de Dios, pero también a las demás naciones (Is 51 4), manteniendo la perspectiva universalista del profeta. El discurso posee cuatro invitaciones de parecida estructura. La primera (Is 50 10-11) va dirigida a Israel y contiene una llamada a la confianza en Dios y una amenaza contra los que confían en sí mismos. La segunda (Is 51 1-3) y cuarta invitaciones (Is 51 7-8) van dirigidas también a Israel, el pueblo que cumple la ley del Señor; ambas comienzan con una invitación a *escuchar* (Is 51 1.7) y contienen mensajes de consuelo y esperanza. La tercera invitación (Is 51 4-6) va dirigida a las naciones, a las que se anuncia la proximidad de la salvación y liberación de Dios.

sus habitantes mueren como moscas.
Pero mi salvación es eterna,
mi liberación jamás terminará.

7 Escúchenme, ustedes,
los que conocen lo que es justo,
el pueblo que tiene mi ley
en su corazón.
No teman el insulto de los hombres,
no se asusten por sus ofensas,
8 porque la polilla
los devorará como a un vestido,
y el gusano los comerá
como si fueran lana.
Pero mi liberación es eterna,
mi salvación permanece para siempre.

Acción liberadora de Dios

Is 35 10; 40 7; 59 21

9 ¡Despierta, despierta, brazo del Señor;
revístete de fuerza!
¡Despierta como lo hiciste en el pasado,
en tiempos muy lejanos!
¿No eres tú quien despedazó
al monstruo marino
y atravesó al dragón?
10 ¿No eres tú quien secó el mar,
y las aguas del gran océano;
quien abrió un camino
por el fondo del mar
para que pasaran los redimidos?

11 Regresarán los rescatados del Señor,
entrarán en Sión con gritos de alegría;
una dicha eterna coronará sus cabezas,
los acompañarán gozo y alegría,
pena y llanto se alejarán.
12 Yo mismo en persona
soy quien te consuela.
¿Por qué has de temer a un ser mortal,
al hombre que pasa como la hierba?
13 ¿Acaso olvidarás al Señor que te hizo,
que extendió el cielo y cimentó la tierra?
¿Temblarás sin cesar cada día
ante la furia del opresor
dispuesto a destruirte?
Pero, ¿dónde ha quedado
la furia del opresor?
14 Rápidamente soltarán
al que está encadenado;
no morirá en la prisión
ni le faltará su alimento.
15 Yo soy el Señor, tu Dios,
el que agita el mar
y hace rugir sus olas.
Mi nombre es: Señor todopoderoso.
16 He puesto mis palabras en tu boca,
y te he protegido al amparo de mi mano.
Extendí el cielo, cimenté la tierra,
y dije a Sión: «Tú eres mi pueblo».

¡Despierta, Jerusalén!

Jr 15 5; Nah 3 7; Ap 21 27

17 ¡Despierta; levántate, Jerusalén,
y ponte en pie!
Tú, que has bebido de la mano del Señor
la copa de su ira,
y del vaso que emborracha,
has tomado hasta terminarlo.
18 No hay quien la guíe
entre todos los hijos que ha dado a luz,
no hay quien la lleve de la mano
entre los hijos que ha criado.
19 Estos dos males cayeron sobre ti,
¿quién te compadece?
Saqueo y ruina, hambre y espada,
¿quién te consuela?
20 Tus hijos yacen extenuados
por todas las esquinas,
como venados atrapados en la red,
heridos por la ira del Señor,
por la furia de tu Dios.
21 Por eso, escucha esto, infeliz,
borracha, aunque no de vino.
22 Así dice el Señor, tu Dios,
que defiende a su pueblo:
Voy a quitar de tu mano

• **51 9-16**: De Is 51 9 a Is 52 12 tenemos una unidad poética compuesta por tres oráculos, que comienzan por un doble imperativo (Is 51 9.17; 52 1), y un poema (Is 52 7-12). El contenido es una síntesis del mensaje de este profeta, que culmina en el anuncio de salvación, de salida inminente de Babilonia. Los israelitas han oído contar verdaderas hazañas de Dios relacionadas con el primer éxodo. Pero eso fue hace mucho tiempo; ahora Dios parece dormido. Lo invitan a despertarse: que actúe ya (Is 51 9-10). Dios les responde que pronto va a actuar, liberándolos de su opresor y haciéndolos regresar a Sión (Is 51 11-16).

• **51 17-23**: También Israel está como dormido en medio de su desgracia. La ira de Dios lo ha emborrachado. Pero ya es hora de que se despierte: Dios ya lo ha hecho y va a poner fin a la situación. La copa de la ira divina la beberán ahora los opresores.

• **52 1-6**: El tercer oráculo de la serie (véase nota a Is 51 9-16) presenta a Jerusalén, que despierta de su sueño. Debe levantarse, purificarse, vestirse de fiesta y quitarse los signos de la esclavitud y la humillación para celebrar su rescate por obra del Señor.

la copa que emborracha,
y nunca más volverás a beber
del vaso de mi ira;
23 lo pondré en la mano de tus opresores,
de los que te decían:
«Tírate al suelo, que vamos a pasar»,
haciendo que tu espalda
sirviera de alfombra,
como camino para los que pasaban.

¡Despierta, Sión!

Is 45 13; Ez 36 20-22

52 1 ¡Despierta, despierta, Sión,
revístete de tu fuerza!
Engalánate con tus vestidos de fiesta,
Jerusalén, ciudad santa,
pues ni paganos ni impuros
volverán a entrar en ti.
2 Sacúdete el polvo y levántate,
Jerusalén cautiva;
quítate las cadenas de tu cuello,
Sión cautiva.
3 Porque así dice el Señor:
«Gratis fueron vendidos,
sin dinero serán rescatados».
4 Porque así dice el Señor:
«Al comienzo mi pueblo emigró a Egipto,
y vivió allí como extranjero,
y finalmente Asiria lo oprimió.
5 Pero ahora, ¿qué hago yo aquí?
Oráculo del Señor.
Gratis se han llevado a mi pueblo,
sus opresores dan gritos de triunfo,
oráculo del Señor,
continuamente injurian mi nombre.
6 Pero vendrá un día en que mi pueblo
reconocerá mi nombre,
cuando yo le diga: ¡Estoy contigo!».

Cántico al Señor por la restauración de Jerusalén

Nah 2 1; Is 48 20-22; 55 12-13; 2 Cor 6 17; Ex 12.13

7 ¡Qué hermosos son sobre los cerros
los pies del mensajero que anuncia la paz,
que trae la buena nueva
y anuncia la victoria,
que dice a Sión: «Ya reina tu Dios».
8 Escucha: tus centinelas alzan la voz,
y juntos gritan alegres,
porque ven con sus propios ojos
que el Señor regresa a Sión.
9 Estallen en gritos de alegría,
ruinas de Jerusalén,
porque el Señor consuela a su pueblo,
rescata a Jerusalén.
10 El Señor manifiesta su poder
a la vista de todas las naciones,
y toda la tierra contemplará
la victoria de nuestro Dios.
11 ¡Fuera, fuera de Babilonia!
Salgan de allí; no toquen nada impuro.
¡Salgan de ella, purifíquense,
los que llevan
los utensilios sagrados del Señor!
12 No saldrán huyendo a toda prisa
ni su salida será una fuga,
porque al frente de ustedes irá el Señor,
y en la retaguardia, el Dios de Israel.

Cuarto poema del siervo del Señor

Is 42 1-9; 49 1-13; 50 4-9; Sal 22; Flp 2 9; Ef 1 20-21; Jn 12 32

13 Mi siervo tendrá éxito,
crecerá y llegará muy alto.
14 Lo mismo que muchos
se horrorizaban al verlo,

• **52 7-12**: La sección concluye con un himno, o una invitación al canto (Is 52 9), porque el Señor reina, regresa a Sión y libera a Jerusalén. Esta es la gran *buena noticia*. Los pies del mensajero, el Señor que regresa, las ruinas *de Jerusalén, los centinelas,* la victoria del Señor, son los diversos elementos que se articulan en perfecta armonía para componer un conjunto de gran belleza literaria. Al final, vuelve a sonar la consigna del nuevo éxodo (Is 52 11; véase Is 48 20) que pone en movimiento a la comitiva liberada y acompañada por su Dios.

• **52 13-53 12**: Este último poema del siervo del Señor presenta, al igual que los anteriores, problemas de identificación. A diferencia de ellos, se limita a narrar los sufrimientos del siervo y su último sentido. Su construcción es sencilla: consta de un cuerpo central (Is 53 1-10) enmarcado por una introducción (Is 52 13-15) y una conclusión (Is 53 11-12). La introducción y la conclusión son pronunciadas por Dios; el cuerpo del poema corre a cargo de un grupo, un *nosotros*. Lo que se narra es la pasión, muerte y exaltación sorprendente del siervo. Todo el proceso se desarrolla a base de contrastes entre lo que sufría el siervo y lo que merecía el grupo *nosotros*: horror inicial y asombro final, sufrimientos desmedidos por crímenes ajenos, proceso injusto, muerte ignominiosa propia de malvados. Al final, se da la explicación de lo sorprendente: todo respondía al plan divino aceptado voluntariamente por el siervo. Sus sufrimientos y muerte han tenido un sentido redentor de expiación y salvación (han sanado, perdonado y salvado a los verdaderos culpables); el triunfo final ha demostrado su inocencia y el sentido de sus sufrimientos.

En el Nuevo Testamento, este cuarto canto contribuirá decisivamente a desarrollar y formular los relatos de la pasión y muerte de Jesucristo, el siervo de Dios.

porque estaba tan desfigurado
que no parecía hombre
ni tenía aspecto humano,
15 así asombrará a muchas naciones.
Los reyes se quedarán sin palabras,
al ver algo que nunca les habían contado
y comprender algo
que nunca habían oído.

53 1 ¿Quién creyó nuestro anuncio?
¿A quién se manifestó
el poder del Señor?
2 Creció ante el Señor como un retoño,
como raíz en tierra árida.
No tenía gracia ni belleza
para que nos fijáramos en él,
tampoco aspecto atractivo
para que lo admiráramos.
3 Fue despreciado y rechazado
por los hombres,
abrumado de dolores
y habituado al sufrimiento;
como alguien a quien no se quiere mirar,
lo despreciamos y lo estimamos en nada.
4 Sin embargo,
él llevaba nuestros sufrimientos,
soportaba nuestros dolores.
Nosotros lo creíamos castigado,
herido por Dios y humillado,
5 pero eran nuestras rebeldías
las que lo traspasaban,
y nuestras culpas las que lo trituraban.
Sufrió el castigo para nuestro bien
y con sus heridas nos sanó.
6 Andábamos todos errantes como ovejas,
cada uno por su camino,
y el Señor cargó sobre él
todas nuestras culpas.
7 Cuando era maltratado,
él se sometía, y no abría su boca;
como cordero llevado al matadero,
como oveja ante el esquilador,
enmudecía y no abría su boca.
8 Sin defensa ni juicio se lo llevaron,
y ¿quién se preocupó de su suerte?
Lo arrancaron de la tierra de los vivos,
lo hirieron por los pecados de mi pueblo;
9 lo enterraron con los malhechores,
lo sepultaron con los malvados,
aunque él no cometió ningún crimen
ni hubo engaño en su boca.
10 Pero el Señor quiso quebrantarlo
con sufrimientos.
Y si él entrega su vida como expiación,
verá su descendencia, tendrá larga vida
y por medio de él,
prosperarán los planes del Señor.

11 Después de una vida de amarguras
verá la luz, comprenderá su destino.
Mi siervo, el justo,
traerá a muchos la salvación
cargando con las culpas de ellos.
12 Por eso, le daré un puesto de honor
entre los grandes,
y con los poderosos participará del triunfo,
por haberse entregado a la muerte
y haber compartido
la suerte de los pecadores.
Pues él cargó con los pecados de muchos
e intercedió por los pecadores.

De nuevo, un pueblo fecundo

Is 49 14-26; 62 1-9; 66 7-14

54 1 Canta de alegría, estéril,
tú que no dabas a luz;
rompe a cantar de alegría y de júbilo,
tú que no conocías los dolores del parto,
porque serán más
los hijos de la abandonada
que los hijos de la casada, dice el Señor.
2 Ensancha el espacio de tu tienda
y de tus lonas,
extiende tus moradas con libertad,
clava tus estacas y alarga tus cuerdas
3 porque te extenderás
a derecha e izquierda;
tu descendencia heredará naciones
y poblará ciudades desiertas.
4 No temas, no quedarás en ridículo;
no serás ofendida ni avergonzada.
Olvidarás la vergüenza
de no tener marido,
dejarás de recordar
la humillación de ser viuda;
5 pues tu esposo es el que te hizo,
su nombre es el Señor todopoderoso;
tu redentor es el Santo de Israel
–se llama Dios de toda la tierra–.

• **54 1-10**: El profeta, en nombre de Dios, dirige a Jerusalén, presentada como mujer, una hermosa y sentida declaración de amor. Es verdad que Dios abandonó a su esposa infiel, dejándola sola e infecunda, pero al final ha vencido el cariño y Dios, creador y liberador, llama de nuevo a Israel como esposa de juventud. Ya no la volverá a abandonar. Su fecundidad ahora será grande.

6 Como a mujer abandonada y afligida.
el Señor te llama de nuevo.
¿Puede ser rechazada
la esposa tomada en la juventud?
–dice el Señor–.
7 Por un breve instante te abandoné,
pero ahora te recibo con inmenso cariño.
8 En un arrebato de enojo
me oculté de ti por un momento,
pero el amor con que te amo es eterno,
–dice el Señor, el que te rescata–.
9 Me sucede como en tiempos de Noé,
cuando juré que las aguas del diluvio
no volverían a cubrir la tierra;
ahora juro no volver a enojarme contra ti,
ni amenazarte nunca más.
10 Aunque las montañas cambien de lugar,
y se desmoronen los cerros,
no cambiará mi amor por ti,
ni se desmoronará mi alianza de paz,
–dice el Señor, que te ama–.

Reconstrucción de Jerusalén

Is 60 10-18; Ap 21

11 ¡Atormentada y azotada por el viento,
ciudad a quien nadie consuela!
Yo mismo voy a poner
las piedras de tus murallas
sobre turquesas
y tus cimientos sobre zafiros;
12 haré de rubíes tus torres,
tus puertas de diamantes,
y de piedras preciosas toda tu muralla.
13 A tus hijos los instruirá el Señor,
gozarán de gran prosperidad.
14 Estarás fundada en la justicia,
libre de opresión, ya nada temerás,
y ningún terror te inquietará.
15 Nadie te atacará de parte mía,
y si alguien te ataca caerá ante ti.
16 Yo he creado al herrero,
que aviva el fuego
y forja las armas como él sabe;
y también yo he creado
a quien las usa para destruir;
17 pero ningún arma forjada contra ti
podrá hacerte daño,
y ninguna lengua que te acuse
logrará condenarte.
Esta es la suerte de los siervos del Señor,
la salvación que obtendrán gracias a mí.
Oráculo del Señor.

La alianza del Señor

Ap 21 6; 22 17; Eclo 24 19-22; Hch 13 34

55 1 Vengan por agua todos los sedientos;
vengan aunque no tengan dinero;
compren trigo y coman gratuitamente,
compren vino y leche sin tener que pagar.
2 ¿Por qué gastan el dinero
en lo que no alimenta,
el jornal en lo que no quita el hambre?
Escúchenme atentamente
y comerán bien,
se deleitarán con exquisitos alimentos.
3 Presten atención, vengan a mí;
escúchenme y vivirán.
Sellaré con ustedes una alianza perpetua,
seré fiel a mi amor por David,
4 a quien constituí mi testigo
ante los pueblos,
caudillo y señor de las naciones;
5 llamarás a un pueblo desconocido,
un pueblo que te ignora correrá hacia ti,
porque te honra el Señor, tu Dios,
el Santo de Israel.

Conclusión: Invitación a la conversión

Os 5 6; Sal 145 18; Zac 1 3; Sal 103 11

6 Busquen al Señor
mientras se deja encontrar,
invóquenlo mientras está cerca.
7 Que el malvado abandone su camino,
y el criminal sus planes;
el Señor se apiadará de él

• **54 11-17**: En perfecta continuidad con el poema anterior se describe ahora la reconstrucción espléndida y sólida de Jerusalén. La nueva situación tendrá también nuevos cimientos: la instrucción de Dios que garantiza la justicia y la prosperidad, y su protección permanente que es garantía de paz.

• **55 1-5**: El profeta/mensajero anuncia su abundante y gratuita oferta: los bienes de primera necesidad y la vida misma. Pero lo que se ofrece es también la palabra de salvación (Is 55 3), concretada en la permanencia de la alianza davídica, un tema que aparece por primera y última vez en el Segundo Isaías.

• **55 6-11**: Al final de su *buena noticia* de consuelo y esperanza, el profeta invita insistentemente al pueblo a que se convierta: a buscar y regresar al Señor, a abandonar los planes y caminos torcidos para aceptar los de Dios, superiores y más seguros. La invitación concluye con un breve canto a la fecundidad y eficacia de la palabra de Dios (Is 55 10-11), verdadera protagonista de la liberación inminente.

si se convierte,
si regresa a nuestro Dios
que es rico en perdón.
8 Porque mis planes no son sus planes,
ni sus caminos son mis caminos.
Oráculo del Señor.
9 Tan lejos como está el cielo de la tierra,
así mis caminos de ustedes,
y mis planes de sus planes.
10 Como la lluvia y la nieve caen del cielo,
y sólo regresan allí
después de empapar la tierra,
de fecundarla y hacerla germinar,
para que dé semilla al que siembra
y pan al que come,
11 así será la palabra que sale de mi boca:
no regresará a mí vacía,
sino que cumplirá mi voluntad
y llevará a cabo mi encargo.

Salida de Babilonia

Is 41 19; 44 3-4

12 Saldrán contentos, y en paz los traerán;
montañas y colinas
romperán a cantar ante ustedes
y aplaudirán los árboles del campo.
13 En vez de zarzas, crecerán cipreses;
mirtos, en lugar de espinos.
Y será ésta una señal imperecedera,
que hará famoso para siempre al Señor.

• **55** 12-13: El libro del Segundo Isaías concluye con un resumen de su mensaje que no es otro sino la realización del nuevo éxodo descrito en un ambiente de alegría y transformación de la naturaleza. Todo ello en un clima de seguridad y paz, garantizado por el Señor.

TERCER ISAIAS

Culto universal

Is 46 13; 51 6.8; Sab 3 14-15; Ap 2 17; 3 5

56 1 Así dice el Señor:
Observen el derecho,
actúen con rectitud,
pues ya llega mi salvación
y va a manifestarse mi liberación.
2 Dichoso el hombre que actúa así,
el mortal que se mantiene fiel,
que observa el sábado y no lo profana,
y que evita actuar perversamente.
3 Que no diga el extranjero
que se ha unido al Señor:
«Sin duda, el Señor
me separará de su pueblo».
Ni diga tampoco el eunuco:
«Soy como un árbol seco».
4 Porque así dice el Señor:
A los eunucos que observan mis sábados,
que eligen cumplir mi voluntad
y perseveran en mi alianza,
5 los haré en medio de mi pueblo
más célebres y poderosos,
que si tuvieran hijos e hijas.
Los haré eternamente famosos,
y nunca serán olvidados.
6 Y a los extranjeros
que deciden unirse y servir al Señor,
que se entregan a su amor
y a su servicio,
que observan el sábado sin profanarlo
y son fieles a mi alianza,
7 los llevaré a mi monte santo,
y haré que se alegren
en mi casa de oración.
Aceptaré sobre mi altar
sus holocaustos y sacrificios;
pues mi casa será llamada
casa de oración para todos los pueblos.
8 Oráculo del Señor,
que reúne a los dispersos de Israel
y que reunirá otros a los ya reunidos.

Malos dirigentes

Is 3 12; 9 15; Ez 34 2; Jr 10 21; 12 10; 23 1-2

9 Vengan a comer, animales del campo,
bestias todas de la selva.
10 Los guardianes están ciegos,
ninguno sabe nada.
Son todos perros mudos
incapaces de ladrar;
vigilantes perezosos,
a quienes gusta dormir,
11 perros hambrientos que jamás se hartan.
¡Y son ellos los pastores!
Pero no saben comprender:
cada uno va por su camino,
cada cual busca su interés.
12 «Vengan, –dicen– busquemos vino,
y emborrachémonos con licores;
mañana haremos lo mismo,
pues hay provisiones abundantes».
57 1 Perece el inocente
sin que nadie haga caso;
desaparecen los hombres fieles
y nadie comprende que es la maldad
lo que hace desaparecer al inocente.
2 Pero alcanzarán la paz
y dormirán tranquilamente,
los que se comportaron rectamente.

Contra la idolatría

Ez 16; 23; Is 65 1-7; Jr 2 20-25

3 ¡Acérquense, hijos de hechicera,
raza prostituida y adúltera!
4 ¿De quién se burlan?

• **56 1-8**: El particularismo judío se universaliza, abriéndose a los extranjeros y eunucos, tradicionalmente excluidos de la alianza. Como nuevas señas de identidad, sólo dos condiciones: observar el sábado y practicar la justicia. De esta manera podrán recibir la salvación que llega y la liberación que se revela (Is 56 1), y reunirse en la casa de Dios, *casa de oración* para todos los pueblos (Is 56 7). Este inicial universalismo se hace realidad plena en el Nuevo Testamento.

• **56 9-57 2**: Denuncia profética, con antecedentes en el Antigo Testamento (véase Is 1 21-24; Am 6 1-6; Ez 34), contra los guías o pastores de la comunidad judía, que viven despreocupados del rebaño y preocupados de sus intereses egoístas. Ellos son los responsables de los sufrimientos de los inocentes y del extravío de los fieles.

• **57 3-13**: Dios siempre tuvo que convivir con los ídolos. Parece que el regreso del destierro no cambió las cosas. El cuadro descrito parece referirse a la nación, ahora perso-

¿A quién hacen muecas
y le sacan la lengua?
¿No son ustedes hijos ilegítimos,
una prole bastarda?
5 Ustedes, que se dan a la lujuria
entre las encinas,
bajo cualquier árbol frondoso;
que sacrifican niños en las cañadas
y entre las grietas de las rocas.
6 Las piedras del torrente son tu herencia,
ellas te tocarán en suerte.
Aunque derrames en ellas vino o aceite
y presentes tus ofrendas,
¿podrá eso aplacarme?

7 En un cerro alto y elevado
pusiste tu cama;
subiste allí a inmolar sacrificios.
8 Detrás de tu puerta colocaste un amuleto.
Me fuiste infiel: te desnudabas,
subías a la cama y hacías el amor;
hacías un trato
con los que te daban placer
y contemplabas su desnudez.
9 Te acercaste a Moloc con ungüento,
prodigando perfumes;
enviaste lejos a tus mensajeros,
haciéndolos bajar hasta el abismo.
10 Te cansabas de tanto caminar,
pero no decías: «¡Es inútil!»;
encontrabas nuevamente energías
y por eso no te agotabas.
11 ¿A quién temes, de quién tienes miedo
para haberme sido infiel,
para no volver a recordarme,
ni llevarme en tu corazón?
¿Acaso porque yo callaba y disimulaba,
dejaste tú de serme fiel?
12 Yo denunciaré tu conducta;
de nada te servirán tus obras.
13 Cuando grites, no te salvarán tus ídolos.
A todos se los llevará el viento,
un soplo los arrastrará.

Pero el que se refugia en mí
heredará el país, poseerá mi monte santo.

El Señor consuela a su pueblo

Sal 51 19; 130 3; Is 54 8; Ef 2 17; Is 48 22

14 Allanen y despejen el camino,
quiten de él los tropiezos
del camino de mi pueblo,
15 porque así dice el Altísimo,
el que vive para siempre,
cuyo nombre es «Santo»:
Habito en un lugar alto y sagrado,
pero también estoy
con el arrepentido y el humilde
para animar el espíritu de los humildes,
para animar
el corazón de los arrepentidos;
16 no quiero estar siempre recriminando
ni estar constantemente enojado.
Si lo hiciera, desfallecerían ante mí
el espíritu y la vida que he creado.
17 Su perversidad me irritó por un tiempo,
lo castigué y enojado me aparté de él;
pero él se rebeló y siguió sus caprichos.
18 Conozco su conducta,
pero lo voy a sanar,
lo consolaré y le daré alivio;
a él y a quienes por él hacen duelo
19 y haré que canten:
«Paz a los de lejos,
y a los de cerca paz».
Yo los sanaré –dice el Señor–.
20 Los malvados son como mar agitado
que no puede calmarse,
aguas que se mezclan
con fango y con barro.
21 «No hay paz para los malvados»,
–dice mi Dios–.

El ayuno que agrada a Dios

Is 1 10-20; Zac 7; Mt 6 18; 25 34-45

58 1 Grita con fuerte voz,
no te contengas,
levanta la voz como una trompeta,
denuncia a mi pueblo sus rebeldías,
a la descendencia de Jacob sus pecados.
2 Me buscan a diario,

nificada. La idolatría es presentada con imágenes relativas a la unión amorosa, en la línea de Oseas, Jeremías y Ezequiel. La sección se articula en tres partes: Is 57 3-6, *introducción, delito y condena; Is 57 7-13a*, *delito* y condena; e Is 57 13b, promesa para los fieles.

• **57 14-21**: Oráculo de salvación con introducción doble (Is 57 14-15), explicación del castigo pasado (Is 57 16-17), anuncio de restauración (Is 57 18-19) y una conclusión sobre los malvados (Is 57 20-21) en contraste con Is 57 19. Dios se presenta como transcendente e inmanente al mismo tiempo: habita en los cielos, pero también en los humildes y arrepentidos (Is 57 15). Por estos y por consideración a su obra creadora no permanece eternamente enojado (Is 57 16).

• **58 1-12**: Denuncia contra el ayuno bajo la forma literaria de pleito de Dios contra su pueblo. El pueblo ayuna, pero no obtiene los resultados que espera. Entonces acusa a Dios. Pero Dios lo invita a reflexionar sobre el tipo de

desean conocer mi voluntad,
como si fueran un pueblo
que se comporta rectamente,
que no quisiera apartarse
de lo que Dios considera justo.
Me piden sentencias justas,
desean estar cerca de Dios.
3 Y, sin embargo, dicen:
«¿Para qué ayunar,
si tú no te das cuenta?
¿Para qué mortificarnos,
si tú no te enteras?»
En realidad utilizan el día de ayuno
para hacer lo que les da la gana
y explotar a sus trabajadores.
4 Ayunan entre pleitos y riñas
golpeando criminalmente con el puño.
No ayunen de esta manera,
si quieren que su voz
se escuche en el cielo.
5 ¿Es acaso ese el ayuno que yo quiero
cuando alguien decide mortificarse?
Inclinan la cabeza como una caña,
y se acuestan sobre cenizas
con vestido de luto.
¿A eso lo llaman ayuno,
día grato al Señor?
6 El ayuno que yo quiero es éste:
que sueltes las cadenas injustas,
que desates las correas del yugo,
que dejes libres a los oprimidos,
que acabes con todas las opresiones,
7 que compartas tu pan
con el hambriento,
que hospedes a los pobres sin techo
que proporciones ropas al desnudo
y que no te desentiendas
de tus semejantes.
8 Entonces brillará tu luz como la aurora
y tus heridas sanarán en seguida,
tu recto proceder caminará ante ti
y te seguirá la gloria del Señor.
9 Entonces invocarás al Señor
y él te responderá,
pedirás auxilio y te dirá: «Aquí estoy».
Si alejas de ti toda opresión,
si dejas de acusar con el dedo
y de levantar calumnias,
10 si repartes tu pan al hambriento
y sacias al que desfallece,
entonces surgirá tu luz en las tinieblas
y tu oscuridad se convertirá en mediodía.
11 El Señor te guiará siempre,
te saciará en el desierto y te fortalecerá.
Serás como un huerto regado,
como un manantial inagotable;
12 reconstruirás viejas ruinas,
edificarás sobre los antiguos cimientos.
te llamarán «reparador de brechas»
y «restaurador de viviendas en ruinas».

Observar el sábado

Is 56 1-8

13 Si observas el descanso del sábado
y no haces negocios en mi día santo;
si consideras al sábado tu delicia
y lo consagras a la gloria del Señor;
si lo honras absteniéndote de viajes
y evitas hacer negocios y contratos,
14 entonces el Señor será tu delicia.
Te encumbraré en medio del país
y disfrutarás de la herencia
de tu antepasado Jacob.
Es el Señor quien lo dice.

Pecados de Israel

Sal 50-51; Is 1 10-26; Am 5 18-20; Sab 5 17-23; Ef 6 14-17

59 1 El Señor está siempre
dispuesto a salvar,
y su oído pronto a escuchar.
2 Son las culpas de ustedes
las que han abierto un abismo
entre ustedes y su Dios;
son sus pecados
los que han hecho que se oculte
y no quiera escucharlos.
3 Porque las manos de ustedes
están manchadas de sangre
y sus dedos de crímenes;

ayuno que hacen: un ayuno que encubre egoísmos e injusticias, siendo así que el auténtico ayuno, el que Dios quiere, debe consistir en acciones de solidaridad con los necesitados, de liberación hacia los oprimidos y de misericordia para con el prójimo. Un ayuno así es garantía de fecundidad y bendición, y condición de la presencia de Dios.

• **58 13-14**: Tema emparentado con el anterior, que adquirió un significado especial después del destierro. Recordemos que según Is 56 1-8 la observancia del descanso sabático era una de las condiciones para el ingreso en la comunidad. Es claro que no se trata sólo de una mera práctica ritual, sino de ofrecer a Dios una parte del propio tiempo: un tiempo que se dedica a valores más altos como anticipo del encuentro pleno y definitivo con Dios.

• **59 1-21**: Este capítulo está unido temáticamente al anterior. Podemos considerarlo como una liturgia penitencial, al estilo de los Salmos 50-51, pues también aquí en-

sus labios sólo dicen mentiras
y su lengua murmura engaños.
4 Nadie invoca la justicia,
ni va a juicio con sinceridad;
confían en la nada,
afirman lo que es falso,
engendran infamia y dan a luz la maldad.
5 Incuban huevos de víbora
y tejen telarañas;
quien come esos huevos muere,
si los quiebra salen víboras.
6 Sus telas no sirven para vestirse,
sus tejidos no sirven para cubrirse;
sus obras están repletas de maldad
y sus manos llenas de violencia.
7 Sus pies corren hacia el crimen,
se apresuran en derramar sangre inocente;
sus planes son criminales,
dejan a su paso destrucción y ruina.
8 No conocen la senda de la paz,
no hay rectitud en sus caminos,
sólo se abren senderos torcidos;
quien los sigue no conoce la paz.

Confesión del pecado

Jr 8 15; Am 5 18-20; Jr 14 7; Sal 53 1; 12 1

9 Por eso, está lejos de nosotros el derecho
y no nos llega la justicia;
esperamos luz y vienen tinieblas,
claridad y no salimos de lo oscuro.
10 Palpamos las paredes como ciegos,
vamos a tientas como los que no ven;
tropezamos en pleno día
como si fuera de noche.
Rebosantes de salud
estamos como muertos.
11 Gruñimos todos como osos,
gemimos sin cesar como palomas;
en vano esperamos el derecho,
la salvación sigue lejos de nosotros.
12 Porque son muchos
nuestros delitos contra ti
y nuestros pecados nos acusan.
Nos acompañan nuestros delitos
y reconocemos nuestros pecados:
13 hemos sido rebeldes e infieles al Señor,
nos hemos apartado de nuestro Dios,
hemos hablado de violencia y rebelión
y hemos planeado engaños
en nuestro interior.
14 Se ha desplazado el derecho
y se ha arrinconado la justicia;
la honradez tropieza en la plaza
y a la honestidad no la dejan entrar;
15 ha desaparecido la lealtad
y saquean al que se aparta del mal.

Intervención liberadora del Señor

Is 63 5; Sab 5 17-23; Is 65 7; 33 3; Rom 11 26-27; Is 42 1; 51 16

El Señor ha visto enojado
cómo se quebranta el derecho.
16 Miró y no había quien lo ayudara,
se asombró de no encontrar apoyo;
pero su brazo le dio la victoria
y su liberación lo sostuvo.
17 Se puso como escudo la liberación
y como casco la salvación;
como traje se vistió la venganza
y se envolvió con el manto del celo.
18 A cada cual le da su merecido:
a sus adversarios, furor;
a sus enemigos, castigo.
19 En occidente temerán al Señor,
en oriente respetarán su gloria;
vendrá como un río encajonado
impulsado por el soplo del Señor.
20 En cambio,
vendrá como redentor para Sión
y para los descendientes de Jacob
que se convirtieron de su rebeldía.
Oráculo del Señor.

21 Esta es la alianza que yo haré con
ellos, dice el Señor: El espíritu que te he
infundido y las palabras que te he confiado,
estarán siempre en tus labios y en los de tus
descendientes, desde ahora y por siempre
–dice el Señor–.

contramos los principales elementos de dicha liturgia. Es verdad que la salvación prometida tarda en realizarse, pero la culpa no la tiene Dios, sino los hombres, que con *sus pecados han abierto un abismo entre ellos* y Dios (Is 59 2), y que son fecundos en maldad (Is 59 4): sus productos son huevos de víbora y telarañas (Is 59 5) porque se dedican al crimen (Is 59 7). Por eso el pueblo toma la palabra en parte para quejarse de su situación (la salvación no llega y el panorama es oscuro) y en parte para confesar su culpa (Is 59 9-15a). En Is 59 15b-20 se describe la intervención de Dios: en un primer momento como espectador (Is 59 15b-16a), para después tomar la iniciativa y ejecutar la sentencia tras una intervención militar, que es castigo para los enemigos y liberación para Jerusalén (Is 59 20). Una vez desterrado el pecado, se inicia una nueva era (Is 59 21) en que los dones proféticos del espíritu y la palabra se transfieren a todo el pueblo con garantía de perennidad.

Jerusalén, luz de las naciones

Ap 21 9-27; 49 18-22

60 1 Levántate y resplandece, Jerusalén,
que llega tu luz;
la gloria del Señor amanece sobre ti.
2 Es verdad que la tierra
está cubierta de tinieblas
y los pueblos de oscuridad,
pero sobre ti amanece el Señor
y se manifiesta su gloria.
3 A tu luz caminarán los pueblos,
y los reyes al resplandor de tu aurora.
4 Levanta la vista y mira a tu alrededor:
todos se reúnen y vienen a ti;
tus hijos llegan de lejos,
a tus hijas las traen en brazos.
5 Al ver esto te pondrás radiante,
palpitará y se emocionará tu corazón
porque derramarán sobre ti
las riquezas del mar,
y te traerán los tesoros de las naciones.
6 Te inundará un gran número de camellos
y dromedarios de Madián y de Efá.
Vienen todos de Sabá,
trayendo oro e incienso
y proclamando las alabanzas del Señor.
7 Los rebaños de Cadar
se reunirán frente a ti
y los carneros de Nebayot
estarán a tu servicio;
los llevarán a mi altar
como ofrenda agradable
y llenaré de esplendor
mi templo glorioso.
8 ¿Quiénes son esos
que vuelan como nubes,
como palomas a su palomar?
9 Son barcos que acuden a mí:
a la cabeza vienen los barcos de Tarsis,
que traen a tus hijos de lejos
con su plata y su oro,
en homenaje al Señor, tu Dios,
al Santo de Israel,
que te colma de honor.

La nueva ciudad de Dios

Is 49 17ss; 54 8; 62 4-12; 55 5

10 Los extranjeros
reconstruirán tus murallas
y sus reyes te servirán;
porque en mi enojo te castigué,
pero en mi clemencia
me he compadecido de ti.
11 Tus puertas estarán siempre abiertas,
no las cerrarán ni de día ni de noche;
te traerán los tesoros de los pueblos,
y sus reyes guiarán la caravana.
12 La nación y el reino
que no te sirvan perecerán,
los pueblos serán exterminados;
13 te traerán las riquezas del Líbano,
el ciprés, el olmo y el abeto,
para adornar mi santuario,
pues yo honraré el estrado de mis pies.
14 Los hijos de tus opresores
vendrán a ti humillados,
los que te despreciaban
se postrarán a tus pies,
y te llamarán «Ciudad del Señor»,
«Sión del Santo de Israel».
15 Aunque estabas abandonada,
aborrecida y desierta,
te convertiré en orgullo de los siglos
y delicia de todas las generaciones.
16 Naciones y reyes te alimentarán
como las madres amamantan a su hijos,
y reconocerás que yo, el Señor,
soy tu salvador,
que tu redentor es el Fuerte de Jacob.
17 En lugar de bronce te traeré oro,
en vez de hierro te traeré plata,
bronce en vez de madera
y hierro en lugar de piedra.
Haré que te gobierne la paz
y que la justicia sea tu soberano.
18 No se volverá a hablar
de violencia en tu tierra
ni de saqueo o ruina en tu territorio;
tu muralla se llamará «Salvación»
y tus puertas «Alabanza».

• **60** 1-22: Is 60 repite fórmulas de Is 49. Jerusalén acaba de salir de su humillación, pero aún aguarda su restauración completa: reconstrucción del templo, aumento de su población, etc. Es una situación semejante a la descrita en el año 520 a. C. por el profeta Ageo (Ag 2 7-9). En el poema de Isaías los diversos temas se van entrelazando para cantar, bajo el símbolo de la luz (Is 60 1-3.19-22), el triunfo de la nueva Jerusalén, así como su centralidad, pues todos los pueblos vendrán hacia ella en peregrinación, trayendo sus riquezas. Será el orgullo de los pueblos y en ella reinarán la justicia y la paz, sin que haya más noche porque recibirá su luz directamente de Dios. El Apocalipsis recogerá muchos de los elementos de este cuadro para describir la nueva Jerusalén, la ciudad celeste del final de los tiempos (véase Ap 21 9-27).

Luz perpetua

Zac 14 6-7; Ap 21 23; 22 5

19 El sol no te dará luz durante el día
ni de noche te alumbrará la luna,
sino que será tu luz permanente el Señor
y tu Dios será tu resplandor.
20 No se pondrá nunca tu sol,
ni tu luna desaparecerá,
porque el Señor será tu luz perpetua
y se habrán acabado los días de tu luto.
21 Tu pueblo será un pueblo de justos
que poseerán la tierra para siempre;
serán el retoño que yo planté,
la obra que yo realicé
para manifestar mi grandeza.
22 Del más pequeño saldrán mil,
del menor, una nación numerosa.
Yo soy el Señor,
y haré que pronto suceda.

Misión del profeta

Lc 4 18-19; Is 42 1; Mt 3 16; Lc 7 22

61 1 El Espíritu del Señor está sobre mí,
porque el Señor me ha ungido.
Me ha enviado
a dar la buena nueva a los pobres,
a sanar a los de corazón destrozado,
a proclamar la liberación a los cautivos
y a los prisioneros la libertad.
2 Me ha enviado a proclamar
un año de gracia del Señor
y un día de venganza de nuestro Dios;
para consolar a todos los afligidos,
3 para cambiar por una corona
la ceniza de los afligidos de Sión,
su ropa de luto por perfumes de fiesta,
y su ánimo triste por cantos de alabanza.

Descendencia bendita del Señor

Is 58 12; 55 3

Los llamarán encinas de justicia,
plantación gloriosa del Señor.
4 Reconstruirán las viejas ruinas,
levantarán los escombros del pasado,
reedificarán las ciudades destruidas,
los escombros
amontonados por el tiempo.
5 Vendrán extranjeros
a pastorear sus rebaños;
sus agricultores y viñadores
serán forasteros;
6 a ustedes los llamarán
«sacerdotes del Señor»,
y les darán el nombre de
«ministros de nuestro Dios».
Comerán las riquezas de los pueblos
y se adornarán con su esplendor.
7 Porque ha sido doble su vergüenza
hecha de insultos y desprecio,
por eso recibirán
doble recompensa en su país
y tendrán una alegría permanente.
8 Porque yo, el Señor, que amo la justicia,
y odio el robo y el crimen,
les daré la recompensa prometida
y sellaré con ellos una alianza perpetua.
9 Será famosa su descendencia
entre las naciones
y sus descendientes entre los pueblos.
Todos los que lo vean reconocerán
que son la descendencia
bendita del Señor.

Acción de gracias

Lc 1 46; Ap 21 2; Is 45 8

10 El Señor me llena de gozo,
y mi Dios me colma de alegría,
porque me vistió
con un traje de salvación,
y me cubrió con un manto de liberación,
como novio que se pone la corona
o novia que se adorna con sus joyas.
11 Pues como la tierra echa sus brotes
y un huerto hace germinar la semilla,

• **61 1-3a**: El profeta de Dios presenta su vocación y misión en este pasaje que ocupa un lugar central dentro de Is 56-66. Se subraya la presencia del espíritu que lo consagra y lo envía como mensajero. La misión se define con dos rasgos: ministerio de la palabra, que es buena *noticia y promesa liberadora* y consoladora, y acción de sanar a los enfermos. Los primeros cristianos pondrán este texto en boca de Jesús, como resumen programático de su misión (véase Lc 4 16ss).

• **61 3b-9**: El nuevo oráculo de salvación prolonga los efectos de la misión consoladora llevada a cabo por el profeta (Is 61 1-3). La restauración se concreta en la reconstrucción de las antiguas ruinas (Is 61 4 en términos parecidos a Is 58 12), en el retorno a las actividades agrícolas y ganaderas (Is 61 5) y en la nueva condición sacerdotal del pueblo de Dios. Este disfrutará del antiguo *derecho levítico* (véase Ex 19 6) y percibirá en compensación de su ministerio el sustento de los extranjeros, que pagan de esta manera los *insultos y desprecios* cometidos contra Israel (Is 61 5-7). La alianza perpetua con el Señor bajo el signo de la justicia sella la nueva situación del pueblo elegido (Is 61 8-9).

así el Señor hará germinar la liberación
y la alabanza ante todos los pueblos.

Jerusalén se desposa

Is 54; Mt 21 5; Is 40 10

62 1 Por amor a Sión no callaré,
por amor a Jerusalén no descansaré
hasta que su liberación
resplandezca como luz
y su salvación brille como antorcha.
2 Los pueblos verán tu liberación
y los reyes tu gloria;
te pondrán un nombre nuevo
pronunciado por la boca del Señor.
3 Serás corona magnífica
en manos del Señor,
diadema real en la palma de tu Dios.
4 Ya no te llamarán «Abandonada»
ni a tu tierra «Desolada»,
sino que te llamarán «Mi preferida»
y a tu tierra «Desposada»,
porque el Señor te prefiere a ti
y tu tierra tendrá un esposo.
5 Como un joven se casa con su novia,
así se casará contigo tu constructor;
como se alegra el esposo con su esposa,
así se alegrará contigo tu Dios.

6 Sobre tus murallas, Jerusalén,
he puesto centinelas;
ni de día ni de noche callarán.
Recuérdenselo al Señor,
no se den descanso
7 ni dejen que él descanse
hasta que restablezca a Jerusalén,
hasta que haga de ella
la admiración de la tierra.
8 El Señor lo ha jurado por su diestra,
por su brazo poderoso:
«Nunca más daré tu trigo
como alimento a tus enemigos;
el vino por el que has trabajado
no lo beberá ningún extranjero.
9 Quienes lo cultiven lo comerán
y alabarán al Señor;
quienes lo cosechen lo beberán
en los atrios de mi santuario».

10 Pasen, pasen por las puertas,
abran camino al pueblo.
Nivelen, nivelen el sendero
y quiten de él las piedras.
Agiten un estandarte ante los pueblos;
11 esto es lo que proclama el Señor
hasta el extremo de la tierra:
Digan a la ciudad de Sión:
«Mira, ya viene tu salvador;
viene con él su recompensa
y lo antecede el premio».
12 Les llamarán «pueblo santo»
y «rescatados del Señor»
y a ti te llamarán «Buscada»,
«Ciudad no abandonada».

La victoria del salvador

Is 34 1-17; Ap 19 13-15; 14 19-20

63 1 ¿Quién es ese que viene de Edom,
de Bosrá, vestido de terciopelo?
¿Ese que, vestido espléndidamente,
avanza con tanto brío?
Soy yo, que proclamo la liberación
y tengo poder para salvar.
2 ¿Por qué están rojos tus vestidos,
tu ropa como la del que pisa la uva?
3 Yo solo he pisado la uva
ningún pueblo me ayudó.
Los pisé con enojo, y con ira los aplasté,
su sangre salpicó mis ropas,
y manchó mis vestidos.
4 Era el día planeado para mi venganza,
el año reservado
para rescatar a mi pueblo.

• **61 10-11**: La nueva situación anunciada suscita en el *pueblo un canto de júbilo* y agradecimiento por la liberación y salvación experimentadas, y por la alianza concluida (véase Is 61 10, donde las imágenes de los esponsales parecen aludir a la alianza).

• **62 1-12**: La imagen de Jerusalén como esposa del Señor aparece frecuentemente en el Segundo Isaías (véase Is 49; 51-52; 54). La novedad de este pasaje reside en que no se trata sólo de un reencuentro, sino de uno nuevo noviazgo del Señor con la ciudad. El capítulo se puede dividir en tres secciones: Is 62 1-5 presenta a la ciudad como una novia; Is 62 6-9 describe la misión de los centinelas, que consiste en recordar al Señor sus propias promesas; finalmente Is 62 10-12 es una invitación al pueblo para que reciba a su Señor y Salvador, presentado en términos casi idénticos a Is 40 10. El último verso (Is 62 12) recoge el motivo de los nuevos nombres, repitiendo las ideas del comienzo (Is 62 2-4).

• **63 1-6**: Un diálogo de centinelas (Is 63 1-2) introduce a un personaje que se presenta como liberador y salvador. Dios aparece como rey victorioso, con las huellas de la batalla en sus ropas, pues ha tenido que enfrentarse solo con el enemigo para liberar a su pueblo. Resuenan los ecos de la vocación y misión del profeta, que anunciaba la liberación del pueblo y el *día de la venganza* del Señor (Is 61 2), descrita aquí en una auténtica *borrachera de sangre*.

5 Miré y no había quien me ayudara,
me asombré de no encontrar apoyo,
pero mi brazo me dio la victoria
y me mantuvo firme mi ira.
6 Pisé a los pueblos con mi enojo,
los embriagué con mi ira
y derramé por tierra su sangre.

Amor de Dios a su pueblo

Sal 77 12-21; 89 1; Dt 32 5.15

7 Voy a recordar el amor del Señor
y a cantar sus alabanzas;
todo el bien que el Señor
ha hecho por nosotros,
sus muchos beneficios a la casa de Israel,
lo que ha realizado su bondad
y su amor sin medida.
8 El dijo: «Son mi pueblo,
hijos que no me engañarán»;
y fue para ellos un salvador
9 en todas sus angustias.
No fue un mensajero ni un enviado,
sino él personalmente quien los salvó,
con su amor y su piedad los rescató;
cargó con ellos y los llevó en brazos
todos los días del pasado.
10 Pero ellos se rebelaron contra él
y entristecieron su santo espíritu.
Por eso se convirtió en su enemigo
y luchó contra ellos.

Añoranza del pueblo

Ex 32 11-14; 14 5-31; Sal 77 20

11 Entonces el pueblo se acordó
de los tiempos de Moisés:
¿Dónde está el que sacó de las aguas,
al pastor de su rebaño?
¿Dónde el que infundió
en su interior su santo espíritu,
12 el que acompañó a Moisés
con su glorioso poder,
el que separó las aguas ante ellos,
haciéndose famoso para siempre?
13 ¿Dónde está el que los hizo andar
por el fondo del mar
como caballos por el desierto,
sin permitir que tropezaran,
14 o como ganado que baja al valle?
El espíritu del Señor
los condujo al descanso.
Así condujiste a tu pueblo
y tu nombre se hizo famoso.

Invocación al Señor

Is 41 14; Sal 74 3; 18 8-10

15 Observa desde el cielo,
mira desde tu santa y gloriosa morada:
¿Dónde están tu celo y tu fuerza?
¿Dónde tu entrañable ternura?
¿Es que tus entrañas
se han cerrado para mí?
16 ¡Pero si tú eres nuestro Padre!
Abrahán no nos reconoce como hijos
ni Israel quiere saber nada de nosotros.
Tú, Señor, eres nuestro Padre,
desde siempre te invocamos
como nuestro redentor.
17 Señor, ¿por qué permites
que nos alejemos de ti,
y endureces nuestro corazón
para que no te respetemos?
Cambia de actitud
por amor a tus siervos,
por amor a las tribus de tu heredad.
18 ¿Por qué han invadido tu templo
los impíos,
y nuestros enemigos
pisotean tu santuario?
19 Hace tiempo que ya no nos gobiernas,
y que tu nombre
no se invoca sobre nosotros.
¡Ojalá rasgaras el cielo y descendieras;
las montañas desaparecerían ante ti

• **63 7-10**: Is 63 7-64 11 forma una cierta unidad que guarda simetría con Is 59. Entre uno y otro encontramos temas comunes, como la descripción de las acciones de Dios en favor de su pueblo y la confesión de los pecados de éste.

La unidad comienza en forma de himno de alabanza a *la bondad y amor de Dios, manifestados en* sus obras salvadoras. Pero a los desvelos amorosos de Dios, presentado como padre (Is 63 8) el pueblo ha respondido con la rebeldía que provoca el castigo de Dios.

• **63 11-14**: En su situación de enemistad con Dios (Is 63 10) el pueblo apela al recuerdo de la gran liberación del éxodo, a partir de la cual Dios condujo a su pueblo al *descanso* (denominación de la tierra desde la perspectiva del fatigoso viaje por el desierto).

• **63 15-64 4a**: Después de la meditación histórica sobre el pasado, viene la súplica, formulada desde la situación lamentable del presente. La invocación a Dios, recurre a motivos y títulos contenidos en las dos unidades anteriores: la fuerza y la ternura de Dios, Padre y libertador, guía del pueblo, creador omnipotente y realizador de prodigios. En la súplica se esconde una acusación a Dios como causante de la actual situación del pueblo (Is 63 15.17).

64 1 como leña que el fuego quema,
como agua que el fuego hace hervir!
Así tus enemigos conocerían quien eres,
las naciones temblarían ante ti
2 al verte realizar increíbles prodigios.
Tú bajaste, y las montañas
desaparecieron ante ti.
3 Jamás nadie vio ni oyó
hablar de un Dios
que actúe como tú
para quien confía en él.
4 Tú aceptas a los que actúan rectamente
y no se olvidan de tus preceptos.

Confesión del pecado e invocación a Dios

1 Cor 2 9; Is 30 18; 63 16; Sal 25 7; 79 1

Estabas enojado,
porque habíamos pecado;
persiste nuestro pecado,
pero tú nos salvarás.
5 Todos nosotros éramos impuros;
nuestra rectitud
era como un trapo manchado,
nos marchitábamos todos
como si fuéramos hojas
y nuestras maldades nos arrastraban
como arrastra el viento.
6 Nadie invocaba tu nombre,
nadie despertaba de su letargo
para unirse a ti,
pues tú nos escondías tu rostro
y nos entregabas a nuestras maldades.
7 Con todo, Señor, tú eres nuestro Padre,
nosotros somos la arcilla
y tú el alfarero,
somos todos obra de tus manos.
8 No te enojes tanto, Señor,
no recuerdes siempre nuestra culpa,
mira que somos tu pueblo.
9 Tus santas ciudades están desiertas,
Sión está desierta y Jerusalén destruida.
10 Nuestro templo santo y magnífico,
donde te alabaron nuestros antepasados,
ha sido incendiado,
y lo que más queríamos
se ha convertido en ruinas.
11 ¿Permanecerás insensible
ante todo esto?
¿Seguirás callado, Señor,
para humillarnos aún más?

Dios denuncia y amenaza al pueblo

Is 57 3-13; Rom 10 20-21; Dt 32 21

65 1 Daba respuestas
a los que no me preguntaban,
salía al encuentro
de los que no me buscaban;
decía «estoy aquí»
al pueblo que no me invocaba.
2 Tenía siempre los brazos abiertos
para recibir a un pueblo rebelde
que andaba por mal camino
y seguía sus propios caprichos;
3 a un pueblo que me provocaba sin cesar,
que ofrecía sacrificios en los huertos
y quemaba incienso sobre ladrillos;
4 que vivía en sepulcros
y pasaba la noche en cuevas,
comía carne de cerdo
y llenaba sus vasijas
de caldos inmundos;
5 un pueblo que decía:
«Retírate, no te acerques,
pues te contagiaré mi santidad».
Este comportamiento
me encendía de indignación
como fuego que arde sin apagarse.
6 Está escrito ante mí y no descansaré
hasta que les dé todo su merecido,
7 por sus maldades
y las de sus antepasados,
por todas ellas juntas, dice el Señor.
Porque queman incienso en los cerros
y me injurian en las colinas,
calcularé bien su merecido,
y haré que lo reciban.

• **64 4b-11**: La súplica concluye con esta confesión del propio pecado por parte del pueblo, que remite a Is 59 9-15. Más que en los propios pecados, el acento recae en la situación de desolación, ruina y abandono en que vive. Reaparece nuevamente el título de Padre (Is 64 7; véase Is 63 8.16), y se invocan, además, la misericordia de Dios y la elección de Jerusalén (Is 64 8-10), como motivos que sustentan la petición de perdón.

• **65 1-7**: Is 65-66 son la conclusión del Tercer Isaías y de todo el libro. Las correspondencias con Is 56-57 por una parte, y con el comienzo del libro (Is 1) por otra, son notables, tanto a nivel de temas como de vocabulario. El hecho nos hace pensar que el autor ha querido cerrar todo el libro con elementos de las obras anteriores.

En este primer poema (Is 65 1-7) Dios denuncia la idolatría del pueblo, que se ha olvidado de él y ha dejado de consultarle. Al formar parte de la sección conclusiva, el autor ha querido recoger resonancias de otras partes del libro: Is 1 13, 8 19; 28 15; 52 6; 55 6ss; 57 9; etc.

Suerte de fieles e infieles

Is 4 3; 57 13; 66 4; Lc 6 20-26; Ap 2 17

8 Así dice el Señor:
En atención a quienes me son fieles,
pondré en práctica lo que se dice
cuando se encuentra jugo en un racimo:
«No lo desprecies
que ha sido bendecido».
Tampoco yo despreciaré a mi pueblo,
9 sino que daré a Jacob una descendencia,
y a Judá quien herede mis montañas;
las heredarán mis elegidos,
habitarán en ellas quienes me son fieles.
10 El Sarón será un redil de ovejas
y el Valle de Acor, un establo de vacas;
y serán para mi pueblo,
por haberme buscado.
11 Pero a los que abandonaron al Señor,
olvidando su monte santo,
a quienes celebraron banquetes
en honor de la Fortuna,
y alzaron la copa en honor del Destino,
12 a ustedes los destino a la espada;
caerán todos degollados.
Porque los llamé y no me respondieron;
les hablé y no me escucharon;
me ofendieron con su conducta
e hicieron lo que me desagrada.
13 Por eso, así dice el Señor:
Les aseguro que mis fieles comerán,
pero ustedes tendrán hambre;
mis fieles beberán,
pero ustedes pasarán sed;
mis fieles estarán contentos,
pero ustedes quedarán avergonzados.
14 Les aseguro que mis fieles
darán gritos de alegría,
pero ustedes gritarán de dolor
y aullarán de desesperación.
15 Dejarán su nombre a mis elegidos
para maldecir de esta manera:
«El Señor mi Dios te haga morir».
Pero sobre mis fieles
se invocará otro nombre.
16 Quien haya de ser bendecido en el país,
será bendecido en nombre del Dios leal;
y quien jure en el país,
por el Dios leal jurará.

La nueva creación

Is 51 6; 66 22; Ap 21 1.4; Jr 31 5; Am 9 14; Is 11 7-9

Quedarán en el olvido
las angustias pasadas,
desaparecerán de mi vista
17 pues voy a crear un cielo nuevo
y una tierra nueva;
lo pasado no se recordará
ni se volverá a pensar en ello,
18 sino que habrá alegría y gozo eterno
por lo que voy a crear.
Pues convertiré en gozo a Jerusalén
y a sus habitantes en alegría;
19 me gozaré por Jerusalén
y me alegraré por mi pueblo,
y ya no se oirán en ella
llantos ni lamentos.
20 Ya no habrá niños que mueran al nacer
ni ancianos que no completen sus años,
pues será joven
quien muera a los cien años,
y a quien no llegue a ellos
se le tendrá por maldito.
21 Construirán casas y vivirán en ellas,
plantarán viñas y comerán su fruto;
22 no construirán para que habite otro
ni plantarán para que otro coma,
pues mi pueblo
vivirá tanto como los árboles,
y mis elegidos
disfrutarán del trabajo de sus manos.
23 No se cansarán en vano
ni engendrarán hijos
que tengan un fin desgraciado,
porque serán una raza bendita del Señor
y sus descendientes vivirán con ellos.
24 Antes de que me llamen

• **65 8-16a**: En Is 65 8-10 se trata de la suerte de los siervos, o elegidos, que han buscado al Señor: constituyen un racimo, en relación a la viña que era Israel (Is 5 1-7), es decir, el *resto* que se salvará y obtendrá las bendiciones. *Sin embargo, los otros, los que han abandonado* al Señor dedicándose a la idolatría, perecerán (Is 65 11-12). Se trata, por tanto, de un juicio de separación con suertes contrapuestas, como muy bien pone de relieve Is 65 13-15. En consecuencia, sólo quedarán los que reconozcan al Dios leal (Is 65 16).

• **65 16b-25**: Oráculo de salvación en una perspectiva claramente escatológica. Remite por un lado al final del libro (Is 66 22), y por otra parte, al principio (Is 11 6-9). El tema lo recogerá Ap 21. Se trata de la edad de oro anunciada por el Primer Isaías: habrá gozo y alegría, plenitud de bendiciones y fecundidad, y el Señor atenderá las necesidades de su pueblo aún antes de formularlas; no habrá ningún mal ni violencia y la convivencia será perfecta.

yo les responderé,
antes que terminen de hablar
ya los habré escuchado.
25 Pastarán juntos el lobo y el cordero,
el león comerá paja como el buey
y la serpiente se alimentará de polvo.
No habrá quien haga mal ni daño
en todo mi monte santo
–dice el Señor–.

Oráculo sobre el templo

Mt 5 34-35; Hch 7 49-53; Sal 24 1-2; Is 65 12

66 1 Así dice el Señor:
El cielo es mi trono,
y la tierra el estrado de mis pies:
¿Cómo pretenden construirme una casa
o un lugar para que viva en él?
2 Todo esto es obra de mis manos,
todo es mío, oráculo del Señor.
Yo me fijo en el humilde y abatido
que tiembla ante mi palabra.
3 El mismo que inmola un toro,
mata a un hombre;
el que sacrifica una oveja,
degüella a un perro;
quien presenta una ofrenda
encuentra agradable el cerdo;
el que quema incienso,
bendice a un ídolo.
Pues bien, ya que ellos
eligen sus caminos
y disfrutan con sus abominaciones,
4 yo también elegiré sus castigos
y les enviaré lo que los horroriza:
Porque llamo y nadie responde,
hablo y no escuchan,
me ofenden con su conducta
y hacen lo que me desagrada.

Juicio sobre Jerusalén

1 Tes 1 10; Is 54 1-3

5 Escuchen la palabra del Señor
los que tiemblan ante su palabra.
Sus hermanos, que los odian
y los rechazan por mi causa, dicen:
«Que el Señor muestre su gloria
para que los veamos alegres».
Pero ellos quedarán en ridículo.
6 Una voz retumba en la ciudad,
una voz sale del templo:
es la voz del Señor
que da su merecido a los enemigos.

Nacimiento del pueblo

Ap 12 5; Jn 16 20-22; Is 30 27-29

7 Sin estar de parto ha dado a luz,
ha tenido un hijo sin sentir dolor.
8 ¿Quién oyó jamás cosa igual?
¿Quién vio nada semejante?
¿Nace un país en un solo día?
¿Se da a luz un pueblo de una sola vez?
Pues apenas sintió los dolores,
Sión dio a luz a sus hijos.
9 ¿Acaso abriré la matriz,
y no la dejaré dar a luz?
–dice el Señor–.
¿Acaso la iba a cerrar,
yo que hago nacer?
–dice tu Dios–.
10 Alégrense con Jerusalén
y regocíjense por ella
todos los que la aman;
salten de gozo con ella
los que estaban de duelo por ella.
11 Pues se saciarán con la leche
de sus pechos consoladores,
y saborearán el deleite
de sus senos generosos.
12 Porque así dice el Señor:
Yo haré correr hacia ella,
como un río, la paz;
como un torrente desbordado
la riqueza de las naciones.
Amamantarán a sus criaturas en brazos
y las acariciarán sobre las rodillas.

• **66 1-4**: Al regreso del destierro se emprende la reconstrucción del templo. Este pasaje viene a decir que no basta con eso. Y lo hace condenando el culto que no va acompañado de la rectitud de vida, condena que encontramos también en Is 1 11-15; Am 5 21-27; Jr 6 19-20. Is 66 1 alude sin duda a 2 Sm 7 5-7 y es citado a su vez por Hch 7 49.

• **66 5-6**: Los hermanos que se burlan de los fieles del Señor van a quedar avergonzados: ellos, que piden irónicamente ver su gloria, van a tener que escuchar, ya sin ironía, su voz condenatoria.

• **66 7-14**: En consonancia y continuidad con Is 65 16b, se nos dibuja aquí otro cuadro de la restauración de la ciudad, esta vez con la imagen de un parto sin dolor y fecundo, por lo que la alegría es más intensa. El tema de la fecundidad que ya aparecía en Is 54 alcanza aquí su expresión culminante. Al final reaparece el motivo de la consolación, tan característico del Segundo Isaías (Is 66 13; véase Is 40 1).

13 Como un hijo al que su madre consuela,
así los consolaré yo a ustedes,
y en Jerusalén serán consolados.
14 Al verlo, se alegrarán,
sus huesos florecerán como un prado.
El Señor mostrará a sus fieles su poder
y a sus enemigos su ira.

Juicio contra las naciones

Is 65 2-17; 60 1-3

15 Pues el Señor llega con fuego
y sus carros de guerra como un huracán,
para desahogar el ardor de su ira
y el incendio de sus amenazas.
16 El Señor juzgará con espada de fuego
a todo ser viviente, y serán muchos
los traspasados por el Señor.
17 Los que se santifican y se purifican
para ir a los huertos
detrás de los sacerdotes de los ídolos;
los que comen cerdo y ratas repugnantes,
todos a la vez morirán.
Oráculo del Señor.

Reunión de todos los pueblos

Ez 34 13; Mt 24 31; 25 32; Is 65 17; Mc 9 48

18 Yo inspiraré sus obras y pensamientos, vendré a congregar a pueblos y naciones; vendrán y contemplarán mi gloria.
19 Pondré en medio de ellos una señal y
mandaré algunos de sus sobrevivientes a
las naciones: a Tarsis, Libia, Lidia, Mosoc,
Ros, Tubal y Javán, y a los pueblos lejanos
que nunca oyeron hablar de mí ni han visto mi gloria. Y anunciarán mi gloria entre
las naciones. 20 Y traerán de todos los pueblos, como ofrenda al Señor, a todos sus
hermanos: montados en caballos, carros,
literas, mulos y dromedarios. Los traerán a
mi monte santo en Jerusalén –dice el Señor–, lo mismo que los israelitas traen
ofrendas en vasos purificados al templo
del Señor.

21 Y también de entre ellos me elegiré
sacerdotes y levitas –dice el Señor–.
22 Como el cielo nuevo y la tierra nueva
que voy a crear, permanecen ante mí,
oráculo del Señor,
así permanecerá la descendencia
y el nombre de ustedes ante mí.
23 Cada luna nueva y cada sábado
vendrán a postrarse en mi presencia
todos los seres vivientes
–dice el Señor–.
24 Y cuando salgan, verán los cadáveres
de los que se rebelaron contra mí.
El gusano que los devora no morirá,
el fuego que los consume no se apagará;
todos quedarán horrorizados al verlos.

• **66** 15-17: Manifestación de Dios y subsiguiente juicio de castigo para los que practican los cultos paganos. Is 66 17, *cuyo significado no es del todo claro, parece aludir a* cultos secretos presididos por un sacerdote (véase Ez 8 11).

• **66** 18-24: Al final del libro, la perspectiva se universaliza quizá más que nunca: todos los pueblos forman con Israel una gran comunidad cultual y litúrgica (en la que incluso los extranjeros podrán ser sacerdotes y levitas: Is 66 21, en contraste con Is 61 5-6). Pero el que recibe las promesas, el que es constituido meta de la peregrinación de los pueblos, es Israel. Resuena la peregrinación del comienzo del libro (Is 2 2-5) como un elemento más que refuerza la serie de referencias a los primeros capítulos del mismo, cerrando con esta significativa repetición de temas al principio y al final la obra de Isaías y sus discípulos.

JEREMIAS

INTRODUCCION

El libro de Jeremías es mucho más que una amplia colección de oráculos. Es ante todo una biografía profética que nos habla de la esencia de la vocación profética, nos pone en contacto vivo con la persona concreta de un profeta y nos hace ver su grandeza y su tragedia. La persona de Jeremías se perfila en su libro con todos sus miedos, dudas y debilidades a cuestas; pero también con la firme confianza de que sólo Dios puede sostener y dar sentido a una existencia como la suya, aparentemente marcada por la incomprensión y el fracaso. Jeremías nos acerca, como ningún otro profeta, a la verdadera dimensión de la vocación profética, a sus abismos de soledad y abandono, a sus riesgos y desafíos, y a esa fidelidad última a una palabra encendida en sus entrañas que luchará por salir, venciendo todas las decepciones y resistencias.

1. Marco histórico

A Jeremías le tocó vivir uno de los momentos más importantes y difíciles de su pueblo: la caída de Jerusalén y el destierro en Babilonia. El largo reinado de Josías (640-609 a. C.) llenó de esperanzas al pueblo. La atención de Asiria estaba acaparada por el resurgir de Babilonia, y esto permitió a Josías disfrutar de cierta paz y recuperar buena parte de los territorios de David. Además, la reforma religiosa que emprendió obtuvo un amplio respaldo popular (2 Re 22-23). Sin embargo, su inesperada muerte en Meguido al oponerse al faraón Necao, que iba de camino en ayuda de Asiria (609 a. C.), frustró las expectativas creadas. Necao destituyó a Joacaz, hijo de Josías, y se lo llevó a Egipto, dejando en su lugar a otro hijo de Josías, Joaquín (2 Re 23 33-35). Este, después de la victoria de Nabucodonosor contra el faraón egipcio en Carquemis (605 a. C.), se sometió a los babilonios, pero más tarde se rebeló, provocando la invasión de las tropas de Nabucodonosor que cercaron Jerusalén en el año 598 a. C. y la conquistaron en el 597 a. C. Unos meses antes había muerto Joaquín y lo había sucedido su hijo Jeconías. Nabucodonosor lo destituyó y se lo llevó cautivo a Babilonia, dejando en el trono a Sedecías, tío del rey e hijo de Josías. Sedecías dudó entre el sometimiento a Babilonia o la participación en una revuelta general auspiciada por Egipto (Jr 27). Su rebelión final precipitó el desastre definitivo del año 586, con la destrucción de Jerusalén y el exilio de los habitantes más representativos. Los que quedaron en el país, huyeron después del asesinato del gobernador Godolías y buscaron protección en Egipto.

2. La actividad profética de Jeremías

Jeremías era natural de Anatot, pequeña ciudad de Benjamín, cercana a Jerusalén, y procedía de una familia sacerdotal. Recibió la vocación profética el año decimotercero de Josías (627 a. C., véase Jr 1 1), siendo aún joven, lo que sitúa su nacimiento hacia el año 650 a. C. El Señor le exigió no casarse, como signo para sus conciudadanos de que el desastre final estaba a las puertas (Jr 16). No le agradaba el mensaje que debía predicar (Jr 20 8), ya que provocaba la burla de sus contemporáneos (Jr 15 10; 20 8-10) y, además, le acarreó persecuciones por parte de otros profetas (Jr 29 24-32), sacerdotes (Jr 20 1-6), ministros (Jr 38 4), reyes (Jr 26; 36 26) y parte de la población (Jr 37 11-16; 43 2-3). Esto provocó en él una profunda y prolongada crisis vocacional que queda reflejada en sus "confesiones" (Jr 11 18-12 6; 15 10-21; 17 14-18; 18 18-23; 20 7-18). Son quejas al Señor en un tono entre confidencial y jurídico, por carecer de la asistencia prometida en su vocación (Jr 1 8). Según la cronología tradicional, se pueden distinguir cuatro etapas en la actividad profética de Jeremías.

– La primera etapa cubre el tiempo de Josías (627-609 a. C.). A ella se atribuyen gran parte de los oráculos contenidos en Jr 1-6 y una primera redacción de Jr 30-31 (anunciando la restauración del reino del Norte, destruido un siglo antes por Asiria). Jeremías amenaza al reino de Judá con un todavía no identificado "enemigo del norte", como castigo a su infidelidad. A partir del año 622 a. C., año en que comenzó la reforma de Josías, encontramos un período de silencio que dura hasta la muerte del rey (609 a. C.), sin que podamos saber si expresa aprobación, oposición o reservas respecto a la reforma.

– Con la subida al trono de Joaquín, Jeremías vuelve a la actividad profética. A partir del 605 a. C., después de la victoria de Nabucodonosor en Carquemis, Jeremías anuncia claramente el designio divino de sometimiento al rey de Babilonia. El rey Joaquín no lo acepta y persigue al profeta. De esta época proceden seguramente las confesiones, las acciones simbólicas de Jr 13-14; 18-19, algunas controversias (Jr 20 1-6; 23 9-32) y parte de los oráculos contra las naciones (Jr 25 15-38; 46-49). A Joaquín se refiere también Jr 22 13-19 y por estos años se datan Jr 7; 25-26; 35-36; 45. Se anuncia el castigo inminente e irremediable, que se cumple en el año 597 a. C. con la primera deportación.

– El reinado de Sedecías (597-586 a. C.) enmarca la tercera etapa. Ante el problema religioso que plantean los desterrados (¿son mejores o peores que los residentes en Judá?), Jeremías se inclina a favor de los desterrados (Jr 24; 29 16-20) e invita al rey a que no haga caso de los falsos profetas (Jr 27-28) y acepte el sometimiento a Nabucodonosor, como única posibilidad de no perderlo todo en una resistencia inútil (Jr 32-34). Al final, sin embargo, se consumará el desastre (Jr 37-39). A esta época se atribuye también la acción simbólica de Jr 51 59-64. Sedecías, indeciso y mal político (Jr 38 5), acaba rebelándose. Las tropas babilónicas destruyen Jerusalén y deportan a sus habitantes más representativos.

– Los que quedan en el país al mando del gobernador Godolías constituyen para el profeta la última oportunidad para no perder la tierra. El asesinato del gobernador y el miedo al consiguiente castigo los empujan a Egipto en busca de refugio, en contra de la opinión de Jeremías. El mismo Jeremías es obligado a marchar con ellos.

3. El mensaje de Jeremías

Aunque hemos tenido ocasión de constatar las líneas maestras de la predicación de Jeremías al hilo de las etapas de su actividad profética, tratamos ahora de hacer un esbozo sistemático de su mensaje a partir de las claves que el mismo profeta nos ofrece en su relato vocacional. El profeta orienta su misión en dos direcciones: *arrancar y derribar...*, *edificar y plantar* (Jr 1 10). Se trata, pues, de un mensaje con dos vertientes, expresado en oráculos de denuncia y castigo, y en anuncios de salvación y esperanza.

– *Arrancar y derribar*. Como el mismo profeta lamentaba en sus confesiones, buena parte de su mensaje se concentra en la denuncia de los pecados del pueblo y en el anuncio del castigo. El pecado queda definido en términos de infidelidad, desobediencia y rebeldía, y se manifiesta en el rechazo de los profetas (Jr 5 12-13; 6 16-17), en el culto hipócrita (Jr 6 20; 7 21-28) y la falsa seguridad religiosa (Jr 7 1-15), en la idolatría (Jr 7 16-20.29-34; 19 3-5), en las injusticias sociales (Jr 5 26-28; 12 1-5) y en las falsas confianzas humanas (Jr 17 5-13). Aunque sus denuncias se dirigen a todo el pueblo, los principales responsables son las autoridades: el rey (Jr 21 11-12; 22 13-19), los falsos profetas (Jr 14 13-16; 23 9-32; 28-29) y los sacerdotes (Jr 6 13; 23 11). El castigo provocado por tal cúmulo de pecados será la invasión del "enemigo del norte" y, en última instancia, el destierro.

– *Edificar y plantar*. Pero la denuncia y el castigo no son la única ni la última palabra de Jeremías. Su objetivo último es provocar la conversión, el regreso al Señor. Es lo que el profeta pretende y por lo que solidariamente intercede (véase Jr 7 16). Por eso anuncia la conversión y la salvación a los deportados del reino del norte (Jr 2-3; 30-31). Para los residentes en Jerusalén la salvación implica someterse a los babilonios, aunque una vez más su oferta es rechazada. Sorprende aún más que, cuando todo parece perdido, Jeremías compre un campo, como signo de que "cambiará la suerte" (Jr 32). Ese mensaje final será la semilla sembrada en sus discípulos que hablarán, con lenguaje parecido al del maestro, de un futuro nuevo presidido por una nueva alianza entre el pueblo rescatado y su Dios (Jr 31 31-34), comprometido ahora en el único objetivo de *edificar y plantar* (Jr 31 27-28).

– La estrecha relación entre el actual libro de Jeremías y la escuela deuteronomista con su peculiar visión religiosa no admite dudas; tanto el vocabulario como las ideas teológicas fundamentales lo testifican abiertamente. Más difícil es decidir si el libro de Jeremías es una pura y simple creación de los teólogos deuteronomistas o hay que dar amplio crédito histórico a las palabras que se presentan como del propio Jeremías y también a las informaciones que proceden de Baruc, el secretario del profeta. Esto segundo parece más probable, sin negar los evidentes retoques redaccionales de la escuela deuteronomista.

Por lo demás, ¿cuál fue la actitud de Jeremías frente a la reforma religiosa de Josías? ¿Fue de aceptación, de rechazo, o primero de aceptación y luego de rechazo? De hecho Jeremías nunca habla expresamente de esta reforma que se inspiró en principios deuteronomistas. Dado su temperamento amable y delicado, tal vez no siempre le agradaron los métodos oficiales, a menudo violentos, de la reforma; la religión no es algo que deba ser implantado por la fuerza. Pero en conjunto, debió estar de acuerdo con la actuación y las decisiones de Josías.

4. El libro de Jeremías

Tal como ha llegado hasta nosotros, el libro de Jeremías es el resultado de un complejo proceso redaccional, en cuyo origen hay que situar la actividad del profeta y su deseo de poner por escrito el contenido de su predicación (Jr 36 2-4.32). En su estado actual reúne material muy variado:

- Oráculos originales de Jeremías (Jr 1-6; 30-31).
- Narraciones sobre el profeta (Jr 26-45), escritas probablemente por Baruc.

– Discursos de Jeremías en estilo cercano a la escuela deuteronomista (Jr 7 1-8 3; 11 1-14 23; 16 1-13; 17 19-27; 18 1-12; 21 1-10; 22 1-5; 34 8-22; 35 1-19).
– Una serie de oráculos contra las naciones (Jr 25 15-38; 46-51).

Existen notables diferencias entre las versiones hebrea y griega del libro de Jeremías. El texto griego es un octavo más breve que el hebreo; y aunque casi siempre se suprimen simples versos, a veces faltan secciones más amplias (Jr 33 14-26; 39 4-13; 51 44b-49a; 52 27b-30). Otra de las diferencias importantes reside en el orden del libro: en el texto griego los oráculos contra las naciones aparecen a partir de Jr 25 y en un orden distinto al que tienen en la sección Jr 46-51. Probablemente se trata de dos tradiciones textuales distintas, procedentes de un original imposible de identificar en la actualidad.

El libro, en su redacción final, puede dividirse en tres grandes partes, precedidas de una breve introducción y seguidas de un apéndice histórico:

Introducción (Jr 1 1-3)

I. ORACULOS CONTRA JUDA Y JERUSALEN (Jr 1 4-24 10)

1. Oráculos del tiempo de Josías (Jr 1 4-6 30)
2. Oráculos del tiempo de Joaquín (Jr 7 1-20 18)
3. Oráculos contra los reyes y los profetas (Jr 21 1-24 10)

II. ORACULOS DE SALVACION SOBRE ISRAEL Y SOBRE JUDA (Jr 25 1-45 5)

1. Judá y las naciones (Jr 25 1-38)
2. La posible esperanza (Jr 26 1-35 19)
3. La caída de Jerusalén (Jr 36 1-45 5)

III. ORACULOS CONTRA LAS NACIONES (Jr 46 1-51 64)

Apéndice histórico (Jr 52 1-34)

El lenguaje del profeta es menos imaginativo que el de Isaías, pero tiene gran expresividad y fuerza interna. Teológicamente presenta afinidades con Oseas. Transmite con vehemencia la lucha interna del profeta, sólo comparable al dramático momento que viven sus conciudadanos. Jeremías queda así definitivamente entroncado en la lucha histórica de su pueblo.

JEREMIAS

Introducción

1 1 Palabras de Jeremías, hijo de Jelcías,
uno de los sacerdotes residentes en Anatot, en tierra de Benjamín. 2 El Señor le
dirigió su palabra en tiempos de Josías,
hijo de Amón, rey de Judá, el año decimotercero de su reinado, 3 y después en tiempos de Joaquín, hijo de Josías, rey de Judá, hasta el fin del año decimoprimero de
Sedecías, hijo de Josías, rey de Judá, hasta
la deportación de Jerusalén en el quinto
mes.

I. ORACULOS CONTRA JUDA Y JERUSALEN Δ

1. Oráculos del tiempo de Josías ◊

Vocación y misión del profeta

Ex 3 1-4 16; 6 28-7 7; Is 6; Ez 2-3

4 El Señor me habló así:

5 Antes de formarte en el vientre te conocí;
antes que salieras del seno te consagré,
te constituí profeta de las naciones.
6 Yo dije: ¡Ah, Señor, mira
que no sé hablar, pues soy un niño!
7 Y el Señor me respondió:
No digas: «Soy un niño»,
porque irás adonde yo te envíe
y dirás todo lo que yo te ordene.
8 No les tengas miedo,
pues yo estoy contigo para librarte,
oráculo del Señor.
9 Entonces el Señor alargó su mano,
tocó mi boca y me dijo:
«Mira, pongo mis palabras en tu boca:
10 en este día te doy autoridad
sobre naciones y reinos,
para arrancar y derribar,
para destruir y demoler,
para edificar y plantar».

• **1** 1-3: Introducción que sitúa el libro cronológicamente. Según ella, la actividad de Jeremías tuvo lugar entre el año 627 a. C. y los que siguen a la deportación del 587 a. C. El problema está en saber si la primera fecha (el año decimotercero del reinado de Josías) se refiere a su vocación o a su nacimiento. En el primer caso es problemático su silencio sobre la reforma de Josías (622 a. C.); la segunda hipótesis se basa en que Jeremías es profeta desde el seno materno (Jr 1 5).

Δ **1** 4-**24** 10: Según Jr 36 4, Jeremías dictó a Baruc *todas las palabras que el Señor le había dirigido*, para que las pusiera por escrito. Estos oráculos fueron leídos en presencia del rey Joaquín, pero éste destruyó el *rollo* de pergamino en que estaban escritos. Más tarde, Jeremías volvió a dictar aquellas mismas palabras, a las que se añadieron otras muchas cosas (Jr 36 32). Este *rollo* constituye la base de los materiales agrupados en Jr 1 4-24 10, a los cuales se fueron añadiendo textos de épocas posteriores (por ejemplo las confesiones del profeta o los *fragmentos en prosa)*.

Los oráculos de esta primera parte pueden ser agrupados en tres bloques: oráculos pronunciados en tiempos de Josías (Jr 1 4-6 30); oráculos pronunciados en tiempos de Joaquín (Jr 7 1-20 18); y oráculos contra los reyes y profetas (Jr 21 1-24 10).

◊ **1** 4-**6** 30: Los oráculos pronunciados en tiempos de Josías contienen la predicación más antigua del profeta, y reflejan el intento de renovación religiosa promovido por dicho rey y apoyado por Jeremías. Sus palabras son una severa denuncia de la corrupción moral de su pueblo. Más importante que la renovación de las instituciones es la conversión del corazón, a la que Jeremías exhorta recordando la alianza y el amor primero (Jr 2 2-3). Sin embargo, la actitud terca del pueblo y de sus dirigentes provocará el castigo de Dios, que comienza a anunciarse ya. Vendrá de un indeterminado *enemigo del norte*, cuyo nombre se revelará más tarde.

En este bloque podemos distinguir tres secciones que poseen una cierta unidad temática: vocación y misión del profeta (Jr 1 4-19); controversia con Israel (Jr 2 1-4 4); y el anuncio del enemigo del norte (Jr 4 5-6 30).

• **1** 4-10: La vocación de Jeremías, como la mayoría de las narraciones proféticas de vocación, subraya la intervención de Dios en la vida del hombre como algo inesperado y diferente. El que Dios le dirija la *palabra* (Jr 1 4) indica el carácter personal de esa comunicación divina; el *imperativo* (Jr 1 7) expresa la experiencia de impulso irresistible; la *objeción* (Jr 1 6) no es solo un desahogo, sino que recoge las dificultades reales de la llamada y supone su libertad de aceptación; finalmente, el signo externo equivale a las cartas de presentación del enviado.

Primeras visiones

Am 7 1-9 4; Jr 4 5-31

11 El Señor me preguntó:
–¿Qué ves, Jeremías?
Respondí:
–Veo una rama de almendro.
12 Entonces el Señor me dijo:
–Has visto bien; de la misma manera yo
estoy atento para que se cumpla mi palabra.
13 De nuevo el Señor me preguntó:
–¿Qué ves?
Respondí:
–Veo una olla hirviendo, que se derrama desde el norte.
14 Entonces el Señor me dijo:
Del norte se desencadenará la desgracia
sobre todos los habitantes de la tierra;
15 porque yo voy a convocar
a todos los reinos del norte.
Oráculo del Señor.
Vendrán, y cada uno pondrá su trono
junto a las puertas de Jerusalén,
en torno a sus murallas
y frente a todas las ciudades de Judá.
16 Yo voy a condenar a Judá
por toda su maldad,
por haberme abandonado
para quemar incienso a otros dioses
y postrarse ante la obra de sus manos.
17 Pero tú, ármate de valor,
levántate y diles
todo lo que yo te mande.
No les tengas miedo,
no sea que yo te haga temblar ante ellos.
18 Yo te hago hoy ciudad fortificada,
columna de hierro
y muralla de bronce
frente a todo el país:
frente a los reyes de Judá y sus príncipes,
frente a los sacerdotes
y los terratenientes.
19 Ellos lucharán contra ti,
pero no te vencerán,
porque yo estoy contigo para librarte.
Oráculo del Señor.

Infidelidad de Israel

Jr 11 1-17; 31 31-34; Is 1 10-20

2 1 El Señor me dijo:
2 Anda y proclama en Jerusalén:
Así dice el Señor:
Recuerdo tu amor de juventud,
tu cariño de joven esposa,
cuando me seguías por el desierto,
por una tierra sin cultivar.
3 Israel estaba consagrado al Señor,
era el primer fruto de su cosecha;
quien le hacía daño, yo lo castigaba,
la desgracia caía sobre él.
Oráculo del Señor.

4 Escuchen la palabra del Señor,
descendencia de Jacob,
y todas las familias
de la descendencia de Israel.
5 Así dice el Señor:
¿Qué falta encontraron en mí
sus antepasados
para alejarse de mí?

Aunque se narre entera en su momento inicial, la vocación es vivencia de toda la vida. Por eso se hará de nuevo presente en forma de crisis o de confirmación en las confesiones. La misión de *arrancar y derribar, edificar y plantar* (Jr 18 7; 24 6; 31 28.40; 42 10 y 45 4), resume admirablemente las dos dimensiones fundamentales de la misión profética: denuncia del pecado y anuncio de salvación.

• 1 11-19: Dos visiones iniciales explican el sentido de la actividad de Jeremías. En la primera, una rama de almendro (que en hebreo suena semejante a "estar atento", "vigilar") sirve para presentar al Señor atento (o vigilante) al cumplimiento de su palabra; es manifiesto el recurso al juego de palabras. En la segunda, la imagen de una olla humeante resume la predicación de Jeremías en relación al enemigo del norte.

La misión recibida obliga al profeta a estar preparado interna y externamente. Deberá tener suficiente fortaleza para soportar los obstáculos y para hacer frente a los destinatarios influyentes y poderosos. De nuevo se le promete únicamente la presencia del Señor como ayuda.

• 2 1-19: En Jr 2 1-4 4 se encuentra la predicación más antigua del profeta. Estos capítulos desarrollan una especie de proceso jurídico entre Dios y su pueblo. El Señor convoca a su pueblo para un juicio. Al tiempo que recuerda sus dones (signo de su fidelidad al pacto), les reprocha una conducta injusta, que sus actos de culto no pueden sustituir. Se concluye con una sentencia condenatoria. Como institución básica de la relación jurídica entre Dios y su pueblo está la alianza (Jr 2 1-19) con sus cláusulas o mandamientos.

El desierto es, en la tradición israelita, el lugar de la prueba y la tentación; pero en la tradición de Oseas y Jeremías es también el lugar donde el pueblo celebró su luna de miel con el Señor en una relación ideal de entrega y fidelidad, sin otros dioses rivales (Jr 2 2-3).

Jr 2 4-9 recuerda el itinerario del éxodo, que fundamenta una queja del Señor. Esta queja, más que expresión de sentimientos, tiene la forma de un juicio que Dios, con toda su crudeza entabla contra el pueblo. La doble acusación inicial a todo el pueblo (seguir a ídolos vacíos y no

Siguieron a dioses vanos
y acabaron siendo vanidad.
6 No preguntaban: «¿Dónde está el Señor
que nos sacó de Egipto,
que nos condujo a través del desierto,
tierra árida y agrietada,
tierra de sequía y de oscuridad,
tierra por donde nadie pasa
y en donde nadie vive?»
7 Yo los traje a un vergel
y les di de comer sus frutos y sus bienes.
Pero ustedes entraron
y profanaron mi tierra,
convirtieron mi herencia
en un lugar aborrecible.
8 Los sacerdotes no preguntaban:
«¿Dónde está el Señor?»
Los guardianes de la ley
no me conocían;
los pastores se rebelaron contra mí;
los profetas profetizaban
en nombre de Baal,
siguiendo a dioses inútiles.
9 Por eso, voy a seguir pleiteando
contra ustedes,
oráculo del Señor,
y pleitearé con los hijos de sus hijos.

10 Vayan hasta las costas de Chipre
a investigar,
envien observadores a Cadar
para que se informen,
a ver si ha sucedido algo semejante.
11 ¿Acaso algún pueblo cambia de dioses?
–y eso que no son dioses–.
Pues mi pueblo ha cambiado su Dios
por dioses inútiles.
12 Espántense de esto, cielos,
tiemblen aterrorizados.
Oráculo del Señor.
13 Que mi pueblo ha cometido
un doble crimen:
me han abandonado a mí,
fuente de agua viva,
para construir cisternas,
cisternas agrietadas,
que no retienen el agua.

14 ¿Es acaso Israel un esclavo,
o un siervo nacido en casa?
¿Por qué se ha convertido en presa?
15 Contra él han rugido leones,
han lanzado su aullido,
han dejado su tierra desolada,
sus ciudades incendiadas, sin gente.
16 Hasta los de Menfis y de Tafnes
te han humillado rapándote la cabeza.
17 ¿No te ha sucedido esto
por haber abandonado al Señor tu Dios?
18 Y ahora ¿para qué quieres ir a Egipto?
¿Para beber el agua del Nilo?
¿Para qué quieres ir a Asiria?
¿Para beber el agua del Eufrates?
19 Tu maldad te castiga,
tu infidelidad te condena.
Experimenta y aprende
qué doloroso y amargo es
abandonar y no respetar al Señor, tu Dios.
Oráculo del Señor todopoderoso.

Acusación y defensa

Mt 11 28-30; Dt 31 37-38

20 Hace tiempo que has quebrado tu yugo
y has roto tus ataduras,
diciendo: «No seguiré siendo esclavo».
Pero en toda colina elevada,
bajo cualquier árbol frondoso,
te has echado como una prostituta.
21 Yo te había plantado como viña selecta,
llena de las mejores parras.
¿Cómo te has convertido
en parra degenerada,
en viña bastarda?
22 Aunque te laves con jabón
y utilices mucho blanqueador,

buscar al Señor) se concentra al final en la perversión de los dirigentes (Jr 2 8).

Jr 2 10-13 presenta a un pueblo que ha abandonado a su Dios, algo sorprendente y desconocido en los demás pueblos. Para culturas nómadas o vecinas al desierto, el agua es símbolo de fecundidad y alegría.

Finalmente, Jr 2 14-19 evoca la libertad como el don más preciado para un pueblo que confiesa haber nacido de un acto liberador de su Dios. Una política de alianzas fue sustituyendo a la alianza por excelencia. Egipto y Mesopotamia (Asiria o Babilonia) han sido las grandes tentaciones históricas para un Israel en busca de seguridad.

• **2 20-37**: Israel no acepta la acusación y defiende su inocencia: primero afirma su condición de libre (Jr 2 20.25.31) y no se considera manchado (Jr 2 23); por eso entabla pleito con el Señor (Jr 2 29). El Señor no puede callar y con su palabra va descubriendo la verdad: Israel es una prostituta (Jr 2 20), que utiliza su libertad para ir detrás de otros señores o baales (Jr 2 23) y para dar culto a ídolos que no sirven para nada (Jr 2 26-28); no ha aprendido la lección de la historia. Como castigo, dependerá de Egipto.

En Jr 2 28 la traducción griega añade *y las ofrendas a Baal, tantas como las calles de Jerusalén*.

siempre tendré presente
la mancha de tu maldad.
Oráculo del Señor.
23 ¿Cómo puedes decir:
«No estoy contaminada,
no he seguido a los ídolos»?
Mira tus huellas en el valle,
reconoce lo que has hecho,
camella ligera, errante por los caminos;
24 asna salvaje, habituada al desierto,
que, llevada de su sensualidad,
aspira el viento.
¿Quién saciará su deseo?
El que la busca no tiene que cansarse:
la encuentra en celo.
25 Ten cuidado, no se descalce tu pie
y se seque tu garganta.
Pero tú dices: «¡Nada de eso!
Yo amo a extranjeros y me iré tras ellos».
26 Como se avergüenza un ladrón
al ser sorprendido,
así se avergonzará
la descendencia de Israel,
ellos, sus reyes, jefes,
sacerdotes y profetas,
27 que dicen a un madero:
«Tú eres mi padre»
y a una piedra:
«Tú me has dado la vida».
Ellos me dan la espalda, no la cara,
pero en el tiempo de la desgracia,
gritan: «¡Levántate, sálvanos!»
28 ¿Dónde están los dioses
que te has hecho?
¡Que vengan en tu ayuda,
en el tiempo de la desgracia!
Porque tus dioses, Judá,
son tantos como tus ciudades.
29 ¿Por qué entablan pleito conmigo,
si todos se han rebelado contra mí?
Oráculo del Señor.

30 En vano he castigado a sus hijos:
no han aprendido la lección;
la espada de ustedes devoró
a sus profetas,
como un león que todo lo destroza.
31 Ustedes, los de esta generación,
presten atención a la palabra del Señor.
¿He sido yo un desierto para Israel,
o una tierra tenebrosa?
¿Por qué dice mi pueblo:
«Queremos ser libres,
no regresaremos ya contigo»?
32 ¿Olvida una joven sus adornos,
o una novia su vestido?
Pues mi pueblo me ha olvidado
hace ya mucho tiempo.
33 ¡Qué bien conoces los caminos
para buscar amor!
¡Qué bien has aprendido el mal camino!
34 En la orla de tu vestido
se encuentra sangre de pobres inocentes,
a quienes no sorprendiste robando.
35 Y todavía dices:
«Soy inocente, su ira se alejará de mí».
Pues aquí estoy para juzgarte,
por haber dicho que no has pecado.
36 ¡Qué poco te cuesta cambiar de caminos!
¡Pues con Egipto
quedarás tan confundida,
como quedaste con Asiria!
37 También de allí saldrás
con las manos en la cabeza,
porque el Señor ha rechazado
a quienes te inspiran confianza,
y no te irá bien con ellos.

Llamada a la conversión

Dt 24 1-4; Os 3

3 1 Escuchen esto:
Si un hombre repudia a su mujer,
y ella se aleja de él y se casa con otro,
¿acaso regresará con ella otra vez?
¿No se ha profanado
irremediablemente esa mujer?
Y tú, que te has prostituido
con muchos amantes,
¿acaso podrás regresar a mí?
Oráculo del Señor.
2 Levanta la vista a los montes y mira:
¿dónde no te has deshonrado?
Los esperabas sentada
al borde de los caminos
como un árabe en el desierto,
y has profanado esta tierra
con tus prostituciones y tus crímenes.

• **3** 1-5: Un caso legal aclara la dificultad de la conversión: después del divorcio es imposible la boda con la misma mujer si ésta se ha casado con otro; la ley lo prohibe terminantemente (Dt 24 1-4). Israel ha sido infiel y ha abandonado al Señor. Pues bien, el Señor está dispuesto a saltarse la ley (Os 3). Con todo, el pecado de Israel ha perturbado la naturaleza y roto la unidad personal.

[3] La lluvia se detuvo,
el aguacero de primavera no llegó;
pero ni tu aspecto de prostituta
te hacía sentir vergüenza.
[4] Y todavía me dices: «Tú eres mi Padre,
el amigo de mi juventud».
[5] Y te preguntas: ¿acaso él va a estar
siempre enojado?
¿Mantendrá por siempre su enojo?
Y mientras hablas
sigues haciendo todo el mal que puedes.

Parábola de las dos hermanas

Ez 23

[6] El Señor me dijo en tiempo del rey
Josías:
–¿Has visto lo que ha hecho Israel, la
apóstata? Ha ido a toda montaña elevada y
se ha prostituido bajo cualquier árbol frondoso. [7] Yo pensaba: «Después de haber hecho todo esto, se convertirá a mí». Pero no
se ha convertido. Su hermana Judá, la pérfida, vio esto; [8] y vio también que yo repu-
dié a Israel, la apóstata, por todos sus adulterios, dándole el acta de divorcio; pero no
ha tenido miedo, sino que ha ido a prostituirse también ella. [9] Con su escandalosa
prostitución ha profanado la tierra; ha cometido adulterio con la piedra y el madero.
[10] A pesar de todo, su hermana Judá, la pérfida, no se ha convertido a mí de todo corazón; su arrepentimiento es falso. Oráculo
del Señor.
[11] El Señor me dijo:
–Al lado de la pérfida Judá, la apóstata
Israel parece inocente.
[12] Anda y proclama estas palabras
hacia el norte:

Conviértete, Israel, apóstata,
oráculo del Señor.
No te pondré mala cara,
porque soy compasivo,
oráculo del Señor.
Mi enojo no dura para siempre.
[13] Basta con que reconozcas tu maldad:
que te has rebelado
contra el Señor tu Dios
y has buscado afanosamente a extraños,
entregándote a ellos
bajo cualquier árbol frondoso,
y no has escuchado mi voz.
Oráculo del Señor.

El nuevo pueblo de Dios

Ez 34; Gn 13 14-15

[14] Conviértanse, hijos apóstatas, oráculo
del Señor, porque yo soy su dueño. Tomaré, uno por ciudad y dos por familia, y
los conduciré a Sión. [15] Les daré pastores
que me sean fieles, y los pastorearán con
inteligencia y sabiduría. [16] Y cuando hayan
crecido y se hayan multiplicado en esta tierra, oráculo del Señor, no se invocará el arca de la alianza del Señor. No se pensará
más en ella ni se la mencionará, no se la
echará de menos ni se hará otra. [17] Entonces llamarán a Jerusalén «Trono del Señor»; todas las naciones se reunirán en ella,
en el nombre del Señor, y abandonarán los
proyectos de su malvado corazón.
[18] En aquel tiempo los de Judá irán a
reunirse con los de Israel y vendrán juntos
del país del norte a la tierra que yo di en herencia a sus antepasados.

Retorno de Israel al Señor

Sal 89 27; Is 2 12-18; Sal 75 7; Gn 12 3

[19] Yo me decía:

«¡Quiero contarte entre mis hijos,
regalarte una tierra deliciosa,
la herencia más preciosa
entre las naciones!»
Pensaba: «Me llamarás Padre mío,
y no te separarás de mí».
[20] Pero como una mujer
traiciona a su amado,
así me has traicionado tú a mí,
descendencia de Israel,

• **3 6-13**: El desastre del reino de Israel (conquistado por Asiria el año 722 a. C.) no ha servido de escarmiento para *el reino de Judá. Si la actitud de Israel* fue mala, la de Judá es peor. Por eso, será más fácil el perdón del primero (Jr 3 12-13). Como en muchos otros pasajes de los profetas, la relación entre Dios y su pueblo se expresa con la imagen del matrimonio, y la idolatría se compara con una esposa infiel que abandona a su marido legítimo (véase Os 2-3).

• **3 14-18**: El regreso del pueblo perdonado da pie a pensar en la restauración de Judá. Resuenan las tradiciones más representativas del reino del Sur: Sión o Jerusalén como lugar de reunión y del trono del Señor, así como la restauración de la monarquía davídica según el primitivo designio. El profeta imagina el perdón como reunificación de los dos reinos (véase Jr 50 4.33; 51 5.10).

oráculo del Señor.
21 Un grito se oye en las colinas,
llantos amargos de los israelitas,
porque se han pervertido en su conducta,
se han olvidado del Señor su Dios.
22 Conviértanse, hijos apóstatas,
yo sanaré sus apostasías.
«Aquí estamos, venimos a ti,
porque tú eres el Señor nuestro Dios.
23 Son mentira los ídolos de las colinas,
y las celebraciones en las montañas.
Sólo en el Señor nuestro Dios
está la salvación de Israel.
24 Los ídolos vergonzosos han devorado,
desde nuestra juventud,
el esfuerzo de nuestros antepasados
sus ovejas y sus vacas, sus hijos e hijas.
25 ¡Acostémonos en nuestra vergüenza,
y que nuestra humillación nos cubra,
porque hemos pecado
contra el Señor, nuestro Dios,
nosotros y nuestros padres
desde nuestra juventud hasta hoy,
y hemos desobedecido
al Señor nuestro Dios!»

4 1 Si quieres convertirte a mí, Israel,
oráculo del Señor, puedes hacerlo;
si apartas de mi vista
tus ídolos detestables,
no tendrás que huir de mi presencia.
2 Si juras por el Dios vivo,
con verdad, rectitud y justicia,
las naciones encontrarán en él
gloria y bendición.
3 Porque así dice el Señor
a los habitantes de Judá y de Jerusalén:
«Preparen un campo nuevo,
no siembren entre cardos.
4 Circuncídense para consagrarse al Señor,
quiten el prepucio de su corazón,
habitantes de Judá y de Jerusalén,
no sea que estalle mi ira como fuego,
y arda sin que nadie pueda apagarla,
por la maldad de sus acciones».

Alarma y amenaza

Is 5 26-30

5 Publíquenlo en Judá,
proclámenlo en Jerusalén,
toquen la trompeta en el país,
griten con toda fuerza diciendo:
«Júntense y entremos
en las ciudades fortificadas».
6 Levanten la bandera hacia Sión,
¡escapen sin detenerse!
Porque del norte traigo yo
la desgracia, un gran desastre.
7 Sale el león de su guarida;
el saqueador de pueblos
se pone en camino
para dejar tu tierra como un desierto,
para destruir tus ciudades
y dejarlas deshabitadas.
8 Por eso, vístanse de luto,
laméntense y giman,
porque no se aparta de nosotros
la ardiente ira del Señor.
9 Aquel día, oráculo del Señor,
se acobardarán el rey y los príncipes,
los sacerdotes quedarán aterrados,
y estupefactos los profetas.
10 Yo dije: ¡Ah, mi Dios y Señor,
cómo has engañado a este pueblo
y a Jerusalén, diciendo: «¡Tendrán paz!»,
mientras la espada
se clava hasta el fondo!
11 En aquel tiempo dirán
a este pueblo y a Jerusalén:
Un viento ardiente sopla
desde las arenas del desierto
contra la capital de mi pueblo,
y no viene para limpiar el trigo;

• ***3** 19-**4** 4:* *En la relación marido-mujer resultaba imposible dar una solución satisfactoria a la infidelidad de la* esposa, esto es, del pueblo (Jr 3 1-5). En la relación padre-hijo tal vez sea posible. Y es que en la primera los dones de la tierra corresponden al regalo de bodas; en la segunda, en cambio, corresponden a la herencia, a cuya posesión nunca pierde el derecho. Parece sincera la confesión del pueblo (Jr 3 22-25), pero es necesario que sea interna y profunda, para que todas las naciones puedan encontrar a través de él la bendición (Gn 12 3).

• **4 5-31**: Judá va a ser atacada por un genérico enemigo del norte que el Señor enviará contra ella. Jr 4 5-6 30 se presenta como un tríptico con tres secciones, una por capítulo. Si no hay conversión, el pecado del pueblo *atraerá la destrucción total.*

En la primera parte del tríptico suena la amenaza y el Señor manda dar la alarma e indica la dirección: el peligro viene del norte.

Jr 4 5-18: Jerusalén escucha el sonido de la trompeta, porque no ha escuchado la voz del Señor. El mismo levanta el estandarte que atrae al enemigo. En la guerra sufren primero los responsables de la maldad: rey, sacerdotes y profetas de la corte. La mayoría de estos profetas hablan de paz y prosperidad, engañando al pueblo. El viento cálido que todo lo seca y el viento impetuoso que todo lo derriba, son representaciones del juicio divino.

12 me llega un viento impetuoso:
ahora soy yo quien va a juzgarlos.
13 Avanza como las nubes,
son sus carros como el huracán,
sus caballos más veloces que águilas.
¡Ay de nosotros! ¡Estamos perdidos!
14 Jerusalén, lava las maldades
de tu corazón para que te salves.
¿Hasta cuándo anidarán en ti
perversos proyectos?
15 Un grito resuena desde Dan,
desde las montañas de Efraín
se anuncia un desastre.
16 Adviertan a las naciones,
publíquenlo contra Jerusalén:
Los sitiadores llegan de un país lejano,
gritan contra las ciudades de Judá;
17 como se custodia un campo, la cercan
por haberse rebelado contra mí,
oráculo del Señor.
18 Tu conducta y tus actos
te han traído esto;
es tu castigo, una amargura
que hiere el corazón.

19 ¡Ay mis entrañas, mis entrañas!
¡Me duelen las fibras del corazón!
Se agita mi interior
y no puedo tranquilizarlo,
porque oigo el toque de trompeta,
el grito de guerra.
20 Se anuncia desastre tras desastre,
todo el país ha sido destruido;
de golpe son destruidas mis tiendas,
mis carpas en un instante.
21 ¿Hasta cuándo tendré
que ver el estandarte
y escuchar el toque de trompeta?

22 Mi pueblo no reflexiona ni me conoce,
son hijos necios, que no comprenden;
son hábiles para el mal,
pero no saben hacer el bien.
23 Miro a la tierra: un vacío, un caos;
miro a los cielos: han perdido su luz;
24 miro a las montañas: tiemblan,
y todas las colinas se tambalean;
25 miro: no quedan hombres,
y han huido todos los pájaros del cielo;
26 miro: el vergel es un desierto,
y todas las ciudades están
destruidas ante el Señor
y ante su ira ardiente.
27 Así dice el Señor:
Toda la tierra será devastada,
yo la destruiré totalmente.
28 Por eso la tierra está de luto,
y los cielos, en lo alto, se oscurecen;
lo he dicho y no me arrepiento,
lo he resuelto y no me vuelvo atrás.
29 Ante los gritos de jinetes y arqueros
huye la ciudad entera;
se meten en los bosques,
trepan por las rocas.
Todas las ciudades están abandonadas,
no queda nadie en ellas.
30 Y tú, ¿qué vas a hacer?
Aunque te vistas de seda
y te adornes con joyas de oro,
aunque te maquilles los ojos,
en vano te embelleces;
tus amantes te desprecian,
pues es tu vida lo que quieren.
31 Oigo gritos como de mujer dando a luz,
gemidos de primeriza:
son los gritos de la hija de Sión
que gime y alarga las manos:
«¡Ay de mí, que sucumbo
ante los asesinos!»

Motivos de la invasión

Gn 18 16-33; Jr 9 1-10; Is 9 7-21; Dt 28 47-52

5 1 Recorran las calles de Jerusalén,
miren y comprueben;

Jr 4 19-21: Ya están aquí las tropas enemigas. Se narra el lamento del pueblo. El dolor tiene signos externos (tierra devastada, tiendas destruidas, país desolado), pero penetra hasta lo más profundo del corazón.

Jr 4 22-31: Siempre queda flotando la pregunta ¿por qué? El Señor, mediante el profeta, lo explica: el pueblo es irreflexivo al no reconocer al Señor; su falta de reflexión contagia la naturaleza. Si no es capaz de reconocer al Señor de la bendición, tendrá que conocer al Señor del juicio.

• **5 1-31**: En la segunda parte del tríptico, el Señor, juez justo, promueve una investigación. El resultado de la misma será negativo y la sentencia inapelable.

Jr 5 1-17: La investigación comienza llamando a los testigos de la defensa. Para ello ordena que se busquen personas justas (véase Gn 18 16-33), búsqueda que da un resultado negativo. Impresiona comprobar que hasta los sencillos son colaboradores del mal (Jr 5 2-6). Por eso el Señor debe dar sentencia (Jr 5 7-9), y preocuparse de que se cumpla el castigo (Jr 5 10-14); interpela al acusado y explica la sentencia (Jr 5 15-17): destruirá todo lo que proporciona falsa seguridad.

Jr 5 18-19: Explicación exhortativa (Véase Jr 16 10). La justicia de Dios no busca destruir sin más, el castigo no es sólo una aniquilación y las futuras generaciones deberán comprender lo ocurrido.

busquen en sus plazas
a ver si encuentran un hombre,
uno solo que practique la justicia
y busque la verdad,
y yo perdonaré a esta ciudad.
2 Pero juran en falso cuando dicen:
«¡Vive el Señor!»
3 Oh Señor, ¿no buscas tú la verdad?
Tú los has herido, pero son insensibles;
los has casi exterminado,
pero no quieren aprender la lección.
Endurecieron su rostro más que una roca,
se niegan a convertirse.
4 Yo pensaba: «Es gente sencilla
que actúa sin malicia,
porque no conoce el camino del Señor
y los preceptos de su Dios.
5 Así que hablaré a los principales,
porque éstos sí conocen
el camino del Señor,
y los preceptos de su Dios».
¡Pero unos y otros han quebrado el yugo
y han roto las ataduras!
6 Por eso el león de la selva los hiere,
el lobo de la llanura los destroza,
la pantera está al acecho
ante sus ciudades,
y todo el que sale es despedazado;
porque son muchos sus pecados,
numerosas sus apostasías.
7 ¿Cómo voy a perdonarte?
Tus hijos me han abandonado,
juran por dioses que no existen.
Los he colmado de bienes
y se han hecho adúlteros,
frecuentan las casas de prostitución.
8 Son caballos satisfechos y fogosos,
relinchan por la mujer del prójimo.
9 ¿Y no voy a castigar tales acciones?
Oráculo del Señor.
¿Acaso no voy a vengarme,
si un pueblo actúa así?
10 Escalen sus murallas,
destrúyanlas, pero no del todo;
poden sus viñedos,
porque no son del Señor.
11 Israel y Judá me han traicionado.
Oráculo del Señor.
12 Han renegado del Señor,
han dicho: «¡Dios no existe;
ningún mal nos alcanzará,
no moriremos a espada ni de hambre!
13 Sus profetas serán puro viento,
se quedarán sin palabras».
¡Esto les ocurrirá!
14 Por eso, así dice el Señor,
Dios todopoderoso:
Por haber dicho eso,
haré que mis palabras
sean fuego en tu boca,
y de este pueblo haré leña,
que el fuego devorará.
15 Yo traeré sobre ustedes, Israel,
una nación lejana, oráculo del Señor,
una nación invencible y antigua,
una nación cuyo idioma desconoces,
y cuyas palabras no comprendes.
16 Sus flechas siembran la muerte
y todos ellos son guerreros.
17 Ella devorará tu cosecha y tu pan,
a tus hijos y a tus hijas,
devorará tus ovejas y tus vacas,
tus viñas y tus higueras,
y destruirá tus ciudades fortificadas,
en las que pones tu confianza.

18 Sin embargo, en aquellos días, oráculo
del Señor, no los exterminaré por completo.
19 Y cuando pregunten: «¿Por qué el Señor, nuestro Dios, nos ha hecho todo esto?»
Les responderás: «Así como ustedes me
han abandonado para servir en su propio
país a dioses extranjeros, así también servirán a extranjeros en un país que no es el
de ustedes».

20 Anuncien esto
a la descendencia de Jacob,
publíquenlo en Judá, diciendo:
21 Escucha, pueblo irreflexivo y necio,
que tienes ojos y no ves, oídos y no oyes.
22 ¿No me temerán por fin,
oráculo del Señor,
no temblarán ante mí
que puse la arena como límite al mar,
barrera eterna, infranqueable?
El mar se agita, pero es impotente,
sus olas braman, pero no la rebasan.

Jr 5 20-31: Dios se encara con el pueblo. La escena es impresionante. El pueblo pensaba que a través de los dioses cananeos podría someter la naturaleza. El Señor se presenta como único autor de la creación, pero interesado sobre todo en la justicia. Esta es la gran diferencia entre el Dios de Israel y los dioses cananeos. Un repaso al decálogo, leído en clave profética, descubre el pecado del pueblo (crímenes, trampas, fraudes, robos) y desenmascara a los responsables: falsos profetas, sacerdotes idólatras y reyes incapaces.

23 Sin embargo, este pueblo
es indócil y rebelde; se rebelan y se van;
24 no recapacitan, diciendo:
«Respetemos al Señor nuestro Dios,
que nos manda a su tiempo
la lluvia temprana y tardía,
y que nos reserva las semanas
necesarias para la cosecha».
25 Sus maldades han trastornado este orden,
sus pecados los privan de estos bienes.
26 Pues hay en mi pueblo hombres malvados
que, como el cazador de pájaros,
acechan agazapados,
colocan trampas y cazan hombres.
27 Como una jaula llena de pájaros,
así están sus casas llenas de robos.
Así es como se hacen poderosos y ricos,
28 gordos y rozagantes;
sobrepasan la medida del mal,
no respetan el derecho,
se aprovechan del huérfano
y no defienden la causa de los pobres.
29 ¿Y no voy a castigar tales acciones?
Oráculo del Señor.
¿Acaso no voy a vengarme,
si un pueblo actúa así?
30 Es espantoso y horrible
lo que sucede en el país:
31 Los profetas profetizan mentiras,
los sacerdotes abusan del poder.
¡Y a mi pueblo le gusta!
¿Qué harán después de esto?

Amenazas sobre Jerusalén

Jr 8 10-12; 50 41-43; 9 1-8

6 1 Huyan, benjaminitas,
lejos de Jerusalén.
Toquen la trompeta en Técoa.
Levanten una señal sobre Betqueren;
porque asoma por el norte
la desgracia, un gran desastre.
2 Estás perdida, Sión,
pradera hermosa y delicada,
3 A ella vienen pastores con sus rebaños,
instalan sus tiendas alrededor
y cada cual pastorea su ganado.
4 ¡Declárenle la guerra!
¡En pie! ¡Al asalto a mediodía!
¡Ay de nosotros pues ya el día declina,
y se alargan las sombras de la tarde!
5 ¡En pie! ¡Al asalto por la noche!
Destruyamos sus palacios.
6 Pues así dice el Señor todopoderoso:
Corten árboles, levanten
un terraplén contra Jerusalén;
es una ciudad donde sólo hay opresión
y va a ser por eso castigada.
7 Como el agua mana de un pozo,
así mana de ella su maldad;
dentro se escucha violencia y ruina;
y veo sin cesar sufrimientos y heridas.
8 Déjate corregir, Jerusalén,
no sea que yo me aparte de ti,
y te convierta en un lugar desierto,
en tierra sin habitantes.

9 Así dice el Señor todopoderoso:
Rebusca, como si el resto de Israel
fuera una viña, rebusca,
pasa tu mano, como un vendimiador,
por sus sarmientos.
10 ¿A quién hablaré,
a quién advertiré para que atienda?
Sus oídos están cerrados,
no pueden escuchar;
se burlan de la palabra del Señor,
porque ya no les agrada.
11 Pero yo estoy lleno de la ira del Señor,
ya no puedo contenerla.
«Derrámala sobre el niño de la calle
y sobre los grupos de jóvenes».
Serán apresados marido y mujer,
ancianos y viejos.

• **6 1-30**: En la tercera parte del tríptico las imágenes de la guerra se entremezclan con unas palabras del Señor a Jeremías sobre el oficio profético: mientras el enemigo se acerca, el profeta es *rebuscador* de los que se puedan salvar (Jr 6 9); cuando ya están encima es *fundidor* que debe separar lo bueno de lo malo (Jr 6 27).

Jr 6 1-8: Este poema describe la venida del enemigo y *el cerco a Jerusalén. Jeremías* grita a sus compatriotas benjaminitas que abandonen la ciudad, pues ya se escuchan los gritos del enemigo. De todos modos, todavía puede haber solución (Jr 6 8).

Jr 6 9-15: El Señor habla al profeta. Realizada la investigación y promulgada la sentencia, es como si se hubiera realizado la cosecha de la uva. La imagen de "buscar los últimos racimos de la parra" muestra la paciencia divina e indica cuál debe ser el oficio profético en momentos de desgracia. La ira del Señor alcanza a todos. La mentira resulta insoportable: los augurios de paz y bienestar llenan sus oídos y su visión les impide ver la realidad.

Jr 6 16-21: La afirmación clave es tajante: el rito no suple a la obediencia. Comportarse correctamente, o lo que es lo mismo, cumplir la voluntad de Dios exige regresar a los orígenes; por su parte, los profetas son como centinelas que avisan del inminente peligro (Ez 3 17; 33 2-7). La ley está olvidada; los profetas no son escuchados. El pueblo es terco y se ha refugiado en un culto estéril, que no salva.

12 Sus casas pasarán a otros,
sus campos y mujeres también,
porque yo extenderé mi mano
sobre los habitantes de este país.
Oráculo del Señor.
13 Porque desde el menor al mayor,
todos están ávidos de lucro;
desde el profeta hasta el sacerdote,
todos practican la mentira.
14 Pretenden sanar superficialmente
la herida de mi pueblo, diciendo:
«Todo va bien, todo va bien»;
pero nada va bien.
15 ¿Acaso se avergüenzan
de sus horribles actos?
Ni se sonrojan ni conocen la vergüenza.
Por eso caerán como los demás,
tropezarán cuando yo les pida cuentas,
dice el Señor.

16 Así dice el Señor:
«Deténganse y reflexionen;
pregunten cómo se comportaban
sus mayores,
cuál es el buen camino y síganlo.
Así hallarán reposo».
Pero ellos contestan:
«No lo seguiremos».
17 He puesto centinelas sobre ellos:
«¡Atención al toque de trompeta!»
Pero ellos replican:
«No estaremos atentos»
18 Por eso, naciones, escuchen;
entérate, asamblea, de lo que va a pasar;
19 escucha, tierra: Voy a traer una desgracia
sobre este pueblo, por su rebelión,
porque no han obedecido mis palabras,
y han despreciado mi ley.
20 ¿De qué me sirve el incienso de Sabá,
y la caña aromática de un lejano país?
Sus holocaustos no me agradan,
ni sus sacrificios me complacen.
21 Por eso, así dice el Señor:
Voy a poner ante este pueblo
obstáculos en los que tropezarán;
padres e hijos juntamente,
vecino y amigo perecerán.
22 Así dice el Señor:
Un pueblo viene del norte,
una gran nación surge
de los extremos del mundo.
23 Empuñan el arco y la lanza,
son crueles y despiadados;
sus gritos son como el bramido del mar,
cabalgan sobre caballos,
como un solo hombre se disponen
a combatir contra ti, Sión.
24 Al oír la noticia, nos hemos hundido,
nos ha invadido la angustia,
un dolor como de mujer dando a luz.
25 No salgan a los campos,
no anden por los caminos;
porque la espada del enemigo
siembra el terror por todas partes.
26 Capital de mi pueblo, vístete de luto,
acuéstate sobre ceniza,
haz duelo como por un hijo único,
con amargos lamentos.
Porque de improviso cae
sobre nosotros el destructor.

27 Te he constituido inspector de mi pueblo,
para que conozcas
e inspecciones su conducta.
28 Todos ellos son rebeldes,
sembradores de calumnias,
son bronce y hierro de mala calidad.
29 Sopla el fuelle, y con la acción del fuego,
el plomo se desprende del metal.
Pero en vano se fatiga el fundidor:
no se desprenden los residuos;
30 «Plata de desecho», se los llamará,
porque el Señor los ha desechado.

2. Oráculos del tiempo de Joaquín ◊

Sermón sobre el templo

Jr 25 1-14; 26 1-19; Mt 21 13; Jr 44 15-19

7 1 El Señor dirigió esta palabra a Jeremías:

Jr 6 22-26: Otra vez el invasor. El enemigo del norte es militarmente fuerte; los habitantes de Sión se desanimarán. Así al dolor externo se añade el dolor interno del terror y del llanto (Jr 6 25-26).

Jr 6 27-30: El Señor vuelve a dirigirse al profeta y nombra a Jeremías *fundidor* del pueblo: debe cumplir la función de un refinador de metales; con su presencia y su palabra deberá separar la maldad como escoria y purificar al pueblo como la plata. Pero no lo logrará, y el fuego abrasará todo.

◊ **7 1-20 18**: La trágica muerte del rey Josías (609 a. C.) terminó con la reforma religiosa emprendida por él y apoyada por Jeremías (véase 2 Re 22 3-23 27). Su sucesor, el rey Joaquín, tenía más interés en embellecer su palacio, que en promover la renovación espiritual de su pueblo. La tranquilidad de su reinado favoreció la decadencia moral y espiritual. Por eso, Jeremías tiene que renovar sus esfuerzos para evitar la ruina. Sus palabras condenan las falsas seguridades en las que el pueblo y sus dirigentes confiaban: el templo y sus ritos, Jerusalén y sus

2 –Párate junto a la puerta del templo
del Señor y proclama esta palabra: Escuchen la palabra del Señor, ustedes todos,
hombres de Judá, que entran por estas puertas para adorar al Señor. 3 Así dice el Señor todopoderoso, Dios de Israel: Enmien-
den su conducta y sus acciones, y les permitiré habitar en este lugar. 4 No confíen en
palabras engañosas repitiendo: «¡El templo
del Señor! ¡El templo del Señor! ¡El templo del Señor!» 5 Si enmiendan su conducta y sus acciones, si practican la justicia
unos con otros, 6 si no oprimen al extranjero, al huérfano y a la viuda; si no derraman
en este lugar sangre inocente, si no siguen
a otros dioses para su propia desgracia,
7 entonces yo los dejaré vivir en este lugar,
en la tierra que di a sus padres desde antiguo y para siempre.
8 Pero ustedes confían en palabras engañosas, que no sirven para nada. 9 ¿Acaso
piensan que pueden robar, matar, cometer
adulterio, jurar en falso, incensar a Baal,
correr detrás de otros dioses que no conocen, 10 y luego venir a presentarse ante mí,
en este templo consagrado a mi nombre, diciendo: «Estamos seguros», para seguir cometiendo las mismas maldades? 11 ¿Acaso
toman este templo consagrado a mi nombre por una cueva de ladrones? ¡Pues también yo lo trataré así! Oráculo del Señor.
12 Vayan a mi santuario de Siló, donde
al principio hice invocar mi nombre, y miren lo que he hecho con él por la maldad
de mi pueblo Israel. 13 Y ahora, por haber
hecho todas esas cosas, oráculo del Señor,
por no haberme escuchado cuando yo les
hablaba continuamente y no haber respondido a mis llamadas, 14 yo trataré a este
templo consagrado a mi nombre en el que
confían y al lugar que di a ustedes y a sus
antepasados, como traté a Siló. 15 Los arrojaré de mi presencia, como arrojé a sus hermanos, a toda la descendencia de Efraín.

El Señor ya no escucha

Jr 11 14; 14 11; 44 17-19

16 En cuanto a ti, no intercedas por este
pueblo, no eleves por ellos súplicas ni oraciones: no insistas, porque no te escucharé.
17 ¿No ves lo que hacen en las ciudades de
Judá y en las calles de Jerusalén? 18 Los
niños recogen leña y los padres encienden
el fuego, las mujeres amasan la pasta para
hacer tortas a la diosa que llaman Reina
del cielo; derraman vino y aceite en honor
de dioses extranjeros para irritarme. 19 Pero
¿acaso es a mí a quien ofenden? –oráculo
del Señor– ¿no es más bien a sí mismos,
para su propia vergüenza? 20 Por eso, así
dice el Señor: Mi ira y mi enojo se van a
desatar sobre este lugar, sobre hombres y
animales, árboles del campo y frutos de la
tierra; y arderá sin apagarse.

El pueblo no quiere escuchar

Jr 11 1-4; Dt 6 3; 26 17; Ez 3 1-7

21 Así dice el Señor todopoderoso, Dios
de Israel: ¡Añadan holocaustos a sus sacrificios y coman la carne! 22 Yo no ordené
nada a sus antepasados sobre holocaustos
y sacrificios cuando los saqué de Egipto.
23 Lo único que les ordené fue esto: Si obe-

fortificaciones, la alianza y una equivocada idea de Dios; nada tiene sentido, si falta el conocimiento del Señor. Su ataque a estas instituciones puso a Jeremías al borde del fracaso y provocó en él una patética reflexión sobre la llamada recibida del Señor, que ha quedado expresada en sus famosas "confesiones" (Jr 11 18-12 6; 15 10-21; 17 12-18; 18 18-23; 20 7-18). En ellas está reflejado el drama interior del profeta, que se debate entre la fidelidad a quien lo envía y la tentación de abandonar una misión siempre desagradable.

• **7 1-15**: Jeremías habla en presencia de todo el pueblo. Encontraremos varias secciones en prosa como ésta, cuyo lenguaje recuerda la retórica del Deuteronomio. Es posible que ésta fuera la primera intervención pública de Jeremías en su vida o, más probablemente, después de un largo período de silencio (del 622 al 609 a. C.). El esquema del discurso es sencillo: a) el tema: o se convierten o se están engañando (Jr 7 3-4); b) desarrollo: conversión a la justicia (Jr 7 5-7) o engaño ilusorio (Jr 7 8-12); c) alusión histórica a Siló, santuario famoso en los tiempos de la ocupación de la tierra, como ejemplo de lo que puede pasar (Jr 7 12-15). El pueblo se consideraba seguro con el culto del templo. Pero su relación con Dios no se mide por los sacrificios, ofrendas y oraciones, sino por la práctica de la justicia.

• **7 16-20**: La intercesión del profeta es válida cuando el pueblo se convierte. Pero el pueblo ha endurecido el corazón, y el Señor convence al profeta para que no interceda. Los otros dioses tienen exigencias eminentemente cultuales, sin relación con el comportamiento ético. En dicho culto participa toda la familia. La llamada "Reina del cielo" es Istar, diosa de la fertilidad correspondiente a la Astarté cananea, que era muy venerada en Asiria y Babilonia (Jr 44 17) y cuyo culto se popularizó en Judá durante el reinado de Manasés (2 Re 21; 23 4-14; Am 5 26).

• **7 21-28**: El Señor de la alianza es el Señor del derecho y la obediencia, no de los sacrificios y holocaustos. La liberación del pueblo oprimido en Egipto fue un primer

decen mi voz, yo seré su Dios y ustedes
serán mi pueblo; sigan fielmente el camino
que les he mandado para que sean felices.
24 Pero ellos no obedecieron ni hicieron caso; siguieron las inclinaciones de su corazón endurecido; me dieron la espalda y no
la cara.
25 Desde el día en que sus antepasados
salieron de Egipto hasta hoy les he enviado
a mis siervos, los profetas. 26 Pero no me
obedecieron ni me hicieron caso, sino que
endurecieron su corazón y fueron peores
que sus antepasados. 27 Cuando les comuniques todo esto, no te escucharán; cuando
los llames, no te responderán. 28 Entonces
les dirás: Esta es la nación que no escucha
la voz del Señor su Dios y no aprende la
lección. La verdad ha desaparecido de su
boca.

Lamentos en el valle de Ben-Hinón

Jr 19 1-15; Ez 6 4-5

29 Córtate tu cabellera de nazir y tírala;
entona un lamento sobre las colinas;
pues el Señor
ha abandonado y rechazado
a la generación objeto de su ira.

30 Pues los hijos de Judá me han ofendido con su conducta, oráculo del Señor; han
puesto sus ídolos detestables en el templo
consagrado a mi nombre, y lo han hecho
impuro; 31 han construido el mausoleo de
Tófet, en el valle de Ben-Hinón, para sacrificar en la hoguera a sus hijos e hijas, cosa
que yo no les mandé ni se me pasó por la
cabeza. 32 Por eso vienen días, oráculo del
Señor, en que no se llamará más Tófet ni
valle de Ben-Hinón, sino valle de la Matanza, pues tendrán que enterrar en el mismo Tófet por falta de sitio. 33 Los cadáveres de este pueblo servirán de alimento a
las aves del cielo y a las bestias de la tierra,
y nadie las ahuyentará. 34 Y yo haré desaparecer en las ciudades de Judá y en las
calles de Jerusalén los gritos de júbilo y
alegría, los cantos del novio y de la novia;
porque quedará convertida en un montón
de ruinas.

8 1 En aquel tiempo, oráculo del Señor,
sacarán de sus sepulcros los huesos de
los reyes de Judá, los de los príncipes, sacerdotes, profetas y habitantes de Jerusalén,
2 y quedarán expuestos al sol, a la luna, y a
todos los astros del cielo, a los que tanto
amaron, sirvieron y siguieron, y a los que
consultaron y adoraron. No serán recogidos ni enterrados, sino que quedarán en el
campo como estiércol. 3 Y la muerte será
preferible a la vida para todo el resto, los
sobrevivientes de esta raza malvada, en
todos los lugares por donde los haya dispersado. Oráculo del Señor todopoderoso.

Rebelión de Israel

Jr 6 12-15

4 Les dirás: Así dice el Señor:
¿Hay caída sin recuperación?
¿Hay extravío sin retorno?
5 ¿Por qué este pueblo de Jerusalén
se desvía y se rebela sin fin?
¿Por qué persisten en el engaño
y se niegan a convertirse?
6 He escuchado atentamente:
nadie habla como es debido;
ninguno se arrepiente de su maldad,
diciendo: «¿Qué es lo que he hecho?»
No, cada uno anda a su antojo,
como caballo desbocado en la batalla.
7 Hasta la cigüeña en el cielo
conoce cuándo debe viajar

acto salvador, al que se debe responder con obediencia. Los profetas continuamente lo recordaban, pero la actitud negativa del pueblo y sus consecuencias se han ido acumulando en la historia.

• **7 29-8 3**: Tófet, localidad en el valle de Hinón (al sur de la ciudad de Jerusalén), designa un lugar para quemar la basura. Parece que los israelitas practicaron aquí ritos idolátricos que exigían incluso sacrificios humanos (Jr 19 5; véase Jue 11 29-39; 1 Re 16 34; 2 Re 16 3; 17 17; 21 6; Sal 106 38). Teóricamente Israel nunca aceptó el sacrificio humano (Lv 18 21; 20 2; Dt 12 31; 18 10) y sus profetas lo criticaron con fuerza (Miq 6 7; Ez 16 20-21; 20 26).

Amar, servir, consultar y adorar a los astros o señores de la fecundidad equivale para el creyente a preferir la muerte a la vida. Los responsables de tales prácticas (reyes, príncipes, sacerdotes, falsos profetas y habitantes de Jerusalén) no encontrarán reposo después de la muerte, sino que yacerán tirados por el suelo, de cara a los ídolos astrales que adoraban.

• **8 4-12**: El Señor lamenta la terquedad del pueblo. Los animales saben cambiar, según los tiempos, pero el pueblo persiste en el engaño. Se sienten seguros con su sabiduría y su ley (Jr 8 8-9), tranquilizados con las palabras de sus profetas y sacerdotes (Jr 8 10-11). Sabios, profetas y sacerdotes se convierten en creadores de un pueblo terco que pone su confianza en falsas seguridades (Jr 18 18). La desobediencia es capaz de convertir los dones del Señor en impedimentos.

la paloma, la golondrina y la grulla
saben cuándo deben emigrar;
pero mi pueblo no conoce
los mandatos del Señor.

8 ¿Cómo pueden decir: «Somos sabios,
poseemos la ley del Señor»,
si la pluma mentirosa de los escribas
ha convertido esa ley en mentira?
9 Los sabios están confundidos,
consternados y atrapados;
han rechazado la palabra del Señor
¿qué sabiduría les queda?
10 Por eso daré a otros sus mujeres,
sus campos a nuevos amos,
porque desde el menor al mayor
todos están ávidos de lucro;
desde el profeta hasta el sacerdote,
todos practican la mentira.
11 Pretenden sanar superficialmente
la herida de mi pueblo,
diciendo: «¡Todo va bien!
¡Todo va bien!»; pero nada va bien.
12 ¿Acaso se avergüenzan
de sus horribles actos?
¡Ni se sonrojan ni les da vergüenza!
por eso caerán como los demás,
tropezarán cuando yo les pida cuentas,
dice el Señor.

Amenaza contra Judá

Jr 4 5; 14 19; Nm 21 6; Jn 3 14-15

13 Cuando voy a recoger su cosecha,
oráculo del Señor,
no hay racimos en la parra,
ni higos en la higuera,
y la hierba está marchita.
Así que, los entregaré
para que desaparezcan.
14 «¿Por qué nos quedamos sentados?
¡Reunámonos, entremos en las
ciudades fortificadas y muramos allí,
pues el Señor nuestro Dios
nos entrega a la muerte;
nos da a beber agua envenenada,
por haber pecado contra él.
15 Esperábamos mejoría
y no hay bienestar;
el tiempo de la curación,
y sólo hay espanto.
16 Desde Dan se oye
el resoplar de sus caballos;
al ruidoso relincho de sus corceles
toda la tierra tiembla.
Vienen a devorar el país
y todo lo que hay en él,
la ciudad y sus habitantes».
17 Sí, yo envío contra ustedes
serpientes venenosas,
de las que no se dejan encantar,
y los morderán. Oráculo del Señor.

Dolor del profeta

Jr 6 27-30; 5 20-25; 14

18 Mi dolor no tiene remedio,
mi corazón desfallece.
19 Los gritos de angustia de mi pueblo
proceden de tierras lejanas:
«¿Ya no está el Señor en Sión?
¿Ya no está allí su rey?
¿Por qué me han irritado
con sus esculturas,
con sus ídolos extranjeros que nada son?
20 Ha pasado la cosecha,
ha acabado el verano,
y nosotros no estamos salvados».
21 Por el desastre de la capital de mi pueblo
estoy yo abatido y angustiado,
y el miedo se apodera de mí.
22 ¿No queda medicina en Galaad?
¿No hay allí ningún médico?
¿Por qué no ha progresado
la curación de la capital de mi pueblo?
23 ¡Ojalá mi cabeza se hiciera fuente,
y mis ojos manantial de lágrimas,
para llorar día y noche
por los muertos de la capital
de mi pueblo!

• **8 13-17**: *La experiencia de Jeremías se expresa como* experiencia del Señor. En su oficio de buscar algo positivo (Jr 6 9) no ha encontrado nada bueno. El pueblo, desanimado al oír el bullicio enemigo, pretende encerrarse y morir. Acusa al Señor de haberlos engañado y se siente impotente.

• **8 18-23**: Jeremías nunca es testigo desapasionado del sufrimiento de su pueblo ni frío transmisor de solemnes amenazas divinas. Solidario con su pueblo y cercano a su Dios, a Jeremías lo alcanza el dolor por ambos lados; le estalla el corazón y rompe en llanto. La expresión *mi pueblo* podría también decirla Dios o un ciudadano cualquiera. La hora de la cosecha, de la recolección de frutos, se convierte en el tiempo del vacío y la angustia.

Corrupción de Judá

Sal 12 1-5; Gn 27 36

9 1 ¡Quién me diera un hogar
en el desierto,
para abandonar a mi pueblo
y apartarme de él!
Pues son todos adúlteros,
una banda de traidores.
2 Tensan su lengua como un arco;
dominan el país con la mentira,
no con la verdad;
van de maldad en maldad
sin conocerme a mí. Oráculo del Señor.
3 Que cada cual se proteja
de su compañero,
y no se fíe de su hermano,
porque el hermano engaña,
y el compañero calumnia.
4 Se engañan unos a otros,
no dicen la verdad,
entrenan su lengua para la mentira,
están corrompidos,
pervertidos sin remedio.
5 ¡Violencia sobre violencia,
engaño sobre engaño!
Rehúsan conocerme. Oráculo del Señor.

6 Por eso, así dice el Señor todopoderoso:
Voy a fundirlos y examinarlos;
pues ¿qué puedo hacer ante su maldad?
7 Su lengua es una flecha mortal,
su boca dice mentiras.
Saludan a su prójimo deseándole paz,
pero en su corazón
le preparan una trampa.
8 ¿Cómo no voy a pedirles cuentas?
¿No voy a vengarme
si un pueblo actúa así?
Oráculo del Señor.

Lamentación por Sión

Ex 19 15; Jr 23 15

9 Lloraré y gemiré por las montañas,
me lamentaré por los pastos de la llanura,
porque están quemados,
y nadie pasa ya por ellos,
ni se oye el balar de los rebaños;
desde las aves del cielo hasta las bestias
todas se fueron huyendo.
10 Convertiré a Jerusalén
en un montón de piedras,
en una guarida de chacales;
dejaré desiertas y sin habitantes
a las ciudades de Judá.
11 ¿Qué sabio puede comprender eso?
Que lo proclame aquel
a quién se lo haya revelado el Señor.
¿Por qué perece esta tierra
asolada como un desierto
por donde nadie pasa?

12 El Señor responde:
–Porque han abandonado la ley que les
di; en lugar de obedecerme y seguirme a
mí, 13 han persistido en su endurecimiento,
y han seguido a los ídolos recibidos de sus
antepasados.
14 Por eso, así dice el Señor todopoderoso, Dios de Israel:
–Yo daré de comer a este pueblo hierbas
amargas y les haré beber agua envenenada.
15 Los dispersaré entre naciones que ni
ellos ni sus antepasados conocían, y enviaré detrás de ellos la espada hasta que los
extermine.

Lamentación por los muertos

16 Así dice el Señor todopoderoso:

• **9 1-8**: Sigue el Señor expresándose en la desesperación del profeta. Hasta sintácticamente se mezclan sus voces. Jeremías pretende huir al desierto como Elías para morir allí (1 Re 19 4); el Señor, en cambio, parece añorar *los tiempos primeros del desierto, cuando no* habitaba en Jerusalén, sino entre el pueblo. Tanto el profeta como su Dios denuncian los pecados del pueblo, sobre todo los de la lengua, fuente de trampas, fraude, calumnia, engaño y mentira. Comienza para el profeta su tarea de inspector y refinador de metales (véase Jr 6 27-29) con resultados nuevamente negativos.

• **9 9-15**: Estos versículos comentan la invitación al llanto de Jr 9 9. El desierto que se añora (Jr 9 1) se vuelve imagen del castigo; los primitivos cantos de victoria (Ex 15) se convierten en lamentación y llanto (Jr 9 9). Plano, abrasador y vacío, el desierto hace recordar las montañas, pastizales y rebaños; en una palabra, la vida. Los escombros de Jerusalén prolongan el desierto en el interior de la tierra prometida (Jr 9 10). Es el desierto del castigo, en el que una hierba amarga (el ajenjo) sustituye al maná y el agua envenenada al agua dulce que brotó de la roca (Jr 9 14; véase Ex 16-17). En este desierto, en vez de un pueblo, encontrarán dispersión y exilio (Jr 9 15).

• **9 16-21**: Se retoma la invitación de Jr 9 9. El pueblo, incapaz de escuchar la voz del Señor, debe escuchar a las expertas *plañideras* (mujeres contratadas para llorar y lamentarse por un muerto). Ya que han sido incapaces de hacer el bien, que aprendan por lo menos a lamentarse. Una mujer cantó la victoria de Israel (Ex 15 20-21); ahora son también mujeres quienes entonan un canto fúnebre; ellas sufren al dar a la luz la vida y al descubrir la muerte. Las imágenes son vivas: la muerte escala las murallas y penetra por las ventanas; los cadáveres humanos sirven de estiércol para una inútil cosecha.

Sean sensatos y llamen a las plañideras.
Hagan venir a las expertas;
17 que vengan en seguida
y entonen por nosotros un lamento;
que derramen lágrimas nuestros ojos,
que brote llanto de nuestros párpados.
18 Ya se oyen lamentos en Sión:
«¡Estamos destruidos y avergonzados!
Tuvimos que abandonar el país,
han derribado nuestras casas».
19 Escuchen, mujeres, la palabra del Señor,
reciban sus oídos la palabra de su boca.
Enseñen a sus hijas lamentaciones,
y a sus vecinas este canto fúnebre:
20 «Ha subido la muerte
por nuestras ventanas,
ha penetrado en nuestros palacios,
ha exterminado a los niños en la calle,
a los jóvenes en las plazas».
21 ¡Habla! Este es el oráculo del Señor:
los cadáveres yacen
como estiércol por los campos,
como gavillas detrás del que cosecha,
sin que nadie los recoja.

La verdadera sabiduría

1 Cor 1 31; 2 Cor 10 17; Sant 1 9

22 Así dice el Señor:
Que el sabio no presuma de su sabiduría,
que el soldado no presuma de su fuerza,
que el rico no presuma de su riqueza;
23 el que quiera presumir
que presuma de esto:
de conocerme y comprender
que yo soy el Señor,
el que ejerce en la tierra
la fidelidad, el derecho y la justicia;
y me complazco en ellas.
Oráculo del Señor.

24 Vienen días, oráculo del Señor, en que
yo castigaré a todos los que sólo se hayan
circuncidado en la carne: 25 Egipto, Judá,
Edom, Amón, Moab, todos los habitantes
del desierto que se rasuran la cabeza; porque todos los pueblos son incircuncisos, y todos los israelitas son incircuncisos de corazón.

El Señor y los ídolos

Is 44 9-20; Sal 115 4-8; Jr 51 15-19; Sal 135 7.15-18

10 1 Escuchen, israelitas,
la palabra que el Señor les dirige:
2 Así dice el Señor: No imiten el proceder
de las naciones paganas,
no se asusten de las señales del cielo,
como se asustan las naciones paganas,
3 pues sus ritos son absurdos:
un madero cortado en el bosque,
labrado con la gubia por el escultor,
4 que luego lo adorna con oro y plata
y lo sujeta con clavos
a golpes de martillo,
para que no se mueva.
5 Son como espantapájaros
en un campo sembrado de melones,
no hablan, y hay que llevarlos,
porque tampoco andan.
No les teman, que no hacen daño,
pero tampoco traen beneficio.
6 No hay nadie como tú, Señor;
tú eres grande,
y grande tu fama y poderío.
7 ¿Quién no te temerá,
oh rey de las naciones?
Sólo tú mereces ser temido,
pues no hay nadie como tú
entre todos los sabios de las naciones,
en todos sus reinos.
8 Son todos estúpidos e irreflexivos,
y su doctrina es absurda: sólo madera;
9 láminas de plata traída de Tarsis
y oro de Ofir,
labrado por el escultor y el orfebre;
vestidos de terciopelo rojo y violeta,
son todos ellos sólo obra de artesanos.
10 Pero el Señor es el Dios verdadero,
el Dios vivo, el rey eterno.
Ante su ira la tierra se estremece,
y las naciones no pueden resistir su enojo.

• **9 22-25**: Frente a los valores que busca adquirir el hombre común –ciencia, fuerza y riqueza–, el verdadero sabio descubre en su trato con Dios otros tres: fidelidad, derecho y justicia. Lo que agrada al Señor coincide con la gloria auténtica del hombre (1 Cor 1 31; 2 Cor 10 17; Sant 1 9).

Quien se gloría de la circuncisión corporal como signo de pertenencia al pueblo elegido, debería sentir vergüenza por ser incircunciso de corazón.

• **10 1-16**: La polémica contra los ídolos es frecuente en tiempos del exilio. La idea de fondo se repite: los ídolos son nada; hechos por los hombres, no deben inspirar temor. Por el contrario, el Señor ha hecho el cielo y la tierra. Donde hay vida y fortaleza, allí se manifestará el verdadero Señor. Israel es propiedad de este único Dios, aunque ahora tenga que recibir el castigo merecido.

[11] (Les dirán: Los dioses que no han hecho ni el cielo ni la tierra desaparecerán de la tierra y de debajo del cielo).

[12] El Señor hizo la tierra con su poder,
cimentó el universo con su sabiduría
y con su inteligencia extendió los cielos.
[13] Cuando su voz truena,
braman las aguas en el cielo;
él hace subir las nubes
de los extremos de la tierra,
desata la lluvia con los relámpagos,
y saca el viento de sus depósitos.
[14] Aturdido y sin comprender
queda el hombre;
el artesano se avergüenza de su ídolo,
pues sus imágenes son falsas, sin vida;
[15] están vacías y no sirven de nada;
perecerán en la hora del castigo.
[16] No así la «Porción de Jacob»,
porque el Señor modeló todas las cosas,
Israel es la tribu de su heredad;
su nombre es el Señor todopoderoso.

El rebaño se dispersa

Jr 23 1-8; Is 54 1-2

[17] Recoge tu equipaje, ciudad sitiada.
[18] Porque así dice el Señor:
Esta vez voy a lanzar lejos
a los habitantes del país;
estrecharé el cerco contra ellos
y así encontrarán su castigo.
[19] «¡Ay de mí, qué desgracia!
Mi herida es incurable.
Yo pensaba: Es un mal pasajero
que lograré soportar.
[20] Pero ahora mi tienda ha sido saqueada,
rotas todas mis cuerdas;
mis hijos me han dejado, ya no están;
no queda nadie para levantar mi tienda
y extender mis toldos.
[21] Los pastores son unos necios
y no buscan al Señor.
Por eso no han prosperado,
y todo su rebaño está disperso.
[22] Se oye un ruido que se acerca,
un gran tumulto viene del país del norte,
para convertir a las ciudades de Judá
en un desierto, en guarida de chacales.

Oración de intercesión

Prov 20 24; Sal 6 2; 38 2; 79 6-7

[23] Ya sé, Señor, que el hombre
no es dueño de su camino,
y que el peregrino
no puede fijar su ruta.
[24] Corrígeme, Señor, con medida,
no con ira, pues me harías perecer.
[25] Derrama tu furor sobre las naciones
que no te conocen, sobre los pueblos
que no invocan tu nombre,
porque han devorado a Jacob,
lo han devorado y exterminado,
han arrasado su morada.

Exigencias de la alianza

Dt 28 49-62; Jr 31 31-34; 33 19-22; 2 28; 14 11

11 [1] El Señor dirigió esta palabra a Jeremías:
[2] –Escucha las cláusulas de esta alianza
y comunícaselas a los hombres de Judá y a
los habitantes de Jerusalén: [3] Así dice el
Señor, Dios de Israel: Maldito el que no
obedezca las cláusulas de esta alianza [4] que
yo impuse a sus antepasados cuando los
saqué de Egipto, de aquel horno de hierro.
Entonces les dije: Obedézcanme y hagan
lo que les mando; así serán mi pueblo y yo
seré su Dios. [5] De esta manera podré cum-

• **10 17-22**: En la primera deportación (597 a. C.) Nabucodonosor se llevó cautivos al rey, a su familia real y a los *principales del pueblo. La tienda de* Israel quedó sin las cuerdas que la mantenían (Jr 10 20), el rebaño sin sus pastores (Jr 10 21). El enemigo del norte ha comenzado a cumplir las amenazas del Señor.

• **10 23-25**: El castigo no ha sido todavía total, pero sí suficiente para que Jeremías interceda por su pueblo. Las palabras de su intercesión están tomadas de los Salmos (Sal 6 2; 79 6-7), pero el corazón que las pronuncia es profético.

• **11 1-17**: *Escucha las cláusulas de esta alianza* (Jr 11 2) es el lema divino de la historia de la salvación. Lo pronunció el Señor al sacar al pueblo de Egipto y cumplió su bendición prometida (Jr 11 3-5). Lo repitió por boca de los profetas y castigó la dureza de corazón del pueblo (Jr 11 6-8). Ahora el Señor pronuncia una sentencia definitiva (Jr 11 9-11), que no podrá ser anulada ni por los dioses, aliados inútiles (Jr 11 12-13), ni por la intercesión profética (Jr 11 14) ni por el culto del templo (Jr 11 15) ni por la antigua elección del pueblo (Jr 11 16). Al prohibirse en este momento la intercesión profética se subraya su relación con la alianza: rota ésta, resulta inútil aquella.

Este pasaje puede leerse en el contexto de la reforma religiosa llevada a cabo por Josías el año 622 a. C. (véase 2 Re 22 3-23 27), en la cual probablemente participó Jeremías. La renovación de la alianza ha sido inútil, pues el pueblo no ha querido cumplir las exigencias de la misma y se ha refugiado en un culto vacío (Jr 11 15-17).

plir el juramento que hice a sus antepasados
de darles una tierra que mana leche y miel,
la que ahora ya poseen.
Yo respondí:
–Sí, Señor.
6 Y el Señor me dijo:
–Proclama esto por las ciudades de Judá
y por las calles de Jerusalén: Escuchen las
palabras de esta alianza y pónganlas en
práctica, 7 porque he venido advirtiendo a
sus antepasados sin cesar, desde que los saqué de Egipto hasta hoy, diciendo: «¡Obedézcanme!» 8 Pero ellos no obedecieron ni
hicieron caso, sino que cada cual persistió
en los planes de su corazón endurecido. Entonces yo hice que recayeran sobre ellos
todas las cláusulas de esta alianza que les
había ordenado guardar y que no guardaron.
9 El Señor me dijo:
–Se han conjurado los hombres de Judá
y los habitantes de Jerusalén. 10 Han regresado a los pecados de sus antepasados, quienes se negaron a obedecer mis mandamientos y siguieron a otros dioses para darles
culto. Los habitantes de Israel y de Judá han
quebrantado la alianza que yo había hecho
con sus antepasados. 11 Por eso, así dice el
Señor: Voy a traer contra ellos una desgracia de la que no podrán salir, y cuando clamen a mí, no los escucharé. 12 Entonces las
ciudades de Judá y los habitantes de Jerusalén pedirán auxilio a los dioses a los que
quemaron incienso, pero ellos no podrán
salvarlos en el tiempo de su desgracia.

13 Porque tus dioses, Judá,
son tantos como tus ciudades;
y los altares que han levantado
para quemar incienso en honor de Baal,
son tan numerosos
como las calles de Jerusalén.

14 En cuanto a ti no intercedas por este
pueblo, no eleves por ellos súplicas ni oraciones; porque yo no escucharé cuando me
invoquen en el tiempo de su desgracia.

15 ¿Qué viene a hacer mi amada a mi casa?
Se comporta con delicadeza.
¿Es que los votos y la carne sacrificada
podrán librarte de tu desgracia
y para que te alegres de nuevo?
16 El Señor te llamó:
«Olivo verde, adornado
de frutos generosos».
Pero con gran estrépito le prende fuego,
y arden sus ramas.

17 En efecto, el Señor todopoderoso, que
te había plantado, ha decretado la desgracia contra ti por la maldad de los habitantes
de Israel y de Judá, pues me han irritado
quemando incienso a Baal.

Primera confesión

Is 53 7; Hch 8 32; Jr 15 10-21; 17 14-18; 18 18-23

18 El Señor todopoderoso me lo hizo saber y comprendí. Entonces me hiciste descubrir sus intenciones. 19 Yo era como un
cordero manso llevado al matadero; no sabía lo que conspiraban contra mí. «¡Destruyamos el árbol cuando aún tiene savia,
arranquémoslo de la tierra de los vivos, y
que nadie se acuerde más de su nombre!»

20 Pero tú, Señor todopoderoso,
juzgas rectamente,
y examinas el interior del hombre
y sus intenciones;
haz que yo pueda ver

• **11 18-12 6**: Hemos escuchado a Jeremías desahogarse (Jr 8 18-23) e interceder (Jr 10 23-25). El motivo era la desgracia del pueblo. Ahora cambia el motivo: él mismo es el perseguido. Y en estos momentos no siente cercana la presencia reconfortante que el Señor le había prometido (Jr 1 8); su vocación entra en crisis, y Jeremías se desahoga reclamando al Señor una promesa aparentemente incumplida. A estas explosiones poéticas de desahogo en tiempos de crisis las llamamos *confesiones*. En ellas aflora el cansancio y el dolor profundo de un profeta fiel a su *misión*.

Esta primera confesión tiene dos partes (Jr 11 18-23; 12 1-6). En la primera se trata de un diálogo entre el Señor y su profeta. Aquel le descubre que sus parientes y vecinos conspiran contra él. El profeta se asusta al descubrir su inocente ingenuidad. El Señor, que defiende al injustamente perseguido promete salir en defensa de Jeremías. La imagen del cordero llevado al matadero ha llegado hasta el Nuevo Testamento (Is 53 7; Hch 8 32). En la segunda parte (Jr 12 1-6) Jeremías entabla juicio contra el Señor; el tono jurídico es explícito: *enfrentarse* en un pleito, *inocente, discutir la cuestión*. Jeremías acusa a Dios de dejarse llevar por las apariencias, de castigar a los buenos y bendecir a los malos. El profeta pretende presentar el problema en términos objetivos, pero evidentemente se trata de su caso personal: el Señor está en el fondo de su corazón, y aun así los suyos lo persiguen. La respuesta del Señor no es muy consoladora (Jr 12 5), pues no parece admitir los términos del problema y le asegura que esto no es nada para lo que le espera; tampoco ha pronunciado todavía las amenazas más duras contra el pueblo.

tu venganza sobre ellos,
porque a ti he confiado mi causa.

21 Por eso, así dice el Señor todopoderoso contra los habitantes de Anatot que tratan de matarme y dicen: «¡No profetices en
nombre del Señor, si no quieres que te ma-
temos!»
22 –Yo los castigaré: sus jóvenes morirán a espada, sus hijos y sus hijas morirán
de hambre; 23 no quedará resto de ellos
cuando haga venir la desgracia sobre los
habitantes de Anatot para castigarlos.

12 1 Tú, Señor, resultas inocente
cuando me enfrento contigo.
Sin embargo, quiero discutir
esta cuestión:
¿Por qué prosperan los malvados,
y viven tranquilos los traidores?
2 Los plantas y echan raíces,
crecen y dan fruto.
Estás cerca de su boca,
pero lejos de su corazón.
3 Tú me conoces, Señor, me ves
y sabes cuál es mi actitud contigo.
Apártalos como a ovejas
destinadas al matadero,
resérvalos para el día de la matanza.

4 ¿Hasta cuándo estará en duelo la tierra,
y seco todo el campo? Por la maldad de sus
habitantes, perecen bestias y aves, porque
dicen: «El Señor no ve lo que hacemos».

5 Si corres con los de a pie y te cansan,
¿cómo competirás con caballos?
Si necesitas un país en paz
para estar seguro,
¿qué harás en la espesura del Jordán?

6 Pues hasta tus hermanos y tu familia te
traicionan, ellos mismos andan diciendo a
tus espaldas: «¡Basta!». No confíes en ellos
cuando te digan cosas agradables.

Dios se lamenta por su heredad

Sal 17 1-9

7 Abandono mi casa, rechazo mi heredad,
entrego a la amada de mi alma
en manos de sus enemigos.
8 Mi heredad es para mí
como un león en la selva:
ha lanzado contra mí sus rugidos;
por eso la detesto.
9 Mi heredad se me ha vuelto
un pájaro multicolor,
rodeado de buitres.
¡Vengan, júntense, bestias del campo,
vengan a devorar!
10 Numerosos pastores
han arruinado mi viña,
han pisoteado mi parcela,
convierten en lugar devastado
mi campo preferido,
11 la han convertido en lugar desértico;
está ante mí devastada y desolada.
Todo el país está devastado
y nadie se preocupa.
12 Por todas las lomas del desierto
llegan los devastadores,
porque el Señor empuña
una espada que devora
de un extremo al otro de la tierra;
no hay paz para nadie.
13 Sembraron trigo y cosechan cardos:
en vano se cansaron.
Su cosecha los avergüenza,
por la ardiente ira del Señor.

14 Así dice el Señor:

–A todos los malos vecinos que atacan
la herencia que di a mi pueblo Israel como
patrimonio yo los arrancaré de su suelo y
de en medio de ellos arrancaré a la descendencia de Judá. 15 Pero después de arrancarlos, me apiadaré de ellos y haré que cada
uno regrese a su tierra y a su país. 16 Y si
aprenden el camino de mi pueblo, y a jurar
por mi nombre diciendo: «¡Vive el Señor!»
lo mismo que ellos enseñaron a mi pueblo
a jurar por Baal, entonces se establecerán
en medio de mi pueblo. 17 Pero a la nación
que no obedezca, la arrancaré y la destruiré. Oráculo del Señor.

• **12** 7-17: Según las creencias de la época, la tierra es la herencia que cada pueblo ha recibido de sus dioses. También cada pueblo se considera herencia de sus respectivos dioses. La heredad del Señor (es decir, el pueblo de Israel) tan amada y bendecida por él, lo ha abandonado, y por tanto Israel debe abandonar ahora la tierra de su Dios. Otros reyes la invaden y la pisotean. Ha resultado inútil la siembra de tantos años y el Señor lo lamenta (Jr 12 7-13). La reflexión posterior añade una promesa de retorno (Jr 12 14-17): cada pueblo regresará a su tierra, e Israel a la suya. Entonces aprenderá a conocer a su dueño, como ahora ha aprendido las costumbres de los otros pueblos.

La faja de lino

Jr 19 27-28; Is 20 26; Ez 4 11-13; Sal 109 19

13 1 El Señor me dijo:
–Vete a comprar una faja de lino y
póntela en la cintura, pero no la metas en
agua.
2 Yo compré la faja, como me había dicho el Señor, y me la puse en la cintura.
3 De nuevo el Señor me dijo:
4 –Toma la faja que has comprado y que
llevas puesta, vete al Eufrates y escóndela
allí en la grieta de una roca.
5 Fui y la escondí junto al Eufrates, como el Señor me había mandado. 6 Mucho
tiempo después el Señor me dijo:
–Vete al Eufrates a buscar la faja que yo
te mandé esconder allí.
7 Fui al Eufrates, tomé la faja del lugar
donde la había escondido; la faja estaba ya
podrida, y no servía para nada. 8 Entonces
el Señor me habló así:
9 –Así dice el Señor: De la misma manera voy a deshacer el orgullo de Judá, la
gran soberbia de Jerusalén. 10 Este pueblo
malvado, que se niega a obedecer mis mandatos, que hace caso a su corazón endurecido y va detrás de otros dioses para darles
culto y postrarse ante ellos, quedará como
esa faja que ya no sirve para nada. 11 Pues
como la faja se ata a la cintura del hombre,
así me había atado yo a los habitantes de
Israel y de Judá, oráculo del Señor, para
que fueran mi pueblo, mi honra, mi alabanza y mi honor, pero no me han hecho
caso.

Los cántaros

Jr 25 15-19

12 Les dirás:
–Así dice el Señor, Dios de Israel: Los
cántaros se llenan de vino.
Te responderán:
–Ya sabemos que los cántaros se llenan
de vino.
13 Les contestarás:
–Así dice el Señor: Voy a llenar de embriaguez a todos los habitantes de esta tierra, a los reyes que se sientan en el trono
de David, a los sacerdotes, a los profetas y
a todos los habitantes de Jerusalén. 14 Los
estrellaré unos contra otros, padres e hijos
juntos, oráculo del Señor. Los aniquilaré sin
piedad, sin misericordia y sin compasión.

Advertencias

Is 2 11-19; Am 5 18-20

15 Escuchen con atención;
no sean soberbios,
porque habla el Señor.
16 Den gloria al Señor, su Dios,
antes que oscurezca,
y que sus pies tropiecen
en las oscuras montañas.
Esperan que haya luz,
pero él la cambiará en oscuridad,
la transformará en tenebrosa sombra.
17 Si no escuchan,
lloraré en secreto por su soberbia,
y mis ojos derramarán lágrimas,
porque el rebaño del Señor
será llevado al cautiverio.

18 Di al rey y a la reina:
Siéntense en el suelo,
porque se les ha caído de la cabeza
su magnífica corona.
19 Las ciudades del Négueb están cerradas
y no hay quien las abra;
todo Judá es deportado,
masivamente deportado.
20 Levanta la vista, Jerusalén,
y mira cómo vienen del norte.
¿Dónde está el rebaño

• **13 1-11**: Una acción simbólica (véase Jr 19 1-15; Is 20 2-6; Ez 4 11-13; 5 1-4) sirve para explicar la estrecha relación entre el Señor y su pueblo. La vanagloria termina en orgullo inútil; la auténtica gloria del pueblo consiste en su relación con el Señor (Jr 9 22-23) y se identifica con la gloria de Dios. Si en vez de unirse al Señor, Judá pretende *aliarse al poderoso imperio babilónico* esperando de él protección, se echará a perder como la faja de lino.

• **13 12-14**: Un cántaro se llena de vino; mucho vino produce borrachera; un borracho no entiende. Esta es la lógica de la imagen del cántaro. Pero cambia el tercer elemento: no se menciona la falta de entendimiento del borracho y se explicita –en cambio– su castigo. Una borrachera provocada por el Señor es imagen de castigo (Jr 25 15-29), que aquí alcanza de nuevo y en primer lugar, a los guías del pueblo: reyes, sacerdotes y profetas. Así pues, más que la borrachera, se pretende resaltar el castigo de la misma.

• **13 15-27**: Trozos sueltos con dos líneas temáticas que se cruzan: soberbia-humillación y pastor-rebaño. La soberbia los deja sin pastor (Jr 13 15-17), el rey se queda sin corona (Jr 13 18-19), el rebaño disperso y la capital avergonzada (Jr 13 20-27).

Jr 13 15-17: La soberbia, pecado fundamental del pueblo (Is 2 11-19), convierte la luz en oscuridad (Am 5 18-20).

que te fue confiado?
¿Dónde tus mejores ovejas?
21 ¿Qué dirás cuando vengan contra ti
aquellos que habías acostumbrado
a una amistad que se ha vuelto veneno?
¿No sufrirás como una mujer
cuando da a luz?
22 Tal vez entonces te preguntes:
«¿Por qué me sucede todo esto?»
Por tu gran maldad
te han levantado el vestido
y te han violado.
23 ¿Puede cambiar un etíope
el color de su piel
o un lepardo sus manchas?
Y ustedes, que están habituados al mal,
¿podrán hacer el bien?
24 Yo los dispersaré como paja
que se lleva el viento del desierto.
25 Esta es tu suerte,
la paga que te he asignado,
oráculo del Señor,
por haberme olvidado
y haber confiado en la mentira.
26 Yo mismo te levantaré
el vestido hasta la cara,
para que se vean tus partes íntimas,
27 tus adulterios, tus relinchos,
tu vergonzosa prostitución.
Sobre los colinas, en el campo,
he visto tus detestables ídolos.
¡Ay de ti, Jerusalén
que no quieres purificarte!
¿Hasta cuándo seguirás así?

La gran sequía

Jr 5 20-25; 8 18-23; 23 9-40; 43 11; Ap 13 10; Jr 16 4; 42 17

14 1 El Señor dirigió esta palabra a Jeremías con ocasión de la sequía:
2 Judá está de luto,
sus ciudades desfallecen,
están tiradas por tierra,
suben alaridos de Jerusalén.
3 Los señores mandan
a sus siervos por agua;
ellos van a los pozos,
pero no la encuentran,
regresan con sus cántaros vacíos;
avergonzados y humillados,
se cubren la cabeza.
4 El suelo está agrietado
porque no llueve en el país;
los campesinos, avergonzados,
se cubren la cabeza.
5 Hasta la cierva pare en el campo
y abandona su cría por falta de hierba.
6 Los asnos salvajes
se detienen en las lomas,
aspirando el aire como los chacales;
sus ojos están debilitados
por falta de hierba.

7 Aunque nuestras maldades nos acusan,
Señor, actúa por el honor de tu nombre.
Sí, son muchas nuestras rebeldías,
hemos pecado contra ti.
8 Tú eres la esperanza de Israel,
su salvador en tiempo de angustia.
¿Por qué te comportas
como extranjero en esta tierra,
como caminante que se desvía
para pasar la noche?
9 ¿Por qué te comportas
como un hombre aturdido,
como un guerrero incapaz de salvar?
Tú estás en medio de nosotros, Señor,
y llevamos tu nombre,
¡no nos abandones!

10 Así responde el Señor a este pueblo:
–¡Les gusta vagabundear, no saben por
donde van! Pero al Señor no le agrada su
proceder; recuerda su maldad y castiga sus
pecados.

Jr 13 18-19: El rey humillado, *sin trono ni corona*. Jeconías y su madre fueron deportados (2 Re 24 8. Lam 1 1.3.7).

Jr 13 20-27: Jerusalén, orgullosa de su condición, se olvidó del Señor y ahora se lamenta avergonzada. Razón: su infidelidad. Instrumento del castigo: el enemigo del norte.

• **14 1-15 9**: La sequía es una calamidad natural que alcanza a cualquier tipo de vida. Si en zona desértica Dios es imaginable como una corriente de agua, es fácil ver en la sequía un castigo para quien abandone a ese Dios. Encontramos en estos pasajes dos procesos paralelos, que siguen el esquema de las lamentaciones: a) descripción de la plaga (Jr 14 1-6), lamento del pueblo (Jr 14 7-9), respuesta del Señor (Jr 14 10-16); b) plaga (Jr 14 17-18), lamento (Jr 14 19-22), respuesta (Jr 15 1-4.5-9).

Jr 14 1-6: Se describe una catástrofe. Las relaciones sociales, el trabajo humano, la vida animal sufren las consecuencias. Todos buscan angustiosamente agua.

Jr 14 7-9: Al presentar el lamento ante el Señor se comienza reconociendo la culpabilidad (Jr 14 7), sigue la queja por la falta de ayuda del Señor (Jr 14 8), para finalmente expresar la confianza en él (Jr 14 9) y pedirle auxilio.

Jr 14 10-16: La búsqueda angustiada de agua da pie para aludir al continuo peregrinar detrás de otros dioses.

11 Entonces el Señor me dijo:
–No intercedas en favor de este pueblo.
12 Aunque ayunen, no escucharé su súplica; aunque ofrezcan holocaustos y ofrendas, no los aceptaré; con espada, hambre y
peste los exterminaré.
13 Yo respondí:
–¡Ah, Señor! Mira que los profetas les
dicen: «No verán la espada ni pasarán hambre, yo les daré paz duradera en este lugar».
14 Y el Señor me dijo:
–Es mentira lo que éstos profetizan en
mi nombre; yo no los he enviado, no les he
mandado nada ni les he hablado; visiones
falsas, vanas predicciones, fantasías de su
propia imaginación, eso es lo que profetizan.
15 Por eso, así dice el Señor sobre los
profetas que profetizan en mi nombre sin
que yo los haya enviado y que dicen: «No
habrá espada ni hambre en este país»:
–De hambre y por la espada morirán
esos profetas. 16 Y aquellos a quienes esos
profetas se dirigen serán tirados por las
calles de Jerusalén, víctimas del hambre y
de la espada; no habrá quien los sepulte, ni
a ellos ni a sus mujeres ni a sus hijos ni a
sus hijas; yo haré recaer sobre ellos su maldad.

17 Y tú les dirás esta palabra:
Mis ojos se deshacen en lágrimas
día y noche sin cesar,
porque un gran desastre viene
sobre mi pueblo,
y su herida es incurable.
18 Si salgo al campo,
allí están las víctimas de la espada;
si entro en la ciudad,
sólo hay angustia a causa del hambre.
Profetas y sacerdotes vagan por el país
y no logran comprender.
19 ¿Has rechazado totalmente a Judá?
¿Has dejado de amar a Sión?
¿Por qué nos hieres de este modo?
Esperábamos la paz,
pero no hay bienestar;
el tiempo de que nos sanes,
pero sólo hay espanto.
20 Reconocemos, Señor, nuestra maldad
y la culpa de nuestros antepasados.
Hemos pecado contra ti.
21 Por el honor de tu nombre,
no nos desprecies,
no profanes el trono de tu gloria;
acuérdate, no rompas
tu alianza con nosotros.
22 ¿Acaso hay algún ídolo
de los paganos que haga llover?
¿Dan los cielos la lluvia por sí solos?
¿No eres sólo tú, Señor, Dios nuestro?
Nosotros esperamos en ti,
porque eres tú quien hace todo esto.

15 1 El Señor me dijo:
–Aunque se presentaran ante mí Moisés y Samuel, no me apiadaría de este pueblo: Echalos de mi presencia; que se vayan.
2 Y si te dicen: «¿Adónde iremos?», les responderás: Así dice el Señor:

A la muerte el destinado a la muerte;
a la espada el destinado a la espada;
al hambre el destinado al hambre;
al cautiverio el destinado al cautiverio.

3 Yo enviaré contra ellos cuatro clases
de castigos, oráculo del Señor: la espada
para matarlos, los perros para arrastrarlos,
las aves del cielo y las bestias de la tierra
para devorarlos y acabar con ellos. 4 Servirán de escarmiento para todos los pueblos
de la tierra, a causa de Manasés, hijo de
Ezequías, rey de Judá, por todo lo que ha
hecho en Jerusalén.

Al verdadero profeta se le prohibe por tercera vez la intercesión (Jr 7 16; 11 14). Aún así interviene culpando a los falsos profetas (Jr 14 13). El Señor da la razón a Jeremías y condena a los falsos profetas de forma inequívoca (Jr 14 14-16).

Jr 14 17-18: Esta vez la descripción de la catástrofe no se hace en términos objetivos, sino a través del espanto que produce en un testigo, que podría ser el mismo profeta. *Hay huellas del desastre en el campo y en la ciudad*; el dolor del testigo no conoce descanso.

Jr 14 19-22: La intervención del pueblo comienza con un lamento en forma de preguntas que suponen una cierta esperanza (Jr 14 19). Es indispensable que reconozcan su culpabilidad, acumulada en la historia a través de generaciones (Jr 2 5). Finalmente piden ayuda, aduciendo la importancia de Jerusalén (*trono de su gloria*) e invocando la alianza, al tiempo que confiesan que el Señor es el único Dios (Jr 14 21-22).

Jr 15 1-9: La respuesta del Señor es muy dura: no admite la súplica del pueblo, ni la intercesión del profeta. Están ya inexorablemente juzgados y su destino es invariable: la destrucción; sólo el modo puede cambiar. El motivo es la idolatría, cuyo apogeo coincide con el reinado de Manasés (2 Re 21 10-15; 23 26; 24 3). El destino de Jerusalén sigue la misma pauta (Jr 15 5-9). Ha pasado el tiempo de la indulgencia. La capital es como la madre que llora por sus hijos muertos.

5 ¿Quién se apiadará de ti, Jerusalén?
¿Quién te compadecerá?
¿Quién se desviará para preguntar por ti?
6 Tú me has abandonado,
oráculo del Señor,
me has dado la espalda.
Por eso extendí mi mano
para destruirte,
cansado ya de compadecerme
7 Los he dispersado con la horquilla
por las ciudades del país,
los he privado de hijos,
he aniquilado a mi pueblo,
pero no cambiaron de conducta.
8 Sus viudas son más
que la arena de la playa;
envié en pleno día un devastador
contra las madres de los jóvenes;
hice caer de repente sobre ellas
angustia y pánico.
9 La madre de siete hijos,
desfallecía al faltarle el aliento;
el sol se ha puesto para ella
en pleno día,
está avergonzada y confundida.
Y lo que queda de ellos,
lo entregaré a la espada,
al asalto de sus enemigos.
Oráculo del Señor.

Segunda confesión

Jr 1 4-10.17-19; 11 18-12 6; 17 14-18; 18 18-23; 20 7-18

10 ¡Ay de mí, madre mía,
pues me engendraste
hombre de pleitos y controversias
con todo el mundo!
No he prestado, ni he pedido préstamos,
y sin embargo todos me maldicen.
11 Dice el Señor:
Sí, te he creado enemistades,
pero para bien;
sí, lancé al enemigo contra ti
en el tiempo de la desgracia
y de la angustia; pero
12 ¿puede partirse el hierro,
el hierro del norte y el bronce?
13 Entregaré al saqueo
tus bienes y tus tesoros,
por todos los pecados
cometidos en tu territorio.
14 Te haré esclavo de tus enemigos
en un país que no conoces;
se ha encendido el fuego de mi ira
y arde contra ustedes.

15 Tú lo sabes, Señor;
acuérdate de mí y cuídame;
véngame de mis perseguidores,
no dejes que me arrebaten,
abusando de tu paciencia;
mira que por ti soporto las injurias.
16 Cuando encontraba tus palabras,
yo las devoraba;
tus palabras eran mi delicia
y la alegría de mi corazón,
porque he sido consagrado a tu nombre,
Señor, Dios todopoderoso.
17 No me he sentado a disfrutar
con los que se divertían;
forzado por tu mano me senté solitario,
pues tú me llenaste de indignación.
18 ¿Por qué es continuo mi dolor,
y mi herida incurable y sin remedio?
Te me has vuelto arroyo engañoso
de aguas inconstantes.
19 Entonces el Señor me respondió así:
Si regresas a mí, yo te haré regresar
y estarás a mi servicio,
si separas lo precioso de lo despreciable,
tú serás mi portavoz;
que sean ellos quienes te den la razón
y no tú a ellos.
20 Te pondré frente a este pueblo,
como sólida muralla de bronce:
lucharán contra ti, pero no te vencerán,
pues yo estaré contigo para salvarte
y librarte. Oráculo del Señor.
21 Te libraré de la mano de los malvados,
te rescataré del poder de los violentos.

• **15 10-21**: Segunda confesión de Jeremías (véase nota a Jr 11 18-12 6). El texto está deteriorado. Esta traducción reproduce un diálogo: a) Jeremías se lamenta de tanta persecución (Jr 15 10); b) el Señor le responde que tiene razón, pero que es para su bien y debe ser fuerte (Jr 15 11-12; véase Jr 1 18), pues también la suerte de su pueblo será dura (Jr 15 13-14 =17 3-4); c) vuelve a tomar la palabra el profeta pidiendo justicia (Jr 15 15-18). A su favor, invoca tanto su intimidad con la palabra proclamada (Jr 15 16), como su soledad, una soledad exigida por Dios (Jr 15 17; véase Jr 16 5.7) y no compensada con su presencia prometida (Jr 1 8.17-19). Dios, manantial de agua viva (Jr 14 8; 17 13), resulta arroyo engañoso. d) Respuesta definitiva de Dios prometiendo un apoyo total al profeta (Jr 15 19-21).

La vida del profeta, signo de su mensaje

Jr 16 4; 42 17; 25 10; 33 11

16 1 El Señor me habló así:
2 –No te cases; no tengas hijos ni hijas en este lugar. 3 Porque así dice el Señor
de los hijos e hijas que nazcan en este lugar, de las madres que los den a luz y de los
padres que los engendren: 4 Morirán cruelmente; no serán llorados ni enterrados, sino
que quedarán para estiércol sobre la tierra;
perecerán de hambre y por la espada, y sus
cadáveres serán alimento de las aves del
cielo y de las bestias de la tierra.

5 Así dice el Señor:

–No entres en una casa donde hay un
banquete fúnebre; no vayas a lamentarte ni
les des el pésame, porque yo retiro de este
pueblo, oráculo del Señor, mi paz, la misericordia y la compasión. 6 Grandes y pequeños morirán en esta tierra sin ser enterrados
ni llorados; nadie se hará por ellos cortaduras, ni se rapará la cabeza. 7 Nadie partirá el
pan con quien está de luto para consolarlo
por un muerto; nadie le ofrecerá la copa de
consolación por el padre o la madre.

8 No entres tampoco en una casa donde
celebran una fiesta, para sentarte a comer y
beber con ellos. 9 Porque así dice el Señor
todopoderoso, Dios de Israel: Voy a hacer
callar en este lugar, ante ustedes y en estos
días, las voces festivas y alegres, los cantos del novio y de la novia.

10 Cuando anuncies a este pueblo todas
estas cosas y te pregunten: «¿Por qué nos
amenaza el Señor con esta gran calamidad? ¿Cuál es nuestra maldad? ¿Qué pecados hemos cometido contra el Señor nuestro Dios?», 11 les responderás: «Sus antepasados me abandonaron, oráculo del Señor,
siguieron a otros dioses, les dieron culto y
se postraron ante ellos; me abandonaron y
no cumplieron mi ley. 12 Pero ustedes son
peores que sus antepasados; cada uno sigue la maldad de su corazón endurecido sin
escucharme a mí. 13 Los expulsaré de esta
tierra y los llevaré a un país que ni ustedes
ni sus antepasados conocían; allí darán culto día y noche a otros dioses, porque yo no
tendré piedad de ustedes».

El nuevo éxodo

Jr 23 7-8

14 En efecto, vienen días, oráculo del Señor, en que ya no se dirá: «¡Vive el Señor,
que sacó a los israelitas del país de Egipto!» 15 Sino que se dirá: «¡Vive el Señor,
que sacó a los israelitas del país del norte y
de todos los lugares por donde los había
dispersado!» Yo los haré regresar a la tierra que había dado a sus antepasados.

Anuncio de invasión

Ap 18 6

16 Yo mandaré muchos pescadores,
oráculo del Señor, que los pescarán; después mandaré muchos cazadores que los
cazarán por las montañas y los cerros y
hasta en las grietas de las rocas. 17 Porque
yo vi-gilo su conducta y la conozco; su
maldad está siempre presente ante mí. 18
Les haré pagar el doble por su maldad y su
pecado, porque han profanado mi tierra
con sus de-testables acciones y han plaga-
do de abominaciones la tierra que les dí.

Oración de confianza

Is 45 14; 40 20; 42 8

19 El Señor es mi fuerza y mi fortaleza,
mi refugio cuando llega la angustia.
A ti vendrán las naciones
desde los extremos de la tierra,

• **16** 1-13: El profeta testimonia en la vida su mensaje. En el caso de Oseas, un mensaje de perdón se predicaba a través de la boda con una prostituta o adúltera (Os 1-3). En el caso presente, el mensaje de los *últimos tiempos* exige el celibato. En el momento final no merece la pena engendrar hijos (Jr 16 1-4), ni compadecer a quienes visita la muerte (Jr 16 5-7). A Jeremías se le exige la total separación de su pueblo (véase Jr 15 17). Normalmente un *pueblo se congrega en funerales o bodas*. La vida de Jeremías resulta tan incomprensible para sus contemporáneos como su mensaje (Jr 16 10). La razón: el pecado ha llegado al colmo y ya no hay lugar para la misericordia.

• **16** 14-15: En medio del juicio por la maldad pasada y presente, se mira con esperanza la futura actuación de Dios. Si en el pasado sus obras fueron admirables, las que va a realizar en el futuro harán olvidar las antiguas. El Señor podrá presentarse bajo diversos nombres, pero su característica constante seguirá siendo liberar y congregar.

• **16** 16-18: Con las imágenes de la caza y de la pesca el profeta anuncia la invasión extranjera. El motivo que la provoca es, como en otras ocasiones, la idolatría del pueblo.

• **16** 19-21: Este breve himno tiene la forma de súplica de confianza del profeta, basada en tres motivos: el Señor como garantía de confianza y auxilio (Jr 16 19a); la vaciedad e inutilidad de los ídolos (Jr 16 19b-20); y la promesa de intervención divina (Jr 16 21).

diciendo: «Sólo mentira
heredaron nuestros antepasados,
sólo vacío e inutilidad».
20 ¿Puede un hombre hacerse sus dioses?
¡Entonces, no son dioses!
21 Pero esta vez sí que les voy a mostrar
mi poder y mi fuerza,
y reconocerán que mi nombre es el Señor.

Pecados de Judá

Jr 15 13-14

17 1 El pecado de Judá
está escrito con punzón de hierro,
con punta de diamante está grabado
en la tabla de su corazón
y en las esquinas de sus altares.
2 Contra ellos dan testimonio
los altares e imágenes sagradas
que levantaron junto
a todo árbol frondoso
en las colinas elevadas,
3 y en los altozanos del campo.
Entregaré al saqueo
tus bienes y todos tus tesoros,
por todos los pecados cometidos
en todo tu territorio.
4 Tendrás que renunciar a la herencia
que yo te había dado,
te haré esclavo de tus enemigos
en un país que no conoces;
porque se ha encendido
el fuego de mi ira
y arderá para siempre.

Oráculos sapienciales

Jr 9 22-23; Sal 146 3-4; 40 5; 1 3; 62 13; Mt 16 27

5 Así dice el Señor:
¡Maldito quien confía en el hombre
y se apoya en los mortales,
apartando su corazón del Señor!
6 Será como un matorral en la estepa,
que no ve venir la lluvia,
pues habita en un árido desierto,
en tierra salobre y despoblada.
7 Bendito quien confía en el Señor,
y pone en el Señor su confianza.
8 Será como un árbol
plantado junto al agua,
que alarga hacia la corriente sus raíces;
nada teme cuando llega el calor,
su follaje se conserva verde;
en año de sequía no se inquieta
ni deja de dar fruto.
9 Nada más traidor y perverso
que el corazón del hombre:
¿Quién llegará a conocerlo?
10 Yo, el Señor, sondeo el corazón,
examino la conciencia,
para dar a cada cual según su conducta,
según lo que merecen sus acciones.
11 Perdiz que empolla huevos ajenos
es quien amontona riquezas injustas;
en la mitad de su vida
su fortuna lo abandona,
y termina siendo un necio.

Confianza en el templo

Jr 14 8; 2 13

12 Trono de gloria,
magnífico desde el principio,
es nuestro santuario.
13 ¡Tú eres, Señor, la esperanza de Israel,
y todos los que te abandonan
quedarán avergonzados;
los que se apartan de ti
bajarán al país de los muertos,
porque abandonaron al Señor,
fuente de agua viva!

Tercera confesión

Jr 11 18-12 6; 15 10-21; 18 18-23; 20 7-18

14 Sáname, Señor, y quedaré sano,
sálvame, y quedaré a salvo,
porque tú eres mi gloria.

• **17 1-4**: El pecado de Judá es manifiesto; se encuentra en el corazón de cada uno y en los altares profanados. Por eso el Señor le retira su promesa y los privilegios que ésta lleva consigo.

• **17 5-11**: Tres oráculos de estilo sapiencial. El primero (Jr 17 5-8) parafrasea el Sal 1. Los mortales son un fundamento poco seguro; el Señor hace fructificar a quien confía en él. El segundo (Jr 17 9-10) expresa la capacidad del hombre para engañarse y engañar. El Señor, por el contrario, penetra hasta lo más escondido del corazón humano. El tema de las riquezas como apoyo inconsistente es el tema del tercer oráculo (Jr 17 11).

• **17 12-13**: El templo es la gloria de Jerusalén, pero puede convertirse en motivo de perdición para todos los que abandonan el auténtico culto al Señor.

• **17 14-18**: Jr 37 puede servir de trasfondo para comprender este texto. Jeremías pronuncia amenazas de parte del Señor, pero Dios alarga el tiempo de su cumplimiento, posibilitando la conversión. La paciencia de Dios se convierte en burla contra el profeta, pues no se cumple su palabra. Jeremías no inventó su mensaje (Jr 17 16) ni le gustaba pronunciarlo (Jr 20 8). Pide ser sanado: que la historia le dé la razón y que sus perseguidores queden avergonzados.

15 Ellos me dicen:
«¿Dónde está la palabra del Señor?
¡Que se cumpla!»
16 Pero yo no te he provocado
para que envíes el mal,
no he deseado que venga la desgracia,
tú sabes lo que han dicho mis labios,
pues lo he dicho en tu presencia.
17 No me infundas terror,
pues tú eres mi refugio
cuando llega la desgracia.
18 ¡Qué se avergüencen
mis perseguidores, y no yo!
¡Qué se confundan ellos, y no yo;
haz venir sobre ellos la desgracia,
machácalos, una y otra vez!

El sábado

Ex 20 8-11; Dt 5 12-15; Is 58 13-14; Neh 13 15-21

19 Esto me dijo el Señor:
–Colócate en la puerta principal, por
donde entran y salen los reyes de Judá, y
en las demás puertas de Jerusalén, 20 y diles: Escuchen la palabra del Señor, reyes de
Judá, y todos ustedes, habitantes de Judá y
de Jerusalén que entran por estas puertas.
21 Así dice el Señor: Cuídense mucho de
transportar carga el sábado y hacerla circular por las puertas de Jerusalén. 22 No saquen carga de sus casas el sábado ni hagan
trabajo alguno; santifiquen el sábado como
mandé a sus antepasados. 23 Pero ellos no
escucharon ni hicieron caso, se empeñaron
en no escuchar ni aprender. 24 Si ustedes
me escuchan de verdad, oráculo del Señor,
si no hacen circular carga por las puertas de
esta ciudad el sábado, si santifican el sábado y no hacen en él trabajo alguno, 25 entonces, entrarán por estas puertas, montados en carrozas y caballos, los reyes sucesores de David, junto con sus ministros, los
hombres de Judá y los habitantes de Jerusalén; y esta ciudad será habitada eternamente. 26 Y vendrán de las ciudades de Judá y
de los alrededores de Jerusalén, de la tierra
de Benjamín, de la llanura, de la montaña y
del Négueb, a ofrecer holocaustos, sacrificios, ofrendas, incienso y sacrificios de
acción de gracias en el templo del Señor.
27 Pero si no obedecen mi orden de santificar el sábado y de no transportar carga ni
hacerla circular por las puertas de Jerusalén en ese día, prenderé fuego a sus puertas, y devorará los palacios de Jerusalén sin
apagarse.

En casa del alfarero

Ez 18 21-24

18 1 El Señor dirigió esta palabra a Jeremías:
2 –Baja en seguida a la casa del alfarero; allí te comunicaré mi palabra.
3 Bajé a la casa del alfarero, y lo encontré trabajando en el torno. 4 Si se estropea-
ba la vasija que estaba haciendo mientras
moldeaba la arcilla con sus manos, volvía
a hacer otra a su gusto. 5 Entonces el Señor
me dijo:
6 –¿Acaso no puedo yo hacer con ustedes, pueblo de Israel, igual que hace el alfarero? Oráculo del Señor. Como está la
arcilla en manos del alfarero, así están ustedes en mis manos, pueblo de Israel.
7 A veces me dirijo a una nación o a un
reino y hablo de arrancar, derribar y destruir; 8 pero si esa nación se convierte de
su maldad, también yo me arrepiento del
mal que había pensado hacerle. 9 Otras veces me dirijo a una nación o a un reino y
hablo de edificar y plantar; 10 pero si esa
nación me ofende con su conducta y no me
obedece, entonces yo también me arrepiento del bien que había pensado hacerle.
11 Y ahora di a los hombres de Judá y a
los habitantes de Jerusalén: Así dice el Señor:
–Miren que yo preparo una desgracia, y
maduro un plan contra ustedes. Que cada

• **17** 19-27: Este pasaje en prosa explica la ley de la santificación del sábado. Las puertas de la ciudad sirven como lugar de reunión del pueblo, para administrar justicia y para transacciones comerciales. Pero si se convierten en *lugares de pecado, allí se congregarán* los invasores. El humo de los holocaustos y el incienso del templo contrastan con la imagen del fuego castigador.

• **18** 1-17: *Arrancar, derribar* y *destruir* (Jr 18 7), *edificar* y *plantar* (Jr 18 9) son verbos constitutivos de la vocación de Jeremías (Jr 1 10) y marcan etapas distintas en la historia de los pueblos: la conversión evita lo primero, la dureza de corazón imposibilita lo segundo. La libertad humana conlleva responsabilidad; por encima queda la libertad de Dios.

Los versículos finales (Jr 18 13-17) ilustran el absurdo comportamiento del pueblo (véase Is 29 16) y fundamentan la sentencia de Dios. Han hecho lo que parecía imposible. Su pecado los condena: por abandonar el agua, se convertirán en desierto; por seguir otros caminos, serán dispersados.

cual se convierta de su perversa conducta;
corrijan su proceder y sus acciones. 12 Pero
ellos responderán: «¡Nada de eso, seguiremos nuestros planes, y cada cual actuará
según le dicte su perverso corazón!»

13 Por eso, así dice el Señor:
Pregunten a las naciones:
¿Quién oyó cosa igual?
Algo horrible ha cometido
el pueblo de Israel.
14 ¿Pueden desaparecer
las piedras del campo,
o la nieve de las cumbres del Líbano?
¿Pueden olvidar las aguas frescas
al manantial del que fluyen?
15 Pues mi pueblo me ha olvidado a mí,
para ofrecer incienso a dioses vacíos
que los hacen desviarse
de las sendas antiguas,
y tomar rutas y caminos no trazados;
16 dejarán desierta su tierra,
y será objeto de burla perpetua;
todo el que pase por ella
quedará asombrado
y moverá la cabeza.
17 Como el viento del este
los dispersaré ante el enemigo;
les daré la espalda y no la cara,
cuando la ruina venga sobre ellos.

Cuarta confesión

Jr 11 18-12 6; 15 10-21; 17 14-18; 20 7-18

18 Ellos dijeron: «Vamos a tramar un
plan contra Jeremías, porque no nos faltará
la instrucción del sacerdote, ni el consejo
del sabio, ni la palabra del profeta. Hablemos mal de él; no prestemos atención a
ninguna de sus palabras».

19 ¡Hazme caso tú, Señor,
escucha lo que dicen mis adversarios!
20 ¿Acaso se devuelve mal por bien?
Pues ellos han cavado una fosa para mí.
Recuerda cómo estuve ante ti,
intercediendo en su favor,
para alejar de ellos tu ira.
21 ¡Pues bien, haz que sus hijos
perezcan de hambre,
abandónalos a merced de la espada!
¡Qué sus mujeres
queden viudas y sin hijos!
¡Caigan muertos sus hombres,
y sus jóvenes atravesados
por la espada en el combate!
22 ¡Qué se oigan gritos en sus casas,
cuando, de improviso,
mandes tú salteadores contra ellos!
Pues han cavado una fosa
para atraparme,
han puesto trampas
para que caiga en ellas.
23 Pero tú, Señor, conoces el plan
que han tramado para matarme.
No perdones su maldad,
no apartes de tu vista su pecado.
¡Qué caigan derribados ante ti,
castígalos cuando hagas venir tu ira!

El jarro roto

Jr 18 1-12; 7 29-34; Dt 28 53-57

19 1 El Señor me dijo:
–Vete a comprar un jarro de barro; toma contigo algunos de los ancianos del
pueblo y de los sacerdotes; 2 vé al valle de
Ben-Hinón, a la entrada de la puerta de la
alfarería, y proclama allí las palabras que
yo te diga. 3 Dirás: Escuchen la palabra del
Señor, reyes de Judá y habitantes de Jerusalén. Así dice el Señor todopoderoso, Dios
de Israel: Haré venir sobre este pueblo una
desgracia tal, que al que lo oiga le zumbarán los oídos. 4 Porque me han abandonado; han profanado este lugar, ofreciendo
en él incienso a otros dioses que ni ellos ni
sus antepasados ni los reyes de Judá co-

• **18 18-23**: Los adversarios de Jeremías lo persiguen apoyándose en la tradición: sabios, sacerdotes y profetas van a darles la razón. Jeremías ve cerrarse el círculo de enemigos a su alrededor, su angustia crece. El ha intercedido por ellos mientras podía. Ahora su defensa está en manos del Señor (Jr 18 20). El libertador de oprimidos conoce perfectamente la realidad (Jr 18 23).

• **19 1-20 6**: La acción simbólica del jarro roto empalma con el capítulo anterior; el tema, con las polémicas anti-idolátricas. La reflexión genérica esbozada a partir del barro y el alfarero (Jr 18 1-12), concluía con una llamada a la conversión que no fue escuchada (Jr 18 11-12). Esta reflexión se proyecta ahora en una acción simbólica, para denunciar los pecados idolátricos del pueblo (Jr 19 4-5) y anunciar el castigo que se repite, con variantes, por cuatro veces (Jr 19 3; 19 6-9; 19 11-13; y 19 15). Sobre el Tófet, véase nota a Jr 7 29-8 3.

El enfrentamiento de Jeremías con Pasjur y el encarcelamiento del profeta (Jr 20 1-2) da pie a un nuevo oráculo de condena dirigido contra el sacerdote Pasjur (Jr 20 3-6) y pone de manifiesto una de las constantes de la vida de Jeremías (y, en general, de todo auténtico profeta): la persecución, la cárcel y todo tipo de sufrimientos, por ser fiel a la misión encomendada.

nocían, y han llenado este lugar de sangre
inocente; 5 han construido santuarios a Baal
y han quemado a sus propios hijos en su
honor, cosa que yo no había mandado ni
ordenado, ni se me había pasado por la cabeza. 6 Por eso, vienen días, oráculo del
Señor, en que este lugar no se llamará ya
Tófet ni valle de Ben-Hinón, sino valle de
la Matanza. 7 Yo haré fracasar los planes
de Judá y de Jerusalén en este lugar; los
haré caer a espada ante sus enemigos, a
manos de los que buscan matarlos; y daré
sus cadáveres como alimento a las aves del
cielo y a las bestias de la tierra. 8 Dejaré
desierta esta ciudad y haré de ella motivo
de burla: todo el que pase cerca quedará
asombrado y silbará a la vista de tantas heridas. 9 Les haré comer la carne de sus hijos
y de sus hijas, y se devorarán unos a otros
en la angustia del cerco y en la miseria a
que los reducirán los enemigos que quieren matarlos.

10 Romperás el jarro ante los hombres
que te hayan acompañado, 11 y les dirás:
Así dice el Señor todopoderoso: Yo romperé este pueblo y esta ciudad como se rompe
una vasija de arcilla, que ya no puede rehacerse. Se harán los entierros en Tófet por
falta de sitio para enterrar. 12 Esto es lo que
haré con este lugar, oráculo del Señor, y
con sus habitantes: convertiré a esta ciudad
en un Tófet. 13 Y las casas de Jerusalén y las
de los reyes de Judá serán impuras como el
Tófet; todas las casas, en cuyas terrazas han
quemado incienso a todos los astros del
cielo y han hecho ofrendas en honor de
otros dioses.

14 Al regresar Jeremías del Tófet, adonde el Señor lo había mandado a profetizar,
se detuvo en el atrio del templo del Señor
y dijo a todo el pueblo:

15 –Así dice el Señor todopoderoso, Dios
de Israel: Voy a traer sobre esta ciudad y sobre todas las que dependen de ella la desgracia con que les había amenazado, porque
se empeñaron en no escuchar mis palabras.

20 1 El sacerdote Pasjur, hijo de Imer, responsable principal del templo del Señor, al oír a Jeremías profetizar estas palabras, 2 mandó azotar al profeta y meterlo
en el calabozo de la puerta alta de Benjamín, que está en el templo del Señor. 3 Al
día siguiente, cuando Pasjur lo mandó sacar del calabozo, Jeremías le dijo:

–El Señor ya no te llama Pasjur, sino
Cerco de Terror, 4 porque así dice el Señor:
Yo te voy a convertir en terror para ti y para todos tus amigos los cuales caerán bajo
la espada de sus enemigos ante tus propios
ojos. Entregaré a Judá en poder del rey de
Babilonia; él los deportará a Babilonia y
los matará a espada. 5 Entregaré todas las
riquezas de esta ciudad, su fortuna, sus objetos preciosos, todos los tesoros de los reyes de Judá, en manos de sus enemigos,
para que los saqueen y se apoderen de ellos
y se los lleven a Babilonia. 6 Y tú, Pasjur, y
todos los que viven en tu casa irán al cautiverio; llegarás a Babilonia y allí morirás y
serás enterrado junto a todos tus amigos a
quienes has profetizado cosas falsas.

Quinta confesión

Jr 11 18-12 6; 15 10-21; 17 14-18; 18 18-23; Gn 19 24-25

7 Tú me engañaste, Señor,
y yo me dejé engañar;
me has forzado y me has vencido.
Se ríen de mí sin cesar,
todo el mundo se burla de mí.
8 Cada vez que hablo tengo que gritar
y anunciar: «Violencia y ruina».
La palabra del Señor
se ha convertido para mí
en constante motivo de insulto y burla.

• **20** 7-18: La oposición contra Jeremías crece; su tensión interna alcanza su nivel más elevado. Las tres partes de esta confesión marcan la cumbre del desgarramiento psicológico en que se encuentra el profeta.

La primera parte (Jr 20 7-10) es una queja dirigida a Dios. La secuencia *seducir-forzar-vencer* expresa una acción poderosa por parte del Señor, similar a la que intentan los enemigos de Jeremías (Jr 20 10). El profeta se queja de tener que predicar lo que no le gusta, de ser por ello objeto de burla y de no poder dejar de hablar.

La segunda parte (Jr 20 11-13) es un inesperado himno de alabanza al Señor que lo salva. Quien introdujo aquí estos versos no ofreció un final feliz al dolor, sino que expresó el fondo real de la crisis: también el Señor conoce a fondo el corazón del hombre apenado (Jr 11 20) y tiene sus planes de salvación. Se mantiene el tono judicial de la confesión.

Finalmente (Jr 20 14-18) el profeta se pregunta por el sentido de su vida, y su respuesta es desesperada. No maldice al padre ni a la madre (Lv 20 9), pero roza el límite. El Señor no responde. ¿Qué respuesta podría ser válida en tal momento? Penas, insultos y tormentos (Jr 20 18) son el resumen de la vida de Jeremías. Ningún profeta consiguió nada en vida. Jesús tampoco.

9 Yo me decía: «No pensaré más en él,
no hablaré más en su nombre».
Pero era dentro de mí
como un fuego ardiente
encerrado en mis huesos;
me esforzaba en sofocarlo,
pero no podía.
10 He escuchado las calumnias de la gente:
«¡Terror por todas partes!
¡Denúncienlo, vamos a denunciarlo!»
Todos mis familiares
espiaban mi traspié:
«¡Quizá lo podamos engañar,
lo vencemos y nos desquitamos de él!»

11 Pero el Señor está conmigo
como un guerrero poderoso;
mis perseguidores caerán
y no me vencerán,
quedarán avergonzados por su fracaso,
sufrirán una humillación
eterna e inolvidable.
12 ¡Oh Señor todopoderoso,
que examinas al justo,
que ves el interior del hombre
y sus intenciones,
haz que yo vea cómo te vengas de ellos,
porque a ti he confiado mi causa!
13 Canten al Señor, alaben al Señor,
que libró al pobre
del poder de los perversos.

14 ¡Maldito el día en que nací;
el día en que mi madre
me dio a luz no sea bendito!
15 ¡Maldito el hombre
que dio a mi padre la noticia:
«Te ha nacido un hijo varón»,
llenándolo de alegría!
16 Quede ese hombre como las ciudades
que el Señor destruyó sin piedad,
que oiga gritos por la mañana,
y alaridos a mediodía.
17 ¿Por qué no me hizo
morir en el vientre?
Mi madre habría sido mi tumba,
y nunca me habría dado a luz.
18 ¿Para qué salí del vientre?
Para ver penas y tormentos,
y acabar mis días avergonzado.

3. Oráculos contra los reyes y los profetas ◊

Contra Sedecías

Jr 27 12-15; 37 3-10

21 1 El Señor dirigió esta palabra a Jeremías cuando el rey Sedecías envió a
Pasjur, hijo de Malaquías, y al sacerdote
Sofonías, hijo de Maasías para decirle:
2 –Consulta por nosotros al Señor, porque Nabucodonosor, rey de Babilonia, nos
está atacando. Tal vez el Señor realice en
favor nuestro uno de sus prodigios y Nabucodonosor se aleje de nosotros.
3 Jeremías les dijo:
–Respondan a Sedecías: 4 Así dice el
Señor, Dios de Israel: Yo haré retroceder
las armas que empuñan para combatir contra el rey de Babilonia y contra los caldeos
que los asedian desde fuera de las murallas,
y haré con ellas un montón en medio de
esta ciudad. 5 Yo mismo combatiré contra
ustedes con mano fuerte y brazo extendido,
con rabia, ira y gran indignación. 6 Heriré
a los habitantes de esta ciudad, hombres y

◊ **21 1-24 10**: Los oráculos reunidos en esta sección se dirigen contra los dos principales instituciones del pueblo de Israel: los reyes (Jr 21 1-23 8) y los profetas (Jr 23 9-24 10). Jeremías, fiel a su vocación de ser *columna de hierro y muralla de bronce frente a todo el país: frente a los reyes de Judá y sus príncipes* (Jr 1 18) dirige duros reproches a los reyes de Judá, enjuiciando su comportamiento personal y su política de gobierno. Las esperanzas de una renovación religiosa iniciada en tiempos de Josías, se han oscurecido con la actuación de sus sucesores (Joaquín y Jeconías). No obstante, las promesas divinas vinculadas a la dinastía davídica no fracasarán, pues Dios suscitará un descendiente suyo que establecerá el reinado de la justicia y la paz (Jr 23 5-6). Pero los reyes no son los únicos causantes de la decadencia del pueblo. Los falsos profetas que anuncian bienestar, paz y prosperidad cuando está a punto de llegar la desgracia, hacen que las costumbres y la actitud interior del pueblo floten en medio de un optimismo ilusorio, sin tener en cuenta que Dios hace realidad las promesas de la alianza sólo si existe conversión sincera. Por eso las palabras que Jeremías pronuncia en nombre del Señor se dirigen también contra los falsos profetas.

• **21 1-10**: El rey Sedecías pide la intercesión del profeta en su favor. La respuesta es contundente: no hay salvación en la forma que esperan. Es el momento de la derrota. La única salvación posible está en rendirse. El Señor está combatiendo personalmente contra ellos (Jr 21 5, donde se emplean términos parecidos a la intervención liberadora de Dios en Egipto; véase Dt 26 8). La resistencia al enemigo supone que no se acepta la propia culpa y su consecuencia será la muerte a espada, peste o hambre (Jr 15 2; 16 4; 32 24; 42 17). Esta respuesta debe conocerla el pueblo (Jr 21 8-9; véase también Jr 38 4.17-18), cuya única posibilidad de salvación está en rendirse y entregarse al enemigo.

animales, y morirán víctimas de una gran
peste. 7 Después, oráculo del Señor, entregaré a Sedecías, rey de Judá, a sus servidores y a los habitantes de esta ciudad que
hayan escapado de la peste, de la espada y
del hambre, en poder de Nabucodonosor,
rey de Babilonia, en poder de los enemigos que quieren matarlos; él los pasará a
cuchillo sin consideración, sin piedad y sin
misericordia.
8 Y a este pueblo le dirás: Así dice el
Señor: Miren, yo pongo delante de ustedes el camino de la vida y el de la muerte.
9 El que se quede en esta ciudad morirá a
causa de la espada, del hambre o de la
peste; el que salga y se rinda a los caldeos
que los asedian, vivirá; su vida será lo
único que salvará. 10 Porque yo me dirijo
hacia esta ciudad para hacerle el mal, no el
bien, oráculo del Señor. Caerá en manos
del rey de Babilonia que la incendiará.

Contra la familia del rey

Jr 9 1-10; Dt 17 14-20; Am 5 11-13; Miq 3 9-12; Sal 45; 72

11 A la familia del rey de Judá. Escuchen
la palabra del Señor, 12 descendientes de
David.

Así dice el Señor:
Administren justicia cada mañana;
libren al explotado
del poder del opresor,
no sea que estalle como fuego mi ira,
y arda sin que nadie pueda apagarla,
a causa de la maldad de sus acciones.
13 A ti me dirijo, habitante del valle,
roca de la llanura, oráculo del Señor;
a ustedes que dicen:
«¿Quién podrá asaltarnos
y entrar en nuestro refugio?»
14 Yo los castigaré
como merecen sus acciones,
oráculo del Señor;
prenderé fuego a su bosque,
y se quemarán todos sus alrededores.

22 1 Esto me dijo el Señor: Baja al palacio del rey de Judá y pronuncia allí esta palabra:
2 –Escucha la palabra del Señor, rey de
Judá, que te sientas en el trono de David,
tú, tus servidores y tu pueblo, que transita
por estas puertas. 3 Así dice el Señor: Practiquen el derecho y la justicia, libren al explotado del poder del opresor; no maltraten
ni hagan violencia al extranjero, al huérfano y a la viuda; no derramen sangre inocente en este lugar. 4 Si actúan así, por las puertas de este palacio entrarán reyes para ocupar el trono de David, montados en carrozas y caballos, con sus servidores y su pueblo. 5 Pero si desobedecen estos mandatos,
les juro por mí mismo, oráculo del Señor,
que este palacio se convertirá en un montón de escombros. 6 Pues así dice el Señor
acerca de la familia del rey de Judá:

Aunque eres para mí como Galaad,
como la cima del Líbano,
juro que te convertiré en un desierto,
en ciudad despoblada.
7 Convocaré a tus destructores,
cada uno con sus armas;
derribarán tus más hermosos cedros
y los echarán al fuego.

8 Muchos pueblos pasarán junto a esta
ciudad, y se preguntarán: «¿Por qué ha tratado así el Señor a esta gran ciudad»? 9 Les
responderán: «Porque abandonaron la alianza del Señor su Dios para adorar y dar culto
a otros dioses».

Contra Joacaz

10 No lloren al que está muerto,
no hagan duelo por él;
lloren más bien por el que se va,
porque no regresará más;
no verá más la tierra en que nació.

11 Pues así dice el Señor sobre Salún,
hijo de Josías, rey de Judá, que ha sucedido a su padre Josías: El que ha salido de
este lugar no regresará más; 12 morirá en el

• **21 11-22 9**: Dos oráculos sobre las obligaciones del rey y *su familia* y la suerte de Jerusalén. La tarea del rey es hacer justicia (Sal 72). Si falla el reino, es porque ha fallado la justicia. La alianza lo exigía. Su lógica era: si están en alianza conmigo entonces practiquen la justicia (Jn 13 14-15; 1 Jn 1 6-7; 3 10; 4 8). Jerusalén era importante porque en ella estaban los tribunales de justicia (Sal 122 5). Ahora no es ya el lugar seguro que suponen: será destruida, pues ella misma ha quebrantado la justicia.

• **22 10-12**: El rey Joacaz (llamado también Salún) fue llevado a Egipto por el faraón Necao a los tres meses de haber sucedido a su padre Josías. De allí no regresará. De los desterrados en Egipto no brotará ninguna tradición de esperanza (véase Jr 24).

lugar adonde ha sido deportado y no volverá a ver esta tierra.

Contra Joaquín

Jr 36 29-31

13 ¡Ay de aquél que edifica
su casa despreciando la justicia
y sus pisos quebrantando el derecho;
que hace trabajar al prójimo de balde,
sin pagarle su sueldo!
14 Se dice: «Me haré un gran palacio,
con amplias habitaciones».
Le hace ventanas, las reviste de cedro,
y las pinta de rojo.
15 ¿Piensas consolidar tu reinado
alardeando de palacio de cedro?
Tu padre comía y bebía,
pero practicaba el derecho y la justicia,
y todo le iba bien.
16 Defendía la causa
del pobre y del indigente,
y todo le iba bien.
Eso es lo que significa conocerme.
Oráculo del Señor.

17 Pero tus ojos y tu corazón
sólo buscan tu provecho,
sangre inocente que derramar,
opresión y violencia que imponer.
18 Por eso, así dice el Señor
acerca de Joaquín,
hijo de Josías, rey de Judá:
Nadie se lamentará por él, cantando:
«¡Ay, hermano! ¡Ay, hermana!»
Nadie se lamentará por él, cantando:
«¡Ay, Señor!, ¡ay, majestad!»
19 Será enterrado como un burro,
lo arrastrarán y lo tirarán
fuera de las puertas de Jerusalén.

Destino de Jerusalén

20 Sube al Líbano y grita,
haz oír tu voz desde Basán,
grita desde Abarín;
han sido destrozados todos tus amantes.
21 Yo te hablé cuando te iba bien,
pero dijiste: «¡No quiero escuchar!»
Esa ha sido tu conducta desde joven:
no escuchar mi voz.
22 Pues el viento pastoreará
a todos tus pastores,
y tus amantes irán al cautiverio.
Entonces sentirás vergüenza
y confusión por toda tu maldad.
23 Tú que vives en el Líbano,
y tienes tu nido en los cedros.
¡Cómo gemirás
cuando te vengan los dolores,
las convulsiones del parto!

Contra Jeconías

Jr 52 31-34; 2 Re 25 27-30

24 Lo juro por mi vida, oráculo del Señor; aunque Jeconías, hijo de Joaquín, rey
de Judá, fuera un anillo en mi mano derecha, yo lo arrancaría de ella. 25 Te entregaré a los que te buscan para matarte, a los
que te hacen temblar, a Nabucodonosor,
rey de Babilonia, y a los caldeos. 26 A ti y a
la madre que te dio a luz, los expulsaré a
un país extraño donde ustedes no han nacido y allí morirán. 27 Pero no regresarán jamás a esta tierra adonde ansían regresar.

28 ¿Es una vasija despreciada y rota
este Jeconías,
un vaso que ya nadie quiere?
¿Por qué los expulsan
a él y a su descendencia?
¿Por qué los arrojan a un país
que no conocen?
29 ¡Tierra, tierra, tierra,
escucha la palabra del Señor!
30 Así dice el Señor:
Inscriban así a este hombre:
«Sin hijos. Fracasado en la vida».

• **22** 13-19: Joaquín fue entronizado por el faraón en lugar de su hermano Joacaz. Estando sometido a Egipto primero y a Babilonia después, impuso grandes impuestos al pueblo para pagar los tributos. La injusticia en que vivía le impidió ser fiel al Señor como su padre Josías (Jr 22 15-16). Jeremías le dedicó los más apasionados reproches (Jr 36 30).

• **22** 20-23: Los falsos profetas tienen mensajes que agradan a los oyentes, pero vacíos de contenido; los jefes de Judá los escuchan. El "viento" es probablemente la imagen de los falsos profetas que están seduciendo a los jefes de Judá quienes junto con el pueblo, irán al destierro. Los verdaderos profetas no fueron escuchados y Jerusalén tendrá que sufrir las consecuencias, aunque sus dolores inaugurarán tal vez una nueva etapa.

• **22** 24-30: Jeconías sucedió a su padre Joaquín, pero a los tres meses fue deportado a Babilonia con su madre y los altos dignatarios de Jerusalén. Más tarde, renacerá la esperanza a partir de su persona (Jr 24 5-8; 52 31-34; 2 Re 25 27-30). Pero no le sucederá su hijo, sino su tío Sedecías. Su destierro (primera deportación del año 598 a. C.) adelanta la deportación definitiva del pueblo (586 a. C.).

Porque ninguno de su descendencia
logrará sentarse en el trono de David,
y reinar sobre Judá.

El rey futuro

Jr 10 21; 25 34-38; 33 12-16; 16 14-15

23 1 ¡Ay de los pastores que extravían y
dispersan el rebaño de mis pastizales!
Oráculo del Señor. 2 Por eso, así dice el
Señor, Dios de Israel, contra los pastores
que pastorean a mi pueblo: Ustedes han dispersado mi rebaño, lo han ahuyentado sin
ocuparse de él. Pero yo me voy a ocupar
ahora de ustedes, oráculo del Señor, y castigaré sus malas acciones. 3 Yo mismo reuniré el resto de mis ovejas de todos los países por donde las dispersé y las traeré a sus
praderas, donde crecerán y se multiplicarán. 4 Pondré al cuidado de ellas pastores
que las apacentarán; no temerán más ni se
espantarán, ni volverá a faltar ninguna.
Oráculo del Señor.

5 He aquí que vienen días,
oráculo del Señor,
en que yo suscitaré a David
un retoño legítimo,
que reinará con sabiduría,
que practicará el derecho
y la justicia en esta tierra.
6 En sus días se salvará Judá,
e Israel vivirá en paz.
Y lo llamarán así:
«El Señor nuestra salvación».

7 Sí, vienen días, oráculo del Señor, en
que ya no se dirá: «Vive el Señor que sacó
a los israelitas del país de Egipto». 8 Sino
que se dirá: «Vive el Señor, que sacó a la
descendencia de Israel del país del norte y
de todos los lugares por donde los había
dispersado, y los trajo a su tierra».

Sobre los profetas

Jr 14 13-16; 30 21-24; 20 9; 51 20-24

9 Sobre los profetas:
Se me parte el corazón en el pecho,
todos mis huesos tiemblan;
estoy como un borracho,
como un hombre vencido por el vino,
a causa del Señor
y de sus santas palabras.
10 Pues esta tierra está llena de infidelidad;
por eso la tierra está de luto
y se secan las praderas de la estepa.
Sólo anhelan la maldad,
sólo desean la injusticia.
11 Profetas y sacerdotes son impíos,
y hasta en mi templo
he encontrado su maldad.
Oráculo del Señor.
12 Su camino se hará resbaladizo,
tropezarán en la oscuridad y caerán,
sobre ellos traeré la desgracia
el año en que les pida cuentas.
Oráculo del Señor.

13 En los profetas de Samaría vi locuras:
profetizaban en nombre de Baal
y desorientaban a mi pueblo Israel.
14 Pero en los profetas de Jerusalén
he visto monstruosidades:
son infieles, viven en la mentira,
apoyan a los malvados,
y ninguno se arrepiente de su maldad;
son todos ellos para mí como Sodoma,
y sus habitantes como Gomorra.
15 Por eso, así dice el Señor todopoderoso
contra los profetas:
Les haré comer un alimento amargo,

• **23 1-8**: Los reyes han pastoreado mal al pueblo y lo han dispersado. El Señor lo reunirá de nuevo mediante pastores como David, que ejerciendo el derecho y la justicia (véase Is 9 6), devolverán al pueblo la posesión de la tierra y la felicidad en ella. Mediante un juego de palabras con el nombre de Sedecías (=El Señor, mi justicia o mi salvación), se alude al rey ideal (Jr 23 6); a través de él, el Señor salvará a su pueblo. El regreso será tan admirable como la entrada original en la tierra y hará olvidar el antiguo éxodo (Jr 16 14-15).

• **23 9-32**: Diversos oráculos contra los falsos profetas. Jeremías sufre ante sus engaños. Lo que más le duele es ver cómo su pueblo se va extraviando al alimentar falsas seguridades. Los profetas de la corte de Judá llevan una vida depravada, peor que los de Samaría (Jr 23 14). Es un motivo para descubrir que son falsos. Pero además dicen lo que se les ocurre, no la palabra del Señor; él no los ha enviado (Jr 23 21.32) ni ellos conocen su plan (Jr 23 18). Es cierto que el mensaje de Jeremías es difícilmente aceptable para un judío y resulta mucho más agradable quien dice *¡Tendrán prosperidad! ¡No les pasará nada malo!* (Jr 23 17). ¿Es el Señor un Dios sólo de lo comprensible y no de lo misterioso? (Véase Is 55 8-9). Es necesario distinguir entre la palabra del hombre y la palabra del Señor (Jr 23 25-32). Esta exige, ante todo, un cambio de conducta.

y beber un agua envenenada,
porque los profetas de Jerusalén
han difundido la impiedad por el país.
16 Así dice el Señor todopoderoso:
No escuchen las palabras
de los profetas; los engañan,
y les cuentan visiones de su imaginación,
que no proceden de la boca del Señor.
17 Dicen a quienes desprecian
la palabra del Señor:
«Tendrán prosperidad».
Y a los que siguen
a su corazón endurecido:
«No les pasará nada malo».
18 ¿Quién de ellos ha asistido
al consejo del Señor?
¿Quién lo ha visto y ha oído su palabra?
¿Quién ha estado atento
y ha escuchado su palabra?
19 El Señor desata el huracán de su ira,
desencadena un remolino
y cae sobre la cabeza de los culpables.
20 La ira del Señor no se detendrá
hasta que haya cumplido y realizado
los designios de su corazón.
Sólo cuando suceda lo comprenderán.
21 Yo no envío a estos profetas,
y, sin embargo, ellos corren;
no les hablo, pero ellos profetizan.
22 Si han asistido a mi consejo,
que griten mis palabras a mi pueblo,
para que se conviertan del mal camino,
y de la maldad de sus acciones.
23 ¿Acaso soy Dios sólo de cerca,
oráculo del Señor, y no de lejos?
24 ¿Puede alguien ocultarse en un escondite,
sin que yo lo vea? Oráculo del Señor.
¿Es que no lleno yo los cielos y la tierra?
Oráculo del Señor.

25 He aquí lo que dicen los profetas que
profetizan mentiras en mi nombre, diciendo: «He tenido un sueño, he tenido un sueño». 26 ¡Basta! ¿Qué pretenden estos profetas que profetizan mentiras y anuncian
sus propias imaginaciones? 27 Con los sueños que se cuentan unos a otros tratan de
que mi pueblo olvide mi nombre como lo
olvidaron sus antepasados por causa de
Baal. 28 El profeta que ha tenido un sueño,
que lo cuente, y el que reciba mi palabra
que la proclame fielmente.

¿Qué tiene que ver
la paja con el grano?
Oráculo del Señor.
29 ¿No es mi palabra fuego,
oráculo del Señor,
y martillo que tritura la roca?

30 Por eso, aquí estoy yo para hacer frente a esos profetas, oráculo del Señor, que
se roban mutuamente mis palabras. 31 Aquí
estoy para hacer frente a esos profetas,
oráculo del Señor, que dan rienda suelta a
su lengua y pronuncian oráculos. 32 Aquí
estoy para hacer frente a esos profetas de
sueños mentirosos, oráculo del Señor, que
al contarlos desorientan a mi pueblo con
sus mentiras y sus extravagancias. Yo no
los mandé ni los envié; son inútiles para
este pueblo. Oráculo del Señor.

La carga del Señor

33 Si esta gente o un profeta o sacerdote
te preguntan: «¿Cuál es la carga del Señor?», les responderás: «Ustedes son la
carga, pero yo los arrojaré. Oráculo del Señor». 34 Si un profeta, o un sacerdote, o uno
del pueblo dice: «carga del Señor», yo lo
castigaré a él y a su familia. 35 Lo que tienen que decirse unos a otros es esto: «¿Qué
ha respondido el Señor? ¿Qué ha dicho el
Señor?» 36 Pero no mencionen más la carga
del Señor, porque entonces cada uno cargará con sus propias palabras. Ustedes fal-
sifican las palabras del Dios vivo, el Señor
todopoderoso, nuestro Dios. 37 Al profeta
le dirán: «¿Qué te ha respondido el Señor?
¿Qué ha dicho el Señor?» 38 Pero si siguen
mencionando la carga del Señor, entonces,
así dice el Señor: Puesto que repiten eso de
«carga del Señor» siendo así que yo les he
prohibido decirlo, 39 yo cargaré con ustedes y los arrojaré de mi presencia, a ustedes y a la ciudad que les di a ustedes y a
sus antepasados, 40 y los haré caer en vergüenza eterna, en eterna humillación, que
no será olvidada.

• **23 33-40**: La palabra hebrea *massá*, que es el nombre técnico del oráculo contra una nación extranjera, puede significar también *carga*. Con ese doble sentido juega el profeta. El pueblo pide un *oráculo* contra los enemigos, pero la *carga* para el Señor son ellos. No deben pedir palabras contra otros, sino escuchar ellos la palabra que el Señor les dirige.

Los cestos de higos

2 Re 24 11-16; Jr 29 16-20; 2 1-19; 11 1-17; 31 31-34

24 1 El Señor me mostró dos cestos de
higos que estaban delante del templo
del Señor; fue después que Nabucodonosor,
rey de Babilonia, deportara de Jerusalén a
Jeconías, hijo de Joaquín, rey de Judá, junto
con los notables de su corte, los técnicos y
artesanos, y los llevara a Babilonia. 2 Uno
de los cestos contenía higos muy buenos,
como brevas; el otro, higos tan malos, que
no se podían comer. 3 Y el Señor me dijo:
–¿Qué ves, Jeremías?
Respondí:
–Higos; los buenos son muy buenos, y
los malos son tan malos que no se pueden
comer.
4 Entonces el Señor me dijo:
5 –Así dice el Señor, Dios de Israel: Como me complazco al ver estos higos buenos, así miraré complacido a los desterrados de Judá, a quienes he enviado de este
lugar al país de los caldeos. 6 Los miraré
complacido y los haré regresar a esta tierra: los edificaré y no volveré a demoler-
los; los plantaré y no volveré a arrancarlos. 7 Les daré inteligencia para que reconozcan que yo soy el Señor; ellos serán mi
pueblo y yo seré su Dios. Ellos se convertirán a mí de todo corazón.
8 Pero a Sedecías, rey de Judá, a sus
notables, y al resto de los habitantes de
Jerusalén, que se han quedado en esta tierra o se han establecido en Egipto, los trataré como a estos higos malos, que no se
pueden comer. 9 Los convertiré en escarmiento para todos los reinos de la tierra;
serán objeto de desprecio, comentario, burla y maldición en todos los lugares adonde
los expulsaré. 10 Y mandaré contra ellos la
espada, el hambre y la peste, hasta que hayan desaparecido del suelo que les di a
ellos y a sus antepasados.

II. ORACULOS DE SALVACION SOBRE ISRAEL Y SOBRE JUDA Δ

1. Judá y las naciones ◊

Nabucodonosor el siervo

Jr 36 1; 27 6; 43 10; 16 9; 51 60-64

25 1 El año cuarto de Joaquín, hijo de Josías, rey de Judá, que era el primero
de Nabucodonosor, rey de Babilonia, el
Señor dirigió esta palabra a Jeremías contra todo el pueblo de Judá. 2 Esto es lo que
dijo Jeremías contra todo el pueblo de Judá
y contra los habitantes de Jerusalén:
3 –Desde el año decimotercero de Josías,
hijo de Amón, rey de Judá, hasta hoy, el
Señor me ha dirigido su palabra durante
veintitrés años; yo les he hablado sin cesar,
pero ustedes no me han escuchado. 4 El
Señor les ha enviado puntualmente a todos
sus siervos los profetas, pero ustedes no han
escuchado ni han hecho caso. 5 Les decían:
«Que cada uno se convierta de su mala conducta y de sus malas acciones, así habitarán en la tierra que el Señor les dio a ustedes y a sus antepasados, desde siempre y

• **24 1-10**: El trasfondo histórico nos sitúa entre la primera y segunda deportación (597-586 a. C.). Un grupo, por tanto, ha sido llevado ya a Babilonia; el resto del pueblo sigue en Jerusalén con Sedecías. ¿Cuál de los dos grupos tiene ante sí un futuro de esperanza? ¿Con quiénes está el Señor? A primera vista parecería que los deportados han sido castigados y por tanto son los *higos malos*, mientras que los que han quedado son los *buenos*. Pero el profeta cambia el sentido de este falso razonamiento. Los primeros ya han cumplido de hecho la exigencia profética de someterse a Nabucodonosor; son *higos buenos. Los últimos evitan someterse;* son higos malos. Aquellos ya pueden esperar la salvación del Señor y el establecimiento de la nueva alianza (Jr 24 5-7); éstos sólo pueden esperar ser sometidos. No basta estar cerca de Jerusalén para gozar de sus frutos y privilegios. Es necesaria la obediencia al Señor.

Δ 25 1-45 5: La segunda parte del libro de Jeremías se preocupa de encuadrar el mensaje del profeta en la historia de su tiempo. Abundan en ella los relatos biográficos, y el tono de los oráculos dirigidos a Judá es más positivo. Es como si el profeta pusiera en práctica la segunda parte de la misión que le fue confiada: *para edificar y plantar* (Jr 1 10). Encontramos tres secciones diferentes: Judá y las naciones (Jr 25 1-38); anuncios de salvación (Jr 26 1-35 19); y la caída de Jerusalén (Jr 36 1-45 5).

◊ 25 1-38: Este capítulo da paso a una sección en la que el Señor anuncia y cumple sus planes en la historia. El conduce la historia de los pueblos, unas veces para castigar a su pueblo, otras para liberarlo. Nada escapa a su poder. Tiene dos partes: Jr 25 1-14 y Jr 25 15-38. La versión griega intercala entre ambas los oráculos contra las naciones que encontraremos en Jr 46-51.

para siempre. 6 No sigan a otros dioses
para darles culto y adorarlos; no me ofendan adorando a los ídolos que se han fabricado, y así no los castigaré». 7 Pero no me
han escuchado, oráculo del Señor, sino que
me han ofendido adorando a los ídolos que
se han fabricado, para desgracia de ustedes. 8 Por eso, así dice el Señor todopoderoso: Por no haber obedecido mis mandatos, 9 yo envío a buscar a todos los pueblos
del norte, oráculo del Señor, y a mi siervo
Nabucodonosor, rey de Babilonia, y los
traeré contra este país, contra sus habitantes y contra todas estas naciones de alrededor; a las que consagraré al exterminio; serán motivo de escarmiento y burla, y sus
ruinas serán perpetuas. 10 Haré desaparecer
entre ellos los gritos de alegría y de júbilo, el canto del novio y de la novia, el
ruido del molino y la luz de la lámpara.
11 Toda esta tierra quedará desierta y en
ruinas, y todas estas naciones servirán al
rey de Babilonia durante setenta años.
12 Cumplidos los setenta años, yo castigaré
al rey de Babilonia y a esa nación, oráculo
del Señor, por su pecado; castigaré al país
de los caldeos y quedará en ruinas para
siempre. 13 Haré que vengan sobre aquél
país todas las amenazas que pronuncié contra él; las profecías de Jeremías contra las
naciones, que están escritas en este libro.
14 Pues también a los caldeos los someterán naciones poderosas y grandes reyes.
Yo les pediré cuenta de sus acciones, de
todo lo que han hecho.

Oráculos contra las naciones

Jr 46-51; 10 21; 33 12-13

15 El Señor, Dios de Israel me dijo: «Toma de mi mano esta copa de vino llena de
mi ira y dásela a beber a todas las naciones
a las que yo te envíe, 16 para que, al beberla, se tambaleen y deliren ante la espada
que yo voy a mandar contra ellas».
17 Tomé la copa de la mano del Señor y
se la di a beber a todas las naciones a las
que el Señor me había enviado: 18 a Jerusalén y a las ciudades de Judá, junto con
sus reyes y príncipes, las cuales quedaron
desiertas, se convirtieron en motivo de escarmiento y de burla, y su nombre se cita a
modo de maldición hasta el día de hoy;
19 al faraón, rey de Egipto, a sus servidores, sus príncipes y todo su pueblo, 20 junto con los extranjeros que habitaban en
Egipto; a los reyes del país de Us, a los
reyes filisteos de Ascalón, Gaza, Ecrón y
lo que queda de Asdod; 21 a los reyes de
Edom, Moab, Amón; 22 a todos los reyes
de Tiro, Sidón y de los pueblos lejanos que
están al lado del mar; 23 a los de Dedán,
Temá, Buz y todos los que se afeitan las
sienes; 24 a todos los reyes de Arabia que
viven en el desierto; 25 a los reyes de Zimrí, Elam y Media, 26 a los reyes del norte,
próximos y lejanos, uno detrás de otro, y a
todos los reinos que hay sobre la superficie
de la tierra. Después de ellos beberá el rey
de Babilonia.
27 Les dirás: Así dice el Señor todopo-

• **25** 1-14: La desobediencia del pueblo ha sido continua: Jeremías lleva veintitrés años predicando en balde; los profetas, siervos del Señor, no han sido escuchados, no han logrado la conversión. El pueblo deberá someterse a otro rey extranjero, Nabucodonosor (Jr 25 9). Todo lo conduce el Señor. Pero sus planes no son de destrucción eterna: primero se cumplirá lo que el pueblo ha elegido libremente con su desobediencia: su destrucción y destierro (Jr 25 9-11); después la palabra del Señor recobrará su fuerza creadora y se posibilitará un nuevo comienzo con la destrucción del invasor (Jr 25 12-14).

El año cuarto de Joaquín (Jr 25 1) es muy importante en el libro de Jeremías. Históricamente significa la consolidación del imperio babilónico (605 a. C.). Proféticamente adquiere rostro y nombre el *enemigo del norte* anunciado por Jeremías (Jr 1 13-16; 4 5-6 30): se trata concretamente de los babilonios. Ellos ejecutarán la sentencia del Señor. Joaquín es el rey malvado (Jr 22 13-19) y en su tiempo se dicta la sentencia. Entronizado por los egipcios, deberá someterse de mala gana a los babilonios. Su rebelión pondrá en marcha la ejecución de la sentencia, que culminará en los días de Sedecías. Literariamente este año aparece recordado en momentos clave (Jr 25 1; 36 1; 45 1; 46 2). En Jr 26 1 y 35 1 sólo se menciona el reinado de Joaquín.

• **25** 15-38: Los imperios pasan. A uno duro, sucede otro brutal. Desde el punto de vista del profeta, eso ocurre porque el Señor va pasando de boca en boca la copa de su ira (Jr 25 13-14; Hab 2 16; Lam 4 21; Ez 23 32-34; Is 51 17.21). El primer invitado a beber la copa de la ira del Señor es Judá. Después los demás, desde Egipto a Babilonia. Estos son los dos polos histórico-geográficos que limitan la historia de Judá. Bajo este punto de vista la ira del Señor contra su pueblo alcanza a todos los reinos; es un juicio universal. El pecado de Judá acarrea la destrucción al mundo, como en su bendición deberán gozarse las naciones (Gn 12 3). Que el Señor esté enojado puede extrañar al cristiano, pero así se expresa en el A. T. que el Señor no es indiferente ante el pecado de su pueblo. La relación de Dios con el hombre es, en la Biblia, una relación apasionada.

deroso, Dios de Israel: ¡Beban, emborráchense, vomiten, caigan para no levantarse
más bajo la espada que yo voy a enviar contra ustedes. 28 Y si se niegan a tomar de tu
mano la copa y a beber, les dirás: Así dice
el Señor todopoderoso: ¡Les aseguro que la
beberán! 29 Porque si mi castigo comienza
por la ciudad en la que se invoca mi nombre, ¿cómo van a quedar ustedes sin castigo? No quedarán sin castigo porque traeré
la espada contra todos los habitantes de la
tierra, oráculo del Señor todopoderoso.
30 Pronuncia contra ellos estos oráculos
proféticos y diles:

Ruge el Señor desde lo alto,
desde su santa morada hace vibrar su voz;
ruge violento contra su pueblo,
lanza gritos como los que pisan la uva
contra todos los habitantes de la tierra.
31 Su voz llega hasta el extremo de la tierra,
porque el Señor entabla
un pleito contra las naciones,
se querella contra todos los hombres,
y entrega los malvados a la espada.
Oráculo del Señor.
32 Así dice el Señor todopoderoso:
Miren cómo pasa la desgracia
de nación en nación,
una gran tempestad se desata
desde los extremos de la tierra.

33 En aquél día, aquellos que el Señor
castigue cubrirán la tierra de un extremo a
otro; no serán llorados, ni recogidos ni enterrados; quedarán sobre el suelo como estiércol.

34 ¡Giman, pastores, lancen gritos,
revuélquense en el polvo,
jefes de los pastores,
porque ha llegado el día de la matanza:
serán dispersados y caerán
como carneros elegidos.
35 No hay refugio para los pastores,
no escaparán sus jefes.
36 Se oyen los gritos de los pastores,
los alaridos de sus jefes,
porque el Señor devasta sus pastos,
37 sus tranquilas praderas están destruidas
a causa de la ardiente ira del Señor.
38 El león abandona su guarida,
porque su tierra ha quedado desierta
a causa de la espada devastadora,
a causa de la ardiente ira del Señor.

2. La posible esperanza ◊

Jeremías, verdadero profeta

Jr 7 1-15; *Miq 3 12*

26 1 Al comienzo del reinado de Joaquín, hijo de Josías, rey de Judá, el
Señor me dirigió esta palabra: 2 «Así dice
el Señor: Párate en el atrio del templo del
Señor y proclama, sin omitir nada, todo lo
que yo te mando decir a los que vienen de
las ciudades de Judá para dar culto en el
templo. 3 Tal vez te hagan caso y se conviertan de su mala conducta. Si lo hacen,
yo me arrepentiré del mal que pensaba hacerles para castigar sus malas acciones.
4 Les dirás: Así dice el Señor: Si no me
obedecen; si no cumplen la ley que les he
dado; 5 si no escuchan las palabras de mis
siervos los profetas, a quienes yo les envío
sin cesar y ustedes no hacen caso, 6 trataré
a este templo como al santuario de Siló, y
todas las naciones citarán el nombre de
esta ciudad en sus maldiciones.

◊ **26 1-35 19**: El tema central de esta sección es la restauración de Israel. A pesar de todos los pecados e infidelidades del pueblo y de la condena que pesa sobre él, el Señor anuncia que cambiará su suerte y sanará sus heridas; los congregará de nuevo y hará con ellos una nueva alianza (Jr 31). En estos capítulos se mezclan relatos biográficos con oráculos de salvación, que se dirigen tanto a los desterrados como a los que se han quedado en Jerusalén.

• ***26** 1-24: Estamos en el comienzo* del reinado de Joaquín. Acaba de morir inesperadamente Josías, el rey que realizó la restauración religiosa en Judá y que unificó el culto en el templo de Jerusalén. El pueblo está desconcertado. Jeremías pronuncia un discurso contra el templo en el mismo templo. Es, muy probablemente, la ruptura de un largo silencio (Jr 7 1-15). Jeremías proclama que el templo no es amuleto contra las desgracias; la participación en su culto, exige obediencia y justicia. La historia del santuario de Siló es un ejemplo. Lo que ahora interesa es la reacción (Jr 26 7-24). El escándalo se amplifica por el desconcierto reinante. Los más fanáticos lo consideran blasfemo y reo de muerte. Con todo, algunos invocan alguna obra buena en su favor (Jr 26 16-19; véase Miq 3 11), otros temen la reacción del rey Joaquín (Jr 26 20-24). En las persecuciones que va a sufrir el profeta, *todo el pueblo* jugará un papel equívoco (Jr 26 9.16); los enemigos más encarnizados serán los sacerdotes y profetas de la corte; entre los jefes y mandatarios unos estarán a favor, otros en contra. Jeremías no tiene más defensa que la de ser enviado por el Señor. Aunque todo parezca perdido, esa defensa logra salvarlo.

7 Los sacerdotes, los profetas y todo el
pueblo oyeron a Jeremías pronunciar estas
palabras en el templo del Señor. 8 Y cuando Jeremías acabó de decir lo que el Señor
le había mandado decir a todo el pueblo, lo
apresaron los sacerdotes, los profetas y
todo el pueblo, diciendo:
–Morirás por esto. 9 ¿Por qué profetizas
en nombre del Señor, diciendo que este
templo correrá la suerte del santuario de
Siló y que esta ciudad será destruida y despoblada?
Entonces todo el pueblo se abalanzó sobre Jeremías en el templo del Señor.
10 Al enterarse de ello los jefes de Judá,
subieron desde el palacio real hasta el templo del Señor, y se sentaron a la entrada de
la puerta nueva del templo. 11 Los sacerdotes y los profetas dijeron a los jefes y a todo el pueblo:
–Este hombre merece la muerte, porque
ha profetizado contra esta ciudad, como
acaban de escuchar con sus propios oídos.
12 Pero Jeremías dijo a todos los jefes y
al pueblo:
–El Señor me ha enviado a profetizar
contra este templo y contra esta ciudad todo lo que han oído. 13 Así que corrijan su
conducta y sus acciones, obedezcan al Señor, su Dios, y el Señor se arrepentirá del
castigo con el que los ha amenazado. 14 En
cuanto a mí, estoy en sus manos; hagan de
mí lo que les parezca bueno y justo, 15 pero
sepan que si me matan, serán responsables
de la muerte de un inocente, ustedes, esta
ciudad y sus habitantes, porque es verdad
que el Señor me ha mandado a que les
anuncie todas estas cosas.
16 Los jefes y el pueblo entero dijeron a
los sacerdotes y a los profetas:
–Este hombre no merece la muerte, porque nos ha hablado en nombre del Señor
nuestro Dios.
17 Entonces, algunos ancianos del país
se levantaron y dijeron al pueblo:
18 –También en tiempos de Ezequías,
rey de Judá, el profeta Miqueas, natural de
Moreset, dijo al pueblo de Judá: «Así dice
el Señor todopoderoso:

Sión será arada como un campo,
Jerusalén se convertirá
en un montón de ruinas
y el monte del templo
se cubrirá de maleza».

19 ¿Acaso Ezequías, rey de Judá, y su
pueblo mataron por eso a Miqueas? No,
sino que temieron al Señor y le suplicaron,
de suerte que el Señor se arrepintió del
castigo con que los había amenazado. Sin
embargo, nosotros estamos a punto de aca-
rrear un grave desastre sobre nosotros.
20 Pero también hubo otro hombre que
profetizaba en nombre del Señor: Urías,
hijo de Semayas, de Quiriat Yearín, el cual
profetizó contra esta ciudad y este país lo
mismo que Jeremías. 21 Cuando el rey Joaquín y todos sus oficiales y jefes oyeron
sus palabras, el rey quiso matarlo. Urías se
enteró y huyó a Egipto, pues temía que lo
mataran. 22 Pero el rey Joaquín mandó a
Elnatán, hijo de Acbor, con algunos hombres a Egipto; 23 sacaron de allí a Urías y
lo llevaron a la presencia del rey Joaquín.
El rey mandó que lo mataran a espada y
que arrojaran su cadáver a la fosa común.
24 A Jeremías, sin embargo, lo protegió
Ajicán, hijo de Safán, y por eso no lo entregaron en manos del pueblo para que lo
mataran.

Sométanse al yugo de Babilonia

Jr 25 1-14; 14 5; 21 7.9; 32 24; 42 17

27 1 Al comienzo del reinado de Sedecías, hijo de Josías, rey de Judá, el Señor dirigió a Jeremías estas palabras: 2 Así
dice el Señor: Fabrícate unas correas y un
yugo y póntelo en el cuello. 3 Luego envía
un mensaje a los reyes de Edom, Moab,
Amón, Tiro y Sidón, por medio de los mensajeros que han venido a Jerusalén para
entrevistarse con Sedecías, rey de Judá,
4 encargándoles que comuniquen a sus se-

• **27 1-22**: Pasamos al reinado de Sedecías. En Jerusalén unos mercenarios extranjeros tratan de organizar la resistencia al imperio babilónico. Jeremías les da a conocer los planes del Señor. Su mensaje es claro: es necesario someterse a Nabucodonosor (Jr 27 1-7). Quien no lo acepte será aniquilado (Jr 27 8-10); quien obedezca conservará su tierra (Jr 27 11). Todo creyente judío sabe y cree que su existencia está ligada a su libertad; nació como pueblo en una liberación. Exigirle la sumisión a un extranjero es paradójico, pero significa aceptar el castigo por su pecado (Jr 25 1-11) y posibilitar el perdón. Será más fácil escuchar la voz de quienes pretenden suprimir la paradoja: profetas falsos, adivinos, soñadores y magos sin ninguna visión histórica.

ñores este mensaje: Así dice el Señor todopoderoso, Dios de Israel: Digan a sus señores: 5 Yo, con mi gran poder y fuerza he hecho la tierra, los hombres y los animales que hay en ella, y se la doy a quien quiero. 6 Ahora entrego todos estos países a mi siervo Nabucodonosor, rey de Babilonia, incluso entrego los animales del campo. 7 Todas las naciones estarán sometidas a él, a su hijo y a su nieto, hasta que también a su país le llegue la hora, y sea sometido por naciones fuertes y reyes poderosos. 8 A la nación y al reino que no se someta a Nabucodonosor, rey de Babilonia y no ponga el cuello bajo su yugo, los castigaré con la espada, el hambre y la peste, oráculo del Señor, hasta destruirlos totalmente por medio de él. 9 Por tanto, no hagan caso a sus profetas, adivinos, soñadores, hechiceros y magos. Ellos les aconsejan que no se sometan al rey de Babilonia, 10 pero es mentira lo que les profetizan; sólo conseguirán que ustedes tengan que alejarles de este país porque yo los expulsaré de él y morirán. 11 Pero a la nación que ponga su cuello bajo el yugo del rey de Babilonia y se someta a él, yo la dejaré en paz en su tierra, oráculo del Señor; la cultivará y permanecerá en ella.

12 A Sedecías, rey de Judá le digo también: Coloquen su cuello bajo el yugo del rey de Babilonia, sométanse a él y a su pueblo y vivirán. 13 ¿Acaso desean morir tú y tu pueblo con la espada, el hambre y la peste, que el Señor ha prometido enviar a las naciones que no se sometan al rey de Babilonia? 14 No hagan caso a esos profetas que les aconsejan no someterse al rey de Babilonia, porque es mentira lo que les profetizan. 15 Pues yo no los he enviado, oráculo del Señor, y lo que profetizan en mi nombre es mentira. Sólo conseguirán que yo los expulse y que ustedes perezcan, junto con los profetas que les profetizan.

16 Y a los sacerdotes y a todo este pueblo les digo: Así dice el Señor: No hagan caso a esos profetas que les profetizan que los objetos del templo del Señor regresarán pronto de Babilonia, porque es mentira lo que les profetizan. 17 No les hagan caso; sométanse al rey de Babilonia y vivirán. No permitan que esta ciudad quede desierta. 18 Si son profetas, si poseen la palabra del Señor, que intercedan ante el Señor todopoderoso para que los objetos que aún han quedado en el templo del Señor, en el palacio del rey de Judá y en Jerusalén no vayan a parar a Babilonia. 19 Porque así dice el Señor todopoderoso acerca de las columnas, de la pila de bronce, de las bases y de los demás objetos que quedan aún en esta ciudad, 20 y que Nabucodonosor, rey de Babilonia, no se llevó cuando deportó de Jerusalén a Babilonia a Jeconías, hijo de Joaquín, rey de Judá, y a todos los notables de Judá y de Jerusalén. 21 Sí, así dice el Señor todopoderoso, Dios de Israel, acerca de esos objetos que quedan en el templo, en el palacio del rey de Judá y en Jerusalén: 22 Serán llevados a Babilonia y allí permanecerán hasta que yo me acuerde de ellos, oráculo del Señor, y los haga regresar a este lugar.

Enfrentamiento con el profeta Jananías

Jr 14 13-16; 23 9-40; 24 1-10

28 1 Ese mismo año, al comienzo del reinado de Sedecías, rey de Judá, el quinto mes del año cuarto de su reinado, el profeta Jananías, hijo de Azur, natural de Gabaón, me dijo en el templo del Señor, en presencia de los sacerdotes y de todo el pueblo:

Jr 27 12-15: De la obediencia de Sedecías dependerá la suerte del pueblo. No debe hacer caso a los falsos profetas: no son enviados del Señor y predican mentira.

Jr 27 16-22: Hace cuatro años Nabucodonosor se llevó a Babilonia todo el oro del templo, con el rey y los notables de Jerusalén (2 Re 24 12-17). Los profetas (falsos) piensan que se trata de un error que la historia corregirá: pronto volverán los utensilios y el rey. Jeremías no piensa así (Jr 27 22.24-30). Lo que dicen es mentira y crea esperanzas falsas que no ayudan a aceptar el castigo del pecado. El no saber discernir entre un profeta verdadero y uno falso será trágico para el reino y los conducirá al exilio.

• **28** 1-17: Dos oráculos se oponen y ambos pretenden ser palabra de Dios (Jr 28 2.13). El templo es el marco solemne para el enfrentamiento. Jananías representa a los falsos profetas. Ellos anuncian que el Señor reparará pronto el daño que ha sufrido su pueblo; en Isaías se encuentra un mensaje similar (Is 9 3; 14 25). Jeremías, por su parte, invita a aceptar el momento presente como obra de Dios y no como un error de la historia; son tiempos distintos a los de Isaías y ahora hay que sufrir las consecuencias del pecado. A Jeremías no le gusta el mensaje que le toca predicar (Jr 17 16; 20 8); preferiría que Jananías tuviera razón (Jr 28 6). Pero hay que ser fiel a la palabra del Señor, cueste lo que cueste.

2 –Así dice el Señor todopoderoso, Dios
de Israel: Yo he roto el yugo del rey de Babilonia. 3 Dentro de dos años devolveré a
este lugar todos los objetos del templo del
Señor, que Nabucodonosor, rey de Babilonia, se llevó a Babilonia. 4 También haré
que regresen Jeconías, hijo de Joaquín, rey
de Judá, y todos los habitantes de Judá que
fueron deportados a Babilonia –oráculo del
Señor– porque romperé el yugo del rey de
Babilonia.
5 El profeta Jeremías dijo al profeta Jananías en presencia de los sacerdotes y de
todo el pueblo que estaba en el templo del
Señor:
6 –¡Así sea! ¡Ojalá el Señor cumpla tu
profecía y haga regresar desde Babilonia a
este lugar todos los objetos del templo del
Señor y a todos los desterrados! 7 Sin embargo, escucha bien la palabra que pronun-
cio ante ti y ante todo el pueblo: 8 Los profetas anteriores a ti y a mí profetizaron ya
desde antiguo a muchos países y a reinos
poderosos la guerra, el hambre y la peste.
9 El profeta que anuncia la paz sólo será
reconocido como profeta verdadero, enviado por el Señor, cuando se cumpla su palabra.
10 Entonces Jananías tomó el yugo que
tenía Jeremías sobre su cuello y lo rompió.
11 Y dijo en presencia de todo el pueblo:
–Así dice el Señor: Así romperé yo dentro de dos años el yugo de Nabucodonosor,
rey de Babilonia, quitándolo del cuello de
todas las naciones.
Y el profeta Jeremías se fue.
12 Algún tiempo después de que Jananías
rompiera el yugo, el Señor habló así a Jeremías:
13 –Vete a decir a Jananías: Así dice el
Señor: Has roto un yugo de madera, pero
yo lo sustituiré por uno de hierro. 14 Pues
así dice el Señor todopoderoso, Dios de Israel: Voy a poner un yugo de hierro al cuello de todas estas naciones para someterlas
a Nabucodonosor, rey de Babilonia, y quedarán sometidas a él; le entrego incluso los
animales del campo.
15 Entonces el profeta Jeremías dijo al
profeta Jananías:
–Escucha, Jananías: El Señor no te ha
enviado, y has hecho que este pueblo confíe en la mentira. 16 Por eso, así dice el Señor: Te haré desaparecer de la superficie
de la tierra; este mismo año morirás, por
haber predicado la rebelión contra el Señor.
17 Y aquel año, en el mes séptimo, murió el profeta Jananías.

Carta a los deportados

2 Re 24 12-16; Jr 25 11; Is 55 6-9; Sab 6 12-13

29 1 Esta es la carta que el profeta Jeremías envió desde Jerusalén a los consejeros de los exiliados: a los sacerdotes, a
los profetas y a todos los que Nabucodonosor había deportado de Jerusalén a Babilonia. 2 La escribió después de que el rey
Jeconías y la reina madre, los ministros,
los príncipes de Judá y de Jerusalén, los
herreros y los cerrajeros salieron de Jerusalén. 3 Se la confió a Elasá, hijo de Safán,
y a Gamarías, hijo de Jelcías, a quienes Sedecías, rey de Judá, había enviado a Babilonia para entrevistarse con Nabucodonosor, rey de Babilonia. La carta decía así:

4 Así dice el Señor todopoderoso, Dios
de Israel, a todos los que han sido deportados de Jerusalén a Babilonia: 5 Edifiquen
casas y habítenlas, planten huertos y coman
sus frutos; 6 cásense y engendren hijos; casen a sus hijos e hijas, para que tengan descendencia; crezcan en número, no dismi-
nuyan. 7 Trabajen para hacer próspera la
ciudad adonde yo los he desterrado y rueguen por ella al Señor, porque su bien será
también el de ustedes.

• **29** 1-23: El pueblo está dividido en dos grupos: el rey Jeconías y los notables están sufriendo el destierro en Babilonia (Jr 29 1-2); la mayoría sigue en Jerusalén con el rey Sedecías (Jr 29 16). Aquellos desean volver pronto; éstos se sienten todavía protegidos por el Señor.

El mensaje de Jeremías es optimista para los desterrados (Jr 29 4-14) y pesimista para los que siguen en Jerusalén (Jr 29 16-20). Pero resulta contradictorio. El creyente desterrado odia a Babilonia, espera cambiar de situación y que el cambio venga pronto. Jeremías saca otras consecuencias de la fe: hay que bendecir a Babilonia como instrumento del plan de Dios (Jr 29 7), hay que buscar al Señor más que a Jerusalén (Jr 29 13-14) y hay que esperar serenamente el cambio de suerte, aunque no suceda pronto (Jr 29 4-6.13-14). *Edificar y plantar* (Jr 1 10) tienen en Jeremías sentido real. No deben alegrarse de tener entre ellos profetas que alimenten sus vanas esperanzas. Son profetas de mentira que el Señor no ha enviado (Jr 29 8-9) y sufrirán las consecuencias de su arrogancia (Jr 29 20-23).

8 Pues así dice el Señor todopoderoso, Dios de Israel: No se dejen engañar por los profetas que hay entre ustedes ni por sus adivinos; no hagan caso de los sueños que les cuentan, 9 porque es mentira lo que les profetizan en mi nombre. Yo no los he enviado. Oráculo del Señor.

10 Así dice el Señor: Cuando terminen los setenta años concedidos a Babilonia, yo me ocuparé de ustedes y cumpliré la promesa de traerlos de nuevo a este lugar. 11 Porque sólo yo sé los planes que tengo para ustedes, oráculo del Señor; planes de prosperidad y no de desgracia, pues les daré un porvenir lleno de esperanza. 12 Entonces, cuando me invoquen y supliquen, yo los atenderé; 13 cuando me busquen, me hallarán. Si me buscan de todo corazón, 14 yo me dejaré hallar por ustedes, oráculo del Señor, y cambiaré su suerte: los reuniré de todos los países y de todos los lugares por los que los dispersé, oráculo del Señor, y los traeré de nuevo a este lugar de donde los desterré.

16 En cuanto al rey, heredero del trono de David y a todo el pueblo que vive en esta ciudad, hermanos de ustedes que no fueron al destierro, 17 así dice el Señor todopoderoso: Yo voy a mandar contra ellos la espada, el hambre y la peste; los voy a tratar como a los higos podridos, que de malos no se pueden comer. 18 Los perseguiré con la espada, el hambre y la peste. Todas las naciones de la tierra se estremecerán al verlos y los citarán en sus maldiciones; serán motivo de espanto, burla y mofa para todas las naciones por las que los dispersé, 19 por no haber escuchado mis palabras, oráculo del Señor. Les envié sin cesar a mis siervos los profetas, pero no los han escuchado, oráculo del Señor. 20 En cambio, ustedes, todos los desterrados que mandé de Jerusalén a Babilonia, escuchen la palabra del Señor.

15 Ustedes dicen que el Señor les ha suscitado profetas en Babilonia; 21 pues así dice el Señor todopoderoso, Dios de Israel, a Ajab, hijo de Colayá, y a Sedecías, hijo de Maaseyá, que les profetizan mentiras en mi nombre: Yo los entregaré en manos de Nabucodonosor, rey de Babilonia, y él los matará en presencia de ustedes. 22 Los deportados de Judá que están en Babilonia los citarán como ejemplo de maldición, pues se dirá: «Que el Señor te trate como a Sedecías y a Ajab, a quienes el rey de Babilonia quemó vivos». 23 Porque cometieron una estupidez en Israel, entregándose al adulterio con mujeres de otros, y anunciando mentiras en mi nombre sin que yo se lo mandara. Lo sé muy bien y soy testigo de ello. Oráculo del Señor.

Profecía contra Semayas

24 A Semayas, el de Nejelán, le dirás: 25 Así dice el Señor todopoderoso, Dios de Israel: Tú has enviado en tu propio nombre una carta a todo el pueblo que está en Jerusalén y al sacerdote Sofonías, hijo de Maaseyá, y a todos los demás sacerdotes, con estas palabras:

26 El Señor te ha nombrado sacerdote en lugar de Yoyadá, para que vigiles en el templo del Señor a los necios que se pongan a profetizar, y los metas encadenados en la cárcel. 27 ¿Por qué, entonces, no has hecho callar a Jeremías de Anatot, que profetiza entre ustedes? 28 Pues nos ha escrito a Babilonia diciendo: «La cosa va para largo; edifiquen casas y habítenlas, planten huertos y coman sus frutos».

29 El sacerdote Sofonías leyó esta carta al profeta Jeremías. 30 Entonces el Señor habló así a Jeremías:

31 –Manda a decir a todos los desterrados: Así dice el Señor acerca de Semayas el de Nejelán: Semayas les ha profetizado sin que yo lo haya enviado y les ha hecho confiar en mentiras; por eso, así dice el Señor: 32 Yo castigaré a Semayas el nejelamita y a su descendencia. Por haber predicado la rebelión contra el Señor, ninguno de su familia vivirá entre ustedes para ver todo

En Jr 29 10-14 encontramos unos oráculos de restauración, probablemente dedicados en su momento al reino de Israel, que se aplican ahora a los desterrados judíos. La palabra del Señor quedará escrita como palabra de dicha, abriendo un futuro lleno de esperanza (Jr 29 11).

• **29 24-32**: Semayas no pudo soportar en Babilonia el mensaje de Jeremías. Le pareció blasfemo. ¿No cumplen las autoridades de Jerusalén su misión de vigilancia? Pide que tomen medidas contra el atrevido profeta de Anatot. Semayas espera que el regreso suceda pronto, pero lo que tendrá lugar pronto será su castigo (Jr 29 31-32).

el bien que yo voy a hacer a mi pueblo.
Oráculo del Señor.

Promesa de restauración

Is 40; Jr 46 27-28; 7 23; 11 4; 23 19-20

30 1 El Señor dirigió esta palabra a Jeremías:
2 –Así dice el Señor, Dios de Israel: Escribe en un libro todas las palabras que yo
te he dicho. 3 Porque vienen días, oráculo
del Señor, en que cambiaré la suerte de mi
pueblo Israel y de Judá, dice el Señor, y los
haré regresar a la tierra que di a sus antepasados, para que la posean.
4 Estas son las palabras que ha pronunciado el Señor acerca de Israel y de Judá:

5 Así dice el Señor:
Se oyen gritos de espanto,
gritos de terror y desconcierto.
6 Pregunten y reflexionen:
¿Acaso dan a luz los varones?
¿Cómo es, entonces, que los veo a todos
con las manos en las caderas,
como una mujer que va a dar a luz?
¿Cómo es que sus caras
se han vuelto pálidas?
7 Es un gran día, un día sin igual;
es tiempo de angustia para Jacob,
pero será librado de ella.

8 Aquel día, oráculo del Señor todopoderoso, yo quebraré el yugo que oprime su
cuello y romperé sus ataduras. No los dominarán más los extranjeros; 9 servirán al
Señor su Dios, y a un descendiente de David, al rey que yo les suscitaré.

10 Y tú no temas, siervo mío Jacob,
oráculo del Señor,
no te asustes, Israel;
yo te rescataré a ti y a tu descendencia
del lejano país donde estás desterrado.
Jacob regresará y vivirá tranquilo,
seguro y sin que nadie lo moleste.
11 Yo estoy contigo, para salvarte.
Oráculo del Señor.
Voy a exterminar a todas las naciones
en las que te he dispersado.
Pero a ti no te voy a exterminar,
aunque te castigaré como mereces,
para que no quedes sin castigo.
12 Pues así dice el Señor:
Tu herida es incurable,
no puede sanar tu llaga;
13 nadie atiende tus gritos de auxilio,
ni existe remedio para tus heridas.
14 Todos tus amantes te han olvidado,
ya no se preocupan de ti;
porque yo te he herido
como si fueras un enemigo;
el castigo ha sido cruel,
a causa de tu gran maldad
y por tus muchos pecados.
15 ¿Por qué te quejas de tus heridas?
Tu dolor es incurable.
Te he castigado así,
a causa de tu gran maldad
y por tus muchos pecados.
16 Pues bien,
los que te devoran serán devorados,
todos tus enemigos irán al cautiverio,
los que te despojan serán despojados,
y los que te saquean serán saqueados.
17 Sí, yo haré que cicatrice tu llaga,
y sanaré tus heridas, oráculo del Señor,
aunque digan de ti: «Sión repudiada
de quien nadie se cuida».
18 Así dice el Señor:
Yo restauraré las tiendas de Jacob
y tendré piedad de sus moradas.
La ciudad será reconstruida
en su colina, y el palacio se levantará
en el lugar que le corresponde.
19 Saldrán de ellos cantos de alabanza
y gritos de júbilo.
Multiplicaré a este pueblo
y no disminuirán,
los honraré y no serán humillados.
20 Sus hijos serán
tan poderosos como antes,

• **30 1-24**: *Cambiar la suerte* supone la inauguración de una nueva etapa histórica: regreso a la tierra. Esta etapa se caracterizará, sobre todo, por un profundo cambio interno. El final de la esclavitud (Jr 30 4-9) se compara a un parto. Del dolor nacerá la libertad soñada, para que el pueblo, guiado por un sucesor de David, sirva sólo al Señor. En el siguiente poema (Jr 30 10-24) los dos primeros versos (Jr 30 10-11) están tomados de Jr 46 27-28 y recuerdan al Segundo Isaías (Is 41 8-10; 43 1-6; 44 2-5). El nombre de Jacob aplicado a Israel recuerda que Dios bendijo al patriarca cuando todavía vivía fuera de su tierra (Gn 30 25-43). La actual herida sólo la puede sanar el Señor: otras esperanzas son inútiles cuando el Señor castiga (Jr 30 12-15); pero él se preocupa por su pueblo y sanará su herida (Jr 30 16-20); su jefe no será ya un extranjero, sino alguien cercano al Señor (Jr 30 21) y se establecerá de nuevo la alianza (Jr 30 22). Los planes del Señor son de dicha y esperanza (Jr 29 11).

su asamblea será estable ante mí,
y castigaré a todos sus opresores.
21 De entre ellos surgirá su jefe,
de en medio de ellos saldrá su soberano.
Le mandaré venir y se acercará a mí;
pues ¿quién arriesgaría su vida
acercándose a mí?
Oráculo del Señor.
22 Ustedes serán mi pueblo,
y yo seré su Dios.
23 El Señor desata el huracán de su ira,
desencadena un remolino,
y cae sobre la cabeza de los culpables.
24 La ira del Señor no se retirará
hasta que haya cumplido y realizado
los designios de su corazón.
Sólo cuando suceda lo comprenderán.

Regreso a la tierra

Os 2 16-17; 11 1-9; Is 65 21-22; Ez 24

31 1 En aquel tiempo, oráculo del Señor,
yo seré el Dios de todas las familias
de Israel, y ellas serán mi pueblo.

2 Así dice el Señor:
Me he apiadado en el desierto
del pueblo que escapó de la espada;
Israel marcha hacia su descanso.
3 El Señor se manifiesta de lejos.
Con amor eterno te amo,
por eso te mantengo mi favor;
4 te edificaré de nuevo
y serás reedificada, doncella de Israel;
de nuevo tomarás tus panderetas
y saldrás a bailar alegremente.
5 De nuevo plantarás viñas
en los montes de Samaría,
y quienes las planten las cosecharán.
6 Llegará un día en que los centinelas
gritarán en la montaña de Efraín:
«¡Vengan, subamos a Sión,
hacia el Señor nuestro Dios!»

7 Así dice el Señor:
¡Griten de alegría por Jacob!
¡Aplaudan a la primera de las naciones!
¡Que se escuche su alabanza!
Digan: «El Señor ha salvado a su pueblo,
al resto de Israel»!
8 Yo los traeré del país del norte,
los reuniré de los extremos de la tierra:
entre ellos hay cojos, ciegos,
mujeres embarazadas,
y a punto de dar a luz;
retorna una gran multitud.
9 Regresan entre llantos de alegría,
agradecidos porque retornan;
los conduciré a corrientes de agua
por un camino llano,
en el que no tropezarán,
porque soy un padre para Israel,
y Efraín es mi primogénito.

10 Escuchen, naciones,
la palabra del Señor;
anúncienla en las islas lejanas;
digan: El que dispersó a Israel,
lo reunirá y lo guardará
como un pastor a su rebaño.
11 El Señor rescatará a Jacob,
y lo librará de una mano más fuerte.
12 Vendrán y gritarán de alegría
en las montañas de Sión,
acudirán hacia los bienes del Señor,
hacia el trigo, el vino y el aceite.
hacia las ovejas y las vacas.
Serán como un huerto bien regado
y nunca volverán a languidecer.
13 Entonces los muchachas
bailarán alegremente,
junto con los jóvenes y los viejos.
Yo cambiaré su duelo en risas,
los consolaré, transformaré
en alegría su dolor;
14 saciaré a los sacerdotes con manjares,
y mi pueblo se hartará de mis bienes.
Oráculo del Señor.

• **31** 1-14: El destierro es como un nuevo desierto en donde el pueblo encuentra a su Dios (Os 2 16; Dt 8). A través de la prueba se manifiesta el amor eterno del Dios fiel que es Dios tanto en la cercanía del amor como en la lejanía del misterio (Jr 23 23).

El destinatario de Jr 31 7-9 es desconocido. Podemos leer estos versos como una invitación a los habitantes de Jerusalén para que reciban con alegría a sus hermanos. Este nuevo éxodo cantado por la fe es alegre (Sal 126 5), pero no disimula la realidad: está formado por una procesión de inválidos que regresan.

En Jr 31 10-14 se amplía el escenario. Los pueblos deben ser testigos de este triunfo del Señor, como fueron testigos del castigo que envió (Jr 2 10; 6 18). Rescatar o redimir es una acción que le corresponde realizar al pariente más cercano (véase Lv 25 23-34; Rut 4 1-12). En razón de la alianza, Dios se ha hecho cercano a Israel y por tanto deberá rescatarlo. El rescate se concluye con la devolución de los bienes, que son dones del Señor, y no regalos de los amantes (Os 2 7.10). El pueblo disfrutará de nuevo la alegría que el castigo le había arrebatado (Jr 16 9; 25 10).

Llanto y consolación

Mt 2 18-19; Os 11 1-11

15 Así dice el Señor:
Se oyen gritos en Ramá,
lamentos y llanto amargo:
es Raquel que llora por sus hijos,
y no quiere consolarse,
porque ya no existen.
16 Así dice el Señor:
Deja ya de gemir, no sigas llorando,
porque tus acciones
serán recompensadas, oráculo del Señor,
y tus hijos regresan ya del país enemigo;
17 tu futuro está lleno de esperanza,
oráculo del Señor,
tus hijos regresan a su tierra.
18 He oído el insistente lamento de Efraín:
«Me has corregido,
y yo me he dejado corregir
como novillo sin domar;
hazme regresar a ti y yo regresaré,
porque tú eres el Señor, mi Dios.
19 Desde que me he dirigido a ti
estoy arrepentido,
en cuanto he comprendido
me he golpeado el pecho.
Estoy avergonzado y confundido,
pues soporto el pecado de mi juventud».
20 Efraín es para mí un hijo querido,
un niño predilecto,
pues cada vez que lo amenazo
vuelvo a pensar en él;
mis entrañas se conmueven,
y me lleno de ternura hacia él.
Oráculo del Señor.
21 Clava postes, coloca señales,
apréndete bien el sendero,
el camino por donde fuiste.
Regresa, doncella de Israel,
regresa a tus ciudades.
22 ¿Hasta cuándo estarás
indecisa, hija rebelde?
Porque el Señor
crea algo nuevo en la tierra:
la mujer cortejará al varón.

Restauración de Judá

Is 49 19-20; Jr 1 10; Dt 5 3; Ez 18 2

23 Así dice el Señor todopoderoso, Dios
de Israel: Cuando yo cambie su suerte, se
volverá a decir en Judá y en sus ciudades:
«El Señor te bendiga, lugar de salvación,
montaña santa». 24 Labradores y pastores
habitarán juntos en Judá y en sus ciudades.
25 Porque yo daré de beber a los sedientos
y fortaleceré a los que están exhaustos.
26 En esto me desperté y abrí los ojos.
Había tenido un sueño feliz.
27 Vienen días, oráculo del Señor, en que
yo sembraré a Israel y a Judá de hombres y
animales. 28 Y como he velado sobre ellos
para arrancar y derribar, para demoler, destruir y hacer el mal, así velaré sobre ellos
para edificar y plantar, oráculo del Señor.
29 Entonces no se dirá ya: «Los padres comieron uvas amargas y a los hijos les toca
el amargor», 30 sino que cada cual morirá
por su propia maldad, y sólo el que coma
uvas amargas sufrirá amargor.

Nueva alianza

Heb 8 8-12; Ex 19; Jr 2 1-9; 11 1-17; 24 6-7; Ez 36 25-28

31 Vienen días, oráculo del Señor, en que
yo estableceré con el pueblo de Israel y
con el pueblo de Judá una alianza nueva.
32 No como la alianza que establecí con

• **31 15-22**: Raquel es la esposa amada de Jacob (=Israel). En la tradición lloraba su esterilidad (Gn 29 31). Finalmente pudo dar a luz a José (Gn 30 22-24), pero murió en el nacimiento de Benjamín (Gn 35 19). Jeremías transforma la tradición: *Raquel llora la falta de hijos, pero porque* han muerto. El Señor la consolará al devolvérselos. Así se empalma el regreso del destierro con la tradición. En el abrazo del reencuentro surgen espontáneas la confesión de culpa (Jr 31 18-19) y la emoción paterna (Jr 31 20).

En Jr 31 21-22 el Señor habla a su pueblo invitándolo a regresar. No valen objeciones ni desconfianzas. Debe aprender de su historia. Pero no regresan al pasado, sino a la novedad.

• **31 23-30**: Dos añadidos que se refieren a Judá. Según el primero (Jr 31 23-26) la restauración unirá a Israel y Judá, como los unió el castigo. La reunificación es un sueño placentero cuyo cumplimiento se anhela. El segundo (Jr 31 27-30) es más complejo. Presupone una catástrofe que hay que reparar con nuevos frutos. La destrucción y la restauración son obras del Señor. Presupone también una queja: *hemos pagado la culpa de nuestros padres* (Ez 18 22.25). El profeta responde señalando la propia responsabilidad de cada uno (véase Dt 5 3).

• **31 31-34**: El castigo que sufre el pueblo es consecuencia del incumplimiento de la antigua alianza. La nueva situación exige una nueva alianza; sus normas no estarán grabadas en piedra, sino en el corazón. Su ruptura será imposible en vida y todo hombre conocerá al Señor. No se trata de restablecer lo antiguo, sino de crear algo nuevo (Jr 31 22). El término *nueva alianza* debió resultar muy duro para los oídos judíos. De hecho existen restos de una reinterpretación (Ez 36 25-28: interiorización; Is 55 10-11: palabra perenne) y sólo lo han usado comunidades judías disidentes (Qumrán y cristianos).

sus antepasados el día en que los tomé de
la mano para sacarlos de Egipto. Entonces
ellos quebrantaron la alianza, a pesar de que
yo era su dueño, oráculo del Señor. 33 Esta
será la alianza que haré con el pueblo de
Israel después de aquellos días, oráculo del
Señor: Pondré mi ley en su interior y la escribiré en su corazón; yo seré su Dios y
ellos serán mi pueblo. 34 Para instruirse
unos a otros, no necesitarán animarse unos
a otros diciendo: «¡Conozcan al Señor!»,
porque me conocerán todos, desde el más
pequeño hasta el mayor, oráculo del Señor.
Yo perdonaré su maldad y no me acordaré
más de sus pecados.

Israel permanecerá

Is 51 15; Jr 33 20-21; Sal 89 34-38

35 Así dice el Señor,
el que ha puesto el sol
para alumbrar el día,
la luna y las estrellas
para alumbrar la noche;
él hace que se encrespe el mar
y que bramen las olas,
el Señor todopoderoso es su nombre.
36 Sólo cuando yo pierda el control
de estas leyes, oráculo del Señor,
dejará de existir para siempre Israel
como nación en mi presencia.
37 Así dice el Señor:
Si pueden medirse los cielos arriba,
y sondearse los cimientos
de la tierra abajo,
entonces también yo rechazaré
a la descendencia de Israel
por todo lo que ha hecho.
Oráculo del Señor.

Reconstrucción de Jerusalén

38 Vienen días, oráculo del Señor, en que
la ciudad del Señor será reedificada desde
la torre de Jananel hasta la puerta del Ángulo. 39 La cuerda para medir se tirará en
línea recta hasta la colina de Gareb, para
girar luego hacia Goa. 40 El valle de los difuntos, el lugar donde se arrojan las cenizas, y todos los campos hasta el torrente
Cedrón, hasta el ángulo de la puerta de los
Caballos, al este, serán consagrados al Señor: no volverán a ser arrancados ni demolidos jamás.

Un porvenir venturoso

Lv 25 25; Jr 16 4; 22 1-9; Ex 34 6-7; Jr 7 30-31

32 1 Palabra que el Señor dirigió a Jeremías el año décimo del reinado de Sedecías, correspondiente al décimo octavo
del reinado de Nabucodonosor. 2 Por entonces el ejército del rey de Babilonia sitiaba Jerusalén y el profeta Jeremías estaba
encerrado en el patio de guardia del palacio real de Judá. 3 Sedecías, rey de Judá,
había mandado encerrarlo allí con esta acusación: «¿Por qué andas profetizando: Esto
dice el Señor: Voy a entregar a esta ciudad
en poder del rey de Babilonia. 4 Sedecías,
rey de Judá, no escapará del poder de los
caldeos, sino que será entregado sin remedio en poder del rey de Babilonia y tendrá
que vérselas con él cara a cara. 5 Sedecías
será llevado a Babilonia donde permanecerá hasta que yo me ocupe de él –oráculo
del Señor–. De nada servirá oponerse a los
caldeos?».
6 Jeremías dijo:
–El Señor me ha hablado así: 7 Mira,

• **31 35-37**: Dos juramentos sellan la alianza nueva (véase Jr 33 19-28). Será estable como las leyes cósmicas e indestructible como el inagotable misterio de la naturaleza (Jr 31 37).

• **31 38-40**: El anuncio de la reconstrucción de Jerusalén es el signo de que la nueva alianza anunciada por el profeta se realizará. Será una reconstrucción definitiva.

• **32 1-44**: Estos capítulos (Jr 32 1-35 19) contienen el anuncio de salvación para los judíos que no habían sido deportados el año 597 a. C. Ha pasado el tiempo (véase Jr 27 1; 28 1) y los judíos siguen debatiéndose entre la resistencia y la sumisión. Jeremías está en la cárcel por anunciar la venida victoriosa de Nabucodonosor y la inutilidad de la resistencia (Jr 32 1-5). Su mensaje es claro: aunque la ciudad esté ya sitiada (un año antes de su destrucción), y el desastre sea irremediable, no todo está perdido: todavía hay lugar para la esperanza, todavía *se comprarán campos y viñas en esta tierra* (Jr 32 15). El complejo sistema notarial da fe de la autenticidad de su postura (Jr 32 6-15). Es un signo profético de indudable sentido esperanzador, aunque a primera vista resulte absurdo. Esta actitud no está exenta de lucha interna. Jeremías tiene que remontarse en su oración a los fundamentos de la fe, a los prodigios del éxodo y de la liberación inicial, para seguir confiando en la palabra del Señor (Jr 32 16-25). La respuesta de Dios consta de dos partes. La primera (Jr 32 26-35) explica el castigo por el pecado de Jerusalén y de Judá. La segunda (Jr 32 36-44) anuncia la salvación, incluso después de la destrucción. La salvación se dibuja con las siguientes pinceladas siguiendo el esquema del éxodo: regreso, alianza, dones de la tierra.

Sobre la ley del rescate (Jr 32 7) véase Lv 25.

Janamel, hijo de tu tío Salún, tiene la intención de proponerte lo siguiente: «Compra mi campo de Anatot, porque a ti te corresponde comprarlo, según las leyes del
rescate».
8 En efecto, conforme a la palabra del
Señor, mi primo Janamel vino al patio de
guardia donde yo estaba prisionero y me
dijo:
–Compra mi campo de Anatot, en el territorio de Benjamín, pues a ti te corresponde comprarlo según las leyes del rescate. Cómpratelo.
Me di cuenta de que era cosa del Señor;
9 compré a mi primo Janamel el campo de
Anatot, y le pagué el precio: diecisiete monedas de plata. 10 Redacté el contrato, lo
sellé, busqué testigos y pesé el dinero en la
balanza. 11 Tomé el contrato de compra, la
copia sellada, según las leyes, y también la
copia abierta, 12 y se las entregué a Baruc,
hijo de Nerías, hijo de Maasías, delante de
mi primo Janamel, de los testigos que habían firmado el contrato y de todos los judíos que se hallaban en el patio de guardia.
13 Y delante de ellos di esta orden a Baruc:
14 –Así dice el Señor todopoderoso, Dios
de Israel: Toma estos documentos, este contrato de compra, la copia sellada y la copia
abierta y mételos en una vasija de barro,
para que puedan conservarse mucho tiempo; 15 porque así dice el Señor todopoderoso, Dios de Israel: Todavía se comprarán
casas, campos y viñas en esta tierra.
16 Después de entregar a Baruc, hijo de
Nerías, el contrato de compra, dirigí al Señor esta oración:
17 –¡Ah, Señor, tú has hecho el cielo y
la tierra con brazo fuerte y poderoso; nada
te es imposible! 18 Muestras tu amor a mil
generaciones sin fin, pero castigas la maldad de los padres en sus hijos. Eres un Dios
grande y fuerte que llevas por nombre Señor todopoderoso; *19 tus planes son gran-*
diosos, tus acciones poderosas; tus ojos
vigilan la conducta de los hombres para
darle a cada uno de acuerdo con sus actos.
20 Tú has realizado signos y prodigios en
Egipto, cuyo recuerdo perdura hasta hoy;
tu nombre se ha hecho así famoso por siempre, tanto en Israel como entre todos los
hombres. 21 Tú sacaste a tu pueblo Israel
de Egipto, con signos y prodigios, con brazo fuerte y poderoso, sembrando gran terror. 22 Y les diste esta tierra que mana leche y miel como habías jurado a sus antepasados. 23 Ellos entraron y la ocuparon,
pero no te obedecieron ni caminaron según
tu ley; no hicieron lo que les habías mandado, y por eso les has enviado esta gran
desgracia. 24 Los terraplenes para el asalto
llegan ya hasta la ciudad que va a caer en
poder de los caldeos que la conquistarán,
acosada por la espada, el hambre y la peste. Todo lo que que habías anunciado está
sucediendo. Lo estás viendo 25 y, sin embargo tú, Señor, me mandas que en presencia de testigos compre este campo, cuando
la ciudad está a punto de caer en poder de
los caldeos.
26 Entonces el Señor habló así a Jeremías:
27 –Yo soy el Señor, el Dios de todo ser
viviente. ¿Hay algo imposible para mí?
28 Por eso así dice el Señor: Entrego esta
ciudad en poder de los caldeos y de Nabucodonosor, rey de Babilonia, para que la
conquiste. 29 Los caldeos que atacan la
ciudad entrarán en ella y la incendiarán;
quemarán las casas, en cuyas terrazas los
israelitas han quemado incienso a Baal y
han hecho ofrendas a otros dioses para ofen-
derme. 30 Porque tanto los de Israel como
los de Judá no han hecho más que ofender-
me desde su juventud; los israelitas, en
efecto, me han ofendido continuamente con
su conducta –oráculo del Señor– 31 y esta
ciudad ha provocado mi enojo y mi furor
desde el día en que se fundó hasta hoy. Así
que la haré desaparecer de mi vista, 32 pues
tanto los de Israel como los de Judá me han
ofendido haciendo el mal junto con sus
reyes, príncipes, sacerdotes, profetas y con
todos los habitantes de Judá y de Jerusalén. 33 Me han dado la espalda, no quieren
mirarme de frente; por más que he tratado
de enseñarles sin descanso, no han querido
escuchar ni dejarse enseñar. 34 Hasta han
profanado el templo consagrado a mi nombre, poniendo allí sus ídolos, 35 y han construido lugares de culto a Baal en el valle de
Ben-Hinón, para sacrificar sus hijos e hijas
a Moloc. Esto es algo que yo nunca les
mandé, ni jamás se me pasó por la cabeza
que Judá podría cometer tal infamia y
pecar hasta tal punto.

36 Y ahora, he aquí lo que dice el Señor,
Dios de Israel a esta ciudad de la que ustedes dicen: «va a caer en poder del rey de
Babilonia acosada por la espada, el hambre
y la peste»: 37 Yo los reuniré de todos los
países por donde mi enojo, mi furor y mi
gran indignación los dispersó; los conduciré
de nuevo a este lugar y haré que vivan
seguros en él. 38 Serán mi pueblo y yo seré
su Dios; 39 haré que sólo piensen y sólo se
comporten de modo que ya siempre me rindan culto para su bien y el de todos sus
habitantes. 40 Estableceré con ellos una
alianza eterna; no cesaré de favorecerlos y
les daré un corazón fiel, para que no vuelvan a alejarse de mí. 41 Mi alegría consistirá
en hacerles el bien y los plantaré permanentemente en esta tierra, con todo mi corazón
y con toda mi alma. 42 Pues así dice el
Señor: «Como he traído sobre este pueblo
esta gran desgracia, así traeré sobre ellos
todo el bien que les anuncio». 43 Todavía se
comprarán campos en esta tierra de la que
ustedes dicen: «se ha convertido en lugar
desértico, sin hombres ni animales: ha caído
en poder de los caldeos». 44 Se comprarán
campos por dinero, se redactarán contratos,
que serán firmados ante testigos en el territorio de Benjamín, en los alrededores de
Jerusalén y en las ciudades de Judá, de la
montaña, del llano y del Negueb. Porque yo
cambiaré la suerte de esta tierra. Oráculo
del Señor.

Promesas de restauración

Jr 31 31; Sal 106 1; 1 Cr 16 34

33 1 De nuevo el Señor dirigió su palabra
a Jeremías, que se hallaba todavía prisionero en el patio de guardia, en estos términos:
2 –Así dice el Señor, el que hizo la tierra
y la formó con solidez, el que tiene por
nombre el Señor: 3 Llámame, y te responderé; te mostraré cosas grandes y ocultas
que tú no conoces. 4 Porque esto es lo que
dice el Señor, Dios de Israel, sobre las casas de esta ciudad y los palacios de los reyes de Judá que van a caer ante el ímpetu
del cerco y de la espada. 5 Salir a luchar
contra los caldeos sólo servirá para llenar
esas casas de cadáveres, los cadáveres causados por mi enojo y mi furor al dejar sin
protección a esta perversa ciudad. 6 Pero
yo haré que cicatrice su herida y los cura-
ré, los sanaré y los colmaré de paz y de
fidelidad. 7 Cambiaré la suerte de Judá y
de Israel y los restableceré como antaño.
8 Los purificaré de todos los pecados cometidos contra mí y perdonaré todos sus
crímenes y sus rebeldías. 9 Jerusalén será
para mí motivo de alegría, de alabanza y de
gloria ante todas las naciones de la tierra,
pues cuando se enteren quedarán asombra-
das y sobrecogidas a causa del bien y la
prosperidad que voy a concederle.
10 Así dice el Señor: En este lugar del
que ustedes dicen: «es un lugar desolado
sin hombres ni animales», en las ciudades
de Judá y en las calles de Jerusalén, ahora
desiertas sin hombres ni animales, se volverán a oír 11 canciones de alegría y júbilo,
el canto del novio y de la novia, las canciones de aquellos que al llevar al templo
del Señor los sacrificios de acción de gracias, cantarán:

Alaben al Señor todopoderoso,
porque el Señor es bueno,
porque es eterno su amor.

Pues yo cambiaré la suerte de esta tierra
y volverá a ser como al principio, dice el
Señor.
12 Así dice el Señor todopoderoso: En
este lugar desértico, ahora sin hombres ni
animales, y en todas sus ciudades volverán
a existir pastos donde los pastores harán
descansar a los rebaños. 13 En las ciudades
de la montaña, de la llanura y del Négueb;
en el territorio de Benjamín, en los alrededores de Jerusalén y en las ciudades de Judá volverán los pastores a contar sus ovejas, dice el Señor.

• **33** 1-13: Después de la compra del campo (Jr 32) se vuelve a anunciar un futuro de bendición. El Señor es el creador y el que puede suscitar la novedad. Al profeta se le invita a interceder por su pueblo, cosa que antes tenía prohibida (Jr 7 16; 11 14; 14 11). La resistencia es inútil. El Señor puede cambiar la suerte de su pueblo cuando quiera, y lo hará cuando el castigo purifique al pueblo. Jerusalén será entonces reedificada y habitada; los cantos de alabanza se entonarán dentro y fuera. El reino vivirá tranquilo en su territorio, conducido por pastores puestos por el Señor. Símbolo de su buena conducción son los pastos y rebaños abundantes.

Salvación duradera

2 Sm 7; Jr 23 5-6; 31 35-36

14 Vienen días, oráculo del Señor, en que yo cumpliré la promesa que hice a los habitantes de Israel y de Judá. 15 Entonces, en aquellos días, suscitaré a David un retoño legítimo, que practicará el derecho y la justicia en la tierra. 16 En aquellos días se salvará Judá, y Jerusalén vivirá en paz. Y la llamarán: «El Señor es nuestra salvación».

17 Sí, así dice el Señor: No le faltará jamás a David un varón que se siente en el trono de Israel, 18 ni a los sacerdotes de la tribu de Leví les faltarán sucesores que ofrezcan en mi presencia el holocausto, quemen la ofrenda y hagan el sacrificio todos los días.

19 El Señor habló así a Jeremías:

20 –Si mi pacto con el día y con la noche se puede romper de modo que el día y la noche no se sucedan a su tiempo, 21 entonces se podrá romper también mi alianza con mi siervo David, de suerte que no tenga hijos que reinen en su trono, y con los sacerdotes de la tribu de Leví, mis ministros. 22 Como las estrellas del cielo que no pueden contarse o como la arena del mar que no puede medirse, así multiplicaré yo la descendencia de mi siervo David y la de los levitas mis ministros.

23 El Señor habló así a Jeremías:

24 –¿Te has dado cuenta que la gente anda comentando: «el Señor ha rechazado a las dos familias que había elegido»? Por esto desprecian a mi pueblo al que ya no consideran una nación. 25 Pues así dice el Señor: Tan cierto como que he establecido un pacto con el día y con la noche y que he fijado leyes al cielo y a la tierra, 26 es que no rechazaré la descendencia de Jacob y de mi siervo David. Seguiré eligiendo entre ellos jefes que gobiernen la descendencia de Abrahán, Isaac y Jacob. Yo, en efecto, cambiaré su suerte, porque los amo.

Destino de Sedecías

Jr 21 1-7; 32 1-5

34 1 Palabra que el Señor dirigió a Jeremías cuando Nabucodonosor, rey de Babilonia, con todo su ejército, todos los reinos de la tierra sometidos a él y todos los pueblos decidió atacar a Jerusalén y a todas sus ciudades.

2 Así dice el Señor, Dios de Israel: Vete y comunica a Sedecías, rey de Judá, esta palabra del Señor: Voy a entregar esta ciudad en poder del rey de Babilonia, que la incendiará. 3 También tú caerás en su poder; te harán prisionero y te entregarán al rey de Babilonia, tendrás que vértelas con él cara a cara, y serás deportado a Babilonia. 4 Sin embargo, escucha, Sedecías, rey de Judá, la palabra del Señor. Así dice el Señor: No morirás a espada, 5 sino que morirás en paz; y como se quemaron perfumes funerarios por los antepasados que te precedieron en el trono, así se quemarán en tu honor y harán duelo por ti entonando la lamentación: «¡Ay Señor!». Esta es mi palabra. Oráculo del Señor.

6 El profeta Jeremías dijo todo esto a Sedecías, rey de Judá, en Jerusalén, 7 mientras el ejército del rey de Babilonia atacaba Jerusalén y las ciudades de Judá, Laquis y Azecá, que eran las únicas ciudades fortificadas de Judá que aún resistían.

Liberación de los esclavos

Dt 15 12-18; Gn 15 9-10

8 Palabra que el Señor dirigió a Jeremías después de que el rey Sedecías llegara a un

• **33 14-26**: *La función principal* de la monarquía es administrar justicia. Dios la ejerce por medio del rey. En dicha función se fundamenta la promesa a la dinastía de David (1 Re 2 4; 8 25; 9 5). El judaísmo posterior acercó las figuras del rey y del sacerdote. Dos juramentos (Jr 33 19-26) dan estabilidad y sellan la alianza con la descendencia de David (Véase Jr 31 35-37). Aunque el castigo parezca un rechazo por parte de Dios, la restauración despejará las dudas: la fidelidad del Señor no ha fallado nunca; el fallo ha estado en la infidelidad del pueblo.

• **34 1-7**: Jerusalén está sitiada. Todas las fuerzas del rey de Babilonia están en contra (Jr 34 1). Quizás se esperaba con ansia la ayuda egipcia (Jr 37 5). El profeta anuncia al rey de Judá la derrota y el destierro, pero también una muerte en paz. Sin embargo, en un contexto de tragedia, no deja de resultar irónica esta promesa de una muerte pacífica para Sedecías.

• **34 8-22**: El tema de la libertad suena con fuerza momentos antes de perderla. Los judíos dejaron en libertad a sus esclavos al verse cercados. No se trataba del cumplimiento normal de la ley (Ex 21 1-11; Lv 25 39-46; Dt 15 12-18), sino de un jubileo especial, quizás con intención de conjurar el peligro de la propia esclavitud. Al acercarse la ayuda egipcia, los babilonios aflojaron el cerco para hacer frente a los egipcios (Jr 21; 37 5-9); entonces los

acuerdo con todo el pueblo de Jerusalén para dejar en libertad a los esclavos. 9 El acuerdo establecía que todo israelita debía liberar a sus esclavos y esclavas hebreas, para que ningún judío fuera en adelante esclavo de un hermano suyo. 10 Tanto las autoridades como la gente del pueblo, que habían aceptado el compromiso de liberar a sus respectivos esclavos y acabar con su esclavitud, obedecieron y los dejaron en libertad. 11 Pero en seguida cambiaron de parecer, volvieron a recuperar los esclavos y esclavas que habían dejado libres y los sometieron de nuevo a esclavitud.

12 Entonces Jeremías recibió esta palabra del Señor: 13 Así dice el Señor, Dios de Israel: Yo establecí una alianza con los antepasados de ustedes el día en que los liberé de la esclavitud de Egipto. Les ordené que, 14 al llegar el séptimo año, todo israelita tendría que dejar libre a su hermano hebreo a quien compró como esclavo; sólo durante seis años lo podrían tener a su servicio y luego debería dejarlo en libertad. Pero sus antepasados no obedecieron ni hicieron caso. 15 En cuanto a ustedes, se habían convertido y me habían complacido al dejar libres a sus hermanos, comprometiéndose a ello conmigo en el templo consagrado a mi nombre. 16 Pero se han vuelto atrás y han profanado mi nombre: cada uno ha recuperado a los esclavos y esclavas que había dejado en libertad y los han sometido de nuevo a esclavitud.

17 Por eso, así dice el Señor: Ustedes no me han obedecido y no han querido dejar libre a su prójimo y hermano. Pues bien, oráculo del Señor, yo sí voy a dejar que actúen libremente contra ustedes la espada, la peste y el hambre. Los convertiré en motivo de horror para todos los reinos de la tierra. 18 Puesto que han quebrantado el pacto hecho conmigo y no han mantenido las disposiciones del mismo que acordaron en mi presencia, los voy a tratar como al novillo que partieron en dos para establecer el pacto pasando entre sus mitades. 19 A los jefes de Judá y de Jerusalén, a los funcionarios, a los sacerdotes y a todos los propietarios que pasaron por entre las dos mitades del novillo, 20 los entregaré en poder de sus enemigos y de los que buscan su muerte y sus cadáveres serán alimento de las aves del cielo y de los animales del campo. 21 Y a Sedecías, rey de Judá y a sus jefes, los entregaré también en poder de sus enemigos y de los que buscan su muerte, y del ejército del rey de Babilonia que se ha retirado momentáneamente. 22 Ordenaré que regrese contra esta ciudad, oráculo del Señor; la atacarán, la conquistarán y la incendiarán; y las ciudades de Judá quedarán arrasadas y desiertas.

El ejemplo de los recabitas

35 1 En tiempo de Joaquín, hijo de Josías, rey de Judá, el Señor dirigió esta palabra a Jeremías:

2 –Vete a donde está el clan de los recabitas y habla con ellos; luego llévalos al templo del Señor, a una de las salas, y ofréceles vino para beber.

3 Yo busqué a Jezonías, hijo de Jeremías, hijo de Jabsanías, a sus hermanos, a sus hijos y a todo el clan de los recabitas, 4 y los llevé al templo del Señor, a la sala de los hijos de Janán, hijo de Jebdelías, hombre de Dios, la que está junto a la sala de los jefes, encima de la de Maasías, hijo de Salún, guardián de la puerta. 5 Les serví unos jarros y copas llenos de vino, y les dije:

–¡Beban vino!

6 Ellos respondieron:

–Nosotros no bebemos vino, porque Jonadab, hijo de Recab, nuestro antepasado,

judíos, al verse momentáneamente libres, no mantuvieron su palabra y volvieron a someter a los esclavos. El incidente sirve a Jeremías para explicarles otra vez el sentido del momento histórico que viven y para acusarlos de no haber mantenido nunca la palabra que dieron en la alianza (Jr 34 18; véase Gn 15 7-10.17). Por no servir al Señor, *respetando la libertad* de los hermanos, deberán ser esclavos del ejército extranjero.

• **35 1-19**: Regresamos al reinado de Joaquín. El salto atrás en el tiempo nos sitúa en el momento en el que el Señor sentencia a su pueblo con un castigo. Al no ser aceptado éste, la sentencia se agrava en tiempos de Sedecías. Este capítulo empalma, pues, con Jr 26. La obediencia de los recabitas a las leyes de sus antepasados subraya, por contraposición, la desobediencia de los judíos a las leyes del Señor. Los recabitas son un pueblo que habita en medio de Israel, tratando de mantener vivos los ideales nómadas tradicionales. Sólo circunstancialmente se encuentran ahora en Jerusalén (Jr 35 11), pero pretenden mantenerse obedientes a sus costumbres. Son un ejemplo para los habitantes de la ciudad. Por su fidelidad conservarán la descendencia (Jr 35 19). La bendición a extranjeros servirá para concluir otros pasajes narrativos posteriores (Jr 39 15-18; 43 8-13).

nos dio esta orden: «No beban nunca vino,
ni ustedes ni sus hijos; 7 no edifiquen casas,
ni siembren campos ni planten o posean
viñas. Durante toda su vida vivirán en tiendas, para que puedan permanecer mucho
tiempo en el suelo en el que residen como
extranjeros». 8 Nosotros hemos obedecido
a Jonadab en todo lo que nos ordenó, y por
eso no bebemos nunca vino, ni nosotros ni
nuestras mujeres, ni nuestros hijos o hijas;
9 no edificamos casas para vivir en ellas,
ni tenemos viñas ni sembramos campos,
10 sino que vivimos en tiendas. Cumplimos
y practicamos todo lo que nos mandó nuestro antepasado, Jonadab. 11 Pero cuando
Nabucodonosor, rey de Babilonia, vino a
atacar esta tierra, dijimos: Entremos en Jerusalén, para escapar del ejército de los caldeos y del de Siria; por eso vivimos ahora
en Jerusalén.
12 Entonces el Señor dirigió esta palabra
a Jeremías:
13 –Así dice el Señor todopoderoso, Dios
de Israel: Ve a decir a los habitantes de
Judá y de Jerusalén: ¿Por qué no aprenden
también ustedes esta lección, oráculo del
Señor, y me obedecen? 14 Los descendientes de Jonadab, hijo de Recab, se han mantenido fieles al mandato de su antepasado
y no han bebido vino hasta el presente. En
cambio ustedes no me han obedecido aunque les he estado hablando continuamente.
15 Les he enviado sin interrupción a mis
siervos los profetas para decirles: Conviértanse de su mala conducta, corrijan sus acciones, no den culto a otros dioses, y de
esta forma permanecerán en la tierra que di
a ustedes y a sus antepasados. Pero ustedes
no me han obedecido ni me han hecho
caso. 16 Los hijos de Jonadab, hijo de Recab, han cumplido el mandato que les dio
su antepasado; este pueblo, en cambio, no
ha querido escucharme. 17 Por eso, así dice
el Señor todopoderoso, Dios de Israel: Voy
a traer sobre Judá y sobre los habitantes de
Jerusalén todos los males con que los he
amenazado, porque les hablé y no me escucharon, los llamé y no me respondieron.
18 Jeremías dijo al clan de los recabitas:
–Así dice el Señor todopoderoso, Dios
de Israel: Porque han obedecido el mandato de su antepasado Jonadab y, fieles a él,
han hecho todo lo que les ordenó, 19 por
eso, así dice el Señor todopoderoso, Dios
de Israel: Nunca le faltará a Jonadab, hijo
de Recab, un descendiente que esté perpetuamente a mi servicio.

3. La caída de Jerusalén ◊

La palabra que renace

2 Re 22 8-23; Ex 34; Jr 45; 22 13-19

36 1 El año cuarto de Joaquín, hijo de Josías, rey de Judá, el Señor dirigió esta
palabra a Jeremías:
2 –Toma un rollo de pergamino y escribe en él todas las palabras que yo te he
dicho sobre Jerusalén, Judá y sobre todas
las naciones, desde el día en que comencé
a hablarte, en tiempos de Josías, hasta hoy.
3 Tal vez el pueblo de Judá al enterarse de
todas las desgracias que he pensado enviarles, se convierta cada uno de su mala
conducta y pueda yo perdonarles su maldad y su pecado.
4 Jeremías llamó a Baruc, hijo de Nerías,
y Baruc escribió en un rollo de pergamino,

◊ **36 1-45 5**: Una doble referencia a la historia de un libro que dictó Jeremías y destruyó el rey Joaquín encuadra la narración de la caída de Jerusalén (Jr 36 y Jr 45). Esta tiene dos secciones: a) sucesos anteriores a la derrota, bajo Sedecías (Jr 37-39); b) sucesos posteriores, bajo Godolías y huida a Egipto (Jr 40-44). La caída de Jerusalén está narrada como un anti-éxodo.

Estas son sus etapas tras el final de la monarquía davídica: 1) abandono de la tierra (Jr 41 10); 2) alto en el camino junto a Belén (*Casa de pan*), viniendo del estanque de Gabaón (*Aguas abundantes*: Jr 41 12.17). Así se recuerdan los episodios del pan y del agua del primer éxodo (Ex 15 22-17 6; Nm 20 1-13); 3), la ida a Egipto (Jr 43 7; véase Dt 28 68). 4) Desaparición del nombre del Señor (Jr 44 26). Jeremías ocupa el lugar del anti-Moisés, pues en vez de conducir al pueblo a la tierra, es arrancado de ella hacia Egipto. Las dos ediciones del libro de Jeremías (Jr 36 2.28) recuerdan las dos entregas de las tablas de la ley (Ex 32 15; 34 1).

• **36 1-32**: El presente capítulo y su mención en Jr 45 encuadran y dan sentido al conjunto de la narración. Literariamente tiene tres partes: a) orden del Señor de escribir el libro (Jr 36 1-8); b) diversas lecturas del mismo (Jr 36 9-26); c) orden de volver a escribirlo (Jr 36 27-32). No interesa tanto el contenido del libro, cuanto su mera existencia. El libro existirá, incluso después de la prueba del fuego. La palabra del Señor no desaparece a pesar de los intentos del hombre por destruirla.

Jr 36 1-8: Estamos en el año cuarto de Joaquín (véase nota a Jr 25 1-14). El profeta no puede ir al templo (Jr 36 5). El libro ocupará su lugar. Los sucesos que rodean ese libro son símbolo de la historia personal de Jeremías, pues contiene todo lo que él ha predicado durante toda su vida y en todas las circunstancias.

al dictado de Jeremías, todas las palabras que el Señor había dirigido a éste. 5 Y Jeremías dio esta orden a Baruc:

–Yo no puedo ir al templo del Señor; 6 irás tú y en un día de ayuno, ante el pueblo que está reunido en el templo del Señor, leerás en voz alta todas las palabras del Señor que yo te he dictado y que has escrito en el rollo de pergamino. Se las leerás también a todos los que acudan procedentes de las ciudades de Judá. 7 Tal vez presenten sus súplicas ante el Señor y se conviertan todos de su mala conducta; porque es grande la ira y el enojo con que el Señor amenaza a este pueblo.

8 Baruc, hijo de Nerías, hizo exactamente lo que le había mandado el profeta Jeremías y leyó en el templo las palabras del Señor contenidas en el libro.

9 En el mes noveno del año quinto del reinado de Joaquín, hijo de Josías, rey de Judá, se proclamó un ayuno en honor del Señor para todos los habitantes de Jerusalén y de las ciudades de Judá. 10 Entonces Baruc leyó en voz alta el libro en que estaban escritas las palabras de Jeremías. Lo hizo ante todo el pueblo, desde la sala de Gamarías, hijo del secretario Safán, en el atrio superior del templo y a la entrada de la puerta nueva del templo del Señor.

11 Cuando Miqueas, hijo de Gamarías, hijo de Safán, oyó las palabras del Señor escritas en el libro, 12 bajó al palacio real, a la sala del secretario. Estaban allí reunidos en sesión todos los funcionarios: el secretario Elisamá; Dalayas, hijo de Semeyas; Elnatán, hijo de Akbor; Camarías, hijo de Safán; Sedecías, hijo de Ananías, y todos los demás funcionarios. 13 Miqueas les comunicó todo lo que había oído cuando Baruc leyó el libro al pueblo. 14 Los funcionarios mandaron a Judí, hijo de Natanías, hijo de Selemías, hijo de Cusí, a decir a Baruc: «Toma el rollo de pergamino que has leído ante el pueblo y ven». Baruc, hijo de Nerías, tomó el rollo y se presentó ante ellos. 15 Y le dijeron:

–Siéntate y léelo en voz alta.

Baruc se lo leyó. 16 Al oír aquellas palabras se miraron unos a otros sobrecogidos de temor y dijeron a Baruc:

–Tenemos que informar al rey de todo esto.

17 Preguntaron entonces a Baruc:

–Dinos cómo has escrito todo esto.

18 El les respondió:

–Jeremías me dictaba todas estas palabras y yo las escribía con tinta en este libro.

19 Los funcionarios dijeron a Baruc:

–Ve y escóndete junto con Jeremías; que nadie sepa dónde están.

20 Ellos dejaron el rollo de pergamino guardado en la sala del secretario Elisamá, se presentaron al rey en el atrio del palacio y le comunicaron todo lo ocurrido. 21 El rey mandó a Judí a buscar el rollo; éste lo tomó de la sala del secretario Elisamá y lo leyó en alta voz al rey y a todos los funcionarios reunidos en torno a él. 22 El rey estaba sentado en su habitación de invierno –era el mes noveno– y tenía delante un brasero encendido. 23 En cuanto Judí leía tres o cuatro columnas, el rey las cortaba con el cortaplumas del secretario y las tiraba al brasero, hasta que todo el rollo de pergamino quedó reducido a cenizas por el fuego que había en el brasero. 24 Pero ni el rey ni ninguno de sus servidores temieron ni se rasgaron las vestiduras al oír aquellas palabras. 25 Y aunque Elnatán, Dalayas y Gamarías insistieron al rey que no quemara el rollo, él no les hizo caso. 26 Luego el rey ordenó al príncipe Yerajmel, a Sarayas, hijo de Ezriel, y a Semeyas, hijo de Abdeel,

Jr 36 9-26: Tres lecturas públicas del libro: ante el pueblo (Jr 36 10), ante los jefes (Jr 36 15), ante el rey (Jr 36 21). Progresivamente se ha ido restringiendo el círculo de oyentes; Jeremías debe pasar a la clandestinidad (Jr 36 26). Es el mismo recorrido de otro libro encontrado hace diecisiete años, en tiempos de Josías (2 Re 22 8-23 3), *pero sus lecturas siguieron orden* inverso de publicidad: en el caso de Josías, el libro provocó que el rey se rasgara las vestiduras (2 Re 22 11), se convirtiera y mandara proclamar ante el pueblo las palabras del libro; en el caso de Jeremías el libro es leído primero ante el pueblo, después llega a conocimiento del rey que no se rasga las vestiduras ni se convierte, sino que arroja el libro al fuego. La frialdad y el silencio de Joaquín se oponen al apasionamiento y a la continua invitación al cambio por parte de Dios.

Jr 36 27-32: La orden de volver a escribir otro libro cierra el tríptico. Es un libro idéntico al destruido. Se le añade una condena al rey Joaquín (Jr 36 29-31; véase Jr 22 13-19), al que se le priva de descendencia y sepultura. Se le añaden también *muchas cosas parecidas* (Jr 36 32), porque la palabra del Señor está abierta a la historia y en la historia se cumplirá todo lo que anuncia.

que arrestaran al secretario Baruc y al profeta Jeremías. Pero el Señor los mantuvo
ocultos.
27 Después que el rey quemó el rollo de
pergamino con las palabras que Jeremías
había dictado a Baruc, el Señor dijo a Jeremías:
28 –Toma otro rollo de pergamino y escribe en él las mismas palabras que había
en el rollo anterior quemado por Joaquín,
rey de Judá. 29 En cuanto a Joaquín, esto es
lo que le dirás: Así dice el Señor: Tú has
quemado este rollo diciendo: «¿Por qué has
escrito en él que el rey de Babilonia vendrá con toda seguridad, destruirá esta tierra
y hará desaparecer de ella a hombres y animales?» 30 Pues he aquí lo que dice el Señor
sobre Joaquín, rey de Judá: No tendrá heredero que se siente en el trono de David, y
su cadáver quedará expuesto al calor del
día y al frío de la noche. 31 Lo castigaré a
él, a su descendencia y a sus servidores por
la maldad que cometieron; traeré sobre
ellos, sobre los habitantes de Jerusalén y la
gente de Judá, todas las desgracias que les
anuncié, sin que me escucharan.
32 Jeremías tomó otro rollo de pergamino y se lo dio a su secretario Baruc, hijo de
Nerías, que escribió en él, al dictado de Jeremías, todas las palabras del libro que había quemado Joaquín, rey de Judá. Posteriormente se añadieron otras muchas cosas
parecidas.

Reinado de Sedecías

2 Re 24 17-20; Jr 22 20-30; 13 18-19

37 1 Sedecías, hijo de Josías, sucedió en
el trono a Jeconías, hijo de Joaquín.
Nabucodonosor, rey de Babilonia, lo nombró rey de Judá; 2 pero ni él, ni sus servidores ni la gente del pueblo escucharon las
palabras que el Señor pronunció por medio
del profeta Jeremías.

Alivio de Jerusalén y prisión de Jeremías

3 El rey Sedecías mandó a Yeucal, hijo
de Selemías, y al sacerdote Sofonías, hijo
de Maasías, a decir al profeta Jeremías:
–Intercede por nosotros ante el Señor,
nuestro Dios.
4 Jeremías se movía con libertad entre
el pueblo, pues no lo habían encarcelado.
5 El ejército del faraón había salido de Egipto; al conocer la noticia, los caldeos que cercaban Jerusalén dejaron de sitiarla. 6 Entonces Jeremías recibió esta palabra del Señor:
7 –Así dice el Señor, Dios de Israel: Digan al rey de Judá que los ha enviado a
consultarme: Es cierto que el ejército del
faraón ha salido para ayudarlos; pero regresará a Egipto, su país, 8 y los caldeos atacarán de nuevo esta ciudad, la conquistarán y la incendiarán. 9 Así dice el Señor: no
se engañen pensando: «los caldeos se irán
definitivamente lejos de nosotros». 10 Y
aunque derrotaran al ejército entero de los
caldeos que los atacan y no quedaran entre
ellos más que unos cuantos heridos en sus
tiendas, saldrían de ellas e incendiarían esta ciudad.
11 Cuando el ejército caldeo se retiró de
Jerusalén debido a la proximidad del ejército del faraón, 12 quiso Jeremías salir de la
ciudad para ir al territorio de Benjamín y
arreglar allí un asunto de herencia entre los
suyos. 13 Pero al llegar a la puerta de Benjamín, el guardia de turno, llamado Yerías,
hijo de Selemías, hijo de Ananías detuvo al
profeta Jeremías y le dijo:
–¡Tú te pasas a los caldeos!
14 Jeremías respondió:

• *37 1-2: En Jr 37 1-39 18 encontramos* una interpretación de la la caída de Jerusalén a la luz de la palabra y el mensaje de Jeremías. Al final de cada escena (excepto Jr 39 14) Jeremías está en la cárcel. Por eso se ha llamado a estos capítulos "Pasión de Jeremías". Mejor sería "Historia de la palabra", a la que el pueblo cierra el oído, mientras los extranjeros obedecen (véase Jr 38 9; 39 18; 40 3).

En el reinado de Sedecías se cumple la amenaza pronunciada sobre Joaquín (Jr 36 31): no tendrá descendiente en el trono. A Sedecías lo entroniza Nabucodonosor, no el Señor. Su reinado mereció un juicio muy negativo (véase 2 Re 24 18-20).

• **37 3-16**: Sedecías parece sincero: consulta al profeta (Jr 37 17-21; 34 14-28) y le pide su intercesión; sin embargo no escucha su palabra (Jr 37 2). La sorprendente salvación que ofrece Jeremías (Jr 27 1-11) choca con una interpretación de la historia a base de apariencias. En apariencia, la palabra de Jeremías no se cumple (se levanta el cerco de la ciudad). Así Jeremías adquiere ante el pueblo los rasgos de un traidor (Jr 37 13; 38 4; 43 2-3), aunque la historia lo desmentirá (Jr 39 14; 40 1-6). Pero la falsa interpretación hará que sufra en su piel la suerte contraria a la que parece experimentar el pueblo: mientras el pueblo se siente menos presionado por el cerco, Jeremías conocerá la estrechez de la cárcel.

–¡Mentira; no me paso a los caldeos!
Pero Yerías no le creyó, sino que lo
arrestó y lo llevó ante los jefes. 15 Estos,
enfurecidos contra Jeremías, lo golpearon
y lo encerraron en la casa del secretario
Jonatán, que habían convertido en cárcel.
16 Así pues, Jeremías fue arrojado a un
calabozo subterráneo, y allí estuvo mucho
tiempo.

Jeremías ante Sedecías

17 El rey Sedecías mandó que trajeran a
Jeremías a su palacio y lo interrogó en secreto, preguntándole:
–¿Has recibido algún mensaje del Señor?
Jeremías respondió:
–Sí que lo he recibido. Tú caerás en poder del rey de Babilonia.
18 Y continuó Jeremías hablando al rey:
–¿Qué mal te he hecho a ti, a tus servidores o a este pueblo, para que me hayan
metido en la cárcel? 19 ¿Dónde están ahora
sus profetas, esos que les profetizaban: «el
rey de Babilonia no los atacará a ustedes ni
a su país»? 20 Ahora, mi rey y señor, te
ruego que me escuches; acepta mi súplica
y no me mandes otra vez a casa del secretario Jonatán, para que no me muera allí.
21 El rey Sedecías dio orden de custodiar a Jeremías en el patio de la guardia y
de darle cada día un panecillo de la calle
de los Panaderos, mientras hubiera pan en
la ciudad. De este modo Jeremías quedó en
el patio de la guardia.

Jeremías en el pozo

Jr 39 15-18

38 1 Safatías, hijo de Matán, Guedelías,
hijo de Pasjur, Yeucal, hijo de Selemías, y Pasjur, hijo de Melquías, oyeron que
Jeremías dirigía al pueblo estas palabras:
2 –Así dice el Señor: El que se quede en
esta ciudad morirá a espada, de hambre y
de peste; pero el que se entregue a los caldeos vivirá; obtendrá como recompensa su
propia vida y vivirá. 3 Así dice el Señor: Jerusalén caerá en poder del ejército del rey
de Babilonia; la conquistará sin que nadie
pueda evitarlo.
4 Y aquellos jefes fueron a decir al rey:
–Este hombre merece la muerte, porque
desalienta con semejantes palabras a los
combatientes que quedan en esta ciudad y
a todo el pueblo. Este hombre no busca el
bien del pueblo, sino su desgracia.
5 El rey Sedecías respondió:
–Lo dejo en sus manos pues el rey no
puede oponerse a los deseos de ustedes.
6 Así que ellos fueron y, bajándolo con
cuerdas, arrojaron a Jeremías al pozo del
príncipe Malquías, situado en el patio de la
guardia. En el pozo no había agua, sino
sólo fango y Jeremías se hundía en él.
7 El etíope Abdemélec, funcionario del
palacio real, se enteró de que habían echado a Jeremías en el pozo. Y un día que el
rey estaba impartiendo justicia en la puerta
de Benjamín, 8 salió Abdemélec del palacio real y le dijo:
9 –Oh rey mi señor; esos hombres hacen mal tratando así al profeta Jeremías; lo
han arrojado al pozo, donde va a morir de
hambre, pues ya no hay pan en la ciudad.
10 El rey dio al etíope Abdemélec esta
orden:
–Toma tres hombres contigo y saca a
Jeremías del pozo antes de que muera.
11 Abdemélec llevó consigo a los hombres, entró en el guardarropa de palacio,
tomó unos cuantos trapos y vestidos usados, los tiró junto con unas sogas al pozo
donde se encontraba Jeremías, 12 y le dijo:
–Colócate esos trapos entre los sobacos
y las sogas.

• **37 17-21**: Primer diálogo entre el rey y el profeta. El rey tiene el poder de la autoridad, el profeta la autoridad de la palabra verdadera. Aquel puede disponer de la vida de Jeremías y a él se le pide clemencia; el segundo comunica la vida que da Dios y a él se le pregunta por el comportamiento correcto. El profeta responde al rey sin ambigüedades (Jr 37 17) y resalta la injusticia de su prisión y la inutilidad de los falsos profetas.

• **38 1-13**: ¿Predica Jeremías desde la cárcel? ¿Quién puede encadenar la palabra de Dios? (2 Tim 2 9). Su mensaje es el conocido en esta época: si quieren salvarse, sométanse al enemigo (Jr 38 2). Esto le acarrea ser acusado de traidor y de desmoralizar las tropas con la consiguiente petición de condena a muerte (Jr 38 4). Falsa interpretación de los jefes del pueblo, que no comparte un funcionario extranjero, el cual pide y consigue la salvación del profeta. Esta escena es central en toda la secuencia narrativa. Se subraya la situación de carencia: los soldados y el pueblo están desanimados (Jr 38 4), el rey no tiene poder (Jr 38 5), no hay agua en la cisterna (Jr 38 6), no hay pan en la ciudad (Jr 38 9).

• **38 14-28**: Segundo diálogo entre Sedecías y Jeremías. En este diálogo el secreto se opone a la palabra. Todos quieren saber todo, pero en secreto. Todos parecen dis-

Jeremías lo hizo así. 13 Ellos tiraron de él con las sogas y lo subieron del pozo. Y Jeremías quedó en el patio de la guardia.

Jeremías ante Sedecías

14 El rey Sedecías mandó traer al profeta Jeremías a la puerta de la guardia en el templo del Señor, y una vez allí el rey dijo a Jeremías:

–Voy a preguntarte una cosa, no me ocultes nada.

15 Jeremías respondió a Sedecías:

–Si te contesto, seguro que me matarás; y si te doy un consejo, no me harás caso.

16 Entonces el rey hizo en secreto este juramento a Jeremías:

–¡Vive el Señor, que nos ha dado esta vida, que no te mataré ni te entregaré en manos de los que atentan contra tu vida!

17 Jeremías dijo a Sedecías:

–Así dice el Señor todopoderoso, Dios de Israel: Si te rindes a los generales del rey de Babilonia, salvarás tu vida, y esta ciudad no será incendiada; conservarán la vida tú y tu familia. 18 Pero si no te rindes a los generales del rey de Babilonia, la ciudad caerá en poder de los caldeos; la incendiarán, y tú no escaparás de sus manos.

19 El rey Sedecías dijo a Jeremías:

–Tengo miedo de los judíos que se han pasado ya a los caldeos. Si caigo en sus manos, se burlarán de mí.

20 Jeremías respondió:

–No te entregarán a ellos. Escucha la voz del Señor que yo te he transmitido, y te irá bien: salvarás tu vida. 21 Pero si no quieres rendirte, mira lo que el Señor me ha manifestado: 22 Todas las mujeres que quedan en el palacio real de Judá serán entregadas a los generales del rey de Babilonia, e irán diciendo:

Te han engañado y te han vencido
tus íntimos amigos.
Han hundido tus pies en el fango,
y te han abandonado.

23 Todas tus mujeres y tus hijos serán entregados a los caldeos, y tampoco tú escaparás; caerás prisionero en poder del rey de Babilonia, y esta ciudad será incendiada.

24 Sedecías dijo a Jeremías:

–Que nadie se entere de esta conversación, si no quieres morir. 25 Si los jefes se enteran de que yo he hablado contigo y vienen a decirte: «Infórmanos de lo que le dijiste al rey y de lo que él te dijo; si nos ocultas algo te mataremos», 26 tú les dirás: «Yo sólo he suplicado al rey que no me haga regresar a casa de Jonatán, pues allí moriría».

27 En efecto, todos los jefes vinieron a interrogar a Jeremías, pero él les contestó exactamente lo que el rey le había mandado, y no tuvieron de qué acusarlo, pues la cosa no se supo. 28 Jeremías estuvo en el patio de la guardia hasta el día en que fue conquistada Jerusalén.

Caída de Jerusalén y liberación de Jeremías

2 Re 25 1-21

39 1 El mes décimo del año noveno del reinado de Sedecías, rey de Judá, Nabucodonosor, rey de Babilonia, vino con todo su ejército contra Jerusalén y la sitió. 2 El día nueve del mes cuarto del año undécimo del reinado de Sedecías, el enemigo abrió una brecha en la ciudad. 3 Los ge-

poner de la vida; sólo Jeremías no amenaza con la muerte. Jeremías se encuentra en una trágica alternativa: si calla, la palabra de Dios lo consumirá por dentro (Jr 20 9); *si habla, lo matarán o no le harán caso.* El secreto le asegura la vida, pero anticipa el rechazo del mensaje. La visión lo confirma: las mujeres van entonando un canto fúnebre por la muerte del rey y la ruina del reino. Sorprendentemente el pueblo va a sufrir en la historia lo que Jeremías padeció durante su permanencia en el pozo.

• **39 1-14**: Ha llegado el momento anunciado por el profeta con su palabra y con su vida. La palabra se cumple en la historia: Nabucodonosor conquista la ciudad (Jr 39 1-3), cada protagonista recibe su merecido: por un lado Sedecías y el pueblo (Jr 39 4-10), por otro Jeremías (Jr 39 11-14).

En efecto, se cumple para Sedecías el oráculo de Jr 34 1-7. Su ciega actitud de desobediencia (Jr 37 2; 52 2-3) selló su suerte; escapa de la ciudad sitiada, pero lo atrapan en el desierto. No se puede escapar al castigo. La última visión de sus ojos es la tragedia familiar y dinástica. El castigo distingue a los que residían en Jerusalén, culpables de desobediencia, y a los que *no poseen nada.* Los más pobres reciben las tierras. Ellos serán testigos del cumplimiento de la palabra y de que el sentido último de ésta era la salvación y la posesión de los bienes del Señor.

Finalmente, Jeremías recobra la libertad en medio de la tragedia. Apartado a la fuerza del pueblo por su rey, puede ahora, gracias a la benevolencia del enemigo vencedor, mostrar su solidaridad con los suyos, con los que se quedan en la tierra.

nerales del rey de Babilonia entraron y se instalaron en la puerta Central: Nabuzardán, jefe de la escolta, Nabusazbán, alto dignatario, Nergal-Sareser, oficial mayor, y los demás generales del rey de Babilonia. 4 Al verlos, Sedecías, rey de Judá, y todos los combatientes huyeron de la ciudad durante la noche por la puerta que hay entre las dos murallas junto al jardín del rey, escapando por el camino de la Arabá. 5 Pero las tropas caldeas los persiguieron y dieron alcance a Sedecías en la llanura de Jericó. Apresaron al rey y lo llevaron a Ribla, en la región de Jamat, ante Nabucodonosor, rey de Babilonia, que dictó sentencia contra él. 6 El rey de Babilonia mandó degollar en Ribla a los hijos de Sedecías ante sus propios ojos y mandó degollar también a todos los principales de Judá. 7 A Sedecías le sacó los ojos, lo cargó de cadenas y lo llevó a Babilonia.

8 Los caldeos incendiaron el palacio del rey y las casas de la ciudad, y demolieron las murallas de Jerusalén. 9 Por su parte Nabuzardán, jefe de la escolta del rey, deportó a Babilonia a los que habían quedado en la ciudad, a los desertores que se habían pasado a él y a los artesanos que todavía quedaban. 10 Sólo dejó en Judá alguna gente sencilla que nada poseía y les repartió viñas y campos aquel día.

11 Nabucodonosor, rey de Babilonia, había dado a Nabuzardán, jefe de la escolta, esta orden respecto a Jeremías:

12 –Tómalo bajo tu protección, preocúpate de él y no le hagas ningún daño, al contrario, trátalo como él te diga.

13 Nabuzardán, jefe de la escolta, Nabusazbán, alto dignatario, Nergal-Sareser, oficial mayor, y los demás generales del rey de Babilonia, 14 mandaron sacar a Jeremías del patio de la guardia y se lo confiaron a Godolías, hijo de Ajicán, hijo de Safán, para que lo dejara ir a su casa y pudiera así vivir en medio del pueblo.

Conclusión

Jr 45 1-5

15 Cuando Jeremías aún estaba prisionero en el patio de la guardia, el Señor le dijo:

16 –Vete a decir al etíope Abdemélec: Así dice el Señor todopoderoso, Dios de Israel: Voy a cumplir las palabras que anuncié a esta ciudad, palabras de castigo y no de prosperidad. Todo se cumplirá en aquel día y tú serás testigo de ello. 17 Pero yo te libraré en aquel día, oráculo del Señor, y no serás entregado en manos de los hombres a quienes temes. 18 Sí, te libraré y no caerás a espada; conservarás tu vida como recompensa, porque confiaste en mí. Oráculo del Señor.

Jeremías se queda con el pueblo

Jr 39 11-14

40 1 Palabra que el Señor dirigió a Jeremías una vez que Nabuzardán, jefe de la escolta real, lo liberó en Ramá, donde lo encontró encadenado entre los cautivos de Jerusalén y Judá que eran deportados a Babilonia. 2 El jefe de la escolta llamó a Jeremías y le dijo:

–El Señor tu Dios había anunciado esta desgracia con respecto a este lugar 3 y la ha realizado, cumpliendo lo que había anunciado, porque ustedes pecaron contra el Señor y no lo obedecieron. Por eso les ha sobrevenido todo esto. 4 A ti, sin embargo, yo te libro hoy de las cadenas que aprisionan tus manos. Si quieres venir conmigo a Babilonia, ven; yo te protegeré allí; si no quieres venir, puedes quedarte; tienes toda la tierra para elegir, vete adonde quieras. 5 Si no quieres quedarte conmigo, regresa junto a Godolías, a quien el rey ha nombrado gobernador de las ciudades de Judá, y quédate con él en medio del pueblo; o vete adonde quieras.

El jefe de la escolta le dio provisiones y regalos, y lo dejó partir. 6 Jeremías fue a

• **39** 15-18: Un funcionario extranjero fue capaz de entender la palabra de Dios pronunciada por Jeremías y ayudarlo (*Jr 38 3-13*). Ahora este funcionario es objeto de bendición y se le respeta la vida como premio a su confianza.

• **40** 1-6: En vez de seguir la marcha de los deportados a Babilonia, que son la semilla de la futura esperanza, el libro de Jeremías nos cuenta la historia de los que quedaron. Jeremías ha predicado la sumisión al rey de Babilonia. Por eso los vencedores le conceden no sólo la libertad sino también un trato considerado y amable. Jeremías escoge libremente la solidaridad física con los que aún quedan en Judá. La capital ha sido destruida, pero queda la posibilidad de que acepten la situación y no pierdan la tierra.

Mispá, junto a Godolías, y vivió con él en
medio del pueblo que había quedado en el
país.

El resto reunido en torno a Godolías

2 Re 25 22-26; 1 Re 15 16-22

7 Los oficiales del ejército que estaban
dispersos por el campo con sus hombres,
se enteraron de que el rey de Babilonia había nombrado gobernador del país a Godolías, hijo de Ajicán, y que le había confiado hombres, mujeres y niños, así como la
gente pobre del país que no había sido deportada a Babilonia. 8 Se presentaron entonces a Godolías en Mispá; estaban entre
ellos Ismael, hijo de Natanías; Juan y Jonatán, hijos de Carea; Serayas, hijo de Tanjumet; los hijos de Efay de Netofá, y Jezonías, hijo de Macatí, cada uno con sus hombres. 9 Godolías, hijo de Ajicán, hijo de
Safán, les hizo a ellos y a sus hombres este
juramento:
–No les dé miedo vivir bajo el dominio
de los caldeos; quédense en el país, obedezcan al rey de Babilonia y les irá bien.
10 Yo me estableceré en Mispá para atender a los caldeos que vengan a nosotros.
Ustedes recojan el vino, los frutos y el aceite; llenen sus reservas y quédense en las
ciudades que ocupen.
11 Igualmente, los demás judíos que estaban en Moab, Amón, Edom y en todos
los otros países, al saber que el rey de Babilonia había dejado un resto en Judá y que
había puesto al frente de ellos a Godolías,
hijo de Ajicán, hijo de Safán, 12 regresaron
todos a Judá desde los diversos lugares
donde estaban dispersos, se presentaron a
Godolías en Mispá y recolectaron una
abundante cosecha de vino y de frutas.
13 Pasado algún tiempo, Juan, hijo de
Carea, y todos los jefes de las tropas que
estaban en el campo se presentaron a Godolías en Mispá 14 y le dijeron:
–¿Sabes que Baalís, rey de Amón, ha
enviado a Ismael, hijo de Natanías, para
matarte?
Pero Godolías, hijo de Ajicán, no les
creyó. 15 Entonces Juan, hijo de Carea, dijo en secreto a Godolías en Mispá:
–Déjame ir a matar a Ismael, hijo de
Natanías; nadie sabrá quién lo hizo. ¿Por
qué vamos a permitir que él te mate y se
dispersen todos los judíos que se han reunido en torno a ti y perezca el resto de
Judá?
16 Pero Godolías, hijo de Ajicán, contestó a Juan, hijo de Carea:
–No hagas eso, pues es falso lo que dices de Ismael.

41 1 En el mes séptimo, Ismael, hijo de
Natanías, hijo de Elisamá, que era de
descendencia real, llegó con diez hombres
a Mispá donde se encontraba Godolías, hijo
de Ajicán. Y allí, en Mispá, mientras compartían la mesa, 2 Ismael, hijo de Natanías,
y sus diez acompañantes se levantaron de
improviso e hirieron con la espada a Godolías, hijo de Ajicán, hijo de Safán y mataron a quien el rey de Babilonia había nombrado gobernador del país. 3 Mató también
Ismael a todos los judíos que estaban con
Godolías en Mispá y a los soldados caldeos
que se encontraban allí.
4 Al día siguiente del asesinato de Godolías, cuando nadie lo sabía aún, 5 llegaron unos hombres de Siquén, de Siló y de
Samaría –ochenta en total– con la barba
afeitada y los vestidos desgarrados. Se habían hecho cortaduras en señal de duelo y
traían en sus manos ofrendas e incienso
para presentarlos en el templo del Señor.
6 Ismael, hijo de Netanías, salió de Mispá a
su encuentro; iba llorando y cuando los
encontró les dijo:
–Vengan a presentarse a Godolías.
7 Pero en cuanto llegaron al centro de la
ciudad, Ismael, hijo de Netanías, y sus hombres los degollaron y los arrojaron a una
cisterna. 8 Había entre ellos diez hombres
que dijeron a Ismael:

• **40 7-41 18**: Jeremías no aparece en esta sección. El centro lo ocupa Godolías. Este personaje judío, nombrado gobernador de Judá por Nabucodonosor, es la posibilidad que se ofrece al pueblo de mantener la posesión de la tierra. En torno a él se concentra el resto del pueblo (Jr 40 7-12). Ismael no acepta el nombramiento y lo mata (Jr 40 13-41 9). Con este asesinato Ismael mata la posibilidad de recibir los bienes del Señor en la tierra, profana la sacralidad de un banquete, rompe la solidaridad de los peregrinos y cambia la concentración del pueblo en huida y dispersión (Jr 41 10-18). En esta huida los nombres geográficos son significativos: El estanque de Gabaón (*Aguas abundantes*) y Belén (*Casa de pan*) recuerdan la parada en el desierto, el lugar de las tentaciones y de la prueba del agua y del pan (Ex 15 22-17 7; Nm 20 1-13).

–No nos mates, pues tenemos escondidas en el campo provisiones de trigo, cebada, aceite y miel.
Ismael accedió y no los mató como había hecho con los demás. 9 La cisterna en
la que Ismael arrojó los cadáveres de todos
los asesinados era la gran cisterna que el
rey Asá había mandado construir para defenderse de Basá, rey de Israel. Ismael, hijo de Natanías, la llenó con sus víctimas.
10 Después, Ismael se apoderó de toda
la gente que quedaba en Mispá, junto con
las princesas reales que Nabuzardán, jefe
de la escolta, había confiado a Godolías,
hijo de Ajicán. Ismael, hijo de Natanías,
los hizo cautivos y se puso en marcha con
intención de pasarse a los amonitas.
11 Cuando Juan, hijo de Carea, y todos
los jefes de las tropas que estaban con él
tuvieron noticia del crimen que había cometido Ismael, hijo de Natanías, 12 reunieron a todos sus hombres y fueron a combatir contra Ismael, hijo de Natanías, alcan-
zándolo junto al gran estanque de Gabaón.
13 Cuando toda la gente que estaba con
Ismael vio a Juan, hijo de Carea, y a todos
los oficiales que lo acompañaban, se llenaron de alegría. 14 Toda la gente que Ismael
llevaba cautiva desde Mispá dio la vuelta y
se pasó a Juan, hijo de Carea. 15 Pero Ismael, hijo de Natanías, escapó con ocho
hombres hacia Amón. 16 Entonces Juan,
hijo de Carea, y todos los oficiales que lo
acompañaban se hicieron cargo del resto
del pueblo que Ismael, hijo de Natanías,
había sacado a la fuerza de Mispá, después
de matar a Godolías, hijo de Ajicán: hombres, guerreros, mujeres, niños y funcionarios que habían sido traídos de Gabaón.
17 Se pusieron en marcha, y se detuvieron
en la posada de Camán, cerca de Belén.
Desde allí pretendían dirigirse a Egipto,
18 ya que tenían miedo de los caldeos, pues
Ismael, hijo de Natanías, había matado a
Godolías, hijo de Ajicán, a quien el rey de
Babilonia había nombrado gobernador del
país.

Huida a Egipto

42 1 Entonces Juan, hijo de Carea, y Azarías, hijo de Maasías, junto con los
oficiales y el pueblo entero, pequeños y
grandes , se acercaron 2 al profeta Jeremías
y le dijeron:
–Atiende nuestras súplicas e intercede
ante el Señor tu Dios por nosotros, por todo este resto, porque de tantos como éramos quedamos muy pocos, como estás
viendo tú mismo. 3 Que el Señor tu Dios
nos indique el camino que debemos seguir
y lo que debemos hacer.
4 El profeta Jeremías les contestó:
–Los he oído. Yo intercederé ante el Señor su Dios, presentando sus súplicas; les
comunicaré lo que el Señor les responda
sin ocultarles nada.
5 Ellos le dijeron:
–Sea el Señor testigo veraz y fiel contra
nosotros, si no hacemos todo lo que él te
encargue decirnos. 6 Sea para bien o para
mal, nosotros obedeceremos al Señor nuestro Dios. Te pedimos que intercedas ante él
para que así, al obedecerle, nos salga todo
bien.
7 Diez días después, el Señor dirigió su
palabra a Jeremías, 8 el cual llamó a Juan,
hijo de Carea, a los oficiales que lo acompañaban y a todo el pueblo, pequeños y
grandes, 9 y les dijo:
–Así dice el Señor, Dios de Israel, a
quien ustedes me han enviado para presen-
tarle su súplica: 10 Si se quedan en esta tierra, yo los edificaré y no volveré a demo-
lerlos, los plantaré y no volveré a arrancarlos, porque me duele haberles causado
estas desgracias. 11 No teman al rey de
Babilonia, que les infunde tanto miedo; no
lo teman, oráculo del Señor, porque yo estoy con ustedes para salvarlos y librarlos

• **42 1-43 7**: Los sobrevivientes acuden al profeta como último recurso (Jr 42 1-6). Le piden su intercesión y su palabra. Entre los pocos que quedan (Jr 42 2; véase Ex 1) *hay gentes de todas las clases (Jr 42* 1) y parecen sinceros (Jr 42 5-6; Ex 19 8).

En Jr 42 7-22 la situación es confusa. Jeremías no ve clara la palabra del Señor; no dispone de ella a su antojo y tarda diez días en poder comunicarla. Su mensaje es claro. Deben quedarse en Judá y confiar en la misericordia de Nabucodonosor, que será signo de la misericordia de Dios (Jr 42 12). El perdón prolonga el doble sentido de la *tierra* como suelo: construir y plantar (Jr 42 10); y como lugar donde habita el pueblo: salvación y liberación (Jr 42 11). Al expresar el perdón en términos de *compasión, misericordia, consuelo*, se mantiene el tono pasional que causó el castigo (*ira, enojo*: Jr 42 18). El perdón no sólo es el cese de su ira, sino una nueva presencia salvífica (Jr 42 11) con tonalidades de nuevo comienzo.

de su poder. 12 Tendré compasión de ustedes, y haré que él también la tenga y les
permita habitar en sus tierras. 13 Pero si dicen: «No queremos quedarnos en esta tierra», y desobedecen al Señor su Dios, 14 si
dicen: «Nos iremos a Egipto, donde no
veamos más la guerra ni oigamos el toque
de trompeta ni nos falte más el pan; allí
queremos permanecer», 15 entonces escucha, resto de Judá, la palabra del Señor.
Así dice el Señor todopoderoso, Dios de
Israel: si se empeñan en ir a Egipto para
quedarse a vivir allí, 16 la espada que tanto
temen los alcanzará en Egipto, el hambre
que tanto los asusta se pegará a ustedes en
Egipto, y allí morirán. 17 Todos los que se
empeñen en ir a Egipto para quedarse a
vivir allí, morirán a espada; el hambre y la
peste los aniquilarán; no quedará ni un solo sobreviviente, nadie escapará de la desgracia que yo descargaré sobre ellos. 18 Esto es lo que dice el Señor todopoderoso,
Dios de Israel: Como mi ira y mi enojo se
descargaron sobre los habitantes de Jerusalén, así se descargará mi enojo sobre
ustedes, cuando vayan a Egipto; se convertirán en motivo de desprecio, horror, maldición y vergüenza, y no volverán a ver jamás este lugar. 19 Esto es lo que les dice el
Señor, resto de Judá: No vayan a Egipto.
Recuerden esto que les advierto hoy solemnemente. 20 Si no lo hacen así, cometerán
una equivocación fatal, pues fueron ustedes mismos quienes me enviaron al Señor
su Dios, diciendo: «Intercede por nosotros
ante el Señor nuestro Dios, y comunícanos
todo lo que te diga, para que lo pongamos
en práctica». 21 Acabo de hacerlo, pero ustedes no quieren obedecer al Señor su Dios,
cumpliendo lo que me ha mandado decirles. 22 Así pues, estén seguros de que morirán a espada, de hambre y de peste en el
lugar donde quieren ir a vivir.

43 1 Cuando Jeremías terminó de decir al
pueblo todas las palabras que el Señor
su Dios le había encargado decirles –todas
estas palabras–, 2 Azarías, hijo de Maasías,
Juan, hijo de Carea, y todos los demás
hombres altaneros dijeron a Jeremías:

–Es mentira lo que dices. El Señor nuestro Dios no te ha enviado a decir: «No vayan a vivir en Egipto», 3 sino que es Baruc,
hijo de Nerías, quien te incita contra nosotros; pretende entregarnos a los caldeos
para que nos maten o nos deporten a Babilonia.

4 Así que ni Juan, hijo de Carea, ni los
oficiales ni el pueblo obedecieron la orden
del Señor; no se quedaron a vivir en Judá,
5 sino que Juan, hijo de Carea, y sus oficiales reunieron al resto de Judá, a los que
habían regresado para vivir en Judá desde
las naciones en que se encontraban dispersos: 6 hombres, mujeres, niños, princesas
reales y todas las personas que Nabuzardán, jefe de la escolta real, había dejado
con Godolías, hijo de Ajicán, hijo de Safán, incluidos también el profeta Jeremías
y Baruc, hijo de Nerías; 7 y sin hacer caso
al Señor se dirigieron a Egipto llegando
hasta Tafnis.

Jeremías anuncia la invasión de Egipto por Nabucodonosor

Jr 15 2; 25 9; 27 6

8 En Tafnis, el Señor habló así a Jeremías:

9 –Toma unas piedras grandes y, en presencia de los judíos, húndelas en la mezcla
del pavimento que está a la entrada del
palacio del faraón en Tafnis. 10 Luego diles
lo siguiente: Así dice el Señor todopoderoso, Dios de Israel: Yo mandaré a buscar a
mi siervo Nabucodonosor, rey de Babilonia, y pondré su trono sobre estas piedras
que he hundido; él extenderá sobre ellas su
alfombra. 11 Vendrá y herirá a Egipto. El
que está destinado a morir, morirá; el destinado al cautiverio, cautivo quedará; el des-

Jr 43 1-7: Cuando la palabra del Señor ofrece nuevas posibilidades de comienzo, la palabra del hombre encuentra siempre nuevas formas de réplica y rebelión: acusan a Jeremías de falso profeta, de estar influenciado por Baruc (Jr 43 2-3). Negando la autenticidad de la palabra de Jeremías se niega su papel de intermediario. Después de la discusión, los despojos de aquel resto irán a Egipto. Y Jeremías y Baruc van con ellos.

• **43 8-13**: También para Egipto hay una palabra del Señor. Pero es palabra de juicio, sin el menor indicio de salvación. El dominio de Nabucodonosor se extenderá hasta Egipto y su trono será sólido y estable, sin la menor oposición. *Piedras grandes* marcaron la entrada en la tierra (Dt 27 2; Jos 4 3; 7 26; 8 29) y ahora sostienen la acción sancionadora de Nabucodonosor, que es presentado como siervo del Señor (Jr 43 10; 25 9; 27 6). Egipto pagará con la destrucción de sus dioses el hospedaje brindado a los rebeldes.

tinado a perecer bajo la espada, a espada
perecerá. 12 Incendiará los templos de los
dioses de Egipto, los quemará, y a sus dioses los deportará; despiojará a Egipto como
un pastor despioja su ropa; y se retirará de
allí sano y salvo. 13 Destrozará los obeliscos
de Heliópolis en Egipto, e incendiará los
templos de los dioses egipcios.

Palabras de Jeremías en Egipto

44 1 Esta es la palabra que recibió Jeremías para con los judíos que vivían en
Egipto, en Migdol, Tafnis, Nof y en la
región de Patrós:
2 –Así dice el Señor todopoderoso, Dios
de Israel: Han visto la enorme desgracia
que yo he descargado sobre Jerusalén y
sobre todas las ciudades de Judá. Hoy no
son más que ruinas despobladas, 3 a causa
del mal que hicieron, pues me ofendieron
al rendir culto y adorar a otros dioses que
no habían conocido ni ellos, ni ustedes ni
sus antepasados. 4 Yo les envié incesantemente a mis siervos los profetas para decirles: No hagan esas cosas horribles que
yo detesto. 5 Pero no escucharon ni hicieron caso; no se convirtieron de su maldad
ni dejaron de rendir culto a otros dioses.
6 Por eso, mi ira y mi enojo estallaron y
consumieron las ciudades de Judá y las
calles de Jerusalén, que se han convertido
en ruina y desolación como hoy se puede
ver. 7 Y ahora, esto dice el Señor todopoderoso, Dios de Israel: ¿Por qué son ustedes mismos quienes se atraen esta enorme
desgracia? ¿Por qué están provocando en
Judá el exterminio de hombres, mujeres,
niños y recién nacidos, de manera que no
les quede ni un resto? 8 Me han ofendido
con sus acciones, rindiendo culto a otros
dioses en Egipto adonde han venido a vivir.
De este modo, están provocando su propio
exterminio y se van a convertir en motivo
de maldición y de vergüenza ante todas las
naciones de la tierra. 9 ¿Acaso han olvidado las maldades de sus antepasados, los reyes de Judá, y las de sus mujeres; las maldades de ustedes mismos y las de sus mujeres, cometidas en Judá y en las calles de
Jerusalén? 10 Y todavía no se han arrepentido; no me tienen respeto ni se comportan
según la ley y los preceptos que les di a
ustedes y a sus antepasados. 11 Por eso, así
dice el Señor todopoderoso, Dios de Israel:
He decidido volverme contra ustedes para
castigarlos y exterminar a todo Judá. 12 Haré
perecer en Egipto al resto de Judá que se
empeñó en ir a Egipto para quedarse a vivir
allí. Todos caerán a espada y perecerán de
hambre; desde el más pequeño hasta el más
grande morirán a causa del hambre y de la
espada; serán motivo de desprecio, horror,
maldición y vergüenza. 13 Castigaré a los
que viven en Egipto, como castigué a Jerusalén con espada, hambre y peste. 14 Del
resto de Judá que se fue a vivir a Egipto,
nadie quedará con vida ni regresará a Judá.
Aunque ansíen con todo su corazón vivir
de nuevo allí, nadie –salvo algún que otro
fugitivo– regresará.
15 Entonces, todos los hombres que sabían que sus mujeres quemaban incienso a
otros dioses, así como las numerosas mujeres que se hallaban presentes y todo el
pueblo que vivía en Egipto, en Patrós, respondieron a Jeremías:
16 –No podemos hacer caso a la palabra
que nos has transmitido en nombre del Señor; 17 haremos más bien todo lo que hemos prometido: seguiremos quemando incienso a la diosa llamada Reina del cielo y
haciendo ofrendas en su honor, como hemos hecho nosotros y nuestros antepasados, nuestros reyes y nuestros príncipes en

• **44** 1-30: Toda la historia de desobediencia se resume ahora en clave de idolatría y rebelión. La palabra se levanta como protagonista, igual que en Jr 36.

Jr 44 1-14: El profeta echa en cara al pueblo su historia de maldad y rechazo. El pecado del pueblo ha sido total *en su variedad (rebeldía, abominación, pecado,* idolatría) y en el tiempo (Jr 44 9). Continuos y extensos han sido también los intentos del Señor en la historia para conseguir la conversión a través de la ley y los profetas (Jr 44 4.10); pero todo ha sido en vano, pues la terquedad ha sido constante (Jr 44 5).

Jr 44 15-19: El pueblo responde justificando su comportamiento. Las cosas les han ido mal, pero ha sido por abandonar el culto a la diosa llamada Reina del cielo (véase nota a Jr 7 16-20). La perversión del sentido de la historia es evidente.

Jr 44 20-30: Jeremías pone las cosas en su sitio, explicando las verdaderas razones de la desgracia. El Señor desenmascara el error con un juramento; su palabra se cumplirá en la historia y prevalecerá sobre la del pueblo que será totalmente aniquilado en Egipto. El anti-éxodo ha culminado (véase nota a Jr 36 1-45 5).

las ciudades de Judá y en las calles de Jerusalén. Entonces teníamos pan en abundancia, éramos felices y no conocíamos la
desgracia. 18 Pero desde que hemos dejado
de quemar incienso a la Reina del cielo y
hacer ofrendas en su honor, carecemos de
todo y estamos desapareciendo a causa de
la espada y del hambre. 19 Y cuando nosotras –añadieron las mujeres– quemamos
incienso a la Reina del cielo y hacemos
ofrendas en su honor, ¿acaso los panes que
hacemos con su imagen, el incienso que
quemamos y las ofrendas que hacemos en
su honor no tienen el consentimiento de
nuestros maridos?
20 Entonces Jeremías dijo a todo el pueblo, a los hombres, a las mujeres y a toda
la gente que así le había respondido:
21 –¿Piensan que el Señor ha olvidado y
no tiene en cuenta el culto que ustedes, sus
antepasados, sus reyes, sus príncipes y toda la gente del pueblo ofrecían a otros dioses en las ciudades de Judá y en las calles
de Jerusalén? 22 El Señor no podía soportar más la maldad de sus acciones y las
horribles perversidades que cometieron;
por eso su tierra ha quedado despoblada,
hecha un desierto, un motivo de horror y
maldición como bien puede verse. 23 Porque han quemado incienso a otros dioses,
ofendiendo así al Señor, porque no han escuchado su voz ni han caminado según su
ley, sus disposiciones y sus ordenanzas,
por eso les ha sobrevenido la desgracia que
hoy padecen.
24 Y Jeremías añadió a todo el pueblo, y
en especial a las mujeres:
–Escuchen la palabra del Señor, gentes
de Judá que viven en Egipto: 25 Así dice el
Señor todopoderoso, Dios de Israel: Ustedes, mujeres, han realizado con sus manos
lo que prometieron con su boca, diciendo:
«Estamos decididas a quemar incienso a la
diosa llamada Reina del cielo y hacer ofrendas en su honor». ¡Está bien cumplan sus
votos y promesas! 26 Pero escuchen la palabra del Señor, gentes de Judá que viven en
Egipto: Yo también juro por mi gran nombre, dice el Señor, que ningún hijo de Judá
volverá jamás a pronunciar mi nombre en
Egipto diciendo: «¡Vive el Señor!» 27 Yo
estoy atento para descargar sobre ellos la
desgracia en vez de la prosperidad; el hambre y la espada harán desaparecer a todos
los hombres de Judá que residen en Egipto. 28 Los que escapen a la espada regresarán de Egipto a Judá en muy escaso número; y todos los sobrevivientes de Judá, los
que han venido a vivir en Egipto sabrán qué
palabra se cumple, si la mía o la de ellos.
29 Y para que sepan, oráculo del Señor, que
mis amenazas de castigarlos en este lugar
van a cumplirse irremediablemente, esta
será la señal, 30 oráculo del Señor: Yo entregaré al faraón Jofrá, rey de Egipto, en
poder de los enemigos que quieren darle
muerte, lo mismo que entregué a Sedecías,
rey de Judá, en poder de su enemigo Nabucodonosor, rey de Babilonia, que también
quería darle muerte.

Oráculo a Baruc

Jr 51 31-35

45 1 Palabra que el profeta Jeremías comunicó a Baruc, hijo de Nerías, en el
año cuarto de Joaquín, hijo de Josías, rey
de Judá, cuando Baruc escribió en un libro
las palabras que Jeremías le dictaba:
2 –Así dice el Señor, Dios de Israel, respecto de ti, Baruc: 3 Tú dices: «Ay de mí,
que el Señor añade angustia a mi dolor; estoy agotado de gemir y no encuentro descanso». 4 Pues esto te dice el Señor: Lo que
yo había edificado, lo destruyo; lo que yo
había plantado, lo arranco –se trata de toda
la tierra–. 5 ¡Y tú pides para ti cosas extraordinarias! No las pidas, porque hago venir la
desgracia sobre todo viviente, oráculo del
Señor. Pero a ti te concedo conservar la
vida como recompensa dondequiera que
vayas.

• **45 1-5**: Culminada la rebelión, se recuerda el libro destruido en tiempos de Joaquín. El discípulo Baruc representa la descendencia espiritual de Jeremías. El será el único resto o testigo. A él se le concede la vida para que testifique en toda la tierra que la palabra del Señor se ha cumplido. Baruc no debe imaginar ahora prodigios de salvación ni debe pedirlos para sí. Es el momento de la destrucción.

III. ORACULOS CONTRA LAS NACIONES Δ

46 1 Palabras que el Señor dirigió a Jeremías acerca de las naciones.

Egipto

Is 19; Ez 29-32; Jr 30 10-11

2 Contra Egipto y en particular contra el ejército del faraón Necao, rey de Egipto, que estaba junto al río Eufrates, en Carquemis, donde fue derrotado por Nabucodonosor, rey de Babilonia, el año cuarto de Joaquín, hijo de Josías, rey de Judá.

3 ¡Empuñen el escudo, pónganse la coraza
y avancen al combate;
4 ensillen los caballos;
monten, jinetes; colóquense el casco,
hagan brillar las lanzas,
pónganse las corazas!
5 ¿Pero qué es lo que veo?
Están aterrados. Retroceden.
Sus guerreros, derrotados,
huyen en desbandada,
no se detienen a mirar.
¡Terror por todas partes!
Oráculo del Señor.
6 Ni el más ágil escapa
ni el más valiente se salva.
Al norte, a orillas del Eufrates,
tropiezan y caen.
7 ¿Quién era ése que crecía como el Nilo,
y cuyas aguas se embravecían como ríos?
8 Era Egipto, que crecía como el Nilo,
y cuyas aguas se embravecían como ríos.
Decía: «Voy a crecer, a inundar la tierra,
a destruir las ciudades y sus habitantes».
9 ¡Que avance la caballería!
¡Que se pongan en marcha los carros!
¡Que salgan al ataque los guerreros,
los soldados etíopes
y libios que empuñan el escudo,
los lidios que saben tensar el arco!
10 Es este un día de venganza
para el Señor todopoderoso;
en él se vengará de sus enemigos.
La espada devora, se sacia,
se embriaga de su sangre.
El Señor todopoderoso
celebra un sacrificio en el país del norte,
junto al Eufrates.
11 Sube a Galaad y busca bálsamo,
doncella, capital de Egipto.
En vano multiplicas los remedios:
no cicatriza su herida.
12 Las naciones se enteran
de tu humillación,
pues tus lamentos llenan la tierra.
Tropieza guerrero contra guerrero,
y los dos ruedan juntos por el suelo.

13 Palabra que el Señor dirigió al profeta Jeremías cuando Nabucodonosor, rey de Babilonia, marchó contra Egipto.

14 Anúncienlo en Egipto,
publíquenlo en Migdol,
proclámenlo en Menfis y Tafnes.
Digan: Ponte en guardia,
porque la espada devora a tu alrededor.

Δ 46 1-51 64: Los oráculos contra las naciones tienen un origen controvertido. En todos los profetas mayores (y en Amós) forman una colección. La de Jeremías tiene su introducción en Jr 25 15-38 y posee las siguientes características: a) Judá no entra en la lista, porque acaba de narrarse su desaparición (véase Jr 25 18, donde ocupa el primer lugar); b) en los dos extremos aparecen Egipto y Babilonia, que son los polos histórico-geográficos de la historia del pueblo; c) suponen la ampliación a toda la tierra de la desgracia del pueblo (Jr 45 4); d) y al mismo tiempo una cierta esperanza de alivio para el pueblo (Jr 50 27-28; 50 4-7.17-20.33-34; 51 34-36). Algunos oráculos concluyen anunciando un cambio de suerte (Jr 46 25; 48 47; 49 6.39). Al menos los primeros oráculos están datados en *el año cuarto de Joaquín (Jr 46 2; véase Jr 49 34; 51 59)*.

• **46 1-28**: A Egipto se dedican dos oráculos: en el primero (Jr 46 2-12) se menciona la derrota de Carquemis (605 a. C.); en el segundo (Jr 46 13-24) una invasión de los babilonios. No se señalan las causas de la desgracia. Dos pequeños fragmentos cierran el capítulo: uno pone límite al castigo de Egipto (Jr 46 25-26), el otro anuncia la liberación de Israel (Jr 46 27-28).

Jr 46 1-12: Egipto ha conspirado en Palestina contra el imperio mesopotámico. El faraón Necao pasó con sus tropas por Palestina el año 609 a. C. y mató a Josías. Así cayó inesperadamente el promotor de la reforma religiosa (véase Jr 7 1-15; 26 1-24). Pero Egipto no contaba con que el Señor iba a transformar en derrota su marcha guerrera (Jr 46 3-6). También él conocerá el terror (Jr 6 25; 20 3.10; 49 5.29) que viene del norte (Jr 1 13-15; 3 12; 4 5-6 30). Este oráculo utiliza una imagen típica de Egipto, las inundaciones periódicas del Nilo, para mostrar que el Señor transforma en fracaso los planes imperialistas del faraón.

Jr 46 13-24: Después de Carquemis, Nabucodonosor invade Egipto. El toro Apis no resiste el empuje del Señor (Jr 25 9; 27 6; 43 10); tampoco el faraón resistirá al enviado del Rey de la historia. Egipto era como una hermosa ternera, su comercio era de lo más floreciente, su fuerza parecía la de un bosque. Todo será entregado al pueblo del norte.

15 ¿No ves cómo ha caído Apis,
tu toro sagrado?
No puede mantenerse en pie
porque el Señor lo empuja;
16 se tambalea y cae.
Unos a otros se dicen: «Levantémonos,
regresemos a nuestro pueblo,
a nuestro país natal,
lejos de la espada destructora».
17 Pongan este sobrenombre al faraón,
rey de Egipto: «Ruido a destiempo».
18 Juro por mi vida, oráculo del Rey,
cuyo nombre es el Señor todopoderoso
que el enemigo vendrá contra ti,
como el Tabor sobresale
entre las montañas,
o como el Carmelo domina sobre el mar.
19 Preparen su equipaje para el cautiverio,
habitantes de la capital de Egipto,
porque Menfis quedará
convertida en desierto,
será incendiada y despoblada.
20 Egipto es una hermosa ternera,
pero vienen sobre ella tábanos del norte.
21 Como terneros bien alimentados
eran sus mercenarios en medio de ella;
pero ahora dan la espalda,
huyen todos sin detenerse,
porque ha sonado la hora de su ruina,
el día de su castigo.
22 Como serpiente que se escabulle,
así escapa Egipto ante los poderosos
que avanzan contra ella,
armados de hachas como leñadores,
23 dispuestos a cortar sus bosques.
Oráculo del Señor.
Son, en efecto, innumerables,
más que una nube de langostas
que nadie puede contar.
24 Egipto está humillada, entregada
en manos del pueblo del norte.

25 El Señor todopoderoso, Dios de Israel, dice: Voy a castigar a Amón, dios de
Tebas, a Egipto con sus dioses y sus reyes,
al faraón y a cuantos confían en él. 26 Voy
a entregarlos en poder de quienes buscan
su muerte, en poder de Nabucodonosor,
rey de Babilonia, y de sus tropas. Pero después de esto, Egipto volverá a ser habitado
como en los tiempos antiguos. Oráculo del
Señor.

27 Y tú no temas, siervo mío Jacob,
no te asustes, Israel.
Yo te rescataré, a ti y a tu descendencia,
del lejano país donde estás desterrado.
Jacob regresará y vivirá tranquilo,
seguro y sin que nadie lo moleste.
28 No temas, pues, Jacob siervo mío,
oráculo del Señor,
porque yo estoy contigo;
voy a exterminar a todas las naciones
en las que te he dispersado.
Pero a ti no te voy a exterminar,
aunque te castigaré como mereces,
para que no quedes sin castigo.

Filistea

Am 1 6-8; Sof 2 4-7; Is 14 28-32; Ez 25 15-17; Zac 9 5-7

47 1 Palabra que dirigió el Señor al profeta Jeremías acerca de los filisteos, antes que el faraón atacara Gaza.

2 Así dice el Señor:
Están creciendo las aguas en el norte,
se convierten en un río desbordado,
inundan el país y cuanto contiene,
las ciudades y sus habitantes.
Los hombres piden socorro,
se lamentan los habitantes del país,
3 al oír el ruido de los cascos
de sus caballos,
el retumbar de sus carros de guerra,
el estrépito de sus ruedas.
Los padres abandonan a sus hijos,
porque se han quedado sin fuerzas.
4 Ha llegado el día de acabar
con todos los filisteos,
de quitarle a Tiro y a Sidón
sus últimos aliados.
El Señor aniquila a los filisteos,
a los sobrevivientes de Creta.
5 Gaza está totalmente pelada,
Ascalón ha quedado muda.
Asdod, resto de los anaquitas,
¿hasta cuándo te harás

• **47** 1-7: Los filisteos eran desde antiguo enemigos tradicionales de Judá y ocupaban la zona inferior de la costa mediterránea. No se sabe cuándo el faraón conquistó Gaza; pero para que el enemigo del norte inunde el país filisteo, tiene que pasar antes por Fenicia (Sidón y Tiro: Jr 47 4). La lectura que hacemos de Jr 47 5, siguiendo la traducción griega de los LXX, relaciona Gaza y Ascalón con los anaquitas (Nm 13 22-23; Dt 1 28). Según Jos 11 22 allí quedaron algunos de estos gigantes (véase 1 Sm 17 4; 2 Sm 21 16-22).

cortaduras en señal de duelo?
6 ¿Cuándo descansarás, espada del Señor?
¡Regresa a tu vaina, detente, aplácate!
7 Pero ¿cómo va a descansar
si es el Señor quien le da órdenes,
y la dirige contra Ascalón
y contra las ciudades costeras?

Moab

Am 2 1-3; Sof 2 8-11; Is 15-16; Ez 25 8-11

48 1 Contra Moab.
Así dice el Señor todopoderoso,
Dios de Israel:
¡Ay de Nebo! ¡Está destruido!
Quiriatain ha sido conquistada;
cubierta de vergüenza y en ruinas
está la fortaleza.
2 Ha desaparecido el esplendor de Moab.
En Jesbón planean su destrucción:
«Vamos a borrarla de entre las naciones».
También tú, Madmén, serás destruida,
pues la espada te persigue.
3 Se oyen gritos que vienen de Joronain;
gritos de destrucción y desastre total.
4 Moab está deshecha,
se oyen gritos hasta en Soar.
5 Suben llorando la cuesta de Lujit,
por la bajada de Joronain
se oyen gritos de dolor.
6 Huyan, pónganse a salvo,
como los asnos salvajes en el desierto.
7 Por haber confiado
en tus fuerzas y en tus tesoros,
también tú serás conquistada.
Camós irá al destierro,
junto con sus sacerdotes y jefes.
8 El destructor entrará en cada ciudad,
ni una sola se salvará;
el valle será arrasado,
devastada la llanura,
como lo ha dicho el Señor.
9 Preparen una sepultura para Moab,
porque está totalmente en ruinas,
sus ciudades están desiertas,
sin que nadie las habite.
10 ¡Maldito el que cumple con negligencia
el mandato del Señor,
maldito el que se niega
a teñir de sangre su espada!
11 Moab estaba tranquila desde su juventud,
era como un vino dejado en reposo,
al que nunca han cambiado de tonel;
no conocía el destierro.
Por ello ha guardado su sabor,
y su aroma está intacto.

12 Pero, vienen días, oráculo del Señor,
en que enviaré quienes lo cambien de tonel: vaciarán sus cántaros y romperán sus
tinajas. 13 Moab se avergonzará de Camós,
como Israel se avergonzó de haber puesto
su confianza en Betel.

14 ¿Cómo pueden asegurar: «Somos héroes,
valientes en el combate»?
15 El destructor de Moab
sube contra sus ciudades;
lo mejor de su juventud
es llevado al matadero.
Oráculo del Rey, cuyo nombre es
el Señor todopoderoso.
16 La ruina de Moab está a punto de llegar,
su desgracia viene a toda prisa.
17 Lloren por ella todos sus vecinos,
los que conocen bien su fama.
Digan: «¡Cómo se ha quebrado
el bastón de su poder
y el cetro de su grandeza!»
18 Baja de tu pedestal y siéntate en el fango,
ciudad de Dibón,
porque el destructor de Moab
sube contra ti
para destruir tus fortalezas.
19 Párate en el camino y mira,
ciudad de Aroer,
pregunta a los fugitivos
y a los sobrevivientes:
¿Qué ha sucedido?

• **48 1-47**: Se pasa revista a los vecinos orientales de Judá, comenzando por el norte, por Moab. Llama la atención la inesperada extensión del oráculo y el gran número de ciudades nombradas en él. El orden de ideas no admite lógica, debido a la complejidad literaria. Varias frases e *imágenes recuerdan a Isaías. Toda división* resulta artificial. Para una guía de lectura puede ayudar lo siguiente: a) Moab es una región de valles y llanuras (Jr 48 8) que por su situación geográfica nunca ha conocido dominios extranjeros (Jr 48 11-13). Pero su dios Camós nada puede ante el Señor que ordena su destrucción. b) Tampoco sus soldados deben inspirar confianza y los vecinos serán testigos de su derrota (Jr 48 14-28). c) El motivo de la desgracia es su soberbia (Jr 48 29-39; véase Is 16 6-12; 25 10-11; Sof 2 8-11). Sus lamentos llegan a contagiar al poeta, que llora su desgracia. Su producción de vino se transforma en borrachera que produce risa y espanto en los vecinos. d) Condena actual y futura restauración (Jr 48 40-47). Terror, fosa y trampa se suceden en el castigo, para que nadie pueda huir. Pero al final, cambiará su suerte (Jr 48 47; véase Jr 46 26; 49 6.39).

20 «Está derrotada y en ruinas Moab.
Laméntense, griten,
anuncien en el río Arnón
que Moab está destruida».

21 Viene el juicio sobre las ciudades de
la meseta, sobre Jelón, Yasá, Mefat, 22 Dibón, Nebo, Betdiblatain, 23 Quiriatain, Bet-
gamul, Betmaón, 24 Cariot, Bosrá, y sobre
todas las ciudades de Moab, próximas y
lejanas.

25 Está vencido el poder de Moab,
su brazo está roto.
Oráculo del Señor.

26 «Emborrachen a Moab, porque ha
desafiado al Señor; que se revuelque en su
vómito, para que se burlen de ella. 27 ¿No
te burlaste tú de Israel? ¿No hablabas de él
como si hubiera sido sorprendido entre ladrones?»

28 ¡Abandonen las ciudades,
vayan a vivir entre las rocas,
habitantes de Moab!
Sean como las palomas que anidan
al borde de los precipicios.
29 Hemos oído hablar
de la soberbia de Moab,
una soberbia desmedida;
de su orgullo y su soberbia,
de su arrogancia y altivez.
30 Conozco bien su insolencia,
oráculo del Señor,
la inconsistencia de sus amenazas,
la inutilidad de sus acciones.
31 Por eso me lamento por Moab,
doy gritos por toda su gente,
y gimo por los habitantes de Quir Jeres.
32 Más que por Yazer lloro por ti,
viña de Sibmá;
tus sarmientos atravesaban el mar
y llegaban hasta Yazer.
Sobre tu cosecha y tu vendimia
ha caído el destructor.
33 Se han acabado la alegría y el júbilo
en los huertos de Moab;
he hecho agotarse el vino en las cubas,
ya nadie pisa la uva
cantando con alegría.

34 Los gritos de Jesbón llegan hasta Elalé y su eco se oye en Yaas, y desde Soar
hasta Joronain y Eglat Salisá; hasta las
aguas de Nimrín se convierten en desierto.
35 Yo acabaré en Moab, oráculo del Señor,
con los que suben a los altozanos y queman
incienso a sus dioses. 36 Por eso, mi corazón gime por Moab y por los habitantes de
Quir Jeres, como si fuera una flauta fúnebre, porque todo lo que tenían se ha perdido. 37 Todos tienen la cabeza rapada y la
barba afeitada; sus manos están llenas de
cortaduras y en sus lomos llevan el cilicio;
38 en las azoteas de las casas de Moab y en
sus calles no hay más que lamentos, porque yo hize pedazos a Moab como vasija
inservible. Oráculo del Señor. 39 ¡Cómo ha
sido destruida! ¡Cómo ha huido avergonzada! Moab se ha convertido en objeto de
burla y en escarmiento para todos sus vecinos.

40 Pues así dice el Señor:
Miren: vuela como un águila,
y despliega sus alas sobre Moab.
41 Han conquistado las ciudades,
han saqueado las fortalezas.
Ese día los valientes de Moab
estarán tan asustados
como una mujer cuando va a dar a luz.
42 Moab ha sido destruida,
y ha dejado de ser un pueblo,
por haber desafiado al Señor.
43 El terror, la fosa y la trampa
acorralan a los habitantes de Moab.
Oráculo del Señor.
44 Quien huya del terror caerá en la fosa,
y el que salga de la fosa
quedará atrapado en la trampa.
Así castigaré a Moab
en el tiempo señalado.
Oráculo del Señor.
45 A la sombra de Jesbón se detienen,
extenuados, los fugitivos;
pero sale un fuego de Jesbón,
una llama de la ciudad de Sijón
que devora las sienes de Moab,
el cráneo de los bravos guerreros.
46 ¡Ay de ti, Moab!
Está perdido el pueblo de Camós.
A tus hijos los llevan al destierro,
y a tus hijas al cautiverio.
47 Pero en el futuro yo cambiaré
la suerte de Moab.
Oráculo del Señor.

Aquí termina la sentencia contra Moab.

Amón

Am 1 13-15; Sof 2 8-11; Ez 21 33-37

49 1 Contra Amón.
Así dice el Señor:
¿Acaso Israel no tiene hijos?
¿Acaso no tiene herederos?
¿Cómo es que el dios Melcón
hereda a Gad,
y sus adoradores pueblan sus ciudades?
2 Pero vienen días, oráculo del Señor,
en que yo haré oír
en Rabá de Amón el grito de guerra;
se convertirá en un montón de ruinas,
y sus ciudades serán incendiadas;
entonces Israel heredará
a los que la han heredado.
Así dice el Señor:
3 Gime, Jesbón,
porque Ay ha sido destruida;
griten ciudades vecinas a Rabá,
vístanse de luto y laméntense,
corran de un lado a otro entre los muros,
porque Milcón va al destierro,
junto con sus sacerdotes y sus jefes.
4 ¿Por qué te glorías de tus fértiles valles,
hija rebelde que confías en tus tesoros?
Dices: «¿Quién se atreverá a atacarme?»
5 Yo haré venir contra ti, oráculo del Señor,
terror por todas partes:
se dispersarán, cada cual por su lado,
y nadie reunirá a los fugitivos.
6 Pero después de esto cambiaré
la suerte de los amonitas.
Oráculo del Señor.

Edom

Abd 1-9; Am 1 11-12; Is 34; Ez 25 12-14; 35;
Lam 4 21-22; Sal 60 10-11

7 Contra Edom.
Así dice el Señor todopoderoso:
¿No queda sabiduría en Temán?
Los consejeros no saben qué decir,
su sabiduría ha desaparecido.
8 Huyan, escapen, escóndanse,
habitantes de Dedán;
voy a castigar a Esaú,
porque ha llegado su hora.
9 Vendrán a ti como cosechadores de uva,
y no dejarán ni siquiera un racimo;
vendrán de noche como ladrones
y se llevarán todo lo que puedan.
10 Soy yo quien despojo a Esaú
y descubro sus escondites,
para que no pueda ocultarse.
Sus descendientes, hermanos y vecinos
serán destruidos. Y no habrá quien diga:
11 «Déjame a tus huérfanos, yo los criaré;
tus viudas pueden confiar en mí».

12 Pues así dice el Señor: Los que no estaban condenados a beber la copa del castigo, tienen que beberla ¿y tú vas a quedar
impune? No, no quedarás impune; la beberás irremediablemente. 13 Por mí mismo lo
juro, oráculo del Señor. Bosrá quedará desierta y desolada, será objeto de burla y escarmiento y todas sus ciudades quedarán
en ruinas para siempre.

14 He recibido un mensaje del Señor;
su mensajero va diciendo a las naciones:
«Reúnanse, vayan a combatir contra él,
pónganse en pie de guerra».
15 Yo te haré débil ante los otros pueblos,
haré que te desprecien los hombres.
16 Te ha engañado tu arrogancia
y la soberbia de tu corazón,
tú que habitas en los huecos de las rocas
que anidas en las cumbres de los montes.
Aunque pongas tu nido
tan alto como el águila,
de allí te haré bajar. Oráculo del Señor.

17 El desastre de Edom será tal, que los
que pasen quedarán asombrados y aterrori-

• **49 1-6**: Amón está en la zona oriental del mar Muerto, al sur de Moab. Las relaciones con el pueblo de Israel no han sido buenas (Dt 2 37; Jue 11 4-33) y tampoco con el reino de Judá (2 Sam 10; 1 Re 4 13-19). Después de la deportación asiria del reino del Norte (2 Re 15 19), Amón se adueñó de parte de los territorios de Gad, tribu israelita (Jr 49 1). Baalís de Amón estuvo implicado en el asesinato de Godolías (Jr 40 13-41 15). Su dios se llamaba Milcón. Su confianza se transformará en terror (Jr 46 9; 49 29), su seguridad en dispersión y destierro. Pero un día el Señor cambiará su suerte (Jr 49 6; véase Jr 46 26; 48 47; 49 39).

• **49 7-22**: Edom es el vecino del sur. Descienden de Esaú (Gn 36), hermano de Jacob (Gn 25 21-34; 27; 32 4-21). Después del destierro se convirtió para Judá en el enemigo por excelencia (Am 1 11-12; Sal 137 7). La tradicional sabiduría de Edom se agota y llega el castigo (Jr 49 7-11). La cosecha de la uva será escrupulosa y nada se salvará. En la segunda parte (Jr 49 12-22) todas las naciones son invitadas a terminar con el orgullo de Edom. Babilonia es un águila que vuela más alto que sus ciudades; Sodoma y Gomorra son ejemplo de destrucción geográficamente cercano; sus rebaños serán devorados por el león de Judá (Am 3 12).

zados al contemplar su destrucción. 18 Sucederá con sus ciudades, lo mismo que con Sodoma y Gomorra cuando fueron destruidas, oráculo del Señor; nadie vivirá más allí, ningún ser humano habitará en ellas.

19 Como un león que sube
de los bosques del Jordán
hacia los pastos verdes,
así vendré yo, de repente,
y los echaré de allí.
Estableceré sobre ellos a un elegido.
Pues ¿quién hay como yo?
¿Quién me pedirá cuentas?
¿Qué pastor podrá hacerme frente?
20 Así pues, escuchen la decisión
que el Señor ha tomado contra Edom,
y los planes que ha hecho
contra los habitantes de Temán:
Hasta las crías de sus rebaños
les serán arrebatadas
y sus pastos serán pisoteados.
21 Cuando Edom caiga producirá tal ruido,
que la tierra temblará
y su eco llegará hasta el mar Rojo.
22 Remonta el vuelo como un águila
y despliega sus alas sobre Bosrá;
ese día los valientes de Edom
estarán tan asustados
como una mujer cuando va a dar a luz.

Damasco

Am 1 3-5; Is 17 1-3; Zac 9 1

23 Contra Damasco.
Jamat y Arpad están confusas,
porque han recibido una mala noticia;
están agitadas como el mar,
atormentadas sin poder tranquilizarse.
24 Damasco desfallece y se dispone a huir,
el terror la domina; es presa de angustia
y de dolores como mujer dando a luz.
25 La ciudad famosa y alegre,
quedará abandonada;
26 los jóvenes morirán en sus calles,
y sus soldados perecerán aquel día.
Oráculo del Señor todopoderoso.
27 Prenderé fuego a
las murallas de Damasco,
y devorará los palacios de Benadad.

Arabes

Is 21 13-17; Jr 25 23-24

28 Contra Cadar y los reinos de Jasor,
derrotados por Nabucodonosor, rey de Babilonia.

Así dice el Señor:
¡Levántense, combatan contra Cadar,
acaben con los orientales!
29 Saqueen sus tiendas y sus rebaños,
sus carpas y todas sus provisiones;
llévense sus camellos
y gríteles: «¡Terror por todos lados!»
30 Huyan, escapen a toda prisa y escóndanse,
habitantes de Jasor, oráculo del Señor,
porque Nabucodonosor, rey de Babilonia,
ha decidido atacarlos,
y ha ideado un plan contra ustedes.
31 Levántense y combatan
contra un pueblo tranquilo,
que vive confiado, oráculo del Señor,
que no tiene puertas ni cerrojos,
y está totalmente solo.
32 Sus camellos serán el botín,
sus enormes ganados serán la presa.
Yo dispersaré a los cuatro vientos
a esos hombres de cabeza rapada,
y haré que los desastres
les vengan de todas partes.
Oráculo del Señor.
33 Jasor será una guarida de chacales,
quedará desierta para siempre;
nadie vivirá más allí,
ningún ser humano habitará en ella.

Elam

Jr 25 14-20

34 El Señor dirigió su palabra al profeta

• **49 23-27**: Saltamos de repente al norte. Damasco fue tomada por los asirios el año 732 a. C. Ahora ya no queda más que la sombra de su grandeza. El versículo final recuerda a Amós (Am 1 4; véase Am 1 7.10.12.14; 2 5).

• **49 28-33**: A las tribus que habitan el norte de la península arábiga se les dedica también su oráculo. Sus costumbres nómadas se aprovechan para dibujar los contornos del desastre: casas sin puertas, huidas continuas, paisaje desértico, rebaño en busca de pastos. La marcha hacia el desastre se ofrece espontánea al poeta. Viviendo a la intemperie, por todas partes les vendrá el terror (Jr 6 25; 20 3.10; 46 9; 49 5). No se indican los motivos del castigo.

• **49 34-39**: El profeta desplaza su mirada hacia oriente y sitúa el oráculo en tiempos de Sedecías. Por su situación geográfica Elam sufrió pronto el dominio babilónico. Predomina la imagen del viento que trae al invasor y dispersa a los habitantes. Su suerte cambiará en el futuro (véase Jr 46 26; 48 47; 49 6).

Jeremías contra Elam, al comienzo del reinado de Sedecías, rey de Judá.

35 Así dice el Señor todopoderoso:
Voy a romper el arco de Elam,
lo mejor de sus soldados.
36 Desencadenaré sobre Elam
los cuatro vientos
desde los cuatro extremos del cielo.
Los dispersaré a esos cuatro vientos,
y no habrá nación a donde no lleguen
fugitivos de Elam.
37 Haré temblar a Elam ante sus enemigos,
ante los que desean su muerte.
Haré venir sobre ellos la desgracia:
mi ardiente cólera. Oráculo del Señor.
Haré que la espada los persiga
hasta acabar con ellos.
38 Pondré mi trono en Elam,
y haré desaparecer al rey
y sus ministros. Oráculo del Señor.
39 Pero, en un futuro lejano,
yo cambiaré la suerte de Elam.
Oráculo del Señor.

Babilonia

Is 13-14; 21 1-10; 47; Jr 6 22-24; 49 19-21; 10 12-16; Ap 18

50 1 Palabra que el Señor dirigió al profeta Jeremías contra Babilonia y contra el país de los caldeos.

2 ¡Anúncienlo entre las naciones,
publíquenlo, no lo oculten, digan:
Babilonia ha sido conquistada,
Marduc está humillado;
avergonzadas sus imágenes,
destruidos sus ídolos!
3 Pues viene del norte contra ella
un pueblo que dejará desierta su tierra;
nadie habitará en ella,
huirán tanto hombres como animales.
4 En aquellos días y en aquel tiempo,
oráculo del Señor,
vendrán los de Judá y los de Israel,
caminarán juntos llorando
y buscarán al Señor, su Dios.
5 Preguntarán por el camino de Sión
y caminarán hacia ella diciendo:
«Vayamos y unámonos al Señor
con una alianza eterna e irrevocable».
6 Mi pueblo era como un rebaño
de ovejas dispersas;
sus pastores hacían que se extraviaran,
abandonándolas en las montañas;
iban de colina en colina
y hasta habían olvidado sus pastizales.
7 Quienes las encontraban, las devoraban;
sus enemigos decían:
«No es culpa nuestra, pues han pecado
contra el Señor, morada de justicia
y esperanza de sus antepasados».

8 Huyan de Babilonia,
salgan del país de los caldeos,
sean como chivos al frente del rebaño.
9 Porque voy a levantar contra Babilonia
un conjunto de naciones poderosas
procedentes del norte.
Se alinearán contra ella,
y la conquistarán,
Sus flechas, lanzadas
por manos expertas,
nunca fallan el blanco.
10 Caldea se convertirá en botín,
y los saqueadores se hartarán.
Oráculo del Señor.

• 50 1-51 58: Le llega el turno a Babilonia. Con ella concluye el ciclo de oráculos contra las naciones que comenzó con Egipto (Jr 46). El pueblo israelita que nació en Egipto desapareció bajo el imperio babilónico. La caída de éste significará el perdón (Jr 50 20) y la rehabilitación del pueblo de Dios. El texto incluye un oráculo (Jr 50 1-51 58) y una narración (Jr 51 59-64) contra Babilonia. El largo oráculo da idea del carácter de *enemigo* por excelencia que ha adquirido Babilonia una vez consumado el destierro judío. Aunque Jeremías haya pronunciado personalmente oráculos contra Babilonia (Jr 27 7; 29 10; 51 59-64), casi nada de estos capítulos puede ser considerado auténtico del profeta. *La temática es clara: a) el resto del pueblo* se encuentra sometido al poder de Babilonia; b) el Señor es el único interesado en hacer justicia a los suyos (*venganza, defender,* Jr 50); c) por eso, castiga a Babel, restituyendo la libertad a su pueblo; d) al que manda salir de allí en dirección a Sión; e) la rehabilitación será completa y se logrará la reunificación de Israel y Judá (Jr 50 34; 51 4). Toda división literaria resulta hipotética.

Jr 50 1-7: El desastre de Babilonia supone una victoria del Señor sobre el dios Marduk. Los israelitas tanto del reino del Norte como del reino del Sur buscarán juntos al Señor en Sión. Del extravío de su pueblo todos se han aprovechado y ahora les toca devolver el botín.

Jr 50 8-16: La guerra contra Babilonia va a ser total. El gran imperio quedará destruido por el Señor de la historia. Por eso, deberán abandonarlo primero los israelitas.

Jr 50 17-20: Si el pecado destrozó a Israel, dejándolo a merced de las naciones, la restauración será signo del perdón total.

Jr 50 21-32: La guerra que sufrirá Babel es la guerra del Señor. Como en la guerra santa, no hay espacio para el botín, sólo para el exterminio. Nadie debe aprovecharse de la victoria del Señor.

11 ¡Alégrense, salten de gozo,
los que saquean mi heredad;
brinquen como novillos en el prado,
relinchen como sementales!
12 Grande será la vergüenza de su madre,
la vergüenza de la que los dio a luz.
Véanla, es la última de las naciones,
convertida en desierto,
estepa y soledad;
13 despoblada por la ira del Señor,
quedará del todo destruida.
Todos los que pasen junto a Babilonia
quedarán pasmados
y asombrados al ver su desgracia.
14 Prepárense para la batalla
contra Babilonia,
que estén dispuestos todos los arqueros;
tiren contra ella, no ahorren flechas,
porque ha pecado contra el Señor.
15 ¡Lancen a su alrededor gritos de guerra!
Babilonia se rinde, caen sus torres,
se desploman su murallas.
¡Es la venganza del Señor!
Vénguense de ella; devuélvanle
lo que hizo con ustedes.
16 Exterminen de Babilonia al sembrador
y al que empuña la guadaña
en el tiempo de la cosecha.
Ante la espada destructora,
cada uno escapa a su pueblo,
cada cual huye a su país.

17 Israel era una oveja descarriada,
perseguida por leones.
Primero la devoró el rey de Asiria; luego la despedazó Nabucodonosor, rey de Babilonia. 18 Por eso, así dice el Señor todopoderoso, Dios de Israel: Castigaré al rey
de Babilonia y a su país como castigué al
rey de Asiria.
19 Haré que Israel regrese a sus pastos,
pastará en el Carmelo y en Basán,
se saciará en las montañas
de Efraín y Galaad.
20 En aquellos días y en aquel tiempo,
oráculo del Señor,
buscarán la maldad de Israel,
y no la encontrarán;
el pecado de Judá, y no lo hallarán,
porque yo perdonaré al resto que deje.

21 ¡Ataca al país de Meratain,
y a los habitantes de Pecod!
¡Mátalos, extermínalos,
oráculo del Señor,
trátalos como yo te mande!
22 Se oyen gritos de guerra en el país,
un enorme desastre.
23 ¡Cómo se ha roto y se ha deshecho
el martillo de toda la tierra!
¡Cómo ha quedado convertida Babilonia,
en objeto de horror entre las naciones!
24 ¡Te he puesto una trampa, Babilonia,
y has caído en ella sin darte cuenta!
Has sido sorprendida y subyugada
por luchar contra el Señor.
25 El Señor ha abierto su arsenal,
y ha sacado las armas de su ira;
pues el Señor todopoderoso
tiene una tarea en el país de los caldeos.
26 Entren en él por todas partes,
abran sus graneros;
amontónenlos como gavillas
y conságrenlos al exterminio;
¡que no quede nada!
27 Degüellen todos sus novillos,
que vayan a dar al matadero.
¡Ay de ellos, porque ha llegado su día,
la hora de su castigo!
28 Se oye a los fugitivos,
a los escapados de Babilonia;
vienen a anunciar en Sión
la venganza del Señor, nuestro Dios,
la venganza de su templo.
29 Llamen contra Babilonia a los arqueros,
a todos los que tensan el arco;
acampen en torno a ella,
que nadie pueda escapar.
Páguenle según sus obras;
devuélvanle lo que hizo con ustedes,
porque se ha rebelado contra el Señor,
contra el Santo de Israel.
30 Por eso caerán en las calles sus jóvenes,
y sus guerreros enmudecerán ese día.
Oráculo del Señor.
31 Aquí estoy contra ti, insolente,
oráculo del Señor todopoderoso;
ha llegado tu día,
la hora de tu castigo.
32 Tropezará la insolente y caerá,
pero nadie la levantará.
Yo prenderé fuego a sus ciudades
y quemaré todos sus alrededores.

33 Así dice el Señor todopoderoso:
Están oprimidos los de Israel,
y también los de Judá;
quienes los desterraron los retienen,
y se niegan a soltarlos.

34 Pero su redentor es fuerte;
se llama Señor todopoderoso.
El defenderá con eficacia su causa,
para dar descanso a la tierra
y hacer que se tambaleen
los habitantes de Babilonia.
35 Espada contra los caldeos,
contra los habitantes de Babilonia,
contra sus jefes y sus sabios;
36 espada contra sus adivinos:
que se vuelvan necios;
espada contra sus soldados:
que se llenen de miedo;
37 espada contra sus caballos y sus carros,
y contra toda la multitud
que hay en medio de ella:
que se vuelvan como mujeres;
espada contra sus tesoros:
que sean saqueados;
38 espada contra sus ríos:
hasta que se sequen;
porque es un país de ídolos
que se gloría
de sus repugnantes imágenes.
39 Habitarán allí chacales y hienas,
las avestruces morarán en ella.
No volverá más a ser habitada,
estará despoblada para siempre.
40 Le sucederá lo mismo
que a Sodoma y Gomorra,
y a las ciudades vecinas,
cuando fueron destruidas.
Oráculo del Señor.
Nadie vivirá más allí,
ningún ser humano habitará en ellas.
41 Un pueblo viene del norte,
una gran nación;
reyes numerosos se levantan
desde los extremos del mundo.
42 Empuñan el arco y la lanza,
son crueles y despiadados;
sus gritos son como el bramido del mar;
cabalgan sobre caballos,
dispuestos como un solo hombre
para combatir contra ti, Babilonia.
43 Al escuchar la noticia,
el rey de Babilonia se acobarda,
lo invade la angustia,
siente dolores
como de mujer dando a luz.
44 Como un león que sube
de los bosques del Jordán
hacia los pastos verdes,
así vendré yo, de repente,
y los echaré de allí.
Estableceré sobre ellos a un elegido.
Pues ¿quién hay como yo?
¿Quién me pedirá cuentas?
¿Qué pastor podrá hacerme frente?
45 Por eso, escuchen la decisión
que el Señor ha tomado
contra Babilonia,
los planes que ha hecho
contra el país de los caldeos.
Hasta las crías de sus rebaños
les serán arrebatadas,
y sus pastos serán pisoteados.
46 Al estruendo de la caída de Babilonia
tiembla la tierra,
y sus gritos se oyen entre las naciones.

51 1 Así dice el Señor:
Voy a hacer soplar contra Babilonia
y contra los habitantes de Leb-Camay
un viento destructor.
2 Voy a enviar a Babilonia
gente que la lance al viento,
como se separa el trigo de la paja;
la limpiarán y dejarán vacío su país.
De todas partes vendrán contra ella
el día de la desgracia.
3 Que el arquero no tense su arco
ni se cubra con su escudo.
No perdonen a sus jóvenes,
consagren al exterminio todo su ejército;
4 que caigan muertos
en el país de los caldeos,
atravesados por la espada en sus calles.
5 Israel y Judá no son viudas

Jr 50 33-46: El Señor se valdrá de instrumentos para su victoria: un *enemigo del norte* realizará sus planes. Nadie podrá oponérsele; nadie le pedirá cuentas.

Jr 51 1-14: Israel y Judá no son como viudas indefensas; las defiende su Dios. Babilonia pagará la ofensa del destierro. Interesante el intento del pueblo por curar la herida de Babel (Jr 51 9-10), para cumplir la recomendación de Jeremías (Jr 29 7). Aquí se supone que los medos son el instrumento de la victoria del Señor (véase Is 13 17). No tenemos evidencia histórica de tal hecho. De todos modos la madre de Ciro era de Media y siempre se consideraron aliados medos y persas (véase Dn 5 28; 6 8.12.15).

Jr 51 15-19: Se repite casi al pie de la letra Jr 10 12-16. La potencia creadora del Señor hace vano el poder atribuido a los dioses de Babilonia.

Jr 51 20-26: El instrumento del Señor para triturar permanece en el anonimato. En Jr 23 29 era su propia palabra. En Jr 50 23 lo fue Babilonia. Ahora le toca a ella pagar ojo por ojo la destrucción del monte Sión.

abandonadas por su Dios,
el Señor todopoderoso,
pero el país de los caldeos
está lleno de crímenes
contra el Santo de Israel.
6 ¡Huyan fuera de Babilonia!
¡Sálvese quien pueda!
No perezcan por culpa de ella,
porque el Señor va a vengarse de ella
y a pagarle como se merece.
7 Babilonia era una copa de oro
en las manos del Señor;
emborrachaba a toda la tierra;
de su vino bebieron las naciones,
por eso deliraban.
8 Cayó de repente Babilonia, se rompió.
¡Laméntense por ella!
Busquen bálsamo para su herida:
¡tal vez sane!
9 Queríamos sanar a Babilonia,
pero no ha sanado:
dejémosla y vayámonos
cada uno a nuestro país.
Su condena llega hasta el cielo,
se eleva hasta las nubes.
10 El Señor ha hecho brillar
nuestra salvación;
vengan, cantemos en Sión
lo que ha hecho el Señor, nuestro Dios.
11 ¡Afilen las flechas,
llenen con ellas los estuches!
El Señor despierta a los reyes medos,
porque planea destruir a Babilonia;
es la venganza del Señor,
la venganza de su templo.
12 Levanten el estandarte
contra las murallas de Babilonia;
refuercen la guardia,
establezcan centinelas,
tiendan emboscadas,
porque el Señor realiza lo que pensó,
todo lo que anunció
contra los habitantes de Babilonia.
13 Ciudad opulenta,
construida entre canales,
rica en tesoros; ha llegado tu fin,
el término de tus robos.
14 El Señor todopoderoso
ha jurado por sí mismo:
Voy a llenarte de hombres
numerosos como langostas,
que lanzarán contra ti
el grito del triunfo.
15 El hizo la tierra con su poder,
cimentó el universo con su sabiduría,
con su inteligencia extendió los cielos.
16 Cuando su voz truena,
braman las aguas en el cielo;
él hace subir las nubes
de los extremos de la tierra,
desata la lluvia con los relámpagos
y saca el viento de sus depósitos.
17 Aturdido y sin comprender
queda el ser humano;
el artesano se avergüenza de su ídolo,
pues sus imágenes son falsas, sin vida;
18 están vacías y no sirven para nada,
perecerán en la hora del castigo.
19 No así el «Lote de Jacob»,
porque el Señor modeló todas las cosas
e Israel es la tribu de su heredad;
su nombre es el Señor todopoderoso.

20 Tú eres en mis manos
martillo que golpea, un arma de guerra.
Contigo golpearé naciones,
21 y destruiré reinos,
contigo golpearé caballos y jinetes,
contigo golpearé carros y conductores,
22 contigo golpearé hombres y mujeres,
contigo golpearé ancianos y niños,
contigo golpearé jóvenes y muchachas,
23 contigo golpearé pastores y rebaños,
contigo golpearé labradores y yuntas,
contigo golpearé gobernadores
y funcionarios;
24 ante ustedes haré pagar a Babilonia
y a todos los habitantes de Caldea
todo el mal que hicieron a Sión.
Oráculo del Señor.
25 Aquí estoy para acusarte,
montaña destructora,
que destruyes toda la tierra.
Oráculo del Señor.
Yo extiendo mi mano contra ti,
te hago rodar de lo alto de las rocas,
y te convierto en una montaña quemada.
26 No se volverá a sacar de ti
piedra de ángulo ni piedra de cimiento,
porque quedarás desolada para siempre.
Oráculo del Señor.

27 Levanten la bandera en la tierra,
toquen la trompeta entre las naciones;
convoquen a las naciones
contra ella para un guerra santa;
llamen a los reinos de Ararat,
Mení y Asquenaz;

nombren contra ella un general,
que avancen los caballos,
como plaga de langostas.
28 Convoquen a las naciones
contra ella para un guerra santa;
al rey de Media, a sus gobernadores,
a sus autoridades y a todo su imperio.
29 La tierra tiembla y se estremece,
porque se cumple el plan del Señor
contra Babilonia:
El país quedará desierto y despoblado.
30 Los valientes de Babilonia
han cesado de luchar,
se esconden en las fortalezas,
se han quedado sin fuerzas,
se han vuelto como mujeres.
Las casas de Babilonia
ha sido incendiadas, y rotos sus cerrojos.
31 Un correo alcanza a otro,
un mensajero a otro mensajero,
para anunciar al rey de Babilonia
que su ciudad ha sido conquistada,
invadida totalmente;
32 que los pasos del río están ocupados,
que los cañaverales han sido incendiados,
y los guerreros están aterrados.
33 Pues así dice el Señor todopoderoso,
Dios de Israel: Babilonia, la capital
es como campo donde se tritura el trigo;
dentro de poco llegará para ella
el tiempo de la cosecha.

34 Nabucodonosor, rey de Babilonia,
me ha devorado, me ha consumido,
me ha tragado como un dragón,
ha llenado su vientre con lo mejor de mí.
35 «¡Pague Babilonia por el ultraje
que me ha hecho!»
–dice el pueblo de Sión–.
«¡Paguen los caldeos
por mi sangre derramada!»
–dice Jerusalén–.
36 Por eso, así dice el Señor:
Yo defenderé tu causa,
yo me encargaré de tu venganza.
Haré que se seque su mar
y agotaré sus fuentes.
37 Babilonia se convertirá
en montón de piedras,
en guarida de chacales,
en motivo de burla y espanto,
vacía y sin habitantes.
38 Rugen como leones,
gruñen como leoncillos.
39 Cuando estén acalorados,
les serviré bebida, los emborracharé
para que se adormezcan;
dormirán un sueño eterno
y no volverán a despertarse.
Oráculo del Señor.
40 Los llevaré como corderos al matadero,
como carneros o chivos.

41 ¡Cómo ha sido tomada Babilonia
y conquistada la gloria de toda la tierra!
¡Cómo ha quedado convertida
en objeto de horror entre las naciones!
42 El mar ha subido sobre Babilonia,
y ha quedado sumergida
bajo el tumulto de sus olas.
43 Sus ciudades quedaron arrasadas,
como tierra seca y árida;
nadie vivirá más en ellas,
ningún ser humano transitará por ellas.

44 Yo castigaré a Bel en Babilonia,
y sacaré el bocado de su boca:
nunca más acudirán a él naciones.
Ya se ha desplomado
la muralla de Babilonia.
45 Salgan de ella, pueblo mío,
pónganse a salvo
de la ira ardiente del Señor.
46 No se turbe su corazón,
no tengan miedo de los rumores
que circulan por el país,
pues si un año corre tal rumor,
al año siguiente corre tal otro:
que si la violencia reina en el país
y un tirano se rebela contra otro...
47 Porque vienen días en que yo
castigaré a los ídolos de Babilonia;
todo su país quedará humillado,
y el suelo cubierto de cadáveres.
48 Entonces el cielo, la tierra

Jr 51 27-33: Todas las naciones se unirán contra Babilonia y la convertirán en un desierto. No quedará nada útil.

Jr 51 34-40: El castigo de Babilonia es un acto de justicia por la sangre de Jerusalén (véase Jr 51 6.11). El castigo (Jr 51 36b-40) se describe como sequía estéril, abundancia de fieras, borrachera eterna y matanza sacrificial.

Jr 51 41-43: Como en Jr 25 26 el original hebreo evita el nombre de Babilonia y en su lugar pone Sesak. Las imágenes empleadas dan idea de la confusión provocada por la derrota.

Jr 51 44-58: El dios de Babilonia (Bel) será aniquilado, pero el pueblo del Señor no debe temer; debe salir sin miedo y con la frente en alto. El castigo para Babilonia es inminente e irrevocable.

y cuanto contienen,
entonarán un canto de triunfo
sobre Babilonia,
porque del norte llegan contra ella
los destructores. Oráculo del Señor.
49 Tiene que caer Babilonia
por todos los que hizo caer en Israel,
y por las víctimas que causó
en toda la tierra.
50 Los que han escapado a la espada,
caminen sin detenerse.
En esa tierra lejana acuérdense del Señor,
y no se olviden de Jerusalén.
51 Estamos humillados por los insultos,
la vergüenza cubre nuestros rostros,
porque han entrado extranjeros
en el recinto santo del templo del Señor.
52 Por eso, vienen días, oráculo del Señor,
en que yo castigaré a sus ídolos,
y en todo su país gemirán los heridos.
53 Aunque Babilonia se eleve hasta el cielo
y se haga inalcanzable su poder,
a una orden mía la alcanzarán
los destructores.
Oráculo del Señor.
54 Se oyen gritos en Babilonia,
gran desastre en el país de los caldeos.
55 Es que el Señor destruye Babilonia,
y acalla su enorme griterío,
aunque rujan sus olas
como aguas caudalosas,
y resuene el estruendo de sus voces.
56 Viene el destructor sobre Babilonia,
sus valientes caerán apresados,
y se romperán sus arcos.
Pues el Señor es un Dios
que recompensa y paga sin falta.
57 Yo emborracharé
a sus jefes y a sus sabios,
a sus gobernadores,
oficiales y soldados;
dormirán un sueño eterno,
y no volverán a despertarse.
Oráculo del Rey, cuyo nombre es
Señor todopoderoso.
58 Así dice el Señor todopoderoso:
las anchas murallas de Babilonia
serán totalmente destruidas,
y sus altas puertas
quemadas por el fuego.
Ha sido inútil el trabajo de los pueblos,
en el fuego ha terminado
la fatiga de las naciones.

Envío de las profecías a Babilonia

59 Encargo que hizo el profeta Jeremías
a Serayas, hijo de Nerías, hijo de Majsaías,
cuando fue a Babilonia con Sedecías, rey
de Judá, el año cuarto de su reinado. Serayas era el jefe de la caravana. 60 Jeremías
había escrito en un rollo de pergamino todas
las desgracias que iban a sucederle a Babilonia, todos estos oráculos precedentes contra Babilonia. 61 Jeremías dijo a Serayas:
–Cuando llegues a Babilonia, encárgate
de leer todos estos oráculos. 62 Dirás: «Señor, tú mismo has declarado que este lugar
será destruido y que no volverán a habitar
en él hombres ni animales; quedará desolado para siempre». 63 Cuando termines de
leer este libro, atarás a él una piedra y lo
arrojarás al Eufrates, diciendo: 64 «¡Así se
hundirá Babilonia para no volver a levantarse de las desgracias que voy a traer sobre ella!»

Hasta aquí las palabras de Jeremías.

Apéndice histórico

Jr 39 1-18; 2 Re 24 18-25 30

52 1 Sedecías tenía veintiún años cuando
subió al trono y reinó en Jerusalén
once años. Su madre, Jamital, era hija de
Jeremías, natural de Libná. 2 Ofendió al
Señor con su conducta, como había hecho
Joaquín. 3 Por eso el Señor se irritó contra

• **51 59-64**: La imagen es clara en su simbolismo. El hundimiento es seguro y la palabra está escrita. El incidente se data en el año cuarto de Sedecías, el año de la conspiración contra Babilonia (Jr 27). Si Jeremías exigía someterse a Nabucodonosor era porque sólo en la aceptación del castigo se podía esperar la futura salvación. La caída de Babilonia, cuando llegue su turno, marcará el comienzo de la nueva etapa histórica. El libro arrojado al Eufrates está relacionado con el que se menciona en Jr 25 13. La afirmación final (Jr 51 64) es un claro indicio de las sucesivas ampliaciones realizadas (Jr 36 32).

• **52 1-34**: Concluido el libro se añade este capítulo histórico. Es una copia de Jr 39 1-10 y de 2 Re 24 18-25 30, excepto lo relativo a Godolías y los datos del censo de exiliados (Jr 52 28-30). ¿Por qué esta repetición de lo narrado en Jr 39 y esta clara añadidura de datos relativos al censo? La única explicación parece estar en el deseo de abrir la profecía de Jeremías a un futuro esperanzador preanunciado en la relativa libertad del rey Jeconías (Jr 52 31-34). Para conseguir esto tenía que repetirse el conjunto. Se cierra así, bajo el signo de la esperanza, el cumplimiento de la profecía de Jeremías.

Jerusalén y Judá hasta el punto de arrojar-
las de su presencia.
Sedecías se rebeló contra el rey de Babilonia. 4 Así que en el año noveno de su
reinado, el día diez del mes décimo, Nabucodonosor, rey de Babilonia, vino con todo
su ejército contra Jerusalén. Acamparon
frente a ella y construyeron a su alrededor
rampas de ataque. 5 La ciudad estuvo sitiada hasta el año undécimo del reinado de
Sedecías. 6 El día nueve del cuarto mes,
cuando el hambre se hizo insoportable en
la ciudad y la gente no tenía nada que comer, 7 abrieron una brecha en la muralla de
la ciudad y todos los combatientes huyeron
durante la noche, a pesar de que los caldeos tenían sitiada la ciudad. Huyeron por la
puerta que hay entre las dos murallas junto
al jardín del rey y escaparon por el camino
del Arabá. 8 Las tropas caldeas salieron en
persecución del rey y dieron alcance a
Sedecías en la llanura de Jericó. Todo su
ejército lo abandonó y se dispersó. 9 Apresaron al rey Sedecías y lo llevaron a Ribla,
en la región de Jamat, ante el rey de Babilonia, que dictó sentencia contra él. 10 El
rey de Babilonia mandó degollar a sus
hijos ante sus propios ojos; degolló también en Ribla a todos los principales de Judá. 11 A Sedecías le sacó los ojos, lo cargó
de cadenas y lo llevó a Babilonia, donde
estuvo en la cárcel hasta el día de su muerte.
12 El día diez del mes quinto –era el año
decimonoveno de Nabucodonosor, rey de
Babilonia– llegó a Jerusalén Nabuzardán,
jefe de la escolta del rey de Babilonia. 13 Incendió el templo del Señor, el palacio del
rey y todas las casas de Jerusalén, especialmente las de los principales. 14 Las tropas caldeas que estaban a las órdenes del
jefe de la escolta destruyeron todas las murallas que rodeaban Jerusalén. 15 Nabuzardán deportó a Babilonia a los que habían
quedado en la ciudad, a los desertores que
se habían pasado al rey de Babilonia y a los
artesanos que todavía quedaban. 16 Sólo
dejó alguna gente sencilla para que cultivara las viñas y los campos. 17 Los caldeos
rompieron las columnas de bronce, las bases
y la pila de bronce que había en el templo
del Señor y se llevaron todo el bronce a Babilonia. 18 Se llevaron las bandejas, palas,
cuchillos, aspersorios, navetas, y todos los
demás utensilios de bronce utilizados para
el culto; 19 llevaron también las palanga-
nas, braseros, aspersorios, ollas, candelabros, navetas y patenas para las ofrendas:
todo lo que era de oro y plata. 20 Era imposible calcular el peso del bronce de las dos
columnas, la pila de bronce, los doce bueyes de bronce que había debajo de la pila y
las bases que había hecho el rey Salomón
para el templo del Señor. 21 Cada columna
tenía nueve metros de altura, seis de circunferencia y ocho centímetros de espesor;
por dentro estaban huecas. 22 Las corona-
ba, a las dos por igual, un capitel de bronce, de dos metros y medio de alto, rodeado
todo él por una fina red y granadas, todo
ello de bronce. 23 Las granadas que pendían
eran noventa y seis: el total de las granadas
alrededor de la red era de cien.
24 El jefe de la escolta hizo prisioneros
al sumo sacerdote Serayas, a su sustituto
Sofonías y a los tres guardianes de la entrada del templo. 25 En la ciudad hizo también prisioneros a un oficial encargado de
la tropa, a siete servidores del rey, al secretario del jefe del ejército, encargado del reclutamiento y a otros sesenta hombres importantes que se encontraban en la ciudad.
26 Nabuzardán, jefe de la escolta, los hizo
prisioneros y los llevó a Ribla ante el rey
de Babilonia, 27 el cual los hizo matar en
Ribla, en la región de Jamat. Así fue deportado Judá lejos de su tierra.
28 El número de los deportados por Nabucodonosor fue de tres mil veintitrés habitantes de Judá en el año séptimo del reinado de Nabucodonosor, 29 y de ochocientos treinta y dos personas de Jerusalén en
el año decimoctavo; 30 en el año vigésimo
tercero del reinado de Nabucodonosor, Ne-
buzardán, jefe de la escolta real, deportó
otros setecientos cuarenta y cinco habitantes de Judá. En total cuatro mil seiscientos.
31 Cuando Jeconías, rey de Judá, llevaba ya treinta y siete años desterrado, el día
veinticinco del mes duodécimo, Evil Merodac, rey de Babilonia, con motivo de su
coronación, indultó a Jeconías, rey de Judá, y lo sacó de la cárcel. 32 Le dio un trato
amigable con preferencia a los otros reyes
que estaban con él en Babilonia. 33 Jeconías
dejó el uniforme de presidiario y comió a
la mesa real todos los días de su vida. 34 El
rey de Babilonia proveyó a su mantenimiento toda su vida, hasta el día de su muerte.

BARUC

INTRODUCCION

Baruc era el nombre del secretario de Jeremías (Jr 32.36.45), cuyo libro manifiesta gran interés por los exiliados (Jr 24.29.51). Algunas veces Baruc leyó personalmente en público el libro que escribió al dictado de Jeremías (Jr 36 4). No es, pues, extraño que su nombre encabece este libro, que presenta a la comunidad de los desterrados en Babilonia con los ojos puestos en Jerusalén.

La ambientación del libro en la época del exilio es, sin embargo, una ficción literaria. Los temas tratados y la forma de abordarlos sugieren que se trata de una composición más tardía, que refleja la problemática del judaísmo del siglo II a. C. El nombre de Baruc amparó también otros escritos de la época helenística que no entraron en el canon (por ejemplo: el Apocalipsis de Baruc). De todas las obras que se presentaron bajo el nombre de Baruc sólo ésta mereció entrar en el canon griego (por eso es uno de los libros deuterocanónicos) y fue colocada inmediatamente detrás del libro que recoge los oráculos de Jeremías. La traducción latina interpuso entre ambos libros el de las Lamentaciones, atribuidas a Jeremías.

Por su contenido, este libro consta de las siguientes secciones: Una introducción que fija las circunstancias históricas (Bar 1 1-14) y tres partes centrales bien diferenciadas, incluso por el lenguaje: oración penitencial (Bar 1 15-3 8), elogio de la sabiduría (Bar 3 9-4 4) y oráculo de restauración (Bar 4 5-5 9).

El capítulo 6 de la versión latina de Baruc es hoy casi unánimemente considerado como una obrita aparte con título propio: Carta de Jeremías.

En la oración penitencial la comunidad litúrgica del destierro proclama que el Señor es justo, que ha sido fiel. Ellos, por el contrario, han merecido el desprecio y la vergüenza por su infidelidad. El Señor es poderoso para rescatarlos y bueno aun cuando castiga; no desoye los gemidos del oprimido que reconoce su pecado. El Señor responde mostrando en la sabiduría el verdadero camino de la paz, que él ha reservado a su pueblo. Finalmente, el oráculo de restauración comienza con un lamento de Jerusalén, que se ha quedado sin hijos. Sus súplicas alcanzarán el favor del Altísimo, que la consolará devolviéndole la alegría y el esplendor.

Aunque el conjunto del libro parece constituir la descripción de una acción litúrgica de carácter unitario (penitencia–instrucción homilética–consuelo final), cada una de las secciones presenta características lingüísticas y literarias propias. No es fácil, por lo tanto, aceptar el libro como obra de un único autor. Los estudios realizados tampoco permiten datar con exactitud cada unidad; las hipótesis se centran en torno al siglo II (e incluso s. I) antes de Cristo. El vocabulario y ciertos giros sintácticos permiten suponer una mentalidad semítica en el origen de todas las secciones. Incluso se ha pensado en un original hebreo extraviado, exigido por el supuesto uso litúrgico de este libro (Bar 1 3.14).

Introducción histórica

2 Re 24 8-17; Jr 22 24-30

1 1 Este es el texto del libro que Baruc,
hijo de Nerías, hijo de Maasías, hijo de
Sedecías, hijo de Asadías, hijo de Jelcías,
escribió en Babilonia, 2 el año quinto, el
día siete del mes en que los caldeos conquistaron e incendiaron Jerusalén.
3 Baruc leyó las palabras de este libro
ante Jeconías, hijo de Joaquín, rey de Judá,
y ante todo el pueblo congregado para oír
el libro: 4 ante los dignatarios, príncipes
reales y ancianos; ante el pueblo entero,
pequeños y grandes, que habitaban en Babilonia, junto al río Sud. 5 Todos lloraban,
ayunaban e invocaban al Señor. 6 Luego
hicieron una colecta, en la que cada uno
aportó lo que pudo, 7 y la enviaron a Jerusalén, al sacerdote Joaquín, hijo de Jelcías,
hijo de Salún, a los demás sacerdotes y al
resto del pueblo que estaba con él en Jerusalén. 8 Con anterioridad, el día décimo del
mes de Siván, Baruc había recobrado, con
el fin de restituirlos a Judá, los utensilios
robados del templo del Señor. Se trataba
de utensilios de plata que había mandado
hacer Sedecías, hijo de Josías, rey de Judá,

9 después que Nabucodonosor, rey de Babilonia, se llevara prisioneros de Jerusalén a Babilonia a Jeconías, a los jefes, a los cerrajeros, a los dignatarios y a la gente sencilla.

10 En carta adjunta les decían:

Ahí les mandamos el dinero: compren con él víctimas para holocaustos, sacrificios de expiación e incienso y hagan ofrendas sobre el altar del Señor, nuestro Dios. 11 Rueguen por la vida de Nabucodonosor, rey de Babilonia, y por la de su hijo Baltasar, para que dure tanto como el cielo sobre la tierra. 12 El Señor nos dé fuerzas y nos ilumine para que vivamos a la sombra de Nabucodonosor, rey de Babilonia, y de su hijo Baltasar, para que los sirvamos largo tiempo y gocemos de su estima. 13 Rueguen también por nosotros al Señor, Dios nuestro, porque hemos pecado contra él y todavía no se ha apartado de nosotros su enojo y su indignación. 14 Les mandamos este libro para que lo lean públicamente en el templo del Señor en el día de la fiesta y en los días en que se reúnan en asamblea.

Oración penitencial de los desterrados

Dt 28 15-68; *Jr 27 12*; *7 34*; 33 10-11; *36 30*

15 Dirán: Reconocemos que el Señor es inocente; nosotros, en cambio, estamos hoy muy avergonzados, junto con los habitantes de Judá y de Jerusalén, 16 con nuestros reyes y gobernantes, con nuestros sacerdotes, profetas y antepasados. 17 Porque hemos pecado ante el Señor, 18 lo hemos desobedecido, no hemos escuchado la voz del Señor Dios nuestro y no hemos cumplido los mandamientos que él nos había dado. 19 Desde que el Señor sacó a nuestros antepasados de Egipto hasta hoy, hemos sido rebeldes al Señor Dios nuestro y por nuestra estupidez no hemos escuchado su voz. 20 Por eso ahora ha caído sobre nosotros la desgracia y la maldición con que el Señor amenazó a su siervo Moisés, cuando sacó a nuestros antepasados de Egipto para darnos una tierra que mana leche y miel. 21 No hemos escuchado la voz del Señor nuestro Dios, que nos habló por medio de sus enviados, los profetas. 22 Cada uno de nosotros ha seguido los proyectos de su corazón endurecido, dando culto a otros dioses y ofendiendo al Señor, nuestro Dios, con su conducta.

2 1 Por eso el Señor nuestro Dios ha cumplido la amenaza que había pronunciado contra nosotros, contra los jueces que gobernaron a Israel, contra nuestros reyes y nuestros príncipes, contra los habitantes de Israel y de Judá. 2 Nunca ocurrió bajo el cielo nada semejante a lo que él hizo a Jerusalén, tal como está escrito en la ley de Moisés: 3 que llegaríamos a comer la carne de nuestros propios hijos e hijas. 4 Además, el Señor los sometió al poder de los reinos de alrededor para que fueran objeto de burla y desolación en medio de todos los pueblos entre los que él los dispersó. 5 Fueron dominados y no dominadores por haber pecado contra el Señor nuestro Dios y no haber obedecido su voz.

6 Reconocemos que el Señor es inocente; nosotros, en cambio, y nuestros antepasados estamos hoy muy avergonzados. 7 Todos los males con que el Señor nos había amenazado han caído sobre nosotros. 8 A pesar de ello, no hemos aplacado al Señor ni hemos cambiado los proyectos de nuestro corazón endurecido. 9 Por eso, el Señor no ha perdido de vista esas desgracias y las ha enviado sobre nosotros. Porque el Señor tiene razón en todo lo que nos ha mandado, 10 pero nosotros no hemos

• **1 1-14**: Se presenta en escena una asamblea de la comunidad de desterrados en Babilonia, con el rey Jeconías al frente (véase Jr 52 31-34; 2 Re 25 27-30). La lectura de un texto penitencial los conmueve y despierta en ellos el recuerdo de Jerusalén: allí está el templo, los sacerdotes y, por lo tanto, la posibilidad de ofrecer sacrificios expiatorios. Sin embargo, los datos del libro no concuer*dan con los hechos ya que Jerusalén* (y con ella el templo) ha sido incendiada (Bar 1 2). Tampoco sabemos en qué mes estamos (Bar 1 2) y no nos sirven mucho las fechas que nos ofrecen otros libros (Jr 39 1-2; 41 1.4; 52 6.12; 2 Re 25 1-3.8; Zac 7 1; Esd 3 1-2), ni los calendarios de las festividades. Es inútil buscar el motivo o la fecha de celebración de la asamblea; sólo se habla de su desarrollo.

Nabucodonosor se había llevado, junto con los hombres más valiosos, los utensilios del templo (2 Re 24 13; 25 13-16). La comunidad judía siempre soñó con recuperarlos (Jr 28 3) al final del destierro. El texto supone que ya los tienen en su poder, que el templo está en pie, que es posible ofrecer sacrificios; en una palabra, que la prueba está concluyendo. Jeremías había aconsejado pedir por el bien de Babilonia (Jr 29 7), pero no por el rey y su descendencia (como Esd 6 10); había recomendado someterse a su dominio (Jr 21 8; 28 14; 38 2...), pero no eternamente (Bar 1 11).

escuchado su voz ni hemos observado los mandamientos que nos había dado.

11 Señor, Dios de Israel, tú sacaste a tu pueblo de Egipto entre signos y prodigios, manifestando tu gran fuerza y poder, y has hecho famoso tu nombre. 12 Nosotros hemos pecado, hemos procedido con maldad e injusticia, Señor Dios nuestro, desobedeciendo todos tus mandamientos. 13 Que tu enojo se aparte de nosotros, porque hemos quedado bien pocos en medio de las naciones donde tú nos dispersaste. 14 Atiende, Señor, nuestra oración y nuestra súplica; por el honor de tu nombre, líbranos y haz que seamos estimados por quienes nos deportaron, 15 para que toda la tierra reconozca que tú eres el Señor nuestro Dios y que Israel y su descendencia han sido consagrados a tu nombre. 16 Señor, desde tu santa morada míranos y piensa en nosotros; inclina, Señor, tu oído y escucha; 17 abre los ojos y considera que no son los muertos que han descendido al abismo y cuyos cuerpos han quedado sin vida, los que dan gloria al Señor y reconocen su salvación. 18 Son los que viven agobiados por la tristeza, los que caminan encorvados y sin fuerzas, los de ojos apagados y estómago consumido por el hambre; esos son, Señor, los que te dan gloria y reconocen tu justicia. 19 No nos apoyamos en los méritos de nuestros antepasados y de nuestros reyes al presentarte nuestra súplica, Señor Dios nuestro. 20 Nos has castigado con enojo e ira como habías anunciado cuando dijiste a tus siervos, los profetas: 21 «Así dice el Señor: *Dobléguense y sirvan al rey de Babilonia*, así permanecerán en la tierra que yo di a sus antepasados. 22 Pero si no escuchan la voz del Señor y no sirven al rey de Babilonia, 23 *yo haré que enmudezcan, en las ciudades de Judá y en Jerusalén, los cantos de alegría y de júbilo, el canto del novio y de la novia, y toda esta tierra quedará convertida en un desierto deshabitado*». 24 Pero nosotros no escuchamos tu voz y no nos sometimos al rey de Babilonia. Por eso, tú has cumplido las palabras que habías pronunciado por tus siervos, los profetas: que los huesos de nuestros reyes y de nuestros antepasados serían sacados de sus sepulcros. 25 Y en efecto, ahí están *expuestos al calor del día y al frío de la noche* los huesos de quienes murieron entre crueles sufrimientos a causa del hambre, la espada y la peste. 26 Y al templo que lleva tu nombre lo has reducido al estado en que se encuentra hoy, a causa de la maldad de Israel y de Judá.

27 Sin embargo, tú, Señor Dios nuestro, nos has tratado según tu bondad y tu gran misericordia, 28 como habías dicho por tu siervo Moisés, el día en que le ordenaste escribir tu ley en presencia de los hijos de Israel, diciendo: 29 «Si no escuchan mi voz, ciertamente esta grande e innumerable multitud quedará reducida a un pequeño número entre las naciones por donde yo los dispersaré. 30 Sé, en efecto, que no me escucharán, porque son un pueblo de corazón duro; pero en el país de su destierro entrarán en razón 31 y comprenderán que yo soy el Señor su Dios. Yo les daré un corazón dócil y unos oídos atentos. 32 Y ellos me alabarán en el país de su destierro y se acordarán de mi nombre; 33 abandonarán su terquedad y su perversa conducta, al recordar lo que les pasó a sus antepasados cuando pecaron contra el Señor. 34 Haré que regresen a la tierra que juré dar a sus antepasados, a Abrahán, Isaac y Jacob; la poseerán y yo los multiplicaré sin que vuelvan a

• **1 15-3 8**: El destierro es época propicia para que se *desarrolle este tipo de plegarias*. ¿Cómo se ha llegado a esta situación? Los dioses de los pueblos vencedores, ¿son más poderosos que el Señor? ¿Habrá sido injusto Dios, olvidándose de nosotros? No; él tiene razón, incluso en esta situación. Nosotros debemos soportar la vergüenza, por haber sido rebeldes. La confesión del pecado es, por tanto, el tema de la primera parte (Bar 1 15-2 10) que se va repitiendo a lo largo de toda ella como un estribillo. El Señor ha sido fiel desde siempre; nosotros, desde siempre pecadores: en la salida de Egipto y en tiempos de los profetas, tanto nuestros antepasados como nosotros. La dureza de corazón ha llegado a ser algo connatural al pueblo y el castigo ha sido ejemplar para todos.

La segunda parte de esta oración penitencial (Bar 2 11-3 8) es la petición de perdón. El perdón es posible porque el Señor es poderoso y está lleno de misericordia: escucha las súplicas del corazón humilde y arrepentido (véase Sal 51 8.19). Si en su justicia aplicó la maldición de la alianza incumplida, en su bondad restaurará la alianza eterna prometida. El perdón no es un acto interno, sino que se manifestará con el término del destierro. Con la lectura del libro concluye la primera parte de la liturgia en la que han resonado alusiones y citas de los profetas (especialmente Jeremías) y del Deuteronomio.

Confesiones nacionales semejantes a esta, pueden encontrarse en Sal 106; Dn 9 4-19; Esd 9 6-15; Neh 9 5-37.

disminuir. 35 Y haré con ellos una alianza
eterna, para que yo sea su Dios y ellos sean
mi pueblo, y no volveré a expulsar a mi
pueblo Israel de la tierra que les di.

3 1 Señor omnipotente, Dios de Israel, un
hombre angustiado grita hacia ti con el
espíritu entristecido. 2 Escucha, Señor, y ten
piedad, porque hemos pecado contra ti. 3 Tú
estás sentado en tu trono para siempre,
mientras nosotros perecemos para siempre.
4 Señor omnipotente, Dios de Israel, atiende la súplica de los muertos de Israel y de
los hijos de aquellos que pecaron contra ti
y no escucharon la voz del Señor su Dios.
Esa es la causa de las desgracias que nos
han sobrevenido. 5 Pero tú, Señor, no recuerdes las maldades de nuestros antepasados; acuérdate, más bien, de tu poder y de
tu fama. 6 Pues tú eres el Señor nuestro
Dios, y nosotros te alabaremos, Señor. 7 Tú
has puesto tu temor en nuestros corazones
para que invoquemos tu nombre. Así te alabaremos en nuestro destierro, porque hemos alejado de nuestro corazón toda la
maldad que hizo pecar a nuestros antepasados contra ti. 8 Y aquí estamos todavía
hoy en nuestro destierro, donde tú nos has
dispersado, convertidos en objeto de burla
y maldición por la maldad que cometieron
nuestros antepasados cuando se apartaron
del Señor nuestro Dios.

Elogio de la sabiduría

Prov 4 20-23; Job 28 12.27; Gn 6 1-4; Eclo 24 23

9 Escucha, Israel,
los mandamientos que dan vida.
Reflexiona para aprender a discernir.
10 ¿Por qué, Israel,
te encuentras en país enemigo,
envejeces en tierra extranjera,
11 te has contaminado con los muertos
y estás entre los que bajan al abismo?
12 Abandonaste la fuente de la sabiduría.
13 Si hubieras seguido el camino de Dios,
vivirías en paz para siempre.
14 Aprende dónde está el discernimiento,
dónde la fuerza, dónde la inteligencia,
dónde la vida prolongada,
dónde la luz para los ojos y la paz.
15 Pero ¿quién ha encontrado su lugar,
quién ha penetrado en sus tesoros?
16 ¿Dónde están los jefes de las naciones,
los que dominan las bestias de la tierra?
17 ¿Dónde los que juegan
con las aves del cielo,
los que amontonan plata y oro,
los que poseen fortunas inmensas
en las que confían los hombres?
18 ¿Dónde los que con tanto afán
trabajan la plata,
cuyas obras superan lo imaginable?
19 Han desaparecido, bajaron al abismo,
y otros han surgido en su lugar.
20 Otros más jóvenes han visto la luz,
y han vivido en la tierra;
pero han ignorado igualmente
el camino de la sabiduría.
21 No han seguido sus sendas,
ni se han preocupado por ellas;
sus hijos han perdido su camino.
22 No se oyó hablar de ella en Canaán,
ni la vieron en Temán.
23 Los hijos de Agar,
que buscan la inteligencia en la tierra,
los mercaderes de Madián y de Temán,
que cuentan fábulas y buscan el saber,
no conocieron el camino de la sabiduría,
ni descubrieron sus senderos.
24 ¡Oh Israel, qué grande
es la morada de Dios,
qué inmenso su dominio!
25 Su extensión no tiene límites,
es excelsa e inmensa.
26 Allí nacieron los gigantes
famosos en la antigüedad,
de gran estatura y diestros en la guerra.
27 Pero Dios no eligió a éstos,
ni les enseñó el camino de la sabiduría.
28 Por eso perecieron, faltos de ciencia,
perecieron por su estupidez.
29 ¿Quién subió al cielo para apropiársela

• **3 9-4 4**: En otra clave, viene ahora la respuesta del Señor al anterior grito penitencial. El Señor muestra el camino de la salvación: la sabiduría. Por haberla abandonado se encuentran en el destierro. Deben buscarla, pues en ella se encuentran todos los bienes. Una dificultad: no todo el que cree buscarla la encuentra. Los poderosos, los fuertes, los codiciosos y triunfadores no la han encontrado y por eso han desaparecido sin dejar rastro. Sólo la posee el Señor y él la otorga. Se la concedió a su pueblo, Israel, y está contenida en la ley: en ella recibe Israel la vida, el esplendor, la gloria y la felicidad. Este elogio ofrece interesantes conexiones con otros himnos a la sabiduría, sobre todo con Job 28 (la imposibilidad de alcanzar la sabiduría) y con Eclo 24 (la identificación sabiduría-ley).

y hacer que bajara desde las nubes?
30 ¿Quién atravesó el mar para encontrarla
y conseguirla a precio de oro puro?
31 Nadie conoce su camino,
nadie puede rastrear su sendero.
32 Sólo aquel que todo lo sabe, la conoce;
sólo él la examinó con su inteligencia.
Aquel que cimentó la tierra para siempre
y la pobló de animales cuadrúpedos;
33 él manda a la luz y ella hace caso,
la llama y temblando lo obedece.
34 Brillan los astros y se alegran
en su puesto de guardia;
35 él los llama y responden:
«Aquí estamos» y brillan
alegres para su Creador.
36 Este es nuestro Dios,
ningún otro cuenta al lado de él.
37 El penetró los caminos de la sabiduría
y se los enseñó a Jacob, su siervo,
a Israel, su preferido.
38 Después apareció
la sabiduría sobre la tierra,
y convivió con los hombres.

4 1 Ella es el libro
de los mandatos de Dios,
la ley que subsiste eternamente:
todos los que la cumplen, tendrán vida,
los que la abandonan, morirán.
2 Conviértete, Jacob, y abrázala,
camina al resplandor de su luz.
3 No cedas a otro tu gloria,
ni tus privilegios a nación extranjera.
4 Dichosos nosotros, Israel,
porque se nos ha dado a conocer
lo que agrada al Señor.

Oráculo de restauración

Is 50 1; 52 3; Dt 32 5.17; Lam 1 1-2; Is 6 1-5

5 ¡Animo, pueblo mío,
tú mantienes vivo el recuerdo de Israel!
6 Han sido vendidos a las naciones,
pero no para ser aniquilados;
porque provocaron el enojo de Dios
fueron entregados a los enemigos.
7 Irritaron, en efecto, a su Creador,
pues ofrecieron sacrificios
a los demonios y no a Dios.
8 Olvidaron al Dios eterno
que los alimentó,
y entristecieron a Jerusalén que los crió.
9 Jerusalén fue la que dijo cuando vio
que el castigo de Dios los amenazaba:
«Escuchen, vecinas de Sión.
Dios me ha enviado una gran pena;
10 he visto el destierro que el Dios eterno
ha traído sobre mis hijos e hijas.
11 Yo que los había alimentado con gozo,
los he visto partir llorosa y apenada.
12 Que nadie se alegre a mi costa,
viéndome viuda
y abandonada de tantos.
Estoy desolada
por los pecados de mis hijos,
porque se apartaron de la ley de Dios.
13 No conocieron sus preceptos,
no siguieron el camino
de los mandamientos del Señor,
ni emprendieron la senda
de su aprendizaje confiando en él.
14 Vengan, vecinas de Sión;
fíjense en el destierro que el Dios eterno
ha traído sobre mis hijos e hijas.
15 Fue él quien hizo venir sobre ellos
una nación lejana e insolente,
de lengua desconocida,
una nación que no respetó al anciano,
ni tuvo piedad del niño;
16 que arrebató a la viuda sus hijos queridos
y la dejó sola privándola de sus hijas.
17 Y yo ¿cómo podría ayudarlos?
18 El que trajo sobre ustedes los males,
los librará de sus enemigos.
19 Váyanse, hijos míos, váyanse,
que yo tengo que quedarme sola.
20 Me he quitado el vestido de fiesta,
me he puesto uno de luto

• **4 5-5 9**: Como conclusión de la liturgia, el presidente de la asamblea vuelve a tomar la palabra para infundir ánimo y esperanza. Jerusalén es el centro, la madre del pueblo (como en Is 49 21; 54 1; 66 7-14). El pecado de los hijos ha repercutido en la madre, dejándola sin hijos y abandonada. Jerusalén habla (Bar 4 11-29). Su discurso comienza con un lamento (Bar 4 11-16); su amor provoca súplicas de ayuda al único que puede ayudar (Jr 4 17-20); sólo de él cabe esperar la restauración, pues si se acordó de realizar los castigos prometidos, también se acordará de ellos para devolverles la alegría (Bar 4 21-29). Finalmente se habla a Jerusalén (Bar 4 30-5 9). Su esperanza, se le dice, tiene una fuente y una doble vertiente: la fuente de la alegría es el Señor que, por un lado, destruirá a las ciudades que le robaron los hijos y, por otro, adornará a Jerusalén con su propia gloria. Si en la primera parte encontrábamos motivos del libro de las Lamentaciones, en esta segunda parte hay imágenes y expresiones cercanas al Segundo y Tercer Isaías.

y clamaré al Dios eterno mientras viva.
21 Animo, hijos míos, invoquen al Señor;
él los librará de la tiranía
y del poder de sus enemigos.
22 Yo espero que el Dios eterno
les conceda la salvación;
el Santo me ha colmado de alegría,
pues la misericordia
del Dios eterno y salvador
está a punto de favorecerlos.
23 Los he visto partir llorosa y apenada,
pero el Señor los devolverá a mí
para siempre con alegría y júbilo.
24 Y como las vecinas de Sión
contemplan hoy el destierro de ustedes,
así contemplarán muy pronto
cómo el Dios eterno los liberará
mostrando su gloria y su esplendor.
25 Hijos, soporten con paciencia
el castigo que Dios les ha enviado.
El enemigo te ha perseguido,
pero pronto verás su ruina
y pondrás tu pie sobre su cuello.
26 Mis tiernos hijos
han tenido que recorrer duros caminos,
arrebatados como rebaño
que roba el enemigo.
27 Valor, hijos míos, invoquen a Dios,
pues el mismo que les mandó esto
se acordará de ustedes.
28 Tanto como se apartaron de Dios,
conviértanse ahora
y búsquenlo con renovado empeño.
29 Pues el que les envió esos males
les traerá una alegría interminable,
y les dará la salvación.
30 ¡Animo, Jerusalén!
El que te puso un nombre te consolará.
31 ¡Ay de aquellos que te maltrataron
y se alegraron de tu caída!
32 ¡Ay de las ciudades
que esclavizaron a tus hijos!
¡Ay de aquella ciudad
a la que fueron deportados!
33 Porque como se alegró de tu caída,
y saltó de gozo por tu ruina,
así tendrá que sufrir por su desgracia.
34 Yo le quitaré su alegría
de ciudad bulliciosa,
y su insolencia se convertirá en duelo;
35 el Dios eterno la hará presa
de un incendio prolongado,
y será lugar de demonios
durante mucho tiempo.
36 Jerusalén, mira hacia oriente
y contempla la alegría
que te viene de Dios.
37 Mira, regresan tus hijos,
los que viste partir,
regresan de oriente a occidente,
convocados por la palabra del Santo,
alegres al contemplar la gloria de Dios.

5 1 Jerusalén, deja tu vestido
de luto y miseria,
y vístete de fiesta con la gloria
que Dios te concede
2 Colócate el manto de la victoria de Dios,
adorna tu cabeza
con la diadema gloriosa del Dios eterno.
3 Porque Dios mostrará tu esplendor
a todos los pueblos de la tierra.
4 Dios te dará para siempre este nombre:
«Paz en la justicia,
Gloria en la piedad».
5 Levántate, Jerusalén,
colócate en lo alto
y mira hacia oriente;
ahí están tus hijos convocados
desde donde sale el sol hasta el ocaso,
por la palabra del Santo,
alegres porque Dios
se ha acordado de ellos.
6 Salieron de ti a pie,
conducidos por el enemigo,
pero Dios te los devuelve con honor,
transportados como en un trono de rey.
7 Porque Dios ha mandado
que todo monte elevado
y toda colina perenne se abajen;
que los valles se emparejen
y se nivele la tierra,
para que Israel avance seguro
guiado por la gloria de Dios.
8 El ha ordenado a los bosques
y a todos los árboles aromáticos
que den sombra a Israel.
9 Porque Dios conducirá a Israel
con alegría al resplandor de su gloria,
en medio de su misericordia
y de su fuerza salvadora.

CARTA DE JEREMIAS

INTRODUCCION

Este escrito se presenta como una carta dirigida por el profeta Jeremías a los judíos que están a punto de partir desterrados a Babilonia. Su antecedente inmediato podría encontrarse en Jr 29, pero la problemática y el tono son completamente distintos. En realidad, más que de una carta, se trata de una obrita de estilo homilético contra la idolatría, que se sitúa en la línea de Jeremías y el Segundo Isaías, y prepara las reflexiones posteriores de Sab 13-15. Sin embargo, el ataque a la idolatría reviste aquí formas burlescas y tono fuertemente irónico. No posee la concisión de Jr 10 1-16, ni le caracteriza la fuerza teológica de las polémicas anti-idolátricas del Segundo Isaías (Is 40 12-24; 42 12-16; 44 6-20; 46 1-7). El estilo repetitivo se encarga de machacar a los oídos de los destinatarios: *¡Es evidente, pues, que no son dioses!* En vez del miedo, la risa; en vez del respeto, la burla. Así funciona la táctica de este polémico escrito.

La fecha de composición de esta obrita debe situarse en la época del judaísmo helenístico (siglo II a. C.), cuando la polémica contra los falsos dioses se plantea en términos muy similares a los que encontramos en este escrito. Muy probablemente esta carta estaba en realidad dirigida a algunas comunidades judías de la diáspora.

Polémica contra la idolatría

Jr 29 1; Sal 115 4-5; Is 46 7; Sab 13 16; 14 29; Dn 14 21; Jr 10 3-9.14

Copia de la carta que mandó Jeremías a los que iban a ser deportados a Babilonia por el rey de los babilonios, para comunicarles lo que Dios le había mandado.

1 Por los pecados que han cometido contra Dios, ustedes van a ser deportados a Babilonia por Nabucodonosor, rey de los babilonios. 2 Llegados a Babilonia, permanecerán allí largos años, mucho tiempo, hasta siete generaciones; pero después los sacaré de allí en paz. 3 Verán en Babilonia dioses de plata, oro y madera, que son llevados a hombros y que inspiran reverencia a los paganos. 4 Tengan cuidado de no imitar a esos extranjeros; no den culto a esos dioses. 5 Cuando vean la multitud de adoradores que los cercan por delante y por detrás, digan en su corazón: ¡A ti sólo hay que adorar, Señor! 6 Porque mi ángel está con ustedes y cuidará de sus vidas.

7 La lengua de esos dioses es obra de un artesano, y están recubiertos de oro y plata; así que son falsos y no pueden hablar. 8 La gente fabrica coronas de oro para adornar la cabeza de esos dioses, como si se tratara de una joven a quien le gusta presumir. 9 Incluso a veces los sacerdotes roban a sus dioses el oro y la plata para sus propios gastos, y hasta hacen con ellos regalos a las prostitutas del templo. 10 Los adornan también con vestidos como si fueran hombres; pero son simples dioses de plata, oro y madera que no pueden librarse ni del óxido ni de la polilla. 11 Están vestidos de terciopelo, pero hay que limpiarles el polvo del templo que se acumula en su cara. 12 Algunos llevan el bastón de mando en su mano como los gobernadores de provincia, pero no podrían condenar a muerte a quien los ofende. 13 Otros empuñan la espada o el hacha en su mano derecha, pero no podrían defenderse en caso de guerra o si son atacados por bandidos. 14 Es evidente, pues, que no son dioses. No les tengan miedo.

• **1-72**: Alguien aprovecha el recuerdo del intercambio epistolar de Jeremías con los desterrados, para entrar en polémica con los dioses de Babilonia. Se supone una carta del profeta (Jr 29). El tema se repite diez veces con ligeras variantes: *por lo tanto, no son dioses.* Este estribillo divide el texto en nueve secciones, con su prólogo y conclusión correspondientes. La intención es clara: no hay que temer a dioses que son falsos. La moraleja, evidente: más que ellos vale un hombre justo. Con estilo poco brillante e imágenes poco originales esta composición irónica va recogiendo los motivos bíblicos tradicionales de las polémicas contra los ídolos, pero sin progresión ni demasiado orden. Algunos de sus motivos serán más amplia y sistemáticamente desarrollados por Sab 13-15.

15 Igual que una vasija rota resulta inservible, así son los dioses que han colocado en sus templos. 16 Tienen los ojos llenos del polvo que levantan los pies de quienes entran allí. 17 Igual que se encierra con
fuertes cerraduras a quien ha ofendido al
rey y va a ser ajusticiado, así los sacerdotes aseguran sus templos con puertas, cerrojos y trancas, para que los dioses no sean
robados por los ladrones. 18 Les encienden
más luces de las que necesitarían para ellos
mismos, y sin embargo esos dioses no pueden ver ninguna. 19 Son como las vigas del
templo, que, según se dice, están carcomi-
das en su interior por gusanos que salen de
la tierra y que los devoran a ellos y a sus
vestidos sin que se den cuenta. 20 Sus caras
están ennegrecidas por el humo del templo. 21 Sobre su cuerpo y sus cabezas revo-
lotean lechuzas, murciélagos y otros pájaros; también saltan los gatos. 22 Es evidente, pues, que no son dioses. No les tengan
miedo.

23 El oro que los recubre es para embe-
llecerlos; pero si alguien no lo limpia, quedará sin brillo. Cuando eran modelados al
fuego no se daban cuenta. 24 A precios ca-
rísimos fueron comprados, aunque no hay
en ellos soplo de vida. 25 Como no tienen
pies, son llevados a hombros, mostrando
así ante los hombres su deshonra. Y quedan
también en vergüenza sus servidores, al ver
que si esos dioses caen por tierra, necesitan ayuda para poder levantarse. 26 Si se los
pone de pie, no pueden ponerse en movimiento por sí mismos; si caen de lado, no
pueden enderezarse; hacerles ofrendas es
como hacérselas a un muerto. 27 Sus sacerdotes se aprovechan de la venta de las víctimas sacrificadas a esos dioses; y lo mismo
hacen las mujeres de los sacerdotes, poniendo en conserva parte de las víctimas y
no reservando nada para el pobre y el enfermo. Las mujeres cuando tienen la menstruación, o después de dar a luz, no tienen
inconveniente en tocar sus sacrificios. 28 Es
evidente, pues, por todo esto que no son
dioses. No les tengan miedo.

29 ¿Cómo se les puede llamar dioses si
son mujeres las que ofrecen dones a esos
dioses de plata, oro y madera? 30 En sus
templos los llevan en procesión los sacerdotes con las túnicas desgarradas, con pelo
y barba rapados y con la cabeza descubierta. 31 Vociferan y gritan ante sus dioses,
como quienes están en un banquete fúnebre. 32 Los sacerdotes les quitan sus ropas
para vestir a sus mujeres y sus hijos. 33 Si
alguien les hace mal o bien, no pueden darle su merecido. No pueden poner ni quitar
rey; 34 tampoco dar riquezas ni dinero. Si
alguien les hace un voto y no lo cumple, no
le piden cuentas. 35 No libran a nadie de la
muerte ni arrancan al débil de la mano del
poderoso. 36 No devuelven la vista al ciego
ni sacan al necesitado de la angustia. 37 No
sienten piedad por la viuda ni hacen bien
al huérfano. 38 Esos dioses de madera, recubiertos de oro y plata, se parecen a las
peñas de los montes. Quienes les dan culto
quedarán avergonzados. 39 ¿Cómo, pues,
se puede creer o decir que son dioses?

40 Los mismos caldeos los deshonran,
cuando ven a un mudo que no puede hablar y van y se lo presentan a Bel pidiéndole que le haga hablar; ¡cómo si él pudiera oírles! 41 Y aunque lo saben, son incapaces de abandonar a esos dioses que nada
pueden sentir. 42 Mujeres llevando cinturones se sientan junto a los caminos quemando como si fuera incienso los residuos del
trigo; 43 y cuando una de ellas, solicitada
por algún transeúnte, se acuesta con él, se
burla de su vecina porque no ha sido elegida como ella y porque sus cordones no han
sido todavía rotos. 44 Así, todo lo que hacen en honor de esos dioses es falsedad.
¿Cómo, pues, se puede creer o decir que
son dioses?

45 Han sido modelados por artesanos y
orfebres, y no son más que lo que sus autores quieren que sean. 46 Quienes los han
hecho no viven mucho tiempo: ¿Cómo van
a ser dioses lo que ellos fabrican? 47 No dejan a su descendencia más que mentira y
vergüenza. 48 Cuando sobreviene una guerra o alguna calamidad, los sacerdotes consultan unos a otros dónde refugiarse con
sus dioses. 49 ¿Cómo no comprender que
no son dioses los que no pueden salvarse
de la guerra o de otra desgracia? 50 Se terminará por reconocer que estos trozos de
madera recubiertos de oro y plata no son
más que mentira. Todos, naciones y reyes,
verán claramente que no son dioses, sino
simples creaciones humanas sin ninguna

capacidad para actuar sobrenaturalmente.
51 ¿A quién, pues, no le resulta evidente que
no son dioses?
52 No pueden nombrar a nadie rey de un
país ni pueden proporcionar lluvia a los
hombres. 53 Son incapaces de hacer valer
lo que es justo o de evitar lo injusto, porque no pueden nada. Son como cuervos
que vuelan entre el cielo y la tierra. 54 Y si
llega a incendiarse el templo de esos dioses de madera, recubiertos de oro y plata,
sus sacerdotes huyen y se ponen a salvo,
pero ellos se queman como troncos entre
las llamas. 55 No pueden hacer frente a un
rey o a otros enemigos. 56 ¿Cómo, pues,
admitir o creer que son dioses?
57 Esos dioses de madera, cubiertos de
oro y plata no pueden salvarse de los ladrones y de los asaltantes, pues al ser más fuertes que ellos, les quitan el oro, la plata y
los vestidos que los recubren, y se van con
todo eso sin que los dioses puedan socorrer-
se a sí mismos. 58 Vale más ser un rey que
da muestras de poder o un objeto útil en
una casa, del cual se sirve su dueño, que
no esos falsos dioses. Vale más una puerta
que proteja lo que se guarda en una casa, o
una columna de madera en un palacio, que
esos falsos dioses. 59 El sol, la luna y las
estrellas brillan y desempeñan sus funciones dócilmente; 60 también el relámpago,
cuando aparece, se ve desde todas partes.
Igualmente el viento sopla en todo lugar,
61 las nubes ejecutan la orden que Dios les
da de recorrer toda la tierra, y el fuego, enviado de lo alto a consumir montañas y
bosques, hace lo que se le manda. 62 Pero
esos dioses no son comparables a ellos ni
en belleza ni en poder. 63 Por eso no se
puede creer ni decir que son dioses, ya que
no son capaces de salvar, ni de favorecer a
los hombres. 64 Es evidente, pues, que no
son dioses. No les tengan miedo.
65 No pueden ni maldecir ni bendecir a
los reyes; 66 no pueden mostrar a los pueblos señales prodigiosas en el cielo ni brillar como el sol ni alumbrar como la luna.
67 Los animales se valen mejor que ellos,
porque pueden protegerse a sí mismos, poniéndose a cubierto. 68 Así que por ningún
lado aparece que sean dioses. Por eso, no
les tengan miedo.
69 Como un espantapájaros en un campo
de melones, que no protege nada, así son
sus dioses de madera, recubiertos de oro y
plata. 70 Como el espino de un huerto, en el
que se posan toda clase de pájaros, o como
un cadáver tirado en la oscuridad, así son
sus dioses de madera, recubiertos de oro y
plata. 71 Por el lino y el terciopelo, que se
les pudre encima, conocerán que no son
dioses. Ellos mismos serán finalmente car-
comidos y serán la burla del país. 72 Lo que
de veras vale es el hombre recto, que nada
tiene que ver con los ídolos; él no quedará
confundido.

EZEQUIEL

INTRODUCCION

Místico y razonador, utópico y realista, poeta y jurista, sacerdote y profeta son algunas de las características de la personalidad compleja y llena de contrastes de Ezequiel hijo de Buzi, autor del libro que lleva su nombre. Por lo enigmático de sus escritos y el simbolismo de los mismos, es considerado el profeta más misterioso del Antiguo Testamento, pero al mismo tiempo uno de los más influyentes en el nacimiento del judaísmo.

Ezequiel pertenecía a una familia sacerdotal de Jerusalén. No conocemos el año de su nacimiento ni el de su muerte, pero se supone, a partir de los acontecimientos históricos que nos cuenta en su libro, que nació en la segunda mitad del siglo VII a. C. El libro de Jeremías, que cita a numerosas personalidades contemporáneas –profetas, sacerdotes, funcionarios...– no menciona para nada el nombre de Ezequiel. Sacerdote de Jerusalén, aparece en escena a partir del momento en que recibe su vocación profética. Le tocó vivir la época más trágica y más dura de la historia de Israel: el exilio.

1. Contexto histórico

A partir del año 605 a. C., al vencer a los egipcios en la batalla de Carquemis, los babilonios se convierten en los nuevos señores y dominadores de todo el Oriente Medio. Su rey era Nabucodonosor (605-562 a. C.). En Judá, después de los tiempos gloriosos de la reforma de Josías y del entusiasmo por el código deuteronómico (probablemente Dt 12-26) encontrado en el templo de Jerusalén y que presidió dicha reforma, las costumbres se relajan y el pueblo comienza a perder la fe. El rey Joaquín, que había subido al trono el año 609 a. C., es obligado a pagar impuestos por Nabucodonosor en la campaña del año 604 a. C. Pero después de tres años de fidelidad a Babilonia, Joaquín se niega a pagar dicho tributo y Nabucodonosor se dirige contra él valiéndose en un primer momento de los pequeños pueblos limítrofes, enemigos tradicionales de Judá (véase 2 Re 24 2). Mientras tanto muere Joaquín, probablemente asesinado por sus adversarios políticos, y sube al trono Jeconías que sigue negándose a pagar a Babilonia el impuesto debido. Entonces, el propio Nabucodonosor se dirige contra Jerusalén, la cerca y conquista en el año 597 a. C. Es el momento de la primera deportación: el rey, los notables de la ciudad, los trabajadores especializados, y también el mismo Ezequiel, son llevados cautivos a Babilonia. Nabucodonosor coloca en el trono a Sedecías, tercer hijo de Josías.

Los primeros años de Sedecías, desde el 597 al 594/3 a. C., transcurren en calma y en plena obediencia al poder babilonio. Pero en el año 588 a. C. el rey se niega a pagar el impuesto a Nabucodonosor. Este le declara la guerra inmediatamente y pone sitio a Jerusalén el cinco de Enero del 587 a. C. Después de un año y medio de resistencia, la capital se rinde el diecinueve de Julio del 586 a. C. Sedecías y los jefes militares huyen, pero son capturados cerca de Jericó y conducidos a Nabucodonosor, que manda ejecutar a los hijos de Sedecías y a éste le saca los ojos y lo destierra a Babilonia (2 Re 25 1-7). Un mes más tarde tiene lugar el incendio del templo, del palacio real y de las casas; las murallas son derribadas y se produce la segunda y más famosa deportación. Esto sucede en el año 586 a. C. Para la región devastada se nombra un gobernador llamado Godolías.

El profeta y quienes lo escuchaban en Babilonia, habían permanecido contemplando desde lejos los dolorosos sucesos ocurridos a su patria. Ahora, a través de los nuevos deportados que llegan a Babilonia, reciben noticias frescas de lo sucedido. Estaban más interesados, sin duda, por la situación de aquella su tierra lejana, que por las cosas que les sucedían en su vida cotidiana de desterrados. Desde el destierro, Ezequiel dirige su mensaje a los hombres de su pueblo que se encuentran en Jerusalén y en toda la tierra santa y, al mismo tiempo, ejerce su ministerio entre los deportados con los que convive (Ez 1 2.3; 11 24.25).

Gran parte de sus intereses y preocupaciones, de las características de su personalidad y de su mensaje se explican por la pertenencia de Ezequiel a una familia sacerdotal, partícipe sin duda del movimiento teológico-literario conocido como escuela o tradición sacerdotal. De ahí que muchas veces se sirva de la casuística para sus preceptos y enseñanzas morales y religiosas, y que su mayor preocupación sea el culto y el templo. El influjo de Ezequiel sobre los deportados y sobre aquellos que retornarían del exilio fue decisivo y determinante: a los primeros infundió ánimo y esperanza; a los segundos les aseguró la fundación no de un nuevo estado político, sino de un nuevo reino, cuyo fundamento estaría en el templo de la Jerusalén celeste.

2. *Actividad literaria del profeta*

Aunque la redacción actual del libro no sea del profeta, la sustancia de la obra sí es considerada hoy como propia de Ezequiel. Incluso es probable que Ezequiel mismo dejara por escrito un importante núcleo de su predicación: sus experiencias místicas, sus acciones simbólicas, sus oráculos. Pero lo primero fue la transmisión oral de sus experiencias y enseñanzas. Su actividad profética fue ante todo oral, destinada a la proclamación, conservada en la memoria de los oyentes, transmitida por los discípulos del profeta y, por tanto, con muchas adiciones a menudo poco felices. Fueron, pues, redactores posteriores quienes agruparon y estructuraron todo el material transmitido, sirviéndose de criterios bastante personales, tanto literarios como de contenido.

En la redacción actual del libro pueden destacarse los siguientes elementos:

– Una serie de *fórmulas* características de la literatura profética que Ezequiel repite sistemáticamente a veces con algún retoque: *Recibí esta palabra del Señor; esto dice el Señor; entona un canto fúnebre o lamentación; reconocerán que yo soy el Señor; yo, el Señor he hablado.*

– Una amplia gama de *géneros literarios* entre los que sobresalen los oráculos de acusación y de condena (Ez 5 5-11 13; 13; 21-22; 31 1-18), los discursos jurídicos (Ez 3 17-21; 14 1-11; 18; 33 10-20; 22 1-16), disputas y controversias (Ez 11 3; 12 27; 20 32; 25 3; 26 2; 28 2; 29 39; 33 10; 36 2.13; 37), lamentaciones o elegías (Ez 19; 26 17-18; 27; 28 11-19; 32 2-16), secciones legislativas (Ez 43 18-27; 44 17-51; 45 18-46 12), descripciones geográficas (Ez 45 1-8; 47 15-20; 48), y el llamado sermón penitencial (Ez 20).

– Finalmente *las acciones simbólicas y visiones* que constituyen el núcleo principal del material narrativo de Ezequiel. Palabras y acciones simbólicas van habitualmente unidas en Ezequiel. Las visiones ocurren en los momentos clave de su actividad. Las principales son cuatro (Ez 1 1-3 15; 8-11; 37 1-14 y 40-48) y sirven para marcar las distintas etapas de su predicación.

La estructura del libro es, a grandes rasgos, clara y responde a las distintas etapas de la actividad de Ezequiel:

I. VOCACION Y MISION DEL PROFETA (Ez 1 1-3 27)
II. ORACULOS DE CONDENACION CONTRA JERUSALEN (Ez 4 1-24 27)
III. ORACULOS CONTRA LAS NACIONES (Ez 25 1-32 32)
IV. MENSAJE DE ESPERANZA (Ez 33 1-39 29)
V. VISION SOBRE EL TEMPLO Y LA TIERRA SANTA (Ez 40 1-48 35).

3. *Teología*

El tema central en torno al cual gira toda la predicación de Ezequiel es el de la "santidad de Dios". Alrededor de él se mueven realidades aparentemente distantes, como son la transcendencia y la inmanencia, la solidaridad y la responsabilidad individual en la culpa y el pecado. Dios, inalcanzable en sí mismo, está presente en el mundo a través de su gloria, descrita como realidad luminosa, que se hace presente sobre todo cuando el hombre con arrepentimiento acepta la liberación ofrecida por Dios y no la que vanamente ofrecen los ídolos.

La santidad de Dios es ofendida por el pecado que es de dos tipos: profanación de las criaturas tal como sucede en el culto idolátrico, y profanación del verdadero culto en el templo. El interés de Ezequiel por el culto es manifiesto. El nuevo Israel con el que sueña una comunidad cultual y teocrática, bajo el cetro del sumo sacerdote y reunida en torno al templo. No hay duda de que el profeta recibe sus ideas más importantes de la tradición sacerdotal.

La historia del pueblo es como una sucesión de infidelidades. La infidelidad del pueblo, en efecto, no se inicia en Canaán, como afirman Oseas y Jeremías, sino en Egipto, donde los israelitas dieron culto a otros dioses, y en el desierto donde se profanó el sábado y se rechazó la ley del Señor. Esta total depravación se expresa en dos capítulos paralelos, Ez 16 y Ez 23, en los que, alegóricamente, a través de la imagen de dos muchachas, se describe la infidelidad de Samaría y la más grave de Judá. El pueblo, esposa infiel, no sólo se ha prostituido adorando a otros dioses, sino que ha llegado al colmo, pagando incluso a sus dioses amantes.

Aquí introduce Ezequiel el tema de la retribución individual: cada uno recibirá según su conducta (Ez 18 20-24). Sin renunciar al principio de la solidaridad, admite que las acciones del individuo particular son sobre todo las que cuentan para bien o para mal. La monarquía, por ejemplo, es particularmente responsable de la catástrofe nacional que supuso el exilio, y por eso ha de ser transformada profundamente. De ahí que el nuevo rey no deberá preocuparse tanto de política y conquistas militares, sino más bien del culto, de la santidad y la pureza. Será, como el Señor, el buen pastor. Por eso el término utilizado por Ezequiel para designar al rey no es "melek" (=rey), sino "nasi", nombre premonárquico con el que se designa al príncipe (Ez 21 17; 22 6; 26 16; 27 21; 45 46.48). Este futuro rey mesiánico descenderá de la línea davídica, pero será muy distinto a sus antecesores (Ez 17 1-24). Como un pastor, reconstruirá la unidad del pueblo, hasta que exista un solo rebaño y un solo pastor (Ez 34; véase Jn 10).

EZEQUIEL

I. VOCACION Y MISION DEL PROFETA Δ

Introducción

1 1 El año treinta, el día cinco del cuarto
mes, estando yo entre los deportados
junto al río Quebar, se abrieron los cielos y
tuve una visión divina. 2 Era el año quinto
de la deportación del rey Joaquín. 3 Ezequiel, hijo del sacerdote Buzí, recibió la
palabra del Señor en el país de los caldeos,
junto al río Quebar. Y allí lo invadió la fuerza del Señor.

Visión inaugural de la gloria del Señor

Ez 10; Ap 4; Is 6 2; Ex 19 18; 24 16

4 Vi un viento huracanado que venía del
norte, una gran nube rodeada de resplando-
res, un fuego resplandeciente, y en el centro del fuego, algo así como el fulgor de un
relámpago. 5 En medio del fuego vi la
figura de cuatro seres, cuyo aspecto era
éste: 6 parecían hombres, pero cada uno
tenía cuatro caras y cuatro alas; 7 sus piernas eran rectas y la planta de sus pies era
como la de un buey; brillaban como bronce pulido; 8 debajo de las alas, en los cuatro costados, tenían manos humanas; el aspecto de los cuatro era el mismo, 9 y las
alas, de iguales dimensiones, se empareja-
ban unas con otras; al andar no daban la
espalda, sino que todos ellos caminaban de
frente. 10 La cabeza de los cuatro era igual:
por delante tenía aspecto humano, por la
derecha de león, por la izquierda de toro y
por detrás de águila. 11 Sus alas estaban
extendidas hacia lo alto: dos se tocaban
entre sí y las otras dos cubrían sus cuerpos.
12 Los cuatro caminaban de frente: iban
adonde el espíritu los dirigía, sin dar la espalda al andar. 13 En medio de ellos había
como carbones encendidos; parecían antorchas que se movían entre ellos. El fuego
resplandecía y desprendía fulgores. 14 Los
seres se movían con la rapidez del rayo.

15 Y he aquí que vi en el suelo una rueda al lado de cada uno de los cuatro seres.
16 Las ruedas brillaban como el topacio;
las cuatro tenían la misma forma y su estructura era como si una estuviera encajada
dentro de la otra. 17 Podían rodar en las
cuatro direcciones sin necesidad de girar.
18 Su circunferencia era muy grande, y las
llantas de las cuatro estaban llenas de ojos
por todas partes. 19 Cuando los seres se
movían, también se movían las ruedas, y
cuando se elevaban del suelo, se elevaban
también las ruedas; 20 se dirigían hacia

Δ 1 1-3 27: Una teofanía (es decir, una manifestación divina) y un relato de vocación inician el libro de Ezequiel. La gran visión de la gloria de Dios (Ez 1 1.4-12.22-28) prepara la narración de la vocación y misión del profeta (Ez 2 1-3 21). Misión cargada de dificultades por el mensaje que debe transmitir (véase Ez 2 10) y por la actitud negativa de los destinatarios (véase Ez 2 3-7; 3 7). A pesar de todo, la esperanza domina el relato: la proclamación de la palabra salvífica de Dios es inexcusable (véase Ez 3 21).

• **1 1-3**: Breve nota biográfica sobre el protagonista del libro. Ezequiel, formado dentro de los círculos sacerdotales, aparece como un profeta en medio de los israelitas *deportados a Babilonia. El paso de la primera a la tercera* persona (compárese Ez 1 1-2 con Ez 1 3) pone de relieve el carácter redaccional de la perícopa.

• **1 4-28**: Ezequiel vislumbra la llegada a Babilonia de la gloria de Dios en *un viento huracanado que venía del norte*. En una perspectiva universalista, el profeta destaca cómo la gloria de Dios se extiende a toda la tierra sin quedar limitada al templo de Jerusalén (véase Is 6 1-3). Los elementos visuales (Ez 1 4) dominan esta escena que sirve para presentar la manifestación de Dios o teofanía (véase Ex 19; Jue 5 4; Sal 68 8).

En medio del relámpago, cuatro seres misteriosos con alas (Ez 1 5-14) sostienen una especie de plataforma semejante a una carroza (Ez 1 15-21), donde tiene lugar la teofanía. La gloria de un ser divino de apariencia humana ocupa el trono (Ez 1 26-28; véase Ex 24 10; 1 Re 22 19). Ezequiel probablemente se sirvió de imágenes muy antiguas (2 Sm 22; Sal 18), inspirándose además en la visión de los seres de fuego de Isaías (Is 6) y en las figuras con alas y con dos o tres caras de los templos babilónicos y asirios, para construir a su Dios el mejor *trono* posible. Tales imágenes serán retomadas por el autor del Apocalipsis (Ap 4). Los cuatro seres con sus cuatro caras sugieren que la totalidad del mundo, representada por los cuatro puntos cardinales, está sometida a la gloria de Dios.

donde el espíritu las impulsaba, y también se elevaban movidas por el espíritu de los seres que estaban en ellas. 21 Cuando avanzaban ellos, también avanzaban las ruedas; cuando ellos se detenían, se detenían también ellas; y cuando ellos se elevaban del suelo, se elevaban las ruedas, porque el espíritu de los seres estaba en ellas.

22 Sobre las cabezas de los seres había una especie de plataforma, reluciente como cristal, extendida por encima de sus cabezas, 23 y debajo de la plataforma estaban extendidas sus alas emparejadas; cada uno tenía otras dos que cubrían su cuerpo. 24 Oí el ruido de sus alas; era como el de las aguas caudalosas, como la voz del Poderoso, como el enorme estruendo de un ejército. Y cuando se detenían, replegaban sus alas. 25 En la plataforma que había sobre sus cabezas se produjo un gran ruido.

26 Encima de la plataforma apareció una especie de zafiro en forma de trono, y sobre esta especie de trono apareció una figura de aspecto humano. 27 Desde lo que parecían sus caderas para arriba era semejante a un metal brillante, y desde sus caderas para abajo tenía aspecto de fuego. 28 El resplandor que rodeaba esta figura era semejante al arco iris que aparece en las nubes en un día de lluvia. Era la apariencia visible de la gloria del Señor. Cuando la vi, caí rostro en tierra, y oí una voz que me hablaba.

Vocación del profeta

Dn 10 11; Ez 12 2; Jr 1 8.17; Ap 5 1; 10 2.8-11; Mt 12 38-42; 11 21-24; Lc 2 13-14

2 1 La voz me dijo:

–Hijo de hombre, levántate, que voy a hablarte.

2 El espíritu entró en mí, me hizo poner de pie y oí al que me hablaba. 3 Me dijo:

–Hijo de hombre, yo te envío a los israelitas, a ese pueblo rebelde, que se ha rebelado contra mí lo mismo que sus antepasados hasta el día de hoy. 4 Te envío a esos hijos que tienen el corazón duro como una piedra. 5 Les hablarás de mi parte, te escuchen o no, pues son un pueblo rebelde, y sabrán que en medio de ellos hay un profeta. 6 Y tú, hijo de hombre, no los temas ni tengas miedo de sus palabras. No temas, aunque te encuentres entre espinos y matorrales, y te sientes sobre alacranes. No temas sus palabras, ni te asustes ante ellos, porque son un pueblo rebelde. 7 Les comunicarás mis palabras, escuchen o no, porque son un pueblo rebelde. 8 Pero tú, hijo de hombre, escucha lo que te digo; no seas rebelde como este pueblo: abre la boca y come lo que te doy.

9 Entonces vi una mano extendida hacia mí con un libro enrollado. 10 Lo desenrolló ante mí; estaba escrito por ambos lados, y contenía lamentaciones, gemidos y amenazas.

3 1 Y me dijo:

–Hijo de hombre, come este libro y ve luego a hablar al pueblo de Israel.

2 Yo abrí la boca, y él me hizo comer el libro, 3 diciéndome:

–Hijo de hombre, alimenta tu vientre y llena tus entrañas con este libro que yo te doy.

Yo lo comí y su sabor era dulce como la miel. 4 Entonces me dijo:

–Hijo de hombre, ve al pueblo de Israel y comunícale mis palabras. 5 Porque no te envío a una nación que habla un idioma complicado y difícil, sino al pueblo de Israel. 6 No te envío a grandes naciones que hablan un idioma complicado y difícil, cu-

• **2 1-3 15**: *Como Isaías* (Is 6) y Jeremías (Jr 1), Ezequiel es llamado a una misión muy importante. En su condición ínfima de *hijo de hombre* es enviado a los israelitas deportados en Babilonia, que han pecado contra Dios y tienen el corazón endurecido (Ez 2 3-5).

La expresión *hijo de hombre* es característica del libro de Ezequiel que la emplea unas cien veces siempre referida al protagonista del libro. En contraste con la majestad, la gloria y el poder de Dios, tan fuertemente subrayados en este libro, evoca la fragilidad del hombre mortal. No reviste, pues, en Ezequiel el alcance mesiánico que una expresión parecida tiene en Dn 7 13 y que alcanza su punto culminante en el Nuevo Testamento como título especial que Jesús de Nazaret se aplica con predilección a sí mismo.

Desde la gloria de Dios se le presenta al profeta el libro, el rollo de la Palabra de Dios, que debe asimilar para poder anunciarla. A pesar de que sea poco agradable proclamar un mensaje tan duro (Ez 2 10), para el profeta es *dulce como la miel*. De nuevo la gloria de Dios (Ez 3 12-15) *lo invade y lo transporta* como si fuera la misma fuerza del Señor actuando sobre él. Combinando una visión sobrenatural y una comunicación divina, se expresa la entrada de Dios en la vida cotidiana de Ezequiel en medio de los exiliados. Es el vidente poseído por el espíritu, el profeta que hablará en nombre del Señor.

yas palabras no entenderías. Si te enviara a
ellos, te escucharían. 7 Pero el pueblo de
Israel no querrá escucharte a ti, porque no
quiere escucharme a mí; pues todo el pueblo de Israel es terco y tiene el corazón endurecido. 8 Pero yo te haré tan duro como
ellos y tu frente será tan dura como la suya; 9 haré tu frente tan dura como el diamante, más dura que la roca. No les tengas
miedo ni te asustes de ellos, aunque sean
un pueblo rebelde.

10 Y me dijo:

–Hijo de hombre, escucha atentamente
y recuerda todas las palabras que yo te diga;
11 dirígete luego donde están los deportados, la gente de tu pueblo, y háblales de mi
parte, te escuchen o no.

12 Entonces el espíritu me arrebató y oí
detrás de mí el ruido de un gran terremoto,
al levantarse de su sitio la gloria del Señor.
13 Era el ruido de las alas de aquellos seres
al juntarse una con otra, el ruido de las ruedas y el ruido de un gran terremoto. 14 El
espíritu me elevó y me arrebató; yo iba lleno de amargura con el espíritu turbado
mientras me invadía intensamente la fuerza del Señor. 15 Llegué a Tel Abib, donde
estaban los deportados que vivían a orillas
del río Quebar, y permanecí siete días aturdido entre ellos.

Centinela de Israel

Is 21 6.8.11-12; Ez 33 1-9.12-13; 18 24; Jr 6 17

16 Al cumplirse los siete días, el Señor
me dirigió esta palabra:

17 –Hijo de hombre, yo te he constituido
centinela de Israel. Cuando oigas una palabra de mi boca, los amonestarás de parte
mía. 18 Porque si yo digo al malvado que
una amenaza de muerte pesa sobre él, y tú
no lo amonestas ni le adviertes que debe
abandonar su perversa conducta si quiere
conservar la vida, él morirá por su maldad,
pero yo te pediré cuentas a ti de su vida.
19 Ahora bien, si amonestas al malvado, y
él no se convierte de su maldad ni de su
conducta perversa, morirá por su culpa,
pero tú te habrás salvado.

20 Si un hombre recto se desvía de su
rectitud y hace el mal, yo le pondré una
trampa y caerá. Como tú no lo has amo-
nestado, él morirá por su pecado, y no
serán tenidas en cuenta las obras buenas
que había hecho, pero yo te pediré cuentas
a ti de su vida. 21 Sin embargo, si tú amonestas al hombre recto para que no peque,
y no peca, él vivirá porque fue amonesta-
do, y tú te habrás salvado.

Un profeta que no puede hablar

Ez 1 28; 2 2; 24 27; 29 21; 33 22

22 El Señor me invadió con su fuerza y
me dijo:

–Levántate, sal al valle y allí te hablaré.

23 Me levanté y fui al valle; la gloria del
Señor, que había contemplado junto al río
Quebar estaba allí, y caí rostro en tierra.
24 El espíritu entró en mí, me hizo poner
en pie y me dijo:

–Ve y enciérrate en tu casa. 25 A ti, hijo
de hombre, te pondrán cuerdas; te atarán
de tal manera que no podrás soltarte. 26 Yo
haré que la lengua se te pegue al paladar;
quedarás mudo y no podrás reprenderlos,
porque son un pueblo rebelde. 27 Pero cuando yo te hable, abriré tu boca y les hablarás de mi parte. El que quiera escuchar que
escuche, y el que no quiera que no escuche, porque son un pueblo rebelde.

• **3 16-21**: La imagen del centinela, encargado de vigilar *el pulso religioso* y moral de Israel, es frecuente en la literatura profética (véase Ez 33 1-9; Jr 6 17; Is 21 6-12). El profeta ha sido encargado de dirigir a cada individuo las advertencias y reprensiones que el Señor le ha manifestado. Es la gran responsabilidad que comporta la misión de aquel que ha sido llamado por Dios.

• **3 22-27**: El profeta experimenta en su carne la dolorosa misión que le ha sido encomendada. El silencio y la inmovilidad se convierten en acciones simbólicas que representan la ruptura en la comunicación de Dios con su pueblo. El ministerio profético, iniciado desde este momento, se configura a partir de los signos y las palabras que se irán entrecruzando.

II. ORACULOS DE CONDENACION CONTRA JERUSALEN Δ

La suerte del pueblo elegido

Hch 10 14; Ex 22 30; Ez 12 18-19; Lv 26 39

4 1 Hijo de hombre, toma un ladrillo, colócalo ante ti y graba en él la ciudad de
Jerusalén. 2 Dibújala como si estuviera
sitiada, levanta torres de asalto contra ella,
haz trincheras, instala campamentos, pon
máquinas de guerra a todo su alrededor.
3 Toma una plancha de hierro y colócala
como muro entre ti y la ciudad; obsérvala
con atención: va a ser sitiada, tú la sitiarás.
Es una señal para el pueblo de Israel.

4 Acuéstate del lado izquierdo y yo pondré sobre ti los pecados de Israel. Durante
el tiempo que estés acostado de este lado
cargarás con sus pecados. 5 Yo haré corresponder los años de sus pecados a un número igual de días: trescientos noventa días
cargarás con los pecados de Israel. 6 Al
cumplirse esos días, te acostarás del lado
derecho y cargarás con los pecados de Judá
durante cuarenta días: un día por cada año.
7 Dirigirás tu mirada al sitio de Jerusalén,
extenderás hacia ella tu brazo desnudo y
profetizarás contra ella. 8 Yo te ataré con
cuerdas y no podrás darte vuelta de un
lado al otro, hasta que la ciudad deje de estar sitiada.

9 Toma trigo, cebada, habas, lentejas,
avena y maíz; échalo todo en un recipiente
y prepara con ello tu alimento para los trescientos noventa días que estés acostado.
10 Cada día comerás a la misma hora una
cantidad fija: doscientos cincuenta gramos;
11 tendrás también el agua racionada, un litro al día. 12 Comerás una torta de cebada,
que cocerás a la vista de todos, sobre excrementos humanos.

13 Y dijo el Señor:

–Los israelitas comerán un pan inmundo en medio de las naciones por donde los
voy a dispersar.

14 Yo dije:

–¡Ah, Señor, yo no me he manchado jamás, no he comido nunca, desde mi infancia hasta ahora, animales muertos ni des-
pedazados, ni jamás entró en mi boca carne impura.

15 Y me respondió:

–En lugar de excrementos humanos te
permito usar excrementos de vaca para que
hagas tu pan sobre ellos.

16 Y añadió:

–Hijo de hombre, voy a quitar a Jerusalén los víveres: comerán el pan racionado y
con angustia, y beberán el agua medida y
con miedo. 17 Cuando les falte el pan y el
agua caerán desfallecidos, unos junto a
otros, y se pudrirán a causa de sus pecados.

5 1 Hijo de hombre, toma una espada afilada, úsala como navaja de afeitar y

Δ 4 1-24 27: Estos capítulos recogen fundamentalmente la predicación de Ezequiel durante la primera etapa de su ministerio. Esta primera etapa se sitúa entre la primera y la segunda deportación (593-587 a. C.). Ezequiel se encuentra en el grupo de los primeros deportados, y desde Babilonia se dirige a los que aún quedan en Judá, para reprocharles sus pecados, anunciar la completa destrucción de Jerusalén y la deportación definitiva del pueblo. Estos dos temas constituyen el estribillo y el mensaje central de sus acciones simbólicas, sus oráculos y sus visiones a lo largo de toda esta segunda parte.

• 4 1-5 4a: El profeta realiza varias acciones simbólicas por mandato de Dios para mostrar la suerte que le espera al pueblo elegido.

La primera (Ez 4 1-3) representa el sitio de Jerusalén. El objeto del que se sirve es un ladrillo o adobe utilizado en la construcción, sobre el que Ezequiel dibuja una ciudad. La plancha de hierro que aparece a continuación simboliza la dureza y la separación adversa.

La segunda acción (Ez 4 4-8) simboliza la culpa y la maldad del pueblo pesando sobre el profeta. El tiempo en años que dura la culpa o el castigo tiene, seguramente, una gran significación histórica para los exiliados, pues les recuerda su primer éxodo.

La tercera acción (Ez 4 9-17) gira en torno al alimento racionado. Su transfondo es la miseria sufrida por el pueblo durante el sitio al que fue sometida Jerusalén por los babilonios. La comida del profeta se vuelve impura por mezclar diferentes clases de grano (véase Lv 19 19) y por estar en contacto con los excrementos sobre los que se cocina. También el contacto de Israel con las naciones vecinas de Babilonia y Asiria, impuras por sus prácticas idolátricas (véase Ez 36 18b), produce un permanente estado de impureza en el pueblo de Dios.

En la cuarta acción (Ez 5 1-4a) la imagen del rapado (véase Is 7 20) y su sentido penitencial (véase 2 Sm 10 4s; Jr 41 5; 48 37; Is 15 2) introducen el tema del resto de Israel (véase Is 1 9; 4 3). La esperanza no ha muerto, pero el panorama será ciertamente desolador entre los habitantes de Jerusalén: unos perecerán en la ciudad a causa del fuego, otros morirán a espada junto a las murallas, y otros serán esparcidos al viento en la huida o en el exilio forzado. Pero algunos, un resto, serán preservados, aunque incluso unos pocos de estos perecerán, más tarde, en medio del fuego.

pásala por tu cabeza y tu barba; toma una
balanza de peso exacto y divide en tres partes el pelo cortado. 2 Cuando termine el
asedio, quemarás al fuego una tercera parte en medio de la ciudad, otra tercera parte
la cortarás con la espada alrededor de la
ciudad, y la otra la esparcirás al viento; yo
desenvainaré la espada contra ellos. 3 De
estos pelos, tomarás unos cuantos y los atarás al borde de tu manto; 4 y de estos mismos tomarás unos pocos, los echarás al
fuego y los quemarás.

Anuncio de castigos

Jr 1 16; Dt 28 53; Lv 26 32-33;
Ez 4 16; 7 4; 8 18; 9 10; 24 14

Dirás al pueblo de Israel: 5 Así dice el
Señor: Todo esto se refiere a la ciudad de Jerusalén. Yo la puse en medio de las naciones
con los países que la rodean. 6 Pero ella se
ha rebelado contra mis leyes con más perversidad que las naciones paganas, y contra
mis decretos más tercamente que los países
que la rodean. Han despreciado mis leyes
y no han observado mis mandamientos.

7 Por eso, así dice el Señor: Ustedes son
más rebeldes que las naciones paganas que
los rodean, no han observado mis mandamientos ni cumplido mis órdenes, sino que
han imitado las costumbres de las naciones
paganas que los rodean. 8 Por eso, así dice
el Señor: También yo me pongo en tu contra y te voy a castigar ante todas las naciones paganas. 9 Por tus prácticas idolátricas
haré contigo lo que jamás he hecho ni volveré a hacer: 10 los padres se comerán a sus
hijos, y los hijos a sus padres. Ejecutaré mi
sentencia contra ti y esparciré a todos los
vientos lo que quede de ti.

11 Por mi vida, oráculo del Señor, juro
que por haber profanado mi santuario con
tus abominaciones, también yo te rechazaré sin misericordia y sin piedad. 12 Una tercera parte de los tuyos morirá de peste y se
consumirá de hambre, otra tercera parte
caerá a cuchillo en tus alrededores, y a la
otra la esparciré yo a todos los vientos y desenvainaré la espada detrás de ellos. 13 Desahogaré mi enojo, saciaré en ellos mi indignación y, cuando desahogue contra ellos
mi enojo, reconocerán que yo, el Señor,
hablaba con pasión.

14 Te convertiré en un desierto; serás objeto de burla para las naciones paganas que
te rodean, a los ojos de todos los que pasen.
15 Serás objeto de insultos y motivo de burla; lección y horror para las naciones paganas que te rodean, cuando yo ejecute en ti
mi sentencia con indignación y furor, y con
terribles castigos. Yo, el Señor, he hablado.

16 Lanzaré contra ustedes las flechas
malignas del hambre, que serán perniciosas, porque las lanzaré para destruirlos, y
aumentaré el hambre entre ustedes. Les quitaré las reservas de pan; 17 mandaré contra
ustedes hambre y bestias salvajes que los
dejarán sin hijos; la peste y el derramamiento de sangre pasarán sobre ti, y enviaré contra ti la espada. Yo, el Señor, he hablado.

Contra las montañas de Israel

Lv 26 30-31; Jr 8 1-2; Miq 1 7; Lv 26 40-41; Dt 30 1-2

6 1 Recibí esta palabra del Señor:
2 –Hijo de hombre, dirige tu mirada

• **5 4b-17**: Comienzan aquí propiamente los oráculos de condenación. En éste primero se da una interpretación de las anteriores acciones simbólicas mediante el uso del *rib o pleito profético* que tiene la forma de una controversia jurídica, con acusación (Ez 5 5-7.11) y condena (Ez 5 8-17).

Ezequiel reprocha al pueblo sus pecados de idolatría, utilizando una palabra que se repite frecuentemente en sus escritos: abominación. Este término condensa todo tipo de ofensa a lo sagrado, sobre todo lo que se refiere a las obligaciones, objetos y lugares relacionados con el culto (véase Dt 7 25s; 13 15; 17 4). La condena se hace efectiva en el cerco, ocupación forzosa y destrucción de la ciudad, que tiene como consecuencia la muerte, dispersión o exilio de los habitantes. Conocemos este hecho por 2 Re 25; 2 Cr 36; Jr 52. Del cerco y la destrucción de Jerusalén hablará también Ez 24 1s y 33 21. Otras consecuencias de este juicio serán: hambre *–los padres comerán a sus hijos–* (2 Re 6 29; Jr 19 9; Lv 26 29; Lam 2 20; 4 10), peste, espada, devastación, burla; será un juicio condenatorio contra el pueblo elegido (véase Jr 14 21; 21 7.9; Ez 6 11s; 7 15; 12 16; 14 21; 33 27).

• **6 1-14**: De nuevo un oráculo de condena por el pecado de idolatría. Israel se ha dejado atraer por los dioses cananeos y sus ritos de fecundidad; adoración y culto que pervive como un tumor en el corazón de su religiosidad. El castigo divino caerá, no sólo sobre Jerusalén, sino también sobre las montañas y colinas de Palestina y sobre todos los habitantes del país (véase Ez 6 14; Am 6 14). Ezequiel anuncia la profanación y destrucción de los lugares idolátricos (Ez 6 3b-7), porque esta mezcla de cultos es intolerable para el único Dios y ha sido la causa del castigo del pueblo (Ez 6 8s). Las tres calamidades clásicas con que el Señor castiga al pueblo infiel: la espada, el hambre y la peste (Ez 6 11b-12), se refieren a la guerra y a las consecuencias del cerco enemigo: el hambre y la enfermedad (Ez 7 15).

hacia las montañas de Israel y profetiza
contra ellas. 3 Dirás: Montañas de Israel,
escuchen la palabra del Señor. Así dice él a
las montañas y a los cerros, a las quebradas y a los valles: Yo haré venir contra
ustedes la espada y destruiré los lugares
donde dan culto a los ídolos; 4 arrasaré sus
altares, haré pedazos sus imágenes sagradas,
arrojaré sus muertos delante de sus ídolos;
5 pondré los cadáveres de los israelitas delante de sus ídolos y esparciré sus huesos
alrededor de sus altares. 6 Todas sus ciudades serán destruidas, y devastados sus lugares de culto; serán destruidos sus altares,
destrozados sus ídolos, hechos pedazos sus
imágenes sagradas y aniquiladas sus obras.
7 Los muertos yacerán en medio de ustedes, y reconocerán que yo soy el Señor.
8 Sin embargo, cuando los que hayan
escapado a la espada estén entre las naciones paganas, cuando estén dispersos por la
tierra, yo les dejaré un resto. 9 Los sobrevivientes se acordarán de mí en medio de las
naciones paganas adonde sean llevados
cautivos, cuando yo desgarre su corazón
adúltero que se apartó de mí, y sus ojos
adúlteros que se fueron detrás de sus ídolos.
Tendrán asco de sí mismos por las maldades y abominaciones que cometieron. 10 Y
sabrán que yo, el Señor, no los amenacé en
vano.
11 Esto dice el Señor: Golpea con las
manos y los pies, y grita: ¡Bravo por las
grandes abominaciones de Israel! Perecerá
por la espada, el hambre y la peste. 12 El
que esté lejos morirá de peste, el que esté
cerca caerá a espada, el que esté sitiado
morirá de hambre, y yo desahogaré contra
ellos mi enojo. 13 Y reconocerán que yo
soy el Señor cuando sus cadáveres estén en
medio de sus ídolos, alrededor de sus altares, en las altas colinas, en la cima de las
montañas, bajo los árboles verdes y las
encinas frondosas, en todos los lugares en
que hayan ofrecido incienso a todos los
ídolos. 14 Extenderé mi mano contra ellos,
dejaré su tierra desierta y desolada desde el
desierto hasta Ribla en todos los poblados
donde habitan, y reconocerán que yo soy
el Señor.

Se acerca la tragedia

Ez 5 11; Ap 8 13; Mt 24 16-18; Am 8 10; Lam 2 9

7 1 Recibí esta palabra del Señor:
2 –Hijo de hombre, anuncia: Esto dice
el Señor a la tierra de Israel: ¡Se acabó! Ya
llega el fin por los cuatro costados del país.
3 Ha llegado tu fin, pues voy a desencadenar mi ira contra ti. Te juzgaré según tu
conducta y te pediré cuentas de todas tus
abominaciones. 4 No te miraré con ojos
compasivos ni tendré piedad de ti, sino que
te juzgaré responsable de tu conducta; no
te librarás de tus abominaciones, y reconocerás que yo soy el Señor.
5 Así dice el Señor: ¡Una gran desgracia
sigue a otra! 6 Ya viene, ya se acerca el fin,
tu fin es inminente. 7 Ha llegado tu hora,
habitante del país, se ha cumplido el tiempo, está cerca el día; en las montañas habrá
pánico en vez de alegría. 8 Dentro de poco
descargaré mi enojo sobre ti, y en ti desahogaré mi furor. Te juzgaré según tu conducta y te pediré cuentas de tus abominaciones. 9 No te miraré con ojos compasivos, ni tendré piedad de ti, sino que te juzgaré responsable de tu conducta; quedarán
patentes tus abominaciones, y reconocerás
que yo soy el Señor, el que hiere.
10 Ya está aquí el día, ya llega, tu suerte
está echada. Florece la opresión, brota el
orgullo. 11 Triunfa la violencia, reina la maldad. Nada quedará de ellos, ni de su riqueza
ni de su esplendor ni de su magnificencia.
12 Ha llegado el tiempo, se acerca el día;
que no se alegre el comprador ni se aflija el
vendedor, porque el enojo caerá sobre toda
riqueza. 13 El vendedor no recuperará lo
vendido, aunque quede vivo, porque la predicción sobre la riqueza no será revocada, y
nadie podrá salvarse a causa de su pecado.
14 Toquen la trompeta y tengan todo
preparado, pero que nadie vaya a combatir,
porque mi enojo va a descargarse sobre
toda riqueza. 15 Fuera está la espada; dentro la peste y el hambre; el que esté en el

• **7 1-27**: Ahora la destinataria del oráculo es toda la tierra santa: *ya llega el fin, el día del Señor, por los cuatro costados del país* (Ez 7 2). Este fin es descrito con imágenes muy violentas (véase Is 9 12; Job 38 13). El pueblo se ha creído autosuficiente en relación con Dios. Ha confiado en su esplendor, en su potencia comercial, económica y militar, en sus riquezas personales y en el templo. Sin embargo, el mensaje profético proclama que está próximo el día del Señor (Ez 7 7.10.12) donde todos sus pecados serán juzgados y castigados por Dios (Ez 7 4.9.27).

campo caerá a espada, el que esté en la ciudad morirá de hambre y de peste. 16 Los fugitivos huirán a las montañas y estarán allí gimiendo como palomas, cada cual por su pecado. 17 Todos los brazos desfallecerán, todas las rodillas se disolverán como agua. 18 Se vestirán de luto, y el terror los cubrirá; todos los rostros quedarán confundidos; todas las cabezas serán rapadas. 19 Tirarán su plata por las calles y su oro les parecerá basura. Cuando llegue el enojo del Señor, el oro y la plata no los salvarán, ni les servirán para saciar su hambre y llenar su vientre, pues el oro y la plata fueron la ocasión de su pecado. 20 Estaban orgullosos del esplendor de sus joyas y con ellas fabricaron las detestables imágenes de sus ídolos; por eso yo los convertiré en basura. 21 Los entregaré como presa a los extranjeros, como botín a los malvados de la tierra, y los profanarán. 22 Me alejaré de ellos, y mi tesoro será profanado; penetrarán en él los saqueadores y lo contaminarán.

23 Preparen cadenas, porque el país está lleno de sangre y la ciudad llena de violencia. 24 Yo haré venir a los pueblos más feroces, para que se apoderen de sus casas; humillaré la soberbia de los poderosos, y sus santuarios serán profanados. 25 Llega la angustia; buscarán paz, pero no habrá paz. 26 Vendrá desgracia sobre desgracia, mala noticia sobre mala noticia. En vano pedirán visiones al profeta; el sacerdote no impartirá enseñanza, ni los ancianos darán consejo. 27 El rey estará de duelo, el príncipe cubierto de tristeza. A la gente del pueblo le temblarán las manos. Yo los trataré según su conducta y los juzgaré según sus obras, y reconocerán que yo soy el Señor.

Culto idolátrico en el templo

Ez 1 26-28; 3 12.22-27; 9 9; 5 11

8 1 El año sexto, el día cinco del sexto mes, cuando yo estaba sentado en mi casa, rodeado de los ancianos de Judá, me invadió la fuerza del Señor.

2 Vi una figura que tenía aspecto humano: desde sus caderas para abajo era de fuego, desde sus caderas para arriba parecía un resplandor, brillante como relámpago. 3 Extendió una especie de mano, me agarró por los cabellos, y el espíritu me elevó entre la tierra y el cielo, y me llevó, en visión divina, a Jerusalén, a la entrada de la puerta interior que mira al norte, allí donde estaba situado el ídolo rival del Señor. 4 La gloria del Señor estaba allí, como en la visión del valle. 5 Y me dijo:

–Hijo de hombre, mira hacia el norte.

Miré hacia el norte, y al norte de la puerta del altar, en la entrada misma, vi el ídolo rival del Señor. 6 Y añadió:

–Hijo de hombre, ¿ves lo que hacen éstos, las grandes abominaciones que el pueblo de Israel comete en este lugar para que me aleje de mi santuario? Pues aún verás abominaciones mayores.

7 Después me llevó a la entrada del atrio, y vi en la pared un boquete. 8 Y me dijo:

–Hijo de hombre, atraviesa el muro.

Yo lo atravesé y me encontré ante una puerta. 9 Y me dijo:

–Entra y contempla las atroces abominaciones que éstos cometen aquí.

10 Entré y vi toda clase de reptiles y de animales repugnantes, todos los ídolos del pueblo de Israel, grabados por toda la pared. 11 Frente a ellos estaban, de pie, setenta ancianos del pueblo de Israel, en medio de los cuales se encontraba Yezonías, hijo de Safán, cada uno con su incensario en la mano, del que subía una nube de incienso. 12 Y me dijo:

–¿Has visto, hijo de hombre, lo que hacen los ancianos de Israel en la oscuridad, incensando cada cual a su imagen y diciendo: «El Señor no nos ve, el Señor ha abandonado el país»?

13 Y me dijo:

–Pues aún verás cometer abominaciones mayores.

14 Me llevó a la entrada del pórtico del

• **8 1-18**: El profeta formula la acusación de idolatría contra el pueblo, presentando cuatro pecados especialmente graves que atentan contra Dios y su templo. El primero consiste en la adoración de un ídolo rival del Señor en su propio santuario (Ez 8 4-6). El segundo tiene que ver con cultos de origen egipcio (Ez 8 7-13) caracterizados por los grabados de reptiles y otros animales (véase Dt 4 17-20). El tercer pecado es cometido por mujeres que lloran a Tamuz (Ez 8 14-15), divinidad mesopotámica de la vegetación. Y el cuarto, finalmente, se refiere a la adoración del sol (Ez 8 16-18; véase 2 Re 23 11). Los veinticinco hombres, probablemente sacerdotes, que participan en este culto solar miran hacia el oriente, en tanto que el culto en honor del Señor debía realizarse hacia occidente, donde se encontraba el templo de Jerusalén.

templo que mira al norte; allí había mujeres sentadas, llorando por el dios Tamuz.
15 Y me dijo:
–¿Has visto, hijo de hombre? Pues aún
verás cometer abominaciones mayores.
16 Me llevó al patio interior del templo
del Señor. Y a la entrada del templo, entre
el atrio y el altar, unos veinticinco hombres,
de espaldas al templo y mirando hacia el
oriente, adoraban al sol. 17 Y me dijo:
–¿Has visto, hijo de hombre? ¿Es que
no le bastan a Judá las abominaciones que
comete aquí? ¿Es que ha de llenar también
de violencia el país y enfurecerme más y
más? Mira cómo me ofenden con sus ritos.
18 ¡Pues, yo también los trataré con furor!
No los miraré con compasión ni tendré piedad de ellos. Me gritarán, pero no los escucharé.

El castigo

Ex 12; Ap 7 2-3; 9 4; Am 7 2.5; Ez 8 12; Sal 10 11

9 1 Después oí que gritaba con fuerte voz:
–¡Que se acerquen los que van a castigar a la ciudad; cada uno con su arma destructora!
2 Y por la calle de la puerta alta que mira al norte llegaron seis hombres, cada cual
con su arma destructora. En medio de ellos
había un hombre vestido de lino, con los
instrumentos de escribano a la cintura. Entraron y se pusieron junto al altar de bronce. 3 La gloria del Dios de Israel se había
levantado encima de los querubines y se
dirigía hacia el umbral del templo. Entonces llamó al hombre vestido de lino que llevaba los instrumentos de escribano a la
cintura, 4 y le dijo:
–Pasa por la ciudad, recorre Jerusalén y
coloca una señal en la frente de los hombres que gimen y lloran por todas las abominaciones que se cometen dentro de ella.
5 Y pude oír lo que dijo a los otros:
–Recorran la ciudad detrás de él, matando sin compasión y sin piedad. 6 Maten
a viejos, jóvenes, doncellas, niños y mujeres, hasta exterminarlos. Pero no se acerquen a los que tengan la señal en la frente.
Empiecen por mi santuario.
Y empezaron por los ancianos que estaban delante del templo. 7 Luego les dijo:
–Contaminen el templo y llenen de cadáveres los atrios.
Y salieron a matar por la ciudad.
8 Mientras ellos estaban matando, yo,
que me había quedado solo, caí rostro en
tierra y grité:
–¡Ah, Señor! ¿Vas a exterminar el resto
de Israel, descargando tu enojo sobre Jerusalén?
9 Me respondió:
–El pecado de Israel y de Judá es muy
grande; el país está cubierto de sangre, y la
ciudad llena de violencia. Han dicho: «El
Señor ha abandonado el país, el Señor no
ve nada». 10 Pues yo tampoco los miraré
con compasión ni tendré piedad, daré a cada uno su merecido.
11 En aquel momento, el hombre vestido de lino que llevaba los instrumentos de
escribano a la cintura dio cuenta de su misión:
–He cumplido lo que me ordenaste.

El Señor se retira de la ciudad en llamas

Ez 1 22.26.28; Ap 4 3; 8 5; Ez 1 5-21; Ex 24 16

10 1 Sobre la plataforma que estaba encima de la cabeza de los querubines vi
una especie de zafiro en forma de trono,
que sobresalía por encima de ellos. 2 Y el
Señor dijo al hombre vestido de lino:
–Métete por entre las ruedas que hay
bajo los querubines, toma unas cuantas

• **9 1-11**: *La visión profética describe* la ejecución de la sentencia divina sobre los israelitas idólatras. La escena recuerda el exterminio realizado por el Señor entre los egipcios la noche que liberó a su pueblo (véase Ex 12). Siete hombres, símbolo de totalidad y perfección, son encargados de las ejecuciones. El templo y la ciudad deben ser profanados mediante los cadáveres, la sangre y la violencia, para que el Señor abandone a su pueblo. La única puerta abierta a la esperanza está representada por el *resto* que ha permanecido fiel a Dios. La marca que ha impreso en su frente el escriba-sacerdote, signo de su fidelidad, los salva del exterminio.

• **10 1-22**: La imagen del carro que transporta la gloria de Dios se encuentra combinada con repetidas alusiones a estos seres misteriosos (Ez 1) denominados *querubines* (Ez 10 9-11). La partida de la gloria de Dios es el mayor castigo que puede sufrir el pueblo israelita, mayor incluso que su exterminio o el incendio de su ciudad santa. El fuego sagrado y devastador adquiere aquí un significado purificador y escatológico; parece la única manera posible de limpiar de abominaciones una ciudad pecadora (véase Am 1-2; Gn 19 12-13.24; Lc 9 51-56). Ha llegado el tiempo de la ira divina, Dios abandona su templo y los impíos extranjeros lo destruirán. El futuro del país parece condenado a la desesperanza (véase la conclusión de este texto en Ez 11 22-25).

brasas ardientes de las que hay entre los querubines y espárcelas por la ciudad.

Y lo vi entrar.

3 Cuando entró el hombre, los querubines estaban al lado derecho del templo, y la nube llenaba el atrio interior. 4 Entonces la gloria del Señor se elevó de sobre los querubines hacia el umbral del templo; el templo se llenó de la nube, y el atrio quedó inundado por el esplendor de la gloria del Señor. 5 El ruido de las alas de los querubines llegaba hasta el atrio exterior; era como la voz del Poderoso cuando habla.

6 Cuando ordenó al hombre vestido de lino que tomara fuego del carro de entre los querubines, él fue y se paró junto a una rueda. 7 El querubín alargó su mano entre los querubines hacia el fuego, que estaba entre los querubines, lo tomó y lo echó en las manos del hombre vestido de lino. El lo tomó y se fue. 8 Entonces apareció debajo de las alas de los querubines una especie de mano de hombre.

9 Vi cuatro ruedas al lado de los querubines, una junto a cada uno. Su aspecto era brillante como topacio. 10 Las cuatro tenían el mismo aspecto: era como si una rueda estuviera encajada en la otra. 11 Al avanzar podían rodar en los cuatro sentidos sin necesidad de girar, pues todas se movían en la dirección de la primera. 12 Todo su cuerpo –espalda, manos y alas– estaba rodeado de ojos, y también las cuatro ruedas. 13 Y oí que a las ruedas se les daba el nombre de «Círculo». 14 Cada querubín tenía cuatro caras: la primera de querubín, la segunda de hombre, la tercera de león y la cuarta de águila. 15 Los querubines se levantaron; eran los mismos seres que yo había visto junto al río Quebar. 16 Cuando avanzaban los querubines, avanzaban las ruedas a su lado y, cuando los querubines extendían sus alas para elevarse de la tierra, las ruedas no se apartaban de su lado. 17 Cuando ellos se detenían, se detenían ellas, y cuando ellos se elevaban, se elevaban ellas, pues el espíritu de los seres vivientes estaba en ellas.

18 La gloria del Señor salió levantándose del umbral del templo y se colocó sobre los querubines. 19 Los querubines extendieron sus alas, se elevaron sobre la tierra ante mis ojos y remontaron el vuelo junto con las ruedas. Se pararon a la entrada de la puerta oriental del templo del Señor, y la gloria del Dios de Israel estaba sobre ellos. 20 Eran los mismos seres que yo había visto debajo del Dios de Israel junto al río Quebar, y reconocí que eran querubines. 21 Cada uno tenía cuatro caras y cuatro alas, y bajo las alas una especie de manos de hombre. 22 Sus caras eran las mismas que yo había visto junto al río Quebar. Todos ellos caminaban de frente.

Anuncio de una deportación

Ez 3 12; 8 16; 24 1-14; 9 8

11 1 El espíritu me arrebató y me llevó a la puerta oriental del templo del Señor, que mira al este. A la entrada de la puerta había veinticinco hombres, entre los cuales vi a Yezanías, hijo de Azur, y a Pelatías, hijo de Benayas, jefes del pueblo.

2 El Señor me dijo:

–Hijo de hombre, éstos son los que hacen planes perversos y dan malos consejos en la ciudad. 3 Son los que dicen: «Tardaremos en reconstruir las casas. La ciudad es la olla, y nosotros la carne». 4 Por eso, profetiza contra ellos, profetiza, hijo de hombre.

5 Entonces me invadió el espíritu del Señor y me ordenó decir:

–Esto dice el Señor: Ustedes han dicho esto, pueblo de Israel; yo sé bien lo que piensan. 6 Han multiplicado los muertos en esta ciudad, han llenado de cadáveres sus calles. 7 Por eso, así dice el Señor: Los muertos que ustedes han amontonado en medio de ella son la carne, y la ciudad es la olla, pero yo los sacaré de ella. 8 Temen la espada, pero mandaré la espada contra ustedes, dice el Señor. 9 Los sacaré fuera de la ciudad, los entregaré en poder de extranjeros, y los castigaré duramente. 10 Cae-

• **11** 1-13: Los dos oráculos que configuran este capítulo (Ez 11 1-13 y 11 14-21) exponen, desde ángulos distintos, la relación entre los desterrados y los habitantes de Jerusalén. La primera visión (Ez 11 1-13) denuncia el optimismo de los israelitas que no han sido deportados y de sus jefes. También profetiza, mediante la imagen de la olla y la carne, la destrucción de Jerusalén (véase Jr 1 13). La visión concluye con la oración del profeta (Ez 11 13) ante un futuro que parece no tener esperanza de salvación.

rán a espada; yo los juzgaré en el territorio de Israel, y reconocerán que yo soy el Señor. 11 La ciudad no será su olla, ni ustedes serán la carne dentro de ella; yo los juzgaré. 12 Y reconocerán que yo soy el Señor, cuyos preceptos no han cumplido; han vivido según las costumbres de las naciones paganas que los rodean.

13 Cuando acabé de profetizar, Pelatías, hijo de Benayas, cayó muerto. Yo me postré rostro en tierra y grite con fuerte voz:

–¡Ah, Señor! ¿Vas a exterminar al resto de Israel?

De los deportados saldrá el nuevo pueblo de Dios

Dt 30 3-5; Ez 36 24-27; Jr 31 31-33

14 Recibí esta palabra del Señor:

15 –Hijo de hombre, esto es lo que dicen los habitantes de Jerusalén acerca de tus hermanos deportados y acerca de todo Israel: «Ellos están lejos del Señor; la tierra se nos ha dado a nosotros en posesión». 16 Por tanto, diles: Esto dice el Señor: Es cierto, yo los llevé a naciones lejanas y los dispersé por tierras extrañas; pero yo soy su santuario durante el poco tiempo que estén desterrados en estas naciones. 17 Diles: Esto dice el Señor: Los recogeré de entre las naciones paganas, los reuniré de los países en los que han sido dispersados y les daré la tierra de Israel. 18 Ellos vendrán y quitarán de ella sus ídolos y abominaciones. 19 Yo les daré un corazón fiel y les infundiré un espíritu nuevo; les arrancaré el corazón de piedra, y les daré un corazón de carne, 20 para que cumplan mis preceptos, observen mis mandamientos y los pongan en práctica. Ellos serán mi pueblo y yo seré su Dios. 21 Pero a quienes se dejan arrastrar por sus ídolos y abominaciones, yo los haré responsables de su conducta. Oráculo del Señor.

La gloria del Señor abandona la ciudad

Ez 9 3; 43 2; 1 1

22 Entonces los querubines levantaron sus alas, y las ruedas se pusieron en movimiento con ellos; la gloria del Dios de Israel estaba sobre ellos. 23 La gloria del Señor se elevó en medio de la ciudad y fue a posarse sobre el cerro oriental de la ciudad. 24 El espíritu me arrebató y me llevó en visión divina a Caldea, donde estaban los deportados. Y la visión que había contemplado desapareció de mi vista. 25 Yo comuniqué a los deportados todo lo que el Señor me había mostrado.

Ezequiel como símbolo del destino del pueblo

Ez 2 5-7; Jr 5 21; Lv 26 33; Is 4 3; Ez 4 16

12 1 Recibí esta palabra del Señor:

2 –Hijo de hombre, tú vives en medio de un pueblo rebelde. Tienen ojos para ver, y no ven; oídos para oír, y no oyen; son un pueblo rebelde. 3 Y ahora, hijo de hombre, prepara tu equipaje como si fueras al destierro, y ponte en camino en pleno día a la vista de ellos; sal de donde vives y vete a otro sitio. Tal vez así comprendan que son un pueblo rebelde. 4 Sacarás tu equipaje de desterrado en pleno día, a la vista de todos. Partirás por la tarde como si fueras un desterrado. 5 Harás un boquete en la pared y saldrás por él. 6 Cargarás a la espalda tu equipaje en su presencia, y partirás de no-

• **11 14-21**: La desesperanzada situación encuentra una respuesta positiva en este oráculo de salvación. El Señor, que ha castigado a su pueblo con la dispersión (Ez 11 16), reunirá de nuevo a los desterrados y les entregará la tierra *(Ez 11 17ss). Es un nuevo éxodo.* Frente a los que han permanecido en Jerusalén corrompidos por la idolatría surge este nuevo pueblo que regresará purificado. La alianza nueva será inscrita en el corazón de quienes van a componer el resto de los elegidos.

• **11 22-25**: Este pasaje es la conclusión esperanzada de Ez 10 1-22, interrumpida por la inserción de Ez 11 1-21. La gloria de Dios, después de abandonar Jerusalén, se dirige al monte de los Olivos, situado al oriente de la ciudad, y se traslada a Babilonia para acompañar y proteger a los deportados, de los que saldrá el nuevo Israel, el resto.

• **12 1-20**: Dos nuevas acciones simbólicas anuncian la próxima deportación de Israel (Ez 12 1-16) y los efectos de la invasión babilónica (Ez 12 17-20).

La primera acción (Ez 12 1-16) se desarrolla en dos momentos: de día, Ezequiel deberá preparar y transportar su equipaje; de noche, abandonará con él la ciudad. Su salida a través de un boquete realizado en la pared se convertirá en símbolo de la fuga del rey Sedecías (véase 2 Re 25 3-7; Jr 39 1-7; 52 6-11), que escapó de Jerusalén cuando los babilonios entraron en la ciudad el año 586 a. C., aunque después fue capturado y conducido a Babilonia.

La segunda acción simbólica (Ez 12 17-20) parece referirse no sólo a la situación de Jerusalén sitiada por el enemigo, sino también a los efectos que produjo la invasión del ejército babilonio entre los habitantes de Judea. La angustia, el miedo y la ansiedad se apoderan de todo el pueblo; la escasez de alimento y bebida es un signo más de la desolación que ha llegado a esas tierras.

che con la cara cubierta para no ver la tierra, pues serás un símbolo para el pueblo
de Israel.
7 Yo hice todo lo que se me había ordenado. Preparé mi equipaje de desterrado en
pleno día; por la tarde hice un boquete en
la pared con las manos y salí de noche con
el equipaje a mis espaldas, a la vista de todos.
8 Por la mañana recibí esta palabra del
Señor:
9 –Hijo de hombre, cuando el pueblo de
Israel, ese pueblo rebelde, te pregunte qué
es lo que haces, 10 contéstales: Así dice el
Señor: Este oráculo se refiere al rey de Jerusalén y a todos los israelitas que viven
en ella. 11 Diles: Yo soy un símbolo para
ustedes; ustedes tendrán que hacer lo que
yo he hecho. Serán deportados, irán al destierro. 12 Hasta el rey que los gobierna se
cargará a las espaldas el equipaje de desterrado, saldrá en la oscuridad por un boquete que abrirán en el muro para que salga, y
se tapará la cara para no ver su tierra con
sus propios ojos. 13 Pero yo extenderé mi
red sobre él y quedará preso en mi trampa;
y lo llevaré a Babilonia, a la tierra de los
caldeos, donde morirá sin poder verla. 14 A
su séquito, su guardia y sus servidores los
dispersaré a los cuatro vientos, y desenvainaré la espada contra de ellos. 15 Y reconocerán que yo soy el Señor, cuando los disperse entre las naciones paganas y los des-
parrame por los países. 16 Pero libraré a algunos de ellos de la espada, del hambre y
de la peste, para que cuenten sus abominaciones por las naciones paganas a donde
vayan. Y reconocerán que yo soy el Señor.
17 Recibí esta palabra del Señor:
18 –Hijo de hombre, come tu pan con
temor y bebe tu agua con inquietud y angustia. 19 Y di a la gente del pueblo: Esto
dice el Señor a los habitantes de Jerusalén
y a la tierra de Israel: Comerán su pan con
angustia y beberán su agua con miedo, porque su tierra será devastada pues sus habitantes la han llenado de violencia. 20 Las
ciudades que habitan quedarán en ruinas y
la tierra quedará desierta. Y reconocerán
que yo soy el Señor.

Visiones proféticas

2 Pe 3 3-4; Jr 1 11-12

21 Recibí esta palabra del Señor:
22 –Hijo de hombre ¿qué significa ese
refrán que dicen en la tierra de Israel: «Pasan los días y ninguna visión se cumple»?
23 Diles: Esto dice el Señor: Pondré fin a
ese refrán y no se volverá a oír en Israel.
Diles también esto otro: Se acerca el día en
que se cumplirán todas las visiones. 24 No
habrá más visiones vanas ni oráculos falsos
en Israel. 25 Pues cuando yo, el Señor, hable, lo que haya dicho se cumplirá sin demora; en sus días, pueblo rebelde, yo lo diré
y lo cumpliré. Oráculo del Señor.
26 Recibí esta palabra del Señor:
27 –Hijo de hombre, el pueblo de Israel
dice: «Las visiones de éste van para largo,
profetiza para un tiempo lejano». 28 Pues
diles: Esto dice el Señor: Ninguna de mis
palabras tardará en cumplirse. Será cosa
dicha y hecha. Oráculo del Señor.

Contra los falsos profetas

Jr 14 13-16; 23 9-40; 27 9-10.16-18; 6 14

13 1 Recibí esta palabra del Señor:
2 –Hijo de hombre, profetiza contra
los profetas de Israel, profetiza y diles: Escuchen la palabra del Señor. 3 Esto dice el
Señor: ¡Ay de los profetas irreflexivos, que
hablan por su cuenta sin haber visto nada!
4 Tus profetas, Israel, son como chacales entre las ruinas. 5 No han defendido los bo-

• **12 21-28**: Visiones vanas y oráculos mentirosos han sido pronunciados por los falsos profetas (véase Ez 13-14; 1 Re 22; Is 30 10; Jr 23 9ss) que quieren agradar al pueblo. A la confusión creada por estas falsas profecías hay que añadir la incredulidad del pueblo que no ve cumplidos los anuncios de Ezequiel. Quizás la actitud indiferente de los habitantes de Jerusalén y la situación desesperanzada de los deportados los lleva a la incredulidad y la terquedad. Sin embargo, todos terminarán por reconocer la verdad y la eficacia de la palabra de Dios transmitida por Ezequiel.

• **13 1-16**: Este oráculo de condenación va dirigido contra aquellos profetas o pseudoprofetas que tienen visiones vanas y pronuncian oráculos mentirosos (Ez 13 3.6-9). Proclaman que todo va bien, prometen falsamente la paz (Ez 13 10), engañan con sus adivinaciones (Ez 13 8-11), afligen a los buenos y confortan a los malos e impíos (Ez 13 22). Estos y quienes han creído en ellos no escaparán al castigo, pues la palabra del Señor sí que se cumplirá (véase 1 Re 22 5-28; Is 30 10-13; Jr 14 13-16; Miq 3 5-12).

La imagen de la pared que se recubre de cal para que no se vean sus grietas, evoca la grave situación de un pueblo amenazado en sus cimientos, pero a quien los falsos profetas engañan con palabras halagadoras.

quetes de la muralla, ni han levantado un
muro para que el pueblo de Israel pueda resistir en el combate el día del Señor. 6 Tienen visiones falsas y pronuncian oráculos
mentirosos. Dicen: «¡Oráculo del Señor!»,
sin que el Señor los haya mandado, y esperan que se cumpla su palabra. 7 ¿No es
cierto que ustedes tienen visiones falsas y
anuncian oráculos mentirosos cuando dicen: «Oráculo del Señor», sin que yo les
haya hablado? 8 Por eso, así dice el Señor:
Porque dicen mentiras y tienen visiones
falsas, yo me enfrento contra ustedes. Oráculo del Señor. 9 Castigaré a los profetas
que tienen visiones falsas y pronuncian oráculos mentirosos; no serán admitidos en el
consejo de mi pueblo, no serán inscritos en
el libro de Israel ni entrarán en su tierra; y
reconocerán que yo soy el Señor. 10 Porque han engañado a mi pueblo diciendo:
«¡Paz!», cuando no había paz; y mientras
el pueblo se construía una pared inconsistente, ellos la recubrían de cal. 11 Di a los
que recubren de cal: ¡Se caerá! Vendrá un
aguacero torrencial, caerá granizo en abundancia y soplará un viento huracanado.
12 Cuando la pared se haya derrumbado,
les dirán: «¿Dónde está la cal con que la
recubrieron?» 13 Por eso, así dice el Señor:
Mi enojo desencadenará un viento huracanado; mi ira hará caer una lluvia torrencial,
y mi furor granizos destructores. 14 Derribaré la pared que han recubierto de cal, la
derrumbaré y sus cimientos quedarán al
descubierto. Se desplomará y perecerán
entre sus escombros; entonces reconocerán
que yo soy el Señor. 15 Descargaré mi enojo contra la pared y contra los que la recubren de cal. Y les diré: Ya no existe la pared ni los que la recubrían, 16 esos profetas
de Israel que profetizaban sobre Jerusalén
y tenían para ella visiones de paz, sin que
hubiera paz. Oráculo del Señor.

Contra las profetisas

17 Y tú, hijo de hombre, encárate con las
mujeres de tu pueblo que profetizan por su
cuenta, y profetiza contra ellas. 18 Les dirás: Esto dice el Señor: ¡Ay de las que hacen lazos para toda clase de puños y velos
de todas las tallas para la cabeza, con intención de cazar a la gente! Ustedes tratan
de cazar a mi pueblo, y ¿pretenden salvar
su propia vida? 19 Me han deshonrado ante
mi pueblo por unos puñados de cebada y
unos pedazos de pan; dan muerte al que
debe vivir y dejan vivir al que debe morir,
engañando a mi pueblo que se cree sus
mentiras. 20 Por eso, así dice el Señor: He
venido para arrancar esos lazos con los que
cazan a la gente como pájaros; los arrancaré de sus brazos y dejaré volar libre a esa
gente que cazan. 21 Rasgaré sus velos y libraré a mi pueblo de sus manos, para que
dejen de ser su presa; y reconocerán que
yo soy el Señor. 22 Porque han afligido al
justo con mentiras, sin que yo lo afligiera,
y han animado al malvado para que no se
convierta de su mala conducta y salve su
vida. 23 Por eso, no tendrán más visiones
falsas ni pronunciarán más oráculos. Yo libraré a mi pueblo de sus manos, y reconocerán que yo soy el Señor.

Contra la idolatría

Ez 20 1-4; 18 30; 44 12

14 1 Algunos ancianos de Israel vinieron
a verme y se sentaron ante mí. 2 Entonces recibí esta palabra del Señor:
3 –Hijo de hombre, esta gente se ha entregado a sus ídolos sin abandonar la causa
de su pecado, ¿cómo voy a dejar que me
consulten? 4 Por eso, háblales y diles: Esto
dice el Señor: A todo israelita que se haya
entregado a sus ídolos sin abandonar la
causa de su pecado, si luego acude a con-

• **13** 17-23: Raramente se encuentran en el Antiguo Testamento profetisas. Los ejemplos más significativos son los de María, hermana de Moisés (véase Ex 15 20), Débora (véase Jue 4 4) y la mujer de Isaías (véase Is 8 3). En todos estos casos el título de profetisa es visto como un honor. También en la época de la redacción del libro de Ezequiel se encuentran profetisas buenas y honradas como Juldá (véase 2 Re 22 14-20) y Noadía (véase Neh 6 14). Ezequiel, sin embargo, habla de mujeres seductoras que intentan cazar a la gente con prácticas adivinatorias y engañosas bendiciones. La denuncia del profeta contra ellas pretende desterrar la magia y la brujería del pueblo de Dios (véase Dt 13).

• **14** 1-11: Este oráculo está relacionado con el derecho cultual israelita (véase Lv 16-26). La denuncia del profeta va dirigida contra los ancianos como representantes del pueblo exiliado. No es admisible buscar una respuesta del Señor para esta situación que se padece cuando ni se da culto a Dios de corazón ni se deja de adorar a los ídolos de Babilonia. El profeta Ezequiel señala que la conversión es la única solución aceptable (Ez 14 6) para este Dios celoso del amor y fidelidad de su pueblo (Ez 14 11b; Dt 6 5).

sultar al profeta, le responderé yo mismo,
el Señor, según merece, por dar culto a
tantos ídolos. 5 Así llegaré hasta el corazón
de los israelitas, que se han alejado de mí a
causa de sus ídolos. 6 Por eso, di al pueblo
de Israel: Esto dice el Señor: Conviértanse,
apártense de sus ídolos y de todas sus abominaciones. 7 Porque a todo aquel israelita
o extranjero residente en Israel que se aleje
de mí y se entregue a sus ídolos sin abandonar la causa de su pecado, si luego acude
al profeta para consultarme, yo mismo, el
Señor, le responderé. 8 Me enfrentaré con
él, lo convertiré en ejemplo para que sirva
de escarmiento y lo exterminaré de mi pueblo. Y reconocerán que yo soy el Señor.
9 Y si un profeta se deja seducir y pronuncia un oráculo, es que yo, el Señor, lo he
permitido; extenderé mi mano contra él y
lo exterminaré de mi pueblo, Israel. 10 Tanto el profeta como el que consulta serán
castigados por su maldad; ambos sufrirán
la misma pena. 11 Así no volverá el pueblo
de Israel a descarriarse, apartándose de mí,
ni seguirá manchándose con sus crímenes.
Entonces serán mi pueblo y yo seré su Dios.
Oráculo del Señor.

Responsabilidad individual

Ez 18; 33 10-20

12 Recibí esta palabra del Señor:
13 –Hijo de hombre, si un país comete
contra mí un pecado de infidelidad, y yo lo
castigo quitándole los víveres y sumiéndo-
lo en el hambre, si extermino en él a hombres y animales, 14 y en ese país están estos tres hombres: Noé, Daniel y Job, sólo
ellos lograrán salvarse por su recto proceder. Oráculo del Señor. 15 Y si envío contra
ese país bestias feroces que lo dejen sin
habitantes y lo conviertan en un desierto
por donde nadie se atreva a pasar por miedo a las fieras, 16 y se encuentran allí esos
tres hombres, lo juro, oráculo del Señor,
que ni a sus hijos e hijas podrán salvar;
sólo ellos se salvarán, y el país quedará
convertido en un desierto. 17 O si yo envío
contra ese país la espada y digo: Que pase
la espada por el país y extermine a hombres y animales, 18 si están allí esos tres
hombres, lo juro, oráculo del Señor, que ni
a sus hijos e hijas podrán salvar; sólo ellos
se salvarán. 19 Y si mando la peste sobre
ese país, y descargo sobre él mi enojo para
exterminar a hombres y animales, 20 si están entre ellos Noé, Daniel y Job, lo juro,
oráculo del Señor, que ni a sus hijos e hijas
podrán salvar; sólo ellos se salvarán por su
recto proceder.
21 Esto dice el Señor: Cuando yo mande
contra Jerusalén estos cuatro azotes: espada, hambre, bestias feroces y peste, para
exterminar de ella a hombres y animales,
22 habrá, sin embargo, un resto que escapará y pondrá a salvo hijos e hijas. Vendrán
donde están ustedes y, al ver su conducta y
sus malas acciones, ustedes se consolarán
de los males que yo haya mandado contra
Jerusalén, de todo lo que haya hecho contra
ella. 23 Ellos les servirán de consuelo cuando vean su conducta y sus malas acciones,
y sepan que todo lo que hice en Jerusalén
no fue sin motivo. Oráculo del Señor.

Parábola de la parra

Is 5 1-7

15 1 Recibí esta palabra del Señor:
2 –Hijo de hombre, ¿en qué aventaja
la madera de la parra a la de cualquier otro
árbol del bosque? 3 ¿Se utiliza esa madera
para hacer algún trabajo o se fabrican con

• **14 12-23**: Ezequiel se dirige a sus compañeros de exilio para proponerles el principio de la responsabilidad individual en la salvación. Los castigos que Dios manda sobre el pueblo infiel no afectarán a aquellos que se hayan comportado rectamente. Para recalcar esta idea, el profeta propone el ejemplo de tres justos famosos, que con su intercesión habían salvado a sus familiares y amigos: Noé, Job y Daniel (este último era un conocido héroe de *la mitología cananea de Ugarit*). Pues bien, en esta ocasión de nada serviría su poder de intercesión; si sólo ellos fueran justos, solo ellos se salvarían (Ez 14 14-20). Cada uno es responsable de sí mismo. Para el tema del resto, que aparece repetidas veces en Ezequiel (Ez 5 3; 6 8-10; 9 4; 11 13; 12 16), véase la nota a Ez 4 1-5 4a.

• **15 1-8**: La imagen de la parra cultivada por Dios y símbolo del pueblo de Israel es muy familiar en la literatura bíblica (Is 5 1-4; Jr 2 21; Sal 80 9ss). Ezequiel desprecia la madera de la parra como inútil. Entre los árboles del bosque –es decir, en relación a las poderosas naciones de su alrededor (véase Jue 9 8-15)– la parra que representa a Israel, carece de valor. Sólo tiene sentido y valor si es cultivada por Dios. Cuando sus extremos (Israel, al norte, destruido en el 721 a. C. y Judá, al sur, sitiada en el 597 a. C.) ya han sido quemados, la parra se hace todavía más inútil. Sólo queda su centro chamuscado –los habitantes de Jerusalén–, destinado al fuego por ser improductivo, por haber sido infiel al Señor.

ella perchas para colgar cosas? 4 Más bien
se echa al fuego para que se consuma; el
fuego consume sus dos puntas y el centro
arde. ¿Vale, acaso, para algo más? 5 Si
cuando el tronco de la parra estaba intacto
no se podía hacer nada con él; ¡cuánto menos se podrá hacer después que el fuego lo
ha quemado y consumido! 6 Por eso, así
dice el Señor: Igual que he echado al fuego
para que se consuma el tronco de la parra,
que es el árbol de fruto más preciado entre
los árboles del bosque, así arrojaré a los
habitantes de Jerusalén. 7 Me enfrentaré
con ellos. Han escapado del fuego, pero el
fuego los devorará. Y reconocerán que yo
soy el Señor, cuando me enfrente a ellos.
8 Convertiré el país en un desierto, porque
han obrado perversamente. Oráculo del
Señor.

Alegoría sobre la historia de Jerusalén

Os 2; Ez 23; Is 1 21; Jr 2 2; 3 6-11

16 1 Recibí esta palabra del Señor:
2 –Hijo de hombre, haz saber a Jerusalén sus abominaciones, y di: 3 Esto dice
el Señor a Jerusalén: Por tu origen y nacimiento eres cananea; tu padre fue un amorreo y tu madre una hitita. 4 El día en que
naciste no te cortaron el cordón umbilical,
no te lavaron con agua, no te hicieron las
fricciones de sal ni te envolvieron en pañales. 5 Nadie se apiadó de ti ni hizo por
compasión nada de esto, sino que te arrojaron al campo el día que naciste como un
ser despreciable. 6 Yo pasé junto a ti, te vi
revolviéndote en tu sangre y te dije: Sigue
viviendo 7 y crece como la hierba de los
campos. Y tú creciste, te desarrollaste y llegaste a la flor de tu juventud; se formaron
tus senos y te brotó el vello, pero seguías
desnuda. 8 Yo pasé junto a ti y te vi; estabas
ya en la edad del amor; extendí mi manto
sobre ti y cubrí tu desnudez; me uní a ti
con juramento, hice alianza contigo, oráculo del Señor, y fuiste mía. 9 Te lavé con
agua, te limpié la sangre y te ungí con aceite; 10 te vestí con vestidos bordados, te puse zapatos de cuero fino, te hice un cinturón de lino y te cubrí de seda; 11 te adorné
con joyas, coloqué pulseras en tus brazos,
un collar en tu cuello, 12 un anillo en tu nariz, aretes en tus orejas y una magnífica
corona en tu cabeza. 13 Estabas adornada
de oro y plata, vestida de lino fino, de seda
y bordado; comías de la mejor harina, miel
y aceite. Te hiciste cada vez más hermosa
y llegaste a ser como una reina. 14 La fama
de tu belleza se difundió entre las naciones
paganas, porque era perfecta la hermosura
que yo te había dado. Oráculo del Señor.
15 Pero tú, confiada en tu belleza y valiéndote de tu fama, te prostituiste y te ofreciste a todo el que pasaba, entregándote a él.
16 Tomaste tus vestidos, instalaste en los
lugares de culto tiendas de llamativos colores en honor de los ídolos y te prostituiste en ellas. 17 Tomaste las espléndidas joyas de oro y plata que yo te había regala-
do, y te hiciste con ellas estatuas de varones para adorarlas; 18 las recubriste con tus
vestidos bordados y ofreciste ante ellas mi
aceite y mis perfumes. 19 El pan que yo te
había dado, la mejor harina, el aceite y la
miel con que te alimentaba, todo lo ofreciste a las estatuas como ofrenda agradable. Oráculo del Señor. 20 Tomaste a tus
hijos y a tus hijas, a quienes habías dado a
luz para mí, y los inmolaste como alimento
para los ídolos. Como no bastaban tus
prostituciones, 21 degollaste a los hijos que
me habías dado y los ofreciste en su honor,
quemándolos en el fuego. 22 Con todas tus
abominaciones y prostituciones, no te acor-

• **16** 1-63: *Para describir* la situación existente, Ezequiel remite a la historia anterior del pueblo y utiliza la alegoría del matrimonio entre Dios y Jerusalén, la ciudad que representa a todo el pueblo. Esta imagen conyugal ya fue empleada por otros profetas (véase Os 1 2; 2 4; Is 1 21; Jr 3 6-25).

Jerusalén era como esa niña abandonada y sin belleza que fue recogida y amada por el Señor. Con ella estableció una alianza gratuita de amor al convertirla en su esposa. Sin embargo, ella le fue infiel. Se dejó prostituir y cometió múltiples *abominaciones* contra su esposo. Prefirió seguir las prácticas religiosas de las otras naciones adoptando los cultos de la fertilidad: prostitución sagrada, ritos con imágenes sexuales y sacrificios de niños (Ez 16 15-34; véase también Os 4 13-14; 2 Re 21 1-6; 23 7-15; Dt 12 31; Lv 18 21; Jr 32 35). El castigo no puede esperar. Será repudiada por su esposo (véase Dt 22 21-24); explotada y despreciada por sus amantes; ajusticiada y despojada por todos (Ez 16 35-43). Esta historia de desamor tiene su reflejo histórico en la destrucción de Jerusalén por los babilonios en el año 587 a. C.

Al final de la alegoría aparece en el horizonte la nueva alianza que el Señor realizará con su ciudad-esposa infiel. El matrimonio se renueva por el amor intenso y misericordioso de este esposo que siempre es fiel (Ez 16 59-63).

daste de los días de tu infancia, cuando estabas desnuda y sin vestidos, revolviéndote
en tu sangre.

23 Y en el colmo de la maldad –¡ay de
ti!, oráculo del Señor– 24 en todas las plazas te hiciste un prostíbulo y colocabas tu
puesto en todas las calles; 25 te instalaste
en todos los cruces de caminos y manchas-
te tu belleza, abriéndote de piernas a todo
el que pasaba, fornicando sin cesar. 26 Te
prostituiste con los egipcios, tus vecinos de
cuerpos fuertes. Te prostituiste sin cesar
para hacerme enojar. 27 Entonces yo te castigué, reduje tu ración y te entregué a tus
enemigas, las filisteas, que se avergonzaban
de tu conducta inmoral. 28 Te prostituiste
una y otra vez con los asirios, pero no quedaste satisfecha. 29 Te prostituiste sin cesar
en el país de los comerciantes, los caldeos,
pero tampoco quedaste satisfecha.

30 ¡Qué apasionado era tu corazón, oráculo del Señor! Hacías todas estas cosas
dignas de una prostituta desvergonzada,
31 montando tu prostíbulo en los cruces de
los caminos y colocando tu puesto en todas
las plazas. Ni siquiera fuiste como la prostituta que busca la paga, 32 sino como la
adúltera que, en vez de acostarse con su
marido, se acuesta con ajenos. 33 A todas
las prostitutas se les paga, pero tú has hecho regalos a todos tus amantes, para que
vinieran de todas partes y se prestaran a
tus fornicaciones. 34 Te ha sucedido lo contrario que a las otras mujeres: como nadie
te solicitaba, pagabas tú en lugar de que te
pagaran a ti. ¡Al revés que a las demás!

35 Por tanto, prostituta, escucha la palabra del Señor. 36 Así dice el Señor: Has descubierto tus vergüenzas y tu desnudez al
prostituirte con tus amantes, esos ídolos
abominables, y les has ofrecido la sangre
de tus hijos. 37 Por eso, yo reuniré a todos
tus amantes, a quienes complaciste, no sólo a los que amaste, sino también a los que
odiaste; los reuniré contra ti de todas partes y les descubriré tu desnudez para que la
vean. 38 Te castigaré como a las adúlteras y
a las homicidas, y desataré contra ti mi ira
y mi furor. 39 *Te entregaré* en sus manos, y
ellos derribarán tus lugares de prostitución;
te despojarán de tus vestidos, te arrancarán
tus espléndidos adornos y te dejarán completamente desnuda. 40 Traerán contra ti
una multitud, te apedrearán y te atravesarán con sus espadas. 41 Quemarán tus casas
y ejecutarán la sentencia pronunciada contra ti en presencia de muchas mujeres; terminaré con tu prostitución, y no volverás a
pagar a tus amantes. 42 Cuando haya des-
ahogado mi ira contra ti, mi furor se alejará de ti, me apaciguaré y no volveré a enco-
lerizarme. 43 Por no haberte acordado del
tiempo de tu juventud y haberme irritado
con todas estas cosas, yo te haré responsable de tu conducta, oráculo del Señor, y
cumpliré mis designios contra todas tus
abominaciones.

44 Los que inventan refranes dirán este
de ti: «De tal madre tal hija». 45 Eres hija
de tu madre, que abandonó a su marido y a
sus hijos; hermana de tus hermanas, que
abandonaron a sus maridos y a sus hijos.
La madre de ustedes fue una hitita, su padre un amorreo. 46 Tu hermana mayor es
Samaría, que está a tu izquierda con sus
ciudades, y tu hermana menor Sodoma,
que está a tu derecha con sus ciudades.
47 Y no sólo has seguido su conducta y has
imitado sus abominaciones, sino que en
todo te has comportado peor que ellas.
48 Te juro, oráculo del Señor, que tu hermana Sodoma y sus ciudades no han hecho lo que has hecho tú y las tuyas. 49 Este
fue el pecado de tu hermana Sodoma y de
sus ciudades: soberbia, gula y bienestar
apacible; no socorrieron al pobre y al necesitado, 50 sino que fueron orgullosas y
me ofendieron con sus abominaciones, por
eso las aniquilé, como tú has visto. 51 Samaría, por su parte, no cometió ni la mitad
de tus pecados. Tú has pecado más que
ellas, hasta hacer que tus hermanas parezcan buenas, comparando sus infamias con
las que tú has cometido. 52 Carga, por tanto, con la ignominia de tus pecados. Son
tantos, que has hecho que tus hermanas
parezcan mejores que tú, puesto que tus
perversiones superan las suyas, y has hecho que parezcan mejores. Avergüénzate y
carga con tu humillación, porque has hecho buenas a tus hermanas.

53 Pero yo cambiaré su suerte, la suerte
de Sodoma y sus ciudades, la de Samaría y
las suyas, y cambiaré tu suerte en medio de
ellas, 54 para que cargues con tu humillación, y te avergüences de lo que has he-

cho para consuelo de ellas. 55 Tu hermana
Sodoma y sus ciudades, Samaría y las suyas, volverán a su primer estado, y también tú y tus ciudades volverán a su primer
estado. 56 ¿No te burlaste de tu hermana
Sodoma en tu época arrogante, 57 antes que
fuera descubierta tu desnudez? Ahora se
burlan de ti las edomitas y las filisteas, que
te insultan por todas partes. 58 Llevas sobre
ti el peso de tu infamia y tus abominaciones. Oráculo del Señor.

59 Esto dice el Señor: Voy a hacer contigo lo que tú hiciste conmigo, pues menos-
preciaste el juramento y rompiste la alianza. 60 Pero yo me acordaré de la alianza
que hice contigo en los días de tu juventud
y estableceré contigo una alianza eterna.
61 Te acordarás de tu conducta y te avergon-
zarás cuando aceptes a tus hermanas mayores y a las menores. Yo te las daré como
hijas, aunque sin participar en la alianza.
62 Yo estableceré mi alianza contigo, y reconocerás que yo soy el Señor, 63 para que
te acuerdes y te avergüences y no te atrevas a abrir más la boca, cuando te haya perdonado todo lo que has hecho. Oráculo del
Señor.

Alegoría del águila

2 Re 24 10-17.20; Ez 12 13; 20 40;
Sal 113 7-9; Lc 1 51-53

17 1 Recibí esta palabra del Señor:
2 –Hijo de hombre, plantea un enigma
y cuenta una parábola al pueblo de Israel.
3 Les dirás: Esto dice el Señor:

El águila grande de grandes alas,
de largas plumas multicolores,
vino al Líbano,
4 cortó la copa de un cedro,
la punta de sus ramas,
y la llevó a tierra de mercaderes,
la plantó en una ciudad de comerciantes.
5 Luego tomó una semilla del país
y la sembró en un campo preparado;
la plantó como un sauce,
junto a aguas abundantes.
6 Brotó y se hizo una parra
frondosa de poca altura;
sus ramas se dirigían hacia el águila
y sus raíces le estaban sometidas.
Se convirtió en parra,
echó retoños y extendió sus ramas.
7 Pero había otra águila grande,
de grandes alas y abundante plumaje;
la parra extendió sus raíces hacia ella
y dirigió hacia ella sus ramas,
para recibir más agua que en la tierra
en donde estaba plantada.
8 Estaba plantada en buena tierra,
junto a aguas abundantes,
donde podía echar retoños, dar fruto,
y convertirse en una parra frondosa.
9 Pues bien, diles: Esto dice el Señor:
¿Prosperará la parra?
¿No arrancará sus raíces el águila,
cortará sus frutos, y la dejará seca?
Se secarán sus brotes tiernos,
y sin apenas gente ni esfuerzo,
será arrancada de raíz.
10 ¿Prosperará una vez plantada?
¿No se secará cuando sople
el viento del este?
Se secará en la tierra en que brotó.

11 Recibí esta palabra del Señor:
12 –Di a este pueblo rebelde: ¿No comprenden lo que significa esto? Diles: El rey
de Babilonia vino a Jerusalén, tomó a su rey
y a sus jefes y los llevó a Babilonia. 13 Escogió a uno de la familia real e hizo con él
un pacto bajo juramento; se llevó a los no-

• **17 1-24**: La alegoría del águila y del cedro no hace referencia al pueblo, sino al rey. Apenas había subido al trono, Jeconías fue deportado con ocasión del primer sitio de Jerusalén, en compañía de Ezequiel, en el año 597 a. C. (véase 2 Re 24). Los babilonios colocaron en su puesto a su tío Sedecías (2 Re 24 17 y 25 6-7) que reinó durante diez años hasta que en el año 587 a. C., una vez conquistada Jerusalén por el ejército de Nabucodonosor, fue apresado, conducido primero a Ribla donde le sacaron los ojos y llevado al exilio. Teniendo presentes estos acontecimientos históricos puede entenderse la alegoría de la siguiente manera: el águila mayor (Ez 17 3) es Nabucodonosor, que corta la copa del cedro (el rey Jeconías), y la lleva a tierra de mercaderes y comerciantes (Babilonia). En su lugar planta un árbol, es decir, pone un nuevo rey (Sedecías, tío de Jeconías), pobre en recursos materiales, débil y con un poder muy limitado (Jr 38 5). La otra águila (Ez 17 7) es Psammético II de Egipto (594-588 a. C.). En medio, Sedecías viviendo su particular drama, pues el monarca israelita se halla preso entre las exigencias del rey de Babilonia y del faraón de Egipto. Al ponerse de parte de Egipto, Sedecías quebrantó el juramento de fidelidad a Nabucodonosor. Su actitud antibabilónica fue duramente criticada por Ezequiel y Jeremías (Jr 27; 34; 37-38), quienes vieron en ella una ruptura del pacto con Dios. Sin embargo, para Ezequiel es posible la restauración: Dios mismo restablecerá la dinastía davídica en Jerusalén.

bles del país, 14 para que el reino fuese humilde y no pudiera rebelarse de nuevo, sino que guardara su pacto para subsistir.
15 Pero se rebeló contra él enviando sus
mensajeros a Egipto en busca de caballos y
tropas numerosas. ¿Tendrá éxito? ¿Se salvará quien ha hecho tales cosas? El que ha
quebrantado un pacto, ¿podrá escapar?
16 Juro por mi vida, oráculo del Señor, que
en el país del rey que le dio el trono, cuyo
juramento ha quebrantado y cuyo pacto ha
roto, allí, en Babilonia, morirá. 17 El faraón
no lo apoyará en la guerra con grandes
fuerzas ni muchos hombres, cuando se levanten terraplenes y se construyan torres
para sitiar y matar a tanta gente. 18 Ha quebrantado el juramento, ha roto el pacto;
después que se comprometió dando su mano, ha hecho todo esto. No escapará.

19 Esto dice el Señor: Juro por mi vida
que lo castigaré por haber quebrantado el
juramento que me hizo y haber roto mi
pacto. 20 Extenderé sobre él mi red y quedará preso en mi trampa. Lo llevaré a Babilonia y allí lo juzgaré por la infidelidad cometida contra mí. 21 Lo mejor de su ejército
caerá a espada, y los sobrevivientes serán
dispersados a los cuatro vientos, y reconocerán que yo, el Señor, he hablado.

22 Esto dice el Señor:
También yo tomaré la copa de un cedro,
de la punta de sus ramas tomaré un tallo
y lo plantaré en un monte muy alto;
23 lo plantaré en un monte alto de Israel,
y echará ramas y dará frutos
y se hará un cedro magnífico.
Toda clase de pájaros anidarán en él
y habitarán a la sombra de sus ramas.
24 Y sabrán todos los árboles del bosque
que yo, el Señor,
humillo al árbol elevado
y exalto al árbol pequeño,
hago secarse el árbol verde
y reverdecer el árbol seco.
Yo, el Señor, lo he dicho y lo haré.

Nadie carga con culpas ajenas

Ez 33 10-20; Jr 31 29; Dt 24 16; Lc 15 7; Rom 11 32
2 Pe 3 9; Mt 16 27

18 1 Recibí esta palabra del Señor:
2 –¿Por qué repiten este refrán en Israel: «Los padres comieron uvas amargas
y a los hijos les toca el amargor?»

3 Por mi vida, oráculo del Señor, que no
dirán más este refrán en Israel. 4 Pues todas las vidas son mías; la vida del padre y
la del hijo. El que peque, ése morirá.

5 Si un hombre es intachable y se comporta recta y honradamente, 6 si no participa en banquetes idolátricos, ni acude a los
ídolos de Israel, si no deshonra a la mujer
de su prójimo ni se une a la mujer durante
la menstruación, 7 si no oprime a nadie,
devuelve la prenda al deudor, no roba, da
su pan al hambriento y viste al desnudo,
8 si no presta a interés con usura, si evita
hacer el mal y es justo cuando juzga, 9 si
se comporta según mis preceptos y cumple
mis leyes, actuando rectamente, ese hombre es intachable y vivirá, oráculo del Señor.

10 Pero si éste tiene un hijo violento y
sanguinario, que hace alguna de estas cosas que él mismo no había hecho; 11 un
hijo que participa en banquetes idolátricos,
deshonra a la mujer de su prójimo, 12 oprime al pobre y al necesitado, roba, no devuelve lo que toma en prenda, acude a los
ídolos, comete abominaciones, 13 presta a
interés con usura, este hijo no vivirá, porque ha cometido todas estas abominaciones; morirá y será responsable de su propia
muerte.

14 Pero si éste, a su vez, tiene un hijo
que, después de haber visto todos los pecados cometidos por su padre, teme y no se
comporta así; 15 no participa en banquetes
idolátricos ni acude a los ídolos de Israel,
no deshonra a la mujer de su prójimo, 16 no
oprime a nadie, devuelve lo que tomó en
prenda, no roba, da su pan al hambriento y
viste al desnudo, 17 evita hacer el mal, no
presta a interés con usura, obedece mis pre-

• **18** 1-32: El profeta insiste de nuevo en el tema de la *responsabilidad individual* (*véase Ez 14* 12-13; 2 Re 14 6). Tradicionalmente la teología popular pensaba que el mal o el bien de los antepasados repercutía en sus descendientes (véase Ez 18 2; Ex 20 5; Dt 5 9). En la situación desesperada de los desterrados, esta teología resonaba con fuerza y servía como excusa de los males presentes, pues los responsables de la situación actual habrían sido los israelitas anteriores y sus maldades. Contra esta idea se levanta Ezequiel para proclamar la responsabilidad de cada persona en cada época concreta. Caminar según quiere el Señor consiste en evitar los pecados (abominaciones) que él detesta, y en cambiar una conducta pasada injusta e impía.

ceptos y se comporta según mis leyes, este
hijo no morirá por la culpa de su padre; ciertamente vivirá. 18 Su padre, que oprimió y
despojó al prójimo y no hizo el bien en su
pueblo, morirá por sus propios pecados.
19 Ustedes dicen: «¿Por qué no carga el
hijo con la culpa de su padre?» Pues porque el hijo se ha comportado recta y honradamente, ha observado todos mis mandamientos y los ha puesto en práctica: por
eso vivirá. 20 El que peca es el que morirá.
El hijo no cargará con la culpa del padre,
ni el padre con la del hijo. El honrado será
tratado como tal, mientras que el malvado
recibirá su merecido.
21 Ahora bien, si el malvado se convierte de todos los pecados cometidos, observa
todos mis mandamientos y se comporta
recta y honradamente, ciertamente vivirá,
no morirá. 22 Ninguno de los pecados cometidos le será recordado, sino que vivirá
por haberse comportado honradamente.
23 ¿Acaso deseo yo la muerte del malvado,
oráculo del Señor, y no que se convierta de
su conducta y viva? 24 Si el honrado se
aparta de su honradez, y comete maldades,
imitando las abominaciones del malvado,
ninguna de las obras buenas que hizo le
será recordada. Por el mal que hizo y por
el pecado cometido morirá.
25 Ustedes dicen: «No es justo el proceder del Señor». Escucha pueblo de Israel:
¿Acaso no es justo mi proceder? ¿No es más
bien su proceder el que es injusto? 26 Si el
honrado se aparta de su honradez, comete
la maldad y muere, muere por la maldad que
ha cometido. 27 Y si el malvado se aparta de
la maldad cometida, y se comporta recta y
honradamente, vivirá. 28 Si recapacita y se
convierte de los pecados cometidos, vivirá,
no morirá.
29 Los israelitas andan diciendo: «No es
justo el proceder del Señor». ¿Acaso no es
justo mi proceder, pueblo de Israel? ¿No es
más bien su proceder el que es injusto?
30 Pues bien, yo juzgaré a cada cual según
su comportamiento. Oráculo del Señor. Conviértanse de todos sus pecados, y el pecado
dejará de ser su ruina. 31 Aparten de ustedes
todos los pecados que han cometido contra
mí, renueven su corazón y su espíritu. ¿Por
qué habrás de morir, pueblo de Israel? 32 Yo
no me complazco en la muerte de nadie.
Oráculo del Señor. Conviértanse y vivirán.

Lamentación por los reyes de Israel

Is 5; Ez 17 5-10; 47 12; Ap 22 1-2; Jn 15 6

19 1 Entona una lamentación por los príncipes de Israel. 2 Dirás:

Tu madre fue una leona entre leones;
echada en medio de los leoncillos,
amamantó a sus cachorros.
3 Crió con esmero a uno de sus cachorros,
que llegó a ser león joven
y aprendió a desgarrar su presa
y a devorar hombres.
4 Pero mandaron gentes contra él
que lo capturaron en su trampa,
y lo llevaron encadenado a Egipto.
5 Al ver ella que lo esperaba en vano,
que su esperanza estaba perdida,
tomó otro de sus cachorros
y lo hizo león joven.
6 El andaba entre los leones,
hecho ya un joven león;
aprendió a desgarrar su presa
y a devorar hombres.
7 Hizo estragos en sus palacios,
destruyó sus ciudades;
la tierra y sus habitantes
se espantaban al oír su rugido.
8 Las gentes de los alrededores
salieron a cazarlo,
le tendieron una red,
y la capturaron en su trampa.
9 Lo encerraron en una jaula encadenado,
y lo llevaron al rey de Babilonia,
para que no se oyera más su rugido
en los montes de Israel.

10 Tu madre era como una parra,
plantada junto a las aguas,

• **19 1-14**: En este canto de lamentación encontramos dos imágenes: la de la leona (Ez 19 1-9) y la de la parra (Ez 19 10-14). La leona es Judá, sus dos cachorros son los reyes de Judá: Joacaz (Ez 19 3-4), primer hijo de Josías, deportado a Egipto por Necao en el 609 a. C. después de un breve reinado (2 Re 23 31-34) y, probablemente, Sedecías (Ez 19 5-9), otro hijo de Josías, nombrado rey por Nabucodonosor en sustitución de Jeconías, quien había sido llevado a Babilonia en la primera deportación del 597 a. C. Ambos príncipes son víctimas del juego político de Egipto y Babilonia.

En cuanto a la parra, es la tercera vez que Ezequiel utiliza este motivo alegórico (véase Ez 15 2-6; 17 8-10). Aquí evoca la nación israelita próspera en otro tiempo y de la que salieron reyes poderosos, pero que ahora va a ser destruida.

fecunda y rica en ramaje
por la abundancia de agua.
11 Echó una rama vigorosa
que se convirtió en cetro de rey.
Su altura sobresalía entre los arbustos,
se distinguía por su altura
y abundante ramaje.
12 Pero fue arrancada con ira
y tirada por tierra;
el viento del este secó sus frutos
que cayeron por tierra;
se secó su tronco robusto,
y el fuego la devoró.
13 Ahora está plantada en el desierto,
en tierra árida y seca.
14 Salió fuego de una de sus ramas
y devoró a las demás.
No ha quedado en ella
ni una rama vigorosa,
que pueda convertirse en cetro de rey.
(Es un canto fúnebre y se canta como
lamentación).

La historia de Israel bajo el signo de la rebelión

Ex 14 11; 32 12; Nm 14 28-30; Dt 1 34-35;
Lv 18 5.21; Ez 16 59-63

20 1 El año séptimo, el día décimo del
quinto mes, vinieron a consultar al Señor algunos ancianos de Israel y se sentaron delante de mí. 2 Entonces recibí esta
palabra del Señor:
3 –Hijo de hombre, di a estos ancianos
de Israel: Así dice el Señor: ¿Vienen a consultarme? Les juro que no me dejaré consultar por ustedes, oráculo del Señor. 4 Júzgalos tú, hijo de hombre, júzgalos tú. Hazles saber las abominaciones de sus antepasados.
5 Diles: Esto dice el Señor: Cuando elegí a Israel hice un juramento solemne a la
descendencia de Jacob; y éste fue el solemne juramento que les hice cuando me
manifesté a ellos en Egipto diciéndoles:
Yo, el Señor, soy tu Dios. 6 Aquel día les
juré solemnemente que los sacaría de Egipto y los llevaría a una tierra que había elegido para ellos, una tierra que mana leche y
miel, la mejor de todas. 7 Y les dije: Arrojen los ídolos que los seducen; no se contaminen con los ídolos de Egipto; yo soy el
Señor tu Dios. 8 Pero ellos se rebelaron
contra mí y no quisieron escucharme. No
arrojaron los ídolos que los seducían, ni
abandonaron los ídolos de Egipto. Yo pensaba desahogar mi ira contra ellos y descargar sobre ellos mi enojo en Egipto. 9 Pero cambié de propósito para que mi nombre no fuera profanado ante las naciones
entre las que ellos se encontraban, porque
había prometido sacar a mi pueblo de Egipto a la vista de sus habitantes.
10 Los saqué de Egipto y los llevé al desierto. 11 Allí les di mis mandamientos y
les di a conocer mis leyes, fuente de vida
para quien las cumple. 12 Les di además
mis sábados, como señal de nuestra alianza, para que reconozcan que soy yo, el Señor, quien los consagra. 13 Pero el pueblo
de Israel se rebeló contra mí en el desierto;
no pusieron en práctica mis mandamientos, despreciaron mis leyes, fuente de vida
para quien las cumple, y profanaron mis
sábados. Yo pensaba descargar sobre ellos
mi ira en el desierto y exterminarlos. 14 Pero cambié de propósito para que mi nombre no fuera profanado ante las naciones
que habían visto cómo los saqué de Egipto. 15 En el desierto les juré solemnemente
que no los llevaría a la tierra destinada para
ellos, tierra que mana leche y miel, la mejor
de todas, 16 porque habían despreciado mis
mandamientos y no habían puesto en práctica mis preceptos, habían profanado mis
sábados y su corazón se había ido detrás de

• **20 1-44**: Ezequiel hace un diagnóstico pesimista de la perpetua rebeldía de Israel contra Dios. Su historia es una historia de pecado y del consiguiente juicio divino (véase Am 4 6; Is 5 25; 9 7-20; 10 1-4). Esquematiza en tres períodos la historia de Israel: los tiempos de Egipto (Ez 20 5-9), la marcha por el desierto, primero la de los padres (Ez 20 10-17) y luego la de los hijos (Ez 20 18-26). En cada una de estas épocas, Israel se enfrenta con los proyectos de Dios y se rebela contra él, no cumpliendo sus leyes y mandamientos. Esto provoca la ira del Señor que se prepara a aniquilar a su pueblo (Ez 20 8b.13b.21b). Sin embargo, la historia del pueblo es también la historia de la manifestación de la santidad de Dios que es el ser misericordioso, inefable, sublime, transcendente, experimentado de manera especial en la liturgia siempre que su santo nombre no sea profanado con prácticas idolátricas. Por la gloria de su nombre cesará su enojo y su ira a pesar de la infidelidad de su pueblo (Ez 20 9.14.17.22). Las ofrendas del pueblo serán aceptadas, y él reunirá a Israel de los países donde estaba disperso. Entonces los pueblos extranjeros descubrirán en él a un Dios superior a cualquier otro dios, porque ha sido capaz de intervenir eficazmente en favor de su pueblo Israel.

sus ídolos. 17 Sin embargo, me compadecí de ellos, y no los aniquilé ni acabé con ellos en el desierto.

18 Dije a sus hijos en el desierto: No sigan los preceptos de sus padres, no observen sus mandamientos, no imiten sus costumbres, ni se contaminen con sus ídolos. 19 Yo soy el Señor, tu Dios. Compórtense según mis preceptos, observen mis mandamientos y pónganlos en práctica. 20 Guarden mis sábados como días sagrados, para que sean señal de nuestra alianza, y todos reconozcan que yo, el Señor, soy tu Dios. 21 Pero también los hijos se rebelaron contra mí; no se comportaron según mis preceptos, no observaron ni pusieron en práctica mis mandamientos, que dan vida a quien los observa, y profanaron mis sábados. Pensaba desahogar mi ira y descargar mi enojo contra ellos en el desierto. 22 Pero me contuve y cambié de propósito, para que mi nombre no fuera profanado ante las naciones que habían visto como los saqué de Egipto. 23 A pesar de todo, en el desierto les juré solemnemente que los dispersaría entre las naciones y los esparciría entre los pueblos, 24 por no haber practicado mis mandamientos, por haber despreciado mis leyes, profanado mis sábados y entregado su corazón a los ídolos de sus antepasados. 25 Incluso les di leyes que no eran buenas, preceptos que no eran fuente de vida, 26 y los hice contaminarse con sus propias ofrendas, haciéndoles sacrificar a sus primogénitos. Esto les serviría de castigo, y así reconocerían que yo soy el Señor.

27 Hijo de hombre, di a los israelitas: Esto dice el Señor: Sus antepasados me han ofendido continuamente con sus infidelidades. 28 Yo los llevé a la tierra que solemnemente había jurado darles. Pero, nada más ver una colina elevada o un árbol frondoso, ofrecieron allí sus sacrificios, presentaron su ofrenda provocativa, quemaron sus perfumes y derramaron sus ofrendas de vino y aceite. 29 Yo les pregunté: ¿Qué es ese altozano adonde ustedes van? Y ellos le pusieron el nombre de «altozano», hasta el día de hoy.

30 Por tanto, di a los israelitas: Esto dice el Señor: Ustedes se han contaminado con las costumbres de sus antepasados, se han prostituido con sus ídolos, 31 ofreciendo sus oblaciones y haciendo pasar por el fuego a sus hijos; se han contaminado con todos sus ídolos hasta el día de hoy, ¿y me voy a dejar yo consultar por ustedes, pueblo de Israel? Juro por mi vida, oráculo del Señor, que no me dejaré consultar por ustedes. 32 Y no sucederá lo que piensan, cuando dicen: «Queremos ser como las naciones, como las gentes de los otros países, adoradores de madera y piedra». 33 Les juro, oráculo del Señor, que seré yo quien reine, extendiendo mi poder con furor incontenible. 34 Los sacaré de entre los pueblos y los reuniré de los países en los cuales los había dispersado, extendiendo todo mi poder con furor incontenible. 35 Los llevaré a las naciones y, como hice en el desierto, entablaré con ustedes un pleito. 36 Como entablé un pleito con sus antepasados en el desierto de Egipto, así lo entablaré con ustedes, oráculo del Señor. 37 Los haré pasar bajo la vara, y haré que se sometan a las exigencias de la alianza. 38 Separaré de ustedes a los rebeldes y a los que se han apartado de mí, los haré salir del país en que viven, pero no entrarán en la tierra de Israel; y reconocerán que yo soy el Señor.

39 En cuanto a ustedes, pueblo de Israel, esto dice el Señor: ¡Den culto, si quieren a sus ídolos! Pero les advierto que después tendrán que obedecerme y dejar de profanar mi santo nombre con sus ofrendas idolátricas. 40 Porque en mi monte santo, en el monte más alto de Israel, oráculo del Señor, me servirán todos los israelitas, todos los que vivan en esta tierra. Allí los recibiré con benevolencia y pediré sus ofrendas, las primicias de sus dones, todo lo que quieran consagrarme.

41 Los recibiré con benevolencia, como aroma agradable, cuando los haya sacado de entre los pueblos y los haya reunido de los países en los que los había dispersado. Manifestaré mi santidad en ustedes ante las naciones paganas; 42 y reconocerán que yo soy el Señor, cuando los haya llevado a Israel, a la tierra que solemnemente juré dar a sus antepasados. 43 Se acordarán de su conducta, de todas las acciones con que se contaminaron, y tendrán asco de ustedes mismos por todas las maldades que han cometido. 44 Y reconocerán que yo soy el Señor, cuando por el honor de mi nombre

y, sin tener en cuenta su mala conducta y
sus acciones detestables, haga todo esto
con ustedes, pueblo de Israel. Oráculo del
Señor.

La espada contra Jerusalén

Is 9 17; 10 17-19; Jr 21 14; Sal 83 15

21 1 Recibí esta palabra del Señor:
2 –Hijo de hombre, gira a la derecha,
dirige tu palabra hacia el sur y profetiza
contra el bosque del Négueb. 3 Dirás: Escucha la palabra del Señor: Esto dice el
Señor: Voy a encender en medio de ti un
fuego, que devorará todo árbol, tanto el
verde como el seco. La llama devoradora
no se apagará y arderá todo el Négueb de
norte a sur. 4 Todos verán que fui yo, el
Señor, quien lo encendió. No se apagará.
5 Yo exclamé:
–¡Ay, Señor! Dicen de mí: «Es un charlatán».
6 Entonces recibí esta palabra del Señor:
7 –Hijo de hombre, dirige tu rostro hacia Jerusalén, dirige tu palabra hacia el santuario y profetiza contra la tierra de Israel.
8 Dirás: Esto dice el Señor: Aquí estoy
contra ti; desenvainaré la espada y mataré
a inocentes y culpables. 9 Para eso desenvainaré mi espada contra todo hombre, de
norte a sur: para matar a inocentes y culpables. 10 Y todo el mundo reconocerá que
yo, el Señor, he desenvainado mi espada, y
que no será envainada de nuevo.
11 Y tú, hijo de hombre, gime, retuércete
con amargura, gime ante sus ojos. 12 Y
cuando te pregunten por qué gimes, les
dirás: Porque llega una noticia, ante la cual
se derretirán los corazones, los brazos se
debilitarán, los ánimos desfallecerán y las
rodillas flaquearán. Ya llega, ya se cumple.
Oráculo del Señor.

La espada contra el pueblo y los príncipes de Israel

13 Recibí esta palabra del Señor:
14 –Hijo de hombre, profetiza y di: Esto
dice el Señor:

15 ¡Una espada, una espada!
Está afilada y bien pulida;
afilada para matar,
pulida para brillar.
16 La he pulido para empuñarla;
la he pulido y afilado
para ponerla en manos del asesino.
17 Grita y gime, hijo de hombre,
porque está destinada a mi pueblo,
a todos los príncipes de Israel
que han sido entregados a la espada
junto con mi pueblo.
Por tanto, golpéate el pecho:
18 ¿Cuál será la prueba?
¿Qué pasará si se desprecia
el bastón de mando?
No subsistirá. Oráculo del Señor.
19 Tú, hijo de hombre,
profetiza y golpea
las palmas de tus manos:
que hiera la espada sin cesar,
la espada de la muerte,
la terrible espada de la muerte,
que amenaza en torno a ellos.
20 Para que desfallezcan los corazones
y sean muchas las víctimas,
he puesto en todas las puertas
la punta de la espada,
pulida para brillar,
afilada para matar.
21 Adondequiera que se dirija tu hoja
hiere a derecha e izquierda.
22 Yo también golpearé
las palmas de mis manos
y descargaré mi enojo.
Yo, el Señor, he hablado.

• **21** 1-12: Este oráculo de condenación es el primero de cuatro cánticos compuestos a partir de la imagen de la espada, uno de los instrumentos de castigo tradicionales en el juicio divino. Los tres primeros son contra Israel (Ez 21 1-12.13-22 y 23-32) y el último es contra Amón (Ez 27 33-37).

El fuego que quema en el bosque del Négueb todo árbol verde y seco, se convierte en espada. El bosque se *transforma en la ciudad de Jerusalén* y sus árboles verdes y secos en todo el pueblo, los justos y los injustos, contra quienes se dirige la espada.

• **21** 13-22: Este poema a la espada pone de relieve el castigo divino que caerá sobre el pueblo y sus príncipes (Ez 21 17). La espada es el instrumento del castigo y el profeta es el narrador que con sus palabras y sus acciones simbólicas dramatiza la escena, ocupando el lugar del Señor (Ez 21 19.22).

• **21** 23-32: Este tercer oráculo se refiere al tiempo de la rebelión de Sedecías. El rey de Babilonia (Ez 21 24) se convierte en el ejecutor que toma la espada para cumplir los proyectos del Señor contra su pueblo infiel. Mientras que Nabucodonosor confía en las artes adivinatorias para predecir el futuro y tomar decisiones (Ez 21 26-27), el pueblo israelita y sus jefes desestiman los oráculos del profeta (Ez 21 28; véase Ez 21 5). Sin embargo, la hora de la destrucción se acerca implacable.

La espada del rey de Babilonia

Is 40 4; Mt 23 12

23 Recibí esta palabra del Señor:
24 –Y tú, hijo de hombre, traza dos caminos para que venga por ellos la espada
del rey de Babilonia; los dos partirán del
mismo país. Al principio de cada camino
coloca un letrero que indique la ciudad
adonde va. 25 Traza un camino para que
venga la espada a Rabá de los amonitas, y
otro a Judá, a la plaza fuerte de Jerusalén.
26 Pues el rey de Babilonia se ha detenido
en un cruce de caminos, donde éstos se dividen, para consultar los presagios: revuel-
ve las flechas, consulta a los ídolos, examina el hígado de las víctimas. 27 Ya tiene el
presagio en su mano derecha: ¡A Jerusalén!
Que lancen el grito de combate, que dirijan
las máquinas de guerra contra las puertas,
que levanten terraplenes, que dispongan el
cerco. 28 A los habitantes de Jerusalén les
parece un presagio falso, pues les hicieron
solemnes promesas; pero él los acusará y
los hará cautivos. 29 Por eso, así dice el
Señor: Por haberme hecho recordar la maldad de ustedes, poniendo al descubierto
sus rebeliones, y empeñándose en llamar la
atención a través de sus acciones pecaminosas, serán capturados. 30 Y en cuanto a
ti, infame y malvado príncipe de Israel, ha
llegado tu hora, el fin de tu maldad. 31 Esto
dice el Señor: Quítate el turbante y la corona. Van a cambiar las cosas; lo humillado
será exaltado y lo exaltado será humillado.
32 Ruina sobre ruina, todo lo convertiré en
ruina, como jamás se vio. Pero esto no sucederá hasta que llegue aquél a quien corresponde ejecutar la sentencia por encargo
mío.

La espada contra los amonitas

33 Y ahora, hijo de hombre, profetiza y
di:
–Esto dice el Señor contra los amonitas
y contra sus insultos: Espada, espada desenvainada para matar, pulida para exterminar y brillar; 34 –acerca de ti tienen visiones
falsas y pronuncian oráculos mentirosos–
pronta para degollar a los infames y malvados, para quienes ha llegado la hora que
pondrá fin a sus maldades. 35 ¡Regresa a tu
vaina, espada Yo te juzgaré en la tierra en
que fuiste forjada, en tu país de origen.
36 Derramaré sobre ti mi furor, alimentaré
contra ti el fuego de mi enojo, y te entregaré en manos de hombres sanguinarios y
destructores. 37 Serás presa del fuego, tu
sangre será derramada por el país, y llegará a perderse tu memoria; pues yo, el Señor, he hablado.

Juicio contra Jerusalén

Ez 5 14; 6 11; 13 5-9; Is 1 22.25; Jr 6 28-30; Mal 3 2-3

22 1 Recibí esta palabra del Señor:
2 –Y tú, hijo de hombre, juzga a la
ciudad sanguinaria. Echale en cara sus horribles acciones. 3 Dirás: Esto dice el Señor:
¡Ay de la ciudad que mata a sus propios
habitantes para acelerar su destrucción y
que fabrica ídolos para contaminarse con
ellos! 4 Por la sangre que has derramado te
has hecho culpable, te has contaminado
con los ídolos que te has fabricado; así has
adelantado tu hora, has llegado al fin de tu
existencia. Yo te convierto en motivo de
burla para las naciones y en objeto de insultos en toda la tierra. 5 Los pueblos vecinos y lejanos se burlarán de ti, ciudad de

• ***21** 33-37: Este último oráculo* presenta la destrucción de los amonitas (Ez 21 33-34), enemigos tradicionales de Israel, y de la espada (Ez 21 35-37), instrumento del castigo. Ambos oráculos parecen abrirse a una pequeña esperanza, pues enemigos y castigo desaparecen.

• **22 1-31**: El tema común a estos tres oráculos es la denuncia de los pecados de Jerusalén y el anuncio del castigo divino.

En Ez 22 1-16 la atención se centra en los pecados actuales de Israel (Ez 22 6-12). El origen de todos ellos se encuentra en la idolatría que ha hecho impura a la ciudad. De ella nacen los pecados sociales, cultuales y personales. Pecados que manifiestan el olvido de Dios por parte del pueblo infiel (Ez 22 12; véase también Ez 23 35; Jr 2 32; 18 15).

En Ez 22 17-22, Jerusalén ha sido pasada por el fuego como por un horno en el que el metal fundido va poco a poco soltando residuos inútiles. Ezequiel utiliza esta imagen tomada de la tradición (véase Is 1 22ss; Jr 6 28-30) resaltando el aspecto negativo de la purificación.

En Ez 22 23-31 el profeta denuncia las distintas categorías de la población de Jerusalén. La detallada enumeración da una idea de las distintas clases sociales, con sus respectivas conductas pecaminosas. Los gobernantes o príncipes, los sacerdotes, los nobles, los profetas y el pueblo. Nadie escapará al juicio, a la ira divina.

mala fama, llena de corrupción. 6 Los príncipes de Israel derraman toda la sangre que
pueden. 7 Tus habitantes desprecian al padre
y a la madre, tratan mal al extranjero, oprimen al huérfano y a la viuda. 8 Han despreciado mis cosas sagradas, y profanado
mis sábados. 9 Tus habitantes provocan
con sus calumnias a derramar sangre; participan en banquetes idolátricos y cometen
infamias; 10 se acuestan con su madre y
fuerzan a la mujer mientras tiene la menstruación. 11 Hay quien comete adulterio con
la mujer de su prójimo, quien abusa ver-
gonzosamemente de su nuera, quien violenta a su hermana, a la hija de su propio
padre. 12 Tus habitantes se dejan sobornar
para derramar sangre; cobran intereses con
usura, explotan con violencia al prójimo y
se han olvidado de mí. Oráculo del Señor.
13 Yo te castigaré por tu avaricia y por
la sangre derramada en medio de ti. 14 ¿Resistirá tu corazón, estarán firmes tus manos
el día en que yo te pida cuentas? Yo, el Señor, lo he dicho y lo haré. 15 Te dispersaré
entre las naciones y te esparciré por el mundo. Así te purificaré de tu impureza. 16 Llevarás tu propia deshonra delante de las naciones, y reconocerás que yo soy el Señor.
17 Recibí esta palabra del Señor:
18 –Hijo de hombre, el pueblo de Israel
se ha convertido para mí en un residuo
inútil; aunque haya sido plata, cobre, estaño, hierro y plomo, en el horno se han convertido en un residuo inútil. 19 Por eso, así
dice el Señor: Porque todos se han convertido en un residuo inútil, yo los reuniré en
Jerusalén. 20 Como se echa plata, cobre,
hierro, plomo y estaño en el horno y se alimenta el fuego para fundirlo, así yo los
reuniré en mi enojo y mi ira y los fundiré.
21 Los reuniré y atizaré contra ustedes el
fuego de mi enojo y los fundiré en la ciudad. 22 Como se funde la plata en el horno,
así serán fundidos ustedes en la ciudad, y
reconocerán que yo, el Señor, he descargado mi ira contra ustedes.

23 Recibí esta palabra del Señor:
24 –Hijo de hombre, di a Jerusalén: Eres
una tierra que no ha sido purificada, sobre
la que no ha llovido en el día del enojo.
25 Sus príncipes son como león rugiente
ávido de presa; devoran a los hombres, se
apoderan de tesoros y riquezas, y hacen
aumentar el número de las viudas. 26 Sus
sacerdotes han violado mi ley y profanado
mi santuario. No han distinguido entre lo
santo y lo profano, ni han enseñado la diferencia entre lo puro y lo impuro. No les
ha importado profanar mis sábados, y yo he
sido deshonrado en medio de ellos. 27 Los
nobles de la ciudad son como lobos ávidos
de presa; derraman sangre y hacen matanzas. 28 Sus profetas recubren su crímenes
con cal: tienen visiones falsas y oráculos
mentirosos, y dicen: «Esto dice el Señor»,
sin que el Señor haya hablado. 29 La gente
se entrega a la violencia y al robo: maltratan
al humilde y al pobre y oprimen al extranjero quebrantando sus derechos. 30 He buscado entre ellos un hombre que levantara
una muralla y se mantuviera firme en el
muro frente a mí, defendiendo esta tierra
para que yo no la destruyera, y no lo he
hallado. 31 Por eso he descargado sobre
ellos mi ira, los he exterminado con el
fuego de mi enojo y los he castigado como merece su conducta. Oráculo del Señor.

Samaría y Jerusalén, dos hermanas castigadas por adúlteras

Ez 16; Jr 3 6-13; 25 15-18

23 1 Recibí esta palabra del Señor:
2 –Hijo de hombre, había dos mujeres, hijas de una misma madre. 3 Se prostituyeron en Egipto cuando todavía eran muy
jóvenes. Allí fueron manoseados sus pechos
y acariciados sus senos virginales. 4 La mayor se llamaba Oholá y su hermana, Oholibá. Después yo me uní a ellas, y dieron a
luz hijos e hijas. El nombre de Samaría es
Oholá, y Oholibá el de Jerusalén.

• **23 1-49**: Esta alegoría histórica (véase Ez 16) describe los pecados políticos de Samaría y Jerusalén, hermanas amadas por el Señor. Ambas son esposas infieles al mismo marido; su comportamiento es como el de las adúlteras y prostitutas (véase Ez 16 30). El profeta llama a Samaría, Oholá; y a Jerusalén, Oholibá. Estos dos nombres, que a lo largo de toda la Biblia sólo aparecen aquí, significan respectivamente *su tienda* y *mi tienda en ella*; podrían tener un cierto alcance simbólico en la intención del profeta, pero tan sutil que escapa a nuestra percepción. Después de un pecado común en Egipto, donde fueron manoseadas y perdieron su virginidad (Ez 23 3), Oholá se prostituye con los asirios (véase 2 Re 17 14; Os 7 11; 12 12), se entrega a sus impúdicas caricias y es destruida por ellos en el año 721 a. C. (2 Re 17). Oholibá, es decir Jerusalén, pecó también con Asiria, después con los cal-

5 Oholá se prostituyó y me abandonó, se enamoró locamente de sus amantes, los asirios: guerreros 6 que vestían de seda, gobernadores y generales; todos ellos jóvenes apuestos y hábiles jinetes. 7 Se prostituyó con lo más selecto de los asirios, de los que se había enamorado, y se contaminó con todos sus ídolos. 8 Pero no por eso dejó de prostituirse con los egipcios, que se habían acostado con ella en su juventud, manoseando sus senos virginales y derramando en ella sus impurezas. 9 Por eso la entregué en manos de sus amantes, en manos de los asirios, de los que se había enamorado. 10 Ellos la desnudaron, tomaron a sus hijos e hijas y los mataron a espada. Su escarmiento se hizo famoso entre las mujeres.

11 Su hermana Oholibá lo vio, pero fue aún más ardiente en su pasión y se prostituyó más que su hermana. 12 Se enamoró de los asirios, sus vecinos: gobernadores y generales que vestían espléndidamente, todos ellos jóvenes apuestos y hábiles jinetes. 13 Vi que también ella se había manchado; las dos seguían el mismo camino. 14 Pero las prostituciones de ésta fueron peores que las de la otra. Vio hombres representados en las paredes, figuras de caldeos en color rojo, con correa a la cintura, 15 turbantes multicolores en la cabeza, con aspecto de nobles todos ellos; eran representaciones de babilonios, cuyo país de origen es Caldea. 16 Nada más verlos, se enamoró de ellos y les envió mensajeros a Caldea. 17 Los babilonios vinieron a ella, al lecho del amor; la mancharon con sus prostituciones y, después de contaminarse, se hastió de ellos. 18 Ella puso al descubierto sus prostituciones y quedó desnuda. Y yo me aparté de ella como me había apartado de su hermana. 19 Ella se prostituyó más cada vez y, recordando los días de su juventud, cuando se prostituía en Egipto, 20 se enamoró de nuevo de aquellos lujuriosos amantes, que tienen miembros de burros y esperma de caballos. 21 Volviste así a la impureza de tu juventud, cuando los egipcios manoseaban tus pechos y acariciaban tus senos virginales.

22 Por eso, Oholibá, así dice el Señor: Yo haré que vengan contra ti todos tus amantes, de quienes te has hastiado, y los traeré contra ti de todas partes: 23 los babilonios y todos los caldeos, los habitantes de Pecod, Soa y Coa y todos los asirios, jóvenes apuestos, gobernadores y generales todos ellos, capitanes y oficiales, cabalgando sobre caballos. 24 Vendrán contra ti del norte, con carros y carretas, con una multitud de pueblos; armados de corazas, escudos y cascos, vendrán contra ti de todas partes y te juzgarán según sus leyes. 25 Desencadenaré mi rabia contra ti, y te tratarán con furor; te cortarán la nariz y las orejas, y tus sobrevivientes caerán a espada. Se llevarán a tus hijos y tus hijas, y los que sobrevivan serán presa del fuego. 26 Te despojarán de tus vestidos y se apoderarán de tus joyas. 27 Y pondré fin a tu sensualidad y a tus prostituciones, que comenzaron en Egipto. No volverás a poner tus ojos en ellos, ni pensarás más en Egipto. 28 Esto dice el Señor: Te voy a entregar en manos de los que odias, de los que te has hastiado. 29 Ellos te tratarán con odio, se llevarán cuanto ganaste, te dejarán completamente desnuda y quedarán al descubierto tus vergüenzas de prostituta. Han sido tu libertinaje y tus prostituciones 30 los que te han acarreado todo esto porque, al prostituirte ante las naciones, te has contaminado con sus ídolos. 31 Has seguido el camino de tu hermana, y por eso yo te haré correr la misma suerte. 32 Esto dice el Señor:

Beberás la copa de tu hermana,
copa ancha, profunda,
de gran capacidad,
que te hará objeto de burla y de risa.

deos y con los babilonios, cuyas imágenes la habían seducido en tiempos de Ezequías, a principios del siglo VII a. C. Finalmente Jerusalén, como Samaría, pecó con Egipto cuando Sedecías (597-587 a. C.) quiso sacudirse la carga impuesta por los babilonios.

El castigo del Señor no se hace esperar (Ez 23 22-34). Sus amantes invadirán y destruirán Jerusalén (Ez 23 22-30) que padecerá la desolación y el horror, representados por la copa que debe beberse hasta el fondo y que es signo del castigo reservado por Dios a los impíos (Ez 23 31-34; véase Sal 75 9-10; Jr 25 15ss).

El Señor dirige de nuevo la palabra a Ezequiel (Ez 23 36-49) invitándole a juzgar a las dos hermanas. Ahora en el juicio no se habla de pecados políticos como antes, sino simplemente de idolatría, de profanación del santuario y del sábado, y de la inmolación de los primogénitos a los ídolos. El castigo será grande, hasta que *reconozcan que yo soy el Señor.*

33 Te emborracharás de amargura.
Copa de horror y desolación
es la copa de tu hermana Samaría.
34 La beberás, hasta el fondo,
la romperás con tus dientes
y sus trozos te desgarrarán los senos.
35 He hablado yo, oráculo del Señor.

Esto dice el Señor: Puesto que me has
olvidado y me has dado la espalda, carga
ahora con el peso de tu libertinaje y tus
prostituciones.
36 El Señor me dijo:
–Hijo de hombre, juzga a Oholá y a
Oholibá y échales en cara sus abominaciones, 37 pues se han hecho adúlteras, y sus
manos están llenas de sangre. Se han prostituido con sus ídolos, y han inmolado en
el fuego a los hijos que me habían dado a
luz. 38 Incluso han llegado a quebrantar mis
sábados y profanar mi santuario. 39 Después de haber inmolado a sus hijos ante
sus ídolos, entraban el mismo día a mi santuario para profanarlo. Eso es lo que han
hecho dentro de mi templo. 40 Además,
han hecho que vinieran hombres de lejos;
tú los invitabas por medio de un mensajero
y ellos acudían. Para ellos te bañabas, te
pintabas los ojos y te engalanabas. 41 Te
reclinabas cómodamente ante una mesa
bien servida, en la que habías puesto mi
óleo y mis perfumes. 42 Se oía el ruido de
una multitud alegre: hombres venidos del
desierto, que colocaban pulseras en sus
manos y una magnífica corona en su cabeza. 43 Yo dije de la ciudad consumida por
los adulterios: ¿Continuará todavía con sus
prostituciones? 44 Como quien acude a una
prostituta, así se acercaban a Oholá y Oholibá, mujeres depravadas. 45 Pero hombres
justos las juzgarán como se juzga a las
adúlteras y homicidas. Porque son adúlteras y sus manos están llenas de sangre.
46 Esto dice el Señor: Que se convoque
contra ellas una asamblea y que sean entregadas al terror y al robo. 47 Que las ape-
dreen, que las partan en trozos con espadas; que maten a sus hijos e hijas, y que
prendan fuego a sus casas. 48 Así pondré
fin a la infame conducta de esta tierra. Las
mujeres escarmentarán y no imitarán su
libertinaje. 49 Las haré responsables de su
infamia, pagarán los pecados de su idolatría y reconocerán que yo soy el Señor.

Parábola de la olla oxidada

Ez 5 11; 11 3-12

24 1 El año noveno, el día diez del décimo mes, recibí esta palabra del Señor:
2 –Hijo de hombre, anota esta fecha, porque el rey de Babilonia se ha lanzado sobre Jerusalén en este día. 3 Cuenta una parábola a este pueblo rebelde, y diles: Esto
dice el Señor:

Prepara una olla, prepárala,
y echa agua en ella.
4 Echa trozos de carne,
trozos buenos, pierna y costilla;
llénala de huesos elegidos,
5 toma lo mejor del rebaño;
amontona leña debajo:
que hierva a borbotones,
para que se cuezan también los huesos.
6 Esto dice el Señor:
¡Ay de la ciudad sanguinaria,
de la olla oxidada,
cuyo óxido no se quita!
Vacíala de sus trozos uno a uno,
porque ha caído en desgracia.
7 Dentro tiene todavía la sangre,
la ha puesto sobre roca desnuda,
no la ha derramado por tierra,
para que el polvo la cubriera.
8 Pues yo también la pondré
sobre roca desnuda,
La dejaré sin tapar,
para que se cumpla mi venganza.
9 Por eso, así dice el Señor:
¡Ay de la ciudad sanguinaria!
Yo mismo apilaré leña en cantidad.
10 Y tú amontona leña, enciende el fuego,
cuece la carne, tira el caldo,
para que los huesos se quemen.
11 Deja la olla vacía sobre las brasas,
para que el cobre se ponga al rojo,
y así desaparezca la suciedad

• **24** 1-14: Al comienzo del sitio de Jerusalén, en el año 588 a. C., tiene lugar este oráculo o parábola de la olla puesta al fuego. La olla simboliza a Jerusalén. Los trozos de carne son sus habitantes, incluida la parte más selecta de Judá. El óxido es la sangre que los pecadores han derramado en la ciudad llenándola de impureza, y que mientras no se cubra, grita venganza a Dios (véase Gn 4 10; 37 26; Is 26 21). Esta sangre no ha sido absorbida por la tierra; por eso, el mal pesa aún sobre los culpables habitantes de Jerusalén.

y desaparezca su óxido.
12 Pero a pesar de mis esfuerzos,
el óxido se resiste al fuego,
no desaparece de ella.

13 He querido limpiarte, pero no te has
dejado limpiar. No estarás limpia hasta que
yo descargue contra ti mi ira. 14 Yo, el Señor, he hablado: esto sucederá y lo haré; no
me arrepentiré, no tendré piedad ni compasión. Te juzgaré según tu conducta y según
tus obras. Oráculo del Señor.

Muere la mujer del profeta

Eclo 36 22; Jr 7 1-15; Lam 2 7; Ez 12 6; 32 22

15 Recibí esta palabra del Señor:
16 –Hijo de hombre, voy a quitarte de
repente a la que es la delicia de tus ojos;
pero tú no te lamentes, no llores, no derrames lágrimas. 17 Suspira en silencio, no
hagas duelo, colócate el turbante en la cabeza, cálzate las sandalias, no te tapes la
barba, no comas lo que te ofrezcan tus vecinos en día de duelo.
18 Yo había hablado al pueblo por la
mañana, y por la tarde murió mi esposa. Al
día siguiente hice lo que se me había mandado. 19 El pueblo me dijo:
–Explícanos qué significa para nosotros lo que estás haciendo.
20 Yo les respondí:
–He recibido esta palabra del Señor:
21 Dile al pueblo de Israel: Esto dice el Señor: Voy a profanar mi santuario, del que
están tan orgullosos, la delicia de sus ojos,
el amor de su vida. Los hijos e hijas que dejaron en Jerusalén, caerán a espada. 22 Entonces harán como yo he hecho: no se taparán la barba, no comerán lo que les ofrezcan sus vecinos en día de duelo. 23 Llevarán el turbante en la cabeza y las sandalias
en los pies; no se lamentarán ni llorarán,
sino que se irán consumiendo a causa de
sus maldades y gemirán unos con otros.
24 Ezequiel será para ustedes un símbolo:
cuando esto suceda, harán lo que él ha hecho, y reconocerán que yo soy el Señor.
25 Y tú, hijo de hombre, el día en que
yo les arrebate su refugio, su gloria y su
alegría, la delicia de sus ojos, el amor de
su vida, sus hijos y sus hijas, 26 llegará a ti
un fugitivo que te traerá la noticia. 27 Ese
día, al llegar el fugitivo, tu boca se abrirá,
podrás hablar y no volverás a quedar mudo. Serás para ellos un símbolo, y reconocerán que yo soy el Señor.

III. ORACULOS CONTRA LAS NACIONES Δ

Contra Amón

Ez 21 33-37; Am 1 13-15; Jr 49 1-6

25 1 Recibí esta palabra del Señor:
2 –Hijo de hombre, dirige tu rostro
hacia el país de los amonitas y profetiza
contra ellos. 3 Les dirás: Escuchen la palabra del Señor.
Esto dice el Señor:
–Por haberse alegrado cuando mi santuario era profanado, cuando la tierra de
Israel era devastada 4 y el pueblo de Judá

• **24 15-27**: Dos acontecimientos importantes dominan esta sección: la muerte de la esposa de Ezequiel y la llegada de un fugitivo que ha escapado de la Jerusalén sitiada y se presenta en el lugar donde habita el profeta. Ezequiel anuncia el mensaje de Dios para su pueblo a través de acciones simbólicas. La muerte de su mujer y el luto que debe guardar por ella sirven para manifestar los planes del Señor y el futuro inmediato de Jerusalén. El profeta guarda silencio, hace luto y se queda como mudo, hasta que llega un fugitivo a Babilonia (Ez 24 26-27a; véase Ez 33 21) que le habla del cerco de Jerusalén, demostrando así que son verdaderos todos los oráculos y acciones simbólicas anteriores; el profeta recupera de nuevo la confianza y la estima merecidas, y vuelve a hablar ahora con un mensaje de consolación. Este relato continúa en Ez 33 21 después de los oráculos contra las naciones de Ez 25-32.

Δ 25 1-32 32: Las colecciones de oráculos contra las naciones vecinas son frecuentes entre los profetas (Am 1-2; Is 13-23; Jr 47 51). La colección de Ezequiel comienza por los países más cercanos: Amón, Moab, Edom y Filistea (Ez 25); Tiro y Sidón (Ez 26-28); y termina con un largo discurso contra Egipto (Ez 29-32). La mayoría de estos oráculos están fechados en torno a la destrucción de Jerusalén (587-585 a. C.) y hay en ellos alusiones a la campaña de Nabucodonosor, cuyo poder amenazaba incluso a Egipto. En el castigo de estas naciones ve el profeta un acto de justicia por los desmanes que ellas cometieron contra Judá y Jerusalén, y también un indicio de esperanza en el Señor de la historia, que en un futuro castigará a los que ahora oprimen a su pueblo.

iba al destierro, yo los entrego en poder de
los hijos de oriente. Levantarán en ti sus
campamentos, instalarán en ti sus tiendas,
comerán tus frutos y beberán tu leche.
5 Convertiré a Rabá en un establo de camellos y a las ciudades amonitas en un corral
de ovejas, y reconocerán que yo soy el Señor.
6 Esto dice el Señor:
–Por haber aplaudido y saltado de alegría, por haberte alegrado despreciando a
Israel, 7 yo te castigaré y te entregaré como
presa a las naciones. Te extirparé de entre
los pueblos, te haré desaparecer de ellos; te
exterminaré, y reconocerás que yo soy el
Señor.

Contra Moab

Am 2 1-3; Jr 48; Sof 2 8-11

8 Esto dice el Señor:
–Porque Moab y Seír han dicho: «Judá
es como el resto de las naciones», 9 voy a
abrir la frontera de Moab; destruiré sus ciudades hasta la última: Bet Yesimot, Baal
Meón y Quiriat Yearín, la perla del país.
10 La entregaré a los de oriente, junto con
el país de Amón, y no quedará recuerdo de
Amón entre los pueblos. 11 Someteré a juicio a Moab, y reconocerán que yo soy el
Señor.

Contra Edom

Ez 35; Am 1 11-12; Jr 49 7-22; Is 34

12 Esto dice el Señor:
–Edom se ha vengado cruelmente de
Judá y se ha hecho gravemente culpable al
vengarse de ella. 13 Pues así dice el Señor:
Extenderé mi mano contra Edom, exterminaré de ella hombres y animales y haré de
ella un desierto. Desde Temán a Dedán
caerán a espada. 14 Me vengaré de Edom
por medio de mi pueblo Israel, que tratará
a Edom según mi enojo y mi ira, para que
experimenten mi venganza. Oráculo del
Señor.

Contra Filistea

Sof 2 4-7

15 Esto dice el Señor:
–Los filisteos han actuado vengativa-
mente; con un odio muy antiguo se han
ensañado en su venganza, exterminando
sin piedad. 16 Pues así dice el Señor: Yo
extenderé mi mano contra los filisteos, destruiré a los cereteos, exterminaré al resto
de los habitantes de la costa. 17 Ejerceré
contra ellos terribles venganzas castigán-
dolos con ira; y reconocerán que yo soy el
Señor cuando descargue sobre ellos mi
venganza.

Contra Tiro

Is 23; Ez 29 17-21; Ap 18 9-19.21; Ez 32 18-32

26 1 El año undécimo, el día primero del
mes, recibí esta palabra del Señor:
2 –Hijo de hombre, Tiro ha dicho de Jerusalén: «Se ha derrumbado la puerta de
las naciones. Yo me estoy enriqueciendo

• **25 1-7**: Este oráculo contra Amón es el primero de una serie de cuatro, pronunciados contra los pueblos vecinos y enemigos de Israel. La estructura literaria es muy sencilla. A la fórmula inicial de acusación sigue una sentencia condenatoria. La fe del pueblo elegido se tambalea cuando descubre que su derrota y su ruina a manos de Babilonia, no son compartidas por los pueblos limítrofes. Estos oráculos del profeta supondrán para los desterrados un mensaje de esperanza, invitándolos a comprender la actuación de Dios en la historia.

Los amonitas, tribus seminómadas que habitaban en la parte central de la Transjordania, son acusados por despreciar los principios religiosos básicos de Israel: el templo y la tierra (Ez 25 3). El castigo que sufrirán por su pecado será la dispersión y el exterminio (Ez 25 5.7).

• **25 8-11**: Los moabitas habitaban en Transjordania, al *este del mar Muerto. Su pecado es religioso*: no reconocer a la nación de Judá como propiedad del Señor. El castigo que caerá sobre ellos afectará incluso a las ciudades mejor protegidas.

• **25 12-14**: En este oráculo contra Edom las acusaciones religiosas dejan paso a las políticas. Edom se ha aprovechado de la debilidad de Judá para ocupar parte de sus territorios, por eso, el Señor ejercerá terribles venganzas contra este pueblo.

• **25 15-17**: Los filisteos eran probablemente los enemigos más antiguos de Israel. En este tiempo, aunque habían perdido su antiguo esplendor, se aprovechaban de la debilidad de Judá para saquear su territorio.

• **26 1-21**: La ciudad fenicia de Tiro fue uno de los principales puertos de la antigüedad. Situada en una isla, debía su esplendor económico y militar al éxito de su comercio marítimo. Ezequiel pronuncia este oráculo contra la ciudad fenicia en vísperas del sitio de Jerusalén en el año 587 a. C. mientras el ejército de Nabucodonosor ha puesto cerco a Tiro y están siendo destruidas las ciudades amigas de la costa. Acusación (Ez 26 2) y condena (Ez 26 3-21) se suceden. Las imágenes míticas, inspiradas en las aguas abismales del caos primordial y del océano (véase Gn 1 2; Sal 18 5-6; Jon 2 1-9), le sirven para describir la destrucción total. Todos los habitantes bajarán a la tumba, al lugar de las eternas soledades (Ez 26 18-21). Es el castigo completo.

mientras ella queda en ruinas». 3 Pues así
dice el Señor: Contra ti me dirijo, Tiro; contra ti levanto naciones numerosas como el
mar levanta sus olas. 4 Destruirán las murallas y las torres de Tiro. Barreré hasta el
polvo de ella y la dejaré como roca desnuda. 5 Será, en medio del mar, como un lugar para tender las redes, porque así lo he
dicho yo. Oráculo del Señor. Tiro será presa de las naciones. 6 Y sus poblados de tierra adentro, serán pasados a cuchillo. Y reconocerán que yo soy el Señor.

7 Esto dice el Señor:

–Traeré del norte contra Tiro a Nabucodonosor, rey de Babilonia, rey de reyes,
con caballos, carros y jinetes, y gran número de tropas. 8 Pasará a cuchillo a sus poblados de tierra adentro. Armará contra ti
torres de asalto, levantará un terraplén y
avanzará con sus escudos. 9 Golpeará tus
murallas con troncos y destruirá tus torres
con sus máquinas. 10 Cuando entre por tus
puertas como se entra en una ciudad conquistada, la polvareda que levantarán sus
caballos te cubrirá de polvo y al estrépito
de sus jinetes y de las ruedas de sus carros
temblarán tus murallas. 11 Con los cascos
de sus caballos pisará todas tus calles, pasará a cuchillo a tu pueblo y derribará tus
fuertes columnas. 12 Saquearán tus riquezas, robarán tus mercancías. Derruirán tus
murallas, demolerán tus magníficas casas,
tirarán al mar tus piedras, vigas y escombros. 13 Haré enmudecer la melodía de tus
canciones y no se volverá a oír la música
de tus arpas. 14 Haré de ti una roca pelada,
un lugar para tender las redes, y no volverás a ser reconstruida, porque así lo he
dicho yo. Oráculo del Señor.

15 Esto dice el Señor a Tiro:

Ante el estruendo de tu caída, ante el
gemido de tus heridos, ante la matanza que
tendrá lugar en medio de ti, temblarán los
pueblos lejanos. 16 Los príncipes del mar
bajarán de su trono, se quitarán sus mantos
y sus adornadas vestiduras; se vestirán de
luto, se sentarán en tierra; temblarán a cada
instante y estarán consternados a causa de
ti. 17 Y entonarán por ti este canto fúnebre:

¡Cómo ha desaparecido de los mares,
una ciudad tan famosa!
Eras poderosa en el mar,
y con tus habitantes
infundías terror a todo el continente.
18 Ahora los pueblos lejanos tiemblan
en el día de tu caída,
los pueblos del mar
se espantan de tu fin.

19 Esto dice el Señor: Te convertiré en
desierto, como ciudad deshabitada; haré
que te cubra el océano y te inunden aguas
caudalosas. 20 Te arrojaré con los muertos,
con las gentes del pasado, y te haré habitar
en las profundidades de la tierra, en el país
de la eterna soledad. Te colocaré entre los
muertos y no volverás a ser habitada ni a
servir de adorno en la tierra de los vivos.
21 Te haré motivo de espanto y no existirás
más; te buscarán, pero no te encontrarán
jamás. Oráculo del Señor.

Lamentación por Tiro

1 Re 10; Ap 18 18-19

27 1 Recibí esta palabra del Señor:
2 –Hijo de hombre, entona una lamentación por Tiro. 3 Dirás:

¡Oh Tiro, construida junto al mar,
que comercias con pueblos y países!
Esto dice el Señor:
Tiro, tú decías: «Yo soy un barco
de hermosura sin igual».
4 Tus dominios, en efecto, se extendían
hasta el corazón del mar.
Los que te hicieron, modelaron
a la perfección tu hermosura:
5 Con cipreses de Sanir
construyeron tu casco,
con un cedro del Líbano tu mástil,
6 con encinas de Basán tus remos.
Tu cubierta, con marfil

• **27 1-36**: Segundo oráculo contra Tiro. La ciudad es presentada como un espléndido barco (Ez 27 3-11) cuyo naufragio se describe mediante la lamentación de sus contemporáneos y los ritos fúnebres de duelo realizados por los marineros (Ez 27 25-36). Entre ambos cuadros se inserta una lista de pueblos y ciudades (Ez 27 12-24) que sirve para ampliar el tema del esplendor y prosperidad de Tiro.

El uso del género literario "elegía", es decir lamentación por una desgracia, expresa la tristeza y el desconsuelo por el destino amargo de la ciudad. Tiro es representada a la vez como un barco, como una ciudad comercial de amplias y fructíferas relaciones internacionales. El oráculo de condenación termina abriéndose paso a través de un lenguaje religioso repleto de referencias. Esta rica y famosa ciudad se va a convertir en signo de terror y de exterminio (Ez 27 25b-36b).

incrustado en madera de ciprés
de las costas de Chipre.
7 Tus velas eran de lino bordado
traído de Egipto,
y ellas te servían de estandarte.
Tu toldo era de color rojo y violeta,
de las costas de Elisá.
8 Gentes de Sidón y de Arvad
te servían de remeros;
como timoneles llevabas, oh Tiro,
a tus hombres más experimentados;
9 los ancianos de Biblos y sus expertos
reparaban tus desperfectos.
Todos los barcos del mar y sus marineros
comerciaban contigo.

10 Guerreros de Persia, de Lidia, y de Libia se enrolaban como soldados en tu ejército. Colgaban en ti el casco y el escudo, y
te daban esplendor. 11 Gentes de Arvad,
junto con tu ejército, protegían tus murallas en todo tu alrededor; en tus torres había hombres de Gamad. Colgaban sus escudos alrededor de tus murallas y te daban
más esplendor. 12 Tarsis intercambiaba
contigo toda clase de bienes y compraba
tus mercancías con plata, hierro, estaño y
plomo. 13 Yaván, Túbal y Mosoc comerciaban contigo, y compraban tus mercancías
con esclavos y objetos de bronce. 14 Los de
Togormá compraban tus mercancías con
caballos de tiro y de carrera, y con mulos.
15 También los habitantes de Dedán comerciaban contigo. Controlabas el comercio de numerosos países que te pagaban
con colmillos de marfil y con madera de
ébano. 16 Siria comerciaba contigo por la
multitud de tus productos; compraba tus
mercancías con piedras preciosas, seda,
vestidos bordados, lino, corales y rubíes.
17 Judá e Israel comerciaban contigo; te
daban a cambio trigo de Minit, perfumes,
miel, aceite y bálsamo. 18 Damasco comerciaba contigo por tus numerosos productos
y tus variadas riquezas; te daba a cambio
vino de Jelbón y lana de Sajar. 19 Dan y Yaván, desde Uzal, te proveían de hierro for-
jado, de canela y caña aromática. 20 Dedán
comerciaba contigo abasteciéndote de sillas de montar. 21 Arabia y todos los príncipes de Cadar comerciaban contigo abasteciéndote de corderos, carneros y chivos.
22 Sabá y Ramá comerciaban contigo; a
cambio de tus mercancías entregaban los
más exquisitos aromas, oro y piedras preciosas. 23 Jarrán, Cané, Edén, Asur y Quil-
mad 24 comerciaban contigo abasteciéndote de vestidos de lujo, mantos de terciopelo
con adornos, tapices multicolores, cuerdas
trenzadas y fuertes. 25 Barcos de Tarsis
transportaban tus mercancías.

Eras rica y opulenta
en medio de los mares.
26 Tus remeros te condujeron
a aguas profundas
y el viento del este
te destrozó en alta mar.
27 Tus riquezas, mercancías y comercio,
tus marineros, pilotos,
los que reparan los desperfectos,
tus comerciantes, tus guerreros
y toda la tripulación
se hundirán en el corazón del mar,
el día de tu caída.
28 Al grito de tus timoneles,
temblarán las costas.
29 Todos los remeros bajarán de sus barcos,
pilotos y marineros se quedarán en tierra.
30 Gritarán y gemirán amargamente por ti,
echarán polvo sobre sus cabezas,
se revolcarán en las cenizas;
31 por ti se raparán y se vestirán de luto,
por ti llorarán con tristeza y amargura.
32 Entonarán por ti una lamentación
con grandes lamentos, diciendo:
«¿Quién como Tiro en medio del mar?»
33 Cuando desembarcabas tus mercancías,
abastecías a pueblos innumerables.
Con tus riquezas y mercancías
enriquecías a los reyes de la tierra.
34 Pero has naufragado en alta mar,
en lo más profundo de las aguas;
carga y tripulación se hundieron contigo.
35 Los habitantes de los pueblos lejanos
están asombrados de tu fracaso,
sus reyes están espantados,
con el rostro descompuesto.
36 Los mercaderes de otros pueblos
silban despreciándote;
te has convertido en motivo de espanto,
has desaparecido para siempre.

Contra el rey de Tiro

Gn 3 5; Is 14 13; Ez 10 2.7; 14 14

28 1 Recibí esta palabra del Señor:
2 –Hijo de hombre, di al rey de Tiro:
Esto dice el Señor:

Tu corazón se llenó de soberbia,
y has dicho: «Yo soy un dios,
he puesto mi trono divino
en el corazón del mar».
Aunque eres un hombre y no un dios,
has querido igualar
en sabiduría a los dioses.
3 Te creías más sabio que Daniel,
ningún enigma se te resistía.
4 Con tu sabiduría y tu inteligencia
has conseguido riquezas,
has amontonado tesoros de oro y plata.
5 Comerciando hábilmente
has acrecentado tus riquezas,
y por ellas se llenó de soberbia
tu corazón.
6 Por eso, así dice el Señor:
Porque has querido igualarte a Dios,
7 yo haré que vengan extranjeros contra ti,
los más feroces de las naciones,
que desenvainarán la espada
contra tu brillante sabiduría
y profanarán tu belleza.
8 Te harán bajar a la tumba
y perecerás de muerte violenta
en el corazón del mar.
9 ¿Podrás seguir diciendo
ante tus verdugos que eres un dios?
Para tus verdugos serás
un simple hombre y no un dios.
10 Muerte de incircunciso
te darán gentes extrañas.
Porque lo he dicho yo.
Oráculo del Señor.

11 Recibí esta palabra del Señor:
12 –Hijo de hombre, entona una lamentación por el rey de Tiro. Le dirás: Esto dice
el Señor:

Eras un modelo de perfección,
lleno de sabiduría y hermosura perfecta.
13 Estabas en el Edén, en el jardín de Dios,
adornado con piedras preciosas:
granate, topacio, diamante, ópalo,
berilo, amatista, zafiro, rubí y ónix;
de oro labrado eran tus aretes y colgantes,
desde el día en que fuiste creado.
14 Eras un querubín protector
de alas extendidas;
yo te había puesto
sobre las montañas de Dios,
caminabas entre piedras de fuego.
15 Intachable era tu conducta,
desde el día en que fuiste creado,
hasta que apareció en ti la maldad.
16 Al prosperar tus negocios
te llenaste de violencia y pecados.
Entonces yo te expulsé
de las montañas de Dios,
y a ti, el querubín protector,
te hice desaparecer
de entre las piedras de fuego.
17 La belleza te ensoberbeció,
el esplendor echó a perder tu sabiduría.
Yo te arrastré por tierra y te convertí
en objeto de burla para los reyes.
18 Has cometido muchos delitos
y has comerciado injustamente,
profanando así tus santuarios;
ahora haré que brote de ti
un fuego que te devore;
te reduciré a cenizas
en medio de la tierra
ante quienes te contemplan.
19 Todos los pueblos que te conocían
se quedarán asombrados por ti;
serás motivo de espanto
y desaparecerás para siempre.

Contra Sidón

20 Recibí esta palabra del Señor:
21 –Hijo de hombre, dirige tu mirada ha-

• **28** 1-19: *Este oráculo* va dirigido al rey de Tiro y consta de dos partes: oráculo de condenación contra el rey en su forma clásica de acusación y condena (Ez 28 1-10) y lamentación por el rey (Ez 28 11-19).

El centro de la acusación es el orgullo de este rey (Ez 28 1-6) que, presumiendo de su sabiduría e inteligencia, ha olvidado su subordinación al supremo sabio y rey del universo. Por ello, y por su actitud insolente, sufrirá el castigo divino de la invasión (Ez 28 7-10). El castigo se explica y desarrolla en la lamentación (Ez 28 11-19) que describe el esplendor del rey (Ez 28 12b-15a), su culpa (Ez 28 15b-16a; 17a-18a) y el castigo (Ez 28 16b.17b.18b.19). En el trasfondo se encuentra el mito del héroe caído, combinado con elementos extraídos de la misma historia de Tiro, su comercio y sus negocios injustos. Tiro quizá gozó alguna vez del favor de Dios, pero por su pretensión orgullosa de llegar a ser como Dios ofendió la santidad divina. Por consiguiente, el Señor ha rechazado al rey y a su nación. El rey de Tiro, que representa a toda la ciudad, terminará sus días hundido en el abismo.

• **28** 20-24: Un nuevo oráculo, ahora contra la que fuera en un tiempo la primera ciudad fenicia: Sidón. En él destaca la fórmula de estilo sacerdotal: *reconocerán que yo soy el Señor* (Ez 28 22.24; véase Lv 22 32; Is 5 16), y la manifestación de la santidad de Dios a través del castigo de los culpables (véase Ex 14 4.17s y Ez 39 13).

cia Sidón y profetiza contra ella. 22 Le dirás: Esto dice el Señor:

Aquí estoy para acusarte, Sidón;
seré glorificado en medio de ti.
Entonces reconocerán
que yo soy el Señor,
cuando la someta a juicio
y en ella manifieste mi santidad.
23 Mandaré contra ella la peste,
y correrá la sangre por sus calles.
Por todas partes caerán en ella
gentes traspasadas a espada.
Y reconocerán que yo soy el Señor.
24 Y los israelitas no volverán a sufrir
espina punzante ni zarza dañina
entre los vecinos que los desprecian.
Y reconocerán que yo soy el Señor.

Promesa de salvación

Ez 37 25

25 Esto dice el Señor: Cuando yo reúna
al pueblo de Israel de entre las naciones
donde se encontraba disperso, manifestaré
en ellos mi santidad a la vista de las naciones, y habitarán la tierra que di a mi siervo
Jacob. 26 Vivirán seguros, cuando yo haya
ejecutado mi sentencia contra todos los
pueblos vecinos que los desprecian. Y reconocerán que yo, el Señor, soy su Dios.

Oráculo contra Egipto

Is 19; Jr 46

29 1 El año décimo, el día doce del décimo mes, recibí esta palabra del Señor:
2 –Hijo de hombre, dirígete contra el
faraón, rey de Egipto y profetiza contra él
y contra todo su pueblo. 3 Dirás: Esto dice
el Señor:

Aquí estoy para acusarte, faraón,
rey de Egipto, cocodrilo gigante
que estás en medio del Nilo.
Tú dices: «Mío es el Nilo,
lo he hecho yo».
4 Te pondré garfios en las quijadas,
pegaré a tus escamas los peces del Nilo,
te sacaré del Nilo con sus peces
pegados a tus escamas,
5 y te arrojaré al desierto,
con todos los peces del Nilo.
Morirás en campo abierto,
no serás recogido ni enterrado;
te daré en alimento a las fieras
y a las aves del cielo.
6 Así reconocerán los habitantes de Egipto
que yo soy el Señor.
Porque has sido un bastón de caña
para el pueblo de Israel;
7 cuando su mano te agarraba,
te quebrabas y les herías la mano.
Cuando se apoyaban en ti,
te hacías pedazos
y hacías tambalearse sus caderas.

8 Por eso, así dice el Señor: Yo haré que
la espada venga contra ti y exterminaré de
ti hombres y animales. 9 Egipto quedará
desierto y destruido. Así reconocerán que
yo soy el Señor. Tú dijiste: «Mío es el Nilo,
lo he hecho yo»; 10 por eso, aquí estoy para
acusarte a ti y a tu río, desde Migdol a Siene y a las fronteras de Etiopía. 11 Ni hombres ni animales pasarán por allí; durante
cuarenta años quedará deshabitado. 12 Convertiré a Egipto en el país más desolado;
haré que sus ciudades permanezcan durante cuarenta años totalmente destruidas. Dispersaré a los egipcios entre las naciones y
los esparciré por los países.
13 Esto dice el Señor: Al cabo de cua-

• **28 25-26**: Este anuncio de salvación para el pueblo de Israel subraya que Dios será fiel a sus promesas dando de nuevo a su pueblo la tierra que prometió a Jacob y castigando a las naciones que ahora oprimen y desprecian a su pueblo. El contexto de este anuncio es el destierro de Babilonia.

• **29 1-21**: Este primer oráculo contra Egipto se divide en dos partes (Ez 29 1-16 y 17-21), atendiendo a la fecha *de proclamación de cada una*.

En el año 587 a. C. comenzaba el sitio de Jerusalén por el ejército babilonio. Sedecías pidió ayuda a Egipto y los babilonios se tuvieron que retirar temporalmente (véase Jr 37 5 y 34 21). En este momento el profeta pronuncia la primera parte del oráculo contra Egipto (Ez 29 1-16). Ezequiel interpreta la historia considerando a Nabucodonosor como un instrumento de Dios contra la infidelidad de Israel. El faraón, al entorpecer los planes divinos, será castigado por el Señor a través de Babilonia. Todo este oráculo pone de relieve el pecado de soberbia del faraón al considerarse como un dios que domina la naturaleza (río Nilo) y la historia (ingerencia en otros países).

Dieciseis años más tarde, el año 571 a. C., se pronuncia la segunda parte de este oráculo contra Egipto. El profeta se ha equivocado cuando anunció la destrucción total de Tiro. Sin embargo, reinterpreta la historia transfiriendo la suerte de la ciudad fenicia a Egipto. El mensaje de fondo es el siguiente: Dios dirige la historia moderando las victorias de Babilonia en unos casos (Tiro) y ampliándolas en otros (Egipto).

renta años reuniré a los egipcios de entre
los pueblos donde los había dispersado.
14 Haré que regresen a la tierra de Patrós,
su país de origen, donde formarán un reino
humilde, 15 el más humilde de los reinos, y
no volverán a levantarse sobre las naciones; los haré pequeños para que no vuelvan a dominar sobre las naciones. 16 Dejarán de ser la esperanza de Israel; sólo les
servirán para recordar el pecado de haberlos seguido. Y reconocerán que yo soy el
Señor.

17 El año vigesimoséptimo, el día uno del
primer mes, recibí esta palabra del Señor:
18 –Hijo de hombre, Nabucodonosor, rey
de Babilonia, ha emprendido con su ejército grandes movimientos contra Tiro. Todas
las cabezas han quedado calvas, todas las
espaldas molidas, pero ni él ni el ejército
han sacado provecho alguno de la campaña emprendida contra Tiro. 19 Por eso, así
dice el Señor: Yo entrego a Nabucodonosor, rey de Babilonia, el país de Egipto; él
se apoderará de sus riquezas, lo saqueará y
lo entregará al pillaje: esta será la paga de
su ejército. 20 Como paga del servicio hecho contra Tiro, les doy Egipto, oráculo del
Señor. 21 Aquel día fortaleceré al pueblo de
Israel y entonces les hablarás. Y reconocerán que yo soy el Señor.

El día del Señor contra Egipto

Am 5 18; Ez 29 10-12.14

30 1 Recibí esta palabra del Señor:
2 –Hijo de hombre, profetiza y di: Esto dice el Señor:

Griten: ¡Maldito aquel día!
3 Pues está cerca el día,
está cerca el día del Señor,
día cargado de nubarrones,
terrible para las naciones.
4 Caerá la espada sobre Egipto,
y Etiopía se llenará de angustia
cuando caigan degollados los egipcios,
sean saqueadas sus riquezas
y destruidos sus cimientos.

5 También los de Etiopía, los de Lidia,
Libia y Arabia, los habitantes de Cub y los
países aliados caerán con ellos a espada.
6 Esto dice el Señor: Caerán los apoyos de
Egipto, se derrumbará el orgullo de su poder. Desde Migdol a Siene caerán todos a
espada, oráculo del Señor. 7 Quedará convertido en el país más desolado y sus ciudades en las más destruidas. 8 Y reconocerán
que yo soy el Señor, cuando prenda fuego
a Egipto y acabe con todos sus apoyos.
9 Aquel día enviaré mensajeros por mar
a sembrar el terror en Etiopía, que se cree
segura. En el día de Egipto, que ya está a
las puertas, la angustia invadirá a sus habitantes.
10 Esto dice el Señor:

Acabaré con la opulencia de Egipto
por medio de Nabucodonosor,
rey de Babilonia.
11 El y su nación, entre todas la más cruel,
han sido enviados a devastar el país;
desenvainarán su espada contra Egipto,
y llenarán de muertos el país.
12 Secaré sus ríos y entregaré el país
en manos de asesinos;
con extranjeros devastaré el país
y todo lo que contiene.
Yo, el Señor, he hablado.
13 Esto dice el Señor:
Exterminaré los ídolos,
destruiré los falsos dioses de Menfis,
y no habrá ya más príncipes en Egipto.
Sembraré el terror en Egipto,
14 acabaré con Patrós,
prenderé fuego a Tanis,
aplicaré la justicia a Tebas,
15 descargaré mi enojo en Pelusio,
baluarte de Egipto,
y exterminaré la población de Tebas.

• **30 1-26**: Nuevo oráculo contra Egipto, dividido en dos partes bien diferenciadas. La primera presenta el día del Señor sobre Egipto como tiempo del juicio decisivo de Dios sobre esta nación (Ez 30 1-19). La segunda recrea, de manera alegórica, la derrota del ejército egipcio a manos del babilonio (Ez 30 20-26).

En la agitación mundial producida por Nabucodonosor, Ezequiel ve una realización del día del Señor. La violenta destrucción de las principales ciudades de Egipto (Ez 30 13-18), es descrita con imágenes que parecen evocar la penúltima plaga caída sobre el país del Nilo: las tinieblas (Ez 30 18; véase Ex 10 21). La alegoría del brazo roto de Egipto (Ez 30 20-26) se inicia con una fecha (año 587 a. C.) que sirve para datar el oráculo del profeta. El brazo roto representa al ejército egipcio destrozado y despedazado por los invasores babilonios a los que Dios da fuerza no sólo para destruir al faraón y a su ejército, sino también para castigar a Judá que había puesto su confianza y seguridad en Egipto. Tanto Judá como Egipto serán dispersados entre las naciones (véase Ez 29 9b-12).

16 Prenderé fuego a Egipto,
Pelusio se retorcerá de dolor;
se abrirá un boquete en Tebas
y sus muros serán demolidos.
17 Los jóvenes de Heliópolis y de Bubastis
caerán a espada,
y sus mujeres irán al destierro.
18 En Tafnes se oscurecerá el día,
cuando aniquile el poder de Egipto
y acabe con su fuerza orgullosa.
La cubrirá un nubarrón
y sus hijas saldrán cautivas.
19 Así someteré a juicio a Egipto,
y reconocerán que yo soy el Señor.

20 El año undécimo, el día siete del mes
primero, recibí esta palabra del Señor:
21 –Hijo de hombre, he roto el brazo del
faraón, rey de Egipto, y nadie se lo ha vendado ni curado para que recobre su fuerza
y pueda de nuevo empuñar la espada. 22 Esto dice el Señor: Aquí estoy para acusar al
faraón, rey de Egipto. Le destrozaré los
dos brazos, el sano y el roto, y haré que la
espada se caiga de su mano. 23 Dispersaré
a los egipcios entre las naciones, los esparciré por los países. 24 Fortaleceré los brazos del rey de Babilonia, pondré en su mano mi espada y romperé los brazos del faraón, que gemirá ante él como herido de
muerte. 25 Fortaleceré los brazos del rey de
Babilonia, mientras desfallecerán los del
faraón. Reconocerán entonces que yo soy
el Señor, cuando ponga mi espada en manos del rey de Babilonia y él la utilice contra Egipto. 26 Dispersaré a los egipcios entre las naciones, los esparciré por los países, y reconocerán que yo soy el Señor.

Egipto caído como un cedro

Ez 17 23; Nm 16 33; Ez 32 18-31; Is 14 15

31 1 El año undécimo, el día uno del tercer mes, recibí esta palabra del Señor:
2 –Hijo de hombre, di al faraón, rey de
Egipto, y a su pueblo:

¿A quién te pareces en tu grandeza?
3 A un cedro del Líbano,
de espléndido ramaje y altura sublime,
cuya copa llega hasta las nubes.
4 Las lluvias lo alimentaron,
las aguas de abajo lo hicieron crecer,
corriendo por donde estaba plantado,
y regaron con sus canales
todos los árboles del campo.
5 Así el cedro se hizo más esbelto
que los demás árboles del campo;
sus ramas crecían y se extendían,
gracias a la abundancia de las aguas.
6 Todas las aves del cielo
anidaban en sus ramas,
todos los animales salvajes
parían bajo su ramaje,
a su sombra vivían numerosas naciones.
7 Era hermoso por su grandeza,
por la extensión de su ramaje,
porque hundía sus raíces
en aguas abundantes.
8 Ningún cedro del jardín de Dios
se le podía comparar,
ningún ciprés tenía un ramaje parecido;
los plátanos no tenían su follaje,
ningún árbol, en el jardín de Dios,
lo igualaba en hermosura.
9 Yo lo había hecho hermoso
por su espléndido ramaje;
lo envidiaban los árboles del Edén,
que había en el jardín de Dios.

10 Pues bien, esto dice el Señor: Por haberse elevado tanto, por haber levantado su
copa hasta las nubes y haberse engreído
por su altura, 11 yo lo he desechado, lo he
dejado a merced de la nación más poderosa para que lo trate como merece su maldad. 12 Los extranjeros más crueles lo han
cortado y derribado; sus ramas han caído
en las montañas y en los valles, y su ramaje se encuentra destrozado por todos los barrancos del país. Todos los pueblos de la
tierra se han alejado de su sombra y lo han

• **31 1-18**: Este nuevo oráculo de condenación contra el faraón, dividido en las dos partes clásicas de acusación (Ez 31 2-9) y condena (Ez 31 10-14), se compuso durante *el sitio de Jerusalén. La literatura* babilónica habla de un árbol de proporciones cósmicas que mantiene unidas todas las esferas del universo, desde el mundo subterráneo, en el que hunde sus raíces, hasta el cielo. El faraón es comparado alegóricamente a este árbol, centro y fuente de vida, integrado profundamente con las fuerzas de la naturaleza. Las ideologías del antiguo oriente próximo hablan de esta integración total del rey con la naturaleza. El mismo rey, árbol fecundo, irradia abundancia y fertilidad para la tierra y para el pueblo (véase Sal 72). Pero este árbol cósmico se convertirá en árbol normal a causa de su orgullo (Ez 31 10-18). Más aún, será cortado y terminará sus días con los demás árboles en las profundidades del abismo. Es su destrucción política (Ez 31 10-14) y su castigo definitivo (Ez 31 15-18).

abandonado; 13 las aves del cielo se posan
sobre sus restos; los animales salvajes se
guarecen entre sus ramas. 14 De este modo,
ningún árbol, aunque esté plantado junto al
agua, presumirá de su altura, ni levantará
su copa hasta las nubes; ningún árbol, aunque esté bien regado, confiará más en su
altura. Todos están destinados a la muerte,
a bajar a lo profundo de la tierra, al país de
los muertos.
15 Esto dice el Señor: El día que el cedro bajó al abismo, cerré yo mismo las
aguas subterráneas en señal de duelo, detuve sus corrientes, y se estancaron las aguas
caudalosas; por él vestí de luto al Líbano,
y todos los árboles del campo se entristecieron por él. 16 Con el estruendo de su
caída hice que temblaran a las naciones. Y
cuando lo arrojé al abismo con todos los
muertos, todos los árboles del Edén, los
hermosos árboles del Líbano bien regados,
se consolaron en las moradas subterráneas.
17 También bajaron con él al abismo, junto
con los que murieron a cuchillo, los que se
cobijaban a su sombra en medio de las naciones. 18 ¿A quién, entre los árboles del
Edén, te pareces por tu gloria y tu grandeza? También tú serás llevado con los árboles del Edén a las moradas subterráneas, y
habitarás entre incircuncisos junto con los
que murieron a espada. Tal será la suerte
del faraón y de todos sus súbditos. Oráculo
del Señor.

Dos cantos de lamentación por el faraón

Ez 29 3-5; 31 12-18; Is 14 9-11.15; Ez 27 13; 38 2-3

32 1 El año undécimo, el día uno del duodécimo mes, recibí esta palabra del
Señor:
2 –Hijo de hombre, entona una lamentación por el faraón, rey de Egipto. Le dirás:

Parecías un león entre las naciones,
pero eres un cocodrilo
chapoteando en el río;
con tus patas enturbias las aguas.

3 Esto dice el Señor:

Extenderé sobre ti mi red,
y te atraparé con ella
en medio de pueblos numerosos;
4 te arrastraré a tierra
y te dejaré en medio del campo.
Haré que se posen sobre ti
todas las aves del cielo
y saciaré con tu carne
a todos los animales salvajes.
5 Tiraré tu carne por las montañas,
y llenaré de tu carroña los valles.
6 Con tu sangre regaré la tierra,
la exprimiré sobre las montañas,
hasta que rebosen los torrentes.
7 Cuando se acaben tus días,
oscureceré el firmamento,
apagaré las estrellas,
cubriré el sol de nubes,
y la luna no dará más luz.
8 Por ti vestiré de luto a todos los astros
que brillan en el cielo,
y cubriré de tinieblas la tierra.
Oráculo del Señor.

9 Haré que tiemblen muchos pueblos
cuando entere de tu ruina a las naciones, a
países que no conoces. 10 Por tu causa llenaré de terror a muchos pueblos, y sus reyes se estremecerán de espanto. El día de
tu caída, cuando yo empuñe mi espada en
su presencia, temblarán estremecidos temiendo por su vida.
11 Esto dice el Señor: La espada del rey
de Babilonia caerá sobre ti. 12 Haré que
gente fuerte y cruel, la más cruel de todas,
aniquile a espada a tu pueblo numeroso;

• ***32 1-32:*** *En este capítulo se concluye* la serie de oráculos contra Egipto con dos de ellos fechados en el año 586 a. C., cuando Jerusalén había caído en manos de los babilonios.

El primero (Ez 32 1-16) es una lamentación o elegía por el faraón, rey de Egipto, que quiere oponerse, como en tiempos de Moisés, a los planes divinos. El faraón, a pesar de creerse un león, es comparado a un cocodrilo atrapado y muerto, de cuya carroña brota sangre y un líquido que cubre toda la tierra donde se encuentra tirado. Estos elementos míticos se entremezclan con otros pertenecientes a las plagas del Exodo: la oscuridad (Ez 32 7; véase Ex 10 21), el enrojecimiento de las aguas (Ez 32 6; véase Ex 7 14ss), la peste de los ganados (Ez 32 13; véase Ex 9 11).

En el segundo oráculo (Ez 32 17-32) el simbolismo del árbol es reemplazado por una alusión directa a las naciones que ahora se encaminan hacia su destrucción y que se encuentran en el abismo de sus tumbas: Asiria, Elam, Mosoc, Túbal, Edom y Sidón. A este abismo lleno de impureza por morar en él los cadáveres y los asesinados a espada, irán el faraón y los habitantes de Egipto. Es el castigo más repugnante, al que los envía la palabra profética de Ezequiel (Ez 32 18), no la espada del rey de Babilonia.

arrasarán la soberbia de Egipto, y toda su
población será exterminada. 13 Haré que perezcan todos los ganados que pastan junto
a sus abundantes aguas y no volverá a en-
turbiarlas ningún pie de hombre, ni pezuña
de animales. 14 Haré que sus aguas se calmen y que sus ríos corran como el aceite.
Oráculo del Señor. 15 Cuando convierta a
Egipto en un desierto y el país sea despojado de todo lo que tiene, cuando hiera a todos los que viven en él, reconocerán que
yo soy el Señor.

16 Esta es la lamentación que entonarán
las ciudades de las naciones, por Egipto y
su pueblo. Oráculo del Señor.

17 El año duodécimo, el día quince del
mes primero, recibí esta palabra del Señor:

18 –Hijo de hombre, entona una lamentación por la muchedumbre de Egipto; hazlo bajar a él y a las ciudades de las naciones poderosas a las moradas subterráneas,
con los muertos.

19 ¿Te crees más atractivo que los otros?
¡Pues baja con los muertos y permanece
entre los incircuncisos! 20 Caerá en medio
de los que murieron a espada, y con él permanecerá toda su gente. 21 Los más fuertes
guerreros le dirán en medio del abismo:
«Ha caído junto con sus aliados, permanece entre los incircuncisos que murieron a
espada».

22 Allí está Asiria, con toda su gente alrededor de su tumba; todos ellos murieron
a espada. 23 Los que sembraban el pánico
en la tierra de los vivos están ahora sepultados en lo más profundo de la tierra y permanecen alrededor de su tumba; todos murieron a espada.

24 Allí está Elam, con toda su gente
alrededor de su tumba; los que sembraban
el pánico en la tierra de los vivos, murieron a espada y están ahora hundidos como
incircuncisos en las moradas subterráneas.
Permanecen sin honor entre los muertos.
25 En medio de esos muertos le ha sido
preparado un lecho a Elam. Los incircuncisos que sembraban el pánico en la tierra de
los vivos murieron todos a espada y permanecen ahora alrededor de su tumba; permanecen sin honor entre los muertos, entre
los que cayeron a espada.

26 Allí está Mosoc y Túbal con toda su
gente alrededor de su tumba: incircuncisos
que sembraban el pánico en la tierra de los
vivos y murieron todos a espada. 27 No están con los valientes caídos en el pasado,
que bajaron al abismo con sus armas de
guerra, aquellos bajo cuyas cabezas pusieron las espadas y sobre cuyos huesos pusieron los escudos, después de haber sembrado el terror en la tierra de los vivos.
28 Allí permanecerás tú, Egipto, en medio
de incircuncisos, entre los que murieron a
espada.

29 Allí está Edom con sus reyes y sus
príncipes, los cuales, a pesar de su valor,
permanecen con los que murieron a espada
entre los incircuncisos, entre los que bajan
a la tumba.

30 Allí están todos los príncipes del norte y todos los sidonios, los cuales, a pesar
del pánico que causaba su valor, perecieron y permanecen incircuncisos con los que
murieron a espada; permanecen sin honor
entre los muertos. 31 El faraón los verá y se
consolará de la suerte de su pueblo. Porque
el faraón morirá a espada con todo su ejército, oráculo del Señor. 32 Por haber sembrado el pánico en la tierra de los vivos, el
faraón y los suyos permanecen entre incircuncisos, con los que murieron a espada. Oráculo del Señor.

IV. MENSAJE DE ESPERANZA Δ

El profeta centinela de su pueblo

Ez 3 17-21; Ez 18 21-30; Lc 15 7.10.32

33 1 Recibí esta palabra del Señor:
2 –Hijo de hombre, habla a tu pueblo y diles: Cuando yo envíe al enemigo sobre un país y la gente de ese país tome a un hombre de los suyos y lo ponga como centinela, 3 si éste, viendo venir al enemigo sobre el país, toca la trompeta para dar la alarma al pueblo, 4 y el que oye el toque de la trompeta no hace caso, y el enemigo llega y lo sorprende, será él mismo responsable de su propia muerte. 5 Oyó el toque de la trompeta, pero no hizo caso: será responsable de su muerte. Si hubiera estado atento, habría salvado su vida. 6 Pero si el centinela, al ver que el enemigo se acerca, no da la alarma con el toque de trompeta, el pueblo no es advertido y llega el enemigo y alguien muere, éste perecerá por su propia maldad, pero yo pediré cuentas de su muerte al centinela.

7 Hijo de hombre, yo te he constituido centinela del pueblo de Israel. Cuando te hable, les advertirás de mi parte. 8 Si cuando yo digo al malvado: ¡Eres reo de muerte! tú no le adviertes que cambie de conducta, el malvado morirá por su maldad, pero yo te pediré cuentas de su muerte. 9 Sin embargo, si tú adviertes al malvado sobre su conducta para que se corrija, y él no se corrige, morirá él por su maldad, y tú habrás salvado la vida.

10 Hijo de hombre, di al pueblo de Israel: Ustedes andan diciendo: «Sufrimos el castigo que merecen nuestros delitos y pecados, y por eso perecemos poco a poco en la miseria. ¿Cómo podremos vivir?» 11 Diles: Por mi vida, oráculo del Señor, que yo no me complazco en la muerte del malvado, sino en que se convierta y viva. Conviértanse, conviértanse de su perversa conducta. ¿Por qué tienen que morir, pueblo de Israel?

12 Hijo de hombre, di a la gente de tu pueblo: Si el justo peca, no lo salvará su buen comportamiento anterior; tampoco sufrirá el malvado por su maldad cuando se convierta. Si el justo peca, de nada le valdrá su buen comportamiento anterior. 13 Si yo digo al justo: «¡Vivirás!», pero él, confiado en su buen comportamiento, peca, no se tendrán en cuenta sus buenas obras, y morirá por el pecado cometido. 14 Pero si yo digo al malvado: «¡Morirás!», y él se convierte de sus pecados y actúa con rectitud y justicia, 15 devuelve lo que tomó en prenda, restituye lo robado, observa los mandamientos que dan vida y no hace ningún mal, ciertamente que vivirá y no morirá. 16 No se tendrán en cuenta ninguno de los pecados que cometió. Ha actuado con rectitud y justicia, y vivirá.

17 La gente de tu pueblo dice: «No es justo el proceder del Señor». ¡El proceder de ustedes es el que no es justo! 18 Si el justo se aparta de su buen comportamiento y peca, morirá. 19 Y si el malvado se convierte de su maldad y actúa con rectitud y justicia, vivirá. 20 Insisten: «No es justo el proceder del Señor». Pero yo juzgaré a cada uno según su conducta, pueblo de Israel.

El profeta recobra el habla

Ez 3 26-27; 24 26-27

21 El año duodécimo de nuestro cautive-

Δ 33 1-39 29: *En la cuarta parte del libro,* paralela en cierto modo a la segunda (Ez 4 1-24 27), está contenida la predicación de Ezequiel durante la segunda etapa de su ministerio, es decir, la etapa posterior a la destrucción de Jerusalén y a la deportación definitiva del pueblo en el año 586 a. C. Los oráculos y comparaciones de estos capítulos intentan buscar una explicación al desastre (Ez 34-35) y ver algún signo de esperanza (Ez 36-37). Los dos últimos capítulos (Ez 38-39) poseen un tono apocalíptico y anuncian, junto con otros textos del Antiguo Testamento (Is 24-27; Dn 7-12; Zac 9-14), el florecimiento de la literatura apocalíptica.

• **33 1-20:** El profeta es descrito como un centinela que tiene el doble encargo de prevenir al pueblo (Ez 33 2-6) y a cada uno de sus miembros (Ez 33 7-9). Su tarea consiste en interpretar los acontecimientos históricos a través de la palabra. Palabra recobrada por obra de Dios (véase Ez 33 21-22), para criticar el comportamiento actual del pueblo (Ez 33 10-20) e iluminar su futuro. Esta función crítica que ejerce Ezequiel es una llamada vehemente a la conversión (Ez 33 11). No sirven ya excusas teológicas antiguas que interpretaban los pecados presentes como castigo por los pecados de los antepasados (véase Ez 18 1-20). El profeta proclama una nueva moral donde cada persona es responsable de sus actos y está invitada a cambiar su corazón, orientándolo según los planes del Señor.

rio, el día cinco del mes décimo, llegó a mí
un fugitivo de Jerusalén y me dijo:
–¡Ha sido conquistada la ciudad!
22 El Señor me había invadido con su
fuerza la tarde antes de llegar el fugitivo,
y cuando vino a mí a la mañana siguiente,
el Señor me devolvió el habla y dejé de estar mudo.

El derecho sobre la tierra

Ez 11 15

23 Recibí esta palabra del Señor:
24 –Hijo de hombre, los que habitan entre las ruinas que han quedado en Israel,
andan diciendo: «Abrahán era uno sólo y
recibió la tierra en herencia; con mayor razón a nosotros, que somos muchos, se nos
ha dado la tierra en posesión». 25 Pues diles: Esto dice el Señor: Comen la carne con
su sangre, dan culto a sus ídolos, cometen
asesinatos, ¿y todavía esperan poseer la tierra? 26 Confían en sus armas, cometen abominaciones, cada cual deshonra a la mujer
de su prójimo, ¿y todavía esperan poseer la
tierra? 27 Les dirás: Esto dice el Señor: Por
mi vida que los que habitan entre las ruinas morirán a espada, los que andan por el
campo serán presa de las fieras, y los que
estén entre las rocas y en las cuevas morirán de peste. 28 Convertiré al país en
desierto desolado, y se acabará su orgullo
y su fuerza. Las montañas de Israel serán
devastadas y no pasará nadie por ellas. 29 Y
cuando a causa de sus detestables acciones
haya convertido al país en desierto desolado, reconocerán que yo soy el Señor.

El profeta no es escuchado

Mt 7 26; Lc 8 21

30 En cuanto a ti, hijo de hombre, la
gente de tu pueblo habla de ti junto a los
muros y a las puertas de las casas y se dicen unos a otros: «Vamos a escuchar la palabra del Señor». 31 Vienen a ti en masa, se
sientan delante de ti, escuchan tus palabras, pero luego no las practican, porque
me halagan con su boca, pero después sólo
buscan su provecho. 32 Tú eres para ellos
como un cantor de voz hermosa que sabe
cantar. Escuchan tus palabras, pero no las
practican. 33 Pero cuando esto se cumpla, y
está a punto de cumplirse, reconocerán que
había un profeta en medio de ellos.

Juicio contra los pastores de Israel

Jr 23 1-6; Zac 11 4-17; Mt 18 12-14; 25 31-46; Lc 15 4-7;
Jn 10 1-18; Zac 10 2; Is 40 11; 1 Pe 5 2-4

34 1 Recibí esta palabra del Señor:
2 –Hijo de hombre, profetiza contra los
pastores de Israel, profetiza y diles: Esto
dice el Señor: ¡Ay de los pastores de Israel
que se apacientan a sí mismos! ¿Acaso no
es el rebaño lo que deben apacentar los pas-

• **33 21-22**: Estos versos indican el comienzo de una nueva fase en la predicación del profeta Ezequiel. Por una parte, empalman con el final de Ez 24, cuando está a punto de llegar el fugitivo de la Jerusalén sitiada, y el profeta vive sumido en el silencio y el dolor causados por la muerte de su esposa. Por otra parte, deberían encabezar Ez 33 para que así quedara más claro el inicio de la nueva etapa profética que se inaugura.

• **33 23-29**: Oráculo contra los sobrevivientes de Jerusalén. Ezequiel denuncia la incoherencia de los israelitas que sobrevivieron a la catástrofe del año 586 a. C. cuando exigen para sí la tierra entregada por Dios a su pueblo y, sin embargo, viven cometiendo los pecados y abominaciones que aborrece el Señor (Ez 33 25-26). Su recompensa no será otra que la espada, los animales salvajes y la peste (Ez 33 27; véase Ez 7 15; 12 16), expresivas imágenes del castigo divino.

• **33 30-33**: Oráculo contra los deportados que viven en Babilonia. Ezequiel también desenmascara el proceder de los israelitas deportados que no hacen caso a la voz del Señor. Escuchan al profeta como un entretenimiento y no como una invitación a cambiar de vida y renovar la fidelidad con Dios.

• **34 1-31**: Es éste uno de los grandes discursos de la segunda actividad profética de Ezequiel. Dios *ha hecho salir* a su pueblo de los diversos países donde estaba disperso (Ez 34 12) para llevarlo de nuevo a su tierra (Ez 34 13). Es la promesa del retorno del destierro: el pueblo de Israel, dejando los parajes tenebrosos, como un rebaño, encontrará buenos y nuevos pastos (Ez 34 12-14). Este nuevo éxodo del pueblo se realizará bajo la dirección del Señor en persona como pastor del rebaño de Israel. Ocupará el lugar de los antiguos pastores, es decir los reyes, que tan lamentablemente habían ejercido sus funciones (Ez 34 2-10). Ezequiel, opuesto a Sedecías (véase Ez 21 30), pero simpatizante y compañero de exilio de Jeconías, a quien considera descendiente legítimo de David, aplica a éste no el título de *melek* (rey), con ciertas connotaciones negativas, sino el de *nasi* (príncipe) y *ebed* (siervo) para expresar su subordinación al Señor, auténtico y único rey-pastor de su pueblo Israel.

La conclusión del oráculo sobre los pastores y el rebaño habla de una promesa de paz y prosperidad, cuya descripción en términos paradisíacos hace referencia al reino mesiánico (Ez 34 25-30). La proyección de este pasaje de Ezequiel se encuentra en la parábola evangélica de la oveja perdida (Mt 18 12-14; Lc 15 4-7) y sobre todo en la alegoría del buen pastor (Jn 10 11-18). A la luz del texto de Ezequiel, el evangelio presenta a Jesús de Nazaret como el "pastor" por excelencia esperado desde antiguo.

tores? 3 Ustedes se beben su leche, se visten con su lana, matan las ovejas gordas,
pero no apacientan el rebaño. 4 No han ro-
bustecido a las flacas, ni sanado a las en-
fermas, ni han vendado a las heridas; no
han reunido a las descarriadas, ni buscado
a las perdidas, sino que las han tratado con
crueldad y violencia. 5 Y así, a falta de pastor, andan dispersas y son fácil presa de las
fieras salvajes. 6 Mi rebaño anda errante
por montañas y colinas, dispersas mis ovejas por todo el país sin que nadie las busque ni las cuide.

7 Por eso, escuchen, pastores, la palabra
del Señor: 8 Por mi vida lo juro, oráculo
del Señor: por falta de pastor mis ovejas
han sido expuestas al robo y han sido fácil
presa de las fieras; mis pastores no se han
preocupado de mi rebaño; se han apacenta-
do a sí mismos en lugar de apacentar mi
rebaño. 9 Pues bien, pastores, escuchen la
palabra del Señor: 10 Esto dice el Señor:
Aquí estoy yo para reclamar mis ovejas a
los pastores; no los dejaré apacentar más a
mis ovejas y así no se apacentarán más
ellos mismos. Les arrebataré mis ovejas de
su boca para que no les sirvan de alimento.

11 Porque esto dice el Señor: Yo mismo
buscaré a mis ovejas y las apacentaré.
12 Como un pastor se preocupa de sus ovejas cuando están dispersas, así me preocu-
paré yo de mis ovejas y las reuniré de todos
los lugares por donde se habían dispersado
en día de oscuros nubarrones. 13 Las sacaré
de en medio de los pueblos, las reuniré de
entre las naciones y las llevaré a su tierra;
las apacentaré en las montañas de Israel,
en los valles y en todos los poblados del
país. 14 Las apacentaré en buenos pastos y
pastarán en las montañas altas de Israel;
allí descansarán como en un corral seguro
y se alimentarán de buenos pastos en las
montañas de Israel. 15 Yo mismo apacentaré a mis ovejas y las llevaré a su corral,
oráculo del Señor. 16 Buscaré a la oveja perdida y traeré a la descarriada; vendaré a la
herida, robusteceré a la flaca, pero a la
gorda y robusta la eliminaré; las apacentaré como se debe.

17 En cuanto a ustedes, rebaño mío, esto
dice el Señor: Yo juzgaré entre oveja y oveja, entre carnero y chivo. 18 ¿No les basta
alimentarse de buenos pastos, que pisotean
el resto del pastizal? ¿No les basta beber el
agua clara, que enturbian el resto con las
pezuñas? 19 ¿Han de pastar mis ovejas lo
que ustedes han pisoteado y beber lo que
han enturbiado con sus pezuñas? 20 Pues
así dice el Señor: Yo juzgaré entre la oveja
gorda y la flaca. 21 Ustedes han embestido
con todo su cuerpo, han atacado con sus
cuernos a las más débiles hasta echarlas
afuera; 22 yo defenderé a mis ovejas, para
que no sirvan más de presa; yo juzgaré entre oveja y oveja.

23 Yo suscitaré un pastor que las apa-
ciente; mi siervo David las apacentará y
será su pastor. 24 Yo, el Señor, seré su Dios,
y mi siervo David será príncipe en medio
de ellos: Yo, el Señor, he hablado. 25 Yo
haré con ellos una alianza de paz, exterminaré de esta tierra las bestias feroces; hasta
en el desierto podrán vivir seguros y dormir tranquilos en el bosque. 26 Los estableceré alrededor de mi colina y les mandaré
a su tiempo las lluvias, las lluvias de bendición. 27 Los árboles de los campos darán
sus frutos y la tierra sus cosechas. Estarán
seguros en su tierra, y cuando yo rompa las
correas de su yugo y los libre del poder de
quienes los tienen esclavizados, reconocerán que yo soy el Señor. 28 No volverán a
ser presa de las naciones ni los devorarán
las fieras, sino que vivirán seguros sin que
nadie los espante. 29 Haré que sus campos
produzcan frutos abundantes, no los exterminará más el hambre en esta tierra ni volverán a soportar la burla de otros pueblos.
30 Y reconocerán que yo, el Señor, soy su
Dios, y que ellos, los israelitas, son mi pueblo, oráculo del Señor. 31 Ustedes son mis
ovejas, las ovejas que yo apaciento, y yo
soy su Dios. Oráculo del Señor.

Oráculo contra Edom

Ez 25 12-14

35 1 Recibí esta palabra del Señor:
2 –Hijo de hombre, dirige tu mirada
hacia la montaña de Seír y profetiza contra
ella. 3 Dirás: Esto dice el Señor: Aquí estoy para acusarte, montaña de Seír. Extenderé mi mano contra ti y te convertiré en
desierto desolado. 4 De tus ciudades haré
un montón de ruinas, serás pura desolación
y reconocerás que yo soy el Señor. 5 Tú
has mantenido una antigua enemistad con-

tra los israelitas y los has hecho perecer a
espada el día de su ruina, el día en que su
pecado llegó al colmo. 6 Por eso, por mi
vida, oráculo del Señor, te inundaré de sangre, y la sangre te perseguirá. 7 Haré de la
montaña de Seír un desierto desolado, y
exterminaré a todo el que pase por allí.
8 Llenaré de cadáveres tus montañas; en tus
colinas, valles y barrancos permanecerán los
caídos a espada. 9 Te convertiré para siempre en desierto; tus ciudades no serán habitadas, y reconocerán que yo soy el Señor.

10 Tú dijiste, sabiendo que el Señor estaba allí: «Las dos naciones son mías; me
apoderaré de los dos pueblos». 11 Pues por
mi vida, oráculo del Señor, que te trataré
conforme a la ira y al enojo que tu odio
desató contra ellos, y ellos me reconocerán
cuando te castigue. 12 Y tú reconocerás que
yo, el Señor, he oído todas las injurias que
proferías contra las montañas de Israel,
cuando decías: «Están devastadas: nos las
entregaron como presa». 13 Has proferido
palabras desafiantes e insolentes contra mí,
y yo las he escuchado. 14 Por eso, así dice
el Señor: Por haberse alegrado todo tu país,
yo te convertiré en desierto. 15 Como tú te
alegraste cuando la heredad de Israel era
devastada, así haré yo contigo: quedarás
desierta, montaña de Seír, junto con todo
el territorio de Edom, y reconocerán que
yo soy el Señor.

Promesa de restauración

36 1 Hijo de hombre, profetiza acerca de
las montañas de Israel. Dirás: Montañas de Israel, escuchen la palabra del Señor.
2 Esto dice el Señor: El enemigo se ha reído
de ustedes diciendo: «Ya son nuestros estos viejos cerros». 3 Pues habla en mi nombre y diles: Esto dice el Señor: Porque las
han devastado y arrasado completamente,
y están en poder de otros pueblos, y son
objeto de habladurías y de insultos por
parte de las naciones, 4 por eso, escuchen,
montañas de Israel, la palabra del Señor.
Esto dice el Señor a las montañas y a los
cerros, a las cañadas y a los valles, a las ruinas deshabitadas y a las ciudades desiertas,
saqueadas y humilladas por los pueblos de
alrededor. 5 Esto dice el Señor: Juro que,
encendido de ira, hablaré contra el resto de
las naciones y contra todo Edom, porque
con gran alegría y profundo desprecio se
apoderaron de mi tierra para explotarla y
saquearla.

6 Por eso, profetiza sobre Israel, di a las
montañas y a los cerros, a las cañadas y a
los valles: Esto dice el Señor: Así he hablado lleno de ira y de furor: Ustedes han sido
ultrajados por las naciones. 7 Juro, pues,
solemnemente que las naciones de alrededor serán también ultrajadas.

8 Y ustedes, montañas de Israel, echen
sus ramas, produzcan sus frutos para mi
pueblo Israel, porque está ya a punto de regresar. 9 Yo vengo a ustedes, me dirijo a
ustedes; volverán a ser cultivadas y sembradas. 10 Acrecentaré la población en todo
Israel. Las ciudades serán repobladas, y reconstruidas las ruinas. 11 Multiplicaré sus
hombres y animales, que serán numerosos
y fecundos; las poblaré como antes, seré
más generoso con ustedes que antes, y reconocerán que yo soy el Señor. 12 Haré que
transiten por su territorio los hombres de
mi pueblo Israel; tomarán posesión de ustedes y no volverán a privarlos de sus hijos.

13 Esto dice el Señor: Andan diciendo
de ti que eres un país que devora a los hombres, y que has dejado sin hijos a tu propio
pueblo. 14 Pues ya no devorarás más hombres, ni dejarás sin hijos a tu pueblo, oráculo del Señor. 15 No consentiré que vuelvan a ultrajarte las naciones con sus insultos, no soportarás más la burla de los pue-

• **35 1-15**: El oráculo contra Edom (Ez 35 1-15) y el oráculo a favor de Israel (Ez 36 1-15) son las dos caras, negativa y positiva, de una misma moneda.

El país de Edom sufrirá el castigo de la desolación porque su pueblo se ha comportado como un impío al no reco*nocer a Israel y Judá como posesión* del Señor (Ez 35 10). Sus continuas agresiones al pueblo elegido son ataques al mismo Dios. Su pena será, por eso, la esterilidad del desierto (Ez 35 3b.7a.9a.14-15), la ruina de sus ciudades (Ez 35 4.9b) y la impureza permanente por la sangre derramada y los cadáveres abandonados (Ez 35 6.7b.8).

• **36 1-15**: El territorio de Israel recibe la bendición del Señor. Edom y el resto de las naciones vecinas serán destruidas (Ez 36 2.5-6), mientras que en el pueblo elegido se cumplen las antiguas promesas: regreso a la tierra prometida (Ez 36 8), descendencia innumerable en hombres y animales (Ez 36 10a.11), y esplendor en las ciudades reconstruidas (Ez 36 10b). Este retorno de Babilonia, apadrinado por el Señor y sellado por la bendición, tiene, sin duda, matices escatológicos y definitivos.

blos ni dejarás sin hijos a tu pueblo. Oráculo del Señor.

Un corazón nuevo y un espíritu nuevo para Israel

Jn 3 5; 4 14; Jr 31 33; Ez 11 19; 16 60-63

16 Recibí esta palabra del Señor:
17 –Hijo de hombre, cuando el pueblo
de Israel habitaba en su tierra la profanó
con su conducta y sus acciones. Su conducta ante mí era como la impureza de una
mujer en menstruación. 18 Yo me enfurecí
contra ellos, porque cometieron muchos
asesinatos y se contaminaron dando culto a
los ídolos. 19 Yo los he dispersado entre las
naciones, los he esparcido por diversos
países; los he juzgado según su conducta y
sus acciones. 20 Al llegar a las diversas naciones, profanaron mi santo nombre, pues
decían de ellos: «Son el pueblo del Señor y
han tenido que abandonar su tierra». 21 Así
que yo tuve que defender mi santo nombre
profanado por el pueblo de Israel entre las
naciones adonde tuvo que ir dispersado.
22 Por eso, di a los israelitas: Esto dice
el Señor: No hago esto por ustedes, pueblo
de Israel, sino por mi santo nombre que ustedes han profanado en medio de las naciones adonde fueron. 23 Haré que sea reconocida la grandeza de mi nombre, que
ustedes profanaron entre las naciones. Así,
cuando haga que por medio de ustedes sea
reconocida mi grandeza en presencia de
las naciones, reconocerán que yo soy el
Señor, oráculo del Señor. 24 Los tomaré de
entre las naciones donde están, los recogeré de todos los países y los llevaré a su tierra. 25 Los rociaré con agua pura y los purificaré de todas sus impurezas e idolatrías.
26 Les daré un corazón nuevo y les infundiré un espíritu nuevo; les arrancaré el corazón de piedra y les daré un corazón de
carne. 27 Infundiré mi espíritu en ustedes y
haré que vivan según mis mandamientos,
observando y cumpliendo mis leyes. 28 Vivirán en la tierra que di a sus antepasados;
ustedes serán mi pueblo y yo seré su Dios.
29 Los libraré de todas sus perversidades;
haré que tengan trigo en abundancia y no
pasarán más hambre. 30 Multiplicaré los
frutos de los árboles y las cosechas de los
campos, para que no sufran más la humillación del hambre entre las naciones. 31 Ustedes recordarán su conducta perversa y
sus malas acciones, y sentirán vergüenza de
ustedes mismos por sus maldades e inmun-
dicias. 32 Sepan, sin embargo, que no hago
esto por ustedes, oráculo del Señor; avergüéncense y sonrójense de su conducta,
pueblo de Israel.
33 Esto dice el Señor: El día en que los
purifique de sus maldades, repoblaré las
ciudades y haré que las ruinas sean reconstruidas. 34 La tierra desolada que los caminantes veían desierta, será cultivada de nuevo. 35 Entonces se dirá: «La tierra que estaba devastada se ha convertido en un jardín
de Edén, y las ciudades arruinadas y destruidas han sido fortificadas y habitadas».
36 Entonces las naciones que quedan a su
alrededor reconocerán que yo, el Señor, he
reedificado lo destruido y he replantado lo
devastado. Yo, el Señor, lo digo y lo hago.
37 Esto dice el Señor: Dejaré que me
suplique el pueblo de Israel y multiplicaré
sus gentes hasta formar un rebaño de hombres. 38 Como las ovejas se reúnen en Jeru-

• **36 16-38**: La promesa del corazón nuevo y del espíritu del Señor infundido en el nuevo pueblo constituye el punto culminante de la predicación de Ezequiel. Ez 36 22-32 son los versos centrales. El esquema lógico de los mismos es el siguiente: al principio y al final se expone el objetivo de la acción salvífica (Ez 36 22-23.32). En el centro se desarrollan las etapas de esta acción: retorno a la tierra (Ez 36 24), purificación de las culpas (Ez 36 25), transformación interior (Ez 36 26-27), próspera tranquilidad en la tierra (Ez 36 28-30), espíritu de penitencia (Ez 36 31.32b). La restauración histórica del pueblo tendrá lugar, no por los méritos de Israel, sino por la santidad de Dios.

Las palabras que encarnan más expresivamente el pensamiento del profeta son: el *agua purificadora*, necesaria para participar en el culto y para limpiar al pueblo después de una permanencia tan larga en tierra impura (Ez 36 25.33); el nuevo *corazón* de carne, sede de los sentimientos y de la voluntad humana que sustituirá al viejo corazón de piedra. Y el *espíritu nuevo*, que es el espíritu de Dios. Sobre el hombre será infundida una potencia extraordinaria de Dios, aquella que ha llenado a tantos hombres del pasado: Moisés y Josué sobre todo (Nm 11 17; Dt 34 9); aquella que ha invadido a los profetas y al mismo Ezequiel (véase Ez 3 12-14; 8 3; 11 1-24; 43 5). La novedad está en que esta fuerza sobrenatural ahora no se da sólo a ciertas personas, sino a todos (véase Ez 31 31-33). En este nuevo reino, lleno de las bendiciones y prometido ya por Dios en otros tiempos (Os 2 23-24; Is 27 6; Lv 26 3-13), destaca la fertilidad de los campos, la reconstrucción de las ciudades y el gran número de los que vivirán como consagrados al Señor (Ez 36 30-38).

salén durante las fiestas solemnes, como un rebaño de ovejas consagradas, así estarán llenas de rebaños humanos las ciudades destruidas. De esta manera reconocerán que yo soy el Señor.

Visión de los huesos secos

Gn 2 7; Sal 104 30; Ap 11 11; 20 4; Rom 8 11

37 1 El Señor me invadió con su fuerza y su espíritu me llevó y me dejó en medio del valle, que estaba lleno de huesos. 2 Me hizo caminar entre ellos en todas direcciones. Había muchísimos en el valle y estaban completamente secos. 3 Y me dijo:

–Hijo de hombre ¿podrán revivir estos huesos?

Yo le respondí:

–Señor, tú lo sabes.

4 Y me dijo:

–Profetiza sobre estos huesos y diles: ¡Huesos secos, escuchen la palabra del Señor! 5 Así dice el Señor a estos huesos: Les voy a infundir espíritu para que vivan. 6 Los recubriré de tendones, haré crecer sobre ustedes la carne, los cubriré de piel, les infundiré espíritu y vivirán, y reconocerán que yo soy el Señor.

7 Yo profeticé como me había mandado y, mientras hablaba, se oyó un estruendo; la tierra se estremeció y los huesos se unieron entre sí. 8 Miré y vi cómo sobre ellos aparecían los tendones, crecía la carne y se cubrían de piel. Pero no tenían espíritu.

9 Entonces él me dijo:

–Llama al espíritu, hijo de hombre, llámalo y dile: Esto dice el Señor: Ven de los cuatro vientos y sopla sobre estos muertos para que vivan.

10 Lo llamé tal como el Señor me había mandado, y el espíritu penetró en ellos, revivieron y se pusieron en pie. Era una inmensa muchedumbre.

11 Y me dijo:

–Hijo de hombre, estos huesos son el pueblo de Israel. Andan diciendo: «Se han secado nuestros huesos, se ha desvanecido nuestra esperanza, estamos destrozados». 12 Por eso profetiza y diles: Esto dice el Señor: Yo abriré sus tumbas, los sacaré de ellas, pueblo mío, y los llevaré a la tierra de Israel. 13 Y cuando abra sus tumbas y los saque de ellas, reconocerán que yo soy el Señor. 14 Infundiré en ustedes mi espíritu, y vivirán; los estableceré en su tierra, y reconocerán que yo, el Señor, lo digo y lo hago. Oráculo del Señor.

Unificación de los dos reinos

Zac 11 7.14; Jr 3 18; 17 25; 31 31

15 Recibí esta palabra del Señor:

16 –Hijo de hombre, toma una vara y escribe en ella: «Judá y su pueblo». Toma otra vara y escribe: «José, vara de Efraín, y su pueblo». 17 Júntalas después de modo que formen en tu mano una sola vara.

18 Cuando te pregunte la gente de tu pueblo: «¿Qué significa esto para ti?», 19 les responderás: Así dice el Señor: Yo tomaré la vara de José que está en la mano de Efraín, y las tribus de Israel que están unidas a él, la juntaré con la de Judá y haré

• **37** 1-14: El anuncio de un retorno próximo, la afirmación de que el pueblo al fin vencerá a sus enemigos, no podía dejar indiferente al grupo de los desterrados. Pero este anuncio provocó, al menos en sus comienzos, más desaliento que esperanza. La idea de regresar, la perspectiva de una nueva instalación en la tierra prometida, no podía seducir más que a una comunidad que fuera lo bastante fuerte como para soportar la incertidumbre. Los exiliados se desesperaban, se sentían próximos al aniquilamiento (Ez 33 10s), veían sus sepulcros abiertos (Ez 37 12s). En tal contexto de desesperanza proclama el profeta esta visión que presentaba al pueblo de Dios como un montón de huesos secos. Ezequiel hace venir *de los cuatro vientos* el soplo que recorre la tierra (Ez 37 9) para que infunda nueva vida a los cadáveres inanimados. Se trata de infundirles una vida especial, distinta a la normal del hombre, compuesto de cuerpo y fuerza vital. Dios *infunde su espíritu* en estos cuerpos (Ez 37 14) dotándolos de un corazón espiritual nuevo (Ez 36 26s).

• **37** 15-28: Con la acción simbólica de las dos varas que representan el bastón de soberanía del rey, Ezequiel anuncia los planes de Dios: reunir los dos bastones de mando, el del reino del Norte y el del reino del Sur, en una sola mano, bajo la autoridad de un solo rey, descendiente de David, un nuevo David. Se trata de la reconstrucción del antiguo reino davídico, dividido en dos después de la muerte de Salomón.

En Ez 37 21-28 tenemos la síntesis más completa de todos los bienes prometidos por Dios y presentes en ese reino nuevo: el pueblo reunido de nuevo (Ez 37 21), unificado (Ez 37 22), purificado (Ez 37 23), hecho fiel (Ez 37 24), próspero y estable en la tierra santa (Ez 37 25), a la que Dios da un Rey-Mesías (Ez 37 24-25; véase Ez 34 23) y con quien establece un pacto de paz (Ez 37 26; véase Jr 31 31ss), poniendo en medio del pueblo su morada, el santuario que antes le había quitado (Ez 37 26), para que todos reconozcan la gloria de Dios de la que Israel es depositario (Ez 37 28).

una sola vara, para que sean una sola cosa
en mi mano.
20 Tendrás en la mano a la vista de tu
pueblo las varas sobre las que hayas escrito, 21 y dirás:
Esto dice el Señor: Yo recogeré a los israelitas de entre las naciones adonde han
ido y los reuniré de todas partes para llevarlos a su tierra. 22 Haré de ellos un solo
pueblo en mi tierra, en las montañas de Israel; tendrán todos un solo rey, y ya no serán dos naciones, dos reinos divididos.
23 No se contaminarán más con sus ídolos,
con sus perversas acciones y sus crímenes;
los libraré de todos los lugares donde pecaron y los purificaré. Ellos serán mi pueblo y yo seré su Dios. 24 Mi siervo David
será su rey, y tendrán todos un solo pastor;
caminarán por la senda de mis preceptos,
observarán mis mandamientos y los pondrán en práctica. 25 Vivirán en la tierra que
yo di a mi siervo Jacob, donde vivieron sus
antepasados. Allí vivirán ellos, sus hijos y
los hijos de sus hijos para siempre; mi siervo David será su príncipe eternamente.
26 ¡Haré con ellos una alianza de paz, una
alianza eterna, y pondré mi santuario en
medio de ellos para siempre. 27 Pondré en
medio de ellos mi morada, yo seré su Dios
y ellos serán mi pueblo. 28 Y cuando mi
santuario esté en medio de ellos por siempre, reconocerán las naciones que yo, el
Señor, he consagrado a Israel.

Profecías contra Gog

Ap 20 7-10; Ez 25 13

38 1 Recibí esta palabra del Señor:
2 –Hijo de hombre, dirige la mirada
hacia Gog, del país de Magog, príncipe soberano de Mosoc y Túbal, profetiza contra
él y di: 3 Esto dice el Señor: Aquí estoy
para acusarte Gog, príncipe de Mosoc y
Túbal; 4 yo haré que tú regreses y te pondré
un freno en la boca; haré que salgas con
todo tu ejército, caballos y jinetes, todos
bien equipados, tropas inmensas con defensas y escudos, todos empuñando la espada.
5 Persia, Etiopía y Libia van con ellos, todos con escudos y cascos; 6 Gómer con
todas sus tropas, el clan de Togormá del
extremo norte, con todas sus tropas, pueblos innumerables que son tus aliados.
7 Ponte en guardia, prepárate, tú y toda la
multitud reunida en torno a ti, y ponte a mi
disposición. 8 Al cabo de muchos días recibirás mis órdenes; después de muchos
años marcharás contra un país salvado de
la espada, contra un pueblo reunido de entre muchos pueblos en las montañas de
Israel, que tanto tiempo estuvieron en ruinas. Es un pueblo que ha sido rescatado de
entre las naciones, y ahora vive confiado.
9 Subirás como un huracán, como un nublado que cubrirá la tierra, tú y todas tus
tropas y los numerosos pueblos que son tus
aliados.
10 Esto dice el Señor: Aquel día harás
proyectos y concebirás un plan perverso.
11 Dirás: Voy a atacar a un país indefenso;
atacaré a sus pacíficos habitantes, que viven confiados en ciudades sin muros, sin
puertas ni cerraduras. 12 Los saquearé y me
adueñaré del botín; arremeteré contra un
pueblo que se ha reunido de entre las naciones y se ha levantado sobre sus ruinas;
un pueblo que tiene ganados y bienes y que
habita en el ombligo del mundo. 13 Sebá y
Dedán y sus mercaderes, Tarsis y sus comerciantes, te dirán: «¿Vienes a saquear?
¿Has reunido tus tropas para adueñarte del
botín, llevarte el oro y la plata, apoderarte
de ganados y bienes, y acumular un gran
botín?» 14 Por eso, hijo de hombre, profetiza
y di a Gog: Esto dice el Señor: Efectivamente, cuando mi pueblo Israel esté confiado, 15 tú te enterarás y vendrás de tu región del extremo norte, con otros pueblos
numerosos, todos a caballo, una gran multitud, un poderoso ejército. 16 Atacarás a

• **38** 1-23: Ez 38 y 39 desconciertan por su colocación dentro del libro y por su contenido en relación con los capítulos anteriores y posteriores. Estos oráculos presentan muchos elementos escatológicos y apocalípticos (véase Is 24-27; Miq 4-5; Dn 7-12; Zac 9-14): el tiempo futuro en que tiene lugar la acción, la escenografía repleta de catástrofes que sugieren el fin de los tiempos, y las figuras esquemáticas de los protagonistas que luchan: el Señor, el pueblo restaurado de Israel y los pueblos enemigos dirigidos por Gog.

El mal se ha unido contra el pueblo restaurado por el Señor (Ez 38). Todos los enemigos de su historia se encuentran presentes. Reunidos desde los cuatro puntos cardinales y encabezados por Gog (Ez 38 2-16), buscan su destrucción completa (Ez 38 16a). Pero en ese preciso instante el Señor manifestará su poder (Ez 38 18) y el castigo divino (Ez 38 21-22) caerá sobre los enemigos de su pueblo.

mi pueblo Israel como un nublado que cubre la tierra. Será al final de los tiempos
cuando yo haga invadir mi tierra, para que
las gentes me reconozcan; entonces ante
sus propios ojos manifestaré mi santidad
por medio de ti, Gog.
17 Esto dice el Señor: Tú eres aquél de
quien yo hablé en tiempos pasados por medio de mis siervos, los profetas de Israel.
Ellos anunciaron entonces en mi nombre
que yo provocaría tu ataque en contra de
mi pueblo. 18 Pero aquel día, cuando Gog
llegue a Israel, oráculo del Señor, mi enojo
explotará. 19 Indignado y encendido de furor, juro que aquel día habrá un gran temblor en Israel. 20 Temblarán ante mí los peces del mar, las aves del cielo, los animales
salvajes, los reptiles que se arrastran por el
suelo y todos los hombres que hay en la tierra. Se hundirán las montañas, caerán las
rocas, se desplomarán los muros. 21 Convocaré contra Gog terrores de todas clases,
oráculo del Señor. Sus hombres se matarán
unos a otros. 22 Lo castigaré con peste y
muerte; haré que una lluvia torrencial de
granizo, fuego y azufre caiga sobre él, sobre
sus tropas y sobre sus numerosos pueblos
aliados. 23 Así manifestaré mi grandeza y mi
santidad, me daré a conocer ante muchos
pueblos, y reconocerán que yo soy el Señor.

Derrota de las tropas de Gog

39 1 Hijo de hombre, profetiza contra Gog
y di: Esto dice el Señor: Aquí estoy para acusarte, Gog, príncipe soberano de Mosoc y Túbal. 2 Yo haré que des la vuelta, te
haré salir, haré que subas del extremo norte, y te conduciré a las montañas de Israel;
3 pero allí te dejaré completamente desar-
mado. 4 Sucumbirás en las montañas de
Israel, junto con tus tropas y tus pueblos
aliados; te he destinado para que seas alimento de las fieras y de toda clase de aves
de rapiña. 5 Caerás en campo abierto, porque lo he anunciado yo, oráculo del Señor. 6 Mandaré fuego sobre Magog y sobre
los que viven seguros en los pueblos lejanos, y reconocerán que yo soy el Señor.
7 Manifestaré mi santo nombre en medio
de mi pueblo Israel, no permitiré que mi
santo nombre vuelva a ser profanado, y las
naciones reconocerán que yo soy el Señor,
el Santo de Israel. 8 Todo eso se acerca y
está a punto de cumplirse, oráculo del Señor; éste es el día que he anunciado.
9 Entonces los habitantes de las ciudades de Israel saldrán, encenderán una hoguera y quemarán todas las armas: escudos
y corazas, arcos y flechas, mazos y lanzas;
tendrán con ellas para hacer fuego durante
siete años. 10 No irán a buscar leña a los
campos ni la cortarán en los bosques, porque harán fuego con las armas; saquearán
a sus saqueadores y despojarán a sus des-
pojadores. Oráculo del Señor.
11 Aquel día destinaré como sepultura
para Gog un lugar en Israel, el valle de
Abarín, al este del mar Muerto, el valle
que corta el camino a los transeúntes. Allí
será enterrado Gog con toda su multitud, y
se llamará valle de la multitud de Gog.
12 Los israelitas tardarán siete meses en
enterrarlos, para purificar el país. 13 Toda
la población del país participará en su enterramiento, y lo considerarán como un honor el día en que yo manifieste mi gloria,
oráculo del Señor. 14 Al cabo de los siete
meses se designarán hombres que rastreen
el país buscando a los que hayan quedado
por el suelo; los enterrarán y así quedará
purificada la tierra. 15 Cuando, al recorrer
el país, encuentren huesos humanos, pondrán junto a ellos una señal hasta que los
enterradores los sepulten en el valle de la
multitud de Gog, 16 y así purifiquen el país.
17 En cuanto a ti, hijo de hombre, esto
dice el Señor: Di a todas las fieras y a todas
las aves: Reúnanse y vengan; reúnanse de
todas partes alrededor del sacrificio que les
voy a ofrecer, un sacrificio inmenso sobre
las montañas de Israel. Comerán carne y
beberán sangre, 18 carne de valientes guerreros y sangre de príncipes; porque ellos
son los carneros, los corderos y los chivos;
ellos los terneros y toros, engordados todos
ellos en Basán. 19 Comerán grasa hasta que
se harten y beberán sangre hasta que se

• **39** 1-20: Los cadáveres enemigos siembran la impureza por todo el territorio de Israel. Ha llegado, con la victoria absoluta del Señor (Ez 39 1-8), el tiempo de la purificación final. El fuego (Ez 39 9-10), los enterramientos (Ez 39 11-16) y las aves de carroña (Ez 39 17-20) serán quienes lleven a cabo esta limpieza ritual que traerá de nuevo la santidad al pueblo de Dios.

emborrachen en el sacrificio que yo in-
molo para ustedes. 20 Se hartarán en mi
mesa de caballos y jinetes, de valientes y de
toda clase de guerreros. Oráculo del Señor.

Resumen

21 Así manifestaré mi gloria entre las
naciones, y todas las naciones verán cómo
hago justicia y ejecuto mis sentencias.
22 El pueblo de Israel reconocerá, a partir
de aquel día, que yo, el Señor, soy su Dios.
23 Y las naciones reconocerán que Israel
fue llevado al destierro por sus maldades,
por haberse rebelado contra mí. Por eso le
retiré mi favor, lo entregué en manos de
sus enemigos y murieron todos a espada.
24 Los traté como merecían sus perversiones y pecados, y les retiré mi favor.

25 Por eso así dice el Señor: Ahora voy
a cambiar la suerte de Jacob, me voy a
compadecer del pueblo de Israel y voy a
exigir el honor debido a mi santo nombre.
26 Cuando vivan seguros en su territorio y
nadie los perturbe, olvidarán lo que sufrieron y las infidelidades que cometieron contra mí. 27 Cuando yo los saque de entre los
pueblos, los recoja de la tierra de sus enemigos y manifieste en ellos mi santidad
ante las naciones, 28 reconocerán que yo
soy el Señor, su Dios, que los envié al destierro entre las naciones y los reuní de nuevo en su tierra sin dejar allí ni uno solo.
29 No les retiraré más mi favor, pues derramaré mi espíritu sobre Israel. Oráculo
del Señor.

V. VISION SOBRE EL NUEVO TEMPLO Y LA NUEVA TIERRA Δ

Proyecto idealizado de un nuevo templo

Ap 11 1; 21 10.15; Ex 27 9-19; 38 9-20

40 1 El día diez del mes primero, al comienzo del año vigésimo octavo de
nuestro cautiverio, el año décimo cuarto
después de la caída de la ciudad, el Señor
me invadió con su fuerza, 2 me trasladó en
visión a la tierra de Israel y me dejó sobre
una montaña altísima, en cuya cima, mirando al sur, se levantaban edificios que
parecían configurar una ciudad. 3 Me llevó
allí y vi que junto a la puerta había un hombre que parecía de bronce; tenía en la mano un cordel de lino y una vara de medir.
4 El hombre me dijo:
–Hijo de hombre, mira bien, escucha
atentamente y fíjate en todo lo que te voy a
mostrar, pues has sido traído aquí para que
yo te lo muestre y comuniques luego a los
israelitas todo lo que veas.
5 Vi un muro exterior que rodeaba el
templo por todas partes. La vara de medir
que el personaje tenía en sus manos era de

• **39 21-29**: Esta conclusión resume los acontecimientos decisivos de Israel en tiempos del profeta Ezequiel. Castigo y restauración, destierro entre las naciones y regreso a la tierra prometida (Ez 39 28) son los dos polos de la historia reciente del pueblo del Señor. Es un mensaje lleno de esperanza, porque el Dios de Israel no ha roto la alianza con su pueblo e incluso ha renovado su promesa de salvación (Ez 39 29). Todo está preparado para que el pueblo comprenda en su pleno sentido el nuevo destino que espera a Israel como bendición divina (Ez 40-48).

Δ 40 1-48 35: Estos capítulos constituyen la quinta y última parte del libro. Ezequiel ve cómo la gloria de Dios retorna al nuevo templo de Jerusalén, vislumbra también la estructuración de este nuevo santuario y la reglamentación del culto. A este bloque literario también se le llama la *torá* (ley) de Ezequiel por el predominio de prescripciones. El núcleo original está formado por la descripción de las partes esenciales del templo, el retorno de la gloria de Dios y el agua vivificante que sale del nuevo templo. Después se añadieron los textos que describen los distintos detalles del santuario y del altar, las características del príncipe y de los sacerdotes y los rituales. Todos estos elementos pretenden ofrecer una constitución básica para el pueblo, que tiene ante sí la tarea de restaurar todas las instituciones al regreso del exilio. Para ello, Ezequiel se inspira en los modelos del pasado, intentando adaptar las viejas normas a la nueva situación que vive el pueblo.

• **40 1-49**: El profeta, acompañado por un misterioso personaje (Ez 40 3-4), inicia su recorrido por los alrededores del templo. La descripción sigue un itinerario de fuera a dentro. Pórticos, atrios y salas de entrada se van sucediendo con sus medidas precisas y con sencillos detalles. También se describen las salas y los utensilios empleados en el culto sacrificial (Ez 40 38-43), y las habitaciones destinadas a los sacerdotes que desempeñan el servicio del templo y del altar (Ez 40 44-46).

unos tres metros. El espesor de la construcción medía tres metros de ancho por tres de alto.

6 Se dirigió después al pórtico que mira al este, subió sus peldaños y midió: el umbral del pórtico medía tres metros de profundidad. 7 Cada habitación medía tres metros de largo por tres de ancho; la pared entre habitación y habitación era de unos dos metros y medio y el umbral del pórtico por el lado de la sala de entrada hasta el interior medía tres metros. 8 La sala de entrada del pórtico hacia el interior medía unos cuatro metros; 9 y sus paredes, alrededor de un metro. La sala de entrada del pórtico estaba en el interior.

10 Las habitaciones del pórtico oriental eran tres por un lado y tres por el otro, todas de la misma medida; las paredes de los dos lados tenían la misma medida. 11 La anchura de la entrada del pórtico medía unos cinco metros, y la longitud del pórtico era de unos seis metros y medio. 12 Delante de cada habitación había un baranda de algo más de medio metro, por un lado y por el otro, y las habitaciones tenían unos tres metros por cada lado. 13 El pórtico, desde el fondo de una habitación al fondo de la otra, medía unos doce metros y medio de anchura. 14 El atrio medía unos diez metros; daba al pórtico y lo rodeaba por todas partes. 15 Desde la parte delantera del pórtico por fuera hasta el frente de la sala de entrada por dentro había unos veinticinco metros. 16 Sobre las habitaciones y las paredes había ventanas enrejadas todo alrededor que daban al interior; igualmente, había alrededor ventanas que daban al interior de la sala de entrada. En las paredes había palmeras grabadas.

17 Me llevó al atrio exterior, en el cual había habitaciones y un empedrado alrededor, al que daban treinta habitaciones. 18 El empedrado rodeaba los pórticos y su anchura correspondía a la longitud de los mismos; esto en cuanto al empedrado inferior. 19 Midió la distancia desde el atrio del pórtico inferior hasta el exterior del atrio *interno: unos cincuenta* metros hacia el este y hacia el norte.

20 Midió la anchura y longitud del pórtico que daba al norte, en el atrio exterior. 21 Sus habitaciones eran tres por los dos lados, y sus paredes y salas de entrada tenían las mismas dimensiones que el primer pórtico: unos veinticinco metros de largo por doce metros y medio de ancho. 22 Sus ventanas, sus salas de entrada y sus palmeras tenían las mismas medidas que las del pórtico oriental. Se subía al pórtico por siete escalones, y su sala de entrada estaba en el interior. 23 Había un pórtico en el atrio interior frente al pórtico norte, como en el pórtico oriental. Midió la distancia entre pórtico y pórtico: unos cincuenta metros.

24 Me llevó al lado sur. Había allí un pórtico orientado al sur; las habitaciones, paredes y sala de entrada tenían la misma dimensión que las otras. 25 Alrededor del pórtico y de la sala de entrada había ventanas iguales a las anteriores; medían unos veinticinco metros de largo por doce y medio de ancho. 26 Tenía siete escalones por los que se subía a él, y su sala de entrada estaba en el interior. En las paredes de los dos lados había palmeras grabadas. 27 El atrio interior tenía también un pórtico hacia el sur; la distancia entre un pórtico y otro en dirección sur era de unos cincuenta metros.

28 Me llevó al atrio interior por el pórtico sur. Midió este pórtico y tenía iguales dimensiones que los otros. 29 Sus habitaciones, paredes y sala de entrada tenían las mismas dimensiones que los otros. El pórtico y su sala de entrada medían unos veinticinco metros de largo por doce y medio de ancho y tenían ventanas todo alrededor. 30 En torno había una sala de entrada de doce metros y medio de largo por dos y medio de ancho. 31 La sala de entrada comunicaba con el atrio exterior; en las paredes había palmeras grabadas, y se subía a él por ocho escalones.

32 Me llevó al pórtico sur y lo midió. Tenía las mismas dimensiones que los otros. 33 Las habitaciones, paredes y sala de entrada tenían iguales dimensiones que los otros. El pórtico y su sala de entrada medían unos veinticinco metros de largo por doce y medio de ancho y tenían ventanas todo alrededor. La sala de entrada comunicaba con el atrio exterior. 34 En las paredes de los dos lados había palmeras grabadas, y se subía a él por ocho escalones.

35 Me llevó al pórtico norte y lo midió. Tenía las mismas dimensiones que los otros.

36 Tenía también sus habitaciones, sus paredes y su sala de entrada, así como ventanas todo alrededor. Medía unos veinticinco
metros de largo por doce y medio de ancho.
37 La sala de entrada comunicaba con el
atrio exterior. En las paredes de los dos lados había palmeras grabadas, y se subía a
él por ocho escalones.
38 Había una sala cuya entrada comunicaba con la sala de entrada de cada pórtico.
Allí se lavaban los animales destinados al
holocausto. 39 En la sala de entrada del
pórtico había dos mesas a cada lado, para
degollar sobre ellas los animales destinados al holocausto, así como las víctimas
expiatorias y de reparación. 40 Había también, en la parte exterior según se sube hacia la entrada del pórtico norte, otras dos
mesas; y otras dos al otro lado de la sala de
entrada del pórtico. 41 Había, pues, cuatro
mesas a cada lado del pórtico: ocho mesas
en total, sobre las que se degollaban las víctimas, 42 y cuatro mesas de piedra tallada
para los holocaustos, de tres cuartos de metro de anchura y longitud por medio metro
de altura. Sobre ellas se ponían los instrumentos con los que se degollaban las víctimas de los holocaustos y las otras víctimas.
43 Las mesas tenían alrededor unas ranuras
de un palmo de altura, y sobre ellas se ponía la carne de las víctimas sacrificadas.
44 Me llevó al atrio interior. Había dos
salas, una al lado del pórtico norte con la
fachada orientada hacia el sur y otra al lado del pórtico sur con la fachada orientada
hacia el norte. 45 Y me dijo:
–La sala orientada hacia el sur es para
los sacerdotes encargados del servicio del
templo, 46 y la orientada hacia el norte, para los sacerdotes que hacen el servicio del
altar, es decir los sadoquitas que, entre los
hijos de Leví, son los encargados de servir
al Señor.
47 *El atrio central* era un cuadrado de
cincuenta metros de lado. El altar estaba
frente al templo.
48 Me llevó a la sala de entrada del templo y midió sus paredes: dos metros y medio por cada lado; la anchura del pórtico
era de metro y medio por ambos lados. 49 La
sala de entrada tenía diez metros de largo
por seis de ancho. Se subía a él por diez
escalones, y junto a las paredes había columnas, una a cada lado.

El lugar santo y sus objetos sagrados

1 Re 6; 2 Cr 3 5-9

41 1 Después me introdujo en el templo.
Sus paredes medían tres metros de
anchura por un lado y tres por el otro. 2 La
anchura de la puerta era de cinco metros:
dos y medio por un lado y dos y medio por
otro. La nave central medía veinte metros
de largo por diez de ancho.
3 A continuación entró en el recinto interior. Las paredes de la entrada medían un
metro cada una; la entrada tenía tres metros, y los muros laterales de la entrada
medían tres metros y medio. 4 El recinto
interior medía diez metros de largo por
diez de ancho. Y me dijo:
–Este es el lugar santísimo.
5 El muro del templo medía tres metros
de ancho. Las salas laterales, todo alrededor del templo, medían dos metros de anchura. 6 Estas salas estaban unas sobre otras
distribuidas en tres pisos, treinta en cada
piso. Para sostener las salas había un saliente todo alrededor del muro del templo,
de modo que las salas no se incrustaran en
el muro. 7 La anchura de las salas aumentaba a medida que se subía, porque el muro del templo todo alrededor se estrechaba
en cada piso y así las salas de arriba tenían
una mayor amplitud. Del piso inferior se subía al del medio y de éste al superior.
8 Alrededor de todo el templo vi una
plataforma elevada, que servía de base a
las salas laterales; medía tres metros, una
vara entera. 9 El espesor del muro exterior
de las salas laterales era de dos metros y
medio, y entre las salas laterales 10 y las

• **41 1-26**: La descripción llega a la última sala, al santo de los santos *o lugar santísimo*, espacio sagrado por excelencia (Ez 41 4). Ezequiel contempla desde fuera en actitud de respeto y reverencia la santidad del lugar. En el templo de Salomón este era el lugar donde estaba el arca de la alianza cubierta por las alas de dos querubines (véase 1 Cr 28 18). Otras construcciones vecinas son las salas laterales alrededor del templo (Ez 41 5-11) y el edificio posterior hacia el oeste, a continuación de las tres salas principales del templo, después de un patio o atrio (Ez 41 12). Distintos complementos decorativos y funcionales, como la mesa de los panes ofrecidos (Ez 41 15b-26), completan el cuadro.

habitaciones había todo alrededor un espacio libre de diez metros de anchura. 11 Las salas laterales tenían dos entradas: una al norte y otra al sur. La anchura del espacio libre era de dos metros y medio, todo alrededor.

12 Junto al costado occidental del atrio se levantaba un edificio de treinta y cinco metros de anchura cuyo muro tenía dos metros y medio de ancho por cuarenta y cinco de largo. 13 El templo medía cincuenta metros de largo; la longitud del patio, del edificio contiguo y del muro era también de cincuenta metros. 14 Cincuenta metros tenían de ancho la fachada y el atrio oriental del templo, 15 y otros tantos medía de largo el edificio contiguo al atrio de atrás, junto con los pórticos de uno y otro lado.

El interior del templo, las salas de entrada del atrio, 16 los umbrales, las ventanas enrejadas y las galerías de tres pisos, comenzando desde la entrada, todo ello estaba revestido de madera; desde el suelo hasta las ventanas, e incluso las mismas ventanas, todo estaba revestido de madera. 17 Desde la entrada hasta el fondo del templo, por dentro y por fuera, las paredes interiores y exteriores todo alrededor 18 estaban adornadas con figuras de querubines y palmeras; cada querubín tenía dos caras: 19 cara de hombre hacia una palmera y cara de león hacia la otra. Así, todo alrededor del templo, 20 desde el suelo hasta la parte superior de las puertas, todas las paredes del templo estaban adornadas con figuras de querubines y palmeras. 21 Los marcos de la puerta del santuario eran cuadrangulares.

Delante del lugar santísimo había 22 como un altar de madera, de un metro y medio de alto, un metro de largo y otro de ancho; sus ángulos, base y pared eran de madera. Y el personaje me dijo:

–Esta es la mesa que está en presencia del Señor.

23 Tanto en el lugar santo, como en el lugar santísimo había una puerta 24 giratoria de dos hojas. 25 Las puertas del lugar santo estaban adornadas con figuras de querubines y palmeras, como las de las paredes. En la fachada de la sala de entrada, por el exterior, había un saliente de madera en el tejado. 26 En todos los muros laterales de la sala de entrada había ventanas enrejadas y palmeras, así como salas anexas al templo y bodegas.

Dependencias del templo

42 1 Después me llevó al lado norte del atrio exterior y me introdujo en las salas que están frente al patio cerrado y al edificio contiguo, en la parte norte. 2 Medía todo ello cincuenta metros de largo por el lado norte, y veinticinco metros de ancho. 3 Frente al pórtico del atrio interior, y del empedrado del atrio exterior, había tres galerías superpuestas. 4 Delante de las salas había un corredor que tenía cincuenta metros de largo y cinco de ancho en dirección al atrio interior; sus puertas daban al norte.

5 Las salas del piso superior, al quitarles las galerías parte de su espacio, eran más estrechas que las de los pisos inferior e intermedio. 6 Eran tres pisos, pero sin columnas como las del atrio; por eso las salas del piso superior eran más estrechas que las de los pisos inferior e intermedio. 7 El muro exterior, paralelo a las salas por el lado del atrio exterior, medía veinticinco metros todo a lo largo de las salas. 8 La longitud total de las salas por el lado que daba al atrio exterior era de veinticinco metros, mientras que por el lado de la fachada del templo era de cincuenta metros. 9 Para acceder desde el atrio exterior había una entrada debajo del costado oriental de las salas.

10 A lo largo del muro del atrio, frente al patio cerrado y al edificio contiguo, había también salas. 11 Delante de ellas un corredor como el de las salas de la parte norte. Tenían la misma longitud, la misma anchura, iguales salidas, idéntica disposición y puertas iguales. 12 Por debajo de las salas que daban al sur, había una entrada al comienzo de cada corredor, frente al muro situado en la parte oriental.

• **42** 1-20: Descripción de una serie de construcciones secundarias al norte y al sur del edificio que está detrás del templo. Son dos sacristías o recámaras donde se colocan las cosas santísimas: oblaciones, ofrendas, vestiduras litúrgicas, etc. (Ez 42 1-14). La idea de perfección que quieren transmitir las medidas del atrio que separa lo sagrado de lo profano (Ez 42 15-20) sin duda hace referencia a la perfección de la religión israelita en su nueva etapa histórica.

13 Y me dijo:

–Las salas que están frente al patio cerrado, tanto las del norte como las del sur, son salas sagradas. Allí comerán las cosas consagradas los sacerdotes que se acercan al Señor; allí pondrán también las cosas consagradas: oblaciones, ofrendas por el pecado y por el delito, porque este lugar es santo. 14 Cuando los sacerdotes entren allí no saldrán al atrio exterior sin haberse despojado antes de sus vestiduras litúrgicas usadas en el servicio divino, porque estas vestiduras son sagradas. Para estar en los lugares destinados al pueblo se pondrán otras vestiduras.

15 Cuando acabó de medir el interior del templo, me sacó afuera, al pórtico oriental, y midió el contorno.

16 Tomó la vara de medir y con ella midió todo el perímetro, que tenía doscientos cincuenta metros por el lado oriental; 17 doscientos cincuenta metros por el lado norte; 18 doscientos cincuenta por el lado sur 19 y doscientos cincuenta por el lado occidental. 20 Midió todo el muro alrededor, por los cuatro costados, y tenía doscientos cincuenta metros de largo por doscientos cincuenta metros de ancho. Era el muro que separaba lo sagrado de lo profano.

La gloria del Señor regresa al templo

Ez 10 18-19; 11 22-23; 1 Re 8 10-11; Ez 37 26-27; Ap 21 3

43 1 Me llevó luego al pórtico que mira al este, 2 y vi que la gloria del Dios de Israel llegaba del este. Producía un ruido semejante al de aguas caudalosas, y la tierra se llenó de su resplandor. 3 Esta visión era como la que tuve cuando el Señor vino a destruir Jerusalén, y como la visión que tuve junto al río Quebar. Yo me postraba en tierra, 4 mientras la gloria del Señor entraba en el templo por el pórtico oriental.

5 Entonces, el espíritu me arrebató y me llevó al atrio interior. La gloria del Señor llenaba el templo. 6 Oí que alguien me hablaba desde el templo, mientras aquel hombre estaba de pie a mi lado. 7 Me decía:

–Hijo de hombre, este es el lugar de mi trono, donde pongo las plantas de mis pies y donde habitaré para siempre en medio de los israelitas. El pueblo de Israel y sus reyes no volverán a profanar mi santo nombre con sus infidelidades, sus mausoleos reales y sus cultos idolátricos. 8 Al poner su umbral junto al mío y los marcos de sus puertas junto a las míos, de suerte que entre nosotros sólo mediaba una pared, profanaron mi santo nombre y cometieron abominaciones; por eso me enfurecí contra ellos y los exterminé. 9 De ahora en adelante alejarán de mí sus infidelidades y los mausoleos de sus reyes, y yo habitaré en medio de ellos para siempre.

10 Y tú, hijo de hombre, da a conocer al pueblo de Israel este templo, para que se avergüencen de sus pecados y tomen nota de sus medidas y su disposición. 11 Si se avergüenzan de todo lo que han hecho, enséñales el plano de este templo, su estructura, sus salidas y sus entradas, su disposición, sus ritos y preceptos.

12 Esta es la ley del templo; todo el terreno que lo rodea en la cumbre de la montaña es sagrado. Es la ley del templo.

El altar

Ex 27 1-8

13 El foso que rodea el altar tenía medio metro de altura y otro tanto de anchura, con un borde de un palmo alrededor. 14 Desde el foso del suelo hasta la base inferior, el altar medía un metro de alto por otro de ancho; y desde la base pequeña hasta la grande, dos metros de alto por medio de ancho. 15 Desde allí hasta la parte superior del altar, que tenía cuatro salientes, había dos metros. 16 La parte superior del altar

• **43 1-12**: La ausencia de construcciones para el rey en el área del templo se expresa claramente en las palabras dirigidas por Dios al profeta (Ez 43 7-9). La explicación es que el nuevo templo no ha sido reedificado con criterios profanos. Existe una correspondencia entre la visión de la partida de la gloria (Ez 10 18-19; 11 22-23) y ésta de su regreso.

Antes de pasar a la descripción del altar y de los ministros del culto, el autor descubre el verdadero propósito del nuevo templo: es el símbolo de un pueblo que quiere comenzar de nuevo su relación con Dios, partiendo de una sincera conversión.

• **43 13-17**: Descripción del altar de los sacrificios (Ez 40 13-27). El movimiento parte desde abajo hacia arriba, describiendo su altura y las superficies de los distintos elementos que lo componen. Concluye bajando nuevamente hasta la base. Las dimensiones son grandiosas.

medía seis metros de largo por seis de ancho formando un cuadrado perfecto. 17 La base grande era también un cuadrado de siete metros de lado. Alrededor del altar había un reborde de un cuarto de metro y el foso alrededor tenía medio metro todo alrededor; sus escalones miraban al este.

Consagración del altar

Ex 29 36-37; Lv 8 10-15.33-35

18 Y me dijo:

–Hijo de hombre, esto dice el Señor: Estas son las normas según las cuales deberá ser reconstruido el altar, para ofrecer en él holocaustos y derramar la sangre. 19 A los sacerdotes levitas de la descendencia de Sadoc encargados de servirme, dice el Señor, les darás un novillo para que lo ofrezcan como sacrificio por el pecado. 20 Rociarás con su sangre las cuatro esquinas del altar, los cuatro ángulos de la base y el borde todo alrededor, y así harás la expiación por él y lo purificarás. 21 Tomarás el novillo que debe ofrecerse en expiación por el pecado y lo quemarás en el lugar del templo reservado para ello, fuera del santuario. 22 Al día siguiente ofrecerás por el pecado un chivo sin defecto, y harás la expiación del altar, siguiendo el mismo rito que con el novillo. 23 Terminado el rito expiatorio, ofrecerás un novillo sin defecto y un carnero sin defecto. 24 Los ofrecerás al Señor, y los sacerdotes les echarán sal y los ofrecerán en holocausto al Señor. 25 Durante siete días ofrecerás diariamente un chivo en sacrificio por el pecado; se ofrecerá también un novillo y un carnero sin defecto. 26 Durante siete días los sacerdotes purificarán y consagrarán el altar, haciendo la expiación por él. 27 Pasados estos días, a partir del día octavo, los sacerdotes ofrecerán sobre el altar los holocaustos de ustedes y sus sacrificios de acción de gracias, y yo les seré favorable. Oráculo del Señor.

Servicio del pórtico oriental

44 1 Me llevó al pórtico exterior del templo, que mira hacia el oriente, pero estaba cerrado. 2 Y el Señor me dijo:

–Este pórtico estará cerrado y no se abrirá, porque por aquí ha entrado el Señor, el Dios de Israel; por tanto, estará cerrado. 3 Sólo el príncipe podrá sentarse en él para comer delante del Señor; entrará por la sala de entrada del pórtico y saldrá por el mismo sitio.

Normas de admisión en el santuario

Ez 22 26; 43 6-12; Hch 21 28-29

4 Después me llevó al pórtico norte, frente al templo. Vi que la gloria del Señor llenaba el templo del Señor, y me postré en tierra. 5 Y el Señor me dijo:

–Hijo de hombre, fíjate bien y escucha con atención todo lo que voy a decirte sobre las prescripciones y normas del templo del Señor. Fíjate bien en quiénes son los que tienen libre acceso al santuario.

6 Di a este pueblo rebelde: Esto dice el Señor: Ya son demasiadas las abominaciones que han cometido, pueblo de Israel. 7 Han introducido extranjeros, incircuncisos de corazón y de cuerpo, en mi santuario para profanarlo, mientras ustedes me ofrecían alimento, grasa y sangre, quebrantando así mi alianza con todas sus abominaciones. 8 No han atendido a mi servicio en el lugar santo y se han hecho suplir por extranjeros en el ejercicio de su ministerio en mi santuario. 9 Esto dice el Señor: Ningún extranjero, incircunciso de corazón y de cuerpo, entrará en mi santuario; ningún extranjero residente entre los hijos de Israel.

Servicio de los levitas

10 Los levitas que se alejaron de mí cuando Israel me abandonó para seguir a sus ídolos, cargarán con su maldad. 11 Desem-

• **43 18-27**: Se describen diferentes sacrificios para purificar y consagrar el altar (véase Ex 29 36ss; Lv 8 y 16). *Con ellos se purifican también los* sacerdotes de sus pecados para que puedan ofrecer en favor del pueblo sacrificios de purificación y acción de gracias agradables al Señor (Ez 43 27).

• **44 1-3**: Instrucciones sobre la puerta externa oriental, que ha de permanecer siempre cerrada por respeto al Señor que ha entrado por ella en su templo. Esta puerta se convierte así en símbolo de la permanencia perpetua de Dios en medio de su pueblo.

• **44 4-9**: Si el pueblo restaurado tiene como signo el corazón nuevo y la purificación de la vida pasada, quienes desempeñen alguna tarea en el santuario deberán ser también puros. Por esta razón, los extranjeros sin circuncidar no podrán entrar en el nuevo templo (Ez 44 7-9).

peñarán en mi santuario el oficio de porteros y otros oficios menores del templo. Inmolarán las víctimas de los holocaustos y las otras víctimas en favor del pueblo, y estarán a su disposición para servirle.

12 Por haber dado culto a los ídolos y haber sido ocasión de pecado para Israel, los castigaré, oráculo del Señor. Los levitas sufrirán las consecuencias de su pecado. 13 Por eso, no volverán a ejercer las funciones sacerdotales, ni tocarán las cosas santas y santísimas; soportarán la vergüenza de las abominaciones que han cometido. 14 Les encargo la custodia del templo, confiándoles su servicio y lo que haya que hacer en él.

Servicio de los sacerdotes

Lv 6 34; 21 1-5.7-14; 10 9; Dt 18 1-2

15 Los sacerdotes levitas, descendientes de Sadoc, que estuvieron al servicio de mi santuario cuando los israelitas se alejaron de mí, serán los que se encarguen de servirme; a ellos acudirán los israelitas cuando vengan a ofrecerme la grasa y la sangre, oráculo del Señor. 16 Ellos serán los que entrarán en mi santuario, se acercarán a mi altar y se encargarán de mi servicio. 17 Al entrar por los pórticos del atrio interior vestirán hábito de lino; no llevarán vestidos de lana cuando oficien en los pórticos del atrio interior y en el templo. 18 Llevarán en la cabeza turbantes de lino y usarán calzones de lino. No se pondrán nada que les haga sudar. 19 Cuando salgan al atrio exterior, donde está el pueblo, se quitarán las vestiduras con que hayan oficiado, las dejarán en las salas del santuario y se pondrán otros vestidos para que lo sagrado de sus vestidos no se transmita al pueblo. 20 No se raparán la cabeza, pero tampoco se dejarán melena; se arreglarán el pelo. 21 Ningún sacerdote beberá vino cuando tenga que entrar en el atrio interior. 22 No se casarán con una viuda ni con una repudiada, sino con una virgen de Israel; podrán, no obstante, casarse con la viuda de un sacerdote. 23 Enseñarán a mi pueblo a distinguir entre lo sagrado y lo profano, y le mostrarán la diferencia entre lo puro y lo impuro. 24 En los pleitos harán de jueces y juzgarán según mis leyes. Observarán en todas mis fiestas, mis leyes y mis preceptos, y santificarán mis sábados. 25 No se acercarán a un cadáver para no contaminarse. Pero sí podrán acercarse al cadáver del padre o de la madre, del hijo o de la hija, del hermano o de la hermana soltera. 26 Una vez que se hayan purificado, dejarán pasar siete días, 27 y el día en que vuelvan a entrar en el atrio interior para hacer el servicio en el santuario, ofrecerán su sacrificio por el pecado. Oráculo del Señor.

28 No tendrán herencia: yo soy su herencia; no les darán ninguna posesión en Israel: yo soy su posesión. 29 Se alimentarán de las ofrendas y de las víctimas que se inmolen por el pecado y por el delito. Para ellos será todo lo que en Israel sea consagrado al exterminio. 30 Lo mejor de todos los primeros frutos que ustedes cosechen y de todas sus ofrendas será para los sacerdotes. Darán así a los sacerdotes lo mejor de su masa, para que la bendición permanezca sobre sus casas. 31 Los sacerdotes no comerán animal muerto o destrozado, sea ave o ganado.

Reparto de la tierra

Ez 48 8-20; 42 15-20; Jr 22 3-5; Lv 19 35-36

45 1 Cuando se repartan por sorteo la tierra, reservarán como parte consagrada al Señor un terreno de doce mil quinientos metros de largo por diez mil de ancho. Se-

• **44 10-14**: Ezequiel distingue claramente entre los sacerdotes sadoquitas y los levitas. De hecho sólo se mencionan los sacerdotes, hijos de Sadoc. Desaparecen los otros cuya función era servir al templo (véase Ez 40 45-46). Los levitas pertenecen a una categoría inferior, como sucede en el documento sacerdotal. Las causas históricas de esa degradación son bastantes complejas. Recuérdese sobre todo la centralización del culto realizada por Josías (2 Re 23): en ella se privó definitivamente al clan levítico-sacerdotal no procedente de Jerusalén de su actividad y de sus intervenciones en la liturgia del templo. El rey Josías hizo desaparecer todos los utensilios fabricados para Baal, Astarté y otros ídolos, además de destruir los lugares altos de culto de Samaría y Betel donde se adoraba a otros dioses (véase Dt 12 12.18).

• **44 15-31**: Elenco de normas y leyes destinadas a los sacerdotes descendientes de Sadoc acerca de las vestiduras cultuales (Ez 44 17-19; véase Ex 28 2; 39 2; Lv 6 3; 16 4), arreglo del pelo (Ez 44 20; véase Lv 19 27; 21 5-10), prácticas de duelo, bebidas prohibidas y sobriedad (Ez 44 21; véase Lv 10 9), matrimonio (Ez 44 20; Lv 20), funciones (Ez 44 23-24; véase Dt 33 8-11), impurezas legales (Ez 44 25-27; Lv 21 1-3) y rentas (Ez 44 28-30).

rá sagrado en toda su extensión. 2 En el centro habrá un cuadrado de doscientos cincuenta metros de lado destinado al templo;
y en torno a él una zona libre de veinticinco metros. 3 Del terreno reservado separarás una parcela de doce mil quinientos metros de largo por cinco mil de ancho, donde se construirá el santuario, el lugar santísimo. 4 Será una porción santa de la tierra
reservada a los sacerdotes que ofician en el
templo y se encargan del servicio del Señor; tendrán así espacio para construir sus
casas y será un lugar sagrado reservado al
santuario. 5 A los levitas que sirven en el
templo se les asignará una propiedad de
doce mil quinientos metros de largo por
cinco mil de ancho para que tengan donde
vivir. 6 Y como territorio de la ciudad se
reservará un terreno de doce mil quinientos metros de largo por dos mil quinientos
metros de ancho, todo a lo largo del terreno reservado al santuario; será un espacio
perteneciente a todos los israelitas.

7 Al príncipe le asignarán un territorio a
lo largo del terreno reservado al santuario
y a la ciudad. Se extenderá a ambos lados
de dicho terreno, hasta el mar por el oeste
y hasta la frontera oriental del país por el
este. Desde el mar hasta la frontera oriental su longitud será la asignada a cada una
de las porciones sorteadas. 8 Esta será su
propiedad en Israel y así mis príncipes no
oprimirán más al pueblo y dejarán la tierra
a las tribus de Israel.

Deberes del príncipe con respecto al culto

Ex 12; 23 14-17; 30 13-16; Mt 23 23; Nm 28 9-14;
Ez 45 17; Ex 29 39; Ez 42 1-9

9 Esto dice el Señor: ¡Ya está bien, príncipes de Israel! Abandonen la violencia y
el robo, practiquen el derecho y la justicia,
dejen de explotar a mi pueblo, oráculo del
Señor. 10 Usen balanzas justas, pesas justas
y medidas justas. 11 La unidad de medida
será la misma para sólidos y líquidos; a saber, cuarenta y cinco kilos y cuarenta y cinco litros. 12 En cuanto a las medidas de peso, la unidad será de doce gramos, la medida más pequeña será de seis decigramos,
y la mayor de setecientos veinte gramos.

13 Esta será la ofrenda que harán: un kilo de trigo y de cebada por cada sesenta de
cosecha, 14 y un litro de aceite por cada cien
de cosecha.

15 En cuanto a las ovejas, ofrecerán para las oblaciones, los holocaustos y los sacrificios una de cada doscientas que pasten
en las praderas de Israel; así alcanzarán el
perdón de sus pecados. 16 Todo el pueblo
estará obligado a presentar esta ofrenda al
príncipe de Israel. 17 Pero el príncipe se
encargará de los holocautos, las oblaciones
y las ofrendas de vino y aceite, en las fiestas, días de luna nueva y sábados, en todas
las solemnidades de Israel. El proveerá para el sacrificio por el pecado, para la oblación, el holocausto y los sacrificios de comunión para que se le perdonen los pecados a Israel.

18 Esto dice el Señor: El día uno del
mes primero tomarás un novillo sin defecto y lo inmolarás para purificar el santuario. 19 El sacerdote tomará la sangre del
sacrificio por el pecado y la pondrá en los
marcos de las puertas del templo, en los
cuatro ángulos de la base del altar y en los
marcos de las puertas del atrio interior.
20 Lo mismo harás el día siete de cada mes
por el que peque por inadvertencia o ligereza. De esta manera el templo quedará
purificado. 21 El día catorce del mes primero celebrarán la fiesta de la pascua y durante siete días comerán pan sin levadura.

• **45 1-8**: Normas particulares relativas a los bienes inmuebles de los sacerdotes y los levitas. Se menciona el impuesto ofrecido por los israelitas (Ez 48). Está constituido por franjas de tierra que están alrededor del santuario y por lo tanto consideradas sagradas. Este impuesto santo (Ez 20 40; 44 30; 45 1.6s) era una contribución, una *especie de impuesto religioso*, generalmente una porción de terreno, del cual se priva Israel para ofrecerlo a Dios.

• **45 9-46 15**: Invitación dirigida a los príncipes para que sean ejemplo de vida y de fe para el pueblo y practiquen la justicia y el derecho (Ez 45 9).

Después de una apremiante exhortación a utilizar medidas y pesas justas (véase Lv 19 35-36), se determina cómo debe ser el impuesto que se ha de dar al príncipe (Ez 45 13-17). El a su vez tiene como encargo proporcionar las víctimas de los sacrificios que se hagan en las fiestas de año nuevo, de pascua y de las tiendas (Ez 45 18-25).

Los holocaustos que el príncipe presentaba en nombre del pueblo y que eran ofrecidos por los sacerdotes, unos correspondían a los sábados y otros a las celebraciones de luna nueva o novilunios y demás fiestas. La puerta oriental del atrio interior del templo estaba cerrada durante los días de trabajo y sólo se abría los sábados y días

22 El príncipe ofrecerá ese día por él y por todo el pueblo un novillo en sacrificio por el pecado. 23 Durante los siete días de la fiesta ofrecerá en holocausto al Señor siete novillos y siete carneros sin defecto cada día, además de un chivo cada día en sacrificio de expiación por el pecado. 24 Se añadirá además una ofrenda de cuarenta y cinco kilos de cereal y de siete litros y medio de aceite por cada novillo y cada carnero inmolado. 25 En la fiesta que comienza el día quince del séptimo mes, el príncipe hará la misma ofrenda durante siete días: los mismos sacrificios por el pecado, los mismos holocaustos, las mismas oblaciones y la misma cantidad de aceite.

46 1 Esto dice el Señor: El pórtico oriental del atrio interior estará cerrado los días de trabajo. Pero el sábado estará abierto, así como el día de luna nueva. 2 El príncipe entrará desde fuera por la sala de entrada del pórtico y se quedará al lado de los marcos de las puertas; entonces los sacerdotes ofrecerán los holocaustos y los sacrificios de comunión presentados por el príncipe, el cual se postrará sobre el umbral del pórtico, después saldrá y el pórtico no se cerrará hasta la tarde. 3 El pueblo se postrará a la entrada de este pórtico los sábados y los días de luna nueva. 4 El príncipe ofrecerá al Señor los sábados el holocausto de seis corderos y un carnero sin defecto. 5 Acompañando a la ofrenda, presentará cuarenta y cinco kilos de cereal junto con siete litros y medio de aceite por carnero, y por los corderos lo que buenamente pueda. 6 En el día de luna nueva ofrecerá un novillo sin defecto, seis corderos y un carnero sin defecto. 7 Acompañando a la ofrenda del novillo y del carnero presentará cuarenta y cinco kilos de cereal y siete litros y medio de aceite por cada uno; por los corderos lo que buenamente pueda.

8 *El príncipe deberá entrar* y salir por la sala de entrada del pórtico. 9 Cuando el pueblo se presente ante el Señor en las fiestas, los que entren por el pórtico norte saldrán por el pórtico sur, y los que entren por el pórtico sur saldrán por el norte; no saldrán por el pórtico por el que entraron, sino por el de enfrente. 10 El príncipe entrará y saldrá junto con ellos. 11 En las fiestas y en las solemnidades se acompañará la ofrenda de cada novillo y carnero con cuarenta y cinco kilos de cereal y siete litros y medio de aceite; por los corderos lo que buenamente pueda cada uno. 12 Cuando el príncipe haga una ofrenda voluntaria al Señor, sea holocausto o sacrificio de comunión, se le abrirá el pórtico oriental, ofrecerá su holocausto o su sacrificio de acción de gracias, lo mismo que en los sábados, y, cuando haya salido, se cerrará el pórtico.

13 Ofrecerás como holocausto diario al Señor un cordero de un año sin defecto; lo ofrecerás cada mañana. 14 Acompañando a la ofrenda presentarás también cada mañana ocho kilos de cereal y dos litros y medio de aceite para hacer una masa con la mejor harina. Es esta una ofrenda ritual que jamás dejará de ser presentada al Señor. 15 Se hará cada mañana, como holocausto perpetuo, la ofrenda del cordero, del cereal y del aceite.

Obligaciones del príncipe en el reparto de los bienes

16 Esto dice el Señor: Si el príncipe hace a alguno de sus hijos un regalo tomándolo de los bienes propios, el regalo pertenecerá a sus hijos como herencia. 17 Pero si hace a alguno de sus siervos un regalo tomado de su herencia, pertenecerá a éste sólo hasta el año jubilar, en que regresará al príncipe. Su herencia pasará sólo a sus hijos. 18 El príncipe no tomará nada de los bienes del pueblo, despojándolo de su propiedad; sólo su propiedad personal pasará en herencia a sus hijos para que nadie de mi pueblo sea privado de su propiedad.

de fiesta. El príncipe estaba autorizado para entrar y salir del santuario por la misma puerta (Ez 46 8); el pueblo, en cambio, debía utilizar en las solemnidades dos puertas opuestas, siguiendo el recorrido previsto en una especie de procesión que debía ser lo más ordenada posible (Ez 46 9). Con relación a las fiestas de segundo orden, el rito sacrificial era el mismo que para las celebraciones de luna nueva (Ez 46 11). Pero para las dos grandes fiestas, la de pascua y la de las tiendas, las diferencias eran notables (véase Ez 45 21-25). En ellas abundaban sobre todo los sacrificios expiatorios.

• **46** 16-18: Las reglas sobre la transmisión hereditaria de los bienes tienen el objetivo de evitar que la propiedad del príncipe desaparezca, pero también que aumente demasiado en perjuicio del pueblo.

Las cocinas del templo

19 Luego me introdujo por la entrada la-
teral del pórtico en las salas sagradas que
dan al norte y que están destinadas a los sacerdotes. Vi en el fondo un espacio al lado
oeste. 20 Y me dijo:
–Este es el lugar donde los sacerdotes
cocerán las víctimas expiatorias y de reparación, y donde cocerán las ofrendas vegetales. Así no tendrán que sacarlas al exterior y el pueblo no entrará en contacto con
lo sagrado.
21 Luego me hizo salir al atrio exterior y
recorrer sus cuatro ángulos. En cada ángulo había un patio; 22 eran patios cerrados, todos ellos medían veinte metros de
largo por quince de ancho. 23 En la parte
inferior de la pared que los circundaba todo alrededor, había unos hornos. 24 Y me
dijo:
–Estos son los hornos donde los servidores del templo cocerán los sacrificios del
pueblo.

El torrente del templo

Ap 22 1-2; Zac 13 1; 14 8; Jl 4 18; Jn 4; Jr 17 8

47 1 Después me llevó a la entrada del
templo, y vi que debajo del umbral,
por el lado oriental hacia el que mira la fachada del templo, brotaba una corriente de
agua. El agua descendía por el lado derecho del templo hasta la parte sur del altar.
2 Me hizo salir por el pórtico norte y dar la
vuelta por fuera hasta el pórtico exterior
que mira hacia oriente, y vi que las aguas
manaban desde el costado derecho. 3 El
hombre salió en dirección este con un cordel de medir en la mano, midió quinientos
metros y me hizo atravesar el agua, que me
llegaba hasta los tobillos; midió otros quinientos metros y me hizo atravesar el agua,
que me llegaba hasta las rodillas; 4 midió
todavía otros quinientos metros y me hizo
atravesar el agua, que me llegaba hasta la
cintura; 5 midió, por fin, otros quinientos
metros y la corriente de agua era ya un
torrente que no pude atravesar, pues había
crecido hasta el punto que sólo a nado se
podía atravesar. 6 Entonces me dijo:
–¿Has visto, hijo de hombre?
Después me ordenó que regresara a la
orilla del torrente, 7 y al regresar vi que
junto al torrente en las dos orillas había
muchos árboles. 8 Y me dijo:
–Estas aguas fluyen hacia oriente, bajan
al Arabá, y desembocan en el mar Muerto,
cuyas aguas quedarán saneadas. 9 Por donde pase este torrente, todo ser viviente que
en él se mueva vivirá. Habrá abundancia
de peces, porque las aguas del mar Muerto
quedarán saneadas cuando llegue este torrente. 10 A sus orillas vendrán los pescadores y desde Engadi hasta Engalín será un
lugar donde se tienden las redes. Sus peces
serán tan numerosos como los del mar Mediterráneo. 11 Pero sus marismas y sus lagunas no serán saneadas; serán destinadas
a la extracción de sal. 12 Junto a las dos
orillas del torrente crecerá toda clase de
árboles frutales; sus hojas no se marchitarán ni sus frutos se acabarán. Cada mes darán frutos nuevos, porque las aguas que los
riegan manan del santuario. Sus frutos servirán de alimento y su follaje de medicina.

Las fronteras de la tierra

Nm 34 1-12; Jos 1 4; 13 1-6; 15 1-4

13 Así dice el Señor: Estas serán las fronteras de la tierra que repartirán entre las
doce tribus; José recibirá una porción doble. 14 Cada uno recibirá en herencia una
parte igual; porque esta es la tierra que yo

• **46 19-24**: Con relación al tema de los sacrificios, aparecen aquí dos notas que pertenecen más bien a la descripción del plano del templo. En ellas se dice cómo es necesario distinguir entre los sacrificios destinados a ser consumidos por el pueblo, y algunos sacrificios especiales de reparación y por los pecados, destinados a ser consumidos sólo por los sacerdotes.

• **47 1-12**: Después del paréntesis de Ez 44-46, continúa la larga visión de Ez 40-43. El agua que sale del templo se convierte en torrente impetuoso que sana y da la vida a las zonas más áridas y más aisladas de la tierra santa. El profeta se sirve de la imagen del agua, y contempla a Sión toda ella rodeada por los brazos de un río abundante (véase Sal 46 5). El origen de esta corriente de agua fertilizante se encuentra en el templo donde Dios habita, y donde se celebra su culto. Al paso de este torrente, incluso el mar Muerto genera vida abundante.

• **47 13-23**: Como si de una nueva entrada en la tierra prometida se tratara, el profeta señala las fronteras del país. El mismo Señor (Ez 47 13), desde el centro del territorio ocupado por el templo, reparte con igualdad (Ez 47 14a) la tierra como un regalo. La promesa hecha a los patriarcas se cumple plenamente (Ez 47 14b). Las doce tribus quedan hermanadas por este bien común que deben, incluso, compartir con los habitantes extranjeros (Ez 47 21-23).

juré solemnemente dar a sus antepasados y que ahora les corresponde en herencia.

15 Estos serán los límites de la tierra: Por el norte: desde el mar Mediterráneo, pasando por Yetlón, hasta el paso de Jamat, 16 Sedad, Berotá, Sibrain entre el territorio de Damasco y el de Jamat, Jaser Enón en la frontera del Jaurán. 17 Así pues, la frontera norte irá desde el mar Mediterráneo hasta Jaser Enón, dejando al norte el territorio de Damasco y el de Jamat. 18 Por el este, la frontera entre la tierra de Israel y el Jaurán, Damasco y Galaad será el Jordán hasta la ciudad de Tamar, junto al mar Muerto. 19 Por el sur, la frontera irá desde Tamar hasta las aguas de Meribá Cadés, en la dirección del torrente hasta el mar Mediterráneo. 20 Por el oeste: la frontera será el mar Mediterráneo hasta la altura del paso de Jamat.

21 Se repartirán esta tierra según las tribus de Israel. 22 La repartirán entre ustedes como herencia y los extranjeros residentes que hayan tenido hijos entre ustedes; éstos serán para ustedes como si hubieran nacido en Israel entre los israelitas y participarán en el reparto con ustedes para obtener su parte en medio de las tribus de Israel. 23 Darán a cada extranjero su parte de territorio dentro de la tribu en que se haya establecido. Oráculo del Señor.

Reparto de la tierra

Ez 45 1-6; Nm 35; Ap 21 15-17

48 1 Esta será la distribución de las tribus: comenzando por el norte, para la tribu de Dan, de este a oeste a lo largo de Jamat, la franja del territorio que va en dirección de Yetlón, hasta el paso de Jamat, dejando al norte el territorio de Damasco. 2 Debajo de Dan, de este a oeste, estará el territorio de Aser. 3 Debajo de Aser, de este a oeste, estará el territorio de Neftalí. 4 Debajo de Neftalí, de este a oeste, estará el territorio de Manasés. 5 Debajo de Manasés, de este a oeste, estará el territorio de Efraín. 6 Debajo de Efraín, de este a oeste, estará el territorio de Rubén. 7 Debajo de Rubén, de este a oeste, estará el territorio de Judá. 8 Debajo de Judá, de este a oeste, una parte de doce mil quinientos metros de ancho que deberán reservar y que tendrá de este a oeste la misma longitud de las demás; en medio de ella estará el santuario.

9 Esta parte reservada al Señor tendrá doce mil quinientos metros de largo por diez mil de ancho. 10 A los sacerdotes les corresponderá una parte que medirá doce mil quinientos metros por el norte, y por el sur, y cinco mil metros por el este y el oeste. En medio se levantará el santuario del Señor. 11 Es la parte destinada a los sacerdotes consagrados, los descendientes de Sadoc, que se encargaron de mi servicio y no pecaron, como los levitas, cuando pecaron los israelitas. 12 Así pues, les pertenecerá una parte de tierra sacrosanta, junto a la parte de los levitas.

13 Los levitas tendrán como los sacerdotes una parte de doce mil quinientos metros de largo por cinco mil de ancho. 14 Es la parte mejor de la tierra que no se podrá vender, ni cambiar ni enajenar porque está consagrada al Señor. 15 La parte restante de doce mil quinientos metros de largo por dos mil quinientos de ancho es terreno profano. Pertenece a la ciudad y puede ser destinado a construcciones y a lugares de pasto. La ciudad estará en medio, y tendrá estas dimensiones: 16 dos mil doscientos cincuenta metros cada lado. 17 En cuanto a los lugares de pasto, medirán ciento veinticinco metros de ancho en torno a la ciudad.

18 Lo que queda del terreno sagrado con una longitud de cinco mil metros por el este y otros tantos por el oeste, será para que se mantengan de sus productos los que trabajan en la ciudad, 19 los cuales serán tomados de todas las tribus de Israel. 20 El conjunto de la zona reservada, incluido lo que pertenece a la ciudad, formará un cuadrado de doce mil quinientos metros de lado. 21 Lo que quede a los dos lados de la zona sagrada y de la propiedad de la ciudad pertenecerá al príncipe; su porción se extenderá así a lo largo de los doce mil quinientos metros de la zona sagrada, al

• **48 1-29**: La repartición de la tierra se hace de una manera artificial: las fronteras, estrictamente paralelas, separan zonas rigurosamente iguales que serán un bien propio de cada tribu; siete tribus al norte del santuario y cinco al sur. Se excluyen las tierras de la Transjordania (véase Nm 34 1-12), de acuerdo con la tradición sacerdotal.

este, hasta la frontera este, y al oeste, a lo
largo de los doce mil quinientos metros
hasta la frontera oeste; esto para el príncipe, paralelamente a las demás porciones.
En el centro quedará la zona sagrada y del
santuario. 22 Del mismo modo, la propiedad
de los levitas y la de la ciudad quedará enclavada entre las fronteras de Judá y Benjamín, en medio de la propiedad del príncipe.
23 En cuanto al resto de las tribus, a Benjamín le corresponderá un territorio de este
a oeste. 24 Debajo de Benjamín, de este a
oeste, estará el territorio de Simeón. 25 Debajo de Simeón, de este a oeste, estará el
territorio de Isacar. 26 Debajo de Isacar, de
este a oeste, estará el territorio de Zabulón.
27 Debajo de Zabulón, de este a oeste, estará el territorio de Gad. 28 Debajo de Gad,
de este a oeste, estará la frontera que irá desde Tamar hasta las aguas de Meribá en Cadés, siguiendo el torrente hasta el mar Mediterráneo.
29 Esta es la tierra que ustedes repartirán
por sorteo como herencia entre las tribus
de Israel y esta será su distribución. Oráculo del Señor.

Las puertas de Jerusalén

Ap 21 9-27

30 Estas serán las salidas de la ciudad,
cuyo lado norte medirá dos mil doscientos
cincuenta metros. 31 Las puertas de la ciudad tendrán los nombres de las tribus de
Israel. Al norte habrá tres puertas: la puerta
de Rubén, la de Judá y la de Leví. 32 El
lado este medirá dos mil doscientos cincuenta metros y tendrá tres puertas: la puerta de José, la de Benjamín y la de Dan.
33 El lado sur medirá dos mil doscientos cincuenta metros y tendrá tres puertas: la puerta
de Simeón, la de Isacar y la de Zabulón.
34 El lado oeste medirá dos mil doscientos
cincuenta metros y tendrá tres puertas: la
puerta de Gad, la de Aser y la de Neftalí.
35 El perímetro medirá un total de nueve
mil metros. Y desde aquel día el nombre
de la ciudad será: «El Señor está aquí».

• **48** 30-35: Descripción ideal de la nueva Jerusalén y de sus doce puertas que son simétricas, están orientadas en *las cuatro direcciones* y *llevan* los nombres de las doce tribus a las que están por tanto dedicadas. Así la ciudad se convierte en la síntesis perfecta de todo el territorio y de todo el pueblo. Es importante recordar que el espacio en torno a la puerta tiene aquí un especial simbolismo como centro de la vida ciudadana. Significativo es el nombre de las puertas, pero más significativo es el de la ciudad: *El Señor está aquí*, uniendo y consagrando con su presencia un pueblo y una ciudad (véase Is 60 14.18; 62 2.4.12). Toda la predicación negativa y amenazadora de Ezequiel queda sellada con esta profecía de restauración y de esperanza, que resume su mensaje: *El Señor está aquí*.

DANIEL

INTRODUCCION

El libro de Daniel constituye una obra única y original en todo el Antiguo Testamento. Aunque en la Biblia griega y en la tradición cristiana ha formado parte de la colección de profetas, no es un libro profético en sentido estricto. Tampoco se puede clasificar entre los demás géneros conocidos (ley, historia, sabiduría). Y es que con Daniel alcanza su apogeo en el Antiguo Testamento la apocalíptica, un género especialmente desarrollado en los últimos siglos del Antiguo Testamento y primeros del cristianismo. Es también el único libro que nos ha llegado escrito en las tres lenguas bíblicas: hebreo, arameo y griego. Este escrito de consuelo y esperanza para tiempos de crisis nos ofrece la más elaborada muestra de teología de la historia y la primera afirmación explícita de la resurrección de los muertos.

1. Contexto histórico

En la Biblia hebrea el libro de Daniel (Dn 1-12) se incluye en su tercera parte, denominada los Otros Escritos, entre el libro de Ester y el de Esdras, lo que representa un primer indicio de su carácter tardío. Las versiones griega y latina lo colocan después de Ezequiel, como el cuarto de los profetas mayores.

El libro recibe el nombre de su protagonista, un judío exiliado llamado Daniel (= "Dios juzga"), que vive en Babilonia bajo el reinado de los últimos reyes del imperio babilónico y los primeros del imperio medo-persa. De este nombre sólo encontramos tres referencias en la Biblia: 1 Cr 3 1 habla de un hijo de David llamado Daniel; Ez 14 14.20 cita a un personaje de la antigüedad, llamado Daniel, famoso por su piedad (junto con Noé y Job) y también por su sabiduría (Ez 28 3); finalmente Esd 8 2 y Neh 10 7 citan el nombre entre las listas de los repatriados. En la leyenda ugarítica de Aqhat aparece un rey llamado Dnil, con el mismo significado que el nombre hebreo. Sin embargo, no es mencionado por Eclo 48 22-49 10 entre los profetas de Israel. Como Dn 7-12 estan redactados en primera persona, se terminó por atribuir toda la obra a este misterioso personaje. Se trata del procedimiento de la pseudonimia, muy frecuente en la literatura apocalíptica, que consiste en poner una obra bajo la autoridad y prestigio de un personaje ilustre del pasado.

Respecto a su época de composición tenemos indicios más concretos. Es cierto que, a primera vista, las abundantes referencias cronológicas del libro apuntan al tiempo del exilio, en concreto al tiempo comprendido entre los reinados de Nabucodonosor y Ciro (Dn 1 1.21). Sin embargo, las continuas imprecisiones y confusiones históricas (Baltasar no era hijo de Nabucodonosor, sino de Nabonido; ni fue el último rey de Babilonia –lo fue su padre–; tampoco se conoce a un Darío, rey de los medos, anterior a Ciro) obligan a considerar toda la cronología como un artificio literario. Es éste un procedimiento habitual en la apocalíptica, que aplica los acontecimientos del presente a una situación análoga del pasado. En realidad, el ambiente de enfrentamiento religioso-cultural y de persecución que se advierte en Daniel apunta claramente hacia los años de la dominación seléucida de Antíoco III y Antíoco IV y, más concretamente, a la persecución desencadenada por éste último (descrita en el libro con detalles concretos, aunque disimulados). Por tanto, el libro de Daniel fue escrito, con toda probabilidad, durante la rebelión macabea (167-164 a. C.), para reanimar a los judíos perseguidos, fortalecer su fe y su fidelidad a la ley y alimentar su esperanza.

2. Características literarias

Como antes se ha dicho, el libro de Daniel es el único de toda la Biblia que nos ha llegado escrito en las tres lenguas bíblicas: hebreo (Dn 1 1-2 4a), arameo (Dn 2 4b-7 28) y griego (Dn 3 24-90; 13-14). Este dato sugiere un complejo proceso de composición que ha provocado distintas hipótesis. En su redacción final, el libro aparece como un conjunto en el que es posible identificar tres partes, bien diferenciadas entre sí:

I. LA HISTORIA DE DANIEL (Dn 1-6): Son relatos en tercera persona, que sitúan a Daniel y sus compañeros judíos en la corte babilónica, enfrentados a los sabios y adivinos extranjeros y sometidos, a causa de su fe, a diversas pruebas, de las que salen vencedores y con un mayor prestigio.

II. LAS VISIONES DE DANIEL (Dn 7-12): Relatos en primera persona en los que Daniel cuenta sus visiones y ofrece las interpretaciones (obtenidas con la ayuda de seres celestes) que afectan al desenlace de la historia y a los acontecimientos de los "últimos tiempos".

III. RELATOS GRIEGOS (Dn 13-14): Se trata de tres nuevos relatos en tercera persona, protagonizados por Daniel, de contenido similar a los de Dn 1-6.

Estas tres partes permiten identificar en el conjunto del libro dos tipos de relatos que reflejan, a su vez, dos géneros literarios: relatos ejemplares de género *hagádico* (Dn 1-6; 13-14) y revelaciones de género apocalíptico (Dn 7-12).

Las historias sobre Daniel y sus tres compañeros son relatos ejemplares que, a través de las pruebas, enfrentamientos y éxitos de sus protagonistas, pretenden transmitir una enseñanza moral o fortalecer una determinada actitud vital. Estamos, pues, ante un género muy cercano a las "historias ejemplares" de Ester, Judit y Tobías, donde la historia (cronología, personajes históricos) es solamente un recurso literario para encuadrar las enseñanzas transmitidas.

Por el contrario, el género apocalíptico pretende transmitir una revelación (ese es el significado de la palabra griega "apocalipsis") acerca de los acontecimientos que tendrán lugar antes de la decisiva y esperada intervención de Dios cuando venga a instaurar definitivamente su reino al final de los tiempos. Se sirve de visiones y mensajes misteriosos, llenos de elementos simbólicos (animales, números, viajes, colores, etc.), transmitidos por ángeles u otros seres celestes al receptor elegido, generalmente un personaje venerado del pasado. En el Antiguo Testamento, el género tiene su antecedente en las llamadas "escatologías proféticas" (oráculos acerca del "día del Señor", visiones de Ez y Zac y secciones como Is 24-27; 34-35; Zac 13-14). Pero será un género que tendrá notable éxito y difusión, tanto en el Nuevo Testamento como en la literatura apócrifa judía y cristiana.

3. Claves teológicas

Lo dicho a propósito de la época de composición del libro, de su estructura literaria y de sus principales géneros, nos ha proporcionado las claves adecuadas para interpretar el mensaje de Daniel.

En primer lugar, hay que tener en cuenta que se trata de un mensaje para tiempos de persecución y de crisis. Son momentos en que está en juego la misma identidad religiosa y cultural judía, el ser o no ser de los valores, instituciones, creencias y normas que sustentan la vida del creyente israelita. En tal situación se hace necesario regresar a lo substancial, aferrarse a los fundamentos y proponer modelos. Se trata, por tanto, de un mensaje apologético, de defensa de los valores religiosos fundamentales del judaísmo, como son la primacía de la ley, el monoteísmo yavista opuesto a cualquier forma de idolatría, el recurso a la oración en los momentos comprometidos, la exaltación de la prueba y del martirio... Se trata también de un mensaje polémico: Daniel y sus amigos sobresalen entre los consejeros y sabios babilónicos y persas; la dieta judía produce mejores efectos que los manjares reales; la especial sabiduría de Daniel, recibida de Dios, llega donde los demás sabios y sus dioses fracasan; el Dios de Israel es el único que puede salvar, como llegan a reconocer los reyes extranjeros. Pero se trata, sobre todo, de un mensaje de consuelo y aliento: no hay que tener miedo a las dificultades, pruebas y persecuciones, pues Dios sigue cuidando y protegiendo a sus fieles y a su pueblo.

En segundo lugar, Daniel ofrece una sólida y bien elaborada interpretación teológica de la historia, en clave apocalíptica. El punto de partida de esta interpretación es la concepción de Dios como Señor de la historia. Esta es producto de su misterioso proyecto y, por tanto, él la dirige en su desarrollo y la conduce hacia su desenlace final. Es verdad que las apariencias parecen desmentir esta convicción: los imperios que se han sucedido en el último tramo de la historia, desde el exilio hasta la dominación seléucida (Dn 2; 7; 8), muestran una degradación progresiva que es fruto del pecado y que hace suponer el triunfo del mal y el fracaso del proyecto divino. Pero se trata sólo de un paréntesis, un tiempo de espera, previo a la intervención decisiva de Dios que vencerá a las potencias del mal representadas en los imperios crueles e inhumanos, las someterá a juicio y establecerá su reino eterno. El "hoy" del autor (y de sus destinatarios) es el momento del enfrentamiento decisivo, en que se acrecientan las pruebas y persecuciones. Pero es necesario resistir, porque el triunfo está anunciado y garantizado: Dios entregará el poder al pueblo de sus "santos" (=fieles), representado en la imagen del "hijo de hombre". Este título se convertirá, dos siglos más tarde, en mediación privilegiada para expresar la fe de las primeras comunidades cristianas en Jesucristo, el *Hijo de hombre que vendrá sobre las nubes del cielo* (Dn 7 13; véase Mc 14 62 y par.).

Finalmente, y como sucedía en los relatos ejemplares, esta "revelación" apocalíptica contiene un mensaje de consuelo y esperanza. A pesar de sus tonos sombríos y amenazadores, y de sus imágenes catastrofistas, lo que se pretende es provocar una actitud de confianza en la providencia de Dios y en el cumplimiento de las antiguas promesas, y transmitir una visión esperanzada del futuro. En este contexto hay que situar la afirmación neta y explícita (por primera vez en el Antiguo Testamento) de la resurrección de los muertos (Dn 12 2-3). Es verdad que el texto aclara muy poco respecto a las circunstancias de dicha resurrección, pero el hecho supone un claro progreso respecto a textos anteriores (véase Is 26 14-19; 53 10-11; Ez 37; Job 19 25-27) y prepara, junto con 2 Mac 7, la plenitud de la revelación neotestamentaria.

DANIEL

I. HISTORIA DE DANIEL Δ

DANIEL Y SUS COMPAÑEROS
EN LA CORTE DE BABILONIA +

Ambientación

2 Cr 36 5-7

1 1 El año tercero del reinado de Joaquín,
rey de Judá, Nabucodonosor, rey de
Babilonia, se dirigió contra Jerusalén y la
sitió. 2 El Señor entregó a Joaquín, rey de
Judá, en poder de Nabucodonosor, quien se
apoderó también de parte de los utensilios
del templo de Dios, los llevó al país de
Senaar y los agregó al tesoro del templo de
sus dioses.

Daniel y sus compañeros

2 Re 25 29-30

3 El rey ordenó a Aspenaz, jefe del personal de palacio, que eligiera entre los israelitas que descendían de reyes o de familias nobles 4 a jóvenes sin ningún defecto
físico, bien parecidos, instruidos, cultos,
inteligentes y aptos para servir en el palacio real, y que les enseñara la lengua y la
literatura de los caldeos. 5 El rey mandó
que les dieran una ración diaria de la mesa
real y del vino que él bebía. Ordenó también que fueran educados convenientemente durante tres años, al término de los cuales entrarían al servicio del rey. 6 Entre estos jóvenes estaban Daniel, Ananías, Misael
y Azarías, todos ellos de la tribu de Judá,
7 a quienes el jefe del personal de palacio
cambió de nombre: A Daniel lo llamó Baltasar; a Ananías, Sidrac; a Misael, Misac y
a Azarías, Abdénago.

Los alimentos prohibidos

2 Mac 6 18-7 42; Lv 11

8 Daniel se propuso no contaminarse con
los alimentos ni con el vino de la mesa del
rey, y suplicó al jefe de palacio que no le
obligara a contaminarse. 9 Hizo Dios que
Daniel se ganara la simpatía del jefe del
personal de palacio, 10 quien dijo a Daniel:
–Tengo miedo de que el rey, mi señor,
que les ha señalado lo que deben comer y

Δ 1 1-6 29: Estos capítulos presentan toda una serie de rasgos similares, que permiten considerarlos como una unidad autónoma y bien diferenciada. En efecto, encontramos unidad de protagonistas: Daniel con su tres amigos, por un lado, y los reyes Nabucodonosor, Baltasar y Darío, por otro. También encontramos una cronología coherente, aunque convencional y ficticia. Aparecen varios hilos conductores: la presencia de los jóvenes israelitas en la corte extranjera y su prestigio siempre en ascenso; su fidelidad a las leyes mosaicas, aún a riesgo de sus vidas; y las cualidades extraordinarias de Daniel como *intérprete de sueños y mensajes misteriosos*. El tema dominante es el señorío de Dios sobre la historia, incluidos los reinos extranjeros. En el transfondo se percibe el contexto de la dominación griega, verdadera amenaza para la fe y las costumbres judías, y la preocupación del autor por salvaguardar la identidad judía frente a la idolatría, los usos y prácticas paganas. Predominan los relatos que tratan de ofrecer ejemplos de conducta adecuada al fiel israelita que vive en medios extranjeros y paganos. En total son seis relatos: tres de tipo "actas de mártires" (Dn 1; 3 y 6) y otros tres de interpretación de sueños (Dn 2; 4) o mensajes (Dn 5), con una súplica y un himno intercalados (Dn 3).

+ 1 1-21: El primer capítulo es la presentación de todo el libro y la introducción a su primera parte (Dn 1-6). En él se presentan la situación (Dn 1 1-2), los personajes (Dn 1 3-7), la problemática (Dn 1 8-16) y los motivos dominantes (Dn 1 17-21).

• **1 1-2**: La situación, o marco histórico, deja entrever inmediatamente que nos encontramos ante una ficción o artificio literario, pues los datos ofrecidos (aquí y en el resto del libro) no concuerdan con otras fuentes históricas bíblicas (véase 2 Re 24-25). De cualquier manera, este marco oculta y evoca al mismo tiempo una situación histórica concreta: la dominación seléucida de los ss. III-II a. C., como tendremos ocasión de comprobar. La mención de los utensilios sagrados anticipa motivos del banquete de Baltasar (Dn 5).

• **1 3-7**: Se presenta a Daniel y a sus compañeros, ambientados en la corte babilónica, y se alude al hecho de la deportación de las personas más representativas de la población (Dn 1 3-4; véase 2 Re 24 14-16; 25 11-12) y a la costumbre frecuente en la antigüedad oriental de absorver a los que llegan de otro país, dándoles la propia cultura y lengua. El cambio de nombre (Dn 1 7) es muestra de señorío y fue práctica común durante la dominación helenista.

beber, los encuentre más desmejorados que
los otros muchachos de su edad, y así pongan en peligro mi vida.
11 Entonces Daniel dijo al inspector a
quien el jefe de personal del palacio había
confiado el cuidado de Daniel, Ananías,
Misael y Azarías:
12 –Por favor, sométenos a una prueba
durante diez días: que nos den verduras
para comer y agua para beber. 13 Después
compara nuestro aspecto con el de los muchachos que se alimentan de lo mismo que
sirven al rey, y trátanos según el resultado.
14 El aceptó la propuesta y los puso a
prueba durante diez días. 15 Al cabo de diez
días tenían un aspecto mejor y más sano
que todos los muchachos alimentados con
la misma comida que servían al rey. 16 Así
que el inspector les retiró su ración de comida y de vino y les daba sólo verduras.

Prestigio de los jóvenes judíos

Gn 41 12.16

17 Concedió Dios a estos cuatro jóvenes
un profundo conocimiento de la literatura
y de todas las ramas del saber; en cuanto a
Daniel, era experto en interpretar toda clase de visiones y sueños. 18 Cuando se cumplió el plazo fijado por el rey, el jefe de personal del palacio presentó a los jóvenes
ante Nabucodonosor. 19 El rey conversó
con ellos, y entre todos no encontró ni uno
que pudiera compararse con Daniel, Ananías, Misael y Azarías; así que fueron admitidos al servicio del rey. 20 En todos los
asuntos que requerían sabiduría e inteligencia, y en todo lo que el rey les preguntó, los halló diez veces mejor preparados
que todos los adivinos y magos de todo su
reino. 21 Daniel estuvo allí hasta el año primero del rey Ciro.

PRIMER SUEÑO DE NABUCODONOSOR +

Recurso a los sabios y adivinos

Gn 40 8; 41 16; Dn 3 96

2 1 El año segundo de su reinado, Nabucodonosor tuvo unos sueños que lo inquietaron hasta el punto de no dejarlo dormir. 2 Entonces el rey mandó llamar a magos, adivinos, hechiceros y astrólogos para
que le explicaran los sueños. Ellos vinieron y se presentaron al rey, 3 y él les dijo:
–He tenido un sueño y estoy inquieto
tratando de comprenderlo.
4 Los adivinos dijeron al rey en arameo:
–¡Que el rey viva para siempre! Cuénta-
nos el sueño y nosotros descifraremos su
significado.
5 El rey les respondió:
–Ustedes deben relatarme el sueño y
descifrar su significado. Si no lo hacen así,
serán cortados en pedazos y sus casas serán
demolidas. 6 Pero si me cuentan el sueño y
descifran su significado, los llenaré de dones, regalos y honores.
7 Insistieron ellos por segunda vez:
–Que el rey nos cuente su sueño y nosotros lo descifraremos.
8 Contestó el rey:
–Está claro que intentan ganar tiempo
porque saben que si no me cuentan y me
descifran el sueño, 9 he decidido que una
misma sentencia caiga sobre todos ustedes.

• **1 8-16**: El tema central del capítulo lo constituye el problema de la dieta de los jóvenes israelitas. Se trata de uno de los ejes temáticos de la historia de Daniel (véase Dn 3 y 6): el conflicto entre las exigencias de la ley mosaica y las imposiciones de las culturas paganas. Este conflicto se agudizó durante la dominación seléucida (el segundo libro de los Macabeos da un relieve especial al conflicto desencadenado por los alimentos prohibidos). Los resultados positivos de la dieta de los jóvenes judíos (Dn 1 15) son una demostración de la superioridad de sus leyes.

• **1 17-21**: Este último párrafo resume algunos de los motivos dominantes de toda la primera parte: la sabiduría concedida por Dios, el prestigio de los jóvenes judíos en la corte y su superioridad respecto a los sabios y consejeros babilónicos, y las cualidades especiales de Daniel como intérprete de sueños. En el fondo, late el motivo de la confrontación judaísmo-paganismo que será el hilo conductor de esta primera parte.

+ 2 1-49: El tema central de este capítulo es el sueño de Nabucodonosor y su interpretación, como primera muestra de la sabiduría y especiales cualidades recibidas por Daniel (Dn 1 17.20). En el fondo de todo está la idea de Dios como señor de la historia y la victoria final de su reino. En el aspecto literario, destaca la maestría en el manejo del suspenso (el sueño no se da a conocer hasta la sección final).

• **2 1-13**: La primera escena presenta la situación. En la antigüedad los sueños que anticipan algún acontecimiento tenían una significación especial, y su interpretación constituía uno de los objetivos primordiales de las técnicas adivinatorias. Como en la historia de José (Gn 40-41), en la que parece inspirarse el autor, se subraya la impotencia de la adivinación pagana, introduciendo así un elemento polémico y anticipando de alguna manera el desenlace.

Así que se han puesto de acuerdo para
entretenerme con mentiras y engaños a ver
si mientras tanto cambia la situación. Cuéntenme de una vez el sueño que tuve y me
convenceré de que también son capaces de
descifrar su contenido.
10 Los adivinos respondieron al rey:
–No hay hombre en el mundo que pueda satisfacer la petición del rey. Y tampoco
hubo nunca rey, por grande y poderoso que
fuera, que preguntara una cosa semejante a
ningún mago, astrólogo o adivino. 11 Lo
que el rey pide es algo sobrehumano, que
nadie, a excepción de los dioses inmortales,
puede descubrir.
12 Entonces el rey se enfureció terriblemente y mandó matar a todos los sabios de
Babilonia. 13 La orden de ejecutar a los sabios afectaba también a Daniel y a sus compañeros, que fueron buscados para ser ajusticiados.

Intervención y visión de Daniel

Prov 2 6; Sal 139 11-18

14 Daniel, entonces, se dirigió de manera
prudente y sensata a Arioc, jefe de la guardia real encargado de ejecutar a los sabios
de Babilonia, 15 y le preguntó:
–¿Por qué ha dado el rey una orden tan
severa?
16 Arioc lo puso al tanto de la situación,
y Daniel pidió audiencia al rey y le rogó
que le concediera un plazo para poder in-
terpretarle el sueño. 17 De regreso a casa,
Daniel informó del caso a sus compañeros
Ananías, Misael y Azarías, 18 encargándoles
que imploraran la misericordia del Dios del
cielo a ver si les manifestaba aquel misterio
para que no perecieran Daniel y sus compañeros, junto con el resto de los sabios de
Babilonia. 19 El misterio le fue manifestado a
Daniel en una visión nocturna, y él bendijo
al Dios del cielo 20 con estas palabras:

Bendito sea por siempre
el nombre de Dios,
porque suyos son
el poder y la sabiduría.
21 El hace que se sucedan
los años y las estaciones;
él hace reyes y los destrona,
él da sabiduría a los sabios
y ciencia a los inteligentes.
22 El manifiesta las cosas
profundas y secretas,
conoce lo que esconde la oscuridad
y la luz habita junto a él.
23 Te alabo y te doy gracias,
Dios de mis antepasados,
porque me has dado sabiduría y fuerza;
me has concedido
lo que habíamos pedido,
y nos has manifestado el asunto del rey.

24 Después, Daniel fue a ver a Arioc, a
quien el rey había encargado matar a los
sabios de Babilonia, y le dijo:
–No mates a los sabios de Babilonia.
Llévame ante el rey y yo le interpretaré el
sueño.
25 Llevó Arioc a Daniel sin pérdida de
tiempo ante la presencia del rey y dijo:
–He encontrado entre los cautivos de
Judá un hombre que puede interpretar el
sueño del rey.

Daniel cuenta e interpreta el sueño del rey

Gn 41 16; 1 Cor 2 10-11

26 El rey se dirigió a Daniel, llamado
Baltasar, y le dijo:
–¿Eres capaz de contarme el sueño que
he tenido y descifrar su contenido?
27 Daniel respondió:
–No hay sabio, mago, adivino o astrólogo que pueda descifrar lo que el rey pide.
28 Pero hay un Dios en el cielo que manifiesta los secretos y que ha querido dar a
conocer al rey Nabucodonosor lo que suce-

• **2 14-25**: La segunda escena se abre con la intervención de Daniel, exigida por el fracaso de los adivinos y la amenaza de muerte, que también lo afecta a él. Sus únicos recursos son la confianza en Dios y la oración (Dn 2 18). Después de recibir en visión la solución a los dos enigmas, se introduce un breve himno al Dios de la sabiduría (Dn 2 20-23): Todo lo que es de dominio divino sólo es conocido por el Dios de Israel, que convierte a Daniel en su instrumento. Al final, Daniel se ofrece como salvador de los adivinos paganos (Dn 2 24-25). Sin embargo, por segunda vez se ha vuelto a retrasar el contenido del sueño.

• **2 26-49**: La tercera escena resuelve el suspenso, aunque tras un nuevo retraso (Dn 2 27-30) en el que Daniel ofrece la clave última: lo que los sabios no pueden, porque es competencia de los dioses (véase Dn 2 11), lo puede el Dios de Israel. El rey debe saberlo ahora para reconocerlo al final (Dn 2 28.47). El contenido del sueño es la visión de una estatua construida con distintos materiales que representan a cuatro grandes imperios que se su-

derá al fin de los días. Te referiré el sueño y
las visiones que tuviste mientras dormías.
29 Estabas, oh rey, acostado, pensando sobre los acontecimientos del futuro, y el que
manifiesta los secretos te ha dado a conocer lo que sucederá. 30 Y a mí este secreto
me ha sido revelado, no porque yo tenga
una sabiduría superior a la del resto de los
hombres, sino con el fin de interpretar el
sueño del rey, para que así puedas comprender los pensamientos de tu mente.

31 Tú, rey, tuviste esta visión: una enorme estatua, de extraordinario esplendor y
terrible aspecto, comenzó a levantarse frente a ti. 32 Su cabeza era de oro puro; el pecho y los brazos de plata; el vientre y las
caderas de bronce; 33 las piernas de hierro;
y los pies, parte de hierro y parte de barro.
34 Mientras mirabas, una piedra se des-
prendió de una montaña, sin que interviniera mano alguna, chocó contra los pies
de la estatua, que eran de hierro mezclado
con barro, y los pulverizó. 35 Todo se hizo
pedazos: el hierro mezclado con barro, el
bronce, la plata y el oro; todo quedó pulverizado como la paja que el viento arrebata
y se lleva sin dejar rastro cuando se limpia
el trigo en verano. Pero la piedra que había
chocado contra la estatua se convirtió en
una gran montaña que llenó toda la tierra.

36 Este fue el sueño; ahora se lo inter-
pretaremos al rey. 37 Tú, majestad, rey de
reyes, a quien el Dios del cielo ha dado
imperio, poder, fuerza y gloria, 38 en cuyas
manos ha dejado todos los hombres, los
animales del campo y los pájaros del cielo,
y a quien ha dado dominio sobre todo eso,
tú eres la cabeza de oro. 39 Después de ti
surgirá otro reino, inferior al tuyo, y luego
un tercer reino de bronce, que dominará
sobre toda la tierra. 40 Y por fin un cuarto
reino, fuerte como el hierro; lo mismo que
el hierro destroza y pulveriza todo, así ese
reino destrozará y pulverizará a todos los
demás.

41 Viste que los pies y los dedos eran
parte de barro y parte de hierro; eso significa que será un reino dividido: en cierto
modo tendrá la solidez del hierro, pues aunque mezclado con barro, viste hierro. 42 En
cuanto a los dedos de los pies, que eran
parte de hierro y parte de barro, significa
que el reino será fuerte y frágil a la vez.
43 Viste el hierro mezclado con el barro, y
eso significa que distintas descendencias
se mezclarán entre sí, pero sin llegar a fundirse, del mismo modo que el hierro y el
barro no pueden fundirse. 44 En tiempo de
estos reyes, el Dios del cielo hará surgir un
reino que jamás será destruido y cuya soberanía no pasará a otro pueblo. Pulverizará y aniquilará a todos los otros y él mismo permanecerá por siempre; 45 eso significa la piedra que viste desprenderse de la
montaña, sin que interviniera mano alguna,
y que pulverizó el hierro, el bronce, el
barro, la plata y el oro. El gran Dios ha
manifestado al rey los acontecimientos del
futuro. El sueño es verdadero, y su interpretación es fidedigna.

46 Entonces el rey Nabucodonosor se
postró en tierra, se postró ante Daniel y
mandó ofrecerle oblaciones y perfumes.
47 Después el rey dijo a Daniel:

–En verdad tu Dios es el Dios de los
dioses, el Señor de los reyes, el que descubre los secretos, ya que tú has podido descubrir este misterio.

48 Y el rey ascendió a Daniel y le hizo
muchos y ricos regalos: lo nombró gobernador de toda la provincia de Babilonia y
lo hizo jefe supremo de todos los sabios de
Babilonia. 49 A petición de Daniel, el rey
nombró jefes de la provincia de Babilonia
a Sidrac, Misac y Abdénago. Daniel se quedó en la corte.

ceden: neobabilónico (oro), medo (plata), persa (bronce) y el imperio macedónico de Alejandro (hierro), prolongado en los reinos helenistas seléucida y lágida (hierro y barro). En la devaluación progresiva de los sucesivos metales está la concepción pesimista de la historia de estos grandes imperios, entregados al juicio último y definitivo de Dios, que pone fin a los poderes humanos y establece su propio reino sin intervención humana (la piedra que golpea los pies de barro y destruye la estatua, Dn 2 34-35.44-45). La ausencia de referencias a persecuciones, nos permite situar el horizonte histórico del capítulo en el reinado de Antíoco III (223-178 a. C.) o unas décadas antes.

LA ESTATUA DE ORO +

El rey ordena adorar la estatua

Ap 13 14-15; Jr 29 21-22

3 1 El rey Nabucodonosor hizo una estatua de oro de treinta metros de alta por
tres de ancha y mandó colocarla en la llanura de Dura, en la provincia de Babilonia.
2 Luego el rey Nabucodonosor mandó convocar a los gobernadores de cada región y
de cada provincia, a los jefes, consejeros,
tesoreros, abogados, jueces y a todas las
autoridades de las provincias, para que asis-
tieran a la dedicación de la estatua que había mandado fabricar. 3 Se reunieron, pues,
los gobernadores de cada región y de cada
provincia, los jefes, consejeros, tesoreros,
abogados, jueces y demás autoridades de las
provincias, para asistir a la dedicación, y
todos estaban de pie ante la estatua que el
rey Nabucodonosor había mandado fabricar.
4 Un mensajero proclamó con voz fuerte:
–A ustedes, gentes de todo pueblo, lengua y nación, se les informa: 5 En el momento en que oigan sonar la trompeta, la
flauta, la cítara, la mandolina, el arpa, la
zampoña y demás instrumentos musicales,
se postrarán y adorarán la estatua de oro
que el rey Nabucodonosor ha mandado fabricar. 6 Los que no se postren ni la adoren,
serán echados inmediatamente a un horno
de fuego ardiente.
7 En efecto, en cuanto se escuchó el sonido de la trompeta, de la flauta, de la cítara,
de la mandolina, del arpa, de la zampoña y
del resto de los instrumentos musicales, todos los pueblos, naciones y lenguas se postraron y adoraron la estatua de oro que el rey
Nabucodonosor había mandado fabricar.

Condena de los amigos de Daniel

2 Re 18 35; Is 36 20; Sal 37 39-40; Is 43 2; Ex 20 3-5

8 Entonces algunos caldeos acudieron al
rey Nabucodonosor para denunciar a los
judíos 9 y le dijeron:
–¡Qué el rey viva para siempre! 10 Tú,
oh rey, has decretado que al oír el sonido
de la trompeta, de la flauta, de la cítara, de
la mandolina, del arpa, de la zampoña, y
demás instrumentos musicales, todo hombre se postre y adore la estatua de oro; 11 si
no lo hace así, será arrojado a un horno de
fuego ardiente. 12 Pues bien, oh rey, hay
unos judíos, a quienes confiaste la administración de la provincia de Babilonia, a
saber, Sidrac, Misac y Abdénago, que no te
respetan; no sirven a tu dios ni adoran la
estatua de oro que has mandado fabricar.
13 Entonces Nabucodonosor, terriblemente enfurecido, mandó traer a Sidrac,
Misac y Abdénago, los cuales fueron llevados a la presencia del rey. 14 Nabucodonosor les preguntó:
–¿Es cierto Sidrac, Misac y Abdénago
que no veneran a mis dioses ni adoran la
estatua de oro que yo he mandado fabricar?
15 ¿Están o no dispuestos, en cuanto oigan
el sonido de la trompeta, de la flauta, de la
cítara, de la mandolina, del arpa, de la zampoña, y demás instrumentos musicales, a
postrarse y adorar la estatua que he mandado fabricar? Si no la adoran, serán inmediatamente arrojados a un horno de fuego
ardiente, y ¿qué dios podrá librarlos de mi
poder?
16 Respondieron Sidrac, Misac y Abdénago a Nabucodonosor, diciendo:
–Oh rey, no tenemos necesidad de responderte sobre este asunto. 17 Si nuestro

+ 3 1-97: Daniel desaparece de la escena y el protagonismo pasa a sus tres amigos. La narración se centra en la estatua idolátrica fabricada por orden del rey y en el *decreto que obliga a adorarla*. El tema de fondo, como en Dn 1, es la fidelidad a la propia fe de los jóvenes judíos, que no dudan en exponerse a la muerte antes que caer en la idolatría. Se trata, pues, de un "relato ejemplar", compuesto por tres escenas (Dn 3 1-7.8-23.91-97) en el que la versión griega ha intercalado la oración de Azarías (Dn 3 24-45) y el cántico de los tres jóvenes (Dn 3 46-90), dos composiciones litúrgicas más antiguas, adaptadas posteriormente a un nuevo contexto. Las ponemos en letra cursiva, para distinguirlas del texto hebreo original.

• **3 1-7**: El tema de la estatua enlaza este episodio con el capítulo anterior. No se dice si se trata de una estatua del propio rey (lo que significaría su divinización, véase Jdt 3 8) o de alguno de los dioses babilónicos. Desde el contexto histórico helenista (sugerido por los nombres de algunos instrumentos musicales) se puede referir a la estatua de Zeus Olímpico erigida por Antíoco IV en Jerusalén (véase 1 Mac 1 54; 2 Mac 6 2). La amenaza del *horno de fuego* (Dn 3 6) aporta un elemento de suspenso y abre el relato a un desarrollo más amplio.

• **3 8-23**: La negativa de los tres jóvenes a adorar la estatua provoca la denuncia de los caldeos (Dn 3 8-12) y el interrogatorio del rey (Dn 8 13-15). La respuesta de los jóvenes (Dn 3 16-18), apoyada en el "decálogo" (véase Ex 20 3-5), ofrece una de las claves para entender el capítulo: Dios puede librar del horno y del rey (Dn 3 17). La ejecución del castigo marca el final de toda la primera parte y deja en suspenso el desenlace con la inserción del texto griego (Dn 3 24-90).

Dios, a quien damos culto, puede librarnos
del horno de fuego ardiente y de tu poder,
nos librará. 18 Y aunque no lo hiciera, debes
saber, oh rey, que no serviremos a tu dios
ni nos postraremos ante la estatua de oro
que has mandado fabricar.
19 Entonces Nabucodonosor, lleno de
ira y visiblemente enfurecido contra Sidrac, Misac y Abdénago, mandó que se
encendiera el horno con una intensidad
siete veces mayor de la acostumbrada, 20 y
ordenó a algunos de los hombres más vigorosos de su ejército que ataran a Sidrac,
Misac y Abdénago, y los arrojaran al horno de fuego ardiente. 21 Así pues, los jóvenes, tal como estaban vestidos, con sus
túnicas, sus gorros y demás ropa, fueron
atados y arrojados al horno de fuego ardiente. 22 Como la orden del rey era terminante y el horno estaba al rojo vivo, las llamas envolvieron y devoraron a los hombres que llevaban a Sidrac, Misac y Abdénago, 23 mientras los tres caían atados dentro del horno de fuego ardiente.

Oración de Azarías

Dn 9 4-19; Esd 9 6-15

24 *Los jóvenes caminaban en medio de*
las llamas alabando a Dios y bendiciendo
al Señor. 25 *Entonces Azarías, de pie en me-*
dio del fuego, oró así:

26 *Bendito seas, Señor,*
Dios de nuestros antepasados,
tu nombre merece ser alabado
y glorificado por siempre.
27 *Has hecho lo que debías,*
has actuado con lealtad,
tu proceder es recto
y tus sentencias justas.
28 *Has actuado con justicia*
al castigarnos a nosotros y a Jerusalén,
la ciudad santa de nuestros antepasados.
Has sido verdaderamente justo
al descargar todo esto sobre nosotros
a causa de nuestros pecados.
29 *Porque hemos pecado,*
hemos hecho el mal;
hemos cometido toda clase de crímenes
y nos hemos alejado de ti.
No hemos escuchado tus palabras
30 *ni hemos observado tus mandamientos;*
no hemos hecho lo que tú nos mandabas
para que fuéramos felices.
31 *Has sido justo*
al enviarnos todos estos males,
al infligirnos todos estos castigos.
32 *Nos entregaste en poder*
de enemigos impíos y malvados,
en poder del rey más injusto
y perverso de toda la tierra.
33 *Pero nos hemos quedado sin palabras,*
porque la vergüenza y la humillación
abruman a tus siervos y a tus fieles.
34 *Por tu nombre, te lo pedimos:*
no nos abandones para siempre,
no rompas tu alianza,
no nos retires tu amor.
35 *Por Abrahán, tu amigo,*
por Isaac, tu siervo,
por Israel, tu consagrado,
36 *a quienes prometiste*
descendencia numerosa
como las estrellas del cielo,
como la arena de la orilla del mar.
37 *A causa de nuestros pecados, Señor,*
somos hoy el más insignificante
de todos los pueblos
y estamos humillados en toda la tierra.
38 *No tenemos príncipes,*
ni jefes, ni profetas;
estamos sin holocaustos, sin sacrificios,
sin poder hacerte ofrendas
ni quemar incienso en tu honor;
no tenemos un lugar
donde ofrecerte los primeros frutos
y poder así alcanzar tu favor.
39 *Pero tenemos un corazón*
contrito y humillado;
acéptalo como si fuera
un holocausto de carneros y toros,
40 *de millares de los mejores corderos.*

• **3 24-45**: La "oración de Azarías" es una plegaria peni*tencial muy similar a Dn 9 y Bar 1 15-3 8* e inspirada en los salmos penitenciales. Azarías se convierte en portavoz de la comunidad litúrgica y pone en contraste la inocencia y justicia de Dios con la culpabilidad y maldad del pueblo. Después de la confesión del pecado (de los antepasados y los propios) y sus consecuencias (castigo en la actual situación: Dn 3 31-33.37-38), invoca la misericordia de Dios, apoyándose en tres motivos: la gloria de Dios, la antigua elección y el arrepentimiento del pueblo. Aunque se hace referencia a una situación de destierro (Dn 3 38), la desproporcionada acusación contra Nabucodonosor (Dn 3 32) parece esconder una alusión a Antíoco IV.

Que este sea hoy
nuestro sacrificio ante ti,
y que te sirvamos fielmente,
pues no quedarán defraudados
quienes confían en ti.
41 *Ahora queremos seguirte*
con todo el corazón,
queremos serte fieles y buscar tu rostro.
No nos defraudes, Señor;
42 *trátanos conforme a tu ternura,*
según la grandeza de tu amor.
43 *Sálvanos con tu fuerza prodigiosa*
y muestra la gloria de tu nombre.
44 *Queden en ridículo*
los que maltratan a tus siervos;
humilla su poder y destruye su fuerza;
45 *para que reconozcan que tú, Señor,*
eres el único Dios,
glorioso en toda la tierra.

Cántico de los tres jóvenes

Tob 5 4; Sal 148; 103 20-22; 135 19-21; 136 1-2

46 *Los servidores del rey que habían*
arrojado a los jóvenes dentro del horno no
cesaban de atizar el fuego con brea, resi-
na, estopa y ramas. 47 *Las llamas, que se*
elevaban hasta más de veinte metros por
encima del horno, 48 *se extendieron hacia*
afuera y devoraron a los caldeos que esta-
ban junto al horno. 49 *Pero el ángel del*
Señor bajó al horno junto a Azarías y sus
compañeros, lanzó las llamas fuera del
horno 50 *e hizo que en el horno soplara un*
viento fresco, de manera que el fuego no
les causó daño ni molestia alguna; ni si-
quiera los tocó.
51 *Entonces los tres, a una sola voz, se*
pusieron a cantar, glorificando y bendi-
ciendo así a Dios dentro del horno:

52 *Bendito seas, Señor,*
Dios de nuestros antepasados,
a ti gloria y alabanza por siempre.
Bendito sea tu nombre santo y glorioso,
a él gloria y alabanza por siempre.
53 *Bendito seas en el templo*
de tu santa gloria,
a ti gloria y alabanza por siempre.
54 *Bendito seas en tu trono de rey,*
a ti gloria y alabanza por siempre.
55 *Bendito tú que penetras los abismos*
y estás sentado sobre querubines,
a ti gloria y alabanza por siempre.
56 *Bendito seas en el firmamento del cielo,*
glorificado por siempre con cánticos.

57 *Obras todas del Señor, bendigan al Señor,*
glorifíquenlo por siempre con cánticos.
58 *Angeles del Señor, bendigan al Señor,*
glorifíquenlo por siempre con cánticos.
59 *Cielos, bendigan al Señor,*
glorifíquenlo por siempre con cánticos.
60 *Aguas del cielo, bendigan al Señor,*
glorifíquenlo por siempre con cánticos.
61 *Ejércitos todos del Señor,*
bendigan al Señor,
glorifíquenlo por siempre con cánticos.
62 *Sol y luna, bendigan al Señor,*
glorifíquenlo por siempre con cánticos.
63 *Estrellas del cielo, bendigan al Señor,*
glorifíquenlo por siempre con cánticos.
64 *Lluvias y rocíos, bendigan al Señor,*
glorifíquenlo por siempre con cánticos.
65 *Vientos todos, bendigan al Señor,*
glorifíquenlo por siempre con cánticos.
66 *Fuego y calor, bendigan al Señor,*
glorifíquenlo por siempre con cánticos.
67 *Frío y calor, bendigan al Señor,*
glorifíquenlo por siempre con cánticos.
68 *Rocíos y escarchas, bendigan al Señor,*
glorifíquenlo por siempre con cánticos.
69 *Hielo y frío, bendigan al Señor,*
glorifíquenlo por siempre con cánticos.
70 *Heladas y nieves, bendigan al Señor,*
glorifíquenlo por siempre con cánticos.
71 *Noches y días, bendigan al Señor,*
glorifíquenlo por siempre con cánticos.

• **3 46-90**: Un breve paréntesis narrativo (Dn 3 46-50) sirve de introducción al cántico de los tres jóvenes (Dn 3 51-90). La presencia del ángel en el horno (Dn 3 49) prepara la sorpresa y exclamación posteriores de Nabucodonosor (Dn 3 91-92.95). El cántico (Dn 3 52-90) pertenece al género hímnico, muy común en los salmos. Por su estructura parece inspirarse en el Sal 135; por su universalismo y por la temática, se asemeja al Sal 148. La primera parte es una serie de bendiciones a Dios (Dn 3 52-56); una invitación a la creación para que alabe a Dios (Dn 3 57) abre otra serie de invitaciones a la alabanza dirigida a los elementos celestes (Dn 3 58-61), cósmicos y atmosféricos (Dn 3 62-73), terrestres (Dn 3 74-78), vivientes (Dn 3 79-82) y, finalmente, al pueblo de Israel (Dn 3 83-87), con los sacerdotes como único grupo dirigente. La conclusión (Dn 3 88-90) incluye la motivación de la alabanza: la liberación de los jóvenes y la misericordia eterna de Dios. En el conjunto se acentúa el contraste entre la pretensión universal del decreto de adoración a la estatua (Dn 3 4) y esta invitación cósmica a la alabanza a Dios, Señor de toda la creación.

[72] *Luz y oscuridad, bendigan al Señor,*
glorifíquenlo por siempre con cánticos.
[73] *Rayos y nubes, bendigan al Señor,*
glorifíquenlo por siempre con cánticos.
[74] *Que la tierra bendiga al Señor,*
Glorifíquelo por siempre con cánticos.
[75] *Montañas y colinas, bendigan al Señor,*
glorifíquenlo por siempre con cánticos.
[76] *Plantas de la tierra, bendigan al Señor,*
glorifíquenlo por siempre con cánticos.
[77] *Fuentes, bendigan al Señor,*
glorifíquenlo por siempre con cánticos.
[78] *Mares y ríos, bendigan al Señor,*
glorifíquenlo por siempre con cánticos.

[79] *Ballenas y peces, bendigan al Señor,*
glorifíquenlo por siempre con cánticos.
[80] *Aves todas del cielo, bendigan al Señor,*
glorifíquenlo por siempre con cánticos.
[81] *Fieras y ganados, bendigan al Señor,*
glorifíquenlo por siempre con cánticos.
[82] *Hijos de los hombres, bendigan al Señor,*
glorifíquenlo por siempre con cánticos.
[83] *Bendice, Israel, al Señor,*
glorifícalo por siempre con cánticos.
[84] *Sacerdotes, bendigan al Señor,*
glorifíquenlo por siempre con cánticos.
[85] *Siervos del Señor, bendigan al Señor,*
glorifíquenlo por siempre con cánticos.
[86] *Espíritus y almas de los justos,*
bendigan al Señor,
glorifíquenlo por siempre con cánticos.
[87] *Santos y humildes de corazón,*
bendigan al Señor,
glorifíquenlo por siempre con cánticos.

[88] *Ananías, Azarías y Misael,*
bendigan al Señor,
glorifíquenlo por siempre con cánticos;
porque nos ha sacado del abismo,
nos ha librado del poder de la muerte,
nos ha salvado del horno ardiente,
nos ha sacado de en medio del fuego.
[89] *Den gracias al Señor, porque es bueno,*
porque es eterno su amor.
[90] *Todos los que lo adoran,*
bendigan al Dios de los dioses,
glorifíquenlo con cánticos,
porque es eterno su amor.

Asombro de Nabucodonosor

Dn 6 27; 2 5

[91] Entonces el rey Nabucodonosor se
quedó totalmente sorprendido; se levantó
de inmediato y dijo a sus ministros:
–¿No arrojamos nosotros al fuego a estos tres hombres bien atados?
Ellos respondieron:
–Sí, oh rey.
[92] –Pues yo veo cuatro hombres desatados que caminan en medio del fuego, sin
sufrir daño, y el cuarto tiene el aspecto de
un dios.
[93] Después Nabucodonosor se acercó a
la boca del horno de fuego ardiente y dijo:
–¡Sidrac, Misac y Abdénago, siervos del
Dios Altísimo, salgan y vengan aquí!
Y los tres salieron de en medio de las
llamas. [94] Los gobernadores regionales y
provinciales, los jefes y ministros del rey se
acercaron para ver cómo el fuego no había
tenido poder sobre sus cuerpos; el pelo no
estaba chamuscado, las túnicas estaban in-
tactas y ni siquiera olían a quemado.
[95] Entonces Nabucodonosor exclamó:
–¡Bendito sea el Dios de Sidrac, Misac
y Abdénago, que ha mandado a su ángel y
ha salvado a sus siervos! Pusieron su confianza en él y, desobedeciendo la orden del
rey, prefirieron arriesgar su vida antes de
servir y adorar a otro dios fuera del suyo.
[96] Yo ordeno, pues, que todo hombre, de
cualquier lengua, pueblo o nación, que hable mal del Dios de Sidrac, Misac y Abdénago, sea cortado en pedazos y su casa sea
convertida en un basurero, porque no hay
otro dios que pueda salvar como éste.
[97] Y el rey hizo prosperar a Sidrac, Misac
y Abdénago en la provincia de Babilonia.

NUEVO SUEÑO DE NABUCODONOSOR +

Visión del árbol

Dn 2 1-3 10; 5 11.14; Ez 31 3-14; Mt 13 31-32

[98] El rey Nabucodonosor, a todos los
pueblos, naciones y lenguas que habitan en
toda la tierra: Que la paz que ustedes tie-

• **3 91-97**: La última escena describe el desenlace de la prueba, conectando con Dn 3 23. La clave del pasaje (y, en buena medida, de todo el relato) está en las palabras de Nabucodonosor: pusieron su confianza en Dios y desobedecieron la orden del rey, arriesgando su vida, antes de servir y adorar a otros dioses (Dn 3 95). Los acontecimientos que provocaron la persecución de Antíoco IV (175-164 a. C.) y el testimonio de tantos judíos que murieron martirizados, quedan perfectamente reflejados aquí.

nen crezca sin cesar. 99 Me ha parecido bien
dar a conocer las señales y prodigios que
ha hecho conmigo el Altísimo.

100 ¡Grandes son sus señales,
poderosos sus prodigios,
su reino es un reino eterno,
su imperio de edad en edad!

4 1 Yo, Nabucodonosor, estaba tranquilo
en mi palacio disfrutando de una gran
prosperidad. 2 Pero tuve un sueño que me
asustó; me asaltaron pesadillas mientras
dormía y las visiones que cruzaron por mi
mente me inquietaron. 3 Di orden de traer
a mi presencia a todos los sabios de Babilonia para que me descubrieran el significado del sueño. 4 Acudieron los magos,
adivinos, astrólogos y hechiceros, y yo les
conté mi sueño: pero no me pudieron descifrar su sentido. 5 Por último se presentó
ante mí Daniel, llamado Baltasar en honor
a mi dios, hombre inspirado por fuerzas
divinas, y le conté el sueño:

6 –Baltasar, jefe de los adivinos, ya que
conozco que reside en ti un espíritu divino
y que ningún misterio se te oculta, escucha
la visión que he tenido y dime su interpretación.

7 Estas son las visiones que cruzaron
por mi mente mientras dormía: En medio
de la tierra había un árbol de gran altura.
8 El árbol creció y se hizo corpulento; su
copa tocaba el cielo, y se podía ver desde
los extremos de la tierra. 9 Su ramaje era
hermoso, su fruto abundante y había en él
alimento para todos; a su sombra se cobijaban los animales del campo, en sus ramas
anidaban los pájaros del cielo, y todo ser
viviente se alimentaba de él.

10 Estaba yo atento a las visiones que
mientras dormía cruzaban por mi mente,
cuando un vigilante, un santo, bajó del cielo 11 y gritó con voz fuerte: «¡Derriben el
árbol, corten sus ramas, arranquen su ramaje, dispersen sus frutos! ¡Que huyan las
fieras que se cobijan a su sombra y los pájaros que se posan en sus ramas! 12 Pero
dejen en tierra el tronco con sus raíces, aunque sujeto con cadenas de hierro y de bronce en medio del campo. Que lo empape el
rocío de la noche y comparta con los animales la hierba de la tierra. 13 Que su mente
humana se trastorne y adquiera instintos de
bestia y que viva siete años así. 14 Es la
sentencia que dictan los vigilantes, la orden
decidida por los santos, para que los vivientes reconozcan que el Altísimo tiene poder
sobre el reino de los hombres, que da ese
reino a quien quiere y puede encumbrar al
más humilde de los hombres».

15 Este es el sueño que yo, el rey Nabucodonosor, he tenido. Tú, Baltasar, indícame su interpretación, ya que ninguno de los
sabios de mi reino ha sido capaz de interpretarlo. Tú puedes hacerlo, porque reside
en ti un espíritu divino.

Daniel interpreta el sueño

Prov 19 17; Eclo 3 30

16 Entonces Daniel, llamado Baltasar,
permaneció aturdido durante un rato e inquieto por lo que estaba pensando. El rey
dijo:

–Baltasar no te inquiete el sueño ni su
interpretación.

Baltasar respondió:

+ 3 98-4 34: Segundo (y último) sueño de Nabucodonosor, con notables diferencias respecto al primero (Dn 2): buena parte del relato aparece en primera persona y es el mismo rey quien narra el sueño, que será de nuevo interpretado por Daniel. También el contenido es diferente, *pues sólo afecta a un episodio de la vida del rey.*

• **3 98-4 15**: El nuevo sueño, puesto en boca del mismo Nabucodonosor, tiene una introducción formada por un comunicado oficial y una profesión de fe litúrgica (Dn 3 98-100). Esta profesión de fe subraya una de las claves del relato: el señorío de Dios sobre la historia y los imperios. En la presentación del sueño (Dn 4 1-5) reaparecen motivos del anterior (Dn 2): angustia del rey, consulta a sabios y adivinos, impotencia de éstos y recurso al "saber superior" de Daniel/Baltasar. El contenido es distinto: el símbolo central es una árbol y las imágenes están tomadas del ámbito vegetal y animal. El simbolismo del árbol grande y frondoso tiene antecedentes en la literatura antigua y en la tradición bíblica (Ez 31 lo refiere al faraón). Su frondosidad y fruto manifiesta una visión positiva de la monarquía (Dn 4 9.11), benéfica y protectora para todos. La mención del "vigilante" que anuncia el juicio (Dn 4 10.14) es un recurso típicamente apocalíptico. Se trata de seres celestes al servicio de Dios, que vigilan y protegen a los hombres. La imagen vegetal se transforma en animal (Dn 4 11), como expresión del poder del Dios sobre reinos y hombres (Dn 4 14).

• **4 16-24**: La interpretación del sueño se hace en clave alegórica (como en Dn 2 36ss): cada detalle simbólico encuentra su fiel correspondencia en la realidad. El fin último del castigo impuesto a Nabucodonosor es que reconozca el poder de Dios (Dn 4 23) y que redima sus pecados con la limosna y la atención a los necesitados (Dn 4 24), prácticas especialmente valoradas en el judaísmo tardío.

–¡Ojalá, señor, el sueño se refiera a los
que te odian y su interpretación a tus enemigos! 17 El árbol que viste crecer hasta
hacerse alto y corpulento, cuya copa tocaba el cielo y se veía desde toda la tierra,
18 cuyo ramaje era hermoso y cuyo fruto
era abundante, en el que había alimento
para todos, bajo el cual se cobijaban los
animales del campo y en cuyas ramas anidaban los pájaros del cielo, 19 eres tú, oh
rey, que has crecido y te has hecho fuerte y
poderoso, cuya grandeza ha aumentado y
ha llegado hasta el cielo y cuyo poder se
ha extendido hasta los extremos de la tierra. 20 El rey ha visto a un vigilante, un
santo, que bajaba del cielo y decía: «Derriben el árbol, destrúyanlo; pero dejen en tierra el tronco con sus raíces, aunque sujeto
con cadenas de hierro y de bronce en medio del campo, que lo empape el rocío de
la noche y comparta la suerte de las bestias
viviendo así siete años». 21 He aquí, oh rey,
lo que esto significa, la decisión del Altísimo sobre el rey, mi señor: 22 te expulsarán
de entre los hombres, y vivirás con los animales del campo; te alimentarán con hierba como a los bueyes, y quedarás empapado por el rocío de la noche; vivirás así durante siete años, hasta que reconozcas que
el Altísimo tiene poder sobre el reino de
los hombres y da ese reino a quien quiere.
23 Y el que se haya mandado dejar el tronco del árbol y sus raíces significa que tu
reino se te devolverá, cuando reconozcas
que es Dios quien tiene el poder. 24 Por
tanto, oh rey, acepta mi consejo: Redime
tus pecados dando limosna, y tus maldades
socorriendo a los necesitados. Tal vez así
se prolongará tu prosperidad.

Cumplimiento del sueño

Ap 14 8; 16 19; Dn 3 99-100

25 Todo esto le sucedió al rey Nabucodonosor. 26 En efecto, al cabo de doce meses estaba el rey paseando por la terraza
del palacio del rey de Babilonia, 27 y decía:

–¿No es esta la esplendorosa Babilonia
que mi soberano poder ha edificado para
residencia del rey y manifestación de mi
grandeza?

28 Aún estaba hablando el rey, cuando
bajó del cielo una voz:

–Contigo hablo, rey Nabucodonosor. Te
ha sido quitado el reino; 29 serás expulsado
de entre los hombres y vivirás con los animales del campo; te alimentarán con hierba como a los bueyes, y así vivirás durante
siete años, hasta que reconozcas que el
Altísimo tiene poder sobre el reino de los
hombres y da ese reino a quien quiere.

30 La palabra se cumplió inmediatamente en Nabucodonosor: fue expulsado de
entre los hombres, se puso a comer hierba
como los bueyes, y su cuerpo quedó empapado por el rocío de la noche; le creció el
pelo hasta asemejarse a las plumas del
águila, y también las uñas al igual que las
tiene un ave rapaz.

31 Pero al cabo del tiempo fijado, yo,
Nabucodonosor, levanté mis ojos al cielo y
recobré la razón; bendije al Altísimo, alabé
y glorifiqué al que vive por siempre, cuyo
poder es eterno, y cuyo reino permanece
de generación en generación. 32 Nada valen ante él todos los habitantes de la tierra;
hace lo que quiere con las estrellas del cielo y con los habitantes de la tierra; y no
hay nadie que pueda oponerse a su poder,
o le pida cuentas de lo que hace. 33 En aquel
momento recuperé la razón, y para gloria
de mi reino se me devolvió mi majestad y
mi esplendor. Mis consejeros y ministros
me reclamaron; se me restableció en mi
reino y me fue dado un poder aún mayor.
34 Ahora, yo, Nabucodonosor, alabo, en-
grandezco y glorifico al Rey del cielo, porque todas sus obras son verdad, todos sus
caminos son justos, y porque puede humillar a los que proceden con soberbia.

• **4 25-34**: *El cumplimiento del castigo repite parte de la interpretación*: Nabucodonosor es arrojado del esplendor de la corte a una región salvaje dominada por las fieras. Las crónicas babilónicas desconocen este episodio de la vida de Nabucodonosor, pero refieren que Nabonido, último rey de Babilonia, dejó el gobierno a su hijo Baltasar y se retiró durante diez años al oasis de Teimán. El relato concluye con la reivindicación del rey, después de su reconocimiento del señorío de Dios (Dn 4 31-32), y la confesión del propio orgullo (Dn 4 34). Es la enseñanza que se ha repetido como estribillo a lo largo del capítulo (Dn 4 14.22.29.31-32.34).

LA CENA DE BALTASAR +

El banquete

Dn 1 2.17; Ap 9 20

5 1 El rey Baltasar celebró un gran banquete en honor de sus dignatarios, que
eran unos mil, y en el transcurso del banquete bebió vino en abundancia. 2 Excitado por el vino, mandó traer las copas de
oro y plata que su padre Nabucodonosor se
había llevado del templo de Jerusalén, para
que bebieran en ellas el rey, sus dignatarios, sus mujeres y sus concubinas. 3 Se
trajeron las copas de oro y plata robadas
del templo, es decir de la casa de Dios en
Jerusalén, y el rey, sus dignatarios, sus mujeres y sus concubinas bebieron en ellas.
4 Bebían vino y alababan a sus dioses de
oro y plata, bronce, hierro, madera y piedra.
5 En aquel momento aparecieron, frente
al candelabro de la sala, unos dedos de mano humana que escribían sobre la cal de la
pared del palacio del rey. El rey, al ver la
mano que escribía, 6 cambió de color, se
inquietó su mente, le fallaron las articula-
ciones de sus caderas, y sus rodillas se en-
trechocaban una con otra.

Consulta del rey

Dn 2 2.6.48; 4 5.13.29

7 El rey mandó a gritos que trajeran a
los magos, astrólogos y adivinos, y dijo a
los sabios de Babilonia:
–El que lea y me interprete lo que ahí
está escrito, será vestido de seda, llevará al
cuello un collar de oro y será el tercero en
el reino.
8 Acudieron todos los sabios del rey, pero no fueron capaces de leer ni de interpretar lo escrito. 9 Entonces, el rey Baltasar se
inquietó mucho y cambió de color; sus dignatarios quedaron también desconcertados.
10 La reina, enterada de las palabras del
rey y de sus dignatarios, entró en la sala
del banquete y dijo:
–¡Que el rey viva para siempre! No te
inquieten tus pensamientos ni cambie tu
semblante de color. 11 Hay en tu reino un
hombre en quien reside un espíritu divino;
en tiempo de tu padre se encontró en él luz,
inteligencia y sabiduría semejante a la de
los dioses. Tu padre, el rey Nabucodonosor, lo nombró jefe de magos, hechiceros,
adivinos y astrólogos, 12 ya que en este
Daniel, a quien el rey puso el nombre de
Baltasar, había un espíritu superior, un saber y una inteligencia capaces de interpretar sueños, descifrar enigmas y resolver
problemas. Así pues, ordena que venga Daniel, que él interpretará lo escrito.
13 Daniel fue llevado a la presencia del
rey, el cual le preguntó:
–¿Así que tú eres Daniel, uno de los judíos, que mi padre, el rey, trajo cautivos de
Judea? 14 He oído decir que posees una
inspiración divina, que tienes clarividen-
cia, una inteligencia y una sabiduría superiores. 15 Han traído a mi presencia a los
sabios y magos para que lean e interpreten
este escrito, pero no han sido capaces de
descifrarlo. 16 He oído decir que tú puedes
dar interpretaciones y resolver problemas.
Así pues, si consigues leer e interpretarme
lo escrito, serás vestido de seda, llevarás al
cuello un collar de oro y serás el tercero en
el reino.

Interpretación de Daniel

Sal 135 12-17; Est 6 7-11

17 Daniel tomó la palabra y respondió al
rey:
–Guarda tus regalos y da tus obsequios
a otro; en cualquier caso leeré e interpretaré para el rey lo escrito. 18 Oh rey, el Dios
Altísimo concedió a tu padre Nabucodonosor reino y grandeza, gloria y poderío. 19 A

+ 5 1-6 1: Este episodio, nueva muestra de las cualidades interpretativas de Daniel, tiene resonancias de capítulos anteriores: mención de los utensilios sagrados de Dn 1 2, idéntica estructura narrativa de Dn 2 y referencias explícitas a Dn 4 26-33. El relato se ambienta en el reinado de Baltasar, presentado como hijo de Nabucodonosor y último rey de Babilonia. Se trata de un nuevo artificio literario, puesto que Baltasar fue hijo de Nabonido, y reinó un tiempo en lugar de su padre (véase nota a Dn 4 25-34).

• 5 1-6: La descripción del banquete resalta dos pecados de Baltasar: la profanación sacrílega de los vasos sagrados del templo de Jerusalén (Dn 5 2-3) y la idolatría (Dn 5 4). En semejante contexto, la inscripción misteriosa (Dn 5 5) tiene carácter de amenaza (Dn 5 6) y aporta el elemento de suspenso que hará avanzar el relato, exigiendo la presencia de Daniel.

• 5 7-16: Como en Dn 2 y 4, la consulta del rey pone en evidencia la impotencia de los sabios y adivinos babilónicos y, por contraste, la superioridad de Daniel.

causa de este poder, todos los pueblos, naciones y lenguas lo respetaban y temblaban ante él. Era señor de vida y muerte, engrandecía y humillaba a su antojo. 20 Pero
como se hizo soberbio e insolente, fue des-
tronado y se le quitó su gloria. 21 Fue expulsado de entre los hombres, su corazón
se hizo semejante al de las fieras, tuvo que
vivir con los asnos salvajes, comió hierba
como hacen los bueyes y su cuerpo se empapó del rocío de la noche, hasta que reconoció que el Dios Altísimo tiene poder sobre el reino de los hombres y que encum-
bra a quien quiere. 22 Y tú, su hijo Baltasar,
a pesar de que sabías todo esto, no te has
humillado, 23 sino que te has levantado
contra el Señor del cielo. Has mandado
traer las copas de su templo, y tú, tus dignatarios, tus mujeres y concubinas, han
bebido en ellas. Has dado alabanza a los
dioses de oro, plata, bronce, hierro, madera
y piedra, que no ven ni oyen ni saben nada,
y no has glorificado al Dios que tiene en
sus manos tu vida y tus caminos. 24 Por eso
él envió la mano que escribió esas palabras.
25 Lo escrito es: *mene*, *tequel* y *peres*. 26 Y
ésta es la interpretación: *Mene*, es decir
«contado»: Dios ha contado los días de tu
reinado y ha señalado un límite. 27 *Tequel*,
es decir «pesado»: has sido pesado en la
balanza y hallado falto de peso. 28 *Peres*, es
decir «dividido»: tu reino ha sido dividido
y entregado a los medos y a los persas.
29 Baltasar ordenó en ese mismo momento que vistieran de seda a Daniel, que
le pusieran al cuello un collar de oro y que
lo proclamaran tercero en poder en todo el
reino. 30 Aquella misma noche Baltasar,
rey de los caldeos, fue asesinado.

6 1 Y Darío el medo, que tenía sesenta y
dos años, se apoderó del reino.

CONSPIRACION CONTRA DANIEL +

Intrigas contra Daniel

Dn 5 7.16.29

2 Darío consideró oportuno nombrar
ciento veinte gobernadores regionales distribuidos por todo el reino, 3 y al frente de
ellos tres supervisores, uno de ellos Daniel,
a quien los gobernadores debían rendir
cuentas, con el fin de impedir que se aten-
tara contra los intereses del rey. 4 Sobresalía Daniel entre los supervisores y gobernadores por su excepcional capacidad; así
que el rey pensó ponerlo al frente de todo
el reino. 5 Entonces los supervisores y los
gobernadores trataron de buscar un motivo
de acusación contra Daniel en algún asunto de la administración del reino; pero no
pudieron encontrar nada, ni una falta, porque era fiel y no lo podían acusar de negligencia ni de falta alguna. 6 Aquellos hombres se dijeron: «No encontraremos contra
Daniel ningún motivo de acusación, a menos que lo encontremos en algo relacionado
con la ley de su Dios». 7 Los gobernadores
regionales acudieron precipitadamente al
rey y le dijeron:

• **5** 17-**6** 1: Antes de que se interprete el sueño, una amplia introducción contrapone la actitud de Nabucodonosor con la de Baltasar (Dn 5 18-23); se le acusa de tres delitos: orgullo, sacrilegio e idolatría. La inscripción es presentada como anuncio profético del castigo. Las palabras de la inscripción son oscuras y ambiguas (Dn 5 25), y parecen aludir a tres unidades monetarias: mina, siclo, mitad (de mina). Las formas nominales empleadas dan pie a las tres expresiones interpretadas: contado-pesado-dividido (Dn 5 26-28), que definen el castigo: el reino de Baltasar pasará a los medos y persas. El último versículo (Dn 6 1) refleja escuetamente el cumplimiento (aunque no sería Darío, sino el persa Ciro, quien acabaría con el imperio babilónico).

Pero lo que aparentemente se dice del rey Baltasar, en realidad se refiere a Antíoco IV, como ponen de manifiesto los pecados apuntados (Dn 5 23): fue Antíoco IV quien saqueó el templo, lo profanó con la instalación de cultos idolátricos e hizo alarde de altanería y orgullo ante los judíos y su Dios (véase 1 Mac 1 54.59; 2 Mac 6 2-4). Se trata de un juicio histórico sobre el presente, narrado con personajes y acontecimientos del pasado, que abre una esperanza para el futuro.

+ 6 2-29: El último episodio de la primera parte del libro es un paralelo de Dn 3, con cambio de personajes y de contexto histórico. La estructura también es idéntica: conspiración contra Daniel (Dn 6 2-10), peligro de muerte por su fidelidad a la propia fe (Dn 6 11-19) y triunfo final de Daniel con reconocimiento del rey (Dn 6 20-29). Sin embargo, hay un ligero cambio de enfoque: más que la fidelidad de Daniel, lo que se pone a prueba es la capacidad salvadora del Dios de Israel (Dn 6 15.17.21.23.28). Estamos de nuevo ante un horizonte histórico conocido: el decreto de prohibición del judaísmo por parte de Antíoco IV y el comportamiento heroico y ejemplar de los mártires. A través del ejemplo de Daniel, se hace una exhortación al martirio y a la confianza en la intervención salvífica de Dios. La liberación de la fosa de los leones ha llegado a simbolizar la resurrección como liberación de la muerte. Así lo entendieron la literatura y el arte cristiano primitivo que vieron en Daniel liberado de la fosa de los leones una figura o anticipo de Cristo resucitado.

–¡Que el rey Darío viva para siempre!
8 Todos los ministros del reino, los supervisores, los consejeros y los gobernadores
regionales y provinciales, han celebrado
consejo para que se publique un decreto real
con esta ley: Todo el que en el espacio de
treinta días dirija una oración a cualquier
dios u hombre, fuera de ti, oh rey, será arrojado a la fosa de los leones. 9 Ahora, oh
rey, promulga esta prohibición y firma el
decreto para que no pueda ser derogado,
según la ley de medos y persas, que es
irrevocable.
10 Y el rey Darío firmó el decreto de prohibición siguiendo sus indicaciones.

Daniel en la fosa de los leones

1 Re 8 44.48; Dn 3 15-18

11 Cuando Daniel se enteró de que había sido firmado el decreto, entró en su casa. La habitación de arriba tenía ventanas
orientadas hacia Jerusalén y tres veces al
día Daniel se ponía de rodillas para orar y
alabar a su Dios como había hecho siempre. 12 Entonces, aquellos hombres entraron de repente y sorprendieron a Daniel
orando e invocando a su Dios. 13 Inmediatamente se presentaron al rey y le recordaron el decreto real:
–¿No has firmado una prohibición según la cual todo aquel que en el espacio de
treinta días dirija una oración a cualquier
dios u hombre, a excepción de ti, oh rey,
será arrojado a la fosa de los leones?
Respondió el rey:
–Sí, así está establecido, según la ley de
medos y persas, que es irrevocable.
14 Ellos contestaron:
–Pues Daniel, ese judío deportado, no te
respeta a ti ni a la prohibición que has firmado, sino que tres veces al día hace su
oración.
15 Al oír esto, el rey se apenó profundamente y se propuso salvar a Daniel; hasta
el atardecer estuvo buscando el modo de
librarlo. 16 Pero aquellos hombres de nuevo acudieron en masa al rey y le dijeron:
–Recuerda, rey, que, según la ley de medos y persas, ninguna prohibición o decreto dado por el rey puede ser anulado.
17 Entonces, el rey dio orden de traer a
Daniel y arrojarlo a la fosa de los leones.
El rey dijo a Daniel:
–¡Que tu Dios, a quien sirves tan fielmente, te salve!
18 Trajeron una piedra, la colocaron en la
boca de la fosa, y el rey la selló con su anillo
y con el de sus dignatarios, para que no se
cambiara la sentencia dada contra Daniel.
19 El rey regresó a su palacio, y no quiso comer ni admitir concubinas en toda la
noche, ni pudo conciliar el sueño.

Daniel sale ileso de la fosa

Dn 3 49; Sal 22 22; 145 13

20 Apenas amaneció, el rey se levantó y
se dirigió rápidamente a la fosa de los leones. 21 Al llegar junto a él, llamó a Daniel
con voz angustiada:
–Daniel, siervo de Dios vivo, ¿ha podido tu Dios, a quien sirves con tanta fidelidad, librarte de los leones?
22 Daniel respondió al rey:
–¡Que el rey viva para siempre! 23 Mi
Dios ha mandado a su ángel, que ha cerrado las fauces de los leones, y no me han
hecho ningún daño, porque Dios sabe que
soy inocente, y tampoco he hecho nada malo contra el rey.
24 Entonces el rey se alegró enormemente y mandó sacar a Daniel de la fosa.
Sacaron a Daniel y no tenía ni siquiera un
rasguño, porque había confiado en su Dios.
25 Por orden del rey fueron traídos y arrojados a la fosa de los leones aquellos hombres que habían calumniado a Daniel, ellos,
sus mujeres y sus hijos. Y aún no habían
tocado el fondo de la fosa, cuando los leones se lanzaron sobre ellos y trituraron todos sus huesos.
26 Entonces el rey Darío escribió a las
gentes de todos los pueblos, naciones y lenguas que pueblan la tierra:
–Que la paz que ustedes tienen, crezca
sin cesar. 27 Ordeno que en todo mi imperio sea respetado y temido el Dios de Daniel, porque él es el Dios vivo que vive para siempre; su reino no será destruido y su
imperio no tendrá fin. 28 El es quien libra y
quien salva; el que realiza prodigios y signos maravillosos en el cielo y en la tierra;
él ha salvado a Daniel de las garras de los
leones.
29 En cuanto a Daniel, no dejó de prosperar durante los reinados de Darío y de
Ciro el persa.

II. LAS VISIONES DE DANIEL Δ

PRIMERA VISION +

Las cuatro fieras

Ap 13; Ez 1 6ss

7 1 El año primero de Baltasar, rey de Babilonia, Daniel tuvo sueños y visiones mientras dormía. Apenas se despertó, puso por escrito lo que había soñado.

2 En mi visión nocturna pude ver cómo los cuatro vientos del cielo agitaban el inmenso mar, 3 y cómo cuatro bestias gigantescas, diferentes una de otra, salían del mar. 4 La primera era como un león y tenía alas de águila. Mientras yo miraba, le arrancaron las alas, se levantó sobre el suelo, parándose sobre sus dos patas como un hombre, y se le dio una mente humana. 5 En esto, apareció una segunda bestia, semejante a un oso; se paraba sobre uno de sus costados, llevaba entre las fauces tres costillas y una voz le decía: «¡Anda, levántate, devora toda la carne que puedas!» 6 Después vi otra bestia, como un leopardo, con cuatro alas de ave en su lomo y cuatro cabezas; a ésta se le dio el poder. 7 Vi todavía en mis visiones nocturnas una cuarta bestia; era terrible, espantosa y muy fuerte. Tenía grandes dientes de hierro, lo devoraba y trituraba todo, y con sus patas pisoteaba las sobras; era diferente de todas las bestias anteriores y tenía diez cuernos. 8 Estaba yo observando los cuernos cuando entre ellos apareció otro cuerno pequeño; para hacerle sitio se arrancaron tres de los diez cuernos anteriores. Y vi que este pequeño cuerno tenía ojos como los de un ser humano y una boca que hablaba con insolencia.

El anciano y el hijo del hombre

Ap 20 4.12-15; 19 19-21; 1 7; 14 16; Dn 2 44

9 Mientras yo continuaba observando, alguien colocó unos tronos y un anciano se sentó. Sus vestiduras eran blancas como la nieve y sus cabellos como lana pura; su trono eran llamas; sus ruedas, un fuego ardiente; 10 brotaba un río de fuego que salía delante de él; miles de miles lo servían y miles de millones estaban de pie en su presencia. El tribunal se sentó y se abrieron los libros.

11 Estaba yo asombrado por las insolencias que profería aquel cuerno, cuando ví que mataron a la bestia, destrozaron su cuerpo y lo arrojaron a las llamas ardientes. 12 A las otras bestias se les quitó también el dominio y sólo hasta un determinado momento se les permitió seguir con vida.

13 Seguía yo contemplando estas visiones nocturnas y vi que sobre las nubes del cielo venía alguien semejante a un hijo de hom-

Δ7 1-12 13: Aunque algunos elementos sugieren la continuidad de esta segunda parte del libro con la primera (el mismo protagonista, parecido marco cronológico, referencias a Dn 2), la distinción entre ambas es clara, pues desaparecen los personajes secundarios (amigos de Daniel y reyes extranjeros), así como el ambiente de corte y el recurso a los sueños. Los personajes que ahora acompañan a Daniel son misteriosos seres celestes, y los sueños dejan paso a las visiones personales del protagonista. También cambia, en parte, el tema: el mensaje que se transmite es el juicio de Dios sobre la historia y su intervención en los últimos días (no hay polémica con otros sabios, ni pruebas de fe). El género literario es claramente apocalíptico, con sus características más específicas: lenguaje simbólico, revelación a través de visiones, mediación de seres celestes, anuncio de la intervención definitiva de Dios al final de los tiempos, etc. Permanece y *se acentúa la referencia al horizonte* histórico ya conocido: la dominación seléucida de Antíoco IV Epífanes (175-164 a. C.). El conjunto, sólidamente unido, se estructura en torno a tres visiones y un mensaje profético: las cuatro fieras (Dn 7), el carnero y el chivo (Dn 8), las setenta semanas (Dn 9) y el hombre vestido de lino (Dn 10-12).

+7 1-28: Los paralelos con Dn 2 y las referencias a los imperios ya conocidos convierten a este capítulo en el centro del libro. Todos los elementos son simbólicos: el mar grande, los cuatro vientos, las cuatro fieras, los diez cuernos y el cuerno pequeño, el anciano, el hijo de hombre... El contexto es judicial y de manifestación divina. El tema de fondo es un juicio contra los imperios de la última etapa histórica y una sentencia: el poder es quitado a éstos y entregado al pueblo de Dios.

•7 1-8: La primera parte de la visión presenta la aparición sucesiva de cuatro fieras con rasgos mitológicos: león, oso, leopardo y una cuarta no identificable. Determinados detalles y referencias parecen tener en cuenta el mito babilónico de la creación. El procedimiento de representar a los pueblos con animales ya era conocido en la literatura bíblica y profética: Egipto como cocodrilo (Ez 32 2), Babilonia como águila (Ez 17 3) y dragón (Jr 51 34). La *mente humana* concedida al león (Dn 7 4) evoca Dn 4 13 y permite identificarlo inequívocamente con Nabucodonosor. La descripción de la cuarta fiera se hace más detallada, con la alusión a sus diez cuernos y al cuerno pequeño. También en la interpretación tendrá un relieve especial.

bre; se dirigió hacia el anciano y fue conducido ante su presencia. 14 Se le dio poder, gloria y reino, y todos los pueblos, naciones y lenguas lo servían. Su poder es eterno y nunca pasará, y su reino jamás será destruido.

Interpretación de la primera visión

Ap 20 4; 17 12; 13 5-10; Dn 11 36; 10 8

15 Yo, Daniel, me sentí profundamente inquieto a causa de las visiones que cruzaban por mi mente. 16 Me acerqué a uno de los que estaban allí y le pedí que me dijera la verdad acerca de todo aquello. El me respondió y me dio a conocer la interpretación de la visión:

17 –Estas cuatro bestias gigantescas son otros tantos reyes que dominarán el mundo; 18 pero después recibirán el reino los fieles del Altísimo y lo poseerán por toda la eternidad.

19 Entonces quise saber la verdad sobre la cuarta bestia, que era diferente de las otras, extraordinariamente terrible, con dientes de hierro y garras de bronce, que todo lo devoraba y trituraba, y que con sus patas pisoteaba las sobras. 20 Quise saber la verdad sobre los diez cuernos que había en su cabeza y sobre el que apareció y ante el cual habían caído tres, aquel cuerno que tenía ojos y una boca que hablaba con insolencia, y que parecía mayor que los otros cuernos. 21 Yo había visto cómo este cuerno declaraba la guerra a los fieles y estaba a punto de vencerlos; 22 pero entonces vino el anciano e hizo justicia a los fieles del Altísimo, porque había llegado el tiempo en que los fieles tomaran posesión del reino. 23 Y me dijo:

–La cuarta bestia es un cuarto reino que vendrá a la tierra, distinto a los otros, y que devorará toda la tierra, la pisoteará y la triturará. 24 En cuanto a los diez cuernos son diez reyes que surgirán en ese reino. Después de ellos vendrá otro distinto de los anteriores, que derribará a tres de ellos. 25 Proferirá palabras insolentes contra el Altísimo, oprimirá a los fieles del Altísimo, tratará de cambiar las festividades religiosas y la ley, y los fieles le serán entregados por un período de tres años y medio. 26 Pero cuando el tribunal haga justicia, le será quitado el poder y será definitivamente destruido y aniquilado. 27 Y la realeza, el poder y el esplendor de todos los reinos de la tierra serán entregados al pueblo de los fieles del Altísimo. Su reino es un reino eterno y todo poder le servirá y obedecerá.

28 Aquí concluye el relato. Yo, Daniel, quedé inquieto con estos pensamientos y se me cambió el semblante. Pero todo lo guardé en mi interior.

SEGUNDA VISION +

El carnero y el chivo

Dn 7 8; Ez 20 6.15; Dn 9 27; 11 31; 12 6-13

8 1 El año tercero del reinado de Baltasar, yo, Daniel, tuve una segunda visión después de la anterior. 2 Cuando tuve la vi-

• **7 9-14**: La segunda parte de la visión introduce un cambio de escenario: se trata del tribunal celeste, presidido por Dios en figura humana y con rasgos maravillosos. Ante él comparecen las fieras y un nuevo personaje: una figura humana, un hombre, que recibe el poder que se les ha quitado a las fieras, el reconocimiento de los pueblos y un reinado eterno. Se trata de otro personaje simbólico, cuyos rasgos humanos están en contraposición con los rasgos infrahumanos y crueles de las fieras.

• **7 15-28**: A diferencia de lo que sucedía en los sueños (Dn 2; 4), aquí la interpretación forma parte integrante de la visión. Las cuatro bestias representan a los cuatro grandes imperios conocidos (véase Dn 2): neobabilónico, medo, persa y macedónico (Dn 7 17). La última de ellas es objeto de una interpretación más detallada: los diez cuernos representan a otros tantos reyes helenistas y el cuerno pequeño es Antíoco IV Epífanes, que representa el último ataque del mal contra el pueblo de Dios (*los fieles del Altísimo*, Dn 7 21-22). Los cambios de las festividades y la ley (Dn 7 25) aluden al cambio del calendario y a la supresión del judaísmo (véase 1 Mac 1 41-63). Finalmente, la figura del *hijo de hombre* representa al pueblo de Dios, que recibe el reino eterno (Dn 7 27). Más tarde la tradición judía identificará al *hijo de hombre* con el Mesías davídico. La "venida del hijo de hombre sobre las nubes" será evocada por el mismo Jesús (Mc 13 26 par; Mt 25 31; Lc 17 22-30), como expresión de su propia esperanza, y se convertirá en imagen privilegiada de su manifestación en gloria (Mc 14 62 y par; Hch 7 55-56).

+ 8 1-27: La nueva visión es continuación y ampliación de la anterior, aunque la serie de imperios se reduce: el medo-persa, representado por el carnero, y el macedónico de Alejandro, por el chivo. Se repite el motivo de los cuernos para enlazar el imperio de Alejandro Magno con el reinado de Antíoco IV.

• **8 1-14**: La nueva visión cambia de fecha, escenario y modalidad. Los dos animales abarcan cuatro etapas: el imperio medo-persa (Dn 8 3-4.20), el imperio macedónico de Alejandro (Dn 8 5-7.21), los cuatro reinos helenistas que lo sucedieron (Dn 8 8.22) y el reinado de Antíoco, descendiente de la rama/cuerno seléucida (Dn 8 9-12). La visión se concentra en este último que en su orgullo se

sión, me encontraba en Susa, una fortaleza
de la provincia de Elam, a orillas del río
Ulay. 3 Levanté la vista y vi un carnero que
estaba a la orilla del río: tenía dos cuernos,
los dos altos, pero uno más que otro, y el
más alto había salido el último. 4 Vi que el
carnero embestía contra el oeste, el norte y
el sur; ninguna bestia podía hacerle frente
y nadie escapaba a su poder; hacía lo que
se le antojaba y cada vez era más fuerte.
5 Estaba todavía pensativo cuando vi un
chivo que venía del oeste y recorría toda la
tierra casi sin tocar el suelo; entre los ojos
tenía un cuerno bien visible. 6 Llegó hasta
el carnero de dos cuernos que yo había
visto a la orilla del río y corrió hacia él con
todo el ímpetu de su fuerza. 7 Vi cómo se
aproximaba al carnero y lo embestía furiosamente rompiéndole los dos cuernos, sin
que el carnero tuviera fuerzas para hacerle
frente; lo echó por tierra, lo pisoteó y no
hubo quien librara al carnero de su poder.
8 El chivo creció muchísimo y cuando más
fuerte era, su gran cuerno se partió, y en su
lugar salieron otros cuatro cuernos orienta-
dos hacia los cuatro puntos cardinales. 9 De
uno de ellos salió otro pequeño cuerno que
creció mucho hacia el sur, hacia el este y
hacia la tierra santa. 10 Se encumbró hasta
alcanzar los astros del cielo, derribó por
tierra a una parte de los mismos y pisoteó
las estrellas. 11 Llegó incluso hasta donde
estaba el Jefe de los astros, suprimió el sacrificio perpetuo y profanó el santuario.
12 Le entregaron a los astros; en lugar del
sacrificio instaló la maldad, y arrastró por
los suelos la verdad, y tuvo éxito en todo lo
que emprendió. 13 Oí a dos de los fieles que
estaban hablando. Uno preguntó:
–¿Hasta cuándo durará esta visión del
sacrificio perpetuo suprimido, de la maldad
devastadora, y de los astros del cielo pisoteados?
14 El otro contestó:
–Cuando pasen dos mil trescientas tardes
y mañanas el templo será restablecido.

Interpretación de la visión

Dn 9 21-23; 10 15-19; Ap 1 17; 19 9; 21 5; Dn 12 4.9-13

15 Mientras yo, Daniel, tenía esta visión
y trataba de comprenderla, alguien con aspecto de hombre se puso ante mí, 16 y oí
una voz humana proveniente del río que
gritaba:
–Gabriel, explícale la visión.
17 Se acercó a mí, y yo, aterrado, me
postré en tierra. Pero él me dijo:
–Hijo de hombre, ten en cuenta que la
visión se refiere al final de los tiempos.
18 Mientras me hablaba, permanecí so-
brecogido con el rostro pegado a la tierra;
pero él me tocó e hizo que me levantara.
19 Después me dijo:
–Voy a indicarte lo que sucederá cuando la ira alcance su punto culminante, pues
el fin tiene una fecha fijada de antemano.
20 El carnero que, según viste, tenía dos
cuernos, representa a los reyes de Media y
de Persia. 21 El chivo velludo representa al
rey de Grecia, y el cuerno grande entre sus
ojos es el primer rey. 22 El que éste se rompiera y salieran otros cuatro en su lugar
significa que de esta nación saldrán cuatro
reinos, pero con menos potencia. 23 Y al
final de su reino, cuando hayan colmado la
medida de sus pecados, surgirá un rey insolente y astuto. 24 Su poder irá en aumento
(aunque no en virtud de su propia fuerza);
su capacidad destructiva será increíble,
triunfará en todo cuanto emprenda y aniquilará a pueblos poderosos y al mismo
pueblo de Dios. 25 Con su astucia hará que
tenga éxito la traición, se llenará de orgullo y hará perecer a muchos que vivían
confiados. Se levantará contra el Príncipe
de los príncipes, pero será aniquilado sin
intervención humana.

levanta contra Dios y contra su pueblo, suprimiendo el culto y profanando el templo. El plazo señalado (Dn 8 14) se refiere al doble de lo que duró la profanación del templo: los tres años largos que van del otoño del 167 a. C., fecha de la profanación, hasta su purificación en diciembre del 164 a. C. (véase Dn 12 5-13 y nota).

• **8 15-27**: La interpretación de la visión pone en escena al ángel Gabriel (que sólo aparece aquí y en el anuncio de los nacimientos de Juan Bautista y Jesús, véase Lc 1 19.26), presentado con gran sobriedad. Su misión aquí es la de interpretar (rasgo típico de la apocalíptica), con lo que se resalta la cercanía de los últimos tiempos. Su explicación se hace más pormenorizada en lo relativo al reinado de Antíoco IV, con alusión especial a la persecución contra los judíos y a su fin, sin intervención humana (Dn 8 25 nos remite a 1 Mac 6 que narra la muerte del rey opresor por enfermedad y a 2 Mac 9, que la describe como accidente). El desconcierto final de Daniel y su incomprensión de la visión abre la interpretación a los capítulos siguientes y a posteriores aplicaciones.

[26] La visión de las tardes y mañanas, tal
como ha sido dada a conocer, es auténtica.
Pero tú guárdala en secreto, pues se refiere
a tiempos lejanos.
[27] Entonces yo, Daniel, me desmayé y
estuve enfermo varios días. Después me
levanté y me ocupé de los asuntos del rey,
aunque seguía desconcertado, sin acabar
de entender la visión.

LAS SETENTA SEMANAS +

Oración de Daniel

Jr 25 11-14; 29 10; Dt 27-28; Dn 3 25-45;
Neh 1 5-11; Bar 1 15-2 19

9 [1] Corría el año primero del reinado de
Darío, hijo de Asuero, descendiente de
los medos y rey del imperio de los caldeos.
[2] En ese año yo, Daniel, investigando los
libros santos, reflexionaba sobre los setenta años que, según la palabra del Señor al
profeta Jeremías, debía durar la ruina de
Jerusalén. [3] Me dirigí al Señor Dios, rogándole insistentemente con oraciones y súplicas, con ayunos, vestido de luto y cubierto
de ceniza. [4] Rogué al Señor mi Dios, e hice
esta confesión:
–Señor, Dios grande y terrible, que mantienes la alianza y eres fiel con aquellos
que te aman y cumplen tus mandamientos.
[5] Nosotros hemos pecado, somos culpables
de innumerables delitos; hemos sido perversos y rebeldes y nos hemos apartado de
tus mandatos y preceptos. [6] No hemos hecho caso a tus siervos los profetas, que hablaban en tu nombre a nuestros reyes, a
nuestros príncipes, a nuestros antepasados
y a todo nuestro pueblo. [7] Tú, Señor, eres
justo; nosotros, en cambio, hombres de Judá
y habitantes de Jerusalén, nos sentimos hoy
avergonzados; así como todos los israelitas, tanto los que están cerca, como los que
están lejos en los países a los que tú los
arrojaste por haberse rebelado contra ti.
[8] Nos sentimos, Señor, avergonzados, lo
mismo que nuestros reyes, príncipes y antepasados, porque hemos pecado contra ti.
[9] Pero el Señor, nuestro Dios, es misericordioso y clemente, aunque nos hayamos rebelado contra él [10] y no hayamos escuchado su voz ni practicado las leyes que nos
dio por medio de sus siervos los profetas.
[11] Todo Israel ha quebrantado tu ley y
no ha querido obedecerte. Por eso, porque
hemos pecado contra él, han caído sobre
nosotros las maldiciones y amenazas anunciadas en la ley de Moisés, siervo de Dios.
[12] Y el Señor ha cumplido las palabras que
había pronunciado contra nosotros y contra
los príncipes que nos gobernaban, cuando
dijo que provocaría sobre nosotros y sobre
Jerusalén una desgracia como no ha existido jamás otra igual bajo el cielo. [13] Así está
escrito en la ley de Moisés, y así ha descargado sobre nosotros toda esta desgracia,
pues no hemos aplacado al Señor, nuestro
Dios. No nos hemos convertido de nuestros crímenes ni hemos obedecido tu verdad. [14] Por eso el Señor ha preparado esta
desgracia y la ha descargado sobre nosotros; porque el Señor, nuestro Dios, es
justo en todo cuanto hace y nosotros, en
cambio, no hemos escuchado su voz.
[15] Pero ahora, Señor Dios nuestro, que
sacaste a tu pueblo de Egipto con poder,
haciendo así tu nombre famoso para siem-

+ 9 1-27: Un nuevo elemento apocalíptico entra en juego: la interpretación de un texto profético anterior. A partir del oráculo de Jr 25 11-14 (véase Jr 29 10), que establece un plazo de setenta años para la liberación de Israel de la opresión babilónica, el autor propone una interpretación *en clave que hace coincidir el cumplimiento* del oráculo con los acontecimientos contemporáneos. El recurso es un buen ejemplo del paso de la profecía a la apocalíptica. Al igual que en Dn 3, en el episodio se inserta una oración penitencial (Dn 9 4-19).

• 9 1-19: Una breve introdución narrativa enmarca cronológicamente (siempre de una manera ficticia) todo el capítulo y justifica la oración que sigue inmediatamente, ya que una correcta interpretación de Jr 25 11-14 exige la ayuda divina. La "oración de Daniel" pertenece al género de súplicas penitenciales (como la anterior de Dn 3 26-45; Esd 9; Neh 9 y Bar 1 15-3 8) y seguramente es anterior al libro (no hay referencias a la persecución de Antíoco). En su estructura se advierten tres partes. La primera parte (Dn 9 4-10) alterna la confesión del pecado del pueblo con el reconocimiento de la inocencia de Dios. El pecado queda tipificado como desobediencia a la ley y a los profetas y como rebeldía. Tal situación produce sentimientos de vergüenza y arrepentimiento. La segunda parte (Dn 9 11-14) contempla el castigo como consecuencia de dicho pecado, en cumplimiento de las amenazas del Dt 27-28, de los anuncios proféticos y de la resistencia a la conversión. La tercera parte (Dn 9 15-19) es una súplica de perdón basada en motivos conocidos: la liberación de Egipto, la elección del pueblo y de Jerusalén y el honor de Dios; es decir no se apoya en los méritos propios, sino en la bondad divina. En su oración Daniel asume uno de los rasgos más específicos del profeta: la solidaridad con los sufrimientos del pueblo (también en el pecado) y la mediación intercesora.

pre, nosotros hemos pecado y hemos hecho el mal; [16] Señor, por tu fuerza salvadora, retira tu enojo y tu furor de Jerusalén, tu ciudad, y de tu monte santo. Por nuestros pecados y los crímenes de nuestros antepasados, Jerusalén y tu pueblo se han convertido en objeto de burla para todos los que nos rodean. [17] Pero tú, Dios nuestro, escucha ahora la oración y las súplicas de tu siervo, y mira con benevolencia tu templo destruido. ¡Hazlo, Señor, en defensa de tu honor! [18] Inclina, Dios mío, tu oído y escucha, abre los ojos y mira nuestras ruinas y la ciudad que lleva tu nombre. Nuestras súplicas no se apoyan en nuestros méritos, sino en tu gran misericordia. [19] ¡Señor, escucha! ¡Señor, perdona! ¡Atiende, Señor, y actúa sin tardanza! Hazlo en defensa de tu honor, pues tu ciudad y tu pueblo están consagrados a tu nombre.

Las setenta semanas

Dn 8 15-18; 10 9-11; Rom 3 24-26; Esd 3 1-3; Dn 11 31; Mt 24 15

[20] Aún estaba yo hablando, orando y confesando mi pecado y el pecado de mi pueblo Israel, a la vez que presentaba mi súplica ante el Señor, mi Dios, en favor de su santo monte, [21] todavía estaba yo en actitud suplicante, cuando Gabriel, el personaje que se me había aparecido en la visión, volando rápidamente se me acercó hacia la hora en que se ofrece el sacrificio de la tarde [22] y me dijo:

–Daniel, he venido ahora para hacer que entiendas estas cosas. [23] Desde el comienzo de tu oración Dios te dirigió una palabra y yo he venido a comunicarte su significado, pues eres un hombre grato a sus ojos. Presta, pues, atención a la palabra y entiende el significado de la visión:

[24] Setenta semanas han sido fijadas para que en tu pueblo y en tu ciudad santa termine el delito, se ponga fin al pecado, sea expiada la culpa, se establezca la justicia para siempre, se cumplan las visiones y profecías y sea consagrado el lugar santísimo. [25] Entérate, pues, y comprende lo que sigue: Desde que se dio la orden de reconstruir Jerusalén hasta la llegada de un príncipe ungido, pasarán siete semanas; después, durante sesenta y dos semanas, serán reconstruidos fosas y calles en difíciles circunstancias. [26] Pasadas las sesenta y dos semanas, será eliminado el ungido a pesar de ser inocente. En cuanto a la ciudad y el templo, vendrá un rey con su ejército y los destruirá; todo terminará en una catástrofe y hasta el fin de la guerra no acabarán las calamidades. [27] Todavía durante una semana establecerá un sólido pacto con muchos y a mitad de la semana pondrá fin al sacrificio y a la ofrenda, y levantará sobre el altar el ídolo detestable. Y así permanecerá hasta que la ruina decretada caiga sobre el destructor.

LA GRAN VISION FINAL +

El hombre vestido de lino

Dn 8 16-18; 9 21-23; Ap 12 7; Dn 7 13; Is 6 7; Jr 1 9; Ap 1 17; Hch 9 7; 22 9

10 [1] En el año tercero de Ciro, rey de Persia, Daniel, llamado Baltasar, tuvo una revelación verdadera que se refería a un gran combate. Daniel estuvo atento a la palabra y comprendió la visión.

[2] En aquellos días, yo, Daniel, hice due-

• **9 20-27**: Se retoma el motivo de la profecía de Jr 25 11-14, anticipado en Dn 9 2. La aparición de Gabriel (Dn 9 21) enlaza con la visión anterior (Dn 8 15-16). En el género apocalíptico, los ángeles revelan también el sentido de libros y textos difíciles de interpretar. En esta ocasión, Gabriel ofrece una interpretación del plazo de la profecía, convirtiendo los "setenta años" en setenta semanas de años (490 años, en total). La complejidad del lenguaje apocalíptico y el mal estado del texto hebreo dificultan la exacta determinación de una cronología concreta. Se habla de tres períodos: siete semanas (que corresponden a 49 años) desde la reconstrucción de Jerusalén hasta el "príncipe ungido" (Dn 9 25: alusión a Ciro o al sumo sacerdote Josué); sesenta y dos semanas (434 años) hasta la muerte del "ungido" (Dn 9 26: probable alusión al sumo sacerdote Onías III, asesinado en el 171 a. C.); y una semana (es decir, 7 años) en que se concentran los acontecimientos derivados de la persecución de Antíoco IV (Dn 9 26-27: ataque a Jerusalén, pacto con los judíos helenistas, supresión del sacrificio, estatua de Zeus Olímpico, indicando vagamente el fin del perseguidor). El *ídolo detestable* (Dn 9 27; véase Dn 11 31) es una expresión que sólo encontramos en 1 Mac 1 54, con lo que se convierte en una clara señal para situar en la época de la rebelión macabea los acontecimientos que están en el trasfondo del libro de Daniel.

+ 10 1-12 13: Estos capítulos forman un conjunto estructurado en torno a la "gran visión final" que cierra la edición hebrea del libro. Los motivos dominantes y los temas ya apuntados en Dn 7-9 se vuelven a formular por medio de una gran visión apocalíptica, situada en el contexto de una nueva aparición angélica.

lo durante tres semanas: 3 no tomé alimentos sabrosos, ni probé carne, ni bebí vino ni me ungí con perfumes, hasta que pasaron estas tres semanas. 4 El día veinticuatro del mes primero, cuando yo estaba a orillas del gran río Tigris, 5 levanté la vista y vi a un hombre vestido con túnica de lino y con un cinturón de oro puro. 6 Su cuerpo era como el topacio, su rostro resplandecía como el brillo del relámpago, sus ojos eran como antorchas de fuego, sus brazos y sus pies brillaban como el bronce pulido y sus palabras resonaban como un rumor de multitud. 7 Sólo yo, Daniel, vi la aparición: los hombres que estaban conmigo no vieron nada, pero se llenaron de un gran terror y corrieron a esconderse. 8 Quedé yo solo contemplando esta gran aparición, y me sentí sin fuerzas; mi semblante se cambió hasta desfigurarse, y las fuerzas me abandonaron. 9 Oí el rumor de sus palabras y, al oírlo, caí desvanecido, rostro en tierra.

10 En esto, una mano me tocó y me hizo apoyarme tembloroso sobre mis rodillas y sobre las palmas de mi mano. 11 Y me dijo:

–Daniel, hombre amado por Dios, atiende a las palabras que te voy a decir, y ponte de pie, porque ahora he sido enviado a ti.

Al escuchar estas palabras me levanté temblando. 12 Y él me dijo:

–No temas, Daniel, pues desde el primer día que tú decidiste esforzarte por comprender y te humillaste ante tu Dios, fueron escuchadas tus palabras, y por ellas he venido yo. 13 Durante veintiún días me ha opuesto resistencia el príncipe del reino de Persia, pero Miguel, uno de los príncipes más excelsos ha venido en mi ayuda. Lo he dejado allí, haciendo frente a los reyes de Persia, 14 y he venido a indicarte lo que sucederá a tu pueblo al final de los días, porque hay todavía una visión referida a esos días.

15 Mientras me hablaba así, me postré en tierra y guardé silencio. 16 En esto, alguien que tenía aspecto de hombre me tocó los labios. Abrí mi boca y dije al que estaba delante de mí:

–Señor, con esta aparición me ha invadido la angustia y me he quedado sin fuerzas. 17 ¿Cómo podrá, Señor, hablarte tu siervo, si las fuerzas me han abandonado y me he quedado sin aliento?

18 Entonces, aquel que tenía aspecto de hombre me tocó de nuevo y me reanimó. 19 Después me dijo:

–No temas, hombre amado por Dios, la paz esté contigo. ¡Ten ánimo y valor!

Mientras me hablaba, me sentí reanimado y dije:

–Puedes hablarme, Señor, pues me has devuelto las fuerzas.

20 Entonces me dijo:

–¿Sabes por qué he venido a ti? Ahora debo regresar a combatir contra el príncipe de Persia; luego vendrá el príncipe de Grecia. 21 Pero te comunicaré lo que está escrito en el libro de la verdad. Y no hay nadie que me ayude contra éstos, excepto Miguel, el príncipe de ustedes.

11 1 En cuanto a mí, el año primero del reinado de Darío el medo, estuve a su lado para ayudarlo y darle fuerzas.

La guerra entre seléucidas y lágidas

1 Mac 1 2-6; Dn 2 43; 8 23-25

2 Y ahora te daré a conocer la verdad. Mira, todavía habrá tres reyes en Persia. El cuarto tendrá más riqueza que todos los otros y, en cuanto sus riquezas le hagan

• **10 1-11 1**: Este pasaje constituye la introducción a *toda la sección de Dn* 10-12 y al mensaje que se transmite. Se trata de una nueva visión: en respuesta a las súplicas, sacrificios y desvelos de Daniel (Dn 10 2-3; 8 27; 9 2), aparece un hombre vestido de lino (véase Ez 9 2) con rasgos maravillosos (Dn 10 5-7), que provocan efectos similares a las manifestaciones divinas. Su misión consiste en dar a conocer lo que sucederá en los últimos días (Dn 10 14). El desvanecimiento de Daniel (Dn 10 8.16-18) recuerda la experiencia de Elías, camino del Horeb (1 Re 19 4-8), y algunos relatos de vocación profética (la acción de tocar los labios de Dn 10 16 recuerda a Is 6 5-7). Una vez reanimado, el vidente está en condiciones de recibir la revelación (Dn 10 19). El ser angélico parece ser Gabriel (Dn 8 16; 9 21), que, junto con Miguel (Dn 10 13. 21), es el mediador de la intervención divina contra los imperios. La lucha contra las fuerzas del mal ya ha comenzado.

• **11 2-20**: La revelación que se transmite (Dn 11 1) se refiere, como en las visiones anteriores (Dn 7-9), a las últimas etapas de la historia. En concreto, aquí se habla de cuatro etapas: el imperio persa (Dn 11 2); el imperio de Alejandro, dividido entre sus generales sucesores (Dn 11 3-4); los reinos helenistas de Siria-Mesopotamia *(reyes del norte)*, y de Egipto (*reyes del sur*) (Dn 11 5-20), para concluir en el reinado de Antíoco IV, contemporáneo del autor. Conforme se acerca a su tiempo, el autor acumula acontecimientos y detalles concretos, pero los reviste de expresiones genéricas y pretendidamente confusas, de

sentirse poderoso, movilizará a todos contra el reino de Grecia. 3 Surgirá entonces un potente rey que tendrá extensos dominios y que actuará a su antojo. 4 Pero apenas alcanzada la cumbre del poder, su reino quedará deshecho y dividido en partes hacia los cuatro puntos cardinales. No lo heredarán sus descendientes ni conservará su poderío, porque será destrozado y pasará a manos ajenas. 5 El rey del sur se hará fuerte, pero uno de sus generales llegará a ser más fuerte que él y extenderá sus dominios sobre un reino aún más poderoso. 6 Al cabo de algunos años se aliarán, y la hija del rey del sur se presentará al rey del norte para confirmar la paz. Pero no se mantendrá su poderío ni permanecerá su descendencia, pues tanto ella como su hijo, su marido y sus servidores serán asesinados. 7 En su lugar surgirá un descendiente de sus raíces que atacará al ejército y asaltará la fortaleza del rey del norte, invadiéndolos y derrotándolos. 8 Regresará a Egipto llevando incluso como botín sus dioses, sus imágenes y sus vasos preciosos de plata y oro. Durante algunos años vivirá en paz con el rey del norte 9 hasta que éste trate de invadir el reino del sur, viéndose, sin embargo, obligado a retirarse a su país. 10 Pero de nuevo sus hijos comenzarán la guerra: reunirán un poderoso ejército y uno de ellos avanzará y cruzará el país como una inundación; después regresará y seguirá combatiendo hasta llegar a la fortaleza. 11 El rey del sur se enfurecerá y saldrá a combatir contra el rey del norte, quien a su vez se enfrentará a él con un gran ejército que, sin embargo, será completamente derrotado. 12 La derrota del ejército enemigo lo llenará de soberbia; hará perecer a millares pero no se mantendrá su poderío. 13 De nuevo, el rey del norte se enfrentará a él con un ejército mayor que el anterior y al cabo de algunos años marchará contra el rey del sur con tropas abundantes y bien abastecidas.

14 Por entonces serán muchos los que se rebelen contra el rey del sur y algunos hombres violentos de tu pueblo se sublevarán para que se cumpla la visión, pero fracasarán. 15 Vendrá el rey del norte, construirá un terraplén para atacar una ciudad fortificada y se apoderará de ella; el ejército del sur será incapaz de resistir; ni siquiera las tropas más aguerridas podrán resistir. 16 El invasor actuará a su antojo sin que nadie le oponga resistencia y se establecerá en la tierra del esplendor, sembrando la destrucción a su paso. 17 Pretenderá apoderarse de todo el reino del sur; hará un pacto con su rey y le dará una de sus hijas por esposa con la intención de acarrearle la ruina. Pero no se cumplirán sus planes. 18 En vista de esto, atacará a las ciudades de la costa y se apoderará de muchas de ellas. Pero un general pondrá fin a su arrogancia sin que él pueda devolverle el ultraje. 19 Se retirará entonces a las fortalezas de su país, pero tropezará con dificultades, será derrotado y desaparecerá sin dejar rastro. 20 En su lugar surgirá otro rey que enviará un recaudador de impuestos para que se apodere del tesoro del templo, pero al cabo de unos días será destrozado, aunque no en revueltas o guerras.

El reinado de Antíoco Epífanes

Dn 8 23-25; Mt 24 15; 2 Tes 2 4; Ap 13 5

21 En su lugar subirá al trono un hombre despreciable a quien no le correspondía ser rey; vendrá inesperadamente y se apoderará del reino a base de intrigas. 22 Las fuerzas enemigas serán completamente derrotadas por él, y el príncipe de la alianza será también ejecutado. 23 Engañará a sus propios aliados y, a pesar de no disponer de mucha gente, irá aumentando su poder.

forma que es difícil seguir el proceso histórico e identificar nombres y acontecimientos. Para facilitar una mínima clave de lectura ofrecemos algunas correspondencias históricas. Dn 11 5: Tolomeo I y Seleuco I. Dn 11 6: matrimonio entre Antíoco II y Berenice, hija de Tolomeo II. Dn *11 7-8: Tolomeo III. Dn 11 9: Seleuco II.* Dn 11 10: Seleuco III y Antíoco III. Dn 11 11-19: Antíoco III y sus campañas contra Egipto hasta su derrota en Magnesia por el cónsul romano Lucio C. Escipión y su muerte. Dn 11 20: Seleuco IV envía a su ministro Heliodoro a apoderarse del tesoro del templo (véase 2 Mac 3 7-40).

• **11 21-45:** Toda la segunda parte del capítulo se refiere a Antíoco IV Epífanes, con una gran acumulación de acontecimientos y detalles, pero con el mismo estilo impreciso y oscuro. La mejor clave de lectura nos la proporcionan 1 Mac 1 10-6 13 y 2 Mac 4 7-9 29 que recogen muchos de los hechos aquí aludidos. Destacamos los acontecimientos más significativos. Dn 11 21: Antíoco IV suplanta a Demetrio, hijo de su hermano Seleuco IV. Dn 11 22: Antíoco IV depone al sumo sacerdote Onías III, asesinado después. Dn 11 25-28: al regreso de su enfrentamiento con Tolomeo VI, Antíoco saquea el templo y aplica un duro

24 Cuando menos lo esperen invadirá las
provincias más ricas y hará lo que no habían hecho ni sus padres ni sus abuelos.
Repartirá entre sus seguidores el botín, los
despojos y las riquezas de la guerra, y
hará planes para atacar las ciudades fortificadas, aunque sólo por un cierto tiempo.
25 Envalentonado y lleno de audacia, se
dirigirá contra el rey del sur al frente de un
gran ejército. Por su parte, el rey del sur le
hará frente con un ejército no menos grande y poderoso, pero víctima de conspira-
ciones internas, no podrá resistir. 26 Sus
más cercanos consejeros le ocasionarán la
ruina, el ejército quedará aniquilado y serán incontables las bajas. 27 Sentados ambos reyes a la misma mesa, sólo buscarán
engañarse y hacerse daño, pero no conseguirán su propósito porque el momento fijado de antemano está aún por llegar. 28 El
rey del norte regresará a su país con grandes riquezas y con planes contra la santa
alianza, planes que ejecutará antes de regresar a su país.

29 En el momento señalado atacará de
nuevo al sur; pero esta segunda vez no le
irá como la primera. 30 Los barcos de Chipre vendrán contra él y, desanimado, tendrá que regresar sobre sus pasos. Descargará entonces su furor contra la santa alianza, y de nuevo se pondrá de acuerdo con
los desertores de dicha alianza. 31 Enviará
tropas que profanarán el templo y la fortaleza, suprimirán el sacrificio perpetuo e
instalarán allí el ídolo detestable. 32 Seducirá con halagos a los que renieguen del
pacto; pero el pueblo de los que confiesan
a su Dios se mantendrá firme y actuará.
33 Los doctores del pueblo instruirán a muchos, pero también ellos caerán a filo de
espada y durante algún tiempo tendrán que
pasar por el fuego, el cautiverio y el saqueo. 34 Cuando esto suceda recibirán una
pequeña ayuda, mientras otros muchos de
modo hipócrita se unirán a ellos. 35 Algunos de los hombres prudentes estarán a
punto de caer, y esto les servirá de prueba,
de purificación y de perfeccionamiento, hasta que llegue el momento final, que debe
llegar a su tiempo.

36 El rey actuará a su antojo. Lleno de
soberbia se creerá superior a toda divinidad
y dirá insolencias jamás escuchadas contra
el Dios de los dioses. Tendrá éxito hasta que
se colme la ira de Dios y se cumpla lo que
ha sido decretado. 37 No tendrá respeto al
dios de sus antepasados, ni al dios favorito
de las mujeres, ni a ningún otro dios, porque
se creerá superior a todos ellos. 38 Y honrará,
en su lugar, al dios de las fortalezas; honrará
con oro, plata, piedras preciosas y joyas a un
dios desconocido por sus antepasados.
39 Con la ayuda de un dios extranjero atacará las ciudades fortificadas. A quienes lo
reconozcan como rey, los colmará de honores, les dará el mando sobre muchos y les
repartirá tierras como recompensa.

40 Cuando llegue el momento final lo
atacará el rey del sur. Entonces el rey del
norte se lanzará contra él con carros de guerra, soldados a caballo y numerosos barcos; invadirá el país y pasará por él como
una inundación. 41 Después vendrá a la tierra del esplendor, donde perecerán muchísimos, pero no invadirá Edom, ni Moab, ni la
parte principal de Amón. 42 Intervendrá en
otros países, y ni siquiera Egipto podrá
librarse; 43 se apoderará de los tesoros de
oro y plata y de todos los objetos preciosos
de Egipto; libios y etíopes correrán la misma suerte. 44 Pero del oriente y del norte le
llegarán noticias alarmantes y partirá enfurecido, dispuesto a sembrar destrucción y
exterminio por todas partes. 45 Instalará su
campamento entre el mar y la montaña
santa de la tierra del esplendor; pero entonces le llegará el fin y nadie vendrá a socorrerlo.

castigo a Jerusalén (véase 1 Mac 1 20-24; 2 Mac 5 15-21). Dn 11 29-30: después de la segunda campaña frustrada contra Egipto, nuevo castigo contra los judíos con lo que se inaugura una nueva etapa de persecución abierta apoyada por los judíos colaboracionistas.

Dn 11 31-35 describe los elementos más sobresalientes de la persecución: profanación del templo, construcción de la fortaleza o ciudadela, supresión del sacrificio e instalación de la estatua dedicada a Zeus Olímpico, hostigamiento y muerte de los fieles, primeros éxitos de los macabeos, nuevas pruebas y primeros martirios.

Dn 11 36-39 alude a la progresiva autodivinización deAntíoco IV, que suprime el culto a las divinidades sirias y oficializa el culto a Zeus Olímpico.

Dn 11 40-45 evoca el futuro inmediato, descrito como el "momento final" en el que tendrá lugar el juicio y la sentencia definitiva de Dios contra Antíoco IV, que morirá en Elam, el otoño del año 164 a. C. El autor, sin embargo, parece desconocer los detalles de su muerte.

Tiempos de angustia y promesa de resurrección

Dn 10 13; Ap 12 7; Mt 24 21; 2 Mac 7 9; Ez 37 10

12 1 En aquel tiempo surgirá Miguel, el gran príncipe, protector de tu pueblo. Será un tiempo de angustia como no hubo otro desde que existen las naciones. Cuando llegue ese momento, todos los hijos de tu pueblo que estén escritos en el libro se salvarán. 2 Y muchos de los que duermen en el polvo de la tierra se despertarán, unos para la vida eterna, otros para la vergüenza, para el castigo eterno. 3 Los sabios brillarán como el esplendor del firmamento; y los que guiaron a muchos por el buen camino, resplandecerán como las estrellas por toda la eternidad.

4 Tú, Daniel, mantén ocultas estas palabras y ten sellado el libro hasta que llegue el momento final. Porque muchos andarán inquietos tratando de aumentar su saber.

El momento final

Dn 10 5; Ap 10 5-6; Dn 7 25; 11 35

5 Yo, Daniel, miré y vi a otros dos hombres, que estaban de pie, uno a cada lado del río. 6 Y uno de ellos preguntó al hombre vestido con túnica de lino que estaba sobre las aguas del río:

–¿Cuándo se cumplirán estas cosas prodigiosas?

7 Y el hombre vestido con túnica de lino que estaba sobre las aguas del río, levantó al cielo sus manos, la derecha y la izquierda, y juró así por aquel que vive para siempre:

–Dentro de tres años y medio, cuando haya terminado la persecución del pueblo santo, se cumplirán todas estas cosas.

8 Yo oí, pero no entendí, así que pregunté:

–Señor, ¿en qué terminará todo esto?

9 El me respondió:

–Sigue adelante, Daniel, porque estas palabras deben mantenerse en secreto y bajo sello hasta el momento final. 10 Muchos serán puestos a prueba, purificados y perfeccionados. Los malvados seguirán cometiendo maldades sin que ninguno entienda lo que sucede. Pero los sabios sí lo entenderán. 11 Desde el momento en que se suprima el sacrificio perpetuo y quede instalado el ídolo detestable pasarán mil doscientos noventa días. 12 Dichoso el que espere y pueda llegar a los mil trescientos treinta y cinco días. 13 Tú permanece fiel hasta el final; tendrás que morir, pero en el día final te levantarás para recibir tu recompensa.

III. RELATOS GRIEGOS Δ

Historia de Susana

Jr 29 21-23; Dt 22 22; Jn 8 4-5; Nm 5 18-22; Heb 4 13; Sal 33 13-15; Dn 5 11.14; Sab 4 8-9; Ex 23 7; Dt 19 16-21

13 1 Vivía en Babilonia un hombre llamado Joaquín. 2 Se había casado con una mujer llamada Susana, hija de Jelcías, de gran belleza y fiel a Dios, 3 pues sus padres eran justos y la habían educado conforme a la ley de Moisés. 4 Joaquín era muy rico y tenía un espacioso jardín junto a su casa. Como era el más ilustre de los ju-

• **12 1-4**: Miguel, jefe del ejército celestial y ángel protector de Israel, preside los últimos acontecimientos. La derrota del enemigo ha sido el penúltimo acto de la historia, antes del *momento final.* En los escritos apocalípticos, la liberación final viene anunciada por una gran conmoción histórica y cósmica que acarrea angustias y sufrimientos. En este contexto se afirma explícitamente la resurrección de los muertos al final de los tiempos (Dn 12 2), en la misma línea de 2 Mac 7 9.11.14.23.29.36 y 12 43-45. La nueva afirmación tiene sus antecedentes en Is 26 14-19; 53 10-11; Ez 37; Job 19 25-27 y afecta tanto a los justos (especialmente los sabios y maestros: Dn 12 3) como a los pecadores: *unos para la vida eterna y otros para el castigo eterno.*

• **12 5-13**: Es la conclusión de la sección y de la edición hebrea del libro de Daniel. El final de la gran visión conecta con su comienzo (Dn 12 5; véase Dn 10 4) y nos ofrece dos claves especialmente significativas para la identificación del tiempo del autor y de los destinatarios de su obra. El tiempo queda concretado en unos tres años y medio desde la supresión del sacrificio y la instalación del *ídolo detestable* (Dn 12 7.11-12; véase Dn 7 25; 8 14). Si la profanación del templo sucedió en el otoño del 167 a. C. y su purificación en diciembre del 164 a. C., el libro habría aparecido poco después. Los destinatarios quedan implícitamente identificados como aquellos que *serán puestos a prueba, purificados y perfeccionados* (Dn 12 10), y son invitados a comprender el significado de los momentos difíciles y a permanecer fieles hasta el fin (Dn 12 12). Estos destinatarios son los que el autor tiene presentes en todo momento y a los que dirige su "apocalipsis" (= revelación) de consuelo y esperanza.

díos, todos ellos se reunían allí. 5 Aquel año habían sido designados jueces de entre el pueblo dos viejos de esos de quienes dice el Señor: «Los ancianos y los jueces que se hacen pasar por guías del pueblo han traído la maldad a Babilonia». 6 Frecuentaban estos dos viejos la casa de Joaquín, y todos los que tenían algún pleito que resolver acudían a ellos.

7 Al mediodía, cuando la gente se había ido, Susana salía a pasear por el jardín de su marido. 8 Los dos viejos la veían entrar y pasear todos los días, y comenzaron a desearla con pasión. 9 Su mente se pervirtió y se olvidaron de Dios y de sus justos juicios. 10 Los dos la deseaban con pasión, pero no se atrevían a comunicarse su tormento, 11 porque les daba vergüenza confesar su deseo de poseerla. 12 Y todos los días buscaban afanosamente poder verla. 13 Hasta que un día se dijeron el uno al otro:

–Vamos a casa, es hora de comer.

14 Al salir, se separaron. Pero en seguida regresaron y se encontraron; y al preguntarse mutuamente el motivo, se confesaron su pasión. Entonces se pusieron de acuerdo para buscar una ocasión en que pudieran sorprender a solas a Susana.

15 Un día, mientras ellos estaban aguardando la ocasión oportuna, entró Susana, como de costumbre, acompañada solamente por dos criadas jóvenes, y quiso bañarse en el jardín, porque hacía mucho calor. 16 No había allí nadie más que los dos viejos, que estaban escondidos observando. 17 Susana dijo a sus criadas:

–Tráiganme aceite y perfumes, y cierren las puertas del jardín, para que pueda bañarme.

18 Ellas lo hicieron así; cerraron las puertas del jardín y salieron por la puerta de atrás para traer lo que les había encargado, sin ver a los dos viejos que estaban escondidos en el jardín.

19 En cuanto se fueron las criadas, los dos viejos salieron del lugar donde estaban y fueron corriendo adonde estaba Susana, 20 y le dijeron:

–Mira, las puertas del jardín están cerradas, nadie nos ve. Nosotros te deseamos apasionadamente; consiente, pues, y deja que nos acostemos contigo. 21 De lo contrario daremos testimonio contra ti, diciendo que un joven estaba contigo y que por eso mandaste fuera a las criadas.

22 Susana suspiró profundamente y dijo:

–No tengo escapatoria. Si consiento, me espera la muerte; si me resisto, tampoco escaparé de sus manos. 23 Pero prefiero caer en sus manos sin hacer el mal, a pecar en presencia del Señor.

24 Así que Susana gritó con todas sus fuerzas, pero también los dos viejos se pusieron a gritar contra Susana, 25 y uno de ellos corrió a abrir la puerta del jardín. 26 Al oír gritos en el jardín, la servidumbre entró corriendo por la puerta de atrás para ver lo que ocurría. 27 Cuando oyeron lo que con-

Δ 13 1-14 42: Como una conclusión a la edición hebrea de Daniel, la edición griega añade estos dos capítulos, que incorporan nuevos relatos: la historia de Susana (Dn 13) y dos enfrentamientos de Daniel con los ídolos babilónicos (Dn 14 1-22.23-37) que culminan en una nueva versión del episodio de Daniel en la fosa de los leones (Dn 14 28-42). Son relatos ejemplares de estilo popular, más cercanos a los de la primera parte (especialmente Dn 1; 3; 6), con los que comparten género literario y algunos temas.

• *13 1-64:* *La historia* de Susana aunque se nos ha transmitido en griego, es un *relato de origen hebreo, inicialmente* independiente del libro de Daniel. Su finalidad es celebrar la sabiduría y prudencia de Daniel y, secundariamente, mostrar que Dios no abandona a los inocentes que confían y acuden a él (Dn 13 42-43.60). Se exalta también la fidelidad de Susana y la práctica de la ley judía en tierra extranjera; es un modelo que los judíos deben imitar. El relato está bien construido, con una estructura en cuatro partes: ambientación y presentación de personajes (Dn 13 1-6), conspiración contra Susana (Dn 13 7-27), juicio y condena de Susana (Dn 13 28-43), intervención salvadora de Daniel (Dn 13 44-62) y conclusión (Dn 13 63-64).

La historia está ambientada en tiempos del exilio, pero refleja mejor la situación de los judíos que vivían fuera de Palestina en la época helenística. Los judíos tienen su ley, sus propios dirigentes y su tribunal, cuyos representantes jugarán un papel decisivo.

El relato se complica con la pasión inconfesable de los dos viejos y su plan para seducir a Susana. Toda la acción transcurre en el jardín y el narrador explota hábilmente todos los elementos con un buen manejo del suspenso: el baño, las puertas cerradas, la salida de las jóvenes criadas, los viejos esperando la ocasión, etc.

En el proceso se cumplen las amenazas de los viejos (Dn 13 21). Susana debe pasar por la vergüenza de ser acusada y condenada en su propia casa y ante los suyos, y de ser exhibida para deleite de los viejos, que así compensan su fracaso.

La aparición del joven Daniel da paso al clímax del relato. Una sencilla estratagema pone en evidencia la contradición del testimonio y denuncia el delito de los viejos. Por medio de Daniel se pone de manifiesto la justicia de Dios, que suscita la alabanza del pueblo.

taban los dos viejos, los criados se aver-
gonzaron, porque jamás se había dicho de
Susana una cosa semejante.
28 Al día siguiente, cuando el pueblo se
reunió en casa de Joaquín, vinieron también los dos viejos con el criminal propósito de condenarla a muerte. 29 Y dijeron ante
el pueblo:
–Manden a buscar a Susana, hija de Jelcías, la mujer de Joaquín.
Fueron a buscarla, 30 y ella vino con sus
padres, sus hijos y todos sus parientes.
31 Susana era bellísima y encantadora.
32 Aquellos malvados mandaron que le
quitaran el velo (pues llevaba el rostro cubierto con un velo), para poder así contemplar a sus anchas su belleza. 33 Los familiares de Susana lloraban al igual que todos
cuantos la veían. 34 Entonces los dos viejos, de pie en medio de la asamblea, pusieron sus manos sobre la cabeza de Susana.
35 Ella, llorando, levantó los ojos al cielo,
porque su corazón estaba lleno de confianza en el Señor. 36 Los viejos dijeron:
–Estábamos nosotros dos solos paseando por el jardín cuando entró ésta con dos
criadas, cerró las puertas del jardín y mandó
irse a las criadas. 37 Entonces se acercó a
ella un joven que estaba escondido y se
acostó con ella. 38 Nosotros, que estábamos en un rincón del jardín, al ver la infamia, corrimos hacia ellos 39 y los sorpren-
dimos juntos; a él no pudimos sujetarlo,
porque era más fuerte que nosotros y,
abriendo la puerta, se escapó; 40 pero a ésta
sí la agarramos y le preguntamos quién era
el joven, 41 pero no quiso decirlo. De todo
esto somos testigos.
La asamblea les creyó porque eran ancianos y jueces del pueblo, y Susana fue
condenada a muerte.
42 Pero ella gritó con todas sus fuerzas:
–Oh Dios eterno, que conoces lo que
está oculto y sabes todas las cosas antes
que sucedan; 43 tú sabes que éstos han dado falso testimonio contra mí; y ahora yo
voy a morir sin haber hecho nada de lo que
la maldad de éstos ha inventado contra mí.
44 *El Señor escuchó la súplica* de Susana, 45 y cuando la llevaban para matarla
Dios despertó el santo espíritu de un jovencito llamado Daniel, 46 el cual se puso
a gritar:
–¡Yo soy inocente de la sangre de esta
mujer!
47 Todo el pueblo lo miró y le preguntó:
–¿Qué has querido decir con eso?
48 El, poniéndose en medio de ellos,
dijo:
–¿Tan torpes son, israelitas, que sin examinar la cuestión y sin investigar a fondo
la verdad, han condenado a una hija de Israel? 49 Regresen al lugar del juicio, porque
éstos han dado falso testimonio contra ella.
50 Todo el pueblo regresó inmediatamente, y los ancianos dijeron a Daniel:
–Ven, toma asiento en medio de nosotros e infórmanos, ya que Dios te ha dado
la madurez de un anciano.
51 Daniel les dijo:
–Separen a uno del otro, que quiero interrogarlos.
52 Una vez separados, llamó a uno y le
dijo:
–Viejo en años y en maldad: ahora vas a
recibir el castigo por los pecados que co-
metiste en el pasado, 53 cuando dictabas
sentencias injustas condenando a los inocentes y dejando libres a los culpables, contra el mandato del Señor: «No condenarás
a muerte al inocente y al que no tiene culpa». 54 Si de verdad la has visto, dinos bajo
qué árbol los viste juntos.
El viejo respondió:
–Bajo una acacia.
55 Sentenció Daniel:
–Tu propia mentira te va a traer la perdición, porque el ángel de Dios ha recibido
ya la orden divina de partirte por la mitad.
56 Después hizo que se fuera, mandó
traer al otro y le dijo:
–Raza de Canaán y no de Judá: la hermosura te ha seducido y la pasión perver-
tió tu corazón. 57 Esto es lo que hacían con
las hijas de Israel y ellas, por miedo, se les
entregaban. Pero una hija de Judá no se ha
sometido a su maldad. 58 Dinos, pues, ¿bajo
qué árbol los sorprendiste juntos?
Respondió el viejo:
–Bajo una encina.
59 Daniel sentenció:
–También a ti tu propia mentira te traerá la perdición, porque el ángel del Señor
está ya esperando, espada en mano, para
partirte por el medio. Y de esta manera acabará con ustedes.

60 Entonces toda la asamblea comenzó a
bendecir a Dios en alta voz, pues salva a
los que esperan en él. 61 Se lanzaron contra
los dos viejos, a quienes por propia confesión Daniel había declarado culpables de
dar falso testimonio, y les aplicaron el mismo castigo que ellos habían planeado para
su prójimo. 62 De acuerdo con la ley de
Moisés fueron ejecutados, y así aquel día
se salvó una vida inocente.
63 Jelcías y su mujer dieron gracias a
Dios por su hija Susana, y lo mismo hicieron su marido Joaquín y los demás parientes, porque nada indigno se había encontrado en ella. 64 Y a partir de aquel día Daniel fue muy estimado por el pueblo.

Daniel y los sacerdotes de Bel

Bar 6 50; Dn 2 5; 6 25; Sab 15 18-19; Rom 1 23

14 1 Cuando falleció el rey Astiages y fue
a reunirse con sus antepasados, le sucedió en el reino Ciro el persa. 2 Daniel
comía a la mesa del rey y era mejor considerado que el resto de sus amigos. 3 Había
en Babilonia un ídolo llamado Bel, a quien
se ofrecían diariamente doce costales de la
mejor harina, cuarenta ovejas y seis cántaros de vino. 4 También el rey le rendía culto
e iba todos los días a adorarlo. Pero Daniel
adoraba a su Dios. 5 Un día el rey le preguntó:
–¿Por qué no adoras a Bel?
Daniel respondió:
–Porque yo no rindo culto a ídolos fabricados por hombres, sino al Dios viviente, que ha creado el cielo y la tierra y que
tiene poder sobre todos los hombres.
6 Le contestó el rey:
–¿Piensas entonces que Bel no es un dios
con vida? ¿Acaso no ves cuánto come y
bebe cada día?
7 Daniel le respondió riendo:
–No te dejes engañar, oh rey; eso no es
más que barro por dentro y bronce por
fuera, y jamás ha comido ni bebido nada.
8 El rey se enfureció, llamó a los sacerdotes de Bel y les dijo:
–Si no me dicen quién es el que se come estos alimentos, morirán; pero si demuestran que es Bel quien los come, será
Daniel quien morirá por haber blasfemado
contra Bel.
9 Dijo Daniel al rey:
–Que suceda tal como lo has dicho.
Los sacerdotes de Bel eran setenta, además de sus mujeres y sus hijos. 10 El rey,
acompañado de Daniel, se dirigió al templo de Bel. 11 Los sacerdotes de Bel le dijeron:
–Mira, nosotros vamos a salir. Tú, oh
rey, ordena que sirvan los alimentos y el
vino preparado; luego cierra la puerta y
séllala con tu anillo. Mañana por la mañana, cuando regreses al templo, si comprue-
bas que Bel no se lo ha comido todo, moriremos nosotros; en caso contrario morirá
Daniel, pues nos ha calumniado.
12 Estaban ellos confiados, porque debajo de la mesa habían construido un pasadizo secreto por donde entraban con regularidad y se llevaban las ofrendas. 13 En
cuanto salieron, el rey ordenó que coloca-
ran los alimentos delante de Bel. 14 Pero
Daniel mandó a sus criados traer ceniza, y
la esparcieron por todo el templo en presencia sólo del rey; luego salieron, cerraron la
puerta y, después de sellarla con el anillo
del rey, se fueron. 15 Por la noche los sacerdotes entraron, como solían hacerlo, con sus
mujeres y sus hijos, y comieron y bebieron
todo. 16 Al día siguiente, muy temprano, el
rey fue al templo acompañado de Daniel
17 al que preguntó:
–¿Están intactos los sellos, Daniel?
Respondió Daniel:
–Sí, oh rey.
18 Apenas abrió la puerta, vio el rey la
mesa y exclamó en alta voz:
–Eres grande Bel, y no hay engaño en ti.
19 Pero Daniel se echó a reír, y detenien-
do al rey para que no entrara en el interior,
le dijo:
–Fíjate en el pavimento y piensa de
quién pueden ser estas huellas.
20 El rey exclamó:

• **14 1-22**: El episodio de Daniel enfrentado a los sacerdotes de Bel, como el posterior contra el dragón, se inscribe en las polémicas contra la idolatría, ampliamente representadas en la literatura bíblica (Sal 115; 135; Is 40; 41; 44; Jr 10 3-5; CJr; Sab 13-15). En vez de una reflexión teórica, el autor pone en movimiento un relato irónico, que recuerda a grandes rasgos las narraciones de martirios de la primera parte (Dn 3 y 6). En el presente relato la polémica va dirigida contra los sacerdotes que mantienen el fraude de la idolatría, más que contra la misma estatua.

–Veo huellas de hombres, mujeres y
niños.
21 Entonces se puso furioso, mandó
arrestar a los sacerdotes con sus mujeres y
sus hijos, y ellos le mostraron las puertas
ocultas por donde entraban a comer lo que
había sobre la mesa. 22 El rey mandó matarlos y entregó a Bel en poder de Daniel,
el cual lo destruyó junto con su templo.

Daniel y el dragón

Dn 6; Mt 4 10

23 Había también un gran dragón al que
los babilonios veneraban. 24 El rey dijo a
Daniel:
–De éste no dirás que es de bronce; mira, está vivo y come y bebe; no negarás que
es un dios vivo. Así que adóralo.
25 Respondió Daniel:
–Yo adoro al Señor mi Dios porque él sí
es el Dios viviente. Y si tú, oh rey, me lo
permites, yo mataré a ese dragón sin espada ni lanza.
26 El rey respondió:
–Te lo permito.
27 Entonces Daniel tomó resina, grasa y
pelos, los coció, hizo unas bolas y las echó
en las fauces del dragón, el cual al comerlas reventó. Y Daniel dijo:
–Ahí tienen lo que adoran.
28 Al enterarse los babilonios de lo sucedido, se indignaron muchísimo y se amotinaron contra el rey diciendo: «El rey se
ha hecho judío: ha permitido destruir a Bel,
ha dejado matar al dragón y ha hecho ejecutar a los sacerdotes».
29 Se presentaron, pues, al rey y le dijeron:
–Entréganos a Daniel o de lo contrario
te daremos muerte a ti y a toda tu familia.
30 El rey, entonces, al sentirse tan seriamente amenazado, no tuvo más remedio
que entregarles a Daniel. 31 Ellos lo arrojaron a la fosa de los leones donde permaneció seis días. 32 Había en la fosa siete leones
a los que todos los días se alimentaba con
los cuerpos de dos ajusticiados y con dos
ovejas. Pero en aquella ocasión no se les
dio nada, para que devoraran a Daniel.
33 El profeta Habacuc se encontraba por
entonces en Judea. Acababa de preparar
una comida y de poner pequeños trozos de
pan en un canastillo, y se dirigía al campo
a llevárselo a los que estaban cosechando.
34 Pero el ángel del Señor dijo a Habacuc:
–Lleva a Babilonia esa comida que has
preparado y dásela a Daniel, que está en la
fosa de los leones.
35 Habacuc respondió:
–Señor, no he visto jamás Babilonia, y
tampoco conozco la fosa.
36 Entonces el ángel del Señor lo agarró
por la cabeza, y con el ímpetu de su espíritu lo llevó hasta Babilonia sujeto por los
cabellos y lo colocó junto a la fosa. 37 Habacuc gritó:
–Daniel, Daniel toma el alimento que
Dios te envía.
38 Daniel exclamó:
–¡Oh Dios, te has acordado de mí y no
has abandonado a los que te aman!
39 Daniel se levantó y comió. Entretanto, el ángel del Señor en un abrir y cerrar de
ojos volvió a colocar a Habacuc en su lugar.
40 Pasados siete días el rey vino a llorar
a Daniel; se acercó a la fosa, miró y descubrió que Daniel estaba allí sentado. 41 Entonces gritó con todas sus fuerzas:
–Grande eres tú, Señor, Dios de Daniel,
y no hay otro Dios fuera de ti.
42 Mandó que sacaran de la fosa a Daniel
y que arrojaran allí a los que habían querido matarlo; y al instante fueron devorados
en presencia del rey.

• **14 23-42**: Este último episodio del libro de Daniel aparece íntimamente relacionado con el anterior y tiene por contexto la misma polémica anti-idolátrica, aunque con una diferencia: aquí se pone en cuestión la divinización de los animales, práctica atestiguada en Egipto, pero desconocida en Mesopotamia (que, en cambio, recurre a dragones y serpientes como imágenes de la divinidad o guardianes de los templos). El relato se prolonga con una nueva versión del episodio de la fosa de los leones (Dn 14 28-42; véase Dn 6), aunque aquí desaparece todo el contexto de persecución y la defensa del martirio. En cambio, el episodio se enriquece con la leyenda del profeta Habacuc, transportado por los aires a Babilonia para alimentar a Daniel (Dn 14 33-39). El relato concluye, como los de Dn 1-6, con el reconocimiento y alabanza del Dios de Israel en boca del rey extranjero, la liberación de Daniel y la ejecución de sus enemigos (véase Dn 6 24-28).

OSEAS

INTRODUCCION

¿Cómo expresa el hombre sus relaciones con Dios? Tiende a la distancia, a fijar límites, a establecer lugares. En la revelación bíblica se había abierto camino el símbolo de la *alianza*. A pesar de lo afortunado de la fórmula y lo decisivo en la constitución del pueblo de Dios, su origen político y su contexto jurídico en los pactos de vasallaje orientales rodeaba el símbolo de una cierta frialdad distante, de un posible formalismo vacío. La infeliz experiencia matrimonial de Oseas, un hombre amante a pesar de todo, sirvió de contexto para una extraordinaria profundización en la relación de Dios con su pueblo desde la tormentosa psicología del amor.

1. Contexto histórico de Oseas

Oseas vive en el reino del Norte, en tiempos de Jeroboán II (782-753 a. C.) y su actividad profética se extiende probablemente hasta la destrucción de Samaría (722 a. C.). Su ministerio coincide, por tanto, con el de Amós, al principio, y con los de Isaías y Miqueas, al final. El reino del Norte conoce con Jeroboán un período de gran prosperidad, acompañado, sin embargo, de una profunda crisis social: la injusticia y la corrupción se extienden por todas partes, los ricos oprimen y explotan a los pobres (Amós denunciará con vigor este delito). Políticamente las cosas no andan mejor: Oseas es testigo de las intrigas, destronamientos y sucesivos asesinatos de los últimos reyes que precedieron a la caída de Samaría (se sucedieron siete reyes en treinta años y cuatro de ellos fueron asesinados). En el panorama internacional comienza la amenaza de Asiria ante la cual Israel cae en la tentación de buscar su salvación por medio de alianzas con otras naciones negando a su único salvador: el Señor. A la crisis social y política se une la crisis religiosa. Una palabra define la situación: idolatría, adoración de Baal, dios fenicio-cananeo de la naturaleza y la fertilidad, y adoración del novillo de oro, hechura de manos humanas.

2. Experiencia y ministerio profético de Oseas

De la biografía de Oseas sólo nos ha llegado una lista de nombres (su padre, su mujer Gomer, los nombres simbólicos de sus tres hijos y los de los reyes de Judá e Israel) y una profunda y dramática experiencia personal. La opinión más común es que Oseas, en los tres primeros capítulos de su libro, no nos transmite una ficción literaria, sino una verdadera historia de amor no correspondido: su propia historia.

El amaba intensamente a su esposa Gomer, pero tuvo que pasar por la amarga experiencia de la infidelidad y no encuentra otra salida que la de seguir amando, a pesar de todo.

Teológicamente, sorprende que Oseas presente su propia y trágica historia matrimonial como símbolo de la relación de Dios con su pueblo. Su experiencia se convierte así en revelación de miseria y de grandeza. Por una parte la miseria de los pecados cultuales, sociales y políticos del pueblo-esposa (alianzas militares, rechazo de la monarquía), caracterizados como idolatría e infidelidad; y por otra, la grandeza del amor de Dios-esposo, más fuerte que la infidelidad. El comportamiento de Dios con su pueblo entra en la "ilógica" del amor: a pesar de todo, Dios ama y el pueblo regresará a su primer marido, el Señor, porque se siente perdonado y amado por él. Si a esta imagen del Dios esposo, amante y fiel, que inaugura Oseas, le añadimos el desarrollo que él mismo hace de la imagen de Dios-padre (véase Os 11 1-4), encontramos en este profeta una sorprendente interiorización de la relación Dios-pueblo, un sentido nuevo de cercana intimidad.

Desde la visión crítica del presente, Oseas lanza una mirada retrospectiva a toda la historia del pasado (especialmente a partir de Os 9). Si ha sido *historia de salvación*, lo ha sido a pesar de la constante infidelidad, tanto del pueblo como de sus reyes (de ahí la desaprobación que hace de los orígenes mismos de la monarquía).

La última palabra del mensaje de Oseas (Os 14 2-9) es una llamada a la conversión y a la esperanza. Pero es, sobre todo (y en coherencia con la primera parte), una nueva y rotunda afirmación del amor generoso y gratuito de Dios que perdonará a su pueblo: *sanaré su infidelidad, los amaré gratuitamente* (Os 14 5).

A la vista de la originalidad de su planteamiento y de la novedad de su mensaje, no nos puede extrañar que Oseas haya sido uno de los profetas que más influyó en el Antiguo Testamento (sobre todo en Jeremías, Ezequiel, Deuteroisaías) y en el Nuevo Testamento (citas abundantes, entre las que destaca Os 6 6 en boca de Jesús: Mt 9 13; 12 7; la revelación de Dios como padre amoroso; la imagen paulina de la Iglesia como "esposa").

3. El libro de Oseas

Aunque el libro actual ofrece indicios de añadidos y reelaboraciones posteriores, la mayoría de los estudiosos están de acuerdo en atribuirlo al propio Oseas en su mayor parte. El mal estado del texto hebreo y la oscuridad de algunos pasajes convierten el libro en uno de los más difíciles de leer (y traducir) de todo el Antiguo Testamento hebreo, lo que obliga a echar mano de hipótesis y conjeturas. El estilo de Oseas es enérgico y apasionado, conciso y en ocasiones oscuro, con frases cortas y rítmicas. Refleja cierto influjo sapiencial y sobresale en el uso abundante y variado de imágenes, tomadas preferentemente del ámbito de las relaciones humanas y del mundo vegetal y animal.

En cuanto a su composición, el libro está estructurado en tres grandes partes, enmarcadas por el título y la conclusión:

- Título (Os 1 1)

1. La familia del profeta, signo de las relaciones entre Dios y el pueblo (Os 1 2-3 5)
2. Oráculos contra Israel (Os 4 1-9 9)
3. Reflexión sobre la historia de Israel (Os 9 10-14 9)

- Conclusión (Os 14 10)

1 1 Palabra que el Señor dirigió a Oseas,
hijo de Berí, en tiempos de Ozías, Jotán,
Ajaz y Ezequías, reyes de Judá, y en tiempo
de Jeroboán, hijo de Joás, rey de Israel.

1. La familia del profeta, símbolo de las relaciones entre Dios y el pueblo ◊

Los hijos, signo de castigo

2 Re 9-10; Jr 31 33; Ex 3 14-16; Os 2 25; Rom 9 26

2 Comienzo de las palabras que el Señor pronunció por medio de Oseas. El Señor dijo a Oseas:
–Cásate con una prostituta, y acepta hijos de prostitución, porque esta tierra se ha
entregado a la prostitución y se ha alejado
del Señor.
3 Fue Oseas y se casó con Gomer, hija
de Diblain, la cual concibió y le dio un hijo. 4 El Señor le dijo:
–Ponle el nombre de Jezrael, porque dentro de poco pediré cuentas a la familia de
Jehú por la sangre derramada en Jezrael, y
pondré fin al reino de Israel. 5 Aquel día
haré que Israel sea derrotado en el valle de
Jezrael.
6 Concibió Gomer de nuevo y dio a luz
una hija. El Señor dijo a Oseas:
–Ponle el nombre de No-compadecida,
porque no me compadeceré más de Israel,
sino que me apartaré de él. 7 Pero sí me
compadeceré de Judá y los salvaré porque
soy el Señor su Dios; aunque no los salvaré por medio del arco, de la espada o de la
guerra, ni por medio de caballos o jinetes.
8 Cuando Gomer dejó de amamantar a
No-compadecida, concibió otra vez y dio a
luz un hijo. 9 El Señor dijo a Oseas:
–Ponle el nombre de No-mi-pueblo, porque ustedes no son mi pueblo ni yo soy su
Dios.
2 1 Los israelitas serán tantos como la arena del mar, que no se cuenta ni se mide. Y en vez de llamarlos No-mi-pueblo se

◊ **1 2-3 5**: La misma vida familiar del profeta es utilizada como acción simbólica en sentido amplio. En su matrimonio y en sus hijos, el profeta descubre un sentido trascendente. Todo el libro de Oseas se podría entender como un comentario a los tres primeros capítulos. El centro de esta primera unidad (Os 1-3) lo ocupa el pleito de Dios, marido fiel, contra Israel, esposa infiel, y su resultado (Os 2 4-25). En ambos extremos se insertan los relatos del matrimonio del profeta (Os 1 2-9: relato biográfico y Os 3 1-5: relato autobiográfico). Os 2 1-3 anticipa ya la restauración, y correspondería, en la estructura, a la resolución del pleito *matrimonial (Os 2 16-25)*.

• **1 2-2 3**: Desde el comienzo la situación matrimonial de Oseas se convierte en símbolo de la infidelidad del pueblo con relación a Dios. No sabemos si Gomer, su esposa, era una prostituta sagrada de los cultos cananeos, o si se hizo adúltera más tarde; lo que en ambos casos se resalta es la infidelidad. El lenguaje de prostitución (tomado de esta experiencia de infidelidad matrimonial) pasará desde Oseas a la tradición bíblica para describir, con imágenes de gran vigor y contenido, la infidelidad de Israel y el amor inquebrantable de Dios. La imagen de la alianza se hace así mucho más viva y experiencial, más cercana y más interiorizada.

Los hijos de prostitución son símbolo de la situación del pueblo: *Jezrael*, que evoca las matanzas de Jehú (2 Re 9-10), es anuncio de que pronto el Señor le pedirá cuentas de la sangre derramada, poniendo fin al reino de Israel. *No-compadecida*, porque el Señor ya no se compadece de Israel; *No-mi-pueblo*, porque ya se ha roto la alianza. Pero el Señor sigue amando a su pueblo infiel y está dispuesto a compadecerse de nuevo y a tomarlo como suyo (Os 2 1-3). Inicia así el profeta la alternancia castigo/salvación que estará presente en todo su libro.

les llamará Hijos-de-Dios-vivo. [2] Los hijos
de Judá y los de Israel se reunirán bajo un
solo jefe y crecerán hasta llenar el país,
porque será grande el día de Jezrael. [3] Llamen Mi-pueblo a su hermano, y a su hermana llámenla Compadecida.

Israel, esposa infiel

Jr 2; Ez 16; Miq 6 1-2; Jr 20 7; Is 54 5-10;
Jr 31 31ss; Os 1 2-2 4

4 ¡Acusen a su madre, acúsenla,
porque ella ya no es mi mujer
ni yo soy su marido!
Que quite de su cara
los adornos de prostituta,
y de entre sus senos
los tatuajes de adúltera;
5 porque si no, la dejaré desnuda,
como el día de su nacimiento;
la dejaré como un desierto,
la convertiré en una tierra árida,
y la haré morir de sed.
6 No me compadeceré más de sus hijos,
porque son hijos de prostitución.
7 Sí, su madre se ha prostituido,
se ha deshonrado la que los dio a luz,
diciendo: «Iré detrás de mis amantes,
los que me dan mi pan y mi agua,
mi lana y mi lino,
mi aceite y mis bebidas».
8 Por eso, voy a llenar
de espinos su sendero,
y a ponerle delante un muro,
para que no encuentre su camino.
9 Perseguirá a sus amantes,
pero no los alcanzará;
los buscará, pero no los encontrará;
entonces dirá:
«Regresaré con mi primer marido,
pues entonces me iba mejor que ahora».
10 Ella no reconocía que era yo
quien le daba el trigo,
el vino y el aceite nuevos,
quien multiplicaba la plata y el oro,
con que luego hacían los baales.
11 Por eso recobraré mi trigo a su tiempo
y mi vino nuevo en su momento,
y le quitaré mi lana y mi lino
que le servían para cubrir su desnudez.
12 La desnudaré a la vista de sus amantes,
y nadie podrá librarla de mi mano.
13 Haré que se acabe su jolgorio,
sus fiestas, novilunios, sábados,
y todas sus solemnidades.
14 Devastaré su viña y su higuera,
de las que ella decía: «Son mi paga,
me las han dado mis amantes»;
las convertiré en matorral,
que será devorado por bestias salvajes.
15 La castigaré por festejar a los baales,
y haber quemado ofrendas en su honor;
se adornaba con su anillo y su collar,
y se iba detrás de sus amantes,
olvidándose de mí.
Oráculo del Señor.

16 Por eso yo la seduciré;
la llevaré al desierto
y le hablaré al corazón.
17 Allí le devolveré sus viñedos,
haré del valle de Acor
una puerta de esperanza;
y ella me responderá allí
como en los días de su juventud,
como el día en que salió de Egipto.
18 Aquel día, oráculo del Señor,
me llamarás «Mi marido»,
y no me llamarás «Mi propietario».
19 Yo quitaré de su boca
los nombres de los baales,
y no los volverá a recordar.

• **2 4-25**: La identificación mujer-Israel, profeta-Dios es tan viva que en algunos versos es imposible saber cuál *es la intención primera. No se sabe* si es Dios quien se queja del pueblo porque éste atribuye a los dioses cananeos (baales) los frutos de la tierra, o si habla el profeta lamentando que se vaya su mujer detrás de los amantes sin reconocer que es él quien la ama y sustenta. El modo como alternan los tonos desgarradores y de despecho ante la traición, con los gestos afectuosos de un amor que perdura y que quiere atraerla hacia sí, constituyen la mejor señal de que no se trata de una alegoría sino de una experiencia vivida atormentadamente en lo más íntimo y profundo del ser.

Desde el punto de vista de un proceso jurídico se distinguen dos partes: la acusación o litigio contra la madre prostituta (Os 2 4-15), acusación que debe entenderse en el contexto de una religión de la alianza, y la resolución del proceso o sentencia que favorece a la acusada, gracias a que el esposo, movido por su inmenso amor, inicia una nueva "seducción" para restaurar la historia de amor (Os 2 16-25). La restauración pasará por una nueva experiencia del *desierto*, tiempo privilegiado del pueblo del éxodo, que peregrinaba sin más guía y apoyo que el Señor. Cuando ahora se le haya quitado todo, podrá de nuevo recordar aquella experiencia, que le hará superar toda *idolatría* y podrá llamar a su esposo "mi marido" no con el confuso "mi baal" que puede también significar "ídolo", sino con la palabra hebrea que designa sólo al marido único, al esposo que no es intercambiable. La nueva experiencia pasa por la superación de toda idolatría.

20 Aquel día haré en favor de mi pueblo
una alianza con los animales del campo,
con las aves del cielo
y con los reptiles de la tierra;
romperé en esta tierra el arco,
la espada y la guerra,
y los haré descansar confiados.
21 Te desposaré conmigo para siempre,
te desposaré en justicia y en derecho,
en amor y en ternura;
22 te desposaré en fidelidad,
y tú conocerás al Señor.
23 Aquel día, oráculo del Señor,
yo daré órdenes a los cielos,
y ellos responderán con lluvia
sobre la tierra;
24 la tierra responderá con trigo,
vino y aceite nuevos,
que serán para Jezrael.
25 Estableceré a mi pueblo en esta tierra,
me compadeceré de No-compadecida,
diré a No-mi-pueblo: «Tú-mi-pueblo»,
y él dirá: «Tú-mi-Dios».

Nuevo símbolo: la esposa infiel y convertida

Ef 5 25ss; Ex 28 6-13

3 1 El Señor me dijo:
–Anda otra vez y ama a una mujer querida por otro y sin embargo adúltera. Porque también el Señor ama a los hijos de Israel, aunque ellos se vayan detrás de otros
dioses y saboreen los pasteles de pasas.
2 Yo la adquirí por quince monedas de
plata y por una carga y media de cebada.
3 Y le dije:
–Durante mucho tiempo estarás aquí
conmigo sin prostituirte ni entregarte a otro
hombre, y yo haré lo mismo contigo. 4 Porque también los hijos de Israel estarán mucho tiempo sin rey ni príncipe, sin sacrificios ni piedras conmemorativas, sin efod
ni amuletos. 5 Después, buscarán de nuevo
al Señor su Dios y a David su rey, y acudirán con temor al Señor y a sus dones al fin
de los tiempos.

2. Oráculos contra Israel ◊

Contra el pueblo y los sacerdotes

Jr 22 15ss

4 1 Escuchen la palabra del Señor,
hijos de Israel,
porque el Señor entabla pleito
contra los habitantes de esta tierra:
no hay fidelidad ni amor,
ni conocimiento de Dios en esta tierra;
2 sólo se difunden
falso testimonio y engaño,
asesinato, robo y adulterio,
y un crimen sigue a otro crimen.
3 Por eso, la tierra está de duelo,
desfallecen todos sus habitantes;
los animales del campo, las aves del cielo,
y hasta los peces del mar desaparecen.
4 Pero que nadie acuse ni censure,
pues contra ti, sacerdote,
se dirige mi pleito.
5 Tú tropiezas en pleno día, y de noche
tropieza también contigo el profeta;
reduciré tu gente al silencio.
6 Mi pueblo perece
por falta de conocimiento;
por haber rechazado el conocimiento,
yo te rechazaré a ti de mi sacerdocio;
por haber olvidado la ley de tu Dios,

• **3 1-5**: La sección (Os 1-3) que se abría con el matrimonio de Oseas y su significado (véase Os 1 2-9), se cierra con el mismo tema. No parece necesario pensar en el matrimonio con otra mujer. Puede tratarse de la misma esposa, Gomer, tentada siempre de infidelidad (*anda otra vez y ama*). Las expresiones "irse detrás de otros dioses" o "saborear los pasteles de pasas" (Os 3 1; véase Jr 7 18; 44 19) muestran que la infidelidad de la que se habla es la idolatría de Israel. El castigo del pueblo consiste en la privación de todas sus instituciones políticas y religiosas (el efod y los terafim –especie de amuletos–, mencionados *juntos también en Jue 17 5; 18 14.17, son objetos* que servían para consultar a Dios). Os 3 5 (probablemente una glosa) remite a la esperanza firme en el amor victorioso de Dios. En el pasaje se insinúa un cierto temor a que esta segunda experiencia pueda de nuevo fracasar.

◊ **4 1-9 9**: Titulamos genéricamente esta sección como "oráculos contra Israel". Se desarrolla sin necesidad de esperar un tratamiento lineal y sin interferencias de los temas ni del material expuesto en la primera sección. El alejamiento de Dios, que se califica como prostitución o adulterio, recibe un nombre concreto: "idolatría"; en cuanto a los amantes de Israel son los ídolos y los imperios militarmente potentes.

• **4 1-11a**: Dios entabla pleito primero con el pueblo; luego con los sacerdotes. Si el pueblo se aleja de Dios es por culpa del sacerdote (a quien se une el profeta). Es de notar la relación que se establece entre no tener conocimiento de Dios y los pecados contra el prójimo (Os 4 1-2). Recuerda lo que precisará Jeremías: *practicar el derecho y la justicia... eso es lo que significa conocerme, dice el Señor* (Jr 22 15-16). El amor a Dios y al prójimo son inseparables. El castigo a los sacerdotes no puede ser más radical: quitarles el sacerdocio.

yo también me olvidaré de tus hijos.
7 Cuantos más son, más pecan contra mí;
cambiaré su gloria en ignominia.
8 Se alimentan del pecado de mi pueblo
y están hambrientos de su iniquidad.
9 Pueblo y sacerdote
correrán la misma suerte:
los castigaré por su conducta
y los haré pagar por sus obras.
10 Comerán, pero no se saciarán,
se prostituirán, pero no tendrán hijos,
porque han abandonado al Señor,
para entregarse 11 a la prostitución.

Infidelidad e idolatría

Ez 16; Jr 2 20ss; 1 Sm 11 14; Am 5 5-6

El vino añejo y el nuevo
hacen perder la razón:
12 mi pueblo consulta a un poste,
y se deja instruir por un leño;
un espíritu de fornicación los extravía,
y se prostituyen abandonando a su Dios.
13 En las cumbres de las montañas
ofrecen sacrificios;
en los lugares altos queman ofrendas
debajo de las encinas,
de los álamos y de los terebintos,
pues es agradable su sombra.
Por eso, aunque se prostituyan sus hijas
y cometan adulterio sus nueras,
14 no castigaré yo a sus hijas
por haberse prostituido,
ni a sus nueras
por haber cometido adulterio,
ya que ellos también
se acuestan con las rameras,
y con las prostitutas sagradas
ofrecen sacrificios.
¡Así va a la ruina un pueblo necio!
15 Si tú te prostituyes, Israel,
que al menos Judá no se haga culpable.
No vayan a Guilgal,
no suban a Bet-Avén,
no juren diciendo: «¡Vive el Señor!».
16 Si Israel se ha embravecido
como una novilla brava,
¿podrá el Señor pastorearlos
como a corderos en los prados?
17 Efraín se va con los ídolos ¡Déjalo!
18 Hartos de beber se dan a la prostitución,
y sus jefes se apasionan por la ignominia.
19 Pero el huracán
los arrebatará entre sus alas,
y tendrán que avergonzarse
de sus sacrificios.

Contra los sacerdotes y la casa real

Jr 7; 26; Am 5; 8 11-12

5 1 Escuchen, sacerdotes;
oigan habitantes de Israel,
pongan atención, ministros del rey:
contra ustedes es el juicio,
pues han sido una trampa en Mispá,
una red tendida en el Tabor;
2 han cavado una fosa en Sitín.
Pero yo los castigaré a todos.
3 Conozco bien a Efraín,
y no se me oculta nada de Israel;

• 4 11b-19: Antes de que Israel se instalara en Canaán, los habitantes del país daban culto a los dioses y diosas de la fertilidad: practicaban la prostitución sagrada y los ritos de iniciación sexual para conseguir de sus dioses la fertilidad de la tierra. Los israelitas estarán permanentemente tentados de practicar estos ritos religiosos de los pobladores originarios, pues el Dios del desierto y de la conquista –pensaban– de nada les iba a servir para obtener abundantes frutos agrícolas. Oseas se esforzará en *convencerlos de que es el mismo* Señor de la peregrinación por el desierto, quien les da también los frutos de la tierra en la que están instalados y que todos los ritos y sacrificios a los otros dioses son una infidelidad y otra especie de prostitución.

Entre otros muchos elementos idolátricos, el profeta enumera las prácticas de adivinación en las que se hacían predicciones a partir de los árboles o de los movimientos de las hojas, de los leños o de los ídolos cultuales y domésticos; se refiere también a las montañas y a los bosques sagrados como lugares de sacrificios. Se acusa a los sacerdotes (el *ellos* de Os 4 14) de prostituirse con rameras y prostitutas sagradas; y a todo el pueblo de frecuentar los santuarios en los que se practica un culto corrompido (Guilgal y el santuario de Betel, designados aquí como *Casa de maldad* = Bet-Aven, cambio de nombre que señala el grado de corrupción a que puede llegar un santuario). La situación generalizada de idolatría se resume en Os 4 17: Efraín (designación simbólica de Israel) se ha aliado con los ídolos. El *déjalo* del mismo versículo anticipa con cierta ironía el castigo de Os 4 19.

• 5 1-7: Al rey le competía administrar la justicia y a los sacerdotes enseñar la ley. Pero en vez de eso se dedican a un culto y a unos sacrificios vacíos de ética, y ahí no se encuentra el Señor.

Aunque el oráculo de condenación se inicia contra sacerdotes y reyes, el pueblo no queda sin culpa. De nuevo aparece la idea de una "prostitución" generalizada, pero, en cierto modo, provocada por quienes deberían ser agentes de fidelidad. Se intercambia el nombre de Efraín e Israel, como designación del reino del Norte. El castigo por el culto vacío es dramático: no encontrarán al Señor con quien esperaban unirse por medio de sus ritos y sacrificios; ante ese tipo de culto, Dios *regresa* a su morada (véase Os 5 15 y 6 6).

tú, Efraín, te has prostituido,
y se ha manchado Israel.
4 Sus acciones les impiden
convertirse a su Dios,
pues dentro de ellos hay
un espíritu de prostitución,
y no conocen al Señor.
5 La Gloria de Israel testimonia contra él;
Israel y Efraín tropezarán
en su propia maldad.
Y junto con ellos
tropezará también Judá.
6 Con sus ovejas y sus vacas
vendrán en busca del Señor,
pero no lo encontrarán.
¡Se ha alejado de ellos!
7 Han traicionado al Señor,
han engendrado hijos bastardos,
y ahora un invasor los devorará,
junto con sus campos.

Contra la guerra entre Israel y Judá

Is 7; 30-31; Dt 19 14; 2 Re 15 19

8 Toquen el cuerno en Guibeá,
la trompeta en Ramá,
den el grito de guerra en Bet-Avén.
¡Te atacan por la espalda, Benjamín!
9 Efraín quedará devastado
el día del castigo;
se lo anuncio como algo seguro
a las tribus de Israel.
10 Los príncipes de Judá se comportan
como los que desplazan los linderos,
pero como agua caudalosa
derramaré mi ira sobre ellos.
11 Efraín está aplastado,
está pisoteado el derecho,
porque se ha empeñado
en correr detrás de la nada.
12 Pero yo seré como polilla para Efraín,
como carcoma para la dinastía de Judá.
13 Efraín ha visto su mal y Judá su herida;
Efraín ha acudido a Asiria,
y ha enviado mensajeros al gran rey;
pero éste no podrá sanarlos
ni curar su herida.
14 Porque seré como un león para Efraín,
como un cachorro de león
para la dinastía de Judá:
Yo mismo despedazaré la presa y me iré,
la llevaré conmigo
y nadie me la arrebatará.

Conversión aparente

Os 14; Jr 3 22ss; Is 1 11-17; Am 5 22-24; Mt 9 13

15 Regresaré a mi morada,
hasta que reconozcan sus culpas
y busquen mi rostro.
En su angustia me buscarán.
6 1 «Vengan, regresemos al Señor;
él nos ha despedazado y él nos sanará;
él nos ha herido y él nos vendará.
2 Después de dos días
nos devolverá la vida,
al tercero nos levantará,
y viviremos en su presencia.
3 Esforcémonos en conocer al Señor;
su venida es tan segura como la aurora;
como aguacero descenderá
sobre nosotros,
como lluvia primaveral
que riega la tierra».
4 ¿Qué voy a hacer contigo, Efraín?
¿Qué voy a hacer contigo, Judá?
Tu amor es como nube mañanera,
como rocío que pronto se disipa.
5 Por eso los he herido
por medio de los profetas;
los he aniquilado
con las palabras de mi boca,

• **5 8-14**: En la guerra siro-efraimita, Efraín (Israel, el reino del Norte) se alió con los sirios y trató de forzar al rey de Judá para que entrara en la alianza contra Asiria. Oseas, como Isaías (véase Is 7; 30ss), su contemporáneo en el reino del Sur, lamentará que la desconfianza en Dios lleve a la adoración del poder y de la fuerza, y a desencadenar una guerra entre hermanos.

Son vigorosas las imágenes que describen la *presencia adversa del Señor. Será polilla y carcoma* que destruyen lentamente y desde dentro. El *león* que desgarra y devora la presa anuncia una situación sin salida.

• **5 15-6 6**: Oseas exhorta a la conversión, no desde las amenazas, sino desde la consideración de que Dios nos sigue amando y está dispuesto a sanar y perdonar. Es el amor y el conocimiento de Dios (puestos en paralelo en Os 6 6) la clave de todo.

La conversión del pueblo es, sin embargo, aparente y superficial, llena de falsa confianza. Pero no es posible engañar a Dios: *sabe que el amor del pueblo es como nube mañanera, como rocío que pronto se evapora.* La conversión sincera no se expresa con sacrificios, sino mediante la práctica del amor. La comunión con Dios no se manifiesta con holocaustos, sino en el conocimiento del Dios de la alianza. El pueblo no entiende esto y Dios mismo debe preguntarse qué tendrá que hacer con él. El profeta, con la palabra de Dios que ilumina y enjuicia, es el instrumento suscitado por Dios que propone e impulsa la conversión sincera.

y mi juicio resplandece como la luz.
6 Porque quiero amor, y no sacrificios,
y prefiero el conocimiento de Dios,
más que los holocaustos.

Perdura la infidelidad

Jr 31 32; 2 Re 15 25

7 Tan pronto como entraron en Adán,
quebrantaron la alianza,
allí me traicionaron.
8 Galaad es ciudad de malhechores,
llena de huellas de sangre.
9 En el camino de Siquén
bandas de sacerdotes asesinan,
como salteadores al acecho.
¡Es una bajeza lo que hacen!
10 He visto cosas horribles en Betel:
allí se prostituye Efraín,
y se mancha Israel.
11 También para ti, Judá,
tengo preparado un castigo,
cuando yo cambie
la suerte de mi pueblo.

7 1 Cada vez que intento sanar a Israel
quedan al descubierto
la iniquidad de Efraín
y los crímenes de Samaría.
Practican la mentira,
el ladrón penetra en la casa,
los bandidos asaltan en la calle.
2 Y no caen en la cuenta
de que yo tengo presente su maldad.
Sus pecados los envuelven
y siempre están ante mí.

Conspiraciones en palacio

2 Re 14-16

3 Divierten al rey con su malicia,
con sus mentiras a los príncipes.
4 Todos ellos son adúlteros,
son como un horno que arde,
aunque no lo atice el panadero,
mientras se amasa el pan
y va creciendo la masa.
5 En la fiesta de nuestro rey
los príncipes se adormecen
con el aroma del vino,
el rey se mezcla con chismosos.
6 Cuando se le acercan,
sus corazones llenos de intrigas
arden como un horno;
durante la noche
su furia está dormida,
pero por la mañana
arde como fuego violento.
7 Sí, todos arden como un horno,
y devoran a sus gobernantes.
Todos sus reyes han sucumbido,
y ninguno de ellos me ha invocado.

Fracaso de las alianzas con extranjeros

8 Efraín se mezcla con los pueblos;
Efraín es un pastel mal cocido.
9 Los extranjeros devoran su vigor,
y él ni se entera;
las canas cubren su cabeza,
y él ni se entera.
10 La Gloria de Israel testimonia contra él,
pero no se convierten al Señor su Dios,
a pesar de todo esto, no lo buscan.
11 Efraín es una paloma
ingenua e irreflexiva:
llaman a Egipto, acuden a Asiria;
12 pero mientras ellos van
yo extiendo sobre ellos mi red,
como a pájaros del cielo los atrapo,
y los cazo al oír su revuelo.

• **6 7-7 2**: Se recorren diversos momentos de la historia de Israel, donde la infidelidad de éste quedó bien manifiesta. Si tomamos Adán como recuerdo de la localidad *mencionada en Jos 3 16*, el profeta estaría denunciando el temprano quebrantamiento de la alianza: ya desde los primeros momentos de la historia de Israel, aparece la traición por parte del pueblo. Todo intento de sanar por parte de Dios es vano; no hace sino descubrir la iniquidad que el pueblo lleva por dentro.

• **7 3-7**: Las fiestas del palacio real de Samaría, capital del reino, son un signo de la corrupción de la monarquía. Las características de ésta en el reino del Norte, a diferencia de la del Sur regida por la dinastía davídica, hicieron que en dos siglos y medio se sucedieran cuatro *dinastías*: la de Jeroboán, la de Omrí, la de Jehú y la cuarta (contemporánea de Oseas) que fue, en realidad, una lucha por el poder con continuos asesinatos de reyes (ver 2 Re 15), algunos de los cuales como Zacarías o Salún, sólo se mantendrían meses en el trono.

• **7 8-12**: La búsqueda de alianzas con los grandes imperios ha sido una muestra de adoración y confianza idolátricas en otro poder distinto del Señor. Las imágenes se agolpan para describir la inconsistencia en que ha caído Israel al *mezclarse con los pueblos* (alusión a las alianzas y al olvido del Señor): el pastel mal cocido, las canas, signo de vejez y debilidad, la ingenuidad de la paloma. Y, a pesar de todo, *no se convierten al Señor*. Ese es su pecado. La convicción de que el Señor los *hará convertirse*, la expresa el profeta con una imagen no exenta de violencia: la del cazador que atrapa a los pájaros extendiendo su red.

Castigo por la infidelidad

Ex 32; 2 Re 15 10; 1 Re 12 28-32; Dt 32 15-18

13 ¡Ay de ellos, pues se han alejado de mí!
Serán destruidos
por haberse rebelado contra mí.
¿Cómo los voy a rescatar
si no dejan de decir mentiras contra mí?
14 No me invocan sinceramente
cuando se lamentan en sus camas.
Por el trigo y el vino nuevo
se hacen heridas apartándose de mí.
15 Yo adiestré y fortalecí sus brazos,
pero ellos planeaban el mal contra mí.
16 No se convierten a mí;
son como un arco que falla.
Sus príncipes caerán a espada,
por la insolencia de su lenguaje,
y en Egipto se burlarán de ellos.

8 1 Haz sonar la trompeta,
pues un águila se abalanza
sobre la tierra del Señor,
porque han quebrantado mi alianza,
se han rebelado contra mi ley.
2 Me gritan: «¡Dios mío,
los de Israel te conocemos!».
3 Pero Israel ha rechazado el pacto;
¡que el enemigo lo persiga!
4 Han puesto reyes sin mi aprobación,
han establecido príncipes sin saberlo yo.
Con su plata y su oro
se han hecho ídolos,
para su propia ruina.
5 Me repugna tu becerro, Samaría;
mi ira se enciende contra ellos.
¿Hasta cuándo estarán sin purificarse?
6 Viene de Israel, lo ha hecho un artesano.
¡Eso no es Dios!
Será, pues, hecho astillas
el becerro de Samaría.
7 Siembran viento y cosechan tempestades:
su grano no dará espigas,
ni la espiga, harina;
y si la da, extranjeros la devorarán.
8 Israel ha sido devorado:
ahí está entre las naciones,
como un objeto sin valor;
9 porque han acudido a Asiria,
y Efraín, ese asno salvaje y solitario,
se ha comprado amantes.
10 Pero, aunque los compre
entre las naciones,
yo los reuniré ahora,
para que tiemblen todavía un poco
bajo la opresión de príncipes y reyes.
11 Efraín ha multiplicado los altares,
pero ha sido sólo para pecar.
12 Aunque les escriba miles de leyes,
las considerarán como de un extraño.
13 Les gusta ofrecerme sacrificios
y comer la carne inmolada.
Pero el Señor no los acepta,
sino que recordará sus culpas,
les tomará cuenta de sus pecados
y tendrán que regresar a Egipto.
14 Israel ha olvidado a su creador
y se ha edificado palacios;
Judá ha multiplicado las ciudades fuertes.
Pero yo enviaré fuego a sus ciudades,
y devorará sus fortificaciones.

El destierro como castigo

Jr 6 17; Ez 3 17; Jue 19-21

9 1 No te alegres, Israel;
no te regocijes
como los pueblos paganos,
porque te has prostituido
abandonando a tu Dios;

• **7 13-8 14**: Las acciones desleales del pueblo se dirigen ahora directamente contra Dios. La queja se hace insistente: alejarse, rebelarse, decir mentiras, no invocar, planear el mal, no convertirse..., todo relacionado personalmente con Dios. El poema plantea un fuerte contraste; por una parte el grito del pueblo: *los de Israel, Dios mío, te conocemos*, por otra la realidad de la idolatría; por una parte, la insistencia en seguir dándole culto; por otra, el olvido de que es objeto el Dios de Israel. Para Efraín/Israel, burro salvaje que compra a sus amantes (dura descripción de la idolatría), no hay más opción que el castigo; él y su tierra serán infecundos (*siembran viento y cosechan tempestades*), sus alianzas lo dejan como *un objeto sin valor* entre las naciones, sus palacios y las ciudades fuertes de Judá serán consumidos por el fuego. La amenaza les recuerda el modelo de la opresión por antonomasia en la historia de Israel: *tendrán que regresar a Egipto*.

• **9 1-9**: Según la naturaleza del pecado así será el castigo; ya lo había insinuado Oseas: *el que siembra viento, recoge tempestades* (Os 8 7); puesto que han ido a otros países en busca de ayuda, allá irán exiliados definitivamente (Os 9 3ss).

El destierro es el castigo. Irán a morir a Egipto (Menfis era célebre por sus pirámides funerarias). La destrucción del país se describe con viveza: la plata con la que construían sus ídolos la heredarán los matorrales; las zarzas invadirán hasta las mismas tiendas. En el destierro, no habrá ya posibilidad de culto, sus alimentos serán impuros como los de los paganos y no los podrán ofrecer al Señor. No debe extrañar el desprecio hacia el profeta: está loco, hay que tenderle una trampa, *se le odia hasta en la casa de Dios*.

has recibido la paga de tus amantes
entregándote a ellos
en los campos de trigo.
2 Pero el campo y la bodega
no los alimentarán,
y el vino nuevo les faltará.
3 No habitarán más en la tierra del Señor.
Efraín regresará a Egipto
y comerán en Asiria alimentos impuros.
4 No harán más ofrendas de vino
en honor del Señor
ni le ofrecerán sus sacrificios.
Su alimento será como pan de duelo:
todos los que lo coman
quedarán impuros;
será un pan sólo para ellos,
y no podrá ser ofrecido
en el templo del Señor.
5 ¿Qué harán el día de la solemnidad,
el día de la fiesta del Señor?
6 Ahora se van,
huyendo de la devastación;
Egipto los recogerá,
Menfis será su sepultura.
Sus tesoros de plata
los heredarán las ortigas,
los espinos invadirán sus tiendas.
7 Ha llegado el tiempo del castigo,
ha llegado el tiempo de la cuenta;
que lo sepa Israel.
Está loco el profeta;
delira el hombre inspirado
a causa de tu enorme maldad
y de tu gran hostilidad.
8 El profeta es centinela
de Efraín junto a mi Dios;
se le tiende una trampa
en todos sus caminos,
hasta en la casa de su Dios se lo odia.
9 Están totalmente corrompidos,
como en los días de Guibeá:
pero el Señor se acordará de su maldad
y castigará sus pecados.

3. Reflexión sobre la historia de Israel ◊

Pecado en el desierto

Nm 25; Ez 26-28

10 Encontré a Israel como quien encuentra
uvas en el desierto.
Me fijé en sus padres como quien se fija
en los higos tempranos de la higuera.
Pero nada más llegar a Baal-Fegor,
se entregaron a la infamia,
y se hicieron tan odiosos
como el objeto de su amor.
11 Como vuelo de pájaro,
se disipa la gloria de Efraín:
no habrá más partos,
ni embarazos ni fecundaciones;
12 aunque críen a sus hijos, yo se los quitaré
antes de hacerse hombres,
porque ¡ay de ellos
cuando yo los abandone!
13 Efraín, según veo,
envía a sus hijos como presa,
los conduce a la matanza.
14 Dales, Señor... ¿qué les darás?
Dales vientres estériles y pechos secos.

Pecado en Guilgal

1 Sm 11 14ss

15 Toda su maldad se manifestó en Guilgal,
allí les cobré odio.
Por sus malas acciones
los echaré de mi casa
y no volveré a amarlos;
todos sus jefes son rebeldes.

◊ **9 10-14 10**: Comienza aquí una serie de oráculos en los que el profeta reflexiona sobre los acontecimientos pasados de Israel. En todos estos momentos históricos, que no guardan un orden preciso, e incluso algunos no son fácilmente identificables, Oseas descubre y denuncia el pecado de los protagonistas. Parece como si quisiera describir la historia de la infidelidad del pueblo, en contraste con la historia del amor fiel del Señor.

• **9 10-14**: Ya desde el comienzo de su historia, en el desierto, se manifestó la tendencia idolátrica del pueblo (véase Nm 25). Se recuerda Baal-Fegor, porque allí los israelitas se entregaron a los ritos cananeos de la fertilidad, con las prácticas sexuales que implicaban. La correspondencia pecado-castigo explica la sanción impuesta a Israel: serán un pueblo infecundo por haber pecado buscando la fertilidad (Os 9 11-14).

• **9 15-17**: Oseas alude al comienzo de la monarquía (1 Sm 11 14), que parece rechazar como institución, a diferencia de otros profetas que la aceptan, aunque no estén de acuerdo con algunos reyes concretos. Para él los reyes han suplantado a aquel que es el absoluto y por tanto ha llegado el fin de dicha institución.

16 Efraín está herido:
sus raíces están secas,
ya no dará más fruto.
Aunque aún les nazcan hijos,
yo haré que muera
el fruto amado de sus entrañas.
17 Mi Dios los rechazará,
porque no lo han escuchado,
y andarán errantes entre las naciones.

Pecados en la tierra

Is 5 1-7; Ez 15; Lc 23 30; Am 5 4; Is 42 1

10 1 Viña frondosa era Israel,
que daba fruto abundante.
Cuantos más eran sus frutos
más multiplicaba sus altares,
cuanto más prosperaba su tierra
mejores eran su piedras conmemorativas.
2 Tiene dividido el corazón,
y ahora va a pagar sus pecados:
el Señor destrozará sus altares
y derribará sus piedras conmemorativas.
3 Ahora dicen: «Ya no tenemos rey,
porque no hemos respetado al Señor;
además, ¿qué puede hacer
el rey por nosotros?»
4 No dejan de hablar
hacen falsos juramentos,
pactan alianzas, pero los procesos
brotan como planta venenosa
en los surcos de los campos.
5 Los habitantes de Samaría tiemblan
por el becerro de Bet-Avén;
pueblo y sacerdotes hacen duelo por él.
¡Qué se alegren por su gloria,
ahora que es desterrado!
6 También a él lo llevarán a Asiria,
como ofrenda para el gran rey.
Avergonzado quedará Efraín,
y confundido Israel
a causa de sus intrigas.
7 Será aniquilada Samaría:
su rey es como una astilla
en la superficie del agua.
8 Serán destruidos los altos de Avén,
el pecado de Israel; espinas y matorrales
treparán por sus altares.
Dirán a las montañas: ¡Cúbrannos!
y a las colinas: ¡Caigan sobre nosotros!
9 Desde los días de Guibeá
Israel no ha dejado de pecar.
Se han mantenido allí.
Pues será en Guibeá
donde la guerra alcance a los injustos.
10 Pero yo vendré a castigarlos,
los pueblos se reunirán contra ellos,
para castigarlos por su doble delito.
11 Efraín es una novilla bien amaestrada,
que trilla gustosamente;
pues bien, yo pondré el yugo
sobre su hermoso cuello
y la engancharé al carro de labor;
Judá tendrá que arar y Jacob rastrillará.
12 Siembren justicia y cosecharán amor.
Labren el campo nuevo,
que ya es tiempo de buscar al Señor
para que venga y derrame
sobre ustedes la justicia.
13 Pero como araron maldad
y cosecharon perversidad,
fruto de mentira comerán.
Por haber confiado en tu poder,
en la multitud de tus soldados,
14 un tumulto de guerra
surgirá contra tu pueblo:
todas tus fortalezas serán destruidas.
Como Salmán destruyó a Bet-Arbel
el día del combate,
cuando la madre fue estrellada

• **10 1-15**: A los beneficios de Dios, Israel responde con el pecado y, por eso, sigue el castigo. La prosperidad que han obtenido, expresada con la imagen de la viña frondosa, Israel la atribuye a los dioses cananeos y a su culto idolátrico. Desconocen al verdadero Señor de Israel, creador de los bienes que posee y así dejan abonado el terreno para que crezca la injusticia como planta venenosa. De nuevo se llama a Betel *Bet-Aven* = Casa de maldad. Las prácticas idolátricas que se infiltraron en el culto de este santuario van a provocar su ruina: *espinas y matorrales treparán por sus altares*. Todos los altos de maldad (Aven), símbolo de la idolatría, van a caer.

Para el delito de Guibeá (Os 10 9) véase Jue 19. Desde aquel crimen los pecados se han sucedido sin interrupción. Dios mismo los castigará por el doble delito, a saber, por el abandono del Señor y por su afición a los cultos de Baal (véase Jr 2 13).

Con imágenes agrícolas continúa la descripción general de la historia del pueblo: sembrar, arar, cosechar, trillar, le sirven al profeta para expresar con viveza situaciones de Israel. A la siembra y cosecha histórica de Israel –sembrar maldad y cosechar perversidad– se opone la que debería haber sido: sembrar justicia para cosechar amor (Os 10 12).

Termina el oráculo con el fatal desenlace al que llevará la confianza en el propio poder militar. Es como si el profeta fuera limitando los "lugares" de la confianza, para ponerla en el único absoluto: el Señor. Es la lección que quiere sacar de esta historia de infidelidades.

junto a sus hijos,
15 así les sucederá a ustedes,
gente de Betel,
por su increíble maldad.
Con la aurora, el rey de Israel
desaparecerá para siempre.

Dios es un padre para Israel

Ex 4 22ss; Dt 1 31; Mt 2 15; Nm 11 7-9

11 1 Cuando Israel era niño, yo lo amé,
y de Egipto llamé a mi hijo.
2 Cuanto más los llamaba,
más se apartaban de mí.
Ofrecían sacrificios a los baales
y quemaban ofrendas a los ídolos.
3 Fui yo quien enseñé a andar a Efraín,
y lo tomé en mis brazos;
pero no han comprendido
que era yo quien los cuidaba.
4 Con cuerdas de ternura,
con lazos de amor, los atraía;
fui para ellos como quien levanta
un niño hasta sus mejillas
o se inclina hasta él para darle de comer.
5 Tendrán que regresar a Egipto
y Asiria será su rey,
por no haber querido volver a mí.
6 La espada arrasará sus ciudades,
romperá sus defensas y los devorará
a causa de sus intrigas.
7 Mi pueblo está aferrado a su infidelidad;
claman a lo alto, pero nadie los ayuda.
8 ¿Cómo te trataré, Efraín?
¿Acaso puedo abandonarte, Israel?
¿Te trataré como a Adamá,
y te dejaré igual que a Seboín?
El corazón me da un vuelco,
todas mis entrañas se estremecen.
9 No me dejaré llevar por mi gran ira,
no volveré a destruir a Efraín,
porque yo soy Dios, no un hombre;
en medio de ti yo soy el Santo,
y no me agrada destruir.
10 Irán siguiendo al Señor;
él rugirá como un león,
rugirá y sus hijos vendrán
temblando desde occidente.
11 Vendrán temblando desde Egipto
como un pájaro,
como una paloma, desde Asiria:
y yo haré que habiten en sus casas.
Oráculo del Señor.

Jacob es padre mentiroso

Gn 27-32; Nm 12 6-8; Dt 18 15-18

12 1 Efraín me rodea de mentiras,
y de fraudes el pueblo de Israel;
pero Judá sigue todavía con Dios
y es fiel al Santo.
2 Efraín se apacienta con viento,
al viento del este persigue todo el día;
multiplica la mentira y la violencia,
hace pactos con Asiria
y lleva aceite a Egipto.
3 Pero el Señor inicia un pleito
contra Israel,
para pedir cuentas a Jacob
de su conducta,
y pagarle como merecen sus acciones.
4 En el seno de su madre
suplantó a su hermano,
y de mayor luchó con Dios.
5 Luchó con el ángel y ganó,
luego lloró e imploró gracia;
lo encontró en Betel,
y allí el Señor habló con él,
6 el Dios todopoderoso,
cuyo nombre es el Señor.
7 Y tú, conviértete a tu Dios,
practica el amor y la justicia,
y espera siempre en tu Dios.
8 Canaán utiliza una balanza falsa,
le gusta robar.

• **11** 1-11: *Del Dios-esposo de* Os 2 el profeta pasa aquí al Dios-padre. Amor-abandono-regreso forman de nuevo la trama. El amor está expresado con toda la ternura de la relación padre-hijo/niño: enseñarlo a andar, llevarlo en los brazos, cuidarlo, besarlo... El abandono vuelve a ser descrito como infidelidad idolátrica. La conversión se atribuye a la iniciativa de Dios. Ante la perspectiva del castigo *se estremecen las entrañas de Dios* y *el corazón le da un vuelco*, aunque para *hacerlos regresar=convertirse* tenga que rugir como un león y el regreso sea tembloroso por el recuerdo de las infidelidades pasadas.

• **12** 1-15: Recordando Gn 27 36, el profeta insiste en las mentiras y fraudes que acompañaron al pueblo en los momentos claves de su historia. Las mentiras y el fraude se concretan después en las que el pueblo de Israel hace en el comercio (le llama Canaán, pueblo de mercaderes tramposos: Os 12 8-9). La llamada a la conversión es invitación al amor y a la justicia, y a poner la confianza sólo en Dios.

Frente al Israel mentiroso e infiel, Oseas presenta al Dios de la historia, verdadero y fiel, que valiéndose de Moisés los sacó de Egipto y que está dispuesto a renovar el encuentro y a continuar hablando a través de los profetas. Intento vano: de nuevo aparece la idolatría y sólo queda la corrección por medio del castigo.

[9] Efraín ha dicho:
«Sí, me he enriquecido,
he ganado una fortuna,
y nadie podrá acusarme
de haberme enriquecido injustamente».
[10] Yo soy el Señor tu Dios
desde que te saqué de Egipto,
y de nuevo haré que vivas en tiendas,
como en los días del encuentro;
[11] hablaré a los profetas,
multiplicaré las visiones,
y por los profetas hablaré en parábolas.
[12] En Galaad se rinde culto a ídolos vanos,
en Guilgal inmolan toros;
por eso sus altares se convertirán
en montones de piedras
sobre los surcos de los campos.
[13] Huyó Jacob a las llanuras de Siria,
por una mujer sirvió Israel,
por una mujer cuidó rebaños.
[14] Pero por medio de un profeta
sacó el Señor a Israel de Egipto
y por un profeta lo protegió.
[15] Efraín ha sido provocador mordaz,
pero el Señor hará recaer sobre él
la sangre derramada,
y le devolverá sus agravios.

La rebelión conduce a la ruina

1 Re 19 18; 1 Cor 15 55

13 [1] Cuando hablaba Efraín,
imponía respeto,
era grande en Israel;
pero se hizo culpable
a causa de Baal y pereció.
[2] Y, sin embargo, aún siguen pecando;
con su plata
se fabrican imágenes fundidas,
que tienen forma de ídolos,
obras todas de artesanos.
A propósito de ellas se dice:
«¡Hombres, ofrezcan sacrificios,
y adoren a becerros!».
[3] Por eso serán como nube mañanera,
como rocío que pronto se evapora,
como paja que el viento
se lleva del campo,
como humo que sale por la ventana.
[4] Yo soy el Señor tu Dios
desde que te saqué de Egipto.
No conoces a otro Dios fuera de mí,
yo soy el único salvador.
[5] Yo te conocí en el desierto,
tierra reseca.
[6] Cuando llegaron a los lugares de pastoreo
se saciaron; y una vez saciados
su corazón se llenó de orgullo
y por eso se olvidaron de mí.
[7] Pues bien, yo seré para ellos
como un león, como pantera
que acecha junto al camino.
[8] Los atacaré, como una osa
cuando le arrebatan sus cachorros;
desgarraré sus entrañas,
como leona los devoraré,
las fieras del campo los despedazarán.
[9] Llega tu ruina Israel,
¿quién vendrá en tu ayuda?
[10] ¿Dónde está ahora tu rey,
para que salve tus ciudades?
¿Dónde tus gobernantes
de quienes decías:
«Dame rey y príncipes»?
[11] En mi ira te di un rey,
y en mi furor te lo quito.
[12] Puesta en un lugar seguro
está la culpa de Efraín;
bien guardado su pecado.
[13] Le llegarán los dolores del parto,
pero será un hijo torpe,
que, llegado el momento,
no se acomoda para salir del vientre.
[14] ¿Los libraré yo acaso
del poder del abismo?
¿Los rescataré de la muerte?
¡Ven, muerte, con tus pestes!
¡Ven, abismo, con tu pestilencia!,
que no me compadeceré más
de este pueblo.
[15] Ya puede multiplicarse Efraín
más que sus hermanos:
vendrá el viento del este,
el soplo del Señor subirá del desierto

• **13 1-14** 1: *Toda la historia de Israel* ha estado marcada por la traición y la rebelión contra su Dios. Ha sido una historia de infidelidad idolátrica. Baal, dios cananeo de la naturaleza, ha sido su gran pecado. En la confianza en los ídolos ve el profeta la causa de su inconsistencia (*nube mañanera, rocío que se evapora, paja que el viento se lleva*). A más beneficios más olvido y más soberbia. Dios tiene que pasar *al ataque* (castigo): como león que devora y pantera al acecho, como osa en celo, como fiera que descuartiza. La ruina es inminente: vendrá la muerte con sus pestes y el abismo con su despojo, destrucción y exterminio. Todo acaba para Israel.

y secará sus manantiales,
agotará sus fuentes,
lo despojará de todos sus tesoros,
de todos sus objetos preciosos.

14 1 Samaría tendrá su castigo,
por haberse rebelado contra su Dios.
Caerán bajo la espada;
sus niños serán estrellados
y reventadas sus mujeres encinta.

Conversión y esperanza

Jr 31; Is 1 17ss

2 Conviértete, Israel, al Señor tu Dios,
pues tu culpa te ha hecho caer.
3 Busquen las palabras apropiadas
y conviértanse al Señor; díganle:
«Perdona todos nuestros pecados
y acepta el pacto;
como ofrenda te presentamos
las palabras de nuestros labios.
4 Asiria no nos salvará,
no volveremos a montar a caballo,
y no llamaremos más dios nuestro
a la obra de nuestras manos,
pues en ti encuentra
compasión el huérfano».
5 Yo sanaré su infidelidad,
los amaré gratuitamente,
pues ha cesado mi ira.
6 Seré como rocío para Israel;
él florecerá como el lirio,
y echará raíces
como los árboles del Líbano.
7 Se extenderán sus ramas,
tendrá el esplendor del olivo,
y como el del Líbano será su perfume.
8 El Señor volverá a ser su protector,
volverán a cultivar el trigo,
florecerán como la parra,
y serán famosos como el vino del Líbano.
9 Efraín no tendrá ya
nada que ver con los ídolos.
Yo escucho su plegaria y cuido de él;
yo soy como un ciprés siempre joven,
y de mí proceden todos tus frutos.

10 ¿Quién es tan sabio
como para entender esto?
¿Quién tan inteligente
como para comprenderlo?
Los caminos del Señor son rectos,
por ellos caminan los inocentes,
y en ellos tropiezan los culpables.

• **14 2-10**: Concluye Oseas con un oráculo de esperanza: aún es tiempo de conversión porque siempre es tiempo para que Israel se arrepienta y pida perdón; tiempo de cambiar su confianza en los imperios y en los ídolos, poniéndola sólo en Dios. Dios puede sanar su infidelidad, porque su amor es gratuito. Imágenes del ámbito vegetal y agrícola descreiben la situación nueva de Israel. Exhuberancia y abundancia nueva de Israel. Exhuberancia y abundancia son los dones de Dios para Efraín-Israel alejado de los ídolos cananeos de la fertilidad.

Os 14 10 parece ser un añadido del último redactor. La dificultad de entender el mensaje de Oseas no se debe sólo a los aspectos literarios, sino al misterioso camino de los designios de Dios.

JOEL

INTRODUCCION

Para quien tiene el oído atento a la palabra de Dios, cualquier ámbito o acontecimiento de la vida cotidiana puede convertirse en ocasión de revelación divina. Es lo que nos demuestran los profetas, verdaderos especialistas en escuchar la palabra de Dios en medio de la historia y de la vida. Es lo que sucede con Joel que, a partir de la contemplación de una plaga de langostas, descubre y proclama un mensaje de juicio y salvación.

Aparte de su nombre (que significa *El Señor es Dios*), del nombre de su padre (Petuel), de que era oriundo de Judá y pertenecía probablemente a los profetas vinculados al templo (profetas cultuales), nada más sabemos de este hombre que nos dejó, sin embargo, un libro literariamente hermoso y doctrinalmente interesante.

Lo que más problemas plantea es la datación de la vida y ministerio profético de Joel: pudo haber actuado antes del exilio, en tiempos de Sofonías y Jeremías (finales del s. VII o comienzo del VI a. C.), o después del exilio, siendo entonces contemporáneo de Ageo, Zacarías y el Tercer Isaías (después del 515 a. C.). A favor de la primera hipótesis se invocan dos poderosas razones: el hebreo vivo y vigoroso de Joel, más propio del período pre-exílico, y el parentesco literario con Sofonías, Jeremías y los autores deuteronomistas. La datación postexílica también cuenta con argumentos sólidos: preocupación por el culto, silencio sobre el rey y mención de los sacerdotes como institución dirigente, alusión al destierro en pasado (Jl 4 2), silencio sobre Asiria y Babilonia, los dos grandes enemigos preexílicos de Israel, etc. Tampoco se descarta la posibilidad de que la predicación inicial del Joel preexílico haya sido reelaborada y enriquecida con nuevos añadidos después del exilio (lo que explicaría, además, el carácter tardío de algunos textos como Jl 4 1.4-8.9-17 y el paso de la historia a la apocalíptica).

La perplejidad ante la dificultad de su datación no impide, sin embargo, percibir la claridad del mensaje de Joel estructurado en torno a dos grandes temas: *exhortación a la penitencia* (Jl 1-2), después de dos catástrofes históricas (plaga de langostas y ejército, ambos destructores) y anuncio escatológico del *día del Señor* (Jl 3-4) en su doble dimensión de juicio para las naciones y salvación (venida universal del espíritu, bienestar y paz) para Israel. El tema del día del Señor, aludido ya en la primera parte (Jl 1 15; 2 1-2), se convierte así en el hilo conductor de todo el libro y convierte a Joel en uno de los profetas-puente entre la profecía y la apocalíptica, con especial influjo en los discursos apocalípticos de los Evangelios y en el resto del Nuevo Testamento (según Hch 2 14-21, la venida del Espíritu en pentecostés representa el cumplimiento de las palabras de Jl 3 1-5).

1 1 Palabra del Señor que recibió Joel, hijo de Petuel.

La invasión del país

Am 7 1-12; Ex 10 1-15; Jr 14-15

2 Oigan esto, ancianos,
escuchen, todos los habitantes de la tierra.
¿Sucedió cosa igual en sus días,
o en los días de sus antepasados?
3 Cuéntenlo a sus hijos,
sus hijos a los suyos,
y éstos a la generación siguiente:
4 lo que dejó el saltamontes
lo devoró la langosta,
lo que dejó la langosta
lo devoró el gusano,
y lo que dejó el gusano
lo devoró la oruga.
5 ¡Despierten, borrachos, y lloren,

• 1 2-12: Todo comienza con una plaga de langostas. Como ya lo hiciera Jeremías ante la vara de almendro o la olla hirviendo (Jr 1 10ss) o Amós ante unos higos maduros (Am 8 1-2), Joel formula también sus consideraciones sobre la inminencia del día del Señor a partir de un fenómeno real; sólo que lo devastador del acontecimiento le ofrece un material descriptivo mucho más dramático. Describe la plaga y la destrucción que provoca en el campo y en el templo, indicando ya desde el principio (Jl 1 6) quien es, en realidad, el agente destructor.

giman, bebedores de vino,
pues ya no tomarán más el vino nuevo.
6 Un pueblo poderoso e innumerable
invade mi tierra;
sus dientes son dientes de león,
y de leona son sus colmillos;
7 arrasa mis viñedos
y arruina mis higueras:
las ha descortezado por completo,
las ha destrozado,
y sus ramas han quedado blancas.
8 ¡Llora, como llora
una joven vestida de luto
por el esposo de su juventud!
9 Ya no hay en el templo del Señor
ni libación ni ofrenda.
Hacen duelo los sacerdotes,
ministros del Señor.
10 Está destruido el campo,
la tierra está de luto
porque se ha perdido el trigo,
ha desaparecido el vino nuevo
y se ha agotado el aceite.
11 Apénense, campesinos,
laméntense, viñadores,
por el trigo y la cebada:
porque se ha perdido
la cosecha del campo.
12 Está seca la parra, marchita la higuera,
resecos todos los árboles del campo:
granados, palmeras y manzanos.
¡Se ha acabado la alegría
entre los hombres!

Invitación a la penitencia

Am 5 18; Ez 30 2-3; Os 4 3

13 Sacerdotes, vístanse de penitencia;
laméntense, den gritos,
ministros del altar;
vengan, pasen la noche
haciendo penitencia,
ministros de mi Dios,
porque ya no hay en el templo del Señor
ni libación ni ofrenda.
14 Proclamen un ayuno,
convoquen una asamblea,
reúnan a los ancianos
y a todos los habitantes de esta tierra
en el templo del Señor, su Dios,
e invoquen al Señor:
15 ¡Ay, qué día!
¡Está cerca el día del Señor;
ya llega como destrucción del Destructor!
16 ¿No estamos viendo que el alimento,
la alegría y el júbilo han desaparecido
del templo de nuestro Dios?
17 La semilla se ha perdido
bajo los terrones;
están demolidos los silos,
y los graneros en ruinas,
porque falta el grano.
18 ¡Cómo muge el ganado,
cómo vagan sin rumbo
las manadas de vacas por falta de pasto;
hasta los rebaños de ovejas desfallecen!
19 A ti te invoco, Señor,
porque el fuego ha consumido
los pastos de la llanura,
las llamas han devorado
todos los árboles del campo.
20 Hasta las fieras anhelan tu presencia,
porque están secas
las corrientes de agua,
y el fuego ha consumido
los pastos de la llanura.

El día del Señor

Sof 1 2-2 3; Am 5 18; Ap 9 7-9

2 1 Toquen la trompeta en Sión,
resuenen en mi monte santo,
tiemblen todos los habitantes del país,
porque el día del Señor está ya cerca:
2 día de tinieblas y de oscuridad,
día de nubarrones y de densa niebla.
Un pueblo innumerable y poderoso
se extiende como la aurora
sobre las montañas.
No hubo otro antes como él
ni se verá jamás otro igual.
3 Lo precede un fuego que consume,
lo sigue una llama que devora.

• **1** 13-20: Primera llamada a la penitencia, acompañada de los ritos penitenciales tradicionales en la piedad judía: vestirse de luto, ayuno y oración. Primera evocación del día del Señor; llega como una desgracia. No hay todavía respuesta del Señor; en su lugar una nueva descripción de la destrucción, aumentada probablemente por una nueva catástrofe: la sequía, desastre para los campos y ganados.

• **2** 1-11: Al desastre de la langosta (Jl 1 2-12) seguirá un ejército enemigo más destructor aún que la plaga anterior. Su invasión inminente ofrece al profeta nuevo material para describir el día del Señor que llega como día grande y terrible ante el que nadie podrá resistir.

Antes de él, la tierra era un paraíso,
después de él, un desierto desolado,
porque nada se le escapa.
4 Su aspecto es como el de los caballos,
corren como los corceles;
5 su estruendo como el de carros de guerra
sobre las cimas de las montañas,
como el ruido del fuego
que devora la hojarasca,
como una tropa potente
preparada para la batalla.
6 Ante esto, los pueblos se atemorizan,
todos los rostros palidecen.
7 Se lanzan como valientes,
como guerreros escalan las murallas;
cada uno avanza en su puesto,
sin desviarse de su línea;
8 nadie estorba a su compañero,
cada cual va por su ruta;
pasan enfrentándose a las flechas
sin romper la formación.
9 Asaltan la ciudad, escalan las murallas,
trepan por las casas y penetran
como ladrones por las ventanas.
10 Ante ellos tiembla la tierra,
se estremecen los cielos,
el sol y la luna se oscurecen,
pierden su brillo las estrellas.
11 El Señor hace oír su voz
al frente de su ejército;
porque sus batallones son incontables,
poderoso el encargado
de ejecutar su palabra;
sí, grande es el día del Señor,
muy terrible: ¿quién podrá resistirlo?

Invitación a la penitencia

Dt 4 29-30; Is 58 5-7; Sal 79 10

12 Pero ahora, oráculo del Señor,
conviértanse a mí de todo corazón,
con ayunos, lágrimas y llantos.
13 Desgarren su corazón,
no sus vestiduras;
conviértanse al Señor, su Dios,
porque él es clemente y misericordioso,
lento a la ira, rico en amor
y siempre dispuesto a perdonar.
14 Quizás sí los perdonará una vez más
y los bendecirá de nuevo,
permitiendo que presenten
ofrenda y libación al Señor, su Dios.
15 ¡Toquen la trompeta en Sión,
proclamen un ayuno,
convoquen una asamblea,
16 reúnan al pueblo,
purifiquen la comunidad,
congreguen a los ancianos,
reúnan a los pequeños
y a los niños de pecho!
Deje el recién casado su habitación
y la recién casada su cámara nupcial.
17 Entre el patio del templo y el altar lloren
los sacerdotes, ministros del Señor,
diciendo: «Perdona, Señor, a tu pueblo,
y no entregues tu nación al desprecio,
a la burla de las gentes.
Por qué han de decir los paganos:
¿Dónde está su Dios?»

Respuesta del Señor

Dt 11 14; Is 42 8; Dt 4 35.39

18 El Señor se apiadó de su tierra,
y perdonó a su pueblo.
19 El Señor respondió a su pueblo:
«Yo les voy a enviar trigo,
aceite y vino nuevo en abundancia,
y no los entregaré más
al desprecio de las naciones.
20 Alejaré de ustedes al enemigo del norte,
lo arrojaré a una tierra árida y desolada;
su vanguardia al mar Muerto,
al mar Mediterráneo su retaguardia.
Y subirá su mal olor,
se extenderá su fetidez,
porque ha hecho grandes cosas».
21 No temas, tierra de cultivo,
salta de gozo, alégrate,
porque el Señor ha hecho grandes cosas.
22 No teman, animales del campo;
los pastos de la llanura reverdecen,
los árboles producen su fruto,
hay higos y uvas en abundancia.
23 Y ustedes, habitantes de Sión,
salten de gozo,

• **2 12-17**: *Ante la amenaza del castigo* se impone una renovación interior y una acción penitencial, a las cuales convoca el profeta. A diferencia de otros profetas, Joel –estrechamente vinculado al culto– no contrapone la justicia al culto, pero sí insiste en las actitudes interiores: rasgar el corazón, no los vestidos (Jl 2 13).

• **2 18-27**: El Señor responde por boca del profeta al pueblo arrepentido. Su plegaria ha sido escuchada; el enemigo del norte será destruido y Dios bendecirá a su pueblo con una gran prosperidad. El clima de júbilo y alegría contrasta con el ambiente severo y de penitencia anterior a la respuesta del Señor (Jl 2 12-17).

alégrense en el Señor su Dios,
porque él les dará
la lluvia necesaria en otoño,
y hará que les caigan como antes,
las lluvias de otoño y primavera.
24 Los campos se llenarán de trigo,
las bodegas se llenarán
de aceite y vino nuevo.
25 Yo los compensaré por los años
en que fueron devorados
por la langosta y el gusano,
por la oruga y el saltamontes,
el gran ejército que envié contra ustedes.
26 Comerán en abundancia hasta saciarse,
y alabarán el nombre del Señor su Dios,
que ha hecho maravillas con ustedes.
Jamás mi pueblo
volverá a ser humillado.
27 Reconocerán que yo estoy
en medio de Israel,
que yo soy el Señor, su Dios,
y que no hay otro.
No, mi pueblo no volverá
a ser humillado.

Efusión del Espíritu

Hch 2 17-21; Nm 11 25-30; Jl 2 11

3 1 Después de esto,
yo derramaré mi espíritu
sobre todos los hombres.
Sus hijos e hijas profetizarán,
sus ancianos tendrán sueños
y sus jóvenes tendrán visiones.
2 Y en aquellos días derramaré mi espíritu
hasta sobre criados y criadas.
3 Y haré prodigios
en el cielo y en la tierra:
sangre, fuego y columnas de humo;
4 el sol se convertirá en oscuridad
y la luna en sangre,
al acercarse el día del Señor,
grande y terrible.
5 Pero todo el que invoque
el nombre del Señor se salvará,
porque en el monte Sión y en Jerusalén
encontrarán refugio,
como ha dicho el Señor,
y los que llame el Señor
estarán entre los sobrevivientes.

Juicio contra las naciones

Sof 2 4-3 20; Ap 14 14-20; Is 34-35; Ez 38-39

4 1 Porque cuando llegue aquel día,
el tiempo en que yo restaure
a Judá y a Jerusalén,
2 congregaré a todas las naciones,
haré que bajen al valle de Josafat,
y allí entablaré un juicio contra ellas,
porque dispersaron entre las naciones
a Israel, mi pueblo y mi heredad,
y se repartieron mi tierra;
3 se sortearon mi pueblo,
canjearon a los jóvenes por prostitutas,
y a las muchachas las vendieron por vino
para emborracharse.
4 Y ustedes, Tiro y Sidón,
¿qué quieren de mí?
Provincias filisteas,
¿quieren vengarse de mí?
Si quieren tomar represalias contra mí,
muy pronto les daré su merecido.
5 Ustedes robaron mi plata y mi oro,
y llevaron a sus templos
mis más preciados tesoros.
6 Ustedes alejaron de su tierra
a los habitantes de Judá y de Jerusalén
y los vendieron a los griegos.
7 Pues bien, yo los sacaré del país
al que los vendieron,
y haré que ustedes
paguen el crimen cometido.
8 A sus hijos y a sus hijas
los venderé a los hijos de Judá,
y estos los venderán a los sabeos,
una nación lejana.
Lo ha dicho el Señor.
9 Publiquen esto entre las naciones:

• **3** 1-5: El día grande del Señor se inaugura con la venida del espíritu. Se cumple el deseo de Moisés (Nm 11 29). Y se cumple superando toda expectativa: el espíritu se derrama sobre todos, sin límites de edad (jóvenes y ancianos), ni de sexo (hijos e hijas), ni de condición social (esclavos y esclavas). En el discurso de pentecostés, Pedro verá la profecía cumplida en la venida del Espíritu Santo que dió nacimiento a la Iglesia (Hch 2 16-21).

• **4** 1-17: El juicio de las naciones es la consecuencia necesaria del cambio de suerte de Judá y Jerusalén. La liberación del oprimido pasa por el juicio divino al opresor. Las naciones opresoras son tantas que no bastará la puerta de la ciudad (lugar habitual del tribunal) para citarlas a comparecer, sino que será necesario un gran valle, el valle de *el Señor juzga* (eso significa Josafat). Imaginativamente reúne ahí el profeta a todas las naciones que oprimieron a Judá, para presentar contra ellas los cargos. El trato que dieron a los israelitas es lo que decide su destino. El proceso judicial termina en juicio condenatorio, descrito con rasgos apocalípticos.

Declaren la guerra santa,
animen a los valientes: que se presenten,
que suban todos los guerreros.
10 De sus azadones hagan espadas,
lanzas de sus podaderas,
que hasta el inválido diga:
«Yo soy valiente».
11 Vengan aprisa, todas las naciones
de alrededor, y congrégense allí,
¡Señor, haz bajar a tus valientes!
12 Que vengan las naciones
y acudan al valle de Josafat;
allí me sentaré para juzgar
a todas las naciones de alrededor.
13 Metan la guadaña,
la cosecha está madura,
vengan a pisar la uva, que hay mucha,
los toneles se desbordan.
¡Tan grande es su maldad!
14 ¡Muchedumbres y muchedumbres
en el valle de la Decisión,
porque está cerca el día del Señor
en el valle de la Decisión!
15 El sol y la luna se oscurecen,
pierden su brillo las estrellas.
16 Ruge el Señor desde Sión,
desde Jerusalén hace oír su voz;
el cielo y la tierra tiemblan.
Pero el Señor es un refugio
para su pueblo,
una fortaleza para los israelitas.
17 Reconocerán entonces que yo soy
el Señor su Dios,
que habito en Sión, mi monte santo.
Jerusalén será lugar santo,
y los extranjeros no volverán
a pasar por ella.

Restauración de Judá

Am 9 13; Jr 17 25; Ez 37 25

18 Aquel día manará vino nuevo
de las montañas
y las colinas destilarán leche;
por todos los torrentes de Judá
correrá el agua;
y una fuente, que manará
del templo del Señor,
regará el valle de las Acacias.
19 Egipto quedará hecho un lugar desierto,
Edom una llanura desolada,
por haber asesinado
a los habitantes de Judá,
cuya sangre inocente
derramaron en su tierra.
20 Pero Judá será habitada por siempre,
y Jerusalén de edad en edad.
21 Yo vengaré su sangre,
no la dejaré sin castigo.
Y el Señor habitará en Sión.

• **4 18-21**: El futuro de prosperidad descrito para Israel recoge muchas de las características de profetas anteriores (Isaías, sobre todo) que se refieren a la fecundidad de la tierra y a la prosperidad externa. Se inicia una era definitiva y perpetua cuya garantía es la presencia del Señor en Sión.

AMOS

INTRODUCCION

En la relación con Dios y en la concepción del pecado pueden darse comportamientos egoístas y reducciones mezquinas. ¿Se da la relación con Dios sólo en el culto? ¿Se da el pecado sólo en el rito idolátrico o en la blasfemia? ¿Se puede ofrecer el culto sin preocupación por la justicia y la equidad? ¿Se puede adorar al Dios compasivo sin tener misericordia? Muchos piensan que sí y reducen su vida de fe a unas prácticas piadosas en el templo. No es ésta, sin embargo, la opinión de Amós, el primero de los profetas llamados escritores.

1. Contexto histórico de Amós

A pesar de que procede de Tecoa, pueblo a unos veinte kilómetros al sur de Jerusalén, Amós profetiza en el reino del Norte en tiempos de Jeroboán II (782-753 a. C.; Am 1 1; 7 9-11), cuyo gobierno trajo un tiempo de prosperidad para el reino de Israel. Pero la prosperidad económica no significa siempre prosperidad ética y moral. El lujo de que hacían gala unos pocos lo conseguían a costa de la opresión de los pobres; los jefes, los terratenientes, los comerciantes prosperaban a base de injusticias sociales. Los jueces, por su parte, se habían puesto del lado de los ricos, aceptando el soborno en perjuicio de los pobres. Religiosamente, no era mejor la situación: a los que se daban a los cultos idolátricos cananeos se sumaban quienes daban culto a Dios porque así pensaban obtener una especie de salvoconducto, de seguridad incondicional, que les permitía acallar la conciencia y vivir con impunidad en la injusticia, amparados por una falsa confianza en las promesas del Señor a Israel.

2. Actividad profética de Amós

Según se desprende de su escrito, Amós era un pastor y cultivador de higos (Am 7 14); si era un pequeño propietario o un asalariado, no lo sabemos con certeza. Fue arrancado de su actividad por la llamada divina a la vida profética que, en cierto modo, violentó la normalidad de su existencia (Am 7 15). En su breve ministerio profético, Amós anuncia un castigo inapelable, causado por los pecados sociales (lujo, injusticia y opresión de los débiles) y religiosos (culto hipócrita y falsa seguridad religiosa) que entorpecen la exigencia radical: buscar al Señor (Am 5 4-6). El mal se ha metido tan dentro, que no bastan los arreglos de fachada; se va a desplomar todo el edificio de la vida social y religiosa de Israel (Am 9 1-10).

Parece que la primitiva profecía de Amós terminaba con el anuncio de este fin sombrío. Un redactor posterior añadió el último oráculo de salvación (Am 9 11-15), dejando en la globalidad de su obra una puerta abierta a la esperanza.

No es extraño que la profecía de Amós produjera desconcierto en la ideología oficial y que fuera acusado por Amasías, sacerdote de Betel, de conjura contra el rey. En los momentos de prosperidad se soportan mal las palabras del profeta. Amós es expulsado de Israel y va a su tierra de Judá, sin que volvamos a tener noticias suyas.

3. El libro de Amós

Con Amós se produce un hecho nuevo y decisivo para la historia del profetismo: su mensaje predicado se convierte en palabra escrita, en obra literaria. Aunque el libro presenta indicios inequívocos de reelaboración posterior (agrupación de materiales por temas o recursos literarios: oráculos contra las naciones en Am 1-2, visiones en Am 7-9, lamentaciones en Am 5-7) y algunos añadidos (Am 7 10-17; 9 11-15), no hay razón convincente para dudar de su atribución fundamental al profeta. A pesar de su origen rural, Amós exhibe un notable dominio del lenguaje y utiliza las técnicas poéticas hebreas (aliteraciones, juegos de palabras, sinonimias, paralelismos, estribillos), entre las que sobresale el uso y riqueza de metáforas. Su estilo es sobrio, conciso y directo, pero también apasionado e irónico.

La estructura del libro de Amos es clara. Después de la introducción, que contiene el título del libro, la presentación del profeta y su contexto histórico (Am 1 1-2), siguen dos grandes partes:

1) Am 1-6: Palabras de Amós.
   a) Am 1 3-2 16: Oráculos contra las naciones y contra Israel (con la fórmula: *así dice el Señor*).
   b) Am 3 1-6 14: Amonestaciones y amenazas a Israel (con la fórmula: *escuchen*).

2) Am 7-9: Visiones de Amós (introducidas con la fórmula: *esto me hizo ver el Señor*). Las tres últimas se alargan respectivamente con el relato del enfrentamiento Amós-Amasías (Am 7 10-17), la amenaza de la catástrofe (Am 8 9-14) y la promesa de restauración (Am 9 11-15).

Título y lema
Zac 14 5; Jr 25 30; Jl 4 16

1 1 Estas son las palabras que Amós, pastor de Tecoa, recibió en visión, acerca de Israel, en tiempo de Ozías, rey de Judá, y de Jeroboán, hijo de Joás, rey de Israel, dos años antes del terremoto.

2 Decía: Ruge el Señor desde Sión,
desde Jerusalén deja oír su voz;
los campos de pastoreo están desolados,
y se ha secado la cumbre del Carmelo.

1. Oráculos ◊

ORACULOS CONTRA LAS NACIONES +

Contra Damasco
Is 17 1-3; Jr 49 23-27

3 Así dice el Señor:
Son ya tantos los crímenes de Damasco,
que no la perdonaré.
Por haber destrozado a Galaad
con cuchillas de hierro,
4 yo mandaré fuego a la casa de Jazael
y devorará los palacios de Banadad;
5 romperé las cerraduras de Damasco,
aniquilaré al que se sienta
en el trono de Bicat-Avén
y al que empuña el cetro de Bet-Edén;
y el pueblo de Siria irá cautivo a Quir,
dice el Señor.

Contra Filistea
Jr 47; Sof 2 4-7

6 Así dice el Señor:
Son ya tantos los crímenes de Gaza,
que no la perdonaré.
Por haber deportado poblaciones enteras
para entregarlas a Edom,
7 yo mandaré fuego a las murallas de Gaza
y devorará sus palacios;
8 aniquilaré al que se sienta
en el trono de Asdod,
y al que empuña el cetro de Ascalón;
descargaré mi mano sobre Ecrón
y perecerá el resto de los filisteos,
dice el Señor.

Contra Fenicia
Is 23; Ez 26-28

9 Así dice el Señor:
Son ya tantos los crímenes de Tiro,
que no la perdonaré.
Por haber entregado cautivas a Edom
poblaciones enteras,
sin acordarse de la alianza fraterna,
10 yo mandaré fuego
a las murallas de Tiro
y devorará sus palacios.

• **1 1-2**: El libro de Amós comienza con la presentación de la obra y del profeta y una breve noticia histórica que ayuda a situar su ministerio (Am 1 1). El corto oráculo que sigue, al comparar a Dios con un león rugiente anticipa el tono agresivo del mensaje de Amós contra las injusticias (Am 1 2).

◊ **1 3-6 14**: La primera parte del libro contiene oráculos contra seis naciones vecinas a Israel (reino del Norte) y un oráculo contra Israel mismo (Am 1 3-2 3 y 2 6-16). El oráculo contra Judá (reino del Sur; Am 2 4-5) es, sin duda, de tiempo posterior. La segunda parte (Am 3-6), está formada por oráculos sólo contra Israel. Se trata de oráculos breves, sin un orden preciso, en los que la denuncia abarca todos los pecados de Israel (destacándose el pecado de injusticia y opresión, y el poner la confianza en falsas seguridades). Junto a la denuncia, se describe el juicio inminente y se invita a la conversión.

+ **1 3-2 16**: Amós es uno de los primeros profetas que emplea el género literario del oráculo contra las naciones que se repetirá en otros profetas. Subyace en este género, *la convicción que Dios no es sólo* Señor de Israel, sino también de todas las naciones y por eso castigará los actos que no se han ajustado a sus normas éticas.

En los seis primeros oráculos el juicio se extiende a todas las naciones que rodean Palestina, siguiendo los puntos cardinales (nordeste: Damasco; poniente: Gaza; noroeste: Tiro; sureste: Edom; levante: Amón y Moab). Todos siguen el mismo esquema literario: sentencia/delito/castigo.

El contenido del delito se refiere a las relaciones entre los pueblos: invasiones, deportaciones, malos tratos. El enunciado del delito va introducido invariablemente mediante una fórmula que traducida literalmente es así: *por tres delitos y por el cuarto no lo perdonaré*, aunque en la descripción que sigue en el texto sólo se señala un pecado. Esta fórmula numérica que introduce los oráculos es propia de la literatura sapiencial y en los profetas sólo se encuentra en Amós (Am 1 3.6.9 etc.). Su función consiste en indicar una larga lista de crímenes y delitos, de los que el último (desarrollado en el texto) colma ya la paciencia del Señor que interviene para castigar. En razón de una mejor comprensión de esta fórmula numérica se ha optado por la traducción: *son ya tantos los crímenes de...*

Termina esta colección de oráculos, dirigidos a las naciones, con uno contra Israel (Am 2 6-16). La diferencia con los anteriores es que éste es más largo, más pormenorizado y más grave, porque, los delitos de Israel contra los débiles contradicen el comportamiento de Dios para con ellos cuando estaban oprimidos; ellos roban a los míseros, en cambio Dios les dio la tierra y suscitó profetas. La denuncia contra Israel abre así el camino a la sección siguiente.

• **1 3-5**: Damasco era la capital de Siria, al nordeste de Israel. Fue el principal adversario de Israel en las intermi-

Contra Edom

Is 34; Jr 49 7-22; Ez 35

11 Así dice el Señor:
Son ya tantos los crímenes de Edom,
que no lo perdonaré.
Por haber perseguido a espada
a su hermano,
y no haber tenido compasión,
alimentando un odio permanente
y guardando por siempre su rencor,
12 yo mandaré fuego a Temán
y devorará los palacios de Bosrá.

Contra Amón

Jr 49 1-6; Ez 21 33-37; 25 1-7

13 Así dice el Señor:
Son ya tantos los crímenes de Amón,
que no lo perdonaré.
Porque abrieron el vientre
de las embarazadas de Galaad
para ensanchar su territorio,
14 yo prenderé fuego a la muralla de Rabá
y devorará sus palacios,
entre el griterío de un día de batalla,
y en medio del huracán
de un día de tormenta.
15 Su rey irá al destierro,
y sus príncipes con él, dice el Señor.

Contra Moab

Is 15-16; Jr 48; Ez 25 8-11

2 1 Así dice el Señor:
Son ya tantos los crímenes de Moab,
que no lo perdonaré.
Por haber quemado y calcinado
los huesos del rey de Edom,
2 yo mandaré fuego a Moab
y destruirá los palacios de Queriyot.
Perecerá Moab con estrépito
entre clamores de batalla
y toques de trompeta;
3 aniquilaré al juez de en medio de él,
y mataré a todos sus príncipes con él,
dice el Señor.

Contra Judá

Lv 26 14-16; Os 8 14

4 Así dice el Señor:
Son ya tantos los crímenes de Judá,
que no lo perdonaré.
Por haber rechazado la ley del Señor
y no haber observado sus mandamientos,
dejándose extraviar por sus ídolos,
a los que habían adorado sus padres,
5 yo mandaré fuego a Judá
y devorará los palacios de Jerusalén.

nables guerras fronterizas de la segunda mitad del siglo IX y comienzos del VIII a. C. Galaad era territorio israelita al este del Jordán, al sur de las fronteras de Siria. Jazael y Benadad son reyes de Damasco. La mención de Bicat-Aven (Valle del mal o valle maldito) y de Bet-Eden (Casa de las delicias), ciudades al norte de Damasco situadas junto a los ríos Eufrates y Balik respectivamente, indica que la destrucción amenaza a toda la región de los arameos. Regresar a Quir, punto de origen del pueblo arameo, podría significar retornar a los pobres orígenes, perdiendo el actual esplendor.

• **1 6-8**: De nuevo, en el enunciado del crimen se habla de una sola ciudad: Gaza, pero el anuncio del castigo se abre a un círculo más amplio. El grupo (Gaza, Asdod, As*calón y Ecrón) son cuatro de las cinco* ciudades de la pentapolis filistea (falta Gat).

• **1 9-10**: Tiro era, hacia la mitad del siglo VIII a. C., la capital de Fenicia, ocupando el lugar de Sidón como centro urbano dominante de la región. Situada en la costa mediterránea, fue famosa como ciudad comercial. Por la repetición del delito denunciado en el oráculo anterior (compárese Am 1 9 con 1 6), algunos piensan que el oráculo contra Tiro es añadido. Tiene, sin embargo, un elemento particular: *el quebrantamiento de la alianza fraterna*, que bien podría haber sido ocasionado por motivos económicos, muy en consonancia con el espíritu mercantil de Tiro.

• **1 11-12**: Con el oráculo contra Edom el movimiento geográfico se dirige hacia el sur. Con la designación de dos de sus ciudades: Temán, al sur, y Bosrá, al norte, se está indicando la inclusión de todo el territorio en el castigo. El *hermano* de Edom es, sin duda, Israel. La fraternidad se remonta a sus antepasados Esaú y Jacob. Si esta enemistad contra el *hermano* se refiere, como es probable, a la actitud agresiva de Edom cuando fue destruido Jerusalén en el siglo VI a. C., estamos ante otro oráculo añadido a los originales de Amós.

• **1 13-15**: El reino de Amón, al este del Jordán, entre Moab (al sur) y Gilgal (al norte) había pertenecido al imperio de David, pero a la muerte de su hijo Salomón recobró su independencia. Rabá, la capital de los amonitas, estaba situada en lo que es la moderna Amman.

• **2 1-3**: Moab había sido un estado dependiente del reino de David y había pasado al control de Israel después del cisma. Queriyot puede ser un nombre alternativo de Ar de Moab, la capital del estado. Con la destrucción humillante de los últimos restos del rey de Edom se acusa a Moab de un crimen imperdonable contra los muertos.

• **2 4-5**: Por la forma del oráculo (parecido al de Tiro y Edom) se piensa que tampoco éste es original de Amós. La naturaleza del delito cambia (la desobediencia de la ley del Señor y la idolatría). ¿Se intenta preparar ya el ambiente para el inesperado oráculo contra Israel que va a seguir? ¿Se trata de una lectura actualizante de Amós en círculos deuteronomistas?

Contra Israel

Am 5 7.12; Ex 22 25-26; Dt 24 12-13; Nm 6 1-21

6 Así dice el Señor:
Son ya tantos los crímenes de Israel,
que no lo perdonaré.
Porque venden al inocente por dinero
y al necesitado por un par de sandalias;
7 porque pisotean en el polvo
de la tierra la cabeza de los pobres
y no hacen justicia a los indefensos;
porque hijo y padre
se acuestan con la misma muchacha,
profanando así mi santo nombre;
8 porque se echan junto a cualquier altar
sobre ropas tomadas en prenda,
y beben en la casa de su dios
el vino confiscado a los multados.
9 A pesar de todo,
yo exterminé ante ellos a los amorreos,
altos como los cedros
y fuertes como las encinas;
destruí su fruto por arriba
y sus raíces por abajo.
10 Yo los saqué de Egipto
y los conduje por el desierto
durante cuarenta años,
hasta ocupar la tierra de los amorreos.
11 Suscité profetas entre sus hijos
y nazireos entre sus jóvenes.
¿No es así, israelitas? Oráculo del Señor.
12 Pero ustedes hicieron beber vino
a los nazireos,
y ordenaron a los profetas:
«¡No profeticen!».
13 Pues yo haré que se atasquen,
como se atasca una carreta
cargada de gavillas.
14 El veloz no podrá huir
ni el fuerte valerse de su fuerza
ni podrá salvarse el valiente;
15 el arquero no resistirá,
el de ágiles piernas
no conseguirá escapar,
el jinete no logrará salir con vida,
16 y el más intrépido entre los valientes
huirá desnudo aquel día.
Oráculo del Señor.

ORACULOS CONTRA ISRAEL +

A todas las tribus

Ex 19 4-6; Dt 7 6-8; Rom 16 25-26;
1 Re 12 29-30; 13 1-5; 22 39

3 1 Escuchen esta palabra que el Señor
pronuncia contra ustedes, hijos de Israel, contra toda la familia que yo saqué de
Egipto:

2 De todas las familias de la tierra
sólo a ustedes los elegí,
por eso los castigaré
por todas sus maldades.
3 ¿Es que van juntos de camino
dos que no se conocen?
4 ¿Ruge el león en la selva
sin tener una presa?
¿Gruñe el cachorro desde su guarida
sin haber cazado nada?
5 ¿Cae el pájaro en tierra
si no le han tendido una trampa?
¿Salta la trampa del suelo
sin haber apresado nada?
6 ¿Suena la trompeta en la ciudad
sin que el pueblo se estremezca?
¿Sucede una desgracia a la ciudad
sin que la envíe el Señor?
7 Nada hace el Señor sin dar a conocer
su decisión a sus siervos los profetas.
8 Ruge el león: ¿quién no temerá?
Habla el Señor: ¿quién no profetizará?

9 Proclámenlo en los palacios

• **2** 6-16: Llega lo inesperado: también hay castigo para Israel. La misma fórmula del oráculo y su longitud son ya expresión de gravedad. Se pasa, incluso en la estructura, del oráculo de condenación (como habían sido los anteriores) al pleito que el Señor, ofendido, presenta contra el ofensor. Las promesas de la alianza y los beneficios del Dios justo son incompatibles con la injusticia y la opresión de los débiles. Israel, tantas veces víctima de la opresión *de otros pueblos, reproduce la historia de la* injusticia, creando, en contra de la solidaridad exigida por la alianza, actitudes y actos antifraternos que niegan su propio ser de pueblo.

+ 3 1-6 14: El último oráculo de la serie anterior (Am 2 6-16) ha preparado el terreno para esta nueva serie de oráculos dirigidos contra Israel. En ellos el profeta denuncia los pecados del pueblo: el falso culto, la injusticia, las falsas seguridades, y anuncia el juicio inminente, invitando al pueblo a la conversión.

• **3** 1-15: La elección no es sólo un privilegio, sino ante todo una responsabilidad (Am 3 2.10). El Señor mismo habla por Amós a quien éste no puede resistir: *habla el Señor, ¿quién no profetizará?* (Am 3 8); el pueblo, por tanto, no tiene excusa cuando rechaza al profeta: está marginando a su propio Dios. La acción salvadora del Señor choca con el pecado de Samaría, por el que será destruida. Quedarán sólo pequeños residuos, como los que quedan cuando una res ha sido devorada (Am 3 9-12). Pero el Señor rescatará ese pequeño resto.

de Asdod y en los de Egipto; digan:
Reúnanse en la montaña de Samaría,
y vean cuántos desórdenes hay allí,
cuántas violencias en su interior.
10 No saben obrar con rectitud,
oráculo del Señor,
los que amontonan en sus palacios
el fruto de su violencia y de sus robos.
11 Por eso, así dice el Señor:
el enemigo cercará el país,
acabará con tu poder
y serán saqueados tus palacios.
12 Así dice el Señor:
Como un pastor rescata
de la boca del león
dos patas o la punta de una oreja,
así serán rescatados del enemigo
los hijos de Israel,
que habitan en Samaría,
y que se recuestan en sillones
y en camas confortables.
13 Escuchen, pues, y den testimonio
contra el pueblo de Jacob,
oráculo del Señor, Dios todopoderoso.
14 El día en que yo tome cuentas a Israel
por sus crímenes,
tomaré también cuentas
de los altares de Betel;
serán demolidas las esquinas del altar,
y caerán a tierra.
15 Derribaré la casa de invierno
y la casa de verano;
serán destruidos los palacios de marfil,
y desaparecerán las grandes mansiones.
Oráculo del Señor.

Contra las mujeres de Samaría

Is 3 16-24; Ez 39 18

4 1 Escuchen esta palabra, vacas de Basán,
que viven en la montaña de Samaría:
oprimen a los indefensos,
explotan a los necesitados,
dicen a sus maridos:
«Tráigannos de beber».
2 El Señor lo jura por su santidad:
Vendrán días sobre ustedes
en que las levantarán con ganchos,
y a sus damas de compañía
con anzuelos de pesca;
3 saldrán por los boquetes una tras otra
y las empujarán hacia el Hermón.
Oráculo del Señor.

Culto y castigos inútiles

Mt 6 2-4; Jr 14 1-6; Mal 3 1-2

4 ¡Vayan a Betel y pequen,
a Guilgal y pequen más todavía;
ofrezcan por la mañana sus sacrificios,
y cada tres días sus diezmos;
5 quemen pan fermentado
en acción de gracias,
anuncien públicamente
sus ofrendas voluntarias,
ya que eso es lo que les gusta,
hijos de Israel!
Oráculo del Señor.

6 Yo he condenado al hambre
a todas sus ciudades,
y a la escasez a todos sus pueblos;
pero no se han convertido a mí.
Oráculo del Señor.

7 Les negué la lluvia
los tres meses anteriores a la cosecha,
hice llover sobre una ciudad
y sobre otra no;
un campo era regado
mientras otro, falto de agua, se secaba.
8 Los de dos o tres ciudades
iban hasta otra para beber agua,
y no conseguían calmar su sed;
pero no se han convertido a mí.
Oráculo del Señor.

9 Les herí con la tiña y el gusano,
sequé sus huertos y viñedos,
la langosta devoró

• **4 1-3**: Nuevo oráculo contra los que explotan a los débiles. El profeta interpela esta vez a las mujeres notables, esposas bien alimentadas y orondas como las vacas que pastaban en las colinas de Basán y que, con sus exigencias a sus maridos, se convertían en opresoras de los pobres. Pero la opresión de los débiles será castigada con el destierro.

• **4 4-13**: Es evidente el tono irónico del oráculo. La solución no es *ir* a Betel o Guilgal, no se trata de ofrecer un culto vacío en los santuarios; eso es aumentar el pecado. *Regresar* al Señor –*convertirse* a él–, supone reconocer en las desgracias y los males la presencia educativa del Señor que busca acercarlos a él. Con visión retrospectiva el profeta se refiere a cinco plagas (hambre, sequía, tizón, peste, una catástrofe indeterminada), presentadas como bienintencionadas por parte de Dios, pero frustradas por la ausencia de conversión. Si no hay conversión el encuentro con Dios augurado por el profeta será terrible. El oráculo termina con una doxología, probablemente insertada con posterioridad, alabando la grandeza de Dios (véase Am 5 8; 9 6).

sus higueras y olivares;
pero no se han convertido a mí.
Oráculo del Señor.

10 Envié contra ustedes la peste,
una peste como la de Egipto;
maté con la espada a sus jóvenes,
entregué sus caballos como botín,
les hice oler el hedor de los cadáveres
en sus campamentos;
pero no se han convertido a mí.
Oráculo del Señor.

11 Los destruí como hice
con Sodoma y Gomorra;
eran como un palo humeante
salvado de un incendio;
pero no se han convertido a mí.
Oráculo del Señor.

12 Por eso te voy a tratar así, Israel;
y porque así te voy a tratar,
prepárate, Israel,
a comparecer ante Dios.
13 Porque él formó las montañas
y creó el viento,
descubre al hombre sus pensamientos,
hace la mañana y la noche
y camina sobre las alturas de la tierra.
Su nombre es: el Señor todopoderoso.

Lamentación por Israel

Os 10 12; 4 15; Dt 28 30-33; Miq 6 15; 2 3;
Sal 34 13-15; Ex 12 12

5 1 Escuchen, israelitas, esta palabra,
esta lamentación que dirijo
contra ustedes.
2 Ha caído y ya no se levantará
la doncella de Israel;
está tirada en su propia tierra,
nadie la levantará.
3 Porque así dice el Señor a Israel:
La ciudad que salió a la guerra con mil
se quedará con cien,
y la que salió con cien
se quedará con diez.
4 Así dice el Señor al pueblo de Israel:
Búsquenme y vivirán.
5 No acudan a Betel, no vayan a Guilgal,
no pasen a Berseba;
porque Guilgal será deportada
y Betel será reducida a la nada.
6 Busquen al Señor y vivirán,
porque si no, vendrá
como fuego devorador
sobre los descendientes de José,
y nadie en Betel podrá apagarlo.
7 Ellos cambian el derecho en amargura
y echan por tierra la justicia.

8 El ha hecho las Pléyades y el Orión,
él cambia en aurora las tinieblas
y convierte en día la noche;
él convoca a las aguas del mar
y las derrama sobre la tierra.
Su nombre es «el Señor»;
9 él desencadena la ruina
sobre los poderosos,
y trae la destrucción
a la ciudad fortificada.

10 Ellos odian al que juzga rectamente
en el tribunal
y detestan al que testifica con verdad.
11 Por eso, porque pisotean al pobre
y le arrebatan el impuesto del grano,
no habitarán esas casas de piedra labradas
que se han edificado,
no beberán el vino de esas parras selectas
que han plantado.
12 Porque yo sé que son muchos
sus crímenes y graves sus pecados.
Oprimen al justo, se dejan sobornar
y atropellan al necesitado en el tribunal.

• **5 1-17**: Canto fúnebre compuesto concéntricamente: duelo (Am 5 1-3), "búsquenme" (Am 5 4-6), injusticia (Am 5 7), Dios destructor (Am 5 8-9), injusticia (Am 5 10-13), "busquen" (Am 5 14-15), duelo (Am 5 16-17). En esta probable estructura se insertan temas de extraordinario interés.

El profeta anticipa el momento del duelo y se lamenta por una muerte que aún no ha sucedido: la del pueblo, representado en una muchacha (Am 5 1-3). Pero no está *todo perdido*, *algo sobrevive* a la destrucción. El duelo cierra el capítulo (Am 5 16-17): el paso del Señor será devastación para la ciudad y para los campos.

Con el tema del *buscar* (Am 5 4-6.14-15) el profeta establece una contraposición entre el culto y la justicia. No hay que identificar la auténtica búsqueda del Señor únicamente con la visita a los santuarios. Hay que buscar al mismo Señor a quien ninguna imagen puede representar y ningún lugar de culto puede encerrar. A esta búsqueda está condicionada su presencia en medio de su pueblo (Am 5 14-15).

En Am 5 7.10-13 se describe la injusticia de los poderosos. El juicio lo cambian en hierba amarga, porque amargas son las injusticias que cometen los jueces, los comerciantes, los terratenientes; todos ellos opresores, cuyo pecado se convertirá en su castigo.

En el centro del oráculo aparece una gran amenaza (Am 5 8-9): el Dios del mundo, que puede cambiar las leyes de la naturaleza, podrá también destruir a los poderosos.

13 Por eso el prudente
guarda silencio en este tiempo,
porque es un tiempo de desgracia.

14 Busquen el bien y no el mal
para que vivan;
así estará con ustedes
el Señor Dios todopoderoso
como prentenden.
15 Odien el mal y amen el bien,
restablezcan el derecho en el tribunal;
quizás el Señor Dios todopoderoso
tenga piedad del resto de José.

16 Por eso, así dice el Señor,
Dios todopoderoso:
En todas las plazas habrá lamentaciones;
en todas las calles, gritos de dolor;
llamarán al campesino
para que haga duelo,
contratarán a lloronas
para que lloren y se lamenten;
17 y en todas los viñedos se oirán lamentos,
cuando yo pase en medio de ti,
dice el Señor.

El día del Señor

Jl 2 1-2; Sof 1 14-18; Jr 13 16

18 ¡Ay de los que anhelan el día del Señor!
¿Saben qué será para ustedes
el día del Señor?
Será tinieblas, y no luz;
19 les pasará como al que huye del león
y se encuentra con un oso;
como el que entra en casa
y al apoyar su mano en la pared
lo muerde una serpiente.
20 El día del Señor será tinieblas y no luz,
todo oscuridad, sin resplandor alguno.

Contra el culto sin justicia

Am 4 4-5; Is 1 11-17; Os 6 6; Hch 7 42-43

21 Odio, desprecio sus fiestas,
me disgustan sus celebraciones.
22 Me presentan holocaustos y ofrendas,
pero yo no los acepto
ni me complazco en mirar
sus sacrificios de novillos gordos.
23 Aparten de mí el ruido de sus cánticos,
no quiero oír más la música de sus arpas.
24 Hagan que el derecho corra como agua
y la justicia como río inagotable.
25 ¿Acaso me presentaron
sacrificios y ofrendas, pueblo de Israel,
durante los cuarenta años del desierto?
26 Tendrán que cargar con Sacut y Keván,
imágenes de los astros divinizados,
ídolos que se han fabricado,
27 cuando yo los deporte
más allá de Damasco.
Así dice el Señor, cuyo nombre es
«Dios todopoderoso».

Contra el lujo despreocupado

Is 28 1-4; Lc 6 24-25; Dt 9 4

6 1 ¡Ay de los que se sienten
seguros en Sión y viven confiados
en la montaña de Samaría,
los que se creen jefes
de la nación más importante,
y a quienes acude el pueblo de Israel!
2 Diríjanse a Calné y vean;
de allí vayan a Jamat la grande,
bajen a Gat de los filisteos.
¿Son ustedes mejores que esos reinos,
su territorio es mayor que el de ellos?
3 Pretenden alejar el día de la desgracia,
pero atraen el reino de la violencia.
4 Duermen en camas de marfil;
se apoltronan en sus sillones;
comen los corderos del rebaño
y los terneros del establo;
5 canturrean al son del arpa,
e inventan, como David,
instrumentos musicales;
6 beben el vino en elegantes copas
y se ungen con delicados perfumes,
sin apenarse por la ruina de José.

• **5 18-20**: El pueblo esperaba confiado el día del Señor, porque pensaban que sería un día de salvación. Lo ansiaban, pero será día de castigo. Y sin escapatoria: el león, el oso, la culebra..., no hay remedio; el final será inesperado y desastroso.

• **5 21-27**: El culto no puede servir de justificación ante el juicio que se avecina. El culto vacío no vale. Es más, Dios lo desprecia. Es hechura humana (*sus* fiestas, *sus* sacrificios...). A la vacía práctica ritual se opone la práctica saludable de la justicia y el derecho, como agua y arroyo permanentes. El castigo será la deportación. Con ellos llevarán sus dioses, que serán también deportados.

• **6 1-14**: El profeta denuncia la falsa seguridad de las riquezas. Confianza y seguridad que acrecienta la falsa certeza de que la ciudad es invencible. Confianza y seguridad que estimulan la buena vida: comida, bebida, perfumes, indolencia confortable. No se aleja así el día de la desgracia, por el contrario, se están preparando los días de violencia y amargura. El cautiverio sobrevendrá como castigo.

7 Por eso irán al destierro
a la cabeza de los deportados,
y se acabará la orgía de los libertinos.
8 El Señor lo jura por sí mismo,
oráculo del Señor, Dios todopoderoso:
Yo detesto la arrogancia de Jacob,
odio sus palacios y entregaré la ciudad
con todo lo que hay dentro.
9 Si quedan diez hombres en una casa,
morirán los diez.
10 Y el pariente que saque los cadáveres
de la casa para quemarlos, preguntará
al que está en el fondo de la casa:
«¿Queda alguno contigo?»
El otro responderá: «Ninguno».
Y añadirá: ¡Silencio!,
que no hay nadie para invocar
el nombre del Señor.
11 Porque el Señor da la orden,
y de un golpe se desploma la casa grande
y la pequeña se hunde.
12 ¿Galopan los caballos por las rocas?
¿Se ara con bueyes el mar?
Pero ustedes han cambiado
el derecho en veneno,
y en amargura el fruto de la justicia.
13 Se alegran sin motivo y dicen:
«¿Acaso no nos hemos apoderado
con nuestra fuerza de Carnaín?»
14 Pues yo voy a suscitar contra ustedes,
pueblo de Israel,
oráculo del Señor Dios todopoderoso,
una nación que los oprimirá
desde el paso de Jamat
hasta el torrente del Arabá.

2. Visiones ◊

Primera visión

Jl 1 4-7

7 1 El Señor, mi Dios,
me mostró esta visión:
Comenzaba a crecer la hierba,
la que nace a continuación
de la que se corta para el rey,
y el Señor estaba preparando
una plaga de langostas
2 dispuestas a devorar
toda la hierba del país.
Entonces yo dije:
«Perdona a Jacob, Señor Dios,
te lo suplico;
¿Cómo podría resistir,
siendo tan pequeño?»
3 Y el Señor se arrepintió y dijo:
«Eso no sucederá».

Segunda visión

Ez 21 1-4

4 El Señor me mostró esta visión:
Convocaba el Señor al fuego para juzgar,
un fuego que había devorado ya
el gran océano
y comenzaba a devorar el territorio.
5 Entonces yo dije:
«¡Detente, Señor Dios, te lo suplico!
¿Cómo podrá resistir Jacob
siendo tan pequeño?»
6 Y el Señor se arrepintió y dijo:
«Eso no sucederá».

Tercera visión

2 Re 23 15-16; Os 4 13; 10 8

7 El Señor me mostró esta visión:
Estaba el Señor sobre una pared,
con un nivel de albañil en la mano.
8 El Señor me preguntó:
«¿Qué ves, Amós?»
Respondí: «Un nivel de albañil».
Y el Señor me dijo:
«Yo pongo el nivel de albañil
en medio de mi pueblo Israel;
no volveré a perdonarlo.
9 Los lugares de culto de Isaac
serán derribados,
y destruidos los santuarios de Israel;
yo empuñaré la espada
contra la familia de Jeroboán».

◊ **7 1-9 15**: El fenómeno de la visión era un elemento constitutivo de la experiencia profética: el profeta no sólo "habla" y realiza "acciones simbólicas", sino también "ve". *En el caso de Amós se trata de mirar hacia dentro* para "ver" lo que Dios le hace ver y así conocer su proyecto e iluminar la historia de Israel. Las visiones, que ocupan la segunda parte del libro, debieron tener lugar en la primera parte de la vida del profeta. En ellas se advierte un proceso que va desde la intercesión a la denuncia.

• **7 1-9**: Las tres primeras visiones tienen una cierta relación entre sí. En la primera y segunda dos amenazas externas: la langosta y la sequía. Ante el desastre previsto, el profeta se convierte en intercesor. Su fundamento: la pequeñez de Israel; el efecto: la cancelación del castigo. En la tercera visión hay un progreso: el peligro ya no viene de fuera; el mal está dentro del mismo pueblo que es como pared ruinosa. Ya no hay intercesión del profeta ni cancelación del castigo.

Enfrentamiento con Amasías

Jr 26 8-11; 2 Sm 7-8

10 Amasías, sacerdote de Betel, mandó a
decir a Jeroboán, rey de Israel:
–Amós está conspirando contra ti en
medio del pueblo de Israel; el país no puede ya soportar todas sus palabras. 11 Porque así dice Amós: «Jeroboán morirá a espada e Israel será deportado lejos de su tierra».
12 Y Amasías dijo a Amós:
–Vete, vidente, márchate a Judá; gánate
la vida profetizando allí. 13 Pero no sigas
profetizando en Betel, porque es el santuario del rey y el templo del reino.
14 Amós le respondió:
–Yo no era profeta ni discípulo de profeta, sino que me dedicaba a cuidar el ganado y cultivar higueras. 15 Pero el Señor
me tomó y me ordenó que dejara el rebaño diciéndome: «Vete y profetiza a mi pueblo Israel».

16 Y ahora escucha la palabra del Señor.
Tú dices: «No profetices contra Israel,
no pronuncies oráculos
contra la descendencia de Isaac».
17 Pues bien, así dice el Señor:
Tu mujer se prostituirá en la ciudad,
tus hijos y tus hijas morirán a espada,
y tu tierra será puesta a remate;
tú mismo morirás en una tierra impura,
e Israel será deportado lejos de su tierra.

Cuarta visión

Jr 1 11-12; 24 1

8 1 El Señor me mostró una canasta
de frutas maduras.
2 Y me preguntó: «¿Qué ves, Amós?»
Respondí:
«Una canasta de frutas maduras».
El Señor me dijo:
«Maduro está mi pueblo Israel;
no volveré a perdonarlo».
3 Aquel día los cantos del palacio
se convertirán en lamentos,
oráculo del Señor;
habrá muchos cadáveres
por todas partes,
y reinará un gran silencio.

Contra los explotadores

Am 2 6-8; 4 1; Os 1 5; Mc 15 33; Os 5 6

4 Escuchen esto, los que aplastan al pobre
y tratan de eliminar a la gente humilde,
5 ustedes, que dicen:
«¿Cuándo pasará la fiesta
de la luna nueva,
para poder vender el trigo;
y el sábado, para comerciar el grano?
Achicaremos la medida,
aumentaremos el precio
y falsearemos las balanzas para robar;
6 compraremos al indefenso por dinero,
y al pobre por un par de sandalias;
venderemos hasta los desechos del trigo».
7 El Señor lo ha jurado,
por el honor de Jacob:
nunca olvidaré lo que han hecho.
8 ¿Cómo no va a temblar el país
por todo esto?
¿Cómo no van a hacer duelo
todos sus habitantes?
Toda ella crecerá como el Nilo,
crecerá y disminuirá
como el río de Egipto.
9 Aquel día, oráculo del Señor,
haré que el sol se oculte a mediodía,
y en pleno día
cubriré la tierra de oscuridad.

• **7** 10-17: Un relato biográfico sobre la conflictiva actividad profética de Amós interrumpe el curso de las visiones. Quizás está incluido aquí por la relación entre la amenaza de la tercera visión: *yo empuñaré la espada contra la familia de Jeroboán* (Am 7 9) y la acusación del sacerdote Amasías que echa en cara al profeta el haber dicho: *Jeroboán morirá a espada* (Am 7 11).

En el contexto de esta discusión con el sacerdote Amasías, Amós hace una alusión, breve pero significativa, a su propia vocación. Ser profeta no es una profesión, sino el resultado de una llamada del Señor que le pide dejarlo todo para anunciar su palabra. El episodio es importante como expresión concreta de la tensión entre el carisma de profecía y la institución sacerdotal.

• **8** 1-3: La cuarta visión acentúa la gravedad que ha alcanzado el proceso de corrupción de Israel: está en su máximo límite, y por ello, está ya maduro para el castigo, como los higos de la visión.

• **8** 4-14: El texto interrumpe de nuevo el relato de las visiones, para pronunciar otro oráculo contra Israel. Denuncia las injusticias de los comerciantes, que pretenden aprovecharse de los pobres de la tierra. Anuncia el castigo: oscuridad y duelo en lugar de luz y fiesta; hambre insaciada de la palabra de Dios para los que no quisieron escuchar la palabra del profeta; caída para los que se apoyan en dioses falsos.

10 Convertiré en duelo sus fiestas,
y en lamentaciones sus cantos;
haré que se vistan de luto,
y que les rapen la cabeza.
Harán duelo como por un hijo único,
y todo acabará en amargura.
11 Vienen días, oráculo del Señor,
en que yo enviaré el hambre a este país,
no hambre de pan ni sed de agua,
sino de oír la palabra del Señor.
12 Irán tambaleándose de mar a mar,
del norte al este andarán errantes,
buscando la palabra del Señor,
y no la encontrarán.
13 Aquel día desfallecerán de sed
las bellas muchachas
y los jóvenes apuestos,
14 los que juran por el ídolo de Samaría,
los que dicen:
«¡Lo juro por tu dios, Dan,
lo juro por tu dios, Berseba!»
Caerán a tierra y no se levantarán más.

Quinta visión

Jr 23 23-24; Sal 139 7-12

9 1 De pie, junto al altar,
vi al Señor que decía:
Sacude las columnas
hasta que se quiebren las vigas;
destruye a todos los que están a la cabeza,
que al resto los degollaré con la espada.
Ninguno de ellos podrá huir,
ninguno escapará.
2 Aunque se escondan en el abismo,
de allí los sacará mi mano;
aunque suban hasta el cielo,
de allí los haré bajar;
3 aunque se oculten
en la cumbre del Carmelo,
allí iré a buscarlos y los atraparé;
aunque se escondan
en el fondo del mar,
allí ordenaré a la serpiente
que los muerda;
4 si van cautivos ante sus enemigos,
mandaré a la espada que los degüelle.
No los perderé de vista,
y será para su mal, no para su bien.

El Señor del universo y de la historia

Am 2 13-16; Is 30 28; Lc 22 31

5 El Señor todopoderoso
toca la tierra, ella tiembla
y hacen duelo todos sus habitantes;
crece toda ella como el Nilo,
disminuye como el río de Egipto.
6 El construyó en el cielo su trono
y cimentó sobre la tierra su bóveda;
él convoca a las aguas del mar
y las derrama sobre la tierra.
Su nombre es «el Señor».
7 ¿No son ustedes para mí como etíopes,
hijos de Israel? Oráculo del Señor.
¿No saqué yo a Israel de Egipto,
a los filisteos de Creta
y a los sirios de Quir?
8 Yo, el Señor, no perderé de vista
al reino pecador, y lo haré desaparecer
de la superficie de la tierra;
pero no haré desaparecer del todo
a los descendientes de Jacob.
Oráculo del Señor.
9 Porque voy a dar órdenes
y a sacudir a los israelitas
por todas las naciones,
como se sacude el grano en el cedazo
sin que pase una sola piedra.
10 A espada perecerán
todos los pecadores de mi pueblo,
los que dicen: «No se acercará,
no nos alcanzará la desgracia».

La restauración

Hch 15 16-17; Jl 4 18; Lv 26 5; Is 65 21-22

11 Aquel día, levantaré
la choza caída de David;

• **9 1-4**: En la quinta y última visión, Amós ve el santuario derrumbado y a Dios explorando hasta los extremos mismos del universo (arriba y abajo) para que no escape *ni uno de los posibles fugitivos*. La visión anuncia, pues, la total aniquilación de Israel.

• **9 5-10**: El Señor es dueño del cielo y de la tierra. Señor de lo creado (Am 9 5-6) y de la historia (Am 9 7). ¿En qué aventaja Israel a los otros pueblos ante el Señor? ¿No tuvieron también otros pueblos su *éxodo* provocado por el Señor? Israel cometió un error: se creyó salvado para siempre. Por eso será exterminado. No obstante, se salvará un resto.

• **9 11-15**: Probablemente fue un redactor posterior el que añadió este oráculo de esperanza. Le debió parecer que el libro concluía con un final sin esperanzas y lo abrió a promesas futuras: la restauración del reino davídico, las bendiciones sobre la tierra, el retorno de los desterrados para instalarlos para siempre en la tierra del Señor.

reepararé sus boquetes,
levantaré sus ruinas y la reconstruiré
como en los tiempos antiguos,
12 para que conquisten el resto de Edom
y todas las naciones
en las que se invoca mi nombre.
Oráculo del Señor,
que cumplirá todo esto.
13 Vienen días, oráculo del Señor,
en los cuales detrás del que ara
irá el que cosecha
y detrás del que siembra,
el que recoge la uva.
El vino nuevo fluirá por las montañas,
y destilarán todas las colinas.
14 Yo cambiaré la suerte
de mi pueblo Israel:
reconstruirán las ciudades destruidas
y vivirán en ellas,
plantarán viñedos y beberán su vino,
cultivarán huertas
y comerán sus frutos.
15 Yo los plantaré en su tierra,
y nunca más serán arrancados
de la tierra que yo les di,
dice el Señor tu Dios.

ABDIAS

INTRODUCCION

¿Puede llegar la paciencia a agotarse? ¿Tiene un límite la capacidad de soportar? La fe cristiana nos enseña que no, que es preciso perdonar hasta setenta veces siete, y que el amor aguanta sin límites. ¿Pensaría otra cosa el profeta Abdías? ¿O estaría, con su mensaje, frenando la espiral de la violencia?

El mas breve escrito profético (sólo 21 versículos) nace, en circunstancias muy concretas, de la mano de un personaje de quien sólo conocemos su nombre: *Abdías* (*Siervo del Señor* es su significado). El blanco de la indignación del profeta es Edom, un pueblo que desde sus orígenes está en conflicto con Judá. Según el relato del Génesis, Isaac es el padre de Esaú (de quien procede Edom) y de Jacob (de quien procede Israel). En Gn 27 (bendición de Isaac) se indica el origen del conflicto: Jacob recibirá la primogenitura que, por derecho, pertenecía a Esaú. La historia de los dos pueblos será la de una fraternidad tensa y conflictiva. La tensión llega a su punto culminante cuando Nabucodonosor invade y destruye Jerusalén (año 587 a. C.); Edom colabora y apoya al invasor y se alegra por la caída de Jerusalén.

La pequeña obra de Abdías, con el estilo de los oráculos proféticos contra las naciones, da rienda suelta a la indignación del profeta. Se suelen distinguir dos partes:

Abd 1-14: amenaza contra Edom por la actitud que mantuvo en la época de la destrucción de Jerusalén (año 587)

Abd 15-21: el *día del Señor* como amenaza y castigo, con un final de restauración.

Título

Jr 49 14

1 Visión de Abdías. Esto dice el Señor
acerca de Edom:

Hemos oído un mensaje
de parte del Señor,
un mensajero ha sido enviado
para llevarlo a las naciones:
«¡Arriba, levantémonos
contra él en guerra!»

Sentencia contra Edom

Jr 49 15-22; Is 19 11-15

2 Mira, te voy a hacer la más pequeña
y despreciable entre las naciones;
3 te ha engañado tu orgullo;
vives entre las grietas de la roca,
habitas en las alturas,
y te dices a ti mismo:
«¿Quién me arrojará por tierra?»
4 Aunque te elevaras como el águila
y pusieras tu nido en las estrellas,
de allí te arrojaría yo, oráculo del Señor.
5 Si vinieran a tu casa ladrones
o asaltantes por la noche,
no se lo llevarían todo;
si vinieran a robarte la cosecha de uva,
dejarían algunos racimos.
6 En cambio,
¡cómo has sido saqueado Esaú!
¡Cómo han sido descubiertos
tus tesoros ocultos!
7 Hacia tus fronteras te han rechazado,
todos tus aliados te han traicionado;
tus propios amigos te han engañado,
los mismos que comen a tu mesa
te han tendido una trampa.
Decían: «Ha perdido la cordura».
8 En efecto, aquel día, oráculo del Señor,
exterminaré de Edom a los sabios,
y de la montaña de Esaú la cordura.
9 Tus guerreros, Temán,

• **1-9**: La amenaza contra Edom es de carácter histórico y, por lo mismo, circunstancial. El lugar geográfico donde vive (montañas, rocas), lo hacen aparentemente inexpugnable, de aquí su espíritu arrogante, seguro de sí mismo y seguro de su integridad como pueblo. Pero Edom no podrá escapar a la indignación de Dios porque ha usado la violencia criminal contra Israel, su hermano.

temblarán de miedo
de suerte que no quede ni un hombre
en la montaña de Esaú.

Las culpas de Edom

Am 1 11-12; Jl 3 5

10 Por la violencia hecha
a tu hermano Jacob,
quedarás lleno de vergüenza
y desaparecerás para siempre.
11 El día en que te desentendiste
de tu hermano,
cuando los extranjeros
deportaban a su ejército,
cuando los extraños
entraban por sus puertas,
y se repartían a sorteo Jerusalén,
tú también estabas con ellos.
12 No te complazcas viendo
el día de tu hermano,
el día de su desastre;
no te alegres de la desgracia
de los hijos de Judá
el día de su ruina;
no pronuncies palabras insolentes
el día de su angustia;
13 no entres por la puerta de mi pueblo
el día de su perdición;
no te complazcas también tú
al ver su desgracia
el día de su caída;
no te apoderes de sus riquezas
el día de su ruina;
14 no vigiles los cruces del camino
para acabar con los fugitivos;
no entregues a sus sobrevivientes
el día de la angustia.

El día del Señor

Am 9 12; Miq 4 7; Sal 22 29

15 Porque está cerca el día del Señor
contra todas las naciones.
Harán contigo lo mismo que hiciste tú;
recibirás tu merecido.
16 Igual que ustedes bebieron
en mi santo monte,
así beberán sin cesar
todas las naciones;
beberán y hasta lamerán la copa,
y desaparecerán por completo.
17 Pero en el monte Sión
se salvará un resto, que será santo,
y la descendencia de Jacob
recobrará todas sus posesiones.
18 Será fuego la descendencia de Jacob,
la descendencia de José una llama,
y la paja será la descendencia de Esaú:
la incendiarán y la consumirán
y no quedarán sobrevivientes
en la descendencia de Esaú.
Lo ha dicho el Señor.
19 Se apoderarán del Negueb,
la montaña de Esaú,
y de la Sefelá, el país de los filisteos.
Se apoderarán de los campos de Efraín
y de los campos de Samaría,
y Benjamín ocupará Galaad.
20 La multitud de los desterrados de Israel
se apoderará de Canaán hasta Sarepta,
y los desterrados de Jerusalén
que están en Sefarad se apoderarán
de las ciudades del Negueb.
21 Subirán victoriosos al monte Sión,
para juzgar a la montaña de Esaú.
Y el Señor reinará.

• **10-14**: Estos versos explican en qué consistió la *violencia criminal* de Edom (Esaú) contra Israel (Jacob), a causa de la cual quedará avergonzado y perecerá para siempre. En la caída de Jerusalén, conquistada por Nabucodonosor, Edom no se portó como hermano, sino como uno más de los conquistadores, de los que saquearon, mataron y deportaron. Disfrutó y se alegró del día funesto.

• **15-21**: La mirada del profeta se eleva ahora desde las circunstancias históricas concretas a la consideración de un castigo y de una amenaza de categoría universal (el *día del Señor*) que abarcará a todas las naciones. El castigo será proporcional a la culpa: quien oprimió será oprimido; quien saqueó, saqueado, quien mató, morirá. Y el instrumento de la *venganza* será la propia víctima, es decir Jacob y José, que se convertirán en fuego para un Esaú reducido a paja. El castigo de Edom abre paso a un horizonte de restauración: el resto humillado será exaltado en el monte Sión y hará posible el reinado del Señor.

JONAS

INTRODUCCION

En tiempos de Jeroboán II, en la primera mitad del s. VIII a. C., existió un profeta llamado Jonás, hijo de Amitay, natural de Gat-Jéfer, en la tribu de Zabulón, unos cinco kilómetros al noreste de Nazaret. Partiendo de este personaje y convirtiéndolo en protagonista de su relato, un autor posterior (probablemente del siglo V a. C.) compuso el libro de Jonás, una obra de ficción de carácter parabólico, con finalidad didáctica. Dicho de otra manera, el libro de Jonás no es una colección de oráculos proféticos ni tampoco un relato de carácter histórico, sino una narración dramatizada, semejante a algunas parábolas evangélicas, por ejemplo, la del *hijo pródigo* (Lc 15 11-32) y la de *los trabajadores de la viña* (Mt 20 1-16).

Como las parábolas del evangelio, lo que quiere subrayar el libro de Jonás es el amor y la misericordia de Dios: *Porque sé que eres un Dios clemente, compasivo, paciente y misericordioso, que te arrepientes del mal* (Jon 4 2). La reacción de Jonás frente a la bondad de Dios es semejante a la reacción del *hijo mayor* en la parábola del hijo pródigo y de los *obreros de primera hora* en la parábola de los trabajadores de la viña. En los tres casos es una reacción egoísta, propia de ambientes encerrados en sí mismos. Lo mismo que el *hijo pródigo* y los *obreros de última hora*, Nínive, la ciudad extranjera, pagana y enemiga por excelencia, simboliza a los pecadores y a los discriminados.

Los destinatarios del libro de Jonás, como los de las parábolas evangélicas, son judíos muy endurecidos y cerrados en sí mismos. Tanto el autor del libro de Jonás como Jesús quieren sacarlos de su endurecimiento y ganarlos para la concepción de un Dios misericordioso que acepta a todos sin distinción. *Jonás, tú sientes compasión de un ricino, que tú no has hecho crecer... ¿y no voy a tener yo compasión de Nínive...?* (Jon 4 10-11). *Hijo, tú estás siempre conmigo, y todo lo mío es tuyo. Pero tenemos que alegrarnos y hacer fiesta, porque este hermano tuyo estaba muerto y ha vuelto a la vida; estaba perdido y ha sido encontrado* (Lc 15 31-32). *¿O es que tienes envidia porque yo soy bueno?* (Mt 20 15). *Porque yo soy bueno*: Aquí está la clave de las tres parábolas: la de *los trabajadores de la viña* que debería llamarse la parábola del *Amo bueno*; la del *hijo pródigo* que debería llamarse del *Padre bueno* y la de Jonás que debería llevar por título: parábola del *Dios bueno*.

Jonás se niega a ir a Nínive

2 Re 14 25; Sal 107 23-30; Hch 27 18;
Mt 8 24-25; Jr 26 15

1 1 El Señor dirigió su palabra a Jonás,
hijo de Amitay, y le dijo:
2 –Vete ahora mismo a Nínive, la gran
ciudad, y pronuncia un oráculo contra ella,
pues su maldad ha llegado hasta mí.
3 Jonás partió, pero dispuesto a huir a
Tarsis, lejos del Señor. Bajó a Jafa, encontró un barco que salía para Tarsis, pagó su
pasaje y se embarcó para ir con ellos a Tarsis, lejos del Señor. 4 Pero el Señor desenca-

• **1 1-16:** Asiria, una de cuyas capitales fue Nínive, no se distinguió tanto por la cultura o por el comercio cuanto por su ejército y sus armas. Los asirios fueron guerreros famosos, que ejercieron el poder con dureza y tiranía. Recuérdese, por ejemplo, su recurso a las deportaciones en masa como medio para tener dominados a los pueblos. De ahí que Nínive, la capital de los asirios, quedara en el recuerdo de la historia como símbolo de la ciudad enemiga por excelencia. La sola posibilidad de predicar en Nínive le pareció a Jonás un absurdo y una locura. No sólo no dio oídos a la orden del Señor, sino que tomó un barco para alejarse de su presencia. Los marineros se muestran activos y responsables: invocan a sus dioses, les ofrecen sacrificios, arrojan la carga al mar para aligerar el barco; hacen todo lo que está en su mano para alejar el peligro. Esta actitud de los marineros, a pesar de que son extranjeros y paganos, contrasta con el comportamiento de Jonás, que, despreocupado de todo, viaja dormido en el fondo del barco. Todos estos detalles están al servicio de la tesis fundamental del libro: defensa del espíritu ecuménico frente al exclusivismo de algunos grupos judíos, representados por Jonás, a quien el autor trata con mucha ironía y le hace jugar un papel ridículo.

denó un viento huracanado sobre el mar y
se originó una tempestad tan violenta que
el barco estaba a punto de partirse. 5 Los
marineros, aterrados, invocaron cada uno a
su dios; luego arrojaron al mar la carga
para aligerar el peso. Sólo Jonás, que había
bajado a la bodega del barco, se había
acostado y dormía profundamente. 6 El
capitán se acercó a él y le dijo:
–¿Qué haces aquí durmiendo? Levántate e invoca a tu Dios, a ver si ese Dios se
ocupa de nosotros y no morimos.
7 Luego se dijeron unos a otros: «Vamos echar a suertes para saber quién es el
culpable de este mal». Echaron suertes, y
le tocó a Jonás.
8 Entonces le preguntaron:
–Explícanos por qué nos sucede esto.
¿Cuál es tu profesión? ¿De dónde vienes?
¿Cuál es tu país? ¿De qué pueblo eres?
9 Jonás respondió:
–Soy hebreo y adoro al Señor, Dios del
cielo, el que ha hecho el mar y la tierra firme.
10 Aquellos hombres se llenaron de miedo y le dijeron:
–¿Por qué has hecho esto? (pues por su
relato sabían ya que huía del Señor). 11 ¿Qué
haremos contigo para que se calme el mar?
(pues el mar se embravecía cada vez más).
12 El contestó:
–Levántenme y tírenme al mar, y éste
se calmará, porque sé que esta tempestad
les ha sobrevenido por mi culpa.
13 Los hombres remaron tratando de llegar a la costa, pero no lo lograron, porque
el mar seguía encrespándose. 14 Entonces
invocaron al Señor:
–Oh Señor, haz que no muramos por
culpa de este hombre ni nos hagas responsables de la muerte de un inocente, ya que
esto sucede según tus planes.
15 Entonces levantaron a Jonás y lo tiraron al mar; y se calmó la furia del mar.
16 Aquellos hombres, llenos de un gran temor hacia el Señor, le ofrecieron un sacrificio y le hicieron promesas.

Jonás en el vientre del pez

Mt 12 40; Sal 120 1; 69 2; 30 4; 3 9

2 1 El Señor hizo que un gran pez se tra-
gara a Jonás, y Jonás estuvo en el vientre del pez tres días y tres noches. 2 Desde
el vientre del pez, Jonás oró así al Señor,
su Dios:

3 Grité al Señor en mi angustia,
y él me respondió;
desde lo profundo del abismo
pedí auxilio
y escuchaste mi voz.
4 Me habías arrojado
a lo más hondo del mar;
me arrastraba la corriente,
todo tu oleaje me envolvía.
5 Yo dije:
«Me has arrojado de tu presencia.
¿Cómo podré volver
a contemplar tu santo templo?»
6 Las aguas me rodeaban
hasta ahogarme,
el abismo me envolvía,
las algas se enredaban en mi cabeza.
7 Me hundí hasta los cimientos
de las montañas,
hasta el lugar donde
son eternas las cadenas.
Pero tú sacaste mi vida de la tumba,
Señor, Dios mío.
8 Cuando ya desfallecía,
me acordé del Señor
y mi oración llegó hasta ti,
hasta tu santo templo.
9 ¡Los que honran ídolos vanos
que renuncien a venerarlos!
10 Yo, en cambio, te alabaré,
te ofreceré sacrificios,
y cumpliré las promesas que te hice.
¡Del Señor viene la salvación!

• **2** 1-11: La plegaria que Jonás pronuncia desde el vientre del pez es un salmo de acción de gracias. Más bien era de esperar un salmo de súplica, dado que todavía se encuentra en peligro en medio del mar. Por eso, algunos autores creen que no figuraba en la edición original, sino que ha sido añadido en un momento posterior. En todo caso, es escritura sagrada, lo mismo que el resto del libro. Los evangelistas (Mt 12 40) han establecido un paralelismo entre la permanencia de Jonás en el fondo del mar y el descenso de Jesús a los infiernos. El *mar* y los *infiernos* simbolizan el reino de la muerte, de la que han triunfado tanto Jonás como Jesús. La figura de Jonás ha sido utilizada asimismo en el arte cristiano primitivo y en las catequesis antiguas que preparaban para el bautismo, puesto que el cristiano por el bautismo se asocia a la resurrección de Cristo.

11 Entonces el Señor dio una orden al
pez, y el pez vomitó a Jonás en tierra firme.

Conversión y perdón de Nínive

Lc 11 30-32; Mt 12 41; Ez 26 16; 27 30-31; Jl 2 14

3 1 Por segunda vez el Señor se dirigió a
Jonás y le dijo:
2 –Vete ahora mismo a Nínive, la gran
ciudad, y proclama allí lo que yo te diré.
3 Jonás partió de inmediato a Nínive,
según la orden del Señor. Nínive era una
ciudad inmensa; se necesitaban tres días
para recorrerla. 4 Jonás entró en la ciudad
y caminó durante todo un día, proclamando: «Dentro de cuarenta días Nínive será
destruida».
5 Los ninivitas creyeron en Dios: decretaron un ayuno y todos, desde el más grande hasta el más pequeño, se vistieron con
ropas de penitencia. 6 También el rey de
Nínive, al enterarse, se levantó de su trono,
se quitó el manto, se vistió con ropas de
penitencia y se sentó en el suelo. 7 Luego
mandó proclamar en Nínive este decreto:
«Por orden del rey y sus ministros, que
hombres y animales, ganado vacuno y ovino, no coman, ni pasten ni beban agua.
8 Que se vistan con ropas de penitencia, que
invoquen a Dios con fuerza, y que todos se
conviertan de su mala conducta y de sus
violentas acciones. 9 Quizás Dios cambie de
parecer, se compadezca y se calme el ardor
de su ira, de suerte que no muramos».
10 Al ver Dios lo que hacían y cómo se
habían convertido, se compadeció y no
llevó a cabo el castigo con que los había
amenazado.

Jonás se enoja porque Dios perdona a Nínive

Ex 34 6-7; 1 Re 19 4

4 1 Jonás se molestó mucho, se enojó, 2 y
se dirigió al Señor diciendo:
–Ah, Señor, ya lo decía yo cuando todavía estaba en mi tierra. Por algo huí rápidamente a Tarsis. Porque sé que eres un Dios
clemente, compasivo, paciente y mi-seri-
cordioso, que te arrepientes del mal que
prometes hacer. 3 Así que ya puedes, Señor,
quitarme la vida, porque prefiero morir a
seguir viviendo.
4 El Señor le respondió:
–¿Te parece bien enojarte de esta manera?
5 Jonás salió de la ciudad y se instaló al
oriente de la misma; allí se construyó una
choza y se sentó a su sombra, para ver qué
sucedía con la ciudad. 6 El Señor hizo que
creciera una planta de ricino por encima de
la altura de Jonás para darle sombra y librarlo de su enojo. Y en efecto, el ricino
llenó de alegría a Jonás. 7 Pero al día siguiente, al amanecer, Dios mandó un gusano que picó la planta de ricino y ésta se
secó. 8 Al salir el sol, Dios envió un viento
sofocante del este. El sol caía sobre la cabeza de Jonás y, a punto de desmayarse, se
deseó la muerte diciendo:
–Prefiero morir a seguir viviendo.
9 Entonces Dios le dijo:
–¿Te parece bien enojarte a causa de esa
planta de ricino?
Jonás respondió:
–Sí, me parece bien enojarme hasta desear morir.
10 El Señor le dijo:
–Tú sientes compasión de una planta de
ricino que tú no has hecho crecer, que en
una noche brotó y en una noche se secó,
11 ¿y no voy yo a tener compasión de Nínive, la gran ciudad, en la que hay más de
ciento veinte mil personas que aún no distinguen entre el bien y el mal, y una gran
cantidad de animales?

• **3** 1-10: Forzado por las circunstancias, Jonás se dirigió a Nínive cumpliendo la orden del Señor. La conversión en masa de Nínive y las manifestaciones penitenciales de los ninivitas, empezando por el rey y terminando por los animales, *parecen exageradas, pero son* elementos valiosos dentro de la pedagogía de la parábola, que denuncia particularismos y exclusivismos y apunta a la apertura y a la universalidad. Lo mismo que ocurría con los marineros (Jon 1 4-16), el comportamiento ejemplar de los ninivitas, incluidos los animales, contrasta con la mezquindad de Jonás.

• **4** 1-11: El enojo de Jonás ante la conversión de Nínive y el correspondiente perdón del Señor, pone de relieve la bondad y la benevolencia de Dios, que contrasta con la ruindad de los hombres, tal como se profesaba y se vivía en algunos ambientes, personificados y simbolizados por Jonás (Jon 4 1-9). Los últimos versos (Jon 4 10-11) contienen la enseñanza central de la parábola: Dios se compadece de todos los pueblos y es misericordioso con todos los hombres.

MIQUEAS

INTRODUCCION

Un campesino visita la ciudad. Se aturde, se admira, se acompleja. Al final, desea regresar de nuevo a su parcela en el campo. La presencia en la capital del reino del profeta Miqueas, campesino de Moreset Gat (a unos 35 kms al suroeste de Jerusalén), por los años 727-701 a. C. no es ni visita de negocios ni visita de turismo. Los asirios han destruido la región y Miqueas, junto con otros campesinos, se encamina hacia Jerusalén, que todavía no ha caído en su poder.

1. Contexto histórico

El momento histórico de Miqueas (Miq 1 1) coincide, en buena medida, con el de Isaías (véase Is 1 1) del que fue contemporáneo. Este período está marcado por el dominio de Asiria, cuyo rey, Salmanasar V, conquista Samaría en el año 722 a. C. y convierte a Judá en reino dependiente. Unos años de relativa calma permiten a Ezequías, rey de Judá, ensanchar su territorio y llevar a cabo un intento de reforma religiosa. Sin embargo, a la muerte de Sargón II (705 a. C.) se organiza una revuelta anti-asiria, a la que se suma Ezequías. Las consecuencias serán desastrosas: Senaquerib, sucesor de Sargón, invade Judá, conquista sus principales plazas fuertes y llega a las mismas puertas de Jerusalén. Al final, el ejército asirio, urgido por fuerzas mayores, levanta el cerco, previo pago de un fuerte tributo por parte de Ezequías (véase 2 Re 18-19; Is 36-39; e introducción a Is 1-39). Este es, a grandes rasgos, el marco histórico, en el que hay que situar el ministerio profético de Miqueas.

2. Actividad profética y mensaje de Miqueas

El nombre de Miqueas, abreviatura de la pregunta: ¿quién como el Señor?, es todo un símbolo. A través de su obra, el profeta se manifiesta como un yavista convencido a quien hiere profundamente la situación de Jerusalén. Lo hieren las injusticias de los poderosos, la complicidad de los jueces, el engaño de los profetas profesionales, la falsa piedad que encubre la injusticia con el culto y que provoca una falsa seguridad ante el juicio de Dios (para muchos, a esto se había reducido la reforma religiosa de Ezequías). La brecha entre ricos y pobres se abre cada vez más y el profeta, que conoce las normas de la alianza y la historia de su pueblo, ve en la amenaza que se acerca una consecuencia inevitable del pecado de Israel, especialmente manifestado en la injusticia social y en la práctica de la idolatría.

El *mensaje* de Miqueas tiene tonos sombríos. El Señor va a manifestar su justicia a fin de castigar tanto pecado, y el castigo destruirá completamente Samaría y Jerusalén, pues ellas son la personificación misma del pecado. Tan lamentable es la situación provocada por la infidelidad. Por eso el castigo va a ser proporcional a ella.

Pero Miqueas deja una puerta abierta a la esperanza. El castigo es también una llamada a la conversión. Y el profeta intuye signos de un futuro diferente: el rey mesiánico, descendiente de David, del humilde clan de Efrata; la reunión de las tribus dispersas, inauguración de la paz que se extiende hasta los extremos de la tierra; Jerusalén como centro de atracción universal y lugar de encuentro de los pueblos con Dios y su palabra. El pequeño resto, en el mismo corazón del pueblo, será instrumento de esta purificación.

3. El libro de Miqueas

Tal como nos ha llegado, el libro de Miqueas es el resultado de una compleja actividad redaccional, posterior al profeta, a la que hay que atribuir la organización temática del material, la incorporación de añadidos (Miq 2 12-13; 7 8-20) y probables reflexiones tardías, que se remontan al exilio. En conjunto presenta una amplia gama de géneros proféticos: advertencias y amenazas, oráculos de juicio y condena, requisitorias o pleitos judiciales, anuncios de salvación, composiciones litúrgicas, etc.

En el estilo se asemeja a Amós y a Oseas por su frescura y sencillez, apasionamiento y crudeza. Sin embargo, la utilización frecuente de los juegos de palabras hacen a veces difícil la comprensión del texto.

La estructura del libro queda determinada por la alternancia sucesiva de procesos y promesas:

1) Miq 1 1: Título
2) Miq 1 2-3 12: Proceso contra Israel
2) Miq 4 1-5 14: Promesas a Sión
3) Miq 6 1-7 7: Nuevo proceso contra Israel
4) Miq 7 8-20: Liturgia de esperanza

Título

1 [1] Palabra del Señor que Miqueas de Moreset recibió en tiempos de Jotán, Ajaz y Ezequías reyes de Judá, y visiones que tuvo acerca de Samaría y Jerusalén.

Juicio de Samaría

Is 28 1-4; Nah 1; Hab 3

2 Escuchen, todos los pueblos,
pongan atención, tierra y cuanto la llena:
El Señor va a testimoniar contra ustedes,
el Señor desde su santo templo.
3 Miren, el Señor sale de su morada,
baja y camina
sobre las alturas de la tierra.
4 Bajo sus pies se derriten las montañas,
los valles se hunden
como cera junto al fuego,
como agua que se derrama por la cuesta.
5 Todo esto por la rebelión de Jacob,
por el pecado de Israel.
¿Dónde fue la rebelión de Jacob?
¿No ha sido en Samaría?
¿Dónde están
los lugares de culto de Judá?
¿No están en Jerusalén?
6 Convertiré a Samaría en campo de ruinas,
en lugar donde se planten viñedos.
Haré rodar sus piedras hasta el valle.
7 Todas sus estatuas serán trituradas,
todos sus salarios, echados al fuego;
destrozaré todos sus ídolos;
porque han sido adquiridos
con salario de prostituta
y en salario de prostituta se convertirán.

Lamentación sobre las ciudades del sur

Is 10 28-34; 20 2-4; Ez 24 17-23; 2 Sm 1 20

8 Por eso gemiré y me lamentaré,
andaré descalzo y desnudo,
lanzaré aullidos como los chacales,
y lamentos como los avestruces,
9 porque la herida de Samaría
es incurable y ha llegado hasta Judá,
ha alcanzado la puerta de mi pueblo,
hasta Jerusalén.
10 No lo cuenten en Gat; lloren, sí, lloren,
revuélquense en el polvo en Bet Leofrá.
11 Los habitantes de Safir van desnudos
y avergonzados al destierro,
no pueden salir
los habitantes de Saanán.
Hay duelo en Bet-Ezel,
nadie puede ayudarlos.
12 Los habitantes de Marot
están llenos de amargura,
porque el Señor ha hecho
llegar la desgracia
hasta las puertas de Jerusalén.
13 Enganchen los caballos a los carros,
habitantes de Laquis.
Allí comenzó el pecado de Sión,
porque en ti se encontraron
las rebeldías de Israel.
14 Por eso tendrás que separarte
de Moreset Gat.
Bet Aczib será una trampa
para los reyes de Israel.
15 También sobre ustedes,
habitantes de Maresá,
enviaré un conquistador,
y los elegidos de Israel
tendrán que refugiarse en Adulán.
16 Rasúrate la barba, córtate el pelo;
ensancha tu calva como la del buitre,
porque tus hijos queridos
han sido llevados al destierro.

Contra los opresores

Sal 36 5; Is 5 8; Hab 2 6-20

2 [1] ¡Ay de aquellos
que planean la maldad,
que traman el mal en su cama,

• **1** 2-7: Todos los pueblos y toda la creación son invitados a presenciar el proceso judicial. Se presenta al testigo y al acusado. Dios que deja su morada y baja a la tierra es quien testimonia. Los demandados son Israel-Samaría/Judá-Jerusalén. Las dos ciudades son personificación del pecado. El proceso se resuelve en castigo a causa del delito: Samaría será arrasada por su idolatría, pues se ha convertido en una prostituta al apartarse de su verdadero Señor.

• **1** 8-16: La desgracia por la que el profeta gime y se lamenta no se detiene en Samaría. Llega a otras doce ciudades, avanzando hacia Jerusalén. Miqueas presiente la amenaza inminente del rey asirio Senaquerib contra Jerusalén; cuando la invasión ha llegado al mismo pueblo de origen del profeta, Moreset-Gat, Jerusalén puede temer lo peor. Las amenazas no son fáciles de comprender porque implican un juego de palabras (intraducibles) con los nombres de las ciudades.

• **2** 1-5: Lo que de veras preocupa a Miqueas es la causa última de la invasión; porque Senaquerib no es más que un instrumento de castigo por los pecados del pueblo. Por eso Miqueas comienza la denuncia, con tono severo, contra pecados concretos. Es una denuncia contra los poderosos (porque tienen poder, pueden oprimir). La acusación: el despojo de los débiles. El castigo: van a quedar sin heredad en el nuevo reparto de la tierra (véase Miq 2 4-5).

y en cuanto es de día lo ejecutan,
porque tienen el poder en su mano!
2 Codician campos y los roban;
casas, y se apoderan de ellas;
oprimen al jefe de familia
y a todos los suyos,
al dueño y a sus bienes.
3 Por eso, así dice el Señor:
También yo proyecto un mal
contra esa gente,
un mal del que no podrán
apartar su cuello;
no podrán ir más con la frente en alto,
porque serán tiempos de desgracia.
4 Aquel día les dedicarán este proverbio,
y les entonarán esta lamentación:
«Estamos totalmente arruinados:
se reparten la heredad de mi pueblo,
¿cómo es que me la quitan?
Los que nos han conquistado,
se han repartido nuestros campos».
5 Así que no tendrás a nadie
que distribuya la tierra
en la asamblea del Señor.

Contra los profetas

Am 2 12; Is 30 10; Jr 14 13-16; 29 8-9

6 No deliren, deliran ellos,
no deliren diciendo:
«La desgracia no podrá alcanzarnos.
7 ¿Acaso está maldita
la descendencia de Jacob?
¿Ha perdido el Señor la paciencia?
¿Es esa su manera de actuar?
¿No son favorables sus palabras
para quien procede rectamente?».
8 Ustedes se alzan como enemigos
contra mi pueblo,
les quitan la túnica y el manto
a quienes pasan confiados
al regreso de la guerra.
9 Expulsan de sus amadas casas
a las mujeres de mi pueblo,
y les quitan para siempre a sus hijos
la gloria que yo les he dado.
10 ¡Levántense y caminen,
éste no es lugar de descanso!
Por tu impureza provocas la destrucción
y la destrucción será terrible.
11 Si alguien corriera detrás del viento,
inventando mentiras y diciendo:
«Por vino y licor deliraré en tu favor»,
ése sería un profeta digno de este pueblo.

El Señor reúne el rebaño

Is 4 3; Jr 3 18; Ez 37 15-28; Jn 10 7

12 Voy a congregar a todo Jacob,
voy a reunir al resto de Israel;
los agruparé como ovejas en un corral,
como un rebaño en medio del pastizal,
y regresará el ajetreo de la gente.
13 El que abre camino irá adelante de ellos,
los demás lo siguen,
atraviesan la puerta, salen por ella;
su rey va adelante de ellos,
y el Señor a la cabeza.

Contra los opresores del pueblo

Is 5 20.23; Jr 11 11; Mt 23 13

3 1 Escuchen, jefes de Jacob,
gobernantes de Israel:
¿No les corresponde a ustedes
conocer el derecho?
2 Sin embargo, ustedes odian el bien
y aman el mal,
arrancan la piel de encima,
y la carne de sus huesos.
3 Pues bien, estos que comen
la carne de mi pueblo,
que le quitan la piel,
le quiebran los huesos,
y los despedazan como carne
que se echa en la olla,
como ración en la cacerola,
4 clamarán al Señor,
pero él no les responderá;
les ocultará su rostro en aquel tiempo,
por sus malas acciones.

• **2 6-11**: Como siempre, los falsos profetas reaccionan. Ponen su engaño al servicio de los poderosos. Poder y engaño son buenos aliados contra los pobres. No es Miqueas con sus denuncias el enemigo del pueblo; sino los falsos profetas, que en favor de los poderosos, profetizan promesas falsas.

• **2 12-13**: Promesa de reunión y retorno, probablemente añadida en tiempos del destierro, para dar un respiro en medio de las amenazas. Con imágenes pastoriles, se anuncia la nueva reunión del pueblo, con el Señor a la cabeza.

• **3 1-4**: Son acusados ahora los jefes de Israel. El profeta les recuerda sus obligaciones respecto al derecho y la justicia; su delito se subraya con una gran viveza de imágenes: despellejar, quebrar huesos… Se han convertido en expertos carniceros del pueblo, devoradores de los pobres. Como castigo, experimentarán el silencio y la ausencia del Señor.

Contra la codicia de los profetas
Ez 13; Jr 23 9ss

5 Así dice el Señor contra los profetas
que desorientan a mi pueblo:
Mientras les dan para comer
hablan de paz,
pero a quien no les llena el estómago,
le declaran la guerra santa.
6 Por eso tendrán oscuridad
en lugar de visiones,
tinieblas en lugar de predicciones.
Se pondrá el sol para los profetas,
para ellos el día se hará oscuro;
7 quedarán en ridículo los videntes,
avergonzados los adivinos,
y todos humillados, se taparán la cara,
porque Dios no responde.
8 Yo, en cambio, estoy lleno de fuerza,
de espíritu del Señor,
de justicia y de valentía,
para echar en cara a Jacob su crimen
y a Israel su pecado.

Ruina de Jerusalén
Jr 26 18; Miq 1 6

9 Escuchen esto, jefes de Jacob,
gobernantes de Israel,
que desprecian la justicia,
y tergiversan el derecho,
10 que edifican a Sión con sangre
y a Jerusalén con crímenes.
11 Sus jueces se dejan sobornar,
sus sacerdotes enseñan por el sueldo,
sus profetas predicen por dinero,
y aún se apoyan en el Señor diciendo:
«¿No está el Señor
en medio de nosotros?
¡La desgracia no nos alcanzará!»
12 Por eso, por su culpa,
Sión será arada como un campo,
Jerusalén se convertirá
en un montón de ruinas,
y el monte del templo
se cubrirá de maleza.

Todos vendrán a Jerusalén
Is 2 2-5; 4 3; Miq 2 12-13

4 1 Al final de los tiempos estará firme
el monte del templo del Señor,
sobresaldrá sobre los montes,
se elevará sobre las colinas.
Hacia él confluirán todos los pueblos,
2 vendrán naciones numerosas. Dirán:
«Vengan, subamos al monte del Señor,
al templo del Dios de Jacob:
El nos enseñará sus caminos,
e iremos por sus sendas.
Porque de Sión saldrá la ley,
y de Jerusalén la palabra del Señor».
3 El juzgará a pueblos numerosos,
y será árbitro de naciones
poderosas y lejanas.
Convertirán sus espadas en arados,
sus lanzas en podaderas.
No levantará la espada
nación contra nación,
ni volverán a prepararse para la guerra,
4 sino que cada cual
se sentará bajo su parra y su higuera,
sin que nadie lo inquiete.
Lo ha dicho el Señor todopoderoso.
5 Porque todos los pueblos caminan
cada uno en nombre de su dios;
pero nosotros caminamos
en nombre del Señor nuestro Dios
por siempre jamás.
6 Aquel día, oráculo del Señor,
yo recogeré a las ovejas cojas,
reuniré a las extraviadas
y a las que yo había maltratado.

• **3 5-8**: Un nuevo enfrentamiento con los falsos profetas (véase Miq 2 6-11). La acusación es fuerte: niegan con su conducta la misión del profeta pues confunden a la gente con falsas promesas de paz, falsos mensajes y no actúan en nombre de Dios, sino por el alimento y el lucro (falsos mensajeros). El castigo: harán el ridículo, Dios se calla.

Después de esta *condena, Miqueas afirma su identidad profética* (tras el enfático "yo"), fundada en la presencia del espíritu del Señor (auténtico mensajero), que le da valor y fuerza para la denuncia.

• **3 9-12**: Nueva acusación contra los jefes, sacerdotes y profetas (véase Miq 3 1-4). Ellos son los verdaderos responsables de la ruina de Jerusalén. Intentan compaginar su pecado de injusticias y sobornos, con una falsa confianza en el Señor.

• **4 1-8**: Casi idéntico a Is 2 2-5 el presente oráculo (que según algunos, no sería de Miqueas) contempla a Jerusalén como el centro de la peregrinación de los paganos convertidos, símbolo de la paz y de la convivencia fraterna.

La imagen del pastor evoca la reunión de todo el pueblo en Sión/Jerusalén. El grupo de los rescatados estará compuesto por los débiles (las ovejas cojas); la nación se reconstruirá reuniendo de nuevo a los dispersos. La *torre del rebaño*, Jerusalén considerada como un aprisco, va a recibir de nuevo el poder.

[7] De las cojas haré un resto,
de las alejadas una nación poderosa.
Y el Señor reinará sobre ellos
en el monte Sión
desde ahora y para siempre.
[8] En cuanto a ti, torre del rebaño,
fortaleza de Sión,
recobrarás el poder de antes,
la monarquía regresará
a la ciudad de Jerusalén.

Liberación de Sión

Is 66 7-11; 55 8-9

[9] Y ahora, ¿por qué das gritos?
¿Es que no tienes rey?
¿Ha muerto tu consejero
y por eso te retuerces de dolor
como una mujer que da a luz?
[10] Retuércete, ciudad de Sión,
gime como una mujer en parto,
como mujer que está dando a luz.
Porque vas a salir de la ciudad,
y tendrás que vivir en el campo.
Irás hasta Babilonia,
pero allí serás liberada,
allí te rescatará el Señor
del poder de tus enemigos.
[11] Ahora naciones numerosas
se reúnen contra ti y dicen:
«Que sea profanada,
que nuestros ojos se recreen
en la ruina de Sión».
[12] Pero ellos no conocen
los pensamientos del Señor,
no comprenden que en su proyecto
los ha reunido para triturarlos
como cosecha de trigo amontonada.
[13] Levántate y machácalos, ciudad de Sión;
te daré cuernos de hierro,
y pezuñas de bronce:
triturarás a esos pueblos numerosos,
consagrarás al Señor su botín
y sus riquezas al dueño de toda la tierra.
[14] *Y ahora prepárate para la guerra,*
guarnición de Jerusalén,
pues nos cercan con trincheras,
y golpean con varas la mejilla
de los que gobiernan a Israel.

Venida del rey mesiánico

Mt 2 6; Jn 7 42; Is 7 14; Jue 6 24; Sal 2 9

5 [1] En cuanto a ti, Belén Efrata,
que no destacas
entre los clanes de Judá,
sacaré de ti al que ha de ser
soberano de Israel:
sus orígenes se remontan
a los tiempos antiguos,
a los días pasados.
[2] Por eso el Señor abandonará a los suyos
hasta el tiempo en que dé a luz
la que ha de dar a luz.
Entonces los que aún queden
volverán a reunirse
con sus hermanos israelitas.
[3] El se mantendrá firme
y pastoreará con la fuerza del Señor,
y con la majestad del nombre
del Señor su Dios.
Ellos vivirán seguros,
porque extenderá su poder
hasta los extremos de la tierra.
[4] El mismo será la paz.
Cuando Asiria invada nuestra tierra
y entre en nuestros palacios,
nos enfrentaremos a ella
con siete pastores y ocho príncipes,
[5] que pastorearán a Asiria con la espada,
y al país de Nemrod con el acero.
Porque cuando Asiria
invada nuestra tierra
y pise nuestras fronteras,
él será quien nos libre.

El resto entre las naciones

Is 4 3; Os 14 6

[6] Entonces, el resto de Jacob será
en medio de pueblos numerosos,

• **4 9-14**: Oráculo que anuncia la deportación y la liberación. Lo que en Miqueas pudo ser sólo abandono de la ciudad y huida a los campos y montañas durante la campaña militar del rey asirio Senaquerib, en un tiempo posterior se aplicó explícitamente al destierro de Babilonia. Pero el intento de los que no conocen los proyectos de Dios se convierte en liberación, porque el Señor hace de Sión un instrumento para castigar a las naciones.

• **5 1-5**: Subrayando el origen humilde de Belén, el profeta anuncia la venida de un rey mesiánico, de la dinastía davídica (*orígenes antiguos, días pasados*), que pastoreará en nombre del Señor, reunirá al pueblo y será su paz. Mt 2 6, ve cumplida esta profecía en el nacimiento de Jesús.

• **5 6-7**: Se destaca la presencia de Israel entre las naciones (o como israelitas dispersos o como pueblo entre los demás). Dos imágenes contrapuestas describen esta presencia: lluvia que reverdece los campos (bendición que responde a la acogida); y el león entre las fieras (amenaza si se da el rechazo).

como rocío que viene del Señor,
como lluvia que cae sobre la hierba,
que para nada depende de los hombres.
7 El resto de Jacob será entre las naciones,
en medio de pueblos numerosos,
como el león entre las fieras de la selva,
como cachorro de león
en un rebaño de ovejas,
que pasa, pisotea y desgarra,
sin que nadie le arranque la presa.
8 Demuestra tu poder
frente a tus adversarios,
y que todos tus enemigos
sean eliminados.

El Señor suprimirá los ídolos

Is 2 6ss; Os 14 4; Zac 9 10

9 Aquel día, oráculo del Señor,
yo exterminaré tus caballos,
y destruiré tus carros de guerra;
10 eliminaré las ciudades de tu tierra,
y derrumbaré todas tus fortalezas;
11 acabaré con tus hechicerías,
y no quedarán adivinos en medio de ti.
12 Destruiré tus estatuas
y tus piedras conmemorativas,
y no te postrarás más
ante la obra de tus manos.
13 Arrancaré de en medio de ti
tus imágenes sagradas,
y destruiré tus ciudades.
14 Con ira y con furor me vengaré
de las naciones que no han obedecido.

Pleito contra Israel

Is 3 13-15; 5 3-4; Os 4 1-5; Is 1 11-17; Am 5 21-24

6 1 Escuchen lo que dice el Señor:
«Levántate y presenta tu pleito
ante las montañas;
que oigan tu voz las colinas».
2 Escuchen, montañas, y ustedes,
cimientos eternos de la tierra;
el pleito que entabla el Señor;
pues el Señor se enfrenta a Israel,
entra en juicio con su pueblo:
3 «Pueblo mío, ¿qué te hecho?
¿En qué te he ofendido?
Respóndeme.
4 Yo te saqué de Egipto,
te liberé de la esclavitud,
y te di como guías a Moisés,
Aarón y María.
5 Pueblo mío, recuerda lo que Balac,
rey de Moab, planeaba contra ti,
y lo que contestó Balaán, hijo de Beor.
Recuerda cuando pasaste
de Sitín a Guilgal,
y así comprenderás
las victorias del Señor».
6 ¿Con qué me presentaré ante el Señor
y me postraré ante el Dios de lo alto?
¿Me presentaré con holocaustos,
con terneros de un año?
7 ¿Complacerán al Señor
miles de carneros,
e innumerables ríos de aceite?
¿Le ofreceré mi primogénito
en pago de mi delito,
el fruto de mis entrañas
por mi propio pecado?
8 Se te ha hecho saber, hombre,
lo que es bueno,
lo que el Señor pide de ti:
tan sólo respetar el derecho,
amar la fidelidad
y obedecer humildemente a tu Dios.

El castigo de Jerusalén

Am 8 4-6; 2 6-7; 4 1.10

9 La voz del Señor grita a la ciudad
(él salva a quienes lo temen):
«Escuchen, tribu

• **5 8-14**: La liberación pasa por la destrucción de todos los apoyos en los que el pueblo confía. Para que el resto de Israel no espere en el hombre ni aguarde nada de los humanos, sino que ponga su confianza sólo en el Señor, hay que derribar todo poder, sea el militar, el de la magia o el de los cultos falsos (la idolatría).

• **6 1-8**: Dos partes entran en pleito: Dios y el pueblo. Dios acusa al pueblo de no responder adecuadamente a sus beneficios salvíficos. El pueblo tenía que *recordar* y *comprender*. *Recordar* su propia historia y cómo Dios lo había liberado; *comprender* que todo se ha debido a la fidelidad del Señor. Desde el éxodo a la posesión de la tierra, el pueblo debe reconocer la fidelidad de Dios a su promesa de salvación (Miq 6 1-5).

El pueblo acepta implícitamente su culpa al intentar ofrecer una compensación. Sólo que equivoca su contenido: ofrece culto, pero Dios exige justicia, fidelidad y obediencia (Miq 6 6-8).

• **6 9-16**: Jerusalén está plagada de injusticias engendradas por la opresión a los débiles. El profeta a la vez que denuncia esta situación de ciega confianza de los poderosos en su influencia y su dinero, anuncia el castigo: sus riquezas siempre los dejarán insatisfechos, terminarán pudriéndose… y al final de todo, la vergüenza y la destrucción.

y asamblea de la ciudad.
10 ¿Es que voy a seguir
soportando su maldad,
las riquezas mal adquiridas,
las medidas rebajadas y detestables?
11 ¿Voy a tener por justo
al que usa balanza falseada,
y utiliza pesas inexactas?
12 Sus ricos están llenos de violencia,
sus habitantes hablan con falsedad,
y su lengua dice mentiras.
13 Pues bien, yo te golpearé,
te devastaré por tus pecados.
14 Comerás, pero no quedarás satisfecha,
el hambre te devorará por dentro;
lo que guardes se echará a perder,
y si consigues salvar algo,
lo entregaré al saqueo.
15 Sembrarás, pero no cosecharás;
de la aceituna sacarás aceite,
pero no te ungirás con él;
pisarás la uva, pero no beberás el vino.
16 Y puesto que sigues
las instrucciones de Omrí,
pones en práctica el ejemplo de Ajab
y te conduces según sus consejos,
yo te entregaré a la devastación,
y a tus habitantes a la burla.
Tendrás que soportar
la humillación de los pueblos».

Lamentación del profeta

Sal 14 1-3; Jr 5 1; 9 3; 12 6; Mt 10 35-36

7 1 ¡Ay de mí, que soy
como los que buscan espigas
después de la cosecha del trigo,
como los que buscan racimos
después de la cosecha de la uva!
Ni un racimo ha quedado que comer,
ni uno de esos higos que tanto me gustan.
2 La fidelidad ha desaparecido del país,
no queda ni un justo entre los hombres.
Todos desean derramar sangre,
se tienden trampas unos a otros.
3 Son maestros para hacer el mal:
el príncipe impone sus exigencias,
el juez se deja sobornar,
el poderoso actúa con codicia.
4 El mejor de ellos es como una zarza,
el más honrado entre ellos,
peor que una cerca de espinos.
Está a punto de llegar el día del juicio
anunciado por tus centinelas,
y con él llegará la desgracia.
5 No se fíen del prójimo,
no confíen en el amigo;
ten cuidado de lo que hablas
con la que se recuesta en tu pecho;
6 porque el hijo desprecia al padre,
la hija se alza contra su madre,
la nuera contra su suegra.
¡Sus propios parientes
se convierten en enemigos!
7 Pero yo atisbo la llegada del Señor,
espero en Dios, mi salvador.
Mi Dios me escuchará.

Liturgia de la esperanza

Sal 42 4.11; Jl 2 17; Sal 95 7; 23 1-2.4; Is 26 11; Jr 50 20; Sal 103 9; Gn 22 16-18; 28 13-15

8 No te alegres de mi mal, nación enemiga;
si he caído, me levantaré;
si habito en la oscuridad,
el Señor será mi luz.
9 He pecado contra el Señor,
y habré de soportar su ira
hasta que él juzgue mi causa
y me haga justicia.
Entonces me llevará a la luz,
y me hará ver su salvación.
10 Y cuando lo vea mi enemiga,
la que me decía:
«¿Dónde está el Señor tu Dios?»
se sentirá avergonzada.
Mis ojos la contemplarán
cuando sea pisoteada
como barro de la calle.

• **7 1-7**: Queda sólo el profeta, rodeado de injusticia y maldad, con la mirada puesta en Dios, esperando la salvación.

Ahora, a la injusticia de los jueces, príncipes y poderosos, se añade la agresión y la traición de amigos y familiares. Los primeros cristianos tuvieron una experiencia muy parecida a esta en su tarea misionera (véase Mt 10 35-36).

• **7 8-20**: Un gran diálogo entre el pueblo y Dios. A la confesión del propio pecado, desde la fe en el Señor (destaca la imagen de la luz) y la esperanza de ser liberados del enemigo (Miq 7 8-10), Dios responde con una promesa de salvación (Miq 7 11-13); a la súplica que pide la renovación de los prodigios salvadores del éxodo (Miq 7 14), responde la seguridad de una nueva intervención que hará temblar de miedo a todas las naciones, como en los tiempos de la liberación de la esclavitud (Miq 7 15-17). La liturgia acaba con un himno al Dios misericordioso y fiel (Miq 7 18-20).

11 Llega el día de reedificar tus muros,
el día de ensanchar tus fronteras.
12 Ese día vendrán a ti
desde Asiria hasta Egipto,
desde Egipto hasta el Eufrates,
de mar a mar, de montaña a montaña.
13 La tierra se convertirá en un desierto,
por culpa de sus habitantes
y como pago por sus malas acciones.

14 Pastorea a tu pueblo con tu bastón,
al rebaño de tu heredad,
que vive solitario entre malezas
y matorrales silvestres;
que lo pastoreen como antes
en Basán y en Galaad.
15 Como cuando saliste de Egipto
te haré ver maravillas.

16 Las naciones lo verán
y quedarán avergonzadas;
a pesar de todo su poder,
se llevarán la mano a la boca
y se taparán los oídos,
17 lamerán el polvo como la serpiente,
como los reptiles
que se arrastran por la tierra;
saldrán de sus guaridas,
vendrán temblando
hacia el Señor Dios nuestro,
llenas de temor ante ti.

18 ¿Qué Dios hay como tú,
que absuelva de la culpa
y pase por alto la rebeldía
del resto de su heredad,
que no mantenga por siempre su ira,
porque se complace en ser bueno?
19 De nuevo se compadecerá de nosotros
y sepultará nuestras culpas.
Tú arrojarás al fondo del mar
nuestros pecados;
20 así manifestarás tu fidelidad a Jacob,
y tu amor a Abrahán,
como lo prometiste
a nuestros antepasados,
desde los tiempos remotos.

NAHUM

INTRODUCCION

Es muy poco lo que sabemos de Nahum. Su lugar de origen era Elcós. Pero es difícil situar geográficamente esta localidad, porque no aparece en ningún otro texto del Antiguo Testamento. Es probable que se encontrara en territorio judío.

Etimológicamente el nombre del profeta significa *el consolado*; su nombre expresa su misión: debe de ser el *consolador* de su pueblo en una época particularmente sombría. La ruina de Nínive, tema central del poema, abre las puertas a la esperanza.

Para datar la actividad profética de Nahum, debe tenerse en cuenta la fecha del acontecimiento central mencionado en el libro: la caída de la capital del imperio asirio, Nínive, en el año 612 a. C. Suponiendo que se trata de una predicción y no de un recuerdo histórico de esta caída, es preciso fijar la actividad profética antes de esta fecha. Pero como Nahum recuerda la caída de Tebas (Nah 3 8), ocurrida en el 688/687 a. C., su actividad profética sería posterior a ésta. Habría, por tanto, que datar dicha actividad en la primera mitad del s. VII a. C., durante el reinado de Manasés (698-643 a. C.), de cuya política pro asiria el libro es una velada crítica. Asiria había alcanzado por entonces su mayor extensión y poderío. Asurbanipal había conseguido aplastar a Egipto y se apoderó de su capital, Tebas. El peligro de creerse invencible era evidente.

El *mensaje* de Nahum es especialmente duro. En su descripción de la caída de Nínive no aparece la compasión de Dios hacia el pueblo pecador, sino sólo su ira que no cesa hasta aniquilar completamente la ciudad opresora. Pero ¿es que puede Dios perdonar cuando el opresor mantiene tercamente su actitud? Nahum se sitúa evidentemente desde la óptica del oprimido, y ve en la justicia y la fidelidad de Dios la razón del castigo del opresor. Dios, y no los asirios, es el Señor de la historia; él puede utilizar a las naciones para sus propios designios, porque es el único que controla la historia y no soporta la opresión.

1 1 Oráculo sobre Nínive. Libro de la visión de Nahum de Elcós.

Salmo a la omnipotencia de Dios

Dt 4 24; Ex 20 5-6; 34 6-7; Is 50 2; Ap 6 17

2 El Señor es un Dios celoso y vengador;
el Señor es vengador, su ira es terrible.
El Señor se venga de sus adversarios,
guarda rencor contra sus enemigos.
3 El Señor es paciente,
pero su poder es grande
y nada deja sin castigo.
Camina en el huracán y la tempestad,
las nubes son el polvo de sus pies.
4 Con una orden seca el mar,
deja sin agua todos los ríos.
El Basán y el Carmelo languidecen,
el verdor del Líbano se marchita.
5 Ante él tiemblan las montañas,
se estremecen las colinas,
y se sobresalta la tierra,
junto con todo el universo habitado.
6 ¿Quién puede soportar su enojo?
¿Quién puede resistir
ante el ardor de su ira?
Su furor se derrama como fuego,
las rocas se funden ante él.
7 El Señor es bueno,
es refugio en el día de la angustia
y cuida a los que se refugian en él,
8 cuando llega la inundación.
Arrasa, sin embargo,
los fundamentos de la ciudad
y persigue a sus enemigos
hasta en la oscuridad.

• **1 2-8**: El libro de Nahum comienza con un salmo, dispuesto alfabéticamente en el original hebreo. Es un anuncio del contenido del libro como doctrina general, que será después aplicada a Nínive: el Señor es bueno y lento a la ira, pero decidido a castigar cuando se trata de una ciudad que es la encarnación del mal.

Sentencias contra Judá y Nínive

2 Re 19 35-36; Is 9 3; 14 19-21; Jr 8 1-2; Is 52 7-10

9 ¿Qué es lo que traman contra el Señor?
Él aniquila por completo;
la opresión no se repetirá.
10 Son una maraña de espinos,
están empapados de alcohol
y serán completamente devorados
como paja reseca.

11 De ti, Nínive, salió el que tramaba
el mal contra el Señor,
el que ideaba planes siniestros.

12 Así dice el Señor a Judá:
Por muy robustos
y numerosos que sean,
serán cortados y desaparecerán.
Si te he humillado,
no volveré a humillarte;
13 porque ahora quebraré
el yugo que pesa sobre ti,
y romperé tus cadenas.

14 Y sobre ti, rey de Nínive,
esto ordena el Señor:
Ningún descendiente
continuará tu nombre;
voy a eliminar del templo de tus dioses
los ídolos tallados y los fundidos,
y voy a prepararte una tumba,
pues eres despreciable.

2 1 Miren, ya se acerca por los cerros
el mensajero que anuncia la paz.
Celebra tus fiestas, Judá,
cumple tus promesas;
porque no volverá
a invadirte el hombre siniestro;
está totalmente aniquilado.

2 Un destructor avanza contra ti:
monta guardia en la muralla,
vigila la ruta, prepárate para luchar,
reúne todas tus fuerzas.

3 Sí, el Señor restablece
el orgullo de Jacob,
la viña de Israel,
que los saqueadores habían saqueado,
destruyendo su ramaje.

La caída de Nínive

Is 5 26-30; Jr 5 15-17; 6 22-30; Os 5 14; Miq 5 8

4 Es rojo el escudo de sus guerreros
y de terciopelo el manto de sus soldados;
reluce en los carros el brillo del acero,
cuando se preparan para la batalla
y empuñan las lanzas.
5 Los carros de guerra avanzan
con furia por las calles,
se precipitan por las plazas
como antorchas encendidas,
atraviesan como relámpagos.
6 Se convoca a los valientes capitanes,
chocan unos con otros al correr,
corren hacia la muralla,
se arma la defensa.
7 Fuerzan las puertas que dan al río,
y el palacio se derrumba.
8 Llevan cautiva a la reina,
sus damas lloran desconsoladas,
y gimen como palomas.

9 Nínive es como un estanque,
cuyas aguas se escapan.
«Deténganse, deténganse».
Pero nadie hace caso.
10 Saqueen la plata, saqueen el oro.
¡Son riquezas sin fin,
montones de objetos preciosos!
11 ¡Robo, saqueo, destrucción,
valentía que desfallece,
rodillas que se doblan,
fuerzas que flaquean,
rostros que palidecen!

12 ¿Dónde está la cueva de los leones,
dónde la guarida de los cachorros?

• **1 9-2 3**: Se suceden amenazas y esperanzas según se dirijan a Nínive (Nah 1 11.14; 2 2) o a Judá (Nah 1 9-10; 2 1.3), con una interpretación diferente del castigo. En el caso de Judá será medicinal, en el de Nínive va a ser definitivo. La intervención del Señor es *motivo de consuelo para Judá* y de desolación para Nínive.

• **2 4-14**: Predicción y descripción magistral de la caída de Nínive con mezcla de rasgos visuales (el rojo de los escudos y vestidos) y auditivos (lanzas, carros, tumulto de agua). Se describen los escudos, se sigue con todo el ejército y la conquista del corazón de la ciudad (saqueo del oro y la plata), y se termina con una descripción del miedo (Nah 2 11) en la que intervienen elementos psicológicos y fisiológicos.

Nah 2 12-13 utiliza la imagen del león (leona y cachorros) para describir la voracidad del imperio asirio, que hace presa, llenando de víctimas su guarida.

En Nah 2 14 Dios mismo anuncia su intervención. La interpretación teológica de la caída de Nínive permite al profeta aplicar directamente a Dios lo que fue obra de medos y elamitas.

Cuando el león se iba,
quedaba la leona con sus cachorros;
nadie se atrevía a molestar al león,
13 al desgarrar su presa
para sus cachorros,
al partirla para sus leonas,
al llenar de víctimas su cueva
y de caza su guarida.
14 Aquí estoy para castigarte,
oráculo del Señor todopoderoso:
arderán tus carros de guerra,
y la espada devorará a tus leones;
haré desaparecer de la tierra tus rapiñas
y no se oirá más la voz
de tus mensajeros.

Ruina de Nínive

Ez 39 11-16; Ap 17-18; Os 2 5

3 1 ¡Ay de ti, ciudad sanguinaria,
repleta de fraude,
llena de violencia,
colmada de rapiña!
2 Escuchen: chasquidos de látigos,
estruendos de ruedas,
galopes de caballos,
rodar de carros,
3 cargas de caballería,
brillar de espadas,
destellar de lanzas,
multitud de heridos,
montones de muertos,
infinidad de cadáveres
con los que se tropieza al andar.
4 Todo ello por los muchos
escándalos de la prostituta,
de la que, atractiva y hechicera,
engañaba a las naciones
con sus desenfrenos,
y a los pueblos con sus hechizos.
5 Aquí estoy para castigarte,
oráculo del Señor todopoderoso:
Te levantaré las faldas hasta la cara
y mostraré tu desnudez a las naciones,
a los reinos tu vergüenza.
6 Te cubriré de basura y de infamia,
y te pondré como espectáculo público.
7 Todo el que te vea huirá de ti y dirá:
«Nínive está desolada.
¿Quién la compadecerá?
¿Dónde encontrar quien la consuele?»

El ejemplo de Tebas

Os 10 14

8 ¿Eres tú mejor que Tebas,
establecida entre los brazos del Nilo
y rodeada de aguas?
Su defensa era el río,
y las aguas le servían de muralla;
9 Etiopía y Egipto,
con recursos sin límite,
eran su seguridad;
Lidia y Libia, sus aliados.
10 Con todo, también ella
fue hecha cautiva,
y tuvo que partir para el destierro;
también sus niños fueron estrellados
en las esquinas de todas las calles;
sus nobles fueron repartidos por sorteo
y todos sus grandes encadenados.
11 También tú te embriagarás,
y aturdida tendrás que buscar refugio
para librarte del enemigo.

Desastre irremediable

Is 19 16; Jr 51 30; 1 Re 22 17

12 Todas tus fortalezas son como higueras
cargadas de higos maduros:
a la menor sacudida caen en la boca
de quien desea comerlos.
13 Tu ejército es una partida de mujeres.
Las puertas de tu país
se abren del todo al enemigo,
el fuego ha devorado sus cerraduras.
14 Acumula agua para cuando te ataquen,
refuerza tus fortificaciones,

• **3 1-7**: Es una segunda reflexión sobre la ruina de Nínive, cuyo delito es doble: por una parte, sangre, fraude, robo, violencia (Nah 3 1); por otra, seducción de otros pueblos, a imagen de la prostituta, que engaña con sus encantos y hechizos (Nah 3 4). Sus pecados atraerán un doble castigo: el asalto, descrito con especial vivacidad (Nah 3 2-3); y la pública vergüenza a la que Dios mismo expone a la ciudad prostituta (Nah 3 6). No es digna de compasión la que no tuvo compasión con nadie (Nah 3 7).

• **3 8-11**: Las tropas asirias habían conquistado la ciudad de Tebas hacia el 667 a. C. La que parecía invencible cayó. Y su caída se presenta como escarmiento: lo que ocurrió a Tebas también le ocurrirá a Nínive: *También tú...* (Nah 3 11).

• **3 12-19**: El libro concluye con una nueva predicción del ataque a la ciudad y su consiguiente ruina y con el deseo de que Dios acabe con los injustos. No hay solución para Nínive: *no hay remedio para tu herida, tu llaga es incurable.* De nada valdrá el número, ni podrán hacer nada los guardianes y funcionarios, reducidos a una masa de insectos despreciables que huyen. El desastre será total.

amasa el barro, prepara la arcilla,
y haz ladrillos con el molde.
15 Aun así, la espada te aniquilará
y el fuego te devorará,
como devora la langosta.
Aunque te amontones
como las langostas;
aunque te multipliques
como los saltamontes;
16 aunque tus comerciantes
se hagan más numerosos
que las estrellas del cielo;
17 aunque tus guardianes sean
como plaga de langostas,
y tus funcionarios
como enjambre de insectos
que se posan en las paredes
en los días de frío,
al brillar el sol los saltamontes
levantan el vuelo
y se van sin que nadie sepa a dónde.
18 ¡Se han dormido tus pastores,
rey de Asiria,
tus valientes están en la tumba!
Tu ejército está disperso por las montañas,
y nadie lo reúne.
19 No hay remedio para tu herida,
tu llaga es incurable.
Todos los que se enteran
aplauden tu ruina:
pues ¿quién no ha experimentado
constantemente tu crueldad?

HABACUC

INTRODUCCION

¿No desconcierta muchas veces al creyente la intervención de Dios en la historia? ¿De qué lado está Dios? ¿Está también con los opresores? ¿Los elige Dios como instrumento?

Preguntas como éstas atormentaron también un día a Habacuc, un personaje de quien sólo conocemos el nombre (que suele relacionarse con la denominación de un arbusto). La tradición, sin embargo, lo hizo entrar en la leyenda y le asigna un papel en el relato griego de Daniel en la fosa de los leones (Dn 14 33-39). La comunidad de Qumrán utilizará su libro con cierta predilección y lo mismo hará el cristianismo primitivo (Rom 1 17; Gal 3 11; Heb 10 38).

Habacuc desarrolló su actividad entre la desaparición del imperio de Asiria y el nacimiento del nuevo imperio babilónico y caldeo. Podemos situar su profecía entre el año 609 y el 597 a. C. A escala nacional, se vive un momento difícil: con el rey Joaquín se instala en el pueblo un período de injusticia e iniquidad. Es preciso reconocer la culpa. Pero ¿va a intervenir Dios mediante un imperio mucho más cruel aún? ¿Acaso es la historia una sucesión de opresores? De nada sirve que un imperio sea vencido si los destinos del mundo pasan a manos del siguiente.

Comprendemos desde ahí el estilo de queja que posee la profecía de Habacuc. El profeta no se resigna; interpela, cuestiona, protesta, se enfrenta a su Dios. Su fe y el curso de la historia lo colocan en situación dramática: la acción de Dios en la historia se le hace incomprensible.

Precisamente por eso es especialmente fuerte la profecía del fiel Habacuc. La palabra-clave de su mensaje es fe/fidelidad (Hab 2 4). Fidelidad del justo que responde a la fidelidad de Dios, real a pesar de las apariencias. El Dios que dio pruebas de fidelidad en el pasado es el mismo Dios en quien el profeta tiene puesta su confianza. El Señor continúa siendo su única fuerza. Se puede afirmar que Habacuc nos enseña a esperar contra toda esperanza.

1 1 Oráculo que recibió en visión el profeta Habacuc.

Primera queja: la injusticia

Sal 13 2-4; Jr 14 9; 9 2-5; Miq 7 2-3; Is 59 14

2 ¿Hasta cuándo, Señor,
pediré auxilio, sin que tú escuches?
¿Hasta cuándo te gritaré:
«¡No hay más que violencia!»
sin que tú me salves?
3 ¿Por qué me haces sentir la maldad,
mientras tú contemplas
impasible la opresión?
Ante mí no hay más que rapiña,
violencia, pleitos y contiendas.
4 La ley no se aplica, no se hace justicia;
el malvado acorrala al justo;
la justicia está pervertida.

Oráculo: los caldeos, azote de Dios

Hch 13 41; Is 10 5-15; Ez 38 8-12

5 Miren lo que ha sucedido
a las naciones, contémplenlo,
asómbrense, quédense sin palabra.
Pues yo voy a hacer en sus días
una obra que nadie creerá
cuando alguien la cuente.

• **1 2-4**: Probablemente se refiere el profeta a la situación interna del país, que describe como sin ley y sin derecho, abriendo así el camino a toda clase de crímenes y violencias. Es de notar la impaciencia del profeta que, cercano al mundo que describe, la convierte en sincera queja: *¿hasta cuándo Señor...?*

• **1 5-11**: Es la primera respuesta. Dios habla, invitando al profeta a que contemple lo que ya está pasando: el poderío de un nuevo conquistador, descrito con imágenes de extraordinaria violencia y crueldad, que no tiene más dios que su fuerza. A pesar de todo, Dios asume como instrumento a estos brutales invasores (*yo voy a hacer en sus días... Voy a poner en pie de guerra a los caldeos...*). Para Habacuc, aquí radica el problema.

6 Pongo en pie de guerra a los caldeos,
ese pueblo feroz e incontenible,
que recorre toda la tierra,
para adueñarse de países ajenos.
7 Es terrible y temible;
no reconoce más ley
ni más grandeza que las suyas;
8 sus caballos son
más veloces que leopardos,
más feroces que lobos nocturnos;
sus jinetes vienen de lejos al galope,
vuelan como águila
que se lanza a devorar.
9 Todos llegan dispuestos a matar;
el rostro ardiente
como el viento del desierto,
amontonan prisioneros como arena.
10 Es un pueblo que se ríe de los reyes
y se burla de los príncipes.
Las plazas fuertes
son cosa de juego para él:
construye terraplenes de asalto
y se apodera de ellas.
11 Entonces renueva su ardor
y sigue adelante.
No tiene más dios que su fuerza.

Segunda queja: la opresión

Sal 90 1-2; 5 5-6; 35 22-26

12 ¿No eres tú, Señor, desde antiguo
mi Dios, mi santo? ¡No moriremos!
Tú has puesto a ese pueblo, Señor,
para que se respete el derecho,
lo has establecido, oh Roca,
como advertencia.
13 Tú que tienes los ojos demasiado puros
para mirar el mal,
y la opresión te resulta insoportable.
¿Cómo puedes contemplar
en silencio a los traidores,
soportar al malvado que devora
a quien es mejor que él?
14 Tratas a los hombres
como a peces del mar,
como a reptiles que no tienen dueño.
15 El opresor los atrapa con el anzuelo,
los arrastra en su red,
los recoge con su malla,
se alegra y se regocija.
16 Por eso rinde culto a sus artes de pesca,
porque, gracias a ellas,
su pesca es abundante
y sabrosa su comida.
17 ¿Seguirá utilizando sus redes,
asesinando sin piedad a los pueblos?

Oráculo: el justo vivirá por su fidelidad

2 Pe 3 4-10; Rom 1 17; Gal 3 11

2 1 Voy a colocarme
en mi puesto de guardia,
estaré de pie sobre la muralla,
atento para ver lo que el Señor me dice,
lo que responde a mi queja.
2 Y el Señor me respondió:
«Escribe la visión, grábala en tablillas,
para que lea con claridad,
3 porque la visión tardará en cumplirse,
pero camina hacia su fin y no fallará;
aunque parezca tardar, espérala;
pues se cumplirá en su momento.
4 El soberbio no durará,
pero el justo vivirá por su fidelidad».

Cinco maldiciones contra el opresor

Is 10; Jr 22 13-30; Is 11 9; Gn 9 20-25; Is 40 20

5 ¡Ciertamente es traidora la riqueza!
El orgulloso no se detiene,
ensancha como el abismo su boca
y es insaciable como la muerte,

• **1 12-17**: Nueva queja del profeta: ¿Cómo es posible que un pueblo cruel e injusto sea escogido para hacer justicia? Utiliza el profeta la imagen de la pesca: el conquistador es como un pescador sin escrúpulos y despiadado que, además, satisfecho de su éxito, da culto a los instrumentos que le sirvieron para pescar, es decir, los instrumentos de guerra que le sirvieron para oprimir.

• **2 1-4**: En actitud de escucha y vigilancia, Habacuc *espera otra respuesta. La respuesta va a ser importante;* la visión hay que registrarla por escrito, en escritura legible. A pesar de todas las apariencias, el malvado perecerá y el justo vivirá por haber puesto su confianza en el Señor.

• **2 5-20**: Repetición del mismo tema: el hombre soberbio no tendrá éxito; los pueblos que él oprimió se convertirán en los cantores de su desgracia. Siguen cinco lamentaciones que anuncian la desgracia. El anuncio de la desgracia acompaña con frecuencia la descripción de la causa. Así lo hace Habacuc, señalando dramáticamente la raíz de la desgracia: acumular bienes a costa de otros, saquear violentamente a los pueblos, llenar la propia casa con ganancias injustas, fundar la convivencia de la ciudad en violencias y crímenes, humillar a otros con lujuria perversa, dar culto a falsos dioses. A la acumulación de causas corresponde la acumulación de castigos: saqueos, despojo, fuego, gloria que se torna en vergüenza humillante, violencia sangrienta, silencio de Dios. Si tales son las desgracias, no es exagerado entonar una lamentación de la malaventuranza.

se adueña de todas las naciones
y pretende acaparar todos los pueblos.
6 ¿No entonarán todos coplas contra él,
no le dedicarán versos
con mordaz ironía? Dirán:

¡Ay de quien acumula
bienes a costa de otro!
¿Hasta cuándo amontonará
cosas empeñadas?
7 Cuando menos lo esperes
aparecerán tus acreedores,
surgirán los que exigen lo suyo
y caerás en sus garras.
8 Has saqueado a muchos pueblos;
has derramado sangre humana;
has hecho violencia al país,
a la ciudad y a todos sus habitantes;
pues ahora los otros pueblos
te despojarán a ti.

9 ¡Ay de quien llena su casa
con ganancias injustas,
para poner sus bienes a salvo,
y escapar de la desgracia!
10 Al despojar a tantos pueblos,
has acarreado la deshonra de tu casa
y te has perjudicado a ti mismo.
11 Hasta las piedras claman desde la muralla
y las vigas les responden
desde los techos.

12 ¡Ay de quien construye
una ciudad con sangre
y la funda sobre el crimen!
13 ¿Acaso no ha decidido
el Señor todopoderoso
que los pueblos se fatiguen para el fuego
y se cansen inútilmente las naciones?
14 Pues la tierra se llenará
del conocimiento de la gloria del Señor,
como las aguas colman el mar.

15 ¡Ay del que hace beber a su prójimo,
mezcla droga y lo emborracha
para verlo desnudo!
16 Te has saciado de ignominia,
y no de gloria.
¡Bebe tú y enseña tu prepucio!
El Señor derramará sobre ti la copa
que tiene en su mano
y tu gloria se cambiará en vergüenza.
17 Has derramado sangre humana
y has hecho violencia al país,
a la ciudad y a todos sus habitantes;
por eso, la violencia hecha al Líbano
se volverá contra ti,
y las matanzas de animales
te causarán espanto.

19 ¡Ay de quien dice
a un trozo de madera: «¡Despierta!»,
y a la piedra muda: «¡Levántate!»
¿Podrán comunicar algún mensaje
aunque estén recubiertos de oro y plata,
si no hay en ellos ni un soplo de vida?
18 ¿De qué sirve la estatua
que esculpe el artista,
si es una imagen fundida
para inducir al engaño?
¿Cómo pondrá el autor su confianza
en ídolos que no pueden hablar?
20 Pero el Señor está en su santo templo:
¡Silencio, tierra entera, ante él!

Himno a Dios y canto de confianza

Job 38-40

3 1 Oración del profeta Habacuc, con melodía de una lamentación.

2 ¡He oído tu mensaje, Señor,
he visto lo que has hecho!
¡Vuelve a actuar en nuestro tiempo,
date a conocer en nuestros días,
y aunque estés enojado,
no te olvides de tener compasión!
3 Dios viene de Temán,
el Santo del monte Farán.
Su majestad cubre los cielos,
la tierra está llena de su gloria.
4 Su resplandor es como la luz,
sus manos despiden rayos,
allí se esconde su fuerza.
5 Delante de él avanza la peste,
la fiebre sigue sus pasos.
6 Cuando él se detiene,
tiembla la tierra;

• **3 1-19**: Cierra el libro de Habacuc un himno a Dios guerrero, de dimensiones cósmicas y rasgos apocalípticos. La lucha no es, sin embargo, contra los elementos caóticos de la naturaleza; Dios combate contra los enemigos del pueblo. Lleno de temor, el profeta entona un canto de júbilo, alabando al Señor, que es la fuerza que lo guía. Las indicaciones del comienzo y del final (Hab 3 1.19) son parecidas a las que encontramos en muchos salmos. El himno de Habacuc puede leerse, pues, como si fuera un salmo.

cuando él las mira,
se estremecen las naciones,
las montañas eternas se desmoronan
y se hunden las antiguas colinas.
A él pertenecen los caminos eternos.
7 He visto las tiendas de Cusán
reducidas a la nada,
tiemblan de espanto
las carpas de Madián.
8 ¿Arde, Señor, tu ira, contra los ríos,
o contra el mar tu furor,
cuando montas en tus caballos,
en tus carros victoriosos,
9 cuando desenfundas tu arco,
y llenas su cuerda de flechas?
Agrietas la tierra con torrentes;
10 al verte se estremecen las montañas,
cae una lluvia torrencial,
el abismo deja oír su voz
y levanta sus manos a lo alto.
11 El sol y la luna permanecen en su sitio,
ante el resplandor de tus flechas veloces,
ante el brillo resplandeciente de tu lanza.
12 Recorres la tierra enfurecido,
machacas a las naciones con tu ira.
13 Saliste a salvar a tu pueblo,
a salvar a tu ungido;
destrozas la casa del impío,
dejas al descubierto sus cimientos.
14 Con tus propias flechas has atravesado
la cabeza de sus jefes,
cuando, entre gritos de triunfo,
se lanzaban impetuosos contra nosotros,
como si fueran a devorar
al pobre en su refugio.
15 Recorres el mar con tus caballos,
entre el ruido de aguas caudalosas.
16 Al oírlo, mis entrañas se estremecen,
mis labios tiemblan,
un escalofrío recorre mis huesos,
y tiemblan mis pasos.
Sin embargo, espero tranquilo
que venga el día de la angustia,
sobre el pueblo que nos oprime.
17 Aunque la higuera no eche sus brotes
y no den su fruto las parras;
aunque fracase la cosecha del olivo,
y no produzcan nada los campos;
aunque no haya ovejas en el corral
y desaparezca el ganado del establo,
18 yo me alegraré en el Señor,
tendré mi gozo en Dios mi salvador.
19 El Señor es mi señor y mi fuerza;
él da a mis pies la agilidad de la cierva
y me hace caminar por las alturas.

Al maestro de coro. Para instrumentos de cuerda.

SOFONIAS

INTRODUCCION

A Sofonías le tocó vivir un tiempo interesante. Judá llevaba un siglo sometida al imperio asirio (desde el año 734 a. C.). Poco a poco la vida religiosa fue invadida por costumbres extranjeras y prácticas paganas. La decadencia había llegado a su punto más profundo en el reinado de Manasés (693-639 a. C.); como aparece en 2 Re 21 3-9.16. Surgió entonces Josías (640-609 a. C.), rey reformador y continuador de las grandes tradiciones religiosas del pueblo. En su primera época contó con la colaboración inestimable de Sofonías. Cuando la reforma religiosa llega a su apogeo con el descubrimiento del Libro de la ley (622 a. C.), Sofonías ya probablemente había muerto. Pero su predicación profética ayudó a poner los fundamentos de este despertar religioso.

Aunque sin mucha originalidad, Sofonías pone calor y colorido a temas tradicionales desde una situación que le hace mirar los problemas prácticos en continuidad con los grandes profetas del s. VIII a. C. Denuncia con fuerza los pecados contra Dios y contra el prójimo; pecados que están haciendo la situación insostenible y que provocarán la llegada del *día del Señor*, como el día del mayor castigo, el día en que la ira del Señor hará justicia en la tierra.

De este *día del Señor* escapan solamente los sencillos de corazón, que permanecen fieles a Dios y se esfuerzan en practicar la ética de la alianza. Este es el segundo elemento del mensaje de Sofonías. La destrucción da paso a la salvación. Hay un *resto de Israel* en el que se hará presente el mismo Señor: *el Señor tu Dios está en medio de ti, es un salvador poderoso* (Sof 3 15.17).

Título

1 [1] Palabra del Señor que recibió Sofonías, hijo de Cusí, hijo de Godolías, hijo de Amarías, hijo de Ezequías, en tiempo de Josías, hijo de Amón, rey de Judá.

Juicio contra Judá

2 Re 23 4-7.12-13; Dt 4 19; Hab 2 20; Am 5 4-6.14-18; Is 42 13; Jl 2 1-3; Ez 7 19; Is 57 15

2 Voy a barrerlo todo
de la superficie de la tierra,
oráculo del Señor.
3 Barreré hombres y ganados,
barreré aves del cielo y peces del mar;
haré que perezcan los malvados,
eliminaré a los hombres
de la superficie de la tierra,
oráculo del Señor.
4 Extenderé mi mano contra Judá
y contra los habitantes de Jerusalén,
y eliminaré de este lugar
hasta el último resto de Baal,
hasta el nombre de sus servidores
y de sus sacerdotes.
5 Eliminaré a los que se postran
en las terrazas
ante los astros del cielo;
a los que se postran ante el Señor
y al mismo tiempo juran por Milcón;
6 a los que abandonan al Señor
y no lo buscan ni lo consultan.
7 Silencio ante la presencia del Señor
porque está cerca el día del Señor;
el Señor ha preparado un sacrificio
y ha purificado a sus invitados.
8 En el día del sacrificio del Señor
castigaré a ministros y príncipes,

• **1 2-2 3**: El opúsculo de Sofonías se abre con el juicio universal de Dios que abarca toda la creación, preludio de las amenazas dirigidas especialmente a Judá. Las amenazas no son gratuitas; es mucha la maldad que se ha instalado en Judá. Las autoridades cometen violencias y fraudes; los comerciantes, abusos; la autosuficiencia se convierte en idolatría. Por eso, llegará el castigo; vendrá el *Día del Señor*, exterminador de todos los habitantes de la tierra. Sin embargo, un resto constituido por los humildes que practican la justicia, encontrarán refugio el día de la ira del Señor.

a los que visten como extranjeros.
9 Aquél día castigaré a los aduladores,
y a los que llenan la casa de su señor
de violencia y fraude.
10 Aquel día, oráculo del Señor,
se oirán gritos en la puerta de los Peces,
alaridos en la ciudad nueva,
y un gran estruendo desde las colinas.
11 ¡Giman, habitantes del barrio del Mortero,
porque han perecido
todos los comerciantes,
han sido eliminados
todos los que cambian dinero!
12 En aquel tiempo, antorcha en mano,
yo inspeccionaré a Jerusalén
y castigaré a los hombres
que se sienten confiados en su maldad,
y dicen en su corazón:
«El Señor no hace ni bien ni mal».
13 Sus riquezas serán saqueadas,
sus casas destruidas;
si construyen casas, no las habitarán;
si plantan viñas, no beberán su vino.

14 Próximo está el gran día del Señor,
está próximo y se acerca rápidamente.
Habrá clamores amargos
en el día del Señor,
y hasta el valiente pedirá auxilio.
15 Día de ira será aquél,
día de angustia y de desgracia,
día de desastre y desolación,
día de tinieblas y de oscuridad,
día de nubes y negros nubarrones,
16 día de toques de trompeta
y de gritos de guerra
contra las ciudades fortificadas,
contra las altas torres de defensa.
17 Llenaré de angustia a los hombres,
que caminarán a tientas como ciegos.
Su sangre será esparcida como polvo,
su carne amontonada como estiércol,
porque pecaron contra el Señor.
18 Ni su plata ni su oro, podrán salvarlos.
El día de la ira del Señor
el fuego de su celo
devorará toda la tierra;
y exterminará por completo
a todos los habitantes de la tierra.

2 1 Reúnanse ya, gente desvergonzada,
2 antes que decida desparramarlos
como paja en un solo día,
antes que caiga sobre ustedes
la ardiente ira del Señor,
antes que les sobrevenga
el día de la ira del Señor.
3 Busquen al Señor, todos ustedes,
humildes de la tierra,
los que cumplen sus preceptos;
busquen la justicia, busquen la humildad;
tal vez así encontrarán refugio
el día de la ira del Señor.

Amenazas contra las naciones

Am 1 6-8; Is 14 28-32; Ez 25 15-17; Am 1 13-2 3; Is 15-16; Jr 48 1-49 6; Ez 25 1-11; Is 18.20; Jr 46; Ez 22 25-26; Dt 32 4; Sal 37 6; 101 8

4 Gaza será abandonada,
Ascalón destruida,
Asdod despoblada en pleno día
y Ecrón arrancada de raíz.
5 ¡Ay de ustedes, habitantes de la costa,
nación de los cretenses!
Contra ustedes ha pronunciado
su palabra el Señor:
Yo te hundiré, tierra de los filisteos,
te dejaré en ruinas,
sin un solo habitante.
6 La franja costera
quedará convertida en pastizal,
lugar para pastores,
corrales para el ganado.
7 Le corresponderá como propiedad
al resto del pueblo de Judá;
allí llevarán a pastar al ganado,
y por la tarde se alojarán
en las casas de Ascalón.
Porque el Señor, su Dios,
intervendrá a su favor
y cambiará su suerte.

8 He oído los insultos de Moab,
y los ultrajes de Amón;

• **2 4-3 8**: Como ya había hecho Amós, Sofonías amenaza a las naciones con el castigo del Señor. Lo hace englobando los cuatro puntos cardinales: occidente (los filisteos), oriente (Moab y Amón), sur (Etiopía), norte (Asiria).

El castigo de las naciones debería haber servido de lección para Judá, pero ha rehusado convertirse. Jerusalén ha llegado a ser una *ciudad rebelde, impura y opresora.* Sus autoridades son los principales culpables. Con expresivas comparaciones describe sus comportamientos para desenmascarlos y mostrar su culpabilidad: los príncipes, leones rugientes; los jueces, lobos hambrientos; los profetas, fanfarrones y traicioneros; los sacerdotes, profanadores y quebrantadores de la ley.

insultaron a mi pueblo,
y se engrandecieron
a costa de su territorio.
9 Pues juro por mi vida,
oráculo del Señor todopoderoso,
Dios de Israel,
que Moab quedará como Sodoma,
y Amón como Gomorra:
serán un campo de ortigas,
un montón de sal,
un lugar desértico para siempre.
El resto de mi pueblo los saqueará,
los que queden de mi nación
heredarán sus territorios.
10 Ese será el precio de su orgullo,
el precio por haber insultado
y haberse engrandecido
a costa del pueblo
del Señor todopoderoso.
11 El Señor será terrible contra ellos,
eliminará a todos los dioses de la tierra,
y hasta las naciones más lejanas
se postrarán ante él,
cada una en su lugar.

12 También ustedes, etíopes,
serán atravesados por mi espada.

13 Luego se dirigirá el Señor
contra el norte,
convertirá en ruinas a Asiria,
hará de Nínive un lugar desolado,
la dejará árida como un desierto.
14 En medio de ella
se tumbarán los rebaños
y toda clase de animales;
el pelícano y el puercoespín
se alojarán entre sus ruinas
Se escucharán los buhos en las ventanas
y los cuervos graznarán
en los umbrales,
porque han arrancado las vigas de cedro
dejando el techo al desnudo.
15 Ahí está la ciudad bulliciosa,
que se sentía segura y decía:
«Yo, y nadie más que yo».
¡Ha acabado en ruinas,
en guarida de animales!
Todos los que pasan junto a ella silban
y hacen gestos con la mano.

3 1 ¡Ay de la ciudad rebelde,
impura y opresora!
2 No escuchó nunca la llamada,
no aceptó la corrección,
jamás confió en el Señor,
no se acercó a su Dios.
3 Sus jefes son, en medio de ella,
leones rugientes;
sus jueces son lobos nocturnos
que no dejan ni un hueso
para la mañana.
4 Sus profetas son
chismosos e impostores,
sus sacerdotes profanan las cosas santas
y quebrantan la ley.
5 Pero el Señor es justo en medio de ella,
no comete iniquidad;
cada mañana, al despuntar el alba,
dicta sentencia;
el malvado, en cambio,
no se averguenza de hacer el mal.
6 Eliminé naciones,
derribé sus torres fortificadas,
dejé desiertas sus calles
y ya nadie transita por ellas;
han sido saqueadas sus ciudades,
no queda ni un solo habitante.
7 Y me decía: «Al menos ella me temerá,
aprenderá la lección; no olvidará
todo lo que he hecho con ella».
Pero ellos se han apresurado a cometer
toda clase de maldades.
8 Pues bien, oráculo del Señor,
esperen entonces el día en que la acuse.
Porque he resuelto reunir a las naciones,
congregar a los reinos,
y derramar sobre ellos mi furor,
todo el ardor de mi indignación,
hasta que el fuego de mi celo
devore toda la tierra.

Promesas de salvación

Mal 1 11; Is 18 7; 53 9; Ap 14 5; Zac 2 14;
Is 12 6; 40 2; Jr 32 41; Miq 4 6-8

9 Yo daré entonces a los pueblos
labios puros,

• **3 9-20**: Con acentos de especial ternura, describe Sofonías al *pueblo sencillo y humilde*, el resto de Israel, signo de esperanza salvadora, símbolo de la presencia del Señor en medio de su pueblo. Alegría y júbilo en Sión, porque el Señor le ofrece la salvación, derribando del trono a los poderosos y exaltando a los humildes. Así restaura y da renombre a su pueblo.

para que todos invoquen
el nombre del Señor
y le sirvan todos unidos.
10 Desde el otro lado de los ríos de Etiopía,
me traerán sus ofrendas
los que me adoraban y yo dispersé.
11 Aquel día no tendrás que avergonzarte
de las perversas acciones
con las que te rebelaste contra mí.
Extirparé de en medio de ti
a los que hablan tan orgullosamente,
y no volverás a engreírte
en mi monte santo.
12 Yo dejaré en medio de ti
un pueblo sencillo y humilde,
que buscará refugio
en el nombre del Señor.
13 El resto de Israel
no cometerá más iniquidad,
no dirá más mentiras,
ni hablará con falsedad.
Se alimentarán y reposarán
sin que nadie los inquiete.

14 ¡Grita de felicidad, hija de Sión,
regocíjate, Israel,
alégrate de todo corazón, Jerusalén!
15 El Señor ha anulado la sentencia
que pesaba sobre ti,
ha expulsado a tus enemigos;
el Señor es rey de Israel en medio de ti,
no tendrás que temer ya ningún mal.
16 Aquel día dirán a Jerusalén:
«No tengas miedo, Sión,
que tus manos no tiemblen;
17 el Señor tu Dios está en medio de ti,
él es un guerrero que salva.
Dará saltos de alegría por ti,
su amor te renovará,
por tu causa bailará y se alegrará,
18 como en los días de fiesta».
Yo he apartado de ti
el día que te trajo la desgracia;
19 y esto es lo que haré
con todos tus opresores:
aquel día salvaré a las ovejas cojas
y reuniré a las dispersas.
Yo te daré honor y fama
en todos los países
donde habías conocido la vergüenza.
20 En aquel tiempo los traeré,
en aquel tiempo los reuniré
y les daré honor y fama
entre todos los pueblos de la tierra,
cuando cambie su suerte
ante sus propios ojos,
dice el Señor.

AGEO

INTRODUCCION

Después del edicto de liberación de Ciro, los judíos que regresaron de Babilonia encontraron su añorada tierra convertida en un campo de ruinas y desolación. Las urgentes tareas de reconstrucción (templo, murallas, casas) y el regreso a la normalidad exigían todos los medios, energías y esfuerzos disponibles. Algunos profetas, como Ageo y Zacarías, también se sumaron, a su manera, a la empresa común.

La datación del ministerio profético de Ageo es bien precisa: de otoño a diciembre del 520 a. C. La situación histórica es también conocida: después de un intento de reconstrucción del templo en el 537 a. C. (Esd 3 7-12), los repatriados se desalientan y dejan los trabajos; la pobreza de medios y la agresión de los samaritanos fueron las causas principales. Los repatriados se dedicaron a sus propias viviendas y campos, olvidándose del templo del Señor.

La situación política puede también ayudar a comprender el mensaje de Ageo. Después de la muerte de Cambises, el año 522 a. C., se desataron violentos conflictos internos en el imperio persa. Darío, sucesor de Cambises, reprimió violentamente las revueltas. Esta inestabilidad creó en Jerusalén una tensión, aprovechada por el profeta Ageo, seguido también por Zacarías, para despertar a la comunidad, en la espera de una intervención de Dios que haga temblar las naciones (Ag 2 7), destruya el poder de los reinos profanos (Ag 2 21s) y consiga la liberación plena de Judá.

Dos son los temas principales del escrito de Ageo: el templo y la llegada del tiempo escatológico. El profeta, hombre eminentemente práctico, intenta interpretar los signos de los tiempos: la pobreza y las malas cosechas son el resultado del adormecimiento espiritual en que han caído. Es preciso renovar el celo de la fe, poner manos a la obra en la reconstrucción de un templo digno del Señor. De esta manera las bendiciones se multiplicarán y se inaugurará el tiempo de la salvación definitiva. El debilitamiento de las naciones, presagio del *día del Señor*, revive las esperanzas mesiánicas, centradas en Zorobabel (Ag 2 21-22).

La reconstrucción del templo

Zac 4 6-10; Lv 26 19-20; Esd 1 5

1 1 El año segundo del reinado de Darío,
el día primero del sexto mes, el Señor
dirigió esta palabra, por medio del profeta
Ageo, al gobernador de Judá, Zorobabel,
hijo de Sealtiel, y al sumo sacerdote Josué,
hijo de Josadac: 2 Así dice el Señor todopoderoso: Este pueblo dice que no ha llegado aún el momento de reconstruir el templo del Señor.
3 El Señor, pues, les dirigió esta palabra
por medio del profeta Ageo: 4 ¿Piensan
acaso que sí es tiempo de que ustedes habiten en casas confortables, mientras la casa del Señor está en ruinas? 5 Pues ahora
así dice el Señor todopoderoso: ¡Reflexionen la situación en la que se encuentran!
6 Siembran mucho pero cosechan poco; comen, pero quedan con hambre; beben, pero
siguen sedientos; se arropan pero sienten
frío; y el que trabaja por salario, guarda su
paga en saco roto. 7a Pues esto es lo que
dice el Señor todopoderoso: 8 Suban a la
montaña a buscar madera, reconstruyan mi
templo, y yo me complaceré en él y en él
manifestaré mi gloria, dice el Señor.

• **1** 1-15: Primer oráculo dirigido a Zorobabel y a Josué por medio del profeta Ageo. Su finalidad es alentar la reconstrucción del templo. La argumentación se fundamenta en que las malas cosechas a causa de la sequía se debe a una situación que el profeta juzga indigna: *mi casa está en ruinas, mientras cada uno de ustedes se preocupa de la suya* (Ag 1 9). El resultado es positivo: se emprenden las obras del templo del Señor. La importancia que da Ageo a la reconstrucción del templo –en contraste con otras tradiciones proféticas– se explica por la necesidad de unir voluntades y entusiasmo en una causa común, y despertar así a la comunidad en un momento crítico de su historia.

7b ¡Reflexionen la situación en la que se encuentran! 9 Esperaban abundancia y resultó escasez; lo que llevaron a casa yo lo he
dispersado con mi soplo. ¿Por qué ocurre
esto, oráculo del Señor todopoderoso?
Pues porque mi casa está todavía en ruinas
mientras cada uno de ustedes se preocupa
de la suya. 10 Por eso los cielos han retenido la lluvia y la tierra no ha dado sus frutos. 11 Yo he mandado la sequía a la tierra,
a las montañas, al trigo, al vino nuevo, al
aceite nuevo, a todo lo que produce la tierra; la he enviado sobre hombres y animales, y sobre todos tus trabajos.
12 Entonces Zorobabel, hijo de Sealtiel,
el sumo sacerdote Josué, hijo de Josadac, y
todo el resto del pueblo escucharon la voz
del Señor su Dios, y las palabras del profeta Ageo, conforme a la misión que el Señor su Dios le había encomendado. Y el
pueblo temió al Señor. 13 Ageo, el enviado
del Señor, transmitió al pueblo este mensaje del Señor: «Yo estoy con ustedes, oráculo del Señor». 14 Movió, pues, el Señor el
espíritu de Zorobabel, hijo de Sealtiel, gobernador de Judá, del sumo sacerdote Josué, hijo de Josadac, y el del resto del pueblo; pusieron manos a la obra y comenzaron a reconstruir el templo del Señor todopoderoso, su Dios. 15 Era el día veinticuatro del mes sexto.

La gloria del templo

Esd 3 10-13; Heb 12 26; Is 60 7-11

2 1 El año segundo del reinado de Darío,
el día veintiuno del mes séptimo, el
profeta Ageo recibió esta palabra del Señor:
2 Di a Zorobabel, hijo de Sealtiel, gobernador de Judá, al sumo sacerdote Josué, hijo
de Josadac, y al resto del pueblo: 3 ¿Queda
entre ustedes alguno que haya visto este
templo en su antiguo esplendor? ¿No les
parece que el de ahora no vale nada? 4 Sin
embargo, ¡ánimo Zorobabel! –oráculo del
Señor–. ¡Animo, sumo sacerdote Josué,
hijo de Josadac! ¡Animo, pueblo todo del
país, oráculo del Señor! Manos a la obra,
que yo estoy con ustedes, oráculo del Señor todopoderoso. 5 Siguen vigentes las
cláusulas de la alianza que hice con ustedes cuando salieron de Egipto, y mi espíritu permanece en medio de ustedes; no teman. 6 Porque así dice el Señor todopoderoso: Dentro de muy poco haré temblar
cielos y tierra, mares y continentes; 7 haré
temblar a todas las naciones. Acudirán todas las naciones con sus riquezas, y yo llenaré de gloria este templo, dice el Señor
todopoderoso. 8 Mía es la plata y mío el
oro, oráculo del Señor todopoderoso. 9 La
gloria de este segundo templo superará la
del primero, dice el Señor todopoderoso; y
en este lugar estableceré la paz, oráculo
del Señor todopoderoso.

Sin la obediencia todo es impuro

Lv 22 4-7; Am 4 6-9

10 El día veinticuatro del noveno mes
del año segundo del reinado de Darío, el
profeta Ageo recibió esta palabra del Señor: 11 Así dice el Señor todopoderoso: Pregunta a los sacerdotes qué dice la ley sobre
esto: 12 Si uno lleva carne consagrada en
los pliegues de su ropa y toca con esa ropa
pan, comida, vino, aceite o cualquier otro
alimento, ¿queda todo esto consagrado? Los
sacerdotes respondieron: «¡No!». 13 Ageo
prosiguió: Y si uno que está impuro por haber tenido contacto con un cadáver toca alguna de estas cosas ¿también ellas quedan
impuras? Los sacerdotes respondieron:
«¡Sí!».
14 Entonces Ageo contestó: Pues así le
sucede a este pueblo y a esta nación con
respecto a mí, oráculo del Señor: todo lo
que hacen y todo lo que ofrecen aquí es
impuro.
15 Así pues, de hoy en adelante, reflexio-

• **2 1-9**: Nuevo oráculo de aliento. En comparación con el templo anterior, destruido hacía ya casi setenta años, la obra nueva *parecería muy poca cosa*, sobre todo a los ancianos que recordarían el esplendor del antiguo templo. La promesa de Ageo intenta infundir ánimo: será el Señor quien llene de gloria esta obra que parece insignificante, quien la llene de las riquezas de las naciones y la haga un lugar de paz.

• **2 10-19**: Nuevo retroceso; nuevo desánimo. No ha llegado la riqueza de las naciones, no han mejorado las cosechas. La consulta a los sacerdotes, encargados de interpretar la ley acerca de la contaminación producida por el contacto de un cadáver, se aplica a la situación del pueblo: la negligencia en la reconstrucción del templo es una mancha que contamina toda su actividad. Cuando esa mancha se quite y se esfuercen en la reconstrucción, tendrán la bendición divina. Para que ésta permanezca habrá que seguir trabajando.

nen atentamente. Antes de comenzar a reconstruir el templo del Señor, 16 ¿qué les
sucedía? Pues que alguien iba a un montón
de trigo estimado en veinte medidas y no
había más que diez; que iba a la bodega para sacar cincuenta toneles de vino y sólo encontraba veinte. 17 Y es que yo castigué con
el gorgojo, el pulgón y el granizo todos sus
trabajos, y a pesar de ello no se convirtieron
a mí, oráculo del Señor. 18 Reflexionen atentamente de hoy en adelante: hoy, veinticuatro del mes noveno, día en que se han puesto los cimientos del templo del Señor, consideren con atención: 19 ¿hay ahora grano
en el granero? Pues si la viña, la higuera, el
granado y el olivo no daban fruto, a partir
de hoy yo les daré mi bendición.

Promesas a Zorobabel

Zac 6 12-13

20 El mismo día veinticuatro Ageo recibió por segunda vez esta palabra del Señor: 21 Di a Zorobabel, gobernador de Judá: Yo haré temblar cielos y tierra; 22 derribaré los tronos reales y destruiré el poder
de los reinos del mundo; volcaré los carros
de guerra junto con sus conductores; caballos y jinetes caerán atravesados por la espada de sus propios compañeros. 23 Aquel
día, oráculo del Señor todopoderoso, te tomaré a ti, Zorobabel, hijo de Sealtiel, mi
siervo, oráculo del Señor, y gobernarás en
mi nombre, porque yo te he elegido, oráculo del Señor todopoderoso.

• **2 20-23**: Con vocabulario mesiánico tradicional (tomar, elegir, gobernar, trono, reino) termina el pequeño libro de Ageo con un oráculo de esperanza: Zorobabel, descendiente de David, representa en estos momentos de crisis la esperanza mesiánica del pueblo. El profeta ve en él al restaurador de la dinastía davídica.

ZACARIAS

INTRODUCCION

Bajo el nombre de Zacarías, la Biblia nos transmite un libro profético de catorce capítulos. Sin embargo, hoy la crítica es casi unánime en señalar que la diferencia entre los ocho primeros capítulos y los restantes es tan grande en situaciones históricas, estilo, vocabulario y temática, que debemos hablar de dos libros en uno. Por no conocer el nombre del autor del segundo (capítulos 9-14) se le designa con el de Segundo Zacarías.

El Primer Zacarías (Zac 1-8)

Si el profeta a quien llamamos Primer Zacarías fuera el sacerdote Zacarías mencionado en Neh 12 16 (lo que no es seguro), entonces se explicaría mucho mejor su preocupación sacerdotal por el templo y el culto. En cualquier caso, su ministerio profético tuvo lugar entre los años 520 y 518 a. C.

Cuando hablamos de los profetas y del templo/culto, evocamos casi siempre su denuncia contra estas instituciones. Sin embargo, la palabra de Zacarías, al igual que la de Ageo, intenta promover su reconstrucción. ¿Ha olvidado Zacarías la tradición profética que denunciaba el templo y su culto vacío? Para responder a esta pregunta, hay que tener en cuenta, en primer lugar, el origen sacerdotal del profeta, y también las circunstancias que reclaman esta reconstrucción desde la situación del pueblo: los que regresaban del destierro necesitaban con urgencia una identidad. Estaban compenetrados con el espíritu cultual de Ezequiel y no podían renunciar a la reconstrucción del templo sin hacer peligrar su fe y su esperanza. Al igual que Ageo, Zacarías percibió la situación de fondo y miró hacia el nuevo templo pensando en la reconstrucción del pueblo.

La segunda preocupación tiene que ver con la escatología. Tiempo de tensión y también de esperanza en la seguridad de la definitiva intervención de Dios. Para expresar todo esto, el profeta echa mano del lenguaje apocalíptico que, a veces, nos puede parecer desconcertante. Pero, a través de él, con una extraordinaria presencia de visiones, intenta describir el nuevo mundo futuro, la restauración *gloriosa de Jerusalén gobernada por Josué* y Zorobabel. Con la presencia del Señor, la ciudad quedará abierta para todos los que deseen visitarla, no sólo para los judíos.

Estas dos preocupaciones no nos resultan tan extrañas cuando Zacarías mira también al presente: el momento histórico no exige sólo construcción, pide también la conversión, que tiene un importante aspecto ético (Zac 7 9-10; 8 16-17). No basta el culto por sí solo (Zac 7 4-7).

El conjunto de Zac 1-8 puede dividirse en dos partes con una breve introducción:

Invitación apremiante a la conversión (Zac 1 1-6)

1. Colección de ocho visiones (Zac 1 7-6 15)
2. Colección de oráculos (Zac 7-8)

El Segundo Zacarías (Zac 9-14)

Damos este nombre al autor de la segunda parte del libro (Zac 9-14). Es cierto que existen puntos de contacto con la primera parte (Zac 1-8); sin embargo, ambas son diferentes en vocabulario, estilo, preocupaciones y situación histórica.

¿En qué época se escribió esta segunda parte? Las hipótesis se diversifican: desde quienes defienden el tiempo pre-exílico, hasta quienes la colocan en el siglo II a. C.; ambas hipótesis están fundamentadas en referencias históricas del mismo libro. La opinión más acertada es la que sitúa estos oráculos a finales del siglo IV o principios del siglo III a. C., por la referencia concreta al apogeo y a la caída de la potencia greco-macedónica (Zac 9 1-11 3). Por otra parte, estos capítulos reflejan divisiones y peleas crecientes que coinciden con la situación de la comunidad postexílica.

En esta obra del segundo Zacarías, que incorpora con maestría motivos tradicionales de la profecía, se pueden distinguir dos partes. Son tan claramente distintas que algunos autores han hablado de un tercer Zacarías para la parte última (Zac 12 1-14 21). Ambas partes, sin embargo, están dominadas por la descripción del acontecimiento mesiánico y del mismo mesías, presentado como rey, como pastor o como el siervo del Señor en la figura del *traspasado.*

Las dos partes son las siguientes:

1. Zac 9 1-11 17: anuncio de una intervención definitiva de Dios
2. Zac 12 1-14 21: salvación y gloria futura de Jerusalén

El fuerte acento mesiánico del libro explica el uso abundante que hacen de él los autores del Nuevo Testamento.

PRIMER ZACARIAS

Invitación a la conversión

Mal 3 7; Jr 3 22; 25 5; Jl 2 13; 1 Re 8 46-51; Lc 15 20

1 1 El mes octavo del segundo año del reinado de Darío, el profeta Zacarías, hijo de Baraquías, hijo de Idó, recibió esta palabra del Señor:

2 –El Señor se enojó mucho contra sus antepasados. 3 Tú les dirás: Esto dice el Señor todopoderoso: Conviértanse a mí, oráculo del Señor todopoderoso, y yo estaré de su parte, dice el Señor todopoderoso. 4 No sean como sus antepasados a quienes los antiguos profetas predicaban diciendo: Así dice el Señor todopoderoso: Conviértanse de su mala conducta y de sus perversas acciones. Pero ellos no escucharon ni me hicieron caso, oráculo del Señor. 5 ¿Dónde están ahora sus antepasados? ¿Acaso los profetas viven para siempre? 6 Sin embargo, las palabras y preceptos que confié a mis siervos los profetas ¿no llegaron acaso a sus antepasados? Por eso se convirtieron y dijeron: «El Señor todopoderoso nos ha tratado como había decidido tratarnos por nuestra conducta y nuestras acciones».

1. Libro de las visiones ◊

Primera visión: Los jinetes

Ap 6 1-10; Is 54 6-10; Zac 2 5-9

7 El año segundo del reinado de Darío, el día veinticuatro del undécimo mes –el mes de Sebat– el profeta Zacarías recibió esta palabra del Señor:

8 –Tuve una visión durante la noche: Un hombre montado en un caballo rojo estaba entre los arrayanes que había en una quebrada; detrás de él vi caballos rojos, alazanes, negros y blancos. 9 Yo pregunté:

–¿Quiénes son éstos, Señor?

El ángel que hablaba conmigo me dijo:

–Yo te mostraré quiénes son.

10 Y el que estaba entre los arrayanes intervino y dijo:

–Son los que ha enviado el Señor a recorrer la tierra.

11 Ellos se dirigieron al ángel del Señor que estaba entre los arrayanes y le dijeron:

–Hemos recorrido la tierra, y toda ella está tranquila y en calma.

12 Entonces el ángel del Señor dijo:

–Señor todopoderoso, ¿cuándo te compadecerás de Jerusalén y de las ciudades de Judá contra las que hace ya setenta años estás enojado?

13 El Señor dio al ángel que me hablaba una respuesta de ánimo y consuelo. 14 Y el ángel que hablaba conmigo me dijo:

–Proclama: Así dice el Señor todopoderoso: Siento un gran celo por Jerusalén y por Sión, 15 y un gran enojo contra las naciones seguras de sí mismas, que se aprovecharon de que yo no estaba demasiado enojado y redoblaron su maldad. 16 Por eso, así dice el Señor: De nuevo me compadeceré de Jerusalén: mi templo será reedificado, oráculo del Señor todopoderoso, y toda la ciudad será reconstruida. 17 Proclama también: Así dice el Señor todopoderoso: Mis ciudades disfrutarán otra vez

• **1** 1-6: No basta con el retorno del destierro. Es preciso convertirse al Señor, porque lo definitivo aún no ha llegado. Una mirada a los antepasados para aprender la lección: a la predicación profética ellos opusieron resistencia; entonces el Señor los castigó y ellos se convirtieron. El profeta quiere ahorrar este proceso trabajoso de conversión a los que han regresado del exilio, invitándolos a orientar de nuevo su vida hacia Dios como respuesta inmediata a la predicación profética.

◊ **1** 7-6 15: Todas estas visiones pretenden infundir ánimo al pueblo. Apuntan todas a la restauración, fijándose en las distintas realidades y personajes: habrá purificación y repoblación de la tierra y de la ciudad, reconstrucción del templo, consagración del sumo sacerdote, coronación del rey, acreditación del profeta, convivencia pacífica del pueblo. Y es tan importante lo que Zacarías entrevé en este futuro, que las realidades históricas que anuncia quedan abiertas a un cumplimiento mayor y mejor de realidades más grandes.

• **1** 7-17: Primer movimiento para la restauración de Jerusalén. Una primera constatación: el mundo está en paz. Así informan los jinetes que se han dispersado para inspeccionar la tierra. Sin embargo, Judá sigue en una situación penosa: setenta años suponen una cautividad interminable. A la intercesión del ángel por Jerusalén y los pueblos de Judá, responde el Señor anunciando su próxima intervención liberadora. Las promesas mesiánicas centradas en Jerusalén serán fielmente cumplidas.

de prosperidad, el Señor consolará de nuevo
a Sión y elegirá a Jerusalén.

Segunda visión: Los cuernos y los herreros

Dt 33 17; Dn 7 8; Ap 3 1; Jr 48 25

2 1 Levanté la vista y tuve una visión. Vi
cuatro cuernos. 2 Y pregunté al ángel
que hablaba conmigo:
–¿Qué significan estos cuernos?
Me respondió:
–Representan el poder de los que dispersaron a Judá, a Israel y a Jerusalén.
3 Después el Señor me hizo ver cuatro
herreros. 4 Pregunté:
–¿Qué vienen a hacer éstos?
Y me contestó:
–Los cuernos representan a los que dispersaron a Judá hasta el punto de que nadie podía levantar cabeza; pero los herreros han venido a provocarles terror, a destruir el poder que las naciones ejercieron
contra el país de Judá a fin de dispersarlo.

Tercera visión: La cuerda para medir

Jr 31 38-39; Ap 11 1; 21 15; Is 49 19-20

5 Levanté la vista y tuve una visión. Ví
un hombre con una cuerda de medir en la
mano. 6 Le pregunté:
–¿Adónde vas?
Me respondió:
–A medir Jerusalén para averiguar su
anchura y su longitud.
7 Cuando ya se iba el ángel que estaba
hablando conmigo, otro ángel le salió al
encuentro 8 y le dijo:
–Corre y di a ese joven: Jerusalén será
una ciudad abierta por la gran cantidad de
hombres y animales que habitarán en ella.
9 Y yo seré para ella, oráculo del Señor,
una muralla de fuego alrededor, y con mi
presencia la colmaré de gloria.

Llamada a los exiliados

Is 48 20; Jr 50 8; 51 6; Sof 3 14-15; Is 45 22; Sof 1 7

10 ¡Animo, vamos!
Escapen del país del norte,
oráculo del Señor,
ustedes a quienes dispersé
a los cuatro vientos del cielo,
oráculo del Señor.
11 ¡Arriba, Sión, huye de Babilonia
donde te has instalado!
12 Porque así dice el Señor todopoderoso
que me ha enviado
contra las naciones que los despojaron:
«El que los toca a ustedes,
toca la niña de mis ojos».
13 Yo las voy a castigar,
sus propios esclavos las saquearán,
y tendrán que reconocer
que es el Señor todopoderoso
quien me ha enviado.
14 Salta de gozo, alégrate, Sión:
porque yo vengo a habitar
en medio de ti, oráculo del Señor.
15 Aquel día numerosas naciones
se unirán al Señor
y constituirán mi pueblo;
yo habitaré en medio de ti,
y reconocerás que el Señor todopoderoso
es quien me ha enviado a ti.
16 El Señor hará de Judá
su propiedad en la tierra santa,
y elegirá de nuevo a Jerusalén.
17 Que calle ante el Señor todo ser vivo,
porque sale de su santa morada
dispuesto a intervenir.

• **2 1-4**: Comienza la expulsión de los paganos que oprimen la ciudad. Prescindiendo de las potencias históricas representadas, los cuernos significan poderío, agresión. Pero la opresión se va a acabar, porque ya están ahí los herreros, agentes del Dios liberador.

• **2 5-9**: La visión no se centra en la acción del muchacho que, cuerda en mano, intenta medir la ciudad, sino en la orden que se le da de abandonar su acción. Jerusalén no será ciudad defendida por murallas. No habrá más muralla que el fuego de la gloria del Señor presente en ella. Jerusalén, abierta para recibir a todos sus hijos, estará protegida por la presencia del Señor.

• **2 10-17**: En medio de las visiones, el redactor inserta este himno en el que se anuncia el castigo de las naciones que oprimieron a Israel, y la liberación del pueblo elegido, al que se incorporan gentes venidas de todas partes. La relación con las visiones anteriores y las siguientes gira en torno a la elección y restauración de Jerusalén. La perspectiva universalista, el mensaje consolador y el tono de alegría recuerdan los oráculos del Segundo Isaías (Is 40-55).

Cuarta visión: Investidura del sumo sacerdote

Job 1 6; Jds 9; Am 4 11; Lc 15 22; Ez 36 33

3 1 El Señor me mostró en una visión al
sumo sacerdote Josué, de pie, delante
del ángel del Señor, mientras que Satán estaba a la derecha para acusarlo. 2 El ángel
del Señor dijo a Satán:
–Que el Señor te obligue a callar, Satán;
que el Señor, que eligió a Jerusalén, te obligue a callar. ¿No es éste como un carbón
ardiente sacado del fuego?
3 Estaba Josué vestido con ropas sucias,
de pie delante del ángel. 4 Tomó el ángel la
palabra y dijo a los que estaban en su presencia:
–Quítenle esas ropas sucias.
Luego dijo a Josué:
–Mira, te he liberado de tu pecado y te
voy a vestir con un traje de fiesta.
5 Y añadió:
–Pónganle sobre la cabeza un turbante
limpio.
Le vistieron de ropas de fiesta y pusieron
en su cabeza un turbante limpio. El ángel del
Señor, que estaba de pie, 6 le dijo solemnemente:
7 –Así dice el Señor todopoderoso: Si
sigues mis caminos y cumples mis mandamientos tú gobernarás mi templo, cuidarás
de mis atrios y podrás entrar aquí con los
que me sirven. 8 Escucha además, sumo
sacerdote Josué, tú y también tus compañeros que se sientan contigo, pues estos
hombres son un símbolo de lo que ha de
venir. Miren, yo voy a suscitar a mi siervo
Germen. 9 Ahí está la piedra que pongo
ante Josué: sobre esa única piedra hay siete
ojos; yo mismo grabaré su inscripción,
oráculo del Señor todopoderoso. En un
solo día quitaré la maldad de esta tierra.
10 Aquel día, oráculo del Señor todopoderoso, se invitarán mutuamente a descansar
a la sombra de la parra y de la higuera.

Quinta visión: El candelabro y los dos olivos

Ex 25 31-40; Zac 3 9; Ap 5 6; 11 4

4 1 Regresó el ángel que hablaba conmigo y me despertó como se despierta a
uno de su sueño. 2 Y me dijo:
–¿Qué ves?
Respondí:
–Veo un candelabro todo de oro con un
recipiente para el aceite arriba y siete lámparas con siete conductos para las lámparas; 3 junto a él hay dos olivos, uno a la
derecha y otro a la izquierda.
4 Entonces le pregunté al ángel que hablaba conmigo:
–¿Qué es esto, Señor?
5 El ángel me contestó:
–¿No sabes qué es esto?
Respondí:
–No, Señor.
6a Y el ángel me dijo:
10b –Esas siete lámparas representan los
ojos del Señor, que recorren toda la tierra.
11 Le pregunté otra vez al ángel:
–¿Y aquellos dos olivos a la derecha y a
la izquierda del candelabro? 12 Y le hice
todavía otra pregunta: ¿Y las dos ramas de
olivo que por los conductos de oro derraman su aceite dorado?
13 El me respondió:
–¿No sabes qué es esto?
Le contesté:
–No, Señor.
14 El ángel me dijo:
–Son los dos ungidos que están ante el
Dueño de toda la tierra.

Tres palabras sobre Zorobabel

6b Esto dice el Señor a Zorobabel: Ni el
valor ni la violencia cuentan, sino mi espíritu, dice el Señor todopoderoso. 7 ¿Qué
eres tú, inmensa montaña de escombros?
Para Zorobabel eres un llano de donde él
ha sacado la piedra principal mientras el

• **3 1-10**: El profeta ve al sumo sacerdote Josué ante el tribunal celeste con las vestiduras sucias (símbolo del sacerdocio mal ejercido) y a Satanás que lo acusa. Pero un ángel hace que el sumo sacerdote se revista de vestiduras limpias, anunciando así la restauración del sacerdocio en sus funciones institucionales. El profeta se dirige directamente a Josué y le anuncia la venida del mesías, aquí llamado *Germen,* (la traducción griega y la versión latina tradujeron: *sol naciente,* y así lo recoge Lc 1 78). Este anuncio se refiere a Zorobabel, pero queda abierto a una realización futura más plena.

• **4 1-6a.10b-14**: El profeta ve el candelabro con los siete brazos, símbolo en Zacarías de la presencia vigilante de Dios (los siete ojos del Señor) y dos olivos, es decir *los dos ungidos que están ante el Dueño de toda la tierra,* los dos mesías, Zorobabel y Josué, probablemente uno *laico* y otro *sacerdotal,* el poder civil y religioso en perfecta armonía.

pueblo aclamaba: «¡Qué hermosa es! ¡Qué
hermosa!» 8 Y recibí esta palabra del Señor: 9 Zorobabel puso los cimientos de este templo y él mismo lo terminará. Y reconocerán que el Señor todopoderoso me ha
enviado a ustedes. 10a Aquel que se burlaba
de los modestos comienzos, se alegrará
ahora al ver cómo Zorobabel ha dado remate a las obras.

Sexta visión: El libro

Ez 2 9-10; Ap 10 9-11; Ex 20 7.15

5 1 Levanté de nuevo la vista y tuve una
visión. Vi un libro volando. 2 El ángel
me preguntó:
–¿Qué ves?
Respondí:
–Un libro volando que tiene diez metros de largo por cinco de ancho.
3 Me dijo el ángel:
–Es la maldición que se extiende sobre
toda esta tierra. Por un lado lleva escrito:
«Todo ladrón será eliminado»; y por el otro:
«Todo el que jura en falso será eliminado».
4 Yo mismo haré venir la maldición, oráculo del Señor todopoderoso, para que entre
en la casa del ladrón y del que jura en
falso, y se instale en ella hasta destruirla
con sus maderas y sus piedras.

Séptima visión: El tonel

5 El ángel que hablaba conmigo se adelantó y me dijo:
–Levanta tu vista y mira lo que aparece
ahora.
6 Pregunté:
–¿Qué es?
Me respondió:
–Un tonel, y representa la maldad de
toda esta tierra.
7 Entonces se levantó la tapa redonda de
plomo y vi una mujer sentada dentro del
tonel. 8 El ángel me dijo:
–Es la maldad.
A continuación la empujó dentro del tonel y lo cerró con la tapa de plomo.
9 Levanté la vista y tuve otra visión. Vi
a dos mujeres con alas como de cigüeña; el
viento las impulsaba y levantaron el tonel
en el aire. 10 Pregunté al ángel que hablaba
conmigo:
–¿Adónde llevan el tonel?
11 Me contestó:
–Al país de Senaar, para construirle un
santuario. Allí lo colocarán sobre su pedestal.

Octava visión: Los carros

Ap 6 2-8

6 1 Levanté de nuevo la vista y tuve una
visión. Vi cuatro carros que salían de
entre dos montañas de bronce. 2 Al primero lo tiraban caballos rojos, al segundo caballos negros, 3 al tercero caballos blancos
y al cuarto caballos manchados. 4 Pregunté
al ángel que hablaba conmigo:
–¿Qué significan estos caballos, mi señor?
5 El ángel me respondió:
–Representan los cuatro vientos del cielo que salen de la presencia del Dueño de
toda la tierra. 6 Los caballos negros salen
hacia el norte, los blancos van detrás de
ellos y los manchados avanzan hacia el sur.
7 Los caballos rojos salieron impacientes
por recorrer la tierra. En cuanto el ángel les
ordenó: «Vayan a recorrer la tierra», se pusieron a recorrerla. 8 Entonces el ángel me
llamó para decirme:
–Mira, los que salen hacia el norte llevan mi espíritu hacia el país del norte.

• **4 6b-10a**: Las palabras dirigidas a Zorobabel anuncian la reconstrucción del templo y la restauración de Jerusalén, que no serán fruto del esfuerzo humano, sino de la acción de Dios.

• **5 1-4**: El libro cargado de maldiciones vuela por encima de toda Judea, realizando una nueva purificación. Todos los robos (pecados contra los hombres) y falsos juramentos (pecados contra Dios), serán destruidos.

• **5 5-11**: Continúa la purificación. El profeta ve a una mujer sentada en un tonel y transportada por dos mujeres con alas; es el pecado de Judá que es extirpado y conducido a un país enemigo (Babilonia), donde se convertirá en una falsa divinidad.

• **6 1-15**: Cuatro carros, al servicio del Dueño de toda la tierra, dirigidos a los cuatro vientos. Sólo el que se dirige al país del norte ejecuta el castigo, derramando la ira del Señor. En la visión anterior, la maldad quedaba instalada precisamente en este país. Castigando a Babilonia, Dios calma su ira, pues en ella estaba concentrada la maldad.

La visión termina con una palabra del Señor al profeta (Zac 6 9-15): con el oro y la plata traídos de Babilonia por los repatriados le manda que hagan una corona para coronar rey mesías a Zorobabel, llamado Germen.

La coronación

Zac 3 8; Jr 23 5; Dt 28 1

9 Recibí esta palabra del Señor:
10 –Pídeles ofrendas a los deportados: a
Jelday, a Tobías y a Yedaya. Vete a casa de
Josías, hijo de Sofonías, a donde acaban de
llegar desde Babilonia. 11 Toma oro y plata,
fabrica una corona, colócala sobre la cabeza de Zorobabel 12 y dile: Así dice el Señor
todopoderoso: Aquí está el hombre llamado Germen; allí donde se encuentre germi-
nará. 13 El reconstruirá el templo del Señor,
llevará las insignias de rey y se sentará sobre su trono. Se sentará también un sacerdote sobre un trono y reinará la concordia
entre los dos. 14 Y esta corona será para
Jelday, Tobías, Yedaya y Josías, hijo de
Sofonías, un recuerdo perpetuo conservado
en el templo del Señor. 15 Vendrán de países lejanos a trabajar en la reconstrucción
del templo del Señor y reconocerán que el
Señor todopoderoso me ha enviado a ustedes. Esto se cumplirá si obedecen al Señor
su Dios.

2. Libro de los oráculos ◊

Sobre el ayuno

Lam 2 18; Jl 2 12-17; Am 5 21; 2 Re 25 8-9;
Ex 22 20-21; Dt 4 27

7 1 El año cuarto del reinado de Darío, el
día cuatro del mes noveno, el mes de
Casleu, habló el Señor a Zacarías. 2 Betel-
Sareser, oficial del rey, y su gente enviaron
una delegación para aplacar al Señor, 3 y a
preguntar a los sacerdotes del templo del
Señor todopoderoso y a los profetas lo siguiente:
–¿Debemos observar un día de duelo y
ayuno el mes quinto, como lo venimos haciendo desde hace tantos años?

4 Entonces recibí esta palabra del Señor:
5 Habla a toda la gente del país y a los
sacerdotes: Cuando ayunaban y se mortifi-
caban en el quinto y séptimo mes, desde
hace ya setenta años, ¿lo hacían por mí?
6 Y cuando comían y bebían, ¿no lo hacían
en provecho de ustedes mismos? 7 Además,
ahí están las palabras que el Señor pronunció por medio de los antiguos profetas,
cuando Jerusalén y las ciudades de su alrededor, el Negueb y la Sefela estaban habi-
tados.
8 Recibió también Zacarías esta palabra
del Señor: 9 Así dice el Señor todopoderoso: Juzguen con rectitud y justicia; practiquen el amor y la misericordia unos con
otros. 10 No opriman a la viuda, al huérfano, al extranjero o al pobre, y no tramen
nada malo contra el prójimo. 11 Pero sus
antepasados no me hicieron caso, fueron
rebeldes, me dieron la espalda y cerraron
sus oídos para no oír. 12 Endurecieron su
corazón como el diamante y no cumplieron la ley ni obedecieron las palabras que
el Señor todopoderoso les dirigió por medio de su espíritu y del ministerio de los
antiguos profetas. Entonces el Señor todopoderoso se indignó grandemente 13 y declaró: Así como ellos no quisieron escucharme cuando yo los llamaba, tampoco yo
los escuché cuando me invocaron; 14 los
dispersé entre naciones desconocidas para
ellos y su tierra quedó destruida cuando
ellos tuvieron que dejarla; nadie vivía en
ella ni pasaba por allí. Así convirtieron en
lugar desértico una tierra tan hermosa.

Diez oráculos mesiánicos

Zac 1 14; Is 1 26; 65 20; Jr 31 31; Sal 72 17; Ef 4 25;
Zac 7 1-3; Mt 9 14-15

8 1 El Señor todopoderoso me dirigió esta palabra:

◊ **7 1-8 23**: Los oráculos de esta segunda parte están relacionados con el comienzo del libro (Zac 1 1-6). Ambos pasajes encuadran las visiones de la primera parte. Los oráculos, recogidos y resumidos por los discípulos del profeta, giran en torno a los ayunos conmemorativos del desastre del 587 a. C., año en que tuvo lugar la destrucción de Jerusalén. En estos oráculos se conserva el mensaje de Zacarías.

• **7 1-14**: En el año 518 a. C. se le hace al profeta una consulta: Ahora que ya estamos en Jerusalén y el templo está en reconstrucción, ¿hay que seguir ayunando, siendo así que el ayuno se hacia en recuerdo de la destrucción de Jerusalén y del templo (véase 2 Re 25 8-9)? Zacarías recoge la pregunta ampliándola: ¿Por qué sucedió la desgracia que motivó el ayuno? Y hace una lectura del pasado, invitando a aplicar la lección al presente. Una verdadera exhortación que enlaza con el inicio de su libro, enmarcando así las ocho visiones. El núcleo de su exhortación insiste en que hay algo más importante que el ayuno: practicar la justicia y la fidelidad. Zacarías se inserta así en la gran corriente profética de crítica al culto cuando se separa de la vida.

2 Así dice el Señor todopoderoso:
Siento un amor profundo por Sión
y me consumo de pasión por ella.

3 Así dice el Señor todopoderoso:
Regresaré a Sión
y habitaré en medio de Jerusalén.
Jerusalén será llamada
«ciudad fiel»,
y el monte del Señor todopoderoso,
«monte santo».

4 Así dice el Señor todopoderoso:
Ancianos y ancianas volverán a sentarse
en las plazas de Jerusalén;
cada uno con el bastón en la mano
por lo avanzado de su edad.
5 Y las plazas de la ciudad estarán llenas
de niños y niñas, que jugarán en ellas.

6 Así dice el Señor todopoderoso:
En aquellos días,
esto parecerá imposible
al resto de este pueblo,
pero no será imposible para mí,
oráculo del Señor todopoderoso.

7 Así dice el Señor todopoderoso:
Voy a salvar a mi pueblo
del país del oriente
y del país donde se pone el sol.
8 Y los traeré para que vivan en Jerusalén.
Ellos serán mi pueblo,
y yo seré para ellos un Dios
fiel y salvador.

9 Así dice el Señor todopoderoso: Anímense a trabajar los que oyen estas palabras que los profetas proclaman estos días
en los que se ponen los cimientos de la casa
del Señor todopoderoso y se reconstruye el
templo. 10 Porque antes de esos días no había salario ni para hombres ni para animales; nadie tenía seguridad de movimientos a
causa del enemigo, pues yo mismo había
enfrentado a unos contra otros. 11 Pero ahora ya no soy como antes para el resto de
este pueblo, oráculo del Señor todopoderoso. 12 Porque yo sembraré la paz: la viña
dará su fruto, la tierra dará sus cosechas y el
cielo dará su rocío. Todos estos bienes se
los daré en posesión al resto de este pueblo.
13 Y así como antes, pueblo de Judá y de
Israel, ustedes eran una maldición entre las
naciones, así ahora los salvaré y serán una
bendición. No teman y anímense.

14 Pues así dice el Señor todopoderoso:
Así como me propuse castigarlos y no tuve
compasión de sus antepasados cuando me
enojaron, dice el Señor todopoderoso, 15 así
en estos días he cambiado de parecer y me
he propuesto tratar bien a Jerusalén y a Judá. 16 No teman, estas son las cosas que
deben practicar: háblense unos a otros con
la verdad y administren en sus tribunales
una justicia que asegure la paz. 17 No tramen el mal unos contra otros en su interior
y no se acostumbren a jurar en falso. Porque yo odio todo esto, oráculo del Señor.

18 Recibí esta palabra del Señor:

19 Así dice el Señor todopoderoso: Los
ayunos del cuarto, quinto, séptimo y décimo mes se convertirán para Judá en alegría
desbordante, en días de hermosas celebraciones si aman la fidelidad y la paz.

20 Así dice el Señor todopoderoso: Todavía han de venir gentes y habitantes de
grandes ciudades. 21 Los habitantes de una
ciudad irán a decir a los de la otra: «Vamos
a aplacar al Señor todopoderoso y a pedir su
protección. Yo también voy contigo». 22 Y
muchos pueblos y naciones poderosas vendrán a aplacar al Señor todopoderoso y a
pedir su protección.

23 Así dice el Señor todopoderoso: En
aquellos días diez extranjeros tomarán a un
judío por el manto y le dirán: «Queremos ir
con ustedes, porque hemos oído que Dios
está con ustedes».

• **8 1-23**: Con la fórmula *así dice el Señor todopoderoso*, diez veces repetida, introduce el profeta diez promesas de cambio, utilizando material ya empleado en las ocho visiones. Lo que va a hacer el Señor es tan grande que muchos lo juzgarán imposible; pero el Señor tiene poder para realizarlo (Zac 8 6). Porque el Señor siente celos y pasión por Sión, va a fijar en ella su residencia, atrayendo a una población de todas las edades (promesas primera, segunda y tercera). Habrá un gran retorno que culminará con una nueva alianza, la que se fundará en las bendiciones de Dios y la respuesta del pueblo (promesas quinta, sexta y séptima). Será nueva la celebración (gozo, alegría y fiesta; el amor a la sinceridad y la concordia suplirán el ayuno) y Sión se convertirá en atracción para los paganos (promesas octava, novena, décima).

SEGUNDO ZACARIAS

1. Israel entre las naciones ◊

Juicio y purificación de las naciones

Is 23 9-11; Ez 26 4; Is 4 3

9 1 La palabra del Señor
llega al país de Jadrac
y se detiene en Damasco,
porque al Señor pertenece
la capital de Siria,
lo mismo que las tribus de Israel;
2 y también Jamat, su vecina,
y Tiro y Sidón, con toda su sabiduría.
3 Tiro se construyó una fortaleza,
amontonó plata como polvo
y oro como barro de las calles.
4 Pero el Señor se apoderará de ello,
hundirá su poder en el mar
y ella será consumida por el fuego.
5 Ascalón al verlo, temerá,
Gaza comenzará a temblar,
lo mismo que Ecrón,
al ver perdida su esperanza.
El rey de Gaza será eliminado,
Ascalón quedará despoblada
6 y en Asdod habitará gente bastarda.
Yo barreré la soberbia del filisteo,
7 les arrancaré de la boca
la presa ensagrentada,
y de entre sus dientes
los alimentos detestables.
Entonces, también él, como el resto,
pertenecerá a nuestro Dios,
y tendrá un puesto
entre los clanes de Judá.
Y Ecrón será como los jebuseos.
8 Yo acamparé junto a mi templo,
y montaré guardia
para que nadie lo invada;
ningún opresor volverá a pasar por allí,
porque ahora lo vigilo yo
con mis propios ojos.

El mesías y la restauración de Israel

Mt 21 5; 11 29; Os 2 20; Is 11 6; Sal 72 8;
Ex 24 4-8; Sal 18 15; Jr 31 12-13

9 Salta de alegría, Sión,
lanza gritos de júbilo, Jerusalén,
porque se acerca tu rey,
justo y victorioso,
humilde y montado en un burro,
en un joven borriquillo.
10 Destruirá los carros de guerra de Efraín
y los caballos de Jerusalén.
Quebrará el arco de guerra
y anunciará la paz a las naciones.
Dominará de mar a mar,
desde el río Eufrates
hasta los extremos de la tierra.

11 En cuanto a ti, por la alianza
que establecí contigo con sangre,
yo liberaré a tus cautivos
de la fosa sin agua.
12 Regresen, cautivos,
llenos de esperanza,
a la fortaleza invencible,
pues en este día yo proclamo
que te daré doble recompensa.
13 Tensaré a Judá, que es mi arco,
y pondré a Efraín como flecha.
Incitaré a tus habitantes, Sión,
contra los habitantes de Grecia,
y te empuñaré como espada de valiente.

◊ **9 1-11 17**: El tono de estos capítulos es el de un anuncio de salvación. El oráculo contra las naciones con *el que comienza la sección (Zac 9 1-8) predice la libera*ción de Israel, que comenzará con la llegada del rey-mesías (Zac 9 9). Un nuevo pastor será el encargado de llevar a cabo este proyecto divino, pero la degradación religiosa de los jefes y del pueblo lo impedirán (Zac 11 4-17). Habrá que esperar hasta Jesús, el buen pastor, para que este proyecto divino se cumpla plenamente (véase Jn 10 1-21; 1 Pe 5 4).

• **9 1-8**: La irrupción final del reinado de Dios se prepara con grandes victorias. Siguiendo el modelo de profetas anteriores, comienza el profeta con un oráculo conjunto contra las naciones. Porque las naciones pertenecen al Señor, él puede castigarlas (el castigo hará siempre referencia al pecado: riquezas amontonadas, orgullo, sangre derramada). Pero también de las naciones quedará un *resto* que se unirá a Judá, y de ese modo se va preparando la incorporación de los paganos al Israel restaurado.

• **9 9-17**: Se describe aquí la restauración del reinado de Dios con el regreso del rey victorioso. El modo de entrada (cabalgando en un burro) apunta ya a una realidad nueva no conseguida por la fuerza de las armas ni por las alianzas humanas. Será el mismo Señor el que quiebre la fuerza de los pueblos enemigos y haga que Israel, reunido de nuevo, triunfe.

Zac 9 9 es citado en los evangelios para presentar la entrada de Jesús en Jerusalén como cumplimiento de esta promesa mesiánica (Mt 21 5 y par).

14 El Señor se hará visible sobre ellos
y disparará sus flechas como rayos;
hará sonar la trompeta
y avanzará entre las tempestades del sur.
15 El Señor todopoderoso los protegerá;
aplastarán y triturarán a los honderos,
beberán su sangre como vino,
se llenarán de satisfacción
como la copa de las ofrendas,
como los ángulos salientes del altar.
16 Aquel día, el Señor su Dios los salvará,
pastoreará a su pueblo como un rebaño
y como piedras preciosas de diadema
resplandecerán en su tierra.
17 ¡Qué felicidad, qué hermosura!
El trigo hará florecer a los jóvenes
y el vino nuevo a las muchachas.

Vanidad de los ídolos

Dt 11 4; Sal 135 7; Mt 9 36

10 1 Pidan al Señor la lluvia de primavera.
El Señor es quien provoca la tormenta,
hace llover en abundancia
y da pan al hombre y hierba al campo.
2 Los ídolos, en cambio,
dan respuestas vacías,
los adivinos sólo ven mentiras,
los soñadores pronuncian
palabras sin sentido
y dan falsos consuelos.
Por eso andan los israelitas
como un rebaño errante,
afligidos por falta de pastor.

El nuevo éxodo

Ez 34 2; Is 41 17; Dt 30 1-3; Bar 2 30-34; Zac 12 5

3 Se enciende mi furor contra los pastores,
voy a castigar a los chivos.
El Señor todopoderoso
va a visitar su rebaño, el pueblo de Judá,
y va a hacer de él
su caballo preferido en la batalla.
4 De Judá saldrán la piedra angular,
la estaca de la tienda,
el arco de la guerra y todos los jefes.
5 Serán como valientes guerreros
y combatirán juntos
pisando el barro de las calles;
lucharán con bravura,
porque el Señor está con ellos,
y los jinetes enemigos
quedarán cubiertos de vergüenza.
6 Fortaleceré a Judá
y salvaré a los descendientes de José.
Los devolveré a su patria
porque tengo compasión de ellos;
será como si no los hubiera
rechazado jamás,
porque yo soy el Señor su Dios
que los escucha.
7 Efraín será como un valiente guerrero;
su corazón se alegrará como con el vino,
también sus hijos se alegrarán al verlo
y su corazón se regocijará en el Señor.
8 Daré un silbido y los reuniré,
porque los he rescatado
y serán tan numerosos como antes.
9 Aunque yo los he dispersado
entre las naciones,
se acordarán de mí aun estando lejos,
criarán hijos y regresarán.
10 Los haré regresar de Egipto,
los traeré de Asiria,
los conduciré a Galaad y al Líbano,
y ni siquiera así habrá sitio suficiente.
11 Atravesarán el mar de Egipto,
heriré las olas del mar
y el Nilo quedará totalmente seco.
Acabaré con la soberbia de Asiria
y arrebataré el cetro de Egipto.
12 Pondrán su fuerza en el Señor
y en su nombre caminarán.
Oráculo del Señor.

11 1 Abre, tus puertas, Líbano,
y que el fuego devore tus cedros.
2 Gime, ciprés, porque ha caído el cedro,
porque los poderosos han sido derrotados.
Giman, encinas de Basán,
porque ha sido cortada
la selva impenetrable.

• **10 1-2**: Estos dos versículos, que hacen de puente entre los dos oráculos de restauración, sirven como recuerdo: es Dios quien salva y no los ídolos engañosos.

• **10 3-11 3**: La situación de desastre se debe a los pastores, nombre con el que se designa a todos los dirigentes del pueblo, especialmente a los reyes. Ahora el mismo Señor va a cuidar de su rebaño. La liberación no será fácil: el pueblo está disperso, las naciones enemigas opondrán resistencia; habrá que cruzar de nuevo un mar, como en el antiguo éxodo, pero Dios va a manifestar otra vez su poder en favor de su pueblo, doblegando a los poderosos (simbolizados con imágenes de árboles fuertes: cedros, cipreses, encinas).

3 Escuchen los lamentos de los pastores,
porque han asolado sus mejores pastos;
oigan los rugidos de los leones,
porque han asolado
la arboleda del Jordán.

Los dos pastores

Ez 34; Jr 12 3; Mt 27 3-10; Jn 10 12-13; Mt 18 12-14

4 Así dice el Señor mi Dios: Apacienta
estas ovejas destinadas al matadero. 5 Los
compradores las matan sin sentirse culpables y los vendedores dicen: «Bendito sea
el Señor, ya soy rico». Ni siquiera sus propios pastores sienten compasión de ellas.
6 Tampoco yo volveré a tener compasión
de los habitantes de esta tierra, oráculo del
Señor; voy a entregarlos a todos en poder
de sus pastores y de sus reyes. Ellos destruirán la tierra, y yo no los libraré de su
poder. 7 Yo me puse a apacentar las ovejas
destinadas al matadero por los comerciantes de ganado. Tomé dos bastones: a uno lo
llamé Benevolencia y al otro Unión. Seguí apacentando el rebaño 8 y en un solo
mes tuve que despedir a tres pastores. Perdí, pues, la paciencia con las ovejas y también ellas se hastiaron de mí. 9 Entonces
dije: No las apacentaré más; la que tenga
que morir, que muera; la que tenga que
perecer, que perezca; y las que queden,
que se coman unas a otras. 10 Después
tomé el bastón Benevolencia y lo rompí,
en señal de que rompía la alianza que el
Señor había hecho con todos los pueblos.
11 Quedó rota la alianza aquel día, y los
comerciantes que me observaban comprendieron que se trataba de una palabra del
Señor.

12 Yo les dije: Si les parece bien, pá-
guenme mi sueldo y, si no, déjenlo. Ellos
me pagaron treinta monedas de plata. 13 El
Señor me dijo: Echa al tesoro ese valioso
precio en el que ellos me han valorado. Tomé las treinta monedas de plata y las eché
en el tesoro del templo del Señor. 14 Después rompí el segundo bastón, al que había
llamado Unión, como signo de que rompía
la fraternidad entre Judá e Israel.

15 El Señor me dijo: Toma el morral de
un pastor irresponsable, 16 porque voy a
suscitar en esta tierra un pastor que no se
preocupará de las ovejas perdidas, ni buscará las extraviadas ni sanará a las heridas
ni alimentará a las sanas; sino que comerá
la carne de las gordas y les arrancará hasta
las pezuñas.

17 ¡Ay del mal pastor
que abandona las ovejas!
¡Qué la espada hiera su brazo
y su ojo derecho!
¡Qué su brazo se seque por completo,
y su ojo derecho quede del todo ciego!

2. Salvación y gloria de Jerusalén ◊

Jerusalén liberada y renovada

Gn 2 7; Is 42 5; 51 17; Jn 19 37; Am 8 10;
Jn 7 38; Ez 36 25; 2 Re 1 8; Mt 3 4

12 1 Palabra del Señor dirigida a Israel.
Oráculo del Señor que extendió los
cielos, cimentó la tierra y ha formado el espíritu del hombre. 2 Voy a hacer de Jerusalén una copa embriagadora para todos los
pueblos de alrededor; y lo mismo haré con
Judá el día en que se ponga sitio a Jerusalén.

3 Aquel día haré que Jerusalén sea para
todos los pueblos una piedra imposible de
levantar; todos los que intenten levantarla
se herirán con ella. Todas las naciones de
la tierra se unirán contra Jerusalén.

4 Aquel día, oráculo del Señor, haré que
se espanten los caballos y se vuelvan locos

• **11** *4-17: Es una alegoría* de no fácil comprensión, sobre todo si se intenta acomodarla a situaciones históricas concretas. Entran en escena: el pueblo (rebaño); los jefes (jueces, reyes, profetas y sacerdotes, descritos todos ellos como pastores necios y egoístas, y acusados muchas veces de vivir de las ovejas, cuando deberían vivir para las ovejas); un pastor bueno (que no tiene éxito); y finalmente un pastor torpe (con el que Dios castiga a su pueblo). La alegoría concluirá en Zac 13 7-9 con una profecía mesiánica.

◊ **12 1-14 21**: Cuando todo parece perdido, el Señor anuncia la restauración definitiva de Jerusalén. El pueblo recibirá un espíritu nuevo (Zac 12 1-13 6) y será purificado, como signo de que la alianza ha sido renovada (Zac 13 7-9). La salvación se extiende ahora a todos los pueblos, que deben reconocer la realeza del Señor (Zac 14).

• **12 1-13 6**: A través de una colección de diferentes oráculos (identificables por el mismo comienzo: *aquel día...*) el profeta anuncia la renovación de Jerusalén, liberándola de sus enemigos (primeros oráculos) y de sus propios pecados (la impureza, la idolatría, los falsos profetas). En el centro (Zac 12 10) aparece la figura del *traspasado*, don del espíritu de gracia para alcanzar el perdón. El evangelista S. Juan (Jn 19 37) refiere este pasaje a Cristo traspasado en la cruz.

los jinetes. Pondré mis ojos en Judá y dejaré ciegos a todos los caballos de las naciones. 5 Entonces pensarán los jefes de Judá:
«La fuerza de los habitantes de Jerusalén
está en el Señor todopoderoso, su Dios».
6 Aquel día convertiré a los clanes de
Judá en brasero bajo un montón de leña, en
antorcha entre la paja; devorarán a la derecha y a la izquierda a todos los pueblos
de alrededor, mientras los habitantes de
Jerusalén seguirán viviendo donde están.
7 Pero el Señor salvará en primer lugar los
pueblos de Judá, para que ni la familia de
David ni los habitantes de Jerusalén se en-
valentonen a costa de Judá.
8 Aquel día el Señor protegerá a los habitantes de Jerusalén; el más inseguro de
ellos se sentirá fuerte como David, y la dinastía de David será, al frente de ellos, como Dios, como un ángel del Señor.
9 Aquel día destruiré a todos los pueblos
que ataquen Jerusalén. 10 Pero sobre la dinastía de David y los habitantes de Jerusalén derramaré un espíritu de benevolencia
y de súplica. Mirarán hacia mí, a quien
traspasaron; harán duelo por el que traspasaron como se hace por un hijo único y lo
llorarán amargamente como se llora a un
primogénito. 11 Aquel día el duelo de Jerusalén será tan grande como el de Hadad-
Rimón en la llanura de Meguido. 12 Se lamentará este país familia por familia: la familia de David y también sus mujeres; la
familia de Natán y también sus mujeres;
13 la familia de Leví y también sus mujeres;
la familia de Semey y también sus mujeres;
14 y todas las demás familias, cada una por
su lado, con sus respectivas mujeres.

13 1 Aquel día manará una fuente para
que la dinastía de David y los habitantes de Jerusalén puedan lavar en ella su pecado y su impureza.
2 Aquel día, oráculo del Señor todopoderoso, arrancaré de esta tierra los nombres de los ídolos, y no los invocarán más;
haré también que desaparezcan de la tierra
los profetas y el espíritu de impureza. 3 Y si
alguno continúa todavía profetizando, los
mismos padres que lo engendraron le
dirán: «Tú no mereces vivir, porque has
dicho mentiras en nombre del Señor». Y
mientras esté profetizando, los mismos padres lo apuñalarán.
4 Aquel día se avergonzará cada profeta
de su propia visión, y no se pondrá más el
manto de pelo para engañar, 5 sino que cada
uno dirá: «Yo no soy profeta; soy agricultor y el campo es mi ocupación desde mi
juventud». 6 Y si alguno le dice: «¿Qué son
esas cortaduras que tienes en los brazos?»
Responderá: «Me las hicieron en casa de
mis amantes».

La alianza renovada

Ez 34; Mt 26 31; Is 1 25; 48 10; Sal 91 15

7 ¡Despierta, espada, contra mi pastor
y contra mi ayudante,
oráculo del Señor todopoderoso.
Hiere al pastor y se dispersarán las ovejas;
yo golpearé incluso a las débiles.
8 Y en toda esta tierra,
oráculo del Señor,
dos tercios serán exterminados,
y quedará el otro tercio.
9 A este tercio lo haré pasar por el fuego,
lo purificaré como se purifica la plata,
lo probaré como se prueba el oro.
El invocará mi nombre,
y yo lo escucharé.
Yo diré: «Es mi pueblo».
Y él dirá: «El Señor es mi Dios».

Establecimiento definitivo del reino de Dios

Jl 4 2-12; Mt 16 27; Ap 21 23; Ez 47; Zac 12 16;
Jr 31 40; Is 66 24; Ez 38 21

14 1 He aquí, Jerusalén, que viene el día
del Señor en que tus despojos serán
repartidos como botín dentro de tus muros.
2 El Señor reunirá a todas las naciones pa-

• **13 7-9**: Probablemente este pasaje debería ser situado al final de la alegoría de los dos pastores: Zac 11 17. A *pesar de que la espada hiere al pastor* y se dispersan las ovejas, un resto purificado será el nuevo pueblo de la alianza. Los evangelios refieren Zac 13 7 a Jesús, el pastor definitivo, abandonado por sus discípulos, como ovejas que se dispersan (véase Mc 14 27 y par).

• **14 1-21**: Con un lenguaje cercano al apocalíptico se describe el establecimiento definitivo del reino de Dios. En la sucesión de oráculos que comienzan con la fórmula *aquel día* se introduce el anuncio del *día del Señor*. Después de doblegar todas las fuerzas que se oponen a Jerusalén, Dios establece su reino exclusivo: luz, aguas de vida, tierra plana, morada tranquila, abundancia de bienes, centro de atracción para los gentiles; los que de ellos no acudan serán castigados.

ra luchar contra Jerusalén: la ciudad será
conquistada, las casas saqueadas, violadas
las mujeres. La mitad de la ciudad irá al
cautiverio; pero el resto del pueblo no será
sacado de la ciudad. 3 Entonces saldrá el
Señor y combatirá contra esas naciones,
como él suele combatir el día de la batalla.
4 Aquel día pondrá sus pies en el monte de
los Olivos que está frente a Jerusalén, hacia el oriente. El monte de los Olivos se partirá por la mitad, de este a oeste, formando
un gran valle; la mitad del monte se des-
plazará hacia el norte y la otra mitad hacia
el sur. 5 El valle de Hinon quedará obstrui-
do desde Goa hasta Jasol como quedó en
tiempos de Ozías, rey de Judá, a causa del
terremoto. El Señor tu Dios vendrá acompañado de todos los santos. 6 Aquel día no
habrá astros que iluminen, ni frío ni hielo,
7 sino que será un día único, sólo conocido
por el Señor; no se distinguirá el día de la
noche, porque en la noche seguirá brillando
la luz. 8 Aquel día brotarán aguas vivas de
Jerusalén, la mitad hacia el mar oriental, y
la mitad hacia el mar occidental; correrán
en verano y en invierno. 9 Y el Señor reinará sobre toda la tierra. Aquel día el Señor será el único, y único será su nombre.
10 Toda esta tierra se transformará en llanura, desde Gueba hasta Rimón en el Negueb. Pero Jerusalén se mantendrá en alto
y será habitada desde la puerta de Benjamín hasta el emplazamiento de la primera puerta, la puerta del Angulo, y desde la
torre de Jananel hasta las bodegas del rey.
11 Habitarán en ella sin volver a ser amenazados de exterminio; vivirán seguros en
Jerusalén.

12 Y ésta será la calamidad con la que el
Señor castigará a todos los pueblos que lucharon contra Jerusalén: hará que se pudran
estando aún con vida; se les pudrirán los
ojos en sus órbitas, y la lengua en su boca.
13 Aquel día el Señor provocará entre ellos
un pánico terrible: cada uno se trenzará con
su compañero en una lucha cuerpo a cuerpo. 14 Hasta Judá luchará al lado de Jerusalén. Entonces les serán arrebatadas a las naciones vecinas todas sus riquezas en canti-
dades enormes. 15 Y una calamidad semejante caerá sobre caballos, mulos, camellos,
burros y toda clase de animales que tengan
en su campamento. 16 Y los sobrevivientes
de los pueblos que invadieron Jerusalén
subirán año tras año a postrarse ante el Rey,
el Señor todopoderoso, y a celebrar la fiesta de las tiendas. 17 Y si algún pueblo de la
tierra no sube a Jerusalén a postrarse ante
el Rey, el Señor todopoderoso, él no enviará la lluvia sobre ese pueblo. 18 Si Egipto
no acude, caerá también sobre él la calamidad con que el Señor castiga a las naciones
que no suben a celebrar la fiesta de las tiendas. 19 Ese será el castigo de Egipto y el de
todas las naciones que no acudan a celebrar
la fiesta de las tiendas. 20 Aquel día las campanillas de los caballos llevarán un letrero:
«Consagrado al Señor», y las ollas del templo del Señor serán tan sagradas como las
copas de la aspersión ante el altar. 21 Toda
olla en Judá y Jerusalén estará consagrada
al Señor todopoderoso; todos los que vengan a ofrecer un sacrificio se servirán de
ellas para cocer la carne ofrecida; y aquel
día no habrá ya comerciantes en el templo
del Señor todopoderoso.

MALAQUIAS

INTRODUCCION

El último de los llamados "profetas menores" es, en realidad, una colección de oráculos proféticos que pertenecen a un autor anónimo. *Malaquías* significa, en efecto, *mi mensajero* (Mal 3 1) y, a pesar de todos los intentos de identificación que se han hecho, parece preferible reconocer que no sabemos quién escribió el libro.

Sin embargo, la *época* en que fue compuesto se puede deducir sin dificultad del contenido del libro. Puede situarse alrededor de los años 480/460 a. C. El pueblo ha regresado ya del exilio, el templo ya ha sido reconstruido y el culto ha sido reanudado. Nos encontramos, por tanto, después del 515 a. C., pero antes de la reforma llevada a cabo por Esdras y Nehemías (entre el 445 y el 398 a. C.).

Era un tiempo de gran escepticismo. No se habían cumplido las esperanzas suscitadas por Ageo y Zacarías en relación con la reconstrucción del templo. El desánimo se había apoderado del pueblo, y renacían los antiguos pecados en el culto y en la vida. La reacción de Malaquías es vigorosa. Como auténtico reformador coloca valientemente a todos ante sus propias responsabilidades, en un período en el que se está configurando la estructura del judaísmo postexílico.

El *mensaje* de Malaquías responde a estas circunstancias de su época. Desde el punto de vista doctrinal recuerda el amor de Dios, puesto en duda en circunstancias de crisis, y también su justicia y la retribución divina. Desde el punto de vista práctico insiste en las ofrendas, matrimonios mixtos, divorcio y diezmos. Para todo ello se inspira fundamentalmente en el Deuteronomio y en los antiguos profetas.

Sus alusiones al *mensajero* (Mal 3 1 y 3 23ss) hacen del libro de Malaquías uno de los más citados en el Nuevo Testamento (Véase Mc 1 2; Lc 1 17.76; 7 19.27; Jn 3 28; y Mt 17 10-11; Mc 9 11-12; Lc 1 17). El mensajero ya ha venido en la persona del precursor, es decir, de Juan el Bautista.

1 1 Oráculo. Palabra que el Señor dirigió
a Israel por medio de Malaquías.

Elección gratuita de Israel

Os 11 1; Dt 7 7-9; 4 37; Ez 16; Gn 25 23; Rom 9 13

2 Yo los he amado, dice el Señor. Pero
ustedes preguntan: «¿En qué nos has
amado?» ¿No era Esaú hermano de Jacob?
oráculo del Señor. Sin embargo, yo amé a
Jacob, 3 y odié a Esaú: convertí las montañas de Esaú en lugares desolados y entregué su territorio a los chacales del desierto.
4 Edom dice: «Hemos sido destruidos, pero
reconstruiremos nuestras ruinas». Pero así
dice el Señor todopoderoso: ¡Ya pueden
ellos edificar, que yo destruiré! Los llamarán «País malvado», «Pueblo de la ira eterna del Señor». 5 Ustedes lo verán con sus
ojos, y dirán: «El Señor es grande incluso
más allá de las fronteras de Israel».

Perversión del culto

Dt 5 16; Is 29 13; Lv 22 18-25; Am 5 21; Sof 3 9; Dt 28 15; 18 1-8; 33 8-11; Mt 23 13.15

6 El hijo honra a su padre, el siervo a su
señor. Pues, si yo soy Padre, ¿dónde está el
honor que me pertenece? Y si soy Señor,
¿dónde el respeto que se me debe? Esto es
lo que dice el Señor todopoderoso a ustedes, sacerdotes, que desprecian mi nombre
y tienen la osadía de preguntar: «¿En qué
hemos despreciado tu nombre?» 7 Trayen-

• **1** 2-5: Decepcionados por una restauración nacional mucho más pobre que la prevista y anunciada, los israelitas dudan de que Dios los ame. Sin embargo, el libro comienza con una afirmación solemne: *Yo los he amado.* La elección (Jacob en vez de Esaú) no pertenece al pasado. Fundó y funda al pueblo. Elección que se hace aún más viva por el contraste (*odié a Esaú*). El contraste juega aquí el papel de demostración, sobre todo si se tiene en cuenta que el *odio* a Esaú fue en orden a la liberación de Jacob (ver el mensaje del profeta Abdías). Estos sentimientos encontrados refuerzan con vigor el realismo de la elección amorosa.

do a mi altar alimentos impuros. «¿En qué te hemos manchado con eso?» –insisten–, pensando que la mesa del Señor es despreciable. 8 ¿Acaso no está mal ofrecer un animal ciego para el sacrificio? ¿Acaso no está mal ofrecer un animal cojo o enfermo? Anda, ofréceselo a tu gobernador, a ver si le agradas y te muestra su favor, dice el Señor todopoderoso. 9 Y ahora supliquen el favor de Dios, para que tenga piedad de nosotros; pues ¿cómo podrá aceptar benevolamente esa ofrenda que le hacen?, dice el Señor todopoderoso. 10 ¡Ojalá uno de ustedes cerrara las puertas del templo para que no encendieran inútilmente el fuego de mi altar! No me complazco en ustedes, dice el Señor todopoderoso, ni me agradan las ofrendas que me presentan. 11 Porque desde donde sale el sol hasta donde se pone es glorificado mi nombre entre las naciones, y en todo lugar se ofrece en mi honor un sacrificio de incienso y una ofrenda pura. Mi nombre es glorificado entre las naciones, dice el Señor todopoderoso, 12 pero ustedes lo profanan al decir que la mesa del Señor está contaminada y que su comida es despreciable. 13 Dicen: «¡Qué aburrimiento!» y me desprecian, dice el Señor todopoderoso. Me presentan como ofrenda animales robados, cojos y enfermos ¿y piensan que yo puedo aceptarlos?, dice el Señor todopoderoso. 14 ¡Maldito el mentiroso que tiene un macho en su rebaño y, sin embargo, para cumplir el voto que ha hecho, sacrifica al Señor un animal deforme! Yo soy un gran rey, dice el Señor todopoderoso, y mi nombre es temido entre las naciones.

2 1 Y ahora, a ustedes, sacerdotes, se dirige esta advertencia. 2 Si no me hacen caso, si no se proponen dar gloria a mi nombre, dice el Señor todopoderoso, yo lanzaré contra ustedes la maldición: convertiré en maldiciones sus bendiciones; de hecho ya las he convertido en maldiciones porque ninguno hace caso. 3 Yo los apartaré del sacerdocio les tiraré estiércol a la cara: el estiércol de sus fiestas, y serán barridos junto con él. 4 Así reconocerán que he sido yo el que les ha dirigido esta advertencia para que sea efectiva la alianza que hice con Leví, dice el Señor todopoderoso. 5 Mi alianza con Leví era de vida y de paz, y efectivamente se las concedí para que me temiera, me respetara y reverenciara mi nombre. 6 En su boca había una enseñanza verdadera y en sus labios no se halló maldad; me fue enteramente fiel y apartó a muchos del mal. 7 Al sacerdote corresponde atesorar la ciencia y a él se acude en busca de enseñanza, porque él es el mensajero del Señor todopoderoso. 8 Pero ustedes se se han desviado del camino; con su enseñanza han servido de tropiezo a muchos y han invalidado la alianza de Leví, dice el Señor todopoderoso. 9 Por eso, también yo los he hecho despreciables y viles ante todo el pueblo, porque ustedes no me han obedecido ni al aplicar la ley han tratado a todos por igual

Matrimonios mixtos y divorcio

Dt 1 31; Ef 4 6; Gn 2 24; Mt 5 31-32; Ef 5 24-32

10 ¿No tenemos todos nosotros un mismo Padre? ¿No nos ha creado un solo Dios? ¿Por qué nos engañamos unos a otros y quebrantamos la alianza que Dios hizo con nuestros antepasados? 11 Los de Judá, en efecto, han sido infieles; en Israel y en Jerusalén se ha hecho algo detestable. Los de Judá han profanado el santuario tan querido

• **1 6-2 9**: El padre espera honra de sus hijos. Dios la espera de los suyos, especialmente de los sacerdotes. Pero ellos ni siquiera se dan cuenta de sus transgresiones que se refieren a la pureza de las víctimas para el sacrificio, a la alianza y al ministerio de la enseñanza de la ley al pueblo. Con su proceder, el pueblo pone en peligro la gloria de Dios, cuyo nombre, sin embargo, es honrado entre las naciones. Por su parte, los sacerdotes, al aceptar un culto irreverente y al descuidar sus funciones, están poniendo en peligro la alianza que Dios hizo con la tribu de Leví, para que ellos fueran sus sacerdotes. El Señor les ofrece la posibilidad de conversión, pero si ésta no se da, les sobrevendrá la maldición, el repudio y el desprecio del pueblo.

• **2 10-16**: También el pueblo ha sido infiel. El profeta en esta sección tiene en cuenta dos casos concretos: el matrimonio con extranjeras y el divorcio. Haría falta meterse mucho en la mentalidad judía de la época para comprender al profeta acusando a los que casándose con extranjeras se emparentan con un dios inexistente. Lo mismo que el Señor es Padre de los judíos, el dios extranjero es presunto padre de los de fuera. De ahí la acusación de romper la alianza a causa de los matrimonios mixtos. La doctrina sobre el divorcio es particularmente exigente, como llamada apremiante a la fidelidad respecto a la primera mujer, la esposa de la juventud. Se aparta de la permisividad de la ley de Moisés (Dt 24 1) y, fundándose en Gn 2 24, anuncia ya la posición del mismo Jesús en esta materia (Mt 19 9).

al Señor, casándose con mujeres que adoran a dioses extranjeros. 12 ¡Que el Señor aniquile del pueblo de Jacob y del número de los que presentan las ofrendas al Señor todopoderoso, a los que hacen esto junto con sus hijos y toda su familia! 13 Y no se acaba todo aquí: inundan de lágrimas, llantos y gemidos el altar del Señor, porque a él ya no le interesan las ofrendas que ustedes le presentan ni acepta nada de ustedes. 14 ¿Por qué sucede esto? –se preguntan–. Pues porque el Señor es testigo de que has sido infiel a la esposa de tu juventud, aunque ella era tu compañera, a quien prometiste fidelidad. 15 ¿No ha hecho Dios un solo ser, carne animada por un espíritu de vida? Y este único ser, ¿qué busca? Una descendencia dada por Dios. Así que cuiden su espíritu y no sean infieles a la esposa de su juventud. 16 Pues el que se divorcia por odio, dice el Señor todopoderoso, se comporta como un hombre violento. Por tanto, cuiden su espíritu y no sean infieles.

El día del Señor

Mt 11 10; Hch 13 24-25; Sof 1 14; Jl 2 11; Lv 9 13; Nm 23 19

17 Ustedes cansan al Señor con sus palabras, y aún preguntan: «¿Por qué lo cansamos?» Pues porque dicen: «El Señor no rechaza, sino que acepta complacido a quien hace el mal», y añaden: «¿Dónde está Dios y su justicia?»

3 1 Miren, yo envío mi mensajero a prepararme el camino, y de pronto vendrá a su templo el Señor a quien ustedes buscan, el mensajero de la alianza a quien tanto desean; he aquí que ya viene, dice el Señor todopoderoso. 2 ¿Quién podrá soportar el día de su venida? ¿Quién se mantendrá de pie en su presencia? Será como fuego para fundir metales y como un blanqueador de ropa. 3 Se pondrá a fundir y a refinar la plata. Limpiará a los hijos de Leví y los purificará como el oro y la plata, para que presenten al Señor ofrendas legítimas. 4 Entonces agradarán al Señor las ofrendas de Judá y de Jerusalén, como en los tiempos pasados, como en los años remotos. 5 Yo me acerco a ustedes para juzgarlos, y con decisión testifico contra los hechiceros, los adúlteros y los que juran en falso, contra los que defraudan al obrero en su sueldo, oprimen a la viuda y al huérfano y violan el derecho del extranjero, sin temerme a mí, dice el Señor todopoderoso.

Los diezmos del templo

Zac 1 3; Dt 28 8.12.15; Prov 3 9-10; Is 61 9

6 Yo, el Señor, no cambio, pero ustedes, hijos de Jacob, tampoco han dejado, 7 desde los días de sus antepasados, de apartarse de mis mandamientos y de transgredirlos. Conviértanse a mí y yo estaré de su parte, dice el Señor todopoderoso. Ustedes dicen: «¿Cómo nos convertiremos?» 8 ¿Acaso puede un hombre engañar a Dios? Pues ustedes me engañan; y aún preguntan: «¿En qué te engañamos?» En los diezmos y en los impuestos sagrados. 9 Están amenazados por la maldición, y sin embargo todos ustedes, la nación entera, no cesan de engañarme. 10 Lleven al arca del tesoro el diezmo completo, y no faltarán los alimentos en mi templo; colóquenme a prueba de este modo, dice el Señor todopoderoso, y verán cómo abro las compuertas del cielo y derramo sobre ustedes bendiciones en abundancia. 11 Alejaré de ustedes la langosta devoradora, y no volverá a destruir más los frutos del suelo ni dejará estériles las viñas del campo, dice el Señor todopoderoso. 12 Todos los pueblos los considerarán dichosos, porque serán una tierra de delicias, dice el Señor todopoderoso.

• **2 17-3 5**: La prosperidad del malvado cuestionó siempre la justicia de Dios. ¿Es justo que Dios retribuya con bienes al que obra el mal? La respuesta del profeta es tajante: Dios vendrá para juzgar. La justicia de Dios se cumplirá en *el día del Señor. Un mensajero* anunciará la llegada del Señor, el cual vendrá a entablar un juicio contra todos los pecadores: los hechiceros, los adúlteros, los que juran en falso, los injustos con el asalariado y los opresores de los débiles. En todos estos pecados, también en los cometidos contra los más pobres (viudas, huérfanos, emigrantes), está en juego el respeto debido al mismo Dios.

• **3 6-12**: La tacañería del pueblo con Dios se manifiesta en el regateo de los diezmos. En tiempo de escasez y miseria piensan que lo mejor es robar para poder subsistir. Pero quien tacañamente siembra tacañamente recoge, ¿o es que ha olvidado el pueblo que es Dios quien derrama bendiciones en abundancia? El profeta exhorta a la generosidad con Dios y a poner en él la confianza y no en las seguridades humanas.

Triunfo de la justicia del Señor

Job 21 14-15; Is 58 3; Jr 12 1; Sal 103 13;
Am 5 18-20; Lc 1 78

13 Las palabras que ustedes me han dirigido han sido insolentes, dice el Señor. Y
aún preguntan: «¿Qué hemos dicho contra
ti?» 14 Pues han dicho que es tiempo perdido servir a Dios, que no han sacado ningún
provecho en observar sus mandamientos y
en hacer penitencia ante el Señor todopoderoso; 15 que los arrogantes son dichosos,
tienen éxito a pesar de hacer el mal y, aunque desafían a Dios, quedan sin castigo.
16 Esto es lo que comentaban entre sí los
que respetan a Dios. Y el Señor prestó atención y escuchó: en su presencia se escribió
un libro en el que figuran todos los que son
fieles al Señor y respetan su nombre. 17 Estoy preparando un día, dice el Señor todopoderoso, en el que ellos volverán a ser mi
propiedad. Seré compasivo con ellos como
un padre con el hijo que le sirve. 18 Entonces ustedes verán de nuevo la diferencia
que hay entre el justo y el malvado, entre
quien sirve a Dios y quien no le sirve.

19 Porque ya viene el día, ardiente como un horno; todos los arrogantes, todos
los malvados no serán entonces más que
paja. Ese día que está llegando, dice el Señor todopoderoso, los devorará y no dejará
de ellos ni rama ni raíz. 20 Pero sobre ustedes, los que respetan mi nombre, se levantará un sol victorioso que trae la salvación
entre sus rayos, y ustedes saltarán de alegría como los novillos cuando salen del establo. 21 Pisotearán como ceniza a los malvados bajo la planta de sus pies en el día
que yo preparo, dice el Señor todopoderoso.

Apéndices

Mt 17 10-13; Lc 1 17

22 Recuerden la ley, los mandatos y preceptos que yo entregué en el Horeb a mi
siervo Moisés para todo Israel. 23 Yo les
enviaré al profeta Elías antes que llegue el
día del Señor, grande y terrible; 24 él hará
que padres e hijos se reconcilien, de manera que, cuando yo venga, no tenga que entregar esta tierra al exterminio.

• **3 13-21**: Viendo la prosperidad de los malvados, el justo se pregunta preocupado: ¿qué saco con guardar los mandamientos? En el horizonte de una recompensa por parte de Dios que se recibe sólo en este mundo, la pregunta tiene una seriedad especial. Por eso, Malaquías adopta una perspectiva de solución más allá de este mundo: las cosas no quedarán así; el día en que Dios actúe se verá la diferencia entre buenos y malos. La justicia de Dios quedará cumplida. Dos elementos intervendrán en el discernimiento final: fuego que consume para los malvados, luz que protege para los justos.

• **3 22-24**: Final del libro que presenta la venida del mensajero. Malaquías lo identifica con el profeta Elías. Su misión: la reconciliación de las generaciones divididas. Su resultado: que la visita del Señor no sea destrucción, sino gracia. Los evangelistas han visto el cumplimiento de esta profecía en Juan Bautista, precursor de Jesús (Mt 11 10-14 y par).

Otros Escritos

ESCRITOS POETICOS

INTRODUCCION

Las ediciones modernas de la Biblia acostumbran a agrupar bajo el título de *Libros didácticos* o *sapienciales* la mayor parte de los libros que forman en la Biblia hebrea la tercera colección a la que se dio el nombre de: *Los (otros) Escritos*. Sin embargo, algunos de esos libros (Salmos, Cantar y Lamentaciones) difícilmente se pueden catalogar como sapienciales. Y, a la inversa, tampoco se puede aplicar con rigor el calificativo de "poéticos" a la totalidad de los escritos sapienciales. Por esta razón, con el ánimo de evitar reducciones y confusiones y siguiendo una tendencia cada vez más generalizada, hemos optado por dar a todos estos libros, tradicionalmente llamados sapienciales, el título genérico de *Otros escritos*, que, a su vez, subdividimos en sus dos grupos naturales: *Escritos poéticos* (Sal, Cant, Lam) y *Escritos sapienciales* (Job, Prov, Ecl, Sab y Eclo).

1. La poesía en el Antiguo Testamento

Al clasificar como escritos poéticos solamente tres libros (Salmos, Cantar de los Cantares y Lamentaciones), no queremos decir que éstos representen las únicas manifestaciones poéticas del Antiguo Testamento. Una ojeada al conjunto del Antiguo Testamento nos permitiría comprobar que los textos en forma poética suponen casi la mitad de toda la extensión del Antiguo Testamento. En efecto, la mayor parte de los escritos proféticos y sapienciales tanto en la forma como en el fondo contienen elementos poéticos. E incluso los escritos narrativos e históricos están salpicados de himnos, cantos y otras muestras de textos poéticos. Hasta tal punto, que todo el Antiguo Testamento, desde el principio hasta el fin, desde el gran himno a la creación de Gn 1 hasta Eclo 51, está repleto de todo tipo de poesía: épica y lírica, religiosa y profana, popular y culta.

El mismo lenguaje bíblico se hace eco de esta amplia y rica variedad de manifestaciones poéticas, al identificar y distinguir algunos géneros poéticos, como *sir* (canto), *masal* (dicho, proverbio o parábola), *mizmor* (salmo), *ne'um y massá* (oráculo), *jidá* (enigma, acertijo), *qiná* (elegía), *beraká* (bendición), *qelalá* (maldición), etc.

2. La poesía en el antiguo Oriente y en Israel

Cuando Israel se constituye como pueblo (siglos XI-X a.C.), los pueblos y civilizaciones de alrededor conocían ya la escritura y poseían importantes conjuntos literarios en los que la poesía ocupaba un puesto especial. Así, entre los textos poéticos mesopotámicos encontramos auténticas epopeyas como el poema de Gilgamés, poemas míticos como el Enuma Elis y el Atra-hasis, oráculos de tipo profético y gran variedad de oraciones, himnos y lamentaciones. De los textos poéticos egipcios, sobresale el Himno al sol del faraón Akenatón, las Confesiones negativas del Libro de los muertos, los refranes y sentencias intercalados en las instrucciones de Amenemope y Ptah-hotet y distintas muestras de poesía religiosa y profana. Finalmente, Ugarit nos ha transmitido abundantes himnos y poemas míticos con notables acentos religiosos (véase la introducción general a *El mundo del Antiguo Testamento* y la especial a Escritos Sapienciales).

Cuando los antepasados de Israel se instalan en Canaán, llegan acompañados de un considerable depósito de tradiciones orales, relacionadas con el pasado de las tribus y sus fundadores, con la liberación de Egipto y con la más reciente conquista de Canaán. Y, como suele suceder en la fase de tradición oral de la mayoría de los pueblos, las tradiciones adoptan frecuentemente forma poética. No es casual que los más antiguos textos de la Biblia sean algunos poemas, como el canto de venganza de Lamec (Gn 4 23-24), el canto del pozo (Nm 21 17-18), la sátira contra Moab (Nm 21 27-30) y diferentes cantos de victoria (Ex 15; Jue 5; 15 16). En contacto con los antiguos habitantes cananeos y con los pueblos vecinos, los hebreos asimilan nuevos temas, motivos y formas poéticas, adaptándolos a sus propias tradiciones e imprimiendo en ellas su sello específico. Junto al material recibido y adaptado, Israel introduce nuevos elementos y llega a producir así un cuerpo poético propio, representativo y diferenciado.

3. Características generales de la poesía hebrea

El hebreo ha desarrollado una técnica poética con elementos en parte comunes a otras lenguas y culturas y en parte diferentes. Entre los recursos y procedimientos literarios más característicos, hay que destacar la sonoridad, el ritmo, el paralelismo, procedimientos de repetición y antítesis, las imágenes y la composición.

– En el ámbito de la *sonoridad* se incluyen todos los procedimientos que juegan con la combinación de los sonidos: aliteración, asonancia, rima, juegos de palabras, paronomasia, onomatopeya, eufonía, etc. Son recursos casi siempre intraducibles a nuestras versiones, pero que resultan especialmente importantes en una poesía destinada inicialmente a la recitación oral. En este mismo ámbito hay que incluir el *ritmo*, igualmente difícil de traducir. Aunque aún sigue viva la discusión entre especialistas sobre el modelo de ritmo hebreo, la explicación más aceptada parece ser la teoría del ritmo acentual, basado en la combinación de acentos tónicos en versos y hemistiquios.

– El *paralelismo* es uno de los rasgos más distintivos de la poesía hebrea y consiste en la articulación binaria de sentencias completas o subordinadas, de modo que la combinación produzca repetición, contraposición o complemento. Nacen así los tres tipos más comunes de paralelismo: sinonímico, antitético y sintético o formal.

– Más allá de su función en el paralelismo sinonímico, hay que considerar el valor de una serie de procedimientos basados en la *repetición*: de sonidos (antes aludido), palabras, raíces o lexemas, sintagmas, conceptos, imágenes, etc. A través de la repetición, lo aparentemente insignificante se hace significativo. Según la posición respectiva de los elementos repetidos, se generan nuevos recursos. Un caso especial de sinonimia lo constituye el *merismo*, que divide una totalidad en sus dos mitades ("cielo y tierra") o reduce una serie completa a dos miembros significativos ("montañas y valles", "leche y miel").

– También la *antítesis* constituye uno de los grandes procedimientos de estilo de la poesía hebrea y llega a estructurar palabras, sentencias, secciones y bloques enteros. Entre el merismo y la antítesis, sin identificarse del todo con uno y otra, se encuentra la *expresión polar*, que representa una totalidad a partir de sus dos extremos, muchas veces opuestos.

– Especial importancia en el lenguaje poético, tanto en verso como en prosa, tiene el ámbito de la *imagen*, en sus distintas formas y grados: descripción, comparación, metáfora, alegoría y símbolo. El mundo de las imágenes poéticas plantea un verdadero reto al traductor y al lector de la Biblia, pues requiere especial sensibilidad, entrenamiento e imaginación, como condiciones indispensables para captar en toda su riqueza, fuerza y originalidad la poesía bíblica.

– Entre los procedimientos de composición, el paralelismo representa la unidad básica y mínima, tal como aparece en las partes más antiguas de Proverbios y en muchos salmos. Varios paralelismos pueden configurar una estrofa. Es lo que sucede con muchos *dichos numéricos*, que usan como esquema números específicos: cuatro, siete, diez, etc., o determinadas fórmulas numéricas (1+1; 2+1; 3+1; 6+1; 9+1). También de tipo numérico es el *poema alfabético*: acróstico formado por las veintidós letras del alfabeto hebreo, que encabezan sucesivamente un hemistiquio o uno o más versos (Sal 9-10; 25; 34; 37; 111; 112; 119; 145; Lam 1-4). A veces queda el número veintidós como único vestigio alfabético (Lam 5). Otros recursos de composición son la repetición periódica de un *estribillo* (Sal 8; 42-43; Cant 2 7; 3 5; 5 8; 8 4), y la *inclusión*, es decir, la repetición de las mismas o parecidas palabras al principio y al fin de un poema. La repetición de determinados elementos (palabras, frases) en orden inverso a los dos lados de un eje da lugar a *estructuras concéntricas* (abc...c'b'a') o *quiásticas*.

– Finalmente, hay que decir una palabra sobre los *géneros poéticos* del Antiguo Testamento. En la poesía hebrea encontramos representados prácticamente todos los géneros poéticos, aunque con variada extensión. Además de los catálogos de géneros enumerados en las introducciones a los Escritos proféticos, a los Salmos y a los Escritos sapienciales, podemos distinguir *cantos de trabajo* (Nm 21 17-18; Is 16 9-10; Jr 25 30), *cantos de banquete* (Is 5 11-13; 22 13; 56 12; Am 6 4-6; Cant 5 1), *cantos de amor* (Is 5 1-7; Jr 7 34; Cant), *cantos de boda* (Sal 45; Is 62), *cantos de burla* (Nm 21 27-30), *sátiras o poemas irónicos* (Is 14; 28 7-13; 37 22-29), *elegías* o cantos de lamentación (2 Sm 1 19-27; 3 33-34; Lam 1-5), *epinicios* o cantos de victoria (Ex 15; Jue 5; 1 Sm 18 7; Jue 16 23-24; Jdt 16), *fábulas* (Jue 9 7-15; 2 Re 14 9).

4. *Escritos poéticos del Antiguo Testamento*

De todo lo dicho se deduce que la poesía del Antiguo Testamento no se agota en los tres escritos incluidos en este apartado (Sal, Cant, Lam). Escritos como Isaías y Job, o los poemas de amor de Oseas, representan momentos culminantes de la poesía universal. ¿Por qué no incluir éstos y otros libros en esta específica colección de escritos poéticos? Sencillamente, porque en ellos la poesía está más directamente en función de otros objetivos: proféticos (en Isaías y Oseas) y sapienciales (en Job). Los escritos que aquí incluimos (Salmos, Cantar de los Cantares y Lamentaciones) no están mediatizados por otros objetivos ni al servicio de otros géneros. Estos tres escritos representan, además, tres tipos de poesía de gran arraigo y difusión en otros pueblos y culturas: la poesía religiosa, la poesía amorosa y la poesía elegíaca o de lamentación.

LIBRO DE LOS SALMOS

INTRODUCCION

La oración es una expresión muy especial del encuentro y diálogo entre el hombre y Dios. A través de ella el hombre logra encauzar experiencias y sentimientos espontáneos de lamento, súplica, confianza, arrepentimiento, gratitud, alabanza, admiración, profesión de fe... Cuando estos sentimientos y experiencias se convierten en lenguaje llegan a adoptar notables expresiones poéticas. Y cuando se hacen acompañar de música, se convierten en canción. Todo esto, oración, poesía y canción, es el libro de los Salmos, verdadero culmen de la experiencia religiosa de Israel y una de las joyas poéticas de la literatura universal.

1. Ambientación histórica

El libro de los Salmos está formado por ciento cincuenta oraciones o cantos, de muy diversas épocas y autores, que se fueron agrupando en distintas colecciones hasta lograr su actual distribución. En la Biblia hebrea este libro ocupaba el primer lugar de la tercera parte, conocida como los "Escritos", y llevaba el nombre de "Tehillim" (alabanzas o himnos). En la versión griega adoptó el nombre de libro de los "Salmos" o "Salterio", nombres conservados en la versión latina.

Al hablar de la fecha de su composición, hay que distinguir entre la composición del libro en su conjunto y la composición de los distintos salmos. En su forma actual, la colección debía de existir ya en el s. III a. C. (el libro es citado por el Eclesiástico y está ampliamente difundido en Qumrán). Sin embargo, algunos de los salmos que la componen son muy antiguos, anteriores incluso al mismo Israel, que los supo recoger, adaptándolos a su fe y a sus necesidades religiosas. Además, la presencia de colecciones menores dentro del conjunto sugieren la posibilidad de que el libro haya conocido distintas ediciones y agrupe colecciones particulares. Bien podemos decir que la historia de la formación del salterio es la historia del pueblo de Israel, cuyos sucesivos momentos quedan aludidos o reflejados en los diversos salmos.

También necesita aclaración la numeración de los salmos, que es doble en la mayoría de los casos: la del texto hebreo tradicional (que seguiremos aquí) y la de la traducción griega de los LXX (adoptada en la liturgia y colocada entre paréntesis en nuestra traducción). La diferencia se debe a algunas anomalías en la transmisión de los salmos. Algunos, como Sal 9 y 10, son en realidad uno sólo, dividido en dos de forma arbitraria; otros están duplicados, como Sal 14 y 53. Estas anomalías no son de extrañar en un proceso de formación y transmisión que duró muchos siglos.

2. Características literarias

División: Tal y como nos ha llegado, el Salterio está dividido en "cinco libros" (a imitación del Pentateuco): Sal 1-41; 42-72; 73-89; 90-106 y 107-150. Al final de los cuatro primeros libros encontramos esta aclamación: *¡Bendito el Señor, Dios de Israel, ahora y por siempre! Amén, amén* (Sal 41; 72; 89; 106). Pero también se sugieren otras divisiones a partir del mismo libro. Así, se habla de salmos "yavistas" (Sal 3-41; 90-150) y "elohistas" (Sal 42-83), según el nombre de Dios (Yavé o Elohim) que predomina. Atendiendo a las indicaciones de los títulos, se habla de salmos "de David" (Sal 3-41; 51-71; 108-110; 138-145), de los "hijos de Coré" (Sal 42-49; 84-85; 87-88), de los "hijos de Asaf" (Sal 50; 73-83); de salmos "de Yavé, rey" (Sal 93-99), salmos de las "subidas" o de peregrinación (Sal 120-134), o salmos "aleluyáticos" (Sal 113-118; 136; 146-150).

Los títulos de los salmos: Ciento dieciséis salmos comienzan por los llamados "títulos", o indicaciones iniciales que pueden ser de tres tipos:

- Información técnica (nombre del salmo) y musical, e instrucciones para su ejecución.
- Nombre de los autores (Moisés, David, Salomón, Asaf, hijos de Coré, Hemán, Etán) a los que tradicionalmente se atribuyeron los salmos.
- Datos históricos o litúrgicos, que pretenden situar los salmos en la historia concreta de David (o de Israel) o bien sugieren su preciso contexto litúrgico.

Estos títulos no son originales, sino tradicionales, es decir, fueron añadidos posteriormente por la tradición judía. Sin embargo, algunos de ellos se remontan a períodos muy antiguos (los primeros traductores de la versión griega desconocían el sentido exacto de muchas indicaciones). En cualquier caso, pueden servirnos para reconocer antiguas tradiciones judías sobre el uso de los salmos.

Los salmos, poesía religiosa: Como se insinuaba al principio, los salmos, además de oración, son literatura poética o, si se prefiere, poesía religiosa. Esto significa que para comprenderlos plenamente debemos afinar nuestra sensibilidad poética y saber descubrir y valorar los recursos poéticos que emplean. El vocabulario especial, las distintas formas de paralelismo (sinonímico, antitético o sintético), la composición artísticamente elaborada, los juegos de palabras (véase la Introducción a los Escritos Poéticos) y, sobre todo, la gran profusión y variedad de imágenes empleadas nos permiten acercarnos a la experiencia original del salmista, a su intención y a la experiencia e intención del pueblo que los hizo suyos. De esta manera, comprenderemos mejor la dureza de ciertas expresiones o la violencia de ciertos sentimientos que parecen chocar con nuestra cultura poética y nuestros sentimientos cristianos.

Géneros literarios: Tanto por su origen, o contexto vital en que surgieron, como por su forma literaria, por su temática o por su naturaleza individual o colectiva, los salmos pueden ser catalogados y agrupados en "géneros" o familias. Es importante identificar y conocer el género literario de cada salmo, pues esto nos permite introducirnos mejor en la historia de cada uno y captar sus rasgos diferentes y su sentido original. Aunque se han dado diferentes clasificaciones de géneros, muchas de ellas bastante coincidentes, nosotros para facilitar la identificación concentramos los salmos en tres grandes géneros: himnos, súplicas e instrucciones (o salmos didácticos), que nos permiten presentar otras subdivisiones.

a) *Los himnos* constituyen una de las muestras más representativas y variadas de los salmos. Su rasgo más característico es la alabanza a Dios y la exaltación de sus atributos manifestados en la creación y en la historia. Su origen o ambiente vital es el culto y, más concretamente, las liturgias comunitarias (puestas de relieve en los diálogos, estribillos y aclamaciones). Su esquema más general contiene una *introducción* en forma de invitación que el salmista dirige a sí mismo o a la asamblea; el *cuerpo del himno*, donde se enumeran los motivos que inspiran la alabanza; y la *conclusión*, con diversas variantes (repetición de la introducción, resumen de motivos, fórmulas de bendición, etc.). Dentro de este género de himnos se pueden incluir los siguientes subgéneros:

- Himnos a Dios, Creador y Señor de la alianza (Sal 8; 19; 29; 33; 100; 103-104; 111; 113; 114; 117; 135; 136; 145-150).
- Himnos al Señor como rey (Sal 93; 96-99).
- Salmos reales, incluidos los salmos para la coronación del rey y los salmos "mesiánicos" (Sal 2; 18, 20; 21; 45; 72; 89; 101; 110; 132; 144).
- Cánticos de Sión, que exaltan a Jerusalén y al templo (Sal 46; 48; 76; 84; 87; 122), y donde se pueden incluir también los "cánticos de las subidas" o salmos de peregrinación (Sal 120-134).

b) *Salmos de súplica*: La súplica, tanto individual como colectiva, es el motivo más frecuente en los salmos. Su contexto inmediato son las situaciones difíciles de la vida del hombre (enfermedad, peligros, enemigos, prisión, falsas acusaciones, proximidad de la muerte) o del pueblo (guerra, sequía, hambre, plagas, exilio, etc.), que hacen dirigirse a Dios en busca de auxilio y soluciones. Su estructura común consta de: *introducción* con la invocación del nombre de Dios; *necesidad* concreta del salmista (o del pueblo); *súplica* propiamente dicha y *motivos* que la fundan. Dentro de este género se incluyen tres grandes grupos:

- Lamentación o súplica, tanto individual (Sal 5-7; 13; 17; 22; 25; 26; 28; 31; 35; 36; 38; 39; 42; 43; 51; 54-57; 59; 61; 63; 64; 69-71; 86; 88; 102; 109; 120; 130; 140-143), como colectiva (Sal 12; 44; 58; 60; 74; 79; 80; 83; 85; 90; 94; 108; 123; 137).
- Salmos de confianza: muy parecidos a los anteriores, desarrollan mucho más los motivos de confianza y reflejan una situación de seguridad, paz y alegría en el salmista. Se presentan también como individuales (Sal 3-4; 11; 16; 23; 27; 62; 121; 131) y comunitarios (Sal 115; 125; 129).
- Salmos de acción de gracias: constituyen la fase final o el desenlace de los anteriores salmos de súplica y confianza, y tienen cierta afinidad con las alabanzas o himnos. Sus rasgos distintivos son la descripción de la intervención de Dios (tras el peligro y la súplica) y la exhortación a la alabanza y a la acción de gracias. Los más representativos son: Sal 9-10; 30; 32; 34; 40 2-12; 41; 92; 107; 116; 138.

c) *Salmos didácticos o de "instrucción"*: No se trata sólo de los llamados salmos "sapienciales". En este grupo se incluyen toda una serie de salmos, generalmente diversos entre sí, cuya finalidad última es enseñar (comportamientos o actitudes), instruir en determinados aspectos y exhortar al individuo o al grupo. Distinguimos cuatro grupos dentro de este peculiar "género":

- Salmos históricos (Sal 78; 105; 106), que recogen a modo de profesión de fe las grandes intervenciones de Dios en la historia de Israel, destacando su misericordia y fidelidad, y exhortando a corresponder con las actitudes adecuadas.
- Salmos litúrgicos (Sal 15; 24; 91; 95; 134), que recuerdan y enumeran las condiciones requeridas para entrar en el templo, presentarse ante Dios o participar en el culto.
- Salmos proféticos (Sal 14; 50; 52; 53; 75; 81), que incorporando fórmulas y motivos propios

de los libros proféticos (oráculos, promesas, acusaciones) insisten en las grandes exigencias de la alianza.

- Salmos sapienciales (Sal 1; 37; 49; 73; 112; 119; 127; 128; 133; 139), que recogen también fórmulas y motivos claramente sapienciales como la meditación sobre la ley, los caminos opuestos de justos y malvados, y, más concretamente, el problema de la retribución.

Antes de cerrar este importante capítulo conviene tener en cuenta dos últimas consideraciones. La primera es que, a pesar de las distintas clasificaciones, hay que contar con la existencia de muchos "salmos mixtos". En ellos, los temas, los motivos teológicos y las formas literarias se encuentran mezclados. Por tanto, conviene respetarlos en su forma actual, sin pretender a toda costa encasillarlos. La segunda consideración es que hay que aprender a leer los salmos en el contexto de toda la literatura del Antiguo Testamento, de la que forman parte y a la que remiten constantemente. En efecto, como acabamos de ver al hablar de los géneros literarios propios de los salmos, en ellos nos encontramos con los grandes temas de los cuatro bloques principales del Antiguo Testamento: *Pentateuco* (creación, liberación, alianza, ley), *Escritos históricos* (don de la tierra, monarquía, elección de Sión, templo), *Escritos proféticos* (castigo, salvación, promesa, mesianismo), y *Escritos sapienciales* (sabiduría, necedad). Y, a la inversa, en estos bloques encontramos testimonios de literatura muy cercana a los salmos (Ex 15; Jue 5; 1 Sm 2; 2 Sm 1; 1 Cr 16 8-36; 2 Cr 6 41-42; Jon 2; Nah 1; Hab 3; Dn 3 51-90; Tob 13).

3. Claves teológicas

Los salmos se dirigen a Dios, pero también hablan de Dios: de sus atributos y de sus intervenciones, de la experiencia que el salmista tiene de su presencia o de su ausencia. Y hablan también del hombre (y del pueblo de Israel) en su relación con Dios. Sin pretender ser exhaustivos, indicamos algunas constantes teológicas de los salmos, para concluir en la utilización que, primero Cristo y después la Iglesia, hicieron de los salmos.

En los salmos se alaba a Dios por lo que es, por su grandeza, por sus maravillas en la naturaleza y en la historia del hombre, por su lealtad, por su fidelidad, por su capacidad inagotable de perdonar, de hacer justicia, de otorgar sus beneficios a los hombres y, de modo especial, al pueblo de Israel a lo largo de su historia. Se le pide el perdón, la vida, la prosperidad, la reivindicación de la propia inocencia o el castigo de los malvados.

Los salmos son –como se ha dicho acertadamente– "la oración de Israel". Constituyen la experiencia religiosa de un pueblo plasmada, a lo largo de los siglos, en estas oraciones apasionadas o serenas, llenas de confianza en el Señor o de impaciencia porque su intervención salvadora parece retrasarse. A Dios se le habla de tú a tú, con una increíble libertad, incluso con descaro en algunas ocasiones. En la oración, los israelitas gritan de entusiasmo o gimen de dolor, se recrean en las acciones de Dios y, a veces, casi le exigen una respuesta, o intentan provocar su enojo o su venganza. No hay nada de extraño en todo ello: el mismo Dios toleraba e intentaba encauzar los sentimientos, en muchas ocasiones primitivos, de un pueblo que iba madurando lentamente en su fe y en su comprensión de la revelación del Dios de infinito perdón y de amor infinito.

En Cristo esta revelación llega a su plenitud. El mismo Jesús bebió y vivió la espiritualidad de los salmos y los utilizó en su oración, como buen judío. Y los primeros cristianos se sirvieron de ellos para entender el misterio del Dios hecho hombre y para explicarlo en sus catequesis (basta leer los discursos de los Hechos de los Apóstoles).

Fiel a su Maestro, la Iglesia ha seguido orando con los salmos: son la palabra que el mismo Dios nos enseña para que se la dirijamos. Quizás nos resulte difícil en algunas ocasiones orar con los salmos. Pero, contemplados a la luz de Cristo, de la propia experiencia personal y de la vida de la comunidad de salvación, siguen siendo un manantial privilegiado de oración para los cristianos, sobre todo si aprendemos a entenderlos y a incorporarlos a la oración cristiana por excelencia, el Padrenuestro: también en él están presentes la confianza absoluta en Dios, la alabanza, la súplica, la petición de perdón, y todo ello enseñado y vivido por el Hijo mismo de Dios.

LIBRO DE LOS SALMOS

SALMO 1
El Señor protege el camino de los justos

Jr 17 8; 21 8; Dt 30 15-20; Mt 7 13-14; Sal 119

1 Feliz el hombre que no sigue el consejo de los malvados,
ni se entretiene en el camino de los pecadores,
ni se sienta con los arrogantes,
2 sino que pone su alegría en la ley del Señor,
meditándola día y noche.

3 Es como un árbol plantado junto al río:
da fruto a su tiempo y sus hojas no se marchitan;
todo lo que hace le sale bien.
4 No sucede lo mismo con los malvados,
pues son como paja que se lleva el viento.

5 No triunfarán en el juicio los malvados
ni los pecadores en la asamblea de los justos,
6 porque el Señor protege el camino de los justos,
pero el camino de los malvados lleva a la perdición.

SALMO 2
He establecido a mi rey

Sal 110; Hch 4 25-28; Is 40 15-17; Heb 1 5; Ap 19 15; 2 26-27

1 ¿Por qué se amotinan las naciones
y los pueblos maquinan proyectos inútiles?
2 Los reyes de la tierra se sublevan,
los príncipes conspiran contra el Señor y su ungido:
3 «¡Rompamos sus ataduras, librémonos de su yugo!»

Sal 1: Comienza el salterio con un salmo didáctico de tono sapiencial. Su estructura queda determinada a partir de tres contrastes que definen la oposición justos-malvados en torno a otros tantos motivos: la ley (Sal 1 1-2), la fecundidad (Sal 1 3-4) y el juicio (Sal 1 5-6).

El Sal 1 refleja la conocida reflexión sapiencial de los *dos caminos*, que representan dos tipos de conducta humana: la del sabio/justo y la del necio/malvado. La tradición sapiencial tardía llegó a identificar la sabiduría con la ley (véase Eclo 24), culminando así un proceso iniciado anteriormente (véase Dt 30 15-20). La doble imagen vegetal del árbol bien regado y de la paja que se lleva el viento subrayan la consistencia y felicidad del justo frente a la inconsistencia y desgracia del malvado.

Con parecidas imágenes Jesucristo nos instruye sobre los dos caminos (véase Mt 7 13-14). Su evangelio es la semilla que garantiza nuestra fecundidad (véase Mc 4 8.20) y salvación.

Sal 2: Salmo real, procedente de la ceremonia de coronación del rey israelita (véase Sal 18; 20; 21; 45; 72; 101; 110; 132). Su estructura comprende cuatro partes: rebelión de los reyes vasallos (Sal 2 1-3), intervención divina (Sal 2 4-6), decreto de adopción (Sal 2 7-9) e invitación a la sumisión (Sal 2 10-12).

Israel, como otros pueblos vecinos, daba especial importancia a la coronación del rey. Por la unción con el óleo, el rey se convertía en el *mesías* o ungido del Señor. Por el decreto de adopción (Sal 2 7) el rey quedaba legitimado como *hijo adoptivo* de Dios, como su más cualificado representante. Rebelarse contra el rey era rebelarse contra Dios (Sal 2 2-3). Una de las primeras tareas del nuevo rey consistía en asegurar la paz en su reino (Sal 2 8) y garantizar el sometimiento de los reyes vasallos (Sal 2 10-12).

Con el paso del tiempo, el salmo se enriqueció con motivos mesiánicos. En el Nuevo Testamento fue repetida-

4 El rey de los cielos se sonríe, mi Señor se burla de ellos.
5 Luego les habla con ira,
con su enojo los llena de miedo:
6 «Yo mismo he establecido a mi rey en Sión, mi monte santo».
7 Voy a proclamar el decreto del Señor; él me ha dicho:
«Tú eres mi hijo, yo te he engendrado hoy.
8 Pídemelo, y te daré las naciones en herencia,
en propiedad todos los países del mundo.
9 Los romperás con cetro de hierro,
los quebrarás como vasija de barro».

10 Y ahora, reyes, reflexionen,
aprendan, gobernantes de la tierra.
11 Sirvan al Señor con temor,
denle culto temblando,
12 no sea que se irrite y se vean perdidos,
pues su ira se enciende de repente.
¡Felices los que se refugian en él!

SALMO 3
Tú, Señor, eres mi escudo protector

2 Sm 15 13-14; Sal 18 3; 62 8; Jon 2 10

1 *Salmo de David cuando huía de su hijo Absalón.*

2 Señor, ¡cuántos son mis enemigos,
cuántos los que se levantan contra mí!
3 ¡Cuántos los que dicen de mí:
«Ya no lo protege Dios»!

4 Pero tú, Señor, eres mi escudo protector,
tú eres mi gloria, me haces salir vencedor.
5 Clamo al Señor gritando,
y él me responde desde su monte santo.
6 Puedo acostarme, dormir y despertar,
porque el Señor me sostiene.
7 No temo a esa multitud innumerable
que me acorrala por todas partes.

8 ¡Levántate, Señor! ¡Protégeme, Dios mío!
Tú que golpeas a todos mis enemigos en la cara;
tú que rompes los dientes de los malvados.
9 Tú eres, Señor, nuestro protector.
¡Descienda tu bendición sobre tu pueblo!

mente aplicado a Cristo, para demostrar su condición mesiánica y su filiación divina (véase Hch 4 25-26; 13 23; Heb 1 5; 5 5; Ap 2 26-27; 19 15).

Sal 3: Salmo de confianza y súplica individual, estructurado en tres partes: situación de peligro (Sal 3 2-3), declaración de confianza (Sal 3 4-7), petición de ayuda divina (Sal 3 8-9).

Constituye este salmo una expresión de la absoluta confianza del salmista en el Señor, incluso en medio de los peligros. A la afirmación inicial de los enemigos (Sal 3 3), el salmista opone su total confianza en la salvación divina (Sal 3 9). Esta confianza se basa en su propia experiencia personal del Señor, invocado como *escudo* y *gloria*, y queda plasmada en la imagen del sueño tranquilo (Sal 3 6), que, a su vez, es garantía de la nueva intervención de Dios contra los enemigos.

La Iglesia ha leído el salmo en clave cristológica, interpretando Sal 3 6 a la luz de la muerte y resurrección de Cristo.

SALMO 4
Me diste alivio en la angustia
Ef 4 26; Sal 51 21; Dn 9 17

1 *Al maestro de coro; con arpas. Salmo de David.*

2 Respóndeme cuando te invoco, oh Dios mi salvador;
tú, que en la angustia me diste alivio,
ten piedad de mí y escucha mi oración.

3 Y ustedes, ¿hasta cuándo ofenderán mi honor?
¿Hasta cuándo amarán la vanidad y buscarán la mentira?
4 Sepan que el Señor me ha mostrado su amor.
El Señor me escucha cuando lo invoco.
5 ¡Tiemblen y no pequen más,
reflexionen en su lecho y guarden silencio!
6 Ofrezcan sacrificios como es debido y confíen en el Señor.

7 Hay muchos que dicen: «¿Quién nos mostrará la felicidad?»
Haz brillar sobre nosotros la luz de tu rostro,
8 pues tú, Señor, me das más alegría
que si tuviera trigo y vino en abundancia.
9 Me acuesto tranquilo y en seguida me duermo,
porque sólo tú, Señor, me haces descansar en paz.

SALMO 5
No eres un Dios que ame la maldad
Sal 84 4; Prov 6 17-19; Sal 138 2; Ap 7 15-16

1 *Al maestro de coro; con flautas. Salmo de David.*

2 Escucha mis palabras, Señor, atiende a mis gemidos,
3 oye mi grito suplicante, Rey mío y Dios mío;
porque a ti te estoy invocando.
4 Señor, por la mañana escuchas mi voz;
por la mañana me dirijo a ti y me quedo esperando.

5 Tú no eres un Dios que ame la maldad;
el malvado no encuentra refugio junto a ti,
6 ni el necio resiste tu mirada.
Tú odias a los que hacen el mal;
7 haces perecer a los mentirosos,
al hombre sanguinario y traicionero lo detesta el Señor.

Sal 4: Nuevo salmo de súplica y confianza que presenta evidentes paralelos con el anterior (Sal 4 7=3 3; 4 8=3 4; 4 9=3 6). Su estructura comprende tres partes: súplica (Sal 4 2), interpelación a los adversarios (Sal 4 3-6), declaración de confianza (Sal 4 7-9).

Como en el Sal 3, la súplica a Dios nace de la confianza fundada en anteriores intervenciones salvíficas (Sal 4 2.4.8-9). Dios aparece como salvador y como fuente de alegría y de paz para quienes confían en él (Sal 4 8-9). La mayor novedad radica en la exhortación del salmista a los que dudan o desconfían de Dios (Sal 4 3.6-7) y se apartan de él en el momento de la adversidad. La imagen del sueño tranquilo de Sal 4 9 (véase Sal 3 6) ha motivado el uso del salmo en la liturgia de la Iglesia.

Sal 5: Salmo de súplica individual, con elementos de confianza. Su estructura resulta variada y compleja: invocación inicial (Sal 5 2-4), rechazo de Dios a los pecadores (Sal 5 5-7), actitud religiosa del salmista (Sal 5 8), súplica contra los enemigos (Sal 5 9-11), bendición para los fieles (Sal 5 12-13).

El salmista se presenta como un inocente injustamente acusado. Su plegaria brota de la confianza en la ayuda divina y de su profundo conocimiento de Dios, *quien no ama la maldad* (Sal 5 5), ni recibe a los malvados en su morada. Las insidias enemigas son tipificadas como delitos de la lengua: calumnias y mentiras (Sal 5 10). La súplica final solicita el castigo de los adversarios y la bendición para los fieles (Sal 5 11-12). Dios bendice y protege a los justos y hace que su alegría sea eterna.

Jesucristo amplía el horizonte del salmo, al recomendar la oración por los enemigos (Mt 5 44-45), a imitación de Dios, que también con ellos se comporta como padre.

8 Pero yo, por tu gran amor, entraré en tu casa;
me postraré en tu santo templo con toda reverencia, Señor.

9 Guíame, Señor, con tu rectitud,
porque tengo enemigos; haz que siga tus caminos.
10 En su boca no hay sinceridad, su corazón es perverso;
su garganta es un sepulcro abierto;
su lengua está llena de adulaciones.
11 Castígalos, oh Dios, que fracasen sus planes;
expúlsalos, por sus muchos crímenes,
por haberse rebelado contra ti.

12 Que se alegren los que se refugian en ti, y su alegría sea eterna;
protégelos, y se llenarán de gozo los que te aman.
13 Porque tú, Señor, bendices al justo,
y como un escudo lo protege tu favor.

SALMO 6
El Señor ha escuchado mis lamentos

Jr 10 24; Sal 38 2; Jr 17 14-15; Sal 88 11-13; 119 115

1 *Al maestro de coro; con arpas; en octava. Salmo de David.*

2 Señor, no me castigues enojado,
no me corrijas enfurecido.
3 Piedad de mí, Señor, que desfallezco,
sáname, porque tengo los huesos triturados.
4 Me encuentro totalmente desalentado.
Señor, ¿hasta cuándo?
5 Fíjate en mí, Señor, y líbrame,
que tu amor me ponga a salvo,
6 pues los muertos ya no se acuerdan de ti,
y en el abismo, ¿quién te alabará?

7 Estoy agotado de tanto gemir,
baño en llanto mi cama cada noche,
inundo de lágrimas mi lecho;
8 mis ojos se consumen de pena,
envejecen de tantas angustias.

9 ¡Apártense de mí, malhechores,
que el Señor ha escuchado mis lamentos!
10 El Señor escuchó mi súplica,
el Señor aceptó mi oración.
11 ¡Todos mis enemigos, confundidos y aterrados,
retrocederán en seguida derrotados!

Sal 6: Salmo de súplica individual con intervención divina. En su estructura se distinguen tres partes: súplica en la angustia (Sal 6 2-6), sufrimientos del salmista (Sal 6 7-8), testimonio de la intervención divina (Sal 6 9-11).

El salmista está en una situación límite: una enfermedad, enviada por Dios como castigo por sus pecados, y un peligro de muerte inminente (Sal 6 3-4.7-8). El salmista presenta a Dios la magnitud de sus sufrimientos y suplica la recuperación de la salud. Para ello, acude a la misericordia de Dios y a un tema propio de la fe del Antiguo Testamento: en el abismo (lugar de los muertos) ya no es posible conocer y alabar a Dios (Sal 6 6; véase Sal 30; 88). El salmo concluye proclamando la salvación ya recibida.

En la liturgia de la Iglesia éste es el primero de los siete *salmos penitenciales* (Sal 6; 32; 38; 51; 102; 130; 143), en los que predominan la conciencia del propio pecado y el arrepentimiento, alternando con llamadas al perdón y a la misericordia divina.

SALMO 7
Alabaré al Señor porque es justo

Sal 6 5; 3 4; Ex 34 6-7; Eclo 27 25-27

1 *Poema que David cantó al Señor a propósito de Cus, el benja-*
minita.

2 Señor, Dios mío, en ti busco refugio,
sálvame de todos mis perseguidores y líbrame;
3 no sea que me destrocen como leones,
de cuyas fauces nadie puede escapar.

4 Señor, Dios mío, si he actuado mal,
si la maldad ha manchado mis manos,
5 si he hecho el mal a mi amigo,
o despojado sin motivo a mi adversario,
6 que el enemigo me persiga y me atrape,
que me pisotee contra el suelo,
y arroje por tierra mi honor.

7 Levántate, Señor, indignado,
enfréntate con la furia de mis adversarios.
Despiértate, Dios mío, y convoca a juicio:
8 que se reúna en torno a ti la asamblea de los pueblos,
presídela tú desde el cielo.
9 ¡El Señor es el juez de las naciones!
Júzgame, Señor, según mi rectitud,
según la inocencia que hay en mí.
10 Que termine la maldad de los malvados;
da tu apoyo al inocente,
tú que examinas el corazón y las entrañas,
tú que eres un Dios justo.
11 Dios es mi escudo, él salva a los honrados.
12 Dios es un juez justo, siempre alerta para el castigo:
13 si no se convierten, afilará su espada,
tensará su arco y apuntará con firmeza;
14 preparará contra ellos armas mortales,
les lanzará flechas de fuego.

15 El malvado está preñado de maldad,
concibió la violencia y da a luz la mentira.
16 Cava una zanja y la ahonda,
pero ese hoyo será su propia tumba.
17 Su esfuerzo se volverá contra él,
y su violencia le caerá encima.

18 Yo alabaré al Señor, porque es justo,
cantaré en honor del Señor Altísimo.

Sal 7: Salmo de súplica individual, estructurado en cuatro partes: invocación a Dios (Sal 7 2-3), juramento de inocencia (Sal 7 4-6), recurso a la justicia de Dios (Sal 7 7-14) y destino de los malvados (Sal 7 15-17); todo concluye con una alabanza a Dios (Sal 7 18).

El justo, acusado y perseguido, recurre al juicio de Dios, juez de las naciones y defensor de los inocentes. El salmista funda su petición en una solemne proclamación de inocencia (Sal 7 4-6) y en su absoluta confianza en la justicia divina (Sal 7 7-11). La sentencia, no dictada expresamente, se sobreentiende: Dios da la razón al salmista y se dispone a castigar a los malvados (Sal 7 13-14), que deben cargar con las consecuencias de sus propias culpas (Sal 7 15-17). La alabanza final (Sal 7 18) completa este magnífico canto a la justicia de Dios.

Podemos reactualizar el salmo leyéndolo a la luz de Cristo, el inocente injustamente acusado y condenado, que *confiaba en Dios que juzga con justicia* (1 Pe 2 23).

SALMO 8
Qué admirable es tu nombre en toda la tierra

Sal 19 2-7; 104; Mt 21 16; Job 7 17-18; Heb 2 6-9; Eclo 17 1-4; Ef 1 22

1 *Al maestro de coro; según la oda de Gat. Salmo de David.*

2 ¡Señor, Dios nuestro,
qué admirable es tu nombre en toda la tierra!

Tu majestad se levanta por encima de los cielos.
3 De la boca de los niños de pecho,
levantas una fortaleza frente a tus adversarios,
para hacer callar al enemigo y al rebelde.

4 Al ver el cielo, obra de tus dedos,
la luna y las estrellas que has creado,
5 ¿qué es el hombre para que te acuerdes de él,
el ser humano para que cuides de él?
6 Lo hiciste apenas inferior a un dios,
coronándolo de gloria y esplendor;
7 le diste poder sobre la obra de tus manos,
todo lo pusiste bajo sus pies:
8 rebaños y ganados, todos juntos,
y aun las bestias salvajes;
9 los pájaros del cielo, los peces del mar
y todo cuanto surca las sendas de los mares.

10 ¡Señor, Dios nuestro,
qué admirable es tu nombre en toda la tierra!

SALMO 9
Has dado una sentencia justa

Sal 138 1; 96 13; 37 39; 7 18; Job 7 18; 16 18

1 *Al maestro de coro; con la melodía de «La muerte del hijo».*
Salmo de David.

2 Te doy gracias, Señor, de todo corazón,
quiero proclamar todas tus maravillas;
3 me alegraré y exultaré contigo,
cantaré a tu nombre, oh Altísimo.

Sal 8: Himno a Dios, creador del universo y del hombre. Su estructura comprende un estribillo que se repite al inicio y al final del salmo (Sal 8 2.10) y dos partes: grandeza de Dios (Sal 8 2b-3) y dignidad del hombre en medio de la creación (Sal 8 4-9).

El salmista entona su alabanza emocionada al poder y *a la majestad de Dios, expresados en la maravilla* de su obra creadora. En medio de un escenario tan grandioso (Sal 8 4), se destaca la figura del hombre que, a pesar de su insignificancia, se convierte en la obra maestra de Dios y en la criatura privilegiada de toda la creación, recibiendo de Dios el señorío y dominio sobre todas las cosas. Estas ideas están desarrolladas y ampliadas en Gn 1.

El autor de la carta a los Hebreos cita Sal 8 5-7, para expresar el triunfo y señorío universal de Cristo tras su muerte (Heb 2 5-9). En él encuentra la humanidad su modelo perfecto.

Sal 9: Los salmos 9 y 10 aparecen en el original hebreo compuestos en forma alfabética: cada verso comienza por cada una de las letras del "alfabeto" hebreo. Las versiones griega y latina fundieron los dos salmos en uno; por eso a partir de aquí y hasta el Sal 147 encontramos una doble numeración: la hebrea, respetada en nuestra versión, y la griega, ofrecida entre paréntesis. El texto de ambos salmos está muy mal conservado, por lo que hay que recurrir frecuentemente a la conjetura.

El Sal 9 es un canto de acción de gracias con elementos de súplica individual (Sal 9 14.20-21). Su estructura, compleja, alterna los momentos de alabanza (Sal 9 2-3.8-13) y acción de gracias (Sal 9 4-7.17-19) con la súplica (Sal 9 14-15.20-21). El motivo de la gratitud y la alabanza es la reciente intervención divina que ha significado la derrota de los enemigos y la salvación del salmista. Dios es invocado como rey (Sal 9 8=Sal 10 16) y como juez (Sal 9 9=Sal 10 18), como protector de los humildes y libertador de los oprimidos (Sal 9 10.13). Tales títulos fundamentan la confianza del salmista y una última convicción: ningún mortal puede arrogarse pretensiones divinas (Sal 9 21).

4 Mis enemigos retroceden, caen ante ti y perecen;
5 pues tú has dado una sentencia justa a mi favor,
sentado en el trono, como juez justo.
6 Reprimiste a los paganos, destruiste al malvado,
has borrado su nombre para siempre.
7 El enemigo se ha arruinado para siempre,
has destruido sus ciudades, su recuerdo se ha perdido.

8 Pero el Señor reina por siempre
y establece su trono para el juicio:
9 juzga al mundo con justicia,
y gobierna a los pueblos con rectitud.
10 El Señor es un refugio para el oprimido,
un refugio en momentos de angustia.
11 Los que conocen tu nombre confían en ti,
porque tú nunca abandonas a quien te busca, Señor.
12 ¡Canten al Señor, que habita en Sión,
cuenten entre los pueblos sus hazañas!
13 Porque el vengador de los inocentes se acuerda de ellos,
y no olvida el grito de los humildes.

14 Ten piedad de mí, Señor, mira cómo me oprimen mis enemigos,
rescátame de las puertas de la muerte,
15 para que pueda proclamar tus alabanzas
y alegrarme con tu salvación en las puertas de Sión.

16 Cayeron los paganos en la fosa que cavaron,
en la red que ocultaron quedó atrapado su pie.

17 El Señor se ha dado a conocer, ha hecho justicia,
atrapando al malvado en sus propias obras.
18 Que regresen los malvados al abismo,
todos los paganos que olvidan a Dios.
19 Porque el pobre no será olvidado para siempre,
ni quedará defraudada la esperanza de los humildes.

20 Levántate, Señor, que no triunfe el hombre,
y que los paganos sean juzgados en tu presencia.
21 Infúndeles pánico, Señor,
para que aprendan que no son más que hombres.

SALMO 10 (9)
No te olvides de los humildes

Sal 22; 17 2.12; Ex 22 21-22; Dt 10 18

1 ¿Por qué, Señor, te mantienes alejado,
y te escondes en los momentos de angustia?
2 El malvado oprime al humilde con su orgullo,
y lo atrapa en la intriga que ha tramado.

Sal 10 (9): Salmo de súplica individual, íntimamente vinculado al anterior (véase nota a Sal 9). Su estructura comprende cuatro partes: queja inicial (Sal 10 1), éxito de los malvados (Sal 10 2-11), súplica (Sal 10 12-15) y declaración de confianza (Sal 10 16-18).

La queja que, lleno de indignación, hace el salmista (Sal 10 1) tiene su origen en el hecho aparente de que la conducta perversa de los malvados queda sin castigo. Por su parte estos malvados son descritos como opresores, altaneros y blasfemos, como gente que confía en sus éxitos, que oprime con violencia a los humildes e indefensos, que atenta contra los inocentes y actúa a espaldas de Dios como si él no existiera ni se enterara (Sal 10 2-11). Tal actitud provoca el escándalo (similar en Sal 37; 49; 73) y la súplica apasionada del salmista, que confía plenamente en la justicia de Dios y en su defensa de los pobres y desvalidos. El sabe que Dios vigila para que el hombre tome conciencia de sus limitaciones y no siembre el terror (Sal 10 18 = Sal 9 21).

3 El malvado se gloría de su ambición,
y el codicioso blasfema y desprecia al Señor.
4 El malvado dice con arrogancia:
«Dios no me va a pedir cuentas».
5 Lo que emprende, prospera continuamente.
Lo tienen sin cuidado tus mandatos,
desafía a todos sus enemigos;
6 dice en su interior: «No sucumbiré,
seré feliz, no tendré desgracias».
7 Su boca está llena de maldiciones, fraudes y engaños,
en su lengua sólo hay insulto y maldad.
8 Se pone al acecho junto a los poblados,
para matar a escondidas al inocente.
Sus ojos espían al indefenso;
9 está al acecho, escondido como león en su guarida,
al acecho para atrapar al humilde;
lo atrapa y lo arrastra en su red.
10 Se agacha, se oculta,
y los indefensos caen en sus garras.
11 Luego piensa: «Dios lo ha olvidado,
se ha tapado los ojos y no ve nada».

12 ¡Levántate, Señor Dios, despliega tu poder,
no te olvides de los humildes!
13 ¿Por qué desprecia el malvado a Dios,
pensando: «tú no me pedirás cuentas»?
14 Pero tú ves la pena y el dolor
y los tomas en tus manos:
el indefenso se abandona en ti,
tú eres la salvación del huérfano.
15 ¡Quebranta el poder del malvado,
pídele cuentas de su maldad hasta que desaparezca!

16 El Señor reinará por los siglos de los siglos;
los paganos desaparecerán de su tierra.
17 Tú, Señor, escuchas los deseos de los humildes,
confortas su corazón, les haces caso;
18 haces justicia al huérfano y al oprimido,
e impides que el hombre mortal vuelva a infudir terror.

SALMO 11 (10)
El Señor aborrece al que ama la violencia

Hab 2 20; Mt 5 34; Gn 19 24

1 *Al maestro de coro. Salmo de David.*

En el Señor encuentro refugio. ¿Por qué me dicen:
«Escapa como un pájaro al monte,
2 pues ya los malvados estiran su arco

Sal 11 (10): Salmo de confianza individual, estructurado en dos partes: ataque de los malvados (Sal 11 1-3) y declaración de confianza en la justicia divina (Sal 11 4-7).
Ante las intrigas y amenazas de los malvados y la invitación de los amigos a la huida (Sal 11 1-2), el salmista reacciona con una profunda declaración de confianza en la justicia de Dios, el refugio más seguro (Sal 11 1.7). Su reflexión, de inspiración sapiencial, sobre la providencia y

y ajustan en la cuerda su flecha,
para disparar en la penumbra contra los honrados?»
3 Cuando se tambalean los cimientos,
¿qué puede hacer el justo?

4 Pero el Señor está en su templo santo,
el Señor tiene su trono en los cielos;
sus ojos están observando,
sus pupilas examinan a los hombres.
5 El Señor examina al justo y al malvado,
y aborrece al que ama la violencia.
6 Sobre los malvados hará llover fuego y azufre,
y un viento abrasador les tocará en suerte.
7 Porque el Señor es justo y ama la justicia:
los honrados contemplarán su rostro.

SALMO 12 (11)
Tú, Señor, nos protegerás y nos librarás

Is 59 3-4.15; Jr 9 7

1 *Al maestro de coro; en octava. Salmo de David.*

2 Sálvanos, Señor, que ya no queda gente de bien,
se ha perdido la lealtad entre los hombres.
3 Se engañan unos a otros,
hablan con labios aduladores y doblez de corazón.

4 Que el Señor acabe con esos labios aduladores,
con esas lenguas engreídas
5 que dicen: «Triunfaremos con nuestra lengua,
nuestros labios nos defenderán.
¿Quién nos dominará?».

6 Por la opresión de los humildes, por el grito de los pobres,
ahora me levanto yo –dice el Señor–,
y daré la salvación a quien la ansía.

7 Las palabras del Señor son palabras sinceras,
como plata fundida limpia de tierra, siete veces refinada.
8 Tú, oh Señor, nos protegerás,
nos librarás para siempre de esta generación;
9 ¡Por todas partes merodean los malvados;
la maldad ha llegado al colmo entre los hombres!

conocimiento de Dios acerca de los proyectos y actuaciones de justos y malvados (Sal 10 4-5) lo reconforta y le garantiza la suprema recompensa: *contemplar el rostro de Dios* (Sal 11 7), expresión que alude habitualmente a su presencia en el templo.

Sal 12 (11): Salmo de súplica comunitaria, estructurado en cuatro partes: desgracias (Sal 12 2-3), súplica (Sal 12 4-5), oráculo divino (Sal 12 6) y declaración de confianza (Sal 12 7-9).

El salmo se abre con un diagnóstico pesimista de la humanidad (Sal 12 2, en inclusión temática con Sal 12 9: escasez de hombres de bien; abundancia de maldad), que sirve para introducir la situación de pecado, tipificada en el mal uso de la palabra: mentira, hipocresía, arrogancia (Sal 12 3-5), y que provoca la correspondiente súplica. Responde un oráculo en nombre de Dios, que escucha el grito de los humildes y los pobres, y promete su salvación (Sal 12 6). En contraste con las *malas palabras* de los enemigos, las *palabras sinceras* de Dios infunden confianza y garantizan su intervención.

SALMO 13 (12)
Cantaré al Señor porque me ha salvado

Lam 6 8; Sal 38 17

1 *Al maestro de coro. Salmo de David.*

2 ¿Hasta cuándo, Señor, me tendrás olvidado?
¿Hasta cuándo me ocultarás tu rostro?
3 ¿Hasta cuándo estaré angustiado,
con el corazón apenado todo el día?
¿Hasta cuándo triunfará mi enemigo?

4 ¡Mira y atiéndeme, Señor, Dios mío!
Sigue dando la luz a mis ojos,
para que no caiga en el sueño de la muerte.
5 Que no diga mi enemigo: «Lo he vencido»,
ni se alegren mis adversarios al ver mi fracaso.

6 Yo confío en tu amor,
mi corazón se alegrará por tu salvación:
¡Cantaré al Señor, porque me ha salvado!

SALMO 14 (13)
No hay quien haga el bien

Sal 53; Rom 3 11-12; Dt 28 67

1 *Al maestro de coro. Salmo de David.*

Piensa el tonto en su interior: «¡Dios no existe!».
Todos se han corrompido y practican la maldad,
no hay quien haga el bien.
2 El Señor mira desde el cielo a los hombres,
para ver si queda alguien juicioso que busque a Dios.
3 Pero todos son igualmente rebeldes, ninguno hace el bien.
4 ¡Cuándo aprenderán los malhechores,
que devoran a mi pueblo como si fuera pan
y jamás invocan al Señor!

5 Pues temblarán de espanto,
porque Dios está de parte de los justos.
6 Ustedes se ríen de los proyectos del humilde,
pero el Señor es su refugio.

7 ¡Ojalá venga desde Sión la salvación de Israel!
Cuando el Señor cambie la suerte de su pueblo,
se alegrará Jacob, hará fiesta Israel.

Sal 13 (12): *Salmo de súplica* individual, con tres partes bien definidas: abandono del salmista (Sal 13 2-3), súplica (Sal 13 4-5), expresión de confianza y gratitud (Sal 13 6). La cuádruple repetición del *hasta cuándo* (Sal 13 2-3a) confiere a la queja del salmista una intensidad y un dramatismo excepcionales. Sin embargo, no se explicitan los motivos de su actual situación: ésta se describe genéricamente como abandono de Dios, angustia, opresión del enemigo y posible peligro de muerte (Sal 13 4). La súplica pide la atención divina, la salud e, indirectamente, la derrota de los adversarios (Sal 13 5). Como en otros salmos del género, la súplica da paso a la declaración de confianza y a una conclusión en forma de himno (Sal 13 6).

Sal 14 (13): Salmo de lamentación individual, estructurado en tres partes: lamento por la impiedad humana (Sal 14 1-4), confianza en la justicia divina (Sal 14 5-6) y súplica por la liberación de Israel (Sal 14 7). Este salmo se encuentra repetido en el Sal 53 con ligeras variantes.

La negación de Dios y de su presencia en el mundo (ateísmo práctico) da pie a un diagnóstico de la impiedad y maldad de la humanidad con acentos tan pesimistas como en el Sal 12. A la conducta sin sentido de los que niegan a Dios, el salmista opone la actitud de quienes creen en él, confían en su justicia y esperan en su salvación, pues él está de parte de los justos y es el refugio del humilde (Sal 14 5-6).

SALMO 15 (14)
¿Quién habitará en tu monte santo?

Is 33 15-16; Miq 6 6-8; Sal 24 3-6

1 *Salmo de David.*

Señor, ¿quién se hospedará en tu tienda?
¿Quién habitará en tu monte santo?

2 El que procede con rectitud, se comporta honradamente
y es sincero en su interior;
3 el que no calumnia con su boca,
no hace daño a su prójimo, y no agravia a su vecino,
4 el que mira con desprecio al malvado,
y honra a quienes respetan al Señor.
El que no se retracta de lo que juró,
aunque resulte perjudicado,
5 el que no presta su dinero con usura,
ni acepta soborno contra el inocente.

El que se comporta así, vivirá siempre seguro.

SALMO 16 (15)
Señor, tú eres mi único bien

Nm 18 20; Eclo 45 20-22; Hch 2 25-28; 13 35

1 *Poema. De David.*

Protégeme, oh Dios, que me refugio en ti.
2 Yo digo al Señor: «Tú eres mi dueño, mi único bien;
nada hay comparable a ti».
3 A los dioses de la tierra, esos poderes
en los que antes me complacía,
4 dediquen otros sus desvelos y corran tras ellos;
yo no tomaré parte en sus sacrificios,
ni daré culto a esos dioses.
5 Señor, tú eres mi alegría y mi herencia,
mi destino está en tus manos.
6 Me ha tocado un lote estupendo,
¡qué hermosa es mi herencia!

Sal 15 (14): Salmo litúrgico. Su estructura comprende tres partes: pregunta introductoria (Sal 15 1), respuesta del sacerdote (Sal 15 2-5a) y conclusión (Sal 15 5b).

Este breve y hermoso salmo establece las obligaciones del huésped del Señor, es decir, las condiciones para entrar en el templo y participar en el culto divino. En el catálogo de preceptos/condiciones llama la atención la ausencia de disposiciones externas o cultuales, pues todas se refieren al campo ético: sinceridad para con Dios y respeto hacia el prójimo, tanto de palabra como de obra (véase Os 6 6).

También Jesucristo combatió el culto externo, de labios hacia fuera (véase Mt 15 1ss), y abogó por un culto auténtico, *en espíritu y en verdad* (Jn 4 21-24), para ser dignos moradores del auténtico templo que es su propio cuerpo (Jn 2 21).

Sal 16 (15): Salmo de confianza individual, estructurado en dos partes: profesión de fe en Dios (Sal 16 1b-6) y confianza alegre del salmista (Sal 16 7-11).

Aunque el salmo se abre con una breve súplica (Sal 16 1b), los sentimientos dominantes son la confianza y la alegría experimentadas en la intimidad con Dios. Frente a los *otros dioses* (Sal 16 3-4), el Señor es refugio, dueño, único bien y herencia plena del salmista. Sal 16 5-6 parece referirse a los levitas, que no tuvieron parte en el reparto de la tierra prometida porque se dedicaban exclusivamente al culto divino y Dios era *su herencia*. La segunda parte (Sal 16 7-11) está llena de expresiones de confianza: la seguridad de la cercanía de Dios, que ha salvado al salmista de una grave enfermedad, es garantía de salvación y felicidad plena.

El Nuevo Testamento leyó este salmo en clave mesiánica, aplicando Sal 16 10-11 a la resurrección y exaltación de Cristo (véase Hch 2 25-33; 13 35). Su triunfo es garantía y anticipo de nuestra participación plena en la vida divina.

7 Bendeciré al Señor que me aconseja,
¡hasta de noche instruye mi conciencia!
8 Tengo siempre presente al Señor:
con él a mi derecha jamás fracasaré.
9 Por eso se me alegra el corazón, hacen fiesta mis entrañas,
y todo mi ser descansa tranquilo;
10 porque no me abandonarás en el abismo,
ni dejarás a tu fiel experimentar la corrupción.
11 Me enseñarás la senda de la vida,
me llenarás de alegría en tu presencia,
de felicidad eterna a tu derecha.

SALMO 17 (16)
Protégeme como a la niña de tus ojos

Sal 7 4-6; Job 23 11-12; Dt 32 10-11; Jr 15 15-16; Ap 22 4; Sal 73 25-26

1 *Oración de David.*

Escucha, Señor, mi demanda, atiende a mi clamor;
pon atención a mi plegaria, que en mis labios no hay engaño.
2 Tú me harás justicia, porque tus ojos ven lo que es recto.
3 Has examinado mi corazón, me has visitado de noche;
me has puesto a prueba sin hallar malicia en mí:
no he pecado con la boca
4 como hacen los hombres;
he cumplido tus mandatos, me he mantenido en tus sendas,
5 he seguido tus caminos con paso firme,
no han flaqueado mis pies.

6 Yo te invoco, oh Dios, porque tú me respondes:
hazme caso, escucha mis palabras.
7 Muéstrame tu amor, tú que salvas de sus enemigos
a los que se refugian en ti.
8 Protégeme como a la niña de tus ojos;
escóndeme a la sombra de tus alas
9 lejos de los malvados que me oprimen,
de los enemigos que me cercan por todas partes.
10 Son gente sin corazón, hablan con arrogancia,
11 sus pasos me tienen cercado;
sus miradas me acechan para derribarme,
12 como un león ávido de presa,
como un cachorro al acecho en su escondite.

13 Levántate, Señor, hazle frente y derríbalo;
que tu espada me defienda del malvado,
14 y tu poder, Señor, de los hombres
que ponen su esperanza en esta vida.

Sal 17 (16): Salmo de súplica individual, estructurado en torno a tres *peticiones*: justicia divina con proclamación de inocencia (Sal 17 1-5), liberación de los enemigos (Sal 17 6-12), castigo del enemigo con expresión conclusiva de confianza (Sal 17 13-15).

El inocente, injustamente acusado, recurre a Dios, basando su petición en la justicia de Dios (Sal 17 2) y en una proclamación de inocencia (Sal 17 3-5, parecida a Sal 7 4-6), donde el salmista expresa su sinceridad y su obediencia a los mandatos divinos. La segunda parte (Sal 17 6-12) incluye una súplica de protección y ayuda contra los enemigos, presentados como opresores, arrogantes, violentos y voraces. Tras solicitar el justo castigo de los enemigos (Sal 17 13-14), el salmista concluye con una hermosa expresión de confianza: su felicidad consiste en *contemplar el rostro* de Dios y en *saciarse de su presencia* (Sal 17 15; posible alusión al templo).

Llénales el vientre con lo que les has reservado;
que sus hijos queden hartos,
y dejen las sobras a los más pequeños.
15 Pero yo, por haber sido justo, contemplaré tu rostro,
al despertar me saciaré de tu presencia.

SALMO 18 (17)
El Señor salva a los humildes

2 Sm 22; Jue 5 4-5; Sal 77 18-19; 29; Job 36 29-30; Sal 2 8-9; Ap 2 26-28; Rom 15 9

1 *Al maestro de coro. De David, el siervo del Señor, que entonó para el Señor este canto cuando lo libró de sus enemigos y de la mano de Saúl.* 2 *Dijo:*

Yo te amo, Señor, mi fuerza.
3 El Señor es mi roca, mi defensa y el que me libra;
mi Dios, la peña en que me refugio y mi escudo,
mi fuerza salvadora y mi fortaleza.
4 Invoco al Señor, digno de alabanza,
y él me salva de mis enemigos.

5 Los lazos de la muerte me envolvían,
me asustaban torrentes destructores;
6 los lazos del abismo me apresaban,
la muerte me tenía entre sus redes.
7 En mi angustia clamé al Señor,
grité a mi Dios pidiendo auxilio.
El escuchó mi voz desde su templo,
mi grito llegó hasta sus oídos.

8 Se sacudió y retembló la tierra,
se estremecieron los cimientos de las montañas,
se tambalearon bajo su ira.
9 Una humareda subía de sus narices,
y de su boca un fuego devorador
que lanzaba carbones encendidos.
10 Inclinó los cielos y descendió,
a sus pies tenía una densa nube.
11 Montó en un querubín, emprendió el vuelo
y se movía sobre las alas del viento.
12 De la oscuridad hizo un manto;
un aguacero sombrío, unas nubes espesas
formaban una tienda en torno a él.
13 El fulgor de su presencia

Sal 18 (17): Salmo real de acción de gracias que, con ligeras variantes, se encuentra también en 2 Sm 22 2-51. Su estructura comprende seis partes: declaración de confianza (Sal 18 2b-4), aflicción del salmista (Sal 18 5-7), liberación divina (Sal 18 8-20), Dios salvador del justo (Sal 18 21-31), triunfo sobre los enemigos (Sal 18 32-46) y alabanza final (Sal 18 47-51).

Ya en la introducción resuena el tema dominante del salmo: cuando el justo invoca a Dios, él lo salva de sus enemigos (Sal 18, 2b-4). La amenaza de los enemigos es presentada como una irrupción de las fuerzas del caos, la muerte y el abismo (Sal 18 5-6). Dios interviene de forma esplendorosa: en medio de la tormenta (véase Job 38 1), acompañado de tempestad, relámpagos y rayos, truenos y terromoto, aparece el Señor con impresionante majestad (Sal 18 8-20). Pero el suyo es un despliegue de potencia salvadora, muestra de su amor que recompensa la inocencia del justo (Sal 18 21-31), le da apoyo en el peligro y fuerzas en el combate contra el mal (Sal 18 32-46). Al final resuena la alabanza agradecida con una referencia explícita a los favores concedidos al rey David (Sal 18 47-51).

Para los cristianos, el salmo se convierte en un himno a Cristo, nuevo y definitivo Mesías davídico, triunfador de las fuerzas de la muerte y del abismo, y finalmente glorificado por el Padre.

despedía granizos y carbones encendidos.
14 Tronó el Señor desde los cielos,
el Altísimo hizo retumbar su voz;
15 lanzó sus flechas y los hizo huir,
rayos incontables los derrotaron.
16 Quedó al descubierto el fondo de los mares,
los cimientos de la tierra aparecieron
ante la amenaza, Señor, de tu bramido,
ante el furioso resoplar de tu nariz.
17 Alargó la mano desde lo alto y me tomó,
me sacó de entre las aguas caudalosas.
18 Me libró de un potente adversario,
de enemigos más fuertes que yo.
19 El día de mi desgracia me asaltaron,
pero el Señor fue mi apoyo.
20 Me liberó, me dio respiro,
me salvó, porque me ama.

21 El Señor me premia porque he sido justo,
recompensa la inocencia de mis manos,
22 porque he seguido las sendas del Señor
y jamás he traicionado a mi Dios.
23 Tuve siempre presentes sus mandatos,
nunca rechacé sus preceptos.
24 Mi conducta ante él ha sido irreprochable,
me he esforzado en no pecar.
25 Sí, el Señor me recompensa por mi fidelidad,
y mis manos son inocentes ante él.
26 A quien te ama, muestras tu amor,
con el hombre honrado, eres honrado,
27 sincero con el que juega limpio,
pero con el astuto eres sagaz.
28 Tú salvas a los humildes
y humillas a los altaneros.
29 Señor, tú enciendes mi lámpara;
Dios mío, tú alumbras mis tinieblas;
30 contigo me enfrento a cualquier ejército,
contigo, Dios mío, asalto la muralla.
31 El camino de Dios es perfecto,
segura la palabra del Señor;
él es un escudo para los que se refugian en él.

32 Porque ¿quién es Dios fuera del Señor?
¿Qué roca hay fuera de nuestro Dios?
33 Dios me llena de fuerza
y hace irreprochables mis caminos,
34 hace mis pies como los del ciervo,
en las alturas me sostiene firme.
35 Adiestra mis manos para la batalla
y mis brazos para estirar el arco de bronce.
36 Tú me das tu escudo salvador, tu derecha me sostiene,
has multiplicado tus cuidados conmigo.
37 Despejas mi camino ante mí,
y no flaquean mis pies.

38 Persigo a mis enemigos, los alcanzo,
no descanso hasta haberlos aniquilado;
39 los aplasto, no pueden levantarse,
quedan deshechos bajo mis pies.
40 Me has llenado de fuerza para el combate,
doblegas bajo mis pies a mis agresores.
41 Haces huir a mis enemigos,
y aniquilas a todos mis adversarios.
42 Piden auxilio, pero no hay quien los salve,
acuden al Señor, pero no les responde.
43 Yo los trituro como polvo que se lleva el viento,
los pisoteo como el barro de las calles.
44 Tú me libras de las revueltas de mi pueblo,
me pones al frente de las naciones:
un pueblo que yo no conocía me sirve.
45 Al primer gesto me obedecen,
me adulan los extranjeros;
46 los extranjeros se amedrentan
y abandonan temblando sus refugios.

47 ¡Viva el Señor, bendita sea mi roca,
sea glorificado Dios mi salvador,
48 el Dios que me dio el desquite,
que pone a los pueblos bajo mis pies
49 y me salva de mis enemigos!
Tú me das la victoria sobre mis adversarios,
me libras de los hombres violentos.
50 Por eso te alabo entre los pueblos,
por eso, Señor, canto a tu nombre.
51 Tú aseguras al rey la victoria,
y otorgas tu favor a tu ungido,
a David y su descendencia para siempre.

SALMO 19 (18)
Los cielos proclaman la gloria de Dios

Gn 1 1-8; Job 38 31-33; Sal 9 3; 119

1 *Al maestro de coro. Salmo de David.*

2 Los cielos proclaman la gloria de Dios,
el firmamento pregona la obra de sus manos;
3 el día al día le comunica el mensaje,
la noche a la noche le transmite la noticia.

Sal 19 (18): Salmo mixto en el que confluyen tres elementos: un himno a Dios creador (Sal 19 2-7), un poema didáctico sobre la ley (Sal 19 8-11) y una breve súplica (Sal 19 12-15).

En la primera parte (Sal 19 2-7), la creación entera, representada por el cielo y el firmamento, por el ritmo regular del día y la noche y la órbita majestuosa del sol, entona un hermoso canto de alabanza al creador. Toda la creación constituye, sin palabras, un ininterrumpido mensaje de revelación. La segunda parte (Sal 19 8-11) es una reflexión de corte sapiencial sobre la perfección de la ley, manifestación de la voluntad divina, y sus efectos positivos para el hombre. Aparentemente dispares, las dos partes ofrecen una llamativa impresión de unidad: tanto la creación como la ley constituyen una admirable manifestación de la divinidad. Sin embargo, el hombre, limitado por el pecado y la ignorancia, debe suplicar la misericordia divina (Sal 19 12-14). Una vez perdonado, puede unir sus humildes palabras al gran himno de la creación y de la ley (Sal 19 15).

4 No es un mensaje, no son palabras,
no es una voz que se pueda escuchar;
5 pero por toda la tierra se extiende su eco,
y hasta los límites del mundo su mensaje.
Allá, en lo alto, preparó una tienda para el sol,
6 y él, como un esposo que sale de su habitación,
se recrea como un atleta, recorriendo su carrera.
7 En un extremo del cielo tiene su salida,
y su órbita llega hasta el otro extremo,
y no hay nada que escape a su calor.

8 La ley del Señor es perfecta: da consuelo al hombre;
el mandato del Señor es verdadero: da sabiduría al ignorante;
9 los preceptos del Señor son rectos: dan alegría al corazón;
el mandamiento del Señor es claro: da luz a los ojos.
10 El temor del Señor es puro: permanece para siempre;
los juicios del Señor son verdad: todos justos por igual;
11 son preferibles al oro, al oro más fino;
son más dulces que la miel, más que el jugo del panal.

12 Por eso tu siervo está atento a ellos:
cumplirlos trae una gran recompensa.
13 Con todo, ¿quién conoce sus propios errores?
Purifícame tú de las faltas ocultas.
14 Protege también a tu siervo del orgullo,
¡que jamás me domine!
Entonces seré irreprochable e inocente del gran pecado.
15 Que te agraden mis palabras y mis pensamientos,
oh Señor, roca mía, mi redentor.

SALMO 20 (19)
Señor, da la victoria al rey

Sal 18 10.50-51; 1 Re 18 30; Sal 33 16-17; 147 10-11; Is 40 30-31

1 *Al maestro de coro. Salmo de David.*

2 El Señor te atienda el día de la angustia,
te proteja el nombre del Dios de Jacob.
3 El Señor te envíe socorro desde su templo,
sea tu apoyo desde Sión.
4 El Señor se acuerde de todas tus ofrendas
y acepte con gusto tus holocaustos.
5 El Señor te conceda todos tus deseos
y lleve a cabo todos tus proyectos,
6 para que podamos alegrarnos de tu triunfo
y agitar banderas en nombre de nuestro Dios.
El Señor te conceda todo lo que has pedido.

Sal 20 (19): Salmo de súplica comunitaria por el rey, estructurado en dos partes; súplica del pueblo (Sal 20 2-6) y declaración de confianza (Sal 20 7-10).

Este salmo refleja antiguas instituciones y concepciones del Israel monárquico. Ante la proximidad de la batalla, el pueblo se reúne y pide por su rey, el ungido o mesías del Señor (Sal 20 2-6), cuya ayuda para alcanzar la victoria se considera imprescindible y se espera con seguridad (véase Sal 2). En la declaración de confianza con que culmina la súplica (Sal 20 7-10) laten antiguas nociones de las *guerras del Señor*: la victoria no depende del volumen del ejército o de la calidad del armamento, sino de la ayuda de Dios (Sal 20 7-8).

7 Ahora sé que el Señor dará la victoria a su ungido,
lo atenderá desde los cielos santos
con el poder de su mano victoriosa.
8 Unos confían en los carros, otros en los caballos,
nosotros confiamos en el nombre del Señor, nuestro Dios.
9 Ellos se tambalean y caen,
nosotros nos mantenemos en pie.
10 ¡Oh Señor, da la victoria al rey,
atiéndenos cuando te invoquemos!

SALMO 21 (20)
El rey se alegra por tu fuerza

Sal 20; 61 1-8; 2 Re 20 1-7; Is 38 1-20; Sal 18

1 *Al maestro de coro. Salmo de David.*

2 Señor, el rey se alegra por tu fuerza,
¡cuánto goza por tu victoria!
3 Tú le concedes lo que desea su corazón,
no rechazas la oración de sus labios.
4 Te apuras a bendecirlo con el éxito,
pones en su cabeza una corona de oro puro.
5 Te pidió vida y se la concedes;
prolongas sus días para siempre.
6 Gran fama le trajo tu victoria,
lo rodeas de honor y majestad;
7 le concedes bendiciones abundantes,
lo colmas de felicidad en tu presencia.

8 El rey confía en el Señor
y puesto que el Altísimo lo ama, jamás fracasará.

9 Tu mano derrotará a todos tus enemigos,
tu derecha derrotará a tus adversarios:
10 los convertirás en horno de fuego
cuando te enfrentes contra ellos.
El Señor los consumirá con su ira y el fuego los devorará.
11 Tú borrarás su descendencia de la tierra,
y su raza de en medio de los hombres.
12 Pues han planeado hacerte daño,
han tramado intrigas, pero han fracasado:
13 tú los harás huir en cuanto los apuntes con tu arco.
14 ¡Levántate, Señor, con tu fuerza!
¡Cantaremos y alabaremos tu valor!

Sal 21 (20): Salmo sobre la protección que Dios otorga al rey; está estructurado en tres partes: alabanza por las bendiciones concedidas al rey (Sal 21 2-7), transición (Sal 21 8), confianza en la victoria del rey (Sal 21 9-14).

Este salmo aparece íntimamente relacionado con el anterior, ya que supone su continuidad lógica: la súplica ha sido escuchada (véase Sal 20 2-6) y Dios ha concedido la victoria al rey (Sal 21 2). En correspondencia, el pueblo agradece el don y todas las bendiciones concedidas al rey. En la segunda parte (Sal 21 9-14), el pueblo expresa su confianza en que el rey saldrá victorioso en todas las obras que emprenda, siempre que cuente con la ayuda de Dios.

A partir del Nuevo Testamento, estos salmos guerreros (Sal 20; 21) reciben una comprensión nueva: las guerras de Cristo, nuevo Mesías, se desarrollan contra los verdaderos enemigos de Dios y de su reinado: el pecado y el mal en todos sus aspectos. El último enemigo, la muerte, fue tambien vencido por él, haciéndonos partícipes de su victoria.

SALMO 22 (21)
Dios mío, ¿por qué me has abandonado?

Is 52 13-53 12; Mt 27 35.39.43.46; Sab 2 18-20; Jn 19 28; 12 27; Heb 2 12.18

1 *Al maestro del coro; con la melodía de «La cierva de la aurora». Salmo de David.*

2 ¡Dios mío, Dios mío! ¿Por qué me has abandonado?
Mis gemidos están lejos de ti, mi Salvador.
3 Dios mío, de día clamo y no contestas;
de noche, y no me haces caso.
4 Tú estás en el santuario, donde te alaba Israel.
5 En ti confiaron nuestros antepasados,
en ti confiaron y tú los libraste;
6 a ti clamaron y fueron salvados,
en ti confiaron, y nunca quedaron defraudados.
7 Pero yo soy un gusano, no un hombre,
vergüenza de la humanidad, desprecio de la gente;
8 todos los que me ven se ríen de mí,
hacen muecas, menean la cabeza:
9 «Se encomendó al Señor, ¡pues que él lo libre,
que lo salve, si es que lo ama!».
10 Porque fuiste tú quien me sacó del vientre,
quien me mantuvo a salvo en el regazo de mi madre;
11 a ti fui confiado desde el seno,
desde el vientre de mi madre eres mi Dios.
12 ¡No te quedes lejos, pues se acerca la angustia
y nadie me socorre!

13 Me acorralan muchos novillos,
me acosan toros de Basán,
14 abren contra mí sus fauces
como leones que rugen y destrozan.
15 Estoy como agua derramada,
todos mis huesos están dislocados;
mi corazón, como cera, se derrite en mi interior.
16 Tengo la garganta seca como una teja
y la lengua se me pega al paladar;
me has hundido en el polvo de la muerte.
17 Me acorrala una jauría de perros,
me cerca una banda de malvados:
taladran mis manos y mis pies,

Sal 22 (21): Salmo de lamentación individual, estructurado en cinco partes: *abandono* del salmista y favores pasados (Sal 22 2-12), persecución de los enemigos (Sal 22 13-19), súplica (Sal 22 20-22), acción de gracias por la liberación (Sal 22 23-27) y alabanza conclusiva (Sal 22 28-32).

Por la fuerza de sus imágenes, la sinceridad que desprende y la intensidad del dolor descrito, el Sal 22 es una de las lamentaciones más impresionantes del salterio. El grito inicial (Sal 22 2) refleja toda la tragedia de un hombre justo, sometido al sufrimiento, despreciado por los suyos y abandonado por Dios. En medio de la desesperación, el recuerdo de los pasados favores lo anima a suplicar ayuda divina con una confianza inquebrantable (Sal 22 10-12). La descripción de la persecución y los sufrimientos (Sal 22 7-8.13-19) se hace con imágenes presentes en otros salmos del género y con expresiones semejantes a las de la pasión del *siervo del Señor* (véase Is 50 4-9; 52 13-53 12). Después de la súplica intensa y confiada (Sal 22 20-22), el protagonista, ya liberado, entona un canto de acción de gracias y de alabanza universal (Sal 22 28-32), donde todos los fieles son invitados a participar en su victoria final y en el homenaje a Dios que no olvida a los pobres y oprimidos.

Puesto en boca de Jesús crucificado (Sal 22 2=Mt 27 46) y citado en los relatos evangélicos de la pasión (Sal 22 8-9.16.19; véase Mt 27; Mc 15; Lc 23; Jn 19), el salmo adquiere nuevo sentido: *Porque él mismo fue sometido al sufrimiento y a la prueba, puede socorrer ahora a todos los que están bajo la prueba* (Heb 2 18).

18 puedo contar todos mis huesos;
me miran con aire de triunfo,
19 se reparten mis ropas,
se sortean mi vestido.

20 Pero tú, Señor, no te quedes lejos,
fuerza mía, date prisa en socorrerme.
21 Líbrame de la espada,
y mi única vida de las garras del perro;
22 sálvame de las fauces del león,
y mi pobre ser de los cuernos del búfalo.

23 Anunciaré tu nombre a mis hermanos,
te alabaré en medio de la asamblea:
24 «los que respetan al Señor, alábenlo;
glorifíquenlo, descendientes de Jacob,
témanlo, descendientes de Israel».
25 Porque no miró con desprecio
ni sintió repugnancia por el humilde;
no le ocultó su rostro, y cuando le pedía auxilio lo atendió.
26 El será mi alabanza en la gran asamblea,
cumpliré mis votos en presencia de quienes lo respetan.
27 Comerán los humildes y se saciarán,
alabarán al Señor los que lo buscan:
«¡Viva su corazón por siempre!».

28 Al recordarlo retornará al Señor la tierra entera,
todas las naciones se postrarán ante él.
29 Porque sólo el Señor reina, él gobierna a las naciones.
30 Sólo ante él se postrarán los grandes de la tierra,
ante él se inclinarán todos los mortales.
Yo viviré para el Señor,
31 mi descendencia le rendirá culto,
hablarán de él a la generación venidera,
32 narrarán su salvación a los que nacerán después,
diciendo: «Esto hizo el Señor».

SALMO 23 (22)
El Señor es mi pastor

Ez 34; Jn 10 1-16; Job 10 21-22

1 *Salmo de David.*

El Señor es mi pastor, nada me falta.
2 En prados de hierba fresca me hace descansar,

Sal 23 (22): Salmo de confianza individual. Se trata probablemente de un salmo sobre el rey, reinterpretado después del exilio. Su estructura comprende dos partes: el buen pastor (Sal 23 1-4), el huésped de Dios (Sal 23 5-6).

Dios como pastor del pueblo y de los justos (véase Ez 34) inspira este hermoso y poético canto de confianza, en el que dominan los sentimientos de seguridad, paz y calma. La imagen del rebaño en las verdes praderas, junto a las aguas tranquilas, guiado certeramente y sin peligro por el pastor, deja paso, en la segunda parte, a una escena de banquete, de perfumes y de fiesta en el marco del templo, la casa del Señor (Sal 23 6). Todas las imágenes del salmo expresan la bondad y el amor de Dios para con sus fieles.

La evocación de Cristo como el *buen pastor* que da la vida por sus ovejas (véase Jn 10 1-21) y las resonancias eclesiales y sacramentales de los símbolos (aguas, banquete, unción, morada) hacen que el Sal 23 pueda ser leído con un sentido genuinamente cristiano.

3 me conduce junto a aguas tranquilas, y renueva mis fuerzas.
Me guía por la senda del bien, haciendo honor a su nombre.
4 Aunque pase por un valle tenebroso, ningún mal temeré,
porque tú estás conmigo; tu vara y tu bastón me dan seguridad.

5 Me preparas un banquete para envidia de mis adversarios,
perfumas con ungüento mi cabeza y mi copa está llena.
6 Tu amor y tu bondad me acompañan todos los días de mi vida;
y habitaré por siempre en la casa del Señor.

SALMO 24 (23)
El Señor es el rey de la gloria

Is 66 1-2; Sal 27 8-9; 2 Sm 6 12-16; Sal 118 19-20

1 *Salmo de David.*

Del Señor es la tierra y cuanto la llena,
el mundo y todos sus habitantes,
2 pues él la estableció sobre los mares,
él la fundó sobre los ríos.

3 ¿Quién subirá al monte del Señor?
¿Quién podrá estar en su recinto sagrado?
4 El hombre de manos puras y limpio corazón,
el que no da culto a los ídolos, ni jura en falso.
5 Este recibirá la bendición del Señor,
y Dios, su salvador, lo proclamará inocente.
6 Así es Jacob, la generación de los que buscan al Señor,
de aquellos que vienen a tu presencia.

7 ¡Puertas, levanten sus dinteles,
elévense, compuertas eternas,
para que entre el rey de la gloria!
8 ¿Quién es el rey de la gloria?
El Señor, héroe poderoso;
el Señor, héroe de las batallas.
9 ¡Puertas, levanten sus dinteles,
elévense, compuertas eternas,
para que entre el rey de la gloria!
10 ¿Quién es el rey de la gloria?
El Señor todopoderoso, él es el rey de la gloria.

Sal 24 (23): Himno de alabanza a Dios, creador y rey victorioso, cantado a dos coros y estructurado en tres partes: Dios creador (Sal 24 1-2), procesión litúrgica (Sal 24 3-6), entrada del Señor en su santuario (Sal 24 7-10).

El salmo comienza con un breve himno a Dios, creador universal y vencedor de las fuerzas del caos (Sal 24 1-2). La segunda parte es una liturgia de entrada al templo en la que, a través de un diálogo, se definen los requisitos éticos, positivos y negativos para entrar en el templo y recibir la bendición divina (Sal 24 3-6; véase Sal 15). La tercera parte describe el regreso del Señor como guerrero victorioso a su templo entre la aclamación de los fieles (Sal 24 7-10). Tiene reminiscencias de un antiguo mito cananeo de recreación, que aquí es desmitologizado, y de la antigua institución israelita de la *guerra santa*: la comunidad entra en el santuario con el arca de la alianza, trono del *rey de la gloria*, que acaba de dar la victoria a su pueblo.

La Iglesia relee el salmo a la luz de la entrada triunfal de Jesús en Jerusalén (véase Mc 11 1-11 y par) y lo proyecta a la parusía, cuando los justos se reunirán en la Jerusalén celeste y los *limpios de corazón* (Sal 24 4) *verán a Dios* (Mt 5 8).

SALMO 25 (24)
Muéstrame, Señor, tus caminos

Sal 86 4; 85 10-11; Prov 19 23; Sal 141 8-9

1 *Salmo de David.*

A ti, Señor, me dirijo suplicante;
2 Dios mío, en ti confío, no quede yo defraudado,
que mis enemigos no se rían de mí.
3 No quedará defraudado el que en ti espera:
quedarán defraudados los que traicionan sin motivo.

4 Muéstrame, Señor, tus caminos, muéstrame tus sendas.
5 Guíame en tu verdad; enséñame,
pues tú eres el Dios que me salva: en ti espero todo el día.
6 Acuérdate, Señor, de que tu ternura y tu amor son eternos.
7 No recuerdes los pecados ni las maldades de mi juventud;
acuérdate de mí, por tu amor, por tu bondad, Señor.
8 El Señor es bueno y recto;
señala el camino a los pecadores,
9 guía por la senda del bien a los humildes,
les enseña su camino.
10 Todas las sendas del Señor son amor y fidelidad
para quien guarda su alianza y cumple sus mandamientos.
11 Por amor a tu nombre, Señor,
perdona mis culpas, que son muchas.
12 ¿Quién es el hombre que honra al Señor?
El Señor le indicará el camino a seguir,
13 vivirá feliz y su descendencia poseerá la tierra.
14 El Señor da su confianza al que lo honra,
y le da a conocer su alianza.
15 Mis ojos están fijos en el Señor; él me libra de la trampa.

16 Mírame y ten piedad de mí, que estoy solo y afligido.
17 Aleja la angustia de mi corazón, sácame de mis sufrimientos;
18 mira mi aflicción y mis penas, y borra todos mis pecados.
19 Mira cuántos son mis enemigos, y con qué furor me odian.
20 Protege mi vida y líbrame,
no quede yo defraudado por haber confiado en ti.
21 La integridad y la rectitud me protegerán,
porque espero en ti, Señor.
22 ¡Libra, oh Dios, a Israel de todas sus angustias!

Sal 25 (24): Salmo de súplica y confianza, en disposición alfabética y tono sapiencial. Su estructura comprende tres partes: invocación inicial (Sal 25 1-3), los caminos del Señor (Sal 25 4-15), súplica conclusiva (Sal 25 16-22). El que cada verso deba comenzar con una letra sucesiva del alfabeto lleva consigo continuos cambios en las motivaciones a las que recurre el salmista, y más de una repetición. Por otra parte, el innegable tono sapiencial del salmo no apaga la emoción y el sentimiento.

La invocación inicial (Sal 25 1-3) anticipa los sentimientos dominantes: la súplica y la confianza; el que se fía de Dios no conocerá la desilusión, la vergüenza, ni el fracaso. Toda la parte central (Sal 25 4-15) es una amplia reflexión sobre los caminos del Señor, expresión de su amor y su voluntad, que el salmista desea conocer a fondo para escapar de los peligros y obtener la protección y bendición divinas. La parte central de la reflexión (Sal 25 8-10) tiene forma impersonal como corresponde al lenguaje de los sabios, y culmina en una pregunta de corte retórico (Sal 25 12) que realza las beneficiosas consecuencias de seguir los caminos del Señor. La súplica conclusiva (Sal 25 16-22) invoca de nuevo el perdón de Dios y la liberación de todo tipo de sufrimientos y enemigos, en forma genérica. Al final, la súplica se abre a la salvación de Israel (Sal 25 22); en realidad el individuo liberado es símbolo visible de la liberación de todo el pueblo.

Desde Jesucristo, *camino, verdad y vida* (Jn 14 6) podemos leer este salmo como una invitación a conocer y escuchar la voluntad de Dios para ponerla en práctica.

SALMO 26 (25)
He procedido con rectitud

Sal 7; 17; 18 21-28; Job 31; Sal 73 13; Dt 21 6-7

1 *De David.*

Hazme justicia, Señor, pues he procedido con rectitud,
he confiado en el Señor sin titubear jamás.
2 Sondéame, Señor, y ponme a prueba,
examina mis entrañas y mi corazón,
3 pues tengo siempre presente tu amor
y procedo conforme a tu verdad.

4 No me reúno con gente falsa,
ni ando con mentirosos;
5 odio al grupo de los perversos
y no me reúno con los malvados.

6 Lavo mis manos en señal de inocencia,
y estoy siempre junto a tu altar, Señor,
7 dándote gracias en público
y anunciando todas tus maravillas.
8 Señor, yo amo la casa donde habitas,
el lugar donde reside tu gloria.

9 No me trates como a los malhechores,
ni me castigues como a los hombres sanguinarios,
10 cuyas manos están llenas de crímenes y soborno.

11 Yo, en cambio, he procedido con rectitud:
sálvame y ten piedad de mí.
12 Mis pies se mantienen en el camino recto.
En la asamblea bendeciré al Señor.

SALMO 27 (26)
El Señor es mi luz y mi salvación

Sal 18 29; 36 10; 23 6; Os 11 8; Sal 86 11

1 *De David.*

El Señor es mi luz y mi salvación, ¿a quién temeré?
El Señor es mi fortaleza, ¿quién me hará temblar?
2 Cuando los malvados se lanzan contra mí para devorarme,
son ellos, mis adversarios y enemigos, los que tropiezan y caen.

Sal 26 (25): Salmo de súplica individual invocando la inocencia del que suplica. La estructura comprende cinco secciones, dispuestas en forma concéntrica: a: recto proceder (Sal 26 1-3); b: los malvados (Sal 26 4-5); c: alabanza en el templo (Sal 26 6-8); b': los malvados (Sal 26 9-10); a': recto proceder (Sal 26 11-12).

Un inocente, injustamente acusado, busca el refugio del santuario y, en medio del rito de purificación (Sal 26 6-8), se somete al juicio de Dios (Sal 26 1-2), haciendo una solemne proclamación de inocencia (Sal 26 4-5) con motivaciones semejantes a Sal 1 1 (véase Sal 7; 17; 101 3-4; Job 31). Puesto que se ha separado de los malhechores, pide a Dios que no lo asocie a la suerte de éstos (Sal 26 9-10). La alabanza anunciada en la sección central (Sal 26 7) resuena como bendición conclusiva tras una nueva proclamación de inocencia (Sal 26 11-12).

Sal 27 (26): Salmo de confianza y súplica, estructurado en tres partes: canto de confianza (Sal 27 1-6), súplica en la persecución (Sal 27 7-12), nueva afirmación de confianza (Sal 27 13-14).

Dios es luz, salvación y fortaleza (Sal 27 1); por eso, el salmista canta su confianza, esperando que nada ni nadie pondrá en peligro su seguridad (Sal 27 2-3). La expresión palpable y privilegiada de tal confianza es el santuario, garantía de la plena comunión con Dios (Sal 27 4-6). Incluso en medio de las dificultades (enemigos, testigos falsos: Sal 27 2-3.11-12), la súplica desborda el mismo sentimiento de confianza, que al final se convierte en una insistente invitación a la esperanza (Sal 27 13-14).

3 Aunque un ejército acampara contra mí, no temo;
aunque me hicieran la guerra, me sentiría seguro.
4 Una cosa pido al Señor; esto es lo único que busco:
vivir en la casa del Señor todos los días de mi vida,
disfrutar de la dulzura del Señor frecuentando su templo.
5 El me dará refugio en su recinto en el día del peligro;
me ocultará en lo más escondido de su tienda,
me pondrá sobre una roca.
6 Luego me concederá la victoria
sobre los enemigos que me rodean;
y yo ofreceré en su tienda sacrificios entre aclamaciones,
cantando y tocando para el Señor.

7 Escucha, Señor, mi clamor; ten piedad de mí, atiéndeme.
8 Me dice el corazón: «Busca su rostro».
Sí, tu rostro, Señor, es lo que busco;
9 no me ocultes tu rostro, no rechaces irritado a tu siervo;
tú eres mi auxilio, no me desampares,
no me abandones, ¡oh Dios, salvador mío!
10 Si mi padre y mi madre me abandonan, el Señor me recibirá.
11 Señálame tu camino, Señor,
guíame por la senda del bien, porque me persiguen;
12 no me entregues al poder de mis adversarios,
pues se levantan contra mí testigos falsos,
que están llenos de violencia.

13 Espero gozar los bienes del Señor en la tierra de los vivos.
14 Espera en el Señor, sé fuerte; ten ánimo, espera en el Señor.

SALMO 28 (27)
Señor, escucha mi voz suplicante

Prov 26 24-25; Jr 50 29; Is 5 12; Sal 52 7

1 *De David.*

A ti, Señor, te invoco; roca mía, no guardes silencio ante mí,
que si no me respondes, seré como los que bajan a la tumba.
2 Escucha mi voz suplicante cuando te grito,
cuando levanto mis manos hacia tu santuario.
3 No me arrastres con los malvados, ni con los malhechores,
que hablan de paz con el prójimo,
pero llevan la maldad en el corazón.
4 Trátalos según sus obras, según la maldad de sus acciones,
dales su merecido por lo que han hecho.
5 Pues no entienden las acciones del Señor, ni la obra de sus manos:
¡Que él los destruya para siempre!

6 ¡Bendito sea el Señor, que escucha mi voz suplicante!
7 El Señor es mi fortaleza y mi escudo,

Sal 28 (27): Salmo de súplica y acción de gracias individual, estructurado en tres partes: súplica ante los enemigos (Sal 28 1-5), acción de gracias (Sal 28 6-8), plegaria por el pueblo (Sal 28 9).

El salmo sigue el modelo más común de las súplicas y lamentaciones. La súplica inicial recurre a expresiones genéricas (Sal 28 1-2), pero después se concreta en una plegaria para que Dios libere al salmista de los malvados que deberán ser castigados por su mal proceder (Sal 28 3-5). Continúa con un canto de acción de gracias a Dios por la salvación ya obtenida o esperada (Sal 28 6-7), que incluye también al pueblo y al rey (Sal 28 8), beneficiarios de la acción salvífica de Dios, como lo confirma la súplica conclusiva (Sal 28 9).

mi corazón confía en él, y al punto me socorre.
Mi corazón se llena de alegría, y con mis cantos le doy gracias.
8 El Señor es la fortaleza de su pueblo,
un refugio de salvación para su ungido.

9 Salva a tu pueblo, bendice a tu heredad,
pastoréalos y guíalos por siempre.

SALMO 29 (28)
La voz del Señor

Sal 77 17-19; 92 2-6; 144 5-6; Ex 19 16; Job 37 4-5

1 *Salmo de David.*

¡Alaben al Señor, hijos de Dios,
alaben la gloria y el poder del Señor,
2 alaben la gloria del nombre del Señor,
póstrense ante el Señor cuando manifiesta su grandeza!

3 La voz del Señor sobre las aguas,
el Dios de la gloria ha tronado,
el Señor sobre las aguas torrenciales.
4 La voz del Señor es potente,
la voz del Señor es majestuosa.
5 La voz del Señor destroza los cedros,
el Señor destroza los cedros del Líbano;
6 hace brincar al Líbano como a un novillo,
y al Hermón como a una cría de búfalo.
7 La voz del Señor lanza llamas de fuego.
8 La voz del Señor hace temblar el desierto,
el Señor hace temblar el desierto de Cadés.
9 La voz del Señor retuerce los árboles,
el Señor arrasa los bosques.
En su templo todo grita: ¡Gloria!

10 El Señor domina las aguas desbordadas,
el Señor se sienta como rey eterno.
11 El Señor da poder a su pueblo,
el Señor bendice a su pueblo con la paz.

SALMO 30 (29)
Cambiaste mi luto en danzas

Sal 97 12; Is 54 7-8; Sal 88 11-13

1 *Salmo; canto para la dedicación del templo. De David.*

2 Yo te alabo, Señor, porque me has librado,
no has dejado que mis enemigos se rían de mí.

Sal 29 (28): Himno majestuoso al poder de Dios sobre la creación. Su estructura, de gran regularidad y armonía, comprende tres partes: invitación a la alabanza (Sal 29 1-2), la voz del Señor (29 3-9), acciones salvíficas de Dios (Sal 29 10-11).

El salmo es la adaptación yavista de un antiguo himno cananeo a Baal, dios de la tormenta. En la invitación inicial se invoca la *gloria del Señor* (Sal 29 1b-2a), uno de los temas básicos del salmo. La sección central (Sal 29 3-9) está dominada por la *voz del Señor* que el salmista presenta bajo la imagen del trueno; el término "voz" se repite siete veces (número perfecto), para manifestar el poder y el señorío de Dios que en la tormenta y el terremoto sacude la creación y doblega todos los poderes. A esta manifestación cósmica del poder divino responde como un eco el grito litúrgico del *¡gloria!* (Sal 29 9b), pronunciado por la asamblea en respuesta a la invitación inicial (Sal 29 1-2). El salmo concluye con la enumeración de cuatro acciones salvíficas del Señor (Sal 29 10-11), que parecen remitir numéricamente a las invitaciones iniciales.

3 Señor, Dios mío, a ti grité y me sanaste;
4 tú, Señor, me libraste del abismo,
me reanimaste cuando estaba a punto de morir.
5 ¡Canten al Señor, fieles suyos, den gracias a su santo nombre!
6 Porque su enojo dura un instante, pero su bondad, toda la vida:
por la tarde nos domina el llanto, por la mañana todo es alegría.

7 En mi prosperidad yo pensaba: «No fracasaré nunca».
8 Tu bondad, Señor, hizo de mí una fortaleza inaccesible;
pero te escondiste, y quedé desconcertado.

9 A ti clamo, Señor; a ti, Señor mío, te suplico.
10 ¿Qué ganas con mi muerte, con que yo baje a la tumba?
¿Te dará gracias el polvo o anunciará tu fidelidad?
11 ¡Escucha, Señor, ten compasión de mí, Señor, ven en mi ayuda!

12 Tú cambiaste mi luto en danzas,
me quitaste la ropa de duelo y me vestiste de fiesta;
13 por eso te canto sin descanso:
Señor, Dios mío, te daré gracias por siempre.

SALMO 31 (30)
En tus manos encomiendo mi espíritu

Sal 71 1-2; Lc 23 46; Hch 7 59; Job 19 13-19; Sal 22; 69; Jr 20 7-10; Ap 7 15-16

1 *Al maestro de coro. Salmo de David.*

2 En ti, Señor, me refugio; no quede yo defraudado;
líbrame por tu bondad,
3 hazme caso, date prisa en socorrerme.
Sé para mí roca de amparo y fortaleza protectora.
4 Tú eres mi roca y mi fortaleza:
guíame y condúceme por el honor de tu nombre.
5 Sácame de la red que me han tendido, pues tú eres mi auxilio.

6 A tus manos confío mi espíritu;
tú, Señor, el Dios fiel, me rescatarás.
7 Tú odias a los que adoran ídolos vanos,
pero yo confío en el Señor.

Sal 30 (29): Salmo de acción de gracias individual, estructurado en cuatro partes: acción de gracias (Sal 30 2-6), falsa seguridad y abandono (Sal 30 7-8), súplica (Sal 30 9-11), liberación y acción de gracias (Sal 30 12-13).

El salmista entona su alabanza (Sal 30 2) y agradece a Dios la liberación de un grave peligro o de una enfermedad mortal (Sal 30 3-4.12), ocasionada por su falsa seguridad o exceso de presunción (Sal 30 7-8). En la súplica se esgrime un motivo conocido: los muertos ya no pueden alabar a Dios (Sal 30 10; véase Sal 6 6; 88 11-13). Dios interviene, en respuesta a la súplica, cambiendo la situación de luto en alegría (Sal 30 12). El salmo concluye, como al comienzo, haciendo profesión de agradecimiento perpetuo (Sal 30 13).

En la muerte de Cristo se evoca la situación del hombre que llega al límite de la desesperación. La intervención de Dios, rescatándolo de la muerte, abre una nueva esperanza y justifica la actitud de acción de gracias.

Sal 31 (30): Salmo mixto de súplica, confianza, lamentación y acción de gracias. Su estructura comprende cinco secciones: súplica (Sal 31 2-5), confianza (Sal 31 6-9), lamentación (Sal 31 10-14), súplica confiada (Sal 31 15-19), acción de gracias con invitación final (Sal 31 20-25).

La situación que desencadena la súplica inicial es típica: un inocente, injustamente perseguido y acusado, recurre a Dios con plena confianza. Roca, fortaleza, refugio... son imágenes con las que el salmista nombra frecuentemente al Dios fiel (Sal 31 2-6) que proporciona auxilio, seguridad y paz. En la descripción de los sufrimientos físicos y morales del salmista (Sal 31 10-14) encontramos ecos del Sal 22 y de Jr 20 7-10. Tras los lamentos reaparece la súplica confiada (Sal 31 15-19) con la que el salmista se pone en manos de Dios y le pide su propia salvación y el castigo de los enemigos. La alabanza final (Sal 31 20-25) supone la intervención salvífica de Dios. Por eso, el salmista invita a la comunidad a unirse a su alabanza y a confiar en Dios.

Las últimas palabras de Cristo en la cruz, que según la tradición lucana (Lc 23 46) están tomadas de Sal 31 6, destacan la actitud de abandono y confianza absoluta en el Padre con que Jesús vivió toda su vida.

8 Me llenaré de júbilo y alegría por tu amor:
porque has visto mi sufrimiento y conoces mi angustia;
9 no me entregaste en poder del enemigo,
me dejaste caminar en libertad.

10 ¡Ten piedad de mí, Señor, que la angustia me ahoga!
Se consumen de tristeza mis ojos, mi garganta y mis entrañas,
11 pues se me va la vida en sufrimientos y los años en suspiros;
mi fuerza se extingue por las penas y mis huesos se debilitan.
12 Soy la burla de todos mis agresores,
motivo de risa para mis vecinos, el espanto de mis conocidos;
los que me ven por la calle huyen de mí;
13 olvidado de todos como un muerto,
me he convertido en un objeto inútil.
14 Oigo calumnias de muchos y amenazas por todas partes;
conspiran contra mí, planean quitarme la vida.

15 Pero yo confío en ti, Señor; yo te digo: «¡Tú eres mi Dios!»
16 Mi destino está en tus manos,
líbrame de los enemigos que me persiguen.
17 Que tu rostro resplandezca sobre tu siervo,
¡sálvame, por tu amor!
18 Te he invocado, Señor, no quede yo defraudado;
que queden defraudados los malvados,
y se precipiten mudos al abismo.
19 Enmudezcan los labios mentirosos
que dicen insolencias contra el justo
con desprecio y con soberbia.

20 ¡Qué grande es tu bondad, Señor!
Tú la reservas para los que te respetan,
y la ejerces en presencia de todos
con los que se refugian en ti.
21 Al amparo de tu presencia,
los ocultas de las intrigas de los hombres;
bajo la tienda los proteges
de las lenguas murmuradoras.
22 ¡Bendito sea el Señor!
El me mostró su amor en el momento del peligro.
23 Yo decía consternado: «Me has echado de tu presencia».
Pero tú escuchabas mi voz suplicante cuando te invocaba.
24 Amen al Señor todos sus fieles,
pues el Señor protege a sus leales,
pero castiga sin compasión al orgulloso.
25 ¡Sean fuertes y anímense, todos los que esperan en el Señor!

SALMO 32 (31)
Perdonaste mi falta y mi pecado

Rom 4 7-8; Sal 51; 33

1 *Canto de David.*

Dichoso el que fue absuelto de su culpa
y a quien se perdonó su pecado.
2 Dichoso el hombre a quien el Señor no le tiene en cuenta su falta,
y en cuyo espíritu no hay engaño.

3 Mientras callaba, se consumían mis huesos
gimiendo todo el día,
4 pues día y noche tu mano pesaba sobre mí;
desapareció mi fuerza como la humedad en tiempo seco.
5 Pero reconocí ante ti mi pecado, no te oculté mi falta;
pensé: «Confesaré al Señor mis culpas».
Y tú perdonaste mi falta y mi pecado.

6 Por eso te imploran todos los fieles en los momentos de angustia,
y aunque se desborden las aguas caudalosas, no los alcanzarán.
7 Tú eres mi refugio, me libras del peligro,
me inundarás de alegría por la liberación.
8 Yo te instruiré, te mostraré el camino a seguir,
y me ocuparé de ti constantemente.
9 No sean irracionales como caballos o mulos,
cuyo brío hay que domar con rienda y freno para servirse de ellos.
10 Muchas son las penas del malvado,
pero al que confía en el Señor lo envuelve el amor.
11 ¡Alégrense, justos, y regocíjense con el Señor,
den gritos de felicidad los rectos de corazón!

SALMO 33 (32)
Aclamen, justos, al Señor

Sal 119 64; Gn 1 9-10; Job 38 8-11; Sal 94 9-11; 139 1-16

1 Alégrense, justos, en el Señor,
que la alabanza es propia de los buenos.
2 Den gracias al Señor con el arpa,
toquen para él la lira de diez cuerdas;
3 cántenle un cántico nuevo,
toquen con arte para él y aclámenlo.

4 Pues la palabra del Señor es sincera,
todas sus acciones son leales.
5 El ama la justicia y el derecho,
el amor del Señor llena la tierra.
6 La palabra del Señor hizo el cielo,
el aliento de su boca, todas sus estrellas.

Sal 32 (31): Salmo de acción de gracias individual, enmarcado en un poema sapiencial. Su estructura comprende dos grandes partes (Sal 32 1-5 y 6-11) y cinco secciones: bienaventuranzas (Sal 32 1-2), perdón del pecado (Sal 32 3-5), acción de gracias (Sal 32 6-7), reflexión sapiencial (Sal 32 8-10) e invitación conclusiva (Sal 32 11).

Las bienaventuranzas iniciales (Sal 32 1-2) expresan, en estilo sapiencial, el tema central del salmo: la felicidad del pecador que ha recibido el perdón divino. La experiencia del salmista (Sal 32 3-5) subraya el contraste entre la situación de sufrimiento, producida por la propia culpa, y la liberación experimentada tras el reconocimiento del pecado, la confesión y el perdón divino. En la segunda parte (Sal 32 6-11) predominan el tono de alabanza y la reflexión sapiencial, que invita a dejarse instruir por Dios y a confiar en su misericordia.

El énfasis y las repetidas alusiones del salmo al reconocimiento de los pecados justifican su inclusión por parte de la Iglesia en la lista de los salmos penitenciales (véase Sal 6). Sal 32 1-2 es citado en Rom 4 7-8.

Sal 33 (32): Himno de alabanza a Dios, estructurado en cuatro partes: invitación a la alabanza (Sal 33 1-3), la palabra del Señor (Sal 33 4-9), el plan salvífico de Dios (Sal 33 10-19), conclusión (Sal 33 20-22).

El salmo, que posee tonos de reflexión sapiencial, es un magnífico himno al Señor por su palabra y su acción (Sal 33 4-5), por su obra creadora (Sal 33 6-9), por su gobierno universal (Sal 33 10-11) y por su providencia sobre el pueblo y el conjunto de la humanidad (Sal 33 12ss). Pero Dios no sólo está presente en los grandes acontecimientos que determinan la historia, sino también en el corazón de los hombres y en los detalles más pequeños de la vida cotidiana (Sal 33 13-15.18-19).

Jesucristo, la Palabra creadora y eterna del Padre (véase Jn 1 1ss), ha llevado a plenitud el proyecto salvífico universal de Dios para los hombres (1 Tim 2 4). A la luz de este acontecimiento, el salmo adquiere un nuevo y más pleno sentido.

7 El encierra en un cántaro las aguas de los mares,
pone en un depósito los océanos.
8 Tema al Señor la tierra entera,
tiemblen ante él los habitantes del mundo.
9 Pues él lo dijo y se hizo todo, él lo mandó y así fue.

10 El Señor desbarata los planes de las naciones,
deshace los proyectos de los pueblos,
11 pero el plan del Señor se mantiene por siempre,
los proyectos de su mente, por todas las generaciones.
12 Dichosa la nación cuyo Dios es el Señor,
el pueblo que se eligió como herencia.
13 Desde los cielos mira el Señor, y ve a todos los hombres;
14 desde su morada observa a todos los habitantes de la tierra:
15 El modeló sus corazones y comprende todas sus acciones.
16 No vence el rey por su gran ejército,
ni se libra el guerrero por su gran fuerza;
17 de nada sirven los caballos para lograr la victoria,
a pesar de su brío no ayudan a escapar.
18 El Señor se fija en quienes lo respetan,
en los que esperan en su misericordia,
19 para librarlos de la muerte
y reanimarlos en tiempo de hambre.

20 Nosotros esperamos en el Señor,
él es nuestro socorro y nuestro escudo;
21 él es la alegría de nuestro corazón,
en su santo nombre confiamos.
22 Que tu amor, Señor, nos acompañe,
tal como lo esperamos de ti.

SALMO 34 (33)
Gusten y vean qué bueno es el Señor

1 Sm 21 11-16; 1 Pe 3 10-12; Mt 11 29-30; Jn 19 36

1 *De David, cuando se fingió loco ante Abimélec y, expulsado por él, se fue.*

2 Bendigo al Señor en todo momento,
su alabanza está siempre en mi boca.
3 Mi ser se gloría en el Señor,
que los humildes lo oigan y se alegren.
4 Engrandezcan conmigo al Señor,
ensalcemos juntos su nombre.
5 Busqué al Señor y él me respondió,
me libró de todos mis temores.

Sal 34 (33): Salmo individual de acción de gracias, prolongado en una instrucción de carácter sapiencial. El conjunto, dispuesto en forma alfabética, tiene dos partes: alabanza y acción de gracias (Sal 34 2-11) reflexión sapiencial (Sal 34 12-23).

El salmista, favorecido y agradecido por la intervención salvadora de Dios (Sal 34 5.7), invita a los humildes a unirse a su alabanza (Sal 34 2-4) y a cantar las maravillas de Dios para quienos lo buscan y lo sirven (Sal 34 6-11). La segunda parte (Sal 34 12-23) es una instrucción didáctica (*hijos, escúchenme: voy a enseñarles...*) sobre el temor del Señor (que aquí se ha traducido en términos de *respeto*) y la práctica del bien como condiciones de la bendición de Dios y su protección sobre los justos. Al final, el destino reservado a los malvados subraya, por contraste, la felicidad de los justos (Sal 34 17.22-23; véase Sal 1).

El cumplimiento de Sal 34 21 en la muerte de Cristo (Jn 19 36) y la intervención salvadora del Padre en la resurrección de su Hijo refuerzan los tonos de confianza y gratitud que transmite el salmo.

6 Miren hacia él: quedarán radiantes,
y la vergüenza no cubrirá sus rostros.
7 Cuando el humilde invoca al Señor, él lo escucha
y lo salva de todas sus angustias.
8 El ángel del Señor viene a acampar
en torno a sus fieles y los protege.
9 Gusten y vean qué bueno es el Señor,
dichoso el hombre que se refugia en él.
10 Respeten al Señor, todos sus devotos,
que nada les falta a quienes lo respetan.
11 Los ricos se arruinan y pasan hambre,
pero los que buscan al Señor no les falta nada.

12 Vengan, hijos, escúchenme:
voy a enseñarles el temor del Señor.
13 ¿Quién hay que ame la vida,
y desee tener días felices?
14 Guarda tu lengua del mal
y tus labios de la mentira,
15 apártate del mal y obra el bien,
busca la paz y corre tras ella.
16 Los ojos del Señor están atentos a los justos,
sus oídos, a sus gritos de auxilio,
17 pero el Señor se enfrenta con los malhechores,
para borrar de la tierra su recuerdo.
18 Cuando uno grita, el Señor lo escucha
y lo libra de todas sus angustias.
19 El Señor está cerca de los que sufren
y salva a los que están desconsolados.
20 Muchas son las desgracias del justo,
pero de todas lo libra el Señor;
21 cuida de todos sus huesos,
ni uno solo se romperá.
22 La maldad hará que muera el malvado,
los que odian al justo serán castigados;
23 porque el Señor redime a sus siervos,
y no serán castigados los que se refugian en él.

SALMO 35 (34)
Yo soy tu salvación

Sal 22; 69; Jn 15 25; Sal 38 22

1 *De David.*

Acusa tú, Señor, a los que me acusan;
enfréntate a los que se enfrentan contra mí.
2 Armate con el escudo y la coraza y ven en mi socorro.

Sal 35 (34): Salmo de súplica individual, estructurado en tres partes: imprecaciones contra los enemigos y promesa de alabanza (Sal 35 1-10); exposición del caso, súplica y promesa de acción de gracias (Sal 35 11-18); súplica final y nueva promesa de acción de gracias (Sal 35 19-28).

Un hombre acusado y perseguido injustamente (Sal 35 1-4), al que devuelven mal por bien (Sal 35 11-16) y odian sin motivo (Sal 35 19), se dirige a Dios en términos militares (Sal 35 1-3) y jurídicos (Sal 35 22-24) solicitando con urgencia su intervención. Pide al Señor que pague a los

[3] Empuña la lanza y cierra el paso a mis perseguidores.
Dime: «Yo soy tu salvación».
[4] ¡Queden derrotados y avergonzados los que buscan mi muerte!
¡Retrocedan humillados los que planean mi desgracia!
[5] Sean como paja al viento, cuando los disperse el ángel del Señor.
[6] Que su camino se haga oscuro y resbaladizo,
cuando los persiga el ángel del Señor.
[7] Porque me han tendido sus redes sin motivo,
sin motivo me han cavado una tumba.
[8] Que la desgracia caiga sobre ellos de repente,
que se enreden en la red que tendieron
y se hundan en la tumba que cavaron.
[9] Yo exultaré con el Señor y me alegraré con su victoria.
[10] Todo mi ser proclamará: ¿Quién como tú, Señor,
que libras al humilde del poderoso,
al humilde y al necesitado del explotador?

[11] Se levantaban testigos falsos,
me preguntaban cosas que ignoraba;
[12] me devolvían mal por bien, y me dejaban amargado.
[13] Yo en cambio, cuando ellos estaban enfermos,
vestido de luto, me mortificaba con ayunos,
orando sin cesar en mi interior;
[14] andaba triste como por un amigo o un hermano,
triste y desconsolado como quien va de luto por su madre.
[15] Pero cuando yo caigo, ellos se alegran y se unen contra mí,
me golpean a traición, me desgarran sin cesar;
[16] me insultan y se burlan de mí,
hacen rechinar con odio sus dientes contra mí.
[17] ¿Hasta cuándo, Señor mío, vas a tolerar esto?
Líbrame de los que rugen, salva mi vida de los leones.
[18] Yo te daré gracias en la gran asamblea,
te alabaré entre la muchedumbre del pueblo.

[19] Que no se alegren a mi costa mis traicioneros enemigos,
que no se hagan señas los que me odian sin motivo.
[20] Pues jamás hablan de paz, sino que atacan a la gente sencilla,
[21] se ríen de mí a carcajadas, diciendo:
«Con nuestros ojos lo hemos visto».
[22] Lo estás viendo, Señor, no te quedes callado,
no te alejes de mí, Señor mío;
[23] despierta, sal en mi defensa, Dios mío;
defiende mi derecho, Señor mío.
[24] Tú, que eres fiel, júzgame, Señor, Dios mío;
que no se alegren a mi costa,
[25] que no piensen: «¡Qué bien, lo conseguimos!»,
que no digan: «¡Lo hemos devorado!»

malvados con su misma moneda (Sal 35 1.4-8.19.26), para que no se diviertan a costa del justo, ni triunfen sobre él (Sal 35 19.25-26). Llama la atención en la última súplica la figura literaria denominada "inclusión": *que no se alegren... que se alegren...* (Sal 35 19.27), que culmina en promesa de alabanza (Sal 35 28).

Jn 15 25 pone la cita de Sal 35 19 en labios de Jesús como expresión del odio y rechazo del mundo a la obra del Padre. Pero la promesa firme de Jesús: *¡Tened ánimo, yo he vencido al mundo* (Jn 16 33) nos invita a rezar el salmo con absoluta confianza.

26 ¡Queden derrotados y confundidos
los que se alegran de mi desgracia;
que se cubran de vergüenza y confusión
los que se envalentonan contra mí!
27 Pero que quienes desean mi triunfo,
se alegren y gocen repitiendo sin cesar:
«Grande es el Señor, que desea la paz a su siervo».
28 Mi lengua anunciará tu fidelidad,
te alabará todos los días.

SALMO 36 (35)
Por tu luz vemos la luz

Rom 3 18; Mt 7 3-5; Sal 57 11; 71 19

1 *Al maestro de coro. De David, siervo del Señor.*

2 El malvado escucha la voz del pecado
en el fondo de su corazón.
No teme a Dios, ni siquiera en su presencia,
3 porque se tiene en tan alta estima
que es incapaz de apreciar su culpa y detestarla.
4 Sus palabras son maldad y mentira,
ha dejado de ser sensato y de practicar el bien;
5 aun acostado sólo piensa en hacer el mal,
no abandona el mal camino, no rechaza la maldad.

6 Señor, tu amor llega hasta el cielo,
hasta las nubes tu fidelidad,
7 tu justicia se asemeja a las altas montañas,
tu derecho, al océano profundo.
Tú, Señor, salvas a hombres y animales;
8 oh Dios, ¡qué inapreciable es tu amor!
Los hombres se refugian a la sombra de tus alas,
9 se sacian con la abundancia de tu casa,
les das a beber en el río de tus delicias;
10 porque en ti está la fuente de la vida,
y por tu luz vemos la luz.

11 Prolonga tu amor con los que te conocen,
y tu fidelidad con los de limpio corazón.
12 Que no me aplaste el pie del soberbio,
ni me haga huir la mano del malvado.
13 Los malhechores fueron derribados,
están hundidos y no se pueden levantar.

Sal 36 (35): Salmo mixto, compuesto por una reflexión sapiencial sobre los malvados (Sal 36 2-5), un himno a la providencia de Dios (Sal 36 6-10) y una súplica finalmente escuchada (Sal 36 11-13).

La reflexión sapiencial sobre el comportamiento del malvado contempla, más que los actos externos, su proceso interior, donde reside el origen de su pecado y de su rechazo radical al arrepentimiento y al cambio (Sal 36 3.5; compárese con Sal 32 1-2.5). En contraste, se canta la providencia de Dios que es fuente de vida y de luz para la creación entera, tanto hombres como animales (Sal 36 6-10). La súplica (Sal 36 11-12) une ambos motivos: amor y fidelidad para los fieles, castigo para los malvados, cuyo fracaso definitivo confirma la conclusión (Sal 36 13).

Leído en perspectiva cristiana, Sal 36 9-10 anuncia a Cristo como fuente de agua viva que abre en nuestro interior *el manantial del que surge la vida eterna* (Jn 4 14) y como luz que nos ilumina (Jn 8 12) y nos convierte en luz del mundo (Mt 5 14-16).

SALMO 37 (36)
Los humildes heredarán la tierra

Sal 73; Job 21 7-26; Mt 5 3-12; Prov 20 24; Sal 34 15; 9 10

1 *De David.*

Que los malvados no te hagan perder la paz
ni envidies a los que hacen el mal,
2 porque se secan pronto como el pasto,
como la hierba verde se marchitan.
3 Confía en el Señor y haz el bien,
habita en esta tierra y mantente fiel;
4 que el Señor sea tu deleite,
y él te dará lo que desea tu corazón.
5 Encomienda al Señor tu camino,
confía en él, que él actuará;
6 hará brillar como la aurora tu inocencia,
y tu rectitud como el sol del mediodía.
7 Descansa en el Señor y espera en él,
que no te haga perder la paz el que prospera con la intriga.
8 Deja la ira, abandona el enojo,
no pierdas la paz, pues será peor para ti;
9 porque los malvados serán exterminados,
pero los que esperan en el Señor heredarán la tierra.
10 Espera un momento y dejará de existir el malvado,
lo buscarás y ya no estará;
11 en cambio los humildes heredarán la tierra
y gozarán de paz abundante.
12 El malvado intriga contra el justo,
lo amenaza con furia;
13 pero el Señor se ríe de él,
porque ve que se acerca su hora.
14 Desenvainan su espada los malvados; estiran su arco,
para acabar con el humilde y el necesitado,
para matar a los honrados;
15 pero su espada atravesará su corazón,
y sus arcos se romperán.
16 Más vale lo poco del honrado,
que toda la fortuna de los malvados,
17 pues al malvado se le romperán los brazos,
pero a los honrados los sostiene el Señor.
18 El Señor cuida la vida de los buenos,
su herencia durará eternamente;

Sal 37 (36)*: Salmo de contenido* sapiencial estructurado alfabéticamente y en el que se repite con variantes un mismo estribillo: los malvados *serán exterminados* y los justos *heredarán la tierra* (Sal 37 9.11.22.29.34.38).

Para la mentalidad del Antiguo Testamento (que aún no tiene desarrollada la fe en la otra vida) y en particular para la tradición sapiencial existía un claro *principio de retribución*: Dios bendice a los justos y castiga a los malvados en esta tierra. Sin embargo, la experiencia diaria (fortuna y felicidad de los malvados, sufrimiento y desgracia de los justos) desmentía esta afirmación y cuestionaba el principio general. Este notorio escándalo planteaba un grave problema de fe (Sal 37 1.7-8), que tratan de resolver el libro de Job y los salmos 37, 49 y 73. En el Sal 37, un anciano, cargado de sabiduría y experiencia (Sal 37 25), ofrece un intento de solución: la felicidad de los malvados, como la desgracia de los justos, es sólo aparente y transitoria, porque antes o después Dios hace justicia y pone las cosas en su sitio: los malvados *son exterminados* y los justos *heredan la tierra* (Sal 37 9.11.22.28-29.34.38).

La bendición-promesa del salmo es recogida y ampliada por Jesús en su buena noticia de las bienaventuranzas para los pobres, los humildes, los sufridos, los justos... (véase Mt 5 3-12). A la luz de la resurrección de Cristo, el *heredar la tierra* se convierte en símbolo de los *cielos nuevos* y la *nueva tierra* (Ap 21 1) que esperamos.

19 no se verán defraudados
en el momento de la desgracia,
en tiempo de hambre se saciarán.
20 Los malvados, en cambio, perecerán;
los enemigos del Señor desaparecerán
como la hierba de los prados,
como el humo se esfumarán.
21 El malvado pide prestado y no devuelve,
mientras el justo es compasivo y generoso;
22 los que el Señor bendice heredarán la tierra,
los que maldice serán exterminados.

23 El Señor asegura los pasos del hombre,
y está atento a su camino;
24 aunque caiga, no quedará tendido,
porque el Señor lo lleva de la mano.
25 Fui joven, ahora soy viejo,
y nunca vi desamparado al justo,
ni a su descendencia mendigando el pan.
26 Siempre se compadece y presta,
y su descendencia será bendecida.
27 Apártate del mal, haz el bien,
y tendrás siempre una morada;
28 porque el Señor ama la justicia,
y no abandona a sus devotos,
sino que los protege siempre,
mientras que será exterminada
la descendencia de los malvados.
29 Los justos heredarán la tierra,
y habitarán en ella para siempre.

30 La boca del justo habla con sabiduría,
su lengua dice la verdad;
31 tiene la ley de su Dios en el corazón,
sus pasos no se extravían.
32 El malvado espía al justo e intenta darle muerte;
33 pero el Señor no lo abandona en sus manos,
ni deja que lo condenen en el juicio.
34 Espera en el Señor y sigue su camino:
él te sostendrá para que heredes la tierra,
y verás el exterminio de los malvados.

35 Yo vi cómo triunfaba el malvado
y crecía como un cedro frondoso;
36 pero pasé otra vez y ya no estaba,
lo busqué y no lo encontré.
37 Observa al hombre bueno, fíjate en el honrado,
porque el pacífico tendrá descendencia;
38 pero los pecadores serán exterminados en masa,
la descendencia de los malvados se extinguirá.
39 Del Señor viene la salvación de los justos:
él es su refugio en momentos de angustia;
40 el Señor los ayuda y los libera,
los libera de los malvados y los salva,
porque se refugian en él.

SALMO 38 (37)
En ti, Señor, pongo mi esperanza

Job 19 1-20; Sal 102 4-6; Job 12 4-5; Sal 41 6-10

1 *Salmo de David; en conmemoración.*

2 Señor, no me castigues con tu ira, no me corrijas con furor.
3 Porque tus flechas me han traspasado,
y has descargado tu mano sobre mí;
4 todo mi cuerpo está enfermo a causa de tu enojo,
no tengo ni un hueso sano a causa de mi pecado.
5 Me siento abrumado por mis culpas,
son un peso superior a mis fuerzas;
6 mis heridas se han infectado y apestan,
por culpa de mi necedad.
7 Voy encorvado y decaído, lleno de tristeza todo el día.
8 La fiebre me quema por dentro, no hay nada sano en mi cuerpo;
9 estoy agotado y molido hasta más no poder,
el gemir de mi corazón es ya un rugido.

10 Ante ti, Señor mío, están todos mis anhelos,
no se te ocultan mis quejidos.
11 Mi corazón palpita, se me acaban las fuerzas
y hasta la luz de los ojos me falta.
12 Mis amigos y compañeros se apartan a causa de mis heridas,
mis familiares se mantienen a distancia;
13 los que buscan matarme me tienden trampas,
los que desean mi mal me amenazan,
están todo el día planeando engaños.
14 Pero yo me hago el sordo y no escucho,
me hago el mudo y no abro la boca;
15 soy como uno que no oye y no contesta.

16 En ti, Señor, pongo mi esperanza,
tú me responderás, Señor y Dios mío.
17 Yo digo: «Que no se alegren de mi desgracia,
que no canten triunfo cuando mi pie resbale».
18 Porque estoy a punto de caer, mi dolor no se aparta de mí.
19 Sí, yo reconozco mi culpa y me aflige mi pecado.
20 Los que sin motivo atentan contra mi vida son poderosos,
se multiplican los que sin razón me odian,
21 los que me devuelven mal por bien
y me atacan porque procuro hacer el bien.
22 ¡No me abandones, Señor, Dios mío, no te alejes de mí,
23 ven pronto a socorreme, Señor mío, mi salvación!

Sal 38 (37): Salmo de súplica individual, estructurado en tres partes: sufrimientos (Sal 38 2-9), abandono y persecución (Sal 38 10-15), súplica confiada (Sal 38 16-23).

El salmo es la confesión y la súplica de un enfermo que junto a una penosa enfermedad (Sal 38 4.6-9.11), sufre el abandono de sus amigos y la persecución de los enemigos (Sal 38 12-13); se trata de una experiencia parecida a la de Job (véase Job 19 1-20). El salmista tiene conciencia del propio pecado, al que atribuye sus sufrimientos (Sal 38 4-5); pero espera en el Señor (Sal 38 16) y confía que su intervención le devolverá la salud (Sal 38 22-23).

Para la tradición cristiana éste es el tercer salmo penitencial (véase Sal 6). También tiene un significado especial como *oración de enfermos*.

SALMO 39 (38)
El hombre es un soplo que desaparece

Sal 88; 37; 90 9-10

1 *Al maestro de coro; a Yedutún. Salmo de David.*

2 Yo pensé: «Vigilaré mi proceder para no pecar con mi lengua;
amordazaré mi boca mientras el malvado esté junto a mí».
3 Y aunque me mantuve en silencio, inútilmente me callé,
porque mi dolor aumentó
4 y me quemaba por dentro el corazón;
de tanto pensar me iba enfureciendo,
hasta que me puse a hablar:

5 «Señor, dame a conocer mi fin, y cuántos van a ser mis días;
que me dé cuenta de lo limitado que soy.
6 Me diste sólo un puñado de días, mi vida no es nada ante ti;
el hombre es como un soplo que desaparece,
7 como una sombra que pasa;
se afana por cosas transitorias; atesora, sin saber para quién».

8 Y ahora, Señor mío, ¿qué espero? Mi confianza está puesta en ti.
9 Líbrame de mis pecados,
no me hagas motivo de burla para los necios.
10 Yo me callo y no abro la boca, pues eres tú el que actúa.
11 Aparta de mí tus golpes, que tu castigo acaba conmigo.
12 Castigando sus culpas, corriges al hombre;
como una polilla carcomes sus tesoros.
El hombre es como un soplo que desaparece.
13 Escucha mi súplica, Señor, pon atención a mis gritos;
no te hagas el sordo a mis llantos,
porque yo soy tu huésped, un extranjero, como mis antepasados.
14 No te fijes en mis pecados, dame un momento de calma
antes de que me vaya y deje de existir.

SALMO 40 (39)
Aquí estoy, Señor, para hacer tu voluntad

Sal 69 2-3.15-16; Jr 17 7; Sal 139 17-18; Heb 10 5-7; Sal 50 7-15; 51 18-19; 69 31-32; 70

1 *Al maestro de coro. Salmo de David.*

2 Puse toda mi esperanza en el Señor;
él se inclinó hacia mí y escuchó mi grito.
3 Me sacó del hoyo mortal, de la charca fangosa;
afianzó mis pies sobre la roca, dio firmeza a mis pasos.

Sal 39 (38): Salmo de lamentación y súplica individual, estructurado en tres partes: actitud silenciosa del salmista (Sal 39 2-4), caducidad de la vida (Sal 39 5-7), súplica confiada (Sal 39 8-14).

Tras una experiencia de resignación y silencio ante el propio sufrimiento (Sal 39 2-4), el salmista da rienda suelta *a su indignación y se desahoga ante Dios*, con una reflexión de acento sapiencial sobre la caducidad de la vida y la vanidad de sus esfuerzos (Sal 37 5-7). Siente sobre sí el castigo del Señor, atribuido a sus propios pecados (véase Sal 38). Por eso, suplica el perdón y un respiro (Sal 39 9.13-14) y pide a Dios que *aparte de él sus golpes* que lo tienen a las puertas de la muerte. Al final predomina la actitud de confianza y de humilde sometimiento a la voluntad divina.

También Cristo *presentó oraciones y súplicas con grandes gritos y lágrimas a aquel que podía salvarlo de la muerte* (Heb 5 7). Dios respondió, liberándolo del poder de la muerte. Su confianza en medio del abandono da nuevo sentido al salmo.

Sal 40 (39): Salmo mixto, compuesto por un himno de acción de gracias (Sal 40 2-11) y una súplica individual (Sal 40 12-18). Sal 40 14-18 está repetido en el Sal 70, como salmo independiente.

El himno (Sal 40 2-11) comienza con la narración de una magnífica intervención salvadora de Dios en favor del

4 Puso en mi boca un canto nuevo, un himno a nuestro Dios;
muchos temerán al verlo y confiarán en el Señor.
5 Dichoso el hombre que ha puesto su confianza en el Señor,
y no se va con los idólatras, que corren tras el engaño.
6 ¡Cuántas maravillas has hecho, Señor, Dios mío!
¡Cuántos proyectos para nosotros! ¡No hay nadie como tú!
Yo quisiera contarlos, publicarlos, pero son innumerables.
7 Tú no quieres sacrificios ni ofrendas,
pero hiciste que te escuchara;
no pides holocaustos ni víctimas.
8 Entonces yo digo: Aquí estoy,
para hacer lo que está escrito en el libro acerca de mí.
9 Amo tu voluntad, Dios mío, llevo tu ley en mi interior.
10 He proclamado tu fidelidad en la gran asamblea;
tú sabes, Señor, que no me he callado.
11 No he ocultado tu fidelidad en el fondo de mi corazón,
proclamé tu lealtad y tu salvación,
no oculté tu amor y tu lealtad en la gran asamblea.

12 Tú, Señor, no me cierres tus entrañas;
que tu amor y tu lealtad me protejan siempre,
13 porque me rodean innumerables males,
mis culpas recaen sobre mí y son tantas, que no puedo ni verlas:
son más que los cabellos de mi cabeza, y me falta el ánimo.
14 Señor, ven a liberarme, ven pronto a socorrerme.
15 Queden derrotados y confundidos los que buscan mi muerte.
Retrocedan humillados los que se alegran de mi mal;
16 queden abrumados de vergüenza los que se ríen de mí.
17 Pero que se alegren y se regocijen contigo todos los que te buscan;
que los que anhelan tu salvación repitan:
«¡Qué grande es el Señor!».
18 Yo soy humilde y necesitado, pero tú, Señor mío, cuidarás de mí.
¡Tú eres quien me socorre y me libra, Dios mío, no tardes!

SALMO 41 (40)
Dichoso quien socorre al indefenso

Sal 31 12-14; 38 12-13; Job 19 13-19; Jn 13 18

1 *Al maestro de coro. Salmo de David.*

2 Dichoso quien socorre al indefenso:
en el momento del peligro el Señor lo pondrá a salvo.
3 El Señor lo protegerá, lo hará vivir dichoso en la tierra,
y no lo entregará a la voracidad de sus enemigos.
4 El Señor lo sostendrá en el lecho del dolor,
aliviará sus dolores mientras esté acostado.

salmista y describe los sentimientos de confianza, gratitud y alabanza que suscitaron en él; a continuación proclama la superioridad de la obediencia sobre los sacrificios y holocaustos (Sal 40 7; véase 1 Sm 15 22-23; Os 6 6; Mc 12 33), así como la importancia de la alabanza pública como testimonio y enseñanza para la comunidad (Sal 40 10-11). En la súplica (Sal 40 12-18) se pide una nueva intervención de Dios para sacar al salmista de la desgracia causada por sus propias culpas (Sal 40 13) y los ataques enemigos.

Heb 10 5-7 cita Sal 40 7-9 para ilustrar la perfecta sumisión a la voluntad del Padre que mantuvo Jesucristo durante toda su vida.

Sal 41 (40): Salmo de acción de gracias, estructurado en tres partes: reflexión sapiencial (Sal 41 2-4), súplica hecha en el pasado (Sal 41 5-11), gratitud actual (Sal 41 12-13). Sal 41 14 es la doxología o aclamación a Dios con la que concluye el *libro primero* (Sal 1-41) de los salmos (véase Introducción).

5 Yo dije: «Señor, ten piedad de mí,
sáname, porque he pecado contra ti».
6 Mis enemigos desean mi desgracia:
«¿Cuándo morirá y se acabará su apellido?»
7 Los que vienen a verme, no son sinceros,
ocultan su mala intención, y al salir afuera la dicen.
8 Todos los que me odian se reúnen
a murmurar contra mí, planeando mi desgracia:
9 «Padece una enfermedad incurable,
se acostó para no levantarse jamás».
10 Hasta mi amigo íntimo, en quien yo confiaba,
el que compartía mi pan, me traiciona.
11 Pero tú, Señor, ten piedad de mí,
haz que me restablezca, y les daré su merecido.

12 En esto sabré que me amas,
en que mi enemigo no canta victoria sobre mí.
13 Tú me sostienes, porque soy inocente,
y me mantienes en tu presencia para siempre.

* * *

14 ¡Bendito sea el Señor, Dios de Israel,
por los siglos de los siglos! ¡Amén, amén!

SALMO 42 (41)
Tengo sed de Dios, del Dios vivo

Jn 4; Sal 27 4-5; Jon 2 4

1 *Al maestro de coro. Oda de los hijos de Coré.*

2 Como busca la cierva corrientes de agua,
así, Dios mío, te busca todo mi ser.
3 Tengo sed de Dios, del Dios vivo,
¿cuándo entraré a ver el rostro de Dios?
4 Las lágrimas son mi alimento día y noche,
mientras me preguntan todo el día: ¿Dónde está tu Dios?
5 Me lleno de nostalgia al recordar cómo entraba en el recinto,
e iba hacia el templo de Dios, en medio del pueblo en fiesta,
entre gritos de alegría y acción de gracias.

El salmo se abre con una reflexión de estilo sapiencial, formulada a partir de una bienaventuranza: el que socorre al indefenso será socorrido por Dios en los momentos de apuro (Sal 41 2-4). A partir de ahí, el salmista recuerda su experiencia pasada: su enfermedad y sufrimientos, los ataques enemigos, la hipocresía de los amigos (Sal 41 7) y las calumnias de los íntimos (Sal 41 10 es aplicado por Jn 13 18 a Judas, el traidor). La respuesta divina a la súplica manifiesta el amor de Dios y la inocencia del salmista (Sal 41 12-13).

La compasión de Jesús hacia los pobres, los indefensos, los enfermos y los pecadores ilustra la bienaventuranza de Sal 41 2 con una nueva formulación: *dichosos los misericordiosos, porque Dios tendrá misericordia de ellos* (Mt 5 7).

Sal 42-43 (41-42): La repetición de un mismo estribillo (Sal 42 6.12; 43 5) y otros paralelos (Sal 42 10=43 2) demuestran que los Sal 42 y 43 forman en origen un único salmo, dividido después. Se trata de una lamentación y súplica individual, estructurada en tres partes que concluyen todas ellas con la repetición del estribillo (Sal 42 2-6; 42 7-12; 43 5).

En el Sal 42 encontramos la lamentación de un fiel israelita que se encuentra lejos de Sión, el monte santo, y del santuario, morada de Dios. Con expresiones de gran profundidad religiosa expresa su nostalgia, su sed de Dios, la depresión causada por la lejanía y la burla de los adversarios. El estribillo (Sal 42 6.12) sostiene la esperanza del retorno y la confianza en Dios.

6 ¿Por qué estoy desconsolado? ¿Por qué me siento angustiado?
Esperaré en Dios y le daré gracias de nuevo,
porque él es mi salvador y mi Dios.

7 Estoy profundamente desconsolado; por eso te recuerdo
desde el Jordán y el Hermón y el monte Mizar.
8 Con el estruendo de tus cascadas un abismo llama a otro abismo;
todas tus tormentas y tus olas han pasado sobre mí.
9 Durante el día el Señor me brinda su amor,
por la noche mi canto y mi oración son para el Dios de mi vida.
10 Digo a Dios: roca mía, ¿por qué me has olvidado?,
¿Por qué estoy afligido, oprimido por el enemigo?
11 Los insultos de mis adversarios quebrantan mis huesos,
mientras me preguntan todo el día: ¿Dónde está tu Dios?

12 ¿Por qué estoy desconsolado? ¿Por qué me siento angustiado?
Esperaré en Dios y le daré gracias de nuevo
porque él es mi salvador y mi Dios.

SALMO 43 (42)
Envía, Señor, tu luz y tu verdad

1 Hazme justicia, oh Dios, defiéndeme contra gente despiadada,
líbrame del hombre traidor y malvado.
2 Tú eres mi Dios y mi fortaleza, ¿por qué me has rechazado?,
¿por qué estoy afligido, oprimido por el enemigo?
3 Envíame tu luz y tu verdad, que ellas me guíen,
y me lleven a tu santo monte, hasta tu morada.
4 Y me acercaré al altar de Dios, al Dios de mi alegría,
y te daré gracias con el arpa, Dios, Dios mío.

5 ¿Por qué estoy desconsolado? ¿Por qué me siento angustiado?
Esperaré en Dios, y le daré gracias de nuevo
porque él es mi salvador y mi Dios.

SALMO 44 (43)
Levántate, Señor, en nuestra ayuda

Is 63 7-64 11; Sal 74; 79; 80; 2 Sm 7 22-23; Dt 8 17-18; Rom 8 36

1 *Al maestro de coro. Oda de los hijos de Coré.*

2 Oh Dios, hemos oído lo que nuestros antepasados nos contaron
la obra que realizaste en sus días, en los tiempos antiguos.

El Sal 43 es una súplica donde, entre otros motivos habituales, el salmista pide a Dios que su luz y su verdad *le permitan regresar al santuario* (Sal 43 3). La promesa de acción de gracias ante el altar (Sal 43 4) y la repetición del estribillo (Sal 43 5) cierran la súplica y todo el conjunto.

Cristo se ofrece como manantial de agua viva para todos aquellos que, como el salmista, tienen *sed de Dios* (Sal 42 3). Los que beben de su agua nunca más tendrán sed (Jn 4 13-14).

Sal 44 (43): Salmo de lamentación y súplica comunitaria, estructurado en cuatro partes: recuerdo de la ayuda divina (Sal 44 2-9), lamento por el actual abandono (Sal 44 10-17), declaración de inocencia (Sal 44 18-22), súplica de liberación (Sal 44 23-27).

El pueblo se encuentra en una situación crítica, seguramente como consecuencia de un ataque enemigo o una derrota. Parece que Dios lo ha abandonado. El salmista recuerda las antiguas intervenciones salvíficas de Dios, relacionadas con la conquista de la tierra (Sal 44 2-9). En contraste, la situación actual está definida por el abandono de Dios y la injuria de los enemigos (Sal 44 10-17). El hecho resulta aún más inexplicable y escandaloso, porque el pueblo no ha roto la alianza, como expresa la apasionada declaración de inocencia (Sal 44 18-22). La súplica angustiosa pidiendo a Dios que despierte y los libere de la opresión cierra el salmo (Sal 44 23-27).

Pablo cita Sal 44 23 (Rom 8 36) para expresar su confianza en que ningún peligro, desgracia o amenaza puede apartarnos del amor de Dios manifestado en Cristo.

3 Para sembrarlos a ellos expulsaste a las naciones,
para hacerlos crecer, exterminaste a los pueblos;
4 no conquistaron la tierra con su espada,
ni su brazo les dio la victoria:
fue tu brazo poderoso, y la luz de tu rostro,
porque tú los amabas.
5 Eras tú, rey mío y Dios mío,
quien lograbas las victorias de Jacob.
6 Contigo derrotábamos a nuestros adversarios,
en tu nombre aplastábamos a nuestros agresores.
7 No confiaba yo en mi arco, ni mi espada me dio la victoria:
8 tú nos hacías vencer a nuestros adversarios,
tú desconcertabas a nuestros enemigos.
9 Dios ha sido siempre nuestro orgullo,
daremos gracias a su nombre sin cesar.

10 Pero ahora nos rechazas y permites que se burlen de nosotros;
ya no acompañas a nuestras tropas.
11 Nos haces retroceder ante nuestros adversarios,
y nuestros enemigos nos han saqueado.
12 Nos entregas como ovejas destinadas al matadero,
y nos has dispersado entre las naciones;
13 vendes tu pueblo a bajo precio; bien poco ganas con su venta.
14 Nos haces motivo de burla para nuestros vecinos,
risa y desprecio para cuantos nos rodean;
15 nos has hecho el comentario de las naciones,
ante nosotros los pueblos menean la cabeza.
16 Tengo siempre presente mi deshonra,
y la vergüenza cubre mi rostro
17 ante los gritos de insulto y los ultrajes,
ante los enemigos y los rivales.

18 Todo esto nos ha sucedido sin habernos olvidado de ti,
sin haber quebrantado tu alianza,
19 sin que nuestro corazón te abandonara
ni se desviaran de tu senda nuestros pasos;
20 pero nos has triturado en un lugar desierto,
nos has rodeado de oscuridad.
21 Si hubiéramos olvidado el nombre de nuestro Dios,
o levantado nuestras manos a otros dioses,
22 ¿no lo habría descubierto Dios,
que penetra los secretos del corazón?

23 Por tu causa estamos en peligro de muerte cada día,
somos tratados como ovejas destinadas al matadero.
24 ¡Despierta! ¿Por qué duermes, Señor mío?
¡Levántate, no nos rechaces para siempre!
25 ¿Por qué te desentiendes de nosotros
y olvidas nuestra miseria y opresión?
26 Estamos hundidos en el polvo
con el vientre pegado a la tierra.
27 ¡Levántate en nuestra ayuda; por tu amor, rescátanos!

SALMO 45 (44)
Has cautivado al rey con tu hermosura

Cant 5 10-16; 3 6-11; Ez 16 10-13; Heb 1 8-9

1 *Al maestro de coro; con la melodía de «Lirios». Oda de los hijos de Coré. Canto de amor.*

2 Me brotan del corazón bellas palabras,
voy a recitar mi poema al rey,
mi lengua es como la pluma de un hábil escribano.

3 Eres el más hermoso de los hombres,
tus labios rebosan encanto,
porque Dios te ha bendecido para siempre.
4 Valiente, ponte a la cintura tu espada,
que es tu honor y tu esplendor.
5 Cabalga triunfante en favor de la verdad y la justicia,
que tu brazo realice proezas.
6 Tus flechas son afiladas, se te rinden los pueblos,
caen sin fuerzas los enemigos del rey.
7 Tu trono, como el de Dios, es eterno,
gobiernas con equidad tu reino.
8 Amas la justicia y odias la maldad,
por eso te ha ungido el Señor tu Dios
con perfume de fiesta prefiriéndote a tus compañeros.
9 A mirra, áloe y casia huelen tus vestidos,
desde palacios de marfil te alegran las cítaras;
10 hijas de reyes te salen al encuentro,
a tu derecha está la reina,
adornada con joyas y con oro de Ofir.

11 Escucha, hija, mira y pon atención;
olvida tu pueblo y la casa de tus padres,
12 porque has cautivado al rey con tu hermosura;
él es tu señor, inclínate ante él.
13 Los habitantes de Tiro vienen con regalos,
los nobles del pueblo buscan tu favor.
14 Toda esplendorosa entra la hija del rey,
adornada con hermosas joyas;
15 con vestidos bordados la llevan ante el rey,
acompañada de su séquito de vírgenes y de amigas,
16 y, en medio de festejos y cantos, entran en el palacio real.
17 A cambio de tus padres tendrás hijos,
y los harás príncipes por toda la tierra.

18 Yo haré que tu nombre se recuerde por generaciones,
y que los pueblos te alaben por siempre.

Sal 45 (44): Este salmo sobre el rey es un epitalamio o canto nupcial, que celebra las bodas del rey. Su estructura comprende cuatro partes: dedicatoria (Sal 45 2), elogio del novio (Sal 45 3-10), elogio de la novia (Sal 45 11-17), bendición conclusiva (Sal 45 18).

Tal y como indica el título, el salmo es presentado como un *canto de amor* (Sal 45 1), excepcional en el salterio. Su datación es antigua y en el conjunto se adivinan dependencias de la teología relacionada con la sucesión dinástica (2 Sm 7) y ciertos paralelos con el Cantar de los Cantares (Cant 3 6-11; 5 10-16). En el elogio del novio (Sal 45 2-10) se alaban sus virtudes y cualidades: hermoso, valiente, triunfador en el combate, garante de la justicia, etc. El cortejo nupcial (Sal 45 10) introduce a la novia, princesa magníficamente engalanada, a la que se le dedican parecidos elogios y algunos consejos (Sal 45 11-16). La promesa de descendencia numerosa (Sal 45 17) y fama perdurable cierra el poema (Sal 45 18). Heb 1 8-9 cita Sal 45 7-8 para presentar a Cristo como Hijo de Dios y Mesías definitivo. La imagen del cortejo real (Sal 45 10-12) ha influido en la presentación de las bodas místicas entre Cristo y la Iglesia (véase Ef 5 23 ss; Ap 21 2).

SALMO 46 (45)
El Señor está con nosotros

Sal 48; 76; Is 33 20-21; 24 18-23; Job 9 5-6; Ez 39 9-10

1 *Al maestro de coro. De los hijos de Coré; con la melodía de «Las vírgenes». Canto.*

2 Dios es nuestro refugio y fortaleza,
nuestro auxilio oportuno en el peligro.
3 Por eso no tememos, aunque tiemble la tierra
y los cimientos de las montañas se desplomen en el mar;
4 aunque sus aguas rujan y se agiten
y con su ímpetu, sacudan las montañas.
El Señor todopoderoso está con nosotros,
nuestra defensa es el Dios de Jacob.

5 Los canales de un río alegran la ciudad de Dios,
la más santa morada del Altísimo.
6 Dios está en medio de ella, no puede ser destruida;
Dios la socorre al despuntar la aurora.
7 Rugen las naciones, se sublevan los reinos:
levanta él su voz, y la tierra se derrite.
8 El Señor todopoderoso está con nosotros,
nuestra defensa es el Dios de Jacob.

9 Vengan a ver las obras del Señor,
los prodigios que hace en la tierra;
10 pone fin a las guerras en todo el mundo:
rompe los arcos, quiebra las lanzas, quema los escudos.
11 ¡Ríndanse, reconozcan que yo soy Dios,
encumbrado sobre los pueblos, encumbrado sobre la tierra!
12 El Señor todopoderoso está con nosotros,
nuestra defensa es el Dios de Jacob.

SALMO 47 (46)
Dios reina sobre las naciones

Sof 3 14-15; Sal 24 7-10; Is 2 2-4

1 *Al maestro de coro. Salmo de los hijos de Coré.*

2 ¡Todos los pueblos, aplaudan;
aclamen a Dios con gritos de alegría!
3 Porque el Señor es grande y temible, es el rey de toda la tierra.
4 El nos somete los pueblos, y pone las naciones bajo nuestros pies.
5 El eligió nuestra heredad, orgullo de Jacob, su amado.

Sal 46 (45): Himno de alabanza a Dios, que habita en Sión. También recibe el nombre de *cántico de Sión* (=Jerusalén; véase Sal 48; 76; 84; 87; 122) por su referencia a la ciudad santa y al templo. La triple repetición del estribillo (Sal 46 4b.8.12) configura una estructura tripartita: las fuerzas del caos (Sal 46 2-4), Dios mora en Sión (Sal 46 5-8), las obras de Dios (Sal 46 9-12).

El salmo proclama la seguridad que experimenta el pueblo por la presencia de Dios en Sión. En medio del cataclismo universal, la ciudad de Dios permanece firme (Sal 46 3.4b.6); entre las aguas caóticas, sus aguas tranquilas alegran y pacifican (Sal 46 4a.5); rodeada de conflictos mundiales, es un remanso de paz porque el Dios que la habita acaba con las guerras (Sal 46 7.9-10; véase Is 2 4). Ella es el refugio, la fortaleza de Dios, y nada puede sucederle. Por ello es menester reconocer el poder y la majestad universal de Dios (Sal 46 11).

Cristo, la Palabra de Dios, *se hizo carne* y *habitó* entre nosotros (Jn 1 14). El es *Enmanuel*, Dios con nosotros, garantía de seguridad y presencia salvadora hasta el final de los tiempos (Mt 28 20).

Sal 47 (46): Himno a Dios en cuanto rey (véase Sal 93; 96; 99), estructurado en tres partes: Dios, rey universal

6 Dios asciende entre aclamaciones;
el Señor, al sonido de las trompetas:
7 ¡Toquen para Dios, toquen; toquen para nuestro rey, toquen!
8 Porque Dios es el rey de toda la tierra: ¡toquen con destreza!
9 Dios reina sobre las naciones, Dios se sienta en su santo trono.
10 Los jefes de los pueblos se unen al pueblo del Dios de Abrahán,
pues de Dios son los grandes de la tierra, y él está sobre ellos.

SALMO 48 (47)
Grande es el Señor en Sión

Sal 46; 76; 97 8

1 *Canto. Salmo de los hijos de Coré.*
2 Grande es el Señor y digno de toda alabanza,
en la ciudad de nuestro Dios, en su santo monte.
3 Altura hermosa, alegría de toda la tierra es el monte Sión,
la morada de Dios, la capital del gran rey.
4 Entre sus palacios, Dios se manifiesta como segura defensa.
5 Los reyes que se habían aliado y avanzaban juntos,
6 apenas lo vieron, quedaron asombrados y huyeron despavoridos.
7 Allí se apoderó de ellos el temblor,
dolores como de mujer cuando va a dar a luz,
8 como cuando el viento del desierto destruye los barcos de Tarsis.
9 Tal como lo habíamos oído, así lo hemos visto
en la ciudad del Señor todopoderoso, la ciudad de nuestro Dios,
la que Dios ha fundado para siempre.
10 Recordamos tu amor, oh Dios, en medio de tu templo:
11 como tu fama, así, oh Dios, tu alabanza
llega hasta los extremos de la tierra.
Tus acciones muestran tu fidelidad.
12 El monte Sión se alegra,
las ciudades de Judá gozan con tus decisiones.
13 Recorran Sión, den la vuelta contando sus torres,
14 fíjense en sus murallas, observen sus palacios,
para que puedan decir a las generaciones futuras:
15 «Así es nuestro Dios para siempre;
él nos guía perpetuamente».

(Sal 47 2-5), coronación (Sal 47 6-8), reconocimiento (Sal 47 9-10).

El Sal 47 es un canto vibrante a Dios rey del mundo; esta soberanía se manifiesta especialmente en la conquista de la tierra para su pueblo (Sal 47 5) y en el sometimiento de los pueblos vecinos (Sal 47 4), problemente en tiempos de David. La segunda parte (Sal 47 6-8) describe una liturgia de coronación de Dios en el templo. Desde allí recibe el reconocimiento de las naciones y el tributo de los reyes vasallos, y realiza la reconciliación de los pueblos (Sal 47 9-10).

Cristo, mensajero del reinado de Dios y vencedor del mal, del pecado y de la muerte, regresa junto al Padre y recibe un *nombre sobre todo nombre* y el reconocimiento universal (véase Flp 2 9-11).

Sal 48 (47): Nuevo cántico de Sión (véase Sal 46), estructurado en cuatro partes: alabanza a Dios en Sión (Sal 48 2-4), derrota de los enemigos (Sal 48 5-8), alabanza a Dios en el templo (Sal 48 9-12), canto procesional (Sal 48 13-15).

Este canto de Sión es una magnífica expresión de fe y confianza en Dios que habita en Sión, la montaña sobre la que está edificado el templo de Jerusalén, y desde la que Dios protege a la ciudad y al pueblo (Sal 48 2-3), frente a los ataques enemigos (Sal 48 5-8). La ciudad y el templo son descritos con imágenes de procedencia mítica. Tras la victoria, el pueblo se convierte en testigo de las antiguas y nuevas intervenciones salvíficas de Dios y canta en el templo sus hazañas victoriosas (Sal 48 9-12). El eco de un canto procesional (Sal 48 13-15), probablemente dirigido a los peregrinos que visitaban la ciudad en las grandes fiestas, cierra el salmo.

Como otros cantos de Sión, el salmo se puede aplicar a la Iglesia, ciudad de Dios, desde donde el Señor de todos los pueblos extiende su reinado universal.

SALMO 49 (48)
El hombre no perdura en el lujo

Eclo 11 18-19; Ecl 3 18-21; 1 Tim 6 7; Job 10 21-22

1 *Al maestro de coro. Salmo de los hijos de Coré.*

2 Escuchen esto, todos los pueblos;
pongan atención, habitantes de la tierra,
3 humildes y poderosos, ricos y pobres:
4 mi boca hablará sabiamente,
y mis pensamientos serán sensatos.
5 Oiré con atención el proverbio,
manifestaré mi enigma al son de la cítara.

6 ¿Por qué temeré en los momentos de peligro,
cuando me rodeen y acosen los malvados?
7 Ellos confían en su gran fortuna, alardean de sus riquezas;
8 pero nadie puede salvarse a sí mismo,
ni pagar a Dios el precio por su vida.
9 Es tan alto el precio por su vida, que jamás podrán pagarlo.
10 ¿Acaso podrán librarse de la muerte y vivir para siempre?
11 Miren, lo mismo que el necio y el estúpido
también los sabios mueren y dejan a otros sus riquezas;
12 la tumba es su casa para siempre,
su morada por los siglos de los siglos,
aunque haya lugares que lleven sus nombres.
13 Porque el hombre no perdura en el lujo
y, al igual que los animales, muere.

14 Este es el camino de los que confían en sí mismos,
el destino de los hombres satisfechos.
15 Son llevados al abismo como un rebaño
cuyo pastor es la muerte,
y los hombres rectos dominan sobre ellos.
Por la mañana se desvanece su figura, el abismo será su casa.
16 Pero a mí el Señor me rescata
y me saca de las garras del abismo.

17 No te inquietes cuando alguien se enriquece
y aumenta el lujo de su casa:
18 cuando muera no se llevará nada,
su lujo no bajará con él.
19 Aunque mientras vivía se felicitaba diciendo:
«Te aplauden porque te has enriquecido»,

Sal 49 (48): Poema sapiencial, estructurado en cuatro partes: invitación a escuchar (Sal 49 2-5), el problema (Sal 49 6-13), destinos opuestos (Sal 49 14-16), las riquezas no salvan (Sal 49 17-21).

El Sal 49 plantea, como el Sal 37 (véase nota), el problema o *enigma* (Sal 49 5) de la felicidad de los malvados, aunténtica piedra de escándalo de la reflexión sapiencial israelita. Aquí cambian el enfoque y la solución. La riqueza no puede salvar a nadie de la muerte (Sal 49 6-13): no salva a los sabios y, menos aún, a los malvados, pues *nadie puede salvarse a sí mismo* (Sal 49 8). Establecido el principio, el salmista argumenta que los satisfechos y los que confían en sí mismos son un rebaño para la muerte, mientras que los justos son rescatados por Dios (Sal 49 14-16). La conclusión es que no deben inquietar las riquezas del malvado, pues ni impedirán que muera ni se las podrá llevar a la tumba (Sal 49 17-21). Sal 49 16 no es una afirmación explícita de la inmortalidad: expresa simplemente una misteriosa esperanza de vida con Dios, que es capaz de salvar incluso de la muerte, aunque no se sepa cómo.

El salmo adquiere nuevo sentido leído a la luz de Cristo, que *siendo rico se hizo pobre por ustedes, para enriquecerlos con su pobreza* (2 Cor 8 9), y que se entregó a la muerte en rescate por muchos (véase Mc 10 45; 1 Tim 2 6).

20 también él irá a reunirse con sus antepasados
que nunca más verán la luz.
21 El hombre rico e ignorante,
al igual que los animales, muere.

SALMO 50 (49)
El Señor juzga a su pueblo

Ex 24 4-8; Rom 2 17-24; Sal 91 16

1 *Salmo de Asaf.*

El Señor, el Dios de los dioses, habla
y convoca a la tierra desde oriente a occidente.
2 Desde Sión, la más hermosa, resplandece Dios.
3 Viene nuestro Dios, no callará;
delante de él viene un fuego devorador,
alrededor suyo ruge la tormenta.
4 Desde lo alto convoca a los cielos y a la tierra
para juzgar a su pueblo:
5 «Reúnanme a mis fieles,
los que sellaron mi alianza con un sacrificio».
6 ¡Proclamen los cielos su justicia,
porque juzga Dios en persona!

7 Escucha, pueblo mío, que voy a hablarte:
Israel, yo doy testimonio contra ti.
Yo soy Dios, tu Dios.
8 No te reprendo por tus sacrificios,
pues tus holocaustos están siempre ante mí;
9 pero no aceptaré un novillo de tu casa,
ni un cabrito de tus corrales,
10 pues míos son todos los animales
y en las montañas tengo bestias a millares;
11 conozco todas las aves del cielo,
míos son los animales del campo.
12 Si tuviera hambre, no te lo diría,
porque mío es el mundo y lo que contiene.
13 ¿Acaso como yo carne de toros,
o bebo sangre de cabritos?
14 Ofrece a Dios un sacrificio de alabanza
y cumple las promesas que hiciste al Altísimo.
15 Invócame en los momentos de peligro;
yo te libraré, y tú me darás gloria».

16 Pero al malvado Dios le dice:
«¿Por qué recitas mis mandamientos,

Sal 50 (49): Por temática y desarrollo los salmos 50 y 51 forman una unidad: son las dos partes de un pleito judicial entre Dios y su pueblo. El Sal 50 presenta la acusación de Dios en estilo profético (véase Is 1; 58; Am 5). Su estructura comprende cuatro partes: convocatoria a juicio (Sal 50 1-6), los sacrificios (Sal 50 7-15), acusación de delitos (Sal 50 16-21) y sentencia (Sal 50 22-23).

Se abre la sesión con una solemne convocatoria de los testigos (el cielo y la tierra; Sal 50 2.4), y se presenta el acusador en una magnífica aparición (Sal 50 3). El acusador, Dios mismo, es también la parte ofendida. No acusa por deficiencias en el culto, aunque por sí sólo el culto es incapaz de satisfacer a Dios. Dios acusa por las infidelidades a la alianza, por las injusticias, por el daño al prójimo que resulta ser también parte ofendida (Sal 50 16-21). Al final, en la sentencia, amenaza a los tercos culpables, pero promete la salvación a los que se conviertan. De ellos espera un sacrificio de alabanza (Sal 50 14.23) que consiste en el reconocimiento de sus pecados.

y tienes siempre en tu boca mi alianza,
17 tú que detestas la corrección
y no tienes en cuenta mis palabras?
18 Si ves un ladrón, te unes a él,
vives con los adúlteros;
19 abres tu boca para hablar mal,
y tu lengua trama el engaño.
20 Te sientas a murmurar contra tu hermano,
deshonras al hijo de tu madre.
21 Esto haces tú, ¿y me voy a quedar callado?
¿Piensas quizás que soy como tú?
Yo te acuso y te lo echo en cara.

22 Entiendan bien esto los que olvidan a Dios,
no sea que los destruya sin que nadie los libre.
23 El que me ofrece un sacrificio de alabanza,
es el que me da gloria;
al que rectifique su camino
yo le mostraré la salvación de Dios».

SALMO 51 (50)
Ten piedad de mí, oh Dios

2 Sm 11-12; Rom 3 4; Heb 9 13-14; Am 5 21-25; Jr 30 18

1 *Al maestro de coro. Salmo de David.* 2 *Cuando lo visitó el profe-*
ta Natán, después de su pecado con Betsabé.

3 Ten piedad de mí, oh Dios, por tu amor,
por tu inmensa compasión, borra mi culpa;
4 lava del todo mi maldad, limpia mi pecado.
5 Pues yo reconozco mi culpa, tengo siempre presente mi pecado;
6 contra ti, contra ti solo pequé; hice lo que tú detestas.
Por eso eres justo cuando dictas sentencia
e irreprochable cuando juzgas.
7 Yo soy culpable desde que nací,
pecador desde que me concibió mi madre.
8 Pero tú amas al de corazón sincero,
en mi interior me enseñas la sabiduría.
9 Rocíame con agua purificadora, y quedaré limpio,
lávame, y quedaré más blanco que la nieve.

10 Hazme sentir el gozo y la alegría,
y se alegrarán los huesos quebrantados.
11 Aparta tu vista de mis pecados, borra todas mis culpas.

Sal 51 (50): El conocido *miserere* (= *ten piedad*) es el salmo penitencial por excelencia (véase Sal 6). Se trata de un salmo de súplica individual, estructurado en tres partes: súplica de perdón (Sal 51 3-9), súplica de renovación (Sal 51 10-17), el nuevo sacrificio (Sal 51 18-21).

El Sal 51, culmen de profundidad y sinceridad de sentimientos, es la continuación lógica del pleito judicial iniciado en el Sal 50 (véase nota). En esta segunda parte habla el acusado: reconociendo la razón de la parte inocente y lo irreprochable de su juicio (Sal 51 6), se declara culpable, sin reservas de ninguna clase, e invoca la misericordia y el perdón del ofendido (Sal 51 3-6.9.11). Una vez perdonado y renovado, solicita ser aceptado en la asamblea como una persona nueva (Sal 51 10-14). Sólo entonces, como reflejo de una conducta digna del *corazón limpio* y del *espíritu firme* que Dios crea en el hombre, puede éste rendirle el culto auténtico que Dios pedía (Sal 51 17-19; véase Sal 50 9.14.23). Sal 51 20-21 es un añadido tardío que contrasta con lo afirmado anteriormente.

Cristo ofrece a todos los hombres la buena noticia del perdón de Dios. Con su entrega sacrificial a la muerte se ha convertido en fuente de gracia y reconciliación para todos los pecadores.

12 Crea en mí, oh Dios, un corazón limpio,
renueva dentro de mí un espíritu firme;
13 no me arrojes de tu presencia,
no retires de mí tu santo espíritu.
14 Devuélveme la alegría de tu salvación,
fortaléceme con tu espíritu generoso;
15 enseñaré a los malvados tus caminos,
los pecadores se convertirán a ti.
16 Líbrame de la muerte, Dios, salvador mío,
y mi lengua anunciará tu fidelidad.
17 Abre, Señor, mis labios y mi boca proclamará tu alabanza.

18 Pues no es el sacrificio lo que te complace,
y si ofrezco un holocausto no lo aceptarías.
19 El sacrificio que Dios quiere es un espíritu arrepentido:
un corazón arrepentido y humillado tú, oh Dios, no lo desprecias.
20 Favorece a Sión por tu bondad,
reconstruye las murallas de Jerusalén.
21 Entonces te agradarán los sacrificios prescritos,
holocausto y ofrenda perfecta;
sobre tu altar se ofrecerán novillos.

SALMO 52 (51)
El amor de Dios dura por siempre

1 Sm 21 8; 22 6-7; Jn 3 19-20; Sal 92 13-15

1 *Al maestro de coro. Oda de David.* 2 *Cuando el edomita Doeg vino a decir a Saúl que David había ido a casa de Ajimélec.*

3 ¿Por qué presumes de hacer el mal?
El amor de Dios dura por siempre.
4 Todo el día estás planeando crímenes,
tu lengua es una navaja afilada, inventora de engaños.
5 Prefieres el mal al bien, la mentira a la honradez.
6 Te gustan las palabras dañinas, ¡lengua embustera!
7 Por eso Dios te destruirá para siempre,
te arrancará, te arrojará de tu tienda,
te extirpará de la tierra de los vivos.

8 Al verlo, los justos temerán, y se reirán de él diciendo:
9 «Este hombre no buscó su apoyo en Dios,
sino que confió en sus grandes riquezas,
y se apoyó en sus crímenes».

10 Pero yo, como un olivo verde en la casa de Dios,
confío en el amor de Dios para siempre jamás.
11 Te daré gracias continuamente, porque has actuado,
y proclamaré ante tus fieles que confío en tu santo nombre.

Sal 52 (51): Salmo mixto, compuesto por una acusación profética y una súplica individual de acción de gracias. Su estructura comprende tres partes: acusación contra el malvado (Sal 52 3-7), reacción de los justos (Sal 52 8-9), acción de gracias (Sal 52 10-11).

El salmo plantea una situación típica: la prepotencia del malvado poderoso (Sal 52 9) contra el piadoso inocente (Sal 52 10). La acusación recalca los delitos de la lengua: engaño, mentira, calumnia (Sal 52 4-6). La sentencia significa la exclusión de la comunidad cultual (Sal 52 7). La reacción de los justos confirma la acusación y corrobora la sentencia (Sal 52 8-9). La alabanza final del salmista (Sal 52 10-11) acentúa los contrastes entre el malvado (expulsado de su morada, confiado en sus riquezas, lengua dañina) y el piadoso (enraizado en el templo, confiado en Dios, lengua para la alabanza).

SALMO 53 (52)
¡Cuándo aprenderán los malhechores!

Sal 14; Rom 3 11-12; Dt 28 67

1 *Al maestro de coro; para la enfermedad. Oda de David.*

2 Piensa el tonto en su interior: «Dios no existe».
Todos se han corrompido y practican la maldad,
no hay quien haga el bien, ni uno siquiera.
3 Dios mira desde el cielo a los hombres,
para ver si queda alguien juicioso, que busque a Dios.
4 Pero todos son igualmente rebeldes, ninguno hace el bien.
5 ¡Cuándo aprenderán los malhechores,
que devoran a mi pueblo como si fuera pan,
y jamás invocan a Dios!

6 Pues temblarán de espanto,
pues Dios esparce los huesos del que te ataca;
quedarán derrotados, porque Dios los rechaza.

7 ¡Ojalá venga desde Sión la salvación de Israel!
Cuando Dios cambie la suerte de su pueblo,
se alegrará Jacob, hará fiesta Israel.

SALMO 54 (53)
Mi Señor me sostiene

1 Sm 23 19; Sal 86 14

1 *Al maestro de coro; con arpas. Oda de David.* 2 *Cuando los de*
Zif fueron a decir a Saúl que David estaba escondido entre ellos.

3 ¡Sálvame, oh Dios, por tu nombre, por tu poder defiéndeme!
4 ¡Oh Dios, escucha mi oración, atiende a mis palabras!
5 Pues hombres soberbios y violentos se levantan contra mí,
atentan contra mi vida sin tener presente a Dios.

6 Pero Dios es quien me auxilia, mi Señor me sostiene.
7 ¡Devuélveles el mal a mis adversarios; destrúyelos, pues eres fiel!

8 Yo te ofreceré de buen grado un sacrificio,
daré gracias a tu nombre, Señor, porque eres bueno.
9 Me has librado de todas mis angustias,
y he visto a mis enemigos derrotados.

Sal 53 (52): Este salmo es repetición del Sal 14 (véase nota), con escasas y ligeras variantes, que afectan por una parte al intercambio entre los nombres *Dios* y *Señor* (Sal 53 3a.5.7) y por otra, al castigo y rechazo de los malvados de Sal 53 6 frente a la protección del justo de Sal 14 5-6.

Sal 54 (53): Salmo de súplica individual con declaración de confianza y acción de gracias. Su estructura consta de tres partes: súplica (Sal 54 3-5), confianza (Sal 54 6-7), promesa y acción de gracias (Sal 54 8-9).

El salmista invoca el poder y el honor de Dios para pedir la justicia y la salvación en su situación de opresión. Esta es tipificada como persecución de enemigos *soberbios y violentos* que prescinden de Dios (Sal 54 5). La declaración de confianza incluye la petición del castigo para los enemigos (Sal 54 6-7), en un momento en el que el salmista no distingue todavía suficientemente entre el mal y el que lo causa. La promesa conclusiva del sacrificio de acción de gracias expresa la confianza del salmista en su inmediata salvación (Sal 54 9).

SALMO 55 (54)
Señor, he puesto en ti mi confianza

Jr 9 1-8; Ap 12 6; Mt 26 21-24; 1 Pe 5 7

1 *Al maestro de coro; con arpas. Oda de David.*

2 Oh Dios, escucha mi oración, no te cierres a mi súplica;
3 atiéndeme, respóndeme, que mis penas me tienen angustiado.

4 Me inquieta la voz del enemigo, la opresión del malvado,
pues amontonan desgracias sobre mí y me persiguen con rabia.
5 Tengo el corazón encogido, me asalta el miedo a la muerte,
6 el temor y el terror me invaden, me abruma el pánico.
7 Pienso: «¡Quién me diera alas de paloma
para volar y luego descansar!».
8 Me iría lejos, viviría en el desierto;
9 en seguida encontraría un refugio
contra el viento impetuoso y el huracán.

10 Destrúyelos, Señor, confunde su lenguaje,
porque veo en la ciudad violencia y discordia
11 rondando día y noche por sus muros.
Dentro de ella hay maldad y dolor,
12 sólo crímenes hay en su interior;
la opresión y el engaño no se apartan de su plazas.
13 Si un enemigo me ofendiera, podría soportarlo;
si mi adversario se levantara contra mí, me escondería de él.
14 ¡Pero eres tú, un hombre como yo, mi amigo y confidente,
15 con quien paseaba entre la multitud por la casa de Dios!
16 ¡Que la muerte los sorprenda, que bajen vivos al abismo,
porque el mal tiene su morada entre ellos!
17 Yo, en cambio, invoco a Dios: el Señor me salvará.
18 Por la tarde, por la mañana, al mediodía,
gimo y me lamento; pero él escuchará mi grito.
19 El me rescatará y me dará la victoria,
aunque sean muchos los que me ataquen.
20 Dios, que reina desde siempre, me escuchará y los humillará,
porque no quieren enmendarse ni temen a Dios.
21 Traicionan a su aliado,
y quebrantan el pacto que hicieron con él.
22 Sus palabras son más dulces que la miel,
pero su corazón es agresivo;
sus discursos son más suaves que el aceite,
pero hieren como espadas afiladas.
23 Encomienda al Señor tus inquietudes, y él te sostendrá:
jamás permitirá que el justo fracase.
24 Tú, oh Dios, los harás bajar a lo profundo de la tumba.

Sal 55 (54): Salmo de súplica y lamentación individual con declaración de confianza. La estructura, un tanto compleja, comprende cuatro partes: súplica introductoria (Sal 55 2-3), lamentación (Sal 55 4-9), súplica contra los enemigos (Sal 55 10-16), confianza del salmista (Sal 55 17-24).

El salmista, inquieto y turbado por los perversos planes del enemigo y asaltado por oscuros temores (Sal 55 4-6), quiere escapar al desierto (Sal 55 7-9), lejos de la violencia de la ciudad, de las intrigas enemigas y de la traición de los amigos (Sal 55 10b-14). Por eso, suplica la intervención de Dios (Sal 55 10a.16) y expresa su total confianza (Sal 55 17-24) en el Dios salvador que escucha y protege a quienes se refugian en él y que nunca deja que fracase el justo (Sal 55 23).

El salmo adquiere nuevo sentido si lo leemos a la luz de la soledad de Cristo en Getsemaní y de su confiada aceptación de la voluntad del Padre (véase Mt 26 36 ss y par).

Los hombres sanguinarios y mentirosos
no llegarán ni a la mitad de su existencia.
Yo, en cambio, he puesto en ti mi confianza.

SALMO 56 (55)
En Dios confío y no temo

1 Sm 21 11-12; Heb 13 6; Sal 118 6

1 *Al maestro de coro; con la melodía de «Paloma de la lejanía». Poema de David. Cuando los filisteos lo tenían preso en Gat.*

2 Ten piedad de mí, oh Dios, que me acosan,
me están atacando y oprimiendo todo el día.
3 Todo el día me acosan mis adversarios,
son muchos los que me atacan con altanería.
4 Cuando siento miedo, confío en ti.
5 En Dios, cuya palabra alabo, en Dios confío y no temo.
¿Qué podrá hacerme un mortal?

6 Todo el día me hieren sus palabras,
sólo piensan en hacerme daño;
7 se reúnen, conspiran, espían mis pasos,
esperando quitarme la vida.
8 Después de tanta maldad, ¿van a escaparse?
Oh Dios, derriba con ira a los pueblos.

9 Has registrado en tu libro mi vida de fugitivo,
has recogido mis lágrimas en tu cántaro,
¿Acaso no está todo registrado en tu libro?
10 Mis enemigos retrocederán cuando te invoque:
entonces sabré que Dios está de mi parte.
11 En Dios, en el Señor, cuya palabra alabo,
12 en Dios confío y no temo.
¿Qué podrá hacerme el hombre?

13 Mantengo, oh Dios, las promesas que te hice:
las cumpliré con acción de gracias,
14 pues tú libraste mi vida de la muerte, y mis pies de la caída,
para que camine en presencia de Dios en la luz de los que viven.

SALMO 57 (56)
Muestra, oh Dios, tu gloria sobre toda la tierra

1 Sm 24 4-5; Sal 108 2-6

1 *Al maestro de coro; con la melodía de «No destruyas». Poema de David cuando, al huir de Saúl, se escondió en la cueva.*

Sal 56 (55): Salmo de súplica confiada, estructurado en cuatro partes: invocación a Dios (Sal 56 2-5), persecución (Sal 56 6-8), declaración de confianza (Sal 56 9-12), promesa conclusiva (Sal 56 13-14). Un estribillo cierra las partes primera y tercera (Sal 56 5.11-12).

El conocido tema de la persecución de los enemigos (Sal 56 2-3.6-7) provoca una súplica llena de manifestaciones de confianza (Sal 56 4-5.10-12.14). El salmista, consciente de que sus lágrimas y toda su vida están anotadas en el libro de Dios (Sal 56 9; véase 69 29), espera el momento de su liberación (Sal 56 10-12.14). Seguro de ser escuchado, promete cumplir las promesas hechas en el momento del peligro (Sal 56 13) para poder participar de la *luz de los que viven* (Sal 56 14), es decir, para poder vivir sin temor a la muerte.

Cristo resucitado, vencedor de las garras de la muerte, es la luz de la vida. Por medio de él Dios *nos arrancó del poder de las tinieblas y nos ha trasladado al reino de su Hijo amado* (Col 1 13).

2 Ten piedad de mí, oh Dios, pues me refugio en ti;
a la sombra de tus alas me refugio hasta que pase la calamidad.
3 Invoco al Dios Altísimo, al Dios que actúa en mi favor.
4 Me salvará desde el cielo, confundirá a los que me atacan;
Dios enviará su amor y su fidelidad.
5 Estoy tirado entre leones, devoradores de hombres;
sus dientes son lanzas y flechas; su lengua, una espada afilada.
6 ¡Muestra, oh Dios, tu grandeza en los cielos,
y tu gloria sobre toda la tierra!
7 Han tendido una red a mis pasos para hacerme caer,
cavaron una tumba ante mí, pero cayeron en ella.
8 Mi corazón está firme, oh Dios, mi corazón está firme:
voy a cantar y a tocar para ti.
9 ¡Despierta, gloria mía!
¡Despierten, cítara y arpa! ¡Despertaré a la aurora!
10 Te daré gracias entre los pueblos, Señor mío,
tocaré para ti entre las naciones,
11 pues tu amor llega hasta el cielo, hasta las nubes tu fidelidad.
12 ¡Muestra, oh Dios, tu grandeza en los cielos,
y tu gloria sobre toda la tierra!

SALMO 58 (57)
Hay un Dios que hace justicia

Sal 82; Ex 21 6; 22 7; Dt 19 17

1 *Al maestro de coro; con la melodía de «No destruyas». Poema de David.*

2 ¿Será verdad que ustedes, jueces, dan sentencias justas,
y juzgan con rectitud a los hombres?
3 ¡No! Ustedes planean la maldad,
y favorecen la violencia en el país.
4 Desde antes de nacer se corrompen los malvados,
se extravían los mentirosos desde el vientre de su madre;
5 su veneno es como veneno de víbora,
se hacen los sordos, como la serpiente que cierra el oído
6 para no oír la voz de los encantadores,
del hechicero hábil en hechicerías.

7 ¡Oh Dios, rómpeles los dientes de la boca,
quiébrales, Señor, esos colmillos de leones!

Sal 57 (56): Salmo mixto de confianza y acción de gracias individual. La repetición de un estribillo en forma de himno estructura el salmo en dos partes: invocación y de*claración de confianza* (Sal 57 2-6), *acción de gracias* (Sal 57 7-11). Sal 57 8-12 se encuentra repetido en Sal 108 2-6.

Aunque el salmo comienza con la invocación típica de las súplicas, los sentimientos que prevalecen son la confianza en la intervención de Dios, refugio del salmista (Sal 57 2), y la acción de gracias por la salvación (Sal 57 7-11), con expresiones propias de los himnos (Sal 57 6.9.12). Las imágenes del león, la red y la trampa designan en el lenguaje sálmico los peligros que acechan al salmista, en este caso la violencia, las acusaciones falsas, intrigas y trampas (Sal 57 5.7). La seguridad en la intervención de Dios (Sal 57 8) suscita en el salmista un canto de alabanza y acción de gracias.

La alusión a la aurora en Sal 57 9 hace que el salmo se recite en la liturgia cristiana matinal.

Sal 58 (57): Salmo de súplica individual, en estilo profético y con una estructura en tres partes: acusación contra jueces y malvados (Sal 58 2-6), imprecaciones (Sal 58 7-10), conclusión (Sal 58 11-12).

El salmista interpela, en tono profético, a los malos jueces que favorecen la violencia y la injusticia (Sal 58 2-3), y describe la perversión de los malvados con imágenes alusivas al poder destructor de la palabra (Sal 58 4-6). La súplica se concreta en una serie de siete imprecaciones que pretenden neutralizar el influjo nefasto de jueces y malvados (Sal 58 7-10). La conclusión proclama la alegría por el castigo de los malvados (Sal 58 11) y expresa la confianza en la justicia de Dios (Sal 58 12), que pone fin a la injusticia de los jueces.

8 Desaparezcan como agua que se escurre,
sean destrozados como flechas pisoteadas;
9 que sean como babosa que se deshace al caminar,
como un aborto que nunca verá el sol.
10 Antes de que echen espinas, como la zarza,
que los arrastre el vendaval, verdes o quemados.

11 El justo se alegrará al ver la venganza,
bañará sus pies en la sangre del malvado;
12 y la gente dirá: «Sí, los justos reciben su recompensa;
hay un Dios que hace justicia en la tierra».

SALMO 59 (58)
Tú, Dios fiel, eres mi fortaleza

1 Sm 19 11-12; Sal 46 10-11

1 *Al maestro de coro; con la melodía de «No destruyas». Poema de David, cuando Saúl mandó vigilar su casa para matarlo.*

2 Dios mío, líbrame de mis enemigos,
protégeme de mis agresores;
3 líbrame de los malhechores,
sálvame de los hombres sanguinarios.
4 Mira cómo me están acechando,
los poderosos conspiran contra mí,
sin que haya en mí, oh Señor, crimen ni pecado;
5 sin que yo tenga culpa, corren y se preparan para atacarme.
Despierta, ven a mi encuentro y mira,
6 pues tú eres el Señor, Dios todopoderoso, Dios de Israel:
levántate para castigar a todas las naciones,
no tengas piedad de los pérfidos traidores.
7 Regresan al anochecer, aúllan como perros,
rondan por la ciudad.
8 Mira lo que dicen con su boca,
como si sus labios fueran espadas:
«¿Acaso nos oye alguien?»
9 Pero tú, Señor, te ríes de ellos,
te burlas de todas las naciones.
10 Fuerza mía, en ti espero,
porque tú, Dios mío, eres mi fortaleza.

11 El Dios fiel vendrá a mi encuentro,
y me hará ver la derrota de mis adversarios.
12 No los mates, no sea que mi pueblo olvide;

Sal 59 (58): Salmo de lamentación y súplica individual. El doble estribillo (Sal 59 7.11 y 10.18) estructura el salmo en dos grandes partes: Sal 59 2-10 y 50 11-18, donde se alternan súplicas, lamentaciones y alabanzas.

La amenaza de los enemigos, crueles, poderosos y posiblemente paganos (Sal 59 3-4.6), que dominan la ciudad (*Sal 59 7.15-16*), *provoca la súplica* del salmista (Sal 59 2-3.5-6) que invoca al gobierno de Dios sobre Israel y las naciones, y encuentra en él los habituales motivos de confianza: fuerza, fortaleza, fidelidad, refugio (Sal 59 10.17-18). En la segunda parte (Sal 59 11-18) la súplica se concreta, pidiendo la destrucción total del enemigo en términos equivalentes a la violencia que ejercen (Sal 59 12-14). La alabanza final confirma la intervención victoriosa de Dios (Sal 59 17-18).

El Nuevo Testamento presentará a Cristo como el inocente por excelencia que, sin embargo, es injustamente acusado y condenado. Pero lo mismo que Cristo venció a la muerte con la ayuda de Dios, el creyente que también se siente acechado, apurado, perseguido, e incluso derribado, al fin verá cómo se manifiesta en él la vida de Cristo, pues no en vano lleva consigo las señales de la muerte de Cristo (2 Cor 4 8-10).

pero dispérsalos y humíllalos con tu poder,
tú, Señor, que eres nuestro escudo.
13 Queden apresados en su orgullo,
en el pecado de su boca, en la palabra de sus labios,
en las maldiciones y mentiras que profieren.
14 Destrúyelos con tu enojo, destrúyelos sin dejar rastro de ellos,
y que se sepa que Dios gobierna en Jacob y en toda la tierra.
15 Regresan al anochecer, aúllan como perros,
rondan por la ciudad,
16 andan errantes buscando comida;
hasta que no se sacian, siguen gruñendo.
17 Yo, en cambio, alabo tu fuerza,
desde la mañana celebro tu amor
porque tú has sido mi fortaleza,
mi refugio cuando estaba angustiado.
18 Para ti, fuerza mía, tocaré,
porque tú eres mi fortaleza, Dios fiel.

SALMO 60 (59)
Con Dios haremos proezas

2 Sm 8 2.3.13; 1 Cr 18 2.3.12; Sal 108 7-14

1 *Al maestro de coro; con la melodía de «Lirio del testimonio». Poema de David. Para enseñar.* 2 *Cuando luchó contra Aram de Najaraín y Aram de Sobá; y cuando Joab, a su regreso, derrotó en el valle de la Sal a Edom y mató a doce mil hombres.*

3 Nos has rechazado, oh Dios, nos has destrozado;
aunque estés irritado, no te alejes de nosotros.
4 Has hecho temblar el país, lo has agrietado:
repara sus grietas pues se está debilitando.
5 Has hecho pasar a tu pueblo duras pruebas,
nos has dado a beber vino embriagador.
6 Diste a los que te honran la señal de retirada
para que se replegaran ante los arqueros.
7 Sálvanos con tu poder, respóndenos
para que se pongan a salvo tus predilectos.

8 Dios ha dicho en su templo:
«Triunfante repartiré Siquén, distribuiré el valle de Sucot.
9 Mío es Galaad, y mío Manasés;
Efraín es el casco de mi cabeza, Judá es mi bastón de mando;
10 Moab, la vasija en que me lavo;
sobre Edom arrojo mi sandalia, sobre Filistea cantaré victoria».

11 Pero ¿quién me llevará hasta la ciudad amurallada,
quién me guiará hasta Edom,

Sal 60 (59): Salmo de súplica comunitaria, estructurado en tres partes: lamentación y súplica (Sal 60 3-7), oráculo divino (Sal 60 8-10), lamentación y súplica (Sal 60 11-14). Sal 60 7-14 se encuentra repetido en Sal 108 7-14.

Una dura derrota nacional, posiblemente ante Edom (Sal 60 11), reúne en oración al pueblo, que lamenta el abandono de Dios (Sal 60 3-6.12) y pide su próxima intervención (Sal 60 7.13), invocando la elección y la alianza. El sacerdote pronuncia, en nombre de Dios, un oráculo de salvación que proclama el derecho de propiedad de Dios sobre el territorio de Israel y sobre el de los pueblos vecinos (Sal 60 8-10: Moab, Edom y Filistea fueron vasallos de David). Después de repetir el lamento y la súplica (Sal 60 11-13), el salmista afirma su confianza en Dios, única ayuda segura para futuras empresas.

A la súplica de la Iglesia, sometida a peligros, expuesta a persecuciones y ataques enemigos, responde la voz de su Señor: *Yo estoy con ustedes* (véase Mt 28 20).

12 si tú, oh Dios, nos has rechazado
y ya no sales al frente de nuestras tropas?
13 Socórrenos contra el enemigo,
porque de nada sirve la ayuda de los hombres.
14 Con Dios realizaremos proezas,
él aplastará a nuestros enemigos.

SALMO 61 (60)
Tú ¡oh Dios! eres mi refugio

Sal 27 4-5; 75 2; 89

1 *Al maestro de coro; con arpas. Salmo de David.*

2 ¡Escucha, oh Dios, mi clamor; atiende a mi súplica!
3 Desde el extremo de la tierra te invoco
con el corazón destrozado.
Condúceme a una roca inaccesible,
4 porque tú eres mi refugio, mi fortaleza frente al enemigo.
5 Que yo habite en tu tienda para siempre,
refugiado al amparo de tus alas.
6 Porque tú, oh Dios, tienes en cuenta mis promesas,
me concedes la herencia de los que honran tu nombre.

7 Haz que los días del rey sean muchos,
que sus años duren muchas generaciones;
8 que reine siempre en presencia de Dios,
que el amor y la fidelidad lo protejan.
9 Yo cantaré a tu nombre sin cesar,
cumpliendo mis promesas día tras día.

SALMO 62 (61)
Sólo Dios es mi roca y mi salvación

Sal 39 6-7; Is 40 15; Rom 2 6; 2 Tim 4 14

1 *Al maestro de coro, a Yedutún. Salmo de David.*

2 Sólo en Dios encuentro descanso, de él viene mi salvación;
3 sólo él es mi roca, mi salvación y mi fuerza,
¡jamás seré derrotado!
4 ¿Hasta cuándo atacarán a un hombre,
para derribarlo todos juntos

Sal 61 (60): Salmo mixto, compuesto por una súplica individual (Sal 61 2-5) y una oración por el rey (Sal 61 7-8). Dos breves alabanzas cierran cada una de las dos partes (Sal 61 6.9).

La primera parte (Sal 61 2-6) recoge la súplica de un desterrado y su deseo de regresar a Jerusalén y al templo, para gozar de la presencia divina y refugiarse al amparo de Dios. La petición por el rey (Sal 61 7-8) incluye larga vida y la protección divina. Las dos alabanzas conclusivas quedan unificadas por las referencias al nombre de Dios y a las promesas hechas por el salmista (Sal 61 6.9).

El cristiano, que ha experimentado la presencia multiforme del Señor, se considera un exiliado y suspira por el encuentro pleno con Dios, momento en que *se manifestará lo que seremos* (véase 1 Jn 3 2).

Sal 62 (61): Salmo de confianza individual, estructurado en tres partes: declaración de confianza (Sal 62 2-8), invitación a la confianza del pueblo (Sal 62 9-11), oráculo conclusivo (Sal 62 12-13).

El salmo es un magnífico canto a la confianza exclusiva en Dios. La primera parte, delimitada por un sistema de varias inclusiones (Sal 62 2-3.6-8), acumula los títulos de confianza (descanso, salvación, roca, fortaleza) y contrapone la firmeza del salmista, que se apoya *sólo en Dios*, con los intentos enemigos por derribarlo (Sal 62 4-5). En la invitación al pueblo, opone la confianza en Dios a dos falsas confianzas: el hombre cuya existencia es corta (Sal 62 10) y las riquezas mal adquiridas (Sal 62 11). El oráculo conclusivo aporta nuevos motivos de confianza: Dios es poderoso, fiel y justo (Sal 62 12-13).

como a una pared que está a punto de caerse
o como a un muro agrietado?
5 Sólo piensan en derribarme de mi altura, gozan con la mentira:
con su boca bendicen, pero en su interior maldicen.
6 Sólo en Dios encuentro descanso, de él viene mi esperanza;
7 sólo él es mi roca, mi salvación y mi fuerza: ¡no seré derrotado!
8 En Dios está mi salvación y mi gloria,
en Dios mi roca fuerte y mi refugio.

9 Confíen siempre en él, pueblo suyo,
desahoguen con él su corazón: ¡Dios es nuestro refugio!
10 Los hombres no son más que un soplo,
los poderosos una apariencia:
puestos todos en la balanza, pesan menos que un soplo.
11 No confíen en la violencia, no presuman de lo robado;
aunque aumenten sus riquezas, no pongan el corazón en ellas.

12 Una cosa ha dicho Dios; dos cosas le he oído:
que de Dios es el poder
13 y propio de ti, mi Señor, mostrarte fiel;
que tú pagas a cada uno según sus obras.

SALMO 63 (62)
¡Oh Dios, estoy sediento de ti!

1 Sm 22-24; Sal 36 8-10

1 *Salmo de David. Cuando estaba en el desierto de Judá.*

2 Oh Dios, tú eres mi Dios, desde el amanecer te deseo;
estoy sediento de ti, a ti te anhelo
en una tierra sedienta, reseca, sin agua.
3 Quisiera contemplarte en tu templo, ver tu poder y tu gloria.

4 Tu amor vale más que la vida, te alabarán mis labios;
5 te bendeciré mientras viva, hacia ti levantaré mis manos.
6 Me saciaré como en un espléndido banquete,
y mi boca te alabará con alegría.

7 En mi lecho me acuerdo de ti, en ti medito durante la noche,
8 porque tú has sido mi ayuda,
y a la sombra de tus alas grito alegremente.
9 Estoy unido a ti, tu brazo me sostiene.

10 Ellos, los que pretenden acabar con mi vida,
bajarán a las profundidades de la tierra,
11 serán entregados a la espada, servirán de comida a los chacales.
12 Pero el rey se alegrará en Dios,
se felicitarán los que juran por él,
cuando haga callar a los mentirosos.

Sal 63 (62): Salmo de confianza, estructurado en cuatro partes: nostalgia de Dios (Sal 63 2-3), alabanza (Sal 63 4-6), intimidad con Dios (Sal 63 7-9), desenlace (Sal 63 10-12).

El salmista parece un desterrado que anhela regresar al santuario (Sal 63 3) y expresa su nostalgia de Dios con hermosas imágenes (Sal 63 2; véase 42 2-3). Tras las promesas de alabanza (Sal 63 4-6), encontramos una de las más entrañables descripciones de la relación íntima y amorosa con Dios (Sal 63 7-9). De ahí nace el firme convencimiento del desenlace esperado: Dios castigará a los perseguidores del salmista y llenará de alegría al rey y a los justos (Sal 63 10-12).

SALMO 64 (63)
Señor, protege mi vida del enemigo

Sal 55 22; Jr 9 2; 11 20; Sal 7 13-14

1 *Al maestro de coro. Salmo de David.*

2 Oh Dios, escucha mis lamentos,
protege mi vida del terrible enemigo,
3 escóndeme de la conspiración de los malvados,
de la turba de los malhechores,
4 que afilan sus lenguas como espada,
y disparan como flechas palabras envenenadas
5 para herir a escondidas al inocente,
para herirlo de improviso y sin correr riesgos.
6 Se empeñan en sus malos propósitos,
esconden trampas con astucia pensando:
«¿Quién podrá descubrirlo?».
7 Proyectan crímenes diciendo:
«¡Bien los hemos proyectado!».
La mente y el corazón del hombre son impenetrables.

8 Pero Dios los hiere con sus flechas,
de improviso quedan heridos;
9 su propia lengua los arruina,
quienes los ven menean la cabeza.
10 Entonces toda la gente se llena de temor,
cuenta lo que Dios ha hecho y medita sus obras.
11 El justo se alegrará en el Señor y encontrará refugio en él;
se felicitarán todos los rectos de corazón.

SALMO 65 (64)
Oh Dios, tú mereces que te alaben en Sión

Is 66 19.23; Job 38 6-7

1 *Al maestro de coro. Salmo de David; canto.*

2 Oh Dios, tú mereces que te alaben en Sión
y que se cumplan las promesas que te hacen.
3 Tú escuchas las súplicas, y a ti acude todo mortal
4 agobiado por el peso de sus pecados;
nuestros delitos nos abruman, pero tú los perdonas.
5 Dichoso a quien eliges e invitas a vivir en tu santuario:

Sal 64 (63): Salmo de súplica individual, estructurado en dos partes: súplica en la persecución (Sal 64 2-7), intervención divina y reacción de los fieles (Sal 64 8-11).

El salmo sigue el modelo habitual. Tras la invocación del salmista (Sal 64 2-3), se describen las causas de sus desgracias: las insidias de los malvados, concretizadas en mentiras, calumnias, intrigas criminales y arrogancia contra Dios (Sal 64 4-7). La intervención divina devuelve contra ellos su misma maldad (Sal 64 8-9). El castigo produce entre los fieles reacciones de reflexión, alegría, confianza y *bendición (Sal 64 10-11)*.

Las intervenciones salvíficas de Dios, las proezas de su mano, sus *maravillas*, llenan de alegría a los justos y sencillos (véase Lc 1 47-55), porque anticipan la salvación definitiva.

Sal 65 (64): Himno a Dios en Sión, estructurado en tres partes: Dios en el templo (Sal 65 2-5), dominio sobre la creación (Sal 65 6-9), bendición de la tierra (Sal 65 10-14).

Este himno canta y agradece la benéfica acción de Dios en el templo, en la creación y en la tierra. En Sión, lugar del templo, el pueblo alaba la bondad de Dios, que escucha las súplicas y ofrece los dones de su perdón e intimidad (Sal 65 2-5). La segunda parte (Sal 65 6-9) canta el poder creador de Dios, su señorío sobre el cosmos y el dominio sobre las fuerzas caóticas y sobre la historia. La tercera parte (Sal 65 10-14) es una descripción de la providencia de Dios, que regula los ciclos de la naturaleza y garantiza la fecundidad de la tierra. A la atención providencial de Dios sobre los campos, responde la tierra con la abundancia de sus bienes, convirtiéndose ella misma en un canto de alabanza a su Señor (Sal 65 14).

que nos saciemos de los bienes de tu casa,
de los dones sagrados de tu templo.
6 Nos respondes con acciones maravillosas,
oh Dios, salvador nuestro,
esperanza de toda la tierra, y de los pueblos más lejanos.
7 Tú afianzas las montañas con tu fuerza, revestido de poder,
8 y serenas el rugido de los mares,
el estruendo de sus olas y el clamor de los pueblos.
9 Con tus prodigios infundes temor
a los que habitan los extremos del mundo;
llenas de júbilo los límites de oriente y occidente.

10 Tú cuidas la tierra y la riegas, la colmas de abundancia;
los arroyos de Dios se llenan de agua,
y así preparas sus trigales:
11 inundas los surcos, emparejas sus terrones,
esponjas la tierra con lluvias, bendices sus semillas.
12 Tú llevas el año a feliz término,
a tu paso brota la abundancia;
13 germinan los pastos del desierto,
las colinas se llenan de alegría;
14 las praderas se cubren de rebaños,
los valles se visten de trigo; todos aclaman y cantan.

SALMO 66 (65)
¡Oh Dios, qué admirables son tus obras!

Ef 1 12.14; Ex 14-15; Jos 3; Sal 74 13-15; 114

1 *Al maestro de coro. Canto, salmo.*

Aclama a Dios, tierra entera,
2 canten en honor de su nombre, alaben su gloria,
3 digan a Dios: «¡Qué admirables son tus obras!».
Por tu gran poder se rinden tus enemigos.
4 Que se postre ante ti la tierra entera,
que canten para ti, que canten en honor de tu nombre.
5 Vengan a ver lo que ha hecho Dios,
sus hazañas en favor de los hombres:
6 Convirtió el mar en tierra seca, por el río cruzaron a pie;
así pues, celebrémoslo con alegría.
7 El gobierna con su poder eternamente;
sus ojos vigilan a las naciones para que nadie se rebele contra él.

8 Pueblos, bendigan a nuestro Dios,
hagan oír con fuerza su alabanza:

Sal 66 (65): Salmo mixto, compuesto por un himno comunitario de alabanza (Sal 66 1-7) y acción de gracias (Sal 66 8-12), que culmina en una súplica individual de acción de gracias (Sal 66 13-20).

El himno comienza con las fórmulas habituales de invitación universal (Sal 66 1-4) y presenta la motivación de la alabanza: las hazañas de Dios (Sal 66 5). Entre éstas, se destacan la gran hazaña liberadora, desde el *paso del mar* (éxodo) al *paso del río* (conquista), su gobierno universal y una liberación reciente (Sal 66 6-12). A partir de aquí, un individuo expresa el propósito de ofrecer los sacrificios de acción de gracias prometidos en momentos de peligro (Sal 66 13-15) y une su propia experiencia de liberación a la serie de hazañas divinas (Sal 66 16-19). Una bendición solemne (Sal 66 20) cierra el salmo.

La vida, muerte y resurrección de Jesucristo completa la serie de obras maravillosas que conforman la *historia de la salvación*. Pero Dios sigue actuando en la vida de la Iglesia y de cada hombre.

9 El nos conserva la vida,
y no permite que tropiecen nuestros pies.
10 Tú, oh Dios, nos pusiste a prueba,
nos refinaste como se refina la plata;
11 nos hiciste caer en la red,
nos echaste una carga pesada a la espalda;
12 dejaste que cabalgaran encima de nosotros,
tuvimos que pasar por el fuego y por el agua,
hasta que finalmente nos diste un respiro.

13 Entraré en tu casa con holocaustos,
cumpliré las promesas que te hice,
14 las que salieron de mis labios
y mi boca pronunció cuando estaba angustiado.
15 Te ofreceré víctimas gordas, quemaré carneros para ti,
inmolaré bueyes y cabritos.
16 Vengan a escuchar, los que respetan a Dios,
y les contaré lo que hizo en mi favor.
17 Mi boca lo invocó, mi lengua lo alabó.
18 Si yo me hubiera complacido en el mal,
no me habría escuchado mi Señor.
19 Pero Dios me escuchó, atendió a mi voz suplicante.
20 ¡Bendito sea Dios, que no ha rechazado mi súplica
ni me ha retirado su amor!

SALMO 67 (66)
¡Oh Dios, que te den gracias los pueblos!

Nm 6 24-25; Sal 98 9; 85 13

1 *Al maestro de coro; con arpas. Salmo. Canto.*

2 Que Dios se apiade y nos bendiga,
que haga brillar su rostro sobre nosotros;
3 para que se conozcan en la tierra tus caminos,
tu salvación en todas las naciones.

4 Oh Dios, que te den gracias los pueblos,
que todos los pueblos te den gracias.

5 Que se alegren y canten de júbilo las naciones,
porque juzgas rectamente los pueblos,
y gobiernas las naciones de la tierra.

6 Oh Dios, que te den gracias los pueblos,
que todos los pueblos te den gracias.

7 La tierra ha dado su fruto:
nos bendice el Señor, nuestro Dios.

Sal 67 (66): Himno de acción de gracias a Dios por el don de la cosecha. El estribillo y el sistema de inclusiones *conforman una estructura concéntrica:* a: Sal 67 2-3; b: Sal 67 4; c: Sal 67 5; b': Sal 67 6; a': Sal 67 7-8.

La cosecha, signo de la bendición de Dios sobre los campos (Sal 67 7), y el gobierno universal y justo de Dios (Sal 67 5) inspiran este hermoso canto de acción de gracias, abierto a todos los pueblos y naciones (Sal 67 4-6). La bendición inicial se inspira en la fórmula de *bendición aarónica* de Nm 6 24-26 y proyecta al futuro la felicidad presente (Sal 67 7-8) con el deseo de que los pueblos la reconozcan y agradezcan.

Jesucristo es la mayor muestra del amor y la bondad de Dios (véase Jn 3 16): por medio de él, Dios *nos ha bendecido con toda clase de bienes espirituales* (Ef 1 3).

8 Que Dios nos bendiga, y que lo teman
hasta en los más remotos lugares de la tierra.

SALMO 68 (67)
Nuestro Dios es un Dios que nos salva

Nm 10 35; Sal 18 10-11; Dt 10 18; 27 19; Jue 5 4-5; Is 60 6-7.11-14; Ef 4 8-10

1 *Al maestro de coro. Salmo de David. Canto.*

2 Se levanta Dios y sus enemigos se dispersan,
huyen de su presencia quienes lo odian,
3 desaparecen como desaparece el humo;
como se derrite la cera ante el fuego,
así perecen los malvados ante Dios.
4 En cambio los justos se alegran en la presencia de Dios,
saltan de gozo y se llenan de alegría.

5 Canten a Dios, celebren su nombre,
emparejen el camino al que cabalga sobre las nubes,
su nombre es el Señor, alégrense en su presencia.
6 Padre de los huérfanos y defensor de las viudas,
ese es Dios en su morada santa.
7 Dios procura un hogar a los indefensos;
libera a los cautivos dándoles prosperidad,
mientras los rebeldes habitan en tierra árida.

8 Cuando salías, oh Dios, al frente de tu pueblo,
cuando atravesabas el desierto,
9 la tierra retembló, los cielos llovieron a raudales,
en presencia de Dios, el del Sinaí,
en presencia de Dios, Dios de Israel.
10 Tú derramaste, oh Dios, una lluvia abundante,
reanimaste tu heredad extenuada,
11 y tu grey habitó en el hogar
que en tu bondad, oh Dios, preparaste al humilde.
12 Pronuncia el Señor una palabra
y sus mensajeros son innumerables.
13 Los reyes huyen, huyen sus ejércitos,
y las mujeres en sus casas reparten el botín:
14 alas plateadas de paloma y plumas de oro fino,
mientras ustedes descansan en los corrales;

Sal 68 (67): Himno a Dios, vencedor en Sión; el texto presenta notables dificultades de traducción e interpretación. Una inclusión (Sal 68 20.36) permite dividir el salmo en dos grandes partes (Sal 68 2-19 y 20-36) y siete secciones: introducción (Sal 68 2-4), invocación (Sal 68 5-7), del Sinaí a Sión (Sal 68 8-19), de nuevo invocación (Sal 68 20-21), oráculo (Sal 68 22-24), cortejo hacia el santuario (Sal 68 25-32), conclusión hímnica (Sal 68 33-36).

La introducción (Sal 68 2-4) alude al rito de poner el arca en movimiento (Sal 68 2 = Nm 10 35), lo que provoca la huida de los enemigos y la alegría victoriosa del pueblo. El núcleo del salmo describe dos peregrinaciones distintas: la marcha triunfal de Dios al frente de su pueblo, desde el Sinaí hasta Sión, su morada en Israel (Sal 68 6-19); y una procesión litúrgica del pueblo hacia el templo, a la que se suman los pueblos vencidos (Sal 68 25-32). Una y otra peregrinación quedan enmarcadas por sucesivas invitaciones en forma de himno (Sal 68 5-7.20-22.33-35), donde se proclaman distintas manifestaciones del poder de Dios (para los títulos divinos de Sal 68 6-7, véase Dt 10 18; 27 19). En Sal 68 8-9 encontramos reminiscencias del *canto de Débora* (Jue 5 4-5). Igualmente Sal 68 30-32 presenta paralelos con Is 60 6-7.11-14. El salmo concluye con una invitación universal al reconocimiento del poder de Dios y a la alabanza (Sal 68 33-36).

Ef 4 9 cita Sal 68 19 con relación a la obra de Cristo y a los dones con que enriquece a su Iglesia. El evangelio de Lucas presenta toda la actividad de Jesús como una gran peregrinación hacia Jerusalén donde se produce su triunfo final.

15 cuando el Poderoso dispersa a los reyes
cae la nieve en el Monte Sombrío.
16 ¡Oh montaña majestuosa, montaña de Basán!
¡Oh montaña escarpada, montaña de Basán!
17 ¿Por qué miran celosas, montañas escarpadas,
al monte que Dios eligió como morada?
El Señor vivirá en él eternamente.
18 Los carros de Dios para la guerra se cuentan por miles de millares:
viene mi Señor desde el Sinaí al templo.
19 Tú has subido a la cumbre llevando cautivos,
has recibido hombres como tributo:
hasta los rebeldes están sometidos al Señor Dios.

20 ¡Bendito sea el Señor día tras día!
El nos alivia, Dios es nuestra salvación.
21 Nuestro Dios es un Dios que nos salva,
al Señor se debe que escapemos de la muerte.

22 Sólo Dios aplastará las cabezas de sus enemigos,
el cráneo de los que caminan en la maldad.
23 Dijo el Señor: «De Basán los traeré,
los traeré desde el fondo del mar,
24 para que bañes tus pies en la sangre de tus enemigos
y la puedan lamer las lenguas de tus perros».

25 Aparece tu cortejo, oh Dios,
el cortejo de mi Dios y rey, se dirige al templo:
26 delante van los cantores, los músicos detrás,
las muchachas van en medio, tocando panderetas.
27 Bendigan a Dios cuando estén reunidos,
al Señor en la asamblea de Israel.
28 Allí va Benjamín, el menor, encabezando el cortejo;
le siguen los príncipes de Judá con sus tropas,
los príncipes de Zabulón, los príncipes de Neftalí.
29 ¡Despliega, oh Dios, tu poder,
el poder que actúa en favor nuestro!
30 A tu templo, que domina Jerusalén,
te traerán dones los reyes.
31 ¡Reprime a la bestia del cañaveral,
al tropel de toros, a los novillos de los pueblos.
¡Que se rindan a tus pies llevando lingotes de plata!
¡Dispersa a los pueblos que fomentan la guerra!
32 Que acudan los embajadores desde Egipto,
que Etiopía extienda sus manos hacia Dios.

33 Canten a Dios, reinos de la tierra, toquen para el Señor
34 que cabalga sobre los cielos, los cielos eternos,
que hace resonar su voz, su voz poderosa.
35 ¡Reconozcan el poderío de Dios!
Su majestad resplandece sobre Israel,
su potencia sobre las nubes.
36 ¡Temible es Dios desde su templo!
El Dios de Israel da a su pueblo fuerza y poder.
¡Que Dios sea bendito!

SALMO 69 (68)
Sálvame, oh Dios, pues eres fiel

Jn 15 25; 2 17; Rom 15 3; Mt 27 34; Rom 11 9-10; Hch 1 20; Ap 3 5

1 *Al maestro de coro; con la melodía de «Lirios». De David.*

2 ¡Sálvame, oh Dios, que estoy con el agua hasta el cuello!
3 Estoy hundido en un pantano sin fondo, no puedo hacer pie;
estoy metido en aguas profundas, me arrastra la corriente.
4 Estoy agotado de gritar, tengo la garganta ronca,
se me nubla la vista de tanto esperar a mi Dios.
5 Más que los cabellos de mi cabeza
son los que me odian sin motivo;
más fuertes que yo, los que me atacan sin razón.
¿Es que tengo que devolver lo que no he robado?
6 Oh Dios, tú sabes lo torpe que he sido,
no se te ocultan mis pecados.
7 Pero que no queden defraudados por mi culpa
los que esperan en ti, Señor todopoderoso;
que no se avergüencen por mi culpa
los que te buscan, Dios de Israel.
8 Pues por ti sufro el insulto y la vergüenza cubre mi rostro.
9 Soy un extranjero para mis hermanos,
un extraño para los hijos de mi madre.
10 Me desvelo por defender tu templo,
y el insulto de los que te insultan cae sobre mí.
11 Cuando me mortifico con ayunos, me insultan;
12 cuando me visto de luto, se burlan de mí.
13 Sentados a la puerta me critican,
me dedican refranes burlones mientras beben vino.

14 Pero yo dirijo mi oración a ti, Señor, en el tiempo propicio;
por tu inmenso amor respóndeme,
sálvame, oh Dios, pues eres fiel.
15 Sácame del fango, que no me hunda,
que me vea libre de los que me odian y de las aguas profundas,
16 que no me arrastre la corriente, ni me trague el remolino,
que no cierre el pozo su boca sobre mí.
17 Respóndeme, Señor, pues tu amor es bondadoso;
por tu inmensa ternura no te alejes de mí,
18 no ocultes tu rostro a tu siervo.
Estoy angustiado, respóndeme en seguida;
19 acércate a mí, rescátame, líbrame de mis enemigos.

Sal 69 (68): *Salmo de lamentación y súplica individual,* estructurado en cuatro partes: lamentación (Sal 69 2-13), súplica (Sal 69 14-22), imprecaciones (Sal 69 23-29), acción de gracias (Sal 69 30-37).

El salmista describe la angustiosa situación en que se encuentra, recurriendo a la imagen de las aguas caóticas y mortales (Sal 69 2-3.15.16). Las causas de su situación son el pecado personal (Sal 69 6), el abandono de los suyos (Sal 69 9) y, sobre todo, las calumnias, insultos, burlas y desprecios de los adversarios (Sal 69 5.8-13) que, además de humillarlo a él, ponen en entredicho el honor de Dios y la confianza de sus fieles (Sal 69 7). La petición de auxilio divino (Sal 69 14-22) se basa en motivos conocidos: el amor, la ternura, la misericordia y la fidelidad de Dios y los peligros que corre el orante. En la serie de imprecaciones contra los enemigos (Sal 69 23-29) se invoca la justicia divina con tonos apasionados. La acción de gracias final (Sal 69 30-37) comprende tres niveles: alabanza del salmista (Sal 69 31-32), invitación a los humildes (Sal 69 33-34) e invitación universal, con una alusión a la restauración postexílica (Sal 69 35-37).

Jn 2 17 cita Sal 69 10, a propósito de la expulsión de los mercaderes del templo. Otros versículos del salmo son citados en los relatos de la pasión (Sal 69 5=Jn 15 25; Sal 69 22=Mc 15 36) y en otros textos del Nuevo Testamento (Hch 1 20; Rom 11 9-10; 15 3; Ap 3 5; 13 8; 17 8).

20 Tú conoces mi humillación, mi vergüenza y mi deshonra;
tú conoces a todos mis opresores.
21 Los insultos me han roto el corazón y casi muero;
espero compasión, y no la hay; consoladores, y no los encuentro.
22 Me pusieron veneno en la comida,
me dieron a beber vinagre para mi sed.

23 Que su mesa se convierta en trampa, sus alimentos en lazo;
24 que se les nuble la vista y no vean,
que sus espaldas se queden sin fuerzas.
25 Derrama sobre ellos tu enojo,
que el fuego de tu ira los alcance;
26 que su morada quede desierta,
y no haya quien habite en sus tiendas,
27 porque se ensañan con aquel a quien tú golpeas
y cuentan las llagas de aquel a quien tú hieres.
28 Hazlos responsables de todas sus culpas,
que no tengan acceso a tu salvación;
29 que sean borrados del libro de la vida,
que no sean inscritos con los justos.

30 Pero a mí, humilde y afligido,
que tu salvación, oh Dios, me restablezca.
31 Yo alabaré el nombre de Dios con cantos,
proclamaré su grandeza dándole gracias;
32 esto agradará al Señor más que un toro,
más que un novillo con cuernos y pezuñas.
33 Véanlo ustedes, los humildes, y alégrense,
recobren el ánimo, los que buscan a Dios.
34 Porque el Señor escucha a los necesitados,
y no rechaza a sus cautivos.
35 ¡Que lo alaben los cielos y la tierra, el mar y cuanto en él vive!
36 Dios salvará a Sión, reconstruirá las ciudades de Judá:
habitarán en ellas y las poseerán;
37 las heredará la descendencia de sus siervos,
los que aman su nombre vivirán en ellas.

SALMO 70 (69)
Señor, ven pronto a socorrerme

Sal 40 14-18

1 *Al maestro de coro. De David. En conmemoración.*

2 ¡Dios mío, ven a liberarme; Señor, ven pronto a socorrerme!
3 Queden derrotados y confundidos los que buscan mi muerte;
Retrocedan humillados los que se alegran de mi mal;
4 que se retiren abrumados de vergüenza los que se ríen de mí.
5 Pero que se alegren y se regocijen contigo todos los que te buscan;
que los que anhelan tu salvación repitan: «¡Qué grande es Dios!»,
6 Yo soy humilde y necesitado, oh Dios, date prisa,
tú eres mi socorro y mi liberación, Señor, no tardes.

Sal 70 (69): Salmo de súplica individual, repetición de Sal 40 14-18 (véase nota). Del Sal 40 sólo se repite la súplica final en el Sal 70, lo que hace pensar que Sal 40 14-18 = Sal 70 es una unidad originalmente autónoma. Las expresiones *ven pronto a socorrerme...socorro* (Sal 70 2.6) forman una inclusión que enmarca el salmo.

SALMO 71 (70)
No me abandones, Señor, ahora que soy viejo

Sal 31 2-4; 40 15; Is 46 3-4

1 En ti, Señor, me refugio;
que yo no quede avergonzado para siempre.
2 Líbrame, rescátame tú, que eres salvador;
hazme caso y libérame.
3 Sé para mí una roca de refugio, una fortaleza donde me salve,
pues tú eres mi roca y mi fortaleza.

4 Dios mío, rescátame de las manos del malvado,
de las garras del perverso y del violento.
5 Porque tú eres mi esperanza, Señor,
en ti confío, Señor, desde mi juventud.
6 En ti me apoyaba desde antes de nacer,
tú eres mi protector desde las entrañas de mi madre;
siempre he confiado en ti.
7 He sido motivo de asombro para muchos,
porque tú eres mi refugio seguro.
8 Mi boca proclama tu alabanza y tu gloria todo el día.
9 No me rechaces en la vejez,
no me abandones cuando se agota mi vigor.
10 Porque mis enemigos hablan de mí,
los que vigilan mi vida se confabulan
11 y dicen: «Dios lo ha desamparado, persíganlo y atrápenlo,
que no tiene quien lo libre».
12 ¡Oh Dios mío, no te alejes de mí,
Dios mío, ven pronto a socorrerme!
13 Queden derrotados y avergonzados
los que atentan contra mi vida;
que se cubran de humillación y vergüenza
los que buscan hacerme daño.

14 Yo seguiré esperando y te alabaré sin cesar,
15 mi boca proclamará todo el día tu salvación,
y tus actos liberadores, que son innumerables.
16 Vendré a celebrar las hazañas del Señor Dios
y recordaré que sólo tú puedes salvar.
17 Desde mi juventud, oh Dios, me has instruido,
y yo he proclamado tus maravillas hasta hoy.
18 Ahora, que soy viejo y tengo canas, oh Dios, no me abandones
para que anuncie tu poder a las generaciones venideras,
19 Tu salvación, oh Dios, llega hasta el cielo;
tú has hecho grandes proezas y nadie se te puede comparar.
20 Me has hecho contemplar muchos males y desgracias,

Sal 71 (70): Salmo de lamentación y súplica individual, estructurado en cuatro partes: invocación inicial (Sal 71 1-3), súplica en la desgracia (Sal 71 4-13), declaración de confianza (Sal 71 14-21), acción de gracias (Sal 71 22-24).

Un anciano (Sal 71 9.18), enfermo y acosado por los enemigos, dirige a Dios su oración confiada, apoyándose en la fuerza salvadora de Dios y recordando su vida entera de fidelidad (Sal 71 5-6.17). En el conjunto del salmo sobresalen tres temas: la dependencia de Dios, como fuente de seguridad y firmeza del salmista, incluso en los momentos más difíciles (Sal 71 2-3.5-7.20); la confianza en la actuación de Dios y en sus acciones salvadoras (Sal 71 2.15-16.18.24) y la determinación del salmista de alabar a Dios y reconocer públicamente sus beneficios (Sal 71 14.22-23).

pero me devolverás la vida,
me sacarás de las profundidades de la tierra,
21 acrecentarás mi honor y volverás a consolarme.

22 Y yo te daré gracias con el arpa, por tu fidelidad, Dios mío,
tocaré para ti la cítara, Santo de Israel.
23 Cuando te aclame se alegrarán mis labios
y también mi vida que tú rescataste;
24 mi lengua proclamará todo el día tu salvación,
porque quedarán derrotados y confundidos
los que buscan hacerme daño.

SALMO 72 (71)
Que el rey defienda a los humildes

Is 11 1-5; Zac 9 9-10; Job 29 12; Sal 61 7-8; Os 14 6-9

1 *De Salomón.*

Oh Dios, da tu juicio al rey,
tu justicia al heredero del trono,
2 para que gobierne a tu pueblo con justicia
y a tus humildes con equidad.

3 Que las montañas traigan la paz al pueblo,
y las colinas, justicia;
4 que él defienda a los humildes del pueblo,
que salve a los necesitados y aplaste al opresor.
5 Que te respeten mientras existan el sol y la luna,
de edad en edad.
6 Que él descienda como lluvia sobre el césped,
como aguacero que riega la tierra.
7 Que florezca en sus días la justicia,
y haya gran prosperidad mientras alumbre la luna.

8 Que domine de mar a mar,
desde el Eufrates hasta los extremos de la tierra.
9 Que se inclinen ante él las tribus del desierto,
y sus enemigos muerdan el polvo.
10 Que los reyes de Tarsis y de los pueblos lejanos
le traigan regalos, y que le paguen tributos
los monarcas de Arabia y de Sabá;
11 que se postren ante él todos los reyes,
y lo sirvan todas las naciones.

12 Porque él librará al necesitado que suplica,
al humilde que no tiene defensor;

Sal 72 (71): Salmo sobre el rey, probablemente ambientado en la liturgia de coronación del nuevo rey israelita. Su estructura comprende seis partes: invocación (Sal 72 1-2), paz y justicia (Sal 72 3-7), vasallaje y tributos (Sal 72 8-11), defensor de los pobres (Sal 72 12-14), tributos y fertilidad (Sal 72 15-16), conclusión: fama y bendición (Sal 72 17). Sal 72 18-20 es la doxología conclusiva del segundo libro de los salmos (véase Introducción).

El salmo enumera una amplia serie de bendiciones que el pueblo pide a Dios para el nuevo rey. Estas bendiciones constituyen el programa ideal del gobierno del rey. En su contenido se destaca: el gobierno justo y pacífico, la protección de los pobres y desfavorecidos, la fertilidad de los campos y el bienestar del pueblo, el sometimiento y vasallaje de los pueblos, la fama y la larga duración de su reinado. Haciendo realidad la promesa hecha a Abrahán (véase Gn 12 1-3), el rey se convierte en fuente de bendición para los pueblos (Sal 72 17).

Jesucristo anuncia la buena noticia del reinado de Dios especialmente destinado a los humildes y sencillos (véase Mt 5 1ss). El mismo se convierte en el mediador de la bendición de Dios para todos los hombres y pueblos.

13 tendrá compasión del necesitado y del abandonado,
y salvará la vida de los necesitados.
14 Los librará de la violencia y la opresión,
porque sus vidas valen mucho para él.

15 Que viva y que le traigan el oro de Sabá,
que rueguen por él continuamente y lo bendigan todo el día.
16 Que haya abundancia de trigo en el país,
que se agite hasta en la cumbre de las montañas,
que dé fruto como el Líbano
y broten las espigas como la hierba del campo.

17 Que su nombre sea perpetuo y su descendencia dure como el sol.
Que traiga la bendición a las naciones, y lo proclamen dichoso.

* * *

18 Bendito sea el Señor, Dios de Israel,
el único que hace maravillas.
19 Bendito sea su nombre glorioso para siempre;
que su gloria llene toda la tierra: Amén, amén.
20 Fin de las plegarias de David, hijo de Jesé.

SALMO 73 (72)
Mi felicidad es estar junto a Dios

Sal 37; 49; Job 21 13-26

1 *Salmo de Asaf.*

¡Qué bueno es Dios para Israel, para los limpios de corazón!
2 Pero por poco doy un mal paso,
poco faltó para que resbalaran mis pies,
3 porque sentí envidia de los perversos,
al ver la prosperidad de los malvados.

4 Ellos no pasan agobios, su cuerpo está sano y robusto;
5 no conocen las fatigas de los hombres,
ni tienen que sufrir como los demás.
6 Y es que su collar es la soberbia,
y la violencia el manto que los cubre;
7 la maldad les sale por los poros,
su corazón desborda de malos propósitos.
8 Se burlan, hablan con malicia,
gritan y son prepotentes;
9 su boca ofende a Dios que está en el cielo,
sus labios, a los hombres que viven en la tierra.

Sal 73 (72): Salmo de reflexión sapiencial, estructurado en seis partes: introducción (Sal 73 1-3), felicidad de los malvados (Sal 73 4-12), crisis de fe (Sal 73 13-16), los secretos proyectos de Dios (Sal 73 17-22), felicidad del justo (Sal 73 23-26), conclusión (Sal 73 27-28).

El salmo es una nueva variante sobre el tema de la retribución de malvados y justos (véase Sal 37 y 49), enfocado ahora desde la experiencia personal del salmista. Ante la prosperidad de los malvados, descrita de forma plástica y enfática (Sal 73 4-12), confiesa sus reacciones: envidia, malestar, escándalo y decepción por la inutilidad de sus esfuerzos (Sal 73 13-16). El salmista descubre la clave y la respuesta al problema sólo cuando ha podido vislumbrar los *secretos de Dios* (Sal 73 17), la profundidad de su intimidad: los malvados desaparecen (Sal 73 18-20), mientras que el destino de los justos es estar junto a Dios (Sal 73 23-26.28). Aunque no resulta demasiado claro lo que significa este *estar junto a Dios*, parece evidente que la relación personal con Dios, en o después de esta vida, es el ámbito privilegiado para comprender la situación que se describe (Sal 73 16) y el principio de solución al problema de la retribución.

10 Por eso hasta el pueblo de Dios los sigue,
y bebe sin reparo su doctrina.
11 Pues dicen: «¿Cómo va a saberlo Dios?
¿Cómo lo va a conocer el Altísimo?»
12 Así son los malvados: viven tranquilos y acrecientan sus riquezas.

13 Entonces, ¿de qué me sirve haber mantenido puro el corazón,
y mis manos inocentes?
14 ¿De qué me sirve haberme mortificado todos los días,
y disciplinado cada mañana?
15 Si hubiera dicho: «Hablaré como ellos»,
habría traicionado a la raza de tus hijos.
16 Así que me puse a pensar para entender esto,
pero me resultaba muy difícil.

17 Hasta que entré en los secretos de Dios,
y comprendí el destino que les espera.
18 Sí, tú los colocas en el terreno resbaladizo,
los precipitas en la ruina.
19 ¡Qué pronto perecen, y acaban consumidos de miedo!
20 Como un sueño que desaparece al despertar, Señor mío,
su imagen se desvanece cuando tú te levantas.
21 Cuando la amargura me invadía el corazón,
cuando me torturaba en mi interior,
22 era un estúpido y no lo comprendía, era como un animal ante ti.

23 Pero yo siempre estaré contigo: tú me tomas de la mano,
24 me conduces según tus planes, y me llenas de gloria.
25 ¿A quién tengo yo en los cielos?
Si estoy contigo, ya nada me agrada en la tierra.
26 Aunque todo mi ser se consuma,
Dios es mi herencia y mi roca para siempre.

27 Los que se apartan de ti perecen,
tú exterminas a los que te traicionan.
28 Pero mi felicidad es estar junto a Dios:
He hecho del Señor mi refugio y proclamo todas sus acciones.

SALMO 74 (73)
Acuérdate, Señor, de tu comunidad

2 Re 25 9; Is 64 10; 51 9-10; Sal 89 10-11; Gn 1

1 *Oda de Asaf.*

¿Por qué, oh Dios, nos has rechazado para siempre,
y ardes de indignación contra las ovejas que tú apacientas?

Sal 74 (73): Salmo de lamentación y súplica comunitarias, estructurado en tres partes: súplica y lamentación (Sal 74 1-11), himno a Dios creador (Sal 74 12-17), nueva súplica (Sal 74 18-23).

La comunidad ha sufrido el ataque enemigo y la destrucción del templo (Sal 74 3-8), como signo del castigo y abandono de Dios (Sal 74 1.11). Por eso el salmista pide a Dios que repare los daños causados, invocando las antiguas intervenciones salvíficas: elección, alianza, don de la tierra (Sal 74 2.20), pues la causa del pueblo oprimido es la causa de Dios (Sal 74 22). Para reforzar la súplica, se inserta en ella un himno al Creador (Sal 74 12-17) en el que se alaba el gran poder de Dios, dominador del caos y vencedor de Leviatán (monstruo marino mitológico, símbolo de las fuerzas adversas a Dios: Sal 74 13-14; véase Sal 104 26). Dios deberá extender este poder contra los enemigos del pueblo.

El Nuevo Testamento se refiere en distintas ocasiones a las persecuciones que deben sufrir los seguidores de Jesús y la misma Iglesia. Jesús recomienda calma y confianza, pues su victoria es la nuestra.

2 Acuérdate de la comunidad que adquiriste desde antiguo,
de la tribu que redimiste como herencia tuya,
y del monte Sión donde pusiste tu morada.
3 Dirige tus pasos a estas ruinas perpetuas:
el enemigo lo destruyó todo en el templo.
4 En medio de tu asamblea rugían tus adversarios,
pusieron su bandera como signo de victoria;
5 utilizaron sus hachas de doble filo
como abriéndose paso en la espesura de un bosque;
6 con martillos y hachas destrozaron todas sus puertas,
7 prendieron fuego a tu templo,
derribaron y profanaron la morada de tu nombre.
8 Pensaban: «Acabemos con todos ellos;
quememos todas las moradas de Dios en el país».
9 Estamos sin bandera, no tenemos profetas,
y nadie entre nosotros sabe hasta cuándo.
10 ¿Hasta cuándo, oh Dios, te insultará el opresor?
¿Acaso nunca dejará el adversario de blasfemar contra ti?
11 ¿Por qué nos retiras tu protección,
y apartas de nosotros tu fuerza protectora?

12 Pero tú, oh Dios, eres rey desde siempre,
tú logras la victoria en medio de la tierra.
13 Dividiste el mar con tu poder,
quebraste las cabezas de los monstruos marinos;
14 aplastaste las cabezas del Leviatán
y lo diste como alimento a las bestias del mar.
15 Tú hiciste brotar fuentes y manantiales,
y secaste los ríos caudalosos.
16 Tuyo es el día, tuya también la noche,
tú estableciste la luna y el sol,
17 tú trazaste los límites de la tierra,
tú dispusiste el verano y el invierno.

18 Recuerda, Señor, que el enemigo te insulta,
y un pueblo torpe blasfema contra ti.
19 No entregues a las bestias la vida de tu paloma,
no olvides para siempre la vida de tus humildes.
20 Recuerda tu alianza, pues hasta el último rincón
está lleno el país de violencia.
21 Que no quede defraudado el oprimido,
que el humilde y el necesitado alaben tu nombre.
22 Levántate, oh Dios, defiende tu derecho,
recuerda cómo te insulta el necio todo el día.
23 No olvides el griterío de tus enemigos,
el tumulto de tus adversarios que crece sin cesar.

SALMO 75 (74)
Dios es quien juzga

1 Sm 2 1-10; Sal 113; Lc 1 45-54; Mt 24 23-28

1 *Al maestro de coro; con la melodía de «No destruyas». Salmo de Asaf. Canto.*

2 Te damos gracias, oh Dios, te damos gracias;
invocamos tu nombre, proclamamos tus maravillas.

3 «He fijado un tiempo para juzgar con rectitud.
4 Aunque tiemble la tierra, con todos sus habitantes,
soy yo quien he cimentado sus columnas.
5 Digo a los insolentes: ¡Basta de insolencias!,
y a los malvados: ¡No levanten la frente!
6 No levanten la frente contra el cielo,
no hablen con altanería».

7 Que no es el oriente ni el occidente,
ni el desierto ni las montañas,
8 sino Dios quien juzga: a uno humilla y a otro engrandece.
9 El Señor tiene en la mano una copa, un vaso de vino embriagante,
que los malvados de la tierra beben y se lo toman hasta el fondo.

10 Yo, en cambio, aclamaré y cantaré por siempre al Dios de Jacob:
11 porque él destruye el poder de los malvados,
y acrecienta el poder de los justos.

SALMO 76 (75)
Dios es grande en Israel
Sal 46; 48 4-8

1 *Al maestro de coro; con arpas. Salmo de Asaf. Canto.*

2 Dios se manifiesta en Judá, es famoso su nombre en Israel;
3 en Jerusalén está su tienda, y su morada en Sión.

4 Allí rompió las flechas del arco, el escudo, la espada y las armas.
5 Tú eres majestuoso; más espléndido que montañas de botín.
6 Los valientes fueron despojados mientras dormían,
a todos los guerreros les falló la fuerza de sus brazos.
7 A tu grito, Dios de Jacob,
se paralizaron los carros de guerra y los caballos.

8 Tú eres temible, ¿quién puede resistir el estallido de tu ira?
9 Desde los cielos dictas sentencia; la tierra se asusta y enmudece
10 cuando Dios se levanta para hacer justicia,
para salvar a los humildes de la tierra.
11 Hasta la ira del hombre tendrá que alabarte,
y los que sobrevivan al castigo, te rodearán agradecidos.
12 Hagan promesas al Señor, su Dios, y cúmplanlas,
los que están cerca de él, hagan ofrendas al Temible.
13 El deja sin aliento a los príncipes,
y es temible para los reyes de la tierra.

Sal 75 (74): Salmo de acción de gracias a Dios, juez universal, estructurado en cuatro partes: introducción (Sal 75 2), oráculo divino (Sal 75 3-6), exhortación (Sal 75 7-9), conclusión en forma de himno (Sal 75 10-11).

El tema central y exclusivo del himno es el juicio de Dios, que exalta al humilde y derriba a los malvados insolentes. El oráculo divino (Sal 75 3-6) expresa la soberanía de Dios sobre el momento del juicio e incorpora una exhortación a los malvados. La doble imagen de la frente levantada-doblegada (Sal 75 5-6) significa la arrogancia y castigo de los malvados y la reivindicación y recompensa de los justos. Este juicio definitivo provoca la alegría del salmista (Sal 75 2.10).

El tema del juicio universal, presente en los evangelios (véase Mt 25 31-46), debe ser para el cristiano un motivo de confianza y alegría, más que de miedo y amenaza.

Sal 76 (75): Canto de Sión (véase Sal 46) e himno de alabanza a Dios. Tres atributos divinos configuran una estructura tripartita: Dios, famoso en Israel (Sal 76 2-3); Dios, victorioso (Sal 76 4-7), Dios temible en su juicio (Sal 76 8-13, con inclusión Sal 76 8a.13b).

El Sal 76 canta tres epifanías o manifestaciones de Dios: Es *famoso* en Israel, habitando en Sión, en medio de su pueblo (Sal 76 2-3). Se manifiesta *majestuoso* en sus victorias sobre los enemigos: de nada valen ante él la fuerza de los guerreros y sus armas, los carros y caballos (Sal 76 4-7). Y se muestra *temible* (Sal 76 8.12.13) al pronunciar la sentencia, decretar el castigo de los opresores y *salvar a los humildes de la tierra.*

SALMO 77 (76)
En mi angustia busco al Señor

Sal 143; Lam 3 21-22; Ex 15 1-18; Gn 46 26-27; Is 63 11-14

1 *Al maestro de coro, a Yedutún. Salmo de Asaf.*

2 Con toda mi voz grito a Dios,
levanto mi voz a Dios para que me escuche.
3 En el momento de mi angustia busco al Señor;
de noche levanto mis manos sin descanso,
pero no encuentro consuelo.
4 Si más me acuerdo de Dios, más gimo;
mientras más medito, más me desanimo.
5 No me dejas dormir, estoy angustiado y no puedo hablar;
6 pienso en los días lejanos, en los años pasados;
7 de noche reflexiono, lo medito y me pregunto:
8 «¿Es que el Señor nos rechaza para siempre,
y deja de otorgarnos su favor?
9 ¿Se ha agotado completamente su amor?
¿Se ha acabado para siempre su promesa?
10 ¿Se habrá olvidado Dios de ser compasivo,
o la ira habrá endurecido sus sentimientos?».
11 Y pienso: «Lo que más me apena
es que el Altísimo ha dejado de favorecernos».

12 Recuerdo las hazañas del Señor;
tus maravillas de otros tiempos.
13 Considero todas tus obras, medito tus proezas.
14 Oh Dios, santo es tu proceder.
¿Qué dios es tan grande como nuestro Dios?
15 Tú, el Dios que realiza maravillas,
hiciste que los pueblos experimentaran tu poder;
16 con tu fuerza rescataste a tu pueblo,
a los hijos de Jacob y de José.
17 Te vio el mar, oh Dios, te vio el mar y tembló,
hasta el océano se estremeció.
18 Las nubes descargaron sus aguas,
los nubarrones tronaron, zigzaguearon tus rayos.
19 El estruendo de tu trueno resonaba en la tempestad,
los relámpagos alumbraban el mundo
y la tierra temblaba y se estremecía.
20 Te abriste un camino por el mar,
un sendero por las aguas caudalosas,
y nadie descubrió tus huellas.
21 Guiabas a tu pueblo como un rebaño,
Moisés y Aarón lo conducían.

Sal 77 (76): Salmo de lamentación individual, compuesto por dos grandes partes: lamento por el abandono de Dios (Sal 77 2-11), recuerdo de las acciones maravillosas del éxodo (Sal 77 12-21).

En medio de una situación desgraciada para el pueblo, se acumulan los recuerdos y las preguntas: ¿ha rechazado Dios a su pueblo? ¿Se ha agotado su amor? ¿Se ha olvidado de los suyos? Entonces, ¿por qué no actúa ahora como antiguamente? El desconsuelo y el desánimo se apoderan del salmista ante la ausencia de respuestas y el dolor de las evidencias: *el Altísimo ha dejado de favorecernos* (Sal 77 11). Pero, en medio de la crisis, el recuerdo de las pasadas acciones y, especialmente, de la hazaña impresionante del éxodo, le ofrece una luz y una esperanza para el futuro: aunque el comportamiento de Dios es misterioso e inabarcable, siempre redunda en beneficio de su pueblo.

SALMO 78 (77)
Lo que nos contaron nuestros antepasados

Sal 105; 106; Sab 16-19; Neh 9 9-37; Ex 14-16; 7 14-11 10; Jos 24 8-13

1 *Oda de Asaf.*

Pueblo mío, escucha mi enseñanza,
atiende a las palabras de mi boca;
2 abriré mi boca para contar una historia,
para evocar los sucesos del pasado.
3 Las cosas que hemos oído y que sabemos,
las que nos contaron nuestros antepasados:
4 las glorias del Señor y su poder, las maravillas que hizo,
no las ocultaremos a sus descendientes,
sino que las contaremos a la generación venidera.
5 Estableció sus decretos en Jacob, promulgó una ley en Israel,
ordenando a nuestros antepasados que la enseñaran a sus hijos,
6 para que la conociera la generación venidera,
para que de hijos a nietos pasara la noticia.
7 Pondrán así en Dios su confianza,
no olvidarán sus proezas, y observarán sus mandamientos,
8 y no serán como fueron sus antepasados,
una generación rebelde y terca,
una generación de corazón desleal y de espíritu infiel a Dios.

9 Los hijos de Efraín, arqueros expertos, huyeron el día de la batalla:
10 no guardaron la alianza de Dios,
se negaron a seguir su ley,
11 olvidaron sus proezas, las maravillas que les había mostrado,
12 cuando hizo prodigios en los campos de Tanis,
en presencia de sus antepasados en Egipto.
13 Abrió el mar y los hizo pasar, contuvo las aguas como un dique;
14 de día los guió con la nube,
de noche con el resplandor del fuego.
15 Quebró las rocas del desierto, les dio a beber agua en abundancia
16 sacó arroyos del peñasco, e hizo correr torrentes de agua.
17 Pero ellos volvieron a pecar contra él,
y se rebelaron en el desierto contra el Altísimo;
18 pusieron a prueba a Dios, y exigieron una comida a su gusto.

Sal 78 (77): Reflexión sobre la historia de la salvación en estilo sapiencial. Su estructura comprende cinco secciones: introducción sapiencial (Sal 78 1-8); primera serie de acontecimientos: éxodo y desierto (Sal 78 9-33); recapitulación (Sal 78 34-39); segunda serie de acontecimientos: desde Egipto a Canaán (Sal 78 40-64); desenlace: elección de Judá y rechazo de Israel (Sal 78 65-72).

Este gran salmo histórico ofrece una amplia y elaborada reflexión sapiencial sobre la historia de Israel, encaminada a justificar un hecho: el rechazo divino de Israel y la elección de Judá, de la monarquía davídica y del templo en Sión (Sal 78 61-70). Todo esto es presentado como la consecuencia de una larga cadena de infidelidades y rebeldías del pueblo, en contraste con los beneficios y favores otorgados por Dios a lo largo de la historia. El esquema *liberación-rebeldía-misericordia* da unidad al salmo y se va repitiendo a lo largo de las dos series históricas que desembocan en el rechazo-elección final. La *primera serie* (Sal 78 9-33) se refiere al paso del mar y a la travesía del desierto, con especial detenimiento en los episodios de las "murmuraciones" (agua de la roca, maná y codornices), y concluye con una reflexión general sobre el mismo tema (Sal 78 34-39). La *segunda serie* (Sal 78 40-64) recuerda los episodios de las plagas, la salida de Egipto, la entrada en Canaán y el tiempo posterior a la conquista que culminan en la pérdida del arca, el rechazo de Siló (véase 1 Sm 4-5) y de la monarquía israelita, y en la elección y establecimiento de la monarquía davídica (Sal 78 65-72). Este magnífico relato, además de justificar la elección divina de David y la monarquía por él fundada, aporta una clara enseñanza para los contemporáneos del salmista: en el recuerdo de su propio pasado, Israel debe encontrar una llamada a la fidelidad y a la gratitud para con su Dios. Esta es también la enseñanza del salmo para los creyentes de todos los tiempos.

19 Hablaron contra Dios y dijeron:
«¿Podrá Dios proporcionarnos comida en el desierto?
20 Cuando golpeó la roca, brotaron aguas y fluyeron torrentes;
¿podrá también darnos pan y proporcionar carne a su pueblo?».
21 Al oírlo el Señor, se enfureció, un fuego estalló contra Jacob,
se encolerizó contra Israel,
22 porque no tenían fe en Dios ni confiaban en su salvación.
23 Entonces dio órdenes a las nubes en lo alto,
abrió las compuertas del cielo,
24 e hizo llover sobre ellos el maná para comer;
les dio trigo de los cielos,
25 y el hombre comió pan de ángeles;
les mandó provisiones en abundancia.
26 Hizo soplar desde los cielos el viento del este,
empujó con su poder el viento del sur;
27 hizo llover sobre ellos carne en abundancia,
y aves en número incalculable:
28 las dejó caer en medio de su campamento,
alrededor de sus tiendas,
29 y comieron hasta hartarse;
con ello dio satisfacción a sus deseos.
30 Pero cuando sus deseos estaban satisfechos,
cuando aún tenían la comida en la boca,
31 Dios se enfureció contra ellos,
mató a los más fornidos, y doblegó lo mejor de Israel.
32 A pesar de todo volvieron a pecar,
sin dar crédito a sus maravillas.
33 Así que él redujo sus días a un soplo,
sus años a un temblor.

34 Cuando los castigaba, lo buscaban, se convertían, iban hacia él,
35 y recordaban que Dios era su roca, y el Altísimo su redentor.
36 Lo adulaban con su boca, le mentían con su lengua;
37 su corazón no era sincero con él, ni eran fieles a su alianza.
38 Pero él se compadecía, perdonaba sus culpas y no los destruía:
contuvo su ira muchas veces, y no daba rienda suelta a su furor;
39 recordaba que eran mortales, un soplo que se va y no regresa.

40 ¡Cuántas veces se rebelaron en el desierto,
y lo hicieron enojarse en la llanura!
41 Volvían a tentar a Dios, a irritar al Santo de Israel,
42 sin acordarse de aquel que un día los rescató de la opresión,
43 cuando hizo en Egipto sus prodigios,
sus portentos en los campos de Tanis;
44 cuando convirtió en sangre sus ríos
y no se podía beber de sus arroyos.
45 Mandó contra ellos tábanos que los devoraran,
y ranas que los exterminaran.
46 Entregó sus cosechas a la oruga,
el fruto de su trabajo a la langosta;
47 destruyó con granizo sus viñedos,
y con escarcha sus higueras;
48 entregó al pedrisco sus ganados,
y sus rebaños a los rayos.

49 Mandó sobre ellos el fuego de su ira,
su indignación, su enojo y su cólera,
como mensajeros de calamidades.
50 Desató su ira, no dejó que escaparan a la muerte,
entregó sus vidas a la peste;
51 hirió a todos los primogénitos en Egipto,
a las primicias de su virilidad en las tiendas de Cam.
52 Y sacó como un rebaño a su pueblo,
los guió como ovejas por la llanura,
53 y los condujo seguros, sin temor,
mientras el mar se tragaba a sus enemigos.
54 Los llevó hasta la tierra sagrada,
hasta la montaña que su poder había adquirido;
55 expulsó ante ellos a las naciones,
les repartió por sorteo su heredad,
e instaló en sus tiendas a las tribus de Israel.
56 Pero ellos pusieron a prueba a Dios,
se rebelaron contra el Altísimo,
no obedecieron sus mandamientos.
57 Se desviaron, pecaron como sus antepasados,
se torcieron como un arco engañoso;
58 ofendieron a Dios en los lugares altos,
provocaron sus celos dando culto a los ídolos.
59 Al oírlo, Dios se enfureció
y rechazó completamente a Israel;
60 abandonó la morada de Siló,
la tienda donde habitaba entre los hombres.
61 Entregó al cautiverio el símbolo de su fuerza;
en manos del enemigo el signo de su orgullo;
62 dejó a su pueblo a merced de la espada,
enfurecido contra su heredad.
63 El fuego devoró a sus jóvenes,
no hubo canto de bodas para sus muchachas;
64 sus sacerdotes cayeron a espada,
y sus viudas no llevaron luto por ellos.

65 Pero mi Señor se despertó como de un sueño,
como guerrero aturdido por el vino;
66 hirió a sus adversarios por la espalda,
les infligió una derrota definitiva.
67 Rechazó la tienda de José, no eligió a la tribu de Efraín;
68 eligió la tribu de Judá, y el monte Sión, al que amaba.
69 Edificó su templo, firme como las montañas;
como la tierra, lo cimentó para siempre.
70 Eligió a David, su siervo,
lo tomó de los corrales del rebaño,
71 lo llamó cuando cuidaba las ovejas,
para hacerlo pastor de su pueblo Jacob, y de Israel, su heredad.
72 Y él los pastoreó con rectitud, con mano experta los condujo.

SALMO 79 (78)
Han profanado, Señor, tu santo templo

Sal 44; 74; 80; 2 Re 25 9-10; Jr 10 25; Jl 2 17; Eclo 36 1-5

1 *Salmo de Asaf.*

Oh Dios, los paganos han entrado en tu heredad,
han profanado tu santo templo,
han hecho de Jerusalén un montón de ruinas;
2 han tirado los cadáveres de tus siervos
como alimento a las aves del cielo,
los cuerpos de tus fieles a las fieras de la tierra;
3 han derramado su sangre como agua en torno a Jerusalén,
y nadie les daba sepultura.
4 Hemos sido la irrisión de nuestros vecinos,
la burla y el desprecio de los que nos rodean.

5 ¿Hasta cuándo, Señor? ¿Vas a estar siempre enfurecido?
¿Continuará ardiendo tu celo como fuego?
6 Desata tu indignación sobre los paganos que no te reconocen,
sobre esos reinos que no invocan tu nombre.
7 Porque han devorado a Jacob, han devastado su morada.
8 No recuerdes para castigarnos las culpas de otros tiempos;
compadécete pronto de nosotros,
porque estamos extenuados en la miseria.
9 ¡Ayúdanos, oh Dios salvador nuestro, por la gloria de tu nombre;
líbranos y borra nuestros pecados, por tu nombre!
10 ¿Por qué han de decir los paganos: «Dónde está su Dios»?
¡Que veamos con nuestros ojos cómo los castigas
por haber derramado la sangre de tus siervos!

11 ¡Llegue hasta ti el lamento del cautivo,
con el poder de tu brazo salva a los condenados a muerte!
12 ¡Devuelve siete veces a nuestros vecinos
el desprecio con que te despreciaron, Señor mío!
13 Y nosotros, que somos tu pueblo y ovejas que tú apacientas,
te daremos gracias eternamente,
cantaremos tus alabanzas de generación en generación.

SALMO 80 (79)
Que resplandezca tu rostro, Señor, y nos salvarás

Is 63 15-64 11; Ez 34; Jr 12 7-13

1 *Al maestro de coro; con la melodía de «Lirios». Testimonio. Salmo de Asaf.*

Sal 79 (78): Salmo comunitario de lamentación y súplica, estructurado en tres partes: ataque a Jerusalén (Sal 79 1-4), lamentación y súplica a Dios (Sal 79 5-10), súplica conclusiva (Sal 79 11-13).

La destrucción de Jerusalén y el destierro del pueblo a Babilonia (años 587/6 a. C.) provocan esta súplica con tonos de urgencia y desesperación, en la que se pide el desquite y la venganza sobre los enemigos y el perdón de los pecados causantes de la desgracia. Como motivación de la súplica, se propone el honor de Dios (Sal 79 9), la situación límite a que ha llegado el pueblo y la burla de los enemigos. Dios debe demostrar que no se puede atentar contra su pueblo sin recibir castigo. Las promesas de acción de gracias y de una alabanza permanente cierran el salmo (Sal 79 13).

Ante la sed de venganza que transmite el salmo, explicable en aquel momento y en el contexto de aquella cultura religiosa (Sal 79 6.10.12), los cristianos no podemos olvidar que Jesús no sólo nos invita a orar por los enemigos, sino que él mismo perdonó en la cruz a sus propios verdugos.

2 Pastor de Israel, escucha,
tú que conduces a José como a un rebaño,
tú que te sientas sobre los querubines, resplandece
3 ante Efraín, Benjamín y Manasés;
despierta tu poder y ven a salvarnos.
4 ¡Oh Dios, restáuranos,
que resplandezca tu rostro y nos salvarás!

5 Oh Señor, Dios todopoderoso,
¿hasta cuándo estarás indignado mientras tu pueblo te suplica?
6 Como pan les diste a comer lágrimas,
les diste a beber lágrimas en abundancia.
7 Nos hiciste objeto de burla entre nuestros vecinos,
y nuestros enemigos se ríen de nosotros.
8 ¡Dios todopoderoso, restáuranos,
que resplandezca tu rostro y nos salvarás!

9 Arrancaste una viña de Egipto,
y expulsaste naciones para plantarla;
10 le preparaste el suelo, echó raíces y llenó esta tierra.
11 Su sombra cubrió las montañas, sus ramas los cedros gigantescos;
12 extendió su ramaje hasta el mar,
sus retoños hasta el río Eufrates.
13 ¿Por qué has derribado su cerca,
para que se aprovechen de ella todos los transeúntes,
14 la destruya el jabalí y sirva de alimento a las fieras salvajes?

15 ¡Dios todopoderoso, atiéndenos,
mira desde el cielo, fíjate, ven a visitar tu viña,
16 la planta que sembraste, el retoño que hiciste vigoroso.
17 A los que la incendiaron como basura,
hazlos perecer con el furor de tu rostro.
18 Que tu mano proteja a tu elegido, al hombre que tú fortaleciste.
19 Ya nunca nos apartaremos de ti:
devuélvenos la vida para que invoquemos tu nombre.
20 ¡Dios todopoderoso, restáuranos,
que resplandezca tu rostro y nos salvarás!

SALMO 81 (80)
Ojalá me escuchara mi pueblo

Lv 23 34; Ex 17 1-7; 20 2-3; Dt 9 7; Lv 26 7-8

1 *Al maestro de coro; sobre «la de Gat». De Asaf.*

2 ¡Aclamen a Dios, nuestra fortaleza,
aplaudan al Dios de Jacob!

Sal 80 (79): Salmo comunitario de lamentación y súplica. La repetición de un estribillo permite definir su estructura en cuatro partes: invocación inicial (Sal 80 2-4), lamentación (Sal 80 5-8), la viña transplantada (Sal 80 9-14), súplica (Sal 80 15-20).

Estamos ante una insistente súplica de salvación que hace el pueblo a Dios, su pastor por excelencia, ante una invasión enemiga (Sal 80 7.13.17). La mención de José (Sal 80 2) y de las tribus más relacionadas con él hace pensar que el salmo surgió en ambientes del reino del Norte. El salmista compara la historia pasada con las desgracias presentes, utilizando la rica y sugerente imagen de la viña (véase Is 5 1-5). Si Dios la sacó de Egipto, la transplantó en su tierra, la cuidó y engrandeció, ¿por qué ahora el viñador permite que la saqueen, la devasten y la destruyan? El pueblo, arrepentido de su pecado y con propósito de enmienda, pide a Dios que sea benévolo con su viña (Sal 80 15), que castigue a sus agresores y que restaure y salve a su pueblo.

Sal 81 (80): Salmo mixto compuesto por una invitación en forma de himno (Sal 81 2-6a) y un oráculo divino de estilo profético (Sal 81 6b-17), estructurado en tres partes: beneficios (Sal 81 6b-8), acusaciones contra el pueblo (Sal 81 9-13) y promesas (Sal 81 14-17).

3 Entonen canciones, toquen la pandereta,
la dulce cítara y el arpa.
4 Toquen la trompeta al comenzar el mes,
al salir la luna llena, día de nuestra fiesta:
5 porque es una ley para Israel,
una orden del Dios de Jacob,
6 una norma que impuso a José,
cuando salió de Egipto.

Oigo un lenguaje desconocido para mí;
7 yo quité la carga de sus hombros,
y sus manos quedaron libres de peso.
8 Clamaste en la opresión y te libré,
te respondí escondido en la tormenta,
te puse a prueba junto a las aguas de Meriba.

9 Escucha, pueblo mío, que doy testimonio contra ti:
¡Ojalá me escucharas, Israel!
10 No tendrás un dios extraño,
no adorarás a un dios extranjero.
11 Yo soy el Señor, tu Dios,
que te saqué de la tierra de Egipto:
abre la boca, y te saciaré.
12 Pero mi pueblo no quiso escuchar mi voz,
Israel no quiso obedecerme.
13 Por eso los abandoné a la dureza de su corazón,
a merced de sus caprichos.

14 ¡Ojalá me escuchara mi pueblo,
y siguiera Israel mi camino!
15 Inmediatamente humillaría a sus enemigos,
castigaría a sus adversarios.
16 Los enemigos del Señor lo halagarían,
y su destino quedaría decidido para siempre
17 Yo alimentaría a Israel con lo mejor del trigo,
lo saciaría con miel silvestre.

SALMO 82 (81)
Levántate, oh Dios, y juzga la tierra

Is 3 13-14; Ex 23 6; Jn 10 34

1 *Salmo de Asaf.*

Dios se levanta en la asamblea divina,
y juzga en medio de los dioses:

El Sal 81, como el anterior, parece tener su origen en los círculos proféticos del reino del Norte (Sal 81 5-6). El himno inicial hace pensar en una liturgia profética celebrada en una de las grandes fiestas (Sal 81 4). El oráculo tiene las características de un pleito entre Dios y su pueblo (Sal 81 9; véase nota a Sal 50). Dios invoca los beneficios otorgados a su pueblo y enumera los cargos, concentrados en la transgresión del primero y principal de los preceptos del decálogo (Sal 81 10-11; véase Ex 20 2-3). Israel ha desobedecido y padece justo castigo. La sentencia final, aunque condicional, es positiva: si el pueblo escucha y obedece, Dios volverá a favorecerlo (Sal 81 14-17).

Sal 82 (81): Este salmo es una liturgia o visión profética, con un oráculo de denuncia (Sal 82 2-5) y castigo (Sal 82 6-7). La introducción y la aclamación final, en inclusión (Sal 82 1.8), enmarcan el salmo.

El Sal 82 reproduce una sesión de la corte celestial (véase Is 6). Los acusados son los dioses de los demás pueblos, cuyo olvido de la justicia (defensa de los pobres y débiles frente a los malvados) pone en peligro la armonía del cosmos. La sentencia reduce a estos dioses a la condición de mortales. Hay quien interpreta el Sal 82 como una liturgia profética contra los jueces y gobernantes injustos que, al olvidarse de los pobres, provocan la intervención divina y el castigo correspondiente.

2 «¿Hasta cuándo defenderán la injusticia,
poniéndose a favor de los malvados?
3 ¡Defiendan al desprotegido y al huérfano,
hagan justicia al humilde y al desamparado,
4 libren al desprotegido y al necesitado,
defiéndanlos de las manos del malvado!»
5 Pero ellos no saben ni comprenden, caminan a oscuras,
y hasta los cimientos de la tierra tiemblan.

6 Les aseguro: «Aunque sean dioses
y todos sean hijos del Altísimo,
7 morirán como todos los hombres,
caerán como cualquier príncipe».
8 ¡Levántate, oh Dios, juzga la tierra,
domina sobre todos los pueblos!

SALMO 83 (82)
No te quedes, oh Dios, inmóvil y callado

Jue 4-5; 7 25; 8 10-21

1 *Canto. Salmo de Asaf.*

2 ¡Oh Dios, no permanezcas en silencio,
no te quedes, oh Dios, inmóvil y callado!

3 Mira cómo se amotinan tus enemigos,
y se rebelan los que te odian.
4 Hacen planes contra tu pueblo,
conspiran contra tus protegidos.
5 Dicen: «Vamos a exterminarlos como nación,
y no se recordará más el nombre de Israel».
6 Se ponen todos de acuerdo y hacen un pacto contra ti:
7 edomitas, ismaelitas, moabitas y agarenos,
8 los de Guebal, Amón y Amalec,
los filisteos y los habitantes de Tiro;
9 también Asiria se ha unido a ellos,
y sirven de refuerzo a los hijos de Lot.

10 ¡Trátalos como a Madián,
como a Sísara y a Yabín en el torrente Quisón,

Sal 83 (82): Salmo comunitario de lamentación y súplica, estructurado en tres partes: invocación (Sal 83 2), lamentación ante la conspiración enemiga (Sal 83 3-9), petición de castigo y súplica (Sal 83 10-19).

Ante una confabulación de los reinos vecinos, Israel pide a su Dios que intervenga, como en los antiguos tiempos de los jueces, pues los enemigos del pueblo son también enemigos de Dios (Sal 83 3-4). La amplia lista de pueblos pretende tipificar un ataque indeterminado, posiblemente en tiempos de la dominación asiria (siglos VIII-VII a. C.). En la súplica (Sal 83 10-19) encontramos referencias a las hazañas de Débora y Barac (véase Jue 4-5) y de Gedeón (véase Jue 6-8). Se invoca la aparición del fuego y la tormenta (Sal 83 15-16), símbolos al mismo tiempo de la presencia y del castigo divinos; con su intervención, Dios manifiesta su poder y su dominio sobre todos los pueblos.

El cristiano no puede pretender nunca utilizar a Dios contra sus enemigos personales. *Amen a sus enemigos y oren por quienes los persiguen*, dirá Jesús (Mt 5 44). Nuestros únicos enemigos son aquellos que se oponen al plan de Dios y a la implantación de su reino.

11 cuando fueron aniquilados en Endor,
y sirvieron de estiércol para la tierra!
12 ¡Trata a sus príncipes como a Oreb y Zeb;
a todos sus jefes, como a Zebaj y a Salmaná,
13 que decían: «¡Apoderémonos de esos magníficos territorios!».
14 Dios mío, conviértelos en hojarasca, en paja a merced del viento.
15 Como fuego que devora la selva
y como incendio que consume las montañas,
16 persíguelos con tu tormenta, atérralos con tu vendaval.
17 Cubre sus rostros de humillación,
para que busquen tu nombre, Señor.
18 Abrumados de vergüenza para siempre, perezcan derrotados,
19 para que sepan que tu nombre es el Señor,
y que sólo tú eres el Altísimo sobre toda la tierra.

SALMO 84 (83)
Dichosos los que viven en tu casa

Sal 42 2-3; 5 3; Ez 34 6

1 *Al maestro de coro; sobre «la de Gat». Salmo de los hijos de Coré.*

2 ¡Qué deliciosa es tu morada, Señor todopoderoso!
3 Me consumo anhelando los atrios del Señor,
todo mi ser se estremece de alegría ansiando al Dios vivo.
4 En tus altares, Señor todopoderoso, rey y Dios mío,
hasta el gorrión ha encontrado una casa,
y la golondrina un nido donde poner sus polluelos.
5 Dichosos los que viven en tu casa y te alaban siempre;
6 dichoso el que encuentra en ti su fuerza
y peregrina hacia ti con sinceridad de corazón.
7 Al pasar por Valle Arido, lo convierten en manantiales;
la lluvia de otoño lo cubre de bendiciones.
8 Caminan animosos, para ver a Dios en Sión.

9 ¡Señor, Dios todopoderoso, escucha mi súplica,
atiéndeme, Dios de Jacob!
10 Oh Dios, escudo nuestro, mira;
fíjate en el rostro de tu ungido.

11 Vale más un día en tus atrios que mil en mi casa;
prefiero el umbral de la casa de mi Dios
a vivir en las tiendas del malvado.
12 Porque el Señor es sol y escudo, Dios concede gracia y gloria;
el Señor no niega nada a los que proceden honradamente.
13 Señor todopoderoso, dichoso el hombre que confía en ti.

Sal 84 (83): Himno de peregrinación y canto de Sn (véase Sal 46), estructurado en tres partes: himno e peregrinación (Sal 84 2-8), súplica por el rey (Sal 84 9-1, conclusión en forma de himno (Sal 84 11-13).

Se expresan en este salmo con brillantes trazos po cos la emoción y ansiedad del peregrino que se acerca Jerusalén y al templo, morada de Dios. Se canta la feli dad de sus moradores (Sal 84 4-5) y de los peregrinos q van derramando bendiciones a su paso (Sal 84 6-8), gracias a la extraordinaria fuerza de atracción de Dios desde su morada. Por un instante, el himno se convierte en súplica y suena el nombre del ungido o mesías (el rey), especialmente vinculado a Jerusalén y al templo (Sal 84 10). En tono de alabanza, se subraya de nuevo el valor inapreciable del templo y los beneficios de Dios para los que confían en él (Sal 84 11-13).

SALMO 85 (84)
La salvación está cerca

Sal 126; Ez 11 23; Jn 1 14; Sal 67 7

1 *Al maestro de coro. Salmo de los hijos de Coré.*

2 Señor, has sido compasivo con tu tierra,
has cambiado la suerte de Jacob;
3 has perdonado la culpa de tu pueblo,
has enterrado todos sus pecados,
4 has reprimido toda tu indignación,
has apagado el ardor de tu ira.

5 Restáuranos, Dios salvador nuestro,
calma tu indignación contra nosotros.
6 ¿Vas a estar siempre enfurecido contra nosotros?
¿Durará tu ira de generación en generación?
7 ¿No vas a devolvernos la vida,
para que tu pueblo se alegre en ti?
8 Muéstranos, Señor, tu amor y danos tu salvación.

9 Voy a escuchar lo que promete Dios:
el Señor anuncia la paz a su pueblo y a sus fieles,
para que no vayan detrás de los ídolos.
10 Sí, la salvación está cerca de los que le honran,
Dios habitará en nuestra tierra;
11 el amor y la fidelidad se encuentran,
la justicia y la paz se abrazan;
12 la fidelidad surge de la tierra,
y la justicia se asoma desde el cielo.
13 El Señor también nos dará la lluvia,
y nuestra tierra dará su cosecha;
14 la justicia irá delante de él
y seguirá su camino.

SALMO 86 (85)
Tú, Señor, me ayudas y consuelas

Sal 25 1; 5 2-3; Ap 15 4; Sal 27 11; 34 6; 25 16; Ex 33 6

1 *Oración de David.*

Hazme caso, Señor, escúchame, que soy humilde y necesitado;
2 protege mi vida, pues soy un fiel tuyo;
tú eres mi Dios, salva a tu siervo que confía en ti.

Sal 85 (84): Salmo de súplica comunitaria con oráculo de salvación, estructurado en tres partes: acción de gracias (Sal 85 2-4), súplica (Sal 85 5-8), oráculo de salvación (Sal 85 9-14).

El Sal 85 parece aludir a la situación creada al regreso del exilio: el pueblo agradece a Dios el *cambio de suerte* y la restauración (Sal 85 2.4). Pero las primeras decepciones y los nuevos problemas le hacen insistir en la súplica del perdón por las culpas pasadas y en la restauración plena (Sal 85 5.8). A la súplica responde un oráculo divino que anuncia la paz (Sal 85 9) y promete la salvación inminente, concretada en la donación de bienes espirituales (felicidad, amor, fidelidad, gracia, justicia, paz) y materiales (lluvia, cosecha). Sal 85 10-14 produce la impresión de un cortejo que camina hacia el encuentro y la reconcilia-ción entre Dios y el pueblo, plasmados en el abrazo de cieo y tierra (Sal 85 11-12).

Sal 86 (85): Salmo de súplica individual, estructurado er cuatro partes: súplica (Sal 86 1-6), declaración de confinza (Sal 86 7-11), promesa de acción de gracias (Sal 86 1·13), súplica confiada (Sal 86 14-17).

El salmista, que se siente humilde y necesitado, recu-e a Dios en el momento del peligro (Sal 86 14.17). A dife-ncia de otros salmos del género, el salmista motiva su egaria, no tanto en la intensidad y magnitud de sus ufrimientos, cuanto en la actuación pasada de Dios y en bondad permanente, como expresa la profesión de fe e Ex 34 6 (Sal 86 15; véase 103 8; 111 4; 145 8). Por eso súplica resulta confiada, entrañable y familiar. Al final, ás que una intervención directa y espectacular de Dios,

[3] Ten piedad de mí, Señor, pues te invoco todo el día;
[4] colma de alegría a tu siervo, pues en ti, Señor, me refugio.
[5] Tú eres, Señor, bueno e indulgente,
lleno de amor con todos los que te invocan.
[6] Escucha mi oración, Señor, atiende mi súplica.

[7] Cuando estoy angustiado te invoco y tú me respondes.
[8] No hay ningún Dios como tú, Señor, ni obras como las tuyas.
[9] Todas las naciones vendrán a postrarse ante ti,
y a dar gloria a tu nombre, Señor mío,
[10] pues tú eres grande y haces maravillas; tú solo eres Dios.
[11] Enséñame tu camino, Señor, para que te sea fiel;
guía mi corazón para que respete tu nombre.

[12] Te daré gracias de todo corazón, Señor, Dios mío,
daré gloria a tu nombre por siempre,
[13] pues tu amor hacia mí ha sido grande,
tú me sacaste del fondo del abismo.

[14] Dios mío, gente orgullosa se ha levantado contra mí,
unos insolentes buscan mi muerte, sin contar contigo.
[15] Pero tú, Señor mío, Dios clemente y compasivo,
paciente, lleno de amor y fiel,
[16] atiéndeme y ten piedad de mí.
Da fuerza a tu siervo, salva al hijo de tu esclava;
[17] dame una prueba de tu bondad,
para que la vean mis adversarios y queden confundidos,
porque tú Señor me ayudas y consuelas.

SALMO 87 (86)
El Señor ama a Sión

Sal 46; 48; Is 2 2-3; Gal 4 26; Ef 5 22-23

[1] *Salmo. Canto de los hijos de Coré.*

Sus cimientos están en el monte santo.
[2] El Señor ama las puertas de Sión,
más que todas las moradas de Jacob.
[3] Cosas sorprendentes se dicen de ti, ciudad de Dios.

[4] Mencionaré a Egipto y a Babilonia entre los que la conocen,
filisteos, tirios y etíopes han nacido allí.
[5] Se dirá de Sión: «Todos han nacido en ella,
él mismo, el Altísimo, la ha fundado».
[6] El Señor inscribe en el registro de los pueblos: «Este nació allí».
[7] Y danzarán y cantarán: «Todas mis fuentes están en ti».

el salmista pide sólo una señal, que haga recapacitar a sus adversarios y les dé a conocer quién es su protector.

Sal 87 (86): Canto de Sión (véase Sal 46), estructurado en dos partes: Sión, morada de Dios (Sal 87 1-3); Sión, madre de los pueblos (Sal 87 4-7).

El salmista contempla la ciudad de Jerusalén, edificada y habitada por Dios, como madre universal de todos los pueblos. Egipto y Babilonia, antiguos enemigos de Israel, se han convertido, junto con otros enemigos de alrededor, en *hijos de Jerusalén*, hermanos de los israelitas. Esta maternidad universal es obra de Dios que lleva el registro de los pueblos y los inscribe como fieles suyos, nacidos en su ciudad.

Esta magnífica visión escatológica es perfectamente aplicable a la Iglesia, esposa del Cordero (Ap 21 9-27) y madre de todos los bautizados, judíos o paganos.

SALMO 88 (87)
Mi vida está al borde del abismo

Job 10 15; 17 1; Sal 38 12; Lam 3 7; Job 17 13-14

1 *Canto. Salmo de los hijos de Coré. Del maestro de coro. Para la enfermedad; para la aflicción. Oda de Hemán el ezraita.*

2 Señor Dios, salvador mío, de día y de noche grito hacia ti:
3 llegue hasta ti mi súplica, haz caso a mi clamor.

4 Porque estoy harto de desdichas,
y mi vida está al borde del abismo;
5 me cuentan ya entre los que bajan a la tumba,
me he convertido en un hombre sin fuerzas.
6 Tengo mi lecho entre los muertos,
como los que yacen en los sepulcros,
de los que tú ya no te acuerdas,
porque han sido arrancados de tu mano.
7 Me has arrojado a lo hondo de la tumba,
a la oscuridad más profundas;
8 tu indignación pesa sobre mí, me oprimes con tu furor.
9 Alejaste de mí a mis conocidos,
me has hecho insoportable para ellos.
Soy como un preso que no puede escapar;
10 los ojos se me nublan de pena.

Todo el día te estoy invocando, Señor,
y extiendo mis manos hacia ti.
11 «¿Harás maravillas en favor de los muertos?
¿Se alzarán las sombras para darte gracias?
12 ¿Se proclama tu amor en la tumba,
o tu fidelidad en el reino de la muerte?
13 ¿Se conocen en la oscuridad tus maravillas,
o tu salvación en la tierra del olvido?».

14 Pero yo te pido auxilio, Señor,
por la mañana irá a tu encuentro mi súplica.
15 ¿Por qué me rechazas, Señor, y te alejas de mí?
16 Desde la infancia soy un desdichado y un enfermo,
he soportado tus espantos y ya no puedo más;
17 tu furia ha pasado sobre mí, y tus terrores me han aniquilado,
18 me envuelven como el agua todo el día,
me ahogan todos a la vez.
19 Y tú alejas de mí a mis amigos y conocidos,
¡la oscuridad es mi compañía!

Sal 88 (87): Salmo de lamentación y súplica, estructurado en cuatro partes: invocación inicial (Sal 88 2-3), sufrimientos del salmista (Sal 88 4-10a), interpelación (Sal 88 10b-13), súplica y lamentación (Sal 88 14-19).

Este salmo, el más triste y patético del salterio, es una oración desde y *para la enfermedad*, como dice el título. Sus más notables características son la abundancia de expresiones que definen la proximidad de la muerte y la falta del paso a la confianza o a la promesa de alabanza. El salmista suplica a Dios la curación de su mortal enfermedad, posiblemente contagiosa (Sal 88 9), aduciendo como motivo su propia actitud orante *día y noche* (Sal 88 2.10.14) y el conocido motivo del silencio en el reino de los muertos (Sal 88 11-13; véase Sal 6; 30; 38). La descripción de la cercanía de la muerte (Sal 88 4-8.17-19) y de la lejanía de amigos y conocidos (Sal 88 9-10a.19) resulta trágica y sombría. Aunque se alude a la ira de Dios, no se supone la culpabilidad del salmista. Sólo la súplica para que Dios actúe (Sal 88 14-15) sostiene en un hilo la esperanza de este hombre desesperado.

El dolor desmesurado, como el de Job, como el de Cristo en la cruz, puede, a pesar de todo, dar acceso al misterio de Dios, vislumbrando su victoria sobre el dolor y la muerte.

SALMO 89 (88)
Anunciaré por siempre tu amor y tu fidelidad

Sal 24 1-2; Ex 34 6-7; 2 Sm 7; Ap 1 5; Jr 33 20-21; Sal 80 13-14

1 *Oda de Etán, el ezraita.*

2 Cantaré eternamente el amor del Señor,
anunciaré por siempre tu fidelidad,
3 proclamaré: «tu amor está consolidado para siempre,
tu fidelidad está firme en los cielos».
4 He sellado una alianza con mi elegido,
he jurado a mi siervo David:
5 «Afirmaré tu descendencia para siempre,
consolidaré tu trono por todas las edades».

6 Señor, los cielos proclaman tus maravillas,
y tu fidelidad la asamblea de los santos.
7 ¿Quién puede compararse al Señor sobre las nubes?
¿Quién como el Señor entre los dioses?
8 Dios es temible en la asamblea de los santos,
grande y temible para todo su cortejo.
9 Señor, Dios todopoderoso, ¿quién como tú?
Eres poderoso y te rodea tu fidelidad.
10 Tú dominas el orgullo del mar,
y amansas sus olas embravecidas.
11 Tú destrozaste el cadáver de Rahab,
con tu potente brazo desbarataste a tus enemigos.
12 Tuyo es el cielo, tuya es la tierra,
tú formaste el mundo y cuanto hay en él;
13 tú creaste el norte y el sur,
el Tabor y el Hermón aclaman tu nombre.
14 Tu brazo es brazo poderoso,
fuerte y magnífica tu mano;
15 la justicia y el derecho sostienen tu trono,
el amor y la fidelidad están ante ti.
16 Dichoso el pueblo que sabe aclamarte,
caminará, Señor, a la luz de tu presencia;
17 todo el día se alegran en tu nombre,
son engrandecidos por tu fuerza salvadora.
18 Pues tú eres su honor y su fuerza,
y con tu favor nos haces triunfar.
19 El Señor es nuestro escudo, el Santo de Israel nuestro rey.

Sal 89 (88): Salmo mixto, compuesto por un himno a Dios (Sal 89 6-19), un oráculo mesiánico (Sal 89 20-38) y una lamentación y súplica por el rey (Sal 89 39-52). El conjunto comienza con una introducción (Sal 89 2-5). Sal 89 53 es la doxología que cierra el tercer libro de los salmos (véase Introducción y Sal 41 14).

A pesar de la aparente diversidad de sus elementos, todo el salmo tiene un tema único y principal: *el amor y la fidelidad* de Dios, enunciados en la introducción (Sal 89 2-3), cantados en el poder creador de Dios (Sal 89 6.9.15), comprometidos en la promesa dinástica a David (Sal 89 25.29.34) y cuestionados hasta cierto punto en la súplica final (Sal 89 50). Los motivos de los dos grandes bloques del salmo quedan anunciados en la introducción: creación y señorío de Dios (Sal 89 3.6-19), y la elección de David y sus sucesores (Sal 89 4-5.20-52). Dios ha mostrado su amor y fidelidad en su coronación celeste, en su victoria sobre el caos y en su señorío sobre la creación, a lo que se une la elección de Israel. La afirmación de que Dios es rey (Sal 89 19b) sirve de transición a la segunda parte (Sal 89 20-52). Dios ha mostrado de nuevo en la elección de David su amor y su fidelidad: precisamente este amor y esta fidelidad le han hecho comprometerse en una nueva alianza con la dinastía davídica (Sal 89 20-38, con abundantes referencias a la promesa dinástica de 2 Sm 7). Sin embargo, la derrota del rey (Sal 89 39-46) pone ahora en entredicho el amor y la fidelidad jurados a David (Sal 89 47-50) y provoca la súplica final por el rey (Sal 89 51-52).

Cristo, el Mesías descendiente de David, sufrió también una derrota aparentemente inexplicable que ponía en entredicho las antiguas promesas y la justicia divina. Su resurrección aclarará finalmente este misterio.

20 Un día tú hablaste en visión y dijiste a tus fieles:
«He otorgado mi ayuda a un guerrero,
he encumbrado a un elegido de entre el pueblo.
21 He hallado a mi siervo David, y lo he ungido con mi óleo santo;
22 mi mano estará siempre con él, mi brazo lo fortalecerá.
23 No lo sorprenderá el enemigo, ni el perverso podrá humillarlo;
24 aplastaré a sus adversarios, heriré a los que lo odian.
25 Mi fidelidad y mi amor estarán con él, en mi nombre triunfará.
26 Le he dado poder sobre el mar y los ríos.
27 El me dirá: Tú eres mi padre,
mi Dios, la roca que me salva».
28 Y yo lo constituiré primogénito mío,
el más grande entre los reyes de la tierra.
29 Mi amor hacia él será eterno, y mi alianza con él, firme;
30 haré eterna su descendencia, y su trono durará como el cielo.
31 Si sus hijos abandonan mi ley y no siguen mis preceptos,
32 si quebrantan mis órdenes, y no obedecen mis mandamientos,
33 castigaré sus rebeldías con azotes, y sus culpas con el látigo.
34 Pero a él no le retiraré mi amor, ni le faltará mi fidelidad.
35 No quebrantaré mi alianza, ni me retractaré de la palabra dada.
36 Una vez lo juré por mi santidad y no voy a mentir a David.
37 Su descendencia durará para siempre
y su trono será como el sol en mi presencia,
38 como la luna, testigo fiel y permanente en el cielo».

39 Pero tú has rechazado y abandonado a tu ungido,
y te has enfurecido contra él;
40 has roto la alianza con tu siervo,
has echado por tierra y profanado su corona.
41 Has destruido todas sus murallas,
has convertido en ruinas sus fortalezas;
42 las han saqueado todos los que pasan por allí,
y son la burla de sus vecinos.
43 Has dado la victoria a sus adversarios,
has llenado de alegría a todos sus enemigos;
44 hiciste que su espada perdiera el filo,
y no lo sostuviste en el combate.
45 Acabaste con su fama y arrojaste su trono por tierra;
46 acortaste su juventud y lo cubriste de vergüenza.
47 ¿Hasta cuándo, Señor, seguirás ocultándote?
¿Hasta cuándo arderá como fuego tu furor?
48 Acuérdate qué breve es la vida,
y qué frágiles hiciste a los mortales.
49 ¿Quién podrá vivir sin que le llegue la muerte?
¿Quién librará su vida de las garras del abismo?
50 ¿Dónde está, Señor mío, tu amor de otros tiempos,
que por tu fidelidad juraste a David?
51 Acuérdate, Señor mío, de los insultos hechos a tu siervo;
en mi pecho aguanto todas las injurias de los pueblos,
52 con los que tus enemigos insultan, Señor, insultan a tu ungido.

* * *

53 ¡Bendito sea el Señor por siempre! ¡Amén, amén!

SALMO 90 (89)
Señor, tú has sido nuestro refugio

Gn 3 19; 2 Pe 3 8; Is 40 6-7; Job 14 1-2; Ecl 12 1-7

1 *Oración de Moisés, hombre de Dios.*

Señor, tú has sido nuestro refugio
de generación en generación.
2 Antes que nacieran las montañas,
o fuera engendrado el universo,
desde siempre y para siempre tú eres Dios.
3 Tú haces que el hombre regrese al polvo,
diciendo: «¡Regresen, hijos de Adán!»
4 Porque mil años son para ti como un día,
un ayer que ya pasó, una hora de la noche.
5 Tú los haces desaparecer, son como un sueño,
como la hierba que brota por la mañana:
6 brota y florece por la mañana,
y por la tarde ya está marchita y seca.

7 Porque tu ira nos ha debilitado,
tu indignación nos ha transtornado.
8 Has puesto nuestras culpas ante ti,
nuestros secretos a la luz de tu mirada;
9 todos nuestros días se desvanecen bajo tu ira,
y como un suspiro se acaban nuestros años.
10 Setenta años dura nuestra vida,
y hasta ochenta llegan los más fuertes;
pero sus afanes son fatiga inútil,
pues pasan pronto, y desaparecemos.
11 ¿Quién ha experimentado la fuerza,
el terror que produce tu enojo?

12 Enséñanos a calcular nuestros días,
para que adquiramos un corazón sabio.
13 ¿Cuánto tardarás, Señor, en atendernos?
Ten compasión de tus siervos.
14 Sácianos de tu amor por la mañana,
para que vivamos con alegría y júbilo.
15 Alégranos tantos días como nos hiciste sufrir,
tantos años como conocimos desgracias.
16 Que tus siervos veamos tus acciones,
y nuestros hijos contemplen tu esplendor.
17 Que descienda sobre nosotros
la bondad del Señor, nuestro Dios.
Da éxito a todo cuanto hagamos.
Sí, da éxito a todo cuanto hagamos.

Sal 90 (89): Salmo comunitario de lamentación y súplica. Su estructura comprende cuatro partes: introducción en forma de himno (Sal 90 1), meditación sobre la eternidad de Dios y la caducidad de la vida (Sal 90 2-6), lamentación (Sal 90 7-11), súplica (Sal 90 12-17).

Todo el salmo introduce una gran reflexión sobre la eternidad y la caducidad, sobre la permanencia de Dios y la contingencia de sus criaturas. La primera parte (Sal 90 2-6) subraya la eternidad y transcendencia divinas, en contraste con la fragilidad de todas las criaturas. La segunda parte (Sal 90 7-11) introduce la lamentación: los pecados del hombre provocan la ira divina que llena de fatigas y sufrimientos los cortos días del hombre. La súplica (Sal 90 12-17), que incorpora temas anteriores, pide sabiduría para reconocer la brevedad de la vida y los dones divinos de la alegría y la bondad, que den sentido a las fatigas y sinsabores de tan frágil existencia.

SALMO 91 (90)
Al amparo del Altísimo, a la sombra del Poderoso

Job 5 19-22; Mt 4 6; Lc 10 19

1 Tú que vives al amparo del Altísimo,
y habitas a la sombra del Poderoso,
2 di al Señor: «Refugio mío y fortaleza mía,
Dios mío, en ti confío».

3 El te librará de la red del cazador,
y de la peste mortal;
4 Te cubrirá con sus plumas,
y hallarás refugio bajo sus alas,
su fidelidad será escudo y coraza.
5 No temerás los peligros de la noche,
ni la flecha que vuela de día
6 ni la peste que avanza en la oscuridad
ni la plaga que arrasa al mediodía.
7 Caerán a tu lado mil y diez mil a tu derecha,
pero a ti ningún mal te alcanzará.
8 Con sólo abrir los ojos,
verás el castigo de los malvados,
9 porque hiciste del Señor tu refugio
y del Altísimo tu defensa.
10 No te llegará la desgracia,
ni la plaga rondará tu tienda,
11 porque ha ordenado a sus ángeles
que te protejan en todos tus caminos.
12 Ellos te llevarán sobre sus manos,
para que tu pie no tropiece en la piedra;
13 caminarás sobre serpientes y víboras,
pisarás leones y dragones.

14 Lo libraré, porque se aferró a mí,
lo protegeré, pues conoce mi nombre;
15 me llamará y yo le responderé,
estaré a su lado en la desgracia,
lo libraré y acrecentaré su fama;
16 le haré disfrutar de larga vida,
y le mostraré mi salvación.

Sal 91 (90): Salmo de confianza con oráculo de salvación, estructurado en tres partes: exhortación (Sal 91 1-2), promesas de asistencia y protección (Sal 91 3-13), oráculo divino de salvación (Sal 91 14-16).

Dos rasgos dan originalidad al salmo: el salmista no habla de sí mismo, sino que se dirige a una segunda persona, para garantizarle la protección divina. Además, los enemigos son aquí enfermedades o desgracias colectivas (peste, epidemia, plaga). La exhortación inicial (Sal 91 1-2) destaca la dimensión protectora del templo y los títulos divinos de confianza (refugio, fortaleza). Anticipa así el tema que se repite de forma reiterativa en el cuerpo del salmo (Sal 91 3-13): Dios salva de todo peligro, enfermedad o desgracia a los que confían en él, asegurándoles su protección directa o indirecta (a través de sus ángeles/emisarios: Sal 91 11-13). El oráculo que cierra el salmo (Sal 91 14-16) es una nueva garantía de protección, auxilio y bendición divinas.

La utilización de Sal 91 11-12 en los relatos de las *tentaciones* de Jesús (véase Mt 4 6 y par) nos advierte del riesgo de condicionar nuestra confianza en Dios a sus "manifestaciones" excepcionales.

SALMO 92 (91)
Es bueno dar gracias al Señor

Sal 33 1-3; 8; 37 35-36; 1 3; 52 10

1 *Salmo; canto para el sábado.*

2 ¡Qué bueno es dar gracias al Señor,
y cantar para tu nombre, oh Altísimo!
3 Publicar tu amor por la mañana,
y tu fidelidad durante la noche,
4 al son de la lira de diez cuerdas,
con la melodía de la cítara y el arpa.
5 Tú me alegras, Señor, con tus acciones,
y canto jubiloso por la obra de tus manos.

6 ¡Qué grandes son tus obras, Señor,
qué profundos tus proyectos!
7 El hombre ignorante no los entiende,
el necio estas cosas no las comprende.
8 Aunque broten los malvados como hierba,
y florezcan los malhechores,
serán exterminados para siempre.
9 En cambio tú, Señor, en las alturas, permaneces por siempre.
10 Porque mueren, Señor, tus enemigos,
y desaparecen todos los malhechores.
11 Pero a mí me das la fuerza de un búfalo,
y derramas sobre mí aceite nuevo.
12 Mis ojos verán caer a los que me acechan,
y a mis oídos llegará la derrota de los que me atacan.

13 El justo florecerá como una palmera,
crecerá como cedro del Líbano.
14 Plantados en la casa del Señor,
florecerán en los atrios de nuestro Dios.
15 Aún en la vejez seguirán dando fruto,
conservarán su verdor y lozanía,
16 para anunciar que el Señor es recto,
que en mi Roca no existe el engaño.

SALMO 93 (92)
El Señor es rey; está vestido de poder

Sal 97 1; 96 10; Job 7 12

1 El Señor es rey; está vestido de esplendor;
el Señor, está vestido y rodeado de poder;
firme e inconmovible está la tierra.

Sal 92 (91): Himno individual de acción de gracias con motivos sapienciales. Comprende tres partes: introducción en forma de himno (Sal 92 2-5), contraste entre los malvados y el salmista (Sal 92 6-12), recompensa del justo (Sal 92 13-16).

A pesar de su carácter compuesto, el Sal 92 en su conjunto es un himno agradecido a Dios que protege al justo y hace perecer a los malvados. El salmista parte de una experiencia personal de liberación y la eleva a la categoría de enseñanza. Mientras que el hombre religioso es capaz de comprender los proyectos de Dios, reconocer sus obras y alegrarse por ellas, el hombre ignorante está incapacitado para ello, y los malvados que pretenden ignorarlas reciben, antes o después, su justo castigo. La reflexión sapiencial conclusiva (Sal 92 13-16) es un eco de la enseñanza tradicional sobre el feliz desenlace del justo. Se presenta dicha reflexión a través de la imagen del árbol frondoso y fértil, plantado en el templo (Sal 92 13-14; véase Sal 1 3).

2 Tu trono está firme desde siempre,
tú existes desde la eternidad.

3 Levantan los ríos, Señor, su clamor,
levantan su fragor;
4 pero más que el clamor de las aguas caudalosas,
más fuerte que el oleaje del océano,
más fuerte en el cielo es el Señor.

5 Tus mandamientos son inmutables, Señor,
la santidad adorna tu templo por años sin fin.

SALMO 94 (93)
Levántate, juez de la tierra

Ex 22 21-22; Dt 24 17-22; 1 Cor 3 20; Job 5 17

1 ¡Dios vengador, Señor, Dios vengador, manifiéstate!
2 ¡Levántate, juez de la tierra, y da su merecido a los soberbios!
3 ¿Hasta cuándo, Señor, hasta cuándo triunfarán los malvados?
4 ¿Hasta cuándo alardearán, hablarán con insolencia,
y presumirán todos los malhechores?
5 Aplastan a tu pueblo, Señor, y oprimen tu heredad.
6 Asesinan a la viuda y al extranjero, matan al huérfano.
7 «El Señor no ve nada –andan comentando–,
el Dios de Jacob no se da cuenta».

8 Entiendan, los tontos del pueblo,
¿cuándo comprenderán, ignorantes?
9 El que hizo el oído, ¿no va a oír?
El que formó los ojos, ¿no va a ver?
10 El que educa a los pueblos, ¿no va a corregir?
El que enseña al hombre, ¿no va a saber?
11 El Señor sabe que los proyectos del hombre son pura vanidad.
12 Dichoso el hombre a quien tú educas, Señor,
a quien enseñas tu ley,
13 y le das reposo después de la desgracia,
mientras cavan la tumba del malvado.
14 Porque el Señor no rechaza a su pueblo,
no abandona a su heredad.

Sal 93 (92): Himno a Dios como rey, estructurado en tres partes: Dios, rey del mundo (Sal 93 1-2); triunfo sobre el caos (Sal 93 3-4); los mandamientos de Dios (Sal 93 5).

Dios es rey, espléndido y majestuoso. Desde su trono eterno e inamovible, establece el mundo, que se mantiene firme a pesar de las fuerzas que lo atacan, representadas aquí por el fragor y el oleaje de ríos y océanos. La seguridad del trono de Dios y del mundo por él establecido se refleja finalmente en la firmeza y estabilidad de sus mandamientos.

Sal 94 (93): Salmo de súplica individual, estructurado en tres partes: solicitud de la justicia divina (Sal 94 1-7), exhortación sapiencial (Sal 94 8-15), confianza en la justicia de Dios (Sal 94 16-23).

La contemplación de la injusticia, que supone la agresión impune de los malvados sobre los pobres e indefensos, provoca la reacción apasionada del salmista, que invoca a la justicia de Dios para que castigue a los culpables. Dios aparece como juez universal y defensor de su pueblo. Los malvados creen que sus opresiones quedarán sin castigo (Sal 94 4-6), porque, al parecer, Dios se desentiende de los asuntos humanos (Sal 94 7). Pero el salmista sabe que no es así y acude a las enseñanzas sapienciales (Sal 94 8-15), poniendo en evidencia la necedad del razonamiento de los malvados. A partir de su propia experiencia, el salmista concluye profesando una confianza absoluta en la justicia de Dios (Sal 94 16-23).

Los relatos evangélicos de la pasión ponen de manifiesto hasta qué punto se realizaron en la pasión de Jesús las palabras de Sal 94 21: *atentan contra la vida del justo y condenan al inocente*. Su resurrección demostró que la fuerza salvadora de Dios tiene la última palabra.

15 Habrá de nuevo justicia en el juicio,
y la apoyarán todos los hombres honestos.

16 ¿Quién defenderá mi causa frente a los malvados?
¿Quién se colocará a mi lado frente a los malhechores?
17 Si el Señor no me hubiera ayudado,
ya estaría en el país del silencio.
18 Cuando me parece que voy a tropezar, tu amor me sostiene, Señor;
19 aunque tenga mil preocupaciones, me alegran tus consuelos.
20 ¿Podrá asociarse contigo un tribunal corrompido,
que trae la miseria, despreciando la ley?
21 Atentan contra la vida del justo y condenan al inocente.
22 Pero el Señor es mi fortaleza, Dios es mi refugio.
23 Recaerá sobre ellos mismos su propia iniquidad,
los destruirá por sus maldades,
los destruirá el Señor, nuestro Dios.

SALMO 95 (94)
Cantemos alegres al Señor

Sal 24 1-2; 100 3; Ez 34; Heb 3 7-11; Ex 17 1-7; Nm 20 2-13; Dt 32 5-20; Nm 14 30-34

1 ¡Vengan, cantemos alegres al Señor,
aclamemos a la Roca que nos salva!
2 Entremos en su presencia dándole gracias,
aclamándolo con cantos.
3 Porque el Señor es un Dios grande,
rey poderoso más que todos los dioses.
4 En sus manos están las profundidades de la tierra,
y suyas son las cumbres de las montañas;
5 suyo es el mar, porque él lo hizo,
y la tierra firme, que modeló con sus manos.
6 Entremos, postrémonos para adorarlo,
arrodillémonos ante el Señor, que nos ha hecho.
7 Porque él es nuestro Dios y nosotros su pueblo,
ovejas que él apacienta.

¡Ojalá escuchen hoy su voz!
8 «No endurezcan su corazón como en Meribá,
como el día de Masá, en el desierto,
9 cuando me tentaron sus antepasados,
y me pusieron a prueba, a pesar de haber visto mis obras».
10 Cuarenta años estuve disgustado con aquella generación,
y dije: «Son un pueblo de corazón rebelde,
que no conocen mis caminos».
11 *Por eso juré indignado*: «¡Jamás entrarán en mi descanso!».

Sal 95 (94): El salmo reproduce una liturgia profética en dos partes: himno procesional de entrada al templo (Sal 95 1-7a) y oráculo divino (Sal 95 7b-11).

La primera parte (Sal 95 1-7a) es un himno a Dios soberano, donde se alternan las invitaciones a la alabanza y a la adoración con los motivos que las provocan: la majestad de Dios, su señorío sobre la creación, y la elección y pastoreo de su pueblo, Israel, repitiendo la fórmula solemne de la alianza (Sal 95 7; véase Sal 79 13; 100 3). La segunda parte (Sal 95 7b-11) es una invitación a escuchar-obedecer-confiar en Dios, y a no imitar la rebelde conducta de los antepasados en el desierto (véase Ex 17 1-7; Nm 20 1ss; Dt 6 16). En caso contrario –se sugiere– perderán la tierra y la posibilidad de acceso a la morada de Dios.

Heb 3 7-4 11 retoma y actualiza la exhortación de Sal 95 7b-11 para afianzar la fidelidad y la confianza de los creyentes en Dios.

SALMO 96 (95)
Gobernará al mundo con justicia

Sal 98; 1 Cr 26 23-33; Is 40 17-20; 1 Cor 8 4-6; Sal 93 1

1 Canten al Señor un canto nuevo,
que toda la tierra cante al Señor.
2 Canten al Señor, bendigan su nombre,
celebren día tras día su victoria.

3 Propaguen su grandeza entre las naciones,
sus maravillas entre todos los pueblos.
4 Porque el Señor es grande y digno de alabanza,
más temible que todos los dioses.
5 Pues los dioses de las naciones son pura apariencia,
pero el Señor hizo los cielos.
6 Majestad y esplendor están en su presencia,
poder y belleza en su templo.

7 Pueblos todos de la tierra,
reconozcan la gloria y el poder del Señor.
8 Reconozcan que su nombre es glorioso,
entren en su templo trayéndole ofrendas;
9 adoren al Señor en su templo,
tiemble en su presencia la tierra entera.
10 Digan a las naciones: «¡El Señor es rey!
El aseguró el mundo para que permanezca firme;
él gobierna a los pueblos con rectitud».

11 Que se alegren los cielos y se regocije la tierra,
que resuene el mar y cuanto lo llena,
12 que exulten los campos con todos sus frutos,
que aclamen los árboles del bosque,
13 ante el Señor que viene a gobernar la tierra:
gobernará con justicia al mundo,
a las naciones con fidelidad.

SALMO 97 (96)
El Señor es rey sobre toda la tierra

Sal 93; 18 9; 77 19; 50 6; 48 12; 83 19

1 El Señor es rey: ¡que se alegre la tierra,
y salten de gozo los innumerables pueblos lejanos!

Sal 96 (95): Himno a Dios como rey, estructurado en cuatro partes: exhortación a la alabanza (Sal 96 1-2), invitación al pueblo (Sal 96 3-6), invitación a las naciones (Sal 96 7-10), invitación a la creación (Sal 96 11-13).

Desde la triple invitación inicial a la alabanza (*canten*: Sal 96 1-2a), el salmo se sitúa en perspectiva universalista y ecuménica. Los destinatarios de la invitación son, sucesivamente, el pueblo de Israel, que debe desempeñar una tarea misionera (Sal 96 3), las naciones de la tierra (Sal 96 7), que tienen que reconocer el poder de Dios y adorarlo en su santuario, y la creación entera (Sal 96 11) que debe alegrarse. Los motivos de la alabanza son las obras y acciones de Dios: salvación, majestad, poder creador, dominio sobre los dioses, realeza, y el gobierno justo y fiel que establece en la naturaleza y en la historia (Sal 96 10.13).

Sal 97 (96): Himno a Dios como rey, estructurado en tres partes: aparición divina (Sal 97 1-5), reacciones diversas (Sal 97 6-9), salvación para los justos (Sal 97 10-12).

Dios es rey de toda la tierra (inclusión en Sal 97 1a.5b). Su reinado, que tiene como fundamento el ejercicio de la justicia y el derecho, es descrito con elementos propios de las apariciones divinas (tormenta, nubes, relámpagos, fuego, terremoto) que simbolizan su manifestación gloriosa, su majestad y transcendencia. Ante la llegada de la salvación se produce la reacción de los distintos protagonistas: cielos y pueblos, los idólatras y sus dioses, Sión y las ciudades de Judá. Al final, los fieles y los justos, destinatarios y beneficiarios del amor, la justicia y la salvación de Dios, celebran su alegría por el establecimiento de la realeza divina.

2 Está rodeado de nubes y brumas,
la justicia y el derecho son la base de su trono.
3 Delante de él avanza el fuego,
quemando a su alrededor a los enemigos;
4 sus relámpagos iluminan el mundo,
y al verlo, la tierra se estremece.
5 Las montañas se derriten como cera en presencia del Señor,
en presencia del dueño de toda la tierra.

6 Los cielos pregonan su fuerza salvadora,
y todos los pueblos ven su grandeza.
7 Se avergüenzan los que dan culto a imágenes,
los que ponen su honor en los ídolos.
¡Póstrense ante él todos los dioses!
8 Sión lo oye y se alegra, saltan de gozo
las ciudades de Judá, por tus acciones salvadoras.
9 Porque tú, Señor, eres el Altísimo sobre toda la tierra,
mucho más excelso que todos los dioses.

10 El Señor ama a los que aborrecen el mal,
cuida la vida de sus fieles,
y los libra del poder de los malvados.
11 Una luz amanece para el justo,
la alegría para los hombres honrados.
12 Alégrense, justos, con el Señor;
alaben su santo nombre.

SALMO 98 (97)
El Señor muestra su salvación

Sal 96; Is 52 9; 55 12; Sal 67 5

1 *Salmo.*

Canten al Señor un canto nuevo,
porque ha hecho maravillas;
su mano le ha dado la victoria, su santo brazo.
2 El Señor hace pública su victoria,
a la vista de las naciones muestra su salvación,
3 ha recordado su amor y su fidelidad en favor de Israel.
Toda la tierra ha visto la victoria de nuestro Dios.

4 ¡Aclamen al Señor, habitantes de toda la tierra,
estallen de gozo, griten de alegría, canten!
5 Canten al Señor con la cítara,
con la cítara y los demás instrumentos;
6 al son de trompetas y clarines, aclamen al Señor, que es rey.

7 *Que resuene el* mar y cuanto lo llena,
la tierra y todos sus habitantes;
8 aplaudan los ríos, salten de alegría las montañas,

Sal 98 (97): Himno a Dios como rey, con duplicados de Sal 96 (Sal 98 1.7.9). Su estructura comprende tres partes: la victoria de Dios (Sal 98 1-3), aclamación universal (Sal 98 4-6), invitación a que se alegre la creación (Sal 98 7-9).

El motivo desencadenante de la alabanza es la *victoria* de Dios (palabra clave de la primera parte: Sal 98 1b.2a.3b), que es fuente de revelación para las naciones y manifestación de la especial relación de Dios con su pueblo, en virtud de la elección y la alianza (Sal 98 3a). Tras las aclamaciones de toda la tierra a Dios rey, con connotaciones cúlticas (Sal 98 4-6), la creación es invitada, co-mo en el Sal 96, a celebrar la llegada y coronación de Dios como rey universal y juez justo.

9 ante el Señor que viene a gobernar la tierra:
gobernará con justicia al mundo, a las naciones con rectitud.

SALMO 99 (98)
Santo es el Señor, nuestro Dios

Is 6 3; Ex 19 18-19; 33 11; Nm 20 12

1 El Señor es rey: tiemblen las naciones;
está sentado sobre querubines: estremézcase la tierra.
2 El Señor es grande en Sión,
está por encima de todos los pueblos.
3 Den gloria a tu nombre grande y temible.
El es santo.

4 Tú eres un rey poderoso que amas la justicia,
tú has establecido lo que es recto,
tú ejerces la justicia y el derecho en Jacob.
5 Glorifiquen al Señor, nuestro Dios,
póstrense ante el estrado de sus pies.
El es santo.

6 Entre sus sacerdotes estaban Moisés y Aarón,
y Samuel entre los que invocaban su nombre;
clamaban al Señor y él les respondía.
7 Desde la columna de nube conversaba con ellos,
y ellos obedecían sus normas y la ley que les dio.
8 Señor, Dios nuestro, tú les respondías.
Tú eras para ellos un Dios compasivo,
aunque castigabas sus delitos.
9 Glorifiquen al Señor, nuestro Dios,
póstrense ante su monte santo,
pues santo es el Señor, nuestro Dios.

SALMO 100 (99)
Dios nos hizo y somos suyos

Sal 95 7; Jr 33 1; Sal 106 1

1 *Salmo de acción de gracias.*

¡Aclamen al Señor, habitantes de toda la tierra,
2 den culto al Señor con alegría,
lleguen hasta él con cantos festivos!
3 Reconozcan que el Señor es Dios, que él nos hizo y somos suyos,
su pueblo y ovejas que él apacienta.

Sal 99 (98): Himno a Dios como rey y a su santidad. La triple aclamación *santo* (Sal 99 3.5.9) divide el salmo en tres estrofas: Dios reina en Sión (Sal 99 1-3), la justicia de Dios (Sal 99 4-5), la revelación de Dios (Sal 99 6-9).

El Sal 99 es el último de los himnos a Dios aclamado como rey (Sal 93; 96-99) y, en buena medida, recapitula los anteriores. En él se destaca la regularidad, armonía y belleza de composición. Se cantan tres manifestaciones de Dios: su reinado majestuoso y universal en Sión, su gobierno justo en Israel y su revelación en la historia del pueblo a través de mediadores privilegiados y de su ley. A cada manifestación sigue una invitación: glorificar su nombre (Sal 99 3), inclinarse ante su trono (Sal 99 5), rendirle culto en el templo (Sal 99 9). Y cada parte se cierra con la aclamación de su santidad, clave y compendio de todos sus atributos y actuaciones.

Sal 100 (99): Himno de alabanza y acción de gracias con elementos de canto procesional recitado a dos coros. Su estructura comprende dos partes paralelas: alabanza (Sal 100 1-3), entrada al santuario (Sal 100 4-5).

Este salmo es una invitación a la alabanza, a la acción de gracias y al servicio del Señor. Cada invitación tiene su correspondiente motivación: la elección de Israel y la alianza, por la que Dios es Señor de Israel, y éste es su pueblo (Sal 100 3; véase Sal 79 13; 95 7), y los títulos que fundamentan dicha alianza: bondad, amor y fidelidad de Dios.

4 Entren por las puertas de su templo dándole gracias,
crucen por sus atrios entonando himnos;
alábenlo y bendigan su nombre.
5 Porque el Señor es bueno y su amor es eterno,
su fidelidad permanece de generación en generación.

SALMO 101 (100)
Voy a cantar al amor y a la justicia

Sal 26 11-12; Prov 11 20; 17 20; 30 10; 21 4; 25 5

1 *Salmo de David.*

Voy a cantar al amor y a la justicia;
en tu honor, Señor, quiero tocar.

2 Seguiré el camino de los rectos: ¿Cuándo vendrás a mí?
Procederé con rectitud en medio de mi casa;
3 no me ocuparé de cosas indignas.
Detesto el proceder de los malvados,
no permitiré que se me acerquen.
4 Que se alejen de mí los perversos,
no quiero saber nada de los malvados.
5 Haré callar al que calumnia en secreto a su prójimo;
pues no soporto gente arrogante y soberbia.

6 Me fijaré en los leales del país, para que vivan conmigo;
el que se comporta con rectitud, será mi servidor.
7 No habrá sitio en mi casa para el que comete fraude;
el que dice mentiras no soportará mi presencia.
8 Cada mañana haré callar a todos los malvados del país,
y expulsaré de la ciudad del Señor a todos los malhechores.

SALMO 102 (101)
Tú eres siempre el mismo, Señor

Sal 22 31-32; Is 51 6-8; Heb 1 10-12; Sal 69 36-37

1 *Oración de un afligido que, en su angustia, se lamenta ante el Señor.*

2 Señor, atiende mi oración, llegue hasta ti mi súplica;
3 no me ocultes tu rostro cuando estoy angustiado,
escúchame cuando te invoco, respóndeme en seguida.

4 Pues mis días se esfuman como humo,
mis huesos se consumen como brasas;

Sal 101 (100)*: Salmo real, presentado como una declaración programática del rey ante Dios.* Tras la introducción en forma de himno (Sal 101 1), el salmo presenta dos partes casi paralelas: Sal 101 2-5 y 6-8.

La declaración real, pronunciada probablemente durante el rito de coronación, presenta las características de una profesión de *rectitud* (palabra clave: Sal 101 2a.2b.6b). Tras la promesa genérica inicial de proceder rectamente, se especifica en qué consiste: apartarse de los malvados (Sal 101 3-5), ofrecer la propia casa a los leales y rectos (Sal 101 6) y expulsar de la ciudad y del país a los que se comportan mal (Sal 101 7-8).

A diferencia del salmista, Cristo no rechaza a los pecadores y descreídos. Al contrario, los recibe, come con ellos, les ofrece el perdón de Dios... Pues son los enfermos los que necesitan del médico (Lc 5 30-32).

Sal 102 (101): Salmo mixto: lamentación individual con súplica colectiva de confianza. El conjunto se estructura en cuatro partes: invocación inicial (Sal 102 2-3), lamentación (Sal 102 4-12), súplica confiada por Sión (Sal 102 13-23), nueva súplica con conclusión en forma de himno (Sal 102 24-29).

La lamentación, delimitada por la inclusión *mis días... como la hierba* (Sal 102 4-5.12), contiene temas conocidos: enfermedad, sufrimientos, soledad, insultos del enemigo,

5 mi corazón se seca, marchitado como hierba,
y hasta me olvido de comer mi alimento.
6 A fuerza de gritar y de gemir,
la piel se me pega a los huesos;
7 me parezco a un buho del desierto,
soy como una lechuza entre las ruinas.
8 Estoy desvelado, gimiendo
como pájaro solitario en el tejado;
9 mis enemigos me insultan sin cesar,
furiosos contra mí, me maldicen.
10 Mi alimento es la ceniza,
mi bebida se mezcla con mi llanto
11 a causa de tu enojo y tu furor,
porque primero me engrandeciste, y luego me humillaste.
12 Mis días son como sombra que pasa,
y yo me voy secando como la hierba.

13 Pero tú, Señor, reinas por siempre,
tu fama dura eternamente.
14 Por favor, compadécete de Sión;
es ya tiempo que te apiades de ella.
15 ¡Cuánto cariño tienen tus siervos a sus piedras,
hasta de sus escombros sienten compasión!
16 Los paganos honrarán tu nombre, Señor,
y todos los reyes de la tierra te engrandecerán;
17 porque tú, Señor, reconstruirás Sión y manifestarás así tu gloria,
18 atenderás la súplica del desamparado y no rechazarás su oración.
19 Que se escriba todo esto para las generaciones futuras,
para que el pueblo que va a ser creado alabe al Señor;
20 pues el Señor miró desde su alto templo,
desde los cielos se fijó en la tierra,
21 para atender los lamentos de los cautivos,
y liberar a los condenados a muerte.
22 Entonces se proclamará en Sión el nombre del Señor
y en Jerusalén se publicará su alabanza;
23 pueblos y reinos se reunirán para dar culto al Señor.
24 El Señor debilitó mis fuerzas en el camino, acortó mis días.
25 Pero le supliqué:
Dios mío no cortes mi vida en la mitad de mis días,
tú que permaneces para siempre.
26 Desde antiguo pusiste los cimientos de la tierra,
los cielos son obra de tus manos.
27 Ellos perecen, pero tú permaneces,
todos se desgastan como la ropa,
son como un vestido que se cambia.
28 Pero tú eres siempre el mismo, tus años no tienen término.
29 Los hijos de tus siervos tendrán una morada,
y sus descendientes estarán siempre en tu presencia.

castigo divino, etc. De golpe, el salmista incluye en su súplica a una Sión desolada y anuncia su próxima restauración, para asombro de propios y extraños, y alabanza de todos (Sal 102 13-23). La última parte (Sal 102 24-29) recoge motivos anteriores y contrapone la brevedad de la vida/días del salmista (Sal 102 24; véase 102 4.12), con la *permanencia* de Dios, que se convierte en estribillo de la conclusión en forma de himno (Sal 102 25.27.28).

Heb 1 10-12 cita Sal 102 26-28, para hablar de la superioridad de Cristo, Hijo eterno de Dios, sobre los ángeles. La Iglesia ha incluido el Sal 102 en su lista de salmos penitenciales (véase Sal 6).

SALMO 103 (102)
Bendice, alma mía, al Señor

Ex 34 6-7; Sal 86 15; 145 8

1 *De David.*

Bendice al Señor, alma mía, y todo mi ser a su santo nombre.
2 Bendice al Señor, alma mía, no te olvides de sus beneficios.
3 El perdona todas tus culpas, y sana todas tus enfermedades.
4 El rescata tu vida de la tumba, y te colma de amor y de ternura;
5 sacia de bienes tu existencia, y te rejuveneces como un águila.

6 El Señor hace justicia y defiende a todos los oprimidos.
7 El dio a conocer sus planes a Moisés,
sus hazañas a los hijos de Israel.
8 El Señor es clemente y compasivo, paciente y lleno de amor;
9 no está siempre acusando ni guarda rencor eternamente;
10 no nos trata como merecen nuestros pecados,
ni nos paga de acuerdo con nuestras culpas.
11 Como la altura del cielo sobre la tierra,
así es su amor con los que lo respetan;
12 y como está lejano el oriente del poniente,
así aleja de nosotros nuestros crímenes.
13 Como un padre siente ternura por sus hijos,
así siente el Señor ternura por quienes lo respetan.
14 El sabe de qué estamos hechos, se acuerda de que somos polvo.

15 Los días del hombre son como la hierba:
florecen como la flor del campo,
16 pero apenas la roza el viento, deja de existir
y nadie la vuelve a ver en su sitio.
17 En cambio el amor del Señor por quienes lo respetan
dura eternamente y su salvación alcanza a hijos y nietos,
18 a todos los que guardan su alianza
y se acuerdan de cumplir sus mandamientos.

19 El Señor estableció su trono en los cielos,
ejerce su dominio sobre todas las cosas.
20 Bendigan al Señor, ángeles suyos, poderosos guerreros,
ejecutores de sus órdenes, atentos a sus palabras.
21 Bendigan al Señor, todos sus ejércitos,
servidores suyos, ejecutores de su voluntad.
22 Bendigan al Señor, todas sus obras,
en todos los lugares donde él gobierna.
Bendice al Señor, alma mía.

Sal 103 (102): Himno de alabanza a la misericordia de Dios, estructurado en cuatro partes: alabanza del salmista (Sal 103 1-5), el amor misericordioso de Dios (Sal 103 6-14), caducidad del hombre y eternidad de Dios (Sal 103 15-18), invitación universal a la alabanza (Sal 103 19-22).

El himno comienza con una invitación apremiante que el salmista se hace a sí mismo y que se repite en Sal 103 22: debe alabar a Dios porque son muchos los favores que ha recibido de él (perdón, salud, liberación, amor). Del horizonte personal pasa al horizonte histórico y comunitario, en dos series de reflexiones. La primera (Sal 103 6-14) refiere cómo el Dios de los oprimidos, el Dios del éxodo y del Sinaí, se ha manifestado como *clemente y compasivo* (Sal 103 8 = Ex 34 6): es un Dios que perdona, ama y se enternece con su pueblo. La segunda serie de reflexiones (Sal 103 15-18) compara la caducidad del hombre con la permanencia del amor de Dios. En la parte final (Sal 103 19-22), el salmista se abre a todo el universo, representado en los seres celestes y terrestres, y lo invita a cantar la soberanía de Dios, uniéndose a su personal alabanza.

Ampliando el horizonte del salmo, Jesús, el Hijo de Dios, nos ha mostrado el rostro del Padre, el lenguaje apropiado para invocarlo y el camino que conduce a él.

SALMO 104 (103)
Señor, todo lo hiciste con sabiduría

Gn 1; Heb 1 17; Job 38 8-11; Gn 9 11-15; Prov 8 22-31; Job 34 14-15

1 Bendice al Señor, alma mía:
¡Señor, Dios mío, qué grande eres!
Vestido de majestad y de esplendor,
2 envuelto en un manto de luz,
tú despliegas los cielos como una tienda
3 y construyes tu morada sobre las aguas;
haces de las nubes tu carroza
y avanzas sobre las alas del viento;
4 tomas a los vientos por mensajeros
y a las llamas ardientes por servidores.

5 Afirmaste la tierra sobre sus cimientos
y permanecerá inconmovible para siempre;
6 le pusiste el océano como vestido
y las aguas cubrían las montañas.
7 Pero ante tu amenaza las aguas huyeron,
al fragor de tu trueno escaparon:
8 subieron por las montañas, bajaron por los valles,
ocuparon el lugar que tú les señalaste.
9 Les pusiste un límite que no deben pasar,
para que no vuelvan a cubrir la tierra.

10 De los manantiales sacas los ríos,
que corren entre las montañas;
11 en ellos beben todos los animales del campo,
y los asnos salvajes apagan su sed.
12 En sus riberas anidan las aves del cielo,
que dejan oír su canto entre las ramas.
13 Desde tu morada riegas las montañas,
con tu acción fecundas la tierra.
14 Haces que brote la hierba para el ganado
y que crezcan las plantas que el hombre siembra;
así produces el pan de la tierra,
15 el vino que alegra a los hombres,
el aceite que hace brillar su rostro

Sal 104 (103): Himno a Dios por su obra creadora, posiblemente inspirado en un himno egipcio al dios sol, de la época del faraón Akenatón (siglo XIV a. C.). Tiene seis partes: Dios en su morada celeste (Sal 104 1-4), creación de la tierra y separación de las aguas (Sal 104 5-9), cuidado de la tierra y sus habitantes (Sal 104 10-18), el ritmo del tiempo (Sal 104 19-23), providencia de Dios para con sus criaturas (Sal 104 24-30), alabanza conclusiva (Sal 104 31-35).

Este himno es un grandioso cuadro sobre la creación, en cuya bondad y belleza se recrean, por una parte el *propio Dios,* su autor, y por otra los ojos contemplativos del poeta que aspira a plasmar esa bondad y belleza en un poema agradable a su Dios (Sal 104 33). El salmo constituye, además, un auténtico manifiesto ecologista. El tema de fondo es la acción creadora y recreadora de Dios, su bondad y maestría, el cuidado y solicitud divinas para con sus criaturas. Tras la presentación majestuosa de Dios, se habla de la creación de la tierra, que emerge del caos, y de la separación de las aguas. Del escenario general del universo se salta a la tierra habitada y se describe minuciosamente el sustento de los animales, a través de la lluvia, signo de la bendición y fertilidad que Dios garantiza; el trabajo del hombre, único ser que debe aportar su esfuerzo y su ciencia; el ritmo del día y de la noche, territorios respectivos de hombres y fieras; el mar y sus habitantes. Tras la descripción minuciosa, la reflexión genérica: todos los vivientes dependen de la bondad de Dios, de su mano abierta, de su aliento vivificador. Tan magnífico espectáculo desencadena en el salmista la alabanza y la acción de gracias, y una súplica inesperada: que desaparezcan los pecadores y malvados, los que manchan tan sublime belleza y atentan contra tan maravillosa armonía.

Heb 1 7 cita el Sal 104 4, para demostrar la superioridad del Hijo de Dios sobre los ángeles.

y el alimento que les da fuerzas.
16 Bien regados quedan los árboles del Señor,
los cedros del Líbano que él plantó.
17 En ellos anidan los pájaros,
en su copa pone su morada la cigüeña;
18 en los altos peñascos habitan las cabras monteses,
en las rocas tienen su madriguera los tejones.

19 Hiciste la luna para marcar los tiempos,
y el sol que conoce el momento de su ocaso;
20 derramas la oscuridad y llega la noche,
en la que rondan las fieras de la selva;
21 los leoncillos rugen por la presa,
pidiéndole a Dios su comida.
22 Sale el sol, las fieras se retiran
y se echan en sus guaridas.
23 El hombre entonces se dirige a su tarea,
a su trabajo hasta el atardecer.

24 ¡Cuántas son tus obras, Señor!
Todas las hiciste con sabiduría,
la tierra está llena de tus criaturas.
25 Ahí está el grande y ancho mar,
hervidero de animales incontables, grandes y pequeños.
26 Lo surcan los barcos, y también el Leviatán,
a quien formaste para que jugara en él.
27 Todos, Señor, están pendientes de ti
y esperan que les des la comida a su tiempo.
28 Tú la das y ellos la toman,
abres tu mano y quedan saciados.
29 Pero si ocultas tu rostro, se espantan;
si retiras tu soplo, expiran y regresan al polvo.

30 Envías tu espíritu, los creas,
y renuevas la superficie de la tierra.
31 Gloria al Señor por siempre,
que se alegre el Señor por sus obras.
32 El Señor mira a la tierra y ella tiembla,
toca las montañas y echan humo.
33 Cantaré al Señor toda mi vida,
tocaré para mi Dios mientras exista.
34 ¡Ojalá le sea agradable mi canto!
Yo pondré mi alegría en el Señor.
35 ¡Que se acaben los pecadores en la tierra,
que los malvados dejen de existir!
¡*Bendice al* Señor, alma mía! ¡Aleluya!

SALMO 105 (104)
Recuerden las maravillas que hizo el Señor

Sal 78; 1 Cr 16 8-22; Gn 15; 12 10-20; 20; 41; 46 1-47 12; Ex 7-10; 15

1 Den gracias al Señor, invoquen su nombre,
publiquen entre los pueblos sus proezas,
2 cántenle, toquen en su honor, proclamen sus maravillas,
3 gloríense de su nombre santo,
que se alegren los que buscan al Señor.

4 Recurran al Señor y a su poder,
busquen su rostro sin descanso,
5 recuerden las maravillas que hizo,
sus portentos y sus justas decisiones.

6 Descendencia de Abrahán, su siervo,
hijos de Jacob, su elegido:
7 el Señor es nuestro Dios,
en toda la tierra están en vigor sus decretos.
8 El se acuerda de su alianza eternamente,
de la palabra que ha dado por mil generaciones;
9 del pacto concluido con Abrahán,
y del juramento que hizo a Isaac;
10 todo lo estableció como ley para Jacob,
como alianza eterna para Israel,
11 diciéndole: «Te daré la tierra de Canaán
como lote de tu herencia».
12 Cuando ellos eran tan sólo un puñado
de gente extranjera en aquel país,
13 cuando iban vagando de nación en nación
y pasaban de un reino a otro pueblo,
14 no permitió que nadie los oprimiera,
y por su causa castigó a reyes:
15 «¡No toquen a mis ungidos,
no hagan daño a mis profetas!».

16 Trajo el hambre sobre aquel país,
hizo que se agotaran todas sus reservas.
17 Por delante había mandado a un hombre,
José, que fue vendido como esclavo:
18 ataron sus pies con argollas,
sujetaron su cuello con cadenas,
19 hasta que se cumplió lo que él predijo,
y la palabra del Señor lo acreditó.
20 Entonces mandó el rey que lo soltaran,
el dueño de pueblos, que lo pusieran en libertad;
21 lo nombró jefe de su casa,
y gobernador de todas sus posesiones,
22 para que instruyera a los nobles a su gusto,
y enseñara sabiduría a sus ancianos.

23 Fue entonces cuando Israel entró en Egipto,
cuando Jacob se estableció en el país de Cam.
24 Dios hizo a su pueblo muy fecundo,
lo hizo más fuerte que sus opresores.

Sal 105 (104): Himno a Dios Salvador por las maravillas que hizo en favor de su pueblo. Tiene forma de memorial histórico y se estructura en seis partes: invitación a la alabanza (Sal 105 1-5), los patriarcas (Sal 105 6-15), José (Sal 105 16-22), opresión en Egipto y liberación (Sal 105 23-38), desierto (Sal 105 39-41), don de la tierra (Sal 105 42-45).

El motivo de la alabanza son las *maravillas de Dios* (Sal 105 2.5), las grandes intervenciones salvíficas de Dios en la historia de Israel, desde las promesas patriarcales hasta su primer cumplimiento con el don de la tierra. Las etapas de esta historia de salvación comienzan en el pacto hecho con Abrahán (véase Gn 15), ratificado con Isaac y con Jacob: se trata de la promesa de la tierra. Sigue la figura de José, acreditado y rehabilitado por Dios; la permanencia y esclavitud en Egipto; el caudillo Moisés y su hermano y estrecho colaborador Aarón; las señales y prodigios que prepararon a la maravillosa hazaña del éxodo; la protección que les otorgó en el desierto guiándolos providencialmente hasta la tierra de la promesa y cumpliendo así el primer ciclo de la salvación. Dios es fiel: el hombre tiene que responder fielmente, cumpliendo sus mandamientos (Sal 105 45).

25 Cambió el corazón de los egipcios para que odiaran a su pueblo,
para que trataran con engaño a los siervos del Señor.
26 Entonces envió a Moisés, su siervo,
y a Aarón, a quien había elegido,
27 para realizar sus prodigios en Egipto,
sus portentos en el país de Cam.
28 Mandó tinieblas, y todo se oscureció,
pero ellos se resistieron a sus palabras.
29 Cambió en sangre sus aguas
y dio muerte a sus peces.
30 Su tierra hervía de ranas,
que invadieron hasta las habitaciones del rey.
31 Mandó que vinieran los tábanos,
y los mosquitos por todo el territorio.
32 En lugar de lluvia les envió granizo,
llamas de fuego sobre su país:
33 destrozó sus viñedos y sus higueras
y desgajó los árboles de sus campos.
34 Mandó que viniera la langosta,
orugas en número incontable,
35 que devoraron la hierba de su país
y se comieron el fruto de sus campos.
36 Y mató a los primogénitos del país,
las primicias de su virilidad.
37 Entonces los sacó cargados de oro y plata,
ni uno solo pereció de entre sus tribus.
38 Y Egipto se alegró de su partida,
porque el miedo se había apoderado de ellos.

39 Para cubrirlos extendió una nube,
y un fuego para alumbrarlos de noche.
40 Como se lo pidieron, les mandó codornices
y los sació con pan del cielo.
41 Abrió la roca, y brotaron las aguas,
que corrieron como un río por la llanura.

42 Recordando la sagrada promesa,
que había hecho a su siervo Abrahán,
43 sacó a su pueblo con alegría,
a sus elegidos entre gritos de júbilo.
44 Y les dio las tierras de los paganos,
hizo que heredaran las riquezas de las naciones,
45 para que obedecieran sus mandamientos
y practicaran sus leyes. ¡Aleluya!

SALMO 106 (105)
Olvidaron a Dios, su salvador

Sal 78; Ex 14-15; Nm 11 4-6; 16; Ex 32; Nm 13 25-14 37;
Dt 1 25-36; Nm 25; Ex 17; Jue 2 11-2 6

1 ¡Aleluya! ¡Den gracias al Señor,
porque es bueno, porque es eterno su amor!
2 ¿Quién puede contar las hazañas del Señor,
y proclamar todas sus alabanzas?
3 Dichosos los que respetan el derecho,

y en todo momento practican la justicia.
4 Acuérdate de mí, por amor a tu pueblo,
concédeme, Señor, tu salvación,
5 para que vea yo la felicidad de tus elegidos,
me alegre con la alegría de tu pueblo
y participe en la gloria de tu nación.

6 Hemos pecado, igual que nuestros antepasados;
hemos cometido delitos y maldades.
7 Nuestros antepasados, en Egipto,
no comprendieron tus maravillas,
no se acordaron de tu inmenso amor.
En el mar Rojo se rebelaron contra el Altísimo,
8 y él los salvó por amor a su nombre, y para manifestar su poder.
9 Dio una orden al mar Rojo y quedó seco,
y los condujo por el fondo como por tierra seca;
10 los salvó de las manos de sus adversarios,
los rescató de las manos de sus enemigos;
11 cubrieron las aguas a sus opresores,
ni uno solo de entre ellos escapó.
12 Entonces creyeron en sus palabras,
y cantaron su alabanza.

13 Pero pronto olvidaron las obras del Señor,
desconfiaron de sus designios,
14 se dejaron llevar de su avidez en el desierto,
y pusieron a prueba a Dios en la llanura.
15 Él les concedió lo que pedían,
pero les mandó una terrible enfermedad.
16 En el campamento tuvieron envidia de Moisés
y de Aarón, el consagrado del Señor.
17 Se abrió la tierra, se tragó a Datán
y sepultó a los seguidores de Abirán:
18 el fuego quemó a su banda,
una llama consumió a los malvados.

19 En Horeb se hicieron un becerro,
y adoraron un ídolo fundido;
20 así cambiaron a su Dios
por la imagen de un toro que come hierba.
21 Olvidaron a Dios, su salvador,
al que hizo portentos en Egipto,
22 maravillas en el país de Cam,
y prodigios en el mar Rojo.
23 Dios pensaba ya en aniquilarlos,
pero Moisés, su elegido, se mantuvo firme ante él
para apartar su furia destructora.

Sal 106 (105): Salmo de lamentación colectiva. Se trata de una gran plegaria penitencial, en forma de memorial histórico *(véase nota a Sal 105)*. Su estructura comprende tres partes: alabanza y súplica inicial (Sal 106 1-5), infidelidades y rebeliones en los diversos momentos de la historia (Sal 106 6-46), súplica conclusiva (Sal 106 47). Sal 106 48 es la doxología que cierra el cuarto libro de los Salmos (véase Introducción, y nota a Sal 41).

El Sal 106 comienza, como el Sal 105, en forma de himno o alabanza de las hazañas de Dios (Sal 106 1-2). Sin embargo, la súplica penitencial (Sal 106 6) introduce la clave diferenciadora: más que en las intervenciones históricas de Dios, el acento recae en el contraste producido por las infidelidades y rebeldías del pueblo. Estas aparecen en una amplia secuencia histórica donde se identifican siete momentos: mar Rojo (Sal 106 7-12), desierto (Sal

24 Despreciaron una tierra deliciosa,
no se fiaron de las promesas del Señor,
25 murmuraron dentro de sus tiendas
y desobedecieron la voz del Señor.
26 Entonces el Señor, les juró solemnemente
que los haría morir en el desierto,
27 que dispersaría su descendencia entre las naciones,
y los esparciría por los países.

28 Dieron culto a Baal Peor,
y comieron sacrificios ofrecidos a los muertos.
29 Así provocaron al Señor con sus prácticas,
y una plaga cayó sobre ellos.
30 Entonces surgió Pinjás,
ejecutó al culpable y la plaga se detuvo;
31 y esto le fue tenido en cuenta a su favor
de edad en edad, para siempre.

32 Irritaron al Señor junto a las aguas de Meribá,
y Moisés sufrió por culpa de ellos;
33 como lo tenían tan amargado,
habló sin pensar lo que decía.

34 No exterminaron a los pueblos
como el Señor les había ordenado,
35 sino que se mezclaron con los paganos
y aprendieron sus prácticas:
36 dieron culto a sus ídolos,
que fueron la causa de su ruina,
37 e inmolaron sus hijos e hijas a los demonios.
38 Derramaron sangre inocente,
la sangre de sus hijos y sus hijas
que inmolaron a los ídolos de Canaán,
y la tierra quedó profanada con la sangre.
39 Así se contaminaron con sus obras
y se prostituyeron imitando sus acciones.

40 Por eso el Señor se enfureció contra su pueblo
y llegó a aborrecer su heredad.
41 Los entregó en manos de los paganos,
sus adversarios los dominaron,
42 sus enemigos los oprimieron
y los doblegaron bajo su poder.
43 El Señor los libró una y otra vez,
pero ellos se mantuvieron en su actitud
y perecieron por sus culpas.
44 Entonces él miró su angustia y oyó sus gritos;
45 recordó su alianza con ellos, se arrepintió por su gran amor
46 e hizo que se apiadaran de ellos los que los habían deportado.

106 13-18), Horeb/becerro de oro (Sal 106 19-23), umbrales de Canaán (Sal 106 24-27), Baal Peor (Sal 106 28-31), aguas de Meribá (Sal 106 32-33), pecados tras la conquista (Sal 106 34-42). La serie concluye con la constatación de la paciencia y misericordia de Dios (Sal 106 43-46) y con la súplica final (Sal 106 47). El esquema es bastante regular: a las distintas intervenciones maravillosas de Dios, el pueblo responde con rebeldía, infidelidad, desobediencia u olvido. Dios castiga los pecados, pero siempre termina cediendo a su misericordia. El pueblo responde agradecido, pero olvida pronto... y vuelta a empezar. La óptica del salmista es el destierro (Sal 106 5-6.46-47), entendido como castigo de Dios por haber imitado la mala conducta de los antepasados.

47 Señor, Dios nuestro, sálvanos, reúnenos de entre las naciones,
para que podamos celebrar tu santo nombre y cantar tu alabanza.

* * *

48 ¡Bendito sea el Señor, Dios de Israel, por siempre!
Y diga todo el pueblo: ¡Amén! ¡Aleluya!

SALMO 107 (106)
Clamaron al Señor y él los salvó

Sal 106; Is 43 5-6; Lc 1 53; Lv 26 40-41; Job 6 6-7; Jon 1; Job 12 21-24; 22 19

1 Den gracias al Señor, porque es bueno,
porque es eterno su amor.
2 Que lo reconozcan los que el Señor ha rescatado,
los que él rescató del poder del opresor,
3 los que congregó de todos los países,
del este y del oeste, del norte y del sur.

4 Anduvieron errantes por el desierto solitario,
sin encontrar el camino hacia un lugar donde vivir.
5 Estaban hambrientos y sedientos, y se agotaban sus fuerzas;
6 pero clamaron al Señor en su angustia,
y él los salvó de la aflicción
7 y los condujo por caminos sin obstáculos,
para que llegaran a un lugar donde vivir.
8 ¡Que den gracias al Señor por su amor,
por las maravillas que hace con los hombres!
9 Porque sació a los sedientos,
y colmó de bienes a los hambrientos.

10 Vivían en la oscuridad y entre sombras,
estaban encadenados y en la miseria,
11 por haber sido rebeldes a las órdenes de Dios
y haber despreciado los proyectos del Altísimo.
12 Él los humilló con sufrimientos,
caían y nadie los ayudaba.
13 Pero clamaron al Señor en su angustia,
y él los salvó de la aflicción;
14 los sacó de la oscuridad y las sombras
e hizo pedazos sus cadenas.
15 ¡Que den gracias al Señor por su amor,
por las maravillas que hace con los hombres!

Sal 107 (106): Salmo mixto, compuesto por un himno comunitario de acción de gracias (Sal 107 1-32) y una conclusión en forma de himno y de caracter sapiencial (Sal 107 33-43), añadido después.

El Sal 107 emparenta con el Sal 106 por la introducción en forma de himno (Sal 107 1), la situación postexílica y algunos motivos temáticos. Sin embargo, aquí prevalecen la acción de gracias y la alabanza, y desaparece el tono penitencial. Toda la *primera parte* (Sal 107 1-32) es una gran liturgia comunitaria de acción de gracias. La repetición de un doble estribillo (Sal 107 6.13.19.28 y 8.15.21.31) y de un mismo esquema (sufrimiento, súplica, liberación, acción de gracias) da unidad a la sección y la configura en torno a cuatro intervenciones de Dios: sustentación en el desierto (Sal 107 4-9), liberación de la prisión (Sal 107 10-16), curación de enfermedades (Sal 107 17-22), salvación de un naufragio (Sal 107 23-32). La vaguedad de las referencias dificulta la identificación de las correspondientes situaciones históricas, que parecen remitir al periodo postexílico. La *segunda parte* (Sal 107 33-43) es un añadido posterior, como demuestran la ausencia de los estribillos anteriores y el cambio de género. En forma de himno se *meditan* (Sal 107 43) las maravillas del amor de Dios que castiga y salva con un poder que es capaz de transformar los elementos y las situaciones. La conclusión, en estilo sapiencial, invita a sacar las oportunas consecuencias y enseñanzas de la meditación anterior.

16 Porque rompió las puertas de bronce
y despedazó los cerrojos de hierro.

17 Andaban como locos por sus culpas,
angustiados a causa de sus crímenes;
18 cualquier alimento les daba náuseas,
y estaban a punto de morir.
19 Pero clamaron al Señor en su angustia,
y él los salvó de la aflicción,
20 envió su palabra para sanarlos,
para librarlos de caer en la tumba.
21 ¡Que den gracias al Señor por su amor,
por las maravillas que hace con los hombres!
22 Que le ofrezcan sacrificios de acción de gracias,
que proclamen sus proezas con entusiasmo.

23 Los que surcaban el mar con sus barcos
y comerciaban atravesando el inmenso mar,
24 contemplaron las obras del Señor,
sus maravillas en medio del océano.
25 Entonces él ordenó que se levantara un temporal
e hizo que las olas se encresparan.
26 Subían a los cielos, bajaban al abismo;
atormentados por el mareo,
27 tropezaban y se tambaleaban como borrachos;
de nada les servía toda su pericia.
28 Pero clamaron al Señor en su angustia,
y él los salvó de la aflicción;
29 redujo el temporal a suave brisa,
hizo que se calmara el oleaje.
30 Se alegraron de ver las aguas en calma,
y el Señor los llevó hasta el puerto deseado.
31 ¡Que den gracias al Señor por su amor,
por las maravillas que hace con los hombres!
32 Aclámenlo en la asamblea del pueblo,
alábenlo en el consejo de los ancianos.

33 El convierte los ríos en desierto,
los manantiales de agua en tierra árida;
34 transforma la tierra fértil en campo de sal,
por la maldad de sus habitantes.
35 Convierte los desiertos en lagos,
y la tierra reseca en manantiales,
36 para establecer allí a gentes hambrientas,
que funden una ciudad donde habitar,
37 *siembren campos, planten* viñas y cosechen sus frutos.
38 El Señor los bendice, se multiplican
y hace que aumente su ganado.
39 Y cuando son pocos y andan deprimidos,
agobiados por calamidades y desgracias,
40 el mismo que cubre de vergüenza a los príncipes
y los hace vagar por desiertos sin senderos,
41 levanta de la miseria a los humildes,
y multiplica sus familias como rebaños.
42 Los honrados lo ven y se alegran,

mientras todos los malvados permanecen callados.
43 El que sea sabio, que tenga en cuenta todo esto,
y medite sobre el amor del Señor.

SALMO 108 (107)
Con Dios realizaremos proezas

Sal 57 8-12; 60 7-14

1 *Canto. Salmo de David.*

2 Mi corazón está dispuesto, oh Dios;
voy a cantar y a tocar para ti: ¡Despierta, gloria mía!
3 ¡Despierten, cítara y arpa! ¡Despertaré a la aurora!
4 Te daré gracias entre los pueblos, Señor,
tocaré para ti entre las naciones;
5 pues tu amor llega hasta el cielo,
hasta las nubes tu fidelidad.
6 ¡Muestra, oh Dios, tu grandeza en los cielos,
y tu gloria sobre toda la tierra!

7 Sálvanos con tu poder, respóndenos,
para que se pongan a salvo tus predilectos.
8 Dios ha dicho en su templo:
«Triunfante repartiré Siquén, distribuiré el valle de Sucot.
9 Mío es Galaad y mío Manasés;
Efraín es el casco de mi cabeza, Judá, es mi bastón de mando;
10 Moab, la vasija en que me lavo,
sobre Edom arrojo mi sandalia,
sobre Filistea cantaré victoria».
11 Pero ¿quién me llevará hasta la ciudad amurallada;
quién me guiará hasta Edom
12 si tú ¡oh Dios! nos has rechazado
y ya no sales al frente de nuestras tropas?
13 Socórrenos contra el enemigo,
porque de nada sirve la ayuda de los hombres.
14 Con Dios realizaremos proezas,
él aplastará a nuestros enemigos.

SALMO 109 (108)
Dios es el defensor del necesitado

Sal 35 12-13.22; Hch 1 20; Job 5 4-5; 20 18-19; Sal 22 7-8.32; Is 65 13-15

1 *Al maestro de coro. Salmo de David.*

Dios, a quien alabo, no te calles,
2 porque los malvados y los mentirosos hablan contra mí,
me dirigen palabras engañosas,
3 me cercan con palabras de odio, me atacan sin razón.
4 En pago de mi amor me acusan, pero yo ruego por ellos;
5 me devuelven mal por bien y odio por amor.

Sal 108 (107): Salmo mixto, compuesto con elementos de otros dos salmos: alabanza y súplica individuales de Sal 57 8-12 (Sal 108 2-6) y lamentación y súplica colectivas con oráculo divino de Sal 60 7-14 (Sal 108 7-14). Véanse notas a Sal 57 y 60.

Tras el comienzo en forma de himno (Sal 108 2-5), predomina la súplica (Sal 108 6-7.13), que enmarca el oráculo divino con promesa de victoria (Sal 108 8-10) y la lamentación colectiva por el rechazo de Dios (Sal 108 11-12). La afirmación de confianza que cierra el salmo implica la aceptación del oráculo de salvación.

6 Dicen: «Que lo juzgue un juez malvado,
y su propio abogado lo acuse;
7 que salga condenado en el juicio
y su demanda se resuelva en condena;
8 que se acorten sus días y otro ocupe su cargo;
9 que sus hijos se queden huérfanos y viuda su mujer;
10 que sus hijos vaguen, pidan limosna
y sean expulsados de sus casas en ruinas;
11 que todos sus bienes se los lleve el usurero,
y los extraños se apoderen del fruto de su trabajo;
12 que nadie le muestre clemencia
ni se compadezca de sus huérfanos;
13 que su descendencia sea exterminada
y se acabe su nombre en la generación siguiente;
14 que el Señor recuerde la culpa de su padre
y no borre el pecado de su madre;
15 que lo tenga siempre presente
y borre de la tierra su recuerdo.
16 Porque no puso en práctica el amor,
sino que persiguió al humilde y al necesitado,
y también al desamparado para darle muerte.
17 Amó la maldición: que recaiga sobre él;
no quiso la bendición: que se aleje de él.
18 Se vistió la maldición como un manto:
que penetre como agua en sus entrañas,
y como aceite en sus huesos;
19 que sea para él como un vestido que lo cubra,
como un cinturón que siempre lo rodee».

20 Que el Señor pague así a los que me acusan,
a los que hablan mal de mí.
21 Pero tú, Señor, Dios mío, trátame bien, por tu nombre,
líbrame por tu bondadoso amor;
22 porque soy humilde y necesitado,
y tengo traspasado el corazón.
23 Me voy desvaneciendo como sombra que declina,
me sacuden como a plaga de langostas;
24 de tanto ayunar se me doblan las rodillas,
mi cuerpo se debilita por falta de alimento.
25 Soy para ellos un ser despreciable,
cuando me ven, menean la cabeza.

26 ¡Socórreme, Señor, Dios mío,

Sal 109 (108): *Salmo de lamentación y súplica individual*, estructurado en cuatro partes: súplica y lamentación (Sal 109 1-5), maldiciones de los enemigos (Sal 109 6-19), nueva súplica y lamentación (Sal 109 20-25), súplica y promesa de acción de gracias (Sal 109 26-31).

Un inocente, injustamente acusado, recurre a la justicia de Dios para que haga recaer sobre sus acusadores todo el conjunto de mentiras, calumnias y maldiciones que han planeado contra él. Todo el salmo es un permanente juego de oposiciones: el justo ruega por los malvados y éstos lo acusan; le devuelven mal por bien, odio por amor; lanzan sus maldiciones y lo declaran maldito (Sal 109 17-18). El les devuelve sus maldiciones (Sal 109 20) y se refugia en la bendición divina (Sal 109 28). En las palabras de los malvados (Sal 109 6-19) se alude a un proceso injusto, donde se multiplican las acusaciones falsas y las condenas y castigos desproporcionados. El salmista, acosado por la enfermedad y la "campaña" de los enemigos, confía en la intervención de Dios, y promete dar gracias y alabar pública y permanentemente al Señor.

Cristo participó con creces de la misma experiencia del salmista: siendo inocente, se vio injustamente acusado, insultado y condenado a muerte. Sin embargo, él no maldijo ni amenazó a sus acusadores: se puso en manos del Padre (véase 1 Pe 2 22) y pidió el perdón para sus verdugos (Lc 23 34).

sálvame por tu amor!
27 Así sabrán que tu poder está actuando,
que tú, Señor, has hecho todo esto.
28 ¡Que ellos maldigan, pero tú bendíceme!
Queden mis adversarios avergonzados,
mientras tu siervo se alegra;
29 que se cubran de humillación los que me acusan,
que la vergüenza los envuelva como un manto.
30 Mi boca dará gracias al Señor continuamente,
lo alabaré en medio de la multitud,
31 porque él es el defensor del necesitado
y lo salva de sus acusadores.

SALMO 110 (109)
Siéntate a mi derecha

Sal 2; Mt 26 64; Hch 2 34-35; Rom 8 34; 1 Cor 15 25;
Ef 1 20; 1 Pe 3 20; Heb 1 13; 5 5; 7 1; 8 1; 10 12

1 *Salmo de David.*

Oráculo del Señor a mi señor: «Siéntate a mi derecha,
hasta que ponga a tus enemigos como estrado de tus pies».
2 Desde Sión extenderá el Señor el poder de tu reinado.
¡Domina en medio de tus enemigos!
3 «Tuyo es el señorío desde el día de tu nacimiento en el templo;
antes de la aurora, como rocío, te engendré».
4 El Señor lo ha jurado y no se retractará:
«Tú eres sacerdote para siempre a la manera de Melquisedec».

5 El Señor es tu defensor: aplasta a los reyes el día de su ira,
6 juzga a las naciones, amontona cadáveres,
aplasta cabezas a lo ancho de la tierra.
7 Mientras va de camino, bebe del torrente y renueva sus fuerzas.

SALMO 111 (110)
Grandes son las obras del Señor

Sal 112 3; Prov 1 7; 9 10

1 ¡Aleluya!
Doy gracias al Señor de todo corazón,
en la reunión de los buenos y en la asamblea.
2 Grandes son las obras del Señor,
dignas de estudio para los que las aman.
3 Su acción es espléndida y majestuosa,
su salvación permanece para siempre.

Sal 110 (109): Salmo acerca del rey, procedente de la liturgia de coronación del rey davídico. En su composición se advierten un oráculo divino en tres partes (Sal 110 1.3.4b) y dos comentarios sobre la soberanía (Sal 110 2) y *victorias (Sal 110 5-7) del nuevo rey.*

El oráculo divino, pronunciado por el profeta, contiene tres afirmaciones: la coronación del rey y el sometimiento de sus enemigos (Sal 110 1), la adopción como hijo del nuevo rey por parte de Dios (Sal 110 3; véase Sal 2 7) y el privilegio sacerdotal, que continúa la tradición de los antiguos reyes jebuseos de Jerusalén, a los que derrotó y sucedió David. Sal 110 5-6 repite la promesa de victoria y sometimiento de los enemigos de Sal 110 1-2. Sal 110 7 es enigmático y puede aludir a los intentos simultáneos de coronación de Adonías y Salomón, celebrados en los torrentes de Roguel y Guijón (véase 1 Re 1 9.33).

El Sal 110 es uno de los salmos más citados en el Nuevo Testamento. Cristo es el *Hijo*, engendrado por el Padre antes de todos los siglos; Cristo resucitado es el *Rey* que se sienta a la derecha de Dios; es el *Mesías*, hijo de David y es el *Sacerdote eterno* que ofrece el sacrificio perfecto y definitivo.

4 Ha hecho maravillas memorables,
el Señor es compasivo y misericordioso.
5 Da alimento a los que lo respetan,
acordándose siempre de su alianza.
6 Mostró a su pueblo el poder de sus obras,
dándole la heredad de los paganos.
7 El actúa con verdad y justicia,
todas sus leyes son de fiar,
8 estables para siempre
y promulgadas con verdad y rectitud.
9 Envió la redención a su pueblo,
confirmó su alianza para siempre;
su nombre es santo y digno de respeto.

10 El respeto al Señor es el principio de la sabiduría,
ejercitarse en él es de hombres prudentes,
los que así proceden serán siempre alabados.

SALMO 112 (111)
Dichoso el que honra al Señor

Sal 1; 111

1 ¡Aleluya!
Dichoso el que respeta al Señor,
y se complace en sus mandamientos.
2 Su descendencia será poderosa en la tierra,
la raza de los hombres buenos será bendecida.
3 Abundarán las riquezas en su casa,
su rectitud permanece para siempre.
4 Como luz para los buenos brilla en la oscuridad
el que es compasivo, misericordioso y recto.

5 Dichoso el hombre que se apiada y presta,
y administra con honradez sus asuntos:
6 el hombre recto jamás sucumbirá
y su recuerdo permanecerá por siempre;
7 no tiene miedo a las malas noticias,
confía en el Señor y se siente seguro;
8 su corazón está sereno, no tiene miedo,
y triunfará sobre sus adversarios.

Sal 111 (110): Himno de alabanza a Dios, de composición alfabética (cada parte de estrofa comienza por una letra sucesiva del alfabeto hebreo, véase Sal 9-10). Su estructura comprende tres partes: introducción en forma *de himno (Sal 111 1), las obras del Señor (Sal 111 2-9),* conclusión sapiencial (Sal 111 10).

El Sal 111 es un himno a la bondad de Dios, manifestada en la belleza y perfección de sus obras. Estas, verdaderas protagonistas del salmo (Sal 111 2.6.7), incluyen de forma genérica las grandes intervenciones de Dios: creación, elección de Israel, alianza, ley, don de la tierra y, probablemente, la restauración. Sal 111 10 contiene una de las afirmaciones fundamentales de la tradición sapiencial (véase Prov 1 7; 9 10; Job 28 28; Eclo 1 11-20): la sabiduría plena es don divino y sólo se logra con una actitud de *temor de Dios*, entendido como reconocimiento, respeto, obediencia y fidelidad amorosa.

Sal 112 (111): Salmo alfabético, de estilo sapiencial. En su estructura se advierten dos series de bienaventuranzas sobre el justo/sabio (Sal 112 1.5) y una referencia conclusiva a los malvados (Sal 110 10), que acentúa el *contraste*.

Se trata de un salmo emparentado con el Sal 1 (primera y última palabra, oposición justo-malvado) y, sobre todo con Sal 111. En efecto, Sal 112 1 se presenta como el desarrollo de Sal 111 10 y ambos salmos ofrecen una notable semejanza de composición, temática y de frases (Sal 111 3 =112 3.9; 111 4=112 4; 111 8=112 8). Siguiendo la más clásica tradición sapiencial, al hombre que teme/sirve a Dios, es decir, al sabio (véase Sal 111 10), se le prometen toda suerte de bendiciones: favor divino, descendencia, riquezas, generosidad, vida confiada y fama perdurable. Por el contrario, al malvado se le asigna un fracaso total (Sal 112 10; véase nota a Sal 1).

9 Da sin medida al necesitado,
su rectitud permanece para siempre,
y mantiene con dignidad su frente en alto.
10 Al verlo, el malvado se enfurece,
se consume rechinando los dientes;
pero los deseos de los malvados fracasarán.

SALMO 113 (112)
Bendito sea el nombre del Señor

1 Sm 2 5.8; Lc 1 47-55

1 ¡Aleluya!
¡Alaben, siervos del Señor,
alaben el nombre del Señor!
2 ¡Bendito sea el nombre del Señor
desde ahora y para siempre!
3 Desde la salida del sol hasta su ocaso,
sea alabado el nombre del Señor.

4 El Señor está por encima de todas las naciones,
su gloria está sobre los cielos.
5 ¿Quién como el Señor, nuestro Dios,
que reina en las alturas
6 y sin embargo se inclina para mirar cielos y tierra?

7 El levanta del polvo al desamparado
y alza de la miseria al necesitado,
8 para sentarlo con los príncipes,
con los príncipes de su pueblo;
9 consolida en su familia a la estéril,
haciéndola madre feliz de hijos.
¡Aleluya!

SALMO 114 (113A)
Cuando Israel salió de Egipto

Ex 19 6; Sal 78 54; 74 14-15; Jue 5 4; Ex 17 1-7

1 Cuando Israel salió de Egipto,
la familia de Jacob de un pueblo bárbaro,
2 Judá se convirtió en su santuario,
Israel en su dominio.

3 El mar, al verlos, huyó,
el Jordán se echó atrás;
4 las montañas brincaron como carneros,
las colinas, como corderos.

Sal 113 (112): Himno de alabanza a Dios, estructurado en tres partes: invitación a la alabanza (Sal 113 1-3), la majestad de Dios (Sal 113 4-6), el Señor, defensor de los pobres (Sal 113 7-9).

Tras la invitación inicial a la alabanza del *nombre* del Señor (palabra clave en Sal 113 1-3), se desarrollan dos temas: la majestad y transcendencia de Dios por una parte (Sal 113 4-6), y su condescendencia y misericordia para con los pobres y desfavorecidos, por otra (Sal 113 7-9). Destacan los logrados contrastres espaciales en Sal 113 4-6.7-9: El que está por encima de los cielos, se acerca a los que están abajo; el que *se inclina para mirar cielos y tierra*, levanta a pobres y necesitados.

Sal 113 7-9 tiene notables paralelos en 1 Sm 2 5.8 y sirve de inspiración al *Magnificat* (véase Lc 1 47-55), el canto de María dedicado a la grandeza de Dios que elige, defiende y enaltece a los sencillos, como ella.

5 ¿Qué te pasa, mar, que huyes,
y a ti, Jordán, que te echas atrás?
6 ¿Y a ustedes, montañas, que brincan como carneros;
colinas, que saltan como corderos?

7 ¡Que la tierra se estremezca en presencia del Señor,
en presencia del Dios de Jacob,
8 que convirtió la peña en un estanque,
y la roca en un manantial!

SALMO 115 (113B)
Los que honran al Señor confían en el Señor

Ez 36 22-23; Sal 135 15-18; 118 2-4; Dt 1 10-11

1 ¡No a nosotros, Señor, no a nosotros,
sólo a tu nombre da gloria, por tu amor, por tu fidelidad!

2 ¿Por qué han de preguntar las naciones: «Dónde está su Dios»?
3 ¡Nuestro Dios está en los cielos, todo lo que quiere lo hace!
4 Los ídolos de las naciones, en cambio, son de plata y oro,
y han sido fabricados por manos humanas.
5 Tienen boca y no hablan, tienen ojos y no ven,
6 tienen orejas y no oyen, tienen nariz y no huelen,
7 tienen manos y no tocan, tienen pies y no caminan,
ni un sonido emite su garganta.
8 Sean como ellos quienes los fabrican, quienes confían en ellos.

9 Pueblo de Israel, confía en el Señor:
él te auxilia y te defiende;
10 descendencia de Aarón; confía en el Señor:
él te auxilia y te defiende;
11 los que respetan al Señor confíen en el Señor:
él es su auxilio y su escudo.

12 El Señor se acordará de nosotros y nos bendecirá,
bendecirá al pueblo de Israel, y a la descendencia de Aarón,
13 bendecirá a quienes lo respetan, pequeños y grandes.
14 ¡Que el Señor los haga prosperar a ustedes y a sus hijos,
15 que los bendiga el que hizo los cielos y la tierra!
16 Los cielos son del Señor, la tierra se la dio a los hombres.
17 No alaban los muertos al Señor, ni los que bajan al silencio.
18 Nosotros bendecimos al Señor, ahora y por siempre. ¡Aleluya!

Sal 114 (113A): Himno que recuerda las maravillas del éxodo y la conquista. Su estructura tiene disposición concéntrica: a (Sal 114 1-2), b (Sal 114 3-4), b' (Sal 114 5-6), a' *(Sal 114 7-8)*.

El Sal 114, sin introducción en forma de himno, destaca el dominio de Dios sobre las fuerzas de la naturaleza con imágenes de procedencia mítica, y se refiere, concisamente, pero con notable altura poética, a los acontecimientos centrales de la liberación de Israel: el paso del mar Rojo y el paso del Jordán, presentados en perfecto paralelismo. Enmarcando estas hazañas, se habla de la elección de Israel, del agua de la roca y, probablemente, de la manifetación divina en el Sinaí (Sal 114 4.6-7).

Sal 115 (113B): Salmo de confianza, de carácter litúrgico y coral. Su estructura comprende cuatro partes: introducción (Sal 115 1), ironía contra los ídolos (Sal 115 2-8), confianza en el Señor (Sal 115 9-11), bendiciones (Sal 115 12-18). Sal 115 4-8 se repite en Sal 135 15-18. La versión griega de los LXX une este salmo al anterior.

Aunque Sal 115 2 tiene tono de lamentación, en el conjunto del salmo predomina la actitud de fe y confianza en Dios, que es confrontado con los ídolos de las naciones. Estos son nulidad, porque son obra del hombre y, aunque se parecen a un hombre, son insensibles e inanimados, y quienes confían en ellos se vuelven vacíos e inútiles. Israel, por el contrario, puede confiar en su Dios y Señor (Sal 115 9-11), creador de cielo y tierra, dador de la vida y fuente de abundantes bendiciones (Sal 115 12-16). Por eso, la asamblea litúrgica, enriquecida y agradecida, puede bendecir y alabar a su Señor.

SALMO 116 (114-115)
Caminaré en presencia del Señor

Sal 18 5-7; Ex 34 6; 1 Cor 4 13; 10 16; Lv 7 11

1 Amo al Señor porque escucha mi voz suplicante,
2 porque me hace caso cuando lo invoco.

3 Me envolvieron las redes de la muerte,
me atraparon los lazos del abismo,
me hundí en la tristeza y la angustia,
4 pero invoqué el nombre del Señor: «¡Señor, salva mi vida!»
5 El Señor es bondadoso y justo, nuestro Dios es compasivo.
6 El Señor protege a los sencillos: estaba yo postrado y me salvó.
7 Alma mía, recobra la calma, que el Señor te ha tratado bien.
8 El libró mi vida de la muerte,
mis ojos de las lágrimas, mis pies de la caída.
9 Caminaré en presencia del Señor en el mundo de los vivos.

10 Yo seguía confiando, incluso cuando pensaba:
«¡Qué desgraciado soy!»
11 En mi aflicción decía: «No se puede confiar en nadie».

12 ¿Cómo pagaré al Señor todo el bien que me ha hecho?
13 Ofreceré la copa por la salvación, invocando su nombre.
14 Cumpliré mis promesas al Señor en presencia de todo el pueblo.
15 El Señor siente profundamente la muerte de los que lo aman.
16 Señor, yo soy tu siervo, hijo de tu esclava: rompiste mis ataduras.
17 Te ofreceré un sacrificio de acción de gracias
invocando tu nombre;
18 cumpliré mis promesas al Señor en presencia de todo el pueblo,
19 en los atrios de la casa del Señor, en medio de ti, Jerusalén.
¡Aleluya!

SALMO 117 (116)
Alaben al Señor todas las naciones

Rom 15 11

1 ¡Alaben al Señor todas las naciones,
aclámenlo todos los pueblos!
2 Grande es su amor por nosotros,
y la fidelidad del Señor dura por siempre.
¡Aleluya!

Sal 116 (114-115): Salmo de acción de gracias individual, estructurado en cuatro partes: introducción (Sal 116 1-2), liberación divina (Sal 116 3-9), confianza en medio de la desgracia (Sal 116 10-11), promesa de acción de gracias (Sal 116 12-19). La versión griega de los LXX divide el Sal 116 en dos salmos: Sal 114 (116 1-9) y Sal 115 (116 10-19).

Tras un peligro mortal, quizá como consecuencia de una enfermedad grave (Sal 116 3), el salmista acudió al Señor sin perder la confianza. Dios lo salvó (Sal 116 6-8) y el salmista, en correspondencia (Sal 116 12), entona un canto de profundo agradecimiento, prometiendo cumplir las promesas que ha hecho y los sacrificios de acción de gracias correspondientes.

Sal 116 15 contiene una importante afirmación: Dios no quiere que nadie muera, y él es el primero en lamentarlo (véase Sab 1 13-14). La entrega de su Hijo a la muerte se explica por el deseo divino de dar solución a esta desgracia humana universal, abriéndola a la esperanza de la resurrección.

Sal 117 (116): Himno de alabanza a Dios. Es el más breve de todos los salmos y, sin embargo, contiene los elementos fundamentales del himno: invitación universal a la alabanza (Sal 117 1) y su motivación en el amor y la fidelidad de Dios para con su pueblo (Sal 117 2). El salmo participa de la corriente más universalista del Antiguo Testamento.

SALMO 118 (117)
Este es el día en que actuó el Señor

Sal 115; 135 19-20; Heb 13 6; Ex 15 2;
Sal 24 7-10; Mt 21 42; Hch 4 11; Mt 21 9; 23 39

1 ¡Den gracias al Señor porque es bueno,
porque es eterno su amor!
2 Diga el pueblo de Israel: es eterno su amor
3 Diga la descendencia de Aarón: es eterno su amor.
4 Digan los que respetan al Señor: es eterno su amor.

5 En la angustia clamé al Señor;
él me atendió y me sacó de apuros;
6 El Señor está conmigo y no tengo miedo,
¿qué podrán hacerme los hombres?
7 El Señor está conmigo, él es mi auxilio,
triunfaré sobre mis adversarios.
8 Mejor es refugiarse en el Señor
que confiar en el hombre;
9 Mejor es refugiarse en el Señor
que confiar en los poderosos.

10 Me rodeaban todas las naciones,
pero las derroté en el nombre del Señor;
11 me rodeaban, me cercaban,
pero las derroté en el nombre del Señor;
12 me cercaban como avispas,
pero se extinguieron como fuego entre espinos,
y las derroté en nombre del Señor.
13 Me empujaban cada vez más para derribarme,
pero el Señor vino en mi ayuda;
14 el Señor es mi fuerza y para él es mi canto,
porque él es mi salvación.

15 Se escuchan gritos de júbilo y victoria
en las tiendas de los vencedores:
«¡El brazo del Señor hace prodigios,
16 el brazo del Señor es sublime,
el brazo del Señor hace prodigios!».
17 No he de morir, viviré
y contaré las hazañas del Señor;

Sal 118 (117): Liturgia de acción de gracias, con acentos individuales y comunitarios. Su estructura comprende seis partes: invitación a la alabanza (Sal 118 1-4), confianza en el Señor (Sal 118 5-9), batalla contra las naciones (Sal 118 10-14), canto de victoria (Sal 118 15-18), entrada en el templo (Sal 118 19-25), procesión litúrgica (Sal 118 26-29, con inclusión en Sal 118 1.29).

Aunque la alternancia de las voces individual y comunitaria hace difícil seguir el movimiento interno del salmo, sin embargo la intervención coral, las repeticiones y las referencias explícitas a dos acciones cultuales (Sal 118 19-20.27) apuntan a una liturgia comunitaria de acción de gracias, celebrada con ocasión de una importante victoria del pueblo, que el rey, como su más cualificado representante, agradece a Dios en el templo. Tras la cuádruple repetición inicial del estribillo de aclamación (Sal 118 1-4.29; véase Sal 136), el rey expresa su confianza en Dios (Sal 118 6-9) y resume en términos genéricos la batalla ganada *en el nombre del Señor* (Sal 118 10-14). Los gritos de victoria son anteriores a la entrada triunfal en el templo (Sal 118 19-24) donde culmina la celebración de este gran *día del Señor* (Sal 118 24) con una procesión solemne (Sal 118 27). El salmo fue pronto asociado a la fiesta judía de las tiendas de campaña.

El Nuevo Testamento refiere Sal 118 22-23 a Cristo, la piedra que los judíos rechazaron, pero que Dios, con la resurrección, convirtió en piedra fundamental (véase Mc 12 10-11 y par; Hch 4 11; 1 Pe 2 7). Igualmente, en Sal 118 25-27 se inspira la descripción de la entrada triunfal de Jesús en Jerusalén (véase Mt 21 9 y par), y Jesús cita Sal 118 26 como anuncio de dicha entrada (Mt 23 39 y par).

18 me castigó duramente el Señor,
pero no permitió que muriera.

19 ¡Abranme las puertas del triunfo,
entraré para dar gracias al Señor!
20 Esta es la puerta del Señor,
los vencedores entrarán por ella.
21 Te doy gracias porque me escuchaste,
y fuiste mi salvación.
22 La piedra que rechazaron los constructores
se ha convertido en la piedra fundamental.
23 Esto es obra del Señor y es realmente admirable.
24 Este es el día en que actuó el Señor,
festejemos y alegrémonos en él.
25 Señor, danos la salvación; Señor, danos la prosperidad.

26 ¡Bendito el que viene en nombre del Señor!
Desde la casa del Señor los bendecimos.
27 El Señor es Dios, él nos ilumina.
Comiencen la procesión con ramos hasta el altar.
28 Tú eres mi Dios, yo te doy gracias;
Dios mío, yo te glorifico.
29 ¡Den gracias al Señor porque es bueno,
porque es eterno su amor!

SALMO 119 (118)
Dichosos los que siguen la ley del Señor

Sal 1; 19 8-15

1 Dichosos los que con vida intachable siguen la ley del Señor.
2 Dichosos los que cumplen sus preceptos
y lo buscan sinceramente.
3 Dichosos los que, sin cometer ningún mal, siguen sus caminos.
4 Tu promulgaste tus decretos para que se observaran con esmero.
5 ¡Ojalá me mantenga en la observancia de tus normas!
6 Entonces no me avergonzaré al contemplar todos tus mandatos.
7 Te daré gracias de corazón, cuando aprenda tus justas decisiones.
8 Quiero observar tus normas. ¡No me abandones nunca!

9 ¿Cómo puede un joven llevar una vida honesta?
Viviendo de acuerdo con tu palabra.
10 Te busco sinceramente, no dejes que me desvíe de tus mandatos.
11 Dentro del corazón guardo tu promesa, para no pecar contra ti.

Sal 119 (118): Este larguísimo salmo es una meditación sobre la ley en estilo sapiencial. Está dispuesto alfabéticamente por estrofas y todo él es de gran regularidad, armonía y calidad literaria. Puesto que la ley expresa la perfección, el salmista ha querido plasmar dicha perfección y sentido de la totalidad a lo largo de su composición. El salmo está compuesto por veintidós estrofas, tantas como las letras del alfabeto hebreo, y cada una contiene ocho versos (7+1=símbolo de la suma perfección). Cada estrofa está dedicada sucesivamente a una letra del alfabeto, por la que comienza cada uno de sus ocho versos. A su vez, cada verso incluye, salvo rarísimas excepciones, un sinónimo de la ley: precepto, decreto, norma, mandato, mandamiento, camino, senda, palabra, promesa, fidelidad, justicia y rectitud.

Literariamente, predomina el paralelismo sinonímico (véase Introducción a los "Escritos Poéticos") y la variedad de géneros: a lo largo del salmo encontramos meditaciones, súplicas, lamentos breves, declaraciones de confianza, declaraciones de inocencia, acción de gracias, alabanza, etc., con Dios siempre como interlocutor del salmista, en segunda persona. Junto a expresiones acuñadas en otros salmos, encontramos expresiones nuevas, creadas por el autor; otras aparecen un tanto forzadas, condicionadas por los recursos literarios que se utilizan.

El tema de toda la meditación es siempre el mismo: la ley del Señor, su importancia, su sentido de manifestación de la voluntad divina; sus cualidades y propiedades; las actitudes que exige y provoca en el hombre: escucha, obediencia, amor, deleite, meditación, cumplimiento, recuer-

12 Bendito seas, Señor, enséñame tus normas.
13 Con mis labios enumero todas las decisiones de tu boca.
14 Encuentro más alegría en tus preceptos que en las riquezas.
15 Quiero meditar tus decretos y tener en cuenta tus caminos.
16 En tus normas tengo mis delicias, no me olvido de tu palabra.

17 Trata bien a tu siervo para que viva y practique tu palabra.
18 Abre mis ojos para que contemple las maravillas de tu ley.
19 Peregrino soy en esta tierra, no me ocultes tus mandatos.
20 Agoto mi vida deseando continuamente tus mandamientos.
21 Tú reprendes a los insolentes, que se desvían de tus mandatos.
22 Aleja de mí el insulto y el desprecio, pues sigo tus preceptos.
23 Aunque los poderosos conspiren contra mí, medito tus normas.
24 Pues mis delicias son tus preceptos; tus normas, mis consejeros.

25 Estoy postrado en el polvo, reanímame con tu palabra.
26 Yo te expongo mi camino y tú me escuchas, enséñame tus normas.
27 Enséñame la senda de tus decretos, y meditaré en tus maravillas.
28 Estoy deshecho de pena, consuélame con tu palabra.
29 Apártame del camino falso, dame el gusto por tu ley.
30 He elegido el camino verdadero, he deseado tus mandamientos,
31 me he aferrado a tus preceptos, Señor, no me defraudes.
32 Correré tras tus mandatos, pues me colmas de alegría.

33 Enséñame, Señor, el camino de tus normas, para que lo siga.
34 Instrúyeme para que observe tu ley y la practique de todo corazón.
35 Guíame por el camino de tus mandatos, que son mi delicia.
36 Inclina mi corazón hacia tus preceptos, apártalo de la avaricia.
37 Desvía mis ojos de lo vano, dame vida con tu palabra.
38 Cúmpleme la promesa que hiciste a quienes te respetan.
39 Aparta de mí la humillación que temo,
porque tus mandamientos son buenos.
40 Mira cuánto anhelo tus decretos, dame vida con tu salvación.

41 Dame, Señor, tu amor y tu salvación conforme a tu promesa.
42 Así responderé a los que me insultan, porque confío en tu palabra.
43 Déjame hablar con sinceridad, pues confío en tus mandamientos.
44 Cumpliré tu ley continuamente, por siempre.
45 Caminaré con libertad, porque busco tus decretos.
46 Hablaré de tus preceptos ante los reyes y no me avergonzaré.
47 Me deleitaré en tus mandatos, los amo profundamente.
48 Extiendo mis manos hacia ti, y medito tus normas.

49 Recuerda la palabra que me diste, la que me dio esperanza.
50 Este es mi consuelo en la tristeza: que tu promesa me da vida.

do, enseñanza, etc.; y los beneficios y dones que ofrece y promete. Aunque el conjunto del salmo resulta monótono, reiterativo y un tanto árido, hay que verlo como una muestra del aprecio israelita por la ley, entendida no como una instancia impersonal, sino como medio que Dios utiliza para manifestarse, como expresión de la alianza de Dios con su pueblo y de la relación personal que dicha alianza establece.

El Nuevo Testamento declara abolido el tiempo del *régimen de la ley* e inaugurado el *régimen de la gracia*, ya que el hombre no encuentra la salvación por el cumplimiento de la ley, sino en virtud de la muerte y resurrección de Jesucristo, expresión suprema de la generosidad divina (véase Rom 3 21-26; Gal 3 1ss). Sin embargo, esta relativización de la ley no significa su descalificación (véase Rom 7 12). La ley tuvo una significativa función mediadora en la historia de la salvación y desempeñó el papel de pedagogo en la infancia espiritual de la humanidad (Gal 3 24). El mismo Cristo, la Palabra eterna de Dios, nos dice que su intención no es suprimirla, sino llevarla a su plenitud (Mt 5 17), y así lo demuestra en su enseñanza y en la predicación de la buena noticia del reino de Dios que tiene su manifestación más significativa en la proclamación de las bienaventuranzas (Mt 5 1ss).

51 Los soberbios me insultan sin parar, pero no me aparto de tu ley.
52 Recuerdo tus antiguos mandamientos, Señor, y me consuelo.
53 Me enfurezco contra los malvados que abandonan tu ley.
54 Tus normas eran mi canción en tierra extranjera.
55 Por la noche me acuerdo de tu nombre, Señor, y practico tu ley.
56 Lo que a mí me corresponde es observar tus decretos.

57 El Señor es mi herencia; he prometido observar tus palabras.
58 Te busco de todo corazón; ten piedad de mí según tu promesa.
59 Examino mi proceder para comportarme según tus preceptos.
60 Me doy prisa para observar tus mandatos sin tardanza.
61 Los lazos de los malvados me aprisionan, pero no olvido tu ley.
62 De noche me levanto a darte gracias por tus justos mandamientos.
63 Soy amigo de todos los que te respetan, y observan tus decretos.
64 La tierra está llena de tu amor, Señor; enséñame tus normas.

65 Sé bueno con tu siervo, Señor, conforme a tu palabra.
66 Dame juicio y conocimiento, pues confío en tus mandatos.
67 Antes de estar afligido, andaba descarriado,
pero ahora confío en tu promesa.
68 Tú eres bueno y haces el bien: enséñame tus normas.
69 Los soberbios me enredan con sus mentiras,
pero yo practico tus decretos de todo corazón.
70 Su corazón es insensible, pero yo en cambio me deleito en tu ley.
71 Me vino bien ser humillado, pues así aprendí tus normas.
72 Más vale para mí tu ley que todo el oro y la plata.

73 Tus manos me crearon y me formaron,
instrúyeme para aprender tus mandatos.
74 Los que te respetan se alegran al ver que espero en tu palabra.
75 Señor, yo sé que tus mandamientos son justos,
que tienes razón cuando me humillas.
76 Que tu amor me consuele según la promesa que me hiciste.
77 Gracias a tu compasión viviré, pues tu ley es mi alegría.
78 Avergüéncense los soberbios que me insultan sin motivo;
yo, en cambio, medito en tus decretos.
79 Reúnanse conmigo los que te respetan,
los que conocen tus preceptos.
80 Que mi corazón cumpla íntegramente tus normas,
y no tendré que avergonzarme.

81 Agoto mi vida ansiando tu salvación, esperando tu palabra.
82 Mis ojos se consumen ansiando tus promesas,
¿cuándo vendrás a consolarme?
83 Soy como piel reseca por el humo,
pero no me olvido de tus normas.
84 ¿Cuánto tendré que esperar?
¿Cuándo castigarás a mis perseguidores?
85 Los soberbios me han tendido trampas,
no haciendo caso de tu ley.
86 Todos tus mandatos son verdaderos.
¡Ayúdame! pues me persiguen sin motivo.
87 Por poco me hacen desaparecer de la tierra,
pero yo no abandoné tus decretos.
88 Por tu amor dame vida, y observaré tus preceptos.

89 Señor, tu palabra es eterna, más estable que el cielo.
90 Tu fidelidad permanece de generación en generación,
más firme que la tierra que tú fundaste.
91 Por tus mandamientos subsiste todo hasta hoy,
porque todo está a tu servicio.
92 Si tu ley no hubiera sido mi delicia,
ya habría perecido en la miseria.
93 Jamás me olvidaré de tus decretos,
pues por medio de ellos me has dado la vida.
94 Tuyo soy, sálvame, porque busco tus decretos.
95 Los malvados me acechan para perderme,
pero yo estoy pendiente de tus preceptos.
96 He visto que toda perfección tiene su límite,
sólo tu mandato no tiene fronteras.

97 ¡Cuánto amo tu ley! Sobre ella medito todo el día.
98 Tu mandato, que siempre está conmigo,
me hace más sabio que mis enemigos.
99 Soy más prudente que todos mis maestros,
porque medito todos tus preceptos.
100 Soy más inteligente que todos los ancianos,
porque observo tus decretos.
101 Aparto mis pasos del mal camino para ser fiel a tu palabra.
102 No me desvío de tus mandamientos, pues tú me has instruido.
103 ¡Qué dulce al paladar es tu promesa, más que miel en la boca!
104 Tus decretos me hacen inteligente, por eso odio la mentira.

105 Tu palabra es antorcha para mis pasos, y luz para mis caminos.
106 Lo he jurado y lo haré: cumpliré tus justos mandamientos.
107 Estoy hundido en la miseria, Señor, dame vida según tu palabra.
108 Acepta, Señor, mi oración, enséñame tus mandamientos.
109 Mi vida está siempre en peligro, pero no olvido tu ley.
110 Aunque los malvados me tiendan una trampa,
no me apartaré de tus decretos.
111 Tus preceptos son por siempre mi herencia
y la alegría de mi corazón.
112 Inclino mi corazón a cumplir tus normas,
siempre y a la perfección.

113 Aborrezco a los hipócritas y amo tu ley.
114 Tú eres mi protector y mi defensa, en tu palabra espero.
115 ¡Apártense de mí, malvados,
que yo cumpliré los mandatos de mi Dios!
116 Sostenme según tu promesa y viviré,
no defraudes mi esperanza.
117 *Sé tú mi* apoyo y estaré a salvo,
en todo instante tendré en cuenta tus normas.
118 Tú rechazas a todos los que se apartan de tus normas,
porque todo lo que planean es mentira.
119 Eliminas como basura a todos los malvados,
por eso yo amo tus preceptos.
120 Mi ser se estremece en tu presencia
y respeto tus mandamientos.

121 He sido justo y recto, no me entregues a mis verdugos.

122 Muéstrame tu favor: que no me opriman los soberbios.
123 Mis ojos anhelan tu salvación y tu promesa de justicia.
124 Trata a tu siervo conforme a tu amor, enséñame tus normas.
125 Yo soy tu servidor, instrúyeme para que aprenda tus preceptos.
126 Ya es hora de actuar, Señor, que han quebrantado tu ley.
127 Por eso yo amo tus mandatos y los prefiero al oro más fino.
128 Por eso me guío según todos tus decretos y odio la mentira.

129 Tus preceptos son una maravilla, por eso los observo.
130 La explicación de tu palabra es luz que ilumina
y proporciona instrucción a los sencillos.
131 Abro mi boca suplicando, porque ansío tus mandatos.
132 Atiéndeme y ten piedad de mí, como haces con los que te aman.
133 Asegura mis pasos conforme a tu promesa,
que la maldad no se apodere de mí.
134 Rescátame de la opresión de los hombres,
y así podré observar tus decretos.
135 Muéstrame tu rostro radiante, enséñame tus normas.
136 De mis ojos salen ríos de lágrimas porque tu ley no se observa.

137 ¡Qué justo eres, Señor, qué rectas tus decisiones!
138 Son justos los preceptos que impones, plenamente estables.
139 Mi vida se agota porque mis enemigos olvidan tus palabras.
140 ¡Qué segura es tu promesa! Por eso la amo.
141 Aunque soy pequeño y despreciable, no olvido tus decretos.
142 Tu justicia es siempre justa y tu ley verdadera.
143 La tribulación y la angustia me aprisionan,
pero tus mandatos son mis delicias.
144 Tus preceptos son eternamente justos,
haz que los comprenda y viviré.

145 Te invoco de corazón, respóndeme, Señor, observaré tus normas.
146 A ti te invoco, ponme a salvo y cumpliré tus preceptos.
147 Antes que salga el sol ya te suplico, espero en tu palabra.
148 Antes que llegue la noche, medito en tu promesa.
149 Por tu amor, Señor, escúchame, dame vida con tus decisiones.
150 Mis infames perseguidores me cercan, están muy lejos de tu ley.
151 Pero tú, Señor, estás cerca, todos tus mandatos son verdaderos.
152 Desde hace tiempo sé que estableciste para siempre tus preceptos.

153 Mira mi desgracia y líbrame, porque no me olvido de tu ley.
154 Defiende tú mi derecho y rescátame,
dame vida según tu promesa.
155 La salvación está lejos de los malvados,
pues no tienen en cuenta tus normas.
156 Tu ternura es inmensa, Señor,
dame vida con tus mandamientos.
157 Son muchos los que me persiguen y me oprimen,
pero yo no abandono tus preceptos.
158 He visto a los traidores; me disgustan
porque no observan tu promesa.
159 *Mira cómo* amo tus decretos; por tu amor, Señor, dame vida.
160 Tu palabra se funda en la verdad,
tus justos mandamientos son eternos.

161 Los poderosos me persiguen sin motivo,
pero yo respeto tu palabra.

162 Me alegro con tu promesa, como el que obtiene un gran botín.
163 Detesto y aborrezco la mentira, pero amo tu ley.
164 Siete veces al día repito tu alabanza,
porque tus mandamientos son justos.
165 Los que aman tu ley gozan de paz abundante,
nada los hace tropezar.
166 Espero tu salvación, Señor, sigo tus mandatos.
167 Yo observo tus preceptos, los amo intensamente.
168 Cumplo tus decretos y preceptos,
porque tú conoces todos mis caminos.

169 Llegue hasta ti mi clamor, Señor, instrúyeme con tu palabra.
170 Llegue mi oración a tu presencia, líbrame con tu promesa.
171 Que mis labios repitan tu alabanza, pues me enseñas tus normas.
172 Que mi lengua proclame tu promesa,
porque son justos todos tus mandatos.
173 Ayúdame con tu poder, porque he elegido tus decretos.
174 Anhelo tu salvación, Señor, y tu ley es mi alegría.
175 Que yo viva para alabarte, que tus mandamientos me ayuden.
176 Si voy perdido como oveja extraviada, ven en busca de tu siervo,
porque no he olvidado tus mandatos.

SALMO 120 (119)
Líbrame, Señor, de los labios que mienten

Sal 12 3-5; 140 3

1 *Canto de peregrinación.*

En mi angustia, invoqué al Señor y él me respondió.
2 Señor, líbrame de los labios que mienten
y de la lengua que traiciona.

3 ¿Cómo te tratará Dios, cómo te castigará, lengua traicionera?
4 ¡Con flechas afiladas de arquero y brasas hechas de ramaje!

5 ¡Ay de mí, que vivo como extranjero en Mésec,
desterrado en las tiendas de Cadar!
6 Demasiado he vivido ya con los que odian la paz.
7 Si yo hablo de paz, ellos declaran la guerra.

SALMO 121 (120)
Mi auxilio viene del Señor

Nm 6 24-26; Sal 124 8; Dt 32 10; Is 25 4

1 *Canto de peregrinación.*

Levanto mis ojos a los montes: ¿de dónde vendrá mi auxilio?
2 *Mi auxilio* viene del Señor, que hizo el cielo y la tierra.

Sal 120 (119): Salmo de súplica individual, estructurado en tres partes: súplica (Sal 120 1-2), maldición (Sal 120 3-4), lamento (Sal 120 5-7).

El Sal 120 es la súplica de un pacífico desterrado que ha de soportar mentiras, calumnias (Sal 120 2) y violencias (Sal 120 7) por parte de sus opresores. En tal situación dirige al Señor su oración confiada y pide que los efectos de las malas lenguas recaigan sobre ellas.

El Sal 120 es el primero de una colección de quince salmos (Sal 120-134) encabezados con el título de *cantos de peregrinación* (literalmente, *cantos de las subidas*). Se llaman también *salmos graduales*, en alusión a las distintas etapas de la subida en peregrinación a Jerusalén o a las *gradas* que era necesario subir para llegar hasta el recinto del templo. Tal peregrinación evoca la subida desde Egipto en los días del éxodo, recuerda la subida desde Babilonia después del destierro, y prefigura la subida escatológica de las naciones a la Jerusalén mesiánica al final de los tiempos (véase Is 60; 62).

3 No te dejará caer, tu guardián no duerme;
4 no duerme ni reposa el guardián de Israel.
5 El Señor es tu guardián, tu sombra protectora;
6 no te herirá el sol durante el día, ni la luna de noche.
7 El Señor te protege de todo mal, él protege tu vida:
8 él te protege cuando sales y regresas, ahora y por siempre.

SALMO 122 (121)
Vamos a la casa del Señor

Sal 82 2-5; Ef 2 19-22; Dt 16 16

1 *Canto de peregrinación. De David.*

Me alegré cuando me dijeron: «Vamos a la casa del Señor».
2 Nuestros pies ya pisan tus umbrales, Jerusalén.

3 Jerusalén está construida como ciudad bien trazada;
4 allá suben las tribus, las tribus del Señor,
para dar gracias al nombre del Señor según la costumbre de Israel.

5 Porque allí están los tribunales del palacio de David,
los tribunales donde se administra la justicia.
6 Rueguen por la paz de Jerusalén: ¡Vivan en paz los que te aman!
7 ¡Reine la paz dentro de tus muros, la prosperidad en tus palacios!
8 Por amor a mis hermanos y amigos, diré: «¡La paz contigo!».
9 ¡Por la casa del Señor, nuestro Dios, buscaré tu felicidad!

SALMO 123 (122)
A ti, Señor, levanto mis ojos

Sal 25 15; 69 4; Job 12 5

1 *Canto de peregrinación.*

A ti levanto mis ojos, a ti que habitas en el cielo.
2 Como están los ojos de los siervos
pendientes de la mano de sus señores,
como están los ojos de la esclava,
pendientes de la mano de su señora,
así nuestros ojos miran al Señor, nuestro Dios,
pendientes de que se compadezca de nosotros.

Sal 121 (120): Salmo de peregrinación (véase nota a Sal 120). Súplica de confianza individual, estructurada en dos partes: auxilio divino (Sal 121 1-2); el Señor, guardián de Israel (Sal 121 3-8).

El cambio de la primera persona (Sal 121 1-2) a la segunda (Sal 121 3-8) sugiere un diálogo entre un peregrino y el sacerdote que pronuncia sobre aquel una bendición con reminiscencias de Nm 6 24-26. El peregrino invoca en su pregunta la ayuda de Dios creador. La respuesta se presenta como variaciones sobre el mismo tema: Dios, el *guardián* (palabra clave del salmo) de Israel, es también el protector de cada individuo, al que garantiza protección, inmunidad y vida, sustentando así la confianza del salmista.

Sal 122 (121): Canto de peregrinación (véase nota a Sal 120), estructurado en tres partes: peregrinación (Sal 122 1-2), alabanza de Jerusalén (Sal 122 3-4), bendición sobre Jerusalén (Sal 122 5-9). También es considerado como cántico de Sión (véase Sal 46).

La alegría de peregrinar hacia Jerusalén y la emoción de pisar la ciudad santa, donde se encuentran el templo, (la casa del Señor; nótese la inclusión en Sal 122 1.9), y el palacio del rey, llenan de emoción al salmista. Llegando al templo, alaba sus maravillas y el espectáculo de las tribus subiendo procesionalmente. El peregrino, alegre y agradecido, pronuncia la bendición y solicita la *paz* (palabra clave) sobre la ciudad, cuyo nombre, Jerusalén, tiene resonancias pacíficas (*salén/salom* = paz).

Sal 123 (122): Salmo de peregrinación (véase nota Sal 120). Súplica comunitaria, estructurada en dos partes: declaración de confianza (Sal 123 1-2), súplica (Sal 123 3-4).

El Sal 123 es una súplica vehemente y confiada al Dios de la piedad y la misericordia, ante la burla y el desprecio de los insolentes y orgullosos. La imagen de las *manos* de los señores y señoras alude a la generosidad esperada por siervos y siervas como recurso de subsistencia. El salmo data de época exílica o postexílica.

3 Ten piedad de nosotros, Señor, ten piedad,
que estamos cansados de desprecios;
4 estamos ya cansados de la burla de los arrogantes,
del desprecio de los orgullosos.

SALMO 124 (123)
Nuestro auxilio es el Señor

Sal 69 2-3.15-16; Jon 2 4; Sal 121 2

1 *Canto de peregrinación. De David.*

Si el Señor no hubiera estado a nuestro favor
que lo diga Israel,
2 si el Señor no hubiera estado a nuestro favor
cuando nos atacaron los hombres,
3 nos habrían devorado vivos en el volcán de su ira;
4 nos habrían tragado las aguas,
un torrente habría pasado sobre nosotros;
5 habrían pasado sobre nosotros las aguas turbulentas.

6 ¡Bendito sea el Señor, porque no permitió
que nos despedazaran con sus dientes!
7 Hemos escapado como un pájaro de la red del cazador:
la red se rompió y pudimos escapar.
8 Nuestro auxilio es el Señor, que hizo el cielo y la tierra.

SALMO 125 (124)
Paz a Israel

Dt 32 10; Prov 3 22

1 *Canto de peregrinación.*

Los que confían en el Señor son como el monte Sión,
que jamás se tambalea y permanece siempre inconmovible.
2 Como está Jerusalén rodeada de montañas,
así el Señor rodea a su pueblo, ahora y por siempre.
3 Los malvados no dominarán sobre los justos,
para que los justos no se conviertan en malvados.

4 Sé bueno, Señor, con los hombres buenos,
con los que tienen un corazón sincero.
5 Pero a los que andan por caminos tortuosos,
que el Señor los abandone con los malhechores.
¡Paz a Israel!

Sal 124 (123): Salmo de peregrinación (véase nota a Sal 120). Súplica de acción de gracias comunitaria, estructurada en dos partes: peligros pasados (Sal 124 1-5), acción de gracias por la liberación (Sal 124 6-8). El pueblo, liberado milagrosamente de un grave peligro, agradece la intervención salvadora de Dios. El ataque enemigo no se concreta y es descrito con las imágenes acostumbradas: fuego, aguas caóticas y mortales (Sal 124 4-5; véase Sal 69 2-3.15-16; Jon 2 4), fieras, y la imagen especialmente significativa del pájaro atrapado en la red (Sal 124 7). La afirmación de confianza que cierra el salmo está tomada de Sal 121 2.

Sal 125 (124): Salmo de peregrinación (véase nota a Sal 120). Es también un salmo comunitario de confianza (Sal 125 1-3) y súplica (Sal 125 4-5).

La visión de la colina de Sión, el monte del templo, donde está establecida Jerusalén, rodeada de otras colinas, inspira este canto de confianza. El Señor rodea y protege a su pueblo como las montañas de Judea rodean y protegen a Jerusalén. La súplica final está inspirada en la oposición justos-malvados, de influjo sapiencial (véase Sal 1).

SALMO 126 (125)
El Señor ha hecho grandes cosas por nosotros
Job 8 21; Ez 36 36; Lc 1 49; Is 25 8-9

1 *Canto de peregrinación.*

Cuando el Señor cambió la suerte de Sión, nos parecía un sueño:
2 la boca se nos llenaba de risas, la lengua de canciones.
Los paganos decían: «El Señor ha hecho grandes cosas por ellos».
3 El Señor ha hecho grandes cosas por nosotros, y estamos alegres.

4 ¡Cambia, Señor, nuestra suerte
como cambian los torrentes del Négueb!

5 Los que sembraban con lágrimas, cosechan entre canciones.
6 Aunque iban llorando cuando llevaban la semilla,
regresan contentos, trayendo la cosecha.

SALMO 127 (126)
Si el Señor no construye la casa...
Dt 8 11-18; Prov 3 5-6.24-26; Mt 6 25-34; Prov 12 8

1 *Canto de peregrinación. De Salomón.*

Si el Señor no construye la casa,
en vano se esfuerzan los albañiles;
si el Señor no protege la ciudad, en vano vigila el centinela.
2 Es inútil que madruguen, que velen hasta muy tarde
y que se fatiguen para ganar el pan:
¡Dios se lo da a sus amigos mientras duermen!

3 La herencia que el Señor da son los hijos,
el fruto de las entrañas es su recompensa:
4 como flechas en manos de un guerrero
así son los hijos nacidos en la juventud.
5 Dichoso el hombre que llenó con esas flechas su aljaba:
no será humillado cuando se enfrente
con sus enemigos en el tribunal.

SALMO 128 (127)
Que el Señor te bendiga desde Sión
Sal 121; 127; 37 3-5; Prov 31

1 *Canto de peregrinación.*

Dichoso el que respeta al Señor y sigue sus caminos.
2 Comerás del trabajo de tus manos, serás afortunado y feliz.

Sal 126 (125): Salmo de peregrinación (véase nota a Sal 120). Súplica de acción de gracias, estructurada en tres partes: acción de gracias (Sal 126 1-3), súplica (Sal 126 4), alegría (Sal 126 5-6).

Se abre este salmo con el reconocimiento alegre y agradecido por las maravillas que Dios ha hecho en favor de su pueblo, especialmente el regreso del destierro. Sin embargo, la difícil tarea de la restauración provocó el desánimo de los repatriados, que piden a Dios un nuevo y de-finitivo *cambio de suerte* (Sal 126 2.4), para que la alegría sea plena (Sal 126 2.5, en inclusión). La imagen de la co-secha abundante sirve para representar esta experiencia histórica.

Sal 127 (126): Salmo de peregrinación (véase nota a Sal 120). Súplica de confianza, con tonos de reflexión sapiencial. Su estructura comprende dos partes: providencia de Dios (Sal 127 1-2) y la bendición de los hijos (Sal 127 3-5).

El Sal 127 es una hermosa invitación a la confianza en la providencia de Dios que plenifica todo esfuerzo humano. El trabajo y las preocupaciones humanas, sin la ayuda de Dios, son inútiles y vacías. La descendencia numerosa (Sal 127 3-5) era considerada como un don de Dios, expresión privilegiada de su bendición.

3 Tu esposa será como una vid fecunda dentro de tu casa;
tus hijos, como brotes de olivo en torno a tu mesa.

4 Así será bendecido el hombre que respeta al Señor:
5 ¡Qué el Señor te bendiga desde Sión!
¡Qué veas la prosperidad de Jerusalén todos los días de tu vida!
6 ¡Qué veas a los hijos de tus hijos! ¡Paz a Israel!

SALMO 129 (128)
El Señor ha roto el yugo de los malvados

Sal 124 1; 118 13.26

1 *Canto de peregrinación.*

Cuánto me han atacado desde mi juventud,
que lo diga Israel;
2 cuánto me han atacado desde mi juventud,
pero no han podido vencerme.
3 Araron sobre mis espaldas y abrieron largos surcos.
4 Pero el Señor, que es justo, ha roto el yugo de los malvados.

5 ¡Qué retrocedan derrotados los que odian a Sión!
6 Sean como hierba de tejado, que se seca antes de arrancarla,
7 que no llena la mano del que cosecha,
ni puede hacer un manojo con ella.
8 Ninguno de los que pasan dice: «¡Qué el Señor los bendiga!»
Nosotros los bendecimos en el nombre del Señor.

SALMO 130 (129)
Desde lo más profundo clamo a ti, Señor

Sal 5 2-3; 55 2-3; 1 Re 8 39-40; Tit 2 14

1 *Canto de peregrinación.*

Desde lo más profundo clamo a ti, Señor:
2 ¡Señor mío, escucha mi voz!
¡Estén tus oídos atentos a mi voz suplicante!
3 Si tienes en cuenta las culpas, Señor, ¿quién podrá resistir?
4 Pero en ti se encuentra el perdón, por eso te respetamos.

5 Yo espero en el Señor con toda mi alma, confío en su palabra;
6 espero en el Señor más que los centinelas la aurora.

Sal 128 (127): Salmo de peregrinación (véase nota a Sal 120). Es un salmo sapiencial, estructurado en dos partes: bienaventuranza del justo (Sal 128 1-3) y bendición (Sal 128 4-6).

El salmo comienza como Sal 121 1 y tiene varios puntos en común con el Sal 127: la fórmula *dichoso* (Sal 128 1), la bendición de los hijos (128 3.6), el esfuerzo humano (Sal 128 2), la casa (Sal 128 3). Pero también hay diferencias: el esfuerzo humano es contemplado aquí más positivamente que en Sal 127 1-2 y es nuevo el tema de la mujer como vid fecunda. Tras la bendición final, pronunciada probablemente por los sacerdotes sobre los peregrinos, late la idea de la solidaridad del individuo con la comunidad.

Sal 129 (128): Salmo de peregrinación (véase nota a Sal 120). Es un salmo mixto de acción de gracias (Sal 129 1-4), con una maldición final contra los enemigos de Israel (Sal 129 5-8).

Desde sus orígenes y a lo largo de su historia, Israel ha experimentado los ataques, agresiones e invasiones de muchas naciones (Sal 129 1-3). Pero el Señor nunca ha abandonado definitivamente a su pueblo (Sal 129 4). En este marco de agradecimiento, se pide el castigo de los enemigos, continuando la imagen agrícola y enlazando con el tema de la bendición común a Sal 127 y 128.

Sal 130 (129): Salmo de peregrinación (véase nota a Sal 120). Súplica individual (Sal 130 1-4) con exhortación a la confianza (Sal 130 5-8). Es uno de los salmos penitenciales (véase Sal 6).

El sufrimiento, la enfermedad y cualquier tipo de adversidad se entienden como consecuencia del pecado. Desde el reconocimiento del propio pecado, el salmista invoca el perdón divino y hace declaración de confianza en el Señor, seguro de que le hará salir de su oscuridad interna. Al final, exhorta a la comunidad a compartir sus sentimientos y a esperar la redención de Israel.

7 Espera, Israel, en el Señor,
porque suyo es el amor y la plena liberación.
8 ¡El librará a Israel de todas sus culpas!

SALMO 131 (130)
Como un niño en brazos de su madre

Sal 139 6; Is 66 12-13

1 *Canto de peregrinación de David.*

Señor, mi corazón no es soberbio ni altanera mi mirada.
Nunca perseguí grandezas ni cosas que superan mi capacidad.
2 Aplaco y modero mis deseos;
estoy como un niño en brazos de su madre.
3 ¡Espera, Israel, en el Señor, ahora y por siempre!

SALMO 132 (131)
El Señor hizo a David un juramento

2 Sm 6-7; Sal 89 20-38; 2 Cr 6 41-42

1 *Canto de peregrinación.*

Señor, tenle en cuenta a David todos sus esfuerzos.
2 El hizo al Señor este juramento,
esta promesa al Fuerte de Jacob:
3 «No entraré bajo el techo de mi casa,
no subiré a mi cama para descansar,
4 no daré sueño a mis ojos, ni reposo a mis párpados,
5 mientras no encuentre un lugar para el Señor,
una morada para el Fuerte de Jacob».

6 Oímos hablar del arca en Efrata,
la encontramos en los campos de Yaar.
7 ¡Entremos en el lugar de su morada,
postrémonos ante el estrado de sus pies!
8 ¡Levántate, Señor, ven al lugar de tu reposo,
tú y el arca de tu poder!
9 Que tus sacerdotes se revistan de salvación,
y los que te aman den gritos de alegría.
10 Por amor a David, tu siervo, no rechaces a tu ungido.

11 El Señor hizo a David un juramento,
una promesa de la que no se retractará:

Sal 131 (130): Salmo de peregrinación (véase nota a Sal 120). Este salmo de confianza individual es uno de los más hermosos de todo el salterio. El salmista, consciente de sus límites y renunciando a aspiraciones desmedidas, se entrega en los brazos de Dios. La imagen del niño dormido en los brazos maternos transmite sentimientos profundos de confianza, seguridad y paz.

Sal 132 (131): Salmo de peregrinación (véase nota a Sal 120). Salmo sobre el rey, considerado también como *cántico de Sión (véase Sal 46)*.

La doble inclusión del nombre de *David* (Sal 132 1.10 y 11.17) estructura el salmo en dos grandes partes paralelas (Sal 1-10 y 11-18) y cuatro secciones: súplica por el rey y promesa de David (Sal 132 1-5), traslado del arca y súplica (Sal 132 6-10), promesa dinástica (Sal 132 11-12), bendición sobre Jerusalén y sobre la dinastía davídica (Sal 132 13-18).

El salmo es fiel reflejo de las tradiciones teológicas jerosolimitanas: elección de David, promesa dinástica, elección de Sión y protección de Jerusalén. En sus dos grandes partes se relaciona con 2 Sm 7 (promesa de David-promesa de Dios) y con Sal 89 20-38. La súplica por el rey davídico (Sal 132 1.10) invoca los méritos de David, especialmente su promesa de construir el templo (Sal 132 2-5; véase 2 Sm 7 1-3) y el hecho de haber trasladado el arca a Jerusalén (Sal 132 6-9; véase 2 Sm 6). La segunda parte contiene dos juramentos divinos: la alianza dinástica, formulada aquí en forma condicional (Sal 132 12, a diferencia de Sal 89 31-34) y la elección de Sión: Dios desde el templo bendice y protege a la ciudad y al ungido, descendiente de David.

«A un descendiente tuyo colocaré en tu trono.
12 Si tus hijos guardan mi alianza
y los decretos que les he enseñado,
también sus hijos se sentarán sobre tu trono para siempre».

13 Pues el Señor ha elegido a Sión,
ha querido vivir en ella:
14 «Este será el lugar de mi reposo para siempre, aquí quiero habitar.
15 Haré crecer sus provisiones sin medida,
a sus necesitados los saciaré de pan,
16 revestiré a sus sacerdotes de salvación,
y sus fieles darán gritos de alegría.
17 Allí suscitaré a David un vástago,
daré un descendiente a mi ungido;
18 a sus enemigos los cubriré de vergüenza,
pero a él lo colmaré de esplendor».

SALMO 133 (132)
Que vivan unidos los hermanos

Sal 87; Ex 30 25.30

1 *Canto de peregrinación. De David.*

¡Qué agradable y delicioso es que los hermanos vivan unidos!
2 Es como ungüento perfumado derramado en la cabeza,
que baja por la barba de Aarón hasta el borde de su ornamento.
3 Es como rocío del Hermón que destila por las colinas de Sión.
Allí envía el Señor la bendición, la vida para siempre.

SALMO 134 (133)
Bendigan al Señor, servidores del Señor

Sal 135 1-2; Nm 6 24

1 *Canto de peregrinación.*

Bendigan al Señor, todos los servidores del Señor,
los que pasan la noche en la casa del Señor;
2 levanten sus manos hacia el templo, y bendigan al Señor.
3 El Señor, que hizo el cielo y la tierra, te bendiga desde Sión.

SALMO 135 (134)
Tu recuerdo, Señor, dura por siempre

Ex 18 11; Jr 10 13; 51 16; Sal 136 17-22; 115 4-11

1 ¡Aleluya!
¡Alaben el nombre del Señor,
alábenlo, servidores del Señor,
2 los que están en la casa del Señor,
en los atrios de la casa de nuestro Dios!

Sal 133 (132): Salmo de peregrinación (véase nota a Sal 120). Breve canto a las delicias y valores de la vida en comunidad, tanto en el ámbito familiar como nacional. La doble imagen del perfume penetrante que baja hasta la vestidura del sacerdote, y del rocío que refresca y fecunda la tierra expresan la misma idea: la vida fraternal es fruto de la bendición de Dios derramada desde Sión.

Sal 134 (133): El último de los salmos de peregrinación (véase nota a Sal 120) es una exhortación dirigida a los sacerdotes para bendecir y alabar al Señor. La alusión a *pasar la noche* (Sal 134 1) puede aludir al relevo sacerdotal en el templo durante la noche. La bendición sacerdotal sobre los peregrinos cierra el salmo y la serie de los cantos de peregrinación.

3 Alaben al Señor porque es bueno;
canten en su honor, porque es amable.
4 Porque el Señor ha elegido a Jacob,
a Israel como propiedad suya.

5 Bien sé que el Señor es grande,
nuestro Señor, más que todos los dioses.
6 El Señor hace lo que quiere en el cielo y en la tierra,
en los mares y en todos los océanos.
7 Hace subir las nubes desde el extremo de la tierra,
con los relámpagos provoca la lluvia,
saca a los vientos de sus depósitos.

8 El hirió a los primogénitos de Egipto,
a hombres y animales,
9 y envió señales y prodigios en medio de ti, Egipto,
contra el faraón y sus servidores.
10 Hirió a muchas naciones y exterminó a reyes poderosos:
11 a Sijón, rey de los amorreos, a Og, rey de Basán,
y a todos los reyes de Canaán;
12 y dio sus tierras en herencia a su pueblo Israel.
13 Señor, tu nombre es eterno, y tu recuerdo dura por siempre.
14 Porque el Señor salva a su pueblo y se compadece de sus siervos.

15 Los ídolos de los paganos son plata y oro,
y han sido fabricados por manos humanas.
16 Tienen boca y no hablan, tienen ojos y no ven,
17 tienen orejas y no oyen, no hay vida en ellos.
18 Sean como ellos quienes los fabrican, los que confían en ellos.

19 Descendientes de Israel, bendigan al Señor,
descendientes de Aarón, bendigan al Señor,
20 descendientes de Leví, bendigan al Señor.
21 ¡Bendito sea el Señor en Sión,
el que habita en Jerusalén! ¡Aleluya!

SALMO 136 (135)
Porque es eterno su amor

Gn 1; Prov 8 27-29; Dt 8 2-15; Lc 1 48.71; Sal 145 15-16

1 ¡Aleluya!
Den gracias al Señor porque es bueno,
porque es eterno su amor.
2 Den gracias al Dios de los dioses,
porque es eterno su amor.
3 Den gracias al Señor de los señores,
porque es eterno su amor.

Sal 135 (134): Himno de alabanza a la grandeza de Dios, estructurado en tres partes: invitación a la alabanza (Sal 135 1-4), la grandeza de Dios (Sal 135 5-18), doxología y bendición conclusiva (Sal 135 19-23). El cuerpo del salmo se subdivide a su vez en tres secciones: Dios en la creación (Sal 135 5-7), Dios en la historia de Israel (Sal 135 8-14), ironía contra los ídolos (Sal 135 15-18).

El Sal 135 canta la grandeza de Dios, confrontada con la de los falsos dioses (Sal 135 5) e ídolos (Sal 135 15-18). Esta grandeza se manifiesta en la soberanía de Dios sobre la creación y la naturaleza, y en sus intervenciones salvíficas en la historia de Israel, ejemplarizadas en dos acontecimientos de mucha importancia: la liberación de Egipto y el don de la tierra, a los que se añaden la elección y protección de su pueblo (Sal 135 4.14). Sal 135 15-18 repite la ironía contra los ídolos de Sal 115 4-8, simplificándola. La doxología final, a varios coros, es la respuesta del pueblo a tan magnífico despliegue de poder.

4 Al único que hace maravillas,
porque es eterno su amor.
5 Al que hizo los cielos con sabiduría,
porque es eterno su amor.
6 Al que afianzó la tierra sobre las aguas,
porque es eterno su amor.
7 Al que hizo los grandes astros,
porque es eterno su amor:
8 el sol para regir el día,
porque es eterno su amor;
9 la luna y las estrellas para regir la noche,
porque es eterno su amor.

10 Al que hirió a los primogénitos de Egipto,
porque es eterno su amor;
11 al que de allí sacó a Israel,
porque es eterno su amor,
12 con mano fuerte y brazo extendido,
porque es eterno su amor.
13 Al que partió en dos el mar Rojo,
porque es eterno su amor,
14 e hizo pasar a Israel por en medio,
porque es eterno su amor.
15 Al que arrojó en el mar al faraón con sus tropas,
porque es eterno su amor,
16 y guió por el desierto a su pueblo,
porque es eterno su amor.
17 Al que hirió a reyes famosos,
porque es eterno su amor,
18 y exterminó a reyes poderosos,
porque es eterno su amor:
19 a Sijón, rey de los amorreos,
porque es eterno su amor,
20 y a Og, rey de Basán,
porque es eterno su amor,
21 dando sus tierras en herencia,
porque es eterno su amor,
22 en herencia a su siervo Israel,
porque es eterno su amor.

23 Estábamos humillados y se acordó de nosotros,
porque es eterno su amor;
24 nos libró de nuestros opresores,
porque es eterno su amor.

Sal 136 (135): Himno de alabanza y acción de gracias a Dios, catalogado también como salmo histórico. Su estructura comprende cuatro partes: invitación a la acción de gracias (Sal 136 1-3), Dios en la creación (Sal 136 4-9), Dios en la historia de Israel (Sal 136 10-22), recapitulación e inclusión (Sal 136 23-26). Es el único salmo que mantiene una estructura centrada en la alabanza de principio a fin.

El Sal 136 es una admirable y lograda síntesis de la historia de la salvación. Al igual que el Pentateuco, antepone la actividad creadora de Dios a sus intervenciones históricas (véase Sal 135). Sin embargo, silencia las tradiciones sinaíticas. La serie de la creación (Sal 136 5-9) reproduce a grandes rasgos el orden de Gn 1. La serie de acciones salvíficas se detiene especialmente en los prodigios del paso del mar (Sal 136 13-15) y en las batallas del desierto (Sal 136 17-20 = Sal 135 10-12), previas a la conquista. Sal 136 23-25 recapitula todas las liberaciones y favores recibidos de Dios tras la posesión de la tierra. El estribillo litúrgico expresa la respuesta agradecida del pueblo y confiesa la razón última de todas estas maravillas: el amor y la bondad de Dios.

25 El da alimento a todos los vivientes,
porque es eterno su amor.
26 ¡Den gracias al Dios del cielo,
porque es eterno su amor!

SALMO 137 (136)
Junto a los ríos de Babilonia

Lam 3 48; Jr 51 50; Sal 122; Ez 25 12-14; Lam 4 21-22; Jr 50-51; Ap 18 6

1 Junto a los ríos de Babilonia,
nos sentábamos a llorar acordándonos de Sión;
2 en los sauces de la orilla colgábamos nuestras cítaras.
3 Los que allí nos deportaron nos pedían canciones,
y nuestros opresores, alegría:
«¡Canten para nosotros una canción de Sión!».
4 ¿Cómo cantar una canción al Señor en tierra extranjera?

5 Si me olvido de ti, Jerusalén, que se me seque la mano derecha;
6 que se me pegue la lengua al paladar, si no me acuerdo de ti,
si tú no eres, Jerusalén, mi mayor alegría.

7 Señor, no te olvides de lo que decían los edomitas
el día en que cayó Jerusalén:
«Arrásenla, arrásenla hasta los cimientos».
8 Babilonia, ciudad criminal,
dichoso el que te pague el mal que nos has hecho,
9 dichoso el que agarre a tus hijos y los estrelle contra la roca.

SALMO 138 (137)
Cuando te invoqué, Señor, me escuchaste

Sal 9 2; 5 8; Lc 1 51-52

1 *De David.*

Te doy gracias, Señor, de todo corazón,
te cantaré en presencia de dioses extranjeros,
2 postrado hacia tu santo templo.
Doy gracias a tu nombre por tu amor y tu fidelidad,
pues tu promesa ha superado a tu fama.
3 Cuando te invoqué, me escuchaste y fortaleciste mi ánimo.

Sal 137 (136): Salmo de lamentación y súplica comunitaria, estructurado en tres partes: nostalgia de Sion (Sal 137 1-4), recuerdo de Jerusalén (Sal 137 5-6), maldiciones contra Edom y Babilonia (Sal 137 7-9).

Es notorio el contraste entre el sentimiento conmovedor y nostálgico de los versos iniciales y las expresiones de venganza y crueldad de los versos finales. Los deportados, que por no profanar los recuerdos de su ciudad se niegan a cantar para servir de diversión a sus deportadores, terminan entonando un canto de amor profundo y filial a Jerusalén. Cierran el salmo una súplica contra los edomitas, vecinos de Israel y cómplices de los babilonios en la destrucción de Jerusalén, y las maldiciones contra la Babilonia criminal.

La cruda maldición de los versos finales (Sal 137 8-9) es fruto del intenso cariño a Jerusalén y del recuerdo de lo que edomitas y babilonios hicieron con ella. Aún así, choca con el espíritu del evangelio que prohibe la venganza. Pero podemos rezar el salmo, transponiéndolo: Babilonia es la personificación del mal, de todos los poderes que se oponen al reinado de Dios (véase Ap 14 8; 18 1ss). En este sentido, su destrucción es símbolo de la victoria contra el mal, contra todo tipo de mal, y por tanto debe constituir para el cristiano no sólo un deseo, sino una tarea constante.

Sal 138 (137): Salmo de acción de gracias individual, estructurado en tres partes: acción de gracias por la liberación (Sal 138 1-3), invitación universal a la alabanza (Sal 138 4-6), renovación de la confianza (Sal 138 7-8).

El amor y la fidelidad de Dios que escucha y defiende a sus fieles, provocan la acción de gracias del salmista y su invitación universal a la alabanza de la grandeza y la gloria de Dios. El salmista se admira de que un Dios tan grande se ocupe de sus más pequeños y humildes fieles. Al final ratifica su confianza en que la ayuda del Señor no se interrumpirá nunca.

4 Que te den gracias, Señor, todos los reyes de la tierra
al oír las palabras de tu boca;
5 que proclamen las hazañas del Señor,
porque la gloria del Señor es grande.
6 El Señor está arriba, pero se fija en el sencillo,
y reconoce desde lejos al soberbio.

7 En medio del peligro, me conservas la vida,
despliegas tu poder contra la saña de mis enemigos
y me pones a salvo con tu fuerza protectora.
8 ¡El Señor completará lo que hace por mí!
¡Señor, tu amor es eterno, no abandones la obra de tus manos!

SALMO 139 (138)
Oh Dios, qué profundos son tus proyectos

Job 11 8-9; 23 8-9; Jr 23 23-24; Eclo 18 5-7

1 *Al maestro de coro. Salmo de David.*

Señor, tú me examinas y me conoces,
2 sabes cuando me siento o me levanto,
desde lejos comprendes mis pensamientos.
3 Tú adviertes si camino o si descanso,
todas mis sendas te son conocidas.
4 No está aún la palabra en mi lengua,
y tú, Señor, ya la conoces.
5 Por todas partes me rodeas,
y tus manos me protegen.
6 Es un conocimiento misterioso que me supera,
una altura que no puedo alcanzar.

7 ¿A dónde podré ir lejos de tu espíritu,
a dónde escaparé de tu presencia?
8 Si subo hasta los cielos, allí estás tú;
si me acuesto en el abismo, allí te encuentro.
9 Si vuelo sobre las alas de la aurora
y me instalo en el extremo del mar,
10 también allí me alcanzará tu mano
y me agarrará tu derecha.
11 Aunque diga: «Que la oscuridad me oculte
y la luz se haga noche en torno a mí»,
12 para ti no es oscura la tiniebla,
pues ante ti la noche brilla como el día.

13 Tú formaste mis entrañas,
me tejiste en el vientre de mi madre.

Sal 139 (138): Salmo mixto, formado por un himno de alabanza individual (Sal 139 1-18), rematado por una súplica (Sal 139 23-24, en inclusión con Sal 139 1-3) y una maldición contra los malvados (Sal 139 19-22). A su vez, el himno se estructura en tres partes: omnisciencia de Dios (Sal 139 1-6), omnipresencia de Dios (Sal 139 7-12), el propio salmista como criatura de Dios (Sal 139 13-18).

El himno es un hermoso canto a la sabiduría inabarcable de Dios que desborda toda comprensión humana (Sal 139 6.17). El tono de intimidad personal con Dios lo convierte en una de las plegarias de mayor profundidad religiosa de todo el libro de los salmos. La sabiduría inabarcable de Dios lo abarca todo: las acciones, los pensamientos y hasta las intenciones más escondidas del hombre. Dios nos conoce mejor que nosotros mismos. No podía ser de otra manera, ya que él crea al hombre y tiene siempre ante sí toda su vida. La reacción final contra los malvados (Sal 139 19-22), que desprecian esta sabiduría y se rebelan contra Dios, entra en la lógica de la alabanza.

14 Te doy gracias porque eres sublime,
tus obras son prodigiosas.
Tú conoces lo profundo de mi ser,
15 nada mío te era desconocido
cuando yo me iba formando en lo oculto
y era tejido en las profundidades de la tierra.
16 Tus ojos contemplaban mis acciones,
todas ellas estaban escritas en tu libro,
y los días que me asignaste, antes de existir.
17 ¡Oh Dios, qué profundos son tus proyectos,
qué innumerables son todos juntos:
18 si los cuento son más que la arena,
y aunque termine, aún me quedas tú!

19 ¡Ojalá, Dios mío, hicieras morir a los malvados,
y se apartaran de mí los sanguinarios!
20 Ellos hablan de ti con menosprecio
y te atacan sin motivos.
21 Señor, ¿no voy a odiar a los que te odian
y a despreciar a los que te atacan?
22 Sí, los odio con un odio implacable,
los considero mis enemigos.

23 ¡Examíname, oh Dios y conoce mi interior,
ponme a prueba y conoce mis pensamientos;
24 mira si en mi conducta hay maldad
y guíame por el camino eterno!

SALMO 140 (139)
Sálvame, Señor, de la mano del malvado

Rom 3 13; Sal 11 6-7

1 *Al maestro de coro. Salmo de David.*

2 Líbrame, Señor, del hombre perverso,
defiéndeme del hombre violento,
3 de los que en su corazón planean maldades
y provocan discordias todo el día:
4 afilan su lengua como la de una serpiente,
en sus labios tienen veneno de víbora.
5 Protégeme, Señor, de la mano del malvado,
defiéndeme del hombre violento,
de los que planean derribarme.
6 Los soberbios me ponen trampas,
tienden una red bajo mis pies,
y en mi sendero colocan lazos.

Sal 140 (139): Salmo de súplica individual, estructurado en cuatro partes, dispuestas en forma simétrica: súplica ante el ataque de los malvados (Sal 140 2-6), declaración de confianza (*Sal 140 7-8*), petición de castigo para los malvados (Sal 140 9-12), confianza en la intervención de Dios (Sal 140 13-14).

La súplica inicial repetida (Sal 140 2.5) invoca la salvación divina contra la persecución de los malvados, descrita genéricamente y con rasgos habituales: intrigas, discordias, calumnias, amenazas, violencias, trampas... Tras la afirmación de confianza en el Señor salvador, el salmista invoca el castigo de los malvados en términos conocidos: fracaso de sus proyectos, que su maldad recaiga sobre ellos, que desaparezcan. Seguro de la intervención divina, reafirma su confianza en la justicia de Dios que defiende a los pobres y anticipa la respuesta agradecida de los justos.

7 Yo digo al Señor: «Tú eres mi Dios;
atiende, Señor, mis gritos de súplica».
8 Señor, Dios mío, poderoso salvador,
tú me cuidas en el día del combate.

9 No permitas, Señor, los proyectos del malvado,
no dejes que triunfen sus planes.
10 Que la malicia de sus labios caiga
sobre la cabeza de los que me rodean.
11 Lluevan sobre ellos brasas encendidas,
que se hundan en el abismo y no vuelvan a salir.
12 Que desaparezca de la tierra el difamador,
y que al violento lo persiga la desgracia.

13 Yo sé que el Señor defenderá la causa del humilde,
el derecho de los necesitados.
14 Los justos alabarán tu nombre,
los rectos vivirán en tu presencia.

SALMO 141 (140)
Suba mi oración, Señor, como incienso ante ti

Ex 30 8; Prov 9 8; 27 6.9

1 *Salmo de David.*

Señor, te estoy llamando, date prisa,
escucha mi voz cuando te llamo.
2 Que suba mi oración como incienso hasta ti,
sean mis manos suplicantes como la ofrenda de la tarde.

3 Coloca, Señor, en mi boca un centinela,
un vigilante a la puerta de mis labios.
4 No dejes que mi corazón se incline a la maldad,
ni a cometer crímenes y delitos con los malhechores.
¡No, no participaré en sus banquetes!
5 Que el justo me golpee y me reprenda como amigo,
pero nunca aceptaré honores del malvado,
ni cesará mi oración contra sus crímenes.
6 Sus jefes serán lanzados contra las rocas
y sabrán entonces que mis palabras eran suaves.
7 Como una rueda de molino estrellada contra el suelo,
sean esparcidos sus huesos al borde del abismo.

8 A ti, Señor, se dirigen mis ojos,
en ti me refugio, no me desampares.
9 Líbrame del lazo que me han puesto,
de la trampa que me han tendido los malhechores.
10 Caigan los malvados en sus propias redes,
mientras yo logro escapar.

Sal 141 (140): Salmo de súplica individual, estructurado en tres partes: invocación inicial (Sal 141 1-2), súplica y maldición (Sal 141 3-7), súplica conclusiva (Sal 141 8-10). El texto es oscuro, especialmente en Sal 141 5-7, y la traducción es, por tanto, conjetural y dudosa.

La invocación compara la oración con las acciones sacrificiales agradables a Dios. En la súplica, el salmista pide verse libre de dos peligros: la amenaza de los malvados y la propia tentación de imitar sus palabras y conducta (lo que constituye una novedad entre todos los salmos). Por eso, pide a Dios que le controle los labios y el corazón. La súplica final a Dios es también doble: la protección del justo y la caída del malvado en sus propias redes.

SALMO 142 (141)
Atiende a mi clamor, que ya no puedo más

Sal 57 1; 141 9; 79 8

1 *Oda de David. Oración cuando estaba en la cueva.*

2 Invoco al Señor con toda mi voz,
suplico al Señor con toda mi voz.
3 Ante él desahogo mi lamento, ante él expongo mi angustia.

4 Ya me falta el aliento, pero tú conoces mi sendero
y sabes que en mi camino me han tendido una trampa.
5 Miro a mi lado, y no hay nadie que me atienda,
no tengo ningún refugio, no hay quien cuide de mi vida.

6 A ti clamo, Señor, diciendo:
«Tú eres mi refugio y todo lo que tengo en esta vida».
7 Atiende a mi súplica, que ya no puedo más.
¡Líbrame de los que me persiguen, pues son más fuertes que yo!
8 ¡Sácame de la prisión, y alabaré tu nombre!
Me rodearán los justos cuando me concedas tu favor.

SALMO 143 (142)
Señor, hazme sentir tu amor cada mañana

Job 14 3-4; Rom 3 20; Lam 3 6; Sal 77 12-13; 25 1-5

1 *Salmo de David.*

Señor, escucha mi oración, atiende mi súplica,
tú, que eres justo y fiel, respóndeme.

2 No me lleves a juicio, pues nadie es inocente ante ti.
3 El enemigo me persigue, me estrella contra el suelo,
me ha hundido en la oscuridad, como los muertos para siempre;
4 me falta ya el aliento y en mi interior se estremece el corazón.
5 Me acuerdo del pasado, medito todas tus acciones
y repaso las hazañas que has realizado;
6 extiendo mis manos a ti, tengo sed de ti como tierra reseca.
7 Respóndeme pronto, Señor, que me falta el aliento;
no te alejes de mí, pues sería como un muerto.

8 Hazme sentir tu amor cada mañana, que yo confío en ti;
indícame el camino a seguir, porque a ti dirijo mi oración.
9 Líbrame de mis enemigos, Señor, que me refugio en ti;
10 enséñame a cumplir tu voluntad, pues tú eres mi Dios;
que tu buen espíritu me conduzca por el camino recto.

Sal 142 (141): Salmo de lamentación y súplica individual, estructurado en tres partes: invocación inicial (Sal 142 2-3), lamento por la soledad y falta de ayuda (Sal 142 4-5), súplica confiada (Sal 142 6-8).

El salmista se ve sometido a una implacable persecución (Sal 142 4.7) y se siente abandonado, sin posibilidad *de encontrar ayuda y refugio humanos* (Sal 142 5). Por eso invoca la ayuda y el refugio de Dios (Sal 142 6-7), confiando en su intervención que provocará la consiguiente alegría de los justos (Sal 142 8).

Sal 143 (142): Salmo de lamentación y súplica individual, estructurado en tres partes: invocación inicial (Sal 143 1), lamentación y súplica (Sal 143 2-7), súplica confiada (Sal 143 8-12). Este es el séptimo y último de los salmos penitenciales (véase Sal 6).

Constituye la súplica urgente de un hombre en peligro grave de muerte (Sal 143 4.7: *me falta el aliento*). Consciente de su condición pecadora (Sal 143 2), se dirige insistentemente a Dios, invocando sus intervenciones históricas en favor del pueblo y los más conocidos atributos divinos: amor y fidelidad, protección y salvación para con los oprimidos. El salmista, por su parte, sólo puede presentar su confianza absoluta en que Dios le responda, lo libre y le muestre sus caminos.

11 Por tu nombre, Señor, dame vida,
por tu fidelidad, sácame de la angustia.
12 Aniquila a mis enemigos, pues me amas;
haz perecer a todos mis opresores, ya que soy tu siervo.

SALMO 144 (143)
Sálvame, Señor, del poder del extranjero

Sal 18; 33 2-3; Job 42 14-15; Lv 26 4-5

1 *De David.*

Bendito sea el Señor, mi Roca,
que prepara mis manos para la batalla,
mis dedos para el combate;
2 mi aliado fiel y mi defensa, mi fortaleza y mi salvador,
el que me protege y pone bajo mi dominio a los pueblos.

3 ¿Qué es el hombre, Señor, para que te preocupes de él?
¿Qué es el ser humano para que pienses en él?
4 El hombre es como un soplo;
sus días, como sombra que no deja huella.

5 Inclina, Señor, tus cielos y desciende,
toca las montañas y echarán humo;
6 lanza el rayo y dispérsalos,
dispara tus flechas y desconciértalos.
7 Extiende tu mano desde lo alto,
sácame de las aguas turbulentas,
sálvame del poder del extranjero
8 cuya boca dice mentiras, cuya mano jura en falso.

9 Te cantaré, oh Dios, un canto nuevo,
para ti tocaré el arpa de diez cuerdas.
10 Tú que das la victoria a los reyes,
tú que salvas a tu siervo David,
líbrame de la espada cruel,
11 sálvame del poder del extranjero
cuya boca dice mentiras, cuya mano jura en falso.

12 Sean nuestros hijos como plantas,
desde la edad temprana florecidas;
nuestras hijas como pilares labrados,
columnas de un palacio.
13 Que estén repletos nuestros graneros,
llenos de toda clase de frutos;
que nuestros ganados se cuenten a millares
a decenas de millares en nuestras praderas;

Sal 144 (143): Salmo mixto, compuesto por un salmo real de súplica y acción de gracias (Sal 144 1-11) y una súplica comunitaria de bendición (Sal 144 12-15). El conjunto queda estructurado en cinco secciones: acción de gracias (Sal 144 1-2), transición (Sal 144 3-4), súplica (Sal 144 5-8), acción de gracias y súplica (Sal 144 9-11), súplica de bendición sobre el pueblo (Sal 144 12-15).

En la primera parte (Sal 144 1-11) encontramos abundantes paralelos con el Sal 18 (también Sal 144 3 = Sal 8 5). Después de invocar a Dios con los títulos de confianza, el salmista, probablemente el rey (Sal 144 10-11), solicita la intervención de Dios (Sal 144 5-7) para que lo libre de los enemigos. Estos, descritos con rasgos genéricos, son presentados como extranjeros, mentirosos y perjuros. Concluye con la promesa de acción de gracias. La segunda parte (Sal 144 12-15) es una súplica comunitaria por la prosperidad de la nación, con los términos habituales de las bendiciones divinas.

14 que vayan nuestros bueyes bien cargados,
que no haya invasión ni rendición,
ni duelo en nuestras plazas.
15 ¡Dichoso el pueblo que tiene todo esto,
dichoso el pueblo cuyo Dios es el Señor!

SALMO 145 (144)
A todas sus obras alcanza su ternura

Sal 111 2-4.12; Ex 34 6; Sab 1 13-14; Dn 3 33; Sal 104 27-28

1 *Himno de David.*

Te glorificaré, rey y Dios mío,
bendeciré tu nombre por siempre.
2 Todos los días te bendeciré,
alabaré tu nombre sin cesar.
3 Grande es el Señor y digno de toda alabanza,
es inmensa su grandeza.
4 Cada generación celebra tus acciones
y anuncia tus hazañas a la siguiente.
5 Ellos hablan del esplendor de tu gloria,
y yo repetiré tus maravillas.
6 Ellos cuentan tus hazañas maravillosas,
y yo narraré tus grandezas.
7 Celebran el recuerdo de tu inmensa bondad
y cantan tus victorias.
8 El Señor es clemente y compasivo,
paciente y rico en amor.
9 El Señor es bondadoso con todos,
a todas sus obras se extiende su ternura.
10 Que tus obras te den gracias, Señor,
y tus fieles te bendigan;
11 que proclamen la gloria de tu reinado
y hablen de tus hazañas,
12 dando a conocer a los hombres tus hazañas,
la gloria y el esplendor de tu reinado.
13 Tu reinado es eterno,
tu gobierno permanece para siempre.

El Señor es fiel a todas sus palabras,
leal en todas sus acciones.
14 El Señor sostiene a todos los que caen
y levanta a los que desfallecen.
15 Los ojos de todos se fijan en ti
y esperan que tú les des la comida a su tiempo;
16 abres tu mano y sacias de favores a todo ser viviente.

Sal 145 (144): Himno de alabanza y acción de gracias a Dios, dispuesto en forma alfabética (cada verso comienza *con una letra del alfabeto hebreo*, véase Sal 9-10). La inclusión temática en Sal 145 1.13a permite dividir el salmo en dos grandes partes: alabanza a la realeza y majestad de Dios (Sal 145 1-13a), bondad y misericordia de Dios para con sus criaturas (Sal 145 13b-20).

El Sal 145 incorpora préstamos de otros salmos (Sal 111 2-4.12; 86 15; 103 8) para componer una gran alabanza a la grandeza y majestad divinas, manifestadas en sus acciones, hazañas, maravillas, prodigios y obras (Sal 145 4-6.9-12). La segunda parte describe la bondad, fidelidad y misericordia de Dios con sus criaturas, especialmente los humildes, los desfavorecidos y los fieles, que de él reciben su sustento.

17 El Señor es fiel en todo lo que hace,
leal en todas sus acciones.
18 El Señor está cerca de los que lo invocan,
de todos los que lo invocan sinceramente.
19 El Señor cumple los deseos de quienes lo respetan,
escucha su súplica y los libera.
20 El Señor protege a todos los que lo aman,
pero extermina a todos los malvados.
21 ¡Que mi boca alabe al Señor!
¡Que todo viviente bendiga su santo nombre,
ahora y por siempre!

SALMO 146 (145)
El Señor levanta a los humillados

Sal 104 33; 1 Mac 2 63; Jr 17 7; Ex 22 20-21

1 ¡Aleluya!
¡Alaba, alma mía al Señor!
2 alabaré al Señor mientras viva,
cantaré para mi Dios mientras exista.

3 No pongan su confianza en los poderosos,
en seres humanos que no pueden salvar;
4 expiran y vuelven a ser polvo,
y en ese instante terminan sus proyectos.

5 Dichoso el que se apoya en el Dios de Jacob
y pone su esperanza en el Señor, su Dios,
6 que hizo los cielos y la tierra, el mar y cuanto contiene,
el Dios que mantiene por siempre su fidelidad.
7 El hace justicia a los oprimidos
y da pan a los hambrientos.
El Señor da la libertad a los cautivos,
8 el Señor abre los ojos a los ciegos,
el Señor levanta a los humillados,
el Señor ama a los justos.
9 El Señor protege a los extranjeros
y sostiene a la viuda y al huérfano;
confunde, en cambio, el camino de los malvados.
10 ¡El Señor reina por siempre,
tu Dios, Sión, por todas las generaciones!
¡Aleluya!

Sal 146 (145): Himno de alabanza a Dios, creador del universo y defensor de los oprimidos. Su estructura comprende tres partes: introducción en forma de himno (Sal 146 1-2), inutilidad de la confianza en el hombre (Sal 146 3-4), alabanza a Dios (Sal 146 5-10). Es el primero de la serie de cinco salmos aleluyáticos (*halleluyah* = alaben al Señor) con que concluye el libro de los Salmos (Sal 146-150).

Después de la alabanza inicial, se contrapone en estilo sapiencial la confianza en Dios con la confianza en los hombres, aunque sean poderosos. Sólo queda confiar en Dios, pues es el creador de todo y el que defiende a los oprimidos y sostiene la causa de los desfavorecidos (enfermos, viudas, huérfanos, extranjeros, etc.), demostrando así su realeza eterna (Sal 146 10).

SALMO 147 (146-147)
El Señor aprecia a quienes lo respetan

Jr 31 10; Is 40 26.28; 1 Sm 2 7-8; Sal 104 10-14.27-28;
Job 5 9-10; Is 55 10-11; Dt 33 3-4

1 ¡Aleluya!
¡Qué bueno es cantar a nuestro Dios,
qué agradable y hermoso es alabarlo!
2 El Señor reconstruye Jerusalén,
congrega a los dispersos de Israel,
3 sana a los que tienen quebrantado el corazón
y venda sus heridas;
4 cuenta el número de las estrellas,
y llama a cada una por su nombre.
5 Grande y omnipotente es nuestro Señor,
su sabiduría no tiene límite.
6 El Señor engrandece a los humildes,
y humilla a los malvados hasta el polvo.

7 Canten al Señor dándole gracias,
toquen la cítara para nuestro Dios:
8 él cubre de nubes los cielos
y da la lluvia a la tierra,
hace brotar la hierba en las montañas
9 y proporciona alimento al ganado
y a las crías del cuervo cuando graznan.
10 No se fija en el vigor del caballo,
ni aprecia los músculos del hombre:
11 el Señor aprecia a quienes lo respetan,
a los que esperan en su amor.

12 ¡Glorifica al Señor, Jerusalén, alaba a tu Dios, Sión!
13 Que él refuerza los cerrojos de tus puertas
y bendice a tus hijos en medio de ti;
14 mantiene la paz en tus fronteras
y te alimenta con la mejor harina.
15 El envía a la tierra sus órdenes,
veloz va corriendo su mensaje;
16 hace caer la nieve como lana
y esparce la escarcha como ceniza;
17 hace caer el granizo como migas de pan,
y por el frío se congelan las aguas;
18 pero da una orden y se derriten,
envía su aliento y corren las aguas.
19 Manifestó su palabra a Jacob,
sus leyes y decretos a Israel.

Sal 147 (146-147): Himno de alabanza y acción de gracias a Dios. Las tres invitaciones a la alabanza (Sal 147 1.7.12) permiten dividir el salmo en tres estrofas: Dios, restaurador de Sión (Sal 147 1-6); Dios, conservador de la naturaleza (Sal 147 7-11); Dios en la creación y en su pueblo (Sal 147 12-20). La versión griega de los LXX divide el salmo en dos partes: Sal 146 (Sal 147 1-11) y Sal 147 (Sal 147 12-20).

Cada una de las tres invitaciones a la alabanza va seguida de su motivación correspondiente. En la primera estrofa (Sal 147 1-6) se alaba a Dios por el regreso de los exiliados, la reconstrucción de Jerusalén y la defensa de los débiles. En la segunda estrofa (Sal 147 7-11) se agradece la providencia de Dios que da la lluvia y garantiza la fertilidad de la naturaleza. En la tercera estrofa (Sal 147 11-20) de nuevo encontramos la temática anterior: la presencia protectora y benéfica de Dios en Sión (Sal 147 12-14) y el poder de su palabra en la naturaleza, elementos fundamentales de su manifestación especial a Israel (Sal 147 19-20).

20 ¡Con ningún pueblo actuó así,
ni les dio a conocer sus decretos!
¡Aleluya!

SALMO 148
Alaben el nombre del Señor

Sal 103 21-22; Jr 31 35-36

1 ¡Aleluya!
¡Alaben al Señor desde los cielos, alábenlo en las alturas!
2 ¡Alábenlo todos sus ángeles, alábenlo todos sus ejércitos!
3 ¡Alábenlo sol y luna, alábenlo estrellas lucientes!
4 ¡Alábenlo cielos altísimos y aguas que están sobre los cielos!
5 Alaben el nombre del Señor,
porque él lo ordenó y fueron creados,
6 él los sometió para siempre a una ley inalterable.

7 ¡Alaben al Señor desde la tierra,
monstruos marinos y todos los océanos;
8 fuego y granizo, nieve y nubes,
viento impetuoso que ejecuta sus órdenes;
9 montañas y todas las colinas,
árboles frutales y cedros todos;
10 fieras salvajes y todos los ganados,
reptiles y pájaros que vuelan;
11 reyes del mundo y pueblos todos,
príncipes y todos los jefes de la tierra;
12 los jóvenes y también las muchachas,
los viejos junto con los niños!

13 ¡Alaben el nombre del Señor,
porque sólo su nombre es sublime,
su grandeza está por encima de los cielos y la tierra!
14 El ha hecho fuerte a su pueblo;
él es el orgullo de todos sus fieles,
de Israel, su pueblo entrañable. ¡Aleluya!

SALMO 149
El Señor se complace en su pueblo

Is 61 9; 62 4-5; Neh 4 10-12; Zac 9 13-16

1 ¡Aleluya!
¡Canten al Señor un canto nuevo:
alábenlo en la asamblea de los fieles!

Sal 148*: Himno de alabanza universal* a Dios, estructurado en tres partes: alabanza desde el cielo (Sal 148 1-6), alabanza desde la tierra (Sal 148 7-12), conclusión (Sal 148 13-14).

Magnífica invitación a que todo el universo, polarizado en sus dos grandes partes: cielo y tierra, alabe a Dios. La primera serie se dirige a todos los seres celestes: ángeles, ejércitos celestiales, astros y aguas superiores. La segunda serie se dirige a toda la tierra y a los distintos seres que la pueblan, hasta llegar al hombre, representado en distintas categorías, sexos y edades. La conclusión recapitula la alabanza y la concentra finalmente en Israel, el pueblo elegido.

Sal 149: Himno de alabanza a Dios, creador y rey, estructurado en dos partes: invitación al canto y a la danza (Sal 149 1-4), la venganza de los fieles (Sal 149 5-9).

El Sal 149 conserva reminiscencias de una danza ritual con espadas por la victoria atribuida a Dios. Los protagonistas son los *fieles* o leales (*hasidin*: Sal 149 1.5.9), quienes, tras la invitación inicial, llevan a cabo la representación de la venganza contra los enemigos, ejecutando así la sentencia divina (Sal 149 9). El entusiasmo guerrero y el acento nacionalista del salmo han hecho pensar en una datación postexílica tardía.

2 ¡Celebre Israel a su Creador,
festejen los hijos de Sión a su Rey!
3 Que alaben su nombre con danzas,
que toquen para él el arpa y la pandereta.
4 Porque el Señor aprecia a su pueblo,
concede a los débiles la victoria.

5 Que los fieles salten de alegría
y hasta en sus lechos canten jubilosos:
6 con vivas a Dios en la boca
y con espadas de dos filos en las manos,
7 para tomar venganza de los pueblos
y castigar a las naciones,
8 para atar a sus reyes con cadenas
y a sus príncipes con argollas de hierro,
9 para aplicarles la sentencia escrita.
Será un honor para todos sus fieles.

SALMO 150
Todo viviente alabe al Señor

Sal 41 14; 72 18-20; 89 52; 106 48

1 ¡Aleluya!
Alaben a Dios en su templo,
alábenlo en su augusto firmamento,
2 alábenlo por sus magníficas hazañas,
alábenlo por su inmensa grandeza,

3 alábenlo al son de trompetas,
alábenlo con arpas y cítaras,
4 alábenlo con danzas y tambores,
alábenlo con liras y flautas,
5 alábenlo con címbalos sonoros,
alábenlo con címbalos vibrantes.

6 ¡Que todo viviente alabe al Señor!
¡Aleluya!

Sal 150: Himno de alabanza a Dios, estructurado en *tres partes: la alabanza y sus motivos* (Sal 150 1-2), acompañamiento musical (Sal 150 3-5), conclusión: invitación universal (Sal 150 6).

Todo el salmo es una gran doxología o aclamación conclusiva, que cierra el libro quinto (véase Introducción y Sal 41) y toda la colección de los salmos. La insistente invitación (diez imperativos) va dirigida finalmente a todos los seres vivientes (Sal 150 6), que han de alabar a Dios en su doble morada: el templo y el firmamento, lugares que simbolizan el señorío de Dios sobre la historia y la creación, sobre Israel y sobre el universo. La enumeración de los instrumentos musicales (Sal 150 3-5) convierten esta alabanza conclusiva en una grandiosa sinfonía.

CANTAR DE LOS CANTARES

INTRODUCCION

Resulta cuando menos desconcertante encontrar aquí, en medio de la Biblia, un poema o una colección de poemas de amor sin la menor referencia religiosa o moral. Porque ese amor es el que buscan, sienten, sufren y gozan dos enamorados que se atraen, que se hablan con lenguaje íntimo y atrevido, que se quieren en cuerpo y alma. Pero, ¿acaso tendría que extrañarnos que un amor así, sin títulos ni aval asomara por la Biblia? En todo caso, no es la primera ni la única vez que sucede: como realidad, motivo o símbolo, el amor, también el humano, es uno de los hilos conductores de toda la literatura bíblica. Sólo que aquí, en el Cantar de los Cantares, se convierte en tema monográfico y exclusivo. Al fin y al cabo, si "Dios es amor", las palabras hermosas y veraces del amor son palabra de Dios.

1. Contexto histórico

El título de este librito es, en realidad, un superlativo, algo así como "el cantar más hermoso" o "el mejor cantar"; está incluido dentro de la tercera parte de la Biblia hebrea, la que los judíos denominaban "Escritos". Su atribución a Salomón es, como en la mayoría de los libros sapienciales, un recurso literario: se le atribuyen a él, como modelo de sabio y promotor de la sabiduría israelita (véase en 1 Re 5 12 la base que avala esta tradición). Los indicios internos del libro apoyan una fecha de composición mucho más tardía, concretamente hacia el s. III a. C.

2. Características literarias

El Cantar es una colección de poemas de amor, con algunos elementos que le confieren una cierta unidad: los protagonistas, algunos estribillos (Cant 2 7; 3 5; 8 4 y 2 6; 8 3), repetición de palabras y frases, y reaparición de los mismos temas. Todo ello se pone al servicio de una especie de gran "poema dramático" en el que es posible identificar algunas formas menores como poemas de nostalgia (Cant 1 2-4; 2 14-15), piropos (Cant 1 15-2 3; 4 9-5 1; 6 4-7), cantos con tonos irónicos (Cant 1 7-8; 2 15), poemas rememorativos (Cant 2 8-13) y descripciones de encantos físicos (Cant 4 1-7; 5 10-16).

En cuanto al contenido, se trata de los temas típicos de los cantos amorosos de aquella y de todas las épocas. El amado y la amada se buscan, se separan, se vuelven a encontrar, se desean, se recuerdan, sufren con la ausencia y la nostalgia... Se canta la hermosura de los cuerpos, se alaban las delicias del amor, y toda una constelación de imágenes y realidades dan vida a ese amor: el campo, las flores, las gacelas, el vino, la miel y la leche, el palacio y la corte, pastores y rebaños, el huerto y las fuentes... Todo al servicio de la exaltación del encuentro amoroso entre un hombre y una mujer, sin rostro, pero con el nombre y el rostro, la belleza y los sentimientos de todos los hombres y mujeres que se han querido y se quieren en este mundo.

3. La interpretación del Cantar

Desde la exégesis judía, seguida de cerca por la cristiana, que han interpretado el Cantar en clave alegórica y simbólica, hasta las más modernas interpretaciones que podríamos considerar simplemente antropológicas, la interpretación de estos poemas ha sido muy controvertida.

En la interpretación alegórica, Dios sería el amado y el pueblo la amada: es el lenguaje que frecuentemente han utilizado también los profetas. Algunos autores cristianos van más allá: el esposo y la esposa serían Cristo y la Iglesia (imagen utilizada por San Pablo), y todo el libro, una profecía de las bodas místicas del Cordero y de su Esposa, tal como aparece en el Apocalipsis y se insinúa en el evangelio de Juan.

Esta interpretación alegórica coexiste en tiempos modernos con otra más literal. El Cantar sería lo que parece ser: cantos de amor humano. La realidad profundamente humana de la relación amorosa es la que el poeta tiene presente. En el libro no se habla de Dios: se habla del hombre y la mujer tal como son, han sido y serán al encontrarse en todos los lugares y en todas las épocas. A la luz de la revelación, y desde las primeras páginas de la Biblia, esta realidad humana está marcada por el sello de lo divino. ¿Qué mayor significado religioso habría que buscarle? Pero, por si hiciera falta más, en el momento de la plenitud de la revelación también se dijo que 'Dios es amor" (1 Jn 4 8). Comenta un autor: "Afirmando el amor humano, es posible descubrir en él la revelación de Dios, que 'es amor'. No se ha dicho cosa más alta de Dios. Ni del amor". Muchos siglos antes habían escrito los judíos: "Todas las Escrituras son santas, pero el Cantar de los Cantares es el Santo de los Santos".

CANTAR DE LOS CANTARES

Prólogo

Cant 6 8

1 [1] El más bello cántico; de Salomón.

La amada [2] Que me bese con besos de su boca.
Son mejores que el vino tus amores,
[3] exquisito el olor de tus perfumes,
tu nombre es aroma que se expande,
por eso te aman las doncellas.
[4] Llévame contigo, ¡corramos!
Condúceme, rey mío, a tus alcobas,
para alegrarnos y gozar contigo,
y gustar tus amores más que el vino.
¡Por algo se enamoran de ti!

Primer canto

Sal 23 1-3; Jn 10 1-16; Jr 31 21; Cant 8 3-5

La amada [5] Soy morena, pero hermosa,
muchachas de Jerusalén,
como las tiendas de Quedar,
como las carpas de Salem.
[6] No se fijen en mi color moreno,
es que me ha tostado el sol.
Mis hermanos se enojaron conmigo,
y me pusieron a cuidar sus viñas.
¡Y mi propia viña la descuidé!
[7] Dime tú, amor de mi vida,
dónde pastoreas el rebaño,

• **1 1-4**: Para el título (Cant 1 2) véase Introducción. El *prólogo* (Cant 1 2-4) es un breve poema puesto en boca de la amada, en el que se anticipan algunos de los temas más frecuentes del Cantar: el amor y la pasión, la ausencia y la ansiedad, los celos, el encuentro añorado y deseado, etc. La ausencia inicial del amado queda compensada por su recuerdo persistente en los sentidos (sabor, olor, nombre, deseo) de la amada. Entre las imágenes utilizadas destaca la del vino (Cant 1 2b.4d: al comienzo y al final de este prólogo), que en sus variadas connotaciones (olor, sabor, delirio, vértigo) parece sintetizarlas a todas.

• **1 5-2 7**: Este *primer canto* es una escena campestre en forma de diálogo amoroso entre el amado y la amada con la breve participación del coro (Cant 1 8) y la presencia muda de las *muchachas de Jerusalén* (Cant 1 5 y 2 7 al comienzo y al final de este canto), que asisten como espectadoras de la escena amorosa. El conjunto describe tres momentos: la búsqueda, el diálogo amoroso y el abrazo final. La amada es presentada como una campesina judía bronceada por el sol (Cant 1 5-6) y se la compara a una *viña* (Cant 1 6), una de las imágenes más sugerentes y más utilizadas en el libro (véase Cant 2 13.15; 6 11; 7 13). El amado, en cambio, aparece como pastor (Cant 1 7-8) y como rey (Cant 1 12). El encuentro abre un diálogo vivo (Cant 1 9-2 3) con tonos de admiración y alabanza mutuas, donde predominan las comparaciones e imágenes alusivas a perfumes y olores, y donde toda la naturaleza se convierte en lecho de amor (Cant 1 16-17). El encuentro culmina en el abrazo pleno y apasionado que la amada, rendida de amor, describe (Cant 2 3-6) acumulando motivos anteriores (frutos, vino, sabores, etc.). La súplica final del amado para no romper el sueño de la amada (Cant 2 7) cierra la escena con un telón de paz y de ternura. Esta súplica se convertirá en el estribillo de todo el libro (véase Cant 3 5; 5 8; 8 4).

dónde lo llevas a descansar al mediodía,
para que no ande yo perdida
tras los rebaños de tus compañeros.

Coro

8 Si no lo sabes tú, la más bella de las mujeres,
sigue las huellas del rebaño,
y lleva a pastar tus cabritos
junto a las cabañas de los pastores.

El amado

9 Yo te comparo, amada mía, a la hermosa yegua
de la carroza del faraón.
10 ¡Qué hermosas se ven tus mejillas con esos aretes,
y tu cuello con esos collares!
11 Te haremos aretes de oro
con adornos de plata.

La amada

12 Mientras el rey está sentado en su sofá,
mi nardo exhala su fragancia.
13 Mi amado es para mí una bolsita de mirra
cuando descansa entre mis pechos;
14 mi amado es para mí un manojito de nardos
de los jardines de Engadí.

El amado

15 ¡Qué hermosa eres,
amada mía, qué hermosa eres!
¡Palomas son tus ojos!

La amada

16 ¡Qué hermoso eres,
amado mío, qué encantador!
Nuestro lecho es de flores;
17 las vigas de nuestra casa son de cedro,
nuestro techo, de ciprés.

2

1 Soy un narciso del Sarón,
una azucena de los valles.

El amado

2 Como azucena entre las espinas,
es mi amada entre las jóvenes.

La amada

3 Como manzano entre los árboles silvestres
es mi amado entre los jóvenes.
Me agrada sentarme a su sombra,
gustar el exquisito sabor de sus frutos.
4 Me llevó a la bodega
y me cubrió con sus gestos de amor.
5 Fortalézcanme con pasas,
reanímenme con manzanas,
porque me muero de amor.
6 Su brazo izquierdo rodea mi cabeza,
con el derecho me abraza.

El amado

7 Les suplico, muchachas de Jerusalén,
por las gacelas y las ciervas del campo,
que no molesten ni despierten a mi amor,
hasta que ella quiera.

Segundo canto

Is 52 7; Cant 6 3; 7 11; 2 1; 5 6.7; Jn 20 13.17

La amada

8 ¡La voz de mi amado!
Mírenlo cómo viene
saltando por los cerros,
brincando por las colinas.
9 Parece mi amado una gacela,
parece un cervatillo.
Se ha parado detrás de nuestra cerca.
Se asoma por las ventanas,
mira a través de las rejas.
10 Habla mi amado, ya me dice:

El amado

«¡Levántate, amada mía, preciosa mía, y ven!
11 Que ya ha pasado el invierno,
han cesado las lluvias y se han ido.
12 Las flores aparecen en el campo,
ha llegado el tiempo de la poda;
ya se oye en nuestra tierra el arrullo de la tórtola.
13 Da sus primeros brotes la higuera
y las viñas en flor exhalan su fragancia.
¡Levántate, amada mía, preciosa mía, y ven!
14 Paloma mía, que anidas
en las grietas de la roca,
en escarpados riscos,
déjame ver tu rostro,
déjame oír tu voz.
¡Es tan dulce tu voz,
tan hermoso tu rostro!»

Coro

15 Den caza a las raposas,
las pequeñas raposas,
que destrozan las viñas,
nuestras viñas en flor.

La amada

16 Mi amado es para mí, y yo para mi amado;
él pastorea entre azucenas.
17 Regresa amado mío,
antes que sople la brisa del día
y huyan las sombras;

• **2 8-3 5**: El *segundo canto* prolonga la situación final del primero (Cant 3 5=2 7): la amada dormida y el amado en vela, para introducir dos evocaciones puestas en labios de ella. El tema es común: el contraste entre la dicha del encuentro y los riesgos que lo amenazan (angustia, obstáculos, ausencia).

La primera evocación (Cant 2 8-17) queda enmarcada por la doble imagen del amado como *gacela-cervatillo* (Cant 2 9.17 en inclusión) y describe la venida del amado coincidiendo con la llegada de la primavera, la estación del amor (Cant 2 1-13). Predominan los elementos sonoros (la voz del amado, los cantos, los sonidos del campo, las flores, las montañas, la carrera ágil). En esta evocación se inserta la voz del amado (Cant 2 10-14), invitando a su amada a escuchar la llamada del amor, y un breve canto del coro (Cant 2 15) que manifiesta la preocupación de los familiares por *su viña*. La afirmación de pertenencia exclusiva (Cant 2 16), otro de los estribillos característicos del Cantar (véase Cant 6 3; 7 11), y una ambigua invitación a *regresar* (Cant 2 17: ¿a sus campos o a la intimidad con la amada?) cierran la escena.

La segunda evocación, por el contrario, es una escena nocturna y urbana (Cant 3 1-4, repetida en Cant 5 6b-7), en que la amada, angustiada por la ausencia del amado, sale en su búsqueda sin importarle exponer su honor e integridad (véase Cant 5 7). Después del breve diálogo con los centinelas, lo vuelve a encontrar y afirma su decisión de no separarse de él hasta hacerlo totalmente suyo. El canto concluye, como el anterior, con la súplica del amado (Cant 3 5).

regresa como gacela o cervatillo
sobre las montañas separadas.

3 1 En mi lecho, por la noche,
busqué al amor de mi vida;
lo busqué y no lo encontré.
2 Me levanté, recorrí la ciudad,
las calles y las plazas,
buscando al amor de mi vida;
lo busqué y no lo encontré.
3 Me encontraron los centinelas
que rondaban por la ciudad:
«¿Han visto al amor de mi vida?»
4 Pero apenas los había dejado,
encontré al amor de mi vida.
Lo abracé y no lo soltaré
hasta llevarlo a la casa de mi madre,
a la alcoba de la que me dio a luz.

El amado

5 Les suplico, muchachas de Jerusalén,
por las gacelas y las ciervas del campo,
que no molesten ni despierten a mi amor,
hasta que ella quiera.

Tercer canto

Cant 6 5-7; 7 2-10; Prov 5 3.15-16

Coro

6 ¿Qué es eso que sube del desierto,
como una columna de humo,
perfumado de mirra e incienso,
y de toda clase de costosos aromas?

La amada

7 Es la carroza de Salomón,
con su escolta de sesenta valientes,
lo mejor de los valientes de Israel:
8 todos expertos con la espada,
adiestrados para el combate;
cada uno con su espada a la cintura,
por temor a que alguien los sorprenda de noche.
9 El rey Salomón se ha hecho construir
un trono con madera del Líbano:
10 De plata son sus columnas, de oro su respaldo,
el asiento es de púrpura
y todo su interior ha sido adornado con amor
por las muchachas de Jerusalén.
11 Salgan a ver, muchachas de Sión, al rey Salomón,
con la corona que le ciñó su madre
el día de su boda, día de alegría para él.

• **3 6-5 1**: El *tercer canto* parece una prolongación de las ilusiones de la amada (véase Cant 3 5; 5 2) y presenta dos partes bien diferenciadas y protagonizadas respectivamente por cada uno de los personajes principales. La combinación de tres inclusiones menores, como veremos, articulan magistralmente el conjunto.

La primera parte (Cant 3 6-11) parece la descripción de un matrimonio real. Evoca la ceremonia nupcial de Salomón con una princesa extranjera (véase 1 Re 3 1) que, acompañada de la escolta real y de una vistosa comitiva, llega por el desierto en la carroza que el propio rey le ha enviado. La función de este canto nupcial es comparar al amado con Salomón (véase Cant 1 12; 8 11-12), modelo de rey esplendoroso y magnífico.

En la segunda parte (Cant 4 1-5 1) toma la palabra el amado para entonar una de las piezas más hermosas y poéticas de todo el libro. Comienza con un canto a la hermosura de la amada (Cant 4 1-7 en inclusión), describiendo

El amado **4**
1 ¡Qué hermosa eres,
amada mía, qué hermosa eres!
Palomas son tus ojos a través de tu velo.
Tus cabellos, como un rebaño de cabras
que baja por las laderas de Galaad.
2 Tus dientes, como un rebaño de ovejas,
que suben del baño recién esquiladas,
todas con crías mellizas, ninguna de ellas estéril.
3 Tus labios, como una cinta escarlata,
y tu hablar, melodioso.
Como mitades de granada tus mejillas
a través de tu velo.
4 Tu cuello, como la torre de David,
construida para exponer trofeos:
mil escudos cuelgan de ella,
todas armaduras de héroes.
5 Tus pechos son dos crías mellizas de gacela
pastando entre azucenas.
6 Antes que sople la brisa del día
y huyan las sombras,
iré a la montaña de la mirra,
a la colina del incienso.
7 ¡Toda hermosa eres, amada mía,
y no hay defecto en ti!

8 Ven del Líbano, novia mía, ven,
desciende del Líbano,
baja de la cumbre del Amaná,
de las cumbres del Senir y del Hermón,
de las guaridas de los leones,
de las montañas de los leopardos.
9 Me has robado el corazón,
hermana y novia mía;
me has robado el corazón,
con una sola mirada de tus ojos,
con una sola perla de tu collar.
10 ¡Qué hermosos son tus amores,
hermana y novia mía,
son mejores que el vino tus amores!
Y el olor de tu fragancia,
mejor que todos los perfumes.
11 Miel destilan tus labios, novia mía:
y tienes leche y miel bajo tu lengua;
del Líbano es el aroma de tus vestidos.
12 Eres jardín cercado,

su cuerpo y cada uno de sus encantos con imágenes de ambiente palestino y oriental, cuya riqueza alusiva es difícil de traducir y valorar. Después de una invitación al encuentro amoroso (Cant 4 8s donde la mención del *Líbano*, repetido en Cant 4 15, marca una nueva inclusión), el amado hace una apasionada declaración de amor (Cant 4 9-11) y canta los efectos de la atracción y el embrujo de la amada con los motivos ya conocidos: vino, alimentos exquisitos, derroche de olores y sabores (véase Cant 1 2-4).

La última imagen identifica a la amada con un exuberante huerto/jardín oriental (Cant 4 12-5 1, unidad delimitada por una tercera inclusión) y parece sugerir una concepción del amor como retorno al paraíso. Cierran el canto una nueva aparición de la amada que se entrega al amado, ofreciéndole los encantos de su jardín (Cant 4 16), y las últimas palabras del amado (Cant 5 1) que refieren la aceptación de la anterior invitación y la participación de los amigos en la fiesta del amor.

hermana y novia mía,
fuente cercada, manantial sellado.
13 Tus senos son un huerto de granados
con exquisitos frutos:
14 lirios con nardos, azafrán, caña y canela,
con árboles de incienso,
mirra, áloe y los mejores aromas.
15 ¡Oh fuente de los jardines,
manantial de aguas vivas
que descienden del Líbano!

La amada

16 Levántate, viento del Norte; ven, viento del Sur;
soplen en mi jardín, que exhale sus aromas.
¡Que mi amado entre en su jardín
y guste sus frutos exquisitos!

El amado

5 1 Ya vengo a mi jardín, hermana y novia mía,
ya recojo el bálsamo y la mirra,
ya gusto mi miel y mi panal,
y bebo de mi vino y de mi leche.
¡Coman, amigos, y beban, embriáguense, amados míos!

Cuarto canto

Ap 3 20; Cant 3 1.3.5; 2 7.16; 4 12-16

La amada

2 Durmiendo yo, mi corazón velaba.
Y en esto escucho la voz de mi amado que llama:
«Abreme, hermana mía, amada mía,
paloma mía, hermosa mía,
que tengo la cabeza cubierta de rocío,
el cabello, de la humedad de la noche...»
3 Me he quitado la túnica,
¿cómo voy a vestirme otra vez?
Ya me he lavado los pies,
¿cómo volver a mancharlos?
4 Mi amado metió la mano
por la abertura de la puerta;
al sentirlo se estremeció mi corazón.
5 Me levanté para abrirle a mi amado,
y mis manos gotearon mirra,
mirra abundante mis dedos,
sobre la manilla de la cerradura.
6 Yo misma abrí a mi amado,
pero mi amado se había ido ya.
¡La vida se me fue detrás de él!
Lo busqué y no lo encontré,
lo llamé y no me respondió.

• **5 2-6 3**: El *cuarto canto* aparece cargado de elementos y reminiscencias de los cantos anteriores. El tema de fondo es la ausencia del amado y la angustiosa búsqueda emprendida por la amada (en términos parecidos a Cant 3 1-4). La pregunta del coro de muchachas (Cant 5 9) sirve de pretexto para incorporar un nuevo canto a la belleza corporal, en esta ocasión del amado (Cant 5 10-16). El conjunto se articula en tres partes.

La primera parte (Cant 5 2-6), que se relaciona con las anteriores a través del motivo del sueño (Cant 5 2; véase Cant 2 7; 3 5), describe la llegada del amado, su espera impaciente ante las aparentes excusas de la amada, pero cuando al fin ella abre ya es demasiado tarde. El amado se ha ido (Cant 5 6).

La segunda parte (Cant 5 7-9) contempla la búsqueda desesperada e inicialmente infructuosa del amado. Ante

7 Me encontraron los centinelas
que rondaban por la ciudad;
me golpearon, me hirieron, me quitaron el velo
los centinelas de la muralla.
8 Les suplico, muchachas de Jerusalén,
si encuentran a mi amado, ¿qué le dirán?
¡Díganle que me muero de amor!

Coro

9 ¿En qué se distingue tu amado de los otros,
tú, la más bella de las mujeres?
¿En qué se distingue tu amado de los otros,
para que así nos supliques?

La amada

10 Mi amado es apuesto y sonrosado,
se distingue entre miles.
11 Su cabeza es oro, oro puro,
sus rizos, racimos de palmera,
negros como el cuervo.
12 Sus ojos son como palomas al borde del agua,
bañadas en leche, reposando en la orilla.
13 Plantío de balsameras sus mejillas,
semillero de plantas aromáticas.
Sus labios, lirios que destilan mirra.
14 Sus brazos, como cilindros de oro,
incrustados con piedras de Tarsis;
su cuerpo, marfil pulido
cubierto de zafiros.
15 Sus piernas como columnas de alabastro,
asentadas sobre oro puro.
Su porte, como el del Líbano,
gallardo como los cedros.
16 Su boca es la dulzura misma,
y todo él es un encanto.
Así es mi amado, mi amigo,
muchachas de Jerusalén.

Coro

6

1 ¿A dónde se fue tu amado,
tú, la más hermosa de las mujeres?
¿A dónde se fue tu amado,
para ir a buscarlo contigo?

La amada

2 Mi amado ha bajado a su jardín,
al plantío de las balsameras,
a pastorear entre jardines,
a recoger azucenas.

la desconfianza de los centinelas nocturnos, que la toman por una cualquiera, la amada pide ayuda a las muchachas de Jerusalén con una súplica similar a la del amado, en la que manifiesta estar enferma de amor (Cant 5 8; véase Cant 2 7; 3 5).

La pregunta por las señas de identidad del amado (Cant 5 9) da paso a un canto a su belleza corporal en labios de la amada, en términos parecidos al anterior en el que el amado cantaba la belleza de la amada (Cant 4 1-7). Las posibles alusiones a los rasgos idealizados de David (Cant 5 10-11) y a elementos ornamentales del templo (Cant 5 14-15) presentan al amado como un héroe o un dios.

Sin embargo, ante la nueva pregunta del coro de muchachas (Cant 6 1), la amada abandona la búsqueda. En realidad, nunca lo había perdido. La declaración de pertenencia exclusiva (Cant 6 3=2 16) expresa la convicción de que el amado no abandona su jardín (Cant 6 2; véase Cant 4 12-5 1).

[3] Yo soy para mi amado
y mi amado es para mí;
él pastorea entre azucenas.

Quinto canto

Cant 4 1-9.12-16; 7 2-14; 2 6.7.11.16; 4 12-16

El amado

[4] Eres bella, amada mía, como Tirsá,
hermosa como Jerusalén,
imponente como ejército en orden de batalla.
[5] Aparta de mí tus ojos, que me fascinan.
Tus cabellos son como un rebaño de cabras,
que baja por las laderas de Galaad.
[6] Tus dientes como un rebaño de ovejas,
que suben del baño recién esquiladas,
todas con crías mellizas
y ninguna de ellas estéril.
[7] Como mitades de granada tus mejillas
a través de tu velo.
[8] Aunque las reinas sean sesenta,
ochenta las concubinas,
e innumerables las doncellas,
[9] una sola es mi paloma hermosísima,
una sola, predilecta de su madre,
preferida de quien la dio a luz.
Al verla, la felicitan las muchachas,
las reinas y concubinas la bendicen:

Coro

[10] «¿Quién es ésta que surge como el amanecer,
bella como la luna, esplendorosa como el sol,
imponente como ejército en orden de batalla?»

La amada

[11] Bajé al huerto de los nogales
a contemplar los brotes del valle,
a ver si ya la viña reverdecía,
a ver si florecían los granados.
[12] Y sin que yo me diera cuenta
me encontré en la carroza con mi príncipe.

• **6 4-8 4**: El *quinto canto* es el más largo de todo el libro. La variada combinación de estribillos e inclusiones aporta al conjunto una arquitectura armoniosa en tres partes, donde *se combinan las referencias a los cantos anteriores* y algunos elementos nuevos. La relación de los enamorados se estrecha y la primavera anuncia la plenitud del amor.

La primera parte (Cant 6 4-10), delimitada por una inclusión (Cant 6 4c.10c), es un nuevo elogio a la belleza de la amada que repite en parte el primero (Cant 4 1-3) y que establece nuevos términos de comparación: la amada es única entre sus hermanos (Cant 6 9) y entre las mujeres de la corte (Cant 6 8). A los ojos del amado, ella es una reina o una diosa, como sugiere el coro (Cant 6 10).

La breve intervención de la amada (Cant 6 11-12) introduce el estribillo de este cantar: la floración de viñas y granados (Cant 6 11; 7 13; 8 2) que evoca un escenario primaveral y se convierte en santo y seña de la entrega amorosa.

La segunda parte (Cant 7 1-10) se abre con una invitación del coro a la danza y con una pregunta del amado; ambos elementos introducen la última alabanza a los encantos corporales de la amada. A los motivos ya conocidos (Cant 4 1-6; 6 4-9), se añaden ahora referencias comparativas tomadas de la geografía de Palestina (Cant 7 5-6) para completar la más sensual descripción del cuerpo amado, contemplado en orden inverso (de los pies a la cabeza). Tras el baile se adivina una antigua danza nupcial en la que participa la novia, llamada aquí *Sulamita* (Cant 7 1), nombre enigmático que juega con las palabras Salomón (Cant 3 7.11; 8 11-12), Salem (Cant 1 5), Jerusalén (Cant 6 4; 1 5; 2 7) y paz (Cant 8 10).

Coro **7** 1 ¡Regresa, Sulamita, regresa;
regresa para que te admiremos!

El amado ¿Qué admiran en la Sulamita
cuando danza entre dos coros?
2 ¡Qué lindos son tus pies en las sandalias,
hija de príncipe!
Las curvas de tus caderas son como joyas,
obra de manos de un artista.
3 Tu ombligo es una copa redonda,
donde no falta el licor.
Tu vientre, un montoncito de trigo,
rodeado de azucenas.
4 Tus pechos, dos crías mellizas de gacela.
5 Tu cuello, una torre de marfil.
Tus ojos como las piscinas de Jesbón,
junto a la Puerta Mayor.
Tu nariz, la torre del Líbano
que mira hacia Damasco.
6 Como el Carmelo se levanta tu cabeza,
y de púrpura son tus cabellos;
sus trenzas cautivan a un rey.

7 ¡Qué hermosa eres, qué bella,
delicia de mis amores!
8 Tu talle se parece a una palmera,
y tus pechos a sus racimos.
9 Pensé: subiré a la palmera,
tomaré sus racimos,
y serán sus pechos para mí
como racimos de uvas,
tu aliento como aroma de manzanas.
10 Tu boca es un vino exquisito
que corre suavemente para mí,
fluyendo entre mis labios y mis dientes.

La amada 11 Yo soy de mi amado y él siente pasión por mí.
12 Vamos, amado mío, salgamos a la campiña,
pasemos la noche en las aldeas;
13 de madrugada iremos a las viñas;
veremos si ya reverdecen,
si las flores ya se abren,
si florecen los granados.
Allí te daré mi amor.
14 Las mandrágoras exhalan su fragancia;
a nuestras puertas tenemos
toda clase de frutos exquisitos,
frutos frescos y secos,
que guardé, mi amor, para ti.

La tercera parte (Cant 7 11-8 4) recoge la respuesta de la amada, que se inicia en la ya conocida fórmula de pertenencia exclusiva (Cant 7 11; véase Cant 2 16; 6 3). Reaparece el estribillo de esta sección (Cant 7 13) para fijar el tiempo y el espacio de la entrega total, convertida en firme promesa. Los frutos evocados en Cant 7 14 parecen aludir a la fecundidad, mientras que la referencia a la casa materna (Cant 8 2; véase Cant 3 4) sugiere el compromiso matrimonial. La repetición del abrazo y la súplica (Cant 8 3-4 en los mismos términos que en Cant 3 4-5 donde se anunciaba este momento) sellan el encuentro y la entrega.

8 [1] ¡Ah, si tú fueras mi hermano,
alimentado con los pechos de mi madre!
Al verte por la calle, te podría besar,
sin que me criticara la gente.
[2] Te llevaría a la casa de mi madre,
a la alcoba de la que me dio a luz;
y te daría a beber vino aromático,
el dulce licor de mis granadas.
[3] Su brazo izquierdo rodea mi cabeza,
con el derecho me abraza.

El amado
[4] Les suplico, muchachas de Jerusalén,
que no molesten ni despierten a mi amor,
hasta que ella quiera.

La posesión total

Dt 6 6-8; 11 18; Jr 31 33; Prov 3 3; Is 43 2; Cant 2 17

Coro
[5] ¿Quién es esa que sube del desierto
apoyada en su amado?

El amado
Debajo del manzano te desperté,
allí donde tu madre te dio a luz,
donde te dio a luz la que te concibió.

La amada
[6] Grábame como sello en tu corazón,
como sello en tu brazo;
porque el amor es más fuerte que la muerte,
la pasión más cruel que el Abismo.
Sus llamas son flechas de fuego, intensas llamaradas.
[7] Los océanos no podrían apagar el amor,
ni los ríos extinguirlo.
Quien quisiera comprar el amor
con todas las riquezas de su casa,
sería despreciable.

Apéndices

Cant 1 6; 2 8.9.17; 5 1

Los hermanos y la hermana menor

[8] Tenemos una hermana pequeña,
aún no le han crecido los pechos.

• **8** 5-7: La conclusión lógica del libro aparece en este breve diálogo de los protagonistas, introducido por la pregunta del coro (Cant 8 5) que nos remite a la comitiva nupcial de Cant 3 6-11. Las siguientes palabras del amado (Cant 8 5b) dejan entrever la consumación de la entrega amorosa (véase Cant 8 2).

La respuesta conclusiva de la amada (Cant 8 6-7) es uno de los momentos culminantes del libro, al expresar en tono apasionado, con bellas imágenes y forma de proverbio, una hermosa definición del amor: su fuerza de atracción, su poder invencible, su gran intensidad. Gracias al amor, la persona amada queda fundida en el amado, grabada como sello de pertenencia, como un tatuaje o una señal de identidad (Cant 8 6). Por eso, el fuego del amor es inextinguible y su valor infinito (Cant 8 7).

• **8** 8-14: La última parte del libro es muy heterogénea y presenta dificultades de organización. Encontramos varios fragmentos breves y aparentemente inconexos que sugieren la posibilidad de textos perdidos o de añadidos posteriores que no encontraron mejor acomodo.

El *primer apéndice* (Cant 8 8-10) es un breve e ingenioso poema en el que los hermanos pretenden defender a la hermana pequeña (comparada a una ciudad amurallada; véase Cant 1 6) del asedio de los pretendientes.

El *segundo apéndice* (Cant 8 11-12) prolonga la ya conocida comparación salomónica: la amada, viña del amado, es preferida a la más valiosa viña de Salomón.

El *último apéndice* (Cant 8 13-14), es un diálogo oscuro y enigmático de los protagonistas con reminiscencias de los cantos segundo (Cant 2 8-9.17) y tercero (Cant 5 1).

¿Qué haremos con nuestra hermana
cuando vengan a pedirla en matrimonio?
9 Si es una muralla,
levantaremos sobre ella fortificaciones de plata;
si es una puerta,
la protegeremos con tablas de cedro...
10 Yo soy una muralla y mis pechos son torres:
pero seré para él mensajera de paz.

Salomón y la viña

11 Salomón tenía una viña en Baal-Hamón;
la encomendó a sus guardianes,
y cada uno le traía por sus frutos
mil monedas de plata.
12 Mi viña es sólo para mí;
para ti, Salomón, las mil monedas,
y doscientas para los guardianes de sus frutos.

El amado y la amada

13 Oh tú, la que habitas en los jardines,
los compañeros te escuchan:
¡Déjame oír tu voz!
14 ¡Huye, amado mío,
como una gacela o un cervatillo
por las montañas de las balsameras!

LAMENTACIONES

INTRODUCCION

En el libro de las Lamentaciones la queja desesperada y la súplica traspasada por el dolor y las lágrimas se convierten en "palabra de Dios". Pero, ¿no son el dolor, el sufrimiento y el grito expresión de la ausencia de Dios? Todo lo contrario: allí donde el hombre experimenta la dolorosa debilidad de su ser, la inconsistencia de su orgullo, la ruptura de sus mejores sueños e ilusiones o la pérdida de sus seres (y realidades) más queridos, allí se da una situación especialmente propicia para el encuentro con Dios, que acepta pacientemente los reproches y quejas del hombre, le ofrece su hombro entrañable y amigo, y lo consuela en su regazo cargado de compasión y ternura.

1. Contexto histórico

Dentro de la Biblia hebrea, Lamentaciones se encuentra en la tercera parte, denominada *Otros Escritos*. Es uno de los cinco "rollos" o libros que se leían en la liturgia sinagogal en fechas determinadas. La versión griega de los LXX consideraba que Jeremías era su autor y colocó el libro en la sección profética (detrás de Baruc).

¿Por qué se atribuyó Lamentaciones a Jeremías? Se han invocado diversas razones: Jeremías anunció repetidas veces la destrucción de Jerusalén y del templo, lo que le creó fama de profeta de desgracias (Jr 20 7-10); cantó su propio dolor en las "confesiones" (Jr 11 18-12 6; 15 10-21; etc.), y se le atribuye la composición de cantos fúnebres o lamentaciones (elegías) (2 Cr 35 25). Además, su predicación está latente en algunas frases de este libro, y su temática y fórmulas tuvieron amplia difusión entre los desterrados. Pero, a pesar de estas razones, no hay argumentos críticos que avalen a Jeremías como autor del libro de las Lamentaciones. Es más, las profundas diferencias formales entre ambos libros descartan tal posibilidad. Como en tantos otros libros de la Biblia, el autor de Lamentaciones ha quedado en el anonimato.

En cuanto a la fecha de composición de Lamentaciones tenemos mejores y más sólidos indicios. La situación que se describe: la ciudad desierta, el culto suspendido (Lam 1 1-4), el hambre durante el asedio (Lam 1 19), palacio y templo invadidos (Lam 2 7), las puertas derribadas, el rey y los dirigentes desterrados (Lam 2 9), los sarcasmos de los transeúntes (Lam 2 15) y otros muchos detalles sugieren una notable cercanía a los trágicos acontecimientos que culminaron con la destrucción de Jerusalén y con el comienzo del exilio en el año 587 a. C. Lamentaciones debió ser escrito en Palestina, después de esta fecha y antes de la restauración (538 a. C.), como respuesta a la gran crisis que hizo tambalear los cimientos de la vida política, social y religiosa de Israel.

2. Características literarias

El libro de las Lamentaciones está formado por cinco elegías o cantos de lamento, en su mayoría fúnebres, con un tema central: la destrucción de Jerusalén y del templo. Los cuatro primeros están construidos como poemas acrósticos-alfabéticos (cada verso o estrofa comienza por una de las 22 letras del "alfabeto" hebreo) y el quinto tiene tantos versos (22) como letras tiene dicho alfabeto.

La composición manifiesta ciertos rasgos comunes: Lam 1 y 5 ofrecen descripciones más generalizadas de la catástrofe; Lam 2 y 4, en cambio, reflejan más concretamente los detalles de muerte y destrucción. Lam 3 ocupa intencionadamente el centro, tanto a nivel literario (los tres versos que componen cada una de las 22 estrofas, comienzan con una misma letra del alfabeto hebreo) como de contenido (reconocimiento de la propia culpa y afirmación de la confianza total en Dios). Además, Lam 1-2 forman una primera unidad, que llega a su culmen en Lam 3, mientras que Lam 4-5, más breves, decrecen en intensidad. El conjunto del libro forma, así, un gran lamento que se va elevando hasta Lam 3, y después decae.

3. Claves teológicas

Lo que parecía imposible ha sucedido: Jerusalén ha sido conquistada, el templo destruido y el pueblo conducido al destierro. En ocasiones anteriores Dios había intervenido en favor de su pueblo: libró a Judá del ataque de sirios e israelitas juntos (Is 7 1-9) y, más recientemente, de las tropas de Senaquerib (2 Re 19). ¿Es que ahora ha fallado el Señor? ¿No existe ya esperanza? Los profetas, entre ellos Jeremías (Jr 25 9; 26 9; 28 14), habían anunciado el desastre, a causa del pecado y la terquedad del pueblo (Jr 22 5). No cabe rebelarse, ni pedir ayuda. Sólo cabe presentar al Señor la dolorosa realidad, aceptada como castigo, y esperar en su poder y misericordia (Lam 3 28). Pero la realidad es tan terrible que provoca el llanto.

LAMENTACIONES

Primera lamentación

Lam 2 20; 5 1; 2 12; 4 4; Jr 52 6; 4 19

1 [1] ¡Qué solitaria ha quedado la que era una ciudad populosa!
Se ha convertido en una viuda la que era grande entre las naciones.
La princesa de las provincias ha sido reducida a esclavitud.

[2] Llora sin cesar por la noche y las lágrimas bañan sus mejillas.
Ninguno de sus amantes puede consolarla.
La han traicionado todos sus amigos, y ya son sus enemigos.

[3] Humillada y oprimida, Judá se encamina al destierro;
habita entre las naciones sin encontrar tranquilidad;
todos sus perseguidores la ponen en peligro.

[4] Los caminos de Sión están de luto, nadie viene ya a sus fiestas;
todas las puertas están destruidas, gimen sus sacerdotes,
las jóvenes están desoladas. ¡Toda ella es amargura!

[5] La gobiernan sus adversarios, sus enemigos prosperan;
y es que el Señor la está castigando por sus muchos pecados;
sus niños son llevados al destierro delante del opresor.

[6] Sión ha perdido todo su esplendor;
sus príncipes son como ciervos que no encuentran pastos:
van caminando sin fuerzas delante del que los persigue.

[7] Jerusalén recuerda sus días de miseria y angustia,
cuando su pueblo cayó en poder del opresor
sin que nadie viniera en su ayuda,
cuando sus opresores la miraban y se burlaban de su desastre.

[8] Mucho ha pecado Jerusalén, se ha convertido en algo inmundo;
los que la honraban la desprecian, pues han visto su desnudez,
y ella misma gime y da la espalda.

[9] ¡Hasta en sus ropas lleva la inmundicia!
No pensaba ella en este fin;
increíble ha sido su caída, y nadie puede consolarla.
Mira, Señor, mi miseria, que el enemigo triunfa.

[10] El opresor se ha apoderado de todos sus tesoros.
Sión ha visto a los paganos entrar en el santuario,
aunque tú les habías prohibido entrar en la asamblea.

• **1 1-22**: En la primera lamentación se distinguen dos partes. En la primera (Lam 1 1-11) el autor evoca la destrucción de Jerusalén, de la que habla en tercera persona (Lam 1 1-11). Destruida la ciudad y desaparecido el reino, se experimenta la opresión (Lam 1 3.5.7.10); la capital, deshecha y abandonada, se asemeja a una viuda (Lam 1 1) en luto (Lam 1 4), a la que nadie defiende y cuyo dolor a nadie interesa. En la segunda parte (Lam 1 12-22) Jerusalén expresa personalmente su dolor. Admite que el Señor la ha castigado por sus pecados (Lam 1 14); él mismo ha dispuesto el asalto (Lam 1 15-16.21). Sin habitantes, entregada en manos de los enemigos y abandonada por los amigos (Lam 1 18-19), se queda sola llorando. Reconoce la justicia de Dios, confiesa su pecado y manifiesta su impotencia; sólo le resta esperar que la justicia divina restablezca la salvación definitiva (Lam 1 21-22).

En Lam 1 7 el texto hebreo añade después de *angustia*: *todos sus tesoros que antiguamente poseyó*, pero esta expresión no tiene sentido.

11 Todo su pueblo gime buscando alimento;
cambian sus joyas por comida para recobrar fuerzas.
«¡Mira, Señor, y considera qué humillada estoy!».

12 Ustedes, los que pasan por el camino, miren y vean
si hay dolor semejante al dolor que me atormenta;
así me ha herido el Señor al encenderse su ira contra mí.

13 Desde lo alto ha lanzado un fuego, que ha deshecho mis huesos;
ha tendido una red a mis pies, me ha tirado de espaldas;
me ha dejado desolada, todo el día con fuertes dolores.

14 El Señor ató con sus manos el yugo de mis pecados,
y lo puso sobre mi cuello doblegando mi fuerza.
El Señor me ha entregado a los que no puedo resistir.

15 Ha hecho desaparecer a todos los valientes que me defendían.
Ha convocado contra mí una asamblea,
para acabar con mis jóvenes.
El Señor ha pisado, como a uvas, a la capital de Judá.

16 Por eso lloro, y mis ojos se deshacen en llanto,
porque no tengo quién me consuele, nadie que me reanime.
Mis hijos están desolados, porque ha triunfado el enemigo.

17 Sión extiende sus manos pero nadie puede consolarla;
el Señor ha enviado enemigos para que rodeen a Jacob.
Jerusalén se ha convertido en algo inmundo para ellos.

18 El Señor es inocente, yo he sido rebelde a sus órdenes.
Pueblos todos, escuchen y vean mi dolor;
mis doncellas y mis jóvenes han sido deportados.

19 Acudo a mis amantes, pero ellos me abandonan.
Mis sacerdotes y mis ancianos han muerto en la ciudad,
mientras buscaban alimento para recobrar sus fuerzas.

20 Mira, Señor, que estoy angustiada; mis entrañas se estremecen,
mi corazón tiembla en mi interior, porque he sido muy rebelde.
En la calle la espada me deja sin hijos, en casa reina la muerte.

21 La gente oye mis gemidos, pero nadie me consuela;
mis enemigos se alegran de mi desgracia, que tú has llevado a cabo.
¡Haz que llegue el día anunciado
para que corran la misma suerte que yo!

22 ¡Ten presente toda su maldad;
trátalos como me trataste a mí por todos mis pecados!
Porque gimo sin cesar y tengo enfermo el corazón.

Segunda lamentación

Is 66 1; Jr 16 9; 18 18; Lam 1 20.22; 3 46

2 1 El Señor en su ira, ha cubierto de sombras a Sión;
ha precipitado por tierra desde el cielo la hermosura de Israel;
no se ha acordado del estrado de sus pies en el día de su ira.

• **2 1-22**: El dolor surge con la fuerza de un volcán que desfigura los detalles, al tiempo que ilumina el conjunto con la luz de la emoción. Para el autor, el Señor ha actuado como enemigo del pueblo (Lam 2 5.6.7.17...), arrasando el reino (Lam 2 2-5), destruyendo el templo (Lam 2 6-7) y la capital, Jerusalén (Lam 2 8-9). Como consecuencia,

2 El Señor ha destruido sin piedad todos los campos de Jacob;
ha derribado en su enojo las fortalezas de la capital de Judá;
ha humillado y deshonrado al reino y a sus príncipes.

3 Ha quebrado en el colmo de su ira toda la potencia de Israel;
ha retirado su protección frente al enemigo;
se ha convertido para Jacob en fuego que todo lo devora a su alrededor.

4 Ha tendido el arco como un enemigo, mostrando su fuerza;
como un adversario ha dado muerte a los jóvenes más apuestos;
en las moradas de Sión ha derramado su furia como fuego.

5 El Señor se ha vuelto nuestro enemigo, ha arrasado a Israel;
ha destruido todos sus palacios, ha demolido sus fortalezas.
Ha acumulado en la capital de Judá suspiros y lamentos.

6 Ha desmantelado como un huerto, su cabaña,
ha destruido el lugar del encuentro.
El Señor ha hecho olvidar en Sión fiestas y sábados;
ha rechazado, en el colmo de su ira, a reyes y sacerdotes.

7 El Señor ha rechazado su altar, ha aborrecido a su templo;
ha entregado al enemigo las murallas de sus palacios.
Hay clamores en el templo del Señor, como en día de fiesta.

8 El Señor ha decidido derribar las murallas de Sión;
ha tomado sus medidas y no descansará hasta destruirlas totalmente;
ha envuelto en luto muro y contramuro; juntos se derrumban.

9 Se desploman sus puertas; el Señor ha roto sus cerrojos.
Sus reyes y príncipes están entre los paganos.
No hay enseñanza, ni los profetas reciben visiones del Señor.

10 Están sentados silenciosos en el suelo los ancianos de Sión;
han echado ceniza en su cabeza, se han vestido de luto,
humillan su cabeza hasta la tierra las jóvenes de Jerusalén.

11 Mis ojos se deshacen en lágrimas, mis entrañas se estremecen;
mi rabia se desborda, por la ruina de la capital de mi pueblo,
pequeños y niños de pecho desfallecen en las calles de la ciudad.

12 «¿Dónde hay pan y vino?» –preguntan a sus madres–,
mientras desfallecen moribundos en las calles de la ciudad,
y exhalan el último suspiro en el regazo de sus madres.

13 ¿A quién te asemejas, a quién te pareces, ciudad de Jerusalén?
¿A quién te compararé para consolarte, doncella de Sión?
Tu herida es como el mar. ¿Quién te podrá curar?

14 Tus profetas te transmitieron visiones vacías y engañosas.
No te descubrieron tu maldad para que cambiara tu suerte.
Te transmitieron oráculos mentirosos y seductores.

15 Al verte, todos los transeúntes se frotan las manos,
silban, menean la cabeza; se burlan de la capital de Jerusalén:
«¿Es ésta la ciudad más bella, la alegría de toda la tierra?».

todos los habitantes sufren (Lam 2 10ss). Pero el dolor se hace más intenso en las madres que lloran la muerte de sus hijos inocentes (Lam 2 12). El aspecto de Jerusalén es el de una profunda herida (Lam 2 13) que provoca burla y desprecio (Lam 2 15). Tanto dolor debe llegar otra vez hasta el Señor. El sabrá lo que debe hacer. Su pueblo ha sido inmolado en su mismo templo. Para los enemigos ha sido una fiesta (Lam 2 16.22). Pero si la ira del Señor ha causado daño, sólo su justicia (es decir, su salvación) podrá devolver la vida.

16 Todos tus enemigos abren sus fauces contra ti;
silban, rechinan los dientes, y dicen: «¡La hemos devorado!
¡Este es el día que esperábamos; por fin lo hemos conseguido!».
17 El Señor ha ejecutado lo que había decidido,
ha cumplido su antigua palabra, destruyendo sin piedad;
ha hecho que tu enemigo se alegre de tu suerte,
ha consolidado el poder de tu adversario.
18 Claman los israelitas al Señor con todo el corazón.
Muralla de Sión, deja correr como un río tus lágrimas,
no des reposo a tus ojos ni de día ni de noche; que no descansen.
19 Levántate, lanza gritos en la noche al comenzar cada vigilia,
desahoga tu corazón ante el Señor, levanta tus manos hacia él,
y ruega por la vida de tus niños
que desfallecen de hambre en las esquinas de las calles.
20 Mira, Señor, y considera que jamás trataste a nadie así.
¡Las madres se comen el fruto de sus entrañas,
a los hijos que antes cuidaban!
¡Sacerdotes y profetas han sido degollados
en el santuario del Señor!
21 Tendidos por tierra, en las calles, están jóvenes y ancianos;
mis doncellas y muchachos han perecido a filo de espada.
En el día de tu ira has degollado, has sacrificado sin piedad.
22 Convocas como para un día de fiesta terrores que me cercan.
En el día de la ira del Señor nadie escapa ni sobrevive.
A los que yo crié y alimenté, el enemigo los ha exterminado.

Tercera lamentación

Is 38 13; Sal 22 8.15; Jr 14 11; 15 1; Is 54 8-9; Sal 103 8-9; Is 41 4; 45 21; Job 2 10; Jr 1 8

3 1 Yo he experimentado la desgracia bajo el látigo de su castigo.
2 El me llevaba y me conducía en medio de la oscuridad, sin luz.
3 Contra mí, en efecto, sigue descargando su ira todo el día.
4 Ha deshecho mi carne y mi piel, ha quebrantado mis huesos.
5 Ha levantado en torno a mí un cerco de amargura y sufrimiento.
6 Me ha hecho habitar en la oscuridad como los que ya han muerto.
7 Me ha encerrado y no puedo salir, me ha cargado de cadenas.
8 Aún cuando grito y pido ayuda, se hace sordo a mi oración.
9 Me cierra el camino con piedras talladas, obstruye mis senderos.
10 Como oso al acecho, como león emboscado ha sido para mí.
11 Confunde mi camino y me destroza, luego me deja desolado.
12 Tiende su arco y me hace blanco de sus flechas.

• **3 1-66**: Estamos en el centro material y espiritual de las lamentaciones. El autor presenta al pueblo bajo la figura del siervo sufriente (Is 53). Su queja recuerda las confesiones de Jeremías (Jr 11; 15; 17; 18; 20), y las palabras de Job y de algunos Salmos de lamentación individual (Sal 22). El capítulo puede dividirse en tres secciones: Lam 3 1-21; 3 22-42 y 3 43-66.

El hombre de dolores (Lam 3 1-21) se desahoga lamentando su situación: toda la potencia del Señor se ha vuelto en contra; toda la prosperidad anterior, se ha convertido en desgracia; el que debía actuar como guía y pastor (Sal 23), lo conduce a las tinieblas; el liberador, lo carga de cadenas; el que escucha la oración del pobre, ahora se hace el sordo. El Señor, a quien no se nombra de forma explícita y directa pero cuya responsabilidad en la tragedia no admite dudas, se ha ensañado con el protagonista del poema que se siente sin esperanza (Lam 3 17-18). No es extraño que le duela recordar.

13 En mis carnes se han clavado las flechas que llevaba.
14 Mi gente se burla de mí, me dedican refranes todo el día.
15 Me ha saciado de amargura, me ha dado a beber ajenjo.

16 Me quiebra los dientes con piedras, me revuelca en el polvo.
17 La paz se ha alejado de mí, ya no sé lo que es la felicidad.
18 Pensé: «Se ha agotado mi fuerza y mi esperanza en el Señor».

19 El recuerdo de mi desgracia y mi amargura es ajenjo y veneno.
20 Constantemente lo recuerdo y me encuentro deprimido.
21 Pero hay algo que traigo a la memoria y me da esperanza:

22 el amor del Señor no se acaba, ni se agota su compasión.
23 Cada mañana se renueva; ¡qué grande es tu fidelidad!
24 Me digo: «El Señor es mi herencia, por eso espero en él».

25 El Señor es bueno para quien confía en él, para quien lo busca.
26 Es bueno esperar en silencio la salvación del Señor;
27 es bueno que el hombre sea dócil desde su juventud;

28 que se esté solo y silencioso cuando la desgracia venga sobre él;
29 que se humille hasta besar el suelo, pues quizás exista esperanza;
30 que ponga la mejilla a quien lo golpea y que lo llenen de ofensas.

31 Porque el Señor no rechaza a los hombres para siempre,
32 y después de afligir se compadece con inmenso amor.
33 Pues no se complace en castigar y afligir a los hombres.

34 Cuando se pisotea a todos los cautivos de un país,
35 cuando se quebranta el derecho de alguien ante los ojos del Altísimo,
36 o se extorsiona a alguien en un juicio, ¿acaso no lo ve el Señor?

37 ¿Quién dice algo y lo ejecuta, sin que el Señor lo mande?
38 ¿No proceden del Altísimo los males y los bienes?
39 ¿Por qué se lamenta el hombre, si vive a pesar de sus pecados?

40 Revisemos nuestra conducta, y convirtámonos al Señor;
41 elevemos sinceramente nuestra oración al Dios del cielo.
42 Nosotros nos rebelamos y pecamos, pero tú no perdonaste.

43 Enojado nos has perseguido, nos has matado sin piedad.
44 Te ocultaste detrás de las nubes para que no llegue a ti la oración.
45 Nos has convertido en basura y desecho, entre los pueblos.

46 Todos nuestros enemigos comentan nuestro fracaso.
47 Miedo y muerte nos han tocado en suerte, exterminio y ruina.
48 Ríos de lágrimas brotan de mis ojos
por la ruina de la capital de mi pueblo.

49 Mis ojos lloran sin descanso, y no les daré reposo
50 hasta que el Señor se incline y mire desde lo alto de los cielos.

Pero el recuerdo tiene doble filo (Lam 3 19-20), porque le permite recobrar fuerzas. Veintiún versos de dolor dan paso a otros veintiuno de esperanza (Lam 3 22-42). La dinámica de la esperanza no es alienante; culmina en el reconocimiento del pecado y en la aceptación del castigo. El Señor no se ensaña castigando, ni se engrandece aniquilando a los hombres (Lam 3 31-33; véase Is 38 17-19; Sal 66 6; Bar 2 27). Quien es consciente de su pecado (Lam 3 34-36) comprenderá el castigo (Lam 3 28-30) y esperará el perdón (Lam 3 25-27.40-42).

En la tercera parte (Lam 3 43-66) de nuevo se repasa el mal (Lam 3 43s) y se hace presente el llanto, pero el tono es ahora reposado y suplicante. Aunque a primera vista la muerte parezca el destino irremediable (Lam 3 47s), en realidad la meta es el Señor (véase Lam 3 24.56; Is 49 4). El rompe las barreras que había puesto (Lam 3 8.56) y responde a la súplica (Lam 3 57). A él le toca hacer justicia y salvar al perseguido (Lam 3 59ss). Otra vez, en el Antiguo Testamento la dinámica del dolor que lleva a la esperanza.

51 Me duelen los ojos de tanto llorar
por todas las hijas de mi ciudad.

52 Me han dado caza como a un pájaro los que me odian sin motivo.
53 Me han arrojado vivo a un pozo y lo han tapado con una piedra.
54 Las aguas me cubrían la cabeza, y pensé: «¡Estoy perdido!»

55 Invoqué tu nombre, Señor, desde lo profundo del pozo.
56 Escucha mi voz: ¡No cierres tu oído a mis gritos de socorro!
57 El día en que te invoqué, te acercaste y me dijiste: «¡No temas!».

58 Señor, tú has defendido mi causa, me has rescatado.
59 Has visto la injusticia que me hacen: «¡Defiende mi causa!».
60 Has visto su rencor, todo lo que traman contra mí.

61 Has oído sus insultos, Señor, y cómo traman mi desgracia.
62 Lo que mis adversarios dicen y conspiran contra mí todo el día.
63 Míralos, en todo momento soy el blanco de sus burlas.

64 Dales su merecido, Señor, de acuerdo con sus acciones.
65 ¡Enduréceles el corazón y caiga tu maldición sobre ellos!
66 ¡Persíguelos con saña, Señor; extermínalos debajo del cielo!

Cuarta lamentación

Jr 6 13.27-30; Lam 2 11-12.20; Is 40 2

4 1 ¡Cómo se ha deslucido el oro, cómo perdió brillo el oro puro!
¡Las piedras sagradas están tiradas en todas las calles!

2 ¡Los habitantes de Sión, estimados, valiosos como el oro fino,
son, ay, como vasijas de barro, obra del alfarero!

3 Hasta los chacales con sus ubres amamantan a sus cachorros;
pero la capital de mi pueblo se ha vuelto tan cruel
como las avestruces del desierto.

4 La lengua de los niños de pecho se pega de sed al paladar;
los pequeños piden pan, y nadie les da alimento.

5 Los que comían exquisitamente desfallecen por las calles;
los que vestían lujosamente viven entre la basura.

6 La maldad de la capital de mi pueblo
es mayor que el pecado de Sodoma,
que fue derribada en un instante sin intervención humana.

7 Sus nobles eran más brillantes que la nieve,
más blancos que la leche;
más rojo que el coral era su cuerpo,
como de zafiro era su aspecto.

• **4 1-22**: Podemos dividir esta lamentación en dos partes. En la primera (Lam 4 1-11), se dibuja con pinceladas dramáticas el caos de Jerusalén. No se utiliza la imagen de la capital como madre del pueblo, sino como joya preciosa y orgullo de sus habitantes: el templo cargado de oro, las hermosas construcciones, la abundancia de alimentos, el esplendor de la corte, el respeto a las mujeres, a los ancianos y a los niños; todo ello era motivo de la más gratificante satisfacción. Pero en este momento la decadencia más absoluta se apodera de la ciudad: el oro convertido en basura, las sagradas piedras del templo por los suelos (Lam 4 1), hambre y sed (Lam 4 4-5), violaciones, desprecio de ancianos, niños abandonados, etc, todo produce un aspecto sombrío en el interior de Jerusalén. Los chacales, animales despreciables, se convierten en modelo de atención y preocupación por sus crías (Lam 4 3). Es preferible la muerte en la batalla (Lam 4 9), que soportar esta lenta ruina, causada por el pecado (Lam 4 6.11).

8 Pero ahora han quedado negros como las sombras,
irreconocibles por las calles;
su piel está pegada a sus huesos, seca como madera.

9 Más afortunados son los muertos a espada
que los que mueren de hambre
y caen extenuados, sin nada que comer.

10 Manos cariñosas de mujer han cocido a sus propios hijos,
y se los comen mientras se derrumba la capital de mi pueblo.

11 El Señor ha colmado su enojo, ha desatado el ardor de su ira;
ha encendido un fuego en Sión que devorará sus cimientos.

12 No pensaban los reyes de la tierra, ni los habitantes del mundo
que entrarían por las puertas de Jerusalén adversarios y enemigos.

13 La culpa fue de sus profetas que pecaron
y de sus sacerdotes que hicieron el mal,
derramando sangre inocente en medio de ella.

14 Ensangrentados, vagaban por las calles como ciegos,
cuyas ropas nadie se atreve a tocar.

15 «¡Apártense! –les gritan– ¡Un impuro!
¡Apártense, apártense! ¡No lo toquen!».
Si huyen y vagan entre las naciones,
se les dice: «¡No pueden quedarse aquí!».

16 El rostro del Señor los dispersó, y no volvió a mirarlos.
No respetó a los sacerdotes ni se compadeció de los ancianos.

17 Nuestros ojos se agotaban aguardando en vano ayuda.
Desde las torres de guardia esperábamos a un pueblo que no puede salvar.

18 Espiaban nuestros pasos, nos impedían caminar por las calles;
nuestro fin estaba cerca, se cumplieron nuestros días;
a punto de llegar nuestro final.

19 Aquellos que nos perseguían eran más ágiles que las águilas del cielo;
nos acorralaban por las montañas,
en el desierto nos tendían emboscadas.

20 Preso en la trampa ha quedado el ungido del Señor;
era nuestro aliento, aquél de quien decíamos:
¡A su sombra viviremos entre las naciones!

21 ¡Alégrate ahora y salta de gozo, capital de Edom,
que vives en el país de Hus!
¡También tú tendrás que beber la copa!
¡Te emborracharás y quedarás desnuda!

22 Tu maldad ya está expiada, Sión; no volverá a desterrarte.
El castigará tu maldad, capital de Edom,
y pondrá al descubierto tus pecados.

En la segunda parte (Lam 4 12-22) se contempla la situación *fuera de los muros de Jerusalén: caminos* errantes, huida, persecución. Los otros reinos no habían imaginado vencer. Pero el pecado de sacerdotes y profetas (Lam 4 13) ha hecho que el Señor abandone a su pueblo. Nadie se acerca ahora al derrotado y abandonado (Lam 4 15). ¿Quién los ayudará? Ni los aliados de antes (Lam 4 15), ni las antiguas esperanzas (Lam 4 20). Sólo encuentran persecución y muerte (Lam 4 18-19). Edom se convierte en el enemigo por excelencia, al aprovechar la derrota del vecino (Lam 4 21-22). Su alegría será llanto, cuando llegue su hora, la hora de la restauración. Aunque con tonos no demasiado vibrantes, también aquí resuena la voz de la esperanza.

Quinta lamentación

Is 55 1; Jr 9 10; Is 34 13-15; Jr 31 18; Lam 3 31

5 1 ¡Recuerda Señor lo que nos ha pasado,
contempla y mira nuestra humillación!
2 Nuestra herencia ha pasado a extranjeros,
nuestras casas a desconocidos.
3 Somos huérfanos, sin padre;
y nuestras madres son como viudas.
4 Tenemos que pagar el agua que bebemos,
nuestra leña la tenemos que comprar.
5 Nos persiguen, los tenemos encima;
nos agotamos y no tenemos descanso.
6 Tendemos la mano hacia Egipto,
hacia Asiria para saciarnos de pan.
7 Nuestros antepasados pecaron, y ya no existen,
pero nosotros cargamos con sus culpas.
8 Sobre nosotros mandan esclavos,
nadie nos libra de su mano.
9 Arriesgando nuestra vida obtenemos la cosecha,
pues nos atacan los que vienen del desierto.
10 Nuestra piel quema como un horno,
a causa de la fiebre del hambre.
11 Han violado a las mujeres en Sión,
a las jóvenes en las ciudades de Judá.
12 Han colgado a los príncipes de las manos,
ni siquiera los ancianos han sido respetados.
13 Niños pequeños tienen que mover la rueda del molino,
los jóvenes se doblan bajo el peso de la leña.
14 Ya no acuden los ancianos a juzgar,
ni los jóvenes cantan sus canciones.
15 Ha cesado la alegría de nuestro corazón,
nuestros bailes se han convertido en duelo.
16 Ha caído la corona de nuestra cabeza.
¡Ay de nosotros, que hemos pecado!
17 Por eso está enfermo nuestro corazón,
por eso se debilitan nuestros ojos;
18 por el monte Sión que está destruido;
por él vagan los chacales.
19 Pero tú, Señor, permaneces para siempre,
tu reinado dura eternamente.
20 ¿Por qué nos olvidas para siempre,
por qué nos abandonas de por vida?
21 Conviértenos a ti, Señor, y nos convertiremos,
renueva nuestros días como antiguamente.
22 ¿Acaso nos has rechazado para siempre,
te has enojado sin medida contra nosotros?

• **5 1-22**: Una súplica cierra el libro. ¿Cómo concluir de otra forma? Tras la invocación (Lam 5 1), se presentan todos los males sufridos, con imágenes tomadas en su mayoría de las otras lamentaciones (Lam 4 2-14). ¡Hay motivos para el llanto y para el luto! (Lam 5 15-18). Toda la esperanza se concentra en el Señor (Lam 5 18-19). Es inútil pedir limosna a unos u otros (Lam 5 6); sólo el Señor puede restaurar al pueblo por completo (Lam 5 21-22). Su enojo pasa, el castigo tiene un límite. Sólo su bondad dura por siempre.

ESCRITOS SAPIENCIALES

INTRODUCCION

Más allá de su carácter de disciplina, cualidad o atributo, la sabiduría representa toda una actitud de hombres y pueblos, cuyo objetivo último es encontrar soluciones y respuestas a las grandes preguntas, desafíos y misterios de la existencia humana. La adquisición y dominio de tal sabiduría llega a constituir un verdadero arte: el arte de vivir. A través de la sabiduría bíblica, la realidad y la experiencia, junto al esfuerzo humano por desentrañarlas, se convierten en lugar privilegiado de revelación divina.

Mientras los demás libros del Antiguo Testamento tienen presente al israelita en cuanto miembro del pueblo elegido, los libros que se ocupan de la sabiduría, es decir, los llamados sapienciales, se dirigen al hombre universal, al hombre a secas. La elección, la alianza, el mesianismo..., presentes en todos los bloques del Antiguo Testamento, pasan a un segundo lugar en los libros sapienciales. Incluso, algunos de éstos ignoran el acontecimiento del éxodo narrado en los libros históricos y recordado por los profetas. Los libros más específicamente sapienciales ni siquiera mencionan el nombre de Israel. Los sabios plantean el problema del mundo y de la vida en su sentido más universal, más allá de los límites de un grupo social particular, más allá de las fronteras de la patria y de la tierra natal.

1. El fenómeno sapiencial en el Oriente Medio

Para la Biblia, los sabios por excelencia no son los israelitas, sino los pueblos vecinos, especialmente Egipto y Mesopotamia. Cuando 1 Re 5 quiere hacer el elogio de la sabiduría de Salomón, busca el término de comparación fuera de Israel y llega a decir que era más sabio que todos los hijos de Oriente y que todos los sabios de Egipto. Los mismos protagonistas del libro de Job son todos ellos extranjeros, empezando por el propio Job.

Esta primacía de las grandes culturas mediorientales respecto de la Biblia en el ámbito concreto de la sabiduría se ha podido comprobar a través de los descubrimientos arqueológicos. Han salido a la luz testimonios suficientes para poder constatar que tanto en Egipto y Mesopotamia como en Siria (Ugarit y Ebla) y Fenicia, a la sombra de los templos y de los palacios de los reyes, existían centros de cultura y escuelas de escribas donde se cultivaba la sabiduría. En esos ambientes se produjo una abundante literatura sapiencial, expresada generalmente en forma de instrucciones y enseñanzas de los reyes, príncipes y ministros a sus hijos, y de los escribas a sus alumnos.

Desde el tercer milenio a. C. hasta el período helenista se escalonan en Egipto una docena de ejemplos de *sebayit* (enseñanzas) cuyo objeto era enseñar a los jóvenes cómo desenvolverse en los problemas prácticos de la vida. Se destacan la "Enseñanza de Pta-hotep" (véase Introducción a Libros Poéticos), ministro del rey Isesi, de la V dinastía (hacia el año 2450 a. C.); las "Instrucciones destinadas a Merikarí" sobre el arte de gobernar (hacia el 2100 a. C.), una obra de extraordinaria calidad moral y profunda piedad religiosa; la "Sabiduría de Amenemope" (entre el 1000 y el 600 a. C.), que ha sido la obra más estudiada debido a las afinidades tan estrechas que presenta con las palabras de los sabios de Prov 22 17-24 22. También merecen citarse, por su afinidad con la sabiduría bíblica, las obras egipcias: "Canto del arpista" y "Diálogo de un desesperado con su alma" (hacia el 2100 a. C.) y la "Historia del campesino elocuente" (hacia el 2000 a. C.).

En Mesopotamia, los escritos sapienciales de origen sumerio o asirio-babilónico abarcan un amplio campo, que va desde la literatura producida en la corte de los reyes hasta los relatos que surgen en medio del pueblo. Hay varias obras literarias que se plantean el tema de la prueba y el sufrimiento, lo mismo que Job y Eclesiastés, como el "Poema del justo sufriente", la "Teodicea babilónica" o el "Diálogo del pesimista". También son dignas de mención las "Instrucciones de Suruppak" y los "Consejos de sabiduría" (hacia el 2000 a. C.), junto con la "Novela de Ajicar", que alcanzó mucha difusión en todo el Creciente fértil, hasta ser citada por el libro de Tobías (Tob 14 10).

Menos palpable, aunque cierta y determinante, fue la influencia sapiencial de Canaán y los pueblos vecinos (Fenicia, Ugarit y Edom) en la sabiduría israelita, especialmente en el ámbito de la sabiduría popular y familiar. No debemos olvidar que Israel, al establecerse en Canaán, asimiló la cultura y la lengua de la población cananea y, con ellas, muchos de sus contenidos y formas de expresión. Aunque no contamos con obras específicamente sapienciales, como en Egipto y Mesopotamia, pueden destacarse algunas muestras, como los himnos ugaríticos que celebran la sabiduría de El, dios supremo del panteón cananeo; los textos administrativos y las listas onomásticas de los archivos de Ebla; así como las alusiones bíblicas a los sabios de Edom (Jr 49 7; Abd 8).

Finalmente, entre los influjos externos más tardíos hay que mencionar la filosofía y cultura griegas que, después de las campañas victoriosas de Alejandro Magno, a finales del siglo III a. C., llegaron a todo el antiguo Oriente Medio, dando origen al fenómeno conocido como *helenismo*, que dejaría una notable huella en los escritos del Antiguo y del Nuevo Testamento. Los libros sapienciales más tardíos, como Eclesiastés, Eclesiástico y, sobre todo, Sabiduría son buenos ejemplos de esta influencia griega.

2. La sabiduría en Israel

Admitido el influjo de las grandes civilizaciones y de los pueblos limítrofes, todavía se discuten el origen y el ambiente vital en que surge la sabiduría israelita. Las respuestas varían según se hable de sabiduría popular o sabiduría culta. Vamos a trazar un breve recorrido histórico que nos permita descubrir los momentos clave de su desarrollo en Israel y los rasgos distintivos de cada momento.

La antigua sabiduría popular

Como sucede en todos los pueblos, la más antigua sabiduría israelita tiene su origen en la vida del pueblo, adoptando elementales formas orales. Esta sabiduría popular surge y se cultiva en los ámbitos de la familia, del clan y de la tribu, donde se va fijando en forma de máximas, sentencias y refranes, todo un conjunto de consejos e instrucciones de carácter práctico sobre el modo de conducirse en las más variadas situaciones de la vida diaria, en las relaciones familiares, sociales, políticas, económicas, religiosas, etc. Este inicial patrimonio de saber popular, preservado y enriquecido por la tradición oral, será recogido y reelaborado más tarde por las escuelas y círculos sapienciales que le darán forma literaria. Las más antiguas colecciones de sentencias contenidas en el libro de los Proverbios conservan aún restos inequívocos de los orígenes populares de la sabiduría israelita.

La monarquía y la sabiduría en la corte

Generalmente se asocia con el establecimiento de la monarquía la aparición en Israel de esa específica corriente cultural llamada también "sabiduría", que encuentra su medio ambiente más adecuado en la corte. De ahí la denominación de "*sabiduría cortesana*". *Junto al palacio y al templo* de Jerusalén, debió nacer alguna escuela (similar a las escuelas de escribas egipcios), en la que se formaban los miembros de la familia real, junto con los jóvenes destinados a asumir responsabilidades políticas y el personal encargado de los archivos de la corte y la administración. Estas escuelas eran, además, centros donde se cultivaba la sabiduría, la reflexión sobre la naturaleza y también el modo de conducirse en la vida, tanto privada como pública. Las innegables relaciones e influencias de la corte egipcia sobre la israelita hicieron que el "modelo egipcio" se impusiera en esta sabiduría cortesana israelita, que tuvo en Salomón a su más notable impulsor, cultivador y protector. De hecho, la tradición posterior lo convertiría en el "rey sabio" por excelencia, destacando su dedicación a la sabiduría, constatando su fama (1 Re 5 12-14) y atribuyéndole, más tarde, la mayor parte de los libros sapienciales (como a Moisés se había atribuido el Pentateuco y a David los Salmos).

Etapa preexílica: la sabiduría en entredicho

Debido a sus innegables orígenes extrabíblicos, esta corriente sapiencial necesitó aún mucho tiempo para ser asumida por el pueblo y poder cuajar en obras escritas. De hecho, todos los libros sapienciales datan del período postexílico. La historia anterior se mueve dentro de una dialéctica que oscila entre la aprobación y la crítica.

Por una parte, se recurre con frecuencia a los métodos sapienciales y no pocas veces se asumen sus contenidos; valgan como muestras el drama del paraíso (Gn 2-3), la historia de José (Gn 37-50), la introducción al Deuteronomio (Dt 1-4), la sucesión al trono de David (2 Sm 9-20), la historia de Salomón (1 Re 3-11), un pequeño grupo de salmos y algunos textos proféticos.

Por otra parte, se adopta una actitud de desconfianza y de crítica. Isaías desconfía de los que *se creen sabios y se las dan de inteligentes* (Is 5 21) y llega a decir que *desaparecerá la sabiduría de los sabios* (Is 29 14). En la misma línea crítica, es contrario a la política de alianzas aconsejada por los sabios de Israel y de Egipto, consciente de que la salvación está en la conversión y en la fe en Dios, el único sabio (véase Is 10 13; 19 11). La crítica contra los sabios alcanza sus tonos más severos en Jeremías, quien arremete contra los sabios de Israel (Jr 8 9; 9 11), y contra los de Temán (Jr 49 7) y Babilonia (Jr 50 35). Los sabios no pueden aspirar a tener la ley a su favor, pues la han falseado con sus plumas mentirosas (Jr 8 8-9).

Etapa postexílica: asimilación de la sabiduría

Después del destierro (a partir del año 538 a. C.) asistimos a un proceso de progresiva aceptación de la literatura sapiencial. Se editan las colecciones de los Proverbios, aunque el editor se ve obligado a prologar el libro con una amplia introducción (Prov 1-9), en la que se proclama el temor del Señor como el principio de la sabiduría. Esto supone hacer una relectura religiosa de materiales que en algunos ambientes podían parecer demasiado profanos.

También durante el período postexílico se publican Job y Eclesiastés, a los que la Biblia griega llamada "de los Setenta" añadirá Eclesiástico y Sabiduría, completando así la colección de los cinco libros sapienciales.

¿Cuáles fueron los factores que disiparon las críticas y el rechazo preexílicos frente a la corriente sapiencial y le concedieron plena carta de ciudadanía dentro de la comunidad postexílica?

Un factor muy importante fue el paso que se produjo durante el destierro de una concepción colectivista y solidaria a una interpretación individualista y personal en el problema de la retribución. Esto supuso la afirmación decidida de la responsabilidad individual (véase Ez 18; 33) y una preocupación prioritaria por el destino del individuo. Tal concepción exigía un planteamiento más personal de los problemas que lleva consigo la existencia: el sentido de la vida, el sufrimiento, la muerte, la recompensa, etc. Y toda esta problemática entraba de lleno en la órbita de la corriente sapiencial.

Un segundo factor decisivo está condicionado por la incorporación, ya en el exilio, del tema de la creación al conjunto de verdades fundamentales que constituyen el credo israelita. Y no podemos olvidar que el ámbito de la creación (y todas las realidades temporales que de él dependen) es uno de los campos privilegiados de la reflexión sapiencial.

Estrechamente vinculado al anterior, el tercer factor determinante fue el proceso de adaptación y asimilación de la corriente sapiencial a los grandes núcleos teológicos del yavismo (elección, alianza, ley...), iniciado tras el destierro. Dicho proceso alcanza su culminación en el Eclesiástico, donde la sabiduría se identifica con la ley y, más concretamente, la voz de la sabiduría se identifica con la voz de la ley, es decir, con la voz de Dios, que habla por medio de la sabiduría, lo mismo que habla por medio de la torá y los profetas (Eclo 24 23.34). Después del destierro cesa la profecía y toman la palabra la ley y la sabiduría.

No obstante, a pesar de su aproximación al espíritu tradicional de la ley y la alianza, los libros sapienciales siguen conservando su perfil propio y específico. Siguen desbordando las fronteras del pueblo elegido, abiertos a lo universal. Siguen siendo más humanistas y filosóficos que teológicos, más centrados en el hombre y sus problemas que en Dios.

3. Fuentes de la sabiduría

Frente a los profetas que aparecen como portavoces de Dios y tienen en la revelación su fuente de inspiración, los sabios se presentan como maestros de sabiduría que se apoyan en la razón, y sólo secundariamente recurren a la luz sobrenatural. La fuente primordial de la sabiduría ha sido siempre la *experiencia* (así lo dice el refrán: "la experiencia es madre de la ciencia"). Así lo demuestran las colecciones de dichos y sentencias de Proverbios, que pueden ser consideradas como el refranero israelita y que hunden sus raíces en la realidad vivida y experimentada. Otro buen ejemplo lo constituye el Eclesiastés, cuyas reflexiones y evaluaciones arrancan siempre de los datos aportados por la observación y la experiencia.

Después de la experiencia, la principal fuente de la sabiduría es la *tradición*. Por su propia naturaleza, la sabiduría popular, nacida en el seno de la familia, del clan y la tribu, se transmitía de padres a hijos, de generación en generación y por tradición oral. También la sabiduría culta de las escuelas se transmitía, oralmente o por escrito, de maestros a discípulos. Las colecciones de Proverbios han conocido un largo proceso de transmisión hasta cristalizar en el libro actual.

Algunos de los libros sapienciales, como Job, Eclesiastés y Sabiduría, son fruto del *estudio y la reflexión personal* realizados individualmente o en grupo. Los cuarenta y dos capítulos del libro de Job giran siempre en torno al mismo problema de fondo, que es contemplado desde distintos puntos de vista, recibiendo distintas soluciones. Eso significa que tiene detrás muchas horas de trabajo y reflexión. La misma estructura del libro, presentado en forma de diálogos entre varios interlocutores, refleja el proceso laborioso de composición a base de reflexión y estudio. Algo parecido cabe decir de Eclesiastés (Ecl 12 9-10) y Eclesiástico, cuyo autor se dedicó de por vida al estudio (véase la presentación de Eclesiástico).

Los sabios de Israel se han beneficiado también de la estratégica situación de Palestina, paso obligado entre Egipto y Mesopotamia. Por allí han cruzado repetidas veces ejércitos y caravanas comerciales en una y otra dirección, intercambiando entre oriente y occidente cultura, ideas y literatura. El *intercambio cultural* ha sido, por tanto, otra de las fuentes de la sabiduría israelita. Jesús, hijo de Sira, el autor del Eclesiástico, no sólo se ha beneficiado de las doctrinas y saberes que llegaban a Palestina, sino que él mismo ha viajado en busca de ellos por los países vecinos (Eclo 34 9-13).

Los últimos libros sapienciales (Eclesiástico y Sabiduría) se han ido acercando al credo israelita, hasta llegar a confesar que el único sabio es Dios (Eclo 1 8). El es la fuente de la sabiduría y puede otorgarla a quien la busca o se la pide convenientemente (Sab 9 reproduce una oración para alcanzar este inigualable don de Dios). En la última fase de desarrollo de la corriente sapiencial la *fe y Dios* se convierten en la fuente suprema de la sabiduría.

4. Formas y géneros de la literatura sapiencial

Todo el abundante caudal de experiencias, conocimientos y saberes surgido de las anteriores fuentes queda encauzado en las distintas formas y géneros que configuran los actuales libros sapienciales. Muchas de estas formas aparecieron ya en la fase oral; otras son propias de una actividad literaria y artística. Hay formas y géneros que son exclusivos de la corriente sapiencial, mientras que otros se tomaron prestados de ámbitos literarios ajenos.

El masal, género específicamente sapiencial

La forma básica en que se recoge el abundante caudal de experiencias y reflexiones de la tradición sapiencial es el *masal*, expresión hebrea que se suele traducir como dicho, sentencia, proverbio o refrán, y que ha dado nombre a todo un libro: el libro de los *mesalim* o Proverbios. Se trata generalmente de un dicho breve, concentrado y fácil de memorizar que pretende acuñar una experiencia, fijar una observación o transmitir una enseñanza. El *masal* se refiere indistintamente al llamado *dicho popular*, pariente próximo de nuestro refrán, de origen oral y sabor antiguo y al *dicho culto*, de origen literario y, por tanto, más elaborado y poético.

Atendiendo a su forma literaria, el dicho sapiencial emplea frecuentemente el *paralelismo*, recurso estilístico especialmente utilizado en la poesía bíblica con tres tipos básicos: sinonímico, antitético y sintético (véase Introducción a los Escritos poéticos).

Mirando a su contenido, el *masal* se define como *sentencia* (afirmación o enseñanza expresada en forma indicativa y con valor universal) o *consejo* (aviso o instrucción expresada en forma imperativa). La mayor parte del libro de los Proverbios (Prov 10-30) utiliza estas dos formas básicas.

Otros géneros sapienciales

Varios dichos, temáticamente afines y unidos por otros recursos literarios, llegan a formar verdaderas estrofas o *poemas sapienciales* más amplios y elaborados, que permiten desarrollar temas complejos introduciendo matices y variantes. Entre estos poemas destacan los *dichos numéricos* (enumeración de objetos, seres o cualquier tipo de realidades utilizando esquemas numéricos), los *poemas alfabéticos*, las *etopeyas* (descripciones del carácter y costumbres de una persona o grupo) y los *diálogos* que permiten la confrontación de puntos de vista distintos u opuestos (como en el libro de Job).

Junto a los dichos simples y a los poemas desarrollados, la tradición sapiencial echa mano de otros géneros literarios, no específicamente sapienciales, tomados de otros ámbitos de la vida y la literatura de Israel, como son: la alegoría, la fábula, el *enigma, listas de nombres, preguntas*, reflexiones autobiográficas (p. e., Eclesiastés), narraciones, discursos, pregones, oraciones (en sus distintas variantes de himno, súplica y acción de gracias), pequeños ensayos y tratados (p. e., Sabiduría), panegíricos históricos (p. e. Eclo 44-50), etc.

5. Doctrina de los libros sapienciales

No es fácil encuadrar la corriente sapiencial dentro de la teología del Antiguo Testamento. El credo israelita está formado primordialmente por las intervenciones salvíficas de Dios en favor de su pueblo (éxodo, alianza del Sinaí, don de la tierra, elección de Jerusalén, dinastía davídica), intervenciones que en los libros sapienciales o están ausentes o quedan muy en segundo plano. Ni siquiera se habla de Israel como el pueblo elegido de Dios.

Teología de la creación

El ámbito teológico en el que se mueven los sabios de Israel no es el ámbito de la elección y la alianza entre el Señor Dios y su pueblo Israel, sino el ámbito de la relación entre criatura y creador. Si fuera posible establecer dos teologías, la de la salvación (de alcance restringido al pueblo elegido) y la de la creación (de alcance universal), colocaríamos la teología de la corriente sapiencial en esta segunda categoría.

De suyo, la sabiduría se mueve dentro de la perspectiva de la creación, tal como se presenta en Gn 1-2, donde el hombre es creado a imagen y semejanza de Dios y es constituido señor de todas las cosas, con la misión de dominar las realidades creadas, desarrollando así toda su capacidad y dinamismo.

La sabiduría y el orden del mundo

La sabiduría es un concepto que cubre una amplísima gama de connotaciones y sentidos, desde la habilidad y la destreza del artesano en la ejecución de las obras manuales, hasta la capacidad y la madurez de orden intelectual, pasando por el arte y el acierto de desenvolverse con éxito en todos los ámbitos de la vida: en la esfera privada y en la pública, en la familia y en la sociedad, en los asuntos temporales y en los espirituales, en lo profano y en lo religioso.

La sabiduría bíblica queda perfectamente reflejada en estas palabras de un autor contemporáneo: "La sabiduría no es filosofía, ni ciencia, ni técnica, ni política, ni arte; y es mucho más que la suma de todo eso. Es la forma más alta y más profunda de la prudencia humana. Sin ella cualquier actividad del hombre es deficiente. Toda obra humana, cualquiera que sea su naturaleza, que alcance su plenitud y su perfección, es hija de ella, así como es bastarda toda obra que no trae ese linaje".

Sabio no es el que conoce muchas cosas, sino el que se conoce a sí mismo y sabe estar ante los demás, ante las cosas y ante Dios. El sabio manifiesta su sabiduría de muchas maneras. A veces un sencillo gesto es expresión de sabiduría y el mismo silencio llega a convertirse en una de las prerrogativas del sabio. Con todo, la expresión más común de la sabiduría es el consejo, formulado en sentencias, proverbios y discursos.

El sabio israelita tenía el convencimiento de que la vida y la creación entera se rigen por leyes y principios secretos, cuya causa última está en Dios, pues él ha creado el mundo con un orden fundamental que el sabio debe investigar y desentrañar para adecuar su conducta a dicho orden y obtener los resultados derivados de su pleno dominio. De ahí la constante invitación que hacen los sabios a sus discípulos para que descubran el sentido profundo de las cosas, el orden latente en la creación, para adaptarse a él y perpetuarlo. Pues, al final, el conocimiento y dominio de tal orden secreto es la clave de acceso a la sabiduría, a la felicidad y al éxito.

Destino individual y retribución

Uno de los problemas que más preocupan y más aparecen en los libros sapienciales es el de la retribución de la conducta del individuo. En continuidad con la dialéctica de bendiciones y maldiciones que constituían un elemento esencial en el esquema de la alianza, en Israel se profesaba un principio de retribución colectivista y solidaria: la bondad o maldad de un individuo tenía repercusiones en el grupo (y en los descendientes). En las inmediaciones del exilio de Babilonia (587-538 a. C.), la idea de la retribución colectiva empieza a dar paso a la retribución individual, según la cual, cada persona recibía en vida la recompensa adecuada a su conducta: a los buenos les iría bien y a los malos, mal (2 Re 14 5-6; Jr 31 29-30; Ez 18 2-3.26-27). Sin embargo, la experiencia desmentía a diario este principio y el mismo Jeremías ya es testigo del escándalo que supone el bienestar del que gozan los malvados (Jr 12 1).

Después del destierro, el interés por el destino del individuo pasa a ocupar un lugar preferente en la reflexión sapiencial. Pero el problema de la retribución se hace cada vez más difícil de solucionar, hasta el punto de poner en crisis el optimismo sapiencial (y su confianza en la sabiduría como medio de acceso a la felicidad y al éxito) y de cuestionar la misma justicia divina (si Dios es justo, ¿cómo permite que los malvados prosperen y que los justos sufran desgracias?). El problema adquiere proporciones tan agudas y alarmantes como refleja, por ejemplo, el libro de Job. Su autor somete a discusión la hipótesis de un hombre justo, Job, privado de sus bienes y herido en su integridad personal. Es decir, un hombre justo que no recibe bienes, sino males. Aunque el libro apunta distintas soluciones, ninguna de ellas será difinitiva.

El sabio Qohélet, supuesto autor del libro del Eclesiastés, se hace eco del mismo escándalo y da un paso más: incluso en la hipótesis de que el justo recibiera bienes, tal recompensa no sería proporcionada al esfuerzo del hombre por conseguirla, ni daría plena satisfacción a los anhelos profundos del ser humano. En el fondo, tanto Job como Qohélet se mueven dentro del ámbito de la retribución que se da en este mundo y no vislumbran nada más allá de la muerte.

El problema de la retribución y del destino del individuo más allá de la muerte recibe nueva luz con las ideas de la inmortalidad y la resurrección que aparecen en Israel durante las guerras macabeas (2 Mac 7 9; 12 38-46; Dn 12 2-4) y encuentran su posterior formulación en el libro de la Sabiduría (Sab 1-5). Estamos a un paso de la plena solución ofrecida en la vida, muerte y resurrección de Jesucristo.

Personificación de la sabiduría

Hay por lo menos una docena de textos en los que la sabiduría está personificada bajo distintas imágenes: la amada que se desea ardientemente (Eclo 14 22-23), la esposa ideal con todos los atributos que la convierten en el complemento perfecto (Sab 8 2-18), la madre que protege y alimenta a sus hijos (Eclo 14 26-27; 15 2-3), la maestra o profetisa que clama por calles y plazas exhortando a la conversión y a la sensatez (Prov 1 20-33), la anfitriona que limpia la casa, prepara la mesa y envía a sus criados a invitar a los necios y faltos de juicio al banquete de la prudencia y la cordura (Prov 9 1-6), etc.

En tres de ellos, además de personificada, la sabiduría aparece estrechamente asociada a la divinidad e incluso divinizada. En Prov 8 22-36 se presenta en primera persona, como criatura privilegiada de Dios, tomando parte activa en la obra de la creación y habitando en medio de los hombres para llevarlos a Dios. En Eclo 24 la sabiduría pronuncia un largo discurso, cuyo alcance se puede medir por sus primeras palabras: *Yo salí de la boca del Altísimo*... De mayor alcance aún son los calificativos que recibe la sabiduría en Sab 7 25-26: *exhalación del poder de Dios, emanación pura de la gloria del Omnipotente; por eso nada manchado entra en ella. Es una irradiación de la luz eterna, espejo sin mancha de la actividad de Dios, imagen de su bondad*, etc.

En los últimos textos la sabiduría no sólo es una personificación de carácter literario, sino también un atributo divino, y muchos se preguntan si no es también una persona divina. Sin duda que la respuesta tiene que ser negativa, pues la revelación del misterio trinitario está reservada al Nuevo Testamento, que se sirve de estos conceptos y expresiones de los libros sapienciales para elaborar la teología del Hijo de Dios hecho hombre (véase 1 Cor 1 30 y los himnos cristológicos de Jn 1 1-18; Col 1 15-20; Heb 1 1-4).

JOB

INTRODUCCION

¿Es siempre el dolor consecuencia del pecado del hombre? ¿Y el sufrimiento del inocente? Pero, ¿es que puede el hombre declararse inocente frente a Dios? Estas son algunas de las radicales preguntas que se plantea el autor del libro de Job, una de las obras maestras de la literatura bíblica (y universal) y verdadero culmen de la tradición sapiencial israelita, de la que el libro forma parte. La genialidad de su autor ha convertido al "paciente Job" de una antigua leyenda oriental en un Job impaciente e inconformista, que pone en tela de juicio las afirmaciones de la teología tradicional sobre los problemas del sufrimiento humano y de la justicia divina; o, lo que es lo mismo, sobre el problema del hombre y el problema de Dios.

1. Contexto histórico

El libro de Job apenas ofrece datos explícitos sobre el autor, la época y las circunstancias de su formación y composición. Cualquier intento por obtener respuestas aproximadas sobre su contexto debe recurrir a alusiones del propio texto y a conjeturas.

Más que de autor, hay que hablar de "tres autores", por lo menos, para el conjunto del libro: el autor de la leyenda antigua que sirvió de base al libro actual (Job 1-2; 42 7-17); el autor de los diálogos del gran poema dramático que constituye el cuerpo de la obra (Job 3-31; 38 1-42 6); y el autor del monólogo de Elihú (Job 32-37), añadido posteriormente. De los tres, es el segundo el que en realidad nos interesa como último y original responsable de la obra en su forma actual. Aunque no sabemos su nombre, su obra nos revela a un personaje profundamente religioso, instruido y excelente poeta. Posiblemente se trata de un sabio israelita, conocedor y simpatizante de las tradiciones proféticas de su pueblo y abierto al influjo de las culturas extranjeras, cuyas grandes obras sobre temas afines posiblemente conocía (el "Job sumerio", el "Ludlul bel Nemeqi" y el "Diálogo de un sufriente con su amigo" procedentes de Mesopotamia; y el "Diálogo de un desesperado con su alma", de Egipto). Su fina sensibilidad religiosa lo hace solidario con los *sufrimientos del prójimo (que quizá él* mismo ha experimentado), y lo hace discrepar de la ortodoxia oficial judía, al tiempo que lo compromete en la búsqueda de nuevas respuestas.

Sobre la época de composición, se han dado muchas opiniones y es muy difícil fijar con seguridad una fecha determinada. Un buen número de autores han apuntado hacia el período exílico y el inmediato postexilio, ss. VI-V a. C. (sin duda uno de los momentos clave de la historia universal, que haría coincidir cronológicamente al autor del libro de Job con otros grandes nombres como Confucio, Buda, Zaratustra y la Escuela Jónica). Quizá se podría concretar algo más a partir de los indicios del libro: el vocabulario cargado de arameísmos, el problema tratado, el conocimiento de profetas como Jeremías y Ezequiel, la preocupación por el destino del individuo, el universalismo del autor y algunos otros rasgos sugieren una fecha no del todo precisa, pero posterior al destierro, entre el fin del s. V y el comienzo del s. IV a. C.

Tampoco es posible ser más concretos en lo que respecta a la ocasión y motivos de su composición. Hay quienes invocan la preocupación por el destino de los individuos, común en la literatura sapiencial de la época. Otros ven en el libro un intento de respuesta a la situación postexílica del pueblo judío, todavía afectado por el dolor y el escándalo producidos por el exilio. El escándalo de Job, atribulado en última instancia por Dios, a pesar de su supuesta inocencia, simbolizaría la experiencia del pueblo. Sin embargo, más allá de éstas y otras "concreciones" dudosas, el gran motivo del libro de Job es el hombre, a la vez concreto e intemporal, con toda su tragedia a cuestas, con su angustia, su dolor, su desesperación, sus dudas y su ansia insatisfecha de encuentro con Dios.

2. Características literarias

El libro de Job, que formaba parte del tercer cuerpo de la Biblia judía conocido como "Otros Escritos", es considerado por las Biblias cristianas como uno de los "libros sapienciales". Tal como ha llegado hasta nosotros, presenta cinco partes bien diferenciadas:

Introducción (Job 1-2), en prosa, donde un conocido personaje de la antigüedad, rico, sincero y piadoso, es sometido a una serie de adversidades para probar la autenticidad de su conducta. Job sale vencedor de la prueba, demostrando una paciencia y una fidelidad a Dios dignas de elogio.

I. Diálogos de Job con sus tres amigos (Job 3-31), en verso. Un Job, ahora inconformista y rebelde, se enfrenta a las razones de sus tres amigos, Elifaz, Bildad y Sofar, representantes de la sabiduría israelita, que tratan de explicar el sentido del sufrimiento del protagonista. Dos monólogos de Job, maldiciendo su existencia (Job 3) y declarando apasionadamente su inocencia (Job 29-31) enmarcan este diálogo dramático, en el que no hay más tregua que un "himno a la sabiduría" (Job 28).

II. Monólogo de Elihú (Job 32-37), también en verso. Este personaje, "intruso" e imprevisto, se incorpora al frente de los amigos, aunque todo el contexto parece ignorarlo. Es un claro añadido posterior, ya que interrumpe el desarrollo original, no es aludido en la introducción ni en la conclusión y nadie le responde.

III. Diálogo entre Dios y Job (Job 38 1-42 6), en verso. Dios responde desde la tormenta al desafío y exigencias de Job, en dos discursos que culminan en otras tantas breves respuestas del protagonista.

Conclusión (Job 42 7-17), en prosa, que conecta con la introducción, ofreciendo su desenlace lógico con algunas referencias a los diálogos.

A pesar de la variedad y aparente dispersión, el conjunto aparece armonioso y bien logrado: introducción y conclusión reproducen una antigua y popular narración oriental, ambientada en contexto patriarcal, que el autor de nuestro libro retocó levemente para convertirla en "marco" de su amplio "diálogo dramático" entre Job y sus amigos y, entre Dios y Job. Tan sólo los discursos de Elihú rompen la unidad, delatando su tardía incorporación.

En cuanto al género literario, el rasgo más original y destacado de Job es la utilización del diálogo en una especie de "escenificación dramática" que permite confrontar argumentos y hacer avanzar las posiciones. Aunque apenas había sido utilizado en Israel, el recurso al diálogo era bastante conocido en la antigüedad, tanto en Grecia (Platón y los trágicos), como en las literaturas egipcia y mesopotámica antes mencionadas. Dentro de este género dominante advertimos la presencia de otras formas típicamente sapienciales (himnos, máximas, composiciones irónicas, comparaciones, listas y enumeraciones, etc.) y proféticas (controversia judicial, maldición, discursos polémicos, confesiones, etc.). El lenguaje poético, rico y variado, consigue momentos culminantes (especialmente los discursos de Dios) en el conjunto de la poesía bíblica.

El mayor problema del libro de Job lo constituye el mismo texto hebreo, lleno de dificultades para el traductor. Estas dificultades proceden del mal estado del texto, de los intentos de corrección efectuados por sucesivos copistas, de los abundantes vocablos que apenas se usan en otros lugares de la Biblia, y de las numerosas palabras que únicamente y por una sola vez aparecen en este libro (a estas palabras se les denomina técnicamente "hapax" bíblicos). A esto hay que añadir los problemas de ordenación de los capítulos, que se agudizan en Job 24-27. Consecuencia obvia de estas dificultades son las diferencias que existen entre las distintas traducciones. La que aquí se ofrece intenta respetar, con leves alteraciones ocasionales, el orden del texto original, proponiendo en las notas las soluciones a las principales dificultades.

3. Claves teológicas

El tema dominante del libro es el sentido del sufrimiento del inocente y las posibles razones que lo justifican. Se trata de una concreción del tema más amplio de la "retribución", que afirmaba la perfecta justicia de Dios, sancionadora de la conducta del hombre: felicidad y bendición para los justos, infelicidad y maldición para los malvados, siempre dentro de esta existencia terrenal y sin ninguna alusión a una vida en el más allá. Esta solución es la traducción sapiencial de la teología de la alianza presente en los libros históricos y proféticos del Antiguo Testamento. Aunque se habían levantado objeciones aisladas al tema (véase Jr 12 1), la teoría se había consolidado como verdad incuestionable. El libro de Job la replantea de forma radical y monográfica y, al mismo tiempo, se hace eco de otras posibles respuestas al tema.

En el relato en prosa (introducción y conclusión) predomina el planteamiento tradicional: Job es religioso y sincero; en consecuencia, es bendecido. El diálogo entre Dios y el Tentador presenta una dimensión nueva: el sufrimiento como prueba de la religiosidad desinteresada. Como, a pesar de la desgracia, Job se mantiene fiel, al final se verá largamente recompensado. Pero el relato no va más allá.

El diálogo de Job y sus amigos radicaliza el problema con un planteamiento distinto que, en parte, arranca del relato en prosa: ¿Cuál es la causa del sufrimiento del justo, en este caso, del dolor inmerecido del inocente Job? Los amigos argumentan, con distintas variaciones, haciéndose eco de la doctrina tradicional: la justicia incuestionable de Dios, la transitoria felicidad de los malvados, el sufrimiento debido a faltas de inadvertencia o ignorancia, etc. Cuando Job extrema sus lamentos y acusaciones contra Dios, los amigos recurren a supuestos delitos graves de éste para explicar su situación. Por defender su idea de Dios, calumniarán a Job. Por su parte, el protagonista, desde el rotundo e incuestionable argumento de su experiencia de sufrimiento, se aferra a su inocencia y cuestiona la enseñanza tradicional sobre la retribución. Se le dice que Dios es justo, pero resulta que esa justicia reside en un poder incomprensible para la mente humana. Conforme el sufrimiento se hace más intenso y el protagonista del libro ahonda en la búsqueda de sentido, descubre que Dios lo ha abandonado, que se le oculta y se vuelve su "adversario". Y de su dolor deduce el caos cósmico y moral. Dios, concluye, es injusto y abandona su creación en manos de los malvados y de las fuerzas caóticas. En tal situación, ni la existencia vale la pena.

Sólo le queda el consuelo de aferrarse a su inocencia y desafiar a Dios, arriesgando la vida, mientras se abre paso la esperanza de un defensor que ponga de manifiesto su inocencia (véase Job 19 25-27). En definitiva, la postura de Job significa el rechazo de las soluciones tradicionales y el intento de búsqueda de nuevas respuestas.

Los discursos de Elihú tratan de corregir las afirmaciones de los amigos y anticipan, en parte, los discursos de Dios. Pero apenas aportan algo nuevo: el dolor puede ser medio de revelación divina y tiene un valor medicinal y sanante, al tiempo que combate el orgullo del hombre.

El diálogo de Dios y Job introduce un nuevo enfoque (que se identifica con la solución del autor): el problema no puede reducirse a un razonamiento filosófico-sapiencial o a un "caso moral" de justicia humana. Por eso, Dios invita a Job a interiorizar el misterio de la transcendencia divina (véase Sal 73 17) y responde a algunas de sus dudas y preguntas: el mundo está en buenas manos, Dios controla el caos aparente y tiene el mal "a raya". El es Dios y no se deja encasillar en moldes humanos. Job reconoce su osadía y su ignorancia y, al final, termina consiguiendo mucho más de lo que pedía: ver a Dios, discutir con él en igualdad de condiciones (Job 13 21-22) y la ratificación implícita de su inocencia (Job 42 7). Pero hay un logro más importante: Job ha entrado en el misterio de Dios y desde ahí ha podido relativizar su dolor, su desesperación y sus pretensiones.

El autor no podía llegar más lejos en su propuesta de nuevas soluciones al gran problema de la relación hombre-Dios. Sólo el libro de la Sabiduría, con su afirmación de la resurrección de los justos y, sobre todo, la vida, muerte y resurrección de Jesucristo, el Justo sufriente, proyectarán sobre el problema una luz definitiva.

JOB

INTRODUCCION +

Prosperidad de Job

Ez 14 14

1 1 Había en el país de Hus un hombre llamado Job. Era un hombre recto y honrado, que temía a Dios y evitaba el mal. 2 Tenía siete hijos y tres hijas. 3 Poseía siete mil ovejas, tres mil camellos, quinientas yuntas de bueyes, quinientas burras y gran cantidad de criados. Era el hombre más importante de todo el Oriente.

4 Sus hijos tenían por costumbre celebrar banquetes, turnándose de casa en casa e invitando también a sus tres hermanas a comer y beber con ellos. 5 Al terminar cada uno de estos turnos, Job los hacía venir para purificarlos. Con este fin se levantaba de madrugada y ofrecía un holocausto por cada uno de ellos, pues pensaba: «No sea que mis hijos hayan pecado y maldecido a Dios en su corazón». Esto lo hacía Job cada vez.

Comienzo de la prueba

1 Re 22 19-23; Zac 3 1-2; Ap 12 10;
Ecl 5 14; Eclo 40 1-2; 11 14

6 Un día, cuando los hijos de Dios asistían a la audiencia del Señor, se presentó también entre ellos el Tentador.

7 Y el Señor preguntó al Tentador:

–¿De dónde vienes?

El respondió:

–De recorrer la tierra y dar una vuelta por ella.

8 El Señor le dijo:

–¿Te has fijado en mi siervo Job? No hay en la tierra nadie como él; es un hombre recto y honrado que teme a Dios y evita el mal.

9 Dijo el Tentador:

–¿Crees que Job teme a Dios desinteresadamente? 10 ¿Acaso no lo rodeas con tu protección, a él, a su familia y a sus propiedades? Bendices todo cuanto hace y sus rebaños llenan el país. 11 Pero extiende tu mano y quítale todo lo que tiene. Verás cómo te maldice en tu propia cara.

+ 1 1-2 13: La Introducción narrativa del libro de Job recoge, junto con la conclusión (Job 42 7-17), una antigua leyenda popular, que es utilizada por el autor como introducción o presentación de personajes, situación y motivos (véase Introducción al libro).

Los protagonistas del relato, Job y sus tres amigos, Elifaz, Bildad y Sofar (Job 2 11), no son israelitas. Sus países de origen se sitúan en Edom y la zona de Arabia, región tradicionalmente considerada como tierra de sabios. Sin embargo, el autor proyecta en ellos su mentalidad y cultura israelitas.

La situación se presenta en un doble y alternativo plano terrestre y celeste. En la tierra aparece Job como un hombre rico y religioso (un ejemplo viviente de la doctrina tradicional de la retribución: la buena conducta del hombre es recompensada con abundantes bienes materiales: Job 1 1-5). En el cielo asistimos a una sesión de la corte divina, donde un *fiscal*, el acusador o Tentador, pone en duda la autenticidad de la conducta de Job y obtiene el permiso divino para ponerlo a prueba: atentará contra los bienes de Job y su religiosidad se desmoronará (Job 1 6-12). De nuevo en la tierra, asistimos a las primeras pruebas de las que Job sale vencedor pues, a pesar de todas las desgracias, *Job no maldice a Dios* (Job 1 13-22). En una segunda sesión de la corte celestial, casi repetición de la anterior, el Tentador (literalmente *Satán*) extrema su apuesta ante Dios pidiéndole que hiera a Job en su persona (Job 2 1-6). La nueva constatación de la paciencia y fidelidad de Job parece resolver la apuesta a favor de Dios (Job 2 7-10). Tres amigos se acercan al basurero donde Job queda confinado y tratan de consolarlo en silencio (Job 2 11-13). Hasta aquí la trama de la introducción que se retomará y resolverá en la conclusión (Job 42 7-17). Pero es aquí donde aparece la genialidad del autor, introduciendo un profundo corte en el relato primitivo, haciendo hablar a Job (Job 2 10) mientras sus amigos permanecen en silencio (Job 2 13).

El motivo o tema fundamental del libro queda en principio insinuado a través del desafío del Tentador: ¿sirve Job a Dios de forma desinteresada y gratuita, o lo hace a cambio de algo (bienestar, bendiciones) a lo que su religiosidad le da derecho? La prueba da lugar al sufrimiento del inocente (cosa que ignorarán Job y sus amigos), el cual se convertirá inmediatamente en el objeto de un apasionado debate en el que entran en confrontación las teorías tradicionales y un nuevo planteamiento que irá apareciendo lentamente hasta culminar en la desconcertante intervención divina (Job 38-41).

La figura del Tentador, especialmente relevante en la introducción (Job 1 6-12; 2 1-7), no se identifica aquí con el *espíritu del mal* o el poder demoníaco. Corresponde más a una función que a un nombre propio: es el acusador o fiscal de la corte celestial que, como tal, desconfía del hombre, desea su mal y no tiene reparo en causárselo, pero siempre está supeditado a la voluntad divina (Job 1 12; 2 6). En definitiva se trata de un personaje más literario que real.

12 El Señor le respondió:
–Puedes disponer de todos sus bienes,
pero a él no lo toques.
Y el Tentador se retiró de la presencia
del Señor.
13 Un día, cuando los hijos y las hijas de
Job estaban comiendo y bebiendo en la
casa del hermano mayor, 14 llegó un mensajero y dio esta noticia a Job:
–Estaban los bueyes arando y las burras
pastando cerca de ellos 15 y en esto que llegaron los sabeos, se los llevaron y mataron
a todos tus siervos. Sólo yo pude escapar
para traerte la noticia.
16 No había acabado de hablar, cuando
llegó otro diciendo:
–Cayó un rayo del cielo y quemó a ovejas y pastores; todo lo consumió. Sólo yo
pude escapar para traerte la noticia.
17 Aún estaba hablando éste, cuando
llegó otro que dijo:
–Los caldeos, divididos en tres grupos,
se lanzaron sobre los camellos y se los llevaron. A tus criados los mataron. Sólo yo
pude escapar para traerte la noticia.
18 Todavía estaba hablando éste, cuando
llegó otro que dijo:
–Mientras tus hijos y tus hijas estaban
comiendo y bebiendo en casa del hermano
mayor, 19 se levantó un fuerte viento venido del desierto que sacudió las cuatro esquinas de la casa; ésta se derrumbó sobre
los jóvenes y los mató a todos. Sólo yo pude escapar para traerte la noticia.
20 Entonces Job se levantó, rasgó sus
vestiduras y se rapó la cabeza. Luego se
postró en tierra en actitud de adoración 21 y
dijo:

Desnudo salí del vientre de mi madre,
y desnudo regresaré allí.
El Señor me lo dio,
el Señor me lo quitó.
¡Bendito sea el nombre del Señor!

22 A pesar de todo lo sucedido, Job no
pecó ni maldijo a Dios.

Culminación de la prueba

Lc 22 31; Tob 2 14

2 1 Llegó el día, cuando los hijos de Dios
tenían que asistir a la audiencia del Señor y se presentó también entre ellos el Tentador. 2 Y el Señor preguntó al Tentador:
–¿De dónde vienes?
Respondió el Tentador:
–De recorrer la tierra y darme una vuelta por ella.
3 El Señor le dijo:
–¿Te has fijado en mi siervo Job? No
hay en la tierra nadie como él; es un hombre recto y honrado que teme a Dios y evita
el mal. Aún sigue firme en su rectitud; en
vano me has incitado contra él para aniquilarlo.
4 Respondió el Tentador:
–¡Una piel por otra piel!: el hombre es
capaz de dar todo cuanto tiene por su vida.
5 Extiende tu mano y daña sus huesos y su
carne. Verás entonces cómo te maldice en
tu propia cara.
6 Dijo el Señor:
–Lo dejo en tus manos; pero respeta su
vida.
7 Salió el Tentador de la presencia del
Señor e hirió a Job con una llaga maligna
que lo cubrió de pies a cabeza. 8 Job tomó
un pedazo de teja para rascarse y fue a sentarse entre cenizas. 9 Su mujer le dijo:
–¿Todavía perseveras en tu rectitud?
¡Maldice a Dios y muérete!
10 Pero él le respondió:
–Hablas como una mujer estúpida. Si
aceptamos de Dios el bien ¿no vamos a
aceptar también el mal?
Y a pesar de todo esto, Job no pecó con
sus labios.

Los amigos de Job

Is 52 14

11 Tres amigos de Job se enteraron de
toda esta desgracia y, partiendo cada uno
de su país, se reunieron y vinieron a compartir su pena y a consolarlo. Eran Elifaz
de Temán, Bildad de Suaj y Sofar de Naamat. 12 Vieron a Job desde lejos y no lo reconocieron; entonces se pusieron a llorar y
a lamentarse, rasgaron cada uno su manto
y echaron polvo sobre sus cabezas. 13 Luego se sentaron en el suelo junto a él y estuvieron así siete días y siete noches, sin di-
rigirle la palabra, pues veían que su dolor
era muy grande.

I. DIALOGOS DE JOB Y SUS TRES AMIGOS Δ

Mejor la muerte que esta vida miserable

Jr 20 14-18; Mt 26 24; Job 10 18-19; Ez 32 18-32; Ecl 6 3

3 1 Por fin, Job se decidió a hablar y maldijo el día de su
nacimiento, 2 diciendo:

3 ¡Desaparezca el día en que nací
y la noche en que se anunció: «ha sido concebido un hombre»!
4 Que ese día se convierta en oscuridad,
que Dios desde su morada no lo recuerde más,
que la luz no brille sobre él.
5 Sombras y oscuridad lo envuelvan,
las nubes lo cubran,
un eclipse lo aterrorice;
6 que se apodere de él la tiniebla;
que no se cuente entre los días del año,
ni entre el número de los meses.
7 ¡Ojalá aquella noche sea estéril,
sin grito alguno de alegría!
8 Que la maldigan los que maldicen el día,
los que se disponen a despertar a Leviatán;
9 que no brillen sus luceros al amanecer,
que espere en vano la llegada de la luz
y no vea el parpadear de la aurora,
10 pues no cerró las puertas del vientre que me llevaba,
ni me libró de ver tanta miseria.
11 ¿Por qué no morí al salir del seno materno?
¿Por qué no expiré recién nacido?
12 ¿Por qué me recibió un regazo
y unos pechos me amamantaron?

Δ 3 1-31 40: El cuerpo del libro de Job está constituido por una serie de diálogos entre Job y sus amigos (Job 3-31) y el diálogo final entre Dios y Job (Job 38 1-42 6). Entre las dos partes ha quedado insertado el posterior monólogo de Elihú (Job 32-37). Estamos, pues, en la primera parte de la obra, formada por el diálogo de Job con sus tres amigos, Elifaz, Bildad y Sofar. Dicho diálogo se desarrolla en tres rondas de tres intervenciones cada una, que se inician con una lamentación (Job 3) y se cierran con un himno a la Sabiduría (Job 28) y una declaración solemne de Job (Job 29-31). En las sucesivas intervenciones asistimos a un diálogo de sordos, es decir, de quienes discuten desde distinta posición. Los tres amigos repiten, con leves variaciones, la doctrina tradicional: el bien y el mal, en cuanto afectan a una persona, son perfectamente explicables porque dependen de la conducta humana a la que la justicia divina premia o castiga según cada caso. La buena conducta merece bendición; la mala, castigo. Todo eso en la esfera de este mundo, es decir, en esta vida (todavía no se plantea la vida más allá de la muerte). Si la experiencia parece contradecir a veces esta doctrina inmutable, será por alguna causa desconocida, pero real (pecados ocultos, inadvertencias e ignorancias, pecado de los antepasados). Con todo, la doctrina no puede fa-llar.

La finalidad de esta teología es buena: estimular a comportarse bien. Su error consistirá en la idea exclusivamente humana que tiene de Dios y de su justicia. Su resultado es negativo: la religión reducida a una relación mercantilista, según la cual obrar bien es un buen negocio y, en consecuencia, el justo se puede sentir con derecho a exigir su recompensa (véase Lc 15 25-31).

Job acepta en principio el esquema y razona desde él. Pero desde su experiencia personal de sufrimiento rechaza la relación de causa-efecto entre su pecado (que no ha cometido) y el dolor (que sí sufre). Por eso se aferra a su inocencia como a un derecho adquirido, que Dios no reconoce ni sanciona, y desde ella, como única razón, refuta todas las razones de los amigos.

Job se aparta de sus amigos para sumergirse en su tragedia y desde ella clamar a Dios y exigirle una explicación. Su gran argumento es su inocencia: no comprende por qué, sin motivo, Dios se ensaña con él. Este lamento conmovedor avanza, como un ciego que va dando manotazos al vacío, desde la desesperación a la esperanza, desde la sumisión confiada al desafío frente a Dios. Job proferirá graves palabras y lanzará duras acusaciones, se deseará la muerte y desafiará a Dios con audacia temeraria. Todo lo explica la tragedia que lo abruma, pero realmente *no pecará* (Job 1 22; 2 10; 42 7).

13 Ahora dormiría tranquilo,
y descansaría en paz,
14 junto a los reyes y señores de la tierra
que reconstruyeron palacios en ruinas;
15 o junto a los príncipes que poseen oro,
y llenan de plata sus mansiones.
16 O no existiría, lo mismo que un aborto ignorado,
como los niños que no vieron la luz.
17 Allí termina el ajetreo de los malvados,
allí reposan los que carecen de fuerzas.
18 Allí descansan en paz los prisioneros,
sin oír más los gritos de los capataces;
19 allí chicos y grandes se confunden,
y el esclavo se ve libre de su amo.
20 ¿Por qué alumbró con su luz a un desgraciado,
y dio vida a los que están llenos de amargura,
21 a los que en vano desean la muerte,
y la buscan más que a un tesoro;
22 a quienes saltarían de gozo ante una sepultura,
y se alegrarían si encontraran una tumba;
23 a quien no encuentra su camino,
y a quien Dios cierra el paso?
24 Lo único que me queda son mis gemidos;
como el agua se derraman mis lamentos;
25 porque me sucede lo que más temía,
y lo que me asustaba, me acontece.
26 No tengo paz, ni calma, ni descanso,
y me invade la angustia.

1. Primera ronda de discursos

Elifaz: ¿Puede un hombre ser irreprochable ante Dios?

Sal 34 20; Prov 12 21; Eclo 2 10; 2 Pe 2 9; Job 9 2; 15 14; 25 4-6; 15 15-16;
1 Sm 2 7-8; 1 Cor 3 13ss; Prov 3 11-12; Dt 32 39; Os 6 1

4 1 Elifaz de Temán tomó la palabra y dijo:

2 ¿Aguantarás si alguien intenta hablarte?
Pero ¿quién puede acallar sus propias palabras?
3 Mira, tú instruías a muchos otros,
dabas vigor a las manos caídas;
4 tus palabras sostenían al tembloroso,
fortalecías las rodillas dobladas.

• **3 1-26**: Si en el relato primitivo Job no había maldecido a Dios (Job 1 22), ahora sí que maldice el día de su nacimiento. La primera lamentación, posiblemente inspirada en Jr 20 14-18, toca fondo: ¿qué sentido tiene la vida del que sufre? Sería mejor no haber nacido. Con atrevidas y desgarradas imágenes poéticas se desea que el momento *más feliz, la noche de la concepción,* se convierta en lo más terrible (Job 3 3-10). Desde la maldición del día de su nacimiento, Job pasa a invocar la muerte deseada (Job 3 11-19), para retornar otra vez a su situación actual, cuyo último responsable es Dios (Job 3 20-23).

• **4 1-5 27**: La intervención de Elifaz es una síntesis de distintos motivos: situación pasada de Job (Job 4 2-9), máximas sapienciales (Job 4 8-11; 5 2.6-7), revelación divina (Job 4 12-21), experiencia personal (Job 5 3-5), consejos basados en la teología tradicional (Job 5 8-16.27); y todo va acompañado de la invitación a dejarse corregir por Dios (Job 5 18-26). El contenido es diverso: se siembra lo que se cosecha; el hombre no es inocente/justo frente a Dios, porque hasta en sus mensajeros el Señor descubre faltas; la felicidad del malvado es provisional y aparente; Job debe recurrir a Dios, salvador de pobres y desvalidos, y aceptar su escarmiento, porque Dios salva a los que ama y les da sus bendiciones.

[5] Y ahora te pasa a ti otro tanto ¡y no aguantas!;
te toca a ti ¡ y ya estás hundido!
[6] ¿No pusiste tu confianza en servir a Dios,
y en la vida honrada tu esperanza?
[7] Trata de recordar: ¿qué inocente ha perecido?
¿Fueron alguna vez aniquilados los justos?
[8] Mi experiencia es ésta: los que cultivan la maldad
y siembran la miseria, eso mismo cosechan.
[9] Bajo el aliento de Dios perecen éstos,
al soplo de su ira desaparecen.
[10] Aunque rujan el león y el leopardo,
los dientes de sus cachorros morderán en vano;
[11] el león se muere cuando le falta la presa
y los cachorros de la leona se dispersan.
[12] Sorpresivamente me llegó una palabra,
mi oído percibió un murmullo.
[13] En medio de pesadillas nocturnas,
cuando el sueño cae sobre los mortales,
[14] me invadió un fuerte escalofrío,
que hizo temblar todos mis huesos;
[15] un viento me rozó la cara,
y me puso los pelos de punta.
[16] Estaba allí delante, no la reconocí,
la aparición estaba ante mis ojos;
hubo un silencio, después oí una voz:
[17] «¿Es justo ante Dios algún mortal?
¿Es intachable algún hombre ante su Creador?
[18] Si no confía en sus servidores
y hasta en sus mensajeros encuentra defectos,
[19] ¡cuánto más a los moradores de estas casas de barro,
cimentadas sobre el polvo,
se les aplastará como a la polilla!
[20] Entre la mañana y la tarde se desmoronan,
perecen para siempre sin que nadie se preocupe;
[21] les arrancan las cuerdas de la tienda
y mueren sin adquirir sabiduría».

5 [1] Llama, ¿habrá alguno que te responda?
¿A qué hombre santo vas a recurrir?
[2] Porque la rabia mata al necio,
y la pasión hace morir al imprudente.
[3] Yo mismo he visto al necio echar raíces,
pero en seguida vi arruinarse su casa:
[4] sus hijos no encontrarán ayuda alguna,
aplastados y sin defensa ante el tribunal;
[5] los hambrientos devorarán su cosecha,
robándola a través de los espinos,
y los sedientos se beberán su fortuna.
[6] Pues no nace del polvo la desgracia,
ni del suelo germina la miseria.
[7] El hombre es engendrado para la miseria
como las chispas para perderse en el aire.
[8] Yo, en tu lugar, recurriría a Dios,
a Dios expondría mi causa:

9 a aquel que hace cosas grandes, impenetrables,
innumerables maravillas.
10 El derrama las lluvias en la tierra,
y envía el agua a los campos,
11 para levantar a los humildes,
para que se salven los que están hundidos;
12 desbarata las artimañas del astuto,
para que fracasen sus proyectos.
13 El enreda a los sabios en su propia astucia
y hace fracasar el plan de los perversos.
14 En pleno día tropiezan con la oscuridad,
a mediodía van a tientas, como de noche.
15 Pero él salva al desprotegido de la lengua afilada,
y al pobre de las manos del opresor.
16 El débil recobra la esperanza
y el malvado es reducido al silencio.
17 ¡Feliz el hombre a quien Dios corrige;
no desprecies la reprensión del Poderoso!
18 Porque él hiere, pero venda la herida,
golpea, pero cura con su mano.
19 Seis veces te librará del peligro
y a la séptima no te alcanzará el mal.
20 Si hay hambre, te salvará de la muerte,
y en la guerra, del poder de la espada;
21 te protegerá de la lengua viperina,
y no temerás el desastre inminente.
22 Del desastre y la carestía te reirás
y no temerás a las bestias de la tierra;
23 harás un pacto con las piedras del campo,
y las bestias salvajes serán tus aliadas;
24 vivirás a salvo en tu tienda
y al revisar tu morada, nada te faltará;
25 tu descendencia será numerosa,
tus hijos, como la hierba del campo;
26 llegarás a la tumba lleno de vigor
como el grano que a su tiempo se recoge.
27 Esto es lo que nos enseña la experiencia;
escucha y saca conclusiones.

Job: Dolor incomprendido y súplica a Dios

Job 16 13; 34 6; Sal 88 16-18; 7 15; 29 12-13; 31 16-20; Eclo 40 1; Sal 78 39; Sab 2 1.4; Sal 8 5; 144 3-4; 139

6 1 Job tomó la palabra y dijo:
2 ¡Ojalá se pesara mi desgracia,
y se acumularan en la balanza mis penas!

• **6 1-7 21:** *En su respuesta a Elifaz,* Job rebate la lógica de su discurso a partir del drama de su situación personal: Dios lo ha abandonado y lo destroza con el dolor. Por eso, el mejor favor sería la muerte rápida. También se queja de sus amigos: él busca su lealtad y compasión sinceras, no que lo aniquilen con dogmas y viejas teorías; pide que lo ayuden a entender y soportar sus sufrimientos, y no que le den una lección de teología. Desde su insoportable dolor aún tiene lucidez para reflexionar sobre la transitoria condición humana. Pero eso no justifica que Dios se ensañe con quien por naturaleza es débil. Por eso se siente con derecho a hablar y a pedir audazmente a Dios que lo aniquile o lo perdone.

3 Pesarían más que la arena del mar.
¡Por eso digo tantas necedades!
4 Pues el Poderoso ha clavado en mí sus flechas,
su veneno llega a lo profundo de mi ser,
y los terrores de Dios se enfilan contra mí.
5 ¿Rebuzna el asno salvaje ante la hierba?
¿Muge el buey junto al pasto?
6 ¿Se come lo insípido sin sal?
¿Hay sabor en la clara de huevo?
7 Pues lo que me daba asco
es ahora mi alimento repugnante.
8 ¡Ojalá sucediera lo que pido,
y Dios me diera lo que espero!
9 ¡Ojalá quisiera Dios aniquilarme,
soltarme de su mano y esparcirme al viento!
10 Tendría al menos un consuelo,
aún en medio de mi angustia me alegraría,
pues no he renegado de los mandatos del Santo.
11 ¿Me quedan aún fuerzas para resistir?
¿Podré seguir viviendo si no conozco mi fin?
12 ¿Tengo, acaso, la fuerza de la roca?
¿Es mi carne de bronce?
13 Ya no puedo valerme por mí mismo
y ya no tengo ninguna ayuda.
14 Hay que amar al amigo que sufre
aunque se aleje del Poderoso.
15 Me han traicionado mis hermanos,
como los torrentes que se quedan sin agua;
16 bajan revueltos en tiempo de deshielo
al deshacerse la nieve sobre ellos,
17 pero se secan cuando llega el calor
y con el sol se extinguen en su cauce.
18 Hacen que las caravanas se desvíen de su ruta,
se adentren en el desierto y se pierdan.
19 Los buscan las caravanas de Temá,
y los viajeros de Sabá esperan encontrarlos;
20 pero será una esperanza frustrada,
pues al llegar junto a ellos, quedan decepcionados.
21 Así están ahora ustedes frente a mí:
espantados al ver mi situación.
22 ¿Les he pedido que me dieran algo,
que me regalaran parte de sus bienes,
23 que me libraran de mis enemigos,
o me salvaran de la mano opresora?
24 Enséñenme, indíquenme dónde está mi falta.
que yo me callaré.
25 Las palabras sinceras no pueden ofender,
pero, ¿para qué sirven sus críticas?
26 ¿Piensan acaso criticar mis palabras,
palabras de un desesperado que el viento las lleva?
27 ¡Serían capaces de apostar la vida del huérfano,
venderían a su propio amigo!
28 Pues, ahora, mírenme con atención,

¿creen que les puedo mentir de frente?
29 Mírenme de nuevo, que no hay engaño en mí,
mírenme otra vez, que está en juego mi inocencia.
30 ¿Hay acaso hipocresía en mi lengua?
¿Acaso no puedo ya distinguir el bien del mal?

7

1 La vida del hombre sobre la tierra es como un servicio militar,
y sus días, como los de un jornalero;
2 como esclavo, suspira por la sombra,
como jornalero, espera su salario.
3 Meses de desengaño me han llegado
y noches de sufrimiento me han tocado en suerte.
4 Al acostarme digo: «¿Cuándo será de día?»
La noche se me hace interminable
y las pesadillas no me abandonan hasta el amanecer.
5 Mi carne está cubierta de gusanos y de costras,
mi piel se abre y no deja de supurar.
6 Mis días corren más rápido que la aguja,
se han acabado al terminarse el hilo.
7 Recuerda que mi vida es un soplo,
que mis ojos no volverán a ver la felicidad.
8 El que me veía, ya no me verá;
cuando me mires, ya no estaré.
9 Como nube que pasa y se deshace,
así es el que baja al abismo para no regresar;
10 ya no retorna a su familia,
su casa no lo vuelve a ver.
11 Por eso daré rienda suelta a mis palabras;
hablaré, pues mi espíritu está angustiado;
me quejaré, pues estoy lleno de amargura.
12 ¿Soy yo acaso el monstruo marino
para que me pongas un guardia?
13 Si digo: «El lecho me consolará,
la cama aliviará mi sufrimiento»,
14 entonces con sueños tú me haces temblar,
me aterrorizas con visiones.
15 Preferiría ser estrangulado,
morir, antes que vivir con este cuerpo;
16 ya no puedo más, no viviré por siempre;
déjame, que mis días son un soplo.
17 ¿Qué es el hombre para que te ocupes de él,
para que pongas en él tu atención,
18 para que cada mañana lo revises,
y sin cesar lo pongas a prueba?
19 ¿Hasta cuándo seguirás vigilándome,
sin darme descanso ni siquiera para tragar saliva?
20 ¿Acaso te causa algún daño mi pecado,
oh guardián de los hombres?
¿Por qué me has hecho blanco de tus flechas?
¿Por qué debo ser una carga para ti?
21 ¿Por qué no olvidas mi falta
y pasas por alto mi pecado?
Pues bien pronto me acostaré en el polvo,
me buscarás y ya no existiré.

Bildad: Dios no falta a la justicia

Job 34 10-12; Dt 32 4; Sal 37 1-2; Prov 10 28

8 1 Bildad de Suaj tomó la palabra y dijo:

2 ¿Hasta cuándo seguirás hablando así,
y serán las palabras de tu boca un viento desatado?
3 ¿Es que Dios falsea el derecho
y el Poderoso tergiversa la justicia?
4 Si tus hijos pecaron contra él,
ya los hizo cargar con su pecado.
5 Pero, si tú acudes a Dios
e imploras al Poderoso,
6 si eres puro y recto, él cuidará de ti,
te devolverá tu legítima morada,
7 y tu antiguo estado te parecerá poca cosa
al lado de la felicidad que te espera.
8 Pregunta a las generaciones anteriores,
acude a la experiencia de los antepasados,
9 pues nosotros somos de ayer y no sabemos nada,
una sombra son nuestros días sobre la tierra.
10 Ellos te instruirán y te hablarán
con palabras que brotan del corazón.
11 ¿Crece el papiro fuera de los pantanos?
¿Brota el junco donde no hay agua?
12 Pues en pleno verdor, aunque no esté cortado,
antes que las otras hierbas se marchita.
13 Tal es el destino del que se olvida de Dios,
así se desvanece la esperanza del impío.
14 Su confianza es como un hilo,
su seguridad, una tela de araña:
15 se apoya en su familia pero flaquea,
se aferra a ella pero sucumbe.
16 Es como planta que florece al calor del sol,
sus ramas sobresalen en el jardín;
17 sus raíces se enredan entre las piedras,
su vida crece entre las rocas.
18 Cuando lo arrancan de su lugar,
ésta reniega de él diciendo: «Te desconozco».
19 En eso acaba su alegre camino,
y en su mismo suelo, otros brotarán.
20 No, Dios no rechaza al justo
ni brinda su apoyo a los malvados.
21 El volverá a llenar tu boca de risas,
y de alegría tus labios.
22 Tus enemigos se cubrirán de vergüenza,
y la morada de los malvados desaparecerá.

• **8** 1-22: La intervención de Bildad parte de un axioma incontestable: Dios no puede faltar a la justicia. Si los hijos de Job han muerto, ha sido por sus propias culpas; si Job todavía vive, aún le queda esperanza, con tal que se arrepienta y se ponga en manos de Dios. Acude a la sabiduría tradicional para hablar del destino del impío (Job 8 8-19) y de la recompensa del justo (Job 8 19-22). Estos versículos finales están cargados de ironía, pues de alguna manera Bildad anticipa, sin saberlo, el desenlace del drama en lo que respecta al destino de Job (Job 8 21) y a la vergüenza de los amigos (Job 8 22). En el fondo, Bildad sigue apegado a una religiosidad interesada, en línea con la apuesta del Tentador.

Job: ¿Por qué la justicia de Dios es su poder?

9 1 Job tomó la palabra y dijo:

2 De acuerdo, sé muy bien que es así:
que nadie es irreprochable ante Dios.
3 Si alguien pretende discutir con él,
ni un argumento entre mil le podrá rebatir.
4 Sabio y fuerte como es,
¿quién se opone a él y queda sin castigo?
5 El traslada los montes sin que se den cuenta
y los remueve cuando se enfurece;
6 hace que la tierra tiemble en sus cimientos,
y que se tambaleen sus columnas.
7 Si él lo prohibe, el sol no brilla
ni las estrellas dan su resplandor.
8 Sólo él extiende los cielos
y camina sobre las olas del mar.
9 El ha creado la Osa y el Orión,
las Pléyades y la Constelación del Sur.
10 Hace cosas grandes e inabarcables,
y realiza innumerables maravillas.
11 Pasa junto a mí, y no lo veo,
se desliza a mi lado y no me doy cuenta.
12 Si captura una presa, ¿quién se lo impedirá?
¿Quién le dirá: «Qué es lo que haces»?
13 Si Dios se enoja, no se calma fácilmente;
bajo él se inclinan los aliados de Rajab.
14 ¡Cuánto menos podré yo reclamarle,
encontrar argumentos contra él!
15 Aunque tuviera razón, no debo reclamar.
Sólo puedo suplicar al que me acusa.
16 Aunque lo llamara y él me respondiera,
no creo que hiciera caso a mi llamada.
17 Me aplastaría en medio de la tempestad,
multiplicaría sin motivo mis dolores,
18 y no me dejaría ni tomar aliento.
¡Hasta tal punto me llena de amargura!
19 Si se trata de fuerza, él es más fuerte;
si lo llamo a juicio, ¿quién lo hará comparecer?
20 Aunque yo fuera justo, mi boca me condenaría,
aunque fuera inocente, me declararía culpable.
21 Soy inocente; no me importa la vida,
estoy cansado de vivir,

• **9 1-10 22**: En su respuesta, Job parece ignorar a Bildad y conecta con la pregunta de Elifaz (Job 4 17): el hombre no puede tener razón en una discusión con Dios (Job 9 2-3). Pero lo que podría parecer una afirmación de la justicia divina se convierte en denuncia de arbitrariedad y crueldad. Porque esta justicia divina se basa en una fuerza que violenta y aniquila, y en una sabiduría que confunde y hace enmudecer. Además, Job niega la dimensión retributiva de la justicia, porque Dios no distingue entre inocentes y culpables cuando envía la desgracia (Job 9 22-23) y deja la tierra en manos de los malvados (Job 9 24). En este momento Job da un paso más y empieza a dar forma a una idea descabellada: un careo o pleito con Dios en igualdad de condiciones (Job 9 15-20), aun reconociendo que llevaría todas las de perder y que no cuenta con la garantía de un árbitro imparcial (Job 9 32-35). Ante la momentánea imposibilidad de conseguir lo que pretende, Job repite motivos anteriores: ¿por qué Dios le ha dado la vida? Y ya que se la dio, ¿por qué ahora pretende quitársela sin motivo? Concluye pidiendo, una vez más, que Dios le conceda un respiro antes de morir (Job 10 20-22).

22 pues todo da lo mismo, y me atrevo a decir:
Dios trata igual al inocente que al culpable.
23 Si una catástrofe siembra la muerte de improviso,
él se ríe de la angustia de los inocentes;
24 deja el país en poder del malvado,
venda los ojos de sus jueces.
Y si no lo hace Dios, ¿quién lo hace?
25 Mis días huyen en veloz carrera,
se van sin haber visto la felicidad;
26 se deslizan igual que livianas canoas,
como águila que se lanza sobre la presa.
27 Si digo: «Voy a olvidarme de mi queja,
pondré buena cara y sonreiré»,
28 entonces la obsesión de mis sufrimientos me persigue,
pues sé que para ti no soy inocente.
29 Y si soy culpable,
¿para qué voy a fatigarme en vano?
30 Aunque con agua de nieve me lavara,
y limpiara mis manos con jabón,
31 tú me hundirías en el barro,
y hasta mis ropas me darían asco.
32 Pues Dios no es un hombre a quien pueda exigirle
que comparezcamos juntos en un juicio.
33 No hay entre nosotros ningún árbitro
que pueda mediar entre ambos,
34 para que aparte su látigo de mí
y no me enloquezca con su terror.
35 Sin embargo, hablaré sin temor ante él,
porque yo no me siento culpable.

10 1 Estoy hastiado de vivir;
así que daré rienda suelta a mis quejas
desahogando toda mi amargura.
2 Diré a Dios: ¡No me condenes!
Hazme saber qué tienes contra mí.
3 ¿Acaso te complace oprimirme,
despreciar la obra de tus manos
y favorecer el plan de los impíos?
4 ¿Acaso tus ojos son humanos,
y miras como miran los hombres?
5 ¿Son tus días como los del hombre;
tus años, como los del ser humano?
6 ¿Por qué estás acechando mi culpa
y espiando mi pecado?
7 Sabes muy bien que yo no soy culpable,
y que mi vida está en tus manos.
8 Tus manos me han formado, me han modelado,
¡y ahora me quieres destruir!
9 Recuerda que me hiciste de barro,
¿me harás regresar al polvo?
10 ¿No me derramaste como leche
y me cuajaste como queso?
11 De piel y de carne me revestiste,
me tejiste de huesos y de nervios;

12 me diste la vida y me trataste con amor;
tu bondad cuidó mi espíritu.
13 Pero en tu corazón ocultabas algo,
sé bien lo que en ti reservabas:
14 vigilarme, por si pecaba,
y no pasar por alto mi culpa.
15 Si soy culpable, ¡desgraciado de mí!;
si inocente, no me atrevo a levantar la cabeza,
lleno de vergüenza, embriagado de penas.
16 Si tengo éxito, me persigues como un león
y pones tu asombroso poder en contra mía;
17 renuevas tus ataques, redoblas contra mí tu ira
y lanzas nuevas tropas contra mí.
18 ¿Por qué me hiciste salir del seno materno?
Habría muerto sin que nadie me viera;
19 sería como si nunca hubiera existido,
llevado desde el vientre a la sepultura.
20 ¡Qué escasos son los días de mi vida!
Déjame ya en paz para que pueda gozar de algún consuelo,
21 antes de que me vaya a la región de las tinieblas,
al país de las sombras del que no regresaré,
22 a la tierra oscura de sombras y caos,
donde la misma claridad es noche oscura.

Sofar: La sabiduría trascendente de Dios

Rom 11 33; 1 Cor 2 6-16

11 1 Sofar de Naamat tomó la palabra y dijo:
2 ¿No habrá respuesta para tanta palabrería?
¿Va a tener razón por mucho que hable?
3 ¿Tu palabrería hará callar a los demás?
¿Te burlarás sin que nadie te contradiga?
4 Tú dices: «Mi conducta es pura,
soy íntegro a tus ojos».
5 Pero, imagina si Dios hablara,
si abriera los labios para responderte,
6 si te manifestara los secretos de la sabiduría,
que desconciertan a los más inteligentes.
Entonces sabrías que Dios todavía olvida parte de tus faltas.
7 ¿Puedes conocer tú la profundidad de Dios?
¿Puedes conocer la perfección del Poderoso?
8 Es más alta que los cielos: ¿qué harás tú?
Es más profunda que el abismo: ¿qué podrás saber?
9 Es más larga que la tierra,
y más ancha que el mar.

• **11** 1-20: El discurso de Sofar retoma elementos de las intervenciones de sus compañeros y de Job: después de tratar de bajar el volumen cada vez más elevado de las palabras de Job (Job 11 2-4), acude a una sabiduría superior y desconocida (¿también para él?) de Dios que deshace las pretensiones de Job y pone en evidencia su ignorancia (Job 11 4-12). En la más pura línea tradicional, concluye con una serie de diez bendiciones prometidas al hombre fiel que se humilla y arrepiente (Job 11 13-19); a las bendiciones sigue la maldición de los malvados (Job 9 20). Aunque el discurso es breve y está bien construido, las soluciones ofrecidas aportan poca novedad: reconocimiento de los propios límites e ignorancias ante la sabiduría de Dios; humildad y conversión.

10 Si Dios se hace presente
y si encarcela a alguien y lo cita a juicio,
¿quién se podrá oponer?
11 Porque él conoce a los hombres perversos,
ve la culpa sin dificultad.
12 Pues el necio se volverá sabio,
cuando el asno salvaje nazca domesticado.
13 Pero tú, si enderezas tu corazón,
si extiendes tus manos hacia Dios,
14 si apartas el mal que hay en ti
y no habita en tu casa la injusticia,
15 levantarás tu frente limpia de manchas
y te sentirás seguro y sin temor.
16 Te olvidarás entonces de tus penas,
serán como recuerdo de agua pasada;
17 tu vida brillará como el sol al mediodía,
y la oscuridad será como el amanecer.
18 Estarás seguro, porque hay esperanza.
Mirarás alrededor y te acostarás tranquilo;
19 cuando te acuestes, nadie te molestará,
y serán muchos los que busquen tu favor.
20 En cambio los malvados buscarán socorro en vano,
les fallará todo refugio,
la muerte será su única esperanza.

Job: Entablar pleito con Dios a costa de la vida

Is 11 2; Prov 8 14; Is 40 6-8; Eclo 40 1-11; Sal 37 2; 144 3-4; Is 51 6; 2 10; Job 7 1

12 1 Job tomó la palabra y dijo:

2 Ustedes son la voz del pueblo,
y con ustedes morirá la sabiduría.
3 Pero yo también sé pensar, como ustedes;
en nada me aventajan,
pues, ¿quién no conoce estas cosas?
4 Soy el hazmerreír de mis amigos
cuando grito a Dios que me responda;
soy el hazmerreír, siendo justo e íntegro.
5 «A la desgracia el desprecio, piensa el dichoso,
un empujón al que se tambalea».
6 En cambio, los bandidos tienen paz en sus casas,
y los que desafían a Dios, plena seguridad;
piensan que lo manejan a su antojo.
7 Pero pregunta a los animales, que te instruirán,
a las aves del cielo, que te informarán;

• **12 1-14 22**: En esta amplia y brillante intervención, Job ridiculiza duramente las pretensiones de sus amigos y empieza a dar cuerpo a la idea apuntada anteriormente (véase nota a Job 9 1-10 22): enfrentarse a Dios, de igual a igual, en un pleito con él, aunque tenga que arriesgar la vida.

En Job 12 el protagonista del libro ironiza sobre la pretendida sabiduría de sus amigos (Job 12 2); la compara con la suya (Job 12 3; 13 2) y la imita con un canto magnífico a la sabiduría transcendente y soberana de Dios (Job 12 7-25). Si los amigos podían recurrir a fuentes tan valiosas como la experiencia, la misteriosa revelación divina, la tradición de los antepasados, Job demuestra conocer esa sabiduría, acudiendo al mundo animal (Job 12 7-8), y logra un canto sublime al poder de Dios que dispone de todo y todo lo gobierna (Job 12 13-25).

8 te ilustrarán los reptiles de la tierra,
te enseñarán los peces del mar.
9 Pues, ¿quién de todos ellos ignora
que la mano de Dios ha hecho todo esto?
10 En sus manos está la vida de todo viviente,
y el espíritu de todo hombre.
11 ¿Acaso no distingue el oído las palabras,
como el paladar saborea el alimento?
12 ¿No es propio de los ancianos el saber
y de la vejez la inteligencia?
13 Pero Dios es sabio y poderoso,
suyos son la inteligencia y el consejo.
14 Lo que él destruye, no se puede reconstruir;
si encierra a alguien, no podrá escapar.
15 Si retiene las aguas, viene la sequía;
si las suelta, se inunda la tierra.
16 En él están la fuerza y la prudencia,
suyos son el seductor y el seducido.
17 El convierte a los consejeros en imprudentes
y a los gobernantes en necios.
18 Despoja de sus insignias a los reyes
y los lleva encadenados al cautiverio;
19 hace vagabundear desnudos a los sacerdotes
y echa por tierra a los poderosos.
20 Cierra la boca a los expertos
y deja sin juicio a los ancianos;
21 desprestigia a los grandes
y pone fin a la prepotencia de los fuertes.
22 Ilumina la oscuridad más profunda
y convierte en claridad las tinieblas.
23 Engrandece a las naciones y después las arruina,
deja crecer a los pueblos y después los suprime;
24 convierte en ignorantes a los jefes del pueblo,
los hace vagar por desiertos sin camino,
25 y andan a tientas en densa oscuridad,
tambaleándose como borrachos.

13 1 Mis ojos han visto todo esto,
mis oídos lo han oído y comprendido.
2 Lo sé tan bien como ustedes,
en nada me aventajan.
3 Pero yo quiero hablar al Poderoso,
frente a Dios quiero defenderme.
4 Ustedes lo encubren todo con mentiras,
sólo son médicos de pacotilla.
5 ¡Ojalá se callaran de una vez!
Darían así prueba de su sabiduría.

Job 13 trata de refutar la teoría de los amigos que pretenden defender a Dios con mentiras y convertirse en sus abogados parciales e interesados (Job 13 4-11). Al mismo tiempo formula abiertamente su más profundo deseo: discutir con Dios (Job 13 3), comparecer ante él y defenderse en su presencia (Job 13 15-16), aun a costa de la propia vida (Job 13 13-14). Pero con dos condiciones: que Dios no use su fuerza y que acepte las reglas del juego: hablar y dejar hablar, preguntar y responder (Job 13 20-22). Todo eso ratificado con una nueva declaración de inocencia (Job 13 23) y la queja de Job contra Dios que parece perseguirlo como a un enemigo (Job 13 24-27).

6 Pero escuchen mis razones, por favor,
pongan atención a lo que dicen mis labios.
7 ¿Van a defender a Dios con falsedades,
a luchar a su favor con mentiras?
8 ¿Es así como se ponen de parte de Dios?
¿Así tratan de ser sus defensores?
9 ¿Qué pasaría si Dios los examinara?
¿Lo engañarían como se engaña a un hombre?
10 El los castigará severamente,
si a escondidas tratan de ser parciales.
11 ¿No los aterroriza su grandeza?
¿No los invade su terror?
12 Los argumentos de ustedes son como el polvo,
y sus razones, como el barro.
13 ¡Guarden silencio y déjenme hablar,
páseme lo que me pase!
14 Sé que arriesgo mi vida,
que me juego el todo por el todo.
15 Dios me puede dar la muerte;
pero no me queda otra esperanza
que defender mi causa ante él.
16 Y esto sería ya mi salvación,
pues un impío no resiste en su presencia.
17 Escuchen, escuchen mis palabras,
pongan atención a mis razones.
18 Miren: he presentado mi causa,
porque sé que tengo razón.
19 ¿Quién quiere tener pleito conmigo?
Estoy listo a callar y morir.
20 Sólo de dos cosas te pido que me libres,
y no me esconderé entonces de tu presencia:
21 deja ya de castigarme
y de espantarme con tu terror.
22 Cítame luego, y yo responderé,
o bien hablaré yo y tú me responderás.
23 ¿Cuántos pecados y culpas hay en mí?
¡Hazme saber mis ofensas y pecados!
24 ¿Por qué te ocultas de mí
y me consideras tu enemigo?
25 ¿Vas a asustar a una hoja que se lleva el viento,
o a perseguir una paja seca?
26 Pronuncias contra mí amargas acusaciones
y me achacas pecados de juventud;
27 colocas cadenas en mis pies,
vigilas todos mis pasos
y examinas todas mis huellas.

28 Se consume como un leño podrido,
como un vestido apolillado,

Job 13 28-14 22 es un canto conmovedor sobre la existencia humana a partir de bellas imágenes vegetales y cósmicas. La conclusión es obvia: un ser tan débil merece más compasión que rigor y, lo que es más preocupante, tal criatura está siempre sin defensa y en desventaja ante Dios.

14 1 el hombre nacido de mujer,
de breve vida y lleno de inquietudes.
2 Como la flor, el hombre brota y se marchita,
y huye como una sombra sin pararse.
3 ¿De una creatura así te preocupas
y lo llevas a juicio frente a ti?
4 ¿Quién puede sacar pureza de lo impuro?
¡Nadie!
5 Ya que están contados sus días,
y has establecido el número de sus meses,
y le has fijado un límite que no traspasará,
6 aparta de él tus ojos y olvídate de él;
que, como un jornalero, acabe su jornada.
7 El árbol tiene una esperanza:
aunque lo corten, brota de nuevo
y sigue echando retoños;
8 aunque haya envejecido su raíz en la tierra,
y en el suelo se esté pudriendo su tronco,
9 en cuanto siente el agua, reverdece
y echa ramas como una planta joven.
10 Pero el hombre, cuando muere, queda inerte.
¿A dónde va cuando expira?
11 Podrán agotarse las aguas de los mares,
y quedarse secos los ríos,
12 pero el hombre que yace muerto no se levantará jamás;
pasarán los cielos y no despertará,
no volverá a levantarse de su sueño.
13 ¡Ojalá me escondieras tú en el abismo,
me guardaras mientras pasa tu enojo,
y fijaras un plazo para acordarte de mí!
14 ¿Puede un hombre muerto revivir?
Si fuera así, todos los días de mi vida esperaría
hasta que llegara mi relevo.
15 Me llamarías y yo respondería,
reclamarías la obra de tus manos.
16 En lugar de contar mis pasos, como ahora,
dejarías de vigilar mis pecados;
17 en una bolsa sellada estaría mi delito,
y tú limpiarías mi culpa.
18 Pero, como una montaña llega a derrumbarse,
y una roca cambia de lugar,
19 como el agua desgasta las piedras,
y las lluvias arrastran el polvo de la tierra,
así destruyes tú la esperanza del hombre;
20 lo aplastas para siempre y desaparece,
desfiguras su rostro y lo expulsas.
21 Si sus hijos reciben honores, no se enterará;
si caen en desgracia, nunca lo sabrá;
22 tan sólo siente su propio dolor,
sólo se aflige por su vida.

2. Segunda ronda de discursos

Elifaz: Infecundidad de los malvados

Prov 8 25; 1 Cor 2 16; Rom 11 33-35; Job 4 17; 20 6-7; Prov 22 8; Gal 6 8

15 1 Elifaz de Temán tomó la palabra y dijo:
2 ¿Responde un sabio con argumentos vacíos,
y llena su pecho de puro viento?
3 ¿Reclama con palabras sin sentido,
con discursos que no sirven para nada?
4 Tú, sin embargo, nada temes
y dejas sin valor la súplica a Dios.
5 Y como tu culpa inspira tus palabras
y adoptas un lenguaje engañoso,
6 tu propia boca te condena, no yo,
tus mismos labios atestiguan contra ti.
7 ¿Fuiste el primer hombre en nacer?
¿Te dieron a luz antes que a las montañas?
8 ¿Recibes las confidencias de Dios?
¿Has acaparado la sabiduría?
9 ¿Qué sabes tú, que nosotros no sepamos?
¿Qué entiendes que nosotros no entendamos?
10 Entre nosotros hay gente anciana muy venerable,
con más experiencia que tu padre.
11 ¿No es suficiente que Dios mismo te consuele,
y que nosotros te hablemos amablemente?
12 ¿Por qué te dejas arrastrar por la pasión,
y te brillan los ojos?
13 ¿Por qué diriges tu rencor contra Dios,
y dices tales cosas?
14 ¿Cómo puede ser puro un hombre?
¿Cómo puede ser justo el nacido de mujer?
15 Si Dios no confía ni en sus santos,
y ni siquiera el cielo es puro a sus ojos,
16 ¡cuánto menos será puro un ser detestable y corrompido:
el hombre, que bebe la injusticia como agua!
17 Voy a instruirte, escúchame;
voy a contarte lo que he visto,
18 lo que los sabios, sin ocultar nada,
relatan como recibido de sus antepasados,
19 a quienes fue entregada esta tierra,
sin que entre ellos se mezclaran extranjeros.
20 Los días del malvado están llenos de tormentos
y los años del tirano están contados;
21 gritos de terror resuenan en sus oídos,
cuando más seguro está, el ladrón lo sorprende.

• **15** 1-35: Elifaz abre su segunda intervención con un duro ataque personal contra Job, provocado sin duda por el audaz discurso anterior de éste. En su ataque, Elifaz acusa a Job de impiedad y rebeldía contra Dios y de despreciar la sabiduría de los amigos. Por lo demás, insiste en su contundente posición inicial: nadie puede declararse inocente ante Dios (Job 15 14; véase Job 4 17); al mismo tiempo describe la vida vacía de los malvados y su destino irremediable (resaltando sus manifestaciones de rebeldía, véase Job 15 25-26). A medida que el discurso avanza, se torna convencional y adquiere un tono cada vez más defensivo.

22 No espera escapar de la oscuridad,
se siente acosado por la espada;
23 su destino es ser alimento de los buitres,
y sabe que su ruina es inevitable.
24 El día oscuro lo aterroriza,
la angustia y la ansiedad lo asaltan
como un rey dispuesto al combate.
25 Porque extendió contra Dios su mano,
y se hizo el fuerte contra el Poderoso;
26 arremetió contra él ciegamente,
protegido por su grueso escudo.
27 Su rostro estaba hinchado de grasa
y cubiertas de gordura sus caderas;
28 había ocupado ciudades destruidas,
casas abandonadas, a punto de convertirse en ruinas,
29 pero no se enriquecerá, no durará su fortuna,
ni su sombra cubrirá la tierra.
30 No podrá escapar de la oscuridad,
el fuego quemará sus brotes,
y el viento se llevará su flor.
31 Si se fía de la vaciedad, se engañará,
y la vaciedad será su recompensa;
32 se marchitará antes de tiempo,
y sus ramas no reverdecerán;
33 será como parra cuyas uvas no maduran,
como olivo que pierde su flor.
34 Pues es estéril la raza del impío,
y el fuego devora la morada del que soborna.
35 El que concibe miseria y da a luz maldad,
lleva en su vientre la mentira.

Job: En espera del defensor

Job 30 12-14; 31 1-40; Gn 4 10; Ez 24 7-8; Sal 88 4-6; Ecl 12 1-7; Eclo 29 14-20

16 1 Job tomó la palabra y dijo:

2 He oído muchas cosas semejantes;
ustedes, en lugar de consolar, atormentan.
3 «¿Cuándo terminarán esas palabras sin sentido?
¿Por qué te empeñas en contradecir?»
4 Yo también hablaría como ustedes,
si ustedes estuvieran en mi lugar;
compondría discursos contra ustedes,
moviendo la cabeza con aire de suficiencia;
5 podría consolarlos con mis palabras,
pronunciando discursos interminables.
6 Pero por más que hable, no se calma mi dolor,
y tampoco el callar me trae alivio.

• **16 1-17 16**: En la introducción Job lamenta de nuevo la inutilidad del consuelo de los amigos, de los que esperaba una actitud bien distinta, y sugiere un hipotético intercambio de papeles: ¿qué haría él si las posiciones se invirtieran? (Job 16 2-5). Pero el dolor no cesa y el cerco de Dios se hace más apremiante (Job 16 6-17). En esta situación, se aferra a la idea del pleito con perfiles más concretos: pide a la tierra que sea su aliada (Job 16 18) y solicita al cielo un abogado (Job 16 19-22; 17 3) que lo defienda ante Dios y haga triunfar su causa. Al final (Job 17 1-16), desde una situación cada vez más insostenible, Job entona una lamentación teñida de desesperanza.

7 Pues ahora Dios ha acabado con mis fuerzas,
ha ahuyentado a todos mis conocidos.
8 Se levanta contra mí como testigo,
da falsos testimonios contra mí;
9 su ira me desgarra y me persigue,
rechina sus dientes contra mí,
sus ojos agresivos me miran con odio.
10 La gente abre su boca para acusarme,
me humillan golpeando mis mejillas,
todos se unen contra mí.
11 Dios me arroja en poder de un injusto,
en manos de malvados me ha entregado.
12 Vivía yo en paz cuando me golpeó,
me agarró por la nuca para despedazarme,
me ha hecho blanco de su ira.
13 Cercado me tiene con sus flechas,
traspasa mis entrañas sin piedad
y derrama por tierra mi hiel;
14 me abre herida tras herida
y avanza contra mí como un guerrero.
15 He cosido a mi piel un áspero sayal,
he hundido mi frente en el polvo;
16 tengo el rostro enrojecido de llorar
y la sombra rodea mis ojos,
17 aunque en mis manos no hay violencia
y es pura mi oración.
18 ¡No ocultes, tierra, mis heridas,
no sepultes mi grito de auxilio!
19 Yo tengo en los cielos mi testigo,
en las alturas está mi defensor.
20 Mis amigos se burlan de mí,
mientras mi llanto se dirige hacia Dios.
21 Que alguien juzgue entre este mortal y Dios,
como entre un hombre y su prójimo.
22 Pues contados están los años que me restan,
y voy a emprender el camino sin regreso.

17 1 Mi aliento se agota y mis días se apagan,
estoy destinado a la tumba.
2 Vivo abrumado entre burlas,
y los insultos me desvelan.
3 Responde tú mismo por mí,
pues ¿quién, si no tú, me tenderá la mano?
4 Tú has privado su mente de razón
y no dejarás que triunfen.
5 «Invita a sus amigos a un banquete,
mientras sus hijos mueren de hambre».
6 Me has hecho objeto de burla para la gente,
alguien a quien se escupe en la cara.
7 Mis ojos se oscurecen de pena,
mis miembros se desvanecen como las sombras.
8 Se asombran los justos al saberlo,
el inocente se indigna contra el impío;
9 pero el justo se afianza en su camino,

y el de manos puras fortalece su ánimo.
10 Y todos ustedes, empiecen, empiecen de nuevo,
que no hallaré un solo sabio entre ustedes.
11 Mis días han pasado, se han frustrado mis proyectos,
mis esperanzas se han desvanecido.
12 En vano pretenden cambiar la noche en día,
decir que se acerca la luz tras la oscuridad.
13 ¿Qué puedo yo esperar? El abismo es mi morada,
he puesto mi cama en la oscuridad.
14 Grito al sepulcro: «¡Tú eres mi padre!»
a los gusanos: «¡Ustedes son mi madre y mis hermanos!»
15 ¿Dónde está mi esperanza?
Mi felicidad, ¿quién la divisa?
16 Bajarán conmigo hasta el abismo,
cuando juntos nos hundamos en el polvo.

Bildad: La luz del malvado se apaga

Job 16 9-10; Sal 35 7-8; 140 6; 34 17; 37 28

18 1 Bildad de Suaj tomó la palabra y dijo:
2 ¿Cuándo pondrás fin a tus palabras?
Reflexiona, y después hablaremos.
3 ¿Por qué nos vas a tratar como bestias,
y a considerar como estúpidos?
4 Aunque la ira te devore por dentro,
¿quedará desierta la tierra
o se moverán las rocas de su sitio?
5 La luz del malvado se apagará
y dejará de brillar la llama de su hogar;
6 en su tienda se oscurece la luz,
se extingue la candela que lo alumbra.
7 Se acortan sus pasos vigorosos,
su propia intriga lo hace tropezar;
8 sus pies lo conducen a la trampa,
camina entre redes;
9 un lazo apresa sus tobillos,
y la trampa se cierra sobre él.
10 Hay un nudo escondido en la tierra para él,
una trampa le espera en el camino.
11 Lo rodean terrores por todos lados,
y lo siguen paso a paso.
12 Su vigor se agota,
la desgracia permanece a su lado.
13 Una enfermedad mortal acaba con su piel
y devora todos sus miembros.
14 Lo arrancan del amparo de su casa,
lo conducen ante el rey de los terrores.
15 Prenden fuego a su casa
y esparcen azufre en su morada.

• **18** 1-21: Ante la actitud desesperada de Job, la respuesta de Bildad es una descripción exhaustiva y siniestra del destino inexorable del malvado. Es una acusación implícita a Job, porque algunos de los tormentos reservados a los malvados ya los está sufriendo él en su propia carne (Job 18 11-14.18). El propósito de esta descripción es conseguir que Job cambie de actitud a base de amenazas.

16 Por debajo se secan sus raíces,
por arriba se marchitan sus ramas.
17 Su recuerdo desaparece de la tierra,
su nombre se borra en la región.
18 Se le arroja de la luz a la oscuridad,
se le expulsa del mundo.
19 Ni familia ni descendencia tendrá en su pueblo,
nadie sobrevivirá en su casa.
20 De su destino se asombra el occidente,
y el oriente queda lleno de terror.
21 En esto termina la morada del impío,
así acaba quien reniega de Dios.

Job: Sé que mi defensor está vivo

Job 16 18-21; 2 Cor 3 18; 1 Cor 13 12; Sal 53 12

19 1 Job tomó la palabra y dijo:
2 ¿Hasta cuándo me afligirán
y me atormentarán con sus palabras?
3 Ya me han insultado diez veces
y me han maltratado sin reparo.
4 Aunque de hecho hubiera faltado,
yo solo cargaré con mi falta.
5 Si de verdad creen que van a triunfar sobre mí
echándome en cara mi humillación,
6 sepan que es Dios quien me quita la razón
y quien me ha apresado en su red.
7 Grito: «¡Violencia!» y nadie me responde.
Pido auxilio y nadie me defiende.
8 Dios me ha cerrado el camino para que no pase,
ha envuelto en oscuridad mis senderos.
9 Me ha despojado de mi honor
y ha quitado la corona de mi frente.
10 Ha demolido mis cimientos, y me hundo;
ha arrancado como un árbol mi esperanza.
11 Se ha encendido de ira contra mí,
me considera su enemigo.
12 En masa han llegado sus tropas,
se han abierto paso hasta mí
y han cercado mi casa.

• **19 1-29**: En la introducción Job reprocha a sus amigos que sólo les preocupe salir triunfantes en la discusión sin *tener en cuenta para nada sus sufrimientos*; parece que les importa más una doctrina que una persona (Job 19 2-5). En el más puro estilo de lamentación individual sigue uno de los motivos conocidos: Dios es el causante de su situación y, en consecuencia, su enemigo (Job 19 6-12). Hasta sus familiares, parientes y conocidos lo han abandonado y lo tratan como a un extraño (Job 19 13-19). Y desde esta soledad radical (Job 19 20) pide compasión y piedad a sus amigos (Job 19 21-22). En ese abismo de soledad y postración expresa su deseo (Job 19 23-24) y proclama su más honda seguridad: *mi defensor está vivo... veré a Dios* (Job 19 25-27).

El texto clave y culminante de Job 19 25-27, en parte corrompido y de difícil interpretación, expresa su confianza de encontrar un *defensor* o *vengador* y de ver a Dios en el último instante. Según el derecho israelita, el *vengador* (*goel* en hebreo; véase Nm 35 19; Dt 19 11-12) debía ser el pariente más próximo, aunque en ocasiones podía serlo el rey o el mismo Dios (véase Is 41 14; Jr 50 34). Aquí parece referirse a un tercero (los parientes de Job lo han abandonado), distinto de Dios, aunque algunos lo identifican con el mismo Dios. Por influjo de la versión latina de la Vulgata este *vengador* o *defensor* será identificado con Jesucristo, entendiendo las palabras de Job como una afirmación de la resurrección (cosa difícil de aceptar si se tiene en cuenta todo el contexto del libro). Lo más coherente es ver aquí una afirmación de la seguridad de Job de que conocerá su rehabilitación, y que podrá ver a Dios, una vez reconocida su inocencia.

13 Mis hermanos se alejan de mí,
mis conocidos me abandonan;
14 mis parientes y familiares han desaparecido,
me han olvidado mis huéspedes;
15 mis criados me tratan como a un extraño,
soy un desconocido ante sus ojos;
16 llamo a mi criado y no me responde,
aunque con mi propia boca le suplique.
17 Mi aliento da asco a mi mujer,
y a mis hijos resulto repugnante.
18 Hasta los chiquillos me desprecian,
cuando me levanto, se ríen de mí;
19 me aborrecen todos mis íntimos,
mis amigos se han puesto en mi contra.
20 La piel se me pega a los huesos,
y a duras penas sigo con vida.
21 Tengan piedad de mí, ustedes mis amigos,
que es la mano de Dios la que me ha herido.
22 ¿Por qué me persiguen como me persigue Dios
y no se cansan de atormentarme?
23 ¡Ojalá se escribieran mis palabras!
¡Ojalá se grabaran en el bronce!
24 ¡Ojalá con punzón de hierro y plomo
quedaran escritas para siempre en la roca!
25 Pero yo sé que mi defensor vive,
y que él, al final, triunfará sobre el polvo;
26 y cuando mi piel recubra estas llagas,
en mi propia carne contemplaré a Dios.
27 Yo mismo lo contemplaré,
mis ojos lo verán ya no como a un extraño;
entonces reposará mi espíritu.
28 Ustedes dicen: «¿Cómo lo torturaremos,
qué pretexto hallaremos contra él?».
29 Teman la espada para ustedes,
pues la espada será el pago de las culpas,
y reconocerán que hay alguien que juzga.

Sofar: De nuevo el destino del malvado

Gn 11 4; Is 14 13-14; Ez 28 2.17; Sab 5 18-20; Job 27 13; Ap 21 8

20 1 Sofar de Naamat tomó la palabra y dijo:
2 Mis pensamientos me impulsan a responder,
por la inquietud que siento en mi interior.
3 Acabo de escuchar una lección casi injuriosa,
pero mi razón me inspira la respuesta.
4 ¿No sabes tú que desde siempre,

• **20** 1-29: Tras la impresionante y esperanzada confesión de Job, aparece, como fuera de lugar, la intervención de Sofar sobre la vida y el destino del malvado, una repetición con algunas variantes del anterior discurso de Bildad (Job 18 2ss). El autor parece querer indicarnos que los amigos de Job no tienen más que decir; tan sólo pueden repetir sus discursos polvorientos (véase Job 13 12). El castigo del malvado demuestra la justicia de Dios. Por alusión, Job es un malvado que ha empezado a sufrir el castigo merecido por sus culpas. Los sufrimientos del amigo se convierten en argumento para afirmar la justicia divina. La comprensión solicitada por Job (Job 19 21) ha sido sustituida ¡por una nueva lección de teología!

desde que el hombre fue puesto en la tierra,
5 es breve la alegría del malvado,
y la felicidad del impío dura un instante?
6 Aunque crezca y se eleve hasta los cielos,
y llegue hasta las nubes su cabeza,
7 como estiércol perecerá para siempre,
y sus conocidos se preguntarán dónde está.
8 Desaparece como un sueño y no lo encuentran,
como visión nocturna se disipa.
9 Quienes lo conocían no volverán a verlo,
desaparecerá del lugar que ocupaba.
10 Sus hijos indemnizarán a los pobres,
tendrán que restituir lo que robó.
11 Sus huesos, llenos aún de juventud,
bajarán con él a la tumba.
12 Si era dulce el mal a su boca,
si bajo su lengua lo escondía,
13 si allí lo guardaba sin soltarlo
y en el paladar lo retenía,
14 ese alimento se corrompe en sus entrañas,
se le hace en su interior veneno de serpiente.
15 Vomitará las riquezas que devoró,
Dios se las arranca de su vientre.
16 Veneno de serpientes chupó;
lengua de víbora lo mata.
17 No verá más los arroyos, ni los ríos,
ni los torrentes de miel y requesón.
18 Devuelve su ganancia sin gozarla,
no disfruta las rentas del comercio.
19 Explotó y abandonó a los pobres,
robó casas que no había construido.
20 Nunca se sació su codicia,
pero no podrán salvarlo sus tesoros.
21 A su voracidad nada escapaba,
por eso no podrá durar su bienestar.
22 En plena abundancia lo sorprende la angustia,
la mano de la desgracia cae sobre él.
23 Mientras está llenando su vientre,
Dios desata el ardor de su ira contra él,
como lluvia que empapa su cuerpo.
24 Si escapa al arma de hierro,
el arco de bronce lo traspasa;
25 una flecha sale por su espalda,
la punta brilla al salir por su hígado;
el terror se apodera de él.
26 Le está reservada la oscuridad total,
un fuego que nadie aviva acabará con él
y consumirá lo que aún queda de su casa.
27 Los cielos manifiestan su maldad,
y la tierra se levanta contra él;
28 una inundación arrasará su casa,
destruida quedará en el día de la ira.
29 Esta es la suerte que Dios reserva al impío,
la herencia que le asigna Dios.

Job: ¿Por qué triunfan los malvados?

Job 12 6; Jr 12 1-2; Mal 3 15.18-19; Sal 73 3-12; Ecl 8 10-14

21 1 Job tomó la palabra y dijo:

2 Escuchen, por favor, mi palabra,
concédanme, al menos, este consuelo.
3 Permítanme que hable,
y después podrán burlarse.
4 ¿Acaso me quejo contra un hombre
o pierdo la paciencia sin motivo?
5 Escúchenme y, asombrados,
enmudecerán de admiración.
6 Pues, cuando pienso en eso me estremezco,
un escalofrío invade mi cuerpo.
7 ¿Por qué siguen vivos los impíos
y envejecen llenos de poder?
8 Su descendencia prospera en torno a ellos,
y ven crecer a sus hijos;
9 en paz está su casa y nada temen,
el castigo de Dios no los alcanza.
10 Su toro fecunda a la primera,
su vaca cría sin abortar nunca.
11 Dejan correr a sus niños como ovejas,
sus pequeños brincan alegres.
12 Cantan con panderos y cítaras,
al son de la flauta se divierten.
13 Acaban felizmente sus días
y en paz descienden al abismo.
14 Y eso que decían a Dios: «¡Apártate de nosotros,
no queremos conocer tus caminos!
15 ¿Quién es el Poderoso para que lo sirvamos,
qué ganamos con rezarle?».
16 (Pero no tienen la felicidad en su mano;
lejos de mí pensar como ellos.)
17 ¿Cuántas veces se extingue la descendencia de los malvados,
cae la desgracia sobre ellos,
y la ira de Dios les causa sufrimientos,
18 o son como paja a merced del viento,
como pelusa que se lleva la tempestad?
19 ¿Es que Dios reserva para sus hijos el castigo?
¡Que castigue al malvado para que lo sienta;
20 que vea con sus propios ojos su desgracia
y beba la cólera del Poderoso!

• **21** 1-34: Este discurso de Job, que cierra la segunda *ronda* de discursos, es otra buena muestra de la genialidad del autor. Si en cada una de sus últimas intervenciones los amigos parecen haber desarrollado hasta el agotamiento el tema del castigo y la desgracia de los malvados, Job todavía puede decir algo nuevo y distinto sobre el tema, algo que puede asombrar a sus amigos (Job 21 5). Porque la experiencia también enseña lo contrario: que los malvados viven felices y sus proyectos prosperan; que no sufren desgracias ni castigos, e incluso llegan a la muerte respetados y alabados por todos (Job 21 32-33). Job rechaza así la argumentación de los amigos y conecta con la pregunta de Jeremías (Jr 12 1-2), poniendo de relieve un hecho desconcertante que hace trizas la doctrina tradicional acerca de la retribución: si Dios es justo, ¿por qué triunfan los malvados e injustos, y sufren los justos e inocentes? Hecho y pregunta que se han repetido con múltiples variantes a lo largo de la historia hasta nuestros días, y que han provocado incluso la negación de Dios, pero que adolecen de un defecto radical: reducir a Dios a una doctrina y encasillarlo en una compresión de justicia que pertenece al mundo de los hombres.

21 ¿Qué le importa su familia, una vez muerto,
llegado ya el final de su existencia?
22 ¿A Dios le van a dar lecciones
siendo él quien juzga en los cielos?
23 Hay quienes mueren en pleno vigor,
en la plenitud de la dicha y de la paz,
24 forradas de grasa sus caderas
y sana la médula de sus huesos.
25 Otros mueren llenos de amargura,
sin haber gustado la felicidad.
26 Pero ambos yacen juntos en el polvo,
cubiertos de gusanos.
27 Conozco los pensamientos de ustedes,
y los juicios que hacen de mí.
28 Dicen: «¿En qué ha parado la casa del poderoso?
¿En qué la mansión de los malvados?».
29 ¿No han preguntado a los que viajan?
¿No se han enterado de lo que cuentan?
30 Que el impío se encuentra a salvo en la desgracia
y se ve libre el día de la tragedia.
31 ¿Quién le echa en cara su conducta
y le da su merecido?
32 Cuando lo llevan al cementerio,
velan su sepultura;
33 los terrones del valle son livianos sobre él,
junto a él desfila todo el mundo,
lo sigue una multitud innumerable.
34 ¿Para qué me sirven sus vanos consuelos?
Sus respuestas son pura falsedad.

3. *Tercera ronda de discursos*

Elifaz: Nueva acusación e invitación a la conversión

Job 35 7; Lc 17 9-10; Is 2 11-17; 57 15; Lc 1 52-53

22 1 Elifaz de Temán tomó la palabra y dijo:

2 ¿Puede un hombre ser útil a Dios
si apenas lo es el sabio para sí mismo?
3 ¿Qué saca el Poderoso con que tú seas justo?
¿Qué gana con tu conducta honrada?
4 ¿Acaso te reprocha el que seas fiel
y te lleva a juicio por eso?

• **22** 1-30: La tercera intervención de Elifaz rompe el círculo de la repetida reflexión sobre la suerte de los malvados y, haciéndose eco de la pretensión de Job de pleitear con Dios, le devuelve la moneda y lo llama a juicio en nombre del mismo Dios (Job 22 5). Primero, constata que nada aprovechan a Dios la sabiduría o justicia del hombre, pues Dios no acusa la religiosidad del hombre, sino su pecado (Job 22 2-5). Después pasa a enumerar una serie de pecados de Job (injusticias contra el prójimo) y deduce de ellos los castigos de su presente situación (Job 22 6-9.10-20). El objetivo último es provocar la conversión y humildad de Job, que le garantizarán una nueva situación bajo el signo de las bendiciones divinas. Todo estaría muy bien, si su exceso de celo por la causa de Dios no lo llevara a inventar delitos contra Job. A pesar de sus buenas intenciones, Elifaz vuelve a caer en lo que antes denunciara Job: defender a Dios con mentiras e injusticias (véase Job 13 7-8).

5 ¿No será porque es grande tu maldad,
y tus culpas son innumerables?
6 Sin motivo exigías bienes en garantía a tus hermanos,
le quitabas sus ropas al desnudo,
7 no dabas de beber al sediento,
y al hambriento le negabas el pan.
8 Y mientras el poderoso se adueñaba del país,
y el orgulloso lo habitaba,
9 tú despedías a las viudas con las manos vacías
y dejabas desamparados a los huérfanos.
10 Por todo esto te ves atrapado,
y te asusta un repentino temor;
11 la luz se ha oscurecido, ya no ves
y te inunda una avalancha de aguas.
12 ¿No está Dios en lo más alto de los cielos?
¡Mira qué alto es el firmamento de estrellas!
13 Pero tú dijiste: «¿Qué sabe Dios?
¿Cómo puede juzgar a través de las nubes?
14 Las nubes son un velo que no le dejan ver
cuando pasea por los límites del cielo».
15 ¿Es que quieres seguir la antigua ruta
por la que caminaron los perversos?
16 Antes de tiempo fueron arrebatados,
una inundación destruyó sus cimientos.
17 Decían a Dios: «¡Apártate de nosotros!
¿Qué puede hacernos el Poderoso?»
18 Y aunque era él quien llenaba de felicidad sus casas,
en el plan de los impíos no contaba Dios.
19 Los justos ven esto y se alegran,
el inocente se felicita por eso.
20 «¡Cómo acabó nuestro adversario!
¡El fuego devoró su opulencia!»
21 Reconcíliate con Dios y ponte en paz con él,
así recobrarás tu bienestar.
22 Recibe la enseñanza de su boca,
conserva sus palabras en tu corazón.
23 Si te conviertes al Poderoso y te humillas,
si alejas de tu casa la injusticia,
24 si tiras tu oro al polvo
y el oro de Ofir entre las piedras del torrente,
25 entonces el Poderoso será tu oro
y tu plata en abundancia.
26 Tendrás en el Poderoso tus delicias
y hacia Dios levantarás tu rostro.
27 Lo invocarás y él te escuchará,
y podrás cumplir tus promesas.
28 Todos tus proyectos tendrán éxito,
y por tus caminos brillará la luz.
29 Porque él humilla a los soberbios
y salva a los humildes.
30 El que libra al inocente,
te librará si tus manos están limpias.

Job: Entre el deseo y el temor del encuentro

Job 38-41; Sal 17 3; 139 1-6; Prov 22 28; Sal 94 5-7; Eclo 23 18

23 1 Job tomó la palabra y dijo:

2 Todavía me quejo y me rebelo,
porque Dios hace amargos mis gemidos.
3 ¡Ojalá supiera yo cómo encontrarlo,
cómo llegar hasta el lugar donde vive!
4 Presentaría ante él mi causa,
iría cargado de argumentos.
5 Sabría cuál era su respuesta,
comprendería lo que me dijera.
6 ¿Discutiría apasionadamente conmigo?
No, al menos él me escucharía;
7 reconocería que su adversario es justo,
y yo me libraría para siempre de mi juez.
8 Pero voy al oriente, y no está allí,
al occidente, y no doy con él.
9 Lo busco en el norte, y no lo encuentro;
en el sur, y no consigo verlo.
10 Sin embargo, él conoce mi camino;
si me purifica en el horno saldré como oro puro.
11 Mis pies han seguido sus huellas,
sin desviarme he recorrido su camino.
12 No me he apartado de los mandatos de sus labios,
he conservado en mi interior las palabras de su boca.
13 Pero si él decide algo, ¿quién lo detendrá?
El realiza lo que desea.
14 El ejecutará mi sentencia,
y todo lo que tiene proyectado.
15 Por eso estoy temeroso ante él,
y cuanto más lo pienso, más me asusta.
16 Dios me tiene acobardado,
el Poderoso me ha llenado de miedo.
17 ¡Ojalá hubiera sido aniquilado en las tinieblas,
y cubriera mi rostro la oscuridad!

24 1 ¿Por qué el Poderoso no señala plazos,
para que los suyos vean cómo actúa?
2 Los perversos desplazan los linderos,
se llevan las ovejas a su propio rebaño;
3 roban el burro de los huérfanos,
toman como garantía la vaca de la viuda.

• **23 1-24 25**: Más que nunca Job sigue aferrado a la idea del encuentro personal con Dios, pero no en las condiciones que pretende Elifaz (véase Job 22 21-25). Porque su sufrimiento no está provocado por sus propios pecados, sino por Dios. En consecuencia, debe ser Dios quien proclame la inocencia de Job y explique sus actuales sufrimientos. Job se muestra cada vez más confiado en el éxito de su propósito, siempre que pueda encontrar a Dios (Job 23 6-9). Pero ahí está el problema, porque Dios se le oculta, no comparece ni responde. Ante el convencimiento de que Dios ha pronunciado la sentencia y de que es inmutable (Job 23 10-13), Job se refugia en su dolor, asustado y aterrado, aguardando el fin (Job 23 17). En el cap. 24 (como ya sucediera en el 14, tras el audaz desafío de Job 13 13-23) Job pone de manifiesto su impotencia en una descripción pesimista de una humanidad abandonada a su suerte y víctima de la injusticia de los malvados. Una realidad demasiado evidente para ser desmentida (Job 24 25).

Job 24 18-24 no pertenece probablemente al discurso de Job. Debe ser leído junto con los capítulos siguientes (véase nota a Job 25 1-27 23).

4 Los pobres tienen que apartarse del camino,
y los necesitados tienen que esconderse;
5 como burros salvajes en el desierto
buscan con fatiga su pasto desde el alba,
y la estepa es quien alimenta a sus pequeños;
6 tienen que cortar el trigo en el campo por la noche
y cosechar la parra del malvado.
7 Desnudos pasan la noche, sin ropa,
no tienen manta para el frío.
8 Se empapan con el aguacero que cae sobre las montañas,
y faltos de protección se refugian junto a las rocas.
9 Tienen que arrancar al huérfano del pecho materno
y dar como garantía al hijo del pobre.
10 Andan desnudos, sin ropas,
y hambrientos cargan los manojos de trigo.
11 En prensas ajenas exprimen la aceituna,
y sedientos pisan la uva para preparar el vino.
12 Gimen en la ciudad los moribundos,
piden ayuda los heridos.
¡Pero Dios no oye sus quejas!
13 Otros hay que reniegan de la luz,
que no conocen sus caminos
ni se mantienen en sus sendas.
14 Al amanecer se levanta el asesino,
mata al humilde y al pobre,
y por la noche se convierte en ladrón.
15 El adúltero espera a que anochezca
pensando: «Nadie me verá», y se cubre el rostro.
16 En la oscuridad asaltan las casas,
durante el día se mantienen ocultos y huyen de la luz.
17 La mañana es oscuridad para ellos,
y están acostumbrados a los miedos de la noche.

18 Se desliza ligero por encima del agua,
sus bienes están malditos,
y ya no va a trabajar a su viñedo.
19 Como el calor y la sequía consume el agua de las nieves,
así el abismo se lleva al pecador.
20 Su propia madre lo olvida,
los gusanos lo devoran,
su recuerdo se acaba y se corta como un árbol la maldad.
21 Maltrató a la estéril, a la mujer sin hijos,
y no socorrió a la viuda.
22 Pero Dios que con su fuerza destruye a los poderosos,
se levanta y les arrebata la esperanza de vivir.
23 Los dejaba vivir seguros y confiados,
pero sus ojos vigilaban sus caminos.
24 Prosperaron un poco, pero ya no existen;
se han marchitado como hierba que se corta,
han sido cosechados como cabeza de espiga.

25 ¿Acaso no es así? ¿Quién me desmentirá
y probará que estoy equivocado?

Bildad, Sofar y Job: La omnipotencia de Dios contra la inocencia de Job

Is 40 26; Job 4 17; 15 14; Am 9 2; Sal 139 8; Job 9 6; Is 27 1

25 1 Bildad de Suaj tomó la palabra y dijo:
2 Poder soberano y terrible tiene aquél
que impone la paz en las alturas.
3 ¿Acaso pueden contarse sus tropas?
¿A quién no ilumina?
4 Pues, ¿cómo puede el hombre ser justo ante Dios
o pasar por puro el nacido de mujer?
5 Si hasta la luna carece de brillo,
y las estrellas no son puras a sus ojos,
6 ¿cuánto menos el hombre, ese gusano,
el ser humano, esa carroña?

26 1 Job tomó la palabra y dijo:
2 ¡Oh, cuánta ayuda das al débil,
cuánto vigor al que no tiene fuerzas!
3 ¡Cómo has aconsejado al ignorante,
qué gran sabiduría has demostrado!
4 Pero, ¿a quién diriges tus palabras?
¿Quién te ha inspirado para que hables así?

[Bildad]

5 Tiemblan los muertos bajo tierra,
los mares y los que habitan en ellos se estremecen.
6 El abismo no tiene misterios para Dios,
ni velos el reino de la muerte.
7 El extiende el firmamento sobre el vacío
y sobre la nada fundamenta la tierra;
8 encierra las aguas en sus nubes,
sin que éstas revienten por su peso.
9 El oscurece la cara de la luna llena
desplegando sus nubes sobre ella;
10 traza un cerco sobre la superficie de las aguas,
como frontera entre la luz y las tinieblas.
11 Se tambalean las columnas del cielo
y tiemblan bajo su amenaza.
12 Con su poder agita el mar,
con su inteligencia sacude al monstruo Rajab.

• **25 1-27 23**: Job 24 18-24 y Job 25 1-27 23 presentan un texto bastante corrompido y, lo que es peor, tremendamente alterado y confuso. Por la estructura anterior, se *esperaría este orden: Bildad-Job*-Sofar-Job. A pesar de los muchos intentos de reestructuración no se impone ninguna solución plenamente convincente. Por eso, ante los riesgos de la conjetura, mantenemos el orden del texto hebreo, advirtiendo las dificultades existentes.

Bildad (Job 25 + 26 5-14) responde a la pretensión de Job con el principio utilizado por Elifaz (véase Job 4 17; 15 14) que nadie es inocente frente a Dios (Job 25 4-6). A la acusación tácita de que Dios deja abandonado el mundo en poder de los malvados, Bildad responde afirmando la omnipotencia de Dios (Job 25 1-3) y su dominio sobre la creación que garantizan el orden del cosmos (Job 26 5-14).

Ante este nuevo intento de atemorizarlo con discursos grandilocuentes, Job (Job 26 1-4 + 27 1-7) responde en una doble dirección: con evidente ironía critica la ayuda que le ofrecen (Job 26 1-4) y se aferra de forma terca a su propia inocencia en medio de la soledad y la amargura, frente a la pretensión de sus amigos de que reconozca culpas inexistentes y frente al silencio de Dios, que se ha vuelto su enemigo (Job 27 1-7). Con eso se prepara la proclamación de inocencia que cerrará estos diálogos (Job 29-31).

El texto de Job 27 8-23, probablemente de Sofar, insiste en la omnipotencia divina y reitera la suerte definitiva que Dios reserva a los malvados, sin añadir nada nuevo a lo ya conocido. Puede leerse junto con Job 24 18-24.

13 Con su soplo despeja el firmamento,
su mano traspasa a la serpiente huidiza.
14 Y esto es sólo lo que se ve por fuera,
el débil eco que captamos.
¿Quién comprenderá la grandeza de su poder?

27 1 Continuó Job con su discurso y dijo:

2 ¡Juro por el Dios que me niega la justicia,
por el Poderoso que me llena de amargura,
3 que mientras siga respirando
y el aliento de Dios me mantenga con vida,
4 mis labios no dirán falsedades,
ni mi lengua pronunciará mentiras!
5 Lejos de mí darles la razón.
Insistiré en mi inocencia hasta la muerte;
6 defenderé mi inocencia sin ceder,
pues nada me reprocha mi conciencia.
7 Que mi enemigo termine como los impíos,
y como los injustos, acabe mi adversario.

[Sofar]

8 Preguntan: «¿Qué esperanza le queda al impío
si Dios va a quitarle la vida?
9 ¿Escuchará Dios su grito,
cuando le llegue la desgracia?
10 ¿Acaso se alegraba en el Poderoso?
¿Invocaba a Dios en todo momento?»
11 Les mostraré el proceder de Dios,
los planes secretos del Poderoso.
12 Y si todos ustedes ya lo han comprobado
¿a qué vienen esos discursos sin sentido?
13 Vean el destino que Dios reserva al impío,
la herencia que los violentos reciben del Poderoso:
14 «Aunque sus hijos se multipliquen, caerán a espada,
sus descendientes no tendrán qué comer.
15 A los sobrevivientes los enterrará la peste,
y sus viudas no los llorarán.
16 Aunque el impío amontone plata como tierra
y acumule vestidos como arena,
17 el justo se vestirá con ellos,
y el inocente heredará la plata.
18 La casa que se edifique será como telaraña,
como choza que un guardián se construye.
19 Se acuesta rico, pero por última vez;
cuando despierta ya no tiene nada.
20 El terror lo invade en pleno día,
de noche se lo lleva el huracán;
21 el viento del este lo levanta y lo barre,
lo arranca del lugar de su morada.
22 Lo acosan sin compasión,
tiene que huir de la mano que lo hiere.
23 La gente aplaude su desgracia,
desde su propia casa lo silban».

Intermedio: Himno a la sabiduría

Bar 3 9-4 4; Prov 8 22-31; 2 1-5; 3 13-15; 1 7; 8 13; 9 10; Sal 111 10

28 1 Hay minas de donde se extrae la plata
y lugares donde se refina el oro.
2 El hierro se extrae de la tierra,
de la piedra fundida sale el cobre.
3 El hombre pone un límite a las tinieblas,
explora hasta el último rincón,
hasta las cavernas más oscuras y profundas.
4 Abre galerías en lugares solitarios
y allí, donde nadie puede verlo,
se balancea sujeto a una soga.
5 La tierra de donde sale el alimento
está revuelta en sus entrañas por el fuego.
6 En sus rocas hay yacimientos de zafiro,
y allí se encuentran pepitas de oro.
7 El buitre desconoce su sendero,
el ojo del águila es incapaz de descubrirlo;
8 no lo pisan las fieras
ni el león pasó jamás por él.
9 El hombre utiliza piedras duras,
remueve las montañas de raíz;
10 abre túneles en las rocas
y busca toda clase de tesoros.
11 Explora el nacimiento de los ríos
y saca lo escondido a la luz.
12 Pero, ¿dónde se encuentra la sabiduría?
¿Dónde reside la inteligencia?

13 El hombre ignora su precio,
no la puede encontrar en este mundo.
14 El abismo dice: «No está en mí»,
y el mar: «No está conmigo».
15 No se puede comprar con oro puro,
ni se paga con plata;
16 tiene más valor que el oro de Ofir,
más que el ónix y el zafiro.
17 No se le igualan el oro ni el vidrio,
ni se cambia por una vasija de oro fino.
18 Corales y cristal no se le pueden comparar,
y es más difícil de adquirir que las perlas.
19 No la iguala el topacio de Etiopía,
vale mucho más que el oro refinado.

• **28 1-28**: Antes de concluir el diálogo entre Job y sus amigos, aparece aquí, como por sorpresa, este magnífico himno a la sabiduría. Sin embargo, no puede decirse que el tema sea ajeno al libro. Los amigos de Job han recurrido a su condición de sabios y a las diversas fuentes y contenidos de la tradición sapiencial israelita. Por otra parte, Dios acudirá en su intervención a una sabiduría cósmica, y Job mismo es un buscador de una sabiduría que le dé razón de su situación.

El himno está hábilmente construido en tres partes claramente diferenciadas por la repetición del estribillo (Job 28 12.20.28): a primera parte (Job 28 1-12) describe el esfuerzo del hombre por desentrañar y conquistar las profundidades de la tierra; pero, aunque llega a los tesoros ocultos, no descubre la sabiduría. La segunda parte (Job 28 13-20) describe la sabiduría como inapreciable y más valiosa que todas las riquezas. La tercera parte (Job 28 21-28) constata su inaccesibilidad y termina confesando que sólo Dios la conoce, pues él la creó, y sólo él puede hacer que el hombre la alcance a través de la piedad y la justicia.

20 ¿Dónde, pues, se encuentra la sabiduría?
¿Dónde reside la inteligencia?

21 Oculta está a los ojos de todos los vivientes,
escondida a los pájaros del cielo.
22 La perdición y la muerte reconocen:
«A nuestros oídos ha llegado su fama».
23 Sólo Dios conoce su camino,
sólo él sabe dónde se encuentra.
24 Porque él ve hasta los extremos de la tierra
y mira cuanto hay bajo los cielos.
25 Cuando señaló la fuerza del viento
y fijó la medida de las aguas,
26 cuando puso leyes a la lluvia
y señaló su ruta al relámpago y al trueno,
27 entonces la vio y ponderó su valor,
la examinó y le dio su aprobación.
28 Y dijo al hombre:
«En el temor del Señor está la sabiduría;
en apartarse del mal, la inteligencia».

Job: Resumen y defensa

Prov 3 32; Sant 2 23; Sal 132 9; Is 59 17; Sal 1 1-3; Prov 19 12; Job 16 7-11; Lam 3 14; Gn 3 19; 1 Cor 15 22; Ex 20 17; Mt 5 28; Dt 22 22-24; Jn 8 4-5; Lv 25 29-43; Jr 34 8-9; Dt 4 19

29 1 Continuó Job su discurso, y dijo:
2 ¡Quién pudiera revivir los meses pasados
y los días en que Dios me protegía,
3 cuando su lámpara alumbraba sobre mi cabeza,
y con su luz caminaba en la oscuridad!
4 Eran mis fértiles días otoñales,
cuando Dios cuidaba de mi hogar;
5 cuando el Poderoso aún estaba conmigo,
y me rodeaban mis hijos;
6 cuando la leche corría en abundancia
y el aceite brotaba de las rocas;
7 cuando salía a la plaza de la ciudad
y me sentaba en la asamblea.
8 Los jóvenes, al verme, se apartaban
y los viejos se ponían de pie;
9 los notables interrumpían su discurso
y guardaban silencio;

• **29 1-31 40**: La última intervención de Job destaca poderosamente, tanto por la intensidad de su dramatismo como por su espléndida construcción literaria. Esta intervención está estructurada en tres partes y tiempos: las dos *primeras (Job 29 y 30), en abierto contraste*, contemplan y oponen el pasado y el presente; la tercera (Job 31), desde el presente, recuerda el pasado y se abre al futuro encuentro con Dios.

En la primera parte (Job 29) Job mira al pasado con nostalgia: a su situación anterior caracterizada por su intimidad con Dios (Job 29 2-5), por el prestigio social (Job 29 7-11.19-25) y por la práctica de la justicia y la misericordia.

En contraste con el pasado, cercano y añorado, la situación presente (Job 30), definida por el triple *ahora* (Job 30 1.9.16), se caracteriza por las burlas y desprecios (Job 30 1-10), los ataques y sufrimientos (Job 30 11-17) y la situación de enemistad y lejanía de Dios (Job 30 11.18-23), que es lo que causa a Job mayor dolor y abandono (Job 30 24-31).

10 la voz de los jefes se apagaba
y su lengua enmudecía.

21 Todos me escuchaban muy atentos
y oían en silencio mi consejo.
22 Después de hablar yo, nadie reclamaba,
y sobre ellos descendían mis palabras.
23 Las esperaban como lluvia de otoño,
las recibían como agua en primavera.
24 Si yo les sonreía les costaba creerlo,
no dejaban perder ni un gesto favorable.
25 Les trazaba el camino y me ponía al frente,
los guiaba como un rey conduce a su tropa,
como quien consuela a los afligidos.

11 Quien me oía me felicitaba;
quien me veía, hablaba bien de mí.
12 Pues yo ayudaba al humilde que pedía auxilio,
al huérfano que no tenía protector.
13 Los vagabundos me bendecían;
yo llenaba de alegría el corazón de la viuda.
14 La rectitud era mi vestido,
la equidad, mi manto y mi turbante.
15 Yo era ojos para el ciego
y pies para el cojo.
16 Era el padre de los pobres
y me ocupaba de la causa del desconocido.
17 Rompía las muelas del injusto,
de entre sus dientes arrancaba la presa.
18 Y me decía: «Moriré en mi propio hogar,
mis días serán numerosos como la arena».
19 No le falta el agua a mi raíz,
y la noche baña mis ramas de rocío.
20 Mi fama jamás se marchitará
y mi arco se reforzará en mi mano.

30 1 Pero ahora se ríen de mí
los que son más jóvenes que yo,
a cuyos padres ni siquiera hubiera puesto
entre los perros que cuidaban mi rebaño.
2 ¿De qué me habrían servido sus brazos
si era gente sin vigor,
3 extenuada por el hambre y la miseria?
Roían las raíces de la llanura
en tierra desierta y desolada;
4 *recogían hierbas* amargas entre los matorrales
y se alimentaban con las raíces del ramaje.
5 Eran expulsados de la sociedad,
ahuyentados a gritos como ladrones;
6 vivían en abruptos barrancos,
en las grietas del suelo y de las rocas.
7 Rebuznaban entre los matorrales,
se acurrucaban bajo los espinos.
8 ¡Gente vil y desprestigiada,
expulsada de su tierra a latigazos!

9 Ahora, sin embargo, me hacen refranes,
soy el blanco de sus burlas.
10 Espantados, se retiran de mí,
sin importarles me escupen la cara.
11 Dios ha soltado la cuerda de mi arco y me humilla,
y ellos me agreden desenfrenadamente.
12 A mi derecha se levanta una turba,
con redes atrapan mis pies,
me llevan hacia la muerte;
13 destruyen mi sendero,
planean mi ruina y nadie lo impide.
14 Como por ancha brecha se introducen,
avanzan entre escombros hacia mí.
15 El terror cae sobre mí,
y como viento se disipa mi dignidad,
como una nube mi seguridad.
16 Ahora mi vida se agota,
se ha apoderado de mí la tristeza.
17 De noche me duelen todos los huesos,
las llagas me atormentan sin cesar.
18 Con violencia Dios ha agarrado mi ropa,
me sujeta por el cuello de la túnica.
19 Me ha tirado en el fango,
soy como el polvo y la ceniza.
20 Grito hacia ti y no me respondes,
insisto y no me haces caso.
21 Te has vuelto cruel conmigo,
me persigues con todas tus fuerzas.
22 Me has hecho cabalgar sobre el viento
y me sacudes en medio de la tempestad.
23 Sé bien que me conduces a la muerte,
donde todos los vivientes se dan cita.
24 Y con todo, ¿no tuve yo clemencia del pobre
cuando en su desgracia me imploraba?
25 ¿No lloré con quien vivía en la angustia?
¿No tuve compasión del mendigo?
26 Esperaba prosperidad y vino desgracia,
aguardaba luz y vino oscuridad.
27 Me hierven las entrañas sin descanso,
pues la aflicción ha caído sobre mí.
28 Camino ensombrecido, sin ver el sol,
me levanto en la asamblea sólo para pedir auxilio.
29 Me he vuelto hermano de chacales
y compañero de avestruces.
30 Tengo la piel ennegrecida,
me arden los huesos por la fiebre.
31 ¡Mi arpa sólo sirve para el duelo,
mi flauta, para acompañar a las que lloran!

La tercera parte (Job 31) es una apasionada defensa de inocencia, compuesta por una serie de juramentos que engloban la vida pasada y presente de Job y contemplan su actitud ante Dios y el prójimo, para culminar en su audaz citación a comparecer en el juicio (Job 31 25-37). Job presenta su declaración y espera la respuesta/defensa de su rival. Obtener la respuesta sería un triunfo (Job 31 35-36). Y, aunque más tarde Job confesará su atrevimiento, Dios saldrá y responderá a Job desde la tormenta, aceptando el reto. Job 38-41 son la respuesta lógica a la petición de Job (véase Job 38 1); por eso sería interesante leerlos inmediatamente después de Job 31.

31 [1] Hice con mis ojos el pacto
de no fijarme en ninguna joven.
[2] ¿Cuál es el destino que Dios reparte desde arriba?
¿Qué herencia reserva el Poderoso desde lo alto?
[3] ¿No le corresponde al injusto la desgracia,
el fracaso a los malhechores?
[4] ¿Acaso no ve él mis caminos
y no cuenta todos mis pasos?
[5] ¿He caminado con mentirosos
o mi pie corrió en busca del fraude?
[6] Que Dios me pese en una balanza justa
y reconozca mi honradez.
[7] Si mis pasos se apartaron del camino,
si me dejé llevar de mis caprichos,
si mis manos se mancharon,
[8] que otro coma lo que yo sembré,
y que arranquen mis retoños.
[9] Si me dejé seducir por otra mujer,
si estuve espiando a la puerta de mi prójimo,
[10] que mi mujer trabaje para ajenos,
y que otros se acuesten con ella.
[11] Pues habría sido una acción perversa,
un delito que merece castigo;
[12] un fuego que devora hasta la raíz
y que acabaría con todas mis cosechas.
[13] Si atropellé los derechos de mi siervo
o de mi sierva en sus pleitos conmigo,
[14] ¿qué haré cuando Dios venga a juzgarme?
¿Qué le responderé cuando me interrogue?
[15] ¿No los formó Dios en el vientre materno igual que a mí?
¿No fue él mismo quien nos modeló en el seno?
[38] Si mi tierra gritó venganza contra mí
y sus surcos derramaron lágrimas,
[39] si he comido sus frutos sin pagarlos
haciendo morir de hambre a su dueño,
[40] que broten espinas en vez de trigo,
y en lugar de cebada, malezas.
[16] ¿Acaso me cerré a la súplica de los necesitados
o dejé a la viuda morir de pena?
[17] ¿Acaso comí yo solo mi alimento
sin compartirlo con el huérfano?
[18] Yo, que desde siempre lo cuidé como un padre,
que desde niño fui su protector.
[19] Si veía a un necesitado sin ropa,
o algún pobre desnudo,
[20] ¿no me lo agradeció su cuerpo
abrigado con la lana de mis corderos?
[21] Si perjudiqué a un huérfano
valiéndome de mi influencia en el tribunal,
[22] que mi espalda se separe del cuello
y mi brazo se desgaje del hombro.
[23] Porque el terror de Dios me invadiría,
y ante su grandeza no podría resistir.

24 ¿Puse en el oro mi confianza?
¿Dije al oro fino: «tú eres mi seguridad»?
25 ¿Me he complacido en la abundancia de mis bienes
y en la fortuna conseguida con mi esfuerzo?
26 Al ver el sol radiante de luz
y a la luna en todo su esplendor,
27 ¿me dejé seducir por ellos en secreto?
¿Les mandé un beso con mi mano?
28 También esto habría sido un delito que merece castigo,
porque habría negado al Dios del cielo.
29 ¿Me alegré en la desgracia de mi enemigo?
¿Me sentí feliz cuando el mal lo acosaba?
30 Nunca lo maldije con mi boca
ni le deseé la muerte echándole maldiciones.
31 Cuando los que estaban conmigo
querían abusar de un extranjero,
32 yo no lo dejaba pasar la noche fuera,
mi puerta estaba abierta al caminante.
33 No he disimulado mis faltas como otros,
ni he mantenido en secreto mis pecados
34 por miedo al qué dirán.
No me he quedado callado y en casa,
por temor al desprecio de los míos.
35 ¡Ojalá que alguien me escuchara!
¡Es mi última palabra; que el Poderoso me responda!
Si mi adversario escribiera sus razones,
36 las cargaría sobre mis espaldas,
me las pondría por corona;
37 de todos mis pasos le daría cuenta,
me acercaría a él como un príncipe.

40b Fin de las palabras de Job.

II. MONOLOGO DE ELIHU Δ

Introducción

Eclo 25 4-6; Sab 4 8; Job 4 12-16; 11 6

32 1 Aquellos tres hombres no volvieron
a contradecir a Job, al ver que estaba
convencido de su inocencia. 2 Entonces
Elihú, hijo de Baraguel, el buzita, de la
familia de Ram, se indignó contra Job,
porque se consideraba inocente ante Dios,
3 y contra los tres amigos, porque no habían
encontrado respuesta adecuada y habían
dejado a Dios como culpable. 4 Elihú no
había querido responder a Job, porque los
otros eran más viejos que él. 5 Pero cuando vio que ya no sabían qué responder, se
indignó.
6 Así que Elihú, hijo de Baraguel el buzita, tomó la palabra y dijo:

Δ 32 1-37 24: La intervención de Elihú es un claro y *artificioso añadido que trata de corregir las insuficientes* argumentaciones de los tres amigos y poner freno a la audacia desmedida de Job, al tiempo que anticipa algunos de los motivos de la intervención divina. Que no pertenece al libro original es un hecho demostrado por algunos datos: Elihú no aparece en la presentación de los personajes al comienzo del libro (Job 2 11) ni tampoco en la conclusión (Job 42 7-9); pronuncia sus discursos sin respetar el orden de los diálogos previos e interrumpe bruscamente la continuidad entre las últimas palabras de Job y la respuesta divina (Job 38 1). A esto habría que añadir diferencias de vocabulario y estilo.

Yo soy joven, y ustedes son ancianos
y, por eso, temeroso, no me atrevía
a manifestarles mi opinión.
7 Me decía: «Que hable la experiencia,
que los muchos años enseñen sabiduría».
8 Pero lo que hace inteligente al hombre
es un espíritu, un impulso que viene del Poderoso;
9 no son los años los que dan sabiduría,
ni el ser anciano da el sentido de lo justo.
10 Por eso digo: Escúchenme,
manifestaré yo también mi opinión.
11 No he respondido mientras hablaban,
ponía atención a sus razones,
mientras buscaban argumentos.
12 Por más que escuché con atención,
nadie ha refutado a Job,
ninguno de ustedes ha rebatido sus palabras.
13 No digan: «Nos hemos encontrado con una sabiduría
que sólo Dios, no un hombre, puede refutar».
14 Job no dirigió sus palabras a mí,
ni yo voy a responder igual que ustedes.
15 Están desconcertados, sin saber qué decir;
se han quedado sin palabras.
16 He esperado, pero ya que no hablan,
ya que están ahí sin más respuesta,
17 responderé yo por mi parte,
manifestaré yo también mi opinión.
18 Pues me sobran las razones
y siento una fuerza que me impulsa;
19 en mi interior hay como un vino encerrado
en odres nuevos a punto de reventar.
20 Hablaré para desahogarme,
abriré los labios y responderé.
21 Trataré de ser imparcial
e intentaré no adular a nadie;
22 porque yo no sé adular,
y porque me aniquilaría mi Creador.

Primer discurso

Job 10 7; 23 10; 13 24; 19 11; 4 12-16; 5 17-18; 30 17

33 1 Escucha, pues, Job mis razones,
atiende a mis palabras.
2 Mira que abro mi boca,
en mi paladar habla mi lengua.

• **32 1-22**: Este pasaje pretende introducir en escena a Elihú y justificar su intervención, después que los demás interlocutores han quedado reducidos al silencio ante la seguridad de Job en su inocencia. La razón más honda es la preocupación de que Dios pueda aparecer culpable (Job 32 1-5). Después de tomar la palabra, Elihú comienza con una amplia introducción justificando su derecho a hablar.

• **33 1-33**: Después de la amplia introducción dirigida a Job (Job 33 1-7), Elihú pronuncia su primer discurso que arranca de dos convicciones fundamentales de Job: su inocencia y la consiguiente responsabilidad de Dios en sus sufrimientos (Job 33 9-11), y el hecho de que Dios se niegue a responderle (Job 33 13). A lo primero responde Elihú recurriendo a la grandeza de Dios. A lo segundo, recurriendo a las diversas formas de hablar que Dios tiene: por sueños y visiones y por la enfermedad y el sufrimiento; a través de eso siempre busca la salvación del hombre.

3 Mi corazón dirá sabias razones,
mis labios hablarán con verdad.
4 Me ha hecho el espíritu de Dios,
el aliento del Poderoso me dio la vida.
5 Respóndeme, si puedes,
prepárate para defenderte.
6 Mira, igual que tú soy ante Dios,
también yo fui modelado del barro.
7 Por eso no tienes que temer nada de mí,
no me voy a ensañar contigo.
8 Esto es lo que has dicho,
estas son las palabras que he escuchado:
9 «Soy puro, no tengo pecado;
soy inocente y no hay culpa en mí;
10 pero Dios encuentra pretextos contra mí
y me considera su enemigo;
11 me tiende trampas a cada paso
y vigila todos mis movimientos».
12 Pues te digo que en esto te equivocas,
porque Dios es superior al hombre.
13 ¿Por qué le echas en cara
que no responda a todas tus razones?
14 Dios habla de muchas maneras
aunque no nos demos cuenta.
15 De noche, en visiones nocturnas,
cuando el sueño invade a los hombres,
y están dormidos en su cama,
16 Dios se comunica al hombre
y lo estremece con sus advertencias.
17 Lo aparta así de su mala conducta
y lo pone a salvo del orgullo;
18 lo libra de caer en la tumba
y salva su vida de la muerte.
19 Otras veces lo corrige con la enfermedad,
no cesa el dolor de sus huesos.
20 La comida le produce náuseas
y el alimento más exquisito se le hace insoportable;
21 se debilita su carne a la vista de todos
y sus huesos quedan al descubierto;
22 su vida está al borde de la tumba,
a punto de entrar en la morada de los muertos.
23 Pero si tiene de su parte un defensor,
uno entre mil, que hable en su favor,
que dé testimonio de su rectitud,
24 que tenga compasión de él y diga:
«¡Líbralo de la tumba,
ya tengo el rescate por él!»
25 Entonces su cuerpo recuperará la juventud,
volverá a los días de su adolescencia.
26 Rogará a Dios y él le otorgará su auxilio,
con alegría lo contemplará,
contará a los demás su salvación
27 y cantará diciendo ante los hombres:

«Yo había pecado y quebrantado el derecho,
pero Dios no me ha dado mi merecido;
28 me ha librado de la tumba,
y mi vida ve de nuevo la luz».
29 Esto es lo que Dios hace
una y otra vez con el hombre,
30 para librarlo de la tumba
y permitir que siga viendo la luz.
31 Atiende Job, escúchame,
guarda silencio mientras yo hablo.
32 Pero si tienes algo que decir, dilo,
pues yo deseo darte la razón.
33 Si no es así, escúchame,
guarda silencio y yo te enseñaré sabiduría.

Segundo discurso

Sal 62 13; Prov 24 12; Mt 16 27; Rom 2 6; Sal 104 29; 33 14-15

34 1 Elihú continuó hablando y dijo:
2 ¡Ustedes, los sabios, escuchen mis palabras,
ustedes, los entendidos, atiéndanme.
3 Porque así como el oído distingue las palabras,
y el paladar saborea los alimentos,
4 busquemos nosotros lo que es justo
y veamos entre todos lo que es bueno.
5 Job dice: «Soy inocente
pero Dios no me hace justicia.
6 Defiendo mi derecho y paso por mentiroso;
aunque no he pecado, mi herida es incurable».
7 ¿Hay alguien como Job,
que diga un chorro de insolencias,
8 que se junte con los malvados,
y camine con los perversos?
9 ¿No ha dicho él: «De nada le sirve al hombre
buscar el auxilio de Dios»?
10 Escúchenme, pues, hombres prudentes:
¡Lejos de Dios la maldad!
¡Lejos del Poderoso la injusticia!
11 Dios paga a cada cual según sus obras,
lo retribuye conforme a su conducta.
12 No, Dios no hace el mal,
el Poderoso no quebranta el derecho.
13 ¿De quién ha recibido el gobierno de la tierra?
¿Quién le ha confiado el universo?
14 Si Dios sólo pensara en sí mismo,
y retirara su espíritu y su aliento,

• **34** 1-37: Este segundo discurso de Elihú quiere ser un canto a la justicia divina. Ridiculiza las pretensiones de inocencia de Job y la acusación de que Dios no le hace justicia (Job 34 5-9), afirmando la incuestionable justicia divina y la doctrina de la retribución. Dios es justo, no es parcial y no tiene por qué dar explicaciones. A Job no le queda otro camino que la conversión (Job 34 31-32). Al final, Elihú cae en el mismo error que los amigos: para salvar a Dios tiene que inventarle pecados a Job (Job 34 8.37) y, lo que es más grave, no duda en justificar las torturas de Job con tal de que triunfe la doctrina.

15 al instante morirían los vivientes
y regresarían de nuevo al polvo.
16 Si tienes juicio, escucha esto,
atiende a mis palabras.
17 ¿Puede acaso gobernar el que odia la justicia?
¿Te atreverás a condenar al más justo,
18 a quien puede llamar “infame” al rey
y “malvados” a los grandes;
19 a quien no favorece a los poderosos,
ni hace distinción entre el rico y el pobre,
porque todos son obra de sus manos?
20 En un instante mueren en plena noche;
se agita el pueblo y ellos desaparecen,
el tirano es derribado sin esfuerzo.
21 Pues sus ojos vigilan los caminos del hombre;
él conoce todos sus pasos,
22 y no hay oscuridad ni sombras
donde puedan esconderse los malvados.
23 Dios no ha dado al hombre un plazo fijo
para presentarse a juicio ante él;
24 aplasta a los poderosos sin necesidad de indagar,
y coloca a otros en su puesto.
25 En una noche los derriba y los destroza,
porque conoce sus acciones.
26 Los azota como a criminales
y a la vista de todos los castiga,
27 pues se han apartado de él
y no han seguido sus caminos;
28 han provocado el grito del débil,
y ha llegado hasta Dios el clamor de los pobres.
29 Pero si Dios no interviene, ¿quién podrá reprochárselo?
Si se esconde, ¿quién podrá verlo?
Dios vigila a naciones e individuos,
30 para que no se imponga el impío,
ni triunfe quien engaña al pueblo.
31 Si alguien dice a Dios:
«Me he equivocado, no volveré a pecar;
32 lo que yo no veo, muéstramelo tú;
si he cometido injusticia, no volveré a hacerlo»,
33 ¿tiene Dios que retribuir según tu criterio,
si no estás de acuerdo con su juicio?
Como la decisión es tuya y no mía,
di todo lo que sabes.
34 Los hombres sabios que me escuchan,
y los prudentes me dirán:
35 «Job habla sin saber,
no tienen sentido sus palabras.
36 Que sea examinado a fondo,
pues sus respuestas son propias de un impío.
37 A su pecado añade la rebelión,
se burla de nosotros
y no cesa de hablar contra Dios».

Tercer discurso

Job 7 20; 22 3

35 1 Elihú continuó hablando y dijo:

2 Tú crees que tienes razón
y que eres inocente frente a Dios;
3 por eso dices: «¿Qué le importa mi conducta?
¿Qué he ganado con no pecar?».
4 Pues bien, yo te responderé,
a ti y a tus amigos.
5 Mira a los cielos y contempla,
observa las nubes: ¡Son más altas que tú!
6 Si pecas, ¿en qué perjudicas a Dios?
si multiplicas tus delitos, ¿qué daño le causas?
7 Y si eres justo, ¿qué gana Dios con eso?
¿Qué es lo que tú le das?
8 Es a ti mismo a quien afecta tu maldad;
a ti, que eres hombre, a quien beneficia tu rectitud.
9 Bajo el peso de la opresión, el hombre gime,
bajo el dominio del tirano, el hombre grita.
10 pero nadie dice: «¿Dónde está Dios nuestro Creador,
el que nos llena de alegría en medio de la noche,
11 el que nos hace más hábiles que las bestias de la tierra,
más sabios que las aves del cielo?».
12 Entonces gritan, pero Dios no responde,
a causa del orgullo de los malvados.
13 ¡Palabras inútiles que Dios no escucha,
a las que no hace caso el Poderoso!
14 Y tú te atreves a decir que no te escucha,
que tu juicio está pendiente ante él y aún esperas.
15 Pero como la ira de Dios no castiga
ni tiene en cuenta el delito,
16 Job habla inútilmente
y amontona palabras sin sentido.

Cuarto discurso

Job 5 17; 22 23-30; 2 Cr 33 9-13; Eclo 42 15-43 33; Is 40 13-14; Rom 11 33-34

36 1 Elihú continuó diciendo:

2 Espera un poco, que yo te instruiré,
pues todavía hay argumentos en favor de Dios.
3 Traeré de muy lejos mi saber
y mostraré que mi Creador tiene razón.
4 Pues mis palabras no son falsas;
tienes delante a un verdadero sabio.

• **35 1-16**: El tercer discurso de Elihú cita también palabras de Job (Job 35 2-3) y repite, en buena medida, argumentos de los amigos: Dios no gana nada con la rectitud del hombre, ni pierde nada con su delito (Job 35 6-7). En todo caso, una y otro afectan al prójimo. Dios no escucha la falsedad ni las exigencias desmedidas del hombre.

• **36 1-37 24**: El cuarto discurso de Elihú, el más largo, está dedicado íntegramente a la defensa de Dios (Job 36 2) y tiene dos partes bien delimitadas, aunque coincidentes en alabar el poder y la transcendencia de Dios. La primera parte (Job 36 1-25) habla del valor del sufrimiento en la perspectiva de la pedagogía divina, que busca la enmienda y la conversión del pecador a través del sufrimiento. La segunda parte (Job 36 26-37 24) es un himno a la majestad de Dios concretada en su poder, sabiduría y justicia. En él se anticipan elementos de la intervención de Dios (descripción de la naturaleza, en este caso los fenómenos atmosféricos, y preguntas dirigidas a Job; véase Job 38-42).

5 El poder de Dios es grande;
él no desprecia al de corazón puro
6 ni deja con vida al impío;
hace justicia a los pobres
7 y no aparta sus ojos de los justos.
Los pone junto a los reyes en el trono,
los colma de honores para siempre.
8 Pero si Dios los carga de cadenas
y los atrapa en los lazos de la angustia,
9 es para denunciar sus acciones,
sus crímenes cuando se hacían los héroes;
10 para que escuchen sus advertencias
y se aparten de la maldad.
11 Si hacen caso y le obedecen,
sus días acabarán en bienestar,
sus años en felicidad.
12 Si no escuchan, irán a la tumba
y morirán sin darse cuenta.
13 Pero los orgullosos que guardan su rencor
y no piden ayuda cuando Dios los encadena,
14 mueren en plena juventud,
su vida acaba en la adolescencia.
15 Por medio del sufrimiento Dios salva al que sufre
y a través de la aflicción le hace comprender.
16 También a ti te sacará de las garras de la angustia
a un lugar espacioso y sin peligros,
y tu mesa estará llena de sabrosos alimentos.
17 Pero si te haces merecedor de la condena,
justicia y castigo caerán sobre ti.
18 No te dejes seducir por el regalo,
que el soborno no te desvíe.
19 ¿Acaso te servirán para pedir auxilio?
¿Podrán ayudarte tus ganancias?
20 No andes acechando
para encumbrar tu gente a escondidas.
21 Guárdate de la maldad,
pues a causa de ella la desgracia te ha puesto a prueba.
22 Mira, Dios es grandioso por su fuerza,
ningún maestro se le puede comparar.
23 ¿Quién le ha señalado su camino?
¿Quién puede decirle: «Has hecho mal»?
24 Acuérdate de alabar sus obras,
las que los hombres han cantado.
25 Todos las contemplan,
todo mortal las mira desde lejos.

26 La grandeza de Dios nos sobrepasa,
incontable es la suma de sus años.
27 El atrae hacia lo alto el agua
*y la transf*orma en gotas de lluvia;
28 luego las nubes la derraman
y caen sobre los hombres a cántaros.
29 ¿Quién comprenderá el rumbo de las nubes
o el resonar del trueno?

30 Dios extiende los relámpagos arriba,
y sumerge los fundamentos del océano.
31 Así Dios gobierna a los pueblos
y les da alimento en abundancia.
32 Levanta el rayo con sus manos
y lo dirige hacia su destino.
33 El trueno anuncia su llegada,
y su ira desata la tormenta.

37 1 Por eso se me estremece el corazón,
como si se me fuera a salir del pecho.
2 Escuchen, escuchen el fragor de su voz,
el estruendo que sale de su boca.
3 Por los cielos lanza su relámpago,
que cubre toda la tierra.
4 Detrás de él ruge una voz:
Dios truena con su voz poderosa,
y no retiene sus rayos cuando retumba su voz.
5 Dios truena con su voz y hace maravillas,
cosas grandes que no comprendemos.
6 Ordena a la nieve que caiga sobre la tierra,
suelta las lluvias torrenciales;
7 hace que se detenga el hombre en su trabajo,
para que todos reconozcan su obra.
8 Los animales huyen a sus guaridas,
se cobijan en sus madrigueras.
9 Del sur viene el huracán,
y el frío, de los vientos del norte.
10 Al soplo de Dios se forma el hielo,
se congela la masa de las aguas.
11 El carga de humedad los nubarrones,
y dispersa las nubes tormentosas,
12 que, girando en círculos,
avanzan conforme a los planes de Dios,
ejecutando todo lo que él manda
sobre la superficie de la tierra;
13 sea para castigar o para bendecir,
se cumple lo que Dios quiere.
14 Atiende a esto, Job,
fíjate y considera las maravillas de Dios.
15 ¿Sabes acaso cómo Dios dirige todo,
y hace brillar en su nube el relámpago?
16 ¿Sabes cómo están suspendidas las nubes,
maravilla de un saber perfecto,
17 *tú, que sufres* el calor de tu ropa
cuando dormita la tierra bajo el viento del sur?
18 ¿Puedes desplegar con Dios el firmamento,
sólido como espejo de metal fundido?
19 Indícanos qué debemos decir
porque a oscuras no podemos seguir discutiendo.
20 ¿Necesita Dios que alguien le cuente lo que digo,
o que le informen de lo que dicen los hombres?
21 De pronto, no se ve la luz, oscurecida por las nubes,
pero sopla el viento y al instante las despeja.

22 Del norte viene un resplandor de oro:
Dios rodeado de imponente grandeza.
23 ¡Es el Poderoso, inalcanzable para nosotros!
Grande es su fuerza y rectitud,
inmensa su justicia; no oprime a nadie.
24 Por eso le temen los hombres,
pero él no teme ni siquiera a los sabios.

III. DIALOGO ENTRE DIOS Y JOB Δ

Primer discurso

Sal 18 8-16; 104 6-9; Job 36 27-37 24

38 1 El Señor respondió a Job desde la tormenta y dijo:
2 ¿Quién es ese que empaña mi consejo
con palabras sin sentido?
3 Si eres valiente, prepárate.
Yo te preguntaré y tú me responderás.

4 ¿Dónde estabas tú cuando cimenté la tierra?
Habla, si es que sabes tanto.
5 ¿Sabes tú quién fijó su tamaño
y midió sus dimensiones?
6 ¿En qué se apoyaron sus columnas?
¿Quién puso su piedra fundamental,
7 mientras cantaban a coro las estrellas del alba,
y exultaban todos los seres celestes?
8 ¿Quién encerró con doble puerta al mar
cuando salía a borbotones del seno de la tierra,
9 cuando le puse las nubes por vestido,
y los nubarrones por pañales;
10 cuando le señalé un límite,
con puertas y cerrojos,
11 y le dije: «No pasarás de aquí,
aquí se romperá la soberbia de tus olas»?
12 ¿Alguna vez en tu vida has dado órdenes a la mañana
o has asignado su puesto a la aurora,
13 para que agarre la tierra por sus bordes

Δ 38 1-42 6: Tal como era de esperar, Dios en persona responde a Job desde la tormenta, manifestando su poder. Esta respuesta es ya un triunfo para Job, quien se daba por satisfecho con comparecer en presencia de Dios (véase Job 13 16). Además, Job había puesto dos condiciones: que Dios no utilizara su poder contra el propio Job, y que respetara las reglas del diálogo (véase Job 13 20-24). Las dos condiciones se cumplen (Job 38 3; 40 7): Dios interroga a Job y manifiesta su poder creador y su gobierno del mundo. Además de proporcionarle un descanso en su dolor, también responde a sus demandas: Dios reconocerá implícitamente su inocencia (Job 42 7) y le demostrará que la tierra no es un caos ni está a merced de los malvados. Sólo en una cosa no le da la razón: para afirmar su inocencia, Job no tiene por qué condenar a Dios (Job 40 8). Dios desborda este falso dilema y su respuesta superará las expectativas de Job: le permitirá introducirse en su intimidad, en su misterio profundo y fascinante, relativizando y empequeñeciendo sus sufrimientos y dudas. Estamos, pues, en el momento culminante de toda la obra.

• **38 1-39 30:** Este primer discurso está compuesto a base de preguntas dirigidas a Job que ponen de relieve el poder y la sabiduría de Dios en la creación, y el cuidado y gobierno amoroso de todas sus criaturas. La grandeza de la creación y sus misterios subrayan la diferencia radical entre el hombre y Dios. Tiene dos partes: una dedicada a la tierra y a distintos fenómenos cósmicos (Job 38 4-38) y otra dedicada al mundo de los animales (Job 38 39-39 30). A esta segunda sección debería pertenecer Job 38 36 donde se habla del *ibis*, ave mitológica (especie de garza) que en Egipto simbolizaba la sabiduría y anunciaba la crecida del Nilo.

y sacuda de ella a los malvados?
14 El da forma a la tierra, como el molde a la arcilla,
y se tiñe de color como un vestido;
15 pero niega la luz a los malvados
y el brazo rebelde queda roto.
16 ¿Has llegado hasta las fuentes de los mares?
¿Has paseado por las profundidades del abismo?
17 ¿Te han mostrado las puertas de la muerte?
¿Has visto los umbrales de las sombras?
18 ¿Has abarcado la anchura de la tierra?
Habla, si es que lo sabes todo.
19 ¿Sabes dónde habita la luz
y cuál es la mansión de las tinieblas,
20 para que puedas llevarlas a su sitio
y enseñarles el camino de su casa?
21 ¡Quizás lo sepas, pues tienes tantos años
que para entonces ya habrías nacido!
22 ¿Has llegado hasta los depósitos de la nieve?
¿Has visitado los graneros de granizo
23 que yo guardo para el tiempo de la desgracia,
para el día de la batalla y del combate?
24 ¿Por dónde se difunde la luz,
por dónde se expande el viento del desierto?
25 ¿Quién prepara cauces al aguacero
y señala una ruta a la tormenta,
26 para traer la lluvia a tierras despobladas,
a lugares desérticos e inhóspitos,
27 y regar así la tierra desolada,
haciendo brotar hierba verde en el desierto?
28 ¿Tiene padre la lluvia?
¿Quién engendra las gotas de rocío?
29 ¿De qué seno procede el hielo?
¿Quien da a luz la escarcha del cielo,
30 cuando las aguas se endurecen como piedras,
y se congela la superficie del mar?
31 ¿Amarras tú los lazos de las Pléyades,
o desatas las cuerdas de Orión?
32 ¿Haces salir las estrellas a su tiempo?
¿Guías a la Osa con sus crías?
33 ¿Conoces las leyes de los cielos?
¿Realizas en la tierra sus proyectos?
34 ¿Puedes levantar tu voz hasta las nubes,
para que caiga un aguacero sobre ti?
35 ¿Están a tus órdenes los relámpagos,
y te *dicen*: «Aquí estamos»?
36 ¿Quién infundió sabiduría al ibis,
y dio al gallo inteligencia?
37 ¿Quién es tan sabio como para contar las nubes
y vaciar los depósitos de los cielos,
38 cuando el polvo se convierte en barro
y los terrones se pegan entre sí?

39 ¿Le cazas tú la presa a la leona
o sacias el hambre de sus cachorros

40 cuando se resguardan en sus guaridas
o en los matorrales se ponen al acecho?
41 ¿Quién proporciona comida al cuervo,
cuando sus crías graznan hacia Dios,
y aletean pidiendo su alimento?
39 1 ¿Sabes tú cuándo paren las cabras montesas?
¿Has observado el parto de las gacelas?
2 ¿Has contado los meses de su gestación?
¿Conoces el momento de su parto?
3 Se acurrucan y paren a sus hijos,
depositan su camada;
4 vigorosas son sus crías,
crecen libres en el campo;
luego se van y ya no regresan.
5 ¿Quién hizo libre al asno salvaje
y le permitió andar suelto?
6 Yo le asigné la llanura por morada,
por casa la tierra salobre;
7 él se ríe del bullicio de la ciudad,
no oye los gritos del arriero;
8 explora las montañas en busca de pasto,
husmeando cualquier hierba verde.
9 ¿Querrá acaso el búfalo servirte,
y pasar en tu establo la noche?
10 ¿Podrás atarlo al yugo para abrir surcos,
arará los valles después de ti?
11 ¿Te fiarás de él, porque sea grande su fuerza?
¿Le encomendarás tus trabajos?
12 ¿Estás seguro de que regresará
acarreando el grano a tu granero?
13 ¡Con qué agilidad aletea el avestruz!
¿No son sus plumas como las de la cigüeña?
14 Abandona sus huevos en el suelo,
deja que se calienten en la arena,
15 sin pensar que algún pie pueda pisarlos,
o aplastarlos una bestia salvaje;
16 es cruel con sus crías como si no fueran suyas,
no le importa malgastar su esfuerzo.
17 Es que Dios lo privó de sabiduría
y no le concedió inteligencia;
18 pero cuando se levanta y huye,
se ríe del caballo y su jinete.
19 ¿Das tú al caballo su vigor?
¿Cubres su cuello de crines ondulantes?
20 ¿Lo haces saltar como langosta
con su fiero relincho que hace temblar?
21 Da patadas contra el suelo seguro de su fuerza
y se lanza con brío a la batalla;
22 se ríe del miedo y nada teme,
no retrocede ante la espada;
23 por encima de él, se cruzan las flechas,
la lanza llameante y la jabalina;
24 impaciente y fogoso devora la distancia,
y al toque de trompeta no se aguanta más.

25 A cada toque de trompeta responde con relinchos;
olfatea de lejos la batalla,
las órdenes de los jefes y los gritos de guerra.
26 ¿Mandas tú volar al halcón
y desplegar sus alas hacia el sur?
27 ¿Ordenas al águila remontar el vuelo,
y poner su nido en las alturas?
28 Habita en las rocas, allí pasa la noche,
en un picacho inalcanzable;
29 desde allí acecha su presa
sus ojos exploran a lo lejos;
30 sus polluelos se alimentan con sangre,
donde hay cadáveres, allí está ella.

Segundo discurso

Nm 16 31-34; Ez 29 3-5; 32 2-8

40 1 El Señor se dirigió a Job y le dijo:
2 ¿Es que quiere aún el inconforme discutir con el Poderoso?
¿Es que quiere todavía reclamar el que critica a Dios?

3 Y Job respondió al Señor:

4 Hablé a la ligera, ¿qué puedo responderte?
No diré una palabra más.
5 Hablé una vez, pero no lo haré de nuevo;
dos veces, pero no insistiré.

6 El Señor respondió a Job desde la tormenta y dijo:

7 Si eres valiente, prepárate.
Yo te preguntaré y tú me responderás.
8 ¿Intentas decirme que soy injusto?
¿Vas a condenarme a mí para salir tú absuelto?
9 ¿Eres tan fuerte como Dios?
¿Truenas con voz como la suya?
10 Vamos, adórnate con imponente grandeza,
revístete de gloria y de esplendor;
11 da rienda suelta a tu enojo,
y con una mirada humilla al soberbio;
12 derriba de una mirada al arrogante,
aplasta en su sitio a los malvados;
13 entiérralos juntos en el polvo,
arrójalos a la cárcel del abismo.
14 Entonces yo mismo cantaré tu alabanza diciendo:
«¡Tu brazo te ha dado la victoria!».

15 Mira a Beemot, lo creé yo, igual que a ti;
come hierba como un buey.

• **40 1-41 26**: Segundo discurso divino. Tras una nueva interpelación de Dios a Job y una primera confesión de humildad de éste (Job 40 1-5), encontramos un paradójico desafío de Dios a Job, cargado de ironía y no exento de humor (Job 40 6-14): Si Job puede imitar a Dios, que lo demuestre ¡y Dios mismo lo alabará! El resto está dedicado a la descripción de dos animales de caracter mitológico, símbolos del poder del mal: Beemot y Leviatán, identificados como el hipopótamo y el cocodrilo. La lección es evidente: ni siquiera de fieras tan espantosas se olvida Dios, sino que las conoce bien, las cuida con amor y las controla. La tierra y el cosmos están en buenas manos, puesto que Dios se ocupa con sabiduría y justicia de todas sus criaturas.

16 Mira qué fuerza hay en sus lomos,
qué vigor en los músculos del vientre;
17 levanta su cola como un cedro,
los nervios de sus muslos están entrelazados;
18 sus huesos son tubos de bronce,
sus vértebras, como barras de hierro.
19 Es la obra maestra de Dios,
sólo su autor puede derrotarlo.
20 Le ofrecen su tributo las montañas,
y las bestias salvajes que viven en ellas;
21 se acuesta bajo el loto,
se oculta entre las cañas del pantano;
22 la sombra de los lotos lo recubre,
lo envuelven los sauces del torrente.
23 Si el río crece, no se inquieta,
está tranquilo aunque el Jordán le llegue al hocico.
24 ¿Quién podrá apresarlo de frente,
o ponerle una argolla en el hocico?

25 ¿Puedes pescar a Leviatán con anzuelo
o sujetar con un cordel su lengua?
26 ¿Le atravesarás con una caña sus narices?
¿Taladrarás con un gancho sus fauces?
27 ¿Acaso te hará largas súplicas
o te dirá cosas tiernas?
28 ¿Hará contigo el pacto
de ser tu siervo para siempre?
29 ¿Jugarás con él como con un pájaro,
o lo atarás como juguete de tus hijas?
30 ¿Traficarán con él los pescadores?
¿Lo cortarán en trozos para venderlo?
31 ¿Traspasarás su piel con flechas
o su cabeza con un arpón?
32 Atácalo, te acordarás de tu atrevimiento
y no repetirás tu intento.

41 1 La sola vista del Leviatán da miedo;
es de ilusos esperar vencerlo
2 y nadie hay tan audaz que se atreva a provocarlo.
¿Quién puede resistirlo frente a frente?
3 ¿Quién lo atacó y salió ileso?
¡Ninguno bajo los cielos!
4 Voy a describir también sus miembros,
hablaré de su fuerza sin igual.
5 ¿Quién logró desgarrar su dura piel
y penetrar por su doble coraza?
6 ¿Quién abrió la puerta de sus fauces,
rodeada de dientes terroríficos?
7 Su espalda está protegida con escamas
sólidamente soldadas;
8 están tan apretadas entre sí,
que ni el viento puede pasar entre ellas;
9 están pegadas una con otra,
trabadas sin dejar separación.

10 Su estornudo lanza rayos,
sus ojos brillan como los destellos del alba.
11 Su hocico despide llamaradas,
arroja chispas de fuego;
12 de sus narices sale humo
como de una caldera hirviendo;
13 su aliento encendería carbones,
una llama sale de su hocico.
14 En su cuello reside la fuerza,
y ante él cunde el pánico.
15 Su carne es compacta,
firmemente pegada a su cuerpo;
16 su corazón es duro como roca,
duro como piedra de molino.
17 Cuando se levanta se asustan los valientes,
el terror los hace retroceder.
18 La espada que lo alcanza no lo hiere,
ni tampoco la lanza, la flecha o la jabalina;
19 para él, el hierro es paja
y el bronce, madera carcomida;
20 no lo ahuyenta la flecha,
polvo son para él las piedras de la onda;
21 como golpe de caña le resulta un garrotazo,
se ríe del silbido de la flecha.
22 Tiene bajo el vientre escamas puntiagudas,
que arañan el fango como un rastrillo.
23 Hace hervir al abismo como una olla,
hace del mar una caldera hirviente;
24 deja detrás de sí una estela brillante,
y el mar parece una melena blanca.
25 Nadie en la tierra se le asemeja,
es una criatura sin miedo;
26 hasta a los más arrogantes hace frente.
¡Es el rey de todas las fieras!

Respuesta de Job

Job 38 2; 19 27; Gn 18 22-32

42 1 Job respondió al Señor y dijo:

2 Sé que todo lo puedes,
que ningún plan está fuera de tu alcance.
3 ¡Y yo, que nada comprendía,
trataba de torcer tus decisiones!
Hablaba de cosas que no entendía,
de maravillas que me superan y que ignoro.

• **42** 1-6: Esta confesión final de Job es un digno y brillante final al libro y supone el logro del objetivo final que de alguna manera perseguía su autor. Después de haberse encontrado cara a cara con Dios, después de haber escuchado su palabra y entrado en su misterio, Job se reencuentra a sí mismo en la limitación de su condición humana y canta el poder y la grandeza transcendentes de Dios al tiempo que hace profesión de humildad y reconoce su ignorancia y la audacia de sus pretensiones. Definitivamente, Job se ha convertido al verdadero Dios personal, amigo íntimo del hombre, tan distinto al dios de su razón y al de las tradiciones teológicas de los sabios, desde las que argumentaban sus amigos.

4 «Escucha –me dijiste–, déjame hablar;
yo te preguntaré y tú me responderás».
5 Te conocía sólo de oídas,
pero ahora te han visto mis ojos.
6 Por eso retiro mis palabras y me arrepiento
cubierto de polvo y de ceniza.

CONCLUSION +

7 Después de haber dirigido el Señor
estas palabras a Job, dijo a Elifaz de Temán:
–Estoy irritado contra ti y contra tus dos
amigos, porque no han hablado bien de mí
como lo ha hecho mi siervo Job. 8 Y ahora,
tomen siete novillos y siete carneros, preséntense a mi siervo Job y ofrézcanlos en
holocausto por ustedes. Mi siervo Job intercederá por ustedes. En consideración a
él no los castigaré, a pesar de que no han
hablado bien de mí como lo ha hecho mi
siervo Job.
9 Elifaz de Temán, Bildad de Suaj y Sofar de Naamat se fueron a hacer lo que les
había ordenado el Señor. Y el Señor escuchó la súplica de Job.
10 El Señor devolvió a Job su anterior
prosperidad después de haber intercedido
en favor de sus amigos; y hasta duplicó
todos los bienes que Job tenía antes. 11 Todos sus hermanos, hermanas y antiguos conocidos vinieron a visitarlo; celebraron un
banquete con él en su casa, se solidariza-
ron con él y lo consolaron por toda la desgracia que el Señor le había enviado. Y
cada uno le regaló una moneda de plata y
un anillo de oro. 12 Y el Señor bendijo el
final de la vida de Job más que su comienzo: llegó a poseer catorce mil ovejas, seis
mil camellos, mil yuntas de bueyes y mil
burras. 13 Tuvo además siete hijos y tres
hijas. 14 A una le puso el nombre de «Paloma», a otra el de «Acacia» y a otra el de
«Azabache». 15 No había en todo aquel
país mujeres tan bellas como las hijas de
Job. Y su padre les dio parte en la herencia
junto con sus hermanos.
16 Después de todo esto, Job vivió todavía hasta la edad de ciento cuarenta años, y
vio a sus hijos y a sus nietos y biznietos.
17 Job murió anciano y colmado de años.

+ 42 7-17: Este breve pasaje conclusivo conecta con el marco narrativo de la introducción (Job 1-2) y recoge el desenlace de la antigua leyenda popular sobre Job, quien, gracias a su paciencia y a su fidelidad desinteresada ante las pruebas sufridas, obtiene de nuevo el favor de Dios y ve duplicados sus antiguos bienes (Job 42 10-17). Pero, además, el autor ha introducido aquí el desenlace del enfrentamiento entre Job y sus amigos. Era Job quien llevaba razón frente a ellos (Job 42 7); ha sido Job quien *ha hablado bien de Dios*, a través de su inconformismo y rebeldía, de sus acusaciones y sus gritos desesperados, frente a los amigos que hablaban de un Dios encasillado en estrechas doctrinas destinadas a desaparecer. Por eso Job, elevado de nuevo a la condición de *siervo* y amigo de Dios, puede interceder por los amigos y salvarlos.

PROVERBIOS

INTRODUCCION

A lo largo de la historia de las civilizaciones, cada pueblo ha conservado y enriquecido su herencia cultural de sabiduría popular (proverbios, dichos, máximas, sentencias, refranes) que le permitía ordenar todos los fenómenos aparentemente dispersos de los ámbitos natural y social, para aprender así a vivir en plenitud y con el menor número posible de peligros y contradicciones. Israel, siempre abierto a las corrientes culturales de su alrededor y de su tiempo, no ha sido una excepción: desde sus inicios como pueblo ha cultivado ese saber basado en la observación y en la experiencia, y ha asimilado en su intercambio con otros pueblos y culturas algunos de los elementos más representativos de la sabiduría oriental (egipcia, cananea y babilónica). El libro de los Proverbios es una muestra excepcional de la llamada sabiduría de Israel.

1. Ambientación histórica

El libro de los Proverbios no tiene época ni autor determinados. Junto a proverbios muy antiguos, de inconfundible sabor rural o que presuponen una estructura social de clan o tribu, nos encontramos en él con proverbios que suponen una importante actividad administrativa o un marco urbano. Junto a proverbios que podríamos denominar laicos, hallamos proverbios que han sido reelaborados bajo una perspectiva religiosa y hasta "yavista". Junto a materiales de inconfundible sello israelita, encontramos indicios de aportaciones extranjeras, como las máximas de los masaitas Agur (Prov 30 1) y Lemuel (Prov 31 1) o las influencias egipcias de la "Enseñanza de Amenemope" en Prov 22 17-23 11.

Aunque es imposible precisar la época de cada proverbio, sí podemos dar por cierto que, a partir de la edad de oro inaugurada por Salomón (al que, por deferencia con la tradición y como recurso literario común, se le atribuyen algunas partes del libro), comenzó en Israel una intensa actividad intelectual, fomentada en buena medida por los círculos de escribas que estaban al servicio del rey y por las escuelas sapienciales. Entre sus tareas, cabe destacar una primera recopilación escrita de la sabiduría popular transmitida en tradiciones orales, algunas de las cuales pueden remontarse al período premonárquico. De ahí que la mención de los *hombres de Ezequías* en Prov 25 1 pueda responder perfectamente a esa realidad. Por lo que respecta a la época en la que fueron reunidas todas las colecciones, habrá que pensar en el período postexílico, pues esa es la datación atribuida a las colecciones más recientes (Prov 1-9; 31 1-31).

2. Características literarias

Todos los proverbios se basan en la experiencia y encierran una verdad. Se fundamentan en una aguda observación de la realidad y se expresan con brevedad. La concisión, el ritmo e incluso la rima tratan de conferirles credibilidad y de facilitar su memorización. Podríamos decir que poseen una intención didáctica. La combinación de la sabiduría de muchos y el ingenio de uno, imprimía a los proverbios una fuerte capacidad de persuasión.

La transparencia que posee un proverbio queda reforzada por las imágenes poéticas y los recursos estilísticos. Los sabios y poetas de Israel utilizan sobre todo el paralelismo, del que existen tres tipos especialmente característicos: antitético, sinonímico y progresivo o sintético. El paralelismo *antitético* consiste en la yuxtaposición de contrarios (Prov 13 9.22; 15 29). El *sinonímico* refuerza una observación mediante la repetición del punto esencial con palabras distintas pero sinónimas (Prov 21 14; 29 22). El *progresivo* va construyendo escalonadamente sobre una idea (Prov 10 26; 20 11.20). Esta unidad básica de dos miembros da forma tanto a dichos populares como a dichos más refinados y cultos; a sentencias, máximas y consejos; a juicios de valor y a comparaciones.

En otras ocasiones, varias unidades dan lugar a estrofas o poemas más amplios y desarrollados. Es el caso del *proverbio numérico* (muy frecuente en Prov 30), la *etopeya* o descripción del carácter, rasgos o costumbres de un tipo (como la adúltera en Prov 7 10-21, o el borracho en Prov 23 29-35), el *poema alfabético* o acróstico (como el de Prov 31 10-31 que cierra el libro) y otras formas más genéricas, como la invitación, el pregón, el himno o el ensayo breve bastante frecuentes en la primera colección (Prov 1-9).

Esta variedad de paralelismo y formas literarias aparece en las diversas colecciones que componen el libro de los Proverbios. Basándonos en los títulos que encabezan algunas agrupaciones y en el contenido, podemos distinguir siete colecciones, que constituyen las siete partes en que podemos dividir este libro:

1. Prov 1-9: Primera colección de proverbios
2. Prov 10 1-22 16: Proverbios de Salomón (primera colección salomónica)
3. Prov 22 17-24 22: Palabras de los sabios
4. Prov 24 23-34: Otras sentencias de los sabios
5. Prov 25-29: Otros proverbios de Salomón, transcritos por los hombres de Ezequías (segunda colección salomónica)
6. Prov 30: Palabras de Agur
7. Prov 31: Palabras de Lemuel

3. Contenidos doctrinales

Los temas abordados en el libro de los Proverbios son múltiples y variados, pues abarcan prácticamente todos los ámbitos, situaciones y circunstancias de la vida humana, de forma que el libro constituye la fuente más importante para descubrir los valores que se cultivaban en el antiguo Israel. Sin embargo, más que un catálogo de temas, conviene tener en cuenta algunas claves de lectura que nos permitan captar a fondo el punto de partida, el valor fundamental y las referencias teológicas de los sabios que hicieron posible el libro de los Proverbios.

1. Según los sabios de Israel, existe un *orden* fundamental oculto en el universo, una especie de norma racional. El descubrimiento de esta norma capacitaba a los sabios para asegurar su existencia, actuando en armonía con el orden cósmico. De lo contrario, el caos, oculto y continuamente amenazador, podría adueñarse del cosmos y de la vida social. Pero tal orden rector del universo era obra de Dios y estaba sometido a su voluntad. Lo importante era rastrear todas las señales que condujeran al sabio a descubrir ese principio básico. Los resultados de la observación minuciosa de la armonía de la naturaleza y del reino animal eran transferidos a la esfera humana mediante analogías y comparaciones, que a su vez podían ser comprobadas y verificadas en la experiencia cotidiana. La búsqueda de analogías adecuadas tenía como propósito básico asegurar la existencia.

2. Es indudable que para los sabios la *vida* era el bien supremo, tanto más querido cuanto que para ellos nada existía más allá de la tumba. Partiendo de este dato básico, es fácilmente explicable la teoría de los dos caminos-conductas: el que nos lleva a una vida en plenitud o el que nos conduce a un final prematuro. Los que caminan durante su vida por el primero, son sabios; los que prefieren el segundo, necios. No había término medio. Ambas categorías de personas estaban caracterizadas éticamente: buenos y malos; los unos fortalecían el orden social y cósmico, los otros lo destruían.

La primera conducta aseguraba la existencia. Se requería la obediencia a los padres (que podían servirse de la disciplina en su doble sentido de castigos corporales y de cuerpo de enseñanzas); el autocontrol (de la lengua y de las pasiones) y la generosidad (que podía evitar la pérdida de los valores espirituales al que tenía mucho dinero).

La segunda conducta llevaba a la destrucción. Los peligros que acechaban eran el adulterio (de gran importancia a lo largo de todo el libro; sobre todo en Prov 1-9, donde la adúltera presenta singulares características tipológicas y simbólicas), la embriaguez, la pereza, la charlatanería y la injusticia (entendida como falta de solidaridad o despreocupación para con el pobre).

3. Para combatir a tales enemigos no bastaba la confianza en sí mismo y el apoyo de la tradición. De ahí el resurgir de una *sabiduría teológica*, centrada en la necesidad del temor del Señor, entendido como reverencia, respeto y amor hacia Dios. Esta línea de reflexión se fue profundizando, hasta llegar al aspecto más llamativo del libro de los Proverbios: la personificación de la sabiduría. La sabiduría ya no es el simple esfuerzo racional del hombre por dominar la vida, sino una criatura de Dios, la primera de sus criaturas, que el Señor concede a quienes lo respetan y aman. Sólo cuando el hombre se une a ella puede sentirse feliz y caminar sin miedo por la vida.

PROVERBIOS

I. PRIMERA COLECCION Δ

Programa y método

Sal 111 10; Eclo 1 14; Prov 9 10

1 1 Proverbios de Salomón, hijo de David, rey de Israel,
2 para aprender sabiduría e instrucción,
para entender dichos agudos,
3 para adquirir instrucción efectiva,
derecho, justicia y rectitud;
4 para dar sagacidad al inmaduro,
y al joven, saber e iniciativa.
5 Los escucha el sabio y aumenta su saber;
y el prudente adquiere habilidad
6 para entender proverbios y refranes,
palabras de sabios y sus enigmas.
7 El principio de la sabiduría es el temor del Señor;
los necios desprecian la sabiduría y la instrucción.

Compañías que desorientan

Sal 1 1; Eclo 11 29-34; Prov 5 5; 7 27; Is 59 7

8 Escucha, hijo mío, la instrucción de tu padre,
no olvides la enseñanza de tu madre,
9 pues serán como diadema en tu cabeza,
collar en tu garganta.
10 Hijo mío, si tratan de atraerte
los pecadores, no consientas.

Δ 1 1-9 18: Estos capítulos pretenden ser una introducción programática a todo el libro, una especie de plano sobre el que se han diseñado las características generales de la obra. En consecuencia, difieren del resto tanto por su forma cuanto por su contenido. Su forma es con frecuencia la del ensayo breve: el maestro de sabiduría, o la propia sabiduría personificada, invitan al hombre a formar y orientar su conducta; en contraposición, se subrayan los peligros creados por la mujer adúltera o por la necedad humana. Se trata de personificaciones poéticas con una clara función pedagógica. Los proverbios de estos capítulos están destinados a modelar el carácter, más conscientemente que el resto de los que integran el libro. Es una de las últimas colecciones del libro, en razón de la cual todo el conjunto recibe una fecha tardía de composición.

El tratamiento que hacen estos capítulos de la sabiduría implica que estamos situados en el último estadio de la evolución de dicho concepto: la sabiduría teológica. En efecto, no se trata sin más de establecer principios de sabiduría práctica (como ocurre en el resto del libro); la sabiduría de la que se habla aquí tiene su origen en Dios y es don de Dios.

• 1 1-7: La atribución a Salomón de una obra (Prov 1 1) es una ficción literaria muy extendida en el judaísmo, y a la que recurren también otros libros como Eclesiastés, Cantar de los Cantares y Salmos. Dicha atribución confiere categoría al libro y éste a su vez contribuye a la fama del supuesto autor.

En Prov 1 2-7 se trata de definir el fin propuesto mediante acumulación de sinónimos: iniciar al discípulo en una sabiduría-formación del espíritu, en una disciplina del juicio. Es necesario escuchar, someterse a la triple autoridad de los padres, del sabio y del Señor. La fe israelita supo integrar los valores humanos del conocimiento (Prov 1 7). Se presenta también el método, concretado en una serie de géneros literarios (dichos, proverbios, refranes, enigmas) comunes en el mundo de los sabios.

• 1 8-19: Es muy frecuente en la tradición sapiencial que el maestro se presente como un padre que aconseja a su hijo-discípulo. Aquí se alerta contra el peligro que supone acompañar a quienes planean enriquecerse a costa de gente indefensa. Pero la actitud del criminal que persigue al inocente no es compatible con el temor (confianza, respeto) del Señor. La invitación a no seguir este tipo de

11 Tal vez te digan: «Ven con nosotros,
preparemos emboscadas mortales,
acechemos sin motivo al inocente;
12 nos los tragaremos vivos como el abismo;
enteros, como los que bajan a la tumba;
13 conseguiremos toda clase de riquezas,
llenaremos nuestra casa con el botín;
14 comparte tu suerte con nosotros,
haremos una bolsa común».
15 Pero tú, hijo mío, no sigas su camino;
aparta tu pie de su senda,
16 porque sus pies corren hacia el mal
y tienen prisa por derramar sangre.
17 Pues de nada sirve tender redes
a la vista de las aves.
18 Sus emboscadas resultarán mortales para ellos mismos,
atentarán contra sus propias vidas.
19 Así terminan los avaros:
muertos por su propia codicia.

Discurso de la sabiduría

Sab 6 9-21; Eclo 24 19-22; Prov 8 1-21.32-36

20 La sabiduría proclama por las calles,
en las plazas levanta su voz,
21 grita desde lo alto de las murallas,
en la plaza lanza su discurso:

22 «¿Hasta cuándo los inmaduros amarán la inmadurez,
los insolentes se aferrarán a la insolencia
y los necios rechazarán el saber?
23 Pongan atención a mis razones;
derramaré mi espíritu sobre ustedes
y les comunicaré mis palabras.
24 Los llamé y me rechazaron,
tendí la mano y no encontré respuesta;
25 despreciaron mis avisos,
no aceptaron mis advertencias.
26 También yo me reiré de su desgracia,
me burlaré cuando se apodere de ustedes el terror;
27 cuando los alcance como tormenta el horror,
y la calamidad como si fuera un huracán;
cuando los alcancen la angustia y el sufrimiento.
28 Entonces me llamarán y no responderé;
me buscarán y no me encontrarán,

conducta supone la superación del primer obstáculo en el camino de la sabiduría: codicia, injusticia, asesinato, ilegalidad. Sin embargo, el que actúa guiado por la sabiduría que le transmiten sus mayores, siempre será respetado (Prov 1 8-9).

• **1 20-33**: Toma la palabra la sabiduría personificada. En lenguaje solemne (ver Prov 8 y 9 1-6) y estilo retórico, ofrece una invitación opuesta a la de Prov 1 10-14. El rechazo del saber por parte de los necios hará que la sabiduría no les preste atención en los momentos de angustia.

Descubrimos en este pasaje el vocabulario, el estilo y los temas de las amenazas proféticas al pueblo de Israel, pero en el ámbito de la moral individual, aunque también la sabiduría tiene un cierto alcance comunitario.

Podríamos decir que se percibe a Dios detrás de esta personificación, pues en este pasaje la sabiduría se apropia de aquello que en la predicación profética correspondía a Dios. No vivir conforme al temor-respeto del Señor conduce a la autodestrucción definitiva. Así pues, la alternativa es: sabiduría o muerte.

29 porque rechazaron el saber
y no eligieron el temor del Señor.
30 Como no aceptaron mis avisos
y despreciaron mis advertencias,
31 comerán el fruto de sus acciones
y de sus propios planes quedarán hartos.
32 La indisciplina matará a los ingenuos,
la despreocupación acabará con los necios;
33 pero quien me escuche vivirá seguro,
tranquilo y sin temor a la desgracia».

Promesas de la sabiduría

Mt 13 44-46; Prov 5 2-20; Sal 37 9.29

2 1 Hijo mío, si aceptas mis palabras
y guardas como un tesoro mis mandatos,
2 prestando atención a la sabiduría
y abriendo tu mente a la prudencia;
3 si invocas a la inteligencia
y llamas a la prudencia,
4 si la buscas como al dinero
y la desentierras como un tesoro,
5 entonces comprenderás el temor del Señor
y hallarás el conocimiento de Dios.
6 Porque el Señor concede la sabiduría
y de su boca brotan el saber y la prudencia.
7 El atesora sensatez para el hombre recto,
es escudo para el de conducta íntegra.
8 Cuida las sendas del derecho
y protege el camino de los fieles.
9 Entonces comprenderás
el derecho, la justicia y la rectitud,
todos los caminos del bien;
10 pues la sabiduría penetrará en tu mente,
y te dará gusto el saber.
11 El discernimiento cuidará de ti,
y la prudencia te protegerá;
12 te librará del mal camino,
del hombre perverso,
13 de los que abandonan la senda recta
para ir por caminos tenebrosos;

• **2 1-22**: En este capítulo resuenan los principales temas sapienciales de Prov 1-9. Se trata de una composición estudiada y equilibrada. Las *palabras* y *mandatos* del inicio del discurso recuerdan el estilo condicional de las promesas del Deuteronomio. A la categoría del precepto viene a sumarse el esfuerzo sapiencial de la *sabiduría*, la *prudencia* y la *perspicacia*, imprescindibles para alcanzar el *conocimiento de Dios*.

En Prov 2 6-11 se percibe el camino inverso: el Señor, una vez encontrado, se presenta como fuente de toda sabiduría. Las cualidades humanas, cuando se fundamentan en Dios, su fuente original, se convierten en protectoras del hombre, y no en poderes autodestructores.

La sabiduría no sólo protege de los perversos en general (Prov 2 12-15), sino también, en forma más concreta, de la mujer *ajena*, extranjera o prostituta (Prov 2 16-19). No se trata de una descalificación moral pasajera y sólo para un momento concreto, sino que afecta a toda la vida y para siempre.

En Prov 2 20-22 se encuentran resumidas las consecuencias que lleva consigo un recto comportamiento. Algunas expresiones evocan de nuevo las exhortaciones del Deuteronomio, con las promesas de la posesión de la tierra y la estabilidad.

14 de los que se complacen haciendo el mal
y gozan con sus ideas pervertidas;
15 de los que van por rumbos torcidos
y siguen caminos extraviados.
16 Te librará de la mujer extraña,
de la desconocida que seduce,
17 que fue infiel al amigo de su juventud
y olvidó la alianza de su Dios.
18 Su casa se inclina hacia la muerte
y sus sendas hacia las sombras.
19 Los que entran allí no regresan,
no alcanzan las sendas de la vida.
20 Por eso seguirás el camino de los buenos,
y te mantendrás en la senda de los justos.
21 Pues los rectos habitarán la tierra,
y los íntegros permanecerán en ella.
22 Pero los malvados serán exterminados de la tierra,
y los canallas serán extirpados de ella.

Una disciplina conforme al Señor

Dt 11 18-21; Sal 37 3-7; Rom 12 16; Job 5 17-18; Heb 12 5-11

3 1 Hijo mío, no olvides mi enseñanza
y practica mis mandamientos,
2 pues te traerán días en abundancia,
años de vida y bienestar.
3 No dejes que se retiren de ti el amor y la fidelidad;
átalas a tu cuello, grábalas en tu corazón;
4 así tendrás aceptación y éxito
ante Dios y ante los hombres.
5 Confía en el Señor con todo tu corazón
y no te fíes de tu inteligencia.
6 Cuenta con él en todos tus caminos,
y él enderezará tus sendas.
7 No te las des de sabio,
respeta al Señor y evita el mal;
8 será salud para tu cuerpo
y medicina para tus huesos.
9 Honra al Señor con tu riqueza,
con las primicias de tus ganancias;
10 así tus graneros se colmarán de grano
y tus bodegas estarán llenas de vino.
11 Hijo mío, no rechaces la instrucción del Señor
ni te enojes por su corrección,
12 pues el Señor corrige a quien ama,
como un padre a su hijo predilecto.

• **3 1-12**: La invitación a aceptar la sabiduría con docilidad *(Prov 3 1-2) recuerda el estilo del* Deuteronomio. Lo mismo puede decirse de la segunda recomendación (Prov 3 3-4), a la que se añade el vocabulario de la exhortación religiosa. Las otras cuatro estrofas se centran en la confianza (Prov 3 5-6) y en el respeto (o temor) al Señor (Prov 3 7-8), en la obligación cultual del pago de los diezmos (Prov 3 9-10) y en la aceptación de la disciplina divina (Prov 3 11-12). La sección entera se inspira en la religión de la alianza. Los términos con que se describe la sabiduría van a menudo asociados a las exigencias legales. También las concreciones de la retribución (días sin término, éxito, abundancia agraria) recuerdan el Deuteronomio.

Beneficios de la sabiduría

Sab 8 16; Prov 8 22-31; Eclo 1 1-4

13 Feliz el que encuentra sabiduría,
el que logra inteligencia,
14 pues es más rentable que la plata,
más provechosa que el oro.
15 Es más preciada que las perlas,
todas tus joyas no se le comparan.
16 Su mano derecha otorga larga vida,
y la izquierda, riquezas y honor.
17 Sus caminos son pura delicia,
todos sus senderos son de paz.
18 Es árbol de vida para quienes la retienen,
dichosos quienes se aferran a ella.
19 El Señor fundó la tierra con sabiduría,
estableció los cielos con inteligencia;
20 por su saber brotan los océanos,
y las nubes destilan rocío.

El valor de la prudencia

Sal 91 5-12; 3 6; 121 3

21 Hijo mío, conserva la prudencia y la reflexión,
que no se aparten de tu vista;
22 serán vida para tu alma
y adorno para tu cuello.
23 Así caminarás confiado
y tu pie no tropezará.
24 Cuando descanses nada temerás,
con dulce sueño te acostarás.
25 No temerás el terror repentino,
ni la desgracia de los malvados cuando llegue,
26 pues el Señor estará a tu lado
y librará tu pie de la trampa.

La prudencia en las relaciones sociales

Eclo 4 3; Lv 19 18; Sant 2 15-16; Prov 24 1.19; 15 8-9.26

27 No niegues un favor a quien tenga derecho;
si está en tus manos concédeselo.
28 Si tienes, no digas a tu prójimo:
«Regresa otro día, mañana te daré».

• **3 13-20**: *La sabiduría es más* valiosa que el mayor bien terreno. No en vano procura la vida (Prov 3 18) y tiene su origen en Dios, fuente misma del ser y de la vida (Prov 3 19). El conjunto de imágenes poéticas tiene, en este pasaje, un desarrollo ascendente: desde el bienestar terreno hasta la consideración cósmica y divina. Prov 3 13-15 recuerda la temática y los elementos comparativos de Job 28. Prov 3 19-20 adelanta en parte las ideas de Prov 8 22ss.

• **3 21-26**: Nueva exhortación del padre-maestro. Los dones de la prudencia recuerdan e igualan a los dones divinos. Conservar la prudencia es condición para que Dios nos proteja (Prov 3 21.26). Aunque no se menciona la idea de la salvación (rara en la tradición sapiencial), las expresiones *caminar con confianza, sin tropiezos ni trampas, etc.* evocan imágenes con las que los salmos describen la salvación.

• **3 27-35**: Continúa la exhortación. Cuatro consejos negativos condicionados (Prov 3 27-30) y uno ampliado con motivación (Prov 3 31-32). Tres consideraciones finales (Prov 3 33-35) con tres dobles tipificaciones antitéticas, clásicas en la literatura sapiencial: justo-malvado; humilde-soberbio; sabio-necio. Los tres últimos versículos sirven de fundamento ético-religioso a las exhortaciones anteriores.

29 No conspires contra tu prójimo
mientras vive confiado junto a ti.
30 No lleves a juicio a un hombre sin motivo,
si no te ha hecho ningún mal.
31 No envidies al hombre violento
ni imites su conducta,
32 pues el Señor, aborrece al perverso,
y da a los rectos su confianza.
33 El Señor maldice la casa del malvado
y bendice la morada de los justos;
34 puede burlarse de los soberbios,
pero concede su favor a los humildes.
35 La herencia de los sabios es el honor,
pero los necios acumulan deshonra.

Exhortación a adquirir sabiduría

Prov 1 2-5; Eclo 6 18-37

4 1 Escuchen, hijos, la instrucción paterna,
pongan atención y aprendan a ser inteligentes;
2 les enseño una buena doctrina,
no abandonen mi enseñanza.
3 Yo también fui hijo de mi padre,
tiernamente querido por mi madre.
4 El me instruía diciéndome:
«Guarda mis palabras en tu corazón,
observa mis mandatos y vivirás.
5 Adquiere sabiduría, adquiere inteligencia,
no la olvides, sigue mis consejos;
6 no la abandones y cuidará de ti,
ámala y te protegerá.
7 Para empezar a ser sabio, adquiere sabiduría
y gasta tu fortuna en adquirir inteligencia.
8 Apréciala, y te engrandecerá;
abrázala y te colmará de honores.
9 Pondrá en tu cabeza una hermosa diadema,
te colocará una espléndida corona».

Exhortación a una conducta recta

Jn 1 4-9; Prov 3 19-21; 12 35-36.46

10 Escucha, hijo mío, recibe mis palabras
y vivirás largos años.
11 Te guiaré por el camino de la sabiduría,
te conduciré por sendas rectas.

• **4 1-9**: Siguen las exhortaciones del padre-maestro. La experiencia de otras generaciones es también norma sapiencial. Pero no se trata de mera recepción, sino de esfuerzo: *adquirir* (Prov 4 5.7), *abrazar* (Prov 4 8) y *no abandonar* (Prov 4 6). *Sólo así* habrá vida (Prov 4 4.6) y honor (Prov 4 8-9). *Estrechar* y *abrazar* aluden a la intimidad del amor; no en vano, se ha descrito anteriormente a la sabiduría con rasgos femeninos. Los términos de Prov 4 1-2 son un eco de Prov 1 2-5.

• **4 10-19**: Se repiten los temas y las imágenes de Prov 3 21-26, haciendo hincapié en los dos caminos-conductas. La conducta honrada va acompañada de luz (Prov 4 18), que permite ver el camino (Prov 4 12). La fuerza que impulsa la conducta descarriada es descrita recurriendo a las necesidades más elementales del hombre: comida-bebida y sueño (Prov 4 16-17). Las intrigas del malvado, que le impiden un sueño reparador (Prov 4 16), contrastan con la sabiduría, que procura un sueño reconfortable a quien va en su busca (véase Prov 3 24).

12 Cuando camines, tus pasos no vacilarán,
aunque corras, no tropezarás.
13 Aférrate a la instrucción, no la dejes;
consérvala, que en esto te va la vida.
14 No transites por rutas de impíos,
no vayas por camino de malvados.
15 Evítalo, no cruces por él;
apártate de él, pasa de largo.
16 Los malvados no duermen, si no hacen el mal;
pierden el sueño, si no hacen caer a alguien.
17 Porque se nutren con pan de crímenes
y beben vino de violencia.
18 Pero la senda de los justos es aurora luminosa,
su luz crece hasta hacerse pleno día;
19 los malvados caminan en tinieblas,
no saben dónde tropiezan.

El camino del bien

Prov 3 18; 13 14

20 Hijo mío, atiende a mis palabras,
haz caso a mis razones;
21 que no se aparten de tu vista,
consérvalas en tu corazón.
22 Pues son vida para quien las encuentra,
y salud para todo su cuerpo.
23 Por encima de todo vigila tus intenciones,
pues de ellas brota la vida.
24 Aparta la perversidad de tu boca,
aleja la mentira de tus labios.
25 Que tus ojos miren de frente
y no se desvíe tu mirada.
26 Mira dónde pisas
y todos tus caminos estarán seguros.
27 No te desvíes ni a derecha ni a izquierda
y aleja tus pasos de la maldad.

La mujer ajena

Prov 7 1-27; Eclo 9 1-9

5 1 Hijo mío, atiende a mi sabiduría,
ten en cuenta mi inteligencia,

• ***4 20-27***: *El compromiso del* hombre con la sabiduría debe ser total. El autor del pasaje lo expresa enumerando todos los elementos básicos de la anatomía humana: oídos (Prov 4 20), ojos (Prov 4 21.25), miradas (Prov 4 25), corazón-mente (Prov 4 21-23), boca (Prov 4 24), labios (Prov 4 24), pies (Prov 4 27). Todo el ser del hombre debe estar en tensión.

• **5 1-14**: El tema del peligro que suponen las relaciones con una mujer ajena (bien sea una prostituta, bien la mujer del prójimo) es común en la literatura sapiencial. La sabiduría y la necedad suelen revestirse poéticamente de características femeninas, positivas y negativas respectivamente, hasta el punto de que es difícil distinguir si se habla de la prostituta y de la mujer honrada o más bien de la necedad y de la sabiduría. Comparar, p. e., Prov 8 32-9 6 con Prov 9 13-18.

El comienzo de la exhortación (Prov 5 1-2) recuerda a Prov 1 2-5 y Prov 4 1-2. La prostituta, de la que se habla, podría ser una extranjera, asociada tal vez a los cultos de la fertilidad. De todos modos, la descripción es genérica; no se concreta en ningún tipo especial. El joven que cede a su seducción corre peligro de muerte (Prov 5 5), de autodestrucción (Prov 5 11), de la vergüenza y castigo públicos (Prov 5 14). Lo contrario ocurre a quien se adhiere a la sabiduría: poseerá vida (Prov 3 16.18; 4 10) y honor (Prov 4 8-9).

2 así conservarás la reflexión,
y tus labios guardarán el saber.
3 Miel destilan los labios de la mujer ajena,
su paladar es más suave que el aceite.
4 Pero el desenlace es amargo como ajenjo,
hiriente como espada de dos filos.
5 Sus pies corren a la muerte,
sus pasos van derechos al abismo.
6 Le tiene sin cuidado el sendero de la vida,
no le importa que su camino se extravíe.
7 Así que, escúchame, hijo mío,
y sigue los consejos que te doy:
8 aleja de ella tu camino,
no te acerques a la puerta de su casa;
9 así no entregarás a otros tu honor,
ni tu dignidad a gente despiadada;
10 así no disfrutarán extraños de tus bienes,
ni el fruto de tu trabajo se irá a casa ajena.
11 De lo contrario gemirás cuando llegue el final,
cuando tu cuerpo y tu carne se agoten;
12 entonces dirás: «¿Por qué rechacé la disciplina
y mi corazón despreció la corrección?
13 ¿Por qué no escuché a mis maestros,
y no hice caso a mis educadores?
14 He estado al borde de la ruina total
ante la asamblea y la comunidad».

La mujer propia

Eclo 16 17; 17 15.19-20; 24 30-31

15 Bebe agua de tu propio manantial,
la que mana de tu propio pozo.
16 ¿Se derramarán por la calle tus fuentes,
y tus arroyos por las plazas?
17 Sean sólo para ti
sin compartirlos con extraños;
18 sea tu fuente bendita,
alégrate con la esposa de tu juventud.
19 Cierva encantadora, graciosa gacela,
que sus pechos te embriaguen siempre,
y continuamente te deleite su amor.
20 Hijo mío, no te deleites con una mujer ajena,
no abraces a una desconocida;
21 pues el Señor ve los caminos del hombre,
vigila todas sus sendas.
22 Su propia maldad atrapa al malvado,
queda preso en los lazos de su pecado.
23 Morirá por no dejarse corregir,
tanta necedad lo perderá.

• **5 15-23**: Serie de preciosas imágenes con clara simbología de sexo y fertilidad. La descripción recuerda al Cantar de los Cantares. Las metáforas nos llevan más allá de la simple esfera humana, pues el agua desbordante es sinónimo del ímpetu de la sabiduría divina (Eclo 24 30-31): mujer-posesión-fecundidad se corresponde con sabiduría-posesión-fecundidad.

Las consideraciones finales (Prov 5 20-23) acuden a la motivación religiosa, y están relacionadas con el comienzo del capítulo.

Fianzas

Eclo 29 14-20; Prov 17 18; 22 26-27

6 1 Hijo mío, si has salido fiador de tu prójimo,
si te has comprometido con un extraño,
2 si te sientes obligado por tus palabras,
si te has dejado atrapar por ellas,
3 haz esto, hijo mío, si quieres salvarte,
pues has caído en poder de tu prójimo:
ve sin tardanza, importuna a tu prójimo,
4 no concedas sueño a tus ojos
ni reposo a tus párpados,
5 escapa como gacela de la trampa,
como pájaro de la red del cazador.

El hombre perezoso

Prov 24 30-34; 30 24-25; Eclo 22 1-2

6 Vete a ver a la hormiga, perezoso,
observa sus costumbres y aprende.
7 Aunque no tiene capataz
ni jefe ni inspector,
8 reúne su alimento en el verano,
recoge su comida durante la cosecha.
9 ¿Hasta cuándo dormirás, perezoso?
¿Cuándo te levantarás de tu sueño?
10 Duermes un rato, dormitas otro rato,
cruzas los brazos y a descansar.
11 Y te llega la miseria del vagabundo
y la pobreza del mendigo.

El hombre falso

Eclo 27 22-27; 28 13-26; Prov 26 24-28

12 El hombre malvado y perverso,
anda por ahí con palabras engañosas;
13 guiña los ojos, sacude los pies,
hace señas con los dedos,
14 trama acciones perversas,
provoca continuas peleas.
15 Por eso su ruina llegará de improviso,
su caída será repentina y sin remedio.

• **6 1-5**: Peligros de las fianzas. Se percibe un tono utilitarista y precavido, frecuente en gran parte de la literatura sapiencial. Hay que evitar que el joven inexperto en los vaivenes de la economía se arriesgue peligrosamente. El autor del Eclesiástico, testigo quizá de un mundo financiero más organizado, es menos pesimista (véase Eclo 29 14-20).

• **6 6-11**: La imagen de la hormiga como símbolo de laboriosidad es característica de la literatura israelita en el marco de la sabiduría del antiguo Oriente Próximo.

La versión griega de los LXX completa Prov 6 8 con una glosa que constituye un ejemplo típico de la tendencia edificante de la traducción de Proverbios en los LXX. Dice así: *O bien acércate a la abeja, / mira qué laboriosa es / y qué hermoso es su trabajo. / El rey y el pueblo aprovechan / para su salud lo que ella produce. / Todos la buscan y la estiman, / y aunque de escasa fuerza / se distingue por haber honrado la sabiduría.*

• **6 12-15**: El hombre perverso designa también en la Biblia al impío y al idólatra. No se trata de un simple defecto, sino de una personalidad totalmente corrompida: palabras (boca), ojos, pies, dedos, conspiración (corazón/mente). Los gestos de Prov 6 13 son gestos de desdén y de burla hacia los demás.

Lo que odia el Señor

Prov 1 16; 19 5; 25 18

16 Seis cosas detesta el Señor
y la séptima la desprecia totalmente:
17 ojos altaneros, lengua mentirosa,
manos que derraman sangre inocente,
18 corazón que trama planes perversos,
pies dispuestos a correr detrás de la maldad,
19 testigo falso que dice mentiras,
y el que siembra discordias entre hermanos.

Cuidado con el adulterio

Eclo 23 16-27

20 Observa, hijo mío, el mandato de tu padre,
no rechaces la enseñanza de tu madre.
21 Grábalos siempre en tu mente,
cuélgalos alrededor de tu cuello.
22 Cuando camines te guiarán,
durante el sueño velarán junto a ti,
cuando despiertes, conversarán contigo.
23 Pues lámpara es el mandato y luz la enseñanza,
y camino de vida la instrucción que corrige.
24 Te protegerán de la mala mujer,
de la lengua seductora de la mujer ajena.
25 No desees en tu corazón su hermosura,
ni dejes que te atrapen sus miradas.
26 Pues con la prostituta basta un trozo de pan,
pero la casada busca un buen partido.
27 ¿Puede un hombre meter fuego en el pecho
sin que se queme su ropa?
28 ¿Puede un hombre andar sobre las brasas
sin que se quemen sus pies?
29 Pues lo mismo el que se acuesta con la mujer del prójimo:
no quedará sin castigo el que la toque.
30 No se desprecia a un ladrón cuando sólo roba
para saciarse, pues tiene hambre.
31 Pero si es sorprendido pagará siete veces más,
tendrá que dar todos los bienes de su casa.
32 Al adúltero le falta el juicio,
arruina su vida quien así actúa;
33 cosecha palos e insultos,
su humillación no se borrará.
34 Porque los celos enfurecerán al marido,
y el día de la venganza no tendrá compasión;

• **6 16-19**: El proverbio numérico es una forma típica, aunque no exclusiva, de la literatura sapiencial. En los proverbios numéricos (ver Prov 30 15-31; Eclo 25 1-2.7-11; *26 1-6.28) se resalta, generalmente,* la última realidad mencionada en la serie. En este caso, el que siembra discordias entre hermanos.

• **6 20-35**: La sección retoma la exhortación paterna de Prov 5. Las imágenes de la primera parte (Prov 6 20-23) son conocidas (Prov 4 4.12.21; 3 22.24). Los términos hebreos para *mandato* y *enseñanza* hacen referencia a la ley del Deuteronomio. El adulterio, tanto moral como legalmente, es peor que la prostitución; de hecho exige la pena capital (Lv 20 10). La motivación, de tono sapiencial, se expresa mediante dos comparaciones acompañadas de preguntas retóricas: las desgracias del adulterio son tan inevitables como la destrucción provocada por la manipulación ingenua del fuego, o como la vergüenza pública y la multa a las que se expone el ladrón.

35 no estará dispuesto a compensaciones,
nada que le ofrezcas podrá sobornarlo.

La seducción

Dt 6 8; Eclo 9 3-7; Prov 23 27-28; 5 3

7 1 Hijo mío, conserva mis palabras,
guarda como un tesoro mis mandatos;
2 conserva mis mandatos y vivirás,
que mi enseñanza sea como la niña de tus ojos.
3 Atalos a tus dedos,
escríbelos en tu corazón.
4 Di a la sabiduría: «Tú eres mi hermana»,
y considera a la inteligencia como tu pariente.
5 Te guardará de la mujer ajena,
de la desconocida que seduce.

6 Estaba yo en la ventana de mi casa,
observando a través de las rejas;
7 miraba un grupo de ingenuos,
y ví entre los muchachos uno sin juicio.
8 Iba por la calle, doblando la esquina,
y pasaba junto a la casa de ella.
9 Era al anochecer, al caer el día,
cuando oscurece y se acerca la noche.
10 En esto le sale al encuentro una mujer
con ropas y aire de prostituta.
11 Es atrevida y seductora,
sus pies no paran en su casa.
12 En la calle o en las plazas,
en todas las esquinas se pone al acecho.
13 Lo agarra y lo besa;
lo mira con descaro y le dice:
14 «Tengo que ofrecer un sacrificio,
porque hoy debo cumplir mis promesas;
15 por eso he salido a tu encuentro,
te he buscado ansiosa y te he encontrado.
16 He puesto en mi lecho sábanas
de coloreados tejidos de Egipto;
17 he perfumado el lecho con mirra,
áloe y nardo.
18 Embriaguémonos de caricias hasta el amanecer,
saciémonos de los placeres del amor,

• ***7 1-27**: Sigue una instrucción* sobre la adúltera. Dos exhortaciones a escuchar las palabras de sabiduría del padre-maestro (Prov 7 1-5.24-27) enmarcan una escena de seducción.

El tema y la terminología de la primera exhortación son ya conocidos (Prov 6 20-23; 4 20-23; 3 21-26). La obediencia a los mandatos tiene que manifestarse al exterior, si bien nace de la interioridad del hombre (Prov 7 3). La exhortación al trato con la sabiduría (Prov 7 4) motiva a entablar con ella un parentesco íntimo, que evitará otras relaciones nefastas.

La escena de la seducción (Prov 7 6-23) es descrita en tercera (Prov 7 6-13.21-23) y en segunda persona (Prov 7 14-20). La víctima es un joven inexperto. La prostituta puede ser un personaje real, pero su descripción la trasciende, convirtiéndola en símbolo antitético de la sabiduría personificada (Prov 8 1-11; 9 1-6; y notas a Prov 5 y a Prov 5 1-14). La descripción de Prov 7 14ss da pie a pensar que podría tratarse de una prostituta sagrada. El desenlace (Prov 7 22-23) acentúa el estado de destrucción y opresión en que acaba la víctima.

La exhortación final muestra que el sabio habla por experiencia. Ha presentado un caso común. La sabiduría es necesaria para enfrentarse a la sagacidad asesina del mundo. Las imágenes de Prov 7 27 se encuentran también en otros lugares (véase Prov 2 18-19; 5 5-6).

19 pues mi marido no está en casa,
ha salido para un largo viaje;
20 llevó consigo la bolsa del dinero,
y no regresará a casa hasta la luna llena».
21 Lo seduce con palabras cariñosas,
lo persuade con sus dulces labios.
22 Y el infeliz se va detrás de ella,
como buey al matadero,
como ciervo que se enreda en el lazo,
23 hasta que una flecha le atraviesa el hígado;
y como pájaro se precipita en la red,
sin saber que eso le costará la vida.

24 Y ahora, hijo mío, escúchame,
atiende a las palabras de mi boca:
25 que tu corazón no siga sus caminos,
no te pierdas por sus senderos,
26 pues son muchos los que ella ha derribado,
sus víctimas son incontables;
27 su casa conduce al abismo,
se hunde en la morada de la muerte.

Invitación de la sabiduría

Prov 1 20-23; Eclo 24 1-22

8 1 Escuchen, la sabiduría proclama,
la inteligencia levanta su voz.
2 En las alturas junto a los senderos,
de pie, donde los caminos se cruzan;
3 junto a las puertas de la ciudad,
en las vías de acceso, hace resonar su voz:
4 A ustedes, hombres, los llamo,
a los humanos dirijo mi voz.
5 Aprendan, inexpertos, la prudencia,
y ustedes, necios, caigan ya en la cuenta;
6 escuchen, que les comunico cosas buenas,
de mis labios saldrán palabras rectas;
7 mi paladar saborea la verdad,
mis labios detestan el mal;
8 todas mis palabras son sinceras,
nada en ellas es falso o perverso;
9 todas son claras para quien entiende,
rectas para quien tiene conocimiento.
10 Elijan mi instrucción antes que la plata,
el conocimiento antes que el oro puro;
11 pues la sabiduría vale más que las perlas,
con ninguna joya se la puede comparar.

• **8 1-11**: Al contrario que la *mujer ajena*, la sabiduría habla en público (Prov 8 2-3), en lugares concurridos, *como los profetas. Sus destinatarios* son todos los hombres, pero sobre todo los necios e inexpertos (Prov 8 4-5). El valor de sus palabras es resaltado con expresiones ya conocidas (Prov 2 4; 3 14).

• **8 12-36**: La sabiduría se presenta bajo dos aspectos. Por una parte, sabiduría práctica (Prov 8 12-21): discreción, saber hacer, sobre todo en el ámbito de la sabiduría real (Prov 8 14-16); sabiduría como virtud de la templanza, como equidad en la acción de gobierno (véase Is 11 2; Job 12 13). Por otra parte, sabiduría en sus relaciones con Dios (Prov 8 22-31), en el que tiene su origen. Distinta de Dios, pero fruto de su misma vida; criatura de Dios, pero anterior al mundo; presente, como confidente de Dios, en la organización del mundo.

Discurso de la sabiduría

Eclo 24; 19 20; Mt 7 7-8; Jn 1 1-3; Eclo 14 20-27; 1 Jn 5 12; Sab 1 12-16

12 Yo, la sabiduría, habito con la prudencia
y he descubierto el arte de la reflexión.
13 (El temor del Señor odia el mal.)
Detesto la altanería y la altivez,
el mal camino y la lengua perversa.
14 Poseo consejo y competencia,
mías son la inteligencia y el poder.
15 Por mí reinan los reyes,
y los príncipes dan sentencias justas;
16 por mí gobiernan los gobernantes,
y los grandes juzgan la tierra.
17 Yo amo a los que me aman,
y me encuentran los que me ansían.
18 Riqueza y honor me acompañan,
bienes duraderos y justicia.
19 Mi fruto es mejor que el oro puro,
mis productos mejores que plata elegida.
20 Camino por sendas de justicia,
por senderos de derecho,
21 para ofrecer bienes a los que me aman,
para aumentar sus tesoros.

22 El Señor me creó al principio de sus tareas,
antes de sus obras más antiguas.
23 Fui formada en un pasado lejano,
antes de los orígenes de la tierra.
24 Cuando aún no había océanos, fui engendrada,
cuando aún no existían los manantiales ricos en agua;
25 antes que las montañas fueran cimentadas,
antes que las colinas fui engendrada.
26 No había hecho aún la tierra ni los campos,
ni los primeros terrores del orbe.
27 Cuando consolidaba los cielos, allí estaba yo,
cuando trazaba la bóveda
sobre la superficie del océano,
28 cuando condensaba las nubes en lo alto,
cuando fijaba las fuentes del océano,
29 cuando señalaba al mar su límite
para que las aguas no rebasaran sus orillas,
cuando establecía los cimientos de la tierra,
30 a su lado estaba yo, como confidente,
día tras día lo alegraba
y jugaba sin cesar en su presencia;

Este texto (Prov 8 22-31), junto con otros que hablan de la sabiduría personificada como algo anterior a la creación (Eclo 24; Sab 7-9), hace de puente con el Nuevo Testamento y prepara el terreno para la presentación de Jesucristo como palabra de Dios, creadora y eterna (Jn 1 1-2) y como sabiduría de Dios (Mt 11 19; Lc 11 49; 1 Cor 1 24-30).

La conclusión del discurso subraya que, a pesar de su origen divino, la sabiduría está al alcance de los hombres. Habita entre ellos, como maestra y mediadora de vida (Prov 8 32-36). Si la sabiduría personificada ha sido testigo de la creación (suprema manifestación de la sabiduría divina), su posesión será para el hombre la mayor garantía de cara a una vida plena. No se trata sin más de una sabiduría de tipo general, sino de saber encontrar el puesto correspondiente en el orden cósmico y humano, en el orden de lo creado.

31 jugaba con el orbe de la tierra,
y mi alegría era estar con los hombres.
32 Así, pues, hijos, escúchenme:
felices quienes siguen mis caminos;
33 hagan caso a la disciplina y sean sabios;
no la desprecien.
34 Feliz el hombre que me escucha,
velando a mis puertas día tras día,
vigilando a la entrada de mi casa.
35 Quien me encuentra, encuentra la vida
y alcanza el favor del Señor;
36 quien me ofende se destruye a sí mismo,
pues los que me odian, aman la muerte.

Nueva invitación de la sabiduría

Mt 22 1-14; Eclo 24 19-21

9 1 La sabiduría se ha edificado una casa,
ha labrado sus siete columnas,
2 ha sacrificado víctimas,
ha mezclado el vino
y hasta ha preparado la mesa.
3 Ha enviado a sus criadas a proclamar
en los lugares más altos de la ciudad:
4 «El que sea inexperto venga acá».
Y al hombre duro para entender le dice:
5 «Vengan a comer de mi pan,
beban del vino que he mezclado.
6 Dejen la inexperiencia y vivirán,
sigan el camino de la inteligencia».

Contra los soberbios

Prov 19 25; 15 12.33; 1 7; 2 5

7 El que corrige al soberbio, se acarrea desprecio,
y el que reprende al malvado, humillación.
8 No corrijas al soberbio, pues te odiará,
corrige al sabio y te amará.
9 Da al sabio y se hará más sabio,
instruye al justo y aumentará su ciencia.
10 El principio de la sabiduría es el temor del Señor,
y en conocer al Santo está la inteligencia.
11 Por mí se multiplicarán tus días,
y se te añadirán años de vida.
12 Si eres sabio, para tu bien lo eres,
si eres soberbio, sólo tú padecerás.

• **9 1-6**: La sabiduría hace una invitación pública al banquete que ha preparado para sus invitados, en hermoso contraste con la posterior invitación de la necedad (Prov 9 13-18). A pesar de los rasgos cultuales implícitos en Prov 9 1-2, no hay una clara vinculación de la sabiduría con el culto, como ocurre en Eclo 24 10-11.

• **9 7-12**: Esta breve sección parece interrumpir la estrecha relación entre el pasaje anterior (la sabiduría) y el siguiente (la necedad), a no ser que Prov 9 11-12 se ponga en boca del primer personaje. La inutilidad y el riesgo que encierra la pretensión de corregir una personalidad torcida, contrasta con numerosos consejos en la línea contraria que aparecen en el resto del libro. El hombre sabio aprende a amoldarse a las situaciones cambiantes en las que vive. Unas veces deberá hablar, otras callar (véase Prov 26 4-5).

Invitación de la necedad

Prov 9 1-6; 20 17; 7 27

13 La necedad es atrevida;
es simplona y nada le importa.
14 Se sienta a la puerta de su casa,
pone su asiento en lo más alto de la ciudad,
15 para llamar a los que pasan,
a los que van derechos por el camino:
16 «El que sea inexperto, venga acá».
Y al hombre duro para entender le dice:
17 «El agua robada es dulce;
el pan comido a escondidas, sabroso».
18 Pero no saben que allí viven los muertos
y sus huéspedes yacen en lo profundo del abismo.

II. PROVERBIOS DE SALOMON Δ

10 1 Un hijo sabio es la alegría del padre,
un hijo necio es la tristeza de su madre.
2 De nada sirven tesoros injustos,
pero la justicia libra de la muerte.
3 El Señor no permite que el justo pase hambre,
pero rechaza la codicia del malvado.
4 Mano perezosa empobrece,
brazos trabajadores enriquecen.
5 Hombre prudente recoge en verano,
quien duerme en la cosecha quedará avergonzado.
6 La cabeza del justo atrae bendición,
la boca del malvado oculta violencia.
7 El recuerdo del justo es bendito,
el nombre del malvado se extingue.
8 Hombre juicioso acepta los mandatos,
labios necios corren al precipicio.
9 El que se porta honradamente está seguro,
el que actúa torcidamente es descubierto.

• **9 13-18**: Clara personificación de la necedad, contrapartida de la sabiduría personificada. Del mismo modo que la sabiduría está descrita con rasgos femeninos, sobre todo de la esposa (véase Prov 5 15-19), la necedad presenta *los rasgos de la prostituta (comparar el* presente párrafo con Prov 2 16s; 5 3s; 6 24s; 7 6s; sobre todo Prov 9 18 con 2 18-19; 5 5-6 y 7 27).

Aunque la fórmula de invitación es idéntica (Prov 9 4; 9 16), contrastan los preparativos, los dones ofrecidos (Prov 9 2.5 y 9 17) y el desenlace final de vida (Prov 9 6) y muerte (Prov 9 18).

Δ 10 1-22 16: Podemos dividir toda esta colección en dos secciones: Prov 10 1-15 33 y Prov 16 1-22 16, aunque por lo que respecta a la forma y al estilo, en ambas predomina el paralelismo.

La primera sección utiliza preferentemente el paralelismo antitético. Su estilo es proverbial, no es imperativo, sino más bien reflexivo, es decir analiza las actitudes y situaciones humanas partiendo de la experiencia. No parece que haya un principio temático ordenador. En consecuencia, el contenido es inevitablemente variado. Se presenta una amplia gama de sucesos de la vida diaria y de tipos de conducta; agudas observaciones sobre la pereza, la pasión desmedida, el orgullo, el descontrol de la lengua, la embriaguez, el fraude. Se resalta el valor de la justicia, la equidad, la fidelidad, la generosidad, la amistad, el respeto a los ancianos, el autocontrol.

• **10 1-32**: Este primer grupo de proverbios insiste en las actitudes contrapuestas de sabios-necios y justos-malvados. Las contraposiciones se desarrollan en tres campos: la dimensión social (vida familiar, trabajo, actitud ante la sabiduría, uso de la palabra), la dimensión ética y la dimensión religiosa.

10 Mirar con malicia acarrea sufrimientos,
corregir con franqueza trae la paz.
11 Fuente de vida es la boca del justo,
la boca del malvado oculta violencia.
12 El odio provoca peleas,
el amor disimula las faltas.
13 En labios inteligentes se encuentra sabiduría,
el látigo es para la espalda del necio.
14 Los sabios acumulan ciencia,
la boca del necio acelera la desgracia.
15 Los bienes del rico son su fortaleza,
la miseria de los pobres, su ruina.
16 La ganancia del justo es la vida,
el salario del malvado, la catástrofe.
17 El que acepta la instrucción camina a la vida,
el que desprecia la corrección se extravía.
18 Labios mentirosos encubren el odio,
quien difunde calumnias es un imprudente.
19 En el mucho hablar no falta el pecado,
el que pone frenos a sus palabras es prudente.
20 Plata pura es la lengua del justo,
el corazón del malvado no vale nada.
21 Las palabras del justo guían a muchos,
los necios mueren por falta de inteligencia.
22 La bendición del Señor enriquece,
nuestro esfuerzo nada le añade.
23 El necio se divierte con la infamia,
el sensato con la sabiduría.
24 Al malvado le sucede lo que teme,
al justo se le otorga lo que desea.
25 Pasa la tormenta y no queda ni rastro del malvado,
pero el justo se mantiene para siempre.
26 Vinagre para los dientes y humo en los ojos,
es el perezoso para quien le encarga algún trabajo.
27 El temor del Señor alarga la vida,
los años del malvado se acortan.
28 La esperanza del justo florece,
la ilusión del malvado se marchita.
29 Los preceptos del Señor son refugio para el hombre recto,
ruina para el malhechor.
30 El justo nunca tropezará,
los malvados no habitarán la tierra.
31 De la boca del justo sale sabiduría,
la lengua perversa será cortada.
32 Las palabras del justo producen agrado,
los discursos del malvado, perversidad.

11 1 El Señor aborrece la balanza alterada,
le agrada el peso justo.
2 *Detrás de la soberbia* viene la vergüenza;

• **11** 1-31: El contraste justo-malvado (y su variante, rectos-impíos) continúa la serie hasta llegar a ser el tema dominante, mientras que casi desaparece el binomio sabio-necio (Prov 11 12.29). Además, se contraponen dos tipos de mujer (Prov 11 16.22) y aparecen otros contrastes: humildes-soberbios (Prov 11 2), honrados-traidores (Prov 11 3), leal-chismoso (Prov 11 13), compasivos-crueles (Prov 11 17) y generoso-acaparador (Prov 11 24-26). Tam-

con los humildes está la sabiduría.
3 La integridad guía a los honrados,
la perversidad arruina a los malvados.
4 No sirven riquezas el día del castigo,
pero la rectitud salva de la muerte.
5 La rectitud del inocente le facilita su camino,
el malvado cae en su propia maldad.
6 La rectitud salva a los hombres honrados,
los malvados se enredan en su maldad.
7 Con la muerte del malvado acaba su esperanza,
y perece la confianza que puso en las riquezas.
8 El hombre recto es librado de la angustia,
y el malvado ocupa su lugar.
9 El malvado arruina a su prójimo con su boca,
pero los justos se salvan por su saber.
10 De la prosperidad de los justos se alegra la ciudad,
también hay fiesta cuando el malvado se arruina.
11 Por la bendición de los rectos prospera la ciudad,
por la boca de los impíos se arruina.
12 El que desprecia a su prójimo es un imprudente,
el hombre cauto guarda silencio.
13 El chismoso descubre los secretos,
el que es de fiar, sabe guardarlos.
14 Cuando no hay dirigentes, cae un pueblo,
y se salva cuando tiene muchos consejeros.
15 Daño seguro para el fiador de un extraño,
el que evita hacer tratos vive tranquilo.
16 La mujer hermosa se hace respetar,
los decididos consiguen riquezas.
17 El hombre compasivo se hace bien a sí mismo,
el cruel, en cambio, provoca su propio daño.
18 Las ganancias del malvado son ficticias,
el que siembra rectitud tiene recompensa segura.
19 El que actúa con rectitud camina hacia la vida,
el que persigue el mal va hacia la muerte.
20 Los de mente perversa son odiosos al Señor,
los de conducta limpia le son gratos.
21 El malvado no quedará sin castigo,
la descendencia de los justos se salvará.
22 Anillo de oro en hocico de puerco,
es la mujer hermosa pero sin inteligencia.
23 El deseo de los justos es tan sólo el bien,
la esperanza del malvado es la ira.
24 *Hay quien* es generoso y se enriquece,
hay quien ahorra demasiado y se empobrece.
25 El generoso prosperará,
el que alivia a otros será aliviado.
26 Al que acapara trigo, lo maldice el pueblo;
a quien lo vende, lo cubren de bendiciones.

bién se tratan los temas del gobierno (Prov 11 14), y la fianza (Prov 11 15). El motivo religioso se concentra en la práctica de la justicia, en la actitud hacia el prójimo y en alusiones indirectas a Dios (Prov 11 1.31).

En Prov 11 16 el texto griego dice: *La mujer agraciada aumenta la honra de su marido, / la que desprecia la justicia es trono de deshonra. / Los perezosos carecerán de bienes, / los valientes adquirirán bienes.*

27 Quien se esfuerza por el bien, hallará favor;
a quien busca el mal, el mal lo alcanzará.
28 Quien confía en su fortuna, perecerá;
hombres rectos reverdecerán como las hojas.
29 Quien desordena su casa, heredará viento;
el necio será esclavo del sabio.
30 El fruto de la rectitud es un árbol de vida,
y el sabio cautiva a la gente.
31 Si el hombre recto recibe en la tierra lo que merece,
¡cuánto más el malvado y el pecador!

12 1 El que ama la reprensión ama el saber,
el que odia la corrección es un estúpido.
2 El justo alcanza el favor del Señor,
el hombre perverso será condenado.
3 No se mantiene estable el que se apoya en la maldad,
los justos permanecen seguros.
4 La mujer virtuosa es corona de su marido,
la desvergonzada es carcoma de sus huesos.
5 Los planes de los justos son rectos,
las ideas de los malvados, traidoras.
6 Las palabras de los malvados son trampa sangrienta,
las de los rectos, causa de salvación.
7 El malvado se hunde y desaparece,
pero la casa de los justos sigue en pie.
8 Se estima al hombre por su prudencia,
pero el corazón perverso será despreciado.
9 Más vale ser modesto y valerse a sí mismo,
que ser presuntuoso y no tener pan.
10 El justo se preocupa de su ganado,
las entrañas de los malvados son crueles.
11 El que cultiva su tierra, se hartará de pan;
el que persigue ilusiones, es un necio.
12 El refugio del malvado se quiebra como el barro,
las raíces del justo están en tierra firme.
13 Con sus palabras se enreda el malvado,
el justo sale del aprieto.
14 Del fruto de su boca se sacia el hombre,
cada cual recibe según sus acciones.
15 El necio piensa que su camino es recto,
el sabio escucha los consejos.
16 El necio manifiesta al instante su ira,
el prudente disimula la ofensa.
17 El que dice la verdad, proclama la justicia;
el testigo falso, la mentira.
18 El chismoso hiere como una espada,
la lengua de los sabios es medicina.

• **12 1-28**: Vuelve a dominar el contraste justos-malvados y sus respectivos planes (Prov 12 5), palabras (Prov 12 6), comportamientos (Prov 12 10.26) y destino (Prov 12 7.20-21); el capítulo se cierra presentando los dos caminos opuestos (Prov 12 28). Sin embargo, reaparece la antítesis sabio-necio (Prov 12 15-16.23) con algunas variantes relativas al amor a la instrucción (Prov 12 1) y a la prudencia (Prov 12 8). Otras oposiciones aludidas son: virtuosa-desvergonzada (Prov 12 4), laborioso-perezoso (Prov 12 24.27 y la variante trabajador-soñador de Prov 12 11), testigo fiel-falso (Prov 12 13.17.19.22) y modesto-presuntuoso (Prov 12 9). Encontramos dos referencias a Dios que sanciona conductas (Prov 12 2.22).

19 La palabra verdadera permanece por siempre,
el discurso mentiroso, un instante tan sólo.
20 Hay amargura en quienes traman el mal,
alegría en quienes aconsejan la paz.
21 Nada malo le pasará al justo,
los malvados viven llenos de desgracias.
22 El Señor aborrece los labios mentirosos,
pero se complace en el hombre sincero.
23 El hombre prudente oculta su ciencia,
el corazón del necio pregona su ignorancia.
24 La mano laboriosa conseguirá el mando,
la perezosa tendrá que servir.
25 La angustia deprime el corazón del hombre,
una palabra buena lo llena de alegría.
26 El justo se hace guía de su prójimo,
el camino de los malvados lo pierde.
27 El perezoso no caza nada para asar,
la riqueza del hombre es el trabajo.
28 En el sendero de la rectitud está la vida,
el camino torcido conduce a la muerte.

13 1 El hijo sabio ama la disciplina,
el arrogante no hace caso de la corrección.
2 El hombre de bien recoge el fruto de lo que dice,
los perversos se alimentan de violencia.
3 El que vigila sus palabras, guarda su vida;
el que habla sin sentido, busca su ruina.
4 Anhela el perezoso, pero nada logra;
el deseo de los trabajadores queda satisfecho.
5 El justo odia las palabras mentirosas,
el malvado calumnia y deshonra.
6 La rectitud protege al intachable,
la maldad arruina al pecador.
7 Hay quien se las da de rico y no tiene nada,
hay quien pasa por pobre y tiene mucho.
8 Al rico lo protegen sus riquezas,
pero el pobre no escucha la amenaza.
9 La luz de los justos brilla con fuerza,
la lámpara del malvado se apaga.
10 La insolencia produce rivalidades,
la sabiduría acompaña a los que se dejan aconsejar.
11 Riqueza rápida se esfuma,
el que reúne poco a poco, se enriquece.
12 Esperanza prolongada enferma el corazón,
árbol de vida es el deseo satisfecho.
13 El que desprecia la palabra se pierde,
el que respeta el mandato está a salvo.
14 La enseñanza del sabio es fuente de vida

• **13 1-25**: En medio de temas repetidos y bien conocidos aparecen algunas novedades significativas: varias reflexiones sobre la riqueza y la pobreza (Prov 13 7-8.11.23), la respuesta (que puede ser insolente o dócil), a la sabiduría y a la corrección (Prov 13 1.10.13.18), la oportunidad y el valor del castigo (Prov 13 23), el deseo satisfecho-insatisfecho (Prov 13 4.12.19), la calidad del mensajero (Prov 13 17) y la capacidad de callar cuando se debe (Prov 13 3). Como curiosidad, una variante del motivo sabio-necio (Prov 13 20), muy cercana a nuestro "dime con quien andas y te diré quien eres". No hay referencia alguna a Dios.

y libra de los lazos de la muerte.
15 El buen sentido se gana favores,
el camino del perverso acarrea destrucción.
16 El sensato actúa con reflexión,
el necio manifiesta su ignorancia.
17 El mal mensajero hunde en la desgracia,
el enviado fiel trae la salvación.
18 Miseria y vergüenza a quien rechaza la advertencia,
honor para el que acepta la corrección.
19 Deseo cumplido es dulzura para el alma,
apartarse del mal no agrada a los necios.
20 Trata a los sabios y te harás sabio,
frecuenta a los necios y acabarás mal.
21 Al pecador lo persigue la desgracia,
a los justos los acompaña el bien.
22 El justo deja herencia incluso a sus nietos,
el pecador acumula bienes para el justo.
23 La tierra de los pobres produce mucho fruto,
pero la falta de justicia hace que se pierda.
24 El que no usa el castigo, odia a su hijo;
el que lo ama, lo corrige a tiempo.
25 El justo come hasta quedar satisfecho,
el vientre del malvado sufre la escasez.

14 1 La mujer sabia edifica su casa,
la necia con sus manos la destruye.
2 El que anda con rectitud respeta al Señor,
el que va por caminos torcidos lo desprecia.
3 Las palabras del necio son azotes para su espalda,
los discursos de los sabios son su defensa.
4 Donde no hay bueyes no hay trigo,
toros robustos traen cosecha abundante.
5 El testigo fiel no miente,
el testigo falso difunde mentiras.
6 El soberbio busca la sabiduría, pero en vano;
para el inteligente es fácil la ciencia.
7 Aléjate del necio,
no encontrarás en él palabras sabias.
8 La sabiduría del prudente ilumina su camino,
la estupidez de los necios es puro engaño.
9 Los necios se burlan del pecado,
los rectos gozan de favor.
10 El corazón conoce su propia amargura,
y ningún extraño comparte su alegría.
11 La casa de los malvados será destruida,
la morada de los justos prosperará.
12 Hay caminos que parecen rectos,

• **14** 1-35: La oposición inicial mujer sabia-necia (Prov *14 1) da tono a este capítulo, en el que predomina* el motivo sabios-necios, con variada y rica tipología. Pasa a segundo plano la oposición justos-malvados, mientras que se mantienen otras, alusivas al testigo fiel-mentiroso (Prov 14 5.25), paciente-impulsivo (Prov 14 29.30), pobreza-riqueza (Prov 14 4.20). El autor vuelve a adentrarse en la interioridad humana (Prov 14 10.13) y reaparece la sabiduría religiosa relacionada con el temor del Señor (Prov 14 26.27) y la atención al pobre (Prov 14 31). Resulta curiosa la oposición esfuerzo fructífero-charlatanería estéril (Prov 14 23) y la importancia del número de súbditos en relación al éxito del gobernante (Prov 14 28).

pero al final conducen a la muerte.
13 Incluso entre risas se apena el corazón,
y al final la alegría acaba en duelo.
14 De su conducta se nutre el malhechor,
y de sus obras el hombre de bien.
15 El ingenuo lo cree todo,
el prudente se fija donde pisa.
16 El sabio teme y se aparta del mal,
el necio es insolente y se cree seguro.
17 El impulsivo comete locuras,
el reflexivo es paciente.
18 La herencia de los simples es la necedad,
los prudentes se coronan de ciencia.
19 Los malvados se postrarán ante los buenos,
los impíos ante las puertas del justo.
20 Hasta su pariente detesta al pobre,
pero el rico tiene muchos amigos.
21 El que desprecia a su prójimo peca,
dichoso el que se apiada de los pobres.
22 Los que traman el mal se pierden,
los que buscan el bien gozan de amor y fidelidad.
23 Todo esfuerzo tiene recompensa,
el mucho hablar lleva sólo a la miseria.
24 Corona de los sabios es su saber,
diadema de los necios, su torpeza.
25 El testigo fiel salva vidas,
el que dice mentiras es un impostor.
26 El temor del Señor es refugio seguro,
servirá a los hijos de defensa.
27 El temor del Señor es fuente de vida,
libra de los lazos de la muerte.
28 Pueblo numeroso es gloria del rey;
escasez de súbditos, ruina del príncipe.
29 Quien tiene paciencia abunda en sensatez,
quien se enoja con rapidez muestra torpeza.
30 Un corazón pacífico es vida del cuerpo,
la envidia carcome los huesos.
31 El que oprime al desamparado ofende a su Hacedor,
lo honra quien se apiada del necesitado.
32 Por su propia maldad cae el malvado,
el justo está seguro en su inocencia.
33 En el corazón del sensato habita la sabiduría,
entre los necios es desconocida.
34 La justicia engrandece a una nación,
el pecado es la ruina de los pueblos.
35 El siervo inteligente gana el favor del rey,
el tonto es objeto de su ira.

15 1 Respuesta amable calma el enojo,
palabra áspera excita la ira.
2 Derrama ciencia la lengua de los sabios,
la boca de los necios profiere necedades.
3 En todo lugar los ojos del Señor
observan a malvados y justos.

4 Hablar con dulzura es árbol de vida,
hacerlo con dureza destroza el corazón.
5 El necio desprecia la corrección paterna,
el prudente escucha la reprensión.
6 En la casa del justo hay bienes abundantes,
las ganancias del malvado son inestables.
7 Las palabras del sabio destilan ciencia,
la mente de los necios ignorancia.
8 El Señor aborrece el sacrificio de los malvados,
y se complace en la oración de los justos.
9 El Señor aborrece la mala conducta
y ama a quien busca la rectitud.
10 El que deja la senda del bien tendrá su escarmiento,
morirá el que odia la corrección.
11 El Señor conoce abismo y perdición,
¡cuánto más al corazón humano!
12 El soberbio no quiere ser reprendido,
por eso no busca la compañía de los sabios.
13 Corazón contento alegra el semblante,
corazón en pena deprime el ánimo.
14 El corazón del inteligente cultiva el saber,
la boca de los tontos se llena de estupideces.
15 Para el apenado todos los días son malos,
pero el corazón feliz está siempre en fiesta.
16 Más vale poco con temor del Señor,
que un gran tesoro con preocupación.
17 Más vale ración de verduras con amor,
que carne de vaca con rencor.
18 El hombre impulsivo provoca peleas,
el paciente calma contiendas.
19 El camino del perezoso está sembrado de espinos,
la senda de los que trabajan es amplia.
20 El hijo sabio es alegría de su padre,
el necio desprecia a su madre.
21 La necedad divierte al ignorante,
el sensato camina con rectitud.
22 Donde no se consulta, fracasan los planes,
pero si hay consejeros, se llevan a efecto.
23 Saber responder alegra al hombre,
es agradable tener la palabra oportuna.
24 El sensato sube por un camino de vida
y se libra de bajar al abismo.
25 El Señor derriba la casa de los soberbios
y mantiene firme la propiedad de la viuda.
26 El Señor odia los planes perversos,
pero le agradan las palabras limpias.

• **15 1-33**: Este capítulo es una buena muestra de los recursos, motivos y temas dominantes de toda la colección. Sobresalen, entre otros, los siguientes: el tema sabio-necio (Prov 15 2.7.14.20-21) con variantes (Prov 15 12.24), prolongado en el tema de la reprensión-corrección (Prov 15 5.10.31-32); el tema justo-malvado y sus variantes (Prov 15 3.6.8-9.26-29); la referencia religiosa, más frecuente que en capítulos anteriores (Prov 15 3.8-9.11.16.25.29.33); y otros temas variados como la interioridad (Prov 15 1.11.13), la mesura en las palabras (Prov 15 1-2.4.23), la pereza-laboriosidad (Prov 15 21), las peleas (Prov 15 18). En cambio, el tema de las riquezas es tratado sólo indirectamente (Prov 15 6.16-17) o con connotaciones negativas (Prov 15 27). No falta una breve alusión a la sabiduría de palacio (Prov 15 22).

[27] Quien codicia en exceso destruye su casa,
el que odia el soborno vivirá.
[28] La mente del justo medita sus respuestas,
la boca de los malvados profiere maldades.
[29] El Señor está lejos de los malvados
y escucha la oración de los justos.
[30] Mirada benévola alegra el corazón,
buena noticia vigoriza el cuerpo.
[31] Oído que atiende una corrección adecuada,
entre los sabios tiene su morada.
[32] Quien rechaza la corrección se desprecia,
quien escucha la reprensión adquiere sensatez.
[33] El temor del Señor es escuela de sabiduría,
la humildad conduce a la gloria.

16 [1] Del hombre son los proyectos,
su formulación viene del Señor.
[2] El hombre piensa que su proceder es limpio,
pero el Señor examina sus intenciones.
[3] Encomienda tus obras al Señor,
y tus proyectos se realizarán.
[4] El Señor ha hecho todo para un fin,
incluso al malvado para la desgracia.
[5] El Señor aborrece el corazón soberbio,
tarde o temprano será castigado.
[6] Amor y fidelidad expían el pecado,
el temor del Señor evita el mal.
[7] Cuando la conducta de un hombre agrada al Señor,
hasta con sus enemigos lo reconcilia.
[8] Más vale poco con justicia,
que muchas ganancias con injusticia.
[9] La mente del hombre traza su camino,
pero el Señor dirige sus pasos.
[10] Los labios del rey deciden con justicia,
su boca no se equivoca cuando juzga.
[11] Balanza y platillos justos son del Señor;
obra suya, todas las pesas de la bolsa.
[12] Los reyes detestan cometer el mal,
pues un trono se consolida en la justicia.

• **16** 1-33: Dentro, todavía, de la gran colección atribuida a Salomón, entramos en un terreno nuevo, en una parte *distinta a los capítulos anteriores*. Desde el punto de vista literario, el contraste queda reflejado en la aparición de los paralelismos sinonímico y sintético, y la consiguiente desaparición del antitético y de las oposiciones que favorecía. Desde el punto de vista temático, destaca la formulación, al principio, de una serie de proverbios referida a Dios (Prov 16 1-7.9.11), con una aportación poco frecuente en la literatura de sentencias: la sabiduría humana es limitada; sólo alcanza su objetivo en la medida en que se abre a Dios, Señor de la Sabiduría.

El proverbio que abre el capítulo (y que se repite casi literalmente al final) es un buen exponente: el hombre proyecta, pero la atinada formulación de su proyecto (Prov 16 1) y el consiguiente éxito del mismo (Prov 16 33) son cosa del Señor. Muy unido, aparece el tema novedoso del rey (Prov 16 10.12-15) y su aportación al orden del mundo como guardián de la justicia y la sabiduría. En el Antiguo Testamento el tema del rey como representante del quehacer sapiencial es bastante convencional, probablemente en conexión con la tradición ligada a Salomón (ver 1 Re 3 4-14; 5 9-14). La segunda parte del capítulo (Prov 16 16-32) ofrece una sucesión de proverbios sobre temas variados como el valor de la sabiduría (Prov 16 16), la humildad (Prov 16 19), la confianza en Dios (Prov 16 20), la inteligencia (Prov 16 22.23), las palabras amables (Prov 16 23.24), la paciencia (Prov 16 32) y los inconvenientes de conductas necias, injustas, soberbias y perversas.

13 El rey se complace en las palabras sinceras
y ama al que habla con rectitud.
14 La ira del rey es anuncio de muerte,
pero el hombre sabio lo apacigua.
15 En el rostro sereno del rey está la vida,
como lluvia de primavera es su favor.
16 Más vale adquirir sabiduría que oro,
es mejor poseer inteligencia que plata.
17 La senda de los hombres rectos se aparta del mal,
conserva su vida el que cuida su camino.
18 Presagio de ruina es la soberbia,
presagio de caída, el espíritu orgulloso.
19 Más vale ser sencillo entre los humildes,
que repartir el botín con los soberbios.
20 Al que atiende a la palabra le irá bien,
dichoso quien confía en el Señor.
21 Al de mente aguda se le llama prudente,
hablar con dulzura aumenta la persuasión.
22 La inteligencia da vida a quien la posee,
el castigo de los necios es su necedad.
23 Mente sabia produce discursos prudentes,
pone en los labios palabras persuasivas.
24 Panal de miel son las palabras amables,
dulces al paladar y medicina para el cuerpo.
25 Hay caminos que parecen rectos,
pero al final conducen a la muerte.
26 Quien pasa necesidad trabaja con afán,
pues el hambre lo estimula.
27 El hombre vil cava tumbas de maldad,
tiene en sus labios como un fuego ardiente.
28 El hombre perverso provoca peleas,
el chismoso divide a los amigos.
29 El hombre violento hace caer a su prójimo
y lo conduce por mal camino.
30 El que mira con malicia prepara intrigas,
el que se muerde los labios ya ha realizado el mal.
31 Corona de gloria son las canas,
son el fruto de una conducta honrada.
32 Más vale ser paciente que valiente,
más vale dominarse que conquistar ciudades.
33 Se tiran los dados sobre la mesa,
pero la decisión depende del Señor.

17 1 Más vale mendrugo de pan con paz,
que casa llena de carne con discordia.
2 El siervo inteligente suplantará al hijo indigno
y compartirá la herencia con los hermanos.

• **17** **1-28**: Siguen predominando los paralelismos sinonímicos y sintéticos, siguiendo el procedimiento del capítulo anterior. Dios aparece sólo en tres proverbios como destinatario o juez de conductas (Prov 17 3.5.15). En cambio, la temática en relación con el rey desaparece. Predominan los motivos domésticos, el tema de las peleas y de los sentimientos y actitudes íntimas del hombre. El motivo sapiencial se centra en la conducta y actitud del necio (Prov 17 7.12.16.18.21.25.28). Son dignos de subrayar dos proverbios sobre la amistad (Prov 17 9.17).

3 La plata en el crisol, el oro en el horno;
los corazones los prueba el Señor.
4 El malvado hace caso a palabras embusteras,
el mentiroso atiende a discursos malvados.
5 El que se burla del pobre ofende a su Hacedor,
no quedará sin castigo quien se ríe de su desgracia.
6 Corona de los ancianos son sus nietos,
gloria de los hijos son sus padres.
7 No le va al necio un lenguaje distinguido,
y menos al noble palabras mentirosas.
8 El soborno es un talismán para quien lo da,
en cualquier circunstancia tendrá éxito.
9 Quien disimula los defectos cultiva la amistad,
quien los pregona divide a los amigos.
10 Más aprovecha una sola corrección al sensato,
que cien golpes al necio.
11 El hombre malvado sólo busca dificultades,
le enviarán un mensajero implacable.
12 Es preferible encontrarse con osa privada de cachorros,
que con loco en su delirio.
13 A quien devuelve mal por bien,
le rondará el mal por la casa.
14 Comenzar una discusión es abrir una represa,
antes que la pelea estalle, retírate.
15 Absolver al culpable y condenar al inocente,
dos cosas que aborrece el Señor.
16 ¿De qué le sirve al necio tener dinero?
¿Podrá adquirir sabiduría si no tiene juicio?
17 El amigo ama en todo tiempo,
pero el hermano nace para la adversidad
18 Imprudente el que se compromete con cualquiera,
el que sale fiador de un extraño.
19 Quien ama las peleas ama el delito,
quien abre sus puertas invita al robo.
20 El de corazón tortuoso no encuentra dicha,
el de lengua embustera cae en desgracia.
21 Quien cría a un necio se acarrea su mal,
el padre de un tonto no tendrá alegría.
22 Corazón alegre hace bien al cuerpo,
espíritu deprimido seca los huesos.
23 El malvado acepta sobornos a escondidas
para torcer el curso de la justicia.
24 El inteligente pone su mirada en la sabiduría,
los ojos del necio andan perdidos.
25 Hijo necio causa sufrimiento a su padre
y es fuente de amargura para su madre.
26 No está bien multar al justo,
ni se debe golpear a los nobles.
27 El que habla poco posee el saber,
el sereno de espíritu tiene talento.
28 El necio que calla es tenido por sabio,
por inteligente, el que no abre su boca.

18 1 Busca pretextos quien desea desunión,
por todos los medios provoca peleas.
2 El necio no se complace en la prudencia,
sino en publicar lo que lleva dentro.
3 Después del mal viene el desprecio,
después de la humillación, la pérdida del honor.
4 Aguas profundas son las palabras del hombre,
torrente desbordado, fuente de sabiduría.
5 No está bien favorecer al culpable
y declarar culpable al inocente.
6 Las palabras del necio promueven peleas,
y su lenguaje atrae los golpes.
7 El lenguaje del necio es su ruina,
sus palabras, trampa para su vida.
8 Las palabras del chismoso son golosinas,
bajan hasta el fondo de las entrañas.
9 El negligente en su trabajo
es hermano del destructor.
10 Torre firme es el nombre del Señor,
se refugia el justo y se halla seguro.
11 La fortuna del rico es su fortaleza,
la considera muralla imbatible.
12 La soberbia conduce a la ruina,
y la humildad al triunfo.
13 El que responde antes de escuchar
muestra su necedad para su vergüenza.
14 El animoso soporta la enfermedad,
al deprimido, ¿quién lo sostendrá?
15 Mente perspicaz adquiere el saber,
el oído de los sabios busca conocer.
16 El regalo abre al hombre todos los caminos,
le permite llegar hasta los grandes.
17 En el pleito parece tener la razón el primero que habla,
pero viene la otra parte y lo contradice.
18 La suerte pone fin a los juicios
y decide entre los poderosos.
19 Hermano ofendido es fortaleza inaccesible,
y las peleas los cerrojos del castillo.
20 Del fruto de la boca se harta el vientre,
del producto de sus labios quedará harto.
21 Muerte y vida dependen de la lengua,
según se elija, así se recibirá.
22 Quien encuentra mujer encuentra la felicidad,
es un favor recibido del Señor.
23 El pobre habla suplicando,
el rico responde con dureza.
24 Hay compañeros que llevan a la ruina,
y amigos más queridos que un hermano.

• **18 1-24**: La continuidad la marcan los temas del necio y las peleas, unidos en la sentencia de Prov 18 6 (*las palabras del necio promueven peleas*). Como relativa novedad aparece el tema de los pleitos (Prov 18 5.17-18) y se profundiza en el recto uso de la palabra y en las inconveniencias de sus excesos (Prov 18 2.4.7-8.13.20), pues *muerte y vida dependen de la lengua* (Prov 18 21). La mujer como causa de felicidad (Prov 18 22) anticipa el tema que se desarrollará ampliamente en Prov 31 10ss.

19

1 Más vale pobre de conducta íntegra,
que necio de lenguaje engañoso.
2 Donde no hay ciencia no vale el esfuerzo,
el que corre demasiado se extravía.
3 La necedad del hombre tuerce su camino
y le hace enfrentarse al Señor.
4 La riqueza multiplica los amigos,
al pobre lo abandonan hasta los vecinos.
5 El testigo falso no quedará sin castigo,
no escapará el que dice mentiras.
6 Muchos adulan al hombre generoso,
todos son amigos del que regala.
7 Si al pobre lo odian sus hermanos,
con más razón lo abandonan sus vecinos.
8 El que adquiere sensatez, a sí mismo se ama;
el que actúa con prudencia, encuentra la dicha.
9 El testigo falso no quedará sin castigo,
perecerá el que dice mentiras.
10 No le va al necio una vida de lujo,
y menos al esclavo gobernar a príncipes.
11 El hombre sensato refrena su ira,
su honor está en olvidar las ofensas.
12 Rugido de león es la ira del rey,
rocío sobre hierba es su favor.
13 Hijo necio es desgracia de su padre,
gotera continua son las peleas de mujer.
14 Casa y fortuna son herencia de los padres,
la mujer inteligente es un don del Señor.
15 La pereza produce modorra,
el holgazán pasará hambre.
16 El que guarda el mandato, a sí mismo se guarda;
quien descuida su conducta, morirá.
17 Presta al Señor quien compadece al pobre,
él le pagará su buena acción.
18 Castiga a tu hijo mientras haya esperanza,
pero no te excedas hasta matarlo.
19 El hombre violento sufrirá castigo,
si lo perdonas, lo harás más violento.
20 Escucha el consejo, acepta la instrucción,
y llegarás a ser sabio en el futuro.
21 El hombre hace muchos proyectos,
pero sólo se realiza el plan del Señor.
22 De un hombre se espera su lealtad,
mejor ser pobre que mentiroso.
23 El temor del Señor lleva a la vida,
hace dormir tranquilo y sin sobresaltos.

• **19** 1-29: Prosigue la temática judicial concretada en el falso testigo (Prov 19 5.9.28), junto con otros temas conocidos como las ventajas de las riquezas (Prov 19 4.6), la pobreza (Prov 19 1.7.17.22), la pereza (Prov 19 15.24), la cordura y la prudencia (Prov 19 8.11). Se concede especial relieve al tema de la corrección, bien como castigo (Prov 19 19.29) o como fuente de sabiduría (Prov 19 18.25), bien asociándola a la práctica de la ley y a la experiencia de los sabios (Prov 19 16.20.27). También está presente la referencia a Dios (Prov 19 3.17.21.23) y, más fugazmente, al rey (Prov 19 12). Es curiosa la doble visión de la mujer como desgracia (Prov 19 13) y como don de Dios (Prov 19 14).

En Prov 19 7 el texto hebreo añade una tercera frase que es oscura y que podría traducirse así: *Busca palabras, pero no las encuentra.*

24 El perezoso toma la comida del plato,
pero es incapaz de llevarla a la boca.
25 Castiga al soberbio, y el imprudente se hará cauto;
reprende al inteligente, y aumentará su saber.
26 Quien maltrata a su padre y expulsa a su madre
es un hijo infame e indigno.
27 Si dejas, hijo mío, de atender la instrucción,
te alejarás del buen consejo.
28 El testigo perverso se ríe de la justicia,
la boca de los malvados devora con perversidad.
29 El látigo para los arrogantes,
los azotes para las espaldas del necio.

20 1 El vino excita, embriagan los licores;
el que en ellos se pierde, no llegará a sabio.
2 Rugido de león es la ira del rey,
quien la provoca, a sí mismo se daña.
3 Es digno de honor quien evita las peleas,
pero el insensato se mete en discusiones.
4 El perezoso no ara en otoño,
en la cosecha busca, pero no encuentra.
5 Agua profunda es un consejo en el corazón,
el inteligente la sabe sacar.
6 Muchos se las dan de hombres sinceros,
pero ¿quién hallará un hombre fiel?
7 El justo procede con rectitud,
¡felices sus hijos después de él!
8 Cuando un rey se sienta en el tribunal,
con su mirada descubre todo mal.
9 ¿Quién puede decir: «soy puro,
estoy limpio de pecado»?
10 Dos pesos distintos y dos medidas distintas
son dos cosas que aborrece el Señor.
11 Con sus actos manifiesta ya el muchacho
si sus obras serán puras y rectas.
12 Oído que oye y ojo que ve,
son los dos obra del Señor.
13 No le tomes gusto al sueño, te empobrecerás;
ten los ojos abiertos y prosperarás.
14 «¡Malo, malo!», dice el comprador,
pero en cuanto sale, se felicita por su compra.
15 Aunque tengas oro y perlas en cantidad,
lo más precioso son las palabras sensatas.
16 Quítale la ropa, pues salió fiador de un extraño,
tómale una prenda pues avaló a un desconocido.
17 Es sabroso el pan que procede del robo,
pero después la boca se llena de arena.

• ***20*** **1-30**: Como sucedía en Prov 16, Dios y el rey suscitan el interés prioritario. En relación con Dios se mencionan su rechazo del fraude en los negocios (Prov 20 10.23), sus dones y su providencia (Prov 20 12.24.27) y la confianza en su salvación (Prov 20 22). Del rey se destacan sus cualidades, especialmente su compromiso con la justicia (Prov 20 2.8.26.28). Los otros son temas conocidos. Conviene destacar la consideración de la bebida como causa de peleas (Prov 20 1), los riesgos de las fianzas (Prov 20 16), el hacer promesas a la ligera (Prov 20 25) y el valor purificador del castigo (Prov 20 30).

18 Somete tus proyectos al consejo de otros,
con sabia estrategia declara la guerra.
19 El chismoso descubre los secretos,
no te juntes con el que habla demasiado.
20 Al que maldice a su padre y a su madre
se le apagará la lámpara en plena noche.
21 Fortuna ganada de golpe
no tiene un final feliz.
22 No digas: «Devolveré el mal»;
confía en el Señor, que él te salvará.
23 El Señor aborrece dos pesas distintas,
no es buena la balanza alterada.
24 Del Señor dependen los pasos del hombre,
¿cómo puede el hombre entender su camino?
25 Es arriesgado hacer una promesa a la ligera,
y reflexionar después de haberla hecho.
26 El rey sabio dispersa a los malvados
y hace que la rueda los triture.
27 El espíritu humano es antorcha de Dios,
penetra hasta lo más íntimo del hombre.
28 Bondad y fidelidad son el apoyo del rey,
su trono se consolida en la benevolencia.
29 La fuerza es el orgullo de los jóvenes,
y las canas el adorno de los ancianos.
30 Heridas y llagas purifican el mal,
los golpes sanan el interior.

21 1 El corazón del rey es arroyo de agua en manos del Señor,
él lo inclina hacia donde quiere.
2 El hombre considera rectos sus caminos,
pero es el Señor quien pesa los corazones.
3 La práctica de la justicia y del derecho
agrada al Señor más que los sacrificios.
4 Ojos altaneros, corazón soberbio
y luz del malvado, todo es pecado.
5 Los proyectos del esforzado traen ganancia,
y los del hombre alocado, miseria.
6 Hacer fortuna con palabras mentirosas,
es vanidad efímera y trampa mortal.
7 La violencia hace sucumbir a los malvados,
porque se niegan a practicar el derecho.
8 El camino del criminal es torcido,
la conducta del inocente es recta.
9 Mejor es vivir en apartado rincón,
que en amplia casa con mujer conflictiva.
10 El malvado busca el mal con afán
y nunca se apiada de su prójimo.

• **21** 1-31: El comienzo y el final, que hablan de Dios (Prov 21 1, en relación con el rey; Prov 21 2-3.30-31) conectan estos proverbios con los anteriores. Sin embargo, hay dos importantes novedades: reaparece con insistencia el tema del malvado, bien como tipo independiente (Prov 21 7.10.27), o bien en contraste con el justo (Prov 21 8.10.12.15.18.26.29), y volvemos a encontrar el paralelismo antitético en éstas y otras oposiciones (Prov 21 2.5.9.19-21.31). Son de interés las dos variantes sobre la mujer conflictiva (Prov 21 9.19) y un proverbio típicamente profético que habla de la superioridad de la justicia sobre los sacrificios (Prov 21 3=Am 5 22.24; véase Os 6 6).

11 Cuando se castiga al insolente, se hace cauto el imprudente;
cuando se instruye al sabio, aumenta su saber.
12 El justo observa la casa del malvado
y ve cómo se precipita a la ruina.
13 Quien cierra su oído a la súplica del pobre,
no será escuchado cuando clame.
14 Regalo a escondidas calma la ira,
obsequio discreto, incluso el enojo violento.
15 El honrado se alegra cuando se hace justicia,
pero los malvados se aterrorizan.
16 El que se aparta del camino de la prudencia
se sentará en la reunión de los muertos.
17 El que ama el placer acabará en la miseria,
el amigo del vino y los perfumes no se enriquecerá.
18 El malvado pagará por el justo,
y el traidor por el honrado.
19 Mejor es vivir en un país desierto,
que con mujer conflictiva y de mal genio.
20 El sabio conserva tesoros preciosos y perfumes,
pero el necio despilfarra lo que tiene.
21 El que va en busca de la justicia y la bondad,
encontrará vida, justicia y honor.
22 El sabio asaltará la ciudad de los fuertes
y derribará la fortaleza en que confiaban.
23 El que tiene cuidado con lo que dice,
se evitará muchos disgustos.
24 Al soberbio y altanero se lo llama insolente,
pues actúa con enorme prepotencia.
25 Sus propios deseos matan al perezoso,
porque sus manos se niegan a trabajar.
26 Todo el día anda el malvado codiciando,
mientras que el justo da sin tacañería.
27 Sacrificio de malvados es odioso,
y más aún si se ofrece con mala intención.
28 El testigo falso perecerá,
el que sabe escuchar podrá hablar siempre.
29 El malvado aparenta seguridad,
el honrado está seguro de lo que hace.
30 No hay sabiduría ni prudencia,
ni consejo frente al Señor.
31 Se prepara el caballo para el combate,
pero la victoria la da el Señor.

22 1 Más vale fama que riqueza,
buena honra que plata y oro.
2 Rico y pobre tienen esto en común:
a los dos los hizo el Señor.
3 El prudente ve el mal y se protege,
los imprudentes se arriesgan y sufren las consecuencias.

• **22 1-16**: Los últimos proverbios de esta primera colección atribuida a Salomón son, en cierto modo, un compendio de los temas, motivos y tipos más repetidos en el conjunto de la colección. Como en toda la segunda parte, abundan los paralelos sinonímicos con escasas antítesis. También aquí están muy presentes las referencias a Dios y la preocupación religiosa en general (Prov 22 2.4.11-12.14).

4 Si eres humilde y temes al Señor,
tendrás riquezas, vida y honor.
5 Espinas y trampas hay en el camino del perverso,
el que cuida de sí mismo se aleja de ellas.
6 Si instruyes al muchacho en el buen camino,
ni de viejo se apartará de él.
7 El rico se hace amo de los pobres,
y el que toma prestado, esclavo del que presta.
8 El que siembra maldad, cosecha desgracia,
el ímpetu de su cólera desaparecerá.
9 El hombre generoso será bendecido,
porque comparte su pan con el pobre.
10 Expulsa al soberbio y acabarán las peleas;
riñas y ofensas se terminarán.
11 El Señor ama al de corazón sincero;
y el rey se complace en el que habla con ingenio.
12 El Señor vigila y guarda el saber,
desbarata las palabras del traidor.
13 ¡Hay un león afuera –dice el flojo–,
voy a ser devorado en plena calle!
14 Trampa peligrosa es la boca de la mujer ajena,
en ella caerá quien rechaza al Señor.
15 La necedad se pega al corazón del joven,
el látigo de la corrección se la quitará.
16 Se oprime al pobre para enriquecerse,
pero quien da al rico se envilece.

III. PALABRAS DE LOS SABIOS Δ

Introducción

17 Escucha y haz caso de las palabras de los sabios,
pon atención a mi enseñanza;
18 te serán gratas si las guardas dentro,
y las tendrás a punto en tus labios.
19 Para que pongas tu confianza en el Señor,
te voy a instruir hoy.
20 Te he escrito treinta enseñanzas
en las que hay consejos sabios,
21 para que puedas conocer la verdad
y dar razón de ella a quienes te pregunten.

Δ 22 17-24 22: Se aprecia en esta colección una considerable influencia egipcia, no sólo en la temática y en la forma (destinatario en segunda persona), sino en la tendencia a agrupar proverbios análogos. Es casi seguro que esta colección depende de la obra egipcia *Instrucción de Amenemope* (entre los años 1000-600 a. C.). A diferencia de la colección anterior, apenas usa el paralelismo; más bien predomina la estrofa de cuatro versos y el uso de la segunda persona, recurso típico de los consejos.

• 22 17-21: Típica introducción sapiencial. En un marco de exigencias puramente humanas (nótese la inclusión temática formada por *Escucha y haz caso* de Prov 22 17 y *dar razón* de Prov 22 21), materializadas en metáforas de nutrición y asimilación, se destaca en el centro sorprendentemente la referencia última de esta sabia actitud que se encuentra en Dios.

Justicia y autodominio

Sal 12 6; 35 10; 140 13; Eclo 31 12-22; Prov 19 18

22 No despojes al pobre, por ser pobre,
ni oprimas al desprotegido en el tribunal,
23 porque el Señor defiende su causa
y quitará la vida a los que lo hayan despojado.
24 No tengas trato con el colérico,
ni andes con el violento,
25 no sea que aprendas sus caminos
y te pongas una trampa a ti mismo.
26 No te habitúes a comprometerte con cualquiera,
ni a salir fiador de deudas;
27 si no tienes con qué pagar,
te quitarán la cama en la que duermes.
28 No desplaces los linderos establecidos,
que pusieron tus antepasados.
29 ¿Conoces a alguien hábil en su oficio?
Entrará al servicio de reyes, no servirá a gente mediocre.

23 1 Si te sientas a la mesa de un poderoso,
mira bien a quién tienes delante:
2 si te gusta comer mucho,
pon freno a tu apetito
3 y no codicies sus deliciosos alimentos,
que pueden ser comida engañosa.
4 No te afanes en adquirir riquezas,
sé sensato y no pienses en ellas.
5 Dejas un momento de mirar, y ya no están,
les salen alas de águila y vuelan al cielo.
6 No comas en compañía del avaro
ni codicies sus deliciosos alimentos,
7 porque son como pelo en la garganta.
Come y bebe –te dice él–,
pero sus intenciones no son buenas.
8 Vomitarás el bocado que has comido
y malgastarás tus palabras amables.
9 No hables a oídos de necio,
porque despreciarán tus sabias palabras.
10 No desplaces los linderos establecidos
ni invadas el campo de los huérfanos,
11 pues su vengador es poderoso
y defenderá su causa contra ti.
12 Aplica tu mente a la instrucción,
tus oídos a las razones sabias.
13 No ahorres la corrección al joven,
no morirá porque lo castigues.
14 Corrígelo con dureza,
y librarás su vida del abismo.

• **22 22-23 14:** A excepción de Prov 22 28 y 23 10-11, que suponen un origen rural, el resto de la sección se ocupa de la vida ciudadana y de palacio. Los temas son diversos: defensa del desprotegido, relaciones con el hombre violento, dos exhortaciones sobre la conducta en la mesa (sea la de un hombre poderoso o bien la de un avaro), interrumpidas por una consideración sobre la fugacidad de la riqueza.

Invitación a adquirir sabiduría

Sal 37 1-4; Ef 5 18-19; Eclo 3 1-16

15 Hijo mío, si aprendes a ser sabio,
también yo lo celebraré.
16 Me alegraré de todo corazón,
si tus labios hablan con rectitud.
17 No envidies a los pecadores,
vive siempre respetando al Señor,
18 pues de ese modo tendrás porvenir
y tu esperanza no se frustrará.
19 Escucha, hijo mío, sé sabio
y compórtate con rectitud.
20 No andes con los que beben vino,
ni con los que se hartan de carne;
21 porque borrachos y comilones se empobrecen,
y la pereza los viste de harapos.
22 Escucha al padre que te engendró,
no desprecies a tu madre cuando envejezca.
23 Adquiere la verdad y no la vendas,
y también sabiduría, instrucción e inteligencia.
24 Lleno de alegría vive el padre del justo,
el que engendra un hijo sabio se alegra.
25 Que pueda tu padre alegrarse por tu causa,
brincar de gozo la que te dio a luz.

Prostitutas y borrachos

Prov 2 16-19; Eclo 31 25-31

26 Hijo mío, atiéndeme,
y acepta de buena gana mis indicaciones.
27 Trampa peligrosa es la prostituta,
y pozo estrecho la mujer ajena;
28 ella es como ladrón que está al acecho,
y hace que los hombres se peleen.

29 ¿De quién los quejidos? ¿De quién los lamentos?
¿De quién las peleas? ¿De quién los pleitos?
¿De quién las heridas sin motivo?
¿De quién la mirada malintencionada?
30 De los que se divierten bebiendo vino,
los que andan saboreando mezclas.

• **23** 15-25: Dos exhortaciones dirigidas a los descarriados y bebedores perezosos, y una invitación a conseguir sabiduría. Los temas no son idénticos, pero, por lo que respecta a los padres, la consecuencia de la vida prudente de los hijos coincide: gozo y alegría (Prov 23 15-16.24-25). Aunque el tono es eminentemente pragmático, la mención del temor (confianza, respeto) del Señor aporta la nota teológica: Dios como regla última de vida.

• **23** 26-35: La prevención hacia la mujer ajena o prostituta es un tema común en la literatura sapiencial (Prov 2 16-19; 6 26). Aquí se la compara con una trampa, con un pozo del que no es posible salir y con un salteador de caminos (Prov 7 12).

Prov 23 29-35 es una descripción pintoresca y dramática, con cierta dosis de humorismo, del borracho y la borrachera. La descripción es una de las mejores de la literatura sapiencial y de toda la Biblia. El poema combina los efectos externos y objetivos de la borrachera (Prov 23 29) con la seducción que produce el vino (Prov 23 31-32) y las sensaciones subjetivas del borracho (Prov 23 33-35). Resalta la riqueza y variedad de imágenes y el ritmo vivaz. La ironía está presente desde el principio y hace menos dramática la situación.

31 No mires al vino: ¡Qué rojo está!
¡Cómo brilla en la copa! ¡Qué suavemente pasa!
32 Al final muerde como serpiente,
pica como una víbora.
33 Tus ojos verán alucinaciones,
de tu interior surgirán incoherencias.
34 Te sentirás como viajero en alta mar,
como sentado en la punta de un mástil.
35 «Me han pegado y no me ha dolido,
me han golpeado y no siento nada.
Apenas me despeje, voy a pedir más».

Sentencias y exhortaciones

Prov 11 31; 16 2; Sal 62 13; Jr 17 10; 1 Pe 2 17

24 1 No envidies a los malvados,
ni desees andar con ellos;
2 porque traman violencia en su mente,
y sus labios profieren desgracias.
3 Con la sabiduría se edifica la casa,
con la inteligencia se consolida.
4 Con la ciencia se llenan los graneros
de todo bien precioso y deseable.
5 Más vale sabio que fuerte,
hombre de ciencia que forzudo.
6 Porque con estrategia se gana la guerra,
y la victoria es fruto del consejo.
7 La sabiduría es inalcanzable para el necio,
en público no dice palabra.
8 A quien trama maldades
se le llama intrigante.
9 Las intrigas del necio son pecado,
y el soberbio es odioso a los hombres.
10 Si flaqueas en el día de la desgracia,
limitada es tu fuerza.
11 Libra a los que son llevados a la muerte,
no te desentiendas de los que van a morir.
12 Aunque digas: «No me daba cuenta»,
el que pesa los corazones lo comprende
y el que vigila tu vida lo sabe.
Él dará a cada uno según sus obras.
13 Come miel, hijo mío, porque es buena,
el panal de miel es dulce a tu paladar.
14 Así es la sabiduría para tu vida;
si la encuentras, tendrás porvenir
y tu esperanza no quedará defraudada.
15 No aceches la casa del justo,
no derribes su morada;

• **24** 1-22: Tonalidad humanista y humanitaria, en algunos casos muy cercana al estilo del evangelio. En contraste con afirmaciones anteriores, sorprende la actitud recomendada ante el enemigo (Prov 24 17), los malvados (Prov 24 19) y los ajusticiados (Prov 24 11).

16 pues el justo cae siete veces y se levanta,
pero los malvados se hunden en la desgracia.
17 Si tu enemigo cae, no te alegres,
no celebres su tropiezo;
18 no sea que el Señor lo vea y le desagrade,
y retire de él su indignación.
19 No pierdas la paz a causa de los perversos
ni tengas envidia de los malvados,
20 pues no hay porvenir para el perverso,
y la descendencia de los malvados se extinguirá.
21 Hijo mío, respeta al Señor y al rey,
no te enemistes con ninguno de los dos,
22 pues su castigo llega sin avisar,
¿y quién conoce la ira de ambos?

IV. OTRAS SENTENCIAS DE LOS SABIOS Δ

Lv 19 15; Dt 1 17; Mt 6 12.14-15; Prov 26 13-16; 6 10-11

23 Otras sentencias de los sabios:

No está bien ser parcial en el juicio.
24 A quien declara inocente al culpable
lo maldicen los pueblos, lo desprecian las naciones;
25 se aplaude, en cambio, a quienes lo acusan,
sobre ellos caen bendiciones.
26 Una respuesta bien dada
es como beso en los labios.
27 Organiza tus tareas, dedícate a tus campos
y luego vete a edificar tu casa.
28 No des contra tu prójimo falso testimonio
ni engañes con tus labios.
29 No digas: «Me portaré con él, como él conmigo;
me vengaré de lo que me ha hecho».
30 Pasé junto al campo del holgazán,
junto al viñedo del necio:
31 todo estaba lleno de espinos,
la maleza cubría el suelo,
la cerca de piedra estaba derrumbada.
32 Al ver aquello me puse a pensar;
reflexioné y saqué esta lección:
33 duermes un rato, te amodorras otro,
cruzas los brazos y a descansar;
34 y te viene la miseria como un ladrón,
y la escasez como un asaltante.

Δ 24 23-34: El título de Prov 24 23 (*otras sentencias de los sabios*) nos advierte de una nueva colección menor, aunque sus características apenas difieren de la colección anterior. Entre los motivos sobresalen tres: el recto proceder en el juicio (Prov 24 23-25), la actitud correcta ante el prójimo (Prov 24 28-29), de claras resonancias evangélicas, y la invitación a la laboriosidad (Prov 24 27) ante los riesgos de la pereza (Prov 24 30-34).

V. MAS PROVERBIOS DE SALOMON Δ

25 1 Más proverbios de Salomón, que copiaron los hombres de Ezequías, rey de Judá.

2 Es gloria de Dios ocultar una cosa,
y gloria de los reyes investigarla.
3 La altura del cielo, la profundidad de la tierra
y el corazón de los reyes son impenetrables.
4 Separa las impurezas de la plata,
y el orfebre sacará una copa.
5 Separa al malvado del rey,
y su trono se afianzará en la justicia.
6 No te des importancia en presencia del rey
ni te coloques entre los grandes;
7 porque es mejor que te digan: «Sube acá»,
que verte humillado ante los nobles.
Lo que han visto tus ojos,
8 no te apures en llevarlo a juicio,
pues ¿qué harás al final,
si tu prójimo te deja en vergüenza?
9 Resuelve tu pleito con tu prójimo
y no reveles el secreto de otro,
10 no sea que te lo eche en cara el que lo escuchó,
y no pueda borrarse tu humillación.
11 Manzana de oro con adornos de plata
es la palabra dicha a su tiempo.
12 Anillo de oro y joya de oro puro
es una sabia corrección al que sabe escuchar.
13 Frescor de nieve en el calor de la cosecha
es el mensajero fiel para quien lo envía:
reconforta a su señor.
14 Nubes y viento, pero sin lluvia,
es el hombre que presume de dar y no da.

Δ 25 1-29 27: Comienza aquí la llamada "segunda colección salomónica" por atribuirse también al rey Salomón. Probablemente, sin embargo, se trata de una colección elaborada por los sabios del rey Ezequías, aunque no sabemos si Prov 25 1 se refiere a la copia de algún documento ya escrito o si alude a la primera vez que se pusieron por escrito proverbios que circulaban oralmente. El marco histórico, a saber, el resurgimiento del espíritu nacional en tiempos de Ezequías, responde bien al tono de estos proverbios.

Esta segunda colección "salomónica" podría dividirse en dos partes: Prov 25-27 y 28-29. De hecho, Prov 27 23-27 parece en algunos aspectos temáticos, un final análogo a Prov 31 10-31.

Prov 25-27 utiliza el paralelismo sintético, la exhortación y las comparaciones con mayor abundancia que *Prov 28-29. En Prov 25-27 encontramos* posiblemente los proverbios más puros en cuanto a forma y contenido, casi todos llenos de sabiduría popular. Asimismo, sobresalen los proverbios que toman sus imágenes de los fenómenos atmosféricos, otros elementos de la naturaleza y de la vida cotidiana. Prov 28-29 usa más el paralelismo antitético. En Prov 25-27 aparecen agrupaciones temáticas sobre el necio (Prov 26 1-12), el perezoso (Prov 26 13-16), el amigo de discusiones (Prov 26 17-26), la amistad (Prov 27 5-10). Tales agrupaciones no existen en Prov 28-29, si bien éstos últimos poseen un tono más religioso y moral que Prov 25-27: hablan más de Dios y de la ley, e incluso se preocupan por el profetismo. Dios es presentado en su trascendencia, aunque está cerca de los hombres por su función remuneradora (considerada tradicionalmente).

• **25 1-28**: El primer capítulo de la segunda colección salomónica ofrece una variada y rica gama de formas, imágenes y comparaciones. Sobresale la utilización de formas compuestas y asociadas (dos proverbios formando unidad, por ejemplo: Prov 25 4-5.6-7.11-12.21-22.25-26). Entre los temas, sorprende la serie inicial, dedicada al rey y a motivos relacionados con la vida de palacio (Prov 25 2-7). Prov 25 21-22 ofrece uno de los consejos más desconcertantes e inesperados, no ya del libro, sino de todo el Antiguo Testamento, que será citado explícitamente por San Pablo (Rom 10 20). No estamos lejos de la actitud para con los enemigos exigida por Jesucristo (Mt 5 44-45).

[15] La paciencia persuade a un gobernante,
palabras suaves vencen toda resistencia.
[16] Si encuentras miel, come sólo lo necesario,
no sea que, empachado, la vomites.
[17] No visites demasiado la casa de tu vecino,
no sea que se canse de ti y te aborrezca.
[18] Garrote, espada y saeta aguda,
es el falso testigo que denuncia.
[19] Diente picado y pie que resbala,
confiar en el traidor cuando llega la desgracia.
[20] Echar vinagre en una herida
o quitarse el manto en día de frío,
es como cantar a un corazón afligido.
[21] Si tu enemigo tiene hambre, dale de comer,
si tiene sed, dale de beber;
[22] así lo harás enrojecer de vergüenza,
y el Señor te recompensará.
[23] El viento del norte trae la lluvia,
la lengua murmuradora, una cara furiosa.
[24] Mejor es vivir en apartado rincón
que en amplia casa con mujer conflictiva.
[25] Agua fresca en garganta sedienta
es una buena noticia de tierra lejana.
[26] Fuente turbia y manantial contaminado
es el justo que tiembla ante el malvado.
[27] No es bueno comer miel en exceso,
ni empacharse de palabras elogiosas.
[28] Ciudad abierta y sin murallas
es el hombre sin dominio de sí.

26 [1] No le va bien la nieve al verano ni la lluvia a la cosecha,
tampoco la gloria al necio.
[2] Como el gorrión en desbandada y la golondrina en vuelo
es la maldición injusta: no llega a su destino.
[3] Látigo para el caballo y freno para el burro;
el garrote para la espalda de los necios.
[4] No respondas con estupideces al necio,
no sea que te vuelvas como él.
[5] Responde haciéndole ver su necedad,
para que no presuma de sabio.
[6] Se corta los pies y bebe violencia
quien envía mensajes a través de un necio.
[7] Las piernas del cojo tiemblan indecisas,
como el proverbio en boca de los necios.
[8] *Conceder* honores a un necio
es como atar la piedra a la honda.
[9] Ramo de espino en manos de un borracho
es el proverbio en boca de los necios.
[10] Arquero que hiere a todos los que pasan

• **26** 1-28: El capítulo sorprende por la riqueza de comparaciones e imágenes atrevidas y, en ocasiones, irónicas, y por el esfuerzo de organización temática. Una primera serie, la más amplia, se refiere a los necios (Prov 26 1-12). Le sigue una serie sobre el perezoso (Prov 26 13-16), otra más heterogénea sobre las peleas y disputas (Prov 26 17-22), provocadas por chismosos, conflictivos o testigos falsos. Termina con una serie sobre la simulación y la hipocresía de las personas (Prov 26 23-28).

es quien contrata a un necio y a un borracho.
11 Como el perro vuelve a su vómito,
el necio insiste en su estupidez.
12 Más se puede esperar de un necio
que de uno que presume de sabio.

13 ¡Hay una fiera en el camino –dice el flojo–
un león en medio de la plaza!
14 La puerta gira sobre sus bisagras,
y el flojo en la cama.
15 El perezoso toma la comida del plato,
pero llevarla a la boca lo cansa.
16 Más sabio se cree el flojo,
que siete que responden correctamente.
17 Entrometerse en discusión ajena
es como aferrar por las orejas a un perro vagabundo.
18 Como loco que lanza
flechas encendidas y saetas mortíferas,
19 es quien engaña a su prójimo
para decir luego: «Era una broma».
20 Si no hay leña, se apaga el fuego,
donde no hay chismoso se acaba la discusión.
21 Carbón sobre brasas y leña sobre el fuego
es el conflictivo para provocar pleitos.
22 Las palabras del chismoso son golosinas,
bajan hasta el fondo de las entrañas.

23 Barniz aplicado a vasija de barro
son las palabras dulces de un corazón perverso.
24 El que odia habla con disimulo,
pero en su interior anida la traición;
25 aunque hable amablemente no confíes en él,
pues lleva en su corazón siete cosas odiosas;
26 disimula el odio con astucia,
pero su malicia aparecerá en la asamblea.
27 El que cava un hoyo, al fin cae en él;
al que rueda una piedra, se le vendrá encima.
28 Lengua mentirosa provoca su mal,
palabra aduladora conduce a la ruina.

27 1 No te glories del día de mañana,
pues no sabes lo que un día puede traer.
2 Que sea otro quien te alabe y no tu mismo;
que sea un extraño y no tus propias palabras.
3 Pesada es la piedra y también la carga de la arena,
pero más pesado aún es el fastidio que provoca el necio.
4 Cruel es el furor, impetuosa la ira,
pero ¿quién puede aguantar la envidia?
5 Más vale una corrección hecha con franqueza,
que una amistad encubridora.

• **27** 1-27: Destacan una serie de proverbios construidos con imágenes tomadas de la vida cotidiana: motivos del hogar (Prov 27 7.15.22), de los trabajos agrícolas (Prov 27 18.25-27), de la artesanía (Prov 27 17.21), de las relaciones vecinales (Prov 27 10.13-14). A través de ellos, la vida diaria es sometida a observación y convertida en un espacio para poner en práctica la sabiduría.

6 Leales son los golpes de un amigo,
engañosos los besos de enemigo.
7 El que está harto pisotea el panal de miel,
para el hambriento hasta lo amargo es dulce.
8 Como un pájaro errante lejos de su nido
es el hombre errante lejos de su hogar.
9 El perfume y el incienso alegran el corazón,
la dulzura del amigo es consuelo del alma.
10 No abandones a tu amigo ni al amigo de tu padre;
no busques a tu hermano en el día de tu desgracia.
Más vale amigo cerca, que hermano lejos.
11 Hazte sabio, hijo mío, y alegra mi corazón;
así podré responder al que me ofende.
12 El prudente ve el mal y se esconde,
los imprudentes se arriesgan y lo pagan.
13 Quítale la ropa pues salió fiador de un extraño,
tómale una prenda pues avaló a un desconocido.
14 Quien de madrugada saluda a voces a su prójimo,
más bien parece maldecirlo.
15 Continua gotera en día de lluvia
es la mujer conflictiva:
16 frenarla es como frenar el aire
y recoger el aceite con la mano.
17 El hierro con el hierro se afila,
el hombre en el trato con su prójimo.
18 Quien cuida la higuera come de su fruto,
quien se preocupa de su señor será recompensado.
19 Como el rostro se refleja en el agua,
así el hombre en sus intenciones.
20 Abismo y perdición no se sacian jamás,
y así de insaciables son los ojos del hombre.
21 La plata en el crisol, el oro en el horno,
y el hombre en boca de quien lo alaba.
22 Aunque machaques al necio en el yunque,
no le arrancarás su estupidez.
23 Conoce bien el estado de tus ovejas,
preocúpate de tus rebaños;
24 porque la riqueza no es eterna
ni la fortuna dura para siempre.
25 Con el heno crecido, el brote nacido,
y la hierba del monte recogida,
26 tendrás corderos para vestirte
y cabritos para comprar un campo;
27 leche de cabra para alimentarte,
para sustentar a tu familia y mantener a tus criadas.

28 1 El malvado huye aunque no lo persigan,
en cambio el justo se siente seguro como un león.
2 Un país en desorden, tiene muchos jefes;
un hombre inteligente y sabio mantiene el orden.

• **28** 1-28: Encontramos en este capítulo una serie de proverbios de sabiduría religiosa. No acuden al temor de Dios, sino a la observancia de la ley (Prov 28 4.9), especialmente de algunos de sus preceptos concretos (Prov 28 16-17.22.24-15), al reconocimiento de las propias faltas (Prov 28 13), a la atención al pobre (Prov 28 3.8.27) y a la búsqueda de Dios (Prov 28 5).

3 Gobernante que oprime a los indefensos
es lluvia destructora que deja sin pan.
4 Los que abandonan la ley aplauden al malvado,
los que la observan se indignan contra él.
5 Los malvados no entienden la justicia,
los que buscan al Señor lo entienden todo.
6 Más vale pobre de conducta íntegra,
que rico malintencionado.
7 El que guarda la ley es hijo inteligente,
el que anda con libertinos avergüenza a su padre.
8 El que aumenta su riqueza cobrando con usura,
la acumula para quien se apiada del pobre.
9 Si uno cierra su oído y no escucha la ley,
hasta su oración es odiosa.
10 El que desvía a los rectos por mal camino,
caerá en su propia trampa.
11 El rico se las da de sabio,
pero el pobre con inteligencia lo desenmascara.
12 Cuando triunfan los justos hay gran fiesta,
cuando se imponen los malvados todos se esconden.
13 No prosperará el que oculta sus faltas;
el que las reconoce y se enmienda, alcanzará misericordia.
14 Dichoso el hombre que se mantiene alerta,
el terco caerá en la desgracia.
15 León rugiente y oso hambriento
es el mal gobernante que oprime a los desvalidos.
16 El gobernante imprudente multiplica la opresión,
el que odia la avaricia prolongará sus días.
17 Hombre manchado con sangre homicida,
corre a la tumba sin que nadie lo impida.
18 El que camina con rectitud estará a salvo,
el que lo hace por caminos sinuosos caerá en la trampa.
19 El que cultiva su tierra se hartará de pan,
el que persigue ilusiones se llenará de necesidad.
20 El hombre fiel abundará en bendiciones,
el que ansía hacerse rico de golpe, no quedará sin castigo.
21 No es bueno hacer distinción de personas,
por un bocado de pan se vende el hombre.
22 El avaro se da prisa a enriquecerse,
sin saber que le espera la miseria.
23 Será más estimado el que corrige,
que quien adula con su lengua.
24 El que roba a sus padres y dice: «No es pecado»,
es un cómplice de bandidos.
25 El codicioso provoca pleitos,
quien confía en el Señor prosperará.
26 El que se fía de sí mismo es un necio,
el que procede con sabiduría se salvará.
27 El que da al pobre no pasará necesidad;
quien no lo ayude, será maldecido.
28 Cuando se imponen los malvados, todos se esconden;
cuando perecen, prospera la gente honrada.

29 [1] Hombre que rechaza la corrección
será destruido de repente y sin remedio.
[2] Cuando los justos gobiernan, el pueblo se alegra;
cuando dominan los malvados, el pueblo se queja.
[3] El que ama la sabiduría alegra a su padre,
el que se junta con prostitutas malgasta sus bienes.
[4] El rey justo hace prosperar el país,
el amigo de impuestos lo lleva a la ruina.
[5] El hombre que adula a su prójimo,
le tiende una trampa bajo sus pies.
[6] Los pecados del malvado son una trampa para él,
mientras el justo está lleno de alegría.
[7] El justo se preocupa de la causa de los pobres,
el malvado, en cambio, no entiende nada.
[8] Los insolentes sublevan la ciudad,
los sabios calman los ánimos.
[9] Cuando un sabio discute con un necio,
se enoje o se ría, no consigue nada.
[10] Los hombres sanguinarios odian al honrado,
pero los rectos cuidan de su vida.
[11] El necio da rienda suelta a toda su pasión,
pero el sabio termina controlándola.
[12] Un gobernante que da crédito a calumnias,
pensará que son malvados todos sus sirvientes.
[13] Pobre y usurero sólo tienen esto en común,
la luz que ambos ven viene del Señor.
[14] Rey que juzga con justicia a los pobres,
consolida su trono para siempre.
[15] Palo y corrección dan sabiduría,
un niño consentido avergüenza a su madre.
[16] Cuando gobiernan los malvados, aumenta el crimen,
pero los justos los verán perecer.
[17] Corrige a tu hijo; te dará descanso
y alegrará tu vida.
[18] Cuando faltan profetas, el pueblo se desmanda;
felices los que observan la ley.
[19] No se corrige a un esclavo con palabras,
porque comprende, pero no obedece.
[20] Más se puede esperar de un necio,
que de uno que habla sin pensar.
[21] Un esclavo mimado desde la infancia,
al final resultará desagradecido.
[22] Un hombre violento provoca pleitos,
un hombre furioso multiplica delitos.
[23] El orgullo del hombre provoca su humillación,
el de espíritu humilde será honrado.
[24] Quien reparte con ladrón se perjudica a sí mismo,
incluso bajo la maldición no lo delata.

• **29** 1-27: El último capítulo de esta colección insiste en la llamada "sabiduría cortesana" o de palacio, preocupada por el justo gobierno y, en general, por los "asuntos públicos" (lo que conocemos como política). Aquí, en concreto, se habla de las consecuencias de los gobiernos de los justos/injustos (Prov 29 2.4.14.16), de los peligros de las intrigas de palacio (Prov 29 12.26) o de las revueltas (Prov 29 8). De forma un tanto aislada encontramos un proverbio que alude explícitamente a los profetas (Prov 29 18) o, más exactamente, a las consecuencias nefastas que para el pueblo produce su ausencia.

[25] Es una trampa temer a los hombres;
quien confía en el Señor vive seguro.
[26] Muchos buscan el favor del que gobierna,
pero el Señor es quien hace justicia a todos.
[27] Los honrados aborrecen al criminal
y los malvados al hombre recto.

VI. PALABRAS DE AGUR Δ

Incrédulos y creyentes

Sal 18 31; 2 Sm 22 31; Sal 119 29; Mt 6 11

30 [1] Palabras de Agur, hijo de Yaqué, de Masá. Sentencias de un hombre importante:

Me he fatigado, oh Dios, y estoy rendido.
[2] Soy más animal que hombre,
carezco de inteligencia humana;
[3] no he aprendido la sabiduría,
ni conozco la ciencia santa.
[4] ¿Quién subió al cielo y después bajó?
¿Quién encerró el viento en sus puños?
¿Quién recogió el mar en un manto?
¿Quién puso los cimientos de la tierra?
¿Cuál es su nombre, y el de su hijo, si es que lo sabes?
[5] Todas las palabras de Dios se cumplen,
es una defensa para quienes se refugian en él.
[6] No añadas nada a sus palabras,
no sea que te reprenda y quedes por mentiroso.
[7] Dos cosas te he pedido,
no me las niegues antes de que muera:
[8] aleja de mí falsedad y mentira,
no me des ni pobreza ni riqueza,
dame sólo el alimento necesario;
[9] no sea que saciado, te niegue
y diga: «¿Quién es el Señor?»
o que siendo pobre me ponga a robar
y profane el nombre de mi Dios.

Series de dichos

Ex 21 17; Sal 14 4; 57 5

[10] No calumnies a un criado ante su amo,
no sea que te maldiga y sufras las consecuencias.

Δ 30 1-33: Nueva colección, atribuida a Agur, que combina un poema sapiencial sobre la búsqueda de Dios, una serie de dichos y una colección de proverbios numéricos. El título general da pie para pensar que se trata de una colección extranjera. En tal caso, el uso del nombre de Dios sería una acomodación israelita.

• **30 1-9**: El hombre se esfuerza inútilmente en la búsqueda de Dios. ¿Qué ventajas tiene ser hombre si en la búsqueda del misterio divino en poco superamos a los animales (Prov 30 1-3)? Prov 30 4-6 constituye una respuesta típica de la sabiduría: Dios confunde el esfuerzo inútil del sabio acudiendo al misterio del universo en orden. Esta reflexión recuerda las de Job. Prov 30 7-9, humilde respuesta del hombre ante el misterio de la sabiduría, recuerda la oración de Salomón en 1 Re 3.

• **30 10-14**: Advertimos aquí ciertos contactos con los moralistas religiosos, profetas o salmistas. Este pasaje podría servir de trasfondo y de comentario, en algunos aspectos, al sermón del monte de Mt 5-7.

11 Hay quienes maldicen a su padre
y no bendicen a su madre;
12 hay quienes presumen de puros
y no han limpiado su inmundicia;
13 hay quienes tienen ojos altaneros
y miran con desprecio;
14 hay quienes tienen espadas por dientes
y cuchillos por muelas,
para devorar a los pobres del país
y a los necesitados de la tierra.

Proverbios numéricos

Prov 27 20; 20 20; 23 22; 6 6-8.26-35

15 Dos hijas tiene la sanguijuela,
y las dos se llaman «dame».

Hay tres cosas que nunca se sacian,
y la cuarta nunca dice «basta»:
16 el abismo, el seno estéril,
la tierra que nunca se sacia de agua,
y el fuego que jamás dice: «basta».

17 Al que se burla del padre
y desprecia a su madre cuando envejece,
los cuervos le sacarán los ojos,
y las águilas lo devorarán.

18 Hay tres cosas que me sobrepasan,
y una cuarta que no logro entender:
19 El camino del águila en el cielo,
el camino de la serpiente sobre la roca,
el camino del barco en alta mar,
el camino del hombre por la mujer.

20 Esta es la conducta de la mujer adúltera:
comer, limpiarse la boca, y decir luego:
«No he hecho nada malo».

21 Hay tres cosas que hacen temblar la tierra,
y una cuarta que no puede soportar:
22 esclavo que llega a rey,
necio harto de pan,
23 mujer aborrecida que llega a casarse,
y criada que suplanta a su señora.

24 Hay cuatro seres pequeños en la tierra,
que son más sabios que los sabios:
25 las hormigas, seres débiles,
que en verano preparan su provisión de alimentos;
26 los tejones, seres sin vigor,
que se hacen su guarida en las rocas;

• **30 15-33**: Esta colección de proverbios numéricos, nos acerca a un género bastante difundido en la sabiduría oriental, basado en la enumeración y en el recurso al enigma, como factor de sorpresa y motivador de la agudeza mental. Los sabios pasaban por ser grandes conocedores del mundo animal, de la psicología humana y de los fenómenos de la naturaleza. Todo eso permite una lección moral directa.

[27] los saltamontes, que no tienen rey
y avanzan todos juntos;
[28] las lagartijas, que se atrapan con la mano
y viven en los palacios reales.

[29] Hay tres seres de majestuoso andar,
y un cuarto de hermoso caminar:
[30] el león, el más fuerte de los animales,
que ante nada retrocede;
[31] el chivo que conduce el rebaño,
y el rey al frente de su pueblo.

[32] Si has sido tan necio que te has hecho soberbio,
cierra la boca y reflexiona:
[33] porque apretando la leche se saca mantequilla,
apretando la nariz se saca sangre,
y apretando la ira se saca discordia.

VII. PALABRAS DE LEMUEL Δ

Sabiduría real

Prov 5 1-14; Eclo 19 2; 31 25

31 [1] Palabras de Lemuel, rey de Masá, que le enseñó su madre:
[2] ¡Qué te diré, hijo mío, hijo de mis entrañas,
hijo de mis promesas!
[3] No gastes tu fuerza con las mujeres,
ni tu vigor con las que destruyen a reyes.
[4] No es propio de reyes, Lemuel,
no es propio de reyes beber vino,
ni de gobernantes entregarse a los licores.
[5] Pues si beben se olvidan de las leyes
y no atienden el derecho de los indefensos.
[6] Da licor al desesperado,
vino al que está triste;
[7] que beba y olvide su miseria,
y de sus penas no se acuerde más.
[8] Sé voz del que no sabe hablar,
y defensor de los abandonados;
[9] abre tu boca para dar sentencias justas,
para defender al pobre y al desprotegido.

La mujer valiosa

Prov 18 22

[10] Una mujer valiosa, ¿quién la encontrará?
Es más preciosa que las perlas.

Δ 31 1-31: Esta colección, atribuida a Lemuel, es una nueva aportación extranjera al patrimonio sapiencial de Israel y un claro ejemplo de la internacionalidad de la corriente sapiencial.

• 31 1-9: También la madre, aquí la reina madre, tiene su papel en la formación familiar de los hijos. Primera exhortación: cuidado con las mujeres. Segunda: los peligros del vino, que puede acabar desorientando al rey en sus rectos juicios. La función del soberano encuentra su justificación en la defensa de los desheredados.

11 Su marido confía en ella
y no le faltarán ganancias.
12 Ella le hace el bien y nunca el mal
todos los días de su vida.
13 Busca lana y lino,
y trabaja con laboriosidad.
14 Es como barco de comerciantes
que de lejos trae sus víveres.
15 Se levanta cuando aún es de noche,
distribuye la comida a sus criados
y las tareas a sus criadas.
16 Examina un campo y lo compra;
con lo que gana planta un viñedo.
17 Se ajusta el cinturón con fuerza
y despliega la fuerza de sus brazos.
18 Comprueba si sus tareas marchan bien
y de noche no se apaga su lámpara.
19 Aplica sus manos para hilar
y con sus dedos elabora el tejido.
20 Tiende su mano al necesitado,
alarga sus brazos al pobre.
21 No teme que la nieve dañe a sus criados,
porque todos van bien abrigados.
22 Se confecciona mantas,
y sus vestidos son de lino y púrpura.
23 Su marido es estimado en la ciudad,
cuando se sienta con los ancianos del lugar.
24 Teje telas de lino y las vende,
y proporciona cinturones al comerciante.
25 Se viste de fortaleza y dignidad,
y mira esperanzada al porvenir.
26 Abre su boca con sabiduría,
su lengua enseña con amor.
27 Vigila lo que hacen sus criados
y no come el pan de balde.
28 Se levantan sus hijos para felicitarla,
su marido para elogiarla:
29 «Muchas mujeres demostraron lo que valen,
pero tú las superas a todas».
30 Engañosa es la gracia, vana la hermosura;
la mujer que teme al Señor merece alabanza.
31 Alábenla por el éxito de su trabajo,
que sus obras la engrandezcan en la plaza.

• **31** 10-31: Composición de carácter alfabético (la primera palabra de cada verso comienza por una letra distinta siguiendo el orden del alfabeto hebreo) en la que se inspiró Fray Luis de León para componer "La perfecta casada". Entre una pregunta inicial que llama la atención del lector (Prov 31 10) y los elogios finales (Prov 31 29-31) se desarrolla el cuerpo del poema: la esposa trabajadora y buena administradora, generosa y activa, firme y bondadosa. Llama la atención el paralelismo entre esta descripción y la que se hace de la sabiduría en los nueve primeros capítulos, así como la contraposición entre la mujer valiosa y la necedad de la que se habla al final de esa primera parte (Prov 9 13-18).

La alusión al temor de Dios en Prov 31 30 corona magistralmente la intención principal del libro: no puede haber sabiduría sin temor de Dios, una actitud del hombre ante Dios que está hecha de estremecimiento y de sorpresa, de respeto, de admiración y de confianza (Prov 1 7).

ECLESIASTES

INTRODUCCION

Al lector conocedor de la literatura sapiencial del Antiguo Testamento puede resultarle un tanto desconcertante este pequeño libro que recoge las reflexiones del sabio Qohélet. Ante el desatado optimismo de la "ilustración sapiencial" y su confianza ilimitada en las posibilidades de la sabiduría, se levanta una voz escéptica y crítica que se separa abiertamente de la tradición sapiencial y trastorna el universo de conocimientos, actitudes y valores que los sabios de Israel habían fijado y sancionado.

1. Contexto histórico

Es muy poco lo que sabemos acerca del autor del Eclesiastés. Sólo nos ha llegado una alusion artificial, un misterioso apelativo y una breve nota biográfica. La alusión a Salomón (Ecl 1 1.12) es un tópico muy socorrido en la literatura sapiencial israelita. El apelativo "qohélet" (traducido por "Eclesiástés" en las versiones griega y latina) parece hacer referencia a una función en la asamblea ("qahal"): designaría al que la convoca, al director o al orador. Un poco más explícita es la nota biográfica introducida al final por algún discípulo (Ecl 12 9-11): Qohélet fue un sabio, investigador tenaz, autor de muchas obras y buen escritor. En resumen, un maestro del pueblo.

En cuanto a la época de composición, la mayoría de los indicios (se trata de un libro escrito en un hebreo tardío próximo al hebreo de la Misná, abundan en el arameísmos, es posible detectar en él contactos con la cultura griega) apuntan hacia el s. III a. C., más cerca del final que del principio. El libro era conocido en Qumrán y, en cambio, no gozó de mucha aceptación en algunos círculos judíos. El ambiente en que se mueven Qohélet y sus destinatarios corresponde con bastante probabilidad a la Jerusalén del s. III a. C. y, más en concreto, a sus clases media y alta, acosadas por preocupaciones y contradicciones económicas, sociales y religiosas, que sin renegar de sus antiguas tradiciones han aceptado las nuevas aportaciones del helenismo, contrastando su propia sabiduría con el acervo sapiencial del antiguo Oriente Próximo.

2. Características literarias

Entre el título (Ecl 1 1) y el apéndice (Ecl 12 9-14), probablemente añadido por algún discípulo, encontramos un doble marco y el cuerpo del libro. El doble marco está formado por el estribillo del libro (Ecl 1 2; 12 8) y dos poemas sobre el constante cambio de la realidad (Ecl 1 4-11) y el ocaso de la vida (Ecl 12 1-7), que hacen de introducción y conclusión. El cuerpo del libro se extiende desde Ecl 1 12 hasta Ecl 11 10 y presenta algunas dificultades de división, ya que el autor da la sensación de un cierto desorden y con frecuencia recupera temas que en un determinado momento parecía haber dado por concluidos, pero que reaparecen más tarde para ser corregidos o matizados. Siguiendo la metodología del autor y algunos indicios literarios significativos, proponemos una división del cuerpo en cuatro partes, todas ellas estructuradas de forma muy parecida: después de la pregunta sobre el provecho o recompensa que el hombre puede esperar de sus trabajos, el autor pasa revista, desde la óptica de su experiencia personal, a toda una serie de realidades y valores que para la sabiduría tradicional eran garantía de éxito y felicidad, y que para el autor no son más que "vanidad"; y concluye cada serie de reflexiones apuntando a un "único bien" o recompensa que el hombre puede esperar. He aquí la división resultante:

I. Sabiduría, trabajo y riqueza (Ecl 1 12-2 26)
II. Tiempos y moderación con Dios de fondo (Ecl 3 1-5 19)
III. Sabiduría y justicia (Ecl 6 1-8 17)
IV. Recompensas y límites de la sabiduría (Ecl 9 1-11 10)

En cuanto al procedimiento, Qohélet recurre con frecuencia a la reflexión hecha en tono coloquial y salpicada con citas de sentencias tradicionales, que el autor rebate o distorsiona hábilmente, o con dichos originales de bella construcción. En todo momento el autor avanza utilizando una amplia variedad de contrastes.

De su estilo cabe destacar la prosa rítmica, con frecuentes paralelismos, la sintaxis pobre y uniforme con frecuente recurso a frases hechas que repite hasta el cansancio. A pesar de todo, logra alcanzar momentos de gran altura poética, como la descripción de la vejez y la muerte (Ecl 12 1-7).

Entre los posibles influjos, Eclesiastés ha sido comparado con obras parecidas de la sabiduría egipcia ("Diálogo de un desesperado con su alma" y el "Canto del arpista") y mesopotámica ("Teodicea babilónica") o con determinadas corrientes filosóficas griegas (estoicas, epicúreas y cínicas). Sin embargo, las diferencias son tan acentuadas que sólo cabe hablar de contactos vagos e imprecisos y de preocupaciones similares dentro de un marco histórico y cultural común.

3. Claves teológicas

Qohélet parte de un interrogante casi programático: *¿Qué provecho saca el hombre de todos los afanes que persigue bajo el sol?* (Ecl 1 3 y par), y a partir de ahí va trabando sus reflexiones sobre los valores y pretensiones del hombre: sabiduría, trabajo, riqueza, bienes, placeres, fama, religiosidad, justicia, dominio de la obra de Dios o descubrimiento de la ocasión propicia, subrayando la cara negativa y los límites de estas realidades tradicionalmente valoradas como positivas. Su diagnóstico, en abierta oposición a la sabiduría clásica, no puede ser más desalentador: el hombre no logra en ello ningún provecho o felicidad, porque todo es vanidad, vacío, absurdo. La doctrina de la retribución queda en entredicho, como sucedía, desde perspectivas distintas, en el libro de Job.

Es verdad que Qohélet concede ciertas ventajas a la sabiduría, al trabajo esforzado, a la riqueza provechosa o a la religiosidad moderada. Pero son sólo débiles destellos en la noche de la vanidad, pues no deja al individuo más salida que aferrarse a su tabla de náufrago que no es otra sino el repetido "único bien". De esta manera reconoce que las pocas migajas de felicidad posible, por una parte son don de Dios, y por otra, son la precaria recompensa a tantos trabajos, preocupaciones y sinsabores.

¿Y Dios? ¿Qué lugar ocupa Dios en el complejo y sombrío panorama de sus reflexiones? Hay que decir, de entrada, que Qohélet es creyente y que hace continuas referencias a Dios (32 veces en 12 capítulos). No es el Dios de las grandes tradiciones históricas y proféticas del Antiguo Testamento, ni el de Job o el resto de los libros sapienciales. El Dios de Qohélet es, ante todo, creador y juez. Desde esa clave, el autor nos habla de las obras de Dios, inaccesibles a los hombres; de su gobierno del tiempo y de la eternidad, que el hombre no logra comprender; de su juicio sobre las acciones de los hombres, aunque sin perspectiva transcendente; y de los sencillos bienes que otorga como recompensa, según su libre voluntad. Por eso, la actitud adecuada del hombre debe ser de sumisión y respeto.

Nos encontramos, pues, ante un universo filosófico y teológico un tanto desconcertante. Pero hay que verlo como un momento más en la historia de la salvación, a cuyo progreso contribuirá en alguna medida. La crítica de Qohélet al sistema sapiencial exigirá correcciones y posibilitará nuevas soluciones (Eclesiástico y Sabiduría). Al final, sólo desde Jesucristo, muerto y resucitado, podremos situar adecuadamente a este honesto inconformista que es una voz más en esa genial polifonía de la revelación bíblica.

ECLESIASTES

Título y lema

Ecl 1 14; 12 8; 2 3.11.22; 3 9; 5 15

1 1 Palabras de Qohélet, hijo de David,
rey de Jerusalén.
2 Vanidad de vanidades, dice Qohélet,
vanidad de vanidades. ¡Todo es vanidad!
3 ¿Qué provecho obtiene el hombre de todos sus esfuerzos bajo el sol?

Introducción: Los constantes cambios

Eclo 14 18; 40 11; Prov 27 20; Ecl 3 15; 2 16

4 Una generación pasa, otra generación
viene, y la tierra permanece siempre. 5 Sale el sol, se pone el sol y corre hacia el lugar de donde volverá a salir. 6 El viento
sopla al sur y sopla al norte y, gira y gira,
vuelve sobre su curso. 7 Todos los ríos van
al mar, pero el mar nunca se llena; y, sin
embargo, los ríos van siempre al mismo
lugar.
8 Todas las cosas cansan, y nadie es capaz de explicarlo; ni el ojo se sacia de ver,
ni el oído se cansa de oír. 9 Lo que fue,
eso será; lo que se hizo, se hará: nada hay
nuevo bajo el sol. 10 Y si de algo se dice:
«Esto es nuevo», eso ya existió en los siglos anteriores. 11 No queda recuerdo de
los antepasados, y de los que vendrán detrás tampoco quedará recuerdo entre sus
sucesores.

I. SABIDURIA, TRABAJO Y RIQUEZA Δ

La dura tarea del sabio

Os 12 2; Ecl 2 11; 7 13; 1 Re 5 9-10;
Eclo 47 14-18; Ecl 7 25

12 Yo, Qohélet, fui rey de Israel en Jerusalén, 13 y me dediqué a buscar e investigar con sabiduría todo lo que se hace bajo
el cielo: dura ocupación la que Dios ha
dado a los hombres para que se dediquen a
ella. 14 He observado todas las obras que
se hacen bajo el cielo y me he dado cuenta
de que todo es vanidad y querer atrapar el
viento. 15 Lo torcido no se puede enderezar, y lo que falta no se puede contar. 16 Y
me dije: He aumentado y ampliado la sabiduría respecto a todos los que vivieron
antes de mí en Jerusalén, y mi inteligencia
ha adquirido gran sabiduría y ciencia. 17 Me

• **1** 1-2: Más que un nombre propio, Qohélet designa una función: sería el que habla en la asamblea o la dirige. Los otros datos, *hijo de David, rey de Jerusalén*, se refieren a primera vista a Salomón, pero se trata de una ficción literaria, común a otros libros de la Biblia (Sab, Prov, Cant). Salomón era el prototipo de sabio.

La expresión *vanidad de vanidades* es un superlativo; constituye el marco natural de toda la obra (Ecl 1 2 y 12 8) y también su estribillo más repetido. El vocablo hebreo *hébel* que traducimos por *vanidad*, designa la vaciedad, la inconsistencia, el sin sentido. Fuera del Eclesiastés se usa para *nombrar a los ídolos o a determinadas* experiencias humanas. Qohélet lo emplea para emitir su veredicto sobre toda pretensión y actividad humana que va a evaluar a partir de la pregunta programática *¿qué provecho obtiene el hombre de todos sus esfuerzos?* No saca ningún provecho; todo es vanidad.

• **1** 4-11: Antes de particularizar sus reflexiones, Qohélet presenta su escenario: el espacio y el tiempo; el cosmos (Ecl 1 5-7) y la historia (Ecl 1 4.8-11). El cosmos, representado en sus elementos, obedece a un esquema cíclico, constante y sin cambio; la historia, con el hombre de velado protagonista, es una sucesión de contingencias presentes, sin pasado (*no hay recuerdo*), ni futuro (*nada hay nuevo*). Ante tal panorama, todos los esfuerzos humanos resultan estériles.

Δ 1 12-2 26: La primera parte del libro, después de la pregunta básica y de la introducción, es una evaluación de los grandes presupuestos sapienciales. En este mundo se daba por supuesto que la sabiduría y el trabajo conducían a la riqueza y a la felicidad. Sin embargo, Qohélet recurre a su propia experiencia para poner en tela de juicio estos valores que la tradición sapiencial consideraba como *portadores de sentido*.

he dedicado a distinguir la sabiduría y la ciencia, de la locura y de la necedad; y he concluido que también eso es querer atrapar el viento; 18 porque, donde abunda la sabiduría, abunda el sufrimiento, y a más ciencia, más dolor.

La alegría y los placeres

Prov 14 13; Ecl 5 17; 6 12

2 1 Entonces me dije: Prueba la alegría y busca el placer. Pero resulta que también esto es vanidad. 2 A la risa la llamé «locura» y a la alegría «inutilidad». 3 En mi búsqueda de la sabiduría, decidí estimular mi cuerpo con el vino, y caer en la necedad, para descubrir cuál es la felicidad de los hombres que se esfuerzan bajo el sol en los días de su vida.

El trabajo y la riqueza

1 Re 7 1-12; 9 28-11 3; Ecl 1 14

4 Emprendí grandes obras: me construí casas, planté viñedos, 5 me hice huertos y jardines, y planté en ellos toda clase de árboles frutales; 6 perforé pozos para regar un bosque lleno de árboles. 7 Compré siervos y siervas, y nacieron nuevos siervos en mi casa. Tuve más rebaños de vacas y ovejas que cuantos vivieron antes de mí en Jerusalén. 8 Acumulé plata y oro y tesoros de reyes y provincias; me procuré muchachos y muchachas que cantaran, y cuantas mujeres puede un hombre desear. 9 Prosperé y superé a todos cuantos vivieron antes de mí, y nunca me faltó la sabiduría. 10 No negué a mis ojos nada de cuanto deseaban, ni privé a mi corazón de alegría alguna; mi corazón gozaba con todo lo que hacía, y esa era la recompensa de todos mis trabajos.

11 Después reflexioné sobre todas las obras de mis manos, consideré lo que me *había costado* hacerlas, y concluí que todo es vanidad y querer atrapar el viento, y que no hay ningún provecho bajo el sol.

La sabiduría

Ecl 10 2; 1 Jn 2 11; Ecl 6 8; 1 11; Sab 2 4; Eclo 44 8-15; Sal 49 11

12 Reflexioné de nuevo sobre la sabiduría, la locura y la necedad. Pues ¿qué hará, por ejemplo, el sucesor de un rey? Lo que hizo el anterior. 13 Reconozco que la sabiduría aventaja a la necedad, como la luz a la oscuridad: 14 «El sabio tiene ojos abiertos, mientras que el necio camina a oscuras»; pero también sé que un mismo destino les espera. 15 Entonces me pregunté si el destino del necio será también el mío. ¿Para qué, pues, me he hecho más sabio? Y pensé que también esto es vanidad. 16 Porque no quedará recuerdo en el futuro ni del sabio ni del necio; en los días venideros todo se olvidará y el sabio morirá lo mismo que el necio.

Decepciones

Eclo 11 18-19; 40 5; Ecl 8 16; Job 7 1-4

17 Aborrecí la vida, porque me disgustaba cuanto se hace bajo el sol, pues todo es vanidad y querer atrapar el viento. 18 Aborrecí también todos los trabajos en que me esforcé bajo el sol, y que habré de dejar a mi sucesor. 19 ¿Quién sabe si será sabio o necio? Pero él disfrutará de todo el trabajo que hice con fatiga y sabiduría bajo el sol. También esto es vanidad.

20 Así que terminé por desencantarme de todo el trabajo en el que me había esforzado bajo el sol. 21 Porque hay quien trabaja con sabiduría, ciencia y acierto, y sin embargo, tiene que dejar su herencia a quien no la ha trabajado. También esto es vanidad y grave daño. 22 Pues, ¿qué le queda al hombre de todos los trabajos y esfuerzos que realizó bajo el sol? 23 Todos sus días son

• **1 12-18**: El autor traza su programa teniendo como punto de referencia la atribución de la obra a Salomón. Los objetivos y la metodología son propios de la corriente sapiencial. A pesar de algunos éxitos parciales (Ecl 1 16), las experiencias de dolor y sufrimiento condicionan el juicio global: también la actividad del sabio es vanidad.

• **2 1-11**: Se evalúan ahora la alegría, los placeres y la riqueza como fuentes de felicidad. La enumeración de bienes nos recuerda la majestad de la corte de Salomón o el contenido material de las bendiciones patriarcales. Los resultados no compensan los esfuerzos realizados. Por eso, la conclusión de su evaluación es negativa: no hay ningún provecho bajo el sol.

• **2 12-23**: De nuevo el tema de la sabiduría y la suerte del sabio comparada con la del necio. A pesar de las pequeñas ventajas, la suerte idéntica provoca el desencanto: odio a la vida y a sus afanes (Ecl 2 17-18) y el triste balance del sufrimiento y del disgusto como recompensa a los desvelos del sabio (Ecl 2 20-23).

sufrimiento, disgusto sus fatigas, y ni de
noche descansa. También esto es vanidad.

El «único bien»

Ecl 3 12.22; 5 17; 8 15; 11 9; 1 Cor 15 32; Prov 13 22

24 La única felicidad del hombre consiste en comer, beber y disfrutar del fruto de
su trabajo, pues he comprendido que también ésto es don de Dios. 25 Porque, ¿quién
come o goza sin que Dios lo permita? 26 El
da a quien quiere sabiduría, ciencia y alegría; y al pecador le impone la carga de
recoger y acumular para dejárselo luego a
quien agrada a Dios. También esto es vanidad y querer atrapar el viento.

II. TIEMPOS Y MODERACION Δ

Todo tiene su tiempo

3 1 Todo tiene su momento,
y cada cosa su tiempo bajo el cielo:
2 Tiempo de nacer y tiempo de morir,
tiempo de arrancar y tiempo de plantar,
3 tiempo de matar y tiempo de sanar,
tiempo de destruir y tiempo de construir,
4 tiempo de llorar y tiempo de reír,
tiempo de hacer duelo y tiempo de bailar,
5 tiempo de tirar piedras
y tiempo de recogerlas,
tiempo de abrazarse
y tiempo de separarse,
6 tiempo de buscar y tiempo de perder,
tiempo de guardar y tiempo de arrojar,
7 tiempo de romper y tiempo de coser,
tiempo de callar y tiempo de hablar,
8 tiempo de amar y tiempo de odiar,
tiempo de guerra y tiempo de paz.

El hombre ante la obra de Dios

Ecl 8 17; Sal 139 17; Eclo 11 4; 18 6;
Is 55 8-9; Rom 11 33

9 ¿Qué provecho obtiene de su trabajo
el que se esfuerza? 10 He observado la tarea
que Dios impone a los hombres para que
se ocupen de ella. 11 Todo lo hizo hermoso
a su tiempo, e hizo reflexionar al hombre
sobre la eternidad, pero el hombre no llegará a comprender totalmente la obra de
Dios. 12 Y comprendí que la única felicidad
del hombre consiste en alegrarse y disfrutar de la vida; 13 ya que también es don de
Dios que el hombre coma, beba y disfrute
de su trabajo. 14 Sé que todo lo que Dios
hace dura por siempre, sin que nada se
pueda añadir o quitar. Así, Dios se hace respetar. 15 Lo que es, ya fue; lo que será, ya
sucedió, y Dios vuelve a traer lo que pasó.

La injusticia

Ecl 4 1; 5 7; 12 14

16 He observado otra cosa bajo el sol: en
lugar de la ley, está el delito; en lugar de la
justicia, la injusticia. 17 Y me dije: Dios juzgará al justo y al injusto, porque cada cosa y
cada acción tienen su tiempo.

El hombre y el animal

Sal 49 13; Gn 3 19; Prov 15 24; Ecl 12 7

18 Reflexioné sobre los hombres: Dios
los prueba para demostrar que, en sí, son

• **2 24-26**: El *único bien* que se salva, parcialmente, de esta cadena de absurdos es el disfrute de las sencillas recompensas que la vida proporciona y que son, además, dones de Dios. La referencia a este *único bien* se convertirá en elemento estructurante fundamental de todo el libro (véase Ecl 5 17-19; 9 7-10; 11 7-10).

Δ 3 1-5 19: La segunda ronda de reflexiones arranca del tiempo y la ocasión oportuna, cuyo conocimiento se presenta como el gran ideal del quehacer de los sabios que consiste en comprender cuál es el tiempo oportuno y la medida adecuada de la obra de Dios. Tarea imposible a la vista de las grandes contradicciones y límites de la existencia humana (injusticias, ignorancias, opresiones, desórdenes y otros contrasentidos). Sólo queda el reconocimiento y disfrute de la humilde felicidad que Dios da como recompensa por tantos esfuerzos y preocupaciones.

• **3 1-8**: Este conocido poema sobre el tiempo oportuno nos ofrece una de las ideas básicas del autor: si todo tiene su momento, la tarea del sabio consiste en descubrir cuál es el tiempo que Dios ha establecido para cada acción o realidad, sin olvidar que toda existencia humana presenta dos caras, una de las cuales es a menudo negativa.

• **3 9-15**: Qohélet compara ahora el proyecto creador de Dios y la incapacidad del hombre para comprender y dominar el *secreto* plan de Dios, aspiración fundamental de la sabiduría tradicional. El *único bien* (véase Ecl 2 24-26) suaviza un poco la sensación de limitación, y abre una puerta al temor de Dios (Ecl 3 14).

como animales. 19 Porque una misma es la suerte de los hombres y la de los animales: la muerte de unos es como la de los otros, ambos tienen un mismo aliento vital, sin que el hombre aventaje al animal, pues todo es vanidad. 20 Todos van al mismo lugar: todos vienen del polvo y regresan al polvo. 21 ¿Quién sabe si el aliento vital del hombre sube arriba y el del animal baja al fondo de la tierra? 22 Así que comprendí que la única felicidad del hombre consiste en disfrutar de lo que hace, porque esa es su recompensa. Pues, ¿quién le hará ver lo que suceda después de él?

Opresión y desórdenes

Ecl 3 16; 9 4-5; Job 3 11-23; 10 18-22; Jr 20 17

4 1 Consideré también todas las opresiones que se cometen bajo el sol. Vi llorar a los oprimidos sin que nadie los consolara; sin que nadie los consolara de la violencia de sus opresores. 2 Y consideré a los que ya han muerto más afortunados que los que todavía viven. 3 Y más afortunados aún, a los que todavía no han nacido y no han visto las malas obras que se realizan bajo el sol. 4 Y he visto que todo el afán y el éxito en el trabajo no es más que envidia recíproca. También esto es vanidad y querer atrapar el viento.

5 El necio se cruza de brazos y se devora a sí mismo. 6 Más vale un puñado con reposo que dos con fatiga.

7 Consideré otra vanidad bajo el sol: 8 Pensemos en un hombre que vive sólo; no tiene a nadie, ni hijos ni hermanos. Trabaja sin descanso y no se cansa de acumular riquezas. ¿Para quién se esfuerza sin disfrutar de nada? También esto es vanidad y un mal negocio.

Mejor dos que uno

Lc 10 1

9 Mejor son dos que uno, pues juntos obtienen mejores resultados de sus esfuerzos. 10 Porque si caen, alguno levantará al otro. Pero ¡ay, si uno cae sin nadie que lo levante! 11 De la misma manera, si dos se acuestan juntos, se calientan; pero uno solo, ¿cómo se calentará? 12 Si uno es atacado, dos resisten mejor, pues no se rompe fácilmente una cuerda trenzada con tres hilos.

El sabio pobre y el rey necio

Ecl 9 15; Eclo 11 5

13 Más vale muchacho pobre y sabio, que rey viejo y necio, incapaz de aceptar consejos. 14 El muchacho, en efecto, puede salir de la prisión y ser proclamado rey, aunque haya nacido pobre mientras el otro reinaba. 15 Vi que todo el mundo se iba detrás de este joven sucesor. 16 Era innumerable la gente que lo seguía. Sin embargo, los que vengan después tampoco le agradecerán lo que ha hecho. También esto es vanidad y querer atrapar el viento.

La religiosidad moderada

1 Sm 15 22; Mt 6 7; Dt 23 22-24; Os 6 6

17 Vigila tus pasos cuando vayas a la casa de Dios, pues mejor es obedecer, que ofrecer sacrificios a la ligera, como hacen los necios.

5 1 Cuando lleves un asunto ante Dios, no te precipites en hablar ni se acelere tu corazón porque Dios está en el cielo y tú en la tierra. Procura no hablar mucho, 2 pues con las muchas ocupaciones viene el sueño, y con la abundancia de palabras el consejo del necio. 3 Cuando hagas una

• **3 16-22**: Se apunta el tema de la injusticia que reaparecerá más adelante (véase Ecl 4 1; 5 7; 8 10-14) y se comparan los destinos del hombre y del animal, acentuando el pesimismo antropológico del autor. Aunque se insinúa una diferente condición espiritual (Ecl 3 21), no se habla ni de inmortalidad ni de resurrección.

• **4 1-12**: Otras dos vanidades: por un lado, la opresión y la violencia que hacen preferible la suerte de los muertos y de los no nacidos; y, por otro, el éxito logrado por medio de la competencia. Como elemento positivo, se alaba el compañerismo en una serie de reflexiones a partir del dicho *mejor dos que uno* (Ecl 4 8ss).

• **4 13-16**: Nueva crítica a la sabiduría tradicional: la razón y la eficacia no siempre dependen de la edad, del poder o de la autoridad. Ahí está el caso del joven pobre y sabio que llega a rey. Sin embargo, el autor también tiene en cuenta la fragilidad de la memoria popular (Ecl 4 16).

• **4 17-5 6**: La religiosidad de Qohélet se caracteriza por la moderación en cualquier práctica religiosa: sacrificios, promesas hechas a Dios, oraciones. Qohélet asume el lugar preponderante del templo y el correcto cumplimiento de las obligaciones religiosas, sin entusiasmos ni excesos. También es característica su invitación al *temor de Dios*. No estamos lejos de la religiosidad saducea.

promesa a Dios, no tardes en cumplirla, porque no le agradan los necios; lo que prometas, cúmplelo. 4 Mejor es no hacer promesas, que hacerlas y no cumplirlas. 5 No consientas que tu boca te haga culpable, ni digas ante el mensajero de Dios que fue una inadvertencia. ¿Por qué vas a irritar a Dios con tu palabra para que destruya la obra de tus manos? 6 Donde abundan los sueños, hay vanidades y excesivas palabras. Tú, en cambio, teme a Dios.

Autoridad y riqueza

Ecl 3 16; 6 2; Prov 19 6; Job 1 21

7 Si ves que en una región el pobre es oprimido y son quebrantados el derecho y la justicia, no te extrañes de eso, porque una autoridad está sobre otra autoridad, y sobre todas hay una autoridad suprema. 8 Con todo saldrá ganando el país, si el rey favorece el cultivo del campo.

9 Quien ama el dinero, siempre quiere mas; quien ama las riquezas, queda insatisfecho, y también esto es vanidad.

10 Donde aumentan los bienes, aumentan sus devoradores. ¿Qué provecho obtiene el dueño, sino contemplarlo con sus ojos?

11 El sueño del trabajador es dulce, coma poco o mucho; pero al rico no lo dejan dormir sus riquezas. 12 Otra gran desgracia he visto bajo el sol: la riqueza que guarda un hombre para su propio daño, 13 pues pierde esa riqueza en un mal negocio, y nada le queda para el hijo que engendra. 14 Según salió del vientre de su madre, así volverá; tan desnudo como vino, y nada se llevará del trabajo de sus manos. 15 También esto es gran desgracia: como vino, así se irá. ¿Qué provecho sacará de haber trabajado inútilmente? 16 Además, todos sus días come en tinieblas, entre grandes disgustos, dolencias y enojos.

La única felicidad

Ecl 2 24

17 Así que esta es mi conclusión: la felicidad consiste en comer, beber y disfrutar de todo el trabajo que se hace bajo el sol, durante los días de vida que Dios da al hombre, porque esa es su recompensa; 18 y si Dios da a cada hombre bienes y riquezas y le permite comer de ellas, tomar la parte que le corresponde y disfrutar de su trabajo, es también un don de Dios. 19 Porque no pensará mucho en la brevedad de su vida, si Dios le llena de alegría el corazón.

III. SABIDURIA Y JUSTICIA Δ

Riqueza inútil

Eclo 15 3-4; Lc 12 20; Eclo 41 4; Job 3

6 1 Otro mal grave para el hombre he observado bajo el sol: 2 un hombre a quien Dios le da bienes, riqueza y honores, sin que le falte nada de cuanto pueda desear, pero al que Dios no le concede gozarlos, porque un extraño los disfruta. También esto es vanidad y gran desgracia.

3 Si un hombre engendra cien hijos y vive muchos años, pero no disfruta de felicidad a pesar de su larga vida, y ni siquiera tiene sepultura, yo digo que un aborto es más feliz que él. 4 Porque en un soplo viene y con la oscuridad se va, y su nombre queda

• **5 7-19**: Advertencias y dichos variados, donde predomina el tema de la riqueza inútil y sin provecho para su dueño a partir de dos experiencias especialmente frustrantes: la codicia insaciable y la muerte (Ecl 5 17-19). Pone fin a esta segunda parte la conocida conclusión del *único bien o felicidad accesible al* hombre como recompensa otorgada por Dios a sus trabajos y esfuerzos.

Δ 6 1-9 10: En la tercera parte se repiten motivos anteriores (riqueza y sabiduría) y aparecen temas nuevos como la mujer, los deberes ante el rey y, sobre todo, problemas de la esfera ética: la suerte diversa que deberían tener justos y malvados y el escándalo que supone el que compartan un mismo destino. Se trata, en definitiva, del gran problema sapiencial de la retribución del hombre.

• **6 1-12**: Nueva serie de reflexiones sobre temas conocidos: honor y riquezas no aprovechadas, contraste sabio-necio, prudencia al actuar y las repetidas preguntas sobre la felicidad y el futuro. En estas reflexiones sigue latiendo el tema ya apuntado del desconocimiento de los planes salvíficos de Dios (véase Ecl 3 11) y la preocupación del autor por la ocasión propicia y el futuro impredecible (Ecl 6 12).

enterrado en la oscuridad. 5 No vio el sol ni
lo conoció, pero descansa mejor que aquel.
6 Aunque hubiera vivido dos mil años, si no
disfrutó de la felicidad, ¿no van todos al
mismo sitio? 7 El hombre se esfuerza sólo
para comer, pero no se calma su ansiedad.

Sabiduría e ignorancia

Ecl 2 15; Job 8 9; 14 2

8 ¿En qué aventaja el sabio al necio? ¿De
qué le sirve al pobre saberse comportar en
la vida? 9 Más vale contentarse con lo que
uno tiene, que desear lo imposible. También
esto es vanidad y como atrapar el viento.
10 Todo cuanto existe ya estaba prefija-
do, y todo el mundo sabe que el hombre no
puede enfrentarse a quien es más fuerte
que él. 11 Hablar demasiado aumenta la
vanidad, y no se saca ningún provecho.
12 Pues, ¿quién sabe lo que es bueno para
el hombre en la vida, en los días contados
de su frágil vida, que pasan como una sombra? Y ¿quién dirá al hombre lo que sucederá bajo el sol después de él?

Contrastes

Eclo 41 12; Lc 6 25; Prov 22 24; Ecl 11 8-9

7 1 Más vale buena fama
que buen perfume,
y el día de la muerte
que el del nacimiento.
2 Es mejor ir a un duelo que a una fiesta,
pues la vida del hombre
acaba con el duelo;
y así, el que aún está vivo, reflexiona.
3 Mejor es la tristeza que la risa,
pues la seriedad hace bien al corazón.
4 El sabio piensa en la muerte,
el necio, en la diversión.
5 Mejor es oír la reprensión del sabio
que la alabanza del necio.
6 Como el arder de los espinos bajo la olla,
así es la risa del necio;
también esto es vanidad.
7 La adulación ofusca al sabio
y el regalo corrompe el corazón.
8 Mejor es el final que el comienzo,
más vale paciencia que soberbia.
9 No te enojes con facilidad,
porque la ira habita en el necio.
10 No digas: «¿Por qué los tiempos pasados
fueron mejores que éstos?»
Porque no es de sabios preguntarlo.
11 Buena es la sabiduría con patrimonio,
pero es mejor ver la luz del sol.

12 Porque tanto la sabiduría como el dinero sirven de protección, pero la sabiduría
tiene la ventaja de dar vida a su dueño.
13 Observa la obra de Dios: ¿quién podrá
enderezar lo que él ha torcido?
14 En los días de felicidad, sé feliz; en
los días malos, reflexiona. Unos y otros los
ha hecho Dios, para que el hombre no pueda adivinar lo que le espera.

Honradez, maldad y sabiduría

Ecl 8 14; 1 Jn 1 8-9

15 En mis días sin sentido he visto de
todo: hombres honrados que perecen a pesar
de su honradez, malvados que sobreviven a
pesar de su maldad. 16 No seas justo en exceso, ni te hagas demasiado sabio. ¿Para
qué darte un mal rato? 17 No seas malvado
en exceso, ni seas irreflexivo. ¿Para qué
morir antes de tu hora? 18 Mantén el equilibrio entre ambas cosas, porque si temes a
Dios, todo te irá bien. 19 La sabiduría hace
al sabio más fuerte que diez gobernantes a
una ciudad. 20 No hay en la tierra nadie tan
recto que haga el bien sin pecar nunca.
21 Tampoco pongas atención a todas las cosas que se dicen, ni hagas caso a tu siervo
cuando te maldice, 22 porque bien sabes que
también tú has maldecido a otros muchas
veces. 23 Todo esto lo he investigado con
sabiduría pensando llegar a sabio, pero es
algo que está fuera de mi alcance. 24 ¿Quién
puede comprender el sentido de todo lo que
existe? Está lejos y es demasiado profundo.
25 Me dediqué a conocer, examinar y buscar
sabiduría y discreción, y a reconocer que la
maldad es necedad y la irreflexión locura.

• **7 1-14**: Al principio del capítulo advertimos un cambio de estilo: frases breves, dichos comparativos del tipo *más vale...*, en línea con la mejor tradición sapiencial. A pesar del tono negativo de los primeros dichos (Ecl 7 1-4) Qohélet insiste en ciertos valores positivos: la sabiduría, la paciencia, la calma; y aprecia el que el hombre sepa comportarse con moderación en cualquier circunstancia (Ecl 7 5-14).

• **7 15-25**: Volviendo a su estilo inicial, Qohélet se ocupa ahora de la justicia y la maldad, aconsejando un curioso equilibrio: no ser justo o malvado en exceso. Al final, termina reconociendo los límites del oficio del sabio y de las posibilidades de la sabiduría.

La mujer

Eclo 9 1-9; 25 19.24; Prov 31 10

26 Y descubrí que la mujer es más amarga que la muerte, porque es una trampa; su corazón es un lazo y cadenas sus brazos. El que teme a Dios se libra de ella, pero el pecador queda atrapado en sus redes.

27 Dice Qohélet: Mira, esto he comprobado, después de examinarlo todo paso a paso: 28 Por más que busqué no encontré; entre mil se puede encontrar un hombre honrado, pero mujer honrada, ni una entre todas.

29 Mira lo que he averiguado: Dios hizo al hombre sencillo, pero él busca muchas complicaciones.

Deberes ante el rey

Rom 13 1-2; Sab 2 1

8 1 ¿Quién como el sabio? ¿Quién sabe resolver un problema? La sabiduría del hombre ilumina su rostro y transforma la dureza de su semblante.

2 Obedece la orden del rey, pues lo juraste ante Dios; 3 no te des prisa en escapar de su presencia ni te rebeles, pues él hará lo que quiera.

4 La palabra del rey es soberana, ¿quién puede pedirle cuentas? 5 Quien cumple lo ordenado no conoce ningún mal; y la mente del sabio discierne el momento del juicio, 6 pues cada cosa tiene su cómo y su cuándo, y es grave el mal que amenaza al hombre. 7 Porque nadie sabe lo que sucederá; ni le dirá nadie lo que va a pasar. 8 Nadie es dueño de su aliento vital para retenerlo, ni dueño del día de su muerte; no hay tregua en la guerra, ni la maldad salva al que la comete.

9 Todo esto lo he observado al reflexionar sobre todo lo que pasa bajo el sol, cuando un hombre domina a otro y busca su mal.

Recompensa

Sal 1; Jr 12 1; Sal 73

10 También he visto enterrar a hombres malvados; la gente iba al cementerio, y, al regresar, se alababa en la ciudad su conducta. También esto es vanidad.

11 Como no se ejecuta en seguida la sentencia contra las malas acciones, el corazón del hombre está listo para hacer de nuevo el mal. 12 El pecador peca cien veces, y no se le castiga de inmediato. Ya sé yo que «al que teme a Dios le irá bien, porque lo teme; 13 en cambio, no le irá bien al malvado; como no teme a Dios no prolongará sus días, pasará como una sombra». 14 Se da otro sin sentido en la tierra: que hay justos que sufren lo que merecen los malvados, y malvados que disfrutan lo que corresponde a los justos. Y esto es, sin duda, vanidad.

El único bien

Ecl 2 24; 3 11; 11 5

15 Así que yo alabo la alegría, porque la única felicidad del hombre bajo el sol consiste en comer, beber y disfrutar, pues eso lo acompañará en los días de vida que Dios le conceda bajo el sol.

16 Me he dedicado a conocer la sabiduría y a observar las tareas que se hacen sobre la tierra; y he visto que ni de día ni de noche los ojos del hombre descansan. 17 He considerado todas las obras de Dios y he

• **7 26-29**: Breve reflexión sobre la mujer, donde se acentúa el pesimismo del autor, en claro contraste con Prov 31 10-31.

Sin embargo, el sentido del original en Ecl 7 26 es confuso: no está claro si Qohélet generaliza o se refiere sólo a un tipo de mujer (de la que ya previenen Prov 5 3-14.20-23 y 7 5-27). La visión más positiva de Ecl 9 9 parece sugerir esta segunda alternativa.

• **8 1-9**: De nuevo el sabio y el rey como objetos de reflexión. Se habla de las ventajas de la sabiduría (Ecl 8 1) *y la actitud de obediencia al rey* (Ecl 8 2-6). Qohélet conoce y parece aceptar la enseñanza de la sabiduría tradicional sobre la obediencia y la lealtad hacia las autoridades, pero introduce un matiz crítico contra el poder absoluto (Ecl 8 4) recurriendo al discernimiento sabio y oportuno (Ecl 8 5-6). Al final, se constata la fragilidad de la propia vida (Ecl 8 7-8): el hombre desconoce su futuro y es incapaz de adueñarse de su destino.

• **8 10-14**: La doctrina de la *retribución*, cuestionada ya en Jr 12 1 y Sal 37 y 73, era el tema central del libro de Job y constituye uno de los ejes temáticos del Eclesiastés. Qohélet conoce la doctrina tradicional (Ecl 8 12-13), pero la cuestiona a partir de la experiencia. Habrá que esperar al libro de la Sabiduría y sobre todo a las bienaventuranzas (Mt 5 1-12) para superar el escándalo y la consiguiente crisis que plantea tan injusto intercambio de "recompensas".

• **8 15-17**: Al fallarle la idea de la retribución, Qohélet tiene que aferrarse al ya repetido *único bien* (véase Ecl 2 24 par), siempre en referencia a Dios, ya que sus obras permanecen indescifrables, incluso a los ojos del sabio (Ecl 8 16-17).

visto que el hombre no puede descubrir todas las obras que se hacen bajo el sol; por más que se esfuerza en buscar, no encuentra, e incluso el sabio que pretende conocer, tampoco encuentra.

Un mismo destino

Dt 33 3; Sab 7 16; Ecl 3 9; 7 14; 8 14

9 1 He reflexionado sobre todo esto y he concluido que los justos, los sabios y sus obras están en manos de Dios; incluso el amor y el odio escapan al conocimiento del hombre. 2 También esto es vanidad. Pues a todos toca la misma suerte: al justo y al malvado, al puro y al impuro, al que ofrece sacrificios y al que no los ofrece, al bueno y al pecador, al que jura y al que teme jurar. 3 Esto es lo malo de todo lo que sucede bajo el sol: que una misma suerte toca a todos. El corazón de los hombres está lleno de maldad, la locura anida en ellos de por vida, y luego ¡a morir!

4 Mientras hay vida, hay esperanza, pues más vale perro vivo que león muerto. 5 Los vivos saben que deben morir, pero los muertos no saben nada; no tendrán ya recompensa alguna y quedarán completamente en el olvido. 6 Hace tiempo perecieron sus amores, sus odios y sus ambiciones, y nunca tendrán ya parte en todo lo que se hace bajo el sol.

La recompensa del hombre

Ecl 2 24; Prov 5 18-19

7 Anda, come tu pan con alegría y bebe con buen ánimo tu vino, porque Dios ha aceptado tus obras. 8 Lleva siempre ropa limpia y que no falte el perfume en tu cabeza. 9 Disfruta con la mujer que amas todos los días de la breve vida que te han dado bajo el sol, porque esa es tu recompensa en la vida por los trabajos que realizas bajo el sol. 10 Todo lo que encuentres a mano, hazlo con empeño, porque no hay obra, ni razón ni ciencia ni sabiduría en el abismo a donde vas.

IV. RECOMPENSA Y LIMITES DE LA SABIDURIA Δ

Contrastes

Lc 12 20

11 Descubrí además bajo el sol que la carrera no la gana el más veloz, ni el más fuerte triunfa en el combate; que no logran los sabios el pan, ni los inteligentes la riqueza, ni los instruidos el éxito, pues el tiempo y el azar afectan a todos.

12 Además, el hombre no sabe cuándo llegará su hora; como peces atrapados en la red y como pájaros aprisionados en la trampa, así son atrapados los hombres en la hora fatal, cuando les sobreviene de improviso.

Más vale maña que fuerza

Ecl 7 19; Prov 21 22

13 También he descubierto bajo el sol esta otra experiencia, muy importante a mi entender: 14 Había una ciudad pequeña, de pocos habitantes; un rey poderoso la atacó y la cercó con grandes fortificaciones. 15 Vivía allí un hombre pobre, pero sabio, que

• **9 1-6**: Qohélet reconoce que la realidad tiene un fundamento: *está en manos de Dios*. Pero el hombre no llega a percibir su orden ni el por qué de muchas cosas. La experiencia de la *suerte común* a todos impide otra posibilidad de solución. Termina aceptando, contra anteriores afirmaciones (véase Ecl 4 2-3; 6 3-5; 7 1-2), que *mejor es estar vivo* (Ecl 9 4-6).

• **9 7-10**: Al faltar cualquier referencia a otra vida más allá del abismo, la alegría y el disfrute de los sencillos bienes que uno encuentra en la vida son el provecho, la paga del hombre y el signo de la aceptación divina.

Δ 9 11-12 8: En esta última parte predominan los consejos y advertencias sobre las reflexiones y constataciones de la experiencia. El tema más insistente es el de las ventajas de la sabiduría, la diligencia previsora y la recompensa del hombre, que debe aprovechar los luminosos *días de la juventud* para preparar adecuadamente los oscuros *años de la vejez*.

• **9 11-12**: Puesto que el hombre no conoce el tiempo oportuno ni la *hora fatal*, no es dueño de su destino. No siempre las mejores condiciones garantizan los resultados esperados.

• **9 13-18**: El poder y la fuerza son vencidos por la sabiduría. Todo se resume en ese *más vale maña que fuerza*. Entre líneas Qohélet critica la incoherencia advertida entre la adulación convencional de la sabiduría y el desprecio de los sabios.

salvó a la ciudad con su sabiduría. Y nadie recordó a aquel hombre pobre.

16 Y digo yo: «¡Más vale maña que fuerza!»; pero la sabiduría del pobre es despreciada y sus palabras no se escuchan. 17 Las palabras reposadas de los sabios se aceptan mejor que los gritos del rey de los ne-cios. 18 Más vale la sabiduría que las armas de guerra, pero un solo error echa a perder mucho bien.

Necedades

Ecl 2 14; Prov 19 10; 30 22; 26 27; Eclo 27 26-27

10 1 Una mosca muerta echa a perder un frasco de aceite perfumado; un poco de necedad pesa más que mucha sabiduría y honor. 2 El sabio tiene el corazón a su derecha, el necio a su izquierda; 3 y, mientras va de camino, el necio, falto de inteligencia, dice de todos: «Ese es tonto».

4 Aunque se enoje contra ti el que gobierna, no dejes tu puesto, porque la calma evita grandes errores. 5 Hay un mal que he observado bajo el sol, un error propio de los gobernantes: 6 mientras el necio está encumbrado en altos puestos, los que valen ocupan puestos insignificantes. 7 He visto esclavos a caballo y príncipes caminar a pie, como esclavos.

8 El que tiende una trampa, caerá en ella; al que derriba un muro, lo morderá la serpiente. 9 El que saca piedras se lastimará con ellas, el que corta leña se hará daño.

10 Si el hacha no tiene filo y está mellada, hay que redoblar los esfuerzos; el éxito está en utilizarla con habilidad. 11 Si la serpiente no se deja encantar y muerde, nada gana el encantador.

El sabio y el necio

Prov 15 2; Ecl 8 7

12 Las palabras del sabio son un regalo, los labios del necio son su ruina. 13 Comienza a hablar y dice tonterías, termina su discurso y sólo ha dicho estupideces. 14 El necio habla demasiado; y, puesto que nadie conoce el futuro, ¿quién le contará lo que sucederá después de él? 15 Al necio lo mata el trabajo, ni siquiera sabe cómo ir a la ciudad.

Nobles y dirigentes

Prov 31 4-5; Sal 104 15; Lc 12 2-3

16 ¡Ay del país donde reina un muchacho, y cuyos nobles comen desde la mañana! 17 ¡Dichoso el país donde reina un noble, y cuyos príncipes comen a su hora, para recobrar las fuerzas y no para emborracharse!

18 Por la flojera se hunde el techo, por la inactividad de las manos hay goteras en la casa. 19 Para divertirse hacen banquetes; el vino alegra su vida, y luego el dinero lo resuelve todo.

20 No maldigas al rey en tu interior, ni al rico aunque estés a solas, porque las paredes tienen oídos y las aves del cielo harán correr la voz.

Ante el futuro incierto

Ecl 8 7.17; Sal 139 13.15

11 1 Aunque eches al agua tus alimentos, a la larga los volverás a encontrar. 2 Divídelo en siete u ocho partes, porque no sabes qué desgracia vendrá sobre la tierra. 3 Cuando las nubes van cargadas, derraman la lluvia sobre la tierra; cuando el árbol cae al sur o al norte, en el lugar donde cae, allí se queda. 4 El que espera el viento adecuado no sembrará, el que no hace más que mirar a las nubes no cosechará. 5 Del mismo modo que no conoces cómo llega la vida al ser humano dentro del vientre de la mujer encinta, tampoco puedes comprender la obra de Dios, que lo hace todo.

6 Por la mañana siembra tu semilla, y por la tarde no des reposo a tus manos,

• **10 1-11**: El final del capítulo anterior (Ecl 9 18b: *un solo error echa a perder mucho bien*) marca la transición a esta nueva sección y le da el tono. Predomina el dicho simple. El contenido se refiere a determinados *desequilibrios del quehacer humano*, ante los que se recomiendan determinadas virtudes y actitudes prácticas.

• **10 12-15**: Qohélet contrapone la sobriedad *útil* del sabio a la palabrería sin sentido del necio. La prudencia y oportunidad en el uso de la palabra es un lugar común de la tradición sapiencial.

• **10 16-20**: Otra serie de desórdenes a propósito del gobierno adecuado (Ecl 10 16-17), la actitud de los nobles (Ecl 10 18-19) y un consejo sobre la discreción respecto a ricos y poderosos (Ecl 10 20) cierran el capítulo.

• **11 1-6**: A pesar de la larga lista de vanidades que el autor ha presentado, en esta ocasión se valora el trabajo hecho con diligencia, previsión y constancia (aun reconociendo la imposibilidad de penetrar en el secreto del *momento* y de la obra de Dios).

porque no sabes qué es lo mejor, si esto o aquello, o si ambas cosas son igualmente buenas.

Las alegrías de la juventud

Ecl 2 24; 3 17

7 Dulce es la luz y agradable para los
ojos ver el sol. 8 Por muchos años que viva
el hombre, que los disfrute todos, y tenga
en cuenta los días de oscuridad, que serán
muchos; todo lo que sucede es vanidad.
9 Disfruta, joven, en tu adolescencia y sé
feliz en tu juventud; sigue tus sentimientos,
dale alas a tus ilusiones, y ten presente que
de todo esto te juzgará Dios.
10 Aleja la tristeza de tu corazón y aparta
el sufrimiento de tu cuerpo, porque la adolescencia y la juventud pasan rápidamente.

Conclusión: El ocaso del hombre

Ecl 3 20-21; Gn 2 7

12 1 Ten en cuenta a tu Creador
en los días de tu juventud,
antes de que lleguen los días malos
y se acerquen los años de los que digas:
«No me gustan»;
2 antes de que se oscurezcan el sol,
la luz, la luna y las estrellas,
y regresen las nubes después de la lluvia.
3 Cuando tiemblen los guardianes de la casa
y se encorven los robustos;
cuando se detengan las que muelen,
porque son ya pocas,
y se oscurezcan las que miran
por las ventanas;
4 se cierren las puertas de la calle
y se pare el ruido del molino,
se apague el canto del pájaro,
y enmudezcan las canciones;
5 cuando den miedo las alturas,
y los peligros del camino;
cuando se desprecie el almendro,
se haga pesada la langosta,
y no tenga sabor la alcaparra.
Porque el hombre va a su morada eterna,
y las mujeres ya están llorando
por las calles.
6 Antes de que se rompa el hilo de plata,
y se destroce la lámpara de oro,
se quiebre el cántaro en la fuente,
y se caiga la cuerda en el pozo;
7 antes de que regrese el polvo
a la tierra de donde vino,
y el espíritu regrese a Dios, que lo dio.

8 Vanidad de vanidades, dice Qohélet,
todo es vanidad.

Apéndice: La obra de Qohélet

Eclo 1 11-30; Ecl 3 17

9 Además de ser un sabio, Qohélet enseñó al pueblo. Escuchó, investigó y compuso muchos proverbios. 10 Se esforzó Qohélet en encontrar palabras atractivas y en
escribir con acierto sentencias verdaderas.
11 Las palabras de los sabios son como aguijones; las colecciones de sentencias, como estacas bien clavadas; son el regalo de un mismo pastor.
12 Por lo demás, hijo mío, ten cuidado: escribir muchos libros es un trabajo interminable y el excesivo estudio fatiga el cuerpo.
13 Conclusión del discurso: Todo está oído. Teme a Dios y cumple sus mandamientos, porque en esto consiste ser hombre. 14 Pues Dios juzgará todas las acciones, incluso las ocultas, para ver si son buenas o malas.

• **11** **7-10**: *A punto de concluir sus reflexiones*, Qohélet se deja invadir por una cierta melancolía y vuelve a aferrarse a la vida y a sus gozos, sin perder de vista las sombras (los *días de oscuridad* que describirá a continuación). La juventud es el tiempo luminoso que hay que disfrutar con intensidad, pero sabiendo que dicha felicidad tiene dos límites: su carácter pasajero y el juicio divino.

• **12** **1-8**: Conclusión del libro. En perfecta armonía con la introducción (el estribillo de Ecl 1 2 y el poema sobre el constante cambio de Ecl 1 4-11), el autor sitúa al final un magnífico canto sobre el ocaso de la vida (Ecl 12 1-7) y repite el estribillo temático (Ecl 12 8). Con un tono triste y reposado y una variada gama de metáforas Qohélet describe la última vejez y la muerte, comparándolas con la oscuridad cósmica, la ruina de una gran mansión y otras imágenes que se refieren a los distintos miembros del cuerpo humano. Todo termina, en clara alusión a Gn 2 7, con la muerte del hombre y su desintegración: el polvo a la tierra y el espíritu a Dios. Cultivar desde la juventud el recuerdo del Creador puede dar sentido a la vejez y a la muerte.

• **12** **9-14**: Probablemente un discípulo ha compuesto este apéndice, recapitulando los méritos del maestro y alabando las excelencias de la tarea del sabio. Al final el discípulo, amparado en la autoridad de Qohélet, se ha permitido insertar algunos consejos, insistiendo en la actitud del hombre ante Dios.

SABIDURIA

INTRODUCCION

El libro de la Sabiduría es, cronológicamente hablando, el último del Antiguo Testamento. Con él nos situamos prácticamente en los umbrales del tiempo de Jesucristo y en plena época de difusión de la lengua y la cultura griegas. Al margen de su influjo negativo, el helenismo aportó importantes novedades al judaísmo: universalizó la Biblia (que fue traducida al griego y recibió con el tiempo el nombre de versión de los LXX) y abrió el pensamiento judío a las ideas griegas, provocando un diálogo enriquecedor que más tarde se extendería al Nuevo Testamento y a la Iglesia. Uno de los mejores frutos de este diálogo es el libro de la Sabiduría. En él las ideas platónicas de la inmortalidad del alma contribuyen decisivamente a perfilar la doctrina de la resurrección y a solucionar así uno de los grandes problemas de la corriente sapiencial (y de toda la teología del Antiguo Testamento): la recompensa o "retribución" de la conducta humana.

1. Contexto histórico

Esta obra, que no pertenece a la Biblia hebrea sino que fue escrita originalmente en griego, es conocida en la versión griega de los LXX como la "Sabiduría de Salomón". La traducción latina realizada por San Jerónimo y llamada Vulgata, la tituló simplemente "Sabiduría" y así ha pasado a nuestras traducciones.

Aunque el autor se presenta como el rey Salomón (véase Sab 7 1ss; 8 14ss; 9), se trata sólo de una ficción literaria (la pseudonimia), muy utilizada en la literatura sapiencial y en el resto de la Biblia. Debido a la fama de "rey sabio" que desde el principio tuvo Salomón, el verdadero autor del libro lo atribuye a este rey de modo similar a como se atribuyen los salmos a David o las leyes a Moisés. La diversidad de estilo de las tres grandes partes de Sab ha sugerido la hipótesis de varios autores (dos o tres), que hoy es desechada, reconociendo en el conjunto una misma cultura y una sola personalidad literaria. A partir de los datos internos del libro podemos deducir que su autor fue un judío que vivía en Egipto, probablemente en Alejandría, profundamente identificado con las tradiciones de sus antepasados y familiarizado con la versión de los LXX. Conoce Egipto y sus peculiares formas de idolatría, y domina con soltura y estilo la lengua griega helenística. La fecha de composición oscila entre los años 150 y 30 a. C.

El ambiente que refleja el transfondo del libro de la Sabiduría parece identificarse con las creencias, cultura, vida y problemas de la comunidad judía que vivía en Egipto, concretamente en la ciudad de Alejandría. Diversos factores culturales (ideas y tendencias de origen griego, como el estoicismo y el epicureísmo) y religiosos (variedad de formas cúlticas e idolátricas, doctrinas de salvación) y un cierto clima de persecución (algunos judíos han llegado a renegar de su fe y otros están a punto de hacerlo; véase Sab 2 1-20) dificultan a la comunidad judía su fidelidad a la religión de los antepasados. En este contexto, la finalidad del autor habría sido doble: en primer lugar, ayudar a los judíos a mantenerse firmes en su fe, mostrando la guía providente de Dios en la historia (Sab 11-12; 16-19), destacando las excelencias de la religión judía frente a otras formas idolátricas aberrantes (véase Sab 13-15) y proclamando la retribución en el más allá de los que son perseguidos precisamente por ser buenos (véase Sab 1-5); y, en segundo lugar, poner en contacto la cultura griega con la tradición judía (véase Sab 6-8).

2. Características literarias

El carácter marcadamente hebreo de los primeros capítulos (Sab 1-5) y determinados recursos típicamente semíticos hicieron pensar que Sabiduría era una obra escrita originalmente en hebreo, al menos en parte, y posteriormente traducida al griego. Sin embargo, el estudio atento de su lengua, de su estilo y sus recursos literarios, junto a la unidad de composición, parece dejar claro que se trata de una obra escrita originalmente en griego. El libro de la Sabiduría muestra una esmerada composición y está claramente estructurado en tres grandes partes:

La *primera parte* (Sab 1-5) trata de las relaciones entre la sabiduría y la justicia y opone el destino de los justos al de los impíos que los persiguen. Exhorta a practicar la justicia que "es inmortal" (Sab 1 15) y a quienes la practican, es decir a los justos les reserva la inmortalidad.

La *segunda parte* (Sab 6-9) es un magnífico elogio de la sabiduría, puesto en boca de Salomón, que ofrece a los gobernantes (Sab 6 1ss) y a todos los mortales (Sab 7 1) una completa descripción del origen, naturaleza y propiedades de la sabiduría y de los dones que la acompañan. Estos capítulos representan la fase más desarrollada en la reflexión bíblica sobre la sabiduría.

La *tercera parte* (Sab 10-19) se distingue de las anteriores por la desaparición de escena de la sabiduría. En conjunto es una amplia meditación sobre el éxodo, en estilo cercano a los comentarios que hacían los rabinos judíos sobre pasajes de la Sagrada Escritura y que reciben el nombre de *midrashim.* Dos series de contrastes sobre la distinta suerte de israelitas y egipcios con ocasión de las plagas, enmarcan una polémica contra los ídolos (Sab 13-15) y mantienen un mismo esquema: lo que provoca el castigo de los enemigos sirve, a su vez, de salvación para Israel. Dios demuestra así su justicia, el gobierno de la historia y el cuidado de su pueblo.

La unidad de la obra se pone de relieve en dos de sus procedimientos más distintivos: el recurso al contraste (sobre todo en la primera y tercera parte) y el desarrollo progresivo de las ideas (la muerte, en la primera y tercera parte, y el tema de la justicia, que aparece en cada parte con distinta óptica).

A nivel literario, en Sabiduría confluyen con notable armonía los recursos hebreos (paralelismo, construcción paratáctica, comentario midrásico, alusiones a motivos e imágenes del Antiguo Testamento) y los recursos retóricos griegos (multiplicación de sinónimos, rebuscada adjetivación, aliteraciones, rimas, juegos de palabras y construcciones muy elaboradas). Todo esto conforma una de las más logradas obras escritas en el llamado "griego bíblico".

3. Claves teológicas

En virtud de las diferencias existentes entre las tres partes que componen Sabiduría, más que de claves teológicas globales, hay que hablar de claves de cada sección o parte. Sin embargo, como ya antes se ha sugerido, es posible encontrar un "hilo conductor" que unifica el conjunto.

El hilo conductor es el tema de la justicia, introducido ya en la frase que abre el libro: *amen la justicia los que gobiernan la tierra* (Sab 1 1) y desarrollado en la primera parte a partir de la oposición justos-impíos (Sab 1-5). En la segunda parte, dedicada al elogio de la sabiduría, el tema de la justicia reaparece especialmente en el centro de la súplica de Salomón que pide la sabiduría para *gobernar a su pueblo con justicia* (Sab 9 12; véase Sab 9 3). También está presente en el proceder de los "justos" protagonistas de la antigua historia de Israel (Sab 10). Finalmente, en la tercera parte, se habla de la justicia divina manifestada en las dos series de juicios históricos que determinaron la salvación del pueblo de justos y el castigo de los enemigos impíos y, especialmente, en la polémica contra los idolos, asociada de nuevo con la sabiduría en una expresión que podría ser el lema del libro: *en conocerte a ti está la plena salvación* (Sab 15 3), pues recoge el proceso diseñado: la sabiduría da acceso a la justicia, y ésta conduce a la salvación.

En este sentido podría decirse que en el libro de la Sabiduría se dan cita de modo admirable los tres significados fundamentales que tiene el término *justicia* en la Biblia: *justicia* en cuanto virtud que inclina a dar a cada uno lo que le corresponde, defendiendo sobre todo la causa del humilde, del inocente y del oprimido; *justicia* en cuanto compendio de actitudes agradables a Dios (equivale a bondad, rectitud, honradez, fidelidad); y *justicia* en cuanto fuerza o acción mediante la que Dios nos salva y nos libera de cualquier tipo de mal.

La clave teológica más importante de la primera parte es el tema de la retribución, tratado como variante del tema de la justicia, tanto humana (oposición justos-impíos) como divina (juicio escatológico de Dios). El autor tiene presente la doctrina tradicional de la retribución, pero incorpora el motivo del justo sufriente en la línea del "siervo" de Isaías y llega a la solución del conflicto (felicidad de los impíos y sufrimiento de los justos) con la afirmación de la sobrevivencia del hombre más allá de la muerte. Esta idea que se expresa en términos platónicos, da nuevo sentido al sufrimiento del justo y relativiza la aparente felicidad de los impíos, sometidos en última instancia al juicio y castigo divinos.

La clave teológica más importante de la segunda parte es la descripción de la sabiduría. Se habla de su origen, naturaleza y propiedades (Sab 7 22-8 1), como si se tratara de un atributo divino personificado (véase Prov 8, Job 28 y Eclo 24). Se afirma su origen eterno, su mediación en la creación (en paralelo con el "espíritu" de Dios y su "palabra" creadora, véase Sab 9 1-2.9.17) y conservación del mundo, y los dones que ofrece a quienes la buscan y la piden a Dios, asignándole efectos que en el Nuevo Testamento se atribuirán a la gracia: ama a los hombres (Sab 7 23), habita en los justos (Sab 7 27), hace amigos de Dios (Sab 7 14.27), manifiesta la voluntad divina (Sab 9 9s.17s) y lleva a la inmortalidad (Sab 6 18-20; 8 13.17). No estamos lejos del Nuevo Testamento y de su presentación de Jesucristo como "sabiduría de Dios" (véase 1 Cor 1 24).

En la tercera parte están presentes varias claves. Sobresale la guía providente de Dios, que ha intervenido en la historia, manifestando su justicia en los sucesivos castigos de los impíos y en la protección y salvación de su pueblo. Dentro de esta amplia relectura midrásica del libro del Exodo se inserta una viva y brillante polémica contra la idolatría (Sab 13-15) en su doble manifestación de culto a los seres creados (cósmicos o animales) inferiores al hombre, y a los seres inanimados hechos por el hombre. El veredicto del autor es tajante: la idolatría es una estupidez, es fuente de injusticias y otros males y, finalmente, lleva a la muerte. En esta sección se afirma también la posibilidad de conocer a Dios a partir del reconocimiento de la belleza y perfección de su obra creadora (Sab 13 1-9), en términos similares a los empleados más tarde por san Pablo (véase Rom 1 18-25).

SABIDURIA

I. SABIDURIA E INMORTALIDAD Δ

Invitación a practicar la justicia

Jn 8 34; Rom 8 14; Prov 8 31; 1 Cor 10 10

1 [1] Amen la justicia los que gobiernan la tierra,
tengan rectos pensamientos sobre el Señor,
y búsquenlo con sencillez de corazón.
[2] Porque se manifiesta a quienes no exigen pruebas,
se revela a quienes no desconfían.
[3] Los pensamientos equivocados alejan de Dios,
y su poder, puesto a prueba, confunde a los necios.
[4] La sabiduría no entra en alma perversa,
ni habita en cuerpo esclavo del pecado.
[5] Pues el santo espíritu que nos educa huye de la hipocresía,
se aleja de los pensamientos sin sentido
y es rechazado cuando sobreviene la injusticia.
[6] La sabiduría es un espíritu que ama a los hombres,
pero no dejará sin castigo las palabras blasfemas;
porque Dios es testigo de su conciencia,
es quien vigila la verdad de su corazón,
y escucha lo que habla su boca.
[7] Pues el espíritu del Señor llena el universo,
lo abarca todo y tiene conocimiento de cuanto se dice.
[8] Por eso no podrá ocultarse quien hable perversamente,
la justicia vengadora no pasará de largo junto a él.
[9] Se investigarán los planes del malvado,
y al Señor llegará el eco de sus palabras,
como acusación de sus maldades.
[10] Hay un oído celoso que lo escucha todo,
y no se le escapa ni el más leve murmullo.
[11] Cuídense, pues, de murmuraciones inútiles
y preserven su lengua de hablar mal,
porque la palabra más secreta no queda sin efecto,
y la boca mentirosa da muerte al alma.

Δ 1 1-5 23: La primera parte del libro (Sab 1-5) trata el tema de las relaciones sabiduría-justicia. Una introducción en forma de invitación a practicar la justicia (Sab 1 1-16), entendida como conjunto de actitudes agradables a Dios y expresión de la verdadera sabiduría, abre el gran enfrentamiento justos-malvados que se convierte en el motivo dominante de toda la sección. El autor da la palabra al grupo de los malvados y asume la defensa del justo, replanteando de *esta manera el problema, típicamente* sapiencial, de las "suertes cambiadas" de unos y otros y su correspondiente retribución. La vida de persecución y desgracias del justo encuentra su última explicación en los planes providenciales de Dios y pasa a ser considerada con una nueva óptica a partir de la afirmación de la resurrección y la inmortalidad.

• 1 1-11: El libro comienza con una triple exhortación. La primera tiene que ver con la voluntad y exhorta a la justicia. La segunda se refiere a la inteligencia y estimula a pensar rectamente de Dios, juez justo. La tercera se dirige al corazón e invita a la sencillez, actitud grata a Dios. Desde el primer momento la sabiduría aparece emparentada con la justicia y en estrecha relación con los hombres y, en consecuencia, opuesta a la impiedad, la injusticia y el error. Esta sabiduría, definida como espíritu, procede de Dios y conduce a él. Dirigida a los reyes, el autor (que se finge el rey Salomón; véase la Introducción al libro) piensa en los judíos cuya fe peligraba en los ambientes paganos nada favorables a la religión israelita.

La muerte no viene de Dios, sino del pecado

Prov 8 36; Sab 2 23-24; Ez 18 32

12 No busquen la muerte viviendo en el error,
ni se atraigan la ruina con las obras de sus manos.
13 Pues Dios no ha hecho la muerte,
ni se complace en el exterminio de los vivos.
14 El lo creó todo para que subsistiera,
y las criaturas del mundo son saludables;
no hay en ellas veneno de muerte,
ni el imperio del abismo reina sobre la tierra.
15 Porque la justicia es inmortal.

La vida según los malvados

Is 28 15.18; Job 14 1-2; 18 17-19; Sal 39 5-7; Ecl 2 24; 1 Cor 15 32

16 Pero los malvados llaman a la muerte con señas y palabras;
la tienen por amiga y la desean:
han hecho un pacto con ella
y por tanto merecen compartir su suerte.

2 1 Reflexionando equivocadamente dicen:
«Corta y triste es nuestra vida,
no hay remedio para el hombre cuando llega su fin;
de nadie sabemos que haya regresado del abismo.
2 Vinimos al mundo por obra del azar,
y después será como si no hubiéramos existido.
Humo es el aire que respiramos,
y el pensamiento una chispa del latido de nuestro corazón.
3 Cuando ésta se apaga, el cuerpo se convierte en ceniza,
y el espíritu se esfuma como aire inconsistente.
4 Se olvidará con el tiempo nuestro nombre,
y nadie se acordará de nuestras obras.
Como rastro de nubes pasará nuestra vida,
se esfumará como niebla,
evaporada por los rayos del sol y consumida por su calor.
5 Nuestra vida es como una sombra que pasa,
y nuestro fin no se puede retrasar;
pues está sellado y nadie puede regresar.
6 Así pues, disfrutemos de los bienes presentes,
gocemos de las criaturas con pasión juvenil.
7 Embriaguémonos de vinos exquisitos y perfumes,
que ni una flor primaveral se nos escape.
8 Coronémonos con capullos de rosas antes que se marchiten;
9 *que nadie de nosotros falte a nuestras orgías;*
dejemos por todas partes señales de nuestra euforia,
porque ésta es nuestra suerte y nuestra herencia.

• **1 12-15**: La muerte (física y espiritual) no proviene de Dios, que creó al hombre para la inmortalidad; por eso, la justicia, que conduce a los justos a la inmortalidad, no está sometida al dominio de la muerte. Se afirma rotundamente la bondad de la creación y la voluntad vivificadora universal de Dios (Sab 1 13-14).

• **1 16-2 9**: Toman la palabra los *malvados* en un razonamiento presentado de antemano como erróneo: el hombre –dicen– ha venido al mundo por azar y desaparece por completo con la muerte. Nuestro aliento es humo que se disipa; nuestra razón una chispa que salta con el latido del corazón. Así, cuando el hombre deja de existir, el cuerpo vuelve al polvo, y lo que llamamos espíritu se disipa como tenue brisa mañanera. Está justificada, pues, la invitación a gozar de la vida y sus placeres (adviértase la crítica velada a Ecl 2 24; 3 12; 9 7).

Actitud de los malvados frente al justo

Jr 20 10-13; Mt 23; Jn 5 18; Mt 27 39-43

10 Aplastemos al justo indefenso,
no tengamos compasión de la viuda
ni respetemos las canas del anciano.
11 Sea nuestra fuerza la norma de la justicia,
porque lo débil no sirve para nada.
12 Pongamos trampas al justo, porque nos resulta insoportable
y se opone a nuestra forma de actuar;
nos echa en cara que no hemos cumplido la ley
y nos reprocha las faltas contra la educación recibida;
13 presume de conocer a Dios
y se llama a sí mismo hijo del Señor.
14 Es un reproche contra nuestros pensamientos,
y sólo verlo nos molesta.
15 Pues lleva una vida distinta de los demás
y va por caminos muy diferentes.
16 Nos considera moneda falsa,
se aparta de nosotros como si fuéramos impuros.
Proclama dichosa la suerte de los justos
y presume de tener a Dios por Padre.
17 Veamos si es verdad lo que dice,
comprobemos cómo le va al final.
18 Porque si el justo es hijo de Dios, él lo asistirá
y lo librará de las manos de sus adversarios.
19 Probémoslo con ofensas y tortura:
así veremos hasta dónde llega su paciencia
y comprobaremos su resistencia.
20 Condenémoslo a una muerte deshonrosa,
pues, según dice, Dios lo librará».

Juicio sobre los razonamientos de los malvados

Gn 1 26-27; Rom 5 12

21 Así piensan, pero se equivocan,
pues los ciega su maldad.
22 Ignoran los secretos de Dios,
no confían en el premio de la virtud,
ni creen en la recompensa de los intachables.
23 Dios creó al hombre para la inmortalidad
y lo hizo a imagen de su propio ser;
24 pero por envidia del diablo entró la muerte en el mundo,
y sus seguidores tienen que sufrirla.

• **2 10-20**: La descripción de la persecución del justo tiene semejanzas con los Salmos 22 y 69 y con los poemas del siervo de Yavé del Segundo Isaías. El autor se está refiriendo a los judíos justos que tenían que soportar la persecución y ofensas de los judíos apóstatas y los paganos enemigos. Sab 2 13.18.20 dejan entrever una recompensa en el más allá. El título *hijo de Dios* en Sabiduría tiene ya un sentido profundo que encontrará su plenitud en el Nuevo Testamento. No es extraño que la Iglesia haya visto en este texto una anticipación admirable de la pasión y muerte de Jesucristo, justo por excelencia e Hijo de Dios.

• **2 21-24**: Se equivocan los malvados en sus razonamientos; los ciega su maldad (véase Jn 3 19; Rom 1 18) y desconocen el plan secreto de Dios, pues él creó al hombre a su imagen y para un destino inmortal. Es interesante la interpretación de Gn 3: la muerte ha entrado en el mundo no por un castigo de Dios, sino por la envidia del diablo.

Primer contraste: Premio de los justos y castigo de los malvados

Dt 33 3; Jn 10 28; Rom 8 18; Dn 7 27; Ap 5 20; 20 4-6

3 1 Sin embargo, las almas de los justos están en manos de Dios,
y ningún tormento los alcanzará.
2 Los necios piensan que los justos están muertos,
su final les parece una desgracia,
3 y su salida de entre nosotros, un desastre;
pero ellos están en paz.
4 Aunque a juicio de los hombres han sufrido un castigo,
su esperanza estaba llena de inmortalidad;
5 por una leve corrección recibirán grandes bienes,
porque Dios los puso a prueba y los encontró dignos de él.
6 Los probó como oro en el crisol
y los aceptó como sacrificio de holocausto.
7 En el juicio de Dios aparecerá su resplandor,
y se propagarán como chispas en un rastrojo.
8 Dominarán sobre naciones, gobernarán pueblos,
y su Señor reinará sobre ellos para siempre.
9 Los que ponen en él su confianza comprenderán la verdad,
y los fieles permanecerán junto a él en el amor,
pues la gracia y la misericordia son para sus elegidos.
10 Los malvados, en cambio, serán castigados por sus pensamientos,
porque despreciaron al justo y se apartaron del Señor.
11 Desgraciado el que desprecia la sabiduría y la instrucción;
vana es su esperanza, estéril su esfuerzo, inútiles sus obras.
12 Sus mujeres son necias, depravados sus hijos,
y maldita su descendencia.

Segundo contraste: Mejor esterilidad con virtud, que fecundidad con pecado

Is 56 3-5; Sal 16 5-6; 37 12-13; 59 9

13 Dichosa la mujer estéril que es intachable,
en cuyo lecho no se cometió ningún pecado:
obtendrá su recompensa en el momento del juicio.
14 Dichoso también el eunuco que no practicó el mal,
ni tuvo malos pensamientos contra el Señor;
recibirá una gracia especial por su fidelidad,
y un puesto envidiable en el templo del Señor.
15 Porque el fruto del buen trabajo da honra,
y la raíz de la prudencia nunca se seca.

• **3 1-12**: Sabiduría presenta con toda claridad la solución al problema de la retribución de justos y malvados, problema que plantearon, sin poder darle solución, Job y Eclesiastés. Dios acepta los sufrimientos de los justos como sacrificio de *holocausto*. La intervención favorable de Dios sobre los justos en el juicio escatológico manifestará su triunfo sobre los malvados, simbolizado con las imágenes de la luz y el resplandor (véase Dn 12 3; Mt 13 43). De nuevo sabiduría y justicia se dan la mano.

• **3 13-4 6**: Afirmación sorprendente frente a la opinión tradicional, que consideraba la descendencia numerosa como signo de bendición divina y la esterilidad como humillación y castigo de Dios. La afirmación del autor (Sab 3 13-14) supone un paso hacia la doctrina del Nuevo Testamento sobre la virginidad libremente aceptada por el reino de los cielos (véase Mt 19 12; 1 Cor 7). La *prudencia* de Sab 3 15 es el ordenamiento práctico de la vida conforme a la voluntad de Dios, que lleva a la inmortalidad. La imagen de Sab 4 2 está tomada de los juegos atléticos griegos, en los que el vencedor recibía una corona.

16 Pero los hijos de los adúlteros no llegarán a la madurez,
la descendencia producto del pecado desaparecerá.
17 Aunque vivan largos años, serán tenidos en nada,
y al final su vejez será deshonrosa.
18 Si mueren pronto, no tendrán esperanza
ni consuelo en el día del juicio,
19 pues la raza de los malvados acaba mal.

4 1 Es preferible no tener hijos y poseer virtud,
porque la virtud se recuerda por siempre;
es reconocida por Dios y por los hombres.
2 Cuando está presente, se la imita;
cuando está ausente, se suspira por ella;
en la eternidad triunfa y se adorna con la corona
porque venció en la competencia por premios que permanecen.
3 En cambio, la numerosa descendencia de los malvados será inútil;
salida de retoños ilegítimos, no echará raíces profundas
ni tendrá un fundamento firme.
4 Aunque por algún tiempo broten sus ramas,
al no estar bien arraigada, será sacudida por el viento,
arrancada de raíz por la violencia del huracán.
5 Serán quebradas sus ramas aún tiernas,
y su fruto será inútil;
no estarán maduros para ser comidos,
no podrán ser aprovechados.
6 Pues los hijos de uniones ilegítimas son testigos
de la maldad de sus padres cuando son examinados.

Tercer contraste:
Muerte temprana del justo y longevidad del malvado

Is 57 1-2; Heb 11 5; Sal 9 6

7 Pero el justo, aunque muera prematuramente, gozará de reposo.
8 Una vejez honorable no consiste en larga vida,
ni se mide por el número de años.
9 La verdadera ancianidad para el hombre es la prudencia,
una vida intachable es la auténtica vejez.
10 Agradó a Dios y fue amado por él,
y como vivía entre pecadores Dios se lo llevó.
11 Fue arrebatado para que la maldad
no trastornara su inteligencia,
ni la falsedad extraviara su alma.
12 Pues la fascinación del mal oscurece el bien,
y el ímpetu de la pasión pervierte a la mente sin malicia.
13 Llegó a la perfección en poco tiempo,
llenó el espacio de una larga vida.
14 Su vida fue agradable al Señor
que se dio prisa para sacarlo de un ambiente corrompido.

• **4** 7-19: Lejos de ser un castigo, la muerte prematura puede llevar consigo un triple beneficio: liberación de los sufrimientos de la vida, de la corrupción seductora del ambiente y una más pronta participación de la felicidad junto a Dios. "Nadie ha vivido demasiado poco si ha realizado plenamente en sí la perfección de la virtud" (Cicerón). Los mismos paganos decían que aquel a quien aman los dioses muere joven (Plauto-Menandro). Además, la muerte prematura del justo es una denuncia y una llamada de atención a la vida larga, pero vacía, de los malvados.

La gente lo ve, pero no lo comprende;
y es que no les cabe esto en la cabeza:
15 que los elegidos del Señor encuentran gracia y misericordia,
y que él salva a sus santos.
16 El justo que ha muerto condena a los malvados que viven,
y el joven que llegó a la perfección en poco tiempo,
es una denuncia para la larga vejez del malvado.
17 Ven el final del sabio,
pero no comprenden los designios de Dios sobre él,
ni por qué lo pone a salvo el Señor.
18 Lo ven y se burlan, pero el Señor se reirá de ellos.
19 Bien pronto serán un cadáver sin honra,
un objeto de vergüenza para siempre entre los muertos.
Pues el Señor los precipitará de cabeza y no reclamarán,
los sacudirá de sus cimientos y quedarán totalmente exterminados,
vivirán con amargura y su recuerdo se perderá.

Reflexiones de los malvados ante la suerte del justo

Sab 2 10-20; Col 1 12; Job 9 25-26; Sal 37 20; 68 3

20 Al rendir cuenta de sus delitos llegarán temblando,
y sus pecados saldrán a su encuentro para acusarlos.

5 1 Entonces el justo estará de pie con gran seguridad
frente a quienes le causaron sufrimientos
y despreciaron sus esfuerzos.
2 Al verlo temblarán de miedo,
y quedarán desconcertados ante su inesperada salvación.
3 Con el espíritu lleno de angustia y arrepentidos, se dirán:
4 «Este es el que antes poníamos en ridículo
y hacíamos objeto de nuestra burla.
Necios nosotros, que tuvimos su vida por locura
y consideramos su final una deshonra.
5 Ahora ha sido incluido entre los hijos de Dios,
y comparte la suerte de los santos.
6 Nosotros nos extraviamos del camino de la verdad,
la luz de la justicia no nos alumbró, y el sol no salió para nosotros.
7 Anduvimos por caminos de maldad y de perdición,
atravesamos desiertos sin senderos
y no quisimos seguir el camino del Señor.
8 ¿De qué nos ha servido nuestro orgullo?
¿Qué hemos sacado de las riquezas
en las que habíamos puesto nuestra confianza?
9 Todo eso pasó como una sombra, como un rumor fugaz;
10 como barco que navega por aguas agitadas,
que no deja huella perceptible,
ni señales de su paso entre las olas.

• **4 20-5 14**: Estas reflexiones son la contrapartida de las que encontramos en Sab 2 1ss. El desenlace final de justos e injustos permite leer con nueva luz sus vidas anteriores. A la vista del destino del justo, los malvados toman la palabra para hacer una solemne autoconfesión de sus propios errores, de la brevedad de su felicidad y de la vaciedad de sus vidas. Este cambio de situaciones será, más tarde, reformulado por Cristo en el pasaje lucano de las bienaventuranzas (Lc 6 20-26).

11 O como ave que con su vuelo cruza por los aires,
sin dejar huella alguna de su paso:
azota la brisa leve con su aleteo,
corta el aire con un agudo silbido,
y se abre camino agitando sus alas,
sin que después quede rastro de su paso.
12 O como una flecha lanzada hacia el blanco,
cuyo surco en el aire inmediatamente se cierra,
haciendo irreconocible su camino.
13 Así nosotros: apenas nacidos, desaparecemos
sin dejar rastro de alguna virtud que poder mostrar;
nos consumimos por nuestra propia maldad».
14 Sí, la esperanza del impío es como brizna llevada por el viento,
como espuma ligera a merced del huracán,
como humo que disipa el viento,
como el recuerdo pasajero del huésped de una noche.

Porvenir glorioso del justo

Is 62 11; 28 5; 59 17-18; 30 27-28

15 Pero los justos viven para siempre,
el Señor los recompensará
y el Altísimo cuidará de ellos.
16 Por eso conseguirán la corona espléndida de la gloria
y una hermosa diadema de parte del Señor.
Porque con su mano él los protegerá,
y con su brazo los defenderá.
17 Tomará su celo como armadura,
y será la creación su arma para castigar a sus enemigos.
18 Como coraza se pondrá la justicia,
y el juicio sincero como casco;
19 como defensa tomará su santidad invencible;
20 afilará como espada su ira incontenible,
y el universo luchará junto a él contra los necios.
21 Los rayos partirán como flechas certeras desde las nubes,
como de un arco bien tensado, volarán hacia el blanco;
22 una catapulta lanzará una furiosa granizada.
Las aguas del mar se embravecerán contra ellos,
y los ríos los inundarán sin piedad.
23 Un viento poderoso embestirá contra ellos,
y los barrerá como un huracán.
Y así la iniquidad invadirá la tierra entera,
y la maldad derribará los tronos de los poderosos.

• *5 15-23: Expresiva conclusión* de la primera parte. En la bienaventuranza eterna de los justos se verifica plenamente el plan de Dios respecto del hombre. En una pintoresca descripción se presenta a Dios como un guerrero invencible, a cuyo lado está la creación entera contra sus enemigos (Sab 5 17-23), tema característico de Sabiduría que aparece ampliamente en la tercera parte. Este castigo final de los enemigos, descrito con imágenes tomadas de la apocalíptica al uso, es expresión del triunfo de la justicia vindicativa de Dios. El tema de la justicia, que abría este primer bloque del libro (Sab 1 1.8.15), lo cierra ahora formando una clara inclusión.

II. ELOGIO DE LA SABIDURIA Δ

Responsabilidad de los gobernantes

Sal 2 10-12; Prov 8 15-16; Jn 19 11; Rom 13 1-7

6 1 Escuchen, pues, reyes, y comprendan;
aprendan gobernantes de toda la tierra.
2 Pongan atención los que dominan a muchedumbres
y se sienten orgullosos de la multitud de sus pueblos.
3 Porque el Señor les ha dado el poder,
y la soberanía procede del Altísimo.
El juzgará sus acciones
y examinará sus planes.
4 Porque, siendo ministros de su reino,
no gobernaron rectamente, no respetaron la ley
ni pusieron en práctica la voluntad de Dios.
5 Terrible y repentino se presentará él ante ustedes,
porque un juicio implacable espera a los poderosos.
6 Al pequeño se le perdona por piedad,
pero los poderosos serán examinados con rigor.
7 Pues el Señor de todos no retrocede ante nadie,
ni siente miedo ante la grandeza,
porque él hizo al pequeño y al grande,
y cuida de todos por igual;
8 pero a los poderosos les espera un riguroso examen.
9 A ustedes, pues, gobernantes, se dirigen mis palabras,
para que aprendan sabiduría y no pequen.
10 Porque los que se conducen según las leyes santas,
serán reconocidos como santos;
y los que se dejen instruir por ellas,
tendrán en ellas su defensa.
11 Así, pues, deseen mis palabras,
búsquenlas y serán instruidos.

Encuentro con la sabiduría

Is 65 1-2; Prov 1 20-21; 8 1-21; Eclo 6 26-29; Jn 14 21

12 Radiante y perenne es la sabiduría;
se deja ver sin dificultad por los que la aman
y hallar por los que la buscan.

Δ 6 1-9 18: La segunda parte del libro es un gran elogio de la sabiduría puesto en boca de Salomón. La invitación *inicial hecha a los reyes y gobernantes* (Sab 6 1-2.21) conecta con la de la primera parte (véase Sab 1 1-16), aunque cambia el tema de fondo: ahora se ofrece una gran reflexión sobre el origen, naturaleza, propiedades y frutos-dones de la sabiduría, que aparece presentada sucesivamente como privilegiada criatura divina, mediadora en la creación y con rasgos casi personalizados; como esposa hermosa y fiel; y como don de gobierno que sólo Dios concede y que, por tanto, se ha de pedir por medio de la oración. El conjunto puede dividirse en tres partes: invitación inicial (Sab 6 1-21), elogio de la sabiduría (Sab 6 22-8 21) y oración de Salomón (Sab 9 1-18).

• **6 1-11**: Con una perspectiva claramente universalista, el autor pretende enseñar a los reyes el modo de asegurar la estabilidad de sus tronos: ejerciendo el poder con rectitud y justicia. Les advierte que no son señores absolutos, sino que su poder viene de Dios; que han recibido una dignidad y responsabilidad especial y que tendrán que dar cuenta a Dios del uso de su poder.

• **6 12-21**: Personificación de la sabiduría, similar a la de Prov 1 20ss y 8 22ss. La Sabiduría sale al encuentro del hombre y provoca en éste el movimiento correlativo: desearla y salir en su búsqueda. Que la sabiduría conduce al reino se demuestra mediante un refinado y artístico procedimiento literario, en el que cada afirmación lleva como sujeto el predicado de la afirmación anterior; un dato más que pone de manifiesto la formación helenística del autor.

13 Se adelanta para manifestarse a los que la anhelan.
14 Quien madrugue para buscarla no se agotará,
pues la encontrará sentada a sus puertas.
15 Meditar sobre ella es la perfección de la prudencia,
y el que por ella se desvela pronto estará libre de inquietud.
16 Pues ella misma busca a los que son dignos de ella,
por los caminos se les muestra con benevolencia,
y sale al encuentro de todos sus pensamientos.
17 Su comienzo más seguro es el deseo de instrucción,
desear la instrucción es amarla,
18 amarla supone obedecer sus leyes,
observar las leyes es garantía de inmortalidad,
19 y la inmortalidad nos acerca a Dios;
20 así, el deseo de la sabiduría nos conduce al reino.
21 Por tanto, reyes de la tierra, si quieren tronos y cetros,
honren a la sabiduría y reinarán eternamente.

El autor anuncia el elogio a la sabiduría

Eclo 10 1-5; Gn 2 7; Job 10 8-12; Sal 139 13-16

22 Les voy a exponer qué es la sabiduría y cuál su origen.
No les ocultaré sus secretos;
desde sus orígenes buscaré sus huellas,
pondré en claro lo que se sabe de ella,
sin pasar por alto la verdad.
23 No me dejaré acompañar por la envidia que corroe,
pues nada tiene que ver con la sabiduría.
24 El mundo se salvará si hay muchos sabios,
y un pueblo prosperará si tiene un rey prudente.
25 Por tanto, déjense instruir por mis palabras,
y sacarán provecho de ellas.

7 1 Yo también soy un mortal, como todos los hombres,
y descendiente del primero que fue formado de la tierra.
De carne fui modelado en el seno de mi madre;
2 durante diez meses fui tomando consistencia en su sangre
a partir del semen paterno
y del placer que va unido al sueño.
3 Al nacer, también respiré el aire común;
y, al caer en la tierra que a todos nos recibe,
lo primero que hice, como todos, fue llorar.
4 Me criaron con cariño entre pañales.
5 Ningún rey comenzó de otro modo su existencia,
6 pues el comienzo y el final de la vida son iguales para todos.

Valoración de la sabiduría

1 Re 3 6-9.12; 5 9-14; Sab 9; Eclo 47 12-17

7 Por eso rogué, y me fue dada la prudencia;
supliqué, y vino a mí el espíritu de sabiduría.

• **6 22-7 6:** El autor asume la figura de Salomón y anuncia que va a manifestar los secretos de la sabiduría (que son los secretos de Dios) con toda honestidad y con el fin de que todos puedan ser iluminados con su luz radiante. Frente a los reyes orientales, particularmente los egipcios, que se atribuían origen divino, el autor (que se hace pasar por Salomón) se reconoce un hombre engendrado y nacido como cualquier otro mortal. Más que como rey, el autor se sitúa al nivel de los simples hombres, pues la sabiduría se dirige a todos.

8 La he preferido a los cetros y a los tronos,
y al lado de la sabiduría en nada he tenido la riqueza.
9 Ni siquiera la he comparado a la piedra más preciosa,
pues todo el oro ante ella es un poco de arena,
y a su lado la plata no pasa de ser barro.
10 La he amado más que a la salud y a la belleza,
la he preferido a la misma luz
porque su resplandor no se extingue.
11 Todos los bienes me han venido con ella,
tiene en sus manos riquezas innumerables.
12 Son fuente de alegría, porque los trae la sabiduría,
aunque yo no sabía que ella era su origen.
13 La aprendí con sencillez, sin envidia la comparto
y no escondo a nadie sus riquezas.
14 Porque es para los hombres un tesoro inagotable,
los que la adquieren se ganan la amistad de Dios
y quedan recomendados por los dones de la instrucción.

El autor pide de Dios la sabiduría

1 Re 5 9-14; Job 12 10; Sal 31 16

15 Que Dios me conceda hablar con inteligencia,
y tener pensamientos dignos de sus dones,
porque él es quien guía a la sabiduría
y quien dirige a los sabios.
16 En sus manos estamos nosotros y nuestras palabras,
toda prudencia y toda habilidad.
17 El me dio la verdadera ciencia de las cosas,
para conocer la estructura del mundo
y las propiedades de los elementos:
18 el principio, el fin y el medio de los tiempos,
la sucesión de los dias y la alternancia de las estaciones,
19 los ciclos del año y las posiciones de los astros,
20 la naturaleza de los animales y los instintos de las fieras,
el poder de los espíritus y los razonamientos de los hombres,
las variedades de las plantas y las virtudes de las raíces.
21 Todo lo que hay, oculto o manifiesto, lo he llegado a conocer
porque me lo enseñó la sabiduría, creadora de todo.

Naturaleza y propiedades de la sabiduría

Eclo 24 3; Col 1 15; Heb 1 3; Jn 1 5.9; 16 33

22 La sabiduría posee un espíritu inteligente, santo,
único, múltiple, sutil, ágil, penetrante, límpido,

• **7 7-14**: El autor, manteniendo la ficción salomónica (véase la Introducción al libro), alude al *sueño de Gabaón* (Sab 7 7; véase 1 Re 3) y presenta la sabiduría como fruto de la oración y más estimada que todos los bienes terrenos, entre los que menciona algunos valorados de modo especial por los griegos: la belleza, la salud, la luz del día. En la medida en que uno coloca el espíritu de la sabiduría por encima de las cosas materiales, es realmente sabio. Además, la sabiduría da acceso a los demás bienes y, lo que es más importante, garantiza la amistad divina.

• **7 15-21**: El autor sabe que sólo de Dios procede la sabiduría y le pide el don de la expresión, y enumera los amplísimos conocimientos obtenidos por medio de la sabiduría. Se alude aquí a 1 Re 5 9-14, atribuyendo a Salomón la ciencia que buscaba la cultura helénica del tiempo en que fue compuesto el libro. Todo conocimiento humano depende de la sabiduría. En Sab 7 21 se la denomina *creadora de todo*, atributo propiamente divino (véase Sab 13 1). No se personifica a la sabiduría, pero se la considera como algo más que un mero atributo. Y si la sabiduría es *creadora del cosmos*, puede enseñar sus múltiples y profundos secretos.

transparente, inmutable, amante del bien, agudo,
23 dispuesto, benéfico, amigo de los hombres,
estable, firme, libre de inquietudes,
que todo lo puede, todo lo vigila,
y penetra en todos los espíritus:
en los inteligentes, en los puros, en los más sutiles.
24 Pues más móvil que todo movimiento es la sabiduría,
y con su pureza todo lo atraviesa y lo penetra.
25 La sabiduría es una exhalación del poder de Dios,
una emanación pura de la gloria del Omnipotente;
por eso nada manchado entra en ella.
26 Es una irradiación de la luz eterna,
un espejo sin mancha de la actividad de Dios,
una imagen de su bondad.
27 Aunque es una, lo puede todo,
sin salir de sí, todo lo renueva,
y, entrando en cada época en las almas santas,
hace amigos de Dios y profetas.
28 Porque Dios sólo ama al que vive con la sabiduría.
29 Ella es más bella que el sol,
y supera a todas las constelaciones.
Comparada con la luz sale vencedora,
30 porque la luz tiene que dejar paso a la noche,
pero no hay maldad que se imponga a la sabiduría.

8 1 Ella despliega su fuerza de un extremo a otro,
y todo lo gobierna con acierto.

La sabiduría, esposa perfecta

1 Re 3 16-28; 5 1.14.21; 10 4-9

2 Esta fue la que yo amé y busqué desde joven,
procuré tomarla por esposa enamorado de su hermosura.
3 Su intimidad con Dios realza su noble origen,
porque el Señor de todas las cosas la ama.
4 Está iniciada en la ciencia divina,
y es ella quien elige entre las obras de Dios.

• **7 22-8 1**: Este pasaje constituye uno de los momentos culminantes de la enseñanza sobre la sabiduría. En Sab 7 22-24 se considera a la sabiduría en sí misma y se le atribuyen veintiún atributos; número intencionado (tres por siete) que indica perfección suprema. Sab 7 25-26 presenta a la sabiduría en su relación con Dios y la coloca en el ámbito divino, recurriendo a los símbolos del aire (lluvia), del agua (emanación) y de la luz (reflejo), y haciéndola partícipe de diversos atributos divinos: poder, gloria, bondad, actividad creadora y benéfica. Sab 7 27-8 1 define a la sabiduría en su *relación con el universo, al que gobierna y renueva*, y con los hombres, sobre todo los justos, en quienes habita y a los que convierte en profetas y amigos de Dios (Sab 7 27). El papel cósmico que se atribuye a la sabiduría, en este y otros pasajes (intervención en la creación, conservación, renovación y gobierno del mundo), ha influido, sin duda alguna, y explica la fe en la función cósmica que se atribuye a Cristo, Palabra y Sabiduría eterna de Dios (véase Jn 1 3.10; Col 1 15ss; Heb 1 3). Al hacer el elogio de la sabiduría, el autor ha utilizado también términos y expresiones de la filosofía griega. Ha intentado con ello hacer una síntesis de religión judía y filosofía griega, de manera que las creencias judías resultaran comprensibles al mundo pagano.

• **8 2-16**: Ahora la sabiduría es presentada como mujer que el varón ronda y conquista (Sab 8 2.9.16), seducido por su belleza (véase Sab 7 29), para convertirla en la esposa ideal. Como la mujer perfecta de Prov 31, su afortunado esposo obtiene, a través de ella, multitud de bienes: riqueza (Sab 8 5), saber (Sab 8 6), la virtud (Sab 8 7), experiencia (Sab 8 8), prestigio social (Sab 8 9) y la misma inmortalidad (Sab 8 13). Todo ello queda compendiado en su trato íntimo, que *no causa amargura* (Sab 8 16).

5 Si la riqueza es un bien deseable en la vida,
¿qué hay más rico que la sabiduría, que todo lo hace?
6 Y si la inteligencia es la que actúa,
¿quién sino la sabiduría es creadora de todo el universo?
7 A quien ama la justicia, ella le da como fruto las virtudes,
porque le enseña templanza y prudencia, justicia y fortaleza,
y nada hay más útil que esto en la vida de los hombres.
8 Y si es una rica experiencia lo que se anhela,
ella conoce el pasado y adivina el futuro;
sabe los giros del lenguaje y la clave de los enigmas,
sabe de antemano signos y prodigios,
y conoce la sucesión de tiempos y estaciones.
9 Por eso decidí hacerla mi compañera,
sabiendo que sería mi consejera en la prosperidad,
y mi consuelo en las penas e inquietudes.
10 Por ella conseguiré gloria entre la gente,
y honor ante los ancianos, aunque sea joven.
11 Se reconocerá mi agudeza en los juicios,
y causaré admiración ante los poderosos.
12 Si yo me callo esperarán a que hable;
si hablo, me escucharán con atención;
y si prolongo mi discurso, se llenarán de admiración.
13 Por ella conseguiré inmortalidad
y dejaré un perpetuo recuerdo a la posteridad.
14 Gobernaré pueblos y se me someterán las naciones,
15 temerán los terribles soberanos al oír hablar de mí.
Me mostraré amable con mi pueblo y valeroso en la guerra.
16 Al regresar a mi casa reposaré junto a ella,
porque su trato no causa amargura,
y su intimidad no molesta, sino que agrada y alegra.

La sabiduría puro don de Dios

Eclo 1 1

17 Al reflexionar sobre estas cosas, descubrí en mi corazón
que la inmortalidad está en la unión con la sabiduría,
18 que en su amistad se encuentra un noble deleite,
que hay riqueza inagotable en sus trabajos,
prudencia en la continuidad de su trato
y buen nombre en el diálogo con ella;
iba por todas partes, tratando de poseerla.
19 Yo era un muchacho de buen carácter,
y me tocó en suerte un alma buena;
20 o mejor, siendo bueno, vine a un cuerpo sin defectos.
21 Pero comprendí que no la conseguiría si Dios no me la daba,
y ya esto mismo era prudencia: saber el origen de tal don.
Acudí, pues, y supliqué al Señor, diciéndole de todo corazón:

• **8 17-21**: El autor recapitula las últimas ideas: las ventajas del trato y la amistad con la sabiduría (Sab 8 17-18). Pero no basta solo con desearla, ni bastan las disposiciones naturales para conseguirla, pues la sabiduría es un don de Dios, y por tanto sólo él puede otorgarla (Sab 8 19-20). Por eso, el autor se dispone a pedirla en la oración que sigue.

Oración para obtener la sabiduría

1 Re 3 6-9; 2 Cr 1 7-10; Prov 8 27-30; 1 Cor 2 16

9 1 Dios de nuestros antepasados, Señor de la misericordia,
que con tu palabra creaste el universo
2 y con tu sabiduría formaste al hombre
para que dominara sobre toda tu creación,
3 para que gobernara el mundo con santidad y justicia,
e hiciera justicia con rectitud de espíritu;
4 dame la sabiduría que comparte tu trono,
y no me excluyas del número de tus hijos.
5 Porque yo soy tu siervo, hijo de tu esclava,
hombre débil y de corta vida,
incapaz de comprender el derecho y las leyes.
6 Pues aunque uno sea perfecto entre los hombres,
sin la sabiduría que procede de ti, será tenido en nada.
7 Tú me elegiste como rey de tu pueblo,
para gobernar a tus hijos e hijas.
8 Tú me ordenaste que edificara un templo en tu montaña santa,
y un altar en la ciudad donde habitas,
a imitación de la tienda santa
que preparaste desde el principio.
9 Contigo está la sabiduría, que conoce tus obras;
estaba presente cuando hacías el mundo,
y sabe lo que es agradable a tus ojos
y lo que es conforme a tus mandamientos.
10 Envíala desde el santo cielo, desde el trono de tu gloria mándala,
para que me asista en mi trabajo, y sepa yo lo que te agrada.
11 Porque ella, que todo lo sabe y lo comprende,
me guiará con acierto en mis labores
y con su gloria me protegerá.
12 Así mis obras te agradarán,
gobernaré a tu pueblo con justicia
y seré digno del trono de mis antepasados.
13 Pues ¿qué hombre puede conocer los proyectos de Dios?
¿Quién puede hacerse idea de lo que quiere el Señor?
14 Los pensamientos de los mortales son frágiles
e inseguras nuestras reflexiones,
15 porque el cuerpo corruptible es un peso para el alma,
y esta morada terrena oprime al espíritu que reflexiona.
16 Si a duras penas vislumbramos lo que hay en la tierra,
y con dificultad descubrimos lo que está a nuestro alcance,
¿quién puede rastrear lo que hay en los cielos?
17 ¿Quién conocería tu proyecto,
si tú no le hubieras dado la sabiduría,
y hubieras enviado tu santo espíritu desde los cielos?

• **9** 1-18: La *oración de Salomón*, inspirada en 1 Re 3 6-9 en lo que respecta al contenido, es una pequeña pieza maestra por su construcción y disposición concéntrica. El desarrollo de ideas es bien sencillo: ante la comprometida tarea de gobernar a su pueblo con justicia, Salomón, sabiéndose mortal y limitado, pide a Dios la sabiduría que está junto a él y que sólo él puede conceder, para garantizar su gobierno justo. La petición, con variantes, se repite por tres veces (Sab 9 4.10.17), como auténtico estribillo. Esta sabiduría aparece en paralelo con la *palabra* creadora de Dios (Sab 9 1.2.9) y con el *espíritu santo* de Dios (Sab 9 17) y se muestra como la intérprete autorizada de la voluntad divina (Sab 9 5.9-10.13.17) y la más fiel garantía de justicia (Sab 9 3.9.12). Como sucediera en la primera parte, al final de esta segunda, la sabiduría vuelve a formar binomio con la justicia.

15 Porque eres justo, lo riges todo con justicia
y consideras indigno de tu poder
el condenar a quien no merece castigo.
16 Porque tu poder es principio de justicia,
y tu dominio sobre todo te hace misericordioso con todos.
17 Demuestras tu poder cuando no se cree en tu fuerza,
y confundes el atrevimiento de aquellos que no la conocen.
18 Pero, como dominas tu poder, juzgas con clemencia
y nos gobiernas con gran indulgencia,
porque puedes utilizar tu fuerza cuando quieras.

Doble lección para los israelitas

Sab 11 10.23; Mt 5 7; 7 2

19 Al actuar así, enseñaste a tu pueblo
que el justo debe ser compasivo,
y diste a tus hijos una dulce esperanza,
porque, después del pecado, das lugar al arrepentimiento.
20 Porque, si a los enemigos de tus hijos, que eran reos de muerte,
los castigaste con tanta compasión y clemencia,
dándoles tiempo y lugar para apartarse de su maldad,
21 ¡con cuánta mayor consideración juzgarás a tus hijos
a cuyos antepasados hiciste juramentos
y alianzas con tan buenas promesas!
22 Así, para educarnos a nosotros,
castigas con moderación a nuestros enemigos,
para que al juzgar pensemos en tu bondad,
y al ser juzgados esperemos misericordia.

El castigo de los egipcios

23 Por eso, a los que llevaban una vida de maldad y locura
los atormentaste con sus propios ídolos.
24 Porque habían avanzado mucho por los caminos del error,
tomando por dioses a los más viles y repugnantes animales,
dejándose engañar como niños sin juicio.
25 Por eso, como a niños sin uso de razón,
les enviaste un castigo que los puso en ridículo.
26 Pero los que con semejante corrección no se enmendaron,
terminarían por experimentar un castigo digno de Dios:
27 al verse acorralados por la furia de las bestias
a las que consideraban dioses y que eran ahora su castigo,
tuvieron que aceptar como Dios verdadero
al que antes se resistían a reconocer;
y así cayó sobre ellos el peor castigo.

• **12 19-22**: El autor saca ahora las consecuencias del proceder de Dios y las convierte en enseñanza o instrucción para el pueblo (Sab 12 19.22): también el pueblo debe ser justo, como su Dios, y juzgar con benevolencia. Igualmente debe aprender de los escarmientos ajenos y esperar confiado en la misericordia divina.

• **12 23-27**: El autor vuelve de nuevo al tema de la adoración de animales por parte de los egipcios (véase Sab 11 15), presentada como actitud equivocada y razonamiento infantil (Sab 12 24-25). Esta vez presenta el castigo como producido por los mismos dioses a los que adoran (Sab 12 27).

DISCURSO CONTRA LA IDOLATRIA +

Las criaturas debieron llevarlos a Dios

Rom 1 19-20; Hch 14 17; 17 27

13 1 Totalmente estúpidos son todos los hombres
que no han conocido a Dios,
los que por los bienes visibles no han descubierto al que existe,
ni por la consideración de sus obras
han reconocido al que las hizo.
2 En cambio tomaron como dioses que gobiernan al mundo,
al fuego, al viento y al aire sutil; al firmamento lleno de estrellas,
al agua impetuosa y a los astros luminosos.
3 Pues, si seducidos por su hermosura los tuvieron por dioses,
comprendan cuánto más hermoso es el Señor de todo eso,
pues fue el mismo autor de la belleza el que lo creó.
4 Y si tal poder y energía los llenó de admiración,
entiendan cuánto más poderoso es quien los formó;
5 pues en la grandeza y hermosura de las criaturas
se deja ver, por analogía, su Creador.
6 Estos, con todo, no merecen un reproche grave,
porque quizás se extravían al buscar a Dios queriendo encontrarlo.
7 Se mueven entre sus obras y las investigan,
y quedan seducidos al contemplarlas,
¡tan hermosas son las cosas que contemplamos!
8 Pero de todas formas, ni siquiera éstos tienen excusa,
9 porque, si fueron capaces de escudriñar el universo,
¿cómo no encontraron primero al que es su Señor?

Los ídolos son simple madera tallada

Sab 15 7-13; Is 40 18-20; Cjr 25-27

10 Son, pues, unos infelices
los que ponen su esperanza en cosas sin vida
y llaman dioses a obras realizadas por hombres:
oro o plata labrados con arte, figuras de animales,
o una piedra sin valor, trabajada hace tiempo.
11 Tomemos como ejemplo a un leñador:

+ 13 1-15 19: Como un paréntesis en medio de la tercera parte aparece esta sección monográfica dedicada al tema de la idolatría, levemente anticipado en los capítulos anteriores (Sab 11 15; 12 24). En tono polémico y con estilo brillante, el autor arremete contra tres típicas manifestaciones idolátricas: culto a las fuerzas cósmicas, culto a los animales y culto a objetos inanimados (o imágenes) hechos por el hombre. La sentencia es tajante: la idolatría es una estupidez (y, por tanto, contraria a la sabiduría), es fuente de injusticia y otros males, y finalmente conduce a la muerte. En este contexto polémico se afirma claramente la superioridad de la fe israelita en un solo Dios y la posibilidad de encontrar al único y verdadero Dios a partir del reconocimiento de la belleza y perfección de los seres creados (Sab 13 1-9).

• 13 1-9: Esta primera aproximación al tema presenta un modelo de conducta idolátrica: el culto a las fuerzas naturales y cósmicas. El desarrollo es bien claro: diagnóstico de ignorancia e irreflexión para los que se niegan a descubrir a Dios en sus obras (Sab 13 1) y divinizan a las criaturas (Sab 13 2). Como el Creador aventaja de manera inconmensurable a las criaturas en belleza y poder (Sab 13 3-4) todos deberían llegar a su conocimiento a base de un razonamiento basado en la analogía (Sab 13 8). El autor comprende la seducción ejercida por las criaturas (Sab 13 6-7), pues la obra divina es un modelo de belleza. Con todo, no puede justificar a quienes se han quedado a medio camino, incapaces de llegar hasta el Creador (Sab 13 8-9).

• 13 10-19: Mucho más degradante e incompresible resulta este segundo tipo de idolatría: el culto a las imágenes, obra de las manos del hombre. Tras enumerar varios modelos, describe detalladamente los ídolos de madera. La descripción, pintoresca e irónica, recuerda las de Is 40 18-20; 41 6s; 44 9-20; 46 1-7; Jr 2 27; 10 1-5; Cjr; Sal 115 4-8; 135 15-18. Es una buena lección para nuestro mundo, tan dado al culto de la imagen por encima de la realidad en que se sustenta.

corta un árbol que pueda manejar,
lo descorteza hábilmente y, trabajando con destreza,
fabrica un objeto útil para uso común;
12 con las astillas sobrantes
prepara su comida y satisface su hambre.
13 Y el último desperdicio, que no sirve para nada,
un tronco retorcido y lleno de nudos,
lo toma y en sus ratos libres, lo talla,
y con la destreza adquirida
lo modela y le da bien la forma de hombre,
14 bien la de cualquier animal.
Después lo pinta de rojo, barniza su superficie,
y recubre todos sus defectos;
15 a continuación le prepara un lugar adecuado,
lo coloca en la pared y lo asegura con clavos;
16 así toma precauciones para que no se caiga,
pues sabe que es incapaz de valerse por sí mismo,
ya que es una estatua y necesita ayuda.
17 Va luego y le reza por sus bienes, por las bodas, por sus hijos,
y no se avergüenza de hablar con un objeto sin vida.
Pide la salud a quien está enfermo;
18 la vida, a quien está muerto.
Pide ayuda al mismo desamparo;
un viaje feliz, a quien ni siquiera puede andar.
19 Y para tener ganancias
y que sean prósperos sus trabajos y negocios,
pide ayuda eficaz al más incapaz de proporcionársela.

¡A ellos invoca el navegante!

Sal 107 29-30; Gn 6 1-5; Dt 27 15; Is 2 18

14 1 Está también el que se embarca
y, a punto ya de atravesar las encrespadas olas,
reza a un madero más frágil que el barco que lo lleva.
2 Porque el barco lo ideó el afán de lucro,
y lo construyó la pericia del obrero.
3 Pero es tu providencia, oh Padre, la que lo gobierna,
porque hasta en el mar abriste camino
y un sendero seguro entre las olas,
4 mostrando así que puedes salvar de todo peligro,
y que hasta el inexperto puede embarcarse.
5 No quieres que las obras de tu sabiduría sean estériles;
por eso los hombres confían en una frágil embarcación,
cruzan las olas en una barca y llegan salvos al puerto.
6 Y *ya en el principio, cuando perecían* los soberbios gigantes,
la esperanza del mundo se refugió en una barca,
que, guiada por tu mano, dejó al mundo
la semilla de una nueva generación.
7 Porque es bendita la madera de la que se hace un recto uso,

• **14** 1-11: Como prolongación de lo anterior, se describe un caso concreto: el culto del navegante al ídolo, buscando su protección. Sólo Dios, con su providencia, es quien protege a quienes surcan los mares en busca de riquezas creadas por Dios. La mención de los barcos que surcan el mar en busca de riquezas, hace que el autor evoque, como contraposición, el episodio del arca de Noé (Sab 14 6) donde el arca-barco sirve a los proyectos de Dios. El fragmento termina con la maldición y condena de los ídolos, sus autores y sus seguidores.

8 pero tanto el ídolo, que es obra humana,
como su fabricante, son malditos; éste, porque lo hizo,
aquél porque, siendo corruptible, fue considerado dios.
9 Dios rechaza igualmente al malvado y su maldad,
10 la obra y su autor recibirán igual castigo.
11 Por eso también serán juzgados los ídolos de las naciones,
porque entre las criaturas de Dios
se han convertido en algo detestable,
ocasión de tropiezo para los hombres
y una trampa para los pies de los necios.

Origen del culto a ídolos de forma humana

Ex 34 16; Dt 31 16; Dn 3 1-7

12 El que inventó los ídolos, originó esta infidelidad;
el que proyectó hacerlos, corrompió la vida.
13 Porque no existieron al principio,
ni existirán tampoco por siempre.
14 Por la estupidez de los hombres entraron en el mundo,
y por eso les espera un fin rápido.
15 Un padre, apenado por un luto prematuro,
encarga una imagen del hijo que ha muerto tan pronto,
y al que ayer era un simple cadáver, hoy lo honra como a dios,
e instituye entre los suyos ritos y misterios.
16 Más tarde, consolidada por el tiempo,
la impía costumbre se observa como ley.
17 Por orden de los soberanos, reciben culto las estatuas.
Los que no pueden ser venerados en persona, porque viven lejos,
aunque están distantes, son representados en figura
y se fabrica una imagen del rey venerado
para adular con fervor al ausente como si estuviera presente.
18 La ambición del artista lleva a extender este culto
que así llega hasta aquellos que no lo conocían;
19 porque él, deseando, sin duda, agradar al soberano,
empleó todo su arte para hacer
una imagen más bella que la realidad.
20 Así la gente, arrastrada por el encanto de la obra,
da culto al que poco antes honraba como hombre.
21 Y esto es una trampa para los vivientes,
porque los hombres, víctimas de la desgracia o de la tiranía,
dan a la piedra y a la madera el nombre incomunicable.

Consecuencias de la idolatría

Rom 1 24-32

22 Pero no les bastó equivocarse en el conocimiento de Dios,
sino que además, hundidos en su propia ignorancia,

• **14 12-21**: Después de definir la idolatría en términos de infidelidad y prostitución (Sab 14 13: los profetas y la historia deuteronomista *se refieren así a la infidelidad* religiosa; véase Os 2), el autor descubre su origen en las desgracias familiares (Sab 14 15-16) y en la divinización de los poderosos (Sab 14 16b-20), rasgo común de los reyes helenistas y de los emperadores romanos. De la veneración personal se pasa a su adoración en imágenes.

• **14 22-31**: Las consecuencias de la idolatría (una guerra que ellos llaman paz: Sab 14 22) son descritas en un amplio catálogo de vicios al estilo de los que se encuentran en los filósofos estoicos y en las cartas del Nuevo Testamento. Todo se resume en la afirmación de que la idolatría es *principio, causa y fin de todos los males* (Sab 14 27). Precisamente esto es lo que justifica el *doble castigo* que la justicia reserva a los idólatras (Sab 14 30-31).

llaman paz a tan enormes males.
23 Pues con sus celebraciones infanticidas, sus misterios secretos
y sus locas orgías de ritos extravagantes,
24 ya no guardan limpios ni la vida ni el matrimonio:
se matan a traición unos a otros y se deshonran con adulterios.
25 Por todas partes reinan, en confusa mezcla, sangre y asesinato,
robo y engaño, corrupción e infidelidad,
revueltas y falsos juramentos;
26 los buenos son acorralados, la ingratitud es un hecho,
las almas se contaminan, el sexo se invierte,
los matrimonios naufragan, reinan el adulterio y la inmoralidad.
27 Porque el culto a ídolos sin consistencia
es principio, causa y fin de todos los males.
28 Quienes los adoran llegan al delirio en sus diversiones,
pronuncian oráculos falsos,
llevan una vida perversa y hacen daño sin motivo.
29 Han puesto su confianza en ídolos sin vida,
no temen daño alguno por jurar en falso.
30 Pero sufrirán el castigo por un doble motivo:
porque al irse tras los ídolos se han hecho una falsa idea de Dios
y porque juraron en falso despreciando la santidad.
31 Y no es que los ídolos por quienes se jura tengan poder alguno,
sino que el castigo merecido por los pecadores
alcanzará sin remedio a los malvados.

La fe protege a Israel de la idolatría

Ex 34 6-7; Jn 17 3

15 1 Pero tú, oh Dios nuestro, eres bueno y fiel;
eres paciente y todo lo gobiernas con misericordia.
2 Incluso cuando pecamos, somos tuyos,
pues reconocemos tu poder;
pero no queremos pecar sabiendo que te pertenecemos,
3 pues en conocerte a ti está la plena salvación,
y en reconocer tu poder la raíz de la inmortalidad.
4 No nos extraviaron las perversas invenciones de los hombres,
ni las estériles obras de los pintores,
figuras embadurnadas de múltiples colores,
5 cuya contemplación despierta la pasión de los necios,
hasta hacerles desear la figura inanimada de una imagen sin vida.
6 ¡Amantes del mal y dignos de tales esperanzas,
son los que las hacen, las desean y las veneran!

Necedad de los que fabrican ídolos

Sab 13 10-19; Gn 2 7; 3 19

7 También el alfarero amasa con afán la tierra blanda,
y moldea todos los objetos de que nos servimos:

• **15** 1-6: Asumiendo la representación del pueblo, el autor entona un breve himno en el que expresa la fe de Israel en su Dios y el rechazo de los ídolos. La fe, la justicia y la fidelidad han salvado a Israel de los males de la idolatría.

• **15** 7-13: Como sucediera con los *ídolos de madera* (Sab 13 10-19) ahora se presenta una nueva categoría: los *ídolos de barro*, aún menos valiosos que aquellos, por su materia y por su condición de *imitaciones*. Es interesante la referencia al origen del hombre (véase Gn 2 4b-25): el hombre de barro no puede comunicar espíritu ni vida a sus criaturas (ídolos) de barro.

moldea del mismo barro tanto los destinados para usos nobles
como los destinados para usos ordinarios.
Pero es el alfarero quien determina el uso que se dará a cada uno.
8 Luego, con un esfuerzo inútil,
modela un falso dios del mismo barro;
lo fabrica un hombre que poco antes nació de la tierra,
que regresará pronto a esa tierra de donde fue sacado
y tendrá que rendir cuentas de la vida recibida.
9 Pero no le preocupa que pronto tiene que morir,
ni que tiene una vida corta;
antes bien, compite con orfebres y plateros,
imita a los que forjan el bronce
y pone su gloria en modelar figuras engañosas.
10 ¡Ceniza es su corazón, más vil que la tierra su esperanza,
más despreciable que el barro su vida:
11 porque desconoce a su Creador, el que le infundió
un alma capaz de actuar y le comunicó un aliento vital!
12 Más aún, toma la vida como un pasatiempo,
la existencia como una feria de negocios;
dice: «Conviene sacar partido de todo, hasta del mal».
13 Y él sabe mejor que nadie que comete una acción mala,
cuando del mismo barro fabrica frágiles vasijas
y modela figuras de ídolos.

Los egipcios, los más estúpidos idólatras

Sal 105 4-7; 104 20-30

14 Pero los más estúpidos de todos,
peores que un niño sin conciencia,
son los enemigos que oprimieron a tu pueblo.
15 Tuvieron, en efecto, por dioses a todos los ídolos de las naciones,
ídolos que no pueden servirse de los ojos para ver,
ni de las narices para respirar el aire, ni de los oídos para oír,
ni de los dedos de sus manos para tocar,
ni de los pies para caminar.
16 Pues fue un hombre quien los hizo,
uno que tiene el espíritu prestado los formó,
y ningún hombre es capaz de formar
un dios semejante a sí mismo.
17 Como él es mortal, sus manos pecadoras producen cosas muertas,
y él mismo vale más que los objetos que venera,
ya que él tiene vida, pero los ídolos no la tendrán jamás.
18 Adoraron incluso a los más repugnantes animales,
que superan en estupidez a todos los demás;
19 animales que no poseen la belleza
que pueda hacerlos atractivos como a otros,
y están excluidos de la aprobación y bendición de Dios.

• **15 14-19**: La sección de la idolatría concluye con una nueva referencia a los egipcios, auténtico modelo de la conducta idolátrica. La descripción de la impotencia de los ídolos se hace en términos parecidos a los Sal 115 5-7 y 135 16-17. El hombre es superior a todos los ídolos inanimados que pueda producir (Sab 15 16-17).

Segundo contraste:
Codornices para los israelitas, ranas para los egipcios

Sab 12 23.27; Ex 16 9-13; Nm 11 10-32

16 1 Por eso, fueron castigados por seres semejantes,
atormentados por multitud de pequeños animales.
2 En lugar de tal castigo, hiciste el bien a tu pueblo,
y para calmar su apetito,
les preparaste un alimento exquisito: las codornices.
3 Así, los egipcios, aunque estaban hambrientos,
perdieron las ganas de comer
a causa del aspecto repugnante de los animales
enviados contra ellos.
En cambio tu pueblo, después de un breve ayuno,
saboreó un alimento exquisito.
4 Pues era justo que sobre aquéllos opresores
sobreviniera una carestía irremediable,
mientras a éstos bastaba con mostrarles
cómo eran atormentados sus enemigos.

Tercer contraste:
La serpiente de bronce y la langosta

Nm 21 4-9; Jn 3 14-17; Ex 8 16-20; 10 4-15; Is 55 10-11

5 Incluso cuando se desencadenó contra tu pueblo
la terrible furia de las fieras
y perecían por la mordedura de serpientes huidizas,
tu ira no llegó al extremo.
6 Tan sólo como corrección
y por breve tiempo fueron castigados,
pues tenían un signo de salvación
que les recordaba los mandamientos de tu ley;
7 y quien lo miraba, quedaba sano,
no por lo que contemplaba, sino por ti, Salvador de todo.
8 Con esto demostraste a nuestros enemigos
que eres tú el que libra de todo mal;
9 ellos morían por la picadura de langostas y mosquitos
sin poder encontrar remedio para su vida,
pues eran dignos de ser castigados por esos animales.
10 Pero contra tus hijos ni siquiera pudieron
los dientes de serpientes venenosas,
porque tu misericordia vino a su encuentro y los salvó.
11 Con el fin de que recordaran tus palabras,
sólo sufrieron unas picaduras, pero pronto estuvieron a salvo;
pues si hubieran olvidado tus palabras,
habrían sido excluidos de tu benevolencia.
12 Y, en verdad, ni hierba ni ungüentos los sanó,
sino tu palabra, Señor, la que todo lo sana.

• **16 1-4**: Se reanuda la reflexión histórica sobre temas del Exodo, interrumpida en Sab 12 27, con un nuevo contraste: mientras los egipcios fueron castigados por el hambre, los israelitas pudieron saciar su hambre, después de una breve prueba, por el don divino de las codornices.

• **16 5-14**: Se alude ahora al episodio de las serpientes de Nm 21 5-9. Mientras los enemigos mueren a causa de las picaduras mortales de insectos, Dios castiga a los israelitas, como padre que pretende corregirlos. No es la serpiente, como algo mágico, sino Dios quien los sanaba. Sólo Dios, Señor de la vida y de la muerte, puede hacer regresar del abismo (véase 1 Re 17 22-24; 2 Re 4 34; 13 21).

13 Pues tú tienes poder sobre la vida y la muerte,
tú hundes hasta las puertas del abismo y sacas de él.
14 El hombre, llevado de su maldad, puede matar,
pero, una vez que se fue el espíritu, no puede hacerlo regresar,
ni puede rescatar el alma del abismo.

Cuarto contraste: El granizo, el fuego y el maná

Ex 9 24-25; Sal 78 47-49; Ex 16; Dt 8 3

15 Es imposible escapar de tu mano.
16 Los malvados, que no quisieron conocerte,
fueron castigados por el poder de tu brazo:
cayeron sobre ellos extrañas lluvias, granizos,
tempestades implacables, y el fuego los consumió.
17 Y lo más sorprendente era que, en el agua que lo apaga todo,
el fuego se encendía mucho más,
pues el universo combate a favor de los justos.
18 Unas veces la llama se debilitaba,
para no quemar a los animales enviados contra los malvados
y para que vieran con claridad que los impulsaba el juicio de Dios;
19 y otras veces, aun en medio del agua,
la llama quemaba más que el fuego natural,
para destruir los frutos de una tierra culpable.
20 En cambio, a tu pueblo le diste comida de ángeles,
le mandaste del cielo pan preparado sin su esfuerzo,
capaz de dar todos los sabores y de satisfacer todos los gustos.
21 Aquel sustento manifestaba a tus hijos tu dulzura,
ya que se acomodaba al gusto de quienes lo tomaban
y se transformaba según los deseos de cada uno.
22 Nieve y hielo resistían al fuego sin derretirse,
para que supieran que el fuego que ardía
aun en medio del granizo y centelleaba bajo la lluvia,
había destruido las cosechas de los enemigos;
23 en cambio, para respetar el alimento de los justos,
se olvidaba hasta de arder.
24 Porque la creación, que está sometida a ti, su Creador,
despliega su energía para castigar a los malvados
y se vuelve suave para hacer el bien a los que en ti confían.
25 Por eso incluso entonces, adoptando formas diversas,
se puso al servicio de tu bondad que a todos sustenta,
de acuerdo con el deseo de los que te suplican.
26 Así, Señor, los hijos a quienes amas aprenderán
que no es la variedad de frutos lo que sustenta al hombre,
sino tu palabra es la que mantiene a los que creen en ti.
27 Pues lo que el fuego no podía destruir,
inmediatamente se derretía al calor de un tenue rayo de sol,
28 para que todos aprendieran que es necesario
adelantarse al sol para darte gracias,
y salir a tu encuentro al comenzar el día.

• **16 15-29**: El nuevo contraste queda resumido en Sab 16 24: la creación, sirviendo a su Hacedor, castiga a los malvados y beneficia a los fieles. En este caso se recuerda la séptima plaga (Ex 9 13ss) y el episodio del maná, aludiendo a Ex 16 y Nm 11. El motivo del fuego que devora las cosechas enemigas es desconocido en Ex 9. El maná es presentado como *comida de ángeles* (Sab 16 20) en Sal 78 25 y como alimento de los cielos en Sal 78 24 y 105 40. En el Nuevo Testamento iluminará el discurso de Jesús sobre el *pan de vida* (Jn 6).

29 Y es que la esperanza del ingrato
se derrite como escarcha de invierno
y chorrea como agua inservible.

Quinto contraste: Las tinieblas y la columna de fuego

Rom 11 33-35; Ex 10 21-23; 13 21-22

17 1 Grandes y difíciles de explicar son tus juicios,
por eso, las almas ignorantes se extraviaron.
2 Pues cuando los malvados pensaban
que podían oprimir a la nación santa,
quedaron presos de las tinieblas,
encadenados por una larga noche
y encerrados bajo los techos, excluidos de la eterna providencia.
3 Pensaban mantenerse ocultos con sus pecados secretos
bajo el oscuro velo del olvido,
pero fueron dispersados, presa de un terrible miedo,
y espantados con visiones.
4 El escondrijo en que se refugiaban no les quitaba el miedo,
ruidos terroríficos retumbaban a su alrededor,
y se les aparecían figuras espantosas de pálidos rostros.
5 Ningún fuego tenía bastante fuerza para alumbrar,
ni el resplandor brillante de los astros
llegaba a iluminar aquella horrible noche.
6 Sólo podían ver una hoguera
que se encendía por sí misma y los llenaba de terror;
y una vez desaparecida la visión, quedaban tan aterrados
que les parecía más terrible aún lo que habían visto.
7 Los artificios de la magia demostraban su impotencia,
y su alarde de inteligencia resultó un fracaso humillante;
8 pues los que aseguraban ahuyentar los miedos
y las turbaciones de la gente acobardada,
sufrieron ellos mismos un miedo ridículo.
9 Aunque ninguna otra cosa los aterrorizara,
el paso de los animales y el silbido de las serpientes
los llenaba de miedo,
10 y morían estremecidos de terror;
ni el aire se atrevían a mirar,
cosa imposible de evitar.
11 Pues la maldad es cobarde y a sí misma se condena:
acorralada por la conciencia, siempre se imagina lo peor.
12 Que el temor no es otra cosa
que la renuncia a los auxilios de la razón:
13 cuanto menor es la seguridad interior,
mayor se juzga la causa desconocida del tormento.
14 Durante aquella noche insoportable,
salida del reino impotente del abismo,
sumidos todos un mismo sueño,
15 unos se veían perseguidos por figuras monstruosas,

• **17 1-18 4**: La novena plaga (Ex 10 21-23), descrita brevemente como oscuridad absoluta durante tres días, inspira al autor esta amplísima descripción sobre el alcance y efectos de la oscuridad que castiga a los egipcios con diversas formas de terror y provoca la total paralización de la vida. En contraste con las tinieblas, la columna de fuego (Sab 18 3) guía a los israelitas. Al final, prolongando el simbolismo, se alude a la misión de los israelitas: transmitir al mundo la luz de la ley (Sab 18 4).

otros desfallecían por cansancio,
porque un súbito e inesperado terror los había invadido.
16 Así, todo el que caía en este estado,
quedaba atrapado, preso en aquella cárcel sin hierros.
17 Ya fuera labrador o pastor, o trabajara en un lugar solitario,
sorprendido, sufría el castigo inevitable,
18 pues a todos atrapaba la misma cadena de tinieblas.
El silbido del viento,
o el canto melodioso de los pájaros en las tupidas ramas,
la cadencia de las aguas fluyendo impetuosas,
19 el violento ruido de piedras que caían en avalancha,
la carrera invisible de animales que galopan,
el rugido de ferocísimas bestias,
o el eco que retumbaba en los huecos de las montañas,
todo los dejaba paralizados de terror.
20 Todo el universo brillaba con luz esplendorosa,
y proseguía sin trabas su actividad;
21 sólo sobre ellos se extendía una espesa noche,
imagen de la oscuridad que les esperaba,
aunque más insoportable que la oscuridad
eran ellos para sí mismos.

18 1 Para tus fieles, en cambio, brillaba una espléndida luz.
Los egipcios que, sin verlos, oían su voz,
los felicitaban por no haber padecido como ellos;
2 les daban gracias porque no se vengaban
por los daños recibidos,
y les pedían perdón por su actitud enemiga.
3 En lugar de esta oscuridad,
a los tuyos les diste la columna de fuego
como guía para un camino desconocido,
un sol que no hacía daño para su gloriosa salida.
4 Bien merecerían ser privados de la luz
y ser encerrados en la oscuridad,
aquellos que habían encerrado en prisiones a tus hijos,
por quienes debía entregarse al mundo
la luz inagotable de la ley.

Sexto contraste:
Muerte de los primogénitos egipcios y liberación de los israelitas

Ex 1 22-2 10; 12 29-30; 14 26-28; Dt 1 31; Ap 19 11-13.15

5 Ellos resolvieron matar a los hijos de tus fieles,
–sólo uno, Moisés que había sido abandonado, se salvó–;
en castigo, tú les quitaste un gran número de hijos,
e hiciste que perecieran todos juntos en las aguas impetuosas.
6 Aquella noche les fue anunciada de antemano
a nuestros antepasados,

• **18** 5-19: Sab 18 5 introduce los dos últimos contrastes: muerte de los primogénitos de Egipto y aniquilación de su ejército en las aguas. El sacrificio de aquella noche, anunciada a los antepasados del pueblo, a quienes se había prometido la liberación de la esclavitud de Egipto (véase Gn 15 13s), marcaría el centro de la vida religiosa y cultual de Israel. Con la celebración de la pascua y el éxodo de Egipto comienza Israel su camino de pueblo libre y solidario consagrado a Dios (Dt 7 6ss). Como sucediera con los malvados respecto al justo (Sab 2 18; 5 5), ahora los egipcios reconocen que Israel es *hijo de Dios* (Sab 18 13), después de sufrir el castigo de la muerte de los primogénitos.

para que sabiendo bien en qué juramento habían confiado,
se sintieran seguros.
7 Tu pueblo esperaba la salvación de los justos,
y la perdición de los enemigos.
8 Pues con el castigo de nuestros adversarios
nos glorificaste a nosotros, llamándonos a ti.
9 Los piadosos descendientes de los justos
habían ofrecido sacrificios en secreto,
y unánimes establecieron este pacto divino:
que tus fieles compartirían igualmente bienes y peligros,
después de haber cantado las alabanzas de los antepasados.
10 Los gritos confusos de los enemigos resonaban a lo lejos,
y cundía la voz lastimera de los que lloraban a sus hijos.
11 El mismo castigo alcanzaba a siervos y amos,
y el simple ciudadano sufría lo mismo que el rey.
12 Todos por igual tenían innumerables cadáveres,
heridos por un mismo género de muerte,
y los vivos eran insuficientes para enterrarlos,
porque, en un instante, lo mejor de su raza había perecido.
13 Así, aquellos a quienes la magia había hecho incrédulos,
ante la pérdida de sus primogénitos
reconocieron que este pueblo era hijo de Dios.
14 Cuando un silencio apacible lo envolvía todo,
y la noche llegaba a la mitad de su veloz carrera,
15 tu omnipotente palabra se lanzó desde el cielo,
desde tu trono de rey, cual implacable guerrero,
sobre aquella tierra destinada al exterminio.
Traía como aguda espada tu decreto terminante,
16 se detuvo y lo llenó todo de muerte;
mientras tocaba el cielo, trituraba la tierra.
17 De pronto los sobresaltaron sueños y horribles pesadillas,
y terrores inesperados los invadieron.
18 Arrojados por todas partes y a punto de morir,
manifestaban por qué causa morían;
19 pues los sueños que los agitaban les habían advertido,
para que no murieran sin saber por qué eran castigados.

Aarón libra del exterminio a los israelitas

Nm 17 6-15; 1 Cor 10 8; Ex 32 11-13

20 También los justos sufrieron la prueba de la muerte,
y un gran número pereció en el desierto.
Pero no duró mucho aquella ira,
21 porque pronto surgió como defensor Aarón, un hombre íntegro.
Con las armas de su ministerio: oración e incienso expiatorio,
afrontó la ira y puso fin a la desgracia,
mostrando que era siervo tuyo.
22 Venció la indignación, no con la fuerza corporal
ni con el empuje de las armas,
sino que calmó con la palabra a quien los castigaba,

• **18 20-25**: También Israel sufrió el castigo de la muerte (véase Nm 16 16-35) que ahora es contemplada como prueba pasajera (Sab 18 20). Pero, a diferencia de los egipcios, los israelitas tienen un poderoso antídoto: la mediación sacerdotal de Aarón y su eficaz intercesión en favor del pueblo.

recordando los juramentos y las alianzas
que hizo con sus antepasados.
23 Y cuando ya los muertos eran innumerables,
se interpuso, detuvo el avance de tu ira,
y le cerró el paso hacia los que aún vivían.
24 Pues en su vestidura sacerdotal
estaba representado todo el universo;
en las cuatro hileras de piedras preciosas
figuraban los nombres gloriosos de los antepasados,
y tu majestad en la diadema de su cabeza.
25 Ante estas insignias, el exterminador retrocedió asustado,
pues bastaba con una demostración de tu ira.

Séptimo contraste: Los israelitas y los egipcios ante el mar Rojo

Ex 11 1; 14 5-9.19-22; 15; 16 13

19 1 Pero sobre los malvados descargó hasta el fin una ira implacable,
porque Dios conocía de antemano su futura conducta.
2 Sabía que los egipcios los dejarían irse,
y que los despedirían apresuradamente;
pero que después cambiarían de opinión y los perseguirían.
3 Y así fue. Ocupados todavía en su duelo
y llorando sobre las tumbas de sus muertos,
concibieron otro plan descabellado:
perseguir como fugitivos
a los que primero habían suplicado que se fueran.
4 La fuerza de los acontecimientos los empujaba merecidamente
haciéndoles olvidar lo pasado;
así padecieron el castigo que faltaba aún a sus sufrimientos;
5 y mientras tu pueblo realizaba un prodigioso viaje,
encontraron ellos una insólita muerte.
6 Porque toda la creación, obediente a tus mandatos,
asumía nuevas formas de comportamiento
para guardar de todo mal a tus hijos:
7 se vio a la nube dar sombra al campamento
y de lo que antes era agua surgió la tierra seca.
El mar Rojo se convirtió en un camino transitable,
y su oleaje impetuoso en una verde llanura
8 por donde pasó un pueblo entero, protegido por tu mano,
contemplando prodigios admirables.
9 Parecían caballos que pastaban en la pradera
y saltaban de alegría como corderitos,
mientras te alababan a ti, Señor, su liberador.
10 Pues recordaban todavía lo sucedido en su destierro:
cómo la tierra produjo mosquitos

• **19** 1-12: Magnífico recuerdo de la epopeya del *paso del mar* (Ex 14) concebida como una nueva creación. El punto de partida es la actitud de los egipcios que, a sus anteriores pecados, añaden ahora la terquedad (Sab 19 1-4). La creación cambia radicalmente de comportamiento (Sab 19 6) para llevar a cabo la liberación del pueblo en un proceso que recuerda distintos motivos del primer relato de la creación (Gn 1): aparición de la tierra firme, vegetación, seres acuáticos y aves (Sab 19 7-12). En Sab 19 9 encontramos alusiones a Sal 114 4. El mar se ha convertido en camino transitable para los israelitas y en tumba abierta para sus perseguidores.

en lugar de que éstos se reprodujeran naturalmente,
y el río, en lugar de peces, lanzó multitud de ranas.
11 Más tarde vieron también un nuevo modo de nacer las aves,
cuando, inducidos por el deseo, pidieron alimentos especiales
12 y, para satisfacerlos, subieron del mar las codornices.

Los egipcios más culpables que los sodomitas

Gn 45 17-20; 47 1-12; Ex 1 8-14; 5 4-18

13 Pero los castigos cayeron sobre los pecadores,
no sin las señales precursoras de violentos rayos.
Y con toda justicia padecían por sus maldades,
por haber alimentado el odio más feroz contra el extranjero.
14 Los de Sodoma no hospedaron a los desconocidos que llegaban,
y los egipcios esclavizaron a huéspedes bienhechores.
15 Más aún, los de Sodoma –y esto se les tendrá en cuenta–
recibieron como enemigos a los extranjeros;
16 a su vez los egipcios, después de recibirlos con alegría
y de reconocerles sus derechos,
los maltrataron con pesados trabajos.
17 Por eso fueron también heridos de ceguera
como aquellos que a la puerta del justo Lot,
envueltos en espesa oscuridad,
buscaban a tientas la entrada de su casa.

Maravillosa armonía y alabanza final

Is 45 17.25

18 Así los elementos intercambiaban entre sí sus propiedades,
como sucede en los instrumentos de cuerda con los sonidos,
que pueden cambiar de ritmo, conservando su tonalidad.
Y esto es lo que se demuestra en el examen de los hechos;
19 porque los animales terrestres se volvían acuáticos,
y los que nadan se paseaban por la tierra.
20 El fuego se hizo más intenso en el agua,
y el agua olvidaba su propiedad de apagarlo.
21 Por el contrario, las llamas no consumían las carnes
de los débiles animales que en ellas se movían,
ni se derretía aquel alimento celestial,
semejante a la escarcha y tan fácil de derretir.
22 Por todos los medios, Señor,
engrandeciste y cubriste de gloria a tu pueblo,
y no dejaste de asistirlo en todo tiempo y lugar.

• **19** 13-17: Se introduce un tema nuevo: el pecado contra las leyes de la hospitalidad, más grave aún que el de los sodomitas en Gn 19. Los sodomitas tenían alguna excusa ya que los mensajeros del cielo eran para ellos personajes desconocidos. No así los egipcios que, habiéndose beneficiado de los trabajos de los israelitas, los esclavizaron y dieron muerte a sus primogénitos.

• **19** 18-22: Esta reflexión resume la tercera parte del libro y concluye con una alabanza agradecida a Dios por la singular protección sobre Israel. El libro de la Sabiduría constata esta protección en una de las etapas más difíciles de la historia de Israel: la de la liberación de la opresión egipcia. Al poner esto ahora de relieve ante los judíos dispersos por el mundo y sometidos también a prueba, el autor les transmite un mensaje de esperanza: así como en el pasado Dios *no dejó de socorrer a su pueblo* (Sab 19 22), también en el presente y en el futuro volverá a intervenir.

ECLESIASTICO

INTRODUCCION

El libro del Eclesiástico, llamado así por el frecuente uso que de él se hizo en las asambleas litúrgicas (que en lengua griega se llamaban "ekklesiai") de los primeros siglos cristianos, es el único libro del Antiguo Testamento que lleva la firma de su autor: Jesús Ben Sira de donde procede el otro nombre con que se conoce a este libro: Sabiduría de Ben Sira o Sirácida. Esta obra constituye el ejemplo más completo de la literatura sapiencial judía existente, y tiene sorprendentes semejanzas con el libro de los Proverbios. Pero, a diferencia de éste, en Eclesiástico es claro que se trata de la obra de un solo autor, lo cual hace de este libro algo más que una mera colección de máximas.

1. Contexto histórico

Por lo que concierne a la personalidad del autor, es probable que Ben Sira fuera un profesor que daba clases en Jerusalén; en Eclo 51 23 invita claramente a los jóvenes a acudir a su academia. El mismo se había esfozado en el estudio de la sabiduría siendo joven aún, antes de sus viajes al extranjero (Eclo 51 13; 39 4). Como profesor, combinó las funciones de sabio y escriba, es decir, instruía acerca de cómo hay que conducirse en la vida (al estilo de Proverbios) y, al mismo tiempo, enseñaba los preceptos de la ley de Moisés. En su descripción del escriba, Ben Sira puede estar presentando un cuadro idealizado de su propia profesión (Eclo 38 24-39 11).

En cuanto a la fecha de composición, hay que pensar en las primeras décadas del s. II a. C., probablemente pocos años antes de la rebelión macabea del año 168 a. C. Dos datos comprueban esta fecha: la mención, en el prólogo de la obra, del año treinta y ocho del reinado de Evergetes (que suele identificarse con Tolomeo VII: años 170-116 a. C.), y el elogio del sumo sacerdote Simón, hijo de Onías, en Eclo 50 1-24.

2. Características literarias

Si prescindimos del prólogo con que el traductor griego quiso iniciar la obra y del salmo de acción de gracias y la invitación final a buscar la sabiduría de Eclo 51, que no aparecen en los manuscritos griegos, la obra puede dividirse en tres partes:

1) Eclo 1 1-23 27: Esta sección, quizá el primer volumen publicado de la obra, es introducida por un poema de alabanza a la sabiduría, que tiene su origen en el temor del Señor (Eclo 1 1-20).

2) Eclo 24 1-42 14: Esta sección es introducida, como la anterior, por un poema de alabanza a la sabiduría. Este don divino penetra toda la realidad creada, pero habita especialmente en Jerusalén y es identificada con la ley de Moisés.

3) Eclo 42 15-50 29: Los poemas de esta sección, relativamente largos, pudieron haber aparecido en circunstancias especiales, antes de su incorporación a la obra tal como la tenemos ahora.

El estilo de Ben Sira es, en cierta medida, repetitivo y no muy original; pero sería exagerado decir que es decadente. Por lo que podemos deducir a través de los manuscritos hebreos descubiertos en lo que va de siglo (véase apartado 4 de esta introducción), Ben Sira era capaz de escribir en hebreo clásico (aunque tardío), y estilísticamente no era inferior a los últimos salmistas o a los autores tardíos de algunas partes de Proverbios. Poseía un considerable talento literario que se pone de manifiesto en su capacidad de combinar lo lírico con lo didáctico, imitando unas veces a los salmos y otras a los Proverbios.

Mucho se ha discutido sobre la influencia helenista en el pensamiento y la obra de Ben Sira. En algunos de sus consejos, sobre todo en los referentes a los banquetes (Eclo 31 12-32 13), refleja un estilo de vida muy influenciado, al parecer, por la difusión de la civilización griega que siguió a la conquista de Alejandro Magno (333 a. C.). Más aún, al viajar por el extranjero, es posible que estuviera en estrecho contacto con la cultura helenista. Sin embargo, los paralelos que se han propuesto entre ciertos refranes suyos y las ideas de algunos autores griegos (especialmente Hesiodo, Teognis y los trágicos) pertenecen al caudal de ideas comunes entre los antiguos moralistas. Ciertamente no podemos decir si la influencia positiva de la cultura griega fue profunda o extensa. Mucho más clara, sin embargo, es la influencia negativa. La adopción de costumbres helenistas parece haber alcanzado su punto más alto en los años 174-171 a. C. (véase 2 Mac 4 13). Pero, ya cuando Ben Sira escribe, parece que la sociedad judía estaba muy influenciada por los atractivos de la civilización griega. De ahí la llamada del autor a obedecer sin compromisos la palabra del Señor, y a tratar de evitar el "doble camino" (Eclo 2 12).

3. *Claves teológicas*

A pesar de la coherencia de su pensamiento, no es difícil encontrar en el Eclesiástico algunos contrastes doctrinales.

Ben Sira adopta el monoteísmo ético: el Señor es el único y solo Dios de quien proceden el bien y el mal; el destino del hombre está en sus manos. Pero, a pesar de éste y otros aspectos que acaban estructurando una rígida doctrina de la predestinación, no deja de afirmar que el hombre es un ser libre, y que la sabiduría se adquiere mediante el esfuerzo humano (Eclo 6 18-37). El hombre puede elegir entre el bien y el mal, de ahí que la responsabilidad de cara al mal no puede ser atribuida a Dios (Eclo 15 11-20).

Un segundo contraste es el referente al pesimismo y optimismo. El hombre fue creado del polvo (Eclo 33 10) y al polvo debe volver (Eclo 17 1; 40 11). Su vida es breve (Eclo 17 2; 18 9-10), e inevitablemente termina su existencia en la soledad del Seol, abismo donde permanecen los muertos. Por otra parte, el hombre fue hecho a imagen de Dios; a él se le concedió el dominio sobre fieras y aves (Eclo 17 3-4); fue dotado de inteligencia y destreza (Eclo 17 7; 38 6). Todas las obras del Señor son buenas y están al servicio del hombre para socorrer todas sus necesidades (Eclo 39 25).

Otro de los aspectos desconcertantes es el referente a la doctrina de la retribución. Dios es justo e imparcial: la gente buena recibe cosas buenas; los pecadores, cosas malas (Eclo 39 25). Ben Sira enseña que esta justa retribución opera en el más acá, pues no cree en un más allá. Pero, por otra parte, no pasa por alto la serie de objeciones que se levantan contra una teoría de este género (p. e. en Job). Evidentemente se da cuenta de que los duros hechos de la experiencia común, con su gran carga de dolor inexplicable, contradicen tal teoría, al menos a primera vista. Por eso intenta deliberadamente superar la contradicción, distinguiendo entre la apariencia y la realidad. No sabemos cuándo, pero todo se cumplirá a su tiempo, aunque aparentemente la realidad parezca llevar la contraria a la justicia de Dios.

Tampoco su doctrina sobre el universalismo de la intervención divina en la historia es perfectamente clara, pues mientras que, por una parte, sostiene que hay un Dios universal cuya voluntad es válida para toda la humanidad, por otra enseña que Israel es la porción particular del Señor, y Jerusalén el lugar de su reposo. Por este motivo, Ben Sira puede rogar a Dios que aplaste a las naciones extranjeras que se oponen a Israel (Eclo 36 3-10).

Un último ejemplo del carácter desconcertante del pensamiento de Ben Sira es el referente a las relaciones entre razón y fe. Mientras que, por una parte, apoya su ética en la propia reflexión racional, por otra, insiste en las limitaciones de la comprensión humana y en la necesidad de recurrir a la ley de Moisés, es decir, abandona el prudencialismo racionalista para aceptar como principio básico la revelación divina.

4. *El texto del Eclesiástico*

La existencia de un original hebreo de la obra de Ben Sira se basaba no sólo en el testimonio del nieto-traductor dado en el prólogo, sino también en la existencia de citas en algunos escritos rabínicos. Sin embargo, lo cierto es que, hasta antes de 1896, sólo conocíamos las versiones griega, siriaca y latina, entre las principales. Entre esa fecha y 1900, el descubrimiento de una "geniza" (almacén de manuscritos inservibles) en las excavaciones efectuadas en la antigua sinagoga de El Cairo sacaron a la luz lo que investigaciones posteriores determinaron como copias medievales del original hebreo de Ben Sira, repartido en cuatro manuscritos distintos, que los especialistas llamaron A, B, C y D. En 1931, otro especialista descubrió, entre la misma colección de restos de manuscritos, un trozo al que llamó E, pues no pertenecía a ninguno de los manuscritos ya catalogados. Entre 1958 y 1960 se identificaron nuevas partes de B y C. De este modo, la ciencia bíblica podía contar aproximadamente con las dos terceras partes de la obra de Ben Sira en hebreo, repartida entre cinco manuscritos. En 1964, excavaciones en la antigua fortaleza de Masada, en la costa occidental del Mar Muerto sacaron a la luz parte de un nuevo manuscrito (M) La historia de estos descubrimientos termina por ahora con la identificación de un nuevo trozo entre el material recuperado de la "geniza" de El Cairo conservado en la universidad de Cambridge.

Por razones obvias que se desprenden de esta dispersión de la obra hebrea, la traducción que presentamos a continuación sigue básicamente el texto griego, con muy pocas y breves aportaciones del texto hebreo. De todos modos, facilitamos a los lectores, en nota a pie de página, las variantes más importantes y significativas procedentes de los manuscritos hebreos.

En cuanto al texto griego, la presente traducción se ajusta a la edición crítica de A. Rahlfs en la que bastantes versículos van en nota al no figurar en los mejores manuscritos griegos. Así se presentan también en nuestra traducción.

Finalmente para un buen uso y una correcta consulta del Eclesiástico, conviene tener en cuenta que, en ciertas versiones antiguas del libro y en algunas traducciones modernas, se ofrece un cambio de numeración que afecta a seis capítulos. Así los capítulos 31-33 de algunas traducciones corresponden a 34-36 en otras; y 34-36 a 31-33.

ECLESIASTICO

Presentación del traductor griego

La ley, los profetas y los otros escritos que les siguieron nos han transmitido muchas y grandes lecciones, que hacen a Israel digno de alabanza por su doctrina y sabiduría. Pero es necesario que los lectores no sólo adquieran sabiduría ellos mismos, sino que también, una vez instruidos, puedan ser útiles a los de fuera con sus palabras y escritos. Por eso, mi abuelo Jesús, después de haberse dedicado asiduamente a la lectura de la ley, de los profetas y de los otros escritos de los antepasados, habiendo adquirido un gran dominio en ellos, se decidió también a escribir algo sobre temas de doctrina y sabiduría. Pretendía con eso que los ansiosos por aprender entraran en conocimiento de estas cosas y se aplicaran más a vivir según la ley.

Quedan, pues, invitados a leerlo con benevolencia y atención, y a ser indulgentes allí donde parezca que, a pesar de nuestros esfuerzos de interpretación, no hemos logrado traducir adecuadamente alguna expresión. Y es que las cosas dichas en hebreo no tienen la misma fuerza cuando se traducen a otra lengua; cosa que ocurre no sólo con este libro, sino también con la misma ley, los profetas y los otros libros, los cuales ofrecen no pequeña diferencia cuando se leen en su lengua original.

El año treinta y ocho del rey Evergetes yo llegué a Egipto donde me establecí por un tiempo. Allí encontré un ejemplar que contenía no poca instrucción y me creí en el imperioso deber de poner, yo también, diligencia y trabajo para traducir este libro. Muchas noches y ciencia he consagrado durante este período hasta terminar y publicar el libro. Ojalá puedan usarlo también los que, en el extranjero, desean instruirse y reformar sus costumbres para vivir conforme a la ley.

I. NATURALEZA Y BENEFICIOS DE LA SABIDURIA Δ

Origen divino de la Sabiduría

Sab 7 25-26; Eclo 24 8-9; Prov 8 22; Job 28 12-23; Hch 2 17-18

1 1 Toda sabiduría viene del Señor
y está con él por siempre.

Presentación: Este prólogo-presentación que encabeza el libro del Eclesiástico tiene como autor al nieto de Ben Sira. Su estilo literario se asemeja a los prefacios de algunas obras griegas de carácter histórico. Analizando su contenido se descubren tres bloques temáticos: fuentes utilizadas y razones que motivaron la redacción de la obra; invitación a la lectura y petición de benevolencia por los posibles errores de traducción; nota autobiográfica del autor del prólogo.

En el inicio del texto se encuentra un dato interesante que alude, por primera vez, a una posible lista autorizada de libros del Antiguo Testamento. Esta lista agrupa los libros en tres bloques: la ley, los profetas, y los otros escritos (véase también Lc 24 44).

Δ 1 1-23 27: La primera parte del libro del Eclesiástico identifica la sabiduría con el temor del Señor. La existencia individual y comunitaria del hombre creyente tiene que fundarse en la confianza divina y en el arrepentimiento. Los distintos himnos, exhortaciones, sentencias y comparaciones antitéticas entre el comportamiento de los sabios y de los necios, describen un panorama social y religioso que debe ser enriquecido y purificado por la sabiduría divina.

2 ¿Quién puede contar la arena de los mares
las gotas de la lluvia y los días de la eternidad?
3 ¿Quién puede medir la altura de los cielos,
la anchura de la tierra, el abismo y la sabiduría?
4 Antes de todo fue creada la sabiduría,
la inteligente prudencia, desde la eternidad.
6 ¿A quién fue revelada la raíz de la sabiduría?
¿Quién conoce sus posibilidades?
8 Sólo hay uno sabio y muy temible:
el Señor que se sienta en su trono;
9 él fue quien creó la sabiduría, la vio, la midió
y la derramó sobre todas sus obras,
10 sobre todos los vivientes como don suyo;
fue él quien se la brindó a los que lo aman.

El temor del Señor, camino de la sabiduría

Eclo 2 7-17; 34 14-17; 40 26-27; Prov 1 7; Sal 111 10

11 El temor del Señor es gloria y honor,
gozo y corona de alegría.
12 El temor del Señor alegra el corazón,
da gozo, alegría y larga vida.
13 El que teme al Señor tendrá un buen final,
el día de su muerte será bendecido.
14 Principio de la sabiduría es temer al Señor;
acompaña a los fieles desde el seno materno.
15 Entre los hombres estableció su asiento eterno,
y con su descendencia se mantendrá fiel.
16 Plenitud de la sabiduría es temer al Señor,
ella embriaga a los fieles con sus frutos,
17 llena toda su casa de tesoros
y de sus productos sus graneros.
18 Corona de sabiduría es el temor del Señor,
en ella florecen paz y bienestar.
19 El Señor la vio y la midió;
él hace llover ciencia e inteligencia,
y exalta la gloria de los que la poseen.
20 Raíz de la sabiduría es temer al Señor,
sus ramas son larga vida.

• **1 1-10**: Este poema dedicado a la sabiduría sirve de introducción a todo el libro. El autor subraya el origen divino de la sabiduría (véase Prov 8 22-31 y Job 28), situándose así dentro de la tradición sapiencial del Antiguo Testamento. Dios la creó antes que todas las cosas y la concede como don a quienes lo aman. Los santos Padres comprenderán este cántico desde Cristo, siguiendo a San Pablo (1 Cor 1 24) y a la tradición paulina (Col 1 15-19).

Algunos manuscritos griegos añaden Eclo 1 5: *La fuente de la sabiduría es la palabra del Dios altísimo, y sus canales, los mandamientos eternos.* Y Eclo 1 7: *¿A quién se manifestó la ciencia de la sabiduría, y quién comprendió la diversidad de sus caminos?*

• **1 11-20**: El temor del Señor es la actitud religiosa que debe acompañar al creyente para entender la sabiduría divina. No es, por tanto, sinónimo de terror, sino más bien de confianza, de amor reverencial hacia el creador. Utilizando la imagen vegetal empleada por Ben Sira, se diría que el temor del Señor es la raíz de la sabiduría, el elemento a través del cual la planta recibe su savia vital para que pueda tener vida y crecer. De igual modo que el árbol necesita de las raíces para absorber su elemento vital, el hombre lo recibe desde esta relación filial llamada temor de Dios.

Algunos manuscritos griegos añaden Eclo 1 21: *El temor del Señor aleja los pecados; el que permanece en él, aleja la ira divina.*

Autocontrol y sinceridad

Sant 1 19-20; Prov 29 22; 15 33; Sal 12 3; Eclo 27 22-24; Prov 5 12-14

22 El malvado apasionado no tiene justificación,
y el ímpetu de su pasión lo llevará a su propia ruina.
23 El hombre paciente aguanta hasta el momento oportuno,
pero al final tendrá como recompensa la alegría.
24 Mientras lo juzga oportuno contiene sus palabras,
por eso muchos alabarán su inteligencia.
25 Entre los tesoros de la sabiduría están las sentencias proverbiales,
pero el pecador aborrece el culto a Dios.
26 Si deseas sabiduría, practica los mandamientos,
y el Señor te la concederá.
27 Porque el temor del Señor es sabiduría e instrucción,
le agradan la fidelidad y la mansedumbre.
28 No seas reacio al temor del Señor,
no te acerques a él con doblez de corazón.
29 No seas hipócrita delante de los hombres
y vigila tus labios.
30 No te alabes a ti mismo, no sea que caigas
y te veas cubierto de vergüenza,
pues el Señor descubrirá tus secretos
y en medio de la asamblea te humillará,
por no haberte acercado al temor del Señor
y tener el corazón lleno de engaño.

Paciencia y fidelidad

Sant 1 2-4; 1 Pe 4 12-13; Prov 3 12; Eclo 34 15-18; Sal 22 5-6; Jn 14 15.21-23; 2 Sm 24 14

2 1 Hijo, si te acercas a servir al Señor,
prepárate para la prueba;
2 orienta bien tu corazón, mantente firme,
y en tiempo de adversidad no te inquietes.
3 Unete a él y no te alejes,
para que al final te veas enaltecido.
4 Acepta lo que te venga,
y sé paciente en dolores y humillaciones.
5 Porque en el fuego se prueba el oro,
y los que agradan a Dios en el horno de la humillación.
6 Confía en él pues vendrá en tu ayuda,
procede con rectitud y espera en él.
7 Los que temen al Señor, pongan en su amor la esperanza,

• **1 22-30**: Los dos modelos de hombre descritos en este texto, el apasionado-colérico y el paciente-temeroso del Señor, sirven al autor para ilustrar el valor del autocontrol y del reconocimiento de los propios límites. De esta forma el libro adquiere un tono didáctico, y una finalidad docente: educar a la juventud para que adquiera el temor de Dios. Por otro lado, conviene destacar la gran aportación que supone a la tradición sapiencial israelita la identificación de sabiduría y ley de Moisés, establecida en Eclo 1 26 (véase Eclo 19 20).

• **2 1-18**: El vocativo *hijo* encabeza la enseñanza expuesta en este capítulo. De esta manera, el autor quiere situar sus palabras en un esquema docente, maestro-alumno, a la vez que tradicional, padre-hijo, típico del estilo sapiencial de Babilonia y Egipto.

El maestro expone el camino para alcanzar el temor del Señor. Sus ejes son la paciencia y la fidelidad, la constancia y la obediencia. En cualquier caso, la auténtica protagonista es la misericordia divina (Eclo 2 11.18; véase también como ejemplo Ex 34 6 y Sal 103 8) que mantiene, por encima de la experiencia histórica de Israel –negativa tantas veces–, la confianza del discípulo y del creyente, los cuales poseen el amor (Eclo 2 15-17) como senda segura para llegar a los brazos protectores del Señor (Eclo 2 18).

no se desvien, no sea que caigan.
8 Los que temen al Señor tengan confianza en él,
y no quedarán sin recompensa.
9 Los que temen al Señor, esperen sus bienes,
la alegría eterna y el amor.
10 Fíjense en las generaciones pasadas y comprueben:
¿Quién confió en el Señor y quedó decepcionado?
¿Quién perseveró en su temor y fue desamparado?
¿Quién lo invocó y no fue escuchado?
11 Porque el Señor es compasivo y misericordioso,
él perdona los pecados y salva en tiempo de angustia.
12 ¡Ay de los corazones cobardes, de las manos perezosas
y del pecador que actúa con doblez!
13 ¡Ay del corazón deprimido y falto de fe,
porque no será protegido!
14 ¡Ay de ustedes los que han perdido la esperanza!
¿Qué harán cuando el Señor venga a examinarlos?
15 Los que temen al Señor no desobedecen sus órdenes,
los que lo aman siguen sus caminos.
16 Los que temen al Señor tratan de complacerle,
los que lo aman cumplen su ley.
17 Los que temen al Señor tienen el corazón dispuesto,
y se humillan ante él.
18 Abandonémonos en brazos del Señor,
y no en brazos de los hombres,
porque su misericordia es como su grandeza.

Respeto a los padres

Ex 20 12; Ef 6 1-3; Mt 21 28-31; 15 4-6; Prov 19 26; 20 20; 23 22; 30 17

3 1 Hijos míos, escúchenme que soy su padre;
sigan mis consejos y se salvarán.
2 Porque el Señor da más honor al padre que a los hijos,
y confirma el derecho de la madre sobre ellos.
3 El que honra a su padre alcanza el perdón de sus pecados,
4 el que respeta a su madre amontona tesoros.
5 El que honra a su padre recibirá alegría de sus hijos,
y cuando ore será escuchado.
6 El que respeta a su padre tendrá una larga vida,
quien obedece al Señor complace a su madre,
7 y sirve al Señor sirviendo a sus padres como amos.
8 De palabra y obra honra a tu padre,
para que su bendición descienda sobre ti.
9 Porque la bendición del padre asegura las casas de sus hijos,
y la maldición de la madre arranca de raíz sus cimientos.
10 No te aproveches de la deshonra de tu padre,
que no es provechosa para ti su deshonra.

• **3** 1-16: La relación y los deberes de los hijos para con sus padres son un tema frecuente en la obra de Ben Sira. A él dedica este comentario que remite al cuarto mandamiento de la ley mosaica (Ex 20 12). Para el hijo, los padres son la mediación que conduce a Dios y a la salvación. Es significativo cómo las bendiciones ofrecidas a aquellos que temen al Señor se prometen también para quienes honran, respetan y obedecen a sus padres.

El texto hebreo en Eclo 3 9 dice: *La bendición del padre hace echar raíces, la maldición de la madre arranca lo plantado.*

11 Porque el honor de un hombre está en la honra de su padre,
y la vergüenza de los hijos, en la deshonra de la madre.
12 Hijo, sé el apoyo de tu padre en su vejez
y durante su vida no le causes disgustos.
13 Aunque se debilite su mente, sé indulgente con él,
no lo desprecies, tú que estás en pleno vigor.
14 La ayuda prestada al padre no quedará en el olvido,
te servirá de reparación por tus pecados.
15 Cuando estés atribulado, el Señor se acordará de ti,
y como hielo ante el calor desaparecerán tus pecados.
16 Quien desampara a su padre es un blasfemo,
un maldito del Señor, quien maltrata a su madre.

Humildad y orgullo

Mt 11 25.29; 20 26-28; Flp 2 5-8; Sal 131 1; Rom 2 5

17 Hijo, actúa siempre con dulzura,
y serás amado por los que agradan a Dios.
18 Cuanto más grande seas, más te debes humillar,
y así obtendrás el favor del Señor.
20 Porque el poder del Señor es grande,
pero acepta que lo honren los humildes.
21 No ambiciones lo que es demasiado difícil para ti,
no investigues lo que supera tus fuerzas.
22 Pon tu atención en lo que se te manda
y no te preocupes por cosas misteriosas.
23 No te afanes en cosas que te superan,
lo que se te ha manifestado supera la comprensión del hombre.
24 Pues a muchos extravió su presunción,
y una torcida pretensión pervirtió su inteligencia.
26 Un corazón terco acaba mal,
y el que ama el peligro en él perece.
27 Corazón obstinado se cargará de inquietudes,
el pecador añade pecado tras pecado.
28 No hay medicina para el soberbio,
pues la maldad echó raíz en él.
29 El hombre inteligente medita los proverbios,
y el sabio anhela tener oídos atentos.

Justicia con el necesitado

Dt 15 7-11; Eclo 29 8-10; 7 32-36; 1 Pe 4 8; Eclo 7 32-36; 18 15-18; 29 8-13;
Prov 3 27-28; Sal 41 2-4; Lc 6 35

30 El agua apaga las llamas,
la limosna consigue el perdón de los pecados.

• **3 17-29**: La humildad (Eclo 3 20) caracteriza al hombre sabio mientras que la obstinación (Eclo 3 26-27) es propia del hombre pecador. Estas reflexiones sapienciales son interrumpidas por la interesante polémica que plantea el autor en Eclo 3 21-24. Dos son, según su parecer, las formas para acceder a la sabiduría: la reflexión filosófica, propuesta por la cultura helenista, y la revelación divina (Eclo 3 23), sugerida por la tradición de Israel. Idéntico planteamiento e iguales soluciones se hallan en Ecl 1 13 y en Sal 131 1.

Algunos manuscritos griegos añaden Eclo 3 19: *Son muchos los ensalzados y alabados, pero él manifiesta sus secretos a los mansos.* Y Eclo 3 25: *Si no tienes pupilas, te faltará la luz. Si careces de ciencia, no digas nada.*

El texto hebreo en Eclo 3 20 dice: *Porque es grande la misericordia del Señor, y a los humildes manifiesta sus secretos.* Y en Eclo 3 28: *No te des prisa en curar la herida del malvado, pues no tiene cura; es brote de mala planta.*

[31] Quien responde con favores prepara el porvenir,
cuando le vaya mal encontrará un apoyo.

4 [1] Hijo, no niegues al pobre su sustento,
no hagas esperar a los que te miran suplicantes.
[2] No hagas sufrir al hambriento,
ni irrites al necesitado.
[3] No aflijas al corazón irritado,
ni retrases tu ayuda al necesitado.
[4] No rechaces la súplica del atribulado,
ni des la espalda al pobre.
[5] No apartes tus ojos del menesteroso,
ni des a nadie motivo para que te maldiga.
[6] Pues si alguien angustiado te maldice,
su Creador escuchará su ruego.
[7] Hazte amar por la asamblea
y respeta la autoridad.
[8] Escucha con atención al pobre,
responde a su saludo con amabilidad.
[9] Arranca al oprimido del poder del opresor,
no seas débil cuando hagas justicia.
[10] Sé como un padre para los huérfanos
y protege a su madre como un marido;
así serás como un hijo del Altísimo,
y él te amará más que tu propia madre.

La sabiduría como maestra

Sab 7 11-14; 8 17-18; Prov 3 13-18.35; Dn 2 21-22

[11] La sabiduría educa a sus hijos
y cuida a los que la buscan.
[12] El que la ama, ama la vida,
se llenarán de alegría los que madrugan para buscarla.
[13] El que la adquiere heredará la gloria,
vaya donde vaya, lo bendecirá el Señor.
[14] Los que la sirven, rinden culto al Santo,
los que la aman, son amados del Señor.
[15] El que la escucha, juzga a las naciones,
el que se dedica a ella, vivirá seguro.
[16] Quien confía en ella, la recibirá en herencia,
sus descendientes la poseerán por siempre.
[17] Porque al comienzo lo lleva por caminos difíciles,

• **3 30-4 10**: Durante el siglo III a.C., época de la dominación egipcia en Palestina, las barreras entre ricos y pobres habían aumentado considerablemente. Ben Sira exhorta insistentemente a practicar la limosna, entendida no tanto como acción caritativa, sino más bien como exigencia de la justicia (Tob 4 7-11). Recuerda que los hombres necesitados son el lugar privilegiado para alcanzar la sabiduría y el temor de Dios, para ser recibido como hijo por el Altísimo y para gustar de su amor que es más intenso que el de una madre (Eclo 4 10).

El texto hebreo en Eclo 4 10c dice: *Te concederá su favor y te librará de la desgracia.*

• **4 11-19**: Si al principio del libro (Eclo 1 1-10) se profundizaba en el origen de la sabiduría, ahora se reflexiona sobre su función magisterial. La Sabiduría personificada se convierte en maestra que educa, bendice y cuida a sus discípulos. Los creyentes deberán responder a este magisterio con la búsqueda y el amor, la veneración y la escucha. Actitudes comunes, por otra parte, a la tradición deuteronomista (Dt 4 29; 10 8). Conviene destacar la aparición de la imagen del camino (Eclo 4 17), típica de la corriente sapiencial (Prov 6 23; 7 27; 10 17; 15 24). Con ella se incorpora la idea del esfuerzo ético como medio para progresar y lograr que Dios se nos manifieste (Eclo 4 18).

El texto hebreo en Eclo 4 15-19 lleva los pronombres en primera persona *El que me escucha....* En Eclo 4 19 añade: *Si se aparta de mí lo rechazaré y lo entregaré a los malvados.*

le infunde miedo y temblor, lo purifica con su disciplina
hasta que pueda confiar en él
y lo pone a prueba con sus exigencias.
18 Pero en seguida regresa a él,
lo colma de alegría y le descubre sus secretos.
19 Pero si él se desvía, lo abandona
y lo entrega a su propia ruina.

Vergüenza y arrogancia

Eclo 20 22; 41 16-42 8; Jn 18 37; Hch 20 35

20 Hijo, ten en cuenta las circunstancias y huye del mal,
no sea que tengas que avergonzarte de ti mismo.
21 Porque hay una vergüenza que conduce al pecado
y hay otra vergüenza que produce honor y gracia.
22 No tengas miramientos que te perjudiquen,
ni vergüenza que te lleve a la ruina.
23 No calles cuando tengas que hablar,
ni escondas tu sabiduría.
24 Pues en la palabra se demuestra la sabiduría,
y la instrucción, en la forma de hablar.
25 No hables contra la verdad;
avergüénzate de tu ignorancia.
26 No te avergüences de confesar tus pecados,
ni te esfuerces en ir contra la corriente.
27 No te achiques delante de un estúpido,
no favorezcas al poderoso.
28 Lucha por la verdad hasta la muerte,
y el Señor Dios combatirá en tu favor.
29 No seas atrevido en tus palabras
ni perezoso y flojo en tus obras.
30 No seas como león con tus parientes,
y blando y sin autoridad con tus servidores.
31 No tengas la mano abierta para recibir,
y cerrada cuando tengas que dar.

Las falsas seguridades

Lc 12 15-21; Ecl 8 11-14; Eclo 16 11-13; Rom 2 4; 3 25; Lc 12 35-40

5 1 No pongas la confianza en tus riquezas,
ni digas: «Con esto me basta».
2 No dejes que tus instintos y tu fuerza

• **4 20-31**: El vocativo *hijo* introduce de nuevo una serie de consejos (véase Eclo 2 1). Estas advertencias tienen una estructura negativa (no + verbo) hasta el comienzo del capítulo 6, y un tono más positivo a partir de Eclo 6 5. La serie se centra en la importancia que debe concederse al contexto (*circunstancias*: Eclo 4 20) para actuar sabiamente, y a la modestia (*vergüenza*: Eclo 4 21) para alcanzar la verdad (Eclo 4 25) y la gracia (Eclo 4 21).

El texto hebreo en Eclo 4 27 dice: No te achiques delante de un estúpido, ni te rebeles contra los que gobiernan. No te sientes con un juez inicuo, pues tendrás que juzgar según su capricho. Y en Eclo 4 28 añade: *No des pie a que te llamen hipócrita, ni calumnies con tu lengua.*

• **5 1-8**: Este nuevo grupo de advertencias pretende prevenir sobre las consecuencias negativas que se derivan de la excesiva confianza en sí mismo. Por esta razón, el comienzo y el final se estructuran desde el tema de las riquezas (Eclo 5 1.8; véase también Sal 62 11). Cuando el hombre pone en ellas su corazón, no se detiene ante ninguna injusticia, confía en los bienes materiales y su relación con Dios se diluye. De esta manera, imita a los malvados (lo que ellos dicen: Eclo 5 3-4; también Sal 73 1-13), cuya vida parece feliz. Ben Sira llama a la conversión (Eclo 5 7) y a tener presente la justicia divina que parece negar la experiencia concreta.

El texto hebreo en Eclo 5 4 añade: *No digas: El Señor es misericordioso, él perdonará todos mis pecados.*

se vayan detrás de las pasiones de tu corazón.
3 No digas: «¿Quién puede dominarme?»,
porque el Señor no dejará de castigarte.
4 No digas: «Pequé, y ¿qué me ha sucedido?»
porque el Señor sabe esperar.
5 No vivas tan seguro del perdón
mientras pecas sin cesar.
6 No digas: «Grande es su misericordia,
él perdonará mis muchos pecados»;
porque tiene piedad, pero también ira,
y descarga su enojo sobre los pecadores.
7 No tardes en convertirte al Señor,
no lo dejes de un día para otro,
porque la ira del Señor estalla de repente,
y en el día del castigo serás aniquilado.
8 No te fíes de riquezas mal ganadas,
de nada te servirán en el día de la desgracia.

Los pecados de la lengua

Mt 5 37; Sant 5 12; 3 6; Eclo 28 13-26

9 No limpies el grano con cualquier viento,
ni te metas por cualquier camino,
como hace el pecador que habla con hipocresía.
10 Sé firme en tu criterio
y sea una tu palabra.
11 Sé pronto para oír
y tardo para responder.
12 Si sabes, responde a tu prójimo,
si no, quédate callado.
13 Hablar te puede traer honra o deshonra,
y en la lengua del hombre está su ruina.
14 Que no te tachen de murmurador,
no tiendas lazos con tu lengua;
pues la vergüenza caerá sobre el ladrón,
y un duro castigo sobre el que habla con hipocresía.
15 No cometas faltas grandes ni pequeñas,
y de amigo no te pases a enemigo.
6 1 Porque la mala fama trae vergüenza y desprecio;
como le pasa al pecador que habla hipócritamente.

Los arrebatos de la pasión

2 No te entregues a los excesos de la pasión,
no sea que te destroce como un toro,
3 *devore tu ramaje*, haga caer tus frutos,
y te quedes como un árbol seco.
4 El deseo apasionado destruye a quien lo posee
y lo convierte en motivo de burla ante su enemigo.

• **5 9-6 4**: Con esta serie concluyen los consejos elaborados en forma de negación. Su tema es el dominio de la lengua y del instinto. El hombre sabio tiene una sola palabra. La prudencia es su característica (Eclo 5 10-12). Por el contrario, el necio habla con doblez y su lengua siembra la deshonra propia y ajena (Eclo 5 13-14). El sabio conoce los efectos de la pasión (Eclo 6 2-3) y vive prevenido. El necio, a su vez, sufre su influjo destructivo (Eclo 6 4), porque se deja dominar por ella (véase Eclo 5 2).

El texto hebreo en Eclo 5 14d dice: *Y el desprecio de su prójimo sobre el de lengua mentirosa.*

La verdadera amistad

Eclo 37 1-15; 19 4; 12 8-9; Prov 19 4.7

5 Una palabra dulce multiplica los amigos,
la lengua amable multiplica los saludos.
6 Puedes relacionarte con muchos,
pero amigo de verdad, uno entre mil.
7 Si deseas ganar un amigo, ponlo a prueba
y no tengas prisa en confiarte a él.
8 Porque hay amigos de conveniencia,
que te abandonan cuando llega la adversidad.
9 Hay amigos que se pasan a enemigos,
y para avergonzarte descubrirán los motivos del pleito.
10 Hay amigos que se sientan a tu mesa
y te abandonan cuando llega la adversidad.
11 Mientras van bien las cosas estarán unidos a ti
y se mostrarán afables con los de tu casa.
12 Pero si eres humillado, se pondrán en tu contra
y evitarán incluso mirarte.
13 Aléjate de tus enemigos
y sé precavido con tus amigos.
14 Un amigo fiel es apoyo seguro,
el que lo encuentra, encuentra un tesoro.
15 Un amigo fiel no tiene precio,
es incalculable su valor.
16 Un amigo fiel es medicina para la vida,
los que temen al Señor lo encontrarán.
17 El que honra al Señor hace que su amistad sea valiosa,
porque su amigo será como sea él.

Búsqueda de la sabiduría

Eclo 4 11-19; 51 13-30; Sab 6 12-16

18 Hijo, busca la instrucción desde tu juventud,
y aun siendo viejo tendrás sabiduría.
19 Cultívala como quien ara y siembra,
y espera sus generosos frutos.
Al cultivarla trabajarás un poco,
pero pronto saborearás sus productos,
20 Es tarea ardua para los ignorantes,
carga insoportable para el necio;

• **6 5-17**: Este breve tratado sobre la amistad, un tema frecuente a lo largo de la obra (véase, por ejemplo, Eclo 12 8-18; 22 19-26; 27 22-24 y 37 1-6), pone fin a las reflexiones anteriores. La exposición se estructura, como es habitual en el autor, de forma progresiva, yendo desde la falsa amistad y sus peligros (Eclo 6 6-13) hasta la verdadera y sus bendiciones (Eclo 6 14-17).

El estilo utilizado y la interpretación ética coinciden, a grandes rasgos, con la literatura egipcia. Sin embargo, *para el sabio judío la auténtica amistad* se logra mediante el temor de Dios (Eclo 6 16-17).

• **6 18-37**: Este himno invita al creyente a vivir como enamorado de la sabiduría. En tres partes (Eclo 6 18-22; 23-31; 32-37), iniciadas con el vocativo *hijo*, se desarrolla el tema, utilizando comparaciones muy gráficas. La sabiduría se imagina, primeramente, como un campo fértil que debe ser trabajado con constancia para gustar de sus frutos. La segunda comparación sugiere la imagen del preso. Voluntariamente se hace esclavo de la sabiduría y se viste de cadenas para estar unido a ella, de tal manera, que no pueda abandonarla ni siquiera en los momentos de debilidad. La última representación imagina al creyente como discípulo que desea vivir junto a los sabios para respirar continuamente la sabiduría y profundizar en la ley del Señor (véase Eclo 39 1-3).

El texto hebreo en Eclo 6 23-24 dice: *La vasija del alfarero se prueba en el horno, y el hombre en su razonar. El fruto depende del cultivo del árbol, y el razonar, del carácter de cada uno.*

21 como pesada piedra lo oprime,
y no tarda en quitársela de encima.
22 Pues la sabiduría hace honor a su nombre
y no se manifiesta a muchos.

23 Escucha, hijo, acepta mi parecer,
no rechaces mi consejo:
24 mete tus pies en sus cadenas,
y tu cuello en su argolla;
25 doblega tu hombro y llévala,
no te molesten sus ataduras;
26 acércate a ella con toda tu alma,
sigue sus caminos con todas tus fuerzas;
27 sigue su rastro y búscala, ella se te manifestará;
una vez que la consigas, no la sueltes.
28 Porque al fin encontrarás en ella descanso,
y se convertirá en tu alegría;
29 sus cadenas serán para ti un estandarte,
sus argollas un vestido de gloria;
30 adorno de oro será su yugo,
sus ataduras cordones de lino;
31 te la vestirás como túnica de gloria,
como corona de honor te la colocarás.

32 Si quieres, hijo, serás instruido,
si eres dócil sabrás desenvolverte;
33 si sabes escuchar, aprenderás;
si pones atención, te harás sabio.
34 Frecuenta la compañía de los ancianos;
si ves a un sabio, júntate a él.
35 Escucha con gusto toda palabra que viene de Dios,
no se te escapen los proverbios inteligentes.
36 Si ves a un hombre sensato, corre hacia él,
que tus pies desgasten el umbral de su puerta.
37 Medita los mandamientos del Señor,
estudia sin descanso sus preceptos.
El afianzará tu corazón
y te dará la sabiduría tan deseada.

Consejos para la vida social

Gn 4 7; Prov 22 8; Gal 6 7-8; Mt 6 7; Is 66 24; Eclo 34 18-35 10

7 1 No hagas el mal, y el mal no te alcanzará;
2 aléjate de la injusticia, y ella se alejará de ti.
3 No siembres, hijo, en surcos de injusticia,
no sea que coseches siete veces más.
4 No pidas al Señor el primer puesto,

• **7** 1-17: Ben Sira propone una serie de sentencias relacionadas, en mayor o menor medida, con aspectos de la vida social. El esquema, generalmente, es común: a la negación inicial le sigue la correspondiente advertencia. Destacan por su interés dos proverbios: Eclo 7 14 y 17. El primero, previene contra el mucho hablar en la oración, y encuentra resonancias en el evangelio (Mt 6 7). El segundo, anuncia el castigo que espera al malvado a través del fuego, haciéndose eco de cierta mentalidad profética relativa al juicio (Is 66 24).

El texto hebreo en Eclo 7 16a dice: *No te creas más importante que los demás.* Y en Eclo 7 17b: *Pues la esperanza del hombre son los gusanos.* Y añade: *No insistas en decir: ¡qué lástima! Dirígete a Dios y acepta con agrado sus propuestas.*

ni al rey un lugar de honor.
5 No te hagas el bueno ante el Señor,
ni el sabio en presencia del rey.
6 No aspires al puesto de juez,
no sea que no puedas suprimir la injusticia
o te acobardes ante el poderoso,
y pongas en peligro tu rectitud.
7 No cometas faltas ante la asamblea de la ciudad,
ni te degrades ante el pueblo.
8 No caigas dos veces en el mismo pecado,
pues ni en la primera quedarás sin castigo.
9 No digas: «Dios tendrá en cuenta mis muchas ofrendas,
el Dios Altísimo las recibirá cuando se las presente».
10 No te quedes corto en tu oración,
no te olvides de hacer limosnas.
11 No te rías del hombre que está amargado,
porque hay un Dios que humilla y enaltece.
12 No mientas a tu hermano,
ni tampoco a tu amigo.
13 Procura no decir mentiras,
porque de ello no resulta nada bueno.
14 No hables mucho en la asamblea de los ancianos,
en tu oración no multipliques las palabras.
15 No rehúyas los trabajos duros,
ni las labores del campo que instituyó el Altísimo.
16 No te mezcles con los pecadores,
recuerda que la ira no tardará.
17 Humíllate profundamente,
pues fuego y gusanos serán el castigo del malvado.

Relaciones familiares

Eclo 33 25-33; 30 1-13; 22 3-5; 42 9-11; 3 1-16

18 No cambies un amigo por dinero,
ni un hermano de verdad por el oro de Ofir.
19 No desprecies a una mujer discreta y buena,
porque su encanto vale más que el oro.
20 No maltrates al siervo que trabaja lealmente,
ni al jornalero que se dedica a su tarea.
21 Ama como a ti mismo al siervo inteligente,
no le niegues la libertad.
22 Si tienes ganado, cuida de él;
y si te da ganancia, consérvalo.
23 Si tienes hijos, edúcalos;
corrígelos desde pequeños.
24 Si tienes hijas, preocúpate de su virginidad
y no les digas a todo que sí.
25 Casa a tu hija y habrás hecho una gran cosa,
pero dásela a un hombre sensato.

• **7 18-28**: El hombre piadoso también debe comportarse sabiamente con los miembros de su familia. Los siervos, la mujer, los hijos (e incluso el ganado), si bien son posesiones suyas, los debe tratar con equidad y responsabilidad; así debe tratar también a los amigos. También a los padres se les debe amar y respetar como pide la ley de Dios (Ex 20 12).

El texto hebreo en Eclo 7 23b dice: *Cuando aún son jóvenes, cásalos.*

26 Si estás a gusto con tu mujer, no la despidas;
pero si no la amas, no te confíes a ella.
27 Honra a tu padre con todo tu corazón
y no olvides los dolores de tu madre.
28 Recuerda que ellos te engendraron,
¿cómo les pagarás lo que hicieron por ti?

Deberes religiosos

Dt 6 5; Lv 2 3.10; Eclo 29 8-13; 37 12; Rom 12 15; Mt 25 35

29 Teme al Señor con todo tu corazón
y reverencia a sus sacerdotes.
30 Ama a tu Creador con todas tus fuerzas
y no abandones a sus ministros.
31 Teme al Señor y honra al sacerdote,
dale su parte como te fue mandado:
primeros frutos, sacrificio de expiación, porción reservada,
sacrificio de santificación y primeros frutos de las cosas santas.
32 Sé también generoso con el pobre,
para que tu bendición sea plena.
33 Sé generoso con todos los vivos,
y a los muertos no les niegues tu piedad.
34 No abandones a los que lloran,
aflígete con los afligidos.
35 No rehuyas visitar a los enfermos,
porque así te ganarás su afecto.
36 En todo lo que hagas ten presente tu final,
y así nunca pecarás.

Actitudes erróneas en las relaciones con los demás

Mt 7 1-5; 1 Jn 1 8-10; Eclo 14 17-19

8 1 No andes peleando con el poderoso,
no sea que caigas en sus manos.
2 No entres en pleito con el rico,
no sea que pueda más que tú;
porque el oro perdió a muchos
y torció el corazón de los reyes.
3 No hables con un hombre discutidor,
no eches más leña a su fuego.
4 No bromees con el necio,
no sea que insulte a tus mayores.
5 No injuries al pecador arrepentido,
recuerda que todos somos culpables.

• **7 29-36**: Este texto presenta dos tipos de deberes religiosos: la atención a los sacerdotes y el cumplimiento de las obras de misericordia. El autor recuerda que el temor de Dios está en relación con la ayuda y el respeto para con los sacerdotes (Dt 18 3-5; Nm 18 11-13). Considera también como exigencia religiosa la caridad con los más desprotegidos de la sociedad: pobres, afligidos, enfermos y muertos sin familiares que los entierren (Prov 19 17; 28 27; Tob 4 7; 1 17-18).

• **8 1-19**: Nuevo grupo de sentencias, ahora en forma negativa, sobre los peligros a evitar en las relaciones sociales. El hombre sabio se caracteriza por ser precavido ante los poderosos y los irreflexivos, los necios y los extraños. Al mismo tiempo, debe recibir la tradición comunicada por los ancianos y maestros (Eclo 8 8-9), pues en ella está la fuente de la verdadera sabiduría.

El tema de los préstamos y las fianzas (Eclo 8 12-13; también 29 1-20) es tratado negativamente, al igual que en el libro de los Proverbios (Véase Prov 6 1-5; 22 7.26).

El texto hebreo en Eclo 8 4b dice: *que desprecie a los nobles.* Y en Eclo 8 19b: *y no pondrás en peligro tu bienestar.*

6 No desprecies al anciano,
pues también nosotros nos haremos viejos.
7 No te alegres de la muerte de nadie,
recuerda que todos tenemos que morir.
8 No desprecies los discursos de los sabios,
dedícate más bien a meditar sus sentencias,
porque de ellos aprenderás la doctrina
y el arte de servir a los grandes.
9 No desprecies las palabras de los ancianos,
que ellos también aprendieron de sus padres;
ellos te enseñarán la prudencia
y a responder en el momento oportuno.
10 No atices las brasas del pecador,
no sea que te quemes en sus llamas.
11 No te desahogues ante el violento,
porque caerías en la trampa de tus propias palabras.
12 No prestes al que es más fuerte que tú;
y si prestas, dalo por perdido.
13 No salgas fiador más allá de tus posibilidades;
si saliste fiador, prepárate a pagar.
14 No entables juicio contra un juez,
porque sentenciarán a su favor.
15 No te pongas en camino con un aventurero,
no sea que te imponga su ley,
porque él se guiará por su capricho,
y su locura te perderá con él.
16 No discutas con el impulsivo,
ni vayas con él por lugares solitarios,
porque no tiene reparos en matar,
y cuando estés indefenso se lanzará sobre ti.
17 Con el necio no tengas confidencias,
porque no sabrá guardar tu secreto.
18 Ante un extraño no hagas nada secreto,
porque no sabes lo que puede suceder.
19 No descubras tu interior a cualquiera,
ni pretendas que te haga un favor.

Mujeres peligrosas

Prov 5 2-6; 7 6-27; 29 3; Eclo 41 22-24

9 1 No tengas celos de la mujer que amas,
ni la incites a portarse mal contigo.
2 No te confíes del todo a tu mujer,
no sea que te llegue a dominar.
3 No te acerques a una prostituta,
no sea que caigas en sus lazos.
4 No tengas trato con una vulgar cantante,

• **9 1-9**: Tema habitual en la literatura sapiencial es el de *la mujer y los peligros* que acarrea (véase en Eclo 25 13-26 y 26 5-12; en Prov 5 1-4 y 6 20-7 27). Distintas sentencias negativas previenen aquí al sabio sobre las consecuencias de la pasión incontrolada en relación con la propia mujer (celos y chismorreos: Eclo 9 1-2), la prostituta (compromisos y ruina; Eclo 9 3-6), la ajena (adulterio: Eclo 9 9), la cantante, la joven virgen y la hermosa (apasionamiento: Eclo 9 4.5.8). Al igual que ocurría con las riquezas (véase Eclo 5 2), los instintos se apoderan del corazón y lo destruyen en su fuego (Job 31 1-12).

El texto hebreo en Eclo 9 4b dice: *y no te abrasarás en su boca.* Y en Eclo 9 7: *te seducirá con sus miradas y acabará destruyendo su casa.*

no sea que te atrape con sus artes.
5 No pongas tus ojos en muchacha comprometida,
no sea que sufras castigo por su causa.
6 No te entregues a una prostituta,
no sea que pierdas tus bienes.
7 No andes curioseando por las calles de la ciudad,
ni recorras sus rincones solitarios.
8 Aparta tus ojos de la mujer hermosa
y no te fijes en belleza ajena.
Muchos se extraviaron por la belleza de una mujer,
por ella el amor se inflama como fuego.
9 No te sientes jamás junto a una mujer casada
ni bebas vino con ella en los banquetes,
no sea que tu corazón se incline por ella,
y tu pasión llegue a perderte.

Las compañías

Sal 37; 73; Eclo 37 7-15; 6 34-37

10 No abandones al viejo amigo,
porque el nuevo no valdrá lo que él.
Vino nuevo es el nuevo amigo,
cuando sea viejo lo beberás con gusto.
11 No envidies la prosperidad del pecador,
porque no sabes cómo acabará.
12 No te alegres del éxito del malvado,
recuerda que no morirá sin castigo.
13 Aléjate del que tiene poder para matar
y no tendrás que temer a la muerte.
Si te acercas a él, hazlo con cuidado,
no sea que te quite la vida.
Mira que caminas entre trampas,
y eres blanco fácil sobre los muros de la ciudad.
14 Siempre que puedas, frecuenta a tu prójimo,
y con los sabios aconséjate.
15 Con los inteligentes mantén conversación,
y habla siempre sobre la ley del Altísimo.
16 Invita a tu mesa a gente buena,
y sea tu orgullo el temor del Señor.

Los gobernantes

Eclo 20 27; 37 20; Sab 6 1-11; Prov 8 15-16

17 Por su obra se alaba la mano del artista,
y la sabiduría del jefe por sus discursos.

• **9 10-16**: En esta nueva serie de consejos se recuerda la obligación de comportarse con prudencia en las relaciones sociales. Siguiendo el estilo sapiencial, el autor divide en dos categorías éticas a los hombres: los pecadores (Eclo 9 10-13) y los sabios (Eclo 9 14-16). El temerario se deja llevar por la novedad (Eclo 9 10), la prosperidad fácil (Eclo 9 11-12) y las malas compañías (Eclo 9 13; véase Prov 1 11-19). El prudente vive seguro y alcanza el temor de Dios junto a los sabios (Eclo 9 16).

• **9 17-10 5**: No podía estar ausente el tema del gobernante prudente en esta obra sapiencial. La razón es sencilla: la mayoría de los escritores, principalmente en Egipto, se ocupaban de la formación de los futuros funcionarios y hombres de gobierno. El autor considera que la sabiduría es la única que capacita para el buen gobierno y el establecimiento de la justicia (Prov 8 15-16). Subrayemos por sus muchas resonancias bíblicas Eclo 10 4-5 donde se atribuye al Señor el buen gobierno de la tierra (véase Lc 1 52; Sab 6 1-3; Dn 2 21).

18 Temible en la ciudad es el hombre locuaz,
el que no se mide al hablar se hará odioso.

10 1 Un gobernante sabio instruye a su pueblo,
una autoridad inteligente está bien consolidada.
2 Como es el gobernante, así son sus ministros;
como el que rige la ciudad, así sus habitantes.
3 Un rey sin instrucción, es la ruina de su pueblo;
por la inteligencia de los jefes prospera la ciudad.
4 En manos del Señor está el gobierno de la tierra,
él suscita a su tiempo el jefe que convenga.
5 En manos del Señor está el éxito del hombre,
él concede su gloria al legislador.

El orgullo

Lv 19 18; Mt 5 21-24; 18 21-22; Gn 18 27; Dt 8 14; 1 Sm 2 4-8; Lc 1 52

6 No guardes rencor al prójimo por sus ofensas.
No hagas nada en un arrebato de pasión.
7 La soberbia es odiosa al Señor y a los hombres,
ambos detestan la injusticia.
8 El dominio pasa de una nación a otra,
a causa de la injusticia, la violencia y el dinero.
9 ¿De qué se gloría el que es polvo y ceniza,
si ya en vida su vientre es podredumbre?
10 Una larga enfermedad desprestigia al médico,
y el que hoy es rey mañana morirá.
11 Cuando el hombre muere, recibe en herencia
insectos, lombrices y gusanos.
12 Principio de la soberbia es apartarse del Señor,
tener alejado el corazón de su Creador.
13 Porque el principio de la soberbia es el pecado,
y el que se entrega a ella provoca repugnancia.
Por eso el Señor los castigó terriblemente,
y redujo a los soberbios a la nada.
14 El Señor destronó a los poderosos
y en su lugar puso a los pacíficos.
15 El Señor sacó de raíz a los soberbios
y plantó en su lugar a los humildes.
16 El Señor destruyó los territorios de las naciones
y las aniquiló hasta los cimientos de la tierra.
17 Arrancó y exterminó a algunos,
y borró su memoria de la tierra.
18 No es propio del hombre ser soberbio,
ni del nacido de mujer ser violento.

• **10 6-18**: La soberbia (Eclo 10 12-13) es el principio contrario a la sabiduría (véase Eclo 1 14). La primera rompe con el Señor y conduce a la nada. La segunda lleva al temor de Dios y crea vida en plenitud. Soberbia y sabiduría son los valores de los que depende la autodestrucción del hombre o su felicidad. Poderosos y soberbios tendrán que dejar sus puestos a pacíficos y humildes. Las palabras de Eclo 10 14-15 resuenan en el canto del Magníficat (Lc 1 51-53).

Resulta significativa la falta de fe en la vida después de la muerte. Ben Sira busca en el *recuerdo* de la posteridad (Eclo 10 17) y en el reconocimiento social posibles salidas a este problema que tanto inquietaba a los creyentes israelitas de su tiempo (véase Eclo 44 8-9; Sal 34 17 y 109 15; Job 18 17).

El texto hebreo en Eclo 10 10a dice: *Una enfermedad repentina preocupa al médico.*

El que teme al Señor

1 Cor 1 26-31; Sant 1 9; Jr 9 22-23

19 ¿Una raza digna de honor? La humana.
¿Una raza digna de honor? Los que temen al Señor.
¿Una raza despreciable? La humana.
¿Una raza despreciable? Los que quebrantan la ley.
20 Entre hermanos se honra al de mayor autoridad,
pero el Señor honra a los que lo temen.
22 El rico, el ilustre y el pobre,
se glorían en el temor del Señor.
23 No está bien despreciar al pobre inteligente,
ni conviene honrar al pecador.
24 El noble, el juez y el poderoso son dignos de honor,
pero ninguno es mayor que quien teme al Señor.
25 Al criado le servirán hombres libres,
y el hombre instruido no se quejará.

Ser uno mismo sin pretensiones

Lc 17 10; Jr 9 22-23; 1 Cor 1 31; 1 Sm 16 7; Prov 18 13

26 No presumas de listo al hacer tu tarea,
ni te glories cuando estés en aprietos.
27 Más vale el que trabaja y vive en la abundancia,
que el que presume y no tiene ni para comer.
28 Hijo, valórate con modestia
y apréciate en tu justo valor.
29 ¿Quién defenderá al que se daña a sí mismo?
¿Quién estimará a quien a sí mismo se deshonra?
30 Al pobre se le honra por su inteligencia,
al rico por su riqueza.
31 El estimado en la pobreza, ¿cuánto más lo será en la riqueza?
El despreciado en la riqueza, ¿cuánto más en la pobreza?

11 1 Por su sabiduría el humilde llevará alta la cabeza,
y se sentará entre los grandes.
2 No alabes al hombre por su belleza,
ni desprecies a nadie por su aspecto.
3 Pequeña es la abeja entre los que vuelan,
pero su producto es el más dulce.
4 No presumas de la ropa que llevas,

• **10 19-25**: Cuatro preguntas o adivinaciones sapienciales introducen, de manera pedagógica, el tema del temor del Señor. El autor propone varios ejemplos extremos que pretenden mostrar la radicalidad de este principio sapiencial. No hay que buscar, por tanto, el honor y la gloria del hombre en su origen, nivel social, riqueza o inteligencia, sino en la actitud religiosa del temor del Señor.

Algunos manuscritos griegos añaden Eclo 10 21: *Quien teme al Señor, será protegido por él, quien se hace terco y se enorgullece, será rechazado.*

El texto hebreo en Eclo 10 22a dice: *Huésped o extranjero, inmigrante o pobre.*

• **10 26-11 9**: Los consejos reunidos en esta unidad tienen que ver con actitudes apreciadas por los escritores sapienciales: modestia (Eclo 10 26-31), humildad (Eclo 11 1-6) y moderación (Eclo 11 7-9). Sabio es aquel que conoce y acepta sus valores (Eclo 10 28). Para Ben Sira la riqueza y la inteligencia (Eclo 10 30) son efectos externos de esta modestia que nace del trabajo y el temor de Dios. La humildad caracteriza al sabio porque imita la forma de actuar de Dios (Eclo 11 3-4) y previene contra los fracasos que se conocen por la experiencia histórica (Eclo 11 5-6). La precipitación en los juicios y el apasionamiento en las discusiones nada tienen que ver con el comportamiento del sabio. Este es moderado al hablar porque antes de hacerlo reflexiona y escucha (véase Eclo 5 11 y Sant 1 19).

El texto hebreo en Eclo 11 4a-b dice: *No te rías del vestido raído, ni ridiculices a quien vive momentos de amargura.* Y en Eclo 11 5a: *Muchos humildes se sentaron en tronos.*

ni te engrías cuando se te honra;
porque maravillosas son las obras del Señor,
y sin embargo se ocultan a los hombres.
5 Muchos reyes acabaron destronados,
y un desconocido se colocó la corona.
6 Muchos poderosos fueron humillados en extremo,
y hombres ilustres quedaron en manos de otros.
7 No censures antes de informarte,
reflexiona primero y juzga después.
8 No respondas antes de escuchar,
ni interrumpas el discurso de otro.
9 No te acalores con lo que no te incumbe,
ni te mezcles en las peleas de los pecadores.

Trabajo y finanzas

Lc 10 41-42; Sal 127 1-2; Job 27 16-23; Ecl 2 21-23; Lc 12 16-21; Mt 6 25-26.31-33

10 Hijo, no emprendas muchos negocios,
que si lo haces, no saldrás bien parado;
por más que corras no podrás llegar,
ni podrás escapar por más que huyas.
11 Hay quien trabaja, se fatiga y se apura,
y sólo consigue quedarse más atrás.
12 Hay quien es débil y necesita ayuda,
pobre en bienes y rico en miseria;
pero el Señor lo mira con bondad
y lo levanta de su humillación.
13 El Señor le concede éxito,
y son muchos los que se admiran.
14 Bien y mal, vida y muerte,
pobreza y riqueza vienen del Señor.
17 El don del Señor permanece en los piadosos,
y su benevolencia los guía siempre.
18 Hay quien se enriquece con inquietudes y avaricia,
y ésta será su recompensa:
19 cuando dice: «Ya puedo descansar,
ahora disfrutaré de mis bienes»,
no sabe cuánto tiempo pasará
hasta que muera y tenga que dejárselo a otros.
20 Sé fiel a tus deberes y persevera en ellos,
hazte viejo en tu trabajo.

• **11 10-28**: El peligro del necio está en concebir y organizar su vida de espaldas a Dios (Eclo 11 19.25a). El sabio, por el contrario, es consciente de que todo proviene de Dios: el bien y el mal; la vida y la muerte; la pobreza y la riqueza (Eclo 11 14). Vive su existencia en fidelidad al Señor (Eclo 11 21 y sus resonancias en Mt 6 25-26.31-33).

La gran pregunta que sigue latiendo en este texto es la tardanza de la retribución divina. ¿Cómo es posible que personas sin escrúpulos, enriquecidas a base de injusticias (Eclo 11 18a), lleven una vida tranquila y cuenten con la aparente bendición de Dios? Ben Sira intenta responder a estas inquietudes de sus discípulos y de gente piadosa indicando que será en el momento de la muerte cuando cada hombre descubrirá el sentido o sin sentido de la propia vida. En consecuencia, la riqueza y la prosperidad carecen de valor; la bendición de Dios será la tranquilidad de conciencia, el bien morir (Eclo 11 27-28).

El texto hebreo en Eclo 11 10c-d dice: *Hijo mío, si no corres, no llegarás, y si no buscas, no encontrarás.* Y en Eclo 11 28 trae antes otro estico que dice: *No felicites al hombre antes de examinarlo; al hombre se le felicita en el desenlace.*

Algunos manuscritos griegos (y el texto hebreo con algunas variantes) añaden Eclo 11 15-16 que dicen: [15] *La sabiduría, la ciencia y el conocimiento de la ley vienen del Señor; el amor y la buena conducta vienen de él;* [16] *la necedad y la oscuridad han sido creadas para los pecadores; los que se complacen en el mal envejecerán en el mal.*

21 No admires las obras del pecador,
confía en el Señor y persevera en tu tarea;
porque es cosa fácil para el Señor
hacer rico al pobre en un instante.
22 La bendición del Señor es el premio del piadoso,
en un momento hace florecer su bendición.
23 No digas: «¿Qué necesito?»
ni: «¿Qué bienes puedo esperar?»
24 No digas: «Tengo suficiente.
¿Qué mal podrá ocurrirme?»
25 En días de bienes se olvidan los males,
en días de males se olvidan los bienes.
26 Pues es fácil para el Señor, en el día de la muerte,
dar a cada cual según sus obras.
27 Una hora de dolor y te olvidas del bienestar,
cuando el hombre llega a su fin, se ven sus acciones.
28 Antes de la muerte a nadie felicites,
porque al hombre se le conoce por su final.

Huéspedes y desconocidos

Prov 1 10-16; 5 10; 6 1

29 No admitas a cualquiera en tu casa,
que son muchas las trampas del astuto.
30 Perdiz de reclamo en la jaula es el corazón del orgulloso,
como un espía espera tu caída.
31 El calumniador cambia el bien en mal
y critica las mejores cualidades.
32 Una chispa enciende un gran brasero,
el pecador acecha para derramar sangre.
33 Cuídate del malvado que trama el mal,
no sea que te acarree deshonra eterna.
34 Hospeda en tu casa a un extraño, y te traerá complicaciones;
pondrá en tu contra a los tuyos.

Favores y dones

Mt 5 43-48; Lc 6 35; 14 12-14

12 1 Si haces el bien, mira a quién se lo haces
y sacarás provecho de tus favores.
2 Haz bien al piadoso y tendrás recompensa,
si no de él, al menos del Altísimo.

• *11 29-34: Grupo de sentencias variadas* referidas al trato con los extranjeros y los pecadores. De ambos hay que protegerse porque su influencia en la vida del piadoso es negativa. Los extraños (Eclo 11 29.34) y sus doctrinas novedosas apartan de las tradiciones y de los hermanos de raza; los malvados siembran la discordia en el corazón con sus engaños (Eclo 11 30), palabras (Eclo 11 31) o insinuaciones al mal (Eclo 11 32).

El texto hebreo en Eclo 11 29 añade: *Como cesta llena de pájaros, sus casas están llenas de fraudes.* En Eclo 11 30: *Como pájaro encerrado en la cesta es el corazón orgulloso, acecha como lobo para desgarrar; qué numerosos son los delitos del codicioso, acecha como perro los bienes de tu casa. El que carece de todo es codicioso, viene a pelear por todos tus bienes. El vendedor acecha como un oso la casa de los insolentes, y como espía busca un boquete.* Y en Eclo 11 33 añade: *No te juntes con el malvado, hará que cambie tu camino, y te apartará de tu alianza.*

• **12 1-7**: El pragmatismo expuesto en esta exhortación nada tiene que ver con la doctrina de Jesús (véase Mt 5 43-48). Sin embargo, el autor parece moverse en un esquema de pensamiento distinto. Desea contraponer la generosidad ingenua al sentido común. Dos maneras extremas de actuación ética que tienen como transfondo el binomio irreconciliable de los modelos humanos, típicamente sapienciales, del pecador y el piadoso.

3 Ningún bien espera a quien se empeña en el mal
y a quien no practica la limosna.
4 Da al hombre piadoso,
pero no socorras al pecador.
5 Haz bien al humilde y no des al malvado;
niégale el pan, no se lo des,
porque se haría más fuerte que tú
y te pagaría con doble mal todo el bien que le hagas.
6 Que también el Altísimo odia a los pecadores
y se venga del malvado.
7 Da al hombre bueno,
pero no socorras al pecador.

Enemigos

Eclo 6 5-17; 37 1-6; Prov 17 17; 19 4; 26 24-26

8 No se conoce al amigo en la prosperidad,
ni en la adversidad se oculta el enemigo.
9 Cuando un hombre prospera, sus enemigos se entristecen,
pero en su desgracia hasta el amigo lo abandona.
10 No te fies jamás de tu enemigo,
porque su maldad es como bronce que se oxida.
11 Aunque se haga el humilde y parezca sencillo,
ten cuidado y desconfía de él.
Haz con él como si pulieras un espejo,
para saber si la herrumbre terminó de corroerlo.
12 No lo pongas junto a ti,
no sea que te derribe y ocupe tu puesto.
No lo sientes a tu derecha,
no sea que pretenda ocupar tu sitio;
entonces, aunque ya sea tarde, comprenderás mis palabras
y te pesará recordar mis advertencias.
13 ¿Quién compadece al encantador de serpientes
cuando es mordido por una de ellas?
¿Quién compadece a los que se meten entre las fieras?
14 Pues lo mismo quien anda con el pecador
y se mezcla en sus pecados.
15 El pecador permanece junto a ti,
pero si te ve tropezar, no te ayudará.
16 El enemigo tiene dulzura en sus labios,
pero por dentro planea cómo hacerte caer en la trampa.

El texto hebreo en Eclo 12 3 dice: *Nada bueno se saca de ayudar al malvado, pues no hará nada bueno.* En Eclo 12 5 invierte el orden y ofrece otro sentido: *Te devolverá doble mal cuando estés necesitado, por todo el bien que le hiciste; no le des armas, pues las utilizará contra ti.* Y en Eclo 12 7 añade: *alivia al atribulado, no ayudes al arrogante.*

• **12 8-13 1**: Instrucción sobre la amistad (véase Eclo 6 5-17). La prudencia es el criterio para conocer a los verdaderos amigos y a los falsos. Los espejos de metal empleados en este tiempo se tenían que limpiar continuamente para que no distorsionaran las imágenes. De igual manera deben ser probados los supuestos amigos para conocer su intención (Eclo 12 11).

El autor sabe que, con frecuencia, los amigos de ocasión se convierten en enemigos. La traición y la insinceridad son su paga; incluso, pueden arrastrar al justo hacia la soberbia y la maldad con su mal ejemplo (véase Eclo 3 1). Interesante resulta el tema de la *dulzura de labios* (Eclo 12 16) con paralelos en la tradición sapiencial (Prov 7 21; 16 18; 24 28). Dulzura que es odio y engaño cuando procede de los falsos amigos, y amor sincero y fecundo cuando viene de los auténticos (Cant 4 11; Eclo 6 5).

El texto hebreo en Eclo 12 9 dice: *hasta quien lo odia se hace su amigo.* En Eclo 12 14: *Pues lo mismo quien se junta con mujer insolente y se mezcla en sus pecados; no terminará sin que prenda fuego en él. Mientras vaya contigo no se rebelará; pero si caes, no se agachará a recogerte.* Y en Eclo 12 15: *Mientras estás de pie no dejará entrever nada, pero si tropiezas, no se contendrá.*

El enemigo tiene en sus ojos lágrimas,
pero si llega la ocasión ni toda tu sangre lo saciará.
17 Si la desgracia te alcanza, lo tendrás ante ti
y, fingiendo ayudarte, te pondrá la zancadilla.
18 Meneará la cabeza, aplaudirá,
hablará entre dientes y cambiará de semblante.

13 1 La brea se pega al que la toca,
y el que anda con soberbio, se vuelve como él.

Ricos

Prov 18 23; 23 1-3

2 No cargues con un peso superior a tus fuerzas,
no te juntes a uno más fuerte y rico que tú.
¿Acaso se junta una tinaja con un perol?
Al chocar con ella la romperá.
3 Ofende el rico y todavía se molesta,
el pobre es ofendido y tiene que excusarse.
4 Mientras seas útil al rico, se servirá de ti,
pero si flaquean tus fuerzas, te abandonará.
5 Si tienes algo, se relacionará contigo,
pero te despojará sin escrúpulos.
6 Si tiene necesidad de ti, te adulará,
te sonreirá y te dará esperanza,
te brindará buenas palabras
y te preguntará: «¿Qué necesitas?»
7 Te avergonzará en sus banquetes,
una y otra vez te despojará, y al fin se burlará de ti.
Después, al verte, pasará de largo,
y meneará la cabeza riéndose de ti.

Aristócratas

Prov 25 7; Lc 14 7-9

8 Ten cuidado de que no te engañen
ni te humillen por tu imprudencia.
9 Si un poderoso te invita, hazte de rogar;
así te llamará con mayor insistencia.
10 No te adelantes, no sea que te rechace;
no te quedes muy atrás, para que no te olvide.

• **13 2-24**: El maestro pretende poner en guardia a los jóvenes inexpertos en su trato con los ricos y los poderosos. Por ser relaciones desiguales, la prudencia (Eclo 13 2a.13) es la única defensa que tiene el pobre para no sucumbir a los engaños (Eclo 13 6) y a la palabrería interesada (Eclo 13 11) de los influyentes. Más aún, si cayera en desgracia sufriría de inmediato la burla y el desprecio de quienes poco antes lo halagaban (Eclo 13 7). Siguiendo una costumbre sapiencial, el autor divide a las personas en dos grupos que relaciona con sus correspondientes del mundo animal (Eclo 13 15-19). Los ricos y pecadores son lobos y leones; los pobres y justos, corderos y burros salvajes. El pobre que cruza esta frontera se arriesga a recibir, en la primera ocasión que se presente, el desprecio y el abandono de los poderosos (Eclo 13 20-23).

El texto hebreo en Eclo 13 6-7 dice: *Si le eres útil, te socorrerá, te sonreirá para darte confianza; mientras se aproveche de ti, te engañará; dos y tres veces te despojará. Después te verá y te evitará, y meneará burlonamente la cabeza.* En Eclo 13 8: *Procura no ofuscarte y no parecerte a los necios.* En Eclo 13 13b: *Y no andes con hombres violentos.* Y en Eclo 13 22: *Habla el rico y muchos lo aprueban, sus palabras sin sentido las encuentran hermosas; tropieza el pobre y dicen: vaya, vaya; habla con sensatez y nadie lo acepta.*

Algunos manuscritos griegos añaden Eclo 13 14: *Si sueñas con esto, despierta; ama al Señor toda tu vida; invócalo, y él te salvará.*

11 No lo trates como a un igual,
ni te fíes de su palabrería,
pues con su verborrea te probará
y entre bromas te examinará;
12 es un hombre despiadado que no guarda su palabra,
y no te ahorrará golpes y cadenas.
13 Ten cuidado y fíjate bien,
porque puedes acabar mal.

Clases sociales

Prov 19 4.7; 14 20

15 Todo animal ama a su semejante,
y todo hombre a su prójimo.
16 Todo viviente se une con su especie,
y el hombre se junta a su semejante.
17 ¿Cómo pueden entenderse el lobo y el cordero?
Lo mismo pasa con el justo y el pecador.
18 ¿Puede haber amistad entre la hiena y el perro?
¿Puede haberla entre el rico y el pobre?
19 Como los asnos salvajes son presa de los leones en el desierto,
así los pobres son pasto de los ricos.
20 Como el soberbio aborrece la humildad,
así el rico aborrece al pobre.
21 Se tambalea el rico y lo sostienen los amigos,
cae el pobre y los amigos lo rechazan.
22 Tropieza el rico y muchos brazos lo sujetan,
dice estupideces y encima lo aplauden;
tropieza el pobre y lo llenan de reproches,
habla con sensatez y no le hacen caso.
23 Habla el rico, y nadie lo contradice,
sino que ponen por las nubes su palabra.
Habla el pobre, y dicen: «¿Quién es ése?»
Tropieza, y todavía lo empujan.
24 Buena es la riqueza adquirida sin pecado,
mala la pobreza fruto de la impiedad.

La felicidad

Prov 15 13; Sal 32 2

25 El corazón del hombre cambia su semblante,
tanto para bien como para mal.
26 Un semblante alegre refleja un corazón dichoso.
La creación de proverbios es penosa tarea.

14 1 Dichoso el hombre que no peca con su boca,
ni tiene que sufrir remordimientos.
2 Dichoso el que nada tiene que reprocharse
y mantiene firme su esperanza.

• ***13 25-14 2***: Los cuatro versículos que componen esta unidad se agrupan por parejas. La primera tiene como eje el corazón del hombre (Eclo 13 25-26); la segunda, dos bienaventuranzas (Eclo 13 1-2). Para un hebreo, el corazón no es sólo la sede de los sentimientos, sino también y principalmente de la reflexión, es decir, la facultad que orienta rectamente la vida del hombre. Sin embargo, la clave interpretativa se encuentra en la conexión que establece la primera bienaventuranza (Eclo 14 1) entre el símbolo del corazón y el de la boca. El hombre que rectamente oriente su vida desde el corazón (Eclo 13 26) nunca será condenado por su conciencia (Eclo 14 2).

Tacaños

Job 27 16-17; Lc 12 15-21

3 No está hecha la riqueza para el tacaño.
¿De qué le sirve el oro al avaro?
4 El que con privaciones amontona, para otros ahorra
y de sus bienes disfrutarán los extraños.
5 El que es tacaño para sí, ¿para quién será generoso?
Ni siquiera él disfruta de sus bienes.
6 Nadie peor que el avaro consigo mismo:
en su propia maldad lleva el castigo.
7 Si hace algo bueno es por descuido,
y al final se manifiesta su maldad.
8 El hombre tacaño es detestable,
aparta el rostro y desprecia a los demás.
9 El avaro no se contenta con lo suyo,
la codicia malsana seca el alma.
10 El avaro hasta con el pan es tacaño,
y en su mesa todo es escasez.

Salud y muerte

Ecl 2 24; 9 10; 1 4; 9 5-6; Ap 14 13

11 Hijo, vive bien en la medida de tus posibilidades
y presenta al Señor las debidas ofrendas.
12 Recuerda que la muerte no tarda,
que no se te ha comunicado la hora del abismo.
13 Antes de morir, haz bien a los amigos;
según tus medios sé generoso con ellos.
14 No te prives de la felicidad presente,
no dejes sin cumplir un legítimo deseo.
15 ¿Por qué tendrás que dejar a otro tu fortuna
y el fruto de tus fatigas para que lo sorteen?
16 Da, recibe y disfruta de la vida,
porque no hay que esperar placeres en el abismo.
17 Todo viviente se gasta como un vestido,
porque es ley eterna que hay que morir.
18 Como hojas verdes en árbol frondoso
que unas caen y otras brotan,

• **14 3-10**: Ben Sira dedica esta reflexión a los peligros que produce la avaricia en el hombre. La codicia poco a poco seca el alma (Eclo 14 9) y aisla de los demás (Eclo 14 8). Su mayor peligro es, sin embargo, la insatisfacción y la inquietud constantes que provoca en el corazón del avaro. Sus bienes lo dominan de tal manera que ni siquiera es generoso consigo mismo. Más aún, en su necedad ahorra y almacena para quienes lo sucedan a su muerte (Eclo 14 4 y sus resonancias en Job 27 16-17 y Lc 12 15-21).

El texto hebreo en Eclo 14 9b dice: *Quien se apodera de la parte de su prójimo, pierde la suya*. Y en Eclo 14 10 añade: *El generoso hace que aumente su comida, y de una fuente seca hace que brote agua sobre la mesa.*

• **14 11-19**: Esta exhortación contrasta con la anterior. Frente al hombre avaro se encuentra el sabio que utiliza generosamente las riquezas. Ha comprendido que los bienes materiales sólo tienen valor si ayudan a vivir mejor (Eclo 14 14), si sirven para hacer el bien a los demás (Eclo 14 13) y si son medio de alabanza a Dios (Eclo 14 11).

La experiencia indica que la riqueza almacenada termina siendo disfrutada por otros. Además, y por si esto fuera poco, la muerte pone fin a todo deleite. Ben Sira no cree, como muchos de sus contemporáneos, en la inmortalidad. La muerte, piensa, da paso a una existencia neutra e impersonal en el abismo (seol). Sólo a partir de las persecuciones seléucidas irán tomando cuerpo ideas como la resurrección de los muertos y el castigo de los malvados en el más allá.

El texto hebreo en Eclo 14 14 dice: *No te prives de la dicha presente, ni dejes pasar la porción deseada, pero no alimentes deseos malsanos.*

así son las generaciones de carne y sangre:
unas mueren y otras nacen.
19 Toda obra corruptible perece,
y su autor también con ella.

Salmo sobre la sabiduría

Prov 8 32-35; Eclo 24 19-22; Sab 8 10-15

20 Dichoso el hombre que se dedica a la sabiduría
y discurre con su inteligencia.
21 Dichoso el que medita sobre los caminos de la sabiduría
y reflexiona sobre sus secretos;
22 el que sale en su busca como el cazador
y se pone al acecho en su camino;
23 el que a su ventana se asoma
y a sus puertas escucha;
24 el que acampa junto a su casa
y clava su estaca en sus paredes;
25 el que a su lado levanta una tienda
y habita allí en la mejor de las moradas;
26 el que pone sus hijos a su abrigo,
y bajo sus ramas se cobija;
27 el que bajo su sombra se protege del calor,
y habita protegido por su gloria.

15 1 El que teme al Señor hace todo esto,
y el que observa la ley consigue la sabiduría.
2 Ella le saldrá al encuentro como una madre,
y lo recibirá como una esposa virgen.
3 Lo alimentará con pan de prudencia,
le dará a beber agua de sabiduría.
4 Si se apoya en ella no dudará,
si confía en ella no quedará avergonzado;
5 ella lo exaltará sobre sus compañeros
y en medio de la asamblea lo llenará de elocuencia.
6 En ella encontrará felicidad y una corona de alegría,
y recibirá en herencia un nombre eterno.
7 No la lograrán los imprudentes,
ni la conseguirán los pecadores.
8 De los orgullosos se mantiene lejos,
y los mentirosos no piensan en ella.
9 En boca de pecador no es oportuna la alabanza,
porque el Señor no se la ha concedido.
10 De la sabiduría brota la alabanza,
y el Señor es quien la inspira.

• **14 20-15 10**: Este poema dedicado a los buscadores de la sabiduría presenta de manera progresiva los dos momentos que experimenta el sabio: la búsqueda (Eclo 14 20-27) y el encuentro (Eclo 15 1-10).

Buscar la sabiduría es la ocupación que conduce al hombre a la bienaventuranza (véase Eclo 14 21-22). Tarea comparable a la del cazador (Eclo 14 22), a la del amante (Eclo 14 23-25; véase también Cant 2 9 y Prov 8 34) o a la del viajero (Eclo 14 26-27), por ser en ellos imprescindible la constancia y el esfuerzo.

La afanosa búsqueda deja paso a un gozoso recibiniento. La sabiduría recibe a su enamorado como madre esposa (Eclo 15 2) que nutre y protege. El temor de Dios el cumplimiento de la ley (Eclo 15 1) son los lazos que lo nantendrán unido a ella y le inspirarán un canto de alaıanza (Eclo 15 10).

El texto hebreo en Eclo 15 10 dice: *La boca del sabio ıronuncia la alabanza, y quien la posee la enseña.*

Pecado y libertad

Sant 1 13-15; Dt 11 26-28; 30 15-20; Eclo 17 15-20

11 No digas: «Fue el Señor quien me incitó a pecar»,
porque él no hace lo que detesta.
12 No digas: «El me ha extraviado»,
porque él no tiene necesidad del pecador.
13 El Señor detesta toda maldad,
y quienes lo temen la aborrecen.
14 El hizo al hombre al principio,
y le dio la libertad para decidir.
15 Si quieres, observarás los mandamientos;
de ti depende el permanecer fiel.
16 Fuego y agua he puesto ante ti,
alarga tu mano a lo que quieras.
17 Ante el hombre están vida y muerte;
lo que él quiera se le dará.
18 Porque grande es la sabiduría del Señor,
fuerte es su poder y lo ve todo.
19 Sus ojos miran a los que lo temen,
él conoce las acciones de los hombres.
20 A ninguno obligó a ser impío,
a ninguno ha dado permiso para pecar.

Errores que Dios castiga

Nm 11 1; 16 1-30; Gn 6 1-7; 19 1-29; Ex 34 6-7

16 1 No desees un gran número de hijos inútiles,
ni te alegres de tener hijos malvados.
2 Aunque tengas muchos hijos, no te alegres,
si no tienen temor del Señor.
3 No confíes en que vivan mucho
ni pongas tu esperanza en su número,
pues más vale uno que mil,
y morir sin hijos, que tenerlos impíos.
4 Un solo hombre inteligente puebla una ciudad,
pero la raza de los perversos se verá destruida.

• **15 11-20**: La literatura sapiencial muestra un especial interés por el tema del origen del mal. En el ambiente flotaba la afirmación que otorgaba a Dios la paternidad del pecado: él ha sido quien ha modelado al hombre con debilidades y cierta inclinación al mal. Ben Sira utiliza los elementos tradicionales para excusar a Dios y responsabilizar al hombre. El Señor no puede hacer lo que odia *(Sab 11 24) puesto que es el* creador del orden y del bien cósmicos (Gn 1). El hombre, en cambio, puede elegir entre lo bueno y lo malo conscientemente (Eclo 15 15-17; véase Dt 30 15), porque ha sido creado libre y responsable de sus actos (Eclo 15 14).

El texto hebreo en Eclo 15 14 añade: *y lo entregó en manos de su enemigo.* En Eclo 15 15 dice: *Si quieres, guardarás el mandamiento; es prudente cumplir su voluntad. Si confías en él, tú también vivirás.* Y en Eclo 15 20: *No mandó al hombre pecar, ni sostiene a los mentirosos. No se compadece del malhechor ni de quien descubre secretos.*

• **16 1-14**: La retribución de Dios termina por imponerse (Eclo 16 11-14; véase Ex 34 6-7): según hayan sido las obras del hombre recibirá el castigo o la misericordia del Señor. El autor considera la experiencia personal (Eclo 16 5a) y la historia del pueblo elegido (Eclo 16 7-10) como fuentes de conocimiento para llegar a la sabiduría. También corrige el pensamiento tradicional que entendía la descendencia numerosa como bendición divina. Para Ben Sira no basta con tener muchos hijos, es preciso educarlos en el temor de Dios (Eclo 16 2). Destaca, por último, el uso ejemplarizante de la historia de Israel para mostrar el cumplimiento de la justicia divina.

El texto hebreo en Eclo 16 4 dice: *Un solo hombre, aunque no tenga hijos, si teme al Señor, poblará la ciudad; pero una turba de bandidos la destruirá.*

Algunos manuscritos griegos añaden Eclo 16 15-16: 15 *El Señor hizo que el faraón se endureciera, para que no le obedeciera; puso así de manifiesto su poder bajo el cielo.* 16 *Toda la creación reconoce su misericordia; ha repartido luz y oscuridad entre los hombres.*

5 Muchas cosas como éstas vieron mis ojos,
y aún más graves las oyeron mis oídos.
6 En la asamblea de los pecadores prendió el fuego,
la ira de Dios se encendió contra la nación rebelde.
7 Dios no perdonó a los antiguos gigantes,
que se rebelaron confiados en su fuerza.
8 No perdonó a los conciudadanos de Lot,
a los cuales despreció por su soberbia.
9 No tuvo piedad de la nación condenada,
sino que la exterminó por sus pecados.
10 Tampoco se apiadó de los seiscientos mil de a pie,
que perecieron por su terquedad.
11 Aunque sólo hubiera un rebelde,
difícilmente quedaría sin castigo,
pues el Señor puede enojarse y compadecerse;
él perdona con largueza y castiga con rigor.
12 Tan grande como su misericordia es su castigo,
y juzga al hombre según sus obras.
13 No deja escapar al pecador con su presa,
ni frustra la paciencia del piadoso.
14 Prepara un lugar a quien hace limosna,
cada uno recibe según sus obras.

Dios siempre presente

Sal 139 7-12; Job 37 1-7; Sal 18 8; Rom 11 33

17 No digas: «Me esconderé del Señor,
¿quién se va a acordar de mí allá arriba?
Pasaré inadvertido entre tanta multitud,
pues ¿quién soy yo en la inmensa creación?»
18 El cielo y los cielos altísimos, el abismo y la tierra
se estremecen cuando él los visita;
19 las montañas y los cimientos de la tierra,
se llenan de terror cuando él los mira.
20 Pero el hombre no reflexiona sobre esto
y piensa que nadie conoce su conducta.
21 La tempestad sobreviene sin que el hombre se dé cuenta,
y casi todo lo que en ella sucede permanece en el misterio.
22 ¿Quién anunciará las obras buenas?
¿Qué puede esperarse de ellas, si Dios ha olvidado su alianza?
23 Así razona el hombre falto de sentido,
el necio y el perdido sólo piensan estupideces.

• **16 17-23**: Se hallaba extendida la creencia popular según la cual Dios no se ocupaba de los asuntos de los hombres (Eclo 16 17; véase Job 22 12-17; Sal 94 7). Esta *duda avivaba el problema de la retribución divina*, puesto que los malvados actuaban con éxito sin tener en cuenta a Dios. La única respuesta que el maestro puede ofrecer a sus alumnos consiste en afirmar la presencia y el poder misteriosos del Señor en todos los ámbitos de la creación (véase en esta línea el Sal 139 5-16).

El texto hebreo en Eclo 16 17 dice: *¿Quién soy yo comparado con los espíritus de todos los hombres?* En Eclo 16 20-21: *Tampoco se fijará en mí, pues ¿quién puede descubrir mi conducta? Si peco, nadie me ve; y si miento a escondidas, ¿quién lo va a saber?* Y en Eclo 16 23: *Los irreflexivos piensan cosas así, y el necio razona de ese modo.*

Dios gobierna la creación

Prov 1 23; Eclo 42 20-25; Gn 1 24-28; 2 7; 9 2; Sab 9 2-3; 13 1; Rom 1 19-20; Dt 4 11-14

24 Escúchame, hijo, aprende la ciencia,
pon atención a mis palabras.
25 Te corregiré con moderación,
te daré a conocer la ciencia con precisión.
26 Cuando al principio creó Dios sus obras,
una vez hechas les asignó un lugar.
27 Ordenó para siempre sus obras,
desde sus orígenes y por todas las edades.
No sufren hambre ni fatiga
y nunca interrumpen su tarea.
28 Ninguna choca con la otra,
nunca desobedecen su palabra.

29 Después el Señor se fijó en la tierra
y la llenó de sus bienes.
30 La cubrió con toda clase de vivientes,
y todos retornarán a ella.

17 1 Formó el Señor al hombre de la tierra
y allá lo hará regresar de nuevo.
2 Asignó a los hombres días y tiempo limitados;
puso en sus manos todo cuanto existe en la tierra;
3 los revistió de una fuerza como la suya
y los creó a su imagen.
4 Hizo que todo ser viviente les temiera,
para que dominaran sobre fieras y aves.
6 Les formó lengua, ojos y oídos,
y les dio un corazón para pensar;
7 de ciencia e inteligencia los llenó
y les dio a conocer el bien y el mal;
8 les infundió su propia luz
para mostrarles la grandeza de sus obras.
10 Así alabarán su nombre santo,
proclamando la grandeza de sus obras.

11 Les concedió además conocimiento,
y en herencia les dio la ley de vida;
12 estableció con ellos una alianza eterna
y les manifestó sus decretos.
13 Vieron con sus ojos la grandeza de su gloria,
con sus oídos oyeron su voz majestuosa,
14 El les dijo: «Cuídense de practicar el mal»,
y les dio mandamientos con relación al prójimo.

• **16 24-17 14**: La creación y la alianza son dos temas que brillan con luz propia en la enseñanza transmitida por el maestro de sabiduría a sus discípulos. Ben Sira ha actualizado el relato de Gn 1-2. Dios no sólo es el creador del universo y del hombre, también ha llenado el mundo de bienes. Esto se manifiesta especialmente en el ser humano que ha sido hecho a imagen del Señor (Eclo 17 3b), ha recibido el dominio sobre las criaturas (Eclo 17 4; véase el Sal 8) y se le ha entregado la capacidad de discernir entre el bien y el mal (Eclo 17 7b). El autor invita a sus lectores a alabar a Dios por la creación (Eclo 17 10) y a seguir el camino de la sabiduría, establecido en la alianza, mediante el cumplimiento de la ley divina (Eclo 17 14; véase Dt 30 11-20).

Algunos manuscritos griegos añaden Eclo 17 5: *Recibieron del Señor cinco cualidades, como sexta les regaló la inteligencia; como séptima, la palabra que explica sus acciones.* Y Eclo 17 9: *y les concedió enorgullecerse eternamente de sus maravillas.*

Misericordia y justicia

Eclo 15 18-19; 5 3-7; 16 11-14; Sal 76 10

15 Ante Dios está siempre la conducta del hombre,
y nada se oculta a sus ojos.
17 Al frente de cada pueblo puso un jefe,
pero Israel es la porción del Señor.
19 Cuanto el hombre hace es para Dios claro como el sol,
sus ojos observan siempre su conducta.
20 No se le ocultan sus maldades,
todos sus pecados están ante el Señor.
22 El tiene grabada la limosna del hombre
y guarda un favor como la niña de los ojos.
23 Un día se levantará para recompensarlos
y dará a cada uno su merecido.
24 A los que se arrepienten les permite regresar,
y consuela a los que han perdido la esperanza.

Llamada al arrepentimiento

Sal 34 15; 103 8-18; 145 8-9; Job 15 14-16

25 Conviértete al Señor y abandona el pecado,
ora en su presencia y deja de ofenderlo.
26 Regresa al Altísimo y apártate de la maldad,
desprecia la iniquidad con toda tu alma.
27 Pues ¿quién alabará al Altísimo en el abismo,
si los vivos no le rinden homenaje?
28 El muerto, como quien ya no existe, ignora la alabanza;
sólo el vivo y el sano glorifican al Señor.
29 ¡Qué grande es la misericordia del Señor,
y su perdón para los que se convierten a él!
30 El hombre no puede abarcarlo todo,
pues el ser humano no es inmortal.
31 ¿Hay algo más brillante que el sol? Pues también se eclipsa.
Lo que es carne y sangre sólo concibe maldad.
32 Dios pasa revista al ejército del cielo;
los hombres sólo son polvo y ceniza.

Compasión de Dios por la debilidad humana

Sal 145 3-7; 102 4-12; 8 5; 90 4.10; 36 7-8; 103 8-18

18 1 El que vive eternamente lo creó todo por igual;
2 sólo el Señor puede llamarse justo.

• **17 15-24**: La creencia popular sobre la indiferencia de Dios ante la vida de los hombres (véase Eclo 16 17-22) recibe de nuevo una respuesta en este grupo de sentencias. El Señor, que ha creado al hombre y ha establecido con él su alianza (véase Eclo 17 1-14), no puede estar lejos de sus criaturas. Al contrario, el conocimiento de su existencia es patente porque recompensará a quienes se arrepientan (desde esta clave puede iluminarse el sentido de la *limosna*, Eclo 17 22) y castigará a los malvados.

Algunos manuscritos griegos añaden Eclo 17 16-17a: 16 *Sus caminos conducen al mal desde la juventud y no son capaces de cambiar su corazón de piedra en corazón de carne.* 17a *Porque al repartir sobre la tierra los pueblos...* Eclo 17 18: *Su primogénito al que él educa, y al que concede luz de su amor sin abandonarlo.* Y Eclo 17 21: *Pero el Señor es bueno y conoce a sus criaturas. No las rechaza ni las abandona, sino que les perdona.*

• **17 25-32**: El mensaje transmitido por Ben Sira es apremiante, pues para él la muerte es el último horizonte humano, y la resurrección no tiene cabida en su pensamiento. Si la retribución de Dios sólo puede acontecer en esta vida, la conversión (Eclo 17 25) y la alabanza (Eclo 17 28) son el único camino para alcanzar la misericordia divina (Eclo 17 25, véase también Sal 86 5.15; 103 8; Jl 2 13; Jon 4 2) antes de transformarse en polvo y ceniza (Eclo 17 32), símbolos de la finitud sin esperanza de eternidad.

4 A nadie ordenó anunciar sus obras.
¿Quién descubrirá sus maravillas?
5 ¿Quién puede medir la grandeza de su majestad?
¿Quién puede narrar sus misericordias?
6 No se puede quitar ni poner nada,
ni se pueden descubrir las maravillas del Señor.
7 Cuando el hombre termina, es cuando empieza,
y al detenerse, queda uno perplejo.
8 ¿Qué es el hombre? ¿Para qué sirve?
¿Qué bien y qué mal es capaz de hacer?
9 Los años del hombre están contados,
y son muchos si llegan a cien.
10 Una gota del mar, un grano de arena,
eso son sus pocos años junto a la eternidad.
11 Por eso el Señor es paciente con los hombres
y derrama sobre ellos su misericordia.
12 El Señor ve y sabe que el final de los hombres es miserable,
por eso los perdona una y otra vez.
13 La compasión del hombre se limita a su prójimo,
la del Señor llega a todo viviente.
El castiga, corrige, enseña y conduce
como hace un pastor con su rebaño;
14 se compadece de los que aceptan su corrección
y buscan cumplir sus decisiones.

Generosidad

15 Hijo, no acompañes tus favores con críticas,
ni tus obsequios con palabras hirientes.
16 ¿No calma el rocío el calor ardiente?
Así una buena palabra vale más que el obsequio.
17 ¿Acaso no vale más una palabra que un regalo?
Pero el hombre caritativo sabe unir las dos cosas.
18 El necio no hace más que dirigir reproches,
el don del envidioso hace llorar.

Precaución

Dt 23 22-24; Ecl 5 1-6; Prov 20 25; Eclo 24 30-34

19 Antes de hablar, instrúyete;
antes de caer enfermo, cuídate.
20 Antes de juzgar, examínate a ti mismo,
y cuando el Señor te pida cuentas encontrarás perdón.

• **18 1-14**: *En este himno se compara* la eternidad y grandeza de Dios con la temporalidad y pequeñez del hombre (véanse las coincidencias con el Sal 8 y con el 103 8-18). Utilizando un estilo interrogativo en unos casos y enunciativo en la mayoría, el autor plantea los temas de la creación (Eclo 18 1) y de la compasión divina (Eclo 18 11.13-14). Grandeza y magnanimidad son las notas que mejor definen su comportamiento. Dios es como un *pastor* (Eclo 18 13, imagen novedosa en la tradición sapiencial, no así en la profética: Is 40 11; Ez 34 11s) que cuida a su rebaño. El hombre, por su parte, puede responder a estas atenciones mediante el cumplimiento de la ley divina (Eclo 18 14).

Algunos manuscritos griegos añaden Eclo 18 2b-3: 2b *y no hay otro fuera de él.* 3 *Gobierna el mundo con la palma de su mano; todo obedece a su voluntad, porque es rey poderoso de todo el universo y separa las cosas santas de las profanas.* Y Eclo 18 9b: *el tiempo del descanso eterno es para todos imprevisible.*

• **18 15-18**: El vocativo *hijo* inicia esta breve serie de consejos sobre la palabra. Toda palabra puede ser constructiva o destructiva. El hombre sensato sabe ofrecer palabras y obras buenas simultáneamente (Eclo 18 17b). El necio, por el contrario, hiere con sus palabras, sin aportar nada.

21 Para no caer enfermo, humíllate;
y si pecas, arrepiéntete.
22 Cumple tus promesas a su debido tiempo,
no esperes a la muerte para ajustar tus cuentas.
23 Antes de prometer algo a Dios, piénsalo bien,
no seas como hombre que tienta al Señor.
24 Ten presente la ira de los últimos días,
la hora de la venganza, cuando Dios esté ausente.
25 Cuando vivas en abundancia, piensa en los días de escasez;
cuando seas rico, recuerda la pobreza y la miseria.
26 Como corre el tiempo de la mañana a la tarde,
así pasa todo veloz ante el Señor.
27 El sabio anda en todo prevenido
y procura no caer cuando llega la tentación.
28 El hombre sensato conoce la sabiduría,
y alabará al que la encuentra.
29 Los que hablan con prudencia se hacen sabios,
y derraman como lluvia acertados proverbios.

Autodominio

Prov 23 20-21.29-35

30 No te dejes arrastrar por tus pasiones,
y refrena tus deseos.
31 Si te concedes todos tus caprichos,
serás motivo de burla para tus enemigos.
32 No te aficiones a una vida de placer,
ni te dejes dominar por él.
33 No te arruines banqueteando con dinero prestado,
cuando no tienes nada en el bolsillo.

19 1 Un obrero bebedor nunca se hará rico,
quien se descuida en lo pequeño, poco a poco caerá.
2 Vino y mujeres trastornan a los cuerdos,
quien anda con prostitutas se hace temerario;
3 de larvas y gusanos será presa,
el temerario perderá la vida.

Las malas lenguas

Prov 25 9-10; Ecl 7 21; Lv 19 17

4 El que pronto se confía es un irreflexivo,
el que peca se hace daño a sí mismo.

• **18 19-29**: Grupo de consejos que invitan a la prudencia en diversos ámbitos de la vida: empleo de la palabra, significado de la enfermedad, vivencia de la situación económica. Muy extendido se encuentra el consejo sapiencial de no hablar o prometer sin haber reflexionado anteriormente (Eclo 18 19a). La enfermedad se interpretaba como castigo de Dios por los pecados. Sin embargo, también era vista *como tiempo privilegiado* para la conversión (Eclo 18 21; véase Is 38 1-5). Tanto la riqueza como la pobreza son relativas. El tiempo pasa con rapidez y en nada aprovechan (Eclo 18 25-26; véase Eclo 14 3-19). El sabio es precavido, porque principalmente se interesa por alcanzar la sabiduría (Eclo 18 27-29).

• **18 30-19 3**: Serie de tres consejos, formulados negativamente, sobre las consecuencias que produce la falta de prudencia en el campo de los sentimientos. Cuando se exageran y se convierten en pasiones, deforman y destruyen al hombre. La burla de los otros (Eclo 18 31), la ruina económica (Eclo 18 33 y 19 1, también Eclo 9 6) y la pérdida de la propia estima (Eclo 19 2) son pasos previos que desembocan en la nada (Eclo 19 3).

El texto hebreo en Eclo 18 32 dice: *No te alegres por un poco de placer, te hará dos veces más pobre.* Y en Eclo 19 2: *Vino y mujeres hacen a uno insolente; un apetito desmesurado arruina a quien lo posee.*

[5] El que se recrea en el mal, será condenado;
[6] el que odia los chismes evita el mal.
[7] No repitas jamás un rumor,
así nunca te harán daño;
[8] ni a amigo ni a enemigo se lo cuentes;
a no ser que callando peques, no lo descubras;
[9] porque el que te oiga desconfiará de ti
y, llegado el momento, te odiará.
[10] ¿Has oído algo? Sepúltalo dentro de ti;
no temas, que no reventarás.
[11] Oye el necio una noticia y ya está inquieto,
como una mujer a punto de dar a luz.
[12] Flecha clavada en el muslo,
es una noticia en las entrañas del necio.
[13] Pregunta a tu amigo, por si no ha hecho nada malo;
y si lo hizo, para que no lo vuelva a hacer.
[14] Pregunta a tu prójimo, por si no ha dicho nada incorrecto;
y si lo dijo, para que no lo vuelva a decir.
[15] Pregunta a tu amigo, porque es frecuente la calumnia,
y no hay que creer todo lo que se dice.
[16] Hay quien se equivoca sin mala intención,
pero ¿quién no ha pecado con su lengua?
[17] Pregunta a tu prójimo antes de amenazarlo,
y deja que se cumpla la ley del Altísimo.

La buena y la mala inteligencia

Eclo 27 22-24

[20] La sabiduría consiste en temer al Señor;
el que es sabio cumple sus leyes.
[22] La sabiduría no consiste en saber hacer el mal,
ni la prudencia se encuentra en el consejo de los pecadores.
[23] Hay habilidad que es despreciable,
y el que no tiene sabiduría es un necio.
[24] Vale más poca inteligencia y temer a Dios,
que mucha prudencia y trasgredir la ley.
[25] Hay una habilidad bien ejecutada que es injusta,
y hay quien mantiene su derecho haciendo trampas.
[26] Hay quien camina encorvado por la pena,
pero en su interior no hay más que engaño;
[27] agachando la cabeza, haciéndose el sordo,

• **19** 4-17: Conjunto de advertencias sobre los peligros *que traen consigo la indiscrección y la murmuración*. El necio (Eclo 19 11-12) carece de prudencia al hablar. Sus palabras perjudican tanto a quienes lo rodean como a sí mismo (Eclo 19 7-9). El autor, que utiliza el recurso literario de las series, introduce una de cuatro miembros con el estribillo *pregunta a* (Eclo 19 13-16). En ella invita a la prudencia en los juicios y a la corrección del prójimo (véase Prov 27 5; Lv 19 16-17; y la reformulación del Nuevo Testamento en Mt 18 15-18).

Algunos manuscritos griegos añaden Eclo 19 5b: *El que resiste a los placeres corona su vida; el que domina su lengua vivirá en paz.* Y Eclo 19 18-19: [18] *Quien teme al Señor será bien aceptado; quien es sabio se gana su amor.* [19] *Conocer los mandatos del Señor es fuente de vida; los que hacen lo que le agrada, obtendrán los frutos del árbol de la inmortalidad.*

• **19** **20-30**: La esencia de la verdadera sabiduría consiste en temer-honrar al Señor y cumplir sus leyes (Eclo 19 20; Prov 1 7). El hombre piadoso se conoce por su exterior (Eclo 19 29-30), pero también existen ejemplos de personas que son lo contrario de lo que representan (Eclo 19 23-28). La tradición sapiencial, en definitiva, invita a juzgar con prudencia.

Algunos manuscritos griegos añaden Eclo 19 20b-21: [20b] *y conoce su omnisciencia.* [21] *Si un criado dijera a su amo: "no haré lo que te agrada", aunque después lo haga, irritaría a quien le da de comer.*

en cuanto nadie lo vea, te tomará la delantera;
28 y si no peca, es porque no tiene medios;
en cuanto tenga ocasión, hará el mal.
29 Por su aspecto se conoce al hombre,
por su semblante se conoce al sensato.
30 El modo de vestir, de reír y caminar,
manifiestan lo que un hombre es.

Disciplina en el lenguaje

Eclo 19 6-12; 9 18; Prov 17 28; 15 23; 25 11; 10 19

20 1 Hay reprensión que no es oportuna,
y silencio que descubre al hombre cuerdo.
2 Más vale reprender que guardar rencor;
3 el que se confiesa culpable evita la pena.
4 Como eunuco que desea violar a una joven virgen,
así es el que impone la justicia por la fuerza.
5 Hay quien guarda silencio y pasa por sabio,
y hay quien se hace odioso por su palabrería.
6 Hay quien se calla por no tener respuesta,
y hay quien se calla esperando su hora.
7 El sabio sabe callar hasta el momento oportuno,
el presumido y el necio siempre hablan a destiempo.
8 Quien mucho habla se hace odioso,
y quien pretende imponerse es despreciado.

Contrastes

Eclo 21 12-28; Prov 26 1-12

9 Hay quien encuentra la fortuna en la desgracia,
y hay ganancia que acarrea daño.
10 Hay regalos que nada aprovechan,
y hay regalos que rinden el doble.
11 Hay quien en la gloria encuentra humillación,
y quien en la humillación levanta cabeza.
12 Hay quien con poco compra muchas cosas,
y luego las paga siete veces más.
13 El sabio se hace querer por sus palabras,
pero los favores del necio no valen nada.
14 El regalo del necio no te aprovechará,
porque espera que se lo devuelvas con creces;
15 da poco y reclama mucho,
abre su boca como un hablador;

• **20** 1-31: El uso sabio o necio del lenguaje es un tema muy querido en la tradición sapiencial (Eclo 5 9ss; 18 4ss; Prov 10 11-14.18-21; 17 27-28; Ecl 5 1-5; Job 13 4-5). En el presente capítulo se agrupan distintas sentencias sobre el empleo prudente de la palabra. El autor elabora consejos *en forma de contrastes y paradojas.* Toda esta enseñanza pretende inculcar en el lector criterios éticos que lo orienten en el uso adecuado de la palabra. Como las situaciones suelen ser ambiguas, no sirven normas fijas. El hombre prudente conoce el momento de hablar y el de callar (Eclo 20 1.6); sus palabras nunca son regalos interesados sino sensatas y oportunas (Eclo 20 13.27). El necio, por el contrario, tropieza con su lengua (Eclo 20 19) cuando habla a destiempo (Eclo 20 19-20), promete fantasías (Eclo 20 23) o miente irresponsablemente (Eclo 20 24-26). Poco a poco el tono prudencialista y prágmatico domina la doctrina sapiencial del lenguaje (Eclo 20 30-31) perdiendo la frescura teológica expuesta por Ben Sira al principio de su libro (Eclo 1 14-30, en especial Eclo 1 24-25.29) donde el temor de Dios proporcionaba todo tipo de bienes.

Algunos manuscritos griegos añaden Eclo 20 8b: *Qué hermoso es ver arrepentirse al que uno reprende. Así evitarás una falta voluntaria.* Y Eclo 20 14b: *igual que el del envidioso que da muy a su pesar.*

presta hoy, y mañana lo reclama;
¡es un hombre despreciable!
16 Dice el necio: «Yo no tengo amigos,
nadie agradece mis favores;
17 los que comen mi pan hablan mal de mí».
¡Cuántos y cuántas veces se reirán de él!

Lenguaje inoportuno y mentiras

Prov 26 7.9; 12 22; 13 5; Eclo 5 14; 7 13

18 Más vale tropezar en el suelo que con la lengua;
así es como caen de repente los malvados.
19 Hombre maleducado es como broma inoportuna
que siempre está en boca de imbéciles.
20 De la boca del necio no se aceptan refranes,
porque los dice a destiempo.
21 Hay quien debido a su pobreza no puede pecar,
y en sus horas de descanso no tiene pesares.
22 Hay quien se pierde por respeto humano,
y quien se pierde por hacer caso a un necio.
23 Hay quien hace promesas a su amigo por vergüenza,
y se gana un enemigo sin necesidad.
24 Grave defecto para un hombre es la mentira,
en la boca de los necios siempre repetida.
25 Más vale ladrón que mentiroso,
aunque uno y otro heredarán la perdición.
26 El hábito de la mentira es despreciable,
la vergüenza lo acompaña siempre.

El sabio

Dt 16 19; Prov 15 27; 18 16; 21 14; Mt 5 14-16

27 El sabio se hace estimar por sus palabras,
el prudente agrada a los poderosos.
28 El que cultiva la tierra amontona cosecha,
y al que agrada a los poderosos se le disculpa la injusticia.
29 Regalos y obsequios ciegan los ojos de los sabios,
y como un bozal ahogan los reproches.
30 Sabiduría oculta y tesoro invisible,
¿para qué sirven una y otro?
31 Más vale el que oculta su necedad,
que el que oculta su sabiduría.

Control del pecado

Eclo 17 25; Gn 3 1-6; Ex 22 22-23; Prov 7 27; Mt 7 13

21 1 ¿Has pecado, hijo? No lo vuelvas a hacer
e implora el perdón de las culpas pasadas.
2 Huye del pecado como de una serpiente,

• **21 1-11**: De nuevo el vocativo *hijo* abre un grupo de sentencias que se concluyen e interpretan desde la conocida clave teológica del temor de Dios y el cumplimiento de la ley (Eclo 21 11). El pecado, descrito con imágenes que aluden a la muerte (*serpiente*: Eclo 21 2a; *león*: Eclo 21 2b; *espada de dos filos*: Eclo 21 3), es la situación previa. Sólo el arrepentimiento (Eclo 21 6) inicia la senda hacia el perdón del Señor. El malvado, sin embargo, se encamina hacia su destrucción por un camino cómodo (Eclo 21 10; véase Mt 7 13) en compañía de pecadores (Eclo 21 9).

porque si te acercas, te morderá.
Dientes de león son sus dientes,
que quitan la vida a los hombres.
3 Toda transgresión es una espada de dos filos,
cuya herida es incurable.
4 Terror y violencia destruyen los bienes,
así será arrasada la casa del soberbio.
5 Dios escucha la súplica del pobre
y le hará justicia sin tardar.
6 El que odia la corrección sigue las huellas del pecador,
el que teme al Señor se convierte de corazón.
7 En seguida se conoce al que habla demasiado,
el hombre prudente conoce sus limitaciones.
8 El que edifica casa con dinero ajeno,
es como el que amontona piedras para el invierno.
9 La reunión de malvados es como leña seca,
que acabará en llamas de fuego.
10 El camino de los pecadores está bien pavimentado,
pero desemboca en lo profundo del abismo.
11 El que observa la ley domina sus instintos,
el temor de Dios es el culmen de la sabiduría.

Necios y sabios

12 Hay quien no aprende por falta de inteligencia,
y hay inteligencias que acarrean amargura.
13 La ciencia del sabio es como río crecido,
su consejo es como fuente de vida
14 El corazón del necio es como vaso roto,
que no retiene ningún conocimiento.
15 Si el instruido escucha una palabra sabia,
la aprueba y añade algo propio;
si la oye el libertino, le disgusta
y se la echa a la espalda.
16 Las razones del necio pesan como equipaje,
pero los labios del prudente causan agrado.
17 La asamblea solicita la voz del prudente,
sus palabras se meditan en el corazón.
18 Como casa en ruina es la sabiduría del necio;
la ciencia del tonto, palabras incoherentes.
19 La disciplina es para el tonto como una cadena en los pies,
y como esposas en su mano derecha.
20 El necio ríe a carcajadas,
el hombre cuerdo apenas esboza una sonrisa.
21 Joya de oro es la instrucción para el prudente,
un brazalete en su mano derecha.
22 El necio se precipita a entrar en casa ajena,
el hombre juicioso se acerca con timidez.

• **21** 12-26: Conjunto de sentencias sobre el comportamiento social del sabio y del necio, presentados en forma de contrastes (véase, en especial, Eclo 21 20-24). La ciencia del prudente genera vida (Eclo 21 13), en tanto que la sabiduría del irreflexivo es nada (Eclo 21 14) o confusión (Eclo 21 18). El autor presenta el método usado para enriquecer la tradición sapiencial como tarea del hombre sabio (Eclo 21 15a). El necio, sin embargo, prefiere ignorar la auténtica sabiduría para que no lo incomode en su vida (Eclo 21 15b-16 y compárese con Eclo 6 20-21).

el líder de un movimiento popular de renovación, que predicaba en el desierto de Judea. Sin embargo, muy pronto Jesús, que debió comenzar su predicación junto al Jordán en la región de Judea, decidió trasladarse a Galilea, su tierra natal, y se instaló en Cafarnaún, una pequeña ciudad situada en la ribera norte del lago de Genesaret, por donde pasaba la "via maris", el camino que unía Damasco con Egipto. Allí fue donde empezó a reunir un pequeño grupo de discípulos (Mc 1 16-20) y a predicar la buena noticia del reino de Dios. Vivía probablemente en casa de Pedro, uno de sus discípulos más queridos, y desde allí salía a predicar en las aldeas y en los pueblos vecinos. Su fama se fue extendiendo y el grupo de los que lo seguían aumentaba progresivamente, debido al impacto de su mensaje y a los signos que realizaba. El grupo más cercano de sus discípulos lo había dejado todo para seguirlo; compartían su estilo de vida, escuchaban su enseñanza y eran testigos directos de los signos que realizaba.

La decisión de trasladarse desde Galilea a Jerusalén fue, seguramente, un hecho cargado de contenido. Jerusalén era el centro del judaísmo, y Jesús quería que se oyera allí la buena noticia que había predicado en Galilea. Su permanencia en Jerusalén fue breve, pues a los ojos de las autoridades religiosas su mensaje ponía en peligro los pilares del judaísmo: quebrantaba los preceptos de la ley, se mezclaba con los pecadores y, lo más grave de todo, había atentado contra el templo. Cuando planearon darle muerte, tuvieron que recurrir a la colaboración de Poncio Pilato, el gobernador romano de Judea, el cual tenía, entre sus atribuciones, la de poder condenar a la pena capital. Al final, Jesús fue condenado a morir crucificado, un suplicio que los romanos reservaban para los esclavos y los malhechores.

La generación apostólica (30-70 d. C.)

La muerte de Jesús provocó en sus discípulos una primera reacción de desilusión (Lc 24 18-21) y de miedo (Jn 20 19-23). Pero en muy poco tiempo se impuso ante sus ojos la evidencia de la resurrección del Maestro. Entonces, los atemorizados discípulos salen a la plaza pública y anuncian valientemente que Jesús ha resucitado. El encuentro con el Señor resucitado los hizo pasar de una sensación de fracaso al testimonio abierto y alegre de una experiencia que había cambiado sus vidas. Este grupo de discípulos que lo había seguido hasta Jerusalén fue el núcleo de la primera comunidad cristiana. Destaca sobre todo el grupo de los apóstoles –los Doce–, bajo cuya guía se consolidó y se extendió la Iglesia durante la primera generación cristiana.

Esta primera etapa de la historia del cristianismo naciente se caracteriza por la rápida expansión del mensaje cristiano, de forma que en pocos años van surgiendo pequeñas comunidades en toda la parte oriental del imperio como resultado de la predicación de los misioneros cristianos. El libro de los Hechos de los

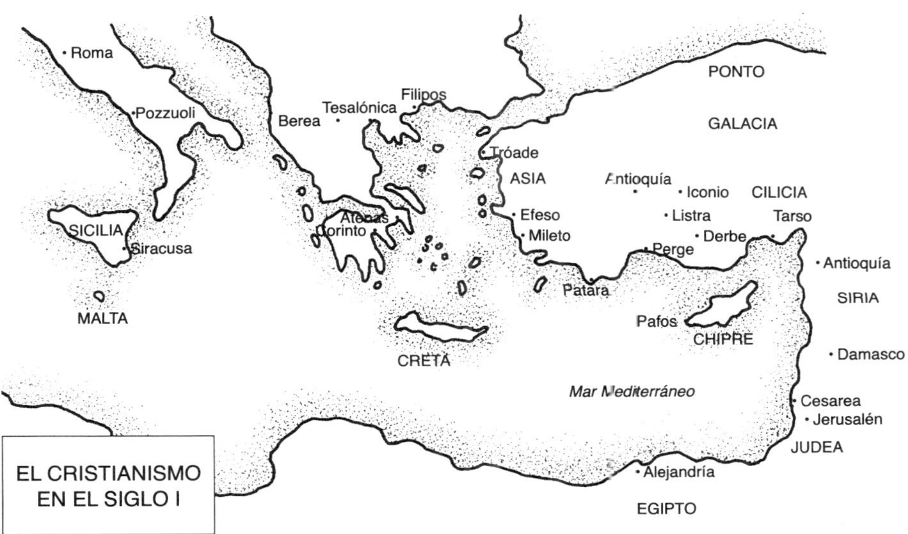

EL CRISTIANISMO EN EL SIGLO I

Apóstoles describe las principales etapas de este proceso de expansión: primero Samaría (Hch 8 4-28), después la región costera de Palestina (Hch 11 19-30), y desde allí las regiones de Asia Menor y Grecia (Hch 13-20), hasta llegar a Roma (Hch 28 11-31). En el año 50 d. C., a sólo veinte años de la muerte de Jesús, el imperio romano había quedado sembrado de pequeñas comunidades, en las que se ensayaba un nuevo estilo de vida, alimentado por una nueva fe.

La difusión del evangelio fue llevada a cabo por diversos grupos cristianos que tenían posturas distintas sobre la obligatoriedad de la ley de Moisés para quienes abrazaban la fe en el Resucitado. La comunidad de Jerusalén, y con ella el grupo de los apóstoles, estaba más ligada a sus raíces judías. Por su parte, el grupo de los helenistas, compuesto seguramente por judíos procedentes de fuera de Palestina, proclamaba que la novedad cristiana había roto las fronteras del judaísmo. Estos helenistas fueron los primeros que predicaron a los no judíos en Samaría y Antioquía, y quienes apoyaron la misión de Pablo desde esta última ciudad. El diálogo entre estas dos formas de entender el cristianismo no fue siempre fácil (véase Hch 15; Gal 2 11-16), pero contribuyó a ir perfilando los aspectos propios del cristianismo frente al judaísmo, de tal modo que puede decirse que durante la generación apostólica los seguidores de Jesús pasaron de ser un grupo dentro del judaísmo a convertirse en la Iglesia cristiana; este proceso de diferenciación quedará concluido durante la segunda generación cristiana.

Especialmente importante fue la misión llevada a cabo desde la comunidad de Antioquía por Pablo y sus colaboradores en Asia Menor y Grecia, de manera muy semejante a la de los helenistas, que habían comenzado a predicar el evangelio a los no judíos. Uno de los rasgos más significativos de la misión paulina fue su carácter urbano, pues mientras en Palestina y Siria la mayor parte de las comunidades estaban en zonas rurales (salvo excepciones como Cesarea, Damasco y Antioquía), en Asia Menor y Grecia casi todas se establecieron en ciudades helenísticas (Corinto, Efeso, Tesalónica...). Este hecho trajo consigo un proceso de urbanización del cristianismo que hizo necesaria la reinterpretación de un mensaje expresado hasta entonces en un lenguaje procedente del ambiente rural.

La segunda generación cristiana (70-100 d. C.)

La destrucción de Jerusalén en el año 70 d. C. coincide prácticamente con la desaparición de los apóstoles que habían conocido al Señor. Estos dos acontecimientos marcan la transición a la segunda generación cristiana, durante la cual la Iglesia consolidó sus estructuras y sus tradiciones.

Con la destrucción del templo de Jerusalén desapareció el símbolo religioso más importante del judaísmo, el cual se refugió en la ley. Nació así una nueva ortodoxia judía vigilada por los fariseos, la cual hizo que las tensiones entre la Iglesia cristiana y la Sinagoga judía se acrecentaran hasta llegar a una abierta ruptura y al enfrentamiento. Este es el clima que se percibe en bastantes escritos del Nuevo Testamento redactados durante esta segunda generación (especialmente los evangelios de Mateo y Juan). Por el contrario, la actitud de las comunidades cristianas hacia la cultura helenística y hacia el imperio romano es de diálogo e integración (véase Lc-Hch), aunque en algunas regiones las iglesias comenzaban a sentir el peso de la persecución (el libro del Apocalipsis refleja, probablemente la sufrida por algunas comunidades de Asia Menor).

El otro rasgo distintivo de esta segunda generación cristiana es la desaparición de los apóstoles que habían conocido a Jesús. Ya nadie podía decir: "Yo lo vi" y por eso se hacía más urgente conservar de forma fidedigna las tradiciones recibidas de los apóstoles. Mientras en la generación apostólica quien garantiza las tradiciones recibidas es "el Señor" (1 Cor 11 23-26), en esta segunda generación de cristianos quienes garantizan dichas tradiciones son los apóstoles. Nacen así las diversas tradiciones apostólicas, vinculadas a los principales apóstoles de la primera generación (Pedro, Santiago, Juan, Pablo), y relacionadas con las diversas áreas de implantación del cristianismo. La tradición que se remontaba a Pedro tenía su centro en Antioquía, la de Santiago en Jerusalén, la de Juan en las zonas rurales de transjordania, y la de Pablo, la más extendida, en las regiones de Asia Menor, Grecia y Roma. En esta época el cristianismo había llegado también a Egipto y a otros lugares, donde florecieron otras tradiciones cristianas vinculadas a otros apóstoles o personajes importantes (Tomás, María Magdalena), que se han conservado en los escritos apócrifos y que nos dan una idea de la complejidad y diversidad del cristianismo en esta época. Sin embargo, durante esta segunda generación se inició, un proceso de "unificación" de las demás tradiciones en torno a las dos más importantes: la petrina y la paulina, que se convirtieron en norma y medida de las demás.

Durante este período las iglesias cristianas se enfrentan a una crisis de maduración. Han desaparecido ya los ímpetus iniciales y resulta difícil vivir la radicalidad del evangelio en la vida diaria. La tentación de acomodarse al mundo es grande y la perseverancia difícil. Es en este período de consolidación cuando se escriben la mayor parte de los libros del Nuevo Testamento con el fin de conservar fielmente la tradición recibida, y, al mismo tiempo, de exhortar a las comunidades a no perder nunca de vista la radicalidad de Jesús (Mateo, Lucas) y de los orígenes cristianos (Hch).

II. LOS ESCRITOS DEL NUEVO TESTAMENTO

El Nuevo Testamento contiene veintisiete escritos muy diferentes de tamaño, y que adoptan diversos géneros literarios (evangelios, cartas, apocalipsis). A diferencia de lo que ocurre con los escritos del Antiguo Testamento, los del Nuevo Testamento fueron compuestos en un breve espacio de tiempo (la segunda mitad del siglo I d. C.), aunque las tradiciones que contienen son, por lo general, algo más antiguas. Todos ellos vieron la luz en el seno de las primeras comunidades cristianas, y su principal propósito era alentar, ilustrar y consolidar la fe de aquellas comunidades (Lc 1 4; Jn 20 30-31). Para eso, se sirvieron de la lengua y de las formas de escribir que eran propias de la literatura de su tiempo.

1. *El contexto literario*

El Nuevo Testamento fue escrito en griego. Este griego, llamado "koiné" o común, era la lengua que se hablaba en la mitad oriental del imperio romano, incluida Palestina que había sido helenizada dos siglos antes. Era la lengua que se hablaba en las ciudades y la que se utilizaba en la literatura.

La literatura helenística conservó la herencia de los clásicos griegos, pero al mismo tiempo se abrió a nuevas corrientes y formas literarias que respondían mejor a un mundo de horizontes más amplios. En la época romana se siguen cultivando géneros literarios como la tragedia, la comedia y la poesía. La historiografía, que había florecido en los años inmediatamente anteriores, tiene también una amplia producción. Junto a ella florecen la biografía y los escritos moralizantes, que se convierten en un medio de expresión de la nueva cultura. Finalmente, la novela, en la que abundan los elementos maravillosos, es una creación típica de la literatura helenística.

Por su parte, la literatura judía poseía también una importante y larga tradición. Además de los antiguos escritos, que solían leerse en las sinagogas, durante la dominación helenística comenzó a escribirse en griego una nueva literatura que muestra el influjo de la nueva cultura, sobre todo entre los judíos que vivían fuera de Palestina. Autores como Flavio Josefo, que vivió en Palestina y escribió obras de carácter histórico, o Filón de Alejandría, que escribió tratados filosóficos al servicio del diálogo entre judaísmo y helenismo, son un buen ejemplo de esta nueva sensibilidad. Con todo, el hecho más importante, y el que más influyó en el Nuevo Testamento, fue la traducción al griego del Antiguo Testamento, una traducción que comenzó a realizarse en el siglo III a. C. En el siglo I d. C. esta traducción llamada "de los Setenta" era utilizada en las comunidades judías de la diáspora, y fue también la versión del Antiguo Testamento de la que se sirvieron los primeros cristianos.

Al estudiar la dimensión literaria del Nuevo Testamento no podemos ignorar esta rica tradición literaria que los primeros escritores cristianos conocieron. Puede decirse que la literatura del Nuevo Testamento encaja bien en el conjunto de la literatura helenística y judía de la época, lo cual no significa negar la originalidad que supuso una literatura nacida de una nueva experiencia comunitaria.

2. *La formación de los escritos*

El carácter comunitario de los escritos del Nuevo Testamento explica su proceso de formación. Se trata de una literatura viva, en la que las primeras tradiciones se fueron releyendo y reinterpretando a la luz de las nuevas situaciones históricas, hasta dar lugar a los escritos que componen el Nuevo Testamento. Así pues, en este proceso de formación pueden distinguirse dos momentos: el nacimiento y transmisión de las tradiciones y la redacción de los escritos.

Las tradiciones que más tarde serían recogidas en los libros del Nuevo Testamento nacieron alrededor de dos acontecimientos centrales: la vida y predicación de Jesús, y las vivencias de las primeras comunidades. Las tradiciones acerca de Jesús son las más antiguas; en ellas se conservaron sus enseñanzas (parábolas, sentencias, controversias, etc.) y sus acciones (relatos de milagros, de vocación, etc). Por su parte, las tradiciones que tienen su origen en la vida de las primeras comunidades han nacido alrededor de la predicación (fórmulas kerigmáticas, que resumen el contenido de esta predicación: 1 Cor 15 3-5), la vida comunitaria (normas y enseñanzas) y las manifestaciones litúrgicas (confesiones de fe, himnos y cánticos). Todas estas tradiciones se conservaron y transmitieron en las diversas comunidades como un precioso tesoro durante las dos primeras generaciones cristianas, primero de palabra, y después también por escrito en pequeñas colecciones de parábolas, sentencias, milagros, etc. Los diversos grupos cristianos conservaron, según su sensibilidad y necesidades, distintos aspectos de esta amplia tradición, que fue más tarde recogida en el Nuevo Testamento.

El segundo estadio en la formación de los escritos del Nuevo Testamento fue su redacción. Aquí tenemos que distinguir entre las cartas, sobre todo las de la primera época paulina, y el resto de los escritos. En la redacción de sus cartas, Pablo se inspira ciertamente en la tradición cristiana que él ha recibido, pero la naturaleza de estos escritos hace que en ellos aparezca con más fuerza la personalidad de su autor. Por su parte, los evangelios y el resto de los escritos han tenido un proceso de composición más largo y el influjo del material tradicional es mayor. No obstante, en todos los escritos se advierte un gran interés en responder a las dificultades y anhelos de las comunidades a las que se dirigen. Este hecho es más evidente en las cartas de Pablo, pero está igualmente presente en la redacción de los demás escritos. Detrás de cada página del Nuevo Testamento hay un pastor que se dirige a su comunidad para exhortarla a seguir con fidelidad el camino cristiano. Con esta intención se releyeron y actualizaron las primeras tradiciones (véase la introducción a los evangelios y a san Pablo).

3. *Clasificación de los escritos*

Los escritos del Nuevo Testamento suelen clasificarse, según su género literario, en Evangelios, Hechos, Cartas y Apocalipsis. Sin embargo, esta clasificación nos dice poco acerca del contexto vital en que nacieron. Tal vez sea más iluminador clasificarlos según la época en que se escribieron y la tradición cristiana que representan.

Durante la generación apostólica se escribieron las cartas de la primera época paulina (1 Tes, 1-2 Cor, Gal, Rom, Flp y Flm) y se fueron conservando y poniendo por escrito las tradiciones que después serían recogidas en los evangelios. Todo lo que hemos dicho más arriba acerca de la generación apostólica nos ayuda a situar adecuadamente estos escritos: el impulso misionero de los primeros cristianos, el proceso de urbanización del cristianismo, la creación y consolidación de nuevas comunidades, etc. En esta época comienzan a configurarse las tradiciones cristianas en torno a los diversos apóstoles y a los diversos centros geográficos.

La mayor parte de los escritos del Nuevo Testamento fueron compuestos durante la segunda generación cristiana, cuando han desaparecido casi todos los apóstoles de Jesús. La necesidad de conservar sus recuerdos fielmente y de exhortar a las comunidades cristianas que se enfrentaban a una nueva situación movieron a algunos cristianos a componer una rica gama de escritos, que pueden ser agrupados en torno a tres grandes tradiciones, vinculadas a tres apóstoles: Pedro, Pablo y Juan.

La tradición paulina, la mejor representada en el Nuevo Testamento, produjo durante esta segunda generación tres grupos de obras, que reflejan ya una cierta diversidad. En primer lugar, las cartas pastorales (1-2 Tim y Tit), en las que se acentúa la necesidad de una estructura eclesial basada en el ministerio y la recta doctrina. En segundo lugar, las cartas a los Efesios y Colosenses, cuyo rasgo distintivo es la reflexión sobre el alcance cósmico del misterio de Cristo y el descubrimiento de la Iglesia como cuerpo de Cristo. Finalmente, la obra de Lucas (Lc-Hch), no obstante su relación con el tronco común de la tradición evangélica, debe situarse a la sombra de la tradición paulina, pues está escrita desde la sensibilidad de las iglesias que se han abierto al nuevo horizonte de la cultura del imperio, intentando justificar la validez de la misión paulina (sobre todo en Hch). La tradición paulina se desarrolló en Grecia y Asia Menor.

Los escritos pertenecientes a la tradición petrina reflejan un semblante integrador, que hizo de ella un punto de encuentro entre las posturas más abiertas de la tradición paulina y las más conservadoras de las iglesias judeocristianas, representadas por Jerusalén y la tradición de Santiago. Este es el espíritu que se percibe en los evangelios según san Marcos y san Mateo; en ellos se advierte un continuo esfuerzo por integrar las diversas tradiciones en torno al anuncio de la muerte y resurrección de Jesús, que es el núcleo del kerigma petrino. La primera carta de Pedro pertenece también a esta tradición, que tenía su centro en Siria, sobre todo en la comunidad de Antioquía.

La tercera gran tradición del Nuevo Testamento es la que nació en torno al apóstol Juan. El cuarto evangelio y las cartas joánicas reflejan la accidentada historia de las comunidades en las que nacieron estos escritos y sus conflictos internos.

Finalmente hay dos escritos muy importantes (Hebreos y Apocalipsis), que tradicionalmente han sido adscritos a la tradición paulina (Hebreos) y joánica (Apocalipsis), pero que en realidad son un reflejo más de la rica producción literaria de la segunda generación cristiana.

4. *El canon del Nuevo Testamento*

No todos los escritos del cristianismo naciente fueron incluidos en el Nuevo Testamento. Algunos, como la Didajé o la Carta de Clemente a los Corintios, escritos en la última década del siglo I d. C., no fueron contados entre los libros que contienen la revelación cristiana. Sólo veintisiete de aquellos escritos pasaron a formar parte del canon, o lista de libros inspirados y normativos para la Iglesia, en un lento proceso que duró hasta el siglo IV d. C. ¿Cuáles fueron los principales momentos de este proceso? ¿Qué criterios se utilizaron para aceptar unos libros y excluir otros?

El proceso de formación del canon tiene diversas etapas. Durante el siglo I d. C. la tradición de Jesús y de los apóstoles constituyó el "canon vivo". La buena noticia de Jesucristo era el criterio para distinguir entre la verdadera y la falsa fe. En el siglo II d. C. se fueron formando colecciones de escritos a los que se confería una cierta autoridad dentro de las iglesias; nace así el "corpus" de los escritos paulinos y de los evangelios. Pero fue en el siglo III d. C. cuando se completó el canon y se dio al conjunto de estos escritos el nombre de Nuevo Testamento, reconociendo su carácter sagrado y normativo para la vida de la Iglesia. A partir del siglo IV d. C. la distinción entre los libros canónicos o apostólicos y los apócrifos es clara en la mayor parte de las iglesias cristianas.

Los criterios utilizados para determinar el canon fueron tres. En primer lugar su apostolicidad, es decir, el origen apostólico de un escrito, el cual se determinaba por el hecho de que hubiera sido compuesto por un apóstol o por alguno de sus colaboradores. En segundo lugar, la conformidad de los escritos con la tradición viva de la Iglesia, es decir, su ortodoxia. Finalmente, un criterio de gran importancia fue la utilización de los escritos en la lectura litúrgica de un amplio número de comunidades.

Fueron muchas las circunstancias que determinaron la composición del canon, pero el resultado es que en él se nos ha conservado la riqueza plural de la tradición cristiana anclada en una misma fe. Por eso, estos escritos constituyen el fundamento indiscutible de la fe cristiana y nos acercan a los acontecimientos que dieron origen a dicha fe. Son Escritura sagrada, que contiene la revelación histórica de Jesucristo transmitida por los apóstoles.

III. CLAVES TEOLOGICAS DEL NUEVO TESTAMENTO

Jesús hizo en presencia de sus discípulos muchos más signos de los que han sido escritos en este libro. Estos han sido narrados para que ustedes crean que Jesús es el Mesías, el Hijo de Dios; y para que, creyendo, tengan vida eterna (Jn 20 30-31). Estas palabras del evangelio de Juan, que pueden aplicarse a todo el Nuevo Testamento, ponen de manifiesto que en el centro de todos los libros que lo componen se encuentra la fe en Jesús de Nazaret. En él Dios ha revelado plenamente su designio de amor a los hombres; su vida y su mensaje son el origen de la tradición cristiana y la clave para entender el cristianismo.

1. *El evangelio de Jesucristo*

Los primeros cristianos utilizaron la palabra evangelio, que significa buena noticia, para resumir el mensaje que predicaban. El evangelio era inicialmente un anuncio verbal (1 Cor 15 3; Gal 1 6-7) a través del cual se transmitía la fe y se invitaba a la conversión; su contenido no eran ideas abstractas, sino acontecimientos que conducían a un cambio radical en la historia humana. El núcleo de la fe cristiana está contenido en esta palabra, que los escritores del Nuevo Testamento utilizaban en dos sentidos complementarios.

En labios de Jesús la buena noticia consiste en el anuncio de que ha comenzado a llegar el reinado de Dios (Mc 1 14-15). Este era el contenido central de su predicación. La llegada del reinado de Dios traía el cumplimiento de todas las promesas que Dios había hecho a su pueblo. Al fin se inauguraba el señorío de Dios sobre la historia y los criterios humanos, caducos y egoístas, tenían los días contados. La llegada de este reino es una buena noticia sobre todo para los pobres y pecadores, a quienes anteriormente se excluía de la salvación. Sin embargo, su advenimiento no sigue los esquemas humanos, sino los ritmos señalados por Dios. Jesús solía comparar el misterio del reino con el grano que se siembra y, sin saber cómo, da un fruto abundante (Mc 4 1-9.26-29).

Por su parte, los primeros predicadores cristianos anunciaban como buena noticia la muerte y la resurrección de Jesús, porque tuvieron la certeza de que en aquellos acontecimientos Dios había comenzado a cumplir sus promesas (Hch 2 16). La pascua de Jesús, su muerte y resurrección, es el centro del kerigma o anuncio cristiano, porque es el signo más evidente de que el reinado de Dios ha comenzado a llegar. Este anuncio, que abre un nuevo e insospechado horizonte en la vida de los hombres, era el motor que impulsaba la vida y la actividad misionera de las primeras comunidades cristianas, y era también el pilar más firme sobre el que se apoyaba su fe, pues, como decía san Pablo a los corintios: *si Cristo no ha resucitado, tanto mi anuncio como la fe de ustedes quedan sin sentido* (1 Cor 15 14).

La llegada del reinado de Dios y la resurrección de Jesús son, pues, los contenidos del evangelio cristiano. Pero ambos acontecimientos están íntimamente vinculados a Jesús, en quien se realiza y acontece esta buena noticia. Por tanto, el centro del mensaje cristiano no son los acontecimientos anunciados, sino la misma persona en quien se realizan: Jesucristo es el verdadero contenido del evangelio y el centro del mensaje del Nuevo Testamento.

2. Las teologías del Nuevo Testamento

El anuncio de Jesucristo es el núcleo de la fe cristiana del que se nutren todos los escritos y tradiciones del Nuevo Testamento. Sin embargo, esta única fe se ha expresado en diferentes moldes teológicos, de acuerdo con la sensibilidad y las circunstancias de las diversas comunidades cristianas. Esta diversidad no debe interpretarse como una pluralidad disgregadora, sino como una pluralidad complementaria. El hecho de que la Iglesia haya agrupado en el mismo canon todos estos escritos es un signo más de la riqueza de este pluralismo legítimo, que permite expresar desde diversas circunstancias y con diferentes enfoques la única fe cristiana.

Antes de abordar de forma unitaria los ejes teológicos del Nuevo Testamento haremos una clasificación sencilla de las diversas teologías del Nuevo Testamento, subrayando los principales acentos de cada una de ellas.

El primer grupo lo forman los evangelios y el libro de los Hechos, que pueden catalogarse como *teologías de la memoria de Jesús*. Su interés por recuperar la historia terrena del Resucitado constituye una clara advertencia contra el peligro de considerar la fe cristiana como un contenido de verdades desconectadas de la realidad y de los procesos históricos. Este es el significado teológico del género literario llamado "evangelio" y el denominador común de los cuatro evangelios, pertenecientes, como hemos dicho ya, a diversas tradiciones cristianas.

En el segundo grupo, bajo el nombre de *teología kerigmática*, pueden incluirse la mayor parte de las cartas de Pablo y el escrito a los Hebreos. La experiencia personal de Pablo, fundamentada en el encuentro con el Resucitado (Gal 1 11-12; 1 Cor 15 8) y su misión como mensajero del anuncio cristiano (kerigma), centrado en la muerte y resurrección de Jesús, hacen que su reflexión teológica gire en torno al misterio pascual experimentado y proclamado, y sea la aportación más específica de sus escritos.

Otro grupo de cartas podrían agruparse en torno al título *teologías de la praxis*. En realidad toda la literatura epistolar del Nuevo Testamento contiene exhortaciones relativas a diversos campos de la vida cristiana, pero algunas de esas cartas, inspiradas a veces en la tradición sapiencial, lo hacen con una insistencia particular. Es el caso de Sant, 1 Pe y las cartas pastorales (1-2 Tim y Tit), que contienen orientaciones precisas sobre la vida comunitaria y personal. Otras, como Jds, 2 Pe y las cartas de Juan ofrecen pautas de comportamiento en casos de divisiones internas de la Iglesia.

Finalmente, el Apocalipsis, que posee una orientación especial, empalma con la *teología profética* del Antiguo Testamento, ofreciendo claves para interpretar la historia desde el acontecimiento de Cristo, que ha insertado un nuevo dinamismo en ella. En Cristo la historia ha tenido ya su desenlace definitivo, aunque todavía persisten en ella fuerzas antagónicas que oscurecen el triunfo del resucitado.

Kerigma, memoria y praxis son las columnas sobre las que se apoyan estos modelos teológicos. *Kerigma* como anuncio de la pascua de Jesús; *memoria* como recuperación de su existencia terrena; *praxis*, en fin, como consecuencia de una acción transformadora. Y al final, de nuevo, la unidad en medio de la pluralidad. Una unidad que tiene a Cristo como su piedra angular.

3. Ejes teológicos del Nuevo Testamento

En medio de la pluralidad de claves teológicas que posee el Nuevo Testamento es posible percibir una serie de acentos que aparecen de una u otra forma en las diversas tradiciones. Estos acentos teológicos son: Dios, Jesús, la Iglesia, la vida cristiana y la escatología. Todos ellos están relacionados entre sí, pero su verdadero punto de referencia es la reflexión teológica sobre Jesús. Según el Nuevo Testamento, es Jesús quien nos revela el ser de Dios, quien pone los cimientos de la Iglesia, quien va por delante señalando el camino de la vida cristiana, y quien alienta la esperanza con la promesa de su venida gloriosa.

Jesús de Nazaret, su vida terrena y su pascua, es el tema central del Nuevo Testamento. Los primeros cristianos tuvieron que reflexionar sobre el misterio que escondía aquella existencia. En primer lugar tuvieron que explicar el aparente sin sentido de su muerte. ¿Cómo era posible que el Mesías, el Hijo de Dios, hubiera muerto como un malhechor? La respuesta la encontraron en los planes de Dios anunciados ya en el Antiguo Testamento (Sal 22; Is 53), y en la certeza que les daba la experiencia de haberlo visto resucitado (Lc 24). Desde esta primera reflexión acerca del misterio de su pascua, contemplaron toda su vida: sus enseñanzas y sus acciones portentosas, que lo acreditaban como el Hijo de Dios. La imagen de Jesús que percibimos a través de los escritos del Nuevo Testamento es rica en matices: desde el niño de los evangelios de la infancia (Lc 1-2; Mt 1-2) hasta el cordero victorioso del Apocalipsis (Ap 5), pasando por el predicador de Galilea, o el sumo sacerdote del que nos habla el escrito a los Hebreos. Sin embargo, en todas estas imágenes subyace una convicción común: en Jesús, Dios se nos ha revelado plenamente y nos ha manifestado su proyecto de amor sobre los hombres; desde su venida entre nosotros la historia se encamina hacia su consumación definitiva.

A través de Jesús se descubre, en primer lugar, quién es Dios. Es el mismo Dios que a lo largo de la historia se había manifestado a Israel. Ahora, sin embargo, en la plenitud de los tiempos, Jesús descubre que Dios es un Padre cercano, que guía los caminos de la historia (Ef 1 3-14) y que, al mismo tiempo, está pendiente de cada hombre (Mt 6 25-34). Para llevar a cabo sus proyectos y continuar la obra de Jesús, el Padre enviará el Espíritu, aliento que animará la vida y la tarea de la Iglesia (Hch 2) y que revelará a los discípulos la profundidad de las enseñanzas de Jesús (Jn 16 5-15).

También la Iglesia tiene su origen en Jesús, que fue reuniendo un grupo de doce discípulos para simbolizar la renovación de Israel (Mc 3 13-19). Después de la pascua, la tarea de la Iglesia consiste en continuar la misión de Jesús en el mundo. Las primeras comunidades reflexionaron sobre su experiencia; eran todavía pequeños gérmenes de lo que sería después la Iglesia universal, pero ya habían empezado a palpar las dificultades (divisiones, tibieza, una autoridad rígidamente ejercida...) y las alegrías (comunión de vida y de bienes, alegría compartida y celebrada...) de la vida comunitaria. Las diversas vivencias eclesiales que reflejan los escritos del Nuevo Testamento y la reflexión sobre ellas desde Jesús constituyen una vital herencia para la Iglesia de todos los tiempos, que siempre tendrá que volver sobre sus orígenes.

La vida cristiana fue otra de las preocupaciones que han quedado reflejadas en el Nuevo Testamento. Fe y vida no pueden ir por separado. A la fe en Cristo, dirá san Pablo, debe corresponder una vida en Cristo, y por eso dedica en todas sus cartas un amplio espacio a las recomendaciones prácticas. Otros escritos, especialmente los evangelios, presentan la vida cristiana como seguimiento de Jesús, y a sus discípulos como modelo para los cristianos de todos los tiempos. Aunque el cristianismo no es primordialmente una religión ética, sin embargo el mensaje que proclama tiene unas consecuencias éticas, que en algunas circunstancias es preciso recordar con especial insistencia (Mateo, Santiago).

Finalmente, no puede entenderse el mensaje del Nuevo Testamento si no se tiene presente su dimensión futura, que rompe las fronteras de este mundo y llega hasta la plenitud en la trascendencia de Dios. El mensaje predicado por Jesús estaba impregnado de esta carga escatológica, pues el reino de Dios que él anunció no se hará presente de forma plena en este mundo, sino que apunta a la consumación escatológica. El anuncio de su segunda venida y la certeza de su resurrección alimentaron en las primeras comunidades la esperanza de que esta venida sería inmediata (1 Tes); pero de hecho no fue así. Esto no impidió que la espera de la venida gloriosa de Jesús siguiera siendo una fuente constante de esperanza y un estímulo para la vida cristiana (Mt 24-25). La Iglesia vive siempre de esta esperanza, que la mantiene alegre en medio de los sufrimientos, y desde la primera generación suspira por el retorno definitivo de su Señor diciendo: *¡Ven, Señor Jesús!* (Ap 22 20).

Evangelios y Hechos

EVANGELIOS

INTRODUCCION

Los evangelios son los libros más leídos de toda la Biblia, porque hablan de Jesús. En ellos encontramos los episodios más significativos de su vida y sus principales enseñanzas. Sin ellos la memoria de Jesús habría quedado reducida a escasas informaciones de los historiadores de la época, o a vagos recuerdos conservados en el resto de la literatura cristiana. Sin embargo, los evangelios son algo más que una colección de noticias sobre Jesús. Los primeros discípulos, que aceptaron con alegría el mensaje de Jesús y lo fueron encarnando en sus vidas, transmitieron sus enseñanzas y el recuerdo de sus signos, no como quien transmite una mera información neutra, sino como quien ha encontrado un gran tesoro. Las palabras y la vida de Jesús no eran para ellos sólo una "noticia", sino una "buena noticia".

1. ¿Qué es un evangelio?

El evangelio

En la lengua común del imperio romano (que era el griego popular) la palabra "evangelio" significaba "buena noticia". También entre los judíos existía una palabra que tenía el mismo significado. En el libro del profeta Isaías se utiliza para hablar de la llegada del reinado de Dios, que trae la salvación (véase Is 52 7; 61 1-11). En ambos casos el evangelio era un anuncio, y este fue también el sentido que dieron los primeros cristianos a la palabra "evangelio".

Los evangelistas presentan a Jesús anunciando la buena noticia del reino (Mc 1 14) y de la salvación (Lc 4 18). El contenido de su anuncio es la inminente llegada del reinado de Dios, que trae la salvación para todos los hombres. Después de la pascua, el contenido de la buena noticia cristiana se centró en el anuncio de la muerte y resurrección de Jesús (1 Cor 15 1.3-5), y más tarde la palabra pasó a designar el conjunto del mensaje cristiano (véase Hch 10 37-41). Poco a poco, la palabra que los cristianos habían tomado del lenguaje diario se fue cargando para ellos de un contenido muy preciso: el evangelio era la buena noticia de la llegada del reinado de Dios, que se había hecho presente en Jesús resucitado.

El evangelio según san Marcos, que es el más antiguo de todos, utiliza también la palabra "evangelio" o "buena noticia" para referirse al contenido del anuncio cristiano (Mc 1 1.14-15). Sin embargo, al componer un relato seguido de lo que Jesús dijo e hizo, estaba creando un nuevo género literario que con el tiempo recibiría el nombre de evangelio. De este modo, el evangelio, que comenzó siendo un anuncio verbal, se convirtió en un relato escrito.

Los evangelios

Esta nueva forma de expresar y transmitir la buena noticia cristiana tuvo un gran éxito en los primeros siglos de la Iglesia. Además de los cuatro evangelios incluidos en el Nuevo Testamento (Mateo, Marcos, Lucas y Juan) surgieron otros escritos que también recibieron este nombre. Son los evangelios "apócrifos", llamados así porque su enseñanza se consideraba secreta y se mantenía oculta; la mayoría de ellos fueron compuestos a partir del siglo segundo y son muy diversos entre sí; mientras algunos de ellos tratan de llenar lagunas de la vida de Jesús, otros intentan defender posturas de algunos grupos cristianos. Las diferencias entre los evangelios apócrifos y los evangelios canónicos (es decir, los incluidos en el canon, o lista de los libros inspirados) son también notables, tanto por la época en que fueron escritos, como por su contenido y finalidad. Los evangelios canónicos están más enraizados en la historia y en la tradición apostólica y tienen un destino más universal.

Sin embargo, también entre los evangelios canónicos existen diferencias. Los tres primeros (Mateo, Marcos y Lucas) parecen haber contado con una tradición común. Se les llama "sinópticos", porque pueden ser leídos en paralelo ("syn" = juntamente; "opsis" = visión) como versiones diversas de una misma tradición. En cambio, el evangelio de Juan, tanto por su forma como por su contenido, difiere notablemente de los otros tres (véase el último apartado de la introducción a dicho evangelio).

El género literario "evangelio"

Así pues, la palabra "evangelio" que originalmente designaba el contenido de la predicación cristiana, y que luego se aplicó a los primeros relatos sobre Jesús, pasó más tarde a designar escritos muy diversos entre sí. En este contexto no es inútil preguntarse: ¿qué es un evangelio? Sería casi imposible responder a esta pregunta si quisiéramos incluir en la definición a todos los evangelios, pero no es esa nuestra intención. Al responderla nos centraremos en los evangelios canónicos.

Los evangelios no son simples biografías de Jesús. Es evidente que el interés de los evangelistas va más allá de las anécdotas. En el relato cobran especial relieve las palabras y signos de Jesús, pero no se nota una preocupación por contarlo todo. Sin embargo, la intención de sus autores fue componer un relato sobre acontecimientos históricos contando fielmente lo sucedido (Lc 1 1-4). Los evangelios son relatos sobre Jesús compuestos con una intención particular. En esto se parecen a algunas biografías de la antigüedad, escritas tanto por autores helenistas como judíos, en las que se intentaba transmitir las virtudes y ejemplos de personajes importantes.

La intención que guió a los evangelistas al componer sus obras era claramente pastoral. Lucas confiesa que su propósito al escribir el evangelio fue fortalecer la fe de sus lectores (Lc 1 4), y Juan escribió el suyo, *para que ustedes crean que Jesús es el Mesías, el Hijo de Dios, y para que creyendo, tengan vida eterna* (Jn 20 31). Esta finalidad pastoral hace de los evangelios unos relatos muy particulares. En ellos se mezcla la fidelidad a la historia y a la tradición sobre Jesús con las necesidades de los destinatarios, cuya fe debe ser fortalecida.

Resulta, pues, difícil definir con precisión qué es un evangelio, pero tal vez sea más sencillo caracterizar estos escritos a través de algunos de sus rasgos más significativos:

- No son pura elaboración de sus autores, sino que están vinculados a una *tradición anterior*, que ha sido transmitida por los discípulos de Jesús en el seno de las comunidades cristianas.
- Su contenido (sobre todo el de los evangelios sinópticos) está organizado según un *esquema común*, cuyas raíces se encuentran en la predicación cristiana primitiva (véase Hch 10 37-41). Dicho esquema tiene como centro el relato de la muerte y resurrección de Jesús.
- Aunque su forma externa es la de una narración histórica, en realidad su intención más profunda es de tipo pastoral. Los evangelios no son sólo la narración de unos acontecimientos históricos, sino la *proclamación* del gran *acontecimiento* de la salvación. En este sentido los evangelios son auténticas catequesis acerca del Señor.
- Finalmente, los evangelios son, ante todo, un testimonio de fe. Quienes los escribieron querían comunicar una experiencia que había cambiado radicalmente sus vidas.

Todo esto resulta más claro cuando conocemos cuál fue el proceso de su formación.

2. *¿Cómo nacieron los evangelios?*

Jesús comenzó su actividad pública en torno al año 27 de nuestra era. Sin embargo, los evangelios se escribieron hacia el año 70 d. C. Entre la predicación de Jesús y la redacción de los evangelios pasaron cuarenta años. ¿Qué ocurrió en estos cuarenta años? ¿Cómo se transmitieron las palabras y los recuerdos sobre Jesús durante aquel tiempo? ¿Podemos fiarnos de lo que nos cuentan los evangelios?

Para responder a estas preguntas es necesario tener presente cuál fue la historia del cristianismo naciente (véase el apartado correspondiente de la introducción general "El mundo del Nuevo Testamento"), porque es en el seno de esa historia donde los evangelios fueron naciendo, primero como predicación oral, después como escritos fragmentarios y luego como obras terminadas. Al hablar de la historia del cristianismo naciente distinguíamos tres etapas:

- La vida y el ministerio de Jesús (6 a. C.-30 d. C.)
- La generación apostólica (30-70 d. C.)
- La segunda generación cristiana (70-100 d. C.)

También en la historia de la formación de los evangelios podemos hablar de tres etapas, que corresponden prácticamente a las anteriores.

Primera etapa: La actividad de Jesús

Jesús no escribió sus enseñanzas. Tampoco sus discípulos fueron tomando nota de los signos que realizaba. Sin embargo, el origen de los evangelios se encuentra en Jesús y en el grupo de los discípulos que lo acompañaban.

Las palabras y los signos de Jesús despertaban la admiración de la gente (Mt 4 24; Mc 1 28). Sus enseñanzas eran fáciles de recordar; hablaban de reali-

dades concretas (parábolas), y Jesús las repetía utilizando esquemas muy sencillos. Lo mismo ocurría con las acciones que realizaba; casi siempre tenían un significado concreto: la liberación del mal (curaciones), la denuncia (expulsión de los comerciantes del templo), el servicio (el lavatorio de los pies). Estos signos y enseñanzas de Jesús quedaron especialmente grabados en la mente y el corazón del pequeño grupo de discípulos que lo acompañaba a todas partes. Jesús los había reunido, para que estuvieran con él y para enviarlos a predicar (Mc 3 14). A ellos dedicó una atención especial, explicándoles el sentido de sus palabras y ayudándolos a profundizar en su mensaje (Mc 4 34; 9 30-31).

La vida de Jesús terminó trágicamente. La cruz parecía el final, pero no fue así. Sus discípulos lo vieron después de morir. Había resucitado. Fue una experiencia que les hizo recordar con una luz nueva todo el camino que habían hecho junto a Jesús. Sus palabras y sus signos fueron adquiriendo poco a poco un sentido más profundo, más auténtico. Eran las palabras y los signos del Hijo de Dios.

Segunda etapa: La transmisión de los recuerdos sobre Jesús en las comunidades cristianas

La resurrección de Jesús era un acontecimiento que no podía quedar en el silencio. Los discípulos se sienten impulsados a dar testimonio de esta buena noticia. Salen a las plazas (Hch 2 14-41), van por los caminos (Hch 8 4) y llegan a nuevas ciudades (Hch 11 19-30). Como fruto del anuncio de esta buena noticia comienzan a surgir pequeñas comunidades cristianas en las que se acepta, se vive y se celebra la resurrección de Jesús. Fue en estas comunidades donde se conservaron y transmitieron los recuerdos que tenemos en los evangelios.

Los misioneros cristianos que iban anunciando la buena noticia, ilustraban su predicación contando los signos que Jesús había realizado; repetían sus parábolas y enseñanzas, y trataban de mostrar a los judíos que en Jesús se habían cumplido las promesas del Antiguo Testamento. En las primeras comunidades todos deseaban saber más sobre Jesús; querían conocer con detalle lo que había hecho y dicho, cómo habían sido los últimos días de su vida... Reunidos en torno a la mesa de la Eucaristía, recordaban sin cesar aquellas enseñanzas y aquellos signos; en ellos encontraban el sentido de sus vidas y descubrían una nueva forma de estar en el mundo. Las palabras y los signos de Jesús, confrontados con nuevas situaciones y nuevos ambientes, fueron manifestando toda su riqueza.

Durante mucho tiempo los recuerdos sobre Jesús se transmitieron de palabra. Los pequeños relatos adquirieron una forma fija (sentencias, parábolas, relatos de milagros, controversias, etc.), que era fácil de recordar. Era una tradición sagrada, cuyos guardianes eran los apóstoles. Pero, junto a esta tradición oral, fueron naciendo también pequeñas colecciones (de parábolas, milagros, etc.), o relatos un poco más amplios (relato de la pasión) que se iban poniendo por escrito.

Tercera etapa: La redacción de los evangelios

Con el paso del tiempo, la situación de las comunidades cristianas fue cambiando. Cuando se inicia el último tercio del siglo I (70-100 d. C.) han muerto ya muchos de los que habían sido testigos oculares de la vida de Jesús. Además, la Iglesia se ha separado del Judaísmo. Algunas comunidades viven una difícil relación con los judíos (Mateo y Juan), mientras que otras miran hacia el horizonte del imperio romano (Marcos y Lucas). En muchas de ellas aparece la rutina y el cansancio. Es una nueva situación, en la que se hace necesario dirigir la mirada hacia Jesús. Fue precisamente en esta época cuando se escribieron los evangelios.

Marcos fue el primero. En la composición de su relato utilizó seguramente las colecciones y relatos que se habían escrito antes, pero también incluyó los recuerdos sobre Jesús que se transmitían oralmente. Su tarea no consistió simplemente en reunir todas estas tradiciones, sino que las actualizó y las organizó siguiendo un esquema que los misioneros cristianos utilizaban para contar los principales acontecimientos de la vida de Jesús (véase el resumen de Hch 10 37-41).

Mateo y *Lucas* compusieron sus evangelios teniendo presente el relato de Marcos. Contaron, además, con una colección de dichos de Jesús, de la que tomaron muchas de las parábolas y enseñanzas que tienen en común. Finalmente, tanto Lucas como Mateo, incluyeron en sus evangelios tradiciones propias, que completaban lo que habían tomado de Marcos y de la colección de dichos. Ambos siguieron el esquema trazado por Marcos, pero lo hicieron con gran libertad.

El evangelio de *Juan* tiene su propia historia. Sus fuentes son distintas, el esquema general de la obra no se parece al de los sinópticos, y sólo en contadas ocasiones (p. e. en el relato de la pasión) se encuentran relatos procedentes de una tradición común.

Una doble fidelidad

Durante el período de formación de los evangelios las comunidades cristianas tuvieron que mantener una doble fidelidad. Por un lado, la fidelidad a los recuerdos acerca de Jesús, y por otro, la fidelidad a las nuevas situaciones históricas que planteaban nuevos problemas y necesitaban una respuesta adecuada.

Los recuerdos sobre Jesús eran el tesoro más apreciado de aquellas comunidades y constituían una tradición sagrada que debía transmitirse con fidelidad. Su custodia estaba confiada a los apóstoles, que habían sido testigos de la vida de Jesús, y a los ministros de la palabra (Lc 1 2). Unos y otros formaban una cadena que garantizaba la veracidad y exactitud de aquella tradición. Pero, al mismo tiempo, las palabras y las acciones de Jesús, recordadas en la predicación, en la catequesis y en las celebraciones litúrgicas, se convirtieron en una tradición viva, y se fueron enriqueciendo a medida que respondían a estas nuevas situaciones.

La constitución sobre la Divina Revelación del Concilio Vaticano II resume con palabras más autorizadas lo que acabamos de decir:

> "La santa madre Iglesia ha defendido siempre la historicidad de los evangelios; es decir, que narran fielmente lo que *Jesús*, el Hijo de Dios, viviendo entre los hombres, hizo y enseñó realmente hasta el día de la ascensión (véase Hch 1 1-2). Después de este día, los *apóstoles* comunicaron a sus oyentes esos dichos y hechos con la mayor comprensión que les daban la resurrección gloriosa de Cristo y la enseñanza del Espíritu de la verdad. Los *autores sagrados* compusieron los cuatro evangelios escogiendo datos de la tradición oral o escrita, reduciéndolos a síntesis, adaptándolos a la situación de las diversas iglesias, conservando siempre el estilo de la proclamación; así nos transmitieron datos auténticos y genuinos acerca de Jesús" (Constitución Dei Verbum nº 19).

3. ¿Cómo leer los evangelios?

El largo proceso de formación que han seguido los evangelios ha hecho que las palabras y las acciones de Jesús lleguen hasta nosotros enriquecidas con la experiencia de los primeros cristianos. Su lectura, si se hace bien, ofrece una inagotable riqueza para la vida cristiana. Para que su lectura nos descubra toda la riqueza de los evangelios debemos hacernos estas tres preguntas:

¿Qué intentaba decir el autor a sus destinatarios?
¿Qué hizo o dijo Jesús?
¿Qué nos dice a nosotros hoy este texto?

Son tres preguntas legítimas, que se implican y complementan entre sí. La comprensión de los evangelios será incompleta si no se tienen en cuenta estos tres niveles de lectura.

El *primer nivel* consiste en captar el mensaje que el autor quería transmitir a sus destinatarios. Para eso tenemos que situarnos en la época en que cada autor redactó su obra, conocer la situación de la comunidad a la que se dirige, los temas en los que insiste cada evangelista y la estructura que ha dado a su obra. Las introducciones a cada evangelio intentan ofrecer pistas para este primer nivel de lectura.

El *segundo nivel* de lectura responde a la pregunta: ¿Qué hizo o dijo Jesús? Nunca debemos olvidar que los relatos y enseñanzas que encontramos en los evangelios se han transmitido de palabra o por escrito durante muchos años. El mejor criterio para leer los textos a este segundo nivel es situar las palabras y acciones de Jesús en el contexto cultural, social y religioso de Palestina en la primera mitad del siglo I d. C.

Finalmente, el *tercer nivel* trata de descubrir el mensaje del texto evangélico para nosotros: ¿Qué nos dice hoy esta palabra o este hecho del evangelio? Es una pregunta legítima que ya se hicieron los primeros cristianos, y es también la pregunta con que nosotros nos acercamos a los evangelios. Sin embargo, es una pregunta que no debe responderse con prisa, y que debe tener en cuenta los otros dos niveles de lectura. De otro modo, correríamos el peligro de hacer una lectura demasiado subjetiva y haríamos decir a los textos del evangelio lo que en realidad no dicen.

Para captar el mensaje del evangelio hoy, es necesario situarse en la perspectiva de Jesús y de las primeras comunidades cristianas, hacer coincidir nuestro horizonte con el suyo, poner en línea nuestras preocupaciones y las suyas.

Debe ser una lectura creyente hecha a la luz del Espíritu en la comunidad creyente, por aquellos que intentan poner en práctica el proyecto de Jesús. Dicho de otro modo, una lectura cristiana de los evangelios debe hacerse desde la vida de una comunidad local, en diálogo vivo con la comunidad universal de los cristianos, es decir, con la Iglesia, que es la heredera de la tradición de los apóstoles.

EVANGELIO SEGUN SAN MATEO

INTRODUCCION

La distinción entre el judaísmo y el cristianismo, que hoy parece un dato evidente, no lo era tanto en la primera mitad del siglo I d. C. El cristianismo nació dentro del judaísmo, y sólo al cabo de algún tiempo fueron apareciendo con claridad las diferentes perspectivas de ambos grupos religiosos. En este proceso de diferenciación los cristianos tuvieron que describir con trazos más precisos la figura de Jesús y aclarar cuál era la identidad y misión de la Iglesia cristiana. También necesitaban tener un punto de referencia claro en las enseñanzas de Jesús. Mateo intentó hacer todo esto, y compuso un evangelio, que por su carácter catequético y por haber integrado diversos puntos de vista que existían entre los mismos cristianos, fue el más leído y comentado en los primeros siglos de la Iglesia.

1. Mateo y su comunidad

La comunidad a la que se dirige el evangelio de Mateo vivía una compleja situación. Hacia fuera el problema más importante era el enfrentamiento con el judaísmo. Hacia dentro experimentaba la división y sufría las tensiones propias de una comunidad cristiana de la segunda generación, en la que comenzaban a aparecer la pereza, el abandono, el abuso de poder, la indiferencia, y otras actitudes similares.

El enfrentamiento de Jesús y sus discípulos con los líderes judíos, así como la distinción entre los judíos y sus sinagogas por un lado (Mt 4 23; 9 35), y por otro los discípulos y la Iglesia (Mt 23 1-12; 16 18), reflejan la situación que vivía esta comunidad cristiana hacia fuera. En efecto, después de la destrucción del templo de Jerusalén en el año 70 d. C. el Judaísmo se había reducido al grupo de los fariseos; éstos, por su parte, habían adoptado una postura intransigente con los demás grupos judíos, y muy especialmente con el grupo de los discípulos de Jesús. Por otro lado, cada vez eran más los cristianos que entendían la fe en Jesús como algo independiente del judaísmo. Estas tensiones provocaron la ruptura entre cristianos y judíos, y dieron lugar a una intensa polémica, que se refleja en este evangelio (véase Mt 23 1-12; 21 43).

La situación interna de la comunidad era también problemática. Habían pasado ya los primeros años en los que el entusiasmo era mayor; además, el retraso de la venida del Señor había abierto en la historia un espacio en el que los discípulos tenían que vivir según el ejemplo de Jesús, y la Iglesia tenía que organizarse. Al principio, la mayor parte de los que formaban esta comunidad eran de origen judío, pero muy pronto los miembros que no procedían del judaísmo llegaron a constituir el grupo más numeroso. En el seno de este grupo mixto había diversas posturas con respecto a la interpretación de la ley de Moisés (véase Mt 5 17-48; 15 1-20 y 23 1-7), y también sobre el alcance de la misión cristiana (véase Mt 10 5-6; 15 24 y Mt 28 18-20). Algunos centraban su atención en la observancia externa de los preceptos (Mt 15 1-20) mientras que otros ponían todo su empeño en la alabanza desconectada de la vida (Mt 7 21-23). Mateo abordó esta situación y buscó un punto de encuentro para todos, reuniendo en su evangelio diversas tradiciones y presentando a Pedro como el gran maestro que recibe una instrucción especial de Jesús (Mt 16 16-19; 17 24-27) y puede, por tanto, servir de árbitro en caso de discusión.

Según una tradición muy antigua, el autor de este evangelio fue Mateo, uno de los doce discípulos de Jesús. Sin embargo, los datos del evangelio están más bien a favor de un autor cristiano de origen judío perteneciente a la segunda generación, que conocía el griego y que estaba familiarizado con el estudio del Antiguo Testamento.

La fecha de composición debe situarse entre el año 70 y el 110 d. C. En el año 70 tuvo lugar la destrucción de Jerusalén, a la que Mateo alude en diversos pasajes (Mt 21 41; 22 7; 23 37-38); y en el año 110 Ignacio de Antioquía cita ya en sus cartas textos de Mateo. La situación reflejada por este evangelio sugiere que fue compuesto entre los años 80 y 90 d. C.

En cuanto al lugar de composición, puede pensarse con mucha probabilidad en Antioquía de Siria. En esta ciudad se hablaba el griego y había una importante colonia judía. Allí se estableció una de las primeras comunidades cristianas (Hch 11 19-30), en la que pronto se mezclaron judíos y paganos. Pedro desempeñó en ella un importante papel (Gal 2 11-14), lo mismo que en el evangelio de Mateo (Mt 15 15; 16 16-19; 17 24-27).

2. El mensaje de Mateo

Mateo responde a la situación que vivía su comunidad mostrando que Jesús es el Mesías, explicando que la Iglesia ha heredado la misión de Israel, e invitando a los cristianos a vivir según las enseñanzas de Jesús.

Para aquellos cristianos, que vivían una dura

confrontación con el judaísmo, era muy importante mostrar que Jesús era el Mesías, es decir, el Hijo de David, en quien se habían cumplido las promesas del Antiguo Testamento. Sin embargo, Jesús no aparece como un Mesías glorioso, sino como el Hijo del hombre que tiene que padecer hasta morir completamente abandonado en una cruz. Sólo desde la figura del siervo sufriente (Is 42, 49, 50 y 53) podía entenderse la forma en que Jesús había encarnado su condición de Mesías. No obstante, para Mateo y su comunidad Jesús es algo más que el Mesías. Es ante todo el Hijo de Dios. Este es el título que resume y da sentido a todos los demás. Así es como lo identifica la voz del cielo en el bautismo (Mt 3 17) y en la transfiguración (Mt 17 5); así aparece desde su infancia (Mt 1 18-25; 2 15); así lo reconocen sus discípulos (Mt 14 33; Mt 16 16), y también el oficial romano al pie de la cruz (Mt 27 54). Cuando sus adversarios quieren poner en tela de juicio su identidad recurren a esta afirmación (Mt 4 3.6; 27 40.43). En este título se expresa su profunda vinculación y obediencia al Padre, cuya voluntad es norma de vida para Jesús (Mt 4 1-11; 26 36-46).

La Iglesia es para Mateo el pueblo reunido por Jesús, la verdadera descendencia de Abrahán, que ha heredado la misión del antiguo Israel (Mt 21 43). Jesús dirige su buena noticia en primer lugar a Israel (Mt 10 6), para anunciarle que ha llegado el tiempo en que debe llevar la salvación a todas las naciones (Is 2 2-5; 42 1-4). Inexplicablemente, Israel no escucha esta invitación y rechaza a Jesús (Mt 11-12; 21 33-46). Como consecuencia de este rechazo, Jesús convoca un nuevo pueblo, el auténtico Israel, que dará los frutos a su tiempo (Mt 21 43), y cuya misión consistirá en hacer llegar la buena noticia a todos los hombres (Mt 28 16-20).

Los que pertenecen a esta nueva comunidad deben poner en práctica la voluntad del Padre, expresada en las palabras de Jesús. Mateo ha reunido estas enseñanzas de Jesús en cinco grandes discursos (Mt 5-7; 10; 13; 18; 24-25), en los cuales los discípulos pueden encontrar orientaciones precisas para vivir como cristianos en el tiempo que va desde la primera venida de Jesús hasta su regreso al final de los tiempos. Precisamente la certeza de esta venida última de Jesús, en la que se manifestará toda su gloria (Mt 24 29-31), es una motivación importante para que los discípulos se mantengan en tensión de espera.

3. Estilo y división literaria

El modo de escribir de Mateo es típicamente judío; de aquí la frecuente utilización de recursos literarios cultivados por los escritores de su época (*paralelismos, inclusiones, disposiciones* concéntricas, agrupaciones numéricas y temáticas, etc.). Su estilo narrativo se caracteriza por la brevedad y la claridad. Comparado, por ejemplo, con Marcos, se advierte que Mateo despoja a sus relatos de todo lo accesorio y marginal. Presenta a sus personajes sin muchos detalles, subrayando sus rasgos característicos; agrupa y ordena los relatos y enseñanzas, como en el caso de los famosos cinco discursos (véase Mt 5-7; 10; 13; 18 y 24-25). Otro rasgo característico de su estilo, que refleja también el ambiente judío de este evangelio, es la constante presencia de citas del Antiguo Testamento, citas que en Mateo son mucho más numerosas que en los demás evangelios.

Podemos dividir el evangelio en tres partes, cuyo contenido se anuncia en el versículo con el que comienza cada una de las tres partes (Mt 1 1; 4 17; 16 21):

I. PRESENTACION DEL MESIAS (Mt 1 1-4 16)

II. INVITACION A ISRAEL. ANUNCIO DEL REINO DE LOS CIELOS (Mt 4 17-16 20)

1. Anuncio del reino con obras y palabras (Mt 4 17-11 1)
2. Rechazo de Jesús. El reino en controversia (Mt 11 2-16 20)

III. INVITACION A LOS DISCIPULOS. EL DESTINO SUFRIENTE DEL MESIAS (Mt 16 21-28 20)

1. Instrucción a los discípulos (Mt 16 21-20 34)
2. Rechazo de Jesús. Pasión y resurrección (Mt 21 1-28 20)

En la *primera parte* todo ocurre antes de que comience el ministerio público de Jesús. El hilo conductor es el tema de la filiación divina de Jesús (Mt 1 20; 2 15; 3 17).

La *segunda parte* está centrada en el anuncio del reino. En la primera sección, tres sumarios (Mt 4 23-25; 9 35; 11 1) dan la pauta de la actividad de Jesús, que consiste en anunciar (Mt 4 17), enseñar (Mt 5-7) y sanar (Mt 8-9), rematada por el envío de los discípulos a difundir este mensaje (Mt 10). La segunda sección recoge las reacciones que este anuncio y la misma persona de Jesús suscitan, especialmente el rechazo por parte de las autoridades judías (Mt 11 2-12 50). Entonces Jesús abandona a los que lo rechazan y se dedica a instruir a sus discípulos (Mt 13 1-52); al final (Mt 13 53-16 20), Jesús abandona definitivamente al Israel histórico y anuncia la convocación de un nuevo Israel, de la Iglesia.

La *tercera parte* tiene una estructura muy semejante a la segunda. Comienza con una instrucción detallada a los discípulos sobre el sentido de su pasión y las exigencias para ser discípulo (Mt 16 21-20 34). Sigue el rechazo de Jesús en Jerusalén (Mt 21-23) y la instrucción definitiva a los discípulos acerca de los acontecimientos del fin (Mt 23-25); y termina con el relato de la pasión-resurrección (Mt 26-28), expresión definitiva del rechazo de su pueblo y motivo para la convocación definitiva del nuevo Israel (Mt 28 16-20).

EVANGELIO SEGUN SAN MATEO

I. PRESENTACION DEL MESIAS Δ

Genealogía de Jesús

Lc 3 23-38
Gn 5 1; Gal 3 16; Rut 4 18-22;
2 Sm 12 24; 1 Cr 2 1-15; 3 10-19

1 1 Genealogía de Jesús, Mesías, Hijo de
David, Hijo de Abrahán:

2 Abrahán engendró a Isaac;
Isaac engendró a Jacob;
Jacob engendró a Judá y a sus hermanos.
3 Judá engendró, de Tamar,
a Fares y a Zara;
Fares engendró a Esrón;
4 Esrón engendró a Arán;
Arán engendró a Aminadab;
Aminadab engendró a Naasón;
Naasón engendró a Salmón.
5 Salmón engendró, de Rajab, a Booz;
Booz engendró, de Rut, a Obed;
Obed engendró a Jesé;
6 Jesé engendró al rey David.
David, de la mujer de Urías,
engendró a Salomón.
7 Salomón engendró a Roboán;
Roboán engendró a Abías;
Abías engendró a Asá;
8 Asá engendró a Josafat;
Josafat engendró a Jorán;
Jorán engendró a Ozías;
9 Ozías engendró a Joatán;
Joatán engendró a Acaz;
Acaz engendró a Ezequías;
10 Ezequías engendró a Manasés;
Manasés engendró a Amón;
Amón engendró a Josías;
11 Josías engendró a Jeconías
y a sus hermanos,
cuando la deportación de Babilonia.
12 Después de la deportación de Babilonia,
Jeconías engendró a Salatiel;
Salatiel engendró a Zorobabel;
13 Zorobabel engendró a Abiud;
Abiud engendró a Eliaquín;
Eliaquín engendró a Azor;
14 Azor engendró a Sadoc;
Sadoc engendró a Ajín;
Ajín engedró a Eliud;
15 Eliud engendró a Eleazar;
Eleazar engendró a Matán;
Matán engendró a Jacob.
16 Y Jacob engendró a José, el esposo de
María, de la cual nació Jesús, llamado
Mesías.

17 Así pues, son catorce las generaciones desde Abrahán hasta David, catorce
desde David hasta la deportación de Babilonia, y catorce desde la deportación de
Babilonia hasta el Mesías.

Δ 1 1-4 16: La intención principal de esta primera parte del evangelio es contar a los lectores quién es Jesús, preparándolos así para escuchar su mensaje (Mt 4 17-16 20) *y comprender su destino (Mt 16 21-28 20).* Mateo ha compuesto un relato basado en citas y alusiones al Antiguo Testamento, para explicar cuál es el origen, la misión y el destino de Jesús, y mostrar que Jesús es el Mesías prometido a Israel. Aunque entre los dos primeros capítulos y el resto de esta primera parte hay una gran distancia, se trata de una distancia temporal, no teológica, pues en todos ellos el evangelista intenta presentar a Jesús como Hijo de Abrahán (y, por tanto, como padre del nuevo pueblo de Dios), hijo de David (Mesías), y sobre todo como Hijo de Dios, la afirmación que mejor expresa cuál es su identidad (Mt 3 13-17).

• **1 1-17**: La genealogía de Mateo, a diferencia de la de Lucas, que alcanza a toda la humanidad (véase Lc 3 23-38), tiene como horizonte la historia de Israel: una historia llena de promesas y esperanzas, pero también de pecado y desobediencia. Su composición es claramente artificial: tres series de catorce nombres señalan las grandes etapas de la historia de la salvación: Abrahán, David, la deportación a Babilonia. Todo ello desemboca en Jesús, que inaugura la etapa definitiva.

Entre los antepasados de Jesús se menciona a cuatro mujeres: Tamar (Gn 38), Rajab (Jos 2 1-21), Rut (Rut 4 17-22) y la mujer de Urías (2 Sm 11); las cuatro son de origen pagano, y su presencia aquí pone de manifiesto que lo que cuenta no es la pureza de la raza, sino la acción imprevisible de Dios. De este modo, Mateo inserta a Jesús en la historia de su pueblo y lo presenta como cumplimiento de las antiguas promesas.

Nacimiento de Jesús

Lc 2 1-7

Lc 1 31-35; *Is 7 14*; 8 8; Mt 18 20; 28 20

18 El nacimiento de Jesús, el Mesías,
fue así: su madre María estaba prometida a
José y, antes de vivir juntos, resultó que
esperaba un hijo por la acción del Espíritu
Santo. 19 José, su esposo, que era justo y
no quería denunciarla, decidió separarse de
ella en secreto. 20 Después de tomar esta
decisión, el ángel del Señor se le apareció
en sueños y le dijo:
–José, hijo de David, no temas aceptar a
María como tu esposa, pues el hijo que
espera viene del Espíritu Santo. 21 Dará a
luz un hijo, y le pondrás por nombre Jesús,
porque él salvará a su pueblo de los pecados.
22 Todo esto sucedió para que se cumpliera lo que había anunciado el Señor por
el profeta:

23 *La virgen concebirá y dará a luz un hijo,*
a quien pondrán por nombre Emmanuel
(que significa: Dios con nosotros).

24 Cuando José se despertó del sueño,
hizo lo que el ángel del Señor le había mandado: recibió a su esposa 25 y, sin tener
relaciones conyugales, ella dio a luz un hijo, al que José puso por nombre Jesús.

Los sabios de oriente

Lc 2 4-7; Nm 24 17; *Miq 5 2;* 2 Sm 5 2

2 1 Jesús nació en Belén, un pueblo de Judea, en tiempo del rey Herodes. Por
entonces unos sabios de oriente se presentaron en Jerusalén, 2 preguntando:
–¿Dónde está el rey de los judíos que
acaba de nacer? Hemos visto su estrella en
el oriente y venimos a adorarlo.
3 Al oír esto, el rey Herodes se alarmó y
con él toda Jerusalén. 4 Entonces convocó
a todos los jefes de los sacerdotes y a los
maestros de la ley y les preguntó dónde
tenía que nacer el Mesías. 5 Ellos le respondieron:
–En Belén de Judea, pues lo dejó escrito el profeta:

6 *Y tú, Belén,* tierra de Judá,
ciertamente no *eres,*
la menor entre las ciudades
principales de Judá;
porque de ti saldrá un jefe,
que será pastor de mi pueblo, Israel.

7 Entonces Herodes, llamando aparte a
los sabios, investigó con exactitud el momento en que había aparecido la estrella,
8 y los envió a Belén con este encargo:
–Vayan e infórmense bien sobre ese
niño; y, cuando lo encuentren, avísenme
para ir yo también a adorarlo.
9 Ellos, después de oír al rey, se pusieron
en camino, y la estrella que habían visto en
oriente los guió hasta que llegó y se detuvo
encima de donde estaba el niño. 10 Al ver
la estrella, se llenaron de una inmensa alegría. 11 Entraron en la casa, vieron al niño
con su madre María y lo adoraron postrados en tierra. Abrieron sus cofres y le ofrecieron como regalo oro, incienso y mirra.
12 Y advertidos en sueños que no regresa-

• **1 18-25**: En este pasaje Mateo desarrolla lo que había insinuado ya en Mt 1 16: Jesús, que nace de María por obra del Espíritu Santo, entra en la dinastía davídica a través de José, que lo adopta como hijo. Por esta razón José tiene un gran protagonismo en Mt 1-2.

El relato contiene algunos elementos prodigiosos: la aparición de un mensajero de Dios y la manifestación de la voluntad divina a través del sueño. Ambos confluyen en un mismo punto: Jesús no es sólo el Hijo de Abrahán y de David, sino que es, sobre todo, el Hijo de Dios (véase Mt 3 17; 4 1-11). El nombre de Jesús envuelve todo el relato. Su significado: Dios es salvación, o Dios salva, describe en brevísima síntesis cuál será su misión. El texto de Isaías, el primero del Antiguo Testamento que se cita en este evangelio, añade a lo ya dicho un dato importante: Jesús es también presencia cercana de Dios en medio de los suyos (véase Mt 18 20 y 28 20).

• **2 1-12**: Mateo sitúa en el tiempo y en el espacio el nacimiento de Jesús. Su principal intención es completar lo dicho sobre él en los pasajes anteriores. Para eso utiliza dos recursos bien conocidos en su tiempo: el surgimiento de una nueva estrella y la referencia a textos del Antiguo Testamento. Ambos datos confirman que Jesús es el Mesías. Sin embargo, no todos lo reconocen así. Su pueblo lo rechaza, mientras que los paganos lo reconocen como Hijo de Dios. Estos sabios que buscan al recién nacido para adorarlo dan cumplimiento a los oráculos de los profetas, según los cuales los pueblos paganos rendirían homenaje al Mesías (Nm 24 17; Is 49 23; Sal 72 10-15). Reaccionan de modo muy diferente al de los representantes oficiales del pueblo judío (Herodes y la ciudad de Jerusalén), quienes se inquietan ante la noticia del nacimiento de Jesús y planean la muerte del niño. Quedan prefigurados así el rechazo de Israel y la aceptación del evangelio por parte de los paganos. Dos actitudes que se repiten a lo largo del evangelio.

ran donde estaba Herodes, regresaron a su país por otro camino.

Huida a Egipto y regreso

Gn 46 1-7; Ex 1 15-22; *Os 11 1; Jr 31 15;*
Ex 4 19-20; Is 11 1

13 Cuando se fueron, el ángel del Señor se apareció en sueños a José y le dijo:

–Levántate, toma al niño y a su madre, huye a Egipto y quédate allí hasta que yo te avise; porque Herodes va a buscar al niño para matarlo.

14 José se levantó de noche, tomó al niño y a su madre, y partió hacia Egipto, 15 donde permaneció hasta la muerte de Herodes. Así se cumplió lo que había anunciado el Señor por el profeta: *De Egipto llamé a mi hijo.*

16 Entonces Herodes, viéndose burlado por los sabios, se enfureció tanto que mandó matar a todos los niños de Belén y de todos sus alrededores que tuvieran menos de dos años, conforme a la información que había recibido de los sabios. 17 Así se cumplió lo anunciado por el profeta Jeremías:

18 *Se ha escuchado en Ramá un clamor,*
un gran *llanto y lamento:*
es Raquel que llora por sus hijos,
y no quiere consolarse
porque ya no existen.

19 Cuando murió Herodes, el ángel del Señor se apareció en sueños a José en Egipto 20 y le dijo:

–Levántate, toma al niño y a su madre, y regresa a la tierra de Israel, porque han muerto los que atentaban contra la vida del niño.

21 José se levantó, tomó al niño y a su madre, y regresó con ellos a la tierra de Israel. 22 Pero al oír que Arquelao reinaba en Judea como sucesor de su padre Herodes, tuvo miedo de ir allí. Entonces, avisado en sueños, se retiró a la región de Galilea 23 y se fue a vivir a un pueblo llamado Nazaret. De esta manera se cumplió lo anunciado por los profetas: que sería llamado *nazareno.*

Juan, el precursor

Mc 1 2-3; Lc 3 1-9.15-17; Jn 1 19-28
Mt 4 17; *Is 40 3;* 2 Re 1 8; Mt 12 34; 23 23;
Jn 8 33ss; 1 26ss; Mt 13 30

3 1 En aquellos días apareció Juan el Bautista predicando en el desierto de Judea. 2 Decía:

–Conviértanse, porque está llegando el reino de los cielos.

3 A él se refería el profeta Isaías cuando dijo:

Voz del que grita en el desierto:
«Preparen el camino al Señor,
nivelen sus senderos».

4 Llevaba Juan un vestido de pelo de camello y una correa de cuero a su cintura, y se alimentaba de saltamontes y miel del campo. 5 Acudían a él de Jerusalén, de toda Judea y de toda la región del Jordán; 6 ellos reconocían sus pecados y Juan los bautizaba en el río Jordán.

7 Viendo que muchos fariseos y saduceos venían a que los bautizara, les dijo:

–¡Raza de víboras! ¿Quién les enseñó a escapar del juicio inminente? 8 Den frutos que prueben su conversión 9 y no piensen que basta con decir: «Somos descendientes de Abrahán». Porque les digo que Dios puede sacar de estas piedras descendientes de Abrahán. 10 Ya está puesta el hacha a la raíz de los árboles y todo árbol que no dé fruto va a ser cortado y echado al fuego. 11 Yo los bautizo con agua para que se conviertan, pero el que viene detrás de mí es más fuerte que yo, y no soy digno de qui-

• **2 13-23**: La auténtica intención de Herodes (matar al niño) provoca la huida a Egipto de toda la familia. Desde allí, Jesús está en situación de iniciar un nuevo éxodo, que recuerda el que recorrió el pueblo de Israel. La huida a Egipto recuerda el traslado de toda la familia de Jacob (Gn 46 1-7). La acción vengativa de Herodes recuerda la del faraón con los israelitas (Ex 1 15-22).

Una vez desaparecido el motivo que provocó la huida, Jesús inicia un nuevo y definitivo éxodo que pasa por el bautismo del Jordán y las tentaciones en el desierto. De este modo, Mateo relaciona el inicio de la vida de Jesús con los comienzos del pueblo de Israel, haciéndose eco de la esperanza de los profetas que veían en el nuevo éxodo el anuncio de la salvación definitiva (Os 11 1-4; Jr 31).

• **3 1-12**: La más antigua tradición cristiana (Hch 10 37) relaciona el inicio de la vida pública de Jesús con Juan Bautista. Entre los autores del Nuevo Testamento Mateo es el que presenta a Juan con rasgos más cristianos; su predicación y la de Jesús son exactamente iguales (Mt 3 2; 4 17), y su presencia inaugura la llegada del reinado de Dios (Mt 11 1-19). Además, el vestido de Juan recuerda el del profeta Elías (2 Re 1 8), y en él se cumple la profecía de Isaías (Is 40 3). El es, pues, el precursor del Mesías que anuncia al que viene con mayor dignidad y poder detrás de él.

tarle las sandalias. El los bautizará con Espíritu Santo y fuego. 12 Tiene en su mano la horquilla para separar el trigo de la paja; recogerá su trigo en el granero, y la paja la quemará con un fuego que no se apaga.

Bautismo de Jesús

Mc 1 9-11; Lc 3 21-22

Jn 1 29-34; Gn 22 2; Sal 2 7; Is 42 1; Mt 12 18; 17 5

13 Entonces Jesús vino desde Galilea al Jordán y se presentó a Juan para que lo bautizara. 14 Pero Juan trataba de impedírselo diciendo:

–Soy yo quien necesito que tú me bautices, y ¿y tú vienes a mí?

15 Jesús le respondió:

–Olvida eso ahora; pues conviene que cumplamos lo que Dios ha dispuesto.

Entonces Juan accedió. 16 Apenas fue bautizado, Jesús salió del agua y, en ese momento se abrieron los cielos y vio al Espíritu de Dios que bajaba como una paloma y descendía sobre él. 17 Y una voz que venía del cielo decía:

–Este es mi Hijo amado, en quien me complazco.

Tentaciones en el desierto

Mc 1 12-13; Lc 4 1-13

Ex 34 28; *Dt 8 3; Sal 91 11-12; Dt 6 16; 6 13;* Mt 27 40-43

4 1 Entonces el Espíritu condujo a Jesús al desierto, para que el diablo lo pusiera a prueba. 2 Después de ayunar cuarenta días y cuarenta noches, sintió hambre. 3 El tentador se acercó entonces y le dijo:

–Si eres Hijo de Dios, manda que estas piedras se conviertan en panes.

4 Jesús le respondió:

–Está escrito: *No sólo de pan vive el hombre, sino de toda palabra que sale de la boca de Dios.*

5 Después el diablo lo llevó a la ciudad santa, lo puso en la parte más alta del templo 6 y le dijo:

–Si eres Hijo de Dios, tírate abajo; porque está escrito: *Dará órdenes a sus ángeles para que te lleven en brazos, de modo que tu pie no tropiece con ninguna piedra.*

7 Jesús le dijo:

–También está escrito: *No tentarás al Señor tu Dios.*

8 De nuevo el diablo lo llevó consigo a una montaña muy alta, le mostró todos los reinos del mundo con su gloria 9 y le dijo:

–Todo esto te daré, si te postras y me adoras.

10 Entonces Jesús le dijo:

–Retírate, Satanás, porque está escrito: *Adorarás al Señor tu Dios y* sólo *a él le darás culto.*

11 Entonces el diablo se alejó de él, y unos ángeles se acercaron y le servían.

Luz de las naciones

Mc 1 14; Lc 4 14-15

Is 8 23; 9 1

12 Al oír Jesús que Juan había sido encarcelado, regresó a Galilea. 13 Dejó Nazaret y se fue a vivir a Cafarnaún, junto al lago, en la frontera entre Zabulón y Neftalí; 14 para que se cumpliera lo anunciado por el profeta Isaías:

15 *Tierra de Zabulón, tierra de Neftalí,*
camino del mar, al otro lado del Jordán,

• **3 13-17**: En el bautismo de Jesús tiene lugar la presentación pública de Jesús como Hijo, a través de una manifestación excepcional de Dios. Sobre Jesús desciende el Espíritu para realizar en él una nueva creación (Gn 1 2). Es el mismo Espíritu que actuó en su nacimiento (Mt 1 18-25) y que lo acompañará durante toda su vida (Mt 12 28). Se abren los cielos, que son morada de Dios, y se oye la voz que presenta a Jesús como Hijo predilecto.

El bautismo es el episodio central de la primera parte del evangelio. En él se dan cita los tres aspectos que Mateo quiere subrayar en esta presentación de Jesús: el paso por el Jordán, nuevo mar Rojo en el que Jesús contempla la gloria de Dios (Hijo de Abrahán); el diálogo con el Bautista, que confiesa humildemente su condición de precursor del Mesías (Hijo de David); y la voz del cielo, que confirma todo lo dicho a José acerca del origen divino de Jesús (Hijo de Dios).

• **4 1-11**: Los cuarenta años que duró el camino de Israel desde Egipto hasta la tierra prometida se resumen simbólicamente en estos cuarenta días que Jesús pasa también en el desierto. El relato alude a las pruebas que el pueblo de Israel experimentó en su camino por el desierto (véase Ex 16-17; 32). Jesús responde a las propuestas del tentador con tres citas tomadas del libro del Deuteronomio, que sintetizan su actitud (Dt 8 3; 6 16 y 6 13-15).

Las tres tentaciones son en realidad una sola, pues la pretensión continua del tentador es hacer que Jesús reniegue de su condición de Hijo obediente de Dios, manifestada ya en el bautismo (Mt 3 13-17). Es la misma tentación que se repite al final de su vida en la cruz (Mt 27 40-43) y que atraviesa toda la existencia de Jesús: la de un mesianismo fácil y triunfalista. Jesús, sin embargo, supera las pruebas en las que había caído Israel y manifiesta que él es el ungido para convocar al nuevo pueblo mesiánico con el anuncio de la buena noticia.

Galilea de los paganos.
16 *El pueblo que habitaba en tinieblas*
vio una gran luz;
a los que habitaban en una región
de sombra de muerte
una luz les brilló.

II. INVITACION A ISRAEL. ANUNCIO DEL REINO DE LOS CIELOS Δ

1. Anuncio del reino con obras y palabras ◊

Anuncio del reino de los cielos

Mc 1 15
Mt 16 21; 3 2

17 Desde entonces empezó Jesús a predicar diciendo:
–Conviértanse, porque está llegando el
reino de los cielos.

Primeros discípulos

Mc 1 16-20; Lc 5 1-11
1 Re 19 19-21; Jn 1 35-51; Mt 16 23-28

18 Paseando junto al lago de Galilea, vio
a dos hermanos: Simón, llamado Pedro, y
su hermano Andrés, que estaban echando
la red en el lago, pues eran pescadores.
19 Les dijo:
–Vengan conmigo y los haré pescadores
de hombres.
20 Ellos dejando inmediatamente las
redes, lo siguieron.
21 Más adelante vio a otros dos hermanos: Santiago, el de Zebedeo, y su hermano
Juan, que estaban en la barca con su padre
Zebedeo, reparando las redes. Los llamó
también, 22 y ellos, dejando inmediatamente la barca y a su padre, lo siguieron.

La actividad de Jesús

Lc 6 17-19
Mc 3 7-8; Mt 9 35; 11 1

23 Jesús recorría toda Galilea, enseñando
en las sinagogas judías. Anunciaba la buena
noticia del reino y sanaba las enfermedades y las dolencias del pueblo. 24 Su fama
llegó a toda Siria; le trajeron todos los que
se sentían mal, afligidos por enfermedades
y sufrimientos diversos, endemoniados, lu-

• **4 12-16**: Jesús se traslada desde Nazaret a Cafarnaún, ciudad situada en Galilea y junto al *camino del mar*. En este acontecimiento Mateo descubre el cumplimiento de la profecía de Isaías (Is 9 1), que pertenece como la de Mt 1 23 a los oráculos mesiánicos del Emmanuel, Todo eso anuncia el destino universal del mensaje de Jesús.

Δ 4 17-16 20: Comienza una nueva etapa. Las palabras solemnes de Jesús (Mt 4 17) resumen el contenido de esta segunda parte del evangelio: en ella se encuentra el anuncio del reino de Dios con obras y palabras (Mt 4 17-11 1) y las reacciones que dicho anuncio provoca (Mt 11 2-16 20). La inauguración del reinado de Dios sobre este mundo es el tema central de la predicación de Jesús. Los comienzos de este reino son humildes, misteriosos, discutidos; pero es imposible detener su crecimiento. Es pura gracia ofrecida a los sencillos, porque son ellos quienes están mejor dispuestos para aceptarlo.

◊ 4 17-11 1: En la primera sección toda la atención se centra en el anuncio del reino, sin describir todavía con detalle las reacciones que desencadena. A lo largo de estos capítulos, tres sumarios o resúmenes (Mt 4 23-25; 9 35 y 11 1) repiten el programa de Jesús, que consiste en anunciar la buena noticia (Mt 4 17), enseñar (Mt 5 1-7 28) y sanar (Mt 8 1-9 34). Estos resúmenes están colocados en lugares estratégicos y dividen el texto en dos etapas: primero, el anuncio del reino con palabras (Mt 5 1-7 28) y con obras (Mt 8 1-9 35); y después, el envío de los discípulos a proclamar dicho anuncio (Mt 9 36-10 42).

• **4 17**: Mateo, siguiendo la costumbre judía de no pronunciar el nombre de Dios, pone en labios de Jesús la expresión *reino de los cielos* en lugar de la expresión más frecuente de *reino de Dios*. Con la llegada de este reino se hace presente en el mundo la soberanía de Dios, que inaugura una situación completamente nueva. Las palabras y los hechos prodigiosos de Jesús son el signo evidente de que Dios ha comenzado a reinar (Mt 7 28; 9 33).

• **4 18-22**: Antes de comenzar el anuncio del reino, Jesús reúne un grupo de discípulos para que sean testigos de sus acciones salvíficas y continúen su misión. El evangelista ve en su respuesta a la llamada de Jesús un ejemplo de la conversión radical que exige la llegada del reino. El atractivo de esta llamada es tan fuerte que los hace capaces de romper los lazos sociales y familiares para hacerse discípulos suyos. Van a ser testigos de las palabras y de los signos que después ellos mismos tendrán que proclamar y realizar por encargo del maestro (Mt 9 36-10 42).

• **4 23-25**: Este primer sumario de la actividad de Jesús es un breve resumen de lo que el evangelista va a narrar en los capítulos siguientes (Mt 5-9). Aunque la actividad de Jesús se desarrolla en Galilea, su fama llega mucho más allá (Siria), y los que lo siguen provienen de todas las regiones de Palestina. Mateo subraya la diversidad de estos seguidores, que, junto con los discípulos, se disponen a escuchar las palabras de Jesús y a contemplar sus signos.

náticos y paralíticos, y él los sanó. 25 Y lo
siguió mucha gente de Galilea, la Decápolis,
Jerusalén, Judea y del otro lado del Jordán.

SERMON DEL MONTE.
EL REINO EN PALABRAS +

La auténtica felicidad

Lc 6 20-23
Sal 1 1-2; Prov 3 3; Is 61 1-3; Sal 37 11; 24 3-4;
1 Pe 3 14; 4 14; Heb 11 23-38

5 1 Al ver tanta gente, Jesús subió a la
montaña, se sentó, y se le acercaron sus
discípulos. 2 Entonces comenzó a enseñarles con estas palabras:

3 Dichosos los pobres en el espíritu,
porque de ellos es el reino de los cielos.
4 Dichosos los afligidos,
porque Dios los consolará.
5 Dichosos los humildes,
porque heredarán la tierra.
6 Dichosos los que tienen hambre y sed
de hacer la voluntad de Dios,
porque Dios los saciará.
7 Dichosos los misericordiosos,
porque Dios tendrá misericordia de ellos.
8 Dichosos los limpios de corazón,
porque ellos verán a Dios.
9 Dichosos los que construyen la paz,
porque Dios los llamará sus hijos.
10 Dichosos los perseguidos
por hacer la voluntad de Dios,
porque de ellos es el reino de los cielos.

11 Dichosos serán ustedes cuando los injurien y los persigan, y digan contra ustedes toda clase de calumnias por causa mía.
12 Alégrense y regocíjense, porque será
grande su recompensa en los cielos, pues
así persiguieron a los profetas que vivieron
antes que ustedes.

Sal y luz del mundo

Mc 9 50; Lc 14 34-35
Jn 8 12; 9 5; Lc 8 16; Mc 4 21; Ef 5 8-9

13 Ustedes son la sal de la tierra; pero si
la sal pierde su sabor, ¿con qué se salará?
Ya no sirve para nada, sino para tirarla
fuera y que la pisen los hombres. 14 Ustedes son la luz del mundo. No puede ocultarse una ciudad situada en la cima de una
montaña. 15 Tampoco se enciende una lámpara de aceite para cubrirla con una vasija
de barro; sino que se pone sobre el candelero, para que alumbre a todos los que están
en la casa. 16 Brille su luz delante de los
hombres de modo que, al ver sus buenas
obras, den gloria a su Padre que está en los
cielos.

+ 5 1-7 29: A partir de diversas fuentes, Mateo ha organizado este gran discurso, que es el primero de una serie de cinco: Mt 5-7; 10; 13; 18; 24-25. Es una síntesis de las enseñanzas de Jesús, un catecismo elemental de vida cristiana para sus discípulos. A diferencia de Lucas, que también conoce y utiliza estas fuentes (véase Lc 6 20-49), Mateo insiste en las leyes y prácticas judías, pues sus destinatarios viven en un ambiente judío. El "sermón del monte" puede leerse así: las actitudes básicas en el reino (Mt 5 3-16) superan a las de la ley (Mt 5 17-48), deben ponerse en práctica sin pretensiones de vanagloria (Mt 6 1-18); exigen una disposición de gran confianza en Dios (Mt 6 19-7 12) y una resuelta decisión, discernimiento y compromiso serio con la voluntad del Padre (Mt 7 13-23).

• 5 1-12: Las palabras de Jesús tienen un marco solemne: desde un monte, sentado, cerca de sus discípulos, rodeado de las multitudes que lo siguen y en actitud de enseñar. Sobre el soporte de un esquema literario muy conocido en la tradición sapiencial judía (Sal 1 1; 33 12; Prov 3 3) y utilizado otras veces por Jesús (Mt 11 6; 13 16; 24 46), Mateo va señalando las pistas que conducen a la verdadera felicidad. La primera de ellas resume de algún modo las demás: llama dichosos a los que viven la pobreza, entendida aquí como la actitud religiosa de desprendimiento y dependencia de Dios, y al mismo tiempo invita a adoptar esta misma actitud a todos aquellos que quieran tener parte en el reino.

En la visión de Mateo las bienaventuranzas aparecen como pautas para el comportamiento cristiano. Sin embargo, una comparación con el texto paralelo de Lucas (Lc 6 20-23) muestra que en labios de Jesús estas palabras eran más bien gritos que expresaban su alegría por la llegada del reino. Por eso Jesús proclama dichosos a hombres considerados de ordinario malditos y desgraciados: ellos son los humildes, los pobres del Señor, para quienes la llegada del reino es verdaderamente una buena noticia.

En la cuarta y octava bienaventuranzas (Mt 5 6.10) hemos traducido la palabra *justicia* por la expresión *hacer la voluntad de Dios*. Mateo utiliza en otros lugares esta misma palabra (Mt 5 20; 6 1.33), y en ningún caso se refiere a lo que nosotros entendemos hoy por justicia. Esta palabra, muy utilizada en el judaísmo del siglo I, resume para Mateo el estilo de vida de los que ponen en práctica la voluntad de Dios, manifestada en las enseñanzas de Jesús.

• 5 13-16: Los que viven según las bienaventuranzas se convierten en sal de la tierra y luz del mundo, es decir, en fermento de una nueva humanidad. La buena noticia de Jesús no puede permanecer oculta por miedo a la persecución (Mt 5 11-12) o por la negligencia de los discípulos, sino que debe hacerse presente en el testimonio de vida.

Una actitud más allá de la ley

Lc 16 17; Sant 2 10

17 No piensen que he venido a abolir las enseñanzas de la ley y los profetas; no he venido a abolirlas, sino a llevarlas hasta sus últimas consecuencias. 18 Porque les aseguro que mientras duren el cielo y la tierra la más pequeña letra de la ley estará vigente hasta que todo se cumpla. 19 Por eso, el que descuide uno de estos mandamientos más pequeños y enseñe a hacer lo mismo a los demás, será el más pequeño en el reino de los cielos. Pero el que los cumpla y enseñe, será grande en el reino de los cielos. 20 Por eso les digo que si no son mejores que los maestros de la ley y los fariseos, ustedes no entrarán en el reino de los cielos.

Comportamiento fraterno

Ex 20 13; Dt 5 17; Lc 12 58-59; Mt 18 34-35

21 Han oído que se dijo a nuestros antepasados: *No matarás*; y el que mate será llevado a juicio. 22 Pero yo les digo que todo el que se enoje con su hermano será llevado a juicio; el que lo llame estúpido será llevado a juicio ante el Consejo de Ancianos, y el que lo llame imbécil será condenado al fuego que no se apaga. 23 Así pues, si en el momento de llevar tu ofrenda al altar recuerdas que tu hermano tiene algo contra ti, 24 deja allí tu ofrenda ante el altar y ve primero a reconciliarte con tu hermano; luego regresa y presenta tu ofrenda. 25 Trata de ponerte de acuerdo con tu adversario mientras vas de camino con él; no sea que te entregue al juez, y el juez al guardia, y te metan en la cárcel. 26 Te aseguro que no saldrás de allí hasta que hayas pagado el último centavo.

Adulterio y divorcio

Mc 9 43-47; 10 4.11-12; Lc 16 18

Ex 20 14; Dt 5 18; Mt 18 8-9; Mc 9 43-47; *Dt 24 1;* Mt 19 9; 1 Cor 7 10-11

27 Han oído que se dijo: *No cometerás adulterio*. 28 Pero yo les digo que todo el que mira con malos deseos a una mujer ya ha cometido adulterio con ella en su corazón. 29 Por tanto, si tu ojo derecho es ocasión de pecado para ti, arráncatelo y arrójalo lejos de ti; te conviene más perder uno de tus miembros, que ser echado todo entero al fuego que no se apaga. 30 Y si tu mano derecha es ocasión de pecado para ti, córtatela y arrójala lejos de ti; te conviene más perder uno de tus miembros, que ser arrojado todo entero al fuego que no se apaga.

31 También se dijo: *El que se separe de su mujer, que le dé un acta de divorcio*. 32 Pero yo les digo que todo el que se separa de su mujer, salvo en caso de unión ilegítima, la expone a cometer adulterio; y el que se casa con una separada, comete adulterio.

Sinceridad al hablar

Lv 19 12; Nm 30 3; Dt 23 21; Is 66 1; Sal 48 2; Sant 5 12

33 También han oído que se dijo a nuestros antepasados: *No jurarás en falso, sino que cumplirás lo que prometiste al Señor con juramento*. 34 Pero yo les digo que no juren en modo alguno; ni por el cielo, que es el trono de Dios; 35 ni por la tierra, que es el estrado de sus pies; ni por Jerusalén, que es la ciudad del gran rey. 36 Ni siquiera jures por tu cabeza, porque no puedes cambiar de color ni uno solo de tus cabellos. 37 Que tu palabra sea sí, cuando es sí; y no, cuando es no. Lo que pasa de ahí, viene del maligno.

• **5 17-48**: Las enseñanzas de Jesús no pretenden abolir la ley, sino llevarla a sus consecuencias más radicales. *Según la doctrina de los fariseos, el hombre* debía practicar las obras buenas que lo hacen justo ante Dios y le proporcionan la salvación. Sin embargo su interpretación de la ley había caído en la casuística y en la trampa de cumplir con lo mínimo imprescindible. Jesús propone una vivencia de la ley desde dentro, sin barreras, fundamentada en una relación personal con el Padre y desbordando las exigencias de la misma ley por medio de un amor vivido en plenitud. Para explicar esta interpretación se enumeran cinco ejemplos que siguen el mismo esquema (*Han oído que se dijo* + cita del AT, a veces con interpretación de la misma + *pero yo les digo* + interpretación de Jesús). Este procedimiento repetido es una invitación a aplicar el principio general a otros casos y situaciones. No se trata de una lista terminada, sino de un estilo de vida nuevo que debe aplicarse a todos los casos.

Frente a la interpretación casuística, Jesús muestra que el precepto *no matarás* se refiere a cualquier ofensa hecha al hermano; que el adulterio empieza en el corazón (sobre la expresión *unión ilegítima* véase nota a Mt 19 1-12); que el juramento debe ser sustituido por la absoluta transparencia en las palabras; que la venganza debe dar paso a un amor sin medida; que el amor al prójimo se refiere a todos los hombres sin distinción... Las palabras finales: *Sean perfectos como su Padre celestial es perfecto*, son la clave para entender lo que Jesús propone: vivir desde la actitud de quien tiene su mirada fija en Dios y no pone límites ni barreras al amor.

Venganza

Lc 6 29-30

Ex 21 24; Lv 24 20; Dt 19 21; 1 Cor 6 7

38 Han oído que se dijo: *Ojo por ojo y diente por diente.* 39 Pero yo les digo que no enfrenten al que les hace mal; al contrario, a quien te abofetea en la mejilla derecha, preséntale también la otra; 40 al que te demande para quitarte la túnica, dale también el manto; 41 y al que te pida que lo acompañes mil pasos, ve con él dos mil. 42 Da a quien te pida, y no des la espalda al que te pide prestado.

Amor a los enemigos

Lv 19 18; Lc 6 27-28.32-36; Rom 12 20; Ex 23 4-5

43 Han oído que se dijo: *Ama a tu prójimo* y odia a tu enemigo. 44 Pero yo les digo: Amen a sus enemigos y oren por quienes los persiguen. 45 Así serán dignos hijos de su Padre del cielo, que hace salir el sol sobre buenos y malos, y manda la lluvia sobre justos e injustos. 46 Porque, si aman a quienes los aman, ¿qué recompensa merecen? ¿No hacen también eso los que recaudan impuestos para Roma? 47 Y si saludan sólo a sus hermanos ¿qué hacen de más? ¿No hacen lo mismo los paganos? 48 Ustedes sean perfectos, como el Padre celestial es perfecto.

Limosna

Mt 23 5

6 1 Cuidado con practicar las buenas obras para ser vistos por la gente, porque entonces su Padre del cielo no los recompensará. 2 Por eso, cuando des limosna, no vayas pregonándolo, como hacen los hipócritas en las sinagogas y en las calles, para que los alaben los hombres. Les aseguro que ya han recibido su recompensa. 3 Tú, cuando des limosna, que no sepa tu mano izquierda lo que hace tu derecha. 4 Así tu limosna quedará en secreto; y tu Padre, que ve en lo secreto, te recompensará.

Oración

Lc 11 2-4

Is 26 20; 2 Re 4 33; Ez 36 23; Jn 17 15; Mt 18 15-35

5 Cuando oren, no sean como los hipócritas, a quienes les gusta orar de pie en las sinagogas y en las esquinas de las plazas para que los vea la gente. Les aseguro que ya han recibido su recompensa. 6 Tú, cuando ores, entra en tu habitación, cierra la puerta y ora a tu Padre, que está en lo secreto; y tu Padre, que ve en lo secreto, te recompensará. 7 Y al orar, no hablen mucho como hacen los paganos, creyendo que Dios va a escuchar todo lo que hablaron. 8 No sean como ellos, pues su Padre ya sabe lo que ustedes necesitan antes de que se lo pidan. 9 Ustedes oren así:

Padre nuestro, que estás en el cielo,
santificado sea tu nombre;
10 venga tu reino;
hágase tu voluntad
en la tierra como en el cielo;
11 danos hoy el pan que necesitamos;
12 perdónanos nuestras ofensas,
como también nosotros perdonamos
a los que nos ofenden;
13 no nos dejes caer en la tentación;
y líbranos del mal.

14 Porque si ustedes perdonan a los demás sus culpas, también a ustedes los per-

• **6 1-18**: Partiendo de las tres principales obligaciones religiosas de los fariseos, limosna, oración y ayuno, Mateo da un paso adelante en su instrucción sobre la vida cristiana: los que viven según el reino de Dios deben hacerlo buscando crecer en la relación personal con el Padre y evitando presunción y vanagloria al practicar las buenas obras.

La instrucción acerca de la oración (Mt 6 5-15) es la más extensa. Es una auténtica catequesis en la que se propone una nueva forma de orar en contraste con la oración de los fariseos (Mt 6 5-6) y la de los paganos (Mt 6 7-8). El modelo de la oración cristiana es el Padrenuestro (véase también la catequesis paralela de Lucas en Lc 11 1-13). El Padrenuestro no es sólo una oración, sino una escuela de oración, en la que los discípulos deben aprender a orar. Su estilo sobrio y directo contrasta con las rebuscadas oraciones de aquella época y expresa muy bien la cercanía con que los discípulos de Jesús deben dirigirse al Padre. Es también una escuela de vida, pues nadie puede orar así si no vive en coherencia con lo que pide.

La primera parte (Mt 6 9-10) invita a poner la mirada sólo en Dios, un Dios al que los discípulos pueden llamar Padre con la misma confianza que Jesús. Situados así ante Dios, los discípulos expresan el deseo de que venga el reino, es decir, de que se cumpla plenamente el anuncio de Jesús (Mt 4 17). Entonces será reconocida la santidad de Dios y se cumplirá plenamente su voluntad.

La segunda parte (Mt 6 11-13) tiene en cuenta las necesidades básicas de los discípulos y enseña a pedir aquellas cosas que son necesarias para vivir anhelando el reino de Dios: el sustento, el perdón y la protección divina ante la tentación de abandonar el camino del seguimiento.

le trajeron un paralítico tendido en una camilla. Jesús, viendo la fe que tenían, dijo al
paralítico:
–Animo, hijo, tus pecados te quedan perdonados.
3 Algunos maestros de la ley decían para
sí: «Este blasfema».
4 Jesús, dándose cuenta de lo que pensaban, les dijo:
–¿Por qué piensan mal? 5 ¿Qué es más
fácil, decir: Tus pecados quedan perdonados; o decir: Levántate y camina? 6 Pues
ahora sabrán que el Hijo del hombre tiene
poder en la tierra para perdonar los pecados.
Entonces se dirigió al paralítico y le dijo:
–Levántate, toma tu camilla y vete a tu
casa.
7 El se levantó y se fue a su casa. 8 Al
verlo, la gente se llenó de temor y daba
gloria a Dios por haber dado tal poder a los
hombres.

Vocación de Mateo

Mc 2 13-17; Lc 5 27-32

Mt 8 22; 11 18-19; 12 7; Lc 15 1-2; *Os 6 6*

9 Cuando se iba de allí, vio Jesús a un
hombre que se llamaba Mateo, sentado en
la oficina de impuestos, y le dijo:
–Sígueme.
El se levantó y lo siguió.
10 Después, mientras Jesús estaba sentado a la mesa en casa de Mateo, muchos recaudadores de impuestos y pecadores vinieron y se sentaron con él y sus discípulos.
11 Al verlo los fariseos, preguntaban a
sus discípulos:
–¿Por qué su maestro come con los recaudadores de impuestos y los pecadores?
12 Lo oyó Jesús y les dijo:
–No necesitan médico los sanos, sino
los enfermos. 13 Entiendan bien qué significa: *misericordia quiero y no sacrificios*;
porque yo no he venido a llamar a los justos, sino a los pecadores.

Odres nuevos

Mc 2 18-22; Lc 5 33-39

Mt 11 18; Jn 3 29

14 Se le acercaron entonces los discípulos de Juan y le preguntaron:
–¿Por qué nosotros y los fariseos ayunamos, y tus discípulos no ayunan?
15 Jesús les contestó:
–¿Es que pueden estar tristes los invitados a la boda mientras el novio está con
ellos? Llegará un día en que les quitarán al
novio; entonces ayunarán. 16 Nadie pone un
remiendo de tela nueva en un vestido viejo,
porque lo añadido hará encoger el vestido y
el desgarrón se hará mayor. 17 Tampoco se
guarda el vino nuevo en odres viejos, porque los odres revientan, se pierde el vino y
se estropean los odres. El vino nuevo se
guarda en odres nuevos, y así se conservan
los dos.

Jesús sana a una mujer enferma y resucita a la hija de Jairo

Mc 5 21-43; Lc 8 40-56

Mt 8 3; Lv 15 25; Mt 14 36; 7 50; Hch 3 16

18 Mientras Jesús les decía esto, llegó
un personaje importante y se postró ante él
diciendo:
–Mi hija acaba de morir; pero si tú vienes y pones tu mano sobre ella, vivirá.

sólo Dios puede perdonar los pecados, pero los signos de Jesús han puesto de manifiesto su victoria sobre el mal (Mt 8 23-34), cuya más profunda raíz es el pecado. La liberación que trae Jesús toca lo más íntimo del hombre. A pesar de la oposición con que se encuentra, el reino se *va abriendo camino,* como reconocen los espectadores *después de cada uno de sus signos (Mt 8 27; 9 8).*

• **9 9-13**: El poder de Jesús para perdonar los pecados está muy relacionado con su cercanía a los pecadores. La respuesta de Mateo (un pecador) a la llamada del Señor es inmediata, como la de los primeros discípulos (Mt 4 18-22).

Las comidas de Jesús con los pecadores fueron muy criticadas por sus adversarios, pues para los judíos la comunión de mesa significaba una íntima comunión de vida ante Dios. Sin embargo, Jesús mostraba con este modo de proceder el amor incondicional de Dios ofrecido a todos.

• **9 14-17**: Las comparaciones con que Jesús responde a los enviados de Juan subrayan el comienzo de una situación nueva (el reino) que es incompatible con lo viejo (el judaísmo). Lo nuevo rompe los estrechos moldes de lo viejo. El reino que llega con Jesús no puede ser recibido con una reforma superficial, sino que requiere un cambio radical de actitud y de perspectiva.

• **9 18-26**: Comienza la última serie de tres milagros (Mt 9 18-34), que termina subrayando la novedad de la actuación de Jesús: *Jamás se ha visto nada igual en Israel* (Mt 9 33); y tiene como denominador común la publicidad que logran sus signos (Mt 9 26.31).

En este primer relato Mateo centra la atención en el diálogo de Jesús con los dos personajes (la mujer enferma y Jairo), subrayando la fe de ambos, que se manifiesta con una señal de adoración (Mt 9 18: *se postró*) y en una confianza plena (Mt 9 21: *Con sólo tocar su vestido quedaré sana*). Así debe ser la fe de los discípulos de Jesús.

19 Jesús se levantó y, acompañado de
sus discípulos, lo siguió. 20 Entonces, una
mujer que tenía hemorragias desde hacía
doce años se acercó por detrás y tocó el
borde de su manto, 21 pues pensaba: «Con
sólo tocar su vestido quedaré sana».
22 Jesús se dio la vuelta y, al verla, dijo:
–Animo, hija, tu fe te ha salvado.
Y la mujer quedó sana desde aquel momento. 23 Al llegar Jesús a casa del personaje y ver a los que tocaban música fúnebre y a los que lloraban, 24 dijo:
–Váyanse de aquí, que la niña no ha
muerto; está dormida.
Pero ellos se burlaban de él. 25 Cuando
desalojaron a la gente, entró, la tomó de la
mano y la niña se levantó. 26 Y la noticia
se supo por toda aquella región.

Los dos ciegos

Mt 20 29-34; 7 36

27 Al salir Jesús de allí, lo siguieron dos
ciegos gritando:
–Ten piedad de nosotros, Hijo de David.
28 Cuando entró en la casa, se le acercaron los ciegos, y Jesús les dijo:
–¿Creen que puedo hacer lo que piden?
Ellos dijeron:
–Sí, Señor.
29 Entonces tocó sus ojos diciendo:
–Que se haga de acuerdo a su fe.
30 Y se abrieron sus ojos.
Jesús les ordenó terminantemente:
–No se lo digan a nadie.
31 Pero ellos, en cuanto salieron, lo comentaron por toda aquella región.

El hombre mudo

Mt 12 22-24; Lc 11 14-15

32 Mientras los ciegos se iban, le presentaron un hombre mudo poseído por un
demonio. 33 Jesús expulsó al demonio y el
mudo comenzó a hablar. Y la gente decía
maravillada:
–Jamás se ha visto nada igual en Israel.
34 Pero los fariseos decían:
–Expulsa los demonios con el poder del
príncipe de los demonios.

Resumen

Mt 4 23; 11 1

35 Jesús recorría todos los pueblos y aldeas, enseñando en las sinagogas judías,
anunciando la buena noticia del reino y sanando todas las enfermedades y dolencias.

ENVIO DE LOS DISCIPULOS. EL REINO ANUNCIADO +

La cosecha es abundante

Mc 6 34; Lc 10 2

Mt 14 14; 15 32; Nm 27 17; 1 Re 22 17; Ez 34 5

36 Al ver a la gente, sintió compasión de
ellos, porque estaban cansados y desorien-
tados como ovejas sin pastor. 37 Enton-ces
dijo a sus discípulos:
–La cosecha es abundante, pero los
obreros son pocos. 38 Rueguen por tanto al
dueño de la cosecha que envíe obreros a
recogerla.

• **9 27-31**: Este relato insiste, una vez más, en la necesidad de la fe para que se realicen los milagros. La fe consiste en una relación personal con Jesús, en la que el discípulo se abandona totalmente al poder del Señor y él lo salva.

• **9 32-34**: Todos han presenciado los signos de Jesús, pero al final la opinión se divide: la gente reconoce la novedad del reino que está llegando, mientras que los fariseos descalifican a Jesús considerándolo un enviado de Satanás; se anuncia así la oposición progresiva de los *dirigentes del pueblo contra Jesús, oposición que Mateo relata más adelante (Mt 11 2-12 50).*

• **9 35**: Véase nota a Mt 4 17-11 1.

+ 9 36-11 1: Después de explicar cómo el reino de Dios se hace presente en las palabras (Mt 5-7) y acciones (Mt 8-9) de Jesús, Mateo introduce este "discurso de misión" en el que se describe la tarea que Jesús encarga a sus discípulos como continuadores de su misión. Estas instrucciones seguían siendo válidas para su comunidad, que también había recibido de Jesús el encargo de reunir al nuevo pueblo de Dios (Mt 28 18-20).

El discurso consta de dos partes: el envío de los discípulos (Mt 10 1-15) y el anuncio del destino que les espera (Mt 10 16-42), con una introducción (Mt 9 36-38) y una breve conclusión (Mt 11 1).

• **9 36-38**: Las palabras y los signos de Jesús, que Mateo ha resumido en los capítulos anteriores (Mt 5-9), ponen de manifiesto el estado en que se encuentra Israel. El proyecto de Jesús contrasta con la situación de un pueblo cansado y desorientado, que inspira compasión, y hace evidente la necesidad de pastores que le anuncien el reino y lo saquen de su lamentable situación.

Los Doce
Mc 3 13-19; Lc 6 12-16
Mc 6 7; Lc 9 1; Jn 1 40-44; Mt 26 25

10 1 Jesús llamó a sus doce discípulos y
les dio poder para expulsar espíritus
impuros y para curar toda clase de enfermedades y dolencias. 2 Los nombres de los
doce apóstoles son: primero Simón, llamado
Pedro, y su hermano Andrés; luego Santiago el hijo de Zebedeo y su hermano Juan;
3 Felipe y Bartolomé; Tomás y Mateo, el
recaudador de impuestos; Santiago, el hijo
de Alfeo, y Tadeo; 4 Simón el cananeo, y
Judas Iscariote, el que lo entregó.

Proclamación del reino cercano
Mc 6 8-11; Lc 9 1-6; 10 4-12
Jr 50 6; Mt 15 24; 3 2; 4 17; 28 18

5 A estos Doce los envió Jesús con las
siguientes instrucciones:
–No transiten por regiones de paganos
ni entren en los pueblos de Samaría. 6 Vayan más bien en busca de las ovejas perdidas del pueblo de Israel. 7 Vayan y proclamen que está llegando el reino de los cielos. 8 Sanen a los enfermos, resuciten a los
muertos, limpien a los leprosos, expulsen a
los demonios; gratis lo han recibido, entréguenlo también gratis. 9 No lleven oro ni
plata ni dinero en el bolsillo; 10 ni morral
para el camino ni dos túnicas ni sandalias
ni bastón; porque el obrero tiene derecho a
su sustento.
11 Cuando lleguen a cualquier pueblo,
averiguen quién hay en él digno de recibirlos y quédense en su casa hasta que se vayan. 12 Al entrar en la casa, saluden, 13 y si
lo merecen, la paz de su saludo permanecerá con ellos; si no, regresará a ustedes. 14 Si
no los reciben ni escuchan su mensaje, salgan de esa casa o de ese pueblo y sacúdan-
se el polvo de los pies. 15 Les aseguro que
el día del juicio será más llevadero para
Sodoma y Gomorra que para ese pueblo.

Persecuciones
Mc 13 9-13; Lc 10 3; 21 12-17
Jn 10 12; Miq 7 6; Mt 24 9.13; 16 27-28

16 Yo los envío como ovejas en medio
de lobos. Sean, pues, astutos como serpientes y sencillos como palomas. 17 No se fíen
de la gente, porque los entregarán a los tribunales y los azotarán en sus sinagogas.
18 Serán llevados por mi causa ante gobernadores y reyes, para que den testimonio
ante ellos y ante los paganos. 19 Cuando los
entreguen, no se preocupen de cómo hablarán, ni de qué dirán. Dios mismo les sugeri-
rá en ese momento lo que tienen que decir,
20 pues no serán ustedes los que hablen,
sino que el Espíritu del Padre hablará a través de ustedes.
21 Entonces el hermano entregará al
hermano a la muerte, y el padre al hijo; se
levantarán los hijos contra los padres y los
matarán. 22 Todos los odiarán por mi
causa, pero el que persevere hasta el final,
ése se salvará. 23 Cuando los persigan en
una ciudad, huyan a otra; les aseguro que
no conseguirán recorrer todas las ciudades
de Israel antes de que venga el Hijo del
hombre.
24 El discípulo no es más que su maestro; ni el siervo más que su señor. 25 Basta
con que el discípulo sea como su maestro,
y el siervo como su señor. Si al dueño de
casa lo llamaron Belzebú, ¡cuánto más a
los de su familia!

• **10 1-15**: Los doce apóstoles que Jesús elige representan a las doce tribus de Israel y son las columnas del nuevo pueblo de Dios. Entre ellos, como subraya Mateo, Pedro ocupa un lugar especial (véase Mt 16 16-19).

En Mt 10 5-15 están reunidas las instrucciones básicas para la misión: su espacio (Mt 10 5-6), su contenido (Mt 10 7-8), lo que exige de los apóstoles (Mt 10 9-10), y cómo debe realizarse (Mt 10 11-15). Como signo de su autenticidad reciben el poder de realizar los signos que el mismo Jesús realiza. Primero deben dirigirse a los judíos. Ellos son los herederos de las promesas y deben ser los primeros en escuchar la oferta de salvación. Sin embargo, el pueblo elegido rechaza el anuncio de Jesús, y al rechazar a Jesús renuncia a la misión que los profetas le habían asignado. Es entonces cuando los doce apóstoles se convierten en los pilares del nuevo Israel, cuya misión será anunciar esta buena noticia a todos los pueblos (Mt 28 16-20). Reciben el encargo de anunciar la cercanía del reino con palabras y con signos, compartiendo la misión de Jesús. Para eso tendrán que vivir como vivió Jesús: en constante dependencia del Padre.

• **10 16-25**: Las instrucciones que Jesús dirige a sus discípulos anunciándoles las dificultades que les esperan reflejan la experiencia de los primeros misioneros cristianos. En ellas, la suerte de los mensajeros del evangelio se vincula a la del mismo Jesús: como él, serán llevados a los tribunales e incluso a la muerte.

Confianza y valor en la persecución

Lc 12 2-9
1 Sm 14 45; Mt 6 26; 12 12; Ap 3 5

26 Así pues, no les tengan miedo; porque no hay nada oculto que no vaya a manifestarse, nada secreto que no vaya a saberse. 27 Lo que yo les digo en la oscuridad, díganlo a plena luz; lo que escuchen al oído, proclámenlo desde las azoteas.

28 No tengan miedo a los que matan el cuerpo, pero no pueden quitar la vida; teman más bien al que puede destruir al hombre entero en el fuego que no se apaga.

29 ¿No se vende un par de pájaros por muy poco dinero? Y sin embargo ni uno de ellos cae en tierra sin que lo permita el Padre. 30 En cuanto a ustedes, hasta los cabellos de su cabeza están contados. 31 No teman, pues ustedes valen más que todos los pájaros.

32 Si alguno está de mi parte ante los hombres, también yo estaré de su parte en presencia de mi Padre que está en los cielos; 33 pero a quien me niegue ante los hombres, yo también lo negaré en presencia de mi Padre que está en los cielos.

Jesús, causa de división

Lc 12 51-53; 14 26-27
Miq 7 6; Dt 33 9; Mt 16 24-25

34 No piensen que he venido a traer paz a la tierra; no he venido a traer paz, sino discordia. 35 Porque he venido a separar al hijo *de su padre, a la hija de su madre, a la nuera de su suegra*; 36 *los enemigos de cada uno serán los de su casa.* 37 El que ama a su padre o a su madre más que a mí, no es digno de mí; y el que ama a su hijo o a su hija más que a mí, no es digno de mí. 38 El que no toma su cruz y me sigue, no es digno de mí. 39 El que quiera conservar la vida, la perderá, y el que la pierda por mí, la conservará.

Recompensa

Mc 9 41
Lc 10 16; Jn 13 20; Mt 18 5; 1 Re 17 9-24; 2 Re 4 8-37

40 El que los recibe a ustedes, me recibe a mí, y el que me recibe a mí, recibe al que me envió. 41 El que recibe a un profeta por ser profeta, recibirá recompensa de profeta; el que recibe a un justo por ser justo, recibirá recompensa de justo; 42 y quien dé un vaso de agua fresca a uno de estos pequeños sólo porque es discípulo mío, les aseguro que no se quedará sin recompensa.

Conclusión

Mt 4 23; 9 35; 7 28; 13 53; 19 1; 26 1

11 1 Cuando Jesús acabó de dar instrucciones a sus doce discípulos, se fue a enseñar y a proclamar el mensaje en los pueblos de la región.

2. Jesús es rechazado. El reino en controversia ◊

ACTITUDES FRENTE A JESUS +

Los mensajeros de Juan

Lc 7 18-35
Is 35 5-6; 42 18; 61 1; *Ex 23 20; Mal 3 1;*
Lc 16 16; Mt 17 10-13

2 Juan, que había oído hablar en la cárcel de las obras del Mesías, envió a sus discípulos 3 a preguntarle:

• **10 26-33**: La persecución no debe desanimar a los mensajeros del evangelio. La triple exhortación: *no teman* (Mt 10 26.28.31) introduce tres motivos de confianza: la fuerza del evangelio es imparable; cualquier pérdida sólo puede ser parcial; Dios cuidará de ellos. Todo eso debe animar a los discípulos a dar siempre testimonio de Jesús.

• **10 34-39**: ¿Qué hacer cuando el evangelio provoca divisiones en el seno de la propia familia? También entonces habrá que elegir entre Jesús, que reclama un seguimiento incondicional, y los lazos de la sangre. El seguimiento supone morir a sí mismo y entrar por el camino de la entrega y el servicio, como Jesús.

• **10 40-42**: El discurso de misión se cierra con una palabra de aliento para los mensajeros del evangelio (profetas y justos) y con una palabra de exhortación a la comunidad para que reciba a los mensajeros que le son enviados. Y es que el propio Jesús se hace presente a través de sus mensajeros, pues según el proverbio judío: "El enviado de un hombre es como si fuera él mismo".

• **11 1**: Véase nota a Mt 4 17-11 1.

◊ **11 2-16 20**: En la sección anterior (Mt 4 17-11 1) Mateo ha presentado sistemáticamente las enseñanzas y la actividad de Jesús. Ahora todo el interés se dirige hacia las actitudes que las distintas personas o grupos toman frente a él. En Mt 4 17-11 1 aparecen esporádicamente algunas de estas reacciones: la aceptación de sus signos (Mt 8 27 y 9 8) y también el rechazo (Mt 9 34) y la persecución (Mt 10 16-39). Sin embargo, en esta segunda sección el planteamiento es más sistemático y aparece con más

–¿Eres tú quien tenía que venir, o debemos esperar a otro?
4 Jesús les respondió:
–Vayan y cuenten a Juan lo que están
oyendo y observando: 5 los ciegos ven, los
cojos andan, los leprosos quedan limpios,
los sordos oyen, los muertos resucitan y a
los pobres se les anuncia la buena noticia.
6 ¡Y dichoso aquel que no se sienta defraudado por mí!
7 Cuando se fueron, Jesús se puso a
hablar de Juan a la gente:
–¿Qué salieron a ver en el desierto? ¿Una
caña agitada por el viento? 8 Pues ¿qué
salieron a ver? ¿Un hombre lujosamente
vestido? Los que visten con lujo están en
los palacios de los reyes. 9 Pero entonces
¿qué salieron a ver? ¿Un profeta? Sí, y les
aseguro que más que un profeta. 10 Este es
de quien está escrito: *Yo envío mi mensajero por delante de ti; él te irá preparando el
camino*. 11 Les aseguro que no ha surgido
entre los hombres nadie mayor que Juan el
Bautista; sin embargo, el más pequeño en
el reino de los cielos es mayor que él.
12 Desde que apareció Juan el Bautista hasta
ahora, el reino de los cielos sufre violencia,
y los violentos pretenden apoderarse de él.
13 Pues todos los profetas y la ley anunciaron esto hasta que vino Juan. 14 Y es que,
lo acepten o no, él es Elías, el que tenía que
venir. 15 El que tenga oídos, que oiga.

16 ¿Con quién compararé a esta generación? Es como esos muchachos que, sentados en la plaza, gritan a los otros este refrán: 17 «Hemos tocado la flauta y no han
bailado, hemos entonado lamentaciones y
no han llorado». 18 Porque vino Juan, que no
comía ni bebía, y dicen: «Está endemoniado». 19 Viene el Hijo del hombre, que come
y bebe, y dicen: «Ahí tienen un comilón y
un borracho, amigo de recaudadores de
impuestos y pecadores». Pero la sabiduría
ha quedado avalada por sus obras.

Jesús maldice las ciudades que no se convirtieron

Lc 10 13-15

Is 23 1-8; Ez 26-28; Jl 3 4-8; Am 1 9-10; Zac 9 2-4; Jon 3 6; Gn 19 24-28

20 Entonces Jesús se puso a reprender a
las ciudades en las que había hecho la mayoría de sus milagros, porque no se habían
convertido:
21 –¡Ay de ti, Corozaín! ¡Ay de ti, Betsaida! Porque si en Tiro y en Sidón se hubieran hecho los milagros realizados en
ustedes, hace tiempo que, vestidas de penitencia y sentadas sobre ceniza, se habrían
convertido. 22 Por eso les digo que el día del
juicio será más tolerable para Tiro y Sidón
que para ustedes.
23 Y tú, Cafarnaún, ¿te elevarás hasta el
cielo? ¡Hasta el abismo te hundirás! Porque
si en Sodoma se hubieran hecho los milagros realizados en ti, hoy seguiría en pie.
24 Por eso les digo que el día del juicio será
más llevadero para Sodoma que para ti.

El reino manifestado a los pequeños

Lc 10 21-22

1 Cor 1 26-29; Mt 28 18; Jn 3 35; 13 3; 17 2; Jr 31 25; 6 16

25 Entonces Jesús dijo:
–Yo te alabo, Padre, Señor del cielo y
de la tierra, porque has escondido estas co-

claridad el rechazo de su pueblo, que obligará a Jesús a replegarse sobre el grupo de discípulos.

En estos capítulos encontramos tres bloques claramente diferenciados: el rechazo de Jesús (Mt 11 2-12 50); la explicación del misterio del reino (Mt 13 1-52), y el anuncio de la Iglesia (Mt 13 53-16 20).

+ 11 2-12 50: El hecho más llamativo de estos capítulos es la abundancia de opiniones acerca de Jesús. La pregunta de los enviados de Juan hace saltar la chispa (Mt 11 3). Después se suceden las respuestas incorrectas, que obligan a Jesús a manifestar su verdadera identidad. A pesar de todo, los dirigentes judíos tienen cerrados los ojos y los oídos, y al final llegan a la confrontación abierta y rechazan a Jesús.

• **11 2-19**: La figura de Juan confiere unidad a estos párrafos. Su pregunta sobre si Jesús es o no el Mesías esperado, da pie a la respuesta de Jesús: sus obras inauguran la era mesiánica anunciada por los profetas. Juan cumple la función de Elías (Mt 3 1-17), es decir, es el precursor que cierra una época e inaugura la definitiva, en la que se anuncia el reino. Los judíos, por su parte, rechazan todas las invitaciones de Dios: rechazan a Juan y a Jesús, que de formas diversas les anuncian el mismo mensaje de conversión. Sin embargo, las obras que Jesús realiza lo acreditan como enviado del Padre.

• **11 20-24**: Las ciudades en las que Jesús había realizado la mayoría de sus milagros personifican sorprendentemente la actitud caprichosa y desentendida de sus contemporáneos. Su falta de fe es peor que la perversidad de las ciudades más famosas por sus pecados (véase Am 1 9-10; Is 23; Ez 26-28), porque han contemplado las obras del Mesías, y no se han convertido.

• **11 25-30**: El rechazo de Jesús estaba previsto en el proyecto del Padre, el cual ha querido manifestar el misterio

43 Cuando un espíritu impuro sale del
hombre anda por lugares áridos buscando
descanso y, al no encontrarlo, 44 dice: «Regresaré a mi casa de donde salí»; al llegar la
encuentra deshabitada, barrida y arreglada.
45 Entonces va y toma consigo otros siete
espíritus peores que él, y se instalan allí,
con lo que la situación final de este hombre
es peor que la del principio. Así le ocurrirá
también a esta generación perversa.

La madre y los hermanos de Jesús

Mc 3 31-35; Lc 8 19-21

Mt 13 55; Mc 6 3; Jn 2 12; Hch 1 14

46 Aún estaba Jesús hablando a la gente,
cuando llegaron su madre y sus hermanos.
Se habían quedado afuera y trataban de hablar con él. 47 Alguien le dijo:
–¡Oye! Ahí afuera están tu madre y tus
hermanos que quieren hablar contigo.
48 Respondió Jesús al que se lo decía:
–¿Quién es mi madre, y quiénes son mis
hermanos?
49 Y señalando con la mano a sus discípulos, dijo:
–Estos son mi madre y mis hermanos.
50 El que cumple la voluntad de mi Padre
que está en los cielos, ése es mi hermano,
mi hermana y mi madre.

PARABOLAS. EL REINO CRECE MISTERIOSAMENTE +

El sembrador

Mc 4 1-9; Lc 8 4-8

13 1 Aquel día salió Jesús de casa y se
sentó a orillas del lago. 2 Se reunió en
torno a él mucha gente, tanta que subió a
una barca y se sentó, mientras la gente se
quedaba de pie a la orilla. 3 Y les habló de
muchas cosas por medio de parábolas. Decía:
–Salió el sembrador a sembrar. 4 Al sembrar, unas semillas cayeron al borde del
camino; vinieron los pájaros y se las comieron. 5 Otras cayeron en terreno pedregoso, donde no había mucha tierra; brotaron
en seguida porque la tierra era poco profunda, 6 pero cuando salió el sol se marchitó la planta y se secó porque no tenía raíz.
7 Otras cayeron entre la maleza, y cuando
la maleza creció las ahogó. 8 Finalmente
otras semillas cayeron en tierra buena y dieron fruto: un grano dio cien, otro sesenta,
otro treinta. 9 El que tenga oídos, que oiga.

Sentido de las parábolas

Mc 4 10-12; Lc 8 9-10

Is 6 9-10; Lc 10 23-24

10 Los discípulos se acercaron y le preguntaron:
–¿Por qué les hablas por medio de parábolas?
11 Jesús les respondió:
–A ustedes Dios les concede conocer
los misterios del reino de los cielos, pero a
ellos no. 12 Porque al que tiene se le dará,
y tendrá de sobra; pero al que no tiene, aun
aquello que tiene se le quitará. 13 Por eso
les hablo por medio de parábolas, porque
aunque miran no ven, y aunque oyen no
escuchan ni entienden. 14 De esta manera
se cumple en ellos lo anunciado por Isaías:

Oirán, pero no entenderán;

• **12 46-50**: Al final de esta sección cargada de controversia y oposición, Jesús presenta a sus discípulos como su verdadera familia. No son los lazos de sangre ni de la historia común los que unen a los discípulos, sino su vinculación a Jesús y su deseo de cumplir la voluntad del Padre.

Sobre los *hermanos de Jesús*, véase nota a Gal 1 11-24.

+ 13 1-52: Las siete parábolas reunidas en este capítulo describen de forma catequética el misterio del reino de los cielos, que se ha hecho patente en las palabras y milagros de Jesús (Mt 4 17-11 1), y que sigue adelante a pesar del rechazo de los fariseos (Mt 11 2-12 50).

Se pueden distinguir tres momentos en Mt 13 1-52. El primero contiene la parábola del sembrador, una instrucción sobre el sentido de las parábolas y la explicación de la parábola (Mt 13 1-23). El segundo, tres parábolas, una nueva instrucción sobre el sentido de las parábolas y la explicación a los discípulos del sentido de la primera de las tres (Mt 13 24-43). Finalmente, el tercer grupo consta de tres parábolas y un breve diálogo con los discípulos (Mt 13 44-52).

• **13 1-9**: El centro de interés de la parábola del sembrador está en la magnífica cosecha que produce la semilla que cae en tierra buena. Teniendo presente que por entonces una cosecha del siete por uno era considerada muy buena en Palestina, este treinta, sesenta o ciento por uno del que habla la parábola resulta exagerado y llamativo. Es probable que esta parábola fuera pronunciada por Jesús para responder a las objeciones de los que no veían llegar el reino que él anunciaba. Jesús los invita a poner la mirada en la grandiosa cosecha final, diciéndoles: ¡Animo! ¡No hay que desanimarse! A pesar del fracaso aparente, es imposible frenar la llegada del reino, y el resultado final será maravilloso e incalculable.

• **13 10-17**: Mateo ha ampliado y modificado notablemente el texto paralelo de Marcos (Mc 4 10-12), tratando de aclarar cuál es la función de las parábolas. Para Mateo

mirarán, pero no verán,
15 *porque se ha endurecido,*
el corazón de este pueblo
se han vuelto torpes sus oídos,
y se han cerrado sus ojos;
de modo que sus ojos no ven,
sus oídos no oyen,
su corazón no entiende,
y no se convierten a mí
para que yo los sane.

16 Dichosos ustedes por lo que ven sus
ojos y por lo que oyen sus oídos; 17 porque
les aseguro que muchos profetas y justos
desearon ver lo que ustedes ven y no lo
vieron, y oír lo que ustedes oyen y no lo
oyeron.

Explicación de la parábola del sembrador

Mc 4 13-20; Lc 8 11-15
1 Tim 6 9-10; Lc 12 16-21

18 Así pues, escuchen ustedes lo que
significa la parábola del sembrador. 19 Hay
quien oye el mensaje del reino, pero no lo
entiende; viene el maligno y le arrebata lo
sembrado en su corazón. Este es como la
semilla que cayó al borde del camino. 20 La
semilla que cayó en terreno pedregoso es
como el que oye el mensaje y lo recibe en
seguida con alegría, 21 pero no tiene raíz
en sí mismo, es inconstante y, al llegar el
sufrimiento o la persecución a causa del
mensaje, en seguida sucumbe. 22 La semilla que cayó entre maleza es como el que
oye el mensaje, pero la preocupación del
mundo y la seducción del dinero ahogan el
mensaje y queda sin fruto. 23 Finalmente,
la semilla que cayó en tierra buena es como
el que oye el mensaje y lo entiende; éste da
y produce fruto, sea cien, sesenta o treinta.

El trigo y la cizaña

Mt 3 12; 13 36-43

24 Jesús les propuso esta otra parábola:
–Con el reino de los cielos sucede lo
mismo que con un hombre que sembró buena semilla en su campo. 25 Mientras todos
dormían, vino su enemigo, sembró cizaña
en medio del trigo, y se fue. 26 Y cuando
creció la planta y se formó la espiga, apareció también la cizaña. 27 Entonces los
siervos vinieron a decir al amo: «Señor, ¿no
sembraste buena semilla en tu campo? ¿Cómo es posible que tenga cizaña?». 28 El les
respondió: «Lo ha hecho un enemigo». Le
dijeron: «¿Quieres que vayamos a arrancarla?». 29 El les dijo: «No, no sea que, al
arrancar la cizaña, arranquen también con
ella el trigo. 30 Dejen que ambos crezcan
juntos hasta el tiempo de la cosecha; entonces diré a los trabajadores: Recojan primero la cizaña y átenla en manojos para quemarla, pero el trigo júntenlo en mi granero».

El grano de mostaza y la levadura

Mc 4 30-32; Lc 13 18-21
Sal 104 12; Ez 17 23; 31 6; Dn 4 12.21; 1 Cor 5 6

31 Les propuso otra parábola:
–Sucede con el reino de los cielos lo
mismo que con un grano de mostaza que
un hombre toma y siembra en su campo.

son una invitación para aceptar a Jesús y su mensaje o una ocasión para rechazarlo. Los discípulos encarnan la postura de los que reciben a Jesús. Ellos comprenden y pueden profundizar en el significado de las parábolas, porque son la verdadera familia de Jesús, que hace la voluntad del Padre (Mt 12 48-50); son los sencillos, a quienes Dios ha descubierto los misterios del reino (Mt 13 11; *11 25). Sin embargo, los que han rechazado* a Jesús no entienden nada, porque sus ojos y sus oídos están cerrados, como ya anunció Isaías.

• **13 18-23**: La explicación de la parábola del sembrador es en realidad una aplicación a la situación posterior de la Iglesia. La semilla es ahora el mensaje, y el acento recae en las diversas actitudes ante el anuncio de dicho mensaje. De este modo, la explicación se convierte en una exhortación dirigida a los cristianos para que la aceptación del evangelio no sea ahogada por las dificultades con las que se van encontrando; y en una palabra de ánimo para los misioneros del evangelio, que se encuentran con todo tipo de respuestas por parte de los receptores.

• **13 24-30**: El centro de esta parábola es la pregunta que los criados plantean al propietario del campo: ¿Deben proceder sin más dilación a arrancar la cizaña? La cosa no es tan sencilla, pues ambas plantas se parecen mucho al principio. Por eso el dueño del campo les pide que esperen hasta el tiempo de la cosecha, expresión que en los profetas se refiere al momento de la intervención de Dios como juez. Mientras tanto, el reino de Dios se hace presente en el campo de la historia humana, creciendo como el trigo en medio de la cizaña que le resta fuerzas y le disminuye su fruto, pero no obstante logra abrirse paso para lograr la plenitud al final de los tiempos.

• **13 31-33**: Las parábolas del grano de mostaza y de la levadura son gemelas. En ambas se subraya el contraste entre unos comienzos insignificantes y un final desbordante. La presencia del reino es ahora germinal, es una realidad incipiente todavía, pero su fuerza transformadora ha prendido ya en la historia de forma irreversible.

32 Es la más pequeña de todas las semillas,
pero cuando crece es mayor que las hortalizas y se hace como un árbol, hasta el
punto que los pájaros del cielo pueden anidar en sus ramas.
33 Les dijo otra parábola:
–Sucede con el reino de los cielos lo
mismo que con la levadura que una mujer
toma y mete en tres medidas de harina,
hasta que fermenta todo.

Destino de las parábolas

Mc 4 33-34
Sal 78 2

34 Jesús expuso todas estas cosas por
medio de parábolas a la gente, y nada les
decía sin utilizar parábolas, 35 para que se
cumpliera lo anunciado por el profeta:

Hablaré por medio de parábolas,
publicaré lo que estaba oculto
desde la creación del mundo.

Explicación de la parábola del trigo y la cizaña

Sof 1 3; Mt 8 12; Dn 12 3

36 Entonces dejó a la gente y se fue a
casa. Sus discípulos se le acercaron y le
dijeron:
–Explícanos la parábola de la cizaña del
campo.
37 Jesús les dijo:
–El que siembra la buena semilla es el
Hijo del hombre; 38 el campo es el mundo;
la buena semilla son los hijos del reino; y
la cizaña, los hijos del maligno; 39 el enemigo que la siembra es el diablo; la cosecha es el fin del mundo; y los trabajadores,
los ángeles. 40 Así como se recoge la cizaña
y se hace una fogata con ella, así también
sucederá cuando llegue el fin del mundo.
41 El Hijo del hombre enviará a sus ángeles, que recogerán de su reino a todos los
que fueron causa de tropiezo y a los malvados, 42 y los echarán al horno de fuego.
Allí llorarán y les rechinarán los dientes.
43 Entonces los justos brillarán como el sol
en el reino de su Padre. El que tenga oídos,
que oiga.

El tesoro y la perla

Prov 2 4

44 Sucede con el reino de los cielos lo
mismo que con un tesoro escondido en el
campo: el que lo encuentra lo deja oculto
y, lleno de alegría, va, vende todo lo que
tiene y compra aquel campo.
45 También sucede con el reino de los
cielos lo mismo que con un comerciante
que busca perlas finas, y que, 46 al encontrar una de gran valor, se va a vender todo
lo que tiene y la compra.

La red

Dn 3 6; Mt 13 42; 8 12

47 También sucede con el reino de los
cielos lo mismo que con una red que echan
al mar y recoge toda clase de peces; 48 una
vez llena, los pescadores la sacan a la playa, se sientan, seleccionan los buenos en
canastas, y tiran los malos.
49 Así será cuando llegue el fin del mundo. Saldrán los ángeles a separar a los malos de los buenos, 50 y echarán a los malos
al horno de fuego; allí llorarán y les rechinarán los dientes.

Conclusión

51 Jesús preguntó a sus discípulos:
–¿Han entendido todo esto?
Ellos le contestaron:

• **13 34-43**: Una breve reflexión sobre el sentido de las parábolas en general, paralela a la de Mt 13 10-17, introduce la explicación de la parábola del trigo y la cizaña. En ésta el acento se ha desplazado claramente hacia el futuro, pues la cuestión no es ya si el trigo y la cizaña pueden crecer juntos, sino el discernimiento que tendrá lugar en el juicio final, en el que las obras de amor serán el criterio decisivo (véase Mt 25 34-40).

• **13 44-46**: Reúne aquí Mateo dos parábolas gemelas. El acento recae en la reacción de los protagonistas ante un hallazgo maravilloso. Mateo invita a los cristianos, que ya han descubierto el reino, a que vivan su opción con radicalidad y con alegría, pues una vez descubierto el reino, todo lo demás carece de valor.

• **13 47-50**: Esta parábola es semejante a la del trigo y la cizaña que crecen juntos (Mt 13 24-30.36-43). Aquí, sin embargo, la parábola y su explicación van unidas. Mateo pone de nuevo el acento en el juicio que tendrá lugar al final (véase Mt 13 34-43).

• **13 51-52**: El discípulo es capaz de entender los misterios del reino de Dios y sabe sacar oportunamente lo viejo y lo nuevo, porque conoce la relación entre las dos épocas de la historia de la salvación: la de la promesa (lo viejo) y la del cumplimiento (lo nuevo). Todo el evangelio es un buen ejemplo de esta actitud, al presentar a Jesús y su mensaje como cumplimiento de las promesas de la antigua alianza. Los cristianos a los que se dirige Mateo saben también que sólo con esta actitud es posible hallar

–Sí.
52 Y Jesús les dijo:
–Todo maestro de la ley que se ha hecho
discípulo del reino de los cielos, es como
un padre de familia que saca de su tesoro
cosas nuevas y viejas.

EL REINO Y LA IGLESIA +

Rechazo de Jesús en su patria

Mc 6 1-6; Lc 4 16-30
Mt 7 28; 11 1; 19 1; 26 1; Jn 7 15; 6 42

53 Cuando Jesús acabó de contar estas
parábolas, partió de allí. 54 Fue a su pueblo
y se puso a enseñarles en la sinagoga judía.
La gente, admirada, decía:
–¿De dónde le vienen a éste esa sabiduría y esos poderes milagrosos? 55 ¿No es
éste el hijo del carpintero? ¿No se llama su
madre María, y sus hermanos Santiago,
José, Simón y Judas? 56 ¿No están todas
sus hermanas entre nosotros? ¿De dónde,
pues, le viene todo esto?
57 Y los tenía desconcertados. Pero Jesús les dijo:
–Un profeta sólo es despreciado en su
pueblo y entre los suyos.
58 Y no hizo allí muchos milagros por
su falta de fe.

Muerte de Juan el Bautista

Mc 6 14-29; Lc 9 7-9
Mt 11 2.9; Lv 18 16; 20 21; Mt 21 26

14 1 Por entonces, el rey Herodes oyó
hablar de Jesús, 2 y dijo a sus consejeros:
–Es Juan el Bautista, que ha resucitado
de entre los muertos; por eso actúan en él
los poderes milagrosos.
3 Y es que Herodes había detenido a
Juan, lo había encadenado y lo había metido en la cárcel, por causa de Herodías, la
mujer de su hermano Filipo. 4 Pues Juan le
decía:
–No te es lícito tenerla por mujer.
5 Y, aunque quería matarlo, tuvo miedo
al pueblo, que lo tenía por profeta.
6 El día que se celebraba el cumpleaños
de Herodes, la hija de Herodías danzó en
público y agradó tanto a Herodes 7 que éste
juró darle lo que pidiera. 8 Ella, instigada
por su madre, le dijo:
–Dame ahora mismo en una bandeja la
cabeza de Juan el Bautista.
9 El rey se entristeció, pero por no romper el juramento que había hecho ante los
invitados, mandó que se la dieran, 10 ordenando que le cortaran la cabeza a Juan en
la cárcel. 11 Trajeron la cabeza en una bandeja y se la dieron a la muchacha, la cual a
su vez se la llevó a su madre. 12 Después
vinieron sus discípulos, recogieron el cadáver, lo sepultaron y fueron a contárselo a
Jesús.

Primera multiplicación de los panes

Mc 6 30-46; Lc 9 10-17; Jn 6 1-14
Mt 15 32-39; Mc 8 1-10; 2 Re 4 42-44; Mt 26 26-30

13 Jesús, al enterarse de lo sucedido, se
retiró de allí en una barca a un lugar tranquilo para estar a solas. La gente se dio
cuenta y lo siguió a pie desde los pueblos.

un punto de encuentro para las diversas tendencias dentro de una comunidad compuesta por judíos y paganos.

+ 13 53-16 20: El motivo que domina estos capítulos es la progresiva concentración de Jesús en el grupo de sus discípulos. Desde este momento, Jesús no dirige su palabra a las gentes, tan sólo realiza milagros en su favor. Su enseñanza queda reservada a los discípulos, que van asumiendo cada vez más la función de intermediarios entre Jesús y la gente.

El episodio inicial (Mt 13 53-58) refleja una actitud de Jesús que se confirma luego tres veces (Mt 14 13; 15 21 y 16 4) siguiendo el mismo proceso: la oposición y el rechazo de sus adversarios (Herodes, maestros de la ley y fariseos, y fariseos y saduceos, respectivamente) hacen que Jesús se retire y vaya concentrando su actividad en el grupo de los discípulos. De este modo, abandona a Israel y se abre a los paganos que vienen a él (Mt 15 21-39), reuniendo un nuevo Israel en torno a sus doce discípulos. Al final de la sección queda bien clara la oposición de unos y la aceptación de otros (véase Mt 2 1-12).

• 13 53-58: A pesar de la admiración que suscitan sus obras y palabras, los del pueblo de Jesús no entienden cuál es su verdadero origen. Para ellos es sólo el *hijo del carpintero*. No pueden descubrir que es el *Hijo de Dios* (Mt 14 33). El rechazo de su pueblo resume el de todo Israel.

Sobre *los hermanos de Jesús*, véase nota a Gal 1 11-24.

• 14 1-12: La muerte de Juan el Bautista y la actitud adversa de Herodes provocan la primera retirada de Jesús (Mt 14 13). La actividad de Juan y la de Jesús estuvieron muy relacionadas (Mt 3 1-17; 11 2-15). Como profetas, ambos sufrirán el mismo destino, de modo que la muerte de Juan es un anuncio velado de la pasión de Jesús.

• 14 13-23: En esta sección se encuentran dos relatos de la multiplicación de los panes (Mt 14 13-23 y 15 32-39). Ambos proceden de la tradición sinóptica y contienen referencias a algunos acontecimientos del Antiguo Testamento (2 Re 4 1-7.42-44; Ex 16; Nm 11). Sin embargo, cada uno de ellos acentúa un aspecto particular. Este primer relato sitúa el acontecimiento en la orilla occidental del

14 Cuando Jesús desembarcó y vio aquel
gran gentío, sintió compasión de ellos y sanó a los enfermos que traían. 15 Al anochecer, sus discípulos se acercaron a decirle:
–El lugar está deshabitado y es ya tarde;
despide, pues, a la gente para que vayan a
los pueblos y se compren comida.
16 Pero Jesús les dijo:
–No es necesario que se vayan, dénles
ustedes mismos de comer.
17 Le dijeron:
–No tenemos aquí más que cinco panes
y dos peces.
18 Él les dijo:
–Tráiganmelos.
19 Y después de mandar que la gente se
sentara en la hierba, tomó los cinco panes
y los dos peces, levantó los ojos al cielo,
pronunció la bendición, partió los panes,
se los dio a los discípulos y éstos a la gente.
20 Comieron todos hasta hartarse, y con lo
que sobró llenaron doce canastas. 21 Los
que comieron eran unos cinco mil hombres, sin contar mujeres y niños.
22 Luego hizo que los discípulos subieran
a la barca y se le adelantaran a la otra orilla,
mientras él despedía a la gente. 23 Después
de despedirla, subió a la montaña para orar
a solas. Al llegar la noche estaba allí solo.

Jesús camina sobre las aguas

Mc 6 47-53; Jn 6 15-21
Mt 8 23-27; 16 16; 26 63; 27 54; 28 17

24 La barca, que estaba ya muy lejos de
la orilla, era sacudida por las olas, porque
el viento era contrario. 25 Antes de la madrugada, Jesús se acercó a ellos caminando
sobre el lago. 26 Los discípulos, al verlo caminar sobre el lago, se asustaron y decían:
–Es un fantasma.
Y se pusieron a gritar de miedo. 27 Pero
Jesús les dijo en seguida:
–¡Animo! Soy yo, no teman.
28 Pedro le respondió:
–Señor, si eres tú, mándame ir hacia ti
sobre las aguas.
29 Jesús le dijo:
–Ven.
Pedro saltó de la barca y, caminando
sobre las aguas, iba hacia Jesús. 30 Pero al
sentir la violencia del viento se asustó y,
como empezaba a hundirse, gritó:
–¡Señor, sálvame!
31 Jesús le tendió la mano, lo levantó y
le dijo:
–¡Hombre de poca fe! ¿Por qué has dudado?
32 Subieron a la barca, y el viento amainó. 33 Y los que estaban en la barca se postraron ante Jesús, diciendo:
–Verdaderamente eres Hijo de Dios.
34 Después de atravesar el lago, llegaron hasta la orilla de Genesaret.

Jesús sana a muchos enfermos

Mc 6 54-56
Mt 9 20-21

35 Al reconocerlo los habitantes del lugar,
difundieron la noticia por toda aquella región y le trajeron todos los enfermos. 36 Le
suplicaban que les dejara tocar siquiera el
borde de su manto; y todos los que lo tocaban quedaban sanos.

Las tradiciones antiguas

Mc 7 1-23
Ex 20 12; Dt 5 16; Ex 21 17; Lv 20 9; Is 29 13;
Mt 12 34; 23 16.24; Rom 1 29-31

15 1 Entonces unos fariseos y maestros
de la ley procedentes de Jerusalén se
acercaron a Jesús y le dijeron:
2 –¿Cómo es que tus discípulos no observan la tradición de los antepasados?

lago (territorio judío). En él se recogen doce canastas (una por cada tribu de Israel): es la oferta del reino hecha a Israel, que rechaza a Jesús. El relato está calcado sobre el esquema de la institución de la Eucaristía y subraya el papel de los discípulos como intermediarios entre Jesús y la gente.

• **14 24-36**: La barca en que se encuentran los discípu*los, atacada en la noche por vientos contrarios* y sacudida por las olas, es una imagen de la Iglesia. El desconcierto inicial de los discípulos se convierte al final en reconocimiento de Jesús como Hijo de Dios, que es fruto del encuentro personal con él. La actitud de Pedro, mezcla de confianza y duda, es también la de los demás discípulos. Mateo ha colocado aquí el episodio de Pedro para describir el proceso de este encuentro.

La calurosa recepción que brindan a Jesús los hombres de Genesaret (Mt 14 35-36) contrasta con la agresividad y desconfianza de las gentes de su pueblo (Mt 13 53-58). La fe de estos hombres hace posibles los milagros que son signo evidente de la llegada del reino de Dios.

• **15 1-20**: La agresividad de los fariseos y escribas, que no quieren entender el mandamiento de Dios, provoca una nueva retirada de Jesús (Mt 15 21). Curiosamente, ahora Jesús se dirige a Tiro y Sidón para hacer llegar la salvación a los paganos (la mujer cananea) y repartir el pan incluso a los no judíos (segundo relato de la multiplicación).

¿Por qué no se lavan las manos antes de
comer?
3 Jesús les respondió:
–¿Y cómo es que ustedes desobedecen
el mandato de Dios para seguir su propia
tradición? 4 Porque Dios dijo: *honra a tu
padre y a tu madre, y el que maldiga a su
padre o a su madre será castigado con la
muerte*. 5 Pero ustedes dicen: El que diga a
su padre o a su madre: «He ofrecido a Dios
los bienes con los que te podía ayudar» 6 no
tiene obligación de socorrer a su padre.
Anulan así el mandamiento de Dios con su
propia tradición. 7 ¡Hipócritas!, bien profetizó de ustedes Isaías cuando dijo:

8 *Este pueblo me honra con los labios,*
pero su corazón está lejos de mí;
9 *en vano me dan culto,*
pues las doctrinas que enseñan
son preceptos humanos.

10 Y llamando a la gente les dijo:
–Escuchen atentamente: 11 lo que entra
por la boca no mancha al hombre; lo que
sale de la boca, eso es lo que mancha al
hombre.
12 Los discípulos se acercaron entonces
a decirle:
–¿Sabes que los fariseos se han sentido
ofendidos al oír tus palabras?
13 Jesús respondió:
–Toda planta que no haya plantado mi
Padre celestial será arrancada de raíz. 14 Déjenlos; son ciegos que guían a otros ciegos;
y si un ciego guía a otro ciego, caerán ambos en el hoyo.
15 Pedro tomó la palabra y le dijo:
–Explícanos esta comparación.
16 Y Jesús contestó:
–¿Ni siquiera ustedes entienden todavía? 17 ¿No comprenden que todo lo que
entra por la boca baja al vientre y va a parar
a la letrina? 18 Sin embargo lo que sale de
la boca viene del corazón, y eso es lo que
mancha al hombre. 19 Porque del corazón
vienen los malos pensamientos, los homicidios, los adulterios, las fornicaciones, los
robos, los falsos testimonios y las injurias.
20 Eso es lo que mancha al hombre; comer
sin lavarse las manos no mancha a nadie.

La mujer pagana

Mc 7 24-30

Mt 10 6; 8 10.13; 9 29

21 Jesús se fue de allí y se retiró a la región de Tiro y Sidón. 22 En esto, una mujer
cananea procedente de aquellos lugares se
puso a gritar:
–Ten piedad de mí, Señor, Hijo de David;
mi hija vive maltratada por un demonio.
23 Jesús no le respondió nada. Pero sus
discípulos se acercaron y le decían:
–Atiéndela, porque viene gritando detrás de nosotros.
24 El respondió:
–Dios me ha enviado sólo a las ovejas
perdidas del pueblo de Israel.
25 Pero ella fue, se postró ante Jesús y le
suplicó:
–¡Señor, socórreme!
26 El respondió:
–No está bien tomar el pan de los hijos
para echárselo a los perritos.
Ella contestó:
27 –Es cierto, Señor, pero también los
perritos comen las migajas que caen de la
mesa de sus amos.
28 Entonces Jesús le dijo:
–¡Mujer, qué grande es tu fe! Que te suceda lo que pides.
Y desde aquel momento quedó sana su
hija.

En la discusión que se entabla sobre la práctica ritual de lavarse las manos, Jesús interpreta la ley como en el sermón del monte (Mt 5 17-48): el mandamiento de Dios está por encima de los preceptos de los hombres. La casuística se atiene a la ley de cumplir con lo mínimo exigido, pero la plenitud está en llevar el mandamiento de Dios hasta sus últimas consecuencias. Estas enseñanzas de Jesús conservaban su actualidad en la comunidad de Mateo, compuesta por judíos y paganos, pues también entre ellos seguía planteándose la cuestión de hasta qué punto las prescripciones rituales del judaísmo continuaban obligando a los cristianos.

• **15 21-31**: La mujer cananea y su hija representan a todos los no judíos. El rechazo y la incomprensión de Israel contrastan con la fe de esta mujer. Por eso el reino tiene que abrirse a los paganos que formarán parte del nuevo Israel. También para ellos queda pan. A través de este episodio Mateo se dirige a los cristianos de su comunidad que aceptaban con dificultad la entrada de los paganos en la Iglesia; les recuerda que Jesús se acercó a ellos y descubrió en ellos una fe ejemplar (Mt 8 10; 15 28).

Los enfermos sanados por Jesús (Mt 15 29-31) manifiestan la presencia del reino de Dios, según habían anunciado los profetas (véase Is 35 5-6).

Jesús sana a numerosos enfermos

Mt 4 23-25; 11 4-5

29 Jesús partió de allí y se fue a la orilla
del lago de Galilea; subió a la montaña y se
sentó allí. 30 Se le acercó mucha gente trayendo cojos, ciegos, sordos, mancos y otros
muchos enfermos; los pusieron a sus pies y
Jesús los sanó. 31 La gente se maravillaba
al ver que los mudos hablaban, los mancos
quedaban sanos, los cojos caminaban y los
ciegos recobraban la vista; y se pusieron a
alabar al Dios de Israel.

Las multitudes saciadas con el don del pan

Mc 8 1-10

Mt 9 36; 14 14-21; Mc 6 32-44; Lc 9 11-17; Jn 6 1-13

32 Entonces Jesús llamó a sus discípulos
y les dijo:
–Siento lástima de esta gente, porque
llevan ya tres días conmigo y no tienen nada para comer. No quiero despedirlos en
ayunas, no sea que se desmayen por el camino.
33 Los discípulos le dijeron:
–¿Dónde vamos a conseguir pan en este
lugar deshabitado para dar de comer a tanta
gente?
34 Jesús les preguntó:
–¿Cuántos panes tienen?
Ellos respondieron:
–Siete, y unos pocos pescados.
35 Entonces Jesús mandó a la gente que
se sentara en el suelo. 36 Tomó los siete
panes y los peces, dio gracias, los partió y
se los iba dando a los discípulos, y éstos a
la gente. 37 Comieron todos hasta hartarse,
y con lo que sobró llenaron siete cestas.
38 Los que comieron eran cuatro mil hombres, sin contar mujeres y niños. 39 Después despidió a la gente, subió a la barca y
se fue a la región de Magadán.

Un signo del cielo

Mc 8 11-13; Lc 12 54-56

Mt 12 38-39; Jn 6 30; 1 Cor 1 22

16 1 Los fariseos y saduceos se acercaron
a Jesús con la intención de ponerle
una trampa y le pidieron que les mostrara
una señal del cielo. 2 El les respondió:
[–Cuando llega la tarde ustedes dicen:
«Hará buen tiempo, porque el cielo está
rojo». 3 Y por la mañana: «Hoy habrá tormenta, pues aunque el cielo enrojece, está
nublado». Saben discernir el aspecto del
cielo, pero no los signos de los tiempos].
4 Esta generación perversa e infiel reclama
una señal, pero sólo se les dará la señal de
Jonás.
Y sin más, los dejó y se fue.

Pan y levadura. Explicación

Mc 8 14-21

Lc 12 1; Mt 14 13-21; 15 32-38

5 Cuando los discípulos pasaron a la otra
orilla, se habían olvidado de llevar pan.
6 Jesús les dijo:
–Tengan mucho cuidado con la levadura de los fariseos y saduceos.
7 Ellos comentaban entre sí: «Lo dice
porque no hemos traído pan». 8 Jesús se
dio cuenta y les dijo:
–¡Hombres de poca fe! ¿Por qué piensan
que es porque no tienen pan? 9 ¿Aún no
entienden? ¿Es que no recuerdan los cinco
panes repartidos entre los cinco mil hom-

• **15 32-39**: El segundo relato de la multiplicación de los panes (véase Mt 14 13-23) es la confirmación de lo que significa el episodio de la mujer cananea (Mt 15 21-28). Tiene lugar en la orilla oriental del lago (territorio pagano), y las cestas recogidas son siete, como los ministros de la comunidad helenista (Hch 6 1-6). El pan también se distribuye a los paganos en abundancia. Todos están invitados ya al banquete del reino que se anticipa en la celebración de la Eucaristía, de cuya institución se encuentran también aquí resonancias: dar gracias, partir el pan, etc...

Tanto Marcos como Mateo conservan dos relatos, que simbolizan la misión a judíos y paganos, y confirman la presencia de cristianos procedentes de ambos grupos en sus respectivas comunidades.

• **16 1-4**: Un nuevo encuentro con los fariseos, acompañados ahora de los saduceos, obliga a Jesús a una retirada definitiva: *Y sin más los dejó y se fue*. Esta retirada definitiva concluye con el anuncio de la fundación de la Iglesia, de la que Pedro es piedra de cimiento. Persiste la incapacidad de los jefes de su pueblo para captar los signos de Jesús, quien vuelve a remitirse, como en Mt 12 38-40, al signo de Jonás, es decir, a su propia resurrección, como argumento decisivo.

• **16 5-12**: La fe y la comprensión son los rasgos que definen al discípulo en el evangelio de Mateo, pero ambas cosas suponen un proceso (véase Mt 13 10-17; 14 24-34).

La simbología del pan que recorre estos capítulos queda aclarada en la conversación que Jesús mantiene con sus discípulos: igual que la levadura es eficaz para transformar la masa del pan, así la doctrina equivocada de los fariseos conduce a rechazar a Jesús. Los discípulos de Jesús no deben dejarse contaminar por ella.

bres, y todas las canastas que recogieron?
10 ¿Ni los siete panes repartidos entre los
cuatro mil hombres, y todas las cestas que
recogieron? 11 ¿Es que no entienden que
no se trata de panes? ¡Cuidado con la levadura de los fariseos y saduceos!

12 Entonces comprendieron que no se refería a que tuvieran cuidado con la levadura del pan, sino con las enseñanzas de los fariseos y saduceos.

Confesión de Pedro

Mc 8 27-30; Lc 9 18-21
Mt 26 63; Job 38 17; Is 38 10; Sab 16 13;
Mt 18 18; Jn 20 23

13 De camino hacia la región de Cesarea de Filipo, Jesús preguntó a sus discípulos:

–¿Quién dice la gente que es el Hijo del hombre?

14 Ellos le contestaron:

–Unos que Juan el Bautista; otros que Elías; otros que Jeremías o uno de los profetas.

15 Jesús les preguntó:

–Y según ustedes, ¿quién soy yo?

16 Simón Pedro respondió:

–Tú eres el Mesías, el Hijo de Dios vivo.

17 Jesús le dijo:

–Dichoso tú, Simón, hijo de Juan, porque eso no te lo ha revelado ningún mortal, sino mi Padre que está en los cielos.
18 Yo te digo: tú eres Pedro, y sobre esta
piedra edificaré mi iglesia, y el poder de la
muerte no podrá con ella. 19 Te daré las
llaves del reino de los cielos; lo que ates en la tierra quedará atado en el cielo, y lo que desates en la tierra quedará desatado en el cielo.

20 Entonces mandó a sus discípulos que no dijeran a nadie que él era el Mesías.

III. INVITACION A LOS DISCIPULOS. EL DESTINO SUFRIENTE DEL MESIAS Δ

1. Instrucción a los discípulos ◊

Primer anuncio de la pasión. Reacción de Pedro

Mc 8 31-9 1; Lc 9 22-27
Mt 17 22-23; 20 17-19; 26 1-5; 4 8-10.18-22; 10 38-39; 25 31

21 Desde entonces comenzó Jesús a manifestar a sus discípulos que tenía que ir a Jerusalén y que tenía que sufrir mucho por causa de los ancianos, los jefes de los sacerdotes y los maestros de la ley; que lo matarían y al tercer día resucitaría.

22 Entonces Pedro, tomándolo aparte, se puso a reprenderlo:

–Dios no lo quiera, Señor; no te ocurrirá eso.

• **16 13-20**: El pasaje con que se cierra la segunda parte del evangelio nos sitúa en un momento muy importante de la vida de Jesús: el rechazo de su pueblo y el fracaso aparente de su misión. Sin embargo, sus discípulos por boca de Pedro reconocen que Jesús es el Mesías, el Hijo del Dios vivo; títulos que resumen la fe de la iglesia de Mateo.

Las palabras de Jesús a Pedro (Mt 16 17-19) sólo se encuentran en este evangelio, y tienen una extraordinaria importancia. Jesús declara dichoso a Pedro, no por sus méritos, sino porque el Padre le ha concedido el don de reconocerlo como Mesías. El cambio de nombre indica el nuevo encargo que Jesús le confiere: ser piedra de cimiento para el nuevo Israel que empieza a ser reunido. Este nuevo Israel es la Iglesia, asamblea de los elegidos, nuevo pueblo de Dios, cuya misión será arrancar a los hombres del imperio de la muerte. A través de esta Iglesia viene el reino de Dios, que es semejante a una ciudad, cuyas llaves se entregan a Pedro. El es quien recibe el encargo de ser mayordomo y supervisor (véase Is 22 19-22), con autoridad para interpretar la ley (esto significaba entre los judíos la expresión “atar y desatar”) y adaptarla a las nuevas situaciones.

Δ 16 21-28 20: Comienza una etapa nueva en el camino de Jesús. Mateo lo subraya: *Desde entonces comenzó Jesús...* (Mt 16 21), como había hecho cuando Jesús comenzó a anunciar el reino de Dios (véase Mt 4 17). Esta nueva etapa tiene como objetivo instruir a los discípulos, que son las primicias de la Iglesia. El tema de dicha instrucción es el auténtico mesianismo de Jesús que se manifiesta en la cruz. Un anuncio que se va repitiendo hasta culminar en el relato de la pasión-resurrección.

Esta tercera parte del evangelio puede dividirse en dos secciones. La primera (Mt 16 21-20 34) es una instrucción a los discípulos sobre la pasión. La segunda (Mt 21 1-28 20) describe la consumación del rechazo a Jesús.

◊ 16 21-20 34: Esta sección está organizada en torno a tres anuncios de la pasión (Mt 16 21; 17 22-23 y 20 17-19). Toda ella es una detallada catequesis a los discípulos sobre el destino de muerte de Jesús y las actitudes que sus discípulos deben adoptar. Los tres anuncios de la pasión ofrecen una guía para leer estos capítulos: los discípulos deben comprender y aceptar el destino de Jesús (Mt 16 21-17 21); deben asumir sus consecuencias en la vida cotidiana (Mt 17 22-20 16), para lo cual es necesario un cambio de actitud (Mt 20 17-34).

23 Pero Jesús, dirigiéndose a Pedro le
dijo:
–¡Colócate detrás de mí, Satanás! Eres
para mí un obstáculo, porque no piensas
como Dios, sino como los hombres.
24 Y dirigiéndose a sus discípulos añadió:
–Si alguno quiere venir detrás de mí, que
renuncie a sí mismo, cargue con su cruz, y
me siga. 25 Porque el que quiera salvar su
vida, la perderá; pero el que pierda su vida
por mí, la conservará. 26 Pues ¿de qué le
sirve a uno ganar todo el mundo, si pierde
su vida? ¿O qué puede uno dar a cambio de
su vida? 27 El Hijo del hombre va a venir
con la gloria de su Padre y con sus ángeles. Entonces tratará a cada uno según su
conducta. 28 Les aseguro que algunos de
los aquí presentes no morirán sin ver antes
al Hijo del hombre venir como rey.

Jesús se transfigura ante los discípulos

Mc 9 2-13; Lc 9 28-36
2 Pe 1 16-18; Sal 2 7; Dt 18 15;
Mt 3 17; 12 18; Mal 3 23-24

17 1 Seis días después, tomó Jesús consigo a Pedro, a Santiago y a su hermano
Juan, los llevó a una montaña muy alta a
solas 2 y se transfiguró en su presencia. Su
rostro brillaba como el sol y sus vestidos
se volvieron blancos como la luz. 3 En
esto, se les aparecieron Moisés y Elías que
conversaban con Jesús. 4 Pedro tomó la
palabra y dijo a Jesús:
–Señor, ¡qué bien estamos aquí! Si quieres hago tres tiendas: una para ti, otra para
Moisés y otra para Elías.
5 Aún estaba hablando, cuando una nube
luminosa los cubrió, y una voz desde la
nube decía:
–Este es mi Hijo amado, en quien me
complazco, escúchenlo.
6 Al oír esto, los discípulos cayeron rostro a tierra, llenos de miedo. 7 Jesús se
acercó, los tocó y les dijo:
–Levántense, no tengan miedo.
8 Al levantar la vista no vieron a nadie
más que a Jesús. 9 Y cuando bajaban de la
montaña, Jesús les ordenó:
–No cuenten a nadie esta visión hasta
que el Hijo del hombre haya resucitado de
entre los muertos.
10 Los discípulos le preguntaron:
–¿Por qué dicen los maestros de la ley
que primero tiene que venir Elías?
11 Jesús les respondió:
–Sí, Elías tenía que venir a restaurarlo
todo. 12 Pero les digo que Elías ha venido ya
y no lo han reconocido, sino que han hecho
con él lo que han querido. Del mismo modo van a hacer padecer al Hijo del hombre.
13 Entonces entendieron los discípulos
que se refería a Juan el Bautista.

La fuerza de la fe

Mc 9 14-29; Lc 9 37-43a
Dt 32 5.20; Mt 8 13; 9 22; 15 28; 21 21

14 Cuando llegaban a donde estaba la
gente, se acercó un hombre, que se arrodilló ante Jesús, 15 diciendo:

• **16 21-28**: Jesús da un paso adelante en su manifestación a los discípulos y comienza a mostrarles con claridad que su camino hacia la resurrección pasa por el sufrimiento y la muerte. La reacción de Pedro contrasta con su reciente afirmación sobre Jesús (Mt 16 16). El, como los demás discípulos, no ha entendido aún el significado de la cruz. Sus palabras son una tentación para Jesús, como si Pedro asumiera el papel de Satanás (Mt 4 1-11). La frase con que Jesús reprende a Pedro: *Colócate detrás de mí,* le invita a tomar la actitud del auténtico discípulo, que camina detrás de su maestro. Lo mismo hará al final de la sección con los hijos de Zebedeo (Mt 20 20-28). La instrucción de Mt 16 24-28 explica con más claridad lo que significan las palabras que Jesús acaba de dirigir a Pedro: el auténtico discípulo es el que sigue el ejemplo *de la entrega de Jesús.*

• **17 1-13**: El relato de la transfiguración manifiesta a los discípulos más cercanos a Jesús la verdadera personalidad del Maestro: él es la plenitud de la ley y los profetas, personificados aquí por Moisés y Elías, que recibieron en el monte Sinaí la revelación de Dios. Su destino de muerte es en realidad un camino hacia la gloria, que ahora se manifiesta anticipadamente. Jesús aparece como el Mesías anunciado y el Hijo predilecto de Dios (Mt 3 13-17); y Juan el Bautista, su precursor, aparece como el nuevo Elías anunciado por el profeta Malaquías (Mal 3 23-24). Este relato, colocado inmediatamente después del primer anuncio de la pasión, contiene también una palabra de aliento para los discípulos, que deben seguir a Jesús por ese mismo camino.

• **17 14-20**: El pasaje anterior termina subrayando la comprensión de los discípulos (Mt 17 13). Pero esto no es suficiente. Es necesaria la fe, la adhesión incondicional a Jesús, para que nada les resulte imposible. La expresión: *hombres de poca fe* se repite varias veces en este evangelio (Mt 6 30; 8 26; 14 31; 16 8). Es al mismo tiempo una declaración de la fe insuficiente de los discípulos y una exhortación que Jesús les dirige para que inicien un camino de conversión y encuentro con él.

Bastantes manuscritos, aunque no los mejores, añaden Mt 17 21, que dice: *Pero esta clase de demonios sólo se expulsa con la oración y el ayuno.*

–¡Señor, ten compasión de mi hijo que
tiene ataques y está muy mal! Muchas veces
se cae al fuego y otras al agua; 16 lo he traído a tus discípulos, pero no han podido sanarlo.
17 Jesús respondió:
–¡Generación incrédula y perversa!
¿Hasta cuándo tendré que estar con ustedes? ¿Hasta cuándo tendré que soportarlos? Tráiganmelo aquí.
18 Jesús ordenó salir al demonio y éste
salió del muchacho, que sanó en el acto.
19 Después, los discípulos se acercaron en
privado a Jesús y le preguntaron:
–¿Por qué nosotros no pudimos expulsarlo?
20 El les dijo:
–Porque tienen poca fe; les aseguro que
si tuvieran una fe del tamaño de un grano
de mostaza, dirían a esta montaña: «Tras-
ládate allá» y se trasladaría; nada les sería
imposible.

Segundo anuncio de la pasión

Mc 9 30-32; Lc 9 43b-45
Mt 16 21; 20 17-19; 26 1-5

22 Un día que estaban juntos en Galilea,
les dijo Jesús:
–El Hijo del hombre va a ser entregado
en manos de los hombres, 23 y le darán
muerte, pero al tercer día resucitará.
Y se entristecieron mucho.

La libertad de los hijos

Ex 30 13; 38 26

24 Cuando llegaron a Cafarnaún, se acercaron a Pedro los que cobraban el impuesto del templo y le dijeron:
–¿No paga su maestro el impuesto?
25 Pedro contestó:
–Sí.
Al entrar Pedro en la casa, se anticipó
Jesús a preguntarle:
–¿Qué te parece, Simón? Los reyes de
la tierra ¿a quiénes cobran los impuestos y
contribuciones: a los ciudadanos de su país
o a los extranjeros?
26 Pedro contestó:
–A los extranjeros.
Jesús le dijo:
–Por tanto, los ciudadanos de su país
están exentos. 27 Con todo, para que no se
ofendan, ve al lago, echa el anzuelo y saca
el primer pez que pique; ábrele la boca y
encontrarás una moneda de plata. La tomas y la das por mí y por ti.

LA VIDA DE LA COMUNIDAD CRISTIANA +

El mayor en el reino

Mc 9 33-37; Lc 9 46-48
Mt 19 14; 20 26-27

18 1 En aquel momento se acercaron los
discípulos a Jesús y le dijeron:
–¿Quién es el más importante en el reino de los cielos?
2 El llamó a un niño, lo puso en medio
de ellos 3 y dijo:
–Les aseguro que si no cambian y se
hacen como los niños no entrarán en el
reino de los cielos. 4 El que se haga pequeño como este niño, ése es el mayor en el
reino de los cielos. 5 El que recibe a un niño
como éste en mi nombre, a mí me recibe.

• **17 22-27**: El segundo anuncio de la pasión cierra la primera explicación sobre el destino de Jesús y abre una exposición relativamente extensa sobre algunos problemas concretos de la vida comunitaria.

El episodio del impuesto del templo sólo se encuentra en Mateo. Los discípulos, que son la verdadera familia de Jesús, son por tanto hijos de Dios. El templo es la casa del Padre, y ellos deberían estar exentos del pago de cualquier impuesto. Sin embargo, para no crear confusión ni escándalo, Pedro pagará el impuesto obteniendo la suma de un modo sorprendente. En tiempos de Mateo ya no existía el templo, pero la enseñanza de Jesús seguía siendo válida para solucionar cualquier enfrentamiento dentro de la comunidad.

+ 18 1-35: Estas instrucciones acerca de la vida comunitaria constituyen el cuarto discurso del evangelio (véase nota a Mt 5 1-7 28). Está dirigido al grupo de los discípulos, pero refleja una comunidad cristiana en la que existen problemas de convivencia. Mateo intenta responder a esta situación diseñando un modelo de comunidad en la que los discípulos, atentos a la voluntad de Dios, viven la fraternidad desde el perdón y la aceptación de los más pequeños.

El discurso consta de dos partes (Mt 18 1-14.15-35), cada una de las cuales concluye con una parábola (Mt 18 12-14.23-35) y con una apremiante invitación a que se cumpla la voluntad de Dios (Mt 18 14.35).

• **18 1-5**: A la pregunta de los discípulos Jesús responde con una acción simbólica, que manifiesta el cambio de valores que trae consigo la llegada del reino: el mayor es el que se hace semejante a un niño. El niño, en cuanto expresión de pobreza, debilidad y desamparo encarna la actitud que deben tener los discípulos ante Dios y con los hermanos.

Atención a los pequeños

Mc 9 42-48; Lc 15 3-7; 17 1-2
Mt 5 29-30

6 Al que sea ocasión de pecado para
uno de estos pequeños que creen en mí,
más le valdría que le ataran al cuello una
piedra de molino y lo arrojaran al fondo
del mar. 7 ¡Ay de quienes son ocasión de
pecado en el mundo! Es inevitable que
esto exista. Sin embargo, ¡ay de aquellos
que sean ocasión de pecado! 8 Por eso, si
tu mano o tu pie es ocasión de pecado
para ti, córtatelo y arrójalo. Es mejor
entrar en la vida manco o cojo, que ser
arrojado con las dos manos o los dos pies
al fuego que no se apaga. 9 Y si tu ojo es
ocasión de pecado para ti, sácatelo y arrójalo; es mejor entrar en la vida con un solo
ojo, que ser echado con los dos ojos al
fuego que no se apaga.
10 Cuidado con despreciar a uno de
estos pequeños; porque les digo que sus
ángeles en el cielo contemplan sin cesar el
rostro de mi Padre del cielo.
12 ¿Qué les parece? Si un hombre tiene
cien ovejas y se le extravía una de ellas,
¿no dejará en la montaña las noventa y
nueve para ir a buscar la descarriada? 13 Y
si llega a encontrarla, les aseguro que se
alegrará por ella más que por las noventa y
nueve que no se extraviaron. 14 Del mismo
modo el Padre del cielo no quiere que se
pierda ni uno solo de estos pequeños.

Corrección fraterna

Lc 17 3
Lv 19 7; *Dt 19 15;* Mt 16 19; 1 23; 28 20

15 Por eso, si tu hermano te ofende, ve y
llámale la atención a solas. Si te hace caso,
habrás ganado a tu hermano. 16 Si no te
hace caso, toma contigo uno o dos, para
que *cualquier asunto se resuelva en presencia de dos o tres testigos.* 17 Si no les
hace caso a ellos, díselo a la comunidad; y
si no hace caso ni siquiera a la comunidad,
considéralo como un pagano o como uno
que recauda impuestos para Roma.
18 Les aseguro que lo que aten en la tierra quedará atado en el cielo; y lo que de-
saten en la tierra quedará desatado en el
cielo. 19 También les aseguro que, si dos de
ustedes se ponen de acuerdo en la tierra
para pedir cualquier cosa, la obtendrán de
mi Padre del cielo. 20 Porque donde están
dos o tres reunidos en mi nombre, allí estoy
yo en medio de ellos.

La parábola del perdón

Mt 5 21-26; Lc 17 3-4

21 Entonces se acercó Pedro y le preguntó:
–Señor, ¿cuántas veces tengo que perdonar a mi hermano cuando me ofenda?
¿Siete veces?
22 Jesús le respondió:
–No te digo siete veces, sino setenta
veces siete. 23 Porque con el reino de los

• **18 6-14**: Las palabras de Jesús resumidas en este párrafo sirven para ilustrar la preocupación que la comunidad cristiana debe tener con los pequeños, es decir, con los creyentes débiles en la fe que fácilmente tropiezan o se desvían del camino. En primer lugar, hay que evitar todo motivo de tropiezo, es decir, todo aquello que puede hacer que los sencillos abandonen la fe (Mt 18 6-9). Esta especial preocupación debe manifestarse en una aceptación sincera (Mt 18 11), e incluso en una búsqueda solícita de los que se han extraviado, de cada uno de ellos, pues cada persona tiene ante Dios un valor particular (Mt 18 12-14).

Bastantes manuscritos, aunque no los mejores, añaden Mt 18 11, que dice: *El Hijo del hombre ha venido a salvar lo que estaba perdido.*

• **18 15-20**: Estas enseñanzas de Jesús responden a un problema comunitario: ¿Cómo hay que tratar a los hermanos pecadores? Mateo indica dos respuestas: la corrección fraterna (Mt 18 15-20) y el perdón (Mt 18 21-35).

El procedimiento que se describe en Mt 18 15-17 no es propiamente un proceso disciplinar, sino una aplicación práctica de la parábola de la oveja perdida (Mt 18 12-14). Hay que emplear todos los recursos para hacer volver al hermano que se ha extraviado. Es tarea de toda la comunidad y debe hacerse con respeto y amor. Las tres sentencias que siguen (Mt 18 18-20) insisten en la importancia de la comunidad local, en medio de la cual está presente y activo Jesús resucitado.

• **18 21-35**: La instrucción acerca de cómo deben ser tratados los pecadores termina con una parábola, que expresa la raíz más profunda de la vida comunitaria. En ella se comparan dos deudas exageradamente desiguales y se subraya la diferencia entre una gran cantidad de dinero y una suma ridícula. El rey en la parábola representa a Dios que ha perdonado toda nuestra deuda con su oferta de gracia. Por eso los discípulos de Jesús deben perdonar sin límites y su perdón debe alcanzar a todos. Quien ha experimentado la misericordia de Dios no puede andar calculando las fronteras del perdón y de la aceptación del hermano.

cielos sucede lo que con aquel rey que quiso ajustar cuentas con sus siervos. 24 Al comenzar a ajustarlas, le fue presentado uno que le debía diez mil talentos. 25 Como no podía pagar, el señor mandó que lo vendieran a él, a su mujer y a sus hijos, y todo cuanto tenía, para pagar la deuda. 26 El siervo se echó a sus pies suplicando: «¡Ten paciencia conmigo, que te lo pagaré todo!». 27 El señor tuvo compasión de aquel siervo, lo dejó libre y le perdonó la deuda. 28 Nada más salir, aquel siervo encontró a un compañero suyo que le debía cien denarios; lo agarró y le apretaba el cuello, diciendo: «¡Paga lo que me debes!». 29 El compañero se echó a sus pies, suplicándole: «¡Ten paciencia conmigo y te lo pagaré!». 30 Pero él no quiso, sino que fue y lo metió en la cárcel hasta que pagara la deuda. 31 Al verlo sus compañeros se disgustaron mucho y fueron a contar a su señor todo lo ocurrido. 32 Entonces el señor lo llamó y le dijo: «Siervo miserable, yo te perdoné toda aquella deuda, porque me lo suplicaste. 33 ¿No debías haberte compadecido de tu compañero como yo me compadecí de ti?». 34 Entonces su señor, muy enojado, lo entregó para que lo castigaran hasta que pagara toda la deuda. 35 Lo mismo hará con ustedes mi Padre celestial si no se perdonan de corazón unos a otros.

El verdadero amor

Mc 10 1-12

Gn 1 27; 2 24; *Dt 24* 1; Mt 5 31-32; 1 Cor 7 1-11

19 1 Cuando Jesús terminó este discurso, salió de Galilea y se dirigió a la región de Judea, a la otra orilla del Jordán. 2 Lo siguió muchísima gente y allí los sanó.

3 Se acercaron unos fariseos y, para ponerlo a prueba, le preguntaron:

–¿Puede uno separarse de su mujer por cualquier motivo?

4 Jesús respondió:

–¿No han leído que el Creador, desde el principio, *los hizo hombre y mujer,* 5 y que dijo: *Por eso dejará el hombre a su padre y a su madre, se unirá a su mujer, y serán los dos uno sólo?* 6 De manera que ya no son dos, sino uno sólo. Por tanto, lo que Dios unió, que no lo separe el hombre.

7 Ellos le dijeron:

–Entonces, ¿por qué mandó Moisés que el marido *diera un acta de divorcio a su mujer para separarse de ella*?

8 Jesús les dijo:

–Moisés les permitió separarse de sus mujeres por la incapacidad de ustedes para entender los planes de Dios, pero al principio no era así. 9 Ahora yo les digo: El que se separa de su mujer, excepto en caso de unión ilegítima, y se casa con otra, comete adulterio.

10 Los discípulos le dijeron:

–Si tal es la situación del hombre con respecto a su mujer, es mejor no casarse.

11 El les dijo:

–No todos pueden hacer esto, sino sólo aquellos a quienes Dios se lo concede. 12 Algunos no se casan porque nacieron incapacitados para eso; otros porque los hombres los incapacitaron; y otros eligen no casarse por causa del reino de los cielos. Quien pueda poner esto en práctica, que lo haga.

Jesús bendice a los niños

Mc 10 13-16; Lc 18 15-17

Mt 18 1-5

13 Entonces le presentaron unos niños

• **19 1-12**: Continúa la instrucción de Jesús a los discípulos. Dos episodios aclaran cuál es el lugar que ocupan *en el reino la familia (Mt 19 1-12) y las posesiones* (Mt 19 16-30). La primera cuestión que se plantea es la del matrimonio. Jesús va más allá de la discusión de los fariseos, e incluso sobrepasa la ley de Moisés, situando el problema de la pareja al nivel del proyecto creador de Dios. Según este proyecto, se trata de una unión profunda que es para siempre. A los ojos de los discípulos, educados en la cultura judía que admitía el divorcio, este modo de ver las cosas resulta cuando menos extraño, como muestra su reacción: *es mejor no casarse.* Esta queja sirve para introducir unas palabras de Jesús acerca de los que no se casan por el reino de los cielos (Mt 19 11-12). La llegada del reino de Dios no sólo abre un nuevo horizonte en la vivencia del matrimonio, sino que inaugura una forma nueva de vivir el amor desde una entrega radical.

La expresión *excepto en caso de unión ilegítima*, que aparece dos veces en Mateo (aquí y en Mt 5 32), y no en los textos paralelos, responde a una problemática particular del judaísmo, que es el ambiente en que se mueve la comunidad de Mateo. Tal vez se refiera a las uniones de las que se habla en Lv 18, y tenga como objeto permitir el divorcio a los cristianos de origen pagano que estuvieran en esa situación al entrar en la comunidad.

• **19 13-15**: Jesús ya ha presentado a los niños como modelo para los discípulos (Mc 18 1-4). Las acciones que Jesús realiza sobre ellos (orar e imponerles las manos) simbolizan su aceptación. Tal vez el recuerdo de este episodio invitaba a la comunidad a recibir en su seno a los niños.

para que les impusiera las manos y orara
por ellos. Los discípulos los reprendían,
14 pero Jesús dijo:
–Dejen a los niños y no les impidan que
vengan a mí, porque de los que son como
ellos es el reino de los cielos.
15 Después de imponerles las manos se
fue de allí.

La auténtica riqueza

Mc 10 17-31; Lc 18 18-30
Ex 20 12-16; Dt 5 16-20; Lv 19 18; Mt 5 43; 22 39;
Hch 4 34-37; Mt 6 20; 25 31; Dn 7 9-10

16 En cierta ocasión se acercó uno y le
preguntó:
–Maestro, ¿qué debo hacer de bueno
para obtener la vida eterna?
17 Jesús le contestó:
–¿Por qué me preguntas acerca de lo
bueno? Uno sólo es bueno. Si quieres entrar en la vida, observa los mandamientos.
18 El le preguntó:
–¿Cuáles?
Jesús contestó:
–No matarás, no cometerás adulterio, no
robarás, no darás falso testimonio; 19 *honra*
a tu padre y a tu madre, ama a tu prójimo
como a ti mismo.
20 El joven le dijo:
–Todo eso ya lo he cumplido. ¿Qué me
falta aún?
21 Jesús le dijo:
–Si quieres ser perfecto, ve a vender todo
lo que tienes y dáselo a los pobres; así tendrás un tesoro en los cielos. Luego ven y
sígueme.
22 Al oír esto, el joven se fue muy triste
porque poseía muchos bienes. 23 Jesús dijo
a sus discípulos:
–Yo les aseguro: es difícil que un rico
entre en el reino de los cielos. 24 De nuevo
les digo: es más fácil a un camello pasar
por el ojo de una aguja que a un rico entrar
en el reino de Dios.
25 Al oír esto, los discípulos se quedaron impresionados y dijeron:
–Entonces, ¿quién podrá salvarse?
26 Jesús los miró y les dijo:
–Para los hombres esto es imposible,
pero para Dios todo es posible.
27 Entonces Pedro tomó la palabra y le
dijo:
–Nosotros lo hemos dejado todo y te
hemos seguido. ¿Qué nos espera?
28 Jesús les contestó:
–Les aseguro que ustedes, los que me
han seguido, cuando todo se haga nuevo y
el Hijo del hombre se siente en su trono de
gloria, se sentarán también en doce tronos,
para juzgar a las doce tribus de Israel. 29 Y
todo el que haya dejado casas, hermanos,
hermanas, padre, madre, hijos o tierras por
mi causa, recibirá cien veces más y heredará la vida eterna.
30 Hay muchos primeros que serán últimos y muchos últimos que serán primeros.

Los trabajadores de la viña

Mt 21 28.33; 6 3; Tob 5 15; Lv 19 13; Dt 24 15

20 1 Por eso, con el reino de los cielos
sucede lo mismo que con el dueño de
una hacienda que salió muy de mañana a
contratar trabajadores para su viña. 2 Después de contratar a los trabajadores por un
denario al día, los envió a su viña. 3 Salió a
media mañana, vio a otros que estaban en
la plaza sin trabajo, 4 y les dijo: «Vayan
también ustedes a la viña, y les daré lo que
sea justo». 5 Ellos fueron. Salió de nuevo a
mediodía y a primera hora de la tarde e hizo lo mismo. 6 Salió por fin a media tarde,
encontró a otros que estaban sin trabajo y
les dijo: «¿Por qué están aquí todo el día
sin hacer nada?». 7 Le contestaron: «Porque

• **19 16-30**: Dos ejemplos ilustran la necesidad de dejarlo todo para seguir a Jesús: el del joven que apegado a sus riquezas no fue capaz de dar el último paso (Mt 19 16-22), y el de los discípulos que se han despojado de todo para seguir a Jesús (Mt 19 27-30). En el diálogo que se encuentra entre ambos ejemplos Jesús aclara que esta *renuncia es un don de Dios (Mt 19 23-26)*. Las riquezas son un obstáculo importante para ser discípulo de Jesús, porque el hombre acaba apegándose a ellas (Mt 6 20). Los que imiten la actitud desprendida de los discípulos serán los que reciban la vida eterna (Mt 19 30) que buscaba el joven rico (Mt 19 16).

• **20 1-16**: La parábola de los trabajadores de la viña completa la enseñanza de Jesús sobre la recompensa que reciben aquellos que han dejado todo para seguirlo (véase Mt 19 28-29), y aplica dicha enseñanza a las circunstancias que vive la comunidad de Mateo. Algunos cristianos de origen judío no podían entender que los no judíos, llegados más tarde, tuvieran en la Iglesia la misma situación que ellos. Mateo, a través de esta parábola, los invita a cambiar de mentalidad, mostrándoles que la recompensa de Dios es don, y no fruto de sus esfuerzos; es un regalo inmerecido y es igual para todos.

nadie nos ha contratado». El les dijo: «Vayan también ustedes a la viña». 8 Al atardecer, el dueño de la viña dijo a su administrador: «Llama a los trabajadores y págales el
jornal, empezando por los últimos hasta
los primeros». 9 Vinieron los de media tarde
y recibieron un denario cada uno. 10 Cuando
llegaron los primeros, pensaban que recibirían más; pero también ellos recibieron un
denario cada uno. 11 Al recibirlo, se queja-
ban contra el dueño, 12 diciendo: «Estos
últimos han trabajado sólo un rato y les has
pagado igual que a nosotros, que hemos
soportado el peso del día y del calor». 13 Pero él respondió a uno de ellos: «Amigo, no
te hago ninguna injusticia. ¿No quedamos
en un denario? 14 Toma lo tuyo y vete. Si
yo quiero dar a este último lo mismo que a
ti, 15 ¿no puedo hacer lo que quiera con lo
mío? ¿O es que tienes envidia porque yo
soy bueno?». 16 Así los últimos serán primeros, y los primeros serán últimos.

Tercer anuncio de la pasión

Mc 10 32-34; Lc 18 31-34
Mt 16 21; 17 22-23; 26 1-5

17 Cuando Jesús subía a Jerusalén, tomó
consigo a los doce discípulos aparte y les
dijo por el camino:
18 –Miren, estamos subiendo a Jerusalén. Allí el Hijo del hombre va a ser entregado a los jefes de los sacerdotes y maestros de la ley, que lo condenarán a muerte,
19 y lo entregarán a los paganos, para que
se burlen de él, lo azoten y lo crucifiquen;
pero al tercer día resucitará.

Los puestos importantes

Mc 10 35-45
Mt 26 39; Jn 18 11; Lc 22 25-26; Mt 23 11

20 Entonces, la madre de los Zebedeos
se acercó a Jesús con sus hijos y se arrodilló para pedirle un favor.
21 El le preguntó:
–¿Qué quieres?
Ella contestó:
–Manda que estos dos hijos míos se
sienten uno a tu derecha y otro a tu izquierda cuando tú reines.
22 Jesús respondió:
–No saben lo que piden. ¿Pueden beber
el cáliz de amargura que yo voy a beber?
Ellos dijeron:
–Sí, podemos.
23 Jesús les respondió:
–Beberán mi cáliz, pero sentarse a mi
derecha o a mi izquierda no me toca a mí
concederlo, sino que es para quienes lo ha
reservado mi Padre.
24 Al oír aquello, los otros diez se indignaron contra los dos hermanos. 25 Pero
Jesús los llamó y les dijo:
–Ustedes saben que los jefes de las naciones las gobiernan tiránicamente y que
los dirigentes las oprimen. 26 No debe ser
así entre ustedes. El que quiera ser importante entre ustedes, sea su servidor, 27 y el
que quiera ser el primero, que sea su esclavo. 28 De la misma manera que el Hijo del
hombre no ha venido a ser servido, sino a
servir y dar su vida en rescate por todos.

Dos ciegos recobran la vista

Mc 10 46-52; Lc 18 35-43
Mt 9 27-30; 15 22

29 Al salir ellos de Jericó, le siguió mucha gente. 30 Y dos ciegos, que estaban sentados junto al camino, al oír que Jesús pasaba, gritaron:
–¡Señor, Hijo de David, ten compasión
de nosotros!
31 La gente les decía que se callaran,
pero ellos gritaban todavía más fuerte diciendo:
–¡Señor, Hijo de David, ten compasión
de nosotros!

• **20 17-28**: El último anuncio de la pasión introduce la enseñanza de Jesús acerca del servicio. La actitud de Jesús camino de Jerusalén para entregar su vida y rescatar al hombre del pecado (Mt 20 28) contrasta con el egoísmo de los Zebedeos, que buscan los puestos de honor. La actitud de los demás discípulos, que sienten envidia ante la petición de éstos, es en el fondo la misma. No han entendido aún lo que quiere decirles Jesús. Por eso es necesaria una explicación acerca de la actitud de servicio que debe caracterizar a sus discípulos, como lo caracterizó a él.

• **20 29-34**: En el episodio de Jericó, Mateo habla de dos ciegos, y no de uno como Marcos y Lucas. Los dos ciegos simbolizan a los discípulos que no han comprendido su enseñanza; sin embargo, a la pregunta de Jesús responden pidiendo que les abra los ojos para comprender su destino de muerte y resurrección. Se han dado cuenta de que los esfuerzos humanos son inútiles, y que sólo les queda el recurso de la súplica para que Jesús les conceda este don. Sólo entonces sus ojos se abren y pueden seguirlo.

32 Jesús se detuvo, los llamó y les preguntó:
–¿Qué quieren que haga por ustedes?
33 Ellos contestaron:
–¡Señor, que se abran nuestros ojos!
34 Jesús, compadecido, tocó sus ojos, y al
instante recuperaron la vista y lo siguieron.

2. Rechazo de Jesús. Pasión y resurrección ◊

RECHAZO DEL MESIAS EN JERUSALEN +

Entrada en Jerusalén

Mc 11 1-11; Lc 19 28-38; Jn 12 12-19
Is 62 11; Zac 9 9; Sal 118 25-26

21 1 Cerca ya de Jerusalén, al llegar a
Betfagé, en las proximidades del
monte de los Olivos, Jesús envió a dos discípulos 2 con este encargo:
–Vayan al poblado de enfrente; al entrar,
encontrarán una burra atada con su borrico
al lado; desátenlos y tráiganmelos. 3 Y si
alguien les dice algo, dirán que el Señor los
necesita, pero que en seguida los devolverá.
4 Esto sucedió para que se cumpliera lo
que dice el profeta:

5 *Digan a la hija de Sión:*
Mira, tu rey viene a ti,
humilde y sentado en un burro,
en un borrico,
cría de un animal de carga.

6 Los discípulos fueron e hicieron lo
que Jesús les mandó: 7 trajeron la burra y
el borrico; pusieron sobre ellos los mantos,
y él montó encima. 8 El gentío, que era muy
numeroso, extendía sus mantos en el camino; otros cortaban ramas de árboles y las
extendían por el camino. 9 Y la gente que
iba adelante y atrás gritaba:

Hosanna al Hijo de David,
bendito el que viene en nombre del Señor.
Hosanna en las alturas.

10 Al entrar Jesús en Jerusalén, toda la
ciudad se alarmó y se preguntaban:
–¿Quién es éste?
11 La gente respondía:
–Es el profeta Jesús, el de Nazaret de
Galilea.

Entrada en el templo

Mc 11 15-19; Lc 19 45-48; Jn 2 13-22
Is 56 7; 60 7; Jr 7 11; Sal 8 3

12 Jesús entró en el templo y echó a todos los que estaban allí vendiendo y com-
prando, tumbó las mesas de los que cambiaban dinero y los puestos de los que vendían las palomas. 13 Y les dijo:
–Está escrito:

◊ **21 1-28 20**: En este último tramo del evangelio se acentúa la tensión entre Jesús y sus adversarios, cuyo ataque tiene los rasgos de un proceso organizado (véase Mt 21 23-46; 22 15-40; 26 3-4). La respuesta de Jesús reviste la forma de una condena implacable (Mt 23 13-39). Todo eso culmina en la pasión y muerte de Jesús, que es el punto hacia el que se orienta desde el principio la tercera parte del evangelio (véase nota a Mt 16 21-28 20).

En esta sección pueden distinguirse tres bloques narrativos: la consumación del rechazo de Jesús (Mt 21 1-23 39); el anuncio de la venida del Hijo del hombre (Mt 24 1-25 46); y el relato de la pasión y resurrección de Jesús (Mt 26 1-28 20).

+ 21 1-23 39: Con la entrada de Jesús en Jerusalén comienza una nueva etapa. Jesús deja por el momento de instruir a sus discípulos y se dedica a clarificar la actitud de Israel frente a él y su mensaje: la conmoción inicial de Jerusalén (Mt 21 10) se va concretando a lo largo de estos capítulos hasta llegar a un abierto rechazo de Jesús y sus discípulos.

Literariamente, la sección está construida como una gran controversia entre Jesús y sus adversarios: Jesús se manifiesta como Mesías a través de tres acciones cargadas de simbolismo (Mt 21 1-22); los fariseos cuestionan su autoridad (Mt 21 23-27); Jesús les responde por medio de tres parábolas (Mt 21 28-22 14); sus adversarios buscan motivos para acusarlo y le plantean tres cuestiones discutidas (Mt 22 15-40); Jesús les propone la cuestión decisiva, y ante su incapacidad para reconocerlo como Mesías pronuncia la sentencia de Dios sobre los líderes de Israel y sobre Jerusalén (Mt 23 1-39).

• **21 1-11**: Con tres acciones simbólicas muy parecidas a las que solían hacer los profetas del Antiguo Testamento, Jesús expresa su condición mesiánica y la purificación que necesita Israel. La primera de ellas es la entrada en Jerusalén, un hecho sencillo y solemne a la vez, que hay que entender a la luz del texto de Zac 9 9. Jesús encarna el papel del Mesías humilde, que va a instaurar un nuevo señorío como defensor de los pobres y desamparados. La reacción de la ciudad, como cuando los sabios de oriente comunicaron a Herodes la noticia del nacimiento del Mesías (Mt 2 3), es de recelo e inquietud.

• **21 12-17**: La segunda acción simbólica es la purificación del templo. Con sus acciones y palabras, Jesús pone de manifiesto la degradación a que había llegado esta institución, que era sin duda alguna la más importante del judaísmo. Para mostrar el estado en que se encuentra Israel, Jesús se dirige a su mismo centro y reclama una conversión profunda, un regreso a la alianza de amor con Dios. La respuesta a esta acción tan significativa es la oposición de los sacerdotes y los maestros de la ley, que se ven amenazados en sus intereses.

Mi casa es casa de oración,
pero ustedes la han convertido
en cueva de ladrones.

14 Algunos ciegos y cojos se acercaron
a Jesús en el templo, y él los sanó. 15 Pero
los jefes de los sacerdotes y maestros de la
ley, al ver los prodigios realizados y a los
niños que aclamaban en el templo: «¡Hosanna al Hijo de David!», se indignaron 16 y
le dijeron:
–¿No oyes lo que están diciendo?
Jesús les respondió:
–Sí. ¿Es que nunca han leído aquel pasaje de la Escritura que dice: *De la boca de los
niños de pecho has sacado una alabanza?*
17 Y dejándolos, salió fuera de la ciudad,
y se fue a Betania, donde pasó la noche.

La higuera seca

Mc 11 12-14.20-24
Mt 17 20; 7 7-11; Lc 13 6-8

18 Por la mañana, temprano, cuando regresaba a la ciudad, Jesús sintió hambre.
19 Vio una higuera junto al camino, se acercó a ella y, al no encontrar más que hojas,
le dijo:
–Que nunca jamás brote de ti fruto alguno.
Y la higuera se secó al instante.
20 Al ver esto, los discípulos se quedaron admirados y se preguntaban:
–¿Cómo es que la higuera se secó al
instante?
21 Jesús les respondió:
–Les aseguro que si tienen fe y no dudan,
no sólo harán lo de la higuera, sino que, si
dicen a esta montaña: «Quítate de ahí y
arrójate al mar», así pasará. 22 Y todo lo que
pidan con fe en la oración lo obtendrán.

La autoridad de Jesús puesta en duda

Mc 11 27-33; Lc 20 1-8
Jn 1 6-8.33; Mt 14 5; 21 46

23 Jesús entró en el templo, y mientras
enseñaba, se le acercaron los jefes de los
sacerdotes y los ancianos del pueblo y le
dijeron:
–¿Con qué autoridad haces estas cosas?
¿Quién te ha dado esa autoridad?
24 Jesús les respondió:
–También yo les voy a hacer una pregunta. Si me contestan, les diré con qué
autoridad hago esto. 25 El bautismo de Juan,
¿de dónde venía, de Dios o de los hombres?
Ellos intentaban ponerse de acuerdo y
razonaban así: «Si decimos que de Dios,
nos dirá: Entonces, ¿por qué no le creyeron? 26 Y si decimos que de los hombres,
la gente se pondrá en contra nuestra, porque
todos piensan que Juan era un profeta».
27 Así que respondieron a Jesús:
–No sabemos.
Entonces Jesús les dijo:
–Pues tampoco yo les digo con qué
autoridad hago estas cosas.

Parábola de los dos hijos

Mt 20 1; 21 25; Lc 7 29-30

28 ¿Qué les parece? Un hombre tenía
dos hijos. Se acercó al primero y le dijo:
«Hijo, ve hoy a trabajar en la viña». 29 El
respondió: «No quiero». Pero después se
arrepintió y fue. 30 Luego se acercó al segundo y le dijo lo mismo. El respondió:
«Voy, señor». Pero no fue. 31 ¿Cuál de los
dos cumplió la voluntad de su padre?
Le contestaron:
–El primero.
Entonces Jesús les dijo:

• **21 18-22**: La higuera que no da fruto simboliza al pueblo de Israel (Jr 8 13; Ez 15 6), que no ha sido fiel a su misión. La maldición de Jesús es un nuevo hecho simbó*lico que anuncia el abandono de Dios.* La admiración de los discípulos da pie a Jesús para instruirlos acerca de la eficacia de la oración hecha con fe y que debe orientarse, conforme nos lo aclara el contexto, hacia la conversión de los hombres y no ingenua y superficialmente hacia la consecución de prodigios.

• **21 23-27**: Los sacerdotes y jefes del pueblo han entendido perfectamente el alcance de los hechos simbólicos de Jesús. A través de ellos se ha manifestado como Mesías (Mt 21 1-11.12-17) y como juez de Israel (Mt 21 18-22). Por eso, desde ahora inician contra él un verdadero proceso, interrogándolo acerca de su autoridad. La pregunta con que Jesús les responde es una última ocasión para que se den cuenta de quién es. Si supieran que Juan era el precursor del Mesías (Mt 17 10-13), sabrían que Jesús era el enviado de Dios. Sin embargo, la intención de los fariseos no era conocer quién era Jesús, sino buscar pruebas contra él.

• **21 28-32**: La actitud de Israel, simbolizada por la esterilidad de la higuera (Mt 21 18-22), se explica ahora con más detalle en tres comparaciones que muestran el alcance y las consecuencias de su rechazo a Jesús.

Primera comparación: los dos hijos. El pueblo judío dijo "sí" al aceptar la ley de Moisés, pero se ha negado a aceptar la invitación definitiva a la conversión hecha por Juan el Bautista y por Jesús. Sin embargo, los paganos y los pecadores, que primero dijeron "no", han escuchado esta invitación y son admitidos en el reino de Dios.

–Les aseguro que los que recaudan impuestos para Roma y las prostitutas les llevan ventaja para entrar en el reino de Dios.
32 Porque vino Juan a manifestarles el camino de la salvación y no le creyeron; en cambio los recaudadores de impuestos y las
prostitutas le creyeron. Y ustedes, a pesar de
esto, no se arrepintieron ni creyeron en él.

Parábola de los viñadores homicidas

Mc 12 1-12; Lc 20 9-19

Is 5 1-2; Mt 22 6; Heb 13 12; Hch 4 11;
Sal 118 22-23; Dn 2 34-35

33 Escuchen esta otra parábola: El dueño de una hacienda plantó una viña, la rodeó con una cerca, construyó un lugar para
hacer el vino, edificó una torre, la arrendó
a unos viñadores, y se ausentó. 34 Al llegar
la cosecha, envió sus criados a los viñadores para recoger los frutos. 35 Pero los viñadores agarraron a los criados, hirieron a
uno, mataron a otro y al otro lo apedrearon.
36 De nuevo envió otros criados, en mayor
número que la primera vez, e hicieron con
ellos lo mismo. 37 Finalmente les envió a
su hijo, pensando: «A mi hijo lo respetarán». 38 Pero los viñadores, al ver al hijo,
se dijeron: «Este es el heredero. Matémoslo y nos quedaremos con su herencia». 39 Lo
capturaron, lo arrojaron fuera de la viña y
lo mataron. 40 ¿Qué les parece? Cuando
regrese el señor de la viña, ¿qué hará con
esos viñadores?
41 Le respondieron:
–Matará sin compasión a esos miserables, y arrendará la viña a otros viñadores
que le entreguen los frutos a su tiempo.
42 Jesús les dijo:
–¿No han leído nunca en las Escrituras:
*La piedra que rechazaron los constructo-
res se ha convertido en piedra fundamental; esto lo hizo el Señor y es realmente
admirable?*
43 Por eso les digo que a ustedes se les
quitará el reino de Dios y se le entregará a
un pueblo que dé a su tiempo los frutos
que al reino corresponden. 44 [El que caiga
sobre esta piedra quedará despedazado, y
sobre quien ella caiga será aplastado].
45 Cuando los jefes de los sacerdotes y
los fariseos oyeron sus parábolas, se dieron
cuenta de que Jesús se refería a ellos.
46 Querían capturarlo, pero tuvieron miedo
de la gente, porque lo tenían por profeta.

Parábola de las bodas

Lc 14 15-24

Mt 21 35; 8 12

22 1 Jesús tomó de nuevo la palabra y les
dijo esta parábola:
2 –Con el reino de los cielos sucede lo
mismo que con aquel rey que celebraba la
boda de su hijo. 3 Envió a sus criados para
llamar a los invitados a la boda, pero no quisieron venir. 4 De nuevo envió otros criados encargándoles que dijeran a los invitados: «Mi banquete está preparado, he matado reses y becerros gordos, y todo está
listo; vengan a la boda». 5 Pero ellos no
hicieron caso, y se fueron unos a su campo
y otros a su negocio. 6 Los demás, captu-
rando a los criados, los maltrataron y los
mataron. 7 El rey entonces se enojó y envió
sus tropas para que acabaran con aquellos

• **21** 33-46: Segunda comparación: los viñadores homicidas. En su forma más antigua esta parábola estaba centrada en la muerte del hijo. Con ella Jesús expresó la certeza de su íntima relación con el Padre y el presentimiento de su trágico final. Mateo, sin embargo, ha hecho de la parábola una alegoría, en la que la viña es Israel (véase Is 5 1-7) y los viñadores son los jefes del pueblo. A ellos y a toda la descendencia de Abrahán, les había sido encomendado el reino, pero no han dado los frutos en el tiempo oportuno. Por eso, esta misión pasará a otro pueblo que sepa darlos.

Esta alegoría, colocada en el centro de la sección, tiene una gran importancia en el conjunto del evangelio. Al principio, la buena noticia se dirige sólo a Israel (Mt 10 5-6), para comunicarle que ha llegado el momento de anunciar y llevar la salvación a todas las naciones. Pero como el pueblo elegido rechaza esta invitación, Jesús reunirá en torno a sus doce discípulos un "nuevo" Israel que dé sus frutos y anuncie a todos los pueblos la salvación (Mt 28 16-20).

• **22** 1-14: La tercera comparación, la del banquete de bodas, repite la misma idea que las dos anteriores: el rechazo de Israel a la oferta de salvación hecha por Dios. Mateo ha fundido aquí dos parábolas, la de los invitados al banquete de bodas y la del invitado sin vestido apropiado, y ha hecho del conjunto una alegoría en la que el rey representa a Dios, el banquete es imagen del encuentro final entre Dios y su pueblo (véase Is 2 1-4), los enviados son los profetas y apóstoles, los primeros destinatarios son los judíos, y aquellos que los criados encuentran por los caminos representan a los paganos. Israel ha rechazado su misión de invitar a todos los pueblos (Is 2 1-5), pero eso no impide que las puertas del banquete se abran para todos. Sin embargo, la entrada en él requiere una actitud de conversión que en Mt 22 11-14 se compara simbólicamente a un vestido de boda.

asesinos e incendiaran su ciudad. 8 Después
dijo a sus criados: «El banquete de boda
está preparado, pero los invitados no eran
dignos. 9 Vayan, pues, donde se cruzan los
caminos e inviten a la boda a todos los que
encuentren». 10 Los criados salieron a los
caminos y reunieron a todos los que encontraron, malos y buenos; y la sala se llenó
de invitados.
11 Al entrar el rey para ver a los invitados, observó que uno de ellos no llevaba
traje de boda. 12 Le dijo: «Amigo, ¿cómo
has entrado aquí sin traje de boda?». El se
quedó callado. 13 Entonces el rey dijo a los
servidores: «Atenlo de pies y manos y
échenlo fuera a las tinieblas; allí llorará y le
rechinarán los dientes». 14 Porque son muchos los llamados, pero pocos los elegidos.

El impuesto al emperador romano

Mc 12 13-17; Lc 20 20-26
Mc 3 6; Rom 13 7

15 Entonces los fariseos se pusieron de
acuerdo para buscar en las palabras de Jesús algún motivo para acusarlo, 16 y le enviaron algunos de sus discípulos con los
partidarios de Herodes a decirle:
–Maestro, sabemos que eres sincero, que
enseñas con verdad el camino de Dios y
que no te dejas influenciar por nadie, pues
no miras las apariencias de las personas.
17 Dinos, pues, tu parecer: ¿Estamos obligados a pagar impuesto al emperador o no?
18 Jesús se dio cuenta de su mala intención y les contestó:
–¿Por qué me ponen a prueba, hipócritas? 19 Muéstrenme la moneda con que pagan el impuesto.
Ellos le presentaron un denario, 20 y él
les preguntó:
–¿De quién es esta imagen y la inscripción?
21 Le respondieron:
–Del emperador.
Entonces Jesús les dijo:
–Pues den al emperador lo que es del
emperador y a Dios lo que es de Dios.
22 Al oír esto, se quedaron asombrados,
lo dejaron y se fueron.

La resurrección de los muertos

Mc 12 18-27; Lc 20 27-40
Dt 25 5; Gn 38 8; Ex 3 6.15.16; Mt 7 28; 13 54

23 Aquel mismo día se le acercaron unos
saduceos, que niegan la resurrección, y le
preguntaron:
24 –Maestro, Moisés dijo: *Si alguno
muere sin tener hijos, su hermano se casará con la viuda para dar descendencia al
hermano difunto*. 25 Pues bien, había entre
nosotros siete hermanos, y el primero, que
estaba casado, murió. Al no dejar descendencia, su mujer se casó con su hermano.
26 Y pasó lo mismo con este segundo y con
el tercero, y así con los siete. 27 La última
en morir fue la mujer. 28 En la resurrección, ¿de cuál de los siete será mujer, si
todos estuvieron casados con ella?
29 Jesús les respondió:
–Están equivocados. No comprenden
las Escrituras ni el poder de Dios. 30 Porque
cuando resuciten, ni ellos ni ellas se casarán, sino que serán como ángeles en el
cielo. 31 Y en cuanto a la resurrección de los
muertos, ¿no han leído cómo Dios les dijo:
32 *Yo soy el Dios de Abrahán, el Dios de
Isaac y el Dios de Jacob?* No es Dios de
muertos, sino de vivos.
33 Y la gente que estaba escuchando se
quedó admirada de su enseñanza.

El mandamiento más importante

Mc 12 28-34; Lc 10 25-28
Dt 6 5; Lv 19 18; Mt 7 12; Rom 13 9-10

34 Cuando los fariseos oyeron que había

• **22 15-22**: Los fariseos, que han escuchado las comparaciones de Jesús y saben que se refieren a ellos (Mt 21 45), buscan ahora un pretexto para acabar con él. Se inicia así una serie de tres consultas hechas a Jesús por representantes de diversos grupos religiosos y políticos, con el objeto de encontrar un motivo para acusarlo.

Primera cuestión: ¿Hay que pagar impuestos al emperador? La pregunta la hacen los partidarios de Herodes y los fariseos. Jesús no se identifica con la postura de los colaboracionistas (herodianos), ni con la de los revolucionarios, que consideran este tributo como una traición a Dios, sino que sitúa el planteamiento a un nivel más profundo: lo importante es que el hombre, que lleva grabada la imagen de Dios (Gn 1 27), se entregue por completo a él.

• **22 23-33**: Segunda cuestión: ¿Resucitan los muertos? Hacen la pregunta los saduceos, conservadores en lo religioso, que no creen en la resurrección. Jesús desbarata su ingenioso argumento recurriendo a un pasaje de la Escritura, que ellos reconocen como inspirado, y les reprocha su falta de confianza en el poder de Dios. Por eso, no comprenden que la resurrección inaugura una nueva creación, que no puede ser medida con categorías humanas.

tapado la boca a los saduceos, se reunieron, 35 y uno de ellos, experto en la ley, le
preguntó para ponerlo a prueba:
36 –Maestro, ¿cuál es el mandamiento
más importante de la ley?
37 Jesús le contestó:
–*Amarás al Señor tu Dios con todo tu corazón, con toda tu alma* y con toda tu
mente. 38 Este es el primer mandamiento y
el más importante. 39 El segundo es semejante a éste: *Amarás a tu prójimo como a ti*
mismo. 40 En estos dos mandamientos se
basa toda la ley y los profetas.

El Mesías, Hijo de David

Mc 12 35-37; Lc 20 41-44

Jn 7 42; *Sal 110 1;* Hch 2 34-35; 1 Cor 15 25; Heb 1 13

41 Cuando estaban reunidos los fariseos,
Jesús les preguntó:
42 –¿De quién piensan que es hijo el Mesías?
Contestaron:
–De David.
43 Jesús les argumentó:
–Entonces ¿cómo es que David, inspirado por el Espíritu, lo llama Señor, cuando dice:

44 *Dijo el Señor a mi Señor:*
siéntate a mi derecha
hasta que ponga a tus enemigos
debajo de tus pies?

45 Si David lo llama Señor, ¿cómo puede ser el Mesías hijo suyo?
46 Nadie podía responderle; y desde aquel día nadie se atrevió a hacerle más preguntas.

Denuncia de la hipocresía

Mc 12 38-40; Lc 20 45-47; 18 14b

Mal 2 7-8; Ex 13 9; Nm 15 38-39; Job 22 29;
Prov 29 23; Ez 21 26

23 1 Entonces Jesús, dirigiéndose a la
gente y a sus discípulos, les dijo:
2 –En la cátedra de Moisés se han sentado los maestros de la ley y los fariseos.
3 Obedézcanles y hagan lo que les digan,
pero no imiten su ejemplo, porque no hacen
lo que dicen. 4 Atan cargas pesadas e inso-
portables, y las ponen sobre los hombros
de la gente; pero ellos no mueven ni un
dedo para llevarlas. 5 Todo lo hacen para
que los vea la gente: exageran sus distintivos religiosos y alargan los adornos del
manto; 6 les gusta el primer asiento en los
banquetes y los puestos de honor en las
sinagogas, 7 el ser saludados por la calle y
que los llamen maestro. 8 Ustedes, en cambio, no se dejen llamar maestro, porque uno
es su maestro, y todos ustedes son hermanos. 9 Ni llamen a nadie padre en la tierra;
porque uno sólo es su Padre: el del cielo.
10 Ni se dejen llamar jefes, porque uno sólo
es quien los conduce: el Mesías. 11 El mayor
de ustedes será el que sirva a los demás.
12 Porque el que se engrandece será humillado, y el que se humilla será engrandecido.

Contra los maestros de la ley y los fariseos

Lc 11 37-52

Ex 29 37; 1 Re 8 13; Is 66 1; Lv 27 30; Miq 6 8;
Mt 3 7; 12 4; Gn 4 8; 2 Cr 24 20-21; Hch 7 49.52

13 ¡Ay de ustedes, maestros de la ley y
fariseos hipócritas, que cierran a los demás
la puerta del reino de los cielos! Ustedes

• **22 34-40**: Tercera cuestión: ¿Cuál es el mandamiento más importante? La pregunta la hacen los fariseos, que buscan en la ley y sus preceptos el camino de la salvación. No es ésta una pregunta ociosa ante la confusión creada por los más de seiscientos preceptos que los expertos habían deducido de la ley. Jesús aclara que lo más importante es el amor a Dios y al prójimo. En estos dos preceptos tienen su origen y se resumen todas las enseñanzas de la ley y los profetas (véase Mt 5 17; 7 12).

• **22 41-46**: Siguiendo una costumbre extendida entre los maestros de la ley, Jesús propone al final una pregunta a sus interlocutores: ¿De quién es hijo el Mesías? Con la cita del Salmo 110 Jesús les hace ver que su respuesta no es la adecuada. Su intención es que descubran que el Mesías, siendo Señor de David, sólo puede ser Hijo de Dios; más aún, que él es el Mesías que esperan. Pero esto es, precisamente lo que ellos no están dispuestos a reconocer.

• **23 1-12**: Después de las controversias con los distintos grupos representativos del judaísmo, Jesús se dirige a sus discípulos y a las multitudes para emitir su juicio sobre la respuesta del Israel histórico a la invitación última de Dios. Los responsables del pueblo han sabido conservar la enseñanza de Moisés, pero no la han puesto en práctica. Más aún, su conducta contradice el espíritu de esta enseñanza. Jesús invita a sus discípulos a rechazar su ejemplo. La autoridad en la Iglesia no puede ser un instrumento para buscar el propio interés, sino un medio para servir a los hermanos. La comunidad cristiana no se fundamenta en títulos y en honores, sino en la fraternidad, que nace del hecho de tener un Padre común y de seguir a Jesús.

no entran, y a los que quieren entrar, no los
dejan.
15 ¡Ay de ustedes, maestros de la ley y
fariseos hipócritas, que recorren mar y tierra para convertir a un pagano, y cuando lo
convierten lo hacen merecedor el doble más
que ustedes del fuego que no se apaga!
16 ¡Ay de ustedes, guías ciegos, que dicen: «Jurar por el santuario, no compromete, pero si uno jura por el oro del santuario
queda comprometido!». 17 ¡Torpes y ciegos! ¿Qué es más, el oro o el santuario que
santifica el oro? 18 También dicen: «Jurar
por el altar no compromete, pero si uno jura por la ofrenda que hay sobre él queda
comprometido». 19 ¡Ciegos! ¿Qué es más,
la ofrenda o el altar que la santifica? 20 Pues
el que jura por el altar, jura por él y por todo lo que hay encima; 21 el que jura por el
santuario, jura por él y por quien lo habita;
22 el que jura por el cielo, jura por el trono
de Dios y por el que está sentado en él.
23 ¡Ay de ustedes, maestros de la ley y
fariseos hipócritas, que pagan el diezmo de
la menta, del anís y del comino, y descuidan lo más importante de la ley: la voluntad
de Dios, la misericordia y la fe! Hay que
hacer esto, sin descuidar aquello. 24 ¡Guías
ciegos, que no dejan que pase el mosquito
y se tragan el camello!
25 ¡Ay de ustedes, maestros de la ley y
fariseos hipócritas, que limpian por fuera
el vaso y el plato, mientras que por dentro
siguen llenos de codicia y desenfreno!
26 ¡Fariseo ciego, limpia primero por dentro el vaso, para que también por fuera
quede limpio!
27 ¡Ay de ustedes, maestros de la ley y
fariseos hipócritas, que parecen sepulcros
blanqueados: por fuera su apariencia es
hermosa, pero por dentro están llenos de
huesos de muerto y podredumbre! 28 Lo
mismo pasa con ustedes: por fuera parecen
justos ante los hombres, pero por dentro
están llenos de hipocresía y de perversidad.
29 ¡Ay de ustedes, maestros de la ley y
fariseos hipócritas, que edifican sepulcros
a los profetas y adornan los mausoleos de
los justos! 30 Dicen: «Si hubiéramos vivido
en tiempos de nuestros antepasados, no
habríamos colaborado en la muerte de los
profetas». 31 Con lo cual confirman que son
hijos de quienes mataron a los profetas.
32 ¡Completen, pues, lo que sus antepasados comenzaron! 33 ¡Serpientes, raza de víboras! ¿Cómo escaparán a la condenación
del fuego que no se apaga?
34 Por eso, yo les envío profetas, sabios
y maestros de la ley; ustedes matarán y cru-
cificarán a unos, mientras que a otros los
azotarán en sus sinagogas, y los perseguirán de ciudad en ciudad. 35 Así se hacen
responsables de toda la sangre inocente
derramada sobre la tierra, desde la sangre
del justo Abel hasta la sangre de Zacarías,
hijo de Baraquías, a quien ustedes asesinaron entre el templo y el altar. 36 Les aseguro
que todo esto le pasará a esta generación.

Lamentación sobre Jerusalén

Lc 13 34-35

1 Re 9 7-8; Jr 12 7; 22 5; *Sal 118 26*

37 ¡Jerusalén, Jerusalén, que matas a los
profetas y apedreas a los que Dios te envía!
¡Cuántas veces he querido reunir a tus hijos como la gallina reúne a sus pollitos debajo de sus alas, y ustedes no han querido!
38 Pues bien, su santuario quedará desierto.

• **23 13-36**: Con palabras muy duras el evangelista recoge las principales acusaciones de que son objeto los jefes *espirituales de Israel. La duplicidad de vida* y la hipocresía es el común denominador de casi todas ellas. Al final, probablemente por su vinculación con la suerte de Jesús, se insiste en el desprecio y la matanza de los enviados de Dios. Es probable que estas palabras reflejen más la situación en que se encontraba la comunidad de Mateo, que aquella que vivió el mismo Jesús. En efecto, este evangelio fue escrito cuando la corriente farisea se había afianzado y casi constituido en vía única para el judaísmo. Frente a ella tuvo que definirse el naciente cristianismo, y muy especialmente las comunidades de origen judío. Detrás de estas palabras que Mateo pone en boca de Jesús no es difícil percibir esta situación de enfrentamiento.

Algunos manuscritos, aunque no los mejores, añaden Mt 23 14, que dice: *¡Ay de ustedes, maestros de la ley y fariseos hipócritas, que devoran los bienes de las viudas con el pretexto de largas oraciones! Por eso tendrán un juicio muy riguroso.*

• **23 37-39**: Este lamento sobre Jerusalén se hace eco de los repetidos intentos de Jesús por convocar al pueblo elegido. Pero Jerusalén ha rechazado a Jesús, como rechazó a los profetas que anunciaron su venida. Mateo ve en la destrucción de la ciudad, ocurrida en el año 70, el castigo de Dios por este rechazo. La cita final, tomada del Sal 118, recuerda la aclamación con que Jesús entró en Jerusalén (Mt 21 9), y alude a su venida definitiva al final de los tiempos.

39 Les digo que ya no me verán más hasta
que proclamen: *«Bendito el que viene en
nombre del Señor»*.

LA VENIDA DEL HIJO DEL HOMBRE +

El templo destruido

Mc 13 1-2; Lc 21 5-6

24 1 Jesús salió del templo y, cuando se
alejaba, se acercaron sus discípulos
para mostrarle las construcciones del templo. 2 El les dijo:
–¿Ven todo esto? Les aseguro que no
quedará aquí piedra sobre piedra. ¡Todo será
destruido!

El comienzo del fin

Mc 13 3-13; Lc 21 7-19
Dn 2 28-29; 11 41

3 Estaba sentado en el monte de los Olivos, cuando se le acercaron los discípulos
en privado y le dijeron:
–Dinos cuándo ocurrirá esto, y cuál
será la señal de tu venida y del fin de este
mundo.
4 Jesús les respondió:
–Estén atentos para que nadie los engañe. 5 Porque muchos vendrán en mi nombre diciendo: «Yo soy el Mesías», y engañarán a mucha gente. 6 Oirán hablar de
guerras y rumores de guerra. Traten de no
alarmarse, pues eso tiene que suceder, pero
no es todavía el fin. 7 Se levantará nación
contra nación y reino contra reino, y habrá
hambre y terremotos en diversos lugares;
8 todo eso será el comienzo de un doloroso
alumbramiento. 9 Entonces a ustedes los
entregarán a la tortura y los matarán, y todos los pueblos los odiarán por causa de
mi nombre. 10 Muchos estarán en peligro
de ceder, se traicionarán y se odiarán mutuamente. 11 Surgirán numerosos falsos profetas que engañarán a mucha gente; 12 y por
la maldad que crecerá constantemente se
enfriará el amor de la mayoría. 13 Pero el
que persevere hasta el final, ése se salvará.
14 Esta buena noticia del reino se anunciará
en el mundo entero, como testimonio para
todas las naciones. Entonces vendrá el fin.

Días de angustia

Mc 13 14-23; Lc 21 20-24
Dn 9 27; Lc 17 31.37; Dt 13 1-3

15 Cuando vean instalado en el lugar
santo el *ídolo abominable y destructor*,
anunciado por el profeta Daniel (procure
entenderlo el que lee), 16 entonces los que
estén en Judea que huyan a las montañas;
17 el que esté en la azotea, que no baje a
tomar nada de su casa; 18 y el que esté en
el campo, que no regrese en busca de su
manto. 19 ¡Ay de las que estén encinta y de
las que están amamantando en aquellos
días! 20 Oren para que no les toque huir en
invierno o en sábado. 21 Porque habrá entonces un sufrimiento tan grande como no
lo hubo desde el principio del mundo hasta
ahora ni lo habrá jamás. 22 Y si no se acor-
taran aquellos días, nadie se salvaría; pero,
en atención a los elegidos, se acortarán.
23 Si alguno les dice entonces: «Miren, el
Mesías está aquí o allí», no lo crean. 24 Por-

+ 24 1-25 46: Estos capítulos constituyen el quinto y último discurso del evangelio (véase Mt 5-7; 10; 13 y 18). Para componerlo, Mateo ha utilizado el discurso apocalíptico de Marcos (Mc 13), introduciendo en él algunas modificaciones, y añadiendo una serie de parábolas (Mt 24 45-25 30) y la descripción del juicio final (Mt 25 31-46) para completar dicho discurso.

La intención de Mateo es salir al paso de la situación que vive su comunidad. El retraso de la venida del Señor y el paso del tiempo, han hecho que aparezcan en ella signos de abandono, negligencia, rutina y enfriamiento. El evangelista les recuerda las palabras de Jesús que confirman la certeza de su venida (Mt 24 1-35) y la necesidad de preparar este gran acontecimiento, viviendo según las enseñanzas del Señor (Mt 24 36-25 46).

• 24 1-14: Al unir el anuncio de la destrucción del templo (Mt 24 1-2) con el lamento sobre Jerusalén (Mt 23 37-39) este discurso de Jesús aparece como una prolongación de aquel oráculo y está centrado en la venida del Hijo del hombre, de la que se habla muchas veces en estos capítulos (Mt 24 3.27.30.37.39.50; 25 6.19.31).

Jesús responde a la petición de los discípulos invitándolos a mantener la calma y la firmeza ante las dificultades que les vendrán desde fuera y también desde dentro de la comunidad. Estas palabras son un reflejo de la experiencia dolorosa de persecución que vive la comunidad a la que Mateo se dirige.

• 24 15-28: Con un lenguaje propio de la apocalíptica, estas palabras describen la situación de caos y confusión que precederá a la venida del Hijo del hombre. El *ídolo abominable y destructor* es probablemente una alusión a la estatua del dios griego Zeus, que Antíoco Epífanes mandó colocar el año 168 a. C. en el templo de Jerusalén. La profanación de lo sagrado será uno de los últimos signos. Sin embargo, la historia seguirá bajo el control de Dios que acortará aquellos días en atención a los elegidos (Mt 24 22-24).

que surgirán falsos mesías y falsos profetas y harán grandes señales y prodigios con
el propósito de engañar, si fuera posible,
incluso a los mismos elegidos. 25 Fíjense
cómo les he advertido de antemano. 26 Así
que, si les dicen que está en el desierto, no
vayan; y si les dicen que está en un lugar
secreto, no lo crean. 27 Porque como el relámpago sale de oriente y brilla hasta occidente, así será la venida del Hijo del hombre. 28 Donde esté el cadáver, allí se reunirán los buitres.

La venida del Hijo del hombre

Mc 13 24-27; Lc 21 25-28
Is 13 10; 34 4; Zac 12 10-14; *Dn 7 13-14*

29 Inmediatamente después del sufrimiento de aquellos días, el sol se oscurecerá, la luna no dará su resplandor, las estrellas caerán del cielo y las fuerzas celestes
se tambalearán. 30 Entonces aparecerá en el
cielo la señal del Hijo del hombre, y todos
los pueblos de la tierra se golpearán el pecho, y verán *venir sobre las nubes del cielo
al Hijo del hombre*, con gran poder y gloria.
31 El enviará a sus ángeles con la gran trompeta y reunirá de los cuatro vientos a los
elegidos, de un extremo a otro del cielo.

Certeza y cercanía del fin

Mc 13 28-31; Lc 21 29-33

32 Fíjense en el ejemplo de la higuera:
cuando sus ramas se ponen tiernas y brotan
las hojas, saben que se acerca el verano.
33 Pues lo mismo ustedes, cuando vean todas estas cosas que el Hijo del hombre ya
está cerca, a las puertas. 34 Les aseguro
que no pasará esta generación hasta que
todo esto suceda. 35 El cielo y la tierra pasarán, pero mis palabras no pasarán.

Estén atentos

Mc 13 22; Lc 17 22-30.34-36
Gn 6 9-12; Lc 12 39-40; 1 Tes 5 1-3

36 En cuanto al día aquel y a la hora,
nadie sabe nada, ni los ángeles del cielo ni
el Hijo, sino sólo el Padre. 37 Cuando se
manifieste el Hijo del hombre sucederá lo
mismo que en tiempos de Noé. 38 En los
días anteriores al diluvio, la gente comía y
bebía, hombres y mujeres se casaban, hasta
el día en que entró Noé en el arca; 39 y no
sospechaban nada hasta que vino el diluvio
y los arrastró a todos. Pues así será también la venida del Hijo del hombre. 40 Entonces, de dos que haya en el campo, a uno
lo tomarán y a otro lo dejarán. 41 De dos
que estén moliendo, a una la llevarán y a
otra la dejarán. 42 Estén pues atentos, porque no saben qué día llegará su Señor.
43 Entiendan bien que si el amo de casa
supiera a qué hora de la noche iba a venir
el ladrón, estaría en vela y no lo dejaría
asaltar su casa. 44 Lo mismo ustedes, estén
preparados; porque a la hora en que menos
piensen, vendrá el Hijo del hombre.

El criado fiel

Lc 12 41-48
Mt 25 21-23; 8 12

45 Pórtense como el criado fiel y prudente, a quien el señor pone al frente de su
servidumbre para que les dé de comer a su
debido tiempo. 46 Dichoso ese criado si, al

• **24 29-31**: Los días de angustia terminarán cuando Jesús, el Hijo del hombre, se manifieste como juez salvador en toda su gloria y esplendor. Entonces desaparecerá este mundo viejo y gastado, y de sus cenizas resurgirá una nueva creación.

La *figura del Hijo del hombre* representa en el libro de Daniel a los que han resistido en las persecuciones y aparecerán gloriosos al final de los tiempos. Los primeros cristianos también se lo aplicaban a Jesús para subrayar su condición de juez que vendrá al final de los tiempos.

• **24 32-35**: La comparación de la higuera explica la relación que existe entre la crisis final y la venida del Hijo del hombre. De igual modo que los brotes de la higuera anuncian la llegada del verano, así esa gran angustia final (Mt 24 15-28) anunciará el regreso de Jesús (Mt 24 29-31). Es una exhortación a interpretar los signos de los tiempos.

• **24 36-44**: La segunda parte del discurso responde a la pregunta por el cuándo (Mt 24 3). El momento es incierto y llegará en medio de la normalidad; por eso la actitud más adecuada es la de la vigilancia. El ejemplo del tiempo de Noé y del ladrón que llega de imprevisto resaltan la incertidumbre del momento final, y la actitud vigilante con que hay que esperarlo.

• **24 45-51**: Las tres comparaciones que Mateo ha colocado después del discurso apocalíptico (Mt 24 45-25 30) desarrollan la invitación con que termina dicho discurso: *¡Estén preparados!* (Mt 24 44).

En el ejemplo del mayordomo puede encontrarse una alusión a los dirigentes de la comunidad. Son los que el Señor ha puesto al frente de su casa, y por tanto son ellos los primeros que deben cultivar esta actitud vigilante. La expresión *mi señor tarda* refleja una situación de la Iglesia en la que ya no se espera el regreso inmediato de Jesús, y en la que la relajación de las costumbres comienza a hacer mella.

llegar su señor, lo encuentra haciendo lo
que debe. 47 Les aseguro que lo pondrá al
frente de todos sus bienes. 48 Pero, si ese
criado es malo y piensa: «Mi señor tarda»,
49 y comienza a golpear a sus compañeros
y a comer y a beber con los borrachos,
50 su señor llegará el día en que menos lo
espere y a la hora en que menos lo piense,
51 lo castigará con todo rigor y lo tratará
como se merecen los hipócritas. Entonces
llorará y le rechinarán los dientes.

Las vírgenes previsoras y las descuidadas

Lc 12 35-36; 13 25-27; Mt 7 23; 24 42

25 1 Sucede con el reino de los cielos lo
que con aquellas diez vírgenes que
salieron con sus lámparas al encuentro del
esposo. 2 Cinco de ellas eran necias y cinco
prudentes. 3 Las necias, al tomar las lámparas, no se proveyeron de aceite, 4 mientras que las prudentes llevaron provisión
de aceite, junto con las lámparas. 5 Como
el esposo tardaba, les entró sueño y se dur-
mieron. 6 A medianoche se oyó un grito:
«Ya llega el esposo, salgan a su encuentro».
7 Todas las vírgenes se despertaron y prepararon sus lámparas. 8 Las necias dijeron
a las prudentes: «Préstennos de su aceite,
que nuestras lámparas se apagan». 9 Las
prudentes respondieron: «Como no tendremos suficiente para nosotras y para ustedes, es mejor que vayan a los vendedores y
lo compren». 10 Mientras iban a comprarlo,
llegó el esposo. Las que estaban preparadas
entraron con él a la boda y se cerró la puerta. 11 Más tarde llegaron también las otras
vírgenes diciendo: «Señor, señor, ábrenos».
12 Pero él respondió: «Les aseguro que no
las conozco». 13 Por eso estén preparados,
porque no saben el día ni la hora.

Parábola de los talentos

Lc 19 11-27

Mt 18 23; 24 47; Lc 8 18; 8 12

14 Sucede también con el reino de los
cielos lo que con aquel hombre que debiendo ausentarse, llamó a sus criados y les encomendó sus bienes. 15 A uno le dio cinco
talentos, a otro dos y a otro uno, a cada uno
según su capacidad; y se ausentó. 16 El que
había recibido cinco talentos fue a negociar en seguida con ellos, y ganó otros cinco. 17 Asimismo el que tenía dos ganó otros
dos. 18 Pero el que había recibido uno solo,
fue, hizo un hoyo en la tierra y escondió el
dinero de su señor. 19 Después de mucho
tiempo, regresó el señor y pidió cuentas a
sus criados. 20 Se acercó el que había recibido cinco talentos, llevando otros cinco, y
dijo: «Señor, cinco talentos me entregaste;
aquí tienes otros cinco que he ganado».
21 Su señor le dijo: «Bien, criado bueno y
fiel; como fuiste fiel en lo poco, te pondré
al frente de mucho: comparte la felicidad
de tu señor». 22 Llegó también el de los dos
talentos y dijo: «Señor, dos talentos me entregaste, aquí tienes otros dos que he ganado». 23 Su señor le dijo: «Bien, criado bueno
y fiel; como fuiste fiel en lo poco, te pondré al frente de mucho: comparte la felicidad de tu señor». 24 Se acercó finalmente
el que sólo había recibido un talento y dijo:
«Señor, sé que eres hombre duro, que cosechas donde no sembraste y recoges donde
no esparciste; 25 tuve miedo y escondí tu
talento en tierra; aquí tienes lo tuyo». 26 Su

• **25 1-13**: La parábola de las diez vírgenes insiste en la importancia de estar preparados. Los detalles ponen de manifiesto lo inesperado de la llegada (media noche) y la importancia del asunto (las vírgenes necias no son admitidas a la boda). Lo que distingue a unas vírgenes de otras no es si duermen o están en vela, sino si han preparado el aceite necesario para alimentar sus lámparas y poder así acompañar al esposo; es un aceite que no pueden compartir porque no es problema de cantidad, sino que se trata de reconocer al esposo. Los discípulos de Jesús deben vivir un amor personal y obtener un conocimiento íntimo del Señor que les permita irlo reconociendo (Mt 25 31-46); y ese amor personal ciertamente no puede improvisarse a última hora.

• **25 14-30**: La tercera comparación, la de los talentos, añade un dato más a lo anterior: la preparación, además de ser vigilante, debe ser productiva. El acento recae en el criado demasiado precavido. Su actitud pasiva y perezosa contrasta con la laboriosidad de sus compañeros. La alabanza que el señor dirige a sus compañeros se torna en un duro reproche para el criado inactivo: no merece compartir la felicidad de su señor. Los discípulos de Jesús tienen que hacer producir lo bienes del reino que él ha dejado entre sus manos, pues es el camino para conocer al Señor y compartir el gozo de su reino..

En conjunto, estas tres comparaciones (Mt 24 45-25 30) son una exhortación que Mateo dirige a su iglesia, para que viva con seriedad este tiempo que media entre la partida de Jesús y su segunda venida. Los invita a preparar constantemente la venida de Jesús estando alerta para no dejarse vencer por la rutina, la pereza o la comodidad. Una invitación que vale para los cristianos de todos los tiempos.

señor le respondió: «¡Criado miserable y
perezoso! ¿Sabías que yo cosecho donde no
sembré y recojo donde no esparcí? 27 Debías haber entregado mi dinero a los pres-
tamistas; y al regresar yo, habría retirado
mi dinero con los intereses. 28 Por eso quítenle el talento y dénselo al que tiene diez.
29 Porque a todo el que tiene se le dará y
tendrá de sobra; pero al que no tiene, se le
quitará incluso lo que tiene. 30 Y a este
criado inútil arrójenlo fuera a la oscuridad.
Allí llorará y le rechinarán los dientes».

El juicio definitivo

Dt 33 2; Zac 14 5; Ez 34 17; Lc 12 32; Is 58 7;
Prov 19 17; Dn 12 2

31 Cuando venga el Hijo del hombre en
su gloria con todos sus ángeles, se sentará
en su trono glorioso. 32 Todas las naciones
se reunirán delante de él, y él separará unos
de otros, como el pastor separa las ovejas
de los cabritos, 33 y pondrá las ovejas a un
lado y los cabritos al otro. 34 Entonces el
rey dirá a los de un lado: «Vengan, benditos de mi Padre, tomen posesión del reino
preparado para ustedes desde la creación
del mundo. 35 Porque tuve hambre, y me
dieron de comer; tuve sed, y me dieron de
beber; era un extraño, y me hospedaron;
36 estaba desnudo, y me vistieron; enfermo,
y me visitaron; en la cárcel, y fueron a
verme». 37 Entonces le responderán los justos: «Señor, ¿cuándo te vimos hambriento
y te alimentamos; sediento y te dimos de
beber? 38 ¿Cuándo fuiste un extraño y te
hospedamos, o estuviste desnudo y te ves-
timos? 39 ¿Cuándo te vimos enfermo o en
la cárcel y fuimos a verte?». 40 Y el rey les
responderá: «Les aseguro que cuando lo
hicieron con uno de estos mis hermanos
más pequeños, conmigo lo hicieron».
41 Después dirá a los del otro lado: «Apártense de mí, malditos, vayan al fuego que
no se apaga, preparado para el diablo y sus
ángeles. 42 Porque tuve hambre, y no me
dieron de comer; tuve sed, y no me dieron
de beber; 43 fui un extraño, y no me hospedaron; estaba desnudo y no me vistieron;
enfermo y en la cárcel, y no me visitaron».
44 Entonces responderán también éstos
diciendo: «Señor, ¿cuándo te vimos hambriento o sediento, cuándo fuiste un extraño o estuviste desnudo, enfermo o en la
cárcel, y no te socorrimos?». 45 Y él les responderá: «Les aseguro que cuando dejaron
de hacerlo con uno de estos pequeños, dejaron de hacerlo conmigo». 46 E irán éstos
al castigo eterno, y los justos a la vida eterna.

LA PASCUA DEL HIJO DEL HOMBRE +

Conspiración contra Jesús

Mc 14 1-2; Lc 22 1-2; Jn 11 45-53
Ex 12 1-27; Mt 16 21; 17 22-23; 20 18-19

26 1 Cuando terminó Jesús todos estos
discursos, dijo a sus discípulos:
2 –Ya saben que dentro de dos días se
celebra la fiesta de la pascua, y el Hijo del

• **25 31-46**: El discurso sobre la venida del Hijo del hombre (Mt 24 1-25 46) concluye con esta impresionante visión del juicio que tendrá lugar al final de los tiempos. A lo largo de estos capítulos las referencias a esta venida han sido continuas, especialmente en las parábolas (Mt 24 29-31; 24 47.51; 25 10.19).

La venida de Jesús al final de los tiempos será, ante *todo, un acto de discernimiento* en el que aparecerán con claridad las diversas actitudes (véase Mt 13 24-30.47-50; 24 45-51; 25 1-13.14-30). Lo más sorprendente y llamativo es la medida que se utiliza, a saber, la actitud de amor o indiferencia ante los necesitados, en los que se hace presente el Señor. Los discípulos de Jesús son quienes lo reconocen y socorren en el pobre y necesitado.

+ 26 1-28 20: Los anuncios que dan consistencia al comienzo de la tercera parte del evangelio (Mt 16 21; 17 22-23; 20 18-19) y el enfrentamiento entre Jesús y sus adversarios (Mt 21 1-23 39) conducen inevitablemente al relato de la pasión. Mateo ha tenido muy presente el relato paralelo de Marcos, pero ha introducido algunos retoques y añadidos (Mt 27 3-10.24-25.51-53.63-66; 28 2-4.11-20) con el objeto de presentar a Jesús como el justo que lleva hasta sus últimas consecuencias la obediencia a la voluntad de Dios, cumpliendo así lo anunciado en el Antiguo Testamento.

Para facilitar la lectura podemos dividir estos capítulos en ocho escenas: el anuncio (Mt 26 1-16); la cena (Mt 26 17-35); en Getsemaní (Mt 26 36-56); el proceso judío (Mt 26 57-27 10); el proceso romano (Mt 27 11-31); la muerte (Mt 27 32-56); la sepultura (Mt 27 57-66); y la resurrección (Mt 28 1-20).

• **26 1-5**: Los primeros versículos relacionan el relato de la pasión-resurrección con el resto del evangelio. Las palabras de Jesús a sus discípulos (Mt 26 1-2) son un eco de los repetidos anuncios de su pasión al comienzo de esta tercera parte (Mt 16 21; 17 22-23 y 20 18-19). Y lo mismo ocurre con la reunión de los jefes del pueblo, en la cual se resumen las acusaciones y confabulaciones anteriores contra Jesús (Mt 21 46), y se diseña el plan que van a llevar a cabo contra Jesús.

hombre será entregado para que lo crucifiquen.
3 Entonces se reunieron los jefes de los
sacerdotes y los ancianos del pueblo en el
palacio de Caifás, que era el sumo sacerdote, 4 y acordaron en consejo arrestar a
Jesús con engaño y darle muerte. 5 Pero
decían: «Durante la fiesta no, pues podría
amotinarse el pueblo».

Unción en Betania

Mc 14 3-9; Jn 12 1-8
Lc 7 36-38; Dt 15 11

6 Se encontraba Jesús en Betania, en
casa de Simón el leproso, 7 cuando se acercó a él una mujer con un frasco de alabastro lleno de un perfume muy caro, y lo derramó sobre la cabeza de Jesús mientras
estaba sentado a la mesa. 8 Al ver esto, los
discípulos se indignaron y decían:
–¿A qué se debe semejante derroche?
9 Podía haberse vendido en un buen precio
y haber dado el dinero a los pobres.
10 Jesús se dio cuenta y les dijo:
–¿Por qué apenan a esta mujer? Ha hecho una obra buena conmigo. 11 A los pobres los tienen siempre con ustedes, pero a
mí no me tendrán siempre. 12 Y al derramar ella este perfume sobre mi cuerpo, se ha
anticipado a preparar mi sepultura. 13 Les
aseguro que en cualquier parte del mundo
en que se anuncie esta buena noticia, será
recordada esta mujer y lo que ha hecho.

Traición de Judas

Mc 14 10-11; Lc 22 3-6
Jn 11 5; Zac 11 12; Ex 21 32

14 Entonces uno de los Doce, el llamado
Judas Iscariote, fue a ver a los jefes de los
sacerdotes, y 15 les dijo:
–¿Qué me dan si les entrego a Jesús?
Ellos le ofrecieron treinta monedas de
plata.
16 Y desde ese momento buscaba una
oportunidad para entregarlo.

La cena con los discípulos

Mc 14 12-16; Lc 22 7-13
Ex 12 14-20

17 El primer día de la fiesta de los panes
sin levadura se acercaron los discípulos a
Jesús y le preguntaron:
–¿Dónde quieres que te preparemos la
cena de pascua?
18 El contestó:
–Vayan a la ciudad, a casa de Fulano, y
díganle: «El maestro dice: Se acerca el momento, y quiero celebrar la pascua en tu
casa con mis discípulos».
19 Ellos hicieron lo que Jesús les había
mandado y prepararon la cena de pascua.

Anuncio de la traición de Judas

Mc 14 17-21; Lc 22 14.21-23; Jn 13 21-30
Sal 41 10; 22 7.8.16-18; Is 53 9

20 Al atardecer, se puso a la mesa con
los Doce, 21 y mientras cenaban les dijo:
–Les aseguro que uno de ustedes me va
a entregar.
22 Muy entristecidos, se pusieron a decirle uno por uno:
–¿Acaso soy yo, Señor?
23 Jesús respondió:
–El que come en el mismo plato que yo,
ése me entregará. 24 El Hijo del hombre se
va, tal como está escrito de él; pero ¡ay de
aquél que entrega al Hijo del hombre! ¡Más
le valdría a ese hombre no haber nacido!
25 Entonces preguntó Judas, el traidor:
–¿Soy yo acaso, maestro?
Y Jesús le respondió:
–Tú lo has dicho.

• **26 6-13**: La unción de Jesús constituye un hecho simbólico que anuncia su muerte y, al mismo tiempo, subraya su condición de Mesías ("ungido"), que se manifestará plenamente en la cruz (Mt 27 29.37.42). Ungiéndole para la sepultura, esta mujer hace una obra de caridad que la tradición judía consideraba de más valor que la limosna. La actitud de la mujer manifiesta que ha comprendido la importancia del momento, mientras que la reacción de los discípulos muestra su incomprensión.

• **26 14-16**: La tensión dramática crece al constatar que el proyecto de muerte de los jefes del pueblo encuentra un aliado en Judas, uno de los discípulos de Jesús, que se convierte en modelo de los que rompen su vinculación con Jesús. Sobre las treinta monedas véase nota a Mt 27 3-10.

• **26 17-19**: La cena de Jesús con sus discípulos (Mt 26 17-35) tiene lugar en el marco de las fiestas de pascua, en las cuales se recordaba cómo Dios había liberado a su pueblo de la esclavitud de Egipto. En este marco pascual Jesús quiere resumir el sentido de su vida e interpretar el signo misterioso de su muerte.

• **26 20-25**: La traición introduce el plan de muerte contra Jesús en el marco del banquete pascual. Jesús conoce lo que sus adversarios traman contra él, pero sabe también que su entrega responde al plan de Dios manifestado en las Escrituras.

La cena pascual

Mc 14 22-25; Lc 22 15-20; 1 Cor 11 23-25
1 Cor 10 16; Ex 24 8; Jr 31 31; Sal 113-118

26 Durante la cena, Jesús tomó pan, pronunció la bendición, lo partió y dándolo a
sus discípulos, dijo:
–Tomen y coman; esto es mi cuerpo.
27 Tomó luego un cáliz y, después de
dar gracias, lo dio a los discípulos diciendo:
–Beban todos de él, 28 porque ésta es mi
sangre, la sangre de la alianza, que se
derrama por todos para el perdón de los
pecados. 29 Les digo que a partir de ahora
no beberé más de este fruto de la vid hasta
el día aquel en que beba con ustedes un
vino nuevo en el reino de mi Padre.
30 Y después de cantar los himnos, salieron hacia el monte de los Olivos.

Anuncio del abandono y negación

Mc 14 27-31; Lc 22 31-34; Jn 13 36-38
Zac 13 7; Mt 28 7.16; 26 69-75

31 Entonces Jesús les dijo:
–Esta noche seré ocasión de tropiezo
para todos ustedes, porque está escrito:
*Heriré al pastor, y se dispersarán las ove-
jas del rebaño.* 32 Pero después de resucitar, me encontraré de nuevo con ustedes en
Galilea.
33 Pedro le respondió:
–Aunque seas ocasión de tropiezo para
todos, no lo serás para mí.
34 Jesús le dijo:
–Te aseguro que esta misma noche, antes que el gallo cante, me habrás negado
tres veces.
35 Pedro le contestó:
–Aunque tenga que morir contigo, jamás te negaré.
Y lo mismo dijeron todos los discípulos.

Oración en Getsemaní

Mc 14 32-42; Lc 22 39-46
Sal 42 5.11; 43 5; Jon 4 9; Heb 5 7-8

36 Entonces fue Jesús con sus discípulos
a un huerto llamado Getsemaní, y les dijo:
–Siéntense aquí mientras voy a orar un
poco más allá.
37 Llevó consigo a Pedro y a los dos hijos de Zebedeo; comenzó a sentir tristeza y
angustia, 38 y les dijo:
–Me muero de tristeza, quédense aquí y
velen conmigo.
39 Después, avanzando un poco más,
cayó rostro en tierra y suplicaba así:
–Padre mío, si es posible, aleja de mí
este cáliz de amargura; pero no se haga como yo quiero, sino como quieres tú.
40 Regresó junto a los discípulos y los
encontró dormidos. Entonces dijo a Pedro:
–¿De modo que no han podido velar
conmigo ni siquiera una hora? 41 Velen y
oren, para que puedan afrontar la prueba;
pues el espíritu está bien dispuesto, pero la
carne es débil.
42 Se alejó de nuevo por segunda vez y
volvió a orar así:
–Padre mío, si no es posible evitar que
yo beba este cáliz de amargura, hágase tu
voluntad.
43 Regresó y volvió a encontrarlos dormidos, porque sus ojos se cerraban de
sueño.
44 Los dejó y volvió a orar por tercera
vez, repitiendo las mismas palabras. 45 En-

• **26 26-30**: Durante la cena de despedida Jesús confiere un significado especial a la entrega del pan y del vino. Las palabras que acompañan a este hecho simbólico resumen lo que ha sido su vida y su misión; pero al mismo tiempo interpretan el sentido de su muerte. La sangre que Jesús va a derramar en la cruz sella la nueva alianza que habían anunciado los profetas (Jr 31 31). La muerte de Jesús, que este hecho simbólico anticipa, será fuente de salvación para todos aquellos que acepten esta alianza nueva.

• **26 31-35**: Camino del monte de los Olivos, Jesús predice el desconcierto y la huida de sus discípulos en la hora decisiva. Mateo insiste en el hecho de que Jesús conoce de antemano lo que va a suceder, para que aparezca con más claridad que acepta su destino y cumple la voluntad de Dios. Pedro, sin apoyarse en la oración sino sólo en sus propias fuerzas le ha prometido fidelidad, pero ante las primeras dificultades negará que lo conoce (Mt 26 56b.69-75). Jesús, antes de separarse de ellos, los convoca para el último encuentro en Galilea. Allí lo verán después de resucitar (Mt 28 7.16-20).

• **26 36-46**: Ha llegado la hora de cumplir la voluntad del Padre. Jesús tiene que sellar con su sangre la nueva alianza que ha anticipado en la cena, entregando su vida por todos; es un doloroso y terrible final, que le hace experimentar el miedo y la angustia. Jesús por la oración pone en manos del Padre su situación y acepta entregarse a la muerte porque en ello ve la voluntad de Dios. En cambio, los discípulos huirán abandonando a Jesús porque no fueron capaces de orar con él. La oración de Jesús se convierte así en una exhortación a todos los discípulos para que encuentren siempre en este diálogo con el Padre la fuerza para cumplir su voluntad.

tonces regresó donde estaban los discípulos y les dijo:
–¿Todavía están durmiendo y descansando? Ha llegado la hora y el Hijo del
hombre va a ser entregado en manos de los
pecadores. 46 Vamos, levántense. Ya está
aquí el que me va a entregar.

Arresto

Mc 14 43-50; Lc 22 47-53; Jn 18 3-12
Jn 18 26; Gn 9 6; Zac 13 7

47 Aún estaba hablando Jesús cuando
llegó Judas, uno de los Doce, y con él un
gran tumulto de gente con espadas y palos,
enviados por los jefes de los sacerdotes y
los ancianos del pueblo. 48 El traidor les
había dado esta señal: «Al que yo bese, ése
es; arréstenlo». 49 En cuanto llegó, se acercó a Jesús y le dijo:
–¡Qué tal, maestro!
Y lo besó.
50 Jesús le dijo:
–Amigo, ¡a lo que has venido!
Entonces, se abalanzaron sobre Jesús,
lo agarraron y lo arrestaron.
51 Uno de los que estaban con Jesús sacó
su espada y, dando un golpe al criado del
sumo sacerdote, le cortó una oreja. 52 Jesús
le dijo:
–Guarda tu espada, que todo el que pelea
con espada, a espada morirá. 53 ¿O crees
que no puedo acudir a mi Padre, que pondría en seguida a mi disposición más de
doce legiones de ángeles? 54 Pero, ¿cómo
se cumplirían las Escrituras, según las cuales tiene que suceder así?
55 Luego se dirigió a la gente y dijo:
–Han salido a detenerme con espadas y
palos como si fuera un bandido. A diario
me sentaba en el templo para enseñar, y no
me arrestaron. 56 Pero todo esto ha ocurrido para que se cumpla lo que escribieron
los profetas.
Entonces todos los discípulos lo abandonaron y huyeron.

Jesús ante el Consejo de Ancianos

Mc 14 53-65; Lc 22 54-55.63-71; Jn 18 13-14.19-24
Is 53 7; *Sal 110 1; Dn 7 13;* Nm 14 6; 2 Sm 13 19;
Jr 26 24; Lv 24 16; Is 50 6; 53 5

57 Los que arrestaron a Jesús lo llevaron
a casa del sumo sacerdote Caifás, donde
estaban reunidos los maestros de la ley y
los ancianos. 58 Pedro lo seguía de lejos
hasta el palacio del sumo sacerdote; entró
y se sentó con los criados para ver cómo
terminaba todo. 59 Los jefes de los sacerdotes y todo el Consejo de Ancianos buscaban una acusación falsa contra Jesús con
intención de darle muerte. 60 Pero no la
encontraron, a pesar de que se presentaron
muchos testigos falsos. Al fin se presentaron dos, 61 que declararon:
–Este ha dicho: «Puedo destruir el templo de Dios, y reconstruirlo en tres días».
62 Entonces el sumo sacerdote tomó la
palabra y le preguntó:
–¿No respondes nada? ¿De qué te acusan éstos?
63 Pero Jesús callaba. El sumo sacerdote
le dijo:
–Te conjuro por Dios vivo; dinos si tú
eres el Mesías, el Hijo de Dios.
64 Jesús le respondió:
–Tú lo has dicho; y además les digo que
a partir de ahora verán *al Hijo del hombre*
sentado a la derecha del Todopoderoso, y
que viene sobre las nubes del cielo.
65 Entonces el sumo sacerdote rasgó sus
vestiduras y dijo:
–¡Ha blasfemado! ¿Qué necesidad tenemos ya de testigos? Acaban de oír la blasfemia. 66 ¿Qué les parece?

• **26 47-56**: Con el arresto de Jesús comienza a ponerse en marcha el plan de los jefes del pueblo (Mt 26 4), aliados con Judas (Mt 26 14-16). Aunque la muerte de Jesús se debe a una confabulación Mateo deja bien claro que al aceptar Jesús su destino de muerte, asume el plan de *salvación del Padre manifestado en las Escrituras*. El cuadro se completa con el abandono de los discípulos, que cumplen así lo que Jesús les había anunciado (Mt 26 31-35). Todo tiene el aire de lo conocido y anunciado porque no se trata solamente de un plan tramado por los hombres, sino de la voluntad de Dios que Jesús ha aceptado libremente.

• **26 57-68**: En el proceso judío, Mateo subraya la injusticia que se comete contra Jesús. No es un proceso limpio, pues su objeto es buscar un testimonio en contra, aunque sea falso. Sorprendentemente, en este contexto es donde se manifiesta la verdadera identidad de Jesús, cuya valentía contrasta con las negaciones de Pedro (Mt 26 69-75) y con la desesperación de Judas (Mt 27 3-10). La acusación de blasfemia es netamente religiosa. Abundan las alusiones a textos del Antiguo Testamento para indicar que, incluso en el momento del supremo rechazo, se está cumpliendo la voluntad divina.

Ellos respondieron:
–Merece la muerte.
67 Entonces se pusieron a escupirlo en
la cara y a darle bofetadas; otros lo golpeaban, 68 diciendo:
–Mesías, adivina quién te ha golpeado.

Negaciones de Pedro

Mc 14 66-72; Lc 22 56-62; Jn 18 15-18.25-27
Mt 26 34

69 Pedro estaba afuera, sentado en el
patio. Se le acercó una criada y le dijo:
–Tú también estabas con Jesús, el Galileo.
70 Pero él lo negó ante todos, diciendo:
–No sé de qué me hablas.
71 Salió después al portal, lo vio otra
criada y dijo a los que estaban allí:
–Este andaba con Jesús de Nazaret.
72 Y por segunda vez negó con juramento:
–Yo no conozco a ese hombre.
73 Poco después se acercaron a Pedro
los que estaban allí y le dijeron:
–No hay duda de que tú eres uno de
ellos; se nota en tu acento.
74 Entonces él se puso a maldecir y a
jurar:
–¡No conozco a ese hombre!
Inmediatamente cantó un gallo. 75 Pedro recordó lo que Jesús le había dicho:
«Antes que cante el gallo, me habrás negado tres veces».
Y saliendo afuera, lloró amargamente.

Llevan a Jesús ante Pilato

Mc 15 1; Lc 23 1-2; Jn 18 28-32
Lc 22 66; Mt 12 14

27 1 Cuando amaneció, todos los jefes de
los sacerdotes y los ancianos del pueblo tomaron la decisión de matar a Jesús.
2 Lo llevaron atado y lo entregaron a Pilato,
el gobernador.

La muerte de Judas

Hch 1 16-19
Mt 26 14-16; 27 24; *Zac 11 12-13;* Jr 32 6-9

3 Mientras tanto, Judas, el traidor, al ver
que habían condenado a Jesús, sintió remordimiento y devolvió las treinta monedas de plata a los jefes de los sacerdotes y
a los ancianos 4 diciendo:
–He pecado entregando a un inocente.
Ellos contestaron:
–¿A nosotros qué nos importa? Allá tú.
5 Entonces Judas, arrojando en el templo las monedas, se retiró, luego fue y se
ahorcó. 6 Los jefes de los sacerdotes tomaron las monedas y dijeron:
–No se pueden echar en el tesoro del
templo, porque son precio de sangre.
7 Y después de deliberar, compraron
con ellas el campo del alfarero para sepultura de los extranjeros. 8 Por eso, aquel
campo se llama hasta hoy «Campo de sangre». 9 Así se cumplió lo anunciado por el
profeta Jeremías: *Tomaron las treinta mone-*
das de plata, precio que le pusieron los hi-
jos de Israel, 10 *y compraron el campo del*
alfarero, según lo que me mandó el Señor.

Interrogatorio de Pilato

Mc 15 2-5; Lc 23 3-5; Jn 18 33-38
Mt 2 1[illegible]; 27 29.37; Is 53 7; Mt 26 63

11 Jesús compareció ante el gobernador,
y éste le preguntó:
–¿Eres tú el rey de los judíos?
Jesús respondió:
–Tú lo dices.
12 Pero no respondió nada a las acusaciones que le hacían los jefes de los sacerdotes y los ancianos. 13 Entonces Pilato le
preguntó:
–¿No oyes todo lo que dicen contra ti?
14 Pero él no le respondió nada, de suer-

• **26 69-75**: Las negaciones de Pedro consuman el abandono de los discípulos (Mt 26 56). Al negar al Señor, Pedro está negando su condición de discípulo. Su fe es todavía débil y vacilante, como cuando quiso caminar sobre el lago para ir hacia Jesús (Mt 14 28-31). Ahora el Señor, rechazado y condenado por los jefes espirituales de Israel, y abandonado por sus discípulos, está solo ante su destino.

• **27 1-10**: El relato de la muerte de Judas, del que también el libro de los Hechos se hace eco (Hch 1 18-19), se encuentra entre la decisión del Consejo de Ancianos (=Sanedrín) de matar a Jesús y el proceso ante el gobernador romano. Situado en este punto, el cambio de actitud de Judas (Mt 27 3-10) muestra la iniquidad del proceso y la inocencia de Jesús, cuya muerte se inscribe, así, en la lista de los justos inocentes que murieron a manos del pueblo (Mt 23 35). El campo comprado con el precio de su vida es testigo de esta iniquidad, y la cita del profeta Jeremías confirma de nuevo que todo lo que está ocurriendo forma parte del plan salvador de Dios.

te que el gobernador se quedó muy extrañado.

El pueblo pide la muerte de Jesús

Mc 15 6-15; Lc 23 13-25; Jn 18 39-40; 19 4-16
Hch 3 13; 13 28; Dt 21 6-9.22-23; Sal 26 6; Ez 33 5

15 Por la fiesta, solía el gobernador conceder al pueblo la libertad de un preso, el que ellos quisieran. 16 Tenía entonces un preso famoso, llamado Barrabás. 17 Así que, viéndolos reunidos, les preguntó Pilato:

–¿A quién quieren que les suelte, a Barrabás o a Jesús, el llamado Mesías?

18 Pues se daba cuenta de que lo habían entregado por envidia.

19 Estaba aún sentado en el tribunal cuando su mujer envió este mensaje:

–No te metas con ese justo, porque esta noche he tenido pesadillas horribles por su causa.

20 Los jefes de los sacerdotes y los ancianos persuadieron a la gente para que pidiera la libertad de Barrabás y la muerte de Jesús.
21 El gobernador volvió a preguntarles:

–¿A quién de los dos quieren que les suelte?

Respondieron ellos:

–A Barrabás.

22 Pilato preguntó de nuevo:

–¿Y qué hago entonces con Jesús, el llamado Mesías?

Respondieron todos:

–¡Crucifícalo!

23 El les dijo:

–Pues, ¿qué mal ha hecho?

Pero ellos gritaron todavía más fuerte:

–¡Crucifícalo!

24 Viendo Pilato que no conseguía nada, sino que la gente se amotinaba cada vez más, tomó agua y se lavó las manos ante el pueblo, diciendo:

–No me hago responsable de esta muerte; allá ustedes.

25 Todo el pueblo respondió:

–¡Nosotros y nuestros hijos nos hacemos responsables de esta muerte!

26 Entonces les soltó a Barrabás; y a Jesús, después de azotarlo, lo entregó para que fuera crucificado.

Los soldados se burlan de Jesús

Mc 15 16-20; Jn 19 2-3
Lc 23 11; Is 50 6; Mt 2 2; 27 11.37

27 Los soldados del gobernador llevaron a Jesús al pretorio y reunieron en torno a él a toda la tropa. 28 Lo desnudaron y le echaron por encima un manto de color rojo;
29 trenzaron una corona de espinas y se la pusieron en la cabeza y una caña en su mano derecha; luego se arrodillaban ante él y se burlaban, diciendo:

–¡Salve, rey de los judíos!

30 Le escupían, le quitaban la caña y lo golpeaban con ella en la cabeza. 31 Después de burlarse de él, le quitaron el manto, lo vistieron con sus ropas, y lo llevaron para crucificarlo.

Crucifixión

Mc 15 21-32; Lc 23 26-43; Jn 19 17-27
Sal 69 21; *22 19*; Is 53 12; Sal 22 7; Mt 4 3.6;
Sal 22 8; Sab 2 18-20

32 Cuando salían, encontraron a un hombre de Cirene, llamado Simón, y lo obligaron a llevar la cruz de Jesús. 33 Al llegar al lugar llamado Gólgota, es decir, lugar de la Calavera, 34 dieron a Jesús vino mezclado con hiel para que lo bebiera, pero, después de probarlo, no quiso beberlo.

35 Los que lo crucificaron *se sortearon su ropa y se la repartieron*. 36 Y se senta-

• **27 11-26**: En tiempos de Jesús los judíos no podían ejecutar la pena de muerte sin el consentimiento del gobernador romano. Por este motivo Jesús tiene que comparecer ante Pilato. El proceso ante el gobernador romano es en cierto modo paralelo al que Jesús ha sufrido ante el consejo judío (interrogatorio, condena, burlas). Sin embargo, ante Pilato, los miembros del consejo cambian la acusación religiosa: *Este hombre es un blasfemo*, en otra de alcance político: *Este hombre se hace a sí mismo rey* y piden para él no sólo la más vergonzante de todas las muertes sino también la que hace imposible que su muerte sea interpretada como la muerte de un profeta (Dt 21 23): la cruz. En realidad, Pilato queda al margen de todo; su perplejidad (Mt 27 14), la pesadilla de su mujer (Mt 27 19) y el hecho simbólico de lavarse las manos (Mt 27 24) subrayan la inocencia de Jesús, y hacen que la culpa de este injusto proceso recaiga sobre el pueblo, que se hace responsable de esta muerte. En las palabras que la gente grita a coro, por incitación de los jefes del pueblo, resuena el rechazo y la oposición que Jesús tuvo a lo largo de toda su vida (véase ya en Mt 2 1-12).

• **27 27-31**: El proceso ante el gobernador romano termina lo mismo que su interrogatorio ante el consejo judío (Mt 26 57-68). El evangelista nos presenta a Jesús sometido a las burlas de los soldados. La escena posee una fina ironía que permite a los lectores descubrir a Jesús como rey incluso en las circunstancias más adversas e incomprensibles.

ron allí para custodiarlo. 37 Sobre su cabeza
pusieron un letrero con la causa de su condena: «Este es Jesús, el rey de los judíos».
38 Al mismo tiempo crucificaron a dos
bandidos, uno a su derecha y otro a su izquierda. 39 Los que pasaban por allí lo insultaban haciendo muecas 40 y diciendo:
–Tú, que destruías el templo y lo cons-
truías en tres días, sálvate a ti mismo; si
eres Hijo de Dios, baja de la cruz.
41 Y de la misma manera los jefes de
los sacerdotes, junto con los maestros de la
ley y los ancianos, se burlaban de él diciendo:
42 –A otros salvó, y a sí mismo no puede
salvarse. Si es rey de Israel, que baje ahora
de la cruz, y creeremos en él. 43 Ha puesto
su confianza en Dios; que lo libre ahora, si
es que lo quiere, ya que decía: «Soy Hijo
de Dios».
44 Hasta los bandidos que habían sido
crucificados junto con él lo insultaban.

Muerte

Mc 15 33-41; Lc 23 44-49; Jn 19 28-30
Am 8 9; *Sal 22 2;* 69 22; Ex 26 31-35;
Ez 37 12; Lc 8 2-3

45 Desde el mediodía, toda la región se
cubrió de tinieblas hasta las tres de la tarde.
46 A esa hora Jesús gritó con fuerte voz:
–Elí, Elí. ¿lemá sabaktani? Que quiere
decir: *Dios mío, Dios mío, ¿por qué me has
abandonado?*
47 Algunos de los que estaban allí, al
oírlo, decían:
–Está llamando a Elías.
48 En seguida, uno de ellos fue corriendo en busca de una esponja, la empapó en
vinagre y, sujetándola en una caña, le ofrecía de beber. 49 Los otros decían:
–Vamos a ver si viene Elías a salvarlo.
50 Y Jesús, dando de nuevo un fuerte
grito, entregó su espíritu. 51 Entonces, la
cortina del templo se rasgó en dos partes
de arriba abajo; la tierra tembló y las piedras
se resquebrajaron; 52 se abrieron los sepulcros y muchos santos que habían muerto
resucitaron, 53 salieron de los sepulcros y,
después de que Jesús resucitó, entraron en
la ciudad santa y se aparecieron a muchos.
54 El oficial romano, y los que estaban con
él custodiando a Jesús, al sentir el terremoto y ver todo lo que pasaba, se llenaron de
miedo y decían:
–Verdaderamente éste era Hijo de Dios.
55 Muchas mujeres que habían seguido
a Jesús desde Galilea para asistirlo, estaban allí y contemplaban la escena desde
lejos. 56 Entre ellas, estaban María Magdalena y María, la madre de Santiago y de
José, y la madre de los Zebedeos.

Entierro

Mc 15 42-47; Lc 23 50-56; Jn 19 38-42
Dt 21 22-23; Hch 13 29

57 Al caer la tarde, llegó un hombre rico,
llamado José, originario de Arimatea, que
también se había hecho discípulo de Jesús.
58 Este José se presentó a Pilato y le pidió
el cuerpo de Jesús. Pilato mandó que se lo
entregaran. 59 José tomó el cuerpo, lo envolvió en una sábana limpia 60 y lo puso en
un sepulcro nuevo que había hecho ex-
cavar en la roca. Tapó la entrada del sepul-

• **27 32-44**: La descripción de la crucifixión está llena de alusiones al Antiguo Testamento con la finalidad de resaltar la convicción de que todo sucede según el plan salvífico de Dios. Las burlas de los transeúntes suenan como las acusaciones de los miembros del consejo (Mt 26 61) y *también como tentaciones de triunfalismo: Si eres Hijo de Dios...* (Mt 4 1-11). Jesús se mantiene fiel a su Padre hasta el final; sabe que el camino escogido en la Encarnación no es la manifestación aparatosa e imponente de la divinidad sino la manifestación discreta y respetuosa de la libertad del hombre.

• **27 45-56**: Al narrar la muerte de Jesús, Mateo trata de explicar también su sentido. El grito de Jesús son las palabras con que comienza el Salmo 22. A primera vista es un grito desesperado, pero los cristianos, que han leído este salmo para entender la pasión de Jesús, saben que termina en una oración confiada. Los signos que acompañan a la muerte de Jesús son los que, según las creencias judías, anunciarían la manifestación de Dios al final de los tiempos. Dios se encuentra, por tanto, presente en este aparente abandono. Finalmente, la confesión del oficial romano y sus acompañantes es también la confesión de la comunidad, que reconoce la verdadera identidad de Jesús, puesta en duda por los jefes de los judíos. Las mujeres, con su presencia silenciosa, marcan la continuidad entre la muerte (Mt 27 55-56), el entierro (Mt 27 57-61) y la resurrección (Mt 28 1-7).

• **27 57-61**: Después de su muerte, un discípulo reclama el cuerpo de Jesús para darle sepultura como prescribe la ley (Dt 21 22-23). José de Arimatea es el último de una serie de personajes que han sabido acompañar a Jesús en el trance de su pasión: la mujer de Betania (Mt 26 6-13), la mujer de Pilato (Mt 27 19), los soldados (Mt 27 54), las mujeres (Mt 27 55-56.61). Su actitud contrasta con la de los discípulos, que abandonaron a Jesús en la hora decisiva (Mt 26 56).

cro con una gran piedra y se fue. 61 María
Magdalena y la otra María estaban allí, sentadas frente al sepulcro.

El sepulcro custodiado

Mt 12 40; 16 21; 17 23; 20 19

62 Al día siguiente, es decir, el día después de la preparación de la pascua, los jefes de los sacerdotes y los fariseos se reunieron ante Pilato 63 y le dijeron:
–Señor, recordamos que ese impostor
dijo cuando aún vivía: «A los tres días resucitaré». 64 Así que manda asegurar el sepulcro hasta el día tercero, no sea que vengan sus discípulos, roben su cuerpo y digan al pueblo que ha resucitado de entre
los muertos, y este último engaño sea peor
que el primero.
65 Pilato les respondió:
–Ahí tienen la guardia; vayan y asegú-
renlo como ustedes saben hacer.
66 Ellos fueron, aseguraron el sepulcro
y sellaron la piedra dejando allí la guardia.

Anuncio de la resurrección

Mc 16 1-8; Lc 24 1-12; Jn 20 1-18
Mt 27 51; 16 21; 26 32

28 1 Pasado el sábado, al alba del primer
día de la semana, María Magdalena y
la otra María fueron a visitar el sepulcro.
2 De pronto hubo un gran temblor. El ángel
del Señor bajó del cielo, se acercó, rodó la
piedra del sepulcro y se sentó en ella. 3 Su
aspecto era como el del relámpago y su
vestido blanco como la nieve. 4 Al verlo,
los guardias se pusieron a temblar y se quedaron como muertos. 5 Pero el ángel se dirigió a las mujeres y les dijo:
–Ustedes no teman; sé que buscan a
Jesús, el crucificado. 6 No está aquí, ha resucitado como lo había dicho. Vengan a
ver el sitio donde estaba puesto. 7 Vayan en
seguida a decir a sus discípulos: Ha resucitado de entre los muertos y va camino
de Galilea; allí lo verán. Eso es todo.
8 Ellas salieron rápidamente del sepulcro y, con temor pero con mucha alegría,
corrieron a llevar la noticia a los discípulos.
9 Jesús salió a su encuentro y las saludó.
Ellas se acercaron, se echaron a sus pies
y lo adoraron. 10 Entonces Jesús les dijo:
–No teman, digan a mis hermanos que
vayan a Galilea; allí me verán.

Soborno de los guardias

Mt 27 62-66

11 Mientras las mujeres iban de camino,
algunos de la guardia fueron a la ciudad y
comunicaron a los jefes de los sacerdotes
todo lo ocurrido. 12 Estos se reunieron con
los ancianos y acordaron en consejo dar
una buena suma de dinero a los soldados,
13 advirtiéndoles:
Digan que sus discípulos fueron de noche y robaron su cuerpo mientras ustedes
dormían. 14 Y si el asunto llega a oídos del
gobernador, nosotros lo convenceremos y
responderemos por ustedes.
15 Los soldados tomaron el dinero e hicieron lo que les habían dicho, y ésta es la
versión que ha corrido entre los judíos hasta
hoy.

La misión universal de los discípulos

Mc 16 14-18; Lc 24 36-49; Jn 20 19-23; Hch 1 6-8
Mt 26 32; 28 7.10; Dn 7 14; Ef 1 20-22;
Flp 2 9-10; Hch 1 8; Ag 1 13

16 Los once discípulos fueron a Galilea,
a la montaña donde Jesús los había citado.
17 Al verlo, lo adoraron; ellos que habían

• **27 62-66**: El hallazgo del sepulcro vacío fue interpretado por los judíos como un engaño de los discípulos, que habrían robado el cuerpo de Jesús para hacer creer que Dios lo había resucitado. El evangelista trata de explicar el origen de este rumor y demostrar su falsedad.

• **28 1-10**: El momento central de este pasaje es el *anuncio de la resurrección*. Mateo simplifica y retoca el relato de Marcos, dando a este anuncio un tono más gozoso y dinámico. La manifestación del ángel está rodeada de fenómenos portentosos semejantes a los mencionados con motivo de la muerte de Jesús (Mt 27 51-53) y relacionan ambos acontecimientos. El centro del relato es el hallazgo de la tumba vacía, interpretado por las palabras del mensajero: *¡Ha resucitado!* Las mujeres, presentes en el momento de la crucifixión y de la muerte, son también testigos de la resurrección. A través de ellas, los discípulos, que abandonaron a Jesús, recibirán la buena noticia y el encargo de ir a Galilea donde los espera, según les había anunciado (Mt 26 32).

• **28 11-15**: El falso rumor de que los discípulos habían robado el cuerpo de Jesús (véase Mt 27 62-66) se había difundido entre los judíos hasta la época en que se escribe el evangelio, y se había convertido en un argumento en contra de los cristianos. Frente a esta acusación, los cristianos responden con el testimonio de su fe pascual: *no está aquí, ha resucitado, como dijo* (Mt 28 6).

dudado. 18 Jesús se acercó y se dirigió a
ellos con estas palabras:

–Dios me ha dado autoridad plena sobre
cielo y tierra. 19 Vayan y hagan discípulos
a todos los pueblos y bautícenlos para consagrarlos al Padre, al Hijo y al Espíritu
Santo, 20 enseñándoles a poner por obra
todo lo que les he mandado. Y sepan que yo estoy con ustedes todos los días hasta el final de los tiempos.

• **28** 16-20: El encuentro final de Jesús con sus discípulos tiene lugar en un escenario significativo: en Galilea, donde Jesús comenzó su misión; y en un monte, como cuando Dios reunió a su pueblo. Este es un texto muy importante dentro del evangelio. Los discípulos, cuya fe vacilante hizo que abandonaran a Jesús en el momento de la pasión, ahora lo reconocen como su único Señor y lo adoran. Ellos serán el pueblo mesiánico que continúa su misión. El envío del resucitado renueva el del Jesús terreno, pero la misión se extiende ahora a todos los hombres, y no sólo a Israel como en Mt 10 5-6. Esta misión consiste en reunir a los que, sellados por el bautismo, harán realidad el estilo de vida de Jesús en la tierra, hasta el final de este mundo.

Las últimas palabras de Jesús son una invitación a regresar al principio del evangelio para escuchar de nuevo sus enseñanzas y contemplar sus signos, como enseñanzas y signos del resucitado. Y son también una exhortación a comunicar a otros la buena noticia desde la certeza de que el resucitado sigue presente en medio de su Iglesia.

EVANGELIO SEGUN SAN MARCOS

INTRODUCCION

¿Quién dice la gente que soy yo?... y según ustedes ¿quién soy yo? Esta pregunta que Jesús hizo un día a sus discípulos en Cesarea de Filipo no ha perdido actualidad en los veinte siglos que han transcurrido desde aquel día. Hombres y mujeres de todas las épocas y geografías han visto en Jesús un maestro, un líder, una personalidad atrayente. Sus enseñanzas sobre el amor, su atención a los desposeídos de la tierra, su oposición a todo lo que oprime al hombre, sus acciones liberadoras, han hecho de él un personaje aceptado y admirado. Pero esta aceptación tiene un límite, y ese límite se encuentra en el calvario. Hasta allí no llega la admiración, porque su muerte resulta escandalosa. Sólo unos pocos se detienen para escuchar la invitación a tomar la cruz y seguir a Jesús, único camino para llegar a conocer su verdadera identidad. El evangelio de Marcos es una invitación a descubrir el auténtico rostro de Jesús, recorriendo a su lado el camino que conduce a la cruz, y a través de ella a la resurrección.

1. Marcos y su comunidad

Los destinatarios del segundo evangelio son, en su mayoría no judíos, a quienes el evangelista tiene que explicar expresiones y costumbres judías (véase Mc 5 41; 7 3). Pertenecían con toda probabilidad a una pequeña comunidad establecida en la gran ciudad de Roma. Corrían tiempos difíciles para ellos. Resultaban odiosos tanto para los judíos como para los romanos. La fidelidad a la doctrina de Jesús comportaba el riesgo continuo de verse despreciados, maltratados e incluso perseguidos, como ocurrió en tiempos del emperador Nerón en el año 64 d. C. En esta situación de persecución y de crisis se hacía necesario afianzar la fe. Marcos se propuso responder a aquella situación crítica dirigiendo la mirada hacia Jesús para profundizar en el misterio de su persona. Su relato, que tenía una intención catequética y pastoral, dio origen a un nuevo género de literatura cristiana. Con él nacen los "evangelios", escritos de clara finalidad pastoral, en los que a la narración sobre Jesús se une de manera inseparable el testimonio de la comunidad creyente, llegando hasta nosotros con un fuerza que cuestiona.

El autor del segundo evangelio se esconde por completo detrás del velo de su narración. No obstante, ya la tradición más antigua lo identificó con Marcos, persona en estrecha relación con los apóstoles Pedro y Pablo y buen conocedor de los principales centros de irradiación del cristianismo primitivo. Como ya hemos dicho, lo más probable es que el evangelio de Marcos haya sido compuesto en Roma. Así lo afirma una antigua tradición, confirmada por algunos datos del evangelio (uso de latinismos y costumbres típicamente romanas, como la posibilidad de que una mujer se divorciara de su marido: Mc 10 11-12).

La fecha de composición puede fijarse entre los años 60 d. C. y 70 d. C. Por un lado, los datos del evangelio reflejan una comunidad con problemas típicos de la segunda generación cristiana (después del 60 d. C.); y por otro, no hay una referencia clara a la destrucción de Jerusalén (ocurrida en el año 70 d. C.), un acontecimiento que tuvo grandes repercusiones entre los primeros cristianos.

2. El mensaje de Marcos

El tema central y dominante del evangelio es la identidad de Jesús. Son muchos los que se interesan por esa cuestión: los demonios, los discípulos, la gente, Herodes, el sumo sacerdote, Pilato, el oficial romano... Muchas son también las ocasiones en que se plantea: milagros, revelaciones divinas, palabras de Jesús, muerte de Jesús... La respuesta se hace esperar, pero termina siendo precisa y clara en la confesión de aquel oficial romano que lo ve morir: *Verdaderamente este hombre era Hijo de Dios* (Mc 15 39) Para Marcos, como para toda la cristiandad primitiva, el título "Hijo de Dios" era sin duda el más adecuado para expresar tanto el origen divino de Jesús como su vinculación sin igual a Dios y su verdadera humanidad. Pero ¿por qué esa demora en presentarnos a Jesús como Hijo de Dios, y por qué las repetidas órdenes de silencio a aquellos que parecían entrever el misterio (véase Mc 1 34.44; 3 12; 5 43; 7 36; 8 26-30; 9 9)? ¿Por qué quiere Jesús mantener oculto que él es el Mesías, el Santo de Dios? No es cuestión de ignorancia, sino que se trata de una técnica literaria característica de Marcos, mediante la cual descubre y esconde a la vez el misterio de la persona de Jesús. El evangelista es consciente de estar ante una realidad que jamás podrá ser convenientemente expresada en conceptos. Más aún, sabe que algunos cristianos podían tener una visión equivocada de Jesús. Por eso, a toda afirmación sobre su identidad debe seguir siempre la apertura, la búsqueda, el esfuerzo por una comprensión mejor. El creyente nunca puede contentarse con fórmulas fijas, nunca puede dejar de plantearse la pregunta: tú ¿quién eres?

Junto a la presentación de Jesús, hay un segundo tema que destaca en el evangelio de Marcos. Es el tema del discipulado. La misma estructura literaria lo pone de manifiesto. Los relatos de la vocación (Mc 1 16-20), elección (Mc 3 13-19) y misión (Mc 6 7-13) de los discípulos ocupan una posición privilegiada al comenzar, después de un breve sumario o resumen, cada una de las tres secciones de la primera parte (véase la división del evangelio al final de esta introducción). También en la segunda parte el grupo selecto de discípulos sigue manteniendo una importancia particular: son los destinatarios únicos de la enseñanza en la que Jesús muestra las consecuencias de su caminar hacia la cruz (Mc 8 31-33; 9 31-32; 10 32-34); ellos lo acompañan durante toda su actividad en el templo; su presencia junto a Jesús se prolonga hasta que éste es arrestado. Después lo abandonarán, pero el abandono no es la última palabra. Jesús mismo los invitará a superar su huida anunciándoles, primero personalmente (Mc 14 28) y luego por medio del ángel (Mc 16 7), su reencuentro en Galilea. Los discípulos son, por tanto, un constante punto de referencia para el evangelista, pues constituyen un grupo expresamente llamado y elegido por Jesús para una tarea específica: acompañarlo y ser enviados a predicar (Mc 3 14-15). La comunicación con Jesús lleva a la comunión con el misterio de su persona, y esa comunión es el fundamento esencial e imprescindible de la predicación.

Cristología y discipulado, como temas dominantes del evangelio de Marcos, se entrecruzan de continuo y se esclarecen recíprocamente, haciendo de este evangelio una obra siempre actual, dramática e inquietante. La buena noticia de Jesús como Mesías e Hijo de Dios no es una doctrina científica o una mera especulación intelectual a base de nociones y de títulos. Es la comunicación de un hecho que quiere ser el fundamento de un estilo de vida: el discipulado. El discipulado, por su parte, es el lugar privilegiado para la revelación de la identidad de Jesús. En la unión personal con él Jesús descubre el misterio de su ser.

3. Composición y división

A pesar del vocabulario pobre y del estilo sencillo, lleno de repeticiones, el autor manifiesta sorprendentemente unas dotes extraordinarias de narrador y compositor. Todas sus páginas respiran viveza y realismo, y la sucesión de cada relato responde a un plan bien preciso, sabiamente concebido y perfectamente logrado. Es un autor que, aunque escribe con poca elegancia, sabe narrar con viveza y componer bien.

El tema fundamental que unifica y organiza toda la obra es de carácter teológico: la revelación de la identidad de Jesús. Tal como insinúa en su primera frase (Mc 1 1), el evangelista se propone mostrar, de una manera progresiva, que Jesús es realmente el Mesías esperado (Mc 8 29); pero su mesianismo, en contra de las esperanzas del momento, es un mesianismo sufriente –Hijo del hombre–, de quien a la vez posee la condición divina –Hijo de Dios– (Mc 15 39). Numerosos indicios literarios permiten dividir este evangelio en dos grandes partes, cada una de las cuales consta de tres secciones:

INTRODUCCION (Mc 1 1-13)

I. JESUS, MESIAS (Mc 1 14-8 30)
1. Revelación de Jesús y ceguera de los dirigentes judíos (Mc 1 14-3 6)
2. Revelación de Jesús e incomprensión de sus parientes y paisanos (Mc 3 7-6 6a)
3. Revelación de Jesús y reconocimiento inicial de sus discípulos (Mc 6 6b-8 30)

II. MESIAS SUFRIENTE E HIJO DE DIOS (Mc 8 31-16 8)
1. En camino hacia Jerusalén: Revelación del camino doloroso del Mesías (Mc 8 31-10 52)
2. Jerusalén: Revelación de una autoridad que supera la del "Hijo de David" (Mc 11 1-13 37)
3. Pasión y resurrección de Jesús: Revelación en plenitud (Mc 14 1-16 8)

APENDICE CANONICO (Mc 16 9-20)

El evangelio de Marcos es una continua revelación de Jesús. El misterio de su persona se va manifestando poco a poco, en una creciente tensión dramática que envuelve al lector, y lo hace entrar en el grupo de los que tienen que dar una respuesta a la pregunta central: *y según ustedes, ¿quién soy yo?* (Mc 8 29).

La *primera parte* está llena de respuestas a esta pregunta. Los dirigentes judíos rechazan a Jesús (Mc 3 5-6), y sus parientes y la gente de su pueblo no lo comprenden (Mc 6 1-6a). Los demonios creen conocerlo, pero Jesús les manda callar (Mc 1 34; 3 11-12), lo mismo que prohibe hablar a quienes sana de sus enfermedades y dolencias (Mc 1 44; 5 43; 7 36; 8 26). Sólo los discípulos comienzan a entender quién es Jesús (Mc 8 29), pero su comprensión es también incompleta. La afirmación de Pedro: *tú eres el Mesías* necesita ser profundizada y comprendida en su verdadero sentido.

La *segunda parte* del evangelio intenta completar la respuesta de Pedro, mostrando que el mesianismo de Jesús pasa necesariamente por la cruz. En esta segunda parte todo apunta hacia la pasión (Mc 8 31-33; 9 30-32; 10 32-34), en la que Jesús aparece como el Hijo obediente del Padre. Por eso, la confesión del oficial romano al pie de la cruz: *verdaderamente este hombre era Hijo de Dios* (Mc 15 39) marca el punto de llegada de esta progresiva revelación del misterio de Jesús. Es entonces, y no antes, cuando los lectores del evangelio pueden comprender quién es realmente Jesús.

EVANGELIO SEGUN SAN MARCOS

INTRODUCCION +

1 1 Comienzo de la buena noticia de Jesús, Mesías, Hijo de Dios.

Predicación de Juan el Bautista

Mt 3 1-12; Lc 3 1-9.15-17; Jn 1 19-28
Mal 3 1; Is 40 3; Hch 13 24; 19 4

2 Según está escrito en el profeta Isaías:

Mira, envío mi mensajero
por delante de ti,
el cual preparará tu camino.
3 *Voz del que grita en el desierto:*
¡Preparen el camino al Señor;
nivelen sus senderos!

4 Apareció Juan el Bautista en el desierto, predicando un bautismo de conversión
para el perdón de los pecados. 5 Toda la
región de Judea y todos los habitantes de
Jerusalén acudían a él y, después de reconocer sus pecados, Juan los bautizaba en el
río Jordán.
6 Juan iba vestido con pelo de camello,
llevaba una correa de cuero a su cintura, y
se alimentaba de saltamontes y de miel silvestre. 7 Esto era lo que proclamaba:

–Detrás de mí viene el que es más fuerte que yo. Yo no soy digno ni de postrarme
ante él para desatar la correa de sus sandalias. 8 Yo los bautizo con agua, pero él los
bautizará en el Espíritu Santo.

Bautismo de Jesús

Mt 3 13-17; Lc 3 21-22
Sal 2 7; Mc 9 7; 15 39

9 Por aquellos días llegó Jesús desde
Nazaret de Galilea y fue bautizado por Juan
en el Jordán. 10 En cuanto salió del agua
vio abrirse los cielos y al Espíritu que bajaba sobre él como una paloma. 11 Se oyó
entonces una voz que venía del cielo:
–Tú eres mi Hijo amado, en ti me complazco.

Tentación en el desierto

Mt 4 1-11; Lc 4 1-13

12 Después de esto, el Espíritu lo impulsó hacia el desierto, 13 donde Satanás lo
puso a prueba durante cuarenta días. Estaba con las fieras y los ángeles lo servían.

+ 1 1-13: Marcos comienza su evangelio con una introducción que anuncia el proyecto de toda su obra, los temas esenciales y sus tensiones dramáticas. Se trata –nos advierte– de presentar al creyente el origen y fundamento de una "alegre noticia": la de Jesús, Mesías e Hijo de Dios. En estos títulos queda expresada la verdadera identidad de Jesús. Tal identidad, que se irá descubriendo y comprendiendo progresivamente a la luz de sus palabras y sus obras, es la insinuada también en la predicación de Juan (Mc 1 2-8) y en los dos acontecimientos que preceden y preparan la actividad pública del mismo Jesús: el bautismo (Mc 1 9-11) y las tentaciones (Mc 1 12-13).

• 1 2-8: Juan el Bautista, al subrayar que Jesús es más importante que él y al indicar que será Jesús quien bautice en el Espíritu, anuncia la condición mesiánica de Jesús. La fortaleza y el don del Espíritu son, en efecto, los signos que identifican al Mesías esperado, tal como lo habían anunciado desde antiguo los profetas (véase Is 11 2; 42 1; 61 1).

• 1 9-11: El bautismo de Jesús hace realidad el anuncio de Juan. La expresión *abrirse los cielos* significa que el muro de separación entre Dios y el hombre pecador ha sido derribado. Jesús queda acreditado como Mesías, y se rompe el silencio entre Dios y el hombre. A partir de este momento Dios habla a los hombres por medio de Jesús, el Mesías esperado, que es también su Hijo querido. (Véase nota a Mt 3 13-17).

• 1 12-13: La condición mesiánica de Jesús y su filiación divina no lo apartan de la historia humana, de sus pruebas y sufrimientos. Al contrario, lo sumergen de lleno en la lucha que en esa historia se libra. También él, como verdadero hombre, tiene que vivir el desierto de la prueba y recorrer el duro camino que conduce a la salvación.

Con estas indicaciones de la introducción, el lector queda orientado para emprender ya, de manera correcta, la lectura y meditación de todo lo que sigue. Debe evitar falsas esperanzas y triunfalismos peligrosos. La alegre noticia de Jesús, Mesías e Hijo de Dios, no va a seguir el esquema ya gastado de los honores, el esplendor y la gloria, sino que inesperadamente se manifestará en la debilidad, la lucha y el sufrimiento.

I. JESUS MESIAS Δ

1. Revelación de Jesús y ceguera de los dirigentes judíos ◊

Resumen de la predicación inaugural de Jesús

Mt 4 12-17; Lc 4 14-15

Mc 6 17-18; Mt 3 2; Gal 4 4

14 Después del arresto de Juan, Jesús se
fue a Galilea, proclamando la buena noticia de Dios. 15 Decía:
–El plazo se ha cumplido. El reino de
Dios está llegando. Conviértanse y crean
en el evangelio.

Llamada de los primeros discípulos

Mt 4 18-22; Lc 5 1-11

1 Re 19 19-21; Jn 1 35-51; Mc 8 31-38

16 Pasando Jesús junto al lago de Galilea, vio a Simón y a su hermano Andrés
que estaban echando las redes en el lago,
pues eran pescadores. 17 Jesús les dijo:
–Vengan conmigo y los haré pescadores
de hombres.
18 Ellos dejaron inmediatamente las redes y lo siguieron.
19 Un poco más adelante vio a Santiago,
el de Zebedeo, y a su hermano Juan. Estaban en la barca reparando las redes. 20 Jesús
los llamó también; y ellos, dejando a su padre Zebedeo en la barca con sus trabajadores, se fueron con él.

UN SABADO EN CAFARNAUN:
AUTORIDAD QUE ASOMBRA +

En la sinagoga

Lc 4 31-37

Mc 6 2; Lc 4 16; Mt 7 28-29; 8 29; 4 24

21 Fueron a Cafarnaún y, cuando llegó
el sábado, Jesús entró en la sinagoga y se
puso a enseñar a la gente 22 que estaba admirada de su enseñanza, porque les ense-

Δ 1 14-8 30: Jesús ha sido presentado en la introducción (Mc 1 1-13) por Juan y por la voz del cielo, quedando sumergido en un mundo de tensiones y de lucha. Ahora le toca presentarse a Jesús personalmente. Marcos nos ofrece esta presentación en su evangelio, dividido en dos partes, cada una de las cuales termina con una afirmación sobre Jesús: la de Pedro en Cesarea (Mc 8 29) y la del oficial romano ante la cruz (Mc 15 39). El misterio de Jesús no es fácil de comprender; por eso el evangelista debe ir descubriéndolo poco a poco, al tiempo que corrige interpretaciones equivocadas.

Esta primera parte consta de tres secciones (Mc 1 14-3 6; 3 7-6 6a; 6 6b-8 30) cada una de las cuales comienza con un resumen de la actividad de Jesús, continúa con un relato sobre los discípulos y termina con una toma de posición ante Jesús.

◊ 1 14-3 6: En esta primera sección, Jesús se relaciona con un grupo reducido de discípulos, pero sobre todo con la muchedumbre y los jefes religiosos del judaísmo. Las reacciones que más se subrayan son las del pueblo y sus dirigentes. Mientras que las del pueblo son de asombro y de admiración, las de los dirigentes judíos son de agresividad, llegando incluso a la firme decisión de acabar con Jesús (Mc 3 6).

• 1 14-15: Jesús se presenta en Galilea, no como un profeta más, sino como aquel en quien el esperado reino *de Dios comienza a hacerse realidad*. La expresión *reino de Dios*, que tiene sus raíces en el Antiguo Testamento y en el judaísmo, resumía todo lo que Israel esperaba de los tiempos mesiánicos. En labios de Jesús adquiere un significado concreto: soberanía universal de Dios como padre compasivo y salvador. Sobre los corazones oprimidos brilla así un rayo de esperanza. Esta realidad es ofrecimiento y don de Dios, del que nadie queda excluido. Pero si Dios ofrece la salvación, espera a su vez una respuesta de aceptación por parte del hombre. La respuesta exigida se expresa en dos actitudes: conversión y fe; retorno sincero a Dios y confianza absoluta en su poder salvador, encarnado ahora en la persona misma de Jesús.

• 1 16-20: La conversión y la fe que exige la llegada del reino (Mc 1 14-15) tienen que realizarse en el seguimiento de Jesús. La vocación de los primeros discípulos es para el evangelista un ejemplo concreto de eso. El relato da a conocer de forma esquemática los rasgos fundamentales de lo que supone el seguimiento de Jesús. La vida cristiana es respuesta a una llamada previa por parte de Jesús. Esta llamada es categórica, poderosa y penetrante; ante ella no cabe titubeo alguno. La respuesta del hombre implica desprendimiento y renuncia, pero se traduce ante todo en seguimiento. Discípulo no es alguien que ha abandonado algo; es quien ha encontrado a alguien. La pérdida es compensada abundantemente por la ganancia.

+ 1 21-39: Rodeado ya de algunos discípulos, Jesús emprende una intensa actividad en bien de la muchedumbre. Marcos nos ofrece un cuadro característico, sintetizando diversos acontecimientos en una jornada representativa. Nada falta en ella. Se da la lucha y la contemplación; el estar entre amigos y con la gente común; la atención a la miseria humana y la atención a Dios. El lugar geográfico es Cafarnaún ("aldea del consuelo"), a orillas del lago de Tiberíades; en ese entorno están la sinagoga, la casa de Pedro y el campo abierto o despoblado, lugares todos que el evangelista carga de significado teológico. La actuación de Jesús se caracteriza por una autoridad que sorprende, suscitando ya entre los hombres el interrogante

ñaba con autoridad, y no como los maestros de la ley.
23 Había en la sinagoga un hombre con
espíritu impuro, que se puso a gritar:
24 –¿Qué tenemos nosotros que ver contigo, Jesús de Nazaret? ¿Has venido a destruirnos? ¡Sé quien eres: el Santo de Dios!
25 Jesús lo reprendió ordenándole:
–¡Cállate y sal de ese hombre!
26 El espíritu impuro lo retorció violentamente y, dando un fuerte grito, salió de
él.
27 Todos quedaron asombrados y se decían unos a otros:
–¿Qué es esto? ¡Una doctrina nueva llena de autoridad! ¡Manda incluso a los espíritus impuros y éstos lo obedecen!
28 Pronto se extendió su fama por todas
partes, en toda la región de Galilea.

Dentro y fuera de la casa

Mt 8 14-17; Lc 4 38-41
Mc 3 10-12; Mt 4 24

29 Al salir de la sinagoga, Jesús se fue
inmediatamente a casa de Simón y de Andrés, con Santiago y Juan. 30 La suegra de
Simón estaba en cama con fiebre. Se lo
dijeron a Jesús 31 y él se acercó, la tomó de
la mano y la levantó. Se le quitó la fiebre y
se puso a servirlos.
32 Al atardecer, cuando ya se había puesto el sol, le llevaron todos los enfermos y
endemoniados. 33 La población entera se
agolpaba a la puerta. 34 El sanó entonces a
muchos enfermos de diversos males y expulsó a muchos demonios, pero a éstos no
los dejaba hablar, pues sabían quién era.

En un lugar despoblado

Lc 4 42-44
Mt 14 23; Lc 3 21; 5 16; 6 12; Mt 4 23; 9 35

35 Muy de madrugada, antes del amanecer, se levantó, salió, se fue a un lugar solitario y allí comenzó a orar. 36 Simón y sus
compañeros fueron en su busca. 37 Cuando
lo encontraron, le dijeron:
–Todos te buscan.
38 Jesús les contestó:
–Vamos a otra parte, a los pueblos vecinos, para predicar también allí, pues para
esto he venido.
39 Y se fue a predicar en las sinagogas
judías por toda Galilea, expulsando los demonios.

Jesús sana a un leproso

Mt 8 2-4; Lc 5 12-16
Lv 14 2-32

40 Se le acercó un leproso y le suplicó
de rodillas:
–Si quieres, puedes limpiarme.
41 Jesús, compadecido, extendió la mano, lo tocó y le dijo:
–Quiero, queda limpio.
42 Al instante le desapareció la lepra y
quedó limpio.
43 Entonces lo despidió, advirtiéndole
seriamente:
44 –No se lo digas a nadie; vete, preséntate al sacerdote y ofrece por tu purificación
lo que mandó Moisés, para que les conste
que has quedado sano.
45 El, sin embargo, tan pronto como se
fue, comenzó a divulgar entusiasmado lo
ocurrido, de modo que Jesús no podía ya
entrar abiertamente en ninguna ciudad. Tenía que quedarse fuera, en lugares despo-
blados, y aun así seguían acudiendo a él de
todas partes.

DE NUEVO EN CAFARNAUN: AUTORIDAD QUE PROVOCA OPOSICION +

El perdón que sana

Mt 9 1-8; Lc 5 17-26
Lc 7 48; Sal 103 3; Is 43 25; 1 Jn 1 9; Mt 9 33

2 1 Después de algunos días entró de
nuevo en Cafarnaún y corrió la voz de

por el misterio de su persona. Es además una actuación que no se limita al espacio religioso; se extiende también al espacio privado y al profano. El evangelio no puede quedar aprisionado en la esfera religiosa. Interesa al ser humano en todas sus dimensiones.

• **1 40-45**: Este relato resume el sentido de los milagros narrados hasta ahora. El leproso era un personaje que representaba perfectamente al marginado y segregado de la sociedad (véase Lv 13 45-46). La lepra era la mayor muralla social y, al mismo tiempo, una enfermedad que sólo Dios podía sanar (véase Nm 12 13). Ante la petición humilde del impuro, Jesús no duda en tocar lo intocable y, en lugar de quedar contaminado, comunica su propia pureza. El segregado queda reintegrado a la comunidad, y así quedan abolidas las fronteras que dividen a los hombres.

+ 2 1-3 6: El misterio de la persona de Jesús sigue manifestándose a través de sus obras de poder. Estas, sin embargo, no suscitarán ya solamente asombro y admira-

que estaba en casa. 2 Acudieron tantos, que ya no había lugar ni siquiera junto a la puerta. Jesús se puso a anunciarles el mensaje. 3 En ese momento le trajeron un paralítico entre cuatro. 4 Pero, como no podían llegar hasta Jesús a causa del gentío, levantaron el tejado de la casa donde estaba, y por el boquete que abrieron, descolgaron la camilla en que yacía el paralítico.

5 Jesús, viendo la fe que tenían, dijo al paralítico:

–Hijo, tus pecados te son perdonados.

6 Unos maestros de la ley que estaban allí sentados comenzaron a pensar para sus adentros:

7 –¿Cómo se atreve a decir eso? ¡Blasfema! ¿Quién puede perdonar pecados sino sólo Dios?

8 Jesús, se dio cuenta inmediatamente de lo que estaban pensando y les dijo:

–¿Por qué están pensando eso en su interior? 9 ¿Qué es más fácil? ¿Decir al paralítico: Tus pecados te son perdonados; o decirle: Levántate, toma tu camilla y camina? 10 Pues ahora sabrán que el Hijo del hombre tiene poder en la tierra para perdonar los pecados.

Entonces se dirigió al paralítico y le dijo:

11 –Levántate, toma tu camilla y vete a tu casa.

12 El paralítico se puso en pie, tomó en seguida la camilla y salió a la vista de todos, de modo que todos se quedaron maravillados y daban gloria a Dios diciendo:

–¡Jamás habíamos visto una cosa semejante!

La comida con pecadores

Mt 9 9-13; Lc 5 27-32
Mt 4 19; 19 21; 11 19; Lc 6 32-34

13 Jesús regresó a la orilla del lago. Toda la gente acudía a él, y él les enseñaba. 14 Al pasar vio a Leví, el hijo de Alfeo, que estaba sentado en su oficina de impuestos, y le dijo:

–Sígueme.

El se levantó y lo siguió.

15 Después, mientras Jesús estaba sentado a la mesa en casa de Leví, muchos recaudadores de impuestos y pecadores se sentaron con él y sus discípulos, pues eran ya muchos los que lo seguían. 16 Los maestros de la ley del partido de los fariseos, al ver que Jesús comía con pecadores y recaudadores de impuestos, decían a sus discípulos:

–¿Por qué come con los que recaudan impuestos para Roma y con pecadores?

17 Jesús oyó esto y les dijo:

–No necesitan médico los sanos, sino los enfermos. Yo no he venido a llamar a los justos, sino a los pecadores.

El ayuno y el esposo

Mt 9 14-17; Lc 5 33-39
2 Cor 5 17; Gal 1 6

18 Un día en que los discípulos de Juan y los fariseos ayunaban, fueron a decir a Jesús:

–¿Por qué los discípulos de Juan y los discípulos de los fariseos ayunan y en cambio los tuyos no?

ción, sino también rechazo y condenación. La revelación progresiva de la persona de Jesús hace que los hombres tengan que pronunciarse a favor o en contra de su propuesta. Ante Jesús nadie puede quedar indiferente e inactivo.

Los maestros de la ley y fariseos entran en escena y se descubren. Tomando como pretexto determinadas actuaciones de Jesús, rechazan cada vez con más firmeza la autoridad y las pretensiones mesiánicas del nazareno. La sombra del conflicto decisivo comienza ya a proyectarse. Las controversias se desarrollan de tal forma que todas concluyen, no con la solución de "un caso", sino con una autorevelación de Jesús.

• **2** 1-12: Jesús aparece aquí como quien tiene poder de perdonar los pecados. Los maestros de la ley se escandalizan porque saben que ese poder es exclusivamente divino. Jesús no los desmiente; al contrario, para demostrar que su poder de perdonar es auténtico, pone en juego su poder de sanar. Perdón y milagro revelan la potestad divina de Jesús. Además, las dos acciones quieren ser signo de la salvación completa que Jesús trae y a la que el hombre está destinado.

• **2** 13-17: Los fariseos consideraban "pecadores" a los que menospreciaban públicamente la ley de Dios, y a los que ejercían profesiones despreciables, como era el caso de los recaudadores de impuestos, de quienes se pensaba que robaban al pueblo. A esta clase de personas llama Jesús para que lo sigan y con ellas se sienta a la mesa. Lo único que les pide es que se reconozcan enfermos y pecadores y se abran con humildad y fe a la acción salvífica de Dios.

• **2** 18-22: Jesús es el esposo que inaugura el tiempo del gozo y de la salvación definitiva. No hay razón para estar tristes y por eso el ayuno, signo de luto y penitencia, queda abolido mientras él esté presente. Esta presencia de Jesús exige que los hombres se renueven y transformen de forma radical. No basta una simple adaptación de los viejos esquemas. Es necesario renovarse interiormente. *¡A vino nuevo, odres nuevos!*

19 Jesús les contestó:
–¿Pueden acaso ayunar los invitados a la
boda mientras el novio está con ellos? Mientras el novio está con ellos, no tiene sentido que ayunen. 20 Llegará un día en que el
novio les será quitado. Entonces ayunarán.
21 Nadie cose un remiendo de tela nueva
a un vestido viejo, porque lo añadido hará
encoger el vestido, lo nuevo hará encoger
lo viejo, y el desgarrón se hará mayor.
22 Y nadie guarda vino nuevo en odres
viejos, porque el vino hará reventar los
odres, y se perderán vino y odres. A vino
nuevo, odres nuevos.

El hombre y el sábado

Mt 12 1-8; Lc 6 1-5
Dt 23 26; 1 Sm 21 2-7; 2 Sm 15 35; Ex 20 8-10

23 Un sábado pasaba Jesús a través de
unos campos sembrados, y sus discípulos
comenzaron a cortar espigas según pasaban. 24 Los fariseos le dijeron:
–¿Te das cuenta que hacen en sábado lo
que no está permitido?
25 Jesús les respondió:
–¿No han leído nunca lo que hizo David
cuando tuvo necesidad y sintió hambre él y
sus compañeros? 26 ¿Cómo entró en la
casa de Dios en tiempos del sumo sacerdote Abiatar, comió de los panes de la ofrenda, que sólo a los sacerdotes les estaba permitido comer, y dio también a quienes lo
acompañaban?
27 Y añadió:
–El sábado ha sido hecho para el hombre, y no el hombre para el sábado. 28 Así
que el Hijo del hombre también es señor
del sábado.

El sábado y la vida

Mt 12 9-14; Lc 6 6-11
Lc 14 33; Mt 22 15-16

3 1 Entró de nuevo en la sinagoga y había allí un hombre que tenía la mano
atrofiada. 2 Lo estaban acechando para ver
si lo sanaba en sábado, y tener así un motivo para acusarlo. 3 Jesús dijo entonces al
hombre de la mano atrofiada:
–Levántate y ponte ahí en medio.
4 Y a ellos les preguntó:
–¿Qué está permitido en sábado: hacer
el bien o hacer el mal; salvar una vida o
destruirla?
Ellos permanecieron callados.
5 Mirándolos con indignación y entristecido por la dureza de su corazón, dijo al
hombre:
–Extiende la mano.
El la extendió, y su mano quedó restablecida.
6 En cuanto salieron, los fariseos se pusieron de acuerdo con los herodianos para
planear el modo de acabar con él.

2. Revelación de Jesús e incomprensión de sus parientes y paisanos ◊

Resumen de la actividad de Jesús

Mt 4 23-25; Lc 6 17-19
Mc 1 25.34

7 Jesús se retiró con sus discípulos a orillas del lago y lo siguió una gran muchedumbre de Galilea. También de Judea, 8 de
Jerusalén, de Edom, de Transjordania y de
la región de Tiro y Sidón acudió a él una

• **2 23-3 6**: Frente a la interpretación esclavizante de la ley, patrocinada por los fariseos y manifestada sobre todo en la observancia del sábado, Jesús la libera de sobrecargas sofocantes y la reorienta al proyecto original de *Dios en favor del hombre. La ley no es yugo*, sino liberación. No es imposición, sino don. No es instrumento de muerte, sino camino de vida. Y el Hijo del hombre ha venido a rescatar al hombre del legalismo para llevarlo al espacio de la verdadera libertad, del amor y de la vida.

◊ **3 7-6 6a**: El intento de Jesús por revelar su propia identidad a través de sus palabras y sus obras, ha concluido en un fracaso. La gente que cuenta, es decir, los dirigentes judíos, cierran sus ojos y se oponen decididamente a él y a su sospechosa pretensión. Pero éstos no son los únicos destinatarios de su revelación y de su evangelio. La multitud y sus discípulos están todavía a su lado. Jesús debe continuar manifestándose. Se abre así una nueva etapa de revelación que desarrolla y profundiza los temas de la sección anterior, pero que deja entrever también con mayor claridad la fuerza crítica del evangelio, que dependiendo de la respuesta del hombre une o divide. En esta nueva sección, los discípulos adquieren un relieve especial. Ellos serán los que formen la verdadera familia de Jesús, en fuerte contraste con sus parientes incrédulos.

• **3 7-12**: En paralelismo con la anterior, la nueva sección comienza con un resumen, ahora sobre la actividad milagrosa de Jesús con los enfermos. La afluencia incontenible de la gente subraya una vez más que él es médico de la humanidad enferma, la fuente oculta de la salvación. Los espíritus impuros lo reconocen y lo proclaman *Hijo de Dios,* pero Jesús rechaza tal proclamación. Quiere que cada uno lo reconozca personalmente a través de un camino de fe, no a través de revelaciones espectaculares que pueden ser ambiguas.

gran multitud, al enterarse de lo que hacía. 9 Como había mucha gente, encargó a sus discípulos que le prepararan una barca, para que no lo estrujaran. 10 Pues había sanado a muchos, y quienes padecían dolencias se le echaban encima para tocarlo. 11 Los espíritus impuros, cuando lo veían, se postraban ante él y gritaban:

–Tú eres el Hijo de Dios.

12 Pero él les prohibía enérgicamente que lo descubrieran.

Elección de los Doce

Mt 10 1-4; Lc 6 12-16
Hch 1 13-14

13 Subió después a la montaña, llamó a los que él quiso y se acercaron a él. 14 Designó entonces a Doce, a los que llamó apóstoles, para que estuvieran con él y para enviarlos a predicar 15 con poder de expulsar a los demonios. 16 Designó a estos Doce: a Simón, a quien dio el sobrenombre de Pedro; 17 a Santiago, el hijo de Zebedeo, y a su hermano Juan, a quienes dio el sobrenombre de Boanerges, es decir, hijos del trueno; 18 a Andrés, Felipe, Bartolomé, Mateo, Tomás, Santiago el hijo de Alfeo, Tadeo, Simón el Cananeo 19 y Judas Iscariote, el que lo entregó.

INCOMPRENSION Y CALUMNIAS +

Jesús y sus familiares

Jn 10 20

20 Regresó a casa, y de nuevo se reunió tanta gente que no podían ni comer. 21 Sus parientes, al enterarse, fueron para llevárselo, pues decían que estaba trastornado.

Jesús y los maestros de la ley

Mt 12 24-32; Lc 11 15-23; 12 10
Mt 9 34; Is 49 24-25; 1 Jn 5 16; Jn 7 20; 8 48

22 Los maestros de la ley que habían bajado de Jerusalén decían:

–Tiene dentro a Belzebú.

Y añadían:

–Con el poder del príncipe de los demonios expulsa a los demonios.

23 Jesús los llamó y les propuso estas comparaciones:

–¿Cómo puede Satanás expulsar a Satanás? 24 Si un reino está dividido contra sí mismo, ese reino no puede permanecer. 25 Si una familia está dividida contra sí misma, esa familia no puede permanecer. 26 Si Satanás se ha rebelado contra sí mismo y está dividido, no puede permanecer, sino que está llegando a su fin. 27 Nadie puede entrar en la casa de un hombre fuerte y saquear sus bienes, si primero no ata al fuerte; sólo entonces podrá saquear su casa.

28 Les aseguro que todo se les podrá perdonar a los hombres, los pecados y cualquier blasfemia que digan, 29 pero el que blasfeme contra el Espíritu Santo no tendrá perdón jamás; será considerado culpable para siempre.

30 Decía esto porque lo acusaban de estar poseído por un espíritu inmundo.

Jesús y su verdadera familia

Mt 12 46-50; Lc 8 19-21
Mt 13 55-56; Jn 2 12; 7 2-10; Hch 1 14; Jn 7 17; 9 31

31 Llegaron su madre y sus hermanos y, quedándose afuera, lo mandaron llamar. 32 La gente estaba sentada alrededor de Jesús, y le dijeron:

• **3 13-19**: Para responder a las necesidades de una humanidad enferma, Jesús elige a un grupo de personas, a las cuales confiere su propia misión y autoridad. Es una elección solemne, como sugiere el lugar en que se realiza: un monte, expresión de la cercanía de Dios y escenario de las grandes revelaciones divinas. Es una elección bajo el signo de la gratuidad; cuenta tan sólo la voluntad de Jesús, su predilección y su amor. Es una elección con una doble finalidad: estar con él y enviarlos a predicar: contemplación y actividad son dimensiones complementarias. Es, finalmente, una elección que recae sobre doce, número que, al hacer referencia a las doce tribus del antiguo Israel, indica el deseo de Jesús de preparar el nuevo Israel, el Israel de los últimos tiempos, el verdadero pueblo de Dios: la Iglesia.

+ 3 20-35: Jesús regresa del monte a la casa, de la cercanía de Dios a la proximidad con los hombres. La multitud sigue necesitándolo, y él continúa entregándose a ella. Pero surgen de nuevo las críticas. Ahora provienen de sus propios parientes, a quienes apoyan de buen grado los maestros de la ley. Si los parientes consideran que Jesús *está trastornado,* los maestros de la ley, más sutilmente, emiten un diagnóstico mucho más sofisticado: es un agente de Satanás. La acusación, aunque inconsistente, es grave. El castigo consistía en morir apedreado. Jesús se ve obligado a defenderse, y lo hace adoptando por primera vez el lenguaje de las parábolas. Con él desenmascara la mentira de sus adversarios y descubre una vez más su identidad. Superior a Satanás, él es el depositario y administrador de las fuerzas divinas. Muestra además la identidad de su verdadera familia. La escucha atenta de su palabra y el cumplimiento de la voluntad de Dios son sus rasgos característicos.

Sobre los *hermanos de Jesús* véase nota a Gal 1 11-24.

–¡Oye! Tu madre, tus hermanos y tus
hermanas están afuera y te buscan.
33 Jesús les respondió:
–¿Quiénes son mi madre y mis hermanos?
34 Y mirando entonces a los que estaban
sentados a su alrededor, añadió:
–Estos son mi madre y mis hermanos.
35 El que cumple la voluntad de Dios, ése
es mi hermano, mi hermana y mi madre.

ENSEÑANZA EN PARABOLAS +

Introducción

Mt 13 1-3; Lc 8 4

4 1 De nuevo se puso a enseñar a orillas
del lago. Acudió a él tanta gente, que
tuvo que subir a una barca que había en el
lago y se sentó en ella, mientras toda la
gente permanecía en tierra, a la orilla del
lago. 2 Les enseñaba muchas cosas por
medio de parábolas.

Parábola del sembrador

Mt 13 4-9; Lc 8 5-8
Mt 11 15; 13 43; Lc 14 35

Les decía enseñándoles:
3 –¡Escuchen! Salió el sembrador a sembrar. 4 Y sucedió que, al sembrar, parte de
la semilla cayó al borde del camino. Vinieron los pájaros y se la comieron. 5 Otra
parte cayó en terreno pedregoso, donde no
había mucha tierra; brotó en seguida, porque
la tierra era poco profunda, 6 pero, en cuanto salió el sol se marchitó y se secó porque
no tenía raíz. 7 Otra parte cayó entre la maleza, y cuando la maleza creció, asfixió la
semilla que no dio fruto. 8 Otra parte cayó
en tierra buena y creció, se desarrolló y dio
fruto: el treinta, el sesenta, y hasta el ciento por uno.
9 Y añadió
–¡Quien tenga oídos para oír, que oiga!

Finalidad de la enseñanza en parábolas

Mt 13 10-17; Lc 8 9-10
Is 6 9-10; Jn 12 40; Hch 28 26-27

10 Cuando quedó a solas, los que estaban a su alrededor junto con los Doce le
preguntaron sobre las parábolas.
11 Jesús les dijo:
–A ustedes Dios les ha confiado el misterio de su reino, pero a los de fuera todo les
resulta enigmático, 12 de modo que:

por más que miran, no ven,
y, por más que oyen, no entienden;
a no ser que se conviertan
y Dios los perdone.

Explicación de la parábola del sembrador

Mt 13 18-23; Lc 8 11-15
Mc 6 52; 7 18; 8 17.18.21; Mt 19 23-24

13 Y añadió:
–¿No entienden esta parábola? ¿Cómo
van a comprender entonces todas las demás? 14 El sembrador siembra el mensaje.
15 La semilla sembrada al borde del camino se parece a aquellos en quienes se siembra el mensaje, pero en cuanto lo oyen viene Satanás y les quita el mensaje sembrado
en ellos. 16 Lo sembrado en terreno pedre-

+ 4 1-34: Jesús acaba de hablar sobre su *verdadera* familia. A su alrededor se encuentra reunida una gran multitud. Muchos están allí por simple curiosidad o por intereses meramente humanos. Permanecen "fuera" de esa familia. Es necesario aclarar equívocos. Jesús pretende *ayudarlos a sondear su propio corazón* con una larga enseñanza en parábolas. Es el lenguaje más adecuado. Obliga a la reflexión y a la decisión.

• **4 1-9**: En un escenario magnífico, con la barca como cátedra (Mc 4 1-2), Jesús comienza a narrar un hecho cotidiano, pero con la intención de comunicar a través de él algo espiritual y misterioso: la llegada del reino o soberanía de Dios, que se hace presente ya con su palabra y sus milagros. En su fase inicial, este reino de Dios choca todavía con numerosas dificultades, pero el éxito final es seguro. El reino de Dios viene de modo irreversible y alguna vez aparecerá en todo su esplendor; por eso no importa el fracaso momentáneo, reflejado en el aparente derroche de la semilla (véase nota a Mt 13 1-9).

• **4 10-12**: El evangelista introduce entre la parábola del sembrador y su explicación estos versículos para mostrar que para ser discípulo de Jesús no basta escuchar y conocer su doctrina, sus parábolas, sino que es imprescindible seguir a Jesús. Sólo a los que lo siguen Dios les comunica *el misterio de su reino*, un misterio que los que están fuera del grupo de sus discípulos no logran comprender.

• **4 13-20**: El evangelista pone en boca de Jesús una explicación de la parábola del sembrador para que sus discípulos reflexionen sobre su propia identidad. ¿Qué clase de terreno representan? ¿Con cuál se identifican? Son interrogantes a los que todo lector del evangelio debe responder, tratando de ablandar el camino de su insensibilidad, de arrojar lejos las piedras de su aridez y de arrancar la maleza de sus caprichos sofocantes.

goso se parece a aquellos que, al oír el mensaje, lo reciben en seguida con alegría, 17 pero no tienen raíz en sí mismos; son inconstantes y al llegar el sufrimiento o la persecución a causa del mensaje sucumben. 18 Otros se parecen a lo sembrado entre la maleza. Son esos que oyen el mensaje, 19 pero las preocupaciones del mundo, la seducción del dinero y la codicia de todo lo demás los invaden, ahogan el mensaje y éste queda sin fruto. 20 Lo sembrado en la tierra buena se parece a aquellos que oyen el mensaje, lo reciben y dan fruto: uno treinta, otro sesenta y otro cien.

Exigencias de la enseñanza en parábolas

Mt 5 15; Lc 8 16-18
Lc 11 33; 12 2; Mt 7 2; 13 12

21 Les decía también:

–¿Acaso se trae la lámpara para cubrirla con una vasija de barro o ponerla debajo de la cama? ¿No es para ponerla sobre el candelero? 22 Pues nada hay oculto que no llegue a descubrirse, nada secreto que no llegue a conocerse. 23 ¡Quien tenga oídos para oír, que oiga!

24 Les decía además:

–Pongan atención a lo que están escuchando. Con la medida con que ustedes midan, Dios los medirá, y todavía más. 25 Pues al que tenga se le dará, y al que no tenga se le quitará incluso lo que tiene.

Parábola del grano que crece por sí sólo

Sant 5 7; Jl 4 13; Ap 14 15

26 Decía también:

–Sucede con el reino de Dios lo mismo que con el grano que un hombre echa en la tierra. 27 No importa que él esté dormido o despierto, que sea de noche o de día. El grano germina y crece, sin que él sepa cómo. 28 La tierra da fruto por sí misma: primero un tallo, luego la espiga, después el trigo abundante en la espiga. 29 Y cuando el fruto está a punto, en seguida se corta con la guadaña, porque ha llegado la cosecha.

Parábola del grano de mostaza

Mt 13 31-32; Lc 13 18-19
Ez 17 23; 31 6

30 Proseguía diciendo:

–¿Con qué compararemos el reino de Dios o con qué parábola lo expondremos? 31 Sucede con él lo que con un grano de mostaza. Cuando se siembra en la tierra, es la más pequeña de todas las semillas. 32 Pero, una vez sembrada, crece, se hace la mayor de todas las hortalizas y echa ramas tan grandes que los pájaros del cielo pueden anidar a su sombra.

Conclusión

Mt 13 34-35

33 Con muchas parábolas como éstas Jesús les anunciaba el mensaje, adaptándose a su capacidad de entender. 34 No les decía nada sin parábolas. A sus propios discípulos, sin embargo, les explicaba todo en privado.

ACTUACION PRODIGIOSA +

Tempestad calmada

Mt 8 23-27; Lc 8 22-25
Sal 89 10; 107 23-30

35 Aquel mismo día, al caer la tarde, les dijo:

–Pasemos a la otra orilla.

36 Ellos dejaron a la gente y lo llevaron en la barca, tal como estaba. Otras barcas

• **4 21-34**: Tras una nueva interrupción en su discurso para subrayar que su enseñanza está abierta a todos los hombres y no debe quedar oculta (Mc 4 21-25), Jesús prosigue con dos nuevas parábolas, que completan la del *sembrador. El tema es el mismo –el* reino de Dios–, pero la atención se desplaza del momento inicial al período intermedio y a la fase final. Con la parábola del *grano de trigo* que germina por sí solo (Mc 4 26-29) se insiste en la fuerza vital que posee la semilla del reino de Dios, para subrayar que aunque la proclamación de la palabra es tarea de los hombres, el éxito de la misma depende sólo de Dios. La parábola del *grano de mostaza* (Mc 4 30-32) hace recaer el acento en el sorprendente y grandioso resultado final de la acción de Dios, pero subraya al mismo tiempo el valor decisivo del momento presente, por insignificante que parezca.

El discurso en parábolas concluye con una observación del evangelista (Mc 4 33-34), en la que se subraya de nuevo la diferencia entre el grupo de los discípulos y la gente (véase Mc 4 10-20).

lo acompañaban. 37 Se levantó entonces
una fuerte tempestad y las olas entraban en
la barca, de manera que la barca estaba ya
hundiéndose.
38 Jesús estaba en la popa, durmiendo
sobre el cabezal, y lo despertaron, diciéndole:

–Maestro ¿no te importa que nos hundamos?

39 El se levantó, ordenó calmarse al
viento y dijo al lago:

–¡Cállate! ¡Enmudece!

El viento amainó y sobrevino una gran calma.

40 Y a ellos les dijo:

–¿Por qué son tan cobardes? ¿Todavía no tienen fe?

41 Ellos se llenaron de un gran temor y
se decían unos a otros:

–¿Quién es éste, que hasta el viento y el lago lo obedecen?

El endemoniado de Gerasa

Mt 8 28-34; Lc 8 26-39
Mc 1 23-27; 11 14-26

5 1 Llegaron a la otra orilla del lago, a la
región de los gerasenos. 2 En cuanto
desembarcó Jesús, le salió al encuentro de
entre los sepulcros un hombre poseído por
un espíritu impuro. 3 Vivía entre los sepulcros y nadie podía sujetarlo ni siquiera con
cadenas. 4 Muchas veces lo habían sujetado
con argollas y cadenas, pero él había roto las
cadenas y destrozado las argollas. Nadie
podía dominarlo. 5 Continuamente, día y
noche, andaba entre los sepulcros y por la
montaña, dando gritos e hiriéndose con
piedras.
6 Al ver a Jesús desde lejos, vino corriendo y se postró ante él, 7 gritando con
todas sus fuerzas:

–¿Qué tengo yo que ver contigo, Jesús, Hijo del Dios altísimo? Te conjuro por Dios que no me atormentes.

8 Es que Jesús le estaba diciendo:

–Espíritu impuro, sal de este hombre.

9 Entonces le preguntó:

–¿Cómo te llamas?

El le respondió:

–Legión es mi nombre, porque somos muchos.

10 Y le rogaba insistentemente que no
los echara fuera de la región.
11 Había allí cerca una gran cantidad de
cerdos, que estaban buscando alimento al
pie de la montaña, 12 y los demonios rogaron a Jesús:

–Envíanos a los cerdos para que entremos en ellos.

13 Les permitió Jesús y los espíritus impuros salieron para entrar en los cerdos, que
se lanzaron al lago desde lo alto del barranco, y los cerdos, que eran unos dos mil, se
ahogaron en el lago.
14 Los que cuidaban los cerdos huyeron y
lo contaron tanto en la ciudad como en los
alrededores. La gente fue a ver lo que había
sucedido. 15 Llegaron donde estaba Jesús y,
al ver que el endemoniado que había tenido la legión estaba sentado, vestido y en su
sano juicio, se llenaron de temor. 16 Los tes-

+ 4 35-5 43: Los milagros de Jesús ponen de manifiesto su identidad y el poder salvífico de Dios entre los hombres. El evangelista elige cuatro de estos milagros y los ordena de manera significativa; el poder de Jesús no tiene límites: alcanza a las fuerzas de la naturaleza (Mc 4 35-41) se extiende hasta la misma muerte (Mc 5 35-43), se ejerce en territorio pagano (Mc 5 1-20) y no se detiene ante la impureza legal (Mc 5 24-34). Testigos presenciales de tales milagros son únicamente los discípulos. Como en las parábolas, se reafirma aquí que también a través de los hechos Jesús va confiando a sus discípulos el misterio del reino.

• 4 35-41: Las fuerzas del mal obstaculizan por todos los medios la difusión del evangelio. El obstáculo que en este momento se presenta, adopta la forma de una *tempestad.* La narración, rica en detalles pintorescos e indicaciones precisas, refleja una experiencia vivida, pero pretende ser ante todo una instrucción catequética acerca de la fe que los discípulos necesitan para seguir a Jesús. Esta fe debe ser suficientemente madura como para infundir paz y serenidad incluso en los momentos de tempestad y oposición.

• 5 1-20: Vencido el obstáculo de la tempestad, Jesús y los suyos desembarcan en territorio pagano para depositar también allí la semilla liberadora del reino de Dios. El encuentro inmediato con un *endemoniado* incontrolable, que vivía entre los sepulcros, manifiesta la situación del mundo al que Jesús ahora se enfrenta. Es un mundo alienado; es bajo el signo de la muerte. Es además un mundo impuro, como sugiere la presencia de los cerdos. Todo está bajo el dominio del maligno, dominio tan poderoso y organizado como una *legión.* La situación es difícil, pero el poder del *Hijo de Dios altísimo* supera infinitamente al de las fuerzas demoníacas. Estas retroceden ante él para precipitarse en el abismo, y el hombre recobra la paz interior *(sentado)* el dominio de sí mismo *(sano juicio)* y su dignidad de hombre *(vestido).* Esta liberación realizada por Jesús suscita, como la tempestad calmada, el asombro temeroso de los presentes.

tigos les contaron lo ocurrido con el endemoniado y con los cerdos. 17 Entonces comenzaron a suplicarle que se alejara de su territorio.

18 Al subir a la barca, el que había estado endemoniado le pedía que lo dejara ir con él. 19 Pero no se lo permitió, sino que le dijo:

–Vete a tu casa con los tuyos, y cuéntales todo lo que el Señor ha hecho contigo y cómo ha tenido compasión de ti.

20 El se fue y empezó a proclamar por la región de la Decápolis lo que Jesús había hecho con él, y todos se quedaban maravillados.

Jesús sana a una mujer enferma y resucita a la hija de Jairo

Mt 9 18-26; Lc 8 40-56

1 Sm 1 17; 20 42; 2 Sm 15 9; 2 Re 5 19; Hch 16 36; Sant 2 16

21 Al regresar Jesús a la otra orilla, se le aglomeró mucha gente mientras él permanecía junto al lago. 22 Entonces llegó uno de los jefes de la sinagoga, llamado Jairo. Al ver a Jesús, se echó a sus pies 23 y le suplicaba con insistencia, diciendo:

–Mi niña está agonizando; ven a poner las manos sobre ella para que sane y viva.

24 Jesús se fue con él. Mucha gente lo seguía y lo apretujaba. 25 Una mujer que, padecía hemorragias desde hacía doce años, 26 y que había sufrido mucho con los médicos, que había gastado todo lo que tenía sin provecho alguno y más bien había empeorado, 27 oyó hablar de Jesús, se acercó por detrás entre la gente y tocó su manto. 28 Pues se decía: «Si logro tocar aunque sólo sea su manto, quedaré sana». 29 Inmediatamente se secó la fuente de sus hemorragias y sintió que había quedado sana. 30 Jesús se dio cuenta en seguida de la fuerza que había salido de él, se dio vuelta en medio de la gente y preguntó:

–¿Quién ha tocado mi ropa?

31 Sus discípulos le contestaron:

–Ves que la gente te está apretujando ¿y preguntas quién te ha tocado?

32 Pero él miraba alrededor a ver si descubría a la que lo había hecho. 33 La mujer, entonces, asustada y temblorosa, sabiendo lo que le había pasado, se acercó, se postró ante él y le contó toda la verdad.

34 Jesús le dijo:

–Hija, tu fe te ha salvado; vete en paz; estás liberada de tu mal.

35 Todavía estaba hablando cuando llegaron unos de casa del jefe de la sinagoga diciendo:

–Tu hija ha muerto; no sigas molestando al Maestro.

36 Pero Jesús, que oyó la noticia, dijo al jefe de la sinagoga:

–No temas; basta con que sigas creyendo.

37 Y sólo permitió que lo acompañaran Pedro, Santiago y Juan, el hermano de Santiago.

38 Llegaron a casa del jefe de la sinagoga y, al ver el tumulto, unos que lloraban y otros que daban grandes gritos, 39 entró y les dijo:

–¿Por qué este tumulto y estos llantos? La niña no ha muerto; está dormida.

40 Pero ellos se burlaban de él. Entonces Jesús echó fuera a todos, tomó consigo al padre de la niña, a la madre y a los que lo acompañaban, y entró adonde estaba la niña. 41 La tomó de la mano y le dijo:

–Talitha kum (que significa: Niña, a ti te hablo, levántate).

42 La niña se levantó al instante y se puso a caminar, pues tenía doce años.

Ellos se quedaron totalmente admirados. 43 Y él les mandó con insistencia que nadie se enterara de lo sucedido, y les indicó que dieran de comer a la niña.

Jesús y la gente de su pueblo

Mt 13 53-58; Lc 4 16-30

Jn 7 15; 6 42; Mc 3 31; Jn 4 44

6 1 Salió de allí y fue a su pueblo, acompañado de sus discípulos. 2 Cuando lle-

• **5 21-43**: Sanando a una mujer marginada a causa de *su impureza legal (véase Lv 15 25-30)*, a una mujer que estaba herida en lo más profundo de su ser (Dt 12 23: *la sangre es la vida*), Jesús aparece como el único médico capaz de otorgar al ser humano su dignidad, la vida verdadera y la paz auténtica. Resucitando a la hija de Jairo, el poder de Jesús se hace todavía más palpable. Es capaz de comunicar la vida incluso a los muertos. Ambos prodigios revelan el poder de Jesús y resaltan el poder de la fe: una fe sencilla, pero firme (la mujer enferma de hemorragias) e incluso probada (Jairo), que contrasta con el desconcierto de los discípulos en la tempestad del lago y que se convierte en modelo para el lector cristiano.

gó el sábado se puso a enseñar en la sinagoga. La muchedumbre que lo escuchaba
estaba admirada y decía:
–¿De dónde le viene a éste todo esto?
¿Quién le ha dado esa sabiduría y esa capacidad de hacer milagros? 3 ¿No es éste el
carpintero, el hijo de María, el hermano de
Santiago, de José, de Judas y de Simón?
¿No viven sus hermanas aquí entre nosotros?
Y los tenía desconcertados.
4 Jesús les dijo:
–Un profeta sólo es despreciado en su
tierra, entre sus parientes y entre los suyos.
5 Y no pudo hacer allí ningún milagro.
Tan sólo sanó a unos pocos enfermos, imponiéndoles las manos. 6 Y estaba sorprendido de su falta de fe.

3. Revelación de Jesús y reconocimiento inicial de sus discípulos ◊

Resumen de la actividad de Jesús y misión de los Doce

Mt 10 1.5-15; Lc 9 1-6; 10 1.4-11
Hch 13 51; Mt 8 4; 10 18; Lc 5 14; Mt 3 2; Sant 5 14

Jesús recorría los pueblos de alrededor
enseñando. 7 Llamó a los Doce y comenzó
a enviarlos de dos en dos, dándoles poder
sobre los espíritus impuros. 8 Les ordenó
que no tomaran nada para el camino, excepto un bastón. Ni pan ni morral, ni dinero
consigo. 9 Que llevaran sandalias, pero no
dos túnicas. 10 Les dijo además:
–Cuando entren en una casa, quédense
en ella hasta que se vayan de aquel lugar.
11 Si en algún sitio no los reciben ni los escuchan, váyanse de allí y sacudan el polvo
de la planta de sus pies, como testimonio
contra ellos.
12 Ellos salieron a predicar y exhortaban
a la conversión. 13 Expulsaban muchos
demonios, ungían con aceite a muchos enfermos y los sanaban.

Muerte de Juan el Bautista

Mt 14 1-12; Lc 9 7-9
Mt 16 14; Lc 3 19-20; Lv 18 16; Est 5 3.6

14 La fama de Jesús se había extendido,
y el rey Herodes oyó hablar de él. Unos
decían que era Juan el Bautista resucitado
de entre los muertos, y que por eso actuaban en él poderes milagrosos; 15 otros, por
el contrario, sostenían que era Elías; y otros
que era un profeta como los antiguos profetas. 16 Herodes, al oír todo esto, decía:
–Ha resucitado Juan, a quien yo mandé
que le cortaran la cabeza.
17 Y es que Herodes había mandado
arrestar a Juan y lo había encerrado en la
cárcel por causa de Herodías, la mujer de
su hermano Filipo, con quien él se había
casado. 18 Pues Juan le decía a Herodes:
–No te es lícito tener la mujer de tu hermano.

• **6 1-6a**: La enseñanza en parábolas y la actuación prodigiosa en torno al lago de Galilea culminan con el retorno de Jesús a su tierra. Los habitantes de Nazaret quedan asombrados de su enseñanza y comienzan a preguntar por su identidad. Buscan la respuesta en una dirección equivocada, y su asombro termina en escándalo e incomprensión. Concluye así la segunda etapa del *ministerio de Jesús en Galilea*, que recuerda el final de la primera (Mc 3 6).

Sobre los *hermanos de Jesús* véase nota a Gal 1 11-24.

◊ **6 6b-8 30**: El fracaso en Nazaret no es causa suficiente para que Jesús abandone su misión. Debe seguir adelante hasta lograr su objetivo de ser reconocido en su verdadera identidad. Se abre así la tercera etapa de su ministerio en Galilea. En ella Jesús se entrega a una peregrinación constante y, al mismo tiempo, se dedica más intensamente al estrecho círculo de sus discípulos. Esta nueva etapa está dominada por la llamada sección de los panes, y comienza del mismo modo que las anteriores: con un breve resumen sobre la actividad de Jesús, seguido de un relato sobre los Doce (Mc 6 6b-13); y termina también con la incomprensión, esta vez de sus propios discípulos (Mc 8 1-21).

• **6 6b-13**: Según Mc 3 14-15, el grupo de los Doce fue instituido para que estuvieran con Jesús y para enviarlos a predicar con poder de expulsar los demonios. Con él han estado ya un tiempo conveniente. Han escuchado su enseñanza en parábolas y han presenciado sus milagros. Ahora deben iniciarse en la segunda fase del seguimiento, predicando la conversión y dando a conocer la buena noticia de la salvación. Para eso reciben instrucciones, que conservan su sentido y valor en todo tiempo y lugar. Pueden reducirse a una: deben ir desprovistos de seguridades, confiando tan sólo en la fuerza del mensaje que llevan.

• **6 14-29**: En su misión, los Doce hablan y hacen hablar de Jesús. La gente se pregunta sobre su identidad y cada cual lo valora según sus ideales y expectativas. Las opiniones y rumores de la gente llegan hasta Herodes, quien se suma a los que veían en Jesús a *Juan resucitado*. Esta

19 Herodías odiaba a Juan y quería matarlo, pero no podía, 20 porque Herodes lo
respetaba, sabiendo que era un hombre
recto y santo, y lo protegía. Cuando lo oía,
quedaba muy confundido, pero lo escuchaba con gusto.
21 La oportunidad se presentó cuando
Herodes, en su cumpleaños, ofrecía un banquete a sus dignatarios, a los oficiales y a
los principales personajes de Galilea. 22 Entró la hija de Herodías y danzó, gustando
mucho a Herodes y a los invitados. El rey
dijo entonces a la muchacha:
–Pídeme lo que quieras y te lo daré.
23 Y le juró una y otra vez:
–Te daré lo que me pidas, aunque sea la
mitad de mi reino.
24 Ella fue y preguntó a su madre:
–¿Qué le pido?
Su madre le contestó:
–La cabeza de Juan el Bautista.
25 Ella regresó en seguida, a toda prisa,
a la sala donde estaba el rey y le hizo esta
petición:
–Quiero que me des ahora mismo en
una bandeja la cabeza de Juan el Bautista.
26 El rey se entristeció mucho, pero a
causa del juramento y de los invitados no
quiso contrariarla. 27 Y sin perder tiempo
envió a un guardia con la orden de traer la
cabeza de Juan. El guardia fue, le cortó la
cabeza en la cárcel, 28 la trajo en una bandeja y se la entregó a la muchacha, y ella
se la dio a su madre.
29 Al enterarse sus discípulos, fueron a
recoger el cadáver y le dieron sepultura.

SECCION DE LOS PANES +

Regreso de los Doce y primera multiplicación de los panes

Mt 14 13-21; Lc 9 10-17; Jn 6 1-14
Lc 10 17; Mc 3 20; Mt 9 36; 15 32-38; Mc 8 1-9

30 Los apóstoles se reunieron con Jesús y
le contaron todo lo que habían hecho y
enseñado. 31 El les dijo:
–Vengan ustedes solos a un lugar deshabitado, para descansar un poco.
Porque eran tantos los que iban y venían, que no tenían ni tiempo para comer.
32 Se fueron, pues, en la barca, ellos
solos, a un lugar deshabitado. 33 Pero los
vieron alejarse y muchos, al reconocerlos,
fueron allá por tierra desde todos los pueblos, llegando incluso antes que ellos. 34 Al
desembarcar, vio Jesús un gran gentío, sintió compasión de ellos, pues eran como
ovejas sin pastor, y se puso a enseñarles
muchas cosas. 35 Como se hacía tarde, los
discípulos se acercaron a decirle:
–El lugar está deshabitado y ya es muy
tarde. 36 Despídelos para que vayan a los
poblados y aldeas de los alrededores y se
compren algo de comer.
37 Jesús les respondió:
–Denles ustedes de comer.
Ellos le contestaron:
–¿Dónde vamos a ir a comprar pan por
valor de doscientos denarios para darles de
comer?
38 El les preguntó:
–¿Cuántos panes tienen? Vayan a ver.
Cuando lo averiguaron, le dijeron:

opinión sirve al evangelista para introducir aquí la narración del macabro martirio de Juan, con una clara intención: la muerte violenta del precursor anuncia la suerte que espera a Jesús, y también a sus discípulos. Su misión, como la de Juan, les traerá ataques, persecución e incluso el martirio.

+ 6 30-8 26: Los Doce regresan de su misión y se reúnen de nuevo con Jesús. Comienza así una narración característica en el evangelio de Marcos, comúnmente *denominada sección de los panes*, por ser el pan la nota dominante de toda una serie de episodios perfectamente ordenados (Mc 6 30-8 26). Tres ciclos de relatos (Mc 6 30-56; 7 1-37; 8 1-26) se suceden con un esquema análogo: aglomeración en torno a Jesús, retirada de Jesús con sus discípulos y diversas curaciones hechas por Jesús.

• 6 30-44: El primer ciclo se inaugura con el relato de la multiplicación de los panes para cinco mil. La presencia velada del Antiguo Testamento en este pasaje (véase Ex 16 y Nm 11; Ez 34 11-24; 2 Re 4 42-44) permite descubrir su profundo contenido teológico: Jesús es el nuevo Moisés de los últimos tiempos, que anuncia al nuevo Israel en un nuevo éxodo la palabra de Dios y lo alimenta milagrosamente con un nuevo maná; él es el buen pastor que reúne a las ovejas descarriadas y las conduce hacia pastos tranquilos; él es el Profeta-Mesías que, por encima de Eliseo y el resto de los profetas, goza de la plenitud del Espíritu divino. Más aún, las expresiones y palabras de Jesús recuerdan las de la última cena e invitan a ver en este banquete del desierto un anticipo de la Eucaristía.

–Cinco panes y dos peces.
39 Jesús mandó que se sentaran todos
por grupos sobre la hierba verde, 40 y se
sentaron por grupos de cien y de cincuenta.
41 El tomó entonces los cinco panes y
los dos peces, levantó los ojos al cielo, pronunció la bendición, partió los panes y se
los fue dando a los discípulos para que los
distribuyeran. Y también repartió los dos
peces entre todos.
42 Comieron todos hasta hartarse, 43 y
con lo que sobró del pan y del pescado llenaron doce canastas. 44 Los que comieron
los panes eran cinco mil hombres.

Jesús camina sobre las aguas ante sus discípulos

Mt 14 22-33; Jn 6 16-21

Lc 3 21; 24 37; Ex 3 14; Dt 32 39; Is 41 4; Mc 4 39

45 Luego mandó a sus discípulos que
subieran a la barca y se adelantaran a la otra
orilla, en dirección a Betsaida, mientras él
despedía a la gente. 46 Cuando los despidió,
se fue a la montaña para orar. 47 Al anochecer, estaba la barca en medio del lago, y
Jesús solo en tierra. 48 Viéndolos cansados
de remar, ya que el viento les era contrario,
se les acercó antes de la madrugada caminando sobre el lago. Hizo ademán de pasar
de largo, 49 pero ellos, al verlo caminar
sobre el lago, creyeron que era un fantasma y se pusieron a gritar. 50 Porque todos
lo habían visto y se habían asustado. Pero
Jesús les habló inmediatamente y les dijo:
–¡Animo! Soy yo. No teman.
51 Subió entonces con ellos a la barca y
el viento amainó. Ellos quedaron más sorprendidos todavía, 52 ya que no habían entendido lo de los panes y su mente seguía
cerrada.

• **6 45-52**: Tras la multiplicación de los panes, el grupo de los discípulos es objeto de una revelación especial por parte de Jesús, pues están llamados a conocer su identidad. Desde la oración, Jesús sale al encuentro de los suyos caminando sobre las aguas del lago, es decir, abatiendo los poderes del mal (Job 9 8). Sus palabras de identificación y de aliento recuerdan las palabras majestuosas con las que Dios se revelaba a su pueblo, prometiéndole ayuda y salvación (Is 43 10-13). El paso de Jesús sobre el lago es, pues, una revelación de su poder divino y una promesa de protección y salvación a sus discípulos.

• **6 53-56**: Reconocido por la gente de Genesaret, Jesús aparece una vez más como el médico de los enfermos y atribulados, de quien emana una fuerza prodigiosa.

Curaciones en Genesaret

Mt 14 34-36

Mc 3 10; Mt 9 20

53 Después de atravesar el lago llegaron
hasta la orilla de Genesaret donde dejaron
la barca. 54 Pero al desembarcar algunos lo
reconocieron. 55 Recorrieron toda aquella
región y comenzaron a traer a los enfermos
en camillas adonde oían decir que se encontraba Jesús. 56 Cuando llegaba a cualquier
ciudad, pueblo o aldea, colocaban en la plaza
a los enfermos y le pedían que les dejara
tocar siquiera el borde de su manto; y todos
los que lo tocaban quedaban sanos.

Rechazo de la piedad externa y legalista

Mt 15 1-11

Lc 11 38-39; Mt 23 25; *Is 29 13; Ex 20 12; 21 17*

7 1 Los fariseos y algunos maestros de la
ley procedentes de Jerusalén se acercaron a Jesús 2 y observaron que algunos de
sus discípulos comían con manos impuras,
es decir, sin lavárselas 3 –conviene saber
que los fariseos y los judíos en general no
comen sin antes haberse lavado las manos
meticulosamente, observando así la tradición de sus antepasados; 4 y al regresar de
la plaza, si no se lavan, no comen; y observan por tradición otras muchas costumbres,
como la purificación de vasos, jarros y bandejas–. 5 Así que los fariseos y los maestros de la ley le preguntaron:
–¿Por qué tus discípulos no proceden
conforme a la tradición de los antepasados,
sino que comen sin purificarse las manos?
6 Jesús les contestó:
–Qué bien profetizó Isaías de ustedes,
hipócritas, según está escrito:

• **7 1-15**: La gente se reúne de nuevo alrededor de Jesús, y se abre el segundo ciclo de la sección de los panes. Sus adversarios no se atreven a enfrentarse directamente con él o con la gente; por eso eligen a los discípulos como blanco de sus críticas. Pero Jesús sale decididamente en su defensa. Argumentando desde la Escritura (Mc 7 6-8) y desde el modo de actuar de los fariseos (Mc 7 9-13), pone de manifiesto la hipocresía de su observancia legalística y concluye con una instrucción a la muchedumbre, estableciendo el principio de la auténtica moralidad: una moralidad fundamentada, no en una piedad externa y ritualista, sino en el corazón y en la decisión consciente del hombre.

Numerosos manuscritos, aunque no los mejores, añaden Mc 7 16: *El que tenga oídos para oír, que oiga.*

Este pueblo me honra con los labios,
pero su corazón está lejos de mí.
7 *En vano me dan culto,*
pues las doctrinas que enseñan
son preceptos humanos.

8 Ustedes dejan de lado el mandamiento
de Dios y siguen la tradición de los hombres.
9 Y añadió:
–¡Qué bien saben anular el mandamiento de Dios para conservar su tradición!
10 Pues Moisés dijo: *Honra a tu padre y a*
tu madre, y *el que maldiga a su padre o a*
su madre, será castigado con la muerte.
11 Ustedes, en cambio, afirman que si uno
dice a su padre o a su madre: «Declaro
corbán, es decir, ofrenda sagrada, los bienes con los que te podía ayudar», 12 en ese
caso ya no está obligado a socorrer a su
padre o a su madre, 13 anulando así el mandamiento de Dios con esa tradición que ustedes se transmiten. Y hacen muchas otras
cosas semejantes a ésta.
14 Y llamando de nuevo a la gente, les
dijo:
–Escúchenme todos y entiendan esto:
15 Nada de lo que entra en el hombre puede mancharlo. Lo que sale de su interior es
lo que mancha al hombre.

Instrucción privada a los discípulos

Mt 15 15-20

Mt 13 36; Mc 4 10; Lc 8 9; Rom 1 29-31;
1 Cor 6 9-10; Gal 5 19-21

17 Cuando dejó a la gente y entró en
casa, sus discípulos le preguntaron por el
sentido de la comparación.
18 Jesús les dijo:
–¿De modo que tampoco ustedes entienden? ¿No comprenden que nada de lo
que entra en el hombre puede mancharlo,
19 puesto que no entra en su corazón, sino
en el vientre, y va a parar a la letrina?
Así Jesús declaraba puros todos los alimentos.
20 Y añadió:
–Lo que sale del hombre, eso es lo que
mancha al hombre. 21 Porque es del corazón de los hombres, de donde salen los
malos pensamientos, fornicaciones, robos,
homicidios, 22 adulterios, codicias, perversidades, fraude, libertinaje, envidia, injuria,
soberbia y necedad. 23 Todas estas maldades
salen de su interior y manchan al hombre.

La mujer pagana

Mt 15 21-28

Mt 9 18; Mc 5 23; 8 23

24 Salió de allí y se fue al territorio de
Tiro y Sidón. Entró en una casa, y no quería que nadie lo supiera, pero no logró pasar inadvertido. 25 Una mujer, cuya hija estaba poseída por un espíritu impuro, oyó
hablar de él, e inmediatamente vino y se
postró a sus pies. 26 La mujer era pagana y
sirofenicia de origen. Le suplicaba que ex-
pulsara de su hija al demonio.
27 Jesús le dijo:
–Deja que primero se sacien los hijos,
pues no está bien tomar el pan de los hijos
para echárselo a los perritos.
28 Ella le respondió:
–Es cierto, Señor, pero también los perritos, debajo de la mesa, comen las migajas que tiran los niños.
29 Entonces Jesús le contestó:
–Vete, por lo que has dicho, el demonio
ha salido de tu hija.
30 Al llegar a su casa, encontró a la niña
acostada en la cama; el demonio ya había
salido de ella.

• **7 17-23**: La enseñanza de Jesús sorprende y desconcierta a los discípulos hasta el punto de tener que pedirle una explicación. Jesús responde a sus discípulos y, a través de ellos, invita a la comunidad cristiana de todos los tiempos a reflexionar sobre la verdadera fuente de la *pureza o la impureza: el corazón humano.*

• **7 24-37**: En contraste con la actitud de los fariseos (Mc 7 1-16), preocupados por tener bien lavadas las manos antes de comer el pan, una mujer sirofenicia de nacimiento, y por tanto pagana, se apresura a pedir para su hija enferma lo que sobró en la multiplicación de los panes. El ejemplo de su fe, fuerte y perseverante, es un modelo para los destinatarios del evangelio de Marcos, que son mayoritariamente cristianos procedentes del paganismo. Gracias a esta fe, también ellos podrán comer el pan en la mesa de Jesús. El relato del sordomudo sanado por Jesús subraya la participación de los paganos en el banquete de la salvación que Jesús ofrece, pues su incapacidad para escuchar y alabar a Dios simboliza plenamente la situación del mundo pagano que Jesús viene a liberar con su palabra.

Jesús sana a un sordomudo

Mc 1 44-45; Is 35 5-6

31 Dejó el territorio de Tiro y se dirigió
de nuevo, por Sidón, hacia el lago de Galilea, atravesando el territorio de la Decápolis. 32 Le llevaron un hombre que era sordo
y apenas podía hablar y le suplicaban que
impusiera sobre él la mano. 33 Jesús lo apartó de la gente y, a solas con él, le metió los
dedos en los oídos y le tocó la lengua con
saliva. 34 Luego, levantando los ojos al
cielo, suspiró y le dijo:
–Effatha (que significa: ábrete).
35 Y al momento se le abrieron sus oídos,
se le soltó la traba de la lengua y comenzó
a hablar correctamente. 36 El les mandó
que no se lo dijeran a nadie, pero cuanto
más insistía, más lo proclamaban. 37 Y tremendamente admirados decían:
–Todo lo ha hecho bien. Hace oír a los
sordos y hablar a los mudos.

Segunda multiplicación de los panes

Mt 15 32-39

Mc 6 35-44; Mt 14 14-21

8 1 Por aquellos días se reunió de nuevo
mucha gente y, como no tenían nada
para comer, llamó Jesús a los discípulos y
les dijo:
2 –Siento lástima de esta gente, porque
llevan ya tres días conmigo y no tienen nada para comer. 3 Si los envío a sus casas en
ayunas, se desmayarán por el camino, pues
algunos han venido de lejos.
4 Sus discípulos le contestaron:
–¿Dónde podremos conseguir pan en
este lugar deshabitado para dar de comer a
todos éstos?
5 Jesús les preguntó:
–¿Cuántos panes tienen?
Ellos respondieron:
–Siete.
6 Mandó entonces a la gente que se sentara en el suelo. Tomó luego los siete panes,
dio gracias, los partió y se los iba dando a
sus discípulos para que los repartieran. Ellos
los repartieron a la gente. 7 Tenían además
unos pocos pescados. Jesús los bendijo y
mandó también que los repartieran.
8 Comieron hasta hartarse, y con lo que
sobró recogieron siete cestas. 9 Eran unos
cuatro mil.
Jesús los despidió, 10 subió en seguida a
la barca con sus discípulos y se fue hacia
la región de Dalmanuta.

Los fariseos piden un signo. Advertencias de Jesús a sus discípulos

Mt 16 1-12; Lc 11 29

Is 7 10-14; Mt 11 38-39; Jn 6 30; 1 Cor 1 22;
Lc 12 1; Jr 5 21; Ez 12 2; Mc 4 12

11 Se presentaron los fariseos y comenzaron a discutir con Jesús, pidiéndole una
señal del cielo, con la intención de tenderle
una trampa. 12 Jesús, suspirando profundamente, dijo:
–¿Por qué pide esta generación una señal? Les aseguro que a esta generación no
se le dará ninguna señal.
13 Y dejándolos, volvió a embarcarse y
se dirigió a la otra orilla.
14 Habían olvidado llevar alimento, y
sólo tenían un pan en la barca. 15 Jesús entonces se puso a advertirles, diciendo:
–Abran los ojos y tengan cuidado con la
levadura de los fariseos y con la levadura
de Herodes.

• **8 1-10**: La gente se reúne alrededor de Jesús y comienza el tercer ciclo de la sección de los panes (véase nota a Mc 6 30-8 26). El relato de esta segunda multiplicación es tan similar al de la primera, que parece una segunda versión de un acontecimiento único. Pero, si así es, ¿por qué lo narra el evangelista dos veces? Algunos detalles del relato nos ofrecen una explicación. La actividad de Jesús se desarrolla, no en territorio judío, sino entre los paganos de la Decápolis. Son siete (y no doce) las cestas que se llenan con las sobras; una cifra con la que se alude en el Antiguo Testamento a las naciones paganas (véase Dt 7 1) y que recuerda a los siete hombres de buena fama, llenos de espíritu y sabiduría, que en Hch 6 2-7 reciben el encargo de *servir a las mesas*, pero que más tarde se dedican a difundir el mensaje cristiano entre los no judíos. Así, pues, con este segundo relato de la multiplicación, Marcos subraya el alcance universal de la misión de Jesús y la llamada de los paganos a la salvación, una llamada anunciada ya con los dos milagros que Jesús realiza en territorio pagano (Mc 7 24-37).

• **8 11-21**: Jesús advierte que bajo la petición de los fariseos se esconde la más dura incredulidad, y una invitación engañosa a recorrer el camino de un mesianismo espectacular. No puede acceder, aunque su negativa le traiga el descrédito. Los discípulos deben estar atentos para no dejarse contagiar por la levadura de la incomprensión e incredulidad que los rodea (véase Mc 3 6; 6 1-6a). Tienen que abrir su corazón y reconocer con los ojos de su fe la verdadera identidad de aquel que, en la multiplicación de los panes, se les ha revelado como el pastor mesiánico y el portador de la salvación divina.

16 Ellos comentaban entre sí, pensando
que les había dicho aquello porque no tenían pan.
17 Jesús se dio cuenta y les dijo:
–¿Por qué están comentando que no tienen panes? ¿Aún no entienden ni comprenden? ¿Siguen con la mente cerrada?
18 Tienen ojos y no ven, tienen oídos y no
oyen. ¿Es que ya no se acuerdan? 19 ¿Cuántas canastas llenaron con lo que sobró cuando repartí los cinco panes entre los cinco
mil?
Le contestaron:
–Doce.
20 Jesús insistió:
–¿Y cuántas cestas llenaron con lo que
sobró cuando repartí los siete panes entre
los cuatro mil?
Le respondieron:
–Siete.
21 Jesús añadió:
–¿Y aún siguen sin comprender?

Jesús sana a un ciego en Betsaida

Mc 7 32-33; Jn 9 6

22 Llegaron a Betsaida y le presentaron
un ciego, pidiéndole que lo tocara. 23 Jesús
tomó de la mano al ciego, lo sacó a las
afueras del pueblo y, después de poner
saliva en sus ojos, le impuso las manos y
le preguntó:
–¿Ves algo?
24 El, abriendo los ojos, dijo:
–Veo hombres y me parecen árboles
que caminan.
25 Jesús volvió a poner las manos sobre
sus ojos; entonces el ciego comenzó ya a
ver con claridad y quedó sano, de suerte
que hasta de lejos veía perfectamente todas
las cosas.
26 Después lo envió a su casa, y le ordenó:
–Ni siquiera entres en el pueblo.

Confesión mesiánica de Pedro en Cesarea

Mt 16 13-20; Lc 9 18-21
Mc 6 14-15; Lc 9 7-8; Jn 6 69

27 Jesús salió con sus discípulos hacia
los pueblos de Cesarea de Filipo y por el
camino les preguntó:
–¿Quién dice la gente que soy yo?
28 Ellos le contestaron:
–Unos, que Juan el Bautista; otros, que
Elías; y otros, que uno de los profetas.
29 El siguió preguntándoles:
–Y según ustedes, ¿quién soy yo?
Pedro le respondió:
–Tú eres el Mesías.
30 Entonces Jesús les ordenó que no hablaran de él con nadie.

• **8 22-26**: Después de advertir a los discípulos contra la ceguera que los rodea y amenaza, Jesús devuelve la vista a un ciego. Hay en el relato varios detalles que hacen pensar en un significado simbólico. Si el ciego no tiene nombre es para que cada discípulo se ponga en su lugar sin dificultad. Si la capacidad de ver se obtiene de manera lenta y laboriosa, es para indicar que también el proceso de la fe es pausado, gradual y acompañado de dudas e incertidumbres.

• **8 27-30**: El milagro del ciego anónimo se realiza en los discípulos. Mientras que la muchedumbre sigue confundida y titubeante (véase Mc 6 14-16), los discípulos terminan por ver claro. Pedro, en nombre de todo el grupo, proclama abierta y certeramente la identidad de Jesús: *Tú eres el Mesías*. Tal proclamación recoge el primer título que el evangelista había señalado al inicio de su obra (Mc 1 1). Es este un momento central en el argumento del libro y ha sido preparado de manera hábil y cuidadosa desde el mismo comienzo del evangelio. En cada una de las páginas anteriores ha ido resonando una y otra vez, entre el asombro temeroso de la muchedumbre y la incomprensión de los discípulos, la pregunta por Jesús: ¿Quién es éste? Después de mucha espera y no pocas conjeturas erróneas viene la respuesta exacta. Es el Mesías, título con el que Pedro reconoce a Jesús como el último y definitivo enviado de Dios, que debía conducir al pueblo de Israel a la salvación esperada. Con él la historia llegaría a su plenitud. Ahora bien, aunque exacta, la respuesta de Pedro podía prestarse a graves malentendidos en la línea de un mesianismo triunfalista y político-nacionalista. De aquí que los discípulos reciban la orden de callar. Era necesario completar y purificar el concepto de Mesías que no reflejaba todavía de manera exhaustiva el misterio de la persona de Jesús.

II. MESIAS SUFRIENTE E HIJO DE DIOS Δ

1. En camino hacia Jerusalén: Revelación del «camino» doloroso del Mesías ◊

Primer anuncio de la pasión y resurrección

Mt 16 21-23; Lc 9 22
Mt 17 12.22; Mc 9 9-10.31-32; 10 32-34

31 Entonces Jesús empezó a enseñarles
que el Hijo del hombre tenía que sufrir
mucho, que sería rechazado por los ancianos, los jefes de los sacerdotes y los maestros de la ley; que lo matarían, y a los tres
días resucitaría. 32 Les hablaba con toda
claridad. Entonces Pedro lo tomó aparte y
se puso a reprenderlo. 33 Pero Jesús dirigiéndose a Pedro lo reprendió en presencia
de sus discípulos, diciéndole:
–¡Colócate detrás de mí, Satanás!, porque tú no piensas como Dios, sino como
los hombres.

Instrucción sobre el seguimiento

Mt 16 24-28; Lc 9 23-27
Mt 10 38-39; Lc 14 27; Jn 12 25; Mt 10 33;
2 Tim 2 12; Mc 13 30

34 Después Jesús reunió a la gente y a
sus discípulos, y les dijo:
–Si alguno quiere venir detrás de mí, que
renuncie a sí mismo, que cargue con su cruz
y que me siga 35 Porque el que quiera salvar su vida, la perderá, pero el que pierda su
vida por mí y por la buena noticia, la salvará. 36 Pues ¿de qué le sirve a uno ganar todo
el mundo, si pierde su vida? 37 ¿Qué puede
dar uno a cambio de su vida? 38 Pues si uno
se avergüenza de mí y de mi mensaje en
medio de esta generación infiel y pecadora,
también el Hijo del hombre se avergonzará
de él cuando venga en la gloria de su Padre
con los santos ángeles.

9 1 Y añadió:
–Les aseguro que algunos de los aquí
presentes no morirán sin haber visto antes
que el reino de Dios ha llegado ya con fuerza.

La transfiguración de Jesús

Mt 17 1-13; Lc 9 28-36
2 Pe 1 17-18; Mt 11 14; 2 Re 2 11-12;
Sal 2 7; Mc 1 11; Dt 18 15; Mal 3 23-24

2 Seis días después, Jesús tomó consigo
únicamente a Pedro, a Santiago y a Juan,
los llevó a solas a una montaña muy alta y
se transfiguró en su presencia. 3 Sus vestidos se volvieron de una blancura deslumbrante, como nadie en el mundo podría blan-

Δ 8 31-16 8: La confesión de Pedro (Mc 8 27-30) es un punto de llegada, que se transforma al instante en punto de partida. La tensión que se ha desencadenado en la confesión de Cesarea debe prolongarse hasta la cruz y la pascua, como momentos de revelación plena. Se abre así la segunda parte del evangelio, que consta también de tres secciones en continua progresión: la revelación del camino doloroso del Mesías (Mc 8 31-10 52); la revelación de su autoridad (Mc 11 1-13 37), y el relato de su pasión y resurrección (Mc 14 1-16 8).

◊ 8 31-10 52: La primera sección está centrada en el *camino doloroso que debe recorrer el Mesías* (Mc 8 31-10 52). Colocados en lugares estratégicos, aparecen los tres anuncios de la pasión y resurrección. A cada anuncio, en notorio paralelismo, sigue una instrucción destinada especialmente a los discípulos, sumándose a ella diversos acontecimientos o enseñanzas a modo de complemento catequético. Toda la sección puede leerse como una instrucción dirigida a los discípulos para explicarles lo que implica seguir a Jesús en su camino hacia la cruz; a los discípulos de entonces, y también a los de ahora.

• **8 31-33**: El primer anuncio de la pasión y resurrección supone para los discípulos una enseñanza nueva. Jesús "empieza" a enseñarles la verdadera naturaleza de su mesianismo. Para ello sustituye el título de Mesías por otro más antiguo y menos cargado de connotaciones triunfalistas inmediatas. Habla del *Hijo del hombre* (véase Dn 7 13-14) y aclara su recorrido. Como *Hijo del hombre*, título que expresaba al mismo tiempo exaltación y humillación, a Jesús le está reservado el triunfo, la gloria y el poder de juzgar, pero no sin antes pasar por la acusación, la burla e incluso la muerte. Este es el camino que *debe* recorrer el Mesías y que Pedro no está dispuesto a aceptar, ganándose el calificativo de *Satanás*. Jesús lo exhorta vigorosamente a *colocarse detrás de él*, es decir, a adoptar la actitud del discípulo que sigue a su maestro.

• **8 34-9 1**: El camino doloroso del Mesías es también el camino del discípulo. Entre las graves exigencias que conlleva sobresalen tres: el discípulo debe negarse a sí mismo, es decir, convertirse plenamente; debe proyectar su vida en términos de donación, no de posesión; sólo una vida de entrega y solidaridad es vida en plenitud, porque en sus raíces más profundas el hombre está hecho de amor; debe, en fin, testimoniar valientemente su fe, incluso cuando eso le ocasione todo tipo de persecuciones. A estas tres exigencias se añade una promesa consoladora: la de gustar ya aquí y ahora el poder y el esplendor del reino de Dios.

quearlos. 4 Se les aparecieron también Elías
y Moisés, que conversaban con Jesús.
5 Pedro tomó la palabra y dijo a Jesús:
–Maestro, ¡qué bien estamos aquí! Hagamos tres tiendas: una para ti, otra para
Moisés y otra para Elías.
6 Estaban tan asustados que no sabía lo
que decía.
7 Vino entonces una nube que los cubrió
y se oyó una voz desde la nube:
–Este es mi Hijo amado; escúchenlo.
8 De pronto, cuando miraron a su alrededor, vieron sólo a Jesús con ellos. 9 Al
bajar de la montaña, les encargó severamente que no contaran a nadie lo que habían
visto hasta que el Hijo del hombre hubiera
resucitado de entre los muertos.
10 Ellos guardaron el secreto, pero discutían entre sí sobre qué podía significar
aquello de resucitar de entre los muertos.
11 Y le preguntaron:
–¿Por qué dicen los maestros de la ley
que primero tiene que venir Elías?
12 Jesús les respondió:
–Es cierto que Elías debe venir primero
y que restaurará todo, pero ¿no dicen las
Escrituras que el Hijo del hombre tiene
que padecer mucho y ser despreciado?
13 Les digo que Elías ha venido ya y han
hecho con él lo que han querido, como estaba escrito de él.

Jesús sana a un epiléptico

Mt 17 14-21; Lc 9 37-42
Mt 12 39; 21 21; Lc 17 5-6; Mc 1 26.31; 5 41

14 Cuando llegaron adonde estaban los
otros discípulos, vieron mucha gente alrededor y a unos maestros de la ley discutiendo con ellos. 15 Toda la gente, al verlo,
quedó sorprendida y corrió a saludarlo.
16 Jesús les preguntó:
–¿De qué están discutiendo con ellos?
17 Uno de entre la gente le contestó:
–Maestro, te he traído a mi hijo, pues
tiene un espíritu que lo ha dejado mudo.
18 Cada vez que se apodera de él, lo tira
por tierra, le sale espuma por la boca, le
rechinan los dientes y se queda rígido. He
pedido a tus discípulos que lo expulsaran,
pero no pudieron hacerlo.
19 Jesús les contestó:
–¡Generación incrédula! ¿Hasta cuándo
tendré que estar entre ustedes? ¿Hasta cuándo tendré que soportarlos? Tráiganmelo.
20 Se lo trajeron y, en cuanto el espíritu
vio a Jesús, sacudió violentamente al muchacho, que cayó por tierra y se revolcaba
arrojando espuma por la boca.
21 Entonces Jesús preguntó al padre:
–¿Cuánto tiempo hace que le sucede
esto?
El padre contestó:
–Desde pequeño. 22 Y muchas veces lo
ha tirado al fuego y al agua para acabar con
él. Si puedes hacer algo, compadécete de
nosotros y ayúdanos.
23 Jesús le dijo:
–¿Qué es eso de «si puedes»? Todo es
posible para el que tiene fe.
24 El padre del niño gritó al instante:
–¡Creo, pero ayúdame a tener más fe!
25 Jesús, viendo que se aglomeraba la
gente, mandó salir al espíritu impuro, diciéndole:
–Espíritu mudo y sordo, te ordeno que
salgas y no vuelvas a entrar en él.
26 Y el espíritu salió dando gritos sacu-
diendo violentamente al niño que quedó
como muerto, de forma que muchos creían
que había muerto. 27 Pero Jesús, tomándolo
de la mano, lo levantó, y él se puso de pie.
28 Al entrar en casa, sus discípulos le
preguntaron en privado:
–¿Por qué nosotros no pudimos expulsarlo?

• **9 2-13**: Las duras y desconcertantes palabras de Jesús sobre el camino doloroso del Mesías y del discípulo provocan desánimo y desilusión entre los suyos. Estos necesitan rehacerse, recobrar fuerzas y entusiasmo. A eso se orienta la transfiguración sobre el monte. A tres discípulos se les otorga el privilegio de una experiencia *singular, que les sirve de iluminación* sobre la verdadera identidad y destino último de Jesús, de aliento para que los discípulos puedan recorrer el camino del Maestro, y de exhortación a realizar ese recorrido con una actitud de discípulo.

• **9 14-29**: El deber de escuchar al Maestro queda subrayado en este relato que pone de manifiesto la impotencia y el fracaso de los discípulos ante un enfermo muy especial. El diálogo constante convierte a este episodio en una magnífica catequesis sobre la fe y la oración. La fe es la apertura incondicional a la acción de Dios. La oración es la llamada humilde y apremiante en la fe, que consigue de Dios lo que humanamente resulta imposible. Sin fe y oración, el poder que a todo discípulo se le confiere no le servirá de nada.

En Mc 9 29 numerosos manuscritos, aunque no los mejores, añaden: *y el ayuno.*

29 Les contestó:

–Esta clase de demonios no puede ser expulsada sino con la oración.

Segundo anuncio de la pasión y resurrección

Mt 17 22-23; Lc 9 43b-45

Mt 16 21; 20 18-19; Lc 18 32-33

30 Se fueron de allí y atravesaron Galilea. Jesús no quería que nadie lo supiera, 31 porque estaba dedicado a instruir a sus discípulos. Les decía que el Hijo del hombre iba a ser entregado en manos de los hombres, que le darían muerte y que, después de morir, a los tres días, resucitaría.

32 Ellos no entendían lo que quería decir, pero les daba miedo preguntarle.

Enseñanza sobre el servicio

Mt 18 1-4; Lc 9 46-48

Lc 22 24; Mt 10 40; Jn 13 20

33 Llegaron a Cafarnaún y, una vez en casa, les preguntó:

–¿De qué discutían por el camino?

34 Ellos callaban, pues por el camino habían discutido acerca de quién era el más importante.

35 Jesús se sentó, llamó a los Doce y les dijo:

–El que quiera ser el primero, que sea el último de todos y el servidor de todos.

36 Luego tomó a un niño, lo puso en medio de ellos y, abrazándolo, les dijo:

37 –El que recibe a un niño como éste en mi nombre, a mí me recibe; y el que me recibe a mí, no es a mí a quien recibe, sino al que me ha enviado.

A favor o en contra de Jesús

Lc 9 49-50

Mt 12 30; Lc 11 23; Mt 10 42

38 Juan le dijo:

–Maestro, hemos visto a uno que expulsaba demonios en tu nombre y se lo hemos prohibido, porque no es de nuestro grupo.

39 Jesús le respondió:

–No se lo prohiban, porque nadie que haga un milagro en mi nombre puede luego hablar mal de mí. 40 Pues el que no está contra nosotros está a favor nuestro. 41 Y todo el que les dé un vaso de agua porque anuncian al Mesías, les aseguro que no quedará sin recompensa.

No ceder a la tentación

Mt 18 6-9; Lc 17 1-2

Mt 5 29-30; Is 66 24

42 Al que sea ocasión de pecado para uno de estos pequeños que creen en mí, más le valdría que le colgaran al cuello una piedra de molino y lo echaran al mar.
43 Y si tu mano es ocasión de pecado para ti, córtatela. Más te vale entrar manco en la vida, que ir con las dos manos al fuego que no se apaga. 45 Y si tu pie es ocasión de pecado para ti, córtatelo. Más te vale entrar cojo en la vida que ser arrojado con los dos pies al fuego que no se apaga. 47 Y si tu ojo es ocasión de pecado para ti, sácatelo. Más te vale entrar tuerto en el reino de Dios que ser arrojado con los dos ojos al fuego que no se apaga, 48 donde el gusano que los atormenta no muere y el fuego no se apaga.

• **9 30-32**: Este segundo anuncio de la pasión es más preciso que el primero (Mc 8 31-33). Los discípulos, sin embargo, siguen sin comprender nada. La luz de la transfiguración parece haberse apagado. Lo único que cambia en su actitud es que, víctimas del asombro, ni contradicen *ya a Jesús ni se atreven tampoco a preguntarle*. Su miedo revela que carecen de una fe sólida, y necesitan profundizar en el conocimiento de Jesús.

• **9 33-37**: Ante la discusión mantenida entre los discípulos por el camino, urge una lección: la del servicio. Dos frases de Jesús, aparentemente desligadas, ilustran esta exigencia del discipulado. La primera ataca de raíz el afán de orgullo y poder, invirtiendo el orden de valores que tantas veces se impone entre los hombres. La segunda, con la presencia de un niño, símbolo de desvalimiento, explicita y completa la primera: al recibir a los sencillos, a los que no cuentan, se recibe a Jesús y en él al Padre. En esto consiste la verdadera grandeza.

• **9 38-41**: El grupo de los discípulos manifiesta una actitud exclusivista con respecto al anuncio del evangelio. Las palabras del Maestro son una exhortación a la tolerancia y a la comprensión. La exclusión sectaria, la mirada recelosa, la pretensión monopolizadora son actitudes extrañas al espíritu de Jesús.

• **9 42-48**: Jesús advierte que la fe es un don tan grande e importante que quien intente atacarla o destruirla lo perderá todo. Por eso hay que estar alerta para evitar los motivos de tropiezo que provienen del interior de cada uno: del ansia incontrolada de dominio –aludida en las imágenes de la mano y el pie– o de los malos deseos y proyectos egoístas –evocados con la imagen del ojo–. Está en juego el destino último del hombre, y hay que tomar las decisiones precisas por muy dolorosas que sean.

Numerosos manuscritos, aunque no los mejores, añaden dos versículos (Mc 9 44.46), que dicen: *donde el gusano que los atormenta no muere y el fuego no se apaga.*

La sal del sacrificio

Mt 5 13; Lc 14 34

Lv 2 13

49 Todos van a ser salados para el fuego. 50 Buena es la sal. Pero si la sal se vuelve insípida, ¿con qué le darán sabor? Que no les falte la sal y conserven la paz entre ustedes.

Matrimonio y divorcio

Mt 5 32; 19 1-12; Lc 16 18

Mt 16 1; Mc 8 11; *Dt 24 1.3; Gn 1 27; 2 24;* 1 Cor 7 10-11

10 1 Jesús partió de aquel lugar y se fue a la región de Judea, a la otra orilla del Jordán. De nuevo la gente se fue reuniendo a su alrededor, y él, como tenía por costumbre, se puso una vez más a enseñarles. 2 Se acercaron unos fariseos y, para ponerlo a prueba, le preguntaron si era lícito al marido separarse de su mujer.

3 Jesús les respondió:

–¿Qué les mandó Moisés?

4 Ellos contestaron:

–Moisés permitió escribir *un certificado de divorcio y separarse de ella.*

5 Jesús les dijo:

–Moisés les dejó escrito esa norma por la incapacidad de ustedes para entender los planes de Dios. 6 Pero desde el principio Dios *los creó hombre y mujer.* 7 *Por eso dejará el hombre a su padre y a su madre, se unirá a su mujer* 8 *y serán los dos uno solo*. De manera que ya no son dos, sino uno solo. 9 Por tanto, lo que Dios unió, que no lo separe el hombre.

10 Cuando regresaron a la casa, los discípulos le preguntaron sobre esto. 11 El les dijo:

–Si uno se separa de su mujer y se casa con otra, comete adulterio contra la primera; 12 y si ella se separa de su marido y se casa con otro, también comete adulterio.

El ejemplo de los niños

Mt 19 13-15; Lc 18 15-17

Mt 18 3

13 Trajeron unos niños a Jesús para que los tocara, pero los discípulos los reprendían. 14 Jesús, al verlo, se indignó y les dijo:

–Dejen que los niños vengan a mí; no lo impidan, porque de los que son como ellos es el reino de Dios. 15 Les aseguro que el que no reciba el reino de Dios como un niño, no entrará en él.

16 Entonces Jesús los abrazaba y los bendecía imponiéndoles las manos.

El desprendimiento de las riquezas

Mt 19 16-30; Lc 18 18-30

Ex 20 12-16; Dt 5 16-20; Mt 6 20; Lc 12 33; Mc 4 19; Gn 18 14; Job 42 2; Mt 19 30; 20 16

17 Iba ya de camino cuando se le acercó uno corriendo, se arrodilló ante él y le preguntó:

–Maestro bueno, ¿qué debo hacer para heredar la vida eterna?

18 Jesús le contestó:

• **9** 49-50: Probablemente en estas frases sobre la sal subyace la imagen de los ritos sacrificiales, en los que los animales eran rociados con sal antes de ser quemados en ofrenda a Dios (véase Ez 43 24). En el contexto del seguimiento se convierten en una predicción de las pruebas purificadoras que deben pasar los discípulos y, al mismo tiempo, en una exhortación a mantener en todo su vigor el espíritu de lucha y sacrificio.

• **10** 1-12: Los fariseos proporcionan a Jesús la ocasión para hablar de un asunto delicado: el matrimonio y el divorcio. Sin dejarse seducir por una casuística sin mayor importancia y sin quedar atrapado en controversias de escuela, Jesús sitúa el debate en su verdadero horizonte, encauzando la solución desde su raíz: la intención originaria del Creador. Del carácter de alianza que posee el matrimonio, y no de mero contrato, deriva la fidelidad conyugal que Jesús proclama; una fidelidad sostenida y alentada por el amor, no por la ley.

• **10** 13-16: La actitud de los fariseos, que se acercan siempre a Jesús con intenciones torcidas y llenos de arrogancia, contrasta con la actitud de los niños, que, sin posibilidad siquiera de acceder por sí mismos hasta Jesús, deben ser presentados por otros, y no sin dificultades. Sin nada que esconder ni que ofrecer, ellos son el modelo a imitar por cuantos anhelan recibir el reino de Dios como un don.

• **10** 17-31: La instrucción iniciada en Mc 9 33-37 concluye con este relato del encuentro de Jesús con un hombre piadoso y de buena voluntad, pero en cuyo interior las riquezas habían sofocado ya la actitud humilde y receptiva del niño. Reitera Jesús la enseñanza anterior y advierte del peligro de las riquezas, señalando a la vez la recompensa del desprendimiento. Con su respuesta al hombre rico, dispuesto siempre a "acumular", incluso tratándose de méritos y prácticas religiosas, Jesús hace ver a sus discípulos que la vida eterna no se asegura añadiendo, sino más bien restando, vendiendo, dando, hasta quedar totalmente despojado, aligerado y libre para el seguimiento. La salvación no es una conquista humana. Es un don gratuito de la misericordia divina.

–¿Por qué me llamas bueno? Sólo Dios
es bueno. 19 Ya conoces los mandamientos:
*No matarás, no cometerás adulterio, no
robarás, no darás falso testimonio,* no
estafarás, *honra a tu padre y a tu madre*.
20 El contestó:
–Maestro, todo eso lo he cumplido desde joven.
21 Jesús lo miró con cariño y le dijo:
–Una cosa te falta: vete, vende todo lo
que tienes y dáselo a los pobres; así tendrás un tesoro en el cielo. Luego ven y sígueme.
22 Ante esta respuesta, él puso mala
cara y se alejó muy triste, porque poseía
muchos bienes.
23 Jesús mirando alrededor, dijo a sus
discípulos:
–¡Qué difícilmente entrarán en el reino
de Dios los que tienen riquezas!
24 Los discípulos se quedaron asombrados ante estas palabras. Pero Jesús insistió:
–Hijos míos, ¡qué difícil es entrar en el
reino de Dios! 25 Le es más fácil a un camello pasar por el ojo de una aguja, que a
un rico entrar en el reino de Dios.
26 Ellos se asombraron todavía más y
decían entre sí:
–Entonces, ¿quién podrá salvarse?
27 Jesús los miró y les dijo:
–Para los hombres es imposible, pero
no para Dios, porque para Dios todo es posible.
28 Pedro le dijo entonces:
–Nosotros lo hemos dejado todo y te
hemos seguido.
29 Jesús respondió:
–Les aseguro que todo aquel que haya
dejado casa o hermanos o hermanas o madre o padre o hijos o tierras por mí y por la
buena noticia, 30 recibirá en el tiempo presente cien veces más en casas, hermanos,
hermanas, madres, hijos y tierras, junto con
persecuciones, y en el mundo futuro la vida
eterna. 31 Hay muchos primeros que serán
últimos y muchos últimos que serán primeros.

Tercer anuncio de la pasión y resurrección

Mt 20 17-19; Lc 18 31-34
Mt 16 21; 17 22-23; Mc 8 31; 9 31; Lc 24 7

32 Subían camino de Jerusalén y Jesús
iba adelante de sus discípulos que lo seguían admirados y asustados. Entonces
tomó consigo una vez más a los Doce y
comenzó a decirles lo que le iba a pasar:
33 –Miren, estamos subiendo a Jerusalén y el Hijo del hombre va a ser entregado
a los jefes de los sacerdotes y a los maestros de la ley que lo condenarán a muerte y
lo entregarán a los paganos; 34 se burlarán
de él, lo escupirán, lo azotarán y lo matarán, pero a los tres días resucitará.

Nueva enseñanza sobre el servicio

Mt 20 20-28
Mt 20 32; 19 28; Lc 22 30; Jn 18 11; Lc 12 50;
Hch 12 2; Lc 22 25-26; Mt 20 26; 23 11;
Is 51 17-22; 1 Tim 2 5-6

35 Santiago y Juan, los hijos de Zebedeo, se le acercaron y le dijeron:
–Maestro, queremos que nos concedas
lo que vamos a pedirte.
36 Jesús les preguntó:
–¿Qué quieren que haga por ustedes?
37 Ellos le contestaron:
–Concédenos sentarnos uno a tu derecha y otro a tu izquierda cuando se manifieste tu gloria.
38 Jesús les dijo:
–No saben lo que piden. ¿Pueden beber
el cáliz de amargura que yo voy a beber, o
pasar por la terrible prueba que yo voy a
pasar?

• **10 32-34**: Este anuncio se distingue de los anteriores (Mc 8 31-33; 9 30-32) por la escena introductoria (Mc 10 32), rica de significado, y por la referencia pormenorizada a todos los acontecimientos de la pasión (Mc 10 33-34). La introducción presenta una atmósfera llena de tensión, contraponiendo la actitud decidida de Jesús y la actitud titubeante de los discípulos.

• **10 35-45**: Los discípulos, titubeantes en el seguimiento, persisten en la orientación terrena de sus esperanzas. Nada parece haber conseguido Jesús con sus anteriores instrucciones. La petición de los hijos de Zebedeo y la indignación que provoca remiten a la situación del grupo tras el segundo anuncio de la pasión (Mc 9 30-32). Una vez más Jesús se ve obligado a reiterar su enseñanza sobre el servicio como ley fundamental de la comunidad cristiana. Esta debe ser una comunidad sin poder, no sin autoridad. Pero tal autoridad tiene que ser entendida como servicio.

En Mc 10 38.39 hemos traducido el término griego "bautismo" por *terrible prueba*. Tal es el significado que dicho término tenía a veces para los judíos y que tiene, sin duda, en el presente contexto.

39 Ellos le respondieron:

–Sí, podemos.

Jesús entonces les dijo:

–Beberán el cáliz que yo voy a beber y pasarán por la prueba que yo voy a pasar. 40 Pero el sentarse a mi derecha o a mi izquierda no me toca a mí concederlo, sino que es para quienes está reservado.

41 Al oír aquello, los otros diez se indignaron contra Santiago y Juan. 42 Jesús los llamó y les dijo:

–Ustedes saben que quienes figuran como jefes de las naciones las gobiernan tiránicamente y que sus dirigentes las oprimen. 43 No debe ser así entre ustedes. El que quiera ser importante entre ustedes, que sea su servidor; 44 y el que quiera ser el primero entre ustedes, que sea esclavo de todos. 45 Pues tampoco el Hijo del hombre ha venido a ser servido, sino a servir y a dar su vida en rescate por todos.

Jesús sana al ciego Bartimeo

Mt 20 29-34; Lc 18 35-43

Mt 1 1; 9 27; Mc 5 34; Lc 7 50; 17 19

46 Llegaron a Jericó. Más tarde, cuando Jesús salía de allí acompañado por sus discípulos y por bastante gente, el hijo de Timeo, Bartimeo, un mendigo ciego, estaba sentado junto al camino. 47 Cuando se enteró de que era Jesús de Nazaret quien pasaba, se puso a gritar:

–¡Hijo de David, Jesús, ten compasión de mí!

48 Muchos lo reprendían para que se callara. Pero él gritaba todavía más fuerte:

–¡Hijo de David, ten compasión de mí!

49 Jesús se detuvo y dijo:

–Llámenlo.

Llamaron entonces al ciego, diciéndole:

–Animo, levántate, que te llama.

50 El, arrojando su manto, se levantó rápidamente y se acercó a Jesús.

51 Jesús, dirigiéndose a él, le dijo:

–¿Qué quieres que haga por ti?

El ciego le contestó:

–Maestro, que recupere la vista.

52 Jesús le dijo:

–Vete, tu fe te ha salvado.

Y al momento recuperó la vista y lo seguía por el camino.

2. En Jerusalén: Revelación de Jesús como juez y Señor del templo ◊

ACCIONES SIMBOLICAS DE CARACTER MESIANICO +

Entrada de Jesús en Jerusalén

Mt 21 1-11; Lc 19 28-40; Jn 12 12-19

Zac 9 9; 11 9; *Sal 118 25-26;* Lc 1 32-33; Hch 2 29

11 1 Cuando se acercaban a Jerusalén, a la altura de Betfagé y Betania, junto al monte de los Olivos, Jesús envió a dos de sus discípulos 2 con este encargo:

–Vayan al poblado de enfrente. Al entrar en él, encontrarán en seguida un borrico atado, sobre el que nadie ha montado toda-

• **10 46-52**: Necesitados todavía de luz para ver claro el camino de la cruz y del servicio, los que siguen a Jesús son testigos de un acontecimiento iluminador: un ciego, Bartimeo, recupera la vista gracias a Jesús. Como a los hijos de Zebedeo, Jesús pregunta al mendigo: *¿Qué quieres que haga por ti?* La identidad de la pregunta acentúa la diferencia de la respuesta. Mientras que los dos hermanos deseaban *sentarse* junto a Jesús, el ciego Bartimeo, cansado ya de estar sentado, desea recobrar la vista para poder *seguir* a Jesús. El contraste es ejemplar y la figura de este ciego se convierte en un modelo para todo discípulo. Auténtico discípulo es aquel que testifica y proclama su fe, la traduce en oración perseverante y confiada, se libera de todo lo que impida un encuentro personal con Cristo e, iluminado por él, lo sigue decidido en su camino.

◊ **11 1-13 37**: La invocación del ciego Bartimeo a Jesús bajo el título mesiánico *Hijo de David* (Mc 10 47-48) prepara esta nueva sección del evangelio, que se desarrolla en la ciudad de David y en su templo –objetivo y meta del *camino*–. Las abundantes anotaciones de tiempo y de espacio permiten distinguir tres jornadas en la actividad de Jesús. La organización de la sección está determinada, sin embargo, no tanto por la cronología y el espacio cuanto por el género literario de los relatos que nos remiten a tres principales unidades literarias: acciones cargadas de simbolismo (Mc 11 1-25), controversias (Mc 11 27-12 44) y discurso apocalíptico (Mc 13 1-37). A través de estas unidades literarias, Jesús continúa descubriendo de múltiples maneras el misterio de su persona, tanto ante la gente de Jerusalén como ante sus propios discípulos, y se va decidiendo definitivamente la suerte que desde el principio le estaba reservada.

+ **11 1-26**: Las acciones cargadas de simbolismo son frecuentes entre los profetas del Antiguo Testamento (véase 1 Re 11 29-33; Jr 13 1-7) y tratan de comunicar un mensaje. Este es el caso de las cuatro acciones simbólicas reunidas aquí por Marcos. Todas ellas pretenden mostrar la novedad que trae Jesús y la ineficacia de las instituciones judías.

• **11 1-11**: Las abundantes referencias al Antiguo Testamento que contiene este relato (véase Zac 9 9; 2 Re 9 13; Sal 118 25-26) facilitan su comprensión y descubren su alcance simbólico. Se trata de una verdadera manifestación mesiánica de Jesús. El que cabalga con dignidad,

vía. Desátenlo y tráiganlo. 3 Y si alguien les
pregunta por qué lo hacen, díganle que el
Señor lo necesita y que en seguida lo devolverá.
4 Los discípulos fueron, encontraron un
borrico atado junto a la puerta, afuera, en
la calle, y lo desataron. 5 Algunos de los
que estaban allí les preguntaron:
–¿Por qué desatan el borrico?
6 Los discípulos les contestaron como
les había dicho Jesús, y ellos los dejaron.
7 Llevaron el borrico, echaron encima sus
mantos, y Jesús montó en él. 8 Muchos
extendieron sus mantos por el camino y
otros hacían lo mismo con ramas que cortaban en el campo. 9 Los que iban adelante
y atrás gritaban:
–*¡Hosanna! ¡Bendito el que viene en
nombre del Señor!* 10 ¡Bendito el reino que
viene, el de nuestro padre David! ¡*Hosanna*
en las alturas!
11 Cuando Jesús entró en Jerusalén, fue
al templo y observó todo a su alrededor,
pero como ya era tarde, se fue a Betania
con los Doce.

Jesús maldice la higuera estéril

Mt 21 18-19
Lc 13 6; 11 20

12 Al día siguiente, cuando salieron de
Betania, Jesús sintió hambre. 13 Al ver de
lejos una higuera que tenía hojas, se acercó
a ver si encontraba algo en ella. Pero no
encontró más que hojas, pues no era tiempo de higos. 14 Entonces le dijo:
–Que nunca jamás nadie coma fruto de ti.
Sus discípulos lo oyeron.

El templo casa de oración

Mt 21 12-17; Lc 19 45-48; Jn 2 13-22
Is 56 7; Jr 7 11; Mt 12 14; Mc 14 1

15 Cuando llegaron a Jerusalén Jesús
entró en el templo y comenzó a echar a los
que vendían y compraban en el templo.
Tumbó las mesas de los que cambiaban
dinero y los puestos de los que vendían las
palomas, 16 y no permitía que nadie pasara
por el templo llevando cosas. 17 Luego se
puso a enseñar diciéndoles:
–¿No está escrito: *Mi casa será casa de
oración para todos los pueblos?* Ustedes,
sin embargo, la han convertido en *cueva
de ladrones*.
18 Los jefes de los sacerdotes y los maestros de la ley se enteraron y buscaban el
modo de acabar con Jesús, porque le tenían
miedo, ya que toda la gente estaba asombrada de su enseñanza.
19 Cuando anocheció, salieron fuera de la
ciudad.

La lección de la higuera seca

Mt 21 20-22
Mt 17 20; Lc 17 6; 1 Cor 13 2; Mt 6 14; Ef 4 32; Col 3 13

20 Cuando a la mañana siguiente pasaron por allí, vieron que la higuera se había
secado hasta la raíz. 21 Pedro se acordó y
dijo a Jesús:
–Maestro, mira, la higuera que maldijis-
te se ha secado.

rodeado por un pueblo que le rinde homenaje y lo aclama, es el esperado Mesías-Rey. Pero el tipo de cabalgadura, cuidadosamente preparada y elegida, habla de modestia y de paz. La grandeza queda así matizada por la humildad.

• **11 12-14**: Recurriendo a una nueva acción simbólica, el Mesías-Rey se revela bajo el aspecto de juez. La higuera, junto con la viña, simboliza en la tradición bíblica *al pueblo de la alianza, que debe dar frutos de buenas* obras. Pero bajo un abundante follaje, Jerusalén, lo mismo que la higuera a la que se acerca Jesús, quiere esconder su terrible esterilidad. El judaísmo oficial no ofrece los frutos deseados, y por eso merece la condena de Jesús.

• **11 15-19**: Higuera con hojas, pero sin fruto alguno, es sobre todo el templo. El culto que en él se realiza, con ceremonias solemnes y sacrificios constantes, es tan sólo simple hojarasca. Los frutos de auténtica oración, de justicia y de atención al prójimo están ausentes. Jesús, haciendo uso de su autoridad mesiánica, pretende devolver al templo y al culto, mediante una nueva acción simbólica, su verdadera dimensión. Con la cita de Is 56 7, subraya la universalidad del templo como casa de oración, y con la alusión a Jr 7 11 afirma que el culto no debe ser pretexto para olvidar las exigencias de justicia y caridad hacia el prójimo. El auténtico culto a Dios en el templo exige en la vida cotidiana el testimonio del amor y la renuncia a los propios egoísmos.

• **11 20-26**: La observación de Pedro sobre la higuera condenada, que de *estéril* se convierte en *seca*, sirve al evangelista para poner en labios de Jesús tres "dichos", probablemente independientes en su origen, que constituyen un verdadero catecismo para la comunidad cristiana, obligada a dar los frutos que el judaísmo no quiso dar. Ella, como nuevo templo de Dios, debe caracterizarse por una fe sin reservas, que se exprese en una oración confiada, y que se traduzca en una vida de auténtica comunión fraterna.

Numerosos manuscritos, aunque no los mejores, añaden Mc 11 26: *Pero si ustedes no perdonan, tampoco su Padre celestial les perdonará sus culpas.*

22 Jesús les dijo:
–Tengan fe en Dios. 23 Les aseguro que
si alguien le dice a esta montaña: «Quítate
de ahí y arrójate al mar», si lo hace sin
dudar y creyendo que va a suceder lo que
dice, lo obtendrá. 24 Por eso les digo: Todo
lo que pidan en su oración, lo obtendrán si
tienen fe en que van a recibirlo. 25 Y cuando oren, perdonen si tienen algo contra alguien, para que también su Padre del cielo
les perdone sus culpas.

CONTROVERSIAS CON LOS DIRIGENTES DEL JUDAISMO +

La autoridad de Jesús cuestionada

Mt 21 23-27; Lc 20 1-8

Mt 16 21; Lc 9 23; Jn 1 33; Mt 21 32; Lc 7 30

27 Llegaron de nuevo a Jerusalén y, mientras Jesús paseaba por el templo, se le acercaron los jefes de los sacerdotes, los maestros de la ley y los ancianos, 28 y le dijeron:
–¿Con qué autoridad haces estas cosas?
¿Quién te ha dado esa autoridad para actuar
así?
29 Jesús les respondió:
–También yo les voy a hacer una pregunta. Contéstenme y yo les diré con qué
autoridad hago esto. 30 ¿De dónde venía el
bautismo de Juan: de Dios o de los hombres? Contéstenme.
31 Ellos intentaban ponerse de acuerdo
y razonaban así:
–Si decimos que de Dios, dirá: Entonces,
¿por qué no le creyeron? 32 Pero ¿cómo vamos a responder que era de los hombres?
Tenían miedo a la gente, porque todos
consideraban a Juan como profeta. 33 Así
que respondieron a Jesús:
–No sabemos.
Jesús les contestó:
–Pues tampoco yo les digo con qué autoridad hago estas cosas.

Parábola de los viñadores homicidas

Mt 21 33-46; Lc 20 9-19

Is 5 1-2; Gn 22 2; Mc 1 11; 2 Pe 1 17; *Sal 118 22-23;* Hch 4 11; 1 Pe 2 7

12 1 Entonces Jesús les contó esta parábola:
–Un hombre plantó una viña, la rodeó
con una cerca, construyó un lugar para hacer el vino y edificó una torre. Después la
arrendó a unos viñadores y se ausentó. 2 A
su debido tiempo envió un siervo a los viñadores para que le dieran la parte correspondiente de los frutos de la viña. 3 Pero
ellos lo agarraron, lo golpearon y lo despacharon con las manos vacías. 4 De nuevo
les envió otro siervo. A éste lo maltrataron
y lo ultrajaron. 5 Todavía les envió otro, y
lo mataron. Y otros muchos, a los que golpearon o mataron. 6 Finalmente, cuando ya
no le quedaban más, les envió a su hijo
querido, pensando: «A mi hijo lo respetarán». 7 Pero aquellos viñadores se dijeron:
«Este es el heredero. Matémoslo y será
nuestra la herencia». 8 Lo capturaron, lo
mataron y lo arrojaron fuera de la viña.
9 ¿Qué hará, pues, el señor de la viña?
Vendrá, acabará con los viñadores y dará
la viña a otros.
10 ¿No han leído este texto de la Escritura:

La piedra que rechazaron
los constructores
se ha convertido en piedra fundamental;
11 *esto lo hizo el Señor,*
y es admirable ante nuestros ojos?

12 Sus adversarios querían capturarlo,

+ 11 27-12 44: Las acciones simbólicas de Jesús en el templo encuentran inmediatamente respuesta por parte de las autoridades judías. Así se refleja en una serie de controversias que tienen como interlocutores a todos los grupos representativos del judaísmo oficial. Al haber sido reunidas en una sola jornada, estas controversias hacen resaltar el aspecto dramático de la oposición a Jesús.

• 11 27-33: Los primeros en atacar son los miembros del Consejo de Ancianos. Ven amenazado su prestigio y obligan a Jesús a exhibir sus credenciales. El debate parece llegar a un punto muerto ante la negativa por ambas partes de dar una respuesta explícita a las cuestiones planteadas. Sin embargo, Jesús, al dejar a sus adversarios sin capacidad de respuesta, los obliga a admitir el origen divino del bautismo de Juan, y a reconocer también el mismo origen para su propia misión.

• 12 1-12: Los miembros del Consejo de Ancianos han tenido que admitir que Jesús es un enviado de Dios (Mc 11 27-33). Más aún, es el último enviado y el hijo amado de Dios, tal como precisa la parábola de los viñadores homicidas. Esta parábola es para el evangelista la verdadera respuesta de Jesús a la pregunta del Consejo de Ancianos. Tras el velo del lenguaje parabólico Jesús deja entrever no sólo su origen divino y su identidad, sino también su destino, al igual que la identidad y el destino de sus interlocutores, indignos de un Dios que por amor apasionado a su pueblo, ha agotado con ellos todos sus recursos.

porque se dieron cuenta de que Jesús había
dicho la parábola por ellos. Sin embargo lo
dejaron y se fueron, porque tenían miedo
de la gente.

El impuesto al emperador romano

Mt 22 15-22; Lc 20 20-26
Mc 3 6; Hch 13 10; 16 17; Rom 13 7

13 Le enviaron entonces unos fariseos y
unos herodianos con el fin de sorprenderlo
en alguna contradicción. 14 Llegaron éstos y
le dijeron:
–Maestro, sabemos que eres sincero y
que no te dejas influir por nadie, pues no
miras las apariencias de las personas, sino
que enseñas con verdad el camino de Dios.
¿Estamos obligados a pagar impuesto al
emperador o no? ¿Lo pagamos o no lo pagamos?
15 Jesús, viendo su torcida intención, les
contestó:
–¿Por qué me ponen a prueba? Tráiganme la moneda del impuesto para que la vea.
16 Se la llevaron, y les preguntó:
–¿De quién es esta imagen y esta inscripción?
Le contestaron:
–Del emperador.
17 Jesús les dijo:
–Pues den al emperador lo que es del
emperador y a Dios lo que es de Dios.
Esta respuesta los dejó asombrados.

La resurrección de los muertos

Mt 22 23-33; Lc 20 27-40
Hch 23 8; Gn 38 8; *Dt 25 5; Ex 3 6.15-16*

18 Se le acercaron unos saduceos, que
niegan la resurrección, y le preguntaron:
19 –Maestro, Moisés nos dejó escrito: *Si
un hombre muere y deja mujer, pero sin
ningún hijo, que su hermano se case con la
mujer para dar descendencia al hermano
difunto*. 20 Pues bien, había siete hermanos.
El primero se casó y al morir no dejó descendencia. 21 El segundo se casó con la
mujer y murió también sin descendencia.
El tercero, lo mismo, 22 y así los siete, sin
que ninguno dejara descendencia. Después
de todos, murió la mujer. 23 Cuando resuciten los muertos, ¿de quién de ellos será
mujer? Porque los siete estuvieron casados
con ella.
24 Jesús les dijo:
–Están muy equivocados en esto, porque no comprenden las Escrituras ni el poder de Dios. 25 Cuando resuciten de entre
los muertos, ni ellos ni ellas se casarán,
sino que serán como ángeles en los cielos.
26 Y en cuanto a que los muertos resucitan,
¿no han leído las palabras que, según el libro de Moisés, Dios le dijo en el episodio
de la zarza: *Yo soy el Dios de Abrahán y el
Dios de Isaac y el Dios de Jacob?* 27 No es
un Dios de muertos, sino de vivos. Están
muy equivocados.

El mandamiento principal

Mt 22 34-40; Lc 10 25-28
Dt 6 4-5; Lv 19 18

28 Un maestro de la ley que había oído
la discusión y había observado lo bien que
les había respondido se acercó y le preguntó:
–¿Cuál es el primer mandamiento de
todos?
29 Jesús contestó:

• **12 13-17**: Comenzando con una serie de alabanzas, los nuevos contrincantes, una mezcla de nacionalistas y colaboracionistas, plantean a Jesús una cuestión explosiva. La formulación es tal, que cualquier respuesta, afirmativa o negativa, puede ser su sentencia de muerte. Aun advirtiendo el peligro, Jesús acepta el debate en aquel terreno movedizo, pero sin ofrecerles la respuesta esperada. Reconoce los derechos del emperador, pero deja claro que por encima de ellos el hombre, imagen de Dios, ha de reconocer los derechos de su creador.

• **12 18-27**: El tercer grupo en presentar la batalla a Jesús es el de los saduceos, oportunistas en política y liberales en religión. Sin tonos aduladores, con más ironía que agresividad, pretenden ridiculizar el hecho y el modo de la resurrección. Jesús les echa en cara su equivocada comprensión de las Escrituras y va directamente al punto fundamental: la revelación de Dios. El Dios de los antepasados, el Dios de la alianza, es un Dios fiel a sus promesas. Estas promesas son de una vida plena y total. Por eso, Dios no puede abandonar al hombre al poder de la muerte. En su fidelidad tiene que resucitarlo.

• **12 28-34**: La retirada sumisa y silenciosa de los burlones saduceos suscita la aparición del único interlocutor sincero: un maestro de la ley empeñado en la búsqueda auténtica de la verdad. Su pregunta nace de una exigencia particularmente sentida en el judaísmo de entonces. Un número exagerado de disposiciones insignificantes impedía ver con claridad lo realmente importante. La respuesta de Jesús se caracteriza por la autoridad con que une el amor a Dios y el amor al prójimo. Sólo el amor a Dios hace posible el amor al prójimo, y sólo en éste puede manifestarse aquél.

–El primero de todos es éste: *Escucha Israel, el Señor nuestro Dios es el único Señor.* 30 *Amarás al Señor tu Dios con todo tu corazón, con toda tu alma,* con toda tu mente y *con todas tus fuerzas.* 31 El segundo es éste: *Amarás a tu prójimo como a ti mismo.* No hay otro mandamiento más importante que éstos.

32 El maestro de la ley le dijo:

–Muy bien, Maestro. Tienes razón al afirmar que *Dios es único y que no hay otro fuera de él;* 33 y que *amarlo con todo el corazón, con todo el entendimiento y con todas las fuerzas, y amar al prójimo como a uno mismo* vale más que todos los holocaustos y sacrificios.

34 Jesús, viendo que había hablado acertadamente, le dijo:

–No estás lejos del reino de Dios.

Y nadie se atrevió a hacerle más preguntas.

La filiación del Mesías

Mt 22 41-46; Lc 20 41-44

Sal 110 1; Hch 2 34-35; 1 Cor 15 25; Heb 1 13

35 Entonces Jesús tomó la palabra y enseñaba en el templo diciendo:

–¿Cómo dicen los maestros de la ley que el Mesías es hijo de David? 36 David mismo dijo, inspirado por el Espíritu Santo:

Dijo el Señor a mi Señor:
Siéntate a mi derecha
hasta que ponga a tus enemigos
debajo de tus pies.

37 Si el mismo David lo llama Señor, ¿cómo es posible que el Mesías sea hijo suyo?

La multitud lo escuchaba con agrado.

La vanidad egoísta de los maestros de la ley

Mt 23 1-36; Lc 20 45-47

38 En su enseñanza decía también:

–Tengan cuidado con los maestros de la ley, a quienes les gusta pasearse lujosamente vestidos y ser saludados por la calle. 39 Buscan los puestos de honor en las sinagogas y los primeros lugares en los banquetes. 40 Estos, que devoran los bienes de las viudas con el pretexto de largas oraciones, tendrán un juicio muy riguroso.

Generosidad humilde de una viuda

Lc 21 1-4

Jn 8 20; 2 Re 12 9; 2 Cor 8 12

41 Jesús estaba sentado frente a las arcas del templo, y observaba cómo la gente iba echando dinero en ellas. Muchos ricos depositaban en cantidad. 42 Pero llegó una viuda pobre, que echó dos monedas de muy poco valor. 43 Jesús llamó entonces a sus discípulos y les dijo:

–Les aseguro que esa viuda pobre ha echado en las arcas más que todos los demás. 44 Pues todos han echado de lo que les sobraba, mientras que ella ha echado desde su pobreza todo lo que tenía para vivir.

DISCURSO ESCATOLOGICO +

Introducción

Mt 24 1-3; Lc 21 5-7

Lc 19 44

13 1 Al salir del templo, uno de sus discípulos le dijo:

–Maestro, mira qué piedras y qué construcciones tan grandes.

• **12 35-37**: Reducidos al silencio todos los grupos y personajes importantes del judaísmo, el evangelista termina subrayando la clara superioridad de Jesús. Ahora es él quien toma la iniciativa y plantea una cuestión en tono impersonal. Se trata de saber el verdadero origen del Mesías, para así explicar su autoridad (véase Mc 11 28). Ante el silencio de sus interlocutores, Jesús prefiere dejar abierto el interrogante. No niega que él, el Mesías, descienda de David, como afirmaban los maestros de la ley. Deja entender, sin embargo, que tal afirmación es incompleta, y que su verdadero origen se encuentra en Dios.

• **12 38-44**: Las controversias han terminado, porque han terminado los rivales. Pero antes de abandonar definitivamente el templo, Jesús quiere que la muchedumbre y los discípulos saquen al menos una conclusión: no deben seguir ni imitar a sus líderes. Para fundamentar esta idea, le basta con desenmascarar a los maestros de la ley, los más estimados y admirados. A quien los discípulos deben imitar es a la viuda pobre que se acerca temblorosa a las arcas del templo para depositar en ellas todas sus seguridades materiales, significando así que se abandona a la misericordia de Dios.

+ 13 1-37: Los momentos por los que deben pasar los discípulos serán difíciles; por eso Jesús los invita a la fidelidad, a la fortaleza y a la vigilancia. Esto es lo que pretende este discurso escatológico de difícil comprensión por el uso constante de un lenguaje extraño para nosotros.

2 Jesús le contestó:
–¿Ves esas grandiosas construcciones?
Pues no quedará aquí piedra sobre piedra.
¡Todo será destruido!
3 Estaba sentado en el monte de los Olivos, enfrente del templo. Y Pedro, Santiago,
Juan y Andrés le preguntaron en privado:
4 –¿Dinos cuándo ocurrirá eso y cuál
será la señal de que todo eso está a punto
de cumplirse?

Días de angustia: anuncio y exhortación

Mt 24 4-28; Lc 21 8-24

Mt 10 17-23; Lc 12 11-12; Miq 7 6; Jn 15 18-21; *Dn 9 27;* 12 1; 1 Mac 1 54

5 Jesús comenzó a decirles:
–Estén atentos para que nadie los engañe.
6 Muchos vendrán en mi nombre diciendo: «Yo soy», y engañarán a mucha gente.
7 Cuando oigan hablar de guerras y de
rumores de guerra, no se alarmen. Eso tiene que suceder, pero no es todavía el final.
8 Pues se levantará nación contra nación y
reino contra reino. Habrá terremotos en diversos lugares. Habrá hambre. Ese será el
comienzo de un doloroso alumbramiento.
9 Ustedes cuídense a sí mismos, pues los
entregarán a los tribunales, serán azotados
en las sinagogas y comparecerán ante gobernadores y reyes por mi causa para dar testimonio ante ellos.
10 Pero es necesario que
antes se anuncie la buena noticia a todos los
pueblos.
11 Cuando los lleven ante los tribunales, no se preocupen de lo que van a decir. Digan lo que Dios les sugiera en aquel
momento, pues no serán ustedes los que
hablen, sino el Espíritu Santo.
12 Entonces el
hermano entregará al hermano a la muerte, y
el padre al hijo; se levantarán los hijos contra los padres y los matarán.
13 Todos los
odiarán por mi causa; pero el que persevere
hasta el final, ése se salvará.
14 Cuando vean que el *ídolo abominable y destructor* está donde no debe (procure entenderlo el que lee), entonces los
que estén en Judea que huyan a las montañas;
15 el que esté en la azotea, que no baje
ni entre a tomar nada de su casa;
16 y el
que esté en el campo, que no regrese en
busca de su manto.
17 ¡Ay de las que estén
encinta y de las que estén amamantando en
aquellos días!
18 Rueguen que no ocurra en
invierno.
19 Porque aquellos días serán de
un sufrimiento como no lo hubo igual desde que al principio creó Dios el mundo hasta ahora, ni lo habrá jamás.
20 Si el Señor no
acortara aquellos días, nadie se salvaría.
Pero, en atención a los elegidos que él eligió, ha acortado esos días.
21 Si alguno les dice entonces: «¡Mira,
aquí está el Mesías! ¡Mira, está allí!», no
le crean.
22 Porque surgirán falsos mesías y
falsos profetas, y harán señales y prodigios
con el propósito de engañar, si fuera posible, a los mismos elegidos.
23 ¡Estén atentos! Todas estas cosas se las he advertido
de antemano.

La venida del Hijo del hombre

Mt 24 29-31; Lc 21 25-28

Is 13 10; 34 4; Ez 32 7-8; Jl 2 10.31; *Dn 7 13-14;* Dt 30 4

24 Pasado el sufrimiento de aquellos días,
el sol se oscurecerá y la luna no dará res-

Las palabras de Jesús responden al interrogante planteado por los discípulos (Mc 13 4), pero en orden inverso y con un breve intervalo en el que se anuncia la *venida del Hijo del hombre.* El discurso se divide así en tres partes bien diferenciadas: Mc 13 5-23; 13 24-27 y 13 28-37. La parte central *(Mc 13 24-27) adquiere por su posición un relieve especial.*

• **13 1-4**: Estos versículos introducen el discurso. Los discípulos, después de haber escuchado el anuncio profético del Maestro sobre la destrucción del templo –centro para ellos del judaísmo y de todo el universo–, le plantean dos interrogantes concretos: uno sobre el *cuándo* y otro sobre la *señal* anunciadora de ese acontecimiento, al que ellos asocian espontáneamente el fin del mundo.

• **13 5-23**: Respondiendo a la pregunta de los discípulos acerca de la señal anunciadora (Mc 13 4), se indican y describen varias calamidades, encuadrándolas entre exhortaciones constantes a adoptar la actitud adecuada. Las calamidades que se anuncian están reagrupadas en Mc 13 7-8.14-20. Las exhortaciones que las encuadran (Mc 13 5b-6.9-13.21-23) marcan el camino que en todo momento debe seguir la comunidad cristiana: ante la aparición frecuente de impostores religiosos, extrema vigilancia y lucidez para no dejarse seducir; ante las innumerables persecuciones, firmeza y perseverancia, sabiendo que tiene como abogado defensor al Espíritu. Sólo así podrá cumplir su misión de predicar a todos los pueblos el evangelio.

• **13 24-27**: El anuncio sobre la *venida del Hijo del hombre* ocupa el centro del discurso, dándole una fuerte tonalidad cristológica. Las imágenes empleadas son las características de la tradición profética y apocalíptica para describir las grandes intervenciones de Dios (véase Is 13 10; 34 4), La idea que aparece subrayada es la del triunfo definitivo del Hijo del hombre, que implica a su vez el triunfo de todos los que han permanecido fieles en el tiempo del gran sufrimiento (véase Dn 7 13-14).

plandor; 25 las estrellas irán cayendo del
cielo y las fuerzas celestes se tambalearán.
26 Entonces verán *venir al Hijo del hom-*
bre entre nubes con gran poder y gloria.
27 El enviará entonces a los ángeles y reunirá de los cuatro vientos a sus elegidos,
desde el extremo de la tierra al extremo del
cielo.

Estén atentos

Mt 24 32-44; Lc 21 29-33

Mt 5 18; Lc 16 17; Hch 1 7; Mt 25 13-14; Lc 12 36-38

28 Fíjense en el ejemplo de la higuera.
Cuando sus ramas se ponen tiernas y brotan las hojas, saben que se acerca el verano. 29 Pues lo mismo ustedes, cuando vean
que suceden estas cosas, sepan que el Hijo
del hombre ya está cerca, a las puertas.
30 Les aseguro que no pasará esta generación sin que todo esto suceda. 31 El cielo
y la tierra pasarán, pero mis palabras no
pasarán. 32 En cuanto al día aquel y a la
hora, nadie sabe nada, ni los ángeles del
cielo ni el Hijo, sino sólo el Padre.
33 ¡Cuidado! Estén prevenidos, porque
no saben cuándo llegará el momento.
34 Sucederá lo mismo que con aquel hombre que se ausentó de su casa, encomendó
a cada uno de los siervos su tarea y encargó al mayordomo que vigilara. 35 Estén
pues atentos, porque no saben cuándo llegará el señor de la casa, si al atardecer, a
media noche, al canto del gallo o al amanecer. 36 No sea que llegue de improviso y
los encuentre dormidos. 37 Lo que les digo
a ustedes, lo digo a todos: ¡Estén atentos!

3. Pasión, muerte y resurrección de Jesús: Revelación en plenitud ◊

EL COMIENZO DEL DRAMA +

Conspiración de los dirigentes judíos

Mt 26 1-5; Lc 22 1-2; Jn 11 45-53

Ex 12 1-20; Mc 11 18

14 1 Faltaban dos días para la fiesta de la
pascua y de los panes sin levadura.
Los jefes de los sacerdotes y los maestros
de la ley andaban buscando el modo de
arrestar a Jesús con engaño y darle muerte,
2 pero decían:

–Durante la fiesta no; no sea que el pueblo se amotine.

Unción en Betania

Mt 26 6-13; Jn 12 1-8

Lc 7 37-38; Dt 15 11; Jn 19 40

3 Estaba Jesús en Betania, en casa de
Simón el leproso, sentado a la mesa, cuando llegó una mujer con un frasco de alabastro lleno de un perfume de nardo puro,
que era muy caro. Rompió el frasco y lo
derramó sobre la cabeza de Jesús.
4 Algunos, indignados, comentaban entre sí:

–¿A qué se debe semejante derroche de

• **13 28-37**: A la pregunta inicial de los discípulos acerca del *cuándo* (Mc 13 4) responde la parte conclusiva del discurso, aunque no en la forma que ellos y nosotros hubiéramos deseado. La respuesta comienza y termina, en evidente paralelismo, recurriendo a dos comparaciones: la de la higuera (Mc 13 28-29) y la del hombre que se ausenta (Mc 13 33-36). En medio de este lenguaje parabólico se encuentran tres sentencias solemnes (Mc 13 30.31.32) que constituyen el núcleo de la respuesta. La sentencia central es la que nos ofrece el mensaje más importante: la certeza del hecho, basada en la palabra infalible de Jesús. Es un hecho sobre el que no cabe hacer previsiones y cálculos, pero que en cierto modo está siempre cercano y exige una actitud de vigilancia constante y responsable.

◊ **14 1-16 8**: Después de que los discípulos han sido instruidos en el misterio del mesianismo sufriente del Maestro y después de que éste ha consumado su actuación y su enseñanza en la ciudad santa, llegan los momentos decisivos. Son los de su pasión, muerte y resurrección. Sorprende el amplio espacio que el evangelista dedica en su narración a estos acontecimientos, que se suceden con toda rapidez en el transcurso de escasos días. Parece como si todo lo anterior no tuviera otro propósito que el de conducir al lector hasta aquí. El relato, apoyado y construido sobre hechos históricos, no es una simple crónica. En él se advierte una constante preocupación: mostrar a los lectores, ya de manera definitiva y sin reservas, la verdadera identidad de Jesús.

Teniendo en cuenta los cambios de lugar, es posible detectar en esta última sección, fuertemente unitaria, siete escenas diversas que están construidas de forma proporcionada y en perfecta simetría.

+ **14 1-11**: La primera escena de la narración nos presenta el plan de los enemigos de Jesús para matarlo (Mc 14 1-2); a este plan responde el oportuno ofrecimiento de Judas para entregarles a su Maestro (Mc 14 10-11). En este marco sombrío, el evangelista inserta la acción simbólica de la unción en Betania (Mc 14 3-9), consiguiendo con este procedimiento una imagen llena de contrastes. Un verbo resume toda la escena: "preparar". Los jefes se preparan para acabar con Jesús; Judas se prepara para traicionarlo; la mujer prepara anticipadamente el cuerpo de Jesús para la sepultura.

perfume? [5] Podía haberse vendido este perfume a un precio muy alto y haber dado el dinero a los pobres.

Y la criticaban.

[6] Pero Jesús les dijo:

–Déjenla. ¿Por qué la apenan? Ha hecho conmigo una buena obra. [7] A los pobres los tienen siempre con ustedes y pueden socorrerlos cuando quieran, pero a mí no me tendrán siempre. [8] Ha hecho lo que ha podido. Se ha anticipado a ungir mi cuerpo para la sepultura. [9] Les aseguro que en cualquier parte del mundo donde se anuncie la buena noticia será recordada esta mujer y lo que ha hecho.

Traición de Judas

Mt 26 14-16; Lc 22 3-6

[10] Judas Iscariote, uno de los Doce, fue a hablar con los jefes de los sacerdotes para entregarles a Jesús. [11] Ellos se alegraron al oírlo, y prometieron darle dinero. Por eso buscaba cuál sería el momento oportuno para entregarlo.

LA CENA DE PASCUA +

Preparativos para la cena

Mt 26 17-19; Lc 22 7-13

Ex 12 6.14-20

[12] El primer día de la fiesta de los panes sin levadura, cuando se sacrificaba el cordero pascual, sus discípulos preguntaron a Jesús:

–¿Dónde quieres que vayamos a prepararte la cena de pascua?

[13] Jesús envió a dos de sus discípulos, diciéndoles:

–Vayan a la ciudad y les saldrá al encuentro un hombre que lleva un cántaro de agua. Síganlo, [14] y allí donde entre digan al dueño: El Maestro dice: «¿Dónde está mi sala, en la que voy a celebrar la cena de pascua con mis discípulos?» [15] El les mostrará en el piso de arriba una sala grande y bien alfombrada. Preparen todo allí para nosotros.

[16] Los discípulos salieron, llegaron a la ciudad, encontraron todo tal como Jesús les dijo y prepararon la cena de pascua.

Anuncio de la traición de Judas

Mt 26 20-25; Lc 22 14.21-23; Jn 13 21-30

Sal 41 10

[17] Al atardecer llegó Jesús con los Doce.
[18] Y una vez que se acomodaron, mientras cenaban, dijo Jesús:

–Les aseguro que uno de ustedes me va a entregar, uno que está cenando conmigo.

[19] Ellos comenzaron a entristecerse y a preguntarle uno tras otro:

–¿Acaso soy yo?

[20] El les contestó:

–Uno de los Doce, uno que está comiendo conmigo en el mismo plato. [21] El Hijo del hombre se va, tal como está escrito de él, pero ¡ay de aquél que entrega al Hijo del hombre! ¡Más le valdría a ese hombre no haber nacido!

Institución de la Eucaristía

Mt 26 26-29; Lc 22 15-20; 1 Cor 11 23-25

Mc 6 41; 1 Cor 10 16; Ex 24 8; Zac 9 11; Heb 9 20

[22] Durante la cena, Jesús tomó pan, pronunció la bendición, lo partió, lo dio a sus discípulos y dijo:

–Tomen, esto es mi cuerpo.

[23] Tomó luego un cáliz, pronunció la

+ 14 12-31: La segunda escena del relato de la pasión enlaza con la anterior, pues comienza presentándonos *los preparativos de la pascua de Jesús.* También él prepara y se prepara, dominando los acontecimientos. El núcleo central de la narración lo constituye, sin embargo, la institución de la Eucaristía, enmarcada por dos anuncios proféticos: la denuncia de la traición de Judas y la predicción de la negación de Pedro.

• **14 12-16**: La atmósfera del relato contribuye a presentar a Jesús como quien domina la situación. De este modo el evangelista subraya que Jesús acepta voluntariamente el plan de Dios sobre él.

• **14 17-21**: Sin desenmascarar la identidad del que lo va a entregar, Jesús pone ante los ojos de todos aquella acción horrenda con un doloroso *¡ay!*, expresión característica de los profetas en sus oráculos de condena y amenaza. La sentencia de Jesús debe entenderse como una advertencia, y no como una maldición.

• **14 22-25**: El relato de la institución de la Eucaristía nos habla, más que de un verdadero banquete pascual, de una atmósfera pascual. Sin alusión alguna al cordero, que ocupaba el centro de aquella comida, el acento recae en las acciones y palabras de Jesús, concretamente en la institución de la Eucaristía que representa el culmen de toda la vida de Jesús, una vida donada en favor de los hombres. En el pan y en el vino eucarísticos hay, por tanto, algo más que una presencia. Está la presencia de una vida como don, que obliga necesariamente a adoptar la misma actitud.

acción de gracias, lo dio a sus discípulos y
bebieron todos de él. 24 Y les dijo:
–Esta es mi sangre, la sangre de la alianza derramada por todos. 25 Les aseguro que
ya no beberé más del fruto de la vid hasta
el día aquel en que beba un vino nuevo en
el reino de Dios.

Anuncio de la negación de Pedro

Mt 26 30-35; Lc 22 31-34; Jn 13 36-38
Zac 13 7; Jn 11 16

26 Después de cantar los himnos, salieron hacia el monte de los Olivos. 27 Jesús
les dijo:
–Todos me abandonarán, porque está
escrito: *Heriré al pastor y se dispersarán
las ovejas*. 28 Pero después de resucitar, me
encontraré de nuevo con ustedes en Galilea.
29 Pedro le respondió:
–Aunque todos te abandonen, yo no.
30 Jesús le contestó:
–Te aseguro que hoy, esta misma noche,
antes de que el gallo cante dos veces, tú me
habrás negado tres.
31 Pedro insistió:
–Aunque tenga que morir contigo, jamás te negaré.
Y todos decían lo mismo.

EN GETSEMANI +

Soledad y oración de Jesús

Mt 26 36-46; Lc 22 39-46
Jn 18 1; Sal 42 6.12; Rom 8 15; Gal 4 6;
Mt 6 13; Lc 11 4

32 Cuando llegaron a un lugar llamado
Getsemaní, dijo Jesús a sus discípulos:
–Siéntense aquí, mientras yo voy a orar.
33 Tomó consigo a Pedro, a Santiago y a
Juan. Comenzó a sentir miedo y angustia,
34 y les dijo:
–Me muero de tristeza. Quédense aquí
y velen.
35 Y avanzando un poco más, se postró
en tierra y suplicaba que, si era posible, no
tuviera que pasar por aquel momento.
36 Decía:
–¡Abba, Padre! Todo te es posible. Aparta de mí este cáliz de amargura. Pero no se
haga como yo quiero, sino como quieres tú.
37 Regresó y los encontró dormidos. Y
dijo a Pedro:
–Simón, ¿duermes? ¿No has podido velar ni siquiera una hora? 38 Velen y oren
para que puedan hacer frente a la prueba;
pues el espíritu está bien dispuesto, pero la
carne es débil.
39 Se alejó de nuevo y oró repitiendo lo
mismo. 40 Regresó y de nuevo los encontró
dormidos, pues sus ojos se cerraban de
sueño. Ellos no sabían qué responderle.
41 Regresó por tercera vez y les dijo:
–¿Todavía están durmiendo y descansando? ¡Basta ya! Ha llegado la hora. Miren, el Hijo del hombre va a ser entregado
en manos de los pecadores. 42 ¡Vamos!
¡Levántense! Ya está aquí el que me va a
entregar.

Arresto de Jesús

Mt 26 47-56; Lc 22 47-53; Jn 18 2-12
Mt 16 21; Mc 11 27; Jn 18 20; Zac 13 7

43 Aún estaba hablando Jesús, cuando
se presentó Judas, uno de los Doce, y con
él un tumulto de gente con espadas y palos,
enviados por los jefes de los sacerdotes,
los maestros de la ley y los ancianos. 44 El
traidor les había dado esta contraseña: «Al

• **14 26-31**: De camino hacia el monte de los Olivos, Jesús anuncia de nuevo su destino, subrayando las consecuencias inmediatas que tendrá para los suyos: escándalo y deserción. Pedro, confiado en sus propias fuerzas, quiere considerarse una excepción. Su intervención presuntuosa le hace merecedor de una reprimenda tan dura como la recibida en Cesarea (véase Mc 8 31-33). Sólo la fuerza de la promesa de Jesús puede dar seguridad.

+ **14 32-52**: La tercera escena de la pasión nos sitúa en Getsemaní, donde Jesús ora en la soledad y es arrestado en la oscuridad. Se entrega a las manos del Padre, para pasar después a las manos de sus enemigos.

• **14 32-42**: La oración de Jesús en estos momentos últimos de su vida se diferencia notablemente de la realizada al comienzo de su ministerio (Mc 1 35). Pero como aquélla, también ésta es una oración que, por encima de todo, desborda confianza en el amor del Padre y en su poder. Precisamente por esto se convierte en súplica y acaba en abandono sin reservas, en aceptación incondicionada. Los discípulos dormidos constituyen un doloroso contraste. Ni siquiera los testigos de la transfiguración han llegado todavía a comprender que la gloria debe pasar por el camino de la cruz.

• **14 43-52**: El arresto, más que un acto violento de sorpresa, es una entrega serena. La cobardía y el miedo de los guardias y de los discípulos, hace que aparezca con más claridad la firmeza de Jesús. El prisionero parece la única persona libre. En su libertad se entrega a los hombres para cumplir la voluntad de Dios, convirtiendo en triunfo la aparente derrota.

que yo bese, ése es; arréstenlo y llévenlo
bien custodiado».
45 En cuanto llegó, se acercó a Jesús y
le dijo:
–¡Maestro!
Y lo besó.
46 Ellos se abalanzaron sobre él y lo
arrestaron. 47 Uno de los presentes sacó la
espada y cortó de un golpe la oreja al criado del sumo sacerdote.
48 Jesús tomó la palabra y les dijo:
–Han salido a detenerme con espadas y
palos, como si fuera un bandido. 49 A diario estaba con ustedes enseñando en el templo, y no me arrestaron. Pero es necesario
que se cumplan las Escrituras.
50 Entonces todos sus discípulos lo abandonaron y huyeron.
51 Un joven lo iba siguiendo, cubierto tan
sólo con una sábana. Lo detuvieron, 52 pero
él, soltando la sábana, se escapó desnudo.

PROCESO ANTE EL
CONSEJO DE ANCIANOS +

Confesión de Jesús

Mt 26 57-68; Lc 22 54-55.63-71; Jn 18 13-14.19-24
Mc 15 29; Jn 2 19; Hch 6 14; Is 53 7;
Sal 110 1; Dn 7 13; Ap 1 7; Lv 24 16; Jn 19 7

53 Llevaron a Jesús ante el sumo sacerdote y se reunieron todos los jefes de los
sacerdotes, los ancianos y los maestros de
la ley. 54 Pedro lo siguió de lejos hasta el
interior del patio del sumo sacerdote y se
quedó sentado con los guardias, calentándose junto al fuego.
55 Los jefes de los sacerdotes y todo el
Consejo de Ancianos buscaban una acusación contra Jesús para darle muerte, pero
no la encontraban. 56 Pues aunque muchos
testimoniaban en falso contra él, los testimonios no coincidían. 57 Algunos comparecieron y dieron contra él este falso testimonio:
58 –Nosotros lo hemos oído decir: «Yo
destruiré este templo hecho por hombres y
en tres días construiré otro no edificado por
hombres».
59 Pero ni siquiera en esto concordaba
su testimonio.
60 Entonces el sumo sacerdote tomó la
palabra en medio de todos y preguntó a
Jesús:
–¿No respondes nada? ¿De qué te acusan éstos?
61 Pero Jesús callaba y no respondía nada.
El sumo sacerdote siguió preguntándole:
–¿Eres tú el Mesías, el Hijo del Bendito?
62 Jesús contestó:
–Yo soy, y *verán al Hijo del hombre*
sentado a la derecha del Todopoderoso y
que viene entre las nubes del cielo.
63 El sumo sacerdote rasgándose las
vestiduras, dijo:
–¿Qué necesidad tenemos ya de testigos? 64 Han oído la blasfemia. ¿Qué les
parece?
Todos juzgaron que merecía la muerte.
65 Algunos comenzaron a escupirlo y, tapán-
dole la cara, le daban bofetadas y le decían:
–¡Adivina!
Y también los guardias lo golpeaban.

Negación de Pedro

Mt 26 69-75; Lc 22 56-62; Jn 18 15-18.25-27
Mc 14 30; Jn 13 38

66 Mientras Pedro estaba abajo, en el
patio, llegó una de las criadas del sumo
sacerdote. 67 Al ver a Pedro calentándose

+ 14 53-72: La escena decisiva de la pasión se desarrolla en el palacio del sumo sacerdote, donde tienen lugar dos sucesos que el evangelista contrapone de manera intencionada. Tanto Jesús como Pedro son sometidos a interrogatorio. La actitud de ambos es, sin embargo, radicalmente diversa. Mientras que Jesús, siempre reservado respecto a su persona, termina confesando su propia identidad, Pedro, atemorizado, niega su condición de discípulo.

• 14 53-65: Toda la narración conduce a la pregunta del sumo sacerdote y a la respuesta de Jesús. La pregunta recoge el interrogante planteado a lo largo de todo el evangelio, y ciertamente para el evangelista se trata de la realidad más profunda de Jesús. La respuesta de Jesús no se hace esperar en este caso. No hay peligro ya de posibles equívocos. Jesús proclama abiertamente su identidad, y el sumo sacerdote percibe el verdadero alcance de la respuesta. Jesús no se atribuye tan sólo la condición de Mesías; está arrogándose incluso la condición de Hijo de Dios, porque nadie, excepto Dios, podía reivindicar un trono celeste y el derecho de ser el juez escatológico. Esta pretensión de equipararse a Dios es lo que constituye su blasfemia y lo hace merecedor de la muerte ante el Consejo de Ancianos.

• 14 66-72: Simultáneamente al proceso del Maestro se lleva a cabo el proceso del discípulo. El relato, en una gradación intencionada, nos presenta la triple negación de Pedro, que cumple al pie de la letra la predicción de Jesús (véase Mc 14 30). El evangelista subraya una vez más que confiar en las propias fuerzas es un camino falso y peligroso.

junto al fuego, se quedó mirándolo y le
dijo:

–También tú andabas con Jesús, el de
Nazaret.

68 Pedro lo negó diciendo:

–No sé ni entiendo de qué hablas.

Salió a la puerta de la casa, y cantó un
gallo.

69 Lo vio de nuevo la criada y otra vez
se puso a decir a los que estaban allí:

–Este es uno de ellos.

70 Pedro lo negó de nuevo.

Poco después también los otros dijeron
a Pedro:

–No hay duda. Tú eres uno de ellos, pues
eres galileo.

71 El comenzó entonces a maldecir y a
jurar:

–Yo no conozco a ese hombre del que
me hablan.

72 En seguida cantó el gallo por segunda vez. Pedro se acordó de lo que le había
dicho Jesús: «Antes de que el gallo cante
dos veces, tú me habrás negado tres», y se
puso a llorar.

PROCESO ANTE PILATO +

Interrogatorio y sentencia

Mt 27 1-2.11-26; Lc 23 1-5.13-25; Jn 18 28-19 16
Lc 22 66; Mt 2 2; Is 53 7; Hch 3 13-14; 13 28

15 1 Muy de madrugada, se reunieron a
deliberar los jefes de los sacerdotes,
junto con los ancianos, los maestros de la
ley y todo el Consejo de Ancianos; luego
condujeron a Jesús atado y lo entregaron a
Pilato.

2 Pilato le preguntó:

–¿Eres tú el rey de los judíos?

Jesús le contestó:

–Tú lo dices.

3 Los jefes de los sacerdotes lo acusaban de muchas cosas.

4 Pilato lo interrogó de nuevo diciendo:

–¿No respondes nada? Mira de cuántas
cosas te acusan.

5 Pero Jesús no respondió nada más, de
modo que Pilato se quedó extrañado.

6 Por la fiesta Pilato les concedía la libertad de un preso, el que pidieran. 7 Tenía
encarcelado a un tal Barrabás con los revol-
tosos que habían cometido un asesinato en
una rebelión. 8 Cuando llegó la gente, comenzó a pedir lo que solía concederles.
9 Pilato les preguntó:

–¿Quieren que les suelte al rey de los
judíos?

10 Pues sabía que los jefes de los sacerdotes habían entregado a Jesús por envidia.

11 Los jefes de los sacerdotes incitaron a
la gente para que les soltara a Barrabás.
12 Pilato les preguntó otra vez:

–¿Y qué quieren que haga con el que
ustedes llaman rey de los judíos?

13 Ellos gritaron:

–¡Crucifícalo!

14 Pilato les contestó:

–Pues ¿qué ha hecho de malo?

Pero ellos gritaron todavía más fuerte:

–¡Crucifícalo!

15 Pilato, entonces, queriendo complacer a la gente, les soltó a Barrabás y entregó a Jesús para que lo azotaran y, después,
lo crucificaran.

Burlas de los soldados

Mt 27 27-31; Jn 19 2-3
Lc 23 11; Sal 22 8; 44 14

16 Los soldados lo llevaron al interior
del palacio, o sea, al pretorio, y llamaron a
toda la tropa. 17 Lo vistieron con un manto

+ 15 1-20: La sentencia de muerte contra Jesús ha sido ya definitivamente pronunciada por las autoridades religiosas. Para ejecutarla, falta tan sólo que sea ratificada por el gobernador romano. Con este objetivo Jesús es trasladado al palacio de Pilato, donde se desarrolla la quinta escena de la pasión.

• 15 1-15: Del Consejo de Ancianos al palacio del gobernador se cambia el motivo de la acusación contra Jesús que es presentado ante Pilato como *rey de los judíos*, es decir, como un rebelde. Los jefes religiosos sabían que a Pilato únicamente le podía interesar el aspecto político del asunto. La respuesta de Jesús a la pregunta que se le hace no es tan clara como la que dio al sumo sacerdote. El acusado es consciente de que su juez se mueve en un plano diverso y no se molesta en explicar su realeza. Esta actitud de silencio, que se mantiene durante todas las demás acusaciones, irradia dignidad y majestad, a la vez que proclama una pasión voluntariamente aceptada.

• 15 16-20: Condenado como *rey de los judíos*, los soldados romanos convierten a Jesús en objeto de sus burlas, simulando tributarle honores de rey. Ni una sola palabra dice el evangelista sobre el comportamiento del injuriado. Jesús no hace ni dice nada. No reacciona. Es la víctima indefensa de unos rudos soldados que, en plan de burla, hacen justamente lo que corresponde: adorar a Jesús como Dios.

rojo y, trenzando una corona de espinas, se
la pusieron. 18 Después comenzaron a saludarlo, diciendo:
–¡Salve, rey de los judíos!
19 Lo golpeaban en la cabeza con una
caña, lo escupían y, poniéndose de rodillas,
le rendían homenaje. 20 Después de burlarse de él, le quitaron el manto rojo, lo vistieron con sus ropas y lo sacaron para crucificarlo.

CRUCIFIXION Y MUERTE +

El camino de la cruz y la crucifixión

Mt 27 32-38; Lc 23 26-34; Jn 19 17-24
Sal 22 19; 69 22; Is 53 12

21 Y a un tal Simón, natural de Cirene,
el padre de Alejandro y de Rufo, que al regresar del campo pasaba por allí, lo obligaron a llevar la cruz de Jesús. 22 Condujeron
a Jesús hasta el Gólgota, que quiere decir
lugar de la Calavera. 23 Le daban vino
mezclado con mirra, pero él no lo aceptó.
24 Después lo crucificaron y *se repartieron
su ropa, sorteándola,* para ver qué se llevaba cada uno.
25 Eran las nueve de la mañana cuando
lo crucificaron. 26 Había un letrero en el
que estaba escrita la causa de su condena:
«El rey de los judíos». 27 Con Jesús crucificaron a dos bandidos, uno a su derecha y
otro a su izquierda.

Burlas de la gente

Mt 27 39-44; Lc 23 35-37
Sal 22 8; 109 25; Lam 2 15

29 Los que pasaban por allí lo insultaban, haciendo muecas y diciendo:
–¡Eh, tú que destruías el templo y lo
reconstruías en tres días! 30 ¡Sálvate a ti
mismo, bajando de la cruz!
31 Y de la misma manera los jefes de los
sacerdotes y los maestros de la ley, se burlaban de él diciéndose unos a otros:
–¡A otros salvó y a sí mismo no puede
salvarse! 32 ¡El Mesías! ¡El rey de Israel!
¡Que baje ahora de la cruz, para que lo veamos y creamos!
Hasta los que habían sido crucificados
junto con él lo insultaban.

Muerte de Jesús y confesión del oficial romano

Mt 27 45-56; Lc 23 44-49; Jn 19 28-30
Am 8 9; *Sal 22 2;* 69 22; Ex 26 31-35; Heb 10 19-20

33 Al llegar el mediodía, toda la región
quedó a oscuras hasta las tres de la tarde.
34 A esa hora Jesús gritó con fuerte voz:

+ 15 21-41: La sexta escena de la pasión nos sitúa, después de un breve via-crucis, en la cima del Gólgota. La narración es extraordinariamente concisa y sobria. Las diversas secuencias aparecen aisladas y se contraponen con fuerza. El evangelista sugiere de este modo que todas ellas encierran un instante decisivo.

• 15 21-27: Los condenados a muerte tenían que recorrer la ciudad con el madero transversal sobre sus hombros para servir de severa advertencia a la gente. El agotamiento de Jesús a causa de la flagelación recibida explica que los soldados obliguen a uno que pasaba por allí a llevar la cruz. Simón de Cirene realiza así lo que Jesús pide a sus seguidores (véase Mc 8 34) y se convierte en modelo de discípulo para los lectores cristianos.

La crucifixión propiamente dicha no se describe. El evangelista refiere, sin embargo, detalles significativos por su relación con textos del Antiguo Testamento. Es un modo de expresar que los hechos no responden a la casualidad ni a la iniciativa humana, sino al designio divino.

Bastantes manuscritos, aunque no los mejores, añaden Mc 15 28: *y se cumplió la Escritura, que dice: Lo incluyeron entre los malhechores.*

• 15 29-32: En el relato de Marcos, las horas que Jesús cuelga de la cruz están marcadas, más que por dolores físicos, por los insultos y las burlas de los hombres. Todos se sienten con derecho a insultarlo. Es el momento de su mayor soledad y de la incomprensión más radical. Las burlas se hacen eco de los cargos que se le imputaban en los procesos, pero se centran en el *¡Sálvate a ti mismo!* El que predicó la pérdida de la propia vida como camino de salvación (Mc 8 35) no bajará de la cruz; así el creyente comprende que es precisamente en la cruz donde Jesús triunfa de la muerte y se convierte en fuente de salvación para el mundo.

• 15 33-41: El evangelista se limita a referir la muerte de Jesús con impresionante sobriedad, pero se preocupa de encuadrarla entre dos signos apocalípticos y entre dos frases cargadas de profundidad y de misterio: la última oración de Jesús y la primera confesión de un pagano.

A la oscuridad en pleno día y en todo el país, símbolo del alcance cósmico del drama que se desarrolla en el Gólgota, sigue la oración atormentada de Jesús, que en el abismo de su soledad se siente abandonado incluso de Dios. Es un grito de verdadera angustia, pero al mismo tiempo expresa el deseo de aferrarse a Dios, de afirmar a Dios como *Dios mío*, aunque se muestre como Dios ausente.

El velo del templo que se ha rasgado en dos partes es símbolo a la vez de su destrucción y de su apertura definitiva a toda la humanidad. La confesión del oficial romano pagano que ve expirar a Jesús no es para el evangelista un simple comentario de un testigo imparcial, sino el punto de llegada de toda su obra y ofrece la respuesta completa al interrogante fundamental que constantemente ha intentado suscitar: ¿Quién es éste? En el Gólgota, en el momento de la derrota y del fracaso, habiendo sentido

–*Eloí, Eloí, ¿lemá sabaktaní?* Que
quiere decir: *Dios mío, Dios mío, ¿por qué
me has abandonado?*
35 Algunos de los presentes decían al
oírlo:
–¡Está llamando a Elías!
36 Uno fue corriendo a empapar una esponja en vinagre y, sujetándola en una caña,
le ofrecía de beber, diciendo:
–Vamos a ver si viene Elías a descolgarlo.
37 Entonces Jesús, lanzando un fuerte
grito, expiró.
38 La cortina del templo se rasgó en dos
de arriba abajo. 39 Y el oficial romano que
estaba frente a Jesús, al ver que había expi-
rado de aquella manera, dijo:
–Verdaderamente este hombre era Hijo
de Dios.
40 Algunas mujeres contemplaban la escena desde lejos. Entre ellas María Magdalena, María, la madre de Santiago el menor
y de José, y Salomé, 41 que habían seguido
a Jesús y lo habían asistido cuando estaba
en Galilea. Había, además, otras muchas
que habían subido con él a Jerusalén.

SEPULTURA Y RESURRECCION +

Sepultura de Jesús

Mt 27 57-61; Lc 23 50-55; Jn 19 38-42
Hch 13 29

42 Al caer la tarde, como era la preparación de la pascua, es decir, la víspera del
sábado, 43 llegó José de Arimatea, que era
miembro distinguido del Consejo de Ancianos y esperaba el reino de Dios, y tuvo
el valor de presentarse a Pilato y le pedió el
cuerpo de Jesús.
44 Pilato se extrañó de que hubiera muerto tan pronto y, llamando al oficial romano,
le preguntó si había muerto ya. 45 Informado por el oficial romano, entregó el cadáver
a José. 46 Este compró una sábana, lo bajó,
lo envolvió en la sábana, lo puso en un sepulcro excavado en la roca y tapó la entrada del sepulcro con una piedra.
47 María Magdalena y María la madre
de José observaban dónde lo ponían.

Tumba vacía y mensaje del ángel

Mt 28 1-8; Lc 24 1-12; Jn 20 1-9
Mc 14 8; Jn 11 38-39; Ap 7 9.13; Jos 1 9;
Is 41 10; Jr 1 8; Ap 1 17

16 1 Pasado el sábado, María Magdalena,
María la de Santiago y Salomé compraron perfumes para ir a embalsamar a
Jesús. 2 El primer día de la semana, muy
de madrugada, a la salida del sol, fueron al
sepulcro. 3 Iban comentando:
–¿Quién nos retirará la piedra de la entrada del sepulcro?
4 Pero, al mirar, observaron que la piedra había sido ya retirada, y eso que era
muy grande. 5 Cuando entraron en el sepulcro, vieron a un joven sentado a la derecha,
que estaba vestido con una túnica blanca.
Ellas se asustaron. 6 Pero él les dijo:

el abandono del Padre, en el instante mismo de la muerte, un pagano lo reconoce como Hijo de Dios. En su muerte, por tanto, es donde se revela por completo el misterio de la persona de Jesús.

+ 15 42-16 8: Aludiendo a la valiente fidelidad de unas mujeres que *desde lejos contemplaban* lo sucedido en el Gólgota, el evangelista nos invita a dirigir ya la mirada hacia otro lugar. Hay que dejar el Gólgota y centrar toda la atención sobre la tumba de Jesús.

• 15 42-47: A falta de discípulos que se ocupen de la sepultura, tiene que hacerlo alguien perteneciente al más amplio círculo de "simpatizantes" del Maestro: José de Arimatea. Su proceder resulta ejemplar, pero parece como si la piedra sepulcral sellara para él una esperanza definitivamente frustrada. Distinta y más ejemplar es la postura de las mujeres. Su extraña pasividad sugiere que para ellas todo está todavía por empezar.

• 16 1-8: La intuición esperanzada de las mujeres que contemplan la tumba de Jesús (Mc 15 47) se transforma en realidad sorprendente y conmovedora. En su visita al sepulcro después del descanso sabático oyen resonar junto a la tumba vacía el mensaje asombroso de la resurrección: *¡Ha resucitado; no está aquí!* El orden de la frase tiene su importancia. Se afirma la resurrección antes de cualquier alusión a la ausencia del cadáver. La fe en la resurrección no nace del sepulcro vacío, sino de una revelación divina; la tumba vacía no es la explicación de la resurrección, sino que es ésta la que explica el porqué de la tumba vacía. El temor y el asombro de las mujeres ante aquella extraordinaria revelación junto a la tumba prevalece sobre el encargo que reciben de transmitírsela a los discípulos. Son incapaces de hablar, al menos por el momento. Subrayando esta actitud de sorpresa y de temor, decide Marcos dar fin a su obra de una manera brusca, pero extremadamente eficaz. Su evangelio quiere ser un evangelio "abierto".

–No se asusten. Buscan a Jesús de Nazaret, el crucificado. Ha resucitado; no está aquí. Miren el lugar donde lo pusieron.
7 Vayan, pues, a decir a sus discípulos y a
Pedro: El va camino de Galilea; allí lo verán, tal como les dijo.
8 Ellas salieron huyendo del sepulcro,
llenas de temor y asombro, y no dijeron
nada a nadie por el miedo que tenían.

APENDICE CANONICO +

Apariciones del Resucitado y mandato misionero

Mt 28 9-10.16-20; Lc 24 13-49; Jn 20 11-29; Hch 1 6-8

Hch 2 38; 16 18.31; 16 33; 19 6; 1 Cor 14 2-40

[9 Jesús resucitó en la madrugada del
primer día de la semana y se apareció en
primer lugar a María Magdalena, de la que
había expulsado siete demonios. 10 Ella fue
a comunicárselo a los que lo habían acompañado, que estaban tristes y seguían llorando. 11 Ellos, a pesar de oír que estaba
vivo y que ella lo había visto, no creyeron.
12 Después de esto se apareció, con aspecto diferente, a dos de ellos que iban de
camino hacia el campo. 13 También ellos
fueron a dar la noticia a los demás. Pero
tampoco les creyeron.
14 Por último, se apareció a los Once,
cuando estaban a la mesa, y les reprochó
su incredulidad y su terquedad, por no haber creído a quienes lo habían visto resucitado. 15 Y les dijo:
–Vayan por todo el mundo y proclamen
la buena noticia a toda criatura. 16 El que
crea y se bautice, se salvará, pero el que no
crea, se condenará. 17 A los que crean, les
acompañarán estas señales: expulsarán demonios en mi nombre, hablarán en lenguas
nuevas, 18 agarrarán serpientes con sus
manos y, aunque beban veneno, no les hará daño; impondrán las manos a los enfermos y éstos sanarán.

Ascensión y misión

Lc 24 50-53; Hch 1 9-14

1 Tim 3 16; Sal 110 1; Heb 2 3-4

19 Después de hablarles, el Señor Jesús
fue elevado al cielo y se sentó a la derecha
de Dios.
20 Ellos salieron a predicar por todas
partes, el Señor los asistía y confirmaba la
palabra acompañándola con señales.]

+ 16 9-20: La resurrección de Cristo debe ser vista más como un comienzo de acción, que como el final alegre después de las desventuras de la pasión. No obstante, la actitud de silencio en las mujeres y la omisión de todo relato sobre las anunciadas apariciones del resucitado parecían dejar insatisfechos a sus lectores. Se buscó por eso en seguida una prolongación que concluyera de manera más adecuada el evangelio. Entre los diversos "finales" que aparecieron, se impuso uno que, escrito hacia la mitad del siglo segundo, se armoniza perfectamente con la temática de la obra de Marcos. Se trata, pues, de un añadido tardío, pero autorizado, inspirado y canónico, de innegable valor para la Iglesia. Incredulidad y misión de los discípulos son los temas dominantes. Cristo resucitado libera a los suyos de su ceguera dándoles el encargo de abrir los ojos a los demás.

EVANGELIO SEGUN SAN LUCAS

INTRODUCCION

Hoy ha llegado la salvación a esta casa, pues el Hijo del hombre ha venido a buscar y a salvar lo que estaba perdido (Lc 19 9-10). Jesús dirigió estas palabras a un pecador público, a un hombre despreciado, a un explotador de la gente sencilla. En ellas se encuentra el mensaje de misericordia y comprensión que proclama el evangelio de Lucas, en el cual la cercanía de Jesús a los enfermos, a los pecadores y a los despreciados revela el rostro misericordioso de Dios y su amor entrañable a todos los que están alejados de Dios. Es el evangelio de la misericordia, en el que la buena noticia de la salvación se ofrece a todos los que, como el hijo pródigo, se creen indignos de tan magnífico don; buena noticia para los hombres cansados y agobiados, desanimados y abrumados de todos los tiempos.

1. Lucas y su comunidad

La comunidad a la que Lucas dirige su evangelio pertenece a la segunda generación cristiana y vive inmersa en el contexto cultural y político del imperio romano. Es una situación nueva en la que se plantean nuevos problemas y aparecen nuevas perspectivas. El evangelista intentó responder a ellas volviendo a contar la peripecia histórica de Jesús (Lc) y de la Iglesia naciente (Hch).

La comunidad de Lucas mira a la cultura helenística y al imperio romano con nuevos ojos, porque vive en medio de ellos y en diálogo con ellos. El mismo evangelista, que escribe en un griego culto, al estilo de los historiadores de la época, y que busca conexiones con la historia pagana (Lc 2 1-2; 3 1) o los poetas griegos (Hch 17 28), es un ejemplo de esta nueva sensibilidad. La meta última de su obra en dos volúmenes (Lucas-Hechos) son *los extremos del mundo* (Lc 24 47; Hch 1 8).

La situación interna de la comunidad es también nueva. Comienzan a estar lejos los ímpetus iniciales, el anunciado regreso del Señor parece retrasarse, y el peligro de acomodarse a este mundo se hace cada vez mayor. Aparece la tentación de la rutina, de aferrarse a los bienes de este mundo y de olvidar las exigencias radicales del seguimiento. Es una comunidad que necesita ser invitada a la conversión, y para ello nada mejor que recordar las palabras y la vida de Jesús.

Tradicionalmente el tercer evangelio y el libro de los Hechos se han atribuido a Lucas, un discípulo de Pablo (Flm 24 Col 4 14; 2 Tim 4 11), pero las diferencias entre las cartas paulinas y el libro de los Hechos hacen dudosa esta relación, al menos estrecha, entre Pablo y Lucas. Del autor podemos decir que no fue testigo ocular de los hechos que relata, porque tuvo que informarse de quienes lo fueron (Lc 1 2-3). Tampoco conocía bien Palestina, pues sus conocimientos sobre la geografía y las costumbres judías son imprecisos y a veces erróneos. Se trata de un cristiano educado en ambientes helenistas, que conoce la literatura de su época y redacta muy bien en griego. Pero al mismo tiempo maneja con soltura el Antiguo Testamento y se siente heredero de las promesas hechas a Israel (Lc 1 47-55.68-79). Vivió en la segunda mitad del siglo I, y compuso su obra entre los años 80 y 90 d. C.

2. El mensaje de Lucas

Lucas intentó responder a esta situación que vivía su comunidad desde el misterio de la pascua de Jesús, aclarando cuál era el sentido de la historia, qué papel juega Jesús en ella, y cómo debe ser la vida cotidiana de los discípulos.

Desde la perspectiva de Lucas la historia no es sólo una sucesión de acontecimientos, sino el espacio donde se realiza el plan de Dios. Este plan consiste en salvar a los hombres (Lc 1 47.51-55.68-79; 2 11), y por eso la historia puede entenderse como una historia de salvación. Es evidente el interés de Lucas por conectar los principales momentos de la vida de Jesús con la historia de su tiempo (véase Lc 2 1-2; 3 1-2). Lucas quiere hacer ver el alcance universal de la salvación divina, y subrayar que la salvación de Dios está en Jesús y no en Roma. En esta historia de salvación Lucas distingue tres fases: el tiempo de la preparación (Israel), el centro del tiempo (Jesús) y el tiempo de la misión (Iglesia). El tiempo de Israel comienza con la historia del pueblo elegido y llega hasta Juan Bautista (Lc 16 16). El tiempo de Jesús es el espacio en el que se manifiesta la salvación de una forma ejemplar; por eso su ministerio está libre de la actuación de Satanás (Lc 4 13; 22 3), e inundado por la presencia del Espíritu (Lc 3 22; 4 18). Finalmente, el tiempo de la Iglesia comienza cuando Jesús desaparece de la historia (Lc 24 50-53; Hch 1 9-11); es el tiempo de la misión, que consiste en ofrecer la salvación a todos los hombres.

Jesús es el centro de toda esta historia. En él se ha manifestado plenamente la salvación de Dios (Lc 19 10; Hch 4 12). Lucas contempla y transmite a su comunidad la riqueza del misterio de Jesús: él es el Mesías (Lc 9 20), el Señor (Lc 7 13.19), el Hijo de Dios (Lc 1 35) el Profeta (Lc 7 16); pero es sobre todo el Salvador, como anuncia el ángel a los pastores (Lc 2 11). La salvación que trae Jesús se manifiesta en expresiones sencillas de amor hacia los pecadores (Lc 7 36-50; 15 1-32; 19 1-10), las viudas (Lc 7 11-17) y los extranjeros (Lc 7 9-10). Esta cercanía de Jesús con los desheredados y alejados revela expresivamente la misericordia de Dios y su compasión. El Dios que se revela en Jesús es un Padre lleno de ternura y solicitud hacia todos sus hijos, especialmente hacia aquellos que se han ido de la casa (Lc 15 11-32), o están perdidos (Lc 19 9-10). Por eso su amor llega hasta el extremo y la salvación se hace plena cuando Jesús, siguiendo el plan de Dios (Lc 9 22; 17 25; 24 26), entrega su vida y resucita. Desde entonces él es el único que puede ofrecer la salvación a todos los hombres (Hch 4 12).

Los que quieren participar de esta salvación deben de hacerse discípulos de Jesús. El relato de la vocación de Pedro (Lc 5 1-11) es un buen ejemplo de la conversión que exige el discipulado: hay que reconocer el propio pecado (Lc 5 8; Hch 2 38), y hay que renunciar a los bienes de este mundo, que son un gran obstáculo para seguir a Jesús (Lc 6 20-26; 12 13-21; 14 33; 16 13; 18 22). Son muchas las dificultades que acechan a los discípulos y los hacen abandonar el camino, o quedarse inactivos en él, como la semilla que no da fruto (Lc 8 9-15).

3. Composición y división

Cuando Lucas compuso su evangelio existían ya otros relatos similares (Lc 1 1). Lucas los tuvo presentes y tomó de ellos, y de la tradición oral transmitida por los testigos oculares (Lc 1 2), todo lo que podía servirle para escribir una exposición ordenada de aquellos acontecimientos (Lc 1 3).

Lucas conoció el evangelio de Marcos, al que sigue muy de cerca. Pero además conoció una colección de dichos de Jesús, también conocida y utilizada por Mateo, y una serie de relatos y parábolas que sólo conocemos a través de su evangelio (el hijo de la viuda de Naín, la parábola del hijo pródigo, los discípulos de Emaús, etc.). Sin embargo, no se limitó a copiar todas estas fuentes y tradiciones, sino que introdujo en ellas algunas modificaciones, *que revelan una visión propia del misterio* de Jesús. Su deseo fue componer una *exposición ordenada* (Lc 1 3), y el resultado es una obra bien estructurada en la que aparecen con claridad las diversas etapas del ministerio de Jesús.

El evangelio de Lucas puede dividirse así:

INTRODUCCION (Lc 1 1-4)
I. PRESENTACION DE JESUS (Lc 1 5-4 13)
  1. Anuncio del nacimiento de Juan y Jesús (Lc 1 5-56)
  2. Nacimiento de Juan y Jesús (Lc 1 57-2 52)
  3. Primera actividad de Juan y Jesús (Lc 3 1-4 13)
II. ACTIVIDAD DE JESUS EN GALILEA (Lc 4 14-9 50)
  1. Manifestación y rechazo de Jesús (Lc 4 14-6 11)
  2. Enseñanzas y milagros de Jesús (Lc 6 12-8 56)
  3. Revelación a los discípulos (Lc 9 1-50)
III. VIAJE A JERUSALEN (Lc 9 51-19 28)
  1. Seguimiento y confianza en el Padre (Lc 9 51-13 21)
  2. El banquete del amor (Lc 13 22-17 10)
  3. La llegada del reino (Lc 17 11-19 28)
IV. ACTIVIDAD DE JESUS EN JERUSALEN (Lc 19 29-21 38)
  1. Entrada en el templo (Lc 19 29-46)
  2. Controversias con los jefes de Israel (Lc 19 47-21 4)
  3. Discurso escatológico (Lc 21 5-38)
V. PASION Y RESURRECCION DE JESUS (Lc 22 1-24 49)
  1. Pasión y muerte de Jesús (Lc 22 1-23 56)
  2. Resurrección y manifestación de Jesús (Lc 24 1-49)
Conclusión (Lc 24 50-53)

En la *introducción* el autor explica los motivos que lo han movido a componer un nuevo relato acerca de Jesús y el método utilizado.

En la *primera parte* el autor va colocando en paralelo la infancia y primera actividad de Juan Bautista y de Jesús para destacar la superioridad de Jesús y el paso del tiempo de Israel (Juan) al tiempo de Jesús.

La *segunda parte* describe la actividad de Jesús en Galilea. A través de sus palabras y acciones el misterio de su persona se va descubriendo a Israel. Aunque muchos lo rechazan, algunos deciden seguirlo como discípulos.

La *tercera parte*, el viaje a Jerusalén, constituye el centro del evangelio. En ella se encuentra una extensa catequesis sobre diversos aspectos de la vida cristiana. Jesús se dirige a sus discípulos en el camino que conduce a la cruz, preparándolos para que vivan y anuncien el evangelio después de la Pascua.

La *cuarta parte* se desarrolla en el templo de Jerusalén. Contiene la última advertencia a Israel para que se convierta.

La *quinta parte* contiene el relato de la pasión y la resurrección de Jesús. Desde el punto de vista de Lucas, este es el momento central de la historia de la salvación: hacia él tiende el tiempo de Israel y de Jesús, y de él nace el tiempo de la Iglesia.

La *conclusión* es al mismo tiempo una transición al libro de los Hechos, que comienza como termina el evangelio: narrando la ascensión de Jesús.

EVANGELIO SEGUN SAN LUCAS

INTRODUCCION

Hch 1 1

1 [1] Ya que muchos se han propuesto componer un relato de los acontecimientos que se han cumplido entre nosotros, [2] según nos lo transmitieron quienes desde el principio fueron testigos oculares y ministros de la palabra, [3] también yo he creído oportuno, después de haber investigado cuidadosamente todo lo sucedido desde el principio, escribirte una exposición ordenada, ilustre Teófilo, [4] para que llegues a comprender la autenticidad de las enseñanzas que has recibido.

I. PRESENTACION DE JESUS Δ

1. Anuncio del nacimiento de Juan y Jesús ◊

Anuncio del nacimiento de Juan

1 Cr 24 10; 1 Sm 1 5-6; Nm 6 1-8; *Mal 3 1*

[5] En tiempos de Herodes, rey de Judea, hubo un sacerdote, llamado Zacarías, del grupo sacerdotal de Abías, casado con una mujer de la descendencia de Aarón, llamada Isabel. [6] Ambos eran irreprochables ante Dios y seguían escrupulosamente todos los mandamientos y preceptos del Señor. [7] Pero no tenían hijos, porque Isabel era estéril, y los dos eran ya de edad avanzada.

[8] Estaba un día Zacarías ejerciendo el servicio sacerdotal tal como le correspondía por turno a su grupo. [9] Según el rito sacerdotal, le tocó en suerte entrar en el santuario del Señor a ofrecer el incienso. [10] Todo el pueblo estaba orando fuera mientras se ofrecía el incienso. [11] Y el ángel del Señor se le apareció, de pie, a la derecha del altar del incienso. [12] Al verlo, Zacarías se asustó y tuvo miedo. [13] Pero el ángel le dijo:

–No temas, Zacarías, tu petición ha sido escuchada. Isabel, tu mujer, te dará un hijo al que pondrás por nombre Juan. [14] Te llenarás de gozo y alegría, y muchos se ale-

• **1 1-4**: Imitando el estilo de los historiadores de su tiempo, Lucas coloca al comienzo de su obra una breve introducción en la que informa de su propósito y del método empleado en la composición de su evangelio. El no es testigo ocular de lo que narra, pero se ha informado cuidadosamente para contarlo todo con exactitud. Sin embargo, su principal objetivo no es histórico, sino religioso, pues pretende confirmar las enseñanzas que han recibido sus destinatarios, representados en este *ilustre Teófilo* a quien dedica su obra que comprende el evangelio y el libro de los Hechos (véase Hch 1 1-2).

Δ 1 5-4 13: El elemento más llamativo de esta primera parte del evangelio es el paralelismo que se establece sistemáticamente entre Jesús y Juan Bautista: el anuncio (Lc 1 5-56), el nacimiento (Lc 1 57-2 52) y la primera actividad de ambos (Lc 3 1-4 13). El evangelista quiere mostrar la superioridad de Jesús sobre Juan, o lo que es lo mismo, el paso del Antiguo al Nuevo Testamento. Jesús aparece como el cumplimiento de las promesas de salvación que Dios había hecho al pueblo de Israel, y con él se inaugura un tiempo nuevo. Estos capítulos contienen el así llamado "evangelio de la infancia" (Lc 1-2), compuesto probablemente a partir de fuentes muy antiguas. En él se advierte la mirada creyente de los primeros cristianos, que relatan los orígenes de Jesús desde la experiencia pascual, para expresar su fe en el Señor resucitado.

◊ 1 5-56: Los anuncios del nacimiento de Juan y de Jesús iluminan desde el principio la relación existente entre ellos. Los destinatarios de Lucas conocen la existencia de discípulos de Juan (Hch 18 24-19 7) y el evangelista quiere dejar claro su inferioridad con respecto a Jesús en la historia de la salvación.

• **1 5-25**: Al escribir estos anuncios del nacimiento de Juan y de Jesús, Lucas se ha inspirado en los relatos del Antiguo Testamento, para subrayar la continuidad del propósito de Dios a lo largo de la historia. En este primer anuncio, Zacarías es descrito como un hombre justo y con rasgos similares a los de la historia de Abrahán y Sara (Gn 18). Recibe en el mismo templo, que representa el corazón del judaísmo, el anuncio del nacimiento de su hijo. Se nos describe luego la misión de Juan, que viene a preparar el camino del Señor Jesús. Dios castiga la desconfianza de Zacarías y lo deja mudo como signo y garantía del nacimiento de Juan. El clima de gozo y alegría (Lc 1 14) nos indica que estamos entrando en el tiempo de la salvación definitiva de la humanidad.

grarán de su nacimiento, 15 porque será
grande ante el Señor. No beberá vino ni licor, quedará lleno del Espíritu Santo desde
el seno de su madre 16 y convertirá a muchos hijos de Israel al Señor, su Dios. 17 Será
el precursor del Señor, con el espíritu y
poder de Elías, para reconciliar a los padres
con sus hijos, para inculcar a los rebeldes
la sabiduría de los justos, *y para preparar
al Señor un pueblo bien dispuesto*.
18 Zacarías dijo al ángel:
–¿Cómo sabré que así sucederá? Porque yo soy viejo y mi mujer avanzada en
años.
19 El ángel le contestó:
–Yo soy Gabriel, que estoy en la presencia de Dios, y he sido enviado para hablarte y darte esta buena noticia. 20 Pero tú
te quedarás mudo y no podrás hablar hasta
que tengan lugar estas cosas, por no haber
creído en mis palabras, que se cumplirán a
su tiempo.
21 El pueblo, entre tanto, estaba esperando a Zacarías y se extrañaba que tardara
tanto en salir del santuario. 22 Cuando salió
no podía hablarles, y comprendieron que
había tenido una visión en el santuario. El
les hacía señas, porque se había quedado
mudo. 23 Cumplidos los días de su ministerio litúrgico, regresó a su casa. 24 Algún
tiempo después concibió su mujer Isabel,
que no salió de casa durante cinco meses.
Y decía:
25 –Al hacer esto conmigo, el Señor me
libró del desprecio de la gente.

Anuncio del nacimiento de Jesús

Mt 1 18-21; Sof 3 14-15; 2 Sm 7 12-14; *Gn 18 14*

26 Al sexto mes, envió Dios al ángel Gabriel a una ciudad de Galilea llamada Nazaret, 27 a una virgen desposada con un hombre llamado José, de la descendencia de
David; el nombre de la virgen era María. 28 El
ángel entró donde estaba María y le dijo:
–Dios te salve, llena de gracia, el Señor
está contigo.
29 Al oír estas palabras, ella quedó des-
concertada y se preguntaba qué significaba
tal saludo. 30 El ángel le dijo:
–No temas, María, pues Dios te ha concedido su favor. 31 Concebirás y darás a luz
un hijo, al que pondrás por nombre Jesús.
32 El será grande, será llamado Hijo del
Altísimo; el Señor Dios le dará el trono de
David, su padre, 33 reinará sobre la descendencia de Jacob por siempre y su reino no
tendrá fin.
34 María dijo al ángel:
–¿Cómo será esto, pues no tengo relaciones con ningún hombre?
35 El ángel le contestó:
–El Espíritu Santo vendrá sobre ti y el
poder del Altísimo te cubrirá con su sombra; por eso, el que va a nacer será santo y
se llamará Hijo de Dios. 36 Mira, tu pariente
Isabel también ha concebido un hijo en su
vejez, y ya está de seis meses la que todos
tenían por estéril; 37 porque *para Dios
nada hay imposible*.
38 María dijo:
–Aquí está la esclava del Señor, que me
suceda como tú dices.
Y el ángel la dejó.

Encuentro de María con Isabel

Jue 5 24; 1 Sm 2 1-11; Sal 111 9; 103 17; 89 10;
Job 12 19; Sal 107 9; 98 3; Gn 22 17-18

39 Por aquellos días, María se puso en
camino y fue de prisa a la montaña, a una
ciudad de Judá. 40 Entró en casa de Zaca-

• **1 26-38**: En este anuncio, paralelo al anterior, abandonamos el marco solemne del templo y nos trasladamos a un pequeño lugar de Galilea. La salvación de Dios llega desde un lugar humilde, fuera de las grandes instituciones religiosas de Israel. Jesús es descrito, sin embargo, con los rasgos del Mesías del Antiguo Testamento (Is 7 14; 9 6; 2 Sm 7 14-16) y como Hijo de Dios, un título con el que Lucas quiere describir la relación misteriosa que lo une al Padre. Relación que, según Lucas, existe desde su nacimiento por obra del Espíritu. Lucas estructura su evangelio de la infancia alrededor de la figura de María, mientras que Mateo lo centra en José. La fe de María (Lc 1 45) contrasta con la desconfianza de Zacarías en el anuncio del nacimiento de Juan (Lc 1 18-20).

• **1 39-56**: El encuentro de las dos madres es en realidad el encuentro de los dos hijos. Juan inaugura su misión anunciando por boca de su madre el señorío de Jesús (Lc 1 43), que manifiesta su mesianismo y su profunda relación con Dios (Lc 2 11). La respuesta de María al saludo de Isabel, que tradicionalmente conocemos con

rías y saludó a Isabel. 41 Y cuando Isabel
oyó el saludo de María, el niño saltó en su
seno. Entonces Isabel, llena del Espíritu
Santo, 42 exclamó a grandes voces:
–Bendita tú entre las mujeres y bendito
el fruto de tu vientre. 43 Pero ¿cómo es posible que la madre de mi Señor venga a
visitarme? 44 Porque en cuanto oí tu saludo,
el niño saltó de alegría en mi seno. 45 ¡Dichosa tú que has creído! Porque lo que te
ha dicho el Señor se cumplirá.

46 Entonces María dijo:

47 Mi alma glorifica al Señor,
y mi espíritu se alegra
en Dios mi Salvador,
48 porque ha mirado
la humildad de su sierva.
Desde ahora me llamarán
dichosa todas las generaciones,
49 porque ha hecho en mí
cosas grandes el Poderoso.
Su nombre es santo,
50 y su misericordia es eterna
con aquellos que le honran.
51 Actuó con la fuerza de su brazo
y dispersó a los de corazón soberbio.
52 Derribó de sus tronos a los poderosos
y engrandeció a los humildes.
53 Colmó de bienes a los hambrientos
y a los ricos despidió sin nada.
54 Tomó de la mano a Israel, su siervo,
acordándose de su misericordia,
55 como lo había prometido
a nuestros antepasados,
en favor de Abrahán
y de sus descendientes para siempre.

56 María estuvo con Isabel unos tres
meses; después regresó a su casa.

2. Nacimiento de Juan y de Jesús ◊

Nacimiento de Juan

Gn 17 10-12; Lc 1 13; Sal 41 14; 106 45-48; 111 9;
Gn 22 16-18; Is 40 3; 60 1-2; 9 1-2

57 Cuando se cumplió el tiempo, Isabel
dio a luz un hijo. 58 Sus vecinos y parientes oyeron que el Señor le había mostrado
su gran misericordia y se alegraron con
ella. 59 Al octavo día fueron a circuncidar al
niño y querían llamarlo Zacarías, como su
padre. 60 Pero su madre dijo:
–No, se llamará Juan.
61 Le dijeron:
–No hay nadie en tu familia que lleve
ese nombre.
62 Se dirigieron entonces al padre y le
preguntaron por señas cómo quería que se
llamara. 63 Él pidió una tablilla y escribió:
Juan es su nombre. Entonces, todos quedaron sorprendidos. 64 De pronto recuperó el
habla y comenzó a bendecir a Dios. 65 Todos sus vecinos se llenaron de temor, y en
toda la montaña de Judea se comentaba lo
sucedido. 66 Cuantos lo oían pensaban:
«¿Qué llegará a ser este niño?». Porque
efectivamente el Señor estaba con él. 67 Zacarías, su padre, se llenó del Espíritu Santo
y profetizó:

68 Bendito sea el Señor, Dios de Israel,
porque ha visitado
y redimido a su pueblo.
69 Nos ha suscitado una fuerza salvadora
en la familia de David su siervo,
70 como lo había prometido desde antiguo
por medio de sus santos profetas,
71 para salvarnos de nuestros enemigos
y del poder de todos los que nos odian.

el nombre latino de "Magnificat", es un salmo de acción de gracias compuesto de citas (y alusiones) del Antiguo Testamento (véase 1 Sm 2 1-10), en el que se canta la gratitud de María y la de todo el pueblo de Dios por el cumplimiento de las promesas divinas. Lucas subraya además en este canto un tema de su predilección: Dios se apiada de los pobres y desprotegidos (Lc 6 20-26; 16 19-25).

◊ **1 57-2 52**: Se acentúa el contraste entre Juan y Jesús. El nacimiento de Juan se cuenta en pocas líneas, mientras que el de Jesús es descrito con todo detalle. El centro teológico de esta sección se encuentra en el anuncio a los pastores. En él se presenta a Jesús como el Salvador, el Mesías y el Señor (Lc 2 11), en quien se cumplen plenamente las promesas que Dios había hecho a su pueblo.

• **1 57-80**: El anuncio de Dios a Zacarías se realiza en un clima de alegría, signo de que los tiempos del cumplimiento han llegado. El origen del nombre del niño (Lc 1 13) indica el carácter excepcional de Juan y su misión en los nuevos tiempos que se inician. Como María, Zacarías recita un salmo, llamado tradicionalmente "Benedictus", cuyo tema es la acción de gracias por la salvación que aparece en la historia de los hombres, y en el que se alude también a la misión específica de Juan, como precursor de Jesús.

72 De este modo mostró el Señor
su misericordia a nuestros antepasados
y se acordó de su santa alianza,
73 del juramento que hizo
a nuestro antepasado Abrahán,
para concedernos
74 que, libres de nuestros enemigos,
podamos servirlo sin temor,
75 con santidad y justicia
en su presencia toda nuestra vida.
76 Y tú, niño, serás llamado
profeta del Altísimo,
pues irás delante del Señor
para preparar sus caminos,
77 para anunciar a su pueblo la salvación,
por medio del perdón de sus pecados.
78 Por la misericordia entrañable
de nuestro Dios,
nos visitará un sol que nace de lo alto,
79 para iluminar
a los que están en tinieblas
y en sombra de muerte,
y para dirigir nuestros pasos
hacia el camino de la paz.

80 El niño iba creciendo y se fortalecía
en su interior. Y vivió en el desierto hasta
el día de su manifestación a Israel.

Nacimiento de Jesús

Mt 1 25; Jn 4 42; Hch 5 31; Flp 3 20; Tit 2 13; Lc 2 51

2 1 En aquellos días el emperador Augusto promulgó un decreto ordenando que
se hiciera el censo de los habitantes del
imperio. 2 Este censo fue el primero que se
hizo durante el mandato de Quirino, gobernador de Siria. 3 Todos iban a inscribirse a
su ciudad de origen. 4 También José, por
ser de la descendencia y familia de David,
subió desde Galilea, desde la ciudad de
Nazaret, a Judea, a la ciudad de David que
se llama Belén, 5 para incribirse con María,
su esposa, que estaba encinta. 6 Mientras
estaban en Belén le llegó a María el tiempo del parto, 7 y dio a luz a su hijo primogénito, lo envolvió en pañales y lo acostó
en un pesebre, porque no había sitio para
ellos en la posada.
8 Había en aquellos campos unos pastores que pasaban la noche en pleno campo
cuidando sus rebaños por turnos. 9 Un ángel
del Señor se les presentó, y la gloria del
Señor los envolvió con su luz. Entonces
sintieron mucho miedo, 10 pero el ángel les
dijo:
–No teman, pues les anuncio una gran
alegría, que lo será para ustedes y para
todo el pueblo: 11 Les ha nacido hoy, en la
ciudad de David, un Salvador, que es el
Mesías, el Señor. 12 Esto les servirá de
señal: encontrarán un niño envuelto en
pañales y acostado en un pesebre.
13 Y de repente se reunieron con el ángel
muchos otros ángeles del cielo, que alababan a Dios diciendo: 14 «¡Gloria a Dios en
las alturas y en la tierra paz a los hombres
que gozan de su amor!».
15 Cuando los ángeles regresaron al
cielo, los pastores se decían unos a otros:
–Vamos a Belén a ver eso que ha sucedido y que el Señor nos ha anunciado.
16 Fueron de prisa y encontraron a María,
a José y al niño acostado en el pesebre.
17 Al verlo, contaron lo que el ángel les
había dicho de este niño. 18 Y cuantos escuchaban lo que decían los pastores, se
quedaban admirados. 19 María, por su parte, conservaba todos estos recuerdos y los
meditaba en su corazón. 20 Los pastores
regresaron glorificando y alabando a Dios
porque todo lo que habían visto y oído era
tal como les habían dicho.
21 A los ocho días, cuando lo circunci-
daron, le pusieron el nombre de Jesús, como lo había llamado el ángel ya antes de la
concepción.

Presentación de Jesús

Ex 13 2; Lv 12 8; Nm 18 15-16;
Is 40 1; 42 1-6; 52 10; Lc 12 51-53; Mt 2 23

22 Cuando se cumplieron los días de la
purificación prescrita por la ley de Moisés,
llevaron al niño a Jerusalén para presentar-

• **2 1-21**: Con motivo de un acontecimiento de la historia del imperio romano (el censo ordenado por Augusto) se lleva a cabo el plan de Dios, que se realiza en la historia del pueblo elegido. Es en Belén, la ciudad de David, donde ocurre el acontecimiento central de la historia de la salvación. Este nacimiento comienza a revelar el misterio de Dios. Jesús es el Salvador, el Mesías, el Señor (Lc 2 11), y sin embargo su nacimiento se produce en una extrema pobreza. Los primeros a los que se anuncia esta buena noticia son unos pastores, representantes de los pobres y sencillos, que serán también los primeros en recibir la palabra de Jesús (Lc 4 18).

lo al Señor, 23 como prescribe la ley del
Señor: *Todo primogénito varón será con-*
sagrado al Señor. 24 Ofrecieron también en
sacrificio, como dice la ley del Señor: *un*
par de palomas o dos pichones.
25 Había en Jerusalén un hombre llamado Simeón, hombre justo y piadoso, que
esperaba el consuelo de Israel. El Espíritu
Santo estaba en él 26 y le había revelado
que no moriría antes de ver al Mesías enviado por el Señor. 27 Vino, pues, al templo, movido por el Espíritu y, cuando sus
padres entraban con el niño Jesús para
cumplir lo que mandaba la ley, 28 Simeón
lo tomó en sus brazos y bendijo a Dios diciendo:

29 Ahora, Señor, según tu promesa,
puedes dejar que tu siervo muera en paz.
30 Mis ojos han visto a tu Salvador,
31 a quien has presentado
ante todos los pueblos,
32 como luz para iluminar a las naciones
y gloria de tu pueblo Israel.

33 Su padre y su madre estaban admirados de las cosas que se decían de él. 34 Simeón los bendijo y dijo a María, su madre:
–Mira, este niño hará que muchos caigan o se levanten en Israel. Será signo de
contradicción, 35 y a ti misma una espada
te atravesará el corazón; así quedarán al
descubierto las intenciones de muchos.
36 Había también una profetisa, Ana, hija
de Fanuel, de la tribu de Aser, que era ya
muy anciana. Había estado casada siete
años, siendo aún muy joven, 37 y después
había permanecido viuda hasta los ochenta
y cuatro años. No se apartaba del templo,
dando culto al Señor día y noche con ayunos y oraciones. 38 Se presentó en aquel
momento y se puso a dar gloria a Dios y a
hablar del niño a todos los que esperaban
la liberación de Jerusalén.
39 Cuando cumplieron todas las cosas
prescritas por la ley del Señor, regresaron a
Galilea, a su ciudad de Nazaret. 40 El niño
crecía y se fortalecía llenándose de sabiduría, y contaba con la gracia de Dios.

Primera pascua de Jesús

Ex 12 24-27; Dt 16 1-8; Jn 2 16; Lc 1 80; 2 19

41 Sus padres iban cada año a Jerusalén,
a la fiesta de pascua. 42 Cuando el niño
cumplió doce años, subieron a celebrar la
fiesta, según la costumbre. 43 Terminada la
fiesta, cuando regresaban, el niño Jesús se
quedó en Jerusalén, sin saberlo sus padres.
44 Estos creían que iba en la caravana, y al
terminar la primera jornada lo buscaron
entre los parientes y conocidos. 45 Al no
encontrarlo, regresaron a Jerusalén en su
busca.
46 Al cabo de tres días, lo encontraron en
el templo sentado en medio de los doctores, no sólo escuchándolos, sino también
haciéndoles preguntas. 47 Todos los que le
oían estaban sorprendidos de su inteligencia y de sus respuestas. 48 Al verlo, se quedaron asombrados, y su madre le dijo:
–Hijo, ¿por qué nos has hecho esto? Tu
padre y yo te hemos buscado angustiados.
49 El les contestó:
–¿Por qué me buscaban? ¿No sabían
que yo debo ocuparme de los asuntos de
mi Padre?
50 Pero ellos no comprendieron lo que
les decía. 51 Bajó con ellos a Nazaret, donde vivió obedeciéndolos. Su madre conservaba cuidadosamente todos estos recuerdos en su corazón. 52 Y Jesús iba creciendo
en sabiduría, en estatura y en aprecio ante
Dios y ante los hombres.

• **2 22-40**: En el marco institucional del judaísmo (purificación, presentación, templo), el pueblo judío, representado por Simeón y Ana, encuentra al que será la gloria de Israel y la luz de los paganos. Hacia él confluye la esperanza anunciada en el Antiguo Testamento. Pero la sombra de la cruz y del rechazo se insinúa ya en las palabras de Simeón. La confesión de fe de la comunidad lucana, en boca de Simeón, no olvida que todo eso se cumplirá a través del camino difícil de la vida de Jesús. Una vida que asume plenamente nuestra humanidad (Lc 2 40).

• **2 41-52**: Antes de que se inicie la predicación del precursor, Jesús pronuncia sus primeras palabras en el momento en que entra en su juventud, y lo hace durante la fiesta de la pascua y en el templo. Estas palabras, como las del final del evangelio (Lc 24 49), hablan del Padre y del misterio de filiación que sobrepasa toda inteligencia humana. Lo mismo que ocurre aquí en su juventud, ocurrirá en su madurez, al final de su misión, en un contexto que nos anunciará ya el comienzo de su pasión (Lc 19 45-48).

3. Primera actividad de Juan y de Jesús ◊

Predicación de Juan en el desierto

Mc 1 1-8; Mt 3 1-12; Jn 1 19-28
Is 40 3-5; Jr 15 7; Jl 2 5; Mt 14 3-4; Mc 6 17-18

3 1 El año quince del reinado del emperador Tiberio, siendo Poncio Pilato gobernador de Judea, Herodes rey de Galilea,
su hermano Filipo rey de Iturea y de la
región Traconítida, y Lisanias rey de Abi-
lene, 2 en tiempos de los sumos sacerdotes
Anás y Caifás, la palabra de Dios vino sobre Juan, el hijo de Zacarías, en el desierto.
3 Y fue por toda la región del Jordán predicando un bautismo de conversión para el
perdón de los pecados, 4 como está escrito
en el libro de los oráculos del profeta Isaías:

Voz del que grita en el desierto:
preparen el camino al Señor;
nivelen sus senderos;
5 *todo barranco será rellenado*
y toda montaña o colina será rebajada;
los caminos torcidos se enderezarán
y los desnivelados se rectificarán.
6 *Y todos verán la salvación de Dios.*

7 Decía a la gente que venía a ser bauti-
zada por él:
–Raza de víboras, ¿quién les enseñó a
escapar del juicio inminente? 8 Den frutos
que prueben su conversión, y no anden diciendo: «Somos descendientes de Abrahán». Porque les digo que Dios puede sacar
de estas piedras descendientes de Abrahán.
9 Ya está el hacha puesta a la raíz de los
árboles, y todo árbol que no dé buen fruto
va a ser cortado y echado al fuego.
10 La gente le preguntaba:
–¿Qué tenemos que hacer?
11 Y les contestaba:
–El que tenga dos túnicas, dé una al que
no tiene, y el que tenga comida compártala
con el que no la tiene.
12 Vinieron también a bautizarse algunos de los que recaudaban impuestos para
Roma y le dijeron:
–Maestro, ¿qué tenemos que hacer?
13 El les respondió:
–No exijan nada fuera de lo establecido.
14 También los soldados le preguntaban:
–¿Y nosotros qué tenemos que hacer?
Juan les contestó:
–A nadie extorsionen ni denuncien falsamente, y conténtense con su sueldo.
15 El pueblo estaba a la expectativa y
todos se preguntaban si no sería Juan el
Mesías. 16 Entonces Juan les dijo:
–Yo los bautizo con agua; pero viene el
que es más fuerte que yo, a quien no soy
digno de desatar la correa de sus sandalias.
El los bautizará con Espíritu Santo y fuego.
17 En su mano tiene la horquilla para separar el trigo de la paja y recoger el trigo en
su granero; pero la paja la quemará con un
fuego que no se apaga.
18 Con estas y otras muchas exhortaciones anunciaba al pueblo la buena noticia.
19 Pero el rey Herodes debido a sus relaciones con Herodías, la mujer de su hermano y a todos los crímenes que había cometido, era severamente censurado por Juan.

◊ **3 1-4 13**: De la misma manera que en las dos secciones anteriores (Lc 1 5-56 y Lc 1 57-2 52), el evangelista establece un paralelismo entre la misión de Juan y la de Jesús. Una vez que Juan ha desaparecido de la escena, se inicia la actividad de Jesús (Lc 3 21-4 13), mostrando así que Juan es el último profeta de la antigua alianza (Lc 16 16), mientras que Jesús inaugura el tiempo nuevo de la salvación.

• **3 1-20**: Lucas inicia la misión de Juan situándola en la historia del mundo pagano y en la del pueblo de Israel. Juan es descrito como el último profeta (Lc 3 7), como el nuevo Elías esperado por Israel (Lc 1 17), y termina, como muchos de sus predecesores, encarcelado por fidelidad a su misión. Viene, según la cita de Isaías (Is 40 3-5), a preparar el camino del Señor predicando la conversión y exigiendo frutos que sean pruebas de esa auténtica conversión. En la descripción de esos frutos Lucas tiene muy en cuenta los temas de la justicia entre los hombres.

• **3 21-22**: En un clima de oración, que Lucas suele destacar en momentos importantes de la vida de Jesús (Lc 6 12; 9 28-29; 11 1), éste recibe el bautismo y se manifiesta como el Mesías de Dios. El salmo 2, citado aquí, había adquirido, en la interpretación de Israel, una dimensión mesiánica. A través de esta cita Lucas afirma la filiación divina de Jesús.

En el relato paralelo de Marcos y Mateo es Juan quien bautiza a Jesús. Lucas, sin embargo, no menciona ni la presencia ni la intervención de Juan en el bautismo de Jesús; con ello quiere subrayar que el tiempo del Antiguo

20 Así que a todas sus maldades añadió
Herodes la de encerrar a Juan en la cárcel.

Bautismo de Jesús, el Hijo de Dios

Mc 1 9-11; Mt 3 13-17

Jn 1 32-33; Sal 2 7

21 Un día cuando se bautizaba mucha
gente, también Jesús se bautizó. Y mientras Jesús oraba se abrió el cielo, 22 y el
Espíritu Santo bajó sobre él en forma visible, como una paloma, y se oyó una voz
que venía del cielo:
–Tú eres mi Hijo amado, en ti me complazco.

Genealogía de Jesús

Mt 1 1-17

Lc 4 22; Jn 6 42

23 Cuando Jesús comenzó su ministerio,
tenía unos treinta años y, en opinión de la
gente, era hijo de José. Estos son sus as-
cendientes: Helí, 24 Matat, Leví, Melquí,
Janay, José, 25 Matatías, Amós, Naún, Eslí,
Nagay, 26 Maat, Matatías, Semeín, Josec,
Yodá, 27 Joanán, Resá, Zorobabel, Salatiel,
Nerí, 28 Meljí, Addí, Kosán, Elmadán, Er,
29 Jesús, Eliezer, Jorín, Matat, Leví, 30 Si-
meón, Judá, José, Jonán, Eliakín, 31 Meleá,
Menná, Matazá, Natán, David, 32 Jesé,
Obed, Booz, Salá, Naasón, 33 Aminadab,
Admín, Arní, Esrón, Fares, Judá, 34 Jacob,
Isaac, Abrahán, Tara, Nacor, 35 Seruc,
Ragaú, Fálec, Eber, Salá, 36 Cainán, Ar-
faxad, Sem, Noé, Lámec, 37 Matusalén,
Enoc, Járet, Maleleel, Cainán, 38 Enós, Set,
Adán, y Dios.

Tentaciones de Jesús

Mc 1 12-13; Mt 4 1-11

Dt 8 3; 6 13; Sal 91 11-12; Dt 6 16

4 1 Jesús regresó del Jordán lleno del Espíritu Santo. El Espíritu lo condujo al
desierto, 2 donde el diablo lo puso a prueba
durante cuarenta días. En todos esos días
no comió nada, y al final sintió hambre.
3 El diablo le dijo entonces:
–Si eres Hijo de Dios, di a esta piedra
que se convierta en pan.
4 Jesús le respondió:
–Está escrito: *No sólo de pan vive el
hombre*.
5 Lo llevó después el diablo a un lugar
alto y le mostró, en un instante, todos los
reinos de la tierra. 6 El diablo le dijo:
–Te daré todo el poder de estos reinos y
su gloria, porque a mí me lo han dado y a
quien yo quiera se lo puedo dar. 7 Si te
postras ante mí, todo será tuyo.
8 Jesús respondió:
–Está escrito: *Adorarás al Señor tu
Dios, y sólo a él darás culto*.
9 Entonces lo llevó a Jerusalén, lo puso
en la parte más alta del templo y le dijo:
–Si eres Hijo de Dios, tírate desde aquí;
10 porque está escrito: *Dará órdenes a sus
ángeles para que te protejan;* 11 *te llevarán
en brazos y tu pie no tropezará en piedra
alguna*.
12 Jesús le respondió:
–Está dicho: *No tentarás al Señor tu
Dios*.
13 Cuando terminó de poner a prueba a
Jesús, el diablo se alejó de él hasta el momento oportuno.

Testamento, representado por Juan, ha terminado, y que comienza el tiempo de Jesús inundado por la acción del Espíritu.

• **3 23-38**: En el mundo judío, las genealogías servían para justificar derechos y dignidades. La de Jesús muestra que sus orígenes están no sólo en el pueblo judío, como constata Mateo en el texto paralelo, sino también en la humanidad entera a la que Jesús se incorpora a través de Adán. Jesús viene a responder a las expectativas de todos los hombres, judíos y paganos. Esta universalidad estaba ya presente en el evangelio de la infancia (Lc 2 31s). Lucas, a diferencia de Mateo, que coloca la genealogía de Jesús al comienzo de su evangelio, no quiere indicar la ascendencia humana de Jesús sino después de revelar su filiación divina en el bautismo.

• **4 1-13**: Este relato muestra que Jesús no utiliza su filiación divina como un privilegio. Jesús, *lleno del Espíritu,* resiste al diablo, que esperará otro momento oportuno (Lc 22 3.53). Estos textos relacionan la tentación con la pasión y la muerte de Jesús, donde toda tentación será vencida y Jesús se manifestará definitivamente como el Mesías sufriente. La cercanía de la referencia a Adán en la genealogía puede evocar la tentación primordial (Gn 3). Pero aquí el Mesías supera la prueba, y una nueva era comienza para toda la humanidad.

Lucas cambia el orden de las dos últimas tentaciones (véase Mt 4 1-11), para hacerlas terminar en Jerusalén, la ciudad santa a la que el tercer evangelista concede una especial importancia (véase nota a Lc 9 51-19 28 y a Lc 24).

II. ACTIVIDAD DE JESUS EN GALILEA Δ

1. Manifestación y rechazo de Jesús ◊

Jesús comienza su ministerio en Nazaret

Mc 1 14-15; Mt 4 12-13; Mc 6 1-6; Mt 13 53-58
Is 61 1-2; 58 6; Jn 4 44; 1 Re 17 1-9; 2 Re 5 1-14

14 Jesús, lleno de la fuerza del Espíritu,
regresó a Galilea, y su fama se extendió por
toda la región. 15 Enseñaba en las sinagogas y todo el mundo hablaba bien de él.
16 Llegó a Nazaret, donde se había criado. Según su costumbre, entró en la sinagoga un sábado y se levantó para hacer la
lectura. 17 Le entregaron el libro del profeta Isaías y, al desenrollarlo, encontró el
pasaje donde está escrito:

18 *El espíritu del Señor está sobre mí,*
porque me ha ungido para anunciar
la buena noticia a los pobres;
me ha enviado a proclamar
la liberación a los cautivos,
a dar vista a los ciegos,
a libertar a los oprimidos
19 *y a proclamar*
un año de gracia del Señor.

20 Después enrolló el libro, se lo dio al
ayudante y se sentó. Todos los que estaban
en la sinagoga tenían sus ojos fijos en él.
21 Y comenzó a decirles:
–Hoy se ha cumplido ante ustedes esta
profecía.
22 Todos lo apoyaban y se admiraban de
las palabras que había pronunciado. Comentaban:
–¿No es éste el hijo de José?
23 El les dijo:
–Seguramente me recordarán el refrán:
«Médico, cúrate a ti mismo». Lo que hemos
oído que has hecho en Cafarnaún, hazlo
también aquí, en tu pueblo.
24 Y añadió:
–La verdad es que ningún profeta es
apreciado en su tierra. 25 Les aseguro que
muchas viudas había en Israel en tiempo
de Elías, cuando se cerró el cielo por tres
años y seis meses, y hubo gran hambre en
todo el país; 26 sin embargo, a ninguna de
ellas fue enviado Elías, sino a una viuda de
Sarepta, en la región de Sidón. 27 Y muchos
leprosos había en Israel cuando el profeta
Eliseo, pero ninguno de ellos fue curado,
sino únicamente Naamán el sirio.
28 Al oír esto, todos los que estaban en
la sinagoga se enfurecieron; 29 se levantaron, lo echaron fuera de la ciudad y lo llevaron hasta un precipicio de la montaña
sobre el cual estaba edificada su ciudad,
con ánimo de despeñarlo. 30 Pero él, abriéndose paso entre ellos, se fue.

Jesús sana a un endemoniado

Mc 1 21-28
Mt 7 28-29; 8 29; Mc 5 7; Lc 8 28

31 Bajó a Cafarnaún, ciudad de Galilea,
y los sábados enseñaba a la gente, 32 que

Δ 4 14-9 50: Esta segunda parte del evangelio está consagrada al ministerio de Jesús en Galilea. En estos capítulos Jesús se revela a través de su acción y su palabra. Su manifestación no es aceptada por los líderes de Israel (Lc 5 21.30; 6 2.7.11), pero sí por gran parte del pueblo (Lc 5 1.17; 6 17.18; 8 4.40; 9 37). Poco a poco va formándose alrededor de él un grupo de amigos y seguidores (Lc 5 1-11; 6 13-16; 8 1-3), a los que Jesús envía a predicar el reino (Lc 9 1-6). En esta actividad de Jesús no sólo aparece quién es él (Hijo de Dios, Hijo del hombre, Mesías, Maestro), sino también el programa de la misión que tendrá que llevar a cabo la Iglesia después de su resurrección; una misión que ya ha comenzado a realizarse en el tiempo en que se escribe el evangelio, como podemos comprobar leyendo el libro de los Hechos.

◊ 4 14-6 11: La manifestación pública de Jesús, que comienza en la sinagoga de Nazaret (Lc 4 14-30), pronto se encuentra con el rechazo y la oposición (Lc 5 12-26; 5 33-6 11). En esta sección tiene lugar también la llamada de los primeros discípulos (Lc 5 1-11.27-31). De este modo Lucas presenta los elementos fundamentales del ministerio de Jesús: el anuncio de la buena noticia, el rechazo de los jefes de su pueblo, y la llamada a los discípulos.

• 4 14-30: Lucas, a diferencia de Marcos y Mateo, inicia la misión de Galilea en Nazaret, el pueblo de Jesús. Lo hace en la sinagoga, donde Jesús proclama que se ha cumplido un texto de Isaías, en el que se describe de qué manera concreta llevará a cabo su tarea el Mesías. Esta escena es como el programa de lo que va a ser el ministerio de Jesús, y prefigura todo lo que va a ocurrir: se anuncia la salvación para todos los hombres, los incrédulos piden signos, el pueblo judío rechaza su predicación e intenta matarlo (anuncio de su muerte), pero la libertad soberana de Jesús vence a sus enemigos (recuerdo de su resurrección) y la evangelización sigue su camino. Lucas anuncia también en este texto el camino futuro de la Iglesia y las condiciones de su fidelidad al Resucitado.

estaba admirada de su enseñanza, porque
hablaba con autoridad.
33 Había en la sinagoga un hombre poseído por un demonio impuro, que se puso a gritar con fuerte voz:
34 –¿Qué tenemos nosotros que ver contigo, Jesús de Nazaret? ¿Has venido a destruirnos? Yo sé quién eres: el Santo de Dios.
35 Jesús lo reprendió ordenándole:
–¡Cállate y sal de ese hombre!
Y el demonio, después de tirarlo por
tierra en medio de todos, salió de él sin hacerle daño. 36 Todos se llenaron de asombro y se decían unos a otros:
–¡Qué fuerza tiene la palabra de este
hombre! Manda con autoridad y poder a
los espíritus impuros y éstos salen.
37 Y su fama se extendía por todos los
lugares de la región.

Jesús sana a la suegra de Pedro y a otros enfermos

Mc 1 29-34; Mt 8 14-17
Mc 1 25

38 Salió de la sinagoga y entró en casa
de Simón. La suegra de Simón tenía mucha
fiebre, y le rogaron que la sanara. 39 Entonces Jesús, inclinándose sobre ella, mandó a
la fiebre que saliera y se le quitó. La mujer
se levantó inmediatamente y se puso a servirlos.
40 Al atardecer llevaron ante Jesús enfermos de todo tipo; y él, poniendo las manos sobre cada uno de ellos, los sanaba.
41 De muchos salían también los demonios
gritando:
–Tú eres el Hijo de Dios.
Pero él los reprendía y no los dejaba hablar, porque sabían que él era el Mesías.
42 Al hacerse de día, salió hacia un lugar
solitario. La gente lo buscaba; y cuando lo
encontraron, trataban de retenerlo para que
no se alejara de ellos. 43 El les dijo:
–También en las demás ciudades debo
anunciar la buena noticia de Dios, porque
para esto he sido enviado.
44 E iba predicando por las sinagogas de
Judea.

Los primeros discípulos

Mc 1 16-20; Mt 4 18-22
Mc 4 1-2; Jn 21 1-6

5 1 Estaba Jesús en cierta ocasión a la
orilla del lago de Genesaret y de repente se juntó un gentío para oír la palabra de
Dios. 2 Vio entonces dos barcas a la orilla
del lago; los pescadores habían desembarcado y estaban lavando las redes. 3 Subió a
una de las barcas, que era de Simón, y le
pidió que la separara un poco de tierra. Se
sentó y enseñaba a la gente desde la barca.
4 Cuando terminó de hablar, dijo a Simón:
–Rema hacia dentro del lago y echen
las redes para pescar.
5 Simón respondió:
–Maestro, estuvimos toda la noche intentando pescar, sin conseguir nada, pero
sólo porque tú lo dices, echaré las redes.
6 Lo hicieron y capturaron una gran cantidad de peces. Como las redes se rompían,
7 hicieron señas a sus compañeros de la
otra barca para que vinieran a ayudarlos.
Vinieron y llenaron tanto las dos barcas,
que casi se hundían. 8 Al ver esto, Simón
Pedro se postró a los pies de Jesús diciendo:
–Apártate de mí, Señor, que soy un pecador.
9 Pues tanto Pedro como los que estaban
con él quedaron asombrados por la cantidad de peces que habían pescado; 10 e igual-

• **4 31-37**: Lucas empieza a describir las obras de Jesús, que muestran la salvación de forma concreta. Se nos revela la autoridad de la palabra de Jesús en su enseñanza (Lc 4 32) y en los exorcismos (Lc 4 36), que prolongan durante la vida de Jesús el combate, iniciado en las tentaciones (Lc 4 1-13).

• **4 38-44**: Una nueva acción prodigiosa, en este caso la curación de la suegra de Pedro, es descrita como si se tratara de la expulsión de un poder demoníaco (por eso Lc 4 39 utiliza la expresión *ordenó salir*). Los judíos del tiempo de Jesús no distinguían tan claramente como hoy hacemos nosotros entre el mal físico y el mal espiritual. Así las cosas librar a un hombre de su enfermedad era un signo del gran combate contra el mal que dominaba al mundo (Lc 4 6). Los exorcismos y curaciones se multiplican para describir la expansión de la buena noticia, que no puede detenerse, sino que debe llegar a todos (Lc 4 43).

• **5 1-11**: Lucas ha cambiado de lugar la llamada a los primeros discípulos, que en Marcos (Mc 1 16-20) se encuentra antes de las primeras acciones de Jesús. En Lucas, esta llamada viene después de la presentación de Jesús en la sinagoga de Nazaret (Lc 4 14-30) y de sus primeros signos (Lc 4 31-44). De este modo explica mejor la pronta respuesta de sus discípulos. La pesca milagrosa justifica también dicha respuesta ante el poder manifestado en la actuación de Jesús. La expresión *dejaron todo* recuerda el tema lucano del desprendimiento, una actitud propia de todo discípulo en el seguimiento de Jesús (Lc 5 28; 18 22).

mente Santiago y Juan, hijos de Zebedeo,
que eran compañeros de Simón. Entonces
Jesús dijo a Simón:
–No temas, desde ahora serás pescador
de hombres.
11 Y después de arrimar las barcas a tierra, dejaron todo y lo siguieron.

Jesús sana a un leproso

Mc 1 40-45; Mt 8 1-4
Lv 14 2-32; Mc 1 35

12 Estaba Jesús en un pueblo donde había un hombre cubierto de lepra. Este, al
ver a Jesús, cayó rostro en tierra y le suplicaba:
–Señor, si quieres, puedes limpiarme.
13 Jesús extendió la mano y lo tocó, diciendo:
–Quiero; queda limpio.
Y al instante le desapareció la lepra.
14 Jesús ordenó que no lo dijera a nadie. Le
dijo:
–Ve a presentarte al sacerdote y lleva la
ofrenda por tu purificación, como mandó
Moisés, para que les conste que has quedado sano.
15 Su fama se extendía cada vez más y
se congregaban grandes muchedumbres
para oírle y para que los sanara de sus enfermedades. 16 Pero él se retiraba a lugares
solitarios para orar.

Jesús sana a un paralítico

Mc 2 1-12; Mt 9 2-8

17 Un día, mientras Jesús enseñaba, estaban allí sentados algunos fariseos y doctores de la ley que habían venido de todos
los pueblos de Galilea, de la región de Judea y de Jerusalén. Y el poder del Señor lo
impulsaba a sanar enfermos. 18 En esto,
aparecieron unos hombres que traían en una
camilla a un paralítico y buscaban cómo
presentárselo a Jesús; 19 pero, como no
veían la manera de hacerlo a causa del gentío, subieron a la azotea, lo descolgaron en
la camilla a través del tejado y lo pusieron
en medio, delante de Jesús. 20 Viendo la fe
que tenían, Jesús dijo:
–Hombre, tus pecados quedan perdonados.
21 Los maestros de la ley y los fariseos
empezaron a pensar: «¿Quién es éste que
dice blasfemias? ¿Quién puede perdonar
los pecados sino sólo Dios?».
22 Pero Jesús, dándose cuenta de lo que
pensaban, les dijo:
–¿Qué es lo que están pensando? 23 ¿Qué
es más fácil, decir: Tus pecados quedan
perdonados, o decir: Levántate y camina?
24 Pues ahora sabrán que el Hijo del hombre tiene en la tierra poder para perdonar
los pecados.
Entonces se dirigió al paralítico y le
dijo:
–Levántate, toma tu camilla y vete a tu
casa.
25 El se levantó inmediatamente en presencia de todos, tomó la camilla en que lo
llevaban y se fue a su casa, alabando a
Dios. 26 Todos quedaron maravillados y
alababan a Dios, llenos de temor, diciendo:
–Hoy hemos visto cosas extraordinarias.

Jesús llama a Leví

Mc 2 13-17; Mt 9 9-13
Lc 15 1-2; Mt 11 19

27 Después de esto, salió y vio a un recaudador de impuestos, llamado Leví, que

• **5 12-16**: El leproso sanado es una señal más del mesianismo de Jesús (Lc 7 22). La lepra era una enfermedad que llevaba consigo la marginación social. De ahí que el sacerdote tuviera que testificar su curación (Lv 14 2-32). Jesús, al sanarlo físicamente, le devuelve además la dignidad social y religiosa. Vemos también en este texto dos constantes de la misión de Jesús: las multitudes que lo rodean y la oración como encuentro con Dios y fuerza que impulsa su actividad.

• **5 17-26**: El poder de Jesús, cuyo origen está en Dios (Lc 5 17), alcanza a la totalidad de la persona: es capaz de sanar la parálisis y perdonar los pecados. Al dirigirse al paralítico, Jesús le dice: *levántate*, usando el mismo verbo que se utiliza para hablar de la resurrección. Es una alusión velada al alcance del poder de Jesús que llega hasta la resurrección de los muertos. Pero los maestros de la ley y los fariseos no quieren aceptar esta manifestación del poder de Dios.

• **5 27-32**: Jesús elige a sus discípulos, incluso de entre los recaudadores de impuestos, que entonces eran considerados como pecadores. Esto provoca el escándalo de los fariseos, para quienes comer con esas personas suponía un grave pecado. Pero Jesús sabe que su misión (*he venido*) está en medio de estos hombres y mujeres y no de los *justos* (Lc 5 31-32). Lucas ha visto en estas palabras de Jesús recogidas en los tres evangelios, una propuesta para su comunidad y para la Iglesia de todos los tiempos. La evangelización deberá cumplir también estos requisitos para ser fiel al seguimiento de Jesús.

estaba sentado en su oficina de impuestos,
y le dijo:
–Sígueme.
28 El, dejándolo todo, se levantó y lo siguió. 29 Después Leví le ofreció un gran
banquete en su casa, al que también había
invitado a muchos de los que recaudaban
impuestos para Roma y a otras personas.
30 Los fariseos y sus maestros de la ley
murmuraban contra los discípulos de Jesús
y decían:
–¿Por qué comen y beben con recaudadores de impuestos y pecadores?
31 Jesús les contestó:
–No necesitan médico los sanos, sino
los enfermos. 32 Yo no he venido a llamar a
los justos, sino a los pecadores, para que se
conviertan.

Pregunta sobre el ayuno

Mc 2 18-22; Mt 9 14-17
Jn 3 29

33 Entonces ellos dijeron a Jesús:
–Los discípulos de Juan ayunan con frecuencia y hacen oraciones, y del mismo
modo los discípulos de los fariseos; en cambio tus discípulos comen y beben.
34 Jesús les contestó:
–¿Acaso pueden ustedes hacer ayunar a
los invitados a la boda, mientras el novio
está con ellos? 35 Vendrán días en que el
novio les será arrebatado; entonces ayunarán.
36 Les puso también este ejemplo:
–Nadie pone en un vestido viejo un remiendo que se ha cortado de un vestido
nuevo, porque estropeará el nuevo, y al viejo no le caerá bien el remiendo del nuevo.
37 Y nadie guarda vino nuevo en odres viejos; porque el vino nuevo reventará los
odres, se derramará el vino y los odres se
perderán. 38 El vino nuevo se guarda en
odres nuevos. 39 Y nadie, habituado a beber vino añejo, quiere el nuevo; porque dice: «el añejo es mejor».

Discusión sobre el sábado

Mc 2 23-3 6; Mt 12 1-14
1 Sm 21 2-7; Lc 14 1-6

6 1 Un sábado atravesaba Jesús por unos
campos sembrados. Sus discípulos cortaban espigas y las comían, desgranándolas
con las manos. 2 Y unos fariseos dijeron:
–¿Por qué hacen lo que no está permitido en sábado?
3 Jesús les respondió:
–¿No han leído lo que hizo David cuando tuvo hambre él y quienes lo acompañaban? 4 Entró en el templo de Dios, tomó
los panes de la ofrenda, comió y les dio a
sus compañeros, siendo así que sólo a los
sacerdotes les estaba permitido comerlos.
5 Y añadió:
–El Hijo del hombre es señor del sábado.
6 Otro sábado entró en la sinagoga y se
puso a enseñar. Había allí un hombre que
tenía atrofiada su mano derecha. 7 Los
maestros de la ley y los fariseos lo acechaban para ver si lo sanaba en sábado, y tener
así un motivo para acusarlo. 8 Jesús, que
conocía sus pensamientos, dijo al hombre
de la mano atrofiada:
–Levántate y ponte ahí en medio.
El hombre se puso de pie. 9 Jesús les
dijo:
–Les voy a hacer una pregunta: ¿Qué
está permitido en sábado, hacer el bien o el
mal? ¿Salvar una vida o destruirla?
10 Y, mirándolos a todos, dijo al hombre:
–Extiende tu mano.
El lo hizo, y su mano quedó restablecida. 11 Pero ellos, llenos de rabia, discutían
qué podrían hacer contra Jesús.

• **5 33-39**: Como los discípulos de Jesús no ayunaban, los fariseos preguntan el porqué de esta actitud. La respuesta de Jesús compara la antigua alianza a la nueva. Así como el vino nuevo y la pieza de tela nueva no pueden unirse a lo viejo, así ocurre también con la llegada de Jesús, que trae consigo una novedad radical. Incluso las obligaciones cambian o desaparecen ante la alegría de la salvación que se ha hecho presente en Jesús.

• **6 1-11**: La comunidad cristiana de Lucas debió recibir, sin duda, muchos reproches del judaísmo, que respetaba el descanso del sábado como una de sus características fundamentales. Lucas reúne aquí dos escenas en las que Jesús pone fin a esa exigencia con su propia autoridad. En efecto, con la expresión *el Hijo del hombre es señor del sábado* (Lc 6 5), Lucas quiere decir que Jesús resucitado ha dejado sin sentido todas las leyes rituales, y sus seguidores no tienen ya que obedecer a estas normas judías.

2. Enseñanzas y milagros de Jesús ◊

Elección de los Doce

Mc 3 13-19; Mt 10 1-4

12 Por aquellos días, Jesús se retiró a la
montaña para orar y pasó la noche orando
a Dios. 13 Al hacerse de día, reunió a sus
discípulos, eligió de entre ellos a doce, a
quienes dio el nombre de apóstoles: 14 Simón, a quien llamó Pedro, y su hermano
Andrés, Santiago y Juan, Felipe y Bartolomé, 15 Mateo, Tomás y Santiago el hijo
de Alfeo, Simón llamado Zelota, 16 Judas
el hijo de Santiago y Judas Iscariote, que
fue el traidor.

La gente sigue a Jesús

Mc 3 7-12; Mt 4 24-25; Mc 6 56

17 Bajando después con ellos, se detuvo
en un llano donde estaban muchos de sus
discípulos y un gran gentío, de toda Judea
y Jerusalén, y de la región costera de Tiro
y Sidón, 18 que habían venido para escucharlo y para que los sanara de sus enfermedades. Los que eran atormentados por
espíritus impuros quedaban sanos; 19 y toda
la gente quería tocarlo, porque salía de él
una fuerza que los sanaba a todos.

Bienaventuranzas y lamentaciones

Mt 5 1-12

Mt 23 30-31; Lc 13 34; Sant 5 1; Is 5 8-25

20 Entonces Jesús, mirando a sus discípulos, les decía:

Dichosos los pobres,
porque de ustedes es el reino de Dios.
21 Dichosos los que ahora tienen hambre,
porque Dios los saciará.
Dichosos los que ahora lloran,
porque reirán.
22 Dichosos serán ustedes cuando los hombres los odien, y cuando los excluyan, los
injurien y maldigan su nombre a causa del
Hijo del hombre. 23 Alégrense ese día y salten de felicidad, porque su recompensa será
grande en el cielo; pues lo mismo hacían
sus antepasados con los profetas.

24 En cambio,
¡Ay de ustedes, los ricos,
porque ya han recibido
su consuelo!
25 ¡Ay de los que ahora están satisfechos,
porque tendrán hambre!
¡Ay de los que ahora ríen,
porque se entristecerán y llorarán!
26 ¡Ay, cuando todos los hombres hablen
bien de ustedes, pues lo mismo hacían sus
antepasados con los falsos profetas!

Amor a los enemigos

Mt 5 38-48

Mt 7 2.12; Rom 12 14; 13 8-10; Lv 25 35-36; Mc 4 24

27 Pero a ustedes que me están escuchando les digo: amen a sus enemigos, hagan el
bien a los que los odian, 28 bendigan a los
que los maldicen, oren por los que los calumnian. 29 Al que te hiera en una mejilla,
ofrécele también la otra; y a quien te quite

◊ **6 12-8 56**: En la sección central de la segunda parte del evangelio Lucas ha reunido materiales muy diversos: la designación del grupo de los Doce (Lc 6 12-16), el sermón de la llanura (Lc 6 17-49), dos series de milagros (Lc 7 17; 8 22-56) y una pequeña colección de parábolas (Lc 8 4-18). A través de sus palabras y de sus signos se va descubriendo el misterio de Jesús y la dinámica del reino que él anuncia.

• **6 12-16**: La presencia de la oración revela la importancia del acontecimiento. Visto que los jefes del pueblo están en contra de Jesús (Lc 6 11), habrá que elegir apóstoles para el nuevo pueblo de Dios. La tarea que deben desempeñar los apóstoles está bien descrita en el libro de los Hechos. Quizá esto explique la omisión del motivo por el que Jesús los convoca. La lista de los Doce varía *en los evangelios, pero el nombre de* Pedro siempre aparece el primero, indicando la función primordial que ejercerá en los orígenes de la Iglesia.

• **6 17-19**: Se inicia con este texto el "sermón de la llanura", llamado así para distinguirlo del "sermón de la montaña" de Mt 5-7. Varios temas son comunes a los dos, aunque Mateo incluye mucho más material, que a veces en Lucas aparece en otros contextos. Lucas sitúa estas palabras de Jesús en una llanura, pues para él la montaña es lugar de visión (transfiguración) y oración. Como Moisés, cuando bajaba de la montaña (Ex 32 1.7; 34 29-31), Jesús se encuentra también con el pueblo que ha venido a escucharlo y a sentir "físicamente" su salvación. La misma diversidad de sus oyentes es una imagen de la Iglesia futura.

• **6 20-26**: Al igual que Mateo, Lucas inicia su "Sermón de la llanura" con las bienaventuranzas. En Lucas hay cuatro, que encuentran sus equivalentes entre las nueve de Mt 5 1-12. Las de Lucas se refieren a situaciones concretas, mientras que Mateo describe más bien actitudes del hombre justo. Mateo ha acentuado la dimensión exhortativa, mientras que el carácter social de Lucas refleja su interés por los pobres y la presencia actual del reino en la predicación y la acción de Jesús. (Nótese la relación con la predicación en la sinagoga de Nazaret: Lc 4 16-21). Las bienaventuranzas de Lucas desestabilizan la escala de valores que predomina entre los hombres. La salvación

el manto, no le niegues la túnica. 30 Da a
quien te pida, y a quien te quita lo tuyo no
se lo reclames.
31 Traten a los demás como quieren que
ellos los traten a ustedes. 32 Si aman a quienes los aman, ¿qué mérito tienen? También
los pecadores aman a quienes los aman.
33 Si hacen el bien a quien los trata bien a
ustedes, ¿qué mérito tienen? También los
pecadores hacen lo mismo. 34 Y si prestan
a aquellos de quienes esperan recibir, ¿qué
mérito tienen? También los pecadores se
prestan entre ellos para recibir lo correspondiente. 35 Ustedes amen a sus enemigos, hagan el bien y presten sin esperar nada a cambio; así su recompensa será grande, y serán hijos del Altísimo. Porque él es
bueno con los ingratos y malos. 36 Sean
misericordiosos como su Padre es misericordioso.

Contra la hipocresía

Mt 7 1-5
Mt 10 24; 15 14; Rom 2 19

37 No juzguen, y Dios no los juzgará;
no condenen, y Dios no los condenará;
perdonen, y Dios los perdonará. 38 Den, y
Dios les dará. Les darán una buena medida, apretada, repleta, desbordante; porque
con la medida con que midan, Dios los
medirá a ustedes.
39 Les puso también este ejemplo:
–¿Puede un ciego guiar a otro ciego?
¿No caerán ambos en el hoyo? 40 El discípulo no es más que su maestro, pero el discípulo bien formado será como su maestro.
41 ¿Cómo es que ves la basura en el ojo de
tu hermano y no adviertes la viga que hay
en el tuyo? 42 ¿Y cómo puedes decir a tu
hermano: «Hermano, deja que te saque la
basura que tienes en el ojo», cuando no ves
la viga que hay en el tuyo? Hipócrita, saca
primero la viga de tu ojo, y entonces verás
bien para sacar la basura del ojo de tu hermano.

Buenos y malos frutos

Mt 7 17-20; 12 34-35
Sant 3 11-12

43 No hay árbol bueno que dé fruto malo,
ni árbol malo que dé fruto bueno. 44 Cada
árbol se conoce por sus frutos. Porque de
los espinos no se recogen higos, ni de las
zarzas se cosechan uvas. 45 El hombre
bueno saca el bien del buen tesoro de su
corazón; y el hombre malo, de su mal corazón saca lo malo. Porque de la abundancia del corazón habla su boca.

Los dos cimientos

Mt 7 21.24-27

46 ¿Por qué me llaman: «Señor, Señor»,
y no hacen lo que les digo? 47 Les diré a
quién es semejante todo el que viene a mí,
escucha mis palabras y las pone en práctica. 48 Es semejante a un hombre que, al
edificar su casa, cavó hondo y la cimentó
sobre roca. Vino una inundación, y el río
se desbordó contra esa casa; pero no pudo
destruirla, porque estaba bien construida.
49 Pero el que las oye y no las pone en prác-

de Jesús aporta una nueva comprensión de la existencia, muy distinta de la predominante en nuestro mundo. En Lucas, las bienaventuranzas van seguidas de cuatro lamentaciones contra los ricos, que no aparecen en Mateo. Toda confianza puesta en la riqueza es engañosa (Lc 12 19-21). Son palabras que resuenan como advertencia y *amenaza.*

• **6 27-36**: En el reino hay que superar las barreras creadas por las afinidades y simpatías naturales (Lc 14 12). Se trata de asumir el comportamiento misericordioso de Dios (Lc 6 35s) para recrear una humanidad nueva. El amor del discípulo de Jesús siempre es entendido por el Nuevo Testamento como una acción y una tarea que desborda el simple sentimiento; por eso debe alcanzar incluso a aquellos que aparentemente no lo merecen: los enemigos, los que te odian, los que te golpean y los que te roban.

• **6 37-42**: Jesús no prohibe apreciar las cosas con objetividad; lo que rechaza es que alguien usurpe la autoridad exclusiva que Dios tiene como juez (Sal 50 6) y condene sin más al prójimo. El perdón es una de las características que distinguen al discípulo (Lc 23 34) y nace del perdón de Dios (Lc 15 11-32). La misericordia del hombre para con sus hermanos encontrará como respuesta la misericordia de Dios (Lc 11 4; Mt 6 14-15).

• **6 43-45**: Jesús se dirige siempre al corazón del hombre, bien para exhortarlo a la purificación, bien para pedirle que hable y actúe en coherencia consigo mismo. Pero, además, Jesús pone en guardia a sus discípulos contra quienes los pueden desviar de su enseñanza. El criterio para discernir la vida del creyente serán los frutos.

• **6 46-49**: Lucas, como Mateo, concluye el "sermón de la llanura" con una parábola cuyo mensaje es claro y directo: poner en práctica las palabras de Jesús es el fundamento más sólido de la vida del creyente y, por tanto, el mejor criterio para distinguir al verdadero del falso discípulo (Lc 6 43-44). En esta conclusión se encuentra el resumen de todo lo anterior.

tica, es como el que edificó su casa a ras
de tierra, sin cimientos; cuando el río se
desbordó y las aguas dieron contra ella, se
derrumbó en seguida, convirtiéndose en un
montón de ruinas.

Jesús sana al siervo de un oficial romano

Mt 8 5-13; Jn 4 43-54

7 1 Cuando Jesús terminó de hablar al
pueblo, entró en Cafarnaún. 2 Había allí
un oficial romano, que tenía un criado a
quien quería mucho, y que estaba muy enfermo, a punto de morir. 3 Oyó hablar de
Jesús, y le envió unos ancianos judíos para
rogarle que viniera a sanar a su criado.
4 Los enviados, acercándose a Jesús, le suplicaban con insistencia:
–Merece que se lo concedas, 5 porque
ama a nuestro pueblo y ha sido él quien
nos ha edificado la sinagoga.
6 Jesús los acompañó. Estaban ya cerca
de la casa cuando el oficial romano envió
unos amigos para que le dijeran:
–Señor, no te molestes. Yo no soy digno
de que entres en mi casa, 7 por eso no me
he atrevido a presentarme personalmente a
ti; pero basta una palabra tuya, para que mi
criado quede sano. 8 Porque yo, que no soy
más que un subalterno, tengo soldados a
mis órdenes, y si digo a uno de ellos: «Ve»,
él va; y a otro: «Ven», él viene; y a mi criado: «Haz esto», él lo hace.
9 Al oír esto Jesús, quedó admirado y,
dirigiéndose a la gente que lo seguía, dijo:
–Les digo que ni en Israel he encontrado una fe tan grande.
10 Y cuando regresaron a casa, los enviados encontraron sano al criado.

Jesús resucita al hijo de una viuda en Naín

1 Re 17 23; Mt 16 14; Lc 1 68

11 A continuación, Jesús se fue a un
pueblo llamado Naín, acompañado de sus
discípulos y de mucha gente. 12 Cerca ya
de la entrada del pueblo, se encontraron
con que llevaban a enterrar al hijo único de
una viuda. La acompañaba mucha gente del
pueblo. 13 El Señor, al verla, se compadeció
de ella y le dijo:
–No llores más.
14 Y acercándose, tocó el ataúd. Quienes
lo llevaban se detuvieron. Entonces dijo:
–Muchacho, a ti te digo: levántate.
15 El muerto se incorporó y se puso a
hablar; y Jesús se lo entregó a su madre.
16 El temor se apoderó de todos, y alababan a Dios diciendo:
–Un gran profeta ha surgido entre nosotros; Dios ha visitado a su pueblo.
17 La noticia se propagó entre todos los
judíos y por toda aquella región.

Embajada del bautista y testimonio de Jesús

Mt 11 2-19

Mt 3 11; Is 35 5-6; 61 1; *Mal 3 1;*
Ex 23 20; Mt 21 31-32

18 Los discípulos de Juan le contaron
todo esto, y él, llamando a dos de ellos,
19 los envió a preguntar al Señor:
–¿Eres tú quien tenía que venir o debemos esperar a otro?
20 Ellos se presentaron a Jesús y le dijeron:
–Juan el Bautista nos envía a preguntarte: ¿Eres tú quien tenía que venir o debemos esperar a otro?

• **7 1-10**: En este milagro, el interés se centra en la actitud del oficial romano, un pagano cuya fe contrasta con el rechazo que Jesús encuentra en Israel. Lucas ve en este episodio el anuncio de la entrada de los paganos en la Iglesia (véase Hch 10 1-11 18). La fe del oficial romano consiste en aceptar sin reservas la autoridad de Jesús en su vida.

• **7 11-17**: En una sociedad en la que la seguridad de la mujer dependía de los hombres, esta viuda, que ha perdido *a su hijo, se encuentra indefensa. Pertenece* a los pobres y pequeños que Jesús había declarado dichosos (Lc 6 20-21). Por eso, al resucitar a su hijo, Jesús provoca en el pueblo, no en los jefes de Israel, una confesión de fe en él y en la misericordia de Dios (Lc 7 16). Este relato, que sólo se encuentra en este evangelio, recuerda los milagros de Elías y Eliseo (véase 1 Re 17 17-24; 2 Re 4 1-5 19).

• **7 18-35**: *El que tiene que venir* es una fórmula que sirve para designar al Mesías. Jesús se muestra como Mesías a los discípulos de Juan con sus hechos y palabras. Se cumplen las palabras de Isaías (Is 26 19; 29 18; 35 5-6; 61 1) con las que éste describía el tiempo de la salvación. Lucas muestra con claridad que en la misión de Jesús se cumplen las promesas del Antiguo Testamento. Juan es, nos dice Jesús, más que un profeta, y sin embargo no pertenece a la época del reino (Lc 7 28), que se inicia con Jesús (Lc 16 16). También el Bautista ha sido señal de contradicción, prefigurando en su propia historia la suerte del que *tiene que venir.*

21 En aquel momento, Jesús sanó a muchos de sus enfermedades, dolencias y malos espíritus, y devolvió la vista a muchos ciegos. 22 Después les respondió:

–Vayan y cuenten a Juan lo que acaban de ver y oír: los ciegos ven, los cojos andan, los leprosos quedan limpios, los sordos oyen, los muertos resucitan y a los pobres se les anuncia la buena noticia; 23 y dichoso aquel que no se sienta defraudado por mí.

24 Cuando los mensajeros se fueron, Jesús se puso a hablar de Juan a la gente:

–¿Qué salieron a ver en el desierto? ¿Una caña agitada por el viento? 25 Pues ¿qué salieron a ver? ¿Un hombre lujosamente vestido? Los que visten con lujo y se dan buena vida están en los palacios de los reyes. 26 Pero entonces ¿qué salieron a ver? ¿Un profeta? Sí, y les aseguro que más que un profeta. 27 Este es de quien está escrito: *Yo envío mi mensajero por delante de ti; él te irá preparando el camino*. 28 Les aseguro que no hay entre los hombres nadie mayor que Juan; sin embargo, el más pequeño en el reino de Dios es mayor que él. 29 Todos los que escucharon a Juan, incluidos los recaudadores de impuestos, aceptaron la voluntad de Dios y recibieron su bautismo, 30 pero los fariseos y los expertos en la ley frustraron el plan de Dios para con ellos y rechazaron el bautismo de Juan.

31 Y añadió:

–¿Con quién compararé a los hombres de esta generación? ¿A quién se parecen? 32 Se parecen a esos muchachos que se sientan en la plaza y, unos a otros, gritan este refrán: «Hemos tocado la flauta y no han bailado; hemos entonado lamentaciones y no han llorado». 33 Porque vino Juan el Bautista, que no comía ni bebía, y dijeron: «Está endemoniado». 34 Viene el Hijo del hombre, que come y bebe, y dicen: «Ahí tienen a un comilón y a un borracho, amigo de los recaudadores de impuestos y pecadores». 35 Pero la sabiduría ha quedado acreditada por todos los que son sabios.

Simón el fariseo y la mujer pecadora

Lc 11 37; 14 1; Jn 4 18-19; Mt 26 7; Gn 18 4; Sal 23 5; Lc 5 20-21; 8 48; 17 19

36 Un fariseo invitó a Jesús a comer. Entró, pues, Jesús en casa del fariseo y se sentó a la mesa. 37 En esto, una mujer, pecadora pública, al saber que Jesús estaba comiendo en casa del fariseo, se presentó con un frasco de alabastro lleno de perfume, 38 se colocó a los pies de Jesús, y llorando comenzó a humedecer con sus lágrimas los pies de Jesús y a enjugárselos con los cabellos de la cabeza, mientras se los cubría de besos y se los ungía con el perfume. 39 Al ver esto el fariseo que lo había invitado, pensó: «Si éste fuera profeta, sabría qué clase de mujer es la que lo está tocando, pues en realidad es una pecadora». 40 Entonces Jesús tomó la palabra y le dijo:

–Simón, tengo que decirte algo.

El contestó:

–Di, Maestro.

41 Jesús continuó:

–Un prestamista tenía dos deudores: uno le debía diez veces más que el otro. 42 Pero como no tenían para pagarle, les perdonó la deuda a los dos. ¿Quién de ellos lo amará más?

43 Simón respondió:

–Supongo que aquél a quien le perdonó más.

Jesús le dijo:

–Así es.

44 Y dirigiéndose a la mujer, dijo a Simón:

–¿Ves a esta mujer? Cuando entré en tu casa no me diste agua para lavarme los pies, pero ella ha humedecido mis pies con sus lágrimas y los ha enjugado con sus cabellos. 45 No me diste el beso de la paz, pero ésta, desde que entré, no ha cesado de besar mis pies. 46 No ungiste con aceite mi cabeza, pero ésta ha ungido mis pies con perfume. 47 Te aseguro que si ella da tales muestras de amor es que le han sido perdonados sus muchos pecados; en cambio, al

• **7 36-50**: Esta unción de Jesús se parece a la de Betania, que los otros evangelios relacionan con la pasión como prefiguración y anuncio (Mc 14 3-9; Mt 26 6-13). La unción tiene aquí un significado diferente; es una escena de conversión y de perdón. En ella Lucas subraya un aspecto que le parece central: la misericordia de Jesús con los pecadores (Lc 15; 19 1-10; 23 40-43). El episodio muestra también la división del pueblo judío con respecto a Jesús.

que se le perdona poco, mostrará poco amor.

48 Entonces dijo a la mujer:

–Tus pecados quedan perdonados.

49 Los invitados se pusieron a pensar: «¿Quién es éste que hasta perdona los pecados?». 50 Pero Jesús dijo a la mujer:

–Tu fe te ha salvado; vete en paz.

Acompañantes de Jesús

Mc 1 39; Mt 27 55-56

8 1 Después de esto, Jesús caminaba por pueblos y aldeas predicando y anunciando el reino de Dios. Los Doce iban con él 2 y también algunas mujeres que había liberado de malos espíritus y sanado de enfermedades: María, llamada Magdalena, de la que había expulsado siete demonios, 3 Juana, mujer de Cusa, administrador de Herodes, Susana, y otras muchas que lo ayudaban con sus bienes.

Parábola del sembrador

Mc 4 1-9.13-20; Mt 13 1-9.18-23
Mt 11 15; 13 43; *Is 6 9*

4 En una ocasión se reunió mucha gente venida de todas las ciudades, y Jesús les dijo esta parábola:

5 –Salió el sembrador a sembrar su semilla. Mientras iba sembrando, parte de la semilla cayó al borde del camino; fue pisoteada y los pájaros del cielo se la comieron. 6 Otra parte cayó en terreno pedregoso y apenas brotó se secó, porque no tenía humedad. 7 Otra cayó entre maleza y, al crecer junto con la maleza, ésta la ahogó. 8 Otra parte cayó en tierra buena, brotó y dio como fruto el ciento por uno.

Y concluyó:

–Quien tenga oídos, que oiga.

9 Sus discípulos le preguntaron qué significaba esa parábola. 10 Él les dijo:

–A ustedes Dios les concede comprender los misterios de su reino; a los demás, en cambio, todo les resulta enigmático, de manera que *miran pero no ven, y oyen pero no entienden*. 11 La parábola significa lo siguiente: La semilla es el mensaje de Dios. 12 La semilla que cayó al borde del camino se refiere a los que oyen el mensaje, pero luego viene el diablo y les arrebata de sus corazones el mensaje para que no crean ni se salven. 13 La semilla que cayó en terreno pedregoso se refiere a los que al oír el mensaje lo aceptan con alegría, pero no tienen raíz; creen por algún tiempo, pero cuando llega la hora de la prueba se echan para atrás. 14 La semilla que cayó entre la maleza se refiere a los que escuchan el mensaje, pero luego se ven atrapados por las preocupaciones, las riquezas y los placeres de la vida, y no llegan a dar fruto. 15 La semilla que cayó en tierra buena se refiere a los que, después de escuchar el mensaje con corazón noble y generoso, lo retienen y dan fruto por su constancia.

El ejemplo de la lámpara

Mc 4 21-25; Mt 5 15
Lc 11 33; 19 26

16 Nadie enciende una lámpara y la cubre con una vasija o la oculta debajo de la cama, sino que la pone en un candelero para que los que entren vean la luz. 17 Porque nada hay oculto que no se descubra, ni secreto que no se conozca y quede al descubierto. 18 Pongan, pues, atención a cómo están escuchando, porque al que tiene se le dará, y al que no tiene se le quitará incluso lo que cree tener.

• **8 1-3**: Jesús anuncia el evangelio por todas partes en compañía de los Doce. El hecho de que Jesús fuera acompañado por varias mujeres era algo insólito entre los rabinos judíos. Lucas, que da una gran importancia a la mujer, nos indica que ésta no debe ocupar en la Iglesia un puesto secundario. Comparte la misma convicción de Pablo (Gal 3 28). Ellas serán, por otra parte, los primeros testigos de la resurrección (Lc 24 1-10).

• **8 4-15**: Esta parábola describe la suerte que puede correr la palabra de Dios, es decir, el mensaje que Jesús está proclamando por todos los pueblos. Frente al aparente fracaso actual, en el futuro producirá el ciento por uno (véase Is 55 11). Después de esta parábola, hay una explicación alegórica (Lc 8 10-15), reflejo de la interpretación que de ella hizo la Iglesia primitiva. En ella, el centro de la parábola está en la diversidad de respuestas a la palabra. El designio de salvar a todos está condicionado por la actitud que cada uno adopta ante el mensaje de Jesús.

• **8 16-18**: La comparación de la lámpara puede entenderse como conclusión de la parábola del sembrador: lo oculto y secreto llegará a ser público y notorio. Lucas opone la oscuridad actual y el aparente fracaso de la predicación de Jesús a la fuerza misionera de la predicación eclesial.

La verdadera familia de Jesús

Mc 3 31-35; Mt 12 46-50

19 Entonces se presentaron su madre y
sus hermanos, pero no pudieron llegar hasta Jesús a causa del gentío. 20 Entonces le
avisaron:
–Tu madre y tus hermanos están ahí
afuera y quieren verte.
21 Él les respondió:
–Mi madre y mis hermanos son los que
escuchan la palabra de Dios y la ponen en
práctica.

Jesús calma una tempestad

Mc 4 35-41; Mt 8 23-27

22 Uno de aquellos días subió Jesús con
sus discípulos a una barca y les dijo:
–Pasemos a la otra orilla del lago.
Y comenzaron la travesía. 23 Mientras
navegaban, Jesús se durmió. Entonces una
tempestad se desató sobre el lago, y la barca
empezó a hundirse, con el consiguiente peligro de naufragio. 24 Los discípulos se le
acercaron y lo despertaron, diciendo:
–¡Maestro, maestro, nos hundimos!
Jesús se levantó y ordenó calmarse al
viento y al oleaje; éstos amainaron y el
lago quedó en calma. 25 Entonces dijo a
sus discípulos:
–¿Dónde quedó su fe?
Y llenos de miedo y asombro se decían
unos a otros:
–¿Quién es éste que manda incluso a
los vientos y al agua, y lo obedecen?

Jesús sana a un endemoniado

Mc 5 1-20; Mt 8 28-34
Lc 4 34

26 Llegaron a la región de los gerasenos,
que está enfrente de Galilea. 27 Al saltar
Jesús a tierra, le salió al encuentro un hombre de la ciudad, un endemoniado que desde hacía mucho tiempo andaba semidesnu-
do y no vivía en una casa, sino entre los
sepulcros. 28 Al ver a Jesús, se puso a gritar,
se postró a sus pies y dijo con fuerte voz:
–¿Qué tengo yo que ver contigo, Jesús,
Hijo de Dios Altísimo? Te pido que no me
atormentes.
29 Y es que Jesús estaba mandando al
espíritu impuro que saliera de aquel hombre. Pues muchas veces el demonio se apo-
deraba de él, y a pesar de que lo ataban
con cadenas y lo sujetaban con argollas, él
rompía las ataduras y, empujado por el demonio, se iba a lugares desiertos. 30 Jesús
le preguntó:
–¿Cuál es tu nombre?
Respondió:
–Legión.
Porque habían entrado en él muchos demonios. 31 Y le pedían que no les ordenara
regresar al abismo donde habitaban.
32 Había allí una gran cantidad de cerdos buscando alimento en la montaña; los
demonios le rogaron que les permitiera entrar en ellos. Y Jesús les concedió lo que
pedían. 33 Los demonios salieron del hombre, entraron en los cerdos y entonces todos
se lanzaron por el barranco al lago y se
ahogaron.
34 Los que cuidaban los cerdos, al ver lo
ocurrido, huyeron y lo contaron tanto en la
ciudad como en los alrededores. 35 Salieron,
pues, a ver lo ocurrido y, al presentarse
donde estaba Jesús, encontraron al hombre
del que habían salido los demonios sentado a los pies de Jesús, vestido y en su sano
juicio; y se llenaron de miedo. 36 Quienes

• **8 19-21**: Con este episodio termina el discurso de Lucas sobre las parábolas. Las palabras de Jesús aclaran el sentido de lo que la tradición llamaba *hacer la voluntad de Dios* (Mc 3 35). Para Lucas, *hacer la voluntad de Dios* significa, ante todo, escuchar la palabra y ponerla en práctica (Lc 10 39.42; 11 28). Los que actúan así se convierten en la verdadera familia de Jesús.

Sobre los *hermanos* de Jesús véase nota a Gal 1 11-24.

• **8 22-25**: Este acontecimiento manifiesta el poder de Jesús, que, como Dios, domina las inclemencias del mar (Sal 29 3; 65 8). La Iglesia primitiva tomó conciencia de esta dimensión cósmica de Jesús después de su resurrección, y desde esa convicción recuerda estos pasajes y los actualiza para la vida del creyente, que teme perecer en medio de las contrariedades de la vida.

• **8 26-39**: Jesús se encuentra de nuevo con el mal y afirma su poder frente a él. En la época de Jesús la gente pensaba que la enfermedad era una manifestación de las fuerzas del mal. Se consideraba al demonio la causa última de todo mal, lo mismo que se consideraba a Dios la causa de cualquier bien. Jesús elimina el mal y derrota de esta forma al demonio que está simbolizado en los cerdos (animales impuros) que son arrojados al abismo (véase Mc 5 1-20).

Es ésta la única vez que Jesús, según Lucas, actúa en territorio pagano. En efecto, la región de los gerasenos *está enfrente de Galilea*, es decir, fuera de Israel. De este modo, Lucas anuncia la futura misión de la Iglesia. Este mundo, nos dice el texto, está también sometido a los poderes del mal, pero ha sido liberado por la palabra de Jesús.

habían visto lo ocurrido les contaron cómo
Jesús había salvado al endemoniado. 37 Entonces toda la gente de la región de los
gerasenos le rogó que se alejara de ellos,
porque les había entrado mucho miedo.
Jesús subió a la barca y se dispuso a regresar. 38 El hombre de quien habían salido
los demonios le pedía ir con él, pero Jesús
lo despidió diciendo:
39 –Regresa a tu casa y cuenta lo que
Dios ha hecho contigo.

El hombre fue proclamando por toda la ciudad lo que Jesús había hecho con él.

La hija de Jairo y la mujer enferma de hemorragias

Mc 5 21-43; Mt 9 18-26
Lc 6 19; 7 50; 1 Re 17 21-22

40 Cuando regresó Jesús, lo recibió la
gente, porque todos lo estaban esperando.
41 En esto, llegó un hombre llamado Jairo,
que era jefe de la sinagoga, y se echó a los
pies de Jesús, rogándole que fuera a su
casa, 42 porque tenía una hija única de unos
doce años, que se estaba muriendo. Mientras iba de camino, la gente lo apretujaba
por todas partes. 43 Entonces, una mujer,
que padecía hemorragias desde hacía doce
años y que había gastado en médicos todo
lo que tenía sin que ninguno la hubiera sanado, 44 se acercó por detrás, tocó el borde
de su manto, y en el acto cesó la hemorragia. 45 Jesús preguntó:

–¿Quién me ha tocado?

Como todos decían que ellos no habían sido, Pedro le dijo:

–Maestro, es la gente que se viene encima y te aprieta.

46 Pero Jesús dijo:

–Alguien me ha tocado, porque he sentido que una fuerza ha salido de mí.

47 La mujer, al verse descubierta, se
acercó toda temblorosa y, echándose a sus
pies, contó en presencia de todos por qué
lo había tocado y cómo inmediatamente
había quedado sana. 48 El le dijo:

–Hija, tu fe te ha salvado, vete en paz.

49 Todavía estaba hablando, cuando llegó uno de la casa del jefe de la sinagoga a
decirle:

–Tu hija ha muerto, ya no molestes más al Maestro.

50 Pero Jesús, que lo oyó, le dijo:

–No temas, sólo cree y ella se salvará.

51 Al llegar a la casa, no permitió entrar
con él a nadie más que a Pedro, a Juan y a
Santiago, y al padre y la madre de la niña.
52 Todos lloraban y gemían por ella. Jesús
dijo:

–No lloren más, porque no ha muerto; está dormida.

53 Pero ellos se burlaban de él, pues sabían bien que había muerto. 54 Pero Jesús,
tomándola de la mano, dijo en voz alta:

–Muchacha, levántate.

55 Su espíritu regresó, y se levantó al instante. Entonces Jesús mandó que le dieran
de comer. 56 Los padres quedaron admirados, pero Jesús les encargó que no dijeran
a nadie lo que había pasado.

3. Revelación a los discípulos ◊

Misión de los Doce

Mc 6 7-13; Mt 10 5-15
Lc 10 11; Hch 13 51; 18 6

9 1 Jesús convocó a los Doce y les dio
poder para expulsar toda clase de demonios y para sanar las enfermedades. 2 Luego los envió a predicar el reino de Dios y a
sanar a los enfermos. 3 Y les dijo:

• **8 40-56**: Con estos dos hechos alcanzamos la cima de la manifestación del poder divino revelado en Jesús. Por una parte, Jesús libera a una mujer de una enfermedad estrechamente ligada al don de la vida. Como la lepra, también la hemorragia crónica era considerada por la ley judía una enfermedad impura (Lv 15 25-30). Jesús sana a la mujer, y la despide *en paz*, expresión que es mucho *más que un simple saludo*; es la constatación de que con Jesús han comenzado los tiempos de la salvación, y que por tanto todo es ya nuevo y purificado.

El segundo hecho prodigioso narrado en este pasaje pone de manifiesto que Jesús tiene poder incluso sobre la muerte. El tiempo nuevo inaugurado por Jesús es también tiempo de resurrección y de vida. Y lo es porque Jesús, que es Señor de la vida y de la muerte, ahora quiere manifestarse sobre todo como fuente de vida (véase Jr 2 13; 17 13; Sal 36 10). Dice Lucas que los padres de la niña *quedaron admirados*; sin duda porque, convencidos como estaban de que sólo Dios puede dar y devolver la vida, intuyeron que en la personalidad de Jesús se escondía algo más que un puro hombre.

◊ **9 1-50**: Los últimos episodios de la actividad de Jesús en Galilea giran en torno a los discípulos. Lucas tiene en cuenta en estos pasajes el camino y las tareas de la Iglesia futura a la luz de la contradicción que supone el mesianismo sufriente de Jesús. La transfiguración (Lc 9

–No lleven para el camino ni bastón ni
morral, ni pan ni dinero, ni tengan dos túnicas. 4 Cuando entren en una casa quédense en ella hasta que salgan de aquel
lugar. 5 Y donde no los reciban, váyanse y
sacudan el polvo de sus pies, como testimonio contra ellos.
6 Ellos partieron y fueron recorriendo
los pueblos, anunciando la buena noticia y
sanando enfermos por todas partes.

Asombro de Herodes

Mc 6 14-16; Mt 14 1-2
Lc 23 8-12

7 El rey Herodes oyó todo lo que estaba
sucediendo y no sabía qué pensar, porque
unos decían que Juan había resucitado de
entre los muertos, 8 otros que Elías había
aparecido, otros que uno de los antiguos
profetas había resucitado. 9 Herodes dijo:
–Yo mandé decapitar a Juan. ¿Quién es,
pues, éste de quien oigo decir tales cosas?
Y buscaba una ocasión para conocerlo.

Multiplicación de los panes

Mc 6 30-44; Mt 14 13-21; Jn 6 1-14
Mt 15 32-39; Mc 8 1-10

10 De regreso, los apóstoles refirieron a
Jesús todo lo que habían hecho. El los tomó consigo y se retiró a un lugar solitario,
hacia una ciudad llamada Betsaida. 11 Pero
la gente, al enterarse, lo siguió. Jesús los
recibió y estuvo hablándoles del reino de
Dios, y sanando a los que lo necesitaban.
12 Cuando empezó a atardecer, se acercaron los Doce y le dijeron:
–Despide a la gente para que se dirija a
los pueblos y caseríos de alrededor a buscar hospedaje y comida, porque aquí estamos en despoblado.
13 Jesús les dijo:
–Dénles ustedes de comer.
Ellos le contestaron:
–No tenemos más que cinco panes y
dos peces, a no ser que vayamos nosotros a
comprar alimentos para toda esa gente.
14 Eran unos cinco mil hombres. Dijo
entonces Jesús a sus discípulos:
–Que se sienten por grupos de cincuenta.
15 Así lo hicieron y acomodaron a todos.
16 Luego Jesús tomó los cinco panes y los
dos peces, levantó los ojos al cielo, pronunció la bendición, los partió y se los iba
dando a los discípulos para que los distribuyeran entre la gente.
17 Comieron todos hasta hartarse, y con
lo que sobró se recogieron doce canastas.

Declaración de Pedro

Mc 8 27-30; Mt 16 13-20
Jn 6 67-69

18 Un día que estaba Jesús orando a solas, sus discípulos se le acercaron. Jesús les
preguntó:
–¿Quién dice la gente que soy yo?
19 Respondieron:
–Según unos, Juan el Bautista; según
otros, Elías; según otros, uno de los antiguos profetas, que ha resucitado.
20 El les dijo:
–Y según ustedes ¿quién soy yo?
Pedro respondió:
–El Mesías de Dios.
21 Pero Jesús les ordenó terminantemente que no hablaran de esto con nadie.

28-36) y los dos anuncios de la pasión apuntan ya hacia el camino de Jesús, que tendrá como meta la pascua consumada en Jerusalén.

• **9 1-6**: Jesús envía en misión a los Doce por toda Galilea. *Su predicación estará centrada en* la proclamación del reino, acompañada de curaciones que confirmen la verdad de su mensaje. Llevarán a cabo su tarea en la mayor pobreza, poniendo en Dios su confianza absoluta. Hoy la Iglesia escucha estas palabras como dirigidas a ella misma.

• **9 7-9**: La pregunta por la identidad de Jesús ha aparecido en textos próximos a éste (Lc 7 16-20.49; 8 25). Los interrogantes de Herodes preparan para la confesión de Pedro en Lc 9 18-21. El Herodes del que se habla aquí es Herodes Antipas, rey de Galilea y Perea (Lc 3 1). Su deseo de conocer a Jesús se cumplirá más tarde (Lc 23 8-12).

• **9 10-17**: Con la multiplicación de los panes Jesús manifiesta su condición de ser el que aporta la salvación definitiva a los hombres de todos los tiempos. Una salvación que el Antiguo Testamento describe como un banquete de abundancia. Pero además el texto es un claro reflejo de la Eucaristía celebrada por la Iglesia primitiva (nótense especialmente las expresiones de Lc 9 16). Los Doce, que han predicado el evangelio del reino (Lc 9 1-6), se reúnen con la gente, como lo hará la Iglesia, para celebrar el banquete del Señor.

• **9 18-21**: Esta escena, en un contexto de oración que subraya su importancia, explica la multiplicación de los panes y responde a los múltiples interrogantes que se hacían los hombres del tiempo de Jesús. Jesús es el *Mesías de Dios*, es decir, el que Dios envía para realizar su plan de salvación.

Anuncio de la pasión y condiciones del discipulado

Mc 8 31-9 1; Mt 16 21-28
Lc 9 44; 18 31-34; Mt 10 33.38; 2 Tim 2 12

22 Luego les dijo que el Hijo del hombre tenía que sufrir mucho, que sería rechazado por los ancianos, los jefes de los
sacerdotes y los maestros de la ley; que lo
matarían y que al tercer día resucitaría.
23 Entonces se puso a decir a todo el
pueblo:
–El que quiera venir en pos de mí, que
renuncie a sí mismo, que cargue con su
cruz de cada día y me siga. 24 Porque el
que quiera salvar su vida, la perderá; pero
el que pierda su vida por mí, ése la salvará.
25 Pues, ¿de qué le sirve a uno ganar todo
el mundo si se pierde o se arruina a sí mismo? 26 Porque si uno se avergüenza de mí
o de mi mensaje, el Hijo del hombre se
avergonzará de él cuando venga con su
gloria, con la del Padre y con la de los santos ángeles. 27 Les aseguro que algunos de
los presentes no morirán antes de haber
visto el reino de Dios.

Transfiguración de Jesús

Mc 9 2-8; Mt 17 1-8
Dt 18 15.18; Mal 3 23; Ex 34 29-35; Jn 1 14;
2 Pe 1 16-18; Mc 1 9

28 Unos ocho días después, Jesús tomó
consigo a Pedro, a Juan y a Santiago y subió a la montaña para orar. 29 Mientras oraba, cambió el aspecto de su rostro y su vestidura se volvió de un blanco resplandeciente. 30 En esto aparecieron conversando
con él dos hombres. Eran Moisés y Elías,
31 que, resplandecientes de gloria, hablaban
del éxodo que Jesús iba a cumplir en
Jerusalén. 32 Pedro y sus compañeros, aunque estaban cargados de sueño, se mantuvieron despiertos y vieron la gloria de Jesús
y a los dos que estaban con él. 33 Cuando
éstos se retiraban, Pedro dijo a Jesús:
–Maestro, ¡qué bien estamos aquí! Hagamos tres tiendas: una para ti, otra para
Moisés y otra para Elías.
Pedro no sabía lo que decía. 34 Mientras
estaba hablando, vino una nube y los cubrió; y se asustaron al entrar en la nube.
35 De la nube salió una voz que decía:
–Este es mi Hijo elegido; escúchenlo.
36 Mientras sonaba la voz, Jesús se quedó solo. Ellos guardaron silencio y no contaron a nadie por entonces nada de lo que
habían visto.

El muchacho epiléptico

Mc 9 14-27; Mt 17 14-18

37 Al día siguiente, cuando bajaban de
la montaña, vino a su encuentro mucha
gente. 38 Y un hombre de entre la gente
gritó:
–Maestro, por favor, haz algo por este
hijo mío, que es el único que tengo; 39 un
espíritu se apodera de él y, de repente, lo
hace gritar y lo zarandea con violencia haciéndole echar espuma por la boca, y aún
después de haberlo maltratado, con dificultad lo deja; 40 supliqué a tus discípulos que
lo expulsaran, pero no pudieron hacerlo.
41 Jesús respondió:
–¡Generación incrédula y perversa!
¿Hasta cuándo tendré que estar con ustedes y soportarlos? Tráeme aquí a tu hijo.
42 Cuando el niño se acercaba, el demonio lo tiró por tierra y lo sacudió violentamente. Pero Jesús ordenó salir al espíritu
impuro, sanó al niño y se lo entregó a su
padre. 43 Y todos quedaron admirados al
ver la grandeza de Dios.

• **9 22-27**: Estas palabras de Jesús, que encontramos también en otros lugares de este evangelio (Lc 12 9; 14 27; 17 33), han sido agrupadas aquí para describir las condiciones del seguimiento de Jesús. Lucas corrige una posible lectura gloriosa del título de Hijo del hombre mediante las referencias a su pasión y muerte. Así, se hace referencia *al siervo sufriente de Is 40-55*. Este es el criterio del discipulado y del seguimiento.

• **9 28-36**: Este relato contrasta con el pasaje anterior. En medio de una vida llena de contradicciones, y ante un horizonte cercado de sufrimiento, se muestra sin embargo la verdadera gloria de Jesús, una gloria que le viene de Dios mismo (Lc 9 35 es el centro de la narración). Moisés y Elías, representantes de la ley y los profetas, hablan entre sí del "éxodo" de Jesús, es decir, de su muerte liberadora, que tendrá lugar en la ciudad santa, y de su resurrección, anunciada en este episodio de la transfiguración.

• **9 37-43a**: La gloria de la transfiguración ejerce su poder frente al mal para mostrar la *grandeza de Dios* que está en Jesús. La gloria del Hijo contrasta con la situación en que todavía se encuentran los que rodean a Jesús; y el poder de Jesús contrasta con la incapacidad de los discípulos.

Segundo anuncio de la pasión

Mc 9 30-32; Mt 17 22-23
Lc 9 22

Todos estaban maravillados por todas las cosas que hacía. Entonces Jesús dijo a sus discípulos:
44 –Escuchen atentamente estas palabras: El Hijo del hombre va a ser entregado en manos de los hombres.
45 Pero ellos no entendían lo que quería decir; les resultaba tan oscuro, que no llegaban a comprenderlo, y tenían miedo de hacerle preguntas sobre el tema.

¿Quién es el más importante?

Mc 9 33-37; Mt 18 1-5
Lc 22 24-27

46 Surgió entre los discípulos una discusión sobre quién sería el más importante.
47 Jesús, al darse cuenta de la discusión, tomó a un niño, lo puso a su lado 48 y les dijo:
–El que recibe a este niño en mi nombre, a mí me recibe; y el que me recibe a mí, recibe al que me ha enviado, porque el más pequeño entre ustedes es el más importante.

Estar con Jesús

Mc 9 38-40
Lc 11 23

49 Juan tomó la palabra y le dijo;
–Maestro, hemos visto a uno expulsar demonios en tu nombre y se lo hemos prohibido, porque no pertenece a nuestro grupo.
50 Jesús les dijo:
–No se lo prohiban, que el que no está contra ustedes, está de parte de ustedes.

III. VIAJE A JERUSALEN Δ

1. Seguimiento y confianza en el Padre ◊

No admiten a Jesús en Samaría

2 Re 17 24-41; Jn 4 9; 2 Re 1 10-12

51 Al acercarse el tiempo de su salida de este mundo, Jesús tomó la decisión de ir a Jerusalén. 52 Entonces envió por delante a unos mensajeros, que fueron a un pueblo de Samaría para prepararle alojamiento,
53 pero no quisieron recibirlo, porque se dirigía a Jerusalén. 54 Al ver esto, los discípulos Santiago y Juan dijeron:
–Señor, ¿quieres que mandemos que baje fuego del cielo y los consuma?

• **9 43b-45**: A pesar de la gloria y la grandeza manifestadas en los dos relatos anteriores, Jesús recuerda a sus discípulos el otro lado de su mesianismo. Los discípulos no entienden, y Jesús permanece solo frente a su destino doloroso.

• **9 46-48**: La discusión que surge entre los discípulos confirma que una falsa comprensión del misterio de Jesús (Lc 9 45) tiene consecuencias desastrosas en la vida del creyente y en las relaciones comunitarias. La aceptación del otro y la humildad deben ser los rasgos esenciales del verdadero discípulo.

• **9 49-50**: La actitud cerrada del apóstol Juan se contrapone a la actitud abierta de Jesús. Nadie tiene la exclusiva en la lucha contra los poderes del mal, pues lo único importante es que el reino se abra camino.

Δ 9 51-19 28: Diez capítulos en los que Lucas abandona el plan de Mateo y Marcos, al que no regresará hasta Lc 18 15. No es fácil trazar un itinerario del viaje, ya que las referencias geográficas son prácticamente inexistentes; en cambio son numerosas las alusiones a Jerusalén (Lc 9 51.53; 13 22-33; etc.), que expresan la constante preocupación de Lucas por destacar la culminación de su evangelio en esta ciudad. Toda esta sección está dominada por la perspectiva de la pascua, comprendida a la luz del Mesías sufriente, y por el interés de Jesús en preparar a sus discípulos para la misión. Precisamente por eso están muy presentes las exigencias del seguimiento y de la vida cotidiana. Así, este relato del camino hacia Jerusalén, que en la época del evangelista servía como iniciación al "camino" de Jesús (Hch 9 2; 18 25s; 19 9.23; 22 4; 24 14-22), es también una catequesis dirigida a los creyentes de todos los tiempos. El tema central de esta parte del evangelio se describe con toda claridad en Lc 13 31-34: el camino hacia Jerusalén lleva a Jesús a la muerte, pero, a través de ella, se alcanza la plenitud de la revelación y la salvación que Jesús aporta a toda la humanidad.

◊ 9 51-13 21: La primera etapa del viaje de Jesús a Jerusalén contiene enseñanzas dirigidas a los discípulos. Estas instrucciones los preparan para la misión que tendrán que llevar a cabo después de la resurrección de Jesús. Lucas propone aquí a su comunidad el camino que deben recorrer los auténticos creyentes. A partir de Lc 11 14 cambia el tono y aparece el enfrentamiento entre Jesús y los jefes de Israel, cuya oposición al camino cristiano perduraba en tiempos del evangelista.

55 Pero Jesús, dirigiéndose hacia ellos,
los reprendió severamente. 56 Y se fueron a
otro pueblo.

Condiciones para seguir a Jesús

Mt 8 19-22

Mt 4 19; 1 Re 19 19-21

57 Mientras iban de camino, uno le dijo:
–Te seguiré adondequiera que vayas.
58 Jesús le contestó:
–Los zorros tienen guaridas y los pájaros
del cielo nidos, pero el Hijo del hombre no
tiene donde reclinar la cabeza.
59 A otro le dijo:
–Sígueme.
El contestó:
–Señor, déjame ir antes a enterrar a mi
padre.
60 Jesús le respondió:
–Deja que los muertos entierren a sus
muertos; tú ve a anunciar el reino de Dios.
61 Otro le dijo:
–Te seguiré, Señor, pero déjame despe-
dirme primero de mi familia.
62 Jesús le contestó:
–El que pone la mano en el arado y mira hacia atrás, no es apto para el reino de
Dios.

Los discípulos enviados a misionar

Mt 9 37-38; 10 9-15; 11 20-24; Mc 6 8-11

Lc 9 1-10; Jn 4 35; 1 Cor 9 6-18; 2 Cor 11 7-11;
Mt 10 40; Jn 13 20; Is 14 13.15

10 1 Después de esto, el Señor designó a
otros setenta [y dos] y los envió por
delante, de dos en dos, a todos los pueblos
y lugares adonde él pensaba ir. 2 Y les dio
estas instrucciones:
–La cosecha es abundante, pero los obreros pocos. Rueguen, por tanto, al dueño
que envíe obreros a su cosecha. 3 ¡Pónganse en camino! Sepan que los envío como
corderos en medio de lobos. 4 No lleven
bolsa, ni morral ni sandalias, ni saluden a
nadie por el camino. 5 Cuando entren en una
casa, digan primero: Paz a esta casa. 6 Si
hay allí gente de paz, su paz recaerá sobre
ellos; si no, regresará a ustedes. 7 Quédense
en esa casa, y coman y beban de lo que
tengan, porque el obrero tiene derecho a su
salario. No anden de casa en casa.
8 Si al entrar en un pueblo, los reciben
bien, coman lo que les presenten. 9 Sanen a
los enfermos que haya en él, y anúncien-
les: Está llegando a ustedes el reino de
Dios. 10 Pero si entran en un pueblo y no
los reciben bien, salgan a la plaza y digan:
11 Hasta el polvo de su pueblo que se nos ha
pegado a los pies lo sacudimos sobre ustedes en señal de protesta. Pero sepan de todas
formas que está llegando el reino de Dios.
12 Les digo que el día del juicio será más
tolerable para Sodoma que para ese pueblo.
13 ¡Ay de ti, Corozaín! ¡Ay de ti, Betsaida! Porque si en Tiro y en Sidón se hubieran hecho los milagros realizados en ustedes, hace tiempo que, vestidas de luto y
sentadas sobre ceniza, se habrían convertido. 14 Por eso, será más tolerable el día del
juicio para Tiro y Sidón que para ustedes.
15 Y tú, Cafarnaún, ¿te elevarás hasta el
cielo? ¡Hasta el abismo te hundirás!
16 Quien los escucha a ustedes, a mí me
escucha; quien los rechaza a ustedes, a mí

• **9 51-56**: Lc 9 51 introduce el viaje de Jesús a Jerusalén y marca el horizonte teológico del mismo: su pascua que debe consumarse en la ciudad santa (véase Lc 9 31). El relato que sigue (Lc 9 52-56) refleja la fuerte enemistad existente entre judíos y samaritanos. Sin embargo, Jesús quiere alejar de los suyos todo espíritu de venganza. Al igual que su misión en Galilea (Lc 4 16-30), su camino hacia Jerusalén se inicia con un rechazo.

• ***9 57-62**: Lucas coloca al comienzo del viaje estas exi*gencias radicales del seguimiento; con eso quiere advertir a los discípulos sobre la seriedad y los riesgos del camino que van a emprender con Jesús. Es una advertencia que vale para los discípulos que en cualquier época tomen la decisión de seguir a Jesús.

• **10 1-16**: De nuevo, como en Lc 9 1-6, Lucas nos habla de una misión de los discípulos. En este caso son más numerosos. El número alude a Gn 10 (según la versión griega), donde setenta y dos es el número de las naciones paganas. Si bien Lucas sabe que la misión universal no empezará hasta después de pascua (Hch 1 8), la presencia simbólica del número setenta y dos muestra que dicha misión ha comenzado ya en la vida de Jesús. El camino hacia Jerusalén se convierte en modelo para el camino de la Iglesia futura. Jesús envía a sus discípulos de dos en dos para que su testimonio tenga el valor jurídico que pedía la ley (Dt 17 6; 19 15). El rechazo de Jesús y de sus enviados tendrá consecuencias irreparables (Lc 10 13-16).

me rechaza; y el que me rechaza a mí, rechaza al que me ha enviado.

Regreso de los discípulos. Alegría de éstos y de Jesús

Mt 11 25-27; 13 16-17
Jn 12 31; Ap 12 8-9; Mc 16 18; 1 Cor 1 26-28

17 Los setenta [y dos] regresaron llenos
de alegría, diciendo:
–Señor hasta los demonios se nos someten en tu nombre.
18 Jesús les dijo:
–He visto a Satanás cayendo del cielo
como un rayo. 19 Les he dado poder para
pisotear serpientes y escorpiones, y para
dominar toda potencia enemiga, y nada los
podrá dañar. 20 Sin embargo, no se alegren
de que los espíritus se les sometan; alégrense más bien de que sus nombres estén escritos en el cielo.
21 En aquel momento, el Espíritu Santo
llenó de alegría a Jesús, que dijo:
–Yo te alabo, Padre, Señor del cielo y
de la tierra, porque has ocultado estas cosas
a los sabios y prudentes y se las has dado a
conocer a los sencillos. Sí, Padre, así te ha
parecido bien. 22 Todo me lo ha entregado
mi Padre, y nadie sabe quién es el Hijo,
sino el Padre; y quién es el Padre, sino el
Hijo y aquél a quien el Hijo se lo quiera
revelar.
23 Dirigiéndose después a los discípulos, les dijo en privado:
–Dichosos los ojos que ven lo que ustedes ven. 24 Porque les digo que muchos
profetas y reyes quisieron ver lo que ustedes ven y no lo vieron, y oír lo que ustedes
oyen pero no lo oyeron.

El buen samaritano

Mc 12 18-34; Mt 22 34-40; *Dt 6 5; Lv 19 18;* Lc 17 15-16

25 Se levantó entonces un experto en la
ley y le dijo para tenderle una trampa:
–Maestro, ¿qué debo hacer para obtener
la vida eterna?
26 Jesús le contestó:
–¿Qué está escrito en la ley? ¿Qué lees
en ella?
27 El maestro de la ley respondió:
–*Amarás al Señor tu Dios con todo tu
corazón, con toda tu alma, con todas tus
fuerzas* y con toda tu mente; *y a tu prójimo
como a ti mismo*.
28 Jesús le dijo:
–Has respondido correctamente. Haz
eso y vivirás.
29 Pero él, queriendo justificarse, preguntó a Jesús:
–¿Y quién es mi prójimo?
30 Jesús le respondió:
–Un hombre bajaba de Jerusalén a Jericó y cayó en manos de unos asaltantes que,
después de despojarlo y golpearlo sin piedad, se alejaron dejándolo medio muerto.
31 Un sacerdote bajaba casualmente por
aquel camino y, al verlo, se desvió y pasó
de largo. 32 Igualmente un levita que pasó
por aquel lugar, al verlo, se desvió y pasó
de largo. 33 Pero un samaritano que iba de
viaje, al llegar junto a él y verlo, sintió lástima. 34 Se acercó y le vendó las heridas
después de habérselas limpiado con aceite
y vino; luego lo montó en su cabalgadura,
lo llevó a una posada y cuidó de él. 35 Al
día siguiente, sacó unas monedas y se las
dio al encargado, diciendo: «Cuida de él, y
lo que gastes de más te lo pagaré a mi re-

• ***10** 17-24*: *Con la certeza de* la victoria de Jesús sobre el mal, sus discípulos llevan a cabo la misión que él les ha encomendado. Jesús manifiesta su profunda alegría, impulsado por el Espíritu, porque el reino empieza a manifestarse en la aceptación de los sencillos. A pesar del poder que se ha manifestado en la misión, Jesús pone en guardia a sus discípulos contra toda idea de dominio. Lo importante es tener los nombres *escritos en el cielo.* Según Ex 32 32s, aquellos que tienen el nombre en el libro de la vida son los que hacen la voluntad de Dios.

• **10** 25-37: Para un judío, la cuestión de quién es el prójimo tenía una respuesta clara en la ley: es todo miembro del pueblo de Dios (Ex 20 16-17; 21 14.18.35; Lv 19 13-18). Para esta parábola, sin embargo, todo hombre que se aproxima a los demás con amor es el verdadero prójimo, aunque sea un extranjero. De este modo, la pregunta primera se invierte y se transforma en: ¿Cómo puedo ser yo el prójimo del necesitado? No debemos olvidar aquí que los sacerdotes y levitas, los expertos de la ley, son los que pasan de largo. Sus conocimientos no les sirvieron para responder a la necesidad concreta que se les presentaba. Su corazón no estaba convertido al Dios de la misericordia. En esta acción del samaritano, la Iglesia de todos los tiempos reconoce un aspecto fundamental de su misión: la de levantar a todos los hombres y mujeres caídos en los caminos de la historia.

greso». 36 ¿Quién de los tres te parece que
fue prójimo del que cayó en manos de los
asaltantes?
37 El otro contestó:
–El que tuvo compasión de él.
Jesús le dijo:
–Vete y haz tú lo mismo.

Visita de Jesús a Marta y María

Jn 11 1-5

38 Mientras iban caminando, Jesús entró
en un pueblo, y una mujer, llamada Marta,
lo recibió en su casa. 39 Tenía Marta una
hermana llamada María que, sentada a
los pies del Señor, escuchaba su palabra.
40 Marta, en cambio, estaba atareada con
todo el servicio de la casa; así que se acercó a Jesús y le dijo:
–Señor, ¿no te importa que mi hermana
me deje sola para servir? Dile que me ayude.
41 Pero el Señor le contestó:
–Marta, Marta, andas inquieta y preocupada por muchas cosas, 42 cuando en realidad una sola es necesaria. María ha elegido la mejor parte, y nadie se la quitará.

Jesús enseña a orar

Mt 6 9-15; 7 7-11
Mt 18 23-35; Jn 14 13-14; Lc 18 1-8

11 1 Un día estaba Jesús orando en cierto
lugar. Cuando terminó, uno de sus
discípulos le dijo:
–Señor, enséñanos a orar, como Juan
enseñó a sus discípulos.
2 Jesús les dijo:
–Cuando oren, digan:
Padre,
santificado sea tu nombre;
venga tu reino;
3 danos cada día el pan que necesitamos;
4 perdónanos nuestros pecados,
porque también nosotros perdonamos
a todo el que nos ofende;
y no nos dejes caer en la tentación.
5 Y añadió:
–Supongan que uno de ustedes tiene un
amigo y acude a él a media noche, diciendo:
«Amigo, préstame tres panes, 6 porque ha
venido a mi casa un amigo que pasaba de
camino y no tengo nada que ofrecerle».
7 Supongan también que el otro responde
desde dentro: «No me molestes; la puerta
está cerrada, y mis hijos y yo estamos ya
acostados; no puedo levantarme a dárte-
los». 8 Les digo que si no se levanta a dárselos por ser su amigo, al menos para que
no siga molestando se levantará y le dará
cuanto necesite. 9 Por eso yo les digo: Pidan, y Dios les dará; busquen, y encontrarán; llamen, y Dios les abrirá. 10 Porque todo el que pide recibe; el que busca encuentra, y al que llama, Dios le abre. 11 ¿Qué
padre entre ustedes, si su hijo le pide un
pez, le da una serpiente en lugar del pescado? 12 ¿O si le pide un huevo, le va a dar
un alacrán? 13 Pues si ustedes, aun siendo
malos, saben dar a sus hijos cosas buenas,
¿cuánto más el Padre del cielo dará el Espíritu Santo a los que se lo pidan?

Jesús y Belzebú

Mc 3 22-27; Mt 12 22-30.43-45
Mc 8 11; Mt 12 38; 16 1; Mc 9 40

14 Un día estaba Jesús expulsando un

• **10 38-42**: Con este episodio se inicia la instrucción de Jesús sobre la oración (Lc 10 38-11 13), que es uno de los temas sobre los que Lucas insiste especialmente. No se trata aquí de la oposición entre la acción y la contemplación, sino de dejar bien claro que la escucha de la palabra de Jesús es el comienzo absoluto de la vida de todo creyente.

• **11 1-13**: La oración es imprescindible en la vida del discípulo. Para que todos aprendan a orar, Lucas nos transmite la oración que Jesús enseñó a sus discípulos. No es una simple fórmula para ser repetida de memoria. *De hecho, el texto paralelo de* Mateo (Mt 6 9-13) muestra que los primeros cristianos la recitaban de formas diversas. El Padrenuestro resume las convicciones y deseos que deben aparecer en nuestra oración: la invocación de Dios como Padre, que da lugar a una existencia invadida por el deseo de la llegada del reino, el cual inaugura un mundo diferente. Para vivir así, el discípulo necesita el sustento del pan, el aliento del perdón y la fuerza para no ceder a la tentanción de abandonar el camino emprendido. Por eso, la oración debe ser incansable, en espera de recibir de Dios su gran don, el Espíritu (Lc 11 13), que invadirá la Iglesia y el mundo a partir de pentecostés. La oración del cristiano es, por tanto, la de una persona inquieta que desea construir un mundo diferente, en el que el reino de Dios sea realizado y reconocido.

• **11 14-26**: Los contemporáneos de Jesús no negaban su poder para combatir el mal (sus exorcismos), pero las opiniones se dividían cuando se trataba de aclarar el origen de su poder. Jesús insiste en que el mal no puede combatir contra sí mismo. Toda su vida muestra que actúa con el poder de Dios para hacer que el bien reine en la humanidad. Todo lo que Jesús hace es el signo de

demonio que había dejado mudo a un hombre. Cuando salió el demonio, el mudo recobró el habla, y la gente quedó maravillada. 15 Pero algunos dijeron:
–Expulsa a los demonios con el poder
de Belzebú, príncipe de los demonios.
16 Otros, para tenderle una trampa, le
pedían una señal del cielo. 17 Pero Jesús,
sabiendo lo que pensaban, les dijo:
–Todo reino dividido contra sí mismo
termina destruido, y sus casas caen unas
sobre otras. 18 Por tanto, si Satanás está dividido contra sí mismo, ¿cómo podrá permanecer su reino? Pues eso es lo que ustedes dicen: Que yo expulso los demonios
con el poder de Belzebú. 19 Ahora bien, si
yo expulso los demonios con el poder de
Belzebú, sus hijos, ¿con qué poder los expulsan? Por eso ellos mismos serán sus
jueces. 20 Pero si yo expulso los demonios
con el poder de Dios, entonces es que el
reino de Dios ha llegado a ustedes. 21 Cuando un hombre fuerte y bien armado custodia su palacio, sus bienes están seguros.
22 Pero si viene otro más fuerte que él y lo
vence, le quita las armas en que confiaba y
reparte su botín. 23 El que no está conmigo,
está contra mí; y el que no recoge conmigo,
desparrama. 24 Cuando el espíritu impuro
sale de un hombre, anda por lugares áridos
buscando descanso y, al no encontrarlo, se
dice: Regresaré a mi casa de donde salí.
25 Al llegar, la encuentra barrida y arreglada. 26 Entonces va y toma consigo otros
siete espíritus peores que él; entran y se
instalan allí, con lo que la situación final
de este hombre es peor que la del principio.

La auténtica felicidad

Lc 1 38; 8 21; Sant 1 22-25

27 Cuando estaba diciendo esto, una mujer de entre la multitud dijo en voz alta:
–Dichoso el seno que te llevó y los pechos que te amamantaron.
28 Pero Jesús dijo:
–Más bien, dichosos los que escuchan
la palabra de Dios y la ponen en práctica.

Piden una señal milagrosa

Mc 8 12; Mt 12 38-42

Jn 6 30-31; 1 Cor 1 22; Jon 3 1-10; 1 Re 10 1-10

29 La gente se aglomeraba alrededor de
Jesús y él se puso a decir:
–Esta es una generación malvada; pide
una señal, pero no se le dará una señal diferente a la de Jonás. 30 Pues así como Jonás fue una señal para los ninivitas, así el
Hijo del hombre lo será para esta generación. 31 La reina del sur se levantará en el
juicio contra los hombres de esta generación y los condenará, porque ella vino desde el extremo de la tierra a escuchar la sabiduría de Salomón, y aquí hay alguien
que es más importante que Salomón. 32 Los
habitantes de Nínive se levantarán el día
del juicio contra esta generación y la condenarán, porque ellos hicieron penitencia
por la predicación de Jonás, y aquí hay
alguien que es más importante que Jonás.

La lámpara y la luz

Mc 4 21; Mt 5 15; 6 22-23

Lc 8 16

33 Nadie enciende una lámpara y la pone en un lugar oculto o cubierta con una
vasija de barro, sino sobre el candelero,
para que los que entren vean la claridad.
34 Tu ojo es la lámpara del cuerpo; cuando
tu ojo está sano, todo tu cuerpo está iluminado; pero cuando está enfermo, tu cuerpo
está en tinieblas. 35 Ten cuidado para que
la luz que hay en ti no se convierta en oscuridad. 36 Y si tu cuerpo entero está iluminado y no hay en él nada oscuro, todo él

que el reino de Dios ha llegado en medio de los hombres. Por eso el reino de las tinieblas es vencido. Sin embargo (Lc 11 24-26), la conversión es a veces frágil e inestable. Los poderes del mal aspiran siempre a ocupar de nuevo los territorios que, en su ausencia, se han transformado en templo del Espíritu (1 Cor 3 17; 6 19).

• **11 27-28**: Escena muy similar a Lc 8 19-21. Los dos textos expresan cuál es la verdadera grandeza ante los ojos de Dios. María encarna bien esta definición del creyente, pues ella fue la primera en aceptar y recibir la palabra de Dios y en hacerla vida (Lc 1 38; 1 45; 2 19.51).

• **11 29-32**: A diferencia del texto paralelo de Mateo, Lucas no apunta a la resurrección de Jesús, aludida en los tres días que permaneció Jonás dentro del pez (Jon 2 1), sino que más bien se fija en la predicación y la sabiduría de Jesús (más importante que Jonás y Salomón). Ese es el signo que Dios da a aquella generación, la cual buscaba en lo maravilloso la presencia de Dios.

• **11 33-36**: Estos versículos invitan a abrir los ojos para ver el signo de Jesús, del que habla el texto anterior. Si uno responde a la palabra de Dios con todo su ser, entonces se llenará de la luz de Dios. Pero para ello nuestra conciencia y nuestro corazón, el ojo interior, deben permitir que la luz de Jesús nos impregne totalmente.

brillará como cuando la lámpara te ilumina
con su resplandor.

Denuncia contra fariseos y maestros de la ley

Mc 12 38-40; Mt 23 1-36
Lc 20 45-47; Mt 15 2.20; Lc 6 23; Gn 4 8; 2 Cr 24 20-21

37 Al terminar de hablar, un fariseo le
invitó a comer. Jesús entró y se puso a la
mesa. 38 El fariseo se extrañó al ver que no
se había lavado antes de comer. 39 Pero el
Señor le dijo:
–Ustedes, los fariseos, limpian por fuera la copa y el plato, mientras que por dentro están llenos de codicia y de maldad.
40 ¡Torpes! El que hizo lo de fuera ¿no hizo
también lo de dentro? 41 Pues den limosna
de corazón, y entonces quedarán limpios.
42 Pero, ¡ay de ustedes, fariseos, que pagan
el diezmo de la menta, del té y de todas las
legumbres, y descuidan la justicia y el amor
de Dios! Esto es lo que hay que hacer, aunque sin omitir aquello. 43 ¡Ay de ustedes,
fariseos, que les gusta ocupar el primer
puesto en las sinagogas y que los saluden
en la plaza! 44 ¡Ay de ustedes, que son como sepulcros que no se ven, sobre los que
se pisa sin saberlo!
45 Entonces uno de los expertos en la
ley tomó la palabra y le dijo:
–Maestro, hablando así nos ofendes también a nosotros.
46 Jesús respondió:
–¡Ay de ustedes también, expertos en la
ley, que imponen a los hombres cargas in-
soportables, y ustedes no mueven ni un
dedo para llevarlas! 47 ¡Ay de ustedes que
construyeron monumentos a los profetas
asesinados por sus propios antepasados!
48 De esta manera ustedes mismos son testigos de que están de acuerdo con lo que
hicieron sus antepasados, porque ellos los
asesinaron y ustedes les construyen monumentos. 49 Por eso dijo la sabiduría de Dios:
«Les enviaré profetas y apóstoles; a unos
los matarán, y a otros los perseguirán».
50 Pero Dios va a pedir cuentas a esta generación de la sangre de todos los profetas
derramada desde la creación del mundo,
51 desde la sangre de Abel hasta la de Zacarías, a quien mataron entre el altar de los
sacrificios y el santuario. Les aseguro que
se le pedirán cuentas a esta generación.
52 ¡Ay de ustedes, expertos en la ley, que se
han apoderado de la llave de la ciencia! No
han entrado ustedes, y tampoco han dejado
entrar a los que querían hacerlo.
53 Cuando Jesús salió de allí, los maestros de la ley y los fariseos comenzaron a
acosarlo y a proponerle muchas cuestiones, 54 tendiéndole trampas con intención
de sorprenderlo en alguna de sus palabras.

Contra la hipocresía

Mc 8 14-15; Mt 16 5-6; 10 26-27

12 1 Entre tanto, la gente se aglomeraba
por millares, hasta no poder caminar.
Entonces Jesús, dirigiéndose principalmente a sus discípulos, les dijo:
–Cuídense de la levadura de los fariseos, que es la hipocresía. 2 Pues nada hay
escondido que no vaya a manifestarse, nada
secreto que no vaya a saberse. 3 Por eso,
todo lo que digan en la oscuridad será oído
a la luz, y lo que hablen al oído en una habitación será proclamado desde las azoteas.

A quién hay que temer

Mt 10 28-31

4 A ustedes, amigos míos, les digo esto:
No teman a los que matan el cuerpo y no
pueden hacer nada más. 5 Yo les diré a
quién deben temer: Teman a quien después
de matar, tiene poder para arrojar al fuego
que no se apaga. A ése es a quien deben

• **11 37-54**: Estas palabras de Jesús contra los fariseos y los maestros de la ley responden a la acusación que le hacen por no observar las prescripciones sobre las purificaciones que había que hacer antes de empezar a comer. Estas críticas de Jesús contra los fariseos seguían *teniendo vigencia en tiempos de Lucas*, pues algunos cristianos podían sentirse atraídos por el ritualismo farisaico. Pero, además, guardan un valor permanente para que no juzguemos según las apariencias y no hagamos de la fe una cuestión ritual o exterior.

• **12 1-3**: El rechazo de la hipocresía nos invita a hablar con franqueza, sin tener en cuenta las opiniones de la gente. Lo *proclamado desde las azoteas* es una alusión a la predicación de la Iglesia, que es el aspecto que Lucas quiere resaltar en este pasaje.

• **12 4-7**: Al dar testimonio del evangelio, hay que desterrar el temor y hablar con claridad. Sólo a Dios hay que temer, pero el temor de Dios no es miedo, sino reconocimiento de que todo depende de él. El saber que están en las manos de Dios permite a los discípulos afrontar las dificultades con serenidad y confianza.

temer. 6 ¿No se venden cinco pájaros por muy poco dinero? Y, sin embargo, Dios no se olvida ni de uno solo de ellos. 7 Más aún, hasta los cabellos de su cabeza están todos contados. No teman; ustedes valen más que todos los pájaros.

Con Jesús o contra Jesús

Mt 10 32-33; 12 32; 10 19-20
Mc 8 38; 13 11; Lc 9 26

8 Les digo que todo el que esté de mi parte ante los hombres, también el Hijo del hombre estará de parte de él ante los ángeles de Dios; 9 pero si uno me niega ante los hombres, también yo lo negaré ante los ángeles de Dios. 10 Quien hable mal del Hijo del hombre, podrá ser perdonado, pero el que blasfeme contra el Espíritu Santo, no será perdonado. 11 Y cuando los lleven a las sinagogas, ante los jueces y autoridades, no se preocupen cómo defenderse, ni de lo que van a decir; 12 el Espíritu Santo les enseñará en ese mismo momento lo que deben decir.

El rico confiado

Mt 6 19-20; Sant 4 13-15; Lc 18 22; Ap 3 17-18

13 Uno de entre la gente le dijo:

–Maestro, di a mi hermano que reparta conmigo la herencia.

14 Jesús le dijo:

–Amigo, ¿quién me ha hecho juez o mediador entre ustedes?

15 Y añadió:

–Tengan mucho cuidado con toda clase de avaricia; que aunque se nade en la abundancia, la vida no depende de las riquezas.

16 Les dijo una parábola:

–Había un hombre rico, cuyos campos dieron una gran cosecha. 17 Entonces empezó a pensar: «¿Qué puedo hacer? Porque no tengo dónde almacenar mi cosecha». 18 Y se dijo: «Ya sé lo que haré; derribaré mis graneros, construiré otros más grandes, almacenaré en ellos todas mis cosechas y mis bienes, 19 y me diré: Ahora ya tienes bienes almacenados para muchos años; descansa, come, bebe y diviértete». 20 Pero Dios le dijo: «¡Torpe! Esta misma noche morirás. ¿Para quién será todo lo que has almacenado?». 21 Así le sucede a quien atesora para sí, en lugar de hacerse rico a los ojos de Dios.

Dios cuida de nosotros

Mt 6 19-21.25-34
Mt 10 31; Jn 10 31; 21 15-17

22 Después dijo a sus discípulos:

–Por eso les digo: No se inquieten pensando qué van a comer para poder vivir, ni con qué vestido cubrirán su cuerpo. 23 Porque la vida es más importante que el alimento, y el cuerpo más que el vestido. 24 Observen a los cuervos; no siembran ni cosechan, ni tienen despensas ni graneros, y Dios los alimenta. ¡Cuánto más valen ustedes que los pájaros! 25 ¿Y quién de ustedes, por más que lo intente, puede alargar su vida una hora? 26 Por tanto, si nada pueden hacer en estas cosas tan pequeñas, ¿por qué se inquietan de lo demás? 27 Fíjense cómo crecen los lirios; no se fatigan ni tejen, pero les digo que ni Salomón en todo su esplendor se vistió como uno de ellos. 28 Y si Dios viste así a la hierba, que hoy está en el campo y mañana se echa al fuego, ¿cuánto más hará por ustedes, hombres de poca fe? 29 Así que ustedes no se inquieten buscando qué comerán o qué beberán. 30 Por todo eso se inquieta la gente del mundo, pero su Padre ya sabe lo que necesitan. 31 Busquen más bien su reino, y él les dará lo demás. 32 No temas, pequeño rebaño, porque el Padre ha querido darles

• **12** 8-12: En la persecución y en la dificultad los discípulos tendrán que dar testimonio de su fe. Era esta una experiencia de la Iglesia (Hch 4 1-3), que desde el principio encontraba su fuerza en el Espíritu. En este contexto, las palabras de Jesús sobre la blasfemia contra el Espíritu Santo pueden entenderse como una invitación a no abandonar la fe ante las persecuciones.

• **12** 13-21: Para Jesús, el dinero y las posesiones no proporcionan al hombre la verdadera vida; más aún, pueden constituir un gran obstáculo para obtenerla. Esta advertencia se dirige a aquellos que se comportan como el rico de la parábola, el cual no se enriquece ante Dios, sino que pone su confianza en los *bienes y cosechas*. En las palabras de Jesús que vienen a continuación se explica en qué consiste la verdadera riqueza.

• **12** 22-34: No debemos ver en estas palabras una invitación a descuidar nuestras responsabilidades, sino la propuesta de una escala de valores en la que lo fundamental es la búsqueda del reino con la confianza puesta en el Señor y su gracia. Lucas añade a este texto, que también está en Mateo, una exhortación a no poner el corazón en las riquezas, sino a compartirlas con los necesitados (Lc 12 32-34).

el reino. 33 Vendan sus posesiones y den
limosna. Acumulen aquello que no pierde
valor, tesoros inagotables en el cielo, donde
ni el ladrón ronda ni la polilla destruye.
34 Porque donde está tu tesoro, allí estará
tu corazón.

Invitación a la fidelidad

Mt 24 42-51

Mt 25 1-13; Mc 13 33-37; Ef 6 14; 1 Pe 1 13

35 Estén preparados y con la cintura ceñi-
da, y con las lámparas encendidas. 36 Sean
como los criados que están esperando a que
su señor regrese de la boda, para abrirle en
cuanto llegue y llame. 37 Dichosos los criados a quienes el señor encuentre despiertos
cuando llegue. Les aseguro que se pondrá
el delantal, los hará sentarse a la mesa y se
pondrá a servirlos. 38 Si viene a media
noche o de madrugada, y los encuentra así,
dichosos ellos. 39 Tengan presente que, si
el amo de la casa supiera a qué hora va a
venir el ladrón, no lo dejaría asaltar su
casa. 40 Por tanto, ustedes estén preparados, porque a la hora en que menos lo
piensen vendrá el Hijo del hombre.
41 Entonces Pedro le preguntó:
–Señor, esta parábola ¿se refiere a nosotros o a todos?
42 Y el Señor le respondió:
–Ustedes sean como el administrador
fiel y prudente a quien su señor colocó al
frente de su servidumbre para distribuir a
su debido tiempo la ración de trigo. 43 ¡Dichoso ese criado si, al llegar su señor, lo
encuentra haciendo lo que debe! 44 Les
aseguro que lo pondrá al frente de todos
sus bienes. 45 Pero, si ese criado piensa:
«Mi señor tarda en venir», y comienza a golpear a los criados y a las criadas, a comer,
a beber y a emborracharse, 46 su señor llegará el día en que menos lo espere y a la
hora en que menos lo piense, lo castigará
con todo rigor y lo tratará como merecen
los que no son fieles. 47 El criado que conoce la voluntad de su señor, pero no está
preparado o no hace lo que él quiere, recibirá un castigo muy severo. 48 En cambio,
el que sin conocer esa voluntad hace cosas
reprobables, recibirá un castigo menor. A
quien se le dio mucho, se le exigirá mucho; y a quien se le confió mucho, se le
pedirá más.

La prioridad del reino

Mt 10 34-36

Mc 10 38-39; Lc 21 16; *Miq 7 6*

49 He venido a encender fuego a la tierra; y ¡cómo desearía que ya estuviera ardiendo! 50 Tengo que pasar por una terrible
prueba, y estoy angustiado hasta que se
cumpla. 51 ¿Les parece que he venido a traer
paz a la tierra? Pues les digo que no, sino
más bien división. 52 Porque de ahora en
adelante estarán divididos los cinco miembros de una familia, tres contra dos, y dos
contra tres. 53 El padre contra el hijo, y *el
hijo contra el padre;* la madre contra la hija,
y *la hija contra la madre;* la suegra contra
la nuera, y la *nuera contra la suegra*.

Interpretar cada situación

Mt 16 2-3

54 Y a la gente les decía:
–Cuando ven levantarse una nube sobre el occidente dicen en seguida: «Va a
llover», y así sucede. 55 Y cuando sopla el
viento del sur, dicen: «Va a hacer calor», y
así sucede. 56 ¡Hipócritas! Si saben distinguir el aspecto de la tierra y del cielo, ¿cómo es que no saben distinguir el tiempo presente? 57 ¿Por qué no disciernen por ustedes mismos lo que es justo?

• **12 35-48**: Se reúnen en este texto varias parábolas que exhortan a los creyentes a estar preparados y atentos, esperando la segunda venida del Señor. La exhortación a estar preparados se fundamenta en el hecho de *que el regreso del Señor es cierto*, aunque no se sepa cuándo sucederá. Mientras tanto los discípulos deben vivir con una actitud de servicio. Especialmente se advierte a quienes se ha confiado el cuidado de la comunidad que la autoridad es servicio y jámas debe convertirse en un poder despótico.

• **12 49-53**: Es inevitable que se den divisiones y actitudes encontradas a causa de Jesús. Es probable que este texto refleje la situación de la comunidad cristiana, en la que el seguimiento de Jesús es causa de división en el seno de la familia.

Sobre Lc 12 50 véase la nota a Mc 10 35-45.

• **12 54-57**: Los contemporáneos de Jesús no saben interpretar sus palabras y milagros como la señal de que ha llegado el reino de Dios. Juzgan desde sus propios criterios y tienen los ojos cerrados a los signos de los tiempos.

Reconciliación
Mt 5 23-26

58 Cuando vayas con tu adversario para
comparecer ante el magistrado, procura
arreglarte con él por el camino, no sea que
te arrastre hasta el juez, el juez te entregue
al guardia y el guardia te meta en la cárcel.
59 Te digo que no saldrás de allí hasta que
hayas pagado el último centavo.

Es urgente convertirse
Hch 5 37; Jn 9 2-3

13 1 En aquel momento llegaron unos a
contarle lo de aquellos galileos, a
quienes Pilato había hecho matar, mezclando su sangre con la de los sacrificios que
ofrecían. 2 Jesús les dijo:
–¿Piensan que aquellos galileos murieron así por ser más pecadores que los demás? 3 Les digo que no; más aún, si ustedes no se convierten, también perecerán del
mismo modo. 4 Y aquellos dieciocho que
murieron al desplomarse sobre ellos la torre
de Siloé, ¿piensan que eran más culpables
que los demás habitantes de Jerusalén? 5 Les
digo que no; y si ustedes no se convierten,
todos perecerán igualmente.

Parábola de la higuera estéril
Mt 21 19

6 Jesús les propuso esta parábola:
–Un hombre había plantado una higuera
en su viñedo, pero cuando fue a buscar
fruto en la higuera, no lo encontró. 7 Entonces dijo al viñador: Hace ya tres años
que vengo a buscar fruto en esta higuera y
no lo encuentro. ¡Córtala! ¿Por qué ha de
ocupar terreno inútilmente? 8 El viñador le
respondió: «Señor, déjala todavía este año;
removeré la tierra y le echaré abono, 9 a ver
si comienza a dar fruto; si no lo da, entonces la cortarás».

Jesús sana a una mujer en sábado
Lc 6 6-11; 14 1-6; Mt 12 1.9-13; Jn 5 16; 7 23; 9 14-16

10 Un sábado estaba Jesús enseñando en
una sinagoga, 11 y había allí una mujer, que
desde hacía dieciocho años estaba poseída
por un espíritu que le producía una enfermedad; estaba encorvada y no podía enderezarse del todo. 12 Jesús, al verla, la llamó
y le dijo:
–Mujer, quedas libre de tu enfermedad.
13 Le impuso las manos, e inmediatamente se enderezó y se puso a alabar a Dios.
14 El jefe de la sinagoga, indignado porque
Jesús sanaba en sábado, empezó a decir a
la gente:
–Hay seis días en que se puede trabajar.
Vengan a que él los sane en esos días y no
en sábado.
15 El Señor le respondió:
–¡Hipócritas! ¿No suelta cada uno de
ustedes su buey o su burro del establo en
sábado para llevarlo a beber? 16 Y a ésta,
que es una hija de Abrahán, a la que Satanás tenía atada hace dieciocho años, ¿no
convenía soltarla de su atadura en sábado?
17 Al hablar así, quedaban avergonzados
todos sus adversarios, pero toda la gente se
alegraba por los milagros que hacía.

El grano de mostaza y la levadura
Mc 4 30-32; Mt 13 31-33
Ez 17 23; Dn 4 9.18

18 Jesús añadió:
–¿A qué se parece el reino de Dios? ¿A
qué lo compararé? 19 Es como un grano de
mostaza que un hombre sembró en su huerto; creció, se convirtió en árbol y los pájaros del cielo anidaron en sus ramas.

• ***12 58-59:*** *Esta comparación ilustra* la urgente necesidad de reconciliarse con Dios antes de que llegue el juicio, y al mismo tiempo la importancia de esta misma reconciliación entre los hombres.

• **13 1-5**: En el contexto del juicio que viene (Lc 12 54-59), Jesús se refiere a dos acontecimientos históricos que no conocemos con exactitud; sus reflexiones sobre ellos dejan claro que ante Dios todos estamos necesitados de conversión.

• **13 6-9**: La parábola de la higuera, referida en primer lugar a Israel, ilustra las oportunidades que Dios concede para la conversión. A pesar de la invitación urgente a convertirnos y a dar frutos, vivimos todavía en el tiempo de la paciencia de Dios (Rom 3 25-26).

• **13 10-17**: Dios ha venido en Jesús a *visitar y redimir a su pueblo* (Lc 1 68), pero los jefes de Israel prefieren la ciega obediencia de la ley antes que practicar la misericordia. La mujer reacciona alabando a Dios, lo que demuestra que ha entendido el hecho de haber sido sanada como una manifestación de la bondad de Dios.

• **13 18-21**: Al final de esta primera etapa del viaje, y como resumen de las instrucciones que en ella se contienen, estas dos parábolas ilustran la dinámica del reino. A pesar de sus inicios humildes, su fuerza es irresistible y su crecimiento no se puede detener.

20 De nuevo les dijo:
–¿A qué compararé el reino de Dios?
21 Es como la levadura que una mujer toma
y mete en tres medidas de harina, hasta
que fermenta todo.

2. El banquete del amor ◊

La puerta angosta

Mt 7 13-14.21-23; 25 10-12
Mt 8 10-12; Sal 6 9; 107 3

22 Mientras iba de camino hacia Jerusalén, Jesús enseñaba en todos los poblados
por los que pasaba.
23 Uno le preguntó:
–Señor, ¿son pocos los que se salvan?
Jesús le respondió:
24 –Esfuércense en entrar por la puerta
angosta, porque les digo que muchos in-
tentarán entrar pero no podrán. 25 Cuando
el dueño de casa se levante y cierre la puerta ustedes se quedarán afuera y, aunque
comienzen a tocar la puerta gritando: «¡Señor, ábrenos!», les responderá: «¡No sé de
dónde son!». 26 Entonces comenzarán a
decir: «Hemos comido y bebido contigo, y
tú has enseñado en nuestras plazas». 27 Pero él les dirá: «¡No sé de dónde son! ¡Apártense de mí, malvados!». 28 Entonces llorarán y les rechinarán los dientes, cuando
vean a Abrahán, a Isaac, a Jacob y a todos
los profetas en el reino de Dios, mientras
que a ustedes los habrán dejado afuera.
29 Pues vendrán muchos de oriente y occidente, del norte y del sur, a sentarse a la
mesa en el reino de Dios. 30 Hay últimos
que serán primeros y primeros que serán
últimos.

Lamento sobre Jerusalén

Mt 23 37-39
Jr 7 1-15; *Sal 118 26*

31 Entonces se acercaron unos fariseos y
le dijeron:
–Vete y aléjate de aquí, porque Herodes
quiere matarte.
32 Jesús les dijo:
–Vayan y díganle a ese zorro, que expulso demonios y sano enfermos hoy y mañana, y al tercer día completaré mi obra. 33 Por
lo demás, hoy, mañana y pasado tengo que
continuar mi viaje, porque es impensable
que un profeta muera fuera de Jerusalén.
34 ¡Jerusalén, Jerusalén, que matas a los
profetas y apedreas a los que Dios te envía!
Cuántas veces he querido reunir a tus hijos
como la gallina a sus pollitos debajo de las
alas, y ustedes no han querido. 35 Pues bien,
su templo quedará desierto. Y les digo que
ya no me verán hasta que llegue el día en
que proclamen: *Bendito el que viene en
nombre del Señor.*

Jesús sana a un hidrópico en sábado

Lc 13 10-17; Mt 12 11

14 1 Un sábado entró Jesús a comer en
casa de uno de los jefes de los fariseos.
Ellos lo acechaban. 2 Había allí, frente a él,
un hombre enfermo de hidropesía. 3 Jesús
preguntó a los expertos en la ley y a los
fariseos:
–¿Se puede sanar en sábado, o no?
4 Ellos se quedaron callados. Entonces
Jesús tomó de la mano al enfermo, lo sanó
y lo despidió. 5 Después les dijo:

◊ **13 22-17 10**: En la segunda etapa del viaje a Jerusalén sigue dominando la enseñanza dirigida a los discípulos. No ha desaparecido el rechazo y la incomprensión de los dirigentes de Israel (Lc 13 25.31-35; 14 1.23-24; 15 2.25-29; 16 4). Sin embargo, el interés central de esta sección es describir los rasgos del auténtico creyente y de la verdadera comunidad cristiana. El tema dominante es el amor, manifestado en el marco simbólico de un banquete (Lc 14), expresión del amor de Dios (Lc 15).

• **13 22-30**: Estas palabras de Jesús sobre la entrada en el reino, que explican la dificultad y la exigencia del seguimiento (Lc 13 24), son una amenaza para la mayoría de los judíos, que serán *lanzados fuera*, mientras vendrán de todos los puntos cardinales hombres y mujeres a formar parte de este reino. Las palabras de Jesús sobre *la puerta angosta* no describen el resultado del juicio. Son, más bien, una expresión del esfuerzo que exige la entrada en el reino (Lc 16 16). Quizá el esfuerzo lo describe bien Lucas cuando dice que consiste en seguir a Jesús, escuchar sus palabras, y actuar en consecuencia (Lc 6 47).

• **13 31-35**: Jesús no tiene miedo de los grandes de este mundo. Camina hacia Jerusalén para enfrentarse a la muerte. De este modo se cumplirá el plan de Dios. Su mensaje será también rechazado como el de los otros profetas. El templo (literalmente casa) de Israel será destruido. Pero antes de que eso suceda, tendrá lugar la entrada triunfal de Jesús en Jerusalén (Lc 19 29-44), a la que alude Lc 13 35 (Sal 118 26).

• **14 1-6**: Los fariseos acechaban a Jesús para sorprenderlo en falta. Para Jesús el sábado es un día de liberación y misericordia. Este episodio supone una dura condena de los dirigentes judíos empeñados en no entender que las acciones de Jesús van encaminadas a la liberación del hombre.

–¿Quién de ustedes, si su hijo o su buey
cae en un pozo, no lo saca inmediatamente, aunque sea en sábado?
6 Y a esto no pudieron responder.

Elegir el último lugar

Mt 18 4; 23 12; Lc 18 14

7 Al observar cómo los invitados elegían
los mejores puestos, les hizo esta recomendación:
8 –Cuando alguien te invite a una boda,
no te acomodes en el primer lugar, no sea
que haya otro invitado más importante que
tú, 9 y venga el que te invitó a ti y al otro y
te diga: Cédele a éste tu sitio, y entonces
tengas que ir todo avergonzado a ocupar
el último lugar. 10 Más bien, cuando te
inviten, acomódate en el último lugar; así,
cuando venga quien te invitó, te dirá:
«Amigo, sube más arriba», lo cual será un
honor para ti ante todos los demás invitados. 11 Porque el que se engrandece será
humillado, y el que se humilla será engrandecido.
12 Y al que le había invitado le dijo:
–Cuando des una comida o una cena, no
invites a tus amigos, hermanos, parientes o
vecinos ricos; no sea que ellos a su vez te
inviten a ti, y con eso quedes ya pagado.
13 Más bien, cuando des un banquete, invita
a los pobres, a los lisiados, a los cojos y a
los ciegos. 14 ¡Dichoso tú si no pueden
pagarte! Recibirás tu recompensa cuando
los justos resuciten.

Parábola de la gran cena

Mt 22 1-10
Lc 13 29

15 Uno de los convidados que oyó esto
le dijo:
–Dichoso el que pueda participar en el
banquete del reino de Dios.
16 Jesús le respondió:
–Un hombre daba una gran cena e invitó a muchos. 17 A la hora de la cena, envió
a su criado a decir a los invitados: «Vengan,
que ya está todo preparado». 18 Pero todos,
uno tras otro, comenzaron a excusarse. El
primero le dijo: «He comprado un campo y
necesito ir a verlo; te ruego que me excuses». 19 Otro dijo: «He comprado cinco yuntas de bueyes y voy a probarlas; te ruego
que me excuses». 20 Y otro dijo: «Acabo
de casarme y, por tanto, no puedo ir». 21 El
criado regresó y refirió lo sucedido a su
señor. Entonces el señor se irritó y dijo a
su criado: «Sal de prisa a las plazas y calles
de la ciudad y trae aquí a los pobres y a los
inválidos, a los ciegos y a los cojos». 22 Más
tarde el criado dijo: «Señor, se hizo como
mandaste, y todavía hay sitio». 23 El señor
le dijo entonces: «Anda a los caminos y a
las veredas y convence a la gente para que
entre hasta que se llene mi casa. 24 Pues les
digo que ninguno de aquellos que habían
sido invitados probará mi cena».

Condiciones del discipulado

Mt 10 37-38
Mc 8 34; Lc 9 23; 18 24-30

25 Como lo seguía mucha gente, Jesús
se dirigió a ellos y les dijo:
26 –Si alguno quiere venir conmigo y no
está dispuesto a renunciar a su padre y a su
madre, a su mujer y a sus hijos, hermanos
y hermanas, e incluso a sí mismo, no
puede ser mi discípulo. 27 El que no carga
con su cruz y viene detrás de mí, no puede
ser mi discípulo. 28 Si uno de ustedes piensa construir una torre, ¿no se sienta primero a calcular los gastos y ver si tiene para

• **14 7-14**: *La humildad es uno de los valores fundamentales del reino*; al igual que el desinterés y la generosidad para con los pobres, debe tener como trasfondo la actitud del que da a sabiendas de que muchas veces no será correspondido. En el banquete del reino tiene lugar un cambio de puestos y de valores: la excesiva valoración de sí mismo debe ceder el puesto a la humildad, y el interés debe transformarse en gratuidad.

• **14 15-24**: El hombre busca siempre justificaciones para evitar el compromiso de la llamada Dios. Pero éste se busca su propio pueblo entre los más necesitados. Los criados deben invitarlos insistentemente, pues la casa debe llenarse. En esta parábola se anuncia una vez más la entrada de los paganos en la Iglesia (véase p. e. Hch 10). Lucas dice explícitamente que esta llamada se dirige a los pobres, un rasgo que no aparece en el paralelo de Mateo.

• **14 25-33**: El seguimiento de Jesús exige la renuncia y el desprendimiento. El *cargar con su cruz* no supone un peso adicional a las dificultades de la vida, sino un estilo de vivir lo cotidiano a la luz de las exigencias del reino, siguiendo las huellas de Jesús. Los dos ejemplos nos aclaran que la renuncia y el desprendimiento deben ser asumidos con plena conciencia y como opción de vida, porque son indispensables para el seguimiento de Jesús.

acabarla? 29 No sea que, si pone los cimientos y no puede acabar, todos los que
lo vean comiencen a burlarse de él, 30 diciendo: «Este comenzó a edificar y no
pudo terminar». 31 O si un rey está en guerra contra otro ¿no se sienta antes a considerar si puede enfrentarse con diez mil
hombres al que viene a atacarlo con veinte
mil? 32 Y si no puede, cuando el enemigo
aún está lejos, enviará unos delegados para
negociar la paz. 33 Del mismo modo, aquel
de ustedes que no renuncia a todo lo que
tiene, no puede ser mi discípulo.

El ejemplo de la sal

Mc 9 50; Mt 5 13

34 Buena es la sal, pero si pierde su sabor,
¿cómo podrá recobrarlo? 35 Ya no sirve ni
para la tierra ni para el abono, sino que hay
que tirarla. El que tenga oídos para oír, que
oiga.

Parábola de la oveja perdida

Mt 18 12-14

Mt 9 10-13; Lc 5 30-32; Jn 10 11-16; Jr 23 1-4; Ez 34 4.11.16

15 1 Entre tanto, todos los que recaudaban
impuestos para Roma y los pecadores
se acercaban a Jesús para oírle. 2 Los fariseos y los maestros de la ley murmuraban:
–Este anda con pecadores y come con
ellos.
3 Entonces Jesús les dijo esta parábola:
4 –¿Quién de ustedes, si tiene cien ovejas y se le pierde una de ellas, no deja las
noventa y nueve en el desierto y va a buscar a la descarriada hasta que la encuentra?
5 Y cuando la encuentra, la carga sobre sus
hombros lleno de alegría, 6 y al llegar a
casa, reúne a los amigos y vecinos y les
dice: «¡Alégrense conmigo, porque he encontrado la oveja que se me había perdido!». 7 Pues les aseguro que también en el
cielo habrá más alegría por un pecador que
se convierta que por noventa y nueve justos que no necesitan convertirse.

Parábola de la moneda perdida

Lc 12 8

8 O ¿qué mujer, si tiene diez monedas y
se le pierde una, no enciende una lámpara,
barre la casa y la busca con todo cuidado
hasta encontrarla? 9 Y cuando la encuentra,
reúne a sus amigas y vecinas, y les dice:
«¡Alégrense conmigo porque he encontrado la moneda que se me había perdido!».
10 Les aseguro que del mismo modo se llenarán de alegría los ángeles de Dios por un
pecador que se convierta.

Parábola del hijo pródigo

Jr 3 12-14; 31 20; Is 49 14-16

11 También les dijo:
–Un hombre tenía dos hijos. 12 El menor dijo a su padre: «Padre, dame la parte
de la herencia que me corresponde». Y el
padre les repartió los bienes. 13 A los pocos
días, el hijo menor recogió sus cosas, partió
a un país lejano y allí despilfarró toda su

• **14 34-35**: La imagen de la sal que da sabor completa las enseñanzas de Jesús en Lc 14 25-33, e ilustra cuál debe ser la misión de los discípulos en medio del mundo. Para llevarla a cabo es necesario mantenerse en la fidelidad al evangelio.

• **15 1-7**: Este capítulo reúne tres parábolas sobre el tema de la búsqueda y el hallazgo de lo que estaba perdido. Jesús quiere justificar su comportamiento con los recaudadores de impuestos y pecadores (Lc 15 2). Frente a los que se consideraban *justos* y se indignaban porque Jesús recibía a los pecadores, Jesús les habla de la alegría de Dios al encontrar lo que estaba perdido y los invita a que cambien de actitud (Lc 15 25-32). La parábola de la oveja perdida tiene como transfondo el texto de Ez 34 *11-16. Jesús es el buen pastor que ha venido a buscar las* ovejas perdidas (véase Mt 18 12-14 y Jn 10 11-16).

• **15 8-10**: La parábola de la moneda perdida insiste, como la anterior, en la alegría que Dios siente cuando un pecador se convierte. Es la misma alegría que mueve a Jesús a acercarse a los pecadores (Lc 15 1-2), y es también la alegría que debe impulsar a los discípulos a poner en práctica la misericordia y el perdón. Es la alegría del evangelio.

• **15 11-32**: La ley judía preveía que el hijo más joven recibiría un tercio de la fortuna de su padre (Dt 21 15-17). Y aunque la división de las propiedades del padre podía hacerse en vida, los hijos no accedían a la herencia hasta después de la muerte del padre (Eclo 33 20-24). Conociendo estos datos, la inmensa bondad de Dios, representado en el padre de la parábola, está ya insinuada desde el comienzo del relato. Esta parábola, en efecto, nos muestra la bondad del padre que olvida todo lo que le hizo el hijo pródigo. Sin embargo su gran generosidad no es comprendida por el hijo mayor, el cual, con una actitud semejante a la de los fariseos y maestros de la ley, se niega a participar en la fiesta, y llena de reproches a su padre. La respuesta del padre pasa por alto los reproches del hijo y lo invita de nuevo a compartir la fiesta y a experimentar la alegría por haber encontrado a quien estaba perdido (véase Lc 15 1-7.8-10).

fortuna viviendo como un libertino. 14 Cuando lo había gastado todo, sobrevino una gran escasez en aquella región, y el muchacho comenzó a pasar necesidad. 15 Entonces fue a servir a casa de un hombre de aquel país, quien lo mandó a sus campos a cuidar cerdos. 16 Para llenar su estómago, habría comido hasta el alimento que daban a los cerdos, pero no se lo permitían. 17 Entonces reflexionó y se dijo: «¡Cuántos jornaleros de mi padre tienen pan de sobra, mientras que yo aquí me muero de hambre! 18 Me pondré en camino, regresaré a casa de mi padre y le diré: Padre, pequé contra el cielo y contra ti. 19 Ya no merezco llamarme hijo tuyo; trátame como a uno de tus jornaleros». 20 Se puso en camino y se fue a casa de su padre. Cuando aún estaba lejos, su padre lo vio, y, profundamente conmovido, salió corriendo a su encuentro, lo abrazó y lo cubrió de besos. 21 El hijo empezó a decirle: «Padre, pequé contra el cielo y contra ti; ya no merezco llamarme hijo tuyo». 22 Pero el padre dijo a sus criados: «Traigan en seguida el mejor vestido y pónganselo; pónganle también un anillo en la mano y sandalias en los pies. 23 Tomen el ternero gordo, mátenlo y celebremos un banquete de fiesta, 24 porque este hijo mío estaba muerto y ha vuelto a la vida, estaba perdido y lo hemos encontrado». Y comenzaron la fiesta.

25 Su hijo mayor estaba en el campo. Cuando vino y se acercó a la casa, al oír la música y los cantos, 26 llamó a uno de los criados y le preguntó qué era lo que pasaba. 27 El criado le dijo: «Ha regresado tu hermano, y tu padre ha matado el ternero gordo, porque lo ha recobrado sano». 28 El se enojó y no quería entrar. Su padre salió y trataba de convencerlo, 29 pero el hijo le contestó: «Hace ya muchos años que te sirvo sin desobedecer jamás tus órdenes, y nunca me diste un cabrito para celebrar una fiesta con mis amigos. 30 Pero llega ese hijo tuyo, que se ha gastado tus bienes con prostitutas, y le matas el ternero gordo». 31 Pero el padre le respondió: «Hijo, tú estás siempre conmigo, y todo lo mío es tuyo. 32 Pero tenemos que alegrarnos y hacer fiesta, porque este hermano tuyo estaba muerto y ha vuelto a la vida, estaba perdido y ha sido encontrado».

Parábola del administrador sagaz

Mt 6 24

Mt 25 21.23; Lc 19 17; Ef 5 8; 1 Tes 5 5; Tob 4 9-10

16 1 Decía también a sus discípulos: –Había un hombre rico que tenía un administrador, a quien acusaron ante su señor de malgastar sus bienes. 2 El señor lo llamó y le dijo: «¿Qué es lo que oigo decir de ti? Dame cuenta de tu administración, porque no vas a poder seguir desempeñando ese cargo». 3 El administrador se puso a pensar: «¿Qué haré ahora que mi señor me quita la administración? Ya no tengo fuerzas para trabajar la tierra y me da vergüenza pedir limosna. 4 Ya sé lo que haré para que alguien me reciba en su casa, cuando me quiten la administración». 5 Entonces llamó a todos los deudores de su señor y dijo al primero: «¿Cuánto debes a mi señor?». 6 Le contestó: «Cien barriles de aceite». Y él le dijo: «Toma tu recibo, siéntate y escribe en seguida cincuenta». 7 A otro le dijo: «Y tú, ¿cuánto debes?». Le contestó: «Cien sacos de trigo». El le dijo: «Toma tu recibo y escribe ochenta». 8 Y el señor alabó a aquel administrador infiel, porque había obrado sagazmente. Y es que los que pertenecen a este mundo son más sagaces con su propia gente que los que pertenecen a la luz.

9 Por eso les digo: Gánense amigos con los bienes de este mundo. Así, cuando tengan que dejarlos, los recibirán en las moradas eternas. 10 El que es de fiar en lo poco, lo es también en lo mucho. Y el que es injusto en lo poco, lo es también en lo mucho. 11 Pues si no fueron de fiar en los bienes de este mundo, ¿quién les confiará el verdadero bien? 12 Y si no fueron de fiar administrando bienes ajenos, ¿quién les confiará lo que es de ustedes? 13 Ningún criado puede servir a dos señores, pues odiará a uno y amará a otro, o será fiel a

• **16 1-13**: La parábola inicial (Lc 16 1-8) pone como ejemplo la habilidad de un administrador infiel que sabe hacerse amigos con los bienes de este mundo. Así también los hijos de la luz, los creyentes, deben hacerse amigos con los bienes de este mundo poniéndolos al servicio de los demás. De esta manera nunca caerán en la adoración del "dios" dinero (Lc 16 13).

uno y despreciará al otro. No pueden servir a Dios y al dinero.

La ley y el reino

Mt 5 32; 11 12-13; Mc 10 11-12
Mt 19 9; 23 28; 1 Cor 7 10-11

14 Estaban oyendo todo esto los fariseos, que eran amigos del dinero, y se burlaban de Jesús. 15 El les dijo:

–Ustedes quieren pasar por hombres de bien ante la gente, pero Dios conoce sus corazones; porque, en realidad, lo que parece valioso para los hombres es despreciable para Dios. 16 La ley y los profetas llegan hasta Juan; desde entonces se anuncia la buena noticia del reino de Dios, y todos deben esforzarse para entrar en él. 17 Pero antes desaparecerán el cielo y la tierra, que pierda valor una sola coma de la ley.

18 Todo el que se separa de su mujer y se casa con otra, comete adulterio, y el que se casa con una mujer repudiada por su marido, comete adulterio.

El hombre rico y Lázaro, el pobre

Mt 15 27; Lc 24 27.44

19 Había un hombre rico que se vestía de púrpura y lino, y todos los días celebraba espléndidos banquetes. 20 Y había también un pobre, llamado Lázaro, tendido junto a la puerta y cubierto de llagas, 21 que deseaba saciar su hambre con lo que tiraban de la mesa del rico. Hasta los perros venían a lamer sus llagas. 22 Un día el pobre murió y fue llevado por los ángeles al seno de Abrahán. También murió el rico y fue sepultado. 23 Y en el abismo, cuando se encontraba entre torturas, levantó los ojos el rico y vio a lo lejos a Abrahán y a Lázaro en su seno. 24 Y gritó: «Padre Abrahán, ten piedad de mí y envía a Lázaro para que moje en agua la punta de su dedo y refresque mi lengua, porque no soporto estas llamas». 25 Abrahán respondió: «Recuerda, hijo, que ya recibiste tus bienes durante la vida, y Lázaro, en cambio, males. Ahora él está aquí consolado mientras tú estás atormentado. 26 Pero, además, entre ustedes y nosotros se abre un gran abismo, de suerte que los de aquí que quieran pasar hasta ustedes, no puedan; ni tampoco de ahí puedan venir hasta nosotros». 27 Dijo entonces el rico: «Te ruego, padre, que lo envíes a mi familia, 28 para que diga a mis cinco hermanos la verdad y no vengan también ellos a este lugar de tormento». 29 Pero Abrahán le respondió: «Ya tienen a Moisés y a los profetas, ¡que los escuchen!». 30 El insistió: «No, padre Abrahán; si se les presenta un muerto, se convertirán». 31 Entonces Abrahán le dijo: «Si no escuchan a Moisés y a los profetas, tampoco harán caso aunque resucite un muerto».

Diversas recomendaciones

Mc 9 42; Mt 18 6-7.21-22
Mt 17 20; 18 15; 21 21; 2 Re 5 1-19

17 1 Jesús dijo a sus discípulos:

–Es inevitable que haya ocasiones de pecado; pero ¡ay de quien las provoque! 2 Más le valdría que le colgaran al cuello una piedra de molino y lo tiraran al mar, antes que ser ocasión de pecado para uno de estos pequeños. 3 ¡Estén atentos!

Si tu hermano llega a pecar, repréndelo, y si se arrepiente, perdónalo. 4 Y si peca contra ti siete veces al día, y otras siete viene a decirte: «Me arrepiento», perdónalo.

5 Los apóstoles dijeron al Señor:

–Auméntanos la fe.

6 Y el Señor dijo:

–Si tuvieran fe, aunque sólo fuera como un grano de mostaza, dirían a éste árbol:

• **16** 14-18: Los fariseos reaccionan a las palabras de Jesús burlándose de él. No han comprendido que toda una etapa de la historia de la salvación ha terminado con Juan y se ha iniciado una nueva era, que asume todo lo positivo de la ley (Lc 16 29; 24 27). Sin embargo, hay aspectos de ella en los que la enseñanza de Jesús va *más allá, como ocurre con el tema del divorcio* (véase Dt 24 1-4).

• **16** 19-31: Esta historia es una ilustración de las bienaventuranzas y las lamentaciones de Lc 6 20-26. El reproche que se hace al rico es el de no saber compartir lo que tiene con los más necesitados. Ha perdido, incluso, una oportunidad de conversión por no haber escuchado a Moisés y los profetas, donde habría encontrado muchas peticiones de solidaridad para con los pobres. Su pecado consiste en haber hecho de las riquezas su dios (Lc 16 13).

• **17** 1-10: Lucas reúne aquí varias palabras de Jesús que tienen una fuerte vinculación con la vida comunitaria: evitar las ocasiones de tropiezo para los demás, acrecentar la actitud de perdón, tomar conciencia de la fuerza de la fe y servir con humildad, sabiendo que no somos indispensables.

«Arráncate y trasplántate al mar», y les
obedecería. 7 ¿Quién de ustedes, que tenga
un criado arando o pastoreando, le dice
cuando llega del campo: «Ven, siéntate a la
mesa»? 8 ¿No le dirá más bien: «Prepárame
la cena y sírveme mientras como y bebo; y
luego comerás y beberás tú»? 9 ¿Tendrá
quizás que agradecer al siervo que haya
hecho lo que se le había mandado? 10 Así
también ustedes, cuando hayan hecho lo
que se les había mandado, digan: «Somos
siervos inútiles; hicimos lo que teníamos
que hacer».

3. La llegada del reino ◊

El leproso agradecido

Lv 13 45-46; 14 1-32; Mt 8 2; Lc 5 12-14; 7 50

11 De camino hacia Jerusalén, Jesús pasaba entre Samaría y Galilea. 12 Al entrar
en un pueblo, vinieron a su encuentro diez
leprosos, que se detuvieron a distancia 13 y
comenzaron a gritar:
–Jesús, Maestro, ten piedad de nosotros.
14 El, al verlos, les dijo:
–Vayan y preséntense a los sacerdotes.
Y mientras iban de camino quedaron
limpios. 15 Uno de ellos, al verse sano, regresó alabando a Dios en alta voz, 16 y se
postró a los pies de Jesús dándole gracias.
Era un samaritano. 17 Jesús preguntó:
–¿No quedaron limpios los diez? ¿Dónde están los otros nueve? 18 ¿Tan sólo este
extranjero regresó para dar gracias a Dios?
19 Y le dijo:
–Levántate, vete; tu fe te ha salvado.

El Hijo del hombre y su venida

Mt 24 23-28.37-41; Mc 8 35
Mc 13 15-16.21; Mt 24 17-18; 10 39; Jn 12 25;
Gn 6 5-7; 19 1-24

20 A una pregunta de los fariseos sobre
cuándo iba a llegar el reino de Dios, respondió Jesús:
–El reino de Dios no vendrá de forma
espectacular, 21 ni se podrá decir: «Está
aquí, o allí», porque el reino de Dios ya
está entre ustedes.
22 Después dijo a sus discípulos:
–Llegará el día en que desearán ver uno
solo de los días del Hijo del hombre pero
no lo verán. 23 Y les dirán: «Está aquí, está
allí». pero no vayan ni los sigan. 24 Porque
como el relámpago brilla desde un punto a
otro del cielo, así se manifestará el Hijo
del hombre en su día. 25 Pero antes es preciso que sufra mucho y sea rechazado por
esta generación.
26 Cuando venga el Hijo del hombre
sucederá lo mismo que en tiempos de Noé.
27 Hasta el día en que Noé entró en el arca,
la gente comía, bebía y se casaba. Pero vino
el diluvio y acabó con todos. 28 Lo mismo
sucedió en los tiempos de Lot: comían, bebían, compraban, vendían, plantaban y edificaban. 29 Pero el día en que Lot salió de
Sodoma, llovió del cielo fuego y azufre y
acabó con todos. 30 Así será el día en que
se manifieste el Hijo del hombre. 31 Aquel
día, el que esté en la azotea y tenga en casa
sus bienes, que no baje a recogerlos; igualmente, el que esté en el campo, que no se
regrese. 32 Acuérdense de la mujer de Lot.

◊ **17 11-19 28**: En la tercera etapa del camino de Jesús hacia Jerusalén continúa la instrucción sobre algunos aspectos importantes de la vida cristiana: la llegada del reino de Dios (Lc 17 20-37), la importancia de la oración perseverante y humilde (Lc 18 1-14), el seguimiento de Jesús y el abandono de las riquezas (Lc 18 15-19 28). Al *final encontramos el tercer anuncio* de la pasión (Lc 18 31-34), que Lucas, a diferencia de Mateo y Marcos, ha separado de los otros dos para relacionar esta etapa del camino de Jesús con su ministerio en Jerusalén, y en definitiva con el misterio pascual que es el punto culminante del camino y de la vida de Jesús.

• **17 11-19**: El que recibe el don de Dios debe ser agradecido. Para ilustrar esta actitud del creyente, Lucas (sólo él tiene este relato) cuenta cómo Jesús sana a diez leprosos que acuden a él pidiendo compasión. Sólo un extranjero tuvo bastante fe para reconocer la bondad de Dios que actuaba en Jesús. El elogio del samaritano se convierte en un reproche para los hijos de Israel, y en un anuncio de la entrada de los paganos en la Iglesia.

• **17 20-37**: El reino de Dios estaba ya presente en la persona y en la actividad de Jesús. Sólo nos queda esperar el día del Hijo del hombre. Aquí Lucas utiliza un material que Mateo incluye en su discurso escatológico. Con estas palabras intenta responder a la comunidad cristiana que estaba inquieta por el retraso de la segunda venida de Jesús. Lo repentino de dicha venida, piensa Lucas, obliga al cristiano a vivir día a día su conversión al evangelio, perdiendo su vida (Lc 17 33) en el servicio a los demás. Los discípulos de Jesús no deben comportarse inconscientemente como los hombres del tiempo de Noé (Gn 7 1-6) o del tiempo de Lot (Gn 18 16-19 29), que se preocupaban únicamente de sus bienes y riquezas, olvidando las necesidades ajenas.

Algunos manuscritos, aunque no los más antiguos añaden Lc 17 36, que dice: *Estarán dos trabajando en el campo: a uno se lo llevarán y a otro lo dejarán.*

33 El que intente salvar su vida, la perderá;
pero el que la pierda, la recobrará. 34 Les aseguro que aquella noche estarán dos juntos en
la misma cama: a uno se lo llevarán y a otro
lo dejarán. 35 Estarán dos moliendo juntas: a
una se la llevarán y a otra la dejarán.
37 Ellos le preguntaron:
–¿Dónde, Señor?
Y les contestó:
–Donde esté el cadáver, allí se juntarán
los buitres.

Parábola del juez y la viuda

Lc 11 5-9; Rom 12 12; Col 4 2; 1 Tes 5 17

18 1 Para inculcarles la necesidad de orar
siempre sin desanimarse, Jesús les contó esta parábola:
2 –Había en una ciudad un juez que no
temía a Dios ni respetaba a los hombres.
3 Había también en aquella ciudad una viuda
que no cesaba de suplicarle: «Hazme justicia frente a mi enemigo». 4 El juez se negó
durante algún tiempo, pero después se dijo:
«Aunque no temo a Dios ni respeto a nadie,
5 es tanto lo que esta viuda me molesta,
que le haré justicia para que ya no venga a
buscarme».
6 Y el Señor añadió:
–Fíjense en lo que dice el juez injusto.
7 ¿No hará, entonces, Dios justicia a sus elegidos que claman a él día y noche? ¿Los
hará esperar? 8 Yo les aseguro que les hará
justicia inmediatamente. Pero, cuando venga el Hijo del hombre ¿encontrará fe en la
tierra?

El fariseo y el recaudador de impuestos

Mt 23 12

Mt 6 1; 23 23-28; Lc 16 15

9 También a unos, que presumían de ser
hombres de bien y despreciaban a los demás, les dijo esta parábola:
10 –Dos hombres subieron al templo a
orar; uno era fariseo, y el otro un recaudador de impuestos. 11 El fariseo, de pie, hacía
interiormente esta oración: «Dios mío, te
doy gracias porque no soy como el resto de
los hombres: ladrones, injustos, adúlteros;
ni como ese que recauda impuestos para
Roma. 12 Ayuno dos veces por semana y
pago los diezmos de todo lo que poseo».
13 Por su parte, el recaudador de impuestos, manteniéndose a distancia, no se atrevía ni siquiera a levantar los ojos al cielo,
sino que se golpeaba el pecho, diciendo:
«Dios mío, ten compasión de mí, que soy
un pecador». 14 Les digo que éste bajó a su
casa reconciliado con Dios, y el otro no.
Porque el que se engrandece será humillado, y el que se humilla será engrandecido.

Jesús y los niños

Mc 10 13-16; Mt 19 13-15

Mt 18 3-5

15 Le trajeron también unos niños pequeños para que los tocara. Los discípulos,
al verlo, los reprendían. 16 Pero Jesús llamó
hacia sí a los niños y dijo:
–Dejen que los niños vengan a mí y no
lo impidan, porque de los que son como
ellos es el reino de Dios. 17 Les aseguro
que el que no recibe el reino de Dios como
un niño, no entrará en él.

Un hombre importante quiere seguir a Jesús

Mc 10 17-31; Mt 19 16-30

Ex 20 12-16; Dt 5 16-20; Lc 10 25-28; Mt 6 20

18 Un hombre importante le preguntó:
–Maestro bueno, ¿qué debo hacer para
heredar la vida eterna?
19 Jesús le dijo:
–¿Por qué me llamas bueno? Sólo Dios

• **18 1-8**: Con esta parábola el evangelista completa la catequesis sobre la oración que había desarrollado en Lc 10 38-11 13. Insiste en la necesidad de orar con confianza y perseverancia, con la seguridad de que Dios escucha las súplicas del hombre. Lc 18 8 anima a los creyentes a permanecer fieles al Señor, incluso cuando la fe vaya perdiendo importancia en el mundo, como pensaban los primeros cristianos que ocurriría al final de los tiempos (Mt 24 10-12; 2 Tes 2 3).

• **18 9-14**: En esta parábola, que sólo se encuentra en Lucas, se contraponen dos actitudes: la del fariseo, que piensa obtener la salvación con su propio esfuerzo; y la del recaudador de impuestos, que reconoce su condición de pecador y pide a Dios la conversión. Este último, que se apoya en Dios, y no en sus obras, es el modelo que Lucas propone a sus lectores.

• **18 15-17**: Hay que recibir el reino de Dios como un regalo, con la sencillez con que el niño, o el recaudador de impuestos de la parábola anterior, pide y recibe. Ellos no pueden ofrecer nada a cambio; por eso se ponen en manos de Dios, y él les da lo que nada ni nadie puede comprar.

• **18 18-30**: De nuevo se plantea la cuestión de la entra-

es bueno. 20 Ya conoces los mandamientos:
*No cometerás adulterio, no matarás, no
robarás, no darás falso testimonio, honra
a tu padre y a tu madre.*
21 El respondió:
–Todo eso lo he cumplido desde joven.
22 Al oír esto Jesús le dijo:
–Aún te falta una cosa: vende todo lo
que tienes, repártelo entre los pobres y tendrás un tesoro en los cielos. Luego ven y
sígueme.
23 Pero él, al oír esto, se entristeció porque era muy rico. 24 Jesús, viendo que se
entristecía, le dijo:
–¡Qué difícilmente entrarán en el reino
de Dios los que tienen riquezas! 25 Es más
fácil para un camello pasar por el ojo de
una aguja que para un rico entrar en el reino
de Dios.
26 Los que estaban escuchando preguntaron:
–Entonces, ¿quién podrá salvarse?
27 Pero Jesús respondió:
–Lo que es imposible para los hombres
es posible para Dios.
28 Entonces Pedro dijo:
–Pues nosotros hemos dejado nuestras
posesiones y te hemos seguido.
29 Y Jesús les dijo:
–Les aseguro que todo aquel que haya
dejado casa, mujer, hermanos, parientes o
hijos por el reino de Dios, 30 recibirá mucho más en este mundo, y la vida eterna en
el futuro.

Tercer anuncio de la pasión

Mc 10 32-34; Mt 20 17-19
Lc 9 22.44-45; 24 25-27.44-46

31 Tomando consigo a los Doce, les
dijo:
–Miren, estamos subiendo a Jerusalén,
y todo lo escrito por los profetas sobre el
Hijo del hombre se va a cumplir. 32 Será
entregado a los paganos, injuriado, maltratado y escupido; 33 después de azotarlo, lo matarán, pero al tercer día resucitará.
34 Ellos, sin embargo, no entendieron
nada de esto; aquel lenguaje les resultaba
totalmente oscuro. Y no podían comprender el sentido de sus palabras.

El ciego de Jericó

Mc 10 46-52; Mt 20 29-34
Mt 9 27-29; Lc 7 50

35 Cuando se acercaba a Jericó, un ciego, que estaba sentado junto al camino pidiendo limosna, 36 oyó pasar gente y preguntó de qué se trataba. 37 Le dijeron que
pasaba Jesús de Nazaret. 38 Entonces él se
puso a gritar:
–Jesús, Hijo de David, ten compasión
de mí.
39 Los que iban delante lo reprendían,
diciendo que se callara. Pero él gritaba todavía más fuerte:
–Hijo de David, ten compasión de mí.
40 Jesús se detuvo y mandó que se lo
trajeran. Cuando lo tuvo cerca, le preguntó:
41 –¿Qué quieres que haga por ti?
El respondió:
–Señor, que recupere la vista.
42 Jesús le dijo:
–Recupérala; tu fe te ha salvado.
43 Al instante recuperó la vista y lo siguió dando gloria a Dios. Y todo el pueblo,
al verlo, se puso a alabar a Dios.

da en el reino, que requiere algo más que la simple obediencia a la ley. Para entrar en él es necesario renunciar a las riquezas. El rico pondrá siempre su corazón en ellas (Lc 12 34). Pero el creyente deberá estar siempre dispuesto a dejar todo para seguir a Jesús. La respuesta del hombre rico confirma que el apego a los bienes terrenos es una seria dificultad para alcanzar la vida. Sólo los que logran desprenderse de ellos y seguir a Jesús recibirán este gran don.

• **18** 31-34: De los anuncios de la pasión recogidos en el tercer evangelio, éste es el más extenso. Lucas añade, con respecto a los paralelos de Mateo y Marcos, que se trata del cumplimiento de un plan de Dios anunciado en los profetas. Pero los discípulos no entienden estas palabras. En cierto modo, en esta escena se anticipa el abandono de los discípulos durante la pasión.

• **18** 35-43: El tema principal de este relato es la manifestación de Jesús como el Mesías de Israel, el que según Is 35 5 daría la vista a los ciegos. Por eso el ciego se dirige a Jesús con el título mesiánico de *Hijo de David*, título que con diferente formulación (*el rey que viene*) volverá a resonar en la entrada triunfal en Jerusalén (Lc 19 38). El reino de Dios y su misericordia siguen actuando en la vida de Jesús, sobre todo cuando se encuentra con una fe así, que contrasta con la "ceguera" de los discípulos (Lc 18 34).

Jesús y Zaqueo

Mt 5 46; Lc 5 29-30; Hch 16 31-34; Lc 15 4.6.9

19 1 Jesús entró en Jericó y atravesaba la
ciudad. 2 Había en ella un hombre llamado Zaqueo, jefe de los que recaudaban
impuestos para Roma y rico; 3 quería conocer a Jesús, pero como era bajo de estatura, no podía verlo a causa del gentío.
4 Corriendo se adelantó y se subió a un
árbol para verlo, porque iba a pasar por
allí. 5 Cuando Jesús llegó a aquel lugar,
levantó los ojos y le dijo:
–Zaqueo, baja en seguida, porque hoy
tengo que hospedarme en tu casa.
6 El bajó a toda prisa y lo recibió muy
contento. 7 Al ver esto, todos murmuraban
y decían:
–Se ha hospedado en casa de un pecador.
8 Pero Zaqueo se puso en pie ante el Señor y le dijo:
–Señor, la mitad de mis bienes se la doy
a los pobres y, si engañé a alguno, le devolveré cuatro veces más.
9 Jesús le dijo;
–Hoy ha llegado la salvación a esta casa, pues también éste es hijo de Abrahán.
10 Pues el Hijo del hombre ha venido a buscar y a salvar lo que estaba perdido.

Parábola sobre la responsabilidad

Mt 25 14-30

Jn 19 15.21; Lc 16 10; Mt 13 12

11 Mientras la gente lo escuchaba, les
contó otra parábola, porque estaba cerca de
Jerusalén, y ellos creían que el reino de
Dios iba a manifestarse inmediatamente.
12 Les dijo, pues:
–Un hombre noble partió a un país lejano para ser coronado como rey y regresar
después. 13 Llamó a diez criados suyos y a
cada uno le dio una importante cantidad de
dinero diciéndoles: «Hagan negocio mientras regreso». 14 Pero sus conciudadanos lo
odiaban y enviaron detrás de él una embajada a decir que no lo querían como rey.
15 Cuando regresó, investido del poder real,
mandó llamar a sus criados, a quienes había dado el dinero, para saber cómo había
negociado cada uno. 16 El primero se presentó y dijo: «Señor, tu dinero ha producido diez veces más». 17 El dijo: «Muy bien,
has sido un buen criado; puesto que has
sido fiel en lo poco, recibe el gobierno de
diez ciudades». 18 Vino el segundo y dijo:
«Tu dinero, señor, ha producido cinco veces más». 19 Y también a este le dijo: «Tú
recibirás el mando sobre cinco ciudades».
20 Vino el otro y dijo: «Señor, aquí tienes
tu dinero; lo he tenido guardado en un pa-
ñuelo, 21 por temor a ti que eres un hombre
exigente, pues recoges lo que no dejaste y
quieres cosechar lo que no sembraste».
22 El señor le contestó: «Eres un criado malo, y tus mismas palabras te condenan. ¿Sabías que soy exigente, que recojo lo que no
dejé y cosecho lo que no sembré? 23 Entonces, ¿por qué no depositaste mi dinero
en el banco para que, al regresar, lo recu-
perara con los intereses?». 24 Y dijo a los
que estaban presentes: «Quítenle lo que le
di y entréguenlo al que lo hizo producir
diez veces más». 25 Le dijeron: «Señor,
¡pero si ya tiene diez veces más!». 26 Pues
yo les digo: «Al que tiene, se le dará, y al
que no tiene, se le quitará incluso lo que
tiene. 27 En cuanto a mis enemigos, ésos
que no me querían como rey, tráiganlos
aquí y mátenlos en mi presencia».
28 Y dicho esto, Jesús siguió su camino,
subiendo hacia Jerusalén.

• **19 1-10**: De nuevo nos encontramos con uno de los temas preferidos por Lucas: la conversión y sus exigencias. Zaqueo se acerca a Jesús por curiosidad y termina recibiéndolo en su casa, y repartiendo entre los pobres una gran parte de sus bienes. De este modo, Jesús se *muestra de nuevo como el que ha venido a buscar y salvar lo que estaba perdido* (véase Lc 15 7.8.10.24.32). El encuentro de Jesús con Zaqueo describe una experiencia muchas veces repetida a lo largo de la historia: la de todos aquellos que cambiaron de vida después de conocer a Jesús.

• **19 11-28**: Esta parábola tiene grandes semejanzas con la de los talentos de Mt 25 14-30. Frente a los que confiaban en un mesianismo triunfal e inmediato, y esperaban aún la venida del Señor, Jesús presenta el juicio a que serán sometidos todos los discípulos en su venida final. Es una llamada a trabajar incansablemente por el reino en esta etapa intermedia, que cada vez aparece con más claridad como el tiempo de la Iglesia.

IV. ACTIVIDAD DE JESUS EN JERUSALEN Δ

1. Entrada en el templo

Entrada en Jerusalén

Mc 11 1-11; Mt 21 1-11; Jn 12 12-19
Zac 9 9-10; 2 Re 9 13; Sal 118 26; Lc 21 6.20-24; 23 28-31

29 Al llegar cerca de Betfagé y de Betania, junto al monte llamado de los Olivos, envió a dos de sus discípulos 30 con este encargo:

–Vayan al poblado de enfrente. Al entrar, encontrarán un borrico atado, sobre el que nadie ha montado aún; desátenlo y tráiganlo. 31 Y si alguien les pregunta por qué lo desatan, le dirán que el Señor lo necesita.

32 Fueron los enviados y lo encontraron como Jesús les había dicho. 33 Cuando estaban desatando el borrico, sus dueños les dijeron:

–¿Por qué lo desatan?

34 Ellos respondieron:

–El Señor lo necesita.

35 Ellos se lo llevaron a Jesús. Pusieron sus mantos sobre el borrico y ayudaron a Jesús para que se montara en él. 36 Según iba avanzando, extendían sus mantos en el camino. 37 Cuando ya se iba acercando a la bajada del monte de los Olivos, los discípulos de Jesús, que eran muchos, llenos de alegría, gritaban alabanzas a Dios por todos los milagros que habían visto. 38 Decían:

–*Bendito el* rey *que viene en nombre del Señor.* ¡Paz en el cielo y gloria en las alturas!

39 Algunos fariseos de entre la gente le dijeron:

–Maestro, reprende a tus discípulos.

40 Pero Jesús respondió:

–Les aseguro que si éstos callaran, empezarían a gritar las piedras.

41 Cuando se fue acercando, al ver la ciudad, lloró por ella, 42 y dijo:

–¡Si en este día comprendieras tú también los caminos de la paz! Pero tus ojos siguen cerrados. 43 Llegará un día en que tus enemigos te rodearán con trincheras, te cercarán y te atacarán por todas partes; 44 te aplastarán a ti y a tus hijos dentro de tus murallas. No dejarán piedra sobre piedra en tu recinto, por no haber reconocido el momento en que Dios ha venido a salvarte.

El templo, casa de oración

Mc 11 15-19; Mt 21 12-13; Jn 2 13-16
Is 56 7; Jr 7 11

45 Jesús entró en el templo y comenzó a expulsar a los vendedores, 46 diciéndoles:

–Está escrito: *Mi casa será casa de oración;* pero ustedes la han convertido en *cueva de ladrones.*

2. Discusiones con los jefes de Israel

Jesús enseña en el templo

Mc 11 18; Lc 20 1.19; Jn 7 30

47 Jesús enseñaba todos los días en el templo. Los jefes de los sacerdotes, los

Δ 19 29-21 38: Lucas utiliza aquí, en parte, el material procedente de Mc 11 1-13 37. Sin embargo sus intenciones teológicas no son las mismas. Jesús aparece tomando posesión de Jerusalén, especialmente del templo, y *purificándolo para que se transforme en lugar* adecuado para su predicación. A través de los diversos episodios que tienen lugar en Jerusalén se va manifestando la personalidad de Jesús y el origen de su autoridad. Su predicación constituye la última advertencia a Israel para que se convierta y acepte al último y definitivo enviado de Dios. Son unos capítulos en los que paulatinamente va apareciendo con claridad que Jerusalén y su templo ya no son el lugar de encuentro con Dios. Este encuentro tiene lugar ahora a través de Jesús.

• **19 29-44**: En este relato Jesús aparece como el Mesías pacífico y humilde anunciado por Zac 9 9-10, frente al Mesías triunfal que era esperado por la mayoría del pueblo (Lc 19 11). Algunos rasgos de la narración, como el clima de alegría o el hecho de extender los mantos al paso de Jesús, sirven para dar a conocer su realeza, aún escondida (1 Re 1 38-40; 2 Re 9 13). Es un anuncio simbólico de lo que se produciría en su resurrección, cuando Jesús se manifieste como Señor y Mesías (Hch 2 36). En medio de este momento triunfal de Jesús brotan, sin embargo, de su boca palabras de condena contra Jerusalén que no ha sabido reconocer la salvación de Dios.

• **19 45-46**: La estructura de la narración de Lucas, que se diferencia de la de Marcos, de donde probablemente ha tomado este relato, hace que la purificación del templo se convierta en el objetivo de la entrada en Jerusalén. Jesús prepara el templo como lugar de su enseñanza, que era seguida atentamente por el pueblo, pero rechazada por sus dirigentes.

maestros de la ley y los principales del
pueblo buscaban matarlo. 48 Pero no encontraban el modo de hacerlo, porque el
pueblo entero estaba escuchándolo, pendiente de su palabra.

Origen de la autoridad de Jesús

Mc 11 27-33; Mt 21 23-27

20 1 Uno de aquellos días, cuando estaba
enseñando al pueblo en el templo y
les anunciaba la buena noticia, se presentaron los jefes de los sacerdotes y los maestros de la ley con los ancianos, 2 y le dijeron:

–Dinos, ¿con qué autoridad haces estas
cosas? ¿Quién te ha dado esa autoridad?

3 Jesús les respondió:

–También yo les voy a hacer una pregunta. Díganme: 4 el bautismo de Juan ¿venía de Dios o de los hombres?

5 Ellos intentaban ponerse de acuerdo y
razonaban así:

–Si decimos que de Dios, dirá: ¿Por qué
no le creyeron? 6 Y si decimos que de los
hombres, el pueblo entero nos apedreará,
porque está convencido de que Juan era un
profeta.

7 Así que contestaron que no lo sabían.
8 Entonces Jesús les dijo:

–Pues tampoco yo les digo con qué
autoridad hago estas cosas.

Parábola de los viñadores homicidas

Mc 12 1-12; Mt 21 33-46

Is 5 1-7; *Sal 118 22;* 1 Pe 2 5-8

9 Entonces comenzó a hablar al pueblo,
y les propuso esta parábola:

–Un hombre plantó una viña, la arrendó
a unos viñadores y se ausentó por mucho
tiempo. 10 Llegado el momento, envió un
criado a los viñadores para que le dieran la
parte que le correspondía del fruto de la
viña. Pero los viñadores lo golpearon y lo
despacharon con las manos vacías. 11 Les
envió de nuevo otro criado; pero ellos, después de golpearlo y ultrajarlo, lo despacharon también con las manos vacías. 12 Todavía les envió un tercero. Y también a éste,
después de herirlo gravemente, lo echaron
de allí. 13 El dueño de la viña pensó entonces: «¿Qué haré ahora? Les enviaré a mi
hijo amado. Quizás a él lo respeten». 14 Pero
los viñadores, al verlo, comenzaron a decirse unos a otros: «Este es el heredero;
matémoslo y la herencia será nuestra».
15 Entonces arrojándolo fuera de la viña, lo
mataron. ¿Qué hará, pues, con ellos el señor de la viña? 16 Vendrá, acabará con esos
viñadores y dará la viña a otros.

Entonces los que estaban escuchando
dijeron:

–¡Eso no puede ser!

17 Pero Jesús, mirándolos fijamente les
dijo:

–Pues ¿qué significa eso que dice la Escritura:

La piedra que rechazaron
los constructores
se ha convertido en piedra fundamental?

18 El que caiga sobre esta piedra quedará despedazado, y a quien le caiga encima,
quedará aplastado.

19 Los maestros de la ley y los jefes de
los sacerdotes quisieron detenerlo en aquel
momento, pero temieron al pueblo, porque
se dieron cuenta de que había dicho esta
parábola refiriéndose a ellos.

• **19 47-48**: Este sumario inaugura la predicación de Jesús en Jerusalén (véase Lc 4 14-15, que cumple la misma función al comienzo del ministerio de Galilea). En él se enuncian los rasgos principales de esta predicación: tiene lugar en el templo purificado (Lc 19 45-46); el pueblo la acepta; pero los jefes del pueblo la rechazan.

• **20 1-8**: La entrada mesiánica de Jesús en Jerusalén, y su enseñanza en el templo muestran una autoridad que viene de Dios. Pero los jefes del pueblo ponen en duda esta autoridad. La pregunta que Jesús les hace y la reacción de ellos ponen de manifiesto que su intención no es recta: no están dispuestos a reconocer el sentido de la misión de Juan. Jesús quiere hacerles reflexionar, para que descubran que a través de la autoridad que manifiestan las obras que él hace se revela su identidad como Mesías e Hijo de Dios (Lc 22 67) y como Rey (Lc 23 3).

• **20 9-19**: El Antiguo Testamento (Is 5 1-6; Ez 15 1-6) solía comparar al pueblo elegido con una viña. En esta parábola Jesús aparece como el hijo que muere rechazado por Israel. Lucas añade a los textos paralelos de Mateo y Marcos que el hijo va a morir fuera de la viña, lo que insinúa que su muerte será la semilla de un nuevo pueblo de Dios sin fronteras (los *otros* de Lc 20 16), cuya piedra fundamental será Jesús. Lucas interpreta la parábola desde la experiencia de su propia comunidad: el rechazo y la muerte de Jesús han sido el punto de partida para el anuncio del evangelio a los paganos.

El impuesto al emperador romano

Mc 12 13-17; Mt 22 15-22
Rom 13 6-7

20 Entonces para vigilarlo le enviaron
espías, que simulaban ser hombres buenos.
Querían ver si decía algo que les diera motivo para entregarlo al poder y autoridad
del gobernador romano. 21 Así que le hicieron esta pregunta:
–Maestro, sabemos que hablas y enseñas con rectitud. No juzgas por apariencias
y enseñas con verdad el camino de Dios.
22 ¿Estamos obligados a pagar el impuesto
al emperador o no?
23 Jesús se dio cuenta de su mala intención y les dijo:
24 –Muéstrenme la moneda del impuesto. ¿De quién es la imagen y la inscripción
que lleva?
25 Ellos le contestaron:
–Del emperador.
Entonces Jesús dijo:
–Pues den al emperador lo que es del
emperador, y a Dios lo que es de Dios.
26 No pudieron sorprenderlo en nada ante
el pueblo y, asombrados de su respuesta, se
callaron.

Pregunta sobre la resurrección

Mc 12 18-27; Mt 22 23-33
Hch 23 8; *Dt 25 5; Ex 3 2.6;* Rom 14 8-9

27 Se acercaron entonces unos saduceos,
que niegan la resurrección, y le preguntaron:
28 –Maestro, Moisés nos dejó escrito: *Si
un hombre muere dejando mujer sin hijos,
que su hermano se case con la mujer para
dar descendencia al hermano difunto*.
29 Pues bien, había siete hermanos. El primero se casó y murió sin hijos. 30 El segundo 31 y el tercero se casaron con la viuda, y
así los siete. Todos murieron sin dejar
hijos. 32 Por fin murió también la mujer.
33 Así, pues, en la resurrección, ¿de quién
de ellos será mujer? Porque los siete estuvieron casados con ella.
34 Jesús les dijo:
–En la vida presente existe el matrimonio entre hombres y mujeres; 35 pero los
que sean considerados dignos de la vida
futura, cuando los muertos resuciten, no se
casarán; 36 y es que ya no pueden morir,
pues son como los ángeles; son hijos de
Dios, porque han resucitado. 37 Y que los
muertos resucitan, el mismo Moisés lo da
a entender en el episodio de la zarza, cuando
llama Señor *al Dios de Abrahán, Dios de
Isaac y Dios de Jacob*. 38 No es un Dios de
muertos, sino de vivos, porque todos viven
por él.
39 Entonces unos maestros de la ley intervinieron diciendo:
–Maestro, has respondido muy bien.
40 Y ya no se atrevían a preguntarle
nada.

La filiación del Mesías

Mc 12 35-37; Mt 22 41-46
Sal 110 1

41 Jesús, por su parte, les preguntó:
–¿Cómo dicen que el Mesías es hijo de
David? 42 Porque el mismo David dice en
el libro de los Salmos:

Dijo el Señor a mi Señor:
siéntate a mi derecha

• **20 20-26**: Las autoridades de Israel tenían como objetivo llevar a Jesús ante el tribunal romano, el único que podía pronunciar sentencia de muerte. Todos los medios, incluso la *mala intención* (Lc 20 23), les parecían buenos *para conseguirlo. Las autoridades judías* envían espías para sorprenderlo en alguna palabra que sirva para denunciarlo ante el gobernador romano. La respuesta de Jesús les resulta sorprendente. El hecho de poseer monedas romanas era ya un signo evidente de su sometimiento al poder imperial; es algo que han aceptado e incluso buscado. Pero este poder no puede divinizarse, pues sólo Dios merece ser reconocido y adorado como tal.

• **20 27-40**: Los saduceos y fariseos discrepaban sobre el tema de la resurrección. Los saduceos la negaban basándose en que la mayor parte de los libros del Antiguo Testamento no aluden a ella. Los fariseos, que en esto aparecían como innovadores, la afirmaban basándose en textos recientes del Antiguo Testamento (Dn 12 1-3; 2 Mac 7 14). Los saduceos quieren aquí ridiculizar la resurrección de los muertos. Pero Jesús afirma que la resurrección no es una simple continuación de la vida, sino una vida nueva y distinta, una vida de plenitud que difícilmente podemos comprender desde nuestras realidades cotidianas.

• **20 41-44**: Jesús responde a las cuestiones que sus adversarios acaban de plantearle (Lc 20 20-40) con una pregunta acerca del Mesías. Desde la confesión de fe en el resucitado como Señor, estas palabras de Jesús adquieren todo su sentido. El Mesías es algo más que un descendiente de David. Lucas no pretende negar que Jesús sea el Mesías davídico (Lc 1 32; 3 31). Sin embargo, quiere hacer comprender que una concepción demasiado estrecha y nacionalista de este título no expresa todo lo que Jesús es.

43 *hasta que ponga a tus enemigos*
como estrado de tus pies.

44 Si David lo llama Señor, ¿cómo puede ser el Mesías hijo suyo?

Jesús denuncia a los maestros de la ley

Mc 12 38-40; Mt 23 6-7.14

Lc 11 37-54

45 Mientras todo el pueblo estaba escu-
chándole, dijo a sus discípulos:
46 –Cuídense de los maestros de la ley, a
quienes les gusta pasearse lujosamente
vestidos y desean ser saludados por la calle.
Buscan los puestos de honor en las sinagogas y los primeros lugares en los banquetes. 47 Estos, que devoran los bienes de las
viudas con el pretexto de largas oraciones,
tendrán un juicio muy riguroso.

La ofrenda de la viuda

Mc 12 41-44

21 1 Estaba Jesús viendo cómo los ricos
depositaban sus ofrendas en las arcas
del templo. 2 Vio también a una viuda muy
necesitada que echó allí dos monedas de
poco valor. 3 Y dijo:
–Les aseguro que esa viuda pobre ha
echado más que todos los demás; 4 porque
ésos han echado de lo que les sobra, mientras que ella ha echado desde su pobreza
todo lo que tenía para vivir.

3. Discurso escatológico ◊

Anuncio de la destrucción del templo

Mc 13 1-2; Mt 24 1-2

Miq 3 12; Jdt 7 1-15

5 Al oír a algunos que hablaban del templo, admirados de la belleza de sus piedras
y de las ofrendas que lo adornaban, dijo:
6 –Vendrá un día en que de estas cosas
que ven, no quedará piedra sobre piedra.
¡Todo será destruido!

Final de los tiempos y anuncio de persecuciones

Mc 13 3-13; Mt 24 3-14

Hch 1 8; Mt 10 17-22; Jn 15 18-21

7 Entonces le preguntaron:
–Maestro, ¿cuándo será eso? ¿Cuál será
la señal de que esas cosas están a punto de
suceder?
8 El contestó:
–Estén atentos, para que no los engañen.
Porque muchos vendrán en mi nombre diciendo: «Yo soy, ha llegado la hora». No
vayan detrás de ellos. 9 Y cuando oigan hablar de guerras y de revueltas, no se asusten, pues eso tiene que suceder primero,
pero el fin no vendrá inmediatamente.
10 Les dijo además:
–Se levantará nación contra nación y
reino contra reino. 11 Habrá grandes terremotos y, en diversos lugares, hambres, pestes, cosas espantosas y grandes señales en
el cielo. 12 Pero antes de todo eso, los de-

• **20 45-47**: Lucas ya ha insertado en su evangelio otro texto en el que Jesús criticaba a los fariseos y maestros de la ley (Lc 11 37-54). Aquí los ataca porque aparentando una intensa vida de piedad, lo que en realidad buscaban era satisfacer su vanidad y apoderarse de los bienes de los necesitados. Las palabras de Jesús se hacen eco de la crítica social de los profetas del Antiguo Testamento.

• **21 1-4**: Jesús descubre la profundidad del gesto sencillo de esta viuda pobre, que da todo lo que tiene y se pone en manos de Dios. Su desprendimiento contrasta con la actitud de los fariseos (Lc 20 47).

◊ **21 5-38**: Como los otros evangelios sinópticos (Mc 13; Mt 24-25), Lucas concluye la predicación de Jesús en Jerusalén con un discurso acerca de los acontecimientos finales. Al evocarlos, el evangelista transmite su visión de la historia de la salvación en tres momentos: destrucción de Jerusalén, tiempo de la misión de la Iglesia, y, por último, la venida del Hijo del hombre, que traerá la plenitud del reino de Dios. En su conjunto este discurso es una invitación a vivir el presente de la Iglesia como una ocasión para dar testimonio de Jesús y para poner en práctica sus enseñanzas.

• **21 5-6**: En la tradición profética, el abandono del templo de Dios y su destrucción eran contemplados como la consecuencia de la ruptura de la alianza por parte del pueblo (Ez 10 18). Estas palabras de Jesús introducen un nuevo discurso sobre los acontecimientos finales, más extenso que el de Lc 17 20-37.

• **21 7-19**: Lucas alerta a su comunidad sobre posibles signos engañosos: falsos mesías o los que anuncian la inminencia del fin; insiste en que *el fin no vendrá inmediatamente*. De este modo elimina la fiebre mesiánica o escatológica que dominaba en ciertos sectores de su comunidad. Pero además, estas palabras de Jesús anuncian las persecuciones de la comunidad cristiana y le aseguran la protección incesante de Dios si permanece fiel.

tendrán y los perseguirán, los arrastrarán a
las sinagogas y a las cárceles, y los harán
comparecer ante reyes y gobernadores por
causa de mi nombre. 13 Esto será ocasión
para que den testimonio. 14 Hagan el propósito de no preocuparse por su defensa, 15 porque yo les daré un lenguaje y una sabiduría
a los que no podrá resistir ni contradecir
ninguno de sus adversarios. 16 Serán entregados incluso por sus padres, hermanos,
parientes y amigos; y a algunos de ustedes
los matarán. 17 Todos los odiarán por mi
causa. 18 Pero ni un cabello de su cabeza
se perderá. 19 Si perseveran se salvarán.

Jerusalén será destruida

Mc 13 14-23; Mt 24 15-28
Jr 46 10; Os 9 7; Sal 79 1

20 Cuando vean a Jerusalén rodeada de
ejércitos, sepan que está a punto de ser destruida. 21 Entonces los que estén en Judea,
que huyan a las montañas; los que estén
dentro de la ciudad, que se alejen; y los
que estén en el campo, que no entren en la
ciudad. 22 Porque son días de venganza en
los que se cumplirá todo lo que está escrito. 23 ¡Ay de las que estén encinta y de las
que estén amamantando en aquellos días!
Porque habrá gran dolor en la tierra y el
castigo vendrá sobre este pueblo. 24 Caerán
al filo de la espada e irán cautivos a todas
las naciones, y Jerusalén será pisoteada por
los paganos, hasta que llegue el tiempo
señalado.

Las señales

Mc 13 24-27; Mt 24 29-31
Is 13 10; Ap 6 12-13; Dn 7 13

25 Habrá señales en el sol, en la luna y
en las estrellas; y en la tierra la angustia se
apoderará de los pueblos, asustados por el
estruendo del mar y de sus olas. 26 Los
hombres se morirán de miedo, al ver esa
conmoción del universo; pues las fuerzas
del cielo se estremecerán violentamente.
27 Entonces verán al Hijo del hombre venir en una nube con gran poder y gloria.
28 Cuando empiecen a suceder estas cosas,
cobren ánimo y levanten la cabeza, porque
se acerca su liberación.

El ejemplo de la higuera

Mc 13 28-31; Mt 24 32-35
Mt 24 48-50; 1 Tes 5 3

29 Les propuso también este ejemplo:
–Fíjense en la higuera y los demás árboles. 30 Cuando echan brotes, ustedes, al verlos, saben que se acerca el verano. 31 Pues
lo mismo ustedes, cuando vean que suceden
estas cosas, sepan que el reino de Dios está
cerca. 32 Les aseguro que no pasará esta
generación hasta que todo esto suceda. 33 El
cielo y la tierra pasarán, pero mis palabras
no pasarán. 34 Procuren que sus corazones
no se entorpezcan por el exceso de comida, por las borracheras y las preocupaciones de la vida, porque entonces ese día
caerá de improviso sobre ustedes. 35 Ese
día será como una trampa en la que caerán
atrapados todos los habitantes de la tierra.
36 Estén atentos, pues, y oren en todo tiempo, para que se libren de todo lo que vendrá y puedan presentarse sin temor ante el
Hijo del hombre.
37 Jesús enseñaba en el templo durante
el día, y por la noche se retiraba al monte
de los Olivos. 38 Y todo el pueblo madru-
gaba para ir al templo a escucharlo.

• **21 20-24**: Se anuncia la ruina de Jerusalén como cumplimiento de las amenazas de los profetas contra la Jerusalén infiel. Pero tampoco éste será el signo que tendrá lugar inmediatamente antes del momento final. Hace falta esperar el tiempo señalado (literalmente, *el tiempo de los paganos*), una expresión que podría referirse a la evangelización de estos pueblos (Lc 24 47).

• **21 25-28**: A pesar del lenguaje apocalíptico y catastrófico, la venida del Hijo del hombre (descrita según la terminología de Dn 7 13s) es un gran acontecimiento de liberación. Por eso la actitud del cristiano ante el final de los tiempos es la esperanza y no el temor. De aquí se deriva también que en la oración cristiana se pida diariamente el regreso de Jesús.

• **21 29-38**: Lucas introduce aquí cambios importantes con respecto a los textos paralelos de Marcos y Mateo. Lo que en ellos era el anuncio del fin del mundo, en Lucas se refiere a la proximidad del reino y se relaciona con la predicación de Jesús. Pero eso no impide que Jesús exhorte a los cristianos a que estén siempre atentos. Deben comportarse como el servidor que espera a cualquier hora el regreso de su dueño (Lc 12 37). Así podremos presentarnos el día del juicio sin temor ante el Señor.

V. PASION Y RESURRECCION DE JESUS Δ

1. Pasión y muerte de Jesús ◊

Conspiración contra Jesús
Mc 14 1-2; Mt 26 1-5; Jn 11 45-53

22 1 Se acercaba la fiesta de los panes sin
levadura llamada pascua. 2 Los jefes
de los sacerdotes y los maestros de la ley
buscaban el modo de eliminar a Jesús,
pero temían al pueblo. 3 Entonces Satanás
entró en Judas, llamado Iscariote, que era
uno de los Doce, 4 y éste fue a ponerse de
acuerdo con los jefes de los sacerdotes y
los jefes de la guardia del templo para entregarles a Jesús. 5 Ellos se alegraron y quedaron en darle dinero. 6 Judas aceptó la propuesta y buscaba una oportunidad para entregarles a Jesús sin que lo supiera la gente.

Preparación de la cena de pascua
Mc 14 12-21; Mt 26 17-25; Jn 13 1
Ex 12 8-11

7 Llegó el día de la fiesta de los panes
sin levadura, en que debía inmolarse el
cordero pascual, 8 y Jesús envió a Pedro y
a Juan diciendo:
–Encárguense de prepararnos la cena de
pascua.
9 Ellos le preguntaron:
–¿Dónde quieres que la preparemos?
10 Les respondió:
–Al entrar en la ciudad, encontrarán a
un hombre que lleva un cántaro de agua;
síganlo hasta la casa donde entre, 11 y digan al dueño de la casa: El Maestro dice:
«¿Dónde está la sala en la que voy a celebrar la cena de pascua con mis discípulos?». 12 El les mostrará en el piso de arriba una habitación grande y alfombrada.
Prepárenlo todo allí.
13 Ellos fueron y encontraron todo tal
como Jesús les había dicho y prepararon la
cena de pascua.

La cena de pascua
Mc 14 22-26; Mt 26 26-30; 1 Cor 11 24-25
Ex 12 14; Jn 13 18-30

14 Llegada la hora, Jesús se sentó a la
mesa con sus discípulos. 15 Y les dijo:
–¡Cómo he deseado celebrar esta pascua
con ustedes antes de morir! 16 Porque les
digo que no la volveré a celebrar hasta que
tenga su cumplimiento en el reino de Dios.
17 Tomó entonces un cáliz, dio gracias y
dijo:
–Tomen esto y repártanlo entre ustedes;
18 pues les digo que ya no beberé del fruto
de la vid hasta que llegue el reino de Dios.
19 Después tomó pan, dio gracias, lo partió y lo dio a sus discípulos diciendo:

Δ 22 1-24 49: Los últimos capítulos de Lucas narran, como los demás evangelios, los acontecimientos finales de la vida de Jesús: su pasión y su muerte, el descubrimiento de la tumba vacía y las apariciones del resucitado. Sin embargo, sirviéndose de pequeños añadidos y retoques, el autor ha conseguido imprimir a estos capítulos su propia orientación. Jesús aparece como el siervo sufriente del que habla Isaías (Is 53). Su camino hacia la cruz conduce a la gloria y pone de manifiesto que estos son los caminos que Dios había trazado en el plan de salvación, anunciado en las profecías del Antiguo Testamento. La pascua de Jesús es, al mismo tiempo, el final del evangelio y el comienzo del libro de los Hechos.

◊ 22 1-23 56: Muy probablemente, el relato de la pasión es el documento más antiguo de la tradición oral. Lucas ha utilizado aquí el relato de Marcos (Mc 14 1-16 8), y tiene también algún parecido con Juan (especialmente en la presentación de la cena como despedida de Jesús: Lc 22 1-38), pero, como siempre, ha dejado impreso su sello característico. Quiere mostrar que el camino de la cruz es el camino de la vida del cristiano.Junto a este interés, claramente pastoral, Lucas quiere describir también la salida de Jesús de la historia humana. Es el *éxodo (salida) que él había de consumar en Jerusalén* (Lc 9 31). Todo el relato está marcado por la presencia de la pascua (Lc 22 1.7; 23 54.56), de la que Lucas hará una nueva interpretación en su relato de la institución de la Eucaristía.

• 22 1-6: La proximidad de la pascua es, sorprendentemente, un tiempo propicio para la traición. Reaparece Satanás (véase Lc 4 13), y el relato de la pasión se transforma en un combate contra el mal. Aparentemente, Satanás ha estado ausente durante todo el ministerio de Jesús, pero ahora, por medio de Judas, uno de los Doce, vuelve a aparecer en el momento decisivo, cuando el futuro de la humanidad se decide en la pasión y la cruz.

• 22 7-13: De la misma manera que sus adversarios se han puesto de acuerdo para matarlo, Jesús toma la iniciativa para preparar la cena de pascua con sus amigos. La fiesta judía de la pascua conmemoraba la salida de Egipto, pero en la Iglesia primitiva esta fiesta se convertirá en el memorial de la muerte y resurrección de Jesús, la pascua cristiana.

–Esto es mi cuerpo, que se entrega por
ustedes; hagan esto en memoria mía.
20 Y después de la cena, hizo lo mismo
con el cáliz diciendo:
–Este es el cáliz de la nueva alianza sellada con mi sangre, que se derrama por
ustedes. 21 Pero el que me entrega está sentado conmigo en esta mesa. 22 Porque el
Hijo del hombre se va, según lo dispuesto
por Dios; pero ¡ay de aquel que lo entrega!
23 Entonces ellos comenzaron a preguntarse unos a otros quién de ellos era el que
iba a hacer aquello.

La autoridad como servicio

Mc 10 42-44; Mt 20 25-27
Lc 9 46-48; Jn 13 3-7

24 También se produjo entre ellos una
discusión sobre quién debía ser considerado el más importante. 25 Jesús les dijo:
–Los jefes de las naciones ejercen su
dominio sobre ellas, y los que tienen autoridad reciben el nombre de benefactores.
26 Pero ustedes no procedan de esta manera. Entre ustedes, el más importante sea
como el menor, y el que manda como el
que sirve. 27 ¿Quién es más importante, el
que se sienta a la mesa o el que sirve? ¿No
es el que se sienta a la mesa? Pues bien, yo
estoy entre ustedes como el que sirve. 28 Ustedes son los que han perseverado conmigo en mis pruebas. 29 Y yo les confiero la
dignidad real que mi Padre dispuso para
mí, 30 para que coman y beban en mi mesa
cuando yo reine, y se sienten en tronos para juzgar a las doce tribus de Israel.

Anuncio de la negación de Pedro

Mc 14 27-31; Mt 26 31-35; Jn 13 36-38
Am 9 9

31 Simón, Simón, mira que Satanás los
ha reclamado para sacudirlos como al trigo.
32 Pero yo he rogado por ti, para que tu fe
no decaiga; y tú, una vez convertido, confirma a tus hermanos.
33 Pedro le dijo:
–Señor, estoy dispuesto a ir contigo a la
cárcel e incluso a la muerte.
34 Pero Jesús le contestó:
–Te aseguro, Pedro, que hoy mismo,
antes de que cante el gallo, habrás negado
tres veces que me conoces.

La hora decisiva

Mc 6 7-9; Mt 10 9-10; Lc 9 3; *Is 53 12*

35 A continuación les dijo:
–Cuando los envié sin dinero, sin morral y sin sandalias, ¿les faltó algo?
Ellos contestaron:
–Nada.
36 Jesús añadió:
–Pues ahora, el que tenga dinero, que lo
tome, y lo mismo el que tenga morral; y el
que no tenga espada, que venda su manto y
se compre una. 37 Porque les digo que debe
cumplirse en mí lo que está escrito: *Lo
contaron entre los malhechores*. Porque
cuanto a mí se refiere llega a su fin.
38 Ellos le dijeron:
–Señor, aquí hay dos espadas.
Jesús dijo:
–¡Basta ya!

• **22 14-23**: La cena pascual judía adquiere en este relato un nuevo significado, al convertirse en anuncio de la muerte de Jesús, hecho con el que se inaugura la nueva alianza. Lucas insiste en relacionar la cena de pascua con la *muerte sacrificial* de Jesús en la cruz. Por su parte, esta *nueva alianza sólo alcanzará su plenitud en el reino que* viene. Esta nueva alianza, que nace de la sangre de la cruz, nos hace recordar la antigua en la que también la sangre selló la alianza de Dios con su pueblo (Ex 24 4-8). Pero además evoca el texto de Jr 31 31-34, en el que el profeta habla esperanzadamente de una nueva alianza futura.

El centro del relato se encuentra en las palabras de Jesús sobre el pan y el vino (Lc 22 19-20). De ellas existían dos tradiciones entre los primeros cristianos: una representada por Mateo y Marcos y otra por Pablo y Lucas (véanse textos paralelos).

• **22 24-30**: El relato anterior termina con el anuncio de la traición. Este comienza con la discusión de los discípulos sobre quién es el más grande. Jesús les advierte que al seguirlo son llamados a un nuevo estilo de vida que exige ejercer la autoridad como servicio, y en esta clave deben interpretar su pasión y muerte. Sólo así serán capaces de compartir su autoridad.

• **22 31-34**: Los apóstoles van a ser probados y Pedro caerá. Pero Jesús anuncia también que se levantará y que llevará a cabo una misión en su nombre, como se describe en los primeros capítulos del libro de los Hechos (Hch 1-12), misión que consistirá en confirmar la fe de sus hermanos.

• **22 35-38**: Jesús va a abandonar a los suyos y sus últimos días van a estar marcados por el combate feroz con los enemigos del reino, un combate que se prolongará después en la vida de la Iglesia. Habrá que defenderse con vigor en esos tiempos difíciles.

Oración en Getsemaní

Mc 14 32-42; Mt 26 36-46
Mc 10 38; Mt 6 10

39 Después salió y fue, como de costumbre, al monte de los Olivos. Sus discípulos lo siguieron. 40 Al llegar allí, les dijo:
–Oren para que puedan hacer frente a la
prueba.
41 Se alejó de ellos como a la distancia
de un tiro de piedra, se arrodilló y suplicaba así:
42 –Padre, si quieres aleja de mí este
cáliz de amargura; pero no se haga mi voluntad, sino la tuya.
43 Entonces se le apareció un ángel del
cielo, que lo estuvo confortando. 44 Lleno
de angustia, oraba más intensamente, y comenzó a sudar como gotas de sangre que
corrían hasta el suelo.
45 Después de orar, se levantó y fue
adonde estaban sus discípulos. Los encontró dormidos, pues estaban rendidos por la
tristeza. 46 Entonces les dijo:
–¿Cómo es que están durmiendo? Levántense y oren, para que puedan hacer
frente a la prueba.

Jesús se entrega

Mc 14 43-50; Mt 26 47-56; Jn 18 3-11

47 Aún estaba Jesús hablando, cuando
llegó una multitud, encabezada por uno de
los Doce, llamado Judas, que se acercó a
Jesús para besarlo. 48 Jesús le dijo:
–Judas, ¿con un beso entregas al Hijo
del hombre?
49 Viendo los suyos lo que iba a pasar,
le dijeron:
–Señor, ¿sacamos la espada?
50 Y uno de ellos atacó al criado del
sumo sacerdote y le cortó la oreja derecha.
51 Pero Jesús dijo:
–¡Déjenlos!
Y, tocando la oreja, lo sanó. 52 Y a los
que venían contra él, jefes de los sacerdotes,
jefes de la guardia del templo y ancianos,
les dijo:
–Han salido a detenerme con espadas y
palos, como si fuera un ladrón. 53 Todos los
días estaba con ustedes en el templo, y no
movieron un dedo en mi contra; pero ésta es
su hora: la hora del poder de las tinieblas.

Proceso de Jesús y negaciones de Pedro

Mc 14 53-54.66-72; Mt 26 57-58.69-75;
Jn 18 12-18.25-27

54 Después de arrestarlo, se fueron y
entraron en la casa del sumo sacerdote.
Pedro los seguía de lejos. 55 Habían encendido fuego en medio del patio, y Pedro se
sentó entre los que estaban alrededor de la
lumbre. 56 Una criada lo vio sentado junto
al fuego, lo miró con atención y dijo:
–También éste andaba con él.
57 Pedro lo negó, diciendo:
–No lo conozco, mujer.
58 Poco después otro, al verlo, dijo:
–Tú también eres de ellos.
Pedro dijo:
–No lo soy.
59 Transcurrió como una hora, y otro
afirmó rotundamente:
–Es verdad, éste andaba con él, pues es
galileo.
60 Entonces Pedro dijo:
–No sé de qué me hablas.
E inmediatamente, mientras estaba hablando, cantó un gallo. 61 Entonces el Señor
dirigiéndose hacia Pedro, lo miró. Pedro
recordó que el Señor le había dicho: «Hoy
mismo, antes que el gallo cante, me habrás

• **22 39-46**: Esta escena nos describe la experiencia de Jesús frente a la muerte. En este momento crucial de su vida, que hace recordar el relato de las tentaciones (Lc 4 1-13), Jesús comparte la angustia y fragilidad del hombre. Sólo después de intensa oración es capaz de aceptar la voluntad del Padre. La actitud de Jesús es un ejemplo para los cristianos, que viven acosados por pruebas y dificultades, a las que sólo podrán hacer frente si, como *Jesús, oran constantemente (Lc 22 40.46)*.

• **22 47-53**: El arresto de Jesús está descrito como un acto del *poder de las tinieblas* presente en Judas (Lc 22 3) y en los jefes de Israel (Lc 22 53). Sin embargo, Jesús, que camina libremente hacia su pasión (Lc 22 37.39-46), muestra hasta el último momento su bondad sanando al siervo del sumo sacerdote. Es la hora de los enemigos de Jesús, que, sin embargo, están al servicio de la hora de Jesús, es decir, de su muerte liberadora.

• **22 54-65**: Jesús es abandonado por sus discípulos y humillado por sus enemigos. Pedro, el único que lo había seguido, y que se atreve incluso a entrar en el patio interior del palacio del sumo sacerdote, lo niega abiertamente. Los cristianos de la comunidad de Lucas y los de todos los tiempos ven en este hecho una actitud que se repite: el abandono del seguimiento en los momentos difíciles. Lucas, sin embargo, ha adelantado esta negación de Pedro (véanse lugares paralelos de Mateo y Marcos) para hacer que el discípulo contemple el suplicio de Jesús con las lágrimas del arrepentimiento.

negado tres veces»; 62 y saliendo afuera,
lloró amargamente.
63 Los que custodiaban a Jesús se burlaban de él y lo golpeaban. 64 Le habían tapado los ojos y le preguntaban:
–¡Adivina quién te ha pegado!
65 Y le decían otros muchos insultos.

Jesús ante el Consejo de Ancianos

Mc 14 55-64; Mt 26 59-66; Jn 18 19-24
Sal 110 1; Dn 7 13

66 Cuando amaneció, los ancianos del
pueblo, los jefes de los sacerdotes y los
maestros de la ley se reunieron, lo llevaron
al Consejo de Ancianos 67 y dijeron:
–Si tu eres el Mesías, dilo.
Jesús les dijo:
–Si lo digo, no me van a creer; 68 y si
les hago preguntas, no me van a responder.
69 Pero desde ahora *el Hijo del hombre*
estará sentado a la derecha de Dios todo-
poderoso.
70 Entonces todos le preguntaron:
–Luego, ¿eres tú el Hijo de Dios?
Jesús les respondió:
–Es como ustedes dicen; yo soy.
71 Ellos dijeron:
–¿Qué necesidad tenemos ya de testigos? Nosotros mismos lo hemos oído de su
boca.

Jesús ante Pilato

Mc 15 1-5; Mt 27 1-2.11-14; Jn 18 28-38
Lc 20 20-26

23 1 Entonces se levantaron todos, llevaron a Jesús ante Pilato 2 y se pusieron
a acusarlo diciendo:
–Hemos encontrado a éste agitando a
nuestro pueblo, prohibiendo pagar impuestos al emperador y diciendo que él es el
Mesías, el Rey.
3 Pilato le preguntó:
–¿Eres tú el rey de los judíos?
Jesús le contestó:
–Tú lo dices.
4 Pilato dijo a los jefes de los sacerdotes
y a la gente:
–No encuentro culpa alguna en este
hombre.
5 Pero ellos insistían con más fuerza:
–Va incitando al pueblo con su predicación por toda Judea, desde Galilea, donde
empezó, hasta aquí.
6 Al oír esto, Pilato preguntó si Jesús
era galileo. 7 Y al cerciorarse de que era de
la jurisdicción de Herodes, se lo envió,
aprovechando que también Herodes estaba
en Jerusalén por aquellos días.

Jesús ante Herodes

Hch 4 27; Lc 9 7-9

8 Herodes se alegró mucho de ver a
Jesús, pues desde hacía bastante tiempo
que deseaba conocerlo, ya que había oído
hablar mucho de él y esperaba presenciar
algún milagro realizado por él. 9 Le hizo
muchas preguntas, pero Jesús no le respondió absolutamente nada. 10 Estaban también allí los jefes de los sacerdotes y los
maestros de la ley acusándolo con insistencia. 11 Herodes, en compañía de sus soldados, lo despreció, se rió de él, le puso un
vestido de color llamativo y se lo devolvió
a Pilato. 12 Aquel día, Herodes y Pilato se
hicieron amigos, pues antes habían estado
enemistados.

• **22 66-71**: El juicio ante el Consejo de Ancianos es, en realidad, una presentación de Jesús como Mesías, Hijo del hombre e Hijo de Dios. En ella, este último título aparece como una profundización del primero, a diferencia de Marcos y Mateo que lo equiparan. También Lucas insiste, citando el Sal 110 1, en el señorío ejercido por Jesús en el momento de su pasión, que adquiere así dimensiones gloriosas, de victoria sobre las tinieblas. El momento del rechazo es en realidad el comienzo de su triunfo.

• **23 1-7**: La acusación contra Jesús ya no posee un contenido religioso (Lc 22 66-71), sino político. Sus acusadores han cambiado los términos de la misma y con ello pretenden inquietar a las autoridades romanas. Sin embargo, Pilato insiste tres veces en la inocencia de Jesús (Lc 23 22). Es un rasgo típico de Lucas que busca disminuir la responsabiidad de las autoridades romanas en la muerte de Jesús. Esta misma tendencia aparece en el libro de los Hechos (Hch 3 13; 13 28). La comunidad de Lucas vivía en medio del imperio romano y procuraba evitar motivos de enfrentamiento con sus autoridades.

• **23 8-12**: Sabemos que Herodes Antipas quería ver a Jesús (Lc 9 7-9). Quizá su interés era simple curiosidad por conocer al profeta que, según decían, realizaba grandes prodigios. Sin embargo, sus múltiples preguntas encuentran como respuesta el silencio de Jesús (véase Is 53 7). Por eso, Herodes se burla de él revistiéndolo con un manto para que pareciera un rey. La alusión a Lc 23 2 parece evidente.

Sentencia de muerte contra Jesús

Mc 15 6-15; Mt 27 15-26; Jn 18 39-19 16
Hch 21 35

13 Pilato convocó a los jefes de los sacerdotes, a los dirigentes y al pueblo, 14 y les
dijo:
–Me han traído a este hombre acusándolo de alborotar al pueblo; lo he interro-
gado en presencia de ustedes y no lo he
encontrado culpable de ninguna de las acusaciones que le hacen; 15 y tampoco Herodes, pues nos lo ha regresado aquí. Es evidente que no ha hecho nada que merezca
la muerte. 16 Por tanto, después de castigarlo, lo soltaré.
18 Entonces empezaron a gritar todos a
una:
–¡Mata a éste y suéltanos a Barrabás!
19 El tal Barrabás estaba en la cárcel por
haber tomado parte en una revuelta ocurrida en la ciudad y por un homicidio.
20 De nuevo Pilato intentó convencerlos
de que debía soltar a Jesús. 21 Pero ellos
gritaron:
–¡Crucifícalo! ¡Crucifícalo!
22 Por tercera vez les dijo:
–Pues, ¿qué mal ha hecho éste? No he
encontrado nada en él que merezca la muerte. Por tanto, después de castigarlo, lo soltaré.
23 Pero ellos insistían a grandes voces,
pidiendo que lo crucificara, y sus gritos se
hacían cada vez más violentos. 24 Entonces
Pilato decidió que se hiciera como pedían.
25 Soltó al que habían encarcelado a causa
de la revuelta y el homicidio, es decir, al
que habían pedido, y les entregó a Jesús
para que hicieran con él lo que quisieran.

Camino de la cruz

Mc 15 21; Mt 27 32; Jn 19 17
Os 10 8; Is 53 12

26 Cuando lo llevaban para crucificarlo,
detuvieron a un tal Simón de Cirene, que
venía del campo, y le cargaron la cruz para
que la llevara detrás de Jesús. 27 Lo seguía
una gran multitud del pueblo y de mujeres,
que se golpeaban el pecho y se lamentaban
por él. 28 Jesús se dirigió a ellas y les dijo:
–Mujeres de Jerusalén, no lloren por mí;
lloren más bien por ustedes y por sus hijos.
29 Porque vendrán días en que se dirá: Di-
chosas las estériles, los vientres que no engendraron y los pechos que no amamantaron. 30 Entonces se pondrán *a decir a las
montañas: «Caigan sobre nosotras»; y a
las colinas: «¡Aplástennos!».* 31 Porque si
esto hacen con el leño verde, ¿qué harán
con el seco?
32 Llevaban también con él a otros dos
malhechores para ejecutarlos.

Crucifixión

Mc 15 22-32; Mt 27 33-44; Jn 19 18-27
Hch 7 60; *Sal 22 19;* 22 8-9; Mt 2 2

33 Cuando llegaron al lugar llamado La
Calavera, crucificaron allí a Jesús y también a los malhechores, uno a la derecha y
otro a la izquierda. 34 Jesús decía:
–Padre, perdónalos, porque no saben lo
que hacen.
Después *sortearon su ropa y se la repartieron.* 35 El pueblo estaba allí mirando.
Las autoridades, por su parte, se burlaban
de Jesús y comentaban:

• **23 13-25**: Jesús es condenado, según Lucas, por los judíos. Pilato reconoce su inocencia e intenta, incluso mediante la aplicación de un castigo, calmar a los judíos y liberar a Jesús. Al final, cede a la presión del pueblo. La liberación de Barrabás no deja de ser una ironía. Según Lc 23 19 estaba condenado por rebelión. Sin embargo, es él a quien ponen en libertad, mientras Jesús, inocente con respecto al poder romano, es condenado a muerte.

Bastantes de los más antiguos manuscritos añaden Lc 23 17, que dice: *En la fiesta de la pascua, el gobernador tenía obligación de concederles la libertad de un preso.*

• **23 26-32**: Simón de Cirene simboliza a todos los creyentes que toman su cruz cada día y siguen a Jesús (Lc 9 23). La presencia de las mujeres de Jerusalén subraya la buena disposición de una parte del pueblo judío con respecto a Jesús y sirve como motivo para anunciar de nuevo la destrucción de la ciudad (Lc 19 41-44; 21 20-24).

• **23 33-43**: El relato de la crucifixión contiene diversas citas o alusiones a los salmos (Sal 22 8.19; 69 22), alusiones que aparecerán también en los textos siguientes. De este modo se nos quiere presentar la pasión de Jesús como el cumplimiento de las Escrituras (Lc 24 25-27). Las palabras de Jesús en la cruz manifiestan de nuevo su misericordia. Misericordia que alcanza también aquí a quienes lo han condenado. Su inocencia brilla nuevamente y su soberanía se manifiesta en el perdón. Jesús es consecuente con lo que enseñó a sus discípulos sobre el amor a los enemigos (Lc 6 27-35), y les da ejemplo de cómo deben comportarse. En la presentación que se hace de los dos malhechores crucificados con él, Lucas opone dos tipos de personas que encarnan dos maneras de reaccionar ante la salvación que nos trae Jesús.

–A otros ha salvado, ¡que se salve a sí mismo, si es el Mesías de Dios, el elegido!

36 También los soldados se burlaban. Se acercaban a él para darle vinagre 37 y decían:

–Si tú eres el rey de los judíos, sálvate a ti mismo.

38 Habían puesto sobre su cabeza una inscripción, que decía: «Este es el rey de los judíos».

39 Uno de los malhechores crucificados lo insultaba diciendo:

–¿No eres tú el Mesías? Pues sálvate a ti mismo y a nosotros.

40 Pero el otro intervino para reprenderlo, diciendo:

–¿Ni siquiera temes a Dios tú, que estás en el mismo suplicio? 41 Lo nuestro es justo, pues estamos recibiendo lo que merecen nuestros actos, pero éste no ha hecho nada malo.

42 Y añadió:

–Jesús, acuérdate de mí cuando vengas como rey.

43 Jesús le dijo:

–Te aseguro que hoy estarás conmigo en el paraíso.

Muerte de Jesús

Mc 15 33-41; Mt 27 45-56; Jn 19 28-30
Ex 26 31-33; *Sal 31 6*; Lc 8 1-3

44 Hacia el mediodía las tinieblas cubrieron toda la región hasta las tres de la tarde. 45 El sol se oscureció, y el velo del templo se rasgó por la mitad. 46 Entonces Jesús lanzó un grito y dijo:

–Padre, *en tus manos encomiendo mi espíritu*.

Y dicho esto, expiró. 47 El oficial romano, viendo lo sucedido, alababa a Dios diciendo:

–Verdaderamente este hombre era justo.

48 Y toda la gente que había acudido al espectáculo, después de ver lo sucedido, regresaba golpeándose el pecho. 49 Todos los que conocían a Jesús, y también las mujeres que lo habían seguido desde Galilea, estaban allí presenciando todo esto desde lejos.

Sepultura

Mc 15 42-47; Mt 27 57-61

50 Había un hombre llamado José, que era bueno y justo. Era miembro del Consejo de Ancianos, 51 pero no había aprobado la decisión y el proceder de los judíos. Era natural de Arimatea, ciudad de Judea, y esperaba el reino de Dios. 52 Este José se presentó a Pilato y le pidió el cuerpo de Jesús. 53 Después de bajarlo, lo envolvió en una sábana y lo puso en un sepulcro excavado en la roca, donde nadie había sido sepultado todavía. 54 Era el día de la preparación de la pascua y estaba comenzando el sábado.

55 Las mujeres que habían acompañado a Jesús desde Galilea, lo iban observando todo de cerca y se fijaron en el sepulcro y en el modo en que habían colocado el cadáver. 56 Luego regresaron y prepararon aromas y ungüentos. Y el sábado descansaron, según el precepto.

2. Resurrección y manifestación de Jesús ◊

El sepulcro vacío

Mc 16 1-8; Mt 28 1-10
Jn 20 1-18

24 1 El primer día de la semana, al amanecer, las mujeres fueron al sepulcro con los aromas que habían preparado, 2 y

• **23 44-49**: La muerte de Jesús abre la etapa definitiva *de salvación. Esta salvación desborda las fronteras de* Israel y alcanza a los paganos, representados en el oficial romano que reconoce a Jesús como hombre justo e inocente. La Iglesia futura, representada en las mujeres, contempla desde lejos el acontecimiento, que se nos cuenta como el último combate de las tinieblas contra Jesús, cuya muerte aparentemente otorga la victoria al mal. Sin embargo las palabras de Jesús (tomadas del salmo 31 6) son una expresión de confianza en Dios, que es quien tiene la palabra decisiva.

• **23 50-56**: Un miembro del Consejo de Ancianos, bueno y justo, va a dar sepultura a Jesús con honor y respeto. La presencia de las mujeres prepara el anuncio de la resurrección pues ellas serán las primeras en recibir el mensaje pascual.

◊ **24 1-49**: La confiada súplica que Jesús dirigió al Padre a la hora de morir (Lc 23 46) no ha quedado defraudada. La tumba vacía y sobre todo las apariciones dan testimonio de que Jesús ha resucitado de entre los muertos y está vivo. Lucas sitúa todos estos acontecimientos en Jerusalén (Marcos y Mateo, en Galilea), la ciudad santa, desde donde también partirá la misión de los discípulos (Lc 24 47; Hch 1 8).

• **24 1-12**: En el relato de la tumba vacía se habla sobre todo de Jesús. Se proclama su nueva condición de Señor (Lc 24 3), el título que los primeros cristianos utilizaban

encontraron la piedra del sepulcro retirada a un lado. 3 Entraron, pero no encontraron el cuerpo del Señor Jesús. 4 Estaban sin saber qué hacer, cuando dos hombres se presentaron ante ellas vestidos con ropas deslumbrantes. 5 Llenas de miedo, hicieron una profunda reverencia. Ellos les dijeron:

–¿Por qué buscan entre los muertos al que está vivo? 6 No está aquí, ha resucitado. Recuerden lo que les dijo cuando estaba en Galilea. 7 Que el Hijo del hombre debía ser entregado en manos de pecadores, que iban a crucificarlo y que resucitaría al tercer día.

8 Ellas se acordaron de estas palabras y, 9 regresando del sepulcro, anunciaron todo esto a los once y a todos los demás. 10 Fueron María Magdalena, Juana, María la de Santiago y las demás mujeres que estaban con ellas las que comunicaron estas cosas a los apóstoles. 11 Pero ellos pensaron que eran imaginaciones, y no les creyeron.

12 Pedro, sin embargo, se levantó y fue corriendo al sepulcro. Al asomarse, sólo vio los lienzos, y regresó a casa admirado de lo sucedido.

Camino de Emaús

Mc 16 12-13

1 Pe 1 11; Hch 2 44-46; 20 7.11

13 Aquel mismo día, dos de los discípulos se dirigían a un pueblo llamado Emaús, que dista de Jerusalén unos once kilómetros. 14 Iban hablando de todos estos sucesos. 15 Mientras hablaban y se hacían preguntas, Jesús en persona se acercó y se puso a caminar con ellos. 16 Pero sus ojos estaban tan cegados, que no eran capaces de reconocerlo. 17 El les dijo:

–¿Qué es lo que vienen conversando por el camino?

Ellos se detuvieron entristecidos, 18 y uno de ellos, llamado Cleofás, le respondió:

–¿Eres tú el único en Jerusalén que no sabe lo que ha pasado allí estos días?

19 El les preguntó:

–¿Qué ha pasado?

Ellos contestaron:

–Lo de Jesús el Nazareno, que fue un profeta poderoso en obras y palabras ante Dios y ante todo el pueblo. 20 ¿No sabes que los jefes de los sacerdotes y nuestras autoridades lo entregaron para que lo condenaran a muerte, y lo crucificaron? 21 Nosotros esperábamos que él fuera el libertador de Israel. Y sin embargo, ya hace tres días que ocurrió esto. 22 Es cierto que algunas de nuestras mujeres nos han sorprendido, porque fueron temprano al sepulcro 23 y no encontraron su cuerpo. Hablaban incluso de que se les habían aparecido unos ángeles que decían que está vivo. 24 Algunos de los nuestros fueron al sepulcro y lo encontraron todo como las mujeres decían, pero a él no lo vieron.

25 Entonces Jesús les dijo:

–¡Qué torpes son para comprender, y qué duros son para creer lo que dijeron los profetas! 26 ¿No era necesario que el Mesías sufriera todo esto para entrar en su gloria?

27 Y empezando por Moisés y siguiendo por todos los profetas, les explicó lo que decían de él las Escrituras. 28 Al llegar al pueblo adonde iban, Jesús hizo ademán de seguir adelante. 29 Pero ellos le insistieron diciendo:

–Quédate con nosotros, porque es tarde y está anocheciendo.

Y entró para quedarse con ellos. 30 Cuando estaba sentado a la mesa con ellos, tomó el pan, lo bendijo, lo partió y lo dio a

para hablar de su presencia en la Iglesia y en el mundo. También aparece como el viviente (Lc 24 5), una referencia evocadora del Dios del Antiguo Testamento (Jos 3 10; Jue 8 19; 1 Sm 14 39). Al poner como primeros testigos del mensaje pascual a las mujeres, Lucas resalta, como siempre, su función en la Iglesia y en el mundo, mientras que los apóstoles aparecen, en un primer momento, como incrédulos. Pedro se asombra de lo ocurrido, pero su fe no es todavía plena. La tumba vacía no es propiamente una prueba de la resurrección, sino un interrogante que encontrará su respuesta en la experiencia del encuentro con el resucitado.

• **24 13-35**: Este relato, propio de Lucas, presenta a dos discípulos desconocidos, que han perdido la fe en Jesús desconcertados por el hecho de su muerte en cruz (Lc 24 21). Jesús se les hace el encontradizo en su camino de decepción y les explica las Escrituras. Ellos lo reconocen al partir el pan. En el tiempo de la Iglesia, los discípulos de Jesús deben abandonar también la idea de un Mesías poderoso y nacionalista (Lc 24 19.21) para creer en un Mesías que por el sufrimiento entra en la gloria (Lc 24 26). Es el Mesías que reconocemos en el servicio a los más necesitados, que son los desconocidos de la historia humana; en la lectura de la palabra de Dios y en la Eucaristía. Este relato es una parábola del encuentro personal con Jesús y describe un proceso repetido muchas veces entre aquellos que a lo largo de la historia han seguido a Jesús (véase también Hch 8 26-40).

ellos. 31 Entonces se les abrieron los ojos y
lo reconocieron, pero Jesús desapareció de
su lado. 32 Y se dijeron uno a otro:
–¿No ardía nuestro corazón mientras nos
hablaba en el camino y nos explicaba las
Escrituras?
33 En aquel mismo instante se pusieron
en camino y regresaron a Jerusalén, donde
encontraron reunidos a los once y a todos
los demás, 34 que decían:
–Es verdad, el Señor ha resucitado y se
ha aparecido a Simón.
35 Ellos, por su parte, contaban lo que
les había ocurrido cuando iban de camino
y cómo lo habían reconocido al partir el
pan.

Aparición a los discípulos

Mc 16 14-18; Mt 28 16-20; Jn 20 19-23
1 Cor 15 5; Jn 21 9-10; Hch 1 4-8; 2 32; 3 15; Jn 14 16

36 Estaban comentando lo sucedido,
cuando el mismo Jesús se presentó en medio y les dijo:
–La paz esté con ustedes.
37 Espantados y llenos de miedo, creían
ver un fantasma.
38 Pero él les dijo:
–¿De qué se asustan? ¿Por qué surgen
dudas en su interior? 39 Vean mis manos y
mis pies; soy yo en persona. Tóquenme y
convénzanse de que un fantasma no tiene
carne ni huesos, como ven que yo tengo.
40 Y dicho esto, les mostró las manos y
los pies. 41 Pero como aún se resistían a
creer por la alegría y el asombro, les dijo:
–¿Tienen algo de comer?
42 Ellos le dieron un trozo de pescado
asado. 43 El lo tomó y lo comió delante de
ellos. 44 Después les dijo:
–Cuando aún estaba entre ustedes les
dije que era necesario que se cumpliera todo lo escrito sobre mí en la ley de Moisés,
en los profetas y en los salmos.
45 Entonces les abrió la inteligencia para
que comprendieran las Escrituras, 46 y les
dijo:
–Estaba escrito que el Mesías tenía que
morir y resucitar de entre los muertos al
tercer día, 47 y que en su nombre se anunciaría a todas las naciones, comenzando
desde Jerusalén, la conversión y el perdón
de los pecados. 48 Ustedes son testigos de
estas cosas. 49 Por mi parte, les voy a enviar el don prometido por mi Padre. Ustedes quédense en la ciudad hasta que sean
revestidos de la fuerza que viene de lo alto.

Conclusión: Despedida de Jesús

Hch 1 9-12

50 Después los llevó fuera de la ciudad
hasta un lugar cercano a Betania y, alzando
las manos, los bendijo. 51 Y mientras los
bendecía se separó de ellos y fue llevado al
cielo. 52 Ellos, después de postrarse ante él,
regresaron a Jerusalén con gran alegría. 53 Y
estaban continuamente en el templo bendiciendo a Dios.

• **24 36-49**: Ahora los once entran en la plenitud del mensaje pascual, gracias al encuentro con el resucitado. El les descubre el sentido profundo de las Escrituras y los envía como testigos a predicar la conversión y el perdón de los pecados para todos los hombres. Para esta enorme tarea, los discípulos cuentan con la ayuda y la fuerza del Espíritu que es quien guía el anuncio de la buena noticia en el tiempo de la Iglesia como se advierte leyendo el libro de los Hechos (Hch 1 8).

• **24 50-53**: La ascensión de Jesús expresa la exaltación como una dimensión de su resurrección, más que como un acontecimiento diferente. El gozo, el gran signo mesiánico y escatológico que llena todo el evangelio de la infancia (Lc 1 14.28.44.47; 2 10), invade ahora a los apóstoles que se reúnen en el templo para orar en espera del envío del Espíritu, que impulsará la misión de la Iglesia. Lo que empieza en el templo (Lc 1 8-10) termina en él.

EVANGELIO SEGUN SAN JUAN

INTRODUCCION

El evangelio de Juan es distinto de los otros tres evangelios. Su visión de Jesús, su lenguaje misterioso, el enfoque de la obra, todo hace de él un evangelio particular. Se ha dicho de él que es un evangelio espiritual, y ciertamente lo es. Pero al mismo tiempo es el evangelio que más insiste en la encarnación de Jesús y en los detalles más humanos de su vida. Ambos aspectos se complementan y aportan nueva luz para contemplar el misterio de Jesús en sus aspectos más profundos (su existencia junto a Dios y su igualdad con él) y en sus consecuencias más concretas (su venida entre nosotros). Divinidad y encarnación aparecen así como dos caras de un mismo misterio, que el prólogo del evangelio expresa magníficamente cuando dice: *La Palabra se hizo carne y habitó entre nosotros.*

1. Juan y su comunidad

Los cristianos a los que se dirige este evangelio vivían una situación difícil y compleja. La propia historia de la comunidad había pasado por diversas etapas en las que distintos grupos y tendencias habían provocado polémicas internas, que originaron tensiones y divisiones. Había discípulos de Juan Bautista, a los que el evangelista tiene que explicar la superioridad de Jesús sobre Juan (Jn 1 19-34). Otros no podían aceptar que Jesús fuera el Hijo de Dios (Jn 10 33-38), y mucho menos que Dios se hubiera hecho hombre (2 Jn 7), o que hubiera muerto en la cruz (1 Jn 5 6).

A estas polémicas internas se añadía la tensión que supone vivir en un ambiente de rechazo y persecución. Sus perseguidores son "los judíos", que aparecen en casi todas las páginas del evangelio como contrarios a Jesús. Estos judíos no son ya los maestros de la ley y los fariseos del tiempo de Jesús, sino aquellos que después del año 70 d. C. habían impuesto la tradición farisaica como la única verdadera, rechazando la interpretación que hacían de la ley los demás grupos judíos. Los cristianos eran, desde su punto de vista, uno de estos grupos. Pronto decidieron expulsarlos de la Sinagoga (Jn 9 22; 12 42; 16 2), entablando con ellos una dura polémica sobre la divinidad de Jesús. Y esta expulsión de la Sinagoga no era sólo un hecho religioso, sino que llevaba consigo la marginación social allí donde los judíos tenían una cierta influencia.

Ante esta situación los cristianos de la comunidad joánica estaban atemorizados. Algunos tenían miedo de aparecer como discípulos de Jesús (Jn 19 38), y otros habían abandonado la comunidad (Jn 6 66). La principal tentación de los que aún quedaban era alejarse del mundo y encerrarse en el cenáculo (Jn 20 19); recluirse en el círculo en el que se encontraban protegidos.

En efecto, el evangelio y las cartas de Juan reflejan una comunidad reunida en torno a un misterioso personaje que ellos llaman "el discípulo amado". El evangelio lo presenta como el discípulo más cercano a Jesús (Jn 13 23), con una autoridad incluso mayor que la de Pedro. Esta comunidad tuvo también dificultades para integrarse dentro de la gran Iglesia por sus diferentes perspectivas teológicas.

Nada se sabe con certeza acerca del autor y el lugar de composición de este evangelio, aunque la tradición, desde antiguo, se lo ha atribuido al apóstol Juan, el hijo de Zebedeo. La tensión con el judaísmo sugiere que pudo ser escrito en algún lugar de Palestina (¿tal vez al noreste?), en el que los judíos tenían gran influencia. La fecha de composición suele fijarse en los últimos años del siglo I d. C.

2. El mensaje de Juan

El evangelio de Juan es una respuesta a la situación que vive su comunidad. A la polémica sobre la divinidad y humanidad de Jesús, el evangelista responde profundizando en el misterio de su encarnación y de su muerte. Y ante la tentación de huir del mundo, exhorta a los discípulos para que afiancen su fe en Jesús, y, unidos a él, salgan al mundo para dar testimonio de la verdad.

El cuarto evangelio contiene una profunda reflexión acerca del misterio de Jesús. Los que se encuentran con él (Nicodemo, la Samaritana, el ciego de nacimiento...) van descubriendo progresivamente la profundidad de este misterio. Lo reconocen como Señor (Jn 4 15), Profeta (Jn 4 19), Mesías (Jn 4 25) y Salvador del mundo (Jn 4 42). Pero el evangelista descubre a sus lectores que Jesús es el Hijo de Dios (Jn 1 34). El misterio de su persona transciende los estrechos límites de nuestra historia. Jesús, el Hijo de Dios, estaba unido al Padre, vino a nosotros y puso en nuestra tierra su frágil tienda de campaña haciéndose un hombre como nosotros (Jn 1 1-18). En él se nos ha manifestado la gloria de Dios; él es el camino, la verdad, la vida (Jn 14 6), el buen pastor (Jn 10 11), la resurrección (Jn 11 25). Al final de su camino Jesús retorna al Padre a través de la muerte, que, de forma sorprendente, es el momento de su glorificación (Jn 13 31-32). La humanidad y la muerte de Jesús, que resultaban escandalosas para muchos, quedan así iluminadas, y son comprendidas como expresiones del amor de Dios a los hombres (1 Jn 4 9; Jn 15 13). La encarnación pone de manifiesto la profunda verdad de la humanidad de Jesús: el Jesús terreno es al mismo tiempo el Hijo amado del Padre; y su muerte en la cruz pone de manifiesto el alcance de su amor sin medida. Por eso, para Juan, la cruz no es el patíbulo de Jesús, sino su trono (Jn 3 14-15; 12 32; 19 16b-22).

La manifestación de Jesús provoca reacciones contrarias. Por un lado, los "judíos" se oponen sistemáticamente a él y algunos de sus discípulos lo abandonan porque su enseñanza les resulta imposible de aceptar y seguir (Jn 6 60). Por otro lado, sin embargo, muchos personajes del evangelio lo reconocen como el enviado de Dios, escuchan su enseñanza y lo siguen. A través de ellos el evangelista describe las características del auténtico discípulo, representado en el discípulo al que Jesús amaba (Jn 13 23; 19 26; 20 2; 21 7.20). La primera de ellas es la fe. Los verdaderos discípulos son aquellos que, después de contemplar sus signos y escuchar sus enseñanzas, creen y se mantienen firmemente unidos a él. Jesús los invita a permanecer en su amor y a continuar la obra que él ha comenzado por encargo del Padre. El rasgo distintivo de los que creen en él será el amor mutuo (Jn 13 35), un amor semejante al de Jesús; en esto conocerán todos que son sus discípulos. Pero, además, Jesús ha prometido su Espíritu (Jn 14 15-17.25-26; 15 26-27; 16 5-11.12-15) para que les recuerde y explique todo lo que él les dijo y los defienda en los sufrimientos que tendrán que soportar.

3. *Composición y división*

Al comparar el evangelio de Juan con los tres evangélios sinópticos (Mt, Mc y Lc) se advierten grandes diferencias. En primer lugar, la mayor parte del contenido es diferente; sólo el relato de la pasión y algún otro pasaje coinciden en lo sustancial. Además, mientras que el material sinóptico está compuesto por narraciones aisladas, sentencias breves o grupos de sentencias que han sido organizadas por el evangelista, en Juan predominan los discursos que desarrollan temas de gran importancia. Así por ejemplo, Jn 3 1-21 contiene elementos de una catequesis bautismal y Jn 6 desarrolla el tema sobre la eucaristía; etc. El vocabulario y los recursos literarios son también distintos. Todos estos datos inclinan a pensar que la tradición joánica es independiente de la sinóptica.

El evangelio de Juan es, en realidad, un escrito teológico en forma de evangelio. Su primera intención no es narrar, sino enseñar. El interés principal de esta obra es presentar a Jesús y su misión; en ella los milagros son signos; los discursos, más que discursos de Jesús, son discursos sobre Jesús. Las discusiones no versan sobre los problemas del tiempo de Jesús: la ley, el sábado, los alimentos puros e impuros sino sobre la persona misma de Jesús como Mesías y enviado del Padre. Parece como si en este evangelio se hubieran fundido dos planos: el de la vida de Jesús y el de la comunidad a la que se dirige.

Así pues, estamos ante un evangelio original, que nos transmite el mensaje cristiano desde una perspectiva distinta. En él podemos distinguir dos grandes partes, netamente diferenciadas: el libro de los signos y el libro de la pasión-gloria, precedidas de un prólogo y seguidas de una conclusión.

Prólogo y testimonios (Jn 1 1-51)

I. LIBRO DE LOS SIGNOS (Jn 2 1-12 50)
1. La gran novedad (Jn 2 1-4 42)
2. Jesús, palabra que da vida (Jn 4 43-5 47)
3. Jesús, pan de vida (Jn 6 1-71)
4. Jesús, luz y vida (Jn 7 1-8 59)
5. Jesús, luz que juzga al mundo (Jn 9 1-10 42)
6. Victoria de la vida sobre la muerte (Jn 11 1-57)
7. La muerte, camino hacia la vida (Jn 12 1-50)

II. LIBRO DE LA PASION-GLORIA (Jn 13 1-20 31)
1. Discursos de despedida (Jn 13 1-17 26)
2. Historia de la pasión-resurrección (Jn 18 1-20 31)

Conclusión (Jn 21 1-25)

El *prólogo* anticipa los grandes temas del evangelio: la palabra, la vida, la luz, la verdad, el mundo, la oscuridad. y junto a él, los primeros *testimonios*, que presentan a Juan como el último gran profeta que señala a Jesús como el Mesías, aquel a quien anunció Moisés.

La *primera parte* contiene siete hechos extraordinarios realizados por Jesús, que el evangelista llama sistemáticamente "signos". Estos siete signos van acompañados de largos discursos y diálogos de Jesús con diversas personas, que explican el sentido de los signos. Todos estos signos, discursos y diálogos sirven para revelar el misterio de Jesús.

La *segunda parte* tiene como centro la pasión y resurrección de Jesús, presentadas como el momento en que se manifiesta su gloria. Los capítulos que preceden al relato de la pasión (Jn 13-17) recogen el testamento de Jesús a sus discípulos en forma de diálogo con ellos y de discursos de Jesús.

La *conclusión* del evangelio reúne diversas apariciones de Jesús, en las que el discípulo amado ocupa un lugar importante, junto con Pedro.

EVANGELIO SEGUN SAN JUAN

PROLOGO Y TESTIMONIOS +

La Palabra se hizo carne

Gn 1 1-5; Prov 8 22-30; Sab 9 9-14; Flp 2 6;
Col 1 15; Heb 1 3; 1 Jn 1 1-4

1 1 Al principio ya existía la Palabra.
La Palabra estaba junto a Dios,
y la Palabra era Dios.
2 Ya al principio ella estaba junto a Dios.
3 Todo fue hecho por ella
y sin ella no se hizo nada
de cuanto llegó a existir.
4 En ella estaba la vida
y la vida era la luz de los hombres;
5 la luz resplandece en la oscuridad,
y la oscuridad no pudo sofocarla.

6 Vino un hombre, enviado por Dios,
que se llamaba Juan. 7 Este vino como testigo, para dar testimonio de la luz, a fin de
que todos creyeran por él. 8 No era él la luz,
sino testigo de la luz.

9 La Palabra era la luz verdadera,
que con su venida al mundo
ilumina a todo hombre.
10 Estaba en el mundo,
pero el mundo,
aunque fue hecho por ella,
no la reconoció.
11 Vino a los suyos,
pero los suyos no la recibieron.
12 A cuantos la recibieron,
a todos aquellos que creen en su nombre,
les dio capacidad para ser hijos de Dios.
13 Estos son los que no nacen
por vía de generación humana,
ni porque el hombre lo desee,
sino que nacen de Dios.
14 Y la Palabra se hizo carne
y habitó entre nosotros;
y hemos visto su gloria,
la gloria propia del Hijo único del Padre,
lleno de gracia y de verdad.

15 Juan dio testimonio de él, proclamando:

–Este es aquel de quien yo dije: «El que
viene detrás de mí es superior a mí, porque
existía antes que yo». 16 En efecto, de su
plenitud todos nosotros hemos recibido gracia en abundancia. 17 Porque la ley fue dada
por medio de Moisés, pero la gracia y la
verdad nos llegaron por medio de Cristo
Jesús. 18 A Dios nadie lo ha visto jamás; el
Hijo único, que es Dios y que está en el
seno del Padre, nos lo ha dado a conocer.

Testimonio de Juan el Bautista

Mc 1 2-11; Mt 3 1-17; Lc 3 1-22
Mt 11 14; Dt 18 15.18; *Is 40 3*

19 Los judíos de Jerusalén enviaron una
comisión de sacerdotes y levitas para preguntar a Juan quién era. 20 El confesó rotundamente:

–Yo no soy el Mesías.
21 Ellos le preguntaron
–Entonces, ¿Eres tú, acaso, Elías?

+ 1 1-51: Los primeros pasajes muestran un aspecto característico de este evangelio. Se trata, ciertamente, de un "evangelio", pero es además y sobre todo un "testimo*nio*". *Ningún otro libro del Nuevo Testamento presenta tan* claramente a Jesús de Nazaret como el revelador, el testigo, el que da testimonio del Padre. Por eso, el autor quiere que su obra sea un inmenso testimonio en favor de Jesús. Así lo afirma al final del evangelio (Jn 19 35; 20 31; 21 24) y así lo pone de manifiesto al comienzo, a través de Juan el Bautista y de los primeros discípulos.

• 1 1-18: Lo que comúnmente es conocido como el prólogo del cuarto evangelio es, en realidad, un antiguo himno cristiano, a modo de villancico navideño, que expresaba y celebraba la fe de la comunidad joánica en Cristo como Palabra eterna de Dios, su origen intemporal, su categoría divina, su influencia en el mundo y en la historia. El evangelista lo adoptó, pero al mismo tiempo introdujo en él una serie de modificaciones que matizan y completan la profunda teología de dicho himno. Los principales añadidos son: Jn 1 2, que acentúa la preexistencia de Cristo; Jn 1 6-8.15, que sale al paso de la excesiva valoración que los discípulos de Juan el Bautista hacían de su maestro; y finalmente Jn 1 14.16-18, en donde se describe el modo concreto con el que se valió la Palabra para llegar a este mundo, a saber, asumiendo verdadera y realmente nuestra misma naturaleza. Con estas modificaciones, el evangelista colocó el antiguo himno al principio del evangelio, anunciando así algunos temas que desarrollará después (la relación entre el Padre y el Hijo, la preexistencia y la encarnación del Hijo, etc).

• 1 19-34: El evangelista presenta a Juan como un testigo cualificado de Jesús. El mismo se reconoce como tes-

Juan respondió:
–No soy Elías.
Volvieron a preguntarle:
–¿Eres el profeta que esperamos?
El contestó:
–No.
22 De nuevo insistieron:
–Pues, ¿quién eres? Tenemos que dar
una respuesta a los que nos han enviado.
¿Qué dices de ti mismo?
23 Entonces él, aplicándose las palabras
del profeta Isaías, se presentó así:

Yo soy la voz
del que clama en el desierto:
rectifiquen el camino del Señor.

24 Algunos miembros de la comisión
eran fariseos. 25 Estos le preguntaron:
–Si no eres ni el Mesías ni Elías ni el
profeta esperado, ¿por qué razón bautizas?
26 Juan afirmó:
–Yo bautizo con agua, pero en medio de
ustedes hay uno a quien no conocen. 27 El
viene detrás de mí, aunque yo no soy
digno de desatar la correa de sus sandalias.
28 Esto ocurrió en Betania, al otro lado
del Jordán, donde Juan estaba bautizando.

Juan presenta a Jesús

Is 53 6-7; Jn 1 15; Mc 1 10; Jn 21 31

29 Al día siguiente, Juan vio a Jesús, que
se acercaba a él, y dijo:
–Este es el Cordero de Dios, que quita
el pecado del mundo. 30 A éste me refería
yo cuando dije: «Detrás de mí viene uno
que es superior a mí, porque existía antes
que yo». 31 Yo mismo no lo conocía; pero
la razón por la cual yo bautizo con agua es
para que él se manifieste a Israel.
32 Juan dio testimonio diciendo:
–Yo he visto que el Espíritu bajaba desde el cielo como una paloma y permanecía
sobre él. 33 Yo mismo no lo conocía, pero
el que me envió a bautizar con agua me dijo: «Aquél sobre quien veas que baja el
Espíritu y permanece sobre él, ése es quien
bautizará con Espíritu Santo». 34 Y como
lo he visto, doy testimonio de que éste es el
Hijo de Dios.

Los primeros discípulos

Mc 1 16-20; 3 16-19; Mt 4 18-22; Lc 5 1-11; 6 14-16

35 Al día siguiente, Juan se encontraba
en aquel mismo lugar con dos de sus discípulos. 36 De pronto vio a Jesús que pasaba
por allí, y dijo:
–Este es el Cordero de Dios.
37 Los dos discípulos le oyeron decir esto, y siguieron a Jesús. 38 Jesús dio media
vuelta y, viendo que lo seguían, les preguntó:
–¿Qué buscan?
Ellos contestaron:
–Maestro, ¿dónde vives?
39 El les respondió:
–Vengan y lo verán.
Se fueron con él, vieron dónde vivía y
pasaron aquel día con él. Eran como las
cuatro de la tarde.
40 Uno de los dos que siguieron a Jesús
por el testimonio de Juan era Andrés, el
hermano de Simón Pedro. 41 Andrés encontró en primer lugar a su propio hermano Simón y le dijo:
–Hemos encontrado al Mesías (que
quiere decir Cristo).
42 Y lo llevó a Jesús. Jesús, mirándolo,
le dijo:
–Tú eres Simón, hijo de Juan; en adelante te llamarás Cefas, (es decir, Pedro).

Felipe y Natanael

Dt 18 18; Gn 28 10-17

43 Al día siguiente, Jesús decidió partir
para Galilea. Encontró a Felipe y le dijo:

tigo excepcional al presentarse realizando en su persona el anuncio de Isaías: *Yo soy la voz del que clama en el desierto...* Es el precursor o mensajero. No es ni el Mesías, ni Elías, ni el profeta. La llamativa insistencia en afirmar lo que no es, presupone que había gente –sus discípulos– *que le atribuían esos títulos. Su testimonio* presenta a Jesús como el Cordero de Dios, como el auténtico poseedor del Espíritu, y como el Hijo de Dios. Estos títulos de Jesús que el evangelista pone en boca del Bautista sólo son pensables una vez que ha tenido lugar la pascua y se ha completado el acontecimiento cristiano.

• **1 35-42**: Este relato de vocación difiere profundamente de los que nos ofrecen los sinópticos. Más que de un relato de vocación, se trata del progresivo descubrimiento que hacen los discípulos de la persona de Jesús: el Mesías, aquel del que escribieron Moisés y los profetas, el Maestro, el Hijo de Dios, el Rey de Israel. Tal descubrimiento-testimonio es impensable en este primer momento. Debemos suponer que el evangelista traslada a este primer encuentro con Jesús lo que posteriormente, a la luz de la pascua y bajo la acción del Espíritu, sus discípulos fueron descubriendo en él.

–Sígueme.
44 Felipe era de Betsaida, el pueblo de
Andrés y de Pedro. 45 Felipe se encontró
con Natanael y le dijo:
–Hemos encontrado a aquel de quien escribió Moisés en el libro de la ley, y del que hablaron también los profetas: es Jesús, el hijo de José, el de Nazaret.
46 Exclamó Natanael:
–¿De Nazaret puede salir algo bueno?
Felipe le contestó:
–Ven y lo verás.
47 Cuando Jesús vio a Natanael, que venía hacia él, comentó:
–Este es un auténtico israelita, en quien no hay doblez alguna.
48 Natanael le preguntó:
–¿Por qué me conoces?
Jesús respondió:
–Antes de que Felipe te llamara, te vi yo, cuando estabas debajo de la higuera.
49 Entonces Natanael exclamó:
–Maestro, tú eres el Hijo de Dios, tú eres el Rey de Israel.
50 Jesús prosiguió:
–¿Te basta para creer el haberte dicho que te vi debajo de la higuera? ¡Verás cosas más grandes que ésa!
51 Y añadió Jesús:
–Les aseguro que verán el cielo abierto y a los ángeles de Dios subiendo y bajando sobre el Hijo del hombre.

I. LIBRO DE LOS SIGNOS Δ

1. La gran novedad ◊

Primer signo: una boda en Caná

Jn 12 23.27; 13 1; 17 1; Gn 41 55; Mc 7 3-4

2 1 Tres días después, hubo una boda en
Caná de Galilea. La madre de Jesús estaba invitada. 2 También lo estaban Jesús y
sus discípulos. 3 Se les acabó el vino, y entonces la madre de Jesús le dijo:
–No les queda vino.
4 Jesús le respondió:
–Mujer, no intervengas en mi vida; mi hora aún no ha llegado.
5 La madre de Jesús dijo entonces a los que estaban sirviendo:
–Hagan lo que él les diga.
6 Había allí seis cántaros de piedra, de los que utilizaban los judíos para sus ritos de purificación, de unos ochenta o cien litros cada uno. 7 Jesús dijo a los que servían:
–Llenen los cántaros de agua.
Y los llenaron hasta arriba. 8 Una vez
llenos, Jesús les dijo:

• **1** 43-51: Jesús garantiza de forma absoluta que sus discípulos lo descubrirán como el Hijo del hombre, es decir, camino hacia el Padre, punto de unión entre el cielo y la tierra. A ello se alude con la referencia a Gn 28 12: la escalera de Jacob (Jn 1 51). El título Hijo del hombre, que aparece veinticinco veces en este evangelio y siempre en labios de Jesús –incluida la aparente excepción de Jn 12 34–, parece referirse a la mediación realizada por Jesús entre Dios y el hombre. Sólo en una ocasión (Jn 5 27) hace referencia a su manifestación como juez.

Δ 2 1-12 50: El cuarto evangelio se refiere sistemáticamente a los hechos prodigiosos realizados por Jesús con la palabra "signos" o "señales". Como estos "signos" –siete en total– han sido reunidos por Juan en la primera parte de su obra (Jn 2-12), estos capítulos han recibido la denominación de "Libro de los signos". Pero no todo es material narrativo en la sección. Junto al relato de los signos, el evangelista ha colocado una serie de discursos, diálogos y controversias que constituyen el nervio teológico del evangelio. Incluso puede afirmarse que, en la intención del autor, los signos y los demás hechos narrados en esta sección ilustran las enseñanzas de Jesús. Por lo mismo es difícil precisar dónde termina lo que podríamos llamar "historia" y dónde comienza la elaboración teológica del evangelista. Tampoco es fácil de determinar si las ideas avanzan al pasar de un signo a otro o es toda la verdad del evangelio la que se propone en cada uno de los signos. En todo caso, el mensaje de cada signo y de su correspondiente acompañamiento doctrinal se captará mejor si se lee en el conjunto del evangelio.

◊ 2 1-4 42: En esta primera sección del libro de los signos el evangelista quiere poner de manifiesto la novedad que trae Jesús. El judaísmo con sus viejas instituciones (la ley, el templo...) es reemplazado por nuevas realidades. El agua de las purificaciones deja paso al vino del banquete mesiánico (Jn 2 1-12); el antiguo templo es sustituido por un templo nuevo (Jn 2 13-22). Para comprender y aceptar la gran novedad es necesaria una profunda transformación interior (Jn 3 1-21), que sólo es posible si uno ha descubierto personalmente a Jesús (Jn 4 1-42).

• **2** 1-12: Este pasaje contiene el primero de los siete signos narrados en el cuarto evangelio: la transformación del agua en vino. A través de este primer signo Dios se manifiesta definitivamente en Jesús. Esto aparece con claridad si observamos algunos detalles importantes del relato. a) La datación del suceso: parece aludirse al comienzo de un tiempo nuevo. b) El marco de la boda: no

–Saquen ahora un poco y llévenselo al
encargado de la fiesta.
Ellos cumplieron sus órdenes.
9 Cuando el encargado probó el vino
nuevo sin saber de dónde venía (sólo lo sabían los sirvientes que habían sacado el
agua), llamó al novio 10 y le dijo:
–Todo el mundo sirve primero el vino
de mejor calidad, y cuando los invitados ya
han bebido bastante, saca el más corriente.
Tú, en cambio, has reservado el de mejor
calidad hasta hora.
11 Esto sucedió en Caná de Galilea. Fue
el primer signo realizado por Jesús. Así
manifestó su gloria y sus discípulos creyeron en él. 12 Después, Jesús bajó a Cafarnaún, acompañado de su madre, sus hermanos y sus discípulos, y se quedaron allí
unos cuantos días.

Jesús y el templo

Mc 11 15-17; Mt 21 12-13; Lc 19 45-46
Lc 2 49; *Sal 69 10;* Mc11 27-33; 14 58;
Mt 21 23-27; 26 61; Lc 20 1-8; Hch 6 14

13 Como ya estaba próxima la fiesta judía
de la pascua, Jesús fue a Jerusalén. 14 En el
templo se encontró con los vendedores de
bueyes, ovejas y palomas; también estaban
allí, sentados detrás de sus mesas, los que
cambian dinero. 15 Jesús, al ver aquello,
hizo un látigo de cuerdas y echó fuera del
templo a todos, con sus ovejas y bueyes;
tiró al suelo las monedas de los que cambian dinero y tumbó sus mesas; 16 y a los
vendedores de palomas les dijo:
–Quiten esto de aquí. No conviertan la
casa de mi Padre en un mercado.
17 Sus discípulos recordaron las palabras de la Escritura: *El celo por tu casa me
devorará*.
18 Los judíos intervinieron y le preguntaron:
–¿Qué señal nos ofreces como prueba
de tu autoridad para hacer esto?
19 Jesús respondió:
–Destruyan este templo, y en tres días
yo lo levantaré de nuevo.
20 Los judíos le dijeron:
–Han sido necesarios cuarenta y seis
años para edificar este templo, ¿y piensas
tú reconstruirlo en tres días?
21 Pero el templo del que hablaba Jesús
era su propio cuerpo. 22 Por eso, cuando
Jesús resucitó de entre los muertos, los discípulos recordaron lo que había dicho, y
creyeron en la Escritura y en las palabras
que él había pronunciado.

Muchos creen en Jesús

Jn 4 16-19; 7 31; 11 47-48

23 Durante su permanencia en Jerusalén
con motivo de la fiesta de pascua, muchos
creyeron en su nombre, al ver los signos
que hacía. 24 Pero Jesús no confiaba en
ellos, porque los conocía a todos, 25 y no
necesitaba que le informaran sobre los hombres, porque él conocía bien el interior del
hombre.

Jesús y Nicodemo

Jn 7 50; 19 39; Tit 3 5; Mc 10 15; Sal 30 4;
Ecl 11 5; Sab 9 16; Prov 30 4; Rom 10 6;
Nm 21 9; Jn 8 28; 12 34

3 1 Un hombre, llamado Nicodemo,
miembro del grupo de los fariseos y

debe olvidarse que desde Oseas las relaciones entre Dios y su pueblo se describen como unas relaciones matrimoniales. c) Los cántaros de piedra, en número de seis, destinados a contener agua para las purificaciones judías: frente a la imperfección del sistema insinuada en el número seis –siete, que es el número perfecto, menos uno–, el vino excepcional y abundantísimo (más de quinientos litros) como símbolo de los tiempos y bienes mesiánicos. d) La respuesta de Jesús a su madre, a la que aparta provisionalmente de su ministerio hasta que llegue la hora (la hora de la cruz, que es también la hora de María), para actuar movido únicamente por la voluntad del Padre. e) El apelativo de *mujer* aplicado a María, que apunta a la presentación de María como la nueva Eva.

Sobre los *hermanos* de Jesús, véase nota a Gal 1 11-24.

• **2 13-22**: Los evangelios sinópticos sitúan este relato en la última semana de la vida de Jesús. Juan adelanta este relato, que de suyo supone una actividad previa de Jesús, pues quiere mostrar desde el principio que Jesús inaugura un tiempo nuevo en las relaciones del hombre con Dios. Jesús reemplaza al templo antiguo, representativo de todo el judaísmo, incluida la ley, y se presenta como el verdadero templo, el lugar del encuentro entre Dios y los hombres. La pascua de Jesús –restauración del templo destruido– lo manifestará abiertamente. Entonces, a la luz del Espíritu, sus discípulos comprenderán el sentido de estas palabras suyas.

• **2 23-25**: El evangelista nos ofrece aquí una especie de resumen de la actividad o enseñanza de Jesús, y de las reacciones positivas que provoca; pero al mismo tiempo nos expone las serias reservas de Jesús frente a una fe inicial entusiasmada por lo extraordinario. Otro ejemplo significativo lo tenemos en Jn 4 48.

personaje importante entre los judíos, 2 se
presentó a Jesús de noche y le dijo:
–Maestro, sabemos que Dios te ha enviado para enseñarnos; nadie, en efecto,
puede realizar los signos que tú haces, si
Dios no está con él.
3 Jesús le respondió:
–Yo te aseguro que el que no nazca de
lo alto no puede ver el reino de Dios.
4 Nicodemo repuso:
–¿Cómo es posible que un hombre vuelva a nacer siendo viejo? ¿Acaso puede entrar de nuevo en el seno materno para nacer?
5 Jesús le contestó:
–Yo te aseguro que nadie puede entrar
en el reino de Dios, si no nace del agua y
del Espíritu. 6 Lo que nace del hombre es
humano; lo engendrado por el Espíritu, es
espiritual. 7 Que no te cause, pues, tanta
sorpresa lo que te he dicho: «Tienen que
nacer de lo alto». 8 El viento sopla donde
quiere; oyes su rumor, pero no sabes ni de
dónde viene ni a dónde va. Lo mismo sucede con el que nace del Espíritu.
9 Nicodemo preguntó:
–¿Cómo puede ser esto?
10 Jesús le contestó:
–¿Tú eres maestro de Israel e ignoras
estas cosas? 11 Yo te aseguro que hablamos
de lo que sabemos y damos testimonio de
lo que hemos visto; pero ustedes rechazan
nuestro testimonio. 12 Si no me creen cuando les hablo de las cosas de la tierra, ¿cómo
van a creerme cuando les hable de las cosas
del cielo? 13 Nadie ha subido al cielo, a no
ser el que vino de allí, es decir, el Hijo del
hombre. 14 Lo mismo que Moisés levantó
la serpiente de bronce en el desierto, el
Hijo del hombre tiene que ser levantado en
alto, 15 para que todo el que crea en él tenga
vida eterna.
16 Tanto amó Dios al mundo que le dio
a su Hijo único, para que todo el que crea
en él no perezca, sino que tenga vida eterna. 17 Dios no envió a su Hijo al mundo
para condenarlo, sino para salvarlo por
medio de él. 18 El que cree en él no será
condenado; por el contrario, el que no cree
en él, ya está condenado, por no haber creído en el Hijo único de Dios. 19 El motivo
de esta condenación está en que la luz vino
al mundo pero los hombres prefirieron la
oscuridad a la luz, porque su conducta era
mala. 20 Todo el que obra mal detesta la
luz y la rehúye por miedo a que su conducta
quede descubierta. 21 Sin embargo, aquel
que actúa conforme a la verdad, se acerca
a la luz, para que se vea que toda su conducta está inspirada por Dios.

Nuevo testimonio del Bautista

Jn 4 1-2; Mc 4 14; 6 17; Mt 4 12; 14 3; Lc 3 20; Mal 3 1

22 Después de esto, Jesús fue con sus
discípulos a la región de Judea. Estuvo allí
algún tiempo con ellos y bautizaba. 23 Juan
estaba también bautizando en Ainón, cerca
de Salín, porque allí había mucha agua. Y
la gente acudía a bautizarse. 24 Esto ocurrió antes de que Juan fuera encarcelado.
25 Algunos de los discípulos de Juan discutieron con unos judíos acerca del rito de
purificación. 26 Se acercaron a Juan y le
dijeron:
–Maestro, aquel que estaba contigo al
otro lado del Jordán, de quien tú nos diste
testimonio, está ahora bautizando y todos
acuden a él.

• **3** 1-21: Nicodemo, seriamente interesado por Jesús (Jn 7 50; 19 39), aparece en escena como representante de los judíos instruidos (Jn 12 42), pero no quiere que sea *conocida su simpatía por Jesús*. Por eso acude a él *de noche*. Existen en el diálogo-monólogo tres fases. En la primera Nicodemo reconoce la autoridad de Jesús, basada en los signos que hace, pero Jesús reacciona diciendo que eso es insuficiente (Jn 3 1-3). La segunda fase (Jn 3 4-8) pone de relieve que lo esencial es aceptar a Jesús como el enviado, el revelador del Padre, procedente del mundo *de arriba*. Para ello es necesario nacer *de arriba, de lo alto*, de Dios. Lo contrario es considerar a Jesús desde las simples categorías o posibilidades humanas. El nuevo nacimiento es obra del Espíritu y se realiza en el bautismo. Sin ellos no hay salvación, ni vida, ni posibilidad de entrar en el reino. La tercera fase (Jn 3 9-21), que también comienza con el recurso a la incomprensión –recurso muy utilizado por el evangelista–, se centra en describir cómo ha acontecido la salvación: la iniciativa procede de Dios (Jn 3 16), se realiza por medio del Hijo, que ha venido de su parte y que regresa a él, a través de la cruz-exaltación (Jn 3 14), y el hombre la hace propia, o la rechaza, mediante la fe o la incredulidad en el enviado.

• **3** 22-30: Este último testimonio del Bautista sobre Jesús nace de la discusión entre los discípulos de ambos sobre el éxito de sus respectivos maestros. El evangelista subraya la superioridad de Jesús sobre Juan. Es Jesús quien establece las nuevas relaciones entre Dios y el hombre. Sin embargo, detrás de éste y de otros textos del evangelio puede descubrirse cuál era la relación que existía entre la comunidad joánica y los discípulos de Juan el Bautista (Jn 1 6-8.15.19.34).

27 Juan respondió:

–El hombre solamente puede tener lo que Dios le haya dado. 28 Ustedes mismos son testigos de lo que yo dije entonces: «Yo no soy el Mesías, sino que he sido enviado como su precursor». 29 La esposa pertenece al esposo. El amigo del esposo, que está junto a él y lo escucha, se alegra mucho al oír la voz del esposo; por eso mi alegría ha llegado a su plenitud. 30 Es necesario que él crezca y que yo disminuya.

El que viene del cielo

1 Jn 4 5; Jn 3 11; 8 26; Mt 11 27; Lc 10 22; Ef 5 6

31 El que viene de lo alto está sobre todos. El que tiene su origen en la tierra es terreno y habla de las cosas de la tierra; el que viene del cielo 32 da testimonio de lo que ha visto y oído; sin embargo, nadie acepta su testimonio. 33 El que acepta su testimonio, reconoce que Dios dice la verdad, 34 porque cuando habla aquel a quien Dios envió, es Dios mismo quien habla, ya que Dios le ha comunicado plenamente su Espíritu. 35 El Padre ama al Hijo y le ha confiado todo. 36 El que cree en el Hijo, tiene la vida eterna; pero quien no lo acepta, no tendrá esa vida, sino que está sujeto al castigo de Dios.

Jesús y la samaritana

Mt 10 5; Lc 9 52-53; Gn 33 19; 48 22; Jos 24 32; Esd 4 3; 9 1-10 44; Mt 21 46; Dt 11 29; 12 5-14; Sal 122 1-5; Rom 9 4-5; Flp 3 3; 2 Cor 3 17

4 1 Los fariseos se enteraron de que aumentaba el número de los discípulos de Jesús y que bautizaba incluso más que Juan. 2 La verdad es que Jesús no bautizaba, sino que lo hacían sus discípulos. 3 Cuando estos rumores llegaron a Jesús, abandonó Judea y regresó a Galilea. 4 En su viaje, a través de Samaría, 5 llegó a un pueblo llamado Sicar, cerca del terreno que Jacob dio a su hijo José. 6 Allí estaba también el pozo de Jacob.

Jesús, fatigado por la caminata, se sentó junto al pozo. Era casi mediodía. 7 En esto, una mujer samaritana se acercó al pozo para sacar agua. Jesús le dijo:

–Dame de beber.

8 Los discípulos habían ido al pueblo a comprar alimentos. 9 La samaritana dijo a Jesús:

–¿Cómo es que tú, siendo judío te atreves a pedirme agua a mí, que soy samaritana? (Hay que señalar que los judíos y los samaritanos no se trataban).

10 Jesús le respondió:

–Si conocieras el don de Dios y quién es el que te pide de beber, sin duda que tú

• **3 31-36**: Aparentemente sigue hablando el Bautista. En realidad no es así. Habla Jesús empleando el tono típico de un discurso y afirma que él es, efectivamente, lo que Juan el Bautista ha dicho de él. En cuanto venido del cielo, es la suprema autoridad para hablar de Dios (desarrollo de Jn 1 18). Jesús nos cuenta lo que ha visto y oído; sólo él habla las palabras de Dios. Estas afirmaciones sobre Jesús empalman directamente con el contenido del diálogo-monólogo entre Jesús y Nicodemo (Jn 3 1-21).

Algunos manuscritos importantes añaden, al final de Jn 3 31: *está sobre todos.*

• **4 1-26**: La escena del encuentro entre Jesús y la samaritana ilustra la convicción cristiana de que el judaísmo, y con él todo el Antiguo Testamento, encuentra su plenitud en Jesús. Para exponer esta convicción, el evangelista utiliza una doble contraposición: por un lado el agua sacada con trabajo de un pozo, y la regalada por Jesús, que significa la vida eterna; y por otro, la superioridad de Jesús y del tiempo que él inicia, sobre Jacob y lo que éste significa (es decir, la antigua alianza).

La figura de la mujer samaritana, como ocurre frecuentemente en el cuarto evangelio, es representativa y simbólica: personifica a la región de Samaría, donde se había dado culto a los dioses de cinco pueblos (2 Re 17 24ss), que serían los cinco maridos; y donde el culto que se daba al Señor en la actualidad no era legítimo por no ajustarse al principio de un único templo.

Las palabras de Jesús en Jn 4 10 son la clave para entender la escena. El don de Dios se identifica con el agua viva. Y el agua viva significa la salvación, la vida eterna. Como antecedentes del verdadero don de Dios hay que mencionar la ley y la sabiduría, a las que el judaísmo consideraba precisamente como dones de Dios. En el Nuevo Testamento se designa así al don de la salvación (2 Cor 9 15), al Espíritu Santo (Hch 8 20; 10 45), a la palabra de Dios (Sant 1 17; Heb 6 4). Conocer el don de Dios es sinónimo de conocer a Jesús. El don de Dios y el de Jesús son la misma realidad.

En Jn 4 20-26 se aborda el problema del culto, que era un problema teológico preocupante. La comunidad samaritana tenía buenas razones para competir con Jerusalén. Sin embargo, la respuesta de Jesús es clara: una vez que el templo último –es decir, el mismo Jesús– ha hecho su aparición, estas cuestiones pierden interés, puesto que la salvación se ha hecho presente en él. En el *nosotros* de Jn 4 22 están incluidos los cristianos, no sólo Jesús.

misma me pedirías a mí y yo te daría agua viva.

11 Contestó la mujer:

–Señor, si ni siquiera tienes con qué sacar el agua, y el pozo es profundo, ¿de dónde vas a sacar esa «agua viva»? 12 Nuestro padre Jacob nos dejó este pozo del que bebió él mismo, sus hijos y sus ganados. ¿Acaso te consideras más importante que él?

13 Jesús contestó:

–Todo el que bebe de este agua, volverá a tener sed; 14 en cambio, el que beba del agua que yo quiero darle, nunca más volverá a tener sed. Porque el agua que yo quiero darle se convertirá en su interior en un manantial que conduce a la vida eterna.

15 Entonces la mujer exclamó:

–Señor, dame de esa agua para que no tenga más sed y no tenga que venir hasta aquí a sacar agua.

16 Jesús le dijo:

–Vete a tu casa, llama a tu marido y regresa aquí.

17 Ella le contestó:

–No tengo marido.

Jesús continuó:

–Cierto; no tienes marido. 18 Has tenido cinco, y ése, con el que ahora vives, no es tu marido. En esto has dicho la verdad.

19 La mujer contestó:

–Señor, veo que eres profeta. 20 Nuestros antepasados rindieron culto a Dios en esta montaña; en cambio ustedes los judíos, dicen que es en Jerusalén donde hay que dar culto a Dios.

21 Jesús respondió:

–Créeme, mujer, está llegando la hora, mejor dicho, ha llegado ya, en que para dar culto al Padre, no tendrán que subir a esta montaña ni ir a Jerusalén. 22 Ustedes, los samaritanos, no saben lo que adoran; nosotros sabemos lo que adoramos, porque la salvación viene de los judíos. 23 Ha llegado la hora en la cual los verdaderos adoradores adorarán al Padre en espíritu y en verdad. El Padre quiere ser adorado así. 24 Dios es espíritu, y los que lo adoran deben hacerlo en espíritu y en verdad.

25 La mujer le dijo:

–Yo sé que el Mesías, es decir, el Cristo, está a punto de llegar; cuando él venga nos lo explicará todo.

26 Entonces Jesús le dijo:

–Soy yo, el que está hablando contigo.

Automanifestación de Jesús

Mc 14 61-62; Jn 9 37; Mt 12 23; 9 37; Miq 6 15; Is 19 20; 1 Jn 4 14

27 En este momento, llegaron sus discípulos y se sorprendieron de que Jesús estuviera hablando con una mujer; pero ninguno se atrevió a preguntarle qué quería de ella o de qué estaban hablando. 28 La mujer dejó allí el cántaro, regresó al pueblo y dijo a la gente:

29 –Vengan a ver a un hombre que me ha dicho todo lo que he hecho. ¿Será el Mesías?

30 Ellos salieron del pueblo y se fueron a su encuentro. 31 Mientras tanto los discípulos le insistían:

–Maestro, come algo.

32 Pero él les dijo:

–Yo tengo un alimento que ustedes no conocen.

33 Los discípulos comentaban entre sí:

–¿Será que alguien le ha traído de comer?

34 Jesús les explicó:

–Mi alimento consiste en hacer la voluntad del que me envió hasta que lleve a término su obra de salvación. 35 ¿No dicen ustedes que faltan todavía cuatro meses para la cosecha? Pues yo les digo: Levanten la mirada y observen los campos sembrados, que están ya maduros para la cosecha. 36 El que cosecha recibe su salario y recoge el grano para la vida eterna, de modo que el que siembra y el que cosecha se alegran juntos. 37 En esto tiene razón el refrán: «Uno es el que siembra y otro el que

• **4 27-42**: La aparición en escena de los discípulos y su incomprensión (Jn 4 27-37) da lugar a que Jesús se presente como realizador de la voluntad del Padre. Jn 4 35 contiene una gran enseñanza: Jesús invita a sus discípulos a ver en todos aquellos samaritanos el comienzo de una misión universalista. Los samaritanos, enemigos de los judíos, son la primera gran cosecha de lo sembrado por Jesús mediante su enseñanza. Jn 4 38-42 evoca, probablemente, la floreciente misión cristiana en Samaría iniciada por los que escaparon de Jerusalén con motivo de *lo de Esteban* (Hch 8 4-8). Ahora los discípulos no tienen más que recibir a aquella comunidad y confirmarla en la fe.

cosecha». 38 Yo los he enviado a cosechar
un campo que ustedes no cultivaron; otros
lo han trabajado y ustedes recogen el fruto
de su trabajo.
39 Muchos de los habitantes de aquel
pueblo creyeron en Jesús por el testimonio
de la samaritana, que atestiguaba:
–Me ha dicho todo lo que he hecho.
40 Por eso, cuando los samaritanos llegaron donde estaba Jesús le insistían en
que se quedara con ellos, y permaneció con
ellos dos días. 41 Al oírle personalmente,
fueron muchos más los que creyeron en él;
42 de modo que decían a la mujer:
–Ya no creemos en él por lo que tú nos
dijiste, sino porque nosotros mismos le hemos oído y estamos convencidos de que él
es verdaderamente el Salvador del mundo.

2. Jesús, palabra que da vida ◊

Segundo signo: el hijo del funcionario del rey

Mt 8 5-13; Lc 7 1-10

Mc 6 4; Mt 13 57; Lc 4 24; Jn 2 1-11; 1 Cor 1 22; Hch 11 14; 16 15.31

43 Pasados los dos días, Jesús partió de
Samaría y continuó su viaje hacia Galilea.
44 El mismo Jesús había declarado que un
profeta no es bien considerado en su propia patria. 45 Cuando llegó a Galilea, los
galileos le dieron la bienvenida, pues también ellos habían estado en Jerusalén por la
fiesta de la pascua y habían visto todo lo
que Jesús hizo en aquella ocasión.
46 Jesús visitó de nuevo Caná de Galilea, donde había convertido el agua en vino.
Había allí un funcionario del rey, que tenía
un hijo enfermo en Cafarnaún. 47 Cuando
se enteró de que Jesús venía de Judea a Galilea, salió a su encuentro para suplicarle
que fuera a su casa y sanara a su hijo, que
estaba a punto de morir. 48 Jesús le contestó:
–Si no ven signos y prodigios son incapaces de creer.
49 Pero el funcionario insistía:
–Señor, ven pronto, antes de que muera
mi hijo.
50 Jesús le dijo:
–Regresa a tu casa; tu hijo ya está bien.
El hombre creyó en lo que Jesús le había dicho, y se fue. 51 Cuando regresaba a
su casa, le salieron al encuentro sus criados
para darle la noticia de que su hijo estaba
bien. 52 Entonces él les preguntó a qué hora
había comenzado la mejoría. Los criados
le dijeron:
–Ayer, a la una de la tarde, se le quitó la
fiebre.
53 El padre comprobó que la mejoría de
su hijo había comenzado en el mismo momento en que Jesús le había dicho: «Tu hijo ya está bien»; y creyeron en Jesús él y
todos los suyos. 54 Este segundo signo lo
hizo Jesús al regresar de Judea a Galilea.

Tercer signo : el paralítico

Mc 2 1-12; Mt 9 1-8; Lc 5 17-26

5 1 Después de esto, Jesús regresó a Jerusalén para celebrar una de las fiestas
judías. 2 Hay en Jerusalén, cerca de la puerta llamada de las Ovejas, un estanque conocido con el nombre hebreo de Betesda,
que tiene cinco pórticos. 3 En estos pórti-

◊ **4 43-5 47**: La segunda sección del libro de los signos contiene dos de estos signos: la curación del hijo del funcionario del rey (Jn 4 43-54), y la del paralítico en la piscina de Betesda (Jn 5 1-9), seguidas de un extenso discurso (Jn 5 10-47), en el que se explica su sentido: Jesús tiene poder para dar vida. Como enviado del Padre, Jesús actúa en su nombre y continúa su obra.

• **4 43-54**: Muy probablemente Juan se refiere aquí a la misma historia narrada en los sinópticos (Mt 8 5-13 y par.). Las variantes son importantes, pero explicables desde la diferente situación en que surge cada evangelio. Mientras los sinópticos subrayan que se trata de un pagano y acentúan el hecho de que Jesús desborda estas barreras, Juan señala la magnitud del signo. De ahí el desplazamiento que hace desde Cafarnaún a Caná, con el fin de que la curación se produzca a distancia y quede clara la importancia de la fe en la palabra vivificante de Jesús. La contemplación de los signos de Jesús lleva a la fe, como ocurrió en este caso, pues los signos de Jesús hacen de aquellos sucesos concretos una ocasión para descubrir toda la profundidad de su misión.

• **5 1-9**: Hay un cierto paralelismo entre este pasaje y la curación del ciego de nacimiento (Jn 9 1-41). La descripción de la piscina es correcta como han demostrado recientes excavaciones arqueológicas. En todo caso lo importante es el milagro, el signo de la curación, que subraya una enseñanza fundamental: frente al judaísmo que ha llegado al límite de sus posibilidades y que ya no da más de sí, se alza poderosa la palabra vivificante de Jesús.

En el texto falta Jn 5 3b-4. Se trata de una explicación del poder sanante de las aguas, que no figura en los mejores y más antiguos manuscritos. Dice así: *Estaban esperando el movimiento del agua del estanque, porque de cuando en cuando bajaba un ángel del Señor y agitaba el agua. El primero que se metía en el agua después que ocurría esto, quedaba curado de cualquier enfermedad que tuviera.*

cos había muchos enfermos recostados en
el suelo: ciegos, cojos y paralíticos. 5 Había
entre ellos un hombre que llevaba treinta y
ocho años inválido. 6 Jesús, al verlo allí tendido, y sabiendo que llevaba mucho tiempo, le preguntó:
–¿Quieres quedar sano?
7 El enfermo le contestó:
–Señor, no tengo a nadie que me ayude
a entrar en el estanque cuando se mueve el
agua. Mientras trato de llegar yo, otro se me
ha adelantado.
8 Entonces Jesús le dijo:
–Levántate, toma tu camilla y camina.
9 En aquel instante, el enfermo quedó
sano, tomó su camilla y comenzó a caminar.
Aquel día era sábado.

Controversia con los judíos

Mc 14 1; Mt 26 4; Jn 7 1.19.25; 8 37.40; 10 30.33

10 Los judíos se dirigieron al que había
sido sanado y le dijeron:
–Hoy es sábado y no te está permitido
llevar tu camilla.
11 El respondió:
–El que me sanó me dijo: «Toma tu camilla y camina».
12 Ellos le preguntaron:
–¿Quién es ese hombre que te dijo: «Toma tu camilla y camina»?
13 Pero él no lo conocía ni sabía quién
lo había sanado, pues Jesús había desaparecido entre la muchedumbre que se había
reunido allí. 14 Más tarde, Jesús se encontró con él en el templo, y le dijo:
–Has sido sanado, no vuelvas a pecar
más, pues podría sucederte algo peor.
15 El hombre fue a informar a los judíos
que era Jesús quien lo había sanado. 16 Jesús hacía obras como ésta en sábado; por
eso lo perseguían los judíos. 17 Pero Jesús
les respondió
–Mi Padre no cesa nunca de trabajar;
por eso yo trabajo también en todo tiempo.
18 Esta afirmación provocó en los judíos
un mayor deseo de matarlo, porque no sólo no respetaba el sábado, sino que además
decía que Dios era su propio Padre, y se
hacía igual a Dios.

La autoridad del Hijo

Jn 7 16-18; Rom 4 17; Ef 2 5; Jn 9 39; 12 47;
Hch 10 42; 17 31; Lc 7 14; Dn 12 2; Hch 24 15

19 Jesús continuó, diciendo:
–Yo les aseguro que el Hijo no puede
hacer nada por su cuenta; él hace únicamente lo que ve hacer al Padre: lo que hace
el Padre, eso también hace el Hijo. 20 Pues
el Padre ama al Hijo y le manifiesta todas
sus obras; y le manifestará todavía cosas
mayores, de modo que ustedes mismos
quedarán maravillados. 21 Porque, así como
el Padre resucita a los muertos, dándoles la
vida, así también el Hijo da la vida a los
que quiere.
22 El Padre no juzga a nadie, sino que le
ha dado al Hijo todo el poder de juzgar.
23 Y quiere que todos den al Hijo el mismo
honor que dan al Padre. El que no honra al
Hijo, tampoco honra al Padre que lo envió.
24 Yo les aseguro que quien acepta lo que
yo digo y cree en el que me envió, tiene la
vida eterna; no sufrirá un juicio de condenación, sino que ha pasado de la muerte a
la vida.
25 Les aseguro que está llegando la hora,
mejor aún, ha llegado ya, en que los muertos oirán la voz del Hijo de Dios, y todos
los que la oigan, vivirán. 26 Pues así como
el Padre tiene el poder de dar la vida, ha

• **5 10-18**: El sábado era para los judíos un día sagrado en el que no se podía transportar carga alguna (Jr 17 21). *Según un rabino, el peso permitido* no debía exceder la mitad de un higo. Esta mentalidad está detrás de todo el relato (Jn 5 10.16.18), que desemboca en un abierto enfrentamiento entre Jesús y los judíos. A lo largo de esta discusión el evangelista explica el sentido del signo (Jn 5 1-9). Jesús se declara Hijo de Dios, identifica su actividad con la de Dios, realiza las obras de su Padre. Nadie se había atrevido hasta entonces a llamar así a Dios.

Con frecuencia en este relato, y en el resto del evangelio aparece la expresión *los judíos* (Jn 5 1.10.15.16.18...). En el evangelio de Juan este término no designa a los habitantes de un país llamado Judea. Se trata más bien de un vocablo con el que el evangelista se refiere a los dirigentes del judaísmo en cuanto enemigos de Jesús y de sus discípulos Posteriormente, cuando se redactó el evangelio, el enfrentamiento entre judíos y cristianos se había agravado, y es muy probable que dicho enfrentamiento haya dejado su huella en estos pasajes (véase Jn 9 22; 12 42; 16 2).

• **5 19-29**: Jesús, sin interrupciones ya por parte de los judíos, explica la perfecta unidad de acción entre el Padre y el Hijo. Este es el principio general. Viene después el desarrollo del mismo, explicitando dicha unidad de acción en dos temas fundamentales: la vida y el juicio. Jesús tiene poder sobre la vida y la muerte, y esto le convierte en el juez supremo. Por eso, quien lo acepta mediante la fe, honra al Padre y al Hijo, tiene la vida y no le sucederá ninguna desgracia.

dado al Hijo ese mismo poder. 27 Y le ha
dado también autoridad para juzgar, porque es el Hijo del hombre. 28 No se admiren de lo que les estoy diciendo, porque
llegará el momento en que todos los muertos oirán su voz, 29 y saldrán de los sepulcros. Los que hicieron el bien, resucitarán
para la vida eterna; pero los que hicieron el
mal, resucitarán para su condenación.

El testimonio en favor de Jesús

1 Jn 5 6-9; Jn 19 35; 21 24; 1 19-27; 3 22-30; Mc 1 11; 1 Jn 2 14; Lc 24 27.44; Hch 13 27; 1 Pe 1 10-11; Dt 31 26-27; Lc 16 29-31

30 Yo no puedo hacer nada por mi cuenta. Juzgo según lo que Dios me dice, y mi
juicio es justo, porque no pretendo actuar
según mi voluntad, sino que cumplo la voluntad del que me envió. 31 Si me presentara como testigo de mí mismo, mi testimonio
no tendría valor. 32 Es otro el que testifica
a mi favor, y su testimonio es válido. 33 Ustedes mismos enviaron una comisión a preguntar a Juan, y él dio testimonio a favor de
la verdad. 34 Y no es que yo tenga necesidad de testigos humanos que testifiquen a
mi favor; si digo esto, es para que ustedes
se puedan salvar. 35 Juan el Bautista era
como una lámpara encendida que alumbraba; ustedes quisieron, durante algún tiempo, alegrarse con su luz. 36 Pero yo tengo a
mi favor un testimonio de mayor valor que
el de Juan. Una prueba evidente de que el
Padre me ha enviado es que realizo la obra
que el Padre me encargó llevar a término.
37 También habla a mi favor el Padre que
me envió, aunque ustedes nunca han oído
su voz ni han visto su rostro. 38 Su palabra
no ha sido aceptada por ustedes; así lo
prueba el hecho de que no quieren creer en
el enviado del Padre. 39 Estudian apasionadamente las Escrituras, pensando encontrar
en ellas la vida eterna; pues bien, también
las Escrituras hablan de mí; 40 y a pesar de
ello, ustedes no quieren aceptarme para
que tengan vida.

41 Yo no busco la gloria que puedan dar
los hombres. 42 Además, los conozco muy
bien y sé que no aman a Dios. 43 Yo he venido de parte de mi Padre, pero ustedes no
me aceptan; en cambio, aceptarían a cualquier otro que viniera en nombre propio.
44 ¿Cómo van a creer ustedes, si lo que les
preocupa es recibir gloria unos de los otros
y no se interesan por la verdadera gloria
que viene del Dios único? 45 No piensen
que voy a ser yo quien los acuse ante mi
Padre; los acusará Moisés, en quien tienen
puesta su esperanza. 46 El escribió acerca
de mí; por eso, si creyeran a Moisés, también me creerían a mí. 47 Pero si no creen
lo que él escribió, ¿cómo van a creer lo
que yo digo?

3. Jesús, pan de vida ◊

Cuarto signo: multiplicación de los panes

Mc 6 33-44; Mt 14 13-21; Lc 9 10-17
Mc 5 24; Mt 4 25; 8 1; Lc 9 11; Mc 3 13; Mt 5 1; Jn 21 9.13; 18 36

6 1 Algún tiempo después, Jesús pasó a
la otra orilla del lago de Tiberíades. 2 Lo

• **5 30-47**: Las palabras que el evangelista pone en boca de Jesús contienen la defensa que Jesús hace de su propia persona frente a quienes lo acusan, pero también pretenden defender a la comunidad joánica frente al judaísmo fariseo. Los cristianos son acusados de apoyar su fe en el propio testimonio de Cristo, cosa que no tiene validez en ningún proceso. La respuesta de Jesús, y la de la comunidad, se basa en los siguientes argumentos: a) El testimonio principal a favor de Jesús lo da el Padre (Jn 5 32.37-43). No aceptar a Jesús es rechazar el testimonio del Padre. b) El segundo testimonio es el del Bautista a quien *los mismos judíos reconocieron cierta autoridad*. c) El tercero lo dan las obras que Jesús realiza; no sólo sus "signos" sino toda la actividad reveladora de Jesús. d) El cuarto en dar testimonio es el mismo Moisés. Pero los testimonios no convencen cuando falta la fe; entonces el hombre busca apoyarse en sí mismo, autoafirmarse, autorrealizarse; se aferra a sus propias ideas y desde ellas intenta responder a sus preguntas. Poco a poco se niega a aceptar otro nivel que no sea el propio nivel humano (Jn 5 43-44).

◊ **6 1-71**: Tercera sección del libro de los signos. Como la anterior (Jn 4 43-5 47), contiene dos signos y un largo discurso. Los dos signos: la multiplicación de los panes (Jn 6 1-15) y el hecho de caminar sobre las aguas (Jn 6 16-21), preparan el discurso, en el que se explica el alcance de estos signos: Jesús mismo es el alimento que da la vida eterna; a través de su entrega se hace alimento para dar vida a los hombres.

• **6 1-15**: En este cuarto signo el evangelista asume y reelabora un relato de la multiplicación de los panes que también conocen los evangelios sinópticos (Mc 6 33-44 y par.). Sobre este andamiaje, que el evangelista ya encuentra preparado, acentúa los siguientes datos: el conocimiento sobrehumano de Jesús; Jesús como respuesta a

seguía mucha gente, porque veían los signos que hacía con los enfermos. 3 Jesús
subió a la montaña y se sentó allí con sus
discípulos. 4 Estaba próxima la fiesta judía
de la pascua. 5 Al ver Jesús que mucha
gente acudía a él, dijo a Felipe:

–¿Dónde podríamos comprar pan para
dar de comer a todos éstos?

6 Dijo esto para ver su reacción, pues él
ya sabía lo que iba a hacer. 7 Felipe le contestó:

–Con doscientos denarios no compra-
ríamos bastante para que cada uno tomara
un poco.

8 Entonces intervino otro de sus discípulos, Andrés, el hermano de Simón Pedro,
diciendo:

9 –Aquí hay un muchacho que tiene cinco panes de cebada y dos peces; pero ¿qué
es esto para tanta gente?

10 Jesús mandó que se sentaran todos,
pues había mucha hierba en aquel lugar.
Eran unos cinco mil hombres. 11 Luego
tomó los panes, y después de haber dado
gracias a Dios, los distribuyó entre todos.
Hizo lo mismo con los peces y les dio todo
lo que quisieron. 12 Cuando quedaron satisfechos, Jesús dijo a sus discípulos:

–Recojan lo que ha sobrado, para que
no se pierda nada.

13 Lo hicieron así, y con lo que sobró de
los cinco panes llenaron doce canastas.

14 Cuando la gente vio aquel signo, exclamó:

–Este hombre es verdaderamente el
profeta que debía venir al mundo.

15 Jesús se dio cuenta de que pretendían
proclamarlo rey. Entonces se retiró de nuevo a la montaña, él sólo.

Quinto signo: Jesús camina sobre las aguas

Mc 6 45-52; Mt 14 22-27

16 A la caída de la tarde, los discípulos
bajaron al lago, 17 subieron a una barca y
atravesaron el lago hacia Cafarnaún. Era
ya de noche y Jesús no había llegado adonde estaban ellos. 18 De pronto se levantó
un viento fuerte que agitó el lago. 19 Habían
avanzado unos cinco kilómetros cuando
vieron a Jesús que se acercaba a la barca,
caminando sobre el lago, y tuvieron mucho
miedo. 20 Jesús les dijo:

–Soy yo. No tengan miedo.

21 Entonces quisieron subirlo a bordo y,
al instante, la barca tocó tierra en el lugar
al que se dirigían.

Discurso sobre el pan de vida

Ef 1 13; 4 30; Rom 3 28; *Ex 16 15; Nm 11 7-9;*
Neh 9 15; Sab 16 20; Sal 78 24; Mc 14 36;
Ex 16 2-8; Mc 6 3; *Is 54 13;* 1 Tes 4 9

22 Al día siguiente, la gente continuaba
en la otra orilla del lago. Se habían dado
cuenta de que allí solamente había una
barca y sabían que Jesús no había embar-
cado en ella con sus discípulos, sino que
éstos habían partido solos.

23 Otras barcas llegaron de Tiberíades, y
se detuvieron cerca del lugar donde la
gente había comido el pan, después que el
Señor había dado gracias a Dios. 24 Cuando
se dieron cuenta de que ni Jesús ni sus discípulos estaban allí, subieron a las barcas y
se dirigieron a Cafarnaún en busca de Jesús.
25 Lo encontraron en la otra orilla y le dijeron:

–Maestro, ¿cuándo has llegado aquí?

las necesidades más profundas del hombre; la centralidad de su persona (los discípulos juegan un papel secundario frente a la función preponderante que les asignan los sinópticos; véase Mc 6 37.41); su relación con Dios y su atención personal a las necesidades del hombre (Jn 6 11). Más que de la multiplicación de los panes habría que hablar de la multiplicación del Pan.

• **6 16-21**: Este episodio es un milagro de manifestación, que sigue un esquema clásico en forma de quiasmo (o estructura cruzada): a) necesidad de ayuda; b) temor ante la manifestación de Jesús; b') consuelo frente a dicho temor; a') socorro oportuno. Simbólicamente, este episodio describe el camino de la Iglesia a través del mundo (el lago o el mar simboliza el mundo) en medio de dificultades que obstaculizan y desalientan. Sólo la presencia de Jesús es capaz de hacer que la barca llegue a la otra orilla.

• **6 22-50**: Este discurso sobre el pan de vida se desarrolla en torno a dos grandes pensamientos: Jesús exige que tengan fe en él, mientras sus oyentes se niegan a creer. El tema se desarrolla en tres fases: En primer lugar Jesús acentúa su exigencia ante la incomprensión del milagro (véase Jn 6 22-29 que concluye: *lo que Dios espera de ustedes es que crean en aquel que él ha enviado*). En segundo lugar Jesús exige ser aceptado como *el pan vivo bajado del cielo* (Jn 6 51), y quienes lo escuchan le piden pruebas de lo que afirma (Jn 6 30-40). Finalmente, ante la falta de fe (ya que dicen conocer su nacimiento natural), Jesús exige de nuevo que crean en él, como único pan de vida (Jn 6 41-69).

26 Jesús les contestó:
–Les aseguro que no me buscan por los
signos que vieron, sino porque comieron
pan hasta saciarse. 27 Esfuércense por conseguir no el alimento transitorio, sino el
permanente, el que da la vida eterna. Este
es el alimento que les dará el Hijo del hombre, porque Dios, el Padre, lo ha acreditado con su sello.
28 Entonces ellos le preguntaron:
–¿Qué debemos hacer para actuar como
Dios quiere?
29 Jesús respondió:
–Esto es lo que Dios espera de ustedes:
que crean en aquél que él envió.
30 Ellos contestaron:
–¿Qué señal puedes ofrecernos para
que, al verla, te creamos? ¿Cuál es tu obra?
31 Nuestros antepasados comieron el maná
en el desierto, como dice la Escritura: *Les
dio a comer pan del cielo*.
32 Jesús les respondió:
–Les aseguro que no fue Moisés quien
les dio el pan del cielo. Es mi Padre quien
les da el verdadero pan del cielo. 33 El pan
de Dios viene del cielo y da la vida al mundo.
34 Entonces le dijeron:
–Señor, danos siempre de ese pan.
35 Jesús les contestó:
–Yo soy el pan de vida. El que viene a
mí no volverá a tener hambre; el que cree
en mí nunca tendrá sed. 36 Pero ustedes,
como ya les he dicho, no creen, a pesar de
haber visto. 37 Todos los que me da el Padre vendrán a mí, y yo no rechazaré nunca
al que venga a mí. 38 Porque yo he bajado
del cielo, no para hacer mi voluntad, sino
la voluntad del que me envió. 39 Y su
voluntad es que yo no pierda a ninguno de
los que él me ha dado, sino que los resucite en el último día. 40 La voluntad de mi
Padre es que todos los que vean al Hijo y
crean en él tengan vida eterna, y yo los
resucitaré en el último día.
41 Los judíos comenzaron a murmurar
de él, porque había dicho: «Yo soy el pan
que ha bajado del cielo». 42 Decían:
–Este es Jesús, el hijo de José. Conocemos a su padre y a su madre. ¿Cómo se
atreve a decir que ha bajado del cielo?
43 Jesús respondió:
–No sigan murmurando. 44 Nadie puede
venir a mí, si el Padre, que me envió, no se
lo concede; y yo lo resucitaré el último día.
45 Está escrito en los profetas: *Y serán todos
instruidos por Dios*. Todo el que escucha al
Padre y recibe su enseñanza, viene a mí.
46 Esto no significa que alguien haya visto
al Padre. Solamente aquel que ha venido de
Dios ha visto al Padre.
47 Les aseguro que el que cree tiene vida
eterna. 48 Yo soy el pan de la vida. 49 Sus
padres comieron el maná en el desierto y,
sin embargo, murieron. 50 Este es el pan
que ha bajado del cielo para que quien lo
coma no muera.

Discurso eucarístico

Mc 14 22-24; 1 Cor 11 23-29; Jn 15 5; 1 Jn 3 24;
Hch 1 9-11; 2 Cor 3 6

51 Jesús añadió:
–Yo soy el pan vivo bajado del cielo. El
que come de este pan, vivirá para siempre.
Y el pan que yo daré es mi carne. Yo la
doy para la vida del mundo.
52 Esto provocó una fuerte discusión entre los judíos, los cuales se preguntaban:
–¿Cómo puede éste darnos a comer su
carne?
53 Jesús les dijo:
–Yo les aseguro que si no comen la carne del Hijo del hombre y no beben su sangre, no tendrán vida en ustedes. 54 El que
come mi carne y bebe mi sangre tiene vida
eterna, y yo lo resucitaré el último día. 55 Mi
carne es verdadera comida y mi sangre es
verdadera bebida. 56 El que come mi carne y
bebe mi sangre vive en mí y yo en él. 57 Como el Padre que me envió posee la vida y
yo vivo por él, así también, el que me coma vivirá por mí. 58 Este es el pan que ha
bajado del cielo; no como el pan que comieron sus antepasados. Ellos murieron;
pero el que coma de este pan, vivirá para
siempre.

• **6** 51-59: Esta parte del discurso encajaría mejor en el contexto de la última cena de Jesús con sus discípulos tal como la narran los otros evangelios (Mc 14 22-24 y par.). Probablemente fue colocado aquí por el evangelista como continuación del discurso sobre el pan de la vida. Sólo que en el discurso sobre el pan de la vida el protagonista es el Padre, que da el verdadero pan, y la respuesta del hombre es la fe. En el discurso eucarístico el protagonista es Jesús, que se da en comida y bebida, y la respuesta del hombre es comer su carne y beber su sangre.

59 Todo esto lo expuso Jesús enseñando en la sinagoga de Cafarnaún.

Las palabras de vida eterna

Mc 8 27-30; Mt 16 13-20; Lc 9 18-21; Mc 1 24; Jn 12 4

60 Muchos de sus discípulos, al oír a Jesús, dijeron:

–Esta doctrina es inadmisible. ¿Quién puede aceptarla?

61 Jesús, sabiendo que sus discípulos criticaban su enseñanza, les preguntó:

–¿Les resulta difícil aceptar esto? 62 ¿Qué ocurriría si vieran al Hijo del hombre subir adonde estaba antes? 63 El Espíritu es quien da la vida; la carne no sirve para nada. Las palabras que les he dicho son espíritu y vida. 64 Pero algunos de ustedes no creen.

Dijo esto Jesús porque sabía desde el principio quiénes eran los que no creían y quién lo iba a entregar. 65 Y añadió:

–Por eso les dije que nadie puede venir a mí, si el Padre no se lo concede.

66 Desde aquel momento, muchos de sus discípulos se retiraron y ya no andaban con él.

67 Entonces Jesús preguntó a los Doce:

–¿Acaso también ustedes quieren irse?

68 Simón Pedro le respondió:

–Señor, ¿a quién iríamos? Tus palabras dan vida eterna. 69 Nosotros creemos y sabemos que tú eres el Santo de Dios.

70 Jesús entonces concluyó:

–¿No los elegí yo a los Doce? Y, sin embargo, uno de ustedes es un diablo.

71 Se refería a Judas, hijo de Simón Iscariote. Porque Judas, precisamente uno de los Doce, lo iba a entregar.

4. Jesús, luz y vida ◊

Incredulidad de los parientes de Jesús

Lv 23 34; Nm 29 12-39; Dt 16 13-16; Mc 3 31; Jn 3 19-21; 15 18

7 1 Después de algún tiempo, Jesús andaba por Galilea. Evitaba estar en Judea, porque los judíos buscaban la ocasión para matarlo. 2 Cuando ya estaba cerca la fiesta judía de las tiendas de campaña, 3 sus hermanos le dijeron:

–Deberías salir de aquí e ir a Judea, para que tus discípulos puedan ver allí las obras que haces. 4 Nadie que pretenda darse a conocer actúa secretamente. Si en realidad haces cosas tan extraordinarias, deberías darte a conocer al mundo.

5 Sus hermanos hablaban así, porque ni siquiera ellos creían en él. 6 Jesús les dijo:

–A mí todavía no me ha llegado el momento; para ustedes, en cambio, cualquier momento es bueno. 7 El mundo no tiene motivos para odiarlos a ustedes, pero a mí me odia, porque pongo claramente ante sus ojos la malicia de sus obras. 8 Ustedes vayan a la fiesta. Yo no voy, porque aún no ha llegado mi momento. 9 Y se quedó en Galilea.

En la fiesta de las tiendas

Lv 23 34; Nm 29 12-39; Dt 16 13-16; Mt 15 34; Lc 2 47; Jn 12 49; 14 10; Hch 7 53; Rom 2 21-24; Mc 3 22; Gn 17 10-13; Is 11 3

10 Más tarde, cuando sus hermanos subieron a la fiesta, subió también Jesús, pero en privado, no públicamente. 11 Los judíos lo buscaban en la fiesta y se preguntaban:

• **6 60-71**: La incredulidad de los judíos y de muchos discípulos, provoca la confesión de la verdadera fe en Jesús. La Iglesia apostólica, simbolizada por los doce y representada por Pedro, reconoce que Jesús es el Santo *de Dios y que sólo él posee palabras de vida eterna*. Se pone así de manifiesto la necesidad de la fe en Jesús para comprender su enseñanza. Esta fe es un don que el Padre concede.

◊ **7 1-8 59**: Esta sección tiene como tema central la manifestación pública de Jesús como vida y como luz para todos los hombres. Está integrada por una serie de diálogos de Jesús con los judíos, que en ocasiones provocan duros enfrentamientos. El evangelista ha roto la estructura que mantiene en las otras secciones (narración + discurso), para mostrar en toda su viveza la polémica que suscita la manifestación de Jesús. Todos los acontecimientos se desarrollan en Jerusalén y tienen como transfondo la fiesta de las tiendas en la que se celebraba la acción salvadora de Dios mientras su pueblo caminaba por el desierto, y se anunciaban las bendiciones que traería el Mesías. En este contexto la manifestación de Jesús adquiere un claro tono mesiánico.

• **7 1-9**: A través de las aparentes incoherencias del pasaje, el evangelista quiere destacar el rechazo, por parte de Jesús, de un mesianismo sensacionalista y político en el que pensaban "sus hermanos". Subraya, a la vez, que el momento y la forma en que debe manifestarse Jesús están determinados por Dios, por eso la vida de Jesús no puede medirse por el paso del tiempo y el sucederse de las circunstancias (tiempo cronológico), sino por la voluntad de Dios (tiempo teológico).

Con respecto a los *hermanos* de Jesús, véase la nota a Gal 1 11-24.

–¿Dónde estará ese hombre?
12 También la gente comentaba sobre él.
Unos decían:
–Es un hombre bueno.
Otros, por el contrario, comentaban:
–No lo es, sino que engaña a la gente.
13 Nadie, sin embargo, se atrevía a hablar
de él públicamente, por miedo a los judíos.
14 Hacia la mitad de la fiesta, Jesús se
presentó en el templo y se puso a enseñar.
15 Los judíos, sorprendidos, se preguntaban:
–¿Cómo es posible que este hombre sepa tanto sin haber estudiado?
16 Jesús respondió:
–Mi enseñanza no procede de mí, sino
de aquél que me envió. 17 El que está dispuesto a hacer la voluntad de Dios, podrá
experimentar si mi enseñanza viene de
Dios o si yo hablo por mi cuenta. 18 El que
habla por su cuenta busca su propia gloria.
Por el contrario, si alguien intenta que la
gloria sea para aquel que lo envió, ese
hombre es sincero; no hay falsedad en él.
19 ¿No fue Moisés quien les dio la ley? Y,
sin embargo, ninguno de ustedes la cumple.
¿Por qué, pues, ustedes me quieren matar?
20 La gente le contestó:
–Tú estás endemoniado. ¿Quién intenta
matarte?
21 Respondió Jesús:
–Están confundidos por lo que hice.
22 Sin embargo Moisés les impuso la ley
de la circuncisión (aunque, en realidad, el
rito de la circuncisión no proviene de Moisés, sino de los patriarcas) y, para cumplirla, circuncidan aunque sea en sábado.
23 Ahora bien, si circuncidan a un hombre
en sábado, para no faltar a una ley impuesta por Moisés, ¿por qué se enojan tanto
contra mí por haber sanado totalmente a un
hombre en sábado? 24 No juzguen únicamente según las apariencias; juzguen con
rectitud.

¿Será Jesús el Mesías?

Jn 9 29; 2 4; 8 30; 10 42; 11 45; 12 11.42; 13 33; 16 5

25 Ante esto, algunos de los que vivían
en Jerusalén se preguntaban:
–¿No es éste el hombre al que quieren
matar? 26 Resulta que está hablando en público y nadie le dice ni una palabra. ¿Es
que habrán reconocido nuestros jefes que
es en realidad el Mesías? 27 Pero, por otra
parte, cuando aparezca el Mesías, nadie
sabrá de dónde viene; y éste sabemos de
dónde es.
28 Al oír estos comentarios, Jesús, que
estaba enseñando en el templo, levantó la
voz y afirmó:
–¿De manera que me conocen y saben
de dónde soy? Sin embargo, yo no he venido por mi propia cuenta, sino que he sido
enviado por aquel que dice la verdad, y a
quien ustedes no conocen. 29 Yo sí lo conozco, porque vengo de él y es él quien me
envió.
30 Intentaron entonces detenerlo, pero
nadie se atrevió a hacerlo, porque todavía
no había llegado su hora. 31 Muchos creyeron en él y comentaban:
–Cuando venga el Mesías, ¿hará signos
mayores que los que éste hace?
32 Llegó a oídos de los fariseos lo que la
gente comentaba sobre Jesús. Entonces,
los jefes de los sacerdotes, de acuerdo con
los fariseos, enviaron guardias para que lo
detuvieran. 33 Jesús se dio cuenta, y dijo:
–Todavía estaré con ustedes un poco de
tiempo, después regresaré al que me envió.
34 Me buscarán, pero no me encontrarán,
porque no podrán ir adonde yo estaré.
35 Los judíos comentaban entre sí:
–¿Adónde pensará ir este hombre, para
que nosotros no seamos capaces de encontrarlo? ¿Tendrá el propósito de dirigirse
donde viven los judíos dispersos entre los

• **7 10-24**: La controversia de este pasaje no refleja únicamente los enfrentamientos de Jesús con sus contemporáneos, sino también el enfrentamiento posterior entre el judaísmo y el cristianismo. La afirmación fundamental de que Jesús es el enviado, el que viene de Dios y regresa a Dios, divide a los oyentes entre el odio y la fe, aunque se trata de una fe todavía imperfecta e inicial. El evangelista subraya, sin embargo, que la enseñanza de Jesús es la palabra de Dios que expresa su voluntad.

• **7 25-36**: La dificultad de los oyentes de Jesús consistía en aceptar su origen divino. Jesús insiste de nuevo en que su origen está en Dios. La prueba definitiva de esta afirmación es que Jesús regresará al Padre que lo envió, es decir, resucitará para vivir de nuevo junto al Padre. Sin embargo, las palabras de Jesús resultan incomprensibles para sus oyentes, cuyos comentarios anticipan la misión cristiana entre los paganos, misión que ya había tenido lugar cuando se escribió este evangelio.

griegos para enseñarles a éstos? 36 ¿Qué
habrá querido decir con estas palabras: «Me
buscarán, pero no me encontrarán, porque
no podrán ir adonde yo estaré»?

Ríos de agua viva

Lv 23 36; Is 58 11; Prov 18 4; Zac 14 8;
Jn 16 7; 20 22; Hch 2 4; 2 Sm 7 12; Sal 89 3-4; Miq 5 1

37 El último día, el más importante de la
fiesta, Jesús, de pie ante la muchedumbre,
afirmó solemnemente:
–Si alguien tiene sed, que venga a mí y
beba. 38 Como dice la Escritura, de lo más
profundo de todo aquél que crea en mí brotarán ríos de agua viva.
39 Decía esto refiriéndose al Espíritu que
recibirían los que creyeran en él. Y es que
aún no había sido dado el Espíritu, porque
Jesús no había sido glorificado.
40 Al oír a Jesús manifestarse de este
modo, algunos afirmaban:
–Seguro que éste es el Profeta.
41 Otros decían:
–Este es el Mesías.
Otros, por el contrario:
–¿Acaso va a venir el Mesías de Galilea? 42 ¿No afirma la Escritura que el Mesías tiene que ser de la familia de David y
de su mismo pueblo, de Belén?
43 Había, pues, una gran división de opiniones acerca de Jesús.
44 Algunos querían detenerlo, pero nadie
se atrevió a hacerlo. 45 Los guardias fueron
donde estaban los jefes de los sacerdotes y
los fariseos, y éstos les preguntaron:
–¿Por qué no lo han traído?
46 Los guardias contestaron:
–Nadie ha hablado jamás como lo hace
este hombre.
47 Los fariseos les dijeron:
–¿También ustedes se han dejado engañar? 48 ¿No se dan cuenta de que ninguno
de nuestros jefes ni los fariseos han creído
en él? 49 Lo que ocurre es que esta gente,
que no conoce la ley, se halla bajo la maldición.
50 Uno de ellos, Nicodemo, el mismo
que en otra ocasión había ido a ver a Jesús,
intervino y dijo:
51 –¿Acaso nuestra ley permite condenar a alguien sin haberlo oído previamente
para saber qué ha hecho?
52 Los otros le contestaron:
–¿También tú eres de Galilea? Investiga
las Escrituras y llegarás a la conclusión de
que jamás ha surgido un profeta en Galilea.

La mujer adúltera

Lc 21 37; Mt 26 55; Lv 20 10; Dt 22 22-24; 17 7;
Mt 22 22; Jn 5 14

[53 Cada uno regresó a su casa.
8 1 Jesús se fue al monte de los Olivos.
2 Por la mañana temprano regresó al
templo y toda la gente se reunió alrededor
de él. Jesús se sentó y les enseñaba. 3 En
esto, los maestros de la ley y los fariseos
se presentaron con una mujer que había
sido sorprendida en adulterio. La pusieron
en medio de todos 4 y preguntaron a Jesús:
–Maestro, esta mujer ha sido sorprendida cometiendo adulterio. 5 En la ley de
Moisés se manda que tales mujeres deben
morir apedreadas. ¿Tú qué dices?
6 La pregunta iba con mala intención,
pues querían encontrar un motivo para acusarlo. Jesús se agachó y se puso a escribir
con el dedo en la tierra. 7 Como ellos insistían en preguntarle, Jesús se levantó y les
dijo:
–Aquel de ustedes que no tenga pecado,
que le tire la primera piedra.
8 Después se agachó de nuevo y siguió
escribiendo en la tierra.
9 Al oír esto se fueron uno tras otro,
comenzando por los más viejos, y dejaron
solo a Jesús con la mujer, que continuaba

• **7 37-52**: La manifestación de Jesús llega a su punto culminante el último día de la fiesta. Entonces se proclama poseedor y dador del Espíritu. Con su propia persona inicia, por tanto, los tiempos mesiánicos. De nuevo el mismo reto, la misma cuestión de vida o muerte: aceptar o rechazar a Jesús; y de nuevo, también, la misma diversidad de respuestas.

• **7 53-8 11**: Este pasaje rompe el desarrollo de Jn 7-8; y no encaja con el contenido del evangelio de Juan; además falta en la mayor parte de los manuscritos antiguos, y en algunos de ellos aparece en el evangelio de Lucas, que sería un lugar más adecuado (por eso aparece entre [ ] en el texto). Se trata, pues, de un texto que originalmente no perteneció a este evangelio, pero que sí pertenece a la antigua tradición evangélica. Su enseñanza es clara: prohibe emitir juicios condenatorios sobre los demás (Lc 9 54-55), ya que el que así juzga es también culpable. No en vano Jesús vino para salvar a los pecadores, y no para condenarlos (Lc 19 10).

allí frente a él. 10 Jesús se levantó y le preguntó:
–¿Dónde están? ¿Ninguno de ellos se
ha atrevido a condenarte?
11 Ella le contestó:
–Ninguno, Señor.
Entonces Jesús añadió:
–Tampoco yo te condeno. Puedes irte,
pero no vuelvas a pecar.]

Jesús, luz del mundo

Is 49 6; Jn 1 4.5.9; 12 35-36.46

12 Jesús volvió a hablar a la gente, diciendo:
–Yo soy la luz del mundo. El que me siga no caminará a oscuras, sino que tendrá
la luz de la vida.
13 Al oír esto, los fariseos le dijeron:
–Estás dando testimonio de ti mismo;
por tanto, tu testimonio no tiene valor.
14 Jesús les contestó:
–Aunque doy testimonio de mí mismo,
mi testimonio es válido, porque sé de dónde vengo y a dónde voy. Ustedes, en cambio, no saben ni de dónde vengo ni a dónde
voy. 15 Ustedes juzgan con criterios mundanos. Yo no juzgo a nadie, 16 pero si lo
hiciera, mi juicio es válido, porque no soy
yo sólo el juez, sino que también está conmigo el Padre, que me envió. 17 En la ley
de ustedes está escrito que el testimonio
dado por dos testigos es válido. 18 Pues
bien: un testigo a mi favor soy yo mismo;
pero también da testimonio a mi favor el
Padre, que me envió.
19 Ellos le preguntaron:
–¿Dónde está tu Padre?
Jesús les contestó:
–Ni me conocen a mí ni conocen a mi
Padre; si me conocieran a mí, conocerían
también a mi Padre.
20 Jesús dijo esto cuando estaba enseñando en el templo, en el lugar donde se
encuentran las alcancías de las ofrendas.
Sin embargo, nadie se atrevió a detenerlo,
porque aún no había llegado su hora.

Origen y destino de Jesús

Jn 13 33; 3 31; 17 4; 13 19; Ex 3 12; Jos 1 5; 1 Sm 10 7; Jr 1 8; Jn 16 32

21 De nuevo les dijo Jesús:
–Yo me voy. Me buscarán, pero morirán
en su pecado. Ustedes no pueden venir a
donde yo voy.
22 Los judíos comentaban entre sí:
–¿Pensará suicidarse y por eso dice: «Ustedes no pueden venir a donde yo voy»?
23 Entonces Jesús declaró:
–Ustedes proceden de abajo; yo, en cambio, vengo de arriba. Ustedes pertenecen a
este mundo; yo no. 24 Por eso les dije que
morirían en sus pecados. Porque si no creen
que yo soy, morirán en sus pecados.
25 Entonces ellos le preguntaron:
–Pero, ¿quién eres tú?
Jesús les respondió:
–Precisamente es lo que les estoy diciendo desde el principio. 26 Tengo muchas cosas que decir y condenar de ustedes. Pero lo que yo digo al mundo es lo
que oí al que me envió y él dice la verdad.
27 Ellos, sin embargo, no cayeron en la
cuenta de que les estaba hablando del Padre. 28 Por eso Jesús añadió:
–Cuando levanten en alto al Hijo del
hombre, entonces reconocerán que yo soy.
Yo no hago nada por mi propia cuenta; solamente enseño lo que aprendí del Padre.
29 El que me envió está conmigo y no me
ha dejado solo, porque yo hago siempre lo
que le agrada.
30 Al oírle hablar así, muchos creyeron
en él.

La verdad libera al hombre

31 Dirigiéndose a los judíos que habían
creído en él, dijo Jesús:
–Si permanecen fieles a mi palabra,

• **8 12-20**: Como punto de partida para la discusión sobre el testimonio que Jesús da de sí mismo, se introduce aquí el tema de la luz que se desarrollará en el capítulo siguiente. El testimonio de Jesús es válido porque está confirmado por el Padre. La acusación de los fariseos –los contemporáneos de Jesús, y sobre todo los contemporáneos de la comunidad joánica– es falsa.

• **8 21-30**: A Jesús no se le puede juzgar aplicando criterios humanos, porque él es de arriba. El único juicio adecuado es el que puede hacerse desde el acontecimiento pascual: *Cuando levanten al Hijo del hombre...* (Jn 8 28).

• **8 31-38**: Ahora la discusión tiene lugar entre Jesús y los judíos que habían creído en él (Jn 8 31), es decir, entre la comunidad joánica y otros cristianos que procedían del judaísmo. La afirmación fundamental es clara: es necesario el paso de una fe inicial, entusiasmada, que acepta a Jesús como un Mesías profético, a la auténtica confesión cristiana de la fe que lo reconoce como Hijo de Dios. De

ustedes serán verdaderamente mis discípulos; 32 así conocerán la verdad y la verdad los hará libres.

33 Ellos le respondieron:

–Nosotros somos descendientes de Abrahán; nunca hemos sido esclavos de nadie. ¿Qué significa eso de que seremos libres?

34 Jesús les contestó:

–Yo les aseguro que todo el que comete pecado es esclavo del pecado. 35 Pero el esclavo no permanece para siempre en la casa, mientras que el hijo sí. 36 Por eso, si el Hijo les da la libertad, serán verdaderamente libres. 37 Ya sé que son descendientes de Abrahán. Sin embargo, quieren matarme, porque no aceptan mi enseñanza. 38 Yo hablo de lo que he visto hacer a mi Padre; sus acciones, en cambio, ponen de manifiesto lo que han oído a su padre.

¿Hijos de Abrahán o hijos del diablo?

Mt 3 9; Lc 3 8; Rom 6 16.20; Gn 21 9-14; Ex 21 2; Jr 2 14; Dt 32 6; Is 63 16; Sab 1 13-16; 2 24; 1 Jn 3 8-15; 2 Cor 5 21; 1 Pe 2 22

39 Ellos le dijeron:

–Nuestro padre es Abrahán.

Jesús contestó:

–Si fueran de verdad hijos de Abrahán, harían lo que él hizo. 40 Ustedes quieren matarme a mí, que les he dicho la verdad que aprendí de Dios mismo. Abrahán no hizo nada semejante. 41 Ustedes hacen las obras de su padre.

Ellos le contestaron:

–Nosotros no somos hijos ilegítimos. Dios es nuestro único padre.

42 Entonces Jesús les dijo:

–Si Dios fuera el Padre de ustedes, me amarían porque yo salí de Dios y he venido de parte suya. No he venido por mi propia cuenta, sino que Dios me envió. 43 ¿Por qué no entienden mi lenguaje? Pues porque no son capaces de escuchar mi palabra. 44 ya que ustedes son hijos de su padre que es el diablo; le pertenecen a él y desean complacerle en sus deseos. El fue homicida desde el principio. Nunca se mantuvo firme en la verdad. Por eso, nunca dice la verdad. Cuando miente, habla de lo que lleva dentro, porque es mentiroso por naturaleza y padre de la mentira. 45 En cambio, yo digo la verdad y ustedes no me creen. 46 ¿Quién de ustedes sería capaz de demostrar que yo he cometido pecado? Pues bien, si les digo la verdad, ¿por qué no me creen? 47 El que es de Dios, acepta las palabras de Dios; pero ustedes no son de Dios, y por eso no las aceptan.

Jesús y Abrahán

Mc 3 2; Lc 11 15-26; Mc 9 1; Heb 2 9; Mt 11 27; Lc 10 22; Jn 1 1-3; Ex 3 14

48 Los judíos le contestaron:

–¿Acaso no tenemos razón cuando decimos que eres samaritano y estás endemoniado?

49 Jesús respondió:

–Yo no estoy endemoniado; lo que hago es honrar a mi Padre; ustedes, en cambio, me deshonran a mí. 50 Pero yo no busco mi gloria; hay quien la busca y juzga. 51 Yo les aseguro que el que pone en práctica mi palabra, no morirá nunca.

52 Al oír esto, los judíos le dijeron:

–Ahora nos convencemos plenamente de que estás endemoniado. Tanto Abrahán como los profetas murieron, y ahora tú dices: El que pone en práctica mi palabra no experimentará la muerte para siempre. 53 ¿Acaso eres tú más importante que nuestro padre Abrahán? Tanto él como los profetas murieron, ¿por quién te tienes?

54 Jesús respondió:

–Si yo me glorificara a mí mismo, mi gloria no valdría; es mi Padre quien me glorifica, el mismo del que ustedes dicen:

este modo llegarán a ser verdaderos discípulos de Jesús, descubrirán la verdad completa y lograrán la verdadera libertad.

• **8** 39-47: Los judíos que tienen dificultades en aceptar a Jesús y sus enseñanzas, acaban refugiándose en sus privilegios históricos: se declaran hijos de Abrahán, el padre del pueblo elegido; más aún, dicen ser hijos de Dios. Sin embargo, al rechazar a Jesús, el verdadero enviado de Dios, se manifiestan como hijos del diablo. No es difícil descubrir tras estas palabras la dura polémica que la comunidad joánica sostenía con los judíos de su tiempo.

• **8** 48-59: La controversia crece en intensidad. Los judíos le devuelven a Jesús la acusación que él acaba de hacerles (véase Jn 8 44 y Jn 8 52). Pero Jesús invoca el testimonio del Padre y el del mismo Abrahán, quien intuyó su venida como cumplimiento pleno de la promesa que Dios le hizo (Gn 12 1-4). Al final, Jesús manifiesta abiertamente su condición divina, usando las mismas palabras con las que Dios se reveló a su pueblo en el Sinaí: *Yo soy* (véase Ex 3 14). La reacción de los judíos es de abierto rechazo: no sólo no quieren ser discípulos de Jesús (Jn 8 31), sino que se disponen a matarlo.

«Es nuestro Dios». 55 En realidad no lo conocen; yo, en cambio, sí lo conozco. Y si
dijera que no lo conozco, sería tan mentiroso como ustedes. Pero yo lo conozco de
veras y pongo en práctica sus palabras.
56 Abrahán, su padre, se alegró sólo con el
pensamiento de que iba a ver mi día; lo vio
y se llenó de alegría.
57 Entonces los judíos le dijeron:
–¿De modo que tú, que aún no tienes
cincuenta años, has visto a Abrahán?
58 Jesús les respondió:
–Les aseguro que antes que Abrahán
naciera, yo soy.
59 Entonces, los judíos tomaron piedras
para tirárselas, pero Jesús se escondió y
salió del templo.

5. Jesús, luz que juzga al mundo ◊

Sexto signo: el ciego de nacimiento

Ex 20 5; Ez 18 20; Sal 38 2-6; Jn 8 12;
Mc 8 22-26; 2 Re 5 10

9 1 Mientras caminaba, Jesús vio a un
hombre que era ciego de nacimiento.
2 Sus discípulos, al verlo, le preguntaron:
–Maestro, ¿por qué nació ciego este
hombre? ¿Fue por un pecado de él o de sus
padres?
3 Jesús respondió:
–La causa de su ceguera no ha sido ni
un pecado de él ni de sus padres. Nació así
para que el poder de Dios pueda manifestarse en él. 4 Mientras es de día, debemos
poner de manifiesto el poder del que me
envió; cuando llegue la noche, nadie podrá
hacerlo. 5 Mientras estoy en el mundo, yo
soy la luz del mundo.
6 Dicho esto, escupió en el suelo, hizo
un poco de lodo con la saliva y lo extendió
sobre los ojos de aquel hombre. 7 A continuación le dijo:
–Ahora ve a lavarte a la piscina de Siloé
(que significa «Enviado»).
El ciego fue, se lavó y, cuando regresó,
ya veía.
8 Sus vecinos y los que lo habían visto
antes pidiendo limosna, comentaban:
–¿No es éste el que se sentaba a pedir
limosna?
9 Unos decían:
–Sí, es el mismo.
Otros, en cambio, negaban que se tratara del mismo y decían:
–No es él, sino uno parecido a él.
Pero él decía:
–Soy yo mismo.
10 Ellos le preguntaron:
–¿Y cómo has conseguido ver?
11 El les contestó:
–Ese hombre que se llama Jesús hizo un
poco de lodo con su saliva, lo extendió
sobre los ojos y me dijo: «Ve a lavarte a la
piscina de Siloé». Fui, me lavé y comencé
a ver.
12 Le preguntaron:
–¿Y dónde está ahora ese hombre?
El les dijo:
–No lo sé.

Los fariseos investigan el caso

Jn 5 16.18; 7 43; Mt 16 14; 21 46

13 Llevaron ante los fariseos al hombre
que había estado ciego, 14 pues el día en
que Jesús había hecho lodo con su saliva y
había dado la vista al ciego, era sábado.
15 Por eso los fariseos preguntaban a aquel

◊ 9 1-10 42: El episodio del ciego de nacimiento (Jn 9 1-12) demuestra que Jesús es la luz del mundo. El discurso de esta quinta sección del libro de los signos saca las consecuencias de esta afirmación. La luz, que ilumina la realidad del hombre, se convierte automáticamente en ocasión de discernimiento, y el hombre tiene que definirse ante ella: o la acepta, o la rechaza. Quienes más decididamente han rechazado a Jesús son los dirigentes del pueblo judío (Jn 8 31-59; 9 13-41); ellos son los pastores que han abandonado el rebaño (Jn 10 7-21), y han cerrado los ojos ante los signos realizados por Jesús: no quieren reconocer que Jesús es el Mesías enviado por Dios; la pretensión de Jesús les parece blasfema (Jn 10 22-42).

• 9 1-12: Según la mentalidad antigua, el bienestar y la desgracia eran fruto de una conducta moral buena o mala. Los discípulos de Jesús, hijos de su tiempo, participan de esta mentalidad y consideran la enfermedad –en este caso la ceguera– como consecuencia del pecado. Jesús rechaza esta mentalidad y explica que la enfermedad es una ocasión para que Dios actúe y se muestre la veracidad de su afirmación: *Yo soy la luz.* Quien sana a un ciego de nacimiento demuestra que es la luz. Por su parte, el lavado (Jn 9 7), el bautizado, el creyente, el que acepta al enviado, comienza a ver, es iluminado, pasa de la oscuridad a la luz. Es un tránsito que no se realiza de repente ni es claramente perceptible desde fuera (unos reconocen al que había sido ciego y otros no), pero que se experimenta profundamente (el ciego decía: "soy yo").

• 9 13-21: El que ha llegado a la luz es sometido a constantes interrogatorios tanto por parte de la gente como por parte de los dirigentes judíos. Comienza a ser una

hombre cómo había obtenido la vista. El
les contestó:
–Extendió un poco de lodo sobre mis
ojos, me lavé y ahora veo.
16 Algunos de los fariseos decían:
–Este hombre no puede venir de parte
de Dios, porque no respeta el sábado.
Pero otros se preguntaban:
–¿Cómo puede un hombre pecador hacer estos signos?
Esto provocó división entre ellos.
17 Entonces volvieron a preguntarle:
–¿Qué opinas tú sobre el que te dio la
vista?
Respondió:
–Que es un profeta.
18 Los judíos no querían creer que aquel
hombre había estado ciego y que había comenzado a ver. Llamaron, pues, a sus padres,
19 y les preguntaron:
–¿Es éste su hijo, el que ustedes dicen
que nació ciego? ¿Cómo es que ahora ve?
20 Los padres respondieron:
–Sabemos que éste es nuestro hijo y que
nació ciego.
21 Cómo es que ahora ve no lo
sabemos, ni sabemos quién le ha dado la
vista. Pregúntenselo a él; tiene edad suficiente para responder por sí mismo.

Decreto de excomunión

Jn 7 13; 19 38; 12 42; Is 1 15; Sal 66 18;
Job 27 8-9; Sal 51 7

22 Los padres respondieron así por miedo a los judíos, pues éstos habían tomado la
decisión de expulsar de la sinagoga a todos
los que reconocieran que Jesús era el Mesías.
23 Por eso sus padres dijeron: «Pregúntenselo a él, que ya tiene edad suficiente».
24 Entonces llamaron por segunda vez
al hombre que había sido ciego, y le dijeron:
–Dinos la verdad delante de Dios. Sabemos que este hombre es un pecador.
25 Entonces él respondió:
–Yo no sé si es un pecador o no. Lo
único que sé es que yo antes era ciego y
ahora veo.
26 Y volvieron a preguntarle:
–¿Qué fue lo que hizo contigo? ¿Cómo
te dio la vista?
27 El les contestó:
–Lo he dicho ya y no me han hecho
caso, ¿para qué quieren oírlo otra vez? ¿O
es que quieren también ustedes hacerse sus
discípulos?
28 Ellos entonces comenzaron a insultarlo:
–Discípulo de ese hombre lo serás tú;
nosotros somos discípulos de Moisés.
29 Nosotros sabemos muy bien que Dios habló a
Moisés; en cuanto a éste, ni siquiera sabemos de dónde es.
30 El contestó:
–Esto es lo sorprendente. Resulta que a
mí me ha dado la vista y ustedes ni siquiera
saben de dónde es.
31 Sabemos que Dios
no escucha a los pecadores; en cambio,
escucha a todo aquél que le da culto y cumple su voluntad.
32 Jamás se ha oído decir
que alguien haya dado la vista a un ciego
de nacimiento.
33 Si este hombre no viniera de Dios, no habría podido hacer nada.
34 Ellos respondieron:
–¿Es que pretendes darnos lecciones a
nosotros, tú que estás lleno de pecado desde
que naciste?
Y lo echaron fuera.

Ceguera espiritual

Jn 5 22.27.30; Mt 15 14; 23 26; Jn 15 22

35 Jesús se enteró de que lo habían echado fuera, y cuando se encontró con él, le
preguntó:
–¿Crees en el Hijo del hombre?
36 El ciego le preguntó:

persona incómoda. Su contundente testimonio es una denuncia que cuestiona sobre todo a los dirigentes judíos y pone en peligro su jerarquía de valores.

• **9 22-34**: Los judíos decretaron expulsar a los cristianos de la Sinagoga en torno al año 80 d. C. Por tanto, Jn 9 22 se refiere al enfrentamiento que vive la comunidad joánica con los judíos de su época (véase Jn 12 42 y 16 2). Ellos rechazarán abiertamente a Jesús, porque el verdadero signo, que es él mismo: *–yo soy la luz–* sólo se capta mediante la fe. Para la investigación desconfiada de los judíos el conocimiento de Jesús es inaccesible.

• **9 35-41**: Jesús aparece de nuevo en escena, y su presencia produce un doble efecto: es luz para aquellos que reconocen su oscuridad necesitada de iluminación, y es oscuridad para los que creen bastarse a sí mismos. Los ciegos comienzan a ver; los que ven, se quedan ciegos (Jn 9 39). En Jesús se cumple la promesa antigua y la esperanza universal que tiene el hombre de ver, de aclarar el misterio de la existencia, de iluminar el sentido de la propia vida.

en aquel lugar otros dos días después de haber oído que Lázaro estaba enfermo. 7 Pasado este tiempo, dijo a sus discípulos:

–Vamos otra vez a Judea.

8 Ellos contestaron:

–Maestro, hace poco que los judíos quisieron apedrearte. ¿Cómo es posible que quieras regresar allá?

9 Jesús respondió:

–¿No es cierto que el día tiene doce horas? Cualquiera puede caminar durante el día sin miedo a tropezar, porque la luz de este mundo ilumina su camino. 10 En cambio, si uno anda de noche, tropieza, porque le falta la luz.

11 Y añadió:

–Nuestro amigo Lázaro está dormido, pero yo iré a despertarlo.

12 Los discípulos comentaron:

–Señor, si está dormido, se recuperará.

13 Jesús hablaba de la muerte de Lázaro, mientras que sus discípulos entendieron que se refería al sueño natural.

14 Entonces Jesús se expresó claramente:

–Lázaro ha muerto. 15 Y me alegro de no haber estado allí, por el bien de ustedes; para que así tengan un motivo más para creer. Vamos, pues, allá.

16 Tomás, por sobrenombre «el Mellizo», dijo a los otros discípulos:

–Vamos también nosotros a morir con él.

Encuentro con Marta y María

Mt 21 17; Dn 12 2; 2 Mac 12 44; Jn 8 51; Mt 16 16

17 A su llegada, Jesús se encontró con que hacía ya cuatro días que Lázaro había sido sepultado. 18 Betania está muy cerca de Jerusalén, como a dos kilómetros y medio, 19 y muchos judíos habían ido a Betania para consolar a Marta y María por la muerte de su hermano. 20 Tan pronto como Marta se enteró que llegaba Jesús, salió a su encuentro; María se quedó en casa. 21 Marta dijo a Jesús:

–Señor, si hubieras estado aquí, no habría muerto mi hermano. 22 Pero, aun así, yo sé que todo lo que pidas a Dios, él te lo concederá.

23 Jesús le respondió:

–Tu hermano resucitará.

24 Marta le dijo:

–Ya sé que resucitará cuando tenga lugar la resurrección de los muertos, al final de los tiempos.

25 Entonces Jesús afirmó:

–Yo soy la resurrección y la vida. El que cree en mí, aunque haya muerto, vivirá; 26 y todo el que esté vivo y crea en mí, jamás morirá. ¿Crees esto?

27 Ella contestó:

–Sí, Señor; yo creo que tú eres el Mesías, el Hijo de Dios que tenía que venir a este mundo.

Jesús llora ante el sepulcro

Lc 19 41; Jn 9 6

28 Terminada esta conversación, Marta fue a llamar a su hermana María y le dijo al oído:

–El Maestro está aquí y te llama.

29 María se levantó rápidamente y salió al encuentro de Jesús. 30 Jesús no había entrado todavía en el pueblo; se había detenido en el lugar donde Marta se había encontrado con él.

31 Cuando los judíos que estaban con María en casa consolándola, vieron que se había levantado rápidamente y había salido, la siguieron, pensando que iría al sepulcro para llorar allí. 32 Sin embargo, María se dirigió adonde estaba Jesús. Cuando lo vio, se puso de rodillas a sus pies y exclamó:

–Señor, si hubieras estado aquí, no habría muerto mi hermano.

33 Jesús, al verla llorar, y a los judíos, que también lloraban, se conmovió y suspiró profundamente.

34 Después les preguntó:

los preparan dramáticamente el signo portentoso que Jesús va a realizar, manifestando con él su poder sobre la muerte.

• **11 17-27**: Jesús se manifiesta abiertamente como aquel que tiene poder sobre la muerte: *Yo soy la resurrección y la vida* (Jn 11 25). Estas palabras expresan el sentido último de la misión de Jesús: comunicar a los hombres la vida en plenitud (Jn 10 10). En el diálogo con Jesús la fe de Marta va creciendo, hasta convertirse en modelo de los que creen en Jesús incluso en los momentos más dramáticos y adversos.

• **11 28-37**: El encuentro de María con Jesús es en parte similar al encuentro con Marta (Jn 11 17-27). El evangelista subraya los sentimientos y las reacciones afectivas de Jesús. La pregunta final (Jn 11 37) introduce al lector en la cuestión decisiva: si Jesús dice ser la *resurrección y la vida* (Jn 11 25) y ha sido capaz de curar a un ciego de nacimiento (Jn 9 1-12) ¿no podía haber evitado la muerte de Lázaro?

–¿Dónde lo han sepultado?
Ellos contestaron:
–Ven, Señor, y te lo mostraremos.
35 Entonces Jesús comenzó a llorar.
36 Los judíos comentaban:
–¡Cómo lo quería!
37 Pero algunos dijeron:
–Este, que dio la vista al ciego, ¿no podía haber hecho algo para evitar la muerte de Lázaro?

Resurrección de Lázaro

Mc 15 46; Jn 17 8.21; 20 6-7

38 Jesús, suspiró profundamente otra vez
y se acercó al sepulcro. Era una cueva, cuya entrada estaba tapada con una gran piedra.
39 Jesús les ordenó:
–Retiren la piedra hacia un lado.
Marta, la hermana del difunto, le advirtió:
–Señor, tiene que oler muy mal, porque ya hace cuatro días que murió.
40 Jesús le contestó:
–¿No te he dicho que, si tienes fe, verás la gloria de Dios?
41 Cuando retiraron la piedra, Jesús, mirando al cielo, exclamó:
–Padre, te doy gracias, porque me has
escuchado. 42 Yo sé muy bien que me escuchas siempre; si hablo así es por los que están aquí, para que crean que tú me has enviado.
43 Terminada esta oración, exclamó Jesús con fuerte voz:
–Lázaro, sal fuera.
44 El muerto salió del sepulcro. Tenía las manos y los pies vendados y la cara envuelta en un sudario. Jesús les dijo:
–Quítenle las vendas para que pueda andar.

Decisión de matar a Jesús

Lc 16 31; Jn 18 14; Mt 14 5; 2 Cr 30 1-3

45 Al ver lo que Jesús había hecho, muchos de los judíos, que habían ido a visitar
a María, creyeron en él. 46 Otros, en cambio, fueron a contar a los fariseos lo que
Jesús había hecho. 47 Entonces, los jefes de los sacerdotes y los fariseos convocaron una reunión del Consejo de Ancianos. Se decían:
–¿Qué hacemos? Este hombre está rea-
lizando muchos signos. 48 Si dejamos que siga actuando así, toda la gente creerá en él; entonces, las autoridades romanas tendrán que intervenir y destruirán nuestro templo y nuestra nación.
49 Uno de ellos, llamado Caifás, que era el sumo sacerdote aquel año, les dijo:
–Están completamente equivocados.
50 ¿No se dan cuenta de que es preferible que muera un solo hombre por el pueblo, a que toda la nación sea destruida?
51 Caifás no hizo esta propuesta por su cuenta, sino que, como desempeñaba el oficio de sumo sacerdote aquel año, anunció bajo la inspiración de Dios que Jesús
iba a morir por toda la nación; 52 y no solamente por la nación judía, sino para conseguir la unión de todos los hijos de Dios que estaban dispersos.
53 A partir de este momento tomaron la
decisión de dar muerte a Jesús. 54 Por eso,
Jesús ya no se mostraba públicamente entre los judíos; dejó la región de Judea y se fue a un pueblo, llamado Efraín, muy cerca del desierto. Y se quedó allí con sus discípulos.

Subida a Jerusalén

Jn 2 13; 6 4; 7 11

55 Estaba muy próxima la fiesta judía de la pascua. Ya antes de la fiesta, mucha gente de las distintas regiones del país subía a Jerusalén para asistir a los ritos de
purificación. 56 Estas gentes buscaban a Jesús y, estando en el templo, se decían unos a otros:
–¿Qué les parece? ¿Vendrá a la fiesta?
57 Los jefes de los sacerdotes y los fariseos habían dado órdenes para que, si al-

• **11 38-44**: Al resucitar a Lázaro Jesús responde a la pregunta de los judíos (Jn 11 37) y confirma la fe de Marta y María en él (Jn 11 21.32). Esa fe es la que hace posible ver la gloria de Dios en los signos que Jesús realiza, y éste es el último y el más grande de todos ellos, pues a través de este signo queda claro que Jesús es verdaderamente la *resurrección y la vida.*

• **11 45-54**: Es de admirar la fina ironía de que hace gala el evangelista en este pasaje: el Consejo de Ancianos, a cuya cabeza está su legítimo presidente Caifás, condena a Jesús para salvar al pueblo. Aunque para ellos esta acusación es una excusa para acabar con Jesús, el lector del evangelio sabe que será exactamente así. La malévola acusación se convierte así en profecía salvífica.

guien sabía dónde se encontraba Jesús, les
informaran y así ellos pudieran detenerlo.

7. La muerte, camino hacia la vida ◊

La unción en Betania

Mc 14 3-9; Mt 26 6-13
Lc 7 36-50; 10 40; Mc 10 21; Dt 15 11

12 1 Seis días antes de la fiesta judía de
la pascua, llegó Jesús a Betania, donde
vivía Lázaro, a quien había resucitado de
entre los muertos. 2 Ofrecieron allí una cena en honor de Jesús. Marta servía y Lázaro era uno de los que estaban a la mesa con
él. 3 Entonces María se presentó con un
frasco de perfume muy caro, casi medio
litro de nardo puro y ungió con él los pies
de Jesús; después los secó con sus cabellos. La casa se llenó con la fragancia del
perfume. 4 Judas Iscariote, uno de los discípulos –el que lo iba a traicionar– protes-
tó, diciendo:
5 –¿Por qué no se vendió este perfume
en trescientos denarios para repartirlo entre los pobres?
6 Si dijo esto, no fue porque le importa-
ran los pobres, sino porque era ladrón y,
como tenía a su cargo la bolsa del dinero
común, robaba de lo que echaban en ella.
7 Jesús le dijo:
–¡Déjala en paz! Esto que ha hecho anticipa el día de mi sepultura. 8 Además, a
los pobres los tendrán siempre con ustedes;
a mí, en cambio, no siempre me tendrán.

Conspiración contra Lázaro

Jn 11 43-45

9 Un gran número de judíos se enteró de
que Jesús estaba en Betania y fueron allá,
no sólo para ver a Jesús, sino también a
Lázaro, a quien Jesús había resucitado de
entre los muertos. 10 Los jefes de los sacerdotes tomaron entonces la decisión de eliminar también a Lázaro, 11 porque, por su
causa, muchos judíos se alejaban de ellos y
creían en Jesús.

Entrada triunfal en Jerusalén

Mc 11 1-10; Mt 21 1-11; Lc 19 29-38
Sal 118 25-26; Jn 1 49; Mc 15 32; *Zac 9 9;*
Mc 6 52; Lc 24 8

12 Al día siguiente, cuando los muchos
peregrinos que habían llegado a la ciudad
para la fiesta, se enteraron de que Jesús se
acercaba a Jerusalén, 13 cortaron ramos de
palmera y salieron a su encuentro, gritando:
–*¡Hosanna! ¡Bendito el que viene en
nombre del Señor!* ¡Bendito sea el rey de
Israel!
14 Jesús encontró a mano un burro y se
montó sobre él. Así lo había predicho la
Escritura:

• **11 55-57**: La sección termina anunciando la cercanía de la fiesta judía de la pascua, en la que tendrá lugar la muerte y resurrección de Jesús. La gente que sube a Jerusalén para cumplir los ritos de purificación, busca a Jesús. Los dirigentes del pueblo también lo buscan, pero con otra intención.

◊ **12 1-50**: La séptima y última sección del libro de los signos contiene dos relatos y un discurso. La unción de Jesús en Betania (Jn 12 1-8) y su entrada en Jerusalén (Jn 12 12-19), así como las referencias a la resurrección de Lázaro (Jn 12 9-11.17-19), introducen el tema central del discurso: la muerte como semilla de resurrección, y la cruz como trono en el que Jesús va a ser levantado (Jn 12 27-36). Esta es la verdadera piedra de toque que a muchos escandaliza (Jn 12 37-50). De este modo, al final de la primera parte del evangelio, se anticipan los temas centrales de la segunda, a saber, la muerte y la resurrección de Jesús.

• **12 1-11**: La unción en Betania es un anticipo de la verdadera pascua, y tal vez ha sido colocada por el evangelista antes de la entrada en Jerusalén (véase Mc 14 3-9), para indicar que Jesús entra en la ciudad como rey ungido (Jn 12 13) y muere como tal (Jn 18 33-40; 19 1-5.19). La datación cronológica: *seis días antes de la pascua* (Jn 12 1) es probablemente una alusión a la necesidad de que se complete la obra de Jesús con su muerte en el séptimo día, día perfecto en el que también se concluye la nueva creación. La doble referencia a la resurrección de Lázaro (Jn 12 1.9) en el momento en que Jesús se dispone a entrar en Jerusalén para consumar su destino de muerte, es un anuncio de la resurrección del mismo Jesús.

• **12 12-19**: El relato de la entrada solemne en Jerusalén coincide globalmente con el de los evangelios sinópticos. Juan acentúa la realeza de Jesús (Jn 12 13), un detalle significativo en este evangelio, en el que casi ha desaparecido la categoría "reino" (únicamente es mencionado en Jn 3 3.5). En el relato joánico de la pasión (Jn 18-19), por el contrario, el título de rey es aplicado doce veces a Jesús. Y es que ahora ya no existe el menor peligro de ser mal entendido. Por otro lado, Juan subraya que sólo a la luz del hecho pascual puede ser entendido el suceso y sólo entonces lo comprenderán los discípulos. Con anterioridad, es casi imposible comprender qué clase de Mesías es Jesús.

15 *No temas, hija de Sión;*
mira, tu rey viene a ti
montado sobre un burro.

16 Al principio, sus discípulos no comprendieron estas palabras, pero cuando
Dios glorificó a Jesús, cayeron en la cuenta de que aquellas palabras de la Escritura
se referían a él y se habían cumplido en él.
17 Los que estaban con él cuando llamó
a Lázaro del sepulcro y lo resucitó de entre
los muertos, daban testimonio de lo que
habían visto. 18 Por eso la gente salió al
encuentro de Jesús, porque habían oído
contar el signo que había hecho. 19 Ante
esto, los fariseos comentaban entre sí:
–Está bien claro que no conseguimos
nada; todo el mundo lo sigue.

Los griegos buscan a Jesús

Lc 19 3; 23 8; Jn 2 4; 13 1; 1 Cor 15 36; Mc 8 35

20 Entre los que habían llegado a Jerusalén para dar culto a Dios con ocasión de
la fiesta, había algunos griegos. 21 Estos se
acercaron a Felipe, que era natural de Betsaida de Galilea, y le dijeron:
–Señor, queremos ver a Jesús.
22 Felipe se lo dijo a Andrés, y los dos
juntos se lo hicieron saber a Jesús. 23 Jesús
contestó:
–Ha llegado la hora en que Dios va a
glorificar al Hijo del hombre. 24 Yo les aseguro que si el grano de trigo que cae en la
tierra no muere, queda infecundo; pero si
muere dará fruto abundante. 25 Quien apre-
cie su vida terrena, la perderá; en cambio,
quien sepa desprenderse de ella, la conservará para la vida eterna. 26 Si alguien quiere servirme, que me siga; correrá la misma
suerte que yo. Todo aquel que me sirva
será honrado por mi Padre.

Jesús habla de su muerte

Mc 1 11; 9 7; Mt 6 9; Jn 13 31-32; 6 44;
Sal 89 5.37; 110 4; Is 9 6; Dn 7 14; Jn 9 4-5

27 Me encuentro profundamente angustiado; pero, ¿qué es lo que puedo decir?
¿Padre, líbrame de esta hora? De ningún
modo; porque he venido precisamente para
aceptar esta hora. 28 Padre, glorifica tu
nombre.
Entonces se oyó esta voz venida del
cielo:
–Yo lo he glorificado y volveré a glori-
ficarlo.
29 De los que estaban presentes, unos
creyeron que había sido un trueno; otros
decían:
–Le ha hablado un ángel.
30 Jesús explicó:
–Esta voz se ha dejado oír no por mí,
sino por ustedes. 31 Es ahora cuando el
mundo va a ser juzgado; es ahora cuando
el que tiraniza a este mundo va a ser arrojado fuera. 32 Y yo una vez que haya sido
elevado sobre la tierra, atraeré a todos hacia mí.
33 Con esta afirmación, Jesús quiso dar
a entender la forma en que iba a morir.
34 La gente dijo:
–Nuestra ley nos enseña que el Mesías
no morirá nunca. Entonces, ¿qué quieres
decir con eso de que el Hijo del hombre
tiene que ser levantado? ¿Quién es ese Hijo del hombre?
35 Jesús les respondió:
–Todavía está la luz entre ustedes, pero
no por mucho tiempo. Caminen mientras

• **12 20-26**: El llamado "episodio de los griegos" es totalmente desconocido por los sinópticos. Refleja una situación posterior a la salida de Jesús de este mundo, en la que el evangelio se abre al mundo griego, más allá de las fronteras judías. En esta apertura del evangelio al mundo pagano juegan un papel decisivo Felipe (véase Hch 8) y Andrés, de quien tenemos muy escasas referencias. Por eso son mencionados en este relato como intermediarios que ponen a los griegos en contacto con Jesús.

• **12 27-36**: El cuarto evangelio no puede narrarnos la angustia de Jesús en Getsemaní al comenzar la pasión. Iría en contra de su idea teológica, que presenta a Jesús como Señor con autoridad, dominando plenamente la situación. Por otra parte, no podía prescindir de un episodio tan profundamente enraizado en la tradición. La solución consiste en trasladar dicho episodio a esta ocasión. Naturalmente, se encuentra narrado con las características propias de este evangelio. La voz del Padre interpreta el sentido pleno de la pasión del Hijo, como juicio del mundo y de Satanás; un juicio que da paso a un mundo nuevo (Jn 12 31). La respuesta del Hijo es la obediencia, una actitud inconcebible para los judíos de aquella época, que esperaban un Mesías glorioso.

tengan esta luz, para que no los sorprenda
la oscuridad. Porque el que camina en
la oscuridad no sabe a dónde se dirige.
36 Mientras tengan la luz, crean en ella; solamente así serán hijos de la luz.

Después de decir todo esto, Jesús se retiró y se escondió de ellos.

Incredulidad de los judíos

Is 53 1; Rom 10 16; *Is 6 10;* Mc 4 12; Mt 10 40; Lc 6 49

37 A pesar de que Jesús había hecho tantos signos, no creían en él; 38 así se cumplió lo que había anunciado el profeta
Isaías:

Señor, ¿quién ha creído
nuestro mensaje?
¿A quién ha sido manifestado
el poder del Señor?

39 El mismo Isaías había indicado la razón por la cual no podían creer:

40 *El Señor ha cegado sus ojos*
y ha endurecido su corazón,
de modo que no vean con sus ojos
ni comprendan con su corazón,
ni se conviertan a mí,
para que yo los sane.

41 Isaías anunció esto, porque había
visto la gloria de Jesús y por eso hablaba
de él.

42 Sin embargo, fueron muchos los que
creyeron en Jesús incluso entre los personajes importantes. Pero no se atrevían a
manifestarlo públicamente a causa de los
fariseos, por miedo a ser expulsados de la
sinagoga. 43 Para ellos contaba más tener
buena fama ante la gente que ante Dios.

44 Jesús afirmó solemnemente:

–El que cree en mí, no solamente cree
en mí, sino también en el que me ha enviado; 45 y el que me ve a mí, ve también al
que me ha enviado. 46 Yo he venido al
mundo como la luz, para que todo el que
crea en mí no siga en la oscuridad. 47 No
seré yo quien condene al que escuche mis
palabras y no haga caso de ellas; porque
yo no he venido para condenar al mundo,
sino para salvarlo. 48 Para aquel que me
rechaza y no acepta mis palabras hay un
juez: las palabras que yo he pronunciado
serán las que lo condenen en el último día.
49 Porque yo no he hablado en virtud de mi
propia autoridad; el Padre que me envió es
el que me ordena lo que debo decir y enseñar. 50 Y sé que su enseñanza lleva a la
vida eterna. Así pues, lo que yo digo, es lo
que me ha dicho el Padre.

• **12 37-50**: Ese último párrafo, que cierra el libro de los signos, intenta contestar a la pregunta: ¿Por qué Jesús no fue, y no es aceptado? La primera respuesta la da la Escritura: la incredulidad no debe causar tanta sorpresa, pues ya había ocurrido lo mismo con el pueblo de Dios en el A. T. En segundo lugar, el número de creyentes es mayor del que puede aparecer a primera vista. Hay muchos que creen, pero no se atreven a manifestarlo públicamente, porque esto tenía en tiempo del evangelista unas consecuencias muy dolorosas (Jn 12 42-43).

II. LIBRO DE LA PASION-GLORIA Δ

1. Discursos de despedida ◊

Jesús lava los pies a sus discípulos

Mc 14 41; Mt 26 45; Jn 12 3; Lc 22 3; Mt 11 27;
Lc 7 44; Mt 23 8-10; 1 Tim 5 10; Flp 2 5; 1 Pe 2 21;
Mt 10 24.40; *Sal 41 10*

13 1 Era la víspera de la fiesta de la pascua. Jesús sabía que le había llegado
la hora de dejar este mundo para ir al Padre. Y él, que había amado a los suyos,
que estaban en el mundo, llevó su amor
hasta el final. 2 Estaban cenando y ya el
diablo había convencido a Judas Iscariote,
hijo de Simón, para que entregara a Jesús.
3 Entonces Jesús, sabiendo que el Padre le
había entregado todo, y que de Dios había
venido y a Dios regresaba, 4 se levantó de
la mesa, se quitó el manto, tomó una toalla
y se la colocó en la cintura. 5 Después echó
agua en una palangana y comenzó a lavar
los pies de los discípulos y a secárselos
con la toalla que llevaba a la cintura.
6 Cuando llegó a Simón Pedro, éste se
resistió:
–Señor, ¿cómo vas a lavarme tú a mí los
pies?
7 Jesús le contestó:
–Lo que estoy haciendo, tú no lo puedes
comprender ahora; lo comprenderás después.
8 Pedro insistió:
–Jamás permitiré que me laves los pies.
Entonces Jesús le respondió:
–Si no te lavo los pies, no tendrás nada
que ver conmigo.
9 Simón Pedro reaccionó diciendo:
–Señor, no sólo los pies; lávame también las manos y la cabeza.
10 Pero Jesús le dijo:
–El que se ha bañado sólo necesita lavarse los pies, porque está completamente
limpio; y ustedes están limpios, aunque no
todos.
11 Sabía muy bien Jesús quién lo iba a
entregar; por eso dijo: «No todos están
limpios».
12 Después de lavarles los pies, se puso
de nuevo el manto, volvió a sentarse a la
mesa y dijo a sus discípulos:
–¿Comprenden lo que acabo de hacer
con ustedes? 13 Ustedes me llaman Maestro
y Señor, y tienen razón, porque efectivamente lo soy. 14 Pues bien, si yo, que soy el
Maestro y el Señor, les he lavado los pies,
ustedes deben hacer lo mismo unos con
otros. 15 Les he dado ejemplo, para que hagan lo mismo que yo he hecho con ustedes.
16 Yo les aseguro que un siervo no pue-

Δ 13 1-20 31: Esta parte del evangelio se ocupa del cumplimiento pleno de aquello que anticipaban los signos e incluso el prólogo: *Hemos visto su gloria, la gloria propia del Hijo único del Padre* (Jn 1 14). El interés se centra ahora en el retorno de Jesús al Padre (Jn 13 1; 14 2.28), retorno que supone la glorificación de Jesús (Jn 13 31; 16 14). En ningún otro evangelio se destaca tan claramente como en el de Juan que la pasión de Jesús es el momento –la "hora"– de su glorificación. La cruz, más que un patíbulo parece un trono.

Esta segunda parte posee dos secciones bien definidas. *La primera está construida en torno a* un discurso de despedida y contiene diversas enseñanzas de Jesús (Jn 13-17). La segunda relata la historia de la pasión-glorificación de Jesús (Jn 18-20).

◊ 13 1-17 26: Siguiendo un modelo ya conocido en el Antiguo Testamento (véase Gn 49; Dt 31-34), el evangelista ha reunido aquí una serie de enseñanzas de Jesús, que constituyen algo así como su testamento espiritual. Comienzan, como las secciones de la primera parte (Jn 1-12), con un signo: el lavatorio de los pies (Jn 13 1-30). Viene después un largo discurso (Jn 13 31-14 31) y una serie de instrucciones (Jn 15-17) dirigidas a sus discípulos, que son los destinatarios de esta última revelación. El tema central es la salida de Jesús de este mundo a través de su muerte en cruz, en la que sorprendentemente se manifiesta su gloria. Las enseñanzas tratan de hacer comprender a los discípulos el significado de este acontecimiento central de la fe cristiana.

• 13 1-20: Los evangelios sinópticos colocan al comienzo de la pasión la preparación y celebración de la cena pascual, en la que tiene lugar la institución de la Eucaristía. El cuarto evangelio, sustituye este relato por el lavatorio de los pies. Esta simple constatación nos habla elocuentemente de la importancia de este acontecimiento. Con él se trata de aproximar dos realidades aparentemente incompatibles: ¿Cómo se concilia la mesianidad de Jesús y su divinidad (Jn 20 30-31) con su muerte en la cruz? El escándalo de la cruz había sido anunciado inmediatamente antes (Jn 12 34). Al comenzar a relatar la pasión, el evangelista tiene que demostrar que la muerte en cruz forma parte del plan de Dios y, por tanto, que no es un obstáculo para aceptar la mesianidad ni la divinidad de Jesús. Esto es lo que expresa el hecho de lavar los pies: Jesús, que era Maestro y Señor, realiza un trabajo de esclavos y servidores, prefigurando así su entrega en la cruz y señalando con claridad que el camino para seguirlo es la entrega y el servicio.

de ser mayor que su señor, ni un enviado puede ser superior a quien lo envió. 17 Sabiendo esto, serán dichosos si lo ponen en práctica. 18 No estoy hablando de todos ustedes; yo sé muy bien a quiénes elegí. Pero hay un texto de la Escritura que debe cumplirse: *El que come mi pan, se ha puesto en contra mía.* 19 Les digo estas cosas ahora, antes de que sucedan, para que cuando sucedan crean que yo soy. 20 Les aseguro que todo el que reciba a quien yo envíe, me recibe a mí mismo y, al recibirme a mí, recibe al que me envió.

La traición de Judas

Mc 14 17-21; Mt 26 21-25; Lc 22 21-23
Jn 19 26; 20 2; 21 7.20; Lc 22 3; Jn 12 6

21 Dicho esto, Jesús se sintió profundamente conmovido y exclamó:

–Les aseguro que uno de ustedes me va a entregar.

22 Los discípulos comenzaron a mirarse unos a otros, preguntándose a quién podría referirse. 23 Uno de ellos, el discípulo al que Jesús tanto amaba, estaba reclinado sobre el pecho de Jesús. 24 Simón Pedro le hizo señas para que le preguntara a quién se refería. 25 El discípulo que estaba reclinado sobre el pecho de Jesús le preguntó:

–Señor, ¿quién es?

26 Jesús le contestó:

–Aquel a quien yo dé el trozo de pan que voy a mojar en el plato.

Y mojándolo, se lo dio a Judas Iscariote, hijo de Simón.

27 Cuando Judas recibió aquel trozo de pan mojado, Satanás entró en él. Jesús le dijo:

–Lo que vas a hacer, hazlo cuanto antes.

28 Ninguno de los que estaban a la mesa con Jesús entendió lo que había querido decir. 29 Como Judas era el que llevaba la bolsa del dinero, algunos pensaron que le había encargado que comprara lo necesario para la fiesta o que diera algo a los pobres. 30 Judas, después de recibir el trozo de pan mojado, salió inmediatamente. Era de noche.

El mandamiento nuevo

Jn 15 12.17; 1 Jn 2 8; 3 11.23; 2 Jn 5

31 Al salir Judas, dijo Jesús:

–Ahora va a manifestarse la gloria del Hijo del hombre, y Dios será glorificado en él. 32 Y si Dios va a ser glorificado en el Hijo del hombre, también Dios lo glorificará a él. Y lo va a hacer muy pronto. 33 Hijos míos, ya no estaré con ustedes por mucho tiempo. Me buscarán, pero les digo ahora lo mismo que ya dije a los judíos: «Adonde yo voy, ustedes no pueden venir». 34 Les doy un mandamiento nuevo: Ámense los unos a los otros. Como yo los he amado, así también ámense los unos a los otros. 35 Por el amor que se tengan los unos a los otros reconocerán todos que son discípulos míos.

• **13 21-30**: En este pasaje sorprende sobremanera la falta de reacción de los discípulos ante el anuncio de que hay un traidor entre ellos y su ignorancia sobre las intenciones de Judas. En realidad se trata de incoherencias buscadas intencionadamente por el evangelista para demostrar que no es Judas, sino Jesús, quien dirige la acción. La relación de Judas con el diablo (Jn 13 2.27) debe entenderse desde la visión propia de Juan, según la cual existen dos mundos: el de Dios, de arriba, de la verdad, de la luz; y el del diablo, de abajo, de la mentira, de la oscuridad. Todos los hombres pertenecemos a uno o a otro. Esto puede sonar a fatalismo, pero no lo es, ya que la pertenencia a uno u otro mundo depende de la propia decisión, como puede verse en el caso de Judas. Las distintas expresiones sobre él: que es un diablo, que el diablo entró en él... indican la misma realidad, es decir, que Judas ha roto definitivamente con el mundo de Dios. No quiere seguir siendo discípulo de Jesús y lo traiciona. Pero sólo cuando Judas ha decidido abandonar a Jesús, el diablo entra en él. Sólo cuando desaparece la luz, entra en acción la oscuridad (Jn 13 30).

En este pasaje aparece por primera vez el "discípulo amado", verdadero testigo y custodio de la tradición cristiana en la comunidad joánica. Es el discípulo más cercano a Jesús (Jn 13 23), más cercano incluso que Pedro (Jn 13 24; véase Jn 20 1-9).

• **13 31-35**: Comienza el primer discurso de despedida (Jn 13 31-14 31). En él, junto al tema principal, que es la partida de Jesús, se pone de relieve otro tema particularmente querido por Juan: el de la manifestación de la gloria de Dios y de Jesús. Esta manifestación coincide con la partida de Jesús. Se trata de una glorificación mutua: Jesús manifiesta la gloria del Padre, y el Padre manifiesta la gloria de Jesús.

En este contexto introduce el evangelista el mandamiento del amor. Este mandamiento es la esencia del discipulado; los discípulos deben amarse porque Dios los ha amado primero (véase 1 Jn 4 19), enviando al mundo a su Hijo querido, para que él se entregara por nosotros (Jn 13 16; Rom 8 32). El amor de los discípulos debe ser una manifestación de ese amor que Dios les ha mostrado a través de Jesús.

Predice la negación de Pedro

Mc 14 29-31; Mt 26 33-35; Lc 22 31-34
Jn 18 15-18.25-27; 21 18-19

36 Simón Pedro le preguntó:
–Señor, ¿adónde vas?
Jesús le contestó:
–Adonde yo voy, tú no puedes seguirme
ahora; algún día lo harás.
37 Pedro insistió:
–Señor, ¿por qué no puedo seguirte ahora? Estoy dispuesto a dar mi vida por ti.
38 Jesús le dijo:
–¡De modo que estás dispuesto a dar tu
vida por mí! Te aseguro, Pedro, que antes
que el gallo cante, me habrás negado tres
veces.

Partida de Jesús

Jn 14 27; 17 24; Heb 10 20; Col 1 15; Heb 1 3

14 1 No se inquieten. Crean en Dios y
crean también en mí. 2 En la casa de
mi Padre hay lugar para todos; si no fuera
así, ya lo habría dicho; ahora voy a prepararles ese lugar. 3 Una vez que me haya ido
y les haya preparado el lugar, regresaré y
los llevaré conmigo, para que puedan estar
donde voy a estar yo. 4 Ustedes ya saben el
camino para ir adonde yo voy.
5 Tomás le dijo:
–Pero, Señor, no sabemos adónde vas,
¿cómo vamos a saber el camino?
6 Jesús le respondió:
–Yo soy el camino, la verdad y la vida.
Nadie puede llegar hasta el Padre, sino por
mí. 7 Si me conocieran, conocerían también a mi Padre. Desde ahora lo conocen,
pues ya lo han visto.
8 Entonces Felipe le dijo:
–Señor, muéstranos al Padre; eso nos
basta.
9 Jesús le contestó:
–Llevo tanto tiempo con ustedes, ¿y
aún no me conoces, Felipe? El que me ve a
mí, ve al Padre. ¿Cómo me pides que les
muestre al Padre? 10 ¿No crees que yo estoy en el Padre y el Padre en mí? Lo que
les digo no son palabras mías. Es el Padre,
que vive en mí, el que está realizando su
obra. 11 Deben creerme cuando afirmo que
yo estoy en el Padre y el Padre está en mí;
si no creen en mis palabras, crean al menos en las obras que hago. 12 Les aseguro
que el que cree en mí, hará también las
obras que yo hago, e incluso otras mayores, porque yo me voy al Padre. 13 En efecto, cualquier cosa que pidan en mi nombre,
lo haré, para que el Padre sea glorificado
en el Hijo. 14 Les concederé todo lo que
pidan en mi nombre.

Primer anuncio del Espíritu Consolador

Sab 6 18; 1 Jn 5 3; Mt 28 20

15 Si me aman, obedecerán mis mandamientos; 16 y yo rogaré al Padre y les dará
otro Consolador, para que esté siempre con
ustedes. 17 Es el Espíritu de la verdad que
no puede recibir el mundo, porque ni lo ve
ni lo conoce; ustedes, en cambio, lo conocen
porque vive en ustedes y con ustedes está.

El regreso de Jesús

1 Jn 3 1-2; Hch 10 40-41

18 No los dejaré huérfanos; regresaré
con ustedes. 19 El mundo dejará de verme

• **13 36-38**: El anuncio de las negaciones de Pedro manifiesta que el seguimiento y la vida cristiana no dependen de las fuerzas humanas. Pedro no ha entendido las palabras de Jesús (Jn 13 36-37), y por eso se hace necesaria una amplia explicación del sentido de su partida (Jn 14 1-31).

• **14 1-14**: Jesús explica, en primer lugar, el sentido de su partida. El evangelista utiliza una vez más el recurso de la incomprensión. Los discípulos parecen no comprender el alcance de las palabras de Jesús, y sus preguntas dan pie a una explicación más detallada sobre el camino de Jesús al Padre, porque él es su misma imagen. En esta explicación Jesús se presenta a sí mismo como el único camino para llegar al Padre. Las obras de Jesús atestiguan que sus palabras son dignas de fe y que el Padre y él están íntimamente unidos. La actitud de los discípulos debe ser de una confianza plena.

• **14 15-17**: Sólo en este evangelio el Espíritu recibe el nombre de "Paráclito" que hemos traducido por *Consolador* o *Espíritu Consolador*. El significado de este término es muy amplio: ayudante, asistente, sustentador, abogado, procurador, defensor y, sobre todo, consolador e iluminador en el proceso interno de la fe. Este es el primero de los cinco anuncios de su venida. Es "otro", pero en la misma línea de Jesús. Una persona divina destinada a permanecer con los creyentes.

• **14 18-24**: Continúa el discurso de Jesús iniciado en Jn 14 1-14. Ahora se trata del regreso de Jesús; no de un regreso lejano, sino próximo, pues Jesús volverá a estar con sus discípulos cuando resucite de entre los muertos. Entonces la presencia del Padre y de Jesús será plena en los que lo aman.

dentro de poco; ustedes, en cambio, seguirán viéndome, porque yo vivo y ustedes
también vivirán. 20 Cuando llegue aquel día
reconocerán que yo estoy en mi Padre, ustedes en mí y yo en ustedes. 21 El que acepta mis mandamientos y los pone en práctica, ese me ama de verdad; y el que me ama
será amado por mi Padre. También yo lo
amaré y me manifestaré a él.
22 Judas, no el Iscariote sino el otro, le
preguntó:
–Señor, ¿por qué te vas a manifestar
sólo a nosotros, y no al mundo?
23 Jesús le contestó:
–El que me ama, se mantendrá fiel a
mis palabras. Mi Padre lo amará, y mi Padre y yo vendremos a él y viviremos en él.
24 Por el contrario, el que no pone en práctica mis palabras, es que no me ama. Y las
palabras que escuchan no son mías, sino
del Padre, que me envió.

Segundo anuncio del Espíritu Consolador

25 Les he dicho todo esto mientras estoy
con ustedes; 26 pero el Consolador, el Espíritu Santo, a quien el Padre enviará en mi
nombre, hará que recuerden lo que yo les
he enseñado y les explicará todo.

Síntesis del discurso de despedida

27 Les dejo la paz, mi paz les doy. Una
paz que el mundo no les puede dar. No se
inquieten ni tengan miedo. 28 Ya escucharon lo que dije: «Me voy, pero regresaré a
ustedes». Si de verdad me aman, deberían
alegrarse de que me vaya al Padre, porque
el Padre es mayor que yo. 29 Les he dicho
esto antes de que suceda, para que cuando
suceda crean. 30 Ya no hablaré mucho con
ustedes, porque se acerca el que tiraniza
este mundo. Y aunque no tiene ningún poder sobre mí, 31 tiene que ser así para que
el mundo sepa que amo al Padre y que
cumplo la misión que me encomendó. Levántense. Vámonos de aquí.

El verdadero discípulo

Is 5 1-7; Ez 15 1-8; Mt 3 10; 15 13; Rom 11 17-18; 1 Cor 12 12.27; 2 Cor 3 5

15 1 Yo soy la vid verdadera, y mi Padre
es el viñador. 2 El Padre corta todas
las ramas unidas a mí que no dan fruto y
poda las que dan fruto, para que den más
fruto. 3 Ustedes ya están limpios, gracias a
las palabras que les he comunicado. 4 Permanezcan unidos a mí, como yo lo estoy a
ustedes. Ninguna rama puede producir
fruto por sí misma, sin permanecer unida a
la vid, y lo mismo les ocurrirá a ustedes, si
no están unidos a mí.
5 Yo soy la vid, ustedes las ramas. El
que permanece unido a mí, como yo estoy
unido a él, produce mucho fruto; porque
sin mí no pueden hacer nada. 6 El que no
permanece unido a mí, es arrojado fuera,
como las ramas que se secan y luego son
amontonadas y arrojadas al fuego para ser
quemadas.
7 Si permanecen unidos a mí y mis palabras permanecen en ustedes, pidan lo que
quieran y lo tendrán. 8 Mi Padre recibe
gloria cuando producen fruto en abundancia, y se manifiestan como discípulos míos.
9 Como el Padre me ama a mí, así los
amo yo a ustedes. Permanezcan en mi amor.
10 Pero sólo permanecerán en mi amor, si
ponen en práctica mis mandamientos, lo
mismo que yo he puesto en práctica los
mandamientos de mi Padre y permanezco
en su amor. 11 Les he dicho todo esto para

• **14 25-26**: El segundo anuncio del Espíritu Consolador presenta al Espíritu como el "maestro" que recordará y descubrirá en toda su profundidad la enseñanza de Jesús y la verdad, que es el mismo Jesús.

• **14 27-31**: Termina el primer discurso (Jn 13 31-14 31) con alusiones a los temas centrales del mismo: la partida y el retorno de Jesús, la relación entre el Padre y el Hijo, la fe... También aparece un tema nuevo: la partida de Jesús debe ser motivo de alegría para los discípulos, pues será entonces cuando el Espíritu les haga comprender mejor sus enseñanzas.

• **15 1-17**: El verdadero discípulo de Jesús debe permanecer en la palabra de Jesús o en Jesús en cuanto palabra. Para expresar esta relación vital entre Jesús y sus discípulos se utiliza la alegoría de la vid y sus ramas, que está cargada de resonancias bíblicas (Jr 2 21; Is 5; 27 2-5; Sal 80 9-17), y que en el judaísmo se aplica incluso al Mesías. La imagen muestra claramente la necesidad de una íntima relación entre Jesús y los que creen en él. De esta relación se deduce que la salvación no se opera de modo mágico, y por eso se insiste en la necesidad de permanecer, de dar frutos, de guardar los mandamientos, de amarse mutuamente.

que participen en mi alegría, y su alegría
sea completo.
12 Mi mandamiento es éste: Amense los
unos a los otros, como yo los he amado.
13 Nadie tiene amor más grande que quien
da la vida por sus amigos. 14 Ustedes son
mis amigos, si hacen lo que yo les mando.
15 En adelante, ya no los llamaré siervos,
porque el siervo no conoce lo que hace su
señor. Desde ahora los llamaré amigos,
porque les he dado a conocer todo lo que
oí a mi Padre.
16 No me eligieron ustedes a mí; fui yo
quien los elegí a ustedes. Y los he destinado para que vayan y den fruto abundante y
duradero. Así, el Padre les dará todo lo que
le pidan en mi nombre. 17 Lo que yo les
mando es esto: que se amen los unos a los
otros.

El odio del mundo

Mc 13 13; Mt 10 22; Lc 6 22; 1 Tes 2 15-16; 1 Jn 3 13; 1 Pe 4 12-19; Hch 5 41; Ap 2 3; *Sal 35 19*

18 Si el mundo los odia, recuerden que
primero me odió a mí. 19 Si pertenecieran
al mundo, el mundo los amaría como cosa
propia; pero como no pertenecen al mundo, porque yo los elegí y los saqué de él,
por eso el mundo los odia. 20 Recuerden lo
que les dije: «Ningún siervo es superior a
su señor». Igual que me han perseguido a
mí, los perseguirán a ustedes; y en la medida en que pongan en práctica mi enseñanza, también pondrán en práctica la de
ustedes. 21 Los tratarán así por mi causa,
porque no conocen a aquél que me envió.
22 Si yo no hubiera venido o no les hubiera
hablado tan claramente, ellos no serían
culpables; pero así no tienen disculpa por
su pecado. 23 El que me odia a mí, odia
también a mi Padre. 24 Si yo no hubiera
realizado ante ellos unas obras que ningún
otro ha hecho, no serían culpables; pero
ahora, a pesar de haber visto estas obras,
siguen odiándonos a mi Padre y a mí. 25 Así
se cumple lo que ya estaba anunciado en
su ley: *Me han odiado sin ningún motivo*.

Tercer anuncio del Espíritu Consolador

Jn 14 16-17; 1 Jn 3 24; Hch 1 8.21-22; Lc 1 2

26 Cuando venga el Consolador, el Espíritu de la verdad que yo les enviaré y que
procede del Padre, él dará testimonio de mí.
27 Ustedes mismos serán mis testigos, porque han estado conmigo desde el principio.

Anuncio de persecuciones

Jn 9 22; 15 21

16 1 Les he dicho todo esto, para que no
pierdan la fe en la prueba. 2 Porque
los expulsarán de la sinagoga. Más aún, llegará un momento en el que les quiten la
vida pensando que así dan culto a Dios. 3 Y
actuarán así, porque no conocen al Padre
ni me conocen a mí. 4 Les digo esto de
antemano, para que, cuando llegue la hora,
recuerden que ya estaba anunciado.

Cuarto anuncio del Espíritu Consolador

Jn 14 16.26; 15 26; 12 31; 14 30

Al principio no quise decirles nada de
esto, porque yo estaba con ustedes. 5 Pero
ahora regreso al que me envió y ninguno
de ustedes me pregunta: «¿A dónde vas?».
6 Eso sí, al anunciarles estas cosas, la tristeza se ha apoderado de ustedes. 7 Y sin
embargo, les digo la verdad: les conviene
que yo me vaya, porque si no me voy, el
Espíritu Consolador no vendrá a ustedes;
pero si me voy, lo enviaré. 8 Cuando él

• **15** *18-25: La antítesis* del amor es el odio. Jesús vino como expresión del amor del Padre (Jn 3 16) para implantar el amor y constituir la comunidad de los que se aman, pero la respuesta ha sido el rechazo y la persecución. A sus seguidores les espera la misma suerte que corrió el Maestro: serán odiados y perseguidos por aquellos que siguen los criterios de este mundo. El evangelista refleja aquí una experiencia que ya vive su comunidad: la persecución de que son objeto por parte del judaísmo (véase Jn 9 22; 12 42; 16 2).

• **15 26-27**: El tercer anuncio del Espíritu Consolador subraya su condición de testigo a favor de Jesús. Su testimonio se unirá al del Padre (Jn 8 12-20) y al que los discípulos darán en medio de la persecución (Jn 15 18-25; 16 1-4a).

• **16 1-4a**: Véase nota a Jn 15 18-25.

• **16 4b-11**: El cuarto anuncio del Espíritu Consolador, el más extenso de todos, se refiere sobre todo a su función con respecto al mundo: pondrá de manifiesto su error. A los discípulos les conviene que Jesús se vaya y que venga el Espíritu Consolador, porque entonces aparecerá con claridad que eran ellos quienes estaban en la verdad, que Jesús era el enviado del Padre, y que el príncipe de este mundo que ha rechazado a Jesús ha sido condenado.

venga, pondrá de manifiesto el error del mundo en relación con el pecado, con la justicia y con la condena. 9 Con el pecado, porque no creen en mí; 10 con la justicia, porque retorno al Padre y ya no me verán; 11 con la condena, porque el que tiraniza a este mundo ha sido condenado.

Quinto anuncio del Espíritu Consolador

1 Cor 3 1-2; 1 Jn 2 27

12 Tendría que decirles muchas cosas más, pero no podrían entenderlas ahora. 13 Cuando venga el Espíritu de la verdad, los iluminará para que puedan entender la verdad completa. El no hablará por su cuenta, sino que dirá únicamente lo que ha oído, y les anunciará las cosas venideras. 14 El me glorificará, porque todo lo que les dé a conocer, lo recibirá de mí. 15 Todo lo que tiene el Padre, también es mío; por eso les he dicho que todo lo que el Espíritu les dé a conocer, lo recibirá de mí.

La tristeza y la alegría

Is 13 8; 21 3; Miq 4 9; 1 Tes 5 3; Is 66 14; 1 Jn 5 14-15; Lc 11 9-13

16 Dentro de poco dejarán de verme; pero, dentro de otro poco volverán a verme.

17 Al oír esto, algunos de sus discípulos comentaban entre sí:

–¿Qué significa esto? Acaba de decirnos: «Dentro de poco dejarán de verme, pero dentro de otro poco volverán a verme». También nos ha dicho: «Porque me voy al Padre».

18 Y se preguntaban:

–¿Qué quiere decir con eso de «dentro de poco»? No sabemos a qué se refiere.

19 Sabiendo Jesús que deseaban una aclaración, les dijo:

–Están preocupados por el sentido de mis palabras: «Dentro de poco dejarán de verme, pero dentro de otro poco volverán a verme». 20 Yo les aseguro que ustedes llorarán y gemirán, mientras que el mundo se sentirá satisfecho; ustedes estarán tristes, pero su tristeza se convertirá en alegría. 21 Cuando una mujer va a dar a luz, siente tristeza, porque le ha llegado la hora; pero cuando el niño ha nacido, su alegría le hace olvidar el sufrimiento pasado y está contenta por haber traído un niño al mundo. 22 Pues lo mismo ustedes: de momento están tristes; pero volveré a verlos y de nuevo se alegrarán con una alegría que nadie les podrá arrebatar. 23 Cuando llegue ese día, ya no tendrán necesidad de preguntarme nada. Les aseguro que el Padre les concederá todo lo que le pidan en mi nombre. 24 Hasta ahora no han pedido nada en mi nombre. Pidan y recibirán; así su alegría alcanzará la plenitud.

La gran revelación

Mc 4 33-34; Mt 13 34; Zac 13 7; Mc 14 27.50; Jn 8 16.29; Mc 13 19.24; 2 Tim 3 12; 1 Jn 4 4; 5 4-5

25 Hasta ahora les he hablado usando comparaciones; pero llega la hora en que no recurriré más a comparaciones, sino que les hablaré del Padre claramente. 26 Cuando llegue ese día, ustedes mismos orarán al Padre en mi nombre; y no es necesario que les diga que yo voy a interceder ante el Padre por ustedes, 27 porque el Padre mismo los ama. Y los ama, porque ustedes me han amado y han creído que yo salí de Dios. 28 Salí del Padre y vine al mundo; ahora dejo el mundo para regresar al Padre.

29 Entonces los discípulos le dijeron:

–Cierto, ahora hablas claramente sin usar comparaciones. 30 Ahora estamos se-

• **16 12-15**: El último anuncio del Espíritu Consolador insiste en que será él quien lleve a los discípulos a descubrir toda la dimensión y alcance de lo que Jesús es y significa. No aportará una revelación nueva, sino que llevará a los discípulos a descubrir en profundidad en cada momento el sentido de la revelación que ha traído Jesús.

• **16 16-24**: El anuncio de la partida y del retorno de Jesús provoca en los discípulos tristeza, pero Jesús los exhorta a que esa tristeza se convierta en alegría. Se trata de una alegría que es actual y permanente, porque, aunque en cierto modo las dificultades, las luchas y las angustias de los discípulos aún continúan, la victoria ya ha tenido lugar en la cruz de Jesús.

• **16 25-33**: Estos versículos constituyen la mejor síntesis de la cristología joánica: *Salí del Padre y vine al mundo; ahora dejo el mundo para regresar al Padre* (Jn 16 28). Hasta ahora sus hechos y palabras, su vida y su mensaje eran un enigma sin resolver para sus discípulos. Su fe se debilitará más todavía cuando vean a Jesús camino de la cruz. Sin embargo, con estas palabras suyas los discípulos comienzan a comprender; la victoria de Jesús sobre el mundo es un acontecimiento decisivo que debe llenar sus vidas de alegría y paz.

guros de que lo sabes todo y que no es necesario que nadie te pregunte; por eso creemos que saliste de Dios.

31 Jesús les contestó:

–¿Ahora creen? 32 Pues miren, se acerca la hora, mejor dicho, ha llegado ya, en la que cada uno de ustedes se irá a lo suyo y a mí me dejarán solo. Aunque yo no estoy solo, porque el Padre está conmigo. 33 Les he dicho todo esto, para que puedan encontrar la paz en su unión conmigo. En el mundo encontrarán dificultades y tendrán que sufrir, pero tengan ánimo, yo he vencido al mundo.

Jesús ora por los suyos

Mc 14 41; 1 Tes 1 9; 1 Jn 5 20; Jn 1 1-2; 8 58; Lc 15 31; Mt 6 13; 2 Tes 3 3; 1 Jn 5 18; Gal 3 28

17 1 Dicho esto, Jesús levantó los ojos y exclamó:

–Padre, ha llegado la hora. Glorifica a tu Hijo, para que tu Hijo te glorifique. 2 Tú le diste poder sobre todos los hombres, para que él dé la vida eterna a todos los que tú le has dado. 3 Y la vida eterna consiste en esto: en que te conozcan a ti el único Dios verdadero, y a Jesucristo tu enviado. 4 Yo te he glorificado aquí en el mundo, cumpliendo la obra que me encomendaste. 5 Ahora, pues, Padre, glorifícame con aquella gloria que ya compartía contigo antes de que el mundo existiera.

6 Yo te he dado a conocer a aquellos que tú me diste de entre el mundo. Eran tuyos, tú me los diste, y ellos han puesto en práctica tu enseñanza. 7 Ahora han llegado a comprender que todo lo que me diste viene de ti. 8 Yo les he enseñado lo que aprendí de ti, y ellos lo han aceptado. Ahora saben, con absoluta certeza, que yo salí de ti y han creído que fuiste tú quien me envió.

9 Yo te ruego por ellos. No ruego por el mundo, sino por los que tú me has dado; porque te pertenecen. 10 Todo lo mío es tuyo y todo lo tuyo es mío, y en ellos he sido glorificado. 11 Ya no estaré más en el mundo; ellos continúan en el mundo, mientras yo me voy a ti. Padre santo, protege en tu nombre a los que me has dado para que sean uno, como tú y yo somos uno.

12 Mientras yo estaba con ellos en el mundo, yo mismo protegía en tu nombre a los que me diste. Los he custodiado de tal manera que ninguno de ellos se ha perdido, fuera del que tenía que perderse para que se cumpliera lo que dice la Escritura. 13 Ahora, en cambio, yo me voy a ti. Si digo estas cosas mientras todavía estoy en el mundo, es para que ellos puedan participar plenamente en mi alegría.

14 Yo les he comunicado tu mensaje, pero el mundo los odia, porque no pertenecen al mundo, como tampoco pertenezco yo. 15 No te pido que los saques del mundo, sino que los defiendas del maligno. 16 Ellos no pertenecen al mundo como tampoco pertenezco yo. 17 Haz que ellos sean completamente tuyos por medio de la verdad; tu palabra es la verdad.

18 Yo los he enviado al mundo, como tú me enviaste a mí. 19 Por ellos yo me consagro a ti, para que también ellos se consagren a ti, por medio de la verdad. 20 Pero no te ruego solamente por ellos, sino también por todos los que creerán en mí gracias a su palabra.

21 Te pido que todos sean uno lo mismo que lo somos tú y yo, Padre. Y que también ellos vivan unidos a nosotros para que

• **17 1-26**: El nombre de oración sacerdotal con que es designado este capítulo desde que lo bautizó así el teólogo *protestante del siglo* XVI David Chyträus, responde sólo en parte a su contenido. Es preciso tener en cuenta que Jn 17 es una composición hecha por el evangelista sobre la base de las enseñanzas y oración de Jesús. En ella nos ofrece la síntesis mejor lograda de la teología joánica en la que están presentes todos los temas importantes de la misma: la hora de Jesús, la manifestación de su gloria, la vida eterna, la obra, el mundo, enviar, verdad, conocimiento... Su contenido está centrado en la unidad de Jesús, el enviado, con su Padre celeste, al que retorna después de cumplir su misión. La unidad se extiende a los creyentes. Este gran tema se desarrolla, teniendo como punto esencial de referencia la manifestación de la gloria de Dios. La gloria es la manifestación de Dios en su actividad salvadora. Participar en ella, vivir en esa atmósfera, aceptar su manifestación concreta en Jesús, significa participar la misma vida de Dios. Y esta participación, que es la que desea y pide Jesús para sí mismo (Jn 17 1-5), para los discípulos (Jn 17 6-19), y para los futuros creyentes (Jn 17 20-24), debe ser enriquecida teniendo en cuenta el resumen que hace Jesús de toda su obra centrada en su tarea reveladora (Jn 17 4.6.14.22.23). El género literario es el propio de las oraciones, pero evocando los discursos que el Antiguo Testamento, a modo de disposición testamentaria, pone en labios de personajes célebres de la antigüedad, como el de Jacob (Gn 49) y los de Moisés en el Deuteronomio (Dt 31-34).

el mundo crea que tú me has enviado. 22 Yo les he dado a ellos la gloria que tú me diste a mí, de tal manera que puedan ser uno, como lo somos nosotros. 23 Yo en ellos y tú en mí, para que lleguen a la unión perfecta, y el mundo pueda reconocer así que tú me has enviado, y que los amas a ellos como me amas a mí. 24 Padre, yo deseo que todos estos que tú me has dado puedan estar conmigo donde esté yo, para que contemplen la gloria que me has dado, porque tú me amaste antes de la creación del mundo.

25 Padre justo, el mundo no te ha conocido; yo, en cambio, te conozco y todos éstos han llegado a reconocer que tú me has enviado. 26 Les he dado a conocer quién eres, y continuaré dándote a conocer, para que el amor con que me amaste pueda estar también en ellos, y yo mismo esté en ellos.

2. Historia de la pasión-resurrección ◊

El arresto de Jesús

Mc 14 43-52; Mt 26 47-56; Lc 22 47-53
Mc 14 32; Mt 26 36; Lc 21 37; 22 39; Jn 8 24;
Lc 22 36.38; Mc 10 38; 14 36; Jn 11 49-51

18 1 Cuando terminó de hablar, Jesús y sus discípulos salieron de allí. Atravesaron el torrente Cedrón y entraron en un huerto que había cerca. 2 Este lugar era conocido por Judas, el traidor, porque Jesús se reunía frecuentemente allí con sus discípulos. 3 Así que Judas, llevando consigo un destacamento de soldados romanos y los guardias puestos a su disposición por los jefes de los sacerdotes y los fariseos, se dirigió a aquel lugar. Iban armados y equipados con faroles y antorchas.

4 Jesús, que sabía todo lo que le iba a ocurrir, salió a su encuentro y les preguntó:

–¿A quién buscan?

5 Ellos contestaron:

–A Jesús de Nazaret.

Jesús les dijo:

–Yo soy.

Judas, el traidor, estaba allí con ellos. 6 En cuanto les dijo: «Yo soy», retrocedieron y cayeron a tierra. 7 Jesús les preguntó de nuevo:

–¿A quién buscan?

Volvieron a contestarle:

–A Jesús de Nazaret.

8 Jesús les dijo:

–Ya les he dicho que soy yo. Por tanto, si me buscan a mí, dejen que éstos se vayan.

9 (Así se cumplió lo que él mismo había dicho: «No he perdido a ninguno de los que me diste»).

10 Entonces Simón Pedro, que tenía una espada, la desenvainó e hirió con ella a un siervo del sumo sacerdote, cortándole la oreja derecha. (Este siervo se llamaba Malco). 11 Pero Jesús dijo a Pedro:

–Guarda tu espada. ¿Es que no debo beber esta cáliz de amargura que el Padre me ha preparado?

12 Los soldados romanos, con su comandante al frente, y la guardia judía, arrestaron a Jesús y le ataron las manos. 13 Acto seguido, lo condujeron a casa de Anás, el cual era suegro de Caifás, que era sumo sacerdote aquel año. 14 Caifás era el que había aconsejado a los judíos: «Conviene que muera un solo hombre por el pueblo».

◊ **18 1-20 31**: Es en el relato de la pasión y resurrección de Jesús donde las coincidencias con los otros tres evangelios son más evidentes. Sin embargo, el relato de Juan contiene algunos episodios y detalles que no se encuentran en los evangelios sinópticos: la participación de los romanos en el arresto de Jesús, la escena ante Anás, la mención de la túnica, la presencia de la madre de Jesús y del discípulo amado junto a la cruz, la lanzada... Todo esto demuestra que Juan ha utilizado otras fuentes en la composición de esta última parte del evangelio.

Desde el punto de vista del contenido el relato posee también rasgos específicos, tales como el tema de la hora, la presentación de Jesús como juez y como rey, y la pasión como entrega libre de Jesús. A través de estos acentos aparece con claridad que para el cuarto evangelio la pasión de Jesús no es una humillación, sino una glorificación; la cruz no es instrumento de suplicio, sino el trono en que se manifiesta la gloria de Jesús.

• **18 1-14**: La escena del arresto pone de relieve el conocimiento sobrehumano de Jesús y su absoluto control de los acontecimientos. Su manifestación como Dios a través de la expresión *Yo soy* (véase Ex 3 14), que hace caer en tierra a sus enemigos, resalta la confrontación y la lucha entre la oscuridad y la luz. En este contexto no encajaría la oración angustiada de Getsemaní, que relatan los evangelios sinópticos. Por eso ha sido trasladada a la séptima sección del libro de los signos (Jn 12 27-36), cuyo tema es "la muerte, camino hacia la vida". Llama la atención que sean soldados romanos quienes arrestan a Jesús (véase Mc 14 43 y par.).

Negación de Pedro

Mc 14 54.66-72; Mt 26 58.69-75; Lc 22 54-62
Jn 13 36-38; 18 25-27; 21 18-19

15 Simón Pedro y otro discípulo seguían
a Jesús. Este discípulo, que era conocido
del sumo sacerdote, entró, al mismo tiempo que Jesús, en el patio interior de la casa
del sumo sacerdote. 16 Pedro, en cambio,
tuvo que quedarse fuera, junto a la puerta,
hasta que el otro discípulo, el conocido del
sumo sacerdote, habló a la portera y consiguió que lo dejaran entrar. 17 Pero la portera preguntó a Pedro:
–¿No eres tú también uno de los discípulos de ese hombre?
Pedro le contestó:
–No, no lo soy.
18 Como hacía frío, los criados y la guardia habían preparado una fogata y estaban
en torno a ella calentándose. Pedro estaba
también con ellos calentándose.

Jesús ante Anás

Mt 4 23; 26 55; Lc 3 2

19 El sumo sacerdote interrogó a Jesús
acerca de sus discípulos y de su enseñanza.
20 Jesús declaró:
–Yo he hablado siempre en público. He
enseñado en las sinagogas y en el templo,
donde se reúnen todos los judíos. No he
enseñado nada clandestinamente. 21 ¿Por
qué me preguntas a mí? Pregunta a los que
me han oído, y ellos podrán informarte.
22 Al oír esta respuesta, uno de los guardias, que estaba junto a él, le dio una bofetada, diciéndole:
–¿Cómo te atreves a contestar así al sumo sacerdote?
23 Jesús le dijo:
–Si he hablado mal, demuéstrame en
qué; pero si he hablado bien, ¿por qué me
pegas?
24 Entonces Anás lo envió, con las manos atadas, a Caifás, el sumo sacerdote.

Nueva negación de Pedro

Mc 14 30.4‑; Jn 13 36-38; 18 15-18; 21 18-19

25 Mientras Simón Pedro estaba junto a
la fogata, calentándose, uno le preguntó:
–¿No eres tú también uno de los discípulos de ese hombre?
Pedro lo negó, diciendo:
–No, no lo soy.
26 Uno de los siervos del sumo sacerdote, pariente de aquel a quien Pedro había
cortado la oreja, le insistió:
–¿Cómo que no? Yo mismo te vi en el
huerto con él.
27 Pedro volvió a negarlo. Y en aquel
momento cantó el gallo.

Proceso ante Pilato

Mc 15 1-5; Mt 27 1-2.11-14; Lc 23 1-5
Hch 18 _5; Mt 20 19; 26 2; Mc 15 2;
1 Tim 6 13; Hch 3 14

28 Después condujeron a Jesús desde la
casa de Caifás, hasta el palacio del gobernador. Era de madrugada. Los judíos no

• **18 15-18**: A diferencia de los otros tres evangelios, que describen seguidas las negaciones de Pedro, Juan ha situado la primera antes del interrogatorio de Jesús por parte de Anás, y las otras dos después. Como Jesús había predicho (Jn 13 36-38), el deseo de Pedro de seguirlo hasta el final termina en estas negaciones. El seguimiento no es un logro personal, sino un don divino, que Jesús le entregará después de resucitar (Jn 21 18-19).

• **18 19-24**: En Juan no existe proceso religioso en sentido estricto. Sencillamente porque ya ha tenido lugar en la confrontación de Jesús con los judíos. Dicha confrontación se resolvió en un rechazo decidido de Jesús y en la voluntad de eliminarlo (Jn 11 47-53). Aquí tiene lugar el interrogatorio de Anás que ya no era sumo sacerdote, pero seguía teniendo una gran influencia sobre Caifás, por lo que el hecho resulta muy creible (Jn 18 13). El interrogatorio al que Anás somete a Jesús muestra su habilidad como político; doctrina y discípulos eran los dos argumentos sobre los que podía apoyarse la acusación contra Jesús ante los romanos.

• **18 25-27**: Estas dos negaciones adquieren un carácter dramático al estar colocadas después del careo de Jesús con Anás. Jesús acaba de decir que pregunten a sus oyentes si quieren saber sobre su enseñanza y sus discípulos. Ahora uno de esos discípulos responde que no lo conoce. Sin embargo, la triple negación de Pedro, anunciada por Jesús (Jn 13 36-38), será redimida por la triple afirmación de Pedro confesando su amor hacia él (Jn 21 18-19).

• **18 28-40**: El proceso ante Pilato es el verdaderamente importante para Juan. Le dedica doble espacio que el resto de los evangelistas. La dramatización del proceso se mueve en dos escenarios: en el interior del palacio donde reina la calma y se reconoce la inocencia de Jesús, y en el exterior donde se respira odio y violencia con la única preocupación de declarar culpable a Jesús. La actitud de Pilato es difícil de conciliar con los datos históricos que poseemos sobre él; además, un gobernante romano no era un títere cuyos hilos pudieran ser movidos por manos judías. El evangelista intenta disculpar a los romanos y mostrar que Pilato no se encuentra ante un

entraron en el palacio para no contraer impureza legal, y poder celebrar así la cena de pascua. 29 Pilato, por su parte, salió a donde estaban ellos y les preguntó:

–¿De qué acusan a este hombre?

30 Ellos le contestaron:

–Si no fuera un criminal, no te lo habríamos entregado.

31 Pilato les dijo:

–Llévenselo y júzguenlo según su ley.

Los judíos dijeron:

–Nosotros no estamos autorizados para condenar a muerte a nadie.

32 Así se cumplió la palabra de Jesús, que había anunciado de qué forma iba a morir.

33 Pilato volvió a entrar en su palacio, llamó a Jesús y le interrogó:

–¿Eres tú el rey de los judíos?

34 Jesús le contestó:

–¿Dices eso por ti mismo o te lo han dicho otros de mí?

35 Pilato respondió:

–¿Acaso soy yo judío? Son los de tu propia nación y los jefes de los sacerdotes los que te han entregado a mí. ¿Qué has hecho?

36 Jesús le explicó:

–Mi reino no es de este mundo. Si lo fuera, mis seguidores hubieran luchado para impedir que yo fuera entregado a los judíos. Pero no, mi reino no es de este mundo.

37 Pilato insistió:

–Entonces, ¿eres rey?

Jesús le respondió:

–Soy rey, como tú dices. Y mi misión consiste en dar testimonio de la verdad. Precisamente para eso he nacido y para eso he venido al mundo. Todo el que pertenece a la verdad escucha mi voz.

38 Pilato le preguntó:

–¿Y qué es la verdad?

Después de decir esto, Pilato salió de nuevo y dijo a los judíos:

–Yo no encuentro delito alguno en este hombre. 39 Pero como ustedes tienen derecho a que les ponga en libertad un prisionero durante la fiesta de la pascua, ¿quieren que deje en libertad al rey de los judíos?

40 Pero ellos seguían gritando:

–¡No, a ése no! ¡Deja en libertad a Barrabás! (El tal Barrabás era un bandido).

Jesús, condenado a muerte

Mc 15 12-13.16-20; Mt 27 15-31; Lc 23 13-25
Mc 14 61; Lc 23 2; Hch 17 7

19 1 Entonces Pilato ordenó que lo azotaran. 2 Los soldados prepararon una corona de espinas y se la pusieron en la cabeza. También le colocaron sobre los hombros un manto rojo. 3 Y se acercaban a él, diciendo:

–¡Salve, rey de los judíos!

Y le daban bofetadas.

4 Pilato salió, una vez más, y les dijo:

–Miren, lo traigo de nuevo para que quede bien claro que yo no encuentro delito alguno en este hombre.

5 Salió, pues, Jesús afuera. Llevaba sobre su cabeza la corona de espinas y sobre sus hombros el manto rojo. Pilato lo presentó con estas palabras:

–¡Este es el hombre!

6 Los jefes de los sacerdotes y los guardias, al verlo, comenzaron a gritar:

–¡Crucifícalo, crucifícalo!

Pilato les dijo:

–Llévenselo ustedes y crucifíquenlo; porque yo no encuentro delito alguno en él.

7 Los judíos insistieron:

–Nosotros tenemos una ley y, según ella, debe morir, porque se ha presentado a sí mismo como Hijo de Dios.

8 Al oír esto, Pilato sintió aún más miedo. 9 Entró de nuevo en el palacio y preguntó a Jesús:

–¿De dónde eres tú?

Pero Jesús no le contestó. 10 Pilato le dijo:

–¿Te niegas a contestarme? ¿Es que no

hombre cualquiera, sino ante un rey misterioso, que no es enemigo de los reinos terrenos. Sin embargo, la "buena voluntad" de Pilato queda en entredicho por su actitud ante "la verdad". Ante Jesús no vale la neutralidad.

• **19 1-16a**: Continúa el proceso ante Pilato. La afirmación central sobre Jesús: *¡Este es el hombre!* describe bien la paradoja que supone su entrega. Su condición de rey, que antes no quiso aceptar (Jn 6 15), se muestra ahora a través de una burla. Jesús aparece como un hombre, siendo el Hijo de Dios; como un embustero, siendo la verdad y habiendo venido a dar testimonio de ella; condenado a muerte, siendo el autor de la vida con poder decisorio sobre la suerte de los hombres. El rechazo por parte del pueblo es tan grande, que son capaces de admitir la soberanía del emperador extranjero antes que reconocer la inocencia de Jesús.

sabes que yo tengo autoridad tanto para
dejarte en libertad como para ordenar que
te crucifiquen?
11 Jesús le respondió:
–No tendrías autoridad alguna sobre mí,
si no te la hubieran dado de lo alto; por
eso, el que me entregó a ti tiene más culpa
que tú.
12 Desde ese momento Pilato intentaba
ponerlo en libertad. Pero los judíos le gritaban:
–Si pones en libertad a este hombre, no
eres amigo del emperador romano. Porque
cualquiera que tenga la pretensión de ser
rey, es enemigo del emperador.
13 Pilato, al oír esto, mandó que sacaran
fuera a Jesús y lo sentó en el tribunal, en el
lugar conocido con el nombre de «Enlosa-
do» (que en la lengua de los judíos se llama
«Gábbata»). 14 Era la víspera de la fiesta
de la pascua, hacia el mediodía. Pilato dijo
a los judíos:
–¡Aquí tienen a su rey!
15 Ellos comenzaron a gritar:
–¡Mátalo! ¡Crucifícalo!
Pilato insistió:
–¿Cómo voy a crucificar a su rey?
Pero los jefes de los sacerdotes contestaron:
–Nuestro único rey es el emperador romano.
16 Entonces Pilato les entregó a Jesús
para que lo crucificaran.

La crucifixión de Jesús

Mc 15 22-32; Mt 27 31.37-38; Lc 23 33.38

Se hicieron, pues, cargo de Jesús
17 quien, llevando a hombros su propia
cruz, salió de la ciudad hacia un lugar llamado «La Calavera» (que en la lengua de
los judíos se dice «Gólgota»). 18 Allí lo
crucificaron junto con otros dos, uno a cada
lado de Jesús.
19 Pilato mandó escribir y poner sobre
la cruz un letrero con esta inscripción: «Jesús de Nazaret, el rey de los judíos». 20 Leyeron el letrero muchos judíos, porque el
lugar donde Jesús había sido crucificado
estaba cerca de la ciudad, y estaba escrito
en hebreo, en latín y en griego. 21 Los jefes
de los sacerdotes se presentaron a Pilato y
le dijeron:
–No escribas: «El rey de los judíos»,
sino más bien: «Este hombre ha dicho: Yo
soy el rey de los judíos».
22 Pero Pilato les contestó:
–Lo que he escrito, escrito queda.

Distribución de los vestidos

Mc 15 24; Mt 27 35; Lc 23 34
Sal 22 19

23 Los soldados, después de crucificar a
Jesús, se apropiaron de sus vestidos e hicieron con ellos cuatro partes una para cada uno. Dejaron aparte la túnica. Como era
una túnica sin costuras, tejida de una sola
pieza de arriba abajo, 24 los soldados llegaron a este acuerdo:
–Es mejor que no la dividamos; vamos
a sortearla para ver a quién le toca.
Así se cumplió este texto de la Escritura:

Dividieron entre ellos mis vestidos
y mi túnica la echaron a suertes.

Eso fue lo que hicieron los soldados.

Jesús, su madre y el discípulo amado

Mc 15 40-41; Jn 13 23; 20 2

25 Junto a la cruz de Jesús estaban su
madre, la hermana de su madre, María la
mujer de Cleofás, y María Magdalena.
26 Jesús, al ver a su madre y junto a ella al
discípulo a quien tanto amaba, dijo a su
madre:
–Mujer, ahí tienes a tu hijo.

• **19 16b-22**: En el evangelio de Juan no hay cireneo (véase Mc 15 21 y par.). Jesús lleva su propia cruz con autoridad y señorío. Toda la atención está centrada en el letrero que explica la causa de su condena, y que se convierte en una explicación de la muerte de Jesús. La cruz no es su patíbulo, sino el trono desde donde ejerce su realeza salvadora, que llega a judíos, griegos y romanos, es decir, a todos los hombres.

• **19 23-24**: La distribución de las vestiduras de Jesús y el sorteo de su túnica entre los soldados ofrece al evangelista una ocasión más para hacer caer en la cuenta a sus lectores que la pasión de Jesús estaba ya anunciada en las Escrituras. La insistencia en que la túnica no se rompa puede ser una alusión a la unidad entre sus discípulos, por la que Jesús ha orado poco antes (Jn 17).

• **19 25-27**: Ha llegado la hora de Jesús y su madre está de nuevo junto a él (véase Jn 2 4) con el discípulo amado. Al pie de la cruz su presencia es representativa: en el discípulo amado podemos ver a los verdaderos creyentes, y en la madre de Jesús a la nueva humanidad, o quizás a la Iglesia.

27 Después dijo al discípulo:
–Ahí tienes a tu madre.
Y desde aquel momento, el discípulo la
recibió como suya.

La muerte de Jesús

Mc 15 36-37; Mt 27 48-50; Lc 23 46
Sal 22 16; 69 22

28 Después, Jesús, sabiendo que todo se
había cumplido, para que también se cumpliera la Escritura, exclamó:
–*Tengo sed*.
29 Había allí una jarra con vinagre. Los
soldados colocaron en la punta de una caña
una esponja empapada en el vinagre y se la
acercaron a la boca. 30 Jesús probó el vinagre y dijo:
–Todo está cumplido.
E inclinando la cabeza, entregó el espíritu.

La lanzada

Dt 21 22-23; 1 Jn 5 6.8; *Ex 12 46;* Nm 9 12;
Sal 34 21; *Zac 12 10*

31 Como era el día de la preparación de
la fiesta de pascua, los judíos no querían
que los cuerpos quedaran en la cruz aquel
sábado, ya que aquel día se celebraba una
fiesta muy solemne. Por eso pidieron a
Pilato que ordenara romper las piernas a los
crucificados y que los bajaran de la cruz.
32 Fueron, pues, los soldados y rompieron las piernas a los dos que habían sido
crucificados con Jesús. 33 Cuando se acercaron a Jesús, se dieron cuenta de que ya
había muerto; por eso no le rompieron las
piernas. 34 Pero uno de los soldados le
atravesó el costado con una lanza y, en
seguida, brotó del costado sangre y agua.
35 El que vio estas cosas da testimonio
de ellas, y su testimonio es verdadero. El
sabe que dice la verdad, para que también
ustedes crean. 36 Esto sucedió para que se
cumpliera la Escritura, que dice: *No le
quebrarán ningún hueso*. 37 La Escritura
dice también en otro pasaje: *Mirarán al
que traspasaron*.

La sepultura de Jesús

Mc 15 42-46; Mt 27 57-60; Lc 23 50-54
Jn 7 13; 19 39; 3 1 ss.; Sal 45 9

38 Después de esto, José de Arimatea,
que era discípulo de Jesús, aunque lo mantenía en secreto por miedo a los judíos,
pidió autorización a Pilato para retirar el
cuerpo de Jesús. Pilato se lo concedió.
Entonces él fue y tomó el cuerpo de Jesús. 39 Llegó también Nicodemo, el que en
una ocasión había ido a hablar con Jesús
durante la noche, con unos treinta kilos de
una mezcla de mirra y perfume. 40 Entre
los dos se llevaron el cuerpo de Jesús y lo
envolvieron con vendas de lino bien empa-
padas en la mezcla de mirra y perfume,
según la costumbre judía de sepultar a los
muertos.
41 Cerca del lugar donde fue crucificado
Jesús había un huerto y, en el huerto, un
sepulcro nuevo en el que nadie había sido
enterrado. 42 Allí, pues, depositaron a Jesús dado que el sepulcro estaba cerca y era
la víspera de la fiesta de pascua.

El sepulcro vacío

Mc 16 1-8; Mt 28 1-8; Lc 24 1-11
Hch 20 7; Jn 13 23; Sal 16 10; Lc 24 26-27; Hch 2 27.31

20 1 El domingo por la mañana, muy
temprano, antes de salir el sol, María
Magdalena vino al sepulcro. Cuando vio
que habían retirado la piedra que tapaba la
entrada, 2 regresó corriendo adonde estaban Simón Pedro y el otro discípulo a quien
Jesús tanto quería, y les dijo:

• **19 28-30**: Jesús domina la situación hasta el final. Antes de morir debe cumplirse la Escritura, y con su muerte se cumple también la promesa de enviar el Espíritu. La entrega se hace precisamente desde la cruz, que en la visión de Juan es el trono desde donde Jesús reina.

• **19 31-37**: Juan hace coincidir la muerte de Jesús con *el comienzo mismo de la fiesta judía* de la pascua. Jesús muere a la misma hora en que eran sacrificados los corderos en el templo; él es, pues, el verdadero *cordero que quita el pecado del mundo* (Jn 1 29), el que inaugura la nueva pascua. La sangre y el agua poseen un significado simbólico. En primer lugar pueden referirse a la muerte (sangre) y al espíritu (agua) de Jesús, pero también es posible ver en ellos una alusión a la Eucaristía y al Bautismo, los dos principales sacramentos de la Iglesia.

• **19 38-42**: En el momento de la sepultura aparecen dos discípulos secretos de Jesús que pertenecen a la alta sociedad judía: Nicodemo (véase Jn 3) y José de Arimatea. Son ellos quienes sepultan a Jesús embalsamando su cuerpo. Este hecho expresa su reverencia y, al mismo tiempo, su falta de fe en la resurrección.

• **20 1-9**: Este relato del sepulcro vacío posee algunos detalles propios del evangelio de Juan. Las primeras personas que entran en la tumba de Jesús son dos discípulos,

–Se han llevado del sepulcro al Señor, y
no sabemos dónde lo han puesto.
3 Pedro y el otro discípulo fueron rápidamente al sepulcro. 4 Salieron corriendo
los dos juntos, pero el otro discípulo se
adelantó a Pedro y llegó antes que él. 5 Al
asomarse al interior comprobó que las
vendas de lino estaban allí; pero no entró.
6 Siguiéndole los pasos llegó Simón Pedro que entró en el sepulcro, y observó
que las vendas de lino estaban allí. 7 Estaba también el lienzo que habían colocado sobre la cabeza de Jesús, pero no estaba con las vendas, sino doblado y colocado aparte. 8 Entonces entró también el
otro discípulo, el que había llegado primero al sepulcro. Vio y creyó. 9 (Y es que
hasta entonces, los discípulos no habían
entendido la Escritura, según la cual Jesús tenía que resucitar de entre los muertos).

María Magdalena

Mc 16 9-11

Lc 24 16; Jn 21 4; Rom 8 29; Heb 2 11-12

10 Los discípulos regresaron a casa.
11 María, en cambio, se quedó allí, junto al
sepulcro, llorando. Sin dejar de llorar, volvió a asomarse al sepulcro. 12 Entonces
vio dos ángeles, vestidos de blanco, sentados en el lugar donde había estado el cuerpo de Jesús, uno a la cabecera y otro a los
pies.
13 Los ángeles le preguntaron:
–Mujer, ¿por qué lloras?
Ella contestó:
–Porque se han llevado a mi Señor y no
sé dónde lo han puesto.
14 Dicho esto, se volvió hacia atrás y
vio a Jesús, que estaba allí, pero no lo reconoció. 15 Jesús le preguntó:
–Mujer, ¿por qué lloras? ¿A quién estás
buscando?
Ella, creyendo que era el jardinero, le
contestó:
–Señor, si te lo has llevado tú, dime
dónde lo has puesto y yo misma iré a recogerlo.
16 Entonces Jesús le dijo:
–¡María!
Ella se acercó a él y exclamó en arameo:
–¡Rabboni! (que quiere decir Maestro).
17 Jesús le dijo:
–No me retengas, porque todavía no he
subido a mi Padre; anda, ve y di a mis hermanos que voy a mi Padre que es el Padre
de ustedes; a mi Dios, que es también su
Dios.
18 María Magdalena se fue corriendo
adonde estaban los discípulos y les anunció:
–He visto al Señor.
Y les contó lo que Jesús le había dicho.

Apariciones a los discípulos

Mc 16 14-18; Mt 28 16-20; Lc 24 36-49

Hch 1 6-8; 20 7; Ez 37 9; Mt 16 19

19 Aquel mismo domingo, por la tarde,
estaban reunidos los discípulos en una casa
con las puertas cerradas por miedo a los
judíos. Jesús se presentó en medio de ellos
y les dijo:

y no las mujeres (véase Mc 16 1-8 y par.). Para el discípulo ideal, representado en aquel al que amaba Jesús, las vendas y el sudario de Jesús son pruebas suficientes de la resurrección: *vio y creyó.* Al decir que llegó antes que Pedro al sepulcro y que cayó en la cuenta de que así lo *habían anunciado las Escrituras,* Juan quiere resaltar que el discípulo amado es un testigo tan autorizado, al menos, como el mismo Pedro. Aquí el discípulo amado y Pedro representan a la comunidad joánica y a la gran Iglesia respectivamente, y las relaciones de precedencia entre ellos reflejan las relaciones entre estos dos grupos eclesiales.

• **20 10-18**: La tradición común a los otros tres evangelios presenta a María Magdalena junto con otras mujeres en el sepulcro (véase Mc 16 1 y par.). En Juan, sin embargo, aparece ella sola en un encuentro privilegiado con Jesús. El relato trata de completar el mensaje de la tumba vacía (Jn 20 1-9). La preocupación de María es encontrar el cadáver de Jesús (Jn 20 13-15), y el resultado de su búsqueda es el encuentro con el mismo Jesús, a quien sólo reconoce después de que él la ha llamado por su nombre. En las apariciones, lo mismo que en la tumba vacía es necesaria la fe para reconocer a Jesús resucitado. Ahora bien, la fe es un don; por eso, aquí es el Resucitado quien se da a conocer, quien abre el entendimiento de María Magdalena para que lo reconozca. Después de este encuentro María tiene que regresar al grupo de los discípulos para dar testimonio de lo que ha visto y oído.

• **20 19-23**: El Señor resucitado cumple la promesa de regresar con sus discípulos (Jn 14 18; 16 16) y de enviarles el Espíritu (Jn 14 26). La situación de los discípulos, encerrados por miedo a los judíos, refleja la actitud de la comunidad joánica, que temerosa ante un mundo enemigo, vive la tentación de refugiarse en su propio círculo. Jesús, sin embargo los envía al mundo para que sean testigos suyos y del Padre.

–La paz esté con ustedes.
20 Y les mostró las manos y el costado.
Los discípulos, se llenaron de alegría al ver
al Señor. 21 Jesús les dijo de nuevo:
–La paz esté con ustedes.
Y añadió:
–Como el Padre me ha enviado, yo también los envío a ustedes.
22 Sopló sobre ellos y les dijo:
–Reciban el Espíritu Santo. 23 A quienes
les perdonen los pecados, Dios se los perdonará; y a quienes se los retengan, Dios
se los retendrá.

Jesús y Tomás

Jn 11 16; 21 2; 1 Pe 1 8

24 Tomás, uno del grupo de los Doce, a
quien llamaban «El Mellizo», no estaba con
ellos cuando se les apareció Jesús. 25 Le
dijeron, pues, los demás discípulos:
–Hemos visto al Señor.
Tomás les contestó:
–Si no veo las señales dejadas en sus
manos por los clavos y no meto mi dedo
en ellas, si no meto mi mano en la herida
abierta en su costado, no lo creeré.
26 Ocho días después, se encontraban de
nuevo reunidos en casa todos los discípulos de Jesús. Estaba también Tomás. Aunque las puertas estaban cerradas, Jesús se
presentó en medio de ellos y les dijo:
–La paz esté con ustedes.
27 Después dijo a Tomás:
–Acerca tu dedo y comprueba mis manos; acerca tu mano y métela en mi costado. Y no seas incrédulo, sino creyente.
28 Tomás contestó:
–¡Señor mío y Dios mío!
29 Jesús le dijo:
–¿Has creído porque me has visto? Dichosos los que han creído sin haber visto.

Finalidad del evangelio

Jn 21 25

30 Jesús hizo en presencia de sus discípulos muchos más signos de los que han
sido narrados en este libro. 31 Estos han
sido escritos para que ustedes crean que
Jesús es el Mesías, el Hijo de Dios; y para
que, creyendo, tengan en él vida eterna.

CONCLUSION +

Misión evangelizadora de la Iglesia

Jn 11 16; Lc 24 16; Jn 20 14; Lc 5 4-7; Jn 13 23; Mc 6 41

21 1 Poco después, Jesús se apareció otra
vez a sus discípulos junto al lago de
Tiberíades. 2 Estaban juntos Simón Pedro,
Tomás «El Mellizo», Natanael el de Caná
de Galilea, los hijos de Zebedeo y otros dos
discípulos. 3 En esto dijo Pedro:
–Voy a pescar.
Los otros dijeron:
–Vamos contigo.
Salieron juntos y subieron a la barca;
pero aquella noche no lograron pescar nada.
4 Al clarear el día, se presentó Jesús en
la orilla del lago, pero los discípulos no lo
reconocieron. 5 Jesús les dijo:
–Muchachos, ¿han pescado algo?

• **20** 24-29: La actitud de Jesús ante las exigencias de Tomás muestran que su proceso de fe es excepcional. Tomás no puede ser un modelo para los creyentes, pues la fe que Jesús alaba es la que nace del testimonio de los apóstoles, la de los que creen *sin haber visto*.

El episodio de Tomás tiene también la intención de mostrar la identidad entre el crucificado y el resucitado (el mismo que fue crucificado está ahora resucitado), y responder, así, a posibles desviaciones (Jesús no murió) o falsos rumores (los discípulos vieron un fantasma).

• **20** 30-31: Con estas palabras terminaba originalmente el cuarto evangelio; una sencilla conclusión que revela cuál fue la finalidad que se propuso el evangelista al *escribir su obra: llevar a la fe en Jesús*, descubriendo en los signos de Jesús su mesianidad y divinidad. La consecuencia de tal descubrimiento y de la aceptación de Jesús es la vida eterna.

+ 21 1-25: Este último capítulo está integrado por relatos procedentes de diversas tradiciones, y ha sido añadido a la obra ya básicamente terminada, como demuestran sus peculiaridades con respecto al resto del evangelio. Este hecho nos ilustra sobre un proceso histórico en la redacción del cuarto evangelio y sobre la importancia que en este proceso de redacción tuvo la singular figura del "discípulo amado" (Jn 21 7.20.23.24; véase Jn 13 23-25; 19 26-27; 20 2-10).

• **21** 1-14: Este relato utiliza la estructura narrativa de una pesca milagrosa (Lc 5 1-11) para describir simbólicamente la tarea evangelizadora de la Iglesia. Los siete discípulos indican que la tarea de la "pesca" debe correr a cargo de toda la Iglesia. La red *que no se rompe* acentúa la capacidad de la Iglesia para recibir a todos sin ninguna excepción. Tanto el número de discípulos (siete), que indicaba perfección, como el número de peces, habla de plenitud y universalidad. La *pesca en alta mar* (símbolo del mundo), adquiere todo su sentido y consistencia desde *la orilla* donde está el Señor que prepara la comida, es decir, la Eucaristía.

Ellos contestaron:
–No.
6 El les dijo:
–Echen la red al lado derecho de la barca y encontrarán peces.
Ellos la echaron, y la red se llenó de tal
cantidad de peces que no podían moverla.
7 Entonces, el discípulo a quien Jesús tanto
amaba le dijo a Pedro:
–¡Es el Señor!
Al oír Simón Pedro que era el Señor, se
puso la túnica, pues estaba sin ella, y se
lanzó al agua. 8 Los otros discípulos llegaron hasta la orilla en la barca, arrastrando
la red llena de peces, pues no era mucha la
distancia que los separaba de tierra; tan sólo
unos cien metros.
9 Al saltar a tierra, vieron unas brasas,
con peces colocados sobre ellas, y pan.
10 Jesús les dijo:
–Traigan ahora algunos de los peces
que acaban de pescar.
11 Simón Pedro subió a la barca y bajó a
tierra la red llena de peces; en total eran
ciento cincuenta y tres peces grandes. Y, a
pesar de ser tantos, la red no se rompió.
12 Jesús les dijo:
–Vengan a comer algo.
Ninguno de los discípulos se atrevía a
preguntarle: «¿Quién eres?», porque sabían
muy bien que era el Señor. 13 Jesús se acercó, tomó el pan en sus manos y lo repartió;
y lo mismo hizo con los peces.
14 Esta fue la tercera vez que Jesús se
apareció a sus discípulos, después de haber
resucitado de entre los muertos.

Jesús y Pedro

Hch 20 28; 1 Pe 5 2; Lc 22 23; 2 Pe 1 14;
Jn 13 36-38; 18 15-18.25-27; Mt 16 28

15 Después de comer, Jesús preguntó a
Pedro:
–Simón, hijo de Juan, ¿me amas más que
éstos?
Pedro le contestó:
–Sí, Señor, tú sabes que te quiero.
Entonces Jesús le dijo:
–Apacienta mis corderos.
16 Jesús volvió a preguntarle:
–Simón, hijo de Juan, ¿me amas?
Pedro respondió:
–Sí, Señor, tú sabes que te quiero.
Jesús le dijo:
–Cuida de mis ovejas.
17 Por tercera vez insistió Jesús:
–Simón, hijo de Juan, ¿me quieres?
Pedro se entristeció, porque Jesús le ha-
bía preguntado por tercera vez si lo quería,
y le respondió:
–Señor tú lo sabes todo. Tú sabes que te
quiero.
Entonces Jesús le dijo:
–Apacienta mis ovejas. 18 Te aseguro
que cuando eras más joven, tú mismo te
vestías e ibas adonde querías; pero cuando
seas viejo extenderás los brazos y será otro
quien te vestirá y te conducirá adonde no
quieras ir.
19 Jesús dijo esto para indicar la clase
de muerte con la que Pedro daría gloria a
Dios. Después le dijo:
–Sígueme.
20 Pedro miró alrededor y vio que, detrás de ellos, venía el otro discípulo al que
Jesús tanto amaba, el mismo que en la última cena estuvo reclinado sobre el pecho de
Jesús y le había preguntado: «Señor, ¿quién
es el que te va a entregar?». 21 Cuando Pedro lo vio, preguntó a Jesús:
–Señor, y éste ¿qué?
22 Jesús le contestó:
–Si yo quiero que él permanezca hasta
que yo venga de nuevo, ¿a ti qué? Tú, sígueme.
23 Estas palabras fueron interpretadas
por los hermanos en el sentido de que este
discípulo no iba a morir. Sin embargo, Jesús no había dicho a Pedro que aquel discípulo no moriría, sino: «Si yo quiero que él
permanezca hasta que yo venga de nuevo,
¿a ti qué?».

• **21 15-23**: Pedro confiesa tres veces su amor al Señor como reparación de su triple negación, y el Señor le confiere el cuidado supremo del rebaño (véase Mt 16 17-19; Lc 22 32). Este pastoreo debe asemejarse al de Cristo, que entregó su vida por las ovejas (Jn 10 10-18). Junto a Pedro, que representa a la Iglesia apostólica, debe permanecer el discípulo amado, lo que significa aceptar tanto el cuarto evangelio, como la comunidad joánica a la que representa. El deseo de controlar o sofocar al discípulo amado sería un inadmisible abuso de autoridad por parte de Pedro.

Conclusión
Jn 19 35; 20 30

24 Este es el discípulo que da testimonio
de todas estas cosas y las ha escrito. Y nosotros sabemos que dice la verdad.
25 Jesús
hizo muchas otras cosas. Si se pusieran todas por escrito, pienso que ni en el mundo
entero cabrían los libros.

• **21 24-25:** *Con esta segunda* conclusión (véase Jn 20 30-31) se garantiza que todo lo escrito se halla rubricado por la autoridad del discípulo amado. No sabemos quién era este discípulo. Sí sabemos que para la comunidad joánica era una gran personalidad que llegó a la máxima intimidad con Jesús. La frase *reclinado sobre el pecho de Jesús* (Jn 13 25) pone de manifiesto dicha intimidad. El discípulo amado puede hablar con pleno conocimiento sobre Jesús, del mismo modo que el Hijo, por *estar en el seno del Padre* (Jn 1 18), puede hablarnos con pleno conocimiento sobre Dios.

HECHOS DE LOS APOSTOLES

INTRODUCCION

Los orígenes del cristianismo son un punto de referencia para los creyentes de todas las épocas. En el seno de aquellas comunidades tuvo lugar la primera vivencia del mensaje predicado por Jesús en Palestina. Y no sólo los creyentes, sino también, historiadores, filósofos, pensadores... desean acercarse al nacimiento del cristianismo para encontrar las raíces de un mensaje y un modo de vida que ha sido decisivo en la historia de la humanidad. Por eso el libro de los Hechos resulta tan atractivo. Existen otras fuentes para conocer los orígenes del cristianismo, pero ninguna como este libro.

1. Las primeras comunidades cristianas

El libro de los Hechos es la continuación del evangelio de Lucas. Ambos libros fueron escritos por el mismo autor durante la segunda generación de cristianos. Sin embargo, su contenido está relacionado con las cartas de san Pablo, pues en él se narran los caminos y circunstancias de la misión paulina, que tuvo lugar durante la primera generación de cristianos. Todo esto supone que el libro de los Hechos puede leerse desde dos puntos de vista complementarios. Leído desde el evangelio de Lucas, podemos hacernos una idea de la comunidad a la que se dirige y de la intención que el autor tiene al escribir su obra. Leído desde las cartas de san Pablo, nos situamos en la época histórica de los acontecimientos narrados en Hechos. Así pues, al leer el libro de los Hechos debemos tener presente:

- La Iglesia de la que habla.
- La Iglesia que nos presenta.
- La Iglesia a la que se dirige.

La Iglesia de la que habla el libro de los Hechos coincide con la primera generación cristiana en la que aún vivían los apóstoles. Es evidente que Lucas ha tenido a mano informaciones procedentes de las diversas comunidades, y es posible que haya podido contar, incluso, con fuentes escritas. La comparación con las cartas de san Pablo, que son la otra gran fuente histórica de este período, muestra numerosos puntos de coincidencia, que avalan la historicidad del libro de los Hechos en muchos aspectos.

Sin embargo, *la Iglesia que nos presenta* el libro de los Hechos difiere en parte de lo que sabemos por las cartas de san Pablo. Un ejemplo ilustrativo podemos encontrarlo en la descripción de la asamblea de Jerusalén (Hch 15 1-31). Pablo relata el mismo episodio en Gal 2 1-10, pero con notables diferencias. De la comparación de ambos testimonios podemos concluir que Lucas ha intentado armonizar dos episodios diversos (véanse notas a Hch 15 1-31). Los sumarios o resúmenes de la vida comunitaria (Hch 2 42-47; 4 32-35) muestran también una tendencia a presentar la historia del cristianismo primitivo de forma unitaria y ejemplar. Más aún, al componer el libro, Lucas ha seleccionado los episodios y los personajes, dando una gran relevancia a algunos (tal es el caso de Pablo, cuya vocación se cuenta tres veces: Hch 9 1-30; 22 3-21; 26 2-18), y poca o casi ninguna a otros. De todo esto concluimos que la presentación que hace el libro de los Hechos de los primeros años del cristianismo pretende ofrecer un modelo de vivencia cristiana a los cristianos de la segunda generación. Siendo fiel a la historia Lucas, ha contemplado aquellos primeros años como el modelo de lo que debe ser siempre la Iglesia y ha subrayado su vivencia comunitaria, la presencia constante del Espíritu y su impulso misionero.

Todo esto nos lleva al tercer nivel, que tampoco debemos perder de vista: *la Iglesia a la que se dirige este libro*. Es una Iglesia en la que se han apagado los primeros ímpetus y ha comenzado a aparecer el descuido y la apatía; una Iglesia nacida de la misión paulina, que se abre al horizonte del imperio romano y del tiempo como espacio para vivir el proyecto de Jesús y recibir la salvación. Situados en este nivel, el evangelio de Lucas puede ayudarnos a leer el libro de los Hechos desde una perspectiva adecuada (véase, en la introducción a dicho evangelio, el apartado primero: san Lucas y su Iglesia).

2. El mensaje del libro

El libro de los Hechos no es un simple relato, sino un relato que posee una intencionalidad catequética y pastoral, como acabamos de ver. Su tema, desde la primera página hasta la última, es la Iglesia. La partida de Jesús (Hch 1 3-8), la venida del Espíritu Santo (Hch 2 1-16), la constante asistencia de Dios, todo está orientado hacia la Iglesia. Las preguntas de fondo que laten en todo el libro son principalmente estas dos: ¿Qué es la Iglesia? ¿Cuál es su misión? Es difícil resumir todo lo que el libro de los Hechos dice acerca de la Iglesia. No obstante podemos perfilar algunas de sus características, partiendo

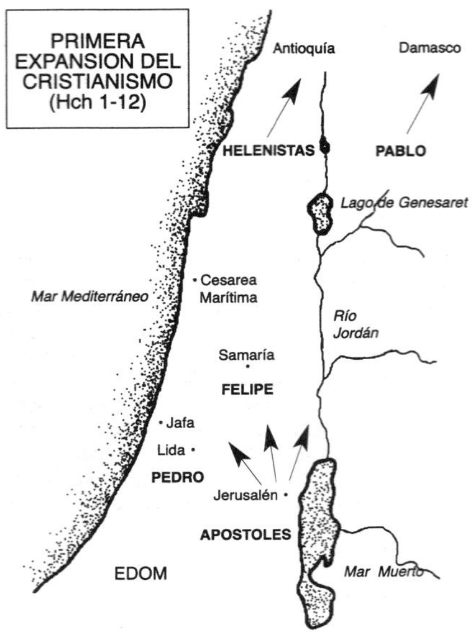

de la comprensión básica de la Iglesia como comunidad de los discípulos guiados por el Espíritu Santo, para que den testimonio de Jesús desde la experiencia de la fraternidad.

Lo primero que determina a esta comunidad de discípulos es la presencia del Espíritu. No son un grupo de personas movidas por su propia fuerza o iniciativa, sino por la fuerza del Espíritu Santo, que Dios había prometido (Hch 2 16-21). Esta fuerza, que había acompañado a Jesús durante toda su vida (Lc 1 35; 4 18), y que él había prometido a sus discípulos antes de subir al cielo (Lc 24 49; Hch 1 8) se hace presente en el comienzo mismo de la Iglesia, el día de Pentecostés (Hch 2 1-13; 16 6; 20 22-23). En realidad el Espíritu es el verdadero protagonista del libro y de la extensión del evangelio hasta los extremos del mundo. Los personajes (Pedro, Esteban, Pablo) aparecen y desaparecen, pero el Espíritu está siempre alentando a la iglesia.

El Espíritu es quien mueve a los discípulos a dar testimonio de Jesús. La Iglesia que nos presenta el libro de los Hechos es, ante todo, una Iglesia misionera, en la que los discípulos no dicen su propia palabra, sino que dan testimonio del acontecimiento central de la historia: la salvación de Jesús. Este es el mensaje que proclaman con alegría, sin miedo, con valentía a pesar de las muchas persecuciones y dificultades que los acompañan desde el principio y que nunca los abandonan. Los doce con Pedro a la cabeza (Hch 1 12-26), los siete capitaneados por Esteban (Hch 6 1-7), y los doctores y profetas de la iglesia de Antioquía (Hch 13 1-3), cuyo principal representante será Pablo, todos ellos hombres llenos del Espíritu Santo, forman una cadena que va llevando el testimonio de Jesús desde Jerusalén (apóstoles) hasta Antioquía (helenistas) y hasta los extremos del mundo (Pablo), cumpliendo, así, el encargo que les dejó Jesús antes de partir (Hch 1 8).

Sin embargo, esto no es todo. El libro de los Hechos presenta este impulso misionero en el marco de una experiencia comunitaria. Pedro da testimonio junto con los demás apóstoles (Hch 2 14) y sus palabras traen nuevos miembros a la comunidad (Hch 2 41). La iglesia de Jerusalén ora mientras él está en la cárcel (Hch 12 12); Pablo y Bernabé parten de Antioquía (Hch 13 3-4) y cuando regresan comparten con aquella comunidad su experiencia misionera (Hch 14 26-27). Todo en este libro tiene una referencia comunitaria; todo se hace desde la experiencia de la comunión y la fraternidad, como subrayan los sumarios, cuyo mejor resumen se encuentra en Hch 2 42: *perseveraban en la enseñanza de los apóstoles y en la unión fraterna, en la fracción del pan y en las oraciones.* Estos son para Lucas los pilares sobre los que se apoya la comunidad cristiana: la enseñanza de los apóstoles acerca de Jesús, que va acompañada de milagros (Hch 5 12-16); la unión fraterna, que se expresa en la comunión de bienes (Hch 4 32-35) y en la solidaridad (Hch 11 27-30); y la celebración de la Eucaristía y la oración.

Así presenta Lucas a la Iglesia: llena del Espíritu Santo, que la impulsa a dar testimonio de Jesús y a vivir la unión fraterna. De este modo ofrecía a su iglesia y a los cristianos de todos los tiempos un modelo para la misión de la Iglesia en la última etapa de la historia de la salvación: un espacio y un instrumento para que los hombres puedan obtener la salvación de Jesús.

3. *Características literarias*

El libro de los Hechos, junto con el tercer evangelio y la carta a los Hebreos, sobresale entre los demás libros del Nuevo Testamento por su calidad literaria. Ha sido escrito con gusto y refleja una habilidad literaria comparable a la de otros escritos de la época helenística. Lucas es capaz de imitar el estilo de la traducción griega del Antiguo Testamento, llamada de los Setenta, y de enlazar los episodios hábilmente en una especie de trenzado literario, que va retomando los hilos sueltos de relatos anteriores (especialmente en Hch 8 4-12 25).

En su forma externa, el libro de los Hechos es un tejido de relatos, discursos y sumarios, cada uno de los cuales tiene una función literaria propia dentro del conjunto.

Los relatos llevan adelante la trama del libro. No refieren todos los acontecimientos sucedidos en aquellos años, sino una selección de los mismos, centrada en los personajes más representativos. Estos relatos dan al libro un marco narrativo y un carácter ejemplar que provoca en los lectores el deseo de vivir aquellas mismas experiencias.

Los discursos, que ocupan la tercera parte del libro, hacen que el lector profundice en el sentido de aquellos acontecimientos, y que descubra en la raíz de todos ellos un mensaje vivo: la muerte y resurrección de Jesucristo como fuente de salvación para todos los hombres. Este mensaje se dirige unas veces a un auditorio judío (Hch 2 14-41), y otras a oyentes paganos (Hch 17 22-31); según los casos, se recurre a citas del Antiguo Testamento o se hacen referencias a la filosofía y religión griegas, pero su contenido es siempre el mismo.

Finalmente, los sumarios son breves resúmenes de la vida comunitaria (Hch 2 42-47; 4 32-35; 8 1b-3; etc), que van marcando las transiciones y ofrecen al lector una pausa de reflexión para que se detenga y comprenda el sentido de lo que se cuenta en el libro.

En el tejido de estos relatos, discursos y sumarios es difícil distinguir lo que pertenece a la tradición anterior de aquello que es obra de Lucas. Por lo que sabemos de su método de trabajo (Lc 1 1-4), podemos suponer que Lucas ha consultado todas las fuentes e informaciones que estaban a su disposición. Sin embargo, ha sabido dar al conjunto una cierta unidad, tanto en el estilo, como en los contenidos.

Combinando indicios literarios y teológicos es posible dividir el libro en tres partes, que corresponden a las tres etapas del programa misionero esbozado por Jesús en sus palabras de despedida a los discípulos (Hch 1 8): el testimonio en Jerusalén (Hch 1-5), el testimonio en Judea y Samaría (Hch 6-12) y el testimonio hasta los extremos del mundo (Hch 13-28). Cada una de estas etapas comienza con una referencia a los testigos (Hch 1 13; 6 5; 13 1), cuya misión se desarrolla en territorios diversos (Hch 1 12; 8 1; 13 47) y es confirmada por el Espíritu Santo (Hch 2 1-13; 8 14-17; 15 22-34). Cada una de estas partes contiene diversos cuadros, que pueden organizarse así:

Introducción (Hch 1 1-11)

I. LA IGLESIA EN JERUSALEN (Hch 1 12-5 42)
1. La primera comunidad (Hch 1 12-2 47)
2. Pedro y Juan (Hch 3 1-5 11)
3. Los apóstoles (Hch 5 12-42)

II. DE JERUSALEN A ANTIOQUIA (Hch 6 1-12 25)
1. El grupo de los helenistas (Hch 6 1-8 3)
2. Evangelización de Samaría (Hch 8 4-9 31)
3. Pedro confirma la misión a los paganos (Hch 9 32-11 18)
4. Evangelización de Antioquía (Hch 11 19-12 25)

III. DE ANTIOQUIA A ROMA (Hch 13 1-28 31)
1. Evangelización de Chipre y Asia Menor (Hch 13 1-15 35)
2. Evangelización de Grecia (Hch 15 36-21 14)
3. El camino hasta Roma (Hch 21 15-28 31)

Hasta la invención de la imprenta, el libro de los Hechos se transmitió, como el resto del Nuevo Testamento, en manuscritos. Los manuscritos más antiguos contienen dos tradiciones, que se conocen como *texto alejandrino* y *texto occidental*. El texto alejandrino es bastante más breve, mientras que en el occidental abundan las glosas y añadidos. En la traducción seguimos el texto alejandrino, como hacen las ediciones críticas del texto griego.

VIAJES DE SAN PABLO (Hch 13-28)

HECHOS DE LOS APOSTOLES

INTRODUCCION +

Prólogo

Lc 1 11; 24 49-51; Mc 16 19

1 1 Ya traté en mi primer libro, querido Teófilo, de todo lo que Jesús hizo y enseñó desde el principio 2 hasta el día en que subió al cielo, después de haber dado sus instrucciones bajo la acción del Espíritu Santo a los apóstoles que había elegido.

Despedida de Jesús

Lc 24 36-49; Mt 28 1-20; Jn 20-21; 14 16-17

3 Después de su pasión, Jesús se les presentó con muchas y evidentes pruebas de que estaba vivo, apareciéndoseles durante cuarenta días y hablándoles del reino de Dios.

4 Un día, mientras comían juntos, les ordenó:

–No salgan de Jerusalén; esperen la promesa que les hice de parte del Padre; 5 porque Juan bautizó con agua, pero ustedes serán bautizados con Espíritu Santo dentro de pocos días.

6 Los que lo acompañaban le preguntaron:

–Señor, ¿vas a restablecer ahora el reino de Israel?

7 El les dijo:

–No les toca a ustedes conocer los tiempos o momentos que el Padre ha establecido con su autoridad. 8 Ustedes recibirán la fuerza del Espíritu Santo; él vendrá sobre ustedes para que sean mis testigos en Jerusalén, en toda Judea, en Samaría y hasta los extremos de la tierra.

Ascensión

Lc 24 50-51; Lc 24 4; Dn 7 13; 2 Re 2 9-13

9 Después de decir esto, lo vieron elevarse, hasta que una nube lo ocultó de su vista. 10 Cuando estaban mirando atentamente al cielo mientras él se iba, se acercaron dos hombres con vestidos blancos 11 y les dijeron:

–Galileos, ¿por qué se han quedado mirando al cielo? Este Jesús que de entre ustedes ha sido llevado al cielo, vendrá de la misma manera que lo han visto irse.

+ 1 1-11: Esta introducción enlaza con el final del evangelio de Lucas (Lc 24 45-53) y muestra que la misión de Jesús continúa en la Iglesia, gracias al Espíritu Santo presente en sus discípulos. Desde el comienzo el autor presenta al Espíritu como el gran protagonista del libro (Hch 1 2.5.8) y traza el programa de la misión cristiana (Hch 1 8).

• 1 1-2: El libro de los Hechos, lo mismo que el evangelio de Lucas, está dedicado a Teófilo, un personaje desconocido y tal vez simbólico (Lc 1 3). El ministerio de Jesús, hecho de acciones y palabras, da paso, después de su ascensión, a la acción del Espíritu a través de los apóstoles. *Ambos, el Espíritu y los apóstoles, serán* los protagonistas del libro.

• 1 3-8: Las instrucciones del resucitado se prolongan simbólicamente durante cuarenta días (véase Lc 4 2). Lucas las resume en el anuncio de la venida del Espíritu Santo, que ampliará la estrecha mirada de los apóstoles: *el reino de Israel*, y les abrirá un nuevo horizonte para la misión: *los extremos de la tierra*.

Las palabras finales de Jesús (Hch 1 7-8) trazan el programa misionero de la Iglesia, y también del libro de los Hechos: el Espíritu enviado por el Padre impulsará la misión; la tarea de los apóstoles será dejarse guiar por él como testigos de Jesús; el mensaje se extenderá hasta llegar a los extremos del mundo, representados en Hechos por la ciudad de Roma.

• 1 9-11: Es la segunda vez que Lucas narra la ascensión de Jesús. La primera vez lo ha hecho al final de su evangelio (Lc 24 50-51); era el último episodio de la vida de Jesús. Ahora, sin embargo, es el comienzo de la vida de la Iglesia, que tiene su espacio entre la partida de Jesús y su regreso al final de los tiempos. Mientras tanto, los discípulos no pueden quedarse inactivos contemplando la victoria de Jesús, sino que deben ser testigos de su resurrección en medio del mundo (Hch 1 8).

I. LA IGLESIA EN JERUSALEN Δ

1. La primera comunidad ◊

Elección del sucesor de Judas

Mt 27 3-10; 10 2; Mc 3 16-19; Lc 6 14-16;
Sal 69 26; 109 8

12 Entonces regresaron a Jerusalén desde el monte llamado de los Olivos, que
dista de Jerusalén tan sólo lo que se permitía caminar en sábado. 13 Cuando llegaron,
subieron al piso superior donde se aloja-
ban; eran Pedro y Juan, Santiago y Andrés,
Felipe y Tomás, Bartolomé y Mateo, Santiago el hijo de Alfeo, Simón el Zelota y
Judas el hijo de Santiago. 14 Solían reunirse
de común acuerdo para orar en compañía
de algunas mujeres, de María la madre de
Jesús y de los hermanos de este.

15 Uno de aquellos días se levantó Pedro en medio de los hermanos, que eran
unos ciento veinte, y dijo:

16 –Hermanos, tenía que cumplirse la
Escritura que el Espíritu Santo había anunciado por boca de David acerca de Judas,
el que guió a los que arrestaron a Jesús.
17 Era uno de los nuestros y participaba de
este ministerio. 18 Pues bien, con el dinero
de su crimen compró un campo, se tiró
desde lo alto, quedó destrozado, y se des-
parramaron todas sus entrañas. 19 La noticia se divulgó por toda Jerusalén, de modo
que el campo se llamó, en su propio dialecto Hacéldama, es decir, campo de sangre.
20 Así está escrito en el libro de los Salmos:

Que su morada quede desierta,
y no haya quien la habite.

Y también:

Que otro ocupe su cargo.

21 Es necesario, por tanto, que uno de
los que nos acompañaron durante todo el
tiempo que el Señor Jesús estuvo con nosotros, 22 comenzando desde el bautismo de
Juan hasta el día en que fue elevado a los
cielos, entre a formar parte de nuestro grupo, para que sea, junto con nosotros, testigo de su resurrección.

23 Presentaron a dos: a José, apellidado
Barsabás, por sobrenombre Justo, y a Matías. 24 Y oraron así:

–Tú, Señor, que conoces los corazones
de todos, señala a cuál de estos dos has
elegido 25 para ocupar, en este ministerio
apostólico, el puesto del que se apartó Judas
para irse al lugar que le correspondía.

26 Echaron suertes, y la elección cayó
sobre Matías, el cual entró a formar parte
del grupo de los once apóstoles.

Δ 1 12-5 42: Siguiendo el programa trazado por Jesús en Hch 1 8, la primera etapa de la misión cristiana se desarrolla en Jerusalén, donde los apóstoles dan testimonio de Jesús impulsados por el Espíritu Santo. Dos sumarios o resúmenes sobre la vida de la comunidad cristiana (Hch 2 42-47; 4 32-35) dividen esta primera etapa en tres cuadros: el primero de ellos (Hch 1 12-2 41) describe la constitución de la comunidad por obra del Espíritu; el segundo *(Hch 3 1-4 31) tiene como principales* personajes a Pedro y Juan; y el tercero (Hch 5 12-42) describe la actuación misionera de todos los apóstoles.

◊ 1 12-2 47: El primer cuadro acerca del testimonio cristiano en Jerusalén está centrado en la constitución de la comunidad cristiana, que se fundamenta en dos pilares: el grupo de los apóstoles (Hch 1 12-26) y la fuerza del Espíritu Santo (Hch 2 1-13). Es esta comunidad la que anuncia que Jesús es el Mesías y el Señor, como proclama Pedro en su discurso (Hch 2 14-41). El sumario de Hch 2 42-47 remite al comienzo (Hch 1 14) y subraya la dimensión comunitaria del testimonio cristiano.

• 1 12-26: Desde la perspectiva de Lucas, la primera tarea de los discípulos consiste en completar el grupo de los doce después de la muerte de Judas. Es importante porque los doce son las columnas de la Iglesia, al igual que las doce tribus eran los cimientos de Israel. Los doce serán los testigos de Jesús en Jerusalén (Hch 1 12-5 42) e irán confirmando el avance del testimonio fuera de ella. La elección se lleva a cabo en un clima de armonía y oración (Hch 1 14.24-25), que caracteriza a la Iglesia después de la venida del Espíritu Santo (Hch 2 42-47). La presencia de María y algunas mujeres, algo impensable en la sinagoga judía, da al grupo cristiano un tono especial, acorde con el estilo de Jesús.

La muerte de Judas es interpretada a la luz de la Escritura, como algo previsto en el plan de Dios (Mt 27 3-10). En cuanto a la elección de su sucesor, se apuntan en ella los rasgos que definen al grupo de los doce: haber acompañado a Jesús durante todo su ministerio y ser testigos de su resurrección. La oración y la elección del candidato por sorteo subrayan que su incorporación al grupo de los apóstoles es cosa de Dios.

Sobre los *hermanos* de Jesús, véase nota a Gal 1 11-24.

El día de pentecostés

Hch 1 5-8; Lv 23 15-21; Gn 11 1-9

2 1 Al llegar el día de Pentecostés, estaban todos juntos en el mismo lugar.
2 De repente vino del cielo un ruido, semejante a una ráfaga de viento impetuoso, y
llenó toda la casa donde se encontraban.
3 Entonces aparecieron lenguas como de
fuego, que se repartían y se posaban sobre
cada uno de ellos. 4 Todos quedaron llenos
de Espíritu Santo y comenzaron a hablar
en lenguas extrañas, según el Espíritu los
movía a expresarse.
5 Se encontraban por entonces en Jerusalén judíos piadosos venidos de todas las
naciones de la tierra. 6 Al oír el ruido, acudieron en masa y quedaron deconcertados,
porque cada uno los oía hablar en su propia
lengua. 7 Todos, sorprendidos y admirados,
decían:
–¿No son galileos todos los que hablan?
8 Entonces ¿cómo es que cada uno de nosotros los oímos hablar en nuestra lengua
materna? 9 Partos, medos, elamitas, y los
que vivimos en Mesopotamia, Judea y Capadocia, el Ponto y Asia, 10 Frigia y Panfilia, Egipto y la parte de Libia que limita con
Cirene, los romanos que estamos de paso,
11 judíos y prosélitos, cretenses y árabes,
todos los oímos proclamar en nuestras lenguas las grandezas de Dios.
12 Estaban todos desconcertados y confundidos, y comentaban:
–¿Qué significa esto?
13 Otros, por el contrario, se burlaban y
decían:
–Están borrachos.

Discurso de Pedro

Jl 3 1-5; Sal 16 8-11; 132 11; 2 Sm 7 12-13; *Sal 110 1;* Mc 1 15; Mt 3 2.8.11; Lc 5 32

14 Entonces Pedro, poniéndose de pie
junto con los once, levantó la voz y declaró solemnemente:
–Judíos y habitantes todos de Jerusalén,
fíjense bien en lo que pasa y atiendan a mis
palabras. 15 Estos no están borrachos, como
ustedes piensan, pues son las nueve de la
mañana. 16 Lo que ocurre es que se ha cumplido lo que dijo el profeta Joel:

17 En los últimos días, dice Dios,
derramaré mi Espíritu
sobre todo hombre,
y profetizarán sus hijos
y sus hijas,
sus jóvenes tendrán visiones,
y sus ancianos, sueños;
18 *sobre mis siervos y mis siervas,*
derramaré mi Espíritu
en aquellos días, y profetizarán.
19 *Y haré prodigios arriba, en el cielo,*
y señales abajo, en la tierra,
sangre y fuego y torbellinos de humo.
20 *El sol se convertirá en tinieblas,*
y la luna en sangre,
antes de que llegue el día del Señor,
grande y glorioso.
21 *Y todo el que invoque*
el nombre del Señor,
se salvará.

22 Israelitas, escuchen: Jesús de Nazaret
fue el hombre a quien Dios acreditó ante
ustedes con los milagros, prodigios y señales que realizó por medio de él entre uste-

• **2** 1-13: La promesa de Jesús (Hch 1 5.8) se cumple en los discípulos el día de pentecostés. Lucas describe la venida del Espíritu Santo sobre ellos con gran plasticidad, utilizando imágenes (el viento impetuoso y el fuego) que evocan la presencia de Dios. Pero no se trata sólo de una experiencia interior. Inmediatamente, la fuerza que han recibido los mueve a proclamar las grandezas de Dios ante gentes venidas de todo el mundo. Es como si desapareciera la confusión de Babel, que provocó la dispersión de los pueblos (Gn 11 1-9), y todos los hombres pudieran reunirse de nuevo en una misma familia. Una vez más el autor quiere subrayar el amplio horizonte de la *misión cristiana.*

• **2** 14-41: Los discursos tienen un papel muy importante en el libro de los Hechos (véase Introducción). Este, pronunciado por Pedro, es el primero de todos y refleja bien el esquema básico del anuncio del evangelio a los judíos. Pueden distinguirse tres partes en él:

Introducción (Hch 2 14-21): relaciona el discurso con los acontecimientos anteriores. En este caso trata de explicar correctamente el fenómeno de pentecostés aludiendo a un texto del profeta Joel (Hch 2 15-16).

Anuncio cristiano o kerigma (Hch 2 22-36): recoge los elementos básicos del mensaje cristiano, centrado en la muerte y la resurrección de Jesús (véase 1 Cor 15 3-5). Las citas de la Escritura confirman que Dios ha resucitado a Jesús y lo ha constituido Señor.

Conclusión (Hch 2 37-41): consiste en una invitación al arrepentimiento y a la conversión, que quedan sellados con el bautismo, el cual supone la incorporación a la comunidad cristiana.

En este primer discurso se subraya la dimensión comunitaria del testimonio de Pedro, pues comienza refiriéndose a la presencia de los demás apóstoles (Hch 2 14) y termina anotando el crecimiento de la comunidad (Hch 2 41).

des, como bien lo saben. 23 Dios lo entregó
conforme al plan que tenía previsto y determinado, y ustedes, valiéndose de los impíos, lo crucificaron y lo mataron. 24 Dios,
sin embargo, lo resucitó, rompiendo las ataduras de la muerte, pues era imposible que
ésta lo retuviera en su poder, 25 ya que el
mismo David dice de él:

Tengo siempre presente al Señor,
porque está a mi derecha,
para que yo no dude.
26 *Por eso se goza mi corazón,*
se alegra mi lengua,
y todo mi ser descansa confiado;
27 *porque no me entregarás al abismo,*
ni permitirás que tu fiel
experimente la corrupción.
28 *Me enseñaste los caminos de la vida,*
y me saciarás de alegría en tu presencia.

29 Hermanos, permítanme decirles con
franqueza que el patriarca David murió y
fue sepultado, y su sepulcro aún se conserva entre nosotros. 30 Pero, como era profeta
y sabía que Dios *le había jurado solemne-*
mente sentar en su trono a un descendiente
suyo, 31 vio anticipadamente la resurrección
de Cristo, y dijo que *no sería entregado al*
abismo, ni su cuerpo *experimentaría la co-*
rrupción. 32 A este Jesús, Dios lo resucitó, y
de ello somos testigos todos nosotros. 33 El
poder de Dios lo ha exaltado, y él habiendo recibido del Padre el Espíritu Santo prometido, lo ha derramado, como ahora lo
están viendo y oyendo. 34 Porque David no
subió a los cielos; pero él mismo dice:

Dijo el Señor a mi Señor:
Siéntate a mi derecha,
35 *hasta que ponga a tus enemigos*
debajo de tus pies.

36 Sepan, pues, con plena seguridad todos los israelitas que Dios ha constituido
Señor y Mesías a este Jesús, a quien ustedes crucificaron.

37 Estas palabras les llegaron hasta el
fondo del corazón, y le preguntaron a Pedro
y a los demás apóstoles:

–¿Qué tenemos que hacer, hermanos?
38 Pedro les respondió:
–Conviértanse y hágase bautizar cada
uno de ustedes en el nombre de Jesucristo,
para que queden perdonados sus pecados.
Entonces recibirán el don del Espíritu Santo. 39 Pues, la promesa es para ustedes, para
sus hijos, e incluso para todos los extranjeros, a quienes llame el Señor nuestro Dios.
40 Y con otras muchas palabras los animaba y los exhortaba, diciendo:
–Pónganse a salvo de esta generación
perversa.
41 Los que aceptaron su palabra fueron
bautizados, y se les unieron aquel día unas
tres mil personas.

Vida de la comunidad

Hch 4 32-35; Lc 24 30; Hch 20 7

42 Los que habían sido bautizados se
dedicaban con perseverancia a escuchar la
enseñanza de los apóstoles, vivían unidos
y participaban en la fracción del pan y en
las oraciones. 43 Todos estaban impresionados, porque eran muchos los prodigios y
señales realizados por los apóstoles. 44 Todos los creyentes vivían unidos y lo tenían
todo en común. 45 Vendían sus posesiones
y haciendas y las distribuían entre todos,
según las necesidades de cada uno. 46 Con
perseverancia acudían diariamente al templo, partían el pan en las casas y compartían
los alimentos con alegría y sencillez de corazón; 47 alababan a Dios y se ganaban el
aprecio de todo el pueblo. Por su parte, el
Señor cada día agregaba al grupo de los creyentes aquellos que aceptaban la salvación.

• **2** **42-47**: Después del primer discurso misionero, el narrador nos invita a hacer una pausa de reflexión. Esta es la función de los sumarios o resúmenes de la vida comunitaria que aparecen a lo largo del libro, y que van marcando el avance del testimonio cristiano. La intención de Lucas no es tanto describir con precisión histórica la vida de la comunidad de Jerusalén, cuanto presentar un modelo a la Iglesia de su tiempo, reflejando, eso sí, la fuerza y el ímpetu de la vivencia cristiana en aquella primera hora. Los rasgos característicos de esta vivencia se enumeran en Hch 2 42 y se explican en los siguientes versículos. El fundamento es la enseñanza de los apóstoles, acompañada de signos prodigiosos; después la unión fraterna, que se manifiesta en la comunión de bienes; finalmente la oración y la fracción del pan, expresión con que los primeros cristianos se referían a la Eucaristía.

2. Pedro y Juan ◊

Pedro sana a un paralítico

Lc 5 17-26; Hch 4 7-13; 14 8-14

3 1 Pedro y Juan subían al templo a la hora de la oración, hacia las tres de la tarde. 2 Había allí un hombre paralítico de
nacimiento, a quien todos los días llevaban
y colocaban junto a la puerta Hermosa del
templo para pedir limosna a los que entraban. 3 Al ver que Pedro y Juan iban a entrar
en el templo, les pidió limosna. 4 Entonces
Pedro, acompañado de Juan, lo miró fijamente y le dijo:
–Míranos.
5 El los miró esperando recibir algo de
ellos. 6 Pedro le dijo:
–No tengo plata ni oro, pero te doy lo
que tengo: en nombre de Jesucristo Nazareno, camina.
7 Y tomándolo de la mano derecha, lo
levantó. Inmediatamente sus pies y sus tobillos se fortalecieron, 8 se puso en pie de
un salto y comenzó a caminar. Luego entró con ellos en el templo caminando, saltando y alabando a Dios. 9 Todo el pueblo
lo vio caminar y alabar a Dios. 10 Al darse
cuenta de que era el mismo que se sentaba
junto a la puerta Hermosa para pedir limosna, se llenaron de admiración y asombro por lo que le había sucedido. 11 Como
él no se separaba de Pedro y de Juan, toda
la gente, llena de asombro, se reunió alrededor de ellos junto al pórtico de Salomón.

Discurso de Pedro

Ex 3 6.15; Dt 18 15-16.19; Gn 12 3

12 Pedro, al ver esto, dijo al pueblo:
–Israelitas, ¿por qué se admiran de este
suceso? ¿Por qué nos miran como si nosotros lo hubiéramos hecho caminar por nuestro propio poder o virtud? 13 *El Dios de
Abrahán, de Isaac y de Jacob, el Dios de
nuestros antepasados,* ha manifestado la
gloria de su siervo Jesús, al que ustedes
entregaron y rechazaron ante Pilato, quien
había resuelto dejarlo en libertad. 14 Ustedes
rechazaron al Santo y al Justo, pidieron que
se diera libertad a un asesino 15 y mataron
al autor de la vida. Pero Dios lo ha resucitado de entre los muertos, y nosotros somos
testigos de ello. 16 Pues bien, por creer en
Jesús se le han fortalecido las piernas a este hombre a quien ven y conocen; la fe en
Jesús lo ha sanado totalmente en presencia
de todos ustedes. 17 Ya sé, hermanos, que
lo hicieron por ignorancia, igual que sus
jefes. 18 Pero Dios cumplió así lo que había anunciado por los profetas: que su Mesías tenía que padecer. 19 Por tanto, arre-
piéntanse y conviértanse, para que sean
borrados sus pecados. 20 Llegarán así tiempos de consuelo de parte del Señor, que les
enviará de nuevo a Jesús, el Mesías que les
estaba destinado. 21 El cielo debe retenerlo
hasta que lleguen los tiempos en que todo
sea restaurado, como anunció Dios por
boca de los santos profetas en el pasado.
22 Moisés, en efecto, dijo: *el Señor su Dios
les suscitará de entre sus hermanos un profeta como yo; escuchen todo lo que les di-*

◊ **3 1-5 11**: Pedro y Juan ponen en marcha el programa de pentecostés realizando prodigios (Hch 3 1-11) y anunciando que Jesús es el Mesías prometido por Dios (Hch 3 12-16). Sin embargo, en estos capítulos aparece un elemento nuevo, la persecución (Hch 4 1-22), que acompañará en adelante a los misioneros del evangelio. El sumario con que se cierra este ciclo insiste en la comunión de bienes, ilustrada con dos ejemplos (Hch 4 32-5 11).

• **3 1-11**: La actividad de los apóstoles, representados en estos capítulos por Pedro y Juan, se reanuda con el relato de uno de los muchos milagros que realizaban los apóstoles (Hch 2 43). El paralítico sanado por Pedro recuerda los enfermos sanados por Jesús (Lc 5 17-26). Los apóstoles continuan, pues, la tarea de Jesús realizando estos milagros en su nombre. Lucas subraya el clima de alabanza (Hch 3 8) y admiración que despiertan (Hch 3 10-11).

• **3 12-26**: Este nuevo discurso de Pedro (véase Hch 2 14-41) está también centrado en el anuncio de la resurrección de Jesús como clave para entender los signos y prodigios realizados por los apóstoles. Aunque con menos precisión, también contiene los tres elementos que hemos señalado en Hch 2 14-41: la conexión con el acontecimiento anterior (Hch 3 12.16); un resumen del anuncio cristiano (Hch 3 13-15.17-18); y una invitación al arrepentimiento y la conversión (Hch 3 19-26). Los títulos que se dan a Jesús (Siervo, Santo, Justo) hacen referencia a la figura del siervo del Señor (véase Is 53), que sirvió a los primeros cristianos para comprender la pasión y muerte de Jesús como paso para una bendición universal, que llega a través de la resurrección.

ga; 23 *y el que no escuche a este profeta será excluido del pueblo.* 24 Todos los profetas, de Samuel en adelante, anunciaron estos días. 25 Ustedes son los descendientes de los profetas y de la alianza que Dios estableció con sus antepasados, diciendo a Abrahán: *A través de tu descendencia serán bendecidas todas las familias de la tierra.* 26 Por ustedes, en primer término, Dios ha suscitado a su siervo enviándoselo como bendición, para que cada uno se convierta de sus maldades.

Perseguidos por el Consejo de Ancianos

Mt 21 23-27; Lc 12 11-12; Sal 118 22; Hch 5 29-31

4 1 Mientras Pedro y Juan hablaban a la gente, se presentaron los sacerdotes, el jefe de la guardia del templo y los saduceos. 2 Estaban molestos porque enseñaban al pueblo y anunciaban que la resurrección de los muertos se había realizado ya en Jesús. 3 Los arrestaron y los metieron en la cárcel hasta el día siguiente, pues era ya tarde. 4 Pero muchos de los que habían oído el discurso creyeron, y el número de los que creyeron llegó a cinco mil.

5 Al día siguiente se reunieron en Jerusalén los jefes de los sacerdotes, los ancianos y los maestros de la ley: 6 Anás, sumo sacerdote, y Caifás, Juan, Alejandro y todos los que pertenecían a la familia sacerdotal. 7 Hicieron comparecer a Pedro y a Juan y les preguntaron:

–¿Con qué poder o en nombre de quién ustedes han hecho esto?

8 Entonces Pedro, lleno del Espíritu Santo, les dijo:

–Jefes del pueblo y ancianos de Israel, 9 hoy ha quedado sano un hombre enfermo, y nos preguntan en nombre de quién se ha realizado esta curación; 10 pues sepan todos ustedes y todo el pueblo de Israel que este hombre aparece sano ante ustedes en virtud del nombre de Jesucristo Nazareno, a quien ustedes crucificaron, y a quien Dios ha resucitado de entre los muertos. 11 El es *la piedra rechazada por ustedes, los constructores, que se ha convertido en piedra fundamental.* 12 Nadie más que él puede salvarnos, pues sólo a través de él nos concede Dios a los hombres la salvación sobre la tierra.

13 Al ver la valentía con que se expresaban Pedro y Juan, no salían de su asombro, sabiendo que eran hombres del pueblo y sin cultura. Los reconocían como aquellos que habían acompañado a Jesús; 14 pero, como veían con ellos de pie al hombre que había sido sanado, nada podían responder. 15 Entonces les ordenaron salir del Consejo de Ancianos y comenzaron a discutir entre ellos:

16 –¿Qué haremos con estos hombres? El milagro que han hecho es notorio y lo saben todos los habitantes de Jerusalén; no podemos negarlo. 17 No obstante, para que no se divulgue más entre el pueblo, los amenazaremos, para que no vuelvan a hablar a nadie en nombre de ése.

18 Así que los llamaron y les prohibieron terminantemente hablar y enseñar en el nombre de Jesús. 19 Pedro y Juan les respondieron:

–¿Les parece justo delante de Dios que les obedezcamos a ustedes antes que a él? 20 Por nuestra parte, no podemos dejar de proclamar lo que hemos visto y oído.

21 Ellos amenazándolos de nuevo, los dejaron en libertad. No encontraron el modo de castigarlos por temor al pueblo, pues todos daban gloria a Dios por lo sucedido. 22 El hombre milagrosamente sanado tenía más de cuarenta años.

Oración de la comunidad

Sal 2 1-2; Hch 2 4

23 Cuando los dejaron en libertad, los apóstoles se reunieron con los suyos y les

• **4 1-22**: El prodigio realizado por Pedro y el correspondiente discurso (Hch 3 1-26) provocan, al mismo tiempo, el entusiasmo de la gente (Hch 4 4.21) y la oposición de los jefes de Israel (Hch 4 1-3.5-7). La comparecencia ante el Consejo de Ancianos recuerda el proceso de Jesús (Lc 22 66-71) y contiene dos mensajes importantes: en primer lugar, que Jesús es el único salvador (Hch 4 12); en segundo lugar, que el anuncio de esta buena noticia no puede ser detenido por amenazas y persecuciones (Hch 4 19-20). Así, desde el primer momento, la persecución acompaña al anuncio del evangelio como una dimensión permanente de la vida de la Iglesia (Hch 5 17-42; 8 1; 14 19-20). Pero esta persecución no produce miedo ni silencio, sino que es ocasión para que se extienda con más fuerza el testimonio de los apóstoles (Hch 4 29; 5 42; 8 4; 11 19). El breve discurso de Pedro (Hch 4 8-12) mantiene el esquema de los anteriores (véase nota a Hch 2 14-41).

contaron todo lo que les habían dicho los jefes de los sacerdotes y los ancianos. 24 Al oír el relato, todos juntos invocaron a Dios, diciendo:

–Señor nuestro, tú has creado el cielo, la tierra, el mar y todo lo que hay en ellos, 25 tú dijiste, mediante el Espíritu Santo por boca de nuestro antepasado David, tu siervo:

¿Por qué se alborotan las naciones,
y los pueblos maquinan vanos proyectos?
26 *Los reyes de la tierra conspiran*
y los príncipes se alían
contra el Señor y contra su Mesías.

27 En esta ciudad, en efecto, se han reunido Herodes y Poncio Pilato, junto con extranjeros y gentes de Israel, contra tu santo siervo Jesús, al que ungiste, 28 para hacer lo que tu poder y tu voluntad habían decidido de antemano que sucediera. 29 Y ahora, Señor, mira sus amenazas y concede a tus siervos anunciar tu palabra con toda libertad. 30 Manifiesta tu poder para que se realicen curaciones, señales y prodigios en el nombre de tu santo siervo Jesús.

31 Al terminar su oración, el lugar en que estaban reunidos tembló; todos quedaron llenos del Espíritu Santo y se pusieron a anunciar la palabra de Dios con toda valentía.

Vida en comunidad

Hch 2 42-47; 19 17; Lc 12 33; 18 22

32 En el grupo de los creyentes todos pensaban y sentían lo mismo, y nadie consideraba como propio nada de lo que poseía, sino que tenían en común todas las cosas. 33 Por su parte, los apóstoles daban testimonio con mucha fortaleza de la resurrección de Jesús, el Señor, y todos gozaban de gran estima. 34 No había entre ellos necesitados, porque todos los que tenían bienes o casas los vendían, llevaban el precio de lo vendido, 35 lo ponían a los pies de los apóstoles, y se repartía a cada uno según su necesidad.

36 Este fue el caso de José, un levita nacido en Chipre, a quien los apóstoles llamaban Bernabé, que significa «el que trae consuelo». 37 Este tenía un campo, lo vendió, trajo el dinero y lo puso a disposición de los apóstoles.

5 1 Sin embargo, un hombre llamado Ananías, de acuerdo con su mujer Safira, vendió una propiedad, 2 y se quedó con parte del precio, sabiéndolo también su mujer; luego llevó la parte restante y la puso a disposición de los apóstoles. 3 Pedro le dijo:

–Ananías, ¿por qué has permitido que Satanás te convenciera para engañar al Espíritu Santo, quedándote con parte del precio del campo? 4 ¿Acaso no era tuyo antes de venderlo? ¿Y después de venderlo no era tuyo el dinero? ¿Por qué has hecho esto? No has mentido a los hombres, sino a Dios.

5 Al oír Ananías estas palabras, cayó muerto; y un gran temor invadió a todos los que lo oyeron. 6 En seguida se levantaron unos jóvenes, amortajaron el cadáver y lo llevaron a enterrar. 7 Unas tres horas más tarde entró su mujer, que no sabía nada de lo sucedido. 8 Pedro le preguntó:

–Dime si ustedes vendieron el campo por tal cantidad.

Ella contestó:

–Sí.

9 Pedro le dijo:

–¿Por qué se pusieron de acuerdo para tentar al Espíritu del Señor? Ya se oyen los pasos de los que regresan de sepultar a tu marido; ellos te llevarán también a ti.

10 En ese mismo momento ella cayó a sus pies y murió. Al entrar los jóvenes, la encontraron muerta y la llevaron a enterrar junto a su marido. 11 Este hecho produjo

• **4 23-31**: En la oración comunitaria se interpreta la persecución de que han sido objeto Pedro y Juan (Hch 4 1-22) como continuación de la pasión de Jesús. La cita del Sal 2 muestra que todo ha sucedido según el plan de Dios, y los discípulos comprenden que también el futuro está en sus manos. Al final de la oración una presencia del Espíritu Santo, semejante a la de pentecostés (véase Hch 2 1-11), fortalece a los discípulos para que continúen anunciando la palabra de Dios (Hch 4 31).

• **4 32-5 11**: En este resumen de la vida fraterna (véase Hch 2 42-47) la comunión de vida se concreta en la comunión de bienes. La afirmación general (Hch 4 34-35) se ilustra con dos ejemplos de signo opuesto.

El caso de Bernabé (Hch 4 36-37) se recuerda como un hecho concreto de algo que, sin ser obligatorio (Hch 5 4) y tal vez ni siquiera habitual dentro de la comunidad, sí marcaba un cierto ideal de comportamiento para los miembros de la misma.

El ejemplo negativo está representado por la actitud de Ananías y Safira. Su pecado no consiste en quedarse con una parte del dinero, sino en tratar de engañar al Espíritu Santo. El castigo, a primera vista exagerado, pretende mostrar que en la comunidad cristiana no tiene cabida nada que atente contra la presencia del Espíritu en ella.

un gran temor en toda la Iglesia y en todos
los que oían esta historia.

3. Los apóstoles ◊

Prodigios de los apóstoles

Mc 6 53-56

12 Los apóstoles realizaban muchos signos y prodigios en medio del pueblo. Todos los creyentes se reunían en el pórtico
de Salomón, 13 pero los demás no se atrevían a juntarse con ellos. El pueblo, sin embargo, los tenía en gran estima, 14 de modo
que una multitud de hombres y mujeres se
incorporó al número de los que creían en
Jesús. 15 Incluso sacaban los enfermos a
las plazas y los ponían en camillas y anga-
rillas, para que, al pasar Pedro, al menos su
sombra tocara a alguno de ellos. 16 Un
gran número de personas procedentes de
las ciudades cercanas, acudían a Jerusalén,
llevando enfermos y poseídos por espíritus
inmundos, y todos quedaban sanos.

Persecución contra los apóstoles

Hch 2 22-24; 19 11-12; Lc 24 47; Jn 15 26; Mt 5 10-12

17 Entonces, el sumo sacerdote y todos
los de su partido, es decir, el grupo de los
saduceos, llenos de rabia 18 detuvieron a
los apóstoles y los metieron en la cárcel
pública. 19 Pero el ángel del Señor abrió
por la noche la puerta de la cárcel, los sacó
y les dijo:
20 –Vayan, preséntense en el templo y
anuncien al pueblo todo lo referente a este
estilo de vida.
21 Dóciles a este mandato, entraron de
madrugada en el templo y se pusieron a
enseñar. Entre tanto, el sumo sacerdote y
los de su partido convocaron al Consejo de
Ancianos y a todos los ancianos de Israel,
y mandaron traerlos de la cárcel. 22 Pero,
al llegar allá los guardias, no los encontraron; así que regresaron y les dieron este
informe:
23 –Hemos encontrado la cárcel bien cerrada y a los carceleros custodiando las
puertas, pero al abrir no hemos hallado a
nadie dentro.
24 Al oír esto, el jefe de la guardia del
templo y los jefes de los sacerdotes se quedaron confundidos, pensando qué habría
sido de ellos, 25 hasta que alguien llegó diciendo:
–Los hombres que metieron en la cárcel
están en el templo enseñando al pueblo.
26 Entonces el jefe de la guardia fue con
sus hombres y trajo a los apóstoles, aunque
sin violencia, pues temían que el pueblo
los apedreara. 27 Los hicieron entrar para
que comparecieran ante el Consejo de Ancianos, y el sumo sacerdote les preguntó:
28 –¿No les prohibimos terminantemente enseñar en nombre de ése? Y sin embargo han llenado Jerusalén con sus enseñanzas y además quieren hacernos responsables de la muerte de ese hombre.
29 Pedro y los apóstoles respondieron:
–Hay que obedecer a Dios antes que a
los hombres. 30 El Dios de nuestros antepasados ha resucitado a Jesús, a quien ustedes mataron colgándolo de un madero.
31 Dios lo ha exaltado a su derecha como
Príncipe y Salvador, para dar a Israel la
ocasión de arrepentirse y de obtener el per-

◊ **5 12-42**: El último cuadro del anuncio del evangelio en Jerusalén está centrado en las señales y prodigios que realizaban los apóstoles (Hch 5 12-16), y en la oposición que encuentran por parte de los jefes religiosos de Israel. *Sin embargo, la persecución, lejos de impedir* el avance de su testimonio, contribuye a hacerlo más alegre y decidido (Hch 5 40-42).

• **5 12-16**: Este nuevo sumario se centra en los signos y prodigios que realizan los apóstoles, cuyo portavoz es Pedro. Estos signos y prodigios tienen como modelo la actividad de Jesús cuando sanaba enfermos (véase por ejemplo Mc 6 53-56); y como le ocurría al Maestro, también los apóstoles cosechan estima y admiración (Hch 5 13-14).

• **5 17-42**: Este pequeño relato en el que se mezclan personajes y escenarios diversos pone de manifiesto una gran habilidad narrativa, y refleja un dato históricamente probable: la oposición a Jesús vino más de parte de los saduceos, vinculados al templo (Hch 5 17), que de los fariseos (Hch 5 35-39). El pasaje pone de manifiesto que el avance del evangelio es imparable. Cuanto mayores son las dificultades, más evidente se hace la presencia de Dios (Hch 5 19-20) y la fuerza del Espíritu que confirman el testimonio de los apóstoles (Hch 5 32). Las palabras de Pedro (Hch 5 29-32) y las de Gamaliel (Hch 5 35-39) explican la libertad y valentía con que actúan los apóstoles: obedecen a un mandato de Dios. No se trata de una obra humana, y por eso los hombres no pueden detener su crecimiento. Ambos discursos son interesantes por motivos diversos: el de Pedro, porque es un ejemplo más del modelo que ya conocemos (véase Hch 2 14-41); y el de Gamaliel, porque nos informa sobre dos movimientos populares surgidos en Palestina poco antes de que Jesús comenzara su ministerio.

dón de los pecados. 32 Nosotros y el Espíritu Santo que Dios ha dado a los que le obedecen somos testigos de todo esto.

33 Ellos, enfurecidos por tales palabras, querían matarlos. 34 Pero un fariseo llamado Gamaliel, doctor de la ley y respetado por todo el pueblo, tomó la palabra en medio del Consejo de Ancianos, mandó que los sacaran fuera unos momentos 35 y dijo:

–Israelitas, piensen bien lo que van a hacer con estos hombres. 36 Porque hace algún tiempo apareció un tal Teudas con la pretensión de ser alguien importante, y lo siguieron unos cuatrocientos hombres; pero fue ejecutado, y todos los que lo seguían se dispersaron. 37 Después de éste, surgió Judas el Galileo en los días del censo, y arrastró detrás de sí al pueblo; pero también él pereció, y todos sus seguidores se dispersaron. 38 En este caso mi consejo es que se olviden de estos hombres y los dejen en paz; porque, si lo que ellos se proponen hacer es cosa de hombres, desaparecerá; 39 pero si procede de Dios, ustedes no podrán destruirlo. No corran el riesgo de luchar contra Dios.

Todos aceptaron su consejo. 40 Hicieron llamar a los apóstoles, los azotaron, les prohibieron hablar en el nombre de Jesús y los soltaron. 41 Ellos salieron de la presencia del Consejo de Ancianos alegres de haber merecido tales injurias por causa de aquel nombre. 42 Y día tras día, tanto en el templo como por las casas, no cesaban de enseñar y anunciar que Jesús es el Mesías.

II. DE JERUSALEN A ANTIOQUIA Δ

1. El grupo de los helenistas ◊

Elección de los siete

Hch 13 1-36; 19 6

6 1 Por aquellos días, debido a que aumentaba el número de los discípulos, los creyentes de origen helenista se quejaron contra los de origen judío, porque sus viudas no eran bien atendidas en la distribución diaria de los alimentos. 2 Los Doce convocaron a todos los discípulos y les dijeron:

–No está bien que nosotros dejemos de anunciar la palabra de Dios para dedicarnos al servicio de las mesas. 3 Por tanto, hermanos, elijan de entre ustedes, siete hombres de buena fama, llenos del Espíritu Santo y de sabiduría, a los cuales encomendaremos este servicio, 4 para que nosotros podamos dedicarnos a la oración y al ministerio de la palabra.

5 La proposición agradó a todos, y eligieron a Esteban, hombre lleno de fe y del Espíritu Santo, y a Felipe, Prócoro, Nica-

Δ 6 1-12 25: Con la entrada en escena del grupo de los helenistas (Hch 6 1-7) comienza la segunda fase del programa evangelizador trazado por Jesús en Hch 1 8. Ellos serán los evangelizadores de Judea y Samaría (Hch 8 1; 9 31), y, por tanto, los testigos de Jesús impulsados por el Espíritu Santo, verdadero protagonista de todo el libro y de la extensión del mensaje.

Esta segunda parte tiene carácter de transición. Desde el punto de vista de la expansión de la buena noticia, trata de describir el camino que va desde Jerusalén hasta Antioquía, ciudad desde donde partirá la misión de Pablo, que llevará el evangelio hasta Roma. Desde el punto de vista de los personajes, aparecen, junto a los helenistas, Pablo (protagonista de la tercera parte: Hch 13-28) y Pedro (más vinculado a la primera: Hch 1 12-5 42).

Literariamente podemos distinguir cuatro cuadros: constitución del grupo y muerte de Esteban, acontecimiento que desencadena la misión de los helenistas (Hch 6 1-8 3); la misión en Samaría junto con la aparición en escena de Pablo (Hch 8 4-9 31); un intermedio sobre el encuentro de Pedro con Cornelio (Hch 9 32-11 18); y la misión en Antioquía junto con la liberación de Pedro y su desaparición de la escena (Hch 11 19-12 25).

◊ 6 1-8 3: Todos los acontecimientos descritos en estos capítulos tienen lugar en Jerusalén. Sin embargo, en ellos comienza a gestarse la misión de los helenistas: la elección del grupo de los siete (Hch 6 1-7) y la persecución de Esteban (Hch 6 8-8 1a). Desde aquí parte la misión en dos direcciones: Samaría (Hch 8 4) y Antioquía (Hch 11 19).

• 6 1-7: El tono de armonía y unanimidad que reina en los sumarios anteriores (Hch 2 42-47; 4 32-35) se rompe ahora a causa de un conflicto entre los cristianos de origen judío y los de origen helenista. Más allá del episodio concreto, este pequeño relato es un reflejo de las tensiones que se produjeron en las primeras comunidades entre cristianos procedentes de diversas culturas, especialmente entre los de origen judío y los demás. Las dife-

nor, Timón, Parmenas y Nicolás, prosélito
de Antioquía. 6 Los presentaron ante los
apóstoles, y ellos, después de orar, les impusieron las manos.
7 La palabra de Dios se extendía, el número de discípulos aumentaba mucho en
Jerusalén, e incluso muchos sacerdotes
aceptaban la fe.

Arresto de Esteban

Mc 14 55-58

8 Esteban, lleno de gracia y de poder,
hacía grandes signos y prodigios en medio
del pueblo. 9 Algunos de la sinagoga llamada «de los libertos», a la que pertenecían cirenenses y alejandrinos, y algunos
de Cilicia y de la provincia de Asia, se pusieron a discutir con él, 10 pero al no poder
contradecir la sabiduría y el espíritu con
que hablaba, 11 sobornaron a unos hombres
para que dijeran:
–Hemos oído a éste blasfemar contra
Moisés y contra Dios.
12 De este modo, amotinaron al pueblo,
a los ancianos y a los maestros de la ley.
Luego, llegando de improviso, lo arrestaron, lo llevaron al Consejo de Ancianos
13 y presentaron testigos falsos, que decían:
–Este hombre no cesa de hablar contra
el templo y contra la ley. 14 Le hemos oído
decir que ese Jesús Nazareno destruirá este
lugar santo y cambiará las costumbres que
nos transmitió Moisés.
15 Todos los que estaban en el Consejo
de Ancianos lo miraron con atención, y les
pareció que su rostro era como el de un
ángel.

Discurso de Esteban

Gn 12 1; 12 7; 15 13-14; Ex 1 8; 2 14; 3 2-10; Dt 18 15; Ex 32 1.23; Am 5 25-27; Is 66 1-2

7 1 El sumo sacerdote le preguntó:
–¿Es verdad lo que dicen?
2 Esteban respondió:
–Hermanos israelitas y autoridades de
nuestra nación, escuchen: El Dios de la gloria se apareció a nuestro antepasado Abrahán, cuando estaba en Mesopotamia, antes
de establecerse en Jarán, 3 *y le dijo: Deja
tu tierra y tu parentela, y vete a la tierra
que yo te mostraré.* 4 El salió del país de
los caldeos y se estableció en Jarán. De allí,
después de la muerte de su padre, Dios lo
trasladó a esta tierra en la que ustedes viven
ahora, 5 y no le dio ni siquiera un palmo de
tierra en propiedad. Pero prometió *dársela
en posesión a él y a su descendencia,* aunque aún no tenía hijos. 6 Dios le dijo *que
sus descendientes vivirían como extranjeros en tierra extraña y que serían esclavos
durante cuatrocientos años.* 7 *Pero a la nación a la que sirvan, yo la juzgaré* –añadió
Dios–; *y después de esto, saldrán y me darán culto en este lugar.* 8 Más tarde le dio la
circuncisión como signo de esta alianza.
Así, después de engendrar a Isaac, Abrahán lo circuncidó al octavo día. Igualmente
Isaac a Jacob y Jacob a los doce patriarcas.
9 Los patriarcas, envidiosos de José, lo
vendieron y fue llevado a Egipto. Pero Dios
estaba con él, 10 lo libró de todos sus sufrimientos, le concedió sabiduría y la protección del faraón, rey de Egipto, y lo hizo
gobernador de Egipto y de toda su casa.
11 Entonces sobrevino el hambre en toda la

rencias no eran sólo de tipo administrativo, sino que afectaban a la doctrina y al modo cristiano de vida, como veremos más adelante (Hch 15). Para solucionar el problema, el grupo de los helenistas elige a siete hombres *llenos del Espíritu Santo*, que según los capítulos siguientes, *tendrán como misión* anunciar el evangelio en Samaría (segunda etapa del programa trazado por Jesús en Hch 1 8). Son, pues, los responsables y guías de un grupo cristiano que comenzó a llevar la buena noticia a los no judíos. Aunque en la visión unificadora de Lucas los responsables de este grupo sean presentados como *auxiliares* de los apóstoles, parece que históricamente los helenistas tuvieron gran importancia en la expansión del cristianismo, como el mismo Lucas reconoce (véase Hch 8 1-4; 11 19-21).

• **6 8-15**: La persecución sufrida por los apóstoles (Hch 4 1-22) se plantea con más seriedad en el caso de Esteban. Las semejanzas entre su juicio y el de Jesús son grandes: ambos son arrestados como consecuencia de un motín popular; ambos son acusados de hablar contra el templo (véase Mc 14 55-58); ambos oran por sus verdugos y se dirigen a Dios en el momento de su muerte (Lc 23 34-46; Hch 7 59-60). El primer mártir cristiano sigue los pasos de Jesús.

• **7 1-53**: El discurso que Lucas pone en boca de Esteban es el más largo de todo el libro y tiene pocas semejanzas con los demás (véase Hch 2 14-41; 13 16-41). Se trata de un resumen de la historia de Israel, semejante a los que se hacían en las homilías de las sinagogas helenísticas. Esta síntesis histórico-teológica tiene como estructura las repetidas citas del Antiguo Testamento, tomadas de la versión griega llamada de *Los Setenta*, y refleja la visión teológica de la escuela deuteronomista, que contemplaba la historia del pueblo israelita como una sucesión de pecado y desobediencia en respuesta a la gracia y la elección divinas.

tierra de Egipto y Canaán y era tal la escasez que nuestros antepasados no encontraban alimentos. 12 Al saber Jacob que en
Egipto había trigo, envió por primera vez a
nuestros antepasados; 13 la segunda vez
José se dio a conocer a sus hermanos, y el
faraón supo de qué familia procedía José.
14 Entonces José mandó llamar a su padre
Jacob y a toda la parentela, compuesta por
setenta y cinco personas, 15 y Jacob bajó a
Egipto. Cuando murieron, él y nuestros antepasados, 16 fueron trasladados a Siquén y
enterrados en el sepulcro que Abrahán había
comprado a los hijos de Jamor en Siquén.

17 A medida que se acercaba el tiempo
en que debía cumplirse lo que Dios había
jurado a Abrahán, el pueblo aumentaba y se
multiplicaba en Egipto, 18 hasta que *surgió
allí otro rey que no había conocido a José*.
19 Un rey que engañó a nuestra gente y maltrató a nuestros antepasados, obligándolos
a dejar abandonados a sus hijos recién nacidos, para que no sobrevivieran. 20 Entonces nació Moisés, que fue grato a Dios.
Criado durante tres meses en casa de su
padre, 21 fue abandonado, pero la hija del
faraón lo adoptó y lo crió como hijo suyo.
22 Moisés fue educado según la sabiduría
egipcia, y se hizo respetar por sus palabras
y sus obras. 23 Al cumplir los cuarenta
años, se propuso visitar a sus hermanos,
los israelitas. 24 Viendo cómo maltrataban
a uno de ellos, lo defendió y lo vengó, matando al egipcio. 25 Pensaba que sus hermanos comprenderían que Dios los iba a
salvar por medio de él, pero ellos no comprendieron. 26 Al día siguiente sorprendió a
unos peleando y trató de reconciliarlos:
«Ustedes son hermanos –les dijo–; ¿por qué
se maltratan?». 27 Pero el que maltrataba al
otro le contestó: *¿Quién te ha hecho jefe y
juez nuestro?* 28 *¿Es que quieres matarme
como mataste ayer al egipcio?* 29 Al oír
esto, Moisés huyó y se fue a vivir a Madián, donde tuvo dos hijos. 30 Al cabo de
cuarenta años, *se le apareció en el desierto
del monte* Sinaí *un ángel entre las llamas
de una zarza ardiendo*. 31 Moisés se mara-
villó de esta aparición; y al tratar de verla
más de cerca, oyó la voz del Señor: 32 *Yo
soy el Dios de tus antepasados, el Dios de
Abrahán, de Isaac y de Jacob*. Moisés comenzó a temblar y no se atrevía a mirar.
33 *El Señor le dijo: Quítate las sandalias
de tus pies, porque el lugar en que estás es
tierra sagrada*. 34 *He visto la opresión de
mi pueblo en Egipto, he oído sus gemidos
y he bajado a librarlos. Y ahora ven, que
te voy a enviar a Egipto*. 35 A ese Moisés, a
quien rechazaron diciendo: *¿Quién te ha
hecho jefe y juez?*, Dios lo envió como jefe
y liberador por medio del ángel que se le
apareció en la zarza. 36 El los sacó, realizando signos y prodigios en Egipto, en el
mar Rojo y en el desierto durante cuarenta
años. 37 El es quien dijo a los israelitas:
*Dios suscitará de entre sus hermanos un
profeta como yo*. 38 El es quien en la asamblea del desierto actuó de intermediario
entre sus antepasados y el ángel que le hablaba en el monte Sinaí, y quien nos transmitió palabras de vida. 39 Pero nuestros
antepasados no quisieron obedecerle, sino
que lo rechazaron y, acordándose de Egipto con nostalgia, 40 dijeron a Aarón: *Haznos
dioses que nos guíen; porque ese Moisés
que nos sacó de Egipto, no sabemos qué
pasó con él*. 41 Hicieron en aquellos días
un becerro, presentaron sacrificios al ídolo
y festejaron la obra de sus manos. 42 Entonces Dios se apartó de ellos y los entregó
al culto de los astros, como está escrito en
el libro de los profetas:

Pueblo de Israel, ¿acaso fue a mí
a quien ofrecieron víctimas y sacrificios
durante cuarenta años en el desierto?
43 *No, sino que llevaban la tienda de Moloc*
y la estrella del dios Refán;
imágenes que hicieron para adorarlas.
Pues también yo los deportaré
más allá de Babilonia.

44 Nuestros antepasados tenían en el desierto la tienda del testimonio; Dios, que
hablaba con Moisés, le había ordenado
construirla de acuerdo con el modelo que

El discurso se centra progresivamente en Abrahán (Hch 7 2-8), José (Hch 7 9-16), Moisés (Hch 7 17-43) y la historia posterior del pueblo (Hch 7 44-50). Sin embargo, la clave de comprensión se encuentra en los apasionados versos finales (Hch 7 51-53), en los que las grandes figuras de la historia sagrada se convierten en anticipo profético de lo que ha sucedido al *Justo*, es decir, a Jesús. En él ha llegado al colmo la persecución sufrida por los profetas y la rebelión del pueblo contra Dios.

había visto. 45 Después de recibirla, nuestros antepasados la llevaron, bajo la guía
de Josué, a la tierra que arrebataron a los
paganos, a quienes Dios expulsó en presencia de ellos. Así quedó hasta los días de
David. 46 Este agradó a Dios y suplicó el
favor de construir un santuario para la descendencia de Jacob. 47 Con todo, fue Salomón quien le edificó una casa. 48 Pero el
Altísimo no habita en casas construidas
por el hombre, como dice el profeta:

49 *El cielo es mi trono,*
y la tierra, el estrado de mis pies;
¿por qué quieren edificarme una casa,
o un lugar para que decanse en él?
50 *¿No he hecho yo todas estas cosas?*

51 Ustedes, hombres testarudos, tercos y
sordos, siempre se han resistido al Espíritu
Santo. Eso hicieron sus antepasados, y lo
mismo hacen ustedes. 52 ¿A qué profeta no
persiguieron sus antepasados? Ellos mataron a los que predijeron la venida del Justo,
a quien ustedes acaban de traicionar y asesinar. 53 Ustedes recibieron la ley por mediación de ángeles, pero no la han cumplido.

Muerte de Esteban

Hch 22 20; Sal 31 5; Lc 23 46

54 Al oír esto, se llenaron de rabia y
apenas podían contener su furor contra él.
55 Pero Esteban, lleno del Espíritu Santo,
mirando fijamente al cielo, vio la gloria de
Dios y a Jesús de pie a la derecha de Dios,
56 y exclamó:
–Veo los cielos abiertos, y al Hijo del
hombre de pie a la derecha de Dios.
57 Ellos, dando grandes gritos, se taparon los oídos, se lanzaron como un solo
hombre contra él, 58 lo sacaron fuera de la
ciudad y se pusieron a apedrearlo. Los testigos habían dejado sus ropas a los pies de
un joven llamado Saulo. 59 Mientras lo ape-
dreaban, Esteban oraba así:
–Señor Jesús, recibe mi espíritu.
60 Luego cayó de rodillas y gritó con
voz fuerte:
–Señor, no les tengas en cuenta este pecado.
Y dicho esto, murió.
8 1 Saulo aprobaba este asesinato.

Persecución contra la iglesia de Jerusalén

Hch 9 4; 11 19

Aquel día se desencadenó una gran persecución contra la iglesia de Jerusalén; y
todos, excepto los apóstoles, se dispersaron por las regiones de Judea y Samaría.
2 A Esteban lo enterraron unos hombres
piadosos, e hicieron duelo por él. 3 Saulo,
por su parte, perseguía con furor a la Iglesia, entraba en las casas, se llevaba por la
fuerza a hombres y mujeres, y los metía en
la cárcel.

2. Evangelización de Samaría ◊

Anuncio del mensaje

Hch 11 19; 6 5; 21 6; 2 38; 19 6; Sal 78 37; Dt 29 17

4 Los que se habían dispersado fueron
por todas partes anunciando el mensaje.
5 Felipe bajó a la ciudad de Samaría y estuvo allí predicando a Cristo. 6 La gente

• **7 54-8 1a**: La muerte de Esteban tiene grandes semejanzas con la de Jesús (véase nota a Hch 6 8-15), aunque es diferente la forma en que ambos fueron ejecutados. El narrador anota dos veces que un joven llamado Saulo estaba presente (Hch 7 58) y aprobaba el asesinato (Hch 8 1a). Es una forma de ir introduciendo en su relato al personaje que llenará la tercera parte del libro (véase también Hch 8 1b-3).

• **8 1b-3**: En este apretado resumen se entrecruzan varios hilos importantes del libro. En primer lugar, la persecución afecta a los helenistas, pero no a los apóstoles vinculados a la comunidad de Jerusalén (Hch 1 12-26), que tenían una actitud más favorable hacia el judaísmo. Precisamente esta persecución es la que hace posible la difusión del evangelio en las regiones de Judea y Samaría, y con ella el comienzo de la segunda etapa del programa misionero presentado por el resucitado (Hch 1 8). Finalmente, la mención de Saulo y su actitud con los discípulos crea el contexto para narrar su conversión (Hch 9 1-31).

◊ **8 4-9 31**: En esta sección encontramos dos cuadros bien distintos. Por un lado, el anuncio del evangelio en Samaría y Judea realizado por Felipe (Hch 8 4-40); y por otro la entrada en escena de Saulo (Hch 9 1-30), que será el protagonista de la tercera parte del libro (Hch 13-28). El sumario de Hch 9 31 dirige la vista a la evangelización de Judea y Samaría y da paso a la sección siguiente.

• **8 4-8**: El protagonista de este episodio y los siguientes es Felipe, uno del grupo de los siete (Hch 6 1-7), que vivía en Cesarea y ejercía el ministerio de *evangelista* (véase Hch 21 8-9). La evangelización de Samaría brota, como la de Antioquía, de la persecución (Hch 8 4; 11 19), y va acompañada de prodigios y reacciones semejantes a las que suscitó la predicación de los apóstoles (véase nota a Hch 5 12-16); de este modo se subraya que el mismo Espíritu que guió la predicación de los apóstoles es el que guía el testimonio de Felipe.

escuchaba con aprobación las palabras de
Felipe y contemplaba los signos que realizaba. 7 Pues de muchos endemoniados salían los espíritus inmundos, gritando con
fuerza, y muchos paralíticos y cojos sana-
ron. 8 Y hubo gran alegría en aquella ciudad.

Simón, el mago

Hch 13 6-12

9 Desde hacía tiempo venía practicando
la magia en la ciudad un tal Simón, que tenía impresionada a la gente de Samaría y
se hacía pasar por alguien extraordinario.
10 Todos, chicos y grandes, lo seguían y
decían:
–Este tiene la fuerza de Dios, la que llaman el Gran Poder.
11 Lo seguían, porque durante bastante
tiempo los había impresionado con sus ha-
bilidades mágicas. 12 Pero cuando creyeron a Felipe, que les anunciaba la buena
noticia del reino de Dios y de Jesucristo,
comenzaron a bautizarse hombres y mujeres. 13 El mismo Simón creyó, recibió el
bautismo y no se separaba de Felipe, mirando impresionado los signos y los grandes milagros que realizaba.
14 Los apóstoles, que estaban en Jerusalén, oyeron que los habitantes de Samaría habían recibido la palabra de Dios, y
les enviaron a Pedro y a Juan. 15 Estos bajaron y oraron por ellos, para que recibieran el Espíritu Santo, 16 pues aún no había
venido sobre ninguno de ellos; sólo habían
recibido el bautismo en el nombre de Jesús, el Señor. 17 Entonces les impusieron
las manos, y recibieron el Espíritu Santo.
18 Al ver Simón que, mediante la imposición de las manos de los apóstoles, se im-
partía el Espíritu Santo, les ofreció dinero
19 y les dijo:
–Concédanme también a mí ese poder,
para que aquellos a quienes yo imponga
las manos reciban el Espíritu Santo.
20 Pedro le dijo:
–Al infierno tú con tu dinero, por pensar que el don de Dios se puede comprar.
21 No tienes parte ni herencia en este don,
pues tus intenciones son torcidas a los ojos
de Dios. 22 Arrepiéntete de esta maldad y
ruega al Señor, para que te perdone por
haber llegado a desear tal cosa, 23 pues veo
que estás lleno de amargura y la maldad te
tiene encadenado.
24 Simón respondió:
–Rueguen ustedes por mí al Señor, para
que no me suceda nada de lo que han dicho.
25 Ellos, después de haber dado testimonio y haber predicado la palabra del Señor,
regresaron a Jerusalén, anunciando la buena noticia en muchos pueblos samaritanos.

El ministro de la reina de Etiopía

Lc 24 13-35; *Is 53 7-8;* Mt 28 19; Hch 21 8

26 El ángel del Señor dijo a Felipe:
–Ponte en camino hacia el sur por la
ruta que baja de Jerusalén a Gaza a través
del desierto.
27 El se puso en camino. Al mismo tiempo un etíope, hombre de confianza y ministro de Candace, reina de los etíopes, y en-

• **8 9-25**: La magia había sustituido a la religión en amplios sectores del imperio romano, lanzados a la búsqueda de una salvación que no encontraban en la religión oficial. El cambio de actitud de los habitantes de Samaría cuando Felipe les anuncia el evangelio indica que la buena noticia del reino y de Jesucristo es el único camino de salvación. La fe y la conversión quedan selladas por el bautismo, pero en la visión unificadora de Lucas es necesario que la evangelización de Samaría sea confirmada por la presencia de dos apóstoles, a través de los cuales desciende el Espíritu Santo y se prolonga el acontecimiento de pentecostés.

El atrevimiento de Simón, al querer comprar lo que es un don de Dios, manifiesta sus torcidas intenciones y lo *convierte en modelo de todos los intentos* de comprar lo religioso a través de la historia, es decir, de todos los pecados de *simonía*. A su regreso, los apóstoles anuncian *el evangelio en muchos pueblos samaritanos* (Hch 8 25). Es el comienzo de la misión a los paganos, que Pedro continuará más tarde (Hch 9 32-11 18).

• **8 26-40**: Por primera vez se anuncia el evangelio a un extranjero. Se trata de un hombre importante, probablemente miembro del grupo de paganos simpatizantes del judaísmo, que eran llamados "temerosos de Dios". El relato posee una gran fuerza simbólica, pues describe, lo mismo que Lc 24 13-35, el camino del encuentro con Jesús resucitado. El diálogo se inicia a propósito de un texto de la Escritura, al que los cristianos acudían para explicar el escándalo de la muerte de Jesús (Is 53). Partiendo de él, Felipe anuncia la *buena noticia de Jesús* al etíope, y éste le pide ser bautizado. De este modo el regreso estéril del ministro etíope por el desierto se transforma en camino de vida y alegría por el agua del bautismo. No es difícil ver en este pasaje el proceso de la iniciación cristiana tal como se vivía en las comunidades lucanas.

Hch 8 37, que falta en los más antiguos y mejores manuscritos, dice: *Felipe le dijo: Si crees con todo tu corazón, se puede. El respondió: Creo que Jesucristo es el Hijo de Dios.*

cargado de todos sus tesoros que había ido
a Jerusalén en peregrinación, 28 regresaba
sentado en su carroza, leyendo al profeta
Isaías. 29 El Espíritu dijo a Felipe:
–Acércate y ponte junto a esa carroza.
30 Felipe fue corriendo y, al oír que leía
al profeta Isaías, le dijo:
–¿Entiendes lo que estás leyendo?
31 El respondió:
–¿Cómo lo voy a entender, si nadie me
lo explica?
Y rogó a Felipe que subiera y se sentara
con él. 32 El pasaje que leía era éste:

Como oveja fue llevado al matadero;
como cordero, mudo ante el esquilador,
tampoco él abrió su boca.
33 *Por ser humilde no se le hizo justicia.*
Nadie hablará de su descendencia,
porque ha sido arrancado de la tierra.

34 El etíope preguntó a Felipe:
–Te ruego que me digas a quién se refiere el profeta, ¿a sí mismo o a otro?
35 Felipe tomó la palabra y, partiendo de
este pasaje de la Escritura, le anunció la
buena noticia de Jesús. 36 Siguieron su camino, y llegaron a un lugar donde había
agua. Entonces el etíope dijo:
–Aquí hay agua. ¿Hay algún impedimento para que me bautices?
38 Entonces, el etíope mandó detener la
carroza, ambos se acercaron al agua y Felipe
lo bautizó. 39 Después de salir del agua, el
Espíritu del Señor arrebató a Felipe. El etíope no lo volvió a ver, pero continuó alegre
su camino. 40 Por su parte, Felipe fue a
parar a Asdod; y, desde allí, fue anunciando
la buena noticia en todas las ciudades por
las que iba pasando hasta que llegó a Cesarea.

Camino de Damasco

Hch 8 3; 22 4-21; 26 2-23; Gal 1 11-17

9 1 Entre tanto, Saulo, que seguía amena-
zando de muerte a los discípulos del
Señor, se presentó al sumo sacerdote 2 y le
pidió cartas de presentación para las sinagogas de Damasco, con el fin de llevar encadenados a Jerusalén a todos los que encontrara, hombres o mujeres, que siguieran el
camino de Jesús. 3 Cuando estaba ya cerca
de Damasco, de repente lo envolvió un resplandor del cielo, 4 cayó a tierra y oyó una
voz que decía:
–Saúl, Saúl, ¿por qué me persigues?
5 Saulo preguntó:
–¿Quién eres, Señor?
La voz respondió:
–Yo soy Jesús, a quien tú persigues.
6 Levántate, entra en la ciudad y allí te dirán lo que debes hacer.
7 Los hombres que lo acompañaban se
detuvieron espantados; oían la voz, pero no
veían a nadie. 8 Saulo se levantó del suelo,
y aunque tenía los ojos abiertos, no veía
nada; así que lo llevaron de la mano y lo
introdujeron en Damasco, 9 donde estuvo
tres días sin ver y sin comer ni beber.

Encuentro con Ananías

10 Había en Damasco un discípulo llamado Ananías. El Señor le dijo en una visión:
–¡Ananías!
El respondió:
–Aquí me tienes, Señor.
11 Y el Señor le dijo:
–Levántate, vete a la calle llamada Recta,
y busca en la casa de Judas a un tal Saulo
de Tarso. Está allí orando, 12 y ha visto a

• **9 1-9**: El autor retoma un hilo que había dejado suelto en el capítulo anterior (Hch 8 1-3) y presenta al gran protagonista *de la siguiente etapa* evangelizadora: Saulo-Pablo. Lo hace narrando su encuentro con el Señor, una experiencia a la que el mismo Pablo hace referencia en Gal 1 15-16. Gracias a este encuentro, el perseguidor de la Iglesia (véase Flp 3 6) se convertirá en testigo de Cristo. Este episodio es muy importante para Lucas, pues lo cuenta tres veces (aquí y en Hch 22 3-21; 26 2-23). Tal vez lo ha situado después de la conversión del etíope (Hch 8 26-40) para indicar que será Pablo quien continúe la misión a los no judíos.

En Hch 9 2 se utiliza por primera vez el término *camino*. A partir de aquí se utiliza con cierta frecuencia (Hch 13 10; 16 17; 18 25-26; 19 9.23; 22 4; 24 14-22) para designar el nuevo estilo de vida propio de la comunidad cristiana.

• **9 10-19a**: En los otros dos relatos de la conversión de Saulo (Hch 22 3-21; 26 2-23) el papel del mediador no es tan importante como en este. La visión de Saulo (Hch 9 4-6) y la de Ananías (Hch 9 10-12) relacionan este pasaje y el anterior (véase el mismo procedimiento en la historia de Cornelio: Hch 10 3-6.11-16). La clave de este relato se encuentra en las palabras del Señor a Ananías, que subrayan el contraste entre el pasado de Pablo y su futura misión: el perseguidor se convertirá en mensajero, y el que hacía padecer a otros tendrá que padecer por el nombre de Jesús. Todo es obra del Espíritu, verdadero protagonista de la historia de la salvación, que ahora desciende sobre Saulo y le devuelve la vista.

un hombre llamado Ananías, que entraba y
le imponía las manos para devolverle la
vista.
13 Ananías respondió:
–Señor, he oído a muchos hablar del
daño que ese hombre ha hecho en Jerusalén
a los que creen en ti; 14 y ha venido con
poderes de los jefes de los sacerdotes para
arrestar a todos los que invocan tu nombre.
15 Pero el Señor le dijo:
–Vete, porque éste es para mí un instrumento elegido para anunciar mi nombre a
todas las naciones, a sus gobernantes, y al
pueblo de Israel. 16 Yo le daré a conocer
cuánto tendrá que padecer por causa de mi
nombre.
17 Ananías fue, entró en la casa, le impuso las manos y le dijo:
–Hermano Saulo, Jesús, el Señor, que
se te apareció cuando venías por el camino, me ha enviado para que recobres la
vista y quedes lleno del Espíritu Santo.
18 En ese mismo momento se le cayeron de los ojos una especie de escamas y
recuperó la vista, y a continuación fue
bautizado. 19 Luego comió y recobró las
fuerzas.

Saulo predica en Damasco

Hch 23 12-16; 2 Cor 11 33; Gal 1 21-24

Después de pasar algunos días con los
discípulos que había en Damasco, 20 Pablo
empezó a predicar en las sinagogas, proclamando que Jesús es el Hijo de Dios.
21 Todos los que le oían quedaban asombrados y decían:
–¿No es éste el que perseguía en Jerusalén a los que invocan ese nombre? ¿No
ha venido aquí para llevarlos encadenados
ante los jefes de los sacerdotes?
22 Pero Saulo se sentía cada vez más seguro y discutía con los judíos de Damasco,
demostrando que Jesús es el Mesías.
23 Algún tiempo después, los judíos decidieron matarlo. 24 Saulo se enteró de la
conspiración y, aunque vigilaban día y noche las puertas de la ciudad para darle muerte, 25 sus discípulos lo descolgaron de noche por la muralla, metido en una canasta.
26 Cuando llegó a Jerusalén, intentaba
unirse a los discípulos, pero todos le tenían
miedo, pues no creían que fuera realmente
un discípulo. 27 Entonces Bernabé tomó
consigo a Saulo y lo presentó a los apóstoles. Les contó cómo en el camino Saulo
había visto al Señor que le había hablado, y
con qué convencimiento había predicado en
Damasco el nombre de Jesús. 28 Desde entonces iba y venía libremente con los apóstoles en Jerusalén, predicando con valentía
el nombre del Señor. 29 Hablaba y discutía
también con los judíos de procedencia helenista, pero éstos decidieron matarlo. 30 Al
enterarse los hermanos, lo bajaron a Cesarea y de allí lo enviaron hacia Tarso.

Sumario

Hch 4 32-35; 2 42-47; 5 11-16; 6 7; 8 1b-3

31 Entre tanto, la Iglesia gozaba de paz
en toda Judea, Galilea y Samaría; se consolidaba viviendo en fidelidad al Señor, y
se extendía impulsada por el Espíritu Santo.

3. Pedro confirma la misión a los paganos ◊

Curación de Eneas y resurrección de Tabita

Hch 8 25; 3 1-11; Tob 4 7-11; Mc 5 40-41

32 Pedro, en su recorrido por toda aquella región, visitó también a los creyentes
que residían en Lida. 33 Allí encontró a un
hombre llamado Eneas, que llevaba ocho
años postrado en cama, porque era paralítico. 34 Y le dijo:

• **9 19b-30**: Las palabras del Señor a Ananías (Hch 9 15-16) se cumplen en estos primeros pasos de Saulo como cristiano: anuncia el nombre de Jesús y tiene que padecer por ello en Damasco y en Jerusalén. El cuadro parece la antítesis de Hch 9 1-9, y ambos, junto con el episodio del encuentro con Ananías (Hch 9 10-19b), forman un tríptico artísticamente compuesto. Sin embargo, las informaciones que Lucas nos da en este último pasaje son difíciles de conciliar con las que nos ofrece el mismo Pablo sobre este período de su vida (véase Gal 1 17-19). Lógicamente debemos dar más crédito histórico a las informaciones de Gálatas y contemplar el relato de Hechos como una relectura teológica de aquellos acontecimientos.

• **9 31**: Este sumario, redactado en el mismo tono que los demás (véase Hch 2 42-47; 6 7), es una nueva pausa de reflexión. Se nos hace caer en la cuenta de que la misión iniciada por el grupo de los helenistas (Hch 8 1b) ha dado fruto, y que continúa la expansión de la Iglesia por obra del Espíritu.

◊ **9 32-11 18**: La tercera escena, situada entre las dos misiones del grupo de los helenistas (véase Hch 8 4 y 11 19), tiene como protagonista a Pedro. El episodio central

–Eneas, Jesús, el Mesías, te sana; levántate y arregla tu cama.
Y al instante se levantó. 35 Todos los
habitantes de Lida y de la región de Sarón
lo vieron sano y se convirtieron al Señor.
36 Había en Jafa una discípula llamada
Tabita, que significa Gacela, la cual hacía
muchas obras buenas y daba muchas limosnas. 37 Y en esos días se enfermó y
murió. Lavaron su cadáver y lo pusieron
en una habitación del piso superior. 38 Como Lida está cerca de Jafa, los discípulos,
al oír que Pedro estaba allí, enviaron dos
hombres a pedirle que viniera inmediatamente a su ciudad. 39 Pedro se levantó y se
fue con ellos. Al llegar, lo llevaron a la habitación del piso superior, donde lo rodearon todas las viudas llorando y mostrando
las túnicas y mantos que les hacía Gacela
cuando aún vivía. 40 Pedro echó a todos
fuera, se arrodilló y oró. Dirigiéndose luego hacia el cadáver, dijo:
–Tabita, levántate.
Ella abrió los ojos, vio a Pedro y se incorporó. 41 El la tomó de la mano y la
levantó. Luego llamó a los discípulos y a
las viudas, y la presentó viva ante ellos.
42 Todos los habitantes de Jafa se enteraron
de lo sucedido, y muchos creyeron en el
Señor. 43 Pedro se quedó algún tiempo en
Jafa, en casa de un tal Simón, que era curtidor.

Visión de Cornelio

10 1 Había en Cesarea un hombre, llamado Cornelio, que era oficial de la compañía llamada Itálica. 2 Era hombre religioso que honraba a Dios, lo mismo que
toda su familia, daba muchas limosnas al
pueblo y oraba a las horas establecidas. 3 Un
día, hacia las tres de la tarde, tuvo una visión
en la que vio claramente a un ángel de
Dios, que entró en su habitación y le dijo:
–¡Cornelio!
4 El lo miró y, muy asustado, dijo:
–¿Qué quieres, Señor?
El respondió:
–Dios ha tenido en cuenta tus oraciones
y tus limosnas. 5 Envía unos hombres a
Jafa y haz venir a Simón, llamado Pedro,
6 que se hospeda en casa de un tal Simón,
un curtidor que vive junto al mar.
7 Cuando se fue el ángel que le había
hablado, Cornelio llamó a dos de sus criados y a un soldado piadoso de los que lo
asistían, 8 y después de contarles todo lo
sucedido los envió a Jafa.

Visión de Pedro

Hch 11 4-8; Lv 11 1-47; Ez 4 14; Mc 7 15-23

9 Al día siguiente, mientras ellos estaban aún de camino, ya cerca de la ciudad,
Pedro, hacia el mediodía, subió a la azotea
a orar. 10 Sintió hambre y quiso comer algo.
Mientras se lo preparaban, cayó en éxtasis.
11 Vio el cielo abierto y una especie de lienzo grande que, colgado por las cuatro puntas, descendía sobre la tierra. 12 En él había
toda clase de animales cuadrúpedos, reptiles y aves. 13 Y oyó una voz, que le decía:
–Levántate, Pedro, mata y come.
14 Pedro dijo:
–De ninguna manera, Señor. Jamás he
comido nada profano o impuro.
15 Pero la voz insistió:

es su encuentro con Cornelio, el primer pagano recibido en la comunidad cristiana. Este encuentro tiene como trasfondo la apertura del evangelio a los no judíos, a la que ya se ha aludido al relatar la historia de Felipe (véase Hch 8 26-40). Era este un problema importante entre los primeros cristianos, y es muy probable que la intención de Lucas, al colocarlo aquí, sea convalidar con la autoridad de Pedro la práctica iniciada por los helenistas de anunciar el evangelio a los no judíos (Hch 8 26-40; 11 19-26).

• **9 32-43**: El autor sigue tejiendo su relato con gran maestría. Abandona a Pablo y centra de nuevo su atención en el itinerario de Pedro. Después de su recorrido por los pueblos de Samaría (Hch 8 25), la actividad de Pedro se desarrolla en la región costera de Palestina (Lida, Jafa, Cesarea). Estos dos milagros realizados por Pedro recuerdan los milagros de Jesús y la curación del paralítico a la entrada del templo (Hch 3 1-11); son una introducción al encuentro de Pedro con Cornelio y muestran cómo el evangelio se va abriendo paso fuera de Jerusalén.

• **10 1-23a**: Esta es la primera escena de las tres que componen el relato del encuentro entre Pedro y Cornelio. La visión de Pedro y la de Cornelio dan unidad narrativa y teológica a todo el pasaje (véase el mismo procedimiento en Hch 9 1-30). Los elementos maravillosos (visiones, voz del cielo, ángel del Señor) subrayan que el encuentro entre estos dos personajes es obra de Dios. Cornelio es un pagano convertido al judaísmo, un "temeroso de Dios", como el etíope convertido por Felipe (Hch 8 26-40). Sin embargo, la ley de Moisés prohibía a los judíos entrar en su casa (Hch 10 28). Desde aquí se comprende el alcance de la visión de Pedro: las leyes de la pureza ritual que suponían una división entre alimentos (y personas) puros e impuros desaparecen entre los cristianos. Detrás de

–Lo que Dios ha hecho puro, no lo consideres tú impuro.
16 Esto se repitió tres veces, y en seguida
el lienzo fue levantado hasta el cielo.
17 Todavía estaba Pedro pensando qué
significaría la visión que había tenido,
cuando los hombres enviados por Cornelio, después de averiguar dónde estaba la
casa de Simón, se presentaron a la puerta.
18 Llamaron y preguntaron si se hospedaba
allí Simón, el llamado Pedro. 19 Pedro seguía preguntándose por el sentido de la visión, cuando el Espíritu Santo le dijo:
–Ahí abajo hay tres hombres que te buscan; 20 baja y vete con ellos sin dudar, porque los he enviado yo.
21 Pedro bajó al encuentro de aquellos
hombres y les dijo:
–Yo soy el que buscan; ¿por qué razón
han venido?
22 Ellos dijeron:
–El oficial Cornelio, hombre justo que
honra a Dios y que goza de la estima de
todo el pueblo judío, ha recibido aviso de
un ángel para que te llevemos a su casa y
oiga tus palabras.
23 El los hizo entrar para que pasaran
allí la noche.

Pedro en casa de Cornelio

Hch 1 16-22; 2 14-36; 3 12-26; 4 8-12; Is 61 1; Lc 3 21-22

Al día siguiente Pedro se puso en camino con ellos, acompañado de algunos hermanos de Jafa.
24 Al otro día llegaron a Cesarea. Cornelio estaba esperándolos y había reunido
a sus parientes y amigos íntimos. 25 Cuando Pedro entraba, Cornelio salió a su encuentro, cayó a sus pies y se postró ante él.
26 Pedro lo levantó diciendo:
–Levántate, que yo soy un hombre lo
mismo que tú.
27 Y entró conversando con él. Al encontrar a muchos reunidos, 28 les dijo:
–Ustedes saben que no le está permitido
a un judío juntarse con un extranjero o entrar en su casa; pero Dios me ha mostrado
que no debo llamar profano o impuro a ningún hombre; 29 por eso he venido sin dudar,
al recibir su invitación. No obstante, quisiera saber por qué me han llamado.
30 Cornelio respondió:
–Hace cuatro días, hacia las tres de la
tarde, yo estaba rezando en mi casa, cuando apareció ante mí un hombre vestido con
ropas deslumbrantes 31 y me dijo: «Cornelio, Dios ha escuchado tu oración y ha tenido en cuenta tus limosnas. 32 Manda a
alguien a Jafa para que traiga a Simón, a
quien llaman Pedro, que se hospeda en casa
de Simón, el curtidor, junto al mar». 33 Así
que inmediatamente te mandé llamar, y tú
te has dignado venir. Aquí, pues, nos tienes
a todos, en presencia de Dios, dispuestos a
escuchar todo lo que el Señor te haya
encargado decirnos.
34 Pedro tomó entonces la palabra y
dijo:
–Verdaderamente ahora comprendo que
Dios no hace distinción de personas, 35 sino que acepta a quien lo honra y obra rectamente sea de la nación que sea. 36 El
envió su palabra a los hijos de Israel, anunciando la buena noticia de la paz por medio de Jesucristo, que es el Señor de todos.
37 Ustedes están enterados de lo que ha
ocurrido en el país de los judíos, comenzando por Galilea, después del bautismo
predicado por Juan. 38 Me refiero a Jesús
de Nazaret, a quien Dios ungió con el poder
del Espíritu Santo. El pasó haciendo el

todo ello puede advertirse la problématica que vivieron las comunidades cristianas en su apertura a los no judíos y en su proceso de diferenciación con el judaísmo (véase Hch 15 1-35).

• **10 23b-48**: La segunda escena (véase Hch 10 1-23a) tiene lugar en casa de Cornelio. El episodio posee una importancia capital en el conjunto del libro, pues Cornelio es el primer pagano recibido como cristiano por uno de los apóstoles. El relato del encuentro y el discurso de Pe*dro insisten en terminar con las diferencias* entre judíos y paganos. Dios mismo lo hace, enseñando a Pedro a no llamar impuro a ningún hombre (Hch 10 28; nótese la interpretación de la visión descrita en Hch 10 11-16), y haciendo que Cornelio envíe a buscar a Pedro (Hch 10 31-32). Pero también las suprime ahora el Espíritu Santo al derramarse sobre los paganos, en una especie de nuevo pentecostés (Hch 10 44-46). Pedro no puede resistirse a este nuevo impulso del Espíritu y acepta a estos paganos en la comunidad por medio del bautismo.

El discurso que Lucas pone en boca de Pedro (Hch 10 34-43) sigue el esquema de los demás discursos pronunciados por él (véase nota a Hch 2 14-41). La conexión con el episodio anterior (Hch 10 34-36) insiste en que Dios no hace diferencias. El resumen del anuncio cristiano (Hch 10 37-42) refleja el esquema de los evangelios sinópticos, especialmente de Marcos. Sin embargo, en lugar de una invitación a la conversión (véase Hch 2 37-41), encontramos aquí, como en el discurso de Pablo en Atenas (Hch 17 30-31), la proclamación del perdón de los pecados (Hch 10 43).

bien y curando a los oprimidos por el demonio, porque Dios estaba con él. 39 Nosotros somos testigos de todo lo que hizo
en el país de los judíos y en Jerusalén. A
él, a quien mataron colgándolo de un madero, 40 Dios lo resucitó al tercer día y le
concedió que se manifestara, 41 no a todo
el pueblo, sino a los testigos elegidos de
antemano por Dios, a nosotros que comimos y bebimos con él después que resucitó
de entre los muertos. 42 El nos mandó predicar al pueblo y dar testimonio de que
Dios lo ha constituido juez de vivos y muertos. 43 De él dan testimonio todos los profetas, afirmando que todo el que cree en él
recibe el perdón de los pecados, por medio
de su nombre.

44 Todavía estaba hablando Pedro, cuando el Espíritu Santo descendió sobre todos
los que escuchaban el mensaje. 45 Los creyentes judíos que habían venido con Pedro
quedaron asombrados de que el don del
Espíritu Santo se hubiera derramado también sobre los paganos. 46 Pues los oían
hablar en lenguas y proclamar la grandeza
de Dios. 47 Pedro entonces dijo:

–¿Se puede negar el agua del bautismo
a éstos que han recibido el Espíritu Santo
como nosotros?

48 Y ordenó bautizarlos en el nombre de
Jesucristo. Entonces le rogaron que se quedara allí algunos días.

Informe de Pedro a la iglesia de Jerusalén

Hch 10 1-48; Gal 2 12; Hch 1 5

11 1 Los apóstoles y los hermanos que
vivían en Judea se enteraron de que
también los paganos habían recibido la palabra de Dios. 2 Y, cuando Pedro subió a
Jerusalén, los partidarios de la circuncisión
le reprochaban: 3 «Entraste en casa de incircuncisos y comiste con ellos». 4 Entonces
Pedro comenzó a darles una explicación,
punto por punto:

5 –Yo estaba en Jafa orando, cuando caí
en éxtasis y tuve una visión. Una especie
de lienzo grande, colgado por las cuatro
puntas, descendía desde el cielo, y vino
hasta mí. 6 Yo lo miraba con atención y vi
que estaba lleno de animales: cuadrúpedos,
bestias, reptiles y aves. 7 Entonces oí una
voz que me decía: «Pedro, levántate, mata
y come». 8 «De ninguna manera, Señor
–respondí– jamás ha entrado en mi boca
nada profano o impuro». 9 Pero la voz me
habló por segunda vez desde el cielo y me
dijo: «Lo que Dios ha hecho puro, no lo
consideres tú impuro». 10 Esto se repitió
tres veces, y después todo fue retirado de
nuevo al cielo. 11 En ese mismo momento,
se presentaron en la casa donde estábamos
tres hombres que habían enviado desde
Cesarea para buscarme. 12 Y el Espíritu me
dijo que fuera con ellos sin dudar. Vinieron conmigo también estos seis hermanos,
y entramos en la casa de aquel hombre.
13 El nos contó cómo había visto un ángel
que se presentó en su casa y le dijo: «Manda que vayan a Jafa en busca de Simón,
llamado Pedro; 14 sus palabras te traerán
la salvación a ti y a todos los de tu casa».
15 Apenas había yo comenzado a hablar,
cuando el Espíritu Santo descendió sobre
ellos, como sucedió con nosotros al principio. 16 Entonces recordé aquello que había
dicho el Señor: «Juan bautizó con agua,
pero ustedes serán bautizados en el Espíritu
Santo». 17 Por tanto, si Dios les había dado
a ellos el mismo don que a nosotros por
creer en el Señor Jesucristo, ¿quién era yo
para oponerme a Dios?

18 Al oír esto, se calmaron y alabaron a
Dios diciendo:

–¡También a los paganos les ha concedido Dios la conversión que lleva a la
vida!

• **11 1-18**: Algunos cristianos, que consideraban necesaria la observancia de la ley de Moisés, cuyo signo externo era la circuncisión, piden cuentas a Pedro de su actuación y le reprochan, sobre todo, el haber compartido la mesa con los paganos. Este enfrentamiento, frecuente entre los primeros cristianos (véase Gal 2 11-15; Hch 15 1-35), refleja la existencia de diversos grupos y tendencias dentro de la Iglesia. La respuesta de Pedro es, sencillamente, un relato de lo sucedido, en el que muestra que todo ha sido obra del Espíritu, hasta llegar a comparar la venida del Espíritu sobre los paganos con la que tuvo lugar el día de pentecostés (Hch 11 15). Estos sucesos quedan iluminados por la palabra de Jesús (Hch 1 5), que Pedro cita. Aparentemente el asunto queda resuelto, pero la misma problemática planteada aquí, volverá a aparecer más tarde en la asamblea de Jerusalén (Hch 15 1-35; véase Gal 2 11-15).

4. *Evangelización de Antioquía* ◊

La comunidad de Antioquía

Hch 8 1-4; 13 1-3; 14 26-28; 15 35-36;
Gal 1 18; 2 1; Hch 21 10-14

19 Los que se habían dispersado a causa de la persecución provocada por el caso de Esteban, llegaron hasta Fenicia, Chipre y Antioquía, pero solamente predicaban la palabra a los judíos. 20 Había, sin embargo, entre ellos algunos chipriotas y cirenenses, los cuales, al llegar a Antioquía, predicaban también a los no judíos, anunciándoles la buena noticia de Jesús, el Señor. 21 El poder del Señor estaba con ellos, y fue grande el número de los que creyeron y se convirtieron al Señor. 22 Cuando se enteraron de esto los de la iglesia de Jerusalén, enviaron a Bernabé a Antioquía. 23 Una vez que éste llegó y vio lo que había realizado la gracia de Dios, se alegró y exhortaba a todos para que se mantuvieran fieles al Señor, 24 pues era un hombre bueno y lleno del Espíritu Santo y de fe. Y una considerable multitud se unió al Señor. 25 Después fue a Tarso a buscar a Saulo. 26 Cuando lo encontró, lo llevó a Antioquía, y estuvieron juntos un año entero en aquella iglesia, enseñando a muchos. En Antioquía fue donde por primera vez se llamó a los discípulos «cristianos».

27 Por entonces bajaron algunos profetas de Jerusalén a Antioquía. 28 Uno de ellos, llamado Agabo, movido por el Espíritu, anunciaba que una gran hambre iba a venir sobre toda la tierra; fue la que se produjo en tiempos del emperador Claudio. 29 Entonces los discípulos, cada uno según sus posibilidades, determinaron enviar ayuda a los hermanos de Judea. 30 Y así lo hicieron, enviándola a los responsables por medio de Bernabé y de Saulo.

Persecución y liberación de Pedro

Mt 4 21; Sant 5 16; Hch 15 13; 5 18-19

12 1 Por entonces, el rey Herodes inició una persecución contra algunos miembros de la Iglesia. 2 Mandó ejecutar a Santiago, hermano de Juan, 3 y, viendo que este modo de proceder agradaba a los judíos, se propuso arrestar también a Pedro. En aquellos días se celebraba la fiesta de pascua. 4 Así que lo detuvo, lo metió en la cárcel y encomendó su custodia a cuatro escuadras de soldados, con intención de hacerlo comparecer ante el pueblo después

◊ **11 19-12 25**: La cuarta sección de esta segunda parte arranca, como la segunda, de la persecución desatada en Jerusalén (véase Hch 8 4). Se trata de dos secciones paralelas, que describen las dos misiones evangelizadoras del grupo de los helenistas: aquella en Judea y Samaría; ésta en Antioquía. Y si en aquella hacía su aparición Pablo (Hch 9 1-30), en ésta se cuenta la última actuación de Pedro (Hch 12 1-23), que sólo volverá a aparecer de forma pasajera en la asamblea de Jerusalén (Hch 15 7). El sumario final (Hch 12 24-25) hace que la atención del lector vuelva sobre Antioquía, desde donde comenzará la misión que describe la tercera parte del libro y que llevará la buena noticia hasta los extremos del mundo.

• **11 19-30**: La evangelización de Antioquía relatada en este pasaje fue, probablemente, contemporánea a la evangelización de Samaría narrada en Hch 8 4-25. Si el autor de Hechos la coloca después del episodio de Cornelio, en el que ha mostrado que el evangelio es también para los paganos, es porque una vez que esto ha sido confirmado por Pedro, ya puede contar que también los helenistas anunciaron a los no judíos la buena noticia de Jesús. En este pasaje entra en escena la ciudad de Antioquía, que tendrá un papel decisivo en la expansión del cristianismo por la cuenca del Mediterráneo (Hch 13-14), y vuelve a aparecer Saulo, a quien en Hch 9 30 habíamos dejado en Tarso, su ciudad natal. Lucas tiene mucho interés en subrayar la estrecha relación de Antioquía con Jerusalén, y de Pablo con Bernabé, el enviado de los apóstoles.

El episodio de Agabo (Hch 11 27-30) recuerda la existencia de profetas en las comunidades cristianas (Mt 10 41; Hch 13 1). El hambre de que se habla tuvo lugar el año 44 d. C. Este hecho despertó la solidaridad para con la iglesia de Jerusalén, hecho que se repetirá en otras ocasiones con ayudas provenientes de otras iglesias (véase 2 Cor 8-9).

• **12 1-23**: Este es el último episodio del libro que tiene a Pedro como protagonista. En Hch 12 17 se dice, sin más, que *se fue a otro lugar*, después de dejar encargo de que comunicaran su liberación a Santiago. Históricamente, Santiago, el hermano del Señor, ocupó en Jerusalén el lugar que primero tuvo Pedro (Hch 15 13-21; 21 19). Es más, parece que esta vez la persecución afecta a los apóstoles (véase Hch 8 1b-3), pero no a los del grupo de Santiago.

El relato posee tres escenas: la persecución desatada por Herodes (Hch 12 1-5), la liberación de Pedro (Hch 12 6-19) y la muerte de Herodes (Hch 12 20-23). Los datos coinciden con lo que sabemos de Herodes Agripa I, que era nieto de Herodes el Grande y que gobernó Palestina entre los años 41-44 d. C. La liberación de Pedro, llena de detalles pintorescos, tiene semejanzas con Hch 5 18-19. Finalmente, la muerte de Herodes es interpretada como un castigo divino.

de la pascua. 5 Mientras Pedro estaba en la
cárcel, la Iglesia oraba sin cesar a Dios por
él.
6 La noche anterior al día en que Herodes pensaba hacerlo comparecer, estaba
Pedro durmiendo entre dos soldados, atado
con dos cadenas, mientras dos guardias vigilaban la puerta de la cárcel. 7 En esto, el
ángel del Señor se presentó y un resplandor iluminó la celda. El ángel despertó a
Pedro tocándole el costado y le dijo:
–¡Rápido, levántate!
Y las cadenas se le cayeron de las manos. 8 El ángel le dijo:
–Vístete y ponte las sandalias.
Pedro lo hizo así, y el ángel le dijo:
–Cúbrete con tu manto y sígueme.
9 Pedro salió detrás de él, sin darse cuenta de que era realidad aquello que sucedía
por intervención del ángel; pensaba más
bien que se trataba de una visión. 10 Después de pasar la primera y la segunda guardia, llegaron a la puerta de hierro que da a
la calle, y se les abrió sola. Salieron y llegaron al final de la calle; de pronto, el ángel
desapareció de su lado. 11 Y Pedro, volviendo en sí, dijo:
–Ahora me doy cuenta de que el Señor
ha enviado a su ángel, para librarme de Herodes y de todo lo que los judíos tramaban
contra mí.
12 Cuando cayó en la cuenta de lo sucedido, fue a casa de María, la madre de Juan,
llamado Marcos, donde había bastante
gente reunida en oración. 13 Llamó a la
puerta de entrada, y acudió una criada llamada Rosa; 14 al reconocer la voz de Pedro,
sintió tal alegría, que, en lugar de abrir, regresó corriendo a anunciar que Pedro estaba a la puerta.
15 Le dijeron:
–Estás loca.
Pero ella insistía en que era verdad. Y
ellos decían:
–Debe ser su ángel.
16 Como Pedro continuaba llamando, le
abrieron por fin y, al verlo, se quedaron
asombrados. 17 Él les hizo señas con la
mano para que se callaran y les contó cómo el Señor lo había sacado de la cárcel. Y
añadió:
–Comuníquenselo a Santiago y a los
hermanos.
Después salió y se fue a otro lugar.
18 Cuando amaneció, hubo una gran
confusión entre los soldados, pues no encontraban a Pedro. 19 Herodes lo mandó
buscar, y, como no lo encontraron, interrogó a los guardias y mandó ajusticiarlos.
Después Pedro se trasladó de Judea a Cesarea y permaneció allí.
20 Herodes estaba por entonces furioso
contra los habitantes de Tiro y Sidón. Ellos,
sin embargo, se pusieron de acuerdo y después de ganarse a Blasto, que era mayordomo del rey, se presentaron ante Herodes
para solicitar la paz, ya que su país se abastecía del territorio del rey. 21 El día señalado, Herodes, vestido con traje real y sentado en la tribuna, pronunció un discurso
ante ellos 22 y el pueblo gritaba exaltado:
–¡Es Dios el que habla y no un hombre!
23 En ese mismo instante, el ángel del
Señor lo hirió por no haber dado gloria a
Dios, y murió comido por los gusanos.

Regreso de Pablo y Bernabé

Hch 11 30

24 Entre tanto, la palabra de Dios se pro-
pagaba y se difundía. 25 Bernabé y Saulo,
una vez cumplida su misión, regresaron de
Jerusalén, trayendo consigo a Juan, llamado Marcos.

Curiosamente Lucas ha colocado estos episodios en el marco de la visita de Pablo y Bernabé a Jerusalén (Hch 11 30; 12 25) para realizar el paso de la primera etapa de la misión, cuyo protagonista era Pedro (Hch 1-12), a la segunda, cuyo protagonista será Pablo (Hch 13-28).

• **12 24-25**: Nueva pausa de reflexión que subraya el crecimiento de la palabra de Dios. El regreso de Pablo y Bernabé a Antioquía pone las bases para la misión paulina en Chipre y Asia Menor.

III. DE ANTIOQUIA A ROMA Δ

1. Evangelización de Chipre y Asia Menor ◊

VIAJE MISIONERO
DE PABLO Y BERNABE +

Envío de Pablo y Bernabé

Hch 1 13; 6 5; Ef 4 11; Hch 14 23

13 1 En la iglesia de Antioquía había profetas y maestros: Bernabé, Simón, a
quien llamaban el Moreno, Lucio el de Cirene, Manaén, hermano de crianza del rey
Herodes, y Saulo. 2 Un día, mientras celebraban la liturgia del Señor y ayunaban, el
Espíritu Santo dijo:
–Sepárenme a Bernabé y a Saulo para
la misión que les he encomendado.
3 Entonces, después de ayunar y orar,
les impusieron las manos y los despidieron.

Evangelización de Chipre

Hch 12 12; 8 9-25; 2 Tim 3 8; Prov 10 9

4 Enviados, pues, por el Espíritu Santo,
Bernabé y Saulo bajaron a Seleucia, y de
allí se embarcaron rumbo a Chipre. 5 Llegados a Salamina, anunciaban la palabra
de Dios en las sinagogas de los judíos.
Llevaban con ellos a Juan como ayudante.
6 Atravesaron toda la isla y llegaron a Pafos.
Allí encontraron a un mago judío, un falso
profeta llamado Barjesús, 7 que estaba al
servicio del vicecónsul Sergio Pablo. El
vicecónsul, hombre prudente y deseoso de
escuchar la palabra de Dios, mandó llamar
a Bernabé y a Saulo. 8 Elimas, el mago (eso
significa este nombre), se les oponía, tratando de apartar al vicecónsul de la fe. 9 Pero Saulo, llamado también Pablo, lleno del
Espíritu Santo, lo miró con atención 10 y le
dijo:
–¡Mentiroso y malvado, hijo del diablo,
enemigo de todo lo bueno! ¿Hasta cuándo
dejarás de torcer los caminos rectos del
Señor? 11 Pues mira, el Señor te va a castigar: quedarás ciego, sin ver la luz del sol
durante algún tiempo.
En ese mismo momento, la oscuridad y
las sombras cayeron sobre él, y a tientas
buscaba a alguien que lo llevara de la mano. 12 Entonces el vicecónsul, al ver lo sucedido, creyó, pues había quedado impresionado por lo que le habían enseñado acerca del Señor.

Δ 13 1-28 31: En la tercera parte del libro se describe la última etapa del programa misionero trazado por Jesús (Hch 1 8). En ella, el testimonio cristiano llega hasta los extemos del mundo, representados por la ciudad de Roma, capital del imperio. El punto de partida es la comunidad de Antioquía, fundada por los misioneros del grupo de los helenistas. Pablo y Bernabé, dos de los responsables de esta comunidad (Hch 13 1-3), serán designados por el Espíritu Santo para comenzar esta nueva etapa evangelizadora en la que progresivamente irá destacando la figura de Pablo.

En esta tercera parte, que ocupa algo más de la mitad del libro podemos distinguir tres etapas: la evangelización de Chipre y Asia Menor por obra de Pablo y Bernabé, que es confirmada en la asamblea de Jerusalén (Hch 13 1-15 35); la evangelización de Grecia (Hch 15 36-21 14); y el camino de Pablo desde Jerusalén hasta Roma (Hch 21 15-28 31).

◊ 13 1-15 35: Pablo y Bernabé, enviados por el Espíritu *Santo desde la iglesia de Antioquía* para anunciar el evangelio en Chipre y Asia Menor, son los protagonistas de esta sección. Cuatro menciones estratégicas de ambos personajes (Hch 13 1-3; 14 28; 15 2.35) indican que el primer viaje misionero (Hch 13 4-14 28) y la asamblea de Jerusalén (Hch 15 1-31) están muy relacionados en la perspectiva de Lucas: la misión de Pablo y Bernabé tiene como tema central el anuncio del evangelio a los paganos (Hch 14 27), y la asamblea de Jerusalén estudia y resuelve la nueva situación generada por los paganos que han aceptado la fe.

+ 13 1-14 28: El libro de los Hechos narra tres viajes misioneros de Pablo, pero sólo éste lo realiza en compañía de Bernabé. De los otros dos (Hch 15 40-18 22 y 18 23-21 14) encontramos también noticias en sus cartas; en cambio, nada nos dice el mismo Pablo acerca de este primer viaje, ni de una misión en compañía de Bernabé. Es posible que Lucas haya reconstruido a partir de otras fuentes los trece años de la vida de Pablo que nosotros no conocemos (Gal 1 21; 2 1). En cualquier caso es claro que su principal objetivo al contarnos este viaje no es de orden histórico, sino teológico. Su atención está centrada en mostrar la actuación misionera de Pablo, que se dirige primero a los judíos y luego a los paganos.

• 13 1-3: La lista de los profetas y doctores de la iglesia de Antioquía es paralela a la del grupo de los apóstoles (Hch 1 13), y de los helenistas (Hch 6 5); y está situada, como las otras dos, al comienzo de una nueva etapa de expansión de la buena noticia. La que ahora comienza tendrá como principal instrumento a Pablo y como horizonte todo el imperio.

Antioquía de Pisidia

Hch 15 37-39; Lc 4 16-22; *Sal 89 21; 1 Sm 13 14; Sal 2 7; Is 55 3; Sal 16 10; Hab 1 5; Is 49 6;* Hch 1 8; Lc 9 5

13 Pablo y los suyos se embarcaron en
Pafos y llegaron a Perge de Panfilia. Pero
Juan los dejó y regresó a Jerusalén. 14 Ellos,
pasando más allá de Perge, llegaron a Antioquía de Pisidia. Allí entraron en la sinagoga
el sábado y se sentaron. 15 Después de la
lectura de la ley y de los profetas, los jefes
de la sinagoga mandaron a decirles:
–Hermanos, si tienen algo que decir a la
asamblea, hablen.
16 Pablo entonces se levantó, impuso silencio con la mano y dijo:
–Israelitas y los que honran a Dios, 17 escuchen. El Dios de este pueblo, Israel, eligió a nuestros antepasados, y engrandeció
al pueblo durante su permanencia en Egipto; después los sacó de allí con gran poder,
18 y por espacio de cuarenta años los cuidó
en el desierto. 19 Después de destruir siete
naciones en el país de Canaán, les dio su
tierra en herencia. 20 Esto duró unos cuatrocientos cincuenta años. Después les dio
jueces hasta los tiempos del profeta Samuel. 21 Pidieron luego un rey, y Dios les
dio a Saúl, hijo de Cis, de la tribu de Benjamín, durante cuarenta años. 22 Al desti-
tuir a Saúl de su cargo, nombró rey a David, de quien hizo esta alabanza: *He encontrado a David,* hijo de Jesé, *un hombre
según mi corazón,* el cual hará siempre mi
voluntad. 23 De su descendencia, Dios, según su promesa, sacó para Israel un Salvador, Jesús. 24 Antes de su venida, Juan
había predicado a todo el pueblo de Israel
un bautismo de penitencia. 25 El mismo
Juan, a punto ya de terminar su ministerio,
decía: «Yo no soy el que ustedes creen.
Detrás de mí viene uno a quien no soy digno de desatar las sandalias».

26 Hermanos, descendientes de Abrahán,
y los que, sin serlo, honran a Dios, es a ustedes a quienes se dirige este mensaje de
salvación. 27 Ciertamente, los habitantes de
Jerusalén y sus jefes no reconocieron a
Jesús, y al condenarlo cumplieron las palabras de los profetas que se leen todos los
sábados. 28 Sin haber encontrado en él ningún delito que mereciera la muerte, pidieron a Pilato que lo matara. 29 Y después de
cumplir todo lo que acerca de él estaba escrito, lo bajaron del madero y lo pusieron
en un sepulcro. 30 Pero Dios lo resucitó de
entre los muertos. 31 Durante muchos días
se apareció a los que habían subido con él
desde Galilea a Jerusalén, los cuales son
ahora sus testigos ante el pueblo. 32 Y nosotros les anunciamos esta buena noticia:
que la promesa hecha a nuestros antepasados, 33 Dios la ha cumplido entre nosotros,
sus descendientes, resucitando a Jesús, como está escrito también en el salmo segundo: *Tú eres mi hijo, yo te he engendrado
hoy.* 34 Porque efectivamente lo resucitó de
entre los muertos para no regresar ya nunca

• **13 4-12**: El autor de Hechos quiere resaltar que la nueva etapa evangelizadora es obra del Espíritu Santo (Hch 13 2.4). Su primer objetivo es situar a Pablo en el papel de protagonista. Hasta aquí, Saulo era sólo el acompañante de Bernabé, el cual, a su vez, era delegado de los apóstoles (Hch 11 22); pero desde ahora el nombre de Pablo figurará casi siempre en primer lugar (Hch 13 13). Hasta aquí Pablo ha sido nombrado sistemáticamente con su nombre judío: Saulo; pero desde este momento (Hch 13 9) se le llamará por su nombre romano: Pablo. Este cambio de nombre nos indica el nuevo horizonte de la misión que el Espíritu le ha confiado. Finalmente, de Pablo se dice que *estaba lleno del Espíritu Santo,* lo mismo que se había dicho antes de Pedro (Hch 4 8) y de Esteban (Hch 6 5), los dos personajes que encabezan la lista de los apóstoles (Hch 1 13) y de los helenistas (Hch 6 5).

Sobre la importancia y extensión de la magia en el imperio romano, véase la nota a Hch 8 9-25. Aquí Pablo desempeña un papel semejante al de Pedro en aquel pasaje.

• **13 13-52**: El anuncio del evangelio en Antioquía de Pisidia es el punto culminante de la primera misión paulina. Se describe mediante dos escenas, que tienen lugar en dos sábados sucesivos: la primera (Hch 13 13-41) está centrada en el anuncio a los judíos, mientras que la segunda (Hch 13 42-52) describe el anuncio a los paganos.

La primera escena (Hch 13 13-41) contiene el único discurso que Pablo pronuncia ante oyentes judíos. Tres alusiones a los oyentes (Hch 13 16.26.38) ayudan a estructurar el discurso en tres partes. La primera (Hch 13 16-25) es un resumen de la historia de Israel, una historia de promesas, que culmina, según la visión del autor de Lucas y Hechos (véase Lc 16 16), con la aparición de Juan Bautista. La segunda parte del discurso (Hch 13 26-37) es un resumen del anuncio cristiano ilustrado con numerosas citas del Antiguo Testamento que muestran cómo se cumplen en Jesús las promesas divinas. Finalmente, la tercera (Hch 13 38-41) es una invitación a aceptar este anuncio por medio de la fe. Las semejanzas de este discurso con los pronunciados por Pedro son notables (véase nota a Hch 2 14-41).

La segunda escena (Hch 13 42-52) está centrada en la cita de Is 49 6, cuya última frase se encuentra literalmente en el encargo de Jesús a sus discípulos en Hch 1 8. Finalmente, tras el rechazo de los judíos, aparece claramente el destino universal del evangelio.

más a la corrupción, conforme a lo que dijo: *Les cumpliré las firmes promesas que
hice a David.* 35 Por eso dice también en
otro lugar: *No permitirás que tu fiel experimente la corrupción.* 36 Ahora bien, David, después de cumplir durante su vida la
voluntad de Dios, murió, fue a reunirse con
sus antepasados, y experimentó la corrupción. 37 Sin embargo, aquel a quien Dios
resucitó no experimentó la corrupción.
38 Sepan, pues, hermanos, que por él se
les anuncia el perdón de los pecados. La
salvación que no han podido ustedes obtener con la ley de Moisés, 39 la obtiene gracias a Jesús todo el que cree. 40 Tengan cuidado, pues, que no les pase lo que dijeron
los profetas:

41 *Contemplen esto, soberbios,*
y que el asombro los haga desaparecer,
porque voy a realizar en su tiempo
una obra que no la creerán
aunque se la cuenten.

42 A la salida, les pedían que hablaran
sobre lo mismo el sábado siguiente. 43 Di-
suelta la asamblea, muchos judíos y prosélitos que adoraban al verdadero Dios siguieron a Pablo y Bernabé, quienes trataban de
persuadirlos con sus palabras para que permanecieran fieles a la gracia de Dios.
44 El sábado siguiente casi toda la ciudad se congregó para escuchar la palabra
del Señor. 45 Los judíos, al ver la multitud,
se llenaron de envidia, y contradecían lo
que Pablo decía, insultándolo. 46 Entonces,
Pablo y Bernabé dijeron con toda valentía:
–A ustedes teníamos que anunciarles
primeramente la palabra de Dios, pero ya
que la rechazan y ustedes mismos no se
consideran dignos de la vida eterna, nos
dirigiremos a los paganos. 47 Pues así nos
lo mandó el Señor:

Te he puesto como luz de las naciones,
para que lleves la salvación
hasta los extremos de la tierra.

48 Los paganos, al oír esto, se alegraban
y recibían con alabanzas el mensaje del
Señor. Y todos los que estaban destinados
a la vida eterna creyeron.
49 La palabra del Señor se difundió por
toda aquella región. 50 Los judíos, sin embargo, sublevaron a las mujeres distingui-
das que adoraban al verdadero Dios, y a
los principales de la ciudad; promovieron
una persecución contra Pablo y Bernabé, y
los expulsaron de su territorio. 51 Ellos, en
señal de protesta, sacudieron el polvo de
sus pies y se fueron a Iconio. 52 Los discípulos, por su parte, estaban llenos de alegría y del Espíritu Santo.

Iconio

Mc 16 20; Hch 19 11; 2 Tim 3 11

14 1 También en Iconio entraron en la
sinagoga de los judíos, y hablaron de
tal modo que creyó una gran muchedumbre, tanto de judíos como de paganos. 2 Pero los judíos que no aceptaron la palabra
incitaron a los paganos y los indispusieron
contra los hermanos. 3 A pesar de ello,
Pablo y Bernabé se quedaron allí bastante
tiempo, hablando con valentía acerca del
Señor, que confirmaba su predicación con
los signos y prodigios realizados a través
de ellos. 4 La gente de la ciudad se dividió:
unos estaban a favor de los judíos, y otros
a favor de los apóstoles. 5 Los paganos y
los judíos con sus jefes idearon un plan para
maltratarlos e incluso apedrearlos, 6 pero
ellos se dieron cuenta y escaparon a Listra
y Derbe, ciudades de Licaonia, y a sus
alrededores, 7 donde también anunciaron la
buena noticia.

Listra

Hch 3 2-9; 10 26; Sal 146 6; 147 8; Jr 5 24; 2 Cor 11 25

8 Había en Listra un paralítico, cojo de
nacimiento, que nunca había podido caminar. 9 Un día, cuando estaba oyendo hablar
a Pablo, éste se quedó mirándolo con atención y, viendo que tenía suficiente fe como
para ser sanado, 10 le dijo con fuerte voz:
–Levántate y endérezate.
El se levantó de un salto y comenzó a

• **14** 1-7: La predicación de Pablo y Bernabé, confirmada, como la de los apóstoles, con signos y prodigios (Hch 5 12-16), se dirige ya indistintamente a judíos y paganos. El rechazo o aceptación del evangelio no depende de la pertenencia a uno de estos grupos: hay judíos y paganos tanto entre quienes lo aceptan, como entre quienes lo rechazan. La persecución tramada contra ellos hace que la evangelización se extienda a las ciudades cercanas (véase Hch 8 4; 11 19).

caminar. 11 La gente, entonces, al ver lo
que había hecho Pablo, comenzó a gritar
en dialecto licaonio:
–¡Son dioses que han tomado forma humana y han bajado hasta nosotros!
12 Y llamaban Zeus a Bernabé y Hermes a Pablo, porque él era quien hablaba.
13 Por su parte, el sacerdote de Zeus, cuyo
templo estaba a la entrada de la ciudad, hizo traer ante las puertas toros adornados
con guirnaldas, y, junto con toda la gente,
pretendía ofrecer un sacrificio. 14 Cuando
los apóstoles Bernabé y Pablo se dieron
cuenta de lo que pasaba, rasgaron sus vestidos y caminando hacia la multitud gritaban:
15 –Ciudadanos ¿qué es lo que hacen?
Nosotros somos de la misma condición que
ustedes. Somos hombres y les anunciamos
la buena noticia para que, abandonando
estos falsos dioses se conviertan al Dios
vivo, que hizo el cielo y la tierra, el mar y
todo lo que hay en ellos. 16 En las generaciones pasadas, él permitió que cada pueblo
siguiera su propio camino; 17 aunque no
dejó de darse a conocer por sus beneficios,
enviándoles desde el cielo lluvias y temporadas fructíferas, y llenando de alimento y
alegría sus corazones.
18 Con estas palabras lograron convencer a la gente para que no les ofrecieran
sacrificios, pero no les fue fácil.
19 Por entonces llegaron de Antioquía
de Pisidia y de Iconio algunos judíos que
se ganaron a la gente. Apedrearon a Pablo
y, pensando que estaba muerto, lo arrastraron fuera de la ciudad. 20 Pero, después que
sus discípulos lo asistieron, él se levantó y
entró en la ciudad. Al día siguiente salió
hacia Derbe con Bernabé.

Regreso a Antioquía de Siria

1 Tes 3 3; Hch 11 30; 15 2-6; 20 28; 13 1-3

21 Pablo y Bernabé, después de anunciar el evangelio en Derbe y hacer bastantes discípulos, regresaron a Listra, Iconio y
Antioquía. 22 A su paso animaban a los discípulos y los exhortaban a permanecer firmes en la fe. Les decían:
–Tenemos que pasar muchos sufrimientos para poder entrar en el reino de Dios.
23 Designaron responsables en cada iglesia y, después de orar y ayunar, los encomendaron al Señor, en quien habían creído.
24 Luego atravesaron Pisidia, llegaron a
Panfilia, 25 y, después de predicar la palabra en Perge, bajaron a Atalía.
26 De allí regresaron por mar a Antioquía
de Siria donde habían sido encomendados
a la protección de Dios para la misión que
acababan de realizar. 27 Al llegar, reunieron a la comunidad y contaron todo lo que
había hecho Dios por medio de ellos, y cómo había abierto a los paganos la puerta de
la fe. 28 Pablo y Bernabé permanecieron
allí bastante tiempo con los discípulos.

ASAMBLEA DE JERUSALEN +

Embajada a Jerusalén

Lv 12 3; Hch 11 30; Gal 2 1

15 1 Algunos que habían bajado de Judea
enseñaban a los hermanos:

• **14 8-20**: La curación del paralítico es semejante a la realizada por Pedro a la entrada del templo de Jerusalén (Hch 3 2-9), pero la reacción de los habitantes de Licaonia es muy distinta a la de los judíos (Hch 4 1-21). Confunden a Pablo y Bernabé con dos de los principales dioses griegos: Zeus, el padre de los dioses; y Hermes, su *portavoz*. Los dioses de Grecia, cuya mitología era más rica que la de Roma, ocuparon un lugar de preferencia en la religión oficial del imperio, y su culto estaba implantado en la mayoría de las colonias romanas.

El discurso de Pablo tiene un tono y unas motivaciones muy diversas al pronunciado en Antioquía de Pisidia (Hch 13 16-41), pues sus oyentes son ahora paganos. Los temas de este discurso se encuentran desarrollados en el pronunciado por Pablo en el Areópago de Atenas (Hch 17 22-31).

• **14 21-28**: De regreso hacia Antioquía, Pablo y Bernabé visitan las comunidades recién fundadas, exhortándolas a permanecer firmes y a afrontar los sufrimientos. La designación de los responsables refleja la costumbre de la iglesia de Antioquía (Hch 13 3; 14 23), y probablemente la estructura de las comunidades en las que se escribió el libro. El recorrido misionero termina igual que había empezado: en un clima comunitario. Pablo y Bernabé resumen su experiencia con el dato más significativo: Dios ha concedido el don de la fe a los paganos (Hch 14 27; véase Hch 11 18).

+ 15 1-31: La asamblea de Jerusalén es un episodio muy importante en el conjunto del libro. En ella se confirma definitivamente lo que ya parecía aceptado por todos después del encuentro de Pedro con Cornelio (Hch 11 1-18): que la buena noticia y la fe en Jesús deben llegar a los paganos sin ningún obstáculo. Desde la perspectiva de Lucas, esta asamblea supone la confirmación de la misión paulina (Hch 15 12), y es el punto de partida de los nuevos viajes. No obstante, son cada vez más numerosos los autores que sitúan esta asamblea después del segundo viaje, hacia el año 51 d. C.

–Si no se circuncidan según el mandato
de Moisés, no pueden salvarse.
2 Este hecho provocó una acalorada discusión de Pablo y Bernabé contra ellos.
Debido a esto, determinaron que Pablo,
Bernabé y algunos otros subieran a Jerusalén, para tratar este asunto con los apóstoles
y los responsables. 3 Provistos, pues, por la
iglesia de Antioquía de todo lo necesario
para el viaje, atravesaron Fenicia y Samaría contando la conversión de los paganos,
y llenando de gran alegría a todos los hermanos. 4 Al llegar a Jerusalén, fueron recibidos por la iglesia, los apóstoles y los responsables, y les contaron todo lo que Dios
había hecho por medio de ellos. 5 Pero
algunos de la secta de los fariseos, que se
habían hecho creyentes, intervinieron diciendo que era necesario circuncidar a los
convertidos y obligarlos a cumplir la ley
de Moisés.

Desarrollo de la asamblea

Hch 10 28-48; 11 1-18; Gal 2 1-10; 5 1-3; Zac 2 15;
Rom 11 16-17; *Am 9 11-12;* Lv 17 10-14

6 Entonces los apóstoles y los responsables se reunieron para examinar este asunto.
7 Después de una larga discusión, se levantó Pedro y les dijo:
–Hermanos, ustedes saben que, desde
los primeros tiempos, Dios me eligió a mí
de entre ustedes para que los paganos oye-
ran por mi boca el mensaje de la buena
noticia y creyeran. 8 Y Dios, que conoce los
corazones, dio testimonio en favor de ellos,
otorgándoles el Espíritu Santo igual que a
nosotros. 9 Sin hacer diferencia entre ellos
y nosotros, purificó sus corazones con la
fe. 10 ¿Por qué quieren ahora poner a prueba a Dios, tratando de imponer a los discípulos una carga que ni nosotros ni nuestros
antepasados hemos podido soportar? 11 Nosotros, en cambio, creemos que nos salva-
mos por la gracia de Jesús, el Señor; y
ellos, exactamente igual.
12 Toda la multitud guardó silencio, y
escuchaba a Bernabé y a Pablo contar las
señales y prodigios que Dios había hecho
entre los paganos por medio de ellos.
13 Cuando acabaron de hablar, tomó la
palabra Santiago y dijo:
–Hermanos, escúchenme: 14 Simón ha
contado cómo Dios, desde el principio,
eligió de entre los paganos un pueblo consagrado a su nombre. 15 Esto concuerda
con las palabras de los profetas, pues está
escrito:

16 *Después de esto regresaré*
y restauraré la tienda de David,
que estaba destruida.
Repararé sus ruinas
y la volveré a levantar,
17 *para que el resto de los hombres*
busque al Señor,
junto con todas las naciones
sobre las que se ha invocado mi nombre.
Así lo dice el Señor
que realizó estas cosas,
18 anunciadas desde antiguo.

19 Por eso, en mi opinión, no hay que
crear dificultades a los paganos que se
convierten. 20 Es suficiente escribirles que
se abstengan de toda contaminación, de la
idolatría, de matrimonios ilegítimos, de co-

• **15 1-5**: El problema planteado en la comunidad de Antioquía iba más allá de la observancia de un rito externo (la circuncisión), pues este rito significaba la entrada en el pueblo judío y obligaba a cumplir la ley de Moisés (Hch 15 5). Algunos cristianos pensaban que todo esto era necesario para salvarse; otros, sin embargo, sostenían que la fe era lo único necesario (Gal 2 15-16), y que no hacía falta hacerse judío para ser cristiano. Al narrar este episodio, Lucas se hace eco de uno de los problemas más importantes que tuvieron que aclarar las primeras comunidades cristianas.

• ***15 6-21**: La discusión de la asamblea* queda resumida en dos discursos, entre los cuales se intercala el testimonio de Pablo y Bernabé, contando las maravillas realizadas por Dios entre los paganos. Aunque las posturas reflejadas en ambos discursos son distintas, el autor ha intentado conciliarlas con referencias cruzadas (Hch 15 14). Pedro, aludiendo al episodio de Cornelio (Hch 10 34-35), sostiene que la salvación es fruto de la gracia de Jesús, y que la ley es una carga insoportable (Hch 15 7-11). Santiago, sin embargo, considera necesario observar algunos preceptos de la ley, y exhorta indirectamente a escuchar con perseverancia su lectura (Hch 15 20-21). Es muy probable que se trate de dos soluciones distintas a dos problemas distintos. El discurso de Pedro se armoniza bien con lo que el mismo Pablo cuenta en Gal 2 1-10. Sin embargo, el de Santiago podría reflejar una resolución posterior, tal vez motivada por el incidente de Antioquía (Gal 2 11-15), y encaminada a hacer posible la comunión de mesa entre cristianos de origen judío y pagano. Lucas, que contempla estos acontecimientos desde lejos, y que tiene una visión unitaria de los orígenes cristianos, ha unido ambos puntos de vista, pero ha dejado rastros de aquella diversidad, que son fáciles de descubrir en una lectura atenta.

mer la carne de animales muertos sin desangrar. 21 Ya que desde hace siglos la ley
de Moisés tiene en cada ciudad sus predicadores, que la leen en las sinagogas todos
los sábados.

Declaración final de la asamblea

Mt 23 4; Hch 13 1-4; Lv 3 17; 17 10-14

22 Entonces, los apóstoles y los responsables, de acuerdo con el resto de la comunidad, decidieron elegir de entre ellos algunos hombres y enviarlos a Antioquía con
Pablo y Bernabé. Eligieron a Judas, a quien
llamaban Barsabás, y a Silas, personajes
eminentes entre los hermanos.
23 A través de ellos les enviaron la siguiente carta:

Los apóstoles y los hermanos responsables, a los hermanos no judíos de Antioquía, Siria y Cilicia. Saludos. 24 Hemos
oído que algunos de entre nosotros, sin
mandato nuestro, los han inquietado y desconcertado con sus palabras. Por tal motivo, 25 hemos decidido de común acuerdo
elegir algunos hombres y enviárselos con
nuestros queridos Bernabé y Pablo, 26 hombres que han consagrado su vida al servicio de nuestro Señor Jesucristo. 27 Enviamos, pues, a Judas y a Silas, que les trans-
mitirán lo mismo de palabra. 28 Porque hemos decidido el Espíritu Santo y nosotros
no imponerles otras cargas más que las indispensables: 29 que se abstengan de lo sacrificado a ídolos, de la sangre, de la carne
de animales muertos sin desangrar y de matrimonios ilegítimos. Harán bien en privar-
se de todo esto. Que les vaya bien».

Regreso de los enviados

Hch 11 27; 13 1; 14 26-28

30 Los enviados se despidieron y bajaron
a Antioquía, donde convocaron una asamblea comunitaria y entregaron la carta; 31 su
lectura los llenó de alegría por el consuelo
que les daba.
32 Judas y Silas, que también eran profetas, consolaron y confortaron a los hermanos conversando largamente con ellos.
33 Pasado algún tiempo, fueron despedidos
con afecto por los hermanos, y regresaron a
la comunidad que los había enviado. 35 Pablo y Bernabé, por su parte, se quedaron en
Antioquía enseñando y proclamando la
palabra del Señor, junto con otros muchos.

2. *Evangelización de Grecia* ◊

SEGUNDO VIAJE MISIONERO DE PABLO +

Separación de Pablo y Bernabé

Hch 13 13; 14 26; 17 14-15

36 Algunos días después, Pablo dijo a
Bernabé:
–Deberíamos regresar a todas las ciuda-

• **15 22-29**: El decreto de la asamblea refleja la postura de Santiago, pues menciona las cuatro normas citadas en su discurso (Hch 15 20; véase nota a Hch 15 6-22). Son normas de pureza ritual (Lv 3 17), destinadas, probablemente a posibilitar la comunión de mesa entre cristianos de origen judío y pagano. Lucas subraya que la decisión es también obra del Espíritu Santo (Hch 15 28).

• **15 30-35**: La última escena refleja un clima de concordia entre los enviados de Jerusalén y la comunidad de Antioquía, aunque históricamente no todo quedó solucionado y la presión de los judaizantes continuó durante mucho tiempo (véase Gal 2 11-15). La noticia de que Pablo y Bernabé permanecieron en Antioquía relaciona la asamblea de Jerusalén con los episodios anteriores (véase Hch 13 1 y 14 28), y hace de ella una confirmación de la actividad misionera de Pablo, que está a punto de dirigirse hacia nuevos horizontes (Hch 16 9).

Hch 15 34, que falta en los mejores y más antiguos manuscritos, dice así: *Sin embargo Silas decidió quedarse con ellos, y regresó Judas solo.*

◊ **15 36-21 14**: Con la ruptura entre Pablo y Bernabé (Hch 15 36-41), comienza una nueva etapa en la actividad misionera de Pablo. En ella, el mensaje se va extendiendo a regiones cada vez más lejanas, bajo el impulso del Espíritu Santo, que orienta el camino de Pablo hacia Grecia (Hch 16 6-10). En efecto, las regiones de Grecia y Asia Menor se convierten en su campo de acción. En ellas se encuentran las comunidades a las que Pablo dirigió sus cartas y con las que mantuvo una relación más estrecha. Y aunque sus viajes tienen como punto de llegada y de partida la comunidad de Antioquía, el centro de la actividad de Pablo se ha desplazado a otras ciudades, donde pasa largas temporadas: año y medio en Corinto (Hch 18 11) y tres años en Efeso (Hch 19 8.10).

Esta etapa de la expansión del mensaje cristiano puede dividirse en dos fases, que corresponden a lo que tradicionalmente se conoce como segundo y tercer viaje de Pablo. El segundo (Hch 15 36-18 23) tiene como centro la ciudad de Corinto, y el tercero (Hch 18 24-21 14) la de Efeso.

+ **15 36-18 23**: La visión del macedonio (Hch 16 9-10) orienta el camino de Pablo hacia Europa: Filipos, Tesalónica, Berea, Atenas y Corinto serán los puntos más importantes de su recorrido. El discurso en el Areópago (Hch 17 22-32) y la permanencia en Corinto (Hch 18 1-17) son los momentos culminantes. Siempre está presente la

des en las que ya anunciamos la palabra
del Señor, para visitar a los hermanos y ver
cómo les va.
37 Bernabé quería llevar consigo a Juan,
a quien llamaban Marcos. 38 Pablo, en cambio, opinaba que no debían llevar consigo
al que se había separado de ellos en Panfilia, y no los había acompañado en la tarea
apostólica. 39 Este asunto produjo entre
ellos una discusión tan acalorada, que terminaron separándose. Bernabé llevó consigo a Marcos y se embarcó hacia Chipre.
40 Pablo, por su parte, eligió como compañero a Silas, y partió, después de haber
sido encomendado por los hermanos a la
protección del Señor. 41 Recorrió Siria y
Cilicia, fortaleciendo a las iglesias en la fe.

Circuncisión de Timoteo

Gal 2 3-5

16 1 Llegó a Derbe y después a Listra.
Había allí un discípulo llamado Timoteo, de madre judía convertida al cristianismo, y de padre griego. 2 Timoteo era muy
estimado entre los hermanos de Listra e
Iconio. 3 Pablo decidió llevarlo consigo y
lo circuncidó, debido a los judíos que había
en aquella región, pues todos sabían que su
padre era griego. 4 En todas las ciudades
por donde pasaban comunicaban a los creyentes los acuerdos tomados por los apóstoles y los responsables de Jerusalén y les
recomendaban que los cumplieran. 5 Las
iglesias se robustecían en la fe y crecían en
número de día en día.

Visión del macedonio

Hch 18 9-10

6 Atravesaron Frigia y la región de Galacia, pero el Espíritu Santo les impidió
anunciar el mensaje en la provincia de Asia.
7 Llegaron a Misia e intentaron dirigirse a
Bitinia, pero el Espíritu de Jesús no los dejó. 8 Así que pasaron de largo por Misia y
bajaron hacia Tróade.
9 Aquella noche Pablo tuvo una visión.
Se le presentó un macedonio y le hizo esta
súplica:
–Pasa a Macedonia y ven en nuestra
ayuda.
10 Ante esta visión, procuramos pasar
rápidamente a Macedonia, persuadidos de
que Dios nos llamaba a anunciarles la buena noticia.

Filipos

Flp 1 1; Hch 5 19-20; 12 6-11.18-19; 18 25-26; 22 25.29

11 Nos embarcamos, pues, en Tróade y
fuimos directos a Samotracia. Al día siguiente fuimos a Neápolis, y de allí a Filipos, 12 ciudad importante del distrito de
Macedonia y colonia romana. Allí perma-
necimos algunos días. 13 El sábado salimos
fuera de la ciudad y fuimos junto al río,
donde pensábamos que se reunían para
orar. Nos sentamos y estuvimos hablando

polémica de Pablo con los judíos y la progresiva apertura del evangelio a los paganos, pero también aparece el fracaso de la misión cristiana entre los grupos más cultos de la sociedad (Hch 17 22-32). En cualquier caso, estos capítulos deben leerse desde el transfondo de las cartas dirigidas por Pablo a estas comunidades.

• **15 36-41**: El clima de armonía que Lucas subraya en los comienzos de la Iglesia (Hch 2 42-47) se rompe de nuevo con esta acalorada discusión entre Pablo y Bernabé (véase también Hch 6 1-7). Es un momento que ha sido preparado con repetidas menciones de Juan Marcos (Hch 12 12.25; 13 5.13), aunque desde el punto de vista histórico, tal vez no fuera éste el único y principal motivo de la ruptura, sino los distintos puntos de vista que sostuvieron Pablo y Bernabé respecto a la observancia de la ley (véase Gal 2 13).

• ***16 1-5****: Después de los acuerdos de Jerusalén* (Hch 15 19.28) sorprende que Pablo hiciera circuncidar a Timoteo. Este hecho, históricamente poco probable (véase Gal 2 3-5), parece responder a la intención de Lucas, que desea subrayar la cercanía entre Pablo y la iglesia de Jerusalén (véase también Hch 22 3; 26 5).

• **16 6-10**: La mención repetida del Espíritu Santo y la referencia a la voluntad divina comunicada a través de una visión, son signo evidente de que comienza una nueva etapa en la expansión del evangelio. Los nuevos oyentes, a los que desde ahora se dirigirán Pablo y sus colaboradores, están representados por el macedonio de la visión. Macedonia estaba en la frontera entre Oriente y el mundo griego, y era la cuna del imperio que había impuesto en el mundo la cultura helenística.

• **16 11-40**: Filipos, importante colonia romana de la provincia de Macedonia, es la primera ciudad griega evangelizada por Pablo, el cual se sintió siempre especialmente unido a esta comunidad (véase Flp 4 15-18). Su actividad allí ha quedado resumida en dos episodios, que giran en torno a la conversión de dos personajes: Lidia, una mujer unida religiosamente al judaísmo (Hch 16 13-15); y el carcelero, un pagano, que se siente deslumbrado ante las maravillas de Dios (Hch 16 17-40). La conversión de Lidia es obra del Señor. Su casa será la residencia de Pablo (Hch 16 40) y tal vez lugar de encuentro para la comunidad cristiana de Filipos. El exorcismo de Pablo (Hch 16 16-18) recuerda los de Jesús, pues los demonios reconocen a Pablo, lo mismo que reconocían a Jesús (véase Mc

con las mujeres que se habían reunido.
14 Entre ellas había una llamada Lidia, que
procedía de Tiatira y se dedicaba al comercio de telas. Lidia adoraba al verdadero
Dios, y el Señor le abrió el corazón para
que aceptara las palabras de Pablo. 15 Después de haberse bautizado con toda su familia, nos suplicó:
–Si consideran que mi fe en el Señor es
sincera, entren y quédense en mi casa.
Y nos obligó a ir.
16 Un día, cuando íbamos al lugar en
donde se reunían para orar, nos salió al encuentro una muchacha que tenía un espíritu
de adivinación gracias al cual procuraba a
sus dueños grandes ganancias. 17 La muchacha comenzó a seguir a Pablo y a nosotros gritando:
–Estos hombres son siervos del Dios
Altísimo; ellos les anuncian el camino de
la salvación.
18 Y así lo hizo durante muchos días,
hasta que por fin, Pablo se hartó y, enfrentándose con el espíritu, le dijo:
–En nombre de Jesucristo te mando que
salgas de ella.
El espíritu salió de ella en ese mismo
instante, 19 pero sus amos, al ver que habían
desaparecido sus posibilidades de ganancia, detuvieron a Pablo y a Silas y los llevaron a la plaza pública, ante los dirigentes
de la ciudad. 20 Allí los presentaron ante las
autoridades con esta acusación:
–Estos hombres están amotinando nuestra ciudad; 21 son judíos y predican costumbres que nosotros, como romanos, no podemos aceptar ni practicar.
22 La gente se puso en contra de ellos, y
las autoridades ordenaron que les quitaran
sus ropas y los azotaran con varas. 23 Después de azotarlos severamente, los metieron
en la cárcel y encargaron al carcelero que
los custodiara con atención. 24 El carcelero, siguiendo a la letra la orden, los metió
en la celda más segura y les sujetó los pies
al suelo con cadenas.
25 A medianoche, Pablo y Silas oraban
entonando himnos a Dios, mientras que los
otros presos los escuchaban. 26 De repente,
se produjo un gran terremoto que sacudió
los cimientos de la cárcel y se abrieron todas
las puertas y a todos los presos se les soltaron las cadenas. 27 Al despertarse el carcelero y ver abiertas las puertas de la cárcel,
sacó el puñal con intención de suicidarse,
pensando que los presos se habrían escapado. 28 Pero Pablo le gritó:
–¡No te hagas daño; todos estamos aquí!
29 El carcelero pidió una antorcha, entró
en la celda y tembloroso se arrojó a los pies
de Pablo y Silas. 30 Después los sacó fuera,
y dijo:
–Señores, ¿qué debo hacer para salvar-
me?
31 Ellos le respondieron:
–Si crees en el Señor Jesús, te salvarás
tú y tu familia.
32 Luego le explicaron a él y a todos sus
familiares el mensaje del Señor. 33 En aquella misma hora de la noche, el carcelero los
tomó consigo, les lavó las heridas y luego
recibió el bautismo con todos los suyos.
34 Después los llevó a su casa, preparó un
banquete y celebró con toda su familia la
alegría de haber creído en Dios.
35 Cuando amaneció, las autoridades
enviaron a unos guardias con la orden de
poner en libertad a aquellos hombres. 36 El
carcelero se lo comunicó a Pablo:
–Las autoridades han dado orden de que
sean puestos en libertad. Salgan, pues, y
váyanse en paz.
37 Pero Pablo dijo a los guardias:
–Ellos nos metieron en la cárcel después
de azotarnos en público sin juzgarnos, y eso
que somos ciudadanos romanos. ¿Y ahora
quieren sacarnos a escondidas? ¡De ninguna manera! ¡Que vengan ellos a sacarnos!
38 Los guardias comunicaron a las autoridades estas palabras. Ellos, al oír que eran
ciudadanos romanos, se asustaron, 39 y fueron a disculparse ante ellos. Después los

1 24.34; Lc 4 34.41). El encarcelamiento y la liberación milagrosa son semejantes a las experimentadas por los apóstoles (Hch 5 19-20) y Pedro (Hch 12 6-11). La conversión del carcelero, que es el centro del relato describe el proceso de la incorporación a la comunidad cristiana: la fe, la explicación del mensaje del Señor y el bautismo (Hch 16 30-34). La actitud de las autoridades al saber que Pablo era romano (la ley Porcia prohibía que un ciudadano romano fuera azotado) hacen que el pasaje concluya con un cierto aire de triunfo (Hch 16 35-39).

En Hch 16 10-17 el narrador emplea la primera persona del plural, iniciando una serie de pasajes conocidos como *secciones nosotros*. Sobre estos pasajes véase nota a Hch 20 13-15.

sacaron y les rogaron que se fueran de la
ciudad. 40 Cuando Pablo y Silas salieron de
la cárcel se dirigieron a casa de Lidia; y,
después de ver y consolar a los hermanos,
se fueron.

Tesalónica y Berea

1 Tes 2 1-2.14; Lc 23 2; Jn 19 12; Hch 13 13-52

17 1 Pasaron por Anfípolis y Apolonia, y
llegaron a Tesalónica, donde había una
sinagoga judía. 2 Siguiendo su costumbre,
Pablo entró allí, y durante tres sábados estuvo conversando con ellos acerca de las Escrituras. 3 Les explicaba y demostraba que
el Mesías tenía que padecer y resucitar de
entre los muertos. Y añadía:

–El Mesías es precisamente este Jesús
que yo les proclamo.

4 Algunos judíos se convencieron y se
unieron a Pablo y a Silas, y lo mismo hicieron muchos griegos que adoraban al
verdadero Dios y muchas mujeres de la
aristocracia. 5 Pero los judíos, movidos por
la envidia, contrataron a algunos agitadores, que promovieron revueltas y amotinaron la ciudad. Después, se presentaron en
la casa de Jasón, y reclamaron a Pablo y a
Silas para llevarlos ante la asamblea del
pueblo. 6 Al no encontrarlos, se llevaron
por la fuerza a Jasón y a algunos hermanos
ante las autoridades, gritando:

–¡Esos individuos que han agitado el
mundo entero también se han presentado
aquí, 7 y Jasón los ha hospedado! ¡Todos
ellos actúan contra los decretos del emperador, diciendo que hay otro rey: Jesús!

8 La gente y las autoridades quedaron
alarmados al oír esto, 9 así que exigieron a
Jasón y a los demás una fianza y los dejaron en libertad.

10 Inmediatamente, los hermanos enviaron a Pablo y a Silas de noche a Berea.
Ellos, en cuanto llegaron, entraron en la
sinagoga de los judíos. 11 Estos eran más
tratables que los de Tesalónica, y recibieron el mensaje con mucho interés; todos
los días estudiaban las Escrituras, para ver
si la interpretación que les daban era convincente. 12 Y muchos de ellos creyeron,
así como muchos paganos de la aristocracia, tanto mujeres como hombres. 13 Pero
cuando los judíos de Tesalónica supieron
que Pablo anunciaba la palabra de Dios en
Berea, fueron allá para agitar y sublevar a
la gente.

14 Entonces los hermanos hicieron partir inmediatamente a Pablo hacia la costa;
Silas y Timoteo se quedaron allí. 15 Los
que acompañaban a Pablo lo llevaron hasta
Atenas, y de ahí se regresaron con el encargo de avisar a Silas y Timoteo, para que se
reunieran con Pablo lo más pronto posible.

Pablo en Atenas

Hch 13 16-41; 20 18-35; Sal 146 6; Is 40 18-20; 44 10-17

16 Mientras Pablo los esperaba en
Atenas, se apenaba cada vez más al ver
una ciudad tan dominada por la idolatría.
17 Conversaba en la sinagoga con los judíos
y con otros que adoraban al verdadero Dios;
y lo mismo hacía todos los días en la plaza
con los que se encontraba. 18 Incluso algunos filósofos epicúreos y estoicos conversaban con él. Unos decían:

–¿Qué querrá decir este charlatán?

Y otros:

• **17 1-15**: En el camino desde Filipos hasta Atenas se cuentan los episodios sucedidos en Tesalónica y Berea. Son episodios relacionados entre sí, que señalan cómo la buena noticia llegó a los paganos. El proceso tiene cuatros fases: la buena noticia se anuncia en primer lugar a los judíos (Hch 17 2-3); pero tiene éxito sobre todo entre los paganos (Hch 17 4); esto provoca los celos y la persecución de los judíos (Hch 17 5-9); lo cual no sólo no dificulta, sino que contribuye a la expansión del cristianismo (Hch 17 10). Lo sucedido en Tesalónica se repite en Berea (Hch 17 10-15). Los continuos enfrentamientos entre judíos *y cristianos que encontramos en el libro de los* Hechos (Hch 5 17-42; 8 1-3; 13 13-52) responden sin duda a un hecho histórico, pero también es posible que Lucas los haya acentuado para que no se confunda a los cristianos con los judíos, que no gozaban de buena fama en el imperio romano.

• **17 16-34**: Atenas, capital de la antigua Grecia, era la ciudad más culta de aquel momento. En ella se daban cita la tradición de una rica mitología y toda clase de escuelas filosóficas. Ambas cosas impactaron a Pablo y a los primeros cristianos, y constituyeron los temas de un diálogo que no siempre fue fácil, como se advierte en el discurso de Pablo en el Areópago. Dicho discurso tiene pocas semejanzas con el resto de los discursos de Hechos, aunque el esquema básico se encuentra ya en el breve discurso pronunciado por Pablo en Listra (Hch 14 15-17; véase también 1 Tes 1 9-10; 1 Cor 8 6). En el desarrollo de los temas del anuncio a los paganos, Pablo recurre a la sabiduría humana y se hace eco de la crítica ilustrada (no olvidemos que entre sus oyentes había epicúreos y estoicos) a la religión: Dios no necesita templos, ni sacrificios ni estatuas. El está en todas partes, y lo más importante para encontrarlo es tener una actitud de bús-

–Parece ser un predicador de divinidades extranjeras.
Porque anunciaba a Jesús y la resurrección. 19 Así pues, fueron por él, lo llevaron
al Areópago y le preguntaron:
–¿Se puede saber qué doctrina nueva es
esa que enseñas? 20 Nos hablas de cosas
extrañas, y queremos saber de qué se trata.
21 (Es que todos los atenienses y los
extranjeros que allí vivían no tenían otra
diversión que conversar sobre las últimas
novedades).
22 Pablo, de pie, en medio del Areópago, dijo:
–Atenienses, he observado que son muy
religiosos. 23 En efecto, al recorrer su ciudad y contemplar sus monumentos sagrados, he encontrado un altar en el que está
escrito: «Al dios desconocido». Pues bien,
eso que veneran sin conocerlo es lo que yo
les anuncio. 24 El Dios que hizo el mundo
y todo lo que hay en él, y que es el Señor
de cielo y tierra, no habita en templos
construidos por mano de hombre; 25 tampoco tiene necesidad de que los hombres
lo sirvan, pues él da a todos la vida, la res-
piración y todo lo demás. 26 El creó de un
solo hombre toda la humanidad para que
habitara en toda la tierra, fijando a cada
pueblo dónde y cuándo tenían que habitar,
27 con el fin de que buscaran a Dios, a ver
si, aunque sea a tientas, lo podían encontrar; y es que en realidad no está lejos de
cada uno de nosotros, 28 ya que en él vivimos, nos movemos y existimos. Así lo han
dicho algunos de sus poetas: «Somos de su
descendencia». 29 Por tanto, si somos descendencia de Dios, no debemos pensar que
la divinidad se parezca a oro, plata, piedra,
o escultura hecha por el arte y el ingenio
humanos. 30 Ahora, sin embargo, pasando
por alto los tiempos de la ignorancia, Dios
manda a todos los hombres y en todas partes que se conviertan, 31 ya que él ha establecido un día, en el cual va a juzgar al universo con justicia por medio de un hombre
designado por él, a quien ha acreditado ante todos resucitándolo de entre los muertos.
32 Al oír aquello de «resurrección de
entre los muertos», unos se burlaron y otros
dijeron:
–Sobre este asunto te oiremos otro día.
33 Entonces Pablo abandonó la reunión.
34 Algunos, sin embargo, se unieron a él y
creyeron; entre ellos Dionisio el Areopa-
gita, una mujer llamada Dámaris y algunos
otros.

Corinto

Rom 16 3-4; 1 Cor 9 13-15;
Hch 13 45-46; 24 10-21; 26 31-32

18 1 Después de esto, Pablo partió de
Atenas y fue a Corinto. 2 Allí encontró a un judío llamado Aquila, originario
del Ponto, el cual acababa de llegar de Italia con su mujer Priscila, a causa del decreto por el cual el emperador Claudio había
expulsado de Roma a todos los judíos. Pablo se unió a ellos 3 y, como eran del mismo oficio –se dedicaban a fabricar tiendas
de campaña–, se quedó trabajando en casa
de ellos. 4 Todos los sábados conversaba
en la sinagoga, tratando de convencer a judíos y griegos. 5 Pero, cuando Silas y Timoteo llegaron de Macedonia, Pablo se dedicó enteramente a la predicación de la pa-

queda. Pero al llegar al punto central del mensaje cristiano (la resurrección) el intento de Pablo fracasa. El discurso de Pablo representa la oferta de salvación que el cristianismo hacía a las capas ilustradas de la sociedad helenística, y las dificultades que entrañaba el diálogo entre quienes predicaban la necedad de la cruz y quienes buscaban la sabiduría humana (véase 1 Cor 1 21-22).

• **18 1-17**: Corinto, capital de la provincia de Acaya y uno de los principales puertos del imperio, es la etapa principal del segundo viaje misionero de Pablo. La visión divina que anuncia la conversión de muchos corintios a la fe, recuerda la visión del macedonio, en la que se invitaba a Pablo a iniciar la misión en Europa (Hch 16 6-10). Esta visión, junto con la larga permanencia de Pablo (Hch 18 11), hacen pensar que Corinto llegó a ser un centro desde donde se extendió el evangelio a otros lugares de la región.

El paso del evangelio a los paganos sigue el esquema que ya conocemos por otros pasajes (véase Hch 17 1-15). Los que creen se bautizan, y, a partir de la familia de Ticio Justo, se va formando una iglesia doméstica.

El encuentro de Pablo con el vicecónsul Galión, que era hermano del filósofo Séneca y cordobés como él, tuvo lugar hacia el año 51 d.C. Es una fecha muy importante dentro de la historia del cristianismo naciente, pues a partir de ella puede reconstruirse una cronología bastante segura. La actitud de Galión hacia el cristianismo es de respeto, mientras que los judíos aparecen de nuevo como provocadores. Una vez más, Lucas intenta mostrar que las autoridades romanas tienen una valoración positiva del cristianismo, y que los cristianos no deben identificarse con los judíos (véase nota a Hch 17 1-15).

labra, dando testimonio ante los judíos que
Jesús era el Mesías. 6 Como ellos se oponían y no dejaban de insultarlo, sacudió su
ropa en señal de protesta y les dijo:
–Ustedes son los responsables de cuanto les suceda. Mi conciencia está limpia.
En adelante, pues, me dirigiré a los paganos.
7 Dicho esto, se fue de allí, y entró en la
casa de un tal Ticio Justo, que adoraba al
verdadero Dios y vivía junto a la sinagoga.
8 Crispo, el jefe de la sinagoga, creyó en el
Señor con toda su familia, y muchos de los
corintios que oían la predicación, creían y
se bautizaban. 9 Una noche, el Señor dijo a
Pablo en una visión:
–No temas, sigue hablando, no te calles, 10 porque yo estoy contigo, y nadie
intentará hacerte mal. En esta ciudad hay
muchos que llegarán a formar parte de mi
pueblo.
11 Pablo permaneció en Corinto un año
y seis meses, enseñando la palabra de Dios.
12 Mientras Galión era el vicecónsul de
Acaya los judíos conspiraron contra Pablo
y lo llevaron ante el tribunal 13 con esta
acusación:
–Este trata de persuadir a los hombres
para que den culto a Dios en contra de la
ley.
14 Pablo se disponía a hablar, cuando
Galión dijo a los judíos:
–Si se tratara de un delito o de un crimen grave, yo los escucharía con detenimiento; 15 pero, tratándose de cuestiones
referentes a su propia ley, allá ustedes. Yo
no quiero ser juez de esas cosas.
16 Y los echó del tribunal. 17 Entonces
todos ellos se apoderaron de Sóstenes, el
jefe de la sinagoga, y lo golpearon frente al
tribunal. Pero Galión no hizo caso de lo
que pasaba.

Regreso y nuevo viaje

Nm 6 13-20; Hch 21 24

18 Pablo se quedó todavía bastante tiempo en Corinto. Después se despidió de los
hermanos y se embarcó rumbo a Siria,
acompañado de Priscila y Aquila. En Cencreas se había rapado la cabeza para cumplir un voto que había hecho. 19 Al llegar a
Efeso, se separó de ellos, entró en la sinagoga y estuvo conversando con los judíos.
20 Estos le pedían que se quedara más tiempo, pero Pablo no accedió, 21 aunque, al
despedirse de ellos, les dijo:
–Regresaré a visitarlos otra vez, si Dios
quiere.
Salió de Efeso en barco, 22 desembarcó
en Cesarea y subió a visitar la iglesia de
Jerusalén. Después bajó a Antioquía.

TERCER VIAJE MISIONERO DE PABLO +

Apolo en Efeso

Hch 19 1-7; 1 Cor 1 12; 3 4-6; 2 Cor 3 1

23 Después de pasar allí algún tiempo,
salió y recorrió la región de Galacia y Frigia, fortaleciendo a todos los discípulos en
la fe.
24 Había llegado por entonces a Efeso
un judío llamado Apolo, originario de Alejandría. Era un hombre con facilidad de
palabra y conocía muy bien la Escritura.
25 Había sido instruido en el camino del
Señor, y hablaba con gran entusiasmo, en-

• **18 18-22**: En su viaje de regreso, Pablo se detiene en Efeso, anunciando así la próxima etapa de su actividad evangelizadora (Hch 19). De la visita a Jerusalén no hay noticia en sus cartas. Pablo regresa a Antioquía, la ciudad de donde había salido para anunciar la buena noticia de Jesús. Sin embargo, la importancia de esta comunidad en la vida de Pablo es cada vez menor (compárese Hch 13 1-3; 15 30 y 18 22), pues su centro geográfico se ha desplazado a Europa y Asia Menor donde pasa largas temporadas: *año y medio en Corinto (Hch 18 11)* y tres años en Efeso (Hch 19 8.10).

+ 18 23-21 14: El último viaje misionero de Pablo tiene como centro la ciudad de Efeso. Allí pasa Pablo una larga temporada y desde allí se anuncia la buena noticia en las grandes ciudades cercanas (Hch 19 10). A partir de Hch 20 1 se inicia un largo viaje hacia Jerusalén, que recuerda, por algunos detalles (véase nota a Hch 21 10-14), el que Jesús realiza desde Galilea a Jerusalén, tal como se narra en el evangelio de Lucas. El camino de Pablo hacia la ciudad santa se convierte así en una marcha hacia el martirio, y adquiere tonos de despedida (véase nota a Hch 20 17-38).

• **18 23-28**: Comienza una serie de episodios que tienen a Efeso como escenario. Lo que se dice aquí sobre Apolo puede completarse con los datos que proporciona el mismo Pablo acerca de él en 1 Cor 1 12; 3 4-4 6. Procedía de Alejandría, que era el principal centro cultural del judaísmo de la diáspora, y tal vez por eso, su anuncio de la buena noticia estaba demasiado asociado con la sabiduría de este mundo. Según 1 Cor las relaciones entre él y Pablo pu-

señando con exactitud lo referente a Jesús,
aunque sólo conocía el bautismo de Juan.
26 Hablaba también con valentía en la sinagoga. Cuando lo oyeron Priscila y Aquila,
lo llevaron con ellos y le explicaron con
mayor precisión el camino de Dios. 27 Como él deseaba ir a Acaya, los hermanos lo
animaron y escribieron a los discípulos para que lo recibieran. Su llegada benefició
mucho a los que habían creído por la gracia
de Dios, 28 pues contradecía vigorosamente a los judíos en público, demostrando por
las Escrituras que Jesús era el Mesías.

Nuevo pentecostés en Efeso

Jn 7 39; Hch 2 4.38; 8 16; Mt 3 11; Mc 1 4.7-8

19 1 Mientras Apolo estaba en Corinto,
Pablo llegó a Efeso, después de haber
recorrido las regiones montañosas. Allí en-
contró a algunos discípulos, 2 a quienes
preguntó:
–¿Han recibido el Espíritu Santo al acep-
tar la fe?
Ellos respondieron:
–Ni siquiera hemos oído que exista un
Espíritu Santo.
3 El les dijo:
–Pues ¿qué bautismo han recibido?
Ellos respondieron:
–El bautismo de Juan.
4 Pablo les dijo:
–Juan bautizaba para que se convirtieran, diciendo al pueblo que creyeran en el
que iba a venir después de él, es decir, en
Jesús.
5 Cuando oyeron esto se bautizaron en
el nombre de Jesús, el Señor. 6 Entonces
Pablo les impuso las manos, el Espíritu
Santo vino sobre ellos, y comenzaron a ha-
blar en lenguas y a profetizar. 7 Eran unos
doce hombres en total.

Pablo en Efeso

Hch 18 26; 14 3; 5 15-16; 6 7; 12 24

8 Durante tres meses Pablo estuvo asistiendo a la sinagoga; allí hablaba del reino
de Dios con gran valentía convenciendo a
los que discutían con él. 9 Pero, como algunos se resistían, se negaban a creer y hablaban mal del camino cristiano delante de los
demás, Pablo se apartó de ellos. Formó entonces un grupo aparte con los discípulos y
se puso a predicar todos los días en la escuela de Tirano. 10 Así estuvo dos años, de
modo que todos los habitantes de la provincia de Asia, tanto judíos como paganos,
pudieron escuchar la palabra del Señor.
11 Dios realizaba a través de Pablo milagros extraordinarios, 12 hasta el punto de
que con sólo aplicar a los enfermos los pa-
ñuelos y otras prendas que habían tocado
su cuerpo, se alejaban de ellos las enfermedades y salían los malos espíritus.
13 Unos exorcistas judíos itinerantes intentaron invocar, también ellos, el nombre
de Jesús, el Señor, sobre los que tenían
malos espíritus. Decían:
–Por Jesús, a quien Pablo predica, les
ordeno salir.
14 Los que así actuaban eran siete hijos

dieron ser tensas en ciertos momentos a causa de los partidarios de ambos. Lucas evita resaltar las diferencias y trata de compaginar la aportación de ambos personajes, integrándolos en la línea común que marca el avance de la buena noticia.

• **19** 1-7: A su llegada a Efeso, Pablo se encuentra con un grupo de discípulos de Juan Bautista. Lucas los presenta, lo mismo que hace con Apolo (Hch 18 26), como cristianos inmaduros, y a través de ellos recuerda que la presencia del Espíritu Santo es lo que distingue a los discípulos de Jesús. La imposición de las manos provoca un nuevo pentecostés, como el de Jerusalén (Hch 2 4) o el de Samaría (Hch 8 17). La comparación con éste último episodio (Hch 8 14-17) muestra que ahora Pablo ocupa el papel de los apóstoles en la confirmación de la misión: allí los apóstoles confirmaron la evangelización llevada a cabo por Felipe; aquí, Pablo confirma la actividad misionera de Apolo en Efeso.

• **19** 8-20: Pablo, a quien ya antes habían tomado por un predicador ambulante (Hch 17 18), tiene que apartarse de nuevo de los judíos, y predica la buena noticia en una escuela filosófica de Efeso. Desde allí, el anuncio del evangelio llega a toda la provincia romana de Asia (región situada en la costa occidental de la actual Turquía). Como siempre, el elemento decisivo en la extensión del mensaje son los signos y prodigios que Dios realiza a través de sus enviados. Pablo se convierte en un eslabón más de la cadena iniciada por Jesús y continuada por los apóstoles (Hch 5 15-16). Sin embargo, entre los primeros cristianos existía el peligro de que esta fuerza liberadora del evangelio se confundiera con la magia. El fracaso de los hijos de Esceva subraya el triunfo del evangelio sobre la magia, que era una práctica muy extendida en el imperio romano (véase nota a Hch 8 9-25).

El camino (Hch 19 9) designa la vida cristiana. Véase nota a Hch 9 1-9.

de un sacerdote judío llamado Esceva.
15 Pero el espíritu malo les contestó:
–Conozco a Jesús y sé quién es Pablo;
pero ustedes, ¿quiénes son?
16 Entonces el hombre poseído por el
espíritu malo se arrojó sobre ellos, agarró a
unos y a otros, y los sacudió de tal forma,
que tuvieron que huir de aquella casa desnudos y maltrechos. 17 El hecho se divulgó
entre todos los habitantes de Efeso, judíos
y griegos. Un gran temor se apoderó de todos ellos, y crecía el respeto hacia el nombre de Jesús, el Señor. 18 Muchos de los
que habían creído venían a confesar públicamente sus prácticas de magia. 19 Y bastantes de los que habían ejercido la magia
traían sus libros y los quemaban delante de
todos; unas cincuenta mil monedas de plata
se calculó que valdrían. 20 Tal era la fuerza
con que se extendía y se confirmaba la palabra del Señor.

El motín de los orfebres

Hch 23 11; Rom 1 13; 2 Cor 1 8.15-16

21 Después de esto, Pablo tomó la decisión de ir a Jerusalén, pasando por Macedonia y Acaya, pensaba: «Después de estar
allí, debo visitar también Roma».
22 Envió dos de los que lo ayudaban a
Macedonia, Timoteo y Erasto, y él se quedó
todavía algún tiempo en la provincia de
Asia.
23 Por entonces, a causa del camino cristiano, se produjo una gran revuelta. 24 Un
tal Demetrio, un orfebre que fabricaba en
plata reproducciones del templo dedicado
a la diosa Artemisa y proporcionaba a los
artesanos buenas ganancias, 25 reunió a
éstos y a los demás del mismo oficio y les
dijo:
–Ustedes saben bien que este trabajo es
la causa de nuestro bienestar. 26 Pero, como
pueden ver y oír, ese Pablo ha logrado convencer a muchos, no sólo en Efeso, sino en
casi toda la provincia de Asia, de que no
son dioses los que se fabrican con las manos. 27 Corremos el peligro, no sólo de que
nuestro oficio se desprestigie, sino también
de que se pierda el respeto al templo de la
gran Artemisa, y de que venga a arruinarse
la majestad de aquella a quien venera toda
la provincia de Asia y todo el mundo.
28 Al oír esto, se enardecieron y comenzaron a gritar:
–¡Grande es Artemisa de Efeso!
29 El desorden se extendió por toda la
ciudad, que se dirigió en masa hacia el teatro, llevando por la fuerza a los macedonios
Gayo y Aristarco, compañeros de Pablo.
30 Pablo quería presentarse ante el pueblo,
pero los discípulos no se lo permitieron.
31 Incluso algunos que ocupaban altos cargos en la provincia de Asia, que eran amigos de Pablo, le mandaron aviso rogándole
que no fuera al teatro.
32 Cada uno gritaba una cosa; la asamblea estaba sin control, y la mayoría no
sabía por qué se habían reunido. 33 Empujado por los judíos, salió de entre la multitud un tal Alejandro, el cual hizo señas con
la mano dando a entender que quería hablar al pueblo. 34 Pero, en cuanto supieron
que era judío, se pusieron todos a gritar
durante casi dos horas:
–¡Grande es Artemisa de Efeso!
35 Por fin, el secretario de la ciudad logró calmar a la multitud, y dijo:
–Efesios, todo el mundo sabe que la
ciudad de Efeso es la encargada de proteger el templo de la excelsa Artemisa y de
su estatua venida del cielo. 36 Como esto

• **19 21-40**: Después de mostrar que la fe en Jesús libera de las ataduras de la magia (Hch 19 13-20), este episodio plantea la polémica entre el cristianismo y la religión griega tradicional, que bajo la apariencia de una piedad bien intencionada era sostenida, en muchas ocasiones, por los beneficios económicos que reportaba.

Artemisa era, según la mitología griega, hija de Zeus y *Leto. Su nombre latino era Diana.* A pesar de ser virgen, era diosa de la fecundidad, y su veneración estaba muy extendida en Oriente. Su templo de Efeso se contaba entre las maravillas del mundo antiguo, y era uno de los grandes centros bancarios de todo oriente. En torno a dicho templo funcionaba un floreciente comercio religioso, que se vio amenazado por la predicación cristiana, poco favorable a las imágenes (Hch 19 26; véase Hch 17 29).

Los dos discursos del relato explican el sentido de este episodio. El de Demetrio (Hch 19 25-27) muestra cómo el cristianismo denuncia la vinculación entre religión y dinero; mientras que el del gobernador de la ciudad (Hch 19 35-40) subraya de nuevo que el cristianismo es una religión lícita dentro del imperio romano (véase Hch 18 12-17; 26 31-32).

Nótese que en Hch 19 21 se adelantan las dos próximas etapas del itinerario de Pablo: Jerusalén y Roma.

El camino (Hch 19 23) designa la vida cristiana. Véase nota a Hch 9 1-9.

es innegable, conviene que se calmen y no actúen con precipitación. 37 Han traído a estos hombres, pero no son sacrílegos ni blasfemos contra nuestra diosa. 38 Y si Demetrio y los artesanos de su oficio tienen algo contra alguno, para eso se celebran asambleas públicas y hay vicecónsules; que recurran a ellos y defiendan unos y otros sus derechos. 39 Si tienen algo más que reclamar, háganlo en el tribunal. 40 Porque corremos el peligro de ser acusados de rebelión, ya que no podemos alegar ningún motivo que justifique esta revuelta.

Y dicho esto, disolvió la asamblea.

Macedonia y Grecia

Hch 16 8.10; 19 21-22; Rom 15 26

20 1 Cuando se calmó la revuelta, Pablo llamó a los discípulos para darles ánimos, se despidió de ellos y partió para Macedonia. 2 Después de recorrer aquellas regiones, animando a los fieles con largas exhortaciones, llegó a Grecia, 3 donde estuvo tres meses. Cuando iba a embarcarse para Siria, los judíos conspiraron contra él, en vista de lo cual decidió regresarse por Macedonia. 4 Lo acompañaban Sópater, hijo de Pirro, de Berea; Aristarco y Segundo, de Tesalónica; Gayo, de Derbe, y Timoteo; Tíquico y Trófimo, de la provincia de Asia. 5 Estos se adelantaron y nos esperaron en Tróade.

6 Nosotros nos embarcamos en Filipos después de la fiesta de la pascua, y al cabo de cinco días los alcanzamos en Tróade donde nos detuvimos siete días.

Resurrección de Eutiquio

Lc 24 1; Hch 2 42.46

7 El domingo nos reunimos para la fracción del pan. Pablo, que tenía que irse al día siguiente, les estuvo hablando y prolongó su predicación hasta media noche. 8 Había abundantes lámparas en la sala donde estábamos reunidos. 9 Un joven llamado Eutiquio estaba sentado al borde de una ventana, y como Pablo se alargaba en su predicación se fue quedando profundamente dormido. Vencido por el sueño, se cayó desde el tercer piso, y cuando lo recogieron, ya estaba muerto. 10 Pablo entonces bajó, se tendió sobre él y lo tomó en sus brazos, diciendo:

–No se alarmen, porque está vivo.

11 Volvió a subir, partió el pan y, después de comer, continuó conversando largo rato hasta que amaneció. Después se fue. 12 En cuanto al muchacho, lo llevaron vivo con gran consuelo para todos.

De Tróade a Mileto

13 Como Pablo había decidido hacer el viaje por tierra, nosotros nos embarcamos con anterioridad y nos dirigimos a Aso, en donde debíamos recogerlo. 14 Cuando nos alcanzó en Aso, subió a bordo con nosotros y fuimos a Mitilene. 15 De allí, por mar, llegamos, al día siguiente, a la altura de Quío; al otro día seguimos costeando rumbo a Samos y al siguiente llegamos a Mileto. 16 Pablo había resuelto pasar de largo por Efeso para no perder tiempo en la provincia de Asia. Se daba prisa, pues

• **20 1-6**: El itinerario de Pablo en Hch 20 1-3 es bastante impreciso. En Hch 20 4, sin embargo, se encuentra una detallada lista de sus colaboradores, que conocemos por otras referencias (Hch 19 29; 16 1; 21 29; Rom 16 3-23; Ef 6 21; 2 Tim 4 20). Esta sencilla lista es un testimonio elocuente de que la primera evangelización no fue obra de personas aisladas, sino de pequeñas fraternidades apostólicas.

En Hch 20 5 el narrador utiliza inesperadamente la primera persona del plural. Sobre este particular véase nota a Hch 20 13-15.

• **20 7-12**: En Tróade tiene lugar la única Eucaristía dominical descrita con cierto detalle en el libro de los Hechos. Los diferentes símbolos litúrgicos (lámparas, fracción del pan, clima de alegría) y la noche, tiempo litúrgico por excelencia, aluden a la presencia salvífica del Señor resucitado, que se hace patente en la resurrección del joven Eutiquio. Este milagro recuerda otros semejantes realizados por Elías (1 Re 17 21), Eliseo (2 Re 4 34-35), Jesús (Lc 8 52-55) y Pedro (Hch 9 36-43).

• **20 13-16**: El itinerario de Pablo apunta ya decididamente hacia Jerusalén (véase Hch 20 22). El narrador utiliza la primera persona del plural, como lo hizo antes en Hch 16 10-17; 20 5-8, y lo hará más tarde en Hch 21 1-18; 27 1-28 16. Son las llamadas *secciones nosotros*. A la cuestión planteada por estos pasajes se han dado diversas respuestas. Según la opinión tradicional, serían apuntes tomados por el mismo Lucas en los viajes realizados como acompañante de Pablo. Otros opinan que pertenecen a un diario de viaje redactado por algún acompañante de Pablo y utilizado después por Lucas. Otros, finalmente, afirman que se trata de un recurso literario utilizado por el mismo Lucas para dar viveza a la narración. En cualquier caso, llama la atención su detallada descripción de los itinerarios y su conocimiento de la terminología marinera de la época (especialmente Hch 27 1-28 16).

quería estar en Jerusalén el día de pentecostés.

Despedida de los responsables de Efeso

Hch 18 19-21; 19 10; Flp 1 1; 3 13-14;
1 Cor 9 11-12; Mt 10 8

17 Desde Mileto, mandó venir a los responsables de la iglesia de Efeso. 18 Cuando
llegaron, les dijo:
–Saben bien cómo me he comportado
con ustedes todo el tiempo desde el primer
día de mi llegada a la provincia de Asia.
19 He servido al Señor con toda humildad
y con lágrimas, en medio de las pruebas
que me han ocasionado las insidias de los
judíos; 20 y no he omitido nada de cuanto
les podía ser útil. Les he dado avisos y
enseñanzas en público y en privado, 21 he
tratado de convencer a judíos y griegos
para que se convirtieran a Dios y creyeran
en Jesús, nuestro Señor. 22 Ahora, como
ven, forzado por el Espíritu, voy a Jerusalén, sin saber qué es lo que me espera allí.
23 Eso sí, el Espíritu Santo me asegura en
todas las ciudades por las que paso, que
me esperan prisiones y sufrimientos. 24 Pero nada me importa mi vida, ni es para mí
estimable, con tal de llevar a buen término
mi carrera y el ministerio que he recibido
de Jesús, el Señor: dar testimonio del evangelio de la gracia de Dios.
25 Ahora sé que ninguno de ustedes,
entre quienes pasé anunciando el reino de
Dios, volverá a verme. 26 Por eso, quiero
decirles hoy que no me hago responsable
de lo que les suceda en adelante. 27 Porque
nunca dejé de anunciarles todo el plan de
Dios. 28 Cuídense ustedes mismos y a todo
el rebaño, pues el Espíritu Santo los ha
constituido pastores vigilantes de la Iglesia
de Dios, que él adquirió con la sangre de
su propio Hijo. 29 Yo sé que, después de
mi partida, entrarán en medio de ustedes
lobos crueles, que no perdonarán al rebaño. 30 Incluso de entre ustedes mismos saldrán algunos difundiendo doctrinas perniciosas, para arrastrar a los discípulos tras
de sí. 31 Por eso, estén siempre atentos y
acuérdense de que durante tres años, día y
noche, no me cansé de exhortarlos hasta con
lágrimas a cada uno de ustedes. 32 Ahora
los encomiendo a Dios y a su mensaje de
gracia, que tiene fuerza para que crezcan
en la fe y para hacerlos partícipes de la
herencia reservada a los consagrados. 33 A
nadie he pedido plata, oro o vestidos. 34 A
ustedes mismos les consta que con el trabajo de mis manos he ganado lo necesario
para mí y para mis compañeros. 35 Siempre
les he mostrado que es así como se debe
trabajar para poder socorrer a los débiles,
recordando las palabras de Jesús, el Señor,
que dijo: «Hay más felicidad en dar que en
recibir».
36 Cuando terminó de hablar, se puso de
rodillas y oró con todos ellos. 37 Todos comenzaron a llorar, abrazaban a Pablo y lo
besaban. 38 Estaban tristes sobre todo porque les había dicho que no lo volverían a
ver. Después lo acompañaron hasta el
barco.

Viaje hacia Jerusalén

Hch 20 36; 6 5; 8 5-6; Jl 3 1

21 1 Cuando nos separamos de los hermanos, nos embarcamos y fuimos directos a Cos. Al día siguiente a Rodas, y de
allí a Pátara. 2 Allí encontramos un barco

• **20 17-38**: El marco narrativo (Hch 20 17.36-38) es sólo un pretexto para situar aquí, al final de la actividad evangelizadora de Pablo en Europa, este discurso de despedida, que resume su trayectoria y tiene presente el futuro de las comunidades fundadas por él. Es un discurso completamente distinto a los demás discursos contenidos en Hechos, pues no tiene una intencionalidad misionera, sino *que se dirige a los responsables de las comunidades* cristianas con un cierto aire de testamento espiritual, semejante a los discursos de despedida de Jesús (Jn 15-17). Con este discurso Lucas introduce un corte histórico que señala el final de la primera generación cristiana, representada por los responsables de las iglesias fundadas por Pablo. Lucas, por boca de Pablo, se dirige a estos responsables para engrandecer la figura y la obra del apóstol (Hch 20 19-24), y al mismo tiempo para recordarles la responsabilidad de continuar la tarea iniciada por él, a pesar de las dificultades (las mencionadas en Hch 20 29-30 son dificultades reales de las iglesias lucanas). Pablo aparece ante estos responsables, no sólo como el glorioso fundador de aquellas iglesias, sino como un modelo apostólico digno de imitación en su generosa entrega.

• **21 1-9**: El itinerario del viaje hacia Jerusalén pertenece a las llamadas *secciones nosotros* (véase nota a Hch 20 13-15) y podría leerse a continuación de Hch 20 15, saltando el episodio de Mileto (Hch 20 16-21 1a). Todo el itinerario tiene un cierto aire de despedida, y por segunda

que se dirigía a Fenicia, subimos a él y
partimos. 3 Al divisar Chipre, la dejaron a
la izquierda, navegamos hacia Siria y nos
detuvimos en Tiro, en donde el barco tenía
que dejar su cargamento. 4 Encontramos allí
a los discípulos y nos quedamos siete días.
Ellos, movidos por el Espíritu, decían a
Pablo que no subiera a Jerusalén. 5 Pero,
transcurridos aquellos días, nos fuimos.
Todos ellos, con sus mujeres y sus hijos,
nos acompañaron hasta las afueras de la
ciudad. Allí nos pusimos de rodillas en la
playa y oramos. 6 Después nos despedimos
y nosotros nos embarcamos, mientras ellos
regresaban a sus casas. 7 En nuestra última
etapa de navegación fuimos desde Tiro hasta Tolemaida. Allí saludamos a los hermanos y pasamos un día con ellos. 8 Al día siguiente nos pusimos en camino, llegamos a
Cesarea y fuimos a casa de Felipe, el evangelista, que era uno de los siete, y nos quedamos en su casa. 9 Felipe tenía cuatro hijas
vírgenes, que tenían el don de la profecía.

La predicción de Agabo

Hch 11 28; 20 22-24; 21 4; Lc 22 42

10 Llevábamos allí varios días, cuando
bajó de Judea un profeta llamado Agabo.
11 Se presentó ante nosotros y, tomando el
cinturón de Pablo, se ató los pies y las manos, diciendo:
–Esto dice el Espíritu Santo: Así atarán
en Jerusalén los judíos al hombre a quien
pertenece este cinturón, y lo entregarán en
manos de los paganos.
12 Al oír esto, tanto nosotros como los
de aquel lugar suplicamos a Pablo que no
subiera a Jerusalén. 13 Pero Pablo respondió:
–¿Por qué tratan de desanimarme con
su llanto? Yo estoy dispuesto, no sólo a ser
encadenado, sino a morir en Jerusalén por
el nombre de Jesús, el Señor.
14 Y como no había modo de convencerlo, dejamos de insistir diciendo:
–¡Hágase la voluntad del Señor!

3. De Jerusalén a Roma ◊

EN JERUSALEN +

Visita a Santiago y rito de purificación

Hch 15 1-30; Rom 2 25-29; Nm 6 2-5.13-21; Gal 2 3; 3 22

15 Unos días después, preparamos nuestro equipaje y subimos a Jerusalén. 16 Vinieron también con nosotros algunos discí-

vez se hace alusión, aunque veladamente, a los sufrimientos que esperan a Pablo en Jerusalén (véase Hch 20 22-23; 21 10-14). El encuentro con Felipe, uno del grupo de los siete, trae a la memoria la relación de Pablo con el grupo de los helenistas (véase nota a Hch 8 4-9 31).

• **21 10-14**: La acción simbólica realizada por Agabo, un profeta cristiano ya mencionado con motivo de otro viaje de Pablo a Jerusalén (Hch 11 27-30), es la tercera referencia a los padecimientos que esperan al apóstol en la ciudad santa (antes en Hch 20 22-23 y 21 4). Este último es el más explícito y el que mejor evoca los anuncios de la pasión de Jesús en el tercer evangelio (*lo entregarán en manos de los paganos*: Hch 21 11=Lc 18 32). Lucas quiere resaltar que Pablo sigue un camino similar al que había seguido Jesús. Ambos se dirigen por voluntad divina a Jerusalén, donde les espera el sufrimiento.

Sobre la existencia de profetas en las primeras comunidades cristianas puede verse Hch 11 27-30; 13 1-3; 1 Cor 12 28; Ef 4 11; Mt 7 15-20; 10 41.

◊ **21 15-28 31**: La última etapa del camino de Pablo, que es también el camino del mensaje cristiano, va desde Jerusalén a Roma, meta del programa misionero presentado por Jesús al comienzo del libro (Hch 1 8; Roma representa el centro del mundo entonces conocido). A diferencia de las dos etapas anteriores (Hch 13 1-15 35 y Hch 15 36-21 14), que eran eminentemente misioneras, esta tercera etapa tiene la forma de un gran proceso contra Pablo, en el que encontramos numerosas referencias al proceso de Jesús (Lc 22 66-23 12). En este gran proceso, en el que se van alternando las acusaciones de los judíos y la defensa de Pablo, el elemento central es el testimonio de la fe cristiana, que Pablo no pierde ocasión de proclamar. El camino de Jerusalén a Roma puede dividirse en tres etapas, representadas por tres ciudades: Jerusalén (Hch 21 15-23 30), Cesarea (Hch 23 31-26 32) y Roma (Hch 27 1-28 31).

+ **21 15-23 30**: Lo más característico de la permanencia de Pablo en Jerusalén es la decidida persecución de los judíos contra él. Los delitos de que lo acusan son típicamente religiosos (Hch 21 28), como en el caso de Esteban (Hch 6 13). La defensa de Pablo tiene lugar ante dos auditorios diferentes: el pueblo (Hch 21 37-22 29) y el consejo judío (Hch 22 30-23 10). En ambos casos hay una reacción violenta y Pablo es salvado por los romanos. La defensa de Pablo es un auténtico *testimonio* acerca del Señor Jesús, el Mesías, que no puede ser detenido.

• **21 15-26**: Hasta Hch 24 17 Lucas no manifestará el motivo real de esta visita de Pablo a Jerusalén (véase también el testimonio del mismo Pablo en Rom 15 31). En este momento su interés está centrado en mostrar las buenas relaciones existentes entre Pablo y Santiago, que era el responsable de la iglesia de Jerusalén, después de la partida de Pedro (véase Hch 12 17; 15 13-21). También subraya Lucas el respeto de Pablo por la ley de Moisés,

pulos de Cesarea, que nos prepararon hospedaje en casa de un tal Nasón, natural de Chipre, que era discípulo desde los primeros tiempos. 17 Cuando llegamos a Jerusalén, los hermanos nos recibieron con alegría. 18 Al día siguiente, Pablo entró con nosotros en casa de Santiago, donde estaban reunidos todos los responsables. 19 Después de saludarlos, les refirió con detalle todo lo que Dios había hecho entre los paganos por su ministerio. 20 Ellos, al oírlo, alabaron a Dios. Luego le dijeron:

–Ya ves, hermano, cuántos miles de judíos son ahora creyentes, y todos son fieles observantes de la ley. 21 Sin embargo, han oído decir que propones a los judíos residentes entre los paganos abandonar la Ley de Moisés, aconsejándoles que no circunciden a sus hijos ni observen nuestras tradiciones. 22 ¿Qué podemos hacer? Pues, sin duda, se enterarán de que has venido. 23 Acepta nuestro consejo: tenemos aquí cuatro hombres que han hecho una promesa; 24 llévalos contigo, purifícate con ellos y paga por ellos para que se rapen la cabeza; todos sabrán así que no es cierto lo que les han dicho de ti, sino que tú también sigues observando la ley. 25 En cuanto a los paganos que han aceptado la fe, ya les hemos comunicado nuestra determinación: que deben abstenerse de la carne sacrificada a los ídolos, de la sangre, de la carne de animales muertos sin desangrar y de matrimonios ilegítimos.

26 Pablo, entonces, tomó consigo a aquellos hombres y, al día siguiente, después de haberse purificado con ellos, entró en el templo para fijar la fecha en que, terminados los días de la purificación, debía presentarse la ofrenda por cada uno de ellos.

Prisión

Hch 20 23; Lc 23 18; Jn 19 15

27 Cuando estaban a punto de cumplirse los siete días, los judíos de la provincia de Asia, al verlo en el templo, amotinaron a la gente y lo detuvieron, 28 gritando:

–¡Ayúdennos, israelitas! Este es el hombre que va enseñando a todo el mundo y por todas partes doctrinas contra el pueblo, contra la ley y contra este lugar sagrado. Más aún, ha metido a los paganos en el templo, y ha profanado este lugar santo.

29 Es que anteriormente habían visto a Pablo por la ciudad en compañía de Trófimo de Efeso, y pensaban que lo había metido en el templo. 30 Toda la ciudad se amotinó y la gente, en masa, fue corriendo al templo. Capturaron a Pablo, lo arrastraron fuera del templo y cerraron rápidamente las puertas. 31 Cuando ya estaban a punto de matarlo, avisaron al comandante de la compañía de que toda Jerusalén estaba amotinada. 32 Inmediatamente tomó consigo unos cuantos soldados y oficiales, y bajó corriendo. Al ver al comandante y a los soldados, dejaron de golpear a Pablo. 33 El comandante se acercó, detuvo a Pablo y dio orden de amarrarlo con dos cadenas; luego preguntó quién era y qué había hecho. 34 Entre la multitud, unos gritaban una cosa y otros otra. Entonces el comandante, no pudiendo sacar nada en claro a causa del tumulto, mandó que lo llevaran al cuartel. 35 Al llegar a las escaleras, los soldados tuvieron que llevar a Pablo levantándolo en vilo, debido a la violencia de la gente. 36 Porque todo el pueblo venía detrás gritando:

–¡Mátalo!

a la que estaban muy apegados los cristianos de aquella comunidad (véase Hch 16 1-6; 22 3; 24 13-15; 25 8; 26 4-5). Para que Pablo pueda demostrar este respeto, Santiago le propone que se una a un grupo de cristianos que iban a realizar un rito de purificación. La aceptación de Pablo resulta difícil de compaginar con los criterios sostenidos por él en sus cartas (véase p. e. Gal 2 3-5.11-20). Parece, más bien que Lucas ha limado las diferencias entre él y la iglesia de Jerusalén, tal vez con la intención de defender a Pablo y a las iglesias fundadas por él de las acusaciones que se les hacían desde otros grupos cristianos más vinculados al judaísmo.

• **21 27-36**: Los judíos de la provincia de Asia (la parte más occidental de la actual Turquía), donde Pablo había predicado la buena noticia en su último viaje misionero (Hch 18 24-21 14), son quienes promueven el motín contra Pablo. En sus acusaciones escuchamos motivos ya conocidos (Hch 6 13; 18 13), y la revuelta que provocan es parecida a la de los orfebres de Efeso (Hch 19 28-32). La actitud del pueblo es muy semejante a la que tuvieron hacia Jesús (Lc 23 18 = Hch 21 36). Con el arresto de Pablo se pone en marcha un largo proceso, que le conducirá hasta Roma, y que constituye la trama de los últimos capítulos del libro.

Discurso de Pablo al pueblo

Hch 5 34; 8 3; 9 1-19; 26 12-18; Gal 1 15-16

37 Cuando se disponían a meterlo en el
cuartel, Pablo dijo al comandante:
–¿Puedo decirte una cosa?
Y él dijo:
–¿Sabes hablar en griego? 38 Entonces,
¿no eres tú el egipcio que hace días se sublevó y se llevó al desierto a cuatro mil
bandidos?
39 Contestó Pablo:
–Yo soy judío, natural de Tarso de Cilicia, una ciudad bastante conocida. Te suplico que me permitas hablar al pueblo.
40 El comandante le dio permiso; y Pablo, de pie en las escaleras, hizo ademán al
pueblo con la mano. Se hizo un gran silencio, y Pablo les dijo en arameo:

22 1 –Hermanos y notables, escuchen
ahora mi defensa ante ustedes.
2 Al oír que les hablaba en arameo, prestaron aún más atención. Pablo continuó:
3 –Yo soy judío. Nací en Tarso de Cilicia, pero me eduqué en esta ciudad. Mi
maestro fue Gamaliel; él me instruyó en la
fiel observancia de la ley de nuestros antepasados. Siempre he defendido con pasión
las cosas de Dios, como ustedes hoy. 4 Yo
perseguí a muerte el camino cristiano, en-
cadenando y encarcelando a hombres y
mujeres. 5 Y de ello pueden dar testimonio
el mismo sumo sacerdote y todos los miembros del Consejo. Después de recibir de
ellos mismos cartas de presentación para
los hermanos, me dirigía a Damasco, con
ánimo de traer encadenados a Jerusalén a
los creyentes que allí hubiera, para que
fueran castigados. 6 Iba, pues, camino de
Damasco, y cuando estaba ya cerca de la
ciudad, hacia el mediodía, de repente brilló
a mi alrededor una luz cegadora venida del
cielo. 7 Caí al suelo, y oí una voz que me
decía: «Saúl, Saúl, ¿por qué me persigues?». 8 Yo respondí: «¿Quién eres, Señor?». Y me dijo: «¡Yo soy Jesús de Nazaret, a quien tú persigues!».
9 Los que venían conmigo vieron la luz,
pero no oyeron la voz del que me hablaba.
10 Yo dije: «¿Qué debo hacer, Señor?». Y
el Señor me dijo: «Levántate y vete a Damasco; allí te dirán lo que debes hacer».
11 Como no veía nada, debido al resplandor de aquella luz, entré en Damasco
de la mano de mis compañeros. 12 Un cierto Ananías, hombre piadoso según la ley y
muy estimado por todos los judíos que allí
vivían, 13 vino a verme y me dijo: «Hermano Saúl, recobra la vista». Y en aquel mismo instante recobré la vista y vi a Ananías.
14 El añadió: «El Dios de nuestros antepasados te ha elegido para que conozcas su
voluntad, para que veas al Justo y oigas su
voz. 15 Porque serás testigo suyo ante todos los hombres de lo que has visto y oído.
16 No pierdas tiempo, ahora; levántate, recibe el bautismo y purifícate de tus pecados invocando su nombre».
17 Regresé a Jerusalén y un día, cuando
estaba orando en el templo tuve un éxtasis
18 y vi al Señor que me decía: «Date prisa
y sal pronto de Jerusalén, porque no van a
aceptar tu testimonio acerca de mí». 19 Yo
le dije: «Señor, ellos saben que yo era el
que encarcelaba y azotaba en la sinagoga a
los que creían en ti. 20 Y cuando se derra-

• **21 37-22 29**: A primera vista, este episodio trata de explicar quién es Pablo y los motivos de su misión a los paganos. Pablo no es un revolucionario que organiza *revueltas (Hch 21 37-38), sino un judío piadoso,* a quien el mismo Dios ha encaminado por donde no se esperaba (Hch 22 3-21); pero es, además, un ciudadano romano, nacido en una importante ciudad del imperio (Hch 21 39; 22 3.23-29). Sin embargo, a través de esta defensa personal, el autor del libro quiere poner de manifiesto la legitimidad del cristianismo, tanto ante los judíos como ante los romanos.

El discurso pronunciado por Pablo es el primero de una serie de tres, que el apóstol pronuncia en su defensa (véase Hch 24 10-21; 26 2-23). Pablo responde en él a la triple acusación de que ha sido objeto (Hch 21 28), relatando su propia historia; y subrayando su fiel observancia de la ley (Hch 22 3), su vinculación al pueblo judío y a sus representantes (Hch 22 5) y su respeto por el templo (Hch 22 17). El relato de su encuentro con el Señor adquiere la forma de un relato de vocación (véase Hch 9 1-19), que se confirma con la visión del templo (Hch 22 17-21). Es en esta visión donde aparece el verdadero motivo de enfrentamiento entre Pablo y los judíos devotos, que no es otro sino la misión del apóstol respecto a los paganos.

La ciudadanía romana (Hch 22 25-29) era un derecho muy apreciado que proporcionaba privilegios dentro del imperio a quienes la poseían. Uno de ellos consistía en que ningún ciudadano romano podía ser azotado (véase Hch 16 37 y nota); y otro en que podía recurrir al emperador como última instancia en las causas judiciales (véase Hch 25 10-12).

maba la sangre de Esteban, tu testigo, yo
mismo estaba allí, aprobándolo y cuidando
la ropa de los que lo mataban». 21 Pero él
me dijo: «Vete, porque yo te voy a enviar a
las naciones más lejanas».
22 Hasta aquí lo estuvieron escuchando,
pero entonces levantaron la voz diciendo:
–¡Mata a este individuo, porque no es
digno de vivir!
23 Y, como seguían gritando, agitando
los mantos y levantando una gran polvareda, 24 el comandante ordenó meterlo en
el cuartel y castigarlo con azotes, para
averiguar por qué gritaban así contra él.
25 Pero cuando lo estaban sujetando con
las correas, Pablo dijo al oficial de servicio:
–¿Tienen derecho a azotar a un ciudadano romano sin haberlo juzgado antes?
26 Al oír esto el oficial, fue a comunicárselo al comandante diciendo:
–¿Qué vas a hacer? 27 Este hombre es
ciudadano romano.
El comandante se presentó inmediatamente y le preguntó:
–¿Eres ciudadano romano?
Pablo le contestó:
–Sí.
28 El comandante respondió:
–Yo tuve que pagar mucho dinero para
lograr esta ciudadanía.
Y Pablo dijo:
–Pues yo la tengo por nacimiento.
29 Inmediatamente los que iban a castigarlo se retiraron. Y el propio comandante,
al saber que era ciudadano romano, tuvo
miedo por haberlo mandado encadenar.

Pablo ante el Consejo de Ancianos

Lc 22 66-71; Hch 4 5-22; 6 12-7 60; *Ex 22 28;*
Hch 26 5; Flp 3 5; Hch 18 9; 19 21

30 Al día siguiente, queriendo averiguar
exactamente de qué lo acusaban los judíos,
el comandante hizo que lo desataran y mandó reunir a los jefes de los sacerdotes y a
todo el Consejo de Ancianos; sacó después
a Pablo y lo presentó delante de ellos.

23 1 Pablo, mirando con atención a los
que formaban el Consejo de Ancianos,
dijo:
–Hermanos, yo he procedido con toda
honradez ante Dios hasta el día de hoy.
2 El sumo sacerdote Ananías mandó a
quienes lo asistían que lo golpearan en la
boca. 3 Pablo entonces le dijo:
–Dios te va a golpear a ti, pared blan-
queada; tú te sientas ahí para juzgarme según la ley, y ¿mandas golpearme sin tener
en cuenta esa misma ley?
4 Los asistentes dijeron:
–¿Insultas al sumo sacerdote?
5 Respondió Pablo:
–No sabía, hermanos, que fuera el sumo
sacerdote; pues está escrito: *No hablarás
mal contra el jefe de tu pueblo*.
6 Como Pablo sabía que parte de ellos
eran saduceos y parte fariseos, gritó ante el
Consejo de Ancianos:
–Hermanos, yo soy fariseo, hijo de fariseos, y me juzgan por creer en la resurrección de los muertos.
7 Al decir él esto, se produjo una discusión entre los fariseos y los saduceos, y se
dividió la asamblea. 8 Pues los saduceos
dicen que no hay resurrección ni ángeles,
ni espíritus, mientras que los fariseos creen
en todo eso. 9 Así que se produjo un inmenso griterío. Algunos maestros de la ley del
partido de los fariseos se pusieron de pie y
afirmaron enérgicamente:
–Nosotros no encontramos nada malo
en este hombre. ¿Y si le ha hablado un espíritu o un ángel?
10 Como la discusión se hacía cada vez
más fuerte, el comandante tuvo miedo que
hicieran daño a Pablo, y ordenó a los soldados que bajaran, para sacarlo de allí y
llevarlo al cuartel.

• **22 30-23 11**: Es la cuarta vez en el relato de Hechos que un mensajero de la buena noticia comparece ante el Consejo de Ancianos. Pablo sigue los pasos de Pedro y Juan (Hch 4 5-22), de los apóstoles (Hch 5 26-40) y de Esteban (Hch 6 12-7 60); y todos ellos siguen los pasos de Jesús (Lc 22 66-71). Sin embargo, la persecución no puede frenar el avance de la buena noticia, sino que es un motivo para proclamarla con más valentía y decisión. Por eso, una visión asegura a Pablo que su camino continuará hasta llegar a Roma. La discusión de Pablo con los miembros del Consejo de Ancianos refleja la polémica entre el cristianismo y el judaísmo en la segunda generación cristiana.

11 La noche siguiente, el Señor se le apareció y le dijo:
–Ten ánimo; pues tienes que dar testimonio de mí en Roma igual que lo has dado
en Jerusalén.

Conspiración contra Pablo

Hch 25 3-5.18-19; 26 31-32

12 Cuando amaneció, los judíos convocaron una reunión y prometieron bajo juramento no comer ni beber hasta haber matado a Pablo. 13 Eran más de cuarenta los
comprometidos bajo juramento. 14 Fueron
después a ver a los jefes de los sacerdotes
y les dijeron:
–Nosotros hemos prometido bajo juramento no probar bocado hasta haber matado a Pablo. 15 Así pues, de acuerdo con
el Consejo de Ancianos, soliciten al comandante que lleve ante ustedes a Pablo, con el
pretexto de que quieren examinar su causa
detenidamente. Nosotros, por nuestra parte,
estamos preparados para matarlo antes de
que llegue aquí.
16 Pero el hijo de la hermana de Pablo,
que se había enterado del plan, se presentó
en el cuartel y avisó a Pablo. 17 Pablo llamó a uno de los oficiales y le dijo:
–Lleva a este joven al comandante, porque tiene algo que comunicarle.
18 El oficial lo llevó al comandante y le
dijo:
–El preso Pablo me ha llamado y me ha
rogado que te traiga a este joven, que tiene
algo que decirte.
19 El comandante lo tomó de la mano y
llevándolo aparte le preguntó:
–¿Qué es lo que tienes que comunicar-
me?
20 El joven le dijo:
–Los judíos han acordado pedirte que
mañana hagas comparecer a Pablo ante el
Consejo de Ancianos, con el pretexto de
informarse más detenidamente sobre su
caso. 21 Pero tú no les creas, porque más
de cuarenta de ellos han planeado un atentado contra él, y han prometido bajo juramento no comer ni beber hasta matarlo.
Ellos ya están preparados y sólo esperan tu
permiso.
22 El comandante despidió al joven,
encargándole que no comunicara a nadie
aquella información.

Traslado a Cesarea

Hch 21 30-33; 22 27.30; 18 14-15; 25 18-19

23 Después llamó a dos oficiales y les
dijo:
–Tengan listos doscientos soldados, setenta jinetes y doscientos lanceros, para que
vayan a Cesarea después de las nueve de la
noche. 24 Preparen también un caballo para
Pablo, y llévenlo sano y salvo al gobernador Félix.
25 Y escribió una carta en estos términos:

«26 Claudio Lisias al excelentísimo gobernador Félix. Salud. 27 Este hombre estaba acorralado por los judíos y a punto de
ser linchado por ellos. Yo, al saber que era
romano, acudí con la tropa y lo libré. 28 Con
ánimo de conocer el motivo por el que lo
acusaban, lo conduje ante su Consejo de
Ancianos, 29 y vi que lo acusaban de cuestiones de su ley, y que no había cometido
ningún delito que mereciera muerte o prisión. 30 Después me enteré de que se habían
puesto de acuerdo para matarlo, por lo cual
he decidido enviártelo inmediatamente, in-
formando al mismo tiempo a los acusadores que deben formular ante ti las acusaciones que tengan contra él».
31 Los soldados, cumpliendo las órdenes recibidas, tomaron a Pablo y lo llevaron por la noche a Antípatris. 32 Al día
siguiente regresaron al cuartel, dejando a
los que iban a caballo para que lo acompañaran. 33 Estos, al llegar a Cesarea, entregaron la carta al gobernador y le presentaron a Pablo. 34 Félix leyó la carta y preguntó de qué provincia era; al saber que
era de Cilicia, 35 dijo:

• **23 12-22**: El relato de estos acontecimientos se detiene en dos escenas: la conjuración contra Pablo (Hch 23 12-15) y el encuentro del comandante romano con el sobrino del apóstol. Ambas escenas reflejan posturas muy diversas ante Pablo, que representa aquí al cristianismo, pues mientras los judíos traman su muerte, el oficial romano se preocupa por salvar su vida.

• **23 23-30**: Antonio Félix fue gobernador de Judea durante los años 52-60 d. C. y residía, como el resto de los gobernadores romanos, en la ciudad de Cesarea. Ante la conspiración tramada contra Pablo, el oficial que estaba al mando de los soldados romanos en Jerusalén decide enviárselo con una carta en la que se resume el proceso de Pablo en Jerusalén.

–Te oiré cuando se presenten tus acusadores.

Y mandó que lo custodiaran en el palacio de Herodes.

EN CESAREA +

Proceso ante Félix

Hch 17 6; 21 28-30; Dn 12 2; Rom 15 25-28; Hch 28 16.30

24 1 Cinco días después, el sumo sacerdote Ananías bajó con algunos ancianos y un abogado, un tal Tértulo, y presentaron ante el gobernador su acusación contra Pablo. 2 Cuando se hizo comparecer al acusado, Tértulo comenzó su acusación diciendo:

–La gran paz de que disfrutamos gracias a ti, y los beneficios de tu acertada administración en favor de este pueblo 3 en todo tiempo y lugar, los recibimos, excelentísimo Félix, con suma gratitud. 4 Pero, para no cansarte demasiado, te ruego que nos escuches por un momento con la benevolencia que te caracteriza. 5 Hemos comprobado que este hombre es una plaga. Anda promoviendo motines entre los judíos de todo el mundo y es un jefe de la secta de los nazarenos. 6 Hasta ha intentado profanar el templo, y por eso lo hemos apresado. 8 Tú mismo puedes interrogarlo y comprobar todas nuestras acusaciones.

9 Los judíos asintieron diciendo que, en efecto, era así.

10 Cuando el gobernador le dio permiso para hablar, Pablo dijo:

–Sabiendo que desde hace muchos años eres administrador de la justicia en esta nación, haré con toda confianza mi defensa. 11 Tú mismo puedes averiguar que no han pasado más de doce días desde que subí a Jerusalén por motivos religiosos, 12 y que ni en el templo ni en las sinagogas ni en la ciudad me han encontrado discutiendo con nadie o provocando tumultos entre la gente. 13 Tampoco pueden probarte las cosas de que ahora me acusan. 14 Te confieso, sin embargo, que, siguiendo el camino cristiano que ellos llaman secta, sirvo al Dios de nuestros antepasados, creyendo en todo lo que está escrito en la ley y en los profetas, 15 y teniendo en Dios la esperanza, como también éstos mismos la tienen, de que tanto los buenos como los malos resucitarán. 16 Por ello, yo también me esfuerzo por tener una conciencia limpia ante Dios y ante los hombres. 17 Al cabo de muchos años vine a mi nación para traer limosnas y ofrecer sacrificios. 18 Fue entonces cuando me encontraron en el templo, después de mi purificación, sin que organizara manifestaciones ni provocara motines. Fueron unos judíos de la provincia de Asia; 19 ellos deberían presentarse ahora ante ti y acusarme, si es que tienen algo contra mí; 20 y si no, que digan éstos mismos qué delito encontraron en mí cuando comparecí ante el Consejo de Ancianos. 21 El único motivo es que afirmé ante ellos:

+ 24 1-26 32: El escenario del proceso se traslada a Cesarea, en donde Pablo dará testimonio de la fe cristiana ante dos gobernadores romanos (Félix y Festo) y un gobernante judío (Agripa II). El doble proceso ante los gobernadores romanos (Hch 24 1-25 12) concluye con la apelación de Pablo al emperador en virtud de los derechos que le otorgaba su condición de ciudadano romano. Desde este momento, su camino hacia Roma está definitivamente trazado, y su comparecencia ante Agripa (Hch 25 23-26 32) es más un testimonio de fe que un proceso judicial. La etapa de Cesarea se cierra con una rotunda declaración de la inocencia de Pablo, que es al mismo tiempo una declaración de la licitud del cristianismo dentro del imperio.

• 24 1-23: La acusación expuesta por el abogado contratado por las autoridades judías sigue el mismo esquema que la defensa de Pablo. En ambos casos el esquema es el de los procesos judiciales romanos: primero se intentaba ganar la buena disposición del auditorio (Hch 24 2-4.10), después venía la acusación, o bien la refutación, en el caso de la defensa (Hch 24 5-6.11-18), y finalmente las pruebas (Hch 24 8.19-21). Sin embargo, la defensa de Pablo es algo más que una defensa personal: es una defensa del cristianismo frente al judaísmo. El cristianismo no es una secta, sino la plenitud del judaísmo, y Pablo se presenta como un judío piadoso (Hch 24 14-15). El último motivo de fricción entre ambas religiones es la abierta proclamación de la resurrección de los muertos que hacen los cristianos (véase Hch 23 6-9). Mirando al pasado, Lucas ha limado notablemente las diferencias entre ambas religiones, con la intención de mostrar la continuidad del cristianismo con su herencia judía, al tiempo que subraya la actitud positiva del gobernador romano hacia Pablo, o lo que es lo mismo, de las autoridades romanas hacia el cristianismo (Hch 24 22-23).

En Hch 24 17 se aclara el verdadero motivo del viaje de Pablo a Jerusalén, que Lucas no había manifestado hasta ahora (véase nota a Hch 21 15-26 y Rom 15 31).

Hch 24 6b-8a, que no figura en los mejores y más antiguos manuscritos, dice así: *Hemos querido juzgarlo según nuestra ley, pero ha intervenido Lisias, el comandante, nos lo ha arrebatado por la fuerza, y ha ordenado que sus acusadores se presenten ante él.*

«Por creer en la resurrección de los muertos me juzgan hoy ante ustedes».
22 Félix, que estaba bastante bien informado acerca del camino cristiano, les dijo:
–Cuando baje el comandante Lisias, de-
cidiré sobre este asunto.
23 Y mandó al oficial que custodiara a
Pablo, dejándole cierta libertad y permitiendo que alguno de los suyos lo asistiera.

Permanencia en Cesarea

Jn 16 8; Hch 25 9

24 Unos días después se presentó Félix
con su mujer Drusila, que era judía, llamó
a Pablo y escuchó sus palabras sobre la fe
en Cristo Jesús. 25 Pero cuando empezó a
hablar de justicia, de continencia y del juicio futuro, Félix, lleno de miedo, le dijo:
–Por ahora vete; en otra ocasión te llamaré.
26 Aunque la verdad es que tenía la esperanza de que Pablo le diera dinero y por
eso lo llamaba a menudo para conversar
con él. 27 Al cabo de dos años, a Félix le
sucedió en el cargo Porcio Festo, y éste,
tratando de ganarse a los judíos, dejó a
Pablo en prisión.

Pablo apela al emperador

Hch 23 12-22; 24 5-13; Mc 14 55-59

25 1 A los tres días de su llegada a la
provincia, Festo subió de Cesarea a
Jerusalén. 2 Los jefes de los sacerdotes y
los principales de los judíos le presentaron
sus acusaciones contra Pablo 3 y le rogaron que hiciera el favor de enviarlo a
Jerusalén, pues habían preparado una
emboscada para matarlo por el camino.
4 Pero Festo respondió que Pablo debía
continuar preso en Cesarea, a donde él
mismo tenía que regresar pronto. 5 Y añadió:
–Que bajen a Cesarea sus autoridades y
presenten una acusación contra él, si es que
ha cometido algún delito.
6 Después de pasar allí ocho o diez días,
Festo bajó a Cesarea. Al día siguiente se
sentó en el tribunal y mandó que trajeran a
Pablo. 7 Cuando compareció, los judíos
que habían bajado de Jerusalén lo rodearon, lanzando contra él muchas y graves
acusaciones, aunque no las podían comprobar. 8 Pablo se defendía diciendo:
–Yo no he faltado contra la ley de los
judíos ni contra el templo ni contra el emperador.
9 No obstante, Festo, deseando ganarse
a los judíos, dijo a Pablo:
–¿Quieres subir a Jerusalén y que te
juzguen allí de estas acusaciones?
10 Pero Pablo respondió:
–Estoy ante el tribunal del emperador; y
es en él donde debo ser juzgado. No he hecho daño alguno a los judíos, como tú sabes
muy bien. 11 Si soy realmente culpable, si
he hecho algo digno de muerte, estoy dispuesto a morir; pero si no he hecho nada
de lo que éstos me acusan, nadie puede entregarme a ellos. Apelo al emperador.
12 Entonces Festo, después de haber consultado con su consejo, respondió:
–Has apelado al emperador; pues irás al
emperador.

Festo informa a Agripa

Hch 25 6; 18 14-15; 2 11-12; Lc 23 1-25

13 Algunos días después, el rey Agripa y
Berenice vinieron a Cesarea a saludar a
Festo. 14 Como se quedaron allí muchos
días, Festo expuso al rey el asunto de Pablo:
–Hay aquí un hombre que Félix dejó
encarcelado. 15 Cuando estuve en Jerusalén, los jefes de los sacerdotes y los ancianos de los judíos me presentaron una acusación contra él pidiendo su condena. 16 Yo
les respondí que los romanos no suelen
condenar a ningún hombre antes que el

• **24 24-27**: En pocas líneas queda resumida la larga permanencia de Pablo en Cesarea. El gobernador Porcio Festo gobernó en Judea los años 60-62 d. C. A pesar de su interés en agradar a los judíos (Hch 24 27; 25 9), se verá obligado a reconocer la inocencia de Pablo (Hch 26 32).

• **25 1-12**: Con la llegada del nuevo gobernador se inicia un nuevo proceso contra Pablo. Su defensa responde a las acusaciones que se han hecho contra él: haber promovido la desobediencia a la ley de Moisés (Hch 18 13; 21 21.28; 23 29), haber profanado el templo (Hch 21 28; 24 6) y haber incitado a desobedecer las leyes del emperador (Hch 16 21; 17 7). Pablo no acepta la propuesta de Festo, pues supone retroceder en su camino; haciendo uso de uno de los derechos que le otorgaba su condición de ciudadano romano apela al emperador para ser juzgado ante él. De este modo queda definitivamente trazado su camino hacia Roma.

acusado comparezca en presencia los acusadores y tenga oportunidad de defenderse
de la acusación. 17 Sin demorarme, al día
siguiente los hice venir aquí, me senté en
el tribunal y mandé traer a ese hombre.
18 Los acusadores comparecieron, pero no
presentaron ninguno de los cargos que yo
sospechaba. 19 Sólo lo acusaban de ciertas
cuestiones referentes a su propia religión y
a un tal Jesús, ya muerto, y que, según Pablo, está vivo. 20 Como no entendía muy
bien aquella discusión, le dije a Pablo si
quería ir a Jerusalén para ser juzgado allí.
21 Pero entonces él solicitó ser juzgado por
Augusto. Así que he ordenado que lo dejen
en la cárcel hasta que se presente la oportunidad de remitirlo al emperador.

22 Agripa le dijo:

–Me gustaría oír a ese hombre.

Festo le respondió:

–Pues mañana lo oirás.

Pablo ante Agripa

Lc 21 12; Hch 25 1-12; Flp 3 5-6; Hch 9 1-18; 22 3-16; Jr 1 4-11; Lc 24 44-47; Jn 18 20; Hch 23 29; 25 11

23 Así pues, al día siguiente, llegaron
Agripa y Berenice como grandes señores,
y entraron en la audiencia con los comandantes y los personajes más importantes de
la ciudad. Festo ordenó que trajeran a Pablo, 24 y dijo:

–Rey Agripa y todos los aquí presentes,
ahí tienen al hombre por cuya causa multitud de judíos, tanto en Jerusalén como en
este lugar, se han presentado ante mí, pidiendo su muerte. 25 Yo he contestado que
no ha hecho nada que merezca la muerte,
pero como él ha apelado a Augusto, he decidido enviárselo. 26 Sin embargo, no tengo nada concreto que escribir sobre él a mi
señor; por eso lo presento ante ustedes, especialmente ante ti, rey Agripa, para que,
después de este interrogatorio, pueda reunir
algunos datos para mi informe. 27 Pues no
me parece razonable enviar un preso sin indicar los cargos que se formulan contra él.

26 1 Agripa dijo a Pablo:

–Se te permite hablar en tu defensa.

Entonces Pablo, extendiendo la mano,
comenzó su defensa:

2 –Rey Agripa, me considero dichoso de
poder defenderme hoy ante ti de todas las
acusaciones que hacen contra mí los judíos, 3 sobre todo porque tú conoces bien
sus costumbres y problemas. Te ruego,
pues, que me escuches con paciencia.

4 Todos los judíos saben perfectamente
que desde mi juventud he pasado la vida
entre mi gente, en Jerusalén. 5 Ellos me

• **25 13-22**: Después de la apelación de Pablo (Hch 25 12) esperaríamos su inmediato traslado a Roma. Sin embargo, el narrador introduce un largo paréntesis en el que Pablo ha de explicar su caso ante el rey Agripa. El motivo aparente de este retraso es completar el informe que Festo debe enviar sobre Pablo (Hch 25 26-27); el motivo real, sin embargo, es provocar una nueva declaración de inocencia de Pablo y del cristianismo por parte de las autoridades romanas y judías (Hch 26 30-32). De paso, el autor establece un paralelismo entre el proceso de Jesús y el de Pablo: ambos pasan sucesivamente de las autoridades judías al gobernador romano y en ambos casos interviene posteriormente un gobernante judío (véase Lc 22 66-23 12).

Marco Julio Agripa II era hijo de Herodes Agripa I (Hch 12 1) y gobernaba en Iturea. Berenice era su hermana. El emperador que gobernaba el imperio por entonces era Nerón, el cual lo mismo que sus predecesores, recibía el título de Augusto (Hch 25 21.25).

• **25 23-26 32**: En la comparecencia de Pablo ante *Agripa la defensa personal del apóstol* y la del cristianismo alcanzan su punto culminante. La escena consta de tres momentos: presentación (Hch 25 23-27); defensa de Pablo (Hch 26 1-29) y sentencia (Hch 26 30-32).

En la presentación del caso (Hch 25 23-27) el gobernador romano insiste en la inocencia de Pablo y explica el objeto de esta comparecencia: obtener datos para redactar el informe que debe enviar al emperador junto con el preso (véase nota a Hch 25 13-22).

El discurso de Pablo (Hch 26 1-23) constituye su tercera defensa (véase Hch 22 3-21; 24 10-21). Al igual que en las anteriores, los datos biográficos se van entrelazando con la refutación de las acusaciones que sus adversarios han presentado contra él. Después de captarse la buena disposición de sus oyentes (Hch 26 2-3), Pablo recuerda su etapa de judío cumplidor y fiel (Hch 26 4-11). El encuentro con Jesús resucitado en el camino de Damasco supone un cambio radical en su vida. El episodio se describe aquí por tercera vez (véase Hch 9 1-19; 22 6-16), de forma bastante resumida e insistiendo en la nueva misión que Dios ha confiado a Pablo: anunciar la buena noticia a todos los hombres. Dicho anuncio tiene como centro la muerte y resurrección de Jesús, de la que ya hablaban las Escrituras (Hch 26 20-23). Festo interrumpe el discurso de Pablo en el punto culminante del mismo (véase este mismo recurso en Hch 17 32; 22 22; 24 25). Sin embargo, lo verdaderamente importante ya se ha dicho y la reacción de Agripa muestra la fuerza del anuncio cristiano.

El reconocimiento de la inocencia de Pablo (Hch 26 30-32) es la conclusión de su comparecencia ante Agripa. Pero este reconocimiento va más allá y se extiende a todo el cristianismo, cuya inocencia queda simbolizada en la de Pablo.

conocen hace ya mucho tiempo y, si quieren, pueden atestiguar que viví como fariseo, el partido más riguroso de nuestra religión. 6 Ahora estoy sometido a juicio por confiar en la promesa que Dios hizo a nuestros antepasados, 7 la misma que nuestras doce tribus, sirviendo a Dios constantemente, día y noche, esperan alcanzar. Por tener esta esperanza, oh rey, me acusan los judíos. 8 ¿Les parece increíble que Dios resucite a los muertos? 9 Es cierto que yo también me creí en el deber de combatir con todas mis energías la causa de Jesús de Nazaret. 10 Y, efectivamente, así lo hice en Jerusalén. Yo encarcelé a muchos de sus discípulos en virtud de la autoridad que recibí de los jefes de los sacerdotes y, cuando se les quitaba la vida, daba mi aprobación. 11 Recorrí muchas veces todas las sinagogas, obligándolos a renegar de su fe forzados por torturas. Mi furia contra ellos llegó a tal extremo, que los perseguí hasta en las ciudades extranjeras.

12 Así las cosas, me dirigía hacia Damasco con poder y autorización de los jefes de los sacerdotes, 13 cuando al mediodía vi en el camino, oh rey, una luz venida del cielo más brillante que la del sol, que me envolvió a mí y a los que iban conmigo. 14 Caímos todos por tierra, y oí una voz que me decía en arameo: «Saúl, Saúl, ¿por qué me persigues? Es inútil que te rebeles contra mí». 15 Yo pregunté: «¿Quién eres, señor?». Y el Señor respondió: «Yo soy Jesús, a quien tú persigues. 16 Levántate y ponte de pie. Me he aparecido a ti, para hacerte mi servidor y para que des testimonio de que me has visto, y de lo que todavía tengo que mostrarte. 17 Yo te libraré de tu pueblo y también de los paganos a los que te enviaré 18 para que les abras los ojos y se conviertan de la oscuridad a la luz, y del poder de Satanás a Dios; y para que reciban, por la fe en mí, el perdón de los pecados y la herencia que corresponde a los consagrados». 19 Y yo, rey Agripa, no fui desobediente a la visión celestial. 20 Por el contrario, fui predicando a los habitantes de Damasco, de Jerusalén, de todo el territorio de Judea y a los paganos, que se arrepintieran, se convirtieran a Dios e hicieran obras de auténtica penitencia. 21 Por esto me detuvieron los judíos en el templo e intentaron matarme. 22 Pero, gracias al auxilio divino, sigo firme hasta hoy, dando testimonio a pequeños y grandes, y sin decir nada fuera de lo que los profetas y Moisés anunciaron que sucedería: 23 que el Mesías tenía que padecer y que, siendo el primero en resucitar de entre los muertos, anunciaría la luz al pueblo judío y a los paganos.

24 En este momento Festo interrumpió la defensa y dijo con fuerte voz:

–Estás loco, Pablo; tanto estudiar te ha trastornado.

25 Pablo respondió:

–No estoy loco, excelentísimo Festo. Mis palabras están llenas de verdad y de cordura. 26 Bien enterado está de estas cosas el rey, ante quien hablo con toda libertad. No creo que se le oculte nada de esto, pues se trata de un asunto público. 27 Rey Agripa, ¿crees en los profetas? Yo sé que crees.

28 Agripa le contestó

–¡Por poco me convences para que me haga cristiano!

29 Pablo respondió:

–¡Quiera Dios que, por poco o por mucho, no sólo tú, sino todos los que me escuchan hoy, llegaran a ser lo que soy yo, aunque sin estas cadenas!

30 El rey, el gobernador, Berenice y los que con ellos estaban sentados, se levantaron 31 y se retiraron, comentando entre sí:

–Este hombre no ha hecho nada digno de muerte o de prisión.

32 Y Agripa dijo a Festo:

–Se habría podido dejar en libertad a este hombre, si no hubiera apelado al emperador.

DE CAMINO HACIA ROMA +

De Cesarea a Creta

Hch 24 23; 27 43; 28 2; 1 Cor 11 26

27 1 Cuando se decidió que nos embarcáramos para Italia, encomendaron la custodia de Pablo y de algunos otros presos a un oficial de la legión Augusta, llamado Julio. 2 Subimos a bordo de un barco de Adramitio que se dirigía a las costas de la provincia de Asia y nos hicimos a la mar. Nos acompañaba Aristarco, un macedonio natural de Tesalónica. 3 Al día siguiente

llegamos a Sidón; Julio fue generoso con
Pablo y le permitió ir a casa de sus amigos
para disfrutar de sus atenciones. 4 De allí
levamos anclas y navegamos costeando
Chipre, porque los vientos eran contrarios.
5 Atravesamos el mar de Cilicia y el de
Panfilia, y llegamos a Mira de Licia. 6 El
oficial encontró allí un barco alejandrino
que se dirigía a Italia y nos trasladó a él.
7 Navegamos despacio durante varios días,
y con dificultad llegamos frente a Gnido.
Como no teníamos el viento favorable, fuimos costeando Creta por el cabo Salmón y,
8 después de pasarlo, a duras penas llegamos a un lugar llamado Buenos Puertos,
cerca del cual estaba la ciudad de Lasea.

9 Había transcurrido bastante tiempo y
la navegación era peligrosa, porque estaba
llegando el otoño. Pablo les advertía, 10 diciendo:

–Amigos, creo que la navegación va a traer peligros y grave daño, no sólo para el cargamento y el barco, sino también para nuestras vidas.

11 El oficial, sin embargo, se fiaba más
del piloto y del patrón del barco, que de las
palabras de Pablo. 12 Y como el puerto no
se prestaba mucho para pasar allí el invierno, la mayoría prefirió continuar y tratar de llegar a Fenice, un puerto de Creta orientado hacia el suroeste y el noroeste, con la intención de pasar allí el invierno.

La tempestad

Hch 18 9; 23 11; Mt 10 30; Lc 12 7; 22 19

13 En cuanto comenzó a soplar un ligero
viento del sur, pensaron que podían llevar
a cabo sus planes; así que levaron anclas y
costearon el litoral de Creta. 14 Pero al
poco tiempo se desencadenó un viento
huracanado, el llamado euroaquilón. 15 El
barco fue arrastrado y, no pudiendo resistir
al viento, nos dejamos ir a la deriva. 16 Después de navegar protegidos contra el viento por un islote llamado Cauda, a duras penas pudimos controlar el bote salvavidas.
17 Cuando lo subieron a bordo, se tomaron
medidas de emergencia, asegurando con cables el casco del barco. Después, por miedo a encallar en la Sirte, soltaron una
boya y se dejaron ir a la deriva. 18 Al día
siguiente, como la tempestad se hacía más
violenta, se arrojó la carga, 19 y al tercer
día los marineros tiraron al mar los aparejos del barco. 20 Durante muchos días no
pudimos ver ni el sol ni las estrellas, y como la tempestad era cada vez más violenta, perdimos toda esperanza de salvación.
21 Llevábamos mucho tiempo sin comer
nada. Pablo se puso entonces de pie en medio de todos y dijo:

–Amigos, hubiera sido mejor seguir mi consejo y no dejar Creta; así no habríamos sufrido tanto peligro ni tanto daño. 22 De
todos modos, les aconsejo que no se desanimen, porque ninguno de ustedes perderá la vida. Sólo se perderá el barco. 23 Pues
esta noche se me apareció un ángel del Dios a quien pertenezco y a quien sirvo, y me ha
dicho: 24 «No temas, Pablo, tienes que comparecer ante el emperador, y Dios, en atención a ti, conservará con vida a todos los

+ 27 1-28 31: La última etapa del camino de Pablo contiene una larga sección narrativa en primera persona del plural (sobre las llamadas "secciones nosotros" véase nota a Hch 20 13-15). Este recurso literario era común entonces en las novelas de viajes por mar, y es posible que Lucas haya adaptado uno de aquellos relatos para describir el viaje desde Jerusalén hasta Roma (Hch 27 1-28 16). En él, las diversas intervenciones de Pablo (Hch 27 10.21-26.31.33-34) y los signos que realiza (Hch 28 1-10), ponen de manifiesto la fuerza de la salvación que llega a través de la buena noticia y de sus mensajeros.

Estos últimos capítulos del libro son una joya literaria y pueden leerse a tres niveles. Desde un punto de vista histórico, encontramos en ellos datos del Pablo prisionero *que se dirige a Roma. En un segundo nivel* podemos ver en este relato una síntesis de la vida del creyente que debe mantener su testimonio cristiano en medio de innumerables peligros y dificultades. Finalmente, y esta es quizá la principal intención de Lucas, con la llegada de Pablo a Roma se cumple el proyecto misionero que ha guiado todo el libro y que había sido presentado por Jesús al comienzo del mismo (Hch 1 8).

• 27 1-12: Sorprende la precisión técnica con que se describe el itinerario y la travesía. Esta es una de las características de las llamadas "secciones nosotros" (véase nota a Hch 20 13-15). Las palabras de Pablo (Hch 27 10) introducen una cierta expectativa en el relato, al anunciar los peligros que tendrán que soportar a lo largo del viaje.

• 27 13-38: Siguiendo el estilo propio de las novelas de la época, se describe con precisión y viveza la tempestad. Pero lo que más le interesa a Lucas es mostrar que Pablo será el instrumento de salvación para los que lo acompañan. A este propósito responden las repetidas menciones de la salvación (Hch 27 21.22.24.31.34), que es un tema muy querido para Lucas. Además, el proyecto de Dios no puede detenerse. Pablo tiene que llegar hasta Roma (Hch 23 11; 27 24). Tanto la terminología (dar gracias, partir el pan) como los efectos (la salvación) hacen pensar que la comida en la que participan todos los tripulantes evoca una comida eucarística.

que navegan contigo». 25 Así que, ánimo,
amigos; yo tengo confianza en Dios y sé
que sucederá tal como se me ha dicho.
26 Iremos a parar a alguna isla.
27 Era la noche décimocuarta y seguía-
mos a merced del viento por el Adriático,
cuando, a medianoche, los marineros pre-
sintieron la proximidad de la tierra. 28 Son-
dearon la profundidad del agua y había
treinta y seis metros; volvieron a echar la
sonda un poco más adelante y había veintisiete. 29 Entonces, temiendo chocar contra
alguna roca, echaron a popa cuatro anclas,
esperando con ansia que amaneciera. 30 Pero como los marineros intentaban huir del
barco y habían echado al mar el bote salvavidas con el pretexto de soltar también las
anclas de proa, 31 Pablo dijo al oficial y a
los soldados:
–Si éstos no se quedan en el barco, ustedes no podrán salvarse.
32 Entonces los soldados cortaron las
amarras del bote y lo dejaron caer. 33 Mientras esperaban que amaneciera, Pablo animó a todos a que comieran diciendo:
–Hace catorce días que no comen.
34 Les aconsejo que tomen algún alimento,
porque les vendrá bien para su salud; ninguno de ustedes perderá ni un solo cabello
de su cabeza.
35 Dicho esto, tomó pan y, dando gracias a Dios en presencia de todos, lo partió
y comenzó a comer. 36 Los demás se animaron y comieron también. 37 Ibamos en
el barco doscientas setenta y seis personas.
38 Una vez satisfechos, arrojaron el trigo al
mar, para aligerar el barco.

El naufragio

39 Cuando amaneció, no reconocieron la
tierra; pero, al ver una bahía que tenía
playa, intentaron dirigir todo lo posible el
barco hacia ella. 40 Soltaron las anclas y
las dejaron caer al mar, aflojando a la vez
las amarras de los timones. Luego izaron
la vela de proa y, con el viento a su favor,
se dirigieron a la playa. 41 Pero, al dar contra un banco de arena entre dos corrientes,
el barco encalló. La proa, clavada, quedó
inmóvil; la popa, en cambio, se rompía por
la violencia de las olas.
42 Los soldados decidieron entonces
matar a los presos, para que no se escapara
ninguno nadando. 43 Pero el oficial, tratando de salvar a Pablo, les prohibió hacerlo,
y ordenó que los que supieran nadar se
tiraran los primeros y saltaran a tierra, 44 y
que los restantes salieran, unos sobre tablas
y otros sobre objetos tomados del barco.
De esta forma todos llegamos a tierra sanos
y salvos.

En la isla de Malta

Mc 16 18; Lc 10 19; Hch 14 11; Lc 4 40; 5 15

28 1 Una vez a salvo, nos enteramos que
la isla se llamaba Malta. 2 Los nativos
nos trataron con toda clase de atenciones.
Como estábamos empapados por la lluvia
que caía y teníamos mucho frío, encendieron una fogata y nos dijeron a todos que
nos acercáramos. 3 Pablo se puso a recoger
ramas secas. Al echarlas en la fogata, una
víbora, que huía del calor, le mordió la
mano y no se la soltaba. 4 Los nativos, al
verla colgando de su mano, se decían unos
a otros:
–Sin duda, este hombre es un homicida;
se ha librado del mar, pero la justicia de
Dios no le permite seguir con vida.
5 Pero él se sacudió la víbora arrojándo-
la al fuego y no sufrió daño alguno. 6 Ellos
esperaban que se hinchara y cayera muerto
de repente. Estuvieron esperando un buen
rato, pero al ver que nada malo le sucedía,
cambiaron de parecer y empezaron a decir
que era un dios.
7 Cerca de aquel lugar tenía una finca el
gobernador de la isla, llamado Publio, el
cual nos recibió amablemente y nos hospe-
dó durante tres días. 8 Su padre estaba en-

• **27** 39-44: El tema de la salvación sigue dominando la escena. Se cumplen las palabras de Pablo (Hch 27 24), pues el oficial romano, tratando de salvar a Pablo, impide que los soldados maten a los demás presos. Todos llegan a tierra *sanos y salvos*.

• **28** 1-10: La permanencia de Pablo y sus compañeros en la isla de Malta sirve para que la salvación, de la que Pablo es portador, se manifieste a través de diversos signos. El episodio de la víbora pone de manifiesto las creencias populares acerca del castigo divino y de los signos que acompañan a los mensajeros de Dios (véase Lc 10 19 y Mc 16 18). Por otro lado, la curación del padre del gobernador y las otras curaciones son el motivo para que los nativos les proporcionen todo lo necesario para el viaje. Pablo aparece de nuevo como instrumento de salvación para sus compañeros de viaje (véase Hch 27 24-43).

tonces en cama, atacado de fiebre y disen-
tería; Pablo lo visitó y, después de orar, le
impuso las manos y lo sanó. 9 Al enterarse
de esto, los demás habitantes de la isla que
tenían enfermedades venían también y Pablo los sanaba. 10 Así que nos hicieron muchos honores, y, al partir, nos suministra-
ron lo necesario.

Llegada a Roma

Hch 24 23

11 Transcurridos tres meses, partimos en
un barco alejandrino que había pasado el
invierno en la isla, y que tenía por insignia
a Cástor y Pólux. 12 Llegados a Siracusa,
nos detuvimos tres días. 13 De allí fuimos
costeando hasta Regio y, como al día siguiente comenzó a soplar el viento del Sur,
el segundo día llegamos a Pozzuoli. 14 Allí
encontramos algunos hermanos que nos
invitaron a quedarnos con ellos siete días.
Finalmente nos pusimos en camino hacia
Roma. 15 Los hermanos de Roma, que
habían sido informados de nuestra llegada,
nos salieron al encuentro en el Foro Apio y
Tres Tabernas. Pablo, al verlos, dio gracias
a Dios y recobró el ánimo. 16 Cuando
entramos en Roma, le permitieron a Pablo
quedarse en una casa particular, con un
soldado que lo custodiara.

Encuentro con los judíos de Roma

Hch 13 46; 24 12-13; 25 25; Mt 7 12; *Is 6 9-10*

17 Tres días después, Pablo convocó a
los dirigentes de los judíos. Cuando llegaron, les dijo:
–Hermanos, sin haber hecho nada contra el pueblo ni contra las costumbres de
nuestros antepasados, fui detenido en Jerusalén y entregado a los romanos. 18 Ellos,
después de interrogarme, quisieron ponerme en libertad, ya que no tenían contra mí
ningún cargo por el que mereciera la muerte. 19 Pero, como los judíos se opusieron,
me vi obligado a apelar al emperador, aunque sin intención de acusar a mi pueblo.
20 Este es, pues, el motivo de haberlos llamado. Quería verlos y conversar con ustedes, pues a causa de la esperanza de Israel
llevo estas cadenas.
21 Ellos le dijeron:
–Nosotros no hemos recibido de Judea
cartas referentes a ti, ni ha venido ningún
hermano trayendo malos informes sobre ti.
22 De todas formas, deseamos que nos digas lo que piensas, pues lo que sabemos de
esta secta es que en todas partes encuentra
oposición.
23 Se pusieron de acuerdo en un día y
acudieron en mayor número a la casa
donde se hospedaba Pablo. Desde la mañana hasta la tarde estuvo exponiéndoles el
reino de Dios y esforzándose por ganarlos
para Jesús con argumentos de la ley de
Moisés y de los profetas. 24 A unos les
convencía su palabra; otros, en cambio,
seguían sin creer. 25 Como no se ponían de
acuerdo, cuando estaban a punto de retirarse, Pablo les dijo:
–Con razón dijo el Espíritu Santo a sus
antepasados por medio del profeta Isaías:

26 *Ve a este pueblo y diles:*
Oirán, pero no entenderán,
mirarán, pero no verán.
27 *Porque se ha endurecido*
el corazón de este pueblo,

• **28 11-16**: Con la llegada a Roma termina el relato del viaje y el redactor deja de utilizar la primera persona del plural, que viene usando desde Hch 27 1 (véase nota a Hch 20 13-15). Pablo ha llegado a su destino: Roma. Allí existían desde antiguo comunidades cristianas, a las que el mismo Pablo había escrito una larga carta de presentación. Su calurosa bienvenida y el estatuto privilegiado de que goza Pablo en Roma casi hacen olvidar su condición de prisionero. En realidad lo que Lucas quiere mostrar es que el proyecto trazado por el Resucitado (Hch 1 8) está llegando a su fin: Pablo va a tener ocasión de dar testimonio de Jesús en Roma, la capital del imperio.

• **28 17-28**: La primera actividad de Pablo en Roma no se centra en la comunidad cristiana, ni en la proclamación del evangelio a los paganos. Una vez más, Pablo se dirige a los judíos y replantea el problema central de los primeros años de la Iglesia: la continuidad y ruptura entre el cristianismo y el judaísmo. El último episodio de la actividad apostólica de Pablo que Lucas nos describe coincide con el primero de la tercera parte de Hechos (Hch 13 13-52) y ambos forman una especie de inclusión, que resume la misión de Pablo: su interés por dirigirse a los judíos en primer lugar, el rechazo de estos y su dedicación a los paganos. En este pasaje se explica, además, que el rechazo de los judíos responde a lo anunciado en las Escrituras (nótese que este texto de Isaías se cita en Mt 13 14-15 para explicar la incapacidad de comprender las parábolas de Jesús).

Algunos manuscritos, aunque no los mejores ni los más antiguos añaden Hch 28 29, que dice así: *al pronunciar Pablo estas palabras, los judíos se fueron discutiendo entre sí acaloradamente.*

han cerrado sus oídos
para no ver con sus ojos,
ni oír con sus oídos,
ni entender con el corazón,
ni convertirse, para que yo los sane.

28 Sepan, pues, que esta salvación de
Dios ha sido ofrecida a los paganos; ellos
sí la escucharán.

Conclusión

Hch 1 3

30 Pablo estuvo dos años enteros en una
casa alquilada por él, y allí recibía a todos
los que iban a verlo. 31 Podía anunciar el
reino de Dios y enseñar cuanto se refiere a
Jesucristo, el Señor, con toda libertad y sin
obstáculo alguno.

• **28 30-31**: Con la predicación y enseñanza de Pablo en Roma se completa el programa misionero trazado por Jesús (Hch 1 8) y termina el libro de los Hechos. El final de la vida de Pablo interesa poco; tampoco se dieron muchos detalles sobre el final de la vida de Pedro (véase Hch 12 17). Es evidente que no son los mensajeros lo que cuenta, sino el mensaje que ha llegado hasta Roma, gracias a la acción del Espíritu Santo. Desde allí se proclamará la buena noticia al mundo entero.

Cartas y Apocalipsis

CARTAS DE SAN PABLO

INTRODUCCION

San Pablo es una de las figuras más fascinantes del Nuevo Testamento. Es también, incluido el mismo Jesús, el personaje del cristianismo primitivo del que poseemos más datos históricos. Sus cartas constituyen la correspondencia más célebre de todas las épocas. Son, además, cronológicamente hablando, los primeros escritos del Nuevo Testamento y por lo mismo nos suministran los primeros datos –preciosos datos– sobre el origen, estructura y desenvolvimiento de una serie de comunidades cristianas a veinte o veinticinco años de haberse iniciado el movimiento de Jesús de Nazaret.

Esta breve presentación de la obra paulina quiere ser una síntesis de las principales claves históricas, literarias y teológicas para afrontar la lectura de estas singulares y apasionantes cartas.

1. Claves históricas

Raíces judías

Pablo nació judío de raza y de religión, y como él mismo proclama en Gal 1 13-14 y Flp 3 5-6, durante la primera etapa de su vida se comportó como un judío convencido. En su nacimiento, ocurrido hacia el año 5 d. C., recibió el nombre hebreo de Shaul junto con el grecorromano de Pablo (véase Hch 13 9). En las cartas siempre utiliza el nombre grecorromano.

Su familia pertenecía al grupo de los fariseos (Hch 23 6; Flp 3 5). Y como fariseo fue educado por sus padres, quienes aproximadamente a la edad de quince años lo enviaron a Jerusalén. Allí, en la escuela del célebre rabino Gamaliel el Viejo (Hch 22 3), recibió sin duda una profunda formación judía que iba a marcar para siempre –incluso siendo ya cristiano– su modo de utilizar e interpretar los libros sagrados de la Biblia.

Influencia helenista

Pero Pablo no nació dentro del judaísmo palestinense. Nació en la "diáspora", es decir en el ámbito de las comunidades judías residentes fuera de los límites de Palestina. Concretamente nació en Tarso (véase Hch 21 39), ciudad situada a orillas del río Cidno, a los pies del monte Tauro, y capital en aquella época de la provincia romana de Cilicia, en la parte suroriental de la actual Turquía.

Tarso era por entonces un célebre centro de cultura. Sus escuelas de arte, ciencias y filosofía competían con la de Atenas y Alejandría. Probablemente Pablo no asistió, al menos sistemáticamente, a estas escuelas paganas; pero el mundo helenístico en medio del cual vivió su niñez y adolescencia debió influir poderosamente en él. Pablo ciertamente hablaba el griego con facilidad, incluso con elegancia cuando se lo proponía. Sus cartas muestran que también sabía escribirlo con notable corrección: cita autores clásicos, utiliza procedimientos literarios de innegable parentesco con la diatriba socrático-estoica, alude a instituciones jurídicas y gusta de imágenes y metáforas deportivas y militares propias de la cultura helenística. Debe añadirse a todo esto que el texto bíblico más utilizado por Pablo fue probablemente el de la Biblia griega llamada de los Setenta.

La llamada de Cristo

En un determinado momento de su vida –que puede fecharse hacia el año 35 d. C.– la existencia religiosa de Pablo sufre un cambio total. Tiene un misterioso encuentro con el Nazareno (véase Hch 9 1-19), y el que hasta entonces había sido encarnizado perseguidor de los cristianos (Gal 1 13-14) se transforma de pronto en ardiente propagandista de Jesús. A partir de este momento Pablo quedó absolutamente enamorado de Cristo y dedicó toda su capacidad y entusiasmo a profundizar en la buena noticia de Jesús y a proclamarla con todos los recursos a su alcance.

Después de un período de casi diez años sobre el que apenas tenemos noticias (permanencia en Arabia –¿tuvo alguna relación con Qumrán?–, en Tarso, en Antioquía de Siria), y en el que Pablo consolidó su experiencia y su formación cristiana, el fariseo convertido al cristianismo inicia una incansable actividad viajera y misionera que no cesará hasta su muerte. El amor a Cristo hizo que Pablo recorriera varios miles de kilómetros, muchos de ellos a pie, por muy distintos lugares (véase p. e. Rom 15 19).

Suele hablarse de tres grandes viajes apostólicos de Pablo: el primero por Chipre y el sur de Asia Menor, entre los años 45-48 d. C. (Hch 13 4-14 28); el segundo por las regiones centrales de Asia Menor, Macedonia y Grecia, entre los años 49-52 (Hch 15 40-18 22); y el tercero por las regiones de Galacia,

Frigia, la provincia romana de Asia (Efeso), Macedonia, Grecia y de nuevo Efeso, entre los años 53-58 (Hch 18 23-21 15). A estos tres viajes, hay que añadir el tormentoso viaje por mar desde Cesarea a Roma (Hch 27 1-28 16) y sin duda otros muchos viajes de menor importancia que se desprenden del relato de Hechos y de las propias cartas paulinas.

En el transcurso de esta intensa actividad misionera, Pablo conoció innumerables peripecias y sufrió innumerables adversidades magníficamente evocadas en 2 Cor 11 23-27. Hay que destacar sobre todo sus prisiones (Hch 23 35-26 32). Las más prolongadas fueron, sin duda, las de Cesarea y Roma (Hch 28 16); pero estuvo también encarcelado en Filipos (Hch 16 23), en Jerusalén (Hch 21 33-23 30), muy probablemente en Efeso, y quizás en algún otro lugar.

La cronología de la vida de Pablo puede reconstruirse con relativa seguridad. En la sinopsis cronológica que se encuentra al final de esta Biblia, pueden encontrarse las fechas de los acontecimientos más significativos de su vida.

Actividad apostólica. Las comunidades paulinas

La actividad misionera de Pablo tuvo como objetivo principal la fundación de comunidades cristianas. Precisamente algunas de estas comunidades, establecidas en importantes ciudades del imperio (Corinto, Tesalónica, Filipos, ciudades de la región gálata), son las destinatarias de casi todas sus cartas. Resulta muy provechoso para entender las cartas paulinas conocer las características, circunstancias y problemas de dichas comunidades. Una breve descripción de las características concretas de estas comunidades se encuentra en la introducción a cada una de las cartas. No obstante, todas ellas poseen unos rasgos comunes, que puede resumirse así:

– Son comunidades establecidas en el mundo helenista. Es un nuevo horizonte, que ofrecía a los seguidores de Jesús múltiples ventajas, pero que no estaba exento de inconvenientes. En este ambiente, en efecto, las pequeñas comunidades fundadas por Pablo viven bajo la permanente amenaza de un paganismo hedonista, de atractivos y fáciles cultos religiosos, de múltiples costumbres contrarias a la buena noticia. Se comprenden perfectamente las continuas advertencias, recomendaciones, llamadas de atención e incluso duras recriminaciones que Pablo hace en sus cartas.

– La mayor parte de ellas estaban situadas en las regiones costeras del norte del Mediterráneo (Asia Menor, Grecia e Italia); dentro, por tanto, del imperio romano. Tanto Pablo como sus colaboradores *procuraron establecer las comunidades cristianas* en centros estratégicos, en ciudades unidas entre sí por una fuerte red de comunicaciones. Así se favorecía el contacto y el diálogo entre las comunidades cristianas. Dicho contacto y diálogo contribuyó a fortalecer y enriquecer la fe recién adquirida.

– Son comunidades establecidas en núcleos urbanos en contraste con las comunidades rurales palestinenses. Pablo no es ciertamente el fundador del cristianismo, pero sí es el creador del cristianismo urbano con todo lo que este acontecimiento iba a suponer para la evolución del cristianismo.

– Dentro de las ciudades en las que se establecen las comunidades cristianas, el lugar común de encuentro es la casa. Son comunidades domésticas que se reúnen en las casas para celebrar su fe y alimentarla (Rom 16 5.11), y que posiblemente adoptaron la estructura social de la casa en su organización.

– Son comunidades formadas por cristianos de procedencia tanto judía como pagana y de una composición sociológica muy variada. Este hecho da razón de no pocos problemas concretos a los que Pablo tiene que hacer frente en sus cartas. Y explica también, al menos en parte, el hecho de que el radicalismo ético de la primera tradición sinóptica haya sido sustituido por el llamado "patriarcalismo del amor", es decir por una concepción religiosa de la vida que aceptó las desigualdades existentes de hecho en las relaciones interpersonales, pero al mismo tiempo las penetró de amor cristiano y las hizo humana y religiosamente fecundas.

– Son finalmente comunidades en las que, junto al entusiasmo y el heroísmo, está presente el pecado. No eran precisamente un paraíso aquellas comunidades paulinas. No todo funcionaba en ellas con absoluta pulcritud y en conformidad con las más estrictas exigencias del evangelio. Pero en ellas se realizaba entonces la Iglesia que Jesús fundó y que ahora se prolonga en nuestras comunidades.

2. Claves literarias

Las cartas de Pablo constituyen su más precioso legado espiritual. Pero no debemos perder de vista que Pablo no es un escritor de oficio. Es ante todo un hombre de acción, un misionero, un mensajero del evangelio: *¡Pobre de mí si no evangelizara!* (1 Cor 9 19). Si escribe, lo hace forzado por las circunstancias, ante la imposibilidad de actuar personalmente.

La carta cristiana

El género literario "carta", uno de los más antiguos que se conocen, no está ausente del Antiguo Testamento. (véase Esd 4 11-16.17-22; 5 6-17; 1 Mac 5 10-13; 8 23-32; 2 Mac 9 18-27; 11 16-38). Como primer ejemplo bíblico del uso religioso del género epistolar pueden considerarse los pasajes de Jr 29 1-23 y la Carta de Jeremías. En el mundo helenístico, por su parte, la carta era un medio habitual de comunicación, tanto para la comunicación estrictamente privada, como para la comunicación abierta de ideas y

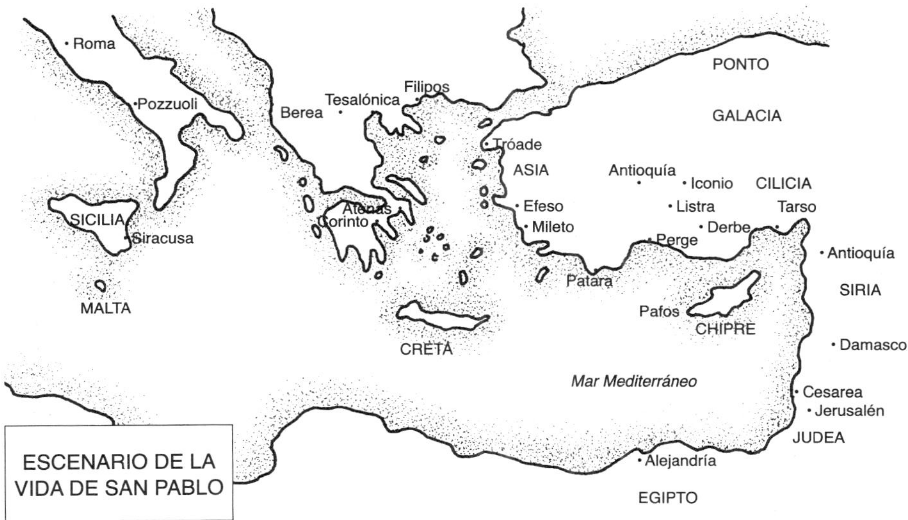

doctrinas. Podría afirmarse, sin embargo, que el uso del género literario epistolar con propósitos religiosos no se hace común hasta San Pablo. Fueron sin duda circunstancias concretas las que llevaron al apóstol a utilizar esta forma literaria para comunicar su concepción teológica del misterio de Cristo; pero también es verdad que encajaba maravillosamente en su genio personal el adoptar una forma de escribir tan ágil como la carta. Inauguraba así un nuevo género literario para proclamar un mensaje nuevo como punto de partida de una Iglesia nueva: la carta cristiana. Su ejemplo, ya desde la época apostólica, será ampliamente seguido por la tradición eclesial.

Las cartas de Pablo

La tradición cristiana desde la más remota antigüedad ha colocado trece cartas bajo el nombre y la autoridad de san Pablo. Algún tiempo después se añadió al epistolario paulino el escrito a los Hebreos, de cuyas singulares características se hablará en su momento.

Sin embargo, podemos preguntarnos: ¿Realmente es Pablo el responsable directo de las trece cartas que componen el llamado "corpus paulinum"? Así lo ha sostenido una tradición de siglos que, aun siendo acrítica, no debe despreciarse sin más. Claro que esta tradición queda en cierto modo a salvo si damos por supuesto –y lo damos– que en cualquier caso se trata siempre de escritos nacidos en círculos netamente paulinos. En el estado actual de los estudios bíblicos se consideran incuestionablemente como del propio Pablo: la primera a los Tesalonicenses, las dos a los Corintios, las escritas a los Gálatas y a los Romanos, la carta a los Filipenses, y la dirigida a Filemón. Sobre la autenticidad estrictamente paulina de las demás hay por lo menos dudas que son más o menos consistentes según los casos.

El orden en que las Biblias modernas ofrecen las cartas de Pablo no responde a la cronología de su composición. En esto siguen la costumbre de las ediciones impresas más antiguas (por ejemplo, la Vulgata latina) que colocan en primer lugar las dirigidas a comunidades, en un orden descendente según la extensión de cada carta; después colocan las dirigidas a individuos concretos.

Clasificación de las cartas paulinas

Hoy se está imponiendo cada vez con más fuerza entre los estudiosos de san Pablo una clasificación de sus cartas a partir de la autenticidad de las mismas. Es la división en dos grandes bloques: a) Cartas de la primera época paulina (a las que hoy se llama con frecuencia "protopaulinas"); son las que tienen por responsable directo al propio Pablo y habrían sido escritas antes del año 60: 1 Tes, 1-2 Cor, Gal, Rom, Flp y Flm; y b) Cartas de la segunda época paulina (también llamadas "deuteropaulinas"); forman este grupo Col, Ef, 1-2 Tim, Tit y 2 Tes, y probablemente fueron escritas por discípulos de Pablo después de la muerte del apóstol. Es esta una hipótesis de trabajo cada día más aceptada, que se apoya en datos objetivos y que ayuda a resolver no pocos problemas planteados por las cartas paulinas. Otras clasificaciones tradicionales atendiendo a la extensión de las mismas ("grandes cartas"), a las circunstancias que rodearon su composición ("cartas de la cautividad"), a los destinatarios ("cartas pastorales"), o a los temas predominantes en cada una de ellas, tienen aspectos aprovechables, pero resultan insuficientes.

Composición de las cartas

En líneas generales, las cartas de Pablo se ajustan al esquema de la carta antigua que constaba de un encabezamiento, el cuerpo de la carta o mensaje, y el saludo final. Sin embargo, en el desarrollo de este esquema, Pablo es casi siempre profundamente original. La novedad del evangelio lo penetra todo y, desde el principio hasta el final, las cartas de Pablo desbordan vida cristiana. Nada de artificio ni de fórmulas vacías.

El estilo y el vocabulario de san Pablo son los de un escritor griego más que aceptable. Utiliza inteligentemente casi todos los recursos estilísticos característicos de aquella época: paradoja, metáfora, diatriba y sobre todo la antítesis. A veces parece que violenta el idioma, pero lo hace casi forzado al tener que proponer un mensaje original que no encuentra fácilmente en el lenguaje académico la expresión adecuada.

Subrayemos, finalmente, que en más de una ocasión Pablo incluye en sus cartas material ya formulado. Como parte de este material podrían considerarse los himnos (Flp 2 6-11; Col 1 15-20), las confesiones de fe (Rom 1 2-4; 1 Cor 15 3-4), los catálogos de vicios y virtudes (Gal 5 19-23; 1 Cor 6 9-10), las series encadenadas de textos bíblicos (Rom 3 10-18), las doxologías (Rom 11 33-36; 16 25-27; 1 Tes 5 23). Es de advertir que en estos casos, Pablo no se limita a incorporar sin más estos materiales ya formulados, sino que los reformula sometiéndolos a una cierta transformación en el seno de la nueva síntesis teológico-literaria que pone o hace poner por escrito. Es muy importante tener en cuenta este aspecto para interpretar correctamente numerosos pasajes paulinos.

3. Claves teológicas

Al hablar de claves teológicas para leer a san Pablo no nos referimos propiamente a contenidos. Para el contenido teológico fundamental de cada carta paulina remitimos a las respectivas introducciones particulares. Aquí hablamos de pistas metodológicas que puedan servirnos para descubrir e interpretar correctamente los acentos más importantes de la teología paulina. Estas son las principales:

– Las cartas que integran el llamado "corpus paulinum" han sido originadas por distintas situaciones y abordan problemas diferentes. No son de la misma época y probablemente tampoco del mismo autor. No debe extrañar, por tanto, que existan notables diferencias en el contenido teológico entre una y otra carta, y sobre todo entre uno y otro grupo de cartas. Podemos y debemos hablar de un pluralismo teológico en las cartas de san Pablo.

– No hay que buscar en las cartas paulinas una teología sistemática. Ni el momento histórico en que se encontraba la reflexión cristiana la hacía posible, ni el género literario utilizado era el más adecuado para ella. Por lo general cada carta se ocupa de múltiples temas y el autor pasa de uno a otro con notable movilidad. Cabría exceptuar en cierto modo las cartas a los Romanos y a los Efesios.

– La teología no es una teología ya hecha, sino una teología que se está haciendo. Una teología en proceso de elaboración. No puede, por tanto, separarse de su contexto coloquial. Es el resultado de un diálogo en el que juega un papel importante, no sólo el que habla o escribe, sino también el que escucha o lee. Es lógico que Pablo sea con frecuencia fragmentario en las respuestas, porque su intención es responder de forma concreta a preguntas concretas.

– Pablo no construye su teología sobre la nada. Proviene de lejos, de tradiciones que asume y se apropia. Tradición e interpretación están siempre unidas en Pablo y se implican mutuamente. Descubrir lo propio y específico de Pablo en cada dato tradicional recogido o interpretado por él, es sobremanera interesante para descubrir los acentos peculiares de la teología paulina. Un ejemplo típico es el himno cristológico de Flp 2 6-11.

– Finalmente, las referencias al Antiguo Testamento, bien en citas explícitas bien en simples alusiones, son numerosísimas en las cartas paulinas. La formación judía de Pablo se hace manifiesta en la amplia utilización del método alegórico a la hora de interpretar la Escritura. No obstante, en las cartas de Pablo apenas se puede hablar de una alegorización pura; lo que él utiliza es la interpretación tipológica, es decir, la relación-comparación entre los acontecimientos de la antigua alianza y los de la nueva. Por lo demás es importante constatar que la interpretación paulina del Antiguo Testamento, más que un método es una confesión de fe.

CARTA A LOS ROMANOS

INTRODUCCION

La carta a los Romanos es la más extensa de las escritas por san Pablo y en nuestras Biblias ocupa desde muy antiguo el primer lugar entre las cartas que se le atribuyen. No es una síntesis completa y definitiva de la enseñanza de Pablo y mucho menos de la doctrina cristiana. Pero sí es el gran escrito de Pablo y el primer ensayo de gran importancia en la historia de la teología cristiana.

Juntamente con Gálatas, la carta a los Romanos ha constituido el principal punto de referencia en la polémica entre la Iglesia católica y las iglesias protestantes, hasta el punto de que podría decirse que la Reforma protestante ha hecho de Romanos el texto sagrado por excelencia. Es significativo al respecto que en el arranque de los grandes movimientos teológicos protestantes, como es el caso de Martín Lutero y Karl Barth, hay que colocar un importante comentario a esta carta de san Pablo.

1. Pablo y la comunidad cristiana de Roma

Pablo escribe a los cristianos de Roma, una comunidad que él no ha fundado. De ahí las precauciones diplomáticas que adopta para que su carta sea bien recibida y nadie piense que se entromete en campos que no le corresponden (Rom 1 8-15; 15 14-32).

Roma, capital del imperio al que dio nombre, era por entonces una ciudad con una población que los historiadores calculan en cerca de un millón de habitantes. El origen y componente social de esta población era múltiple y heterogéneo. El clan judío –al que algún autor calcula en unos cincuenta mil miembros– era particularmente homogéneo y poderoso. Así consta por las numerosas referencias al respecto, bien de historiadores extrabíblicos, bien de hallazgos arqueológicos (sinagogas, cementerios, etc.). En cambio, sobre el origen y primer crecimiento de la comunidad cristiana, las noticias son escasísimas. Las primeras de alguna consistencia son justamente las que proporciona la carta a los Romanos.

Parece indiscutible que el anuncio del evangelio llegó muy pronto a la capital del imperio. Probablemente judíos procedentes de Palestina, donde se habían convertido al cristianismo, fueron los iniciadores de la comunidad cristiana de Roma. En el año 49 el emperador Claudio expulsó a todos los judíos de Roma (véase Hch 18 2), probablemente a causa de los conflictos surgidos entre judíos estrictamente tales y judeocristianos. En consecuencia en Roma quedaron únicamente cristianos de origen pagano. Pero el año 54 el edicto de Claudio comenzó a aplicarse con menos rigor, y muchos de los expulsados regresaron a Roma. Esto hace pensar que, cuando Pablo escribe a los Romanos, la comunidad cristiana podía tener las fuerzas relativamente equilibradas entre los cristianos procedentes del judaísmo y los procedentes del paganismo.

¿A quién tiene particularmente presentes Pablo al escribir su carta a los cristianos de Roma? Las opiniones están divididas al respecto. En los últimos tiempos parece imponerse la opinión según la cual Pablo se dirige fundamentalmente a los cristianos procedentes del paganismo. En realidad, los judeocristianos retornados del destierro decretado por Claudio debieron encontrarse con una comunidad cristiana bastante diferente de la anterior, dirigida por cristianos convertidos del paganismo, plenamente liberada de las tradiciones judías y notablemente crecida en número.

En Rom 14 y 15 se alude a ciertas tensiones y divisiones existentes en el seno de la comunidad. ¿Se trata de problemas realmente existentes en Roma o de simples reflejos procedentes del conocimiento y la experiencia que san Pablo tiene de otras comunidades? También aquí las opiniones están divididas. Es posible que Pablo tuviera algún conocimiento de la situación concreta de la comunidad cristiana de Roma. Pero es más probable que elaborara la carta sobre todo a partir de su conocimiento y experiencia de otras comunidades, pensemos especialmente en las de Jerusalén, Corinto y Galacia.

2. Características y circunstancias de la carta

A pesar de su profundidad doctrinal, Romanos tiene rasgos propios de una carta y debe ser considerada como tal. En la intención primera de Pablo se trata de una carta de presentación. En efecto, hasta el momento –finales del año 57– Pablo ha desarrollado su tarea evangelizadora en la zona del Mediterráneo oriental. Sus correrías apostólicas han sido amplias y fecundas (Rom 15 19). Pablo entiende que ha llegado el momento de ampliar horizontes y llevar a cabo proyectos más ambiciosos. Así que decide llevar el evangelio hasta los extremos de occidente, hasta España. Pero en el camino, como escala obligatoria, está Roma, la ciudad imperial.

De tiempo atrás ha deseado vivamente visitar la comunidad cristiana de Roma, y ahora, de paso para España, va a tener ocasión de hacerlo. Detallista y cortés, aunque siempre y ante todo apóstol de Cristo (Rom 1 11-15), Pablo quiere anunciar a los romanos su visita y les escribe esta carta, tal vez durante el invierno del 57 al 58 y probablemente desde Corinto.

Pero la fibra religiosa de Pablo no le permite perder tiempo en presentaciones ceremoniosas y piensa que la mejor y más eficaz presentación consiste en exponer con cierta amplitud las ideas claves de su evangelio, sobre todo con respecto a los puntos más controvertidos y más propensos a crear dificultades en el seno de las nacientes comunidades cristianas.

Más allá de esta motivación ocasional, cabría también pensar que Pablo escribe bajo la presión de un secreto proyecto apostólico largamente acariciado: hacer de Roma el punto geográfico clave para relanzar desde allí el mensaje evangélico entre los paganos, pues Roma era para los paganos un punto geográfico tan significativo como podía serlo Jerusalén para el judaísmo. Pablo es un buen judío y Jerusalén significa mucho para él; en consecuencia quiere mantenerse a toda costa en comunión con la iglesia madre de Jerusalén. Pero la mirada del apóstol va mucho más allá del modelo jerosolimitano. A lo largo de su actividad misionera ha ido profundizando en la dimensión universal del mensaje cristiano. La Iglesia de Jesús desborda la concreta geografía de Jerusalén, Antioquía, Corinto, Efeso, etc. Si se trata de soñar en una comunidad cristiana ideal –y entre los contrastes de la personalidad del apóstol está el de ser realista y soñador a la vez–, Pablo piensa en Roma más que en Jerusalén. La comunidad de Roma está llamada a ser un magnífico símbolo del carácter universal de la Iglesia cristiana. Roma, corazón del paganismo, es para Pablo no sólo un nuevo centro geográfico; es sobre todo un nuevo centro teológico y eclesial. Se explica así su enorme interés por entrar en contacto, tanto en persona como por carta, con la comunidad de Roma.

3. Estructura general de la carta

El esquema general de la carta se descubre con facilidad:

- Una introducción: Rom 1 1-15
- Una primera sección básicamente doctrinal: Rom 1 16-11 36
- Una segunda sección de carácter exhortativo: Rom 12 1-15 13
- Una conclusión: Rom 15 14-16 27

Lo que ya resulta más difícil es precisar detalladamente la estructura de la sección doctrinal. Unos autores lo intentan basándose en criterios temáticos; otros prefieren apoyarse en indicios literarios. Conscientes de la complejidad del tema, podemos adoptar la siguiente división:

a) La fuerza salvadora de Dios actúa en el hombre por medio de la fe en Jesucristo: Rom 1 18-4 25
b) El fruto más precioso de la salvación es la vida sobrenatural: Rom 5 1-8 39
c) El proyecto salvador de Dios se realizará también en el pueblo de Israel: Rom 9 1-11 36

4. Contenido teológico fundamental

Ya hemos dicho que la carta a los Romanos constituye el escrito teológicamente más profundo y elaborado de Pablo. Alguien la ha considerado también como el testamento teológico de Pablo, por cuanto fue escrita en uno de los momentos más críticos de su vida. En Rom 1 16-17 el apóstol expone de forma concisa pero clara lo que va a ser el tema central y constante en toda la carta, a saber, que el evangelio de Jesús, que él anuncia, tiene fuerza para salvar a todos cuantos quieran recibirlo mediante la fe. Todos están bajo el pecado, pero a todos igualmente, y con más eficacia, puede llegar la salvación.

Los temas más significativos de Romanos ya habían sido básicamente abordados en la carta a los Gálatas. Lo específico de Romanos es que refleja una situación más tranquila y reflexiva. Más que de resolver problemas concretos y propios de la comunidad romana, ahora se trata sobre todo de ordenar, ampliar y profundizar las ideas suscitadas en el fragor de la polémica con las iglesias de Galacia. Eso no impide que al lado de las grandes intuiciones procedentes de la carta a los Gálatas, surjan en Romanos otras ideas nuevas con parecida fuerza y vigor que completan la fisonomía de esta carta singular, tanto por su riqueza teológica, como por su importancia histórica.

A pesar de ser el escrito más elaborado de Pablo, no encontramos en él una exposición sistemática de los temas abordados. Son las líneas maestras de cada tema las que quedan firmemente subrayadas. Así, el pecado y su poder esclavizante y destructor –fuertemente remarcados en los primeros capítulos de la carta– sirven a Pablo para poner de relieve la fuerza liberadora de Dios en Cristo por el Espíritu. Este proceso liberador desemboca en una vida nueva en la que es fácil distinguir tres dimensiones fundamentales: una trinitaria, otra sacramental y otra escatológica. Una vida nueva a la que están llamados absolutamente todos los hombres, incluido el pueblo de Israel. Una vida nueva que lleva consigo unas exigencias muy concretas, porque la moral patrocinada por Pablo no es una moral estática, inoperante y pasiva, sino algo dinámico, en constante progreso y en continua lucha.

CARTA A LOS ROMANOS

INTRODUCCION +

Saludo y profesión de fe

Sal 2 7; 110 1; Mc 1 1; Mt 1 1; Hch 9 15; Gal 2 8-9

1 1 Soy Pablo, siervo de Cristo Jesús, elegido como apóstol y destinado a proclamar el evangelio que Dios 2 había prometido por medio de sus profetas en las Escrituras santas. 3 Este evangelio se refiere a su
Hijo, nacido en cuanto hombre de la descendencia de David, 4 y constituido por su
resurrección de entre los muertos Hijo poderoso de Dios según el Espíritu santificador: Jesucristo, Señor nuestro, 5 por quien
hemos recibido la gracia de ser apóstoles, a
fin de que para gloria de su nombre, respondan a la fe todos los paganos, 6 entre
las cuales también están ustedes que han
sido elegidos por Jesucristo. 7 A todos los
que están en Roma y han sido elegidos
amorosamente por Dios para constituir su
pueblo, gracia y paz de parte de Dios nuestro Padre y de Jesucristo el Señor.

Proyectos de Pablo para visitar Roma

8 Ante todo, doy gracias a mi Dios por
ustedes mediante Jesucristo, porque en todo
el mundo es reconocida la fe de ustedes.
9 Dios, a quien rindo culto de todo corazón
anunciando el evangelio de su Hijo, es testigo de que los recuerdo sin cesar. 10 Continuamente pido a Dios que me conceda ir a
visitarlos. 11 Deseo ardientemente verlos,
para comunicarles algún don espiritual que
los fortalezca; 12 o más bien para confortar-
nos mutuamente en la fe común, la de ustedes y la mía
13 Deben saber, hermanos, que he intentado muchas veces ir a visitarlos, pero
hasta el presente me lo han impedido. Pretendía recoger algún fruto también entre
ustedes, lo mismo que en los demás pueblos. 14 Y es que debo dedicarme por igual
a civilizados y a no civilizados, a sabios y a
ignorantes. 15 Así que, por lo que a mí toca,
estoy listo para anunciarles el evangelio
también a ustedes, los que están en Roma.

+ 1 1-15: En esta sección introductoria, Pablo se presenta a la comunidad cristiana de Roma –una comunidad que no ha sido fundada por él– y manifiesta un vivo interés por entrar en contacto con ellos para poder animarlos en la fe. Como de momento no puede hacerlo personalmente, lo hace por carta. Nótese cómo ya en el mismo saludo, Pablo deja a un lado formalismos innecesarios y entra sin más y de lleno en lo que va a ser el tema central de la carta: la salvación de todos los pueblos por medio de la fe en Jesucristo.

• **1 1-7**: Con tres títulos se define a sí mismo san Pablo en este comienzo solemne de la carta: como *siervo*, como *apóstol*, como *elegido*. Los tres títulos se relacionan con la proclamación del evangelio, palabra ésta que aparece en Pablo unas setenta veces (mucho más que en todo el resto del Nuevo Testamento). El evangelio es para Pablo el mensaje salvador de Dios (Rom 15 16; 2 Cor 11 7; 1 Tes 2 2.8-9), personificado en Cristo (1 Cor 9 12; 2 Cor 2 12; 9 13; 10 14; Gal 1 7). Es misterio que Dios nos revela (Rom 16 25; Ef 6 19) y fuerza salvadora (Rom 1 16; 1 Cor 15 2). Exige servicio (Col 1 23), obediencia, fe (Rom 1 16-17; Ef 1 13), entrega (Rom 10 16; 2 Cor 9 13) y sacrificio (2 Tim 1 8; Flm 13).

Rom 1 3-4 se inspira muy probablemente en una primitiva fórmula de fe que Pablo ha incorporado a este saludo inicial con muy ligeros retoques. La dificultad de la expresión *constituido Hijo de Dios* (Rom 1 4) ha hecho que, siguiendo a san Juan Crisóstomo y a otros padres griegos, el vocablo *constituido* sea entendido por no pocos como *manifestado, revelado.* Desde luego no habla san Pablo de la relación intratrinitaria, sino de la relación de Cristo con el Padre en lo que respecta a la obra de la salvación. En este sentido, no es que la resurrección haga a Cristo ser Hijo de Dios –ya lo era antes (véase Flp 2 6; Col 1 15)–, pero sí señala un acontecimiento importantísimo en ese proyecto salvador de Dios (véase Hch 2 34-36).

La traducción literal de *constituir su pueblo* (Rom 1 7) sería: *llamados a ser santos,* o bien: *santos por vocación.* Sin duda que el término *santos* no tiene en éste, como en tantos otros pasajes, el contenido moral que habitualmente le damos. Tal como se entiende en el Antiguo Testamento se refiere básicamente a la consagración a Dios, ya *de personas, ya de* cosas. Es por tanto un término aplicable a todos los cristianos, a todos los miembros del pueblo de Dios. Puede y debe, por tanto, ser traducido por *creyente, fiel, elegido, consagrado,* o *miembro del pueblo de Dios* (como en nuestro caso), según las distintas ocasiones.

• **1 8-15**: A diferencia de otras cartas, Pablo escribe aquí a una comunidad que no ha fundado y que apenas conoce. Sin embargo, aprovecha ciertas noticias que le llegan de Roma, para reflexionar más profundamente sobre el mensaje cristiano. En todo caso, son de subrayar las precauciones diplomáticas que adopta al justificar el envío de la carta (Rom 15 14-21).

1. La salvación cristiana ◊

Tema central: el poder salvador del evangelio

Hab 2 4; Hch 13 46-47

16 Pues no me avergüenzo del evangelio, que es fuerza de Dios para que se salve
todo el que cree, los judíos en primer lugar
y también los que no lo son. 17 Porque en él
se manifiesta la justicia de Dios a través de
una fe en continuo crecimiento, como dice
la Escritura: *El justo en virtud de la fe, vivirá.*

SALVACION Y FE +

La humanidad culpable

Ex 32; Dt 4 16-18; Jr 2 11; 18 11-14; Sab 13 1-9; Hch 17 24-28; 1 Cor 5 10-11; 6 9-10; Gal 5 19-21

18 En efecto, la ira de Dios se manifiesta desde el cielo contra todo tipo de impiedad e injusticia de aquellos hombres que
obstaculizan injustamente la verdad. 19 Pues
lo que se puede conocer de Dios, lo tienen
claro ante sus ojos, ya que así les fue manifestado por Dios. 20 Y es que lo invisible
de Dios, su eterno poder y su divinidad, se
ha hecho visible desde la creación del
mundo, por medio de las cosas creadas.
Así que no tienen excusa, 21 porque, habiendo conocido a Dios, no lo han glorificado, ni le han dado gracias, sino que han
puesto sus pensamientos en cosas sin valor y se ha oscurecido su torpe corazón.
22 Alardeando de sabios, se han hecho necios 23 y han cambiado la gloria del Dios
incorruptible por representaciones de hombres corruptibles, e incluso de aves, de cuadrúpedos y de reptiles. 24 Por eso Dios los
ha entregado, siguiendo el impulso de sus
apetitos, a una impureza tal que degrada
sus propios cuerpos. 25 Es la consecuencia
de haber cambiado la verdad de Dios por
la mentira, y de haber adorado y dado culto
a la criatura en lugar de dárselo al Creador,
que es bendito por siempre. Amén.

26 Así pues, Dios los ha entregado a
pasiones vergonzosas: porque incluso sus
mujeres han cambiado las relaciones naturales del sexo por usos antinaturales; 27 e
igualmente los hombres, dejando la relación natural con la mujer, se han encendido
en deseos de unos por otros. Hombres con
hombres cometen acciones vergonzosas y

◊ **1 16-11 36**: Es la parte específicamente doctrinal y al mismo tiempo central de la carta. Comienza con el enunciado explícito del tema fundamental de la misma (Rom 1 16-17) y sigue con tres amplias secciones en las que se desarrolla detalladamente dicho tema. En la primera (Rom 1 18-4 25), Pablo presenta a toda la humanidad bajo el dominio del pecado y necesitada, por tanto, de salvación. Sólo Dios, por medio de la fe en Jesucristo, puede salvarla. En la segunda (Rom 5 1-9 39), describe cómo Jesucristo, el Salvador, nos libera de nuestro trágico destino de pecado y de muerte, y nos introduce en una vida nueva, la vida según el Espíritu. Finalmente, en la tercera sección (Rom 9 1-11 36), Pablo desciende a un ejemplo concreto y muy significativo de salvación: el del pueblo de Israel.

• **1 16-17**: En estos dos versículos enuncia Pablo el tema central de la carta. Desarrollará con más detalle dicho tema en Rom 3 21-31 y 4 1-25; y ya lo había hecho también con cierta extensión en la carta a los Gálatas (véase Gal 3 1-14). La terminología paulina en todos estos pasajes gira en torno a las expresiones *justicia de Dios, justificación, justificar,* que en más de una ocasión van acompañadas de los términos redención, reconciliación, santificación. Es claro que en san Pablo –como en otros pasajes de la Escritura, ya desde el Antiguo Testamento– la justicia de Dios no es propiamente la justicia distributiva o vindicativa (para referirse a esta última, es decir la justicia que da a cada uno su merecido –sea premio o castigo– Pablo habla de *ira de Dios*), sino la justicia que salva. Se trata de una salvación que alcanza a todo el hombre y que supone, sobre todo, una liberación del pecado y de la muerte. Subrayemos que la muerte debe entenderse no sólo en su realidad física, sino también como realidad espiritual que nos aparta de Dios, ahora temporalmente por el pecado, o para siempre en el supuesto de una condenación definitiva.

El papel de la fe en el proceso de salvación es fundamental. En realidad, este proceso de salvación consiste en un diálogo en el que Dios llama y el hombre responde. Si Dios no llama, nada puede hacer el hombre. Pero, una vez que Dios llama, toca al hombre responder con la fe, y ésta se convierte en el punto de encuentro entre la impotencia del hombre y el poder salvífico de Dios (Gal 2 16.20; 3 2.5.7-9.22-26).

+ **1 18-4 25**: En esta primera sección de la parte doctrinal, Pablo resalta que el poder salvador de Dios se hace realidad por medio de la fe. Creer que Dios nos salva por medio de Cristo es la única posibilidad de liberación. Fuera de Jesucristo, nada ni nadie, ni siquiera la ley dada por medio de Moisés, puede liberar al hombre de su trágico destino de pecado y de muerte.

• **1 18-32**: El proyecto salvador de Dios puede ser obstaculizado por todos aquellos que oprimen y manipulan la verdad. Pablo afirma rotundamente que el peso de la ira de Dios se ha hecho y se hará sentir sobre ellos. El pecado radical del hombre consiste en rechazar la verdad de

reciben en su propio cuerpo el pago merecido por su extravío. 28 Y por haber rechazado el verdadero conocimiento de Dios,
Dios los ha dejado a merced de su mente
depravada, que los impulsa a hacer lo que
no deben. 29 Están llenos de todo tipo de
injusticia, malicia, codicia y perversidad;
son envidiosos, homicidas, violentos, mentirosos, malintencionados, chismosos, 30 calumniadores, impíos, insolentes, soberbios,
arrogantes, inventores de maldades, rebeldes a sus padres, 31 irreflexivos, desleales,
crueles y despiadados. 32 Conocen bien el
decreto de Dios según el cual los que cometen tales acciones son dignos de muerte,
pero no contentos con hacerlas, aplauden
incluso a los que las cometen.

Todos bajo el juicio de Dios

Jr 17 10; Sof 1 14-18; 2 2-3; *Sal 62 13;* Prov 24 12;
Mt 16 27; 2 Tim 4 14; 2 Pe 3 9.15

2 1 Por tanto tú, quienquiera que seas, no
tienes excusa cuando juzgas a los
demás, pues juzgando a otros tú mismo te
condenas, ya que haces lo mismo que condenas. 2 Y sabemos que el juicio de Dios
es riguroso contra quienes hacen tales cosas. 3 Y tú que condenas a los que hacen
las mismas cosas que tú haces ¿piensas que
escaparás al castigo de Dios? 4 ¿Desprecias acaso la inmensa bondad de Dios, su
paciencia y su generosidad, ignorando que
es la bondad de Dios la que te invita al
arrepentimiento? 5 Por la dureza y la terquedad de tu corazón estás atesorando ira
para el día de la ira, cuando Dios se manifieste como justo juez 6 *y dé a cada uno
según su merecido*: 7 a los que perseverando en la práctica del bien buscan gloria,
honor e inmortalidad, les dará vida eterna;
8 pero los que por egoísmo rechazaron la
verdad y se abrazaron a la injusticia, tendrán un castigo implacable. 9 Sufrimiento
y angustia para todos cuantos hagan el mal:
para los judíos, por supuesto, pero también
para los que no lo son; 10 gloria, honor y
paz para los que hacen el bien: para los judíos, desde luego, pero también para quienes no lo son, 11 pues en Dios no hay lugar
a favoritismos.

También los judíos son culpables

Mt 15 14; Jn 9 40-41; *Is 52 5; Ez 36 20-22*

12 En efecto, todo el que haya pecado
sin estar bajo la ley, también perecerá sin
que intervenga la ley; y todo el que haya
pecado estando bajo la ley, será juzgado
por esa ley. 13 Porque no salvará Dios a los
que simplemente escuchan la ley, sino a
aquellos que la cumplen. 14 Y es que cuando los paganos que no están bajo la ley,
cumplen lo que corresponde a la ley por
inclinación natural, aunque no tengan ley,
se constituyen en ley para sí mismos. 15 Llevan los preceptos de la ley escritos en su
corazón, como lo atestigua su conciencia,
y también sus propios razonamientos que
los acusarán o defenderán 16 en el día en
que Dios juzgue las cosas ocultas de los
hombres por medio de Jesucristo y conforme al evangelio que yo anuncio.
17 ¿Y qué decir de ti? Presumes de ser
judío, te apoyas en la ley y te glorías en
Dios. 18 Te consideras conocedor de la voluntad de Dios e, instruido por la ley, sabes
discernir lo que es bueno. 19 Te enorgulle-

Dios, en manipular a Dios creándonos dioses o diosas a nuestra medida. Pero cuando se manipula la verdad de Dios, automáticamente sufre sus consecuencias la verdad del hombre; entonces como ahora, cuando Dios desaparece de nuestro horizonte, la verdad del hombre se resquebraja por todas partes y el ser humano comienza a naufragar y a parecerse demasiado a un animal incontrolado.

• **2 1-11**: Ya en Rom 1 18 utilizaba Pablo la expresión *ira de Dios,* que tiene su origen en el Antiguo Testamento (Is 30 27-33). Con ella quiere poner de relieve la seriedad de las relaciones entre Dios y el hombre. No se trata de un odio maligno o caprichoso, ni contradice la condición de Dios como padre, amigo y esposo lleno de amor. Hablar de la *ira de Dios* es una manera humana de decir que Dios no puede permanecer con los brazos cruzados ante el mal. Pero, en última instancia, no es Dios el que aleja al hombre, sino el hombre el que se aleja de Dios.

• **2 12-24**: Tampoco los supuestos privilegios religiosos de los judíos –la ley, la circuncisión, las promesas– tienen por sí solos fuerza para salvar. Porque no es lo exterior sino lo interior lo que vale; y porque no es cuestión de oír o poseer, sino de hacer. Y los judíos poseen la ley, oyen la ley, pero no la cumplen. Pablo condena rotundamente el comportamiento hipócrita de sus contemporáneos judíos, pero condena también a los hombres de todo tiempo y lugar, que se hacen culpables de esa separación entre el decir y el hacer, el parecer y el ser, la fe y la vida.

ces de ser guía de ciegos, luz de los que están en la oscuridad, 20 educador de ignorantes, maestro de analfabetos, y crees poseer en la ley la clave del conocimiento y de la verdad. 21 Pues bien, tú que enseñas a otros, ¿por qué no te enseñas a ti mismo? Tú que proclamas que no se debe robar, ¿por qué robas? 22 Tú que condenas el adulterio, ¿por qué cometes adulterio? Tú que reniegas de los ídolos, ¿por qué te aprovechas saqueando sus templos? 23 Tú que presumes de la ley, ¿por qué deshonras a Dios al no cumplirla? 24 Pues como dice la Escritura: *Por culpa de ustedes el nombre de Dios es injuriado entre los paganos.*

El valor de la circuncisión

Dt 10 16; Jr 4 4; 9 23-25; 1 Cor 7 19; Gal 5 3-6

25 En cuanto a la circuncisión, sin duda es útil si cumples la ley; pero si no la cumples, es igual estar circuncidado que no estarlo. 26 Por tanto, si uno que no está circuncidado observa los preceptos de la ley, ¿no deberá ser considerado como si lo estuviera? 27 De hecho, el que no está físicamente circuncidado, pero cumple la ley, te juzgará a ti que, a pesar de estar circuncidado y poseer la letra de la ley, no cumples esa ley. 28 Porque ser judío no consiste en lo exterior, ni la verdadera circuncisión es la que se hace visiblemente en el cuerpo. 29 El verdadero judío lo es por dentro y la auténtica circuncisión es la del corazón, la que es obra del Espíritu y no de la letra; no esa que alaban los hombres, sino la que alaba Dios.

Dios sigue siendo fiel a su pueblo

Dt 4 6-8; 32 7-11; *Sal 51 6;* 89 31-38; Os 1-3; 1 Jn 1 9; Ap 19 11

3 1 Por tanto, ¿es en algo superior el judío? ¿Tiene alguna utilidad el estar circuncidado? 2 Mucha, en todos los sentidos. En primer lugar, porque a ellos les fueron confiadas las promesas de Dios. 3 ¿Que algunos no creyeron? ¿Y qué? ¿Acaso su infidelidad va a anular la fidelidad de Dios? 4 ¡De ninguna manera! Dios es siempre veraz, aunque todo hombre sea mentiroso; ya lo dice la Escritura: *Tus palabras mostrarán que eres fiel y triunfarás cuando seas juzgado.*

5 Pero si nuestra injusticia sirve para demostrar la justicia de Dios, ¿no deberíamos decir –hablando a lo humano– que Dios es injusto al descargar su ira sobre nosotros? 6 ¡De ninguna manera! De otro modo, ¿cómo podría Dios juzgar al mundo? 7 Y si mi mentira sirve para resaltar y glorificar la verdad de Dios, ¿por qué debo ser considerado como pecador? 8 ¿Habrá que hacer el mal para que venga el bien, como algunos calumniadores dicen que yo enseño? ¡Bien merecida tienen esos tales su condenación!

Todos bajo el pecado

Sal 14 1-3; 53 2-4; 5 10; 140 4; 10 7; Is 59 7-8; Prov 1 16; Sal 36 1; 143 2

9 Por tanto, ¿qué? ¿Tenemos o no tenemos ventaja los judíos? No del todo, ya que hemos demostrado que todos, tanto judíos como no judíos, están bajo el pecado, 10 como dice la Escritura:

• **2 25-29**: La circuncisión, practicada no sólo por los israelitas, sino por otros muchos pueblos de la antigüedad, puede haber sido en su origen un rito de iniciación al matrimonio. Diversas circunstancias contribuyeron a que adquiriera una importancia religiosa de primer orden dentro de la nación israelita y se convirtiera en un signo de pertenencia al pueblo de Dios (Gn 17 9-14; 1 Mac 1 60). Pablo, de modo semejante a los profetas (Jr 4 4; 6 10; Ez 44 7), relativiza el valor de la circuncisión en cuanto rito externo que no salva por sí mismo, como no salva todo lo que sea puramente exterior al hombre. Lo que importa no *es la letra, sino el espíritu que ilumina esa letra; no es el* exterior del hombre, sino su interior (véase Mt 15 10-20); es decir, lo que importa es el hombre nuevo liberado por Cristo de toda esclavitud.

• **3 1-8**: Pablo, a la vista de cuanto acaba de decir, se hace a sí mismo unas cuantas objeciones a las que responde de forma precisa y clara, diciendo que Dios es fiel y es justo. Ciertamente no apoya el principio maquiavélico de que es lícito hacer el mal con tal de obtener el bien. Tampoco explica con suficiente claridad, ni aquí ni posiblemente en otros lugares, cómo coexisten la acción salvífica de Dios y el esfuerzo moral del hombre; simplemente afirma con total claridad que la fidelidad y la justicia de Dios existen unidas, sin que la una anule a la otra.

• **3 9-20**: Con esta serie de textos del Antiguo Testamento, Pablo trata de probar que todo hombre y todo el hombre es pecador ante los ojos de Dios. Los distintos pasajes se conectan entre sí mediante alusiones a diversas partes del cuerpo (cuello, lengua, labios, boca, ojos, pies). Debe tenerse en cuenta que el Antiguo Testamento no es para Pablo sólo un documento de historia pasada, sino más bien la expresión de la voluntad de Dios para el momento presente, pues lo que se ha escrito, *para nuestra enseñanza ha sido escrito* (Rom 15 4; 1 Cor 9 9-10; 10 11).

No hay ni siquiera un justo,
11 *no hay uno solo que entienda,*
no hay quien busque a Dios.
12 *Todos andan extraviados,*
todos están pervertidos.
No hay ni uno que haga el bien.
13 *Sepulcro abierto es su garganta,*
fuente de engaños su lengua,
veneno de serpientes hay en sus labios,
14 *su boca está llena*
de maldición y de amargura.
15 *Rápidos son sus pies*
para derramar sangre,
16 *desolación y miseria en sus caminos.*
17 *No conocieron el camino de la paz;*
18 *ni hay temor de Dios ante sus ojos.*

19 Ahora bien, sabemos que lo que dice
la ley, lo dice para quienes están bajo la
ley. Con eso, todo hombre queda en evidencia y el mundo entero debe reconocerse
culpable ante Dios. 20 Porque nadie será
justificado por Dios por el cumplimiento
de la ley; el papel de la ley era hacernos
conscientes del pecado.

Dios nos justifica por la fe en Cristo

Rom 1 16-17; Gal 2 16; 3 1-14; Ef 2 4-10; Flp 3 9;
Ex 34 6-7; Lv 16 12-16; Is 48 9; Jr 15 15

21 Pero ahora, con independencia de la
ley, se ha manifestado la justicia de Dios,
atestiguada por la ley y los profetas.
22 Justicia de Dios que, por medio de la fe
en Jesucristo, llegará a todos los que crean.
Y no hay distinción, 23 porque todos pecaron y todos están privados de la gloria de
Dios; 24 pero ahora Dios los justifica gratuitamente por su bondad en virtud de la
redención de Cristo Jesús, 25 a quien Dios
ha hecho, mediante la fe en su muerte, instrumento de perdón. De esta manera Dios
nos ha justificado pasando por alto los
pecados cometidos en el pasado; 26 porque
Dios es paciente, pero es ahora, en este
momento, cuando manifiesta su justicia, al
ser él mismo justo, y justificar a todo el
que cree en Jesús.

27 ¿De qué, pues, podemos presumir si
todo orgullo ha sido excluido? ¿Y en razón
de qué ha sido excluido? ¿Acaso por las
obras realizadas? No, sino en razón de la
fe. 28 Pues estoy convencido de que el ser
humano es justificado por la fe y no por el
cumplimiento de la ley. 29 Y Dios ¿lo es
sólo de los judíos? ¿No lo es también de
los paganos? Sí, también de los paganos,
30 ya que uno solo es el Dios que hace justos a cuantos tienen fe, estén circuncidados
o no lo estén. 31 Entonces, ¿estaremos anulando la ley al dar tanto valor a la fe? ¡De
ninguna manera! Más bien estamos confirmando el valor de la ley.

El ejemplo de Abrahán

Gn 15 6, 17 9-14; *Sal 32 1-2;* Gal 3 7-9

4 1 ¿Y qué diremos del caso de Abrahán,
padre de nuestra raza? 2 Si Abrahán
hubiera sido justificado por sus obras, tendría razón para presumir; pero no sucedió
así ante Dios. 3 Pues ya lo dice la
Escritura: *Creyó Abrahán a Dios y eso le*
fue tenido en cuenta para ser justificado.
4 Es sabido que al que trabaja no se le cuenta el jornal como un favor, sino como una
deuda; 5 por eso, al que no se apoya en sus
obras, es decir, al que ha puesto su fe en un
Dios que justifica al impío, esa fe le será
tenida en cuenta para ser justificado. 6 Del
mismo modo David llama dichoso a quien
Dios considera justo independientemente
de las obras:

• **3 21-31**: Pasaje de profundo contenido teológico en el que Pablo reanuda, amplía y profundiza el tema de la fuerza salvadora de Dios anunciado en Rom 1 17. Dios salva y lo hace, no mediante la ley, sino mediante la fe. La única posibilidad que tiene el hombre de verse libre de su destino de pecado y de muerte, es aceptar con fe la oferta de salvación que Dios le hace. Una oferta que Dios hace ahora y aquí, sin tener que esperar pacientemente un acontecimiento futuro, pues la salvación que Dios ofrece al ser humano, su iniciativa de gracia, ha tomado fuerza histórica en Jesucristo muerto y resucitado.

En cuanto a la ley, Pablo relativiza profundamente su valor, pero no la considera inútil. No es fuente de salvación, pero sí constituye un indicador objetivo de comportamiento, que puede y debe expresarse en hechos concretos de amor (véase Gal 5 6.13-14 y Rom 13 8-10).

• **4 1-12**: A primera vista cabría pensar que la Escritura, y en particular la historia de Abrahán, está en contra de la tesis paulina según la cual el hombre es justificado por Dios con independencia de la ley (véase Dt 28 1-14 y Gn 22 1-18). Pablo demuestra que no es así. Como pasaje bíblico decisivo acude a Gn 15 6 recuperando así la figura de un Abrahán que ha recibido gratuitamente la promesa. Junto a Gn 15 6, Pablo acude también al Sal 32 1-2. Dos citas aparentemente distintas, aunque en realidad se trata de fórmulas equivalentes, en las que la acción divina ocupa el centro de todo el proceso salvador.

7 *¡Dichosos aquellos a quienes Dios*
ha perdonado sus maldades,
aquellos cuyos pecados
han sido sepultados!
8 *¡Dichoso el hombre a quien el Señor*
no le tiene en cuenta su pecado!

9 ¿A quién se aplica esta bienaventuranza? ¿Sólo a los que están circuncidados, o
también a los que no lo están? Hemos dicho
que la fe le fue tenida en cuenta a Abrahán
para ser justificado. 10 Pero ¿cuándo? ¿Ya
circuncidado o antes de estarlo? Sin duda
que no después, sino antes. 11 Fue después
cuando recibió la circuncisión como una
señal, como una garantía de que, ya antes
de estar circuncidado, había sido justificado por Dios por medio de la fe. De este
modo se ha convertido en padre de todos
los creyentes que no están circuncidados,
para que también a ellos les sea concedida
la salvación. 12 Asimismo se ha convertido
en padre de los circuncidados que no se
contentan con serlo, sino que siguen los
pasos de la fe que, antes de circuncidarse,
tenía ya nuestro padre Abrahán.

Fe, promesa y herencia

Gn 12 2-3; 22 15-18; *17 5;* Gal 3 15-29;
Gn 15 5; 17 1.15-22; Dt 32 39; Jr 32 17-24

13 Cuando Dios prometió a Abrahán y a
su descendencia que heredarían el mundo,
no vinculó la promesa a la ley, sino a la
justicia que procede de la fe. 14 Ahora
bien, si los herederos lo fueran en virtud de
la ley, entonces la fe resultaría ineficaz y
vana la promesa. 15 Toda ley trae consigo
su sanción, pero donde no hay ley tampoco
puede haber incumplimiento de la ley.
16 Por eso la herencia depende de la fe, es
puro don, de modo que la promesa se mantenga segura para toda la descendencia de
Abrahán, descendencia que no es sólo la
que procede de la ley, sino también la que
procede de la fe de Abrahán. El es el padre
de todos nosotros, 17 como dice la Escritura:
Te he constituido padre de muchos
pueblos; y lo es ante Dios en quien creyó,
el Dios que da vida a los muertos y llama a
la existencia a las cosas que no existen.
18 Abrahán creyó contra toda esperanza
que sería padre de muchos pueblos, según
le había sido prometido: *Así será tu des-*
cendencia. 19 Y no decayó en su fe al ver
que su cuerpo estaba sin vigor –tenía casi
cien años– y que Sara ya no podía concebir. 20 Tampoco dudó por falta de fe ante la
promesa de Dios; al contrario, se afianzó
en su fe dando así gloria a Dios, 21 plenamente convencido de que Dios tiene poder
para cumplir lo que promete. 22 Lo cual *le*
fue tenido en cuenta para ser justificado.
23 Estas palabras de la Escritura no se
refieren solamente a Abrahán. 24 Se refieren también a nosotros, a quienes nos será
tenido en cuenta para ser justificados si
creemos en aquel que resucitó de entre los
muertos a Jesús nuestro Señor, 25 entregado
a la muerte por nuestros pecados y resucitado para nuestra justificación.

SALVACION Y VIDA +

Los frutos de la justificación

Is 53 5; Mt 24 21; 2 Cor 1 4-5; Sant 1 2-4; Jn 3 16-17;
Gal 1 4; Tit 3 4-7; Col 1 20-22

5 1 Así pues, quienes mediante la fe estamos siendo justificados, vivimos en paz

• **4 13-25**: La atención de Pablo se concentra ahora en el tema de la promesa. El apóstol no se interesa tanto por el contenido de la promesa, cuanto por el dinamismo interno de la misma. Se trata de una promesa absolutamente gratuita hecha, no al Abrahán cumplidor, sino al Abrahán creyente. La fe de Abrahán, que jugó entonces un papel decisivo, también debe jugarlo ahora en los cristianos. Con una diferencia: que ahora podemos y debemos poner nuestra confianza, no sólo en un Dios que promete, sino en un Dios que ya ha actuado, en un Dios que ya ha realizado y sigue realizando sus promesas por medio del misterio pascual de Cristo.

El uso que Pablo hace de la Escritura puede resultarnos extraño. Para entender su particular interpretación debemos tener en cuenta que utiliza el método usado por los rabinos, leyendo el Antiguo Testamento desde la convicción de que todo ello se ha realizado en Jesús y en la Iglesia. A veces, más que de un ejercicio de interpretación se trata de una confesión de fe, pues Pablo busca encontrar realizado en la Escritura lo que la fe le presenta como realidad cristiana.

+ 5 1-8 39: Estos capítulos forman la segunda sección de la parte doctrinal. En ellos el tema de la salvación sigue siendo central, pero ahora la palabra clave no es *fe*, sino *vida*. Los términos *vida, vivir*, son muy abundantes en esta sección, y Pablo los relaciona con los de paz, reconciliación, gracia, don, liberación, esperanza, resurrección, filiación, amor. Como contraparte se menciona con

con Dios por medio de nuestro Señor
Jesucristo. 2 Por la fe en Cristo hemos llegado a obtener esta situación de gracia en
la que vivimos y de la que nos sentimos
orgullosos, esperando participar de la gloria de Dios. 3 Y no sólo esto, sino que hasta
de los sufrimientos nos sentimos orgullosos, sabiendo que los sufrimientos producen paciencia; 4 la paciencia produce virtud
sólida, y la virtud sólida, esperanza. 5 Una
esperanza que no defrauda porque, al darnos el Espíritu Santo, Dios ha derramado
su amor en nuestros corazones.
6 Nosotros estábamos incapacitados para salvarnos, pero Cristo murió por los impíos en el tiempo señalado. 7 Es difícil dar
la vida incluso por un hombre de bien; aunque por una persona buena quizá alguien
esté dispuesto a morir. 8 Pues bien, Dios
nos ha mostrado su amor ya que cuando
aún éramos pecadores Cristo murió por
nosotros. 9 Con mayor razón, pues, quienes estamos siendo justificados ahora por
medio de la sangre de Cristo, seremos liberados por él del castigo. 10 Porque si siendo enemigos Dios nos reconcilió consigo
por la muerte de su Hijo, mucho más, re-
conciliados ya, nos salvará para hacernos
partícipes de su vida. 11 Y no sólo esto,
sino que nos sentimos también orgullosos
de un Dios que ya desde ahora nos ha concedido la reconciliación por medio de nuestro Señor Jesucristo.

Muerte en Adán y vida en Cristo

1 Cor 15 21-22.45; Gal 6 7-9; Sant 1 15;
Gn 2 17; 3 19; Sab 2 24

12 Así pues, por un solo hombre entró el
pecado en el mundo y con el pecado la
muerte; y como todos los hombres pecaron, a todos llegó la muerte. 13 Es cierto
que ya antes de la ley había pecado en el
mundo; ahora bien, el pecado no se tiene
en cuenta al no haber ley. 14 Y sin embargo, la muerte reinó sobre todos desde Adán
hasta Moisés, incluso sobre los que no habían pecado con una transgresión semejante a la de Adán, que es figura del que había
de venir.
15 Pero no hay comparación entre el
delito y el don. Porque si por el delito de
uno solo todos murieron, mucho más la
gracia de Dios, hecha don gratuito en otro
hombre, Jesucristo, se ha derramado abundantemente sobre todos. 16 Y hay otra diferencia entre el pecado del uno y el don
del otro, pues mientras el proceso a partir
de un solo delito terminó en condenación,
el don, a partir de muchos delitos, terminó
en justificación. 17 Y si por el delito de uno
solo la muerte inauguró su reinado univer-

frecuencia el tema de la *muerte* con su comitiva de obligados acompañantes: el pecado, la ley esclavizante, los apetitos desordenados (que Pablo suele designar con la palabra "carne"), la condenación.

Son cuatro capítulos de una belleza y profundidad teológica incomparables, en los que Pablo trata de explicar en qué consiste la *salvación-justificación* que Dios nos concede mediante la fe en Jesucristo.

• **5 1-11**: Este pasaje sirve de puente entre los dos grandes conjuntos de Rom 1 18-4 25 y 5 12-8 39. Comienza mencionando la *fe,* que es el concepto clave en los capítulos anteriores, y concluye aludiendo a la *vida,* que lo va a ser en los siguientes. Igualmente la repetición del verbo *enorgullecerse* al comienzo y al final, contribuye a dar al pasaje una fuerte unidad, tanto literaria como ideológica.

• **5 12-21**: Para Pablo, los dos polos de la historia universal son Adán y Cristo. Adán, el polo negativo con su carga de pecado y de muerte; Cristo, el polo positivo en quien radican la gracia y la vida. En este pasaje enseña claramente san Pablo que el hombre, y sólo el hombre, es el responsable de la condición pecadora de la humanidad, la cual es la causa de la muerte espiritual y escatológica entendida como lejanía temporal o definitiva de Dios, que es la fuente de la auténtica vida. En este sentido puede decirse (y así lo entendió y estableció el Concilio de Trento el año 1546) que Pablo habla en este lugar del origen y efectos del pecado. Pero no es tan claro que hable, al menos expresamente, de lo que la teología posterior, desde los tiempos de san Agustín, ha llamado *pecado original,* entendido como culpa con la que todos los hombres nacemos, heredada de padres a hijos. Es verdad que el apóstol opone al efecto mortífero universal de la acción de Adán –el hombre viejo– el efecto salvífico universal de Cristo –el hombre nuevo–. Pero el centro de la escena lo ocupa siempre Cristo, cuya eficacia salvadora y liberadora es infinitamente superior al daño ocasionado por el pecado del hombre.

Notemos, finalmente, que tanto el *pecado* como la *muerte* aparecen personificados en este pasaje. El pecado no es una acción aislada, ni del primer hombre ni de cualquier otro, sino más bien una potencia maléfica, una fuerza enemiga de Dios y de su reinado, que ha entrado en la vida del hombre y lo ha sometido a esclavitud (Rom 6 12-16; 1 Cor 15 56). La muerte, por su parte, es como una *fuerza cósmica* (Rom 8 38; 1 Cor 3 22), es *el último enemigo a vencer* (1 Cor 15 56). Cristo, el señor de la vida, derrotará a esta muerte con su propia muerte (Rom 6 8-11).

sal, mucho más por obra de uno solo, Jesucristo, vivirán y reinarán los que reciben en abundancia el don gratuito de la justificación.
18 Por tanto, así como por el delito de uno solo la condenación alcanzó a todos los hombres, así también la fidelidad de uno solo es para todos los hombres fuente de justificación y de vida.
19 Y como por la desobediencia de uno solo, todos fueron hechos pecadores, así también, por la obediencia de uno solo, todos serán considerados justos.
20 En cuanto a la ley, su presencia sirvió para que se multiplicara el delito. Pero cuanto más se multiplicó el pecado, más abundó la gracia;
21 de modo que si el pecado trajo el reinado de la muerte, también la gracia reinará y nos obtendrá, por medio de nuestro Señor Jesucristo, la justificación que lleva a la vida eterna.

Nueva vida en Cristo

Gal 2 19; 3 27; 5 24; Flp 3 10-11; Ef 4 22-24; Col 2 12; 3 9-10; 1 Pe 2 24

6 1 ¿Diremos, pues, que hay que seguir pecando para que abunde la gracia?
2 ¡De ninguna manera! Si hemos muerto al pecado, ¿cómo seguir viviendo en él?
3 ¿Ignoran acaso que todos nosotros, a quienes el bautismo ha vinculado a Cristo, hemos sido vinculados a su muerte?
4 En efecto, por el bautismo hemos sido sepultados con Cristo quedando vinculados a su muerte, para que así como Cristo fue resucitado de entre los muertos por el poder del Padre, así también nosotros llevemos una vida nueva.
5 Porque si hemos sido injertados en Cristo a través de una muerte semejante a la suya, también compartiremos su resurrección.
6 Sepan que nuestra antigua condición pecadora quedó clavada en la cruz con Cristo, para que, una vez destruido este cuerpo marcado por el pecado, no sirvamos ya más al pecado;
7 porque cuando uno muere, queda libre del pecado.
8 Por tanto, si hemos muerto con Cristo, confiemos en que también viviremos con él.
9 Sabemos que Cristo, una vez resucitado de entre los muertos, no vuelve a morir, la muerte no tiene ya dominio sobre él.
10 Porque cuando murió, murió al pecado de una vez para siempre; su vivir, en cambio es un vivir para Dios.
11 Así también ustedes, considérense muertos al pecado, pero vivos para Dios, en unión con Cristo Jesús.

Rechazo del pecado

Jn 8 34; 2 Pe 2 19

12 Que no reine, pues, el pecado en su cuerpo mortal hasta el punto de quedar sometidos a sus apetitos;
13 ni ofrezcan tampoco sus miembros como armas perversas al servicio del pecado, sino más bien ofrézcanse a Dios como lo que son: muertos que han regresado a la vida; y hagan de sus miembros armas para la justificación al servicio de Dios.
14 No tiene por qué dominarlos el pecado, ya que no están bajo el yugo de la ley, sino bajo la acción de la gracia.

Libres del pecado

Jn 8 36; Gal 5 13

15 Entonces, ¿qué? ¿Nos entregaremos al pecado porque no estamos bajo la ley,

• **6 1-11**: La relación entre la fe y el bautismo, y entre el bautismo y la pascua (es decir, la muerte-resurrección) de Cristo era algo de dominio común entre los primeros cristianos. Pablo se hace eco de ello con fórmulas audaces y profundas. En primer lugar, para que nadie considere el bautismo como un rito mágico, lo vincula fuertemente a la fe; así resulta que los cristianos son para él unas veces *los creyentes* y otras *los bautizados* (Gal 3 26-27). En segundo lugar, aunque no acaba de explicar cómo se realiza de nuevo en el bautismo lo acontecido a Cristo en su muerte y resurrección, Pablo ha creado un vocabulario original, difícil de traducir: el bautizado es un *con-crucificado*, un *con-sepultado*, un *con-resucitado*, un *co-heredero*, un *con-glorificado,* alguien que *vive con* Cristo Jesús (Rom 6 4.6.8; 8 17). En cuanto a la fórmula bautismal, ni en Pablo ni en Hechos se habla expresamente de una fórmula trinitaria. Cabe suponer que en las comunidades paulinas se administraba el bautismo en el nombre de Jesucristo, el Señor (véase 1 Cor 1 13-15; 6 11), o con otras fórmulas semejantes.

• **6 12-23**: Hay que dar al pecado la importancia que tiene. Pablo repite varias veces y con distintas fórmulas que el pecado no tiene sentido en la vida de quien pretenda ser verdaderamente cristiano. Y aunque los incorporados a Cristo por el bautismo estén muertos al pecado, el pecado no está muerto. Pablo puede ser un optimista, y tiene razones para serlo, pero no es un iluso soñador.

Cuando Pablo habla de entregarse como esclavos *al servicio de la justicia* (Rom 6 19), es consciente de estar expresándose de forma provocadora. ¿No es acaso la justicia de Cristo, la patria de la libertad? Seguro que sí. Pero de la auténtica libertad, que consiste en que nadie nos impida *hacernos esclavos los unos de los otros por amor* (Gal 5 13). Por eso pide disculpas al tener que utilizar un lenguaje más bien inexacto, pero es el único que tiene a mano.

sino bajo la gracia? ¡De ninguna manera!
16 ¿No saben que si se ofrecen a alguien
como esclavos para obedecerle, se hacen
esclavos de aquel a quien obedecen: esclavos del pecado, que los llevará a la muerte;
o esclavos de la obediencia a Dios, que los
conducirá a la justificación?
17 Pero, gracias a Dios, ustedes que
eran antes esclavos del pecado, han obedecido de corazón la doctrina que les ha
sido transmitida, 18 y liberados del pecado
se han hecho esclavos de la justicia.
19 Les estoy hablando al modo humano,
consciente de su dificultad para comprender. Lo mismo, pues, que antes se entregaron como esclavos a la impureza y a la
maldad hasta llegar a la perversión, así
ahora entréguense como esclavos al servicio de la justicia para conseguir la santidad.
20 En otro tiempo estaban al servicio del
pecado y no se consideraban obligados a
buscar la justicia. 21 De lo que ahora se
avergüenzan, ¿qué frutos cosecharon? Porque el resultado de todo aquello fue la
muerte. 22 Ahora, en cambio, liberados del
pecado y convertidos en siervos de Dios,
tienen como fruto la plena consagración a
él y como resultado final la vida eterna.
23 En efecto, el pago del pecado es la muerte, mientras que Dios nos ofrece como don
la vida eterna por medio de Cristo Jesús,
nuestro Señor.

El cristiano y la ley

1 Cor 7 39; Gal 2 19; 3 13

7 1 Lo saben bien, hermanos –puesto que
estoy hablando a entendidos en leyes–,
que sólo mientras vive, está el hombre sometido a la ley. 2 Así, por ejemplo, la mujer casada, mientras vive el marido está
sujeta a la ley que la une al marido; pero si
el marido muere, queda libre de esa ley.
3 Por tanto, será tenida por adúltera si,
viviendo el marido, se une a otro hombre;
pero, una vez muerto el marido, queda libre de esa ley y ya no es adúltera si se une
a otro hombre. 4 Pues lo mismo ustedes,
hermanos. Por la muerte corporal de Cristo
quedaron muertos a la ley y ya pueden pertenecer a otro, al que ha resucitado de
entre los muertos, con el fin de producir
frutos para Dios. 5 Cuando vivíamos sometidos a nuestros apetitos, nuestras pasiones
pecaminosas, activadas por la ley, producían en nosotros frutos de muerte. 6 Pero
ahora hemos sido liberados de la ley, y
muertos respecto a la ley que nos tenía prisioneros, y podemos ya servir a Dios según la nueva vida del Espíritu y no según
la vieja letra de la ley.

Relación entre el pecado y la ley

Dt 5 21; Ex 20 17; Lv 18 5; Ez 20 11; Sant 1 14-15

7 ¿Qué quiere decir esto? ¿Que la ley es
pecado? ¡De ninguna manera! Sin embargo yo no habría conocido el pecado a no ser
por la ley. Por ejemplo, yo no sabía lo que
era un mal deseo hasta que dijo la ley: No
tengas malos deseos. 8 Y así, con ocasión
del precepto, la fuerza del pecado despertó
en mí toda clase de malos deseos, mientras
que sin la ley no habría actuado la fuerza
del pecado. 9 En un tiempo, al no haber
ley, todo era vida para mí; pero, al venir el
precepto, revivió la fuerza del pecado 10 y
yo quedé muerto. Y así me encontré con
que un precepto hecho para dar vida, resul-

• **7 1-6**: Cuando Pablo habla de la ley –y en Gálatas y Romanos lo tiene que hacer con mucha frecuencia– se refiere casi siempre a la ley de Moisés. Forman parte de la misma no sólo las secciones legales en sentido estricto, sino también pasajes históricos del Pentateuco (véase Rom 3 21; 1 Cor 14 34; Gal 4 21-22). Incluso en alguna ocasión llega a designar el conjunto de la Escritura (Rom 3 19-20; 1 Cor 14 21).

En la polémica contra los Gálatas, Pablo había hecho afirmaciones desconcertantes sobre la ley. Ahora en un clima más tranquilo relativiza de nuevo el papel de la ley (Rom 7 1-6), considerándola como algo de suyo bueno (Rom 7 12) y reconociendo en ella un valor positivo, aunque siempre secundario. Si en un determinado momento la ley parece revestir un aspecto pecaminoso, se debe a que el poder del pecado ha sido y es tal, que ha puesto la misma ley al servicio de sus tenebrosos propósitos (véase 1 Cor 15 56). De esta ley puramente externa, incapaz de aportar la fuerza necesaria para su cumplimiento, y utilizada por el pecado como instrumento para dominar al hombre, es de la que nos libera Cristo.

• **7 7-25**: Sorprendentemente, en todo este pasaje Pablo habla en primera persona singular. ¿Se trata de un relato autobiográfico? ¿Está aludiendo a su experiencia personal desde el momento de su conversión, y al conflicto interior que experimenta cada día entre la llamada de la gracia y la fuerza del pecado? Más bien es probable que se trate simplemente de un recurso estilístico para dramatizar de una forma íntima y personal la experiencia común a todos los que tratan de obtener la salvación apoyándose en sus propias fuerzas. Es la historia humana sin Cristo

tó para mí instrumento de muerte. 11 En
efecto, con ocasión del precepto, la fuerza
del pecado me sedujo y por medio de él
me llevó a la muerte.

12 Y el caso es que la ley es santa; y los
preceptos son santos, justos y buenos. 13 Entonces ¿se habrá convertido en causa de
muerte para mí algo que de suyo es bueno?
¡De ninguna manera! Lo que pasa es que
el pecado, para demostrar su fuerza, se sirvió de una cosa buena para causarme la
muerte; de este modo, el pecado, por medio del precepto, ejerce hasta el máximo
todo su maléfico poder.

La fuerza del pecado

Gal 5 16-25; 1 Cor 15 57

14 Estamos, pues, de acuerdo en que la
ley pertenece a la esfera del espíritu; pero
yo soy un hombre de apetitos desordenados y vendido al poder del pecado, 15 y no
acabo de comprender mi conducta, pues no
hago lo que quiero, sino que hago lo que
aborrezco. 16 Pero si hago lo que aborrezco,
estoy reconociendo que la ley es buena,
17 y que no soy yo quien lo hace, sino la
fuerza del pecado que actúa en mí. 18 Y yo
sé bien que no hay cosa buena en mí, en lo
que respecta a mis apetitos desordenados.
En efecto, el querer el bien está a mi alcance, pero el hacerlo no. 19 Pues no hago
el bien que quiero, sino el mal que aborrezco. 20 Y si hago el mal que no quiero,
no soy yo quien lo hace, sino la fuerza del
pecado que actúa en mí. 21 Así que descubro la existencia de esta ley: cuando quiero
hacer el bien, se me impone el mal. 22 En
mi interior me complazco en la ley de Dios,
23 pero experimento en mí otra ley que lucha contra lo que me dicta mi mente y me
encadena a la ley del pecado que está en
mí. 24 ¡Infeliz de mí! ¿Quién me librará de
este cuerpo, que me lleva a la muerte?
25 ¡Tendré que agradecérselo a Dios por
medio de Jesucristo, nuestro Señor! Resumiendo: soy yo mismo quien con la mente sirvo a la ley de Dios y con mis desordenados apetitos vivo esclavo de la ley del
pecado.

La vida en el Espíritu

2 Cor 3 6.17; Gal 4 6; 5 18; 1 Cor 3 16;
Lc 24 26; 1 Pe 4 13; Ez 36 27

8 1 Ya no pesa, por tanto, condenación alguna sobre los que viven en Cristo Jesús, 2 porque la ley del Espíritu vivificador
me ha liberado por medio de Cristo Jesús
de la ley del pecado y de la muerte. 3 Pues
lo que era imposible para la ley, a causa de
la debilidad humana, lo realizó Dios enviando a su propio Hijo con una naturaleza
semejante a la del pecado. Aún más: lo hizo víctima por el pecado y condenó el pecado a través de una naturaleza mortal,
4 para que así, los que vivimos, no según
nuestros desordenados apetitos, sino según
el Espíritu, cumplamos los preceptos de la
ley en plenitud.

5 Porque los que viven según sus apetitos, a ellos subordinan sus criterios; pero
los que viven según el Espíritu, tienen criterios propios del Espíritu. 6 Ahora bien,
guiarse por los criterios de los propios apetitos lleva a la muerte; guiarse por los del
Espíritu conduce a la vida y a la paz. 7 Y es
que los criterios que nacen de nuestros
desordenados apetitos están enfrentados a
Dios, puesto que ni se someten a su ley ni
pueden someterse. 8 Así pues, los que viven
entregados a sus apetitos no pueden agradar a Dios. 9 Pero ustedes no viven entregados a tales apetitos, sino que viven según

y con Cristo la que aquí se describe, aunque también, sin duda, la experiencia de muchos hombres –cristianos y no cristianos– situados ante cualquier tipo de ley: divina, eclesiástica o civil.

• **8 1-17**: Es clásica en san Pablo la contraposición entre carne y espíritu –o Espíritu– (véase Gal 3 3; 5 16-26; Flp 3 3). Cuando el apóstol establece tal contraposición, el término *carne* sirve para designar todo lo que hay en el hombre de pecaminoso, de oposición a Dios. Nuestra traducción se hace eco de este significado al emplear la expresión *apetitos desordenados.* Paralelamente, con el término *espíritu* –o Espíritu– designa Pablo todo lo que hay en el hombre de divino. De ahí que el Espíritu es la norma de comportamiento cristiano, la fuerza impulsora de la acción apostólica (1 Tes 1 5; Rom 15 19), el inspirador de todo lo bueno (1 Cor 12 3; 14 2). En este sentido, espíritu y carne están en una oposición irreductible. Sin embargo, debe advertirse que ambos términos tienen a veces otro significado más cercano a la antropología expresada en el Antiguo Testamento: *carne* suele indicar lo que el hombre tiene de pequeño y de perecedero en comparación con Dios (1 Cor 15 50; Ef 6 12), y *espíritu* todo aquello que constituye al hombre en ser imperecedero, partícipe en algún modo del mismo ser divino (Rom 8 10; 1 Cor 2 11; 5 3-5; Gal 6 8; Col 2 5).

el Espíritu, ya que el Espíritu de Dios habita
en ustedes. Y si alguno no tiene el Espíritu
de Cristo, es que no pertenece a Cristo.
10 Ahora bien, si Cristo está en ustedes,
aunque el cuerpo esté muerto a causa del
pecado, el espíritu vive por la justicia. 11 Y
si el Espíritu de Dios que resucitó a Jesús
de entre los muertos habita en ustedes, el
mismo que resucitó a Jesús de entre los
muertos hará revivir sus cuerpos mortales
por medio de ese Espíritu suyo que habita
en ustedes.

12 Por tanto, hermanos, estamos en deuda, pero no con nuestros apetitos para vivir
según ellos. 13 Porque si viven según esos
apetitos, ciertamente morirán; en cambio,
si mediante el Espíritu dan muerte a las
obras del cuerpo, vivirán. 14 Los que se
dejan guiar por el Espíritu de Dios, ésos
son hijos de Dios. 15 Pues bien, ustedes no
han recibido un Espíritu que los haga esclavos, para caer de nuevo en el temor, sino
que han recibido un Espíritu que los hace
hijos adoptivos y nos permite clamar:
«Abba», es decir, «Padre». 16 Ese mismo
Espíritu se une al nuestro para juntos dar
testimonio de que somos hijos de Dios.
17 Y si somos hijos, también somos herederos: herederos de Dios y coherederos con
Cristo, siempre y cuando ahora padezca-
mos con él, para ser luego glorificados con
él.

El premio que esperamos

1 Cor 15 53-54; 2 Cor 5 2-5; Flp 3 20-21;
Col 1 15; Ef 1 11-13

18 Entiendo, por lo demás, que los sufrimientos del tiempo presente no pueden
compararse con la gloria que un día se nos
manifestará. 19 Porque la creación misma
espera anhelante que se manifieste lo que
serán los hijos de Dios. 20 Condenada al
fracaso, no por propia voluntad, sino por
aquel que así lo dispuso, la creación vive
en la esperanza 21 de ser también ella liberada de la servidumbre de la corrupción y
participar así en la gloriosa libertad de los
hijos de Dios. 22 Sabemos, en efecto, que
la creación entera está gimiendo con dolores de parto hasta el presente. 23 Pero no
sólo ella; también nosotros, los que poseemos las primicias del Espíritu, gemimos en
nuestro interior suspirando para que Dios
nos haga sus hijos y libere nuestro cuerpo.
24 Porque ya estamos salvados, aunque sólo en esperanza; y es claro que la esperanza que se ve no es propiamente esperanza,
pues ¿quién espera lo que tiene ante los
ojos? 25 Pero si esperamos lo que no vemos,
estamos aguardando con perseverancia.

26 Asimismo el Espíritu viene en ayuda
de nuestra debilidad, pues nosotros no sabemos orar como es debido, y es el mismo
Espíritu el que intercede por nosotros con
gemidos que no se pueden expresar. 27 Por
su parte, Dios, que examina los corazones,
conoce el pensar de ese Espíritu, que intercede por los creyentes según la voluntad
de Dios. 28 Sabemos, además, que todo
contribuye al bien de los que aman a Dios,
de los que él ha llamado según sus planes.
29 Porque a los que conoció de antemano,
los destinó también desde el principio a
reproducir la imagen de su Hijo, llamado a
ser el primogénito entre muchos hermanos.
30 Y a los que desde el principio destinó,
también los llamó; a los que llamó, también
los justificó; y a quienes justificó, les
comunicó su gloria.

• **8** *18-30:* La dificultad para obtener la vida nueva de resucitados con Cristo, aunque es real, no es insuperable. Nuestra esperanza tiene unos sólidos apoyos. Por lo demás, quizás lo más sorprendente de este pasaje sea la solidaridad que Pablo supone entre el universo y los creyentes. Aunque Pablo no explica el cómo, parece afirmar con suficiente claridad que el universo físico no se limitará a ser simple espectador de la salvación y de la gloria del hombre redimido, sino que las compartirá. Si el hombre ha superado en Cristo este destino de maldición y de muerte, el resto de la creación también lo superará. Es el tema de la solidaridad, tanto para bien como para mal, entre el hombre y el mundo material, que tan enraizado está en la Biblia (véase Gn 9 12-13; Sal 135; Col 1 20; Ef 1 10; 2 Pe 3 13; Ap 21 1-5). Ya en los profetas del Antiguo Testamento hay algunos indicios, pero puede decirse que Pablo es el primer autor bíblico en hablar de esta esperanza cósmica, y en poner, por tanto, una sólida base a una teología de la fraternidad entre el hombre y las cosas.

En Rom 8 28-30 no debe verse una afirmación que restrinja el proyecto salvador de Dios. Dicho proyecto está abierto a todo el que quiera recibirlo. Lo que Pablo subraya es que se trata de don gratuito y no de acontecimiento casual.

El amor salvador de Dios

Gn 22 16; Jn 3 16; Rom 5 6-8; Heb 7 25;
1 Jn 2 1; *Sal 44 23*

31 ¿Qué más podemos añadir? Si Dios
está con nosotros, ¿quién estará contra nosotros? 32 El que no perdonó a su propio
Hijo, antes bien lo entregó a la muerte por
todos nosotros, ¿cómo no va a darnos gratuitamente todas las demás cosas juntamente con él? 33 ¿Quién acusará a los elegidos de Dios, si Dios es el que justifica?
34 ¿Quién será el que condene, si Cristo Jesús ha muerto, más aún, ha resucitado y
está a la derecha de Dios intercediendo por
nosotros? 35 ¿Quién nos separará del amor
de Cristo? ¿El sufrimiento, la angustia, la
persecución, el hambre, la desnudez, el peligro, la espada? 36 Ya lo dice la Escritura:

Por tu causa estamos expuestos
a la muerte cada día:
nos consideran como ovejas
destinadas al matadero.

37 Pero Dios, que nos ama, hará que salgamos victoriosos de todas estas pruebas.
38 Porque estoy seguro de que ni muerte, ni
vida, ni ángeles, ni otras fuerzas sobrenaturales, ni lo presente, ni lo futuro, ni poderes de cualquier clase, 39 ni lo de arriba,
ni lo de abajo, ni cualquier otra criatura
podrá separarnos del amor de Dios manifestado en Cristo Jesús, Señor nuestro.

ISRAEL EN EL PLAN SALVADOR DE DIOS +

Tristeza de Pablo

Hch 13 17; Rom 3 2; Mt 1 2-16; Lc 3 23-34; Tit 2 13

9 1 Digo la verdad como cristiano y mi
conciencia, guiada por el Espíritu Santo, me asegura que no miento 2 al afirmar
que me invade una gran tristeza y es continuo el dolor de mi corazón. 3 Desearía, incluso, verme yo mismo separado de Cristo
como algo maldito por el bien de mis hermanos de raza 4 que son descendientes de
Israel. A ellos pertenece la adopción filial,
la presencia gloriosa de Dios, la alianza,
las leyes, el culto y las promesas. 5 Suyos
son los patriarcas y de ellos, en cuanto
hombre, procede Cristo, que está sobre
todas las cosas y es Dios bendito por siempre. Amén.

Dios elige libremente

Nm 23 19; Is 55 10-11; Heb 4 12; *Gn 21 12; 18 10.14;*
25 21-26; Mal 1 2-3; Ex 33 19; 9 16

6 No es que haya quedado sin efecto la
palabra de Dios. Pero sucede que no todos
los que descienden de Israel son verdaderos israelitas, 7 ni los que descienden de
Abrahán son todos hijos suyos, pues dice
la Escritura: *Isaac continuará tu descendencia.* 8 Con otras palabras, no son los
nacidos por generación natural los verda-

• **8 31-39**: La segunda sección de la parte central de la carta concluye con este himno apasionado y optimista. Si Dios nos ama, si Dios está con nosotros, todo lo demás será pura consecuencia. En Rom 8 38 Pablo hace una enumeración marcadamente retórica. Se hace eco, sin duda, de expresiones astrológicas empleadas en su tiempo y evoca una serie de fuerzas que los antiguos juzgaban más o menos enemigas del hombre. No hay que tomar estas expresiones como una descripción detallada del mundo sobrenatural. Simplemente Pablo quiere resaltar, que no hay nada capaz de separar al cristiano de Cristo, ni siquiera los poderes que entonces se tenían por más fuertes.

+ 9 1-11 36: Pablo tiene muy claro que la acción liberadora de Dios en Cristo alcanza absolutamente a todos los hombres (Rom 3 21-26; 5 12-19). Incluso a veces es audaz en su modo de expresarse (Rom 11 32; véase Gal 3 23). ¿Qué será, entonces, del pueblo de Israel, que en cuanto nación ha rechazado tercamente a Jesucristo, el Salvador? El apóstol, *que se siente israelita* por los cuatro costados (véase Flp 3 5), dedica estos tres capítulos de Romanos a reflexionar sobre este problema. Reconoce que Dios es soberanamente libre a la hora de conceder sus dones (Rom 9). Afirma que el hombre –en este caso el pueblo judío– que no quiere aceptar el evangelio, debe cargar con su propia responsabilidad (Rom 10). Pero, por encima de todo, Dios es un Dios fiel *que no se arrepiente de los dones y del llamamiento que un día hizo.* En consecuencia, también Israel obtendrá la salvación y, aunque quede flotando en la sombra del misterio cómo y cuándo reconocerá a Jesucristo como el Mesías esperado, la sabiduría insondable de Dios lo realizará (Rom 11).

• **9 1-5**: La sinceridad y la profundidad del drama interior de Pablo le hacen expresar un deseo imposible: experimentar en su persona la separación de Cristo y la maldición de Dios con tal que sus compatriotas israelitas obtengan la salvación. Pablo sin duda exagera, pero cuando un amor es grande y sincero como el suyo, busca la expresión suprema.

La expresión *como algo maldito* responde a un término del texto griego, a saber, *anatema*, vocablo que en su origen debió tener el significado general de cosa dedicada a Dios (véase Lv 27 28). Más tarde pasó a significar algo que se considera maldito y que, por tanto, debe ser destinado a la destrucción total (véase Dt 7 2; Jos 6 17). En el ámbito de las relaciones comunitarias no hay destrucción mayor que el ser excluido de la comunidad; y en el de las relaciones personales, el sentirse uno separado de la persona que más quiere.

deros hijos de Dios, sino los nacidos en
virtud de la promesa; ésos son la verdadera
descendencia. 9 Pues los términos de la
promesa son éstos: *Por este tiempo volveré
y Sara tendrá ya un hijo.* 10 Está, además,
el caso de Rebeca, que concibió dos hijos
de un solo hombre, nuestro antepasado
Isaac. 11 Pues bien, cuando aún no habían
nacido y no habían hecho nada ni bueno ni
malo, para dejar patente que las decisiones
divinas 12 no dependen del comportamiento humano, sino de Dios que llama, se le
dijo a Rebeca: *El mayor servirá al menor;*
13 o como dice en otro lugar la Escritura:
Amé a Jacob más que a Esaú.
14 ¿Qué diremos, pues? ¿Que Dios actúa
injustamente? ¡De ninguna manera! 15 Dios
mismo dijo a Moisés: *Tendré misericordia
de quien quiera y me apiadaré de quien
me plazca.* 16 No es, pues, cosa del que
quiere o del que se esfuerza, sino de Dios
que es misericordioso. 17 En este sentido
dice la Escritura, dirigiéndose al faraón: *Te
he constituido rey para mostrar en ti mi
poder y para hacer famoso mi nombre en
toda la tierra.* 18 Así pues, Dios muestra su
misericordia a quien quiere y deja endure-
cerse a quien le place.

Soberanía y generosidad

Job 11 7; 38 2; Is 29 16; 45 9; Jr 18 6; Sab 12 12; 15 7; *Os 2 25; 2 1; Is 10 22-23;* Miq 4 6-7; Sof 3 12-13; Zac 8 6-11; *Is 1 9*

19 Me dirás: «Entonces, ¿por qué reprende, si nadie puede resistir a su voluntad?». 20 Pero, ¿quién eres tú, pobre hombre, para exigir cuentas a Dios? ¿Es que
una vasija de barro puede decir al que la
ha modelado: «Por qué me hiciste así»?
21 ¿O es que el alfarero no puede hacer del
mismo barro tanto una vasija de lujo como
una corriente? 22 Así es Dios: cuando quiere manifiesta su ira y da a conocer su poder, pero puede soportar con gran paciencia a los que se han hecho objeto de ira y
se han puesto en camino de perdición.
23 De esta manera manifiesta las riquezas
de su gloria en los que hizo objeto de su
amor y de antemano preparó para esa gloria. 24 Entre ellos estamos nosotros, a quienes ha llamado no sólo de entre los judíos,
sino también de entre los paganos. 25 Así
lo dice el libro de Oseas:

Al que no es mi pueblo
lo llamaré «Pueblo mío»,
y «Amada mía»
a la que no es mi amada.
26 *Y en el mismo lugar en que se les dijo:*
«No son mi pueblo»,
allí serán llamados de nuevo
«hijos del Dios vivo».

27 Isaías, por su parte, refiriéndose a Israel dice:

Aunque fueran los israelitas
tan numerosos como la arena del mar,
sólo un resto se salvará,
28 *pues el Señor va a cumplir en la tierra*
totalmente y sin tardanza su palabra.

29 Y como predijo también Isaías:

Si el Señor todopoderoso
no nos hubiera dejado un germen,
habríamos sido como Sodoma,
nos habríamos parecido a Gomorra.

Error de los israelitas y súplica de Pablo

Is 28 16; Lc 2 34; Mt 21 42; Flp 3 9; Lc 18 9-14

30 ¿Qué concluir de esto? Pues que los
paganos, que no se esforzaban en buscar la

• **9 6-18**: La afirmación inicial es, en cierto modo, la tesis central de toda la sección: las promesas de Dios con respecto a Israel siguen en pie, aunque las apariencias puedan sugerir lo contrario. Lo que pasa es que las promesas no han sido hechas a los que descienden físicamente de Abrahán, sino a los que Dios ha elegido. De nuevo Pablo nos coloca ante un binomio: soberanía de Dios–responsabilidad del hombre. No nos explica cómo se compaginan estos extremos, porque en realidad estamos ante algo que forma parte del misterio de Dios.

• **9 19-29**: En este pasaje Pablo pretende poner de relieve que el proceder de Dios es misterioso, pero no irrazonable. Se vale para eso de una imagen bastante conocida en el Antiguo Testamento: la del alfarero (Is 29 16; 45 9; 64 7; Jr 18 6; Sab 15 7). Pablo es consciente de lo limitado de toda explicación humana en este campo y trata de plantear correctamente la cuestión afirmando que el dominio de Dios sobre el hombre y sobre el mundo no ha de juzgarse con estrechos criterios humanos (Job 11 7; 38 2), sino desde el proyecto que el mismo Dios ha querido manifestarnos a través de las Escrituras. Un proyecto, en este caso, que encierra el misterio de la elección.

• **9 30-10 4**: En estos versículos se sacan las consecuencias de lo dicho anteriormente y se anticipa lo que será el centro de los siguientes pasajes, a saber, que el elemento decisivo tanto en el fracaso de los judíos como en el éxito de los paganos, fue la fe en Cristo. La distinta actitud –incredulidad o fe– ante una misma persona se

salvación, recibieron esa salvación a la que
se llega por medio de la fe. 31 Israel, en
cambio, esforzándose por cumplir una ley
que debía llevar a la salvación, ni siquiera
cumplió la ley. 32 ¿Saben por qué? Porque,
al prescindir de la fe y apoyarse en sus
obras, tropezaron en aquella piedra puesta
como prueba, 33 según dice la Escritura:

Miren que pongo en Sión
una piedra en la que pueden tropezar,
y un peñasco que los puede hacer caer.
Pero el que ponga en ella su confianza,
no quedará defraudado.

10 1 Hermanos, deseo de todo corazón y
así se lo pido a Dios, que los israelitas
consigan la salvación. 2 Porque doy fe de
que buscan ardientemente a Dios, aunque a
ciegas. 3 No reconocen, en efecto, la fuerza
salvadora de Dios y quieren hacer valer la
suya propia, sin someterse a esa fuerza salvadora. 4 No se dan cuenta de que la ley
tiene su cumplimiento en Cristo, por el que
Dios concede la salvación a todo el que
cree.

Cristo, salvación para todos

Lv 18 5; Dt 30 12-14; Is 28 16; Jl 3 5;
Hch 10 34; 15 9-11

5 Escribiendo sobre el poder salvador
de la ley, dice Moisés que *quien la cumpla
tendrá vida por ella*. 6 Pero la fuerza salvadora que nos llega por medio de la fe se
expresa así: *No te hagas esta pregunta:
¿quién subirá al cielo?* –se sobreentiende
que para conseguir que Cristo baje–; 7 o
esta otra: *¿quién bajará al abismo?* –se sobreentiende que para hacer surgir a Cristo
de entre los muertos–. 8 En definitiva, ¿qué
dice la Escritura? *Que la palabra está cerca de ti; en tu boca y en tu corazón*. Pues
bien, ésta es la palabra de fe que nosotros
anunciamos. 9 Porque si proclamas con tu
boca que Jesús es el Señor y crees con tu
corazón que Dios lo ha resucitado de entre
los muertos, te salvarás. 10 En efecto, cuando se cree con el corazón actúa la fuerza
salvadora de Dios, y cuando se proclama
con la boca se obtiene la salvación. 11 Pues
dice la Escritura: *Quienquiera que ponga
en él su confianza no quedará defraudado*.
12 Y no hay distinción entre judío y no judío, pues uno mismo es el Señor de todos,
rico para todos los que lo invocan. 13 En
una palabra, *todo el que invoque el nombre
del Señor se salvará*.

Anuncio del mensaje y actitud de Israel

Is 52 7; 53 1; Sal 19 5; Dt 32 21; Is 65 1-2

14 Ahora bien, ¿cómo van a invocar a
aquél en quien no creen? ¿Y cómo van a
creer en él, si no les ha sido anunciado?
15 ¿Y cómo va a ser anunciado, si nadie es
enviado? Por eso dice la Escritura: *¡Qué
hermosos son los pies de los que anuncian
buenas noticias!*
16 Pero no todos han aceptado la buena
nueva. Isaías lo dice: *Señor ¿quién ha dado crédito a nuestro mensaje?* 17 En definitiva, la fe surge de la proclamación, y la
proclamación se verifica mediante la palabra de Cristo. 18 Pero pregunto: ¿es que no
han oído? ¡Todo lo contrario! *A toda la tierra ha llegado la voz de los mensajeros y
hasta los extremos del mundo sus palabras*.
19 Sin embargo, pregunto de nuevo: ¿Será que Israel no ha entendido el mensaje?
Oigamos, en primer lugar, lo que dice Moisés:

Les daré celos con un pueblo
que no es mío;
provocaré su enojo
valiéndome de una nación
sin sabiduría.

convirtió para unos en piedra contra la que se estrellaron, y para otros en roca sobre la que cimentaron su salvación *(Mc 12 10-11; Lc 2 34)*.

• **10 5-21**: Los textos bíblicos con los que aquí Pablo ilustra y subraya cuanto acaba de decir, están utilizados con bastante libertad. Sobre todo le interesa poner de relieve que la fe no es un privilegio de nadie. Todos somos radicalmente iguales ante la salvación que Dios nos ofrece por medio de Jesucristo, a quien Pablo traspasa el título divino de Señor, reconociendo en él una capacidad salvífica universal. Si, a pesar de esta igualdad radical ante la salvación, sigue habiendo quienes no dan crédito al mensaje, es porque Dios no impone sino que propone su palabra a hombres libres y por tanto responsables de su conducta.

20 Isaías, por su parte, se atreve a decir:

Me han encontrado
los que no me buscaban;
me he manifestado
a los que no preguntaban por mí.

21 Y a Israel le dice:

Durante todo el día
he tenido extendidas mis manos
hacia un pueblo incrédulo y rebelde.

El resto elegido

1 Re 19 10.14.18; Dt 29 3; Sal 69 23-24

11 1 Y yo pregunto: ¿Es que Dios ha rechazado a su pueblo? ¡De ninguna manera! Porque también yo soy israelita, descendiente de Abrahán y de la tribu de Benjamín. 2 Dios no ha rechazado al pueblo
que había elegido. Recuerden lo que dice
la Escritura a propósito de Elías, cuando
invocó a Dios contra Israel: 3 Señor, *han
matado a tus profetas y han derribado tus
altares; sólo he quedado yo y ahora me
buscan para matarme.* 4 Pero escuchen lo
que le responde la palabra divina: *Me he
reservado siete mil hombres que no han
doblado su rodilla ante Baal.* 5 Pues así
también en el tiempo presente ha quedado
un resto gratuitamente elegido. 6 Y si es
por gracia, ya no se debe a las obras, pues
de lo contrario la gracia no sería gracia.
7 ¿Qué significa esto? Pues que no todo
Israel ha conseguido lo que buscaba. Lo
han conseguido los elegidos, mientras que
los demás se han endurecido, 8 según dice
la Escritura:

Dios les dio un espíritu insensible,
ojos para no ver y oídos para no oír,
hasta el día de hoy.

9 Y dice también David:

Que su prosperidad se les convierta
en trampa y en lazo,
en ocasión de ruina y de castigo;
10 *que sus ojos se oscurezcan para no ver,*
y su espalda permanezca
continuamente doblada.

Israel y los paganos

Mt 8 11-12; 21 43; 2 Cor 5 18-20

11 Y pregunto aún: ¿Habrán tropezado
los israelitas de manera que caigan definitivamente? ¡De ninguna manera! Por el
contrario, con su caída ha llegado la salvación a los paganos provocando así los celos de Israel. 12 Y si su caída y su fracaso
se han convertido en riqueza para el mundo y para los paganos, ¿qué no sucederá
cuando lleguen a la plenitud?
13 Me dirijo ahora a ustedes, los paganos. Precisamente porque soy apóstol de
los paganos, trataré de honrar este ministerio mío, 14 a ver si provoco celos en los de
mi raza y logro salvar a algunos de ellos.
15 Porque si su fracaso ha servido para reconciliar al mundo, ¿no será su readmisión
como un volver de los muertos a la vida?
16 Y es que si el primer pan está consagrado a Dios, lo está toda la masa; si está consagrada la raíz, lo están también las ramas.
17 Cierto que algunas ramas han sido arrancadas y que tú, olivo silvestre, has sido injertado entre las restantes y compartes con

• **11** 1-10: En Rom 9 27, valiéndose de una cita del profeta Isaías (Is 10 22), Pablo había anticipado el tema del *resto* que se salvará. Había dejado entrever, por tanto, un rayo de esperanza para el pueblo israelita. Ahora aborda más explícitamente el tema y explica que la incredulidad *de Israel no es total, sino parcial; no es definitiva,* sino temporal. Y ello porque, por encima de las incontables infidelidades del pueblo israelita, Dios permanece fiel a sus promesas.

El tema del resto que escapa al castigo divino y se convierte en punto de partida de un nuevo pueblo, es casi una constante en el mensaje de los profetas (Am 3 12; 5 15; Is 4 2-3; 6 13; 10 20-22; 28 5-6; 37 31-32; Miq 4 6-7; Sof 2 7.9; 3 12-13; Jr 3 14; 5 18; 23 3; Ez 12 16; Ag 1 12; Zac 8 6-11). El profeta Elías y el propio Pablo son dos ejemplos significativos de esta voluntad divina de *salvar un resto.* Pero, en todo caso, el resto no es la meta de la acción salvífica divina. El objetivo final es siempre la salvación de todo el pueblo israelita y, en última instancia, de toda la humanidad (Rom 1 16; 3 21-30; 1 Tim 2 4).

• **11** 11-24: Emplea aquí Pablo la imagen del injerto. En Israel, que es el *olivo fértil,* ha sido injertado el *olivo silvestre* de los paganos. Sorprendente modo de aplicar la imagen, si pensamos que en buena técnica agrícola hay que proceder precisamente al contrario: en un árbol silvestre se injerta la rama fértil. Parece claro que Pablo no atiende tanto a la técnica agrícola cuanto a la fuerza de la imagen, con la que quiere expresar que los frutos cristianos del mundo pagano no serían posibles sin la raíz israelita. Y por otra parte, que las ramas originales cortadas del olivo fértil no han sido arrojadas sin más al montón de los desperdicios. También Israel encontrará el camino de la salvación. ¿Cuándo y cómo? Aquí nos encontramos con el misterio; pero la fe y la esperanza de Pablo son admirables y no pueden menos de causarnos un estremecimiento de asombro.

ellas la raíz y la savia del olivo. 18 Pero no
te creas mejor que aquellas ramas; y por si
te crees mejor, recuerda que no eres tú
quien sostiene la raíz, sino la raíz la que te
sostiene a ti. 19 Me dirás: «Han arrancado
las ramas para injertarme a mí». 20 De
acuerdo, ellas han sido arrancadas por su
incredulidad y tú estás en pie por la fe. Así
que no te enorgullezcas ni te descuides.
21 Porque si Dios no perdonó a las ramas
originales, tampoco a ti te perdonará.

22 Considera, pues, la bondad y la severidad de Dios: severidad para los que han
caído; bondad para ti, siempre que tu conducta responda a esa bondad; de lo contrario, tú también serás arrancado. 23 En cuanto a ellos, los israelitas, si no persisten en
la incredulidad, volverán a ser injertados.
Y Dios puede muy bien injertarlos de nuevo. 24 Porque si tú has sido cortado de un
olivo silvestre, al que por naturaleza perte-
necías, y has sido injertado contra tu naturaleza en el olivo fértil, ¡con cuánta mayor
facilidad podrán ser injertadas las ramas
originales en el propio olivo!

Restauración final de Israel

Is 59 20-21; 27 9; Dt 4 37; Nm 23 19; Gal 3 22

25 No quiero, hermanos, que ignoren este misterio para que no anden presumiendo
por ahí. El endurecimiento de una parte de
Israel no es definitivo; durará hasta que se
convierta el conjunto de los paganos. 26 Entonces todo Israel se salvará, como dice la
Escritura:

Vendrá de Sión el que los libere,
alejará de Jacob la impiedad,
27 *y mi alianza con ellos será restablecida*
cuando yo les perdone sus pecados.

28 En lo que respecta a la aceptación del
evangelio, los israelitas aparecen como enemigos de Dios para provecho nuestro; sin
embargo, en lo que respecta a la elección,
siguen siendo muy amados por Dios a
causa de sus antepasados, 29 pues los dones y la llamada de Dios son para siempre.

30 También ustedes eran en otro tiempo
rebeldes a Dios, pero ahora, por la desobediencia de los israelitas, han alcanzado
misericordia. 31 De igual modo, ellos son
ahora rebeldes debido a la misericordia que
Dios ha concedido a ustedes, para que también ellos obtengan misericordia. 32 Porque Dios ha permitido que todos seamos
rebeldes para tener misericordia de todos.

Canto a la sabiduría divina

Sal 139 6.17-18; *Is 40 13; Job 41 3;* 1 Cor 8 6; Col 1 16-17

33 ¡Oh profundidad de la riqueza, de la
sabiduría y de la ciencia de Dios! ¡Nadie
puede explicar sus decisiones ni comprender sus caminos! 34 Porque:

¿Quién conoce
el pensamiento del Señor?
¿Quién ha sido su consejero?
35 *¿Quién le ha prestado algo*
para pedirle que se lo devuelva?

36 De él, por él y para él son todas las
cosas. A él la gloria por siempre. Amén.

2. Realización concreta de la salvación ◊

Nueva vida en Cristo

1 Cor 12 4-11; 2 Cor 5 17; 1 Pe 2 5; 4 10-11

12 1 Les pido, pues, hermanos, por la
misericordia de Dios, que se ofrezcan
como sacrificio vivo, santo y agradable a
Dios. Este debe ser su auténtico culto. 2 No
se adapten a los criterios de este mundo; al
contrario, transfórmense, renueven su interior, para que puedan descubrir cuál es la
voluntad de Dios, qué es lo bueno, lo que
le agrada, lo perfecto.

3 Les digo, además, a todos y cada uno

• **11 25-36:** Pablo es plenamente consciente de que el cómo y el cuándo de la restauración de Israel pertenece a los planes misteriosos de Dios. Pero al mismo tiempo está seguro que se realizará, porque es algo que forma parte del proyecto salvífico general de Dios. De ahí el magnífico himno de alabanza y reconocimiento a los proyectos siempre sabios y soberanos de Dios, con que Pablo concluye la sección doctrinal de la carta. La actitud del creyente debe ser de aceptación y humildad. Porque Dios es siempre más grande.

◊ **12 1-15 13:** Los grandes principios de la moral cristiana han sido ya adelantados por Pablo en los capítulos anteriores. Lo que hace en esta sección exhortativa es descender a conclusiones prácticas más concretas. Que todos y cada uno hagan buen uso de los diversos dones recibidos de Dios (Rom 12 5-8). Que en medio de la comunidad cristiana reinen la paz, la armonía, el espíritu de trabajo y de servicio, la buena conducta social, la tolerancia y el respeto a los demás (Rom 12 11-20; 13 1-7; 14 1-12). Pero todo eso sólo será posible desde el amor y

EL SANTO ROSARIO

ORACIÓN PARA ANTES DEL ROSARIO

REINA del Santísimo Rosario, te complaciste en aparecer a Fátima para revelar a los tres niños el tesoro de la gracia escondido en el Santo Rosario. Inspira mi corazón con un ardiente amor a esta devoción, para que meditando en los Misterios de nuestra Redención recordados en él, yo sea colmado con sus frutos y obtenga paz para el mundo y la conversión de todos los pecadores y de Rusia. *(Menciona aquí tu intención.)* Yo deseo esto para la mayor gloria de Dios, para tu honra, para el bienestar de las almas, especialmente la mía. Amén.

EL SANTO ROSARIO

Los Cinco Misterios Gozosos

Se rezan los Lunes y los Sábados [excepto durante la Cuaresma], y los Domingos de Adviento hasta la Cuaresma.

1. LA ANUNCIACIÓN
Por el amor a la humildad.

2. LA VISITACIÓN
Por la caridad para mi projimo.

3. LA NATIVIDAD
Por el espíritu de la pobreza.

4. LA PRESENTACIÓN EN EL TEMPLO
Por la virtud de la obediencia.

5. EL NIÑO EN EL TEMPLO
Por la virtud de la piedad.

EL SANTO ROSARIO

Los Cinco Misterios Luminosos

Se rezan los Jueves [excepto durante la Cuaresma].

1. EL BAUTISMO DE JESÚS
Para vivir nuestras promesas bautismales.

2. LA AUTORREVELACIÓN DE JESÚS EN CANÁ
Para hacer lo que Jesús diga.

3. PROCLAMACIÓN DEL REINO DE DIOS
Por el perdón de nuestros pecados.

4. LA TRANSFIGURACIÓN
Para ser una nueva persona en Cristo.

5. LA INSTITUCIÓN DE LA EUCARISTÍA
Por una actuosa participación en la Misa.

EL SANTO ROSARIO

Los Cinco Misterios Dolorosos

Se rezan los Martes y los Viernes, y cada día durante la Cuaresma.

1. LA AGONÍA EN EL HUERTO
Por la contrición sincera.

2. LOS AZOTES EN LA COLUMNA
Por la virtud de la pureza.

4. LA CRUZ A CUESTAS
Por la virtud de la paciencia.

3. LA CORONACIÓN DE ESPINAS
Por desprecio del mundo.

5. LA CRUCIFIXIÓN
Por la perseverancia final.

EL SANTO ROSARIO

Los Cinco Misterios Gloriosos

Se rezan los Miércoles [excepto durante la Cuaresma], y los Domingos desde Pascua de Resurrección hasta el Adviento.

1. LA RESURRECCIÓN
Por la virtud de la fe.

2. LA ASCENCIÓN
Por la virtud de la esperanza.

3. LA VENIDA DEL ESPÍRITU SANTO
Por la gloria de Dios.

4. LA ASUNCIÓN
Por la gracia de una muerte santa.

5. LA CORONACIÓN DE NUESTRA SEÑORA
Por un amor más grande a María.

ORACIÓN DESPUÉS DEL ROSARIO

OH Dios,
cuyo Hijo Unigénito
con Su Vida, Muerte y Resurrección
obtuvo para nosotros
la recompensa de vida eterna;
concédenos, te rogamos, que
meditando sobre estos Misterios
del Santísimo Rosario
de la Bendita Virgen María,
podamos imitar lo que ellos contienen
y obtener lo que prometen,
por el mismo Cristo nuestro Señor.
Amén.

℣. Que la divina asistencia sea siempre con nosotros.

℟. Amén.

℣. Y que las almas de los fieles difuntos, por la misericordia de Dios, descansen en paz.

℟. Amén.

Las Estaciones de la Cruz

LAS Estaciones de la Cruz es una devoción a la Sagrada Pasión, en la cual acompañamos en espíritu a nuestro Santo Señor en Su dolorosa jornada desde la casa de Pilato hasta el Calvario, y meditamos en Sus sufrimientos y muerte.

Delante de cada Estación se hace una genuflexión y se dice: "Te adoramos, ¡oh Cristo! y Te bendecimos; porque por Tu santa Cruz has redimido al mundo." Después se medita unos minutos ante la escena. Las oraciones cortas para cada Estación pueden ayudar.

✠

1. JESÚS CONDENADO A MUERTE

OH JESÚS, enséñame a apreciar tu gracia santificante más y jamás perderla por el pecado.

✠

2. JESÚS CARGA CON SU CRUZ

OH JESÚS, Tú has escogido morir por mí. Haz que te ame siempre con todo mi corazón.

3. JESÚS CAE POR PRIMERA VEZ

OH JESÚS, hazme fuerte para vencer mis malas pasiones y levantarme pronto del pecado.

✠

4. JESÚS ENCUENTRA A SU MADRE

OH JESÚS, concédeme un tierno amor a tu Santa Madre, que te ofreció por amor a mí.

✠

5. JESÚS ES AYUDADO POR SIMÓN

OH JESÚS, como Simón, llévame más cerca de Ti por medio de mis cruces y penas diarias.

6. JESÚS ENCUENTRA A LA VERÓNICA

OH JESÚS, imprime tu imagen en mi corazón para que nunca deje de serte fiel en mi vida.

✠

7. JESÚS CAE POR SEGUNDA VEZ

OH JESÚS, me arrepiento de haberte ofendido. Concédeme el perdón de todos mis pecados.

✠

8. JESÚS HABLA A LAS MUJERES

OH JESÚS, concédeme lágrimas de compasión por tus sufrimientos y de dolor por mis pecados.

9. JESÚS CAE POR TERCERA VEZ

OH JESÚS, concédeme que, en vez de desesperarme, te invoque en mis apuros espirituales.

✠

10. JESÚS DESPOJADO DE SUS VESTIDOS

OH JESÚS, concédeme que sacrifique todas mis aficiones antes que arriesgar tu gracia.

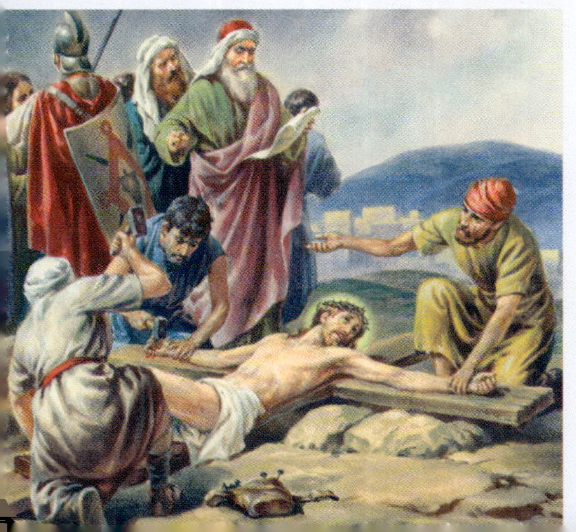

✠

11. JESÚS CLAVADO EN LA CRUZ

OH JESÚS, fortalece mi fe y aumenta mi amor a Ti. Ayúdame a aceptar mis cruces.

12. JESÚS MUERE EN LA CRUZ

OH JESÚS, te doy gracias por hacerme niño de Dios. Ayúdame a perdonar todas las ofensas.

✠

13. JESÚS BAJADO DE LA CRUZ

OH JESÚS, por la intercesión de tu Santa Madre, concédeme la gracia de serte grato siempre.

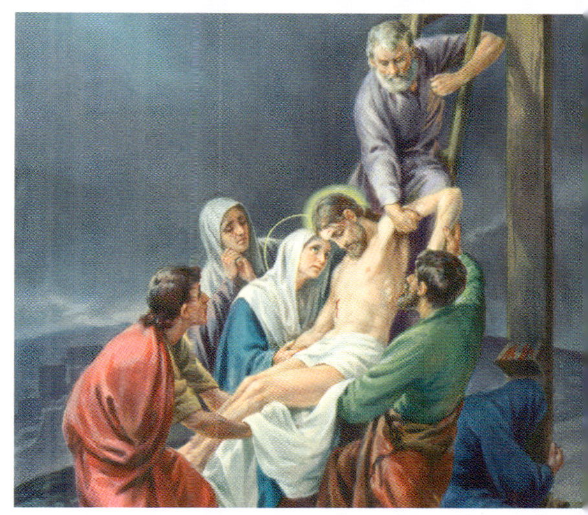

✠

14. JESÚS PUESTO EN EL SEPULCRO

OH JESÚS, fortalece mi voluntad para vivir por Ti en la tierra y lograr la felicidad celeste.

ORACIÓN PARA DESPUÉS ESTACIONES

JESÚS, yo creo que al tercer día de Tu muerte Te levantaste de entre los muertos, el Domingo de Resurrección, triunfando sobre el pecado y la muerte. Te doy gracias por salvar mi alma, y espero yo, también, resucitar en la gloria después del Juicio Final, para que mi cuerpo y mi alma puedan alabarte por siempre en el cielo. Señor, con Tu Cruz y Resurrección, nos has liberado. ¡Tu eres el Salvador del mundo! Amén.

de ustedes, en virtud de la gracia que Dios
me ha confiado, que no se consideren más
de lo debido, sino que cada uno se considere en lo que vale, conforme al grado de
fe que Dios le ha concedido. 4 Porque así
como en un solo cuerpo tenemos muchos
miembros y no todos los miembros tienen
una misma función, 5 así también nosotros,
aunque somos muchos, formamos un solo
cuerpo al quedar unidos a Cristo, y somos
miembros los unos de los otros. 6 Puesto
que tenemos dones diferentes, según la
gracia que Dios nos ha confiado, el que
habla de parte de Dios, hágalo de acuerdo
con la fe; 7 el que sirve, entréguese al servicio; el que enseña, a la enseñanza; 8 el
que exhorta, a la exhortación; el que ayuda, hágalo con generosidad; el que atiende,
con solicitud; el que practica la misericordia, con alegría.

Normas concretas de conducta

Mt 5 38-48; Mc 9 50; 1 Tes 5 15; 1 Pe 3 9;
Dt 32 35; Prov 25 21-22

9 Que el amor entre ustedes no sea hipócrita; aborrezcan lo malo y pónganse de
parte de lo bueno. 10 Aprécianse unos a
otros como hermanos y sean los primeros
en estimarse unos a otros. 11 No sean perezosos para el esfuerzo; manténganse fer-
vientes en el espíritu y listos para el servicio
del Señor. 12 Vivan alegres por la esperanza, sean pacientes en el sufrimiento y per-
severantes en la oración. 13 Compartan las
necesidades de los creyentes; practiquen la
hospitalidad. 14 Bendigan a quienes los persiguen; bendigan y no maldigan. 15 Alégrense con los que se alegran; lloren con
los que lloran. 16 Vivan en armonía unos
con otros y no sean engreidos, antes bien
pónganse al nivel de los sencillos. Y no
sean autosuficientes.

17 A nadie devuelvan mal por mal; procuren hacer el bien ante todos los hombres.
18 Hagan lo posible, en cuanto de ustedes
dependa, por vivir en paz con todos. 19 No
hagan justicia por sus propias manos, queridos míos, sino dejen que Dios castigue,
pues dice la Escritura: *A mí me corresponde hacer justicia; yo daré su merecido a
cada uno*. Esto es lo que dice el Señor.
20 Por tanto, *si tu enemigo tiene hambre,
dale de comer; si tiene sed, dale de beber.
Actuando así, harás que enrojezca de vergüenza*.

21 No te dejes vencer por el mal; por el
contrario, vence al mal a fuerza de bien.

El cristiano y las autoridades civiles

Mt 22 16-21; 1 Tim 2 1-2; Tit 3 1; 1 Pe 2 13.17; Prov 8 15

13 1 Todos deben someterse a las autoridades constituidas. No hay autoridad
que no venga de Dios, y las que hay, por él
han sido establecidas. 2 Por tanto, quien se
opone a la autoridad, se opone al orden establecido por Dios, y los que se oponen recibirán su merecido. 3 Los gobernantes, en

siguiendo el ejemplo de Cristo. Una vez más es importante constatar que el supremo valor ético-religioso para Pablo no es la libertad, ni la sabiduría, ni el culto tributado a Dios, sino el amor (Rom 12 10; 14 15) que hace a los cristianos *esclavos los unos de los otros* (Gal 5 13), y que resume, suple e interpreta toda ley (Rom 13 8-10).

• **12 1-8**: Como señal inequívoca de que nos encontramos ante una sección exhortativa, observamos que los imperativos comienzan a sustituir a los indicativos. Pablo *se dirige a los romanos con autoridad*: no solo como hermano, sino también como apóstol. Exhorta, ruega, anima.

El adjetivo utilizado en Rom 12 1 por el texto griego para acompañar al sustantivo *culto*, ha sido diversamente traducido: culto *espiritual*, culto *razonable*. En realidad, se trata de un adjetivo que ha sido empleado con frecuencia por autores tanto judíos como griegos para designar el verdadero culto, el culto que compromete al hombre entero en oposición a un culto meramente exterior y formalista (véase Am 5 21-25; Os 6 6; Jn 4 23-24). Esto no significa la eliminación del culto *corporal*, es decir las manifestaciones externas y rituales del culto. Al contrario, lo supone; pero sólo será legítimo si está penetrado por el Espíritu.

• **12 9-21**: Llaman la atención los numerosos imperativos con que Pablo invita a poner en práctica una serie de actitudes cristianas sintetizadas en el amor. En este pasaje Pablo se hace tributario de la tradición sinóptica y excepcionalmente incorpora a su discurso palabras del mismo Jesús de Nazaret (Mt 5 44; Lc 6 28). Se subraya así la importancia del tema. Porque, efectivamente, se trata de no ceder a la dinamica de la violencia siempre dispuesta a poner en práctica el ojo por ojo y diente por diente de la antigua ética (véase Mt 5 38).

• **13 1-7**: Como ciudadanos de otro mundo (Flp 3 20) y poseedores de una nueva libertad en Cristo (Gal 5 1), los cristianos podrían sentirse inclinados a desvincularse del poder civil, sobre todo si tal poder lo ejercen los no cristianos. Pablo, que no es un iluso ni un revolucionario, pone en guardia contra esta incorrecta interpretación del mensaje cristiano. Su doctrina sobre el Estado es sobria y realista. Sabe que el Estado forma parte de este mundo y pasará con él (1 Cor 7 31). Pero, mientras dura, el cristiano tendrá que moverse en un difícil y con frecuencia peligroso equilibrio entre su condición de ciudadano de esta tierra y su vocación de ciudadano de *una tierra y unos cielos nuevos*.

efecto, no están para infundir temor al que
se porta bien, sino al que hace el mal.
¿Quieres no tener miedo a la autoridad?
Haz el bien y tendrás su aprobación, 4 pues
la autoridad es un instrumento de Dios para
ayudarte a hacer el bien. Pero si te portas
mal, teme, pues por algo lleva la espada y
está al servicio de Dios para impartir justicia y castigar al que hace el mal. 5 Y es necesario que se sometan, no sólo por temor
al castigo, sino por convicción personal.
6 Por eso ustedes deben pagar impuestos,
porque quienes los cobran son como representantes de Dios ocupados en ese oficio.
7 Den, pues, a cada cual lo que le corresponda: al que tributo, tributo; al que impuesto, impuesto; al que respeto, respeto, y
al que honor, honor.

El amor resume la ley

Mt 22 37-40; Gal 5 14; *Ex 20 13-17; Dt 5 17-21; Lv 19 18*

8 Con nadie tengan deudas, a no ser la
del amor mutuo, pues el que ama al prójimo ha cumplido la ley. 9 En efecto, los
mandamientos *no cometerás adulterio, no
matarás, no robarás, no codiciarás,* y cualquier otro que pueda existir, se resumen en
éste: *Amarás a tu prójimo como a ti mismo.*
10 El que ama no hace mal al prójimo; en
resumen, el amor es la plenitud de la ley.

Invitación a una vida santa

1 Cor 7 26.29; Jn 8 12; Ef 5 8-16; 6 13-17;
1 Tes 5 4-8; Gal 3 27

11 Conociendo, además, el tiempo que
nos ha tocado vivir, ya es hora que despierten del sueño, pues nuestra salvación
está ahora más cerca de nosotros que cuando empezamos a creer. 12 La noche está
muy avanzada y el día se acerca; despojé-
monos, pues, de las obras de las tinieblas y
revistámonos de las armas de la luz. 13 Por-
témonos con dignidad, como quien vive en
pleno día. Nada de comilonas y borracheras; nada de lujuria y libertinaje; nada de
envidias y rivalidades. 14 Por el contrario,
revístanse de Jesucristo, el Señor, y no fomenten sus desordenados apetitos.

Apoyo a los más débiles

1 Cor 8 7-13; 10 23-33; Col 2 16-23; 1 Tim 4 3-5

14 1 Acepten al que todavía está poco
formado en la fe, sin entrar en discusiones sobre modos de pensar. 2 Hay algunos que piensan que se puede comer de
todo, mientras que el poco formado en la
fe sólo come vegetales. 3 El que come de
todo, que no menosprecie al que no come
algunos alimentos; y el que no come ciertas cosas, que no critique al que come de
todo, ya que también éste ha sido aceptado
por Dios. 4 ¿Quién eres tú para juzgar a un
criado que no es tuyo? Si está de pie o si se
cae, es cosa que sólo le importa a su amo;
pero se mantendrá de pie, porque el Señor
tiene poder para sostenerlo.

Lo único importante es el Señor

1 Cor 3 23; 2 Cor 5 15; Gal 2 20; Hch 17 31;
Is 49 18; 45 23; Heb 4 13

5 Hay algunos que dan especial importancia a ciertos días, y hay otros que los
consideran todos iguales; que cada cual
actúe según su propia conciencia. 6 El que

• **13 8-14**: Pablo recuerda una vez más que en el mandamiento del amor se sintetizan todos los demás preceptos. Pero la relación que aquí establece entre la ley y el amor, confirma el valor positivo que el apóstol confiere a la ley, no ciertamente como fuerza salvadora, pero sí como manifestación práctica de esa fuerza salvadora.

Es probable que en el momento en que Pablo escribe estas líneas, todavía pensara en una inminente venida del Señor para clausurar la historia y que esa certeza fuera una motivación para vivir como auténticos cristianos. Pero la hora histórica que están viviendo las comunidades paulinas y que confiere a las palabras del apóstol una urgencia y una radicalidad insuperables, no es tanto una hora cronológica, cuanto una hora teológica y existencial.

• **14 1-12**: En este pasaje de Romanos –y con más frecuencia en las cartas a los Corintios– alude Pablo a dos clases de cristianos a quienes denomina *fuertes* y *débiles* (1 Cor 4 10; 8 7-12; 10 23-33; 11 30). Nosotros hemos traducido habitualmente por *formados en la fe* y *poco formados en la fe*. Unos, *los fuertes*, entienden que el cristianismo ha roto todo tipo de ataduras esclavizantes, y en consecuencia hay que luchar contra quienes se comporten de otro modo, caiga quien caiga. Otros, *los débiles*, piensan que el cristiano tiene que seguir observando ciertas prescripciones tradicionales y, en consecuencia, tachan de irreligiosos a quienes no lo hacen. Parece claro que ideológicamente Pablo está con los fuertes. Pero lo verdaderamente importante en estos casos es no hacer daño sin necesidad al hermano, aunque tengamos que perder parte de nuestros aparentes derechos. Y esto, porque el supremo valor del cristiano no es la libertad, ni el conocimiento, ni cualquier carisma, sino que la ley suprema es siempre el amor.

piensa que hay que celebrar ciertos días, lo
hace por el Señor; el que come de todo, lo
hace también por el Señor, y de hecho da
gracias al Señor por ello; y el que no come
algunos alimentos, se abstiene de comerlos
en consideración al Señor, y también da
gracias a Dios.
7 Ninguno de nosotros vive para sí mismo ni muere para sí mismo; 8 si vivimos,
vivimos para el Señor; y si morimos, morimos para el Señor. Así pues, tanto si vivimos como si morimos, somos del Señor.
9 Para eso murió y resucitó Cristo: para ser
Señor de vivos y muertos. 10 Entonces,
¿cómo te atreves a juzgar a tu hermano?
¿Cómo te atreves a despreciarlo, si todos
hemos de comparecer ante el tribunal de
Dios?
11 Porque dice la Escritura:

Por mi vida, dice el Señor,
que ante mí se doblará toda rodilla,
y todos darán gloria a Dios.

12 Así pues, cada uno de nosotros dará
cuentas a Dios de sí mismo.

Paz y concordia ante todo

1 Cor 7 15; 8 8-13; 10 25-27; Gal 5 22; 1 Tes 1 6

13 Por tanto, dejemos ya de criticarnos
los unos a los otros. Procuren, más bien, no
ser ocasión de caída y de pecado para el
hermano. 14 Estoy plenamente convencido
–pues es palabra de Jesús, el Señor– que
nada es de por sí impuro; sólo resulta impuro para quien así lo considera. 15 Pero si
por comer un determinado alimento ofendes a tu hermano, ya no vives según el
amor. ¡Que no se pierda por cuestiones de
comida aquel por quien Cristo murió! 16 Y
no dejen que se hable mal de lo que ustedes consideran bueno. 17 Porque el reino
de Dios no consiste en una comida o bebida determinada; consiste en la fuerza salvadora, en la paz y la alegría que proceden
del Espíritu Santo. 18 Y quien sirve a Cristo de este modo, es grato a Dios y estimado
por los hombres. 19 Así pues, busquemos
lo que fomenta la paz y la concordia de
unos con otros. 20 No destruyas la obra de
Dios por una cuestión de comida. Todas
las cosas son sin duda puras, pero se convierten en malas para el hombre que, al
comerlas, es ocasión de caída para otro.
21 En semejante caso, lo bueno es no comer carne, ni beber vino, ni hacer cualquier otra cosa que pueda ser ocasión de
caída para el hermano.
22 La fe bien formada que tú tienes, apro-
véchala para tu relación personal con Dios,
y dichoso el que pueda tomar una decisión
sin sentirse culpable. 23 Pero si alguien,
teniendo dudas de si un alimento está prohibido o no, lo come, se hace culpable al
no proceder según su conciencia; en efecto, todo lo que no se hace con buena conciencia es pecado.

Jesucristo como ejemplo

Sal 69 10; 1 Cor 10 6.11; 2 Tim 3 16; 1 Mac 12 9;
2 Sm 22 50; *Sal 18* 50; *Dt 32* 43; *Sal 117* 1; *Is 11* 10

15 1 Los que tenemos una fe bien formada debemos cargar con las flaquezas
de quienes no la tienen, sin buscar agradar-
nos a nosotros mismos. 2 Que cada uno de
nosotros trate de agradar al prójimo, buscando su bien y su crecimiento en la fe.
3 Pues tampoco Cristo buscó complacerse
a sí mismo, sino que, como dice la Escritura: *Los insultos de los que te injuriaban
cayeron sobre mí*. 4 Y sabemos que cuanto
fue escrito en el pasado, lo fue para enseñanza nuestra, a fin de que, a través de la
perseverancia y el consuelo que proporcionan las Escrituras, tengamos esperanza.

• **14** 13-23: Los destinatarios de esta exhortación son los que san Pablo llama "fuertes", es decir los bien *formados en la fe*. Deben saber distinguir entre lo secundario y lo verdaderamente importante en el reino de Dios. Secundarios son los ritos, los vestidos, los alimentos; importante es la paz, la fraternidad, la concordia, el amor, la salvación. Objetivamente tienen razón los que se niegan a conceder un valor salvífico a los alimentos, los vestidos y los ritos. Pero en el ámbito concreto del comportamiento personal, puede suceder que, quienes se consideran bien formados en la fe, tengan que adaptarse a veces a los puntos de vista de los menos formados para no poner en peligro el valor fundamental de su salvación.

• **15** 1-13: Con este pasaje se concluye la sección exhortativa de la carta. En él encontramos dos párrafos literaria e ideológicamente simétricos. En el primero se subraya la exigencia cristiana de ayudar al más débil y necesitado; aunque no se excluye la ayuda material, aquí se trata sobre todo de ayuda y acompañamiento espiritual. En el segundo se invita a los cristianos a aceptarse mutuamente siguiendo el ejemplo de Dios Padre y de su Hijo Jesús.

5 Dios, por su parte, de quien proceden la perseverancia y el consuelo, les conceda vivir en armonía a ejemplo de Cristo Jesús, 6 para que con un solo corazón y una sola boca alaben a Dios, Padre de nuestro Señor Jesucristo.

7 Por tanto, acéptense unos a otros, como también Cristo los aceptó para gloria de Dios. 8 Porque les aseguro que Cristo se hizo servidor de los judíos para probar que Dios es fiel al cumplir las promesas hechas a nuestros antepasados. 9 Pero también acepta misericordiosamente a los paganos para que glorifiquen a Dios, como dice la Escritura:

Por eso te ensalzaré entre las naciones
y cantaré en honor de tu nombre.

10 Y dice también:

Alégrense, naciones,
juntamente con su pueblo.

11 Y de nuevo:

Alaben al Señor todas las naciones,
cántenle todos los pueblos.

12 Y todavía Isaías dice:

Saldrá un descendiente de Jesé;
se alzará para gobernar a las naciones
y en él pondrán los pueblos su esperanza.

13 Que Dios, de quien procede la esperanza, llene de alegría y de paz su fe; y que el Espíritu Santo, con su fuerza, los colme de esperanza.

CONCLUSION +

Razón de la carta y actividad apostólica de Pablo

Rom 1 9; 12 1; Flp 2 17; *Is 52 15*

14 Estoy convencido, hermanos míos, de que están llenos de bondad, repletos de todo conocimiento, preparados para aconsejarse unos a otros. 15 Con todo, me he atrevido a escribirles con la intención de recordarles algunas cosas. Lo hago en virtud de la gracia que Dios me ha concedido, 16 de ser ministro de Cristo Jesús entre los paganos, ejerciendo el oficio sagrado de anunciar el evangelio de Dios, a fin de que la ofrenda de los paganos, consagrada por el Espíritu Santo, sea agradable a Dios. 17 Podría enorgullecerme en Cristo Jesús de la tarea llevada a cabo al servicio de Dios, 18 pero sólo me atreveré a hablar de lo que Cristo ha realizado sirviéndose de mí, para que, con la palabra o con la acción, los paganos aceptaran la fe, 19 a través de signos y prodigios, y con la fuerza del Espíritu Santo. Así que desde Jerusalén y en todas direcciones hasta llegar a Iliria he dado a conocer el evangelio de Cristo. 20 Eso sí, he procurado no proclamar el evangelio allí donde Cristo ya era conocido, para no edificar sobre fundamento ajeno; 21 pues como dice la Escritura:

Los que nada conocían de él, lo verán
y los que nada habían oído, entenderán.

Proyectos de viaje

1 Cor 16 1-6; Hch 19 21; 21 10-11.17-36

22 Esto era lo que siempre me impedía llegar hasta ustedes. 23 Pero ahora, como ya no tengo campo de trabajo en estos países y hace muchos años que estoy deseando ir a verlos, 24 espero visitarlos de paso para España; confío en que me encaminarán a ese lugar, después de haber disfrutado un poco la hospitalidad de ustedes.

25 En este momento estoy a punto de salir para Jerusalén, a fin de prestar un servicio a aquellos creyentes, 26 pues a los de

+ 15 14-16 27: La carta a los Romanos concluye con unas cuantas comunicaciones personales, una amplia serie de saludos y una solemne doxología final. En el apartado de comunicaciones trata san Pablo de justificar su atrevimiento al escribir a una comunidad no fundada por él y que le es más bien desconocida.

En cuanto a los saludos y doxología de Rom 16, su *pertenencia original a la carta ofrece* dudas razonables. No está descartado que se trate de una carta de recomendación dirigida por Pablo a la comunidad de Efeso en favor de Febe, que era diaconisa de Cencreas, el puerto oriental de Corinto. En el caso de que fuera así, desconocemos el momento en que esta supuesta carta independiente habría sido añadida como capítulo final de Romanos.

• 15 14-21: Pablo no quiere aparecer como un intruso ni dárselas de maestro ante los cristianos de Roma. Quiere simplemente ayudar, prestar un servicio. Llama la atención el lenguaje inequívocamente cultual empleado por Pablo en este pasaje: *ministro, sacerdote, ofrenda consagrada.* Pero la liturgia que aquí se insinúa es una liturgia existencial en la que el templo material y los ritos externos cuentan más bien poco. Lo que cuentan son las personas que en contraste son aquí los paganos, considerados impuros por el judaísmo.

Macedonia y Acaya les ha parecido conveniente hacer una colecta en favor de los
creyentes necesitados de Jerusalén. 27 Les
ha parecido conveniente, aunque en realidad se trataba de una deuda, pues si los paganos han participado de sus bienes espirituales, justo es que los ayuden en lo material. 28 Una vez cumplida esta misión y entregado el fruto de esa colecta, partiré para
España pasando por la ciudad de ustedes.
29 Y sé que, al ir a verlos, lo haré con la
plena bendición de Cristo.

30 Por lo demás, hermanos, les ruego
por nuestro Señor Jesucristo, y por el amor
que el Espíritu ha derramado en nosotros,
que pidan encarecidamente a Dios por mí,
31 para que no caiga en manos de los que
en Judea se oponen a la fe, y esta ayuda
que llevo a Jerusalén sea bien recibida por
parte de los creyentes. 32 De este modo, si
Dios quiere, iré a verlos lleno de alegría y
podré descansar en compañía de ustedes.
33 Que el Dios de la paz esté con todos ustedes. Amén.

Recomendaciones y saludos

Hch 18 2-3; Mc 15 21; 2 Jn 7-10;
Hch 13 1; 16 1-3; 17 5; 19 22.29; 20 4

16 1 Les recomiendo a nuestra hermana
Febe, que está al servicio de la iglesia
de Cencreas. 2 Recíbanla en el Señor, como
corresponde a creyentes, y ayúdenla en lo
que necesite de ustedes, pues también ella
ha favorecido a muchos, entre ellos a mí
mismo.

3 Saluden a Prisca y Aquila, mis colaboradores en Cristo Jesús, 4 quienes, por salvar mi vida, arriesgaron la suya. Y no sólo
yo tengo que agradecerles, sino todas las
iglesias de procedencia pagana. 5 Saluden
también a la iglesia que se reúne en su
casa. Saluden a Epéneto, tan querido para
mí, el primero en creer en Cristo de la provincia de Asia. 6 Saluden a María, que tanto se ha preocupado por ustedes; 7 a Andrónico y a Junias, mis paisanos y compañeros de prisión, que se han destacado como apóstoles, y que fueron cristianos antes
que yo.

8 Saluden también a Ampliato, a quien
tanto aprecio en el Señor; 9 a Urbano, que
ha colaborado con nosotros como auténtico cristiano, y a mi querido Estaquis. 10 Saluden a Apeles, que ha dado pruebas de ser
un buen cristiano, y a la familia de Aristóbulo.

11 Saludos para mi paisano Herodión y
para los cristianos de la casa de Narciso;
12 para Trifena y Trifosa, que han trabajado
esforzadamente como auténticas cristianas,
y para la querida hermana Pérsida, que
también ha trabajado esforzadamente
como auténtica cristiana.

13 Saluden a Rufo, llamado por el Señor,
y a su madre que es como si fuera mía.
14 Saluden a Asíncrito, a Flegón, a Hermes,
a Patrobas, a Hermas y a los hermanos que
viven con ellos. 15 Saluden también a Filó-
logo y a Julia; a Nereo y a su hermana; a
Olimpo y a todos los creyentes que están
con ellos. 16 Salúdense, en fin, unos a otros
con el beso santo. Los saludan, a su vez,
todas las iglesias de Cristo.

17 Les recomiendo, hermanos, que vigilen a los que promueven divisiones y ponen en peligro la enseñanza que han recibido. Apártense de ellos, 18 pues esa gente
no sirve a Cristo nuestro Señor, sino a su
vientre, y con palabras seductoras y adula-
doras conquistan los corazones de los sen-

• **15** 22-33: El afán misionero y evangelizador de Pablo *es incontenible*. Entiende, sin embargo, que su tarea es sobre todo la de poner cimientos (1 Cor 3 6.10). A la luz de este pasaje, es evidente que Pablo tenía la firme intención de anunciar el evangelio en España. ¿Lo hizo realmente? Antiguos documentos así lo atestiguan: Clemente Romano refiere que Pablo viajó *hasta los extremos de occidente*; el Fragmento Muratoriano habla de Pablo que *sale de Roma y se encamina a España*. Pero es muy difícil saber con seguridad si Pablo pudo realizar su proyecto. De su viaje a Jerusalén sí que tenemos noticias por el libro de los Hechos, y a juzgar por lo que en él se nos cuenta, los temores que Pablo refleja en este pasaje tenían un buen fundamento (véase Hch 21).

• **16** 1-23: Sea lo que sea de la autenticidad paulina del pasaje (véase nota a Rom 15 14-16 27), hay que subrayar el protagonismo de Febe y de las otras mujeres a quienes menciona san Pablo y que desempeñan un papel muy activo en la tarea misionera. Junto a ellas, los demás nombres propios mencionados en este pasaje, reflejan mejor que muchas explicaciones el rostro concreto de las comunidades cristianas, en la que la relación personal era tan importante. Es significativa igualmente la repetida alusión a las comunidades cristianas domésticas y la confirmación de que las comunidades paulinas, establecidas sobre todo en las ciudades, eran sociológicamente diversas.

En cuanto a la afirmación de Rom 16 22, es un dato en apariencia intranscendente, pero de interés para consta-

cillos. [19] Todos conocen cómo ustedes han
aceptado la fe, y me alegro, pero quiero
que sean ingeniosos para hacer el bien y
no se manchen haciendo el mal. [20] El Dios
de la paz pronto pondrá a Satanás bajo sus
pies. La gracia de nuestro Señor Jesucristo
esté con ustedes.

[21] Los saludan Timoteo, mi colaborador,
y mis paisanos Lucio, Jasón y Sosípatro.
[22] Y yo, Tercio, que he escrito esta carta,
los saludo también en el Señor. [23] Los saluda Gayo, en cuya casa me hospedo, y en la
que se reúne toda la iglesia. Saludos de
Erasto, el tesorero de la ciudad, y del hermano Cuarto.

Doxología final

Ef 1 9; 3 5.19-20; Jds 24-26; 1 Cor 1 24-25; Ap 1 6

[25] Al Dios que tiene poder para afian-
zarlos en la fe según el evangelio que yo
anuncio y según la proclamación que hago
de Cristo Jesús; al Dios que ha revelado el
misterio mantenido en secreto desde la eternidad, [26] pero manifestado ahora por medio de las Escrituras proféticas según la
disposición del Dios eterno, y dado a conocer a todas las naciones de modo que
respondan a la fe; [27] a ese Dios, el único
sabio, sea la gloria por siempre a través de
Jesucristo. Amén.

tar que Pablo, tanto aquí como sin duda en otros lugares, se valió de auxiliares que le servían como secretarios para escribir sus cartas (véase 1 Cor 16 21; Col 4 18; 2 Tes 3 17).

Algunos manuscritos, aunque no los mejores, añaden Rom 16 24: *Que la gracia de nuestro Señor Jesucristo esté con todos ustedes. Amén.*

• **16 25-27**: El hilo conductor de esta doxología conclusiva es sin duda de carácter apocalíptico. El proyecto salvífico de Dios, oculto desde la eternidad, ha sido ahora revelado en Cristo. Podemos pensar que esta aclamación final fue compuesta por un cristiano de finales del siglo I o principios del siglo II, profundamente conocedor de la teología paulina, y que se ha hecho eco de toda una larga y profunda reflexión teológica llevada a cabo en el seno de la comunidad cristiana. Además, son versículos que irían bien como conclusión de todas las cartas del apóstol, pero difícilmente cabe imaginárselos como conclusión de una carta concreta.

PRIMERA CARTA A LOS CORINTIOS

INTRODUCCION

Se han conservado dos cartas de Pablo a la comunidad cristiana de Corinto. Las dos, pero especialmente la primera, en su origen son dos escritos que responden a circunstancias concretas, pues fueron motivadas por situaciones y problemas concretos que el apóstol tuvo que resolver sobre la marcha. Esto, sin embargo, no quita interés al lector actual.

En efecto, Pablo es un genio que ennoblece cuanto toca; cada problema, cada situación, encuentran en él el tratamiento justo, la palabra certera, la orientación precisa. Los problemas que preocupan y a veces angustian a los cristianos de hoy, no son exactamente los mismos que inquietaban a los cristianos de Corinto. Pero los principios con que Pablo los ilumina y resuelve son válidos para todas las épocas, también para la nuestra. Unicamente es necesario saber aplicar los principios paulinos a los hombres y a las circunstancias actuales.

1. Pablo y la comunidad cristiana de Corinto

Pablo llegó a Corinto probablemente en los primeros meses del año 50, durante el curso de su segundo viaje apostólico. Anunció allí el evangelio a lo largo de año y medio (Hch 18 1-18), dejando a su partida una comunidad cristiana numerosa y floreciente.

Corinto era, por entonces, la capital de la provincia romana de Acaya y sede, por tanto, del vicecónsul romano. Estaba estratégicamente situada en el istmo que lleva su nombre y que separa los mares Adriático y Egeo y une la península del Peloponeso con el resto de la Grecia continental. Ciudad populosa (los historiadores hablan de 200.000 hombres libres y 400.000 esclavos), era célebre como centro comercial, deportivo y cultural, y como lugar donde se daban cita toda clase de cultos religiosos: divinidades griegas, romanas y orientales tenían en Corinto sus respectivos santuarios y sus fieles servidores. En particular se había hecho famoso el templo de Afrodita, la diosa del amor, en cuyo recinto se ejercía sin ningún obstáculo la prostitución sagrada. Todo esto había convertido a Corinto en una ciudad de vida alegre y desenfrenada, propensa a todo tipo de excesos (en particular los sexuales) que no iba a facilitar demasiado el desenvolvimiento de la joven comunidad cristiana.

Y así sucedió, en efecto. Los problemas fueron surgiendo, multiplicándose y agravándose. Poco a

poco y por distintos cauces, Pablo, que por entonces se encontraba en Efeso, fue recibiendo noticias de tales problemas, algunos de los cuales comenzaban a exigir una urgente solución. No se descuidó el apóstol. Inició con los corintios un rico intercambio epistolar y humano, del que han llegado a nosotros, como preciosas reliquias, las dos cartas canónicas de Pablo a los Corintios. De la lectura atenta de estas cartas se deduce que fueron más las que intercambiaron entre ellos.

Ninguna comunidad causó a Pablo tantas preocupaciones y con ninguna otra mantuvo una comunicación tan rica, intensa y por momentos tormentosa como con la de Corinto. Tres o cuatro veces les anunció personalmente el evangelio, y en varias ocasiones, ante la imposibilidad de visitarlos en persona, les envió como mensajeros a sus más íntimos colaboradores, en particular a Timoteo y Tito.

2. Valor histórico y características literarias de la carta

Nadie ha puesto en duda la autenticidad paulina de esta carta. Pablo la escribió casi con toda seguridad en Efeso y muy probablemente en la primera mitad del año 56. Su valor histórico es excepcional, pues nos permite reconstruir con bastante fidelidad la fisonomía de las primeras comunidades cristianas. Dificultades, tensiones, divisiones, celos, envidias, rivalidades, problemas prácticos, pecados. Pero también la alegría del Espíritu, la efusión de carismas, la íntima satisfacción del amor cristiano que supera todas las barreras sociales y económicas. Noticias sobre la celebración de la Eucaristía, sobre el modo de proceder con los hermanos pecadores, sobre el orden en las asambleas litúrgicas. Todo esto cobra vida ante nosotros leyendo la carta.

A esto hay que añadir las valiosas informaciones sobre la historia de los tiempos apostólicos y sobre la propia actividad del apóstol: las dificultades de la comunidad de Corinto, los proyectos de Pablo para ampliar el campo de su apostolado, la existencia de otras comunidades en Acaya, las misiones encomendadas a sus colaboradores, la organización de la gran colecta en favor de las iglesias de Palestina.

En cuanto a la estructura y estilo de la carta, están en línea con las circunstancias que la motivaron y el estado de ánimo de Pablo al escribirla. No hay un tema central que actúe de hilo conductor. Son temas diversos y de diversa índole que Pablo va abordando uno tras otro sin casi relacionarlos entre sí. Unicamente se podría descubrir una especie de relación entre el primer tema: la salvación por la cruz, y el último: la salvación por la resurrección. Esta es, pues, la división que impone el propio contenido de la carta:

- Saludo y acción de gracias: 1 Cor 1 1-9
- Divisiones en la comunidad: 1 Cor 1 10-4 21
- Desórdenes en la comunidad: 1 Cor 5 1-6 20
- Problemas concretos: 1 Cor 7 1-11 1
- Problemas en las asambleas litúrgicas: 1 Cor 11 2-14 40
- La resurrección de los muertos: 1 Cor 15 1-58
- Conclusión: 1 Cor 16 1-24

Cuando Pablo escribe –o dicta– esta carta, lo hace en un estado de ánimo sereno y concentrado. Por eso su estilo es limpio y vigoroso. Sorprende la extraordinaria variedad de tonos: sencillez, profundidad, ironía, sarcasmo, explosiones de ternura o de indignación. No tiene Pablo, en cuanto a estilo y lenguaje, ningún escrito tan completo y variado, de páginas tan fluidas y luminosas como las de esta carta.

3. Contenido teológico

Ya se ha dicho que no hay en la primera carta a los corintios un tema central dominante. La temática es múltiple, de diversa índole y abordada desde distintos puntos de vista. No teme Pablo descender a los pequeños detalles concretos de la vida cotidiana. Pero lo que sobre todo maravilla, es observar cómo sabe elevarse por encima de las trivialidades cotidianas para iluminarlas con los grandes principios cristianos.

Ante la división creada en la comunidad de Corinto, como si el cristianismo fuera una escuela más de sabiduría humana en la que es posible elegir entre varios maestros, Pablo proclama que existe una sola y auténtica sabiduría: la de Dios, manifestada en el misterio de la cruz de Jesucristo (1 Cor 1 10-4 21).

Los desórdenes de tipo sexual, explicables en una ciudad tan libertina como Corinto, ofrecen a Pablo la ocasión de recordar a los corintios, y a nosotros, que todo bautizado es una *nueva criatura* y un *templo de Dios* (1 Cor 5-6).

Al comparar los valores y contravalores del celibato y del matrimonio, proclama que lo verdaderamente importante es aspirar a la santidad en cualquier circunstancia en que la vida nos haya colocado (1 Cor 7 1-40).

La cuestión de las carnes sacrificadas a los ídolos, la asistencia a banquetes paganos y la multiplicidad de carismas entre los cristianos de Corinto, dan al apóstol ocasión para exponer una magnífica lección de eclesiología práctica, recordando que todos somos parte importante de la Iglesia, todos estamos obligados a no hacer daño a los demás, todos debemos buscar lo que es útil a la comunidad, y de manera especial todos debemos actuar movidos por el amor (1 Cor 8-10; 12-14).

El grave deterioro al que habían llegado las asambleas litúrgicas en las que se celebraba la cena del Señor, constituye el marco de una estupenda catequesis sobre la Eucaristía, en la que Pablo recuerda el hecho de la institución y pone de relieve las exigencias del misterio (1 Cor 11 1-34).

Finalmente, la resistencia de algunos miembros de la comunidad de Corinto a aceptar la resurrección de los muertos, da oportunidad a Pablo para ofrecernos una espléndida y definitiva reflexión teológica sobre la resurrección de Jesucristo y de los cristianos (1 Cor 15 1-58).

PRIMERA CARTA A LOS CORINTIOS

Saludo y acción de gracias

Rom 1 1.7; 2 Cor 1 1-2; Gal 1 1-3; Flp 1 6;
1 Tes 1 2-10; 3 13; Dt 7 9; 1 Cor 10 13; 1 Tes 5 24

1 1 Pablo, llamado por voluntad de Dios
a ser apóstol de Cristo Jesús, y el hermano Sóstenes, 2 a la Iglesia de Dios que
está en Corinto.
A ustedes que, consagrados por Cristo
Jesús, han sido llamados a ser pueblo de
Dios en unión con todos los que invocan
en cualquier lugar el nombre de Jesucristo,
que es Señor de ellos y de nosotros, 3 gracia y paz de parte de Dios nuestro Padre y
de Jesucristo, el Señor.
4 Doy gracias a Dios continuamente por
ustedes pues les ha concedido su gracia
mediante Cristo Jesús, 5 en quien han sido
enriquecidos abundantemente con toda palabra y con todo conocimiento. 6 Y es tal la
firmeza que ha conseguido el testimonio
de Cristo entre ustedes, 7 que no les falta
ningún don, mientras esperan que nuestro
Señor Jesucristo se manifieste. 8 El también los mantendrá firmes hasta el fin, para
que nadie tenga de qué acusarlos en el día
de nuestro Señor Jesucristo. 9 Fiel es Dios
que los ha llamado a vivir en unión con su
Hijo Jesucristo, nuestro Señor.

1. Divisiones en la comunidad ◊

Llamada a la concordia

Rom 15 5; Flp 2 2; 4 2; 1 Cor 3 22-23; 2 1-5

10 Les ruego, hermanos, por el nombre
de nuestro Señor Jesucristo, que se pongan
de acuerdo para que no haya divisiones
entre ustedes, sino que conserven la armonía en el pensar y en el sentir. 11 Les digo
esto, hermanos míos, porque los de Cloe
me han informado de que hay discordias
entre ustedes. 12 Me refiero a eso que unos
y otros andan diciendo: «Yo soy de Pablo,
yo de Apolo, yo de Pedro, yo de Cristo».
13 Pero, ¿es que está dividido Cristo? ¿Fue
crucificado Pablo por ustedes o fueron
bautizados en su nombre? 14 Doy gracias a
Dios por no haber bautizado a ninguno de
ustedes, a excepción de Crispo y Gayo,

• **1 1-9**: Aunque la carta está destinada a una comunidad cristiana local, el saludo de Pablo tiene una particular solemnidad. No hay, pues, que limitar su alcance al contexto histórico inmediato. Los destinatarios del mensaje son todos los creyentes, *todos los que invocan en cualquier lugar* –y en cualquier tiempo– *el nombre de Jesucristo*.

Para las expresiones *consagrados por Cristo Jesús* y *pueblo de Dios* que traducidas literalmente equivaldrían a *santificados* y *santos* respectivamente, véase la nota a Rom 1 1-7.

En 1 Cor 1 7-8 Pablo alude con dos fórmulas distintas al momento en que Cristo se hará presente de nuevo en medio de la historia con el fin de clausurarla. Las primeras comunidades cristianas esperaban este acontecimiento como algo inminente, porque estaban convencidas de que si el acontecimiento cumbre de la historia salvífica, a saber, la muerte y resurrección de Jesucristo, ya había tenido lugar, la consumación de esa historia debía realizarse de forma segura e inmediata. Hay, pues, un cambio del plano teológico al cronológico. Pablo, al menos en un primer momento, participó de ese convencimiento y de esa esperanza (1 Tes 4 13-15). Pero lo importante no era ni es el tiempo o el modo de esa presencia de Cristo al final de la historia. Lo importante es que Cristo, lo mismo que estuvo presente en el comienzo de la obra creadora de Dios (Jn 1 1-3; Col 1 15-17; Heb 1 1-3), estará también presente en la hora final, para llevar de nuevo las cosas a Dios (véase 1 Cor 3 22-23; 15 20-28; Ap 1 7-8). En el Nuevo Testamento, el término técnico para expresar esta presencia de Cristo en el momento final de la historia humana es el de "parusía" (véase 1 Cor 15 23; 1 Tes 2 19; 2 Tes 2 8; Sant 5 7-8; etc.).

◊ **1 10-4 21**: El primer problema abordado por Pablo, entre los varios que le plantean los cristianos de Corinto, es el de la división existente en la comunidad. Resulta que han surgido varios grupos, cada uno de los cuales reconoce como guía a un personaje distinto. Pablo rechaza con fuerza tales planteamientos, pues entre los cristianos no hay más que un guía, un maestro, una única fuente de sabiduría, un único Señor: Jesucristo. Todos los demás son *servidores de Cristo y administradores de los misterios de Dios*

• **1 10-17**: Pablo, que se encuentra en Efeso, es informado por empleados de Cloe, probablemente una acomodada comerciante cristiana de Corintio, de la difícil situación de la comunidad. Los grupos enfrentados de que se habla son con toda probabilidad grupos reales y no sólo una ficción literaria; aunque la mención de un grupo "de Cristo" puede tener una cierta carga de ironía.

15 para que nadie pueda decir que han sido bautizados en mi nombre. 16 ¡Ah, sí!, también bauticé a la familia de Esteban. Fuera de éstos, no recuerdo haber bautizado a ningún otro. 17 Porque Cristo no me ha enviado a bautizar, sino a evangelizar, y esto sin sabios discursos, para que no pierda eficacia la cruz de Cristo.

Cristo crucificado, fuerza y sabiduría de Dios

Is 29 14; 44 25; Mt 11 25; Rom 1 19-21; Mt 12 38-39; Jn 4 48; Hch 17 18-20; 2 Cor 13 4; Col 2 3

18 El mensaje de la cruz, en efecto, es locura para los que se pierden; en cambio para los que están en vías de salvación, para nosotros, es poder de Dios. 19 Como está escrito: *Destruiré la sabiduría de los sabios y haré fracasar la inteligencia de los inteligentes.*

20 ¡A ver! ¿Es que hay alguien que sea sabio, erudito o experto en las cosas de este mundo? ¿No ha convertido Dios en locura la sabiduría del mundo? 21 Sí, y puesto que la sabiduría del mundo no ha sido capaz de reconocer a Dios a través de la sabiduría divina, Dios ha querido salvar a los creyentes por la locura del mensaje que predicamos. 22 Porque mientras los judíos piden milagros y los griegos buscan sabiduría, 23 nosotros predicamos a un Cristo crucificado, que es escándalo para los judíos y locura para los paganos. 24 En cambio para los que han sido llamados, sean judíos o griegos, se trata de un Cristo que es fuerza y sabiduría de Dios. 25 Pues lo que en Dios parece locura, es más sabio que los hombres; y lo que en Dios parece debilidad, es más fuerte que los hombres.

Dios elige lo débil

Mt 11 25; Sant 2 1-5; Jue 7 2; 1 Sm 16 7; Rom 3 27; *Jr 9 23*

26 Y si no, hermanos, tengan en cuenta quiénes han sido llamados, pues no hay entre ustedes muchos sabios según los criterios del mundo, ni muchos poderosos, ni muchos nobles. 27 Al contrario, Dios ha elegido lo que el mundo considera necio para confundir a los sabios; ha elegido lo que el mundo considera débil para confundir a los fuertes; 28 ha elegido lo vil, lo despreciable, lo que no es nada a los ojos del mundo para aniquilar a quienes creen que son algo. 29 De este modo, nadie puede presumir ante Dios. 30 A él deben ustedes su existencia cristiana, ya que Cristo fue hecho para nosotros sabiduría que procede de Dios, justificación, santificación y redención. 31 De esta manera, como está escrito, *el que quiera presumir, que lo haga en el Señor.*

Comportamiento de Pablo en Corinto

2 Cor 11 6; Gal 6 14; Hch 18 1-9

2 1 En lo que a mí toca, hermanos, cuando vine a su ciudad para anunciarles el misterio de Dios, no lo hice a base de elocuencia o de sabiduría. 2 Pues nunca entre ustedes he presumido de conocer otra cosa sino a Jesucristo, y a éste crucificado. 3 Me presenté ante ustedes débil, asustado y temblando de miedo. 4 Mi palabra y mi predicación no consistieron en sabios y persuasivos discursos; fue más bien una demostración del poder del Espíritu, 5 para que fundamenten su fe, no en la sabiduría humana, sino en el poder de Dios.

• **1 18-25**: Aquí Pablo rechaza de plano la eterna tentación del hombre, que ya desde los orígenes (véase Gn 3 1-6) pretende bastarse a sí mismo y prescindir de Dios como fuente de salvación. Para eso se sirve de la particular "teología de la cruz" en la que opone la sabiduría *humana –que Pablo llama "prudencia de la carne"* y que no salva ni lleva a Dios– a la misteriosa sabiduría de la cruz. En esta *locura de la cruz* se hace presente toda la debilidad, la angustia y la profundidad a la que ha llegado el amor de Dios, pero es también sorprendentemente el camino de salvación que Dios ha abierto para el hombre.

• **1 26-2 5**: La comunidad de Corinto y el propio Pablo son el mejor argumento para probar la validez de la teología de la cruz. Nadie puede hacer ostentación de títulos, cualidades, méritos personales o de clase, que se le deban tener en cuenta. Somos y valemos lo que Dios ha querido que seamos y valgamos. Porque no es el mensajero ni su habilidad para proclamar el mensaje lo que realmente cuenta –no fue lo que contó en el caso de Pablo–, sino el contenido del mensaje y el Espíritu como fuerza sobrenatural que proporciona la potencia y la eficacia.

La verdadera sabiduría

Rom 16 25-27; Col 1 26-27; *Is 64 3;* Prov 20 27;
Jn 16 13-14; 1 Jn 2 20; *Is 40 13;* Rom 11 34

6 Sin embargo, también nosotros tenemos una sabiduría para formados en la fe,
aunque no es una sabiduría de este mundo,
ni de los poderes que gobiernan este mundo, condenados a la destrucción. 7 De lo
que hablamos es de una sabiduría divina,
misteriosa, escondida; una sabiduría que
Dios destinó para nuestra gloria antes de
los siglos 8 y que ninguno de los poderosos
de este mundo ha conocido, pues de haberla conocido, no habrían crucificado al Señor de la gloria. 9 A nosotros, en cambio,
como dice la Escritura: *lo que el ojo no vio,*
ni el oído oyó, ni al hombre se le ocurrió
pensar lo que Dios podía tener preparado
para los que lo aman, 10 eso es lo que nos
ha manifestado Dios por medio de su
Espíritu. El Espíritu, en efecto, lo escudriña
todo, incluso las profundidades de Dios.
11 Pues ¿quién conoce lo íntimo del hombre a no ser el mismo espíritu del hombre
que está en él? Del mismo modo, sólo el
Espíritu de Dios conoce las cosas de Dios.
12 En cuanto a nosotros, no hemos recibido
el espíritu del mundo, sino el Espíritu que
viene de Dios, para que conozcamos lo que
Dios gratuitamente nos ha dado.
13 Y de esto hablamos, no con palabras
aprendidas de la sabiduría humana, sino
aprendidas del Espíritu, adaptando lo que
es espiritual a quienes poseen el Espíritu
de Dios. 14 El hombre mundano no capta
las cosas del Espíritu de Dios. Carecen de
sentido para él y no puede entenderlas,
porque sólo a la luz del Espíritu pueden ser
discernidas. 15 Por el contrario, quien
posee el Espíritu lo discierne todo y no está
sujeto al juicio de nadie. 16 Porque, *¿quién*
conoce el pensamiento del Señor para
poder darle lecciones? Nosotros, sin embargo, poseemos el modo de pensar de
Cristo.

Inmadurez de los corintios

Jn 16 12; 1 Cor 1 10-12; Gal 5 19-20

3 1 Por mi parte, hermanos, no pude hablarles como a quienes poseen el Espíritu, sino como a gente inmadura, como a
cristianos en edad infantil. 2 Les di a beber
leche y no alimento sólido, porque aún no
podían asimilarlo. Tampoco ahora pueden,
3 ya que siguen siendo inmaduros. Mientras
haya entre ustedes envidias y discordias,
¿no es señal de inmadurez y de que actúan
con criterios puramente humanos? 4 Pues
cuando uno dice: «Yo soy de Pablo», y otro:
«Yo de Apolo». ¿No están procediendo sólo a lo humano?

Todos somos servidores y colaboradores de Dios

Mt 13 3-9; Ef 2 20-22; Hch 4 11-12; 1 Pe 2 4-6; Is 28 16;
1 Cor 4 5; 2 Tes 1 7-10; Jr 6 29-30; Mal 3 2-3

5 Porque, ¿qué es Apolo y qué es Pablo? Simples servidores por medio de los
cuales ustedes llegaron a la fe, cada uno
según el don que el Señor le concedió.
6 Yo planté y Apolo regó, pero el que hizo
crecer fue Dios. 7 Ahora bien, no cuentan
ni el que planta ni el que riega; Dios, que
hace crecer, es el que cuenta. 8 El que
planta y el que riega forman un todo; cada
uno, sin embargo, recibirá su recompensa

• **2 6-16**: Aunque en el ámbito cristiano se invierten los valores habitualmente estimados como tales por los hombres, el cristianismo no es una religión para necios e ignorantes. El cristiano, en efecto, es depositario de una es-*pecial sabiduría que tiene* sus raíces en Dios y es, por tanto, única, profunda y misteriosa. Además Jesucristo, a quien Pablo presenta como la verdadera sabiduría de Dios, ha hecho suyos al encarnarse todos los auténticos valores humanos (Flp 4 8).

La expresión *el Señor de la gloria,* tiene claras resonancias en el Antiguo Testamento. La gloria es en el Antiguo Testamento un atributo incomunicable de Dios y designa al mismo Dios en cuanto es poder, esplendor, belleza, sabiduría y majestad infinitas (véase Ex 24 16-17; 33 18-23; Is 6 3; 60 1-3; Ez 1 26-28; 11 22-23). Si, pues, Pablo llama a Jesucristo *el Señor de la gloria*, es que le confiere categoría divina.

• **3 1-15**: Junto al protagonismo absoluto de Dios, Pablo habla también de servicio, de colaboración, de tarea constructora por parte del hombre. Y dice que *el fuego pondrá a prueba la obra de cada uno.* El fuego es en la Biblia uno de los símbolos clásicos de la presencia de Dios. Presencia que puede ser liberadora y purificadora, o presencia que juzga y castiga, según los casos. De cualquier manera, una presencia siempre tremendamente seria y eficaz, como la acción del fuego. Algunos han querido ver en este pasaje una posible alusión al purgatorio o estado de purificación en el más allá. Es mucho más probable que se trate del juicio divino, en el que se manifestará con todas sus consecuencias el auténtico valor de cada cosa y de cada acción.

conforme a su trabajo. 9 Nosotros somos
colaboradores de Dios, ustedes campo que
Dios cultiva, casa que Dios edifica.
10 Conforme al don que Dios me ha concedido, yo, como sabio arquitecto, puse los
cimientos; otro levanta el edificio. Pero que
cada cual mire cómo construye. 11 Desde
luego, nadie puede poner un cimiento distinto del que ya está puesto, y este cimiento es Jesucristo. 12 Sin embargo, se puede
construir sobre él con oro, plata y piedras
preciosas, o bien con madera, heno y paja.
13 El día del Señor pondrá de manifiesto la
obra de cada cual, porque ese día vendrá
con fuego, y el fuego pondrá a prueba la
obra de cada uno. 14 Si la obra que alguien
realizó resiste, ese recibirá premio; 15 pero
si se derrumba bajo las llamas, sufrirá daño.
El, sin embargo, se salvará, pero como
quien escapa de un incendio.

Templos de Dios y posesión de Cristo

2 Cor 6 16; Ef 2 20-22; *Job 5 13; Sal 94 11*

16 ¿No saben que son templos de Dios y
que el Espíritu de Dios habita en ustedes?
17 Si alguno destruye el templo de Dios,
Dios lo destruirá a él, porque el templo de
Dios es santo, y ese templo son ustedes.
18 Que nadie se engañe. Si alguno de
ustedes piensa que es sabio según los criterios de este mundo, hágase necio para llegar a ser sabio. 19 Porque la sabiduría del
mundo es necedad a los ojos de Dios. Pues
dice la Escritura: *Dios es quien atrapa a
los sabios en su astucia*. 20 Y en otra parte:
*El Señor conoce los pensamientos de los
sabios y sabe que son vanos*. 21 Por tanto,
que nadie se sienta orgulloso de quienes son
sólo hombres. Porque todo es de ustedes:
22 Pablo, Apolo, Pedro, el mundo, la vida,
la muerte, lo presente y lo futuro; todo es
de ustedes. 23 Pero ustedes son de Cristo, y
Cristo es de Dios.

Ministros de Cristo

Lc 12 42-44; Rom 2 16; 2 Cor 5 10-11;
Sant 4 12; Jn 3 27; Rom 12 6

4 1 Que se nos tenga, por tanto, como
ministros de Cristo y administradores
de los misterios de Dios. 2 Ahora bien, lo
que se exige a los administradores es que
sean fieles. 3 En cuanto a mí, bien poco me
importa el ser juzgado por ustedes o por
cualquier tribunal humano; ni siquiera yo
mismo me juzgo. 4 De nada me remuerde
la conciencia, aunque no por esto me considero inocente, porque quien me juzga es
el Señor. 5 Así, pues, no juzguen antes de
tiempo. Dejen que venga el Señor. El iluminará lo que se esconde en la oscuridad y
pondrá de manifiesto las intenciones del
corazón. Entonces cada uno recibirá de
Dios la alabanza que merezca.
6 Hermanos, en atención a ustedes, me
he puesto como ejemplo, junto con Apolo,
para que aprendan en nosotros aquello de
«no ir más allá de lo que está escrito», y
para que nadie tome partido en favor de
unos y en contra de otros. 7 Pues ¿quién te
hace superior a los demás? ¿Qué tienes
que no hayas recibido? Y si lo has recibido, ¿por qué te enorgulleces como si no lo
hubieras recibido?

El ministerio apostólico

2 Cor 4 8-12; 11 23-27; Gal 4 19; Flp 3 17; 1 Tes 1 6-7

8 ¡Así que ya están satisfechos, ya son
ricos y han llegado a ser reyes sin contar
con nosotros! ¡Ojalá lo fueran de verdad,
para que también nosotros reináramos con
ustedes! 9 Pues, al parecer, a nosotros los
apóstoles, Dios nos ha destinado al último
lugar, como condenados a muerte; nos ha
convertido en espectáculo para el mundo,
tanto para los ángeles como para los hom-

• **3 16-23**: El valor y la dignidad de una persona deben medirse sobre todo por su condición de *templo de Dios* y *morada del Espíritu*. En el mundo antiguo se respetaba sobremanera la santidad de un templo y se castigaba con rigor su profanación. Así deben respetarse también los cristianos entre sí, valorando su propia condición y no las cualidades que cada uno posee. De este modo evitarán el peligro de divinizar a los que solo son hombres, olvidando que todos están sometidos a Cristo y en él a Dios.

• **4 1-7**: Es ridículo y peligroso enfrentar a un apóstol contra otro, porque en ellos todo es puro don, puro regalo de Dios. Las críticas y las autocríticas humanas pueden ser válidas, convenientes y hasta necesarias, pero siempre son relativas. El juicio último y definitivo sobre cosas y personas corresponde únicamente a Dios.

• **4 8-21**: Combina aquí Pablo ironía, amonestación cariñosa y súplica paternal. Todo eso es necesario para que los corintios recapaciten y recuperen la unidad perdida. Los corintios se han mostrado orgullosos y autosuficientes. Se han hecho acreedores de la ironía y la severidad de Pablo. Pero el verdadero apóstol debe saber conjugar exigencia y amor, severidad y condescendencia.

bres. 10 Así que nosotros somos unos necios por Cristo, y ustedes sabios en Cristo; nosotros débiles, ustedes fuertes; ustedes alabados, nosotros despreciados.
11 Hasta el presente no hemos padecido
más que hambre, sed, desnudez y malos
tratos; andamos de un lado a otro 12 y nos
fatigamos trabajando con nuestras propias
manos. Nos insultan y nosotros bendecimos; nos persiguen y lo soportamos; 13 nos
calumnian y respondemos con bondad. Nos
hemos convertido en la basura del mundo,
hemos llegado a ser el deshecho de todos
hasta ahora.

14 No les escribo esto con la intención
de avergonzarlos, sólo quiero amonestarlos
como a hijos míos muy queridos. 15 Porque, aunque tuvieran diez mil maestros en
la vida cristiana, padres no tienen muchos;
he sido yo quien los engendré a la vida
cristiana por medio del evangelio. 16 Les
pido, por tanto, que traten de imitarme.
17 Por eso les he enviado a Timoteo, mi hijo querido y fiel en el Señor. El les recordará el modo de conducirse como cristianos, cosa que voy enseñando por todas
partes y en todas las iglesias.

18 Algunos se han envalentonado, pensando que no iré a visitarlos. 19 Pero sí iré,
y pronto, si el Señor lo quiere. Veré entonces si los hechos de esos valientes son tantos como su palabrería. 20 Porque el reino
de Dios no consiste en palabras, sino en
hechos. 21 ¿Qué prefieren? ¿Que los visite
con vara en la mano, o con amor y espíritu
de mansedumbre?

2. Desórdenes en la comunidad ◊

Un caso grave de impureza

Lv 18 7-8; Dt 23 1; Mt 18 18-20; 1 Tim 1 20; Gal 5 9; Ex 12 3-21; Dt 16 3; Is 53 7; 1 Pe 1 19; 2 Cor 6 14-17; Tit 3 10; 2 Jn 10; *Dt 13 6; 17 7*

5 1 Es de conocimiento público que entre
ustedes hay un caso de lujuria de tal
gravedad, que ni siquiera entre los no cristianos suele darse, pues uno de ustedes
vive con su madrastra como si fuera su
mujer. 2 Y ustedes andan tan orgullosos,
cuando deberían lamentarse y excluir de
entre ustedes al que ha cometido tal acción.
3 Pues yo, por mi parte, aunque estoy corporalmente ausente, me siento presente en
espíritu, y, como tal, he juzgado ya al que
así se comporta. 4 Reunido en espíritu con
ustedes, en nombre y con el poder de nuestro Señor Jesucristo, 5 he decidido entregar
ese individuo a Satanás, para ver si, destruida su condición pecadora él se salva el
día en que el Señor se manifieste.

6 El asunto no es como para presumir.
¿No saben que un poco de levadura hace
fermentar toda la masa? 7 Supriman la levadura vieja para que sean masa nueva,
como panes pascuales que son, pues Cristo,
que es nuestro cordero pascual, ha sido ya
inmolado. 8 Así que celebremos fiesta,
pero no con levadura vieja, la de la maldad
y la perversidad, sino con los panes pascuales de la sinceridad y la verdad.

9 Cuando les escribí en mi carta que no
se mezclaran con los lujuriosos, 10 no me

◊ **5 1-6 20**: No todo fue luz en las primeras comunidades cristianas. También hubo sombras. Y en la comunidad de Corinto, tal vez más que en otras comunidades. A oídos de Pablo han llegado noticias de graves desórdenes *de impureza y de falta de solidaridad*. La reacción de Pablo es fulminante: esos tales *no tendrán parte en el reino de Dios* (1 Cor 6 9-10). Pablo no es un puritano sin entrañas; comprende, disculpa y perdona cuando entiende que debe hacerlo; pero está convencido, y así lo proclama con determinación, de que la vida cristiana es algo que debe tomarse en serio, porque *somos miembros de Cristo y el Espíritu Santo de Dios habita en nosotros* (1 Cor 6 15.19-20).

• **5 1-13**: En este pasaje se insinúa ya con bastante claridad que el pecado de un cristiano y la reconciliación del pecador es cosa de toda la Iglesia. Los pecados de los miembros de la comunidad no son simple asunto privado entre el pecador y Dios.

En cuanto a la comparación paulina de la levadura, téngase en cuenta que, según la prescripción de Ex 12 15-20, la fiesta judía de la pascua debía celebrarse únicamente con pan ácimo, es decir, sin levadura. Se debía, pues, retirar y destruir todo resto de vieja levadura. Con su muerte y resurrección, Cristo ha inaugurado una pascua nueva y eterna; el cristiano que lo es de veras, vive ya en una pascua permanente y debe por tanto eliminar todo rastro de vieja levadura, que en este pasaje es símbolo de cualquier tipo de maldad. Pero advirtamos que el aspecto negativo de la comparación no radica tanto en el sustantivo *levadura,* que en los evangelios es símbolo del dinamismo interior del reino (Mt 13 33; Lc 13 20-21), cuanto en el adjetivo *vieja*, con el que se alude al influjo corruptor del mal.

refería a todos los lujuriosos de este mundo, ni a todos los avaros, ladrones e idólatras, pues en tal caso tendrían que salir de este mundo. [11] Lo que pretendí decirles es que no se relacionaran con nadie que, siendo hermano en la fe, fuera lujurioso, avaro, idólatra, ultrajador, borracho o ladrón; con un hombre así ¡ni sentarse a la mesa! [12] ¿Acaso me corresponde juzgar a los que no pertenecen a la Iglesia? ¿No les toca más bien juzgar a quienes sí forman parte de ella? [13] A los de fuera, Dios los juzgará. *Aparten, pues, al malvado de entre ustedes.*

Conflictos entre hermanos

Dn 7 22-26; Ap 3 21; Mt 5 39; Rom 12 17-19; Ef 2 1-6; Tit 3 3-7

6 [1] Cuando alguno de ustedes tiene un conflicto con otro hermano, ¿cómo se atreve a llevar el asunto a un tribunal no cristiano, en lugar de resolverlo entre creyentes? [2] ¿Acaso no saben que son los creyentes quienes juzgarán al mundo? Y si el mundo será juzgado por ustedes, ¿no van a ser competentes para juzgar causas más pequeñas? [3] ¿No saben que juzgaremos a los ángeles? ¡Pues con mayor razón los asuntos de esta vida! [4] Y sin embargo, cuando recurren a los tribunales para las cosas de esta vida, eligen como jueces a quienes nada tienen que ver con la Iglesia. [5] Lo digo para su vergüenza. ¿Es que no hay entre ustedes algún experto capaz de servir de juez entre sus hermanos? [6] ¡Entablan pleitos hermano contra hermano, y lo hacen ante jueces no cristianos! [7] Es bastante triste que estén en pleiteo unos con otros. ¿No sería preferible sufrir la injusticia y soportar un perjuicio? [8] ¡Pero no! Son ustedes los que cometen injusticia y causan perjuicio a los propios hermanos. [9] ¿O es que no saben que los malvados no tendrán parte en el reino de Dios? No se engañen: ni los lujuriosos, ni los idólatras, ni los adúlteros, ni los afeminados, ni los homosexuales, [10] ni los ladrones, ni los avaros, ni los borrachos, ni los difamadores, ni los estafadores tendrán parte en el reino de Dios. [11] Y esto es lo que eran algunos de ustedes; pero han sido purificados, consagrados y justificados en nombre de Jesucristo, el Señor, y en el Espíritu de nuestro Dios.

Miembros de Cristo y templos del Espíritu

Rom 8 11; 12 5; 1 Cor 15 15-20; *Gn 2 24;* 2 Cor 6 16; 1 Pe 1 18-19

[12] «Todo me está permitido», dicen algunos. Sí, pero no todo es conveniente. Y aunque todo me esté permitido, no me dejaré dominar por nada. [13] Dicen también: «Los alimentos son para el estómago y el estómago para los alimentos»; sin embargo, Dios hará perecer ambas cosas. En cuanto al cuerpo, no es para la lujuria, sino para el Señor, y el Señor para el cuerpo. [14] Dios, por su parte, que resucitó al Señor, también nos resucitará a nosotros con su poder.

[15] ¿No saben que sus cuerpos son miembros de Cristo? ¿Y haré de los miembros de Cristo miembros de una prostituta? ¡De ninguna manera! [16] Saben de sobra que quien se une a una prostituta se hace un solo cuerpo con ella, pues, como dice la Escritura, *serán los dos uno solo.* [17] En cambio, el que se une al Señor se hace un

• **6 1-11**: Este pasaje no se debe sacar de su contexto histórico concreto. La traducción literal de *a un tribunal no cristiano* debería ser: *a un tribunal de injustos.* Pablo, de acuerdo con un sentido bíblico profundo, entiende el término *injusto* como sinónimo de quien no ha recibido la salvación mediante la fe. En esta misma línea, y según lo dicho en nota a Rom 1 1-7 nosotros traducimos por *creyentes* el vocablo griego que habitualmente suele traducirse por *santos.* Pablo distingue entre creyentes y no creyentes, y se escandaliza de que los creyentes litiguen entre sí y tengan que acudir a un tribunal no cristiano. Las causas entre creyentes deben resolverse en el seno de la comunidad y según los criterios del evangelio (1 Cor 1 7).

• **6 12-20**: En este pasaje se encuentran los elementos básicos de la visión cristiana del hombre. Estómago y comida están destinados a desaparecer. Pero *el cuerpo* compendia la dignidad y las posibilidades personales del hombre, y por lo mismo no será destruido. Al contrario, será objeto de especial predilección por parte del Señor, que lo resucitará glorioso e incorruptible. Este pasaje nos ilumina también sobre una correcta valoración de la sexualidad y sobre la bondad radical del cuerpo humano. La sexualidad es, en efecto, una importante y positiva dimensión de ese cuerpo que *es para el Señor* y en el que también se realiza el hombre como persona. No es, pues, una cosa de la que pueda usarse y abusarse según el propio capricho. Es encuentro, relación, intercambio, entrega personal mutua y no simple acción egoísta e instrumentalizadora del otro.

En 1 Cor 6 20 algunos manuscritos, aunque no los mejores ni más antiguos, añaden: *y con su espíritu, pues ambos son de Dios.*

solo espíritu con él. 18 Eviten la lujuria.
Cualquier otro pecado cometido por el hombre queda fuera del cuerpo, pero el lujurioso peca contra su propio cuerpo. 19 ¿O es
que no saben que su cuerpo es templo del
Espíritu Santo que han recibido de Dios y
que habita en ustedes? Ya no se pertenecen
a ustedes mismos, 20 porque han sido comprados ¡y a qué precio!; den, pues, gloria a
Dios con su cuerpo.

3. Problemas concretos ◊

Sobre el matrimonio y la virginidad

Mt 5 32; 19 9-12; Mc 10 2-12; Lc 16 18; 1 Tim 5 14

7 1 En cuanto a lo que me preguntaban
por escrito, está bien que el hombre renuncie al matrimonio. 2 Sin embargo, para
evitar la lujuria, que cada hombre tenga su
esposa, y cada mujer su marido. 3 Que el
marido cumpla su deber conyugal con su
esposa, e igualmente la mujer con su marido. 4 La mujer no es ya dueña de su cuerpo, sino el marido; como tampoco el marido es dueño de su cuerpo, sino la mujer.
5 No se priven el uno al otro de la vida conyugal, a no ser de común acuerdo y sólo
por cierto tiempo, para dedicarse a la oración, y vuelvan de nuevo a estar juntos, no
sea que Satanás los arrastre al pecado al no
poder contenerse. 6 Les digo esto como concesión, no como mandato. 7 Me agradaría
que todos los hombres siguieran mi ejemplo; pero cada uno tiene de Dios su propio
don: unos de una manera, otros de otra.

8 A los solteros y a las viudas les digo
que es bueno que permanezcan como yo.
9 Pero si no pueden guardar continencia,
que se casen. Es mejor casarse que consu-
mirse de pasión.

10 No soy yo sino el Señor quien ordena
a los casados que la mujer no se separe del
marido. 11 En caso de separación, que no
se vuelva a casar o que se reconcilie con su
marido. Y que tampoco el marido se divorcie de su mujer. 12 A los demás les digo
yo, no el Señor, que si un cristiano está
casado con una mujer no creyente y ella
acepta vivir con él, no se divorcie de ella.
13 Y si una mujer cristiana tiene un marido
no creyente y él acepta vivir con ella, no se
divorcie de él. 14 Pues el marido no creyente queda consagrado a Dios por la mujer, y
la mujer no creyente por el marido cristiano. De este modo, sus hijos pertenecerán a
Dios, mientras que de otra forma no pertenecerían. 15 Pero si el no creyente quiere
separarse, que se separe; en tal caso, el esposo cristiano o la esposa cristiana quedan
libres, pues el Señor los ha llamado a vivir
en paz. 16 Porque ¿sabes tú, mujer, si salvarás a tu marido? O ¿sabes tú, marido, si
salvarás a tu mujer?

No cambiar de estado de vida sin motivo

Rom 2 25-29; Gal 5 6; 1 Cor 6 20; 1 Pe 1 18-19

17 Fuera de esto, que cada uno siga viviendo según el don recibido del Señor y
en la situación en que se encontraba cuando Dios lo llamó a la fe. Es la norma que

◊ **7 1-11** 1: En esta sección Pablo se hace eco de dos problemas que se planteaba la comunidad de Corinto, a saber: cuál debe ser la actitud del cristiano ante la alternativa virginidad o matrimonio, y cómo debe comportarse un cristiano cuando es invitado a un banquete pagano en el que se sirvan carnes sacrificadas a los falsos dioses. Lo más admirable con respecto a Pablo en estos casos no son sus respuestas concretas, sino observar cómo esas respuestas se elevan por encima de las trivialidades cotidianas y nos enfrentan con los grandes principios cristianos del servicio a Dios y a los hermanos (1 Cor 7 32-35), de la obligación de buscar la santidad en cualquier circunstancia en que la vida nos haya colocado (1 Cor 7 19), del deber de no poner en ocasión de pecado ni a los demás ni a uno mismo (1 Cor 8 11-13; 10 14-22) y de la primacía del amor por encima de cualquier otro valor, incluso por encima de la sabiduría o la libertad (1 Cor 8 1; 9 19-22).

• **7 1-16**: El centro de gravedad de todo este pasaje se encuentra en el hecho de que, para Pablo, lo verdaderamente importante es que cada uno se mantenga fiel al Señor, sea cual sea el estado social o familiar en que se encuentre. Tanto el matrimonio como el celibato por el reino de los cielos son considerados por Pablo como dones de Dios. Sin embargo, el celibato por el reino de los cielos tiene un valor especial, por cuanto anticipa ya la vida de resucitados y permite un servicio más eficaz a Dios y a los hermanos. La argumentación de Pablo es válida en cualquier caso, pero se comprende mejor el énfasis que pone en sus palabras si tenemos en cuenta el contexto escatológico en que las sitúa: los cristianos están ya viviendo *los últimos días* (véase nota a 1 Cor 1 1-9) y es preciso relativizar las realidades temporales transitorias y pasajeras, entre las que figuraba el matrimonio.

• **7 17-24**: Lo que aquí aconseja san Pablo, indica claramente que el apóstol no es un revolucionario en lo que respecta a temas familiares o sociales, como no lo había sido Jesucristo. El cristianismo no es una religión de locos fanáticos. La revolución cristiana es ante todo una revolución interior que, por otra parte, no tiene que ser identificada con una revolución espiritualista, abstracta e ineficaz. Allí, en aquella concreta sociedad, fue preciso frenar en algunos aspectos la dinámica de la fe para no presen-

doy a todas las iglesias. 18 ¿Alguno fue llamado estando circuncidado? Que no pretenda ocultarlo. ¿Alguno fue llamado sin
estarlo? Que no se circuncide. 19 Da lo
mismo estar circuncidado o no estarlo; lo
que importa es la observancia de los preceptos de Dios. 20 Permanezca cada cual
en el estado en que estaba al ser llamado a
la fe. 21 ¿Eras esclavo cuando fuiste llamado? No te preocupes. E incluso, aunque
pudieras hacerte libre, harías bien en aprovechar tu condición de esclavo. 22 Porque
la llamada del Señor convierte en libre al
esclavo, y de modo semejante, al que era
libre, lo convierte en esclavo de Cristo.
23 Han sido comprados a buen precio; no
se hagan esclavos de hombres. 24 Que cada
cual, hermanos, continúe ante Dios en el
estado que tenía al ser llamado a la fe.

El caso de los solteros y las viudas

Rom 13 11; 1 Jn 2 17; Rom 7 2-3

25 Acerca de las personas solteras, no
tengo ningún mandato del Señor. Doy, sin
embargo, mi consejo como quien, por la
misericordia del Señor, es digno de confianza. 26 Sigo creyendo, en efecto, que,
debido al momento excepcional que vivimos, es bueno que el hombre permanezca
como está. 27 ¿Estás casado? No busques
separarte. ¿Eres soltero? No busques mujer.
28 Aunque si te casas, no pecas; y tampoco
peca la virgen si se casa. Quisiera, sin embargo, evitarles las dificultades que éstos
sufrirán en la vida.

29 Les digo, pues, hermanos, que el tiempo se termina. En lo que falta, los que tienen mujer vivan como si no la tuvieran;
30 los que lloran, como si no lloraran; los
que se alegran, como si no se alegraran;
los que compran, como si no poseyeran;
31 los que disfrutan del mundo, como si no
disfrutaran. Porque la apariencia de este
mundo pasa.

32 Quiero que estén libres de preocupaciones. Y mientras el soltero está en situación de preocuparse de las cosas del Señor
y de cómo agradar a Dios, 33 el casado debe preocuparse de las cosas del mundo y
de cómo agradar a su esposa, 34 y por tanto
está dividido. Igualmente, la mujer sin marido y la muchacha virgen están en situación de preocuparse de las cosas del Señor,
consagrándose a él en cuerpo y alma. La
que está casada, en cambio, se preocupa de
las cosas del mundo y de cómo agradar a
su marido. 35 Les digo esto no para tender-
les una trampa, sino para su provecho teniendo en cuenta lo que es noble y facilita
la dedicación plena al Señor. 36 Sin embargo, si alguno considera que no se porta bien
con su hija virgen, pues ya ha pasado la
flor de la edad y conviene casarla, haga lo
que quiera; que se casen; ningún pecado
hay en eso. 37 Pero el que está firmemente
decidido en su corazón y, sin ser forzado y
con libertad para hacer su voluntad, ha resuelto en su interior no casar a su hija virgen, hará bien. 38 Así, pues, el que da a su
hija virgen en matrimonio, hace bien, y el
que no la da, hará todavía mejor.

39 La esposa, mientras vive su marido,
permanece ligada a él; pero si el marido
muere, queda libre para casarse con quien
quiera, siempre que se trate de un matrimonio cristiano. 40 Con todo, será más feliz,
según mi consejo, si permanece como está,
que también yo considero estar asistido
por el Espíritu de Dios.

tarla como algo antisocial; pero ahora hay que darle libertad e impulso para que la fe y el cristianismo no se queden al margen de la historia.

• **7 25-40**: Aunque sin absolutizar nada, Pablo valora muy positivamente aquel estado de vida que, atendidas todas las circunstancias, parece dejar un mayor espacio al amor y la adhesión a Cristo.

En 1 Cor 7 36-38 se plantea un difícil problema de interpretación. El sentido general del párrafo es claro y está *en línea con el mensaje de todo el* capítulo: el matrimonio es bueno, pero es mejor la virginidad por el reino de los cielos. La dificultad está en determinar quiénes son los protagonistas concretos del pasaje: ¿se trata de un padre y su hija soltera en edad de casarse, sobre cuyo matrimonio el padre debe tomar una decisión? Esta es la opinión que podemos llamar tradicional, que tiene poderosas razones a su favor y que se recoge en nuestra traducción. Pero tiene también en contra serias dificultades, y por eso algunos exegetas modernos creen más bien que los protagonistas son dos jóvenes novios, de los que el muchacho sobre todo, duda entre contraer matrimonio o permanecer célibe por el reino. En esta hipótesis, la traducción debería ser: 36 *Sin embargo, si alguno considera poco noble dejar plantada a su novia, ya que ha pasado la flor de la edad, y se decide por tanto a corresponderle, haga lo que mejor le parezca; ningún pecado hay en que se casen.* 37 *Pero el que firmemente decidido en su corazón, sin ser forzado y con libertad para hacer su voluntad, ha resuelto no casarse con su novia, hará bien.* 38 *Así, pues, el que se casa con su novia, hace bien, y el que no se casa, hará todavía mejor.*

Sobre las carnes sacrificadas a los ídolos

Hch 15 20.29; 1 Cor 10 23-31; Ex 20 2-3; Dt 4 35.39;
Mal 2 10; Ef 4 5-6; Col 1 16-17; Jn 1 3; Heb 1 3;
Rom 14 1-2.13-23; Col 2 21-22; Heb 13 9

8 1 Respecto de las carnes sacrificadas a
los ídolos, todos tenemos el conocimiento apropiado. Pero el conocimiento
llena de soberbia; sólo el amor es realmente provechoso. 2 Si alguno cree que conoce
algo, es que aún no ha llegado a conocer
como debe; 3 ahora bien, si alguno ama a
Dios es porque ha sido conocido amorosamente por Dios. 4 En cuanto a comer carnes sacrificadas a los ídolos, sabemos que
el ídolo no es nada en el mundo y que no
hay más que un Dios. 5 Existen, en verdad,
quienes reciben el nombre de dioses, tanto
en el cielo como en la tierra –y ciertamente
son muchos esos dioses y señores–; 6 sin
embargo, para nosotros no hay más que un
Dios: el Padre de quien proceden todas las
cosas y para quien nosotros existimos; y un
Señor, Jesucristo, por quien han sido creadas todas las cosas y por quien también
nosotros existimos.

7 Pero no todos tienen este conocimiento. Algunos, por estar acostumbrados hasta
ahora a la idolatría, comen carne sacrificada a los ídolos, y su conciencia, que está
poco formada, se siente culpable. 8 No será,
por supuesto, un alimento lo que nos haga
gratos a Dios; y no seremos mejores por
no comer, ni peores por comer. 9 Procuren,
sin embargo, que esa libertad de ustedes
no sea ocasión de caída para los poco formados. 10 Pues si alguien te ve a ti, que tienes el debido conocimiento, tomando parte
en el banquete de un templo dedicado a los
ídolos, ¿no se verá inducida su conciencia,
por estar poco formada, a comer carnes
sacrificadas a los ídolos? 11 Y así, porque
tú te las das de sabio, puede perderse el de
conciencia poco formada, ese hermano por
quien Cristo murió. 12 Por eso, pecando
contra los hermanos e hiriendo a su conciencia poco formada, pecan contra Cristo.
13 Por tanto, si por tomar un determinado
alimento pongo a mi hermano en ocasión
de pecar, jamás tomaré ese alimento, para
no ponerlo en peligro de pecar.

Renunciar a los propios derechos

Gal 1 11-17; 1 Cor 15 8; Hch 22 17-18; *Dt 25 4;*
1 Tim 5 18; Nm 18 8-29; Mt 10 9-10; Lc 10 7-8;
Gal 6 6; Hch 20 33-35

9 1 ¿No soy yo libre? ¿No soy apóstol?
¿Es que no he visto yo a Jesús, nuestro
Señor? ¿No son ustedes obra mía en el Señor? 2 Si para otros no soy apóstol, por lo
menos para ustedes sí lo soy, pues su condición de cristianos es la garantía de mi
apostolado. 3 Esta es mi defensa contra los
que me critican.

4 ¿Acaso no tenemos derecho a comer y
a beber? 5 ¿No tenemos derecho a ser asistidos por una mujer cristiana como hacen
los demás apóstoles, los hermanos del Señor y Pedro? 6 ¿O es que Bernabé y yo somos los únicos que debemos hacer otros
trabajos? 7 ¿Cuándo se ha visto que un soldado corra con los gastos de la guerra?
¿Quién planta una parra y no come de su
fruto? ¿Quién cuida de un rebaño y no se
alimenta de su leche? 8 ¿Les parece que
me baso en criterios humanos y que la ley
no dice eso? 9 Pues en la ley de Moisés
está escrito: *No pondrás bozal al buey que
trilla*. ¿Lo dice Dios porque le preocupen
los bueyes, 10 o más bien refiriéndose a
nosotros? Sin duda que está escrito para
nosotros, porque tanto el que ara como el
que trilla deben hacerlo con la esperanza
de participar en los frutos. 11 Si en ustedes
hemos sembrado bienes espirituales, ¿será

• **8 1-13**: El problema planteado, a primera vista intrascendente, tenía entonces gran importancia práctica. La clave de interpretación puede estar en entender correctamente la antítesis que parece establecer Pablo entre conocimiento y amor. Está bien que haya –incluso son necesarios– hombres clarividentes, libres y valerosos. Pero la comunidad cristiana necesita antes que nada hombres capaces de amar por encima de todo, por encima del conocimiento y hasta de la libertad. No siempre es conveniente imponer innovaciones a cualquier precio, sobre todo al precio del amor.

• **9 1-18**: San Pablo desciende ahora a ejemplos y consideraciones concretas en relación con lo dicho en el capítulo anterior. En primer lugar está el ejemplo de su propia vida. Así, entre los derechos del apóstol, a los que Pablo ha renunciado libremente, pero que exige con energía para quienes anuncian el evangelio, está el de *ser asistido por una mujer cristiana.* Según no pocos exegetas, el apóstol habla aquí de una esposa cristiana. Según otros, se trataría de cristianas que actuaban como auxiliares en las tareas, sobre todo materiales, de la proclamación del evangelio. La cuestión está sin decidir.

mucho que recojamos bienes materiales?
12 Si otros tienen derecho a participar de
los bienes de ustedes, con mayor razón nosotros.

Y sin embargo, no hemos usado de este
derecho; al contrario, lo soportamos todo
para no poner ningún obstáculo al evangelio de Cristo. 13 ¿No saben que los que ejercen funciones sagradas viven de ese ministerio, y que los que sirven al altar participan de lo que se ofrece en el altar? 14 De la
misma manera, el Señor ha ordenado que
los que anuncian el evangelio, vivan del
evangelio. 15 Pero yo no he hecho uso de
esos derechos, ni les escribo estas líneas
para reclamarlos. Prefiero morir antes que...
No, nadie va a privarme de este motivo de
gloria. 16 Porque anunciar el evangelio no
es para mí un motivo de gloria; es una obligación que tengo, ¡y pobre de mí si no
anunciara el evangelio! 17 Merecería recompensa si hiciera esto por propia iniciativa,
pero si cumplo con una misión que otro
me ha confiado 18 ¿dónde está mi recompensa? Está en que, anunciando el evangelio, lo hago gratuitamente, no haciendo valer mis derechos por la evangelización.

Al servicio de todos

Mt 20 26-28; Hch 21 20-26

19 Siendo como soy plenamente libre,
me he hecho esclavo de todos, para ganar a
todos los que pueda. 20 Me he hecho judío
con los judíos, para ganar a los judíos; con
los que viven bajo la ley de Moisés, yo,
que no estoy bajo esa ley, vivo como si lo
estuviera, a ver si así los gano. 21 Con los
que están sin ley, yo, que no vivo al margen de la ley de Dios pues mi ley es Cristo,
vivo como si estuviera sin ley, a ver si también a éstos los gano. 22 Me he hecho débil
con los débiles, para ganar a los débiles.
He tratado de adaptarme lo más posible a
todos, para salvar como sea a algunos. 23 Y
todo esto lo hago por el evangelio, del cual
espero participar.

El ejemplo de los atletas

Flp 2 16; 3 14; 2 Tim 2 5; Sant 1 12;
1 Pe 5 4; Ap 2 10; 3 11

24 ¿No saben que, en las carreras del
estadio, todos corren, pero solamente uno
consigue el premio? Corran de tal manera
que lo logren. 25 Los atletas se abstienen
de todo con el fin de obtener una corona
corruptible, mientras que nosotros aspira-
mos a una incorruptible. 26 Yo, pues, corro, pero no sin rumbo; lucho, no como
quien da golpes al aire, 27 sino que disci-
plino mi cuerpo y lo domino, no sea que,
después de enseñar a los demás, quede yo
descalificado.

Ejemplo de la historia israelita

Ex 13 21-22; 14 22-29; 16 4-35; 17 5-6; *32 6;*
Nm 11 4-34; 14 2.16-32; 17 6-15; 21 5-6; 25 1-9;
Sal 78 24-31; 106; Heb 3 7-19

10 1 No quiero que ignoren, hermanos,
que todos nuestros antepasados estuvieron bajo la nube, todos atravesaron el
mar, 2 y al caminar bajo la nube y al atravesar el mar, todos fueron bautizados como
seguidores de Moisés. 3 Todos comieron el
mismo alimento espiritual 4 y todos bebieron la misma bebida espiritual; bebían, en
efecto, de la roca espiritual que los acompañaba, roca que representaba a Cristo.
5 Sin embargo, la mayor parte de ellos no
agradó a Dios y por eso fueron aniquilados
en el desierto.

• **9 19-27**: El anuncio del evangelio es lo único absoluto para Pablo. Todo lo demás es relativo. Pero al mismo tiempo espera participar en la salvación prometida por el evangelio. Y es la suya una esperanza activa y prudente. La imagen de los deportistas, que luchan por conquistar una corona de laurel y ser aclamados por sus conciudadanos, está muy en su punto en cuanto dirigida a los cristianos de Corinto, ciudad en la que cada dos primaveras se celebraban los "juegos ístmicos", casi tan célebres como los que cada cuatro años se celebraban en Olimpia.

• **10 1-13**: Pablo establece aquí una comparación entre los acontecimientos y personas de los tiempos del éxodo y la situación de los cristianos. El que entonces todos cruzaran el mar Rojo y todos se alimentaran providencialmente de una misma comida y bebida, no les bastó para llegar a la tierra prometida. El que ahora todos los cristianos hayan recibido el mismo Bautismo y participado de la misma Eucaristía, puede que tampoco sea suficiente para obtener la salvación. No bastan los ritos; se requiere agradar a Dios.

En 1 Cor 10 4 Pablo alude probablemente a una tradición rabínica según la cual la roca de que se habla en Nm 20 8 acompañaba a los israelitas en sus desplazamientos por el desierto. Más tarde se llegó a identificar esta roca con el mismo Dios (véase Ex 17 6; Sal 18 3.32.47).

6 Todas estas cosas sucedieron para que nos sirvieran de ejemplo y para que no ambicionemos lo malo, como lo ambicionaron ellos, 7 ni nos hagamos idólatras, como algunos de ellos, según dice la Escritura: *El pueblo se sentó a comer y a beber, y se levantó luego a divertirse.* 8 Para que no nos entreguemos a la lujuria, como se entregaron algunos de ellos y, en un solo día, perecieron veintitrés mil; 9 para que no provoquemos al Señor, como hicieron algunos de ellos y murieron mordidos por serpientes; 10 para que no se quejen, como algunos de ellos se quejaron y perecieron a manos del exterminador.

11 Estas cosas les sucedieron a manera de ejemplo y se han escrito para que sirvieran de lección a los que hemos llegado al final de los tiempos. 12 Así pues, quien se sienta seguro, tenga cuidado de no caer. 13 Ninguna prueba han tenido que sobrepase lo soportable, y pueden confiar en que Dios no permitirá que sean puestos a prueba por encima de sus fuerzas; al contrario, con la prueba, recibirán fuerzas suficientes para superarla.

Rechazo de la idolatría

Mc 14 22-24; Hch 2 42.46; Rom 12 5; Dt 32 16-21; Sal 106 37; 2 Cor 6 15-16

14 Por lo cual, hermanos míos queridos, eviten la idolatría. 15 Les hablo como a personas prudentes capaces de valorar lo que les digo. 16 El cáliz de bendición que bendecimos, ¿no es acaso participación de la sangre de Cristo? Y el pan que partimos, ¿no es acaso participación del cuerpo de Cristo? 17 Pues si el pan es uno solo y todos compartimos ese único pan, todos formamos un solo cuerpo.

18 Ahí tienen el ejemplo del pueblo israelita: los que comen las víctimas sacrificadas, ¿no quedan vinculados al altar? 19 Con esto no pretendo decirles que la carne sacrificada a los ídolos tenga algún valor especial o que los ídolos sean algo. 20 Lo que quiero decirles es que los paganos sacrifican esas víctimas a los demonios y no a Dios, y yo no quiero que ustedes queden vinculados con los demonios. 21 No pueden beber el cáliz del Señor y el de los demonios; no pueden participar de la mesa del Señor y de la mesa de los demonios. 22 ¿Acaso queremos provocar la ira del Señor? ¿Somos más fuertes que él?

Buscar el provecho del prójimo

Rom 15 2; 1 Cor 6 12; Flp 2 4; *Sal 24 1; 50 12;* 1 Cor 8 7; Rom 14 13

23 «¡Todo está permitido!», dicen algunos. Sí, pero no todo es conveniente. Y aunque «todo esté permitido», no todo aprovecha a los demás. 24 Que nadie busque su propio interés, sino el del prójimo. 25 Coman de todo lo que se vende en el mercado sin plantearse problemas de conciencia, 26 pues *del Señor es la tierra y todo lo que hay en ella.* 27 Si los invita un no cristiano y aceptan la invitación, coman todo lo que les ofrezca sin ningún problema de conciencia. 28 Pero si alguien les advierte: «Esto es carne sacrificada a los ídolos», no lo coman en atención a quien les advirtió y por motivos de conciencia. 29 Y no hablo de la propia conciencia, sino de la del otro. Y ¿por qué –preguntarás– va a quedar coartada mi libertad por la conciencia del otro? 30 Si participo en el banquete dando gracias a Dios, ¿por qué voy a ser criticado por aquello mismo por lo que doy gracias?

31 En cualquier caso, ya coman, ya beban o hagan cualquier otra cosa, háganlo todo para gloria de Dios. 32 Y no sean ocasión de pecado ni para judíos ni para paganos, ni para la Iglesia de Dios; 33 hagan como yo, que procuro complacer a todos

• **10** **14-22**: Es éste probablemente el testimonio más antiguo del Nuevo Testamento sobre uno de los misterios centrales de la Iglesia: la Eucaristía. En el capítulo siguiente abordará Pablo el tema de forma más detallada. Aquí se limita a subrayar el papel de la Eucaristía como vínculo de unión de los creyentes con Cristo y de todos los cristianos entre sí.

La expresión de 1 Cor 10 18 *Vinculados al altar* es, sin duda, una expresión sintética en lugar de *vinculados a Dios, a quien está consagrado el altar sobre el que se ofrecen las víctimas.* Puede existir aquí un recuerdo del ritual judío que evitaba en lo posible pronunciar el santísimo nombre de Dios.

• **10** **23-11** **1**: Nuevo rechazo de una interpretación individualista de la libertad cristiana. La libertad, para que lo sea de veras, debe estar impregnada y guiada por el amor fraterno. El propio Pablo vivió su libertad cristiana bajo el signo de la solidaridad y la disponibilidad, y no dudó en invitar repetidamente a sus fieles a que lo imitaran procediendo de la misma manera.

en todo, no buscando mi conveniencia, sino la de los demás, para que se salven.

11 1 Traten de imitarme como yo imito a Cristo.

4. Las asambleas litúrgicas ◊

El velo de las mujeres

1 Cor 3 23; Ef 5 23; Gn 1 26-27; 2 18-23; 5 1; 9 6; Sab 2 23; Sant 3 9

2 Los felicito, porque se acuerdan siempre de mí y conservan las tradiciones tal cual se las he transmitido. 3 Quiero, sin embargo, que sepan que la cabeza de todo varón es Cristo, como la cabeza de la mujer es el varón, y la cabeza de Cristo es Dios. 4 Todo varón que ora o habla de parte de Dios con la cabeza cubierta, deshonra a Cristo, que es su cabeza. 5 Y toda mujer que ora o habla de parte de Dios con la cabeza descubierta, deshonra al marido, que es su cabeza, exactamente lo mismo que si se hubiera rapado la cabeza. 6 Por tanto, si una mujer no se cubre la cabeza, que se corte el pelo. Pero si se considera vergonzoso para una mujer cortarse el pelo o raparse, que se cubra la cabeza.

7 El varón no debe cubrirse la cabeza, porque es imagen y reflejo de la gloria de Dios. Pero la mujer es gloria del varón, 8 pues no procede el varón de la mujer, sino la mujer del varón; 9 ni fue creado el varón por causa de la mujer, sino la mujer por causa del varón. 10 Por eso, y por respeto a los ángeles, debe llevar la mujer sobre su cabeza una señal de dependencia. 11 Por lo demás, entre cristianos, ni la mujer sin el varón, ni el varón sin la mujer. 12 Porque si la mujer fue formada del varón, el varón a su vez existe mediante la mujer, y todo procede de Dios.

13 Juzgan ustedes mismos: ¿Les parece bien que la mujer ore a Dios con la cabeza descubierta? 14 ¿No les enseña la misma naturaleza que es una deshonra para el varón llevar el pelo largo, 15 mientras que para la mujer es una honra llevarlo así? La cabellera, en efecto, le ha sido dada a la mujer como velo. 16 Si, a pesar de todo, alguno tiene ganas de discutir, nosotros no tenemos tal costumbre, y tampoco las iglesias cristianas.

La celebración de la cena eucarística

1 Cor 1 10-12; Sant 2 5-6; Mc 14 22-24; Mt 26 26-28; Lc 22 19-20; Heb 10 29; 12 5-6

17 Siguiendo, entonces, con las advertencias, no puedo alabar el que sus reuniones les perjudiquen en lugar de aprovecharles. 18 En primer lugar, me he enterado de que, cuando se reúnen en asamblea, hay diversos grupos entre ustedes. Y en parte lo creo, 19 pues hasta es conveniente que haya diversos grupos entre ustedes, para que salgan a la luz los auténticos cristianos.

20 El caso es que, cuando se reúnen en asamblea, no es para comer la cena del Señor, 21 porque cada cual empieza comiendo su propia cena, y así resulta que, mientras uno pasa hambre, otro se emborracha. 22 Pero, ¿es que no pueden comer y beber en sus propias casas? ¿En tan poca estima

◊ **11 2-14 39**: La reunión en asamblea fraternal para celebrar la cena del Señor y para profundizar en el conocimiento del mensaje evangélico era un momento clave para las primeras comunidades cristianas. En Corinto, tales asambleas fueron perdiendo espíritu evangélico: ostentación de las mujeres, prepotencia de los más ricos, afán de protagonismo, etc. Era necesario recuperar el genuino sentido cristiano de tales reuniones. Para eso, Pablo ofrece a los corintios una espléndida catequesis sobre la Eucaristía (1 Cor 11 23-29), sobre el recto uso de los carismas (1 Cor 12 1-30; 14 1-39), y de manera especial sobre el supremo carisma (1 Cor 12 31), que es el amor cristiano (1 Cor 13 1-13).

• **11 2-16**: Es muy probable que Pablo fuera consciente de la importancia más bien relativa que tenía este asunto del velo. Pero juzga muy necesario, en aquel momento concreto de la convivencia social, mantener la costumbre del velo de las mujeres en las reuniones litúrgicas, para no dar la impresión de que el cristianismo favorecía el laxismo y el libertinaje. El argumento principal aducido por Pablo y basado en la dependencia de la mujer respecto al hombre (dependencia de la que el velo es un signo), irrita a no pocos defensores de la igualdad de los derechos de la mujer y les parece insoportable. Pero hay que leer a Pablo dentro de su contexto socio-cultural, teniendo también en cuenta su formación exegética en las escuelas rabínicas; y hay que valorar debidamente la frase de 1 Cor 11 11 dentro de este conflictivo texto. Pablo no desea en modo alguno discutir a las mujeres su igualdad radical con el hombre en el Señor. Lo que le interesa es preservarlas de la tentación de conquistar una pretendida igualdad de tareas y funciones con el hombre a costa de perder su propia dignidad.

En todo este pasaje Pablo juega con el doble significado del término *cabeza*, que tanto en griego como en castellano significa *cabeza* en cuanto miembro del cuerpo y *cabeza* en sentido de jefe.

tienen a la Iglesia de Dios, que no les importa avergonzar a los que no tienen nada?
¿Qué voy a decirles? ¿Esperan que los feli-
cite? ¡Pues no es para felicitarlos!
23 Por lo que a mí toca, del Señor recibí
la tradición que les he transmitido, a saber,
que Jesús, el Señor, la noche en que iba a
ser entregado, tomó pan 24 y, después de dar
gracias, lo partió y dijo: «Esto es mi cuerpo
entregado por ustedes; hagan esto en memoria mía». 25 Igualmente, después de cenar, tomó el cáliz y dijo: «Este cáliz es la
nueva alianza sellada con mi sangre; cuantas veces beban de él, háganlo en memoria
mía». 26 Así pues, siempre que coman de
este pan y beban de este cáliz, anuncian la
muerte del Señor hasta que él venga. 27 Por
eso, quien coma el pan o beba el cáliz del
Señor indignamente, peca contra el cuerpo
y la sangre del Señor. 28 Examínese, pues,
cada uno a sí mismo antes de comer el pan
y beber el cáliz, 29 porque quien come y
bebe sin discernir el cuerpo, come y bebe
su propio castigo. 30 Por eso hay entre ustedes muchos enfermos y débiles, y son bastantes los que mueren por esta razón. 31 Si
nos hiciéramos la debida autocrítica, no seríamos condenados. 32 De cualquier manera,
el Señor nos corrige al castigarnos, para que
no seamos condenados junto con el mundo.
33 Por tanto, hermanos míos, cuando se
reúnen para comer la cena del Señor, espé-
rense unos a otros. 34 Si alguno tiene hambre, que coma en su casa, a fin de que sus
reuniones no sean censurables. Las demás
cosas las solucionaré cuando vaya.

Los dones del Espíritu

Mc 9 39; 1 Jn 4 1-3; Rom 12 3-8;
Ef 4 4-7.11-12; 1 Cor 2 6-8

12 1 En cuanto a los dones del Espíritu,
no quiero, hermanos, que sigan en la
ignorancia. 2 Como saben, cuando no eran
cristianos, se dejaban arrastrar ciegamente
hacia los ídolos mudos. 3 Por eso quiero
que sepan, que nadie que hable movido por
el Espíritu de Dios puede decir: «Maldito
sea Jesús». Como tampoco nadie puede
decir: «Jesús es Señor», si no está movido
por el Espíritu Santo.
4 Hay diversidad de carismas, pero el
Espíritu es el mismo. 5 Hay diversidad de
servicios, pero el Señor es el mismo. 6 Hay
diversidad de actividades, pero uno mismo
es el Dios que activa todas las cosas en
todos. 7 A cada cual se le concede la manifestación del Espíritu para el bien de todos.
8 Porque a uno Dios, a través del Espíritu,
le concede hablar con sabiduría, mientras
que a otro, gracias al mismo Espíritu, le da
un profundo conocimiento. 9 Por el mismo
Espíritu Dios concede a uno el don de la fe,
a otro el carisma de curar enfermedades,
10 a otro el poder de realizar milagros, a otro
el hablar de parte de Dios, a otro el distinguir entre espíritus falsos y verdaderos, a
otro el hablar un lenguaje misterioso y a

• **11 17-34**: En las asambleas de Corinto se estaba quebrantando gravemente la fraternidad cristiana. En efecto, los más poderosos y desocupados estaban humillando con su comportamiento a los más pobres y atareados, lo que iba contra el sentido más genuino y profundo de la celebración eucarística. Pablo aprovecha para recordar la tradición que él ha recibido sobre la institución de la Eucaristía y para poner de manifiesto sus exigencias.

Ya los profetas del Antiguo Testamento recordaron con frecuencia y con energía que el culto, para que sea auténtico, *tiene que acercarnos* a los hermanos. Jesús también lo hizo (Mt 5 23-24; Mc 7 9-13). Pablo profundiza en el tema y proclama abiertamente que la mesa eucarística tiene que ser vivida por los creyentes en toda su radicalidad de don y de entrega, según el ejemplo del Señor. Pero también en toda su radicalidad de exigencia y de servicio a la comunidad, valorando como conviene *el cuerpo del Señor,* que no es sólo el Señor eucarísticamente presente, sino el Cristo total, la comunidad cristiana, la Iglesia.

• **12 1-31**: Los carismas o dones especiales del Espíritu concedidos por Dios al pueblo cristiano debieron ser muy abundantes en la comunidad de Corinto. Pero pronto quienes tenían esos carismas crearon problemas, al juzgarse un tanto desligados de la Iglesia-institución y con facultad para moverse a sus anchas, libres de toda norma, en el seno de la comunidad. Pablo debe intervenir y establece los siguientes principios: 1) Los carismas son signos de vitalidad y dinamismo dentro del pueblo cristiano: son, pues, de suyo algo bueno. 2) El auténtico carisma debe acrecentar la unidad y no crear discordia. 3) La norma suprema para el recto uso de los carismas es el bien de la comunidad. 4) El apostolado es enumerado como el primero de los carismas, dando a entender que el ejercicio de la autoridad eclesial es también de orden carismático, y que a esa autoridad está encomendada la vigilancia del recto uso de los carismas.

El carisma que denominamos *hablar de parte de Dios,* literalmente traducido debería ser *profetizar.* Pero es sabido que en la Biblia el término profeta y derivados no designa principalmente al que predice el futuro, sino a quien se constituye en portavoz de Dios. En cuanto al carisma de *hablar un lenguaje misterioso* (conocido como *glosolalia* o hablar lenguas), no consiste en hablar varios idiomas, sino en emitir sonidos armoniosos, pero que no se entienden, todo ello en situación de éxtasis.

otro, en fin, el don de interpretar ese lenguaje. 11 Todo esto lo hace el mismo y único Espíritu, que reparte a cada uno sus dones como él quiere.

Diversidad de miembros, pero un solo cuerpo

Rom 12 4-8; Gal 3 28; 1 Cor 10 17; Ef 4 11-12; 5 30

12 Del mismo modo que el cuerpo es uno y tiene muchos miembros, y todos los miembros del cuerpo, por muchos que sean, no forman más que un solo cuerpo, así también Cristo. 13 Porque todos nosotros, judíos o no judíos, esclavos o libres, hemos recibido un mismo Espíritu en el bautismo, a fin de formar un solo cuerpo; y también todos participamos del mismo Espíritu. 14 Por lo demás, el cuerpo no está compuesto de un solo miembro, sino de muchos. 15 Si el pie dijera: «Como no soy mano, no soy del cuerpo», ¿dejaría por esto de pertenecer al cuerpo? 16 Y si el oído dijera: «Como no soy ojo, no soy del cuerpo», ¿dejaría por esto de pertenecer al cuerpo? 17 Si todo el cuerpo fuera ojo, ¿cómo podría oír? Y si todo fuera oído, ¿cómo podría oler? 18 Con razón Dios puso cada uno de los miembros en el cuerpo como le pareció conveniente. 19 Pues si todo se redujera a un miembro, ¿dónde quedaría el cuerpo? 20 Por eso, aunque hay muchos miembros, el cuerpo es uno. 21 Y el ojo no puede decir a la mano: «No te necesito»; ni la cabeza puede decir a los pies: «No los necesito». 22 Al contrario, los miembros del cuerpo que consideramos más débiles son los más necesarios, 23 y a los que consideramos menos nobles, los rodeamos de especial cuidado. También tratamos con mayor decoro a los que consideramos más indecorosos, 24 mientras otros miembros que son presentables no lo necesitan. Dios mismo distribuyó el cuerpo dando mayor honor a lo que era menos noble, 25 para que no haya divisiones en el cuerpo, sino que todos los miembros se preocupen los unos de los otros. 26 Si un miembro sufre, todos los miembros sufren con él. Si un miembro recibe honores, todos los miembros comparten su alegría.

27 Ahora bien, ustedes forman el cuerpo de Cristo y cada uno es un miembro de ese cuerpo. 28 Y Dios ha asignado a cada uno un lugar en la Iglesia: primero están los apóstoles, después los que hablan de parte de Dios, a continuación los encargados de enseñar, luego viene el poder de hacer milagros, el don de curar enfermedades, de asistir a los necesitados, de dirigir la comunidad, de hablar un lenguaje misterioso. 29 ¿Son todos apóstoles? ¿Hablan todos de parte de Dios? ¿Enseñan todos? ¿Tienen todos el poder de hacer milagros, 30 o el don de curar enfermedades? ¿Hablan todos un lenguaje misterioso, o pueden todos interpretar ese lenguaje?

31 En todo caso, anhelen los carismas más valiosos. Y todavía les voy a mostrar un camino más excelente.

El amor cristiano

Mt 17 20; Mc 11 23; Sant 2 14-17; Prov 10 12; Rom 12 9-10; 13 8-10; 1 Pe 4 8; 2 Cor 5 7; Rom 5 1-5; Col 1 4-5; 1 Tes 1 3; 5 8; 1 Jn 4 16

13 1 Aunque hablara las lenguas de los hombres y de los ángeles, si no tengo amor, soy como campana que suena o platillo que retumba. 2 Y aunque tuviera el don de hablar de parte de Dios y conociera todos los misterios y toda la ciencia; y aunque mi fe fuera tan grande como para trasladar montañas, si no tengo amor, nada soy. 3 Y aunque repartiera todos mis bienes a los pobres y entregara mi cuerpo a las llamas, si no tengo amor, de nada me sirve.

• **13** 1-13: Esta hermosa página paulina ha recibido, entre otros, el apelativo de Cantar de los Cantares de la nueva alianza. Su mensaje es ciertamente eterno, pero no está desvinculado del contexto inmediato, ya que cada línea, cada afirmación está orientada a iluminar a los corintios sobre el tema de los carismas. Todo el mensaje se despliega en tres magníficas estrofas cuyo contenido fundamental es el siguiente: 1ª) Sin amor hasta las mejores cosas se reducen a la nada (1 Cor 13 1-3). 2ª) El amor es el manantial de todos los bienes (1 Cor 13 4-7). 3ª) El amor es ya desde aquí y ahora lo que será eternamente (1 Cor 13 8-13). El amor del que aquí habla san Pablo no es el amor pagano con su carga de instintos carnales y de intereses materiales. Es el amor cristiano que se dirige conjuntamente a Dios y al hombre, nuestro hermano, y que ha sido derramado por el Espíritu en nuestros corazones (Rom 5 5); es, en fin, un amor sin límites como el que nos ha mostrado Jesús al entregarse por nosotros.

4 El amor es paciente y bondadoso;
no tiene envidia
ni orgullo ni arrogancia.
5 No es grosero ni egoísta,
no se irrita ni es rencoroso;
6 no se alegra de la injusticia,
sino que encuentra
su alegría en la verdad.
7 Todo lo disculpa, todo lo cree,
todo lo espera, todo lo soporta.

8 El amor nunca pasará. Terminará el
don de hablar de parte de Dios, cesará el
don de expresarse en un lenguaje misterioso, y desaparecerá también el don del conocimiento profundo. 9 Porque ahora conocemos de modo imperfecto, lo mismo
que es imperfecta nuestra capacidad de hablar de parte de Dios; 10 pero cuando venga
lo perfecto, desaparecerá lo imperfecto.
11 Cuando yo era niño, hablaba como niño,
razonaba como niño; al hacerme hombre,
he dejado las cosas de niño. 12 Ahora vemos
por medio de un espejo y oscuramente; pero un día veremos cara a cara. Ahora conozco imperfectamente, pero un día conoceré
como Dios mismo me conoce.
13 Ahora permanecen estas tres cosas: la
fe, la esperanza, el amor, pero la más excelente de todas es el amor.

Los carismas deben ser útiles a la comunidad

1 Cor 11 4-5; 12 10; 13 2; 1 Tes 5 20; Ef 4 14; 5 19; *Is 28 11-12;* Dt 28 49; Is 45 14; Zac 8 23

14 1 Busquen, pues, el amor. En cuanto a
los demás dones, anhelen sobre todo
el de hablar de parte de Dios. 2 Porque
aquel que posee el don de expresarse en un
lenguaje misterioso no habla a los hombres, sino a Dios, pues movido por el Espíritu, dice cosas misteriosas que nadie entiende. 3 Sin embargo, el que habla de parte
de Dios, habla a los hombres, los beneficia
espiritualmente, los anima y los consuela.
4 El que se expresa en un lenguaje misterioso, se beneficia a sí mismo; en cambio,
el que habla de parte de Dios, contribuye
al bien de la Iglesia. 5 Desearía que todos
ustedes tuvieran el don de expresarse en ese
lenguaje misterioso, pero prefiero que tengan el de hablar de parte de Dios, pues es
más útil el que comunica mensajes de
parte de Dios, que quien habla un lenguaje
misterioso, a no ser que también interprete
ese lenguaje para el bien de la Iglesia.
6 Supongan, por ejemplo, hermanos que
yo fuera a verlos y les hablara en ese lenguaje misterioso, ¿de qué les aprovecharía
si mi palabra no les proporcionara alguna
revelación, algún conocimiento, algún mensaje de parte de Dios o alguna enseñanza?
7 Sucede lo mismo con los instrumentos
musicales, la flauta o la cítara, por ejemplo.
Si no dan los sonidos con claridad, ¿cómo
se conocerá la melodía que se toca con la
flauta o con la cítara? 8 Y si la trompeta da
un toque poco claro, ¿quién se preparará
para el combate? 9 Así también ustedes, si
hablan un lenguaje misterioso y no pronuncian palabras que se entiendan, ¿cómo se
comprenderá lo que dicen? ¡Estarían hablando a las paredes!
10 Con tanta diversidad de idiomas como hay en el mundo, sin embargo todos
tienen sentido. 11 Pero si yo desconozco el
significado de las palabras, seré un extraño
para el que me habla, y él lo será para mí.
12 Así pues, ya que tanto anhelan los dones
espirituales, procuren que el abundar en
ellos sea para el bien de la Iglesia.
13 Por tanto, el que tenga el don de hablar un lenguaje misterioso, pida a Dios el
don de interpretarlo. 14 Porque si oro en
ese lenguaje misterioso, mi espíritu está en
oración, pero mi mente se queda sin fruto.
15 ¿Qué haré, pues? Oraré movido por el
Espíritu, pero tratando de entender lo que
digo; cantaré movido por el Espíritu, pero
tratando entender lo que canto. 16 Y es que
si tú alabas a Dios movido sólo por el Es-

• **14 1-25**: De nuevo Pablo, al hablar de la actividad carismática, relativiza los carismas más apreciados por los corintios, en particular el de *hablar un lenguaje misterioso* (véase nota a 1 Cor 12 1-31). Es evidente la actitud fuertemente crítica del apóstol respecto a la concepción individualista de los carismas y con la concepción puramente misteriosa y celeste de la religión cristiana. Hay que salvar al hombre en su terreno, que no es precisamente el de lo excepcional y milagroso, sino el de lo sencillo y lo cotidiano. Por eso la clave de todos los carismas se encuentra en el amor, a cuyo servicio deben estar todos ellos.

píritu, ¿cómo responderá «amén» a tu acción de gracias el que está iniciándose en la fe, si no entiende lo que dices? 17 Tu acción de gracias habrá sido, sin duda, estupenda, pero el otro no se habrá beneficiado. 18 Yo doy gracias a Dios porque hablo ese lenguaje misterioso más y mejor que todos ustedes, 19 pero en la asamblea prefiero hablar cinco palabras comprensibles para instruir a los demás, a diez mil en un lenguaje que no se entiende.

20 Hermanos, no actúen como niños en su manera de juzgar; tengan la inocencia del niño en lo que se refiere al mal, pero sean adultos en sus criterios. 21 Está escrito en la ley: *Hablaré a este pueblo en lenguas extrañas y por boca de extranjeros, y ni aun así me escucharán,* dice el Señor.

22 Por eso, el don de expresarse en un lenguaje misterioso tiene carácter de signo, no para los creyentes, sino para los que no creen. En cambio, el don de hablar de parte de Dios no es para los que no creen, sino para los creyentes. 23 Por tanto, si reunida toda la asamblea, entra uno que está iniciándose en la fe o uno que no cree y todos están hablando en ese lenguaje misterioso, ¿no dirán que están locos? 24 Pero si todos están hablando de parte de Dios y entra ese que está iniciándose en la fe o ese que no cree, entre todos le harán recapacitar y reconocer sus pecados, 25 quedando al descubierto los secretos de su corazón. Caerá entonces de rodillas, adorará a Dios y proclamará que Dios está verdaderamente entre ustedes.

Normas prácticas para el buen orden en la asamblea

1 Cor 12 8-11; Ef 4 11-13; 1 Tim 2 12

26 ¿Cómo, pues, hermanos, se debe proceder? Si cuando se reúnen, uno canta, otro enseña, otro comunica una revelación, otro habla un lenguaje misterioso, otro, en fin, interpreta ese lenguaje, que todo sea para el bien de la Iglesia.

27 Si se habla en un lenguaje misterioso, que no hablen más de dos, o a lo sumo tres y por turno, y que uno lo interprete. 28 Si no hay intérprete, que se guarde silencio en la asamblea y que cada uno hable consigo mismo y con Dios. 29 En cuanto a los que hablan de parte de Dios, que hablen dos o tres, y que los demás den su parecer. 30 Pero si uno de los que están sentados recibe una revelación, calle el que estaba hablando. 31 Pues todos, uno por uno, pueden comunicar mensajes de parte de Dios, a fin de que todos aprendan y todos sean exhortados. 32 Por lo demás, el don de comunicar esos mensajes de parte de Dios debe estar controlado por otros que posean ese mismo don, 33 porque Dios no es Dios de discordia, sino de paz.

Como en las demás comunidades cristianas, 34 que las mujeres guarden silencio en las asambleas; no les está, pues, permitido hablar, sino que deben mostrarse respetuosas, como manda la ley. 35 Y si quieren aprender algo, que pregunten en casa a sus maridos, pues no está bien que la mujer hable en la asamblea.

36 ¿Creen acaso que la palabra de Dios procede de ustedes o que sólo a ustedes ha llegado? 37 Si alguno presume de comunicar mensajes de parte de Dios o de ser un hombre espiritual, reconozca que lo que les escribo es mandato del Señor. 38 Y si no lo acepta, tampoco él será aceptado.

39 En una palabra, hermanos míos, anhelen el don de hablar en nombre de Dios, pero sin impedir que alguien pueda expresarse también en un lenguaje misterioso. 40 En cualquier caso, que todo se haga con orden y decoro.

• **14 26-40**: Pablo desea una participación amplia en las asambleas cristianas. Pero para evitar que dichas asambleas deriven en puro desorden y confusión, son necesarias unas mínimas reglas de juego. En cuanto a la prohibición de que las mujeres intervengan en la asamblea cristiana, algunos autores consideran este pasaje como un añadido posterior. En todo caso, comparando este pasaje con 1 Cor 11 5, lo que aquí desaprobaría Pablo sería, no la participación carismática de las mujeres en las reuniones litúrgicas, sino el hablar incontrolado y perturbador de las mismas.

5. *La resurrección de los muertos* ◊

Jesucristo ha resucitado

Is 53 8-9; Os 6 2; Sal 16 10; Lc 24 34-36.50; Jn 20 19;
Hch 2 24-32; 8 3; 9 1-13; 26 9-11; 2 Cor 11 5.23; Ef 3 8

15 1 Les recuerdo, hermanos, el evangelio que les anuncié, que recibieron y
en el que han perseverado. 2 Es el evangelio que los está salvando, si lo conservan tal
y como lo anuncié; de no ser así habrían
creído en vano. 3 Porque yo les transmití,
en primer lugar, lo que a mi vez recibí: que
Cristo murió por nuestros pecados según
las Escrituras, 4 y que fue sepultado; que
resucitó al tercer día según las Escrituras,
5 y que se apareció a Pedro y luego a los
Doce. 6 Después se apareció a más de quinientos hermanos a la vez, de los que la
mayor parte viven todavía, aunque algunos
ya han muerto. 7 Luego se apareció a Santiago, y más tarde a todos los apóstoles. 8 Y
después de todos se me apareció a mí, como si se tratara de un hijo nacido fuera de
tiempo. 9 Yo, que soy el menor de los apóstoles, indigno de llamarme apóstol por haber perseguido a la Iglesia de Dios. 10 Pero
por la gracia de Dios soy lo que soy, y la
gracia de Dios no ha sido estéril en mí. Al
contrario, he trabajado más que todos los
demás; bueno, no yo, sino la gracia de Dios
conmigo. 11 En cualquier caso, tanto ellos,
como yo, esto es lo que anunciamos y esto
es lo que ustedes han creído.

También nosotros resucitaremos

Hch 1 22; 4 33; 5 32; Rom 4 24-25; 5 12-21; Col 1 18;
1 Tes 4 16; Dn 2 44; *Sal 8 7;* Dn 12 2; *Is 22 13*

12 Ahora bien, si se anuncia que Cristo
ha resucitado de entre los muertos, ¿por
qué algunos de ustedes andan diciendo que
no hay resurrección de los muertos? 13 Si
no hay resurrección de los muertos, tampoco Cristo ha resucitado; 14 y si Cristo no ha
resucitado, tanto mi anuncio como la fe de
ustedes no tienen sentido. 15 Resulta incluso que seríamos falsos testigos de Dios,
porque estaríamos dando falso testimonio
contra él al afirmar que resucitó a Jesucristo, siendo así que, si los muertos no resucitan, tampoco a él lo resucitó. 16 Porque si
los muertos no resucitan, tampoco Cristo
ha resucitado. 17 Y si Cristo no ha resucitado, la fe de ustedes no tiene sentido y siguen aún sumidos en sus pecados. 18 Y por
supuesto también habrían perecido los que
han muerto unidos a Cristo. 19 Si nuestra
esperanza en Cristo no va más allá de esta
vida, somos los más miserables de todos
los hombres.

20 Pero no Cristo ha resucitado de entre
los muertos, como primer fruto de quienes
duermen el sueño de la muerte. 21 Porque
lo mismo que por un hombre vino la muerte, también por un hombre ha venido la
resurrección de los muertos. 22 Y como por
su unión con Adán todos los hombres mueren, así también por su unión con Cristo,

◊ **15 1-58**: En la primera sección de la carta (1 Cor 1 10-4 21), Pablo proclama, como la gran novedad de su predicación, que la sabiduría eterna y salvadora de Dios se ha encarnado en Jesucristo crucificado. Pero esto, que era verdad, no era toda la verdad. La sabiduría eterna y salvadora de Dios se ha hecho presente en un Cristo crucificado, *pero que ha resucitado* y ahora arrastra tras de sí a toda la humanidad solidaria con él. Pablo dedica la última parte de la carta a este tema central de su predicación. Partiendo de la verdad incuestionable de la resurrección personal de Cristo (1 Cor 15 1-11), concluye como algo absolutamente necesario que también nosotros resucitaremos (1 Cor 15 12-34), que lo haremos con un cuerpo espiritual, incorruptible e inmortal (1 Cor 15 35-54), y que esta resurrección afectará, por lo menos, a todos los que *el día de su gloriosa manifestación pertenezcan a Cristo.*

• **15 1-11**: La gran noticia de la resurrección de Cristo ha sido formulada con palabras precisas por la tradición, y Pablo quiere mantenerse absolutamente fiel a esa tradición. Estamos, por tanto, ante una profesión de fe con la que quiere, sin duda, poner de relieve que en un tema tan importante como éste, su testimonio personal concuerda con la tradición apostólica. No está Pablo inventando; está transmitiendo lo recibido con absoluta fidelidad. Por lo demás, los apóstoles –incluido Pablo– han vivido la experiencia, no del hecho mismo ni del momento de la resurrección de Jesús, sino más bien la experiencia de un Jesús que sigue vivo después de la muerte. Al hablar de la resurrección de Jesús, es preciso distinguir entre hecho real y hecho histórico. La resurrección de Cristo es un hecho real, pero al mismo tiempo es un hecho sobrenatural que desborda la historia humana para entrar en la órbita de la fe. Se trata de un hecho que podríamos llamar "metahistórico".

• **15 12-34**: No es posible desvincular la resurrección de Cristo de la resurrección de los cristianos. Y si hay razones poderosas en favor de una, las hay también en favor de la otra.

todos retornarán a la vida. 23 Pero cada uno
según su rango: como primer fruto, Cristo;
luego, el día de su gloriosa manifestación,
los que pertenezcan a Cristo. 24 Después
tendrá lugar el final, cuando, destruido todo
dominio, toda potestad y todo poder, Cristo
entregue el reino a Dios Padre. 25 Pues es
necesario que Cristo reine hasta que Dios
ponga a todos sus enemigos bajo sus pies.
26 El último enemigo en destruir será la
muerte, 27 porque *él ha puesto todas las
cosas bajo sus pies*. Se sobreentiende que,
cuando la Escritura dice que *todo le ha sido
sometido*, queda excluido Dios, que es
quien sometió todas las cosas a Cristo. 28 Y
cuando le estén sometidas todas las cosas,
entonces el mismo Hijo se someterá también al que le sometió todo, para que Dios
sea todo en todas las cosas.

29 Hay algunos que se hacen bautizar
por los que han muerto. ¿Qué sentido tendría ese bautismo, si es cierto que los muertos no resucitan? 30 Y nosotros mismos ¿por
qué nos exponemos a peligros en todo momento? 31 Les aseguro, hermanos, porque
estoy orgulloso de ustedes en Cristo Jesús,
Señor nuestro, que estoy al borde de la
muerte cada día. 32 Si sólo por motivos humanos hubiera luchado en Éfeso contra las
fieras, ¿qué provecho tendría? Si los muertos no resucitan, *comamos y bebamos, que
mañana moriremos*. 33 No se dejen engañar; la malas compañías corrompen las buenas costumbres. 34 Recuperen el buen juicio y no sigan pecando, pues lo que algunos tienen es ignorancia de Dios. Les digo
esto para su vergüenza.

Naturaleza de los cuerpos resucitados

Jn 6 63; 12 24; 2 Cor 3 6; Flp 3 20-21; *Gn 2 7*

35 Alguno preguntará: ¿cómo resucitarán los muertos? ¿Con qué cuerpo volverán a la vida? 36 ¡Necio! Lo que tú siembras no tendrá vida si antes no muere. 37 Y
lo que siembras no es la planta tal como va
a ser, sino un simple grano de trigo, por
ejemplo, o de alguna otra semilla. 38 Y
Dios proporciona a cada semilla el cuerpo
que le parece conveniente, a cada semilla
el cuerpo que le corresponde. 39 No todos
los cuerpos son iguales: uno es el cuerpo
de los hombres, otro el de los ganados, otro
el de las aves y otro el de los peces. 40 Hay
cuerpos celestes y cuerpos terrestres; pero
uno es el resplandor de los cuerpos celestes y otro el de los terrestres. 41 Uno es el
resplandor del sol, otro el de la luna y otro
el de las estrellas; y una estrella difiere,
incluso, de otra en resplandor. 42 Así sucederá también con la resurrección de los
muertos. Se siembra algo corruptible, resucita incorruptible; 43 se siembra algo despreciable, resucita glorioso; se siembra algo
débil, resucita pleno de vigor; 44 se siembra un cuerpo animal, resucita un cuerpo
espiritual. Pues si hay un cuerpo animal,
hay también un cuerpo espiritual, 45 como
dice la Escritura: *Adán, el primer hombre,
fue creado como un ser con vida*. El nuevo
Adán, en cambio, es espíritu que da vida.
46 Y no apareció primero lo espiritual, sino
lo animal, y después lo espiritual. 47 El primer hombre procede de la tierra y es terrestre; el segundo procede del cielo. 48 El
terrestre es modelo de los terrestres; el
celestial, de los celestiales. 49 Y así como
llevamos la imagen del terrestre, llevaremos también la imagen del celestial. 50 Les
digo con esto, hermanos, que la carne y la
sangre no pueden poseer el reino de Dios,
ni lo que es corruptible heredará lo incorruptible.

51 Escuchen, voy a confiarles un miste-

Se ignora la naturaleza exacta y la finalidad concreta de la práctica a la que se alude en 1 Cor 15 29. Parece que algunos cristianos se hacían bautizar por segunda vez con la intención de aplicar los efectos salvíficos de este segundo bautismo en favor de un pariente o amigo fallecido sin el bautismo.

En cuanto al hecho que puede estar en el transfondo de *1 Cor 15 32-33, ni Pablo podía ser condenado* a combatir con fieras en un anfiteatro, ya que era ciudadano romano, ni cuando enumera sus trabajos y sufrimientos por el evangelio (véase 2 Cor 11 21-27) alude a este hecho. Parece, pues, probable que se trate de una expresión metafórica. En 1 Cor 15 33 cita Pablo al poeta griego Menandro.

• **15** 35-53: En esta pasaje habla Pablo del modo de la resurrección. Parece pensar únicamente en los justos, sin plantearse de momento el tema de los malvados. La afirmación básica es que los muertos serán objeto de una profundísima transformación para llegar al estado de resucitados, aunque la naturaleza íntima de esta transformación es desconocida para el mismo Pablo, que se limita a delinearla por medio de imágenes. En realidad Pablo nos pone en guardia acerca de una idea demasiado simplista en relación con los cuerpos resucitados, tanto de Jesús como de los demás hombres, y por eso insiste en que los cuerpos resucitados pertenecen a otro universo.

rio: no todos moriremos, pero todos seremos transformados. 52 En un instante, en
un abrir y cerrar de ojos, al son de la última trompeta –pues tocará la trompeta–, los
muertos resucitarán incorruptibles y nosotros seremos transformados. 53 Porque es
necesario que este ser corruptible se revista de incorruptibilidad y que este ser mortal se revista de inmortalidad.

Acción de gracias por la victoria final

Is 25 8; Os 13 14; Jn 16 33; Ap 14 13

54 Y cuando este ser corruptible se vista
de incorruptibilidad y este ser mortal se
vista de inmortalidad, entonces se cumplirá lo que dice la Escritura: *La muerte ha
sido vencida.* 55 *¿Dónde está, muerte, tu
victoria? ¿Dónde está, muerte, tu aguijón?*
56 El aguijón de la muerte es el pecado, y
la ley ha servido para dar fuerza al pecado.
57 Pero nosotros damos gracias a Dios
que nos da la victoria por medio de nuestro Señor Jesucristo. 58 Por tanto, hermanos míos queridos, manténganse firmes e
inconmovibles; trabajen sin descanso en la
obra del Señor, sabiendo que el Señor no
dejará sin recompensa su fatiga.

CONCLUSION +

Colecta en favor de la iglesia de Jerusalén

Hch 11 29; Rom 15 26; 2 Cor 8-9; Gal 2 10

16 1 Con relación a la colecta en favor
de los creyentes de Judea, hagan ustedes también lo que ordené a las iglesias de
Galacia. 2 Que los domingos aporte cada
uno lo que haya podido ahorrar, y no esperen que yo llegue para hacer las colectas.
3 Una vez que esté ahí, daré las correspondientes cartas de recomendación a los que
hayan elegido y los enviaré a Jerusalén
para que lleven el obsequio de ustedes. 4 Y
si es conveniente que vaya también yo, irán
conmigo.

Planes de viaje

Hch 19 1.8-10; 2 Cor 2 12

5 Los visitaré después de pasar por Macedonia, pues el viaje lo haré por Macedonia. 6 Con ustedes tal vez me quede un
tiempo, e incluso pase ahí el invierno, para
que me ayuden a continuar el viaje a donde
tenga que ir. 7 Esta vez no quiero visitarlos
sólo de paso, sino que espero estar con
ustedes algún tiempo, si el Señor lo permite. 8 Sin embargo, me quedaré en Efeso
hasta pentecostés, 9 pues tengo a la vista
una magnífica y prometedora ocasión de
anunciar el mensaje, aunque son muchos
los que ponen dificultades.

Diversos consejos

Hch 16 1-3; 18 24-28; 1 Tim 4 12; Flp 2 29-30;
1 Tes 5 12-13; 1 Tim 5 17

10 Si llega Timoteo, procuren que se
sienta a gusto entre ustedes, pues trabaja en
la obra del Señor, lo mismo que yo. 11 Que
nadie lo menosprecie; prepárenle más bien
el viaje para que venga a visitarme, pues lo
estoy esperando junto con los hermanos.
12 En cuanto al hermano Apolo, le he
recomendado con insistencia que los visite
en compañía de los hermanos, pero no ha
querido ir por ahora; irá cuando lo crea
oportuno.

• **15 54-58**: El acontecimiento de la resurrección, se rea-*lice como se realice*, es de tal magnitud, que Pablo no puede menos de estallar en un *himno a la victoria* de Cristo y de los cristianos sobre la muerte. Se sirve para eso de dos textos tomados de Isaías y Oseas, y evocados con bastante libertad. Un himno, y una obligada acción de gracias en la esperanza de que, al fin, se manifestará la victoria de Cristo, porque Dios y Jesucristo resucitado son la garantía.

+ 16 1-24: La carta concluye con los acostumbrados avisos, recomendaciones, noticias, exhortaciones y saludos. También las pequeñas cosas forman parte importante de la vida cristiana.

Entre otras cosas nos encontramos en 1 Cor 16 2 con el más antiguo testimonio en favor de la celebración comunitaria del domingo como día festivo de los cristianos. Debió ser una grave y transcendental decisión la de sustituir el sacratísimo sábado judío por el domingo cristiano.

En cuanto a 1 Cor 16 21 el texto original griego contiene dos expresiones muy especiales. La primera es *anatema*, que hemos traducido por *sea maldito* (véase nota a Rom 9 1-5). La segunda es *Marana tha.* Esta es la transcripción literal a nuestras lenguas occidentales de una expresión aramea que era probablemente utilizada en la liturgia y que puede entenderse bien de forma imperativa: Marana tha = ¡Ven, Señor!, bien de forma indicativa: Maran atha=El Señor viene.

13 Estén atentos, permanezcan firmes en
la fe; sean hombres, sean fuertes. 14 Cuanto
hagan, háganlo con amor. 15 Otra cosa les
pido, hermanos; ya conocen a la familia de
Estéfanas y saben que han sido los primeros cristianos de Acaya y que se han consagrado por entero al servicio de los creyentes; 16 pues harían muy bien en ponerse
a su disposición y a la de todo el que cola-
bore y trabaje en la misma tarea.
17 Estoy lleno de alegría con la visita de
Estéfanas, Fortunato y Acacio, que han llenado el vacío que ustedes me han dejado,
18 y han tranquilizado mi espíritu y el de
ustedes. Deben saber apreciar a tales personas.

Saludos finales

Hch 18 2-3; Rom 16 3-5; 2 Cor 13 12; 1 Pe 5 14;
Gal 6 11; 2 Tes 3 17

19 Los saludan las iglesias de la provincia de Asia. Aquila, Prisca y la iglesia que
se reúne en la casa de ellos, les envían muchos saludos en el Señor. 20 Los saludan
todos los hermanos; salúdense unos a otros
con el beso santo.
21 Este saludo final es de mi puño y
letra: Pablo. 22 Si alguno no ama al Señor,
sea maldito. ¡Marana tha!
23 Que la gracia de Jesús, el Señor, esté
con ustedes. 24 Los amo a todos en Cristo
Jesús.

SEGUNDA CARTA A LOS CORINTIOS

INTRODUCCION

La segunda carta a los Corintios puede ser, en su estado actual, una carta cargada de enigmas. Pero es también, y ante todo, una de las que mejor nos describen el perfil humano y apostólico de Pablo.

A través de ella podemos conocer el colosal esfuerzo misionero realizado por Pablo: sus fatigas y peligros; su enfermedad crónica, cuya curación pedía al Señor; el estado de tensión interior que devoraba su vida; su amor apasionado a Cristo y a la Iglesia; las extraordinarias experiencias místicas que el Señor le regaló... Y su magnífica, excepcional personalidad en el esplendor de los contrastes: a la vez teólogo y misionero, fundador y organizador, contemplativo y caminante infatigable. Y en cuanto a su carácter: altivo y humilde, audaz y tímido, sereno y apasionado, afectuoso y sarcástico, cortés y duro; generoso y amargo, prudente y arrebatado.

Así era Pablo. Así al menos nos lo presenta esta carta. El lector de hoy, el apóstol de hoy, podrá encontrar en ella una respuesta válida al drama personal hecho de luces y sombras, de éxitos y fracasos, de esperanzas y desalientos, que todos llevamos con nosotros.

1. Circunstancias de la carta

La carta que Pablo escribió a los cristianos de Corinto en la primavera del año 56, y que conocemos como la primera carta a los corintios, no obtuvo el éxito deseado. Si no toda, al menos una parte importante de la comunidad de Corinto, instigada por unos pretendidos representantes de los apóstoles de Jerusalén que habían llegado a Corinto, rechaza la autoridad de Pablo, al que se hace blanco de toda una serie de acusaciones, insultos y calumnias.

En el verano del año 56, Timoteo, que ha sido testigo presencial de esta campaña en contra de Pablo, regresa a Efeso desalentado: las cosas van mal en Corinto. Pablo reacciona con prontitud y, a partir de este momento, se suceden una serie de acontecimientos de los que sólo nos podemos enterar por una lectura atenta y cuidadosa de la llamada segunda carta a los Corintios.

Es claro que Pablo realizó una visita relámpago a Corinto durante la cual él mismo, o uno de sus más cercanos colaboradores, fue gravemente ofendido por un miembro de la comunidad sin que ésta reac-

cionara. Parece también claro que Pablo se vio obligado a interrumpir esta visita que califica de amarga (2 Cor 2 1), que regresó a Efeso profundamente desalentado, y que desde allí les envía una carta escrita "en medio de muchas lágrimas" (2 Cor 2 3-4), apasionada y conmovedora a la vez, llena de emoción y severidad.

La carta y la habilidad de Tito hacen entrar en razón a la comunidad rebelde. Pablo recibe en Macedonia la buena noticia del cambio de actitud de los corintios, cuando se dirigía personalmente a Corinto. Es Tito, que regresa de Corinto, quien trae la noticia diciéndole que la comunidad se ha serenado, que las divisiones han ido desapareciendo, que la autoridad del apóstol ha quedado restablecida, que incluso los corintios están dispuestos a castigar al culpable de la grave ofensa hecha al apóstol. Pablo, lleno de alegría por tan excelentes noticias, les escribe de nuevo –finales del 57– para congratularse con ellos y preparar su tercera visita a la ciudad.

2. Proceso de formación y características literarias de la carta

Llegados aquí, es preciso plantearnos la siguiente pregunta: esta carta que Pablo escribe a los corintios desde Macedonia, antes de visitarlos por tercera vez, ¿es la que figura en el canon bíblico como segunda carta a los Corintios con sus trece capítulos completos? Así se ha creído durante largo tiempo y así lo sostienen todavía hoy bastantes investigadores. Se trataría, pues, de una carta escrita de un tirón por Pablo, en la que haría recuento y balance final de todo lo sucedido en los últimos dieciocho meses entre él y la iglesia de Corinto.

Sin embargo, hay razones para pensar que las cosas pueden haberse desarrollado de otra manera, y que la segunda carta a los Corintios en su estado actual es el resultado de fundir una serie de cartas que Pablo fue enviando sucesivamente a los corintios mientras duraba la crisis. De hecho, el tono y el contenido mismo de los distintos bloques de la segunda carta a los Corintios son tan diversos, que invitan a pensar en varias cartas escritas en diferentes circunstancias, y cuya secuencia sería más o menos la siguiente:

– Una primera carta escrita en el verano del 56, que se conservaría en 2 Cor 2 14-7 4. En ella, Pablo defiende su misión apostólica y trata de desenmascarar a los falsos apóstoles.

– La carta "en medio de muchas lágrimas", escrita a principios del 57 y cuyos principales fragmentos se conservarían en 2 Cor 10-13.

– La carta de reconciliación que Pablo les escribe en el otoño del 57, una vez que ha recibido de Tito las buenas noticias del cambio de actitud de los corintios. Pasajes importantes de esta carta de reconciliación se conservarían en 2 Cor 1 1-2 13 y 7 5-16.

– Finalmente, 2 Cor 8-9 constituirían el núcleo de otras dos breves cartas enviadas por Pablo a los corintios con motivo de la colecta en favor de las iglesias pobres de Palestina.

¿Cómo se desarrollaron realmente las cosas? Es ésta una cuestión todavía sin resolver de manera plenamente satisfactoria. Por lo mismo no es fácil decir una palabra definitiva sobre el proceso de composición de la segunda carta a los Corintios, a la que alguien ha llamado "la más enigmática de las cartas de Pablo".

De cualquier manera, la carta ha llegado hasta nosotros como un escrito unitario. Así aparece ya en los manuscritos más antiguos que conocemos, y así la leemos hoy ateniéndonos básicamente a la siguiente distribución del contenido:

- Saludo y acción de gracias: 2 Cor 1 1-11
- El ministerio apostólico: 2 Cor 1 12-7 16
- Colecta en favor de las iglesias de Judea: 2 Cor 8 1-9 15
- Autodefensa de Pablo: 2 Cor 10 1-12 21
- Conclusión: 2 Cor 13 1-13

El estilo de la segunda carta a los corintios es fiel reflejo de un espíritu en efervescencia. La emoción con que está escrita quita claridad a la expresión; a cada paso nos encontramos con alusiones oscuras, complejas construcciones gramaticales y desconcertantes interrupciones en el proceso de su pensamiento. Pero la pasión con que está escrita, y la sinceridad desnuda, leal y conmovedora que nos transmite, le confieren una belleza singular ante la que el lector no puede permanecer insensible.

3. Contenido teológico

A primera vista todo converge en la segunda carta a los Corintios hacia un punto concreto y preciso: la defensa que Pablo hace de sí mismo frente a quienes en Corinto tratan de desacreditar su ministerio apostólico. Pero no debe interpretarse la carta en clave simplemente autobiográfica. La polémica autodefensa de Pablo no tiene un carácter individualista, sino más bien funcional. Le interesa centrarse sobre todo en su condición de apóstol de Cristo, y a través de su propia experiencia profundizar en el ministerio apostólico como tal.

Así pues, sea lo que sea del proceso de composición de la segunda carta a los Corintios, hay un tema que está presente en casi todas sus páginas y que por lo mismo podemos considerar central en la carta. Es el tema del ministerio apostólico con sus grandezas y sus miserias, su esplendor y su peso, sus riesgos y sus recompensas. Ya en 1 Cor 3-4 había hablado Pablo del papel y la misión del apóstol en medio de la comunidad cristiana. En la segunda carta a los corintios lo hace de forma casi exhaustiva, pero no de manera abstracta, a través de una reflexión elaborada sobre el escritorio, sino encarnando el tema en su propia experiencia evangelizadora. Tal vez la mejor síntesis de lo que es y supone este ministerio apostólico la hace el mismo Pablo cuando en 2 Cor 4 7 escribe que *llevamos este tesoro en vasijas de barro*, cuando en 2 Cor 5 18 considera a los mensajeros del evangelio *ministros de la reconciliación*, y cuando en 2 Cor 6 4-10 sintetiza magníficamente las luces y las sombras, los sufrimientos y las alegrías, los temores y las esperanzas de los ministros del evangelio.

Es también importante en la segunda carta a los Corintios el tema de la solidaridad entre las distintas comunidades cristianas. Y lo es hasta el punto de que Pablo no duda en comprometer su autoridad apostólica ante los corintios, con tal de que éstos presten ayuda a otras comunidades más necesitadas. Pablo está plenamente convencido de que la Iglesia de Jesús existe y se realiza en múltiples iglesias locales, pero jamás pierde de vista la universalidad, que lleva consigo la solidaridad (2 Cor 8-9).

SEGUNDA CARTA A LOS CORINTIOS

Saludo y acción de gracias

1 Cor 1 1-3; Sal 34 18-19; 94 19; Rom 15 5;
Col 1 24; Flp 2 27; 2 Tim 4 18

1 1 Pablo, apóstol de Jesucristo por voluntad de Dios, y el hermano Timoteo,
a la iglesia de Dios que está en Corinto y a
todos los creyentes de la provincia entera
de Acaya. 2 Gracia y paz a ustedes de parte
de Dios nuestro Padre y de Jesucristo, el
Señor.
3 Bendito sea Dios, Padre de nuestro
Señor Jesucristo, Padre misericordioso y
Dios de todo consuelo. 4 El es el que nos
conforta en todos nuestros sufrimientos,
para que, gracias al consuelo que recibimos de Dios, podamos nosotros confortar
a todos los que sufren. 5 Porque si es cierto
que abundan en nosotros los padecimientos de Cristo, no es menos cierto que Cristo
nos llena de consuelo. 6 Si tenemos que
sufrir es para que ustedes reciban consuelo
y salvación; si somos consolados es para
que también ustedes reciban consuelo y
soporten los mismos sufrimientos que nosotros padecemos. 7 Y lo que esperamos
para ustedes tiene un firme fundamento,
pues sabemos que si comparten nuestros
sufrimientos, compartirán también nuestro
consuelo.
8 Pues no queremos que ignoren, hermanos, los sufrimientos que hemos pasado
en la provincia de Asia. Nos vimos agobiados tan por encima de nuestras fuerzas, que
hasta perdimos la esperanza de seguir viviendo. 9 Incluso llegamos a sentirnos inevitablemente sentenciados a muerte; pero
así aprendimos a no confiar en nosotros
mismos, sino en Dios, que resucita a los
muertos. 10 El que nos libró de este peligro
de muerte, nos seguirá librando; nos librará realmente aquél en quien hemos puesto
la esperanza. 11 Ustedes, por su parte, nos
ayudarán con su oración, para que la gracia de Dios obtenida por intercesión de
muchos sirva para que muchos den gracias
a Dios por nuestra causa.

1. El ministerio apostólico ◊

Pablo cambia sus planes de viaje

1 Cor 1 17; 2 1; Hch 19 21; 2 Cor 2 1; 1 Tes 2 19-20;
1 Cor 14 16; Ap 3 14; 1 Jn 2 20.27;
Rom 8 23; Ef 1 13-14; 4 30

12 Porque si de algo estamos orgullosos
es de que nuestra conciencia nos asegura
que nos hemos comportado en todo lugar, y
especialmente entre ustedes, con la sencillez y sinceridad que Dios nos ha dado; es

• **1 1-11**: Se abre la carta con un saludo, una oración de alabanza y la referencia a una difícil situación por la que Pablo acaba de pasar en Efeso, lugar desde donde escribe.

El saludo es el acostumbrado, combinando la fórmula griega, que habla de alegría, con la judía, que habla de *paz*. En la oración de alabanza es clave el verbo *compartir* ya que el sufrimiento del cristiano, incomprensible tantas veces, tiene la misma razón de ser que el sufrimiento de Cristo. Al hablar de los sufrimientos pasados en Efeso, Pablo podría referirse a los episodios descritos en Hch 19.

◊ **1 12-7 16**: La actividad evangelizadora de Pablo en Corinto estuvo llena de complicaciones y problemas. Esto le sirvió para profundizar en su condición de apóstol y para elaborar toda una teología sobre el ministerio apostólico, que constituye la columna vertebral de los siete primeros capítulos de la carta. Pablo no trata el tema de manera abstracta, sino que lo encarna en su propia experiencia evangelizadora. Partiendo de esa experiencia, Pablo reflexiona y escribe sobre el esplendor y la dificultad, la grandeza y la miseria, los riesgos y las compensaciones de dicho ministerio. La frase de 2 Cor 4 7: *llevamos un tesoro en vasijas de barro*, puede considerarse la síntesis de toda la sección.

• **1 12-2 4**: Estos pasajes –y los que siguen inmediatamente– pertenecerían, en principio, a la llamada carta de reconciliación escrita por Pablo en Macedonia a raíz del encuentro con Tito (véase Introducción). Pablo sale al paso del evidente disgusto que causó a los corintios el no haber cumplido sus primitivos planes de viaje. Pero lo verdaderamente interesante es constatar cómo Pablo, partiendo de las complicadas circunstancias de su tarea misional, comienza ya a señalar y a subrayar una serie de valores fundamentales para el ministerio apostólico. Entre estos valores destacan en primer lugar una sencillez y una sinceridad a toda prueba y la capacidad de ser fuente de alegría y no de tristeza para la comunidad.

decir, que nuestro comportamiento ha sido
fruto de la gracia de Dios y no de la sabiduría humana. 13 En las cartas que les hemos escrito no hay, pues, segundas intenciones. Y espero que comprendan totalmente 14 lo que ya han comprendido en
parte, a saber, que el día en que se manifieste nuestro Señor Jesucristo seremos
para ustedes motivo de orgullo, y ustedes
lo serán para nosotros.
15 Convencido de esto, tenía en proyecto visitarlos en primer lugar para hacerles
así el regalo de un doble encuentro: 16 pasaría, en efecto, por Corinto hacia Macedonia, y desde Macedonia regresaría a Corinto para que ustedes me ayudaran a proseguir el viaje a Judea. 17 Al proponerme
esto, ¿obré con ligereza? ¿Creen que me lo
propuse por motivos humanos, para poder
decir sí o no según mi conveniencia? 18 Dios
es testigo de que nuestras palabras no son
hoy «sí» y mañana «no». 19 Como tampoco Jesucristo, el Hijo de Dios a quien les
hemos anunciado Silvano, Timoteo y yo,
ha sido un sí y un no; en él todo ha sido sí,
20 pues todas las promesas de Dios se han
cumplido en él. Por eso el amén con que
glorificamos a Dios lo decimos por medio
de él. 21 Y es Dios quien a nosotros y a ustedes nos fortalece en Cristo, el que nos ha
ungido, 22 nos ha marcado con su sello y
nos ha dado su Espíritu como garantía de
salvación.

Motivos del cambio de planes

1 Pe 5 2-3

23 En lo que a mí toca, pongo a Dios
por testigo –y que me muera si miento–
que en atención a ustedes no he regresado
todavía a Corinto. 24 Y no es que pretenda-
mos controlarlos en su fe –ya que, por lo
demás, en la fe se mantienen firmes–, sino
que queremos más bien contribuir a su alegría.

2 1 He resuelto, pues, no causarles de nuevo tristeza con mi visita. 2 Porque si yo
los entristezco, ¿quién podrá alegrarme a
mí? ¡Tendría que alegrarme el mismo que
se entristece por mi causa! 3 Y si les escribí
lo que les escribí, fue para que, a mi llegada, no me causaran tristeza precisamente
quienes deben alegrarme, convencido como estoy en lo que a ustedes se refiere, de
que mi alegría es también la de todos ustedes. 4 Les escribí, en efecto, con gran aflicción y angustia de corazón, y con muchas
lágrimas, no para que se entristezcan, sino
para que sepan el amor tan grande que les
tengo.

Perdón para el ofensor

Mt 18 15-17; 1 Cor 5 1-13; Col 3 13; Mt 4 1-11;
Rom 16 17-20; 2 Cor 11 3-15

5 Y si alguno me ha entristecido, no ha
sido sólo a mí, sino en cierto modo –aunque sin exagerar– también a ustedes. 6 Ya
es bastante para ese hombre el castigo que
le ha impuesto la mayoría. 7 Ahora deben
perdonarlo y animarlo para que no lo ago-
bie el exceso de tristeza. 8 Por eso les ruego
que le muestren pruebas de amor. 9 Para
eso precisamente les escribí, para poner a
prueba su virtud y saber si son obedientes
en todo. 10 En realidad, quien tiene el perdón de ustedes, tiene también el mío, pues
lo que yo he perdonado –si es que perdoné
algo– ha sido por ustedes en atención a
Cristo, 11 para no dejar que Satanás saque
ventaja de esto, pues conocemos bien sus
intenciones.

Permanencia en Tróade

Hch 20 5-12; 1 Cor 16 9; 2 Cor 7 6.13-15; Gal 2 1-3

12 Fui, pues, a Tróade a anunciar el evangelio de Cristo, y aunque se me ofreció una
buena ocasión de trabajar por el Señor, 13 no
me quedé tranquilo al no encontrar allí a

• **2 5-11**: Todo apóstol debe ser compasivo y saber perdonar. No es la disciplina por la disciplina, ni el castigo por el castigo lo que tiene que imponerse en la Iglesia. *Tampoco es aceptable la pura permisividad* y la anarquía. Hay situaciones en que la comunidad, con sus responsables al frente, debe tomar decisiones que pueden resultar dolorosas. Pero la última palabra deberá ser siempre de amor, de reencuentro, de perdón.

• **2 12-13**: En lugar de dirigirse a Corinto, como había proyectado al principio (2 Cor 1 15), Pablo se dirige a Tróade, pero en seguida parte para Macedonia en busca de Tito, que traería noticias de la reacción de los corintios a su segunda carta (véase Introducción). El relato continúa en 2 Cor 7 5-16 (véase también nota). Entre ambos pasajes se ha incorporado una extensa reflexión sobre el ministerio apostólico, que constituyó probablemente una carta aparte.

Tito, mi hermano. Así que me despedí de
ellos y partí para Macedonia.

Acción de gracias

2 Cor 4 2

14 Gracias sean dadas a Dios, que siempre nos hace triunfar en Cristo y valiéndose de nosotros esparce en todo lugar la fragancia de su conocimiento. 15 Porque nosotros somos para Dios el buen olor de Cristo,
tanto entre los que se salvan, como entre
los que se pierden: 16 para éstos, olor de
muerte que lleva a la muerte; para aquéllos, olor de vida que lleva a la vida.
Y ¿quién es apto para semejante tarea?
17 Porque nosotros no somos como tantos
otros que negocian con la palabra de Dios,
sino que, en la presencia de Dios y unidos
a Cristo, proclamamos sinceramente lo que
Dios nos inspira.

Pablo, ministro de la nueva alianza

Hch 18 27; Ex 34 1.28-29; Dt 9 10-11; Jr 31 31-33;
Ez 11 19; 36 26; Jn 15 5

3 1 ¿Estamos recomendándonos otra vez
a nosotros mismos? ¿Acaso necesitamos, como algunos, presentarles cartas de
recomendación, o recibirlas de ustedes?
2 Nuestra carta de recomendación son ustedes, una carta que llevamos escrita en el
corazón, y que es conocida y leída por todos los hombres. 3 A la vista está que ustedes son una carta de Cristo redactada por
ministerio nuestro y escrita no con tinta,
sino con el Espíritu de Dios vivo y no en
tablas de piedra, sino en tablas de carne, es
decir, en el corazón.
4 Esta confianza que tenemos en Dios
nos viene de Cristo. 5 Ni siquiera somos
capaces de pensar que algo procede de
nosotros, sino que nuestra capacidad procede de Dios, 6 el cual nos ha capacitado
para ser ministros de una alianza nueva,
basada no en la letra de la ley, sino en la
fuerza del Espíritu; porque la letra mata,
mientras que el Espíritu da vida.

La gloria de la nueva alianza

Ex 32 15-16; 34 1-4.28-35; Rom 11 23-26; Jn 4 24

7 Y si aquel instrumento de muerte que
fue la ley, grabada letra a letra sobre piedras, se proclamó con tal gloria que los israelitas no podían mirar fijamente el rostro
de Moisés a causa de su resplandor –que
era transitorio–, 8 ¡cuánto más gloriosa será
la acción del Espíritu! 9 En efecto, si lo que
es instrumento de condenación estuvo rodeado de gloria, mucho más lo estará lo
que es instrumento de justificación. 10 Y
así, lo que fue glorioso en otro tiempo, ha
dejado de serlo, al ser eclipsado por esta
gloria incomparable. 11 Porque si lo transitorio fue glorioso, mucho más lo será lo
permanente.
12 Con una esperanza así, actuamos con
plena libertad, 13 y no como Moisés, que
se cubría el rostro con un velo para que los
israelitas no vieran el final de lo que era
transitorio. 14 A pesar de todo, sus mentes
se oscurecieron y hasta el día de hoy, cuando leen las Escrituras de la antigua alianza,
permanece sin descorrer aquel mismo velo, que ha desaparecido gracias a Cristo.
15 En efecto, hasta el día de hoy siempre
que leen a Moisés permanece el velo sobre
sus corazones; 16 sólo cuando se conviertan
al Señor, desaparecerá el velo. 17 Porque el
Señor es el Espíritu, y donde está el Espíritu del Señor hay libertad. 18 Por nuestra
parte, con la cara descubierta, reflejando
como en un espejo la gloria del Señor, nos
vamos transformando en esa misma imagen cada vez más gloriosa, como corresponde a la acción del Espíritu del Señor.

• **2 14-17**: Unas palabras de agradecimiento a Dios o a los hermanos son habituales al comienzo de las cartas paulinas. Esta *acción de gracias* podría ser el inicio de la carta que Pablo envió probablemente a los Corintios en el verano del 56 (véase Introducción) y que tenía como tema central el ministerio apostólico. Un ministerio que desde el principio Pablo concibe no como negocio humano, sino como un acto de fidelidad a Dios.

• **3 1-18**: Pablo está orgulloso de su ministerio apostólico. Lo acaba de proclamar en 2 Cor 2 14-17. Pero este orgullo no tiene apoyos humanos; no se basa en cartas de recomendación o cosas por el estilo. Su confianza radica en que es ministro de la nueva alianza. Esta alianza tiene por mediador a Cristo y está basada en la fuerza del Espíritu, que es fuente de vida. Por lo mismo, es infinitamente superior a la antigua alianza que tuvo por mediador a Moisés y estaba basada en una ley que no proporcionaba las fuerzas para cumplirla. La alusión a Moisés y a la antigua alianza se amplía con un comentario libre –al estilo rabínico del tiempo– de Ex 34 29-35, donde se habla de un misterioso velo con que Moisés cubría su rostro después de hablar con Dios.

Anunciar a Jesucristo

1 Tes 2 4-5; Jn 8 12; Heb 1 3; *Gn 1 3*

4 1 Por eso, sabiendo que Dios en su misericordia nos ha confiado este ministerio, no nos desanimamos. 2 Al contrario,
evitamos callarnos por vergüenza, proceder con astucia y falsificar la palabra de
Dios. Y ante el juicio que puedan hacer todos los demás en presencia de Dios, nuestro testimonio consiste en proclamar abiertamente la verdad. 3 Y si la buena nueva
que anunciamos aún está oculta, lo está
para los que se pierden, 4 para esos incrédulos cuyas inteligencias cegó el dios de
este mundo para que no vean brillar la luz
del glorioso evangelio de Cristo, que es
imagen de Dios. 5 Porque no nos anunciamos a nosotros mismos, sino a Jesucristo,
el Señor, y no somos más que servidores
de ustedes por amor a Jesús. 6 Pues el Dios
que ha dicho: *Brille la luz en la oscuridad,*
es quien ha encendido esa luz en nuestros
corazones, para hacer brillar el conocimiento de la gloria de Dios, que se refleja
en el rostro de Cristo.

Confianza en medio de las dificultades

2 Cor 12 7-10; Rom 8 36-39; 2 Cor 11 23-33; Flp 3 10-11; *Sal 116 10;* 1 Cor 15 15-20

7 Pero este tesoro lo llevamos en vasijas
de barro, para que todos vean que una
fuerza tan extraordinaria procede de Dios
y no de nosotros. 8 Nos acosan por todas
partes, pero no estamos aplastados; nos encontramos en apuros, pero no desesperados; 9 somos perseguidos, pero no estamos
abandonados; nos derriban, pero no nos
aniquilan. 10 Por todas partes llevamos en
el cuerpo la muerte de Jesús, para que la
vida de Jesús se manifieste en nuestro
cuerpo. 11 Porque nosotros, mientras vivimos, estamos siempre expuestos a la muerte por causa de Jesús, para que también la
vida de Jesús se manifieste en nuestra
naturaleza mortal. 12 De modo que en
nosotros actúa la muerte y en ustedes, en
cambio, la vida.
13 Pero como tenemos aquel mismo espíritu de fe del que dice la Escritura: *Creí y
por eso hablé,* también nosotros creemos y
por eso hablamos, 14 sabiendo que el que
resucitó a Jesús, el Señor, nos resucitará
también a nosotros con Jesús y nos dará un
puesto junto a él en compañía de ustedes.
15 Porque todo esto es para el bien de ustedes; para que la gracia, difundida abundantemente en muchos, haga crecer la acción
de gracias para gloria de Dios.

Esperando una vida mejor

Rom 8 17-18; 8 24-25; 1 Pe 1 6-7; Heb 11 1-3; 1 Cor 15 44-54; 1 Tes 4 14-17; Flp 1 21-23

16 Por eso no nos desanimamos; al contrario, aunque nuestra condición física se
vaya deteriorando, nuestro ser interior se
renueva de día en día. 17 Porque momentá-
neos y leves son los sufrimientos que, a
cambio, nos preparan un caudal eterno e
insuperable de gloria; 18 a nosotros que hemos puesto la esperanza, no en las cosas
que se ven, sino en las que no se ven, pues
las cosas que se ven son temporales, pero
las que no se ven son eternas.
5 1 Sabemos, en efecto, que aunque se
desmorone esta tienda que nos sirve de
morada en la tierra, tenemos una casa hecha por Dios, una morada eterna en los

• **4 1-15**: El servicio apostólico de Pablo, como el de cualquier otro ministro del evangelio, es un don de Dios y no sólo una decisión del hombre. El apóstol se refiere a él en términos de *gloria*, de *luz*, de *tesoro que llevamos en vasijas de barro.* Así pues, con la grandeza del ministerio apostólico contrasta la debilidad del elemento humano, que es débil, frágil quebradizo. Y ahí está el contraste. Los mensajeros del evangelio deben saber que sus limitaciones, sus sufrimientos, sus aparentes fracasos, y en última instancia su misma muerte física, son generadores *de vida para sí mismos y para los demás.* Precisamente esta debilidad suya pone de manifiesto que toda la fuerza y la riqueza que transmiten procede de Dios (2 Cor 12 7-10).

• **4 16-5 10**: Por dura que parezca la tarea, el esfuerzo vale la pena, porque al final del camino nos habremos transformado en hombres nuevos y *estaremos junto al Señor* (1 Tes 4 17). Pablo utiliza en esta sección la imagen de la tienda de campaña, que se monta y se desmonta con gran facilidad, para referirse a nuestra vida mortal transitoria y corruptible. Utiliza también la imagen de la casa, que permanece indefinidamente instalada sobre sólidos cimientos, para significar el estado de vida inmortal en el más allá. Además utiliza la imagen del vestido para designar al hombre en cuanto ser corporal, y la de la desnudez para indicar la ausencia de cuerpo. Parece que Pablo insiste aquí en su deseo de estar vivo en el día del Señor (véase nota a 1 Cor 1 1-9), para ser transformado en cuerpo resucitado sin pasar por el trance de la muerte. Pablo está refiriéndose a unas verdades jamás formuladas hasta el momento, y debemos respetar la carga de misterio que encierran las imágenes utilizadas.

cielos, que no ha sido construida por mano
de hombres. 2 Y por eso precisamente suspiramos, deseando ardientemente ser revestidos de nuestra morada celestial, 3 con
tal que en ese momento estemos vestidos y
no desnudos. 4 Porque los que vivimos en
esta tienda terrestre suspiramos angustiados, pues no queremos ser despojados, sino
más bien ser revestidos, para que lo mortal
sea absorbido por la vida. 5 Y el que nos ha
preparado para ese destino es Dios, el
mismo que nos ha dado como garantía el
Espíritu.
6 Así pues, en todo momento tenemos
confianza y sabemos que, mientras habita-
mos en el cuerpo, estamos lejos del Señor,
7 y caminamos a la luz de la fe y no de lo
que vemos. 8 Pero estamos llenos de confianza y preferimos dejar el cuerpo para ir
a habitar junto al Señor. 9 Sea como sea, en
este cuerpo o fuera de él, nos esforzamos
en agradarle, 10 ya que todos nosotros
hemos de comparecer ante el tribunal de
Cristo, para que cada uno reciba el premio
o el castigo que le corresponda por lo que
hizo durante su existencia corporal.

Criaturas nuevas en Cristo Jesús

Jn 11 50; Rom 14 7-8; Gal 6 15; Ef 4 24

11 Conscientes, pues, del respeto que
merece el Señor, nos esforzamos en convencer a los hombres, pues Dios sabe bien
cómo somos, y espero que ustedes también
lo sepan. 12 No intentamos recomendarnos
otra vez ante ustedes, sino darles ocasión
de que estén orgullosos de nosotros, para
que así puedan responder a los que presumen de simples apariencias y no de lo que
hay en el interior. 13 Porque si dimos la
impresión de perder el juicio, fue por Dios;
y si ahora parecemos cuerdos, es por ustedes. 14 Porque nos urge el amor de Cristo,
al pensar que, si uno ha muerto por todos,
todos por consiguiente han muerto. 15 Y
Cristo ha muerto por todos, para que los
que viven, no vivan ya para ellos mismos,
sino para el que ha muerto y resucitado por
ellos. 16 Así que ahora no valoramos a
nadie con criterios humanos. Y si en algún
momento valoramos así a Cristo, ahora ya
no. 17 De modo que si alguien vive en
Cristo, es una nueva criatura; lo viejo ha
pasado y ha comenzado algo nuevo.

Ministros de la reconciliación

Rom 5 10; 8 3; Jn 8 46; Heb 4 15; 1 Pe 2 22

18 Todo viene de Dios que nos ha reconciliado consigo mismo por medio de
Cristo y nos ha confiado el ministerio de la
reconciliación 19 Porque era Dios el que
reconciliaba consigo al mundo en Cristo,
no teniendo en cuenta los pecados de los
hombres, y confiándonos el mensaje de la
reconciliación. 20 Somos, pues, embajadores de Cristo, y es como si Dios mismo los
exhortara por medio de nosotros. En nombre de Cristo les suplicamos que se dejen
reconciliar con Dios. 21 A quien no cometió pecado, Dios lo hizo por nosotros reo de
pecado, para que, gracias a él, nosotros nos
transformemos en justicia de Dios.

Dificultades y contrastes del ministerio apostólico

Is 49 8; Hch 5 20-26; Ef 6 16-17; 2 Cor 11 23-27

6 1 Ya que somos colaboradores de Dios,
los exhortamos a que no reciban en
vano la gracia divina. 2 Porque él mismo
dice: *En el tiempo favorable te escuché; en*

• **5 11-17**: Pablo insiste en la defensa de su ministerio apostólico probablemente frente a ciertos misioneros itinerantes que han llegado a Corinto, procedentes de las comunidades cristianas palestinenses. Lo importante no son las relaciones más o menos cercanas con el Jesús terreno, sino la vinculación con el Señor resucitado (véase Mc 3 31-34). En cuanto a la *nueva criatura* que surge de esta particular relación, no hace referencia a transformaciones cósmicas –como pensaba la apocalíptica judía– sino a una profunda transformación personal.

• **5 18-21**: Si todo es nuevo es porque todo ha sido *reconciliado* con Dios. El término reconciliar es poco utilizado en el Nuevo Testamento, pero tiene abundantes resonancias en el Antiguo Testamento. Para Pablo, la necesidad que tienen los hombres de vivir en paz unos con otros no se logrará si no viven en paz con Dios. De ahí la importancia de ser fieles y eficaces *ministros de la reconciliación*.

• **6 1-10**: Pablo afirma en repetidas ocasiones (véase Rom 8 35-29; 1 Cor 4 9-13; 2 Cor 4 10; Col 1 24-25) que el servicio apostólico es un misterioso conjunto de luces y sombras, sufrimientos y alegrías, logros y fracasos, temores y esperanzas, riesgos y compensaciones. En realidad forma parte de la renuncia libre y radical, alegre y dolorosa al mismo tiempo, de todo apóstol, de su participación en la pasión y en la resurrección de Cristo. Pero no tienen el mismo valor los dos polos de la antítesis, pues, al igual que en Cristo la última palabra es la resurrección, así en el apóstol lo definitivo es la victoria sobre las adversidades.

el día de la salvación te ayudé. Pues sepan
que, éste es el tiempo favorable, éste es el
día de la salvación.
3 Por nuestra parte, a nadie damos motivo alguno para que pueda desprestigiar el
ministerio; 4 al contrario, en toda ocasión
nos comportamos como ministros de Dios,
con mucha constancia, sufriendo, pasando
gran necesidad y angustias; 5 soportando
golpes, prisiones, revueltas, duros trabajos,
noches sin dormir y días sin comer. 6 Actuamos con corazón limpio, con conocimiento
de las cosas de Dios, con paciencia, con
bondad, consolados por el Espíritu Santo,
con un amor sincero, 7 apoyados en la
palabra de verdad y en la fuerza de Dios; y
en todo momento atacamos y nos defende-
mos con las armas que nos proporciona su
justicia. 8 Unos nos alaban y otros nos deshonran; unos nos calumnian y otros nos
elogian. Se nos considera impostores, aunque decimos la verdad; 9 quieren ignorar-
nos, pero somos bien conocidos; estamos
al borde de la muerte, pero seguimos con
vida; nos castigan, pero sin llegar a matarnos; 10 nos tienen por tristes, pero estamos
siempre alegres; nos consideran pobres,
pero enriquecemos a muchos; piensan que
no tenemos nada, pero lo poseemos todo.

Llamada a la reconciliación. Los cristianos, templos de Dios

1 Cor 4 14; Gal 4 19; 1 Tes 2 11; 1 Cor 3 16; *Lv 26 11-12; Ez 37 27; Is 52 11; 2 Sm 7 14;* Os 2 1; 1 Cor 9 12-15; 2 Cor 8 24

11 Nuestro lenguaje ha sido sincero con
ustedes, corintios, y les hemos abierto nuestro corazón; 12 en él tienen ustedes amplio
lugar, en cambio nosotros apenas tenemos
lugar en el de ustedes. 13 Correspóndannos
de la misma manera –les hablo como a hijos– y ensanchen también ustedes el corazón.
14 No se mezclen con los no creyentes,
pues ¿qué tiene que ver la justicia con la
iniquidad? ¿Qué hay de común entre la luz
y la oscuridad? 15 ¿Qué acuerdo puede
haber entre Cristo y Beliar? ¿Qué relación
entre el creyente y el no creyente? 16 ¿Qué
unión entre el templo de Dios y los ídolos?
Porque nosotros somos templos de Dios
vivo, como lo dijo el mismo Dios:
Habitaré y caminaré en medio de ellos;
seré su Dios y ellos serán mi pueblo. 17
Por eso: *Salgan de entre esas gentes y*
sepárense de ellas, dice el Señor. *No*
toquen cosa impura y yo los aceptaré.
18 *Yo seré su Padre y ustedes serán mis*
hijos y mis hijas, dice el Señor todopoderoso.

7 1 Y ya que tenemos estas promesas,
hermanos queridos, purifiquémonos de
todo lo que manche el cuerpo o el espíritu,
y llevemos a término nuestra consagración,
sirviendo con todo respeto a Dios.
2 ¡Hágannos un lugar en su corazón! A
nadie hicimos daño; a nadie arruinamos; a
nadie explotamos. 3 Y no digo esto para
condenarlos, pues acabo de decir que los
llevamos dentro del corazón compartiendo
tanto la muerte como la vida. 4 Tengo gran
confianza en ustedes y estoy tan orgulloso
de ustedes y tan lleno de consuelo que la
alegría supera todos nuestros sufrimientos.

Alegría de Pablo por la nueva situación

1 Cor 4 11-12; Is 49 13; 2 Cor 1 3-4; 2 13

5 Cuando llegamos a Macedonia, no
tuvimos ninguna tranquilidad, sólo sufrimientos por todas partes: por fuera luchas,
por dentro temores. 6 Pero Dios, que consuela a los humildes, nos consoló con la
llegada de Tito. 7 Y no fue sólo su llegada,
fueron sobre todo las consoladoras noticias
que traía de ustedes. El nos comunicó el
deseo que ustedes tienen de verme, su arrepentimiento, su preocupación por mí y todo
esto me llenó de alegría. 8 En verdad, si los

• **6 11-7 4**: Con este pasaje concluye Pablo sus consideraciones sobre el ministerio apostólico. Los corintios, que con su actitud irresponsable han motivado esta reflexión del apóstol, son invitados apasionadamente a que *reconsideren su postura* y *se reconcilien* plenamente con él.

Alguien ha sugerido que 2 Cor 6 14-7 1 podría ser un añadido posterior hecho por un cristiano conocedor de los escritos de Qumrán. Sin embargo, el recurso a las antítesis, el mosaico de citas del Antiguo Testamento y las mismas ideas, tienen claro sabor paulino.

• **7 5-16**: Este párrafo debería ser leído a continuación de 2 Cor 2 13. La relación entre este pasaje y el comienzo de la carta (2 Cor 1 1-2 13) parece evidente. Dos principales ideas hay que destacar. Primero, que el ministerio apostólico implica, y hasta exige frecuentemente en quienes lo desempeñan, tomar decisiones difíciles, dolorosas y muchas veces incomprendidas. Segundo, que el mensajero es siempre algo accidental; lo definitivo es el mensaje.

entristecí con mi carta, no me pesa. Y si en
un principio me apené –pues veo que la
carta, aunque por poco tiempo, los entristeció–, 9 ahora me alegro, no por haberlos
entristecido, sino porque esa tristeza los
llevó al arrepentimiento. Como fue una tristeza querida por Dios, ningún perjuicio han
recibido de nosotros. 10 La tristeza querida
por Dios produce un arrepentimiento que
lleva a la salvación de lo cual no hay que
lamentarse; es la tristeza que provoca el
mundo la que lleva a la muerte. 11 Piensen,
si no, lo que les ha traído esa tristeza querida por Dios: ¡Qué modo de preocuparse,
de presentar disculpas, de sentirse indignados y a la vez atemorizados! ¡Qué deseos
de verme, qué interés en resolver el asunto,
qué impaciencia por hacer justicia! Han
mostrado que eran del todo inocentes en
este asunto.

12 Así pues, si les escribí lo que les escribí, no fue por el ofensor ni por el ofendido, sino para darles la oportunidad de
manifestar delante de Dios hasta dónde
llega la preocupación de ustedes por nosotros. 13 Esto es lo que nos ha llenado de
consuelo. Y mucho más que por nuestro
consuelo, nos hemos alegrado por ver a
Tito contento y confortado en lo íntimo de
su ser por todos ustedes. 14 Pues si me he
sentido orgulloso de ustedes ante él, no me
han defraudado; al contrario, lo mismo que
les hemos dicho siempre y en todo la verdad, también eran verdaderos los elogios
que de ustedes hicimos a Tito. 15 Y el afecto de él por ustedes aumenta al recordar
cómo le hicieron caso y el profundo respeto
con que lo recibieron. 16 Me alegro de poder confiar totalmente en ustedes.

2. Colecta en favor de las iglesias de Judea ◊

Invitación a la generosidad

1 Cor 16 1-4; 2 Cor 9 1-15; Mt 8 20;
Mc 12 44; Flp 2 6-8; *Ex 16 18*

8 1 Queremos hacerles saber, hermanos,
la gracia que Dios ha concedido a las
iglesias de Macedonia. 2 Porque han sido
muchos los sufrimientos con que han sido
probadas, y sin embargo su alegría es tal
que, a pesar de su extrema pobreza, han
derrochado generosidad. 3 Porque doy testimonio de que han contribuido según sus
posibilidades y aun por encima de ellas;
por propia iniciativa 4 nos pedían con gran
insistencia que les permitiéramos participar en esta ayuda a los creyentes. 5 Superando incluso nuestras esperanzas, se entregaron ellos mismos primero al Señor y
luego a nosotros, pues tal era la voluntad
de Dios. 6 Por eso hemos rogado a Tito que,
ya que él la comenzó, sea también él quien
lleve a feliz término esta obra de caridad
entre ustedes.

7 Ya que sobresalen en todo: en fe, en
expresarse bien, en ciencia, en toda clase
de preocupación por los demás y hasta en
el cariño que les profesamos, sean también
los primeros en esta obra de caridad. 8 No
digo esto como una orden, sino para que,
viendo la preocupación de los demás, pueda
yo comprobar la autenticidad de su amor.
9 Pues ya conocen la generosidad de nuestro Señor Jesucristo, el cual, siendo rico, se
hizo pobre por ustedes, para enriquecerlos
con su pobreza. 10 Y en este asunto les

◊ **8 1-9 15**: Según bastantes autores contemporáneos *(véase Introducción a 2 Cor)* estos dos capítulos constituirían cada uno por separado dos cartas diversas enviadas por Pablo a los corintios con motivo de la colecta organizada entre las comunidades griegas en favor de las iglesias necesitadas de Judea (véase Hch 11 19-30; Gal 2 10; Rom 15 25-28). Ambas habrían sido escritas después de la plena reconciliación entre Pablo y la comunidad de Corinto; en las dos, junto a las motivaciones teológicas y personales de la colecta, se hacen también algunas recomendaciones de tipo práctico.

• **8 1-24**: Parece como si los corintios, que tomaron tiempo atrás la iniciativa de la colecta, ahora se hubieran desentendido del asunto. Pablo les reprocha esta conducta con una fina ironía. Es significativo el que a esta colaboración económica entre las diversas comunidades cristianas, Pablo la denomine *gracia, comunión, bendición, servicio sagrado.* La Iglesia ha tenido, tiene y seguirá teniendo necesidad de estructuras y recursos económicos. Lo que jamás puede olvidar es que estas cosas sólo tienen sentido si se manejan *ante Dios en Cristo* y si están penetradas por el amor.

Se mencionan aquí unos *hermanos* (2 Cor 8 18.22) cuya identidad desconocemos y para los que se sugieren los nombres de Lucas, Aristarco, Bernabé, Apolo, etc.; pero el hecho de que Pablo no mencione sus nombres parece indicar que no se trataba de colaboradores muy cercanos al apóstol.

aconsejo que si el año pasado tomaron la
iniciativa no sólo para realizar esta obra,
sino incluso para organizarla, les conviene
11 ahora terminarla. De esta manera, el entusiasmo al organizar la colecta será el
mismo que al realizarla, en la medida de
sus posibilidades. 12 Porque si la disposición es buena, es bien recibido lo que uno
da y no se le piden imposibles. 13 Y tampoco se trata de que, para alimentar a otros,
ustedes pasen necesidad, sino de que, según
un principio de igualdad, 14 la abundancia
de ustedes remedie en este momento la
pobreza de ellos, para que un día la abundancia de ellos remedie la pobreza de ustedes. De este modo reinará la igualdad, 15 como dice la Escritura: *A quien recogía mucho, no le sobraba; y al que recogía poco,
no le faltaba*.

Los enviados de Pablo

Prov 3 4; Rom 12 17

16 Gracias sean dadas a Dios, que ha
puesto en el corazón de Tito la misma preocupación que tenemos por ustedes, 17 pues,
respondiendo a nuestra llamada y más dispuesto que nunca, por propia iniciativa decidió visitarlos. 18 Con él enviamos a ese
hermano que es elogiado en todas las iglesias por su servicio al evangelio; 19 incluso
ha sido designado por las iglesias para que
sea nuestro compañero de viaje en esta obra
de caridad de cuya administración nos hemos encargado para gloria del Señor y en
prueba de nuestra buena voluntad. 20 Evitamos así que alguno nos critique por el
hecho de administrar esta abundante suma
de dinero, 21 pues procuramos hacer bien
las cosas, no sólo ante Dios, sino también
ante los hombres.

22 Les enviamos también con ellos a
otro hermano nuestro, cuyo interés hemos
tenido ocasión de comprobar muchas veces y en muchas circunstancias, y que ahora se muestra todavía más dispuesto por la
gran confianza que les tiene. 23 De Tito no
hace falta decir que es mi compañero y
colaborador en beneficio de ustedes; en
cuanto a los otros hermanos nuestros, son
enviados de las iglesias y son gloria de
Cristo. 24 Muéstrenles, pues, con hechos su
amor y demuestren que tenemos motivos
para estar orgullosos de ustedes ante las
demás iglesias.

Insistiendo en la colecta

Prov 11 24-25; 22 8; *Sal 112 9;* 2 Cor 1 11

9 1 Acerca de esta ayuda en favor de los
hermanos, no hace falta que les siga
escribiendo, 2 porque conozco la buena disposición de ustedes, de la cual estoy orgulloso ante los macedonios. «Acaya –les digo– está preparada desde el año pasado».
Y el interés de ustedes ha sido un estímulo
para la mayoría.

3 Si les envié a los hermanos, es para
que el orgullo que sentimos por ustedes no
sea desmentido en este asunto y para que,
como les decía, estén preparados; 4 no sea
que si van los macedonios conmigo y no
los encuentran preparados, quedemos en
ridículo, nosotros en primer lugar, pero
también ustedes. 5 Por eso me ha parecido
necesario pedir a los hermanos que se me
adelanten y preparen el generoso obsequio
tal como ustedes habían prometido. Así
estará listo y será producto de la generosidad, y no una muestra de tacañería.

6 Tengan esto presente: el que siembra
con miseria, miseria cosecha; el que siembra generosamente, generosamente cosecha. 7 Que cada uno dé según su conciencia, no de mala gana ni como obligado,
porque Dios ama al que da con alegría.
8 Dios, por su parte, tiene poder para col-
marlos de dones, de modo que teniendo
siempre y en todas las cosas lo suficiente,
les sobre incluso para hacer toda clase de
obras buenas. 9 Así lo dice la Escritura:
*Distribuyó con abundancia sus bienes a
los pobres, su justicia permanece para
siempre*.

10 El que proporciona semilla al que
siembra y pan para que se alimente, les
proporcionará y les multiplicará la semilla
y hará crecer los frutos de su justicia.
11 Enriquecidos así, podrán ser generosos
en todo, generosidad que por nuestra me-

• **9 1-15**: Estas líneas constituyen prácticamente una repetición de cuanto Pablo acaba de decir en 1 Cor 8. Se hace, por tanto, difícil admitir que pertenezcan a la misma carta. En todo caso, la argumentación de Pablo es hábil y brillante: ¿Es que van a quedar en ridículo precisamente ellos, los "supersabios" de Corinto?

diación, se convertirá en acción de gracias
a Dios. 12 Porque esta colecta es como un
acto de culto, que no sólo sirve para remediar las necesidades de los hermanos creyentes, sino que también suscita en muchos la acción de gracias a Dios. 13 Y es
que, al experimentar el valor de este servicio, darán gloria a Dios por su respuesta de
fe al evangelio de Cristo y por su generosa
solidaridad con ellos y con todos. 14 Al
mismo tiempo, ellos manifestarán con su
oración por ustedes el cariño que les tienen
por el extraordinario favor que han recibido de Dios. 15 Gracias sean dadas a Dios
por ese don suyo tan indescriptible.

3. Autodefensa de Pablo ◊

Autoridad de Pablo

1 Cor 4 21; Is 2 11-18; Jr 1 10; Flp 3 3; Gal 6 13-14

10 1 Soy yo mismo, Pablo, el que les ruega por la dulzura y la mansedumbre
de Cristo; yo que les parezco tan humilde
cuando estoy entre ustedes y tan severo, en
cambio, por carta. 2 Les ruego que no me
obliguen a mostrarme severo cuando esté
entre ustedes y a actuar con la energía de
que soy ciertamente capaz, contra esos que
piensan que nuestra conducta está inspirada en criterios humanos. 3 Porque, aunque
somos hombres, nuestra lucha no está inspirada en criterios humanos. 4 Las armas
con que luchamos no son humanas, sino
divinas y tienen poder para destruir fortalezas. Refutamos falsos razonamientos 5 y
todo tipo de soberbia que se levante contra
el conocimiento de Dios. Estamos dispuestos a someter a Cristo todo pensamiento,
6 y también preparados para corregir toda
desobediencia, una vez que hayan dado
pruebas de una obediencia perfecta.
7 Ustedes sólo mirán las apariencias. Si
alguno se enorgullece de ser cristiano, piense de una vez que, tanto como él, lo somos
también nosotros. 8 Y si me he enorgulleci-
do más de la cuenta de la autoridad que el
Señor me dio, no para su ruina, sino para
contribuir a su bien, de esto no me avergonzaré. 9 Tampoco quiero dar la impresión de que sólo por carta soy capaz de infundirles respeto. 10 Porque «las cartas
–dicen algunos– son severas y fuertes, pero
en persona es poca cosa y su palabra despreciable». 11 Pues sepa quien eso dice, que
lo que decimos por carta estando ausentes,
lo llevaremos a la práctica cuando estemos
presentes.

Pablo, evangelizador de Corinto

Rom 15 17-29; 1 Cor 1 31; *Jr 9 23*

12 Porque, ¡cómo vamos a igualarnos y
compararnos con esos que se elogian a sí
mismos! Ellos mismos, al medirse con su
propia medida y compararse consigo mismos, demuestran que son necios. 13 Por
nuestra parte, no queremos enorgullecer-
nos más de lo justo, sino que nos mantenemos en los límites que Dios nos ha asignado y que los incluye también a ustedes.
14 No estamos, pues, fuera de los límites
asignados, como si ustedes no pertenecieran a ellos, siendo así que de hecho hemos

◊ **10 1-12 21**: Si verdaderamente esta sección constituye una carta aparte, la "carta de las lágrimas" (véase Introducción), hay que pensar que fue escrita antes de 2 Cor 7 5-16 (antes también de 2 Cor 1 1-2 13) y antes de los capítulos 8 y 9, que suponen ya recuperada la situación de plena concordia y armonía entre Pablo y los corintios. Este es el marco histórico más probable de la sección y *así se explica mejor el evidente carácter* combativo de la misma. La estricta autenticidad paulina está fuera de toda duda; más aún, tal vez en ningún otro lugar de las cartas de Pablo se nos manifiesta mejor el carácter y el corazón del apóstol, que es todo sinceridad y sentimiento; sinceridad desnuda, leal, conmovedora. Pocas veces un hombre se ha dirigido a los suyos con tanta pasión; pasión de padre que se irrita y se rebela contra el proceder torcido de sus hijos, pero que se afana y se preocupa con amor profundo y fuerte, e intenta por todos los medios, que de nuevo se comporten debidamente.

• **10 1-11**: Comienza aquí Pablo una defensa apasionada de su comportamiento y de su misión apostólica en Corinto. Lamentablemente los corintios lo confunden todo. No entienden que una conducta amable y sencilla pueda estar guiada por la preocupación y el amor y no por inconfesables ambiciones humanas. Lo confunden todo y en consecuencia todo lo interpretan con rencor y agresividad. Hay que subrayar en este pasaje la utilización por parte de Pablo de un vocabulario cercano al del profeta Jeremías (Jr 1 10; 12 14-17; 18 7-9; 31 28).

• **10 12-18**: ¿Quiénes son esos competidores de Pablo, a los que va a llamar con mordaz ironía "superapóstoles" (2 Cor 11 5); esos que han levantado los ánimos de los corintios contra él y han envenenado la convivencia de la comunidad cristiana? Probablemente se trata de misioneros carismáticos itinerantes procedentes del entorno rural palestino que han llegado a Corinto y no comparten el estilo misionero de Pablo. En particular piensan que la acción misionera de Pablo, al haber renunciado a recibir de la comunidad el sustento diario, no es correcta, no es la querida por Jesús (véase 2 Cor 11 7; Mt 6 25-26; 10 40-42; Lc 10 7-8).

sido los primeros en llevarles el evangelio
de Cristo. 15 No nos enorgullecemos más de
lo justo aprovechándonos de trabajos ajenos; abrigamos, en cambio, la esperanza
de que, al ir creciendo su fe, nuestra labor
entre ustedes produzca un fruto cada vez
mayor dentro de los límites que Dios nos
ha asignado. 16 Esperamos incluso evangelizar regiones más alejadas de la de ustedes, sin invadir territorios ajenos ni enor-
gullecernos de tareas hechas por otro.
17 Pues *el que quiera enorgullecerse, que
lo haga en el Señor.* 18 Porque no es quien
se alaba a sí mismo el que es aceptado
como justo, sino aquél que es alabado por
el Señor.

Pablo y los falsos apóstoles

Ex 20 5; Dt 4 24; Ef 5 25-26; Ap 19 7; Gn 3 4-13;
Gal 1 6-9; Hch 20 33-35; 1 Cor 9 12-18; Flp 4 15-18;
Mt 7 15-16; 2 Pe 2 1-3

11 1 ¡Ojalá disculpen un poco mi impertinencia! Ya sé que me tolerarán,
2 pues mis celos por ustedes son celos de
Dios, ya que los he desposado con un solo
marido, presentándolos a Cristo como si
fueran una virgen pura. 3 Pero temo que,
así como la serpiente engañó a Eva con su
astucia, así también se perviertan los pensamientos de ustedes y los aparten de la
sinceridad y pureza que le deben a Cristo.
4 De hecho, si viene alguno y les anuncia a
un Jesús distinto del que les hemos anunciado, o reciben un espíritu distinto del que
recibieron, o un evangelio diferente del que
han aceptado, lo toleran con gusto. 5 ¡Pues
creo que en nada soy inferior a esos superapóstoles! 6 Y si carecemos de elocuencia, no nos faltan conocimientos, como lo
hemos demostrado siempre a ustedes en las
más diversas circunstancias.

7 ¿Es que he cometido un pecado al
anunciarles gratuitamente el evangelio de
Dios, humillándome yo para que ustedes
fueran engrandecidos? 8 He tenido la sensación de despojar a otras iglesias al aceptar de ellas un salario para servirles a ustedes. 9 Y cuando estaba con ustedes y me
encontré necesitado, para nadie fui una
carga; los hermanos procedentes de Macedonia fueron los que me atendieron en mis
necesidades. He tenido gran cuidado en no
ser para ustedes una carga, y seguiré tenién-
dolo. 10 Por Cristo en quien creo les aseguro que nadie en todas las regiones de Acaya me arrebatará este motivo de orgullo.
11 ¿Acaso me comporté así porque no los
amo? Bien sabe Dios que los amo. 12 Y si
continúo haciendo esto que hago, es con el
fin de no dar motivo alguno a quienes buscan ese pretexto para gloriarse de ser como
nosotros. 13 Porque esos tales son falsos
apóstoles, trabajadores mentirosos que se
disfrazan de apóstoles de Cristo. 14 Y no es
de maravillarse, ya que si el mismo Satanás se disfraza de ángel de luz, 15 parece
natural que sus ministros se disfracen de
agentes de la justicia. Pero les espera un
final conforme a sus acciones.

Pablo y sus trabajos como apóstol

Rom 11 1; Flp 3 2-6; 1 Cor 4 11-12; 9 22; 2 Cor 7 5;
Hch 14 19; 16 22; 9 24-25

16 Les pido una vez más que nadie me
tome por impertinente. O en todo caso acép-
tenme como tal y permítanme que yo también me enorgullezca un poco. 17 Y ya que
de enorgullecerse se trata, lo que diré no
procede del Señor, sino de uno que dice
impertinencias. 18 Pero son tantos los que
se enorgullecen de honores humanos, que
también yo me enorgulleceré.

19 Porque ustedes, que se creen tan sabios, toleran con gusto a los necios. 20 Toleran que los esclavicen, que los exploten,
que los engañen, que los humillen, que los

• **11 1-15**: La polémica de Pablo con los *superapóstoles* llegados a Corinto se vuelve por momentos más dura y más irónica. Pablo compara a la comunidad cristiana de Corinto con una esposa en trance de infidelidad, y hace, de paso, una bella alusión al relato de los orígenes (Gn 3 1-7).

En cuanto al espinoso problema del sostenimiento material a cargo de la comunidad, Pablo respeta el derecho de los demás, e incluso en algún caso ha aceptado gustosamente ayuda económica para sus tareas apostólicas (Flp 4 10-20). Pero es un derecho al que se puede renunciar y en el caso concreto de Corinto entiende que se debe renunciar por el bien del evangelio. Las recomendaciones de Jesús (Mt 6 25-26; Lc 10 7-8) deben entenderse según el espíritu y no de forma estrictamente literal. Hasta tal punto esto es claro para san Pablo, que cuando utiliza el derecho a ser ayudado económicamente, tiene la sensación de estar *despojando* a sus comunidades.

• **11 16-33**: Sorprende la insistencia de Pablo en pedir disculpas por el hecho y el modo de defenderse. Se diría que tal actitud sólo se justifica en situaciones excepciona-

abofeteen. 21 ¡Vergüenza me da haber sido
tan respetuoso con ustedes! Pero a lo que
cualquier otro se atreva –ya sé que hablo
como un necio–, me atrevo también yo.
22 ¿Son hebreos? También yo. ¿Israelitas?
También yo. ¿Descendientes de Abrahán?
También yo. 23 ¿Ministros de Cristo? Voy
a decir una impertinencia: más que ellos lo
soy yo. Los aventajo en fatigas, en prisiones, no digamos en palizas y en las muchas
veces que he estado en peligro de muerte.
24 Cinco veces he recibido de los judíos los
treinta y nueve golpes de rigor; 25 tres
veces he sido azotado con varas, una vez
apedreado, tres veces he naufragado; he
pasado un día y una noche a la deriva en
alta mar. 26 Los viajes han sido incontables; con peligros al cruzar los ríos, peligros provenientes de asaltantes, de mis propios compatriotas, de paganos; peligros en
la ciudad, en despoblado, en el mar; peligros por parte de falsos hermanos. 27 Trabajo y fatiga, a menudo noches sin dormir,
hambre y sed, muchos días sin comer, frío
y desnudez. 28 Y a todo esto hay que añadir
la preocupación diaria que supone la atención a todas las iglesias. 29 Porque ¿quién
se debilita sin que me debilite yo? ¿Quién
se encuentra en ocasión de pecar sin que
un fuego interior me devore?

30 Aunque, si es necesario enorgullecerme, me enorgulleceré de mis debilidades.
31 El Dios y Padre de Jesús, el Señor –¡sea
bendito por siempre!– sabe que no miento:
32 estando yo en Damasco, el gobernador
del rey Aretas puso guardias en la ciudad
de los damascenos con orden de arrestar-
me, 33 y por una ventana me descolgaron
por el muro en una canasta, escapando así
de sus manos.

Revelaciones del Señor a Pablo

Hch 16 9; 22 17-21; 23 11; 27 23-24; Gal 2 2; 2 Cor 11 30

12 1 ¿Tendré que seguir enorgulleciéndome? Aunque es del todo inútil, me referiré a las visiones y revelaciones del Señor. 2 Conozco a un cristiano que hace catorce años –si fue con cuerpo o sin cuerpo,
no lo sé, Dios lo sabe– fue arrebatado hasta
el tercer cielo. 3 Y me consta que ese hombre –si fue con cuerpo o sin cuerpo, no lo
sé, Dios los sabe– 4 fue arrebatado al paraíso y oyó palabras indescriptibles que el
hombre no puede expresar. 5 De ese hombre
me sentiré orgulloso, porque, en cuanto a
mí, sólo me sentiré orgulloso de mis debilidades. 6 Y eso que, si quisiera enorgullecerme, no estaría diciendo impertinencias,
sino la pura verdad. Pero me abstengo de
hacerlo, para que nadie me considere por
encima de lo que ve o escucha de mí, 7 a
causa de tan sublimes revelaciones.

La verdadera fortaleza

Mt 26 39-42; 2 Cor 4 7; 13 4.9; Flp 4 13

Precisamente para que no me valore
más de la cuenta, tengo una espina clavada
en mi carne, un representante de Satanás
encargado de hacerme sufrir para que no
me enorgullezca. 8 He rogado tres veces al
Señor para que apartara esto de mí, 9 y otras
tantas me ha dicho: «Te basta mi gracia, ya
que la fuerza se pone de manifiesto en la
debilidad». Gustosamente, pues, seguiré
enorgulleciéndome de mis debilidades, para
que habite en mí la fuerza de Cristo. 10 Y
me complazco en soportar por Cristo debilidades, injurias, necesidades, persecuciones y angustias, porque cuando me siento
débil, entonces es cuando soy fuerte.

les. Y así es en efecto. Cada creyente tendrá que valorar *cuidadosamente cuándo en su vida se da tal circunstancia*. La lista de padecimientos que Pablo ha soportado por el evangelio es realmente estremecedora. Entre ellos está el de *los treinta y nueve golpes de rigor* (literalmente: "cuarenta golpes menos uno"). En Dt 25 3 se prescribe que si un hombre culpable de un delito merece azotes, el juez podrá castigarlo a *cuarenta azotes, pero no más.* Para evitar el riesgo de traspasar este número y faltar a la ley, los judíos aplicaban siempre treinta y nueve azotes al reo.

• **12 1-10**: Continúa san Pablo defendiendo la legitimidad de su tarea apostólica y para eso invoca tanto experiencias místicas excepcionales, como realidades humanas más pobres.

Con la expresión *tercer cielo* se refiere sin duda, siguiendo el lenguaje judío del tiempo, al cielo superior y supremo, el paraíso donde habita Dios; lo que en realidad quiere significar es el contacto misterioso y total con la plenitud del ser y del poder divino.

Con las palabras *espina clavada en la carne* evoca Pablo un sufrimiento suyo especial, cuya naturaleza desconocemos. ¿Era un sufrimiento físico o una dificultad moral? Probablemente se trata de una dolencia física crónica. Y poco más puede decirse, si no es que Pablo la sentía como algo tremendamente doloroso. Si Pablo llama a esta enfermedad *agente de Satanás* es porque expresa la mentalidad bíblica general que considera a Satanás la causa de todo mal, también del mal físico.

Amor y preocupación de Pablo por los corintios

Rom 15 18-19; 1 Cor 2 4-5; 2 Cor 11 9; Flp 2 17

11 ¡Ya sé que he sido un impertinente!
Pero ustedes me han obligado; ustedes que
debieron dar la cara por mí, pues aunque
nada soy, en nada me aventajan esos superapóstoles. 12 Las características del apóstol, a saber, una paciencia a toda prueba,
acompañada de señales milagrosas, prodigios y portentos, tuvieron lugar entre ustedes. 13 ¿En qué, pues, han sido menos que
las demás iglesias? Sólo en que yo no fui
una carga para ustedes. ¡Perdonen, por favor, esta ofensa!

14 Esta es la tercera vez que voy a ir a
visitarlos y tampoco seré una carga para
ustedes, pues no me interesan sus bienes,
sino ustedes mismos. Al fin y al cabo, no
son los hijos los que deben ahorrar para los
padres, sino los padres para los hijos. 15 Así
que con mucho gusto me gastaré y me des-
gastaré por ustedes. ¿O acaso porque yo los
amo más, ustedes van a amarme menos?

16 De acuerdo –pensará alguno–, yo no
he sido una carga para ustedes, pero como
soy astuto, los engañé. 17 Vamos a ver, ¿es
que los he explotado por medio de alguno
de mis enviados? 18 Insistí a Tito para que
fuera a visitarlos y envié con él a ese otro
hermano. ¿Los ha explotado Tito? ¿O no
es cierto, más bien, que hemos procedido
de común acuerdo y seguimos los mismos
pasos?

19 Tal vez estarán pensando desde hace
rato que nos estamos justificando ante ustedes. Delante de Dios y como cristianos
les decimos, hermanos amados, que todo
fue para el bien espiritual de ustedes. 20 Y
es que tengo miedo que cuando los visite
no los encuentre como yo quisiera, ni ustedes me encuentren como lo desearían. Tengo miedo que haya rivalidades, envidias,
iras, ambiciones, calumnias, murmuraciones, soberbias y desórdenes. 21 Tengo miedo que, en mi próxima visita, me humille
mi Dios por causa de ustedes y tenga que
llorar por tantos que han pecado y no han
hecho penitencia por la impureza, la lujuria y el desenfreno a que se entregaron.

CONCLUSION +

Ultimas advertencias

Dt 17 6; 19 15; Rom 6 8-11; 2 Cor 3 5-6; 12 9-10; Jr 1 10; 2 Cor 10 8

13 1 Esta será la tercera vez que los visite. Y *toda cuestión se decidirá conforme al testimonio de dos o tres testigos.*
2 Lo dije entonces, y ahora que estoy ausente repito lo que les dije personalmente en
mi segunda visita: que si voy de nuevo,
trataré sin piedad a los culpables y a todos
los demás. 3 Así les daré la prueba que buscan y sabrán que Cristo habla por medio
de mí. Y Cristo no les ha dado muestras de
debilidad, sino de poder. 4 Es verdad que
se dejó crucificar en su débil naturaleza
humana, pero ahora vive por la fuerza de
Dios. Así también nosotros, que compartimos con él su debilidad, compartiremos
con él su fuerza divina a la hora de enfrentarme con ustedes. 5 Juzguen y examínense
ustedes mismos a ver si viven según la fe.
Y si no reconocen que Cristo vive en ustedes, será porque ya están descalificados.
6 Espero, en cambio, que reconozcan que
nosotros no estamos descalificados.

• **12** 11-21: Aquí termina la defensa que Pablo ha hecho de su tarea misionera en Corinto. De nuevo la fina ironía del apóstol. La verdad es que cuando falta el amor, cuando son el odio y el resentimiento los que inspiran palabras y acciones, todo se malinterpreta: la bondad se considera astucia y el desprendimiento engaño.

En 2 Cor 12 14 habla Pablo de una *tercera* visita a Corinto. Las otras dos visitas de Pablo a los corintios son, sin duda, la de la fundación de la comunidad relatada en Hch 18 1-18 y la que suele denominarse *visita intermedia* con *motivo de los graves problemas* surgidos en la comunidad después de la partida de Pablo. Esta segunda visita no es mencionada en el libro de los Hechos, pero se deduce con bastante claridad de las cartas paulinas, en especial de 2 Cor 13 2. La tercera visita, que implícitamente se recoge en Hch 20 2-3, reviste para Pablo una gran importancia, y el apóstol lo pone de relieve citando a Dt 19 15 y convirtiendo los tres testigos allí requeridos para dar fe en un juicio, en tres testimonios, los de sus tres visitas a Corinto.

+ 13 1-13: Este pasaje final de 2 Cor parece corresponder a la conclusión de la que suele llamarse "carta de las lágrimas" (2 Cor 10-13). El tono severo, incluso amenazante a veces, se mantiene hasta el final.

La antítesis *debilidad-fortaleza* ocupa el centro de la reflexión paulina (véase 1 Cor 4 10; 2 Cor 12 8-10). Que nadie se engañe. Ser apóstol de Cristo significa participar con él en su pasión y muerte, pero significa también participar en la vida y el poder del Resucitado.

La fórmula trinitaria final es única dentro de las cartas paulinas y constituye una impresionante confesión de fe en el Dios trino del Nuevo Testamento.

7 Rogamos a Dios que no hagan ningún
mal, no para que se demuestre que la razón
está de nuestra parte, sino para que ustedes
hagan el bien, aunque nosotros aparezca-
mos como descalificados. 8 Pues si algún
poder tenemos, no es contra la verdad, sino
a favor de la verdad. 9 No nos importa, en
efecto, parecer débiles y que ustedes parezcan fuertes; únicamente suplicamos que
ustedes lleguen a ser perfectos. 10 Por eso
les escribo así estando ausente, para que
cuando esté presente no tenga que mostrarme severo en virtud del poder que el Señor
me ha dado para edificar y no para destruir.

Saludos y despedida

Flp 3 1; 4 4; Rom 15 5.33; 16 16; Ef 1 3-14; Mt 28 19; Jn 14 16

11 Por lo demás, hermanos, estén alegres, busquen la perfección, anímense, vivan en armonía y en paz; de este modo, el Dios del amor y de la paz estará con ustedes.

12 Salúdense unos a otros con el beso santo. Los saludan todos los hermanos en la fe.

13 La gracia de Jesucristo, el Señor, el amor de Dios y la comunión en el Espíritu Santo, estén con todos ustedes.

CARTA A LOS GALATAS

INTRODUCCION

La primavera de liberación que un día comenzó a florecer en Galilea pudo marchitarse antes de dar el fruto deseado. Y los hombres seguiríamos ignorando que no somos esclavos sino hijos de Dios, que a Dios se le debe adorar en espíritu y verdad, que lo importante en el reino de Dios no es lo que se come o deja de comer, sino lo que se piensa y lo que se quiere, que –en fin– no somos nosotros, sino Dios el que nos salva. Para que esto no sucediera entonces y no suceda jamás escribió Pablo la carta a los Gálatas.

Estamos ante una de las cartas más directas, personales y apasionadas de Pablo. Tuvo que escribirla para salir al paso de una situación de crisis en las comunidades de Galacia. Pero su alcance va mucho más allá de lo que puede suponer la solución de un problema local. En realidad estaba en juego la esencia y el futuro del cristianismo; era cuestión de fidelidad o infidelidad al evangelio; se trataba de que el cristianismo no se convirtiera en una simple secta judía.

1. Pablo y las comunidades cristianas de Galacia

Los gálatas eran un pueblo de origen céltico, emparentados con las tribus de la antigua Galia (hoy Francia). Procedentes de Europa se instalaron en el centro de Asia Menor –la actual Turquía– y fueron sometidos por los romanos en el año 180 a. C. La provincia romana de Galacia abarcaba una amplia franja de norte a sur en el centro de la península del Asia Menor.

Pablo evangelizó los territorios y ciudades del sur (Iconio, Derbe, Listra, Antioquía de Pisidia) en el curso de su primer viaje apostólico durante los años 45-48 d. C. (véase Hch 13 13-14 24). En cuanto a los territorios y ciudades del norte (Ancyra, Pesinonte, Tavio), que constituían la región gálata propiamente dicha, debieron ser evangelizados durante su segundo viaje misional (véase Hch 16 6). Es a estas últimas comunidades a las que Pablo se dirige en la carta a los Gálatas.

Hacia el año 55, cuando Pablo se encontraba *probablemente en Efeso,* le llegan noticias de que sus comunidades de Galacia se hallan sumidas en una grave crisis de identidad cristiana. La crisis ha sido provocada desde fuera por unos predicadores del evangelio que ponen en entredicho la validez y legitimidad del anuncio evangélico hecho por Pablo. Este es acusado de predicar un evangelio mutilado, de ser un miniapóstol. Los agitadores en cuestión proclaman que el auténtico evangelio es el de los apóstoles de Jerusalén, a saber, el evangelio que manda observar fielmente la ley de Moisés, incluido el rito de la circuncisión. A estos cristianos, originarios con toda probabilidad de las comunidades judeo-cristianas de Palestina, se les conoce en la historia del cristianismo primitivo con el nombre de "judaizantes".

El problema que está en el fondo de esta crisis no fue algo exclusivo de las comunidades cristianas de Galacia. En realidad se trata de un problema que afectó al cristianismo desde sus mismos orígenes y provocó diversos intentos de solución (véase Hch 15 1-31). La "crisis gálata" constituye, sin duda, un momento clave en el desarrollo de la cuestión.

No cabe duda que nos encontramos ante un escrito singular por su tono abiertamente polémico (incluso agresivo en ocasiones: Gal 5 12), por sus abundantes datos biográficos, tanto sobre el propio Pablo como sobre la primitiva Iglesia cristiana, y por su incuestionable carácter paulino de principio a fin. Si hay alguna carta de cuya autenticidad paulina no es posible dudar, es precisamente ésta. Sus preciosos datos biográficos, su tono, su estilo, sus ideas, dan al escrito un innegable sello paulino.

2. Género literario y estructura de la carta

No hay duda que Gálatas es una verdadera carta con unos destinatarios y un tema suficientemente delimitados, pero se trata de una carta totalmente polémica. Con un estilo tremendamente agresivo, buscando golpear al adversario allí donde más impacto pueda causarle, Pablo expone todo tipo de argumentos: referencias históricas, evocaciones personales, citas de la Escritura, procedimientos exegéticos característicos de las escuelas rabínicas, interpelaciones personales, observaciones irónicas, etc. Maldice con violencia (Gal 5 12); recrimina sin respetos humanos (Gal 2 14); ruega con dulzura (Gal 4 12). No le acobarda llamar *torpes* a los gálatas (Gal 3 1), pero aún le queda sitio en el corazón para expresiones de profunda ternura (Gal 4 19).

El ardor de la polémica genera un bello desorden, una aparente falta de estructura en la que, sin embargo, todas las flechas apuntan al mismo blanco. Este único objetivo es justamente lo que confiere a esta carta su unidad a toda prueba. Pueden distinguirse en la carta tres secciones bastante bien delimitadas:

– Una sección histórico-apologética en la que Pablo reclama la absoluta legitimidad de su condición de apóstol, y en ella fundamenta la autenticidad de su anuncio evangélico (Gal 1-2).

– Una sección doctrinal, en la que Pablo demuestra que la verdadera salvación viene de Dios a través de Cristo aceptado por la fe. Una fe que es el punto de encuentro entre la impotencia del hombre y el poder salvífico de Dios (Gal 3-4).

– Y una sección exhortativa, en la que Pablo señala cuál debe ser la actitud del hombre liberado por Cristo, y en la que urge a todos los cristianos –representados por los gálatas– a vivir según el *Espíritu* liberador y no según la *carne* esclavizante (Gal 5-6).

3. Contenido teológico

En el párrafo inicial de la carta, Pablo anticipa ya el postulado central de toda su exposición: la salvación del hombre *–la gracia y la paz–* viene de Dios a través de Jesucristo *que entregó su vida para librarnos de nuestros pecados y de la perversión de este mundo* (Gal 1 3-4).

Se da por supuesto que los agitadores de Galacia atribuían a Dios la salvación de los hombres, y asignaban un papel salvífico a Jesucristo muerto y resucitado. Pero como segundo factor decisivo en orden a la salvación, incluían también la observancia de la ley de Moisés, y de forma particular el rito de la circuncisión. En el proceso de salvación del hombre por Dios –decían– son elementos determinantes tanto Cristo como la ley. Y aquí es donde Pablo se les enfrenta de lleno. La ley no salva, dice Pablo. No se puede colocar al lado de Cristo ningún elemento competidor. El acontecimiento decisivo y definitivo en la salvación es únicamente Cristo (Gal 4 4-7; véase Hch 4 12). Pero si Dios nos salva a través de Jesucristo, al hombre le corresponde aceptar, creer, que Jesucristo es el único salvador. Así concibe san Pablo el proceso de salvación-justificación del hombre: como un diálogo en el que Dios llama –la gracia–, y el hombre responde –la fe–, apoyándose en la palabra y en la promesa salvadora de Dios. Pero debe quedar bien claro que esta fe no consiste en una pura aceptación intelectual. Lleva consigo un dinamismo interno, el dinamismo del amor, que la penetra totalmente de un impulso operativo (Gal 5 6).

Esta fe *que actúa por medio del amor* (Gal 5 6) es, según Pablo, la que nos convierte en *hombres nuevos* y *hombres libres.* Hombres nuevos recreados por Dios a imagen de Jesucristo y capaces de superar la fuerza aniquiladora del pecado y de la muerte. Y hombres libres de toda atadura, de toda ley puramente externa que, como las prescripciones rituales de la ley judía, pretenda presentarse como fuente de salvación al margen o por encima de Cristo. En última instancia, la lucha de Pablo contra la ley como valor absoluto, es la lucha contra cualquier intento de autodivinización por parte del hombre. En este sentido resulta que la teología de la justificación-salvación por la fe, viene a coincidir con la teología de *la locura de la cruz* que Pablo propone a los corintios. Una y otra, en efecto, constituyen la denuncia más radical contra cualquier hombre que alimente sueños de omnipotencia.

4. La carta a los gálatas en la historia de la Iglesia y de la teología

A lo largo de la historia cristiana la carta a los Gálatas ha sido, como Cristo, *piedra de escándalo y signo de contradicción.* En ocasiones, una desafortunada interpretación de la misma ha podido originar dolorosas divisiones en el seno de la Iglesia. Pero también ha conducido otras veces a verdaderos redescubrimientos del cristianismo original.

Al margen de interpretaciones más o menos afortunadas de la carta, este singular escrito paulino se levanta contra todo lo que significa hipocresía o legalismo en el seno de la comunidad cristiana. La carta a los Gálatas es, en este sentido, el mejor y más emocionado comentario del sermón de la montaña (Mt 5-7). No debe extrañar entonces que, aunque nacida al calor de unas circunstancias muy concretas, su mensaje resista el paso del tiempo y se mantenga siempre actual. Porque con frecuencia la vida cristiana, tanto a nivel individual como comunitario, está amenazada por una legislación capaz de esterilizarla totalmente. Para escapar a esta trampa mortal es necesario que la Iglesia viva en constante actitud de revisión y vigilancia. Un magnífico punto de referencia es la meditación continua del mensaje central de esta carta.

CARTA A LOS GALATAS

INTRODUCCION +

Saludo

Hch 20 24; Rom 1 1; 1 Cor 1 1; 1 Tim 2 6

1 1 Pablo, apóstol no por disposición humana ni por intervención de hombre
alguno, sino por voluntad de Jesucristo y
de Dios Padre quien lo resucitó de entre
los muertos, 2 junto con todos los hermanos que están conmigo, a las iglesias de
Galacia. 3 Gracia y paz para ustedes de parte de Dios nuestro Padre y de Jesucristo, el
Señor, 4 que se entregó por nuestros pecados para librarnos de este mundo malvado,
conforme a la voluntad de Dios, nuestro
Padre, 5 a quien pertenece la gloria por
siempre. Amén.

Dura reprensión

Rom 1 6; 2 Cor 11 4

6 No salgo de mi asombro al ver con qué
rapidez han abandonado a quien los llamó
mediante la gracia de Cristo para pasarse a
otro evangelio. 7 Pero no hay otro evangelio. Lo que pasa es que algunos los están
confundiendo e intentan manipular el evangelio de Cristo. 8 Pues sea maldito cualquiera –yo o incluso un ángel del cielo–
que les anuncie un evangelio distinto del
que yo les anuncié. 9 Ya les había dicho, y
ahora lo repito: Si alguno les anuncia un
evangelio distinto del que han recibido,
¡caiga sobre él la maldición!
10 Porque, vamos a ver: ¿busco yo ahora el favor de los hombres o el de Dios?
¿Trato acaso de agradar a los hombres? Si
todavía tratara de agradar a los hombres,
no sería siervo de Cristo.

1. Defensa personal de Pablo ◊

Pablo, perseguidor de la iglesia

Hch 8 3; 22 4-5; 26 9-11; 1 Cor 15 9; Flp 3 6

11 Quiero que sepan, hermanos, que el
evangelio anunciado por mí no es una invención de hombres, 12 pues no lo recibí ni
lo aprendí de ningún hombre; Jesucristo es
quien me lo ha revelado. 13 Han escuchado, sin duda, de mi antigua conducta en el
judaísmo: con qué furia perseguía yo a la
Iglesia de Dios intentando destrozarla.
14 Incluso aventajaba dentro del judaísmo
a muchos compatriotas de mi edad como
fanático partidario de las tradiciones de
mis antepasados.

Vocación de Pablo

Is 49 1; Jr 1 5

15 Pero cuando Dios, que me eligió
desde el seno de mi madre y me llamó por

+ 1 1-10: Un comienzo serio y solemne como requiere la gravedad del problema que Pablo tiene que afrontar. En lugar de la acostumbrada acción de gracias, una dura advertencia, pues está en juego la esencia misma y el futuro del cristianismo.

La expresión de Gal 1 8: *maldito cualquiera que les anuncie un evangelio distinto* (véase nota a Rom 9 1-5) es dura. Sobre todo es dura para una época como la nuestra caracterizada por un pluralismo cultural que parece querer extenderse también al campo religioso. ¿Excluye aquí san Pablo incluso el diálogo respetuoso con quienes no compartan nuestra fe? La carta a los Gálatas no nos ofrece *soluciones para cada caso concreto*, pero desde luego critica la idea de que todas las religiones valen por igual. El evangelio de Jesús lleva en sí mismo una exigencia de verdad, y por consiguiente de universalismo. Por lo demás, Pablo condena a quienes se presentan como apóstoles auténticos de Jesús pero no lo son ya que distorsionan el verdadero evangelio que conduce a la libertad y a la verdad.

◊ 1 11-2 14: Para hacer frente con garantías de éxito a los predicadores judaizantes que han sembrado el desconcierto en las comunidades cristianas de Galacia, Pablo necesita dejar bien claro que él no es un miniapóstol, sino un verdadero apóstol a quien Jesucristo ha encargado la evangelización de los no judíos. Por eso en esta primera sección de la carta comienza reclamando y demostrando su condición de apóstol y concretando el campo específico de su apostolado.

• 1 11-24: En ésta y otras ocasiones (1 Cor 15 9; Flp 3 6; 1 Tim 1 13), Pablo evoca su etapa de encarnizado perseguidor de la Iglesia. Es probable que tanto Pablo como el autor del libro de los Hechos (Hch 8 1-3; 9 1-2) insistan en la actividad persecutoria de Pablo más allá de lo estrictamente histórico; pero ninguna consideración, ni psicológica ni literaria, autoriza a suprimir la figura de Pablo perseguidor.

pura bondad, se complació en 16 revelarme
a su Hijo y en hacerme su mensajero entre
los paganos, inmediatamente, sin consultar
a hombre alguno 17 y sin subir a Jerusalén
para ver a quienes eran apóstoles antes que
yo, me dirigí a Arabia y de nuevo regresé a
Damasco.

Primer viaje de Pablo, cristiano, a Jerusalén

Hch 9 20.26-30; 15 13

18 Luego, después de tres años, subí a
Jerusalén para conocer a Pedro y permanecí junto a él quince días. 19 No vi a ningún
otro apóstol, fuera de Santiago, el hermano
del Señor. 20 De esto que les escribo, Dios
es testigo que no miento. 21 Fui después a
las regiones de Siria y Cilicia. 22 Por entonces las iglesias cristianas de Judea no
me conocían aún personalmente; 23 únicamente oían decir: «el que nos perseguía,
ahora anuncia la fe que antes combatía».
24 Y daban gloria a Dios por mi causa.

Segundo viaje a Jerusalén

Hch 11 30; 15 1-2

2 1 Pasados catorce años, subí otra vez a
Jerusalén junto con Bernabé, llevando
también conmigo a Tito. 2 Subí impulsado
por una revelación y, en conversación privada con los principales dirigentes, les di
cuenta del evangelio que anuncio a los paganos, no sea que tanto entonces como
ahora me estuviera esforzando inútilmente.
3 Pues bien, ni siquiera Tito, mi acompañante, que era de origen pagano, fue obligado
a circuncidarse. 4 El problema lo crearon
esos intrusos, esos falsos hermanos infiltrados para coaccionar la libertad que Cristo
nos ha conseguido y convertirnos en esclavos. 5 Pero ni por un momento nos dejamos
someter, pues era necesario que la verdad
del evangelio permaneciera íntegra entre
ustedes.

Pablo y los otros apóstoles

Hch 9 15; Rom 1 5-6; 15 15-19; 2 Cor 8-9

6 En cuanto a los que tenían autoridad
–no importa lo que antes fueran, pues Dios
no hace distinción de personas–, ninguna
otra cosa me impusieron. 7 Al contrario,
vieron que a mí se me había confiado la
evangelización de los paganos, lo mismo
que a Pedro la de los judíos, 8 ya que el
mismo Dios que constituyó a Pedro apóstol de los judíos, me constituyó a mí apóstol de los paganos. 9 Reconociendo, pues,
la misión que se me había confiado, Santiago, Pedro y Juan, considerados columnas de la Iglesia, nos dieron la mano a Bernabé y a mí en señal de comunión: nosotros evangelizaríamos a los paganos, y
ellos a los judíos. 10 Tan sólo nos pidieron
que nos acordáramos de los pobres, cosa
que yo he procurado cumplir con gran
empeño.

Enfrentamiento con Pedro en Antioquía

Hch 10 28; 11 3

11 Pero cuando Pedro llegó a Antioquía,
tuve que enfrentarme abiertamente con él a
causa de su conducta inadecuada. 12 En

En Gal 1 19 se habla de Santiago, el hermano del Señor. La palabra *hermano,* que el Nuevo Testamento aplica con alguna frecuencia a los parientes cercanos de Jesús (véase Mc 3 31-32 y paralelos; Jn 2 12; 7 3-10; Hch 1 14), puede parecer a primera vista un tanto desconcertante. Pero no debemos olvidar que la palabra hebreo-aramea que está en el origen de todo, tiene un sentido amplio y puede significar indistintamente, según los casos, "hermano", "sobrino", "primo carnal", o simplemente "pariente" (véase Gn 11 27; 12 5 y 13 8; 1 Cr 12 30; 15 5-12).

Este Santiago, que desde el principio aparece como uno de los principales dirigentes de la comunidad de Jerusalén y que es considerado como el primer obispo de la misma, no debe probablemente identificarse con Santiago hijo de Alfeo y miembro del grupo de los Doce.

• **2 1-10**: Los datos que aquí proporciona Pablo no coinciden ni encajan del todo con lo que se dice en Hch 15 (véase nota a Hch 15 1-31). Históricamente debemos dar más crédito a Pablo, pues es probable que el autor de Hechos haya refundido en su relato datos pertenecientes a distintas situaciones y momentos. En todo caso, lo mismo que en el encuentro con los apóstoles de Jerusalén Pablo se mostró intransigente respecto a las tesis judaizantes, otro tanto está dispuesto a hacer ahora.

A veces, cuando el evangelio no está en juego, Pablo cede y se acomoda a sus interlocutores con el fin de ganarlos para Cristo (véase Hch 16 3 y 1 Cor 9 20). Pero cuando está en juego una verdad central del evangelio –y en el caso de las comunidades de Galacia lo estaba– no se puede negociar la verdad ni diluir el mensaje.

• **2 11-14**: El enfrentamiento de Pedro y Pablo en Antioquía de Siria tuvo su origen en la presión que ejercieron los llamados *judaizantes* en los primeros años de la Iglesia. Pretendían estos cristianos procedentes del judaísmo que la ley de Moisés, en su doble aspecto ético y ritual, siguiera teniendo plena validez dentro del cristia-

efecto, Pedro comía con los de origen pagano antes de que vinieran algunos de parte
de Santiago; pero cuando éstos llegaron,
Pedro comenzó a distanciarse y se apartó
de los paganos por miedo a los partidarios
de la circuncisión. 13 Los demás judíos lo
imitaron en esta actitud, y hasta el mismo
Bernabé se dejó arrastrar por ella. 14 Viendo, pues, que su conducta no estaba de
acuerdo con la verdad del evangelio, dije a
Pedro en presencia de todos: Si tú, que
eres judío, vives como pagano y no como
judío, ¿por qué obligas a los de origen
pagano a comportarse como judíos?

2. La salvación viene por la fe ◊

Pablo sintetiza su mensaje

Hch 15 10-11; Rom 3 20.28; 4 5; 8 10; 9 30; Flp 1 21

15 Nosotros somos judíos de nacimiento
y no pecadores venidos del paganismo.
16 Sabemos, sin embargo, que el hombre
no es justificado por el cumplimiento de la
ley, sino mediante la fe en Jesucristo. Y
nosotros hemos creído en Cristo Jesús para
ser justificados por medio de esa fe en
Cristo y no por el cumplimiento de la ley.
En efecto, por el cumplimiento de la ley
nadie será justificado. 17 Ahora bien, si al
buscar ser justificados en Cristo hemos
resultado también nosotros pecadores,
¿será que Cristo está al servicio del pecado? ¡De ninguna manera! 18 Pero si ahora
edifico de nuevo lo que antes destruí, estoy
mostrando que entonces fui culpable.
19 Sin embargo, la misma ley me ha llevado a romper con la ley, a fin de vivir para
Dios. Estoy crucificado con Cristo, 20 y ya
no vivo yo, sino que es Cristo quien vive
en mí. Ahora, en mi vida terrena, vivo creyendo en el Hijo de Dios que me amó y se
entregó por mí. 21 No quiero hacer estéril
la gracia de Dios; pero si la justificación
nos llega por la ley, entonces Cristo habría
muerto en vano.

Salvados por la fe y no por la ley

Gn 15 6; 12 13; 18 18; Dt 27 6; Hab 2 4; Lv 18 5;
Dt 21 33; Rom 4 16; 5 5-8; 8 1ss

3 1 Gálatas ¡qué torpes son! ¿Quién los
ha seducido? ¿No les presenté claramente a Jesucristo clavado en una cruz?
2 Sólo esto quisiera preguntarles: ¿Recibieron ustedes el Espíritu por haber cumplido
la ley o por haber aceptado la fe? 3 ¿Son
tan torpes que, después de haber comenzado confiando en el Espíritu, terminan
ahora confiando en sus propias fuerzas?
4 ¿Quedarán desperdiciados tantos dones?
Porque de hecho quedarían desperdiciados.
5 ¿Acaso cuando Dios les comunica el Espíritu y realiza prodigios entre ustedes, lo
hace porque han cumplido la ley, y no más
bien porque han aceptado la fe? 6 Ahí tienen el ejemplo de Abrahán: *Creyó a Dios y*
se le tuvo en cuenta para obtener la justifi-
cación.
7 Entiendan, por tanto, que los que viven
de la fe, ésos son hijos de Abrahán. 8 La
Escritura, previendo que Dios haría justos

nismo. La cosa era de capital importancia, pues ceder a sus pretensiones suponía convertir al cristianismo en una simple secta judía. Pablo comprendió en seguida la importancia del problema, y de ahí su lucha encarnizada contra los judaizantes. El hecho de que en este momento concreto Pablo recrimine a Pedro su actitud poco coherente, indica que la ruptura entre ley de Moisés y cristianismo no estaba todavía clara.

◊ **2 15-4 31**: Pablo desarrolla en esta sección el tema central de la carta, anticipado ya en Gal 1 4: la salvación del hombre viene de Dios a través de la fe en Jesucristo, *que se entregó por nuestros pecados para liberarnos de este mundo malvado.* Al hombre le corresponde colaborar, pero no a través de un cumplimiento minucioso y externo de la ley, sino apoyándose en la palabra-promesa salvadora de Dios, *mediante una fe que actúa por medio del amor* (Gal 5 6).

• **2 15-21**: El pasaje tiene dos partes. La primera está bajo el signo del "nosotros", como si Pablo quisiera destacar su acuerdo con Pedro en lo esencial del mensaje cristiano. Las palabras clave son *justificar, justificación,* términos teológicos tradicionales para referirse al proceso de salvación del ser humano por Dios. En la segunda parte Pablo se expresa en primera persona del singular y predomina el lenguaje místico. Hay dos frases significativas: *estoy crucificado con Cristo* y *vivo creyendo en el Hijo de Dios.* El creyente, al quedar incorporado a Cristo por el bautismo, es incorporado también a su muerte liberadora: es un "concrucificado" y será un "conresucitado". La aplicación estricta, aunque equivocada, de la ley de Moisés causó la muerte liberadora de Cristo en la cruz. De ahí que sorprendentemente la ley ha producido la liberación de la ley.

• **3 1-14**: Pablo va a defender en este pasaje la tesis central de la carta (Gal 2 16), y lo hace recurriendo a la experiencia cristiana de los gálatas (Gal 3 1-3) y acudiendo

a los paganos por medio de la fe, predijo a
Abrahán esta buena nueva: *Por medio de ti*
serán bendecidas todas las naciones. 9 Por
tanto los que viven de la fe reciben la bendición junto con Abrahán, el creyente.
10 En cambio, los que viven preocupados
por el cumplimiento de la ley caen bajo una
maldición; pues dice la Escritura: *Maldito*
todo el que no persevere en el cumplimien-
to de cuanto está escrito en el libro de la
ley.
11 Que en virtud de la ley Dios no hace
a nadie justo, es evidente, pues: *El justo en*
virtud de la fe, vivirá. 12 Y la ley no es
fruto de la fe, sino que: *El que cumpla los*
preceptos, por ellos vivirá. 13 Pero Cristo
nos ha liberado de la maldición de la ley
haciéndose por nosotros maldición, pues
dice la Escritura: *Maldito todo el que cuel-*
ga de un madero. 14 De esta manera, los
paganos obtendrán la bendición de
Abrahán mediante Cristo Jesús, y nosotros,
por medio de la fe, recibiremos el Espíritu
prometido.

La ley y la promesa

Gn 12 7; 13 15; Mt 1 1; Rom 4 13-15; 5 13.20-21; 7 7-13; 8 3; Hch 13 38-39

15 Hermanos, les voy a hablar con un
ejemplo tomado de la vida ordinaria. Aunque se trate de algo humano, nadie puede
anular o modificar un pacto debidamente
concluido. 16 Pues bien, las promesas fueron hechas a Abrahán y a su descendencia.
No se dice: Y a tus descendientes, como si
fueran muchos, sino *y a tu descendencia*,
refiriéndose a uno solo, es decir, a Cristo.
17 Y digo yo lo siguiente: un pacto debidamente confirmado por Dios no puede ser
anulado por una ley dada cuatrocientos
treinta años después, invalidando así la
promesa. 18 Pues si la herencia dependiera
de la ley, ya no dependería de la promesa;
en cuanto a Abrahán, Dios le concedió la
herencia gratuitamente por medio de una
promesa.
19 Entonces, ¿para qué se dio la ley?
Promulgada por ángeles, con Moisés como
mediador, fue añadida para indicar lo que
era pecado hasta que llegara la descendencia a quien fue hecha la promesa. 20 Ahora
bien, el mediador no lo es de uno solo, y
Dios es uno solo. 21 ¿Está, entonces, la ley
contra las promesas divinas? ¡De ninguna
manera! Si se hubiera dado una ley capaz
de dar vida, sí procedería la justificación
del cumplimiento de la ley. 22 Pero la
Escritura presenta todas las cosas bajo el
dominio del pecado, para que la promesa
hecha a los creyentes se cumpla por medio
de la fe en Jesucristo.

Hijos de Dios en Jesucristo

Jn 1 12-14; Rom 6 3-4; 8 15-16; 10 4; 13 14; Ef 1 10

23 Antes que llegara la fe, éramos prisioneros de la ley y esperábamos encarcelados que se manifestara la fe. 24 La ley nos
sirvió de acompañante para conducirnos a
Cristo y así ser justificados por medio de
la fe. 25 Pero al llegar la fe, ya no necesitamos acompañante. 26 Efectivamente, todos
ustedes son hijos de Dios en Cristo Jesús
mediante la fe, 27 pues todos los que han
sido consagrados a Cristo por el bautismo,
de Cristo han sido revestidos. 28 Ya no hay
distinción entre judío o no judío, entre
esclavo o libre, entre varón o mujer, por-

al testimonio de la Sagrada Escritura (Gal 3 6-14). Los gálatas han experimentado la presencia vigorosa del Espíritu, no por haber cumplido la ley de Moisés, que desconocían al no ser judíos, sino por haber aceptado mediante la fe el mensaje cristiano.

Pero es sobre todo la Escritura –autoridad decisiva en cualquier asunto– la que confirma la tesis de Pablo. En efecto, Abrahán, considerado por todos como modelo perfecto en lo que respecta a las relaciones entre Dios y el hombre, se puso en camino de salvación no por cumplir la ley, que no existía todavía, sino por creer en Dios y fiarse de él.

• **3 15-22**: De las veintiséis veces en que Pablo utiliza el término *promesa*, diez lo hace en Gálatas. La palabra como tal no aparece en el Antiguo Testamento, pero sí la realidad. Pablo, por su parte, es el primero que opone promesa y ley, concediendo a la primera un valor primordial, que relativiza la promulgación de la ley en el Sinaí. Pablo insiste aquí en el valor transitorio de la ley de Moisés (ley que el judaísmo tardío había divinizado), pero al mismo tiempo proclama que toda ley tiene siempre un valor relativo en cuanto guía y camino hacia la meta. Lo esencial es precisamente llegar a la meta, y a eso debe subordinarse toda ley.

• **3 23-4 7**: Dos imágenes de tintes más bien sombríos ilustran el papel transitorio y provisional de la ley: la imagen del carcelero y la del pedagogo greco-romano que acompañaba a los niños a la escuela. Tanto el carcelero como el pedagogo en última instancia quitan o coartan la libertad de aquellos sobre quienes actúan. Ahora, en cambio, con la venida de Cristo, ya no somos prisioneros

que todos ustedes son uno en Cristo Jesús.
29 Y si son de Cristo, son también descendencia de Abrahán, herederos según la promesa.

4 1 Ahora bien, mientras el heredero es
menor de edad, aun siendo dueño de
todo, en nada se distingue de un siervo,
2 sino que está bajo tutores y administradores hasta el tiempo determinado por el
padre. 3 Así también nosotros, mientras éramos menores de edad, vivíamos esclavizados por los poderes cósmicos. 4 Pero cuando llegó la plenitud de los tiempos, Dios
envió a su propio Hijo, nacido de una mujer, nacido bajo el dominio de la ley, 5 para
liberarnos del dominio de la ley y hacer
que recibiéramos la condición de hijos
adoptivos de Dios.

6 Y la prueba de que ustedes son hijos
es que Dios envió a nuestros corazones el
Espíritu de su Hijo que grita: «Abba», es
decir, «Padre». 7 De modo que ya no eres
siervo, sino hijo, y como hijo, también
heredero por gracia de Dios.

Pablo, preocupado por la actitud de los gálatas

Is 37 19; Jr 2 11; 1 Cor 8 3-6; Col 2 16-23

8 En otro tiempo ustedes no conocían a
Dios y servían a los que no son realmente
dioses. 9 Pero ahora que han conocido a
Dios, o mejor, que Dios los ha conocido,
¿cómo vuelven a servir a esos insignificantes y miserables poderes? 10 ¿Por qué siguen celebrando como fiestas ciertos días,
meses, estaciones y años? 11 Temo que mi
trabajo entre ustedes haya sido inútil.

Recuerdos personales

Mt 10 40; Jn 13 20; 1 Cor 2 3-5; 4 15

12 Les pido, hermanos, que se comporten conmigo como yo me comporté con
ustedes. Ninguna ofensa me hicieron; 13 y
ya saben que fue una enfermedad la que
me dio la oportunidad de anunciarles el
evangelio por primera vez. 14 Y aunque mi
enfermedad fue una dura prueba para ustedes, no me despreciaron ni me rechazaron,
sino que me recibieron como si fuera un
mensajero de Dios, como si del mismo
Cristo se tratara. 15 ¿En qué ha quedado su
entusiasmo? Porque yo mismo soy testigo
de que, si hubiera sido posible, se habrían
arrancado los ojos para dármelos. 16 ¿Es
que me he hecho enemigo de ustedes por
decir la verdad?

17 Esa gente muestra gran interés por
ustedes, pero no lo hacen con buena intención. Lo que pretenden es apartarlos de
mí para que se interesen por ellos. 18 Está
bien que pongan interés en hacer lo que es
bueno en todo momento y no sólo mientras
estoy con ustedes. 19 ¡Hijos míos, por quienes estoy sufriendo de nuevo dolores de
parto hasta que Cristo llegue a tomar forma
definitiva en ustedes! 20 Quisiera estar

y esclavos; ahora todos somos libres e hijos, todos somos radicalmente iguales ante Dios; ha quedado suprimida toda discriminación por razones raciales, políticas, sexuales o sociológicas.

La expresión *poderes cósmicos* (Gal 4 3), que de nuevo aparece en Col 2 8.20, resulta un tanto misteriosa. Probablemente evoca la fragilidad y transitoriedad de las realidades terrenas frente a la consistencia de la salvación aportada por Cristo. Antes de Cristo, el hombre aparece sometido a estos poderes que, según las ideas del tiempo, regían el curso de los astros; pero en realidad son nada, como estéril e impotente es la ley que los judaizantes quieren imponer a los gálatas y, en última instancia, a todos los cristianos.

Gal 4 4-7 constituye una de las más importantes reflexiones teológicas de la carta y es un pasaje que debe ser leído a la luz de Rom 8. El misterio de Dios, que se manifiesta en Jesucristo, se nos revela como una trinidad de personas: el Padre, el Hijo, el Espíritu. Al Padre se le llama aquí *Abba* por primera vez en el Nuevo Testamento (véase Rom 8 15 y Mc 14 36). Es una palabra cariñosa y familiar que los judíos no utilizaban para dirigirse a Dios, pero que Jesús sí adoptó con toda espontaneidad para expresar su confianza filial en Dios y su entrega total a la misión encomendada.

En Gal 4 4 alude Pablo, por única vez en todos sus escritos, a la madre de Jesús. Podría pensarse en una referencia velada al nacimiento virginal de Cristo, pero es más probable que Pablo pretenda aludir a Eva y a su descendencia (Gn 3 16), y de esta manera trate de subrayar la solidaridad liberadora de Cristo con todo el género humano.

• **4 8-20**: Las palabras de Pablo se vuelven cariñosas. Es como si temiera haber sido demasiado duro y pretendiera recuperar la corriente de afecto y confianza que siempre existió entre él y los cristianos de Galacia. En Gal 4 12-14 habla Pablo de una grave enfermedad, al parecer con manifestaciones externas de aspecto desagradable, que sufrió durante su primera permanencia entre los gálatas hacia el año 49. No hay razones de peso para relacionar este pasaje con 2 Cor 12 7-9. Pablo concluye el párrafo llamando hijos a quienes al comienzo llamó hermanos. En varios lugares de sus cartas se siente "padre" de sus convertidos (1 Cor 4 15; 2 Cor 6 13; 1 Tes 2 11). En este pasaje y en 1 Tes 2 7 se considera también "madre". Ahora prevee que será necesario repetir el alumbramiento a la fe y no se atemoriza por eso.

ahora entre ustedes y emplear el lenguaje
conveniente, porque en verdad me tienen
desconcertado.

Sara y Agar

Gn 16 15; Jn 8 33-35; Heb 12 22; Ap 21 2.10;
Gn 17 16; *Is 54 1; Gn 21 2.10*

21 Díganme, ustedes, los que quieren vivir bajo el dominio de la ley: ¿No han oído
acaso lo que dice la ley? 22 Porque está
escrito que Abrahán tuvo dos hijos: uno de
la esclava y otro de su esposa, que era libre.
23 El de la esclava nació conforme a las leyes naturales, el de la libre, en cambio, en
razón de la promesa. 24 Esto es un símbolo, pues las dos mujeres representan las dos
alianzas: una proviene del monte Sinaí y
engendra hombres para la esclavitud; es la
simbolizada por Agar 25 (fíjense que lo de
Agar tiene relación con el monte Sinaí, que
está en Arabia) y corresponde a la Jerusalén de ahora que, junto con sus hijos, sigue
siendo esclava. 26 En cambio, la otra, la Jerusalén de arriba, es libre, y ésa es nuestra
madre. 27 Pues dice la Escritura:

Alégrate, estéril, tú que no das a luz;
prorrumpe en gritos de júbilo,
tú que no conoces los dolores de parto,
porque son más
los hijos de la abandonada
que los de la que tiene marido.

28 En cuanto a ustedes, hermanos, son
hijos de la promesa, igual que Isaac. 29 Sin
embargo, ahora sucede lo mismo que entonces: el nacido según las leyes naturales persigue al nacido según el Espíritu. 30 Pero,
¿qué dice la Escritura? *Echa de casa a la
esclava y a su hijo, porque el hijo de la
esclava no compartirá la herencia con el
hijo de la libre.* 31 Así, pues, hermanos, no
somos hijos de la esclava, sino de la libre.

3. La libertad según el Espíritu ◊

Libertad cristiana

Jn 8 32.36; Rom 8 2.23-25; 2 Cor 3 17; 1 Tim 1 5;
Sant 2 2; *Lv 19 18;* Mt 5 43; Rom 13 8-10

5 1 Para ser libres, nos ha liberado Cristo.
Por eso, manténganse firmes y no permitan de nuevo el yugo de la esclavitud.
2 Soy yo, Pablo, quien les advierto: Si se
circuncidan, Cristo no les servirá de nada.
3 De nuevo lo afirmo tajantemente: Todo
aquel que se deja circuncidar, queda obligado a cumplir enteramente la ley. 4 Los
que tratan de ser justificados mediante la
ley, se separan de Cristo, pierden la gracia.
5 Por nuestra parte, esperamos ardientemente recibir la justificación por medio de
la fe, mediante la acción del Espíritu.
6 Porque en cuanto seguidores de Cristo, lo
mismo da estar circuncidados que no estarlo; lo que vale es la fe que actúa por
medio del amor.

7 Venían corriendo bien. ¿Quién se les
cruzó en el camino para que se apartaran
de la verdad? 8 No fue, desde luego, inspiración del que los ha llamado. 9 Un poco
de levadura hace fermentar toda la masa.
10 Confío, no obstante, que el Señor evitará
que procedan de otra manera; pero el que
los amotina, sea quien sea, sufrirá su castigo. 11 Por lo que a mí respecta, hermanos,
si fuera verdad que aún recomiendo la circuncisión, ¿por qué soy todavía perseguido? ¡Se habría acabado el escándalo de la
cruz! 12 ¡Más valiera que se mutilaran del
todo esos agitadores!

• **4 21-31**: Constituye este pasaje uno de los mejores ejemplos de cómo Pablo interpretaba la Escritura al estilo *rabínico de su tiempo. (Obsérvese cómo* entrelaza textos del Génesis, de Is 54 y del Sal 87). El mismo Pablo advierte que está componiendo una alegoría, e invita a descubrir detrás de la letra del texto un sentido más profundo. Se trata de demostrar que para ser herederos de la promesa no basta ser hijos de Abrahán de cualquier forma, como parecen creer los judíos (véase Mt 3 9). Hay que ser hijos de Abrahán como Isaac (de Sara, la libre) y no como Ismael (de Agar, la esclava), porque la verdadera condición de hijos de Abrahán se adquiere no por la generación *según la carne*, sino por el nacimiento *según el Espíritu.* Así pues, los cristianos que han nacido y viven según el Espíritu son los verdaderos hijos de Abrahán, son el verdadero pueblo de Dios, *el Israel de Dios* (Gal 6 16); pertenecen al mundo de la salvación definitiva y gozan de la plena libertad de los hijos de Dios.

◊ **5 1-6 10**: En esta tercera y última sección de la carta Pablo desciende al terreno de lo práctico. La salvación cristiana hace de nosotros *hombres libres*, es decir, nos permite superar cualquier obstáculo que nos ate al mal y nos aparte de Dios. Y hace también de nosotros *hombres nuevos*, es decir, hombres recreados por Dios a imagen de Jesucristo y capacitados para realizar –no por nuestras fuerzas, sino por la fuerza que nos viene del Espíritu– el alto ideal al que Dios nos ha llamado.

• **5 1-15**: Cuando Pablo afirma que Cristo nos ha liberado de la ley, no está defendiendo una especie de anarquía

13 Es cierto, hermanos, que han sido llamados a la libertad. Pero no tomen la libertad como pretexto para satisfacer sus apetitos desordenados; antes bien, háganse
esclavos los unos de los otros por amor.
14 Pues toda la ley se cumple, si se cumple
este solo mandamiento: *Amarás a tu prójimo como a ti mismo*. 15 Pero si se muerden
y se devoran unos a otros, terminarán ani-
quilándose mutuamente.

Vivir según el Espíritu

Rom 8 4-5; 7 14-23; 2 Cor 6 6; Ef 5 9;
1 Tim 6 11; 1 Pe 2 11

16 Por tanto les pido: Caminen según el
Espíritu y no se dejen arrastrar por los apetitos desordenados. 17 Porque esos apetitos
actúan contra el Espíritu y el Espíritu contra ellos. Ambos combaten entre sí, y por
eso ustedes no pueden realizar sus buenos
deseos. 18 Pero si se dejan conducir por el
Espíritu, no están bajo el dominio de la ley.
19 En cuanto a los frutos de esos desordenados apetitos, son bien conocidos: fornicación, impureza, desenfreno, 20 idolatría, hechicería, enemistades, discordias,
rivalidad, ira, egoísmo, divisiones, secta-
rismos, 21 envidias, borracheras, orgías y
cosas semejantes. Los que hacen tales cosas
–les repito ahora, como ya les dije antes–
no heredarán el reino de Dios.
22 En cambio, los frutos del Espíritu son:
amor, alegría, paz, tolerancia, amabilidad,
bondad, fe, 23 mansedumbre y dominio de
sí mismo. Ante esto no hay ley que valga.
24 Ahora bien, los que son de Cristo Jesús
han crucificado sus apetitos desordenados
junto con sus pasiones y malos deseos. 25 Si
vivimos gracias al Espíritu, comportémo-
nos también según el Espíritu. 26 No seamos vanidosos, provocándonos y envidián-
donos unos a otros.

Invitación a la ayuda mutua

Mt 18 15; Rom 15 1; 2 Tes 3 14-15; Sant 5 19-20;
Job 4 8; Prov 22 8; Ies 8 7

6 1 Hermanos, si alguno es sorprendido
en alguna falta, ustedes que están animados por el Espíritu, corríjanlo con humildad. Y no te descuides tú mismo, que también tú puedes ser puesto a prueba. 2 Ayú-
dense mutuamente a llevar las cargas, y así
cumplirán la ley de Cristo. 3 Si alguno piensa que es algo, no siendo nada, se engaña a
sí mismo. 4 Que cada uno examine su conducta y sea ella la que le proporcione motivos de satisfacción, y no el comportamiento de otros, 5 pues cada uno debe llevar su propia carga. 6 El que está siendo
instruido en el mensaje cristiano, comparta
todos sus bienes con el que le instruye. 7 No
se engañen; de Dios nadie se burla; lo que
cada uno siembra, eso cosechará. 8 Quien
siembre su vida de apetitos desordenados,
de ellos mismos cosechará corrupción; en
cambio quien siembre según el Espíritu, del
mismo Espíritu cosechará vida eterna. 9 No
nos cansemos de hacer el bien, porque si
no nos desanimamos, a su tiempo cosecha-
remos. 10 Por tanto, siempre que tengamos
oportunidad, hagamos el bien a todos y
especialmente a los hermanos en la fe.

ética donde cada uno pueda hacer lo que le venga en gana. La libertad que proclama Pablo no es una autorización para el libertinaje. Al contrario, es la más fuerte exigencia de esfuerzo y de generosidad, sólo que esa exigencia brota del interior –del amor– y no de un elemento externo como la ley. De ahí que la verdadera ley, la nueva ley que Pablo llama alguna vez *ley de Cristo* (Gal 6 2), pero que prefiere llamar *gracia* (Rom 6 14), encuentra paradójicamente su manifestación suprema en la esclavitud del amor: *háganse esclavos los unos de los otros por amor* (Gal 5 13).

Para Gal 5 13, véase nota a Rom 8 1-17.

• **5 16-26**: Aunque es Cristo quien nos ha liberado, es el Espíritu quien interioriza y hace eficaz en cada uno de nosotros esa libertad. El Espíritu es para Pablo el protagonista de la vida cristiana vivida en libertad. Al escribirlo con mayúscula, se da por supuesto que Pablo se refiere al Espíritu como persona divina; pero a decir verdad, el texto mantiene con frecuencia una cierta ambigüedad que conviene respetar.

Con la expresión *no heredarán el reino de Dios* evoca san Pablo las palabras de Jesús sobre la entrada en el reino (Mt 5 20; 18 3; 19 23; 21 31; 23 13; Lc 16 16; Jn 3 5). Con la particularidad de que en los evangelios se concibe dicha entrada como "don", mientras Pablo piensa en ella como herencia.

• **6 1-10**: Sorprende que en una carta donde la ley no ha sido considerada precisamente como algo positivo, ahora se hable de *ley de Cristo*. ¿Qué ley es ésta que Pablo atribuye a Cristo y a la que alude en otros pasajes de sus cartas (véase Rom 8 2; 1 Cor 9 21)? Puede decirse, por supuesto, que la ley de Cristo es pura y simplemente el amor. Pero, dando un paso más, puede también decirse que la ley de Cristo es el propio Cristo en cuanto que se ha hecho para nosotros modelo y norma suprema de conducta.

CONCLUSION

Consejos finales y despedida

1 Cor 16 21; 2 Tes 3 17; Rom 3 27; 5 3-5;
2 Cor 5 17; Ap 21 5

11 Vean con qué letras tan grandes les
escribo. Son de mi puño y letra.
12 Quienes
les obligan a circuncidarse lo hacen para
quedar bien ante los demás y para no ser
perseguidos a causa de la cruz de Cristo.
13 Porque ni los mismos que se circuncidan
cumplen la ley; si pretenden que ustedes se
circunciden es sólo para presumir de que
lo han logrado.
14 En cuanto a mí, jamás
presumo de algo que no sea la cruz de
nuestro Señor Jesucristo, por quien el
mundo está crucificado para mí y yo para
el mundo.
15 Pues lo que importa no es el
estar circuncidado o no estarlo, sino el ser
una nueva criatura.
16 A todos los que vi-
van según esta norma, paz y misericordia,
así como al Israel de Dios.
17 Y en adelante, no me ocasionen más
preocupaciones, que ya tengo bastante con
llevar en mi cuerpo las marcas de Jesús.
18 Hermanos, que la gracia de nuestro Señor
Jesucristo esté con ustedes. Amén.

• **6 11-18**: Con la singular expresión: *Vean con qué letras tan grandes les escribo*, Pablo introduce el último párrafo de la carta que constituye el resumen-conclusión de la misma. Si no escribió toda la carta de su puño y letra –lo normal es que utilizara secretario (véase nota a Rom 16 1-23)–, sí debió hacerlo a partir de Gal 6 11 y con una caligrafía bastante más grande de lo normal, para poner de manifiesto la importancia del asunto y la tensión que experimentaba su espíritu.

No es probable que Gal 6 17 se refiera, como alguno ha sugerido, a las señales físicas de la pasión de Jesús presentes en el cuerpo de Pablo. Más bien debe tratarse de las cicatrices reales dejadas por las heridas sufridas por Pablo en el ejercicio de su apostolado; o tal vez se trate de cicatrices en sentido figurado, es decir, del conjunto de sufrimientos de todo tipo que Pablo había soportado por amor a Jesús. Debe advertirse que en la sociedad grecorromana cada esclavo llevaba la marca de su dueño como señal de pertenencia a él. Pablo se siente en todo momento siervo de Jesús (Rom 1 1; Gal 1 10), propiedad exclusiva de Cristo.

CARTA A LOS EFESIOS

INTRODUCCION

Examinada de cerca, la carta a los Efesios tiene el aspecto de una circular; parece una disertación teológica destinada, no a una comunidad concreta –la de Efeso–, sino a toda la Iglesia cristiana. Leyendo este escrito tenemos la impresión de estar asistiendo a una sorprendente incorporación de paganos a la Iglesia, y es como si el autor quisiera poner en guardia a aquellos cristianos contra toda tentación de particularismo. De hecho la perspectiva de una Iglesia que se confunde con las dimensiones del mundo y en cuyo seno se desarrolla el plan salvífico universal de Dios, constituye el tema central de la carta.

Efesios es una de las cuatro cartas llamadas tradicionalmente "de la cautividad" (véase Introducción a las cartas de San Pablo). En particular son evidentes y numerosos sus contactos con la escrita a la comunidad de Colosas. La relación entre estos dos escritos constituye uno de los enigmas del Nuevo Testamento que todavía no ha encontrado solución satisfactoria. No obstante, la hipótesis más común es que el autor de Efesios se ha inspirado en Colosenses a la hora de proponer a los creyentes esta profunda y enamorada reflexión sobre la Iglesia de Jesús.

1. Pablo y la comunidad de Efeso. Transfondo histórico de la carta

Aunque en los últimos tiempos se ha puesto seriamente en duda que esta carta haya sido escrita directamente por Pablo y dirigida a la comunidad de Efeso entre los años 62-63, lo cierto es que entre Pablo y la iglesia de Efeso existió una intensa relación.

Efeso, capital de la provincia romana de Asia, estaba situada en la costa occidental de la península del Asia Menor. Su importante puerto y su numerosa población hacían de ella en tiempos de Pablo una ciudad muy floreciente. Pablo se detuvo en Efeso un breve espacio de tiempo durante su segundo viaje apostólico (Hch 18 19-21). Pero fue durante el tercero cuando hizo de Efeso el centro de su actividad apostólica (Hch 19 1-20 1). Allí permaneció casi tres años y desde allí evangelizó sin duda numerosas ciudades de la región.

Precisamente esta prolongada relación entre Pablo y la iglesia de Efeso hace inexplicable la ausencia casi total de saludos y datos personales en la carta. El autor parece no conocer personalmente a los destinatarios (Ef 1 15), y éstos, por su parte, parece que tampoco lo conocen a él (Ef 3 2). Por eso, aunque aparentemente el marco histórico de Efesios es el mismo que el de Colosenses y Filemón, puede tratarse de un marco histórico creado artificialmente por un discípulo de Pablo; un discípulo que escribe bastantes años después de la muerte del apóstol y que ha querido inspirarse en otros escritos atribuidos a Pablo para dar así fuerza y autoridad a su mensaje.

Así pues, la cuestión de la autenticidad estrictamente paulina de la carta permanece abierta y eso impide describir con precisión las características socio-religiosas de la comunidad o comunidades destinatarias de esta carta. Es probable que se trate de cristianos de la segunda generación, los cuales han quedado deslumbrados por ciertas filosofías paganas y necesitan que alguien les ayude a profundizar en el misterio de Cristo. Cristianos de distinto origen sociológico y distinta condición cultural, que viven bajo la amenaza de dividirse en grupos distanciados y están, por tanto, necesitados de una vibrante llamada a la unidad. Cristianos, en fin, en medio de un ambiente pagano y una ética altamente permisiva, que sienten el atractivo del mundo que los rodea y necesitan que alguien los anime a vivir coherentemente con su fe en una profunda y misteriosa vinculación a Cristo.

2. *Características literarias*

El aspecto externo de Efesios es sin duda el de una carta, y la estructura básica del escrito es claramente paulina. Un saludo, bastante breve e impersonal (Ef 1 1-2); una primera parte de carácter doctrinal (Ef 1 3-3 21); una segunda parte de índole moral y exhortativa (Ef 4 1-6 20); y una conclusión tan breve como el saludo (Ef 6 21-24). En la primera parte destacan los motivos litúrgicos; en la segunda los catequéticos.

Pero más allá del aspecto externo, los seis capítulos de Efesios tienen un aire de meditación teológica, que los diferencian notablemente de las otras cartas paulinas. De hecho el estilo de Efesios resulta solemne y redundante; las frases son con frecuencia complicadas, las imágenes largas e intrincadas, los pensamientos no se ordenan de forma progresiva. Las influencias litúrgicas, la semejanza de estilo con la traducción griega del Antiguo Testamento, e incluso una cierta inspiración en los escritos de Qumrán, son evidentes. Se diría que existe una corriente de simpatía, de intercomunicación entre la forma literaria utilizada y el tema tratado, también solemne y profundo.

3. *Contenido teológico y claves de lectura*

El centro ideológico de la carta está constituido por la reflexión-meditación sobre la unidad de la Iglesia en cuanto cuerpo de Cristo. No es un tema nuevo en Pablo (véase 1 Cor 12 12-30), pero el autor de Efesios lo recoge y lo elabora al máximo, subrayando que el plan de Dios en la historia tiene precisamente como objetivo la unión de toda la humanidad en Cristo y por Cristo. En la consecución de este objetivo Dios ha reservado a la Iglesia un papel de primer orden. La Iglesia es el lugar donde toda discriminación desaparece, donde no hay privilegios raciales, religiosos, culturales o sociales, donde la unidad no es uniformidad ni pasividad, sino dinamismo y colaboración.

Por lo demás, para captar correctamente este mensaje central de Efesios es necesario tener en cuenta varias cosas. En primer lugar que tal vez no sea ya el Pablo histórico quien habla, sino discípulos suyos de la época postapostólica. En segundo lugar, y correlativamente, es también probable que las circunstancias y problemas de la comunidad cristiana no sean los de los años sesenta, sino los de las décadas siguientes. En esta nueva situación histórica, la Iglesia tiene que enfrentarse con planteamientos filosóficos que desde fuera tienden a minimizar el protagonismo histórico-salvífico de Jesucristo, y tal vez tiene que afrontar errores teológicos que desde dentro ponen en entredicho la dignidad excepcional y el papel único que Cristo desempeña en la creación y en la obra redentora.

El autor de la carta a los Colosenses habría procurado ya atajar tan grave peligro. Algún tiempo después, el autor de Efesios profundiza en el tema elaborando una más amplia síntesis sobre el misterio de Cristo y de la Iglesia.

Finalmente, conviene leer Efesios sabiendo que el énfasis puesto por el autor en subrayar la santidad de la Iglesia y en invitarnos a que la amemos a pesar de sus defectos, no debe hacernos olvidar que también la Iglesia puede ser afectada por el pecado y tiene permanentemente necesidad de purificación, de renovación y de reforma. Igualmente, si por una parte se destaca la dimensión universal de la Iglesia, por otra no se debe hacer olvidar el justo protagonismo de las iglesias locales en las que la Iglesia universal se realiza plenamente.

CARTA A LOS EFESIOS

Saludo

Rom 1 1-7; 1 1-3

1 [1] Pablo, apóstol de Jesucristo por voluntad de Dios, al pueblo de Dios que
está en Efeso y cree en Cristo Jesús. [2] A
ustedes, gracia y paz de parte de Dios
nuestro Padre y de Jesucristo, el Señor.

1. El misterio de Cristo y de la Iglesia ◊

El plan salvador de Dios

Jn 1 12; 15 16; 17 24; Rom 8 14-17.23.28-30; Gal 4 4; Col 1 9.12-17.25-27; 2 Cor 1 22

3 Bendito sea Dios,
Padre de nuestro Señor Jesucristo,
que desde lo alto del cielo
nos ha bendecido en Cristo
con toda clase de bienes espirituales.
4 El nos eligió en Cristo
antes de la creación del mundo,
para ser santos
e inmaculados ante él.
Movido por su amor,
5 él nos destinó de antemano,
por decisión gratuita de su voluntad,
a ser adoptados como hijos suyos
por medio de Jesucristo,
6 y ser así un himno de alabanza
a la gloriosa gracia
que derramó sobre nosotros,
por medio de su Hijo querido.
7 Con su muerte, el Hijo
nos ha obtenido la redención
y el perdón de los pecados,
en virtud de la riqueza de gracia
8 que Dios derramó
abundantemente sobre nosotros
con gran sabiduría e inteligencia.
9 El nos ha dado a conocer
su plan salvífico,
que había decidido
realizar en Cristo,
10 llevando su proyecto salvador
a su plenitud
al constituir a Cristo
en cabeza de todas las cosas,
las del cielo y las de la tierra.
11 En él hemos sido hechos herederos
y destinados de antemano,
según el proyecto de quien todo lo hace
conforme al deseo de su voluntad.
12 Así nosotros, los que tenemos puesta
nuestra esperanza en Cristo,
seremos un himno
de alabanza a su gloria.

13 Y en él también ustedes,
los que recibieron la palabra de la verdad,
la buena noticia que los salva,
al creer en Cristo han sido sellados

• **1 1-2**: El saludo contiene los elementos habituales en las cartas greco-romanas. Sin embargo, comparado con el de otras cartas paulinas, sorprende su brevedad y su forma impersonal. Parece un saludo más bien postizo. De hecho las palabras *en Efeso* no figuran en varios códices de importancia, por lo que bastantes estudiosos consideran que tales palabras no son originales. Es posible que se trate de un escrito destinado al mismo tiempo a varias comunidades cristianas de la región, y que al final se impusiera el nombre de Efeso por ser la iglesia principal o porque una vez leída en las demás comunidades, quedó *en poder de la comunidad de Efeso*.

◊ **1 3-3 21**: Es la parte más doctrinal de la carta. En ella se enuncia y describe el plan divino de salvación y el papel que en este plan desempeña cada una de las personas divinas. El poder del Padre ha resucitado a Cristo de entre los muertos y le ha constituido cabeza de la Iglesia, que es la comunidad de salvación fundada por el propio Jesucristo. La unión de Cristo cabeza con el resto del cuerpo, es decir, con la Iglesia, es íntima e indisoluble. El Espíritu, por su parte, garantiza el perfecto funcionamiento de este misterioso organismo salvífico.

• **1 3-14**: Este himno con el que comienza la carta, tiene, tanto literaria como teológicamente, una clara dimensión trinitaria: tres estrofas que terminan casi con la misma expresión: *himno de alabanza a su gloria*, y tres acciones salvíficas atribuidas a cada una de las tres personas divinas. El Padre nos ha elegido por amor (Ef 1 3-6); el Hijo nos ha redimido y nos ha obtenido la salvación a través del sufrimiento (Ef 1 7-12); y el Espíritu es la mejor garantía de que tanto la acción del Padre como la del Hijo logrará su objetivo final (Ef 1 13-14).

con el Espíritu Santo prometido,
14 garantía de nuestra herencia
para la redención del pueblo de Dios,
y ser así un himno de alabanza
a su gloria.

Supremacía de Cristo

Is 11 2; 1 Cor 2 10-16; 15 24-25; Rom 8 24-25; Col 1 15-20; Ef 4 15-16; Heb 1 3-4; Mt 28 18

15 Por lo cual también yo, al conocer la fe de ustedes en Jesús, el Señor, y su amor para con todos los creyentes, 16 doy continuamente gracias a Dios por ustedes, recordándolos en mis oraciones. 17 Que el Dios de nuestro Señor Jesucristo, el Padre de la gloria, les conceda un espíritu de sabiduría y una revelación que les permita conocerlo plenamente. 18 Que ilumine los ojos de su corazón, para que conozcan cuál es la esperanza a la que han sido llamados, cuál es la riqueza de la gloria otorgada en herencia a su pueblo, 19 y cuál la excelsa grandeza de su poder para con nosotros, los creyentes, manifestada a través de su fuerza poderosa. 20 Es la fuerza con que Dios actuó en Cristo al resucitarlo de entre los muertos y sentarlo a su derecha en los cielos, 21 por encima de todo dominio, potestad, poder y fuerza sobrenatural; y por encima de cualquiera otra dignidad que pueda existir no sólo en este mundo, sino también en el venidero. 22 Todo lo ha puesto Dios bajo los pies de Cristo, constituyéndolo cabeza suprema de la Iglesia, 23 que es su cuerpo, y, por lo mismo, plenitud del que llena totalmente el universo.

Salvados gratuitamente en Cristo

Lc 15 11-32; Jn 3 16-17; Rom 1-3; 6 3-13; Tit 3 3-7; Col 3 1-4; 1 Pe 1 3-5

2 1 En cuanto a ustedes, estaban muertos a causa de sus delitos y pecados. 2 Eran tiempos en que seguían las corrientes de este mundo, sometidos al príncipe de las potestades maléficas, ese espíritu que continúa eficazmente su obra entre los rebeldes a Dios. 3 Y entre éstos estábamos también todos nosotros, los que en otro tiempo hemos vivido bajo el dominio de nuestros apetitos desordenados, dejándonos llevar de esos deseos desordenados y de las malas intenciones, y estando, como los demás, destinados a la ira divina por nuestra condición.

4 Pero Dios, que es rico en misericordia y nos tiene un inmenso amor, 5 aunque estábamos muertos por nuestros pecados, nos volvió a la vida junto con Cristo –¡por pura gracia han sido salvados!–, 6 nos resucitó y nos sentó junto a Cristo Jesús en el cielo. 7 De este modo quiso mostrar a los siglos venideros la inmensa riqueza de su gracia, por la bondad que nos manifiesta en Cristo Jesús. 8 Por la gracia, en efecto, han sido salvados mediante la fe; y esto no es algo que venga de ustedes, sino que es un don de Dios; 9 no viene de las obras, para que nadie pueda enorgullecerse. 10 Somos hechura de Dios, creados en Cristo Jesús para realizar las buenas obras que Dios nos señaló de antemano como norma de conducta.

• **1** 15-23: La acción de gracias por la fe de los destinatarios del escrito y la ardiente súplica para que no se apague su esperanza, son rasgos inequívocamente paulinos. En cuanto a la mención del *corazón,* téngase en cuenta que en la cultura semita no sólo es la sede de los sentimientos, sino de todas las facultades superiores, especialmente del conocimiento. Pero también es verdad que para el semita, mucho más que para nosotros pertenecientes a la cultura occidental, conocer, sentir, querer e incluso actuar forman un todo indivisible. El corazón, pues, tiene latidos que sienten y aman, pero tiene también ojos que se iluminan y ven.

Ef 1 20-23 describe la soberanía universal de Cristo. Soberanía que Cristo ejerce en primer lugar sobre las potencias angélicas. Aquí se mencionan cuatro nombres simbólicos utilizados en la teología judía sobre los ángeles para designar a otras tantas jerarquías angélicas. El denominador común de todas ellas (se enumeraban hasta nueve en total) es el poder. Según las creencias de la época, estas potencias participaban en el gobierno del universo físico y del mundo religioso, y de suyo podían designar tanto a los poderes del bien como a las fuerzas del mal (véase Col 1 16; 2 15). Cristo está por encima de todos estos poderes. En segundo lugar, Cristo ejerce su soberanía universal en cuanto cabeza de la Iglesia, a la que se confiere una dimensión cósmica. Por eso la Iglesia es definida como *plenitud* de Cristo, en el sentido de que constituye el espacio en el que se reconoce, se proclama y se ejerce la soberanía de Cristo sobre toda la creación.

• **2** 1-10: La tesis paulina de la salvación gratuita del hombre por medio de la fe, se hace presente una vez más en este pasaje con enorme fuerza. Todo es don de Dios, que es siempre la causa principal; pero la colaboración del hombre es condición necesaria. El mal –personificado en *el príncipe de las potestades maléficas*– ha quedado vencido a partir de Cristo; la muerte se ha transformado en resurrección. Los cristianos vivimos todavía en la tierra, pero somos ya ciudadanos del cielo.

Cristo, constructor de paz y de unidad

Is 9 5-6; 28 16; 57 19; Zac 9 10; Ez 37 15-28;
Rom 5 10-11; 9 4-5; 2 Cor 5 17-20; Col 1 20-22;
Heb 4 14-16; 7 25; 10 19-20; 1 Cor 3 9-16; 1 Pe 2 4-8

11 Así pues, ustedes, los paganos de nacimiento, los que son llamados incircuncisos por los que pertenecen a la circuncisión –esa marca hecha en la carne por mano de hombre–, recuerden 12 que en otro
tiempo estuvieron sin Cristo, sin derecho a
la ciudadanía de Israel, ajenos a la alianza
y su promesa, sin esperanza y sin Dios en
el mundo. 13 Ahora, en cambio, en Cristo
Jesús y gracias a su muerte, los que antes
estaban lejos, han sido acercados.

14 Porque Cristo es nuestra paz. El ha
hecho de los dos pueblos uno solo, destruyendo el muro de enemistad que los separaba. 15 El ha anulado en su propia carne la
ley con sus preceptos y sus normas. El ha
creado en sí mismo de los dos pueblos una
nueva humanidad, restableciendo la paz.
16 El ha reconciliado a los dos pueblos con
Dios uniéndolos en un solo cuerpo por
medio de la cruz y destruyendo la enemistad. 17 Su venida ha traído la buena noticia
de la paz: paz para ustedes los de lejos y
paz también para los de cerca; 18 porque
gracias a él unos y otros, unidos en un solo
Espíritu, tenemos acceso al Padre. 19 Por
tanto, ya no son extranjeros o huéspedes,
sino conciudadanos de los que forman el
pueblo de Dios; son familia de Dios, 20 edificados sobre el cimiento de los apóstoles
y profetas siendo el mismo Cristo Jesús la
piedra fundamental, 21 en quien todo el
edificio, bien trabado, va creciendo hasta
formar un templo consagrado al Señor, 22 y
en quien también ustedes van formando
conjuntamente parte de la construcción,
hasta llegar a ser, por medio del Espíritu,
morada de Dios.

Elegido para anunciar los planes de Dios en Cristo

Rom 12 3; Gal 2 9; Ef 1 9; Col 1 23-29; 1 Cor 15 9-10

3 1 Por todo lo cual yo, Pablo, prisionero
de Cristo Jesús por amor a ustedes los
paganos..... 2 Ahora bien, supongo que se
han enterado de la misión que Dios en su
gracia me ha confiado con respecto a ustedes: 3 se trata del plan salvífico que se me
dio a conocer por revelación y sobre el que
brevemente les acabo de escribir. 4 Por su
lectura podrán comprobar el conocimiento
que yo tengo de este plan salvífico de Dios
realizado por Cristo; 5 un plan que no fue
dado a conocer a los hombres de otras generaciones y que ahora ha sido revelado
por medio del Espíritu a sus santos apóstoles y profetas; 6 un plan que consiste en
que todos los pueblos comparten la misma
herencia, son miembros de un mismo cuerpo y participan de la misma promesa en
Cristo Jesús por medio del evangelio, 7 del
que he sido constituido servidor por el don
de la gracia que la fuerza poderosa de Dios
me concedió. 8 A mí, el más insignificante
de todos los creyentes, se me ha concedido
este don de anunciar a las naciones la incalculable riqueza de Cristo, 9 y de mostrar
a todos cómo se cumple este plan salvífico, escondido desde el principio de los siglos en Dios, creador de todas las cosas.
10 De esta manera, los poderes y potestades
que habitan en el cielo tienen ahora conocimiento, por medio de la Iglesia, de la
múltiple sabiduría de Dios, 11 conforme al
proyecto que desde la eternidad Dios se
había propuesto realizar en Cristo Jesús,
Señor nuestro. 12 Mediante la fe en él y gracias a él, nos atrevemos a acercarnos a Dios
con plena confianza. 13 Por lo cual les ruego
que no se desalienten a causa de los sufri-

• **2 11-22**: Era proverbial el desprecio, e incluso el odio, que se dispensaban mutuamente judíos y paganos. El historiador romano Tácito consideraba a los judíos como "enemigos del género humano". En este sentido, la expresión *muro de enemistad* era algo más que una simple metáfora. Efectivamente, un muro de piedra separaba en el templo de Jerusalén el patio de los judíos del patio de los paganos; el historiador Flavio Josefo relata que sobre este muro había letreros que prohibían el paso a todo extranjero bajo pena de muerte. Las legiones romanas de Tito y Vespasiano derribaron el muro físico en el año 70. Pero ya antes Jesucristo había anulado su significado. Ahora todos forman un solo pueblo, que se compara a un edificio *bien trabado* y cohesionado.

• **3 1-13**: El plan salvífico de Dios, oculto en tiempos pasados y siempre penetrado de misterio, ha sido ahora revelado en plenitud. Cristo es el protagonista de esa revelación. Los demás son mensajeros, misericordiosamente elegidos para proclamar esa buena noticia, que lo es absolutamente para todos; porque todos los pueblos han sido llamados a compartir la misma herencia en igualdad de condiciones, están llamados a configurar el cuerpo total de Cristo, que es la Iglesia, y todos participan de la promesa hecha por Dios a Abrahán.

mientos que padezco por ustedes, ya que
constituyen precisamente su gloria.

Oración de súplica al Padre

Mt 11 25-27; Ef 1 17-18; Jn 14 23; Col 1 23; 2 7

14 Por eso doblo mis rodillas ante el
Padre, 15 de quien procede toda familia en
los cielos y en la tierra, 16 para que, conforme a la riqueza de su gloria, los robus-
tezca con la fuerza de su Espíritu, de modo
que crezcan interiormente. 17 Que Cristo
habite por la fe en sus corazones; que vivan
arraigados y fundamentados en el amor.
18 Así podrán comprender, junto con todos
los creyentes, cuál es la anchura, la longitud, la altura y la profundidad 19 del amor
de Cristo, un amor que supera todo conocimiento; de esa manera los desbordará la
plenitud misma de Dios.
20 A Dios, que tiene poder sobre todas las
cosas y que, en virtud de la fuerza con que
actúa en nosotros, es capaz de hacer mucho
más de lo que nosotros pedimos o pensamos, 21 a él la gloria en la Iglesia y en Cristo
Jesús por siempre y para siempre. Amén.

2. Vida nueva en Cristo ◊

Unidad en el amor

Col 4 18; Flp 1 7.13.27; Ef 2 16.18; 1 Cor 8 6; 12 4-6

4 1 Así pues, yo, el prisionero por amor
al Señor, les ruego que, como corresponde a la vocación a la que han sido llamados, se comporten 2 con gran humildad,
amabilidad y paciencia, aceptándose mutuamente con amor. 3 Preocúpense de conservar, mediante el vínculo de la paz, la
unidad que es fruto del Espíritu. 4 Uno solo es el cuerpo y uno solo el Espíritu, como
también es una la esperanza que encierra la
vocación a la que han sido llamados; 5 un
solo Señor, una fe, un bautismo; 6 un Dios
que es Padre de todos, que está sobre
todos, actúa en todos y habita en todos.

Pluralidad de dones

Sal 68 19; Rom 10 6-7; 12 3-8; Flp 2 6-11;
1 Cor 12 1-11; 1 Pe 2 4-5; Gal 4 19

7 A cada uno de nosotros, sin embargo,
le ha sido dada la gracia según la medida
del don de Cristo. 8 Por eso dice la Escritura: *Al subir a lo alto llevó consigo cautivos,
repartió dones a los hombres*. 9 Eso de «subió» ¿no quiere decir que también bajó a
las regiones inferiores de la tierra? 10 Y el
que bajó es el mismo que ha subido a lo
alto de los cielos para llenarlo todo. 11 Y fue
también él quien constituyó a unos apóstoles, a otros profetas, a otros evangelistas, y
a otros pastores y doctores. 12 Capacita así
a los creyentes para la tarea del ministerio
y para la edificación del cuerpo de Cristo,
13 hasta que lleguemos todos a la unidad
de la fe y del pleno conocimiento del Hijo
de Dios, hasta que logremos ser hombres

• **3 14-21**: Reanuda aquí el autor de la carta la oración en favor de los lectores interrumpida en Ef 3 1. El término griego traducido por *familia,* tiene una amplia proyección comunitaria. Significa pueblo, tribu, nación o cualquier grupo de hombres o seres celestiales. Con esta última referencia, el autor de la carta salía al paso de un falso *culto a los ángeles, que* también son, como los hombres, creaturas de Dios. Los cristianos deben saber también que la revelación divina hecha presente en el misterio de Cristo no es en modo alguno una sabiduría inferior a las filosofías paganas.

◊ **4 1-6 20**: En toda esta sección, el autor de la carta saca las consecuencias prácticas de la doctrina desarrollada en los tres primeros capítulos. Inculca la unidad dentro de un legítimo pluralismo, exhorta al amor como fuente eficaz de crecimiento, y pide que nos alejemos del pecado –el hombre viejo– y vivamos según el Espíritu –como hombres nuevos–, conscientes de que este *despojarse-vestirse* es una tarea que el cristiano debe ir realizando cada día.

• **4 1-13**: La plena unidad de las tres personas divinas constituye la fuente última de la unidad que debe existir en la Iglesia. Las palabras claves de estos pasajes son *dar, don, repartir.* El protagonista es de nuevo Cristo resucitado que, como Señor de toda la creación, sube a los cielos para dispensar sus dones a los hombres. Para probar esta tesis, el autor de la carta cita un tanto libremente el Sal 68 19, en el que el protagonista es Dios que, después de haber librado una gran batalla, sube al monte Sión, lleva en su comitiva de vencedores a los enemigos que ha hecho prisioneros y recibe tributo de los vencidos. Pablo cambia el verbo *recibir* por el verbo *repartir* y aplica la cita del salmo a la victoria de Cristo sobre los poderes cósmicos. Cristo está por encima de todos estos poderes, y los cristianos no deben dejarse deslumbrar por semejante clase de filosofías.

perfectos, hasta que consigamos la madurez confome a la plenitud de Cristo.

Invitación al crecimiento

1 Cor 3 1-3; 14 20; Heb 5 11-14; Rom 12 4-5;
Col 2 19; Ef 2 20-22

14 Así que no seamos niños caprichosos,
que se dejan llevar de cualquier viento de
doctrina, engañados por esos hombres
astutos, que son maestros en conducir al
error. 15 Por el contrario, viviendo con
autenticidad el amor, crezcamos en todo
hacia aquel que es la cabeza, Cristo. 16 A él
se debe que todo el cuerpo, bien cohesionado y unido por medio de todos los ligamentos que lo nutren según la actividad
propia de cada miembro, vaya creciendo y
edificándose a sí mismo en el amor.

Hombres nuevos en Cristo

Rom 1 18-32; Col 2 6-7; 3 8-10

17 Les digo, pues, y les recomiendo con
insistencia en el nombre del Señor, que no
vivan como viven los paganos: vacíos de
pensamiento, 18 oscurecida la mente y alejados de la vida de Dios a causa de su ignorancia y su terquedad. 19 Perdido el sentido
moral, se han entregado al vicio y se dedican a todo género de impureza y de codicia.
20 ¡No es eso lo que ustedes han aprendido
sobre Cristo! 21 Porque supongo que han
oído hablar de él y que, en conformidad
con la auténtica doctrina de Jesús, les enseñaron como cristianos 22 a renunciar a su
conducta anterior y al hombre viejo corrompido por seductores apetitos. 23 De este modo se renuevan espiritualmente 24 y
se revisten del hombre nuevo creado a imagen de Dios, para llevar una vida verdaderamente justa y santa.

Exigencias de la nueva vida

Zac 8 16; Sal 4 5 (LXX); Sant 1 19-20; 3 10-12;
Col 3 5-13; Jn 13 34-35; 1 Cor 6 9-10

25 Por tanto, destierren la mentira; *que
cada uno diga la verdad a su prójimo,* ya
que somos miembros los unos de los otros.
26 *Si se dejan llevar de la ira, que no sea
hasta el punto de pecar* y que su enojo no
dure más allá de la puesta de sol. 27 Y no
den al diablo oportunidad alguna. 28 El ladrón, que no robe más, sino que procure trabajar honradamente, para poder ayudar al
que está necesitado. 29 Que no salgan de su
boca palabras groseras; si algo dicen, que
sea bueno, edificante, oportuno y provechoso para quienes les escuchan. 30 Y no cau-
sen tristeza al Espíritu Santo de Dios, que
es como un sello impreso en ustedes para
distinguirlos el día de la liberación. 31 Que
desaparezca de entre ustedes toda agresividad, rencor, ira, indignación, injurias y toda
clase de maldad. 32 Sean más bien bondadosos y compasivos los unos con los otros, y
perdónense mutuamente, como Dios los ha
perdonado por medio de Cristo.

5 1 Sean, pues, imitadores de Dios como
hijos suyos muy queridos. 2 Y hagan
del amor la norma de su vida, a imitación
de Cristo que nos amó y se entregó a sí
mismo por nosotros como ofrenda y sacrificio de suave olor a Dios.
3 En cuanto a la lujuria o cualquier clase de impureza o avaricia, que ni siquiera
se nombren entre ustedes, pues así corresponde a creyentes. 4 Y lo mismo hay que
decir de las palabras obscenas y las conversaciones estúpidas o indecentes que están
fuera de lugar. Ocúpense más bien en dar
gracias a Dios. 5 Porque deben saber que
ningún lujurioso, adúltero o avaro –que es

• **4 14-24**: Ferviente amonestación a mantenerse en guardia contra los enemigos del evangelio. Destaca la antítesis entre *hombre viejo*, el que vive todavía en la órbita del pecado, y *hombre nuevo*, a saber el que bajo la acción del Espíritu adopta una nueva manera de pensar y de actuar.

• **4 25-5 5**: La nueva vida según el Espíritu tiene sus exigencias, y el autor de la carta las enumera aquí. En Ef 4 26 hay una evocación de Sal 4 5 en su versión griega. La traducción ofrecida recoge la explicación más corriente, según la cual ciertos arranques de ira son humanos y hasta justificables, aunque hay que estar atentos para que no degeneren en pecado. Algunos autores, sin embargo, entienden que aquí se rechaza sin condiciones la ira y proponen una traducción distinta, a saber: *Háganse violencia, pero no pequen y que su enojo, en todo caso, no dure más allá de la puesta del sol.*

Para Ef 4 30, véase nota a 1 Cor 1 1-9. Hablando con propiedad, es evidente que el hombre no puede causar ni alegría ni dolor al Espíritu; pero Pablo se expresa aquí de forma antropomórfica. Parece más que probable la alusión al bautismo considerado como un "sello", es decir, como una misteriosa marca personal grabada por el Espíritu en lo más profundo de nuestro ser.

como si fuera idólatra– tendrá parte en la
herencia del reino de Cristo y de Dios.

Ahora son luz en Cristo

Rom 12 2; Col 1 12-13; 1 Tes 5 4-8; 1 Pe 2 9-10;
Jn 3 19-21; 1 Jn 1 5-7; Is 26 19; 60 1-3

6 Que nadie los seduzca con razonamientos vanos; son precisamente estas cosas las que encienden la ira de Dios contra
los hombres rebeldes. 7 No se hagan, pues,
cómplices suyos. 8 En otro tiempo eran tinieblas, pero ahora son luz en el Señor.
Compórtense como hijos de la luz, 9 cuyo
fruto es la bondad, la justicia y la verdad.
10 Busquen lo que agrada al Señor 11 y no
tomen parte en las obras vanas de quienes
pertenecen al reino de las tinieblas; al contrario, denúncienlas, 12 pues lo que ésos
hacen en secreto, hasta decirlo da vergüenza. 13 Pero cuando todo eso haya sido denunciado por la luz, quedará al descubierto;
14 y lo que queda al descubierto es a su vez
luz. Por eso se dice:

Despierta, tú que duermes,
levántate de entre los muertos
y te iluminará Cristo.

Normas concretas de conducta

2 Cor 7 26-31; Col 3 15-17

15 Pongan, pues, atención en comportarse no como necios, sino como sabios,
16 aprovechando el momento presente, porque corren malos tiempos. 17 Por lo mismo, no sean irreflexivos; antes bien, traten
de descubrir cuál es la voluntad del Señor.
18 Tampoco se emborrachen, pues el vino
fomenta la lujuria. Al contrario, llénense
del Espíritu, 19 y reciten en sus reuniones
salmos, himnos y cánticos inspirados. Canten y toquen para el Señor de todo corazón,
20 y den continuamente gracias a Dios Padre por todas las cosas en nombre de nuestro Señor Jesucristo.

Los esposos

Col 3 18-19; 1 Cor 11 3-9; 12 12.27; 2 Cor 11 2;
Tit 2 4-5; 1 Pe 3 1-7; Mt 19 5; *Gn 2 24*

21 Ténganse mutuamente respeto en honor a Cristo. 22 Que las mujeres respeten a
sus maridos como si se tratara del Señor;
23 pues el marido es cabeza de la mujer,
como Cristo es cabeza y al mismo tiempo
salvador del cuerpo, que es la Iglesia. 24 Y
como la Iglesia es dócil a Cristo, así también deben serlo plenamente las mujeres a
sus maridos.
25 Maridos, amen a sus mujeres como
Cristo amó a la Iglesia y se entregó a sí
mismo por ella 26 para consagrarla a Dios,
purificándola por medio del agua y la palabra. 27 Se preparó así una Iglesia esplendorosa, sin mancha ni arruga ni cosa parecida; una Iglesia santa e inmaculada. 28 Igualmente, los maridos deben amar a sus mujeres como a su propio cuerpo. El que ama
a su mujer, a sí mismo se ama; 29 pues nadie odia a su propio cuerpo, antes bien lo
alimenta y lo cuida como hace Cristo con
su Iglesia, 30 que es su cuerpo, del cual nosotros somos miembros.
31 *Por eso dejará el hombre a su padre*
y a su madre para unirse a su mujer, y lle-
garán a ser los dos uno solo. 32 Gran misterio es éste, que yo relaciono con la unión
de Cristo y de la Iglesia. 33 En resumen,

• **5 6-14**: La contraposición alegórica *luz-tinieblas* es frecuente en las cartas de Pablo (véase Rom 2 19; 13 12; 2 Cor 4 6; 6 14; 1 Tes 5 4-7), y dentro del Nuevo Testamento lo es de manera especial en la literatura joánica (véase Jn *1 4-5; 3 19.21; 8 12; 9 4;* 11 10; 12 35-36.46; 1 Jn 1 5-7; 2 9-11). También en el Antiguo Testamento se habla frecuentemente de luz y tinieblas para evocar, respectivamente, proximidad y lejanía de Dios, bendición y maldición, santidad y pecado (véase Sal 27 1; 36 10; 119 105; Is 2 5). Es probable también que este pasaje esté influenciado por los escritos de Qumrán, uno de los cuales tiene como título "Guerra de los hijos de la luz contra los hijos de las tinieblas". Luz y tinieblas aparecen en este pasaje de Efesios como dos esferas de poder capaces de adueñarse, cada una por su parte, del cristiano. Pero el cristiano no es víctima de un ciego determinismo; al contrario, es libre para elegir entre estas dos esferas. Para el autor de la carta, es evidente de qué parte debe caer la elección, y lo confirma con la cita de un texto de origen desconocido, perteneciente tal vez a un primitivo himno cristiano utilizado en la liturgia bautismal (Ef 5 14).

• **5 15-6 9**: Entre las normas de conducta que se recomiendan encarecidamente a los cristianos, se pone énfasis especialmente en una serie de consejos prácticos para la convivencia familiar. Si el autor de la carta se extiende más en los deberes de los esposos, es sin duda porque ve en la unión matrimonial una figura de la unión de Cristo y de la Iglesia, tema fundamental de la carta. Algunas afirmaciones en relación con la mujer, que a primera vista pueden parecer discriminatorias, deben entenderse en el contexto socio-cultural en que se escribe la carta y a la luz de la doctrina de Pablo sobre la radical igualdad cristiana de todos los hombres ante Dios (véase p. e. Gal 3 28).

que cada uno ame a su mujer como se ama a
sí mismo, y que la mujer respete al marido.

Hijos y padres

Col 3 20-21; *Ex 20 12; Dt 5 16;* 6 7.20-25;
Prov 3 12; 19 18; Heb 12 5-13

6 1 Hijos, obedezcan a sus padres como es
justo que lo hagan los creyentes. 2 *Honra a tu padre y a tu madre*; tal es el primer
mandamiento que lleva consigo una promesa, a saber: 3 *para que seas feliz y goces de
larga vida en la tierra.*
4 Y ustedes, padres, no irriten a sus hijos, sino edúquenlos, corríjanlos y ensé-
ñenles tal como lo haría el Señor.

Amos y esclavos

Col 3 22-24; 4 1; 1 Tim 6 1-2; Tit 2 9-10; 1 Pe 2 18-19;
Rom 2 10-12; Flm 15-16

5 Esclavos, obedezcan a sus amos terrenos con profundo respeto y con sencillez
de corazón, como si de Cristo se tratara.
6 No con una obediencia aparente que busca
sólo agradar a los hombres, sino como siervos de Cristo que cumplen de corazón la
voluntad de Dios. 7 Presten su servicio de
buena gana, como quien sirve al Señor y
no a los hombres, 8 sabiendo que el Señor
dará a cada uno, ya sea libre o esclavo,
según el bien que haya hecho.
9 Y ustedes, amos, compórtense de la
misma manera con ellos; dejen a un lado las
amenazas y tengan presente que el Señor
de ellos que es también de ustedes, está en
los cielos y que en él no hay lugar a favoritismos.

Lucha contra el mal

Rom 13 12; 2 Cor 6 7; 1 Tes 5 8; Is 11 4-5;
Sab 5 18; Os 6 5; Ap 1 16

10 Por lo demás que el Señor los confor-
te con su fuerza poderosa. 11 Revístanse de
las armas que les ofrece Dios para que
puedan resistir a las asechanzas del diablo.
12 Porque nuestra lucha no es contra adversarios de carne y hueso, sino contra los
poderes, contra las potestades, contra los
que dominan este mundo de tinieblas, contra los espíritus del mal que tienen su morada en las alturas. 13 Por eso deben empuñar las armas que Dios les ofrece, para que
puedan resistir en los momentos adversos y
superar todas las dificultades sin ceder terreno. 14 Manténganse, pues, en pie rodeada
su cintura con la verdad, protegidos con la
coraza de la justicia, 15 bien calzados sus
pies para anunciar el evangelio de la paz.
16 Tengan en todo momento en la mano el
escudo de la fe con el que puedan detener
las flechas encendidas del maligno; 17 usen
el casco de la salvación y la espada del Espíritu, que es la palabra de Dios.

Invitación a la oración

Lc 18 1; Rom 12 12; Col 4 2-4; 1 Tes 5 17.25; Flp 1 12-14

18 Vivan en constante oración y súplica
guiados por el Espíritu y para esto persеve-
ren y oren con la mayor insistencia por
todos los creyentes 19 y también por mí, a
fin de que Dios ponga en mis labios la palabra oportuna para dar a conocer con audacia el misterio del evangelio, 20 del que soy
embajador entre cadenas. Que Dios me
conceda anunciarlo con la fortaleza que
debo.

Despedida

Col 4 7; 2 Tim 4 12; Tit 3 12

21 Y para que también ustedes sepan mi
situación y en qué me ocupo, de todo eso
les informará Tíquico, hermano querido y

• **6 10-17**: Con toda la tradición del Nuevo Testamento, el autor de Efesios personaliza en el diablo y sus seguidores la existencia del mal en el mundo. Son descritos, con una terminología propia del tiempo, como seres dotados de fuerza excepcional, sobre cuya peligrosidad el cristiano no puede dudar. Podemos, sin embargo, pensar que ni el autor pone énfasis en el carácter personal de estos seres, ni nosotros debemos centrar nuestro interés en tal personalización. Lo importante es constatar que el mal no es una ilusión y que podemos y debemos hacerle frente utilizando las armas adecuadas. (Véanse notas a Ef 1 15-23 y 4 1-13).

• **6 18-24**: La invitación a orar siempre y orar como conviene encontrará siempre en Pablo un magnífico modelo. Por eso, si quien escribe estas líneas está haciéndose pasar por el apóstol, no debe extrañar que no pida ser liberado de la prisión, como podría esperarse, sino que Dios ponga en sus labios las palabras oportunas para anunciar el evangelio.

La mención de Tíquico (véase Hch 20 4), de nuevo da un color paulino a la carta. Pero la ausencia de saludos para otros cristianos de Efeso, donde durante tanto tiempo evangelizó Pablo, no apoya su autenticidad estrictamente paulina.

servidor fiel en el Señor. 22 Lo envío expresamente a ustedes para que tengan noticias
mías y lleve consuelo a sus corazones.
23 Que Dios Padre y Jesucristo, el Señor, concedan a los hermanos paz, amor y
fe. 24 Y que la gracia acompañe a todos los
que aman a nuestro Señor Jesucristo con
un amor inquebrantable.

CARTA A LOS FILIPENSES

INTRODUCCION

La carta a los Filipenses es, junto con la dirigida a Filemón, la más familiar y confidencial de las cartas paulinas. Es la carta del amigo que se encuentra en dificultades, a los amigos que ni por un instante se han olvidado de él y le han tratado de ayudar con todos los medios a su alcance. Es la carta de un corazón agradecido y a la vez preocupado, porque también en aquella comunidad se vislumbran divisiones y problemas. También a Filipos parece que han llegado unos predicadores judaizantes que pueden amenazar seriamente la acción evangelizadora de Pablo, como había ocurrido en las comunidades de Galacia.

1. Pablo y la comunidad cristiana de Filipos

Filipos estaba situada en la frontera entre Tracia y Macedonia, al norte de la actual Grecia. Su nombre originario, Krénides o "ciudad de las fuentes", dio paso al de Filipos en honor del padre de Alejandro Magno, el rey Filipo II de Macedonia. En ella tuvo lugar una famosa batalla en la que Bruto y Casio fueron derrotados por Octavio Augusto y Marco Antonio en el año 42 a. C. La ciudad se hallaba a doce kilómetros de la costa y por ella pasaba la *Via Egnatia*, una de las más célebres vías romanas.

Cuando Pablo, Silas, Timoteo –y tal vez Lucas– llegan a Filipos (probablemente al terminar el verano del año 49), la ciudad estaba poblada sobre todo por gentes de origen latino. Había también un pequeño grupo de judíos que no disponían de sinagoga (Hch 16 13). Las circunstancias que nos relata el libro de los Hechos (Hch 16 16-40) y que el propio Pablo evoca en 1 Tes 2 2 hicieron que el apóstol y sus acompañantes se detuvieran poco tiempo en Filipos; suficiente, sin embargo, como para dejar allí una comunidad cristiana que creció y progresó de modo admirable y que mantuvo siempre con Pablo unos singulares lazos de cariño y apoyo, incluso material.

Precisamente una ayuda material fue la que motivó la presente carta. Los filipenses se han enterado de que Pablo se encuentra encarcelado y deciden enviarle ayuda por medio de Epafrodito; Pablo, a su vez, les escribe agradeciéndoles el obsequio.

Tradicionalmente se venía señalando la primera prisión de Pablo en Roma durante los años 61-63 como lugar y tiempo en que fue escrita Filipenses. Sin embargo, lo más probable es que la carta fuera escrita mientras Pablo se hallaba prisionero en Efeso hacia el año 56. El problema se complica si, como diremos a continuación, tal vez debería hablarse de tres cartas distintas fusionadas en la actual carta a los Filipenses. Aunque también es verdad que la relativa cercanía entre Efeso y Filipos –unos ocho días de viaje– explicaría mejor que la hipótesis de Roma un múltiple intercambio epistolar entre Pablo y los filipenses.

2. Características literarias de la carta

En primer lugar, es necesario aclarar si el texto que hoy poseemos constituye una única carta o se trata más bien de la fusión de varias cartas –dos o incluso tres– escritas por Pablo a los filipenses en distintas ocasiones. Nadie pone en duda la autenticidad paulina de todo el texto actual, pero la hipótesis de varias cartas entrelazadas es lo más probable.

En cualquier hipótesis, la actual redacción de Filipenses presenta de principio a fin rasgos propios de una verdadera carta y no hay que buscar en ella exposiciones sistemáticas. Pablo ofrece una serie de noticias y esperanzas, de alusiones al pasado y al presente, de exhortaciones y proyectos, de llamadas de atención respecto de peligros; todo en un tono personal, casi siempre cordial.

Un itinerario de lectura para la carta podría tener en cuenta las siguientes etapas:

I. Pablo y la comunidad de Filipos
(Flp 1 1-3 1a; 4 2-7.21-23)
II. Predicadores judaizantes en Filipos
(Flp 3 1b-4 1.8-9)
III. Agradecimiento por la ayuda recibida
(Flp 4 10-20)

3. Contenido teológico

La hipótesis de varias cartas entrelazadas no es obstáculo para descubrir unas líneas teológicas presentes en toda la carta a los Filipenses tal como ha llegado hasta nosotros. Tales líneas son: la invitación constante a la alegría (Flp 1 4.25; 2 2.17-18.28-29; 3 1; 4 1.4.10), incluso ante la perspectiva de la muerte (Flp 2 28); la preocupación por el crecimiento espiritual y por la armonía de la comunidad (Flp 2 1.4.14; 3 15; 4 2); y sobre todo el papel central de Cristo en la historia de la salvación, y su condición de modelo supremo del cristiano en todo y para todo (Flp 1 13-23; 2 6-11; 3 7-11; 4 13).

CARTA A LOS FILIPENSES

1. Pablo y la comunidad de Filipos

Saludo

Rom 1 1.7; 2 Cor 1 1-2

1 1 Pablo y Timoteo, siervos de Jesucristo, a todos los creyentes en Cristo Jesús
que viven en Filipos, junto con quienes los
presiden y los sirven, 2 les deseamos gracia
y paz de parte de Dios nuestro Padre y de
Jesucristo, el Señor.

Acción de gracias y súplica

1 Cor 1 4-9; Rom 1 9; Col 1 9-10; Ef 1 4; 1 Tes 3 13

3 Siempre que me acuerdo de ustedes,
doy gracias a mi Dios. 4 Cuando ruego por
ustedes lo hago siempre con alegría, 5 porque han colaborado en el anuncio del evangelio desde el primer día hasta hoy. 6 Estoy
convencido de que Dios que comenzó en
ustedes una obra tan buena, la llevará a feliz término para el día en que Cristo Jesús
se manifieste. 7 Está justificado esto que
yo siento por ustedes, pues los llevo en el
corazón, y todos ustedes participan de este
privilegio mío de estar preso y poder defender y fortalecer el evangelio. 8 Dios es testigo de que a todos ustedes los quiero entra-
ñablemente en Cristo Jesús. 9 Y le pido que
el amor de ustedes crezca más y más en
conocimiento y sensibilidad para todo.
10 Así sabrán discernir lo que más convenga, y el día en que Cristo se manifieste los
encontrará limpios y sin culpa, 11 colmados
del fruto de la justicia que se logra por
Jesucristo, para gloria y alabanza de Dios.

Cristo, lo único importante

Rom 3 10-11; Gal 2 20; Col 3 3-4;
2 Cor 5 6-9; 1 Tes 4 17; 5 10

12 Hermanos, quiero que sepan que mi
situación ha contribuido al progreso del
evangelio. 13 La guardia imperial en pleno
y todos los demás han visto claro que si
llevo cadenas, por Cristo las llevo. 14 Así
que la mayor parte de los hermanos, animados a confiar en el Señor a causa de mi
prisión, se muestran con más valor para
proclamar sin temor el mensaje.
15 Es cierto que algunos anuncian a
Cristo movidos por la envidia y la rivalidad, pero otros lo hacen con recta intención. 16 Estos lo hacen por amor, sabiendo
que se me ha encargado la defensa del
evangelio; 17 aquellos, en cambio, anuncian a Cristo haciéndome una competencia
desleal y creyendo aumentar así la dureza
de mi prisión. 18 Pero, ¿qué importa? Al fin
y al cabo, hipócrita o sinceramente, Cristo
es anunciado, y esto me llena de alegría. Y
continuaré alegrándome, 19 porque sé que
gracias a las oraciones de ustedes y a la

• **1** 1-2: En lugar de *apóstol*, Pablo se denomina *siervo*. Pretende, sin duda, configurarse en profundidad con Cristo, el *Siervo* por excelencia (Flp 2 7).

Para el término *creyentes* véase nota a Rom 1 1-7.

En cuanto a la expresión: *quienes los presiden y los sirven, la traducción literal* del texto griego debería ser *obispos y diáconos*. Pero cuando Pablo escribe a los filipenses, estos vocablos no son aún términos técnicos para designar unos cargos concretos y diferenciados dentro de la comunidad cristiana. Mantienen todavía el sentido etimológico fundamental de vigilante y servidor respectivamente. (Véase nota a 1 Tim 3 1-7).

• **1** 3-11: Las intensas relaciones entre Pablo y los filipenses deben ser ante todo beneficiosas para el evangelio. Eso es lo único que a san Pablo le preocupa: que la buena noticia de Jesús se extienda y transforme al mundo. Todo lo que contribuya a ese fin, también el sufrimiento, sea de Pablo sea de los filipenses, es pura gracia. Para la repetida alusión al *día en que Cristo Jesús se manifieste*, véase nota a 1 Cor 1 1-9.

• **1** 12-26: A primera vista el encarcelamiento de Pablo podía parecer un desastre para el anuncio del evangelio. Sin embargo no ha sido así. Una vez más Dios ha escrito derecho con líneas torcidas; una vez más Dios *ha sacado fuerza de lo débil*.

Pablo se encuentra prisionero cuando escribe estas líneas. ¿Dónde? Probablemente en Efeso hacia el año 56. Según esto *la guardia imperial* de Flp 1 13 debe ser entendida en sentido amplio, es decir, los soldados que custodiaban en Efeso el palacio del gobernador.

El fuerte acento cristológico de este pasaje es evidente. Si la muerte es *ganancia*, si es algo deseable para Pablo, es porque sin duda le facilita el encuentro definitivo, inmediato y sin intermediarios con Cristo, que es la vida verdadera.

asistencia del Espíritu de Jesucristo, esto
contribuirá a mi salvación. 20 Así lo espero
ardientemente con la certeza de que no
quedaré en modo alguno defraudado, sino
que con toda seguridad, ahora como siempre, tanto si sigo viviendo como si muero,
Cristo manifestará en mi cuerpo su gloria.
21 Porque para mí la vida es Cristo y la
muerte una ganancia. 22 Pero si seguir viviendo en este mundo va a permitir un trabajo provechoso, no sabría qué elegir. 23 Me
siento presionado por ambas partes: por
una, deseo la muerte para estar con Cristo,
que es con mucho lo mejor; 24 por otra, seguir viviendo en este mundo es más necesario para ustedes. 25 Persuadido de esto
último, presiento que me quedaré y perma-
neceré con todos ustedes para provecho y
alegría de su fe. 26 Así, cuando vaya a visitarlos de nuevo, su orgullo de ser cristianos
aumentará gracias a mi presencia.

La lucha por la fe

Mt 5 10-12; Hch 5 40-41; 2 Cor 11 23-12 10;
Col 1 24-29; 2 1-5

27 Unicamente les pido que lleven una
vida digna del evangelio de Cristo. Y tanto
si voy a visitarlos y lo compruebo, como si
estoy lejos y oigo lo que se dice de ustedes,
permanezcan firmes, unidos en un mismo
Espíritu, luchando todos juntos por la fe
del evangelio. 28 No se dejen atemorizar en
lo más mínimo por los enemigos, pues
Dios ha dispuesto que lo mismo que para
ellos es señal de perdición, para ustedes lo
sea de salvación. 29 A ustedes, en efecto, se
les ha concedido la gracia, no sólo de creer
en Cristo, sino también de padecer por él,
30 librando el mismo combate en el que me
han visto empeñado y que, como saben,
continuo sosteniendo.

Armonía y humildad

1 Cor 1 10-16; Ef 4 1-3; Jn 1 1-14; 13 12-15; Col 1 15-20;
Heb 1 2-3; Is 52 13-53 12; Heb 2 9-18; 1 Cor 1 17-25;
Hch 2 22-36; Ef 1 20-23

2 1 Si de algo vale una advertencia hecha
en nombre de Cristo, si de algo sirve
una exhortación nacida del amor, si vivimos unidos en el Espíritu, si ustedes tienen
un corazón compasivo, 2 llénenme de alegría teniendo unos mismos sentimientos,
compartiendo un mismo amor, viviendo en
armonía y sintiendo lo mismo. 3 No hagan
nada por rivalidad o vanagloria; sean, por
el contrario, humildes y consideren a los
demás superiores a ustedes mismos. 4 Que
no busque cada uno su propio interés, sino
el de los demás. 5 Tengan, pues, los sentimientos que corresponden a quienes están
unidos a Cristo Jesús.

6 El cual, siendo de condición divina,
no consideró codiciable
el ser igual a Dios.
7 Al contrario, se despojó de su grandeza,
tomó la condición de esclavo
y se hizo semejante a los hombres.
Y en su condición de hombre,
8 se humilló a sí mismo
haciéndose obediente hasta la muerte,
y una muerte de cruz.
9 Por eso Dios lo exaltó
y le dio el nombre que está
por encima de todo nombre,
10 para que ante el nombre de Jesús
se doble toda rodilla

• **1 27-30**: La fidelidad al evangelio tiene que afrontar peligros, amenazas, problemas. No hay que descuidarse, pero tampoco dejarse asustar ante situaciones difíciles y dolorosas. No somos víctimas de una existencia trágica y sin sentido, sino más bien parte importante del proyecto amoroso –aunque desconcertante tantas veces– de Dios Padre.

• **2 1-11**: Este es el pasaje central de la carta. Para urgir a los filipenses a que se comporten de manera humilde y servicial, Pablo invoca el ejemplo de Jesús, citando un precioso himno cristológico. Estamos probablemente en *presencia de un himno que Pablo* aprendió en alguna de las comunidades en las que pasó largos años, y hasta es posible que su origen se remonte a la catequesis primitiva de san Pedro (véase Hch 2 36; 10 36). Pero Pablo no se limita a citarlo; lo hace suyo, lo inserta en el contexto y lo completa con adiciones y reflexiones personales (p. e. la afirmación: *y una muerte de cruz*). Es éste uno de los mejores ejemplos de cómo Pablo incorpora a sus cartas materiales ya existentes marcándolos con su sello personal (véase Introducción a San Pablo, Claves teológicas). En este himno, aun sin ser mencionada explícitamente, se percibe la antítesis Adán-Cristo (véase Rom 5 12-17; 1 Cor 15 45-49). Adán, el prototipo del hombre viejo, en su intento de autodivinizarse, encontró el fracaso y la muerte. Cristo recorre el camino inverso, no como un destino fatal, sino con absoluta libertad. Su destino, y el nuestro si seguimos sus huellas, es la glorificación.

La frase y se hizo semejante a los *hombres* expresa la radicalidad de la unidad de Jesús con los hombres –Jesús es verdaderamente hombre–, pero al mismo tiempo subraya la posición excepcional y única de Jesús dentro del conjunto de los hombres: Jesús es también radicalmente distinto de los hombres, porque es Dios.

en los cielos,
en la tierra y en los abismos,
11 y toda lengua proclame
que Jesucristo es Señor,
para gloria de Dios Padre.

Invitación a vivir santamente

Jn 15 5; 1 Cor 12 6; Flp 1 6-10; Dt 32 5;
1 Cor 9 24-27; Gal 2 2; Is 49 4

12 Así pues, hermanos queridos, ustedes
que siempre me han obedecido, háganlo
también ahora que estoy ausente, incluso
con mayor empeño que si estuviera presente, y esfuércense con santo temor en lograr
su salvación. 13 Porque es Dios quien, más
allá de la buena disposición de ustedes,
realiza en ustedes el querer y el actuar.
14 Háganlo todo sin murmuraciones ni discusiones. 15 Serán así limpios e irreprochables; serán hijos de Dios sin mancha en
medio de una generación mala y perversa,
entre la cual deben brillar como antorchas
en medio del mundo, 16 manteniendo con
firmeza la palabra de vida, para que el día
en que Cristo se manifieste, pueda yo sen-
tirme orgulloso de no haber corrido o trabajado inútilmente. 17 Y aunque tuviera
que ofrecerme en sacrificio al servicio de
su fe, me alegraría y regocijaría con todos
ustedes. 18 Por lo mismo, alégrense también ustedes y regocíjense conmigo.

Timoteo y Epafrodito

Hch 16 1-3; 1 Cor 16 10-11

19 Con la ayuda de Jesús, el Señor, espero poder enviarles pronto a Timoteo para
que me animen las noticias que reciba de
ustedes. 20 Y es que no tengo a nadie que
comparta tan íntima y sinceramente como
él mis sentimientos y preocupación por
ustedes. 21 Todos buscan sus propios intereses, no los de Jesucristo; 22 pero en el
caso de Timoteo conocen su probada fidelidad y el servicio que ha prestado al evangelio, colaborando conmigo como un hijo
que ayuda a su padre. 23 Espero enviarlo a
ustedes tan pronto como vea aclarada mi
situación; 24 aunque, con la ayuda del Señor, estoy convencido de que también yo
los visitaré pronto.

25 Entre tanto he creído necesario enviarles a Epafrodito, mi hermano y compañero de trabajos y fatigas, a quien ustedes
enviaron para socorrerme en mis necesidades. 26 No saben cuánto los extraña, y lo
preocupado que está desde que se enteró
de que han tenido noticias de su enfermedad. 27 Efectivamente, ha estado enfermo,
y a las puertas de la muerte; pero Dios ha
tenido compasión de él, y no sólo de él,
sino también de mí, no queriendo añadir
más dolor a mi dolor. 28 Por eso me he dado prisa en enviarlo a ustedes para que, al
verlo de nuevo, se alegren y yo me sienta
tranquilo. 29 Recíbanlo con espíritu cristiano y llenos de alegría, y aprecien a los que
son como él, 30 pues por causa de Cristo ha
estado a las puertas de la muerte y ha puesto su vida en peligro para ofrecerme la
ayuda que ustedes no me podían dar.

3 1 Por lo demás, hermanos míos, alégrense en el Señor.

2. Predicadores judaizantes en Filipos

El peligro de los judaizantes

2 Cor 11 4-5.13-15; Gal 5 12; Rom 2 25-29; Hch 8 3;
9 1-14; 22 3-5; 26 4-11; Gal 1 13-14; 1 Tim 1 13-14

A mí no me causa ninguna molestia escribirles las mismas cosas y a ustedes les
da seguridad. 2 ¡Ojo con esos perros, con

• **2 12-18**: *Obediencia, santo temor, protagonismo* divino, esfuerzo humano, espíritu de servicio, alegría. He aquí importantes aspectos de una auténtica vida cristiana, que Pablo recuerda e inculca a los filipenses. *Obediencia* en el sentido paulino de fidelidad al evangelio (véase Rom 10 16; 15 18-19). *Santo temor* en cuanto actitud de humildad y de reconocimiento de la propia debilidad en orden a conseguir la salvación (véase 1 Cor 2 3). *Alegría* interior inagotable que rompe todos los esquemas humanos habituales, pues se mantiene firme aun en medio de las circunstancias externas más adversas.

• **2 19-3 1a**: Es probable que Pablo no haya vuelto a ver a los filipenses desde los días, lejanos ya, de la fundación de la comunidad, y ahora manifiesta una fuerte añoranza por ellos. Pablo no escatima alabanzas para sus colaboradores y es admirable con qué delicadeza envía de nuevo a Epafrodito a su comunidad de origen, defendiéndolo de cualquier reproche que pudiera hacerle dicha comunidad.

• **3 1b-4 1**: Probablemente estos pasajes constituyen el núcleo central de una carta escrita por Pablo ya fuera de la cárcel, para prevenir a los filipenses contra el peligro de los judaizantes (véase Introducción). Las palabras de Pablo contra los defensores de la circuncisión física son realmente durísimas. Con un juego de palabras, el apóstol

esos falsos predicadores, con esos que se
empeñan en mutilarse! 3 La verdadera circuncisión somos nosotros, los que damos
un culto nacido del Espíritu de Dios y hemos puesto nuestro orgullo en Jesucristo,
en lugar de confiar en nosotros mismos.
4 Y eso que, en lo que a mí respecta, tendría motivos suficientes para confiar en
mis títulos humanos. Nadie puede hacerlo
con más razón que yo. 5 Fui circuncidado a
los ocho días de nacer, soy de la descendencia de Israel, de la tribu de Benjamín,
hebreo de pies a cabeza, fariseo en cuanto
al modo de entender la ley, 6 fanático perseguidor de la Iglesia, e irreprochable en lo
que se refiere a la justicia de la ley.

La verdadera salvación

Rom 1 16-17; 3 21-22; 6 4-9; 2 Cor 4 10-14

7 Pero lo que entonces consideraba una
ganancia, ahora lo considero pérdida por
amor a Cristo. 8 Más aún, pienso incluso
que nada vale la pena si se compara con el
conocimiento de Cristo Jesús, mi Señor.
Por él he sacrificado todas las cosas, y todo lo tengo por estiércol con tal de ganar a
Cristo 9 y vivir unido a él no con una justicia mía que procede de la ley, sino con una
justicia que viene de Dios y se funda en la
fe en Cristo. 10 De esta manera conoceré a
Cristo y experimentaré el poder de su resurrección y compartiré sus padecimientos
hasta asemejarme a *él* en su muerte, 11 a
ver si así logro la resurrección de entre los
muertos.

El ejemplo de Pablo

Gal 1 15-16; 1 Cor 1 18-23; 4 16; Ef 2 19; Heb 11 10.13-16; 12 22-24; 1 Cor 15 27-28.43-53; 1 Tes 2 19-20

12 No pretendo decir que haya conquistado la meta o conseguido la perfección,
pero me esfuerzo a ver si la conquisto, por
cuanto yo mismo he sido conquistado por
Cristo Jesús. 13 Yo, hermanos, no me hago
ilusiones de haber conquistado la meta;
pero, eso sí, olvidando lo que he dejado
atrás, me lanzo de lleno para conseguir lo
que está delante 14 y corro hacia la meta,
hacia el premio al que Dios me llama desde lo alto por medio de Cristo Jesús.

15 Esto deberíamos pensar los que nos
creemos maduros en la fe. Y si piensan de
modo diferente, que Dios les haga ver claro
también esto. 16 En todo caso, permanez-
camos firmes en lo que hemos logrado.

17 Imiten mi ejemplo, hermanos, y fíjense en quienes nos han tomado como norma
de conducta. 18 Pues como ya les advertí
muchas veces, y ahora tengo que recordarles con lágrimas en los ojos, muchos de los
que están entre ustedes son enemigos de la
cruz de Cristo. 19 Su destino es la perdición;
su dios, el vientre; se enorgullecen de lo
que debería avergonzarlos y sólo piensan en
las cosas de la tierra. 20 Nosotros, en cambio, somos ciudadanos del cielo, de donde
esperamos como salvador a Jesucristo, el
Señor. 21 El transformará nuestro frágil
cuerpo en un cuerpo glorioso como el suyo,
en virtud del poder que tiene para someter
todas las cosas.

4 1 Por tanto, hermanos míos queridos a
quienes tanto extraño, ustedes, hermanos queridos que son mi alegría y mi recompensa, manténganse firmes en el Señor.

Exhortaciones concretas

Flp 2 2; Ex 32 32-33; Dn 12 1; Ap 3 5; 20 12-15; Sant 5 7-9; 1 Pe 4 7-11; Flp 1 3-4; Rom 12 2

2 Ruego a Evodia y también a Síntique
que se pongan de acuerdo como corresponde a creyentes. 3 Y a ti, compañero fiel, te
ruego que las ayudes, pues cooperaron conmigo en favor del evangelio, junto con
Clemente y el resto de mis colaboradores,
cuyos nombres están escritos en el libro de
la vida.

se refiere irónica y despectivamente a la circuncisión física como si se tratara de mutilaciones sangrientas que la misma ley judía prohibía terminantemente (Lv 21 5; véase 1 Re 18 28). Lo que sobre todo quiere enseñar el apóstol es que al pueblo de Dios de la nueva alianza se pertenece, no en virtud de realidades externas, sino dejándose penetrar por el Espíritu de Jesús. No se trata de poseer títulos humanos, sino de *conocer* a Jesucristo. Y está claro que los términos *conocer*, *conocimiento*, deben ser entendidos en el más genuino sentido de la tradición bíblica, es decir, en el de entrar en comunión profunda de vida y de destino con una persona. Pablo mismo es un magnífico ejemplo de este esfuerzo por *conocer* a Jesucristo. Lo que ya no se nos dice, al menos claramente, es *cuándo*, *dónde* y *cómo* tendrá lugar la definitiva glorificación del creyente.

• **4 2-9**: La primera parte de este pasaje (Flp 4 2-7) contiene una apremiante llamada a la fraternidad y la alegría, temas muy presentes en la carta (Flp 1 27; 2 1-4.14.17.29; 3 1; 4 4.10). En Flp 4 3, Pablo utiliza un vocablo griego que

4 Estén siempre alegres en el Señor; les
repito, estén alegres. 5 Que todo el mundo
los conozca por su bondad. El Señor está
cerca. 6 Que nada los angustie; al contrario, en cualquier situación presenten sus
deseos a Dios orando, suplicando y dando
gracias. 7 Y la paz de Dios, que supera
cualquier razonamiento, protegerá sus corazones y sus pensamientos por medio de
Cristo Jesús.
8 Por último, hermanos, tengan en cuenta todo lo que hay de verdadero, de noble,
de justo, de limpio, de amable, de elogia-
ble, de virtuoso y de recomendable. 9 Practiquen asimismo lo que han aprendido y
recibido, lo que han oído y visto en mí. Y
el Dios de la paz estará con ustedes.

3. Agradecimiento por la ayuda recibida

Alegría por la ayuda

Hch 16 12-40

10 Mi alegría en el Señor fue grande al
ver renacer el interés de ustedes por mí. De
hecho lo tenían ya, pero no habían tenido
ocasión de manifestarlo. 11 Y no les digo
esto porque esté necesitado, pues he aprendido a arreglármelas en cualquier situación. 12 Sé pasar necesidades y vivir en la
abundancia. A todas y cada una de estas
cosas estoy acostumbrado: a estar satisfecho y a pasar hambre, a que me sobre y a
que me falte. 13 Todo lo puedo en Cristo
que me da la fuerza. 14 Sin embargo, qué
bueno que se han solidarizado conmigo en
el sufrimiento.

Significado profundo de la ayuda

2 Cor 11 8-9; Flp 2 25; Rom 12 1-2; Heb 13 16;
Gn 8 21; Ex 29 18; Ez 20 41

15 Ustedes saben, filipenses, que cuando
comenzó a propagarse el evangelio y partí
de Macedonia, con ninguna iglesia tuve
cuenta de ingresos y egresos, sino sólo con
ustedes. 16 Y saben también que cuando
estaba en Tesalónica por dos veces me
enviaron todo lo que necesitaba. 17 Y no es
que yo busque regalos; lo que busco es que
se multipliquen los intereses en la cuenta
de ustedes. 18 Recibí, pues, todo y tengo
suficiente, incluso me sobra después de
haber recibido por medio de Epafrodito sus
obsequios, que son ofrenda agradable y
sacrificio que Dios acepta con gusto.
19 Mi Dios, que es rico, atenderá con
generosidad todas sus necesidades por medio de Cristo Jesús. 20 A nuestro Dios y Padre sea la gloria por los siglos de los siglos.
Amén.

Saludos finales

Rom 1 7; 1 Cor 1 2; 2 Cor 1 1

21 Saluden a todos los creyentes en Cristo Jesús. Los saludan los hermanos que están conmigo. 22 Los saludan también todos
los creyentes, especialmente los de la casa
del emperador. 23 Que la gracia de Jesucristo, el Señor, los acompañe.

hemos traducido por *compañero*, pero que también podría ser considerado como nombre propio. Así lo entienden algunos autores, que por tanto traducen: *Y a ti, fiel Sízigo, te ruego que las ayudes.* El Nuevo Testamento no nos proporciona noticia alguna sobre este supuesto personaje. Subrayaremos finalmente la profundidad teológica de Flp 4 8 que ha sido llamado la Carta Magna del humanismo cristiano.

Para Flp 4 5, véase nota a 1 Cor 1 1-9.

• **4 10-20**: Esta sección, sorprendentemente colocada al final del escrito actual, podría constituir la primera carta enviada por Pablo a Filipos muy poco tiempo después de haber sido encarcelado en Efeso (véase Introducción). Son unas líneas de entrañable agradecimiento por la ayuda recibida. Sin embargo, más allá del simple agradecimiento, Pablo desarrolla una catequesis de valor permanente y universal sobre el sentido de la colaboración material entre evangelizador y evangelizados. (Véase nota a 2 Cor 11 1-15). Pablo utiliza en esta carta el lenguaje de los intercambios comerciales para referirse a la generosa ayuda recibida de los filipenses. Pero lo importante es observar con qué maestría y finura se eleva el apóstol desde las realidades económicas, a las que atribuye su importancia, al plano del espíritu. El donativo de los filipenses a Pablo constituye un verdadero acto de culto a Dios.

• **4 21-23**: No hay ningún nombre concreto en el saludo final. Tal vez porque su permanencia en Filipos fue breve (Hch 16 11-40) y no recuerda en particular a ningún creyente concreto de la comunidad. La mención de *los de la casa del emperador* indica que entre los funcionarios romanos había ya numerosos cristianos.

CARTA A LOS COLOSENSES

INTRODUCCION

La comunidad cristiana de Colosas parece estar bajo la amenaza de unos graves y perniciosos errores en relación con la persona y el papel salvífico de Cristo. La carta que Pablo o un discípulo suyo les dirige, es una apasionada defensa de la primacía universal de Cristo frente a los oscuros poderes que pretendían introducir en la concepción cristiana del mundo los propagandistas de esos errores. Es cierto que hoy son otros poderes los que fascinan al hombre y al cristiano. Pero el mensaje sigue siendo el mismo: por encima de cualquier realidad cósmica, terrena o supraterrena, está Jesucristo. Conocer a Jesucristo es conocerlo todo; servir a Jesucristo es, paradójicamente, gozar de la verdadera libertad.

1. Pablo y la comunidad de Colosas

La ciudad de Colosas estaba situada unos ciento ochenta kilómetros al este de Efeso, en el pintoresco valle del río Lico. Ciudad rica y populosa en tiempos de Herodoto y Jenofonte, perdió luego su esplendor tal vez en beneficio de las ciudades vecinas de Laodicea y Hierápolis. En tiempos de Pablo era una pequeña población, que además el año 61 fue víctima de un terremoto que arrasó el valle del Lico.

Pablo no evangelizó directamente Colosas. Lo hizo Epafras, que había sido convertido por Pablo probablemente en Efeso, y que en el momento de escribirse la carta está junto al apóstol (Col 1 7; 4 12). La comunidad cristiana de Colosas debió estar formada en su mayor parte por convertidos del paganismo; pero algunos de los problemas que se mencionan en la carta hacen pensar también en la presencia de cristianos procedentes del judaísmo.

El hecho es que, en un determinado momento –no sabemos con seguridad si en vida de Pablo o después de su muerte– comienzan a propagarse entre los cristianos de Colosas unos errores gravemente peligrosos. No resulta fácil hacerse una idea exacta de los mismos, pues el autor de la carta se limita a refutarlos de modo indirecto, resaltando el puesto preeminente de Cristo tanto en el orden de la creación como en el de la salvación. Se trataba probablemente de observancias legalistas de tipo judaizante, de ciertas especulaciones filosóficas sobre el mundo de los poderes angélicos, de una serie de prácticas ascéticas y ritos de iniciación de índole mágica, inspirados en las religiones de los misterios, tan influyentes en el mundo helenístico de la época. Toda una mezcla de elementos cristianos, judíos y paganos que amenazaban con adulterar seriamente y, en última instancia, destruir el misterio de Cristo. Tal vez no sea correcto hablar de errores abiertamente gnósticos, pero sí de tendencias que con el tiempo desembocarán en los sistemas gnósticos más elaborados del siglo II.

2. Características de la carta

A primera vista, la carta a los Colosenses presenta las dos habituales grandes secciones de otras cartas paulinas: una de carácter doctrinal (Col 1-2) y otra de índole exhortativa (Col 3-4). Se inicia con el acostumbrado saludo, acción de gracias y súplica (Col 1 1-14) y se concluye con los avisos, noticias y saludos de rigor (Col 4 2-18).

Sin embargo, una consideración más detenida que tenga en cuenta los acentos ligeramente polémicos de la parte central de la carta, puede hacernos descubrir tres momentos bien diferenciados en el fluir de la misma: una exposición doctrinal (Col 1 15-2 5); una llamada de atención frente a los errores de los falsos maestros (Col 2 6-23), y una exhortación práctica (Col 3 1-4 1). Si a esto se une la presencia de otras unidades literarias menores (himnos, profesiones de fe, listas de vicios y virtudes, tablas domésticas, etc.) estratégicamente colocadas dentro del conjunto de la carta, resulta que Colosenses es un escrito rigurosamente pensado, no sólo doctrinalmente sino también desde el punto de vista literario.

Por lo demás, y a diferencia de la carta a los Efesios con la que está estrechamente relacionada (la misma estructura literaria, la misma temática fundamental, los mismos términos clave, los mismos o parecidos errores a combatir –véase Introducción a Efesios–), Colosenses tiene todo el aire de una verdadera carta. Se ocupa, efectivamente, de problemas concretos, proporciona noticias mucho más precisas, y la polémica contra quienes estaban propagando en Colosas una serie de doctrinas anticristianas, tiene muy poco de académica.

En comparación con las cartas de la primera época paulina o protopaulinas, Colosenses ofrece claras diferencias. Observamos en primer lugar un cambio de estilo que se hará más evidente en Efesios: frases oscuras e incluso incorrectas (Col 2 18-19.20.23), multiplicación de sinónimos, complementos que se suceden uno detrás de otro en gran cantidad. En cuanto al vocabulario, nos encontramos con una serie de términos que, sin ser nuevos en la literatura paulina, adquieren ahora una especial importancia en el pensamiento del autor: *cabeza, cuerpo, misterio, plenitud, sabiduría, riqueza, conocimiento, poderes cósmicos.* La influencia de la literatura sapiencial salta a la vista. Las referencias temporales (*antes, después*) dejan paso a las espaciales (*arriba, abajo*): el reino no está *ante* nosotros sino *sobre* nosotros (Col 1 13; 3 1-4). Habría, en fin, que notar la ausencia casi total en Colosenses de términos y conceptos típicamente paulinos: *ley, salvación, libertad*; así como la ausencia de partículas, preposiciones y giros que hacen inconfundible el lenguaje de Pablo. Todo esto hace pensar que aunque Pablo pueda ser el responsable directo del mensaje central de Colosenses, difícilmente puede serlo de su redacción. De hecho, la cuestión acerca de la autenticidad estrictamente paulina de esta carta es aún más compleja que en el caso de Efesios. Así lo reconocen en general los estudiosos de san Pablo, quienes en cualquier caso suelen colocar la composición de Colosenses antes que la de Efesios y dan por supuesto que la carta, si no es del propio Pablo, por lo menos procede de círculos genuinamente paulinos.

3. Contenido teológico

A decir verdad, Colosenses es conocida y citada sobre todo por el himno cristológico de su primer capítulo (Col 1 15-20). Y efectivamente en este himno se concentra el núcleo teológico de la carta. En él aparece Jesucristo como Señor de toda la creación y único salvador del mundo, como revelación plena y perfecta de la sabiduría eterna de Dios, como única fuente de la vida espiritual del hombre. Sólo aceptando esta primacía total y absoluta de Cristo, alcanzará el hombre, sea cual fuere el estado o circunstancias en que se encuentre, la plena madurez, el verdadero conocimiento, la auténtica condición de hombre nuevo y perfecto.

En este sentido, podemos con todo derecho considerar a Colosenses como un firme apoyo del optimismo cristiano. El cristiano ha descubierto en Cristo al único Señor del mundo y de la historia y no tiene por qué atemorizarse ante las falsas potencias mundanas, siempre dispuestas a crear estructuras opresoras.

En relación con las cartas paulinas de la primera época, constatamos una cierta evolución en lo que se refiere a determinados aspectos de la figura de Cristo y de la Iglesia, al papel del apóstol, y a la esperanza cristiana. Cristo ejerce *ya ahora* su señorío universal; el bautismo introduce al cristiano en la posesión *ya presente* de la salvación. Además, la figura de Pablo está idealizada: es el mártir que sufre en unión con Cristo por toda la Iglesia, su enseñanza es criterio y norma de autenticidad cristiana. La Iglesia, finalmente, no es la simple suma de individuos que forman una agrupación sociológica; es, más bien, una realidad espiritual, una misteriosa comunidad dinamizada por una savia interior, que la hace una con Jesucristo y la convierte en centro del universo.

CARTA A LOS COLOSENSES

Saludo

2 Cor 1 1-2; Flp 1 1-2

1 1 Pablo, apóstol de Cristo Jesús por voluntad de Dios, y el hermano Timoteo,
2 a los creyentes de Colosas, hermanos fieles en Cristo. Gracia y paz a ustedes de
parte de Dios nuestro Padre.

Acción de gracias

Rom 1 8-9; 1 Cor 1 4-7; Ef 1 15-16; Flp 1 3-6;
1 Tes 1 2-3; 1 Cor 13 13; 1 Pe 1 3-5

3 Damos gracias a Dios, Padre de nuestro Señor Jesucristo, y rogamos sin cesar
por ustedes, 4 al tener noticia de su fe en
Cristo Jesús y de su amor para con todos
los creyentes. 5 A esto los mueve la esperanza del premio que Dios les ha reservado
en los cielos y que han conocido por medio
del evangelio, palabra de verdad 6 que ha
llegado hasta ustedes y que fructifica y
crece, tanto en ustedes como en el mundo
entero, desde el día en que conocieron y
experimentaron la gracia de Dios en toda
su verdad. 7 Así lo aprendieron de nuestro
querido compañero Epafras, que es para
ustedes fiel servidor de Cristo. 8 Ha sido
también él quien nos ha informado de cómo
se aman en el Espíritu.

Oración por los cristianos

Ef 1 17-19; 3 14-19; Flp 1 9; Hch 26 17-18; 1 Pe 1 4

9 Por eso, desde el día en que recibimos
estas noticias, no cesamos de orar y pedir
por ustedes, para que logren un pleno conocimiento de su voluntad, colmados de la
sabiduría y la comprensión que da el Espíritu. 10 Llevarán así una vida digna del Señor, agradándole en todo, dando como fruto toda clase de buenas obras y creciendo
en el conocimiento de Dios.
11 El poder grandioso de Dios los fortalecerá plenamente para que sean capaces de
soportarlo todo con perseverancia y paciencia, para que, llenos de alegría, 12 den
gracias al Padre que los ha hecho dignos de
compartir la herencia de los creyentes en el
reino de la luz. 13 El es quien nos arrancó
del poder de las tinieblas, y quien nos ha
trasladado al reino de su Hijo amado, 14 de
quien nos viene la liberación y el perdón de
los pecados.

1. El misterio de Cristo ◊

Cristo, creador y salvador

Jn 1 1-14; 8 58; Flp 2 6-11; Heb 1 1-4; 1 Cor 12 12-27;
2 Cor 5 18-21; Ef 1 20-23; 2 14-18; 4 15-16; 5 23

15 Cristo es la imagen del Dios invisible,

• **1 1-2**: Sea lo que sea de la autenticidad estrictamente paulina de la carta (véase Introducción), el autor de la misma se presenta bajo la autoridad de Pablo y, desde el principio, el escrito adquiere el tono de una verdadera carta y no de una simple reflexión teológica.

En relación con la palabra *creyentes* que literalmente debería ser *santos*, véase nota a Rom 1 1-7 y 1 Cor 6 1-11.

• **1 3-14**: Una vez más se mencionan juntas las tres actitudes fundamentales de la vida cristiana: fe, amor, esperanza. Vividas con intensidad, ayudarán a superar con alegría las inevitables pruebas y dificultades que vendrán sobre el creyente. Paralelamente se destaca el papel de las tres personas divinas, protagonistas, cada una a su modo, de la acción liberadora.

◊ **1 15-2 23**: Esta primera sección de la carta contiene una enseñanza más bien teórica. Consta de dos momentos: en el primero subraya la supremacía de Cristo (Col 1 15-2 3); en el segundo se rechazan los errores difundidos en Colosas (Col 2 4-23).

• **1 15-20**: Este pasaje es (algunos autores incluyen también Col 1 13-14) un magnífico himno cristológico, en el que suelen distinguirse dos estrofas paralelas: en la primera (Col 1 15-17) se describe a Cristo como mediador de la creación; en la segunda (Col 1 18-20), como mediador de la *nueva* creación, es decir, de la redención. Parece que el himno no ha sido compuesto por el autor de la carta, sino que éste ha utilizado un texto procedente, tal vez, de la liturgia bautismal, introduciendo en él algunos retoques personales, tales como las palabras *que es la Iglesia* en Col 1 18a, y la frase *por medio de su sangre derramada en la cruz,* de Col 1 20.

La intención fundamental del himno es la de presentar la figura de Cristo en cuanto creador y redentor. La redención es posible y es verdadera porque el creador y el redentor son uno mismo, a saber, Jesucristo, que constituye el centro teológico y literario del himno. Al respecto se subraya: su preexistencia, su misteriosa pero real participación en la primera creación, su triunfo sobre la muerte, su papel en la reconciliación del universo (véase nota a Ef 4 1-13). El vocablo *primogénito* ya en el Antiguo Testa-

el primogénito de toda criatura,
16 porque en él fueron creadas
todas las cosas,
las del cielo y las de la tierra,
las visibles y las invisibles:
tronos, dominaciones,
poderes, potestades,
todo lo ha creado Dios por él y para él.
17 Cristo existe antes que todas las cosas
y todas tienen en él su consistencia.
18 El es también la cabeza del cuerpo,
que es la Iglesia.
El es el principio de todo,
el primogénito de los que
triunfan sobre la muerte,
y por eso tiene la primacía
sobre todas las cosas.
19 Dios, en efecto, tuvo a bien
hacer habitar en él toda la plenitud,
20 y por medio de él
reconciliar consigo todas las cosas,
tanto las de la tierra como las del cielo,
trayendo la paz por medio de su sangre
derramada en la cruz.

Reconciliados con Dios por Cristo

Rom 5 10-11; Ef 2 12-18; Col 1 5-6; Ef 3 6-7

21 También ustedes estaban en otro tiempo lejos de Dios y eran sus enemigos de-
clarados a causa de sus malas acciones.
22 Ahora, en cambio, por la muerte que
Cristo ha sufrido en su cuerpo mortal, los
ha reconciliado con Dios para presentarlos
a él como un pueblo sin mancha ni reproche. 23 Pero es necesario que permanezcan
firmes y arraigados en la fe y que no traicionen la esperanza transmitida en el evangelio que han recibido, que ha sido proclamado a toda criatura bajo el cielo y del que
yo, Pablo, he llegado a ser servidor.

Papel de Pablo en el misterio de Cristo

Rom 15 7-21; Ef 3 1-13; 4 11-13; 2 Cor 12 9-10; Flp 4 13

24 Ahora me alegro de padecer por ustedes, pues así voy completando en mi existencia terrena, y en favor del cuerpo de
Cristo, que es la Iglesia, lo que aún falta al
total de sus sufrimientos. 25 De esa Iglesia
he llegado a ser servidor, conforme al encargo que Dios me ha confiado de anunciarles
plenamente su palabra, 26 es decir, el plan
salvífico que Dios ha tenido escondido durante siglos y generaciones y que ahora ha
revelado a los que creen en él. 27 Precisamente a éstos ha querido Dios dar a conocer la incalculable gloria que encierra este
plan salvífico para los paganos; hablo de
Cristo, que está entre ustedes y es la esperanza de la gloria.
28 A este Cristo anunciamos nosotros,
corrigiendo e instruyendo a todos lo mejor
que sabemos para que podamos presentar a
todos plenamente maduros en su vida cristiana. 29 Por esto me fatigo y lucho, sostenido por la fuerza de aquel que actúa poderosamente en mí.

2 1 Porque quiero que sepan qué lucha
tan grande sostengo por ustedes, por
los de Laodicea y por tantos otros que no
me conocen personalmente. 2 Lo hago para que se mantengan animados y para que,
unidos fuertemente en el amor, lleguen a
obtener toda la riqueza de una plena comprensión hasta lograr el total conocimiento
del plan salvífico de Dios, que es Cristo,
3 en quien se encierran todos los tesoros de
la sabiduría y de la ciencia.
4 Les digo esto para que nadie los engañe con falsos razonamientos; 5 pues aunque
corporalmente estoy ausente, en espíritu
estoy presente y me alegro de la armonía

mento indica, sobre todo, rango y primacía, más bien que orden cronológico (véase Sal 89 28); lo mismo sucede aquí. Con la frase *tuvo a bien hacer habitar en él toda la plenitud*, el autor quiere subrayar que la fuerza divina se nos ha hecho accesible en Cristo: de él podemos y debemos esperar todos los bienes de la salvación, sin necesidad de acudir a ningún extraño intermediario.

Es sorprendente la estrecha relación que se observa entre la doctrina de este himno cristológico de Colosenses y el prólogo del cuarto evangelio: los términos "palabra" e "imagen" son casi intercambiables y ambos tienen un valor semejante al término "sabiduría" en el Antiguo Testamento.

• **1 21-23**: La reconciliación que Cristo ha llevado a cabo con su muerte ha hecho posible un cambio profundo en los colosenses; de *enemigos de Dios* han pasado a ser *su pueblo sin mancha ni reproche*. Esto les exige una respuesta de fe y los hace vivir en la esperanza que viene del evangelio.

• **1 24-2 5**: La primera afirmación de este pasaje (Col 1 24) ha sido objeto de múltiples comentarios por las dificultades exegéticas que plantea. De ningún modo debe suponerse que la obra redentora de Cristo ha quedado incompleta. Más bien hay que entender que los sufrimientos de Pablo y los de los cristianos hasta el final de los tiempos forman parte del misterio redentor de Cristo. En todo caso, de lo que definitivamente se trata es de conocer a fondo el plan salvador de Dios que se encierra en Cristo, y no en las enseñanzas de los falsos doctores de Colosas. Un plan que ha estado oculto hasta el presente, pero ahora se nos ha manifestado en plenitud.

que reina entre ustedes y de la firmeza de su fe en Cristo.

2. *Los falsos maestros*

Sólo en Cristo está la plenitud

Ef 5 6-11; 1 Tim 4 1-2; Tit 1 10-14; 2 Pe 2 3; Col 1 19; Rom 6 4-11; 1 Cor 8 1-13; Gal 4 10; Ef 2 1; 4 10.15-16

6 Así pues, ya que han aceptado a Cris-to Jesús, el Señor, vivan como cristianos, 7 enraizados y edificados sobre él, firmes en la fe, como se les ha enseñado, y permanentemente den gracias.

8 Estén atentos, no sea que alguien los seduzca por medio de filosofías o de estériles especulaciones fundadas en tradiciones humanas o en poderes cósmicos, pero no en Cristo. 9 Porque es en Cristo hecho hombre en quien habita la plenitud de la divinidad, 10 y en él, que es cabeza de todo dominio y potestad, ustedes han obtenido la plenitud. 11 Por su unión con él están también circuncidados, no físicamente por mano de hombre, sino con la circuncisión de Cristo, que los libera de su condición pecadora. 12 Han sido sepultados con Cristo en el bautismo, y también con él han resucitado, pues han creído en el poder de Dios que lo ha resucitado de entre los muertos. 13 Ustedes estaban muertos a causa de sus delitos y de su condición pecadora; pero Dios los ha hecho revivir junto con Cristo, perdonándoles todos sus pecados. 14 Ha destruido el documento acusador que nos era contrario y lo hizo desaparecer clavándolo en la cruz. 15 Ha despojado a dominios y potestades, exponiéndolos a la vergüenza pública y ha triunfado de ellos por medio de Cristo.

16 Así pues, no permitan que nadie los critique por cuestiones de comida o de bebida, ni por lo que respecta a fiestas, a celebraciones de luna nueva o sábados. 17 Todo eso no es más que sombra de las cosas que han de venir; la realidad es Cristo. 18 Que nadie los prive del premio presumiendo de humildad o de dar culto a los ángeles; es gente que se enorgullece de lo que cree haber visto, que se vanagloría de pensamientos mundanos 19 y que no se mantiene unida a Cristo cabeza, por quien todo el cuerpo, a través de los nervios y ligamentos, recibe alimento y cohesión logrando el crecimiento que Dios quiere.

20 Si están incorporados a Cristo en su muerte y ya no están sujetos a los poderes cósmicos, ¿por qué dejan todavía que les impongan leyes como si pertenecieran al mundo? 21 «No tomes, no gustes, no toques» les indican. 22 Pero todo está destinado a perecer con el uso, pues son preceptos y enseñanzas de hombres, 23 que tienen cierta apariencia de sabiduría por su aire de religiosidad, de humildad y de mortificación corporal, pero que sólo sirven para satisfacer el propio egoísmo.

3. *La vida nueva en Cristo* ◊

Resucitados con Cristo

Mt 6 20-21; Lc 12 33-34; Rom 6 4-5; Ef 2 5-6; Col 2 12-15; Gal 2 20; 1 Pe 1 6-8

3 1 Así pues, ya que han resucitado con Cristo, busquen las cosas de arriba, donde está Cristo sentado a la derecha de Dios. 2 Piensen en las cosas de arriba, no en las de la tierra. 3 Han muerto, y su vida está escondida con Cristo en Dios; 4 cuando aparezca Cristo, que es vida para ustedes, entonces también aparecerán gloriosos con él.

• **2 6-23**: En este pasaje de Colosenses, Pablo enfrenta abiertamente los errores que estaban sembrando el desconcierto en la comunidad y que de hecho habían motivado la carta. Es difícil precisar de qué errores se trata, porque Pablo ni los nombra expresamente ni los describe con detalle; sólo nos proporciona algunas referencias más bien vagas al rechazarlos. Por otra parte, el rechazo, aunque firme, es indirecto, por cuanto mira sobre todo a subrayar el puesto capital que Cristo ocupa en el orden de la creación y la salvación frente a una especie de divinización del cosmos, que suponía, como consecuencia, una degradación de la naturaleza divina de Cristo. Se trataba sin duda de atrayentes y tentadoras doctrinas formadas por toda una confusa amalgama de ideas paganas, judías y cristianas que, puestas al día con aires de progreso, debieron ejercer un enorme poder de seducción entre los cristianos de Colosas.

◊ **3 1-4 1**: Es la sección moral de la carta; como la anterior, también ésta se estructura en dos partes: la primera (Col 3 1-17) menciona las exigencias tanto negativas como positivas de la vida cristiana; la segunda (Col 3 18-4 1) contiene recomendaciones concretas para la convivencia familiar.

• **3 1-17**: La fuente de toda moral cristiana es la unión con Cristo resucitado, unión a la que se llega a través del bautismo. Pablo recurre a la antítesis *hombre viejo-hom-*

Hombres nuevos en Cristo

Rom 6 5-14; 12 1-2; 13 12-14; 2 Cor 5 17-20; Ef 4 20-32; Sant 1 20-21; Ef 4 1-3; 2 Cor 2 7-10; Ef 2 14

5 Destruyan, pues, lo que hay de terreno
en ustedes: fornicación, impureza, pasión
desordenada, malos deseos y codicia, que
es una especie de idolatría. 6 Esto es lo que
provoca la ira de Dios [sobre los rebeldes],
7 y lo que también ustedes practicaron en
otro tiempo, cuando vivían en tales pecados.
8 Pero ahora abandonen también todo esto.
¡Aparten de ustedes todo lo que sea ira,
indignación, malicia, injurias o palabras
groseras! 9 No se engañen unos a otros;
despójense del hombre viejo y de sus acciones, 10 y revístanse del hombre nuevo que,
en busca de un conocimiento cada vez más
profundo, se va renovando a imagen de su
Creador. 11 Ya no existe distinción entre
judíos y no judíos, circuncidados y no circuncidados, más y menos civilizados, esclavos y libres, sino que Cristo es todo en
todos.
12 Como elegidos de Dios, pueblo suyo
y amados por él, revístanse de sentimientos de compasión, de bondad, de humildad,
de mansedumbre y de paciencia. 13 Sopór-
tense mutuamente y perdónense cuando
alguno tenga motivos de queja contra otro.
Del mismo modo que el Señor les perdonó, perdónense también ustedes. 14 Y por
encima de todo, revístanse del amor que es
el vínculo de la perfección. 15 Que la paz
de Cristo reine en sus corazones; a ella los
ha llamado Dios para formar un solo cuerpo. Y sean agradecidos. 16 Que la palabra
de Cristo habite en ustedes con toda su riqueza; enséñense y exhórtense unos a otros
con toda sabiduría, y canten a Dios salmos,
himnos y cánticos inspirados con un corazón agradecido. 17 Y todo cuanto hagan o
digan, háganlo en nombre de Jesús, el Señor, dando gracias a Dios Padre por medio
de él.

El hombre nuevo en sus diversos estados

Ef 5 22-33; 6 1-9; Col 1 12

18 Esposas, respeten a sus maridos, como
corresponde a cristianas. 19 Maridos, amen
a sus esposas y no sean duros con ellas.
20 Hijos, obedezcan en todo a sus padres,
pues es lo que agrada ver entre cristianos.
21 Padres, no irriten a sus hijos, no sea que
se desalienten.
22 Esclavos, obedezcan en todo a sus
amos de la tierra; no con una obediencia
aparente, que sólo busca agradar a los hombres, sino con sencillez de corazón, como
quien honra al Señor. 23 Lo que hagan, háganlo de todo corazón, buscando agradar
al Señor y no a los hombres; 24 sabiendo
que en recompensa recibirán del Señor su
herencia y que es a Cristo, el Señor, a quien
sirven. 25 En cuanto al injusto, recibirá conforme a su maldad, sin dar lugar a ningún
favoritismo.

4 1 Señores, den a sus esclavos lo que sea
justo y equitativo, sabiendo que también ustedes tienen un Señor en el cielo.

CONCLUSION +

Exhortaciones

Ef 6 18-20; 1 Tes 4 12; 1 Pe 2 12

2 Perseveren en la oración con espíritu
vigilante y agradecido. 3 Oren también por

bre nuevo, que aparece también en la carta a los Efesios (véase nota a Ef 4 14-24), para describir las exigencias negativas y positivas de la moral cristiana. Una importante consecuencia social de la nueva situación es la igualdad radical ante Dios de todos los componentes de la comunidad cristiana (Col 3 11).

• **3 18-4 1**: La moral cristiana asumió con naturalidad los valores éticos de la sociedad ambiental grecorromana (véase Flp 4 8). Este catálogo de virtudes domésticas, y otros parecidos (Ef 5 22-28; 6 1-9; Tit 2 2-10), son una buena prueba de eso. Sin embargo, los catálogos del Nuevo Testamento siempre añaden una motivación cristiana a éstos que podemos llamar valores humanos. Los autores bíblicos –sobre todo los del último tercio del siglo I– admiten el orden social existente (esclavitud incluida) como básicamente válido, y tratan de cristianizarlo. Esto significa que los modelos de comportamiento propuestos por estos catálogos están influidos por las condiciones sociales del momento. Trasladar, por tanto, mecánicamente sus indicaciones al orden social de nuestros días, es un anacronismo y un error. En todo caso, el autor de Colosenses quiere poner de relieve que las diferencias sexuales, generacionales y sociales existentes en el mundo, han sido superadas por la fe; no tienen ningún valor especial ante Dios y no deberían tenerlo ante los hombres (véase Col 3 11).

nosotros, a fin de que el Señor nos facilite
la tarea de anunciar el plan salvífico de Dios
en Cristo, por el cual yo estoy encadenado,
4 y pueda darlo a conocer con las palabras
oportunas. 5 Pórtense sabiamente con los no
cristianos y aprovechen el momento presente. 6 En su conversación sean siempre
amables y simpáticos, de modo que sepan
responder a cada uno como conviene.

Noticias

Ef 6 21-22; Flm 10-12

7 De mi situación les informará Tíquico,
el hermano querido, servidor fiel y compañero en el Señor, 8 a quien envío expresamente para que les dé noticias de nuestra
situación y los anime. 9 Con él mando a
Onésimo, hermano también fiel y querido,
que es compatriota de ustedes. Ellos les
informarán de cuanto sucede por aquí.

Saludos

Hch 4 36; 12 12; 19 29; Col 1 7; Flm 2.23-24;
2 Tim 4 10-11; 1 Cor 16 21

10 Los saluda Aristarco, mi compañero
de prisión, y Marcos, el primo de Bernabé.
Si Marcos va a visitarlos, recíbanlo con
cariño, según las instrucciones que les dí.
11 Los saluda Jesús, de sobrenombre Justo.
De los convertidos del judaísmo, sólo éstos
trabajan conmigo por el reino de Dios y
me han proporcionado mucho consuelo.
12 Saludos también de Epafras, compatriota
de ustedes y siervo de Cristo Jesús, que
ruega constantemente por ustedes para que
se mantengan firmes en el pleno y perfecto
cumplimiento de la voluntad de Dios. 13 Soy
testigo de que se preocupa mucho por ustedes y también por los de Laodicea y Hierápolis. 14 Los saludan finalmente Lucas, el
médico tan querido, y Dimas.
15 Saluden a los hermanos de Laodicea,
a Ninfa y a la iglesia que se reúne en su
casa. 16 Cuando hayan leído esta carta, procuren que se lea también en la iglesia de
Laodicea; y la que envié a los de Laodicea,
léanla también ustedes. 17 Digan a Arquipo que atienda y desempeñe con esmero el
ministerio que ha recibido del Señor.
18 El saludo final es de mi puño y letra:
Pablo. Recuerden que estoy en prisión. La
gracia esté con ustedes.

• ***4 2-18:*** *La conclusión de la carta*, con sus exhortaciones, sus noticias y sus saludos, tiene también acentos marcadamente paulinos. Era conocido el gran aprecio de Pablo por sus colaboradores y su preocupación por el buen funcionamiento de todo. Este pasaje lo refleja con toda claridad. En Col 4 16 se hace alusión a otra carta que el autor de la presente habría escrito a la comunidad de Laodicea; si no se trata de la carta que conocemos como dirigida a los Efesios (muchos autores lo sostienen así), se trataría de una carta paulina, o al menos de inspiración paulina, que no se conservó, como tal vez ocurrió con otras (1 Cor 5 9).

PRIMERA CARTA A LOS TESALONICENSES

INTRODUCCION

Esta carta es con toda probabilidad el primer escrito del Nuevo Testamento. Se remonta al año 50 y fue escrita por Pablo para dar respuesta a ciertos problemas surgidos en la comunidad de Tesalónica.

Sus dimensiones son modestas y su contenido es eminentemente pastoral. Nada de profundas reflexiones teológicas. Pablo se dirige sobre todo al corazón: alegría, sentimientos de gratitud, reconocimiento, avisos, plegarias, palabras de aliento y de consuelo. Tiene esta carta el encanto de ofrecernos la descripción viva de una comunidad joven y fervorosa a sólo veinte años de la fundación de la Iglesia. Y tiene el mérito de anunciar ya una buena parte de los temas que Pablo irá desarrollando con más amplitud en sus escritos posteriores.

1. Pablo y la comunidad de Tesalónica

Tesalónica fue evangelizada por Pablo durante su segundo viaje misional; muy probablemente en el invierno de los años 49-50. Era entonces una ciudad populosa y lo sigue siendo hoy. Estratégicamente situada al fondo del golfo de Termas, contaba con uno de los mejores y más seguros puertos comerciales del mar Egeo.

El tiempo de evangelización fue corto (unos tres o cuatro meses), pero suficiente para dejar una comunidad cristiana elementalmente organizada, que supo defenderse muy bien (1 Tes 1 2-10). Era lógico, sin embargo, que no faltaran dificultades. Previéndolas, Pablo les envía desde Atenas a Timoteo, quien regresa unos meses más tarde trayéndole buenas noticias en general, pero comunicándole también la existencia de algunos problemas. Efectivamente, los judíos continúan su campaña de descrédito contra Pablo, se vislumbran restos de costumbres paganas, y sobre todo han comenzado a morir algunos cristianos. Una doble pregunta se hace apremiante: ¿Qué va a ser de los difuntos sorprendidos por la muerte antes de la venida gloriosa del Señor? ¿Cuándo tendrá lugar esa venida? Pablo considera necesario darles una respuesta y, ante la imposibilidad de visitarlos personalmente, decide escribirles. Lo hace en Corinto, probablemente en la primavera-verano del año 50 (o del 51, según otro cálculo cronológico).

2. Características de la carta

Casi nadie ha dudado de la autenticidad paulina de esta carta y es casi seguro que, para escribirla, Pablo se sirvió de Silas y Timoteo como secretarios.

Es una carta sin demasiadas pretensiones literarias. Refleja los primeros pasos de Pablo como escritor cristiano y todo fluye en ella con naturalidad y sencillez. Además del saludo (1 Tes 1 1) y la despedida (1 Tes 5 23-28), podríamos descubrir en el núcleo de la carta dos partes principales:

– La primera (1 Tes 1 2-3 13) tendría como hilo conductor el motivo de la *acción de gracias,* que en esta carta no se limita a una afirmación inicial, sino que se prolonga de forma sorprendente a lo largo de los tres capítulos (véase 1 Tes 1 2; 2 13; 3 9).

– En la segunda parte (1 Tes 4 1-5 22) el elemento unificador es el tono exhortativo de la misma: instrucciones, recomendaciones, avisos. Siempre con la segunda venida del Señor como tema de fondo; y todo esto expuesto con calor, casi con pasión, con un ardiente deseo de convencer.

3. Contenido doctrinal

Estamos ante una carta más pastoral que doctrinal en la que sería inútil buscar profundas y sistemáticas reflexiones teológicas. Pablo toca en ella una serie de temas entre los que destacan la misión apostólica, el desarrollo y consolidación de la Iglesia, la dimensión trinitaria de la vida cristiana, el misterio del mal, los acontecimientos finales de la historia de la salvación.

Precisamente a este último tema, que preocupaba de manera especial a la comunidad de Tesalónica, dedica Pablo una parte importante de la carta (1 Tes 4 13-5 11). En ella responde a las preocupaciones y preguntas de los tesalonicenses poniendo el acento en lo verdaderamente decisivo, a saber, en que tanto para los que mueran antes de la venida del Señor como para los que puedan presenciarla personalmente, lo importante es lograr la salvación. Todo lo demás es secundario y en realidad pertenece al misterio. Así se explica que para referirse a esto Pablo utilice el género literario apocalíptico muy utilizado en esa época; un género que evoca el proceso de la acción divina a base de símbolos e imágenes que en ningún caso deben ser entendidos al pie de la letra (véase la introducción al libro del Apocalipsis).

PRIMERA CARTA A LOS TESALONICENSES

Saludo

Hch 15 22; 16 1; 1 Cor 1 2; 16 10-11

1 1 Pablo, Silvano y Timoteo a la iglesia
de los tesalonicenses, que es de Dios
Padre y de Jesucristo, el Señor. A ustedes,
gracia y paz.

1. Insistente acción de gracias ◊

Acción de gracias por el comportamiento de los tesalonicenses

Col 1 3-8; 1 Cor 2 1-5; 4 16; Hch 17 5-9; 2 Cor 1 4-11; Rom 1 8; Hch 2 24.32; 3 15; Rom 1 18; 2 5.16; 1 Tes 2 16; Sant 5 5

2 Damos gracias continuamente a Dios
por todos ustedes y siempre los recordamos
en nuestras oraciones. 3 Ante Dios, que es
nuestro Padre, hacemos memoria de la vitalidad de su fe, del esfuerzo de su amor y
de la firme esperanza que han puesto en
nuestro Señor Jesucristo.
4 Conocemos bien, hermanos amados
de Dios, cómo fueron elegidos. 5 Porque el
anuncio de nuestro evangelio no se redujo
sólo a palabras, sino que estuvo acompañado de poder, de la acción del Espíritu
Santo y de gran persuasión. Saben de sobra
que todo lo que hicimos entre ustedes fue
para su bien. 6 Por su parte, siguieron nuestro ejemplo y el del Señor, recibiendo la
palabra en medio de grandes dificultades,
pero con la alegría que viene del Espíritu
Santo. 7 De esta manera han llegado a ser
modelo para todos los creyentes de Macedonia y de Acaya. 8 Y no sólo en Macedonia y Acaya ustedes han difundido la palabra del Señor, sino que por todas partes se
ha extendido la fama de su fe, de suerte
que nada tenemos que añadir por nuestra
parte. 9 Ellos mismos cuentan el recibimiento que nos dieron y cómo ustedes se
convirtieron a Dios, abandonando los ídolos para servir al Dios vivo y verdadero,
10 y esperar que su Hijo Jesús, a quien
resucitó de entre los muertos, se manifieste
desde el cielo y nos libere de la ira que se
acerca.

Pablo recuerda su misión en Tesalónica

Hch 16 19-24; 17 1-9; Jn 5 41-44; Gal 1 10; 2 Cor 5 9; 11 7-10; 1 Cor 4 14-15; Flp 1 27

2 1 Pues bien saben, hermanos, que nuestra permanencia entre ustedes no ha
sido estéril. 2 A pesar de los sufrimientos e

• **1** 1: Un saludo manifiestamente conciso, pero cargado de contenido teológico. En él san Pablo pone de relieve su permanente preocupación por compartir estrechamente con sus colaboradores la tarea y la responsabilidad apostólica. Es interesante constatar que la palabra *iglesia* aparece ya en la primera página del Nuevo Testamento. Pablo no escribe a individuos aislados, sino a una comunidad de fe.

◊ **1** 2-**3** 13: El motivo del agradecimiento impregna de manera especial los tres primeros capítulos de esta carta. Podría hablarse de una especie de "eucaristía narrativa". Hay que subrayar también la alternancia entre el *nosotros* y el *ustedes*. Es muy probable que Pablo pretenda aludir *con este recurso literario a la comunión de vida* y de objetivos entre la comunidad de Tesalónica y sus fundadores; comunión de vida, de amor y de esperanza que debe existir siempre entre los miembros de cualquier comunidad y sus dirigentes y animadores.

• **1** 2-10: En esta emotiva acción de gracias deben resaltarse: la temprana mención de la fe, el amor y la esperanza como realidades constitutivas del cristiano; la inevitable presencia de dificultades a la hora de vivir comprometidamente el evangelio; y la primera alusión de Pablo (y de todo el Nuevo Testamento) a que la venida gloriosa del Señor es algo inminente. Estamos tal vez ante la más antigua cristología de la Iglesia; una cristología en clave escatológica y en la que la fe cristiana se formula ya en categorías griegas.

• **2** 1-12: Junto a una cierta intención de defender su comportamiento durante la primera evangelización de Tesalónica, en las palabras de Pablo hay sobre todo un mensaje pedagógico y teológico: ninguna dificultad puede impedir la difusión del evangelio; nadie puede manipular el contenido del mensaje *para agradar a los hombres*; los anunciadores del evangelio, junto con el mensaje, tienen que entregar la propia persona.

En 1 Tes 1 9 es probable que Pablo se refiera al mismo tipo de trabajo que realizará más tarde en Corinto, en casa de Aquila y Priscila, a saber, confeccionar tiendas de

injurias que, como saben, padecimos en
Filipos, les anunciamos el evangelio en
medio de muchas dificultades, pero llenos
de confianza en nuestro Dios. 3 Y es que
nuestra exhortación no se inspiraba en el
error, en torcidas intenciones o en engaños.
4 Por el contrario, puesto que Dios nos ha
juzgado dignos de confiarnos su evangelio,
hablamos no como quien busca agradar a
los hombres, sino a Dios, que conoce hasta
lo más profundo de nuestro ser. 5 Dios es
testigo, y ustedes lo saben, de que nunca
nos dejamos llevar por la adulación o la
avaricia; 6 tampoco hemos buscado glorias
humanas, ni de ustedes ni de nadie. 7 Y
aunque podríamos haber hecho sentir nuestra autoridad como apóstoles de Cristo, nos
comportamos afablemente con ustedes, como una madre cuida a sus hijos con amor.
8 Tanto amor les teníamos que ansiábamos
entregarles, no sólo el evangelio de Dios,
sino también nuestras propias vidas. ¡A tal
punto llegaba nuestro amor por ustedes!

9 Recuerden, hermanos, nuestras penas
y fatigas; cómo trabajamos día y noche a
fin de no ser una carga para ninguno de
ustedes mientras les anunciábamos el evangelio de Dios. 10 Ustedes son testigos, y
Dios lo es también, de que nuestra conducta fue limpia, justa e irreprochable con ustedes los creyentes. 11 Saben que tuvimos
con cada uno de ustedes la misma relación
que un padre tiene con sus hijos, 12 exhor-
tándolos, animándolos e invitándolos a llevar una vida digna del Dios que los ha llamado a su reino y a su gloria.

Persecución por el evangelio

Gal 1 11-12; Mt 23 29-37; Mc 10 33-34;
Hch 17 5.13; 18 12; 1 Tes 1 10

13 Por todo esto, no cesamos de dar gracias a Dios, pues al recibir la palabra de
Dios que les anunciamos, la aceptaron no
como palabra de hombre, sino como lo que
es en realidad, como palabra de Dios, que
sigue actuando en ustedes los creyentes.
14 En efecto, hermanos, también ustedes se
han hecho imitadores de las iglesias de
Dios que están en Judea y pertenecen a
Cristo Jesús, pues ustedes han padecido
por parte de sus propios conciudadanos lo
mismo que ellos por parte de los judíos
15 que dieron muerte a Jesús, el Señor, y a
los profetas. Esos mismos judíos también
nos persiguen a nosotros, desagradan a Dios
y son enemigos de todos los hombres, 16 ya
que tratan de impedir que proclamemos el
evangelio a los paganos para que se salven.
Así están completando continuamente la
medida de sus pecados; pero la ira de Dios
ha caído ya de forma definitiva sobre ellos.

Amor de Pablo a los tesalonicenses

Col 2 5; Flp 2 16; 4 1; 1 Cor 15 23; 1 Tes 3 13; 2 Tes 1 7

17 En cuanto a nosotros, hermanos, alejados temporalmente de ustedes –alejados
por la distancia y no por el cariño–, hemos
deseado con ansia volver a verlos cuanto
antes. 18 Por eso proyectamos ir a visitarlos, y en particular yo, Pablo, lo intenté una
y otra vez, pero Satanás me lo impidió. 19 Y
es que ¿quién sino ustedes puede ser nues-

campaña (Hch 18 3). Pablo debió aprender este oficio en su niñez, y le acompañará después a lo largo de su vida como una especie de ciudadanía humana. Pablo conoce, y trae a cuenta cuando lo cree oportuno, los derechos que le asisten como apóstol a vivir de la proclamación del evangelio. Pero con frecuencia prefiere renunciar a estos derechos para evitar toda apariencia de interés personal y hacer así más eficaz su apostolado (véanse notas a 1 Cor 9 1-18 y 2 Cor 11 1-15).

• **2 13-16**: Sorprende la dura crítica de Pablo a sus compatriotas judíos. ¿Cómo puede compaginarse este pasaje con Rom 9-11? Algunos autores piensan que 1 Tes 2 14-16 es una interpolación tardía, posterior a la ruptura total del año 70 entre Iglesia y Sinagoga. Pero tal vez se trate de un simple cambio de situación, ya que entre la primera carta a los Tesalonicenses y la carta a los Romanos han transcurrido cerca de siete años y el pensamiento de Pablo puede haber experimentado un significativo cambio en relación con el tema.

• **2 17-20**: Como fiel hijo de su tiempo, Pablo echa la culpa de no haber podido volver junto a los tesalonicenses al responsable último de todo el mal que sucede en el mundo, es decir a Satanás. Es éste un vocablo de origen hebreo cuyo significado etimológico es *adversario*. En él personifica Pablo, con toda la tradición judía, el misterio del mal en cuanto oposición a Dios. San Pablo es realista y sabe que detrás del telón de todo acontecer terreno se desarrolla la batalla entre Dios y su adversario, a quien califica de *tentador* y en 2 Tes 3 3 de *maligno*.

tra esperanza, nuestra alegría, nuestra corona de gloria el día en que se manifieste
Jesús nuestro Señor? 20 Ustedes son nuestra gloria y nuestra alegría.

Misión de Timoteo en Tesalónica

Hch 17 14-16; 14 22; Ap 2 2-10; Flp 2 16

3 1 Por tanto, no pudiendo esperar más,
decidimos quedarnos solos en Atenas
2 y enviarles a Timoteo, hermano nuestro y
colaborador de Dios en la proclamación
del evangelio de Cristo. Le confiamos la
misión de fortalecerlos y alentarlos en la
fe, 3 para que nadie se inquiete a causa de
estos sufrimientos a los que, como bien
saben, estamos destinados. 4 Ya les habíamos anunciado esto cuando todavía estábamos con ustedes: «Vamos a tener sufrimientos»; y así ha sucedido realmente, como bien lo saben. 5 Por lo cual, ya no pudiendo esperar más, envié a Timoteo para
que se informara acerca de la fe de ustedes, no sea que el tentador los hubiera tentado y resultara estéril nuestro trabajo.

Timoteo regresa con buenas noticias

2 Tes 1 3-4; 2 Cor 7 7

6 Pero ahora que Timoteo regresó de
Tesalónica, nos trajo buenas noticias sobre
la fe y el amor de ustedes. Nos asegura que
en todo momento nos han recordado con
cariño y que tienen un vivo deseo de ver-
nos, lo mismo que nosotros a ustedes. 7 Por
eso, hermanos, en medio de todos los sufrimientos y penas que hemos tenido que soportar por ustedes, nos hemos sentido confortados por su fe, 8 y ahora comenzamos a
vivir de nuevo, al saber que ustedes se
mantienen fieles al Señor.

Acción de gracias y súplica

1 Tes 1 2-3.10; Flp 1 9-10

9 ¿Cómo podremos agradecer suficientemente a Dios este gozo desbordante con
el que, gracias a ustedes, nos alegramos en
presencia de nuestro Dios? 10 Día y noche
rogamos a Dios con insistencia que nos conceda visitarlos personalmente, para completar lo que aún falta a su fe. 11 ¡Que Dios,
nuestro Padre, y Jesús, nuestro Señor, guíen
nuestros pasos hacia ustedes! 12 ¡Que el
Señor los haga crecer y desbordar de amor
de unos a otros y a todos, tan grande como
el que nosotros sentimos por ustedes! 13 En
fin, que cuando Jesús, nuestro Señor, se
manifieste junto con todos sus elegidos, los
encuentre interiormente fuertes e irreprochables como consagrados en presencia de
Dios, nuestro Padre.

2. Exhortaciones con motivo de la segunda venida del Señor ◊

Agradar al Señor

Lv 19 2; Rom 6 19-23; 1 Cor 6 12-20; Dt 32 35; Sal 94 1-2; Lc 10 16

4 1 Por lo demás, hermanos, les rogamos
y exhortamos en el nombre de Jesús, el

• **3 1-13**: Pablo se mantiene permanentemente en tensión con respecto a sus comunidades. No es cosa de lanzar la semilla y despreocuparse de cómo nace, crece y se consolida. La fidelidad al evangelio y a los evangelizados pide al mensajero que siga en primera línea compartiendo y alentando, sufriendo y gozando mientras se va extendiendo el mensaje.

En 1 Tes 3 13 evoca Pablo explícitamente, por tercera vez, la manifestación gloriosa de Cristo al final de los tiempos. Con esto se cierra la primera parte de la carta que se desarrolla bajo el signo de la acción de gracias, y se abre la segunda que, teniendo como telón de fondo el tema del regreso del Señor, exhorta a vivir en clima de amor una vida propia de consagrados a Dios.

◊ **4 1-5 22**: En esta segunda parte de la carta, la atención de Pablo se centra sobre todo en el presente y el futuro. Pablo *ruega* y *exhorta* a los suyos, recordándoles su consagración a Dios y teniendo como telón de fondo el acontecimiento decisivo de la venida gloriosa del Señor. Los abundantes imperativos de la sección expresan el profundo convencimiento que tiene Pablo de que no se pueden separar doctrina y comportamiento. Y es también significativa la constante invocación a Dios y a Jesucristo como puntos de obligada referencia (1 Tes 4 1.3.5-9.15; 5 9.12.18). No es la palabra de Pablo o la de sus colaboradores lo importante, sino la palabra de Dios y el mensaje de Jesús.

• **4 1-12**: Trata aquí san Pablo, en primer lugar, el tema del correcto comportamiento sexual en el marco de un ambiente poco favorable a la castidad. En 1 Tes 4 4 el texto griego original dice literalmente *posea su vaso*. Esta imagen, que nosotros hemos traducido por *viva con su mujer*, algunos la refieren al propio cuerpo y traducen: *sepa dominar su cuerpo*. El contexto no apoya esta segunda interpretación, que supone una redundancia. Pablo habla de una conducta individual casta, pero también de una vida matrimonial casta y fiel.

En segundo lugar invita al amor y al trabajo. ¿Por qué relaciona tan estrechamente amor fraterno y trabajo? Tal vez para subrayar que el amor auténtico no es el que se cruza de brazos esperando simplemente *recibir*, sino el que se pone en camino para *dar* (Hch 20 35).

Señor, que de la misma manera que aprendieron de nosotros cómo conviene que se
comporten y agraden a Dios, cosa que ya
hacen, así lo sigan haciendo para progresar
todavía más. 2 Conocen las normas que les
dimos de parte de Jesús, el Señor. 3 Porque
ésta es la voluntad de Dios: que vivan como
consagrados a él y huyan de la lujuria. 4 Que
cada uno de ustedes viva santa y respetuosamente con su mujer, 5 sin dejarse llevar
por la pasión, como lo hacen los paganos
que no conocen a Dios. 6 Y que en este punto nadie ofenda o injurie a su hermano, porque el Señor pedirá cuenta de todo esto,
como ya les habíamos dicho y recalcado.
7 Pues no nos llamó Dios a vivir en la impureza, sino a vivir como consagrados a él.
8 Por tanto, el que desprecia esta norma de
conducta, no desprecia a un hombre, sino a
Dios, que es quien les da su Espíritu Santo.

Invitación al amor y al trabajo

Jr 31 33-34; Is 54 13; Jn 13 34; 15 12-14;
2 Cor 11 7-10; 1 Tes 2 9; Col 4 5

9 Acerca del amor fraterno no es necesario que les escriba, porque ustedes mismos han aprendido de Dios a amarse los
unos a los otros. 10 Y así lo practican con
todos los hermanos que viven en Macedonia. Sin embargo, hermanos, los exhortamos a que progresen más y más, 11 y a que
pongan su empeño en vivir pacíficamente,
ocupándose cada uno de lo suyo y trabajando con sus propias manos como les hemos recomendado. 12 Así se ganarán el
aprecio de los que no son cristianos y no
tendrán necesidad de nadie.

El destino de los que mueren

1 Cor 15 1-28.51-53; Flp 1 23; 1 Tes 5 11

13 No queremos, hermanos, que permanezcan ignorantes acerca de los que ya han
muerto, para que no se entristezcan como
los que no tienen esperanza. 14 Nosotros
creemos que Jesús murió y resucitó, y que,
por tanto, Dios llevará consigo a los que
han muerto unidos a Jesús. 15 Y esto es lo
que les decimos como palabra del Señor:
Que nosotros, los que estemos vivos, los
que aún quedemos cuando venga el Señor
no tendremos ventaja sobre los que han
muerto. 16 Porque cuando se dé la orden,
cuando se oiga la voz del arcángel y resuene la trompeta divina, el Señor mismo bajará del cielo, y los que murieron unidos a
Cristo resucitarán en primer lugar. 17 Después nosotros, los que aún quedemos vivos, seremos llevados sobre las nubes por
los aires junto con ellos al encuentro del
Señor. De este modo estaremos siempre
con el Señor. 18 Anímense, pues, unos a
otros con estas palabras.

El día del Señor vendrá como un ladrón

Mt 24 36-44; 1 Cor 1 8; 2 Cor 1 14;
2 Pe 3 10; Ap 3 3; 16 15

5 1 En cuanto al tiempo y a las circunstancias, no tienen, hermanos, necesidad
de que les escriba. 2 Saben muy bien que el
día del Señor vendrá como un ladrón en
plena noche. 3 Cuando la gente crea estar
segura y en paz, entonces, la ruina caerá de
repente sobre ellos, igual que los dolores
de parto sobre la mujer embarazada, y no
podrán escapar.

Vivir como hijos de la luz

Mt 24 42-44; Mc 13 32-37; Lc 21 34-36; 1 Pe 5 8;
1 Cor 13 13; Ef 6 11-17; Rom 14 8-9; 1 Tes 4 17-18

4 Pero ustedes, hermanos, no viven en
la oscuridad. Por tanto, el día del Señor no
debe sorprenderlos como si fuera un ladrón.
5 Todos ustedes son hijos de la luz, hijos
del día; no somos de la noche ni de la os-

• **4 13-18**: Al responder a la pregunta planteada por los tesalonicenses, Pablo distingue entre el hecho de la venida gloriosa de Cristo y las circunstancias de la misma. En cuanto al hecho, la afirmación clave de todo el pasaje es: *y así estaremos siempre con el Señor*. Pero ¿cómo lograr concretamente ese objetivo? Pablo es consciente de que se trata de algo misterioso, y para expresarlo de alguna manera utiliza imágenes propias del género apocalíptico. No tenía a mano otras imágenes mejores, pero sabe que cualquier imagen es pobre e insuficiente para describir el paso del hombre a un nuevo modo de existencia junto a Dios.

• **5 1-11**: En la perspectiva de Pablo el momento final está próximo, pero al mismo tiempo es desconocido e imprevisto. En consecuencia, la vida cristiana debe estar marcada por una actitud de preparación y vigilancia. Las numerosas antítesis utilizadas por san Pablo están destinadas a resaltar el fuerte contraste entre los creyentes y los no creyentes.

La expresión *despiertos o dormidos*, equivale sin duda a *en vida o en muerte* ya que, tanto entre los griegos como entre los latinos, el sueño era una imagen frecuente de la muerte.

curidad. 6 Por tanto no nos quedemos dormidos como hacen los demás, sino que estemos atentos y vivamos sobriamente. 7 Los
que duermen, de noche duermen; los que
se emborrachan, de noche se emborrachan.
8 Pero nosotros, que somos del día, debemos vivir con sobriedad, cubiertos con la
coraza de la fe y del amor, y con la esperanza de la salvación como casco protector. 9 Porque no nos ha destinado Dios al
castigo, sino a lograr la salvación por medio de nuestro Señor Jesucristo, 10 que murió por nosotros a fin de que, tanto despiertos como dormidos, vivamos unidos a él.
11 Por tanto, anímense mutuamente y con-
tribuyan al bien de unos para con otros como ya lo están haciendo.

Vivir en armonía evitando el mal

1 Cor 16 16-18; 1 Tim 5 17; Heb 13 7; Rom 12 17-21;
Flp 4 4; Ef 6 18-20; Col 3 15-17; 1 Cor 12 1-10; 1 Jn 4 1

12 Les rogamos, hermanos, que aprecien a quienes trabajan entre ustedes y los
dirigen y corrigen en el nombre del Señor.
13 Correspondan a sus trabajos con amor
siempre creciente. Y vivan en paz unos con
otros. 14 También les rogamos, hermanos,
que corrijan a los indisciplinados, que alien-
ten a los acomplejados, que sostengan a los
débiles, que tengan paciencia con todos.
15 Estén atentos que ninguno devuelva mal
por mal; al contrario, esfuércense por hacer
siempre el bien unos a otros y a todos. 16 Estén siempre alegres. 17 Oren en todo momento. 18 Den gracias por todo, pues ésta
es la voluntad de Dios con respecto a ustedes como cristianos. 19 No apaguen la fuerza del Espíritu; 20 no menosprecien los dones proféticos. 21 Examínenlo todo y quédense con lo bueno. 22 Apártense de todo
tipo de mal.

Súplica final y despedida

Rom 15 33; Ef 2 14-17; 1 Cor 1 9; Col 4 3.16; 1 Cor 16 20

23 Que el Dios de la paz les ayude a vivir como corresponde a auténticos creyentes; que todo su ser –espíritu, alma y cuerpo– se conserve sin falta alguna para la venida de nuestro Señor Jesucristo. 24 El que
los llama es fiel y cumplirá su palabra.
25 Hermanos, oren también por nosotros. 26 Saluden a todos los hermanos con
el beso santo. 27 Les suplico por el Señor
que esta carta sea leída a todos los hermanos. 28 La gracia de nuestro Señor Jesucristo esté con ustedes.

• **5 12-22**: Nos encontramos aquí con la primera referencia del Nuevo Testamento a una comunidad elementalmente organizada, a sólo veinte años de la muerte de Jesús. Hay unos miembros cualificados que atienden, e incluso tal vez presiden la comunidad. Precisamente a ellos puede ir dirigida de manera especial la advertencia de que no actúen sin más de forma represiva contra *posibles vivencias carismáticas de la comunidad* (1 Tes 5 19).

• **5 23-28**: Lo que Pablo espera de los tesalonicenses no es un sueño irrealizable. No lo es, porque Dios ha comprometido con los hombres su fidelidad y por mucha que sea la fragilidad del hombre, es mayor la fidelidad de Dios.

Con la expresión *espíritu, alma y cuerpo* (sólo aquí utilizada por san Pablo) no pretende enseñar el apóstol la existencia de tres partes físicamente separadas en el hombre. Lo que pretende es subrayar que la *totalidad* del hombre está bajo la protección divina y que *todo* el hombre es sujeto y objeto de la salvación divina.

En el párrafo final encontramos el primer testimonio sobre el saludo de paz que desde la más remota antigüedad se intercambian los cristianos en la celebración de la Eucaristía. Tenemos también la primera constatación de que las cartas apostólicas fueron desde muy pronto leídas en la asamblea y conservadas e intercambiadas con gusto y esmero en las diversas comunidades.

SEGUNDA CARTA A LOS TESALONICENSES

INTRODUCCION

Esta carta es fiel reflejo de una comunidad o comunidades que esperan como algo inminente la venida gloriosa de Cristo y organizan su vida teniéndola muy en cuenta. El autor pone en guardia a la Iglesia de entonces y de siempre contra una equivocada interpretación de la esperanza cristiana que induzca al creyente a evadirse de las realidades presentes. El Señor vendrá a clausurar la historia, por supuesto. Pero mientras tanto, todo cristiano tiene el sagrado deber de esforzarse por construir esa historia.

1. Relación con primera carta a los Tesalonicenses

Ya una primera lectura de la segunda carta a los Tesalonicenses muestra que el tono general de la carta, su vocabulario y su estilo son bastante distintos a los de la primera carta a los Tesalonicenses. En primer lugar está ausente el tono cálido y cercano, casi apasionado, de la primera carta cuando evoca la intensa relación entre los tesalonicenses y los fundadores de la comunidad. Hay algún toque afectivo –por ejemplo el vocativo *hermanos* que resuena siete veces– pero la impresión general es más bien de frialdad y distanciamiento.

En cuanto al tema central de ambas cartas, a saber, los acontecimientos que tendrán lugar al final de los tiempos, la perspectiva de la segunda carta, si no contraria, es por lo menos notablemente distinta de la que presenta la primera. Ya no se trata de "esperar vigilantes" porque la venida gloriosa del Señor es inminente (1 Tes 5 2-6). Lo que en la segunda carta ocupa el centro de la escena es precisamente que dicha venida va a demorarse algún tiempo (2 Tes 2 1-12). Además el colorido apocalíptico de la segunda carta es mucho más fuerte que el de la primera. No resulta muy creíble atribuir al mismo Pablo perspectivas tan distintas en tan corto período de tiempo.

Si comparamos el estilo y el vocabulario de ambas cartas, tendremos la impresión de encontrarnos ante un autor que escribe la segunda carta casi calcando la primera: numerosas expresiones de la una se repiten casi al pie de la letra en la otra. Sin embargo, en el pasaje central de la segunda carta (2 Tes 2 1-12), donde el contenido es más original, no se dan correspondencias de vocabulario y estilo ni con la primera carta a los Tesalonicenses ni con otras cartas reconocidas indudablemente como de Pablo.

Finalmente el saludo de puño y letra con la correspondiente firma personal tal como aparece en 2 Tes 3 17 no es argumento decisivo. Podemos pensar que el verdadero autor de esta carta, para apuntalar su autoridad apostólica, se valió de este recurso inspirándose en otras cartas paulinas (1 Cor 16 21; Gal 6 11; véase también Col 4 18).

2. Autor y destinatarios

De lo dicho se deduce que el autor de la segunda carta a los Tesalonicenses podría muy bien no ser Pablo, y los destinatarios concretos de la carta no ser sólo los cristianos de la comunidad de Tesalónica. Habría entonces que pensar en un autor desconocido que en los primeros años de la década de los 70 se vale de la autoridad de Pablo para afrontar una renovada psicosis apocalíptica.

En efecto, con ocasión tal vez de la guerra judeoromana de los años 66-70, la tensión escatológica habría vuelto a subir enormemente de nivel en algunos ambientes cristianos. A esto habría que añadir las primeras persecuciones en gran escala desatadas contra los cristianos dentro del imperio. El autor de la carta, discípulo de Pablo, pretendería enfriar el desbordado entusiasmo de aquellos que proclamaban que el día final estaba a las puertas. Para eso nada mejor que valerse de la autoridad del apóstol Pablo y dirigir el escrito a la misma comunidad de Tesalónica, explicando y matizando lo dicho en la primera carta, con la intención de evitar una errónea interpretación de la tradición paulina e impedir el daño que estaban causando ciertos rumores de revelaciones, dichos o cartas atribuidas a Pablo (2 Tes 2 2).

3. Contenido teológico principal

Aunque el ángulo de interpretación pueda ser diverso según el lugar y el tiempo en que se coloque la carta, el mensaje de la segunda carta a los Tesalonicenses es suficientemente claro. Además de las advertencias y recomendaciones inspiradas en la primera carta, el autor quiere responder a ciertas inquietudes y ansiedades provocadas por la tardanza de la venida del Señor. El Señor no está a las puertas. Mucho menos debe pensarse que ha venido ya y que el último juicio va a tener lugar de un momento a otro. Hay que seguir esperando, vigilantes sí, pero tranquilos y activos. Hay que seguir construyendo la ciudad terrena y no dejarse atrapar en las redes de una estéril ociosidad amparada en motivos religiosos.

SEGUNDA CARTA A LOS TESALONICENSES

Saludo y acción de gracias

1 Tes 1 1.2-10; Flp 1 28-29

1 1 Pablo, Silvano y Timoteo a la iglesia
de los tesalonicenses, que es la de Dios
nuestro Padre y de Jesucristo, el Señor.
2 Gracia y paz a ustedes de parte de Dios
Padre y de Jesucristo, el Señor.
3 Hermanos, continuamente debemos
dar gracias a Dios por ustedes. Es justo
que así lo hagamos, porque crece su fe y
aumenta el amor que todos ustedes se tienen unos a otros. 4 Esto hace que nos sinta-
mos orgullosos de ustedes en medio de las
iglesias de Dios; orgullosos de su constancia y su fe en medio de todas las persecuciones y sufrimientos que soportan.

El Señor vendrá como juez justo

Dt 32 35-42; Rom 12 19; 1 Tes 2 13-16; 3 13;
Col 1 9; 3 4; Jn 17 10.22-24; Is 2 10.19.21; 66 15

5 Todo eso es una demostración del justo juicio de Dios, que quiere hacerlos dignos de su reino, por el que padecen.
6 Puesto que Dios es justo, retribuirá
con sufrimiento a los que les ocasionan sufrimiento; 7 y ustedes, los que sufren, descansarán con nosotros cuando Jesús, el Señor, se manifieste desde el cielo con sus
poderosos ángeles; 8 cuando aparezca entre llamas de fuego y pida cuentas a los
que no quieren conocer a Dios ni obedecer
al evangelio de Jesús, nuestro Señor. 9 Estos sufrirán el castigo de una perdición eterna, lejos de la presencia del Señor y de su
glorioso poder, 10 cuando venga en aquel
día y se manifieste lleno de gloria a los suyos y de esplendor a todos los que han creído en él; porque ustedes han creído nuestro
anuncio. 11 Por eso oramos sin cesar por
ustedes, para que nuestro Dios los haga
dignos de su llamada y con su poder lleve
a término todo buen propósito o acción
inspirada por la fe. 12 Así, el nombre de
nuestro Señor Jesucristo será glorificado
en ustedes, y ustedes en él, según la gracia
de nuestro Dios y de Jesucristo, el Señor.

Momento y circunstancias de la venida

1 Tes 4 15-17; 5 1-2; Ap 13 1-18; 19 11.21; 20 7-9;
Mt 24 24; Dn 11 36; Is 11 4

2 1 Sobre la venida de nuestro Señor Jesucristo y el momento de nuestra reunión con él, les rogamos, hermanos, 2 que
no se alarmen por revelaciones, rumores o
una supuesta carta nuestra donde diga que
el día del Señor es inminente. 3 Que nadie
los engañe, sea de la forma que sea. Porque primero tiene que producirse la rebelión contra Dios y manifestarse el hombre maligno, el hijo de la perdición, 4 el
enemigo que se levanta por encima de todo

• **1** 1-12: Parece que el autor de la carta está pensando en comunidades que han vivido y siguen viviendo momentos críticos, pero que aguantan valientemente. En todo caso, Dios es justo y no dejará que el mal quede sin castigo: la suerte de las víctimas no será la misma que la de los verdugos. Tenemos la impresión de estar ante una relectura cristiana de datos procedentes del Antiguo Testamento: aunque ahora el destino del hombre y de la historia ha sido confiado a Cristo resucitado, la dureza de las expresiones sigue siendo manifiesta.

Sobre la terminología de corte apocalíptico véase nota a 1 Tes 4 13-18.

• **2** 1-12: *Esta es la parte central de la* carta. La intención del autor es recuperar la paz y la serenidad para una comunidad inquieta a causa de opiniones y rumores acerca del final de los tiempos. Para lograrlo, desautoriza a quienes pretenden instrumentalizar en su favor las enseñanzas de Pablo. Pero al mismo tiempo relativiza y en cierto modo corrige los puntos de vista acerca de final de los tiempos de la primera carta a los Tesalonicenses, según los cuales la manifestación final de Jesucristo se preveía inminente. Los relativiza remitiendo a la propia predicación de Pablo entre los tesalonicenses (comparar 2 Tes 2 5 con 1 Tes 5 1-2). A primera vista, parece que Pablo les había hablado con precisión sobre los acontecimientos que anunciarían tal manifestación. Pero no hay que sacar conclusiones apresuradas. También en su enseñanza debió de utilizar un lenguaje apocalíptico. Y es muy difícil, por no decir imposible, saber en qué pensaba san Pablo al escribir estas cosas; no parece que el autor de la carta tuviera de estos acontecimientos una idea más clara de lo que dejan entrever sus misteriosas palabras. En todo caso, los intentos de identificar *la apostasía, el impío y el que lo retiene* con situaciones o personajes concretos de la historia humana, están condenados al fracaso. El pensamiento del autor de 2 Tes no es histórico, ni filosófico, ni político, sino teológico.

lo que es divino o recibe culto, hasta llegar
a sentarse en el santuario de Dios, haciéndose pasar a sí mismo por Dios. 5 ¿No recuerdan que cuando estaba con ustedes les
decía esto mismo? 6 Ya saben qué es lo
que ahora lo retiene, hasta que llegue el
momento que se le ha fijado para manifestarse. 7 Porque ese misterioso y maligno
poder está ya en acción; sólo falta que se
retire el que hasta el presente lo retiene.
8 Entonces se manifestará el maligno, al
que Jesús, el Señor, hará desaparecer con
el aliento de su boca y destruirá con el resplandor de su venida.

9 La aparición del maligno, gracias al
poder de Satanás, vendrá acompañada de
toda clase de milagros, señales y prodigios
engañosos. 10 Y con toda su carga de maldad engañará a los que están en vías de
perdición, por no haber amado la verdad
que los habría salvado. 11 Por eso Dios les
envía un poder que los engañe, de modo
que crean en la mentira 12 y se condenen
todos los que, en lugar de creer en la verdad, se complacen en la maldad.

Los elegidos ante la venida del Señor

1 Tes 1 2; Jn 15 16; 1 Cor 11 2; 2 Cor 1 3-4; 1 Tes 3 11-13

13 Pero nosotros tenemos motivos para
dar continuamente gracias a Dios por ustedes, hermanos queridos por el Señor, pues
Dios los ha elegido para que sean los primeros en salvarse por medio del Espíritu
que los consagra y de la verdad en que
creen. 14 A eso precisamente los ha llamado Dios por medio del evangelio que les
hemos anunciado: a que obtengan la gloria
de nuestro Señor Jesucristo. 15 Así pues,
hermanos, permanezcan firmes y conserven las tradiciones que les hemos enseñado de palabra o por carta. 16 El mismo
Señor nuestro Jesucristo, y Dios nuestro
Padre que nos ha amado y nos ha dado gratuitamente un consuelo eterno y una esperanza espléndida, 17 los consuelen en lo
más profundo de su ser y los confirmen en
todo lo bueno que hagan o digan.

Oración y fidelidad

1 Cor 1 9; Col 4 2-3

3 1 Por lo demás, hermanos, rueguen por
nosotros para que la palabra del Señor
siga extendiéndose y sea glorificada como
lo es ya entre ustedes. 2 Rueguen también
para que nos veamos libres de los hombres
perversos y malvados, porque no todos
aceptan la fe.

3 Pero el Señor es fiel. El los fortalecerá
y los librará del malvado. 4 En cuanto a ustedes, estamos seguros de que, gracias al
Señor, cumplen y seguirán cumpliendo lo
que les mandamos. 5 Que el Señor dirija
sus corazones para que amen a Dios y esperen pacientemente a Cristo.

Obligación de trabajar

1 Cor 9 4-17; 2 Cor 11 7-9; 1 Tes 2 9; 4 11; Gal 6 9-10; 1 Cor 5 4-11; 2 Cor 2 5-8

6 Finalmente, hermanos, en nombre de
Jesucristo, el Señor, les mandamos que se
aparten de todo aquel que viva ociosamente y no se porte según la enseñanza que de
nosotros recibió. 7 Conocen perfectamente
el ejemplo que les hemos dado, porque no
hemos vivido ociosamente entre ustedes,
8 ni hemos comido de balde el pan de otros;
al contrario, hemos trabajado con esfuerzo
y fatiga día y noche para no ser una carga a
ninguno de ustedes. 9 ¡Y no por no tener
derecho a eso! Pero quisimos darles ejemplo para que nos imitaran.

10 Porque cuando estábamos con ustedes
les dábamos esta norma: El que no quiera
trabajar, que no coma. 11 Pues bien, tenemos noticia de que algunos de ustedes vi-

• **2 13-17**: Inculca el autor de la carta la fidelidad a la palabra transmitida. La interpretación que el propio autor hace de la enseñanza paulina, muestra que no se trata de una repetición literal y rutinaria del mensaje. Pero tampoco se trata de partir de cero. Se trata de transmitir fiel y dinámicamente lo recibido.

• **3 1-15**: Después de recordar que la oración de unos por otros es una forma preciosa de solidaridad cristiana, y cuando ya iba a poner punto final a la carta, el autor nos sorprende con una dura amonestación contra la ociosidad. Un extraño fenómeno de despreocupación por el trabajo, fomentado por un clima de exaltación espiritualista, ha hecho acto de presencia en la comunidad. El autor de la carta acude al ejemplo de Pablo y a la autoridad de Jesucristo para desautorizar semejante actitud. Y lo hace en un tono sereno pero exigente. Se trata de algo importante y la comunidad tiene derecho a mostrarse al menos exigente, si no intransigente, con los hermanos indisciplinados.

ven ociosamente, pero metiéndose en todo.
12 A esos individuos les mandamos y exhortamos en Jesucristo el Señor a que trabajen en paz y se ganen el pan que comen.
13 Y ustedes, hermanos, no se cansen de
hacer el bien. 14 Y si alguno no obedece las normas que les damos en esta carta, ténganlo muy en cuenta y no traten con él, para que
así se sienta avergonzado. 15 Pero no lo miren como a enemigo; corríjanlo más bien como a hermano.

Bendición y despedida

1 Tes 5 23; 1 Cor 16 21

16 Que el Señor de la paz les conceda la paz siempre y en todas sus formas. El Señor esté con todos ustedes.
17 El saludo es de mi puño y letra. Así firmo yo, Pablo, en todas mis cartas; esta
es mi letra. 18 La gracia de nuestro Señor Jesucristo esté con todos ustedes.

• **3 16-18**: La carta concluye con un ardiente deseo de paz, particularmente necesaria para una comunidad con problemas.

En cuanto a la pretendida firma de Pablo en 2 Tes 3 17, no es necesariamente una prueba definitiva de que Pablo sea el autor de esta carta. (Véase Introducción).

CARTAS PASTORALES

INTRODUCCION

Se denominan pastorales las tres cartas supuestamente dirigidas por Pablo a Timoteo y Tito, colaboradores inmediatos y muy queridos del apóstol. La denominación se remonta a Santo Tomás de Aquino (siglo XIII), pero sólo a partir del siglo XVIII se hizo relativamente común. Con ella se pretende subrayar el carácter peculiar de estos escritos, que se presentan como dirigidos a dos eximios pastores de la primera Iglesia, y que contienen sobre todo normas pastorales encaminadas al buen funcionamiento de la comunidad cristiana.

1. Pablo y las cartas pastorales

Comparadas con las cartas indiscutiblemente paulinas (véase Introducción a las cartas paulinas), las cartas pastorales presentan importantes diferencias de carácter histórico, literario y doctrinal. Al mismo tiempo, encontramos en ellas rasgos abiertamente paulinos. Esto hace que unos autores las sigan atribuyendo directamente a Pablo, y otros (cada vez más numerosos entre los biblistas contemporáneos) piensen que fueron compuestas por un discípulo de Pablo después de la muerte del apóstol, probablemente en la década de los 80.

Tanto las razones a favor como las razones en contra de la estricta autenticidad paulina tienen su valor. Por eso, la cuestión permanece abierta y quizás nunca se llegue a una solución segura. Parece más probable que hayan sido redactadas por un discípulo del apóstol que creyó conveniente colocarlas bajo la autoridad del propio Pablo, para que estos escritos fueran más eficaces y no se perdieran valores importantes de la tradición paulina. Estas cartas contienen datos reales de la vida y actividad del apóstol y doctrinas fundamentales del mismo, suficientes como para poder atribuírselas a Pablo. Pero en realidad reflejan una situación posterior a la muerte del apóstol, cuando habían cambiado las circunstancias y la Iglesia tuvo que ir concretando su organización, al mismo tiempo que velaba por la pureza de la doctrina (que formaba ya un depósito), y recordaba las exigencias de la fe a quienes habían perdido el primitivo fervor y habían caído en la mediocridad. En esta nueva situación, sigue siendo Pablo quien, por medio de un discípulo anónimo, continúa hablando tanto a sus sucesores en el ministerio, como a la comunidad cristiana.

Teniendo en cuenta todo esto, es muy difícil decir una palabra segura sobre el lugar y fecha de composición. Los defensores de la estricta autenticidad paulina, señalan para 1 Tim y Tit el año 64 (o 65) en Tróade (véase 2 Tim 4 13) y para 2 Tim el año 67 durante la segunda cautividad romana de Pablo. Los que las atribuyen a un discípulo de Pablo, de la misma manera que no pueden señalar autor concreto, tampoco pueden concretar la fecha (que algunos retrasan hasta finales del siglo I), ni el lugar de composición de las mismas.

2. Contenido teológico

Hemos dicho ya que el contenido de estas cartas es sobre todo pastoral. Sin embargo, hay unos principios doctrinales que sirven de base a las recomendaciones pastorales. Serían estos:

Cristo, en quien se hace visible el plan salvífico de Dios, es el único mediador universal (1 Tim 2 4-7). El nuevo nacimiento que comporta el bautismo no es debido a nuestras obras, sino a la bondad de Dios que, por Cristo, nos envía el Espíritu Santo. Cristo, nacido de la descendencia de David, es considerado Salvador (2 Tim 1 10; Tit 1 4); se entrega como rescate por todos (1 Tim 2 6) y es exaltado a la gloria (1 Tim 3 16).

La Iglesia aparece como el nuevo pueblo de Dios, purificado por el sacrificio de Cristo (Tit 2 14); como la casa del Dios vivo; como la gran familia de Dios; como el fundamento y la columna de la verdad (1 Tim 3 14). Tiene la misión de enseñar y conservar el depósito recibido (1 Tim 6 20; 2 Tim 2 2). Los ministros, que reciben el ministerio por la imposición de las manos (1 Tim 4 14), tienen la misión de enseñar y el poder de jurisdicción (1 Tim 1 3.19s). Además de Timoteo y Tito, delegados para una región, aparecen los obispos-presbíteros (tal vez simplemente presbíteros que estaban al frente de una iglesia), y en grado inferior los diáconos. Estamos, pues, ante una organización ministerial notablemente desarrollada.

La salvación por Cristo lleva consigo unas exigencias: ante todo la fe, la esperanza y la caridad, fundamento de toda vida cristiana. Además, oración y espíritu de lucha; obediencia, paciencia y mansedumbre. También pureza frente a las costumbres depravadas. Hay una insistencia particular en la fidelidad a la sana doctrina y en la práctica de las buenas obras.

Se añade un conjunto de *virtudes humanas*:

sobriedad, dedicación al trabajo, amabilidad, hospitalidad, etc. Reflejan una cierta asimilación del helenismo, que tenía similares catálogos de virtudes, y que difundía la filosofía popular de tipo cínico-estoico. Y una lección admirable: el cristiano tiene que unir a su dimensión cristiana el conjunto de virtudes que denominamos "honradez". La gracia no destruye, sino que presupone y ennoblece las virtudes humanas.

3. *Claves de interpretación*

Según lo dicho, las "cartas pastorales" pertenecen probablemente, como Colosenses y Efesios, a la época postapostólica (último tercio del siglo I), pero representan, dentro de la tradición paulina, una corriente distinta. También en las cartas pastorales un discípulo de Pablo hace ahora hablar al apóstol en las nuevas situaciones que se habían ido creando después de su muerte.

Siguiendo su táctica misionera, Pablo, después de evangelizar una ciudad, se iba a otras con la pretensión de llevar el evangelio a todo el mundo entonces conocido. Pero era preciso llevar a cabo una evangelización más profunda y señalar a sus sucesores las normas que aseguraran la continuidad de las iglesias fundadas por el apóstol. El Pablo misionero de las cartas ciertamente paulinas aparece ahora como el pastor que transmite tales normas a dos de sus grandes colaboradores.

En las iglesias a las que van dirigidas las cartas pastorales habían surgido varios problemas. Falsos doctores predicaban doctrinas que debían suponer un grave peligro, dada la insistencia con que se las menciona. No aparece el fervor y entusiasmo de los creyentes del tiempo de Pablo, sino que los cristianos se han vuelto mediocres y conformistas. Se sentía también la necesidad de unos dirigentes de las iglesias locales para asegurar el depósito de la fe que Timoteo y Tito habían recibido de Pablo. En esa triple línea van fundamentalmente enmarcadas las instrucciones que el autor de las pastorales dirige a Timoteo y Tito, y, en ellos, a sus sucesores.

4. *Características de cada una de las cartas*

Primera carta a Timoteo

Esta carta se presenta como escrita por Pablo a su discípulo Timoteo, supuestamente encargado de dirigir la comunidad cristiana de Efeso. Timoteo era natural de Listra (Licaonia), hijo de padre griego y madre judía (Hch 16 1-3). Aparece en Hechos y en las cartas paulinas como compañero inseparable del apóstol. Pronto Pablo le confía misiones importantes. En más de una ocasión compartió quizás la prisión con el apóstol (véase Heb 13 23), que en Flp 2 22 da un precioso testimonio de su muy querido discípulo. La tradición lo considera como el primer obispo de Efeso.

Las recomendaciones de la carta se centran sobre la organización de la comunidad, la forma de combatir a los enemigos de la fe y la vida cristiana de los creyentes. Para poner sólido fundamento a las numerosas virtudes que recomienda, resalta algunos aspectos doctrinales: la fe y la esperanza en Cristo mediador; la redención que Cristo lleva a cabo por amor a los hombres; la voluntad salvífica universal de Dios; la Iglesia como casa y pueblo de Dios, como columna y fundamento de la verdad con sus notas de unidad, santidad, universalidad y apostolicidad.

Segunda carta a Timoteo

La segunda carta a Timoteo presenta en conjunto el mismo aspecto y tiene la misma finalidad que la primera: poner en boca de Pablo una serie de consejos y recomendaciones pastorales destinados a su discípulo Timoteo. Pero las circunstancias han cambiado un tanto con respecto a la primera carta. Quien ahora escribe se encuentra en prisión y presiente cercana su muerte. Las exhortaciones a mantenerse fiel al ministerio y a conservar la sana doctrina tienen un tono insistente y apremiante, como si se tratara de un testamento.

Toda la carta es, ante todo, una ardiente y apasionada llamada a la fidelidad más allá de cualquier dificultad o sufrimiento. Fidelidad a la enseñanza recibida, al ministerio recibido, fidelidad incluso a la amistad humana. Fidelidad y también fortaleza. El ministro fiel al evangelio no debe acobardarse ni retroceder ante la prueba, no debe ceder jamás ante quienes manipulan el mensaje cristiano.

Carta a Tito

El "supuesto" destinatario de la carta es Tito, otro de los más cercanos colaboradores de Pablo. Tito, de origen pagano, fue convertido a la fe cristiana por Pablo; así se deduce de la expresión: *verdadero hijo en la fe común* (Tit 1 4). Pablo lo llevó consigo a la Asamblea de Jerusalén (Gal 2 1ss) y acompañó al apóstol durante su permanencia en Efeso. Por dos veces, al menos, lo envía con una misión delicada a Corinto, misión que lleva a cabo con éxito (2 Cor 7 6-7; 8 16-17). Parece que Pablo le encomendó la iglesia de Creta, y se supone que está al frente de ella cuando le escribe la carta.

La carta a Tito se asemeja a la primera carta a Timoteo. Se trata de organizar la comunidad, de luchar contra los errores de los falsos maestros, de animar la vida cristiana de los fieles.

Las recomendaciones de la carta se apoyan en los siguientes puntos doctrinales: la muerte sacrificial de Cristo y su manifestación gloriosa al final de los tiempos; el amor de Dios a los hombres y su voluntad salvífica universal; la renovación por el Espíritu a través del bautismo y la acción transformadora de la gracia que nos constituye herederos de la vida eterna.

PRIMERA CARTA A TIMOTEO

Saludo

2 Tim 1 1-2

1 1 Pablo, apóstol de Jesucristo, según el
mandato de Dios, nuestro Salvador, y
de Jesucristo, nuestra esperanza, 2 a Timoteo, mi verdadero hijo en la fe: gracia, misericordia y paz de parte de Dios Padre y
de nuestro Señor Jesucristo.

Actitud frente a los falsos maestros

1 Tim 4 1-7; 6 3-5; 2 Tim 2 4-17; Tit 1 10-14

3 Al partir para Macedonia te encargué
que permanecieras en Efeso para advertir a
algunos que no enseñaran doctrinas extrañas 4 ni pusieran atención a fábulas y genealogías interminables, más aptas para promover discusiones que para realizar los proyectos de Dios mediante la fe. 5 La finalidad de esta advertencia es alentar el amor
que procede de un corazón puro, de una
conciencia buena y de una fe sincera. 6 Algunos, por haberse desviado de esto, han
caído en una pura palabrería. 7 Pretenden
ser doctores de la ley, sin comprender ni lo
que dicen ni lo que tan categóricamente
afirman.

Función de la ley

Rom 7 7-13; 1 29-32; Gal 5 18-23

8 Pues sabemos que la ley es buena, si
se hace de ella un recto uso, 9 conscientes
de que la ley no está hecha para el hombre
de conducta intachable, sino para los malvados y rebeldes, para los impíos y pecadores, para los sacrílegos y profanadores,
para los parricidas, matricidas y homicidas, 10 para los libertinos, homosexuales,
secuestradores, mentirosos, los que juran
en falso. La ley, pues, está hecha contra
todo aquello que se opone a la sana doctrina, 11 según lo enseña el evangelio glorioso
del Dios bienaventurado, que me ha sido
confiado.

Pablo recuerda, agradecido, su vocación

Hch 8 3; 1 Cor 15 9; Mt 9 13; 1 Tim 6 16

12 Doy gracias a nuestro Señor Jesucristo, que me ha fortalecido, porque me ha
juzgado digno de confianza al encomen-
darme el ministerio. 13 A mí, que primero
fui blasfemo, perseguidor y violento, pero
que hallé misericordia, porque lo hacía por
ignorancia al no ser creyente. 14 Pero la

• **1 1-2**: La presentación que el remitente hace de sí mismo como *apóstol por mandato de Jesucristo*, pone de manifiesto el carácter oficial y no únicamente privado de la carta. A Timoteo se le llama *mi verdadero hijo en la fe*, anticipando así el tema central de la carta, que no es otro sino el de la fidelidad a la doctrina recibida.

El título de *Salvador* se aplica en las cartas pastorales tanto a Dios Padre (así en este pasaje y en 1 Tim 4 10; Tit 1 3; 2 10; 3 4) como a Jesucristo (2 Tim 1 10; Tit 1 4; 2 13). Es un título que el Antiguo Testamento reserva exclusivamente a Dios, que el Nuevo Testamento otorga con frecuencia a Jesucristo (Lc 2 11; Mt 1 21; Hch 5 31; 13 23; Ef 5 23; Flp 3 20), y que el autor de la carta utiliza para subrayar el contraste con los paganos que honraban con este título a sus dioses y emperadores.

• **1 3-7**: Los propagadores de estas *doctrinas extrañas* pueden ser cristianos de origen judío (véase 1 Tim 1 7; Tit 1 10), que se enredaban en estériles discusiones sobre las leyendas acerca del origen de los patriarcas y héroes bíblicos, que valoraban insuficientemente el matrimonio, prohibían el uso de determinados alimentos, y afirmaban que la resurrección ya había tenido lugar. Estas especulaciones, que anticipan las ideas gnósticas más radicales del s. II d. C., no son del todo nuevas: aparecen ya en la literatura apócrifa judía (véase Libro de los Jubileos, del s. II d. C.) y en otras cartas (véase Rom 14 1-6; Col 2 8-10.20-23).

• **1 8-11**: En este pasaje se habla de la ley judía, puesta toda ella bajo la autoridad de Moisés. Las leyes obligan a buenos y malos; sin embargo, en su aspecto penal se refieren sólo a los malvados. La última motivación del comportamiento cristiano tiene que ser siempre el amor, pero cuando falta el amor y se abre camino el egoísmo, se hace necesaria la intervención de la ley. La amplia lista de vicios aquí reseñados, encuentra paralelos en los catálogos de vicios y virtudes difundidos en la filosofía popular de la época y también están en otros escritos del Nuevo Testamento.

• **1 12-17**: El ministerio recibido de Cristo es el fundamento de la autoridad frente a los falsos doctores. En cuanto a la fórmula: *es segura esta doctrina*, característica de las cartas pastorales, se utiliza para subrayar la verdad o seguridad de una afirmación. En este caso se trata de aplicar a Jesucristo el título de *Salvador* que en el saludo de la carta se reservaba a Dios Padre (1 Tim 1 1-2).

gracia de nuestro Señor se desbordó con la
fe y el amor que me ha dado Cristo Jesús.
15 Esta doctrina es segura y debe ser
aceptada sin reservas: Jesucristo vino al
mundo para salvar a los pecadores, de los
cuales yo soy el primero. 16 Precisamente
por eso Dios me ha tratado con misericordia, y Jesucristo ha mostrado en mí, el primero, toda su generosidad, de modo que yo
sirviera de ejemplo a los que van a creer en
él para obtener la vida eterna.
17 Al Rey de los siglos, inmortal, invisible, único Dios, honor y gloria por los siglos de los siglos. Amén.

Recomendación a Timoteo

1 Tim 4 14; 2 Tim 4 7

18 Esta es la recomendación que te hago, Timoteo, hijo mío, conforme a las palabras proféticas que fueron pronunciadas
sobre ti: con los ojos puestos en ellas, participa en este hermoso combate, 19 conservando la fe y la buena conciencia. Algunos, por no hacer caso, han abandonado la
fe; 20 entre ellos Himeneo y Alejandro, a
quienes he entregado a Satanás, para que
aprendan a no blasfemar.

Oración universal

Rom 13 1-7; 1 Cor 8 6; Heb 8 6; Ef 5 2; 2 Tim 1 11

2 1 Te ruego ante todo que se hagan peticiones, oraciones, súplicas, acciones
de gracias por todos los hombres, 2 por los
reyes y todos los que tienen autoridad, para que podamos gozar de una vida tranquila y apacible plenamente religiosa y digna.
3 Esto es bueno y grato a los ojos de Dios,
nuestro Salvador, 4 que quiere que todos
los hombres se salven y lleguen al conocimiento de la verdad. 5 Porque Dios es único, como único es también el mediador entre Dios y los hombres: un hombre, Jesucristo, 6 que se entregó a sí mismo para
redimir a todos. Este es el testimonio dado
a su debido tiempo, 7 del cual he sido yo
constituido mensajero y apóstol –digo la
verdad, no miento– y maestro de las naciones en la fe y en la verdad. 8 Deseo, pues,
que los hombres oren en todo lugar, levantando las manos sin ira ni discusiones.

Actitud de las mujeres

1 Cor 11 8-12; 14 34-35; 1 Pe 3 2-4; Gn 2 21-22; 3 12-13

9 Por lo que a las mujeres se refiere, que
vayan vestidas decentemente, que se presenten con sencillez y modestia; que su
adorno no sean los lujosos peinados, joyas
de oro, perlas o vestidos costosos, 10 sino las
buenas obras, como conviene a las mujeres
que dan culto a Dios. 11 Que la mujer aprenda sin protestar y con gran respeto. 12 No
consiento que la mujer enseñe ni domine al
marido, sino que debe comportarse con
discreción. 13 Pues primero fue formado
Adán, y después Eva. 14 Y no fue Adán el
que se dejó engañar, sino la mujer que, se-
ducida, cayó en el pecado. 15 Se salvará,
sin embargo, por su condición de madre,
siempre que persevere con modestia en la
fe, el amor y la santidad.

• **1 18-20**: El autor recuerda a Timoteo el momento de su elección (bautismo) y ordenación sacerdotal para ser mensajero fiel del evangelio. Entonces debió tener lugar una especial intervención del Espíritu. La expresión de 1 Tim 1 20: *entregar a Satanás* es una especie de exclusión de la comunidad, castigo encaminado a conseguir la enmienda del culpable (véase 1 Cor 5 4-5).

• **2 1-8**: El autor da comienzo aquí a una serie de instrucciones para el buen funcionamiento de la comunidad. En primer lugar recomienda la oración por todos los hombres, ya que a todos quiere salvar Dios. Destaca el clima de optimismo humanista y la actitud ecuménica sin discriminaciones ni fanatismos sectarios. Por otra parte, el lenguaje de este párrafo insinúa que el cristianismo se ha establecido *ya en la sociedad* grecorromana y acepta, en líneas generales, el orden y las estructuras del imperio.

• **2 9-15**: Tanto Pablo (véase Gal 3 28), como más tarde sus discípulos, tenían claro el principio de la igualdad radical entre el hombre y la mujer. Pero en la práctica se originaban conflictos debido a que la poca valoración de la mujer era una realidad social entonces inevitable. Sólo con el tiempo, la aplicación cada vez más coherente de los principios cristianos conseguiría ir superando esta consideración de la mujer como ser de inferior categoría. Por otra parte, debemos considerar el presente pasaje, no como un tratado teológico o una proclamación de fe, sino como "una norma disciplinar" dada para un momento en que la actitud de ciertas mujeres cristianas amenazaba con alterar la paz social y religiosa de la comunidad. En este sentido, los argumentos tomados de la Biblia, más que valor demostrativo, tienen carácter de ilustración. Y la aparente oposición entre los principios teológicos de Gal 3 28 y 1 Cor 11 11-12, y las disposiciones prácticas de Col 3 18; Ef 5 22-24 y 1 Tim 2 9-12, se explica porque la Iglesia ha aceptado como fórmula provisional de convivencia el sistema patriarcal de la sociedad romana. Esto no significa que se haya renunciado a explorar, en un plazo más o menos corto, todas las potencialidades teóricas y prácticas encerradas en los principios teológicos de la primitiva tradición paulina.

Los responsables de la comunidad

Tit 1 6-9; 2 Tim 2 24-25

3 1 Es doctrina segura que quien desea el
episcopado, anhela una noble función.
2 Pero es necesario que el obispo sea un
hombre sin falta, casado solamente una vez,
sobrio, prudente, cortés, hospitalario, apto
para enseñar; 3 no dado al vino, ni violento, sino clemente, pacífico, desprendido;
4 que sepa gobernar bien su propia casa, y
educar a sus hijos con autoridad y sentido
común; 5 pues si uno no sabe gobernar su
propia casa, ¿cómo podrá cuidar de la Iglesia de Dios? 6 Que no sea un recién convertido, no suceda que, dejándose llevar del
orgullo, venga a caer en la misma condenación que el diablo. 7 Es necesario, además, que goce de buena fama ante los de
fuera, para que no caiga en descrédito y en
los lazos del diablo.

Cualidades de los diáconos

Tit 2 3; 1 Tim 2 8-13

8 Asimismo, que los diáconos sean dignos, hombres de una sola palabra, que no
abusen del vino, que eviten las ganancias
ilícitas 9 y conserven el misterio de la fe con
una conciencia limpia. 10 Que sean primero probados y luego, si resultan irreprochables, ejerzan el ministerio del diaconado.
11 Igualmente que las mujeres sean dignas,
no chismosas, sobrias y fieles en todo.
12 Los diáconos deben ser hombres casados una sola vez, que sepan gobernar bien
a sus hijos y sus propias casas; 13 pues los
que desempeñan bien su ministerio obtendrán un puesto de honor y mucha seguridad
en la fe que tenemos en Cristo Jesús.

La Iglesia y el misterio de Cristo

Rom 16 25; 1 3-4; 1 Pe 1 10-12

14 Te escribo esto con la esperanza de
visitarte pronto, 15 pero, por si tardo, quiero
que sepas cómo hay que comportarse en la
casa de Dios, que es la Iglesia del Dios vivo,
columna y fundamento de la verdad. 16 Es
grande sin duda el misterio de nuestra religión:

Cristo
se ha manifestado como hombre mortal,
el Espíritu ha dado testimonio de él,
los ángeles lo han contemplado,
ha sido predicado entre las naciones,
creído en el mundo,
elevado por Dios gloriosamente.

Anuncio de doctrinas falsas

Mt 24 23-25; Hch 20 29-30; 2 Tim 3 1-5; Col 2 16-23; Mt 15 11-20; 1 Cor 10 25-31

4 1 El Espíritu dice expresamente que en
los últimos tiempos algunos renegarán

• **3 1-7**: En las cartas pastorales aún no aparece con claridad la distinción entre obispos y presbíteros. Es probable que se trate todavía de la misma tarea ministerial, en la que se subrayan distintos aspectos según los casos: con el término *obispo* se designaría más bien la misión de velar por la grey; con el de *presbítero* se haría referencia a la dignidad y madurez que tal misión requiere (véase Hch 20 17-28). Sólo después de la muerte de los apóstoles y sus inmediatos colaboradores –por tanto ya en los últimos años del s. I d. C.–, la autoridad que éstos ejercían sobre las distintas comunidades cristianas pasó al presidente o a un miembro distinguido del colegio de obispos-presbíteros, quedando los demás como auxiliares suyos. Parece que las cartas pastorales reflejan un estadio intermedio entre los escritos bíblicos anteriores y las cartas de san Ignacio de Antioquía (principios del s. II) en las que aparecen ya claramente diferenciados los tres órdenes: único obispo que preside, presbíteros y diáconos.

Las cualidades que el autor de 1 Tim exige para el *obispo* corresponden al retrato ideal que en aquella época se hacía del funcionario cumplidor, honesto y estimado. El autor de la carta asume los valores humanos que eran comúnmente apreciados en aquel momento y los propone a los cristianos como base de la propia vocación.

• **3 8-13**: A los *diáconos* se les exigen prácticamente las mismas cualidades que a los obispos. Unicamente se establece para ellos un tiempo de prueba, tal vez porque eran menos conocidos que los candidatos a obispo.

En cuanto a las *mujeres* de quienes se habla en 1 Tim 3 11 podría tratarse, no de las esposas de los diáconos, sino de mujeres-diaconisas que desempeñan una tarea misionera y un servicio eclesial al estilo de Febe en Cencreas (Rom 16 1-2), Lidia en Filipos (Hch 16 15.40), Ninfa en Colosas (Col 4 15), etc.

• **3 14-16**: La designación de la Iglesia como *casa de Dios*, evoca la presencia de Dios en medio de ella como Padre de una familia especial. El mensaje de salvación, es decir, *la sana doctrina* que han transmitido los apóstoles, y Pablo de manera particular, ha sido confiado a la Iglesia como un depósito.

1 Tim 3 16 constituye una especie de himno que el autor de la carta ha tomado de una liturgia primitiva. En él se celebra y se contempla el misterio profundo de Cristo manifestado como hombre y glorificado como Dios. En realidad el himno refleja una cristología de la exaltación y de la gloria en la que el escándalo de la cruz apenas es tenido en cuenta.

• **4 1-5**: Los *últimos tiempos* designan aquí al conjunto de la era mesiánica que durará desde la primera venida de Cristo hasta su *parusía* o manifestación gloriosa final.

de la fe y harán caso a espíritus seductores y doctrinas diabólicas. 2 Esta será la obra de impostores hipócritas cuya conciencia está viciada, 3 prohibirán el matrimonio y el uso de alimentos que Dios ha creado para que los fieles que han conocido la verdad disfruten de ellos y le den gracias. 4 Porque todo lo que Dios ha creado es bueno y nada hay despreciable, si se come dando gracias, 5 pues se santifica con la palabra de Dios y la oración.

Actitud que debe observar Timoteo

2 Tim 2 14-16; Tit 2 7-8; 1 Tim 6 11-14; 1 18

6 Si enseñas esto a los hermanos, serás un buen ministro de Jesucristo, nutrido con las palabras de la fe y con la hermosa doctrina que has seguido fielmente. 7 Rechaza, en cambio, las fábulas viejas e impías. Ejercítate en la religión. 8 Los ejercicios corporales no sirven para mucho, mientras que la religión es útil para todo, pues tiene la promesa de la vida presente y de la futura. 9 Esta doctrina es segura y debe ser aceptada sin reservas: 10 si trabajamos y nos esforzamos, es porque tenemos puesta nuestra esperanza en el Dios vivo, que es el Salvador de todos los hombres, especialmente de los creyentes.

11 Predica y enseña estas cosas. 12 Que nadie te menosprecie por tu juventud; por tu parte trata de ser un modelo para los creyentes, por tu palabra, tu conducta, tu amor, tu fe y tu pureza. 13 Mientras llego, dedícate a la lectura, a la exhortación, a la enseñanza. 14 No hagas estéril el don que posees y que te fue conferido gracias a una intervención profética por la imposición de manos de los presbíteros. 15 Medita estas cosas, entrégate completamente a ellas para que todos puedan ver tu progreso. 16 Preocúpate por ti y por la doctrina; persevera en estas cosas, pues si haces esto, te salvarás a ti y a los que te escuchen.

Actitud ejemplar con todos

Lv 19 32

5 1 No reprendas al anciano con dureza; trátalo como a un padre; a los jóvenes trátalos como a hermanos; 2 a las ancianas, como a madres; a las jóvenes, como a hermanas, con toda honestidad.

Normas respecto a las viudas

Heb 13 2; 2 Tes 3 11; 1 Cor 7 9

3 Ayuda a las viudas que realmente lo son. 4 Si una viuda tiene hijos o nietos, a ellos les corresponde en primer lugar cuidar de su propia familia y corresponder a los beneficios que de sus padres han recibido. Esto es agradable a Dios. 5 La verdadera viuda, la que está sola en el mundo, tiene puesta su esperanza en Dios, y se entrega día y noche a la plegaria y a la oración. 6 Por el contrario, la que se da a los placeres, aunque parezca viva, está muerta.

El autor de la carta proclama la bondad fundamental del matrimonio (al que los gnósticos considerarán más tarde como algo pecaminoso), y declara que todos los alimentos son buenos (frente a algunos cristianos, que, aferrados todavía al judaísmo, se empeñaban en distinguir entre alimentos *puros* e *impuros*). La fe en un Dios bueno y creador de todas las cosas, es el fundamento indestructible del optimismo cristiano que no admite "huidas del mundo" ni consideraciones dualistas de la realidad creada.

• **4 6-16**: La palabra *didascalía* (doctrina, instrucción, enseñanza) aparece con frecuencia en las cartas pastorales. Unas veces designa la misión de enseñar (1 Tim 3 2; 2 Tim 2 2.24); otras, la doctrina (1 Tim 5 17; 2 Tim 3 10.16). También la palabra *eusebeia* (piedad) es utilizada a menudo en estas cartas. Designa la actitud religiosa profunda del cristiano que orienta sus acciones en conformidad con la voluntad de Dios.

En 1 Tim 4 14 se hace mención de la ordenación episcopal de Timoteo en la que el colegio de los presbíteros impone las manos al candidato. Era éste un rito clásico en la tradición judía (véase Nm 8 10), que la Iglesia ha conservado en la ordenación de sus ministros, uniéndolo directamente con la invocación del Espíritu Santo.

• **5 1-16**: Nuevo catálogo de virtudes en el que se enumeran normas de buen comportamiento con diversos tipos de personas (véase lo dicho en 1 Tim 1 9-10; 3 2-4.11-12).

El caso de las viudas, por aquel entonces bastante numerosas y con frecuencia desamparadas, merece especial atención al autor de la carta. Distingue varios tipos de viuda y da las oportunas recomendaciones para cada caso. La recomendación de 1 Tim 5 14 no se opone a la de 1 Cor 7 40 donde Pablo propone un ideal mostrando sus preferencias por el celibato. Pero también allí (1 Cor 7 8-9) recomienda a las viudas casarse, si no se sienten con fuerzas para mantenerse castas.

En 1 Tim 5 9-11 se habla de un grupo peculiar de viudas a las que, de modo semejante a los obispos y diáconos, se exige determinadas cualidades. Parece que se trata de una institución cualificada dentro de la comunidad, distinta de las diaconisas. A estas viudas se les encomendaban algunas tareas al servicio de la comunidad y en caso necesario se les ayudaba económicamente.

7 Recomiéndales estas cosas para que sean irreprochables. 8 Si uno no mira por los suyos, y especialmente por su familia, ha renegado de la fe y es peor que un no creyente.

9 Para que una viuda sea incorporada al grupo de las viudas es necesario que haya cumplido ya los sesenta años, que haya estado casada una sola vez, 10 que su buena conducta le haya creado una buena fama, que haya educado bien a sus hijos, ejercitado la hospitalidad, recibido con amor a los creyentes, socorrido a los que sufren, practicado toda clase de obras buenas. 11 No admitas a las viudas jóvenes, porque cuando los ímpetus de la pasión las apartan de Cristo, quieren volver a casarse, 12 y se hacen culpables por haber faltado a su primer compromiso. 13 Y además, como viven ociosas, se acostumbran a ir de casa en casa; y no sólo viven sin hacer nada, sino que también son chismosas, se meten en todo, y hablan de lo que no deben. 14 Prefiero que las viudas jóvenes se vuelvan a casar, que tengan hijos, que gobiernen su casa y que no den al enemigo ninguna ocasión de hablar mal, 15 pues ya algunas se han extraviado, siguiendo a Satanás. 16 Si una creyente tiene viudas en casa, que las atienda ella misma; así no serán una carga para la comunidad, y ésta podrá socorrer a las verdaderas viudas.

Conducta con los presbíteros

Tit 1 5-9; *Dt 25 4;* 1 Cor 9 9; Lc 10 7; Dt 19 15; Mt 18 16; 10 26

17 Los presbíteros que cumplen bien sus funciones son dignos de un gran aprecio; sobre todo los que se dedican a la predicación y a la enseñanza. 18 Porque la Escritura dice: *No pondrás bozal al buey que trilla;* y también: El obrero tiene derecho a su salario. 19 No admitas acusación alguna contra un presbítero, si no se apoya en el testimonio de dos o tres personas.

20 A los que faltan a sus obligaciones, repréndelos en público, para que sirva de lección a los demás. 21 Te exhorto ante Dios, ante Jesucristo y ante los ángeles elegidos, a que pongas en práctica todo esto con imparcialidad, sin dejarte llevar de apreciaciones humanas. 22 No impongas las manos a nadie a la ligera, no sea que te hagas cómplice de los pecados ajenos; consérvate íntegro.

23 No bebas agua sola, toma un poco de vino, debido a tus frecuentes malestares estomacales.

24 Hay hombres, cuyas faltas son notorias incluso antes de ser citados a juicio; hay otros, cuyas faltas sólo se descubren después. 25 Lo mismo ocurre con las obras: las que son buenas están a la vista, y las que no lo son, tampoco podrán permanecer ocultas.

Actitud de los esclavos

Col 3 22-25; Ef 6 5-8; Tit 2 9-10

6 1 Todos los que están bajo el yugo de la esclavitud, consideren que sus amos son dignos de todo respeto. De este modo nadie podrá denigrar el nombre de Dios ni la doctrina. 2 Los que tengan amos creyentes, no les falten al debido respeto con el pretexto de que son hermanos en la fe; al

• **5 17-25**: El pasaje se refiere al comportamiento que la comunidad debe tener con los responsables de la misma, y a la conducta que deben observar los propios responsables. En él se pide para los responsables de la comunidad un *especial reconocimiento*, que puede entenderse en el sentido de "honor, alabanza", pero que en el contexto del pasaje tiene con toda probabilidad el sentido de "recompensa, remuneración".

En 1 Tim 5 22 caben dos interpretaciones. Según unos, debería entenderse como un rito de ordenación (véase 1 Tim 4 14) y se recomendaría la prudencia en la selección de candidatos al sacerdocio. Otros, sin embargo, piensan que se trata de un rito penitencial y se recomendaría no conceder la absolución de los pecados sin estar seguro de que la conversión es sincera.

• **6 1-2a**: San Pablo fue plenamente consciente desde el principio de que el anuncio cristiano suponía un rechazo y una incompatibilidad total con la institución de la esclavitud tan profundamente enraizada en la sociedad grecorromana. En el plano de los principios el evangelio suponía una completa ruptura con el orden social establecido (Gal 3 28; 1 Cor 12 13). Pero Pablo fue también consciente de que no era posible abolir de golpe aquel orden social, y más que a cambiar el estatuto social de los esclavos, aspira a transformar el corazón pagano tanto de amos como de esclavos (véase Introducción y notas a Filemón).

Es de suponer que el autor de la primera carta a Timoteo se mueva en esta misma línea, pero da la impresión de que se ha adaptado a las estructuras del imperio, y se ha hecho más conformista con una situación anticristiana. Todo esto forma parte de la dimensión humana de la Iglesia, dimensión que nunca debe ser olvidada si queremos que no nos desconcierte su historia.

contrario, sírvanles mejor, puesto que son
creyentes, amados de Dios, los que reciben
sus servicios.

Advertencias sobre el orgullo y la codicia

Ecl 5 14; Prov 30 7-9; Sal 49 18; Mt 6 24-34

Esto es lo que debes enseñar y aconsejar. 3 Si alguno enseña otra cosa y no se
atiene a las saludables palabras de nuestro
Señor Jesucristo y a las enseñanzas de la
religión, 4 es que está cegado por el orgullo
y es un ignorante que sufre la enfermedad
de promover discusiones y polémicas. De
aquí surgen las envidias, los pleitos, los
insultos, las suspicacias. 5 De aquí, las discusiones interminables de hombres corrompidos y sin escrúpulos que se aprovechan
de la religión. 6 Y ciertamente la religión es
de gran provecho, cuando uno se contenta
con lo necesario, 7 pues nada hemos traído
al mundo y nada podremos llevarnos de él.
8 Debemos contentarnos con tener alimento y vestido. 9 Los que quieren enriquecerse caen en trampas y tentaciones, y se
dejan dominar por una gran cantidad de
locos y dañinos apetitos, que hunden a los
hombres en la ruina y en la perdición.
10 Porque el amor al dinero es la raíz de
todos los males; algunos, por codiciarlo, se
han apartado de la fe y se han ocasionado a
sí mismos muchos males.

Timoteo, hombre de Dios

2 Tim 2 22-24; 4 1-5; Jn 18 36-37; Dt 10 17;
Jn 1 17-18; Ap 17 14

11 Pero tú, hombre de Dios, evita todo
esto, practica la justicia, la religión, la fe,
el amor, la paciencia y la bondad. 12 Mantente firme en el noble combate de la fe,
conquista la vida eterna para la cual has
sido llamado y de la cual has hecho solemne profesión ante muchos testigos.
13 Te ordeno en presencia de Dios, que
da la vida a todas las cosas, y ante Jesucristo, que dio testimonio de la verdad ante
Poncio Pilato, 14 que observes lo mandado
sin mancha ni culpa hasta la manifestación
de nuestro Señor Jesucristo, 15 que en su
momento llevará a cabo el bienaventurado
y único Soberano, el Rey de reyes, el Señor de los señores, 16 el único que posee la
inmortalidad y habita una luz inaccesible,
a quien ningún hombre ha visto ni puede
ver. A él, honor y poder eterno. Amén.

Consejos para los ricos

Lc 12 17-21; Mt 6 20

17 A los ricos de este mundo mándales
que no sean soberbios, ni pongan su esperanza en algo tan inseguro como las rique-

• **6 2b-10**: Hermosa exhortación a la sobriedad y seria advertencia sobre los peligros de las riquezas. El afán desmedido de riquezas ahoga en el espíritu el anhelo de bienes más elevados. El autor de la carta recurre de manera general a las palabras de Jesús, pero no recoge explícitamente ninguna motivación cristiana concreta. Sí, en cambio, parece inspirarse en la tradición sapiencial del Antiguo Testamento (Prov 15 27; 28 20; 30 8-9; Eclo 27 1), en el buen sentido que se apoya en la experiencia, y en la filosofía popular de los estoicos que valoraban muy positivamente el saberse contentar con lo que se tiene. Este ideal de vida sobria, moderada y libre de la obsesión del poseer aparece también en otros pasajes del Nuevo *Testamento (Mt 6 24-34; 2 Cor 9 8; Flp 4 11)*.

• **6 11-16**: El pasaje en conjunto constituye una vibrante exhortación a Timoteo para que se mantenga fiel a la fe y a la doctrina recibida. Probablemente se evoca el momento de su bautismo y de su ordenación. De nuevo una lista de virtudes en antítesis con los vicios de los falsos maestros que han sido mencionados en 1 Tim 6 4-5. Y el recuerdo del compromiso público y solemne, que es un motivo tradicional en la exhortación cristiana. La última parte de este pasaje (1 Tim 6 15-16) reproduce un antiguo himno litúrgico en el que se describe a Dios mediante atributos de inspiración judía, pero con un lenguaje helenístico. Es fácil advertir una fuerte crítica contra el culto que se tributaba a los dioses falsos y contra los títulos que se daban a los emperadores.

• **6 17-19**: Nueva exhortación sobre el uso cristiano de los bienes materiales. En 1 Tim 6 6-10 se recomendaba la sobriedad frente a la avaricia; aquí se recomienda la generosidad y el desprendimiento frente a la soberbia y la autosuficiencia. En este punto las cartas pastorales conectan más de cerca con la tradición sapiencial moderada y en cierto modo un tanto condescendiente, que con el radicalismo profético y evangélico.

zas, sino en Dios, que nos provee de todos los bienes en abundancia para que los disfrutemos.

18 Recomiéndales que hagan el bien,
que se enriquezcan con buenas obras, que sean generosos, y que compartan sus bienes con los demás.
19 Así irán acumulando
para el futuro un valioso tesoro gracias al cual podrán obtener la vida verdadera.

Exhortación final y despedida

2 Tim 1 12-14

20 Querido Timoteo, conserva la doctrina que se te ha encomendado, evita las vanas palabrerías de los impíos y las contradicciones de la falsa ciencia;
21 algunos
se ha adherido a esta ciencia y se han apartado de la fe. La gracia esté con ustedes.

• **6 20-21**: El final de la carta sintetiza los dos hilos conductores de la misma: la fidelidad a la doctrina recibida y la vigilancia contra los errores que amenazan la comunidad. Es Timoteo quien recibe el encargo, y en él toda la Iglesia es invitada por el autor de la carta a cumplir fielmente esta tarea hasta el final de los tiempos. El saludo final: *la gracia esté "con ustedes"* (y no "contigo", como debía esperarse de una carta dirigida a una sola persona), subraya el carácter oficial y comunitario de la carta.

SEGUNDA CARTA A TIMOTEO

Saludo

1 1 Pablo, apóstol de Jesucristo por la voluntad de Dios, para anunciar la promesa de la vida que nos ha hecho Jesucristo, 2 a Timoteo, mi hijo querido; gracia,
misericordia y paz de parte de Dios Padre
y de nuestro Señor Jesucristo.

Acción de gracias

1 Tim 1-2; Flp 3 5; Hch 16 1-3

3 Doy gracias a Dios, a quien sirvo con
una conciencia limpia, según me enseñaron mis mayores, y me acuerdo de ti constantemente, día y noche, en mis oraciones.
4 Al recordar tus lágrimas de despedida,
siento un gran deseo de verte para llenar-
me de alegría, 5 pues me acuerdo de la sinceridad de tu fe, esa fe que tuvo primero tu
abuela Loida y tu madre Eunice y que, estoy seguro, tienes tú también.

Fidelidad al evangelio

1 Tim 4 14; Rom 5 3-4; 8 28; 16 25; Tit 3 4-5; Heb 2 14-15

6 Por eso te aconsejo que reavives el
don de Dios que te fue conferido cuando te
impuse las manos. 7 Porque Dios no nos ha
dado un espíritu de temor, sino de fortaleza, de amor y de buen juicio. 8 No te avergüences, pues, de dar testimonio de nuestro Señor, ni de mí, su prisionero; por el
contrario, con la confianza puesta en el
poder de Dios, sufre conmigo por el evangelio. 9 Dios nos ha salvado y nos ha llamado a una vocación santa, no por nuestras obras, sino por su propia voluntad y
por la gracia que nos ha sido dada desde la
eternidad en Jesucristo. 10 Esta gracia se ha
manifestado ahora en la aparición de nuestro Salvador, Jesucristo, que ha destruido la muerte y ha hecho irradiar la vida y
la inmortalidad mediante el anuncio del
evangelio, 11 del cual yo he sido constituido mensajero, apóstol y maestro. 12 Esta es
la razón de mis sufrimientos; pero yo no
me avergüenzo, pues sé en quién he puesto
mi confianza y estoy persuadido de que
tiene poder para conservar hasta el último
día la doctrina que me encomendó. 13 Ten
como norma, en la fe y el amor de Jesucristo, la sana enseñanza que has recibido
de mí. 14 Conserva con la fuerza del Espíritu Santo que habita en nosotros, esa hermosa doctrina que se te ha encomendado.

Fidelidad de Onesíforo y su familia

2 Tim 4 16-19; Jds 21

15 Ya sabes que todos los de Asia me
han abandonado, entre ellos Figelo y Her-
mógenes. 16 Que el Señor tenga misericordia de Onesíforo y su familia, pues él me ha
reconfortado muchas veces y no se avergonzó de verme encadenado. 17 Al contrario, cuando estuvo en Roma, me buscó afa-

• **1 1-5**: Desde el principio, el autor de la carta adopta un tono de gran intimidad, propio del padre que se despide. A su mente llegan multitud de recuerdos pasados y trata de inculcar los últimos consejos a quien le sucederá en la tarea apostólica. La evocación particularizada de las relaciones entre Pablo y Timoteo no obliga a considerar la carta como del propio Pablo; puede perfectamente tratarse de una reconstrucción posterior utilizando recuerdos tomados de la tradición paulina.

• **1 6-14**: En la cadena transmisora del mensaje cristiano, *Pablo es un eslabón esencial* y un punto de referencia seguro. Tanto Timoteo como toda la Iglesia cristiana deben mantenerse fieles a las enseñanzas del apóstol, que son las del Señor.

Los dos versículos centrales del pasaje (2 Tim 1 9-10), en los que se ofrece la motivación teológica de por qué es preciso mantenerse fieles al evangelio, utilizan abundante material paulino recibido de la tradición: salvados gratuitamente por Dios y no por nuestras obras; llamados a la santidad; proyecto divino de salvación; manifestación de este proyecto por medio de Jesucristo. Todo esto indica que la enseñanza de las cartas pastorales se basa en la de Pablo, actualizándola conforme a las exigencias del momento.

• **1 15-18**: Pablo recoge en las cartas que indiscutiblemente se le atribuyen abundantes experiencias tanto dolorosas como reconfortantes en relación con sus colaboradores. Este pasaje de la segunda carta a Timoteo puede ser un ejemplo más, recordado por la tradición, de tales experiencias. Ejemplo de una historia hecha de infidelidades y abandonos, y que se ha repetido –y se repetirá– mil veces en la vida de la Iglesia.

nosamente hasta que me encontró. 18 Que
el Señor le conceda su misericordia en el
día del juicio. Tú sabes mejor que nadie
los servicios que me ofreció en Efeso.

Dedicación total al ministerio

1 Cor 9 7.10.24

2 1 Y tú, hijo mío, hazte fuerte con la gracia de Jesucristo. 2 Lo que has oído de
mí en presencia de muchos testigos, confía-
lo a hombres fieles, que a su vez sean aptos
para enseñar a otros. 3 Soporta los sufrimientos como un buen soldado de Jesucristo. 4 Nadie que entra a formar parte del
ejército se enreda en los asuntos civiles, si
quiere tener contento al que lo hizo entrar
en el ejército. 5 Por lo mismo el atleta no
recibirá la corona, si no corre conforme al
reglamento establecido. 6 El campesino
que se fatiga es el primero que debe participar del fruto de su trabajo. 7 Piensa en lo
que te digo; el Señor hará que lo compren-
das plenamente.

Vida en unión con Cristo

Rom 1 3-4; Hch 13 22-23; Flp 1 13-17; Col 1 24;
Rom 6 5-8; 8 17; Mt 10 33; 1 Cor 1 9

8 Acuérdate de Jesucristo, resucitado de
entre los muertos, nacido de la descendencia de David, según el evangelio que yo
anuncio, 9 por el cual sufro hasta verme encadenado como malhechor; pero la palabra
de Dios no está encadenada. 10 Por eso todo lo soporto por amor a los elegidos, para
que ellos también obtengan la salvación de
Jesucristo y la gloria eterna. 11 Es doctrina
segura:

Si con él morimos, viviremos con él;
12 si con él sufrimos, reinaremos con él;
si lo negamos, también él nos negará;
13 si somos infieles, él permanece fiel,
porque no puede contradecirse
a sí mismo.

Actitud firme frente a los errores

1 Tim 4 6-7; *Nm 16 5;* 16 26; Is 26 13; Rom 9 21

14 Recuerda estas cosas y ordena, en
nombre de Dios, que nadie se enrede en
vanas discusiones que no sirven para nada,
si no es para ruina de los que escuchan.
15 Esmérate por presentarte ante Dios como
un hombre de probada virtud, como un
obrero que no tiene de qué avergonzarse,
como fiel intérprete del mensaje de la verdad. 16 Evita las discusiones inútiles que
llevan a una impiedad cada vez mayor;
17 las palabras de esta gente carcomen como gangrena; tal es el caso de Himeneo y
de Fileto, 18 quienes se han desviado de la
verdad, diciendo que la resurrección ya se
ha realizado, y pervierten la fe de algunos.
19 Pero el sólido fundamento de Dios se
mantiene firme con esta marca: *El Señor
conoce a los que son suyos;* y esta otra:
Apártese de la maldad el que invoca el
nombre del Señor.

20 En una casa grande no hay sólo vasos
de oro y plata, sino también de madera y
de barro; unos son para usos nobles, los
otros para usos vulgares. 21 Así pues, el
que se conserve libre de esas cosas, será
como un vaso para usos nobles, consagrado y útil al Señor, dispuesto para toda obra
buena.

• **2 1-7**: La afirmación clave de este pasaje es la contenida en 2 Tim 2 2. Pablo había transmitido íntegramente la tradición apostólica a sus discípulos y comunidades. Las comunidades de la segunda generación cristiana tienen ahora entre manos la tarea de garantizar esa tradición. Timoteo y su comunidad deben buscar colaboradores que conserven fielmente y transmitan dinámicamente la doctrina cristiana a los demás. Para eso, como para ejercer el oficio de soldado, atleta o agricultor, se requiere plena dedicación y entrega.

• **2 8-13**: Al afirmar tan explícitamente el origen davídico de Jesús tal vez se pretenda rechazar cierto "docetismo" incipiente, es decir, la doctrina según la cual Jesús sólo sería hombre en apariencia, pero no en realidad.

2 Tim 2 11b-13 reproduce probablemente un himno primitivo que tiene características literarias semitas y parece una fórmula de fe recitada en el marco de una liturgia bautismal. El tema del himno es la solidaridad del cristiano con Cristo muerto y resucitado. El esquema muerte-vida, sufrimiento-gloria es de clara inspiración paulina (véase Rom 6 8; 8 18; 2 Cor 4 10-12.17; Col 3 3-4).

• **2 14-21**: La resurrección corporal era una de las verdades de más difícil aceptación en el mundo griego, debido a la influencia de la filosofía de Platón que concebía el cuerpo como cárcel del espíritu (véase Hch 17 22; 1 Cor 15 12). A semejanza de las inscripciones que se grababan en la piedra o documento de fundación, la Iglesia tiene una doble inscripción o sello de garantía y autenticidad, dos notas características que nadie le podrá arrebatar: la verdad y la santidad.

Virtudes que se deben practicar

1 Tim 1 4-5; 3 2-3; 6 11; 1 Jn 2 14

22 Huye de los impulsos apasionados de
la juventud y procura practicar la justicia,
la fe, el amor, la paz con los que invocan al
Señor con sincero corazón. 23 Evita las discusiones estúpidas y superficiales, sabiendo que engendran conflictos. 24 Un siervo
del Señor no debe ser conflictivo, sino
amable con todos, apto para enseñar y
sufrido; 25 debe corregir con bondad a los
adversarios, con la esperanza de que Dios
les conceda el arrepentimiento que lleva al
conocimiento de la verdad, 26 y recapaciten
libres de la trampa del diablo, que los tiene
cautivos y sujetos a su voluntad.

Preparados para tiempos difíciles

1 Tim 4 1; Rom 1 29-32; Ex 7 11-13

3 1 Debes saber que en los últimos días
habrá momentos difíciles. 2 Los hombres se volverán egoístas, codiciosos, orgullosos, soberbios, difamadores, rebeldes a
sus padres, ingratos, irrespetuosos con la
religión, 3 insensibles, implacables, calumniadores, desenfrenados, inhumanos, enemigos de todo lo bueno, 4 traidores, temera-
rios, presuntuosos, amantes de los placeres
más que de Dios; 5 tendrán apariencia religiosa, pero su religiosidad será inconsistente. ¡Apártate de ellos! 6 A estos pertenecen
los que entran en las casas y seducen a mujeres frívolas cargadas de pecados, atraídas
por toda clase de pasiones, 7 que continuamente están aprendiendo sin llegar nunca al
conocimiento de la verdad. 8 Del mismo
modo que Janés y Jambrés se opusieron a
Moisés, así también éstos que son hombres
de entendimiento corrompido y que no han
sido probados en la fe, se oponen a la verdad. 9 Pero no llegarán muy lejos, porque
todos se darán cuenta de su necedad, como
pasó también con Janés y Jambrés.

Hay que mantenerse firme

Hch 13 44-14 2; 2 Cor 11 23-29; Jn 16 33; 2 Pe 1 20-21

10 Tú, en cambio, has seguido atentamente mi enseñanza, mi conducta, mis planes, mi fe, mi paciencia, mi amor, mi constancia, 11 mis persecuciones y pruebas,
como las que tuve que soportar en Antioquía, en Iconio, en Listra. ¡Cuántas persecuciones he sufrido, y de todas me ha
librado el Señor! 12 Todos los que quieran
llevar una vida digna de Jesucristo, sufrirán persecuciones. 13 Pero los malvados y
los impostores irán de mal en peor, engañando a otros y engañándose ellos mismos.
14 Tú, por tu parte, permanece fiel a lo
que aprendiste y aceptaste, sabiendo de
quiénes lo has aprendido, 15 y que desde la
infancia conoces las Sagradas Escrituras,
que te enseñarán el camino de la salvación
por medio de la fe en Jesucristo. 16 Toda
Escritura ha sido inspirada por Dios, y es
útil para enseñar, para persuadir, para corregir, para educar en la justicia, 17 a fin de
que el hombre de Dios sea perfecto y esté
preparado para hacer el bien.

Fidelidad al ministerio

Hch 10 42; 1 Pe 4 5

4 1 Ante Dios y ante Jesucristo que, manifestándose como rey vendrá a juzgar

• **2 22-26**: El autor de la carta se refiere aquí a la metodología pastoral que se debe utilizar con los alejados. Debe ser firme en los principios y suave en las formas. No hay que dejarse llevar de una actitud agresiva, que haría el juego a los adversarios. Tal vez en este sentido podría entenderse la invitación a huir de *los impulsos apasionados de la juventud.*

• **3 1-9**: Este pasaje recuerda a 1 Tim 1 9-10 y 4 1-5. Recuerda también a Mt 24 3-12 donde Jesús había anunciado tiempos difíciles para el último período de la historia humana, período que en realidad ya ha comenzado a *partir de la venida de Cristo.*

La lista de vicios de 2 Tim 3 2-6 es realmente impresionante; de hecho, junto a Rom 1 29-32 es la más larga de todo el Nuevo Testamento. Janés y Jambrés son los nombres (no recogidos en la Biblia) que la tradición judía dio a los hechiceros de Egipto que, con sus artes mágicas, trataban de oponerse a que Moisés y Aarón consiguieran que el faraón dejara salir a los israelitas (Ex 7 11.13.22).

• **3 10-17**: El tono del pasaje es el de los discursos de despedida. De ahí las evocaciones autobiográficas encaminadas a reforzar el ánimo de Timoteo para que haga frente con absoluta firmeza a los propagadores del error. En esta tarea Timoteo no está solo; tiene como ayuda de gran valor las Escrituras Sagradas que aprendió desde niño y que ahora tiene que transmitir a los demás. Con este motivo el autor nos ofrece uno de los textos clásicos para probar el carácter sagrado de la Biblia que ha recibido tradicionalmente el apelativo de "inspiración". En efecto, el término griego *théopneustos* de 2 Tim 3 16 –que traducimos por *divinamente inspirada*– tiene sentido pasivo y afirma que el Espíritu Santo ha intervenido de modo misterioso, pero real y especialísimo, en la composición de los libros de la Biblia.

a vivos y muertos, te ruego encarecidamente: 2 Predica la palabra, insiste a tiempo y a destiempo, corrige, reprende y exhorta; hazlo con mucha paciencia y conforme
a la enseñanza. 3 Porque vendrá el tiempo
en que los hombres no soportarán la sana
doctrina, sino que, llevados de sus propios
deseos, se rodearán de multitud de maestros que les dirán palabras halagadoras,
4 apartarán los oídos de la verdad y los des-
viarán hacia las fábulas. 5 Tú, sin embargo,
procura ser siempre prudente, soporta el
sufrimiento, predica el evangelio y dedícate plenamente a tu ministerio.

Pablo ha realizado fielmente su misión

Flp 2 17; Hch 20 24; 1 Cor 9 24-25

6 Yo estoy a punto de ofrecer mi vida, y
el momento de mi partida es inminente. 7 He
combatido el buen combate, he concluido
mi carrera, he conservado la fe. 8 Sólo me
queda recibir la corona de la salvación,
que aquel día me dará el Señor, juez justo,
y no sólo a mí, sino también a todos los
que esperan con amor su venida gloriosa.

Encargos y recomendaciones

Prov 24 12; Sal 28 4; 62 13; Mt 10 19-20;
Flp 1 19-20; Sal 22 21

9 Procura visitarme lo antes posible,
10 pues Dimas me ha abandonado por amor
a las cosas de este mundo y se ha ido a Tesalónica; Crescente se ha ido a Galacia; Tito
a Dalmacia. 11 Solamente Lucas está conmigo. Que Marcos se venga contigo, pues
me ayuda mucho en mi ministerio. 12 A
Tíquico lo he mandado a Efeso. 13 Cuando
vengas, tráeme la capa que dejé en Tróade,
en casa de Carpo, y también los libros, sobre todo los pergaminos. 14 Alejandro, el
herrero, me ha hecho mucho mal. El Señor
le pagará según su conducta. 15 No confíes
en él, pues se ha opuesto insistentemente a
nuestra predicación. 16 En mi primera defensa nadie me acompañó; todos me abandonaron. ¡Que Dios los perdone! 17 El Señor estuvo a mi lado y me fortaleció, para
que el mensaje fuera plenamente anunciado por mí y lo escucharan todos los paganos. Fui librado de la boca del león. 18 El
Señor me librará de todo mal y me dará la
salvación en su reino celestial. A él la gloria por los siglos de los siglos. Amén.

Saludos finales

19 Saluda a Prisca, a Aquila y a la familia de Onesíforo. 20 Erasto se quedó en Corinto, a Trófimo lo dejé enfermo en Mileto. 21 Procura visitarme antes del invierno.
Te saludan Eubulo, Pudente, Lino, y Clau-
dia y todos los hermanos. 22 El Señor esté
contigo. La gracia esté con ustedes.

• **4 1-5**: Este pasaje es casi una copia del anterior. Timoteo debe hacer frente a los enemigos de la *sana doctrina*. El tiempo que se anuncia como venidero, ya está presente. Hay que salir al paso del error incluso *a destiempo*, es decir, con valentía y sin dejarse llevar de respetos humanos.

• **4 6-8**: Hay dos maneras de dar la vida por Cristo: una, gastarla día a día tratando de que todos lo conozcan (2 Cor 12 15); otra, derramar la sangre por su causa. Imitar a Pablo, que supo darla de las dos maneras, es un desafío para sus discípulos. Este pasaje de la segunda carta a Timoteo es el mejor epitafio sobre el sepulcro de Pablo. Al final el atleta ha conquistado la ansiada *corona de salvación* por la que corría desde hacía tiempo (1 Cor 9 24-27).

• **4 9-22**: Larga lista de encargos y recomendaciones con los que el autor de 2 Tim se sitúa en los últimos días de Pablo. El material para construir esta especie de resumen biográfico de los últimos días del apóstol, está tomado de las otras cartas paulinas, en particular de Colosenses y Filemón. La figura de Pablo aparece claramente idealizada; su enseñanza adquiere un valor permanente; su trayectoria humana y apostólica se convierte en modelo para todos los cristianos.

Tal vez este pasaje refleje en cierto modo la experiencia vivida por la Iglesia en la segunda generación cristiana. Son tiempos difíciles en los que lo más importante es mantener fielmente la ruta emprendida, a pesar de todas las dificultades y sufrimientos.

CARTA A TITO

Saludo

Nm 23 19; 2 Tim 2 13

1 1 Pablo, siervo de Dios y apóstol de Jesucristo para hacer que los elegidos de
Dios lleguen a la fe y al conocimiento de
la verdad que se manifiesta en una vida religiosa, 2 con la esperanza puesta en la vida eterna. Dios, que no miente, había prometido esta vida eterna antes de que el
tiempo existiera, 3 y en su debido momento ha manifestado su palabra a través de la
predicación que me ha sido confiada por
orden de Dios nuestro Salvador. 4 A Tito,
mi verdadero hijo en nuestra fe común,
gracia y paz de parte de Dios Padre y de
Jesucristo nuestro Salvador.

Instrucciones sobre los presbíteros

1 Tim 3 2-7; 2 Tim 2 24-26

5 Te he dejado en Creta para que termines de organizarlo todo y establezcas presbíteros en cada ciudad, siguiendo las instrucciones que te di: 6 que sean irreprochables, que se hayan casado una sola vez,
que sus hijos sean creyentes y no se les
pueda acusar de mala conducta o de rebeldes. 7 Es preciso que el obispo sea irreprochable, como administrador que es de la
casa de Dios; que no sea soberbio, ni de
mal genio, ni dado al vino, ni violento, ni
codicioso, 8 sino hospitalario, amigo del
bien, prudente, justo, piadoso, dueño de sí
mismo, 9 firmemente adherido a la palabra,
tal y como ha sido enseñada, para que sea
capaz de exhortar según la sana doctrina y
refutar a quienes la contradicen.

Actitud frente a los falsos maestros

1 Tim 4 1-7; Mt 15 11-20; Rom 14 14-20

10 Porque hay, sobre todo entre los judíos
convertidos, muchos rebeldes, chismosos,
y seductores; 11 y es necesario taparles la
boca, porque trastornan familias enteras
enseñando lo que no conviene con un vergonzoso espíritu de lucro. 12 Ya dijo de
ellos uno de sus propios profetas:

«Cretenses, siempre mentirosos,
malas bestias, glotones y perezosos».

13 Y es cierto. Por eso, corrígelos con
dureza para que conserven íntegra la fe,
14 y no hagan caso a fábulas judías y a preceptos de hombres que se apartan de la
verdad. 15 Para los que son puros, todo es
puro; en cambio, para los que están corrompidos y los que no tienen fe, nada hay
limpio; su alma y su conciencia están co-
rrompidas. 16 Dicen que conocen a Dios,
pero sus obras no lo demuestran. Son gente
despreciable, rebelde e incapaz de cualquier obra buena.

• **1 1-4**: La carta comienza con un precioso resumen de la teología de la salvación y del apostolado. La finalidad de la tarea apostólica es suscitar la fe en los hombres. Y la fe supone la adhesión del entendimiento a la verdad junto con el cumplimiento de la voluntad de Dios. Esto conduce a la vida eterna prometida por Dios y manifestada ahora en el evangelio del que Pablo ha sido constituido mensajero. La esperanza del cristiano en un más allá feliz y definitivo es algo que mencionan con frecuencia las cartas pastorales, y que, juntamente con la fe y la caridad, *constituye el fundamento de toda la* vida cristiana (1 Tim 1 5; 2 Tim 3 10; Tit 2 2).

• **1 5-9**: Lo que verdaderamente interesa al autor de la carta es legitimar la instrucción pastoral que va a dar, y dejar claro que la organización de la comunidad propuesta en la carta se remonta a Pablo y responde a las normas dadas por el apóstol. Para eso construye un marco histórico probablemente ficticio, pero eficaz. Las cualidades que se exigen a los *obispos-presbíteros* son prácticamente las mismas que en 1 Tim 3 1-7 (véase nota a este pasaje).

• **1 10-16**: Los judíos convertidos al cristianismo no acababan de desprenderse de las observancias judaicas, entre las que abundaban las referentes a las purificaciones y los alimentos. Se les recuerda aquí que una acción es buena o mala según la disposición interior con que se hace (véase Lc 11 41; Rom 14 20). Las puras observancias no tienen valor en la ley cristiana, que se basa en la fe y el amor.

La cita es de Epiménides, poeta cretense del siglo VI a. C., a quien el autor de la carta, siguiendo el uso popular, llama profeta.

Deberes en los diferentes estados

1 Tim 5 1-2; 6 1-2; Flm 18-19

2 1 Tú, por tu parte, enseña según la sana
doctrina. 2 Que los ancianos sean sobrios, juiciosos y prudentes; que vivan plenamente la fe, el amor, y la paciencia.
3 De igual modo, que las ancianas observen una conducta digna de personas
piadosas, que no sean calumniadoras, ni
dadas al vino, sino buenas consejeras; 4 de
este modo enseñarán a las jóvenes a amar
a sus maridos y a sus hijos, 5 a ser prudentes, castas, mujeres de su casa, buenas y
respetuosas con sus maridos, para que no
se hable mal de la palabra de Dios.
6 Asimismo, exhorta a los jóvenes a ser
prudentes en todo, 7 dando tú mismo ejemplo de una buena conducta. Sé íntegro en
la enseñanza, ten buen juicio, 8 que tu mensaje sea correcto y sin error. De este modo,
nuestros adversarios quedarán desconcertados y no podrán decir nada malo de nosotros.
9 Exhorta a los esclavos a que sean res-
petuosos y complacientes con sus amos y a
que, en lugar de contradecirlos 10 y defrau-
darlos, sean modelo de una fidelidad perfecta, para que en todo honren la doctrina
de Dios, nuestro Salvador.

Fundamento de estas exigencias

Dt 7 6; Rom 3 24; 1 Tim 2 6

11 Porque se ha manifestado la gracia de
Dios, que trae la salvación para todos los
hombres. 12 Ella nos enseña a renunciar a
la vida sin religión y a los deseos del mundo, para que vivamos en el tiempo presente con moderación, justicia y religiosidad,
13 en espera de la feliz esperanza: la manifestación gloriosa de nuestro gran Dios y
Salvador Jesucristo, 14 el cual se entregó a
sí mismo por nosotros para redimirnos de
toda iniquidad y purificarnos, para que seamos su pueblo elegido, siempre deseoso de
practicar el bien. 15 Esto es lo que tienes
que enseñar, predicar y defender con toda
autoridad. Que nadie te menosprecie.

La conducta cristiana

Rom 13 1-7; 1 Pe 2 13-14; Rom 1 29-32; 3 21-26;
Ef 2 3-10; Rom 6 4; Ef 4 23-24

3 1 Recuerda a todos que respeten plenamente a las autoridades que gobiernan;
que les obedezcan y estén dispuestos a hacer el bien; 2 que no calumnien a nadie, que
sean pacíficos, amables y siempre bondadosos con todo el mundo. 3 Porque también
nosotros fuimos en otro tiempo irreflexivos,
rebeldes, descarriados, esclavos de toda
clase de malas inclinaciones y placeres,
llenos de maldad y de envidia; éramos despreciados y nos odiábamos unos a otros.
4 Pero ahora se ha manifestado la bondad de Dios, nuestro Salvador, y su amor a
los hombres. 5 El nos salvó, no por nuestras obras de justicia, sino en virtud de su
misericordia, por medio del bautismo regenerador y la renovación del Espíritu Santo,
6 que derramó abundantemente sobre noso-

• **2 1-10**: En las cartas pastorales se recomiendan con frecuencia una serie de virtudes humanas: la sobriedad, el dominio de sí mismo, la amabilidad de carácter, la laboriosidad, etc. El cristianismo integró en su enseñanza estas listas de virtudes que formaban también parte de la cultura grecorromana. En realidad el cristiano debía ser un modelo de honradez humana para causar de ese modo un profundo impacto en aquella sociedad que, a pesar de todo, apreciaba estos valores. Pero lo específico y original de la presente lista de virtudes es la motivación cristiana que suele acompañar a cada exhortación.

• **2 11-15**: Este pasaje constituye el núcleo de la carta. Tal vez se trate de una especie de profesión de fe enraizada en la tradicional catequesis bautismal. Como es norma frecuente en las cartas paulinas, también aquí la verdad teórica fundamenta la vida práctica. El cristiano, que se mueve entre las dos venidas de Cristo, tiene que practicar las virtudes humanas *–moderación, justicia, religiosidad–*, pero sobre todo tiene que estar apoyado en la esperanza que nos proporciona Jesucristo, *Dios y Salvador*. El autor de las cartas pastorales no está obsesionado por lo que es particularmente propio del cristiano, pero lo tiene siempre presente y sabe ensamblar magníficamente realidad histórica y genuina motivación cristiana.

• **3 1-7**: Comienza el párrafo con una nueva invitación a practicar las virtudes humanas y a comportarse como buenos ciudadanos (véase 1 Tim 2 1-8). Sigue con un precioso canto al amor salvífico y liberador de Dios por medio de Jesucristo. Cuatro veces resuenan las palabras *salvar*, *Salvador*, y tres veces se mencionan la *bondad*, la *misericordia*, en definitiva el *amor* de Dios. Esta bondad liberadora de Dios mediante Jesucristo se manifiesta de manera visible en el rito del bautismo al que se da el nombre de baño *regenerador*, porque es el momento en que somos engendrados a una nueva vida. Pero lo importante no es el rito, sino la *renovación* interior que produce la acción de la Trinidad divina, junto con *la herencia de la vida eterna* como consecuencia de tal acción renovadora.

tros por Jesucristo nuestro Salvador. 7 De
este modo, justificados por su gracia, Dios
nos hace herederos conforme a la esperanza que tenemos de heredar la vida eterna.

Obras buenas y doctrina sana

1 Tim 1 15; 2 Tim 2 14.16.23; Mt 18 15-17

8 Esta doctrina es segura, y quiero que
afirmes rotundamente estas cosas para que
quienes han creído en Dios se dediquen
seriamente a la práctica del bien. Esto es
bueno y provechoso para los hombres.
9 Evita las discusiones estúpidas y las leyendas sobre los antepasados, así como las
contiendas y polémicas acerca de la ley,
pues son inútiles y no conducen a nada.
10 Al que fomenta divisiones en la Iglesia,
repréndelo hasta dos veces y luego apártate de él, 11 pues ya ves que se trata de un
hombre pervertido y pecador, que ha pronunciado su propia sentencia.

Recomendaciones prácticas y saludo final

Hch 20 4; 18 24; Ef 4 28

12 Voy a enviarte a Artemas o a Tíquico. Cuando lleguen, trata de venir en seguida a mi encuentro en Nicópolis, pues he
decidido pasar allí el invierno. 13 Prepara
con cuidado todo lo necesario para el viaje
del abogado Zenón y de Apolo, para que
no les falte nada. 14 Y que los nuestros
aprendan también a sobresalir en la práctica del bien y a socorrer las necesidades
urgentes, de manera que no se queden sin
dar fruto.
15 Te saludan todos los que están conmigo. Saluda a los que nos aman en la fe.
Que la gracia esté con todos ustedes.

• **3 8-11**: A punto de concluir la carta, el autor hace un breve resumen de lo dicho. Se repiten frases y exhortaciones características de las cartas pastorales (véase 1 Tim 1 3-7.14-16; 4 6-16; 2 Tim 2 14-16.23). Una vez más se subraya que la fe, para ser auténtica, debe traducirse en buenas obras. Con la expresión *es doctrina segura*, colocada casi al final de la carta, se quiere indicar que todo lo dicho y recomendado tiene la garantía de la autorizada tradición paulina.

• **3 12-15**: La conclusión de la carta es muy parecida a la de 2 Tim (véase nota correspondiente). Se trata probablemente de un marco histórico fabricado artificialmente, pero coherente con los datos históricos conocidos. Lo importante es que la enseñanza paulina siga viva, y que los cristianos de Creta y de todo el mundo la pongan en práctica.

CARTA A FILEMON

INTRODUCCION

Corta en extensión, pero profunda en su contenido y bellísima por su lenguaje, la Carta a Filemón es un documento muy valioso para probar la calidad humana de Pablo y para constatar cómo reaccionó la primitiva Iglesia ante el inquietante problema de la esclavitud.

1. Pablo, Onésimo y Filemón

El destinatario de la carta es Filemón, un cristiano pudiente de Colosas, ganado para el evangelio por Pablo y a quien hace algún tiempo se le ha fugado un esclavo llamado Onésimo. Pablo no evangelizó personalmente Colosas. Por tanto el encuentro entre Pablo y Filemón debió tener lugar en Efeso, donde también debió tener lugar la conversión de Onésimo al cristianismo.

El esclavo que huyó se encuentra ahora con Pablo, quien desearía mantenerlo junto a sí. Sabe que le asisten razones para hacerlo, pero no quiere forzar la situación, y con una gran delicadeza deja la decisión en manos del propio Filemón.

Le envía, pues, al esclavo, haciéndolo portador de esta preciosa carta.

2. Características de la carta

Esta joya literaria ha sido considerada desde la más remota antigüedad cristiana como perteneciente a la lista de libros inspirados del Nuevo Testamento. Nadie ha dudado tampoco de su origen estrictamente paulino. A primera vista, el tiempo y el lugar de composición coincidirían con los de la carta escrita a la comunidad de Colosas (comparar Col 4 3.7.14 con Flm 9.10.13.23-24). Sin embargo, es más probable que el contexto histórico y geográfico de la carta a Filemón sea el de la carta a los Filipenses. Ciertamente Pablo se encuentra encarcelado, pero se trataría de una prisión en Efeso hacia el año 56-57, y no de la prisión en Roma de los años 61-63.

3. Contenido teológico

El tema de fondo de la carta es el de la esclavitud, que era aceptada en aquella sociedad grecorromana, pero que se hallaba en abierta contradicción con el mensaje de Jesús. Pablo no encara directamente el problema; se limita a exponer con una maestría insuperable los principios cristianos de los que Filemón deberá sacar las consecuencias. Pero lo que dice a Filemón se lo está diciendo a toda la comunidad cristiana y sobre todo a la sociedad romana que, cuando acepte definitivamente el evangelio, tendrá que abolir consecuentemente la esclavitud. Entre cristianos *ya no hay distinción entre judío o no judío, entre esclavo o libre, entre varón o mujer; todos son uno en Cristo Jesús* (Gal 3 28), y por tanto radicalmente iguales ante Dios.

CARTA A FILEMON

Saludo

2 Cor 1 1-2; Col 4 15.17

1 Pablo, prisionero por Cristo Jesús, y el hermano Timoteo, a nuestro querido colaborador Filemón, 2 a la hermana Apia, a nuestro compañero de lucha Arquipo, y a toda la iglesia que se reúne en tu casa. 3 Gracia y paz a ustedes de parte de Dios, nuestro Padre, y de Jesucristo, el Señor.

Acción de gracias

Col 1 3-4; 2 Cor 7 4

4 Te recuerdo siempre en mis oraciones y doy gracias a mi Dios, 5 al tener noticias del amor y la fe que profesas a Jesús, el Señor, y a todos los creyentes. 6 ¡Ojalá que esa tu fe, que tenemos en común, se vuelva activa y llegues a conocer todo el bien que podemos realizar por Cristo! 7 Tu amor, hermano, me ha llenado en efecto de alegría y de consuelo, pues ha confortado profundamente a los creyentes.

Pablo intercede por Onésimo

Ef 3 1; Flp 1 7.13; Col 4 9; Flp 2 30; Ef 6 5-9; 1 Cor 16 21

8 Por todo eso, aunque tengo plena libertad en Cristo para ordenarte lo que debes hacer, 9 prefiero pedírtelo en nombre del amor. Yo, Pablo, anciano ya, y en este momento también prisionero por Cristo Jesús, 10 te ruego por mi hijo Onésimo, al que he engendrado entre cadenas. 11 Si antes te fue inútil, ahora se ha vuelto útil para ti y para mí; 12 ahí te lo envío, y es como si te enviara mi propio corazón.

13 Habría querido que se quedara conmigo para que me sirviera en tu lugar ahora que estoy encadenado por causa del evangelio. 14 Pero no he querido hacer nada sin contar contigo, para que tu buena acción sea espontánea y no forzada. 15 Y es que tal vez te abandonó por breve tiempo, precisamente para que ahora lo recuperes de forma definitiva, 16 pero no ya como esclavo, sino como algo más, como un hermano muy querido. Para mí lo es ya muchísimo, pero más todavía debe serlo para ti como persona y como creyente.

17 Por tanto, si me tienes por amigo, recíbelo como me recibirías a mí. 18 Si en algo te perjudicó o tiene alguna deuda contigo, cárgalo a mi cuenta. 19 Yo Pablo –de mi puño y letra lo firmo– te lo pagaré, por no decirte que eres tú mismo en persona quien estás en deuda conmigo. 20 A ver, pues, hermano, si me sirve de algo el que seas creyente, y consuelas mi corazón en Cristo.

Conclusión

Col 1 7; 4 10-14

21 Te escribo confiando en tu docilidad y con la certeza de que harás más de lo que te pido. 22 Ve preparando también hospedaje para mí, pues gracias a las oraciones de ustedes, espero visitarlos.

23 Saludos de Epafras, mi compañero de prisión por Cristo Jesús, 24 y de mis colaboradores Marcos, Aristarco, Dimas y Lucas. 25 Que la gracia de Jesucristo, el Señor, esté con ustedes.

• **1-7**: Esta vez Pablo no se presenta como apóstol sino como *prisionero por Cristo*. Aunque si está prisionero, es precisamente por comportarse como apóstol. La carta es sólo aparentemente privada como demuestra la significativa mención de la comunidad que se reúne en casa de Filemón. Es notable la habilidad dialéctica de Pablo que una vez más establece una estrecha relación entre fe y amor. No se aborda el problema desde la ley y el derecho, sino desde el amor y la fe que deben penetrar y presidir la vida entera del cristiano.

• **8-20**: No pretende Pablo hacer una campaña directa en favor de la abolición de la esclavitud. Tanto él como el cristianismo en general buscaron la solución al problema de la esclavitud, no por caminos de violencia, sino a base de llevar hasta sus últimas consecuencias la fraternidad evangélica. Solo el amor cristiano nivela cualquier desigualdad. Por eso Pablo pide a Filemón que reciba a Onésimo, no como lo que era antes, un esclavo, sino como lo que es ahora, un hermano en Cristo.

• **21-25**: La conclusión de la carta refleja la íntima relación entre Pablo y Filemón, de quien el apóstol espera que haga más de lo que le pide, prometiendo visitarlo pronto. Los colaboradores mencionados en Flm 23-25 aparecen también en Col 4 10-14.

HEBREOS

INTRODUCCION

La tradicionalmente llamada carta a los Hebreos es un escrito desconcertante. Suscita al mismo tiempo admiración y perplejidad. Admiración por su lenguaje solemne, riguroso y cautivador, por su profundidad doctrinal y por su admirable conocimiento del Antiguo Testamento. Pero al mismo tiempo suscita perplejidad ante la continua presencia de conceptos complejos y de símbolos de difícil interpretación; ante la permanente evocación de ritos antiguos con poco o nulo significado para el hombre moderno y ante el continuo recurso a sorprendentes métodos de interpretación bíblica. El desconcierto aumenta cuando en nuestros días escuchamos o leemos que la conocida como carta de San Pablo a los Hebreos, ni es carta, ni la escribió San Pablo, ni está dirigida a los hebreos. Todo esto necesita una explicación.

1. Marco histórico de Hebreos

Los destinatarios de la carta son ciertamente cristianos (Heb 3 14), y lo son desde hace algún tiempo (Heb 5 11-12). Puesto que el Antiguo Testamento fue considerado desde el primer momento como patrimonio común de todos los cristianos, su amplia utilización no es un argumento decisivo para pensar en destinatarios judeocristianos. Sin embargo, los destinatarios de este escrito parecen pertenecer a comunidades en las que era fuerte el influjo cultural judeocristiano (véase Heb 13 9).

En todo caso, es seguro que se trata de una comunidad que está atravesando un momento difícil. Son cristianos que pasan una crisis típica de la segunda generación: indolencia y descuido (Heb 5 11; 6 12), poco aprecio de la salvación (Heb 2 3), abandono de las reuniones de la comunidad (Heb 10 25). El autor califica esta situación como grave, ya que constituye una merma importante en la fe (Heb 3 12) y se puede llegar a una verdadera apostasía (Heb 6 4-6) que no tendría ya solución (Heb 10 26-31). El escrito es una vibrante llamada a intensificar la fe y la esperanza en Jesucristo, Salvador eficaz y definitivo (Heb 6 17-20). La llamada se hace, no sólo a los responsables de la comunidad, sino a todos los componentes de la misma (Heb 13 17), y es bastante probable que tenga como destinatarios a más de una comunidad.

Otros datos históricos con respecto a Hebreos siguen siendo un interrogante sin respuesta definitiva y convincente: ¿Dónde se escribió? ¿A qué comunidades concretas? ¿En qué momento preciso? ¿Cómo deben interpretarse los versículos finales que tienen un colorido claramente paulino? ¿Quién es el autor?

La indicación: *los saludan los de Italia* (Heb 13 24) no aclara gran cosa, ya que tales grupos podían existir en distintas ciudades del imperio (véase Hch 18 2). Además, este inciso pertenece al saludo final que acompaña el envío del escrito, y no al escrito mismo. En cuanto al autor, lo más que podemos avanzar es que probablemente se trata de un cristiano de la segunda generación, quizás de procedencia judía, formado en el helenismo tardío y buen conocedor de la Escritura. Según bastantes autores contemporáneos, habría compuesto esta especie de homilía-exhortación entre los años 80-90. Sin embargo, sorprende el hecho de que el autor, para demostrar el carácter perecedero, caduco e imperfecto del culto sacrificial judío, no aproveche en su argumentación la destrucción de Jerusalén y su templo en el año 70. Por lo mismo no faltan quienes proponen para Hebreos una fecha anterior al año 70.

Las dudas existentes en los primeros siglos cristianos, especialmente por parte de las iglesias de occidente, sobre el origen apostólico de Hebreos, provocaron a su vez dudas acerca de su condición de escrito inspirado. En la época de la Reforma resurgieron las dudas. Hoy todos lo admiten como libro sagrado.

2. Características literarias

Tradicionalmente este escrito ha recibido la denominación de carta. Pero ¿tiene realmente algo que ver con una carta? Es cierto que los versículos finales (Heb 13 23-25) tienen carácter epistolar. Sin embargo, es también evidente que desentonan del resto del escrito y parecen un claro añadido. La conclusión original de la obra hay que ponerla en el solemne párrafo de Heb 13 20-21, plenamente en línea con el no menos solemne del comienzo (Heb 1 1-4). Entre un comienzo y un final tan solemnes, el cuerpo de la obra se mantiene constantemente en el mismo tono elevado, sin referencias personales, sin noticias concretas, sin alusión alguna a relaciones entre remitente y destinatarios.

Todo hace pensar que estamos ante una pieza

oratoria, ante una especie de homilía, que alguien envía a una comunidad cristiana junto con unas líneas finales de despedida. Y una homilía elaborada no para ser leída, sino para ser pronunciada oralmente como se desprende del vocabulario utilizado. En ella, pues, el autor expone, en plan de proclamación oral, el misterio de Cristo a la luz de la historia de la salvación y de las Escrituras, como punto de partida para exhortar y estimular a unos oyentes a que vivan su fe con coherencia y con una esperanza ilimitada.

El autor de esta homilía-exhortación es un magnífico orador. Ha estructurado su obra con gran maestría empleando distintos procedimientos y recursos literarios, y dando lugar a un inteligente y eficaz desarrollo en el que se combinan sabiamente el aspecto doctrinal y el exhortativo. En la actualidad va siendo cada vez más común aceptar la división propuesta por el profesor Albert Vanhoye S. J., que distingue cinco partes con una introducción (Heb 1 1-4) y una conclusión (Heb 13 20-21).

La *primera parte* (Heb 1 5-2 18) habla de la posición salvífica de Cristo, que es más válida y ventajosa para los hombres que la de los mismos ángeles.

La *segunda parte* (Heb 3 1-5 10) proclama las excelencias del sacerdocio de Cristo y exhorta a fiarnos de ese sacerdote digno de confianza.

La *tercera parte*, que es la central y la más amplia (Heb 5 11-10 39), desarrolla los aspectos específicos del sacerdocio de Cristo, invitando de nuevo a la fe y a la confianza.

La *cuarta parte* (Heb 11 1-12 13) se ocupa más en particular de dos aspectos básicos de la vida cristiana: la fe y la constancia.

Y la *quinta parte* (Heb 12 14-13 19) introduce el tema del comportamiento cristiano en su doble dimensión: hacia Dios y hacia los hermanos.

3. Contenido teológico

El mensaje central de esta homilía-exhortación lo sintetiza el mismo autor cuando proclama que en Jesucristo tenemos un sacerdote santo, ***misericordioso y digno de confianza*** (Heb 2 17; 7 26). Para el autor de Hebreos, Jesucristo, el Hijo eterno de Dios (Heb 1 2.5) realiza su misión salvadora como sacerdote. El momento culminante de esta misión es su entrega final, misterio global que incluye a la vez sufrimiento, muerte, resurrección, ascensión e intercesión. De esta manera, Cristo ha sido constituido sacerdote-mediador de una alianza nueva y definitiva y se ha convertido en fuente de salvación eterna para todos los hombres, sus hermanos.

Paralelamente, Hebreos destaca la contraposición entre el nuevo culto y el antiguo, al que califica de inútil e ineficaz. En realidad, este viejo culto es símbolo de todo falso intento de salvar al hombre, ya que sólo por la sangre de Cristo puede el hombre purificar su corazón y vivir su conversión interior y su comunión con Dios (Heb 9 11-15).

Las afirmaciones de Hebreos son claras y contundentes. Pero resultan sorprendentes. Nadie en todo el Nuevo Testamento se había atrevido a formularlas. No resultaba fácil atribuir el sacerdocio a Jesús, que no era de la tribu de Leví, que no realizó ninguna actividad cultual en el templo, que se enfrentó a los sacerdotes oficiales y murió como un maldito fuera de la ciudad santa. Si el autor de Hebreos se atreve a formularlas, es porque encuentra fundamento tanto en la Escritura como en el mensaje cristiano sobre la muerte y la resurrección de Cristo. Pero al mismo tiempo transformó la comprensión del sacerdocio y ofreció a las comunidades de su tiempo, tentadas de acomodarse al mundo pagano y amenazadas por la tibieza y la deserción ante las persecuciones, un nuevo camino para profundizar en la fe primera y recibir la salvación obtenida por Jesús. Se trata de vivir con intensidad y constancia una esperanza y una fe que nos conducen ya ahora hasta el interior del velo, hasta la comunión con Dios (Heb 6 19-20; 10 19-23). Este es para él el auténtico culto cristiano.

HEBREOS

Introducción

Sal 2 8; Jn 1 3; Col 1 15-17; Sal 110

1 1 Muchas veces y de muchas maneras
habló Dios antiguamente a nuestros
antepasados por medio de los profetas,
2 ahora en este momento final nos ha hablado por medio del Hijo, a quien constituyó
heredero de todas las cosas y por quien
hizo también el universo. 3 El Hijo que,
siendo resplandor de la gloria del Padre e
imagen perfecta de su ser, sostiene todas
las cosas con su palabra poderosa y que,
una vez realizada la purificación de los
pecados, se sentó a la derecha de Dios en
las alturas 4 y ha venido a ser tanto mayor
que los ángeles, cuanto más excelente es
el título que ha heredado.

I. CRISTO UN SALVADOR SUPERIOR A LOS ANGELES Δ

Cristo, Hijo de Dios

Sal 2 7; 2 Sm 7 14; Dt 32 43;
Sal 97 7; *104 4; 45 7-8; 102 26-28; 110 1*

5 En efecto, ¿a qué ángel dijo Dios alguna vez:

Tú eres mi hijo,
yo te he engendrado hoy.

Y también:

Yo seré padre para él
y él será hijo para mí?

6 Y de nuevo, cuando introduce a su Hijo
primogénito en el mundo, dice:

Que lo adoren
todos los ángeles de Dios.

7 Mientras que de los ángeles dice:

El que hace a sus ángeles espíritus
y a sus ministros llamas flameantes,

8 del Hijo, en cambio, afirma:

Tu trono, oh Dios,
permanece para siempre;
tu cetro real gobierna con equidad.
9 *Has amado lo que es justo*
y odiado la iniquidad;
por eso Dios, tu Dios, te ha ungido
con óleo de alegría
para distinguirte entre tus compañeros.

10 Y también:

Tú, Señor, colocaste al principio
los cimientos de la tierra,
y los cielos son la obra de tus manos.

• **1** 1-4: Solemne introducción a toda la homilía o discurso exhortativo. El tono de este párrafo introductorio es elevado; el vocabulario es bastante selecto y un tanto misterioso. El autor quiere ofrecer brevemente una síntesis profunda de todo lo que pretende exponer a continuación. Dios Padre es el protagonista de todo el proceso salvífico; pero junto a él está el Hijo de quien se afirma clara y rotundamente su procedencia de Dios y su igualdad plena con él.

Este Hijo está presente en el origen del mundo como palabra creadora e interviene de forma absolutamente privilegiada en la salvación del mundo a través de una singular mediación, que presenta caracteres sacerdotales.

Δ 1 5-2 18: En esta primera parte de Hebreos la palabra característica es "ángel". El conjunto consta de tres párrafos. El primero, de carácter doctrinal, presenta el misterio de Jesús como Hijo de Dios, muy superior, por tanto, a los ángeles (Heb 1 5-14). El segundo exhorta a estar muy atentos a la palabra de ese Hijo y a tomar en serio la salvación que nos llega a través de esa palabra (Heb 2 1-4). Finalmente, el tercer párrafo, de nuevo doctrinal, muestra que el poder liberador del Hijo con respecto a los hombres es mucho mayor que el de los ángeles (Heb 2 5-18).

• **1** 5-14: El autor demuestra con la Escritura, entendida como palabra directa de Dios, que el Hijo se encuentra en mejor posición que cualquier otro, incluidos los ángeles, para ejercer su papel salvador. Los textos de la Escritura se citan sin explicarlos ni comentarlos, siguiendo el método usado por los rabinos. No se comparan propiamente personajes, sino ámbitos de salvación. En todo caso, los ángeles están en un plano salvífico claramente inferior a Jesús, el Hijo de Dios, y los cristianos, por tanto, han quedado liberados de servir tanto a los ángeles como a cualquier otro poder de este mundo. Más aún, en los planes de Dios, todos estos poderes terrenos o celestiales, están al servicio de los creyentes.

11 *Ellos perecerán, pero tú permaneces.*
Serán todos
como vestido que se desgasta;
12 *como un manto, los doblarás*
y serán cambiados
como se cambia un vestido.
Pero tú eres siempre el mismo
y jamás terminarán tus años.

13 ¿A qué ángel dijo jamás:

Siéntate a mi derecha
hasta que ponga a tus enemigos
como estrado de tus pies?

14 ¿No son todos ellos espíritus encargados de un ministerio, enviados para el
servicio de los que han de heredar la salvación?

Exhortación a superar la negligencia

Heb 10 29; 12 25; Mc 16 17-18.20; 2 Cor 12 12

2 1 Por eso es necesario que atendamos
más y más a las enseñanzas recibidas,
no sea que andemos a la deriva. 2 Porque,
si la palabra anunciada por ángeles tuvo
validez, y toda transgresión y desobediencia fue justamente castigada, 3 ¿cómo es-
caparemos nosotros, si no aprovechamos
una salvación como ésta? Una salvación
que, inaugurada por la predicación del Señor, nos ha sido garantizada por los que la
oyeron, 4 mientras Dios apoyaba su testimonio con signos, prodigios y toda clase
de milagros, y con dones del Espíritu Santo distribuidos según su voluntad.

Cristo, hombre glorificado

Sal 8 5-7; 1 Cor 15 27; Flp 2 8-9

5 Porque no fue a los ángeles a quienes
sometió el mundo futuro del que hablamos.
6 Así lo ha testimoniado alguien en algún
lugar de la Escritura:

¿Qué es el hombre
para que te acuerdes de él,
el ser humano
para que te preocupes por él?
7 *Lo hiciste un poco inferior a los ángeles,*
lo coronaste de gloria y honor;
8 *todo lo sometiste bajo sus pies.*

Al someterle todas las cosas, no dejó
nada sin someter. Es cierto que ahora no
vemos que le estén sometidas todas las
cosas; 9 pero a aquel que fue hecho un
poco inferior a los ángeles, a Jesús, lo
vemos coronado de gloria y honor por
haber padecido la muerte. Así, por disposición divina, gustó él la muerte en beneficio
de todos.

Cristo, redentor sufriente

Heb 5 8-9; 10 10; Jn 20 17; *Sal 22 23; Is 8 17-18;*
2 Sm 22 3; Heb 3 1; 4 14-15

10 Porque era conveniente que Dios,
origen y meta de todas las cosas, queriendo conducir a la gloria a muchos hijos,
perfeccionara mediante los padecimientos a
quien iba a guiarlos a la salvación. 11 Porque, santificador y santificados, todos proceden de uno mismo. Por eso Jesús no se
avergüenza de llamarlos hermanos, 12 cuando dice:

Anunciaré tu nombre a mis hermanos,
en medio de la comunidad te alabaré.

13 Y en otro lugar:

Yo confiaré en él.

y también:

Aquí estoy, yo y los hijos
que Dios me ha dado.

14 Y, puesto que los hijos tenían en común la carne y la sangre, también Jesús las
compartió, para poder destruir con su muer-

• **2 1-9**: El autor saca las consecuencias prácticas de la exposición anterior: de ningún modo puede ser desatendida una enseñanza que nos ha sido propuesta por un *Salvador tan especial. En segundo lugar,* explica que la salvación aportada por Jesús es tanto más válida y eficaz, cuanto que la realiza en un plano de absoluta solidaridad con los hombres. Asumiendo con todas las consecuencias el dolor y la muerte de los hombres, los incorpora a su propia gloria y honor.

• **2 10-18**: Ante una disposición salvífica divina, a primera vista escandalosa, el autor tiene que preguntarse: ¿por qué el Hijo nos salva precisamente a través del sufrimiento y de la cruz? La respuesta no deja lugar a dudas: *era conveniente* (Heb 2 10), más aún, era necesario (Heb 2 17) que el Salvador fuera totalmente solidario con los salvados, compartiendo en todo los sufrimientos de los hombres sus hermanos. Las expresiones *digno de confianza* y *misericordioso*, aplicadas a Jesús, están intencionadamente colocadas al final de la primera parte del discurso, para anunciar los temas de la segunda.

te al que tenía poder para matar, es decir,
al diablo, 15 y librar a aquellos a quienes el
temor a la muerte tenía esclavizados de
por vida. 16 Porque ciertamente no ha venido en auxilio de los ángeles, sino en auxilio de la raza de Abrahán. 17 Por eso tenía
que ser hecho en todo semejante a sus hermanos para llegar a ser un sumo sacerdote
misericordioso y digno de confianza en
las cosas de Dios, capaz de obtener el perdón de los pecados del pueblo. 18 Precisamente porque él mismo fue sometido al
sufrimiento y a la prueba, puede socorrer
ahora a los que están bajo la prueba.

II. JESUS, DIGNO DE CONFIANZA Y MISERICORDIOSO Δ

Credibilidad de Moisés y de Jesús

Heb 2 17; 4 14; Nm 12 7

3 1 Por eso, hermanos, miembros del
pueblo de Dios y partícipes de una
vocación celestial, no pierdan de vista a
Jesús, apóstol y sumo sacerdote de la fe
que profesamos. 2 El es digno de confianza
ante Dios, que le confió tal misión, lo mismo que Moisés lo fue en todo lo referente
a la casa de Dios. 3 Porque Jesús merece
tener tanta mayor gloria que Moisés, cuanto el arquitecto de una casa supera en honor a la casa misma. 4 Pues toda casa tiene
siempre un constructor, pero Dios es el
constructor de todo. 5 Y Moisés fue digno
de confianza en toda su casa en calidad de
servidor encargado de transmitir un mensaje, 6 mientras que Cristo ha sido digno
de confianza como un hijo puesto al frente
de su casa. Y su casa somos nosotros,
siempre que mantengamos la libertad y la
esperanza en la cual nos gloriamos.

Exhortación a la fidelidad

Sal 95 7-11; Ex 17 17; Nm 14 22-23.29; 1 Cor 10 10

7 Por eso, como dice el Espíritu Santo:

Si escuchan hoy la voz de Dios,
8 *no endurezcan sus corazones*
como sucedió en el lugar de la rebelión
el día de la prueba en el desierto,
9 *cuando sus antepasados*
me pusieron a prueba
después de haber visto mis obras
10 *durante cuarenta años.*
Por eso me irrité
contra aquella generación y dije:
Su corazón anda siempre extraviado;
jamás han conocido mis caminos.
11 *Por eso, juré enojado:*
¡No entrarán en mi descanso!

12 Tengan cuidado, hermanos, que no se
encuentre en alguno de ustedes un corazón
malo e incrédulo que lo aleje del Dios vivo.
13 Al contrario, exhórtense mutuamente ca-

Δ 3 1-5 10: En la segunda parte del discurso el autor presenta a Jesús, en primer lugar, como sacerdote *digno de confianza,* que exige de los creyentes una decidida actitud de fe y de esperanza. En segundo lugar lo presenta como sacerdote *misericordioso*, cercano a los hombres, solidario con ellos. Precisamente porque Jesús es así, constituye para los hombres la mejor garantía de obtener la meta definitiva, de *entrar en el descanso de Dios.*

• **3 1-6**: Moisés era en la tradición judía el transmisor *más autorizado de la palabra de Dios.* Pues bien, Jesús está por encima de Moisés en credibilidad y en autoridad. En la *casa de Dios*, es decir, en el pueblo de Dios, Moisés no pasa de ser un miembro más, aunque muy importante, pero Jesús es el arquitecto y, en cuanto Hijo igual a Dios, es el constructor del pueblo.

Los conceptos de casa y pueblo nos orientan hacia una comprensión comunitaria de la fe y de la existencia cristiana. La salvación cristiana no es algo puramente individual. Acontece siempre en el marco de una comunidad de personas que se relacionan entre sí.

• **3 7-4 11**: Comienza aquí una larga exhortación que está encaminada a reavivar la fe y la esperanza, y que tiene como punto de partida una extensa cita del salmo 95. El salmo se refiere a los hebreos que salieron de Egipto y fueron conducidos por Moisés a través del desierto. Se les prometió un descanso, pero no fueron dignos de él a causa de su incredulidad (Heb 3 18-19). También hoy se anuncia un *descanso* para nosotros, el nuevo pueblo de Dios; pero también a nosotros, si somos incrédulos, se nos puede cerrar la entrada en el descanso de Dios. Se intuye aquí la grave situación vivida por los destinatarios de la exhortación. Son cristianos que están viviendo una tentación típica de creyentes de la segunda generación. Han pasado los entusiasmos del primer amor, de los tiempos inmediatos a la conversión y al bautismo y se vislumbra una amenaza de negligencia, de descuido, de indiferencia y de abandono. El desafío al que deben hacer frente estos cristianos de la segunda generación es radicalmente el mismo que afrontaron los de la primera: incredulidad o fe. Pero la amenaza de cansancio es mayor. Hay que permanecer en el esfuerzo para que no se frustre el descanso definitivo al que Dios nos invita por medio de un nuevo Josué-Jesús, el guía y el libertador perfecto.

da día, mientras dura este hoy, para que ninguno de ustedes se endurezca por la seducción del pecado. 14 Porque participamos de
la suerte de Cristo, siempre y cuando mantengamos firme hasta el final la confianza
del principio, 15 como se nos dice:

Si escuchan hoy su voz,
no endurezcan sus corazones
como sucedió en el lugar de la rebelión.

16 ¿Quiénes fueron, en efecto, los que,
después de oír su voz, se rebelaron? ¿No
fueron todos los que habían salido de Egipto guiados por Moisés? 17 Y ¿contra quiénes estuvo Dios enojado durante cuarenta
años? ¿No fue contra los que pecaron, cuyos cadáveres quedaron tendidos en el desierto? 18 Y ¿a quiénes juró que no entrarían
en su descanso, sino a los rebeldes? 19 Efectivamente, sabemos que no pudieron entrar
en el descanso debido a su incredulidad.

El descanso ofrecido por Dios

1 Cor 10 1-54; *Sal 95 11; Gn 2 2;* Sal 95 7-8;
Dt 31 7; Jos 22 4

4 1 Temamos, pues, no sea que, estando
aún en vigor la promesa de entrar en su
descanso, alguno de ustedes quede sin entrar. 2 Porque también nosotros hemos recibido la buena nueva como ellos, sólo que
a ellos el mensaje no les sirvió de nada,
porque no estaban unidos mediante la fe a
aquellos que lo escucharon. 3 Pero nosotros, si tenemos fe, podemos entrar en este
descanso del que ha dicho:

Por eso juré enojado:
¡No entrarán en mi descanso!

En realidad, sus trabajos terminaron
cuando dio fin a la creación del mundo,
4 porque en cierto pasaje se ha dicho acerca del día séptimo: *Y Dios descansó de
toda su obra el día séptimo.*
5 Pero volvamos a nuestro pasaje: *No
entrarán en mi descanso.* 6 Eso quiere decir que algunos sí entrarán en él. Y como
los primeros en recibir la buena nueva no
entraron a causa de su desobediencia, 7 Dios
señala un nuevo día, un nuevo *hoy,* diciendo mucho tiempo después, por medio de
David, estas palabras ya citadas:

Si escuchan hoy su voz,
no endurezcan sus corazones.

8 Si Josué les hubiera proporcionado el
descanso definitivo, David no hablaría de
un posterior día de descanso. 9 Hay, pues,
un descanso definitivo reservado al pueblo
de Dios. 10 Y el que entre en el descanso
de Dios, descansará también él de sus trabajos, como Dios descansa de los suyos.
11 Esforcémonos, por tanto, a entrar en este descanso, para que nadie caiga en aquella misma desobediencia.

Elogio de la palabra de Dios

Is 49 2; Jn 12 48; Ap 1 16; 19 15

12 Porque la palabra de Dios es viva,
eficaz y más cortante que una espada de
dos filos: penetra hasta la división del alma y del espíritu, hasta lo más profundo
del ser y discierne los pensamientos y las
intenciones del corazón. 13 Así que no hay
creatura que esté oculta a Dios. Todo está
al desnudo y al descubierto a los ojos de
aquél a quien hemos de rendir cuentas.
14 Y ya que tenemos en Jesús, el Hijo de
Dios, un sumo sacerdote eminente que ha
penetrado en los cielos, mantengámonos
firmes en la fe que profesamos.

Jesucristo, sacerdote misericordioso

Heb 2 17-18; 10 22-23; Jn 8 46

15 Pues no es él un sumo sacerdote incapaz de compadecerse de nuestras flaquezas,
sino que ha sido probado en todo como
nosotros excepto en el pecado. 16 Acerquémonos, pues, con plena confianza al trono
de la gracia, a fin de obtener misericordia y
encontrar la gracia de un socorro oportuno.

• **4 12-16**: El comentario al salmo 95 y la exhortación basada en él termina con un canto a la palabra de Dios, que es eficaz en el anuncio de la salvación, y al mismo tiempo es penetrante a la hora de discernir la actitud radical del corazón del hombre. Con este canto se cierra el elogio de Jesús en cuanto es más digno de confianza que Moisés, y se abre la consideración de Jesús como sacerdote misericordioso e inocente, que nos comprende y nos ayuda.

Jesús constituido sumo sacerdote

Lv 9 8; Ex 28 1.43; *Sal 2 7; 110 4;* Flp 2 8

5 1 Todo sumo sacerdote, en efecto, es
tomado de entre los hombres y puesto
al servicio de Dios en favor de los hombres,
a fin de ofrecer dones y sacrificios por los
pecados. 2 Está en grado de ser comprensi-
vo con los ignorantes y los extraviados, ya
que él también está lleno de flaquezas, 3 y
a causa de ellas debe ofrecer sacrificios
por los pecados propios, a la vez que por
los del pueblo. 4 Nadie puede recibir esta
dignidad, sino aquel a quien Dios llama,
como ocurrió en el caso de Aarón. 5 Así
también Cristo no se apropió la gloria de
ser sumo sacerdote, sino que se la confirió
Dios, quien le dijo:

Tú eres mi hijo,
yo te he engendrado hoy.

6 O como dice también en otro lugar:

Tú eres sacerdote para siempre
a la manera de Melquisedec.

7 El mismo Cristo, que en los días de
su vida mortal presentó oraciones y súplicas con grandes gritos y lágrimas al que
podía salvarlo de la muerte, fue escuchado
en atención a su actitud reverente; 8 y precisamente porque era Hijo, aprendió sufriendo a obedecer. 9 Llegado a la perfección se convirtió en causa de salvación
eterna para todos los que le obedecen, 10 y
ha sido proclamado por Dios sumo sacerdote a la manera de Melquisedec.

III. JESUCRISTO, SUMO SACERDOTE Δ

INTRODUCCION +

Exhortación a madurar como cristianos

1 Cor 3 1-3; 1 Pe 2 2; Heb 9 14

11 Sobre esto tendríamos mucho que
decir, pero es difícil de explicar, porque
ustedes se han hecho torpes para entender.
12 Después de tanto tiempo, ya deberían
ser maestros, pero tienen todavía necesidad de que alguien les enseñe lo más elemental del mensaje divino, pues resulta
que tienen más necesidad de leche que de
alimento sólido. 13 Y es que todo el que aún
se alimenta de leche, no tiene experiencia
de la doctrina de la justicia, ya que es todavía como un niño pequeño. 14 Ahora bien,
el alimento sólido es para los perfectos, los
que por la costumbre han aprendido a discernir entre el bien y el mal.

6 1 Por tanto, demos por sabida la doctrina elemental sobre Cristo, y ocupémo-
nos de lo que es propio de los perfectos. No
vamos a insistir de nuevo en las verdades
fundamentales, a saber: la conversión de

• **5 1-10**: Todo este párrafo, que cierra la segunda parte del escrito, pretende fundamentar la exhortación de Heb 4 16: *acerquémonos, pues, con plena confianza al trono de la gracia.* Para conseguirlo subraya la misericordia de Jesucristo-sacerdote, por comparación y contraste con los antiguos sacerdotes: es uno de nosotros, que puede compadecerse de nuestras debilidades, porque él también ha sido sometido a la prueba y al sufrimiento. A partir de aquí, el autor afronta el misterio del Jesús histórico, que, precisamente a través del sufrimiento, aprendió la entrega total de sí mismo a Dios, llegando a la perfección suprema. Las vivas expresiones de Heb 5 9-10 resumen el contenido de la segunda parte y anuncian las tres secciones de la tercera, que es la central: sacerdote según el modelo de Melquisedec (Heb 7 1-28); llevado a su plenitud (Heb 8 1-9 21); causa de salvación eterna (Heb 10 1-18).

Δ 5 11-10 39: En esta tercera parte, que es la central del discurso, el autor explica cuáles son los aspectos específicos del sacerdote que tenemos. Lo hace poniendo de relieve las diferencias de Jesús, sacerdote de la nueva alianza, con el sacerdocio de la antigua. El sacerdocio de Jesús es superior al de Melquisedec, es un sacerdocio perfecto, y es fuente de salvación eterna. Tres aspectos distribuidos en tres secciones distintas con una amplia exhortación al comienzo (Heb 5 11-6 20) y otra al final (Heb 10 10-39).

+ 5 11-6 20: El centro del discurso, que tiene como tema el sacerdocio de Cristo, es preparado por una exhortación en la que se alude a diferentes aspectos de la vida cristiana. El objetivo del predicador es animar a sus oyentes a que vivan intensamente como cristianos.

• **5 11-6 3**: Antes de desarrollar el tema central de su homilía, el predicador se queja de la poca capacidad de comprensión de sus fieles. A pesar del tiempo transcurrido desde que recibieron el mensaje, todavía no han pasado de una comprensión elemental de la fe. Este reproche es frecuente en el resto de la literatura cristiana (véase 2 Cor 2 6.14-16) y tal vez sea más un estímulo que la descripción de una situación real. En todo caso, les recuerda los puntos fundamentales de la fe cristiana y se propone dar un paso adelante instruyéndolos en aspectos más profundos de esa fe.

los pecados y la fe en Dios, 2 la instrucción
bautismal, la imposición de las manos, la
resurrección de los muertos y el juicio eterno. 3 Así lo haremos con la ayuda de Dios.

Manténganse fieles

Heb 10 26.32-34a; 1 Jn 5 16; Mt 12 31;
Gn 3 17-18; Heb 11

4 Porque los que fueron una vez iluminados, los que saborearon el don celestial,
los que participaron del Espíritu Santo,
5 los que saborearon la excelencia de la
palabra de Dios y las maravillas del mundo futuro, 6 si han caído, es imposible que
se renueven otra vez por la conversión,
siendo así que crucifican de nuevo al Hijo
de Dios y lo entregan a pública ignominia.
7 En efecto, cuando la lluvia riega abundantemente la tierra, ésta produce fruto
provechoso para quienes la cultivan, y así
recibe la bendición de Dios; 8 pero si no
produce más que espinos y maleza, es
rechazada y maldecida, y acabará siendo
quemada.
9 Sin embargo, de ustedes, hermanos
queridos, tenemos una opinión mejor y más
favorable en lo referente a su salvación,
aunque hablemos de este modo. 10 Porque
no es Dios injusto para olvidar las obras y
el amor que ustedes han mostrado a su
nombre, a través de los servicios que prestaron y que aún prestan a los creyentes.
11 Sólo deseamos que cada uno de ustedes
dé hasta el final muestras del mismo entusiasmo en orden a la plena realización de su
esperanza, 12 de modo que, en lugar de
descuidarse, sigan el ejemplo de aquellos
que, por su fe y su perseverancia, son ya
herederos de las promesas divinas.

La promesa de Dios realizada en Jesús

Gn 22 16-17; Rom 4 20; Nm 23 19; 1 Sm 15 29;
Lv 16 2.12; Sal 110 4

13 Así, cuando Dios hizo la promesa a
Abrahán, no teniendo otro mayor por quien
jurar, *juró por sí mismo,* 14 diciendo: *Te
colmaré de bendiciones y haré innumerable tu descendencia.* 15 Y así, gracias a su
firme esperanza, obtuvo Abrahán la realización de la promesa.
16 Los hombres juran por alguien que es
mayor que ellos, y el juramento es una garantía que pone fin a toda discusión. 17 Por
eso también Dios, queriendo mostrar más
solemnemente a los herederos de la promesa que su resolución no cambiaría, hizo
un juramento, 18 para que, apoyados en
esas dos garantías inmutables según las
cuales es imposible que Dios engañe, nos
veamos firmemente impulsados a adherir-
nos a la esperanza que se nos propone;
19 esperanza a la que nos aferramos como
ancla segura y firme para nuestra vida, y
que penetra hasta el interior del santuario,
20 adonde ya ha entrado Jesús como precursor nuestro, en calidad de sumo sacerdote para siempre a la manera de Melquisedec.

1. Cristo, sacerdote a la manera de Melquisedec ◊

Melquisedec y el sacerdocio levítico

Gn 14 17-20; Nm 18 21

7 1 Este *Melquisedec, rey de Salén y
sacerdote del Dios altísimo, salió al
encuentro de Abrahán cuando éste regresaba de vencer a los reyes y lo bendijo.*

• **6 4-12**: El primer párrafo de este pasaje adopta a primera vista un tono muy duro y su sentido exacto no es claro (véase también Heb 10 26-31 y 12 15-17). Una interpretación rigorista que deduzca de él la imposibilidad de readmitir en la Iglesia a los pecadores, parece rebasar el pensamiento del autor. Hay que tener muy en cuenta el género literario de tales expresiones, siempre en contexto de exhortación. Son palabras de un pastor preocupado que, para apartar a los suyos del pecado, subraya la gran *dificultad de la conversión. De hecho,* los exhorta a la conversión, lo que supone la posibilidad de cambiar de conducta (Heb 3 12-13; 4 11; 10 24-25; 12 1-3.18-24). Pero la indudable dificultad de recuperar la situación primera da pie al predicador para formular el objetivo, ardientemente deseado, de su homilía: que superen la indolencia y crezcan en la fe y la esperanza perseverando hasta el final.

• **6 13-20**: La esperanza cristiana no es una esperanza a la deriva, sin saber quién la sostiene ni a dónde nos conduce. Lo que le da valor es la palabra y el juramento de Dios. Imposible encontrar mayor garantía. Pero aún tenemos otra firmísima garantía: el hecho que Jesús ha entrado ya en el santuario. Si ha entrado la cabeza, entrarán también los miembros.

◊ **7 1-28**: Primera sección de la tercera parte de la homilía. El tema es la constitución de Jesucristo como sacerdote de la nueva y definitiva alianza mediante una proclamación solemne. Un sacerdote distinto y superior, como es fácil demostrar recurriendo a la Escritura.

2 *Abrahán,* por su parte, le dio *el diezmo de todo.*

Melquisedec cuyo nombre significa en primer lugar rey de justicia y luego *rey de Salén,* es decir rey de paz, 3 se presenta sin padre, ni madre, ni antepasados; no se conoce el comienzo ni el fin de su vida, y así, a semejanza del Hijo de Dios, es sacerdote para siempre. 4 Consideren, pues, la grandeza de aquel a quien el patriarca Abrahán dio el diezmo del botín.

5 También los descendientes de Leví que reciben el sacerdocio tienen, según la ley, el derecho de exigir el diezmo de los bienes del pueblo, es decir, de sus hermanos, aunque éstos sean también de la descendencia de Abrahán. 6 Pero Melquisedec, que no pertenecía al mismo pueblo, recibió el diezmo de los bienes de Abrahán y bendijo al que Dios había hecho depositario de sus promesas. 7 Ahora bien, no hay duda alguna de que es el superior quien bendice al inferior. 8 Además, los descendientes de Leví que reciben ese diezmo son hombres mortales, mientras que de Melquisedec se atestigua que vive. 9 El mismo Leví, que percibe ese diezmo, lo pagó a Melquisedec, por decirlo así, en la persona de Abrahán, 10 pues Leví estaba ya presente en las entrañas de su antepasado Abrahán cuando Melquisedec salió al encuentro de éste.

Ineficacia del sacerdocio antiguo

Gn 49 10; Is 11 1; *Sal 110 4;* Heb 8 6; 9 9

11 Pues bien, si la perfección se lograra a través del sacerdocio levítico, bajo el cual recibió el pueblo la ley, ¿qué necesidad había de hacer surgir otro sacerdote a la manera de Melquisedec, teniendo ya uno a la manera de Aarón? 12 Porque el cambio de sacerdocio lleva consigo necesariamente el cambio de la ley. 13 En efecto, Jesús de quien se dice esto, pertenecía a una tribu que jamás estuvo al servicio del altar, 14 pues, como se sabe, nuestro Señor salió de la tribu de Judá, de la que Moisés no dijo nada a propósito del sacerdocio. 15 Esto es aún más evidente, si surge otro sacerdote que, a semejanza de Melquisedec, 16 no lo es en virtud de un sistema de leyes terrenas, sino por la fuerza de una vida indestructible, 17 pues así está testificado:

Tú eres sacerdote para siempre
a la manera de Melquisedec.

18 Con esto queda abolido el sistema anterior, a causa de su impotencia y debilidad, 19 porque la ley no ha llevado nada a la perfección; únicamente es la puerta de una esperanza mejor, por la que nos acercamos a Dios.

Eficacia del nuevo sacerdote

Sal 110 4; Heb 8 6-12; Rom 8 34; Heb 5 1-3; Lv 16 6.15

20 Además, nada de esto se ha hecho sin juramento. Pues mientras los descendientes de Leví llegaron a ser sacerdotes sin mediar ningún juramento, 21 en el caso de Jesús ha mediado el juramento de quien le dijo:

El Señor lo ha jurado
y no se arrepentirá:
Tú eres sacerdote para siempre.

22 Por eso Jesús es quien garantiza una alianza superior.

23 Por otra parte, mientras que los otros sacerdotes fueron muchos, porque la muerte les impedía perdurar, 24 éste, en cambio, como permanece para siempre, posee un sacerdocio que no pasará. 25 Y por eso también puede perpetuamente salvar a los que

• **7 1-10**: La misteriosa figura de Melquisedec, que es presentado como sacerdote en dos breves pasajes de la Escritura (Gn 14 18-20; Sal 110 4), sirve al autor para describir el sacerdocio de Cristo, que es distinto al sacerdocio levítico representado por Aarón. No es un sacerdocio de origen humano y sujeto a la muerte, sino un sacerdocio de origen divino que no terminará jamás, como corresponde al Hijo eterno de Dios.

• **7 11-28**: Utilizando el salmo 110 el autor subraya la excelencia del sacerdocio de Jesús, que es eterno y está garantizado por el juramento de Dios. Precisamente por eso su eficacia es absoluta, mientras que el sacerdocio del Antiguo Testamento participaba de la impotencia, debilidad e incapacidad salvífica de la ley.

La sección concluye con una exclamación entusiasta: *Tal es, en efecto, el sumo sacerdote que nos hacía falta* (Heb 7 26), a la que acompaña un resumen de las características ideales del sacerdote de la nueva alianza, que sólo Jesús puede reunir.

En la frase final (Heb 7 28) se anuncia el tema de la siguiente sección.

por medio de él se acercan a Dios, ya que
está siempre vivo para interceder por ellos.
26 Tal es, en efecto, el sumo sacerdote
que nos hacía falta: santo, inocente, sin
mancha, separado de los pecadores y elevado por encima de los cielos. 27 El no tiene
necesidad, como los sumos sacerdotes, de
ofrecer cada día sacrificios por sus propios
pecados antes de ofrecerlos por los del
pueblo, porque esto lo hizo de una vez para
siempre ofreciéndose a sí mismo. 28 Y es
que la ley constituye sumos sacerdotes a
hombres frágiles, pero la palabra del juramento, que es posterior a la ley, constituye
sumo sacerdote al Hijo, a quien Dios hizo
perfecto para siempre.

2. Cristo, sacerdote perfecto por su sacrificio ◊

Imperfección del culto antiguo

Mt 22 44; *Ex 25 40;* Heb 9 11.23-24

8 1 Esto es lo más importante de lo que
estamos diciendo: que tenemos un sumo sacerdote que se sentó en los cielos a la
derecha del trono de Dios, 2 como ministro
del santuario y de la verdadera tienda de la
presencia levantada por el Señor, y no por
un hombre.
3 Porque todo sumo sacerdote es constituido para ofrecer dones y sacrificios; por
eso era necesario que también Jesús tuviera algo que ofrecer. 4 Pero si Jesús continuara sobre la tierra, no sería ni siquiera
sacerdote, porque ya existen sacerdotes
que ofrecen los dones según la ley. 5 Estos
sacerdotes celebran un culto que es sólo
una imagen, una sombra de las realidades
celestes, según la advertencia divina hecha
a Moisés cuando se disponía a construir la
tienda de la presencia: *Mira* –le dijo– *hazlo*
todo conforme al modelo que se te mostró
en la montaña. 6 Pero ahora, Jesús ha recibido un ministerio tanto más elevado cuanto que es mediador de una alianza superior
y fundada en promesas mejores.

Imperfección de la antigua alianza

Jr 31 31-34; Ex 19 5-6; Heb 10 16-18

7 En efecto, si la primera alianza hubiera sido perfecta, no habría sido necesario
buscar una segunda. 8 Pero es un reproche
el que Dios les hace cuando dice:

Vienen días, dice el Señor,
en que yo haré
con el pueblo de Israel y de Judá
una alianza nueva;
9 *no como la alianza que hice*
con sus antepasados
cuando los tomé de la mano
para sacarlos de Egipto.
Ellos no fueron fieles a mi alianza,
y por eso los rechacé, dice el Señor.
10 *Pero ésta es la alianza*
que yo haré con el pueblo de Israel,
después de aquellos días, dice el Señor:
Pondré mis leyes en su mente
y las escribiré en su corazón;
yo seré su Dios y ellos serán mi pueblo.
11 *Nadie tendrá ya que instruir a su vecino*
ni a su hermano diciendo:
«Conoce al Señor»,
porque todos me conocerán,
desde el menor hasta el mayor.
12 *Pues yo perdonaré su maldad*
y no me acordaré más de sus pecados.

13 Al decir *alianza nueva,* Dios ha declarado vieja a la primera; ahora bien, lo
que se vuelve viejo y anticuado está a punto de desaparecer.

◊ **8 1-9 28**: Segunda sección de la parte central. El mismo autor señala expresamente la centralidad del pasaje (Heb 8 1). Es una sección cuidadosamente estructurada de manera concéntrica en la que de forma gradual y progresiva se trata de demostrar que el sacerdocio de Jesucristo es el sacerdocio perfecto.

El desarrollo de la exposición se hace por contraste entre Jesucristo y las instituciones cultuales del Antiguo Testamento.

• **8 1-13**: Tanto el culto como la alianza del Antiguo Testamento se mueven a un nivel meramente terreno. No llegan al cielo, no procuran el verdadero acceso a Dios, no establecen una auténtica comunión con Dios. Afectan únicamente al exterior del hombre. No lo transforman interiormente, no lo hacen fiel desde el corazón eliminando la raíz de su inconsistencia e infidelidad que es el pecado. Por eso se hacen totalmente necesarios un nuevo culto y una nueva alianza. El conocido pasaje de Jr 31 31-34 confirma de manera indiscutible esta necesidad.

Ineficacia de los sacrificios antiguos

Ex 25 10-40; 26 31-34; Nm 17 16-26; 18 2-6; Lv 16 2-9.14s; 1 Cor 10 6.11; Col 2 16-17

9 1 La primera alianza tenía también sus reglas cultuales y su santuario terrestre. 2 En efecto, en primer lugar se levantaba la parte de la tienda, llamada «el lugar santo» en la que se encontraban el candelabro, la mesa y los panes de la ofrenda. 3 Detrás del segundo velo estaba la parte de la tienda llamada «el lugar santísimo», 4 con un altar de oro para el incienso y con el arca de la alianza totalmente recubierta de oro. En ésta se guardaba una urna de oro que contenía el maná, la vara de Aarón que había florecido y las tablas de la alianza. 5 Encima del arca, estaban los querubines de la gloria que cubrían con su sombra la cubierta de oro llamada propiciatorio. Pero de todo esto no hay por qué hablar ahora con detalle.

6 Dispuestas así las cosas, en la primera parte de la tienda entran en todo tiempo los sacerdotes para celebrar el culto. 7 Pero en la segunda parte no entra más que el sumo sacerdote, una vez al año, llevando siempre sangre que ofrece por sus pecados y por los pecados involuntarios del pueblo. 8 El Espíritu Santo daba a entender así que el camino del santuario no había sido aún manifestado mientras subsistiera la antigua tienda; 9 ésta, en efecto, era una imagen de lo que sucede ahora por cuanto en ella se ofrecen dones y sacrificios que tampoco pueden hacer perfecto interiormente al que los ofrece, 10 ya que esos alimentos, bebidas y purificaciones diversas, no son más que prescripciones humanas válidas sólo hasta el momento señalado para instaurar el nuevo orden de cosas.

El sacrificio perfecto de Cristo

Lv 16 14-16; Nm 19 9.17; 1 Pe 1 18-19; 1 Jn 1 7

11 Cristo, en cambio, ha venido como sumo sacerdote de los bienes definitivos. Por medio de una tienda más grande y más perfecta, no hecha por hombres –es decir, no es de este mundo–, 12 mediante su propia sangre y no por medio de la sangre de chivos y de toros, Cristo entró de una vez para siempre en el santuario habiendo conseguido una redención eterna. 13 Porque, si la sangre de chivos y toros y las cenizas de una ternera con las que se rocía a las personas en estado de impureza, tienen poder para restaurar la pureza exterior, 14 ¡cuánto más la sangre de Cristo, que por el Espíritu eterno se ofreció a sí mismo a Dios como víctima perfecta, purificará nuestra conciencia de las obras que conducen a la muerte para que podamos dar culto al Dios vivo!

La nueva alianza

Heb 8 8-12; Ex 24 3-8; Lv 5 11-13; 17 11; Mt 26 28

15 Por esto, Cristo es el mediador de la nueva alianza, pues él ha borrado con su muerte las transgresiones de la antigua alianza, para que los elegidos reciban la herencia eterna que se les había prometido.

• **9 1-10**: Los ritos de la antigua alianza no facilitaban el camino hasta Dios. Sólo el sumo sacerdote, y sólo una vez al año, podía acceder a la presencia de Dios en el lugar santísimo. El sistema de separaciones del antiguo santuario venía a ser una demostración simbólica de que el camino hacia el auténtico santuario no había sido aún manifestado. Será Cristo quien lo descubra, estableciendo un orden nuevo y eficaz.

• **9 11-14**: *Centro literario y doctrinal* de la obra. Cristo se ha entregado él mismo a Dios. Este es el sentido último del sacrificio que vivió durante toda su vida, ya desde su *entrada en este mundo* (Heb 10 5-10). Entregándose con toda fidelidad a Dios, se ha presentado ante él (Heb 9 11-12) y ha conseguido la verdadera purificación de los hombres (Heb 9 13-14). La autodonación sacrificial de Jesús realiza de manera plena la doble función simbólica de la sangre en el culto antiguo: la entrada en la tienda de la presencia (Heb 4 7) y la purificación (Heb 9 18-22). Que este culto antiguo tenía una eficacia limitada (Heb 10 1-4), lo pone de manifiesto el hecho de que sólo Cristo ha podido dar cumplimiento definitivo a sus funciones.

• **9 15-28**: La nueva alianza, lo mismo que la antigua, se ratifica y consolida mediante el sacrificio. Lo que sucede es que en la nueva alianza no se trata de un sacrificio ritual, repetido una y otra vez, en el que el oferente y la víctima son distintos. Ahora se trata de un sacrificio existencial, en el que oferente y víctima son una misma cosa. Como en todo auténtico sacrificio, también en el de Cristo, con el que se inaugura la nueva alianza (véase Mt 26 28), hay derramamiento de sangre; también aquí la muerte de la víctima ratifica definitivamente la alianza, como sucede con las disposiciones testamentarias, que sólo a partir de la muerte del testador adquieren validez.

Sin embargo, el sacrificio de Cristo desborda en validez y eficacia a todos los sacrificios del Antiguo Testamento. Es único y definitivo; la condición pecadora del hombre ha sido destruida de una vez por todas; el camino hasta el trono mismo de Dios ha quedado abierto para siempre; los hombres pueden esperar alegres la salvación, porque son los depositarios de *una esperanza mejor* (Heb 7 19).

16 Porque para que un testamento tenga efecto, es necesario que se produzca la muerte de quien lo hizo, 17 ya que el testamento sólo entra en vigor en caso de muerte, pero permanece inválido mientras vive quien lo hizo. 18 Por eso mismo tampoco la primera alianza fue inaugurada sin derramamiento de sangre. 19 Moisés, en efecto, después de proclamar todos los mandamientos de la ley ante el pueblo, tomó la sangre de los toros y de los chivos, la mezcló con agua y, valiéndose de un poco de lana roja y de una rama de hisopo, roció no sólo el libro de la ley sino también a todo el pueblo, 20 al tiempo que decía: «Esta es la sangre de la alianza que Dios hace con ustedes». 21 Del mismo modo roció con la sangre la tienda de la presencia y todos los utensilios del culto. 22 Y es que, según la ley, casi todo debe ser purificado por la sangre, ya que sin derramamiento de sangre no hay perdón.

El sacrificio de la nueva alianza

1 Jn 2 1; Gal 4 4; Is 53 12; 1 Pe 2 24

23 Tales ritos eran necesarios para purificar lo que sólo era una representación de las realidades celestiales; pero las mismas realidades celestiales necesitaban sacrificios más valiosos que éstos. 24 Por eso Cristo no entró en un santuario construido por hombres –que no pasa de ser simple imagen del verdadero–, sino en el mismo cielo, a fin de presentarse ahora ante Dios para interceder por nosotros. 25 Tampoco tuvo que ofrecerse a sí mismo muchas veces, como el sumo sacerdote, que entra en el santuario una vez al año con sangre ajena. 26 De lo contrario, debería haber padecido muchas veces desde la creación del mundo, siendo así que le bastó con manifestarse una sola vez, en este tiempo final, para destruir el pecado con su sacrificio. 27 Y así como está decretado que los hombres mueran una sola vez, después de lo cual vendrá el juicio, 28 así también Cristo se ofreció una sola vez para tomar sobre sí los pecados de la multitud, y por segunda vez aparecerá, ya sin relación con el pecado, para dar la salvación a los que lo esperan.

3. Cristo, causa de salvación eterna ◊

Superioridad del sacrificio de Cristo

Is 1 11-13; Col 2 17; *Sal 40 7-9;* Mt 6 10; Jn 6 38; Heb 9 6-8

10 1 La ley no es más que una sombra de los bienes futuros, y no la realidad misma de las cosas. Por eso, no puede hacer perfectos a través de estos mismos sacrificios a quienes cada año se acercan a ofrecerlos. 2 De lo contrario, ¿no se habrían dejado de ofrecer, ya que quienes los ofrecen, una vez purificados, ya no tendrían conciencia alguna de pecado? 3 Sin embargo, estos sacrificios renuevan cada año el recuerdo de los pecados, 4 porque es imposible que la sangre de los toros y de los chivos quite los pecados. 5 Por eso, al entrar en este mundo, dice Cristo:

No has querido sacrificio ni ofrenda,
pero me has formado un cuerpo;
6 *no has aceptado holocaustos*
ni sacrificios por el pecado.
7 *Entonces yo dije:*
Aquí vengo, oh Dios,
para hacer tu voluntad.
Así está escrito de mí
en un capítulo del libro.

8 En primer lugar dice: *No has querido ni has aceptado los sacrificios, ofrendas, holocaustos ni víctimas por el pecado,* que se ofrecen según la ley. 9 Después añade: *Aquí vengo para hacer tu voluntad.* De este modo anula la primera disposición y establece la segunda. 10 Por haber cumplido

◊ **10 1-18**: Ultima sección de la tercera parte que es, como sabemos, la central. El tema es la eficacia del sacrificio de Cristo. El autor utiliza el procedimiento ya conocido de citar la Escritura y exponer el contraste entre las instituciones del Antiguo Testamento y la obra de Cristo, subrayando la novedad y superioridad de su sacrificio el cual ha anulado los antiguos sacrificios y se ha convertido en causa de salvación para los que creen.

• **10 1-10**: La misma ley que mandaba repetir los sacrificios estaba dando testimonio de su ineficacia pues nunca se repite lo que es eficaz. Además, lo que es exterior al hombre no sirve para purificar el corazón del hombre, es decir, su interior, su conciencia, que es lo que verdaderamente tiene que ser purificado. Cristo, en cambio, purifica interiormente porque se ofrece a sí mismo, entrega su propia existencia, su misma vida.

la voluntad de Dios, y gracias a la ofrenda
que Jesucristo ha hecho de su cuerpo una
vez para siempre, nosotros hemos quedado
consagrados a Dios.

El nuevo sacerdote y la nueva alianza

Sal 110 1; Mt 22 44; Jn 17 19; *Jr 31 33-34*

11 Cualquier otro sacerdote se presenta
cada día para celebrar el culto y ofrecer
continuamente los mismos sacrificios que
nunca pueden quitar los pecados. 12 Cristo,
por el contrario, no ofreció más que un sacrificio por el pecado, y se sentó para siempre a la derecha de Dios. 13 Unicamente
espera que Dios ponga a sus enemigos como estrado de sus pies. 14 Con esta única
ofrenda ha hecho perfectos de una vez para
siempre a quienes han sido consagrados a
Dios. 15 Es lo que también nos atestigua el
Espíritu Santo, pues después de haber dicho:

16 *Esta es la alianza que yo haré con ellos*
después de aquellos días, dice el Señor:
pondré mis leyes en sus corazones
y las escribiré en sus mentes.

Añade:

17 *Y no me acordaré más de sus pecados*
ni de sus iniquidades.

18 Ahora bien, cuando los pecados han
sido perdonados, ya no hay necesidad de
ofrenda por el pecado.

CONCLUSION +

Exhortación a la perseverancia

Heb 9 12.14; Ez 36 25; Ef 5 26; 1 Cor 10 13

19 Así pues, hermanos, ya que tenemos
libre entrada en el santuario gracias a la sangre de Jesús, 20 el cual inauguró para nosotros un camino nuevo y vivo a través del
velo, es decir, de su cuerpo, 21 y ya que
tenemos un gran sacerdote en la casa de
Dios, 22 acerquémonos con corazón sincero, con plena confianza, purificado el corazón de todo mal de que tuviéramos conciencia, y lavado el cuerpo con agua pura.
23 Mantengámonos firmes en la esperanza
que profesamos, pues quien nos ha hecho
la promesa es digno de confianza. 24 Procu-
remos animarnos unos a otros para poner
en práctica el amor y las buenas obras; 25 no
abandonemos nuestras reuniones, como
algunos tienen por costumbre, sino forta-
lezcámonos mutuamente, tanto más cuanto
que ya ven que el día se acerca.

El castigo por negar la fe

Is 26 11; Dt 17 6; 19 15; Mt 26 28;
1 Cor 11 27; *Dt 32 35-36*

26 Porque, si pecamos voluntariamente
después de haber recibido el pleno conocimiento de la verdad, ya no hay más sacrificio por nuestros pecados, 27 sino sólo la terrible espera del juicio y el fuego ardiente
que consumirá a los rebeldes. 28 Si el que

• **10 11-18**: En este pasaje se alude al Salmo 110 para dejar claro que Cristo está ya junto al Padre y no va a repetir su sacrificio; se alude también al profeta Jeremías para reafirmar la eficacia definitiva de ese único sacrificio. Es un pasaje que ha suscitado polémica entre católicos y protestantes. Mientras los protestantes se apoyan en él para negar que la celebración de la Eucaristía tenga carácter sacrificial, los católicos respondemos que la Eucaristía no constituye un sacrificio distinto del de la cruz, sino que es un *sacramento* –es decir, un signo eficaz de gracia– que hace presente de nuevo ese único sacrificio de la cruz.

+ 10 19-39: Esta exhortación con la que el autor culmina la parte central de su homilía es paralela a la que abría la tercera parte de su discurso (véase Heb 5 11-6 20). En ella se indican las consecuencias que tiene para la existencia cristiana la situación creada por el sacrificio perfecto y perfeccionador de Cristo.

• **10 19-25**: El comienzo del párrafo (Heb 10 19) resume la explicación sobre el sacrificio salvador de Jesucristo. La invitación: *acerquémonos con plena confianza* (Heb 10 22) es el núcleo de la exhortación (véase Heb 4 16). Nuestra purificación y nuestra entrada *en el santuario gracias a la sangre de Jesús* consisten, como la suya, en nuestra entrega personal y viva a Dios, y ésta se realiza por la fe, la esperanza, el amor y las buenas obras (Heb 10 22-24).

• **10 26-31**: No hay más que un camino para entrar en la vida: la sangre de Cristo. Es decir, la propia entrega a Dios en él, realizada por la fe y el amor día tras día. Quien abandona este camino, rechazando así la única sangre salvadora ofrecida por Dios, se pierde. El autor subraya con mucho énfasis el castigo que esto merece (véase Heb 2 1-4; 6 7-8; 12 25), porque es al mismo tiempo perdición del hombre y ofensa a Dios. En el último horizonte de su gravedad, perdición y castigo vienen a ser una misma cosa.

quebranta la ley de Moisés es condenado a
muerte sin compasión por la declaración
de dos o tres testigos, 29 ¿no merecerá un
castigo mucho mayor el que pisotee al Hijo
de Dios, el que profane la sangre de la alianza con la que fue consagrado, el que ofenda al Espíritu de la gracia? 30 Pues conocemos al que dijo:

Mía es la venganza;
yo daré a cada uno según su merecido.

Y también:

El Señor juzgará a su pueblo.

31 ¡Es terrible caer en manos del Dios
vivo!

Lecciones del pasado

Heb 6 4.10; *Is 26 20 (LXX); Hab 2 3-4;* Rom 1 17

32 Recuerden aquellos primeros tiempos
en los que, después de haber sido iluminados, soportaron un combate tan grande y
doloroso. 33 Algunos fueron públicamente
injuriados y tuvieron que sufrir tormentos;
otros se hicieron solidarios con los que tales cosas soportaban. 34 Tuvieron, en efecto, compasión de los encarcelados, soportaron con alegría que los despojaran de sus
bienes, sabiendo que tenían riquezas mejores y más duraderas. 35 No pierdan, pues,
esta confianza, que les proporcionará una
gran recompensa. 36 Pues tienen necesidad
de perseverar, para que, cumpliendo la voluntad de Dios, obtengan la promesa.

37 Porque,

dentro de muy poco tiempo,
el que tiene que venir vendrá sin retraso;
38 *y mi justo vivirá por la fe;*
pero, si retrocede cobardemente,
ya no me agradará.

39 Pero nosotros no somos de los que
retroceden cobardemente y terminan su-
cumbiendo, sino de aquellos que buscan
salvarse por medio de la fe.

IV. LA FE Y LA CONSTANCIA Δ

La fe de Abel, Enoc y Noé

2 Cor 5 7; Gn 1 1ss; 4 4-10; 5 24;
Eclo 44 16; Gn 6 8-9.12-22

11 1 La fe es el fundamento de lo que se
espera y la prueba de lo que no se ve.
2 Por ella obtuvieron nuestros antepasados
la aprobación de Dios. 3 La fe es la que
nos hace comprender que el mundo ha sido formado por la palabra de Dios, de modo que lo visible proviene de lo invisible.
4 Por la fe ofreció Abel a Dios un sacrificio más perfecto que el de Caín; ella lo
acreditó como justo, atestiguando Dios
mismo en favor de sus dones, y por ella,
aun estando muerto, habla todavía.
5 Por la fe fue Enoc arrebatado de la tierra sin pasar por la muerte, *y nadie lo encontró, porque fue arrebatado por Dios.*
Antes de que fuera arrebatado, en efecto, se
dice que *había agradado a Dios.* 6 Ahora
bien, sin fe es imposible agradar a Dios,

• **10 32-39**: Este último párrafo de la exhortación que cierra la parte central de la homilía, está orientado para animar, ahora en un tono amable, la fe de los destinatarios. No se puede malgastar por cansancio o negligencia todo un capital acumulado en la anterior existencia cristiana. Hay que mantenerse constantes en la fe. Fe y constancia son dos actitudes especialmente necesarias para cristianos de la segunda generación. Sobre ellas va a ocuparse más detenidamente el autor en la parte siguiente.

Δ 11 1-12 13: En esta cuarta parte de su homilía el autor desarrolla en dos secciones bien delimitadas los temas anunciados al final de la tercera parte. La primera, sobre la fe (Heb 11 1-40), adopta un tono expositivo: a partir del testimonio y la experiencia de insignes personajes del Antiguo Testamento, el autor de Hebreos va describiendo la riqueza y la fuerza de la fe. La segunda sección, sobre la constancia (Heb 12 1-13), tiene un carácter exhortativo: es necesario aceptar con paciencia los sufrimientos de la vida cristiana entendiéndolos como pruebas con las que Dios, magnífico maestro, nos corrige y nos instruye.

• **11 1-7**: Comienza esta sección dedicada a la fe, con una especial definición de la misma que tiene un carácter impersonal y la pone en estrecha relación con la esperanza. Otros lugares del Nuevo Testamento, especialmente san Pablo, hablan de la fe como una relación personal con Dios y completan por tanto esta visión de Hebreos. Santiago, por su parte, subraya la insuficiencia de una fe meramente conceptual (Sant 2 14-24). El autor de Hebreos subraya el contraste de la fe que no tiene y sin embargo posee, que no ve y sin embargo conoce, que sirve para *salvar* y para *poner en evidencia*, es decir para condenar (Heb 11 7).

porque para acercarse a él es necesario
creer que existe y que siempre recompensa
a los que lo buscan.
7 Por la fe Noé, advertido de cosas que
aún no veía, construyó obedientemente un
arca para salvar a su familia; por la fe condenó al mundo, y llegó a ser heredero de la
justicia que sólo por ella se consigue.

Abrahán y los patriarcas

Gn 12 1-4; 23 4; 26 3; 21 10-20; 15 5-6; 22 17;
21 12; 48 15-16; *47 31*

8 Por la fe Abrahán, obediente a la llamada divina, salió hacia una tierra que iba
a recibir en posesión, y salió sin saber a
dónde iba. 9 Por la fe vivió como extranjero en la tierra que se le había prometido,
habitando en tiendas. Y lo mismo hicieron
Isaac y Jacob, herederos como él de la
misma promesa. 10 Vivió así porque esperaba una ciudad de sólidos cimientos, cuyo
arquitecto y constructor es Dios.
11 Por la fe, a pesar de que Sara era
estéril y de que él mismo ya no tenía la
edad apropiada, recibió fuerza para fundar
una descendencia, porque confió en quien
se lo había prometido. 12 Por eso, de un
solo hombre, sin vigor ya para engendrar,
salió una descendencia numerosa como las
estrellas del cielo e incontable como la
arena de la orilla del mar.
13 Todos estos murieron sin haber conseguido la realización de las promesas,
pero a la luz de la fe las vieron y saludaron
de lejos, confesando que eran extranjeros y
peregrinos sobre la tierra. 14 Los que así
hablan ponen de manifiesto que buscan
una patria. 15 Indudablemente, si la patria
que añoraban era aquella de donde habían
salido, oportunidad tenían de regresar a
ella. 16 Pero a lo que aspiraban era a una
patria mejor, la del cielo. Por eso Dios no
se avergüenza de que le llamen su Dios,
porque les preparó una ciudad.
17 Por la fe Abrahán, sometido a prueba,
estuvo dispuesto a sacrificar a Isaac; y era
su hijo único a quien inmolaba el que había recibido las promesas, 18 aquel a quien
se había dicho: *De Isaac te nacerá una
descendencia.* 19 Pensaba Abrahán que
Dios es capaz de resucitar a los muertos.
Por eso el recobrar a su hijo fue para él
como un símbolo.
20 Por la fe y esperando el porvenir bendijo Isaac a Jacob y a Esaú. 21 Por la fe,
Jacob, ya moribundo, bendijo a cada uno
de los hijos de José *y adoró a Dios apoyándose en el bastón de José.* 22 Por la fe
José, acercándose su fin, habló del éxodo
de los hijos de Israel y dispuso lo que habían
de hacer con sus restos mortales.

Moisés y el pueblo elegido

Ex 2 2.11-12.15; Hch 7 20.23; Sal 89 51-52;
Ex 12 12-13.21-30; 14 15-30; Jos 6 1-20; 2 1-13; 6 21-24

23 Por la fe, cuando nació Moisés, sus
padres, viendo la belleza del niño, lo tuvieron escondido tres meses sin temer a las
órdenes del rey. 24 Por la fe renunció Moisés al título de nieto del faraón cuando se
hizo mayor, 25 prefiriendo compartir los
sufrimientos del pueblo de Dios a gozar de
las comodidades pasajeras del pecado;
26 porque, teniendo siempre ante los ojos
la recompensa, estimaba los sufrimientos
de aquel pueblo consagrado como riqueza
mayor que todos los tesoros de Egipto.
27 Por la fe abandonó Egipto, sin miedo
al furor del rey, y se mantuvo tan firme como si estuviera viendo al Dios invisible.
28 Por la fe celebró la pascua y roció con
sangre las puertas de las casas hebreas,
para que el exterminador no tocara a los
primogénitos de los israelitas. 29 Por la fe
pasaron el mar Rojo como si fuera tierra
firme, mientras que los egipcios, que intentaron pasarlo también, perecieron ahogados.

• **11 8-22**: Dentro de los relatos que tienen como protagonistas a los patriarcas (Gn 12-50), la figura de Abrahán ocupa el centro de la escena. Su fe, que está en el origen de las promesas divinas y que le hace superar la prueba de tener que sacrificar precisamente a su hijo, heredero de las promesas, es modelo para todos sus descendientes. Observemos cómo destaca el autor de Hebreos el sentido religioso de los movimientos migratorios patriarcales que tuvieron también otras causas históricas.

• **11 23-31**: Al recordar los acontecimientos referidos a Moisés, el autor de Hebreos introduce un dato nuevo: la fe como elemento que puede superar todos los sufrimientos y dificultades que inevitablemente lleva consigo la fidelidad a Dios. Por lo demás, la fe inicia, mueve y culmina toda la aventura del éxodo y la conquista de la tierra, acontecimientos cruciales en la historia del pueblo de Dios. Sin la fe no se explica esa historia y tampoco podría explicarse la del pueblo cristiano.

30 Por la fe cayeron los muros de Jericó, después de ser rodeados durante siete días. 31 Por la fe Rajab, la prostituta, recibió en su casa a los exploradores israelitas y no pereció con los rebeldes.

Visión de conjunto y conclusión

Dn 3 23-25; 6 23; 1 Re 17 17-24; 2 Re 4 25-37; 2 Mac 6 18-31; 7 1-42; 1 Pe 1 10-12

32 ¿Qué más diré? Me faltaría tiempo para hablar de Gedeón, Barac, Sansón, Jefté, David, Samuel y los profetas, 33 que por la fe sometieron reinos, administraron justicia, consiguieron las promesas, cerraron la boca de los leones, 34 apagaron la violencia del fuego, escaparon al filo de la espada, superaron la enfermedad, fueron valientes en la guerra, hicieron huir a los ejércitos enemigos, 35 y hasta hubo mujeres que recobraron resucitados a sus difuntos. Unos perecieron bajo las torturas, rechazando la libertad con la esperanza de una resurrección mejor; 36 otros soportaron burlas y azotes, cadenas y prisiones; 37 fueron apedreados, torturados, aserrados, pasados a cuchillo; llevaron una vida errante, cubiertos de pieles de ovejas y de cabras, desprovistos de todo, perseguidos, maltratados. 38 Aquellos hombres, de los que el mundo no era digno, andaban errantes por los desiertos, por las montañas, por las cuevas y cavernas de la tierra. 39 Y sin embargo, todos ellos, tan acreditados por su fe, no obtuvieron la promesa, 40 porque Dios, con una providencia más misericordiosa para con nosotros, no quiso que llegaran sin nosotros a la perfección final.

Exhortación a la constancia

1 Cor 9 24-27; Sal 110 1; Gal 6 9

12 1 Por tanto, también nosotros, ya que estamos rodeados de tal nube de testigos, liberémonos de todo impedimento y del pecado que continuamente nos asalta, y corramos con perseverancia en la carrera que se abre ante nosotros, 2 fijos los ojos en Jesús, autor y perfeccionador de la fe, el cual, animado por la alegría que le esperaba, soportó sin acobardarse la cruz y ahora está sentado a la derecha del trono de Dios. 3 Fíjense, pues, en aquel que soportó en su persona tal contradicción de parte de los pecadores, a fin de que no se dejen vencer por el desaliento.

Dios nos corrige como a hijos

Prov 3 11-12; Dt 8 5; Job 33 19-20; Is 35 3; Prov 4 26

4 Ustedes no han llegado todavía a derramar la sangre en su combate contra el pecado, 5 y además han olvidado aquella exhortación que se les dirige como a hijos: *Hijo mío, no desprecies la corrección del Señor, ni te desalientes cuando él te reprenda;* 6 *porque el Señor corrige a quien ama, y castiga a quien recibe como hijo.*

7 Dios los trata como a hijos y les hace soportar todo esto para que aprendan. Pues ¿qué hijo hay a quien su padre no corrija? 8 Si estuvieran libres del castigo que han sufrido todos, serían bastardos, no hijos.

9 Por lo demás, si a nuestros padres de la tierra los respetábamos cuando nos corregían, ¡cuánto más debemos someternos al Padre del cielo para tener vida! 10 Nuestros padres nos educaban según sus criterios para esta vida que es corta; Dios, en cambio, nos educa para algo mejor, para que participemos de su santidad.

11 Es cierto que toda corrección, en el momento en que se recibe, es más un motivo de pena que de alegría; pero después produce frutos de paz y justicia a los que la han sufrido. 12 Fortalezcan, pues, sus manos cansadas y sus rodillas temblorosas, 13 y preparen caminos planos, a fin de que el pie torcido sane y no vuelva a dislocarse.

• **11 32-40**: Esta rápida enumeración de personas y situaciones quiere destacar la firmeza y la fortaleza que proporciona la fe en las más variadas circunstancias. Es garantía de pleno éxito, tanto para obtener la gloria como para afrontar las más duras dificultades. Algunos de los suplicios mencionados en esta enumeración no aparecen en los libros del Antiguo Testamento, pero sí en los libros apócrifos, que a su modo se hacen también eco de las hazañas de los personajes bíblicos.

• **12 1-13**: Apremiante exhortación a la constancia, a perseverar en el combate de la fe, resistiendo activamente. El autor utiliza la imagen clásica de la carrera en el estadio (véase 1 Cor 9 24-26; Flp 2 17; 3 13-14), para la que hay que despojarse de todo aquello que dificulta la agilidad para correr; en este caso se trata de despojarnos del pecado que es el obstáculo fundamental para obtener la salvación que Dios nos ofrece.

El sufrimiento es algo con lo que hay que contar y no debe ser considerado como un castigo de Dios. Al contrario, las pruebas y los sufrimientos nos corrigen, nos transforman, nos perfeccionan, y son una demostración de la solicitud paternal de Dios para con nosotros.

V. FRUTOS DEL SACRIFICIO DE CRISTO Δ

Virtudes cristianas

Sal 34 15; Dt 29 17; Gn 25 33-34; 27 30-40

14 Fomenten la paz con todos y la santidad, sin la cual ninguno verá al Señor. 15 Preocúpense de que nadie quede privado de la gracia de Dios. Que ninguna planta venenosa crezca entre ustedes, los dañe y contamine a muchos; 16 que no haya ningún impuro ni impío como Esaú, que por un plato de comida vendió su primogenitura. 17 Ya saben que, cuando después quiso recibir la bendición, fue rechazado, y no logró hacer cambiar a su padre, por más que se lo suplicó con lágrimas.

Alegre anuncio de la salvación

Ex 19 16-21; 20 18-21; Dt 4 11-12; *Ex 19 12-13; Dt 9 19;* Ap 5 11; 21 2

18 Ustedes no se han acercado a algo palpable, ni a un fuego ardiente, ni a la oscura nube, ni a las tinieblas, ni a la tempestad, 19 ni a la trompeta vibrante, ni al resonar de aquellas palabras que oyeron los israelitas y pidieron que no les hablaran más, 20 porque no podían soportar aquella orden: *El que toque la montaña, aunque sea un animal, será apedreado*. 21 El espectáculo era, en efecto, tan terrible que Moisés dijo: *Estoy atemorizado* y estremecido. 22 Ustedes, en cambio, se han acercado a la montaña de Sión, a la ciudad del Dios vivo, que es la Jerusalén celestial, al coro de millares de ángeles, 23 a la asamblea de los primogénitos que están inscritos en el cielo, a Dios, juez de todos, a los espíritus de los que viviendo rectamente han logrado la perfección, 24 a Jesús, el mediador de la nueva alianza, que nos ha rociado con una sangre que habla mejor que la de Abel.

Razones de una mayor fidelidad

Ag 2 6; Sal 96 9-11; Dt 4 24; Is 33 14

25 Cuidado con rechazar a Dios cuando habla, porque si quienes lo rechazaron cuando les hablaba desde la tierra, no escaparon al castigo, ¿cuánto menos nosotros si lo rechazamos cuando habla desde el cielo? 26 Aquel cuya voz hacía entonces temblar la tierra nos hace ahora esta promesa: *Una vez más haré yo temblar no sólo la tierra, sino también el cielo*. 27 Las palabras *una vez más* indican que las cosas inestables, como criaturas que son, van a ser transformadas, a fin de que permanezcan para siempre las inconmovibles. 28 Así pues, ya que entramos en posesión de un reino inconmovible, seamos agradecidos y rindamos a Dios, con respeto y reverencia, un culto agradable, 29 porque ciertamente nuestro Dios es un fuego destructor.

Vivir como cristianos

Jn 13 34; 1 Jn 3 10-18; 1 Tes 4 9; Gn 18 1-8; *Dt 31 6; Sal 118 6*

13 1 Perseveren en el amor fraterno. 2 No olviden la hospitalidad, pues gracias a ella algunos hospedaron, sin saberlo, a án-

Δ 12 14-13 19: Quinta y última parte de la homilía, anunciada por el predicador con un texto inspirado en Prov 4 26: *Prepárense caminos planos*. Hasta el final se mantiene el tono exhortativo, si bien ahora la exhortación no es ya a padecer, sino a actuar. Se trata de llevar una conducta cristiana adecuada y coherente en la que se entrecruzan constantemente el amor a Dios y el amor al prójimo, que son los dos aspectos fundamentales de esa conducta.

• **12 14-17**: El actuar cristiano se sintetiza en dos aspectos: buscar la paz y la santidad. Santidad que no significa principalmente perfeccionamiento moral, sino separación existencial del mundo y comunión con Dios. La expresión *preocúpense de* es traducción de un término griego con el que el resto del Nuevo Testamento describe la función de los responsables de la comunidad. La advertencia del autor es seria: quien rechaza la única salvación, correrá la suerte de Esaú, ejemplo típico de quien se excluye a sí mismo.

• **12 18-24**: Estamos ante una especie de canto jubiloso a la plenitud de la salvación cristiana en contraste con la del Sinaí. En la experiencia del Sinaí no existieron relaciones personales: ni cercanía, ni intimidad, ni confianza, ni paz; se sugiere un clima de misterio, de miedo, de opresión. En la experiencia cristiana, en cambio, todo es personal, cercano, íntimo; todo es alegría, armonía, paz, bienestar, felicidad.

• **12 25-29**: Es posible rechazar a Jesús, mediador de la nueva alianza; pero las consecuencias de tal rechazo serían terribles. Porque aunque el Dios de la nueva alianza es un Padre al que podemos acercarnos con plena confianza, es también *un fuego destructor* que purifica y consume, y que no permite aceptar ningún compromiso con el pecado.

geles. 3 Preocúpense de los presos, como si ustedes estuvieran prisioneros con ellos; preocúpense de los que sufren, porque ustedes también tienen un cuerpo. 4 Valoren mucho el matrimonio, y que su vida conyugal sea limpia, porque Dios juzgará a los libertinos y a los adúlteros. 5 No se apeguen al dinero; conténtense con lo que tienen, porque Dios mismo ha dicho: *No te desampararé ni te abandonaré,* 6 de suerte que podemos decir con toda confianza:

El Señor es mi ayuda, no tengo miedo;
¿qué podrá hacerme el hombre?

El culto auténtico

Rom 14 14-17; 1 Cor 8 8; Lv 16 27; Jn 19 17.20; Sal 50 14.23; Os 14 3; Rom 15 30

7 Acuérdense de sus dirigentes, que les anunciaron la palabra de Dios; tengan en cuenta cómo culminaron su vida e imiten su fe.

8 Jesucristo es el mismo ayer, hoy y siempre. 9 No se dejen arrastrar por doctrinas diversas y extrañas. Mejor es fortalecer el alma con la gracia que con normas sobre alimentos, que nada han aprovechado a quienes las han observado. 10 Nosotros tenemos un altar del que no tienen derecho a participar los que están al servicio de la antigua tienda de la presencia. 11 En efecto, los cuerpos de las víctimas expiatorias, cuya sangre es llevada al santuario por el sumo sacerdote, son quemados fuera del campamento. 12 Por eso también Jesús, para santificar al pueblo con su propia sangre, padeció fuera de la ciudad. 13 Salgamos, pues, a su encuentro fuera del campamento y carguemos también nosotros con su humillación. 14 Porque no tenemos aquí ciudad permanente, sino que anhelamos la ciudad futura. 15 Así pues, ofrezcamos a Dios sin cesar por medio de él un sacrificio de alabanza, es decir, el fruto de los labios que confiesan su nombre.

16 No se olviden de hacer el bien y de ayudarse mutuamente, porque en tales sacrificios se complace Dios. 17 Obedezcan a sus dirigentes y pónganse bajo su autoridad, pues tienen que cuidar de ustedes y rendir cuentas a Dios. Procuren que puedan cumplir este deber con alegría y no con lágrimas, pues esto sería perjudicial para ustedes.

18 Oren por nosotros. Estamos seguros de tener una buena conciencia y deseamos comportarnos bien en todo; 19 sin embargo, les ruego insistentemente que lo hagan así, para que pronto pueda estar de nuevo con ustedes.

Conclusión del sermón

Is 55 3; 63 11; Ez 37 26; Zac 9 11

20 El Dios de la paz, que resucitó a aquel que por la sangre de la alianza eterna vino a ser el gran pastor de las ovejas, nuestro Señor Jesús, 21 los capacite para cumplir su voluntad con toda clase de obras buenas. Que él mismo realice en nosotros lo que le agrada, por medio de Jesucristo, a quien corresponde la gloria por siempre. Amén.

• **13 1-6**: Frente a lo que no deben hacer los cristianos, el autor de Hebreos subraya ahora lo que sí deben hacer: amar a los hermanos, respetar el matrimonio, vivir desprendidos de los bienes terrenos. Esto es lo que realmente cuenta por encima de los ritos, las ceremonias o las prácticas sacrificiales.

• **13 7-19**: Es altamente significativa la mención explícita *de unos dirigentes de la comunidad, tanto* fallecidos como actuales. Por una parte parece claro que la comunidad tiene ya una historia. No se trata de unos recién convertidos, pues al menos algunos de sus fundadores ya han fallecido; incluso se insinúa que han sufrido el martirio. Por otra parte la comunidad está amenazada por prácticas y doctrinas extrañas al verdadero mensaje cristiano. Este pasaje de Hebreos hace que se valoren correctamente tanto los lugares y ritos sagrados como las personas consagradas, descubriendo su condición de instrumento o medio y dejando claro que lo realmente válido y definitivo es el encuentro personal con Cristo resucitado y las consecuencias de ese encuentro para la vida.

• **13 20-21**: El autor de Hebreos concluye su homilía-disertación con este solemne párrafo, que resume tanto la exposición como la exhortación de todo el conjunto. El tono es litúrgico y el corte de la frase recuerda las fórmulas de bendición. Como en la introducción (Heb 1 1-4), también aquí, el sujeto de la acción reveladora y salvífica es Dios Padre; pero también aquí la presencia de Jesucristo, su Hijo, es muy importante.

Palabras de despedida

Hch 16 1

22 Les ruego, hermanos, que acepten esta exhortación, pues les escribí con brevedad.

23 Sepan que nuestro hermano Timoteo
ha sido puesto en libertad. Si viene pronto,
iré con él a verlos. 24 Saluden a todos sus
dirigentes y a todos los creyentes. Los saludan los de Italia. 25 La gracia esté con todos ustedes.

• **13** **22-25**: El tono y el estilo de esta despedida sugieren que se trata de un añadido. El color de las expresiones es netamente paulino; podría pensarse que el propio Pablo envía el sermón puesto por escrito, a una determinada comunidad cristiana, desconocida para nosotros; lo más probable, sin embargo, es que estas líneas hayan sido añadidas posteriormente para colocar el sermón bajo la autoridad de Pablo.

CARTA DE SANTIAGO

INTRODUCCION

La carta de Santiago tardó mucho tiempo en ser admitida en la lista definitiva de libros sagrados por toda la comunidad cristiana. Incluso, siglos más tarde, los primeros reformadores protestantes la hicieron objeto de cierto menosprecio. Ciertamente su profundidad doctrinal es más bien modesta. Se diría que al autor le interesa más la conducta que la fe teórica de sus lectores-oyentes.

Más que una carta parece una homilía o catequesis de tono moralizante. El autor utiliza a fondo el legado de las tradiciones proféticas y sapienciales del Antiguo Testamento, tratando de conservar dentro de la corriente cristiana algunos valores tradicionales que él consideraba peligrosamente amenazados, y de responder a la permanente tentación de separar los temas cotidianos de la vida del ámbito de la fe y de la religión.

1. Marco histórico

No es fácil localizar a los destinatarios de este escrito ni en el tiempo ni en el espacio. Pero todo hace pensar que se trata de comunidades en las que se está haciendo una interpretación abusiva de la enseñanza paulina (Sant 2 14-26), y en las que los económicamente más poderosos están explotando, o al menos olvidando, a los más débiles y necesitados (Sant 1 9-11; 2 5-7; 5 1-6). Esto nos sitúa al menos en los años sesenta, y tal vez más probablemente en la década de los ochenta.

Con la comunidad o comunidades destinatarias del escrito está de algún modo relacionado el tema del autor que se presenta a sí mismo como *Santiago, siervo de Dios y de Jesucristo* (Sant 1 1). Parece claro que no se trata de ninguno de los dos Santiagos que figuran en las listas de apóstoles (Mc 3 18 par; Hch 1 13). Puede, en cambio, tratarse del Santiago que aparece en el grupo de los "hermanos del Señor" y que más tarde está al frente de la comunidad cristiana de Jerusalén (Mc 6 3; 15 40; Gal 1 19; 2 12; Hch 12 17; 15 13; 21 17-18). Pero también se puede pensar, y acaso con más probabilidades de acertar, en una especie de tradición de la enseñanza de Santiago, utilizada y puesta por escrito años más tarde por alguien que quiso colocar su obra a la sombra de un personaje célebre y plenamente autorizado.

2. Características de la carta

La magnífica calidad que tiene el griego de este escrito y el hecho de que las citas del Antiguo Testamento están tomadas de la traducción griega de los LXX hace pensar en un contexto de cultura helenística. Sin embargo, no faltan reminiscencias semitas tanto en el vocabulario como en el estilo. En concreto debe subrayarse un cierto parentesco con el libro del Eclesiástico. Y a pesar de un aparente desorden, habitual por lo demás en el género exhortativo, no faltan recursos estilísticos tales como la aliteración y la rima, frases rítmicas, palabras gancho, el recurso al procedimiento retórico de la diatriba, etc.

Hemos venido llamando carta a este escrito del Nuevo Testamento. Y en efecto, como carta se nos ha transmitido. Pero ni el comienzo demasiado breve, ni el final sin ninguna referencia epistolar, favorecen tal consideración. El tono general del escrito, en el que predomina el género exhortativo, hace pensar más bien en una especie de homilía o catequesis de carácter moralizante.

3. Mensaje doctrinal

La carta de Santiago es ante todo un mensaje ético-moral basado en las tradiciones proféticas y sapienciales del Antiguo Testamento y en las enseñanzas de Jesús. Su autor es un cristiano buen conocedor del Antiguo Testamento para quien el monoteísmo (Sant 2 19), el tema sapiencial del dominio de la lengua (Sant 1 19-20; 3 2b-12) y el tema profético del compromiso en favor de los pobres (Sant 2 1-9; 5 1-6) son líneas claves que ahora confirma y profundiza la doctrina de Jesús.

Al afirmar que no es suficiente oír (Sant 1 22-25), ni es suficiente creer (Sant 2 14-26) y que el auténtico sabio lo es en virtud de su buena conducta, el escrito aborda el problema de la relación entre la fe y las obras. Un problema tratado también por Pablo (Gal 2 16; 3 1-14; Rom 3 21-5 1), quien al decir que la auténtica fe es *la que actúa por medio del amor* (Gal 5 6), ha señalado que las diferencias entre su concepción y la de Santiago son únicamente de perspectiva y no de fondo.

La preocupación social de este escrito es evidente de manera que tal preocupación puede considerarse como una de sus más profundas dimensiones. De hecho, la sensibilidad actual, que valora mucho la coherencia entre la fe y la vida (no sólo es necesaria la ortodoxia, sino también la ortopraxis) acepta con agrado la línea argumental de Santiago.

CARTA DE SANTIAGO

Saludo

1 1 Santiago, siervo de Dios y de Jesucristo, el Señor, saluda a todos los miembros del pueblo de Dios dispersos por el
mundo.

La alegría en medio de la prueba

Rom 5 3-5; 1 Pe 1 6-7.24; 4 12-13; Mt 7 7; 21 12-22;
Is 1 6-9; Dn 12 12

2 Consideren como alegría perfecta, hermanos míos, el estar rodeados de pruebas
de todo género. 3 Sepan que su fe, al ser
probada, produce paciencia, 4 y la paciencia logrará su objetivo, de manera que sean
perfectos e íntegros, sin que les falte nada.
5 Si a alguno de ustedes le falta sabiduría, pídasela a Dios, y Dios que da a todos
generosamente y sin echarlo en cara, se la
concederá. 6 Pero que la pida con fe, sin
dudar, pues el que duda se parece a una ola
del mar agitada por el viento y zarandeada
con fuerza. 7 Un hombre así no recibirá
nada del Señor; 8 es un hombre de doble
vida, un inconstante en todo cuanto hace.
9 Que el hermano de humilde condición
se sienta orgulloso de su dignidad, 10 y que
el rico se haga humilde, porque pasará como flor de hierba: 11 salió el sol y con su
calor secó la hierba, cayendo su flor y desapareciendo su hermosura. Así también se
marchitarán los proyectos del rico.

Respuesta en la prueba

Eclo 15 11-20; Rom 7 5-10; 1 Pe 1 22-23; Eclo 5 11;
Ecl 7 9; Mt 7 21-27; 25 35-46; Ez 31 31-33

12 Dichoso el hombre que supera la
prueba, porque, una vez superada, recibirá
la corona de la vida que el Señor prometió
a los que lo aman.
13 Ninguno, al ser tentado, diga: «Es
Dios quien me está tentando»; pues Dios
no puede ser tentado por el mal ni tampoco
él tienta a nadie. 14 Cada uno es tentado a
pecar por su propia pasión, que lo arrastra y
lo seduce. 15 Después la pasión concibe y
da a luz al pecado, y el pecado, una vez
consumado, engendra la muerte.
16 No se dejen engañar, mis queridos
hermanos. 17 Todo regalo valioso y todo
don perfecto vienen de arriba, del Padre de
las luces, en quien no hay cambios ni períodos de sombra. 18 Por su libre voluntad nos
engendró, mediante la palabra de la verdad, para que fueramos los primeros frutos
entre sus criaturas.
19 Sepan, mis queridos hermanos, que
todo hombre debe estar atento para escuchar, ser parco en hablar y lento a la ira,
20 pues el hombre que se deja llevar por la
ira no hace lo que Dios quiere. 21 Por eso,
abandonen toda inmundicia, todo exceso
vicioso, y escuchen con docilidad la palabra que, plantada en ustedes, tiene poder
para salvarlos. 22 Pongan, pues, en práctica
la palabra y no se contenten con oírla, en-

• **1 1**: Los destinatarios de la carta son designados literalmente como *las doce tribus de la diáspora*. Con el término *diáspora* (o dispersión) se designaba técnicamente *a los judíos que vivían fuera de Palestina*. Es razonable pensar que el autor se dirige fundamentalmente a cristianos de origen judío. Pero no debe descartarse, y así se recoge en la presente traducción, que *las doce tribus* sean simplemente una imagen literaria del nuevo y auténtico pueblo de Dios formado por *todos* los cristianos (véase Hch 15 14).

• **1 2-11**: El pasaje contiene una invitación a la alegría, a la oración, a la humildad y a la paciencia. Insiste sobre todo en que son los momentos difíciles los que ponen a prueba al creyente; y sugiere que la oración, para que sea eficaz, debe ser radicalmente sincera y coherente con el compromiso adquirido. Si a veces dudamos en nuestra oración es porque no hemos conseguido romper con esa especie de doble vida que nos paraliza y hace de nosotros unos creyentes mediocres.

• **1 12-27**: El concepto clave de este pasaje es *la palabra* (Sant 1 18). Una "palabra" que envuelve al creyente y le exige colocarse en una atenta actitud de escucha (Sant 1 19). Esta palabra, al ser principio interior de vida y de conducta, mueve a la acción. Por eso el creyente no puede contentarse con ser un mero oyente, entre admirado y complacido, de la palabra. Debe poner en práctica esa palabra. Si no lo hace, se engaña a sí mismo, pierde su identidad, se autodestruye (Sant 1 23-24). Y poner en práctica la palabra supone hablar, como los antiguos profetas, en nombre del Señor; supone evitar la palabrería de una fe que no se corresponde con las obras (Sant 2 14); supone finalmente evitar todo tipo de maledicencia.

gañándose a ustedes mismos. 23 Pues el
que la oye y no la cumple se parece al hombre que contempla su rostro en un espejo,
24 y después de haberse mirado, se va, olvidándose en seguida de cómo era. 25 En
cambio, dichoso el hombre que se dedica a
meditar la ley perfecta de la libertad; y no
se contenta con oírla, para luego olvidarla,
sino que la pone en práctica.

26 Si alguno piensa que se comporta como un hombre religioso y no sólo no domina su lengua, sino que conserva pervertido su corazón, su religiosidad es falsa.
27 La religiosidad auténtica y sin tacha a
los ojos de Dios Padre consiste en socorrer
a huérfanos y viudas en sus dificultades y
en conservarse incontaminado del mundo.

La fe frente a la discriminación

Eclo 35 15-17; Hch 10 34-35; 1 Cor 1 26-28; *Lv 19 18;*
Mt 5 17-18; 18 23-25; *Ex 20 13-14*

2 1 Hermanos míos, no es posible creer
en nuestro Señor Jesucristo glorificado
y luego hacer distinción de personas. 2 Su-
pongamos que cuando están reunidos entra
un hombre con un anillo de oro y espléndidamente vestido, y entra también un pobre
mal vestido. 3 Si ustedes se fijan en el que
va espléndidamente vestido y le dicen:
«Siéntate aquí en el lugar de honor», y al
pobre le dicen: «Quédate ahí de pie o siéntate en el suelo a mis pies», 4 ¿no están actuando con parcialidad y se están convirtiendo en jueces que se rigen por criterios
perversos?

5 Escuchen, mis queridos hermanos, ¿no
eligió Dios a los pobres según el mundo
para hacerlos ricos en fe y herederos del
reino que prometió a los que lo aman?
6 ¡Pero ustedes menosprecian al pobre! ¿No
son acaso los ricos los que los oprimen y
los llevan a los tribunales? 7 ¿No son ellos
los que deshonran el hermoso nombre que
ha sido invocado sobre ustedes?

8 Así pues, si cumplen la suprema ley
de la Escritura: *Amarás a tu prójimo como
a ti mismo*, actúan bien. 9 Pero si hacen
distinción de personas, cometen pecado, y
la ley los condena como transgresores.
10 Quien observa toda la ley, pero quebranta un sólo precepto, se hace reo de todos.
11 Porque quien dijo: *No cometas adulterio,* dijo también: *No mates*. Por tanto, si
evitas el adulterio, pero matas, te haces
transgresor de la ley.

12 Hablen y actúen como quienes van a
ser juzgados por una ley de libertad. 13 Pues
tendrá un juicio sin misericordia quien no
practicó la misericordia. Y es que la misericordia está por encima del juicio.

La fe sin obras está muerta

Mt 23 1-7; Rom 2 13-24; 1 Jn 3 17-18;
Gn 15 6; 1 Cor 13 1-13

14 ¿De qué le sirve a uno, hermanos
míos, decir que tiene fe, si no tiene obras?
¿Podrá acaso salvarlo la fe? 15 Si un hermano o una hermana están desnudos y no
tienen nada para comer, 16 y uno de ustedes les dice: «Váyanse en paz, abríguense
y coman», pero no les da lo necesario para
su cuerpo, ¿de qué sirve? 17 Así también la
fe: si no tiene obras, está completamente
muerta.

18 Sin embargo, alguien podría decir:
«Tú tienes fe, yo tengo obras; muéstrame
tu fe sin las obras, que yo por las obras te
mostraré mi fe». 19 ¿Tú crees que existe un
solo Dios? Haces bien; pero también los
demonios creen y se estremecen. 20 ¿Por
qué no te enteras de una vez, pobre hombre,
de que la fe sin obras es estéril? 21 ¿Acaso
obtuvo Abrahán, nuestro antepasado, la
salvación de Dios por sus obras, cuando
ofreció a su hijo Isaac sobre el altar? 22 Ves

• **2 1-13**: El rechazo a la práctica de hacer distinción de personas es tajante. Semejante práctica es un pecado que va contra el mandamiento fundamental de amar al prójimo (Prov 14 21). En todo caso, si alguien goza de las preferencias de Dios es el débil y el necesitado. Por eso el criterio último para valorar la conducta cristiana será siempre la misericordia.

• **2 14-26**: A la mentalidad semítica, concreta y práctica del autor de la carta, no le va teorizar sobre la fe. Le preocupa sobre todo que esa fe sea auténtica, que se traduzca en vida, que dinamice la existencia del cristiano. Le preocupa la existencia de signos válidos que la manifiesten y que ayuden a reconocerla. En este sentido, como ya se dijo en la introducción, el autor no polemiza con la doctrina de Pablo, ni existe oposición real entre ambos autores. Simplemente se trata de perspectivas diferentes. Si Pablo se preocupa del camino concreto por el que se llega a la salvación, Santiago habla de las consecuencias prácticas que conlleva el hecho de creer en Jesús. Por eso, si colocamos a Pablo y a Santiago en la misma perspectiva, la del hombre ya creyente, la coincidencia es manifiesta.

cómo la fe cooperaba con sus obras y por las obras se hizo perfecta su fe. 23 Así se cumplió la Escritura que dice: *Creyó Abrahán a Dios, y eso le fue tenido en cuenta para para ser justificado,* y fue llamado amigo de Dios. 24 Vean cómo por las obras obtiene el hombre la justificación y no sólo por la fe. 25 Igualmente Rajab, la prostituta, ¿no recibió acaso la salvación por sus obras, al hospedar a los mensajeros y hacerlos salir por otro camino? 26 Como el cuerpo sin espíritu está muerto, así también la fe sin obras está muerta.

El control de la lengua

Prov 10 19; Eclo 5 9-15; 1 Cor 12 28-29; 1 Tim 4 1-5; Mt 12 34-37; 15 18-20; Gn 1 26-27

3 1 Hermanos míos, no quieran todos llegar a ser maestros; sepan que los maestros tendremos un juicio más severo. 2 Porque todos fallamos en muchas cosas. Si alguno no cae en falta al hablar, ése es varón perfecto, capaz de controlarse a sí mismo. 3 A los caballos les metemos el freno en la boca para que nos obedezcan, y poder así dirigir todo su cuerpo. 4 Lo mismo pasa con los barcos: por muy grandes que sean y por muy fuerte que sea el viento que los impulsa, un pequeño timón basta para que sean gobernados a voluntad del timonel. 5 Pues lo mismo pasa con la lengua: siendo un miembro pequeño, es capaz de grandes cosas. ¿No ves cómo un pequeño fuego hace arder un gran bosque? 6 Pues también la lengua es fuego, es un mundo de maldad; se establece en medio de nuestros miembros, contamina todo el cuerpo y, atizada por los poderes del fuego eterno, hace arder el curso entero de la existencia.

7 En efecto, toda clase de fieras, aves, reptiles y animales marinos han sido y siguen siendo domados por el hombre, 8 sin embargo, nadie es capaz de domar la lengua humana que no cesa de hacer el mal y está cargada de veneno mortal. 9 Con ella bendecimos al Señor y Padre, y con ella maldecimos a los hombres, hechos a semejanza de Dios. 10 De la misma boca salen bendición y maldición. No debe ser así, hermanos míos. 11 ¿Acaso de una fuente sale por el mismo conducto agua dulce y amarga? 12 ¿Puede la higuera, hermanos míos, dar aceitunas, o higos la parra? Pues tampoco un manantial salado puede dar agua dulce.

La auténtica sabiduría

Gal 5 16-26; Rom 8 5-13; 1 Cor 1 20-29

13 ¿Hay entre ustedes algún sabio y experimentado? Pues muestre con su buena conducta que sus obras tienen la sencillez de la sabiduría. 14 Pero si tienen el corazón cargado de rivalidad y de ambición, ¿por qué se enorgullecen y no dicen la verdad? 15 Semejante sabiduría no procede de arriba, sino que es terrena, sensual, demoníaca. 16 Porque donde hay envidia y ambición, allí reina el desorden y toda clase de maldad. 17 En cambio, la sabiduría que procede de arriba es en primer lugar intachable, pero además es pacífica, tolerante, conciliadora, compasiva, fecunda, imparcial y sincera. 18 En resumen, frutos de la justicia van siendo sembrados en paz para quienes trabajan por la paz.

La humildad frente a la ambición

Rom 1 28-32; 1 Pe 5 5-9; 1 Tim 6 3-10; Mt 7 7-11; 1 Jn 2 15-17; Ex 20 5; *Prov 3 34*

4 1 ¿De dónde proceden los conflictos y las luchas que se dan entre ustedes? ¿No es precisamente de esas pasiones que luchan en su interior? 2 Ambicionan y no obtienen; asesinan y envidian pero no pueden conseguir nada; no cesan de luchar y

• **3 1-12**: De nuevo se hace presente el tema de "la palabra" (véase Sant 1 12-27), pero ahora desde el punto de vista del que habla. La experiencia demuestra que una misma persona puede utilizar la palabra para alabar a Dios y para hacer daño a los hombres. He aquí una incongruencia absolutamente inadmisible e incompatible con el mensaje de la Escritura. La incoherencia, la doble vida, no tienen nada que ver con el cristiano.

• **3 13-18**: Al tema de la *palabra*, sigue el tema de la *sabiduría*. Hay una sabiduría auténtica –la de lo alto– y otra falsa –la terrena–. La norma para medir la autenticidad o la falsedad son los respectivos frutos.

• **4 1-10**: La comunidad o comunidades a las que se dirije Santiago parecen metidas en una situación de *luchas y conflictos*, de envidias y ambiciones, que las está volviendo espiritualmente estériles. La causa de tal situación está en el interior de cada uno: son las pasiones. Cuando esto sucede hasta la oración resulta ineficaz. Para que se reconstruya la vida cristiana hay que ser humildes y reconocer la soberanía de Dios, hay que abandonar la *doble vida* y convertirse.

pelearse. No obtienen porque no piden;
3 piden y no reciben, porque piden mal,
con la intención de satisfacer sus pasiones.
4 ¡Gente infiel! ¿No saben que la amistad
con el mundo es enemistad con Dios? Si
alguno quiere ser amigo del mundo, se
hace enemigo de Dios. 5 ¿O piensan que la
Escritura dice en vano: tiene deseos ardientes el espíritu que él ha hecho habitar en
nosotros? 6 Aunque él da una gracia mayor
y por eso dice: *Dios se enfrenta a los so-*
berbios, pero concede su favor a los hu-
mildes. 7 Por tanto, sométanse a Dios, pero
enfréntense al diablo, que huirá de ustedes.
8 Acérquense a Dios y él se acercará a ustedes. Pecadores, limpien sus manos; purifiquen sus corazones, los que llevan doble
vida. 9 Reconozcan su miseria; lloren y laméntense; que su risa se convierta en llanto y en tristeza la alegría. 10 Humíllense
ante el Señor y él los engrandecerá.

Diversas advertencias

Prov 27 1; Eclo 11 18-19; Lc 12 18-21; 6 20-24; Mt 6 19-20; Dt 24 14-15; Lv 19 13; Is 5 9

11 No hablen mal unos de otros, hermanos. El que habla mal de un hermano o lo
juzga, está criticando y juzgando a la ley.
Y si te constituyes en juez de la ley, ya no
eres cumplidor de la ley, sino su juez.
12 Pero uno solo es el legislador y el juez:
el que puede salvar y condenar. ¿Quién
eres tú para juzgar al prójimo?
13 En cuanto a los que dicen: «Hoy o
mañana iremos a tal o cual ciudad y pasaremos allí todo el año; comerciaremos y
nos enriqueceremos», 14 ¿saben acaso lo
que será mañana de ustedes? Pues son
vapor de agua que por un instante es perceptible y al momento se disipa. 15 Por el
contrario deben decir: «Si el Señor quiere,
viviremos y haremos esto o lo otro». 16 Pero no, se enorgullecen de sus insolencias,
sin darse cuenta de que tal actitud es re-
prochable. 17 Por tanto, el que sabe hacer
el bien y no lo hace comete pecado.
5 1 Y ustedes los ricos, lloren y laméntense ante las desgracias que se les
avecinan. 2 Su riqueza está podrida y sus
vestidos son pasto de la polilla. 3 Su oro y
su plata están enmohecidos y este moho
dará testimonio contra ustedes y devorará
sus cuerpos como si fuera fuego. ¿Para qué
amontonar riquezas si estamos en los últimos días? 4 Miren, el jornal que ustedes
han retenido a los trabajadores que cosecharon sus campos está clamando, y los
gritos de los cosechadores llegan a oídos
del Señor todopoderoso. 5 En la tierra han
vivido lujosamente y se han entregado al
placer; con eso han engordado para el día
de la matanza. 6 Han condenado, han asesinado al inocente, y ya no les ofrece resistencia.

Diversas exhortaciones

Heb 6 11-12; Mt 5 21-26.34-37; Jr 5 24; Dn 12 12; Ex 34 6; Mt 18 15-18; Jn 20 22-23; Gal 6 1; 1 Pe 4 8

7 Así pues, hermanos, esperen con paciencia la venida del Señor. Vean cómo el
campesino espera el fruto precioso de la
tierra, esperando con paciencia las lluvias
tempranas y tardías. 8 Así también ustedes:
tengan paciencia y buen ánimo, porque la
venida del Señor está próxima.
9 Hermanos, no murmuren unos de otros,
para que no sean condenados, pues el juez
está ya a las puertas. 10 Tengan como modelo de constancia y sufrimiento a los profe-

• **4 11-5 6**: La carta concluye con dos series de exhortaciones. Esta primera se centra en algunos aspectos negativos que ya han merecido anteriormente la atención del autor; destaca en especial la denuncia de la situación injusta creada por los ricos que explotan a los pobres. La dimensión social del mensaje de este escrito es evidente. Es posible y probable que en estos pasajes de la carta esté reflejada la situación concreta de la comunidad de *Jerusalén, en* la que abundaban los necesitados. Pero en la comunidad hay también ricos que no parecen prestar demasiada atención a los pobres, y por eso son denunciados con palabras que recuerdan el tono condenatorio de los antiguos profetas y del mismo Jesús (véase Lc 6 24-26).

• **5 7-20**: Además de una cálida exhortación a la espera paciente y perseverante del día del Señor, que se intuye cercano, la intención primordial de este pasaje es resaltar el valor y el poder de la oración. Al hablar de ella, el autor menciona una acción eclesial en la que la tradición cristiana ha visto el inicio del sacramento de la unción de los enfermos (Sant 5 14). El rito lo realizan los presbíteros de la comunidad *en el nombre del Señor*, el mismo nombre en que los cristianos son bautizados (Hch 2 38; 8 16;1 Cor 6 11; Rom 6 3; Gal 3 27) y contraen matrimonio (1 Cor 7 39). Dice además el texto que esta unción *restablecerá* (*levantará*) al enfermo; es el mismo verbo que el Nuevo Testamento utiliza frecuentemente para aludir a la resurrección de Cristo. Es como si el autor estuviera sugiriendo que precisamente la esperanza de la resurrección es lo que en todo caso animará al enfermo a asumir la enfermedad e incluso la muerte.

tas que hablaron en nombre del Señor. 11 No
en vano proclamamos dichosos a los que
han dado ejemplo de paciencia. En concreto han oído hablar de la paciencia de Job y
conocen el desenlace al que le condujo el
Señor, porque el Señor es compasivo y misericordioso. 12 Pero sobre todo, hermanos,
no juren ni por el cielo, ni por la tierra, ni
hagan ningún otro tipo de juramento. Digan sí cuando sea sí y no cuando sea no, y
no serán condenados.

13 ¿Está afligido alguno de ustedes? Que
ore. ¿Está alegre alguno? Que cante himnos de alabanza. 14 ¿Está enfermo alguno
de ustedes? Que llame a los presbíteros de
la Iglesia para que oren sobre él y lo unjan
con óleo en el nombre del Señor. 15 La oración hecha con fe salvará al enfermo; el
Señor lo restablecerá, y le serán perdonados
los pecados que hubiera cometido. 16 Reconozcan, pues, mutuamente sus pecados y
oren unos por otros para que sanen. Mucho puede la oración insistente del justo.
17 Elías, que era un hombre de nuestra misma condición, oró fervorosamente para que
no lloviera, y no llovió sobre la tierra durante tres años y seis meses; 18 oró de nuevo, y el cielo dio la lluvia y la tierra produjo su fruto.

19 Hermanos míos, si alguno de ustedes
se desvía de la verdad y otro lo convierte,
20 sepa que el que convierte a un pecador de
su mal camino, salvará su vida de la muerte
y obtendrá el perdón de muchos pecados.

PRIMERA CARTA DE SAN PEDRO

INTRODUCCION

El elemento distintivo de esta carta es su capacidad para asimilar los acentos teológicos de otros escritos del Nuevo Testamento. Puede decirse, incluso, que constituye un magnífico resumen del Nuevo Testamento sobre la fe cristiana y sobre la conducta que esta fe inspira. En efecto, el atento lector de la carta queda cautivado y sorprendido desde el primer momento por el tono de seguridad, de entusiasmo, de alegría que emana de ella. Y esto precisamente cuando en la carta se expone claramente la dificultad de ser cristiano y los peligros que rodean al creyente.

1. Marco histórico de la carta

La tradición, hasta bien entrado el siglo XIX, ha atribuido constantemente la carta a Pedro *el apóstol de Jesucristo* (1 Pe 1 1). Sin embargo, la cuestión no está ni mucho menos resuelta definitivamente. La opinión más común hoy es que el autor fue un cristiano anónimo, perteneciente a la escuela o tradición de Pedro, que utilizando la autoridad de un apóstol tan significativo, habría escrito esta carta circular a las comunidades cristianas del Asia Menor. De ser cierta la primera hipótesis, Pedro habría utilizado a Silvano como secretario y la carta podría haber sido redactada en Roma alrededor del año 64 poco antes de la persecución de Nerón. Podríamos hablar de la primera carta encíclica del primer papa. Si, por el contrario, es cierta la segunda hipótesis, la carta habría sido redactada por un discípulo de Pedro, no muchos años después del martirio de su maestro, tal vez en la década del 70 al 80, con la intención de mantener vivos el recuerdo y la tradición petrina, y al mismo tiempo sostener el ánimo de una serie de comunidades cristianas dispersas que comenzaban a tener dificultades.

En cualquier caso, las comunidades cristianas que están en el transfondo de la carta, parecen ser comunidades que viven en zonas rurales, principalmente en pequeños poblados. Comunidades en las que la organización de los ministerios se manifiesta todavía un tanto elemental. La condición social de la mayoría de los miembros de estas comunidades debía ser más bien humilde. Campesinos o pastores procedentes del paganismo; gentes de clase baja que cultivan las propiedades de las clases dominantes (1 Pe 2 13-20). Esto explicaría la difícil situación de aquellos creyentes en medio de una sociedad adversa, y justificaría la insistencia en temas como el de la fraternidad, el amor y la solidaridad entre los cristianos. Este mutuo apoyo entre creyentes (1 Pe 3 8; 5 9) se hacía indispensable para hacer frente, desde la pobreza, a la agresividad social que constituía su mayor fuente de sufrimientos.

2. Estructura y mensaje de la carta

Los numerosos intentos de entender y estructurar la carta como una liturgia o una catequesis bautismal no han tenido demasiado éxito. El análisis cuidadoso de su estructura, vocabulario y contenido siguen favoreciendo la consideración tradicional de este escrito como carta, aunque más bien una carta circular, escrita para ser leída públicamente en las asambleas litúrgicas. Por eso no es de extrañar que esté sólidamente enraizada en toda una tradición catequética y litúrgica de la Iglesia primitiva, llena de motivos bautismales.

El núcleo doctrinal de la carta se apoya sobre dos textos cristológicos (1 Pe 2 21-25 y 3 18-22) que constituyen una especie de primitivo credo cristiano. Desde esta profesión de fe se entiende perfectamente por qué el creyente debe esperar confiado la salvación (1 Pe 1 3-12; 3 5.15; 5 10-11); debe llevar una vida santa en cualquier situación o estado social (1 Pe 1 13-16; 2 11-12; 3 1-12); no debe acobardarse ante el sufrimiento o las dificultades de cualquier tipo (1 Pe 3 13-17; 4 12-19).

El dato significativo de que el tema de la pasión de Cristo aparezca en las principales secciones de la carta, sugiere que precisamente ese tema puede constituir su clave doctrinal. El autor insiste en que la pasión de Cristo no desemboca en la muerte como última palabra, sino en la vida (1 Pe 3 18; 4 6) y es por tanto fuente de una esperanza segura, gozosa, activa, conquistadora, inmensa y transcendente. La exhortación de 1 Pe 3 15: *estén siempre dispuestos a dar razón de su esperanza a todo el que les pida explicaciones*, es central en esta carta y es una de las más expresivas recomendaciones en todo el Nuevo Testamento.

PRIMERA CARTA DE PEDRO

Saludo

2 Tes 2 13-14; Heb 12 24; 2 Pe 1 2

1 1 Pedro, apóstol de Jesucristo, a los elegidos que viven como extranjeros dispersos por el Ponto, Galacia, Capadocia,
Asia y Bitinia, 2 según lo ha determinado
Dios Padre al consagrarlos por medio del
Espíritu para que obedezcan a Jesucristo y
sean purificados con su sangre, les deseo
abundante gracia y paz.

Herederos de la salvación

Ef 1 3-14; Is 52 13-53 12; Sal 22; Heb 11 39-40

3 Bendito sea Dios, Padre de nuestro
Señor Jesucristo, que por su gran misericordia, a través de la resurrección de Jesucristo de entre los muertos, nos ha hecho
renacer para una esperanza viva, 4 para una
herencia incorruptible, incontaminada e
imperecedera. Una herencia reservada en
los cielos para ustedes, 5 a quienes el poder de Dios custodia mediante la fe para
una salvación que se manifestará en el momento final. 6 Por eso viven alegres, aunque un poco afligidos ahora, es cierto, a
causa de tantas pruebas. 7 Pero así la autenticidad de su fe –más valiosa que el oro, el
cual es perecedero a pesar de haber sido
purificado en el fuego– será motivo de alabanza, gloria y honor el día en que se manifieste Jesucristo. 8 Todavía no lo han visto, pero lo aman; sin verlo creen en él y se
alegran con un gozo indescriptible y radiante, 9 así recibirán la salvación, que es
la meta de su fe.

10 Sobre esta salvación investigaron e
indagaron los profetas cuando anunciaban
la gracia que les estaba reservada a ustedes. 11 Intentaban así descubrir qué tiempo
y qué circustancias tenía previstas el Espíritu de Cristo que, actuando en ellos, atestiguaba de antemano los padecimientos de
Cristo y la gloria que los seguiría. 12 Les
fue manifestado que las cosas que ahora
les anuncian quienes les proclaman el evangelio con la fuerza del Espíritu Santo enviado desde el cielo, no eran para ellos, sino
para ustedes. Cosas que los mismos ángeles desean contemplar.

Llamados a una nueva vida

Ef 4 17-24; Lv 19 2; Heb 4 12; 9 12; *Is 40 6-8;* Sal 34 9

13 Así pues, manténganse alerta; sean
sobrios y pongan toda su esperanza en la
gracia que les traerá la manifestación de
Jesucristo. 14 Como hijos obedientes, no se
dejen llevar por las pasiones de antes, cuando vivían en la ignorancia. 15 Por el contrario, sean santos en todo su comportamiento como es santo el que los ha llamado,
16 pues está escrito: *Sean santos, porque yo
soy santo*.

• **1 1-2**: El contenido teológico del saludo es profundo: dimensión trinitaria de la elección de los creyentes, consagración por el Espíritu, obediencia a Jesucristo, que a su vez fue siervo obediente, la sangre como signo de la pasión y muerte sacrificial de Jesús, la gracia y la paz *como frutos preciosos de la acción salvífica* divina.

Para el vocablo *dispersos*, véase nota a Sant 1 1-12. Entre las diversas provincias romanas que menciona el autor de la carta, está Asia que no es, por tanto, todo el continente asiático y ni siquiera la península entera del Asia Menor, sino simplemente una pequeña y muy poblada región en la costa oriental del mar Egeo que tenía a Efeso como capital.

• **1 3-12**: Las palabras clave de este pasaje que anticipan los temas principales de la carta y que actúan como elementos estructurales de la misma son: *renacer* (regeneración), *esperanza, herencia, salvación, alegría, autenticidad de la fe, padecimientos y gloria de Cristo.* En este marco conceptual, la referencia a la pasión y glorificación de Cristo constituye el centro literario y temático del pasaje. Tanto la actividad profética en el pasado, como la acción evangelizadora en el presente, tienen un objetivo primordial: dar testimonio de la pasión-glorificación de Cristo y anunciarla como buena noticia de salvación.

• **1 13-2 3**: El tono exhortativo del pasaje es evidente y la esperanza es el tema dominante. Esperanza en que todo termine bien cuando Cristo se manifieste, porque es el mismo Cristo –*Palabra viva y eterna de Dios que permanece para siempre*– quien nos ha liberado y nos ha hecho renacer a una vida nueva.

Es significativo que el autor, para quien los cristianos constituyen el nuevo pueblo de Dios (1 Pe 1 1; 2 10), simbolice en la *leche* (1 Pe 2 2) los bienes escatológicos que los cristianos comienzan a poseer ya en este mundo. Cualquiera puede pensar que está evocando las descripciones bíblicas de *la tierra que mana leche y miel* (Dt 6 3).

17 Y si ustedes llaman Padre al que juzga
sin hacer distinción de personas y según la
conducta de cada uno, vivan con temor
mientras dura su condición de extranjeros.
18 Sepan que no han sido liberados de la
conducta idolátrica heredada de sus antepasados con bienes perecederos –el oro o
la plata–, 19 sino con la sangre preciosa de
Cristo, cordero sin mancha y sin tacha.
20 Cristo estaba presente en la mente de
Dios antes de que el mundo fuera creado, y
se ha manifestado al final de los tiempos
para el bien de ustedes, 21 para que por
medio de él crean en el Dios que lo resucitó de entre los muertos y lo colmó de gloria. De esta forma, su fe y su esperanza
están puestas en Dios. 22 Puesto que obedientes a la verdad han renunciado a cuanto impide un sincero amor fraterno, ámense de corazón e intensamente unos a otros,
23 pues han vuelto a nacer, no de una semilla mortal, sino de una inmortal: a través de
la palabra viva y eterna de Dios. 24 Porque:

Todo mortal es como hierba
y toda su gloria como flor de hierba.
Se seca la hierba y se marchita la flor,
25 *pero la palabra del Señor*
permanece para siempre.

Esta es la palabra que les ha sido proclamada como buena noticia.

2 1 Rechacen, pues, toda malicia y todo
engaño, así como cualquier tipo de hipocresía, envidia o calumnia. 2 Como niños
recién nacidos, anhelen la leche pura del
Espíritu, para que, alimentados con ella,
crezcan hasta recibir la salvación, 3 ya que
han saboreado la bondad del Señor.

Cristo, piedra fundamental

Ef 2 21-22; *Is 28 16; Sal 118 22; Is 8 14; 43 20-21;*
Ex 19 6; Os 2 23

4 Acercándose a él, piedra viva rechazada por los hombres, pero elegida y preciosa para Dios, 5 también ustedes mismos,
como piedras vivas, van construyendo un
templo espiritual dedicado a un sacerdocio
consagrado, para ofrecer, por medio de Jesucristo, sacrificios espirituales agradables a
Dios. 6 Por eso dice la Escritura:

He aquí que coloco en Sión una piedra
elegida, fundamental, preciosa;
quien crea en ella,
no quedará defraudado.

7 El honor es para ustedes, los creyentes. Para los incrédulos, sin embargo:

La piedra que desecharon
los constructores
se ha convertido en piedra fundamental.

8 Y también:

En piedra de tropiezo
y roca donde se estrellan.

Tropiezan, efectivamente, los que rechazan la palabra, pues tal es su destino. 9 Ustedes, en cambio, son *descendencia elegi-*
da, reino de sacerdotes y nación santa,
pueblo adquirido en posesión para anun-
ciar las grandezas del que los llamó de la
oscuridad a su luz admirable. 10 Los que en
otro tiempo no eran pueblo, ahora son pueblo de Dios; los que no habían conseguido
misericordia, ahora obtuvieron misericordia.

Llamados a una conducta cristiana

Sal 39 13; Is 10 3; Sant 3 13; Gal 5 22-26; Mt 22 15-22;
Rom 13 1-7; Tit 3 1-2; Gal 5 13; Prov 24 21;
Ef 6 5-9; *Is 53 9;* Col 3 22-25; Ef 5 21-33

11 Hermanos queridos, como a forasteros y extranjeros, les ruego que se aparten
de los apetitos desordenados que los acosan. 12 Pórtense dignamente entre los no
creyentes, para que el buen comportamiento de ustedes desmienta a quienes los calumnian como si fueran malhechores, y así
ellos mismos glorifiquen a Dios el día de
su venida.
13 En atención al Señor, obedezcan respetuosamente a toda institución humana,
ya sea al jefe del Estado, en cuanto soberano, 14 ya sea a los gobernadores en cuanto

• **2 4-10**: Es éste probablemente el pasaje que sirve de principal apoyo a la teología del sacerdocio común de los fieles. Ya el tercer Isaías (Is 61 6) había anunciado un sacerdocio universal, al que ahora Pedro parece dar el apoyo definitivo. Como siempre en la tradición bíblica, esta elección-vocación para constituir *un sacerdocio consagrado*, se convierte en misión. Una misión que, siendo una y única, se orienta en dos direcciones: el servicio a Dios y el testimonio-anuncio para los hombres. De esta manera se funden aquí dos concepciones: la del sacerdocio como mediación cultual y la del sacerdocio como mediación testimonial.

enviados por él para castigar a los malhechores y premiar a los que actúan bien.
15 Pues ésa es la voluntad de Dios: que al
hacer el bien hagan callar la ignorancia de
los necios. 16 Ustedes son libres, pero no
utilicen la libertad como pretexto para el
mal, sino para servir a Dios. 17 Muestren
aprecio a todos, amen a los hermanos, respeten a Dios, honren al jefe del Estado.

18 Que los esclavos obedezcan respetuosamente a sus amos, no sólo a los bondadosos e indulgentes, sino también a los
severos. 19 Porque es digno de alabanza
soportar por amor a Dios las penas sufridas
injustamente. 20 Si tuvieran que sufrir castigo por haber faltado, ¿qué mérito tendrían? Pero si hacen el bien y por eso sufren pacientemente, eso sí agrada a Dios.

21 Han sido llamados a comportarse así,
pues también Cristo sufrió por ustedes,
dejándoles un ejemplo para que sigan sus
huellas.

22 *El no cometió pecado,*
ni se halló engaño en su boca;
23 insultado no respondía con insultos;
sufría sin amenazar,
confiando en Dios,
que juzga con justicia.
24 El cargó con nuestros pecados,
llevándolos en su cuerpo
hasta el madero,
para que, muertos al pecado,
vivamos para la justicia.

Ustedes fueron sanados a costa de sus
heridas, 25 pues eran como ovejas descarriadas, pero ahora han vuelto al que es su
pastor y guardián.

3 1 Que las esposas obedezcan respetuosamente a sus maridos, para que, si algunos son reacios al mensaje de salvación,
puedan ser conquistados no con palabras,
sino por el comportamiento de sus esposas,
2 al contemplar su conducta irreprochable
y respetuosa. 3 No se preocupen por el adorno exterior: peinados, alhajas de oro, vestidos elegantes; 4 sino por el interior, el del
corazón humano, el adorno imperecedero
de un espíritu apacible y sereno. Esa es la
verdadera belleza a los ojos de Dios. 5 Porque así se adornaban en otro tiempo aquellas santas mujeres que tenían puesta su esperanza en Dios: obedeciendo respetuosamente a sus maridos, 6 como Sara que obe-
decía a Abrahán llamándolo señor. Ustedes serán como ella, si hacen el bien sin
dejarse atemorizar por nada.

7 De modo semejante, ustedes, los maridos, sean comprensivos en la convivencia con sus mujeres, pues la mujer es un
ser más delicado; y trátenla con respeto,
pues están llamadas a heredar con ustedes
la gracia de la vida. Así sus oraciones serán
siempre escuchadas.

Llamados a la vida haciendo el bien

Sal 34 12-16; Lc 6 27-35; Is 8 12-13; Mt 5 10; Rom 8 31-34;
Gn 6 1-7.13-22; Heb 9 26-28; 1 Pe 1 3

8 Finalmente, tengan todos el mismo
pensar; sean compasivos, fraternales, misericordiosos y humildes. 9 No devuelvan
mal por mal, ni injuria por injuria; al contrario, bendigan, ya que han sido llamados
a heredar la bendición. 10 Pues:

Quien desee amar la vida
y ver días felices,
aparte su lengua del mal
y sus labios de la falsedad.

• **2 11-3 7**: El autor de la carta pone especial énfasis en tres actitudes que considera básicas en el creyente: *obedecer, hacer el bien, sufrir.* El tema del sufrimiento siguiendo las huellas de Cristo constituye la base teológica de toda esta sección, pues la pasión de Cristo es la razón más profunda que puede legitimar, dar sentido y hacer posible una auténtica conducta cristiana. Esta es la razón por la que el autor introduce aquí un antiguo himno (1 Pe 2 22-24), en el que encontramos continuas referencias a Is 53. Jesús, asumiendo la figura del siervo sufriente, nos ha traído la salvación y nos ha dado un ejemplo de cómo debemos soportar el sufrimiento. De este modo, se ha convertido en el verdadero pastor anunciado por Ezequiel (Ez 34).

Entre las múltiples recomendaciones que el autor de la carta hace a los cristianos puede resultar sorprendente la de *respetar al jefe del Estado.* Sin duda que Pedro se refiere a un honor meramente cívico, pero como en el siglo II la expresión *respetar al emperador* significaba tributarle culto religioso, podemos pensar en una fecha relativamente temprana para la redacción de la carta, cuando todavía los cristianos no eran perseguidos por negarse a rendir culto al emperador.

También las relaciones marido-mujer deben estar penetradas de los mismos valores y actitudes: obediencia, sabiduría, esperanza, respeto.

• **3 8-22**: El tema del sufrimiento, de *tener que padecer por hacer lo que Dios quiere* (1 Pe 3 14), preocupa mucho al autor de la carta. Para darle consistencia teológica acude constantemente al ejemplo de la pasión de Cristo. Cristo no es sólo el salvador de los cristianos, es también su modelo. Por eso, comportarse bien y tener que sufrir, lejos de ser cosas incompatibles, constituyen en los misteriosos planes de Dios un binomio inseparable.

11 *Huya del mal y haga el bien;*
busque la paz y corra tras ella.
12 *Porque los ojos del Señor*
se fijan en los buenos
y sus oídos escuchan su oración.
Pero el Señor rechaza
a los que practican el mal.

13 ¿Quién les hará mal si buscan con entusiasmo el bien? 14 Dichosos si tienen que padecer por hacer lo que es justo. No teman las amenazas ni se asusten. 15 Por el contrario, den gloria a Cristo, el Señor, y estén siempre dispuestos a dar razón de su esperanza a todo el que les pida explicaciones. 16 Háganlo, sin embargo, con sencillez y respeto, como quien tiene limpia la conciencia. Así, quienes hablan mal de su buen comportamiento como cristianos, se avergonzarán de sus calumnias. 17 Pues es preferible sufrir por hacer el bien, si así lo quiere Dios, que por hacer el mal.

18 También Cristo murió una sola vez por los pecados, el inocente por los culpables, para conducirlos a Dios. En cuanto hombre sufrió la muerte, pero fue devuelto a la vida por el Espíritu, 19 el cual le impulsó a proclamar el mensaje a los espíritus encarcelados, 20 es decir, a aquellos que no quisieron creer cuando en los días de Noé Dios los soportaba pacientemente mientras se construía el arca en la que unos pocos (ocho personas) se salvaron navegando por el agua. 21 Aquello anunciaba anticipadamente el bautismo que ahora los salva y que no consiste en limpiar la suciedad corporal, sino en implorar de Dios una conciencia limpia en virtud de la resurrección de Jesucristo, 22 el cual, ascendido al cielo, está a la derecha de Dios y tiene sometidos a ángeles, potestades y dominaciones.

Origen de la mentalidad cristiana y del amor

Prov 10 12; Rom 2 6-11; 1 Cor 13;
Rom 12 6-13; 13 11-12; 1 Jn 2 18; Mt 25 14-30

4 1 Así pues, ya que Cristo sufrió en cuanto hombre, háganse también ustedes a la idea de que aquel que sufrió en cuanto hombre ha acabado con el pecado, 2 para que ustedes vivan el resto de su vida mortal no según las pasiones humanas, sino según la voluntad de Dios. 3 Porque bastante tiempo han vivido al estilo de los no creyentes, entregados al desenfreno y a la lujuria, a comilonas, borracheras y abominables cultos idolátricos. 4 Y como ustedes no participan en ese desbordamiento de lujuria, se extrañan y hablan mal de ustedes. 5 Pero ya rendirán cuentas al que está pronto para juzgar a vivos y muertos. 6 Por eso se ha anunciado el evangelio también a los muertos, para que lo mismo que fueron condenados en cuanto hombres por su condición mortal, tengan vida divina gracias a su condición espiritual.

7 Se aproxima el fin de todas las cosas. Sean, pues, prudentes y vivan sobriamente para dedicarse a la oración. 8 Ante todo, ámense intensamente unos a otros, pues el amor perdona los pecados. 9 Sean hospitalarios unos con otros sin quejarse. 10 Cada uno ha recibido su don; pónganlo al servicio de los demás como buenos administradores de la multiforme gracia de Dios. 11 El que habla, que lo haga conforme al mensaje de Dios; el que realiza un servicio, hágalo con la fuerza que Dios le ha concedido, a fin de que en todo Dios sea glorificado por Jesucristo, a quien corresponden la gloria y el poder por siempre. Amén.

El pasaje de 1 Pe 3 18-22 debe formar parte de un primitivo "credo" cristiano de origen probablemente bautismal. Esta profesión de fe tiene como finalidad ayudar a comprender y justificar el sufrimiento del cristiano inocente (1 Pe 2 13-17), y al mismo tiempo servir de fundamento a su alejamiento del pecado (1 Pe 4 1-6) y al amor mutuo (1 Pe 4 7-11). El modelo a seguir es Cristo, que ha asumido hasta las últimas consecuencias la condición natural de los hombres. Precisamente desde esta solidaridad con los hombres, Cristo ha podido realizar una liberación total. En este sentido, el autor de la carta dirá audazmente, con expresiones un tanto confusas, pero con total seguridad, que la salvación ha llegado incluso para aquellos que han quedado en la historia bíblica como modelo de pecadores (por ejemplo, la generación del diluvio: 1 Pe 3 20) o para aquellos que, por haber muerto, parecerían quedar fuera de su influjo salvífico. En cualquier caso, es éste un pasaje que resulta muy difícil de interpretar con precisión.

• **4** 1-11: El autor sigue remitiendo de manera insistente y casi obsesiva a la pasión de Cristo. Siguiendo su ejemplo y experimentando lo que de sufrimiento supone el ser rechazados por los hombres, los creyentes vivirán según la voluntad de Dios.

Notemos que al momento de escribirse estas líneas la comunidad cristiana espera todavía como algo inminente la consumación de la historia. Es otro dato que sugiere una fecha no demasiado tardía para la redacción de la carta. Precisamente por eso, en 1 Pe 4 11 parece más correcto traducir *realizar un servicio* que desempeñar un ministerio. No obstante, la relación entre ministerio y servicio es constante en todo el Nuevo Testamento.

Sufrir con Cristo

Lc 21 12; Hch 5 41; 1 Tes 2 14-16; Is 11 2; Jr 25 29; *Prov 11 31;* Ez 9 6

12 Hermanos queridos, no les extrañe
esta prueba de fuego que se les ha venido
encima como si de algo insospechado se
tratara. 13 Alégrense, más bien, porque
comparten los padecimientos de Cristo,
para que también se alegren gozosamente
cuando se manifieste su gloria. 14 Dichosos si son insultados por el nombre de Cristo; eso indica que el Espíritu glorioso de
Dios reposa sobre ustedes. 15 Que ninguno
de ustedes tenga que sufrir por asesino o
ladrón, por malhechor o por meterse en
asuntos ajenos. 16 Pero si sufre por ser cristiano, que no se avergüence, sino que glorifique a Dios por llevar ese nombre. 17 Porque ha llegado el momento del juicio, que
comenzará por la casa de Dios. Y si comienza por nosotros, ¿qué suerte correrán
los que no creen en el evangelio de Dios?
18 Pues si *el justo a duras penas se salva,*
¿qué será del impío y del pecador? 19 Por
tanto, incluso los que sufren según la voluntad de Dios deben encomendarse al
Creador, que es fiel, y no dejar de practicar
el bien.

Exhortaciones particulares

Hch 11 30; 15 2-6; 20 28-31; 1 Tim 5 17-22; *Prov 3 34*

5 1 Esta es la exhortación que dirijo a los
responsables de sus comunidades yo,
que comparto con ellos esa responsabilidad y soy testigo de los padecimientos de
Cristo y partícipe ya de la gloria que está a
punto de manifestarse: 2 Apacienten el rebaño que Dios les ha confiado, no a la fuerza, sino con gusto, como Dios quiere; y no
por los beneficios que pueda traerles, sino
con ánimo generoso; 3 no como déspotas
con quienes les han sido confiados, sino
como modelos del rebaño. 4 Así, cuando
aparezca el supremo pastor, recibirán la
corona de la gloria que no se marchita.
5 Del mismo modo, ustedes, jóvenes, respeten a los mayores. Sean humildes en sus
relaciones mutuas, pues *Dios se enfrenta a*
los soberbios, pero concede su favor a los
humildes.

Exhortación general

Ef 6 11-18; Ez 22 25

6 Así pues, humíllense bajo la poderosa
mano de Dios, para que los exalte en su
momento. 7 Confíenle todas sus preocupaciones, ya que él se preocupa de ustedes.
8 Vivan con sobriedad y estén alerta. El
diablo, su enemigo, ronda como león rugiente buscando a quien devorar. 9 Hágan-
le frente con la firmeza de la fe, sabiendo
que sus hermanos dispersos por el mundo
soportan los mismos sufrimientos.
10 Y el Dios de toda gracia, que los ha
llamado a su eterna gloria en Cristo, después de un corto sufrimiento los restablecerá, los fortalecerá, los robustecerá y los
consolidará. 11 Suyo es el poder por siempre. Amén.

• **4 12-19**: El tema, a primera vista contradictorio, del sufrimiento como fuente de alegría, es frecuente en el Nuevo Testamento (véase Mt 5 10-12; Hch 5 41; 2 Cor 1 3-7; *Flp 2 17-18; 1 Tes 1 6*). *Sólo desde* la absoluta confianza en Dios y desde la solidaridad con Cristo es posible entender y vivir esta aparente contradicción de la alegría en y a pesar del sufrimiento. El cristiano no es un masoquista y por tanto no busca el dolor por el dolor; más bien lo asume como necesario acompañante de la limitación humana y, en comunión con la vida y el destino de Cristo, lo transforma en instrumento redentor.

• **5 1-11**: La cálida exhortación a los responsables de la comunidad con la que comienza este pasaje final de la carta, cuadra perfectamente con el carácter de carta encíclica que hemos sugerido para la primera carta de Pedro (véase Introducción). El texto griego emplea los términos *presbítero* y *copresbítero*, que no deben ser entendidos en el sentido técnico actual de sacerdotes subordinados al obispo, sino más bien como responsables de la comunidad, a quien se ha confiado su cuidado. La imagen del pastor, que en el Nuevo Testamento se aplica a Jesús (Jn 10, y de forma más velada Mc 6 30-44 y par), y luego a Pedro (Jn 21 15-17), sirve aquí para ilustrar, como en Hch 20 28, la misión de estos responsables de la comunidad.

Por lo demás, a todos se pide humildad, vigilancia y plena confianza en Dios, sabiendo que la palabra final no es de sufrimiento sino de gloria.

Para los que han aceptado la buena noticia de Jesús todo es gracia. Pero, según Pedro, gracia es sobre todo vivir el sufrimiento presente en comunión con la pasión de Cristo y con el sufrimiento de los hermanos.

Saludos finales

Hch 15 22.27.32; 1 Tes 1 1; Rom 16 16

12 Por medio de Silvano, a quien ustedes consideran un hermano digno de confianza, según tengo entendido, les he escrito brevemente para exhortarles y asegurarles que ésta es la verdadera gracia de Dios. Permanezcan firmes en ella.

13 Los saluda la iglesia de Babilonia, a la que Dios ha elegido lo mismo que a la de ustedes; los saluda también Marcos, mi
hijo. 14 Salúdense mutuamente con el beso de amor fraternal. Paz a todos ustedes, los que viven unidos en Cristo.

• **5 12-14**: Los saludos finales, acordes con los del comienzo, acentúan el carácter epistolar del escrito. La *iglesia de Babilonia* es, probablemente la iglesia de Roma. *Marcos* es, según la tradición cristiana, el autor del segundo evangelio, discípulo y secretario de Pedro. El saludo subraya la elección de Dios y el deseo de paz.

SEGUNDA CARTA DE SAN PEDRO

INTRODUCCION

La que conocemos como segunda carta de san Pedro tiene todas las características propias del género literario que podríamos llamar "carta testamento". En este género literario un personaje, que se supone está ya cercano a la muerte (véase Hch 20 17-38; 2 Tim; Jn 13-17), reúne a los suyos para darles las últimas recomendaciones con el objeto de asegurar la permanencia del grupo, advirtiéndole sobre los peligros que lo amenazan. Con esta finalidad les recuerda el pasado, y los conforta con la seguridad de que Dios seguirá actuando en el futuro.

Este esquema está claramente presente en la segunda carta de san Pedro que tiene también el valor de afirmar expresamente la inspiración divina de la Biblia (2 Pe 1 20-21), de aludir a una primera colección de cartas paulinas (2 Pe 3 15-16), y de dar una respuesta precisa al problema del retraso de la parusía o segunda venida del Señor.

1. Marco histórico de la carta

A pesar de haber sido tradicionalmente atribuida al apóstol Pedro, hay fuertes razones para pensar que el autor no pertenece a la primera generación cristiana, ya desaparecida (2 Pe 3 4). La evidente relación con la carta de san Judas, en la que se inspira y que suele fecharse en los últimos decenios del primer siglo, nos hace pensar también para la segunda carta de san Pedro en un autor y unos destinatarios de la segunda generación cristiana. Se trata de comunidades que llevan largo tiempo esperando el retorno glorioso del Señor y están desencantadas y desconcertadas porque la venida del Señor se demora más de lo previsto. En estas comunidades han hecho acto de presencia unos falsos maestros que con su enseñanza y su comportamiento amenazan con destruir la comunidad. No es fácil concretar quiénes son y a qué corriente de pensamiento pertenecen estos falsos maestros, pues el autor de la carta utiliza para aludir a ellos expresiones más bien convencionales.

Por otra parte, las diferencias tanto doctrinales como literarias entre la primera y la segunda carta de san Pedro son tan notables, que es muy difícil pensar en el mismo autor y en los mismos destinatarios. Puede, en cambio, pensarse en un círculo o una escuela "petrina" que se mantuvo en vigor durante todo el siglo primero y que en la frontera casi con el siglo segundo dio origen a este escrito. Con él se quería recordar la persona y las enseñanzas del maestro y al mismo tiempo salir al paso de una serie de peligros que amenazaban estas comunidades cristianas de la segunda generación. Comunidades, por lo demás, muy familiarizadas con la Sagrada Escritura, pero también con las tradiciones apocalípticas judías a las que el autor alude con frecuencia sin citarlas explícitamente. Comunidades también más abiertas a la cultura helenística que las que se transparentan en la carta de san Judas.

2. Características literarias y contenido

La carta está elaborada con maestría y detenimiento. En ella alternan la exposición, la exhortación y la controversia; junto a tonos solemnes y mesurados encontramos arrebatos apasionados. El recuerdo permanente del pasado va acompañado de la constante referencia al futuro. Todo esto se concreta en una estructura concéntrica que tiende a subrayar la polémica contra los falsos maestros, parte central del escrito. He aquí las líneas básicas de su estructura:

- Saludo: 2 Pe 1 1-2
- Exhortación a consolidar la vocación recibida: 2 Pe 1 3-11
- Recuerdo de la enseñanza de Cristo y de los profetas: 2 Pe 1 12-21
- Polémica contra los falsos maestros: 2 Pe 2 1-22
- El día del Señor en el mensaje de apóstoles y profetas: 2 Pe 3 1-10
- Exhortación a una vida santa: 2 Pe 3 11-16
- Conclusión: 2 Pe 3 17-18

En cuanto al contenido doctrinal, el autor quiere asegurar el bien fundamental de los cristianos que es la fe (2 Pe 1 1.5); por otra parte, trata de asegurar el conocimiento auténtico de Cristo (2 Pe 1 2.5.8; 2 20-21; 3 18) frente a los errores que amenazan y que pueden hacer peligrar la continuidad de la comunidad cristiana (2 Pe 2 1-22; 3 17).

En relación con la carta de san Judas (de la que con toda probabilidad depende), suprime ciertos elementos difíciles de entender por lectores no muy conocedores de las tradiciones judías. Pero al mismo tiempo amplía y reelabora los materiales que ha tomado de la carta de san Judas. ¿Supone esta carta un esfuerzo pastoral de conciliación frente a tendencias más particularistas insinuadas en la carta de san Judas? ¿Podemos hablar de un intento de síntesis entre diferentes tendencias en el seno de la Iglesia primitiva? Probablemente sí.

SEGUNDA CARTA DE SAN PEDRO

Saludo

Rom 1 7; Gal 1 3; 1 Pe 1 2

1 1 Simón Pedro, siervo y apóstol de Jesucristo, a cuantos en virtud de la justicia de nuestro Dios y Salvador Jesucristo
han obtenido una fe de tanto valor como la
nuestra. 2 Que la gracia y la paz abunden
en ustedes por el conocimiento de Dios y
de Jesús, Señor nuestro.

Exhortación a consolidar la vocación recibida

Rom 5 3-4; Gal 5 22-23; Sant 1 2-3; 1 Tim 4 7

3 Dios, con su poder y mediante el conocimiento de aquel que nos llamó con su
propia gloria y poder, nos ha otorgado todo lo necesario para la vida y la religión.
4 Y también nos ha otorgado valiosas y sublimes promesas, para que, evitando la corrupción que las pasiones han introducido
en el mundo, se hagan partícipes de la naturaleza divina.
5 Por eso mismo, pongan todo su empeño en unir a su fe una vida honrada; a la
vida honrada, el conocimiento; 6 al conocimiento, el dominio de sí mismo; al dominio de sí mismo, la paciencia; a la paciencia, la religiosidad sincera; 7 a la religiosidad sincera, el aprecio fraterno; y al aprecio fraterno, el amor. 8 Pues si poseen en
abundancia todas estas cosas, no quedarán
inactivos ni estériles en orden al conocimiento de nuestro Señor Jesucristo.
9 Quien no tiene estas cosas es un miope
que apenas ve y que se ha olvidado de que
ha sido liberado de sus antiguos pecados.
10 Por tanto, hermanos, esfuércense más y
más en consolidar su vocación y elección;
si lo hacen así, no fracasarán. 11 Y se les
concederá con generosidad entrar en el reino eterno de nuestro Señor y Salvador Jesucristo.

Recuerdo de la enseñanza de Cristo y los profetas

2 Cor 5 1-5; Flp 1 23-25; Jn 21 18-19; Is 42 1; 49 3; Mc 9 2-7; Mt 17 5; 1 Pe 1 10-12; 2 Tim 3 16

12 Por tanto, siempre les recordaré estas
cosas, aunque ya las sepan y estén afianza-
dos en la verdad que ahora poseen. 13 Pienso que es mi deber mientras viva en este
mundo mantenerlos alerta con mis consejos, 14 pues sé que dentro de poco, según
me lo ha manifestado nuestro Señor Jesucristo, tendré que abandonar este mundo.
15 Así que me esforzaré para que después
de mi partida puedan recordar continuamente todas estas cosas.
16 Cuando les dimos a conocer la venida
con poder de nuestro Señor Jesucristo, no lo
hicimos inspirados por fantásticas leyendas, sino porque fuimos testigos oculares
de su grandeza. 17 El recibió, en efecto,
honor y gloria de Dios Padre cuando vino
sobre él aquella voz que procedía del Dios
sublime: «Este es mi Hijo amado, en quien

• **1 1-2**: Numerosos e importantes manuscritos, en lugar de *Simón*, leen aquí, igual que en Hch 15 14, *Simeón*. Es ésta una variante arcaica del nombre semita de Pedro.

Con la fórmula *por el conocimiento de Dios y de Jesús* (que amplía la tradicional de *gracia y paz*), se anticipa uno de los motivos y expresiones claves de la carta.

• **1 3-11**: Objetivo fundamental de la carta es exhortar a los creyentes a que consoliden la vocación recibida. Una *vocación que es don de Dios*, que debe recorrer un camino bien definido, y que ha recibido la promesa de *participar de la naturaleza divina* (expresión de origen helenista) y de *entrar en el reino*.

• **1 12-21**: La palabra clave de esta sección –y en cierto modo de todo el escrito– puede ser *recordar*. Se trata de recordar constantemente el doble testimonio de los apóstoles y los profetas sobre Jesucristo. De este modo, los cristianos podrán mantenerse firmes en su fe sin dejarse arrastrar por nuevas y perniciosas doctrinas. Y recordar también que ya los apóstoles habían prevenido a los creyentes contra tales peligros (2 Pe 3 1-3). Es significativa la mención de *la palabra de los profetas* en los que se evoca al Antiguo Testamento, junto al *testimonio de los apóstoles*, que representan el Nuevo Testamento. Y es muy importante la afirmación de que la Sagrada Escritura no puede estar sometida al azar de una interpretación meramente privada y particular. Tal vez el autor de la carta se siente obligado a proclamar esta doctrina, porque está siendo testigo de interpretaciones erróneas, tanto de la Escritura en general como de las cartas paulinas en particular (2 Pe 3 11-18).

me complazco». 18 Y ésta es la voz, venida
del cielo, que nosotros escuchamos cuando
estábamos con él en la montaña santa.
19 Tenemos también la palabra de los
profetas, que es muy firme, y hacen bien
en dejarse iluminar por ella, pues es como
una lámpara que alumbra en la oscuridad,
hasta que despunte el día y el lucero matu-
tino brille en sus corazones. 20 En relación
con esto, sepan que ninguna profecía de la
Escritura puede ser interpretada por cuenta
propia, 21 pues ninguna profecía procede
de la voluntad humana, sino que, impulsados por el Espíritu Santo, algunos hombres
hablaron de parte de Dios.

Contra los falsos maestros

Jds 6-16; Is 52 52; Gn 6 1-8; 8 18; 19 1-6.24; Nm 22 7.28; Jn 8 34; Mt 12 45; Lc 12 47-48; *Prov 26 11*

2 1 Como hubo falsos profetas en el pueblo, también entre ustedes habrá falsos
maestros que promoverán sectas perniciosas. Negarán al Señor que los rescató y
atraerán sobre sí una inminente ruina. 2 Muchos se sumarán a sus desvergüenzas, y por
su culpa será difamado el camino de la
verdad. 3 Llevados de su codicia buscarán
aprovecharse de ustedes con palabras engañosas. Pero hace tiempo que está decretada
su condena y a punto de iniciarse su perdición.
4 Porque sabemos que Dios no perdonó
a los ángeles que pecaron, sino que los
arrojó a las cavernas tenebrosas del abismo
y allí los retiene para el juicio. 5 Tampoco
perdonó a quienes vivieron en los orígenes
–aunque sí preservó a Noé, junto con otros
siete, por ser el mensajero de la justicia
divina–, sino que desencadenó el diluvio
sobre aquel mundo de pecadores. 6 No
libró de la destrucción a las ciudades de
Sodoma y Gomorra, sino que las redujo a
cenizas como escarmiento para los que
pecaran después. 7 Libró, en cambio, al
justo Lot que, afligido por la conducta lujuriosa de aquellos libertinos, 8 sentía torturado día tras día su buen espíritu por las
perversas acciones que oía y veía entre sus
vecinos. 9 Y es que el Señor sabe librar de
la prueba a los que viven religiosamente y
reservar a los malvados para castigarlos el
día del juicio; 10 sobre todo a los que corren
detrás de sucios y desordenados apetitos y
a los que desprecian la autoridad de Dios.

Atrevidos y arrogantes, no temen hablar
mal de los seres gloriosos, 11 siendo así que
los ángeles, superiores en poder y fuerza,
no se atreven a maldecirlos en presencia
del Señor. 12 Son como animales irracionales, destinados por su naturaleza a ser caza-
dos y degollados. Hablan mal de lo que desconocen y como bestias perecerán, 13 recibiendo el pago de su maldad. Ponen sus
delicias en el placer a pleno día; son perversos y viciosos, y se deleitan en sus mentiras mientras banquetean alegremente con
ustedes. 14 Miran a la mujer adúltera con
ojos llenos de pasión y no se cansan de
pecar. Intentan seducir a los débiles; tienen
el corazón inclinado a la codicia. ¡Son unos
malditos! 15 Han abandonado el camino
recto y se han extraviado siguiendo el camino de Balaán, hijo de Beor, que buscó una
ganancia injusta 16 y fue reprochado por su
propia falta: una burra muda, expresándose
con voz humana, puso de manifiesto la
locura del profeta.

17 Esos hombres son manantiales sin
agua, nubes impulsadas por el huracán. Una
oscuridad profunda les espera. 18 Pronuncian discursos vanidosos y seducen con
desenfrenados placeres carnales a quienes
acababan de apartarse de los que viven en
el error. 19 Les prometen libertad, ellos que
son esclavos de la corrupción, porque cada
uno es esclavo de aquello que lo domina.
20 Y es que si después de haber huido de la
corrupción del mundo por haber conocido
al Señor y Salvador Jesucristo, vuelven a
enredarse en ella y son vencidos, su situación final es más lamentable que la primera. 21 Mejor les sería no haber conocido el

• **2 1-22**: Esta sección central de la carta utiliza a fondo el escrito antiherético que conocemos como "Carta de san Judas". En ocasiones lo cita a la letra y en ocasiones lo modifica y reelabora.

Los falsos maestros, a quienes se ataca crudamente en este pasaje, orientan sus falsas doctrinas en una doble dirección: se comportan de forma libertina y desenfrenada y además niegan la venida gloriosa del Señor. Tenemos la impresión de que el autor combate más la conducta que las ideas. Aunque resulta difícil precisar quiénes eran en concreto estos *falsos maestros*, suele verse en ellos a los precursores del movimiento gnóstico del siglo II.

camino de la justicia, que apartarse de los
santos preceptos que les fueron transmitidos, después de haber conocido dicho
camino. [22] Les pasa lo que dice el refrán:
El perro vuelve a su propio vómito y «el
puerco recién lavado vuelve a revolcarse
en el lodo».

La llegada del día del Señor

Jds 17-23; Gn 1 6-9; 7 11-21; Sal 90 4; Hab 2 2-3; Mt 24 43-44; Rom 2 4-8; 1 Tes 5 2.4; Ap 3 3

3 [1] Esta es ya, hermanos queridos, la segunda carta que les escribo. En ambas
pretendo, a base de recuerdos, despertar en
ustedes un sano criterio [2] y recordarles el
mensaje que ya les anunciaron los santos
profetas y el mandamiento del Señor y Salvador que les transmitieron sus apóstoles.
[3] Sepan ante todo que en los últimos días
vendrán hombres burlones, de esos que
siguen sus propios caprichos, [4] y les dirán
con ironía: «¿Dónde está la promesa de su
gloriosa venida? ¡Ya han muerto nuestros
padres y todo está igual que al principio
del mundo!». [5] Pero quienes dicen esto,
ignoran que antiguamente existieron unos
cielos y una tierra a los que Dios con su
palabra hizo emerger del agua y consolidó
en medio del agua. [6] Aquel mundo pereció
inundado por el agua. [7] En cuanto a los
cielos y la tierra de ahora, la misma divina
palabra los tiene reservados para el fuego,
conservándolos hasta el día del juicio y de
la destrucción de los hombres pecadores.
[8] Una cosa, hermanos queridos, no pueden ignorar: que un día es para el Señor
como mil años, y mil años como un día.
[9] Y no es que el Señor se retrase en cumplir su promesa como algunos creen; simplemente tiene paciencia con ustedes, porque no quiere que nadie se pierda sino que
todos se conviertan. [10] Pero el día del Señor
llegará como un ladrón. Y ese día, los cielos se derrumbarán con estrépito, los elementos del mundo se desintegrarán consumidos por el fuego, y la tierra y todo lo que
se haya hecho en ella saldrá a la luz.

Exhortación a una vida santa

Sal 102 26-27; Rom 8 19-23; Is 65 17; 66 22; Ap 21 1

[11] Si todas las cosas van a desmoronarse
de este modo, ¡qué conducta tan santa y tan
religiosa deberá ser la de ustedes, [12] mientras esperan y apresuran la venida del día
de Dios! Ese día en que los cielos se desintegrarán en llamas y los elementos del
mundo, consumidos por el fuego, se derretirán. [13] Nosotros, sin embargo, según la
promesa de Dios, esperamos unos cielos
nuevos y una tierra nueva, en los que habite la justicia.
[14] Por tanto, hermanos queridos, mientras esperan estos acontecimientos, procuren vivir en paz con Dios, limpios e irreprochables ante él, [15] considerando que se
salvan gracias a la paciencia de nuestro
Señor. En este sentido les ha escrito también nuestro amado hermano Pablo, según
la sabiduría que le fue otorgada. [16] Lo hace
en todas las cartas en las que se ocupa de
estas cosas, y en las que hay algunos puntos difíciles de comprender, puntos que
quienes no tienen instrucción y firmeza interpretan erróneamente, como hacen con el
resto de las Escrituras, ganándose así su
propia perdición.

Conclusión

1 Cor 10 12

[17] En cuanto a ustedes, hermanos queridos, puesto que conocen esto de antemano,
manténganse en guardia para que no los
arrastre el error de los que viven sin ley y se
derrumbe la fortaleza de ustedes. [18] Crezcan en gracia y conocimiento de nuestro
Señor y Salvador Jesucristo. A él la gloria
ahora y por siempre. Amén.

• **3 1-10**: El tema de la parusía o venida gloriosa del Señor ocupa ahora la atención preferente del autor. Insiste en el motivo del *recuerdo* (véase 2 Pe 1 12.15) y responde a las objeciones de los adversarios contra la venida definitiva del Señor, argumentando que aquellos no tienen en cuenta los datos de la Escritura ni el especial modo de ser y actuar de Dios.

• **3 11-18**: Es significativa la repetida utilización del verbo *esperar*. El tema de la *esperanza* (aunque con distinto término griego) está muy presente en la primera carta de Pedro (1 Pe 1 3.13.21); por eso, quienes siguen relacionando 2 Pe con la tradición petrina, encuentran en este dato un válido punto de apoyo. La alusión a cartas de Pablo que son equiparadas con *el resto de las Escrituras* sugiere un primer intento de canonización de escritos cristianos. Si además los falsos maestros a los que se refiere la segunda carta de Pedro se amparaban en una interpretación parcial y reductora de los escritos de Pablo, se explica mejor el interés del autor en respaldar su carta con la autoridad del apóstol Pedro.

CARTAS DE SAN JUAN

INTRODUCCION

Las tres cartas de san Juan, que junto con el cuarto evangelio y el libro del Apocalipsis constituyen la llamada tradición joánica, son una magnífica síntesis, hecha desde una óptica muy especial, de lo que tiene que ser la vida cristiana. Su mensaje sigue siendo actual porque los cristianos quieren saber también hoy cuáles son los criterios válidos para descubrir dónde está el Espíritu de Dios, para conocer cuál es la verdadera dimensión de Cristo, para vivir así con total autenticidad una fe siempre en peligro.

Pero esta tradición poseedora de unas características muy particulares que la distinguen, y a veces casi la enfrentan con lo que en los primeros siglos suele llamarse la Iglesia apostólica o gran Iglesia, pasó probablemente por una grave crisis de identidad hasta el punto de llegar a dividirse en varios grupos o corrientes. Las tres cartas de san Juan pueden ser testigos privilegiados de este proceso de ruptura.

1. Marco histórico de las cartas

El cuarto evangelio proponía ya una doctrina muy avanzada acerca de Jesús. Probablemente en un determinado momento y a causa del duro enfrentamiento con el judaísmo farisaico posterior a la asamblea de Yamnia (véase la Introducción al evangelio de Juan), un importante grupo de cristianos ligados a la comunidad de Juan se radicaliza a la hora de interpretar el cuarto evangelio y llega a conclusiones inaceptables. Conclusiones que tienen que ver con la persona de Cristo, con la moral cristiana y con la doctrina sobre el Espíritu Santo. Para hacer frente a estas interpretaciones radicalizadas del cuarto evangelio, un cristiano insigne de la comunidad joánica habría escrito (algunos años después del cuarto evangelio y probablemente en un orden inverso al de su colocación en la Biblia) estas tres cartas que la tradición cristiana ha atribuido a san Juan.

En las tres los destinatarios son miembros de la comunidad joánica a quienes se pone en guardia contra aquellos que están interpretando mal la verdadera doctrina. No es necesario ver en estos "adversarios de la tradición original" a herejes estrictamente gnósticos; pero sí pueden ser los precursores de un amplio movimiento heterodoxo que se desarrolló sobre todo en el siglo II. El autor de las cartas se refiere a ellos con palabras muy duras –los llama *anticristos, mentirosos, falsos profetas, raza de Caín, hijos del diablo, mundanos, seductores*– y los contrapone a los verdaderos creyentes que se distinguen por ser *fieles a lo que oyeron desde el principio* (1 Jn 2 24) y por *cumplir los mandamientos* (1 Jn 2 3-6), sobre todo el del amor fraterno (1 Jn 2 9-11).

2. Características literarias de las cartas

La relación lingüística y conceptual con el cuarto evangelio es evidente. Esto quiere decir que pertenecen a la misma tradición, pero no que hayan sido escritas por el mismo autor. Lo más probable es que los autores sean distintos, aunque actualmente bastantes expertos piensan que el autor de las cartas podría ser el redactor final del cuarto evangelio.

Las tres cartas, especialmente la primera, tienen un indudable carácter polémico. Están escritas en el marco de la controversia que sacudió las comunidades joánicas de los últimos decenios del siglo I, y esta circunstancia se refleja abiertamente en su contenido.

El Antiguo Testamento no es citado de forma explícita, pero las alusiones a él son relativamente abundantes. De manera especial está presente a través del tema central de la primera carta, que es el de la comunión-alianza y el del conocimiento de Dios (véase 1 Jn 2 3.13; 3 9; 5 20-21 y Jr 31 31-34).

En lo que se refiere al vocabulario, tal vez lo más significativo sea la afinidad con el judaísmo palestinense y en particular con la literatura de Qumrán. Palabras o expresiones como *practicar* (o caminar en) *la verdad, la iniquidad, el espíritu de la verdad*, o bien las antítesis Dios-mundo, luz-oscuridad, verdad-mentira, son habituales en los escritos de Qumrán. Es también significativa la presencia de temas bautismales: recuerdo de la palabra escuchada, reconocimiento de los pecados, invitaciones a creer en Jesús. Todos estos temas, sean judíos o cristianos, son asumidos y actualizados por el autor para iluminar la situación presente de los destinatarios de las cartas.

3. Contenido teológico

Nos centramos en la primera carta que es la más elaborada teológicamente y que recoge los elementos doctrinales de las otras dos. En realidad, constituye algo así como la síntesis teológica final de este particular personaje de la tradición joánica, e insiste en los siguientes aspectos:

– Hay que mantenerse fieles a lo enseñado *desde el principio*, y no hay que dejarse seducir por el progresismo excesivo de una parte de la comunidad (1 Jn 1 1-3; 2 24-26).

– No basta con *creer*. Hay que poner en práctica los mandamientos, sobre todo el gran mandamiento del amor, y hacer la voluntad del Padre (1 Jn 1 5-2 17; 4 7-5 3).

– Ya tenemos la vida eterna y poseemos el Espíritu; pero aún estamos a la espera de la consumación definitiva. Y en esta espera es posible el pecado, porque junto al Espíritu de la verdad, existe y actúa el espíritu de la mentira. Es preciso aprender a discernir entre los diversos espíritus (1 Jn 4 1).

– No hay que distorsionar la realidad de Cristo. Junto a su dimensión divina (subrayada por la comunidad del cuarto evangelio), es preciso insistir también en su dimensión humana (1 Jn 1 1-2; 4 2-3; 5 1), que llega hasta la entrega de su vida *por nuestros pecados* (1 Jn 2 1-2; 3 16; 5 6).

4. *Características de la primera carta*

La primera carta de san Juan es un documento excepcional del cristianismo primitivo. Nació de la confrontación surgida en el seno de la comunidad joánica y sin duda contribuyó eficazmente a que esta comunidad, al menos en su mayor parte, no se separara de la Iglesia apostólica.

Desde el punto de vista literario, la carta es un escrito desconcertante. Le faltan los rasgos característicos del género epistolar (no tiene saludos iniciales ni finales, no menciona ningún nombre concreto) y al leerla recibimos la impresión de tener en nuestras manos un escrito de carácter general. Por otra parte el autor llama repetidamente a sus lectores *hijos míos* o *hermanos queridos* (1 Jn 2 1.7.18.28; 3 18; 4 1.7.11; 5 21), les recuerda a menudo la fe que comparten y los exhorta a permanecer fieles, pues se supone que un grave peligro amenaza a la comunidad (1 Jn 2 18-27; 4 1-4). Todo esto implica tener delante un sector muy determinado de lectores.

A primera vista se observa que falta una estructura lógica y clara. El pensamiento se desarrolla siguiendo un movimiento en espiral en torno al tema central de nuestra comunión con Dios, enunciado en la introducción (1 Jn 1 3) y evocado también en la conclusión (1 Jn 5 13). Con todo, además de la introducción (1 Jn 1 1-4) y la conclusión (1 Jn 5 13-21), podemos distinguir una primera parte que gira en torno a la afirmación *Dios es luz* y por tanto los cristianos deben caminar en la luz (1 Jn 1 5-2 27); una segunda parte centrada en la experiencia de ser hijos de Dios (1 Jn 2 28-4 6); y una tercera parte en la que se relacionan la fe y el amor como criterios fundamentales para discernir la autenticidad de la vida cristiana (1 Jn 4 7-5 12).

En cuanto al contenido teológico, junto a los temas típicamente joánicos, hay también algunos comunes a todo el primitivo cristianismo: la esperanza de la parusía o segunda venida de Jesús (1 Jn 3 2) y del juicio (1 Jn 4 17), la interpretación de la muerte de Jesús como muerte expiatoria (1 Jn 2 2; 4 10), la purificación del pecado a través de la sangre de Jesús (1 Jn 1 7).

5. *Características de la segunda y tercera cartas*

A diferencia de la primera carta, estos dos escritos, los más breves de todo el Nuevo Testamento, tienen características marcadamente epistolares. Tanto el autor como los destinatarios de ambas cartas se hallan mencionados explícitamente; los saludos son los habituales y el contenido responde a las preocupaciones y problemas de una comunidad bien concreta. Pero el transfondo histórico de ambas parece el mismo que el de la primera, aunque en un momento ligeramente anterior.

Temáticamente, la segunda carta está más emparentada con la primera que la tercera, pero la semejanza literaria entre las dos es palpable y ambas parecen estar dirigidas a miembros de la comunidad joánica que residían fuera del núcleo central de la misma. Ambas pretenden poner en guardia a dichos miembros contra los cristianos radicalizados que han surgido en el seno de la comunidad joánica y que quieren presentarse como los únicos intérpretes válidos de dicha tradición (2 Jn 7-11).

Ambas tienen como autor al mismo personaje: "el presbítero", sin que se sepa quién pueda ser este personaje. Ciertamente no es Juan, el apóstol, pero sí alguien estrechamente vinculado a la tradición joánica y muy conocido por aquellos a quienes van dirigidas las cartas. Ambas tienen un final parecido: el autor esperaba visitar muy pronto a los destinatarios y completar de viva voz lo que no les ha dicho por escrito.

PRIMERA CARTA DE SAN JUAN

Motivo de la carta

Jn 1 1-5.14; 11 25-26; 17 20-21

1 1 Lo que existía desde el principio, lo
que hemos oído, lo que hemos visto
con nuestros ojos, lo que contemplamos y
tocaron nuestras manos acerca de la Palabra
de la vida, 2 –pues la vida se manifestó y
nosotros la hemos visto y damos testimonio, y les anunciamos la vida eterna que
estaba junto al Padre y se nos manifestó–,
3 lo que hemos visto y oído, eso les anunciamos para que también ustedes estén en
comunión con nosotros. Nosotros estamos
en comunión con el Padre y con su Hijo,
Jesucristo. 4 Les escribimos estas cosas
para que nuestra alegría sea completa.

1. Caminar en la luz ◊

Dios es luz

Sant 1 17; 1 Jn 2 4; Sal 32 1-5; Jn 1 29; 13 15

5 Este es el mensaje que le hemos oído
y les anunciamos: Dios es luz y no hay en
él oscuridad alguna. 6 Si decimos que estamos en comunión con él, y andamos en
oscuridad, mentimos y no practicamos la
verdad. 7 Pero si caminamos en la luz como
él, que está en la luz, estamos en comunión
unos con otros, y la sangre de Jesús, su
Hijo, nos purifica de todo pecado.
8 Si decimos que no tenemos pecado,
nos engañamos a nosotros mismos, y la
verdad no habita en nosotros. 9 Si reconocemos nuestros pecados, Dios, que es justo
y fiel, perdonará nuestros pecados y nos
purificará de toda maldad.
10 Si decimos que no hemos pecado, hacemos pasar a Dios por mentiroso, y su palabra no habita en nosotros.

2 1 Hijos míos, les escribo estas cosas para que no pequen. Pero si alguno peca,
tenemos ante el Padre un abogado, Jesucristo, el Justo. 2 El se ha entregado como
víctima por nuestros pecados; y no solamente por los nuestros, sino por los del
mundo entero.
3 Sabemos que conocemos a Dios, si
cumplimos sus mandamientos. 4 El que
dice: «Yo lo conozco», pero no cumple sus
mandamientos, es un mentiroso y la verdad no está en él. 5 En cambio, el amor de
Dios llega verdaderamente a su plenitud en
aquel que cumple su palabra. Esta es la
prueba de que estamos en él, 6 pues el que
dice que permanece en él, tiene que vivir
como vivió él.

• **1 1-4**: Más que ante un inicio estrictamente epistolar, estamos frente a una especie de introducción doctrinal que nos recuerda la del cuarto evangelio. En ella se enuncian los temas claves de la carta, particularmente la consideración de Jesucristo como *la palabra de la vida* manifestada de forma visible y palpable como hombre entre los hombres. Testigos fidedignos de esta impresionante realidad son los que vivieron con él *desde el principio.* Entre ellos se cuenta el propio autor de la carta por *su vinculación inmediata con los* primeros testigos de la fe. De esta manera, el autor sale al paso de quienes pretenden romper la unión de la comunidad al enseñar una doctrina que aleja de la auténtica comunión con Dios Padre y con su Hijo Jesucristo, única fuente de alegría.

◊ **1 5-2 27**: La primera parte de la carta desarrolla el tema de la comunión con Dios y de su conocimiento. Comunión y conocimiento que son auténticos si se hallan respaldados por el amor al prójimo. El autor de la primera carta de Juan parte de la convicción fundamental, según la cual, la teoría debe ir necesariamente acompañada de la práctica. La moral cristiana no es una realidad autónoma; brota de la entraña misma del hecho cristiano. Quienes no lo entienden así, no son verdaderos discípulos de Jesús. En su conjunto, pues, esta primera parte es una invitación a caminar en la luz, y esta invitación se fundamenta en la afirmación de que *Dios es luz* (1 Jn 1 5).

• **1 5-2 6**: Con la fórmula *si decimos* (que repite tres veces) el autor se refiere en realidad a los enemigos que tiene delante cuando escribe estas líneas. Dos acusaciones principales dirige contra ellos: *andan en la oscuridad* y *no son de la verdad.* Es decir, no se comportan correctamente, no ponen en práctica los mandamientos; en consecuencia ni viven en comunión con Dios ni lo conocen como es debido, con un conocimiento amoroso y vital, que es el auténtico conocimiento según la Biblia.

Frente al peligro siempre amenazante de evadirnos de la realidad y perdernos en vagas especulaciones religiosas, este pasaje es una vibrante llamada a la coherencia entre la fe y la vida. Al mismo tiempo no hay que olvidar la enigmática y universal realidad del pecado del que nos libera Cristo, *el abogado* (en griego "paráclito" o consolador, el mismo título que el cuarto evangelio da al Espíritu Santo: Jn 14 16.26; 15 26; 16 7).

El mandamiento del amor

Mt 22 37-40; Dt 6 5; Jn 12 35-36

7 Hermanos queridos, el mandamiento
acerca del que les escribo no es nuevo,
sino un mandamiento antiguo, que tenían
desde el principio. Este mandamiento antiguo es la palabra que oyeron. 8 Sin embargo, el mandamiento acerca del que les
escribo –que se realiza en él y en ustedes–
es nuevo, en el sentido de que la oscuridad
pasa y ya brilla la luz verdadera. 9 Quien
dice que habita en la luz y odia a su hermano, todavía habita en la oscuridad. 10 Quien
ama a su hermano permanece en la luz y
nada lo hará tropezar. 11 Sin embargo, el
que odia a su hermano habita en la oscuridad, camina en la oscuridad y no sabe a
dónde va, porque la oscuridad cegó sus ojos.
12 Les escribo a ustedes, hijos, porque
les han sido perdonados sus pecados por el
poder de su nombre.
13 Les escribo a ustedes, padres, porque
han conocido al que es desde el principio.
Les escribo a ustedes, jóvenes, porque
han vencido al maligno.
14 Les escribo a ustedes, hijos, porque
han conocido al Padre.
Les escribo a ustedes, padres, porque
han conocido al que es desde el principio.
Les escribo a ustedes, jóvenes, porque
son fuertes y la palabra de Dios permanece
en ustedes y han vencido al maligno.
15 No amen al mundo ni lo que hay en
él. Si alguno ama al mundo, el amor del
Padre no habita en él. 16 Porque todo lo
que hay en el mundo –los apetitos desordenados, la codicia de los ojos y el afán de la
riqueza humana– no viene del Padre, sino
del mundo. 17 El mundo y todos sus atractivos pasan. Pero el que hace la voluntad de
Dios permanece para siempre.

El anticristo

Jr 31 34; 2 Jn 7; Jn 5 22.24; 14 26; 14 7-9; 2 Tes 2 4

18 Hijos míos, estamos en la última hora. Han oído que iba a venir un anticristo;
pues bien, han surgido muchos anticristos.
Esta es la prueba de que ha llegado la última hora. 19 Salieron de entre nosotros,
pero no eran de los nuestros. Porque si hubieran sido de los nuestros, habrían permanecido con nosotros. Pero así ha quedado
claro que no todos son de los nuestros.
20 Ustedes, en cambio, tienen el Espíritu
que viene de Dios y lo saben todo. 21 No les
he escrito porque no conozcan la verdad,
sino porque la conocen, y porque ninguna
mentira procede de la verdad. 22 ¿Quién es
el mentiroso, sino el que niega que Jesús
es el Mesías? Ese es el anticristo, el que
niega al Padre y al Hijo. 23 Todo el que
niega al Hijo, se queda sin el Padre; y todo
el que reconoce al Hijo, tiene también al
Padre. 24 Ustedes deben permanecer fieles
a lo que oyeron desde el principio. Si son
fieles a lo que oyeron desde el principio,
también ustedes permanecerán en el Hijo y
en el Padre. 25 Y ésta es la promesa que él
nos ha hecho: la vida eterna.
26 Les he escrito estas cosas para ponerlos en guardia contra los que intentan se-
ducirlos. 27 En cuanto a ustedes, el Espíritu que recibieron de él permanece en ustedes y no tienen necesidad de que nadie les
enseñe; antes bien, ese Espíritu, que es
fuente de verdad y no de mentira, les enseña todas las cosas. Así pues, permanezcan
en él, conforme a lo que les enseñó.

• **2 7-17**: El *caminar en la luz* tiene ahora una aplicación concreta y fundamental en el amor fraterno, mandamiento a la vez *antiguo* (Lv 19 18) y *nuevo* en cuanto que Cristo, a través de su vida y de su muerte, le ha dado una nueva dimensión.

El autor evoca de nuevo el perdón de los pecados como elemento básico de la experiencia cristiana y pide a *los miembros de su comunidad* que no se dejen atrapar ni influir por el mundo en cuanto realidad antidivina. La repetida mención de *hijos, padres, jóvenes,* puede ser un simple recurso literario para acentuar los diversos aspectos de la victoria sobre las fuerzas del mal.

• **2 18-27**: Se subraya en este pasaje la insuficiencia de una fe que no admita la verdadera encarnación del Hijo de Dios. No reconocer a Cristo como verdadero hombre significa pertenecer al grupo de los *anticristos,* es decir, significa no estar en posesión de la auténtica fe. Este grupo de los *anticristos* se ha originado en el seno mismo de la comunidad joánica, y ha crecido tanto que constituye para el autor una señal evidente de que el tiempo final es algo inminente, si es que no ha comenzado ya.

En 1 Jn 2 20.27 el texto griego emplea tres veces la palabra *unción* o *consagración* que la presente Biblia ha traducido por *Espíritu.* Tal identificación parece justificada atendiendo al contexto inmediato, al mensaje de la tradición joánica (Jn 14 26) y a la inspiración profética del texto (Is 11 2; 61 1). Un manuscrito tan autorizado como el Sinaítico lee: *Es su Espíritu...el que los adoctrina.*

2. *Vivir como hijos de Dios* ◊

La esperanza de los hijos

Rom 8 14-17.37-39; Jn 1 12; 15 21; 16 3; 17 25

28 Sí, hijos míos, permanezcan en él,
para que, cuando se manifieste, tengamos
plena confianza y no nos quedemos avergonzados lejos de él el día de su gloriosa
venida. 29 Si saben que él es justo, reconozcan también que todo el que cumple la
voluntad de Dios ha nacido de él.
3 1 Consideren el amor tan grande que
nos ha demostrado el Padre: hasta el
punto de llamarnos hijos de Dios; y en verdad lo somos. El mundo no nos conoce,
porque no lo ha conocido a él. 2 Hermanos
queridos, ahora somos ya hijos de Dios, y
aún no se ha manifestado lo que seremos.
Sabemos que, cuando se manifieste, seremos semejantes a él, porque lo veremos tal
cual es.

Libres del pecado

Gn 3 15; Jn 12 31-32

3 Todo el que tiene en él esta esperanza
se purifica a sí mismo, como él es puro.
4 Todo el que peca se rebela contra Dios,
porque el pecado es la rebeldía. 5 Saben
que él se ha manifestado para borrar los
pecados, y que en él no hay pecado. 6 El
que permanece en él, no continúa pecando.
Todo el que peca, ni lo ha visto ni lo ha
conocido. 7 Hijos míos, que nadie los engañe. El que hace la voluntad de Dios es justo,
como él es justo. 8 El que peca pertenece al
diablo, porque desde el principio el diablo
peca. Y el Hijo de Dios se manifestó para
destruir las obras del diablo. 9 El que ha
nacido de Dios no peca, porque la semilla
divina permanece en él; no puede continuar pecando, porque ha nacido de Dios.
10 La distinción entre los hijos de Dios y
los del diablo es ésta: quien no hace la
voluntad de Dios y quien no ama a su hermano, no es de Dios.

El amor al prójimo

Jn 13 34; Gn 4 8; Jn 15 18-21; Dt 15 7-8.11

11 Porque el mensaje que oyeron desde
el principio es que debemos amarnos los
unos a los otros. 12 No como Caín, que era
del maligno, y mató a su hermano. Y ¿por
qué lo mató? Porque sus obras eran malas,
mientras que las de su hermano eran buenas. 13 No se extrañen, hermanos, si el
mundo los odia. 14 Nosotros sabemos que
hemos pasado de la muerte a la vida, porque amamos a los hermanos. El que no
ama permanece en la muerte. 15 Todo el
que odia a su hermano es homicida, y saben
que ningún homicida posee vida eterna.
16 En esto hemos conocido lo que es el
amor: en que él ha dado su vida por nosotros. También nosotros debemos dar la
vida por los hermanos. 17 Si alguien que

◊ **2 28-4 6**: Esta segunda parte de la carta está centrada en la experiencia de la filiación divina y en sus consecuencias prácticas. En la primera parte se invitaba a los cristianos a caminar en la luz; ahora se les invita a vivir como hijos de Dios. Eso supone una esperanza ilimitada en Dios, tanto en el presente como el futuro (1 Jn 2 20-3 2), alejamiento del pecado (1 Jn 3 3-10), solidaridad y amor fraternal (1 Jn 3 11-17), y confianza plena ante el juicio divino (1 Jn 3 18-24).

• **2 28-3 2**: El amor de Dios manifestado en Jesucristo es la fuente inagotable de nuestra esperanza. Pero esta *esperanza debe ser activa, dinámica*; debe hacer que la vida sea coherente con la fe; esto es lo que significa *cumplir la voluntad de Dios* (literalmente: *practicar la justicia*). Al mismo tiempo esta esperanza nos permite superar la oposición de un *mundo* incrédulo y enfrentado con Dios. El verbo *conocer* tiene en este pasaje todo su profundo sentido bíblico: indica que el mundo desprecia a los que son de Dios y no quiere tener ninguna relación con ellos.

El objetivo último de nuestra esperanza es *ver* a Dios o *ver* a Jesucristo en cuanto Hijo eterno de Dios; las dos interpretaciones son posibles en 1 Jn 3 2, pero el resultado final es el mismo: la participación de la vida divina en plenitud (véase Col 3 3-4).

• **3 3-10**: La oposición entre Cristo y el pecado es total. Por eso los que son verdaderamente de Cristo, los auténticos cristianos, *no pecan*. Esto debe ser entendido correctamente: no significa que el cristiano no pueda pecar –lo que estaría en contradicción con nuestra experiencia personal y las mismas afirmaciones del autor de la carta (véase 1 Jn 1 8-10; 2 1-2)–, sino que el creyente cuenta con la fuerza de Dios, que puede y quiere transformarlo siempre que se decida a luchar contra el pecado. El *no pecar* designa fundamentalmente la actitud de lucha contra el pecado, en cuanto participación en la lucha de Jesucristo, Hijo de Dios, contra el diablo.

• **3 11-17**: Lo que distingue a los hijos de Dios es el amor; en cambio, los seguidores del diablo se caracterizan por el odio. Consecuentemente, el amor es fuente de vida, mientras que el odio causa la muerte. Pero es evidente que el autor de la carta no habla de la vida física mortal, sino de la vida inmortal en y junto a Dios, de la *vida eterna*. Así se entiende que cuanto más grande es el amor, menos resistencia opondrá el cristiano a entregar y sacrificar la propia vida por causa de ese amor. El ejemplo de Cristo es aquí absolutamente definitivo e iluminador.

tiene bienes de este mundo ve a su hermano en necesidad y no se apiada de él, ¿como
puede permanecer en él el amor de Dios?

Confianza en Dios

Sant 1 22; Mt 7 21; Jn 14 13-14.21-23

18 Hijos míos, no amemos solamente de
palabra, sino con hechos y de verdad. 19 En
esto sabremos que pertenecemos a la verdad y tendremos la conciencia tranquila ante
Dios, 20 porque si ella nos condena, Dios
es más grande que nuestra conciencia y
conoce todas las cosas. 21 Hermanos queridos, si nuestra conciencia no nos condena,
podemos acercarnos a Dios con confianza,
22 y lo que le pidamos lo recibiremos de él,
porque cumplimos sus mandamientos y
hacemos lo que le agrada. 23 Y éste es su
mandamiento: que creamos en el nombre
de su Hijo Jesucristo y que nos amemos
los unos a los otros según el mandamiento
que él nos dio. 24 El que cumple sus mandamientos permanece en Dios, y Dios en
él. Por eso sabemos que él permanece en
nosotros: por el Espíritu que nos ha dado.

El Espíritu de la verdad

Dt 13 1-6; 18 20-22; Jn 3 31; 10 26.29

4 1 Hermanos queridos, no crean a cualquiera que pretenda poseer el Espíritu.
Hagan, más bien, un discernimiento para
ver si pertenece a Dios, porque han surgido
en el mundo muchos falsos profetas. 2 En
esto conocerán que poseen el Espíritu de
Dios: si reconocen que Jesucristo es verdaderamente hombre, pertenecen a Dios;
3 pero si no lo reconocen, no pertenecen a
Dios. Más bien pertenecen al anticristo,
del cual han oído que tiene que venir, y
ahora ya está en el mundo. 4 Ustedes, hijos
míos, pertenecen a Dios y han vencido a
todos los falsos profetas, porque es más
grande el que está en ustedes que el que
está en el mundo. 5 Ellos son del mundo,
por eso hablan según el mundo, y el mundo los escucha. 6 Nosotros pertenecemos a
Dios. El que conoce a Dios nos escucha.
El que no conoce a Dios no nos escucha.
En esto distinguimos el espíritu de la verdad del espíritu del error.

3. El amor y la fe ◊

Dios es amor

Rom 5 8; 8 15; Mt 22 36-40; 5 44-45

7 Hermanos queridos, amémonos los
unos a los otros, porque el amor procede de
Dios. Todo el que ama ha nacido de Dios y
conoce a Dios. 8 Quien no ama no conoce
a Dios, porque Dios es amor. 9 Dios nos ha
manifestado el amor que nos tiene enviando al mundo a su Hijo único, para que vivamos por él. 10 El amor no consiste en
que nosotros hayamos amado a Dios, sino
en que él nos amó a nosotros, y envió a su
Hijo como víctima por nuestros pecados.
11 Hermanos queridos, si Dios nos amó
así, también nosotros debemos amarnos

• **3 18-24**: Lo que ya se ha anticipado en 1 Jn 3 17 ahora se recalca y explicita. El amor cristiano tiene que concretarse en hechos; no puede quedarse en bella teoría. Además, el amor que se traduce en obras es precisamente la piedra de toque del auténtico creyente: *amar la verdad* y *ser de la verdad* son en este pasaje dos expresiones perfectamente correlativas. Y como nos estamos moviendo en el seno de la tradición joánica, parece correcto afirmar que *ser de la verdad* y *ser de Cristo*, son dos expresiones equivalentes, ya que *Cristo es la verdad* (Jn 8 32;14 6). Esta pertenencia a Cristo contribuye de manera decisiva a dar paz a nuestra conciencia siempre amenazada por la presencia inquietante del pecado. Y es que, por una parte, Cristo nos defiende del mal; y por otra, nuestro Dios es un Dios compasivo, muy por encima de nuestras miserias, nuestras rebeldías y nuestros remordimientos.

• **4 1-6**: El descubrimiento del protagonismo del Espíritu en la vida cristiana debe considerarse como una de las principales aportaciones de la comunidad joánica. Todos en ella, tanto los que parecen haberse extralimitado como los que están representados por el autor de la carta, invocan al Espíritu como garantía de su fe y de su conducta. Pero sólo los que admiten una verdadera encarnación del Hijo de Dios pueden estar seguros de *poseer el Espíritu de Dios*. Los destinatarios de la carta están entre estos últimos y tienen, por tanto, la victoria final asegurada.

◊ **4 7-5 12**: En la tercera parte de la carta se establece el criterio válido para determinar en qué radica la auténtica identidad cristiana. Este criterio consiste en una correcta relación entre la fe y el amor. La fe verdadera y el amor mutuo son dos aspectos inseparables de un único criterio y sirven para valorar en qué medida el cristiano es fiel a su fe en la vida de cada día.

• **4 7-21**: El tema del amor acapara toda la atención del pasaje. La afirmación central: *Dios es amor*, es una de las tres célebres descripciones joánicas de la naturaleza profunda de Dios que, además de amor, es *espíritu* (Jn 4 24) y es *luz* (1 Jn 1 5).

Al decir que *Dios es amor*, el autor no pretende dar una explicación filosófica del ser divino, sino más bien ofrecer una descripción existencial, es decir, quiere recorcordarnos que Dios se nos ha revelado en su Hijo como un Dios que nos ama. Su actividad más específica es el

unos a otros. 12 Nadie ha visto jamás a
Dios; si nosotros nos amamos los unos a
los otros, Dios permanece en nosotros y su
amor ha llegado en nosotros a la perfección. 13 En esto conocemos que permane-
cemos en él, y él en nosotros: en que él nos
ha comunicado su Espíritu. 14 Y nosotros
hemos visto y damos testimonio de que el
Padre ha enviado a su Hijo como Salvador del mundo. 15 Si uno reconoce que Jesús es el Hijo de Dios, Dios permanece en
él, y él en Dios. 16 Y nosotros hemos conocido y creído en el amor que Dios nos tiene.

Dios es amor, y el que permanece en el
amor permanece en Dios, y Dios en él.
17 Nuestro amor llega a la plenitud cuando
esperamos confiados el día del juicio, porque también nosotros compartimos en este
mundo su condición. 18 En el amor no hay
lugar para el temor. Al contrario, el amor
perfecto destierra el temor, porque el temor
supone castigo, y el que teme no ha logrado
la perfección en el amor. 19 Nosotros debemos amarnos, porque él nos amó primero.
20 Si alguno dice: «Yo amo a Dios», y odia
a su hermano, es un mentiroso; pues quien
no ama a su hermano a quien ve, no puede
amar a Dios a quien no ve. 21 Y nosotros
hemos recibido de él este mandato: que el
que ama a Dios, ame también a su hermano.

La victoria sobre el mundo

1 Pe 1 22-23; Dt 30 11; Jn 15 26; 5 32-34

5 1 El que cree que Jesús es el Mesías, ha
nacido de Dios. Y todo el que ama a
Dios, que da el ser, debe amar también a
todo el que ha nacido de él. 2 Por tanto, si
amamos a los hijos de Dios, es señal de
que amamos a Dios y de que ponemos en
práctica sus mandamientos. 3 Porque el
amor consiste en cumplir sus mandamientos, y sus mandamientos no son una carga.
4 Todo el que ha nacido de Dios vence al
mundo; y ésta es la fuerza victoriosa que
ha vencido al mundo: nuestra fe. 5 ¿Quién
es el que vence al mundo, sino el que cree
que Jesús es el Hijo de Dios?

6 Este es el que vino mediante agua y
sangre, Jesucristo; no por agua únicamente, sino por agua y sangre; y el Espíritu es
el que da testimonio, porque el Espíritu es
la verdad. 7 Porque tres son los que dan
testimonio: 8 el Espíritu, el agua y la sangre, y los tres están de acuerdo. 9 Si aceptamos el testimonio de los hombres, mayor
es el testimonio de Dios. Y Dios ha dado
testimonio acerca de su Hijo. 10 Si uno
cree en el Hijo de Dios, tiene ya el testimonio de Dios. Si uno no cree a Dios, lo
hace pasar por mentiroso, porque no cree
en el testimonio que Dios ha dado de su
Hijo. 11 Ahora bien, el testimonio consiste
en que Dios nos ha dado vida eterna, la
vida que está en su Hijo. 12 Quien tiene al
Hijo, tiene la vida; quien no tiene al Hijo
de Dios, no tiene la vida.

Confianza plena

Dt 22 26; Nm 15 30; Mc 3 28-29; Heb 6 4-6; 2 Pe 2 20-21; Jn 14 13-14; 15 22-24; 20 28; Rom 9 5

13 Les he escrito estas cosas a ustedes
que creen en el Hijo de Dios, para que sepan que tienen la vida eterna. 14 Esta es la
confianza que tenemos en él: que si le pedimos algo según su voluntad, nos escucha;
15 y si sabemos que nos escucha cuando le

amor. Lo es con respecto a su Hijo unigénito Jesucristo (Jn 3 25; 5 20; 10 17; 15 9; 17 26), y lo es con respecto a los hombres, por cuya salvación no dudó en enviar al mundo a su Hijo querido, entregándolo a la muerte (véase Jn 3 16; 1 Jn 3 16; Rom 5 8). En respuesta a este amor divino, el hombre debe, por supuesto, amar a Dios –esto es evidente y el autor de la carta ni siquiera lo dice expresamente–, pero debe sobre todo amar al prójimo. Esta es la novedad del evangelio: el amor al prójimo se convierte en signo sacramental del amor a Dios; el amor al prójimo pasa a ser criterio verificador del amor a Dios.

• **5 1-12**: Este pasaje constituye una especie de resumen doctrinal de la carta: relación entre amor y fe; inseparable vinculación entre el amor a Dios y el amor a los hermanos; confesión de Jesucristo como Dios verdadero, pero también como hombre verdadero; insuficiencia de un amor puramente intelectual y abstracto. Probablemente una especie de entusiasmo místico de ciertos miembros de la comunidad joánica, los había llevado a proclamarse libres de todo compromiso moral. Hay que salir al paso de semejante interpretación de la fe y el amor cristiano. Creer y amar como Dios quiere, lleva consigo cumplir su voluntad.

• **5 13-21**: La carta podía perfectamente haber terminado con el pasaje anterior. El autor añade estos párrafos finales para resaltar una vez más el pensamiento fundamental con el que abría la carta y que luego reaparece varias veces a lo largo de la misma: la vida divina, la *vida eterna* manifestada en Jesucristo (1 Jn 1 1-3; 2 25; 3 14-15; 5 11). Esta vida la poseen ya los destinatarios de la carta y eso les proporciona una gran seguridad en medio de un mundo amenazado por la muerte; por la muerte física, pero sobre todo por el pecado, que es la verdadera muerte.

pedimos algo, sabemos que tenemos todo
lo que le hemos pedido.
16 Si alguno ve a su hermano cometer
un pecado que no lleva a la muerte, pida a
Dios por él, y Dios le dará la vida. Me refiero a los que cometen pecados que no
llevan a la muerte. Porque hay un pecado
que lleva a la muerte; por ése, no digo que
se pida. 17 Aunque toda maldad es pecado,
no todo pecado lleva a la muerte.
18 Sabemos que todo el que ha nacido
de Dios no peca; el Hijo de Dios lo proteje, y el maligno no lo toca.
19 Sabemos que pertenecemos a Dios, y
que el mundo entero está bajo el poder del
maligno, 20 pero sabemos también que el
Hijo de Dios ha venido y nos ha dado inteligencia para que conozcamos al Verdadero. Y estamos en el Verdadero, en su Hijo,
Jesucristo. Este es el Dios verdadero y la
vida eterna.
21 Hijos míos, cuídense de los ídolos.

La expresión: *el pecado que lleva a la muerte*, parece referirse al pecado de la negación de la fe. La exhortación final se explica muy bien en el contexto de una comunidad a la que se quiere obligar a rendir culto a las imágenes del emperador. Ceder a tal tentación equivalía a cometer *un pecado que lleva a la muerte.*

Para 1 Jn 5 18 véase nota a 1 Jn 3 3-10.

SEGUNDA CARTA DE SAN JUAN

Saludo

3 Jn 1; Jn 8 32; 14 17

1 El presbítero, a la «señora elegida» y a
sus hijos, a quienes amo en la verdad, y no
sólo yo, sino también todos los que han
conocido la verdad, 2 pues compartimos la
verdad que permanece en nosotros y estará
con nosotros para siempre. 3 También estarán con nosotros la gracia, la misericordia y
la paz que procede de Dios Padre y de Jesucristo, el Hijo del Padre, en la verdad y
en el amor.

Amor mutuo y vigilancia atenta

3 Jn 3-4; 1 Jn 3 19; 2 7-11.18; 4 2-3; 2 22-24

4 Me alegré mucho al ver que tus hijos
se comportan de acuerdo con la verdad,
según el mandamiento que hemos recibido
del Padre. 5 Y ahora te ruego, señora, –y
no es nuevo el mandamiento acerca del
que te escribo, sino el que tenemos desde
el principio–, que nos amemos los unos a
los otros. 6 El amor consiste en comportarse según sus mandamientos. Este es el mandamiento que oyeron desde el principio,
para que se comporten de acuerdo a él.
7 Ahora han surgido en el mundo muchos seductores, los cuales no reconocen
que Jesucristo es verdaderamente hombre.
Entre ellos se encuentra el seductor y el
anticristo. 8 Ustedes estén atentos para no
echar a perder lo que han trabajado, y así
su recompensa será completa. 9 Todo el
que se descarría y no permanece en la doctrina de Cristo, no tiene a Dios. Pero quien
permanece en la doctrina, tiene al Padre y
al Hijo. 10 Si alguno va a visitarlos con una
doctrina distinta, no lo reciban en casa ni lo
saluden, 11 porque quien lo saluda comparte sus malas obras.

Despedida

3 Jn 13-14

12 Aunque tendría que decirles muchas
cosas por escrito, no he querido hacerlo con
papel y tinta; espero ir a verlos y hablarles
personalmente, para que nuestra alegría sea
completa. 13 Los hijos de tu hermana, elegida por Dios, te envían saludos.

• **1-3**: *Un saludo más bien solemne* con un contenido teológico denso y complicado; casi sorprende en una carta tan breve. El término y el concepto clave es: *la verdad.* Se menciona cuatro veces y parece conectarse muy estrechamente con la persona misma de Jesucristo. Se asocia al *amor* y la *gracia,* y en cierto modo constituye la piedra fundamental sobre la que se construye la comunidad cristiana. Su protagonismo en la teología joánica es evidente (véase Jn 1 14.17; 3 33; 8 32.44-45; 14 6; 17 17.19; 18 37-38; 1 Jn 1 6; 2 21.27; 5 6; 3 Jn 3-4.8.12).

• **4-11**: Los destinatarios de esta carta permanecen fieles al mensaje original, pero pueden ser inducidos al error por quienes están falseando la verdadera doctrina. Deben recordar que la vida cristiana es amor práctico y dinámico, y que Jesucristo se ha hecho verdadero hombre para enseñar a los hombres que no pueden eludir el compromiso de las realidades terrenas. En ningún caso el cristiano debe evadirse de los compromisos concretos. Dios Padre se ha hecho realmente presente en Jesucristo, y no sólo en apariencia. Negar esto es poner en juego el ser o no ser cristiano; por eso no se puede andar con medias tintas; hay que actuar con radicalidad.

• **12-13**: Este final subraya el carácter plenamente epistolar del escrito y la estrecha relación, tanto entre el remitente y los destinatarios, como entre las comunidades a las que ambos pertenecen.

TERCERA CARTA DE SAN JUAN

Saludo

2 Jn 1.4

1 El presbítero, al querido Gayo, a quien
amo en la verdad.
2 Querido Gayo, en todas las cosas deseo que te vaya bien y que tu salud corporal sea tan buena como la espiritual. 3 Me
alegré mucho cuando vinieron unos hermanos y contaron que sigues fiel a la verdad y
que vives de acuerdo con ella. 4 Nada me
produce tanta alegría como oír que mis hijos se comportan de acuerdo con la verdad.

Elogio de Gayo

Mt 10 41-42; 1 Cor 9 12.15

5 Mi querido amigo, te portas como creyente en todo lo que haces con los hermanos, y eso que son extranjeros. 6 Ellos han
dado testimonio de tu amor ante la comunidad. Harás bien en proveerlos para su
viaje de una manera digna de Dios, 7 pues
se han puesto en camino por el nombre de
Jesús, sin recibir nada de los no creyentes.
8 Tenemos la obligación de ayudar a hombres como ellos, para hacernos colaboradores de la verdad.

Diótrefes y Demetrio

1 Pe 5 3; 2 Cor 3 2-3; 1 Jn 3 6; 5 6; Jn 19 35

9 He escrito una carta a la comunidad.
Pero Diótrefes, que pretende controlar a
todos, no nos recibe. 10 Por eso, cuando yo
vaya allá, le echaré en cara su conducta,
pues está hablando mal de nosotros sin
razón, y no contento con esto, tampoco
recibe a los hermanos, y a quienes quieren
recibirlos les prohibe hacerlo y los expulsa
de la comunidad.
11 Mi querido Gayo, no imites lo malo,
sino lo bueno. El que hace el bien pertenece a Dios; el que practica el mal no ha visto
a Dios. 12 Todos hablan bien de Demetrio
y de su fidelidad a la verdad; nosotros también, y ya sabes que nuestro testimonio es
verdadero.

Despedida

2 Jn 12-13

13 Tendría mucho que decirte por escrito, pero no quiero hacerlo con tinta y pluma. 14 Espero verte pronto y hablar contigo
personalmente. 15 La paz sea contigo. Te
saludan los amigos. Saluda a los amigos, a
cada uno en particular.

• **1-4**: El saludo es más cordial y familiar que el de 2 Jn 1-3. Pero, lo mismo que allí, también aquí la palabra *verdad* ocupa el centro de la escena. En este caso, el autor de la carta subraya que la fidelidad a la verdad exige un comportamiento coherente.

• **5-8**: El autor de la carta elogia a Gayo por la ayuda prestada a ciertos miembros de la comunidad que actúan como misioneros itinerantes. Estos misioneros tienen derecho a dicha ayuda, no deben presentarse como limosneros harapientos y la obligación de ayudarlos corresponde a los creyentes.

• **9-12**: Se contrapone en este párrafo la conducta de dos cristianos, miembros sin duda de la comunidad joánica, y solo aquí mencionados dentro del Nuevo Testamento. Parece probable que el reproche hecho a Diótrefes tiene que ver con aspectos organizativos de la comunidad más que con posibles desviaciones doctrinales. No obstante, la expresión: *está hablando mal de nosotros sin razón*, deja entrever que Diótrefes tenía ciertas reservas sobre la ortodoxia del *presbítero*, autor de la carta.

• **13-15**: Final muy parecido al de la segunda carta, que constituye, por tanto, un argumento más en favor de que se trata en ambos casos del mismo remitente (véase nota a 2 Jn 12-13).

CARTA DE SAN JUDAS

INTRODUCCION

Estrechamente relacionada con la segunda carta de san Pedro, a la que sirve de documento inspirador, esta carta de san Judas es un escrito fundamentalmente exhortativo. Pero como la exhortación va dirigida a unos cristianos a quienes hay que poner en guardia contra ciertos adversarios de la fe, el escrito se convierte en controversia. Su estilo es vibrante, duro, lleno de amenazas, casi violento. Pero al mismo tiempo es armonioso, poético, solemne.

Es un escrito bastante alejado de la mentalidad moderna. Su lectura puede desconcertar y sus numerosas alusiones a una cultura religiosa distinta a la nuestra pueden resultarnos incomprensibles. Sin embargo, la Iglesia primitiva descubrió en él vestigios válidos de la genuina tradición apostólica, junto con el testimonio auténtico y normativo de valores cristianos que no debían perderse. En consecuencia lo admitió, a pesar de algunas resistencias, en la lista de libros sagrados.

1. *Transfondo histórico de la carta*

El autor de este escrito parece tener presente una comunidad cristiana en la que se han infiltrado unos pretendidos maestros de la verdad, pero que en realidad son portadores de error. ¿De qué comunidad se trata? Desde luego hay que pensar en cristianos sólidamente enraizados en la tradición judía, conocedores de la literatura apocalíptica y preocupados por mantener a la comunidad limpia e incontaminada frente a las amenazas, tanto interiores como exteriores, del mal. Estas amenazas se concretan ahora en unos falsos maestros a los que el autor de esta carta ataca con toda clase de argumentos. No es fácil precisar de qué "herejes" se trata. Son ciertamente personas que no han roto del todo con la comunidad, pero que a causa de su conducta libertina y su lenguaje atrayente, resultan altamente peligrosas. No sería descabellado considerar a estos falsos maestros como precursores de los gnósticos del siglo II. En todo caso, esta carta tiene todas las características de un escrito antiherético.

El autor de la carta se presenta a sí mismo como Judas, el hermano de Santiago. La tradición ha pensado en san Judas Tadeo, el apóstol. Es muy poco probable que se trate de tal personaje. Más bien hay que pensar en un judío convertido al cristianismo cercano a la escuela o tradición representada por Santiago, el hermano del Señor, cuya autoridad invoca el autor del presente escrito. Autor y destinatarios estarían viviendo los últimos años del siglo I sin que podamos precisar mucho más.

2. *Características literarias y contenido doctrinal*

La carta pertenece al género literario "controversia", tiene un carácter abiertamente polémico y es significativa la presencia en ella de abundantes motivos procedentes de la tradición apocalíptica judía. Precisamente el autor utiliza estas tradiciones extrabíblicas para actualizar y prolongar la Escritura que sigue siendo norma permanentemente válida.

La intención básica de la carta es animar a los creyentes a mantenerse firmes en la fe recibida de los apóstoles y a no ceder ante la seducción que puedan ejercer ciertos pretendidos maestros de la fe. Para conseguir este objetivo recuerda una serie de ejemplos típicos recogidos de la tradición judía y pone en guardia a los cristianos ante la posibilidad de que también ellos puedan ser objeto de castigos semejantes. Es lo que les sucederá si no se mantienen fieles a la doctrina recibida y no evitan comportarse libertinamente.

En un escrito tan breve apenas se puede hablar de estructura. Entre el saludo (Jds 1-4) y la conclusión (Jds 24-26), pueden distinguirse tres momentos, a saber: recuerdo de ejemplos pasados (Jds 5-7); ataque contra los falsos maestros (Jds 8-16); exhortación a la comunidad (Jds 17-23).

CARTA DE SAN JUDAS

Saludo y motivos de la carta

2 Pe 2 1; 1 Tim 1 18

1 Judas, siervo de Jesucristo y hermano
de Santiago, a los que han sido llamados y
se mantienen en el amor de Dios Padre y en
la entrega a Jesucristo. 2 Que la misericordia, la paz y el amor abunden en ustedes.
3 Hermanos queridos, yo tenía un gran
interés en escribirles acerca de nuestra común salvación; pero ahora me he visto
obligado a hacerlo para exhortarlos a combatir en defensa de la fe, que de una vez
por todas ha sido transmitida a los creyentes. 4 Y es que se han infiltrado entre ustedes unos hombres cuya condenación está
anunciada desde antiguo en la Escritura.
Son unos impíos que han convertido en libertinaje la gracia de nuestro Dios y reniegan de Jesucristo nuestro único dueño y
señor.

Recuerdo de ejemplos pasados

2 Pe 4 4-10; Ex 12 51; Nm 14 29-30;
2 Pe 2 4-10; Gn 19 4-25

5 Ya sé que lo conocen todo perfectamente. Sin embargo, quiero recordarles que
el Señor, después de salvar al pueblo de la
opresión egipcia, hizo perecer a los incrédulos. 6 Y a los ángeles que no supieron
conservar su dignidad y renunciaron a la
que era su propia morada, los mantiene bajo
el poder de la tiniebla perpetuamente encadenados en espera del gran día del juicio.
7 Igualmente, Sodoma y Gomorra, junto
con las ciudades de alrededor, que se entregaron lo mismo que ellas a la lujuria y a
vicios antinaturales, sufrieron la pena de
un fuego eterno, para ejemplo de los demás.

Contra los adversarios

2 Pe 2 10-17; Dn 10 13.21; Zac 3 2; Gn 4 3-8;
Nm 22 7-16; Dn 11 36

8 A pesar de eso, estos visionarios se
portan de modo semejante: profanan su
cuerpo, desprecian la autoridad e insultan a
los seres gloriosos. 9 Ni siquiera el arcángel
Miguel cuando discutía con el diablo dis-
putándose el cuerpo de Moisés se atrevió a
proferir algo injurioso; simplemente dijo:
«Que el Señor te reprenda». 10 Estos, en
cambio, hablan mal de lo que ignoran; y lo
poco que conocen por instinto, lo entienden
como animales irracionales, de modo que
los lleva a la ruina. 11 ¡Ay de ellos! Han
tomado el camino de Caín; por afán de
lucro han caído en la aberración de Balaán
y han perecido en la rebelión de Coré.
12 Esos son los que manchan los encuentros fraternos comiendo sin vergüenza alguna y preocupándose sólo de ellos mismos.
Son nubes sin agua arrastradas por el viento, árboles sin hojas ni fruto, completamente muertos, arrancados de raíz. 13 Son olas
bravías del mar que arrojan la espuma de
sus propias desvergüenzas, estrellas errantes a las que está reservada para siempre la
más completa oscuridad. 14 Ya profetizó de
ellos Enoc, séptimo patriarca después de
Adán, cuando dijo: «El Señor vendrá con
sus innumerables ángeles 15 a entablar juicio contra todos y a poner a todos en evidencia por todas las malvadas acciones que

• **1-4**: En el saludo hay una mínima variante con respecto a la fórmula habitual de las cartas neotestamentarias: la sustitución de gracia por *amor* (véase 2 Tim 1 2).

• **5-7**: El recurso al motivo del recuerdo es característico de esta carta y es también ampliamente utilizado por *la segunda* carta de Pedro. La magnitud de los tres pecados recordados y sus correspondientes castigos, ofrecen una primera aproximación a la gravedad del delito y a la severidad del castigo que serán los mismos para los falsos maestros infiltrados entre los destinatarios de la carta.

• **8-16**: La descalificación de los falsos maestros se hace sobre todo basándose en su conducta y sin apenas aludir al sistema ideológico en el que se basan. Los duros reproches se apoyan en citas tanto del Antiguo Testamento como de la literatura apócrifa judía (Jds 9 está tomado de la "Asunción de Moisés" y Jds 14-15 del "Libro de Enoc"; ambos escritos apócrifos de la época intertestamentaria).

En Jds 8 el vocablo *autoridad* –o soberanía– se refiere con toda probabilidad al poder de Cristo. En cuanto a los *seres gloriosos* es posible que, teniendo en cuenta el contexto, haya que entenderlo también de los ángeles pecadores.

cometieron, y por todas las insolencias que
los malvados pecadores profirieron contra
él». 16 Son unos murmuradores, descontentos, lujuriosos, presumidos y apegados a su
propio interés.

Exhortación a la comunidad

2 Pe 3 2-3; Am 4 11; Flp 1 10

17 Pero ustedes, hermanos queridos,
acuérdense de lo que les predijeron los
apóstoles de nuestro Señor Jesucristo,
18 cuando les advertían: «En los últimos
tiempos habrá impostores que vivirán im-
píamente y a capricho de sus pasiones».
19 Son los que introducen discordias, viven
sensualmente y no poseen el Espíritu.
20 Ustedes, en cambio, amados, edifiquen su vida sobre la santidad de su fe.
Oren movidos por el Espíritu Santo 21 y
consérvense en el amor de Dios esperando
que la misericordia de nuestro Señor Jesucristo los lleve a la vida eterna.
22 Ayuden a los que tienen dudas; 23 a
unos, sálvenlos arrancándolos del fuego; a
otros, compadézcanlos, aunque con cautela, aborreciendo incluso el vestido contaminado por su cuerpo.

Doxología final

Rom 16 25-27; Ef 3 20-21

24 Al que tiene poder para mantenerlos
sin pecado y presentarlos alegres e intachables ante su gloria; 25 al Dios único que es
nuestro Salvador, la gloria, la majestad, la
soberanía y el poder, por medio de nuestro
Señor Jesucristo, desde antes de todos los
tiempos, ahora y por todos los siglos. Amén.

• **17-25**: En la expresión *viven sensualmente y no hacen caso al Espíritu*, se podría detectar una alusión a la fórmula gnóstica que divide a los hombres en espirituales, sensuales y materiales. La solemne doxología final recuerda la de Rom 16 25-27 y hace pensar en una posible procedencia litúrgica.

APOCALIPSIS

INTRODUCCION

El Apocalipsis es un libro atrayente y desconcertante a la vez. Por un lado ejerce en quien lo lee un hechizo particular, porque se siente trasladado a un universo misterioso, rico de símbolos y de experiencias religiosas: sus imágenes atrevidas, sus personajes, sus cantos, el conjunto del desarrollo..., todo invita a adentrarse en él para descubrir un mensaje escondido. Pero por otro lado su lectura conduce al desconcierto manifestado en un conjunto de preguntas: ¿Qué significan exactamente los numerosos símbolos del libro? ¿Por qué un mensaje escondido? ¿Es posible descifrarlo y comprenderlo hoy, después de tantos años? Esta atracción y desconcierto han sido sus compañeros de camino a lo largo de la historia de la Iglesia, que lo ha leído especialmente en momentos de crisis, y lo siguen acompañando hoy. Dejemos por un momento el desconcierto y, guiados por la atracción, decidámonos a leer este fascinante escrito.

La palabra "apocalipsis" es la transcripción literal de un término griego que significa retirar el velo, descubrir el misterio que hay detrás de una persona, una cosa o un acontecimiento. Un apocalipsis es una revelación, la manifestación de algo oculto. Así pues, en el libro del Apocalipsis Dios quiere *revelarnos* algo.

1. Marco histórico del Apocalipsis

Al adentrarnos en este libro no debemos olvidar que el Apocalipsis ha nacido en el contexto de un fecundo movimiento que produjo otras obras literarias semejantes a ésta. En efecto, en el período de tiempo que va desde el siglo IV a. C. al II d. C. se desarrolló entre los judíos primero, y entre los cristianos después, un movimiento teológico-literario que nos ha dejado numerosos escritos muy útiles para entender el simbolismo y las expresiones del Apocalipsis.

El movimiento apocalíptico tiene su punto de arranque en el movimiento profético, pero se distingue de él por situar en el más allá de la historia la salvación prometida por Dios a la humanidad. De esto se deduce que con cierta frecuencia es difícil establecer la frontera entre apocalipsis y profecía. Por eso no es extraño que el autor califique su obra como *profecía* (Ap 1 3; 22 7.10.18), que se incluya él mismo en el número de los *profetas* (Ap 10 7; 22 9) y se considere enviado a *profetizar* sobre multitud de pueblos, razas, lenguas y reyes (Ap 10 11).

La literatura apocalíptica surgió para alimentar la esperanza del pueblo en situaciones críticas y difíciles, y el libro del Apocalipsis no es una excepción. Sus destinatarios son, sin duda, cristianos amenazados por la persecución y por la seducción, con el consiguiente riesgo de muerte y de deserción. La amenaza procede de fuera (del poder político representado por el imperio romano), pero también de dentro (de círculos cristianos que se han apartado de la verdadera fe).

Para hacer frente a esta situación de crisis, que podemos datar a finales del siglo I en tiempos del emperador Domiciano, un autor genial perteneciente a los círculos joánicos escribió esta obra única y misteriosa. No debe extrañar que el autor del libro se ampare en la autoridad del apóstol Juan, pues este fenómeno era muy frecuente entre los escritores antiguos, y de modo especial entre los escritores de la corriente apocalíptica. No se trata de una falsificación. Es simplemente una relación ideal que el verdadero autor del libro establece con un personaje conocido del pasado al que admira profundamente y bajo cuya guía espiritual se pone a escribir.

2. Características literarias y estructura del Apocalipsis

Lo que primero y más poderosamente llama la atención al encarar la lectura de este libro singular, es que se encuentra saturado de símbolos. Símbolos de todo tipo que el lector debe descifrar y comprender. La utilización masiva de símbolos es algo propio de la literatura apocalíptica pues sólo mediante símbolos es posible referirse a los planes misteriosos de Dios sobre los hombres y sobre su historia.

El origen concreto de los símbolos del libro del Apocalipsis hay que buscarlo fundamentalmente en el Antiguo Testamento, aunque a veces proceden también de tradiciones judías o de experiencias naturales. Los fenómenos naturales, los animales, los colores, los vestidos, los minerales preciosos, el hombre y su contexto social, todo es aprovechable para expresar un mensaje que desborda las realidades naturales.

¿Qué actitud tomar ante el símbolo? En primer lugar hay que dejarnos impresionar por su fuerza, no ofrecer resistencia ante su capacidad de evocación, meternos en esa atmósfera envolvente y enormemente sugestiva que tiene el poder de emocionarnos y situarnos en regiones cercanas a la contemplación del misterio. Luego hay que ir descifrando el símbolo pacientemente, analizando cada elemento uno a uno desde un estudio riguroso. Es preciso extraer su contenido teológico, sin quitarle su poder de evocación. En consecuencia, no se puede leer este libro demasiado aprisa; el ritmo de su lectura debe ser lento, intercalado de profundas pausas reflexivas y atentos silencios. Finalmente es preciso comprender el contenido del símbolo desde la situación concreta que el lector está viviendo: de su historia personal, de la comunidad cristiana, de la Iglesia, de los hombres. Es preciso relacionar el símbolo con la historia presente que está viviendo el autor. De lo contrario quedará en pura ficción desencarnada, sin ese poder que encierra para iluminar y orientar nuestro camino por el mundo.

La estructura literaria del Apocalipsis es muy sencilla. El libro aparece como una obra unitaria con una introducción (Ap 1 1-3) y una conclusión (Ap 22 6-21), que ponen un marco litúrgico al conjunto. Todo lo que se va a decir está destinado a una asamblea en oración.

El cuerpo del libro se divide en dos grandes partes desiguales en extensión y contenido, pero fácilmente apreciables:

En la primera (Ap 1 4-3 22) se realiza un proceso de conversión en presencia de Cristo resucitado (Ap 1 9-20), según el esquema que se repite en las cartas a las siete iglesias (Ap 2 1-3 22).

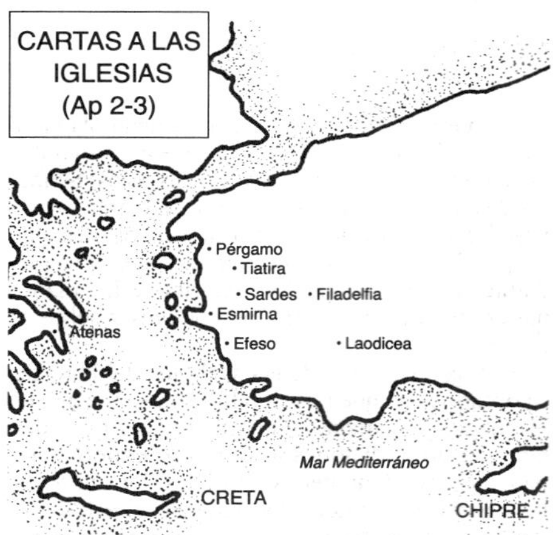

En la segunda (Ap 4 1-22 5) se muestra el desarrollo y desenlace de la historia de la salvación. Tras una breve introducción (Ap 4 1-5 14) se presentan las fuerzas que intervienen en ella (Ap 6 1-7 17) y su puesta en acción (Ap 8 1-11 14). El momento crucial es el choque de las fuerzas contrarias (Ap 11 15-16 16), cuyo desenlace es la victoria de la esposa frente a la gran prostituta, que simboliza las fuerzas del mal (Ap 16 17-22 5).

3. Mensaje teológico del libro

El contenido teológico que se descubre más allá de la disposición literaria y del simbolismo, es rico y sobre todo muy sugerente.

La primera parte contiene una invitación a la conversión desde la experiencia de Cristo resucitado que está presente en medio de la Iglesia.

La segunda parte es una lectura teológica de la historia hecha en profundidad. El punto de partida es una constatación negativa: la historia de la salvación está fracasando, porque las fuerzas de la injusticia, la muerte, el poder político..., las fuerzas demoníacas, en fin, dominan el teatro de este mundo. La interpretación del Apocalipsis es, sin embargo, positiva: esta victoria es sólo aparente, Dios la permite temporalmente, pero la victoria definitiva pertenece a Cristo, que con su fuerza vencerá todas las potencias malignas e instaurará el reinado de Dios, las bodas del Cordero en la Jerusalén celestial. El Apocalipsis aparece así como un canto al poder soberano de Dios que conduce los hilos de la historia, y una manifestación del papel de Cristo en este drama. Es, en definitiva, un mensaje de esperanza a una comunidad atribulada, que debe reconocer el momento en el que vive y debe aprender a interpretarlo adecuadamente.

La comunidad cristiana, ayer como hoy, está invitada a leer este libro. En él se habla fundamentalmente de un hecho que ha transformado la historia de la humanidad: el misterio pascual de Cristo, o dicho con palabras del Apocalipsis, la aparición del Cordero de pie, aunque degollado (Ap 5 6). Esta intervención decisiva de Cristo ha hecho que la eternidad de Dios se meta en nuestro tiempo, y que el espacio pierda sus coordenadas de arriba y abajo, y el cielo, el lugar de Dios, se abra e invada la tierra y la historia. Se trata, pues, de una teología de la historia, que se nos ofrece en forma de símbolos. Se le ha llamado con razón, el libro del consuelo cristiano. No es un libro fácil, ni está escrito para gente curiosa; es la respuesta divina al grito de la humanidad y al perseverante testimonio de la fe de la Iglesia.

APOCALIPSIS

Introducción

1 1 Esta es la revelación que Dios confió
a Jesucristo, para que mostrara a sus
siervos lo que está a punto de suceder.
Se lo comunicó a Juan, su siervo, por
medio del ángel que le envió, 2 y el mismo
Juan testifica que todo lo que ha visto es
palabra de Dios y testimonio de Jesucristo. 3 ¡Dichoso aquel que lee, y dichosos
aquellos que escuchan este mensaje profético y cumplen lo que está escrito en él!
Porque el momento decisivo está cerca.

I. LAS SIETE CARTAS A LAS IGLESIAS Δ

Introducción litúrgica

Sal 89 28.38; Ex 19 6; Is 61 6; 1 Pe 2 5.9;
Ap 5 10; 20 6; Dn 7 13; Zac 12 10.14

4 Juan a las siete iglesias que están en la
provincia de Asia: gracia y paz a ustedes
de parte del que es, del que era y del que
está a punto de llegar; de parte de los siete
espíritus que están ante su trono, 5 y de
parte de Jesucristo, el testigo fiel, el primero en resucitar de entre los muertos y el
soberano de los reyes de la tierra.
Al que nos ama y nos liberó de nuestros
pecados con su propia sangre, 6 al que nos
ha constituido en reino y nos ha hecho
sacerdotes para Dios, su Padre, a él la gloria y el poder para siempre. Amén.

7 ¡Fíjense cómo viene entre las nubes!
Todos lo verán,
incluso quienes lo traspasaron,
y las razas todas de la tierra
tendrán que lamentarse por su causa.
Así será. Amén.

8 «Yo soy el Alfa y la Omega –dice el
Señor Dios– el que es, el que era y el que
está a punto de llegar, el todopoderoso».

• **1 1-3**: Estos tres versículos funcionan como introducción a todo el libro. Desde el principio se ponen de manifiesto las características especiales de esta obra. Se trata de una revelación, concedida por Dios y hecha por Jesús a través de un ángel, a su siervo Juan, para que éste la comunique a toda la comunidad. Su contenido son los acontecimientos inmediatos y su lugar propio la celebración litúrgica, en la que intervienen un lector y una asamblea que escucha.

Desde el primer momento se insiste en la presencia de *Jesucristo como centro de todos los acontecimientos* narrados en el libro; todo el Apocalipsis se refiere constantemente a su persona y actividad. Se insiste también en la credibilidad del testigo, que obtiene el rango de profeta. En cuanto a la bienaventuranza proclamada en este comienzo del libro, es la primera de las siete que encontramos en todo el libro y que lo convierten en un libro de dicha y de consuelo y no en un catálogo de desventuras y fatalismos.

Δ 1 4-3 22: Esta primera parte del libro del Apocalipsis intenta colocar al lector en la situación adecuada para entender la segunda, que es la más extensa y la que contiene el mensaje central del libro. El núcleo de esta primera parte lo constituyen los capítulos 2 y 3. Estos capítulos son en su conjunto un detallado proceso penitencial, que el autor propone a la Iglesia antes de descubrirle el sentido de la historia, pues sólo aquellos que se han convertido a Cristo serán capaces de contemplar el desarrollo de la historia en profundidad.

Los primeros versículos (Ap 1 4-8) son un diálogo litúrgico con la comunidad que escucha y aclama. En Ap 1 9-20 se hace una detallada presentación de Cristo con las mismas imágenes con las que después se presenta ante las siete iglesias.

• **1 4-8**: La asamblea litúrgica está reunida y dispuesta a escuchar. En realidad en este comienzo del libro asistimos a una especie de diálogo litúrgico en el seno de la comunidad cristiana, que se corresponde con el diálogo final (Ap 22 6-21); ambos diálogos enmarcan todo el libro y le dan un valor de celebración litúrgica viva dentro de la Iglesia.

Pero antes de escuchar el mensaje, la comunidad quiere proclamar la dignidad y la autoridad de quien se lo dirige. De ahí la presentación de Jesucristo con todos sus títulos como protagonista de la historia y centro de la existencia cristiana.

Presentación de Cristo resucitado

Ex 25 31-40; Zac 4 1-14; Dn 7 13; 10 6; Ez 43 2; 1 28;
Is 44 6; 48 12; Ap 2 8; 22 13; Heb 7 25

9 Yo, Juan, hermano de ustedes, con
quienes comparto por amor a Jesús el sufrimiento y la espera paciente del reino,
me encontraba desterrado en la isla de Pat-
mos por haber anunciado la palabra de
Dios y haber dado testimonio de Jesús.
10 Caí en éxtasis un domingo y oí detrás de
mí una fuerte voz, como de trompeta, 11 que
decía:
–Escribe en un libro lo que estás viendo
y mándalo a estas siete iglesias: a Efeso,
Esmirna, Pérgamo, Tiatira, Sardes, Filadelfia y Laodicea.
12 Me dí vuelta para mirar de quién era
la voz que me hablaba, y al hacerlo vi siete
candelabros de oro, 13 y en medio de los
candelabros una especie de figura humana
que vestía larga túnica y llevaba una faja
de oro a la altura del pecho. 14 Los cabellos de su cabeza eran blancos como la lana y como la nieve; sus ojos eran como llamas de fuego; 15 sus pies como bronce en
horno de fundición, y su voz como estruendo de aguas caudalosas. 16 Tenía en
su mano derecha siete estrellas; de su boca
salía una espada cortante de doble filo y su
rostro era como el sol cuando brilla con
toda su fuerza. 17 Cuando lo vi, me desplo-
mé a sus pies como muerto, pero él puso
su mano derecha sobre mí, diciendo:
–No temas; yo soy el primero y el último; 18 yo soy el que vive. Estuve muerto,
pero ahora vivo para siempre y tengo en
mi poder las llaves de la muerte y del abismo. 19 Escribe, pues, lo que viste, lo que
está sucediendo y lo que va a suceder después de todo esto. 20 En cuanto al misterio
de las siete estrellas que viste en mi mano
derecha y a los siete candelabros de oro, las
siete estrellas son los ángeles de las siete
iglesias, y los siete candelabros son las siete
iglesias.

CAMINO PENITENCIAL +

A la iglesia de Efeso: ¡Regresa al primer amor!

Mc 1 15; Lc 3 3; Hch 2 38; 3 19;
2 Cor 11 13-15; Ap 22 2.14.19

2 1 Escribe al ángel de la iglesia de Efeso:
Esto dice el que tiene en su mano derecha las siete estrellas y pasea en medio de
los siete candelabros de oro:
2 –Conozco tus obras, tu esfuerzo y tu
perseverancia. Sé que no puedes soportar a
los malvados, que pusiste a prueba a los
que se llaman apóstoles sin serlo y los en-
contraste mentirosos. 3 Eres perseverante y
has sufrido por mi nombre sin desmayar.
4 Pero debo reprocharte que dejaste enfriar
el primer amor. 5 Recuerda, pues, de dónde
has caído; cambia de actitud y compórtate
como antes. Si no lo haces, si no te conviertes, vendré a verte y arrancaré tu candelabro de su puesto. 6 Sin embargo, tienes
a tu favor que detestas la conducta de los
nicolaítas, como yo también la detesto.

• **1 9-20**: La presentación inicial de Jesucristo hecha en el párrafo anterior adquiere ahora aspectos más precisos y detallados a través de elementos simbólicos que aluden en su mayoría a textos e imágenes del Antiguo Testamento y que subrayan sobre todo la dignidad del Señor.

Las siete iglesias, destinatarias inmediatas del mensaje de la primera parte del libro, representan a toda la Iglesia mediante el simbólico número siete que significa plenitud. La presentación de Cristo glorioso, una de las más originales y misteriosas del Nuevo Testamento, es impresionante.

A esta situación de gloria, Jesucristo ha llegado a través de la muerte y la resurrección; desde ella tiene ahora potestad para revelar los secretos presentes y venideros. Por su parte, el vidente tiene una pura función de intermediario y transmisor, pero está respaldado por la autoridad soberana de aquel que le ha confiado el mensaje. La asamblea sabe ya perfectamente quién le habla y por medio de quién le habla. Puede recibir el mensaje con plenas garantías.

+ 2 1-3 22: Las siete cartas están construidas con un esquema semejante: destinatarios, autopresentación de Jesucristo, juicio de Cristo sobre la iglesia concreta a la que se dirige, exhortación a la conversión, promesa al vencedor, y llamada de atención a escuchar con esmero la palabra. Estamos ante un camino penitencial perfecto; se trata ante todo y sobre todo de que la Iglesia se convierta.

• **2 1-7**: La ciudad de Efeso era la capital de la provincia romana de Asia; tenía la primacía política, comercial y religiosa de todo su alrededor. A ella en primer lugar se dirige Jesucristo con una alabanza y un reproche. Un reproche que puede derivar en seria amenaza si la comunidad no emprende un sincero proceso de conversión, pero que también puede transformarse en grito de triunfo si la comunidad recupera la actitud de los comienzos, se pone a la escucha, y sigue haciendo frente con valentía y con fidelidad a los enemigos de la verdad. El árbol de la vida es el símbolo de la inmortalidad, de la vida eterna junto a Dios; es, pues, el símbolo del mayor premio al que un hombre puede aspirar.

7 El que tenga oídos, que escuche lo que
el Espíritu está diciendo a las iglesias. Al
vencedor le daré a comer del árbol de la
vida, que está en el paraíso de Dios.

A la iglesia de Esmirna: ¡Sé fiel hasta la muerte!

Is 44 6; 48 12; Dn 1 12-14; Lc 22 31-33;
1 Cor 9 25; Ap 20 6.14; 21 8

8 Escribe al ángel de la iglesia de Esmirna:
Esto dice el primero y el último, el que
estuvo muerto y retornó a la vida:
9 –Conozco tu sufrimiento y tu pobreza.
Sin embargo, eres rico. Conozco las calumnias de quienes se dicen judíos pero en realidad son una sinagoga de Satanás. 10 Que
no te acobarden los padecimientos que te
esperan; es verdad que el diablo va a meter
en la cárcel a algunos de ustedes para ponerlos a prueba, pero el sufrimiento durará
poco tiempo. Sé fiel hasta la muerte y yo
te daré la corona de la vida.
11 El que tenga oídos, que escuche lo
que el Espíritu está diciendo a las iglesias.
El vencedor no será alcanzado por la segunda muerte.

A la iglesia de Pérgamo: ¡Cambia de conducta!

Nm 22 2; Is 25 1-2; 62 2; 65 15; 2 Pe 2 15; Ap 3 11-12

12 Escribe al ángel de la iglesia de Pérgamo:
Esto dice el que tiene la cortante espada
de doble filo:
13 –Ya sé que habitas donde Satanás tiene su trono. Sin embargo te mantienes unido
a mí y no has dejado de creer en mí ni siquiera cuando ahí, donde tiene su morada
Satanás, mataron a mi fiel testigo Antipas.
14 Pero tengo alguna queja contra ti; y es
que toleras ahí a quienes profesan la doctrina de Balaán, el que sedujo a Balac para
que indujera a los israelitas a comer carne
sacrificada a los ídolos y a entregarse a la
lujuria. 15 Además, también tú toleras a
quienes profesan la doctrina de los nicolaítas. 16 Cambia, pues, de conducta; de lo
contrario, iré a verte en seguida y lucharé
contra todos ésos con la espada de mi boca.
17 El que tenga oídos, que escuche lo
que el Espíritu está diciendo a las iglesias.
Al vencedor le daré a comer del maná escondido, y le daré una piedra blanca, en la
que hay escrito un nombre nuevo que sólo
conoce quien lo recibe.

A la iglesia de Tiatira: ¡Conserven la auténtica doctrina!

Dn 10 6; Jr 11 20; Sal 62 13; Prov 24 12; Rom 2 6;
Sal 2 8-9; Ap 19 15; 22 16

18 Escribe al ángel de la iglesia de Tiatira:
Esto dice el Hijo de Dios, el que tiene
los ojos como llamas de fuego y los pies
semejantes al bronce:
19 –Conozco tus obras, tu amor, tu fe, tu
entrega y tu paciencia. Tus últimas obras
son incluso mejores que las primeras. 20 Pero debo reprocharte que permites que Jeza-

• **2 8-11**: La iglesia destinataria de esta carta está sufriendo una dura prueba y, sin embargo, aguanta. Ni un solo reproche en toda la carta. Probablemente el autor de la misma alude a la fuerte rivalidad surgida entre judíos y cristianos, de la que son testigos otros pasajes del Nuevo Testamento (1 Tes 2 15-16; Hch 13 50; 14 2.5.19). Sorprendentemente los judíos ya no son "pueblo –iglesia– de Dios", *sino sinagoga de Satanás*. Por lo demás, no importa tener que afrontar una muerte por martirio, si con ella evitamos *la segunda muerte*. En esta expresión se evoca la separación definitiva y total de Dios, la exclusión para siempre de la vida en la nueva Jerusalén donde ya no existe la muerte (Ap 21 4). Jesucristo, *que estuvo muerto y retornó a la vida*, es la mejor garantía de la vida que promete.

• **2 12-17**: Pérgamo era lugar cualificado de cultos idolátricos. En aquel contexto la obligación de rendir culto al emperador hacía difícil y peligrosa la confesión de la fe cristiana. Algún miembro de la comunidad ha pagado ya el precio de su fidelidad. Otros miembros, en cambio, no se comportan como deben. Cristo se presenta con toda su firmeza *–la cortante espada de doble filo–* y arremete contra el escándalo de un cristianismo permisivo, de una Iglesia que pacte con los dioses del momento. El Antiguo Testamento contiene una tradición positiva sobre Balaán (Nm 23 8); pero también existe una tradición negativa (Nm 31 16) de la que se hace eco este pasaje. El premio de quienes se mantengan fieles será una íntima vinculación con Cristo resucitado. Tanto el *maná escondido* como la *piedra blanca* aluden a la participación en la victoria de Cristo, que no es otra sino su resurrección.

• **2 18-29**: Destaca el solemne título de *Hijo de Dios* con el que es presentado Jesucristo por primera y única vez en todo el libro. De nuevo alabanzas y reproches. La iglesia de Tiatira ha conocido un constante progreso, pero se trata de una comunidad que se está volviendo perezosa y permisiva. Jezabel es el símbolo de toda persona que seduce y engaña (véase 1 Re 16 36) y está estrechamente emparentada con los que tienen el conocimiento de *las profundi-*

bel, esa mujer que se dice profetisa, ande
seduciendo con sus enseñanzas a mis servidores incitándolos a la lujuria y a comer
carnes sacrificadas a los ídolos. 21 Le di
tiempo para que se convirtiera, pero no ha
querido renunciar a su conducta lujuriosa.
22 Pues bien, voy a arrojarla, junto con sus
cómplices de adulterio, a un lecho de profunda angustia, a menos que se conviertan
de su perversa conducta. 23 A sus hijos, los
heriré de muerte, y todas las iglesias sabrán
que soy yo quien examina conciencias y
corazones, y quien pagará a cada uno de
ustedes según sus obras.

24 A los demás que viven en Tiatira y no
profesan esa doctrina ni tienen conocimiento de eso que llaman las profundidades de Satanás, ninguna otra carga les im-
pondré. 25 Basta con que conserven intacto
hasta que yo venga lo que ahora tienen.

26 Y al vencedor, al que me sea fiel hasta el fin, le daré poder sobre las naciones
–el poder que recibí de mi Padre–, 27 para
que pueda gobernarlas con cetro de hierro
y quebrarlas como vasijas de barro. 28 Y le
daré también el lucero de la mañana.

29 El que tenga oídos, que escuche lo
que el Espíritu está diciendo a las iglesias.

A la iglesia de Sardes: ¡Estén alerta!

Mt 24 42-44; Lc 12 39-40; 1 Tes 5 2; Ex 32 32-33;
Sal 69 29; Dn 7 9; 12 1; Mt 10 32; Ap 6 11; 13 8

3 1 Escribe al ángel de la iglesia de Sardes:

Esto dice el que tiene los siete espíritus
de Dios y las siete estrellas:

–Conozco tus obras y, aunque tienes
nombre de vivo, estás muerto. 2 Permanece, pues, alerta y reaviva lo que está a punto
de morir, porque he comprobado que tus
obras no son perfectas ante Dios. 3 Recuerda
cómo escuchaste y recibiste la palabra; consérvala y cambia de conducta. Porque si no
estás alerta, vendré como ladrón, sin que
puedas saber a qué hora caeré sobre ti.
4 Aunque también es verdad que ahí en
Sardes viven contigo unos pocos que no
han manchado sus vestidos; ésos me acompañarán vestidos de blanco, porque así lo
han merecido. 5 El vencedor vestirá de blanco y no borraré su nombre del libro de la
vida, antes bien lo defenderé en presencia
de mi Padre y de sus ángeles.

6 El que tenga oídos, que escuche lo que
el Espíritu está diciendo a las iglesias.

A la iglesia de Filadelfia: ¡Permanece fiel!

Is 22 22; 45 14; Lc 21 19; 2 Tim 2 12;
Heb 10 36; Ap 14 1; 21 2; 22 4

7 Escribe al ángel de la iglesia de Filadelfia:

Esto dice el Santo, el que siempre dice
la verdad, el que tiene la llave de David, el
que abre y nadie puede cerrar, el que cierra
y nadie puede abrir:

8 –Conozco tus obras, y he abierto una
puerta ante ti que nadie puede cerrar. Ya sé
que tienes poco poder, pero pusiste en práctica mi palabra y no renegaste de mí. 9 Voy
a poner en tus manos a algunos de la sinagoga de Satanás, esos que se dicen judíos,
pero mienten porque no lo son; voy a hacer
que se postren a tus pies, para que sepan
que te he hecho objeto de mi amor. 10 Tú
has guardado mi palabra que hablaba de
perseverancia, y por eso yo te guardaré en
esta hora de la prueba que se avecina sobre
el mundo entero, hora en la que serán pues-

dades de Satanás, es decir, los que alardean de una "supersabiduría" que no es más que engaño y estupidez.

El premio de quienes no se dejen seducir, es de nuevo la participación en la victoria de Cristo resucitado, convertido en lucero radiante de la mañana de pascua.

• **3** 1-6: La ciudad de Sardes sobresalía por su actividad comercial. El reproche que Cristo dirige a esta comunidad cristiana es tal vez el más duro de los contenidos en estas siete cartas. Se presenta como el Señor de la vida y el que posee la plenitud del Espíritu. Quiere despertar y reanimar a una comunidad moribunda, a una iglesia que apenas tiene más que fachada (véase Mt 23 27-28) y en la que sólo unos pocos se salvan. Pero aún es tiempo de conversión; aún es posible lograr la victoria, *vestir de blanco* y permanecer registrado en *el libro de la vida*, es decir, aún es posible participar en el misterio de la muerte y resurrección de Cristo.

• **3** 7-13: Filadelfia era una pequeña ciudad cuya comunidad cristiana estaba al límite de sus fuerzas. La carta que recibe no ahorra elogios y constituye una vibrante llamada a la fidelidad en medio, al parecer, de una encarnizada persecución por parte de los judíos. La semejanza con la segunda carta, la dirigida a la iglesia de Esmirna, es evidente. Jesucristo es presentado como *el que tiene la llave de David*, es decir, como el que posee todo el poder mesiánico, para así infundir confianza a la comunidad.

tos a prueba todos los habitantes de la tierra. 11 Estoy a punto de llegar. Conserva lo
que tienes, para que nadie te arrebate la
corona.
12 Al vencedor lo constituiré en columna del templo de Dios y ya nunca saldrá de
allí. Grabaré el nombre de mi Dios sobre él
y grabaré también, junto a mi nombre
nuevo, el nombre de la ciudad de mi Dios,
la nueva Jerusalén que baja del cielo, de
junto a mi Dios.
13 El que tenga oídos, que escuche lo
que el Espíritu está diciendo a las iglesias.

A la iglesia de Laodicea: ¡Deja tu tibieza!

Prov 8 22; Sab 9 1-2; Col 1 15-18; Heb 12 4-11; Prov 3 12; Lc 22 29-30; Mt 19 28

14 Escribe al ángel de la iglesia de Laodicea:
Esto dice el Amén, el testigo fiel y verdadero, el que está en el origen de las cosas creadas por Dios:
15 –Conozco tus obras y no eres ni frío
ni caliente. ¡Ojalá fueras frío o caliente!
16 Pero eres sólo tibio; ni caliente ni frío.
Por eso voy a vomitarte de mi boca. 17 Además, andas diciendo: «soy rico, me he enriquecido y nada me falta», y no te das
cuenta de que eres miserable, desgraciado,
pobre, ciego y desnudo. 18 Si quieres hacerte rico, te aconsejo que me compres oro
refinado en el fuego, vestidos blancos con
que cubrir la vergüenza de tu desnudez y
colirio para ungir tus ojos de manera que
puedas ver.
19 Yo reprendo y castigo a los que amo.
Anímate, pues, y cambia de conducta.
20 Mira que estoy de pie junto a la puerta y
llamo. Si alguno oye mi voz y abre la puerta, entraré en su casa y cenaré con él y él
conmigo. 21 Al vencedor lo sentaré en mi
trono, junto a mí, lo mismo que yo también vencí y me senté junto a mi Padre, en
su trono.
22 El que tenga oídos, que escuche lo
que el Espíritu está diciendo a las iglesias.

II. INTERPRETACION PROFETICA DE LA HISTORIA Δ

1. Lo que va a suceder ◊

El trono de Dios

Ex 19 16; 24 9-10; 1 Re 22 15; Sal 47 9; Ez 1 5-10; Is 6 2; 10 12-14; Dn 4 31; 12 7; Zac 4 2; Rom 4 17; Ap 1 4.8; 5 1-13; 19 4-11

4 1 Después de todo esto, tuve una visión. Vi una puerta abierta en el cielo,
y la voz semejante a una trompeta, que me
había hablado al principio, decía:
–Sube aquí y te mostraré lo que sucederá en adelante.
2 De pronto caí en éxtasis y vi un trono
colocado en el cielo y alguien sentado en
el trono. 3 El que estaba sentado tenía un
aspecto resplandeciente como piedra de
jaspe y de sardonio, y una aureola parecida
a la esmeralda rodeaba el trono. 4 Alrede-

• **3 14-22**: Laodicea era una ciudad próxima a Colosas. Célebre por sus fuentes termales, sus telares y su escuela médica para curar enfermedades de los ojos, era una ciudad muy rica y floreciente. Orgullosa de sus posibilidades alardeaba de no necesitar a nadie. La comunidad cristiana allí establecida no es precisamente un modelo de respuesta al evangelio. Los vicios de la sociedad pagana se han apoderado de ella y por tanto el juicio del Señor es tremendamente duro y amenazador. Pero aún es posible la conversión; sólo se necesita oír la voz de Cristo y abrirle la puerta, es decir, reconocer humildemente la penosa situación en la que se encuentra la comunidad y comprometerse seriamente con la fe más allá de todo juego y de todo trato con el paganismo.

Δ 4 1-22 5: Después del proceso penitencial de purificación (Ap 1 4-3 22), la asamblea está preparada para escuchar la revelación de lo que va a suceder (Ap 1 1; 4 1). El que habla es invitado a subir al nivel de lo divino para contemplar el desarrollo de la historia desde la óptica de la transcendencia.

Con un amplio despliegue de imaginación y utilizando numerosos símbolos, el autor presenta el desarrollo de esta historia en cinco cuadros. El primero de ellos (Ap 4 1-5 14) da al lector la clave para interpretar correctamente la historia: ésta sólo puede ser descifrada desde Cristo. En el segundo (Ap 6 1-7 17) aparecen dibujadas las fuerzas que intervienen en este drama de la historia humana. En el tercer cuadro (Ap 8 1-11 14), estas fuerzas comienzan a actuar y la historia se pone en movimiento. El cuarto cua-

dor del trono había otros veinticuatro tronos, en los que estaban sentados veinticuatro ancianos vestidos de blanco y con coronas de oro en la cabeza. 5 Relámpagos y
truenos retumbantes salían del trono: siete
lámparas de fuego –que son los siete espíritus de Dios– ardían en presencia del trono, 6 y delante había también un mar transparente como de cristal.

En medio del trono y a su alrededor había cuatro seres vivientes llenos de ojos
por delante y por detrás. 7 El primero era
como un león; el segundo como un toro; el
tercero tenía el rostro semejante al de un
hombre, y el cuarto se parecía a un águila
en vuelo. 8 Cada uno de los cuatro seres
vivientes tenía seis alas, y estaban llenos
de ojos por fuera y por dentro. Y día y noche proclamaban sin cesar:

Santo, santo, santo,
Señor Dios todopoderoso,
el que era, el que es
y el que está a punto de llegar.

9 Y cada vez que los seres vivientes daban gloria, honor y acción de gracias al que
está sentado en el trono y vive por siempre, 10 los veinticuatro ancianos se postraban ante el que está sentado en el trono,
adoran al que vive para siempre y arrojaban
sus coronas a los pies del trono diciendo:

11 Digno eres, Señor y Dios nuestro,
de recibir la gloria, el honor y el poder.
Tú creaste todas las cosas;
y por tu voluntad existían
y fueron creadas.

El libro del Cordero

Ez 2 9-10; Gn 49 9; Is 11 1.10; Ex 12 3-6; 1 Pe 1 19-20; Ap 5 12; 22 16; Is 42 10; Sal 96 1; 98 1; Ex 19 6; Flp 2 9-11

5 1 Y en la mano derecha del que estaba
sentado en el trono vi un libro escrito
por dentro y por fuera y sellado con siete
sellos. 2 Y vi también un ángel poderoso
que gritaba con fuerte voz:

–¿Quién es digno de abrir el libro y
romper sus sellos?

3 Y nadie en el cielo, ni en la tierra ni
debajo de la tierra podía abrir el libro y ver
su contenido. 4 Entonces yo comencé a llorar desconsoladamente, porque no se encontró a nadie digno de abrir el libro y ver su
contenido. 5 Y uno de los ancianos me dijo:

–No llores, pues venció el león de la
tribu de Judá, el retoño de David, y él abrirá el libro rompiendo sus siete sellos.

6 Vi entonces en medio del trono, de los
cuatro seres vivientes y de los ancianos, un
Cordero de pie con señales de haber sido
degollado. Tenía siete cuernos y siete ojos,
que son los siete espíritus de Dios enviados por toda la tierra. 7 Se acercó el Cordero y tomó el libro de la mano derecha
del que estaba sentado en el trono; 8 y cuando tomó el libro, los cuatro seres vivientes
y los veinticuatro ancianos se postraron
ante el Cordero. Tenía cada uno una cítara
y copas de oro llenas de incienso aromático, que son las oraciones de los santos.
9 Cantaban un cántico nuevo que decía:

Eres digno de recibir el libro
y romper sus sellos,
porque fuiste degollado

dro (Ap 11 15-16 16) presenta el momento decisivo de esta historia: el choque entre las fuerzas del bien y las fuerzas del mal. Finalmente, el quinto (Ap 16 16-22 5) describe el desenlace final de toda esta historia. Los himnos se suceden sin cesar, porque Dios ha salido victorioso y esta victoria se extiende a los que han permanecido firmes en la fe.

◊ **4 1-5 14**: Este primer cuadro o sección introductoria sirve de marco a las restantes. Nos presenta a Dios sentado en el trono, al libro en el que se contienen sus propyectos sobre la historia, y a Cristo en la plenitud de su función como mediador. El espectáculo es fascinante y *los símbolos enormemente evocadores* y poderosos. Son dos capítulos entrelazados de tal manera uno en el otro, que forman una rigurosa unidad teológica y nos proporcionan las claves para comprender *todo lo que va a suceder*, es decir la historia del mundo, vista desde una óptica creyente.

• **4 1-11**: El relato gira en torno a la visión de Dios sentado en un trono que está lleno de luz. Es fundamental la mención del *arco iris*, pues significa que Dios establece un pacto eterno con el mundo y la humanidad comprometiéndose con la paz. El mar, que en el Apocalipsis es símbolo de una fuerza caótica y enemiga (Ap 21 1), está aquí sometido al poder de Dios y se presenta, no opaco y turbulento, sino transparente y luminoso. El simbolismo de los cuatro seres vivientes es un tanto misterioso. Podrían significar la acción sabia, perspicaz y vigilante de Dios, y la respuesta positiva de la humanidad. En cuanto a los venticuatro ancianos (las doce tribus de Israel más los doce apóstoles del Cordero) representan a la totalidad de los consagrados.

• **5 1-14**: La escena está dominada por el tema del libro que sólo puede abrir el Cordero al mismo tiempo degollado y de pie como símbolo de Cristo muerto y resucitado. El libro está escrito por dentro y por fuera, es decir, todo

y con tu sangre compraste para Dios
hombres de toda raza,
lengua, pueblo y nación,
10 y los constituiste en reino
para nuestro Dios,
y en sacerdotes
que reinarán sobre la tierra.

11 Oí después, en la visión, la voz de
innumerables ángeles que estaban alrededor del trono, de los seres vivientes y de
los ancianos; eran cientos y cientos, miles
y miles, 12 que decían con fuerte voz:

Digno es el Cordero degollado,
de recibir el poder, la riqueza, la sabiduría,
la fuerza, el honor, la gloria y la alabanza.

13 Y todas las criaturas del cielo y de la
tierra, de debajo de la tierra y del mar, oí
que también decían:

Al que está sentado en el trono
y al Cordero, alabanza,
honor, gloria y poder
por los siglos de los siglos.

14 Los cuatro seres vivientes respondieron: «Amén», y los ancianos se postraron
en profunda adoración.

2. Los sellos. Revelación del sentido de la historia ◊

Los cuatro jinetes

Zac 1 8; 6 1-8; Jr 14 12; 15 2-3; Ez 5 16-17; 7 15; 14 12-21

6 1 Vi entonces cómo el Cordero rompía
el primero de los siete sellos, y oí a uno
de los cuatro seres vivientes que decía con
voz como de trueno:
–¡Ven!
2 Miré y vi aparecer un caballo blanco.
El que lo montaba tenía un arco; se le dio
una corona y salió como vencedor, dispuesto a vencer.
3 Cuando el Cordero rompió el segundo
sello, oí al segundo ser viviente que decía:
–¡Ven!
4 Y salió otro caballo de color rojo. Al
que lo montaba se le entregó una gran
espada con poder para arrancar la paz de la
tierra y hacer que los hombres se maten
unos a otros.
5 Cuando el Cordero rompió el tercer
sello, oí al tercer ser viviente que decía:
–¡Ven!
Miré y vi aparecer un caballo negro. El
que lo montaba tenía una balanza en la
mano. 6 Y en medio de los cuatro seres vivientes oí como una especie de voz que
decía:
–Por un kilo de trigo, el salario de un
día; por tres kilos de cebada, el salario de
un día; pero no causes daño al aceite ni al
vino.
7 Cuando el Cordero rompió el cuarto
sello, oí la voz del cuarto ser viviente que
decía:
–¡Ven!
8 Miré y vi aparecer un caballo amarillento. El que lo montaba se llamaba Muerte, y el Abismo lo seguía. Y se les dio poder sobre la cuarta parte de la tierra, para
causar la muerte por medio de la espada, el
hambre, la peste y las fieras terrestres.

Los sellos del futuro. Los mártires

Dt 32 43; 2 Re 9 7; Zac 1 12-13;
Lc 18 7; Ap 3 4; 11 18; 18 20

9 Cuando el Cordero rompió el quinto
sello, vi debajo del altar, con vida, a los

en él es palabra elocuente. Contiene los proyectos misteriosos de Dios sobre la historia y nadie puede añadir o quitar algo de él (véase Ap 22 18-19). En cuanto al Cordero, es tal vez el símbolo más extraño, pero también más rico, de la cristología del Apocalipsis. Sintetiza las figuras del siervo del Señor, que como manso cordero es conducido a la muerte (Is 53 6-7; Jr 11 19; Hch 8 26-38), la del cordero pascual cuya sangre es señal eficaz de liberación (Ex 12 12-13; 24 8; Jn 1 29; 1 Pe 1 18-19), y la del cordero vencedor y guía del rebaño, imagen propia de la literatura apocalíptica.

◊ **6 1-7 17**: Esta segunda sección se caracteriza por el proceso de apertura de los sellos que mantienen cerrado el libro. Al mismo tiempo son presentados los distintos elementos o fuerzas que intervienen en el drama de la historia humana, y que dan lugar a la gran lucha entre el bien y el mal.

• **6 1-8**: Cristo resucitado –el Cordero– rompe uno a uno los sellos del libro que estaba totalmente cerrado. Los caballos que, casi por encantamiento, van saliendo del libro, son imágenes ante todo visuales que se inspiran remotamente en Zac 1 8; 6 1-8. El caballo blanco representa al propio Cristo resucitado, y los otros tres, representan, en contraste, a la violencia, a la injusticia y a la muerte.

• **6 9-11**: La apertura del quinto sello descubre algo distinto de los anteriores. Revela a un Dios que no permanece impasible ante el dolor de los suyos. Es defensor de

degollados por anunciar la palabra de Dios
y por haber dado el testimonio debido. 10 Y
gritaban con fuerte voz, diciendo:
–Señor, que eres santo y siempre dices
la verdad, ¿cuándo nos harás justicia y ven-
garás la muerte sangrienta que nos dieron
los habitantes de la tierra?
11 Se les entregó entonces un vestido
blanco a cada uno y se les dijo que esperaran todavía un poco hasta que se completa-
ra el número de sus compañeros y de sus
hermanos, que como ellos iban a ser martirizados.

El cataclismo final

Is 2 19-21; 34 4; Os 10 8; Jl 2 1.11; Sof 2 2-3; Sal 110 5; Lc 23 30; Rom 2 5

12 Y cuando el Cordero rompió el sexto
sello, vi cómo se producía un violento
terremoto. El sol se volvió negro como un
tejido de crin; la luna toda entera se volvió
como sangre; 13 las estrellas del cielo cayeron sobre la tierra, igual que una higuera
suelta sus higos verdes cuando es azotada
por un viento huracanado; 14 el cielo se
replegó como un pergamino que se enrolla
y no quedó montaña ni isla sin removerse
de su sitio. 15 Los reyes de la tierra, los nobles, los grandes jefes militares, los ricos y
poderosos, los hombres todos, esclavos o
libres, se escondieron en las cuevas y entre
las rocas de las montañas, 16 diciendo a
montañas y rocas:
–Caigan sobre nosotros; ocúltennos de
la vista del que está sentado en el trono y
de la ira del Cordero. 17 Porque llegó el gran
día de su ira y ¿quién podrá mantenerse en
pie?

Los ciento cuarenta y cuatro mil

Jr 49 36; Ez 7 2; 9 4-6; 37 9; Dn 7 2; Mt 24 31; Ap 3 12; 3 12; 22 4; Ex 12 7-14

7 1 Después de esto, vi cuatro ángeles de
pie sobre los cuatro extremos de la tierra. Sujetaban a los cuatro vientos para que
no soplaran sobre la tierra, ni sobre el mar
ni sobre los árboles. 2 Y vi otro ángel que
subía del oriente; llevaba el sello del Dios
vivo y gritó con fuerte voz a los cuatro ángeles encargados de hacer daño a la tierra
y al mar:
3 –No hagan daño a la tierra, ni al mar
ni a los árboles hasta que marquemos con el
sello en la frente a los servidores de nuestro Dios.
4 Y oí el número de los que habían sido
marcados con el sello: eran ciento cuarenta
y cuatro mil procedentes de todas las tribus
de Israel:

5 De la tribu de Judá, doce mil marcados;
de la tribu de Rubén, doce mil;
de la tribu de Gad, doce mil;
6 de la tribu de Aser, doce mil;
de la tribu de Neftalí, doce mil;
de la tribu de Manasés, doce mil;
7 de la tribu de Simeón, doce mil;
de la tribu de Leví, doce mil;
de la tribu de Isacar, doce mil;
8 de la tribu de Zabulón, doce mil;
de la tribu de José, doce mil;
de la tribu de Benjamín,
doce mil marcados.

La multitud ante el trono

Dn 12 1; Mt 24 21; Mc 13 19; Ap 3 4; 4 2; Is 49 10; Ez 34 23; Sal 23 1-2; Jn 10 11-14; Ap 21 4

9 Después de esto, miré y vi una multitud

los pobres, de los oprimidos, de los martirizados. Pero eso no impide que Dios cuente también con la oración de los creyentes que solicitan urgentemente su intervención.

• **6 12-17**: Las alteraciones cósmicas preparan la inminente aparición divina. Dios viene a hacer justicia. Pero lo que más sorprende es que se habla de *la ira del Cordero*. Cristo no se presta a manipulaciones; la comunidad cristiana queda invitada a no confundir la cercanía de Cristo con una señal de debilidad. Y debe saber que ella es, en el fondo, la responsable de provocar la ira del Cordero.

• **7 1-8**: Según la cosmología bíblica la tierra era cuadrada (Is11 12; Ez 7 2). El número de los liberados de toda clase de mal es evidentemente simbólico: es el resultado de multiplicar las doce tribus de Israel por doce, y luego por mil que es la cifra de la historia de la salvación. Representa a los cristianos que han sido marcados por el sello imborrable del bautismo y que gozan de una especialísima protección divina.

• **7 9-17**: La salvación cristiana es absolutamente universal. Así lo muestra esa inmensa multitud que está de pie en señal de victoria. Han superado la prueba; como sacerdotes de la nueva alianza participan día y noche de forma ininterrumpida en una liturgia celestial; ya no habrá más sufrimientos, se ha cumplido el nuevo éxodo y el pueblo de Dios, una vez atravesado el desierto, ha entrado definitivamente en posesión de la tierra prometida, allí donde está la fuente de agua viva por excelencia, es decir, la vida misma de Dios (Ap 22 1).

enorme que nadie podía contar. Gentes de
toda nación, raza, pueblo y lengua; estaban
de pie ante el trono y ante el Cordero. Vestían de blanco, llevaban palmas en las manos 10 y clamaban con fuerte voz, diciendo:

A nuestro Dios,
que está sentado en el trono,
y al Cordero, se debe la salvación.

11 Y todos los ángeles que estaban de
pie alrededor del trono, alrededor de los
ancianos y de los cuatro seres vivientes,
cayeron rostro a tierra ante el trono y adoraron a Dios, 12 diciendo:

Amén. Alabanza, gloria, sabiduría,
acción de gracias, honor,
poder y fuerza a nuestro Dios
por los siglos de los siglos. Amén.

13 Entonces uno de los ancianos tomó la
palabra y me preguntó:
–Estos que están vestidos de blanco,
¿quiénes son y de dónde han venido?
14 Yo le respondí:
–Tú eres quien lo sabe, Señor.
Y él me dijo:
–Estos son los que vienen de la gran
persecución, los que han lavado y blan-
queado sus túnicas en la sangre del Cordero. 15 Por eso están ante el trono de Dios,
le rinden culto día y noche en su templo, y
el que está sentado en el trono habitará con
ellos. 16 Ya nunca tendrán hambre ni sed,
ni caerá sobre ellos el calor agobiante del
sol. 17 Porque el Cordero que está en medio
del trono los pastoreará y los conducirá a
fuentes de aguas vivas, y Dios enjugará las
lágrimas de sus ojos.

3. Las trompetas. La historia se pone en movimiento ◊

El séptimo sello

Hab 2 20; Sof 1 7; Zac 2 17; Sal 141 2;
Ex 30 1-3; Ap 4 5; 5 8; 9 13

8 1 Y cuando, finalmente, el Cordero
rompió el séptimo sello, se hizo en el
cielo un silencio como de media hora. 2 Vi
cómo se entregaban siete trompetas a los
siete ángeles que estaban de pie en presencia de Dios, 3 mientras otro ángel vino y se
colocó junto al altar con un incensario de
oro. Le dieron gran cantidad de incienso
aromático para que, junto con las oraciones de todos los santos, lo ofreciera sobre
el altar de oro que está ante el trono. 4 Y de
la mano del ángel subió el aroma del incienso, junto con las oraciones de los santos, hasta la presencia de Dios. 5 Tomó
después el ángel el incensario, lo llenó con
el fuego del altar y lo lanzó sobre la tierra.
Al instante retumbaron los truenos, zigzaguearon los relámpagos y tembló la tierra.

Las cuatro primeras trompetas

Ex 7 17-21; 9 23-24; 10 21-23; Is 14 12; Jr 9 14; 51 25;
Ez 38 22; Am 5 7; 6 12; Sab 17 1ss; Ap 16 3-4; 6 12-14

6 Entonces los siete ángeles que tenían
las siete trompetas se prepararon a tocarlas.
7 Tocó la trompeta el primer ángel, y
cayó sobre la tierra granizo y fuego mezclado con sangre; fue quemada la tercera
parte de la tierra, la tercera parte de los árboles y toda la hierba verde.
8 Tocó la trompeta el segundo ángel, y

◊ **8 1-11 14**: Esta tercera sección se inicia con la apertura del séptimo sello, que a su vez se desarrolla en un repetido sonar de las trompetas que anuncian solemnemente la presencia de Dios en la historia. Pero también *intervienen en la historia humana una serie* de fuerzas demoníacas que están vigorosamente descritas bajo tradicionales esquemas bíblicos.

• **8 1-5**: El momento de abrir el séptimo sello es tan importante, que la acción va seguida de un misterioso y significativo silencio. Silencio profundo que evoca el silencio de Dios que se cernía sobre las aguas primordiales; silencio del que va a brotar la acción creadora de Dios, silencio que simboliza el tiempo en el que surge un mundo nuevo. Y en medio de este silencio, en sorprendente contraste, suben las oraciones del pueblo cristiano hasta la presencia de Dios, donde son perfeccionadas por el poder divino para intervenir de nuevo eficazmente en la historia del mundo.

• **8 6-13**: Las cuatro primeras trompetas anuncian el desencadenamiento de una serie de catástrofes que caen sobre la tierra como una especie de anticreación. Lo que Dios había hecho bueno (la luz, las aguas, la tierra: Gn 1 1ss) ahora se desnaturaliza y pierde su bondad original. Es el poder del mal que entra en escena, pero que no puede hacer un daño definitivo –sólo es capaz de destruir *la tercera parte*– y que, como aconteció en Egipto (parece clara la alusión a algunas de las plagas del Exodo), es al mismo tiempo señal de liberación. No todo está perdido; aún queda espacio y tiempo para la conversión. Estamos, pues, ante una interpretación cristiana de conjunto de las catástrofes naturales y no podemos aspirar a hacer una lectura literal y comprensible de cada detalle.

algo así como una gran montaña ardiendo
se precipitó sobre el mar, y la tercera parte
del mar se convirtió en sangre, 9 la tercera
parte de los seres del mar murió, y la tercera parte de los barcos quedó destruida.
10 Tocó la trompeta el tercer ángel, y una
estrella de grandes proporciones se des-
prendió del cielo y, ardiendo como una antorcha, cayó sobre la tercera parte de los
ríos y sobre los manantiales de agua. 11 La
estrella tenía por nombre «Ajenjo» y en
ajenjo se convirtió la tercera parte de las
aguas, y fueron muchos los hombres que
murieron al volverse amargas las aguas.
12 Tocó la trompeta el cuarto ángel, y
quedó herida la tercera parte del sol, de la
luna y de las estrellas. Se oscureció la tercera parte de ellos, y el día y la noche perdieron la tercera parte de su luz.
13 Miré entonces y oí decir con fuerte
voz a un águila que volaba por lo más alto
del cielo:
–¡Ay, ay, ay de los habitantes de la tierra! ¿Qué será de ellos cuando suenen las
trompetas de los tres ángeles restantes, que
ya se preparan a tocarlas?

La quinta trompeta. La plaga de los saltamontes

Gn 19 28; Ex 19 18; 10 12-15; Jl 1-2; Sab 16 9;
Job 3 21; Ap 6 16; 7 3

9 1 Tocó la trompeta el quinto ángel, y vi
cómo le fue entregada la llave del abismo a una estrella que había caído del cielo
a la tierra. 2 Abrió el abismo, y de sus profundidades subió una humareda como la
de un horno gigantesco. Se oscurecieron el
sol y el aire con el humo del abismo 3 y
desde la humareda salió hacia la tierra una
plaga de saltamontes a los que se dio un
poder igual al que tienen los alacranes terrestres. 4 Recibieron orden de no dañar la
hierba de la tierra, ni vegetación ni árbol
alguno; sólo a los hombres no marcados en
la frente con el sello de Dios. 5 Y tampoco
se les permitió que los mataran, sino únicamente atormentarlos durante cinco meses.
El tormento será como picadura de alacrán. 6 En aquellos días, los hombres buscarán la muerte y no la encontrarán; desearán morir, pero la muerte huirá de ellos.
7 Los saltamontes parecían caballos listos para la batalla; llevaban coronas de oro
sobre sus cabezas, su rostro tenía aspecto
humano, 8 sus cabellos parecían de mujer,
y sus dientes de león. 9 Tenían corazas como de hierro y el ruido de sus alas se parecía al ruido que hacen los carros tirados por
muchos caballos al ir a la batalla. 10 Tenían colas como de alacrán, armadas de
aguijones con poder para hacer daño a los
hombres durante cinco meses. 11 Y tenían
por rey al ángel del abismo, llamado en hebreo Abadón, que significa «Destructor».
12 Ha pasado el primer ¡ay! Pero he aquí
que otros dos vienen detrás de él.

La sexta trompeta. Victoria temporal del mal

Ex 30 1-3; Dt 32 17; Dn 5 4.23; Sal 115 4-7; 135 15-17;
1 Cor 10 19-20; Ap 16 9-11

13 Tocó la trompeta el sexto ángel, y oí
cómo una voz que salía de los cuatro ángulos del altar de oro que está ante Dios 14 ordenaba al ángel que tenía en su mano la
trompeta:
–Desata a los cuatro ángeles que están
encadenados a orillas del gran río Eufrates.
15 Y fueron desatados los cuatro ángeles
que estaban preparados para matar en esa
hora, día, mes y año a la tercera parte de
los hombres. 16 Pude oír el número de los
soldados de este ejército de caballería;
eran doscientos millones. 17 También con-
templé en la visión a los caballos y a sus
jinetes que vestían corazas rojas como el

• **9 1-12**: Las plagas de saltamontes (o de langostas) eran consideradas en el Antiguo Testamento un terrible castigo divino (Ex 10 12-15; Am 4 9; Jr 1 4). Este castigo es aquí desencadenado por medio de *una estrella que había caído del cielo*; con este símbolo se quiere indicar que si Dios permite la manifestación del mal en la historia, este mal proviene de un poder sobrehumano; esto mismo se quiere decir, sin duda, con las extrañas imágenes de animales que forman un cuadro lleno de fuerza al mismo tiempo sugerente y tenebroso. Pero el poder del mal, que es indiscutible y que tiene manifestaciones concretas (guerras, odios, envidias, injusticias...), no es absoluto; permanece siempre sometido a los planes de Dios, y tiene una eficacia y un tiempo limitados.

• **9 13-21**: Con el sonido de la sexta trompeta prosigue la acción destructora de las fuerzas del mal descritas con una serie de imágenes enormemente expresivas. Pero el relato no pretende aumentar la desesperación de los creyentes, sino que procura facilitar una profunda conversión, tanto con respecto a Dios, como en relación con los hermanos.

fuego, azules como el jacinto y amarillas
como el azufre. Las cabezas de los caballos eran como cabezas de león y de sus
bocas salía fuego, humo y azufre. 18 Estos
tres azotes: el fuego, el humo y el azufre,
que salían de la boca de los caballos, exterminaron a la tercera parte de los hombres. 19 Porque el poder destructor de los
caballos reside en sus bocas y en sus colas,
colas semejantes a serpientes armadas de
múltiples y mortíferas cabezas.
20 Los restantes hombres, los que no
fueron exterminados por estos azotes, no
cambiaron de conducta ni dejaron de adorar a los demonios, a los ídolos de oro, plata, bronce, piedra y madera, ídolos que no
pueden ver, ni oír, ni andar. 21 Tampoco se
arrepintieron de sus delitos, sus maleficios,
su lujuria y sus robos.

El juramento del ángel

Ez 2 8-3 3; Dn 8 26; 12 4-9; Dt 32 40; Am 1 2; 3 7-8; Rom 16 25; Ef 1 9; 3 3-5.9; Col 1 26-27

10 1 Vi después otro ángel poderoso, que
bajaba del cielo envuelto en una nube.
Una aureola rodeaba su cabeza, su rostro
resplandecía como el sol y sus piernas parecían columnas de fuego. 2 En su mano
tenía abierto un libro pequeño. Puso el pie
derecho sobre el mar y el izquierdo sobre
la tierra, 3 y gritó con fuerte voz igual que
un rugido de león. A su grito respondió el
retumbar de los siete truenos; 4 y cuando
retumbaron los siete truenos, yo me dispu-
se a escribir. Pero escuché entonces una
voz que me decía desde el cielo:
–Mantén en secreto lo que han dicho
los siete truenos y no lo escribas.
5 Y el ángel que yo había visto de pie
sobre el mar y sobre la tierra levantó su
mano derecha al cielo 6 y juró diciendo:
–Por el que vive por los siglos de los siglos, y por el que creó el cielo, la tierra, el
mar y cuanto hay en ellos, juro que el
tiempo ha llegado a su fin, 7 y que cuando
el séptimo ángel se ponga a tocar la trompeta y haga oír su voz, se realizará el plan
secreto de Dios, como anunció a sus siervos los profetas.

El libro

Ez 2 8-3 3

8 Y la voz que había oído desde el cielo
me hablaba de nuevo diciendo:
–Vete y toma el libro que tiene abierto
en su mano el ángel que está de pie sobre
el mar y sobre la tierra.
9 Me acerqué al ángel y le pedí que me
diera el libro. Y me respondió:
–Toma, cómetelo; te amargará las entrañas, pero en tu boca será dulce como la
miel.
10 Tomé el libro de la mano del ángel y
lo comí. Y resultó dulce como la miel en
mi boca, pero cuando lo tragué, se llenaron
mis entrañas de amargor. 11 Y alguien me
dijo:
–Tienes aún que profetizar sobre muchos pueblos, naciones, lenguas y reyes.

Los dos testigos y la bestia

Ez 40 1-5; Zac 2 5-6; 4 3-14; Dn 7 25; 12 7; 1 Re 17 1; 2 Re 1 10-14; Sant 5 17; Ap 8 8; Ex 13 14; Is 19 1-3; Dn 7 3-21; Ez 37 5-10; 38 19-20

11 1 Me dieron después una vara de medir, semejante a un bastón, diciéndome:

• **10 1-7**: Contrasta en la escena la formidable grandeza del personaje protagonista con la pequeñez del libro que lleva en la mano. Pero en el libro están contenidos los *planes de Dios, que con* toda seguridad –el juramento del ángel es solemnísimo– van a realizarse. El mundo no camina desbocado hacia el fracaso. Dios lo guía.

• **10 8-11**: El pequeño libro que el ángel tiene en su mano se convierte ahora en protagonista. Sobre el esquema del profeta Ezequiel, que relata una escena semejante (Ez 2 8-3 3), el autor del Apocalipsis ofrece una visión teológica de lo que significa y supone ser profeta: recibir gratuitamente la palabra de Dios y *comérsela*. El gozo de anunciar el mensaje, la dificultad y con frecuencia el sufrimiento que esa tarea lleva consigo, es en realidad una constante bíblica (véase Am 3 3-8; Jr 20 9; 2 Cor 4 7-18; 1 Tes 1 6; 2 2; 3 7-9).

• **11 1-14**: La acción de medir simboliza que la Iglesia, en lo más íntimo y sagrado de su existencia, va a ser preservada de las asechanzas de sus enemigos. Conocerá tiempos de calamidad y horas de persecución, pero no podrá ser destruida. El poder de Dios la asiste.

Para los dos testigos de Ap 11 3ss se han propuesto infinidad de parejas de personajes bíblicos. Lo más probable es que se trate de figuras representativas de la Iglesia profética de todos los tiempos. Representan a la Iglesia que en todo tiempo va a recibir una respuesta de indiferencia e incluso de persecución por parte del mundo. Y reproducen también la vida misma de Jesús, el Señor de la Iglesia: predicación, ignominia, muerte y resurrección. Precisamente por eso, la última palabra no será para la Iglesia, como no lo es para los dos testigos, una palabra de muerte, sino de vida.

–Levántate, mide el templo de Dios y el
altar, y cuenta el número de sus adoradores. 2 Pero no midas el espacio exterior del
templo; déjalo aparte, porque ha sido entregado a los paganos, que pisotearán la
ciudad santa durante cuarenta y dos meses.
3 Será entonces cuando haga que mis dos
testigos, vestidos de luto, profeticen durante mil doscientos sesenta días. 4 Me refiero
a los dos olivos y a los dos candelabros que
están de pie en presencia del Señor de la
tierra. 5 Si alguno intenta hacerles daño, de
su boca saldrá fuego que devorará a sus
enemigos; sin remedio morirá quien intente hacerles daño.
6 Tienen poder de cerrar el cielo para
que no llueva durante el tiempo de su ministerio profético; tienen poder para convertir en sangre las aguas y para herir la
tierra cuantas veces quieran con toda clase
de calamidades. 7 Cuando hayan terminado
de dar su testimonio, la bestia que sube del
abismo les hará la guerra, los vencerá y los
matará. 8 Sus cadáveres están sobre la
plaza de la gran ciudad, que en sentido figurado se llama Sodoma y Egipto, y en la
que fue también crucificado su Señor. 9 Durante tres días y medio contemplan sus cadáveres gentes de todo pueblo, raza, lengua y nación, sin que a nadie se permita
darles sepultura. 10 Los habitantes de la tierra se alegran y se felicitan por su muerte y
hasta se intercambian regalos unos a otros,
porque estos dos profetas constituían un
tormento para ellos. 11 Pero después de tres
días y medio, un espíritu divino entró en
ellos, se pusieron de pie y un gran temor se
apoderó de quienes los contemplaban.
12 Oyeron entonces una fuerte voz que
les decía desde el cielo:
–Suban aquí.
Y subieron al cielo en una nube, a la
vista de sus enemigos. 13 Y en aquel momento se produjo un violento terremoto; se
derrumbó la décima parte de la ciudad y
siete mil personas perecieron en el terremoto. Los sobrevivientes quedaron aterrorizados y glorificaron al Dios del cielo.
14 Ha pasado el segundo ¡ay! Pero ya
está cerca el tercero.

4. Las tres señales. Choque de las fuerzas contrarias ◊

La séptima trompeta

Ex 15 18; 25 8-10; Sal 2 1-5; 22 28-29; Dn 2 44; 1 Re 8 1-6; 2 Mac 2 5-8; Ap 1 4-8

15 Tocó la trompeta el séptimo ángel, y
en el cielo se oyeron fuertes voces que decían:
–A nuestro Señor y a su Cristo pertenece el dominio del mundo y reinará por los
siglos de los siglos.
16 Cayeron entonces rostro a tierra los
veinticuatro ancianos que están en sus tronos ante Dios y lo adoraron, 17 diciendo:

Te damos gracias,
Señor Dios todopoderoso,
el que eres y el que eras,
porque has recibido el gran poder
y has comenzado a reinar.
18 Se enfurecieron las naciones,
pero ha llegado tu ira
y el tiempo de juzgar a los muertos
y de premiar a tus siervos los profetas,
a los creyentes
y a los que honran tu nombre,
pequeños y grandes,
y el tiempo de destruir
a los que destruyen la tierra.

19 Se abrió entonces en el cielo el templo de Dios y dentro de él apareció el arca
de su alianza en medio de relámpagos, de
retumbar de truenos, de temblores de tierra
y de fuerte granizada.

◊ **11 15-16 16**: Con esta sección el autor nos introduce en el drama profundo de la historia de la salvación. El enfrentamiento entre las fuerzas del bien y las fuerzas del mal llega a su máxima expresión. El resonar de la *séptima trompeta da paso a una serie* de señales (la mujer, el dragón, los siete ángeles) que van introduciendo sucesivamente en escena a los protagonistas del duro enfrentamiento.

• **11 15-19**: Este pasaje es una especie de liturgia celestial, una respuesta celebrativa en el cielo de lo que ha acontecido en la tierra. Y es que en la perspectiva del Apocalipsis, se han roto las fronteras entre el cielo y la tierra; el cielo está ya abierto y existe una comunicación perfecta con la tierra. El himno insiste en la grandeza de Dios y en el dinamismo de su reino, mientras que la solemne visión del arca de la alianza recuerda la llegada de los nuevos tiempos e indica que los planes de Dios sobre la historia están bien protegidos por el poder providencial de Dios.

La mujer y el dragón

Is 7 14; 66 7-8; Miq 4 9-10; Dn 7 7; 8 10; Is 7 14;
Sal 2 9; Ap 11 2-3; Dn 10 13.21; 12 1;
Zac 3 1-2; Job 1 9-11; Lc 10 18

12 1 Una gran señal apareció en el cielo:
una mujer vestida del sol, con la luna
bajo sus pies y una corona de doce estrellas sobre su cabeza. 2 Estaba encinta y las
angustias del parto le arrancaban gemidos
de dolor.
3 Entonces apareció en el cielo otra señal: un enorme dragón de color rojo con
siete cabezas y diez cuernos y una diadema
en cada una de sus siete cabezas. 4 Con su
cola arrastró la tercera parte de las estrellas
del cielo y las arrojó sobre la tierra.
Y el dragón se puso al acecho delante
de la mujer que iba a dar a luz, con ánimo
de devorar al hijo en cuanto naciera. 5 La
mujer dio a luz un hijo varón, destinado a
gobernar todas las naciones con cetro de
hierro, el cual fue puesto a salvo junto al
trono de Dios, 6 mientras la mujer huyó al
desierto, donde tiene un lugar preparado
por Dios para ser allí alimentada durante
mil doscientos sesenta días.
7 Se entabló entonces en el cielo una
batalla: Miguel y sus ángeles entablaron
combate contra el dragón. Lucharon encarnizadamente el dragón y sus ángeles, 8 pero
fueron derrotados y los arrojaron del cielo
para siempre. 9 Y el gran dragón, que es la
antigua serpiente, que tiene por nombre
Diablo y Satanás y anda seduciendo a todo
el mundo, fue arrojado a la tierra junto con
sus ángeles. 10 Y en el cielo oí una fuerte
voz que decía:

Ya está aquí la salvación y el poder
y el reinado de nuestro Dios,
ya está aquí la autoridad de su Mesías.
Ha sido precipitado el acusador
de nuestros hermanos,
el que día y noche los acusaba
en presencia de nuestro Dios.
11 Ellos mismos lo vencieron
por medio de la sangre del Cordero
y por el testimonio que dieron,
sin que el amor a su vida
les hiciera temer la muerte.
12 ¡Alégrense, por tanto, cielos
y los que habitan en ellos!
Tiemblen, en cambio, tierra y mar,
porque el diablo descendió hasta ustedes
lleno de furor,
al saber que le queda poco tiempo.

13 Al verse precipitado a la tierra, el
dragón comenzó a perseguir a la mujer que
había dado a luz al hijo varón. 14 Pero a la
mujer le fueron dadas dos enormes alas de
águila para que volara a su lugar en el desierto y fuera allí alimentada, lejos de la
serpiente, durante tres tiempos y medio.
15 Entonces la serpiente lanzó de sus fauces un torrente de agua para ahogar en él a
la mujer. 16 Pero la tierra socorrió a la mujer: abrió su boca y absorbió el torrente
que el dragón había lanzado de sus fauces.
17 Irritado el dragón por su fracaso con la
mujer, se fue a hacer la guerra al resto de
su descendencia, a los que observan los
mandamientos de Dios y dan testimonio de
Jesús. 18 Y el dragón se quedó al acecho
junto a la orilla del mar.

Las dos bestias

Dn 7 3-25; Jr 15 2; 43 11; Ap 3 5; 5 6; 11 7; 14 9-12;
17 3.7-12; Dt 13 2-4; 1 Re 18 24-39; Dn 3 5-7.15;
Mt 24 24; 2 Tes 2 3.9

13 1 Y vi subir del mar una bestia que
tenía diez cuernos y siete cabezas,
con una diadema en cada cuerno y un título blasfemo en cada cabeza. 2 La bestia

• **12 1-18**: La combinación de elementos simbólicos en el pasaje es tan compleja que ha dado lugar a multitud de interpretaciones, a veces muy poco probables. El autor evoca el duro enfrentamiento entre dos misteriosos personajes –la mujer y el dragón– a través de una acción dramática que cambia continuamente de escenario. En realidad se trata de la historia del mundo vista de manera panorámica. La mujer simboliza al pueblo de Dios, ahora realizado en la Iglesia, que está dando a luz permanentemente al Cristo pascual (Gal 4 19; Ef 4 13).

Este, a su vez, con el triunfo de su resurrección ocasiona al diablo una derrota total. La reacción del dragón es violenta y desesperada; la persecución arrecia, el ataque se hace cada vez más persistente y cruel. Pero la asistencia de Dios es mucho más poderosa y la mujer y su hijo varón escapan a las garras del dragón dirigiéndose al desierto, que en la perspectiva del éxodo-liberación es lugar ciertamente de prueba, pero lo es ante todo de encuentro amoroso con Dios (Ex 16; Os 2).

• **13 1-18**: El mal, que es para el autor del Apocalipsis una tremenda realidad histórica, está aquí encarnado en tres siniestros personajes: el gran dragón y las dos bestias. Configuran los tres una especie de diabólica antitrinidad cuya única pretensión es combatir a la Iglesia con todos los medios posibles. El gran dragón representa toda la enorme vitalidad del mal en su más profunda raíz;

que vi se parecía a una pantera; tenía patas
como de oso y fauces como de león. El dragón le dio su fuerza, su trono y su inmenso
poder. 3 Una de sus cabezas parecía haber
sido herida de muerte, pero su herida mortal estaba ya curada. La tierra entera corría
fascinada tras la bestia. 4 Entonces adoraron al dragón, porque había dado su poder
a la bestia, y adoraron también a la bestia,
diciendo:

–¿Quién hay como la bestia? ¿Quién es
capaz de luchar contra ella?

5 Se le dio autorización para proferir
palabras orgullosas y blasfemas, y poder
para actuar durante cuarenta y dos meses.
6 Y así lo hizo: profirió blasfemias contra
Dios, contra su nombre, contra su santuario y contra los que habitan en el cielo.
7 También se le concedió hacer la guerra a
los creyentes y vencerlos; y se le otorgó
poder sobre las gentes de toda raza, pueblo, lengua y nación. 8 Y la adorarán todos
los habitantes de la tierra, a excepción de
aquellos que desde la creación del mundo
están inscritos en el libro de la vida del
Cordero degollado. 9 Quien tenga oídos,
que escuche esto:

10 El que tenga que ser deportado,
será deportado.
El que tenga que morir a espada,
a espada morirá.

¡Ha llegado la hora de poner a prueba la
paciencia y la fe de los creyentes!

11 Vi otra bestia que surgía de la tierra:
tenía dos cuernos como de chivo y hablaba
como un dragón. 12 Ejercía todo el poder
de la primera bestia en favor de ella, haciendo que la tierra y todos sus habitantes
adoraran a la primera bestia, aquella cuya
herida mortal había sido curada. 13 Hacía
grandes prodigios, hasta el punto de hacer
bajar fuego del cielo sobre la tierra a la
vista de los hombres. 14 Seducía también a
los habitantes de la tierra con los prodigios
que se le había otorgado realizar en favor
de la primera bestia, y los incitaba a levantar una imagen en honor de la bestia que
sobrevivió a la herida de la espada. 15 Se le
concedió dar vida a la imagen de la bestia,
de modo que incluso pudiera hablar, y se
le dio poder de dar muerte a cuantos no
adoraran la imagen de la bestia. 16 Hizo
también que todos, chicos y grandes, ricos
y pobres, libres y esclavos llevaran tatuada
una marca en la mano derecha o en la frente. 17 Y sólo quien llevaba tatuado el nombre de la bestia o la cifra de su nombre podía comprar o vender. 18 ¿Quién se las da de
sabio? El que presuma de inteligente vea si
puede descifrar el número de la bestia, que
es número humano; es el seiscientos sesenta y seis.

El cántico nuevo

Is 53 9; Sof 3 12-13; Sal 2 6; 32 2; Jl 3 5;
Ap 3 12; 4 4-6; 5 6; 7 4; 9 5

14 1 Miré de nuevo y ví que el Cordero
estaba de pie sobre la montaña de
Sión. Estaban con él los ciento cuarenta y
cuatro mil que tenían su nombre y el nombre de su Padre escrito en la frente. 2 Y oí
una voz que venía del cielo, voz como de
aguas caudalosas y el retumbar de un gran
trueno. Sin embargo, la voz que oí era como el sonido de citaristas tocando sus cítaras. 3 Cantaban un cántico nuevo ante el
trono, ante los cuatro seres vivientes y ante
los ancianos. Un cántico que nadie podía
aprender, excepto aquellos ciento cuarenta
y cuatro mil rescatados de la tierra. 4 Estos

por su parte, las dos bestias son sus más fieles colaboradoras, las más eficaces ejecutoras de sus perversos proyectos. La primera surge del mar oscuro y caótico (véase Gn 1 2; Sal 88 10-11), en el que la Biblia coloca a las potencias enemigas de Dios (véase Dn 7): representa la concentración de todos los imperios que habían oprimido históricamente al pueblo de Dios. La segunda bestia sube de la tierra, que es el horizonte donde se desarrolla la historia humana: representa todo el poder de captación y de halago, de persuasión y de propaganda engañosa propio de los estados totalitarios.

Según el valor simbólico de las cifras, el número 666 equivaldría, en opinión de numerosos intérpretes, a "Nerón César", personaje representativo de la furia perseguidora estatal contra la Iglesia. Pero el número no es 777, que sería la cifra de significado perfecto, completo; eso quiere decir que la persecución, aunque cruenta, no es total. Aún en medio de las más duras realidades, siempre hay, para el autor del Apocalipsis, lugar al consuelo y la esperanza.

• **14 1-5**: En contraposición al cuadro anterior, aparecen aquí los que se mantienen fieles a Dios a pesar de todas las dificultades. Son el resto fiel que acompaña al Cordero victorioso. Están marcados con el sello de la salvación, cantan un cántico nuevo, es decir, el que celebra la victoria de Cristo resucitado como hombre nuevo, y siguen al Cordero a todas partes porque están plena y profundamente compenetrados con Cristo.

son los que no se contaminaron con
mujeres y se mantienen vírgenes, los que
siguen al Cordero a todas partes, los rescatados de entre los hombres como primeros frutos para Dios y para el Cordero,
5 los de labios sinceros y conducta irreprochable.

El mensaje eterno

Is 21 9; 46 1-2; 47 1.15; 51 17-22; Jr 50 29-32; 51 8.44-56;
Ez 38 22; Dn 4 27; Zac 5 5-11

6 Y vi otro ángel que volaba por lo más
alto del cielo. Traía la eterna buena noticia
para anunciársela a todos los habitantes de
la tierra y a todas las naciones, razas, lenguas y pueblos. 7 Decía con fuerte voz:
–Teman a Dios y denle gloria, porque
ha llegado la hora de su juicio. Adoren al
que hizo el cielo, la tierra, el mar y los manantiales de agua.
8 Un segundo ángel lo seguía, diciendo:
–Cayó, cayó la orgullosa Babilonia, la
que emborrachó a todos los pueblos con el
vino de su desenfrenada lujuria.
9 Y un tercer ángel seguía a los dos anteriores diciendo con fuerte voz:
–Si alguno adora a la bestia y a su imagen y recibe su marca en la frente o en la
mano, 10 tendrá que beber el vino de la ira
de Dios derramado sin mezcla en la copa
de su cólera, y será atormentado con fuego
y azufre en presencia de los santos ángeles
y del Cordero. 11 Será eterno su tormento;
no tendrán respiro ni de día ni de noche los
adoradores de la bestia y de su imagen, y
quienes se han dejado marcar con su nombre. 12 Aquí se pone a prueba la constancia
de los creyentes, de aquellos que cumplen
los mandamientos de Dios y son fieles a
Jesús.
13 Y oí una voz del cielo que decía:
–Escribe: Dichosos desde ahora los que
mueran en el Señor. El Espíritu dice: podrán
descansar de sus trabajos, porque van acompañados de sus obras.

Tiempo de la cosecha

Heb 4 10; Jl 4 13; Mt 13 36-43; Is 63 1-6;
Lam 1 15; Ap 1 13; 19 15

14 Miré de nuevo y vi una nube blanca.
Sentado sobre la nube estaba un ser de aspecto humano con una corona de oro sobre
la cabeza y una guadaña afilada en la mano.
15 Salió del templo otro ángel y gritó con
fuerte voz al que estaba sentado en la nube:
–Empuña tu guadaña y comienza a segar. Es el tiempo de la cosecha, pues están
ya maduros los trigales.
16 El que estaba sentado sobre la nube
acercó su guadaña a la tierra y la comenzó
a cortar.
17 Y salió otro ángel del templo que está
en el cielo llevando también una guadaña
afilada. 18 Y todavía un ángel más –el que
tiene poder sobre el fuego– salió del altar y
gritó con fuerte voz al que tenía la guadaña
afilada:
–Empuña tu afilada guadaña y corta los
racimos de la viña de la tierra, pues están
ya maduras las uvas.
19 Acercó el ángel su guadaña a la tierra, cosechó la viña de la tierra y arrojó las
uvas al gran tonel de la ira de Dios. 20 La
uva del tonel fue pisada en las afueras de
la ciudad, y salió de él tanta sangre que
llegó a la altura de los frenos de los caballos en un radio de mil seiscientos estadios.

El canto de los vencedores

Ex 15 1-20; Sal 92 6; 111 2-4; 145 17; Jr 10 7;
Mal 1 11; Ap 13 16

15 1 Y vi en el cielo otra señal grande y
maravillosa: siete ángeles que lleva-

• **14 6-13**: El tema del pasaje son los acontecimientos del último juicio, un juicio irrevocable y definitivo. Es, pues, una llamada a la conversión y a la constancia. En las difíciles horas por las que está atravesando la comunidad, el ejemplo de Jesús, totalmente obediente al Padre, se ofrece como decisivo. Porque una vez más, la última palabra es de esperanza, de triunfo, de gloria, de dicha sin medida. Cristo y el Espíritu lo garantizan.

• **14 14-20**: Las imágenes de la guadaña y la cosecha siguen evocando el juicio de Dios; por su parte, la imagen de la sangre que forma un inmenso lago expresa la grandeza y la universalidad del juicio.

• **15 1-8**: Una tercera señal (después de las de la mujer y el dragón) entra en escena: son los siete ángeles que llevan las siete plagas. Son las últimas, porque con ellas el furor de Dios va a llegar a su final. Este capítulo actúa como breve introducción a la descripción pormenorizada de las mismas, ya que el autor pretende fortalecer la fe de la comunidad cristiana tras las penalidades sufridas y las que aún se avecinan, representadas en las plagas. Este es el sentido del precioso himno que está compues-

ban las siete últimas plagas con las que llegaría a su fin la ira de Dios. 2 Vi también
algo semejante a un mar, mezcla de fuego
y de cristal; sobre este mar de cristal estaban, con las cítaras que Dios les había dado,
los vencedores de la bestia, de su imagen y
de su nombre en número cifrado. 3 Cantaban el canto de Moisés, siervo de Dios, y
el canto del Cordero, diciendo:

Grandes y maravillosas son tus obras,
Señor, Dios todopoderoso;
justo y verdadero tu proceder,
rey de las naciones.
4 ¿Cómo no respetarte, Señor?
¿Cómo no glorificarte?
Sólo tú eres santo,
y todas las naciones
vendrán a postrarse ante ti,
porque se ha manifestado
tu proyecto de salvación.

Los ángeles de las siete plagas

Ex 38 21; 40 34-35; 1 Re 8 10; Is 6 4; Ap 14 10; 11 19

5 Después de esto vi cómo se abrió en el
cielo lo más santo de la tienda del testimonio. 6 Y los siete ángeles que llevaban las
siete plagas salieron del templo, vestidos
de lino puro y brillante, con bandas de oro
alrededor del pecho. 7 Uno de los cuatro
seres vivientes dio a los siete ángeles siete
copas de oro llenas de la ira del Dios que
vive por los siglos de los siglos. 8 El templo se llenó del humo de la gloria y del
poder de Dios, y a nadie se le permitía entrar en el templo mientras no se cumplieran
las siete plagas de los siete ángeles.

Las siete copas de la ira de Dios

Ex 7 14-24; 9 8-11; Is 49 26; Sal 19 10; 119 137; 145 17;
Mt 23 35-37; Ap 8 8; 13 8.16; Ex 10 21-22; Is 8 21-22

16 1 Y oí una fuerte voz que salía del templo y decía a los siete ángeles:

–Vayan y derramen sobre la tierra las
siete copas de la ira de Dios.
2 Partió el primer ángel, derramó su copa
sobre la tierra, y los hombres que llevaban
la marca de la bestia y adoraban su imagen
se llenaron de úlceras malignas y dolorosas.
3 Derramó el segundo ángel su copa sobre el mar, el cual se convirtió en sangre
como de muerto, y perecieron todos los
seres vivos que había en él.
4 El tercer ángel derramó su copa sobre
los ríos y los manantiales, que también se
convirtieron en sangre. 5 Y oí al ángel de
las aguas que decía:

Tú, el Santo, el que existes y existías,
eres justo y has hecho justicia.
6 Ellos derramaron la sangre
de creyentes y profetas,
y tú les has dado a beber sangre.
¡Bien se lo han merecido!

7 Y oí que decían desde el altar:

En efecto, Señor, Dios todopoderoso,
verdaderos y justos son tus juicios.

8 El cuarto ángel derramó su copa sobre
el sol, y se le dió poder para quemar a los
hombres con fuego. 9 Quedaron todos con
terribles quemaduras y maldecían a un Dios
que puede enviar tales plagas; pero no se
convirtieron ni reconocieron su grandeza.
10 El quinto ángel derramó su copa sobre
el trono de la bestia, y su reino quedó sumido en la oscuridad. La gente se mordía
la lengua de dolor, 11 y maldecían al Dios
del cielo a causa de los dolores y las úlceras; pero no cambiaron de conducta.
12 El sexto ángel derramó su copa sobre
el gran río Eufrates; el cauce del río se secó y quedó convertido en camino para los
reyes que venían del oriente.
13 Vi entonces cómo salían de la boca
del dragón, de la boca de la bestia y de la
boca del falso profeta, tres espíritus impu-

to con citas de los profetas y los salmos, y que es presentado como canto de liberación tanto para el antiguo (Moisés), como para el nuevo pueblo de Dios (el Cordero= Cristo).

• **16 1-16**: Mientras en el pasaje de las siete trompetas se aludía a una destrucción parcial (véase Ap 8 6-13), ahora la acción destructora de las copas afecta a la totalidad de los hombres y de la creación. La ira de Dios ha llegado a su punto culminante. El texto de Apocalipsis se inspira, sin duda, en el esquema de las plagas del Exodo (véase Ex 7 14-25; 9 8-35), pero no como una simple evocación de dichos pasajes, sino como una reinterpretación en clave de cumplimiento.

Sorprende el extraño simbolismo de los sapos, que parece aludir a la facilidad que tienen estos animales de moverse oscuramente y en silencio. Las fuerzas del mal atacan también insidiosamente y hacen su trabajo de manera clandestina tratando de engañar a los hombres con toda clase de trampas.

ros que parecían sapos. 14 Se trataba, en efecto, de espíritus demoníacos que realizaban prodigios e intentaban reunir a todos los reyes de la tierra con vistas a la batalla del gran día del Dios todopoderoso. 15 Fíjense que vengo como un ladrón. ¡Dichoso el que esté alerta y conserve sus vestidos! No tendrá que andar desnudo y nadie verá sus vergüenzas.

16 Y reunieron a los reyes en el lugar que en hebreo se llama Harmaguedón.

5. Desenlace. Condenación de la prostituta y triunfo de la esposa ◊

La séptima copa

Ex 9 22-26; Dn 12 1; Mc 13 19; Ap 4 5; 6 12-14; 11 19; 14 10

17 Y derramó finalmente el séptimo ángel su copa en el aire, y una fuerte voz que salía del templo, de junto al mismo trono, decía:

–¡Ya está!

18 Hubo entonces zigzaguear de relámpagos y retumbar de truenos, y se produjo un violento terremoto, como no lo hubo jamás desde que el hombre existe sobre la tierra. 19 La gran ciudad se partió en tres; se derrumbaron las restantes ciudades del mundo y Dios se acordó de la orgullosa Babilonia para hacerle beber la copa de vino de su cólera terrible. 20 Se ocultaron todas las islas y desaparecieron las montañas. 21 Enormes granizos como piedras cayeron desde el cielo sobre los hombres que seguían maldiciendo a Dios a causa del azote del granizo, una plaga realmente terrible.

La gran prostituta

Is 23 16-18; Nah 3 4; Dt 10 17; Is 47 8-15; Dn 2 47; 7 24; 1 Tim 6 16; Ap 13 2; 11 7; 19 16

17 1 Se acercó entonces a mí uno de los ángeles que tenían las siete copas y me dijo:

–¡Ven! Te mostraré la sentencia que voy a pronunciar sobre la gran prostituta, la que está sentada sobre aguas caudalosas, 2 con la que adulteraron los reyes de la tierra emborrachándose con el vino de su lujuria.

3 Me llevó en espíritu a un desierto y vi a una mujer sentada sobre una bestia color escarlata. Tenía la bestia siete cabezas y diez cuernos y estaba llena de títulos blasfemos. 4 La mujer iba vestida de rojo escarlata, y estaba adornada de oro, piedras preciosas y perlas. En su mano tenía una copa de oro llena de abominaciones y del sucio fruto de su lujuria. 5 Y escrito en su frente un nombre misterioso: «Babilonia, la orgullosa, la madre de todas las prostitutas y de todas las abominaciones de la tierra». 6 Y vi cómo la mujer se emborrachaba con la sangre de los creyentes y de los mártires por amor de Jesús.

Quedé profundamente asombrado al verla, 7 y el ángel me dijo:

–¿De qué te asombras? Te explicaré el misterio de la mujer y de la bestia de siete cabezas y diez cuernos sobre la que está montada. 8 La bestia que has visto era, pero ya no es; va a surgir del abismo, pero va hacia la perdición. Los habitantes de la tierra cuyos nombres no están escritos desde la misma creación del mundo en el libro de la vida, quedarán asombrados al ver reaparecer a la bestia que era, pero ya no es.

◊ **16 17-22 5**: La séptima copa de la ira de Dios inicia el desenlace del drama que ha ido tejiendo el autor del *Apocalipsis. El esquema de este* último acto es muy sencillo: Cristo y los suyos van aniquilando progresivamente todas las fuerzas negativas que han corrompido la humanidad. Una vez aniquilada la gran prostituta, van entrando en escena la nueva ciudad de Jerusalén, el paraíso recreado, y la humanidad transformada que rinde culto a Dios y al Cordero, y reina para siempre.

• **16 17-21**: El derramamiento de la última copa provoca una serie de reacciones que conmueven el cosmos. El paisaje descrito es desolador, y el castigo que cae sobre Babilonia, personificación de la ciudad de Roma y de la humanidad pecadora, es realmente terrible.

• **17 1-18**: *La gran prostituta, la bestia,* y *la orgullosa Babilonia*, vienen a representar una misma cosa. Se trata de la enemistad demoníaca contra Dios y la Iglesia, que se expresa a través de diversos términos bíblicos. Su realidad profunda se comprende ante el contraste que representan *la esposa, el Cordero,* y *la nueva Jerusalén.* Los símbolos son abundantes y casi todos se refieren a Roma y a su persecución contra la Iglesia de Jesucristo –la esposa del Cordero degollado– (Ap 5 6.9.12; 13 8). En el fondo se trata del poder del mal, que se manifiesta tremendamente agresivo y eficaz. Pero la comunidad cristiana no debe acobardarse; el poder del mal es pasajero, los agentes del mal se destruirán mutuamente, y la victoria final será del Cordero a quien la comunidad debe reconocer como *Rey de reyes* y *Señor de señores.*

9 ¡Use la inteligencia el que sea sabio! Las
siete cabezas son siete montañas sobre las
que está sentada la mujer. Y son siete reyes,
10 de los que cinco ya perecieron, uno existe todavía, el otro aún no ha llegado, pero
cuando llegue durará poco. 11 En cuanto a
la bestia que era, pero ya no es, aunque es
el octavo rey, forma parte de los siete y va
hacia la perdición. 12 Los diez cuernos que
has visto son diez reyes que aún no han
recibido reino, pero que como si fueran
reyes compartirán el poder con la bestia
durante muy poco tiempo. 13 Tienen un
solo pensamiento: dar a la bestia su fuerza
y su poder. 14 Harán la guerra al Cordero,
pero el Cordero los vencerá, porque es Rey
de reyes y Señor de señores; y con él vencerán también los llamados, los elegidos y
los creyentes.
15 Y el ángel añadió:
–Las aguas que has visto, sobre las que
está sentada la prostituta, son pueblos, muchedumbres, razas y lenguas. 16 Pero los
diez cuernos que has visto –y la misma bestia– traicionarán a la prostituta, la despojarán, la dejarán desnuda, comerán sus carnes y la arrojarán al fuego. 17 Porque Dios
se ha servido de ellos para ejecutar sus proyectos, haciendo que se pongan de acuerdo
para entregar a la bestia su reino, en espera
de que se cumplan las palabras de Dios.
18 Y la mujer que has visto es la gran ciudad, la que domina sobre los reyes de la
tierra.

La caída de Babilonia

Gn 18 20-21; Is 21 9; 34 4; 13 21-22; 47 7-9; Jr 50 8.15.29; 51 6-9.45; Sal 137 8; 2 Cor 6 17; 2 Tes 1 6; Ap 14 8; 17 2

18 1 Después de esto, vi a otro ángel que
bajaba del cielo con gran poder. La
tierra quedó iluminada con su resplandor,
2 y el ángel gritó con fuerte voz, diciendo:

¡Cayó, cayó finalmente
la orgullosa Babilonia!
Se ha convertido
en mansión de demonios,
en guarida de espíritus impuros
y de toda clase de aves
inmundas y detestables.
3 Las naciones todas han bebido
el vino de su desenfrenada lujuria
con ella adulteraron los reyes de la tierra,
y con su lujo desenfrenado
se han enriquecido
los negociantes del mundo.

4 Y oí otra voz que decía desde el cielo:

Sal de ella, pueblo mío;
no te hagas cómplice de sus pecados,
y así no tendrás
que compartir sus castigos.
5 Porque hasta el cielo
se han amontonado sus pecados,
y Dios ha recordado sus maldades.
6 Páguenle con su misma moneda,
dándole incluso el doble de su merecido:
en la copa de sus desenfrenos
échenle doble amargura;
7 cuanto se procuró de gloria y de placeres,
denle de tormento y de luto.
Porque ha estado diciéndose a sí misma:
«Estoy sentada en un trono como reina;
no soy viuda ni vestiré de luto jamás».
8 Por eso mismo, en un solo día
caerán sobre ella
las plagas que ha merecido:
muerte, luto y hambre,
y será consumida por el fuego.
Poderoso es para eso el Señor Dios,
que la ha juzgado.

Lamentación por la caída

Ez 26-28; Dt 32 43; Is 44 23; 23 8; 24 8; Jr 7 24; 25 10; 51 63-64; Ap 12 10; 17 4; 16 6

9 Llorarán y se lamentarán por ella los
reyes de la tierra, los que con ella desaho-
garon su lujuria y compartieron con ella
placeres, cuando vean la humareda de su
incendio.
10 A distancia y estremecidos de espanto ante el desastre de la ciudad, exclama-
rán:

¡Ay de ti, la gran ciudad,
Babilonia, ciudad poderosa!
¡En muy poco tiempo
se ha cumplido tu condena!

• **18 1-8**: Estamos ante la ejecución del juicio anunciado en la escena anterior. Aunque el autor se inspira en Jeremías y Ezequiel, asimila los modelos y construye su propia síntesis teológica. El poema es impresionante y es conveniente destacar la evocación del tema bíblico del éxodo, que tiene aquí una connotación ética: se trata de no compartir el estilo de vida de la ciudad orgullosa y pecadora.

11 Por ella lloran y gimen también los
negociantes de la tierra, porque ya nadie
compra sus mercancías: 12 oro y plata; piedras preciosas y perlas; lino, púrpura, seda
y escarlata; madera olorosa, objetos de marfil y de madera preciosa, de bronce, de hierro y de mármol. 13 También canela y clavo;
perfumes, ungüentos olorosos e incienso;
vino y aceite; trigo y la mejor harina; animales de carga, ovejas, caballos, carros;
esclavos y seres humanos.

14 Los frutos de otoño que tanto apetecías
quedaron lejos de ti;
todos los lujos y esplendores
los perdiste y ya nunca volverán.

15 Los que comerciaban con estas mercancías y se habían enriquecido a su costa,
se mantendrán ahora a distancia, estremecidos de espanto por el desastre de la ciudad, y llorando y lamentándose 16 excla-
marán:

¡Ay de ti, la gran ciudad,
la que vestías lujosamente
de rojo escarlata;
la que te adornabas con oro,
piedras preciosas y perlas!
17 ¡Muy poco tiempo ha bastado
para devastar tanta riqueza!

Y todos los pilotos marinos, los nave-
gantes, los marineros y cuantos viven del
mar, se detuvieron a lo lejos 18 y exclamaban viendo la humareda del incendio:
–¿Hubo jamás ciudad tan grande como
ésta?
19 Y echándose polvo sobre sus cabezas,
exclamaban llorando y lamentándose:

¡Ay de ti, la gran ciudad!
Con tu opulencia se enriquecieron
cuantos surcaban el mar con sus navíos.
¡Ha bastado muy poco tiempo
para que seas devastada!

20 ¡Alégrate, cielo, por su ruina,
y ustedes, creyentes,
apóstoles y profetas,
porque Dios, al condenarla,
les ha hecho justicia a ustedes!

21 Un ángel poderoso levantó entonces
un peñasco grande como una gigantesca
rueda de molino y lo arrojó al mar, diciendo:

Así, de golpe, será arrojada
Babilonia, la gran ciudad,
y desaparecerá para siempre.
22 Ya no se volverá a oír en ti
a los citaristas y a los músicos,
a los que tocan la flauta y la trompeta.
Ya no habrá en ti artesanos,
ni se oirá la rueda del molino.
23 La luz de la lámpara
ya no alumbrará más en ti,
ni el canto del novio y de la novia
se oirá más en tus calles.
Porque tus negociantes llegaron a ser
los señores de la tierra,
y con tus maleficios
engañaste a todas las naciones.
24 Estás manchada con la sangre
de profetas y creyentes,
con la sangre de todos
los que han sido asesinados
sobre la tierra.

Alegría por el triunfo del bien

Is 54 1-8; Os 2 16-18; Mt 22 1-14; 25 1-13; Lc 14 15-24;
Ef 5 23-32; Ap 21 2.9; 22 8-9; Hch 10 25-26

19 1 Después de esto, oí en el cielo algo
así como el estruendo de una inmensa
multitud que cantaba:

¡Aleluya!
La salvación, la gloria y el poder
pertenecen a nuestro Dios,
2 porque sus juicios son

• **18 9-24**: Magnífico canto fúnebre ante la ruina de la ciudad pecadora. Los centros de poder político contemplan consternados el desastre repentino y total. Ya se ha dicho que la ciudad representa a Roma, la capital del imperio, centro y personificación de todo desorden y de toda oposición al verdadero Dios. De ahí que el símbolo bíblico se refiera a toda ciudad pagana y autosuficiente, a toda sociedad que establezca en su interior un sistema cerrado de lujo y desenfreno donde ni la misma vida humana se respeta.

• **19 1-10**: Este pasaje realiza una lectura teológica de lo dicho en el capítulo anterior. Se insiste en la estrecha relación entre la Iglesia terrestre y la Iglesia celestial. Los del cielo siguen con gran atención la peregrinación de sus hermanos de la tierra. El Cordero controla el rumbo de la historia. La salvación, representada en el banquete de bodas, es algo completamente asegurado. Todo esto se celebra en una especie de jubilosa liturgia celestial donde es central el tema de la alegría.

verdaderos y justos.
El ha condenado a la gran prostituta,
la que corrompía la tierra
con sus prostituciones,
y ha vengado en ella
la sangre de sus siervos.

3 Y por segunda vez cantaban:

¡Aleluya!
El humo de su incendio sigue subiendo
por los siglos de los siglos.

4 Cayeron entonces rostro a tierra los
veinticuatro ancianos y los cuatro seres vivientes y adoraron a Dios que está sentado
en el trono, diciendo:

¡Amén! ¡Aleluya!

5 Y salió del trono una voz que decía:

Alaben a nuestro Dios,
todos sus siervos y fieles,
humildes y poderosos.

6 Oí luego algo así como el estruendo
de una inmensa multitud, como el estruendo de aguas caudalosas, como el estruendo
de fuertes truenos. Y decían:

¡Aleluya!
El Señor Dios nuestro,
el todopoderoso,
ha comenzado a reinar.
7 Alegrémonos, regocijémonos
y démosle gloria,
porque han llegado
las bodas del Cordero.
Está engalanada su esposa,
8 vestida de lino puro, brillante.
El lino que representa
las buenas acciones de los creyentes.

9 Entonces alguien me dijo:
–Escribe: Dichosos los invitados al banquete de bodas del Cordero.
Y añadió:
–Palabras verdaderas de Dios son éstas.
10 Yo caí a sus pies para adorarlo, pero
él me dijo:
–No hagas eso, que yo soy un simple
compañero de servicio tuyo y de tus hermanos, esos que se mantienen como fieles
testigos de Jesús. Sólo a Dios debes adorar.
Y es que dar testimonio de Jesús y tener
espíritu profético es lo mismo.

La aparición de Cristo

Is 11 4; 63 1-3; Sal 2 9; Jn 1 1.14; Ez 39 17-20; Dn 7 11;
Ap 1 5; 2 17; 3 4; 12 5; 14 19; 13 9-16; 16 14-16; 20 10-15

11 Vi luego el cielo abierto y apareció
un caballo blanco. Su jinete, llamado el
Fiel y el Verdadero, juzga y combate con
justicia. 12 Sus ojos son como llamas de
fuego y múltiples diademas adornan su
cabeza. Lleva escrito un nombre que sólo
él sabe descifrar. 13 Va envuelto en un
manto empapado de sangre y su nombre es
Palabra de Dios. 14 Los ejércitos del cielo,
con sus jinetes vestidos de lino blanco
purísimo, galopan tras sus huellas sobre
blancos caballos. 15 De su boca sale una
espada afilada para herir con ella a las
naciones a las que va a gobernar con vara
de hierro. El es quien pisa las uvas donde
destila el vino de la terrible ira del Dios
todopoderoso. 16 Y sobre su manto y su
muslo lleva escrito este nombre: Rey de
reyes y Señor de señores.
17 Vi también un ángel que, de pie sobre el sol, gritaba con fuerte voz a todas
las aves que volaban por lo más alto del
cielo:
–¡Vengan, acudan al gran banquete preparado por Dios! 18 Comerán carne de reyes, de generales y de valientes guerreros;
carne de caballos y de sus jinetes; carne de
toda clase de hombres: libres y esclavos,
humildes y poderosos.
19 Y vi entonces cómo la bestia y los
reyes de la tierra reunían sus ejércitos para
hacer la guerra al que montaba sobre el
caballo y a su ejército. 20 Pero la bestia fue
apresada y con ella el falso profeta, el que,
a fuerza de prodigios realizados en favor
de la bestia, sedujo a cuantos se dejaron
grabar la marca de la bestia y adoraron su

• **19 11-21**: Esta escena presenta a Cristo –simbolizado en el caballo blanco– como vencedor de todas las fuerzas del mal. Aniquilada la ciudad pecadora, centro del poder corruptor, ahora una a una, de forma irreversible, van siendo derrotadas las fuerzas del mal (la bestia, el falso profeta, los reyes de la tierra). Sólo queda el dragón, cuya derrota definitiva tendrá lugar en la escena siguiente. Pero Cristo no triunfa sólo; su victoria se ve acompañada por la presencia de los cristianos. Es la victoria de Cristo y de la Iglesia.

imagen. Los dos fueron arrojados vivos al
estanque ardiente de fuego y azufre. 21 Los
demás fueron exterminados por la espada
del que montaba a caballo –la espada que
salía de su boca– y todas las aves se harta-
ron de sus carnes.

La derrota definitiva del dragón

Gn 3 1-5.15; Dn 7 9.22.27; Mt 19 28; Ez 38 2-9.15.22; Lc 21 20-24; Ap 1 2-6; 2 11; 5 10; 6 9; 13 8-16; 7 1; 19 20

20 1 Y vi un ángel que bajaba del cielo
llevando en la mano la llave del abismo y una gran cadena. 2 Apresó al dragón,
la antigua serpiente –que es el Diablo y
Satanás–, y lo encadenó por mil años. 3 Lo
arrojó al abismo, cerró y selló la entrada,
para que no pueda seducir más a las naciones hasta que hayan pasado los mil años.
Pasados los mil años, tendrá libertad por
breve tiempo.
4 Después vi unos tronos, y a los que se
sentaron en ellos se les dio poder para juzgar. Y vi a los que habían sido degollados
por dar testimonio de Jesús y por anunciar
la palabra de Dios: los que no habían adorado a la bestia ni a su imagen, los que no
se habían dejado marcar ni en su frente ni
en sus manos. Todos ellos revivieron y reinaron con Cristo mil años. 5 Los demás
muertos no revivieron hasta pasados los
mil años. Esta es la primera resurrección.
6 ¡Dichosos los elegidos para tomar parte
en esta resurrección primera! No tiene sobre ellos poder la segunda muerte, sino
que serán sacerdotes de Dios y de Cristo,
con quien reinarán los mil años.
7 Pero se cumplirán los mil años y Satanás será desencadenado. 8 Se lanzará entonces a seducir a los habitantes de los
cuatro puntos cardinales de la tierra, a Gog
y a Magog, a fin de reunir para la guerra a
sus ejércitos, incontables como la arena del
mar. 9 Se extendieron, en efecto, sobre la
ancha tierra y pusieron cerco al campamento de los elegidos y a la ciudad bien-
amada. Pero bajó fuego del cielo y los devoró. 10 Y el diablo que los había seducido
fue arrojado al estanque de fuego y azufre,
donde se encuentran también la bestia y el
falso profeta y donde serán atormentados
noche y día por los siglos de los siglos.

El juicio definitivo

Dn 7 10; 2 Pe 3 7-12; 1 Cor 15 26.54; Ap 2 23; 3 5; 21 14

11 Vi luego un trono grande y resplandeciente. Tierra y cielo se ocultaron ante la
presencia del que estaba sentado sobre el
trono y desaparecieron sin dejar rastro.
12 Vi también a los muertos, tanto poderosos como humildes, que estaban de pie
ante el trono. Fueron abiertos entonces los
libros; fue abierto otro libro –el libro de la
vida–, y los muertos fueron juzgados según
sus obras, conforme a lo que estaba escrito
en los libros. 13 El mar devolvió sus muertos, la tierra y el abismo devolvieron sus
muertos, y todos fueron juzgados según
sus obras. 14 Muerte y abismo fueron arrojados después al estanque de fuego. Esta es
la segunda muerte: el estanque de fuego,
15 al que fueron también arrojados todos
los que no estaban inscritos en el libro de
la vida.

• **20 1-10**: Se describe aquí la derrota definitiva del dragón, enemigo número uno y principal artífice del mal. Los *nombres que recibe ponen claramente* al descubierto su verdadera identidad. Y se describe su derrota en dos fases sucesivas. La primera es el período de mil años en que permanece encadenado y en el que por tanto su actividad maléfica es muy restringida; esta enigmática cifra de los mil años ha sido diversamente interpretada, dando lugar a los conocidos movimientos milenaristas de diverso tipo; hoy casi nadie pone en duda que debe ser entendida simbólicamente: es el tiempo de Dios y de la Iglesia (véase Sal 89 4; y 2 Pe 3 8). En la segunda fase Satanás hará un esfuerzo desesperado por desplegar su fuerza destructiva; pero todo será en vano; su ataque final fracasará y será borrado definitivamente de la historia.

• **20 11-15**: Sin oponentes ya, tiene lugar la escena del juicio. Es una escena breve, descrita con sorprendente sobriedad y rapidez.

Inspirada en Dn 7, tiene por objeto sacar a la luz a los que no se han dejado seducir por las fuerzas del mal que actuaban en la historia. La escena contiene un vigoroso mensaje de esperanza y una invitación a la perseverancia dirigida a las comunidades que todavía viven bajo el dominio de las fuerzas negativas de la historia. Todo lo negativo del mundo desaparece; la tierra queda transformada; la muerte y el abismo son aniquilados; el protagonismo lo ejercen *el trono grande y resplandeciente* y *el libro de la vida* como símbolos de poder y de la misericordia de Dios.

Cielo nuevo y tierra nueva

Is 7 14; 8 8; 60-62; 65 17-25; Ez 37 27; Gal 4 26;
Heb 11 10-16; 2 Pe 3 13; 2 Sm 7 14; Sal 2 7; 89 27s;
Jn 4 10-14; 7 37-38; 2 Cor 5 17;
Ap 1 8; 2 10; 3 12; 7 15; 19 7

21 1 Y vi un cielo nuevo y una tierra nueva. Habían desaparecido el primer
cielo y la primera tierra y el mar ya no
existía. 2 Vi también bajar del cielo, enviada por Dios, a la ciudad santa, la nueva
Jerusalén, engalanada como una novia que
se adorna para su esposo. 3 Y oí una fuerte
voz, salida del trono, que decía:
–Esta es la tienda de campaña que Dios
ha instalado entre los hombres. Acampará
con ellos; ellos serán su pueblo y Dios mismo estará con ellos. 4 Enjugará las lágrimas
de sus ojos y no habrá ya muerte, ni luto,
ni llanto, ni dolor, porque todo lo antiguo
ha desaparecido.
5 Y dijo el que estaba sentado en el trono:
–Yo hago nuevas todas las cosas.
Y añadió:
–Escribe que estas palabras son verdaderas y dignas de confianza.
6 Me dijo finalmente:
–¡Ya está! Yo soy el Alfa y la Omega, el
principio y el fin. Al que tenga sed, le daré
a beber gratis de la fuente del agua de la
vida. 7 El vencedor recibirá esta herencia,
pues yo seré su Dios y él será mi hijo. 8 En
cuanto a los cobardes, los incrédulos, los
depravados, los criminales, los lujuriosos,
los hechiceros, los idólatras y todos los
embusteros, están destinados al lago ardiente de fuego y azufre, que es la segunda
muerte.

La Jerusalén del cielo

Is 54 11-12; 60 1-5.19-20; Ez 40 2; 48 16-17; 48 31-35;
Ef 2 20; Ap 11 1; 15 8; 19 7; Is 35 8; 51 1;
Zac 13 1-2; 14 7; Sal 72 10-11; Jn 2 19-21;
1 Cor 6 9-10; 2 Pe 3 13; Ap 11 1; 15 8; 21 3; 22 3.5

9 Entonces se acercó a mí uno de los
siete ángeles que tenían las siete copas llenas de las últimas plagas y me dijo:
–¡Ven! Te mostraré la novia, la esposa
del Cordero.
10 Me llevó en espíritu a una montaña
grande y alta y me mostró la ciudad santa,
Jerusalén, que bajaba del cielo enviada por
Dios, 11 resplandeciente de gloria. Su esplendor era como el de una piedra preciosa
deslumbrante, como una piedra de jaspe
cristalino. 12 Tenía una muralla grande y
elevada y doce puertas con doce ángeles
custodiando las puertas, en las que estaban
escritos los nombres de las doce tribus de
Israel. 13 Tres puertas daban al oriente y
tres al norte; tres al sur y tres al occidente.
14 La muralla de la ciudad tenía doce pilares
en los que estaban grabados los doce nombres de los doce apóstoles del Cordero.
15 El que hablaba conmigo tenía como
medida una vara de oro, para medir con
ella la ciudad, sus puertas y su muralla.
16 La ciudad tenía forma de cuadrado: su
longitud era igual a su anchura. Midió la
ciudad con la vara y resultaron doce mil
estadios: lo mismo de largo que de ancho y
de alto. 17 Midió luego la muralla y resultaron ciento cuarenta y cuatro codos, según
la medida humana que fue la utilizada por
el ángel.
18 Los materiales de la muralla eran de
jaspe y la ciudad era de oro puro, semejan-

• **21 1-8**: Una vez realizado el juicio contra las potencias del mal, se inaugura una situación completamente nueva: unos cielos y una tierra totalmente transformados son el marco apropiado para celebrar el triunfo de Cristo y de la Iglesia simbolizado en las bodas del Cordero y de la Esposa. Estamos ante un nuevo Génesis: nuevos cielos, nueva tierra, nueva ciudad santa, nuevas cosas; en una palabra, nueva creación. La antigua creación era radicalmente *buena* (*Gn 1 3.10.12.18.25.31*), pero fue contaminada profundamente por el pecado y se convirtió en lugar *de luto, de llanto, de dolor y de muerte*. En la nueva creación, que tiene como punto de referencia a Cristo resucitado, todo retorna a su situación original, todo vuelve a ser vida y comunión plena de gozo con Dios.

• **21 9-27**: La atención del autor se centra ahora en la nueva Jerusalén, que se presenta alternativamente como ciudad y como esposa. En cierto modo el autor parece ignorar la escena anterior, pues se ocupa del mismo tema aunque desde una perspectiva diferente. Toda la descripción de la ciudad es manifiestamente simbólica en contraste con la descripción de la gran prostituta en Ap 17 1-6, pasaje con el que la presente escena mantiene una evidente relación antitética. Es significativa la ausencia de templo y de astros luminosos: en la ciudad nueva ya no hacen falta intermediarios. Dios mismo y Cristo resucitado son personalmente templo y luz en la nueva sociedad.

te a puro cristal. 19 Los pilares sobre los que se apoyaba la muralla de la ciudad estaban adornados de toda clase de piedras preciosas. El primer pilar tenía jaspe; el segundo, zafiro; el tercero, calcedonia; el cuarto, esmeralda; 20 el quinto, sardonio; el sexto, cornalina; el séptimo, crisólito; el octavo, berilo; el noveno, topacio; el décimo, ágata; el undécimo, jacinto y el duodécimo, amatista.

21 Las doce puertas eran doce perlas, y cada puerta estaba hecha de una sola perla. Y la plaza de la ciudad era de oro puro, transparente como cristal.

22 No vi ningún templo en la ciudad, pues el Señor Dios todopoderoso y el Cordero son su templo. 23 Tampoco necesita sol ni luna que la alumbren; la ilumina la gloria de Dios y su antorcha es el Cordero. 24 A su luz caminarán las naciones, y los reyes de la tierra vendrán a ofrecerle sus riquezas. 25 Nunca se cerrarán sus puertas, porque allí no habrá noche. 26 A ella traerán el poderío y la riqueza de las naciones. 27 Pero nada manchado entrará en ella, nadie que practique la maldad o la mentira; sólo los inscritos en el libro de la vida que tiene el Cordero.

El río de agua que da vida y la ciudad sin noche

Gn 3 22; Ez 47 1-12; Zac 14 8-11; Sal 17 15; 42 3; Jn 4 1; 7 38; Mt 5 8; Ap 2 7; 3 12; 4 2; 5 10; 21 23-25

22 1 Me mostró entonces el ángel un río de agua que da vida, transparente como el cristal, que salía del trono de Dios y del Cordero. 2 En medio de la plaza de la ciudad, a uno y otro lado del río, había un árbol de vida que daba doce cosechas, una cada mes, cuyas hojas servían de medicina a las naciones.

3 Ya no habrá nada maldito. Será la ciudad del trono de Dios y del Cordero, en la que sus servidores le rendirán culto, 4 contemplarán su rostro y llevarán su nombre escrito en la frente. 5 Ya no habrá noche; no necesitarán luz de lámparas ni la luz del sol, porque el Señor Dios alumbrará a sus habitantes, que reinarán por los siglos de los siglos.

CONCLUSION +

El Señor está a punto de llegar

Dn 8 26; 12 10; Is 40 10; 44 6; 1 Cor 6 9-10; Flp 3 2; Ap 1 1-3.8.17; 2 7.16.23; 7 14; 21 8

6 Y alguien me dijo:

–Estas son palabras verdaderas y dignas de confianza. El Señor Dios que inspiró a los profetas envió a su ángel para mostrar a sus servidores lo que está a punto de suceder.

7 Mira que estoy a punto de llegar. ¡Dichoso el que haga caso a las palabras proféticas de este libro!

8 Yo, Juan, oí y vi todo esto. Y después de oírlo y verlo, me postré a los pies del ángel que me había mostrado todo esto con intención de adorarlo.

9 Pero él me dijo:

–No hagas eso, que yo soy un simple compañero de servicio tuyo y de tus hermanos los profetas, y de todos los que hacen caso a las palabras de este libro. Sólo a Dios debes adorar.

10 Y añadió:

–No mantengas en secreto las palabras proféticas de este libro, pues el momento decisivo está cerca. 11 Ya poco importa que el pecador siga pecando o que el manchado se manche más aún; que el bueno siga siendo bueno o el creyente se entregue más a

• **22** 1-5: *La descripción dramático*-simbólica de la historia de la salvación está llegando a su fin, y el autor de Apocalipsis no puede menos que evocar los comienzos bíblicos de esa historia. Estamos ante un paraíso recreado, pero no se trata de un simple retorno al paraíso primordial, pues la historia no puede repetirse. Se trata de un mundo y una humanidad que han alcanzado por fin la plenitud anunciada y presagiada en Gn 2. Ahora sí que la vida y la luz y la bendición y el reino glorioso serán una realidad eterna.

• **22** 6-21: Lo que comenzó como diálogo litúrgico (Ap 1 4-8) concluye de la misma manera. Los protagonistas del libro se dan cita en este final solemne: el Señor Dios, Cristo Jesús, el Espíritu, la Esposa, el ángel, la ciudad santa, el árbol de la vida, la comunidad cristiana perseguida pero fiel encabezada por Juan, los seguidores de la bestia que *aman y practican la mentira*. Todos estos personajes han desempeñado su papel en el drama, y ahora, al caer el telón, el autor del Apocalipsis hace ocupar a cada uno su puesto para que brinden a los espectadores el saludo final. Un saludo que en labios del Espíritu, de la Esposa y de la asamblea se convierte en grito al mismo tiempo de deseo y de esperanza para que Jesús, el Cordero degollado y vencedor, venga cuanto antes a realizar plenamente todo lo anunciado en el libro.

Dios. 12 Estoy a punto de llegar con mi recompensa y voy a dar a cada uno según sus
obras. 13 Yo soy el Alfa y la Omega, el primero y el último, el principio y el fin. 14 ¡Dichosos los que lavan sus vestidos para tener
derecho al árbol de la vida y poder entrar
en la ciudad por sus puertas! 15 ¡Fuera, en
cambio, los depravados, los hechiceros, los
lujuriosos, los asesinos, los idólatras y todos cuantos aman y practican la mentira!

¡Ven, Señor Jesús!

Dt 4 2; 13 1; Is 11 1.10; 55 1; Nm 24 17;
Ap 2 16-28; 5 5; 21 6-8

16 Yo, Jesús, envié mi ángel para darles a
ustedes testimonio de todo esto en las distintas iglesias. Yo soy la raíz y el descendiente
de David, la estrella radiante de la mañana.

17 El Espíritu y la Esposa dicen: «¡Ven!».
Diga también el que escucha: «¡Ven!». Y
si alguno tiene sed, venga y beba de balde,
si quiere, del agua que da vida.

18 Solemnemente advierto a todo el que
escuche las palabras proféticas de este libro,
que si añade algo, Dios hará caer sobre él
las plagas descritas en este libro. 19 Si suprime alguna de las palabras proféticas de
este libro, Dios le quitará la parte que le
corresponde en el árbol de la vida y en la
ciudad santa descritos en este libro.

20 Dice el que da testimonio de todo esto:

Sí, estoy a punto de llegar.
¡Amén! ¡Ven, Señor Jesús!

21 Que la gracia de Jesús, el Señor, esté
con todos.

Cronología

AÑO	HISTORIA CIVIL	HISTORIA BÍBLICA	ACTIVIDAD LITERARIA
		I PREHISTORIA	
3.500	INVENCIÓN DE LOS METALES. Cultura del cobre	Marco cultural que corresponde a los relatos bíblicos populares sobre los primeros oficios y manifestaciones artísticas: Gn 4 21-22.	Comienzos de la escritura.
		II ÉPOCA PATRIARCAL	
3.000	CULTURA DEL BRONCE ANTIGUO. *En Egipto*: Imperio Antiguo (la época de las grandes pirámides), con Menfis como capital. Abarca las dinastías I-XI. *En Mesopotamia*: Sumerios y acadios. *En Palestina*: Hacen su aparición los cananeos.	Los antepasados de Abrahán viven como nómadas en Mesopotamia: Gn 11 10-16.	Se extiende y consolida la escritura. En Egipto florece la escritura jeroglífica.
2.200	Período intermedio entre el Bronce Antiguo y el Bronce Medio. *En Egipto*: Comienza el Imperio Medio que abarca las dinastías XII-XVII. *En Mesopotamia*: Renacimiento sumerio con la tercera dinastía de UR. Ulterior aparición y consolidación de los amorreos.		Se escriben en Egipto los llamados *Textos de execración.*
1.900	CULTURA DEL BRONCE MEDIO Primera dinastía de Babilonia.	Llegan a Palestina (hacia el 1.800) los primeros clanes patriarcales encabezados por ABRAHÁN (Gn 12 1-9).	Poemas acádicos sobre la creación: ENUMA ELIS, y sobre el diluvio: EPOPEYA DE GILGAMÉS.
1.750	Reinado de HAMMURABI en Babilonia.	Historias patriarcales.	Código de Hammurabi.
1.725	Antiguo imperio hitita.		
1.700	Los HICSOS invaden Egipto.	Grupos pre-israelitas procedentes de Palestina se instalan en Egipto.	

AÑO	HISTORIA CIVIL	HISTORIA BÍBLICA	ACTIVIDAD LITERARIA
1.550		Llegada a Egipto de nuevos grupos patriarcales: Gn 39-50.	

III ÉXODO Y ASENTAMIENTO EN CANAÁN

AÑO	HISTORIA CIVIL	HISTORIA BÍBLICA	ACTIVIDAD LITERARIA
	CULTURA DEL BRONCE NUEVO Comienza en Egipto el Imperio Nuevo. Su capital fue Tebas.	Estancia de los israelitas en Egipto: Ex 1 1-7.	Tablillas escritas descubiertas en Taanak.
1.500		En Palestina se mencionan unas gentes llamadas "HABIRU".	
1.400			Cartas de EL AMARNA.
1.364	Amenofis IV = Akenatón. Instaló su capital en Tel-el Amarma y rindió culto exclusivo al dios Atón.		
1.350	Se extienden los hititas por Asia Menor y norte de Siria.		Tablillas alfabéticas de Ugarit (= Ras Shamra) con relatos de mitos y leyendas.
1.304	Reinado de RAMSÉS II en Egipto (1.304-1.238) que lucha contra los hititas y luego se alía con ellos.	Los israelitas son duramente oprimidos por los faraones egipcios: Ex 1 8-22.	Estelas descubiertas en Betsán.
1.250	Gran actividad constructora de RAMSÉS II.	Grupos de israelitas acaudillados por MOISÉS escapan de Egipto a través de las marismas y el desierto: Ex 13 17-15 27.	Puede remontarse a esta época el origen oral del Cántico de María que se conserva en Ex 15 1-21.
1.238	Reinado de MERNEFTAH en Egipto (1.238-1.209).	Los israelitas cruzan el desierto del Sinaí y tras numerosos avatares llegan a las puertas de Canaán.	Estela de Merneftah en la que se menciona una victoria del faraón sobre un grupo de gente al que se denomina "Israel".
1.220		Con Josué como jefe, los grupos de israelitas procedentes de Egipto, comienzan la ocupación de Canaán.	Pueden remontarse a esta época las más antiguas formulaciones orales del DECÁLOGO (Ex 20 1-17) y de otras leyes israelitas, tales como el Código de la Alianza (Ex 20-23).

AÑO	HISTORIA CIVIL	HISTORIA BÍBLICA	ACTIVIDAD LITERARIA
1.200	CULTURA DEL HIERRO ANTIGUO Reinado de RAMSÉS III en Egipto (1.194-1.163). Los "pueblos del mar" (filisteos) intentan invadir Egipto, pero son rechazados y se instalan en la costa meridional de Palestina.	Comienza el período de los JUECES. Hacia el año 1130 Débora y Barac derrotan en Tanac a los cananeos mandados por Sísara.	Comienzan a formarse las primeras tradiciones orales sobre la historia del pueblo israelita. Incluso podrían haberse redactado por primera vez en este tiempo las antiguas colecciones de cantos épicos conocidas como "Libro del Justo" (Jos 10 12-13) y "Libro de las guerras del Señor" (Nm 21 14-18). Y lo mismo cabe decir del Cántico de Débora conservado en Jue 5 1-31.
1.100	*Asiria* con TEGLATFALASAR I (1.115-1.077) ejerce un fuerte control sobre toda Mesopotamia. Nacen los *reinos arameos* (Damasco, Soba, Jamat) que poco a poco van sacudiéndose el yugo asirio.	Diversas y variopintas historias de los jueces-libertadores (Jue 3 7-16 31) que contribuyeron a mantener vivas la fe y las tradiciones de Israel durante más de ciento cincuenta años.	
1.050	En *Egipto* ocupa el trono la dinastía XXI con capital en Tanis. Los grandes sacerdotes de Tebas controlan el gobierno del país.	Los filisteos derrotan a los israelitas en Afec. Muere ELI y el tiempo de los jueces toca a su fin.	
1.040		Comienza la actividad de Samuel, profeta y juez, con el santuario de Siló como centro religioso de las tribus israelitas.	

IV ÉPOCA MONÁRQUICA: EL REINO UNIDO

AÑO	HISTORIA CIVIL	HISTORIA BÍBLICA	ACTIVIDAD LITERARIA
1.030		SAÚL, primer rey israelita.	Probable primera redacción escrita durante esta época de: - poemas de Nm 23-24 - bendiciones de Jacob (Gn 49) - bendiciones de Moisés (Dt 33)
1.010		Los *filisteos* derrotan a SAÚL en la batalla de los montes Gelboé. Muerte de SAÚL.	
1.000	Reinado de SIAMÓN en *Egipto.*	Comienza el reinado de DAVID. Primero siete años sobre la tribu de Judá en Hebrón, y después treinta y tres años sobre todo Israel con Jerusalén –conquistada a los jebuseos– como capital del reino.	Probable composición, al menos oral, de algún SALMO. Cabría pensar en Sal 2 y 110.

AÑO	HISTORIA CIVIL	HISTORIA BÍBLICA	ACTIVIDAD LITERARIA
990		Victorias de David sobre filisteos, moabitas, edomitas, amalecitas y arameos.	
970	Reinado de REZÓN en Damasco.	Reinado de SALOMÓN sobre toda la nación israelita. Se prolonga hasta el año 931 aproximadamente. Intensa actividad constructora y comercial. Destaca sobre todo la construcción del TEMPLO DE JERUSALÉN.	En el reinado de Salomón podría fecharse la primera redacción escrita de: - las antiguas tradiciones orales sobre la historia israelita - la historia de la sucesión al trono de David y de la ascensión al mismo de su hijo Salomón (2 Sm 9-20; 1 Re 1-2). - las primeras colecciones de proverbios.

V ÉPOCA MONÁRQUICA: EL REINO DIVIDIDO

AÑO	HISTORIA CIVIL	HISTORIA BÍBLICA	ACTIVIDAD LITERARIA
931	En *Egipto* reina el faraón SESAC I (955-925) que en los últimos años de su reinado lleva a cabo una campaña militar en Palestina.	ASAMBLEA DE SIQUÉN. La nación israelita se divide en dos reinos: el reino de Israel o del Norte, y el reino del Judá o del Sur. El faraón Sesac ataca Jerusalén y saquea el templo y el palacio real. JUDÁ – ISRAEL Roboán 931 Jeroboán Abías 914 Asá 911 910 Nadab 909 Basá	Estela de Sesac en Meguido.
900	CULTURA DEL HIERRO NUEVO Reinado de Benadad I (o Hadadézer) en Damasco.	Asá se alía con Ben Hadad contra Basá 885 Elá 884 Zimrí 884 Omrí	
883	ASURBANIPAL II (883-859) *hace resurgir a Asiria.*	Fundación de Samaría que pasa a ser capital del reino del Norte (1 Re 16 24).	
880	Benadad II (o Hadadézer), rey de Damasco.	874 Ajab	

AÑO	HISTORIA CIVIL	HISTORIA BÍBLICA	ACTIVIDAD LITERARIA
875	Egipto en decadencia.	Ciclo profético de ELÍAS en el reino del Norte (1 Re 17 1-2 Re 1 16). Guerras de Ajab contra Benadad II (o Hadadézer). Victoria de Afec y derrota en Ramot de Galaad.	
870 858	Reinado de SALMANASAR III en Asiria (858-824). Comienza la expansión asiria. En el 853 vence a Benadad II y a Ajab de Israel. En los años sucesivos vuelve a derrotar a los reyes de Damasco.	Josafat 870 853 Ocozías 852 Jorán Jorán 848 Ciclo profético de ELISEO en el reino del Norte (2 Re 2 1-13 21). Jehú da muerte a la familia entera de Jorán, rey de Israel.	Composición de SALMOS (tal vez Sal 20; 21; 24; 46; 47; 48; 68; 72; 77). Estela de MESÁ, rey de Moab, en la que se celebra su victoria sobre Israel.
840	Salmanasar III derrota a Jazael y a Benadad III (o Hadadézer III), reyes de Damasco.	Ocozías 841 Jehú Atalía 841 Joás 835 813 Joacaz 797 Joás Amasías 796 782 Jeroboán II Prosperidad material en el reino del Norte. Ozías 767 753 Zacarías 753 Salún 752 Menajén	Probable redacción independiente de los ciclos proféticos de ELÍAS y ELISEO (1 Re 17 1-2 Re 13 21). El profeta AMÓS proclama su mensaje en el reino del Norte. Probable redacción escrita de algunos de sus oráculos. OSEAS proclama su mensaje profético en el reino del Norte. Es probable que la mayor parte de su libro se remonte al propio profeta.
745	Reinado de TEGLATFALASAR III en Asiria (745-727). Aumenta el esplendor y la hegemonía asiria. Hacia el 732 vence a Rezón, rey de Damasco y acaba con la independencia de su reino. En los países conquistados practica la política de intercambiar poblaciones.	741 Pecajías 740 Pecaj Jotán 739 Ajaz 734	Comienza la actividad del profeta ISAÍAS (Is 6 1). Actividad profética de MIQUEAS. El libro actual es el resultado de una compleja actividad redaccional. Oráculos sobre el Enmanuel en el marco de la guerra siro-efraimita (Is 7-12).
731 727		731 Oseas Ezequías 727	

AÑO	HISTORIA CIVIL	HISTORIA BÍBLICA	ACTIVIDAD LITERARIA
726	Reinado de SALMANASAR V en Asiria (726-722).		
722	SARGÓN II (722-705), rey de Asiria.	Samaría, capital del reino de Israel, es sitiada por el ejército asirio. Con su caída desaparece el reino del Norte.	
721	En Babilonia MERODAC BALADÁN (721-711) trata de independizarse de Asiria.	Continúa el reinado de EZEQUÍAS (727-698) en Judá.	
713		Según 2 Re 18 13, Senaquerib, hijo de Sargón II y general del ejército asirio, invade Judá y Ezequías es sometido a tributo.	
704	Reinado de SENAQUERIB en Asiria (704-681).		La actividad profética de Isaías alcanza su apogeo.
701	Diversas campañas militares contra los reinos vecinos.	Senaquerib invade de nuevo Palestina, pero tiene que interrumpir bruscamente su campaña (2 Re 18-19).	Inscripción conservada en el canal de Siloé. Colecciones de PROVERBIOS (Prov 25 1) y probable composición de algunos SALMOS. Primer estrato escrito del PENTATEUCO a base de las tradiciones yavista y elohista.
698		Reinado de MANASÉS en Judá (698-643). Vive sometido a Asiria, y en Jerusalén proliferan los cultos idolátricos. Según 2 Cr 33 11 habría sufrido un cautiverio en Babilonia.	
681	Senaquerib muere asesinado en Nínive. Le sucede ASARADÓN (681-669), que hacia el 671 se apodera del norte de Egipto.		
669	Reinado de ASURBANIPAL III en Asiria (669-630).		Biblioteca de Asurbanipal III en Nínive.
663	El faraón PSAMMÉTICO I (663-609) expulsa a los asirios de Egipto.		Oráculo profético de NAHUM.
643		Reinado de AMÓN en Judá (643-640).	
640		Reinado de JOSÍAS en Judá (640-609).	Actividad profética de SOFONÍAS.
625	NABOPOLASAR sube al trono en Babilonia (625-605).		Comienza la actividad profética de JEREMÍAS (Jr 1 1-10).

AÑO	HISTORIA CIVIL	HISTORIA BÍBLICA	ACTIVIDAD LITERARIA
622		Reforma de Josías (2 Re 22-23).	Hallazgo del "Libro de la ley", probablemente la primera edición del DEUTERONOMIO (2 Re 22 3-10). La escuela deuteronomista prepara los materiales de lo que será la gran HISTORIA DEUTERONOMISTA (Josué, Jueces, 1-2 Samuel y 1-2 Reyes), e imprime sus huellas en los estratos yavista-elohista del PENTATEUCO. Oráculo profético de HABACUC.
612	Caída de Nínive.		
609	Derrota del faraón NECAO (o NEKO) a manos de Nabopolasar.	El ejército de Necao aplasta a Josías en Meguido. Muerte de Josías (2 Re 24 28-30). Reinado de JOACAZ en Judá (609). Depuesto a los tres meses por Necao, muere cautivo en Egipto. Reinado de JOAQUÍN en Judá (609-598).	Según algunos, ministerio profético de JOEL. La actividad profética de Jeremías (y de su secretario BARUC) alcanza su apogeo y se prolonga hasta la caída de Jerusalén.
605	NABUCODONOSOR ocupa el trono de Babilonia (605-562) y derrota al faraón Necao (o Neko) en Carquemis.		
598		Reinado de JECONÍAS en Judá (598-597).	¿Una primera actividad del profeta EZEQUIEL en Palestina?
597	Nabucodonosor pone sitio a Jerusalén.	Rendición de Jerusalén y primera deportación a Babilonia. Probablemente entre los deportados se encuentra el profeta Ezequiel (2 Re 24 10-16). Nabucodonosor nombra rey de Judá a Matanías (tercer hijo de Josías) y le pone el nombre de SEDECÍAS (597-587).	Actividad profética de EZEQUIEL entre los desterrados de Babilonia.

AÑO	HISTORIA CIVIL	HISTORIA BÍBLICA	ACTIVIDAD LITERARIA
589	El faraón JOFRÁ (589-566) intenta inútilmente hacer frente a Nabucodonosor.	Sedecías se rebela contra Babilonia. El ejército de Nabucodonosor invade Judea y pone cerco a Jerusalén.	
587	Sitio de Tiro que se prolonga durante trece años (Ez 26 1-27 36).	Caída de Jerusalén. Ciudad y templo son arrasados. Segunda deportación a Babilonia. Fin del período monárquico.	

VI PERÍODO EXÍLICO Y POSTEXÍLICO

AÑO	HISTORIA CIVIL	HISTORIA BÍBLICA	ACTIVIDAD LITERARIA
570		Comienzo del destierro babilónico.	Finaliza la actividad profética de JEREMÍAS cuyo libro actual es el resultado de un complejo proceso redaccional. Finaliza (probablemente) la actividad del profeta EZEQUIEL. Es muy probable que el propio profeta consignase por escrito un núcleo importante de su predicación. La redacción actual del libro, sin embargo, no se puede atribuir al profeta.
562	EVIL-MERODAC (562-560) sucede a Nabucodonosor en el trono babilónico.	En el año 561 Jeconías, rey de Judá deportado en el 597, es indultado por Evil-Merodak (2 Re 25 27-30).	Redacción final del DEUTERONOMIO y de la HISTORIA DEUTERONOMISTA. Formación del "estrato sacerdotal" e incorporación del mismo a los estratos ya existentes del PENTATEUCO. LIBRO DE LAS LAMENTACIONES (probablemente). Sal 93; 96-99. SALMOS de "El Señor es rey".
549	*CIRO es proclamado rey* de medos y persas (549-529).		Ministerio profético del SEGUNDO ISAÍAS (Is 40-55). El libro actual debió ser redactado en gran parte por el propio profeta.

AÑO	HISTORIA CIVIL	HISTORIA BÍBLICA	ACTIVIDAD LITERARIA
539	Ciro conquista Babilonia.	EDICTO DE CIRO que supone el fin del destierro (2 Cr 36 22-23; Esd 1 1-4).	
538		Regresa de Babilonia el primer grupo de cautivos con Zorobabel y el sumo sacerdote Josué al frente. Se reconstruye el altar de los holocaustos y comienza la reconstrucción del templo que pronto ha de ser interrumpida.	
530	CAMBISES (530-522), hijo de Ciro, sucede a su padre en el trono y conquista Egipto.		Composición del libro de JOB.
522	DARÍO I (522-486) divide el imperio persa en satrapías: Siria y Palestina constituyen la quinta, Egipto la sexta.		
520		Zorobabel y Josué reanudan la construcción del templo.	Ministerio profético de AGEO y PRIMER ZACARÍAS.
515		Dedicación del SEGUNDO TEMPLO.	Según algunos autores, ministerio profético de JOEL (o al menos reelaboración de los oráculos preexílicos del profeta).
490	Darío es derrotado por los griegos en la batalla de Maratón.		
486	JERJES I (486-464) ocupa el trono de Persia. En el año 480 es derrotado por los griegos en la batalla de Salamina.	El libro de ESTER da a Jerjes el nombre de ASUERO y en su tiempo coloca la historia ejemplar narrada de forma novelada en dicho libro.	Ministerio profético del TERCER ISAÍAS. Varios oráculos del libro actual se remontan al propio profeta. Hay también reelaboraciones y añadidos posteriores.
			Profecía de ABDÍAS (de difícil localización en tiempo y espacio).
465	ARTAJERJES I (465-423), rey de Persia.		Ministerio profético de MALAQUÍAS.

AÑO	HISTORIA CIVIL	HISTORIA BÍBLICA	ACTIVIDAD LITERARIA
445		Sucesivas misiones del gobernador NEHEMÍAS en Palestina. ¿También de ESDRAS?	Siguen componiéndose SALMOS.
423	JERJES II (423) y DARÍO II (423-404), reyes de Persia.		Redacción del libro de JONÁS. MEMORIAS de Nehemías (fuente extrabíblica de Neh).
404	ARTAJERJES II (404-359), rey de Persia.		
400	Egipto se independiza de Persia. Dinastía XXVIII en Egipto.		
398		Probable misión de ESDRAS en Palestina.	Redacción final del PENTATEUCO. MEMORIAS DE ESDRAS (fuente extrabíblica de Esd).
359	ARTAJERJES III (359-338), rey de Persia.	Judea se constituye en estado teocrático bajo el dominio de Persia, pero con cierta autonomía.	Probable redacción del libro de RUT (algunos autores lo colocan antes del exilio).
336	DARÍO III (336-331), rey de Persia.		Redacción de la HISTORIA CRONÍSTICA (1-2 Crónicas, Esdras y Nehemías).
333	ALEJANDRO MAGNO (336-323), rey de Macedonia, inicia sus fulminantes conquistas en el Oriente Próximo y Medio.		Probable redacción final del libro de los PROVERBIOS.

VII ÉPOCA HELENÍSTICA Y LEVANTAMIENTO MACABEO

AÑO	HISTORIA CIVIL	HISTORIA BÍBLICA	ACTIVIDAD LITERARIA
331	Batalla de ARBELAS. La victoria de Alejandro Magno pone fin al imperio persa.		CANTAR DE LOS CANTARES (probablemente). Se completa el libro de los SALMOS.
323	*Muerte de Alejandro Magno* en Babilonia. Sus generales se reparten el imperio: LÁGIDAS en Egipto; SELÉUCIDAS en Siria.	La nación israelita vive bajo el dominio y control de los lágidas egipcios, si bien con cierta autonomía.	Oráculos proféticos del SEGUNDO ZACARÍAS.

AÑO	HISTORIA CIVIL	HISTORIA BÍBLICA	ACTIVIDAD LITERARIA
275	Hasta el año 200 hegemonía lágida.		La Biblia hebrea es traducida al griego en Alejandría de Egipto: VERSIÓN DE LOS LXX.
200	TOLOMEO V de Egipto (204-180) es derrotado en Panión por ANTÍOCO III el GRANDE de Siria (223-187). Comienza la hegemonía de los seléucidas sirios.	Judea pasa a estar bajo el dominio y control de los seléucidas sirios.	Libro del ECLESIASTÉS (probablemente). Libro de TOBIAS (original hebreo o arameo que se ha perdido; pronta traducción al griego).
189	ROMA inicia su intervención en Oriente Próximo. Los Escipiones vencen en Magnesia a Antíoco III y retienen como rehén en Roma a su hijo (más tarde Antíoco IV).		
187	SELEUCO IV (187-175), reina en Siria.	SIMÓN II el justo y ONÍAS III ejercen el sumo sacerdocio en Jerusalén y su gestión es muy apreciada por el pueblo (2 Mac 3 1-2). Por estos años, HELIODORO, general de Seleuco IV, intenta saquear el templo de Jerusalén (2 Mac 3 13-40).	Libro de BARUC (probablemente). Comienza el ciclo de los libros apocalípticos de HENOC (apócrifos del Antiguo Testamento). Probable composición de la CARTA DE JEREMÍAS.
180		Los sumos sacerdotes JASÓN y MENELAO siembran de intrigas la vida de la nación israelita.	
175	ANTÍOCO IV EPÍFANES (175-164), rey de Siria.	El helenismo se apodera de Jerusalén (1 Mac 1 10-15). En el verano del 170 Menelao manda asesinar a Onías III (2 Mac 4 30-38).	Composición del libro del ECLESIÁSTICO (texto original hebreo).
169-68	Campañas militares contra Egipto.	La persecución socio-religiosa contra los judíos por parte de Antíoco IV alcanza su momento álgido con la profanación del templo de Jerusalén y el martirio de numerosos israelitas fieles a la ley (1 Mac 1 21-64; 2 Mac 5 15-7 42).	Probable composición del texto hebreo y arameo del libro de ESTER.
167	Los romanos intensifican su intervención en Oriente.		

AÑO	HISTORIA CIVIL	HISTORIA BÍBLICA	ACTIVIDAD LITERARIA
167-66		LEVANTAMIENTO MACABEO. Matatías y sus hijos se sublevan contra la opresión siria (1 Mac 2 1-70).	
166		JUDAS MACABEO (166-160) obtiene una serie de importantes y decisivas victorias sobre generales de Antíoco IV y Antíoco V.	Probable redacción del libro de DANIEL.
163	ANTÍOCO V EUPATOR (164-162) sucede en el trono a su padre Antíoco IV Epífanes muerto lejos de Siria víctima de una extraña enfermedad (1 Mac 6 1-13 y 2 Mac 9 1-29).	Purificación y dedicación solemne del templo (1 Mac 4 36-59).	
161	DEMETRIO I (162-150), rey de Siria.	Alianza entre Judas Macabeo y los romanos.	Libro de los JUBILEOS (apócrifo del Antiguo Testamento).
160		Muerte de Judas Macabeo. Le sucede su hermano JONATÁN (160-143).	Composición del libro de JUDIT (probablemente).
152		Jonatán es nombrado sumo sacerdote.	
150	ALEJANDRO BALAS (150-145) sucede a Demetrio I muerto en combate.		
148	Macedonia pasa a ser provincia romana.		
147-45	Alejandro Balas y Demetrio II se disputan el trono de Siria.		
145	DEMETRIO II (145-140), rey de Siria.	Se renuevan las alianzas de la nación judía con Roma y Esparta (1 Mac 12 1-23).	
144-38	*ANTÍOCO VI Y TRIFÓN* disputan el trono a Demetrio II y se autoproclaman reyes simultáneamente.		

AÑO	HISTORIA CIVIL	HISTORIA BÍBLICA	ACTIVIDAD LITERARIA
142		Jonatán es apresado víctima de una traición (1 Mac 12 39-53) y muere poco después asesinado (1 Mac 13 23). Le sucede su hermano SIMÓN (143-134).	
138	ANTÍOCO VII SIDETES (138-129) derrota a Trifón que huye y encuentra la muerte (F. Josefo) o se suicida (Estrabón).	Simón conquista la ciudadela de Jerusalén en el 141 y pone fin a la ocupación seléucida (1 Mac 13 49-52). Comienza la dinastía asmonea. Renovación de las alianzas con Roma y Esparta (1 Mac 14 16-24).	Comienzos de la literatura de QUMRÁN. Primeras redacciones de la REGLA DE LA COMUNIDAD (o Manual de Disciplina). HIMNOS procedentes de la literatura qumránica.
134		Simón junto con sus hijos muere asesinado en la fortaleza de Doc. Sólo su hijo JUAN (Hircano) escapa a la matanza.	TESTAMENTO DE LOS DOCE PATRIARCAS (apócrifo del Antiguo Testamento)

VIII PERÍODO ASMONEO Y DOMINACIÓN ROMANA

AÑO	HISTORIA CIVIL	HISTORIA BÍBLICA	ACTIVIDAD LITERARIA
134		JUAN HIRCANO I (134-104) sucede a su padre Simón como jefe de la nación judía (1 Mac 16 21-24). Conquista Moab y Samaría, y destruye el templo de Garizín.	Traducción griega del libro del ECLESIÁSTICO. ROLLO del TEMPLO (Qumrán). Carta de ARISTEAS (apócrifo sobre la traducción de los LXX).
129	Decadencia y anarquía en Siria.		REGLA DE LA CONGREGACIÓN (Qumrán).
117	Reinado de TOLOMEO VIII (117-81) en Egipto. Persecución de los judíos residentes en Egipto.		Composición de 2 MACABEOS.
104		ARISTÓBULO I (104-103), hijo de Juan Hircano, toma el título de rey.	LIBRO de la GUERRA (Qumrán). Composición de 1 MACABEOS (original hebreo que se ha perdido).
103		ALEJANDRO JANNEO (103-76), sucede a su hermano Aristóbulo.	Probable composición de la parte griega del libro de ESTER.

AÑO	HISTORIA CIVIL	HISTORIA BÍBLICA	ACTIVIDAD LITERARIA
76		ALEJANDRA (76-67) accede al trono al morir su esposo Alejandro.	Composición del libro de la SABIDURÍA (aproximadamente).
67		HIRCANO II, sumo sacerdote, reina por breve tiempo tras la muerte de su madre Alejandra. Es suplantado por su hermano. ARISTÓBULO II (67-63). Desplaza a su hermano y ocupa el trono y el sumo sacerdocio.	DOCUMENTO DE DAMASCO. Rollo descubierto en una geniza del Cairo a comienzos del s. XX. Probablemente pertenece a la literatura de Qumrán.
66	POMPEYO, general romano, inicia su intervención en Oriente.	En el año 65 Hircano II y Aretas III, rey de Nabatea, ponen cerco a Jerusalén. Pompeyo les obliga a retirarse y posteriormente son vencidos por Aristóbulo II.	Libro III de ESDRAS (traducción griega). Es un apócrifo del Antiguo Testamento cuyo original hebreo puede remontarse a principios del s. II a. C.
64	Pompeyo destrona al último seléucida, FILIPO II, y hace de Siria una provincia romana.		
63		Jerusalén es conquistada por Pompeyo y la nación judía queda sometida a Roma. Aristóbulo y su hijo Antígono son llevados cautivos a Roma, mientras Hircano es nombrado sumo sacerdote. El gobierno, bajo el control de Roma, queda en manos del idumeo Antípatro.	SALMOS DE SALOMÓN (apócrifo del Antiguo Testamento).
48	En Farsalia JULIO CÉSAR derrota a Pompeyo que muere asesinado en Egipto.		
47		Herodes, hijo de Antípatro, trata de hacerse con el control de Judea. Se suceden las intrigas.	
44	Julio César muere asesinado.		

AÑO	HISTORIA CIVIL	HISTORIA BÍBLICA	ACTIVIDAD LITERARIA
40	Los partos invaden Siria y Palestina, pero son expulsados dos años más tarde.	Herodes consigue que el senado romano le nombre rey de Judea.	Libro III de los MACABEOS (apócrifo del Antiguo Testamento).
37		A raíz de la conquista de Jerusalén por Herodes y Sosio, gobernador romano de Siria, HERODES, con el título de EL GRANDE (37-4 d. C.), se hace con el trono de Palestina en calidad de "rey aliado" de Roma.	
31	Octavio vence a Marco Antonio en la batalla naval de Accio.		
30	OCTAVIO AUGUSTO es proclamado emperador vitalicio de Roma (29 a. C.-14 d. C.).	Gran actividad constructora de Herodes, que tiene como contrapartida su comportamiento despiadado con sus súbditos y su propia familia. En los años 30-29 manda ejecutar a Hircano II y a su esposa Mariame I.	Los rabinos HILLEL (más abierto y tolerante) y SHAMAY (más riguroso y exigente) dan lugar a las escuelas que llevan su nombre.
19		Comienza la reconstrucción del templo de Jerusalén que concluye en el año 10 a. C.	
12	SULPICIO CIRINO, legado de Roma en Siria (12-9). Existen indicios de un empadronamiento durante su mandato.		
9	SATURNINO (9-6) y QUINTILIANO (6-4) legados de Roma en Siria. Indicios de un empadronamiento.		
7		Herodes manda ajusticiar a sus hijos Alejandro y Aristóbulo.	

AÑO	HISTORIA CIVIL	HISTORIA BÍBLICA	ACTIVIDAD LITERARIA
		IX ÉPOCA DEL NUEVO TESTAMENTO	
6	Últimos años del reinado de Herodes el Grande	Nace JESUCRISTO en Belén (Judea). Durante algo más de treinta años reside en Nazaret (Galilea).	
4 a. C.	HERODES manda ejecutar a su hijo mayor Antípatro y hace testamento en favor de sus hijos Arquelao, Herodes Antipas y Filipo.		LA ASUNCIÓN DE MOISÉS (apócrifo del Antiguo Testamento).
	Muerte de HERODES. ARQUELAO sofoca en Jerusalén una revuelta. JUDAS EL GALILEO extiende a todo el país la revuelta, que es sofocada por SABINO y VARO, legados romanos en Siria. Mueren crucificados unos 2.000 sediciosos.	ARQUELAO, etnarca de Judea y Samaría (4 a. C.-6 d. C.). HERODES ANTIPAS, tetrarca de Galilea y Perea (4 a. C.-39 d. C.). FILIPO, tetrarca de Edom, Gaulanítide, Traconítide, Batanea y Auranítide (4 a. C.-34 d. C.). La revuelta de JUDAS el GALILEO origina el grupo judío de los CELOTAS (Mt 22 17).	
6 d. C.	AUGUSTO destituye a Arquelao. Judea pasa a ser provincia romana con Cesarea Marítima como capital.	En TARSO, capital de Cilicia, nace SAULO-PABLO.	
14	Muere AUGUSTO. TIBERIO, emperador (14-37).		Texto griego del TESTAMENTO DE MOISÉS (apócrifo del Antiguo Testamento; el original hebreo es bastante más antiguo).
18		El gobernador romano VALERIO GRACO nombra sumo sacerdote a CAIFÁS.	
26	PONCIO PILATO es nombrado gobernador romano en Judea (26-36).		
27	Matrimonio de Herodes *Antipas con Herodías*, mujer de su hermano Herodes Filipo.	JUAN el BAUTISTA predica y bautiza en las riberas del Jordán.	

AÑO	HISTORIA CIVIL	HISTORIA BÍBLICA	ACTIVIDAD LITERARIA
27		JESÚS DE NAZARET comienza su actividad pública.	Durante el ministerio público de Jesús, sus discípulos y mucha gente escuchan sus enseñanzas y son testigos de sus signos portentosos. El recuerdo de todas estas cosas constituirá el origen de la tradición cristiana después de pascua.
28		Prisión y muerte de JUAN EL BAUTISTA.	
30		PASIÓN Y MUERTE DE JESÚS. Tal vez el viernes 8 de abril, víspera de la pascua del año 30.	
34		Martirio de ESTEBAN. La comunidad cristiana de origen helenista se dispersa (Hch 7).	A partir del culto, la catequesis y la predicación se van formando las primeras *tradiciones orales* sobre los hechos y palabras de Jesús.
35	L. VITELIO, legado romano en Siria (35-39). PILATO ordena una matanza de samaritanos en el monte Garizín.	PEDRO inicia su actividad fuera de Jerusalén. Anuncio del evangelio en Samaría y en la costa del Mediterráneo (Hch 8-11).	LOS SECRETOS DE ENOC (apócrifo del Antiguo Testamento).
36	PONCIO PILATO es cesado como gobernador y muere violentamente en Roma.	Vocación-conversión de san PABLO (Hch 9).	
37	Muerte de TIBERIO. CALÍGULA es elegido emperador (37-41). En el año 38 otorga el título de rey a *AGRIPA I*.	Fundación de la comunidad de ANTIOQUÍA, donde los discípulos de Jesús comienzan a llamarse "cristianos". Después de la estancia en Arabia, PABLO regresa a Damasco. A continuación visita en Jerusalén a los apóstoles y fija su residencia durante algunos años en Siria y Cilicia (Gal 1 17-21).	Las tradiciones orales sobre la vida de Jesús van tomando el color y las características peculiares de cada comunidad.

AÑO	HISTORIA CIVIL	HISTORIA BÍBLICA	ACTIVIDAD LITERARIA
41	Es asesinado CALÍGULA y proclamado emperador CLAUDIO (41-54).	AGRIPA I ve ampliado su reino con Judea y Samaría. Se recompone el reino de Herodes el Grande.	
		HERODES AGRIPA I ordena decapitar a SANTIAGO EL MAYOR y encarcela a PEDRO (Hch 12).	
44	Muerto AGRIPA I, Judea vuelve a ser provincia romana, regida por gobernadores (44-66).		
46	TIBERIO ALEJANDRO, gobernador de Roma en Judea (46-48). Diversas plagas de hambre azotan el imperio.	PABLO, acompañado de Bernabé, inicia su primer viaje apostólico: sudeste de Asia Menor y Chipre (Hch 13-14).	La *tradición oral* evangélica empieza a ponerse por escrito. Se trata, en un principio, de pequeñas unidades literarias –formas–, que paulatinamente van dando origen a colecciones más amplias.
49	Decreto de CLAUDIO expulsando de Roma a judíos y judeocristianos.	ASAMBLEA DE JERUSALÉN (Hch 15).	
		Segundo viaje apostólico de PABLO: centro de Asia Menor y Grecia (Hch 16-18). Algunos autores sitúan este viaje antes de la Asamblea de Jerusalén.	Posible redacción de una colección de *Dichos del Señor*, atribuida a Mateo.
50-51	LUCIO JUNIO GALIÓN (hermano del filósofo Séneca), procónsul de Roma en Acaya. Algunos autores lo colocan en el 51-52.		1ª TESALONICENSES. 2ª TESALONICENSES (si, según la opinión tradicional, se mantiene la autenticidad paulina de la misma).
52	ANTONIO FÉLIX es nombrado gobernador de Roma en Judea (52-60).		

AÑO	HISTORIA CIVIL	HISTORIA BÍBLICA	ACTIVIDAD LITERARIA
53		Tercer viaje apostólico de PABLO (53-58); recorre Galacia, Frigia, la provincia romana de Asia (Efeso), Macedonia, Acaya (Corinto), de nuevo Macedonia (Filipos) y Palestina (Cesarea del Mar) (Hch 18 23-21 14). Algunos autores anticipan este viaje al año 50.	
54	NERÓN, proclamado emperador (54-68).		
55			Carta a los GÁLATAS. 1ª CORINTIOS.
56-57		Probable prisión de PABLO en Efeso (en cualquier caso, no muy prolongada).	2ª CORINTIOS (resultado tal vez de fusionar varias misivas de Pablo a los Corintios). Según numerosos autores, cartas a los FILIPENSES y a FILEMÓN.
58		PABLO EN JERUSALÉN (Hch 21 15-26). Prisión de Pablo en Jerusalén y Cesarea (58-60).	Carta a los ROMANOS.
60	PORCIO FESTO, nombrado gobernador de Judea (60-62).	Los gobernadores ANTONIO FÉLIX y PORCIO FESTO interrogan a Pablo, que apela al emperador (Hch 21 16-25 12). Traslado de Pablo a Roma, Tempestad y naufragio. Invierno en Malta (Hch 27 1-28 16).	Tal vez carta de SANTIAGO (algunos autores modernos la colocan en una época posterior, aunque sin demasiadas pruebas).
61		Durante dos años PABLO permanece prisionero en Roma, en situación de libertad vigilada (Hch 28 17-31). Numerosos autores sitúan esta prisión tres o cuatro años antes y sostienen que concluyó con el martirio de Pablo.	Según la opinión tradicional, cartas a los FILIPENSES, a FILEMÓN, a los COLOSENSES y a los EFESIOS.

AÑO	HISTORIA CIVIL	HISTORIA BÍBLICA	ACTIVIDAD LITERARIA
62	LUCEYO ALBINO, gobernador de Roma en Judea (62-64).	SANTIAGO, el hermano del Señor, muere martirizado en Jerusalén.	
63		Según una antigua tradición y bastantes autores, liberación de Pablo. Probables últimos viajes del apóstol a España y de nuevo a Oriente.	1ª PEDRO, según la opinión tradicional. Actualmente, sin embargo, son muchos los que la colocan después de la muerte del apóstol, en la década de los 70 a los 80. Aunque siempre dentro de la tradición petrina.
64	Incendio de Roma. Se culpa y se persigue a los cristianos. GESIO FLORO, gobernador en Judea (64-66).	Probable prisión y martirio de PEDRO en Roma.	
66			Probable redacción final del evangelio de MARCOS. Según la opinión tradicional, cartas 1ª TIMOTEO y TITO.
66-67	NERÓN encarga a VESPASIANO y TITO sofocar la rebelión judía.	Se inicia la REBELIÓN JUDÍA contra Roma. El general Vespasiano ataca a los insurrectos, que se acantonan en Jerusalén.	Tal vez el escrito a los HEBREOS.
67		Según una antigua tradición y bastantes autores segunda cautividad romana de Pablo y martirio del apóstol.	Según la opinión tradicional, segunda carta a TIMOTEO.
68	GALBA es proclamado emperador.		
69	VESPASIANO, al ser nombrado emperador (69-79), encarga a su hijo TITO proseguir la campaña contra la rebelión judía.		
70	Judea pasa a ser provincia imperial. La legión décima queda acuartela*da en Jerusalén. Cesarea* es convertida en colonia romana.	Las legiones romanas de TITO, cercan, asaltan e incendian Jerusalén y su Templo.	

AÑO	HISTORIA CIVIL	HISTORIA BÍBLICA	ACTIVIDAD LITERARIA
73		Judíos sobrevivientes que pertenecían sobre todo al grupo de los celotes se hacen fuertes en la fortaleza de MASADA. Suicidio colectivo de sus defensores.	
75			Escritos de FLAVIO JOSEFO, entre los años 75-100.
79	TITO es proclamado emperador (79-81).		
81	DOMICIANO, hermano de Tito, emperador (81-96).		Redacción final de la OBRA LUCANA (Evangelio y Hechos).
85			Redacción final del evangelio griego de MATEO.
90			Redacción del evangelio de JUAN.
95	NERVA, emperador (96-98).	Destierro de JUAN en Patmos.	Libro del APOCALIPSIS.
96			Cartas 1ª, 2ª y 3ª de JUAN. Cartas de JUDAS y 2ª PEDRO. Quienes no admiten la autenticidad directamente paulina de Colosenses, Efesios, Cartas a Timoteo y Tito (e incluso 2 Tes), colocan su composición entre los años 80-100, siempre por discípulos del apóstol.
100			

Mapas

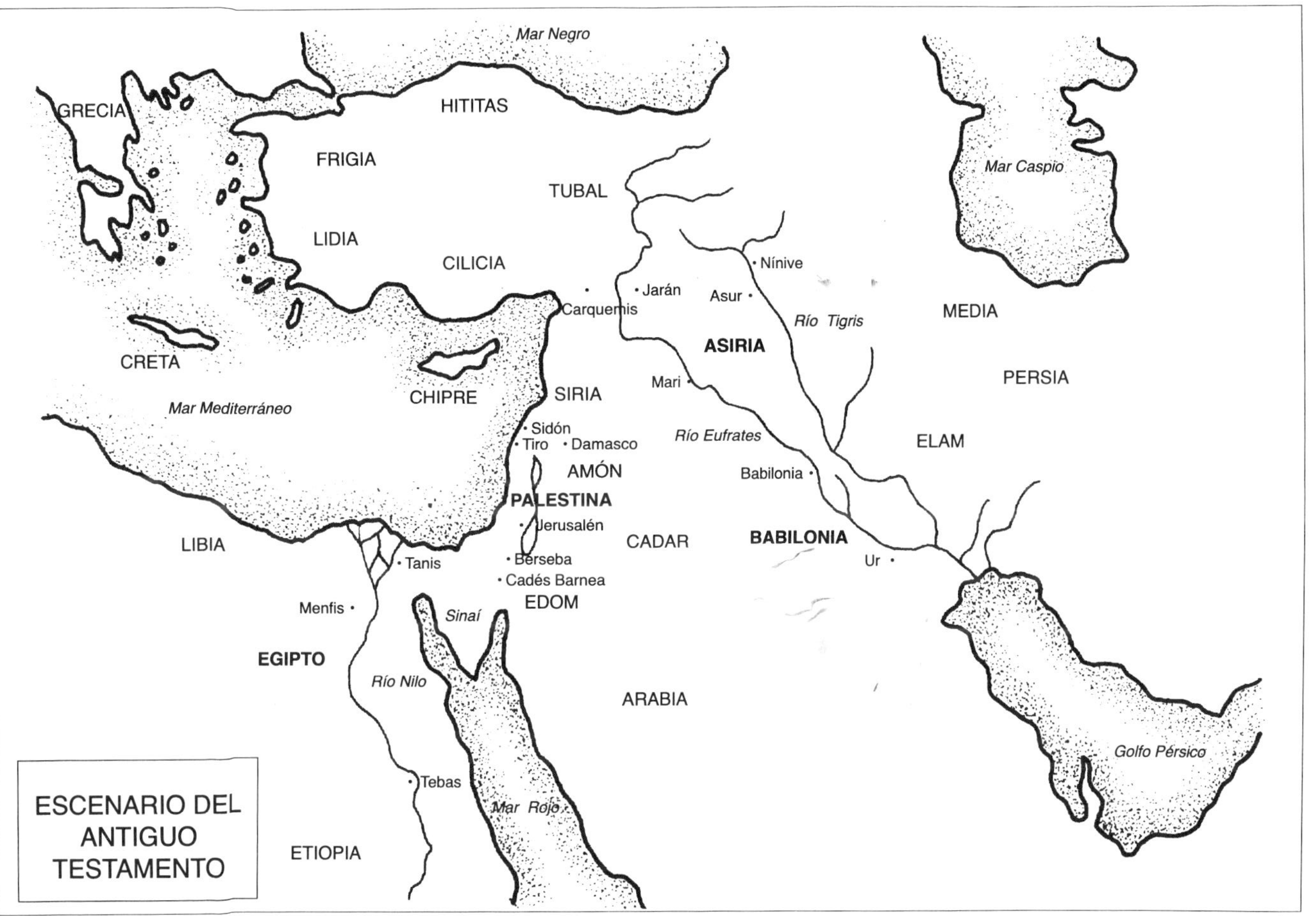
ESCENARIO DEL ANTIGUO TESTAMENTO
Mar Negro
GRECIA
HITITAS
FRIGIA
TUBAL
LIDIA
CILICIA
Mar Caspio
Nínive
Jarán
Asur
Carquemis
Río Tigris
MEDIA
ASIRIA
CRETA
CHIPRE
SIRIA
Mari
PERSIA
Mar Mediterráneo
Sidón
Tiro
Damasco
Río Eufrates
ELAM
AMÓN
Babilonia
PALESTINA
Jerusalén
CADAR
BABILONIA
LIBIA
Tanis
Berseba
Ur
Cadés Barnea
EDOM
Menfis
Sinaí
EGIPTO
Río Nilo
ARABIA
Golfo Pérsico
Tebas
Mar Rojo
ETIOPIA

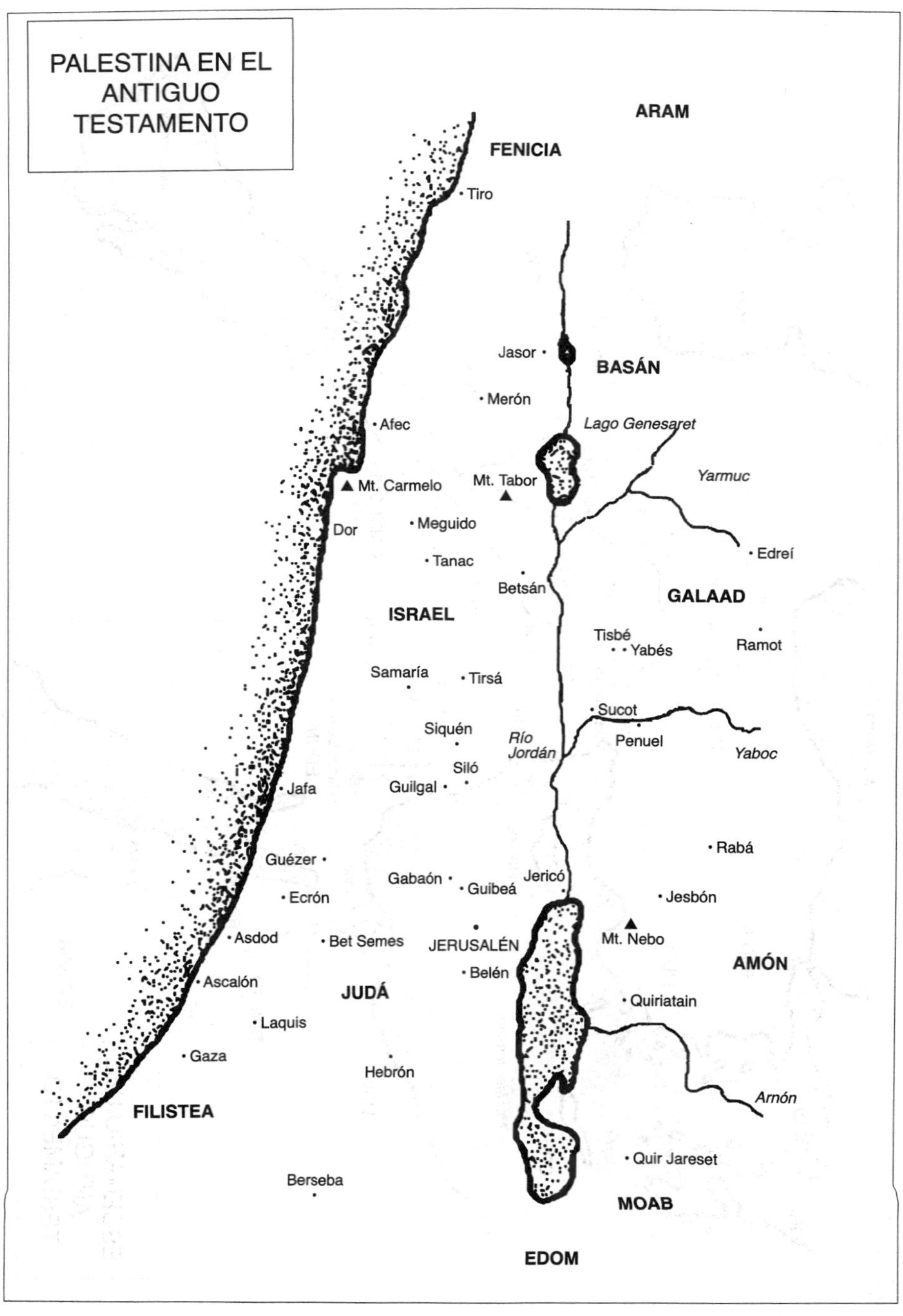
PALESTINA EN EL ANTIGUO TESTAMENTO
ARAM
FENICIA
Tiro
Jasor
BASÁN
Merón
Afec
Lago Genesaret
Mt. Carmelo
Mt. Tabor
Yarmuc
Dor
Meguido
Tanac
Edreí
Betsán
GALAAD
ISRAEL
Tisbé
Yabés
Ramot
Samaría
Tirsá
Sucot
Siquén
Río Jordán
Penuel
Yaboc
Siló
Jafa
Guilgal
Rabá
Guézer
Gabaón
Guibeá
Jericó
Ecrón
Jesbón
Asdod
Bet Semes
JERUSALÉN
Mt. Nebo
AMÓN
Ascalón
Belén
JUDÁ
Quiriatain
Laquis
Gaza
Hebrón
Arnón
FILISTEA
Quir Jareset
Berseba
MOAB
EDOM

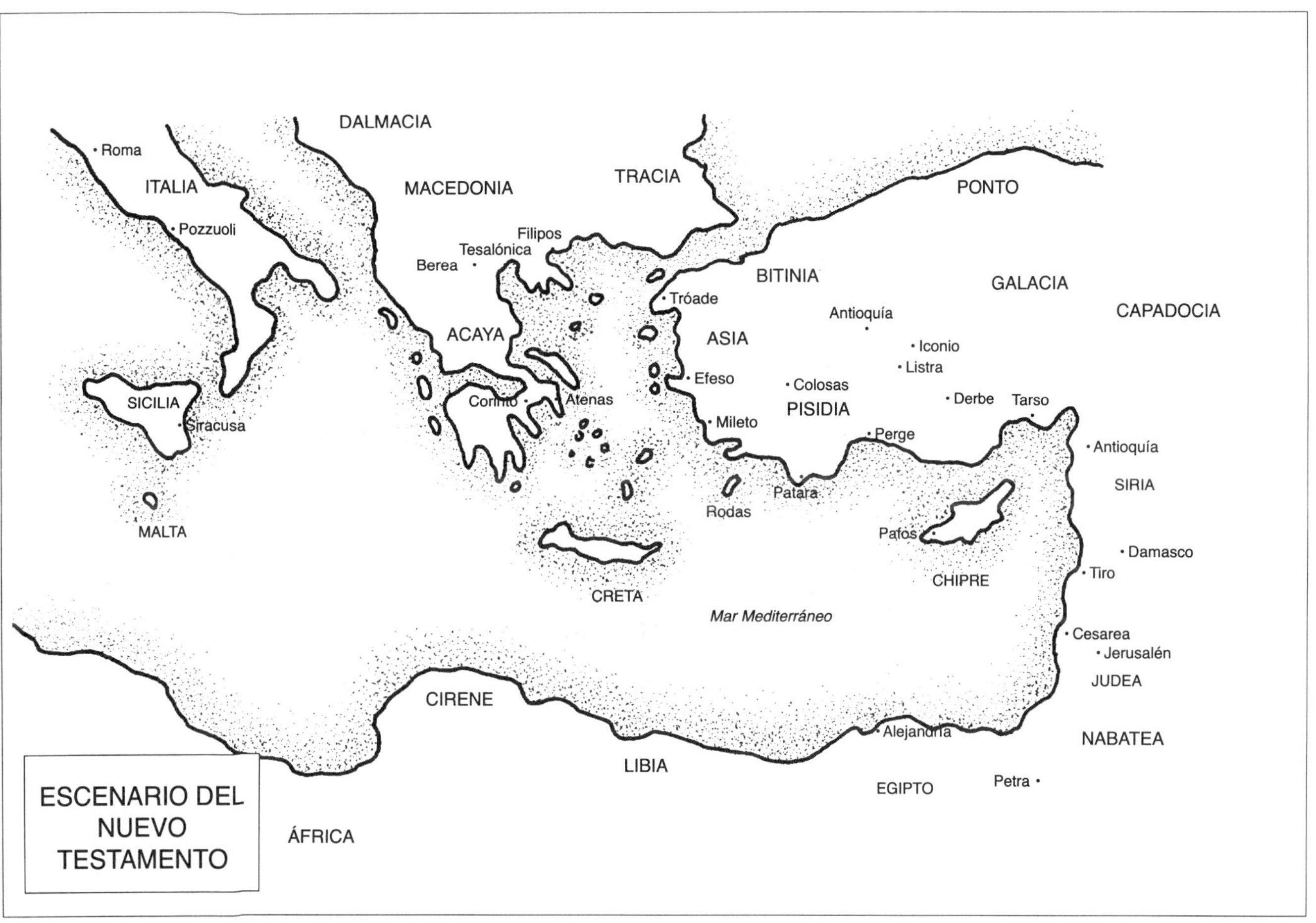
DALMACIA
Roma
ITALIA
MACEDONIA
TRACIA
PONTO
Pozzuoli
Filipos
Tesalónica
Berea
BITINIA
GALACIA
CAPADOCIA
Tróade
Antioquía
ACAYA
ASIA
Iconio
Listra
Efeso
Colosas
SICILIA
Corinto
Atenas
PISIDIA
Derbe
Tarso
Siracusa
Mileto
Perge
Antioquía
SIRIA
Patara
Rodas
MALTA
Pafos
Damasco
Tiro
CHIPRE
CRETA
Mar Mediterráneo
Cesarea
Jerusalén
JUDEA
CIRENE
Alejandría
NABATEA
LIBIA
EGIPTO
Petra
ESCENARIO DEL
NUEVO
TESTAMENTO
ÁFRICA

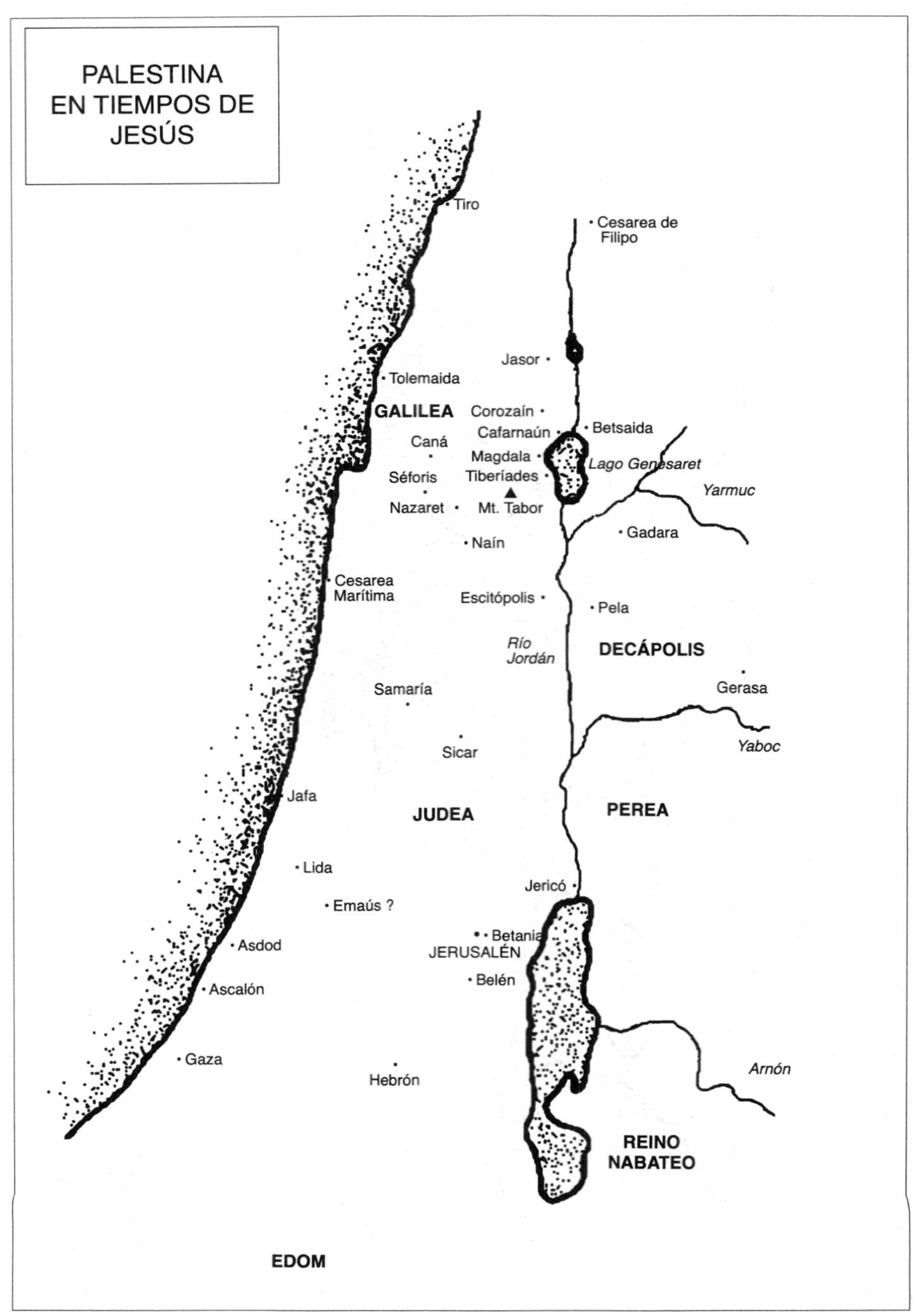
PALESTINA
EN TIEMPOS DE
JESÚS
Tiro
Cesarea de
Filipo
Jasor
Tolemaida
GALILEA
Corozaín
Cafarnaún
Betsaida
Caná
Magdala
Lago Genesaret
Séforis
Tiberíades
Yarmuc
Nazaret
Mt. Tabor
Gadara
Naín
Cesarea
Marítima
Escitópolis
Pela
Río
Jordán
DECÁPOLIS
Gerasa
Samaría
Sicar
Yaboc
Jafa
JUDEA
PEREA
Lida
Jericó
Emaús ?
Asdod
Betania
JERUSALÉN
Belén
Ascalón
Gaza
Hebrón
Arnón
REINO
NABATEO
EDOM

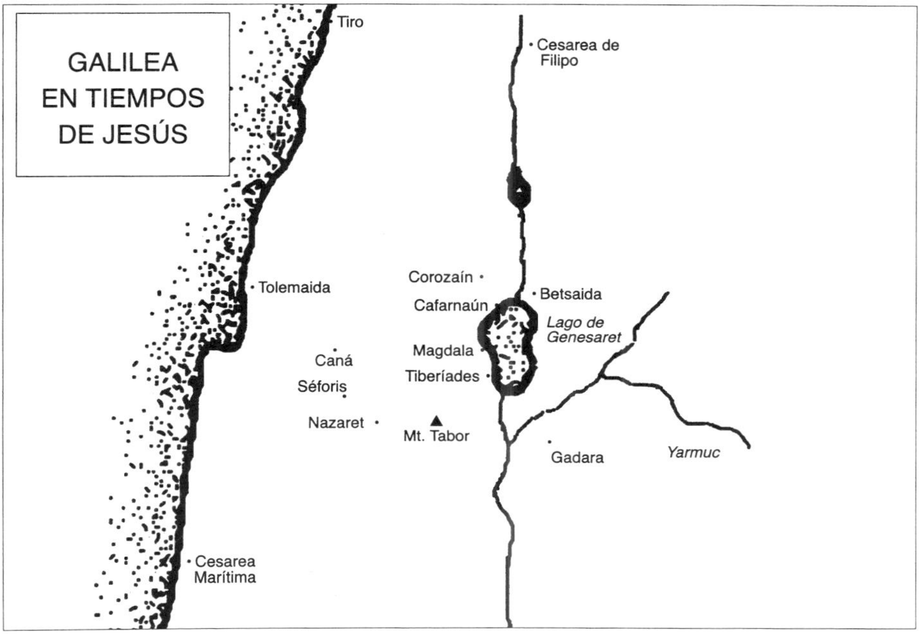

GALILEA EN TIEMPOS DE JESÚS

Tiro
Cesarea de Filipo
Corozaín
Tolemaida
Betsaida
Cafarnaún
Lago de Genesaret
Magdala
Caná
Tiberíades
Séforis
Nazaret
Mt. Tabor
Gadara
Yarmuc
Cesarea Marítima

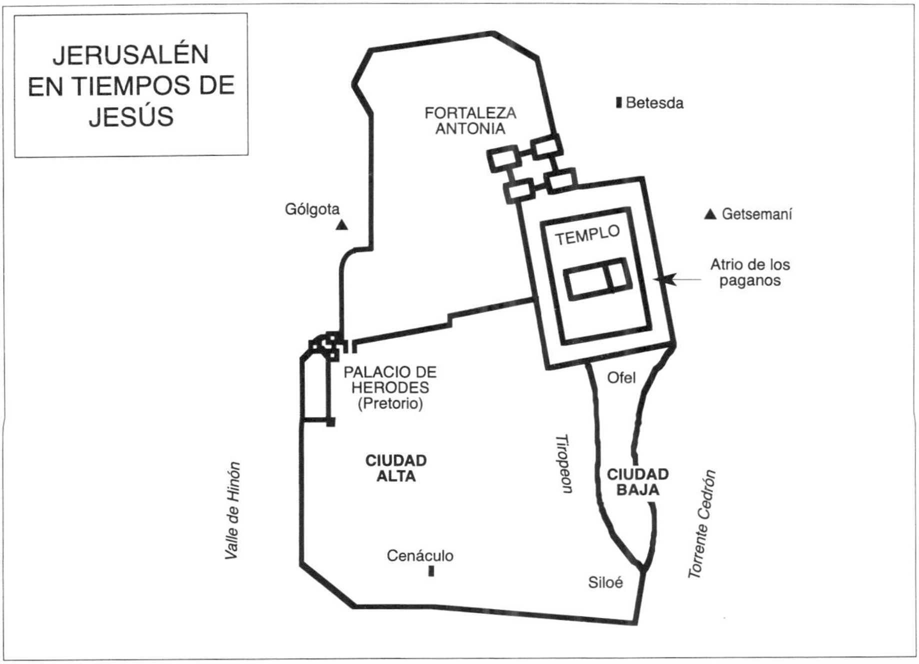

JERUSALÉN EN TIEMPOS DE JESÚS

Betesda
FORTALEZA ANTONIA
Gólgota
Getsemaní
TEMPLO
Atrio de los paganos
PALACIO DE HERODES (Pretorio)
Ofel
Tiropeon
CIUDAD ALTA
CIUDAD BAJA
Valle de Hinón
Torrente Cedrón
Cenáculo
Siloé

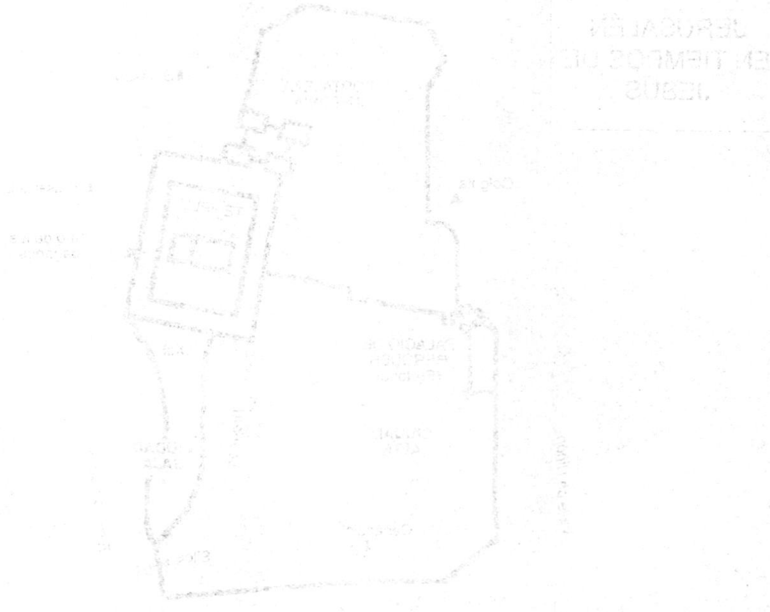

Vocabulario Bíblico

VOCABULARIO BIBLICO

Este vocabulario bíblico pretende ofrecer una serie de datos y explicaciones útiles para entender el texto bíblico. **En él encontrará el lector tres tipos de vocablos**, distinguidos gráficamente con una figura distinta:

Palabras referentes a la historia, la geografía y las instituciones bíblicas: ocupan casi la mitad del vocabulario, porque este tipo de información es el más necesario para situar los textos en su contexto.

Aclaraciones literarias: este tipo de información no suele encontrarse en los diccionarios bíblicos, pero es muy importante conocer los diversos géneros y términos literarios utilizados en la Biblia para poder así comprender mejor el mensaje que transmiten los textos.

Síntesis teológicas: estos términos del vocabulario pretenden ofrecer una síntesis de las ideas religiosas más importantes de la Biblia.

El uso de este vocabulario puede iluminar la lectura de muchos textos, pues se han elegido aquellas palabras e ideas que más aparecen. **En cada palabra el lector encontrará**:

– Una *explicación de dicha palabra* (Abrahán, Alegoría, Alianza, etc) en la que se intercalan varios textos bíblicos fundamentales.

– Un segundo párrafo con este signo ➥ indicando *otras palabras* del vocabulario que están relacionadas con ella y pueden completar la explicación que se acaba de leer.

Las diversas palabras aparecen en orden alfabético para facilitar su búsqueda, pero también puede aprovecharse este vocabulario como **una breve introducción a la Biblia**. Hay varias maneras de hacerlo:

– Pueden leerse de seguido todas las palabras que tienen una misma figura, comenzando por los aspectos históricos o institucionales (candelabro), siguiendo por los literarios (rollo o libro) y terminando por los teológicos (lámpara).

– También se puede ir saltando de una palabra a otra siguiendo las indicaciones del segundo párrafo ➥, que remiten a términos relacionados. Así, por ejemplo, si comenzamos a leer la palabra "templo", podemos seguir consultando las palabras "Salomón". "Jerusalén". "Sacerdote". "Sacrificio". "Sinagoga". Esta lectura del vocabulario nos dará una idea más completa, que la simple consulta de un sólo término.

****

Abismo. Con esta palabra hemos traducido habitualmente tanto la palabra hebrea *sheol*, como las palabras griegas *hades* y *abissos*. En la mayoría de los casos se trata de una representación primitiva del lugar o morada de los muertos. Según las tradiciones más antiguas de la Biblia, a ese lugar bajan todos, buenos y malos (Sal 6 6; Is 14 9-11), y allí conocen una existencia absolutamente desprovista de valor y de fuerza vital (Is 38 18). Es la región de las sombras, de la oscuridad, del silencio y del olvido (Sal 115 17). Más tarde, cuando en la tradición bíblica se abre paso la idea de una retribución diferenciada después de la muerte, con la palabra abismo se designa la morada tenebrosa de los espíritus malignos y el lugar o situación de castigo para los malvados (Mt 11 23; 16 18; Lc 8 31; 16 23; Ap 9 1-2).
➥ Castigo. Muerte.

Abrahán. Los episodios y relatos que forman el llamado ciclo de Abrahán (Gn 12-25), son algo más que una serie de datos biográficos sobre un personaje; en ellos encontramos ante todo los perfiles de una figura teológica elaborados desde la fe. Abrahán es el padre del pueblo elegido y nuestro padre en el orden de la fe. Fe, que se vio sometida a la prueba del desarraigo: tuvo que romper con su entorno familiar y abandonar su patria, para ir en busca de la tierra prometida, fiado y apoyado solamente en la palabra de Dios (Gn 12). Fe, que se vio sometida a la prueba del tiempo: siendo ya viejo y su mujer estéril, Dios le promete ser padre de una descendencia numerosa (Gn 18). Fe, que se vio sometida a la prueba de la sangre, pues cuando ya tenía a Isaac, el hijo del milagro, a través del cual se iba a convertir en padre de un pueblo numeroso, Dios se lo pidió en sacrificio, y Abrahán estuvo pronto a entregárselo sin dudar un momento (Gn 22). Por la fe, Abrahán se convierte en padre y fuente de bendición, no sólo del pueblo elegido, sino de todos los pueblos de la tierra (Gal 3 8; Heb 11 8-19).

➥ Israel. Fe. Bendición.

Acción de gracias (cantos de). El tercer gran motivo que inspira los salmos, junto con la alabanza y la súplica, es la *acción de gracias*. Más que de un género literario específico y distinto, hay que hablar de un género mixto, ya que integra elementos del himno y de la súplica. En efecto, el *canto de acción de gracias* constituye la fase final o el desenlace de los salmos de súplica y de confianza y, al mismo tiempo, presenta cierta afinidad con las alabanzas o himnos. El género tiene su origen en la situación de alegría y agradecimiento producida por una intervención salvífica de Dios, aunque también supone un contexto vital cúltico (Sal 9-10; 40-41; 138). Sus elementos característicos son la descripción de la intervención divina después del peligro, la súplica correspondiente, y la exhortación a la alabanza y al agradecimiento.
➥ Salmo. Himno. Súplica.

Acción simbólica. Los profetas no limitaron su comunicación al lenguaje oral (la palabra o el oráculo), sino que utilizaron también otras formas de comunicación: el gesto, la acción y sus mismas experiencias vitales. Entre estas formas de transmisión del mensaje profético, destaca la *acción simbólica*, relato de gestos o experiencias de carácter imaginativo o figurado, a través de los cuales el profeta comunica su mensaje. La acción simbólica reviste varias modalidades: unas van dirigidas al propio profeta para que comprenda mejor el mensaje que debe transmitir y otras hacen este mensaje más expresivo a los destinatarios. Su estructura suele comprender tres partes: mandato del Señor, ejecución pública de la acción por parte del profeta y explicación de su significado (Jr 13; Ez 4).
➥ Alegoría. Profecía. Símbolo.

Acimos (Fiesta de). Véase Pascua.

Adán. Nombre dado por la Biblia, especialmente en Gn 1-3, al primer hombre. En el original hebreo, es nombre genérico o común, empleado la mayor parte de las veces en sentido colectivo: "los hombres", "la humanidad". Sólo débilmente y en época tardía fue entendido en singular: "un hombre", "un individuo"; aun en estos casos es posible también el sentido colectivo. Las traducciones de la Biblia, empezando por las versiones griega (LXX) y latina (Vulgata) interpretan con frecuencia la palabra hebrea *adam* como nombre propio.

Inspirándose en la literatura judía de su tiempo, san Pablo aplica a Jesucristo la doctrina del "nuevo Adán" (1 Cor 15 21-22.45-49; Rom 5 12-21). Según esa doctrina, Jesucristo, en contraposición al primer hombre, es presentado como el principio de la nueva humanidad liberada del pecado y de la muerte. La antítesis entre el "primer Adán" y el "segundo", es uno de los ejes teológicos que permiten a Pablo subrayar la novedad y la supremacía de la nueva creación respecto de la antigua. En esta misma línea paulina, el autor del tercer evangelio hace llegar el árbol genealógico de Jesús, no sólo hasta Abrahán como Mateo (Mt 1 1), sino incluso hasta Adán (Lc 3 38), con el fin de resaltar el alcance universal de la persona y la obra de Cristo.
➥ Nombre. Jesucristo.

Alabanza. Véase Acción de Gracias. Himno.

Alegoría. La palabra *alegoría* puede designar tres cosas: una figura retórica, uno de los sentidos de la Biblia y un método de interpretación. En el primer sentido, la alegoría suele definirse como una imagen, continuada a través del relato, que va traduciendo a un plano metafórico o figurado cada uno de los componentes de un plano real. A menudo ofrece semejanzas con la metáfora continuada o con la parábola, pero se distingue de ellas en la equivalencia explícita, palabra por palabra o frase por frase, que propone el lenguaje alegórico. Tanto el AT como el NT ofrecen amplias y variadas muestras de alegorías (véase Ez 37; Jn 10). La alegoría también designa a uno de los tradicionales sentidos de la Biblia que consiste en la interpretación de los textos del AT como figuras o símbolos de Cristo y de la Iglesia. Por extensión, define también a un método de interpretación espiritual de la Biblia, especialmente cultivado en la antigüedad. La utilización abusiva y forzada de este método conduce al alegorismo.
➥ Imagen. Metáfora. Símbolo.

Alianza. En todas las épocas de la historia los seres humanos han tratado de unirse unos con otros para defender más eficazmente sus intereses comunes. Esta unión, que puede tener muy diversas modalidades, recibe el nombre de *alianza* o *pacto*. La Biblia es ante todo la historia viva y palpitante de una singular alianza entre Dios y los hombres.

La iniciativa parte de Dios, que crea a los hombres a su imagen y desde el principio los trata como amigos (Gn 1 26-30; 2 8-25). Aunque de suyo Dios quiere establecer su alianza con todos los hombres (Gn 9 8-17), durante muchos siglos será un solo pueblo, el pueblo de Israel, el "aliado" de Dios en representación de toda la humanidad (Gn 15 1-21: Ex 19-20; Neh 8 1-18). Pero las repetidas infidelidades de Israel a las cláusulas de la alianza harán necesaria una *alianza nueva* anunciada por los profetas (Jr 31 31-34) y realizada por Jesucristo (Mc 14 24; 8 6-13) que es el mediador de esta nueva alianza (NT) como Moisés lo fue de la antigua.
➥ Arca de la Alianza. Elección. Jesucristo. Ley. Moisés. Pentecostés. Testamento.

Altar. Véase Sacrificio.

Amor. Véase Alianza. Canción de amor. Elección. Perdón. Temor.

Anatema. Véase Guerra Santa.

Ancianos. A la manera como los padres eran los responsables del gobierno de la familia, existía un *Consejo de Ancianos* que ejercía la autoridad sobre el clan, la tribu, la comunidad, el pueblo o la ciudad. El Consejo de Ancianos tuvo vigencia especial en el período premonárquico y después del destierro, dada la importancia de las administraciones locales en esas etapas de la historia del pueblo (Ex 18 13-26; Dt 1 9-18). Pero incluso durante el régimen monárquico, los *ancianos* prestaron un valioso servicio a los reyes, actuando con frecuencia como consejeros de la corte (1 Re 12 1-8; 20 7-9).

Esta institución sobrevive en el seno de las primeras comunidades cristianas del NT, donde los ancianos comparten las responsabilidades pastorales con los otros ministros de la Iglesia (Hch 11 30; 20 17; 21 18). Los ancianos, lo eran, no tanto por razones de edad, cuanto por su experiencia y sabiduría, por su rectitud y madurez de juicio, por su prestigio y rango social.

➡ Ministerio. Sanedrín.

Angel. Angeles. Etimológicamente *ángel* significa *enviado, mensajero.* En la Biblia los ángeles aparecen muchísimas veces tanto en el Antiguo como en el Nuevo Testamento, y son presentados como seres superiores a los hombres, puestos incondicionalmente al servicio de Dios (Is 6 2-6; Lc 1 11-38; Heb 1 5-14). Tal vez el hecho de considerar a Dios infinitamente distante de los hombres y de la tierra, influyó de manera decisiva en sentir la necesidad de estos seres, que por una parte alabaran y sirvieran a Dios de cerca, y por otra actuaran como intermediarios entre el Dios tres veces santo y los hombres pecadores. De hecho en bastantes ocasiones los ángeles aparecen también como representaciones de atributos divinos (el poder, la gloria, la providencia amorosa, la permanente actividad de Dios: Ez 10 1-5; Sal 18 10; Tob 12 15-20; Hch 12 7-11). Y más en concreto la expresión *ángel del Señor* es utilizada con bastante frecuencia en la Biblia para indicar una intervención extraordinaria del mismo Dios (Gn 16 7-13; Ex 3 2; Jue 6 11-24; Mt 1 20.24). Pero también es utilizada la palabra *ángel* para evocar las fuerzas del mal (Mt 25 41; 2 Cor 12 7; Ap 12 7-9) o en sentido figurado para designar a los dirigentes responsables de la comunidad cristiana (Ap 2 1ss; 3 1ss).

➡ Demonio. Ministerio. Servicio.

Año. El *año bíblico* consta de 12 meses lunares de 29 ó 30 días, a los que se añadía periódicamente un mes complementario, con el fin de ajustar los desfases entre los ciclos lunar y solar. Así pues, en realidad el año bíblico era lunisolar. En torno al destierro, bajo la influencia del calendario babilónico, que fue adoptado por Israel, se empezó a celebrar el comienzo del año civil en primavera coincidiendo con el día primero del mes de Nisán. En cambio, el comienzo del año religioso continuó celebrándose en otoño, al final de la recolección, según el calendario tradicional de carácter agrícola (el primero del mes de Tishrí).

➡ Calendario.

Año Sabático. Año Jubilar. Lo mismo que cada siete días las personas y los animales tenían uno de reposo (el sábado), los israelitas pensaron que también los campos debían descansar cada siete años; a este séptimo año lo llamaban *año sabático.* Lo que producían los barbechos durante ese año no pertenecía a su dueño, sino que era para los más necesitados. Además se perdonaban las deudas, las fianzas y las hipotecas; incluso los esclavos recobraban la libertad (Lv 25 1-7; Dt 15 1-11). El cumplimiento del año sabático tropezaba en la práctica con dificultades casi insuperables y de hecho no se cumplía (Lv 26 35; Jr 34 8-16). Por eso el ciclo de siete años fue sustituido por otro de siete semanas de años: es el llamado *año jubilar* que debía celebrarse cada cincuenta años (Lv 25 8-17). Recibía este nombre, porque era proclamado mediante el toque de un cuerno ("jobel").

No consta que el año jubilar tuviese mejor fortuna que el sabático. Uno y otro representaban más bien una utopía. La teología que subyacía bajo esta legislación israelita se basaba en la convicción de que el único propietario de la tierra era Dios y los israelitas eran tan sólo arrendatarios. Consiguientemente, nadie debía acaparar la propiedad, sino que se debía mantener el equilibrio inicial, de acuerdo con la distribución que Dios les había hecho. Los años sabáticos y jubilares pretendían, pues, corregir los desajustes y las desigualdades que se iban produciendo.

➡ Sábado. Año. Perdón.

Apocalíptica. El término *apocalipsis* significa "revelación" y sirve para designar, en particular, al último libro del NT y de toda la Biblia. Pero también define una corriente espiritual, presente en el judaísmo tardío y en el cristianismo, y un género literario, escasamente representado en la Biblia (libros de Daniel y Apocalipsis), pero muy frecuente en la llamada literatura intertestamentaria (los llamados apócrifos del AT y del NT). El *género apocalíptico* tiene su antecedente en las escatologías proféticas y pretende transmitir una revelación sobre los acontecimientos que precederán a la definitiva y esperada intervención de Dios al final de los tiempos. Entre sus características más significativas hay que destacar la división de la historia en periodos y el recurso a un lenguaje enigmático y simbólico. El género incluye una amplia gama de sueños, visiones y mensajes misteriosos, cargados de alegorías y símbolos (animales, números, viajes, colores, etc.), transmitidos por ángeles u otros seres celestes al receptor elegido, que generalmente se identifica con un personaje venerado de la antigüedad (Moisés, Enoc, Abrahán, Isaac, etc).

➡ Apócrifos. Escatología. Número. Símbolo.

Apócrifos, Escritos. Además de los escritos estrictamente bíblicos (véase *Canon. Escritos canónicos*), existió, primero en Israel y más tarde en la Iglesia cristiana, otro tipo de literatura de temática también religiosa que, sin embargo, no entró a formar parte de la lista de los libros sagrados. Muchos de estos escritos se conocen con el nombre de libros "apócrifos" (que en griego significa esconder, ocultar) porque su contenido se consideraba secreto y su enseñanza se mantenía oculta. Esta literatura floreció desde el siglo III a. C. hasta el III d. C. y en general los libros que la componen se ponen a la sombra y bajo la autoridad de personajes célebres tanto del AT como del NT.

Entre los escritos apócrifos del AT encontramos los géneros literarios característicos de la época en que fueron escritos: salmos, apocalipsis, literatura testamental. En cuanto a los apócrifos del NT, están presentes prácticamente todos los géneros literarios de los escritos canónicos: Evangelios, Hechos, Cartas y Apocalipsis. Algunos de ellos, como el Evangelio de Tomás, que es una colección de ciento catorce dichos de Jesús, son de gran interés para conocer el proceso de transmisión de algunas sentencias y parábolas del Señor. Pero en general estos escritos no proporcionan muchas novedades acerca de la vida de Jesús. Su principal aportación, tanto desde el punto de vista histórico como teológico, consiste en ser un reflejo de la pluralidad de grupos que existían dentro del cristianismo naciente.

➥ Apocalíptica. Canon. Evangelios.

Apóstoles. La palabra griega "apóstolos" significa enviado. Los judíos solían decir que el enviado de un hombre es como si fuera él mismo. Por eso, el apóstol o enviado tiene especialmente la función de hacer presente a quien lo envía.

En los evangelios reciben el nombre de *apóstoles* los discípulos más cercanos de Jesús (Mc 3 13-19), a quienes él envió como mensajeros de la buena noticia. Su misión consistía en hacer presente a Jesús o en ir anunciando su llegada en las ciudades y aldeas a las que él pensaba ir (Lc 10 1). Por eso, antes de enviarlos, el Señor los invita a estar con él. En esta cercanía continuada, los discípulos que van a convertirse en apóstoles escuchan las palabras de Jesús y contemplan sus signos; palabras y signos de las que más tarde tendrán que dar testimonio. En los evangelios el grupo de los apóstoles prácticamente se identifica con el grupo de los Doce, sobre todo en el evangelio de Lucas y en el libro de los Hechos, donde los apóstoles son ante todo los testigos de la resurrección de Jesús (Lc 24 48; Hch 1 8).

En las primeras comunidades cristianas, sin embargo, el apostolado no parece estar reservado al grupo de los Doce. Las cartas de San Pablo hablan de otros que ejercen este ministerio (Rom 16 7), y el mismo Pablo se atribuye repetidamente el título de apóstol y el consiguiente ministerio (Rom 1 1; 1 Cor 1 1; 15 9-10; Gal 1 1). En el abanico de los diversos carismas con que el Espíritu ha dotado a la Iglesia, los apóstoles ocupan el primer lugar como testigos de Jesús resucitado y moderadores de los demás carismas (1 Cor 12 28-30).

➥ Ministerio. Profeta. Carisma.

Arameos. Arameo. Los arameos son tribus semitas que se establecieron en un amplio territorio del antiguo Oriente Próximo a finales del segundo milenio y primeros siglos del primero a. C. Allí llegaron a formar pequeños reinos independientes, entre los que sobresale el reino arameo de Damasco. Al ser vecino de los reinos de Israel y de Judá, las relaciones entre éstos y el reino arameo de Damasco fueron intensas y frecuentes, casi siempre de enemistad. En 1 Re 20-22 se habla de varias confrontaciones, que suelen denominarse "Guerras arameas". En 2 Re 16 5-9 y en Is 7 se hace referencia a la coalición formada por los reyes de Damasco y Samaría contra el rey de Jerusalén, conocida como la "guerra siro-efraimita". También se reseñan hechos y gestos de carácter amistoso (1 Re 19 15; 2 Re 5). Los reinos arameos, lo mismo que otros reinos del entorno, fueron sometidos a vasallaje por el imperio asirio. Concretamente, el reino de Damasco cayó en manos de Teglatfalasar III en el año 732 a. C. Pero la memoria de los arameos se perpetuó a través de su idioma, que hacia finales del s. VIII a. C. sustituyó al acádico como lengua diplomática e internacional. La lengua aramea sobrevivió hasta la era cristiana e incluso mucho después; era la lengua que se hablaba en Palestina en tiempo de Jesús de Nazaret, aunque muchos hablaban también el griego.

➥ Asiria. Israel. Judá. Palestina.

Arca de la Alianza. Dentro de la tienda del encuentro se guardaba probablemente el *arca* llamada *de la alianza* o del testimonio. Según la descripción de Ex 25 10-22; 37 1-9, el arca era un cofre de madera de acacia recubierta de oro y provista de unas argollas, por las que se pasaban unas varas que servían para transportarla. El arca tenía una doble significación religiosa. Era la señal sensible de la presencia de Dios, de ahí que fuera llamada trono o escabel del Señor (1 Sm 4-6; 1 Cr 28 2; Ez 43 7). El arca era el lugar donde se guardaban las tablas de la ley, de ahí su nombre de arca de la alianza o del testimonio. La tienda del encuentro dejó de existir una vez que los israelitas entraron en Canaán; en cambio, el arca siguió jugando un papel importante en la vida de Israel. Fue depositada primero en Guilgal (Jos 7 6) y luego en Siló. Después de pasar por no pocas peripecias (1 Sm 4-6), fue trasladada por David a Jerusalén e instalada finalmente por Salomón en el templo (2 Sm 6; 1 Re 6 19; 8 1-9). El arca pereció con el templo en el año 587 a. C. Según una tradición, el arca, junto con la tienda del encuentro y el altar de los perfumes, habría sido escondida por Jeremías en una gruta del monte Nebo (2 Mac 2 4-12). Después del destierro no fue reconstruida el arca, pero sí la cubierta de oro que la protegía ("propiciatorio"), el objeto más sagrado de todo el templo que desempeñaba un papel importante en la fiesta del gran día de la Expiación (Lv 16; véase Rom 3 25).

➥ Alianza. Tienda del Encuentro. Templo.

Asiria. *Asiria* es una región situada en la cuenca media de los ríos Eufrates y Tigris. Fue sede de uno de los imperios más poderosos de la antigüedad que llegó a su máximo esplendor durante el "nuevo imperio asirio" entre finales del siglo X y finales del siglo VII a. C. y tuvo por capital a Nínive. Precisamente en esta etapa final de su historia, la actuación política y militar de los asirios afecta directamente al pueblo de la Biblia.

En el año 853 a. C. Salmanasar III derrota a una coalición de reyes siro-palestinos entre los cuales estaba Ajab, rey de Israel. A partir de este momento el reino de Israel queda sometido a la hegemonía político-militar de Asiria, con frecuencia pagando impuestos

(2 Re 15 19-20). Salmanasar V, según 2 Re 18 9-11, o más probablemente Sargón II conquistan Samaría, capital del reino del Norte, en el año 722 a. C. y llevan a cabo una nutrida deportación de israelitas (27.000 deportados consignan los Fastos de Sargón II, figura cumbre del imperio asirio). Al acceder al trono Senaquerib (año 704 a. C.) los reinos vasallos –entre ellos Judá en tiempos del rey Ezequías– se le sublevan y el nuevo emperador tiene que organizar una campaña de castigo con el fin de recuperar el dominio y la autoridad perdidos. Asardón (681-669 a. C.) y Asurbanipal III (669-630 a. C.) conquistan Egipto y dan lugar al primer gran imperio de la historia de la humanidad. A partir de la muerte de Asurbanipal Asiria entra en decadencia y se precipita hacia la ruina que se consuma en el año 612 a. C. con la caída de Nínive.
➥ Mesopotamia. Samaría.

Babilonia. *Babilonia* es la capital del imperio que lleva ese mismo nombre. Estaba situada a orillas del Eufrates, cerca ya de su desembocadura en el golfo pérsico. Alcanzó su mayor apogeo en tiempos de Nabucodonosor (605-562 a. C.), que en dos sucesivas expediciones de castigo, la primera en el año 597 a. C. y la segunda y definitiva diez años más tarde, se apodera del reino de Judá destruyendo Jerusalén y su templo. Ya en la primera expedición había llevado cautivos a Babilonia al rey Jeconías y su familia junto con las personas más cualificadas del pueblo, entre ellas el sacerdote y luego profeta Ezequiel (2 Re 24 10-17). En la segunda expedición (año 587 a. C.) desmantela la ciudad, destruye el templo, aniquila a la familia real (al rey Sedecías lo deja ciego y lo conduce cautivo a Babilonia), deporta a una porción importante de los habitantes de Judá y pone punto final a la existencia del pueblo de la Biblia como nación independiente (2 Re 25 1-21).
➥ Mesopotamia. Jerusalén.

Bautismo. En su origen es un rito simbólico que consiste en sumergirse en el agua para indicar que uno queda liberado (lavado) de sus pecados. Este rito de purificación por medio del agua era frecuente en otras religiones y conocido en Israel (Nm 19 1-22). Juan el Bautista lo practicó masivamente en su predicación como signo de acercamiento a Dios, pero insistiendo en la conversión interior (Lc 3 3-20). Jesús, que quiso recibir el bautismo de Juan (Mc 1 9-11), lo convirtió por una parte en rito de incorporación a su Iglesia (Mt 28 19), y por otra en signo visible de la gracia profunda e invisible que Dios concede a quien acepta por la fe la buena noticia proclamada por él. Este último es el bautismo en *Espíritu Santo y fuego* (Lc 3 16; Jn 1 33; Hch 1 5) que lleva consigo una especial consagración a Dios Padre, Hijo y Espíritu y un rechazo total del pecado.

A veces la palabra *bautismo* se utiliza en sentido figurado para indicar las pruebas y sufrimientos por los que tiene que pasar el discípulo que sigue de cerca a Jesús (Mc 10 38-39) y que participa de manera misteriosa y profunda en el acontecimiento salvador de su muerte y resurrección (1 Pe 3 21).
➥ Pecado. Consagración. Puro.

Bendición. En realidad sólo Dios puede *bendecir*, porque sólo él es la fuente de todo bien (Sant 1 17). Por eso la *bendición* en cuanto se atribuye a Dios, que es lo más frecuente en la Biblia, no significa únicamente desear el bien o pronunciar palabras de felicidad sobre una persona o una cosa. Cuando Dios bendice está realizando ese bien, está causando esa felicidad, está comunicando algo de su mismo ser a las personas o a las cosas que bendice (Gn 1 22.28; 2 3; 9 1; Dt 28 3-8).

Lo mismo puede decirse de las bendiciones que el NT pone en boca de Jesús (Mc 6 41; Rom 15 29). En cambio, la bendición del hombre a Dios es sinónimo de alabanza y de acción de gracias (Sal 72 18-19), mientras que la bendición de un hombre a otro hombre manifiesta sobre todo el deseo de que Dios se haga presente y se comunique a ese hombre (Gn 48 8-20). En la Biblia encontramos algunas fórmulas de bendición verdaderamente hermosas (Nm 6 24-26; Ef 1 3).
➥ Acción de gracias. Paz.

Biblia. Se suele definir a la *Biblia* como "el libro de los libros". Ambos extremos expresan acertadamente el significado de la palabra biblia, de origen griego. En sentido extricto, *biblia* es una forma plural del sustantivo griego *biblion* =libro y, como tal, significaría "libros". Una vez castellanizada, la expresión ha pasado a ser un sustantivo colectivo femenino que designa a todo el conjunto de libros o escritos que forman la Sagrada Escritura. La Biblia contiene dos grandes "bibliotecas": el *Antiguo Testamento*, integrado por 47 escritos, y el *Nuevo Testamento*, integrado por 27. Estos 74 "libros" se dividen, a su vez, en distintas agrupaciones menores o colecciones, establecidas según criterios cronológicos, temáticos o formales: escritos históricos, proféticos, poéticos y sapienciales (en el AT) y evangelios y cartas (en el NT). También se suele hablar de *Biblia hebrea* (los libros del AT incluidos en el canon judío), *Biblia griega* (traducción al griego de los mencionados libros hebreos, más algunos escritos originales griegos procedentes del judaísmo tardío) y *Biblia cristiana* (los libros hebreos y griegos considerados sagrados por las primeras comunidades cristianas).
➥ Canon. Testamento.

Blasfemia. En la Biblia se considera *blasfemia* toda palabra o actitud gravemente insultante e injuriosa contra el honor de Dios o contra personas o cosas estrechamente relacionadas con él (1 Mac 7 34-38; Tob 1 18; Ap 13 1.5-6). Es un pecado de tal naturaleza que atentaba contra los fundamentos mismos de la comunidad israelita y por eso era castigado con la muerte (Lv 24 11-16).

Jesucristo es acusado repetidas veces de blasfemo (Mc 2 6-7; Jn 10 33) y fue esta la acusación que provocó su condena a muerte ante el Consejo de Ancianos (Mt 26 63-65). El rechazo consciente y obstinado de Cristo o del Espíritu, en cuanto constituye un pecado excepcionalmente grave, es también denominado *blasfemia* en el NT (Lc 12 10).
➥ Pecado.

Caín y Abel. Seguramente la historia de *Caín*, padre de los cainitas o quenitas, tribu nómada que habitaba al sur de Palestina, existió inicialmente como relato independiente. La historia se desarrolla en el contexto de una civilización, en la que ya existían pastores y agricultores; en la que ya existían otros hombres que pudieran dar muerte a Caín (Gn 4 14); en la que ya se ofrecían sacrificios y era conocido el Dios Yavé...; cosas todas ellas inexistentes e inexplicables en los comienzos de la humanidad. Ha sido el autor del Génesis, quien tomó la narración de su marco profano inicial y lo insertó en la actual historia bíblica de la salvación con fines teológicos. La intención teológica del autor sagrado parece doble. Primero, demostrar que Dios no abandona nunca a sus criaturas. Caín ha cometido un crimen muy grave dando muerte a su hermano Abel, por lo cual Dios le impone un castigo, pero no lo deja abandonado a su suerte, sino que lo marca con una señal protectora para que nadie le haga daño (Gn 4 1-15). Segundo, al colocar la historia de Caín después del episodio del paraíso, donde el hombre rompió con Dios (Gn 3), el autor quiere decir que a la rebelión y a la ruptura del hombre con Dios sigue automáticamente la ruptura mutua entre los hombres. Igualmente el NT hace del amor a Dios y a los hermanos, un binomio inseparable e indisoluble (Mt 22 36-40).
➥ Muerte. Pecado.

Caldeos. Véase Babilonia. Mesopotamia.

Calendario. Los israelitas sabían que el cómputo del tiempo se rige básicamente por el curso de los astros, especialmente el sol y la luna (Gn 1 14). Como en los demás pueblos de su entorno, en Israel la unidad básica era el día solar, que podía contarse de salida a salida, o de puesta a puesta del sol. En los textos antiguos predomina la primera fórmula, mientras que los tardíos prefieren la segunda.

En cuanto a los meses, el *calendario* israelita adoptó el mes lunar, con sus 29 ó 30 días de duración alternativamente. Al principio, recibieron nombres agrarios cananeos, según el tiempo de las cosechas y las estaciones, por ejemplo, *etanim* (mes de los frutos, 1 Re 8 2); *bul* (mes de las lluvias, 1 Re 6 38); *abib* (mes de las espigas, Ex 13 4); y *ziv* (mes de las flores, 1 Re 6 1). Cuando durante el destierro fue introducido el calendario babilonio, al principio los meses fueron designados con los ordinales: primero, segundo, tercero, etc. Luego fueron adoptados los nombres babilonios, que son los que perduran entre los judíos hasta el día de hoy: *Nisán* (marzo/abril), *Iyyar* (abril/mayo), *Siván* (mayo/junio), *Tammuz* (junio/julio), *Ab* (julio/agosto), *Elul* (agosto/septiembre), *Tishrí* (septiembre/octubre), *Marjeshván* (octubre/noviembre), *Kisleu* (noviembre/diciembre), *Tébet* (diciembre/enero), *Shabat* (enero/febrero), *Adar* (febrero/marzo). Durante la época helenística fueron introducidos en el uso oficial los nombres macedonios de los meses. La Biblia cita *dióscoro, xántico* (2 Mac 11 21.30) y *distro* (Tob 2 12).
➥ Fiestas. Año.

Camino. Esta palabra mantiene en muchas ocasiones el sentido literal de sendero físico que debe recorrerse o de dirección que es necesario seguir (Nm 20 17-19; Dt 1 33; Mt 2 12). Pero con mucha mayor frecuencia designa, bien la vida del hombre en su totalidad (Sal 102 24), bien su comportamiento religioso y moral que puede ser doble, bueno o malo, según los casos (Sal 1 1.6; Is 59 8; Mt 7 13-14). A veces se usa la expresión "los caminos de Dios" para aludir al modo de actuar de Dios y a sus proyectos con respecto al hombre (Is 55 8; Sal 119 3.33-34) a menudo misteriosos y desconcertantes. En este sentido el "camino" por excelencia es el propio Jesús (Jn 14 6), que a su vez se convierte en *camino*, es decir en modelo de vida a seguir para todos sus discípulos (Hch 9 2; 18 26). En la célebre sección central del evangelio de Lucas (Lc 9 51-19 28), el evangelista utiliza intencionadamente la palabra "camino" en el doble sentido geográfico y espiritual (Lc 9 57; 18 35). En el libro de los Hechos el "camino" designa el estilo de vida propio de la comunidad cristiana (Hch 13 10; 24 14.22)
➥ Vida.

Cananeos. En sentido estricto, los *cananeos* eran los pobladores semitas más antiguos de Palestina. Generalmente, sin embargo, el término *cananeos* designa a los distintos pueblos que vivían en Canaán cuando entraron los israelitas. La Biblia repite unas veinte veces una lista estereotipada en la que figuran hasta seis o siete de estos pueblos preisraelitas, que reciben la denominación global de habitantes de Canaán o cananeos (Ex 15 15; Sal 135 11; Sof 1 11). Son los hititas, guergueseos, amorreos, cananeos, pereceos, jeveos y jebuseos (Dt 7 1). Como eran culturalmente superiores, los israelitas tomaron de los cananeos muchas cosas, por ejemplo, la lengua, las técnicas de construir, etc. Incluso en el terreno religioso, tomaron de ellos lugares de culto, fiestas y ritos religiosos, dándoles contenido nuevo y poniéndolos al servicio de la religión yavista.
➥ Palestina.

Canción de amor. Al igual que otras literaturas, la literatura bíblica ofrece, entre sus géneros poéticos, distintas muestras de lo que podríamos llamar "poesía amorosa". La *canción de amor*, en su versión popular o en su forma más elaborada y artística, es un poema lírico, destinado a ser cantado al son de instrumentos musicales, que se refiere a las excelencias del amor. Una variante del género es el *epitalamio* o canto nupcial. Dentro del AT encontramos una verdadera antología de este género en el libro del *Cantar de los cantares*, que es concebido como un gran *poema dramático* en el que se suceden una serie de "cantares", tejidos a su vez por distintos tipos de canciones de amor (epitalamios, poemas de nostalgia, piropos y requiebros, cantos irónicos, poemas rememorativos, enumeraciones de los encantos físicos de los amantes, etc.). Fuera del Cantar también encontramos notables muestras de cantos de amor (Is 5 1-7; 62; Jr 7 34; Sal 45).
➥ Género literario. Matrimonio.

Canon, Escritos canónicos. Atendiendo a su significado etimológico original la palabra canon designa la caña o vara de medir. De ahí pasó a significar *norma* de conducta y también *lista* de esas normas o de los documentos que contienen dichas normas. En este último sentido, sobre todo, se utiliza la palabra "canon" en la terminología eclesial. El canon bíblico es, pues, la lista de libros sagrados que componen la Biblia. Según leemos en el Catecismo de la Iglesia católica "la Tradición apostólica hizo discernir a la Iglesia qué escritos constituyen la lista de los Libros Santos" (CIC, 120): setenta y cuatro libros (cuarenta y siete para el AT y veintisiete para el NT). Las comunidades protestantes, siguiendo la tradición del judaísmo palestinense, eliminaron siete libros de la lista/canon del AT (Bar, Tob, Jdt, Eclo, Sab, 1-2 Mac) considerándolos como "apócrifos". La Iglesia católica, por su parte, los considera sagrados y los denomina "deuterocanónicos", es decir, incorporados en un segundo momento, pero con la misma autoridad, a la lista de libros sagrados.

La tradición judía formó su lista de libros sagrados tomando como punto de referencia la autoridad de Moisés, de los profetas y de otros insignes personajes de la historia de Israel. La vinculación de una serie de libros con estos personajes, con las más antiguas y sagradas tradiciones de Israel, con el templo y el culto, hizo que fueran considerados como inspirados por Dios y por tanto sagrados. Pero es preciso señalar que existió una doble tradición judía al respecto: la tradición del judaísmo palestinense, seguida siglos más tarde por las comunidades protestantes, que sólo consideró sagrados cuarenta libros (es el llamado "canon corto"); y la tradición del judaísmo alejandrino que admitió también como sagrados los siete libros denominados posteriormente deuterocanónicos (es el llamado "canon largo"). Esta última lista/canon fue la aceptada por las primeras comunidades cristianas y la declarada como única válida por la Iglesia católica en el Concilio de Trento.

En cuanto a la formación de la lista de los libros sagrados del NT, no todos los escritos del cristianismo naciente fueron considerados inspirados y normativos para la Iglesia, y por tanto incluidos en el canon del NT. Algunos escritos, como la Didajé o la carta de Clemente a los corintios, compuestos en la última década del siglo I d. C., y de contenido netamente cristiano, no fueron, sin embargo, tenidos como inspirados. Sólo veintisiete escritos pasaron a formar parte del canon/lista de libros sagrados en un lento proceso de aceptación que duró hasta bien entrado el siglo IV d. C. y en el que podemos distinguir varias etapas. Durante el siglo I d. C. la tradición de Jesús y de los apóstoles constituyó el "canon vivo". El evangelio de Jesucristo era el criterio para distinguir entre la verdadera y la falsa fe. En el siglo II d. C. se fueron formando colecciones de escritos a los que se confería una cierta autoridad dentro de las iglesias. Pero fue en el siglo III d. C. cuando se completó el canon y se dio al conjunto de estos escritos el nombre de Nuevo Testamento, reconociendo su carácter sagrado y normativo para la vida de la Iglesia.

Los criterios utilizados para determinar el canon del NT fueron tres. En primer lugar su apostolicidad, es decir, el origen apostólico de un escrito, el cual se determinaba por el hecho de que hubiera sido compuesto por un apóstol o por alguno de sus colaboradores. En segundo lugar, la conformidad de los escritos con la tradición viva de la Iglesia, es decir, su ortodoxia. Finalmente, un criterio de gran importancia fue la utilización de los escritos en la lectura pública en un amplio número de comunidades.

➡ Apócrifos. Biblia. Evangelios. Testamento.

Carisma. Los carismas son dones especiales del Espíritu concedidos por Dios al pueblo cristiano en orden al bien de la comunidad (1 Cor 12 4-11). Estos dones fueron especialmente abundantes en las comunidades paulinas, sobre todo en la comunidad de Corinto. Los más importantes eran: el apostolado, la profecía (que generalmente hemos traducido por "hablar de parte de Dios"), la enseñanza, el don de hacer milagros, de curar enfermedades, asistitr a los necesitados dirigir la comunidad y hablar en un lenguaje misterioso (1 Cor 12 28; Ef 4 11). Sin embargo, la actuación de algunos carismáticos pronto empezó a se problemática dentro de la comunidad, pues se consideraban libres de toda norma. Pablo debe intervenir y establece los siguientes principios: 1) Los carismas son signos de vitalidad y dinamismo dentro del pueblo cristiano: son, pues, de suyo algo bueno. 2) El auténtico carisma debe contribuir a la unidad y no a la discordia. 3) El bien común es la norma suprema para el recto uso de los carismas. 4) El apostolado es enumerado como el primero de los carismas, dando a entender que la autoridad eclesial es también de orden carismático, y que a ella está encomendada la vigilancia del recto uso de los carismas (1 Cor 12 1-31; 14 1-40).

➡ Espíritu. Apóstol. Iglesia.Servicio.

Carta. La *carta* es, con el evangelio, uno de los dos grandes géneros literarios del NT. Como género goza de gran antigüedad: era conocida por las grandes culturas del Oriente Medio y por el AT (Esd 7 12-26; 2 Mac 1 1-2 18). En el mundo helenístico la carta era un medio habitual de comunicación tanto a nivel oficial, como en la comunicación pública de ideas y doctrinas o en la comunicación privada. En el NT se distinguen las *cartas paulinas*, escritas por Pablo o atribuidas a él, y dirigidas a comunidades o a pastores concretos (llamadas, por ello, "pastorales") y otra serie de cartas de diversos autores dirigidas a todas las iglesias. Su estructura, aunque variable, se adapta a un esquema típico: saludo inicial que incluye remitente y destinatarios, cuerpo de la carta y saludos conclusivos. El "cuerpo de la carta" está integrado a su vez por una amplia gama de formas literarias: himnos, confesiones de fe, citas del AT, textos litúrgicos, discursos, exhortaciones, consejos, controversias y listas o catálogos de varios tipos (vicios y virtudes, obligaciones domésticas, deberes profesionales, etc.).

➡ Género literario.

Castigo. La Biblia menciona con mucha frecuencia *castigos* tanto divinos como humanos. Desde las primeras páginas del Génesis (Gn

3 14-19) hasta las últimas del Apocalipsis (Ap 21 8) la amenaza de castigos por parte de un Dios justo, que no es indiferente ante el pecado del hombre, es una realidad incuestionable. El cómo, el dónde y el cuándo castigará Dios el mal, será siempre para nosotros algo misterioso, pero se trata de una realidad incuestionable, y debe ayudarnos a tomar la vida en serio. En todo caso, esta faceta "justiciera" de Dios no debe hacernos olvidar en ningún momento su condición de Padre bueno y de Dios del perdón. Si alguna vez tiene que castigar, lo que realmente busca por encima de todo, y respetando siempre nuestra libertad, es la conversión y la salvación del pecador (Ez 18 21-23; Rom 3 21-25).
➡ Abismo. Enfermedad. Maldición. Muerte.

Catequesis. La palabra *catequesis* designa tanto el procedimiento de iniciación e instrucción religiosa de los fieles en las verdades y normas fundamentales de una religión, como los contenidos mismos de dicha instrucción. En el cristianismo naciente, la catequesis es una de las principales acciones de las comunidades cristianas, junto con la predicación y la liturgia. Pero, además, la catequesis se convierte también en cauce privilegiado de transmisión oral de los hechos y palabras de Jesús, que están en la base de los actuales relatos evangélicos. Dicho en otras palabras: los evangelios actuales deben su origen, en buena medida, a la catequesis de las primeras comunidades cristianas y, al mismo tiempo, responden a una finalidad también catequética. No es difícil descubrir esta "huella catequética" en la forma actual de algunas enseñanzas de Jesús, de estilo popular y coloquial, y en determinados fragmentos de las cartas paulinas.
➡ Evangelios. Género literario.

Celibato. Véase Fecundidad.

Celotes. Los *celotes* eran grupos de judíos, que, llevados del celo por la ley y la causa de Dios, se alzaron en armas contra los romanos, con el fin de expulsarlos de Palestina, pues les parecía que su sola presencia estaba profanando la tierra santa. Los celotes del NT tenían detrás de sí una larga y honrosa tradición. El primer celote habría sido Pinjás, quien atravesó con su lanza a una pareja de culpables por haber violado públicamente la ley (Nm 25 6-13). Otras figuras importantes son Elías y los Macabeos. Toda una corriente de "violencia santa" que continúa hasta los tiempos de Jesús, el cual tiene asimismo algún rasgo de celote, por ejemplo, la purificación del templo (Jn 2 17; véase Sal 69 10). En la misma línea está Pablo, perseguidor de los cristianos, como él mismo confiesa con orgullo (Gal 1 14).

A partir del año 60 d. C. los *celotes* se organizaron en grupos movidos por un apasionado mesianismo nacionalista que los llevó a ser los principales animadores de la rebelión contra Roma en el año 66. Judíos pertenecientes a la clase dirigente –incluso sacerdotes– y hombres del pueblo se convierten en feroces adversarios de los romanos. No se debe confundir a estos últimos con los celotes del tiempo de Jesús o anteriores a él, hombres simplemente fervorosos, aunque exagerados, pero sin componente político-militar. Se suele considerar como fundador del movimiento político celota a Judas el Galileo (Hch 5 37).
➡ Judaísmo. Judío.

Cielo. Para el mundo de la Biblia el *cielo* es en primer lugar el espacio en el que se encuentran armónicamente distribuidos los astros (Job 38 29-37). Juntamente con la *tierra* forma el conjunto del universo (Gn 1 1; Mt 24 35). En segundo lugar y con mucha frecuencia con la palabra *cielo* se designa la morada de Dios (Sal 11 4; Jn 1 31) y de todos aquellos que en el más allá viven junto a Dios: Jesucristo, los ángeles, los bienaventurados (Mc 16 19; Mt 18 10; Ef 2 6). En la última etapa del AT y en numerosos pasajes del NT se usa la palabra *cielo* para referirse a Dios mismo, evitando pronunciar expresamente su nombre sagrado (Mt 4 17; Lc 15 18).
➡ Bendición. Dios. Tierra.

Circuncisión. Se trata de una operación que consiste en cortar circularmente el prepucio. Entre los judíos era un rito que debía realizarse a los ocho días de nacer, y tradicionalmente debía hacerla el padre del niño; más tarde fue reemplazado por un médico o un especialista. El lugar era indiferente, si bien nunca tuvo lugar en el santuario ni fue realizada tampoco por los sacerdotes. Probablemente, los israelitas tomaron la práctica de la circuncisión de los cananeos, cuando se establecieron en su tierra. En un principio, la circuncisión debía ser un rito de iniciación a la vida matrimonial y consiguientemente a la vida comunitaria del clan. Poco a poco se fue cargando de sentido religioso, y finalmente durante el destierro se convirtió en el rito y señal que marcaba la pertenencia a la alianza divina y al pueblo de Israel.

En tiempos de Jesús la circuncisión había acentuado su carácter de símbolo y servía para distinguir a quienes se habían comprometido a cumplir la ley de Moisés. Los maestros de la ley insistían en la necesidad de circuncidar a aquellos que habían aceptado cargar sobre sí el yugo de la ley, y se gloriaban de este signo visible, que reflejaba dicho compromiso.

Los primeros discípulos de Jesús tuvieron muchas dificultades y enfrentamientos entre sí y con otros judíos a causa de la circuncisión. Algunos de ellos opinaban que los que abrazaban la fe en Jesús debían circuncidarse y comprometerse a cumplir toda la ley de Moisés (Hch 15 1-15). San Pablo, que podía gloriarse de haber sido circuncidado a los ocho días de nacer (Flp 3 5), fue el gran defensor de la novedad del cristianismo y consideraba que la circuncisión de la carne había sido superada por una nueva circuncisión: la del corazón.
➡ Israel. Judío.

Código de leyes. Aunque designados con el genérico nombre de Ley (Torá), los libros del Pentateuco contienen distintos géneros, formas y clases de leyes. Por su formulación, las leyes son *casuísticas*, cuando describen un caso en forma condicional, contemplando todos sus aspectos concre-

tos y determinando la sanción correspondiente; o *apodícticas*, cuando prescriben o prohiben una acción de forma genérica, sin diferenciar casos y sanciones. A su vez, las leyes se organizan normalmente en series temáticas, en códigos o en colecciones. Las más importantes son: los *decálogos*, agrupaciones de *diez* leyes, generalmente apodícticas, de contenido ético-teológico (Ex 20 1-17; Dt 5 6-21) o litúrgico y ritual (Ex 34 14-28); el *código de la alianza* (Ex 20 22-23 19), cuerpo de leyes de origen antiguo y de contenido religioso y social; el *código de santidad* (Lv 17-26), recopilación más reciente de leyes de contenido variado, que invitan a su cumplimiento invocando a la "santidad" de Dios; y el *código deuteronómico* (Dt 12-26), amplísima recopilación de leyes, de carácter religioso, cultual, social y litúrgico.
➥ Género literario. Ley.

Confianza. Véase Fe.

Consagración. Es el rito o acción simbólica mediante los cuales se vincula de manera muy especial una persona o una cosa con Dios (Ex 28 41; Mt 28 19). Las personas o cosas *consagradas* adquieren un valor y una dignidad especial y deben ser particularmente respetadas. En el AT son objeto de *consagración* los sacerdotes, los profetas y los reyes. La expresión "consagrar al exterminio", muy utilizada en la historia deuteronomista, significa que una persona o una cosa es totalmente destruida como señal de homenaje a Dios, dueño de todo (Jos 6 21; 8 26).

Como el rito de consagración se realizaba habitualmente mediante la unción con aceite, *consagrar y ungir*, *consagrado y ungido* vienen a ser términos equivalentes. El ungido (consagrado) por excelencia es el Mesías=Cristo (Sal 2 2), título que el NT no duda en atribuir a Jesús de Nazaret (Lc 2 11; Mc 1 1; 8 30). A partir de Jesucristo –el Consagrado, el Cristo– todo cristiano, en cuanto vinculado a Cristo por el Bautismo, es también un consagrado (Mt 28 19; 2 Cor 1 21).
➥ Bautismo. Mesías. Santidad.

Consejo de Ancianos. Véase Sanedrín. Ancianos.

Corazón. Como órgano físico apenas es mencionado por la Biblia (2 Sm 18 14). En cambio lo es con muchísima frecuencia en sentido figurado para designar la realidad más profunda del hombre en todas sus manifestaciones y facetas: en primer lugar el ser humano en su totalidad, en su personalidad más íntima (Dt 6 5; Lc 8 15); después las intenciones y proyectos del hombre, sus pensamientos y deseos, sus sentimientos y emociones (Sal 16 9; 2 Cor 2 4). Con frecuencia, pues, *corazón* según los semitas es sinónimo de mente (Is 10 7), de conciencia (1 Cor 4 5), de sabiduría (Ef 1 18), de voluntad (Rom 10 9-10). Por esta razón no debemos extrañarnos de que también el Nuevo Testamento sitúe en el corazón la nueva vida recibida de Cristo y del Espíritu (Gal 4 6; Ef 3 17).
➥ Vida.

Cruz. Crucifixión. Para toda la cultura antigua, incluida la semita, la *cruz* era únicamente un instrumento de castigo, de un terrible castigo, y el crucificado era un maldito (Dt 21 23). El suplicio de la cruz parece que fue introducido por los persas. Los romanos lo incorporaron a su sistema jurídico, pero lo consideraban tan duro, humillante y vergonzoso que jamás lo aplicaban a los ciudadanos romanos; en cambio lo usaron con bastante frecuencia para ejecutar a esclavos rebeldes y a extranjeros convictos de algún delito grave contra Roma.

De manera desconcertante y misteriosa la *cruz* es elegida por Dios como instrumento de salvación. Muriendo en ella, Jesucristo, el Hijo de Dios, salva al mundo de su destino de condenación (Jn 19 15-30; 1 Cor 1 23; 1 Pe 2 24). Desde entonces, la *cruz* con todo lo que conlleva de invitación a la renuncia, al desprendimiento, a la aceptación del sufrimiento, juega un papel esencial en la vida del cristiano (Lc 9 23; Gal 2 19). Es la llamada "teología de la cruz", elaborada especialmente por san Pablo (1 Cor 1 18-25; Gal 2 19-3 1), que nunca debe ser entendida como meta, sino como camino hacia la gloria de la resurrección (Mc 8 31; Lc 24 25-26) y como expresión de la entrega amorosa de sí mismo por los demás.
➥ Jesucristo. Salvación.

Culto. Véase Sacerdocio. Sacrificio.

Damasco. Véase Arameos.

David. David es una de las figuras más relevantes e influyentes de la historia de Israel. Muy bien dotado como estratega militar y como político, culminó la conquista de la tierra prometida, sometiendo definitivamente los enclaves cananeos que todavía sobrevivían, tanto en el sur (Jerusalén) como en el norte (Meguido-Tanac). Se puede decir que en David se cumplió la promesa de la tierra hecha a Abrahán. David extendió sus dominios sobre los pueblos vecinos, llegando a crear un reino con cierta importancia política dentro del área.

Como persona, como rey y como iniciador de una dinastía, David ha seguido una trayectoria siempre ascendente a lo largo de la historia bíblica, hasta convertirse en el prototipo del Mesías, el futuro rey ideal, que debe nacer de su sangre. Los dos libros de Samuel lo describen con todo el atractivo de un héroe de leyenda: hermoso de presencia, fiel en la amistad, justo y noble con los enemigos, hombre de estado, poeta y músico.

Pero la grandeza de David es, sobre todo, de orden religioso. Su piedad y virtudes religiosas se ponen de manifiesto en el respeto con que trata a Saúl por ser el "ungido del Señor", en la traslación del arca, en su deseo de construir el templo, y en el respeto hacia los profetas, los sacerdotes y demás instituciones sagradas.

La tendencia a idealizar a David alcanza su culminación en la Historia del Cronista que evita cuidadosamente todo lo que pueda suponer deshonra para el gran rey. Con la figura de David se asocian la elección de Jerusalén como capital del reino y la permanencia de su dinastía como depositaria de las promesas mesiánicas. De este modo el binomio "David-Sión" viene

a sumarse al de "Moisés-Sinaí", centro de los antiguos artículos de fe (compárese Dt 26 5-10 con 2 Sm 6-7 y Sal 132).
➥ Hijo de David. Jerusalén. Monarquía. Reino. Saúl.

Decálogo. Véase Código de leyes. Ley.

Demonio. Demonios. Estos misteriosos personajes aparecen en la Biblia como seres en los que se personifica el mal. Se habla, pues, de ellos como espíritus maléficos (Tob 3 8; 6 8.14), a quienes en ciertos momentos rindió culto el pueblo israelita (Dt 32 17; Bar 4 17; 1 Cor 10 20). Una antigua tradición pensaba que en realidad eran ángeles que habían perdido su condición de tales como castigo por haberse rebelado contra Dios (Ap 12 7-9; Jds 6). Al frente de los demonios aparece un personaje singular –el Demonio con mayúscula– que recibe también los nombres de Satán o Satanás (Job 1 6-2 7; Lc 22 3.31), Belzebú (Mt 12 24-27), Beliar (2 Cor 6 15) y Diablo (Jn 8 44; Ef 4 27). Satán significa "adversario" y personifica la oposición frontal e irreductible a los planes de Dios. En el mundo semita se le consideraba la fuente y origen de todo mal; de ahí que con frecuencia, cuando se desconocía el origen preciso de una enfermedad, sobre todo mental, se pensara que el sujeto en cuestión estaba poseído por el demonio (Mc 5 1-20; 9 14-29). Por eso, cuando se dice que Jesús sana a un enfermo o expulsa a un demonio, lo que sobre todo está haciendo es luchar contra el mal en todas sus dimensiones y vencerlo como anticipo de la llegada en plenitud del reino de Dios (Mt 8 28; Lc 10 17-20; Ap 20 1-10).
➥ Angel. Castigo. Enfermedad.

Descanso. Véase Sábado.

Día del Señor. Domingo. Con la expresión *Día del Señor* los profetas del AT se refieren al momento en que Dios se hará presente en la historia de manera solemne y decisiva para juzgar tanto a Israel como al resto de las naciones (Is 2 12; Ez 13 5). Esta intervención divina es presentada bajo el doble aspecto de ira y castigo (Am 5 18; Sof 1 7-18) y de salvación liberadora (Is 11 10-12 6). El NT mantiene la esperanza en ese día decisivo (Rom 2 5; Ef 4 30), pero con la expresión *día del Señor* designa sobre todo el momento solemne y glorioso en que Jesús vendrá de nuevo para clausurar la historia humana (1 Cor 1 8; Flp 1 6.10). En un sentido notablemente distinto, la expresión "día del Señor" hace referencia en el NT al primer día de la semana, día dedicado a celebrar la resurrección de Jesús, el Señor; con otras palabras, el día final del Señor es anticipado cada semana en el domingo de los cristianos (Jn 20 1; Hch 20 7; Ap 1 20).
➥ Castigo. Juicio. Resurrección. Salvación.

Diácono. Véase Ministerio.

Diáspora. Dispersión. Véase Judaísmo.

Dicho sapiencial. La forma literaria básica del género sapiencial es el *masal*, expresión hebrea que ofrece una amplia gama de significados (dicho breve, proverbio, máxima, aforismo, enigma, refrán, etc.) y que ha dado nombre a un libro: el libro de los "mesalim" o Proverbios. Se trata generalmente de un dicho breve, concentrado y fácil de retener, que pretende acuñar una experiencia, fijar una observación o transmitir una enseñanza. El *masal* designa indistintamente al *dicho popular*, pariente próximo de nuestro refrán, de origen oral y sabor arcaico, y al *dicho culto*, de origen literario y, por tanto, más elaborado y poético. Atendiendo a su estructura, el *dicho sapiencial* recurre frecuentemente al paralelismo en sus tres tipos básicos: sinonímico, antitético o sintético. En relación con su contenido, el dicho sapiencial se denomina *sentencia*, afirmación o enseñanza expresada en forma indicativa, o *consejo*, aviso o instrucción en forma imperativa. En el NT, los evangelios han conservado distintas formas de dichos sapienciales pronunciados por Jesús.
➥ Paralelismo. Sabiduría.

Diluvio. Véase Noé.

Dios. Dios Padre. Es la gran realidad que llena toda la Biblia y cuya existencia y actividad no necesita demostrarse. Se impone por sí sola. Es el único creador y dueño del universo (Gn 1 1; Is 41 4) y recibe diversos nombres según las distintas tradiciones bíblicas: *Elohim, Yavé, El-Sadday, El-Olam, Adonai*, etc. (que en esta Biblia se han traducido respectivamente por: *Dios, el Señor, Dios poderoso, Dios eterno, mi Señor*, etc.). El más utilizado y significativo de todos ellos es el de *Yavé=el Señor*, nombre con el que Dios se revela a su pueblo elegido (Ex 3 13-15). La revelación plena del misterio de Dios sólo tiene lugar en y por medio de Jesucristo (Mt 11 27). Conocer a Jesucristo es conocer a Dios (Jn 14 7-9), que en el NT se nos manifiesta también como creador y señor del universo, pero especialmente como salvador, como padre amoroso y providente (Lc 12 22-32; 15 11-32) y como una misteriosa realidad comunitaria en la que conviven tres personas –la Trinidad santísima– de igual naturaleza y dignidad: el Padre, el Hijo y el Espíritu (Mt 28 19). La consideración de Dios como *Padre* está ya presente en el AT (Is 63 16; Eclo 23 1-4), pero es Jesús de Nazaret –el Hijo– quien nos la ha revelado en toda su grandeza y profundidad (Gal 4 4-7).
➥ Espíritu. Jesucristo. Nombre.

Discípulo. La palabra *discípulo* como tal no se utiliza mucho en el AT (véase Is 8 16; 50 4); en cambio la idea, es decir, el hombre que vive a la sombra de otra persona a quien considera maestro y con quien comparte vida y sabiduría, sí es bastante frecuente (1 Re 19 19-21; Prov 2 1; 8 32-34). La institución del discipulado adquiere consistencia en el judaísmo tardío (véase Mt 22 16; Jn 1 35). Pero es Jesús de Nazaret quien la potencia al máximo. Sus discípulos son en primer lugar *los Doce* (Mt 10 1; 28 16; Mc 14 13-16); en segundo lugar el grupo más numeroso de hombres y mujeres que lo seguían por los caminos de Palestina (Lc 6 17; 10 1; véase 1 Cor 15 6); y en último término todos los que han aceptado compartir su vida y su doctrina (Jn 4 1;7 3). En línea con esta última des-

cripción, el libro de los Hechos de los Apóstoles considera discípulos a todos los cristianos (Hch 6 1; 9 1; 11 29). Precisamente el seguimiento es lo específico del discípulo: los verdaderos discípulos de Jesús deberán seguirlo en todo como fieles testigos de su vida y de su doctrina, en especial de su resurrección (Mt 8 19-22; Mc 8 34-35).
➥ Maestro. Sabiduría. Vocación.

Discurso. Es un género literario consistente en un razonamiento de tipo retórico dirigido a un interlocutor con el fin de instruir, convencer o motivar. Su estructura básica comprende varias partes: introducción, planteamiento, argumentación y conclusión, aunque ofrece variantes. En virtud de su contenido admite una extensa gama de subdivisiones: *discurso parenético* o exhortativo (llamado también "discurso moralizante"), en tono persuasivo, que pretende proponer principios o inculcar actitudes morales (Dt, partes de algunas cartas); *discurso kerigmático* o anuncio de los contenidos fundamentales de la fe (los discursos de Hechos y el kerigma paulino); *discurso homilético* u *homilía*, exposición de contenido religioso que alterna la instrucción con la exhortación (presente en algunas partes de los evangelios y cartas, pero especialmente en Hebreos), *discurso sapiencial*, en el que predomina la enseñanza (frecuente en Job y en Sab), *discurso midrásico*, comentario de carácter edificante y sabor popular. Otras formas de discurso son la *arenga*, de origen y contenido militar (Jos 1), y la *diatriba*, alocución de carácter polémico dirigida contra los adversarios (cartas paulinas).
➥ Género literario. Sabiduría.

Discurso escatológico. Véase Escatología.

Divorcio. Véase Matrimonio.

Doctores de la ley. Véase Fariseos.

Dolor. Véase Enfermedad.

Domingo. Véase Día del Señor.

Don. Véase Carisma. Gracia.

Drama religioso. Los cuatro *relatos de pasión* en que culminan los evangelios (Mc 14-15 y par) pertenecen a un mismo género literario que se denomina *drama religioso.* Este peculiar género presenta los últimos acontecimientos de la vida de Jesús a modo de drama, en el que se produce la confrontación decisiva de los personajes más importantes (Jesús, los discípulos, las autoridades tanto judías como romanas y el pueblo) en un proceso que alcanza su momento culminante en la muerte de Jesús y llega a su desenlace triunfal en la resurrección. La estructura básica de estos relatos está concebida como una sucesión de escenas y, a pesar de algunas variantes, es coincidente: arresto de Jesús y abandono de los discípulos, proceso religioso y civil, condena, traslado al Calvario, crucifixión, muerte y resurrección.
➥ Estructura literaria. Evangelios.

Edomitas. La Biblia hace descender a los edomitas de Esaú, hermano de Jacob (Gn 36), y a los moabitas y amonitas de Lot, sobrino de Abrahán (Gn 19 30-38). Los israelitas tenían conciencia de ser parientes de estos tres pueblos, con los cuales compartían buena parte de su cultura y hasta su lengua. Todos eran asimismo gente nómada en su origen, procedentes de los desiertos. De ahí que mantenían entre ellos unas relaciones de consideración y deferencia que no tenían con los demás. Con todo, también pasaron por momentos de graves tensiones, conflictos, confrontaciones y guerras mutuas, cual corresponde a pueblos vecinos y limítrofes, que siempre tienen pendientes reivindicaciones territoriales y problemas de soberanía.
➥ Abrahán.

Egipto. Junto con Babilonia, *Egipto* es para Israel el símbolo de nación opresora por excelencia. De hecho, la liberación de los hijos de Israel de la esclavitud de Egipto por medio de Moisés, constituyó la experiencia de liberación más profunda y más recordada para la nación israelita (Ex 1-15; Sal 105;106).

El país de la Biblia (Canaán, Palestina) estaba situado entre Egipto y Mesopotamia, los dos extremos del llamado "creciente fértil", y tanto los faraones de Egipto como los reyes de Mesopotamia lucharon con frecuencia por controlar este paso tan estratégico. La historia registra numerosas expediciones de los faraones egipcios (Tutmosis III, Seti, Sesac, Necao) por el país de la Biblia. De igual modo la influencia cultural de Egipto sobre el pueblo de la Biblia y sobre la Biblia misma fue permanente e importante sobre todo en el campo de la sabiduría (compárese Prov 22 17-24 22 con la obra egipcia "La Sabiduría de Amenope", y el Salmo 104 con el himno de Akenaton al sol).
La relación que el NT establece entre la infancia de Jesús y el país de Egipto tiene una intención primordialmente teológica: reproducir el mismo itinerario del éxodo y presentar a Jesús de Nazaret como el nuevo Moisés que va a liberar definitivamente al pueblo de Dios introduciéndolo de una vez para siempre en la "tierra prometida" (Mt 2 13-23).
➥ Libertad. Mesopotamia. Moisés.

Ejército. Véase Guerra Santa.

Elección. La elección del pueblo israelita por parte de Dios para hacer de él depositario y portador de las promesas mesiánicas, es un acontecimiento clave en la historia de la salvación. En realidad, más que elegir, lo que Dios hace es crearse un pueblo para poder establecer una alianza con él (Dt 32 6; Is 43 1.15; Sal 135 4) y a través de esa alianza conducir primero a Israel y luego a toda la humanidad a la tierra de la libertad y la paz definitivas. La *elección divina*, que no tiene otra razón de ser sino el amor (Dt 7 8), es por su misma naturaleza irrevocable (Jr 31 37). Pero la constante actitud de rebeldía por parte del pueblo, provocará de parte de Dios una especie de *nueva elección* que tiene como protagonista al "Resto de Israel" designado por los profetas como "mi elegi-

do" (Is 41 8; 43 20). Es el anticipo del elegido por excelencia, Jesucristo (Lc 9 35), en quien se resumen todas las elecciones particulares del AT (Abrahán, Isaac, Jacob, Moisés, Aarón, jueces y reyes, sacerdotes y profetas: Nm 17 20; 1 Sm 10 24; Dt 18 5) y en quien tienen su fuente todas las del NT (los Doce, los cristianos en general, Pablo en particular: Lc 6 12-13; Jn 6 70; 15 16; 1 Tes 1 4; 1 Pe 1 1; Hch 9 15). En todo caso, la elección divina, tanto dentro del antiguo pueblo de Israel como en el seno del nuevo pueblo –la Iglesia–, no tiene como objeto crear una élite de privilegiados, sino un pueblo de servidores (1 Cor 1 26-28).
➥ Alianza. Iglesia. Israel. Pueblo de Dios.

Elegía. Véase Lamentación.

Enfermedad. En cuanto experiencia humana inevitable la *enfermedad* ocupa en la Biblia un lugar muy importante. Salvo en aquellos casos en que la causalidad natural es evidente –una caída, una herida, la vejez–, la *enfermedad* suele atribuirse bien a ciertos poderes maléficos (Job 2 7) bien al propio Dios, que con ella castiga una culpa (Sal 38 3-4) o pone a prueba la fidelidad de sus siervos (Tob 12 13-14). En realidad la tradición bíblica, desde los mismos orígenes, insistió sobre todo en la enfermedad como castigo del pecado (Gn 3 16-19) y por eso figura como una de las principales maldiciones que caerá sobre el pueblo si es infiel a la alianza (Dt 28 21-22.27-28).

En tiempos de Jesús esta consideración de la enfermedad como castigo de los pecados del enfermo mismo o de sus parientes cercanos seguía siendo creencia común (Jn 9 2). El propio Jesús que no duda en relativizar esta creencia (Jn 9 3), reconoce, sin embargo, que históricamente la enfermedad en lo que tiene de doloroso, angustioso e insuperable es consecuencia y signo del pecado. Por eso él, que ha venido a liberar al hombre del pecado, comienza curando sus enfermedades físicas como signo y símbolo de tal liberación (Mt 2 1-12). Seguirá existiendo la enfermedad en el mundo, pero a partir de Jesús está ya actuando la fuerza divina que al final acabará con ella (Ap 21 4).
➥ Castigo. Cruz. Demonio. Maldición. Milagro. Reino.

Enseñanza. Véase Sabiduría.

Epifanía. Véase Teofanía.

Escatología. En sentido teológico, la *escatología* es la doctrina o tratado de las cosas o tiempos últimos y tiene por objeto los acontecimientos que seguirán a la decisiva intervención de Dios al final de los tiempos, de la que se hacen eco constante tanto el AT como el NT. En términos literarios, *escatología* designa un específico género profético que se refiere a dicha intervención divina y a las consecuencias que de ella han de seguirse. Se trata de un género mixto, que incluye elementos de otros géneros, especialmente del oráculo de condena, del pleito bilateral y del oráculo de salvación. Los componentes más característicos del genero son: convocatoria de las naciones, ataque enemigo contra Israel, juicio contra las naciones, intervención victoriosa de Dios entre fenómenos cósmicos, castigo del enemigo y nuevo orden de cosas.

En el NT encontramos también un género equivalente denominado *discurso escatológico* (Mc 13; 1 Tes 4-5; 2 Tes). Aunque tiene elementos en común con las escatologías proféticas, presenta también significativas diferencias: el anuncio de la *parusía* o segunda venida de Cristo al final de los tiempos y el mensaje de aliento, fidelidad y vigilancia dirigido a los discípulos para afrontar las dificultades que anunciarán el final.
➥ Apocalipsis. Profecía. Profeta.

Esclavitud. Véase Servicio. Siervo.

Escritura. Véase Biblia. Testamento.

Esenios. Mientras los fariseos y los saduceos aparecen con relativa frecuencia en las páginas del NT, los esenios no figuran nunca, por lo menos de manera expresa. Este silencio del NT se suple suficientemente con la abundante documentación de Flavio Josefo, Filón y Plinio el Viejo, a la que se ha venido a sumar a partir de 1947 la biblioteca de Qumrán con cientos de manuscritos. Probablemente, la comunidad de Qumrán representa un grupo que, por una serie de razones, se separó del movimiento esenio, el cual representaba una corriente de mayor importancia y extensión, cuyos miembros no se reducían al grupo que vivía exiliado en el desierto de Judá, sino que se hallaban esparcidos por todas las principales ciudades del país. En todo caso, tanto los documentos antiguos como los recién descubiertos en Qumrán coinciden en señalar una serie de características que pueden considerarse como las notas o rasgos diferenciales del esenismo: preponderancia de la clase sacerdotal, organización y vida comunitaria, comunidad de bienes, práctica de la pobreza y la obediencia, así como cierta preferencia por el celibato, seguimiento estricto de la ley mosaica, la oración en común, banquete sagrado, baños y purificaciones. Es posible que el cristianismo haya aprovechado algunas de las experiencias de la vida esenia.
➥ Celotes. Fariseos. Judaísmo. Qumrán. Saduceos.

Esperanza. Con esta palabra se designa la actitud del hombre que confía en que Dios hará realidad en un futuro más o menos lejano las promesas de paz y de felicidad que ha ido sembrando a lo largo de la historia. A partir de las promesas primordiales (Gn 3 15; 9 8-17), la historia bíblica es una historia de esperanza. Los momentos más importantes de esta historia hay que situarlos en Abrahán, la liberación de Egipto, David, el retorno del destierro, Jesucristo. Jesús de Nazaret es la esperanza de Israel y de toda la humanidad; en él se cumplen todas las promesas y la esperanza comienza a convertirse en realidad (1 Cor 1 20; Col 1 27; Heb 7 19); en él lo que comenzó siendo esperanza de bienes simplemente temporales (Dt 28 1-14), culminará en la esperanza de una existencia gloriosa y transformadora junto a Dios en el más allá de esta historia humana (Rom 8 23-25; 1 Cor 15 53-58; 1 Pe 1 3.13.21).
➥ Libertad. Jesucristo. Vida eterna.

Espíritu. Las palabras hebrea y griega que solemos traducir por *espíritu* pueden hacer referencia a realidades de muy diverso tipo: simplemente al viento o soplo de aire (Ex 14 21; véase Gn 1 1; Jn 3 8); a la fuerza o vitalidad del hombre (Gn 45 27; Jue 15 19); a la dimensión profunda por la que el hombre se constituye en persona capaz de relacionarse con otros (Gn 2 7; Sal 31 6). Este último significado adquiere especial importancia en el NT donde con cierta frecuencia *espíritu* designa la realidad transcendente e incorruptible del hombre (Mt 26 41; Hch 7 59; 2 Cor 2 13). También reciben el nombre de *espíritus* ciertas realidades invisibles, buenas (Heb 1 7) o malas (1 Sm 19 9), que actúan en el mundo bajo el control de Dios.

Pero sobre todo la palabra *espíritu* se utiliza en la Biblia para aludir al propio Dios en cuanto se nos revela como fuerza, como sabiduría, como gloria, como santidad (Jue 3 10; Is 11 2). El NT enseñará que el Espíritu de Dios no es sólamente un atributo, sino una persona divina radicalmente igual en todo al Padre y al Hijo (Mt 28 19), que se comunica, de forma misteriosa y por supuesto limitada, a la comunidad cristiana y a cada uno de sus miembros (Rom 8 1-30).

➥ Angel. Demonio. Dios.

Esposo. Esposa. Véase Familia. Matrimonio.

Estructura Literaria. En términos literarios entendemos por *estructura literaria* el conjunto de elementos y factores que determinan la forma de un texto. Se habla de estructura profunda, cuando los elementos estructurantes quedan implícitos o escondidos, y de estructura de superficie, cuando los elementos formales se hacen visibles. Entre las estructuras más importantes de los escritos bíblicos están el *paralelismo*, disposición de versos o estrofas en paralelo; el *poema numérico*, y una forma de éste que es el poema *acróstico o alfabético* (cada verso comienza por una letra del "alfabeto" hebreo: Lam 1-4); la estructura *concéntrica o simétrica*, repetición en la segunda parte de los mismos elementos de la primera, pero en orden inverso; *quiasmo* o estructura *quiástica*, correspondencia de cuatro elementos en forma de cruz; el *estribillo*, repetición periódica de un verso, o una estrofa, etc. Como elemento típicamente estructurante, hay que hablar de la *inclusión*, que a través de la repetición de palabras o frases marca los límites de toda unidad literaria (inclusión "mayor") o de sus partes más importantes (inclusión "menor").

➥ Paralelismo.

Etiología (relato etiológico). La *etiología* es una forma de "etimología popular" que pretende explicar el origen de una cosa, institución, costumbre, lugar o nombre, cuyo significado se ha perdido en el transcurso del tiempo. En la etiología adquieren especial importancia los "juegos de palabras", aunque las explicaciones no siempre coinciden con su sentido original. Entre los rasgos característicos de la etiología hay que destacar fórmulas como *por eso se llama* o *hasta el día de hoy*. Cuando la explicación ofrece desarrollos en forma narrativa, se habla de *relato etiológico* que, en ocasiones, llega a coincidir con determinadas formas de leyenda (por ejemplo, la leyenda cultual).

➥ Historia. Leyenda. Relato épico

Evangelios. Se denomina *evangelio* a uno de los dos grandes géneros literarios del NT (junto con las cartas). Aunque tiene elementos afines a la biografía y a la historia, el evangelio es un género especial, de origen oral, estilo histórico-narrativo e intencionalidad teológica. Su contexto vital original hay que buscarlo en la vida de las primeras comunidades cristianas y, más concretamente, en el anuncio de la "buena noticia" de la salvación acaecida en la vida, muerte y resurrección de Jesucristo. La estructura de los evangelios escritos conserva aún el esquema básico de la predicación oral: bautismo de Jesús, ministerio público, viaje a Jerusalén, pasión, muerte y resurrección (Hch 10 37-41). En su forma actual, los evangelios incluyen una amplia gama de formas narrativas (relatos históricos, controversias, relatos de milagros, relatos de pasión, etc.) y discursivas o doctrinales (discursos, dichos proféticos, jurídicos y sapienciales, comparaciones, parábolas, dichos de revelación y seguimiento, etc.).

➥ Drama religioso. Género literario. Milagro, Relato de. Parábola. Resurrección.

Exterminio (Ley del). Véase Guerra Santa.

Familia. La *familia* israelita era de tipo patriarcal, es decir, la autoridad residía en el padre. Estaba integrada por el padre, la esposa (una o varias), los hijos solteros y, en algunos casos, los siervos. Lo mismo que sucede en nuestras lenguas, el término "familia" tenía en Israel un sentido amplio que, a veces, se confundía con el *clan*: pues abarcaba a varias familias que procedían de un mismo tronco y habitaban un mismo lugar. La familia jugaba un papel muy importante en la vida civil y religiosa de Israel. Era como una pequeña comunidad cultual, especie de iglesia doméstica, en la cual el padre desempeñaba la función de sacerdote, como lo demuestra la celebración de la fiesta pascual (Ex 12) y numerosos ejemplos del NT, en los que la fe del padre condiciona la fe de toda la familia (Hch 10 2; 11 14; 16 15.31.34; 18 8; etc.).

En tiempos de Jesús y de los primeros cristianos la familia seguía siendo el principal grupo de referencia y apoyo. Gracias a la familia se adquiría honor y buena reputación (de ahí la importancia de las genealogías), así como apoyo en todo lo que se emprendiera (trabajo, etc). En este sentido, uno de los aspectos más llamativos de la llamada de Jesús es la exigencia de que los discípulos abandonen la propia familia (Lc 9 57-62). En aquella cultura esta invitación suponía abandonar absolutamente todas las seguridades. Más aún, Jesús anuncia tensiones y dificultades dentro del grupo familiar a aquellos que han decidido seguirle (Mt 10 34-36). Sin embargo, al mismo tiempo que les exigía abandonar su familia según la carne, los invitaba a formar parte de una nueva familia en la que todos son hermanos y tienen un Padre común (Mt 23 8-9). Siguiendo esta invitación, los primeros cristianos confi-

guraron sus comunidades según el estilo de esta nueva familia, en la que la solidaridad y el apoyo mutuo eran expresión de la fraternidad que la fe en Jesús resucitado había creado entre ellos.
➥ Fecundidad. Goel. Hermano. Iglesia. Matrimonio. Padre. Vocación, Relatos de.

Fariseos. El término *fariseos* significa "separados"; evoca pues, un tipo de mentalidad y espiritualidad puritana y rigorista que mantenía aislados del resto del pueblo a los que formaban parte de dicho grupo. Presumían de mayor perfección que los demás, por lo cual despreciaban a los que no conocían o no practicaban la ley, a la gente del campo, a los recaudadores de impuestos, pecadores, etc. Para asegurar mejor el cumplimiento de la ley, la rodearon de una casuística detallada, llena de sutilezas y minucias, que los llevó a caer en el formalismo y en la hipocresía religiosa. Insistían, sobre todo, en la observancia del sábado y en la pureza ritual. Creían en la inmortalidad del alma y en la resurrección de los cuerpos. Su apego escrupuloso a la ley y a la tradición de los mayores los condujo a la autosuficiencia y a la soberbia, que les impidió reconocer en Jesús de Nazaret al enviado de Dios (Mt 23). No sólo no lo reconocieron sino que le declararon la guerra y exigieron su muerte (Mc 3 6). De todos los grupos que existían en Palestina en tiempos de Jesús, el de los fariseos fue el único que sobrevivió a la destrucción de Jerusalén del año 70 d. C., y fue el que configuró al judaísmo postbíblico.

En el NT, junto a los fariseos aparecen casi siempre los "maestros" o "doctores de la ley". Eran expertos en la interpretación de la Sagrada Escritura, especialmente de los textos legislativos, y habían ido formando con sus interpretaciones toda una tradición o derecho consuetudinario, que a veces llegaban a colocar por encima de la Palabra de Dios (Mc 7 3-8).
➥ Ley. Saduceos.

Fe. Según la Biblia, la fe no consiste sólo en aceptar una verdad religiosa de la que no tenemos experiencia sensible. La *fe* bíblica está íntimamente relacionada con la confianza. Tiene fe el que desconfía de sí mismo y se fía sin reservas de Dios. En este sentido la Biblia presenta a Abrahán como ejemplo supremo de fe y como padre de todos los creyentes (Gn 12 1-4; 22 1-18; Rom 4 13-25). Isaías invita una y otra vez al pueblo israelita a tener fe/confianza en Dios (Is 7 9; 50 10); Jesucristo exige la fe/confianza como requisito indispensable para cualquier tipo de salvación (Mc 1 15; 5 36; 10 52); Pablo abunda en lo mismo (Rom 3 22). Esta fe, que es don de Dios (Ef 2 8) aunque requiera la libre colaboración del hombre (Sant 2 14-17), está en la raíz de toda vida auténticamente religiosa (Heb 11 1-40).
➥ Abrahán. Salvación.

Fecundidad. Celibato. Entre los judíos el matrimonio era el estado normal del hombre y la mujer adultos. La maternidad y la descendencia –cuanto más numerosa mejor– constituían una singular bendición de Dios; la infecundidad era considerada como una maldición y la virginidad no era en absoluto apreciada como estado permanente (Jue 11 37; 1 Sm 1 4-11). De ahí la constante tentación, a la que los israelitas sucumbieron muchas veces, de rendir culto a los dioses y diosas de la fecundidad. Pero el anuncio del reino que hace Jesús cambia notablemente las perspectivas. Sin dejar de valorar positivamente el matrimonio y la fecundidad, Jesús hace de la virginidad, con su propia vivencia personal y sus palabras, un anuncio y un anticipo del reino futuro (Mt 22 29), y considera que el cristiano puede optar por el celibato con el fin de estar más disponible para servir a los hombres en la etapa presente del reino (Mt 19 12; 1 Cor 7 32-34).
➥ Matrimonio.

Fenicia. Más o menos equivalente a lo que es el Líbano actual, la antigua Fenicia corrió la misma suerte de los pequeños reinos que poblaban el antiguo Oriente Próximo. Todos ellos vivieron sometidos a los vaivenes y ritmos que marcaban las grandes potencias hegemónicas que se sucedían en el área (egipcios, asirios, hititas, babilonios...). Los siglos de oro de Fenicia coinciden con el comienzo del primer milenio a. C., cuando Egipto y Asiria viven un período de decadencia. Concretamente, Fenicia, bajo el gobierno de Jirán, contemporáneo de Salomón, incrementa sus relaciones comerciales y funda colonias en todos los países de la cuenca del Mediterráneo (norte de Africa, costa oriental y meridional de España, etc). Los fenicios fueron los padres del alfabeto, y los puertos de Tiro, Sidón, Biblos y sobre todo Ugarit (ciudad en la que se ha descubierto una importantísima biblioteca), son magníficos exponentes de la contribución fenicia al comercio y a la ciencia. Los libros de los Reyes se hacen eco repetidas veces de las relaciones entre Fenicia e Israel: mutuos servicios entre Jirán y Salomón (1 Re 9 10-14); traslado de la capital del reino del Norte a Samaría en tiempos de Omrí probablemente para intensificar las relaciones políticas y comerciales con Fenicia (1 Re 16 24); matrimonio de Ajab con Jezabel, hija del rey de Tiro, hecho este de nefastas consecuencias para la vida religiosa de la nación israelita (1 Re 16 29-22 37); estancia del profeta Elías en Sarepta, ciudad fenicia (1 Re 17 7-24). El NT, por su parte, refiere que en algún momento de su actividad apostólica Jesús de Nazaret visitó los territorios de Tiro y Sidón (Mc 7 24-30).
➥ Israel. Palestina. Salomón.

Fidelidad. Véase Alianza. Fe.

Fiestas. Además del sábado, los israelitas celebraban varias *fiestas* durante el año. La más importante era la de la pascua. Pero también se celebraban desde antiguo con gran solemnidad la fiesta de los panes sin levadura (o de los ácimos) que comenzaba al día siguiente de la pascua y se prolongaba durante siete días (Lv 23 5-8), la fiesta de los primeros frutos al comienzo de la cosecha (Lv 23 9-14), la fiesta de las semanas (más tarde llamada pentecostés) en acción de gracias por la cosecha de la cebada (Lv 23 15-21), la fiesta del año nuevo según el calendario antiguo (Lv 23 24-25: hacia el 15 de nuestro

mes de Septiembre), la fiesta de las tiendas de campaña (Neh 8 13-17) en recuerdo de la pemanencia en el desierto, y la del gran día de la expiación o día del perdón (Lv 16 1-34). Más tarde se añadieron la fiesta de la dedicación del templo (1 Mac 4 36-59; Jn 10 22) y la de los purim o de las suertes (Est 9 17-32). Con menor solemnidad se celebraban los días de luna nueva o novilunios (Is 1 13; Col 2 16). Todas estas fiestas tenían una gran importancia catequética, pues con independencia de su origen y carácter primitivo, la piedad israelita las vinculó a importantes acontecimientos de la historia del pueblo que las celebraba con agradecimiento y alegría. Eran el mejor recuerdo de las maravillas obradas por Dios en la historia y la más gozosa expresión de su permanente presencia protectora.
➥ Libertad. Pascua. Pentecostés. Sábado.

Filisteos. Son uno de los llamados "pueblos del mar", procedentes de Grecia y sus islas. Quisieron penetrar en Egipto, pero fueron rechazados y se replegaron sobre la costa mediterránea de la tierra de Canaán hacia el año 1175 a. C. Allí fundaron una federación de cinco principados: Asdod, Ascalón, Gaza, Ecrón y Gat (la pentápolis filistea). Los *filisteos* se instalaron en Canaán poco después de los israelitas, y como ambos aspiraban a ser los dueños del país, se produjeron entre ellos frecuentes y violentas confrontaciones. Por vía de ejemplo recordamos los múltiples y pintorescos episodios entre los filisteos y Sansón (Jue 13-16); la batalla de Afec, en la que los filisteos arrebataron el arca de la alianza a los israelitas (1 Sm 4); el combate entre Goliat el filisteo y David (1 Sm 17); la muerte de Saúl y sus hijos a manos de los filisteos (1 Sm 31). Finalmente, los filisteos fueron sometidos por David, que los convirtió en vasallos de su pequeño imperio (2 Sm 8). Aunque parezca paradógico, los filisteos (*pelistín*) fueron los que dieron a la tierra de la Biblia el nombre de *Palestina*.
➥ Cananeos. David. Saúl. Palestina.

Fuego. En más de una ocasión tiene en la Biblia el significado natural de elemento físico destinado a quemar y destruir una cosa (Jos 8 8.19-21; Jn 15 6). Pero también con mucha frecuencia es utilizado como símbolo de la presencia de Dios. En cuanto tal símbolo es ambivalente: puede designar a un Dios que protege y bendice (Nm 9 15; Hch 2 3), o bien a un Dios que purifica y castiga (Jr 23 29; Am 1 4-2 5); puede emplearse para significar la fuerza interior del amor (Lc 12 49) o para aludir simbólicamente al castigo de los malvados en el más allá, castigo cuya naturaleza precisa nos es más bien desconocida (Mc 9 42-47).
➥ *Castigo. Símbolo.*

Genealogías. Véase Familia. Padre.

Género literario. Cualquier tipo de lenguaje, oral o escrito, tiende a reproducir modelos y estructuras convencionales llamados *géneros literarios*, que los escritores adoptan y, al mismo tiempo, modifican y enriquecen. Para identificar y definir un género literario concreto se recurre a tres elementos o requisitos básicos: un *tema* común, unos *recursos literarios* afines (vocabulario, estructura, procedimiento, estilo, imágenes, etc.) y un ambiente o *contexto vital* determinado en el que cada género encuentra su origen, uso y finalidad. Cada cultura, a su vez, crea y consolida sus propios géneros. Y aunque los géneros literarios de culturas distintas no son totalmente intercambiables, sí suelen ofrecer elementos equiparables o analógicos. En el conjunto de la Biblia se pueden identificar, al menos, siete grandes géneros literarios: ley, historia, profecía, sabiduría, evangelio, carta y apocalipsis. A su vez, cada uno de estos grandes géneros ofrece *subgéneros* o *formas literarias* más simples y variadas.
➥ Apocalíptica. Biblia. Carta. Evangelio. Historia. Ley. Profecía. Sabiduría.

Genesaret. Véase Palestina.

Goel. Redentor. Dentro de la familia, del clan y de la tribu, existía una conciencia muy fuerte de solidaridad, que dio lugar a una institución muy característica del pueblo de la Biblia, conocida como el "goel", palabra que significa protector, defensor, redentor. Originariamente, el *goel* era el encargado de llevar a cabo la venganza de sangre, o sea, vengar los posibles crímenes cometidos contra una familia, un clan o una tribu. Con el tiempo, el goel no se limitó a vengar los delitos de sangre, sino que actuó asimismo como defensor de todos aquellos derechos que los miembros débiles y desprotegidos de la familia o del grupo no podían defender por sí solos (Lv 25 25.47-49). La historia de Rut, especialmente el cap. 4, es una buena ilustración del papel de goel. Como Dios es el gran defensor de los derechos de los hombres, especialmente de los más pobres, a lo largo de la Biblia recibe con frecuencia el título de redentor por antonomasia.
➥ Familia. Justicia. Venganza de sangre.

Gloria. Para nosotros equivale a fama, renombre, celebridad. Para el mundo de la Biblia designa más bien el valor real de una persona o una cosa (de hecho la palabra hebrea que habitualmente traducimos por *gloria*, significa originariamente *peso*). En este sentido, mencionar la *gloria de Dios* es mencionar al mismo Dios en la plenitud de sus atributos: belleza, sabiduría, fidelidad, poder (Ex 16 7; Nm 14 21-22; Is 6 3). Sólo la gloria de Dios es consistente y duradera; la del hombre, incluso la del rey más encumbrado (1 Re 8 14-40), es siempre transitoria y frágil (Sal 49; 1 Tes 2 6).

Llegada la plenitud de los tiempos la gloria de Dios *se hace visible en Jesucristo*, de manera especial en su resurrección (Hch 3 13) y en su gloriosa manifestación al final de la historia (Mt 16 27). Los cristianos, por su parte, participan de esa gloria ya ahora, aunque de manera imperfecta, y sobre todo participarán después de forma completa y definitiva junto a Dios (Rom 8 18-21). El verbo *glorificar* y la expresión *dar gloria* se emplean, en línea con lo dicho, para reconocer la grandeza del ser divino y tributarle la correspondiente alabanza (Is 43 7.21; Ap 4 9).
➥ Dios. Gracia. Resurrección.

Gracia. En sentido profano equivale simplemente a belleza o hermosura, tanto física como moral (Sal 45 3; Prov 31 30). Con frecuencia es sinónimo de favor, benevolencia, bondad, bendición, sea de un hombre para con otros (Ex 12 36; Hch 2 47), sea sobre todo de Dios para con los hombres (Sal 84 12; Rom 3 24; véase la expresión "hallar gracia a los ojos de Dios –o del Señor–" que hemos traducido habitualmente por *obtener el favor de Dios –o del Señor–, ser favorecido por Dios –o por el Señor–*: Gn 6 8; Lc 1 30).

Especialmente en el NT esta manifestación/comunicación de la bondad de Dios a los hombres adquiere una fuerza tal, que tenemos la impresión de encontrarnos ante una especie de realidad consistente a la que denominamos sin más "gracia de Dios", "don de la gracia" (Gal 2 21; Ef 4 7; 6 24; 1 Pe 4 10). A veces en el NT se habla de *gracia de Cristo* para referirse a la misma gracia de Dios en cuanto se nos comunica a través de Jesucristo (Jn 1 17; Gal 1 6).

➥ Bendición. Gloria.

Guerra Santa. La guerra fue compañera inseparable del pueblo de Dios. Israel luchó primero para conquistar la tierra prometida, y luego luchó para defenderla frente a los ataques de los enemigos. La guerra se había convertido en una práctica rutinaria (2 Sm 11 1). Como todas las demás instituciones de Israel, la guerra, especialmente al principio, tenía carácter sagrado y puede ser calificada de "guerra santa". Se convocaba en nombre de Dios, se le consultaba antes de entrar en batalla y se le ofrecían sacrificios. Todo el botín (personas, animales y cosas) debía ser sacrificado y consagrado en honor de Dios, en señal de agradecimiento. Es la llamada "ley del anatema o del exterminio". No se destruía ni se exterminaba por el simple placer de destruir y exterminar, sino como un sacrificio ofrecido al Dios victorioso.

Relacionado con la *guerra* está el ejército que en un principio no existía como institución organizada; puede decirse que durante el régimen tribal toda la tribu era ejército como se refleja perfectamente en el libro de los Jueces. Con el establecimiento de la monarquía, el ejército y consiguientemente la guerra, se fueron profesionalizando: Saúl y sobre todo David dieron pasos importantes en esta dirección. Pero nunca llegaron a perder del todo su carácter sagrado. Es más, en los libros tardíos, como son 1 y 2 Crónicas y 1 y 2 Macabeos, se produce una resacralización de la guerra. En el NT se habla de la guerra sólo en sentido figurado, como acontecimiento escatológico (Mc 13; Ap) y como combate espiritual (Ef 6 10-20).

➥ Israel. Monarquía. Santidad.

Hebreos. Véase Israel.

Hermano. La Biblia llama *hermanos* en sentido estricto a los hijos del mismo padre aunque la madre sea distinta. Pero como en el mundo semita el concepto de familia era mucho más amplio que en el nuestro, se consideraban también hermanos y se les otorgaba dicho nombre a los parientes más próximos: tíos, sobrinos, primos, cuñados (Gn 13 18; 14 14; Job 4 11). En este sentido hay que entender la palabra *hermano* aplicada por el NT a los parientes cercanos de Jesús (Mc 3 31-32; Gal 1 19). Por extensión se denomina *hermanos* a los miembros de un mismo grupo, clan, tribu o comunidad. Esta denominación lleva siempre consigo una gran carga de afecto y tal vez por ello en el NT es el término preferido para aludir a los discípulos de Jesús (Mt 5 22-24; 1 Tes 1 4; 2 1; 1 Jn 3 12-17).

➥ Discípulo. Familia.

Herodes. Herodianos. En el NT aparecen cuatro personajes con este nombre, todos ellos de la misma familia.

Herodes el Grande, asociado con el nacimiento de Jesús y la muerte de los niños inocentes de Belén (Mt 2). Era hijo del edomita Antípatro y la árabe Cipro; no era, pues, judío. Adulador y servil, se ganó el favor de los emperadores romanos, que le confiaron la administración de Palestina con el título de rey. Como constructor de ciudades, fortalezas y palacios, Herodes el Grande fue el rey/gobernador más importante de Palestina. Todavía sobreviven hasta el día de hoy algunas de sus construcciones. En Jerusalén construyó el templo, el más suntuoso de cuantos conoció la ciudad santa, y dos grandes palacios, uno al lado del templo (la fortaleza Antonia) y otro en la parte alta de la ciudad (el palacio de Herodes). Sufría complejos de persecución y esto le hacía ver enemigos por todas partes, incluso entre sus esposas e hijos a varios de los cuales hizo ejecutar; ha pasado a la historia como ejemplo de rey cruel.

Herodes Antipas, hijo menor de Herodes el Grande. A la muerte de su padre heredó, con el título de tetrarca, las provincias de Galilea y Perea. Construyó la ciudad de Tiberíades, como capital de Galilea, en la ribera occidental del lago de Genesaret o de Tiberíades. Hizo apresar y ejecutar a Juan el Bautista en el castillo de Maqueronte (Mc 6 17-29). En el proceso contra Jesús mostró gran interés por ver a éste, pero luego lo despreció y se burló de él (Lc 23 8-12). Al final cayó en desgracia, y el emperador Calígula lo desterró a Lión (Francia).

Herodes Agripa I, nieto de Herodes el Grande. Suele ser conocido como el Herodes de los Hechos, porque fue el que ordenó matar a Santiago y encarcelar a Pedro (Hch 12 1-23).

Herodes Agripa II, hijo del anterior. Pasó por Cesarea estando allí preso san Pablo, quien tuvo la oportunidad de pronunciar su defensa ante él (Hch 25-26).

Con el nombre de *herodianos* eran conocidos los partidarios incondicionales de la política de Herodes Antipas, todos ellos aristócratas pertenecientes a las clases más acomodadas. Sabemos muy poco de ellos y en los evangelios aparecen siempre junto a los fariseos (Mc 3 6; 12 13).

➥ Fariseos. Monarquía. Palestina. Roma.

Hijo de David. La expresión *Hijo de David* se convirtió, con el paso de los años, en un título mesiánico. Con ella se designa al Mesías que, en cuanto hombre, deberá ser un descendiente del rey David (Rom 1 3), pero al mismo tiempo gozará de una

misteriosa condición suprahumana que lo coloca muy por encima de David (Mt 22 41-45). El propio Jesús nunca se aplicó expresamente este título que podía ser mal interpretado en sentido político/nacionalista. Sin embargo tanto quienes escucharon su predicación, como la tradición cristiana posterior, no dudaron en asignárselo (Mt 9 27; 2 Tim 2 8; Ap 5 5).
➡ David. Jesucristo. Mesías.

Hijo de Dios. Es un título que en el AT se da al pueblo de Israel (Ex 4 22-23; Os 11 1) y a los reyes descendientes de David (2 Sm 7 14; Sal 2 7). En ambos casos la palabra *hijo* tiene un sentido figurado: se trata de una especie de filiación adoptiva con la que se significa una especial relación de cercanía con Dios. Pero cuando el NT llama a Jesucristo *Hijo de Dios*, ya no se trata de un simple título más o menos honorífico, sino de una profundísima y misteriosa realidad que constituye a Jesús de Nazaret en persona divina con la misma naturaleza y dignidad que Dios Padre (Mc 1 1; 15 39; Jn 10 29-38; Ef 4 13).
➡ Dios. Jesucristo.

Hijo del Hombre. Utilizado sin artículo, *hijo de hombre* equivale simplemente a "ser humano" en cuanto ser débil y mortal (Is 51 12; Ez 2 1.3.8; Sal 8 5). Pero en el libro de Daniel esta misma expresión adquiere un cierto sentido simbólico y glorioso: se refiere al pueblo de Dios en cuanto representado en una misteriosa figura que se describe con características divinas (Dn 7 13.27). La literatura apócrifa del judaísmo tardío –el libro de Enoc, por ejemplo– identifica a esta figura con el Mesías. Y de hecho Jesús de Nazaret empleó con preferencia la expresión *Hijo del hombre* como un título mesiánico para referirse a su propia persona (Mt 16 13; Jn 6 27). Teniendo en cuenta las raíces veterotestamentarias del título, le pareció el más oportuno para expresar su doble dimensión humana y divina (Mt 8 20; 9 6; Jn 1 51): su condición de hombre sujeto al sufrimiento (Mt 8 31), pero al mismo tiempo destinado a la gloria (Mc 8 38; Jn 13 31-32).
➡ Jesucristo. Mesías. Símbolo.

Himno. Dentro de los salmos, el *himno* es seguramente el género literario más representativo y variado. Su rasgo más característico es la alabanza a Dios, que se manifiesta en la creación y en la historia, y la exaltación de sus atributos. Su ambiente vital es el culto y, más concretamente, las liturgias comunitarias. Su esquema básico comprende una introducción o invitación a la alabanza, el cuerpo del himno, donde se enumeran los motivos que inspiran la alabanza, y la conclusión. El género «himno», a su vez, se diversifica en varios súbgeneros: *himnos a Dios*, Creador y Señor de la historia, *himnos reales* (de la realeza de Dios, de entronización y mesiánicos) y *cánticos de Sión*, donde se incluyen también los cantos de peregrinación o de "las subidas". Aunque el Libro de los Salmos contiene la mayor parte de los himnos bíblicos (Sal 8; 19; 93; 100), el género aparece también en otros conjuntos narrativos y poéticos del AT y del NT (Lc 1 47-55; 2 29-32; Flp 2 6-11; Col 1 15-20).
➡ Género literario. Salmo.

Historia. Referidos a la Biblia, los términos *historia* e *histórico* tienen distintos significados y desigual valor, hasta el punto de que raramente coinciden con lo que modernamente se entiende por historia/histórico. En sentido estricto, la Biblia no es una historia, aunque se refiere a acontecimientos históricos. Tampoco encontramos en ella obras específicamente históricas, aunque los textos relacionados con la historia sean los más numerosos de toda la Biblia. En efecto, al género de *narrativa histórica* pertenecen el Pentateuco, los denominados Libros Históricos, algunos fragmentos proféticos, los Evangelios y los Hechos de los Apóstoles. A su vez, en todos estos escritos de narrativa histórica encontramos un tratamiento específico y diferente de la historia y formas literarias muy variadas, que van desde el relato mítico, épico y legendario hasta las crónicas históricas, y la historia documentada, pasando por la narración popular, el relato etiológico, la saga y la historia novelada o episódica.
➡ Historia documentada. Historia ejemplar. Historia teológica.

Historia documentada. Entre las formas o tipos del llamado "género histórico", la Biblia ha conservado distintas muestras de *historia oficial o documentada*. Como tal, podemos considerar los *anales*, relatos oficiales de origen cortesano donde quedaban consignados los hechos más importantes de los reinados de los reyes de Israel o de Judá (1 Re 14 19; 15 7); las *crónicas* que relatan de forma pormenorizada determinados acontecimientos especialmente significativos o decisivos, como la ascensión de David al trono (2 Sm 2 1-8 18), la construcción del templo (1 Re 5 15-8 66) o la entronización de Joás; las *memorias*, informe oficial presentado por un personaje encargado de alguna misión oficial; la *correspondencia oficial*, tanto política como religiosa (presente sobre todo en Esd-Neh y 1-2 Mac); y las *listas oficiales* de todo tipo (funcionarios de la corte o del templo, héroes, personas, familias, lugares geográficos, genealogías, etc.).
➡ Historia.

Historia ejemplar. En el AT encontramos una serie de escritos breves, como Rut, Judit, Tobías y Ester, que tradicionalmente han sido considerados históricos. Aunque la mayoría de ellos ofrecen abundantes referencias históricas, sin embargo actualmente se catalogan dentro de un género difícil de clasificar y que nosotros denominamos *historia ejemplar* o *episódica* (también se habla de novela ejemplar o historia novelada), donde la historia (cronología, personajes, situaciones, etc.) se convierte en recurso literario para dar credibilidad y consistencia a las enseñanzas transmitidas. Esta forma literaria se puede definir como un relato, generalmente breve y de carácter episódico, donde unos hechos y unos personajes con presumible entronque histórico se ponen al servicio de una enseñanza edificante o ejemplarizante. Además de los cuatro libros arriba mencionados, se pueden incluir en este género otros escritos pertenecientes a colecciones no históricas, como Jonás, Da-

niel (sobre todo Dn 1-6; 13-14) y, en buena medida, la historia de José (Gn 40ss).
➥ Historia.

Historia teológica. Prácticamente todos los escritos históricos de la Biblia pertenecen a un tipo de literatura que podemos considerar *historia teológica*. Las informaciones o reflexiones sobre la historia que encontramos en los escritos históricos del AT y NT tienen casi siempre una finalidad religiosa, pues tienden a destacar la dirección divina de los acontecimientos y las relaciones entre Dios y su pueblo. A su vez, cada uno de los grandes conjuntos historiográficos ofrece una perspectiva teológica determinada y distinta de las otras. La *historia deuteronomista* presenta un marcado acento profético, mientras que la *historia cronística* insiste más en los aspectos cultuales; y hasta las tres grandes tradiciones del Pentateuco (yavista, elohista y sacerdotal) dejan entrever distintas concepciones teológicas. Pero, a pesar de las diferencias, una visión de conjunto permite integrar estas reflexiones distintas y parciales hasta conformar un todo armonioso y único, una sola Historia de la Salvación.
➥ Historia.

Hombre. Véase Adán.

Homilía. Véase Discurso.

Hora. En sentido literal tiene con frecuencia en la Biblia los siguientes significados: espacio concreto de tiempo (Mt 26 40) y momento preciso en que se realiza un acontecimiento (Mt 8 13; Jn 4 52). En sentido más bien figurado puede designar el acontecimiento mismo (Jn 16 21) o la conveniencia de ejecutar una acción (Rom 13 11). Este sentido figurado adquiere en el cuarto evangelio una especial importancia por cuanto con la palabra *hora* el evangelista alude sistemáticamente, bien al acontecimiento cumbre de la historia salvífica: la muerte y resurrección de Jesucristo (Jn 2 4; 13 1), bien a la consumación de esa historia al final de los tiempos (Jn 4 21; 1 Jn 2 18).
➥ Día del Señor. Juicio.

Iglesia. Esta palabra, de origen griego, significa "pueblo convocado", "pueblo reunido". El término hebreo equivalente se usa pocas veces en el AT, hace referencia a la reunión litúrgico-religiosa de la comunidad israelita, y ha sido traducido casi siempre por *asamblea* (Jos 8 35; Jue 20 2; Sal 22 26).

En el NT, especialmente en el libro de los Hechos y en las cartas de san Pablo, es la palabra preferida para designar el *nuevo* pueblo de Dios. Unas veces se refiere a todo el conjunto de la comunidad cristiana (Mt 16 18; Hch 8 3; 1 Cor 10 32; Ef 5 23-32), y otras a cada una de las comunidades cristianas en particular (Rom 16 1.4; Gal 1 2). Nunca en la Biblia se denomina *iglesia* al edificio material en el que se reúnen los cristianos para celebrar el culto religioso.
➥ Israel. Jerusalén. Pueblo de Dios.

Imagen. En su sentido más amplio, *imagen* puede significar la figura o apariencia de las cosas, la reproducción de alguna realidad u objeto y la representación sensorial o mental de la realidad. En términos lingüísticos y literarios, se denomina imagen a toda representación conceptual, verbal o literaria de la realidad, basada en relaciones de identidad, semejanza, correlación o simple connotación y elaborada a partir de la percepción sensorial o imaginativa de dicha realidad. Entre las múltiples clasificaciones que se han intentado de la imagen, nos interesan sus grados y formas: sinonimia, símil o comparación, metáfora, alegoría, símbolo. En la literatura bíblica, la imagen es un recurso expresivo de capital importancia que exige del lector especial sensibilidad y entrenamiento para poder captar en toda su riqueza, fuerza y originalidad la poesía bíblica.
➥ Alegoría. Metáfora. Símbolo.

Imposición de manos. Véase Consagración.

Impuestos. Véase Recaudadores de impuestos.

Intertestamentaria (Literatura). Véase Apócrifos.Testamento.

Israel. Israelitas. Originariamente, el nombre de *Israel* se refería sólo a la agrupación que formaban las tribus del norte, en contraposición a las tribus del sur, que recibían el nombre de *Judá*. Es significativo a este propósito el doble título que lleva David como "rey de Israel" y "rey de Judá". David es dos veces rey, porque Israel y Judá eran dos reinos distintos. Pero como Judá compartía la misma fe religiosa de Israel, el término Israel sirvió con frecuencia para designar a todo el pueblo.

Al patriarca Jacob se le da también el nombre de "Israel" (Gn 32 27-30), probablemente para reducir a la unidad grupos que en su origen eran distintos e independientes (grupos "Jacob-Lía" e "Israel-Raquel"). Igualmente el sistema de las doce tribus descendientes de un solo y único tronco, es una construcción ideal –el gran Israel– que data de los días de David.

A la vista de estos datos, es fácil entender las distintas significaciones del gentilicio *israelita*. En cuanto a la denominación *hebreos*, poco usada en la Biblia, la emplean los egipcios y los filisteos para designar a los israelitas (Gn; Ex, 1 Sm), o los mismos israelitas cuando hablan con los no israelitas (Gn 40 15; Jon 1 9). Da la sensación de que a los israelitas no les gustaba llamarse *hebreos*, dado que los extranjeros utilizaban este nombre con cierto desprecio. En el judaísmo, la palabra acabó por convertirse en título honorífico de los judíos (Jdt 10 12). En el NT, los "hebreos" (judíos palestinenses) se contraponen a los "helenistas" (judíos de cultura griega). Véase Hch 6.
➥ Abrahán. Jacob. Judío. Palestina. Pueblo de Dios.

Jacob. A primera vista el *Jacob* de la Biblia (Gn 25-36) es un personaje histórico, padre de doce hijos perfectamente identificables, que dieron lugar a las doce tribus de Israel. En realidad es más bien un personaje-tipo, y los relatos que se refieren a él no deben ser leídos en clave histórica, pues no han sido escritos con el fin de reconstruir y hablar del pasado, sino con la intención de iluminar los problemas religiosos, sociales y políticos que tenía planteados el Israel del tiempo de la monarquía, momento en que se escriben tales relatos. El autor de las tradiciones patriarcales quiere ante todo afianzar la unidad política y religiosa de Israel conseguida en tiempos de David, y para ello hace ver que ya existía tal unidad en los orígenes del pueblo. Pero los grupos que terminaron constituyendo la nación israelita eran en un principio diversos e independientes.

Jacob es igualmente un personaje-tipo, pues cuando la Biblia habla de él o de su hermano Esaú no piensa en personas individuales, sino en pueblos y sus circunstancias históricas (Jacob=israelitas; Esaú=edomitas). Las discordias entre uno y otro no son peleas entre hermanos, sino rivalidades entre pueblos vecinos. Lo mismo puede decirse de las relaciones entre Jacob y Labán, en quien están personificados los arameos, vecinos de Israel por el norte.

➥ Israel. Edomitas. Pueblo de Dios.

Jeroboán I. De origen efraimita, Jeroboán I había gozado durante algún tiempo del favor de Salomón, que lo nombró director de las obras públicas. Pero después fueron surgiendo desaveniencias y tensiones, y Jeroboán se vio obligado a huir a Egipto para ponerse a salvo de las iras de Salomón, que quería darle muerte (1 Re 11 26-40). A la muerte de Salomón, Jeroboán regresó a Palestina y se puso al frente de la rebelión del reino del Norte, que se separó de Judá y se proclamó reino independiente. Con el fin de que sus súbditos no se vieran obligados a ir a adorar al Señor al templo de Jerusalén, con el consiguiente riesgo de recaer en la antigua obediencia, Jeroboán elevó a la categoría de "santuarios reales" dos antiguos santuarios cargados de historia y de teología: Dan y Betel. Estaban situados en la frontera norte y sur del nuevo reino (1 Re 12-13), y debían sustituir en todo al templo de Jerusalén.

➥ Monarquía. Roboán. Salomón.

Jerusalén. En la historia y en la teología del AT, *Jerusalén* se halla estrechamente relacionada con David y la dinastía davídica. Era al mismo tiempo la ciudad del Señor (ciudad santa) y la ciudad de David (capital del reino). Desde el punto de vista político, la importancia de Jerusalén sigue una curva descendente. Conoce un momento de apogeo durante los reinados de David y Salomón, pero a la muerte de éste último se divide la monarquía, y Jerusalén lleva la peor parte al quedar como capital del pequeño reino de Judá. Sin tardar mucho, las grandes potencias hicieron sentir su soberanía sobre Palestina, y Jerusalén pasa a ser tributaria sucesivamente de Egipto, Asiria, Babilonia, Persia, Grecia y Roma. En cambio, como ciudad religiosa su importancia ha ido siempre a más. La destrucción de la ciudad y del templo por obra de Nabucodonosor no enfría el amor de los israelitas por la ciudad santa, sino todo lo contrario. El Sal 137 es un buen testimonio de la nostalgia que los desterrados sentían por Jerusalén.

A partir del destierro Jerusalén se convierte en una especie de categoría teológica hacia la que dirigen los ojos todos los judíos, tanto los residentes en Palestina como los que viven fuera de ella (= la "diáspora"). Al mismo tiempo surge una abundante producción literaria sobre Jerusalén como centro de confluencia de gentes y pueblos (Is 2 1-5; 54; 60; 62; Sal 87), tema éste que llega a su punto culminante en el NT.

En tiempos de Jesús Jerusalén desempeñaba un papel importantísimo. Su templo, recientemente reconstruido, había dado a la ciudad un esplendor y una importancia crecientes para todo el Judaísmo. A Jerusalén acudían anualmente judíos peregrinos procedentes de todas las regiones del imperio romano. Jesús mismo, cuando quiso dar a su mensaje un horizonte más universal, dejó Galilea y se fue con sus discípulos a Jerusalén (Mc 10). Allí anunció el evangelio y allí murió a causa de este anuncio.

Jerusalén adquirió un significado muy especial para los primeros cristianos, porque fue allí donde sucedieron los acontecimientos centrales de la pascua de Jesús (su muerte y resurrección) y donde tuvo lugar el nacimiento de la Iglesia (Hch 2). De la historia de la comunidad cristiana de Jerusalén durante sus primeros años encontramos abundantes informaciones en el libro de los Hechos (Hch 1-5): estaba presidida por los apóstoles y fue un ejemplo de vivencia comunitaria y de espíritu misionero. Durante el siglo I d. C. la comunidad de Jerusalén fue un punto de referencia para todas las comunidades cristianas, que reconocían en ella la iglesia "madre".

➥ David. Iglesia. Israel. Judaísmo. Monarquía. Templo.

Jesucristo. Es un nombre compuesto de *Jesús* que significa "el Señor salva" (Mt 1 21) y *Cristo* que significa "ungido", "consagrado", dos adjetivos con los que traducimos el vocablo hebreo "mesías". El nombre *Jesucristo* apenas es utilizado en los evangelios en los que, además, la palabra "Cristo" es casi siempre un título mesiánico (Mt 1 1.18; Mc 1 1; véase Jn 1 17; 20 31). En cambio, es ampliamente utilizado en el libro de los Hechos y en las cartas de san Pablo como el nombre propio por excelencia de Jesús de Nazaret (Hch 2 38; Rom 1 6-8). Es el nombre que sirve de puente, de lazo de unión entre el Jesús histórico y el Jesús confesado como Hijo de Dios por la fe de la primera comunidad cristiana (Hch 2 36). Es *el nombre que está por encima de todo nombre* (Flp 2 9), el único a través del cual *Dios concede la salvación a los hombres* (Hch 4 10-12).

➥ Consagración. Mesías. Nombre. Salvación.

Jordán. Véase Palestina.

Josué. Fue el hombre de confianza de Moisés durante la travesía del desierto. Luchó contra los amalecitas, mientras Moisés seguía el desarrollo del combate orando en la cima de una colina próxima (Ex 17 8-16). Subió acompañando a Moisés a la montaña santa del Sinaí (Ex 24 13). Fue también uno de los exploradores enviados por Moisés a reconocer la tierra de Canaán (Nm 13 8). Juntamente con Caleb, Josué fue el único que aconsejó a Moisés la invasión directa por el sur (Nm 14 5-9). El y Caleb serán, a su vez, los únicos que entrarán en la tierra (Nm 14 30). El resto de la generación del desierto, todos ellos, incluido Moisés, fueron condenados a morir sin poder entrar en la tierra prometida. Con todo, la figura de Josué alcanza su mayor apogeo en el momento de la muerte de Moisés. Fue entonces, cuando, mediante la imposición de las manos, Josué recibió el espíritu y la misión de su jefe y se puso a la cabeza del pueblo (Nm 27 12-23; Dt 34), cruzó el Jordán y conquistó la tierra de Canaán al frente de las tribus israelitas mediante una deslumbrante acción bélica que puede ser calificada de campaña-relámpago (Jos 1-12). En un segundo momento lleva a cabo el reparto de la tierra conquistada entre las tribus; finalmente muere a la edad de 110 años, no sin antes haber celebrado una magna asamblea con todas las tribus en Siquén, donde se comprometen a servir al Señor mediante una solemne alianza (Jos 24). Todo lo dicho se refiere al Josué de la teología. El Josué de la historia sigue siendo una incógnita.

➡ Libertad. Moisés. Tierra.

Judá. Judea. Según la tradición israelita *Judá* es el cuarto hijo de Jacob y su esposa Lía (Gn 29 35). Sin embargo, según esa misma tradición, pronto desbancó a los tres hermanos mayores, pasó a ocupar el puesto de primogénito y la tribu que lleva su nombre se convirtió, junto con la de Efraín, en la más importante entre las doce tribus de Israel, depositaria además de las promesas hechas a los antiguos patriarcas (Gn 49 8-12). Cuando al morir Salomón se parte en dos el reino construido por David, el reino del Sur queda formado casi únicamente por la tribu de Judá, y en adelante este reino del Sur (en oposición al reino del Norte o reino de Israel) se denominará precisamente reino de Judá (1 Re 12-13) hasta su desaparición en el año 597 a. C. a manos de Nabucodonosor, rey de Babilonia (2 Re 25). Su capital fue siempre Jerusalén. Al regreso del destierro, la región siguió denominándose Judá. Pero poco a poco fue introduciéndose y haciéndose cada vez más común la variante *Judea* que se hace predominante en los libros de los Macabeos (1 Mac 5 18-23; 2 Mac 1 10) y en toda la literatura del NT (Mt 2 1; Hch 2 9; 1 Tes 2 14).

➡ David. Israel. Monarquía.

Judaísmo. Con esta expresión los historiadores designan al pueblo de Israel tal como quedó configurado después de la cautividad de Babilonia. Hasta el destierro, Israel era una nación organizada en forma de monarquía teocrática, al frente de la cual estaba el rey. A partir del exilio, Israel deja de ser una nación independiente y se convierte en una comunidad predominantemente religiosa, presidida primordialmente por la clase sacerdotal. Podríamos decir que el "Estado" se ha convertido en "Iglesia". A causa de las deportaciones y de las emigraciones, una buena parte de judíos tuvo que vivir fuera de Palestina *a partir del destierro: es la llamada* "diáspora" o "dispersión". Algunos de los libros bíblicos escritos durante el período postexílico (por ejemplo, Tobías, Ester, Daniel, Baruc, Sabiduría...), dejan entrever la vida y los problemas que se planteaban en el seno de las comunidades de la diáspora. Entre las comunidades de la diáspora merece mención especial la de Alejandría, por su vitalidad y apertura ecumenista, como lo demuestran la traducción de la biblia hebrea al griego (LXX), y el esfuerzo de Filón por expresar la revelación bíblica en categorías helénicas. Además de la ciudad santa y el templo de Jerusalén, que constituían su centro de gravedad, lo que daba cohesión y unidad al judaísmo era la Torá o Ley –carta magna del judaísmo– junto con sus instituciones, especialmente el decálogo, la circuncisión, el sábado y las leyes de pureza ritual.

➡ Fariseos. Iglesia. Israel. Judío. Ley. Palestina.

Judío. Originariamente, la Biblia llama "judíos" a los habitantes del reino de Judá, y también a los habitantes de la provincia de Judea, fundada por los repatriados del destierro de Babilonia en tiempo de los persas. Después de la cautividad, Judea, con Jerusalén a la cabeza, se convirtió en la metrópoli y centro de gravedad de todos los israelitas, tanto de los que estaban en Palestina como de los que vivían fuera; de ahí que en esta época el nombre de "judío" vino a ser equivalente a miembro del pueblo de Israel. Pero los propios israelitas prefirieron no utilizarlo habitualmente, reserva que perdura hasta los tiempos del NT, como lo demuestran por ejemplo los evangelios. En el cuarto evangelio la palabra "judío" tiene con frecuencia sentido peyorativo, pues se emplea para designar a los hijos de Israel que se cierran a la predicación de Jesús de Nazaret y se convierten en sus enemigos (Jn 2 18-20; 6 41; 10 31; etc.). En san Pablo, el término "judío" se usa generalmente en singular y sin artículo y sirve para designar a los "hijos de la ley" en contraposición a los "paganos" (Rom 2 17.28-29).

➡ Israel. Judá. Judaísmo. Pagano.

Jueces. Israel era un Estado teocrático, en el que no había distinción entre leyes civiles y religiosas, sino que toda legislación emanaba de Dios. Consiguientemente, tampoco existía una clara delimitación entre los distintos poderes. En el pueblo de Dios no existe un poder judicial netamente distinto de los demás, ejercido de manera exclusiva y autónoma por un determinado cuerpo de profesionales. Todos los responsables del poder ejecutivo: los jefes de tribu, los ancianos de la ciudad, los reyes ejercen como jueces. Son significativos en este sentido los nombres de Moisés, Josué, Samuel, David, Salomón, etc. ¿Quién no recuerda el sabio juicio de Salomón en presencia de las dos madres que reclamaban como suyo a un solo y único niño? (1 Re 3 16-28).

Pero también habla la Biblia de jueces profesionales nombrados por los responsables del gobierno del pueblo. Moisés, por ejemplo, viéndose desbordado por los muchos pleitos y denuncias que le planteaban los israelitas, nombró jueces auxiliares, que resolvían los casos ordinarios, reservándose él solamente los más difíciles (Ex 18 13-26; véase 2 Cr 19 4-11). La existencia de jueces profesionales, tanto religiosos como civiles, está avalada por el código deuteronómico, en el que se establecen sus competencias, así como los criterios y procedimientos a seguir (Dt 16 18-20 y 17 8-13).

En el AT hay un libro que se denomina de los "Jueces", el cual tiene como protagonistas doce personajes, divididos en dos grupos de seis, que suelen recibir el nombre de "jueces mayores" y "jueces menores" respectivamente. Los primeros no son propiamente jueces sino personajes carismáticos, héroes nacionales, enviados por Dios a su pueblo para "salvarlo" en momentos difíciles.
➡ Anciano. Juicio. Salvador.

Juicio. Una de las representaciones más características de Dios en el AT es la de juez justo (e incluso justiciero) que defiende al pobre y al oprimido a la vez que condena al opresor prepotente. Los juicios y jueces humanos son con demasiada frecuencia influenciables e injustos (Is 5 23; Am 5 12; Prov 18 5); sólo Dios es insobornable. Y habrá un momento en que este juicio divino llegará a su plenitud. En ese momento la figura de Jesucristo, su persona y su mensaje, ejercerá un protagonismo especial (Jn 5 22-30; Rom 2 16). Pero no debemos confundir el hecho real del definitivo juicio divino sobre los hombres y las cosas con la descripción literaria que de tal acontecimiento se hace a veces en la Biblia (Jl 4 12-14; Mt 25 31-46); dicha descripción es sólo una manera de representar lo que para los hombres sigue siendo un misterio.
➡ Jueces. Justicia.

Justicia. La riqueza semántica de la palabra *justicia* es en la Biblia sensiblemente mayor que en nuestras lenguas occidentales. En ella podemos distinguir cuatro principales significados:

a) *Justicia* en cuanto atributo de Dios que no puede permanecer indiferente frente al pecado o la virtud, sino que castiga al uno y recompensa a la otra (Gn 18 23-25; 2 Tes 1 6-10).

b) *Justicia* en cuanto virtud moral que inclina a dar a cada uno lo que le corresponde, defendiendo sobre todo la causa del humilde, del inocente y del oprimido; es éste un sentido en el que insistieron especialmente los profetas del AT (Am 5 7-12; Jr 22 13-15), aunque no está del todo ausente en el NT (Lc 18 2-8; Heb 11 33).

c) *Justicia* en cuanto compendio de perfecciones divinas (Jn 17 25) o en cuanto virtud integral que inclina a hacer lo que Dios quiere y que, según los casos, debe traducirse por bondad, rectitud, honradez, fidelidad (Sal 1 3.6; Prov 10 2-32; Mt 5 6.10.20), aunque es éste un significado que prácticamente se identifica con lo que en lenguaje vulgar denominamos "santidad", "santo" (Mt 1 19; Lc 2 25).

d) *Justicia* en cuanto fuerza o acción mediante la cual Dios nos salva y nos libera de cualquier tipo de mal: se trata de un significado presente ya en el AT, sobre todo en el Segundo Isaías (Is 51 5.8; 56 1), y que adquiere en san Pablo una presencia masiva y una importancia excepcional (Rom 3 21-26; 10 4-10; 2 Cor 3 9; Gal 2 21). En línea con este último sentido de la palabra *justicia*, los clásicos términos teológicos "justificar", "justificación" han sido habitualmente traducidos en esta Biblia por "salvar" y "salvación" (Rom 2 13; Gal 2 16-17).
➡ Castigo. Jueces. Juicio. Salvación. Santidad.

Justificar. Justificación. Véase Justicia.

Lamentación. Se llama *lamentación* o *elegía* a la composición poética en que se cantan los sentimientos de dolor y tristeza causados por alguna desgracia o mal, ya sean personales o colectivos. El predominio de este género ha dado nombre a un libro del AT, el libro de las Lamentaciones, cuyos cinco cantos se refieren al mismo tema: la destrucción de Jerusalén y del templo. Otros conjuntos y escritos del AT ofrecen muestras variadas del género elegíaco: el canto de David por la muerte de Saúl y Jonatán (2 Sm 1 19-27), algunas *confesiones* de Jeremías (véase Jr 20 7-18), el libro de Job y algunos salmos de súplica. Entre los elementos formales característicos de la lamentación, destacan la enumeración de las desgracias sufridas, la descripción del sentimiento de dolor que producen y el tono de queja o súplica.
➡ Género literario. Salmo. Súplica.

Levitas. Véase Sacerdocio.

Ley. Decálogo. La *ley* es una institución clave de la vida y la historia israelita íntimamente relacionada con el hecho de la elección y la alianza. La Biblia conoce y valora positivamente la existencia de leyes humanas (Rom 13 1-7; 1 Pe 2 13-17). Pero la Ley con mayúscula es la *ley de Dios* que se proclama, se promulga y se formula de múltiples maneras en el AT. Esta ley divina es ante todo la expresión de la voluntad de Dios para con su pueblo manifestada en una serie de prescripciones y orientaciones que logran su formulación suprema en los llamados Diez Mandamientos o Decálogo (Ex 20 1-17; Dt 5 6-22). En realidad *decálogo* significa "diez palabras" y esto quieren ser exactamente los mandamientos o leyes dadas por Dios a su pueblo en el Sinaí: palabras orientadoras, enseñanzas de vida que deberán tener para los israelitas el mismo sabor que tiene *evangelio=buena noticia* para los cristianos.

Por extensión la palabra *ley* pasó a designar en un segundo momento los *libros* en que se consignan estas palabras de Dios a su pueblo, en particular los cinco primeros libros de la Biblia llamados *Torá* por los judíos y *Pentateuco* por los griegos (Neh 8 1-8; véase Rom 7 7; Sant 2 9-12). Pero como esta ley, al ampliarse y actualizarse, dejó huella en casi todos los libros del AT, sucede que cualquier libro del AT pudo ser considerado como ley (Jn 10 34; Rom 3 19).

La ley divina fue con mucha frecuencia incorrectamente interpretada y con el paso del tiempo se convirtió en un amasijo de leyes humanas carentes de espíritu; la ley degeneró en legalismo formalista y estéril. Ya los profetas habían denunciado esta situación añorando una recuperación del verdadero sentido de la ley (Jr 31 33); pero será Jesucristo quien lleve a cabo esta tarea devolviendo a la ley su dimensión primitiva de palabra que da vida y que sólo es lo que debe ser cuando está penetrada por el amor (Mt 7 12; Jn 15 12.17; Rom 13 10). En la nueva alianza la ley es el propio Cristo, palabra viva y permanente de Dios (Gal 6 2; 1 Cor 9 21).
➡ Alianza. Código de leyes. Judaísmo. Moisés.

Leyenda. Es un relato de origen oral y autor anónimo que trata de evocar determinadas costumbres, instituciones, lugares, personajes y nombres de una colectividad, tipificándolos en personajes y situaciones que se remontan a los orígenes de dichas colectividades y que, generalmente, aparecen con rasgos extraordinarios. La leyenda presenta, a la vez, semejanzas y diferencias con el mito, la saga y la etiología. En el AT encontramos distintos tipos de leyendas: de historia primitiva (en Gn 1-11), de patriarcas o antepasados (Gn 12-50) y de héroes tribales o populares (especialmente en Ex, Jos, Jue, 1-2 Sm y 1-2 Re). Un tipo especial está representado por la *leyenda cultual*, que trata de legitimar determinados ritos, objetos o lugares de culto a partir de una revelación especial de la divinidad que pone de manifiesto el carácter sagrado de los mismos. La fusión de varias leyendas, organizadas en torno a un motivo, personaje o lugar comunes, origina, a su vez, un *ciclo legendario.*

➥ Género literario. Historia.

Libertad. Liberación. Es el fruto más logrado de la acción liberadora de Dios. Una acción que se ejerce tanto con respecto al pueblo en su conjunto, como con respecto a cada uno de los individuos que lo componen. Así pues, los conceptos de *libertad* y *liberación* están íntimamente relacionados, si bien no debemos buscar en la Biblia una definición precisa de cada uno de ellos. Lo que sí encontramos en la Biblia es la presencia constante de un Dios que se define como el gran liberador del pueblo (Dt 5 6; 7 7-8; Is 43 14-21), en especial de los más pequeños y oprimidos dentro de la comunidad (Sal 31 1-16).

La libertad física, política y religiosa es, por supuesto, un importante valor para el hombre bíblico (Is 61 1-2), como lo es el sentirse liberado de las miserias y dolores materiales que lo acosan en todo momento (Lc 4 18-21). Pero ya desde antiguo la tradición bíblica intuye la existencia de una libertad más radical y una liberación más completa (Sal 49 16; 130 8): es la auténtica *libertad* cristiana que podemos definir como la capacidad que Cristo nos ha conquistado para vencer todos los obstáculos y encontrarnos con Dios sin que nada ni nadie nos lo pueda impedir (Jn 8 31-36; Gal 5 1). Esta libertad tiene mucho que ver con el amor al que debe estar subordinada (Gal 5 13; 1 Cor 8 1-13).

➥ Moisés. Salvación.

Luz. La *luz* es en la Biblia una criatura privilegiada de Dios (Gn 1 3-5) y en cuanto tal es utilizada para simbolizar todo lo bueno y lo hermoso que hay en el mundo: es símbolo de vida (Sal 13 4), de felicidad completa (Is 58 10), de salvación plena (Sal 27 1), de integridad moral (Is 51 4; Mt 5 14-16), de protección amorosa (Job 29 3). Es símbolo incluso del mismo Dios cuyo poder y belleza singulares son evocados a través de la imagen de la luz (Is 10 17; Sal 104 1-2). Se comprende así que Jesucristo, el Hijo de Dios, se proclame a sí mismo como *luz del mundo* (Jn 8 12; véase Lc 2 32). Por su parte los cristianos, en cuanto discípulos de Jesús, son los "que pertenecen a la luz", "los hijos de la luz" (Lc 16 8; Jn 12 36; Ef 5 8) y están llamados a ser, también ellos, luz en el mundo (Mt 5 14).

➥ Bendición. Símbolo. Vida.

Maestro. Maestros de la ley. Véase Fariseos.

Maldición. Sorprendentemente la *maldición* tiene en la Biblia un notable protagonismo. Ello se debe, sin duda, a la eficacia que el mundo semita atribuía a la palabra pronunciada, tanto para bien = bendición, como para mal = maldición. En realidad sólo quien tiene algún poder sobre una persona o una cosa, tiene derecho a maldecirlas. En consecuencia sólo Dios puede maldecir con total autoridad y sólo él puede también cambiar una maldición injusta en bendición (Nm 23 7-12; 2 Sm 16 12) o hacer que no se cumpla semejante maldición (Prov 26 2). Objeto de maldición pueden ser todo tipo de personas o cosas en cuanto enemigas de Dios, de su pueblo o de sus fieles (Dt 28 15-45; Jr 20 14-15; Prov 11 26). En todo caso, no es la maldición, sino la bendición lo que prevalece en la perspectiva bíblica. Tal vez por eso en el NT la maldición tiene escaso protagonismo, y tanto Jesús como los apóstoles desautorizan desear o hacer el mal incluso a los enemigos y piden al cristiano que sea capaz de devolver bien por mal (Lc 6 27-36; Rom 12 14; Sant 3 9-10).

➥ Bendición. Enfermedad

María. En el AT lleva el nombre de *María* la hermana de Moisés y Aarón (Ex 15 20-21; Nm 12 1-15). En tiempos de Jesús debía ser un nombre relativamente frecuente entre los judíos y de hecho son varias las mujeres que en el NT se llaman así: María Magdalena (Jn 20 1); María la hermana de Lázaro, si realmente no debe identificarse con María Magdalena (Jn 11 1-2; Lc 10 38-42); María la mujer de Cleofás y probablemente la madre de Santiago y de José (Jn 19 25; Mc 15 40); María la madre de Juan Marcos (Hch 12 12); y María, la cristiana ejemplar a quien Pablo envía en Romanos afectuosos saludos (Rom 16 6). Pero todas estas Marías pasan a segundo plano ante María, la virgen de Nazaret, la esposa de José el carpintero, la madre de Jesús el Mesías Hijo de Dios (Lc 1 27). La raíz aramea del nombre nos orienta hacia el significado de "señora", "princesa" y entre los autores del NT es sobre todo san Lucas el que lo utiliza con más frecuencia y cariño en relación con su hijo Jesús y con los discípulos del resucitado (Lc 1 29-41.56; 2 5-20.33; Hch 1 14).

➥ Jesucristo. Mujer.

Matrimonio. Es la unión de un hombre y una mujer en orden a constituir una familia. En la perspectiva bíblica la institución matrimonial no es fruto de la casualidad ni del simple instinto natural, sino que tiene su origen en la voluntad de Dios (Gn 1 27-28; 2 20-24). Además, el proyecto ideal de Dios es que el matrimonio sea indisoluble y monógamo (Mt 19 4-5). El divorcio y la poligamia se permitieron en la antigua alianza como una concesión a las costumbres matrimoniales del tiempo y a la incapacidad de aquellos hombres para captar en toda su amplitud los planes de Dios (Gn 29 15-30; Mt 19 8). Pero ya en el AT, a pesar de que se valoraba muy positivamente la fertilidad y la descendencia numerosa y esto favorecía la poligamia, era mucho más frecuente la monogamia. En cuanto a las razones para permitir el divorcio existían diversas opiniones entre los rabinos, unas más exigentes, otras más permisivas.

Jesús recuperó en su mensaje el ideal primitivo pues en la nueva familia que él crea ya no tienen razón de ser tales concesiones permisivas (Mc 10 2-12; 1 Cor 7 10-11), hasta el punto de que el matrimonio cristiano es considerado como un símbolo de la unión única e irrompible entre Cristo y la Iglesia (Ef 5 32).

➥ Canción de amor. Familia. Fecundidad.

Mes. Véase Calendario.

Mesías. Es un término de origen hebreo que etimológicamente significa "ungido" (con aceite) aludiendo al rito con que una persona era *consagrada* para desempeñar una función en medio del pueblo. De ahí que en un segundo momento la palabra *mesías* se aplique a las personas especialmente consagradas a una misión, con independencia de si han pasado o no por el rito de la unción con aceite. En concreto reciben este apelativo los profetas (1 Re 19 6), los sacerdotes (Lv 4 3-5) y sobre todo los reyes (1 Sm 10 1; 16 13; 24 7; Lam 4 20).

Con el paso del tiempo la palabra *mesías* se convirtió en el título privilegiado para designar al gran rey, descendiente de David, destinado por Dios para liberar a su pueblo (Sal 2 2; Zac 4 14). La tradición judía cargó este título de contenido político/nacionalista y tal vez por ello Jesús no quiso aplicárselo directamente. Pero ya desde el principio, la comunidad cristiana y los autores del NT lo utilizaron abiertamente para referirse a Jesús de Nazaret como el auténtico Mesías prometido y enviado por Dios a su pueblo (Mc 1 1; Lc 2 11). Traducido al griego por el vocablo *Cristo*, es, sobre todo en san Pablo, el nombre propio por excelencia de Jesús de Nazaret.

➥ Consagración. David. Hijo de David. Jesucristo.

Mesopotamia. Etimológicamente *Mesopotamia* significa "entre ríos", y en efecto se trata de una región situada entre los ríos Eufrates y Tigris. Ocupaba el cuerno oriental del llamado "creciente fértil", es decir el conjunto de tierras fértiles que en forma de media luna bordeaban el gran desierto de Arabia.

Los antepasados del pueblo de la Biblia proceden de Mesopotamia: Abrahán era originario de Ur de Caldea *(Gn 12), así como las esposas de Isaac* y Jacob (Gn 24; 28). Es conocida la gran influencia de los imperios asirio y babilónico, ambos mesopotámicos, en la historia de Israel; especialmente importante fue la permanencia del pueblo de la Biblia en Mesopotamia durante el período del destierro.

Culturalmente Mesopotamia es la cuna de la civilización sumeria, la más antigua de las conocidas en torno al 3.000 a. C. Mil años antes de que los hebreos escribieran su Biblia y los griegos su Ilíada y su Odisea, los sumerios poseían ya una floreciente literatura compuesta de mitos, epopeyas, himnos, lamentaciones, proverbios, leyes, fábulas, etc. Una literatura que se planteaba ya los problemas sobre el origen y la existencia del universo y del hombre y que ha dejado huella profunda en la patrimonio cultural y literario de la Biblia (tradiciones sobre la creación del universo y del hombre, sobre el paraiso y el diluvio, sobre la promulgación de leyes civiles y morales; reflexiones sobre el dolor y el sufrimiento, sobre el mundo de los muertos, etc). Como obras mesopotámicas de resonancia universal y afines al mundo de la Biblia pueden citarse: el Poema de Gilgamés, el relato de la creación titulado "Enuma-Elis", el Código de Hammurabi.

➥ Abrahán. Babilonia. Egipto.

Metáfora. Dentro del ámbito de las imágenes sobresale de manera especial, por su belleza y calidad poética, la *metáfora*: un recurso poético-literario, que consiste en la sustitución de un término por otro. Mientras que el *símil* o comparación establece una relación de semejanza entre dos ideas o planos (el real y el figurado), la metáfora afirma la identidad de dichos planos a través de la sustitución del sentido real por el figurado. Se suele dividir la metáfora en dos clases: metáfora impura, cuando se conservan ambos términos, real e imaginario; y metáfora pura, cuando desaparece el término real, sustituido por el imaginario. Dentro de la Biblia, es en el lenguaje poético (lírica, escritos poéticos y sapienciales) donde la metáfora adquiere especial importancia.

➥ Alegoría. Imagen. Símbolo.

Milagro. Es un hecho extraordinario que provoca asombro y admiración, y que la Biblia atribuye siempre al poder de Dios de manera directa o indirecta (Dt 4 34; 1 Re 17 7-24; Hch 3 6-10; 14 10-11). Otras palabras con las que la Biblia alude a la misma realidad son: prodigio, portento, maravilla, señal/signo. Precisamente esta última denominación –casi la única que utiliza el cuarto evangelio (Jn 2 11; 6 2; 11 47)– nos orienta hacia el significado correcto que hemos de dar al milagro del que habla la Biblia. No se trata de destacar lo maravilloso del acontecimiento, sino de ver en el milagro una *señal* de la presencia salvadora de Dios en medio de su pueblo. Los milagros son, pues, actos reveladores de Dios y signos de salvación (Ex 10 1-2; Sal 106 7; Mt 9 1-8; Lc 5 6-10). En el NT tienen la finalidad de "señalar" que el anuncio de Jesús y de la Iglesia son eficaces (Mt 12 22-27; Hch 2 22; Rom 15 19; 1 Tes 1 5) y mantienen una permanente relación con la fe y la conversión (Mt 11 20-24; véase Is 7 10-14; Sal 95 8-9).

➥ Enfermedad. Relato de Milagro. Revelación. Salvación.

Milagro (Relato de). La mayor parte de los milagros de Jesús narrados en los evangelios siguen un esquema literario común: petición de ayuda, datos sobre la enfermedad o situación incurable, acción de sanar (acompañada a veces de una fórmula de curación) por parte de Jesús y reconocimiento del carácter milagroso del acontecimiento. En el AT encontramos ya algunos relatos que siguen este es-

quema (véase 2 Re 4-5), pero tenemos muchos más ejemplos en la literatura judía y helenística de la época del NT. Los evangelios han adoptado este esquema literario para transmitir los hechos portentosos realizados por Jesús y subrayar su divinidad.
➥ Evangelios.

Ministerio. Ministros. Con estas palabras se alude alguna vez en la Biblia a la persona que ejerce una función pública, o a la función misma; en este sentido serían vocablos más o menos equivalentes (utilizados también en esta traducción): *cortesano, funcionario, eunuco* (Gn 39 1; 45 6; Ex 7 10; Est 1 10; Hch 8 28). Todas estas palabras se refieren a la idea de servicio, por lo que casi siempre hemos reservado los términos *ministerio, ministro* para aludir a servicios de carácter predominantemente religioso (Hch 1 17.25; 2 Cor 6 3-4) y a las personas que los desempeñan dentro de la comunidad como responsables y animadores de la misma (Is 61 6; Jl 1 9; 2 Cor 11 23). Dentro de las primeras comunidades cristianas existía una gran pluralidad de servicios y ministerios, que se iban adaptando a las necesidades de cada época (1 Cor 12 4-30; 1 Tim 3 8-13; 5 17-19).
➥ Apóstoles. Carisma. Profeta. Servicio. Servir.

Misericordia. Véase Perdón.

Misión. Véase Vocación.

Misterio. Etimológicamente la palabra *misterio* incluye la idea de algo que está oculto, escondido (Dn 2 18-19; 1 Cor 2 7; Ap 17 5). La Biblia la utiliza casi siempre para referirse a los proyectos salvadores de Dios sobre el mundo y los hombres (Nm 24 16; Am 3 7; Sab 6 22; Rom 11 25). Estos proyectos (también denominados *planes, designios, secretos*) llegan a su punto culminante en Jesucristo que es al mismo tiempo revelador y realizador de los planes profundos de Dios (Mc 4 11). De ahí que las expresiones *misterio de Dios* y *misterio de Cristo* (ésta última utilizada sobre todo en los escritos paulinos) vengan a ser equivalentes (1 Cor 4 1; Ef 3 4; Col 2 2; 4 3).

Con la expresión "ese misterioso y maligno poder" de 2 Tes 2 7 se designa, sin duda, una fuerza secreta enemiga de Dios que será desenmascarada el último día.
➥ Dios. Salvación.

Mito. Relato mítico. En términos literarios, se entiende por *mito* el relato simbólico protagonizado por dioses que pretende explicar los fundamentos de la existencia del mundo y del hombre, remontándose a un espacio y un tiempo primordiales. En este sentido, no encontramos mitos en la Biblia. Pero Israel asumió diversos elementos de los mitos de su entorno y los adaptó a su particular cosmovisión religiosa. Es decir, "desmitizó" su contenido, pero conservó *los símbolos, motivos* y expresiones que caracterizan al género literario denominado *relato mítico.* Estos relatos se refieren generalmente a los orígenes del mundo, de la humanidad y del pueblo de Israel y pueden identificarse fácilmente en Gn 1-11 y, fragmentariamente, en algunos himnos y salmos (Sal 104; 114).
➥ Género literario. Historia. Leyenda.

Moabitas. Véase Edomitas.

Moisés. Desde un punto de vista estrictamente histórico, *Moisés* sigue siendo un personaje discutido, pues no tenemos datos científicos firmes sobre los cuales apoyar su biografía. En cambio, teológicamente hablando, Moisés es la figura más importante de todo el AT, hasta el punto que religión judía y religión mosaica son dos términos equivalentes. Moisés es el protagonista de la Ley escrita (Torá, Pentateuco), que se conoce precisamente como la ley de Moisés. Durante varios siglos se creyó incluso que Moisés había sido el autor de la misma. El es el mediador de la alianza del Sinaí-Horeb, fundamento de la existencia de Israel como pueblo y marco institucional en el que se encuadran todos los códigos y cuerpos legales e instituciones del AT. Moisés es, pues, el legislador y el fundador del pueblo; es el gran libertador, que liberó al pueblo de la esclavitud de Egipto y lo condujo por el desierto hasta las puertas de la tierra prometida; es, sobre todo, el creador de la religión yavista, puesto que fue él a quien Dios se dio a conocer con el nombre de Yavé=el Señor. Los principales artículos de fe del credo israelita giran fundamentalmente en torno a dos personajes y dos lugares: por una parte, están Moisés y el Sinaí, y por otra, David y Sión. En torno al binomio "Moisés-Sinaí" giran los dogmas antiguos: patriarcas, éxodo, Sinaí, desierto, promesa y donación de la tierra. En torno al binomio "David-Sión" giran los dogmas más recientes: Jerusalén como ciudad santa y la dinastía davídica como depositaria de la promesa mesiánica.
➥ Código de leyes. David. Egipto. Ley. Libertad.

Monarquía. Las tribus israelitas no reconocían más rey que Yavé=el Señor; por eso tardó mucho tiempo en abrirse paso la *monarquía* con un rey humano a la cabeza (Jue 8 22-23). Pero, finalmente, presionadas por el peligro filisteo y deseosas de tener un rey *como las demás naciones* (1 Sm 8 5.20), dieron entrada al régimen monárquico en las personas de Saúl y David. La monarquía de Saúl fue sólo un ensayo parcial, limitado a las tribus del norte, con escaso soporte institucional. Fue David quien estableció propiamente la monarquía en el pueblo de Dios. Proclamado rey por los hombres de Judá en Hebrón, y reconocido luego también por las tribus de Israel (2 Sm 2 1-4; 5 1-5), David se convierte en rey de Judá y rey de Israel. Eligió Jerusalén como capital del reino; construyó el palacio real y proyectó la construcción del templo; organizó la corte y centralizó la administración; finalmente llevó a cabo el traslado del arca, convirtiendo a Jerusalén en ciudad santa y centro de gravedad de la vida religiosa de todas las tribus. La unión conseguida por David se mantuvo durante el mandato de su hijo Salomón, pero a la muerte de éste se dividió la monarquía y volvieron a reaparecer separados los reinos de Judá (sur) y de Israel (norte).

En Israel, como en todos los pueblos del antiguo

Oriente, el rey lo era por expreso deseo y elección de la divinidad. En los pueblos del entorno, los reyes eran incluso divinizados y considerados hijos de Dios en un sentido más estricto. En Israel sólo eran hijos adoptivos. La ceremonia de la coronación se desarrollaba en dos escenarios y en dos tiempos sucesivos, primero en el santuario y luego en el palacio real. La Biblia nos ha conservado dos relatos de coronación, la de Salomón y la de Joás (1 Re 1 32-48 y 2 Re 11 12-20; véanse también Sal 2 y 110).

El rey estaba asistido en el gobierno del pueblo por altos dignatarios. En la organización de la corte, David y más tarde Salomón, se inspiraron en los pueblos vecinos, de más larga tradición monárquica. En un primer momento, la monarquía israelita se vio obligada a recurrir al extranjero en busca de personal técnico, como lo prueban algunos nombres de funcionarios de la cancillería de David y Salomón (2 Sm 8 16-18; 20 23-26; 1 Re 4 16). En tiempo de Salomón, el reino se dividió en doce regiones, cuyas fronteras, juntamente con los nombres de sus administradores, se han conservado en 1 Re 4 7-19.

➥ David. Ejército. Jerusalén. Reino. Samaría. Saúl.

Morada. Véase Tienda del Encuentro.

Muerte. Como contrapunto de la vida, supremo don de Dios, la muerte es para la Biblia la realidad negativa por excelencia. Así aparece desde los orígenes mismos de la historia humana (Gn 2 17; 4 8.23). Pero este aspecto negativo le viene a la muerte de su vinculación con el pecado (Gn 3 17-19; Sab 1 13-14; Rom 5 12-17). Por eso el alejamiento del pecado y la comunión con Dios llevarán consigo la victoria definitiva sobre la muerte, victoria que la Biblia concibe sobre todo a través de un proceso de resurrección (Dn 12 2-3; 2 Mac 7 9-14; 1 Cor 15). En este contexto la Biblia habla de distintos tipos de muerte: a) la *muerte* como acabamiento físico-biológico del hombre; b) la *muerte* como separación o lejanía de Dios en esta vida a causa del pecado (Rom 6 13); y c) la *muerte* como separación definitiva de Dios por toda la eternidad; esta última situación es la que el libro del Apocalipsis denomina *segunda muerte* (Ap 2 11; 20 6.14; 21 8). Todos estos tipos de muerte han perdido ya su fuerza destructora universal a partir de la resurrección victoriosa de Cristo (Rom 6 1-11); incluso la muerte física ha perdido para el auténtico cristiano su veneno, pues ya no es un destino inevitable al que uno no tiene más remedio que resignarse, sino que es un acontecimiento lleno de esperanza: el cristiano muere en el Señor y para el Señor (1 Tes 13 18; Rom 14 7-9). La liberación y el triunfo definitivo sobre la muerte en todas sus dimensiones, tendrá lugar cuando Cristo, al final de los tiempos, clausure la historia de la salvación (1 Cor 15 24-26; Ap 20 14).

➥ Cruz. Pecado. Resurrección.

Mujer. El protagonismo de la mujer en la Biblia tanto para el bien como para el mal es evidente (Gn 3 6-15; Am 4 1-3; Prov 31 10-31). Aunque la cultura semita no es precisamente feminista, cosa que se refleja con frecuencia en la literatura bíblica (Nm 5 11-31; Eclo 42 9-14), en los planes de Dios la mujer es radicalmente igual al varón (Gn 1 27-28; Mc 10 6-12). Esto es verdad hasta el punto de que en la perspectiva del NT la criatura clave en los proyectos salvadores de Dios es una mujer: María de Nazaret (Lc 1-2; Jn 19 25-27). Y tanto Jesús como los apóstoles (incluido san Pablo) reclaman para la mujer los mismos derechos fundamentales y la misma dignidad que para el varón (Mt 28 1-9; Gal 3 28), si bien el contexto social en que se mueven los autores del NT hace que a veces den la impresión de un cierto antifeminismo. Es significativo al respecto el importante papel que, a pesar de este contexto antifeminista (véase 1 Cor 14 34; 1 Tim 2 11-12), desempeñó la mujer en las primeras comunidades cristianas, como se refleja sobre todo en los escritos paulinos (Rom 16 1-2.6.12; 1 Cor 11 11-12).

➥ María.

Mundo. En un primer sentido no teológico el *mundo* es para la Biblia el conjunto de las cosas creadas por Dios (Mt 25 34). Puede tratarse del mundo terrestre (tierra), del mundo supraterrestre (cielo) o del mundo subterráneo (abismo). Dentro del ámbito terrestre, la palabra *mundo* designa a veces de manera concreta a la totalidad de los hombres (Mt 5 14; Rom 3 19). Pero sobre todo es importante el sentido teológico que la palabra *mundo* suele tener en el NT. El mundo que Dios hizo bueno, el hombre lo ha pervertido por el pecado y ahora se ha convertido en una fuerza enemiga de Dios y de Jesucristo. Este sentido teológico peyorativo del concepto *mundo* se insinúa ya en los escritos de san Pablo (1 Cor 1 20-21), pero es en la tradición joánica donde se encuentra más desarrollado (Jn 7 7; 1 Jn 2 15-16).

➥ Abismo. Cielo. Pecado. Tierra.

Naciones. Véase Paganos.

Nazireato. El *nazireato* era una consagración especial a Dios, en busca de una mayor perfección y santidad. El primer nazir o nazireo de que habla la Biblia es Sansón, que fue consagrado a Dios desde el seno mismo de su madre (Jue 13 5). El nazireato seguía en uso en los comienzos del cristianismo. Lo practicó Juan el Bautista (Lc 1 15) y posiblemente san Pablo, que cumplió, junto con otros cuatro judíos, los ritos que daban por concluido el compromiso (Hch 18 18; 21 23-27). Según Nm 6 1-8, las obligaciones o prácticas que configuraban el nazireato eran principalmente tres: abstenerse de vino y bebidas fermentadas; no cortarse el pelo, signo de fuerza y santidad; y evitar todo contacto con cadáveres, porque implicaba impureza ritual. Nm 6 13-21 describe el ceremonial que ponía fin a la consagración o voto de nazireato, voto que podía durar toda la vida o podía ser solamente temporal.

➥ Consagración. Santidad.

Nínive. Véase Asiria.

Noé. El nombre de *Noé* está asociado al diluvio, del cual se salvó junto con su familia y una representación del mundo animal, como germen de una nueva creación. La humanidad y el cosmos salidos de las aguas del diluvio, son como una segunda creación. Dios establece con ellos una alianza como garantía de estabilidad y permanencia, y el Creador le renueva a Noé la bendición, el mandato y la misión que le había otorgado a Adán (Gn 9 7) con el fin de que la nueva humanidad se sienta totalmente segura y libre de sobresaltos, sin miedo a que ningún cataclismo pueda jamás poner de nuevo en peligro su existencia (Gn 6-9).

➡ Alianza. Mundo.

Nombre. En la Biblia *nombre* y realidad, *nombre* y persona vienen a ser lo mismo. Poner o cambiar el nombre de una persona o de una cosa es señal de absoluto dominio (Gn 2 19-20; 2 Re 23 34). No tener nombre es como no existir o como ser algo insignificante. Preguntarle a uno por su nombre es preguntarle por su naturaleza, por lo más profundo de su ser (Gn 32 30; Ex 3 13-14). Por eso, pronunciar, invocar, conocer, alabar, bendecir el nombre de Dios equivale a relacionarse de forma variada pero íntima con la persona misma de Dios (1 Re 8 29-44; Sal 9 14; Is 25 1). *Santificar* o, por el contrario, *profanar* el nombre divino equivale a reconocer o bien rechazar a Dios como tal (Is 29 23; Ez 20 20-23; Mt 6 9).

Dos nombres especialmente sagrados hay en la Biblia: el de Yavé, que hemos traducido sistemáticamente por *el Señor* (Ex 6 3), y el de *Jesucristo*, único capaz de salvar a los hombres sobre la tierra (Lc 1 31; 2 21; Hch 4 10-12; Flp 2 9-10). Hacer milagros, orar, expulsar demonios, bautizar, hospedar a alguien, hablar (o profetizar) *en el nombre de Jesús*, significa actuar en plena comunión con Jesús, con el mismo poder y la misma autoridad de Jesús (Mt 7 22; Mc 9 38; Hch 8 16).

➡ Dios. Jesucristo. Palabra.

Número. En la Biblia abundan cifras y expresiones numéricas de todo tipo, pero sería un grave error entender siempre los *números* utilizados por la Biblia en su estricto valor aritmético. Incluso se puede decir que este tipo de uso es más bien excepcional y hay que probarlo en cada caso. Lo normal es que los números en la Biblia tengan un valor aproximativo y convencional y sobre todo un valor simbólico. Esta utilización convencional y simbólica de ciertos números (el 3, el 4, el 7, el 10, el 12, el 40 y sus respectivos múltiplos) es tan abundante y variada en la Biblia que podemos con toda razón considerarla un verdadero género literario. Llega a su expresión más sofisticada en la literatura sapiencial (los llamados proverbios numéricos: Prov 6 16; Job 5 19; Eclo 25 1-7) y en la apocalíptica (Dn 9 2; Zac 4 2; Ap 6-11; 13 18).

➡ Apocalíptica. Género literario. Símbolo.

Oración. Véase Salmo. Súplica.

Oráculo. *El oráculo es el género literario más* representativo de los escritos proféticos. Básicamente consiste en una declaración solemne hecha en nombre de Dios. Presenta dos grandes modalidades: oráculos de condena y oráculos de salvación. El *oráculo de condena* se refiere a acontecimientos o acciones del pasado y del presente y puede ir dirigido contra un individuo (Is 22 15-23) o una colectividad (Israel u otras naciones: Is 13 1-23 18; Jr 8 4-9 21). Su estructura básica consta de una introducción (invitación a escuchar), la acusación, el anuncio del castigo (introducido con la llamada fórmula del mensajero: "así dice el Señor") y la conclusión (con fórmulas del tipo "oráculo del Señor"). Como variantes de esta modalidad hay que citar el *pleito bilateral* o requisitoria judicial entablada entre Dios y el acusado y los *ayes*, que introducen la acusación, seguida del anuncio de castigo (Is 1 2-8; Jr 2 20-37). El *oráculo de salvación* se refiere siempre al futuro, inmediato o más lejano, y su estructura básica consta de una introducción, la promesa de salvación, su motivación y una conclusión que se refiere a las consecuencias de la intervención salvífica de Dios (Is 7 10-17).

➡ Discurso. Profecía. Profeta

Oscuridad. Tinieblas. Véase Luz.

Padre. La figura del padre era muy importante en el mundo de la Biblia. El padre era la cabeza visible de toda la familia y quien la representaba en la vida pública. Al padre le corresponde buscar el sustento para la familia y también protegerla frente a las posibles agresiones del exterior. Dentro del grupo familiar, la función del padre consistía, sobre todo, en la educación de los hijos y en velar por la cohesión y buen comportamiento del resto de la familia. En este sentido, el padre estaba investido de una gran autoridad, que los demás miembros de la familia debían obedecer, y la desobediencia de los hijos era una grave ofensa, que se castigaba severamente. La figura del padre en aquella cultura se aproxima más a la de un patrón exigente, que a la del padre cariñoso y cercano de nuestra cultura.

Algunos profetas presentan a Dios como padre de Israel (Os 11 1-4; Is 63 16), pero esta manera de referirse a Dios no es muy frecuente en el AT. Es sobre todo en la época del NT cuando, siguiendo el ejemplo de Jesús, sus discípulos comienzan a referirse a Dios como padre. En efecto, Jesús solía dirigirse a Dios llamándole "padre" y enseñó a sus discípulos a dirigirse a él de la misma manera (Lc 11 1-4). La palabra aramea que Jesús utilizaba (abba) era propia del lenguaje infantil y no había sido usada hasta entonces en el judaísmo para dirigirse a Dios. Esta manera de hablar revela una cercanía grande y expresa la nueva relación que se establece entre los que acogen el reino y Dios; además, el hecho de tener un Padre común hace que los discípulos puedan reconocerse entre sí como hermanos.

➡ Dios. Familia. Hermano. Hijo de Dios. Primogénito.

Paganos. Etimológicamente *pagano* procede de un vocablo latino que significa "aldea" o territorio rural distante de la ciudad. Los habitantes de los núcleos rurales fueron los que más tardaron en hacerse cristianos, de ahi que *pagano* se convirtió en sinónimo de "no cristiano" (Rom 15 16-18) y este es el significado que sigue manteniendo en la ac-

tual terminología religiosa. Por extensión, y aplicado al mundo del AT, es sinónimo de "no judío". En la literatura del AT, sobre todo en la profética, se utiliza también con muchísima frecuencia la expresión "las naciones" para referirse a los *paganos*, es decir a los que no pertenecían al pueblo judío –el pueblo de las promesas– (Is 13-23; Jr 46-51; Ez 25-32). En el NT la palabra "pagano" traduce también un término griego que sirve para designar a aquellos que no pertenecen al pueblo judío. Ahora bien, pertenecer al pueblo equivalía prácticamente a profesar la religión judía. Esto justifica nuestra traducción y aclara el sentido de este término en muchos pasajes.
➥ Judaísmo. Judío.

Palabra. En el mundo bíblico la *palabra* es más que un simple medio de comunicación entre los hombres. Forma parte de la interioridad de la persona que la pronuncia y se le atribuye una eficacia especial (Dt 32 1-2; Prov 18 4). Esto vale sobre todo en el caso de las bendiciones y maldiciones (Gn 27 4-38; Jos 6 26; Dt 27 14-28 45). Y vale especialmente por lo que se refiere a la *palabra de Dios*, que es absolutamente eficaz a la hora de crear y conservar el universo (Gn 1 3-26; Sab 9 1; Sal 33 6-9), de librar al hombre de las situaciones más desesperadas (Is 44 26-28), de revelar en profundidad el sentido de los acontecimientos y las cosas (Am 8 11-12). Esta palabra divina se presenta con frecuencia en el AT como una personificación de la infinita sabiduría y poder de Dios (Is 55 11; Sab 16 15). El proceso de personificación culminará en el NT cuando Dios se revele en Jesucristo como Palabra sustancial y eterna que asume la naturaleza humana (Jn 1 1-4.9-14; 1 Jn 1 1-3) y es a su vez portadora de otras palabras vivas y vivificadoras (Mc 5 41; Lc 7 14; Jn 6 63-68); palabras eficaces, salvadoras, interpelantes y reveladoras cuya proclamación y transmisión Jesús confió a sus discípulos y ante las cuales nadie puede permanecer indiferente (Mt 7 24-27; Sant 1 21-22).
➥ Dios. Jesucristo. Revelación. Sabiduría.

Palestina. Entre los distintos nombres que recibe el país de la Biblia (tierra de Israel, Canaán, tierra santa, tierra prometida) el más común, especialmente en los ambientes no judíos, es el de *Palestina*. El nombre de Palestina procede del vocablo "pelistim" (= filisteos) y empezó a generalizarse a partir de la época bizantina. La geografía física de Palestina está formada por cuatro grandes unidades que la recorren de norte a sur: la zona costera del Mediterráneo, el altiplano o cadena montañosa central, el valle del Jordán, y la meseta transjordánica.

La *zona costera* está dividida en dos partes por el monte Carmelo: la parte norte corresponde prácticamente a lo que era la antigua Fenicia, y la parte sur corresponde a la llanura del Sarón y al país de los filisteos. La costa mediterránea es rectilínea, sin salientes capaces de formar puertos naturales.

El altiplano o *cadena montañosa central* se divide de norte a sur en tres secciones correspondientes a las tres clásicas provincias: montaña de Galilea; montaña de Samaría, con las dos cimas del Ebal y el Garizín; y la montaña de Judea. En esta cadena montañosa central se encuentran las ciudades más importantes del AT y NT: Nazaret, Meguido, Samaría, Siquén, Siló, Betel, Gabaón, Guibeá, Jerusalén, Belén, Hebrón y Berseba.

El *valle del Jordán*, a través del cual fluye el río del mismo nombre, constituye la depresión más profunda de toda la corteza terrestre (400 metros bajo el nivel del mar en la región del mar Muerto). A su paso por el valle, el río Jordán forma tres lagos o mares: el lago Hule o Merón, el lago de Tiberíades o mar de Galilea (también llamado lago de Genesaret), y el mar Muerto, en el que desemboca. En torno al lago de Tiberíades o de Genesaret, principal escenario en el que Jesús de Nazaret proclamó su mensaje, se encuentran las célebres ciudades de Cafarnaún, Corozaín, Betsaida, Magdala, etc. Poco antes de desembocar en el mar Muerto, el Jordán pasa cerca de Jericó.

La meseta transjordánica está atravesada horizontalmente por los ríos Yarmuc, Yaboc, Arnón y Jasa que de norte a sur dan lugar a las regiones de Basán, Galaad, Amón, Moab y Edom.

Para señalar las fronteras norte y sur de Palestina la Biblia ha acuñado la expresión *desde Dan hasta Berseba* (Jue 20 1); unos 240 km en línea recta y una extensión total de unos 25.000 km^2 que hacen de Palestina un país de muy reducidas dimensiones.
➥ Cananeos. Filisteos. Israel. Judaísmo. Roma.

Parábola. La *parábola* es un relato breve que, tomando como punto de partida hechos de la vida cotidiana, describe figuradamente un suceso con la intención de provocar una respuesta en los oyentes y de transmitir una verdad o una enseñanza moral. Hay quien considera la parábola como una alegoría de estructura narrativa. Sin embargo, se diferencia de ella en que la parábola no persigue una correspondencia detallada, sino global, entre el plano figurado y el plano real. Cuando la parábola personifica animales o plantas se convierte en *fábula* (véase Jue 9 8-15). Aunque la parábola no es desconocida en los escritos del AT (véase Ez 17; 19), es en el NT y, más concretamente, en los evangelios sinópticos, donde logra su máxima difusión y expresividad, pues fue uno de los medios privilegiados de la enseñanza de Jesús. A veces, la parábola va acompañada de una explicación pormenorizada de sus elementos (véase Mc 4 13-20), dando lugar a un fenómeno llamado alegorización.

A través de las parábolas Jesús anunció la llegada del reino de Dios y expresó cuáles eran los rasgos característicos de este reino que él anunciaba. De hecho, muchas de ellas comienzan con la expresión *Sucede con el reino de Dios lo que con...* (Mt 13 44-46). Por eso, las parábolas son un camino excelente para conocer el mensaje central de la predicación de Jesús.
➥ Alegoría. Imagen. Metáfora. Reino, Reino de Dios. Símbolo.

Paralelismo. El paralelismo es un recurso literario, muy frecuente en las literaturas semíticas, que consiste en la articulación de una idea o un contenido en dos (o más) partes, poniendo de relieve la semejanza, el contraste o la complementarie-

dad mutuas. Atendiendo al contenido, se habla de paralelismo *sinonímico*, cuando hay identidad entre los dos miembros; *antitético*, cuando los miembros se oponen; *sintético*, cuando los miembros convergen y se complementan; y *gradual* o climático, cuando una misma idea se desarrolla en grados hasta su culminación. Cuando la relación se establece entre dos miembros de un conjunto se denomina paralelismo binario; si es de tres, ternario, etc. Cuando dos miembros expresan una realidad en sus dos partes o mitades, se habla de *merismo* (el cielo y la tierra, el cuerpo y el espíritu); si una realidad se representa por medio de sus dos extremos o polos opuestos tenemos la *expresión polar* (el norte y el sur; arriba y abajo; izquierda y derecha). También podemos incluir dentro del paralelismo el *quiasmo*, consistente en la correspondencia inversa de dos elementos formales (según el esquema a-b-b'-a').
➥ Estructura literaria.

Parusía. Véase Teofanía.

Pascua. Era la fiesta más importante del calendario judío. En su origen la *pascua* era probablemente una fiesta típica de los pastores que se reunían a principios de primavera para celebrar el retorno al hogar desde los pastos de otoño/invierno. Pero el pueblo israelita la convirtió en recuerdo/celebración de la épica salida de Egipto (Ex 12 1-14). Se celebraba el día 14 del primer mes del año judío, llamado primeramente Abib (o de las espigas) y Nisán después del destierro, el cual equivalía a la segunda y primera mitad respectivamente de nuestros actuales Marzo/Abril. El rito principal de la fiesta consistía en el sacrificio y posterior comida familiar de un cordero al que por extensión a veces de denomina también "pascua" (Ex 12 3-11; Dt 16 1-8). A la fiesta de la pascua se unió con el paso del tiempo la fiesta de los panes sin levadura (o fiesta de los ácimos), que en su origen pertenecía al mundo agrícola y conmemoraba el corte de las primeras espigas de cebada (Ex 12 15-20; Nm 28 16-25). Con esta unión Israel pretendía significar probablemente lo que de nuevo y liberador llevaba consigo la pascua frente a lo caduco y esclavizante de la vieja levadura.

Jesús que, como buen israelita, debió celebrar con la mayor fidelidad durante su vida la pascua judía (Lc 2 41; Jn 2 13.23), quiso también que el momento culminante de su acción salvadora y liberadora coincidiera simbólicamente con la fiesta de la pascua (Mt 26 2.17; Jn 12 1; 19 14). De esta manera la pascua judía dio paso a la pascua cristiana, que se convierte también en la fiesta principal de la nueva alianza. Cristo mismo es ahora el nuevo cordero pascual y el nuevo pan sin levadura (Jn 19 36; 1 Cor 5 7-8) que no sólo simboliza la liberación, sino que la realiza de forma plena y definitiva (1 Pe 1 18-19).
➥ *Calendario. Fiestas. Libertad. Resurrección.*

Pasión (Relatos de). Véase Drama religioso.

Patriarcas. Véase Abrahán. Israel. Jacob.

Paz. Con la palabra *paz* hemos traducido habitualmente el término hebreo "shalom" y el equivalente griego "eirene". Pero estos términos bíblicos tienen un contenido mucho más rico que la palabra *paz* en nuestras lenguas modernas occidentales. No designan sólo la ausencia de guerra y la realidad de una vida tranquila, sin angustias ni preocupaciones (Jos 23 1; Ecl 3 8; Lc 14 32). Designan también y sobre todo aquel conjunto de bienes que constituyen la felicidad completa del hombre: gloria, riqueza, bienestar, salud corporal, descanso, éxito en la vida, prosperidad, familia abundante, muerte serena y cargada de años, etc (Nm 6 22-26; 2 Sm 18 28; Is 32 17-18; Jn 14 27; 20 19-21). No debe, pues, extrañar que esta paz bíblica constituya uno de los dones más preciosos de Dios (Jue 6 24; Is 26 12; Sal 29 11), y que en última instancia se identifique con el Mesías, Jesucristo, el don de Dios por excelencia, que es "príncipe de la paz" (Is 9 5-6), "portador de paz" (Lc 1 79; 2 14.29), e incluso la misma paz (Ef 2 14). La paz, pues, a todos los niveles es un elemento básico en el reino de Cristo (Mt 5 9; Lc 7 50).
➥ Bendición. Gloria. Vida.

Pecado. Pecador. La Biblia habla del *pecado* en dos sentidos diversos: a) como acción voluntaria del hombre que se rebela contra los planes y las leyes de Dios; para expresar esta ruptura entre Dios y el hombre el lenguaje bíblico utiliza múltiples términos: desobediencia, transgresión, delito, extravío, maldad, culpa, crimen, ofensa, injusticia, impiedad, iniquidad, etc (Dt 19 15; Sal 51 3-5; Rom 1 18; 5 15-21; Sant 5 19-20); y b) como fuerza adversa a Dios y su reinado, como una especie de poder maléfico personificado al que el hombre ha sido vendido y que penetra y marca toda su historia. Este segundo sentido es el que el AT anticipa al evocar una serie de pecados tipo: el de los primeros representantes de la humanidad (Gn 3 6-7), el de Caín (Gn 4 8-10), el de la generación del diluvio (Gn 6 1-7), el de los constructores de Babel (Gn 11 1-9), el de los israelitas durante su estancia en el desierto (Ex 32 1-6), el de Salomón y sus sucesores al adorar a otros dioses en lugar de al Señor (1 Re 11 5-10; 12 26-33). Este es el concepto de pecado que la tradición joánica designa con la expresión "pecado del mundo" (Jn 1 29) y en el que insiste sobre todo san Pablo en la carta a los romanos (Rom 3 10-20; 7 14-25). De ambos tipos de pecado, especialmente de este segundo, que es el más profundo, nos ha liberado Jesucristo (Mt 26 28; Rom 4 25; 1 Jn 2 1-2).
➥ Castigo. Muerte. Salvación.

Pentecostés. Originalmente se denominaba "fiesta de las semanas" y tenía lugar siete semanas después de la fiesta de los primeros frutos (Lv 23 15-21; Dt 16 9). Siete semanas son cincuenta días; de ahí el nombre de *pentecostés* (= cincuenta) que recibió más tarde. Según Ex 34 22 se celebraba al término de la cosecha de la cebada y antes de comenzar la del trigo; era una fiesta movible pues dependía de cuándo llegaba cada año la cosecha a su sazón, pero tendría lugar casi siempre durante el mes judío de Siván, equivalente a nuestro Mayo/Junio. En su origen tenía un sentido fundamental de acción de gracias por la cosecha recogida, pero pronto se le añadió un sentido histórico: se celebraba en esta fiesta el hecho de la alianza y el don de la ley.

En el marco de esta fiesta judía, el libro de los Hechos coloca la efusión del Espíritu Santo sobre los apóstoles (Hch 2 1-4). A partir de este acontecimiento, pentecostés se convierte también en fiesta cristiana de primera categoría (Hch 20 16; 1 Cor 16 8).

➥ Alianza. Calendario. Espíritu. Fiestas. Semana.

Perdón. Uno de los títulos más hermosos del Dios de la Biblia es el de "Dios de los perdones" (Neh 9 17). No es un Dios vengativo y cruel, sino *un Dios clemente y compasivo, lleno de amor y fiel, que mantiene su amor eternamente y perdona la iniquidad y el pecado* (Ex 34 6-7). Por muchas que sean las infidelidades del hombre o del pueblo, si reconocen su pecado y se convierten sinceramente, Dios perdona (Dn 9 4-19; Sal 103 1-14; Sab 11 23-26) porque no quiere que el pecador perezca, sino que se convierta y viva (Ez 18 21-23). Esta voluntad divina de perdonar siempre que el hombre se lo pida sinceramente, se hace maravillosamente presente en Jesucristo en quien el Padre ha manifestado toda su misericordia (Lc 15 11-32). El NT nos presenta al mismo Jesucristo, perdonando sin recortes ni limitaciones (Lc 5 20-24; 7 47-50; 23 34), mandando a sus discípulos que perdonen con total generosidad (Mt 6 14; 2 Cor 2 7-10) y concediendo a la Iglesia el poder de perdonar (Mt 18 18; Jn 20 23).

➥ Dios. Pecado.

Pobreza. Pobre. En cuanto simple carencia de recursos materiales, la *pobreza* es considerada en la Biblia primero como un castigo divino por los pecados conocidos o desconocidos que uno puede haber cometido (Job 20 2-29; Lv 26 14-36); más tarde como una situación no deseable que, sin embargo, no tiene por qué ser consecuencia del pecado y que es preferible a otras situaciones y comportamientos humanos (Prov 19 22; 28 6; Ecl 4 13); finalmente como un efecto pernicioso de la acción injusta y opresora de los poderosos contra la que se alza vibrante la denuncia de los profetas (Jr 22 13-19; Am 2 6-8; 4 1-3). Pero junto a esta pobreza material y social, efecto sobre todo de la injusticia, que es necesario combatir y que el NT considera sin reservas como una situación a erradicar (Lc 19 6-10; Sant 2 2-7), la Biblia nos habla también de otro tipo de pobreza. Es la pobreza como actitud del hombre que reconoce su infinita distancia de Dios, su condición frágil y pecadora, y en consecuencia adopta una actitud de sencillez, desprendimiento, mansedumbre, servicio y apertura. Es la pobreza cuyo inapreciable valor religioso van descubriendo profetas y salmistas (Sof 3 12-13; Sal 18 28; 37 11), que incluye por supuesto el desprendimiento y la renuncia a los bienes terrenos, aunque no como único elemento (Mt 5 3-4; Lc 6 20-23), y que encuentra en Jesucristo y en María el modelo supremo a imitar por todos los discípulos (Mt 8 20-22; Lc 1 38.44-55; Jn 13 3-15; 2 Cor 6 10).

➥ Castigo. Discípulo. Justicia. Libertad. Pecado. Servicio.

Poligamia. Monogamia. Véase Matrimonio.

Primogénito. Entre los hijos, el *primogénito* gozaba de ciertos privilegios. Ocupaba el primer lugar entre los hermanos en vida del padre, y después de la muerte de éste se convertía en el jefe de la familia. Tenía parte doble en la herencia. El derecho de primogenitura se podía perder, como en el caso de Rubén (1 Cr 5 1), y también se podía vender, como en el caso de Esaú (Gn 25 29-34). Como primicias del matrimonio, los primogénitos pertenecían a Dios, pero a diferencia de los primogénitos del ganado, que eran inmolados, los del hombre eran rescatados, porque el Dios de Israel aborrecía los sacrificios humanos. Nm 3 12-13 y 8 16-18 presentan a los levitas como consagrados a Dios en sustitución de los primogénitos del pueblo.

En sentido figurado, primogénito significa preeminencia entre iguales. En este sentido, el Señor llama primogénito suyo a Israel (Ex 4 22; Jr 31 9), y Cristo es designado como primogénito entre muchos hermanos (Rom 8 29), el primogénito de la creación (Col 1 15).

➥ Familia. Hijo de Dios. Israel. Padre.

Profanar. Véase Santidad. Santo.

Profecía. En su significado más común, se llama *profecía* a la predicción de cosas futuras, realizada en virtud de algún don o inspiración atribuido a causas sobrenaturales o naturales. En la Biblia, la profecía es uno de los grandes géneros literarios del AT (junto con la ley, la historia, la sabiduría y el salmo) y, en sentido más restringido, cualquier tipo de discurso pronunciado por un profeta u otra persona inspirada. En cuanto género mayor, los escritos proféticos presentan una amalgama de géneros narrativos y poéticos, algunos de los cuales son específicamente proféticos (oráculos, sueños, revelaciones, acciones simbólicas) y otros son comunes al resto de conjuntos literarios (relatos biográficos y autobiográficos, narraciones históricas, relatos de vocación, instrucciones, pleitos bilaterales, himnos, dichos sapienciales, etc.). En los evangelios encontramos un género afín, denominado *dicho profético*, en el que Jesús formula su mensaje de salvación.

➥ Discurso. Escatología. Oráculo. Profeta.

Profeta. En el AT los profetas desempeñaron un papel muy importante. Ser profeta no era un oficio hereditario, sino que respondía a una llamada personal de Dios, el cual encomendaba a algunos la misión de ser los mensajeros de su palabra ante el pueblo (Am 7 14-15). Los profetas eran, pues, hombres que hablaban de parte de Dios con una visión de futuro.

El profetismo floreció durante la época de la monarquía (siglos X-VI a. C.). De entre los profetas más antiguos, algunos estaban vinculados a la monarquía (Natán: 2 Sm 7; Gad: 1 Sm 22 5; Miqueas: 1 Re 22), otros vivían en pequeños grupos en torno a un gran maestro como Samuel, Elías o Eliseo (1 Sm 10 10; 19 20; 1 Re 22 10) y otros vivieron entre el pueblo alejados del palacio real, como Ajías de Siló (1 Re 11 29-39). A partir del siglo VIII a. C. se produce un fenómeno nuevo en la historia del profetismo y hace su aparición el profetismo clásico, un grupo de profetas cuyos oráculos y biografías dieron lugar a los escritos proféticos. Estos profetas clásicos desarrollaron su ministerio tanto en la época anterior al exilio (Amós, Oseas, Isaías I, Miqueas, Sofonías, Nahum, Jeremías y Habacuc), como durante el exilio de Babilonia (Ezequiel e Isaías II) y la época inmediatamente posterior (Ageo, Zacarías, Isaías III, Abdías, Malaquías y Joel). Más tarde, el profetismo se fue extinguiendo y llegó incluso a desaparecer.

En el NT Jesús es saludado como el profeta por excelencia (Lc 24 19), porque él encarnó de forma admirable esta misión. Dentro de las comunidades cristianas existía también el ministerio de los profetas (Hch 21 10), que desempeñaban una función muy importante, junto con los apóstoles y maestros (1 Cor 12 28-29). Eran predicadores itinerantes, que imitaban la radicalidad de vida de Jesús e iban visitando las comunidades para recordarles las enseñanzas del Señor, pero también entre ellos se dieron abusos, hasta el punto de que Mateo tiene que advertir a su comunidad sobre la existencia de falsos profetas (Mt 7 15-20).
➡ Acción simbólica. Apóstol. Discurso. Escatología. Jesús. Ministerio. Oráculo. Profecía

Prójimo. Véase Hermano.

Proverbio. Véase Dicho sapiencial.

Pueblo. Pueblo de Dios. El pueblo, y no los individuos aislados, es el protagonista fundamental de la historia bíblica de salvación. Un pueblo con frecuencia anónimo, pero que está siempre presente a través de la vida, las costumbres, las preocupaciones y las luchas que se narran y describen en la Biblia; siempre presente a través de la fe y la esperanza que lo alientan. Pero además el pueblo de la Biblia no es un pueblo cualquiera. Es un pueblo al que Dios elige y llama, un pueblo "creado" por Dios para establecer con él una alianza de amor; es el *pueblo de Dios* (Ex 6 7; Dt 7 6-7; Is 51 13.16). Un pueblo que en los tiempos de la primera alianza se encarna en la nación israelita, pero que en los planes de Dios está destinado a congregar a todos los hombres y naciones de la tierra –judíos y paganos (Hch 15 14)– en la única y universal Iglesia de Jesucristo (Gal 6 16; Ap 21 3).
➡ Alianza. Iglesia. Israel.

Puerta (de la ciudad). Véase Tribunales.

Puro. Impuro. El mundo de lo *puro* y de lo *impuro* tiene en la Biblia una presencia y una importancia especial, sobre todo la pureza o impureza ritual o legal. Los israelitas –como otros muchos pueblos de su entorno– pensaban que el contacto físico con ciertas cosas o personas, convertían al hombre en *impuro* y lo incapacitaban para rendir culto a Dios y para participar en la vida ordinaria de la comunidad. De ahí la gran cantidad de normas y ritos purificatorios detallistas y minuciosos hasta la exageración (Lv 11-16; Mc 7 1-5; Lc 2 22).

Ya los profetas denunciaron que lo importante para Dios no es la pureza/limpieza ritual, sino la limpieza moral (Is 1 16-18). Pero fue Jesús de Nazaret quien enseñó de manera contundente y definitiva que no es la pureza ritual y exterior la que salva, sino la pureza interior que consiste en no cometer pecado (Mt 15 1-20).
➡ Bautismo. Judaísmo. Santidad.

Qumrán, Escritos de. Qumrán era un pequeño asentamiento situado en la orilla noroccidental del Mar Muerto. Allí residió del siglo I a C. al I d. C. una pequeña comunidad que vivía apartada del resto del judaísmo y con una cierta actitud crítica hacia él. No está del todo claro si se trataba de un grupo esenio semejante a los que conocemos por los escritos de Flavio Josefo, pero en cualquier caso su estilo de vida monacal y su religiosidad eran muy cercanos a los de los esenios.

Los monjes de Qumrán produjeron una buena cantidad de escritos y copiaron otros, sobre todo textos del AT, muchos de los cuáles se han conservado hasta nuestros días ocultos en las cuevas que rodeaban el asentamiento. Estos escritos, conocidos globalmente como Escritos de Qumrán, son muy importantes en dos sentidos. En primer lugar, porque en ellos encontramos una serie de libros bíblicos del AT, de los cuales no teníamos un texto tan antiguo. Ello ha supuesto una gran aportación para establecer críticamente el texto del AT. Por otro lado, los escritos que hablan de la vida de la comunidad de Qumrán son una excelente fuente de información para conocer un grupo judío del tiempo de Jesús. Hasta el descubrimiento de estos escritos el año 1947, el grupo judío mejor conocido era el de los fariseos, pero de ellos nos había llegado sobre todo la imagen reflejada en sus escritos, que son posteriores a las destrucción del templo de Jerusalén (año 70 d. C.), cuando el movimiento fariseo cobró una gran importancia y se constituyó en el grupo dominante dentro del judaísmo. Los descubrimientos de Qumrán han revelado que el rostro del judaísmo anterior a la destrucción del templo era mucho más plural.
➡ Esenios. Templo.

Recaudadores de impuestos. La recaudación de impuestos era uno de los rasgos característicos de las sociedades campesinas. Gracias a los impuestos, las élites, que controlaban los centros de poder y poseían derechos sobre la tierra, se apropiaban de parte de los recursos generados por el grupo de cultivadores y pequeños artesanos. El pago de los impuestos, por su parte, suponía una grave carga para la economía de una familia campesina, y venía a sumarse a otros factores (malas cosechas, desastres naturales) que hacían cada vez más difícil la subsistencia del campesinado en Palestina y en general en el imperio romano.

En tiempos de Jesús existían en Palestina diversos tipos de impuestos. Había un impuesto sobre las personas (tributum capitis) y para recaudarlo se hacían regularmente censos de población. Había también un impuesto sobre los campos (tributum soli), que debían pagar los propietarios o arrendatarios de los mismos. Las actividades mercantiles tenían también sus impuestos, que solían cobrarse en multitud de aduanas emplazadas en los cruces de los ríos, la entrada de las ciudades o las fronteras de los diversos territorios. Además, los fieles judíos tenían que hacer frente a otra serie de contribuciones religiosas, sobre todo el impuesto del templo y el diezmo sobre las cosechas y otros beneficios.

La recaudación de estos impuestos tenía también diversas modalidades. Generalmente los impuestos se subastaban y se asignaban al mejor postor, que adquiría los derechos para recaudar los impuestos en una provincia o región. El que compraba los derechos pagaba a las arcas del estado la suma correspondiente y quedaba libre para sacar el mayor provecho a la región o provincia contratada. Este sistema se prestaba a toda clase de abusos y los funcionarios que recaudaban los impuestos eran mal considerados entre la gente, sobre todo entre los grupos religiosos y nacionalistas, los cuales veían en ellos un instrumento del poder opresor de Roma, que los estaba empobreciendo. Los recaudadores de impuestos eran, pues, personas indeseables, a las que nunca podría llegar la salvación de Dios. Jesús, sin embargo, frecuentaba su compañía y eso le valió las críticas de los fariseos y maestros de la ley (Lc 15 1-2). A través de la cercanía a ellos Jesús quería expresar la misericordia y el amor entrañable del Padre, que tiene otros criterios para clasificar a los hombres.
➥ Roma, Imperio romano. Fariseos.

Reconciliación. Véase Perdón.

Redención. Redentor. Véase Goel. Libertad. Salvación.

Reino. Reino de Dios. Reyes y reinos son entidades que aparecen por doquier en la Biblia. Salvo contadas excepciones, no tenían en la antigüedad la importancia que hoy sugieren estas palabras. Con frecuencia el ámbito de un reino se reducía a una ciudad o poco más. Pero en cualquier caso, las palabras en cuestión hacen referencia al ejercicio del poder y al dominio de una persona sobre otras. De ahí que Dios, creador y dueño del universo, sea considerado por los autores de la Biblia como Rey eterno y supremo (Jr 10 7.10; Sal 47 3). Un título y una realidad que en el NT hereda Jesucristo en toda su plenitud (Jn 18 37; Ap 17 14; 19 16). En cuanto al *reino* o *reinado de Dios*, además de expresar la absoluta soberanía de Dios sobre toda la creación, tiene también un sentido más profundo interior y transcendente. Indica la presencia y la actividad misteriosa de Dios en el mundo y en el hombre para liberarlos del mal y conducirlos a un destino de salvación. Esta presencia y actividad salvadora, este reino y reinado de Dios, se hace especialmente visible y operativo en Jesucristo. El anuncia y proclama el reino de Dios (Mc 1 15; Mt 4 23), se constituye en protagonista y encarnación del mismo (Mt 12 28; Lc 17 20-21) y pide a sus seguidores que entren en él y lo aceptan con total disponibilidad (Mt 25 33). Para conseguir este objetivo, llama a los Doce, los constituye en comunidad (Mc 3 13-19) y les confía la misión de continuar haciendo presente el reino de Dios; al mismo tiempo les garantiza su asistencia hasta el final de este mundo (Mt 28 18-20).
➥ Dios. Monarquía. Salvación.

Relato épico. En la Biblia no encontramos *epopeyas* propiamente tales, uno de los grandes géneros literarios de las literaturas antiguas caracterizado como relato de hechos grandiosos, protagonizados por héroes que personifican los rasgos más significativos y sublimes de cada pueblo. Sin embargo, sí es posible identificar *elementos épicos* y heroicos en algunos himnos antiguos, en algunos salmos y en textos narrativos del Pentateuco y de la Historia Deuteronomista. Dichos elementos son los que configuran el *relato épico* que narra, con rasgos legendarios y frecuente recurso a intervenciones sobrenaturales, determinadas hazañas antiguas, como la salida de Egipto (Ex 1-15), la conquista de Canaán (Jos 1-12), y episodios heroicos protagonizados por héroes tribales (Jue 3-16) o nacionales (1-2 Sam).
➥ Historia. Leyenda. Saga.

Resurrección. En su sentido más verdadero no debe entenderse como una simple recuperación de la vida anterior (véase 1 Re 17 17-23; 2 Re 4 32-36; Lc 7 11-17; Jn 11 38-44). Resucitar es vencer definitivamente a la muerte recibiendo de Dios una vida nueva. La resurrección de los muertos se esperaba ya en el AT (Dn 12 2-3; 2 Mac 7 9-14), era una creencia arraigada en amplios estratos populares del tiempo de Jesús (Jn 11 24; Hch 23 6-8) y con la resurrección de Jesucristo se convierte en verdad central del cristianismo. Jesucristo, que se define a sí mismo como *la resurrección y la vida* (Jn 11 25), enseña con total seguridad la resurrección de todos los hombres (Jn 5 28-29) y es presentado por los autores del NT como causa y modelo de la resurrección de los creyentes (1 Cor 15 12-50).

Los primeros predicadores cristianos anunciaban como buena noticia la resurrección de Jesús, porque descubrieron que en este acontecimiento Dios había comenzado a cumplir sus promesas (Hch 2 16). La pascua de Jesús es el centro del kerigma o anuncio cristiano, porque es el signo más evidente de que el reinado de Dios ha comenzado a llegar. Este anuncio, que abre un nuevo e insospechado horizonte en la vida de los hombres, era el motor que impulsaba la vida y la actividad misionera de las primeras comunidades cristianas, y era también el pilar más firme sobre el que se asentaba su fe, pues, como decía san Pablo a los corintios: *si Cristo no ha resucitado, tanto mi anuncio como vuestra fe carecen de sentido* (1 Cor 15 14).
➥ Evangelios. Muerte. Pascua. Vida.

Revelación. En sentido estrictamente literario, llamamos *revelación* a cualquier forma, oral o escrita, de comunicación hecha por Dios, directa o indirectamente, a un destinatario concreto que generalmente se convierte en intermediario del mensaje revelado. Aunque encontramos revelaciones en distintos cuerpos de la Biblia (tradiciones patriarcales y mosaicas, libros históricos, evangelios y libro de los Hechos), su ámbito más frecuente es la literatura profética y apocalíptica. Dos modalidades especiales de revelación son los *sueños* y las *visiones* (Gn 37 5-10; 40-41; Mt 1 20-24; 2 13-23), representaciones de carácter imaginativo o simbólico, a través de las cuales Dios se comunica con los hombres, directamente o a través de mediadores (ángeles, personajes del pasado). Su estructura contempla dos partes: descripción del sueño o la visión e interpretación de su significado, con frecuentes referencias a su carácter misterioso o indescifrable. La proliferación de este recurso ha dado origen a un género concreto: los *apocalipsis*, cuyo significado es precisamente "revelación".

➥ Apocalíptica. Palabra. Profecía. Sabiduría.

Roboán. Hijo y sucesor de Salomón en el trono, no fue capaz de mantener unidos los reinos de Israel y de Judá, heredados de su padre. En su tiempo se separó el reino del Norte (Israel), acaudillado por Jeroboán I. 1 Re 12 atribuye la separación (cisma) a la intransigencia y falta de habilidad política de *Roboán.* A partir del cisma, las relaciones entre los dos reinos fueron casi siempre tensas y difíciles. Concretamente, Roboán se vio obligado a fortificar sus ciudades por miedo a posibles agresiones de su colega del norte. Sufrió además el asalto de Sesac, faraón de Egipto, que invadió Jerusalén y se llevó, entre otras cosas, los tesoros del templo. Por estas y otras razones, Roboán es enjuiciado negativamente por el autor deuteronomista del libro de los Reyes (1 Re 14 21-31).

➥ Jeroboán I. Monarquía. Salomón.

Roma, Imperio romano. Una serie continuada de conquistas fueron haciendo de Roma, una pequeña ciudad etrusca situada en los márgenes del Tíber, un gran imperio que llegó a su máximo esplendor durante el siglo I d. C. Por entonces sus fronteras se extendían desde la península ibérica hasta el Eufrates, y desde el Danubio hasta el gran desierto del Sahara. En el centro de este vasto imperio se encontraba el mar Mediterráneo, al que los romanos llamaban, con razón, "mare internum" (mar interior), y también, con cierto orgullo, "mare nostrum" (nuestro mar). Todos los territorios del imperio estaban comunicados por una amplia red de carreteras y por las rutas marítimas que cruzaban el Mediterráneo y eran surcadas por numerosos barcos. Por estos caminos circulaban los mercaderes, los correos imperiales, los predicadores itinerantes y los ejércitos a una velocidad media de cuarenta o cincuenta kilómetros diarios.

Las relaciones del pueblo judío con los romanos se remontan a la época de la rebelión macabea (1 Mac 14 16-24; 15 15-24). Sin embargo el período de mayor influencia romana en Palestina va desde mediados del siglo I a. C. hasta mediados del siglo II d. C. En el año 63 a. C. Pompeyo conquistó el país de los judíos y desde entonces hasta la rebelión de Bar Kokeba en tiempos de Adriano (135 d. C.) los judíos estuvieron sometidos de diversas formas al dominio romano.

De estos dos siglos de dominación romana, el período que más influyó en los escritos bíblicos es el que va desde el reinado de Augusto hasta la guerra judía del año 70 d. C. Durante estos años Jesús desarrolló su ministerio en Galilea y Judea, y el cristianismo se fue extendiendo por la parte oriental del imperio. Veamos brevemente cuál era la situación del imperio y de Palestina durante estos años.

Respecto a la situación del imperio, el dilatado reinado de Augusto (27 a. C.-14 d. C.) fue decisivo. Augusto dividió las provincias en dos clases: senatoriales e imperiales. Además de las provincias, existían otros territorios controlados por Roma, pero con cierta autonomía (p. e. Palestina en tiempos de Herodes el Grande y sus sucesores). Esta organización política era uno de los pilares sobre los que Augusto asentó el nuevo imperio. El otro era el ejército, colocado ahora bajo el control directo del emperador. Asentado sobre los pilares de la burocracia política y el control militar, el imperio gozó de un dilatado período de paz que cantaron los poetas y celebraron las inscripciones públicas; es la llamada "pax augusta". Los sucesores de Augusto (la dinastía Julia-Claudia) gobernaron el imperio hasta el año 68 d. C. Tiberio (14-37 d. C.), Calígula (37-41 d. C.), Claudio (41-54 d. C.) y Nerón (54-68 d. C.) son los emperadores que ocupan este medio siglo de historia romana, dedicados a conservar la herencia de Augusto. El último tercio del siglo Roma estuvo gobernada por tres emperadores de la familia Flavia: Vespasiano (69-79 d. C.), Tito (79-81 d. C.) y Domiciano (81-96 d. C.). Los dos primeros participaron en la guerra judía, y fue Tito quien destruyó Jerusalén y su templo en el año 70 d. C., como testimonia el arco triunfal dedicado a él en el foro romano.

La situación política de Palestina en tiempos del NT está determinada por el reinado de Herodes el Grande, que gobernó Palestina entre los años 37 y 4 a. C., amparado en un tratado de amistad con Roma. Su gobierno fue próspero y rico en construcciones públicas, como el gran templo de Jerusalén, pero no era apreciado por sus súbditos, debido a su origen edomitay a su sometimiento a los romanos. Al morir, Herodes el Grande dividió sus territorios entre sus tres hijos: al mayor, Arquelao, le correspondió Judea, Samaría y Edom; a Herodes Antipas, Galilea y Perea; y a Filipo, Iturea y Traconítide. La región más conflictiva era, sin duda, Judea, pues en ella se encontraba Jerusalén, donde se daban cita las instituciones y los grupos que conservaban más fanáticamente las tradiciones judías. No tardaron en surgir los conflictos y en el año 6 d. C. las autoridades romanas, a instancias de una embajada de notables judíos, destituyeron a Arquelao y pusieron al frente de Judea a un gobernador romano. En el año 29 d. C. dicho gobernador se llamaba Poncio Pilato. El nieto de Herodes el Grande, Herodes Agripa, que se había educado en Roma en la casa del emperador, logró reunir durante un breve tiempo (41-44 d. C.) los territorios de su abuelo. Sin embargo, a su muerte, esos territorios volvieron a ser regidos por un gobernador romano, que, a su vez, dependía del gobernador de Siria.

Poco a poco, la tensión entre el pueblo judío y sus dominadores fue creciendo, hasta que en el año 66 d. C. estalló la llamada guerra judía. La destrucción de Jerusalén en el año 70 d. C. señaló el final de aquella guerra. Desde entonces todos los territorios de Palestina pasaron a formar parte de una nueva provincia im-

perial, que llevaba el nombre de Judea y era la sede de la décima legión.
➥ Herodes. Judaísmo. Palestina. Recaudadores de impuestos.

Sábado. Sea cual sea su etimología y su origen, lo cierto es que el *sábado* tal como lo conocemos actualmente es una institución específicamente israelita. Los textos antiguos insisten en el descanso sabático y fundamentan la prohibición del trabajo, tanto para hombres como para animales, en motivos humanitarios (Ex 23 12). Dt 5 15 relaciona la observancia del sábado con la salida de Egipto, y a partir del destierro dicha observancia y la práctica de la circuncisión son consideradas como notas y rasgos diferenciales del auténtico israelita. El sábado, pues, se convirtió en el signo de la alianza (Ex 31 13-17; Ez 20 12) y Dios mismo lo habría observado en el momento de la creación (Gn 2 2-3). La importancia del sábado fue en aumento constante, hasta el punto de que muchos judíos durante el levantamiento macabeo se dejaban matar por sus enemigos sin oponerles resistencia para no violar la santidad del sábado (1 Mac 2 29-38; 2 Mac 6 11; 15 1-5). Este aprecio del sábado degeneró en exageración como puede verse en los evangelios. Allí aparece Jesús polemizando con las clases dirigentes del judaísmo, que le acusaban de quebrantar el descanso sabático con la disculpa de salvar a los enfermos y atender a los necesitados. Jesús devolvió al sábado su auténtico espíritu, partiendo del principio de que el sábado, igual que las demás instituciones, no es un fin en sí mismo, sino que es un medio puesto por Dios al servicio del hombre (Mc 2 27).
➥ Alianza. Fiestas. Judaísmo. Ley.

Sabiduría. En lenguaje común, *sabiduría* designa una cualidad, valor o atributo y una forma de conocimiento. Sin embargo en los antiguos pueblos del Oriente Medio la sabiduría se convirtió en una corriente cultural y filosófica que encontró especial cultivo y difusión en Israel. Dentro de la Biblia, suele designar un atributo, una habilidad, una disciplina y una actitud vital. Aunque en sus orígenes se trata de una realidad profana, con el paso del tiempo llegó a integrar elementos de carácter religioso y desembocó en una *sabiduría teológica*, considerada como don de Dios y atributo casi personificado de la divinidad. La sabiduría israelita se fue concretando en una serie de formas y escritos que se denominan *sapienciales* (Job, Prov, Ecl, Sab y Eclo), configurando así uno de los grandes géneros literarios del AT (junto con la ley, la historia, la profecía y el salmo). La forma más simple y típica de este género es el dicho sapiencial, también conocido como proverbio, refrán o aforismo. La reunión de varios dichos da origen al poema sapiencial que reviste formas más complejas (dichos numéricos, poemas alfabéticos, poemas moralizantes, diálogos). Además de estas formas específicamente sapienciales, la sabiduría israelita utilizó otros géneros literarios, como la alegoría, el enigma, la fábula, listas de nombres, preguntas, reflexiones autobiográficas, narraciones, discursos, himnos, oraciones, ensayos breves, etc.

➥ Dicho sapiencial. Género literario. Palabra. Revelación. Salmo.

Sacerdocio. Sacerdotes. En un principio, el *sacerdocio* no estaba reservado a ninguna familia ni tribu particular, sino que era ejercido por los padres de familia, los jefes de tribu o cualquier otra persona de cierta importancia social. Las funciones sacerdotales se reducían además casi exclusivamente a algunos sacrificios ofrecidos ocasionalmente, entre los que sobresalía el sacrificio pascual de primavera. Los israelitas no tenían santuarios propios, por lo cual tampoco necesitaban personal especializado para su servicio.

Al entrar en la tierra de Canaán se van diversificando las actividades y van apareciendo las especializaciones. Entre ellas destaca el oficio de sacerdote, que se transmite de padres a hijos dentro del seno de familias sacerdotales adscritas a los santuarios israelitas que se van levantando en la nueva tierra. Los libros de los Jueces, Samuel, Reyes y los de los Profetas, hablan, entre otros, de los santuarios de Dan, Siló, Nob, Quiriat Yearín, Jerusalén... En ellos ejercen el sacerdocio el levita de Belén y las familias de Elí, Ajimélec, Abinadab, Abiatar, Sadoc... (Jue 17-18; 1 Sm 1-3; 7; 21-22; 1 Re 1-2).

Durante el tiempo de la monarquía se multiplican los santuarios y las correspondientes familias sacerdotales por todo el país y tiene lugar una inevitable contaminación con los usos y prácticas de los santuarios paganos todavía existentes. Esto motivó la reforma religiosa del rey Josías que centralizó todo el culto y por tanto toda actividad sacerdotal en el templo de Jerusalén (2 Re 23). Algunos autores piensan que ésta fue la circunstancia que dio lugar a la división de los sacerdotes en dos clases diferentes: los *sacerdotes* propiamente dichos (de rango superior), representados por la familia sadoquita, que oficiaba en el templo de Jerusalén desde los días de David (2 Re 23 9); y los *levitas* (sacerdotes de segundo orden) integrados por las familias sacerdotales venidas de provincias.

A partir del destierro, sacerdotes y levitas (claramente diferenciados ya entre sí –ver Ez 44–) son agrupados en un determinado número de clases y familias a las que se hace descender de la sola y única tribu de Leví: los sacerdotes a través de Aarón, los levitas a través de los otros descendientes de Leví.

En un principio los sacerdotes de la antigua alianza ejercían una triple función: cultual, adivinatoria y catequética. Con el paso del tiempo quedó como función específica del sacerdocio casi únicamente el culto. Incluso esta función desapareció con la destrucción del templo de Jerusalén el año 70 d. C. y los sacerdotes fueron sustituidos por los rabinos que explicaban la ley y dirigían la oración.

Teniendo en cuenta la interpretación mesiánica de Sal 110 4, podría esperarse que Jesús de Nazaret fuera saludado inmediatamente como *sacerdote*. Pero no fue así. Primero recibe los títulos de "profeta", "mesías", "hijo de David", etc, y sólo en un segundo momento y en la carta a los Hebreos es calificado de "sacerdote" y "sumo sacerdote", a la vez que se resaltan las diferencias esenciales que existen entre el sacerdocio de

Cristo y el sacerdocio del AT. Al ordenar a sus apóstoles que celebren el memorial de la eucaristía Cristo comparte con ellos su sacerdocio ministerial. También comparte con toda la comunidad cristiana su sacerdocio vital y existencial; de ahí los títulos de "linaje elegido", "sacerdocio regio", "nación santa", que recibe en 1 Pe 2 4-10 y en el Apocalipsis.
➥ Consagración. Sacrificio. Templo.

Sacrificio. Etimológicamente significa "acción sagrada". Es, pues, en primer lugar la ofrenda hecha a la divinidad en un marco cultual, de algo que el hombre considera propio y que entrega a Dios en reconocimiento de su dominio, en acción de gracias por un beneficio recibido, en súplica de nuevos beneficios o en petición de perdón por los pecados cometidos. El *sacrificio* que es un elemento fundamental de cualquier religión, lo es también de la religiosidad bíblica. El AT menciona diversos tipos de sacrificios que la legislación israelita se encargó de reglamentar al detalle (Lv 1-7; Nm 28-29). Los profetas sobre todo insistieron en que el verdadero valor del sacrificio no radica en la acción externa, sino en la disposición interior y en la conducta correcta del que lo ofrece (Is 1 1-17; Am 5 21-25). Tal vez por eso todos los sacrificios del AT quedaron recapitulados, abolidos y sustituidos por el sacrificio de Jesucristo que de una vez para siempre rindió a Dios Padre el culto debido (Heb 7 27; 10 11-14).

En la religión de la nueva alianza ya no existen sacrificios con sangre; la celebración eucarística es recuerdo y actualización del único sacrificio de Cristo (1 Cor 11 24-25), y toda ofrenda del cristiano a Dios será considerada sacrificio sólo en cuanto es imitación y continuación del sacrificio de Cristo (Rom 12 1; Flp 4 18; 1 Pe 2 5).
➥ Sacerdote. Templo.

Saduceos. Los saduceos recibían posiblemente su nombre de Sadoc, el sacerdote del templo de Salomón, cuyos descendientes se impusieron como sacerdotes en el templo de Jerusalén a partir del destierro (Ez 44 15-16). De hecho, los saduceos se reclutaban sobre todo entre las familias sacerdotales ricas y entre los aristócratas laicos. Frente a los fariseos, que completaban la ley con la tradición de los mayores y con un abundante y complicado derecho consuetudinario, los saduceos se atenían estrictamente a la ley escrita tal como se hallaba codificada en la Sagrada Escritura. Se mostraban enemigos de toda innovación y se mantenían anclados en los estadios más arcaicos de la revelación bíblica. Negaban la resurrección de los muertos (Mt 22 23-33), la existencia de los ángeles (Hch 23 8), y tampoco creían en la acción de la providencia. Políticamente hablando, colaboraron con los griegos, primero, y luego con los romanos. Ocupaban la mayoría de los puestos del sanedrín y desde él y desde su posición privilegiada *en el templo* y en la economía, ejercían el control sobre la vida social, política y económica del país. Jesús, que se atrevió a denunciar los desórdenes y degradación del templo y de sus responsables, los sacerdotes, pagó caro esa libertad de espíritu que finalmente le ocasionó la muerte.
➥ Fariseos. Judaísmo. Sacerdocio.

Saga. Es un término tomado de la literatura escandinava para designar un relato, de origen oral y afín a la leyenda y al relato épico, que se refiere a los orígenes, genealogías, desplazamientos, derechos de propiedad y relaciones de parentesco de algunas colectividades. Dentro de la Biblia, este género literario aparece con frecuencia en las historias patriarcales (Gn 12-50), que tratan de rastrear los orígenes y la unidad del pueblo de Israel en las remotas historias y relaciones de las tribus que más tarde lo formaron y en sus respectivos fundadores o epónimos.
➥ Historia. Leyenda. Mito. Relato épico.

Salmo. La palabra *salmo*, de origen griego, es traducción de la expresión hebrea "mizmor" que significa canto. Por extensión, designa a cada una de las 150 composiciones poético-religiosas que forman el *salterio* o Libro de los Salmos (en hebreo "sefer tehillim" o "libro de las alabanzas"). Finalmente, salmo ha pasado a designar uno de los grandes géneros de la literatura bíblica, cuyos elementos característicos son: la forma poética, el contenido religioso y su ambientación musical. Este género se diversifica, a su vez, en tres formas básicas: el himno, la súplica individual o colectiva y el canto de acción de gracias; y una forma mixta: el salmo didáctico.

Se llaman *salmos didácticos* o *de instrucción* a un grupo considerable de salmos de género mixto y contenido variado, cuya finalidad última es enseñar, instruir o exhortar al individuo a al grupo. Según el contenido, los salmos didácticos se subdividen, a su vez, en distintos grupos: salmos *históricos*, que refieren las grandes intervenciones de Dios en la historia (Sal 78); *litúrgicos*, que proponen las condiciones indispensables para entrar en el templo (Sal 24); *proféticos*, que recurren a fórmulas, motivos y temas propios de la literatura profética (Sal 82); y *sapienciales*, que recogen también fórmulas y motivos de origen sapiencial (Sal 1).
➥ Acción de gracias. Género literario. Himno. Súplica.

Salomón. El rey *Salomón* sucede a su padre David arrebatando el trono a su medio hermano Adonías (1 Re 1-2). Suele ser apellidado como "el Magnífico", debido a la suntuosidad y lujo que rodeó su vida y su palacio. Llegó incluso a contar entre sus esposas a una hija del faraón de Egipto. El primer libro de los Reyes destaca la excelencia de su sabiduría (1 Re 3-4), el esplendor de sus construcciones (1 Re 5-9) y la abundancia de sus riquezas (1 Re 10). La sabiduría de Salomón se hizo tan proverbial que se fue creando una tradición, según la cual, Salomón sería el autor de los libros sapienciales. Entre las obras de Salomón sobresalen la construcción del templo y del palacio de Jerusalén, así como la reconstrucción y fortificación de varias ciudades (Jasor, Meguido y Guezer). Los capítulos que 1 Re dedica a Salomón son fruto de un largo proceso de composición en el que la figura del rey ha sido idealizada, pero no tanto que se hayan silenciado del todo las sombras y los aspectos negativos de su reinado (1 Re 11). Quien ha si-

lenciado los defectos y pecados de Salomón hasta convertirlo en un rey ideal sin sombras, ha sido el Cronista en 2 Cr 1-9.
➡ David. Monarquía. Templo.

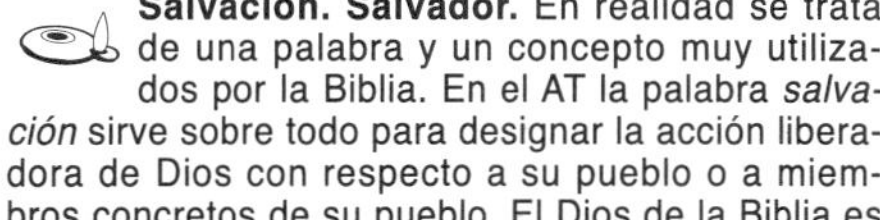

Salvación. Salvador. En realidad se trata de una palabra y un concepto muy utilizados por la Biblia. En el AT la palabra *salvación* sirve sobre todo para designar la acción liberadora de Dios con respecto a su pueblo o a miembros concretos de su pueblo. El Dios de la Biblia es por naturaleza un Dios salvador (Is 43 3; 45 15.21-22) y esta salvación tiene casi siempre en la revelación veterotestamentaria el sentido de una liberación material. Sin embargo poco a poco la salvación de Dios fue revistiéndose de tintes espirituales y transcendentes (Sal 27 1) hasta que en el NT este sentido de salvación total –espiritual y corporal– llegó a ser prioritario (Mt 1 21; Lc 1 77; Rom 1 16-17).

También para los autores del NT Dios sigue siendo el artífice de la salvación (Lc 1 47; 1 Tim 2 3-4), pero ahora la salvación ha tomado forma humana en Jesucristo que recibe como uno de sus títulos más significativos el de *Salvador* (Lc 2 11; Jn 4 42; Ef 5 23).
➡ Jesucristo. Justicia. Libertad.

Samaría. Samaritanos. *Samaría* es el nombre de la capital del reino del Norte a partir del rey Omrí (1 Re 16 24) y también el nombre de la región central de Palestina. Sus habitantes, llamados *samaritanos* sobre todo a partir del destierro de Babilonia, estaban en tiempos del NT profundamente enfrentados con los judíos ortodoxos de Jerusalén. En realidad la tensión entre Samaría y Jerusalén, es decir entre el norte y el sur, venía de antiguo, de cuando las tribus del norte y del sur llevaban vida autónoma y se desconocían mutuamente (Jue 5 14-18). La unión durante los días de David y Salomón fue más bien frágil y transitoria. Después del destierro los habitantes de Judá rechazaron la colaboración de los samaritanos para reconstruir el templo y la ciudad santa, lo que reavivó y agravó las tensiones tradicionales (Esd 4 1-5). Finalmente se consumó el cisma religioso y los samaritanos levantaron su propio templo en el monte Garizín (s. IV a. C.), templo que respetó Antíoco IV, pero que destruyó Juan Hircano I (año 128 a. C.).

Para los judíos del tiempo de Jesús los samaritanos eran gente despreciable (Lc 9 51-55); hasta el punto de que la palabra *samaritano* era un insulto (Jn 8 48). Esta situación de marginación hizo que Jesús se mostrara especialmente benévolo con ellos como puede verse en la parábola del buen samaritano (Lc 10 30-37), en el relato del leproso samaritano que regresa para dar gracias (Lc 17 16), y en el encuentro con la samaritana junto al pozo de Jacob (Jn 4).
➡ Judaísmo. Judíos. Monarquía. Templo.

Samuel. *Samuel* es una figura clave de la historia bíblica. En él se dan cita los hilos conductores y los grandes temas de uno de los momentos más importantes de la historia de Israel. Es el protagonista de la transición entre el régimen tribal y la monarquía; es el iniciador del movimiento profético, la institución más influyente de la historia bíblica, con repercusiones importantes para la misma historia universal; es el renovador del sacerdocio. La tradición ha sido generosa con él y lo ha convertido en protagonista de muchas historias y relatos. Se le ha llegado a atribuir incluso la composición de los dos libros que llevan su nombre (1-2 Sm), aunque dicha atribución carezca de fundamento.

Históricamente Samuel es el último de los *jueces* (1 Sm 7). Con él se cierra el período de los jueces y se abre el tiempo de la monarquía. Los dos primeros reyes (Saúl y David) fueron ungidos reyes por Samuel. Es también el primero de los *profetas* (1 Sm 3) y su mayor autoridad le viene precisamente por su condición de profeta, que le permite hablar en nombre de Dios a todo Israel, desde Dan a Berseba (1 Sm 3 20). Finalmente es el encargado de comunicar al sacerdote Elí y a su familia sacerdotal la descalificación y la reprobación que ha sido decretada sobre ellos por parte de Dios (1 Sm 3 11-14). Samuel mismo ejerce también como *sacerdote* (1 Sm 7; 13; 15).
➡ David. Jueces. Monarquía. Profeta. Saúl.

Sanedrín. El *sanedrín* era el tribunal supremo del pueblo judío durante la época grecorromana. Recibe también el nombre de *Consejo de Ancianos*. Estaba integrado por setenta miembros pertenecientes a estas tres clases sociales: a) Los cabezas de las grandes familias (aristocracia laica); b) los sumos sacerdotes ya retirados, junto con otros sacerdotes elegidos entre las cuatro familias más importantes (aristocracia sacerdotal); c) los maestros o doctores de la ley (aristocracia intelectual). El sanedrín estaba presidido por el sumo sacerdote en funciones, el cual constituía el número setenta y uno. Se desconoce la forma y la proporción del reclutamiento, así como la duración del cargo. Las competencias del sanedrín no fueron siempre las mismas. Fueron más amplias durante el régimen de los procuradores, cuando el sanedrín ejercía la suprema autoridad administrativa y judicial tanto en los asuntos religiosos como civiles, aunque siempre bajo la inspección de Roma. Es casi seguro que en tiempos de Jesús sólo podía ejecutar la pena de muerte si así lo confirmaba el procurador romano.
➡ Anciano. Jueces. Sacerdote. Tribunales.

Santidad. Santo. En el uso común estas palabras se refieren al buen comportamiento en grado excelso de una persona. Sin embargo, no es precisamente éste el sentido principal que tienen en la Biblia. Para la Biblia *santo* es en primer lugar todo aquello (personas, cosas, acciones, lugares, tiempos) que está especialmente relacionado con Dios (Ex 30 35; 31 14; Mt 27 52; Hch 21 28). De suyo, pues, la *santidad* es un atributo exclusivo de Dios, el único Santo (Lv 11 44-45; Is 6 3; Os 11 9), en virtud del cual se halla infinitamente por encima de las criaturas y "separado" de todo lo contaminado y lo imperfecto. En cuanto las criaturas participan de este atributo divino (lo que en cierta medida equivale a participar del mismo ser de Dios) se las llama también "santas". En este sentido los conceptos "santo", "santificar" han podido ser traducidos con frecuencia por "sagrado", "consagrar" (Gn 2 3; Ex 3 5; Rom 15 16; 1 Cor 1 2).

El NT aplica sobre todo a Jesucristo y al Espíritu el nombre *santo* por su condición divina (Mc 1 24; Jn 6 69) y también invita a los cristianos a que imiten la santidad de Dios apartándose de todo lo imperfecto y contaminado (Rom 12 1; 2 Pe 3 11).

➡ Consagración. Dios. Pecado. Puro.

Santuario. Véase Templo y Sacerdocio.

Satán. Satanás. Véase Demonio.

Saúl. Es el protagonista del primer ensayo monárquico en Israel. Mitad juez y mitad rey, *Saúl* hace la transición entre el régimen carismático de los jueces y el estado monárquico. Como los jueces, Saúl es un libertador elegido por Dios, sobre el que viene el espíritu del Señor (1 Sm 10 1; 11 6). Pero por primera vez la elección divina va acompañada del reconocimiento y proclamación por parte del pueblo (1 Sm 11 15): el jefe carismático se convierte en el rey institucional. Se trata de un ensayo incipiente y elemental; la propia ciudad de Saúl (Guibeá) apenas puede ser calificada de capital de un reino. En cuanto a su poder defensivo y ofensivo, había logrado organizar unidades con capacidad de atacar por sorpresa, pero sin posibilidad de medirse en campo abierto con los carros de guerra de los filisteos.

Desde el punto de vista teológico, la figura de Saúl resulta misteriosa e inspira compasión. También otros reyes cometieron infracciones, incluso mayores que Saúl, empezando por el propio David. Para ellos hubo perdón ¿por qué no lo hubo para Saúl?

➡ Filisteos. Jueces. Monarquía. Samuel.

Seguimiento. Véase Discípulo. Vocación.

Semana. La *semana* es una unidad de tiempo intermedia entre el día y el mes. Pero no es una unidad de orden astronómico sino más bien de carácter socio-religioso. También en otros pueblos y culturas encontramos "semanas" de cuatro, cinco, seis, siete, ocho, diez y quince días de duración. La semana de siete días, con la celebración del último como día de descanso y oración (sábado) parece ser de origen israelita. Desconocemos las circunstancias que dieron lugar a su nacimiento. Unos la asocian con las fases del curso lunar; otros la relacionan con las ferias o mercados que celebraban cíclicamente las sociedades agropecuarias; otros piensan en la fuerza simbólica que tenía para los semitas el número "siete". El cómputo por semanas se emplea sólo en los textos *litúrgicos. En Nm 28 26 y Dt 16 10, por ejemplo,* Pentecostés se denomina "fiesta de las semanas", porque se celebraba siete semanas después de la fiesta de los ácimos. La semana es asimismo la unidad básica del calendario del grupo religioso de Qumrán.

➡ Calendario. Pentecostés. Sábado.

Servicio. Servir. Siervo. Estas palabras tienen a veces en la Biblia un sentido cercano al de esclavo, esclavitud (Gal 5 13; Ef 6 5-8). En tales casos se alude con ellas a trabajos y situaciones especialmente duras en el mundo antiguo. Pero lo característico de la Biblia es el sentido religioso que da a estos términos. Servir a Dios es obedecerle, serle fiel, darle culto, rendirle adoración (Jos 24 14-22). Y servir a los hombres es considerarlos como hermanos y estar disponible para ellos; colocarse en todo momento a su altura, compartir sus problemas y ayudarles a superarlos. Jesucristo se presentó como supremo modelo de servicio (Mt 20 28; Jn 13 12-16) subrayando además que sólo serviremos bien a Dios cuando sirvamos a los hombres con total desinterés y entrega (Mt 25 37-40).

Siervo de Dios es un título que la Biblia da a personajes especialmente relacionados con Dios: patriarcas, caudillos del pueblo, profetas, sacerdotes, reyes, incluso a personajes no israelitas como Nabucodonosor o Ciro. De modo particular todo el pueblo israelita es denominado siervo de Dios (Is 41 8; 44 21). Pero hay sobre todo cuatro poemas en el Segundo Isaías que tienen como protagonista a un misterioso *siervo del Señor* (Is 42 1-7; 49 1-7; 50 4-9; 52 13-53 12). ¿Quién es este siervo? ¿Un personaje concreto del pasado o del futuro? En todo caso, la comunidad cristiana reconoció en los rasgos de este siervo un anticipo de Jesús de Nazaret (Mt 12 15-21; Hch 3 13.26).

➡ Israel. Jesucristo. Ministerio.

Símbolo. En el conjunto de la Biblia encontramos una rica y variada muestra de *símbolos* y *expresiones simbólicas.* El símbolo es una imagen (significante) con la que se representa una realidad (significado), a partir de la relación natural o convencional percibida entre significante y significado. Está formado por dos elementos: el sensitivo y el intelectual o imaginativo. El símbolo mantiene presente el plano real y hace que éste sugiera otro significado. Como imagen, el símbolo presenta ciertas afinidades y diferencias con la metáfora y la alegoría. Se suelen distinguir varias clases de símbolos: *arquetípicos*, basados en la condición humana y en experiencias primordiales (Gn 4 1-16); *culturales*, específicos de un pueblo o cultura (Jr 1 11-13); *históricos*, basados en acontecimientos históricos o legendarios; *religiosos*, basados en la experiencia religiosa; y *literarios*, productos del ingenio y la invención literarias. Dentro de la Biblia, es frecuente el lenguaje simbólico en la literatura lírica y profética y en algunos géneros y formas concretas, como la apocalíptica y las acciones simbólicas.

➡ Acción simbólica. Imagen. Metáfora.

Sinagoga. Una vez que fueron prohibidos los santuarios de provincias y se centralizó todo el culto oficial y el sacerdocio en el templo de Jerusalén (2 Re 23; Dt 12), los israelitas, sobre todo los que vivían fuera de Palestina, sintieron la necesidad de reunirse comunitariamente en las casas o lugares preestablecidos, para leer y comentar la ley, para recitar los salmos y hacer oración. Estos lugares religiosos de encuentro recibieron con el tiempo el nombre de *sinagogas*. Carecemos de datos ciertos para saber exactamente cuándo, dónde y cómo nacieron. Pero en el momento del nacimiento del cristianismo las sinagogas estaban extendidas por todo el mundo judío, tanto fuera como dentro de Palestina. No había comunidad judía de alguna entidad que no tuviera su sinagoga. Se habla de varias sinagogas en la misma ciudad de Jerusalén (Hch 6 9; 24 12) y san Pablo las utilizaba como plataforma de su actividad apostólica en las diversas ciudades por las que pasaba (Hch 13-18). A la sombra de las sinagogas floreció el estudio de las Escrituras, cuyos expertos eran los "maestros de la ley". Jesús y los primeros cristianos frecuentaron las sinagogas y en ellas anunciaron la buena noticia. Sin embargo, durante la segunda generación cristiana las relaciones entre la Iglesia cristiana y la Sinagoga judía fueron muy tensas. Las reuniones en la sinagoga tenían lugar los sábados, y nunca se ofrecían allí sacrificios, reservados únicamente al templo de Jerusalén. Por eso, al frente de las sinagogas no estaba un sacerdote sino un rabino.

➥ Fariseos. Iglesia. Judaísmo. Templo.

Sión. Véase Jerusalén.

Sueño. Véase Revelación.

Sufrimiento. Véase Enfermedad.

Sumerios. Véase Mesopotamia.

Súplica. La *súplica*, tanto individual como comunitaria, es una de los formas literarias más frecuentes en los salmos. Su ambiente vital corresponde a las situaciones de necesidad o dificultad de la vida del individuo o de la comunidad, que dirigen su oración a Dios pidiendo respuesta y auxilio. Su estructura comprende cuatro elementos fundamentales: introducción con la invocación del nombre de Dios, descripción de la situación apurada del individuo o de la comunidad, súplica propiamente dicha, y mención de los motivos o razones en que ésta se basa (Sal 5-6; 17; 22). Una variedad notable del género es el *salmo de confianza*, que presenta una estructura similar a la súplica, aunque desarrolla mucho más los motivos de confianza y refleja además la situación de seguridad, paz y alegría por parte del salmista (Sal 3-4; 11; 23). Como en el caso de los himnos, también encontramos una gran variedad de súplicas fuera del Salterio, tanto en el AT como en el NT (Hch 4 23-30).

➥ Género literario. Lamentación. Salmo.

Temor. Temor de Dios. Además del sentido corriente de miedo ante un peligro que amenaza o que ya está presente (Lc 21 26; Ap 18 10.15), la palabra *temor* tiene en la Biblia con mucha frecuencia el sentido de reacción asombrada ante la manifestación misteriosa, fascinante y sorpresiva de la divinidad. Cuando se dice que el Señor es "un Dios terrible y temible" (Ex 15 11; Sal 47 3), se quiere resaltar ante todo su poder, un poder que salva y que protege porque se ejercita prioritariamente en nombre del amor. Temor y amor son en la Biblia dos conceptos mucho más cercanos de lo que podría pensarse (véase Dt 10 12-13; Sal 25 10-14). De ahí el "no temas" tranquilizador puesto tantas veces por la Biblia en boca de Dios (Gn 26 24; Jue 6 23; Lc 1 13.29); de ahí la consideración del auténtico *temor de Dios* como fuente de sabiduría y salvación (Eclo 1 11-20; Job 28 28); de ahí que muchísimas veces "temer a Dios" haya sido traducido por honrarlo, respetarlo, venerarlo, serle fiel, agradarle, incluso por amarlo (Sal 25 12-14; 66 16; Eclo 2 5; Hch 10 34; Ap 11 18). Es, pues, evidente que el temor del que habla 1 Jn 4 18 no es el verdadero temor de Dios según la Biblia.

➥ Dios. Sabiduría.

Templo. David había trasladado el arca de la alianza a Jerusalén y había manifestado al profeta Natán el deseo de construir un templo para ella (2 Sm 7). En los planes del Señor, sin embargo, esta obra estaba reservada para su hijo Salomón (1 Re 6-8). El templo construido por Salomón era un edificio rectangular de unos treinta metros de largo, por diez de ancho y quince de alto. Estaba calcado sobre los modelos paganos cananeos e incluso habían trabajado en él técnicos fenicios, con materiales traídos del Líbano. Disponía de un amplio *atrio* (o patio), que daba paso a una primera estancia, llamada el *lugar santo*, a la que seguía el *lugar santísimo*, situado en un plano un poco más elevado, donde se guardaba el arca.

Saqueado varias veces y restaurado de nuevo, el templo de Salomón fue totalmente destruido por Nabucodonosor en el año 587 a. C. Después del destierro fue reedificado por Zorobabel (años 520-515 a. C.). Profanado por Antíoco IV Epífanes, fue restaurado y consagrado de nuevo por Judas Macabeo el año 165 a. C. (fiesta de la dedicación). El templo de Zorobabel fue destruido por los romanos cuando conquistaron Jerusalén acaudillados por Pompeyo en el 63 a. C. En el año 19 a. C., Herodes el Grande, deseoso de congraciarse con los judíos, emprendió la construcción de un nuevo templo, el más suntuoso y monumental de todos. Parte de los muros que rodeaban este templo sobreviven todavía a pesar de la aniquiladora destrucción sufrida en el año 70 de nuestra era. La distribución del templo en espacios cuidadosamente separados unos de otros refleja bien una sociedad caracterizada por la discriminación y la marginación, tal como era la sociedad del tiempo de Jesús. Los paganos estaban separados de los judíos; las mujeres estaban separadas de los hombres; los laicos estaban separados de los sacerdotes, etc.

En la época del NT el templo tenía una importancia central en la vida del judaísmo: es el único lugar donde se pueden ofrecer los sacrificios prescritos por la ley; en él tiene su sede el sanedrín o consejo supremo judío con jurisdicción sobre casi todos los asuntos de tipo religioso, e incluso político; y es también un importante enclave comercial y de intercambios monetarios. En torno al templo giran las principales fiestas religiosas (la Pascua, la fiesta de las semanas, la de las tiendas y la del año nuevo), que son motivo de constantes peregrinaciones, no sólo desde otros lugares de Palestina, sino desde todo el mundo (véase Hch 2 1-11). Después del año 70 d. C., con el templo destruido

y el país convertido en provincia romana, la ley fue el único refugio posible y la sinagoga asumió muchas de las funciones que antes había desempeñado el templo.
➥ Jerusalén. Sacerdote. Sacrificio. Salomón. Sanedrín. Sinagoga.

Teofanía. En sentido estricto teofanía significa aparición o manifestación de Dios, bien en figura humana, bien acompañada de especiales fenómenos naturales o cósmicos. Por extensión, el término también se aplica a la manifestación de cualquier ser celeste. En el NT, el término es sustituido frecuentemente por el de *epifanía* que, entre otras cosas, llega a designar la manifestación de Dios acaecida en la venida de Cristo y también la "parusía" o segunda venida al final de los tiempos. La descripción de la teofanía ha dado lugar a una específica forma literaria, el *relato teofánico*, entre cuyos elementos característicos hay que destacar la descripción de la manifestación, su escenificación grandiosa y espectacular y la reacción de sorpresa, temor y pequeñez que provoca en los destinatarios. Los ejemplos más típicos los encontramos en la sección del Sinaí (Ex 19; 34), en algunos relatos de vocación profética (1 Re 19; Is 6), en textos apocalípticos y en los relatos sinópticos de la transfiguración (Mc 9 2-13 y par.).
➥ Apocalíptica. Revelación.

Testamento. Antiguo y Nuevo Testamento. En terminología estrictamente literaria el *testamento* es un género literario, frecuente en los escritos bíblicos y extrabíblicos, que consiste en un discurso puesto en boca de algunos personajes importantes (Jacob, Moisés, David, Jesús, los patriarcas), a través del cual éstos expresan su última voluntad en forma de bendiciones, normas o exhortaciones, dirigidas a sus hijos, sucesores o súbditos. Se conoce también como *discurso de adiós* o de despedida por su ambientación en los instantes previos a la muerte del personaje en cuestión. En el AT destacan los testamentos de Jacob (Gn 49), Moisés (todo el Deuteronomio), Josué, Samuel, David, Tobías, etc. En el NT también se cultivó este género literario, tanto en los evangelios (Jn 13-17), como en las cartas de Pablo (2 Tim). Fue, sin embargo, en la literatura intertestamentaria donde más se difundió.

Existe también en el lenguaje bíblico otro importante significado de la palabra *testamento*. Es el que se contiene en las expresiones Antiguo y Nuevo Testamento. Como es bien conocido, en términos coloquiales y jurídicos llamamos *testamento* a la declaración que de su última voluntad hace una persona, disponiendo de bienes y de asuntos que le afectan para después de su muerte, o al documento donde consta la última voluntad del testador. Sin embargo la literatura bíblica la palabra *testamento* responde más bien al vocablo latino *testamentum* que, a su vez, traduce la palabra griega *diatheke*. Esta palabra griega tiene dos posibles significados: uno el de testamento en sentido corriente; otro el de *pacto* o *alianza*. Este segundo significado –corresponde al vocablo hebreo "berit"– es el que incorporan las expresiones Antiguo y Nuevo Testamento. En este sentido, el Antiguo Testamento designa el pacto o alianza sellado por Dios con su pueblo en el Sinaí y los libros que se refieren directa o indirectamente a él. Las primeras comunidades cristianas comprendieron la vida, muerte y resurrección de Jesucristo como la "nueva alianza" de Dios con su pueblo y pasaron a considerar el conjunto de libros referidos a este acontecimiento, como "los libros de la nueva alianza" (o Nuevo Testamento), designando por contraste a la alianza sinaítica y a los libros que la tienen como punto de referencia, como "antigua alianza" (o Antiguo Testamento).
➥ Alianza. Biblia. Discurso. Género literario. Revelación.

Tiberíades. Véase Palestina.

Tienda del Encuentro. Tienda del encuentro, tienda de la presencia, de la reunión, de la alianza, del testimonio, de la revelación, morada (=tabernáculo); todas estas expresiones se refieren siempre a la misma realidad: el santuario portátil que acompañaba a los israelitas durante la travesía por el desierto. Algunos autores creen que originariamente la "tienda" y la "morada" eran cosas distintas, pero es poco probable que fuera así. Este santuario del desierto consistía en un armazón de madera, recubierto y adornado con lienzos de tela y pieles de gran elegancia y calidad. Lo mismo que el templo, estaba dividido en dos grandes salas: el lugar santo y el lugar santísimo. Se llamaba tienda de la presencia y morada, porque Dios se hacía presente en el santuario por medio de la nube. Se llamaba tienda del encuentro, de la reunión y de la revelación, porque Moisés y los israelitas se encontraban en ella con Dios y allí les revelaba su voluntad. Se llamaba tienda de la alianza o del testimonio, porque en ella se guardaba el arca con las tablas de la ley, que eran el testimonio o carta magna de la alianza entre Dios y su pueblo. No es fácil saber lo que fue realmente el santuario del desierto, pues los datos de que disponemos son una elaboración posterior, hecha a partir del templo de Jerusalén.
➥ Alianza. Arca de la Alianza. Templo.

Tienda de la Presencia. Véase Tienda del Encuentro.

Tierra. Tierra prometida. Como contrapunto de "cielo" junto con el cual forma el conjunto del universo (Gn 1 1), la palabra *tierra* designa en primer lugar la morada del hombre durante su existencia mortal. Por eso la relación que establece la Biblia entre el hombre y la tierra es de profunda intimidad y compenetración (Gn 2 7; 12 1). Por eso también la posesión de una "tierra" como herencia es uno de los componentes esenciales de la promesa que Dios hace a su pueblo a través de los patriarcas (Gn 12 7; 15 18). Esta *tierra prometida* tenía que *manar leche y miel* (Nm 13 25-31; Dt 4 21-22); la experiencia, sin embargo, se encargó de demostrar lo contrario de manera que los israelitas, bajo la guía de los profetas, fueron poco a poco intuyendo la existencia de una tierra nueva, la verdadera *tierra prometida* (Is 11 6-9), que el NT sitúa ya claramente en una dimensión supramun-

dana, más allá de la presente existencia terrena (Mt 5 4; Ap 21 1).
➥ Bendición. Cielo. David. Josué. Moisés.

Torá. Véase Código de leyes. Judaísmo. Ley. Moisés.

Tradición. En el lenguaje común, *tradición* se refiere a una costumbre o legado cultural procedente del pasado y conservada a través de la historia. En terminología bíblica, la expresión ofrece varios sentidos. En primer lugar, llamamos Tradición a una de las dos fuentes de la Revelación, junto con la Sagrada Escritura. Se conoce también como tradición al proceso de transmisión, oral o escrita, de unos determinados contenidos (hechos, temas, recuerdos, etc.) y al resultado final de dicho proceso, es decir a los contenidos transmitidos. Finalmente llamamos tradiciones a los materiales (estratos, fuentes) que se pueden identificar en un conjunto literario, antes de su redacción final. Así se habla de las tradiciones yavista, elohista o sacerdotal que forman el Pentateuco; o de la tradición de los dichos de Jesús, recogida en los evangelios sinópticos. Y no faltan casos en que tradición se utiliza como sinónimo de escuela o movimiento (tradición sacerdotal).
➥ Biblia. Revelación.

Tribu. Las doce tribus. Véase Israel.

Tribunales. Sobre las personas que componen los tribunales, ver los vocablos "Jueces" y "Sanedrín". Por lo que se refiere a la sede en que tenían lugar los juicios, éstos se celebraban generalmente en los santuarios, en el palacio real, y sobre todo en las puertas de las ciudades. Samuel, por ejemplo, ejerció sus funciones de juez en los santuarios de Betel, Guilgal y Mispá, y sus hijos en el de Berseba (1 Sm 7 16; 8 2). En el palacio real había una sala de audiencias, llamada "Pórtico del Juicio", dedicada, entre otras cosas, a la administración de la justicia (1 Re 7 7). Pero los juicios se celebraban, sobre todo, en las puertas de las ciudades, que en la antigüedad no eran una simple entrada a la ciudad, sino una especie de plaza pública, donde se comentaban y resolvían todos los asuntos de la comunidad. Son numerosos los textos que se refieren, de una u otra forma, a la "puerta de la ciudad" como sede de los tribunales de justicia. El libro de Rut ofrece un ejemplo significativo y bien documentado (Rut 4 1-12).
➥ Ancianos. Jueces. Justicia. Sanedrín.

Unción. Véase Consagración. Mesías.

Venganza de sangre. El fuerte sentido de solidaridad existente entre los que están unidos por lazos de parentesco hacía que la sangre de cualquiera de los miembros del grupo debiera ser vengada con la sangre del culpable o al menos con la sangre de alguno de los miembros de su familia o tribu. Esta ley encuentra una de sus expresiones más sangrientas en el canto de Lamec (Gn 4 23-24). La venganza de sangre, no solamente tenía un sentido de compensación ("hombre por hombre, mujer por mujer", como dice el Corán), sino que se creía que era el restablecimiento del orden divino que se suponía quebrantado. La venganza de sangre no llegó a desaparecer nunca, y fue incluso reconocida por la ley. Pero recibió con el tiempo algunas limitaciones, destinadas a evitar los abusos a que estaba expuesto su ejercicio (Nm 35; Dt 19).
➥ Familia. Goel.

Verdad. A veces es sinónimo de sinceridad, de no mentir (Sal 17 1; 2 Cor 7 14). Pero muchas más veces lo es de algo que se considera seguro y digno de confianza. En este sentido *verdad* equivale a lealtad o fidelidad –incluso amor– bien de Dios para con los hombres (2 Sm 7 28; Sal 26 3; 30 10; 31 6; 111 7-8), bien de los hombres entre sí o para con Dios (Jos 2 14; 1 Re 2 4).

En el NT la palabra *verdad* conserva esta referencia radical a la fidelidad divina (Rom 3 3.7), pero por lo común adquiere un nuevo sentido y designa, especialmente en el cuarto evangelio, la plena revelación que Cristo ha hecho a los hombres sobre Dios y su reino (Jn 1 14.17; 17 17-19; 1 Tim 3 15). Por eso se comprende perfectamente que la *verdad* adquiera rasgos personales y se identifique con el mismo Jesucristo y con el Espíritu Santo (Jn 14 6; 1 Jn 5 6).
➥ Revelación.

Vida. Vida eterna. Entre los títulos que la Biblia asigna a Dios está el de "Dios vivo o viviente" (Dt 5 26; Jr 10 10; Sal 84 3). Con ello quiere significarse que Dios es la fuente única y suprema de la vida, y que la vida es por tanto un don precioso y sagrado que es necesario respetar a toda costa (Gn 2 7-9; 4 10-11; Ex 20 13). Pero la vida es para la Biblia mucho más que una realidad puramente biológica. Es también una realidad teológico/religiosa, es decir, designa la relación de amistad y cercanía con Dios: la verdadera vida consiste en estar junto a Dios; alejarse de Dios, vivir de espaldas a él, significa morir (Dt 30 19-20).

A partir de estas convicciones poco a poco se fue abriendo paso en la Biblia la creencia en una vida junto a Dios que no podrá interrumpir la muerte temporal y que, por tanto, tendrá lugar en el más allá de la historia humana (Sal 16 10-11; Cant 8 6; Sab 3 1-12). De esta *vida* sobre todo es de la que habla el NT: con bastante frecuencia la denomina "vida eterna" (Mc 10 17.30; Rom 2 7), presenta a Jesucristo como personificación y suprema garantía de la misma (Jn 11 25-26) y considera que ya en este mundo se disfruta de ella misteriosamente mediante la fe y la pertenencia a Jesucristo (Jn 5 24; 6 51-58; Gal 2 20).
➥ Bendición. Cielo. Gracia. Muerte. Resurrección.

Virginidad. Véase Celibato. Fecundidad.

Visión. Véase Revelación.

Vocación (Relato de). El llamado *relato de vocación*, usado en la narrativa histórica y, más frecuentemente, en la literatura profética y evangélica, describe la llamada dirigida por Dios a algunas personas para encomendarles determinadas

misiones (Is 6; Mc 1 16-20). Desde el punto de vista de la misión encomendada, podemos distinguir dos tipos de relato: la vocación del líder y la vocación profética. Los relatos de *vocación del líder* culminan en una misión a realizar por medio de la acción y los más conocidos son los de Abrahán, Moisés, Josué y Gedeón (véase p. e. Jue 6 11-24). Los relatos de *vocación profética*, por el contrario, culminan en una misión a realizar por medio de la palabra y revisten tres modalidades: relatos biográficos, como los de Samuel, Elías, Eliseo o Amós; relatos autobiográficos, como los de Isaías (Is 6), Jeremías (Jr 1 4-10) y Ezequiel (Ez 2-3), y textos poéticos de vocación, como los del siervo de Yavé o el profeta anónimo de Is 61 1-6. Este género literario presenta, con ligeras variantes, la siguiente estructura típica: introducción, teofanía, misión, signo (confirmación) y conclusión. Dentro del NT encontramos algunos pasajes relacionados con este género en los relatos y dichos de "seguimiento", frecuentes en los evangelios. Además, el relato lucano de la anunciación (Lc 1 26-38) reproduce la estructura más típica del género.
➡ Género literario. Profecía. Profetas.

Zelotes. Véase Celotes.

Índices

INDICE GENERAL

ANTIGUO TESTAMENTO

ESCRITOS PROFETICOS

OTROS ESCRITOS

ESCRITOS POETICOS

ESCRITOS SAPIENCIALES

NUEVO TESTAMENTO

INDICE DE MAPAS

ANTIGUO TESTAMENTO

NUEVO TESTAMENTO

MAPAS GENERALES

INDICE DEL VOCABULARIO BIBLICO

Recaudadores de impuestos
Reconciliación
Redención. Redentor
Reino. Reino de Dios
Relato épico
Resurrección
Revelación
Roboán
Roma, Imperio romano
Sábado
Sabiduría
Sacerdocio. Sacerdotes
Sacrificio
Saduceos
Saga
Salmo
Salomón
Salvación. Salvador
Samaría. Samaritanos
Samuel
Sanedrín
Santidad. Santo
Santuario
Satán. Satanás
Saúl
Seguimiento
Semana
Servicio. Servir. Siervo
Símbolo
Sinagoga
Sión
Sueño
Sufrimiento
Sumerios
Súplica
Temor. Temor de Dios
Templo
Teofanía
Testamento. Antiguo y Nuevo Testamento
Tiberíades
Tienda del Encuentro
Tienda de la Presencia
Tierra. Tierra prometida
Torá
Tradición
Tribu. Las doce tribus
Tribunales
Unción
Venganza de sangre
Verdad
Vida. Vida eterna
Virginidad
Visión
Vocación (Relato de)
Zelotes